DIZIONARI SANSONI

THE SANSONI DICTIONARIES

THE SANSONI DICTIONARIES

ENGLISH - ITALIAN
ITALIAN - ENGLISH

Edited by
the Centro Lessicografico Sansoni
under the general editorship of
VLADIMIRO MACCHI

New edition
by EDIGEO

Rizzoli

LAROUSSE

DIZIONARI SANSONI

INGLESE - ITALIANO
ITALIANO - INGLESE

Realizzato dal
Centro Lessicografico Sansoni
sotto la direzione di
VLADIMIRO MACCHI

Nuova edizione
a cura di EDIGEO

Rizzoli

LAROUSSE

PREFACE TO THE FOURTH EDITION

This new edition of the *Sansoni English-Italian, Italian-English Dictionary* is firmly rooted in the volume prepared in the seventies by the Centro Lessicografico Sansoni under the auspices of Prof. Vladimiro Macchi. For decades, in fact, the third edition was a major point of reference for students and scholars of English in Italy.

While honouring this prestigious legacy, this fourth edition is a radically new and enlarged volume. It contains a total of 335,000 headwords and alternative meanings and is thus an up-to-date general dictionary, a reliable tool on the student's or worker's desk.

This latest edition is notable for the particularly clear structure of entries, complete with information about grammatical function and usage notes, often comparing use in the two languages. Visually, the use of two colours allows for quick and easy consultation. The dictionary has been designed for use in both directions (in other words, it has glosses in English in the English-Italian section and glosses in Italian in the Italian-English part), being ideally suited to either mother-tongue English or Italian users.

The body of vocabulary selected preserves the historical heritage of the two languages while devoting particular care and attention to the inclusion of the latest terms coined during the increasingly rapid evolution of the last decades, especially in the fields of science, advanced technology, and the media. New meanings have also been added to existing terms as they have evolved from the spoken language. For these reasons, thousands of neologisms and new idiomatic expressions have been added, gathering the entries not only from the best monolingual dictionaries but also from recently published books and periodicals, and a methodical search of British, American and Italian web sites, as well as sites from Canada, Australia, South Africa, and New Zealand.

Particular attention has been given to terms and expressions relating to institutions, political, legal and educational systems, historical and cultural events in Italy and in the English-speaking countries. It also includes many words that are no longer in current use yet are important for a full appreciation of literary classics, making this dictionary particularly relevant to the needs of the students and translators of today.

The dictionary clearly indicates differences in English usage in various parts of the world, especially between British and American usage. The mother-tongue English editors were in fact equally divided between Britons and Americans. The Italian-English section also takes into account the fact that users will be looking for information to help them produce texts for either British or American readers, hence subtle difference between the two varieties are indicated.

The English-Italian section also includes phonetic transcriptions of all headwords, indicating differences between British and American pronunciations where relevant. In the Italian-English section, the primary stress is indicated on each headword, and when the term is foreign in origin, the full pronunciation used in Italy is also given.

The CD-ROM completes this fourth edition and enables users to make rapid and in-depth searches throughout the entries and the whole body text of the dictionary.

Prefazione alla quarta edizione

Questa nuova edizione del *Dizionario Sansoni inglese-italiano italiano-inglese* poggia sulle solide basi del testo elaborato negli anni Settanta dal Centro Lessicografico Sansoni guidato dal prof. Vladimiro Macchi, opera che ha rappresentato per decenni un sicuro punto di riferimento per gli studenti e gli anglisti italiani.

Pur nel rispetto di questa prestigiosa tradizione, la quarta edizione è stata radicalmente rinnovata e arricchita: raccoglie infatti ben 335 000 tra lemmi e accezioni e si presenta come un moderno dizionario generale e un affidabile strumento di lavoro per studenti e professionisti.

L'opera è caratterizzata da una strutturazione delle voci di particolare chiarezza, con dovizia di informazioni grammaticali e contrastive tra le due lingue, e da una forma grafica che, grazie all'adozione della stampa a due colori, permette una facile e diretta consultazione. Il dizionario ha un'impostazione bidirezionale (presenta cioè glosse in lingua inglese nella parte inglese-italiano e glosse in italiano nella parte italiano-inglese) ed è stato pensato per soddisfare le esigenze di parlanti di madrelingua italiana o inglese.

Il lemmario registrato nel dizionario non tralascia il patrimonio storico delle due lingue, ma riserva grande attenzione nel presentare i nuovissimi apporti derivanti dalla sempre più rapida evoluzione degli ultimi decenni, in particolare nei settori delle scienze, delle tecnologie avanzate e del linguaggio dei media. Sono stati registrati anche i nuovi significati che i termini tradizionali hanno assunto nella lingua parlata. Per questo motivo sono state introdotte nelle voci migliaia di neologismi e di frasi idiomatiche tratte, oltre che dalla consultazione dei dizionari monolingui più prestigiosi, anche dallo spoglio della letteratura e della stampa periodica e da una metodica ricerca sui siti Internet britannici, statunitensi e italiani, oltre che su quelli canadesi, australiani, sudafricani e neozelandesi.

Particolare rilievo è stato dato a termini e locuzioni riferiti alle istituzioni, al sistema politico, giuridico e scolastico, agli avvenimenti storici e culturali dell'Italia e dei paesi anglofoni. La lingua documentata nel nuovo dizionario risponde perciò alle esigenze odierne di studenti e traduttori, pur non tralasciando di registrare molti termini caduti in disuso nella pratica corrente e tuttavia importanti per la comprensione dei classici letterari.

Il dizionario mette chiaramente in evidenza le varietà della lingua inglese parlata nel mondo, con particolare attenzione al lessico britannico e degli Stati Uniti, grazie anche al contributo paritetico di traduttori e redattori britannici e americani. Anche nella sezione italiano-inglese, in cui l'utente cercherà prevalentemente informazioni orientate a produrre testi rivolti a utenti britannici o statunitensi, tutte le traduzioni indicate tengono conto delle sottili distinzioni tra le due varietà.

La sezione inglese-italiano è corredata della trascrizione fonetica di ogni lemma, nella varietà britannica e americana. Nella sezione italiano-inglese è segnalato l'accento tonico di ogni lemma oppure, nel caso di termini di origine straniera, è riportata la pronuncia usata in Italia.

Il CD-ROM, che correda questa quarta edizione, consente rapide e approfondite ricerche nel lemmario e nell'intero corpo del dizionario.

Realizzazione editoriale: Edigeo s.r.l. - Milano

Direzione dell'opera: Nicoletta Aresca

Revisione linguistica: Elena Colombo, Paola Di Cataldo, Chiara Finardi,
Reno Raymond Gwaltney, Natalie McConnell, Nigel Ross
con il contributo di: John Armstrong, Carmen Cooper, Caroline Ingerson,
Christine Jones, Tomaso Lucchelli, Melanie Musgrave, Roma O'Flaherty,
Charles Ross Stump, Roberta Zanaboni

Trascrizione fonetica: Adriana Coppola, Claudia Azouri, Natalie McConnell,
Elisabetta Querci

In redazione: Laura Mazzoni, Elisabetta Querci
con la collaborazione di: Andrew Chen, Adriana Coppola, Angela Ferri,
Michaela Girardi, Renato Greaves, Rebecca Louise Green, Andrea Jones,
Carla Masinari, Alessandra Petrò, Anita Ravasio

Finito di stampare nel mese di gennaio 2003
da Rotolito Lombarda, Pioltello (Milano)

GUIDA ALL'USO DEL DIZIONARIO
DICTIONARY USERS' GUIDE

lemma
headword

genere del traducente
gender of translation

omografi
homographs

forme irregolari
irregular forms

esempi
examples

informazioni grammaticali
grammatical information

registro linguistico
style and usage labels

nomi propri
proper nouns

accento tonico del lemma italiano
primary stress of the Italian headword

categorie grammaticali
parts of speech

varianti britanniche e americane dei traducenti
British and American translations

informazioni grammaticali
grammatical information

fonetica britannica e americana
British and American phonetic transcription

traducenti
translations

abbreviazioni delle materie
subject labels

glosse in inglese
explanations in English

fraseologia
phraseology

verbi frasali
phrasal verbs

accezioni
meanings

fonetica di termini stranieri
phonetic transcription for headwords of foreign origin

glosse in italiano
explanations in Italian

ausiliare dei verbi intransitivi
auxiliary of intransitive verbs

reggenze
dependent prepositions

---

broadleaf, broad-leaf /'brɔːdliːf/ *a.* (*Bot*) latifoglia.

broad-minded /ˌbrɔːd'maɪndɪd *Am also* 'brɔːdˌmaɪndɪd/ *a.* **1** di larghe vedute, di mente aperta. **2** (*liberal*) liberale, tollerante.

brochure /'brouʃ(ʊ)əʳ, brɒ'ʃuəʳ *Am* brou'ʃuʳ/ *n.* opuscolo *m.*, fascicolo *m.*

brogue[1] /broʊg/ *n.* **1** scarpa *f.* da uomo con decorazione perforata. **2** (*ant*) tipo *m.* di scarpa pesante (portata in Irlanda o Scozia).

brogue[2] /broʊg/ *n.* **1** (*Irish accent*) accento *m.* irlandese. **2** (*Scottish accent*) accento *m.* scozzese.

broke[1] /broʊk/ → **break**[1].

brolga /'brɒlgə *Am* 'broʊlgə/ *n.* (*Ornit*) brolga *f.*

bromate /'broʊmeɪt/ *n.* (*Chim*) bromato *m.*

brome /'broʊm/ *n.* (*Bot*) bromo *m.*, ventolana *f.* □ (*Bot*) ~ *grass* bromo, ventolana.

bronze /brɒnz *Am* brɑːnz/ **I** *n.* **1** (*Met*) bronzo *m.* [...] **II** *a.* **1** di bronzo, bronzeo: *a ~ statue* una statua di bronzo. **2** (*bronze-coloured*) color bronzo, bronzeo. **III** *v.t.* **1** (*Met*) bronzare: *to ~ a bust* bronzare un busto. **2** (*to make brown*) abbronzare. **IV** *v.i.* abbronzarsi. □ (*Geol*) *Bronze Age* età del bronzo; *~ medal* medaglia di bronzo.

brother /'brʌðəʳ/ **I** *n.* (*pl.* **-s** /-z/, *ant.* **brethren** /'breðrən/; *il plurale* brethren *è usato per i membri di comunità religiose o di società*) **1** fratello *m.* (*anche fig*): *all men are -s* tutti gli uomini sono fratelli. **2** (*fellow countryman*) compatriota *m.*, connazionale *m.* **3** (*fellow member, etc.*) compagno *m.*, camerata *m.*, collega *m.*: *our -s in the medical profession* i nostri colleghi medici [...]

charley /'tʃɑːli *Am* 'tʃɑːrli/ □ (*colloq*) *~ horse* crampo (dovuto a eccessivo sforzo), stiramento muscolare.

charmed /'tʃɑːmd *Am* 'tʃɑːrmd/ *a.* **1** (*bewitched*) incantato, fatato. **2** (*enchanted, delighted*) incantato, rapito, ammaliato. □ *~ circle* cerchia di privilegiati, gruppo di privilegiati; (*ant*) *~ I'm sure!* lusingato di fare la Sua conoscenza!

Charybdis /kə'rɪbdɪs/ *n.pr.f.* (*Mitol*) Cariddi.

march[1] /mɑːtʃ *Am* mɑːrtʃ/ **I** *v.i.* **1** marciare (*on* su), avanzare a passo di marcia [...] □ *to ~ along* sfilare; *to ~ off*: **1** mettersi in marcia; **2** (*to set off steadily*) muoversi con decisione, muoversi con risolutezza; *to ~ out* uscire marciando; (*Br,Mil*) *to ~ past* sfilare (davanti); *to ~ with* (*to be in accord with*) concordare con, corrispondere a [...]

salmone **I** *m.* (*Itt*) salmon [...]

salomonico (*pl.* **-ci**) *a.* **1** (*Bibl*) Solomonic, of Solomon. **2** (*estens*) (*giusto*) Solomonic, impartial: *giudizio ~* impartial judgment.

salopette /salo'pɛt/ *f.inv.* (*Abbigl*) dungarees pl., (*Am*) overalls pl.

salpare (**sàlpo**) **I** *v.i.* (*aus.* **essere**) **1** (*Mar*) (*levare le ancore*) to weigh (*per* for), to raise anchor (*per* for), to sail (*per* for). **2** (*Mar*) (*partire*) to set sail, to leave; (*rif. a piroscafi*) to steam off. **3** (*scherz*) (*prendere il largo*) to make off, to leave. **II** *v.t.* (*recuperare dal fondo del mare*) to weigh. [...]

sballo *m.* **1** (*di merce*) unpacking. **2** (*gerg*) (*effetto di una droga*) freak-out, freakout, buzz. **3** (*estens*) (*situazione esaltante*) (*Br*) humdinger, gas, (*Am*) trip, blast. □ *che ~!* what a gas!: *che ~ 'sta festa!* (*Br*) this party is a gas!, (*Am*) this party is a blast!; *da ~* (*Br*) terrific, knockout, smashing, (*Am*) outstanding, awesome.

sbaraccare (**sbaràcco, sbaràcchi**) **I** *v.t.* (*colloq*) to sweep away, to get rid of. **II** *v.i.* (*aus.* **avere**) to pack up, to pack up and leave, (*colloq*) to clear out [...]

sbarazzare (**sbaràzzo**) **I** *v.t.* **1** (*sgombrare*) to free [...] **II** *v.pron.* **sbarazzarsi** to get rid (*di* of), to rid oneself (*di* of), to free oneself (*di* from): *sbarazzarsi di una persona molesta* to get rid of a bothersome person.

STRUTTURA DELLE VOCI
STRUCTURE OF ENTRIES

LEMMI

Ordinamento alfabetico

Le voci del dizionario sono presentate in rigoroso ordine alfabetico, senza considerare i caratteri non alfabetici (come trattini, punti, spazi ecc.). Nel lemmario sono presenti anche nomi propri di persona e di luogo, sigle e abbreviazioni. Anche le principali forme irregolari dei verbi vengono registrate come lemmi.

Omografi

Le voci che, pur presentando la stessa grafia, si differenziano semanticamente perché di etimologia diversa, vengono trattate come lemmi distinti, contrassegnati da un numero a esponente. Per ragioni grammaticali possono venir trattate così anche voci con la stessa etimologia:

> **sage**[1] /seɪdʒ/ **I** *a*. **1** (*lett*) saggio, assennato: *a ~ answer* una risposta saggia. **2** (*solemn, grave*) dall'aria solenne, grave (*anche iron*). **II** *n*. (*lett,iron*) saggio *m*. (*f*. -a).

> **sage**[2] /seɪdʒ/ *n*. (*Bot*) salvia *f*. □ (*Alim*) ~ *cheese* formaggio alla salvia; ~ *green* (color) verde salvia.

> **berlina**[1] *f*. (*Mediev*) pillory. □ (*fig*) *mettere alla ~* to pillory, to expose to ridicule; *essere messo alla ~* to be held up to ridicule.

> **berlina**[2] *f*. **1** (*carrozza*) berlin, berline. **2** (*Aut*) saloon, (*Am*) sedan.

INDICAZIONI DI PRONUNCIA

Sezione Inglese-Italiano

Per la trascrizione fonetica sono stati utilizzati i simboli dell'Associazione Fonetica Internazionale, in particolare la versione presentata in D. Jones, *English Pronouncing Dictionary* (Cambridge University Press, 1997) con alcune lievi semplificazioni.

I singoli lemmi sono seguiti dalla trascrizione fonetica relativa alla pronuncia britannica e a quella americana standard; quando le due varietà non differiscono viene indicata una sola trascrizione fonetica:

> **before** /bɪ'fɔːʳ *Am* bɪ'fɔːr/ [...]

> **confrontation** /ˌkɒnfrən'teɪʃən *Am* ˌkɑːnfrən'teɪʃən/ [...]

> **digital** /'dɪdʒɪtəl *Am* 'dɪdʒɪtᵊl/ [...]

> **fable** /'feɪbl/ [...]

> **read**[1] /riːd/ (*past, p.p.* **read** /red/) [...]

HEADWORDS

Alphabetical order

The dictionary's headwords are given in strict alphabetical order, ignoring all other signs that are not letters (such as hyphens, dots, spaces, and so on). The headwords include proper names of people and places, as well as acronyms and abbreviations. Irregular forms of verbs are also given separate entries.

Homographs and homonyms

Words with the same spelling but with different meanings because of different etymologies are indicated as a series of separate headwords and are numbered accordingly. Similarly, words may be numbered on account of grammatical function, whether or not they differ in meaning:

> **sage**[1] /seɪdʒ/ **I** *a*. **1** (*lett*) saggio, assennato: *a ~ answer* una risposta saggia. **2** (*solemn, grave*) dall'aria solenne, grave (*anche iron*). **II** *n*. (*lett,iron*) saggio *m*. (*f*. -a).

> **sage**[2] /seɪdʒ/ *n*. (*Bot*) salvia *f*. □ (*Alim*) ~ *cheese* formaggio alla salvia; ~ *green* (color) verde salvia.

> **berlina**[1] *f*. (*Mediev*) pillory. □ (*fig*) *mettere alla ~* to pillory, to expose to ridicule; *essere messo alla ~* to be held up to ridicule.

> **berlina**[2] *f*. **1** (*carrozza*) berlin, berline. **2** (*Aut*) saloon, (*Am*) sedan.

PRONUNCIATION

English-Italian section

Phonetic transcriptions are based on the symbols of the International Phonetics Association, in particular the version used for Daniel Jones' *English Pronouncing Dictionary* (Cambridge University Press, 1997) with minor simplifications.

Each headword is followed by the phonetic transcription of the standard British and American ways of pronouncing the word. When no difference is to be found, a single phonetic transcription is given.

> **before** /bɪ'fɔːʳ *Am* bɪ'fɔːr/ [...]

> **confrontation** /ˌkɒnfrən'teɪʃən *Am* ˌkɑːnfrən'teɪʃən/ [...]

> **digital** /'dɪdʒɪtəl *Am* 'dɪdʒɪtᵊl/ [...]

> **fable** /'feɪbl/ [...]

> **read**[1] /riːd/ (*past, p.p.* **read** /red/) [...]

La trascrizione fonetica del lemma è riportata interamente a eccezione delle forme verbali regolari (per le quali si è indicato solo il suffisso dei tempi passati) e dei plurali irregolari:

defer[1] /dɪˈfɜːr *Am* dɪˈfɜːr/ (*past, p.p.* **deferred** /-d/) [...]
lacuna /ləˈkjuːnə/ (*pl.* **-s** /-z/, **-nae** /-niː/) [...]

L'accento tonico principale di una parola viene indicato con il segno ['] che precede la sillaba, l'accento tonico secondario con il segno [ˌ].

Sezione Italiano-Inglese

Per ogni lemma è segnalato l'accento tonico con una sottolineatura della vocale:

abbattuto [...]
ebanista [...]

L'indicazione dell'accento è omessa quando la parola contiene un accento grafico, nei monosillabi e nelle voci di derivazione straniera con una pronuncia che si discosta dalle regole dell'italiano: queste ultime sono corredate della trascrizione fonetica con i simboli AFI.

attualità [...]
fa[1] [...]
halibut /ˈalibut/ [...]
hall /hɔːl/ [...]

INDICAZIONI GRAMMATICALI

Categorie grammaticali

Al lemma segue l'indicazione della categoria grammaticale. Nei sostantivi italiani, l'indicazione del genere rende superflua quella della categoria. Se all'interno della stessa voce si presentano più categorie grammaticali, ciascuna di esse è contrassegnata da un numero romano:

frill /frɪl/ **I** *n.* **1** (*Sart*) gala *f.* (increspata), ruche *f.* **2** (*Zool*) collare *m.* **3** (*Fot*) (*of an emulsion*) distacco *m.*; (*wrinkling*) arricciamento *m.* **4** *pl.* (*fig*) (*airs*) arie *f.pl.*: *to put on -s* darsi delle arie. **5** *pl.* (*sth. unnecessary*) frangia *f.sing.*, fronzolo *m.sing.*: *without -s* senza fronzoli. **II** *v.t.* **1** (*Sart*) ornare con gale, guarnire di gale. **2** (*to form into frills*) increspare, arricciare. **III** *v.i.* (*Fot*) (*of an emulsion*) distaccarsi.

panslavista **I** *m./f.* (*Pol*) Pan-Slavist, Panslavist. **II** *a.* (*Pol*) Pan-Slav, Pan-Slavic.

panificare (**panifico, panìfichi**) **I** *v.i.* (*aus.* **avere**) (*Alim*) to make bread. **II** *v.t.* (*Alim*) to make (sth.) into bread.

Flessioni nella sezione Inglese-Italiano

La formazione del plurale dei **nomi** è stata indicata:

a) se il plurale è irregolare:

man /mæn/ **I** *n.* (*pl.* **men** /men/) [...]

Phonetic transcriptions are shown in full except for past forms of regular verbs (where only the pronunciation of the past suffix is shown) and for irregular plurals.

defer[1] /dɪˈfɜːr *Am* dɪˈfɜːr/ (*past, p.p.* **deferred** /-d/) [...]
lacuna /ləˈkjuːnə/ (*pl.* **-s** /-z/, **-nae** /-niː/) [...]

The primary stress in a word is shown by the sign ['] before the syllable; a secondary stress is indicated by the sign [ˌ].

Italian-English section

Each headword has an underlined vowel to mark the primary stress in the word:

abbattuto [...]
ebanista [...]

No vowel is underlined when the headword already contains an accented letter, when the headword is monosyllabic, or when the headword is of foreign origin and not pronounced according to general Italian rules. In the latter case, a full IPA phonetic transcription is given.

attualità [...]
fa[1] [...]
halibut /ˈalibut/ [...]
hall /hɔːl/ [...]

GRAMMATICAL INFORMATION

Parts of speech

The headword is followed by an indication of its part of speech. For Italian headwords, the indication of gender clearly indicates its function as a noun. When an entry has more than one part of speech, each one is preceded by a Roman numeral.

frill /frɪl/ **I** *n.* **1** (*Sart*) gala *f.* (increspata), ruche *f.* **2** (*Zool*) collare *m.* **3** (*Fot*) (*of an emulsion*) distacco *m.*; (*wrinkling*) arricciamento *m.* **4** *pl.* (*fig*) (*airs*) arie *f.pl.*: *to put on -s* darsi delle arie. **5** *pl.* (*sth. unnecessary*) frangia *f.sing.*, fronzolo *m.sing.*: *without -s* senza fronzoli. **II** *v.t.* **1** (*Sart*) ornare con gale, guarnire di gale. **2** (*to form into frills*) increspare, arricciare. **III** *v.i.* (*Fot*) (*of an emulsion*) distaccarsi.

panslavista **I** *m./f.* (*Pol*) Pan-Slavist, Panslavist. **II** *a.* (*Pol*) Pan-Slav, Pan-Slavic.

panificare (**panifico, panìfichi**) **I** *v.i.* (*aus.* **avere**) (*Alim*) to make bread. **II** *v.t.* (*Alim*) to make (sth.) into bread.

Inflected forms in the English-Italian section

The plural form of the **noun** is given:

a) for irregular plurals:

man /mæn/ **I** *n.* (*pl.* **men** /men/) [...]

b) con i nomi in-*f* e in -*fe* che formano il plurale in -*ves*:

    calf[1] /kɑːf *Am* kæf/ (*pl.* **calves** /kɑːvz *Am* kævz/) *n.* [...]

    life /laɪf/ **I** *n.* (*pl.* **lives** /laɪvz/) [...]

c) con i nomi stranieri che mantengono il plurale della lingua d'origine o che hanno più plurali:

    basis /ˈbeɪsɪs/ (*pl.* **-ses** /-siːz/) *n.* [...]

    genus /ˈdʒiːnəs/ (*pl.* **genera** /ˈdʒenərə/, **-es** /-ɪz/) *n.* [...]

I nomi composti, il cui secondo elemento è irregolare, vengono indicati con l'abbreviazione *irr.*:

    boatman /ˈbəʊtmən/ *n.irr.* [...]

    bookshelf /ˈbʊkʃelf/ *n.irr.* [...]

I nomi invariati al plurale vengono contrassegnati con l'abbreviazione *inv.*:

    sheep /ʃiːp/ *n.inv.* **1** (*Zool*) pecora *f.* [...]

Per **aggettivi** e **avverbi** vengono indicate le forme del comparativo e del superlativo:

a) se queste sono irregolari:

    little /ˈlɪtl̩ *Am* ˈlɪtl̩/ (*compar.* **less** /les/ o **lesser** /ˈlesər/, *sup.* **least** /liːst/) **I** *a.* [...]

b) se l'aggettivo inglese prima della desinenza -*er* e -*est* raddoppia la consonante finale:

    hot[1] /hɒt *Am* ˈhɑːt/ (*compar.* **hotter** /ˈhɒtər *Am* ˈhɑːt̮ər/, *sup.* **hottest** /ˈhɒtɪst *Am* ˈhɑːt̮ɪst/) **I** *a.* [...]

Le irregolarità nella coniugazione dei **verbi** vengono indicate come segue:

a) di tutti i verbi irregolari, forti e deboli, si indicano il passato (*past*) e il participio passato (*p.p.*):

    read[1] /riːd/ (*past, p.p.* **read** /red/) **I** *v.t.* [...]

    drink[1] /drɪŋk/ (*past* **drank** /dræŋk/, *p.p.* **drunk** /drʌŋk/) [...]

b) con i verbi composti il cui ultimo elemento è un verbo irregolare, si aggiunge l'abbreviazione *irr.* se la composizione è evidente, altrimenti si riportano, per maggior chiarezza, le forme irregolari;

c) per i verbi che raddoppiano la consonante finale prima della desinenza -*ed* viene indicato il raddoppiamento:

    compel /kəmˈpel/ (*past, p.p.* **compelled** /-d/) *v.t.* [...]

d) dei verbi difettivi vengono riportate le forme più comunemente usate:

    can[1] /kən *emphatic* kæn/ *v.aus.* (*pr.* **can**, *negativo* **cannot** /ˈkænɒt *Am* ˈkænɑːt/; *past e condiz.* **could** /kəd *emphatic* kʊd/; **cannot** e **could not** *si contraggono spesso in* **can't** /kɑːnt *Am* kænt/ e **couldn't** /ˈkʊdᵊnt/; *manca dell'inf. e del p.p.*) [...]

---

b) for nouns ending in -*f* or in -*fe* when the plural form ends in -*ves*:

    calf[1] /kɑːf *Am* kæf/ (*pl.* **calves** /kɑːvz *Am* kævz/) *n.* [...]

    life /laɪf/ **I** *n.* (*pl.* **lives** /laɪvz/) [...]

c) for words adopted directly from foreign languages that keep their foreign plural or have more than one plural form:

    basis /ˈbeɪsɪs/ (*pl.* **-ses** /-siːz/) *n.* [...]

    genus /ˈdʒiːnəs/ (*pl.* **genera** /ˈdʒenərə/, **-es** /-ɪz/) *n.* [...]

Compound nouns in which the second part is irregular are simply labelled with the abbreviation *irr.*:

    boatman /ˈbəʊtmən/ *n.irr.* [...]

    bookshelf /ˈbʊkʃelf/ *n.irr.* [...]

Nouns that remain unchanged in the plural are labelled with the abbreviation *inv.*:

    sheep /ʃiːp/ *n.inv.* **1** (*Zool*) pecora *f.* [...]

The comparative and superlative forms of **adjectives** and **adverbs** are given:

a) for irregular adjectives and adverbs:

    little /ˈlɪtl̩ *Am* ˈlɪtl̩/ (*compar.* **less** /les/ o **lesser** /ˈlesər/, *sup.* **least** /liːst/) **I** *a.* [...]

b) for English adjectives that double the final consonant before the -*er* or -*est* ending:

    hot[1] /hɒt *Am* ˈhɑːt/ (*compar.* **hotter** /ˈhɒtər *Am* ˈhɑːt̮ər/, *sup.* **hottest** /ˈhɒtɪst *Am* ˈhɑːt̮ɪst/) **I** *a.* [...]

Irregular conjugations of **verbs** are indicated as follows:

a) for all irregular verbs, both strong and weak, the past form (*past*) and past participle form (*p.p.*) are given:

    read[1] /riːd/ (*past, p.p.* **read** /red/) **I** *v.t.* [...]

    drink[1] /drɪŋk/ (*past* **drank** /dræŋk/, *p.p.* **drunk** /drʌŋk/) [...]

b) for compound word verbs where the last part is irregular, the abbreviation *irr.* is used when the formation is evident, otherwise the full irregular forms are given for clarity:

c) for verbs that double the final consonant before the -*ed* ending, the full form is given:

    compel /kəmˈpel/ (*past, p.p.* **compelled** /-d/) *v.t.* [...]

d) for defective (modal) verbs, the most commonly used forms are listed:

    can[1] /kən *emphatic* kæn/ *v.aus.* (*pr.* **can**, *negativo* **cannot** /ˈkænɒt *Am* ˈkænɑːt/; *past e condiz.* **could** /kəd *emphatic* kʊd/; **cannot** e **could not** *si contraggono spesso in* **can't** /kɑːnt *Am* kænt/ e **couldn't** /ˈkʊdᵊnt/; *manca dell'inf. e del p.p.*) [...]

Flessioni nella sezione Italiano-Inglese

Per i **nomi** della sezione italiano-inglese viene indicata la formazione del plurale nei seguenti casi:

a) sei il plurale è irregolare:

>**u̲o̲mo** (*pl.* **uòmini**) **I** *m.* [...]
>
>**b̲u̲e** (*pl.* **buòi**) *m.* [...]

b) nei nomi sovrabbondanti nel numero plurale:

>**br̲a̲ccio** *m.* (**bràcci, bràccia**; *the plural in -a is used in the concrete sense and as a measure of length; in other cases the plural is usually in -i*) [...]

c) nei nomi in *-co* e *-go* e in *-cia* e *-gia* con la *i* atona:

>**b̲a̲co** (*pl.* **-chi**) *m.* [...]
>
>**cam̲i̲cia** (*pl.* **-cie**) *f.* [...]

d) nei nomi composti viene indicato il plurale quando questo non si forma secondo le regole comuni:

>**capof̲i̲la** (*pl.* **capifìla**) *m./f.* [...]
>
>**cassaf̲o̲rte** (*pl.* **cassefòrti**) *f.* [...]

e) I nomi inalterati al plurale vengono contrassegnati con l'abbreviazione *inv* (a eccezione dei monosillabi e dei nomi terminanti in vocale accentata, che sono per regola inalterati):

>**apribott̲i̲glie** *m.inv.* [...]
>
>**a̲u̲to** *f.inv.* [...]

Per gli **aggettivi** vengono indicati il plurale e le forme del comparativo e del superlativo quando queste sono irregolari; in particolare viene indicato il plurale degli aggettivi in *-co* e *-go*. Gli aggettivi invariabili sono contrassegnati dall'abbreviazione *inv.*:

>**bu̲o̲no**[1] (*compar.* **più buono/migliore**, *sup.* **buonissimo/ottimo**; buono *becomes* **buon** *before singular masculine nouns beginning with a vowel or a consonant, except before* s + consonant gn, ps, z, x; buona *becomes* **buon'** *only before feminine nouns beginning with* a) **I** *a.* [...]
>
>**an̲a̲logo** (*pl.* **-ghi**) *a.* [...]
>
>**imp̲a̲ri** *a.inv.* [...]

Le informazioni circa la coniugazione dei **verbi** sono le seguenti:

a) per tutti i verbi viene indicata la prima persona del presente indicativo:

>**bad̲a̲re** (**bàdo**) *v.i.* (*aus.* **avere**) [...]

b) per i verbi irregolari si segnalano inoltre le forme del passato remoto e del participio passato, anche se solo una di esse è irregolare:

>**apr̲i̲re** (*pres.ind.* **àpro**; *p.rem.* **aprìi/apèrsi**; *p.p.* **apèrto**) **I** *v.t.* [...]
>
>**div̲i̲dere** (*pres.ind.* **divìdo**; *p.rem.* **divìsi**; *p.p.* **divìso**) [...]

c) per i verbi anomali vengono riportate tutte

Inflected forms in the Italian-English section

The plural form of the **noun** in the Italian-English section is given:

a) for irregular plural forms:

>**u̲o̲mo** (*pl.* **uòmini**) **I** *m.* [...]
>
>**b̲u̲e** (*pl.* **buòi**) *m.* [...]

b) for nouns with more than one plural form:

>**br̲a̲ccio** *m.* (**bràcci, bràccia**; *the plural in -a is used in the concrete sense and as a measure of length; in other cases the plural is usually in -i*) [...]

c) for nouns ending in *-co* or *-go*, or in *-cia* or *-gia* where the *i* is unstressed:

>**b̲a̲co** (*pl.* **-chi**) *m.* [...]
>
>**cam̲i̲cia** (*pl.* **-cie**) *f.* [...]

d) for compound nouns when the plural form is not formed according to the usual rules:

>**capof̲i̲la** (*pl.* **capifìla**) *m./f.* [...]
>
>**cassaf̲o̲rte** (*pl.* **cassefòrti**) *f.* [...]

e) for nouns that remain unchanged in the plural, which are labelled with the abbreviation *inv.* (except for monosyllabic nouns and nouns ending in an accented vowel which always remain unchanged):

>**apribott̲i̲glie** *m.inv.* [...]
>
>**a̲u̲to** *f.inv.* [...]

Adjectives are given in the plural and in the comparative and superlative forms when these forms are irregular; in particular the plural forms are given for adjectives ending in *-co* and *-go*. Adjectives that remain unchanged in the plural form are labelled with the abbreviation *inv*:

>**bu̲o̲no**[1] (*compar.* **più buono/migliore**, *sup.* **buonissimo/ottimo**; buono *becomes* **buon** *before singular masculine nouns beginning with a vowel or a consonant, except before* s + consonant gn, ps, z, x; buona *becomes* **buon'** *only before feminine nouns beginning with* a) **I** *a.* [...]
>
>**an̲a̲logo** (*pl.* **-ghi**) *a.* [...]
>
>**imp̲a̲ri** *a.inv.* [...]

The following information is provided about **verb** conjugations:

a) for all verbs, the first personal singular of the present tense (*presente indicativo*) is given:

>**bad̲a̲re** (**bàdo**) *v.i.* (*aus.* **avere**) [...]

b) for irregular verbs the past historic (*passato remoto*) and past participle (*participio passato*) are given, even when only one of the two forms is irregular:

>**apr̲i̲re** (*pres.ind.* **àpro**; *p.rem.* **aprìi/apèrsi**; *p.p.* **apèrto**) **I** *v.t.* [...]
>
>**div̲i̲dere** (*pres.ind.* **divìdo**; *p.rem.* **divìsi**; *p.p.* **divìso**) [...]

c) for verbs with anomalous conjugations, all

le forme irregolari:

andare[1] (*pres.ind.* **vàdo** /*region* **vo, vài, va, andiàmo, andàte, vànno**; *fut.* **andrò**; *pres.cong.* **vàda, andiàmo, andiàte, vàdano**; *imperat.* **va'/va/vài**; *aus.* **essere**) *v.i.* [...]

d) per i verbi in -*care*, -*gare*, -*cere*, -*gere* e -*iare* vengono indicate la 1ª e la 2ª persona singolare del presente indicativo:

ergere (*pres.ind.* **èrgo, èrgi**; *p.rem.* **èrsi**; *p.p.* **èrto**) *v.t.* [...]

obliare (**oblìo, oblìi**) I *v.t.* [...]

e) per i verbi che inseriscono al presente il trigramma *isc* vengono indicate la 1ª e la 2ª persona singolare del presente indicativo:

finire (**finìsco, finìsci**) I *v.t.* [...]

f) per i verbi con dittongo mobile, vengono riportate tutte le forme la cui costruzione potrebbe generare dubbi:

muovere (*pres.ind.* **muòvo, muòvi, muòve, muoviàmo, muovéte, muòvono**; *impf.ind.* **muovévo**; *p.rem.* **mòssi**; *fut.* **muoverò**; *pres.cong.* **muòva, muoviàmo, muoviàte, muòvano**; *impf.cong.* **muovéssi**; *p.p.* **mòsso**; *ger.* **muovèndo**) I *v.t.* [...]

g) nei verbi difettivi vengono riportate tutte le forme usate, o un'osservazione generale sull'uso del verbo:

vigere (**vìge**; *generally used in the third person singular and plural of the simple tenses and in the present participle*) *v.i.* [...]

Nei verbi intransitivi è sempre indicato l'ausiliare usato per la formazione dei tempi composti:

abbaiare (**abbàio, abbài**) I *v.i.* (*aus.* **avere**) [...]

SVILUPPO DELLE VOCI

Parte semantica

Prescindendo dalle voci con una sola accezione, le singole voci vengono analizzate nei loro differenti significati e sottosignificati che vengono caratterizzati e differenziati per mezzo di sinonimi, spiegazioni e abbreviazioni. I singoli significati sono numerati con numeri arabi in grassetto. Nell'ordinare le singole accezioni di una voce si passa dai significati più comuni ai meno comuni, dal significato proprio a quello figurato, dal significato moderno a quello antiquato. Voci e accezioni di uso comune sono spesso accompagnate da esempi che presentano la parola nel suo contesto.

effort /'efət *Am* 'efərt/ *n.* **1** sforzo *m.*, fatica *f.*: *it takes great* ~ richiede una grossa fatica. **2** (*attempt*) sforzo *m.*, tentativo *m.*: *my -s to persuade him failed* i miei sforzi per persuaderlo sono stati vani. **3** (*achievement*) realizzazione *f.* (letteraria o artistica), creazione *f.*, opera *f.*: *one of his best -s* una delle sue migliori creazioni. **4** (*Mecc*) sforzo *m.*

canestro *m.* **1** basket; (*con coperchio*) hamper. **2** (*da pescatore*) fishing basket. **3** (*il contenuto*) basketful. **4** (*Sport*) (*nel gioco della pallacanestro*) basket: *fare* ~ (o *andare a* ~) to shoot a basket.

---

irregular forms are listed:

andare[1] (*pres.ind.* **vàdo** /*region* **vo, vài, va, andiàmo, andàte, vànno**; *fut.* **andrò**; *pres.cong.* **vàda, andiàmo, andiàte, vàdano**; *imperat.* **va'/va/vài**; *aus.* **essere**) *v.i.* [...]

d) for verbs ending in -*care*, -*gare*, -*cere*, -*gere*, and -*iare* the first and second personal singular of the present tense are given:

ergere (*pres.ind.* **èrgo, èrgi**; *p.rem.* **èrsi**; *p.p.* **èrto**) *v.t.* [...]

obliare (**oblìo, oblìi**) I *v.t.* [...]

e) for verbs that insert the *isc* trigram between the verb stem and ending, the first and second persons singular of the present tense are given:

finire (**finìsco, finìsci**) I *v.t.* [...]

f) for verbs with variable diphthongs, all forms that may cause doubt are listed:

muovere (*pres.ind.* **muòvo, muòvi, muòve, muoviàmo, muovéte, muòvono**; *impf.ind.* **muovévo**; *p.rem.* **mòssi**; *fut.* **muoverò**; *pres.cong.* **muòva, muoviàmo, muoviàte, muòvano**; *impf.cong.* **muovéssi**; *p.p.* **mòsso**; *ger.* **muovèndo**) I *v.t.* [...]

g) for defective (modal) verbs, all forms used are listed, or a general comment is made regarding the usage of the verb:

vigere (**vìge**; *generally used in the third person singular and plural of the simple tenses and in the present participle*) *v.i.* [...]

With intransitive verbs, the auxiliary used to form compound tenses is always indicated:

abbaiare (**abbàio, abbài**) I *v.i.* (*aus.* **avere**) [...]

LAYOUT OF INDIVIDUAL ENTRIES

Meanings

Apart from headwords with only one meaning, all the various meanings and subtleties of meanings are given for the words. The semantic differences are defined and distinguished using synonyms, explanations and abbreviations. The separate meanings are numbered (using bold Arabic numerals) and are listed in order, from the most common to the least common, from the concrete to the figurative meaning, from modern usage to archaic usage. The more common words and meanings are often followed by examples of how the word is used in context.

effort /'efət *Am* 'efərt/ *n.* **1** sforzo *m.*, fatica *f.*: *it takes great* ~ richiede una grossa fatica. **2** (*attempt*) sforzo *m.*, tentativo *m.*: *my -s to persuade him failed* i miei sforzi per persuaderlo sono stati vani. **3** (*achievement*) realizzazione *f.* (letteraria o artistica), creazione *f.*, opera *f.*: *one of his best -s* una delle sue migliori creazioni. **4** (*Mecc*) sforzo *m.*

canestro *m.* **1** basket; (*con coperchio*) hamper. **2** (*da pescatore*) fishing basket. **3** (*il contenuto*) basketful. **4** (*Sport*) (*nel gioco della pallacanestro*) basket: *fare* ~ (o *andare a* ~) to shoot a basket.

Parte fraseologica

La parte fraseologica e idiomatica delle singole voci è preceduta dal simbolo □. Per facilitare la ricerca delle singole frasi riportate sotto un lemma, queste sono state ordinate alfabeticamente in base alla prima parola (o alle prime parole) più importante della frase, indicata in colore:

waiting /'weɪtɪŋ/ *n.* **1** attesa *f.*, l'aspettare. **2** (*Strad*) sosta *f.*: *no* ~ divieto di sosta. **3** (*waitering*) lavoro *m.* di cameriere, impiego *m.* di cameriere. □ *~ game* temporeggiamento: *to play a ~ game* aspettare il momento propizio; *in* ~: 1 al servizio di; 2 (*Mil*) disponibile, a disposizione; *~ line* fila, coda (di attesa); *~ list* lista di attesa (in prenotazioni aeree, ristoranti ecc.); (*Assic*) *~ period* periodo di aspettativa; *~ room* sala d'attesa, sala d'aspetto; *~ time* periodo d'attesa.

mattina *f.* **1** morning, (*lett,poet*) morn: *una bella ~ di maggio* a fine May morning; *domani* ~ tomorrow morning; *giovedì* ~ Thursday morning; *ieri* ~ yesterday morning; *l'altra* ~ the other morning. **2** (*mattinata*) morning: *ho perso tutta la* ~ I wasted the whole morning. □ *dalla ~ alla sera* from morning till night; *di* ~ in the morning; *alle 8 di* ~ at 8 o'clock in the morning; *di* ~ *presto* early in the morning; *la* ~ *dopo* the morning after, the next morning; *farsi* ~ to dawn; *ogni* ~ every morning, each morning; *la* ~ *presto* early in the morning; *questa* ~ this morning; *la* ~ *tardi* late in the morning; *tutte le mattine* every morning, each morning.

Questa sezione contiene anche i verbi frasali (come *to lie about, to lie along*) derivati dal lemma di partenza e spesso articolati in più accezioni:

pare /peəʳ *Am* per/ *v.t.* **1** sbucciare, pelare: *to ~ apples* sbucciare le mele. **2** (*to cut away excess from*) tagliare, accorciare: *to ~ one's nails* tagliarsi le unghie. **3** (*to trim*) pareggiare, tagliare in modo uguale. **4** (*to reduce*) ridurre, diminuire: *to ~ down overheads* ridurre le spese generali. □ *to ~ away*: 1 sbucciare, pelare; 2 (*to cut away excess from*) tagliare, accorciare; (*fig*) *to ~ so.'s claws* tagliare gli artigli a qcu., rendere qcu. innocuo; *to ~ down* ridurre, diminuire; *to ~ off*: 1 sbucciare, pelare; 2 (*to cut away excess from*) tagliare, accorciare; (*fig*) *to ~ so.* **to the bone** ridurre qcu. all'osso.

Le frasi, i modi di dire e i proverbi che costituiscono la parte principale della sezione fraseologica, vengono registrati sempre sotto il lemma che corrisponde alla prima parola importante dell'espressione (verbo, nome, aggettivo). Così, per esempio, il proverbio *he who pays the piper calls the tune* si trova sotto il verbo **pay** e la frase *as hard as iron* si trova sotto l'aggettivo **hard**. In modo analogo, il proverbio *le bugie hanno le gambe corte* si trova sotto la voce **bugia** e la frase *i cavalieri della Tavola Rotonda* sotto **cavaliere**.

Nella fraseologia di alcuni verbi non sono state registrate tutte le espressioni idiomatiche che potrebbero reggere: si tratta dei verbi estremamente comuni (*be, have, go, come, do, get, make, take, let, give, keep, put, can, must, will* nella sezione inglese e *essere, avere, fare, andare, venire, prendere, lasciare, dare, tenere, mettere, stare, potere, dovere, volere* nella sezione italiana). Per questo motivo la frase *to get one's cards* si trove-

Phraseology

The list of phrases and idioms for each word is preceded by the symbol □. To help to find individual phrases given under a headword, the phrases have been put in alphabetical order according to the phrase's first key word or words, which have been highlighted in a different colour.

waiting /'weɪtɪŋ/ *n.* **1** attesa *f.*, l'aspettare. **2** (*Strad*) sosta *f.*: *no* ~ divieto di sosta. **3** (*waitering*) lavoro *m.* di cameriere, impiego *m.* di cameriere. □ *~ game* temporeggiamento: *to play a ~ game* aspettare il momento propizio; *in* ~: 1 al servizio di; 2 (*Mil*) disponibile, a disposizione; *~ line* fila, coda (di attesa); *~ list* lista di attesa (in prenotazioni aeree, ristoranti ecc.); (*Assic*) *~ period* periodo di aspettativa; *~ room* sala d'attesa, sala d'aspetto; *~ time* periodo d'attesa.

mattina *f.* **1** morning, (*lett,poet*) morn: *una bella ~ di maggio* a fine May morning; *domani* ~ tomorrow morning; *giovedì* ~ Thursday morning; *ieri* ~ yesterday morning; *l'altra* ~ the other morning. **2** (*mattinata*) morning: *ho perso tutta la* ~ I wasted the whole morning. □ *dalla ~ alla sera* from morning till night; *di* ~ in the morning; *alle 8 di* ~ at 8 o'clock in the morning; *di* ~ *presto* early in the morning; *la* ~ *dopo* the morning after, the next morning; *farsi* ~ to dawn; *ogni* ~ every morning, each morning; *la* ~ *presto* early in the morning; *questa* ~ this morning; *la* ~ *tardi* late in the morning; *tutte le mattine* every morning, each morning.

This section also contains phrasal verbs (such as *to lie about, to lie along*) deriving from the original headword and often subdivided into various meanings:

pare /peəʳ *Am* per/ *v.t.* **1** sbucciare, pelare: *to ~ apples* sbucciare le mele. **2** (*to cut away excess from*) tagliare, accorciare: *to ~ one's nails* tagliarsi le unghie. **3** (*to trim*) pareggiare, tagliare in modo uguale. **4** (*to reduce*) ridurre, diminuire: *to ~ down overheads* ridurre le spese generali. □ *to ~ away*: 1 sbucciare, pelare; 2 (*to cut away excess from*) tagliare, accorciare; (*fig*) *to ~ so.'s claws* tagliare gli artigli a qcu., rendere qcu. innocuo; *to ~ down* ridurre, diminuire; *to ~ off*: 1 sbucciare, pelare; 2 (*to cut away excess from*) tagliare, accorciare; (*fig*) *to ~ so.* **to the bone** ridurre qcu. all'osso.

The phrases, idiomatic expressions, sayings and proverbs that make up the core of the phraseology section are listed under the first key word (or words) contained in the expression (be they verb, noun or adjective). Therefore, for example, the proverb *he who pays the piper calls the tune* is to be found under the verb (to) **pay**, and the phrase *as hard as iron* is listed under the adjective **hard**. Likewise, the Italian proverb *le bugie hanno le gambe corte* is given under the headword **bugia** and the phrase *i cavalieri della Tavola Rotonda* under **cavaliere**.

In the phraseology section of certain verbs, not all idiomatic expressions based on the verb in question have been given because of the quantity. This is the case for certain extremely common verbs (*be, have, go, come, do, get, make, take, let, give, keep, put, can, must, will* in the English section and *essere, avere, fare, andare, venire, prendere, lasciare, dare, tenere, mettere, stare, potere, dovere, volere* in the Italian section). As a result, the phrase *to get one's cards* is rà nella fraseologia di **card** e *prendere qcu. in castagna* in quella di **castagna**.

Le **varianti** nella formulazione di una frase possono essere indicate in tre modi differenti:

a) con parentesi tonde, quando la variante è costituita da una o più parole che possono essere omesse senza che muti il senso o della frase: *to hurry so.* (up), *to sift* (through) *the evidence*, è (una cosa) *molto improbabile, officina* (di produzione) *del gas.*

b) con parentesi tonde e la congiunzione *o*, se la variante può sostituire l'ultima parola, una parte di frase o è esattamente equivalente nel significato alla prima espressione: *to be* (o *to get*) *off the track, to laugh on the other side of one's face* (o *mouth*), *essere fuori di squadra* (o *essere fuori di squadro*), *spuntare come i funghi* (o *venire su come i funghi*).

given in the phrases under the headword **card**, and *prendere qcu. in castagna* is given under **castagna**.

Alternative words used in phrases and expressions are indicated in three different ways:

a) with round brackets (parentheses), when the alternative is a word or two that may be omitted without altering the sense of the phrase: *to hurry so.* (up), *to sift* (through) *the evidence*, è (una cosa) *molto improbabile, officina* (di produzione) *del gas.*

b) with round brackets (parentheses) and the conjunction *o*, when the alternative may replace the last word or the last a part of the phrase, or when it is a precise equivalent to the former expression: *to be* (o *to get*) *off the track, to laugh on the other side of one's face* (o *mouth*), *essere fuori di squadra* (o *essere fuori di squadro*), *spuntare come i funghi* (o *venire su come i funghi*).

TRADUCENTI

Nella sezione inglese-italiano, i nomi che appaiono come traducenti di un sostantivo vengono accompagnati dal genere. Viene segnalato anche l'eventuale cambiamento di numero:

> **keg** /keg/ *n.* **1** barilotto *m.*, fusto *m.* di legno. **2** (*beer*) birra *f.* alla spina.

> **gardening** /'gɑːdᵊnɪŋ *Am* 'gɑːrdᵊnɪŋ/ *n.* lavori *m.pl.* di giardinaggio, giardinaggio *m.*

Per i sostantivi di persona è indicata tra parentesi la forma femminile; i nomi di genere comune vengono contrassegnati con l'abbreviazione *m./f.*:

> **gatecrasher** /'geɪt,kræʃər/ *n.* (*colloq*) ospite *m./f.* non invitato, intruso *m.* (*f.* -a), imbucato *m.* (*f.* -a).

Nella sezione italiano-inglese viene segnalato il cambiamento di numero e tra parentesi la forma femminile:

> **azionariato** *m.* (*Econ*) body of shareholders, shareholders *pl.*, (*Am*) stockholders *pl.*

> **fornicatore** *m.* (*f.* **-trice**) (*lett,Bibl*) fornicator (*f.* -trix).

TRANSLATIONS

In the English-Italian section, nouns given as translations are accompanied by an indication of gender. Any change from singular to plural or vice versa is also shown:

> **keg** /keg/ *n.* **1** barilotto *m.*, fusto *m.* di legno. **2** (*beer*) birra *f.* alla spina.

> **gardening** /'gɑːdᵊnɪŋ *Am* 'gɑːrdᵊnɪŋ/ *n.* lavori *m.pl.* di giardinaggio, giardinaggio *m.*

For nouns referring to people, the female form is given in brackets; nouns that can be either masculine or feminine are indicated by the abbreviation *m./f.*:

> **gatecrasher** /'geɪt,kræʃər/ *n.* (*colloq*) ospite *m./f.* non invitato, intruso *m.* (*f.* -a), imbucato *m.* (*f.* -a).

In the Italian-English section, changes from singular to plural or vice versa are shown, and female forms are given in brackets (parentheses):

> **azionariato** *m.* (*Econ*) body of shareholders, shareholders *pl.*, (*Am*) stockholders *pl.*

> **fornicatore** *m.* (*f.* **-trice**) (*lett,Bibl*) fornicator (*f.* -trix).

INDICAZIONI DELLA REGGENZA

La reggenza dei verbi e degli aggettivi della lingua di partenza viene indicata (in *corsivo*) insieme con l'indicazione di reggenza della lingua d'arrivo (in tondo):

> **gibe** /dʒaɪb/ **I** *v.i.* lanciare frecciate (*at* a), punzecchiare (*at so.* qcu.). **II** *v.t.* punzecchiare, pizzicare. **III** *n.* frecciata *f.*, allusione *f.* maligna.

> **mercy** /'mɜːsi *Am* 'mɜːrsi/ **I** *n.* **1** misericordia *f.*, pietà *f.*, compassione *f.*, clemenza *f.* (*to, towards* di, verso, per): *to beg for* ~ implorare pietà; *a recommendation to* ~ un invito alla clemenza. **2** (*colloq*) (*fortunate event*) grazia *f.*, benedizione *f.*, dono *m.* del cielo, fortuna *f.* **3** (*power*) mercé *f.*, balia *f.*: *to be at the* ~ *of* essere alla mercé di, essere in balia di. **4** (*Dir*) grazia *f.* **II** *intz.* caspita!

DEPENDENT PREPOSITIONS

Dependent prepositions following verbs and adjectives are shown for the source language (in *italics*) and for the target language (in Roman type):

> **gibe** /dʒaɪb/ **I** *v.i.* lanciare frecciate (*at* a), punzecchiare (*at so.* qcu.). **II** *v.t.* punzecchiare, pizzicare. **III** *n.* frecciata *f.*, allusione *f.* maligna.

> **mercy** /'mɜːsi *Am* 'mɜːrsi/ **I** *n.* **1** misericordia *f.*, pietà *f.*, compassione *f.*, clemenza *f.* (*to, towards* di, verso, per): *to beg for* ~ implorare pietà; *a recommendation to* ~ un invito alla clemenza. **2** (*colloq*) (*fortunate event*) grazia *f.*, benedizione *f.*, dono *m.* del cielo, fortuna *f.* **3** (*power*) mercé *f.*, balia *f.*: *to be at the* ~ *of* essere alla mercé di, essere in balia di. **4** (*Dir*) grazia *f.* **II** *intz.* caspita!

formicolante *a.* swarming, teeming (*di* with).

avvalersi (*pres.ind.* **mi avvàlgo, ti avvàli**; *p.rem.* **mi avvàlsi**; *p.p.* **avvàlso**) *v.pron.* to make use (*di* of), to avail oneself (*di* of), to exercise: ~ *di un diritto* to exercise a right; *avvalendosi di qcs.* by using sth.

Se tra i traducenti di un verbo transitivo compare un verbo intransitivo che regge una determinata preposizione, questa si considera come facente parte del verbo e viene data fuori parentesi:

curare (**cùro**) **I** *v.t.* **1** (*avere in cura*) to treat; (*medicare*) to dress: *il medico che lo cura è molto noto* the doctor who is treating him is very well-known; *lo hanno curato con gli antibiotici* they treated him with antibiotics; ~ *una ferita* to dress a wound. **2** (*assistere*) to look after, to take care of; (*rif. a infermiera*) to nurse: ~ *un malato* to look after a sick person.

Se il verbo di partenza è intransitivo e tra i traducenti c'è un verbo transitivo, questo viene indicato con (qcu.) o (qcs.):

listen /'lɪsən/ **I** *v.i.* **1** ascoltare (*to sth., so.* qcs., qcu.), prestar orecchio (a), dare ascolto (a), (stare a) sentire. **2** (*to pay attention*) dare retta (a), ascoltare (qcu.). **3** (*to obey*) ubbidire (a). **II** *n.* ascolto *m.*: *I haven't had a ~ to the album yet* non ho ancora ascoltato l'album.

Talvolta, invece dell'indicazione della reggenza, è indicato un esempio da cui dedurre la costruzione della voce di partenza e della traduzione. Questa soluzione viene adottata specialmente se la traduzione è unica:

abdicare (**àbdico, àbdichi**; *aus.* **avere**) *v.i.* **1** to abdicate: *il re abdicò in favore del figlio* the king abdicated in favour of his son; ~ *al trono* to abdicate the throne. **2** (*estens,fig*) (*rinunciare*) to give up (*a qcs.* sth.), to renounce (*a qcs.* sth.).

formicolante *a.* swarming, teeming (*di* with).

avvalersi (*pres.ind.* **mi avvàlgo, ti avvàli**; *p.rem.* **mi avvàlsi**; *p.p.* **avvàlso**) *v.pron.* to make use (*di* of), to avail oneself (*di* of), to exercise: ~ *di un diritto* to exercise a right; *avvalendosi di qcs.* by using sth.

If a transitive verb is translated with an intransitive verb that takes a dependent preposition, the preposition in question is considered to be a part of the verb and is not placed in brackets (parentheses):

curare (**cùro**) **I** *v.t.* **1** (*avere in cura*) to treat; (*medicare*) to dress: *il medico che lo cura è molto noto* the doctor who is treating him is very well-known; *lo hanno curato con gli antibiotici* they treated him with antibiotics; ~ *una ferita* to dress a wound. **2** (*assistere*) to look after, to take care of; (*rif. a infermiera*) to nurse: ~ *un malato* to look after a sick person.

If the source verb is intransitive and it is translated with a transitive verb, this is indicated by (qcu.) or (qcs.) following the verb:

listen /'lɪsən/ **I** *v.i.* **1** ascoltare (*to sth., so.* qcs., qcu.), prestar orecchio (a), dare ascolto (a), (stare a) sentire. **2** (*to pay attention*) dare retta (a), ascoltare (qcu.). **3** (*to obey*) ubbidire (a). **II** *n.* ascolto *m.*: *I haven't had a ~ to the album yet* non ho ancora ascoltato l'album.

On occasions, the dependent preposition is indicated by means of an example that clarifies the usage of the source headword and its translation. This method is frequently used when only one translation is suggested:

abdicare (**àbdico, àbdichi**; *aus.* **avere**) *v.i.* **1** to abdicate: *il re abdicò in favore del figlio* the king abdicated in favour of his son; ~ *al trono* to abdicate the throne. **2** (*estens,fig*) (*rinunciare*) to give up (*a qcs.* sth.), to renounce (*a qcs.* sth.).

CARATTERI TIPOGRAFICI E SEGNI PARTICOLARI

TYPESCRIPTS AND SPECIAL SIGNS

Convenzioni tipografiche

Nella composizione tipografica delle singole voci sono state usate le seguenti convenzioni: il lemma è riportato in carattere **nero e in colore**, il **neretto** è usato per i numeri romani e arabi indicanti le diverse categorie grammaticali e le accezioni di una voce, per le irregolarità morfologiche che seguono il lemma e per la destinazione dei rimandi; il *corsivo* è usato per le indicazioni grammaticali e i limiti d'uso, per le abbreviazioni, le spiegazioni grammaticali e semantiche, lo svolgimento delle sigle, gli esempi e la fraseologia nella lingua di partenza; le traduzioni nella lingua d'arrivo sono composte in carattere tondo. Nella sezione fraseologica, le parole chiave di ogni espressione sono evidenziate in *colore*.

Typescripts

The different typescripts employed in individual entries are used as follows: the headword is printed in **coloured bold** letters; **bold** typeface is used to number (Roman or Arabic numerals) the various parts of speech and the meanings of a word, to show irregular forms after the headword and to indicate cross-references; *italics* is used for grammatical functions and usage aspects, for abbreviations, grammatical and semantic points, for explanations of abbreviations, for examples and phraseology in the source language; translations in the target language are given in Roman typeface. In the phraseology section, the key words in each phrase are highlighted in *colour*.

Segni particolari

(...) Tra *parentesi tonde* vengono racchiuse le irregolarità morfologiche, le abbreviazioni di carattere semantico, tutte le spiegazioni e le determinazioni, nonché le varianti della fraseologia.

/.../ Tra due *barre oblique* viene racchiusa la trascrizione fonetica.

□ Il *rettangolo* separa la parte fraseologica dalla parte semantica.

/ La *barra obliqua* viene usata per separare più abbreviazioni grammaticali che si susseguono (*m./f., a./avv.*) e nelle indicazioni delle doppie forme morfologiche.

~ La *tilde* ripete negli esempi e nelle frasi l'intero lemma invariato.

- Il *trattino* seguito da una desinenza viene usato nelle indicazioni morfologiche del lemma: la desinenza che lo segue va aggiunta al lemma di partenza.

→ La *freccia* indica il rimando a un altro lemma.

Special signs

(...) *Round brackets (parentheses)* contain irregular forms, abbreviations relating to meaning, all explanations and grammatical points, as well as alternative words in phrases.

/.../ *Slashes* are placed before and after the phonetic transcription.

□ A *rectangle* is used to separate the phraseology section from the earlier part of the entry.

/ A *slash* separates alternative grammatical abbreviations (*m./f., a./avv.*) and other alternative forms.

~ A *tilde (swung dash)* stands for the unaltered headword in examples and phrases.

- A *hyphen* followed by an ending is used to show the various endings that can be attached to the headword stem; in attaching such endings to the headword, the hyphen is omitted.

→ An *arrow* is used to indicate a cross-reference to a different headword.

TRASCRIZIONE FONETICA
PHONETIC SYMBOLS

Vocali / *Vowels*

i	*it.* finestra /fiˈnɛstra/, *ingl.* happy /ˈhæpi/, react /riˈækt/
ɪ	*ingl.* pit /pɪt/
e	*it.* verde /ˈverde/, *ingl.* men /men/
æ	*ingl.* man /mæn/
ʌ	*ingl.* but /bʌt/, butter /ˈbʌtəʳ/
ɒ	*ingl.* pot /pɒt/
ɔ	*it.* nostro /ˈnɔstro/
o	*it.* molto /ˈmolto/
ʊ	*ingl.* put /pʊt/
u	*it.* fusto /ˈfusto/, *ingl.* influent /ˈɪnfluənt/
ə	*ingl.* china /ˈtʃaɪnə/, potato /pəˈteɪtoʊ/
ɜ	*am.* versante /ˈvɜrsənt/
ᵊ	*ingl.* fashion /fæʃᵊn/
ɛ	*it.* certo /ˈtʃɛrto/
a	*it.* marco /ˈmarko/
œ	*fr.* seul /sœl/, *it.* boxeur /bɔkˈsœr/
y	*fr.* tu /ty/, *ted.* würstel /ˈvyrstel/

Vocali lunghe/ *Long vowels*

iː	*ingl.* meet /miːt/
ɑː	*ingl.* car /kɑːʳ/
ɔː	*ingl.* core /kɔːʳ/
uː	*ingl.* soon /suːn/
ɜː	*ingl.* work /wɜːk/

Vocali nasali / *Nasalized vowels*

ɛ̃	*fr* fin /fɛ̃ː/
ɑ̃	*fr* en gros /ɑ̃ˈgroː/
ɔ̃	*fr.* bonbon /bɔ̃bɔ̃/
œ̃	*fr.* parfum /parˈfœ̃ː/

Dittonghi / *Diphthongs*

eɪ	*ingl.* bay /beɪ/
aɪ	*ingl.* buy /baɪ/
ɔɪ	*ingl.* boy /bɔɪ/
oʊ	*ingl.* low /loʊ/
aʊ	*ingl.* cow /kaʊ/
ɪə	*ingl.* here /hɪəʳ/
eə	*ingl.* there /ðeəʳ/
ʊə	*ingl.* sure /ʃʊəʳ/

Consonanti / *Consonants*

p	*it.* porta /ˈpɔrta/, *ingl.* pen /pen/
b	*it.* abile /ˈɑbile/, *ingl.* bad /bæd/
t	*it.* tara /ˈtara/, *ingl.* telephone /ˈtelɪfoʊn/
ṭ	*am.* security /sɪˈkjʊrəṭi/
d	*it* moda /ˈmɔda/, *ingl.* dog /dɔg/
k	*it.* poco /ˈpɔko/, *ingl.* key /kiː/
g	*it.* gara /ˈgara/, *ingl.* gift /gɪft/
f	*it.* fune /ˈfune/, *ingl.* fish /fɪʃ/
v	*it.* vino /ˈvino/, *ingl.* very /ˈveri/
θ	*ingl.* three /ˈθriː/
ð	*ingl.* father /ˈfɑːðəʳ/
s	*it.* sera /ˈsera/, *ingl.* sit /sɪt/
z	*it.* svolta /ˈzvɔlta/, *ingl.* zero /ˈzɪəroʊ/
ʃ	*it.* scena /ˈʃena/, *ingl.* ship /ʃɪp/
ʒ	*ingl.* illusion /ɪˈluːʒᵊn/
h	*ingl.* head /hed/
m	*it.* amo /ˈamo/, *ingl.* magic /ˈmædʒɪk/
l	*it.* lino /ˈlino/, *ingl.* like /laɪk/
ḷ	*ingl.*bottle /ˈbʌtḷ/
n	*it.* nome /ˈnome/, *ingl.* nail /neɪl/
r	*it.* arare /aˈrare/, *ingl.* room /ruːm/
ʳ	(*r* muta) *ingl.* mother /ˈmʌðəʳ/, war /wɔːʳ/
ŋ	*it.* vengo /ˈvengo/, *ingl.* coming /ˈkʌmɪŋ/
j	*it.* iato /ˈjato/, *ingl.* year /jɪəʳ/
w	*ingl.* woman /ˈwʊmən/
tʃ	*it.* cena /ˈtʃena/, *ingl.* change /ˈtʃeɪndʒ/, channel /ˈtʃænᵊl/
dʒ	*it.* giro /ˈdʒiro/, *ingl.* gentleman /ˈdʒentḷmən/
dz	*it.* orzo /ˈɔrdzo/
x	*scozz.* loch /lɔx/
ɲ	*it.* bagno /ˈbaɲo/
ʎ	*it.* egli /ˈeʎi/

Altri segni / *Other signs*

ˈ	accento tonico principale *main stress*
ˌ	accento tonico secondario *secondary stress*
ː	allungamento della vocale *vowel lengthening*

ABBREVIAZIONI
ABBREVIATIONS

a.	aggettivo	adjective
(Abbigl)	abbigliamento	clothing
abbr.	abbreviazione	abbreviation
accorc.	accorciativo	shortened form, abbreviation
(Acus)	acustica	acoustics
(Aer)	aeronautica	aeronautics
(Aer.mil)	aeronautica militare	air force
(Agr)	agricoltura	agriculture
(Alim)	alimentari	foodstuffs
(Alp)	alpinismo	alpinism
(Am)	americano	American
(Anat)	anatomia	anatomy
(ant)	antiquato, arcaismo	obsolete, archaism
(Arald)	araldica	heraldry
(Arch)	architettura	architecture
(Archeol)	archeologia	archaeology
(Arm)	armi	weapons
(Arred)	arredamento	furniture, furnishings
art.	articolo	article
(Art)	arte	art
(Artig)	artigianato	crafts
(Assic)	assicurazioni	insurance
assol.	usato assolutamente	absolute use
(Astr)	astronomia	astronomy
(Astron)	astronautica	astronautics
attr.	attributivo	attributive
(Aus)	australiano	Australian
aus.	ausiliare	auxiliary
(Aut)	automobile, automobilismo	cars, motoring
avv.	avverbio	adverb
(Bibl)	Bibbia, biblico	Bible, biblical
(Bibliot)	biblioteconomia	librarianship
(Biol)	biologia	biology
(Bot)	botanica	botany
(Br)	britannico	British
(burocr)	linguaggio burocratico	bureaucratic language
(Caccia)	caccia	hunting, shooting
(Calz)	calzature	footwear
(Canad)	canadese	Canadian
(Cart)	industria cartaria	papermaking
(Ceram)	ceramica	ceramics
(Chim)	chimica	chemistry
(Chir)	chirurgia	surgery
(Cin)	cinema, film	cinema, motion-picture industry
collett.	collettivo	collective
(colloq)	colloquiale, familiare	colloquial
(Comm)	commercio	business, commerce
compar.	comparativo	comparative
(concr)	concreto, concretamente	concrete, concretely
condiz.	condizionale	conditional
cong.	congiuntivo	subjunctive
congz.	congiunzione	conjunction
contraz.	contrazione	contraction
(Cosmet)	cosmesi	cosmetics
costr.	costruzione	construction
(Dent)	odontoiatria	dentistry
der.	derivato	derivative
(dial)	dialettale	dialect
dim.	diminutivo	diminutive
dimostr.	dimostrativo	demonstrative
(Dipl)	diplomazia	diplomacy
(Dir)	diritto	law
(Dir.am)	diritto americano	American law
(Dir.can)	diritto canonico	canon law
(Dir.mediev)	diritto medievale	Medieval law
(Dir.rom)	diritto romano	Roman law
(Dolc)	dolciumi	confectionery, sweets
(Econ)	economia, finanza, tecnica bancaria	economics, finance, banking
(Edil)	edilizia	building, masonry
(Edit)	editoria	publishing
(El)	elettricità	electricity
(Elettron)	elettronica	electronics
(enfat)	enfatico	emphatic
(Enol)	enologia	wine making
(Entom)	entomologia	entomology
(epist)	linguaggio della corrispondenza	letter writing
(Equit)	equitazione	equestrianism
esclam.	esclamativo	exclamatory
(estens)	estensivo	broad meaning, extended sense
(Etnol)	etnologia	ethnology
(eufem)	eufemismo, eufemistico	euphemism, euphemistic
f.	femminile	feminine
(Fal)	falegnameria, carpenteria	carpentry
(Farm)	farmacologia	pharmacology
(Ferr)	ferrovia	railways
(fig)	figurato	figurative
(Filat)	filatelia	philately
(Filol)	filologia	philology
(Filos)	filosofia	philosophy
(Fis)	fisica	physics
(Fisiol)	fisiologia	physiology
(Folcl)	folclore	folklore
(Fon)	fonetica	phonetics

(Forest)	silvicoltura	forestry
(Fot)	fotografia	photography
(Gastron)	gastronomia	gastronomy
(GB)	Gran Bretagna	Great Britain
(Geog)	geografia	geography
(Geog.stor)	geografia storica	historical geography
(Geol)	geologia	geology
(Geom)	geometria	geometry
ger.	gerundio	gerund
(gerg)	gergo	slang, jargon
(Giard)	giardinaggio	gardening
(Ginn)	ginnastica	gymnastics
(Giorn)	giornalismo	journalism
(Gramm)	grammatica	grammar
i.	intransitivo	intransitive
(Idr)	idraulica	hydraulics
imperat.	imperativo	imperative
impers.	impersonale	impersonal
impf.	imperfetto	imperfect
(Ind)	industria	industry
ind.	indicativo	indicative
indef.	indefinito	indefinite
inf.	infinito	infinitive
(infant)	linguaggio infantile	baby talk
(Inform)	informatica	computer science
(intens)	intensivo	intensive, intensifying
interr.	interrogativo	interrogative
intz.	interiezione	interjection
inv.	invariabile	uninflected, indeclinable
(iperb)	iperbole, iperbolico	hyperbole, hyperbolic
(Ir)	irlandese	Irish
(iron)	ironico	ironic
irr.	irregolare	irregular
(Itt)	ittiologia	ichthyology
(Legat)	legatoria	bookbinding
(lett)	letterario	literary
(Lett)	letteratura	literature
(Ling)	linguistica	linguistics
(Lit)	liturgia	liturgy
m.	maschile	masculine
(Macell)	macelleria	meats
(Mar)	nautica	sailing
(Mar.mil)	marina militare	navy
(Mat)	matematica	mathematics
(Mecc)	meccanica	mechanics
(Med)	medicina	medicine
(Mediev)	medioevo	Middle Ages
(Met)	metallurgia	metallurgy
(Meteor)	meteorologia	meteorology
(Metr)	metrica	metrics
(Mil)	militare	military
(Min)	mineralogia	mineralogy
(Minier)	miniere	mining
(Mitol)	mitologia	mythology
(Mitol.nord)	mitologia nordica	Nordic mythology
(Mod)	modisteria, cappelli	millinery, hats
(Mot)	motori	motors
(Mus)	musica	music

n.	nome	noun
n.pr.	nome proprio	proper noun
(Nucl)	fisica atomica e nucleare	atomic and nuclear physics
(Numism)	numismatica	numismatics
(NZ)	neozelandese	New-Zealand
(Occult)	occultismo	occultism
onom.	onomatopea	onomatopoeia
(Oref)	oreficeria	jewellery
(Ornit)	ornitologia	ornithology
(Orol)	orologeria	watchmaking
(Ott)	ottica	optics
(Paleogr)	paleografia	palaeography
(Paleont)	paleontologia	palaeontology
(Parl)	parlamento	parliament
past	tempo passato	past tense
(Pedag)	pedagogia	pedagogy
pegg.	peggiorativo	pejorative
(Pell)	pellami, conceria	leather working
pers.	persona, personale	person, personal
(Pesc)	pesca	fishing
(Pitt)	pittura	painting
pl.	plurale	plural
(poet)	poetico	poetical
(Pol)	politica	politics
pop	popolare	very informal
poss.	possessivo	possessive
(Post)	posta	post, mail
p.p.	participio passato	past participle
p.pres.	participio presente	present participle
pred.	predicativo	predicative
p.rem.	passato remoto	simple past
prep.	preposizione	preposition
prep.art.	preposizione articolata	preposition combined with a definite article
pres.	presente	present
pron.	pronome	pronoun
pron.pers.	pronome personale	personal pronoun
Prov.	proverbio	proverb
(Psic)	psicologia	psychology
(Rad)	radio	radio
(Radiol)	radiologia	radiology
(rar)	raro	rare
recipr.	reciproco	reciprocal
(region)	regionale	regional
rel.	relativo	relative
(Rel)	religione	religion
(Rel.catt)	religione cattolica	Roman Catholicism
(Rel.ebr)	religione ebraica	Judaism
(Rel.islam)	religione islamica	Islam
(Rel.prot)	religione protestante	Protestantism
(Ret)	retorica	rhetoric
rifl.	riflessivo	reflexive
(S.Afr)	sudafricano	South African
(Sart)	sartoria	tailoring
(scherz)	scherzoso	humorous
(Scol)	scuola	school
(Scott)	scozzese	Scottish
(Scult)	scultura	sculpture
sing.	singolare	singular

(*sl*)	gergo	slang
(*Sociol*)	sociologia	sociology
sogg.	soggetto	subject
spec.	specialmente	especially
(*Sport*)	sport	sport
(*spreg*)	spregiativo	derogatory
(*Statist*)	statistica	statistics
(*Stor*)	storia	history
(*Stor.am*)	storia americana	American history
(*Stor.brit*)	storia britannica	British history
(*Stor.gr*)	storia greca	Greek history
(*Stor.irl*)	storia irlandese	Irish history
(*Stor.it*)	storia italiana	Italian history
(*Stor.rom*)	storia romana	Roman history
(*Strad*)	costruzioni stradali e traffico	roadways
sup.	superlativo	superlative
(*Svizz.it*)	Svizzera italiana	Italian-speaking Switzerland
t.	transitivo	transitive
(*Teat*)	teatro	theatre
(*Tecn*)	termine tecnico	technical term
(*Tel*)	telefonia, telecomunicazioni	telephony, telecommunications
(*Teol*)	teologia	theology
(*Tess*)	industria tessile	textile industry
(*Tip*)	tipografia e arti grafiche	typography and graphic arts
(*Topogr*)	topografia	topography
(*TV*)	televisione	television
(*Univ*)	università	university
(*US*)	Stati Uniti d'America	United States of America
v.	verbo	verb
(*Veter*)	veterinaria	veterinary medicine
(*Vetr*)	vetreria	glassmaking
vezz	vezzeggiativo	term of endearment
(*volg*)	volgare	vulgar, taboo
(*Zool*)	zoologia	zoology
(*Zootecn*)	zootecnia	animal husbandry

ENGLISH - ITALIAN

INGLESE - ITALIANO

A

a¹, A¹ /eɪ/ (*pl.* **a's/as, A's/As** /-z/) *n.* a, A *f./m.*: (*Tel*) *A for Andrew* (o *Am A as in Abel*) a come Ancona. ☐ *from A to B* da un punto all'altro, da qui a là; *from A to Z* dalla a alla zeta.

a² /ə/ *emphatic* eɪ/ *art.indef.* (*davanti a suoni vocalici e h muta si usa la forma* an) **1** un, uno, una, un': *a man* un uomo; *a woman* una donna; (*in general sentences*) il, lo, la l': *a dog is an animal* il cane è un animale; *he's a real Einstein* è un vero Einstein. **2** (*a certain*) un certo: *a Mr. Brown has telephoned* ha telefonato un certo signor Brown. **3** (*used before number collectives*) un, uno, una, un': *a hundred* un centinaio, cento; *a million people* un milione di persone. **4** (*used with adjectives expressing number*) *generally not translated: a few bottles* alcune bottiglie; *a good many mistakes* parecchi errori. **5** (*one*) lo stesso: *all of a size* tutti della stessa grandezza (*o misura*). **6** (*each, every*) al, allo, alla, all': *three times a day* tre volte al giorno. **7** (*used after such and what*) un, uno, una, un': *such a man* un uomo simile; *often not translated: what a nice day* che bella giornata. **8** (*used after adjectives preceded by as, how, so, too*) il, lo, la, l': *it's too high a price to pay* il prezzo da pagare è troppo alto; *I did not know how serious an illness it was* non sapevo quanto fosse seria la malattia, non sapevo che fosse una malattia così seria. **9** (*used before a mass noun: a kind of*) un tipo di, una qualità di: *a tobacco that grows well in cold areas* una qualità di tabacco che cresce bene nelle zone fredde. **10** (*any*) *generally not translated: he doesn't have a hope* non c'è nessuna speranza per lui; *not a chance* nessuna possibilità; *I don't have a clue* non ne ho la più pallida idea.

a³ *acceleration* a (accelerazione).

A² /eɪ/ **I** *a.* **1** A, primo: *staircase A* scala A; (*Am*) *grade A butter* burro di prima qualità. **2** (*Scol*) il massimo voto, ottimo, A. **II** *n.* (*Mus*) la *m.*: *A sharp* la diesis. ☐ *A one* (*colloq*) di prim'ordine, straordinario, eccellente.

A³ *Austria* A (Austria).

a. **1** *acre* a. (acro). **2** (*Gramm*) *adjective* a., agg. (aggettivo). **3** (*Mus*) *alto* C (contralto). **4** (*El*) *anode* a. (anodo). **5** *are* a. (ara).

A. **1** *Academy* (accademia). **2** *answer* R. (risposta).

A1 /ˌeɪ'wʌn/ *a.* **1** (*Mar*) di categoria superiore (nella classifica del Lloyd's Register). **2** (*colloq*) di prim'ordine, straordinario, eccellente.

AA /ˌeɪ'eɪ/ **1** *Alcoholics Anonymous* AA (Alcolisti Anonimi). **2** *Automobile Association* (automobile club britannico). **3** (*Mil*) *anti-aircraft* (antiaereo).

AAA /ˌtrɪpəl'eɪ/ **1** *American Automobile Association* (automobile club americano). **2** *Australian Automobile Association* (automobile club australiano).

Aachen /'ɑːkən/ *n.pr.* (*Geog*) Aquisgrana *f.*

aah /ɑː/ *intz.* aah!

AAM /ˌeɪeɪ'em/ (*Mil*) *air-to-air missile* (missile aria-aria).

AAVE /ˌeɪeɪvi'i/ *African American Vernac-*

ular English (inglese colloquiale degli afroamericani).

A & R /ˌeɪæn'ɑːr/ *artists and repertoire* (talent scout di una casa discografica).

aardvark /'ɑːdvɑːk Am 'ɑːrdvɑːrk/ *n.* (*Zool*) oritteropo *m.*

aardwolf /'ɑːdwʊlf Am 'ɑːrdwʊlf/ *n.* (*Zool*) protele *m.*

aargh /ɑː Am 'ɑːrg, 'ɑːr/ *intz.* accidenti!

Aaron /'eərən Am 'erən, 'ærən/ *n.pr.m.* (*Bibl*) Aronne. ☐ (*Bot*) *~'s beard* erba di S. Giovanni; (*Bot*) *~'s rod* tassobarbasso.

AARP /ˌeɪeɪɑː'piː Am ˌeɪeɪɑːr'piː/ (*US*) *American Association of Retired Persons* (associazione americana dei pensionati).

AB /ˌeɪ'biː/ **1** (*Geog*) *Alberta* AB (Alberta). **2** (*Mar*) *able-bodied seaman* (marinaio scelto).

aback /ə'bæk/ *avv.* **1** (*Mar*) (*of a sail*) a collo: *all ~* tutto a collo. **2** (*ant*) (*towards the back*) dietro, all'indietro. **3** (*fig*) *to be taken ~* essere preso alla sprovvista, essere sconcertato, essere sorpreso; *I was taken ~ by* (*o Br at*) *his lack of tact* la sua mancanza di tatto mi ha colto alla sprovvista.

abacus /'æbəkəs/ (*pl.* **-es** /-ɪz/, **abaci** /-saɪ/) *n.* **1** abaco *m.*, abbaco *m.*, pallottoliere *m.* **2** (*Arch*) abaco *m.*

abaft /ə'bɑːft Am ə'bæft/ **I** *prep.* (*Mar*) a poppa di. **II** *avv.* a poppa, verso poppa.

abalone /ˌæbə'ləʊni/ *n.* (*Zool*) orecchia *f.* di mare, aliotide *m.*

abandon /ə'bændən/ **I** *n.* abbandono *m.*, slancio *m.*, trasporto *m.* **II** *v.t.* **1** abbandonare, rinunciare a, ritirarsi da: *to ~ a career* abbandonare una carriera; *to ~ a claim* rinunciare a un diritto. **2** (*to desert*) abbandonare, lasciare: *to ~ one's children* abbandonare i figli. **3** (*to give up to*) abbandonare, cedere: *to ~ oneself to grief* abbandonarsi al dolore. **4** (*Inform*) chiudere, abbandonare. ☐ (*Mar*) *to ~ ship* abbandonare la nave.

abandoned /ə'bændənd/ *a.* **1** abbandonato, desolato: *an ~ warehouse* un magazzino abbandonato. **2** (*unrestrained*) sfrenato, irrefrenabile.

abandonment /ə'bændənmənt/ *n.* **1** (*Dir*) (*desertion*) abbandono *m.*; (*relinquishment*) cessione *f.*, rinuncia *f.* **2** (*yielding to impulse*) abbandono *m.*, slancio *m.*, trasporto *m.* **3** (*Mar, Assic*) abbandono *m.*, slancio *m.*, trasporto *m.* ☐ (*Dir*) *~ of action* rinuncia all'azione legale.

abase /ə'beɪs/ *v.t.* umiliare, avvilire; (*to degrade*) abbassare, degradare.

abasement /ə'beɪsmənt/ *n.* umiliazione *f.*, avvilimento *m.*

abash /ə'bæʃ/ *v.t.* mettere in imbarazzo, mettere a disagio.

abashed /ə'bæʃt/ *a.* imbarazzato, a disagio, sconcertato.

abashment /ə'bæʃmənt/ *n.* imbarazzo *m.*, disagio *m.*

abate /ə'beɪt/ **I** *v.t.* **1** diminuire, ridurre; (*of pain, etc.*) mitigare, calmare, alleviare, lenire. **2** (*Dir*) (*of a writ, an action*) annullare; (*of a nuisance*) rimuovere, porre termine a. **3** (*to reduce*) ridurre; (*to deduct*) detrarre. **II** *v.i.* calmarsi, placarsi: *the storm has -d* la tem-

pesta si è calmata.

abatement /ə'beɪtmənt/ *n.* **1** riduzione *f.*: *noise ~* riduzione dei rumori. **2** (*of pain, etc.*) lenimento *m.*, alleviamento *m.* **3** (*Comm*) ribasso *m.*, sconto *m.*: *~ of prices* ribasso dei prezzi. **4** (*deduction*) riduzione *f.*, detrazione *f.*: *a tax ~* una riduzione delle tasse. ☐ (*Dir*) *~ of action* sospensione di azione giudiziaria.

abatis, abattis /'æbətɪs Am 'æbətɪs, ə'bætɪs/ (*pl.inv.* /-tiːz/ o **-es** /-ɪz/) *n.* (*Mil*) abbattuta *f.*

abattoir /'æbətwɑː Am 'æbətwɑːr, 'æbətwɔːr/ *n.* mattatoio *m.*, macello *m.*

abaxial /ə'bæksɪəl/ *a.* abassiale.

abb /æb/ *n.* (*Tess*) **1** (*wool*) lana *f.* grezza, lana *f.* di bassa qualità. **2** (*thread*) filo *m.* per l'ordito.

abbacy /'æbəsi/ *n.* (*Rel.catt*) **1** (*rank*) titolo *m.* abbaziale, dignità *f.* abbaziale. **2** (*rights, jurisdiction*) abbazia *f.* **3** (*term of office*) carica *f.* di abate.

abbatial /ə'beɪʃəl/ *a.* abbaziale.

abbess /'æbɪs Am 'æbəs/ *n.* (*Rel.catt*) badessa *f.*

abbey /'æbi/ *n.* abbazia *f.*

abbot /'æbət/ *n.* (*Rel.catt*) abate *m.*

abbotship /'æbətʃɪp/ *n.* (*Rel.catt*) titolo *m.* abbaziale, dignità *f.* abbaziale.

abbr., abbrev. *abbreviation* abbr. (abbreviazione).

abbreviate /ə'briːvieɪt/ *v.t.* abbreviare.

abbreviated /ə'briːvieɪtɪd Am ə'briːvieɪtɪd/ *a.* **1** abbreviato. **2** (*short*) corto, ridotto.

abbreviation /əˌbriːvi'eɪʃən/ *n.* **1** (*of a word*) abbreviazione *f.*; (*colloq*) (*of a phrase*) sigla *f.* **2** (*of a text*) riduzione *f.*, riassunto *m.* **3** (*Gramm*) accorciativo *m.*

ABC¹ /ˌeɪbiː'siː/ (*pl.* **ABCs/ABC's** /-z/) *n.* **1** abbiccì *m.*, alfabeto *m.* **2** (*basic principles*) abbiccì *m.*, rudimenti *m.pl.*, primi elementi *m.pl.*: *the ~ of gardening* i primi elementi del giardinaggio.

ABC² /ˌeɪbiː'siː/ **1** *American Broadcasting Company* ABC (società radiofonica americana). **2** *Australian Broadcasting Corporation* ABC (ente radiofonico australiano).

abdicate /'æbdɪkeɪt/ *v.t.* **1** abdicare a, rinunciare a: *to ~ the throne* abdicare al trono. **2** (*assol*) abdicare. **3** (*fig*) sottrarsi a, eludere, schivare: *to ~ one's responsibilities* sottrarsi alle proprie responsabilità.

abdication /ˌæbdɪ'keɪʃən/ *n.* abdicazione *f.*, rinuncia *f.*

abdicator /'æbdɪkeɪtə Am 'æbdɪkeɪtər/ *n.* chi abdica.

abdomen /'æbdəmən, æb'dəʊmən/ *n.* addome *m.*

abdominal /æb'dɒmɪnəl Am æb'dɑːmənəl/ *a.* addominale. ☐ (*Sport*) *~ protector* conchiglia.

abdominally /æb'dɒmɪnəli Am æb'dɑːmənəli/ *avv.* **1** (*through the abdomen*) per via addominale. **2** (*in the abdominal region*) a livello addominale.

abducens /æb'djuːsənz Am also æb'duːsənz/ **I** *n.* (*Anat*) nervo *m.* abducente. **II** *a.* (*Anat*) abducente: *~ nerve* nervo abducente.

abduct /æb'dʌkt/ *v.t.* **1** rapire, sequestrare. **2**

(*Anat*) abdurre.

abduction /æb'dʌkʃən/ *n.* **1** rapimento *m.*, sequestro *m.* di persona. **2** (*Anat*) abduzione *f.*

abductor /æb'dʌktər/ *n.* **1** rapitore *m.*, sequestratore *m.* **2** (*Anat*) abduttore *m.*

Abe /eɪb/ *n.pr.m.* dim. di Abraham.

abeam /ə'biːm/ *avv.* (*Mar*) al traverso.

abecedarian /ˌeɪbiːsiː'deəriən *Am* ˌeɪbiːsiː'deriən/ **I** *n.* scolaro *m.* (*f.* -a) che impara l'alfabeto. **II** *a.* per imparare l'alfabeto.

abed /ə'bed/ *avv.* (*lett*) a letto.

Abel /'eɪbl/ *n.pr.m.* (*Bibl*) Abele.

Abelard /'æbəlɑːd *Am* 'æbələrd/ *n.pr.m.* (*Stor*) Abelardo.

abele /ə'biːl/ *n.* (*Bot*) gattice *m.*, alberello *m.*, pioppo *m.* bianco.

abelian /ə'biːliən/ *a.* (*Mat*) abeliano.

Aberdeen /ˌæbə'diːm *Am* ˌæbər'diːm/ *n.pr.* (*Geog*) Aberdeen *f.* □ (*Zool*) ~ **Angus** razza di bue scozzese.

Aberdonian /ˌæbə'dounian *Am* ˌæbər'dounian/ **I** *n.* abitante *m./f.* di Aberdeen. **II** *a.* di Aberdeen.

aberrance /æ'berəns/ *n.* aberrazione *f.*, deviazione *f.*

aberrancy /æ'berənsi/ *n.* aberrazione *f.*, deviazione *f.*

aberrant /æ'berənt/ *a.* **1** aberrante, anormale: ~ *behaviour* (o *Am* ~ *behavior*) comportamento anormale. **2** (*Biol,Fis,Psic*) aberrante.

aberrantly /æ'berəntli/ *avv.* in modo aberrante.

aberration /ˌæbə'reɪʃən/ *n.* **1** aberrazione *f.*, deviazione *f.* **2** (*Biol,Fis,Psic*) aberrazione *f.*

aberrational /ˌæbə'reɪʃənl/ *a.* deviante.

abet /ə'bet/ (*past, p.p.* **abetted** /ə'betɪd *Am* ə'betɪd/) *v.t.* **1** favoreggiare (in un reato). **2** (*rar*) (*to incite*) incitare.

abetment /ə'betmənt/ *n.* favoreggiamento *m.*

abetter, abettor /ə'betər *Am* ə'betər/ *n.* favoreggiatore *m.* (*f.* -trice).

abeyance /ə'beɪəns/ *n.* **1** sospensione *f.*; (*of an office*) vacanza *f.* **2** (*Dir*) stato *m.* di giacenza, sospensione *f.*; (*lapse of succession*) quiescenza *f.* □ *in* ~: **1** in sospeso; **2** (*of estate*) vacante; **3** (*of property*) giacente; *to fall* (o *to lapse*) *into* ~: **1** essere in sospeso; **2** (*Dir*) (*of a law*) cadere in disuso.

abeyant /ə'beɪənt/ *a.* **1** in sospeso. **2** (*of estate*) vacante. **3** (*of property*) giacente.

ABH /ˌeɪbiː'eɪtʃ/ (*Dir*) *Actual Bodily Harm* (lesioni corporali).

abhor /əb'hɔːr *Am* æb'hɔːr/ (*past, p.p.* **abhorred** /-d/) *v.t.* aborrire, detestare, avere in orrore.

abhorrence /əb'hɒrəns *Am* æb'hɔːrəns/ *n.* ripugnanza *f.*, avversione *f.*, aborrimento *m.*, orrore *m.*

abhorrent /əb'hɒrənt *Am* æb'hɔːrənt/ *a.* **1** ripugnante, disgustoso, odioso. **2** (*contrary*) contrario (*to* a), incompatibile (con), contro: ~ *to nature* contro natura.

abidance /ə'baɪdəns/ *n.* **1** permanenza *f.* **2** (*compliance*) osservanza *f.*, rispetto *m.* (*to, of* di): ~ *to* (o *of*) *the law* osservanza della legge.

abide /ə'baɪd/ (*past, p.p.* **abode** /ə'boud/, **abided** /-ɪd/) **I** *v.i.* **1** (*to dwell*) abitare, dimorare (*in* a, in). **2** (*to continue*) continuare, durare, rimanere. **3** (*ant*) (*to pause*) fermarsi. **II** *v.t.* **1** sopportare, tollerare: *she can't* ~ *him* non lo può sopportare. **2** (*to withstand*) sostenere, resistere a; (*to accept*) accettare. **3** (*lett*) aspettare, attendere: *to* ~ *so.'s coming* aspettare l'arrivo di qcu. □ *to* ~ *by* atte-

nersi a, seguire, rispettare, tenere fede a: *we shall* ~ *by the court's decision* ci atterremo alla decisione della corte; *to* ~ *by the rules* attenersi alle regole.

abiding /ə'baɪdɪŋ/ *a.* costante, durevole.

abidingly /ə'baɪdɪŋli/ *avv.* costantemente, permanentemente.

ability /ə'bɪlɪti/ *n.* **1** (*power*) capacità *f.*, abilità *f.* **2** (*skill*) abilità *f.*, capacità *f.*, perizia *f.*, competenza *f.* **3** (*Dir*) capacità *f.* **4** *pl.* (*talents*) abilità *f.sing.*, capacità *f.pl.*, talento *m.sing.*, qualità *f.pl.*: *a man of great abilities* un uomo di grandi capacità. □ (*Dir*) ~ *to inherit* successibilità.

ab initio /ˌæbɪ'nɪʃiou/ *avv.* ab initio, dall'inizio.

abiogenesis /ˌeɪbaɪou'dʒenəsɪs *Am* ˌeɪbaɪou 'dʒenəsɪs/ *n.* abiogenesi *f.*

abiogenetic /ˌeɪbaɪoudʒə'netɪk *Am* ˌeɪbaɪoudʒə'netɪk/ *a.* abiogenetico.

abiogenetical /ˌeɪbaɪoudʒə'netɪkl *Am* ˌeɪbaɪoudʒə'netɪkəl/ *a.* abiogenetico.

abiogenist /ˌeɪbaɪ'ɒdʒənɪst *Am* ˌeɪbaɪ 'ɑːdʒənɪst/ *n.* abiogenista *m./f.*

abiosis /ˌeɪbaɪ'ousɪs/ *n.* abiosi *f.*

abiotic /ˌeɪbaɪ'ɒtɪk *Am* ˌeɪbaɪ'ɑːtɪk/ *a.* abiotico.

abject /'æbdʒekt *Am* æb'dʒekt/ *a.* **1** (*wretched*) miserabile, infimo. **2** (*despicable*) abietto, spregevole, basso, vile. □ ~ *poverty* miseria nera, miseria più assoluta.

abjection /æb'dʒekʃən/ *n.* abiezione *f.*, degradazione *f.*

abjectly /'æbdʒektli *Am* æb'dʒektli/ *avv.* **1** miseramente. **2** (*despicably*) in modo abietto, in modo vile.

abjectness /'æbdʒektnəs *Am also* æb 'dʒektnəs/ *n.* abiezione *f.*, degradazione *f.*

abjuration /ˌæbdʒuə'reɪʃən *Am* ˌæbdʒu'reɪʃən/ *n.* abiura *f.*

abjure /əb'dʒuər *Am* əb'dʒur/ *v.t.* abiurare, rinunciare a.

ablate /æb'leɪt/ *v.t.* (*Chir,Geol*) asportare (mediante ablazione).

ablation /æb'leɪʃən/ *n.* (*Chir,Geol*) ablazione *f.*

ablative /'æblətɪv *Am* 'æblətɪv/ **I** *n.* (*Gramm*) ablativo *m.*: ~ *absolute* ablativo assoluto. **II** *a.* ablativo.

ablaze /ə'bleɪz/ *a.* **1** in fiamme. **2** (*bright*) splendente, fiammeggiante: *the sky was* ~ *with fireworks* il cielo era illuminato a giorno dai fuochi d'artificio. **3** (*fig*) (*excited*) infervorato, infiammato (in volto, negli occhi). □ *to set sth.* ~ dare fuoco a qcs.

able /'eɪbl/ *a.* **1** capace, in grado: ~ *to do sth.* capace di fare qcs. **2** (*skilful*) abile, esperto, capace, competente. **3** (*healthy*) sano, forte. **4** (*Dir*) capace. □ *to be* ~ *to* potere, essere in grado di: *I shall not be* ~ *to come* non potrò venire; *he was* ~ *to answer* era in grado di rispondere; ~ *in body and mind* sano di corpo e di mente; ~ *seaman* marinaio scelto.

able-bodied /ˌeɪbl'bɒdid *Am* ˌeɪbl'bɑːdid/ *a.* **1** robusto, forte. **2** (*Mil*) idoneo. **3** (*Mar*) scelto: ~ *seaman* marinaio scelto.

ableism /'eɪblɪzəm/ *n.* discriminazione *f.* nei confronti dei disabili.

able-minded /ˌeɪbl,maɪndɪd, ˌeɪbl'maɪndɪd/ *a.* **1** dotato di capacità intellettive. **2** (*lucid*) lucido.

abloom /ə'bluːm/ *a.* in fiore, fiorito.

ablush /ə'blʌʃ/ *a.* (*lett*) rosso in viso; (*of cheeks*) soffuso di rossore.

ablution /ə'bluːʃən/ *n.spec.pl.* abluzione *f.*: *to perform one's -s* compiere le abluzioni.

ablutionary /ə'bluːʃənəri *Am* ə'bluːʃəneri/ *a.*

ablutorio.

ably /'eɪbli/ *avv.* abilmente, con abilità, destramente.

ABM /ˌeɪbiː'em/ *Anti-Ballistic Missile* (missile antibalistico).

abnegate /'æbnigeɪt/ *v.t.* **1** rinunciare a, privarsi di. **2** (*relinquish*) rinnegare.

abnegation /ˌæbnɪ'geɪʃən/ *n.* **1** abnegazione *f.*, spirito *m.* di sacrificio. **2** (*rejection*) rinnegamento *m.*

abnormal /æb'nɔːməl *Am* æb'nɔːrməl/ *a.* anormale, abnorme, anomalo; (*unusual*) inconsueto. □ ~ *condition* anomalia; (*Med*) ~ *psychology* psicopatologia.

abnormality /ˌæbnɔː'mælɪti *Am* ˌæbnɔːr 'mæləti/ *n.* anormalità *f.*, anomalia *f.*, irregolarità *f.*

abnormally /æb'nɔːməli *Am* æb'nɔːrməli/ *avv.* in maniera anormale.

Abo /'æbou/ *n.* (*Aus,spreg*) aborigeno *m.* (*f.* -a).

aboard /ə'bɔːd *Am* ə'bɔːrd/ **I** *avv.* **1** a bordo. **2** (*colloq*) con noi, con il gruppo. **3** (*Mar*) (*alongside*) a fianco, accostato. **II** *prep.* a bordo di: *to go* ~ *a ship* salire a bordo di una nave. □ *all* ~!: **1** (*Mar*) tutti a bordo!; **2** (*of vehicles*) in vettura!; **3** (*of a train*) in carrozza!

abode[1] /ə'boud/ *n.* dimora *f.*

abode[2] /ə'boud/ → **abide**.

aboil /ə'bɔɪl/ *a.* (*lett*) bollente.

abolish /ə'bɒlɪʃ *Am* ə'bɑːlɪʃ/ *v.t.* abolire, sopprimere; (*of a law*) abrogare.

abolishment /ə'bɒlɪʃmənt *Am* ə'bɑːlɪʃmənt/ *n.* abolizione *f.*

abolition /ˌæbə'lɪʃən/ *n.* **1** abolizione *f.* **2** (*Stor.am*) abolizione *f.* della schiavitù.

abolitionism /ˌæbə'lɪʃənɪzəm/ *n.* (*Stor.am*) abolizionismo *m.*

abolitionist /ˌæbə'lɪʃənɪst/ *n.* (*Stor.am*) abolizionista *m./f.*

abomasum /ˌæbou'meɪsəm *Am* ˌæbou 'meɪsəm/ (*pl.* **-sa** /-sə/) *n.* (*Zool*) abomaso *m.*

A-bomb /'eɪ,bɒm *Am* 'eɪ,bɑːm/ *n.* bomba *f.* atomica.

A-bomber /'eɪ,bɒmər *Am* 'eɪ,bɑːmər/ *n.* bombardiere *m.* atomico.

abominable /ə'bɒmɪnəbl *Am* ə'bɑːmɪnəbl/ *a.* **1** abominevole, detestabile, esecrando. **2** (*colloq*) (*unpleasant*) abominevole, disgustoso, orribile: ~ *weather* un tempo orribile. **3** (*colloq*) (*bad*) pessimo, abominevole. □ *the Abominable Snowman* l'abominevole uomo delle nevi.

abominably /ə'bɒmɪnəbli *Am* ə'bɑːmɪnəbli/ *avv.* abominevolmente.

abominate /ə'bɒmɪneɪt *Am* ə'bɑːmɪneɪt/ *v.t.* abominare, aborrire.

abomination /ə,bɒmɪ'neɪʃən *Am* ə,bɑːmɪ'neɪʃən/ *n.* **1** abominio *m.* **2** (*distasteful object*) obbrobrio *m.*, orrore *m.*, oscenità *f.*

aboral /æb'ɔːrl *Am also* æ'bɔːrəl, æ'bourəl/ *a.* (*Zool*) aborale.

aboriginal /ˌæbə'rɪdʒɪnl/ **I** *a.* aborigeno, indigeno. **II** *n.* aborigeno *m.* (*f.* -a).

Aboriginal /ˌæbə'rɪdʒɪnl/ **I** *a.* aborigeno (australiano). **II** *n.* aborigeno *m.* (*f.* -a) (australiano).

aborigine /ˌæbə'rɪdʒɪni/ *n.* **1** aborigeno *m.* (*f.* -a), indigeno *m.* (*f.* -a). **2** *pl.* (*flora and fauna*) flora e fauna *f.sing.* autoctona.

aborning /ə'bɔːrnɪŋ/ **I** *avv.* (*Am*) sul nascere. **II** *a.* nascente.

abort /ə'bɔːt *Am* ə'bɔːrt/ **I** *v.i.* **1** abortire. **2** (*Biol*) (*to develop incompletely*) abortire, arrestarsi nello sviluppo. **II** *v.t.* **1** abortire. **2** (*to cause an abortion*) fare abortire. **3** (*fig*) cancellare, mandare a monte, annullare. **4**

(*Inform*) interrompere, abortire. **III** *n.* **1** (*Mil*) (*of a missile*) partenza *f.* non riuscita; (*of a flight*) missione *f.* non portata a termine. **2** (*Inform*) interruzione *f.* (dell'esecuzione).

abortifacient /əˌbɔːtɪˈfeɪʃ ənt *Am* əˌbɔːrtəˈfeɪʃ ənt/ I *n.* abortivo *m.* II *a.* abortivo.

abortion /əˈbɔːʃ ən *Am* əˈbɔːrʃ ən/ *n.* **1** (*Med*) aborto *m.*, interruzione *f.* di gravidanza: *to perform an* ~ praticare un aborto; *to have an* ~ abortire (spontaneamente); *unlawful* ~ (o *illegal* ~) aborto illegale; *induced* ~ aborto provocato; *spontaneous* ~ aborto spontaneo. **2** (*monstrosity*) aborto *m.*, mostro *m.* **3** (*fig*) (*failure*) aborto *m.*, fallimento *m.* **4** (*Biol*) arresto *m.* di sviluppo. □ ~ *clinic* clinica per aborti; ~ *laws* leggi sull'aborto.

abortionist /əˈbɔːʃ ənɪst *Am* əˈbɔːrʃ ənɪst/ *n.* **1** abortista *m./f.* **2** (*person who performs abortions*) persona *f.* che procura aborti.

abortive /əˈbɔːtɪv *Am* əˈbɔːrtɪv/ *a.* **1** destinato al fallimento. **2** (*unsuccessful*) inutile, senza riuscita. **3** (*Biol*) non sviluppato, rudimentale. **4** (*Med*) (*of infection*) abortivo.

abortively /əˈbɔːtɪvli *Am* əˈbɔːrtɪvli/ *avv.* **1** in modo destinato al fallimento. **2** (*unsuccessfully*) inutilmente, senza riuscita. **3** (*Inform*) con un crash, in modo irregolare.

abound /əˈbaʊnd/ *v.i.* abbondare, essere ricco (*with*, in di).

about /əˈbaʊt/ I *prep.* **1** su, di, intorno a, circa: *I know nothing* ~ *the subject* non so niente sull'argomento; *what are you talking* ~? di che cosa stai parlando? **2** (*connected with*) in: *there is something very strange* ~ *him* c'è qualcosa di molto strano in lui. **3** (*in the vicinity of*) vicino (a), presso (a), accanto (a), attorno (a). **4** (*on one's person*) con, addosso: *she had the money* ~ *her* aveva il denaro con sé. **5** (*around*) intorno a: *a garden* ~ *the house* un giardino intorno alla casa. **6** (*throughout*) per, attraverso, in: *she travelled* ~ *the country* viaggiò per il paese. II *avv.* **1** circa, all'incirca, pressappoco, più o meno: ~ *fifty people* circa cinquanta persone. **2** (*of time*) verso, circa: ~ *ten o' clock* verso le dieci. **3** (*almost*) quasi, pressoché. **4** (*near*) presso, vicino: *the people standing* ~ le persone che stavano vicino. **5** (*around*) intorno, attorno, in giro: *to look* ~ *oneself* guardarsi attorno. **6** (*in the opposite direction*) indietro: *to turn* ~ tornare indietro. **7** (*here and there*) in giro, qua e là: *books lying* ~ libri sparsi in giro; *very few people* ~ pochissime persone in giro. **8** (*in circulation*) in circolazione, in giro: *plenty of money* ~ molto denaro in circolazione; *the news is going* ~ *that* corre voce che. **9** (*in circumference*) intorno: *the lake is a mile* ~ il lago misura un miglio tutt'intorno, il lago ha una circonferenza di un miglio. □ *what is it all* ~? di che cosa si tratta?; *what was that all* ~? di che cosa si trattava?; (*Mil*) ~ *face* dietro front; *I'm not* ~ *to apologize* non ho intenzione di scusarmi; ~ *the house* per casa; (*colloq*) *it's* ~ *time!* era ora!, sarebbe ora!; (*colloq*) *it's* ~ *time we went* è ora di andare, è ora che ce ne andiamo; (*iron*) *and* ~ *time too!* e sarebbe pure ora!; *to be* ~ *to do sth.* essere sul punto di fare qcs.; *the film is* ~ *to begin* il film sta per cominciare; (*Mil*) ~ *turn* dietro front.

about-face /əˌbaʊtˈfeɪs/ I *n.* (*Am*) **1** (*Mil*) dietro front *m.* **2** (*fig*) voltafaccia *m.* II *v.i.* (*Am*) **1** (*Mil*) fare dietro front. **2** (*fig*) fare un voltafaccia.

about-ship /əˈbaʊtˌʃɪp/ *v.i.* (*Mar*) virare di bordo.

about-turn /əˌbaʊtˈtɜːn *Am* əˌbaʊtˈtɜːrn/ I *n.* **1** (*Mil*) dietro front *m.* **2** (*fig*) voltafaccia *m.* II *v.i.* **1** (*Mil*) fare dietro front. **2** (*fig*) fare un voltafaccia.

above /əˈbʌv/ I *avv.* **1** (di) sopra, in alto, lassù: *the flat* ~ l'appartamento di sopra. **2** (*of number, amount*) oltre, più: *twenty people and* ~ venti e più persone. **3** (*in a book, etc.*: *earlier*) di prima, di cui (si è detto) sopra, precedente: *I refer to the statement* ~ mi riferisco alla dichiarazione di cui sopra. **4** (*to or in heaven*) lassù, in cielo. **5** (*farther up*) più in alto, più a monte, più in su. II *prep.* **1** sopra, su: *we live* ~ *the shop* abitiamo sopra il negozio. **2** (*more than*) più di, sopra, al di sopra di: ~ *ten* più di dieci; *everyone* ~ *the age of twenty-one* tutti coloro che hanno più di ventun anni. **3** (*superior in rank*) superiore: *a captain is* ~ *a lieutenant* il grado di capitano è superiore a quello di tenente. **4** (*in addition to*) oltre a. **5** (*not liable to*) sopra, al di sopra di: ~ *criticism* al di sopra di ogni critica. **6** (*averse to*) contrario a, alieno da: *he is not* ~ *taking bribes* non è alieno dalla corruzione; *the boss is not* ~ *cleaning his desk if necessary* il capo non si tira indietro anche se c'è da pulire la scrivania. **7** (*in preference to*) più di: *he loves her* ~ *everyone else* la ama più di qualunque altra persona. **8** (*north of*) sopra, a nord di: *just* ~ *Bristol* poco più a nord di Bristol. III *n.* **1** summenzionato *m.* (*f.* -a), suddetto *m.* (*f.* -a): *the* ~ *is held responsible* il suddetto è ritenuto responsabile. **2** (*thing mentioned previously*) quanto precede, quanto sopra. **3** (*heaven*) alto *m.*: *a gift from* ~ un dono dall'alto; *a voice from* ~ una voce dall'alto. IV *a.* summenzionato, suddetto, suindicato: *the* ~ *person* la persona suddetta. □ ~ *all* (o ~ *all else*) soprattutto; ~ *all things* soprattutto, sopra ogni cosa; ~ *average* superiore alla media, al di sopra della media; ~ *board*: **1** (*used as an adjective*) legale, legittimo, onesto; **2** (*used as an adverb*) apertamente, lealmente, a carte scoperte; ~ *be* ~ *one's comprehension* essere incomprensibile; ~ *normal* sopra la norma, superiore alla norma; (*colloq*) *to get* ~ *oneself* diventare presuntuoso; ~ *reproach* irreprensibile, ineccepibile; (*fig*) ~ *rubies* di inestimabile valore; *to be* ~ *standard* essere al di sopra della media, essere superiore alla media; ~ *the reach of* al di là delle possibilità di, fuori delle possibilità di, oltre le possibilità di.

above-average /əˈbʌvˌævərɪdʒ/ *a.* superiore alla media: ~ *intelligence* intelligenza superiore alla media.

aboveboard /əˌbʌvˈbɔːd *Am* əˈbʌvbɔːrd/ *a.pred.* legale, legittimo, onesto. II *avv.* legalmente, onestamente.

above-mentioned /əˌbʌvˈmenʃ nd/ *a.* suddetto, summenzionato, sopraccitato.

above-named /əˈbʌvˌneɪmd/ *a.* suddetto, sunnominato, sopraccitato.

above-stairs /əˌbʌvˈsteəz *Am* əˈbʌvˌsterz/ I *n.pl.* (*Br*) (*costr.sing.*) piano *m.* superiore. II *avv.* (*Br*) al piano superiore.

above-water /əˌbʌvˈwɔːtər *Am* əˈbʌvˌwɑːtər/ *a.* (*Mar*) **1** a galla. **2** (*above the waterline*) sopra la linea di galleggiamento.

ab ovo /æbˈəʊvəʊ/ *a.* ab ovo.

Abp. *Archbishop* Arc. (arcivescovo).

abr. *abridgement* abbr. (abbreviazione).

abracadabra /ˌæbrəkəˈdæbrə/ *n.* abracadabra *m.*

abrade /əˈbreɪd/ *v.t.* **1** erodere, corrodere. **2** (*to scrape off*) raschiare; (*of skin*) scorticare.

3 (*Tecn*) abradere, raschiare.

Abraham /ˈeɪbrəhæm/ *n.pr.m.* Abramo. □ (*Bibl*) ~'*s bosom* seno di Abramo, il paradiso.

abranchial /ˌeɪˈbræŋkɪəl/ *a.* (*Zool*) abranchiato.

abranchiate /ˌeɪˈbræŋkɪeɪt/ *a.* (*Zool*) abranchiato.

abrasion /əˈbreɪʒ ən/ *n.* **1** (*Med*) abrasione *f.*, escoriazione *f.* **2** (*Tecn,Geog*) abrasione *f.*

abrasive /əˈbreɪsɪv/ I *n.* abrasivo *m.* II *a.* abrasivo. □ ~ *cloth* tela smeriglio; ~ *disk* disco abrasivo, mola a disco; ~ *paper* carta abrasiva.

abrasiveness /əˈbreɪsɪvnəs/ *n.* abrasività *f.*

abreact /ˌæbrɪˈækt/ *v.i.* (*Psic*) abreagire.

abreaction /ˌæbrɪˈækʃ ən/ *n.* (*Psic*) abreazione *f.*

abreactive /ˌæbrɪˈæktɪv/ *n.* (*Psic*) abreattivo.

abreast /əˈbrest/ I *avv.* **1** di fianco, a fianco, a lato. **2** (*Mar*) di fronte, al traverso, all'altezza. II *prep.* (*Mar*) all'altezza di. □ *to be* ~ *of the times* essere al passo coi tempi; *to walk two* ~ camminare a due a due.

abridge /əˈbrɪdʒ/ *v.t.* **1** ridurre, condensare: *to* ~ *a novel* compendiare un romanzo; ~ *edition* edizione ridotta. **2** (*to shorten in duration*) abbreviare, accorciare: *I must* ~ *my visit* devo abbreviare la mia visita. **3** (*Dir*) (*to curtail*) ridurre, limitare: *to* ~ *the freedom of the press* limitare la libertà di stampa.

abridgeable /əˈbrɪdʒ əbl/ *a.* riducibile, condensabile, abbreviabile.

abridged /əˈbrɪdʒd/ *a.* ridotto, in versione ridotta, in edizione ridotta: ~ *edition* edizione ridotta.

abridgement /əˈbrɪdʒmənt/ *n.* **1** (*of a text*) riduzione *f.*, edizione *f.* ridotta; (*of a film*) versione *f.* ridotta. **2** (*Dir*) limitazione *f.* **3** (*ant*) divertimento *m.*

abridger /əˈbrɪdʒər/ *n.* riduttore *m.*

abroach /əˈbrəʊtʃ/ *avv./a.* **1** spillato, stappato, sturato: *to set a cask* ~ spillare una botte. **2** (*in circulation*) in circolazione.

abroad /əˈbrɔːd/ *avv.* **1** all'estero: *to go* ~ andare all'estero. **2** (*spec. Ir*) (*out-of-doors*) fuori (di casa), in giro. **3** (*in circulation*) in giro, in circolazione: *there is a rumour* ~ corre voce che. **4** (*in error*) fuori segno, fuori strada: *to be all* ~ essere completamente fuori strada. □ (*lett*) *to get* ~ (*of rumours, etc.*) diffondersi.

abrogate /ˈæbrəʊgeɪt/ *v.t.* abrogare: *to* ~ *a law* abrogare una legge.

abrogation /ˌæbrəʊˈgeɪʃ ən/ *n.* abrogazione *f.*

abrogative /ˈæbrəʊˌgeɪtɪv *Am* ˈæbrəʊgeɪtɪv/ *a.* abrogativo.

abrupt /əˈbrʌpt/ *a.* **1** brusco, improvviso, repentino: *the party came to an* ~ *end* la festa è finita bruscamente. **2** (*blunt, curt*) brusco, rude, grezzo: ~ *manner* modi bruschi. **3** (*of style*) sconnesso, discontinuo. **4** (*very steep*) scosceso, ripido, erto. **5** (*Bot*) tronco, mozzo.

abruption /əˈbrʌpʃ ən/ *n.* improvviso distacco *m.*

abruptly /əˈbrʌptli/ *avv.* **1** bruscamente, improvvisamente, repentinamente. **2** (*bluntly*) bruscamente, rudemente. **3** (*very steeply*) ripidamente, a picco.

abruptness /əˈbrʌptnəs/ *n.* **1** repentinità *f.*, subitaneità *f.* **2** (*bluntness*) bruschezza *f.*, rudezza *f.*, asprezza *f.* **3** (*of style*) discontinuità *f.* **4** (*steepness*) ripidezza *f.*

abs /æbz/ *n.pl.* (*colloq*) (*abdominals*) addominali *m.pl.*

ABS /ˌeɪbiːˈes/ **1** *Antiblockier-System, anti-lock braking system* ABS (sistema antibloccaggio). **2** *acrylonitrile-butadiene-styrene* ABS (acrilonitrile-butadiene-stirene). □ *~ plastic* plastica ABS.

abs. 1 *absolute* assol. (assoluto). **2** *abstract* (sommario, compendio).

Absalom /'æbsᵊləm/ *n.pr.m.* (*Bibl*) Assalonne.

abscess /'æbses/ *n.* (*Med*) ascesso *m.*

abscessed /'æbsest/ *a.* (*Med*) con ascesso.

abscise /æb'saɪz/ **I** *v.t.* tagliare, recidere. **II** *v.i.* (*Bot*) perdere per escissione.

abscisic /æb'sɪsɪk/ *a.* (*Biol*) abscissico. □ (*Biol*) *~ acid* acido abscissico.

abscissa /æb'sɪsə/ (*pl.* **-sae** /-siː/, **-s** /-z/) *n.* (*Mat*) ascissa *f.*

abscission /æb'sɪʒᵊn/ *n.* (*Bot*) escissione *f.*

abscond /əb'skɒnd *Am* əb'skaːnd/ *v.i.* darsi alla latitanza, rendersi latitante.

absconder /əb'skɒndəʳ *Am* əb'skaːndəʳ/ *n.* latitante *m./f.*

absconding /əb'skɒndɪŋ *Am* əb'skaːndɪŋ/ □ (*Dir*) *~ debtor* debitore latitante.

abseil /'æbseɪl/ *v.i.* (*Br,Aus*) calarsi a corda doppia.

abseiler /'æbseɪləʳ/ *n.* (*Br,Aus*) chi pratica la discesa in corda doppia.

abseiling /'æbseɪlɪŋ/ *n.* (*Br,Aus*) discesa *f.* in corda doppia.

absence /'æbsᵊns/ *n.* **1** assenza *f.* **2** (*lack*) assenza *f.*, mancanza *f.*: *~ of funds* mancanza di fondi; *in the ~ of proof* per mancanza di prove. □ *in your ~* in tua assenza, quando non c'eri; *in the ~ of evidence to the contrary* fino a prova contraria; *~ of mind* distrazione; *~ without leave* assenza arbitraria, assenza abusiva. *Prov.*: *~ makes the heart grow fonder* la lontananza accresce l'amore.

absent[1] /'æbsᵊnt/ *a.* **1** assente, mancante. **2** (*inattentive*) non attento, poco attento. **3** (*fig*) (*absent-minded*) distratto, con la mente altrove. □ (*Mil*) *~ without leave* assente senza permesso.

absent[2] /æb'sent/ □ *to ~oneself*: **1** assentarsi, essere assente (*from* da); **2** (*fig*) (*to be inattentive*) essere assente, avere la mente altrove.

absentee /ˌæbsᵊn'tiː/ *n.* **1** assente *m./f.* **2** (*from work*) assenteista *m./f.* □ (*Am*) *~ballot* voto postale, voto per corrispondenza; *~ landlord* padrone assenteista; (*Am*) *~ voter* elettore che vota per corrispondenza; (*by proxy*) elettore che vota per procura.

absenteeism /ˌæbsᵊn'tiːɪzᵊm/ *n.* **1** assenteismo *m.* **2** (*of a landlord*) assenza *f.* abituale. □ *~ rate* tasso di assenteismo.

absently /'æbsᵊntli/ *avv.* distrattamente, con la mente altrove.

absent-minded /ˌæbsᵊnt'maɪndɪd/ *a.* distratto, sbadato.

absent-mindedly /ˌæbsᵊnt'maɪndɪdli/ *avv.* distrattamente, sbadatamente.

absent-mindedness /ˌæbsᵊnt'maɪndɪdnəs/ *n.* distrazione *f.*, sbadataggine *f.*

absinth, absinthe /'æbsɪnθ/ *n.* assenzio *m.*

absolute /'æbsᵊluːt/ **I** *a.* **1** assoluto, completo, totale: *an ~ failure* un fallimento totale. **2** (*unlimited*) assoluto, illimitato: *~ authority* autorità assoluta. **3** (*not in relative terms*) assoluto, categorico: *an ~ truth* una verità assoluta; *case of ~ necessity* caso di forza maggiore. **4** (*certain*) sicuro, infallibile, certo: *an ~ proof* una prova infallibile. **5** (*Dir*) definitivo. **6** (*Gramm*) (*of a construction*) assoluto; (*of a verb*) usato in senso assoluto; (*not mixed*) assoluto, puro. **II** *n.* assoluto *m.* □ (*Econ*) *~ advantage* vantaggio assoluto; (*Chim*) *~ alcohol* alcol puro, alcol assoluto; (*Dir*) *~ discharge* assoluzione con formula

piena; (*Filos*) *~ ego* io puro, io assoluto; (*Br, spreg*) *you are the ~ end!* sei davvero il colmo!; (*Dir*) *~ impediment* impedimento dirimente; (*Econ*) *~ liability* obbligazione incondizionata; *the ~ limit* il colmo dei colmi; (*Astr*) *~ magnitude* magnitudine assoluta; *~ majority* maggioranza assoluta; *~ monarchy* monarchia assoluta; *~ music* musica assoluta; (*Econ*) *~ owner* proprietario assoluto; *~ pitch*: **1** (*Mus*) diapason assoluto; **2** (*of singers*) intonazione perfetta, orecchio assoluto; (*Fis*) *~ scale* scala assoluta; (*Fis*) *~ temperature* temperatura assoluta; (*Fis*) *~ vacuum* vuoto assoluto; (*Mat*) *~ value* valore assoluto; (*Fis*) *~ zero* zero assoluto.

absolutely /'æbsᵊluːtli/ *avv.* **1** assolutamente, completamente, del tutto: *are you ~ certain?* sei assolutamente sicuro? **2** (*certainly*) assolutamente, senz'altro, veramente: *you're ~ right* hai assolutamente ragione. **3** (*esclam*) assolutamente sì, senz'altro, certo, certamente. **4** (*Gramm*) in modo assoluto.

absoluteness /'æbsᵊluːtnəs/ *n.* assolutezza *f.*

absolution /ˌæbsə'luːʃᵊn/ *n.* assoluzione *f.* (*anche Rel*).

absolutise /'æbsᵊluːtaɪz/ *v.t.* (*Br*) assolutizzare.

absolutism /'æbsᵊluːtɪzᵊm *Am* 'æbsᵊluːtɪzᵊm/ *n.* assolutismo *m.*

absolutist /'æbsᵊluːtɪst *Am* 'æbsᵊluːtɪst/ **I** *n.* assolutista *m./f.* **II** *a.* assolutistico, dispotico.

absolutize /'æbsᵊluːtaɪz/ *v.t.* assolutizzare.

absolutory /əb'sɒljʊtᵊri *Am* əb'saːljətɔːri/ *a.* assolutorio.

absolvable /əb'zɒlvəbl *Am* əb'zaːlvəbl/ *a.* assolvibile.

absolve /əb'zɒlv *Am* əb'zaː(l)v/ *v.t.* **1** assolvere, liberare. **2** (*to set free from promises, etc.*) sciogliere, liberare, prosciogliere. **3** (*to grant absolution*) assolvere (*anche Rel*).

absorb /əb'sɔːb *Am* əb'sɔːrb/ *v.t.* **1** assorbire (*anche Chim*). **2** (*fig*) (*to assimilate*) assorbire, assimilare. **3** (*fig*) (*to engross*) avvincere, appassionare: *the circus -ed the boys* il circo avvinse i ragazzi. **4** (*to occupy*) occupare, impegnare: *the project -ed all his spare time* il progetto impegnò tutto il suo tempo libero. **5** (*Comm*) (*to pay for*) addossarsi, assumersi: *the dealer -ed transport charges* il negoziante si addossò le spese di trasporto. **6** (*to use up*) assorbire: *the whole production was -ed by one store* tutta la produzione venne assorbita da un unico negozio.

absorbability /əbˌsɔːbə'bɪlɪti *Am* əbˌsɔːrbə'bɪləti/ *n.* capacità *f.* di assorbimento.

absorbable /əb'sɔːbəbl *Am* əb'sɔːrbəbl/ *a.* che può essere assorbito.

absorbancy /əb'sɔːbᵊnsi *Am* əb'sɔːrbᵊnsi/ *n.* capacità *f.* di assorbimento, potere *m.* assorbente.

absorbed /əb'sɔːbd *Am* əb'sɔːrbd/ *a.* **1** assorbito. **2** (*fig*) (*engrossed*) assorto, immerso.

absorbedly /əb'sɔːbədli *Am* əb'sɔːrbədli/ *avv.* in modo assorto.

absorbency /əb'sɔːbᵊnsi *Am* əb'sɔːrbᵊnsi/ *n.* capacità *f.* di assorbimento, potere *m.* assorbente.

absorbent /əb'sɔːbᵊnt *Am* əb'sɔːrbᵊnt/ **I** *a.* assorbente. **II** *n.* sostanza *f.* assorbente, materiale *m.* assorbente. □ (*Am*) *~ cotton* cotone idrofilo.

absorber /əb'sɔːbəʳ *Am* əb'sɔːrbəʳ/ *n.* **1** (*Tecn*) assorbitore *m.* **2** (*Aut*) ammortizzatore *m.*

absorbing /əb'sɔːbɪŋ *Am* əb'sɔːrbɪŋ/ *a.* **1** assorbente. **2** (*fig*) (*engrossing*) avvincente.

absorbingly /əb'sɔːbɪŋli *Am* əb'sɔːrbɪŋli/ *avv.* in modo avvincente.

absorptance /əb'sɔːptᵊns *Am* əb'sɔːrptᵊns/ *n.* fattore *m.* di assorbimento.

absorptiometer /əbˌsɔːpʃi'ɒmɪtəʳ *Am* əbˌsɔːrpʃi'aːmɪtəʳ/ *n.* assorbimetro *m.*, misuratore *m.* di assorbimento.

absorption /əb'sɔːpʃᵊn *Am* əb'sɔːrpʃᵊn/ *n.* **1** assorbimento *m.*, assimilazione *f.* (*anche fig*). **2** (*fig*) (*great interest*) profondo interesse *m.* **3** (*Biol,Chim*) assorbimento *m.*: *~ spectrum* spettro di assorbimento. □ (*Econ*) *~ costing* (sistema di calcolo del) costo complessivo, sistema di contabilità a costi pieni.

absorptive /əb'sɔːptɪv *Am* əb'sɔːrptɪv/ *a.* assorbente.

abstain /əb'steɪn/ *v.i.* **1** astenersi (*from* da). **2** (*Parl*) astenersi dal voto. □ (*Rel.catt*) *to ~ from meat* mangiare di magro, fare astinenza.

abstainer /əb'steɪnəʳ/ *n.* **1** chi si astiene. **2** (*abstemious person*) astemio *m.* (*f.* -a). **3** (*Pol*) astensionista *m./f.*

abstemious /əb'stiːmiəs/ *a.* **1** sobrio, parco. **2** (*plain*) frugale, semplice: *an ~ diet* una dieta frugale.

abstemiously /əb'stiːmiəsli/ *avv.* **1** sobriamente, parcamente. **2** (*plain*) frugalmente.

abstemiousness /əb'stiːmiəsnəs/ *n.* sobrietà *f.*, frugalità *f.*

abstention /əb'stenʃᵊn/ *n.* astensione *f.*

abstentionism /əb'stenʃᵊnɪzᵊm/ *n.* astensionismo *m.*

abstinence /'æbstɪnəns/ *n.* **1** astinenza *f.*, continenza *f.* **2** (*self-denial*) astinenza *f.* (*anche Rel*): *to practice ~* praticare l'astinenza. **3** (*Med*) (*withdrawal*) astinenza *f.*

abstinent /'æbstɪnənt/ *a.* astinente, continente.

abstract[1] /'æbstrækt/ **I** *a.* **1** astratto, teorico. **2** (*Art*) astratto. **3** (*abstruse*) astruso. **4** (*vague*) vago. **II** *n.* **1** (*summary*) sommario *m.*, riassunto *m.*, abstract *m.* **2** (*abstract term*) astratto *m.*: *in the ~* in astratto. **3** (*Art*) astrattismo *m.* □ (*Art*) *~ expressionism* espressionismo astratto; (*Fis*) *~ mechanics* meccanica razionale; *~ music* musica astratta, musica assoluta; (*Gramm*) *~ noun* nome astratto; *~ poetry* poesia astratta; (*Dir*) *~ of title* estratto catastale.

abstract[2] /æb'strækt/ **I** *v.t.* **1** (*to summarize*) riassumere. **2** (*to steal*) sottrarre. **3** (*assol*) fare astrazione, astrarre. **4** (*to divert the attention of*) allontanare, distogliere. **II** *v.pron.* astrarsi.

abstracted /æb'stræktɪd/ *a.* **1** rimosso, tolto. **2** (*absent-minded*) assorto, con la mente altrove, distratto.

abstractedly /æb'stræktɪdli/ *avv.* distrattamente.

abstractedness /æb'stræktɪdnəs/ *n.* **1** astrattezza *f.* **2** (*absent-mindedness*) distrazione *f.*

abstraction /æb'strækʃᵊn/ *n.* **1** (*Filos*) astrazione *f.* **2** (*removal*) estrazione *f.* **3** (*absence of mind*) distrazione *f.* **4** (*theft*) sottrazione *f.*, furto *m.*: *~ of documents* sottrazione di documenti. **5** (*Art*) astrazione *f.*; (*work*) opera *f.* astratta.

abstractionism /æb'strækʃᵊnɪzᵊm/ *n.* (*Art*) astrattismo *m.*

abstractionist /æb'strækʃᵊnɪst/ **I** *n.* (*Art*) astrattista *m./f.* **II** *a.* astrattista.

abstractive /æb'stræktɪv/ *a.* astrattivo (*anche Filos*).

abstractiveness /æb'stræktɪvnəs/ *n.* astrattezza *f.*

abstractly /æb'strækli/ *avv.* astrattamente.

abstractness /'æbstræknəs/ *n.* astrattezza *f.*

abstruse /æb'struːs/ *a.* astruso.

abstrusely /æb'struːsli/ *avv.* astrusamente.

abstruseness /æb'struːsnəs/ *n.* 1 astrusità *f.* 2 (*sth. abstruse*) astruseria *f.*

abstrusity /æb'struːsɪti Am æb'struːsəti/ *n.* 1 astrusità *f.* 2 (*sth. abstruse*) astruseria *f.*

absurd /əb'sɜːd Am əb'sɜːrd/ I *a.* assurdo; (*ridiculous*) assurdo, ridicolo. II *n.* assurdo *m.*

absurdity /əb'sɜːdɪti Am əb'sɜːrdəti/ *n.* assurdità *f.*

absurdness /əb'sɜːdnəs Am əb'sɜːrdnəs/ *n.* assurdità *f.*

ABTA /'æbtə/ *Association of British Travel Agents* (associazione degli agenti di viaggio britannici).

abulia /ə'b(j)uːliə/ *n.* (*Psic*) abulia *f.*

abulic /ə'b(j)uːlɪk/ *a.* abulico.

abundance /ə'bʌndəns/ *n.* 1 abbondanza *f.*, profusione *f.* 2 (*affluence*) ricchezza *f.* □ *in* ~ in abbondanza.

abundant /ə'bʌndənt/ *a.* 1 abbondante, copioso. 2 (*abounding, rich*) pieno, ricco (*in, with* di).

abundantly /ə'bʌndəntli/ *avv.* abbondantemente, pienamente. □ ~ *clear* più che evidente.

abusage /ə'bjuːsɪdʒ/ *n.* uso *m.* scorretto (*spec.* linguistico).

abuse¹ /ə'bjuːz/ *v.t.* 1 abusare di, approfittare di: *do not* ~ *your privileges* non abusare dei tuoi privilegi. 2 (*to mistreat*) maltrattare, trattare male. 3 (*to insult*) insultare, ingiuriare. 4 (*to commit assault*) abusare di. 5 (*ant*) (*to deceive, to mislead*) ingannare. 6 (*rifl.*) *to* ~ *oneself* masturbarsi.

abuse² /ə'bjuːs/ *n.* 1 abuso *m.*: ~ *of confidence* abuso di fiducia; ~ *of discretion* eccesso di potere, abuso di potere; ~ *of power* abuso di potere; *verbal* ~ abuso verbale; *child* ~ violenza sui minori, abuso sui minori. 2 (*vituperation*) insulto *m.*, ingiuria *f.* 3 (*harsh treatment*) maltrattamento *m.* 4 (*sexual assault*) abuso *m.* (sessuale). 5 (*of human rights*) violazione *f.* 6 (*ant*) (*deception*) inganno *m.*

abuser /ə'bjuːzər/ *n.* autore *m.* (*f.* -trice) di un abuso.

abusive /ə'bjuːsɪv/ *a.* 1 offensivo, insultante, ingiurioso: *an* ~ *letter* una lettera ingiuriosa; ~ *language* linguaggio offensivo. 2 (*treating badly*) villano, violento. 3 (*illegal*) abusivo, illegale.

abusively /ə'bjuːsɪvli/ *avv.* 1 (*irregularly*) abusivamente. 2 (*insultingly*) ingiuriosamente.

abusiveness /ə'bjuːsɪvnəs/ *n.* abusività *f.*, abusivismo *m.*

abut /ə'bʌt/ (*past, p.p.* **abutted** /ə'bʌtɪd Am ə'bʌtɪd/) *v.i.* 1 confinare (*upon, on, against* con): *his land -s on mine* il suo terreno confina con il mio. 2 (*Arch*) appoggiarsi (su).

abutment /ə'bʌtmənt/ *n.* 1 (*Arch*) (*of an arch*) spalla *f.*, piedritto *m.*; (*of a bridge*) spalla *f.* 2 (*junction*) punto *m.* di congiungimento. □ (*Arch*) ~ *arch* arcata di sostegno; (*Arch*) ~ *beam* trave portante.

abuttal /ə'bʌtəl Am ə'bʌtəl/ *n.* 1 punto *m.* di congiungimento. 2 *pl.* (*Dir*) confini *m.pl.*, delimitazioni *f.pl.*

abutter /ə'bʌtər/ *n.* (*spec. Am*) confinante *m./f.*, proprietario *m.* (*f.* -a) di fondo limitrofo.

abutting /ə'bʌtɪŋ Am ə'bʌtɪŋ/ *a.* contiguo, confinante, adiacente.

abuzz /ə'bʌz/ *a.* 1 ronzante. 2 (*fig*) fervente di attività.

abysm /ə'bɪzəm/ *n.* 1 abisso *m.*, baratro *m.* (*anche fig*). 2 (*lett*) (*hell*) abisso *m.* infernale, baratro *m.* infernale.

abysmal /ə'bɪzməl/ *a.* 1 abissale. 2 (*fig*) incommensurabile, enorme, abissale: ~ *ignorance* ignoranza abissale. 3 (*fig*) (*horrible*) orribile, terribile.

abyss /ə'bɪs/ *n.* 1 abisso *m.*, baratro *m.* (*anche fig*). 2 (*lett*) (*hell*) abisso *m.* infernale, baratro *m.* infernale.

abyssal /ə'bɪsəl/ *a.* 1 abissale. 2 (*fig*) (*unfathomable*) abissale, incommensurabile. 1 (*Geol*) ~ *plain* piana abissale; (*Geol*) ~ *zone* zona abissale.

Abyssinia /ˌæbɪ'sɪniə/ *n.pr.* (*Geog*) Abissinia *f.*

Abyssinian /ˌæbɪ'sɪniən/ I *a.* abissino. II *n.* abissino *m.* (*f.* -a).

abzyme /'æbzaɪm/ *n.* (*Biol*) enzima-anticorpo *m.*

AC /ˌeɪ'siː/ 1 *acre* a. (acro). 2 *air conditioning* (aria condizionata). 3 (*El*) *alternating current* c.a. (corrente alternata). 4 *Athletic Club* (club atletico). 5 (*Enol*) *appellation contrôlée* DOC (denominazione di origine controllata). 6 *Ante Christum* a.C. (avanti Cristo).

a/c /ə'kaʊnt/ *account* c.to (conto).

ac. (*Am*) *acre* a. (acro).

a.c. (*Med*) *ante cibum, before meals* (prima dei pasti).

acacia /ə'keɪʃə/ *n.* (*Bot*) acacia *f.*

academia /ˌækə'diːmiə/ *n.* (*Am*) ambiente *m.* universitario.

academic /ˌækə'demɪk/ I *a.* 1 accademico: ~ *year* anno accademico. 2 (*theoretical*) accademico, teorico: *it's purely* ~ è puramente accademico. II *n.* (*professor*) accademico *m.* □ ~ *dress* toga e tocco, paludamenti accademici; (*Am,Scol*) ~ *letter* onoreficenza (sotto forma di monogramma della scuola).

academically /ˌækə'demɪkəli/ *avv.* in modo accademico.

academicals /ˌækə'demɪkəlz/ *n.pl.* (*Br*) toga *f.* e tocco, paludamenti *m.pl.* accademici.

academician /əˌkædə'mɪʃən Am also ˌækədə'mɪʃən/ *n.* accademico *m.*

academicism /ˌækə'demɪsɪzəm/ *n.* (*Lett,Art, Mus*) accademismo *m.*

academism /ə'kædəmɪzəm/ *n.* (*Lett,Art,Mus*) accademismo *m.*

academy /ə'kædəmi/ *n.* 1 accademia *f.*: *air force* ~ accademia aeronautica; *military* ~ accademia militare. 2 (*US*) (*secondary school*) scuola *f.* secondaria privata, liceo *m.* privato. 3 (*Lett,Art*) accademia *f.*

Academy /ə'kædəmi/ *n.pr.* (*Filos*) Accademia *f.* □ (*Cin*) ~ *Award* premio Oscar, Oscar; (*Cin*) ~ *Awards* spettacolo per il premio Oscar.

Acadian /ə'keɪdiən/ I *a.* acadiano. II *n.* acadiano *m.*

acajou /'ækəʒuː/ *n.* (*Bot*) acagiù *m.*

acanthus /ə'kænθəs/ *n.* (*pl.* **-es** /-ɪz/, **-thi** /-θaɪ/) (*Bot,Arch*) acanto *m.*

a cappella /ˌækə'pelə Am ˌɑːkə'pelə/ *avv.* (*Mus*) a cappella.

acaricide /'ækərɪsaɪd Am æ'kærɪsaɪd/ *n.* acaricida *m.*

acarid /'ækərɪd/ *n.* (*Entom*) acaride *m.*

acaroid /'ækərɔɪd/ *n.* acaroide *m.*

acarpous /ˌeɪ'kɑːpəs Am ˌeɪ'kɑːrpəs/ *a.* (*Bot*) acarpo.

acarus /'ækərəs/ *n.* (*pl.* **-ri** /-raɪ/) (*Entom*) acaro *m.*

acauline /'ækɔːlaɪn/ *a.* (*Bot*) acaule.

acc. 1 *account* c.to (conto). 2 *accusative* acc. (accusativo).

accede /æk'siːd/ *v.i.* 1 aderire, acconsentire, accedere (*to* a): *to* ~ *to a request* aderire a una richiesta. 2 (*to attain: an office, title, etc.*) assumere (qcs.); (*the throne*) salire (a). 3 (*to become a party to*) aderire (a): *to* ~ *to a treaty* aderire a un trattato.

accelerant /æk'selərənt/ I *a.* accelerante. II *n.* (*Chim*) accelerante *m.*

accelerate /æk'seləreɪt/ *v.t./i.* accelerare (*anche fig*).

accelerated /æk'seləreɪtɪd/ □ (*Econ*) ~ *depreciation* ammortamento per quote decrescenti; (*Fis*) ~ *motion* moto accelerato.

acceleration /æk,selə'reɪʃən/ *n.* accelerazione *f.* (*anche Econ*). □ (*Econ*) ~ *clause* clausola che prevede l'anticipazione di scadenza; (*Econ*) ~ *coefficient* coefficiente di accelerazione, acceleratore; (*Mot*) ~ *jet* getto di ripresa; (*Fis*) ~ *of gravity* accelerazione di gravità.

accelerative /æk'selərətɪv Am æk'selərətɪv/ *a.* accelerativo.

accelerator /æk'seləreɪtər Am æk'seləreɪtər/ *n.* 1 (*Tecn,Chim,Inform*) acceleratore *m.* 2 (*Econ*) acceleratore *m.* 3 (*Nucl*) (*particle accelerator*) acceleratore *m.* di particelle. □ (*Inform*) ~ *card* scheda acceleratrice.

accelerometer /ək,selə'rɒmɪtər Am ək,selə'rɑːmətər/ *n.* (*Mecc*) accelerometro *m.*

accent¹ /'æksənt Am 'æksent/ *n.* 1 accento *m.* (*anche Mus*). 2 (*foreign accent*) accento *m.* straniero: *to speak English with an* ~ parlare inglese con accento straniero. 3 (*tone of a language*) accento *m.*, tono *m.*, intonazione *f.*, cadenza *f.* 4 (*flavour*) sapore *m.* contrastante; (*colour*) colore *m.* contrastante. 5 (*fig*) (*emphasis*) enfasi *f.*, rilievo *m.*, risalto *m.*: *to place the* ~ *on sth.* dare importanza a qcs., porre l'accento su qcs. □ (*Ling*) ~ *shift* spostamento di accento (*anche fig*).

accent² /æk'sent/ *v.t.* 1 accentare, mettere l'accento su: *to* ~ *the last syllable* accentare l'ultima sillaba. 2 (*fig*) (*to emphasize*) accentuare, sottolineare, mettere in evidenza, porre in rilievo.

accented /æk'sentɪd Am æk'sentɪd/ *a.* accentato.

accentor /ək'sentər, 'æksentɔːr/ *n.* (*Ornit*) sordone *m.*

accentual /æk'sentjʊəl/ *a.* 1 (*Ling*) accentuale. 2 (*Metr*) accentuativo.

accentuate /æk'sentjueɪt/ *v.t.* 1 accentuare, sottolineare, mettere in rilievo, mettere in evidenza, dare rilievo a. 2 (*to mark with an accent*) accentare.

accentuated /æk'sentjueɪtɪd Am æk'sentjueɪtɪd/ *a.* accentuato, messo in evidenza.

accentuation /æk,sentju'eɪʃən/ *n.* 1 accentuazione *f.* 2 (*sth. accentuated*) rilievo *m.* 3 (*Ling*) accentatura *f.*

accept /ək'sept/ *v.t.* accettare (*anche Comm*). 2 (*to consent to*) accettare, accogliere, acconsentire a: *they -ed our proposal* accolsero la nostra proposta. 3 (*to receive into a club, etc.*) ammettere, accogliere, accettare. 4 (*assol*) accettare, assentire. □ *please* ~ *my apologies* la prego di accettare le mie scuse.

acceptability /ək,septə'bɪlɪti Am ək,septə'bɪləti/ *n.* accettabilità *f.*

acceptable /ək'septəbl/ *a.* 1 accettabile, discreto. 2 (*Br*) gradito, bene accetto: *an* ~ *gift* un dono gradito. □ ~ *daily intake* assunzione giornaliera accettabile.

acceptableness /ək'septəblnəs/ *n.* accettabilità *f.*

acceptably /ək'septəbli/ *avv.* in modo accettabile.

acceptance /ək'septəns/ *n.* **1** accettazione *f.*, accoglienza *f.* **2** (*approval*) approvazione *f.*, consenso *m.* **3** (*Comm*) (*promise to pay*) accettazione *f.*; (*order*, *draft*) atto *m.* di accettazione: (*Comm*) *to present a bill for* ~ presentare una tratta all'accettazione. □ ~ *against documents* accettazione contro documenti; (*Econ*) ~ *credit* credito di accettazione; (*Comm*) ~*for honour* accettazione per intervento; (*Econ*) ~ *house* casa di accettazione; (*Am,Univ*) ~*letter* lettera di ammissione (all'università); ~*speech* discorso di ringraziamento (per un premio); (*Dir*) ~*under benefit of inventory* accettazione con beneficio di inventario; *upon* ~ all'accettazione.

acceptation /ˌæksep'teɪʃən/ *n.* **1** (*usual meaning*) accezione *f.*, significato *m.* **2** (*approval*) approvazione *f.*, consenso *m.*

accepted /ək'septɪd/ *a.* comunemente accettato, comunemente accolto: *the* ~ *meaning of a word* il significato comunemente accettato di una parola; *it's an* ~ *fact that* è un fatto indiscusso che.

accepter /ək'septər/ *n.* **1** (*Comm*) accettante *m./f.* **2** (*Chim*) accettore *m.*

accepting /ək'septɪŋ/ □ (*Econ*) ~ *bank* banca accettante.

acceptor /ək'septər/ *n.* **1** (*Comm*) accettante *m./f.* **2** (*Chim*) accettore *m.*

access[1] /'ækses/ *n.* **1** accesso *m.*, ingresso *m.*, entrata *f.*: *to have* ~ *to the library* avere accesso alla biblioteca; *of difficult* ~ di difficile accesso; *of easy* ~ accessibile, di facile accesso. **2** (*approach*) accesso *m.*; (*way of approach*) mezzo *m.* di accesso, via *f.* di accesso. **3** (*Med*) accesso *m.*, attacco *m.* **4** (*fig*) (*ability to choose, obtain*) accesso *m.*, facoltà *f.* di accesso: ~ *to higher education* l'accesso all'istruzione superiore. **5** (*fig*) (*outburst*) scoppio *m.*: *an* ~ *of rage* uno scoppio d'ira. **6** (*Inform*) accesso *m.* □ ~ *code* codice di accesso; (*Inform*) ~*provider* provider, fornitore di accesso; (*Strad*) ~*ramp* rampa di accesso; (*Inform*) ~*speed* velocità di accesso; (*Inform*) ~*time* tempo di accesso.

access[2] /'ækses/ *v.t.* accedere a (*anche Inform*).

accessibility /ˌæksesi'bɪlɪti Am ək,sesɪ'bɪləti/ *n.* accessibilità *f.*

accessible /ək'sesəbl/ *a.* **1** accessibile. **2** (*fig*) accessibile, abbordabile; (*open to influence*) accessibile, influenzabile.

accession[1] /æk'seʃən/ *n.* **1** accessione *f.*, assunzione *f.*: ~ *to the throne* assunzione al trono. **2** (*increase*) aumento *m.* **3** (*addition*) aggiunta *f.* **4** (*assent*) adesione *f.*, accessione *f.* **5** (*approach*) avvicinamento *m.* **6** (*Dir,Bibliot*) accessione *f.* **7** (*sudden outburst*) accesso *m.* □ (*Dir*) ~ *to an estate* entrata in possesso di un patrimonio; (*Econ*) ~ *to one's income* aumento di reddito.

accession[2] /æk'seʃən/ *v.t.* (*Bibliot*) ingressare.

accessorial /ˌækse'sɔːriəl/ *a.* accessorio.

accessorise /ək'sesəraɪz/ *v.t.* (*Br*) dotare di accessori, fornire di accessori.

accessorize /ək'sesəraɪz/ *v.t.* dotare di accessori, fornire di accessori.

accessory /æk'sesəri/ **I** *n.* **1** accessorio *m.* (*anche Abbigl*). **2** (*Dir*) complice *m./f.* **II** *a.* **1** supplementare, aggiunto, accessorio. **2** (*Dir*) complice. □ (*Dir*) ~ *after the fact* favoreggiatore; (*Dir*) ~*before the fact* istigatore, mandante; (*Dir*) ~ *clause* clausola accessoria; (*Anat*) ~*nerves* nervi accessori.

accidence /'æksɪdəns/ *n.* (*ant*) (*Ling*) morfologia *f.*

accident /'æksɪdənt/ *n.* **1** incidente *m.*, disgrazia *f.*, infortunio *m.*: *car* ~ incidente stradale; ~ *at sea* incidente di navigazione, incidente marittimo. **2** (*chance*) accidente *m.*, caso *m.* (fortuito). **3** (*Geol*) irregolarità *f.*, ineguaglianza *f.* **4** (*Filos*) accidente *m.* **5** (*unplanned pregnancy*) incidente *m.*, gravidanza *f.* non voluta. □ (*Assic*) ~ *benefit* prestazione in caso di infortunio; *by* ~ per caso; *by mere* ~ per puro caso; ~ *insurance* assicurazione contro gli infortuni; ~*prevention* prevenzione degli infortuni, antinfortunistica; ~*prone* predisposto agli infortuni; ~*surgery* chirurgia traumatologica; -*s will happen* sono cose che capitano.

accidental /ˌæksɪ'dentəl Am ˌæksɪ'dentəl/ **I** *a.* **1** accidentale, casuale, fortuito, inatteso, imprevisto: ~ *meeting* incontro fortuito; ~ *death* morte accidentale. **2** (*non essential*) non sostanziale, accessorio. **3** (*Mus*) accidentale. **II** *n.* accidente *m.* (*anche Mus*).

accidentally /ˌæksɪ'dentəli Am ˌæksɪ'dentəli/ *avv.* accidentalmente, fortuitamente, casualmente.

acclaim /ə'kleɪm/ **I** *v.t.* **1** acclamare, applaudire. **2** (*to proclaim by acclamation*) acclamare, eleggere per acclamazione. **II** *n.* acclamazione *f.*, consenso *m.*

acclamation /ˌæklə'meɪʃən/ *n.* acclamazione *f.* □ (*Pol*) *carried by* ~ (o *with* ~) adottato (o approvato) per acclamazione.

acclimate /ə'klaɪmət,ˈæklɪmeɪt Am ˈækləmeɪt/ **I** *v.t.* acclimatare, acclimare. **II** *v.i.* acclimatarsi, acclimarsi (*to* a).

acclimation /ˌæklɪ'meɪʃən/ *n.* acclimatazione *f.*, acclimazione *f.*

acclimatise /ə'klaɪmətaɪz/ **I** *v.t.* (*Br*) acclimatare, acclimare. **II** *v.i.* (*Br*) acclimatarsi, acclimarsi (*to* a).

acclimatization / əˌklaɪmət(ə)ɪ'zeɪʃən Am əˌklaɪmətə'zeɪʃən/ *n.* acclimatazione *f.*, acclimazione *f.*

acclimatize /ə'klaɪmətaɪz/ **I** *v.t.* acclimatare, acclimare. **II** *v.i.* acclimatarsi, acclimarsi (*to* a).

acclivitous /ə'klɪvɪtəs Am ə'klɪvɪtəs/ *a.* ripido, erto.

acclivity /ə'klɪvɪti Am ə'klɪvəti/ *n.* pendio *m.*, salita *f.*, erta *f.*

accolade /ˌækə'leɪd/ *n.* **1** encomio *m.*, approvazione *f.*, lode *f.* **2** (*in conferring knighthood*) accollata *f.* **3** (*ceremonial greeting*) abbraccio *m.* **4** (*Mus*) graffa *f.*

accommodate /ə'kɒmədeɪt Am ə'kɑːmədeɪt/ *v.t.* **1** (*to provide with lodgings*) ospitare, alloggiare. **2** (*to meet somebody's needs*) agevolare, andare incontro a. **3** (*to have room for*) contenere; (*of a car, plane*) portare, trasportare. **4** (*to adapt*) adattare, conformare: *we must* ~ *ourselves to the circumstances* dobbiamo adattarci alle circostanze. **5** (*to reconcile*) mettere d'accordo, conciliare.

accommodating /ə'kɒmədeɪtɪŋ Am ə'kɑːmədeɪtɪŋ/ *a.* **1** accomodante. **2** (*helpful*) compiacente, servizievole.

accommodation /əˌkɒmə'deɪʃən Am əˌkɑːmə'deɪʃən/ *n.* **1** (*food and lodging*; *Am spec.pl.*) alloggio *m.*, sistemazione *f.* **2** (*adjustment*) adattamento *m.* **3** (*reconciliation*) accomodamento *m.*, compromesso *m.*, accordo *m.*; (*agreement*) accomodamento *m.* **4** (*convenience*) comodità *f.* **5** (*seat, room*) posto *m.* (su mezzi di trasporto). **6** (*loan*) prestito *m.* **7** (*Ott*) accomodazione *f.* □ (*Br*) ~ *address* fermo posta; (*Comm*) ~*bill* cambiale di favore, cambiale di comodo; (*Mar*) ~ *ladder* scala del barcarizzo; (*Comm*) ~ *paper* cambiale di favore, cambiale di comodo; (*Comm*) ~*party* contraente di comodo.

accommodative /ə'kɒmədeɪtɪv Am ə'kɑːmədeɪtɪv/ *a.* accomodante, compiacente.

accompaniment /ə'kʌmpənɪmənt/ *n.* **1** accompagnamento *m.*, cosa *f.* che si accompagna. **2** (*Mus*) accompagnamento *m.*

accompanist /ə'kʌmpənɪst/ *n.* (*Mus*) accompagnatore *m.* (*f.* -trice).

accompany /ə'kʌmpəni/ *v.t.* **1** accompagnare (*anche Mus*). **2** (*to be found with*) accompagnarsi: *fine words seldom* ~ *fine deeds* le belle parole di rado si accompagnano a belle azioni. □ *to* ~ *so. at the piano* (o *to* ~ *so. on the piano*) accompagnare qcu. al pianoforte.

accomplice /ə'kɒmplɪs Am ə'kɑːmplɪs/ *n.* complice *m./f.*

accomplish /ə'kɒmplɪʃ Am ə'kɑːmplɪʃ/ *v.t.* **1** realizzare, portare a termine, ultimare: *to* ~ *one's mission* portare a termine la missione. **2** (*to complete*) compiere, completare.

accomplishable /ə'kɒmplɪʃəbl Am ə'kɑːmplɪʃəbl/ *a.* realizzabile, realizzabile.

accomplished /ə'kɒmplɪʃt Am ə'kɑːmplɪʃt/ *a.* **1** compiuto, finito: *an* ~ *fact* un fatto compiuto. **2** (*skilled*) esperto, abile, provetto: *an* ~ *musician* un abile musicista. **3** (*of a worker*) finito. **4** (*poised*) educato, raffinato, di classe.

accomplishment /ə'kɒmplɪʃmənt Am ə'kɑːmplɪʃmənt/ *n.* **1** realizzazione *f.*, adempimento *m.* **2** (*achievement*) risultato *m.*, impresa *f.* **3** (*skill, ability*) talento *m.* **4** (*social poise*) classe *f.*, educazione *f.*

accord /ə'kɔːd Am ə'kɔːrd/ **I** *v.i.* accordarsi, concordare (*with* con): *his story* -*s with yours* il suo racconto concorda con il vostro. **II** *v.t.* **1** accordare, mettere d'accordo, conciliare. **2** (*to award*) accordare, concedere. **III** *n.* **1** accordo *m.* (*anche Mus*). **2** (*agreement*) accordo *m.*, consenso *m.* **3** (*Pol*) (*treaty*) accordo *m.*, patto *m.*, trattato *m.* **4** (*harmony*) armonia *f.*: *in perfect* ~ in perfetta armonia. □ *of one's own* ~ spontaneamente, di propria iniziativa; *with one* ~ all'unanimità, a una voce.

accordance /ə'kɔːdəns Am ə'kɔːrdəns/ *n.* **1** conformità *f.*, accordo *m.*, concordanza *f.*: *in* ~ *with the rules* in conformità alle regole; *in* ~ *with your instructions* secondo le vostre istruzioni. **2** (*bestowal*) concessione *f.*: ~ *of rights* concessione di diritti.

accordant /ə'kɔːdənt Am ə'kɔːrdənt/ *a.* **1** corrispondente (*with* a), in conformità (*with* con). **2** (*harmonious*) concordante.

according /ə'kɔːdɪŋ Am ə'kɔːrdɪŋ/ □ ~ *as* secondo come, a seconda che, a seconda di: *I'll come or not* ~ *as I feel* verrò o non verrò, secondo come mi sentirò; ~ *to*: **1** secondo: ~ *to him* secondo lui; ~ *to expectations* secondo le previsioni; *the Gospel* ~ *to John* il Vangelo secondo Giovanni; ~ *to how I feel* secondo come mi sento; *to each* ~ *to his needs* a ciascuno secondo i suoi bisogni; **2** (*in agreement with*) conformemente a, secondo: ~ *to our agreement* secondo i nostri accordi; ~ *to law* conformemente alla legge; ~ *to schedule* come previsto, secondo il previsto, secondo i piani.

accordingly /ə'kɔːdɪŋli Am ə'kɔːrdɪŋli/ *avv.* **1** (*correspondingly*) di conseguenza, conseguentemente: *look at all the facts and act* ~ considera tutti i fatti e agisci di conseguenza. **2** (*therefore*) perciò, quindi, di conseguenza.

accordion /ə'kɔːdiən *Am* ə'kɔːrdiən/ *n.* (*Mus*) fisarmonica *f.*

accordionist /ə'kɔːdiənɪst *Am* ə'kɔːrdiənɪst/ *n.* (*Mus*) fisarmonicista *m./f.*

accost /ə'kɒst *Am* ə'kɑːst/ *v.t.* **1** abbordare. **2** (*to address abruptly*) attaccare discorso con.

accouchement /ə'kuːʃmənt/ *n.* (*ant*) parto *m.*

account[1] /ə'kaʊnt/ *n.* **1** resoconto *m.*, rendiconto *m.*, rapporto *m.*, relazione *f.*, descrizione *f.*: *a full* ~ un resoconto completo. **2** (*Comm*) conto *m.*: *to open an* ~ *with so.* aprire un conto con qcu.; *e-mail* ~ conto e-mail. **3** (*in a bank*) estratto *m.* conto. **4** (*reason, explanation*) ragione *f.*, motivo *m.*, causa *f.*, spiegazione *f.*: *do not lie on any* ~ non mentire per nessun motivo. **5** (*Comm*) (*client*) cliente *m./f.* **6** *pl.* (*Comm*) contabilità *f.sing.*: *to keep the accounts* tenere la contabilità. **7** (*Econ*) (*in the Stock Exchange*) termine *m.*, ciclo *m.* borsistico. **8** (*worth*) valore *m.*, importanza *f.*: *their criticism is of little* ~ le loro critiche hanno poco valore. **9** (*profit, use*) profitto *m.*, vantaggio *m.*, tornaconto *m.*: *to turn sth. to good* ~ trarre vantaggio (*o* profitto) da qcs. **10** (*Inform*) codice *m.* utente, numero *m.* di conto. □ (*Econ*) *to keep an* ~ *alive* tenere un conto in essere, tenere un conto acceso; ~ *balance* saldo; ~ *book* libro contabile, registro contabile; (*Comm*) ~ *carried forward* saldo riportato, riporto; (*Br*) ~ *day* giorno di liquidazione, giorno dei compensi; ~ *executive* responsabile (servizio) clienti; *to give an account of sth.* fare un resoconto di qcs.; *to give a bad* ~ *of oneself* dare cattiva prova di sé, far brutta figura; *to give a good* ~ *of oneself* dare buona prova di sé, farsi onore; ~ *holder* correntista, titolare di conto corrente; *to be held in* ~ essere tenuto in considerazione; (*Br*) *to pay into an* ~ versare su un conto; *to make much* ~ *of sth.* dare molta importanza a qcs.; ~ *manager* responsabile clienti; *man of* ~ uomo importante; *man of no* ~ uomo da poco; (*Comm*) ~ *of disbursements* conto esborsi; *on* ~ *of* a causa di, in conseguenza di; *to buy sth. on* ~ comprare qcs. a credito; *on my* ~ per me, a mio vantaggio; *on no* ~ per nessun motivo, per nessuna ragione; *on one's own* ~ per proprio conto, da solo; *by his own* ~ a sentir lui; *on that* ~ perciò, a causa di ciò; *on what* ~? per quale motivo?; (*Comm*) ~ *payable* (*o* -*s payable*) conto passivo; (*Comm*) ~ *receivable* (*o* -*s receivable*) conto debitori diversi; ~ *rendered* saldo a nuovo; *to take* ~ *of sth.* tener conto di qcs.; (*fig*) *to bring so. to* ~ chiamare qcu. a rendere conto; (*fig*) *to call so. to* ~ chiamare qcu. a rendere conto.

account[2] /ə'kaʊnt/ *v.t.* stimare, considerare, reputare, ritenere: *to* ~ *oneself lucky* ritenersi fortunato. □ *to* ~ *for*: **1** rendere conto di, rispondere di, essere responsabile di: *coffee* -*s for ninety per cent of this country's exports* il caffè rappresenta il novanta per cento delle esportazioni di questo paese; **2** (*to explain*) spiegare, giustificare: *that* -*s for it* ecco la spiegazione, così si spiega.

accountability /ə,kaʊntə'bɪlɪtɪ *Am* ə,kaʊntə'bɪlətɪ/ *n.* il rendere conto del proprio operato, trasparenza *f.*, atteggiamento *m.* responsabile: *citizens should demand* ~ *of their representatives* i cittadini dovrebbero esigere trasparenza nell'operato dei loro rappresentanti.

accountable /ə'kaʊntəbl *Am* ə'kaʊntəbl̩/ *a.* **1** (con un atteggiamento) responsabile, che rende conto del proprio operato: *to be* ~ *for* sth. *to so.* essere responsabile di qcs. verso qcu., rendere conto di qcs. a qcu.; *who are you* ~ *to in the company hierarchy?* a chi fai capo nell'organigramma aziendale? **2** (*explainable*) spiegabile, giustificabile.

accountableness /ə'kaʊntəblnəs *Am* ə'kaʊntəbl̩nəs/ *n.* il rendere conto del proprio operato, trasparenza *f.*, atteggiamento *m.* responsabile.

accountably /ə'kaʊntəblɪ *Am* ə'kaʊntₐbli/ *avv.* (*responsibly*) responsabilmente, con responsabilità, con trasparenza.

accountancy /ə'kaʊntənsɪ *Am* ə'kaʊntₐnsi/ *n.* ragioneria *f.*, contabilità *f.*, computisteria *f.*

accountant /ə'kaʊntənt/ I *n.* (*Comm*) **1** ragioniere *m.* (*f.* -a), contabile *m./f.* **2** (*financial advisor*) commercialista *m./f.* II *a.* (*rar*) responsabile. □ (*GB*) *Accountant and Controller General* ragioniere generale dello Stato.

accounting /ə'kaʊntɪŋ *Am* ə'kaʊntɪŋ/ *n.* **1** contabilità *f.*, ragioneria *f.* **2** (*explanation*) spiegazione *f.*: *there is no* ~ *for it* la cosa non si spiega; *there is no* ~ *for taste* sui gusti non si discute, de gustibus. □ ~ *department* reparto contabilità, ufficio contabile; ~ *entry* articolo contabile, voce; ~ *period* periodo contabile, esercizio finanziario; ~ *position* posizione contabile; ~ *system* sistema di contabilità, sistema contabile; ~ *unit* unità di conto.

account-only /ə'kaʊnt,ɒʊnlɪ/ □ ~ *cheque* assegno sbarrato.

accouter /ə'kuːtər/ *v.t.* (*Am*) **1** equipaggiare. **2** (*of horses*) bardare.

accouterment /ə'kuːtərmənt/ *n.* (*Am*) **1** equipaggiamento *m.*, accessorio *m.* **2** (*of horses*) bardatura *f.* □ *all the* -*s to a dish* le guarnizioni di una pietanza.

accoutre /ə'kuːtər/ *v.t.* (*Br*) **1** equipaggiare. **2** (*of horses*) bardare.

accoutrement /ə'kuːtrəmənt/ *n.* (*Br*) **1** equipaggiamento *m.*, accessorio *m.* **2** (*of horses*) bardatura *f.* □ *all the* -*s to a dish* le guarnizioni di una pietanza.

accredit /ə'kredɪt/ *v.t.* **1** dare credito a, attribuire, accreditare: *to* ~ *so. with sth.* dare a qcu. credito per qcs. **2** (*to furnish with credentials*) accreditare, fornire di credenziali: *to* ~ *an ambassador to a country* accreditare un ambasciatore presso un paese. **3** (*to sanction*) accreditare, rendere credibile, avvalorare. **4** (*US*) (*of a school, college, etc*) riconoscere, autorizzare. **5** (*NZ*) (*of a university candidate, etc*) ammettere senza esame.

accreditation /ə,kredɪ'teɪʃən/ *n.* **1** accreditamento *m.* **2** (*spec. Am*) (*of a school, college, etc.*) valutazione *f.* e certificazione (delle scuole pubbliche e private), riconoscimento *m.*, autorizzazione *f.*

accredited /ə'kredɪtɪd *Am* ə'kredɪtɪd/ *a.* **1** accreditato, ufficialmente riconosciuto. **2** (*generally accepted*) generalmente accettato: ~ *beliefs* credenze generalmente accettate.

accrete /ə'kriːt/ I *v.i.* **1** aggregare, concrescere, unire. **2** (*to adhere*) aderire, attaccarsi (*to* a). **3** (*Dir*) passare (di proprietà): *the land* -*d to the state* la terra passò allo stato. II *v.t.* **1** accrescere, accumulare: *the story* -*d emotion* il racconto diventava sempre più emozionante. **2** (*to cause to adhere*) concrescere.

accretion /ə'kriːʃən/ *n.* **1** accrescimento *m.*, concrescenza *f.*, concrezione *f.* **2** (*Dir*) accrezione *f.*

accretionary /ə'kriːʃənrɪ *Am* ə'kriːʃəneri/ *a.* di accrescimento.

accretive /ə'kriːtɪv *Am* ə'kriːt̯ɪv/ *a.* di accrescimento.

accruable /ə'kruːəbl̩/ *a.* accumulabile, maturabile.

accrual /ə'kruːəl/ I *n.* **1** accumulazione *f.*, accumulo *m.* **2** (*Econ*) maturazione *f.* **3** (*Econ*) (*accrued amount*) rateo *m.* II *a.* di competenza, cumulativo. □ (*Econ*) ~ *basis* criterio di competenza, contabilità per competenza; (*Comm*) ~ *date* data di competenza, periodo di competenza.

accrue /ə'kruː/ I *v.i.* **1** (*Econ*) maturare, accumularsi, decorrere: *interest begins to* ~ *immediately* gli interessi cominciano a maturare (*o* decorrono) immediatamente. **2** derivare, provenire. **3** (*Dir*) maturare. II *v.t.* accumulare: *to* ~ *extra holidays* accumulare altri giorni di ferie.

accrued /ə'kruːd/ *a.* maturato, accumulato. □ (*Comm*) ~ *asset* rateo attivo; (*Comm*) ~ *charges* spese maturate; (*Comm*) ~ *cost* rateo passivo; (*Econ*) ~ *dividends* dividendi maturati; (*Comm,Econ*) ~ *expenses* spese maturate, ratei passivi; (*Econ*) ~ *interest* interessi maturati; (*Econ*) ~ *liabilities* passività maturate.

accruement /ə'kruːmənt/ *n.* accumulo *m.*

acct. *account* c.to (conto).

acculturate /ə'kʌltʃəreɪt/ *v.t.* acculturare.

acculturated /ə'kʌltʃəreɪtɪd *Am* ə'kʌltʃəreɪtɪd/ *a.* acculturato.

acculturation /ə,kʌltʃər'eɪʃən *Am* ə,kʌltʃə'reɪʃən/ *n.* acculturazione *f.*

acculturative /ə'kʌltʃəreɪtɪv *Am* ə'kʌltʃəreɪtɪv/ *a.* acculturativo.

accumulate /ə'kjuːmjʊleɪt/ I *v.t.* **1** accumulare, ammassare, ammucchiare, mettere insieme: *he* -*d a fortune* ha accumulato una fortuna. **2** (*fondi*) accantonare: *to* ~ *reserves* accantonare a riserva. II *v.i.* accumularsi, ammucchiarsi.

accumulated /ə'kjuːmjʊleɪtɪd *Am* ə'kjuːmjʊleɪtɪd/ *a.* **1** accumulato, ammassato, ammucchiato. **2** (*fondi*) accantonato, non distribuito: ~ *dividends* dividendi non distribuiti. □ (*Econ*) ~ *earnings tax* imposta sugli utili non distribuiti; (*Econ*) ~ *profits* utili non ripartiti; (*Econ*) ~ *surplus* eccedenza attiva.

accumulation /ə,kjuːmjʊ'leɪʃən/ *n.* **1** accumulazione *f.*, raggruppamento *m.* **2** (*pile, mass*) cumulo *m.*, mucchio *m.* **3** (*collection*) raccolta *f.*, collezione *f.* **4** (*Econ*) (*growth*) aumento *m.*

accumulative /ə'kjuːmjʊlətɪv *Am* ə'kjuːmjʊlətɪv/ *a.* **1** accumulativo, complessivo. **2** (*acquisitive*) che accumula, che accaparra, avido.

accumulator /ə'kjuːmjʊleɪtər *Am* ə'kjuːmjʊleɪtₐr/ *n.* **1** (*person*) accumulatore *m.* (*f.* -trice). **2** (*Inform*) accumulatore *m.* **3** (*Br,El*) accumulatore *m.* **4** (*of a hydraulic system*) accumulatore *m.* idraulico. **5** (*Br*) (*betting*) puntata *f.* multipla. □ (*Br*) ~ *acid* acido per accumulatori; (*Br*) ~ *battery* batteria di accumulatori; (*Br*) ~ *plate* piastra di accumulatore.

accuracy /'ækjʊrəsɪ/ *n.* **1** precisione *f.*, esattezza *f.*: ~ *of fire* precisione di tiro. **2** (*carefulness*) accuratezza *f.*, cura *f.*, diligenza *f.*

accurate /'ækjʊrɪt/ *a.* **1** preciso, esatto: *an* ~ *diagnosis* una diagnosi precisa. **2** (*careful*) accurato, preciso.

accurately /'ækjʊrɪtlɪ/ *avv.* **1** esattamente, con precisione. **2** (*carefully*) accuratamente.

accurateness /'ækjʊrɪtnəs/ *n.* precisione *f.*, esattezza *f.*

accursed /ə'kɜːsɪd, ə'kɜːst *Am* ə'kɜːrst, ə'kɜːrsəd/ *a.* **1** (*damnable, detestable*) maledetto, odioso, detestabile, esecrando. **2** (*lett*) (*under a curse*) maledetto.

accurst /ə'kɜːst *Am* ə'kɜːrst/ *a.* **1** (*damnable, detestable*) maledetto, odioso, detestabile, esecrando. **2** (*lett*) (*under a curse*) maledetto.

accusal /ə'kjuːzəl/ *n.* **1** accusa *f.*, imputazione *f.*; (*incrimination*) incriminazione *f.* **2** (*act of accusing*) accusa *f.*

accusation /ˌækjuˈzeɪʃən/ *n.* **1** accusa *f.*, imputazione *f.*; (*incrimination*) incriminazione *f.* **2** (*act of accusing*) accusa *f.* □ *to level* (o *to make*) *an ~ of bribery against so.* accusare qcu. di corruzione.

accusative /ə'kjuːzətɪv *Am* ə'kjuːzətɪv/ *n.* (*Gramm*) accusativo *m.*

accusatively /ə'kjuːzətɪvli *Am* ə'kjuːzətɪvli/ *avv.* accusativamente.

accusatorial /əˌkjuːzə'tɔːrɪəl/ *a.* accusatorio: *~ procedure* procedura accusatoria.

accusatory /ə'kjuːzətəri *Am* ə'kjuːzətɔːri/ *a.* accusatorio.

accuse /ə'kjuːz/ *v.t.* **1** accusare, incolpare: *to ~ a person of theft* accusare una persona di furto. **2** (*to blame*) accusare, rimproverare.

accused /ə'kjuːzd/ **I** *a.* (*Dir*) accusato, incriminato, incolpato: *to stand ~ of blackmail* essere accusato di ricatto. **II** *n.inv.* accusato *m.* (*f.* -a), imputato *m.* (*f.* -a).

accuser /ə'kjuːzər/ *n.* accusatore *m.* (*f.* -trice).

accusing /ə'kjuːzɪŋ/ *a.* accusatorio.

accusingly /ə'kjuːzɪŋli/ *avv.* in modo accusatorio.

accustom /ə'kʌstəm/ *v.t.* abituare, avvezzare: *to ~ oneself to sth.* abituarsi a qcs.

accustomed /ə'kʌstəmd/ *a.* **1** abituale, consueto, solito. **2** (*in the habit of, used to*) abituato, avvezzo (*to* a). □ *to be ~ to* essere abituato a, avere l'abitudine di; *he was not ~ to working hard* non era abituato a lavorare sodo; *to become ~* (o *get ~*) *to* (*doing*) *sth.* abituarsi a (fare) qcs.

AC/DC /ˌeɪsiː'diːsiː/ **1** *alternating current/direct current.* ca/cc (corrente alternata/corrente continua). **2** (*fig*) *bisexual* (bisessuale, *gerg* ambidestro). □ *~ motor* motore universale.

ace /eɪs/ **I** *n.* **1** asso *m.* **2** (*Sport*) (*in golf*) buca *f.* in uno, buca *f.* conclusa con un solo colpo, ace *m.* **3** (*Sport*) (*in tennis*) servizio *m.* vincente, ace *m.* **4** (*of persons*) asso *m.*, campione *m.* (*f.* -essa): *an ~ golfer* un campione di golf; *~ racing driver* asso del volante. **5** (*Aer.mil*) asso *m.* (dell'aviazione). **6** (*fig*) (*small amount*) filo *m.*, pelo *m.*, punto *m.*: *within an ~ of* a un pelo da. **II** *v.i./t.* (*spec. Am, colloq*) prendere pieni voti in un esame: *he -d his final exams* negli esami finali ha preso il massimo dei voti. **III** *a.* esperto, esemplare, ottimo, provetto. □ *to hold all the -s* avere tutti i vantaggi; *to have an ~ in one's hand*: **1** (*in poker*) avere un asso in mano; **2** (*colloq*) avere una marcia in più, partire avvantaggiato, avere un asso nella manica; (*Am*) *to have an ~ in the hole*: **1** (*in poker*) avere un asso in mano; **2** (*colloq*) avere una marcia in più, partire avvantaggiato; (*fig*) *to have an ~ up one's sleeve* avere un asso nella manica.

ace-high /'eɪs,haɪ/ *a.* all'asso.

acephalous /ə'sefələs *Am also* eɪ'sefələs/ *a.* acefalo (*anche fig*).

acer /'eɪsər/ *n.* (*Bot*) acero *m.*

acerate /'æsəreɪt/ *a.* (*Bot*) aceroso, aghiforme.

acerb /ə'sɜːrb/ *a.* (*spec. Am*) **1** acerbo, acre. **2**

(*fig*) aspro, scomodo.

acerbic /ə'sɜːbɪk *Am* ə'sɜːrbɪk/ *a.* **1** acerbo, acre. **2** (*fig*) aspro, scomodo.

acerbically /ə'sɜːbɪkəli *Am* ə'sɜːrbɪkəli/ *avv.* (*fig*) aspramente.

acerbity /ə'sɜːbɪti *Am* ə'sɜːrbəti/ *n.* **1** acerbità *f.*, asprezza *f.* **2** (*fig*) asprezza *f.*, durezza *f.*

acervate /ə'sɜːveɪt *Am* ə'sɜːrvɪt, 'æsərveɪt/ *a.* (*Biol*) che cresce in mucchi.

acetabulum /ˌæsɪ'tæbjʊləm/ (*pl.* -**la** /-lə/) *n.* (*Anat*) acetabolo *m.*

acetal /'æsɪtæl/ *n.* (*Chim*) acetale *m.*

acetaldehyde /ˌæsɪ'tældɪhaɪd/ *n.* (*Chim*) acetaldeide *f.*, aldeide *f.* acetica.

acetamide /ə'setəmaɪd *Am* ə'setəmaɪd/ *n.* (*Chim*) acetammide *f.*

acetaminophen /ˌæsɪtə'mɪnəfən *Am* ˌæsɪtə'mɪnəfən/ *n.* (*Am,Chim*) acetamminofenolo *m.*

acetanilide /ˌæsɪ'tænɪlaɪd/ *n.* (*Chim*) acetanilide *f.*, acetil *m.* anilina *f.*

acetate /'æsɪteɪt/ *n.* **1** (*Chim*) acetato *m.* **2** (*transparency*) lucido *m.* per lavagna luminosa. □ (*Tess*) *~ silk* seta all'acetato, seta artificiale.

acetated /'æsɪteɪtɪd *Am* 'æsɪteɪtɪd/ *a.* acetato.

acetic /ə'siːtɪk *Am* ə'siːtɪk/ *a.* (*Chim*) acetico: *~ acid* acido acetico.

acetification /əˌsetɪfɪ'keɪʃən *Am* əˌsetɪfɪ'keɪʃən/ *n.* (*Chim*) acetificazione *f.*

acetify /ə'sɪtɪfaɪ *Am* ə'setəfaɪ/ **I** *v.t.* acetificare. **II** *v.i.* inacetire, acetificarsi.

acetobacter /ˌæsɪtoʊ'bæktər *Am* ˌæsɪtoʊ'bæktər/ *n.* (*Chim*) acetobatterio *m.*, acetobacter *m.*

acetone /'æsɪtoʊn 'æsɪtoʊn/ *n.* (*Chim*) acetone *m.*

acetonitrile /ˌæsɪtoʊ'naɪtraɪl *Am* ˌæsɪtoʊ'naɪtraɪl/ *n.* (*Chim*) acetonitrile *m.*

acetose /'æsɪtoʊs/ *a.* (*Chim*) acetoso.

acetous /'æsɪtəs *Am* 'æsɪtəs/ *a.* (*Chim*) acetoso.

acetyl /'æsɪtaɪl *Am* 'æsətəl/ *n.* (*Chim*) acetile *m.*

acetylate /ə'setɪleɪt *Am* ə'setəleɪt/ *v.t.* (*Chim*) acetilare.

acetylation /əˌsetɪ'leɪʃən *Am* əˌsetə'leɪʃən/ *n.* (*Chim*) acetilazione *f.*

acetylcholine /ˌæsɪtaɪl'koʊliːn *Am* ˌæsətəl'koʊliːn/ *n.* (*Chim*) acetilcolina *f.*

acetylcholinesterase /ˌæsɪtaɪl,koʊliːn'estəreɪz *Am* ˌæsətəl,koʊliː'nestəreɪz/ *n.* (*Chim*) acetilcolinesterasi *f.*

acetylene /ə'setɪliːn *Am* ə'setəliːn/ *n.* (*Chim*) acetilene *m.* □ *~ burner* becco ad acetilene; (*Chim*) *~ series* serie dell'acetilene; *~ torch* cannello acetilenico.

acetylsalicylic /ˌæsɪtaɪlsælɪ'sɪlɪk *Am* ˌæsətəlsælɪ'sɪlɪk/ □ (*Chim*) *~ acid* acido acetilsalicilico.

Achaea /ə'kiːə/ *n.pr.* (*Geog*) Acaia *f.*

Achaean /ə'kiːən/ **I** *a.* **1** acheo, acaico. **2** (*Greek*) greco, acheo. **II** *n.* **1** acheo *m.* (*f.* -a). **2** (*Greek*) greco *m.* (*f.* -a), acheo *m.* (*f.* -a).

achalasia /ˌækə'leɪzɪə *Am* ˌækə'leɪʒ(i)ə/ *n.* (*Med*) acalasia *f.*

acharnement /ə'ʃɑːrnmɑ̃/ *n.* (*lett*) accanimento *m.*

ache /eɪk/ **I** *n.* male *m.*, dolore *m.* **II** *v.i.* **1** far male, dolere: *my back -s* mi fa male la schiena. **2** (*colloq*) (*to yearn*) morire dalla voglia (*for* di), desiderare ardentemente (*for sth.* qcs.). □ *to be all -s and pains* essere pieno di dolori; *it makes my heart ~ to see you suffer* mi fa male al cuore vederti soffrire.

achene /ə'kiːn/ *n.* (*Bot*) achenio *m.*

Acheron /'ækərɒn *Am* 'ækərɑːn/ *n.pr.m.* (*Mitol*) Acheronte.

Acheulean, Acheulian /ə'ʃuːliən/ *a.*

(*Archeol*) acheuleano.

achievable /ə'tʃiːvəbl/ *a.* realizzabile, conseguibile, raggiungibile.

achieve /ə'tʃiːv/ *v.t.* **1** realizzare, raggiungere, compiere, effettuare: *to ~ one's goal* raggiungere il proprio scopo. **2** (*to gain*) ottenere, raggiungere, conquistare: *to ~ fame* raggiungere la fama. □ *to ~ success* affermarsi, avere successo.

achieved /ə'tʃiːvd/ *a.* realizzato, raggiunto.

achievement /ə'tʃiːvmənt/ *n.* **1** risultato *m.*, conquista *f.*, impresa *f.*, realizzazione *f.*: *the great -s of science* le grandi conquiste della scienza. **2** (*accomplishment*) compimento *m.*, conseguimento *m.*, raggiungimento *m.*: *the ~ of one's aim* il raggiungimento del proprio fine. **3** (*Scol*) rendimento *m.* **4** (*Arald*) arme *f.*

achiever /ə'tʃiːvər/ *n.* persona *f.* efficiente: *a high ~* una persona molto efficiente; *a low ~* una persona poco efficiente.

achillea /ˌækɪ'liːə, æ'kɪliə/ *n.* (*Bot*) achillea *f.*

Achilles /ə'kɪliːz/ *n.pr.m.* (*Mitol*) Achille. □ (*fig*) *~' heel* tallone di Achille; (*Med*) *~' jerk* (o *~' reflex*) riflesso achilleo; (*Anat*) *~' tendon* tendine di Achille; (*Med*) *~' tendon reflex* riflesso achilleo.

achimenes /ə'kɪmɪniːz/ *n.* (*Bot*) achimenes *m.*

aching /'eɪkɪŋ/ *a.* **1** doloroso, dolorante. **2** (*fig*) dolente, afflitto. □ (*fig*) *to have an ~ heart* avere una spina nel cuore.

achingly /'eɪkɪŋli/ *adv.* **1** in modo doloroso. **2** (*terribly*) da far pena, da piangere, terribilmente.

achlamydeous /ˌæklə'mɪdɪəs/ *a.* (*Bot*) aclamide, aclamideo.

achlorhydria /ˌeɪklɔː'haɪdrɪə *Am* ˌeɪklɔː'hɪdrɪə/ *n.* (*Med*) acloridria *f.*

achondrite /eɪ'kɒndraɪt *Am* eɪ'kɑːndraɪt/ *n.* (*Geol*) acondrite *f.*

achondroplasia /əˌkɒndroʊ'pleɪzɪə *Am* ˌeɪkɑːndrə'pleɪʒ(i)ə/ *n.* (*Med*) acondroplasia *f.*

achondroplastic /əˌkɒndroʊ'plæstɪk *Am* ˌeɪkɑːndrə'plæstɪk/ *a.* (*Med*) acondroplasico.

achromasia /ˌækroʊ'meɪzɪə *Am* ˌækrə'meɪʒ(i)ə/ *n.* (*Med*) acromia *f.*, acromasia *f.*

achromat /'ækrəmæt/ *n.* (*Ott*) obiettivo *m.* acromatico, lente *f.* acromatica.

achromatic /ˌækroʊ'mætɪk *Am* ˌækrə'mætɪk/ *a.* **1** (*Ott*) acromatico: *~ lens* obiettivo acromatico, lente acromatica. **2** (*colourless*) acromatico, acromico, privo di colore. **3** (*Mus*) diatonico.

achromatise /ə'kroʊmətaɪz/ *v.t.* (*Br*) acromatizzare.

achromatism /ə'kroʊmətɪzəm/ *n.* (*Ott*) acromatismo *m.*

achromatize /ə'kroʊmətaɪz/ *v.t.* acromatizzare.

achy /'eɪki/ *a.* (*colloq*) dolorante, dolente, indolenzito.

acicular /ə'sɪkjʊlər/ *a.* aciculare, aghiforme.

acid /'æsɪd/ **I** *n.* **1** (*Chim*) acido *m.* **2** (*fig*) acidità *f.*, mordacità *f.* **3** (*sl*) (*LSD*) LSD *m.* **II** *a.* **1** acido. **2** (*tart*) agro, aspro, acido. **3** (*fig*) (*caustic*) acido, mordace, caustico: *an ~ tongue* una lingua mordace. □ (*Chim*) *~ bath* bagno acido; (*Dolc*) *~ drop* caramella al limone; (*sl*) *~ head* tossico, drogato, chi fa regolare uso di LSD; (*Mus*) *~ house rock* acid, acid rock; (*colloq*) *~ indigestion* acidità (di stomaco); (*Chim*) *~ number* numero di acidità; *~ rain* pioggia acida; *~ resistant* resistente agli acidi; *~ rock*: **1** (*Geol*) roccia salicia, roccia acida; **2** (*Mus*) acid, acid rock; *~ salts* sali acidi; *~ test*: **1** (*Chim*) prova dell'acidità; 2 (*fig*) prova decisiva, prova del fuoco; (*Chim*) ~ *tester* acidimetro; (*sl*) ~ *trip* (*drug-induced hallucination*) viaggio, allucinazione (causata da LSD); (*Tess*) ~ *washed* acid washed, trattato con lavaggio acido.

acid-fast /'æsɪd,fɑːst *Am* 'æsɪd,fæst/ *a.* (*Biol*) resistente all'acido.

acidfreak /'æsɪdfriːk/ *n.* (*sl*) tossico *m.* (*f.* -a), drogato *m.* (*f.* -a), chi fa regolare uso di LSD.

acid-free /'æsɪd,friː/ *a.* (*Chim*) senza acido. □ (*Cart*) ~ *paper* carta senza acido. ∘

acidhead /'æsɪdhed/ *n.* (*sl*) tossico *m.* (*f.* -a), drogato *m.* (*f.* -a), chi fa regolare uso di LSD.

acidic /ə'sɪdɪk/ *a.* **1** acido. **2** (*Geol*) siliceo. **3** (*acid-forming*) acidogeno.

acidification /ə,sɪdɪfɪ'keɪʃn/ *n.* acidificazione *f.*

acidifier /ə'sɪdɪfaɪər/ *n.* acidificatore *m.*

acidify /ə'sɪdɪfaɪ/ **I** *v.t.* acidificare, inacidire, rendere acido. **II** *v.i.* diventare acido, inacidire, acidificarsi.

acidimeter /æ'sɪdɪmiːtər *Am* æ'sɪdɪmɪtər/ *n.* (*Chim*) acidimetro *m.*

acidimetry /,æsɪ'dɪmɪtri/ *n.* (*Chim*) acidimetria *f.*

acidity /ə'sɪdɪti *Am* ə'sɪdəti/ *n.* **1** acidità *f.* **2** (*colloq*) acidità *f.* (di stomaco).

acidly /'æsɪdli/ *avv.* in modo acido, aspramente.

acidophile /æ'sɪdoʊ,faɪl/ *a.* (*Biol*) acidofilo.

acidophilic /,æsɪdoʊ'fɪlɪk/ *a.* (*Biol*) acidofilo.

acidophilus /,æsɪ'dɒfɪləs *Am* ,æsɪ'dɑːfələs/ *n.* (*Biol*) acidofilo *m.*

acidosis /,æsɪ'doʊsɪs/ *n.* (*Med*) acidosi *f.*

acid-proof /'æsɪd,pruːf/ *a.* resistente agli acidi.

acidulate /ə'sɪdjʊleɪt/ *v.t.* (*Chim*) acidulare.

acidulent /ə'sɪdjʊlənt/ *a.* **1** acidulo. **2** (*fig*) (*caustic*) acido, mordace.

acidulous /ə'sɪdjʊləs/ *a.* **1** acidulo. **2** (*fig*) (*caustic*) acido, mordace.

acidy /'æsɪdi/ *a.* acido.

aciniform /ə'sɪnɪfɔːm *Am* ə'sɪnɪfɔːrm/ *a.* **1** (*Bot*) aciniforme, acinoso. **2** (*acinose*) acinoso.

acinose /'æsɪnoʊs/ *a.* acinoso.

acinous /'æsɪnəs/ *a.* acinoso.

acinus /'æsɪnəs/ (*pl.* **-ni** /-naɪ/) *n.* **1** (*Bot*) (*of grapes*) acino *m.*, chicco *m.*; (*berry*) bacca *f.* **2** (*Anat*) acino *m.*

ack-ack /,æk'æk/ *n.* (*Br,Mil,rar*) contraerea *f.*, artiglieria *f.* contraerea.

ackee /'æki/ *n.* (*Bot*) sapindo *m.*

acknowledge /ək'nɒlɪdʒ *Am* ək'nɑːlɪdʒ/ *v.t.* **1** ammettere, riconoscere; (*to confess*) confessare: *to ~ one's mistakes* riconoscere i propri errori. **2** (*to recognize the authority, etc.*) riconoscere, accettare: *they -d him as their chief* lo riconobbero come loro capo. **3** (*to take notice of*) far cenno di riconoscere: *she didn't even ~ me* non fece neppure cenno di riconoscermi. **4** (*to make receipt known*) accusare ricevuta di: *to ~ receipt of a letter* accusare ricevuta di una lettera. **5** (*Dir*) riconoscere il valore legale, riconoscere: *to ~ a son* riconoscere un figlio. □ *to ~ a greeting* rispondere a un saluto; (*epist*) *please ~ receipt* restiamo in attesa di un riscontro.

acknowledged /ək'nɒlɪdʒd *Am* ək'nɑːlɪdʒd/ *a.* riconosciuto, ammesso, accettato.

acknowledgement, acknowledgment /ək'nɒlɪdʒmənt *Am* ək'nɑːlɪdʒmənt/ *n.* **1** riconoscimento *m.*: *the ~ of one's errors* il riconoscimento dei propri errori. **2** (*consensus*) ammissione *f.* **3** (*expression of appreciation*) ringraziamento *m.*, segno *m.* di riconoscenza,

segno *m.* di gratitudine: *in ~ of their kindness* in segno di ringraziamento per la loro gentilezza. **4** (*Dir*) (*declaration*) attestazione *f.*; (*formal certificate*) certificato *m.*, attestazione *f.*; (*of an illegitimate child*) legittimazione *f.*, riconoscimento *m.* □ (*Comm*) ~ *of debt* riconoscimento di debito; (*Comm*) ~ *of receipt* avviso di ricevimento, avviso di ricevuta.

aclinic /eɪ'klɪnɪk/ □ (*Fis*) ~ *line* equatore magnetico.

ACLU /,eɪsiːel'juː/ *American Civil Liberties Union* (unione americana per i diritti civili).

acme /'ækmi/ *n.* acme *f.*, culmine *m.*, punto *m.* culminante.

acne /'ækni/ *n.* (*Med*) acne *f.* □ (*Med*) ~ *outbreak* eruzione acneica.

acned /'æknid/ *a.* (*Med*) acneico, affetto da acne.

acock /ə'kɒk *Am* ə'kɑːk/ *a./avv.* (*lett*) inclinato, obliquo: *he wore his hat ~* portava il cappello sulle ventitré.

acolyte /'ækəlaɪt/ *n.* **1** (*Rel.catt*) accolito *m.* **2** (*Rel*) (*altar boy*) chierico *m.* **3** (*fig*) (*follower*) accolito *m.*, aderente *m./f.*, seguace *m./f.*

aconite /'ækənaɪt/ *n.* (*Bot*) aconito *m.*

aconitine /æ'kɒnɪtaɪn, ə'kɑːnɪtiːn/ *n.* (*Chim*) aconitina *f.*

acorn /'eɪkɔːn *Am* 'eɪkɔːrn/ *n.* (*Bot*) ghianda *f.* □ (*Zool*) ~ *barnacle* (o ~ *shell*) balano; (*Alim*) ~ *squash* zucca americana; (*Zool*) ~ *worm* balanoglosso.

acotyledon /,eɪkɒtɪ'liːdən *Am* ə,kɑːtə'liːdən/ *n.* (*Bot*) acotiledone *f.*

acoustic /ə'kuːstɪk/ *a.* **1** (*Acus*) acustico. **2** (*of building materials*) antiacustico. □ (*Mus*) ~ *bass* basso armonico; (*Inform*) ~ *coupler* modem acustico, accoppiatore acustico; (*Anat*) ~ *duct* condotto uditivo, canale uditivo; ~ *feedback* retroazione acustica; ~ *guitar* chitarra acustica; ~ *insulation* isolamento acustico; (*Mar.mil*) ~ *mine* mina acustica; ~ *microscope* microscopio acustico; (*Mar.mil*) ~ *mine* mina acustica; ~ *treatment* insonorizzazione.

acoustical /ə'kuːstɪkəl/ *a.* acustico.

acoustically /ə'kuːstɪkli/ *avv.* acusticamente.

acoustician /,ækuː'stɪʃn/ *n.* studioso *m.* (*f.* -a) di acustica.

acoustics /ə'kuːstɪks/ *n.pl.* **1** (*costr.sing.*) (*science*) acustica *f.* **2** (*costr.pl.*) (*properties*) acustica *f.sing.*: *the ~ of this room are excellent* l'acustica di questa stanza è ottima.

ACP /,eɪsiː'piː/ □ ~ *countries* (*African, Caribbean and Pacific countries*) paesi dell'Africa, dei Caraibi e del Pacifico, paesi ACP.

acquaint /ə'kweɪnt/ *v.t.* **1** informare, mettere al corrente, rendere edotto: *he -ed me with my duties* mi mise al corrente dei miei compiti; *she was -ed with our plans* era a conoscenza dei nostri piani. **2** (*rifl.*) *to ~ oneself* familiarizzarsi (*with* con).

acquaintance /ə'kweɪntəns/ *n.* **1** (*person*) conoscenza *f.*, conoscente *m./f.* **2** (*state of being acquainted*) conoscenza *f.*: *their ~ dates from their schooldays* la loro conoscenza risale ai tempi della scuola. **3** (*knowledge*) conoscenza *f.*, cognizione *f.*: *I have some ~ with French* ho qualche cognizione di francese. □ *to make so.'s ~* fare la conoscenza di qcu.; *he improves upon further ~* a conoscerlo si rivela migliore di quanto si possa pensare a prima vista.

acquaintanceship /ə'kweɪntənsʃɪp/ *n.* **1** conoscenza *f.* **2** (*collett.*) conoscenze *f.pl.*, cerchia *f.* di conoscenze.

acquainted /ə'kweɪntɪd *Am* ə'kweɪntɪd/ *a.* al corrente, a conoscenza, avvisato (*with* di), informato: ~ *with the facts* al corrente dei fatti; *we are already ~* ci conosciamo già. □ *to become ~* (o *to get ~*) *with so.* fare conoscenza di qcu.

acquest /ə'kwest/ *n.* (*ant*) acquisto *m.*

acquiesce /,ækwi'es/ *v.i.* acconsentire, consentire (*in, to* a), accettare (qcs.), acquiescere.

acquiescence /,ækwi'esəns/ *n.* **1** acquiescenza *f.*, tacito consenso *m.* **2** (*state*) acquiescenza *f.*, remissività *f.*

acquiescent /,ækwi'esənt/ *a.* acquiescente, remissivo, condiscendente.

acquirable /ə'kwaɪərəbl/ *a.* acquisibile.

acquire /ə'kwaɪər/ *v.t.* **1** entrare in possesso di, acquisire, acquistare. **2** (*to attain by one's own efforts*) conseguire, raggiungere, procurarsi. **3** (*Dir*) acquisire: *to ~ a right* acquisire un diritto. □ *to ~ a reputation* farsi un nome; *to ~ a taste for sth.* imparare ad apprezzare qcs.

acquired /ə'kwaɪəd *Am* ə'kwaɪərd/ *a.* **1** acquistato, acquisito. **2** (*not hereditary*) acquisito (*anche Dir*). □ (*Biol*) ~ *character* carattere acquisito; (*Med*) ~ *immune deficiency syndrome* sindrome da immunodeficienza acquisita (AIDS); *an ~ taste* un gusto acquisito.

acquirement /ə'kwaɪəmənt *Am* ə'kwaɪərmənt/ *n.* **1** acquisizione *f.* **2** *spec.pl.* (*achievement*) risultato *m.*, successo *m.*: *her musical -s* i suoi successi musicali.

acquirer /ə'kwaɪərər *Am* ə'kwaɪərər/ *n.* acquirente *m./f.*

acquisition /,ækwɪ'zɪʃn/ *n.* **1** acquisizione *f.* **2** (*effect*) acquisto *m.*: *their latest ~ is a Titian* il loro ultimo acquisto è un Tiziano. □ (*Dir*) ~ *by prescription* acquisto per usucapione; (*Econ*) ~ *costs* costi di acquisto; (*Econ*) *public ~ offer* offerta pubblica di acquisto (OPA).

acquisitive /ə'kwɪzɪtɪv *Am* ə'kwɪzətɪv/ *a.* **1** che tende ad accumulare. **2** (*covetous*) avido.

acquisitiveness /ə'kwɪzɪtɪvnəs *Am* ə'kwɪzətɪvnəs/ *n.* **1** tendenza *f.* ad accumulare. **2** (*greediness*) avidità *f.*

acquit /ə'kwɪt/ (*past, p.p.* **acquitted** /ə'kwɪtɪd *Am* ə'kwɪtɪd/) *v.t.* **1** assolvere, prosciogliere: *the jury -ted him of the crime* la giuria lo assolse dall'accusa. **2** (*to release from an obligation*) liberare, esonerare, assolvere (*of* da). **3** (*ant*) (*of debts, etc.*) saldare. **4** (*rifl.*) *to ~ oneself* (*to conduct oneself*) comportarsi: *the men -ted themselves well in battle* gli uomini si comportarono bene in battaglia. **5** (*rifl.*) *to ~ oneself* (*to clear oneself*) discolparsi.

acquittal /ə'kwɪtəl *Am* ə'kwɪtəl/ *n.* assoluzione *f.*, proscioglimento *m.*, assolvimento *m.*

acquittance /ə'kwɪtəns/ *n.* **1** (*Dir*) (*receipt*) ricevuta *f.*, quietanza *f.* **2** (*Dir,ant*) (*of debts, obligations, etc.*) remissione *f.*, pagamento *m.*, sgravio *m.*

acre /'eɪkər/ *n.* **1** acro *m.* **2** (*fig*) (*large amount*) quantità *f.pl.* enormi, (*colloq*) quintali *m.pl.* **3** *pl.* (*estates*) proprietà *f.pl.*, terre *f.pl.*

acreage /'eɪkərɪdʒ/ *n.* superficie *f.* in acri, acri *m.pl.*, numero *m.* di acri.

acrid /'ækrɪd/ *a.* **1** acre, pungente. **2** (*fig*) acrimonioso, aspro, acido.

acridine /'ækrɪdiːn/ *n.* (*Chim*) acridina *f.*

acridity /ə'krɪdɪti *Am* ə'krɪdəti/ *n.* **1** asprezza *f.* **2** (*fig*) acredine *f.*, acrimonia *f.*

acridness /'ækrɪdnəs/ *n.* **1** asprezza *f.* **2** (*fig*)

acredine f., acrimonia f.

acriflavine /ˌækrɪˈfleɪviːn/ n. (Chim) acriflavina f.

acrimonious /ˌækrɪˈmoʊniəs/ a. acrimonioso, aspro, malevolo.

acrimoniously /ˌækrɪˈmoʊniəsli/ avv. con acrimonia, astiosamente.

acrimony /ˈækrɪməni Am ˈækrəmoʊni/ n. acrimonia f., asprezza f., acredine f.

acrobat /ˈækrəbæt/ n. acrobata m./f. (anche fig).

acrobatic /ˌækrəˈbætɪk Am ˌækrəˈbætɪk/ a. acrobatico.

acrobatics /ˌækrəˈbætɪks Am ˌækrəˈbætɪks/ n.pl. 1 acrobazie f.pl. 2 (costr.sing.) (art, practice) acrobatismo m. 3 (Aer) acrobazie f.pl. aeree. 4 (fig) acrobazie f.pl., virtuosismi m.pl.

acrocyanosis /ˌækroʊsaɪəˈnoʊsɪs/ n. (Med) acrocianosi f.

acromegalic /ˌækroʊmɪˈgælɪk/ a. (Med) acromegalico.

acromegaly /ˌækroʊˈmegəli/ n. (Med) acromegalia f.

acronym /ˈækroʊnɪm/ n. acronimo m.

acropetal /əˈkrɒpɪtəl Am əˈkrɑːpəṭəl/ a. (Bot) acropetalo m.

acrophobia /ˌækroʊˈfoʊbiə/ n. (Psic) acrofobia f.

acropolis /əˈkrɒpəlɪs Am əˈkrɑːpəlɪs/ n. acropoli f.

Acropolis /əˈkrɒpəlɪs Am əˈkrɑːpəlɪs/ n.pr. Acropoli f.

across /əˈkrɒs Am əˈkrɑːs/ I prep. 1 attraverso, da una parte all'altra di. 2 (on the other side of) dall'altro lato di, dall'altra parte di: he lives ~ the street abita dall'altro lato della strada. 3 (throughout) su tutto, da tutto: a smile spread ~ his face un sorriso gli illuminò il viso; people (from) ~ Europe gente da tutta l'Europa. 4 (crosswise of) per traverso, di traverso, attraverso, trasversalmente. II avv. 1 da un lato all'altro, da una parte all'altra, in larghezza: the lake is two miles ~ il lago misura due miglia in larghezza, il lago è largo due miglia. 2 (on the other side) dall'altra parte: we shall soon be ~ saremo presto dall'altra parte. 3 (crosswise) per traverso, di traverso, trasversalmente: cut it ~ taglialo trasversalmente. 4 (towards): he glanced ~ at the door guardò verso la porta. 5 (in crossword puzzles) orizzontale. □ (colloq) ~ from di fronte a; ~ the board che riguarda tutte le categorie, generale, esteso; to wear sth. slung ~ the shoulder portare qcs. a tracolla; ~ the way dall'altra parte della strada, qui vicino.

acrostic /əˈkrɒstɪk Am əˈkrɑːstɪk/ n. acrostico m.

acrylate /ˈækrɪleɪt/ n. (Chim) acrilato m.

acrylic /əˈkrɪlɪk/ I a. (Chim) acrilico. II n. resina f. acrilica. □ (Chim) ~acid acido acrilico; (Chim) ~fibre (o Am ~fiber) fibra acrilica; (Chim) ~ resin resina acrilica, resina acriloide.

acrylonitrile /ˌækrɪloʊˈnaɪtraɪl/ n. (Chim) acrilonitrile m.

act[1] /ækt/ n. 1 atto m., azione f.: an ~ of faith un atto di fede; ~ of war azione bellica. 2 (of a play, opera) atto m. 3 (law) decreto m., legge f.: under the companies ~ a norma della legge sulle società anonime. 4 (deed, document) documento m., atto m. 5 (part of a variety show, etc.) numero m. 6 (colloq) (pretence) commedia f., finzione f., messa f. in scena: his reluctance is all an ~ la sua riluttanza è tutta una finzione. 7 (Univ) discussione f. di tesi. □ (Br) to ~in common agire

di comune accordo, agire insieme; in the ~ of sul punto di; to catch so. in the ~ cogliere qcu. in flagrante, cogliere qcu. sul fatto; (Dir) Act of Attainder decreto di confisca dei beni e di morte civile; (Dir) ~of bankruptcy atto di insolvibilità; (Rel) ~of contrition atto di contrizione; (Assic) ~ of God (causa di) forza maggiore, calamità naturale; ~ of grace atto di grazia, un atto di clemenza; (Dir) by ~ of Parliament per legge; (Comm) ~ of sale atto di vendita; (Bibl) Acts of the Apostles Atti degli apostoli; (Stor) Act of Uniformity Atto di uniformità (colloq) to get in on the ~ intrufolarsi in qcs.; (colloq) get your ~ together datti una regolata.

act[2] /ækt/ I v.i. 1 agire: to ~ for the best agire per il meglio. 2 (Teat,Cin) (of an actor) recitare; (of a play) prestarsi a essere rappresentato (o recitato): this play does not ~ well questa commedia non si presta a essere rappresentata. 3 (to behave) comportarsi: to ~ one's age comportarsi in modo adatto alla propria età. 4 (to produce the desired effect) agire, fare effetto: this medicine -s fast questa medicina fa effetto subito. 5 (to work) funzionare. 6 (to feign) simulare, fingere: to ~ indifferent simulare indifferenza, far finta di niente. II v.t. 1 (Teat,Cin) (of a play) recitare; (of a part) impersonare, recitare la parte di, fare la parte di: to ~ Hamlet fare la parte di Amleto. 2 (fig) (to feign) simulare, fingere: to ~ a part fare la commedia, fingere. 3 (to behave like) comportarsi come, comportarsi da, fare, atteggiarsi a: to ~ the fool fare lo sciocco. □ to ~a lie agire slealmente; to ~as fungere da, fare le veci di; to ~for so. agire per conto di qcu.; (Stor) Act of Settlement atto di successione al trono; to ~on: 1 agire in base a, agire secondo: to ~ on so.'s advice agire in base ai consigli di qcu.; 2 (to have an effect on) agire su: alcohol -s on the brain l'alcol agisce sul cervello; to ~ on behalf of so. agire per conto di qcu.; to ~ out: 1 (to perform) mimare, rifare una scena; 2 (Psic) agire, agire impulsivamente; to ~ the lord darsi arie da gran signore; to ~the part: 1 agire da, fare il; 2 (to behave suitably) comportarsi in modo adeguato; (colloq) to ~ up: 1 (to behave wilfully) impuntarsi, fare i capricci; 2 (to show off) mettersi in mostra; 3 (of an infirmity) farsi sentire, far male, risvegliarsi; (Br) to ~to good purpose agire per uno scopo buono; to ~up to agire in conformità di; to ~upon: 1 agire in base a, agire secondo: to ~ upon so.'s advice agire in base ai consigli di qcu.; 2 (to have an effect on) agire su: alcohol -s on the brain l'alcol agisce sul cervello.

ACT /ˌeɪsiːˈtiː/ 1 advance corporation tax (acconto sull'imposta delle società). 2 Australian Capital Territory (circoscrizione della capitale australiana).

act. active (attivo).

actability /ˌæktəˈbɪlɪti Am ˌæktəˈbɪləṭi/ n. (Teat, Cin) rappresentabilità f.

actable /ˈæktəbl/ a. recitabile, rappresentabile, che si può recitare.

ACTH /ˌeɪsiːtiːˈeɪtʃ, ækθ/ adrenocorticotrophic hormone ACTH (ormone adrenocorticotropo).

actin /ˈæktɪn/ n. (Biol) actina f.

acting /ˈæktɪŋ/ I n. 1 recitazione f., rappresentazione f. 2 (simulation) finzione f., simulazione f. II a. 1 facente funzione di, sostituto, supplente, ad interim: the ~ governor il sostituto governatore. 2 (provided with stage directions) con didascalie. □ (Mil)

~ captain tenente facente funzione di capitano; ~ class lezione di recitazione; ~ copy copione; (Psic) ~ out acting out, agire, passaggio all'atto.

actinia /ækˈtɪniə/ (pl. -niae /-niːei/, /-s /-z/) n. (Zool) attinia f., anemone m. di mare.

actinian /ækˈtɪniən/ n. (Zool) attinia f., anemone m. di mare.

actinic /ækˈtɪnɪk/ a. (Chim,Fis) attinico.

actinide /ˈæktɪnaɪd/ n. (Chim) attinide m.

actinism /ˈæktɪnɪzəm/ n. (Fis) attinicità f.

actinium /ækˈtɪniəm/ n. (Chim) attinio m.

actinometer /ˌæktɪˈnɒmɪtə Am ˌæktɪ ˈnɑːməṭər/ n. (Chim) attinometro m.

actinometric /ˌæktɪnoʊˈmetrɪk/ a. attinometrico.

actinometry /ˌæktɪˈnɒmɪtri Am ˌæktɪ ˈnɑːmɪtri/ n. attinometria f.

actinomorphic /ˌæktɪnoʊˈmɔːfɪk Am ˌæktɪnoʊˈmɔːrfɪk/ a. (Bot) attinomorfo.

actinomycetes /ˌæktɪnoʊˈmaɪsiːtiːz/ n.pl. (Biol) attinomiceti m.pl.

action /ˈækʃən/ I n. 1 azione f., opera f., atto m. 2 (effect) azione f., influenza f., effetto m.: the ~ of a drug l'azione di un farmaco. 3 (way of moving: of a machine) funzionamento m.; (of the body) movimenti m.pl.: he plays tennis with an easy ~ gioca a tennis con scioltezza di movimenti. 4 (mechanism) meccanismo m., congegno m.: a clockwork ~ un meccanismo a orologeria. 5 (Mil) azione f., scontro m., combattimento m.: killed in ~ caduto in combattimento. 6 (subject, plot) azione f. 7 (Dir) causa f., azione f. legale: ~ for damages azione per risarcimento danni; ~ for libel querela per diffamazione. 8 (Teat) (succession of events) azione f., scena f.; (of an actor) mimica f., azione f., gesti m.pl. 9 (Pitt,Scult) movimento m. 10 (Am,colloq) gioco m. d'azzardo; (profits) guadagni m.pl. 11 pl. (behaviour) azioni f.pl., comportamento m.sing.: he is responsible for his -s è responsabile delle sue azioni. II v.t. (rar,Dir) fare causa a. III intz. (Cin) ciak: ~! ciak, si gira! □ (Dir) to bring an ~against so. fare causa a qcu., iniziare un'azione legale contro qcu.; ~committee comitato di azione; (Cin) ~film film di azione; (Cin) ~hero protagonista; to put sth. in ~ mettere in moto qcs.; to bring sth. into ~ far funzionare qcs.; to come into ~: 1 entrare in azione (anche Mil); 2 entrare in vigore; (Am,Cin) ~movie film d'azione; line of ~ linea di condotta; man of ~ uomo di azione; out of ~ fuori servizio, fuori uso; (Art) ~ painting pittura di azione; ~ programme programma di azione; (Sociol) ~research ricerca attiva; (Mil) ~ stations posti di combattimento; to take ~: 1 agire, reagire, prendere un'iniziativa; 2 (Dir) citare in giudizio, fare causa. Prov.: -s speak louder than words i fatti contano più delle parole.

actionable /ˈækʃənəbl/ a. (Dir) processabile, perseguibile, passibile di azione legale.

actioner /ˈækʃənə/ n. (colloq) film m. di azione, telefilm m. di azione.

activate /ˈæktɪveɪt/ v.t. 1 attivare, rendere attivo. 2 (Fis,Chim) rendere radioattivo; (to make reactive) attivare. 3 (Mil) organizzare. 4 (Inform) attivare, far funzionare, azionare.

activated /ˈæktɪveɪtɪd/ □ (Chim) ~carbon (o ~charcoal) carbone attivato, carbone attivo; (Tecn) ~sludge fango attivato.

activation /ˌæktɪˈveɪʃən/ n. (Fis,Chim) attivazione f.

activator /ˈæktɪveɪtə Am ˈæktɪveɪṭər/ n. (Chim) attivatore m.

active /ˈæktɪv/ I a. 1 attivo, operoso, dinamico: *an ~ life* una vita attiva. **2** (*lively*) vivo, vivace, sveglio: *an ~ mind* una mente sveglia. **3** (*brisk, busy*) svelto, attivo, movimentato: *an ~ market* un mercato attivo. **4** (*effective*) effettivo; (*of a law*) in vigore. **5** (*Geol, Gramm,Econ,Chim*) attivo. **6** (*Med*) (*of a medicine*) a effetto immediato, di pronta efficacia. **7** (*burocr*) attivo: ~ *employment* servizio attivo. **8** (*Inform*) attivo: ~ *window* finestra attiva. **II** *n.* (*Gramm*) attivo *m.* □ (*Comm*) ~ *account* conto attivo; (*Econ*) ~ *circulation* denaro in circolazione; (*Mil*) ~ *duty* servizio effettivo; (*Fisiol*) ~ *immunity* immunità attiva; *to take an ~ interest* in sth. interessarsi attivamente a qcs.; (*Mil*) ~ *list* ruoli di servizio permanente effettivo; *to be on the ~ list* essere in attività di servizio; (*Fis,Chim*) ~ *mass* massa attiva; (*Elettron*) ~ *matrix* matrice attiva; (*Comm*) ~ *partner*: 1 socio attivo, socio ordinario; 2 (*of a limited partnership*) (socio) accomandatario; *to be an ~ party to* sth. avere parte attiva in qcs.; (*Farm*) ~ *principle* principio attivo; (*Mil*) ~ *service* servizio effettivo; (*Biol*) ~ *site* sito attivo; (*Biol*) ~ *transport* trasporto attivo.

activism /'æktɪvɪzəm/ *n.* attivismo *m.*

activist /'æktɪvɪst/ *n.* attivista *m./f.*

activity /æk'tɪvɪti Am æk'tɪvəṭi/ *n.* **1** attività, movimentazione *f.*: *mental ~* attività mentale. **2** (*organizational unit*) unità *f.*, reparto *m.*, sezione *f.* **3** *pl.* (*pursuits*) attività *f.pl.*, interessi *m.pl.* □ (*Scol*) ~ *programme* (*Am* ~ *program*) attività extrascolastiche.

actomyosin /ˌæktoʊ'maɪəsɪn/ *n.* (*Biol*) actomiosina *f.*

actor /'æktər/ *n.* **1** attore *m.* (*f.* -trice). **2** (*doer*) chi agisce, attore. **3** (*colloq*) (*poseur*) attore *m.*, chi recita una parte.

actress /'æktrəs/ *n.* attrice *f.*

actual /'æktjuəl *Am* 'æktʃuəl/ *a.* **1** reale, vero, effettivo: *his ~ words* le sue testuali parole. **2** (*rar*) (*current*) presente, attuale. **3** (*Comm*) effettivo, reale: ~ *value* valore effettivo. □ (*Dir*) ~ *bodily harm* lesioni corporali; *in ~ fact* in realtà, effettivamente, di fatto; (*Econ*) ~ *income* reddito effettivo; (*Dir*) ~ *malice* dolo intenzionale; (*Dir*) ~ *possession* possesso effettivo; (*Tecn*) ~ *size* grandezza naturale, dimensioni effettive.

actualisation /ˌæktjuəl(a)ɪ'zeɪʃən/ *n.* (*Br*) **1** realizzazione *f.*, attuazione *f.*, compimento *m.* **2** (*Econ*) attualizzazione *f.*

actualise /'æktjuəlaɪz/ *v.t.* (*Br*) **1** realizzare, attuare. **2** (*Econ*) attualizzare.

actualism /'æktjuəlɪzəm *Am* 'æktʃuəlɪzəm/ *n.* (*Filos*) attualismo *m.*

actuality /ˌæktju'æləti *Am* ˌæktʃu'æləti/ *n.* **1** realtà *f.* **2** (*TV*) programma *m.* di attualità. **3** *pl.* (*actual conditions*) realtà *f.pl.*, reali condizioni *f.pl.*

actualization /ˌæktʃuəlɪ'zeɪʃən/ *n.* **1** realizzazione *f.*, attuazione *f.*, compimento *m.* **2** (*Econ*) attualizzazione *f.*

actualize /'æktʃuəlaɪz/ *v.t.* **1** realizzare, attuare. **2** (*Econ*) attualizzare.

actually /'æktʃuəli *Br also* 'æktʃuəli/ *avv.* **1** realmente, veramente: *are you ~ going to London?* andrete veramente a Londra? **2** (*in actual fact*) in realtà, effettivamente, a dire il vero, anzi. **3** (*even, indeed*) proprio, davvero, sul serio, veramente: *do you ~ mean it?* lo dici sul serio?

actuarial /ˌæktju'eəriəl *Am* ˌæktʃu'eriəl/ *a.* attuariale.

actuary /'æktjuəri *Am* 'æktʃueri/ *n.* attuario *m.*

actuate /'æktʃueɪt *Br also* 'æktjueɪt/ *v.t.* **1** muovere, trascinare, stimolare, spronare:

she was -d by kindness era mossa dalla gentilezza. **2** (*to activate*) azionare, mettere in moto, far funzionare.

actuation /ˌæktʃu'eɪʃən *Br also* ˌæktju'eɪʃən/ *n.* **1** incitamento *m.* **2** (*Tecn*) azionamento *m.*

actuator /'æktjueɪtər, 'æktʃueɪtər *Am* 'æktʃueɪtər/ *n.* attuatore *m.*, azionatore *m.*

acuity /ə'kjuːɪti *Am* ə'kjuːəṭi/ *n.* **1** acutezza *f.*, acuità *f.* **2** (*fig*) acume *m.*

aculeate /ə'kjuːlɪət/ *a.* **1** (*Bot,Entom*) aculeato. **2** (*fig*) (*pointed*) pungente, tagliente.

acumen /'ækjumən *Am* ə'kjuːmən/ *n.* acume *m.*, perspicacia *f.*

acuminate /ə'kjuːmɪnət *Am also* ə'kjuːmɪneɪt/ *a.* (*Bot,Zool*) acuminato, appuntito.

acupressure /'ækjupreʃər/ *n.* (*Med*) agopressione *f.*

acupuncture /'ækjupʌŋ(k)tʃər/ *n.* agopuntura *f.*

acupuncturist /ˌækju'pʌŋ(k)tʃərɪst/ *n.* agopuntore *m./f.*

acute /ə'kjuːt/ **I** *a.* **1** acuto, aguzzo, appuntito, acuminato. **2** (*fig*) (*keen, perceptive*) acuto, perspicace, sottile, penetrante: *an ~ observer* un osservatore acuto. **3** (*of the senses*) acuto: ~ *eyesight* vista acuta. **4** (*sharp*) acuto, intenso, vivo, penetrante: *an ~ pain* un dolore acuto. **5** (*critical, crucial*) acuto, grave, critico: *an ~ shortage* una grave carenza. **6** (*of a sound*) acuto, penetrante. **7** (*Med*) acuto: ~ *appendicitis* appendicite acuta. **8** (*Geom,Gramm*) acuto. **II** *n.* (*Gramm*) accento *m.* acuto.

acute-angled /ə'kjuːtˌæŋgld/ *a.* (*Geom*) acutangolo.

acutely /ə'kjuːtli/ *avv.* acutamente, con perspicacia.

acuteness /ə'kjuːtnəs/ *n.* **1** acutezza *f.* **2** (*fig*) (*acumen*) acume *m.*, perspicacia *f.*; (*intensity*) acutezza *f.*, intensità *f.* **3** (*Med*) stadio *m.* acuto.

acyclic /eɪ'saɪklɪk, eɪ'sɪklɪk/ *a.* (*Bot,Mat,Chim*) aciclico.

acyclovir /eɪ'saɪklouvaɪə *Am* eɪ'saɪklouvɪr/ *n.* (*Chim*) aciclovir *m.*, acyclovir *m.*

acylation /ˌæsɪ'leɪʃən, ˌeɪsaɪ'leɪʃən *Am* ˌæsə'leɪʃən/ *n.* (*Chim*) acilazione *f.*

ad /æd/ *n.* **1** (*colloq*) annuncio *m.* pubblicitario, inserzione *f.* **2** (*in tennis*) vantaggio *m.*

A.D., AD /'eɪ'diː/ *Anno Domini* d.C. (dopo Cristo).

adage /'ædɪdʒ/ *n.* adagio *m.*, massima *f.*, sentenza *f.*

adagio /ə'dɑːdʒɪou/ **I** *a./avv.* (*Mus*) adagio. **II** *n.* (*pl.* -s /-z/) adagio *m.*

Adam /'ædəm/ *n.pr.m.* Adamo. □ (*scherz*) ~'s *ale* acqua; (*colloq*) ~'s *apple* pomo d'Adamo; (*colloq*) *not to know so. from ~* non conoscere affatto qcu.; (*Bot*) ~'s *needle* iucca filamentosa; (*fig*) *the old ~* la debolezza umana.

adamant /'ædəmənt/ **I** *a.* **1** (*ant*) di diamante, adamantino. **2** (*fig*) (*inflexible*) inflessibile, adamantino, duro, fermo. **II** *n.* (*ant*) diamante *m.*, adamante *m.*, acciaio *m.*

adamantine /ˌædə'mæntaɪn *Am also* ˌædə'mæntiːn/ *a.* **1** (*ant*) adamantino. **2** (*fig*) (*unyielding*) adamantino, inflessibile, irremovibile.

Adamic /ə'dæmɪk/ *a.* di Adamo.

Adamical /ə'dæmɪkəl/ *a.* di Adamo.

Adamite /'ædəmaɪt/ *n.* **1** discendente *m./f.* di Adamo. **2** (*Min*) adamina *f.*

adapt /ə'dæpt/ **I** *v.t.* **1** adattare; (*to modify*) adattare, modificare, trasformare. **2** (*of books, plays, etc.*) adattare, ridurre, fare un adattamento di, fare una riduzione di: *to ~ a*

novel for a film fare l'adattamento cinematografico di un romanzo. **II** *v.i.* adattarsi (*to* a).

adaptability /əˌdæptə'bɪlɪti *Am* əˌdæptə'bɪləṭi/ *n.* adattabilità *f.*, capacità *f.* di adattamento.

adaptable /ə'dæptəbl/ *a.* **1** adattabile, che può essere adattato. **2** (*able to adapt oneself*) adattabile, che si adatta, che sa adattarsi: *an ~ person* una persona che si adatta.

adaptation /ˌædæp'teɪʃən/ *n.* **1** adattamento *m.* **2** (*to a climate*) acclimatazione *f.* **3** (*modification*) adattamento *m.*, modificazione *f.* **4** (*of books, plays, etc.*) adattamento *m.*, riduzione *f.*: *an ~ of a novel for the stage* l'adattamento teatrale di un romanzo. **5** (*Biol,Ott*) adattamento *m.*

adaptational /ˌædæp'teɪʃənəl/ *a.* adattabile, capace di adattarsi.

adaptationism /ˌædæp'teɪʃnɪzəm/ *n.* teoria *f.* adattazionista.

adaptationist /ˌædæp'teɪʃnɪst/ *a.* adattazionista.

adapter /ə'dæptər/ *n.* **1** riduttore *m.* (*f.* -trice). **2** (*Elettron*) adattatore *m.* **3** (*Mecc*) raccordo *m.* **4** (*El*) (*for plugs*) adattatore *m.*, riduttore *m.* **5** (*of novels for TV, films*) riduttore *m.* (*f.* -trice). **6** (*of dialogues*) adattatore *m.* (*f.* -trice).

adaption /ə'dæpʃən/ *n.* → **adaptation**.

adaptive /ə'dæptɪv/ *a.* **1** adattabile, che può adattarsi, che sa adattarsi. **2** (*showing adaptation*) che si adatta. **3** (*Biol,Inform,Psic*) adattivo.

adaptogen /æ'dæptədʒən/ *n.* (*Med*) adaptogen *m.*

adaptometer /ˌædæp'tɒmɪtər *Am* ˌædæp'tɑːməṭər/ *n.* (*Ott*) adattometro *m.*, misuratore *m.* della soglia di visibilità.

adaptor /ə'dæptər/ *n.* → **adapter**.

adaxial /æd'æksɪəl/ *a.* (*Biol*) adassiale.

adazzle /ə'dæzl/ *a.* (*colloq*) abbagliante, scintillante, brillante.

ADC /ˌeɪdiː'siː/ **1** (*Mil*) *aide-de-camp* (aiutante di campo). **2** (*Inform*) *Analog Digital Conversion* ADC (conversione di un segnale da analogico a digitale). **3** (*Inform*) *Analog Digital Converter* ADC (convertitore analogico-digitale).

add /æd/ *v.t.* **1** aggiungere: ~ *more wood to the fire* aggiungi altra legna al fuoco. **2** (*to say further*) aggiungere, soggiungere. **3** (*Mat*) sommare, addizionare: *if you ~ 8 and 2 you get 10* sommando 8 a 2 si ottiene 10. **4** (*assol*) fare addizioni, sommare. **5** (*Mil*) allungare. □ *to ~ in* aggiungere, includere; *to ~ insult to injury* come se non bastasse, oltretutto, per di più; *to ~ on* aggiungere, attaccare; *to ~ to*: 1 aumentare, accrescere: *an action that will ~ to his reputation* un'azione che aumenterà la sua fama; *this news -s to our joy* la notizia aumenta la nostra gioia; *don't ~ to my work* non rendere più gravoso il mio lavoro; 2 (*to find a sum*) fare un'addizione; *to ~ up*: 1 addizionare, sommare; 2 (*to come out correctly*) quadrare, tornare, essere esatto; *to ~ up to*: 1 (*to amount to*) ammontare a, fare: *4 and 4 ~ up to 8* 4 più 4 fa 8; 2 (*fig*) (*to mean*) significare, voler dire, equivalere a.

add. **1** *addenda* add. (addenda). **2** *address* ind. (indirizzo).

addax /'ædæks/ *n.* (*Zool*) addax *m.*, antilope *f.* di Mendes.

added /'ædɪd/ *a.* ulteriore, supplementare, aggiuntivo: *an ~ attraction* un'ulteriore attrattiva; ~ *costs* costi aggiuntivi; ~ *value* valore aggiunto.

added-value /ˌædɪd'væljuː/ □ ~ *tax* imposta sul valore aggiunto, IVA.

addend /ə'dend *Am also* 'ædend/ *n.* (*Mat*) addendo *m.*

addendum /ə'dendəm/ (*pl.* **-da** /-də/) *n.* **1** aggiunta *f.* **2** (*appendix*) appendice *f.*

adder[1] /'ædəʳ/ *n.* (*Zool*) vipera *f.* □ (*Entom*) ~ *fly* libellula; (*Bot*) ~'*s tongue* felce comune.

adder[2] /'ædəʳ/ *n.* **1** (*person*) chi addiziona. **2** (*Elettron*) addizionatore *m.*, sommatore *m.*

addict[1] /'ædɪkt/ *n.* **1** (*drug addict*) tossicomane *m./f.*, tossicodipendente *m./f.*, drogato *m.* (*f.* -a), (*colloq*) tossico *m.* (*f.* -a): *cocaine* ~ cocainomane; *heroin* ~ eroinomane; *morphine* ~ morfinomane; *a cigarette* ~ un tabagista. **2** (*fig*) (*enthusiast*) appassionato *m.* (*f.* -a), fanatico *m.* (*f.* -a), dipendente *m./f.*: *a TV* ~ un teledipendente.

addict[2] /ə'dɪkt/ *v.t.* **1** rendere dipendente. **2** (*rifl.*) *to* ~ *oneself* darsi, dedicarsi, diventare schiavo (*to* di), abbandonarsi (*to* a): *to* ~ *oneself to drink* darsi al bere.

addicted /ə'dɪktɪd/ *a.* **1** assuefatto, dipendente, schiavo (*to* di), dedito (*to* a): *to be* ~ *to smoking* avere il vizio del fumo; *to be addicted to* ~ avere il vizio del gioco. **2** (*fig*) (*enthusiastic*) dedito (a), appassionato, fanatico (di).

addiction /ə'dɪkʃən/ *n.* **1** (*to drugs, etc.*) tossicomania *f.*, assuefazione *f.*: *alcohol* ~ alcolismo. **2** (*fig*) passione *f.*, entusiasmo *m.*, fanatismo *m.*: ~ *to gambling* vizio del gioco.

addictive /ə'dɪktɪv/ *a.* che provoca assuefazione.

adding /'ædɪŋ/ □ ~ *machine* addizionatrice.

Addis Ababa /ˌædɪs'æbəbə/ *n.pr.* (*Geog*) Addis Abeba.

Addison /'ædɪsən/ (*Med*) ~'*s disease* morbo di Addison.

addition /ə'dɪʃən/ *n.* **1** (*Mat*) addizione *f.*, somma *f.* **2** (*adjunct*) aggiunta *f.*, aumento *m.* **3** (*Chim*) addizione *f.* **4** (*Edil*) (*of a building*) ala *f.* □ *in* ~ in più, più, per di più, inoltre, in aggiunta; *in* ~ *to* in aggiunta a, oltre a; (*Mat*) ~ *sign* segno dell'addizione; (*fig*) *an* ~ *to the family* la nascita di un figlio.

additional /ə'dɪʃənl/ *a.* aggiuntivo, addizionale, supplementare, extra: ~ *charge* spesa supplementare. □ (*Dir*) ~ *clause* clausola supplementare, clausola aggiuntiva; (*Pol*) ~ *member system* sistema proporzionale del membro aggiunto; (*Post*) ~ *postage* soprattassa postale.

additionally /ə'dɪʃənli/ *avv.* inoltre, in aggiunta, in più, per di più.

additive /'ædɪtɪv *Am* 'ædətɪv/ **I** *a.* **1** aggiuntivo, additivo. **2** (*Mat,Tecn*) additivo. **II** *n.* **1** aggiuntivo *m.*, additivo *m.* **2** (*Chim*) additivo *m.*

addle /'ædl/ **I** *v.t.* **1** (*ant*) (*of eggs*) far marcire, guastare. **2** (*to muddle*) confondere, frastornare. **II** *v.i.* **1** (*ant*) (*of eggs*) guastarsi, marcire, imputridire, andare a male. **2** (*to become muddled*) confondersi, istupidirsi. **III** *a.* **1** (*ant*) (*of eggs: rotten*) guasto, marcio. **2** (*muddled*) confuso, frastornato.

addle-brain, addlebrain /'ædl brein/ *n.* stupido *m.* (*f.* -a), sciocco *m.* (*f.* -a), svanito *m.* (*f.* -a).

addle-brained, addlebrained /'ædl breind/ *a.* sciocco, svanito.

addle-head, addlehead /'ædl hed/ *n.* persona *f.* svanita.

addle-pated, addlepated /'ædl peitɪd *Am* 'ædl peitɪd/ *a.* sciocco, svanito.

add-on /'ædɒn *Am* 'ædɑːn/ **I** *n.* accessorio *m.*, aggiunta *f.* **II** *a.* aggiuntivo, addizionale.

address[1] /ə'dres *Am also* 'ædres/ *n.* **1** indirizzo *m.*, recapito *m.*: *business* ~ indirizzo dell'ufficio; *home* ~ indirizzo privato. **2** (*formal speech*) discorso *m.* (ufficiale), allocuzione *f.*, indirizzo *m.* **3** (*ant*) (*manner of speaking*) modo *m.* di parlare, comportamento *m.*: *the correct form of* ~ la forma corretta (per rivolgersi a qcu.). **4** (*formal request*) petizione *f.*, richiesta *f.*, istanza *f.* **5** (*ant*) (*adroitness*) abilità *f.*, destrezza *f.* **6** (*Sport*) (*in golf*) address *m.*, posizione *f.* (del giocatore davanti alla palla). **7** (*Inform*) indirizzo *m.* **8** *pl.* (*ant*) (*attentions in courtship*) omaggi *m.pl.*, corte *f.sing.*: *to pay one's -es to so.* fare la corte a qcu. □ ~ *book* indirizzario, rubrica.

address[2] /ə'dres/ *v.t.* **1** indirizzare, scrivere l'indirizzo su. **2** (*to speak to*) parlare a, rivolgere la parola a, fare un discorso a; (*to harangue*) arringare: *to* ~ *the crowd* arringare la folla. **3** (*Sport*) (*in golf*) prendere di mira, mirare a. **4** (*Comm*) (*of a ship*) consegnare, affidare. **5** (*rifl.*) *to* ~ *oneself* rivolgersi: *he -ed himself to the chairman* si rivolse al presidente; *how does one* ~ *a bishop?* come ci si rivolge a un vescovo?; *you must* ~ *him as "Doctor"* devi chiamarlo "dottore". **6** (*rifl.*) *to* ~ *oneself* (*to direct one's energies to*) indirizzare le proprie energie, dedicarsi: *he -ed himself to learning English* si dedicò allo studio dell'inglese.

addressable /ə'dresəbl/ *a.* (*Inform*) indirizzabile.

addressee /ˌædres'iː/ *n.* destinatario *m.* (*f.* -a). □ (*Post*) ~ *absent* destinatario assente; (*Post*) ~ *unknown* destinatario sconosciuto.

addresser /ə'dresəʳ/ *n.* mittente *m./f.*

addressing /ə'dresɪŋ/ *n.* (*Inform*) indirizzamento *m.* □ ~ *system* sistema di indirizzamento.

addressograph /ə'dresougraːf *Am* ə'dresəgræf/ *n.* macchina *f.* indirizzatrice.

adduce /ə'djuːs *Am also* ə'duːs/ *v.t.* addurre, portare, fornire: *to* ~ *evidence* addurre delle prove, fornire una prova. □ (*Dir*) *to* ~ *a witness* produrre un teste.

adducent /ə'djuːsənt *Am also* ə'duːsənt/ *a.* (*Anat*) adduttore.

adducible /ə'djuːsəbl *Am also* ə'duːsəbl/ *a.* adducibile, citabile.

adduct[1] /ə'dʌkt/ *n.* (*Chim*) addotto *m.*

adduct[2] /ə'dʌkt/ *v.t.* (*Anat*) addurre.

adduction /ə'dʌkʃən/ *n.* (*Anat*) adduzione *f.*

adductive /ə'dʌktɪv/ *a.* (*Anat*) adduttore.

adductor /ə'dʌktəʳ/ *n.* (*Anat*) adduttore *m.*

Adela /ə'deɪlə/ *n.prf.* Adele.

Adele /ə'del/ *n.prf.* Adele.

adenine /'ædəniːn/ *n.* (*Biol*) adenina *f.*

adenocarcinoma /ˌædɪnouˌkaːsɪ'noumə *Am* ˌædənouˌkaːrsən'oumə/ *n.* (*Med*) adenocarcinoma *f.*

adenoid /'ædənɔɪd/ **I** *n.spec.pl.* (*Med*) adenoide *f.*, tonsilla *f.* faringea. **II** *a.* (*Med*) adenoideo.

adenoidal /ˌædən'ɔɪdl/ *a.* **1** (*Med*) adenoideo. **2** (*fig*) adenoideo, dalla voce nasale.

adenoidectomy /ˌædənɔː'dektəmi/ *n.* (*Chir*) adenotomia *f.*

adenoma /ˌædɪ'noumə/ (*pl.* **-s** /-z/, **-ta** /-tə *Am* -ətə/) *n.* (*Med*) adenoma *m.*

adenosine /æd'enousiːn *Am* ə'denəsiːn/ *n.* (*Chim*) adenosina *f.* □ (*Chim*) ~ *triphosphate* adenosintrifosfato.

adenovirus /'ædɪnouˌvaɪrəs *Am* ˌæd'nou'vaɪrəs/ *n.* (*Med*) adenovirus *m.*

adenylic /ˌædɪ'nɪlɪk *Am* ˌædə'nɪlɪk/ □ (*Chim*) ~ *acid* acido adenilico.

adept[1] /'ædept/ *n.* esperto *m.* (*f.* -a): *he is an* ~ *at puzzles* è un esperto di enigmistica.

adept[2] /ə'dept/ *a.* abile, capace, esperto, provetto.

adeptly /ə'deptli/ *avv.* abilmente, con perizia.

adeptness /ə'deptnəs/ *n.* abilità *f.*, perizia *f.*

adequacy /'ædɪkwəsi/ *n.* adeguatezza *f.*, sufficienza *f.*

adequate /'ædɪkwɪt/ *a.* **1** sufficiente: *his pay is* ~ *to support a family* la sua paga è sufficiente per mantenere una famiglia. **2** (*suitable*) adeguato, adatto, idoneo (*for* a), all'altezza (di): *he is more than* ~ *for that job* è più che adatto a quel lavoro. □ *of* ~ *means* benestante, agiato.

adequately /'ædɪkwɪtli/ *avv.* **1** sufficientemente. **2** (*suitable*) adeguatamente.

à deux /æ'dɜː/ *a./avv.* per due, in due, privato, intimo: *a dinner* ~ una cena intima.

ad finem /æd'fɪnəm/ *avv.* alla fine, ad finem.

adhere /əd'hɪəʳ *Am* əd'hɪr/ *v.i.* **1** aderire, attaccarsi (*to* a). **2** (*to hold to*) aderire (a), perseverare (in), restare attaccato (a), mantenersi fedele (a): *we -d to our plan* ci mantenemmo fedeli al nostro programma; *to* ~ *to a clause* attenersi a una clausola. **3** (*to agree*) aderire (a), accettare (qcs.): *to* ~ *to a treaty* aderire a un trattato.

adherence /əd'hɪərəns *Am* əd'hɪrəns/ *n.* **1** adesione *f.*, aderenza *f.* **2** (*attachment*) fedeltà *f.*, adesione *f.*, attaccamento *m.*: *his* ~ *to the party* la sua fedeltà al partito.

adherent /əd'hɪərənt *Am* əd'hɪrənt/ **I** *n.* aderente *m./f.*, seguace *m./f.*; (*supporter*) sostenitore *m.* (*f.* -trice), fautore *m.* (*f.* -trice). **II** *a.* **1** aderente, attaccato (*to* a). **2** (*fig*) aderente, associato (a): *the parties* ~ *to a contract* le parti aderenti a un contratto.

adherer /əd'hɪərəʳ *Am* əd'hɪrəʳ/ *n.* chi aderisce, seguace *m./f.*

adhesion /əd'hiːʒən/ *n.* **1** adesione *f.* **2** (*fig*) (*faithfulness, adherence*) attaccamento *m.*, fedeltà *f.* **3** (*agreement*) adesione *f.*, assenso *m.*: ~ *to a treaty* adesione a un trattato. **4** (*Fis*) adesione *f.* **5** (*Med*) aderenza *f.*

adhesive /əd'hiːsɪv/ **I** *a.* adesivo. **II** *n.* **1** adesivo *m.* **2** (*Filat*) francobollo *m.* □ ~ *paper* carta adesiva, carta gommata; ~ *tape*: **1** nastro adesivo; **2** (*El*) nastro isolante.

adhesiveness /əd'hiːsɪvnəs/ *n.* adesività *f.*

adhibit /əd'hɪbɪt/ *v.t.* apporre, affiggere, applicare.

adhibition /ˌædhɪ'bɪʃən/ *n.* applicazione *f.*

ad hoc /ˌæd'hɒk *Am* ˌæd'hɑːk/ *a./avv.* ad hoc: *an* ~ *meeting* una riunione convocata ad hoc.

adhocism /ˌæd'hɒkɪzəm *Am* ˌæd'hɑːkɪzəm/ *n.* improvvisazione *f.*, capacità *f.* di improvvisare.

adhocracy /ˌæd'hɒkrəsi *Am* ˌæd'hɑːkrəsi/ *n.* improvvisazione *f.*, capacità *f.* di improvvisare.

ad hominem /ˌæd'hɒmɪnəm *Am* ˌæd'hɑː mənəm/ *a./avv.* **1** ad hominem. **2** (*spec. S.Afr*) per merito.

ADI /ˌeɪdiː'iː/ *acceptable daily intake* ADI (assunzione giornaliera accettabile).

adiabatic /ˌeɪdɪə'bætɪk *Am* ˌædɪə'bætɪk/ *a.* (*Fis*) adiabatico. □ (*Fis*) ~ *coefficient* coefficiente adiabatico; (*Fis*) ~ *transformation* trasformazione adiabatica.

adiabatically /ˌeɪdɪə'bætɪkəli *Am* ˌædɪə 'bætɪkəli/ *avv.* (*Fis*) adiabaticamente.

adiantum /ˌædɪ'æntəm *Am* ˌædi'æntəm/ *n.* (*Bot*) adianto *m.*

adieu /ə'djuː *Am also* ə'duː/ **I** *intz.* addio. **II** *n.* (*pl.* **-s/-x** /-z/) addio *m.*

ad infinitum /ˌædɪnfɪ'naɪtəm *Am* ˌædɪnfɪ 'naɪtəm/ *avv.* all'infinito.

ad interim /æd'ɪntərɪm *Am* æd'ɪntərəm/ *avv.* ad interim, provvisoriamente, temporaneo, provvisorio, interinale.

adios /ˌædi'ɒs *Am* ˌɑːdi'oʊs/ *intz.* (*colloq*) addio, ciao.

adipate /'ædɪˌpeɪt/ *n.* (*Chim*) adipato *m.*

adipic /ə'dɪpɪk/ ☐ (*Chim*) ~ *acid* acido adipico.

adipocere /ˌædɪpoʊ'sɪər *Am* 'ædəpoʊsɪər/ *n.* (*Chim*) adipocera *f.*

adipose /'ædɪpoʊs/ *a.* (*Fisiol*) adiposo: ~ *tissue* tessuto adiposo; ~ *fin* pinna adiposa.

adiposity /ˌædɪ'pɒsɪti *Am* ˌædə'pɑːsəti/ *n.* adiposità *f.*

adipsin /eɪ'dɪpsɪn/ *n.* (*Biol*) adipsina *f.*

adit /'ædɪt/ *n.* 1 (*lett*) adito *m.*, accesso *m.*, entrata *f.* 2 (*Minier*) galleria *f.* di accesso.

adj. 1 (*Gramm*) *adjective* agg., a. (aggettivo). 2 (*Mil*) *adjutant* aiut. (aiutante).

adjacency /ə'dʒeɪsənsi/ *n.* 1 adiacenza *f.*, vicinanza *f.*, contiguità *f.* 2 *pl.* adiacenze *f.pl.*, vicinanze *f.pl.*, dintorni *m.pl.*

adjacent /ə'dʒeɪsənt/ *a.* adiacente, contiguo, attiguo, limitrofo: ~ *rooms* camere contigue. ☐ (*Geom*) ~ *angle* angolo adiacente; (*Dir*) ~ *lands* terreni confinanti.

adjacently /ə'dʒeɪsəntli/ *avv.* adiacentemente.

adjectival /ˌædʒek'taɪvəl/ *a.* (*Gramm*) aggettivale: ~ *clause* proposizione aggettivale.

adjectivally /ˌædʒek'taɪvəli/ *avv.* aggettivamente.

adjective /'ædʒɪktɪv/ **I** *n.* aggettivo *m.* **II** *a.* 1 (*Gramm*) aggettivale. 2 (*Dir*) accessorio, addizionale.

adjoin /ə'dʒɔɪn/ **I** *v.t.* 1 confinare con, essere contiguo a: *their garden -s the park* il loro giardino è contiguo al parco. 2 (*to join physically*) unire, congiungere. **II** *v.i.* essere confinante, essere contiguo.

adjoining /ə'dʒɔɪnɪŋ/ *a.* contiguo, limitrofo, confinante.

adjoint /ə'dʒɔɪnt/ *n.* (*Mat*) matrice *f.* aggiunta, aggiunta *f.*

adjourn /ə'dʒɜːn *Am* ə'dʒɜːrn/ **I** *v.t.* 1 (*of a meeting*) aggiornare, differire, rinviare: (*Dir*) *to ~ a case to the following month* rinviare una causa al mese successivo. 2 (*to suspend*) sospendere. 3 (*of a matter*) differire, rimandare, rinviare. **II** *v.i.* 1 sospendere i lavori, sospendere la seduta: *the court -ed* la corte sospese la seduta. 2 (*colloq*) (*to go to another place*) passare, trasferirsi (in): *let's ~ to the lounge* spostiamoci in salotto.

adjournment /ə'dʒɜːnmənt *Am* ə'dʒɜːrnmənt/ *n.* aggiornamento *m.*, rinvio *m.*, sospensione *f.*

Adjt. (*Mil*) *adjutant* aiut. (aiutante).

adjudge /ə'dʒʌdʒ/ *v.t.* 1 dichiarare, giudicare: *the accused was -d guilty* l'accusato fu dichiarato colpevole. 2 (*to assign*) aggiudicare, assegnare. 3 (*to condemn*) condannare.

adjudicate /ə'dʒuːdɪkeɪt/ **I** *v.t.* 1 (*Dir*) giudicare, decidere, definire. 2 (*to award*) aggiudicare, assegnare: *to ~ a prize to so.* aggiudicare un premio a qcu. **II** *v.i.* (*Dir*) pronunciarsi, pronunciare una sentenza (*upon* su). ☐ (*Dir*) *to ~ so. bankrupt* dichiarare qcu. fallito.

adjudication /əˌdʒuːdɪ'keɪʃən/ *n.* 1 aggiudicazione *f.* 2 (*Dir*) decisione *f.* (della magistratura), giudizio *m.*, sentenza *f.*, decreto *m.* ☐ (*Dir*) ~ *in bankruptcy* (o ~ *of bankruptcy*) sentenza dichiarativa di fallimento, ordinanza fallimentare; (*Dir*) ~ *order* ordinanza fallimentare.

adjudicative /ə'dʒuːdɪˌkeɪtɪv *Am* ə'dʒuːdɪ ˌkeɪtɪv/ *a.* aggiudicativo.

adjudicator /ə'dʒuːdɪkeɪtər *Am* ə'dʒuːdɪkeɪtər/ *n.* 1 arbitro *m.*, giudice *m.*, aggiudicante *m./f.* 2 (*in competitions*) membro *m.* di una giuria.

adjunct /'ædʒʌŋ(k)t/ **I** *n.* 1 accessorio *m.*, aggiunta *f.*, appendice *f.* 2 (*burocr*) (*assistant*) impiegato *m.* (*f.* -a) aggiunto, assistente *m./f.* 3 (*Gramm*) locuzione *f.* aggiuntiva, attributo *m.*, epiteto *m.* 4 (*Filos*) attributo *m.* non essenziale. **II** *a.* aggiuntivo, complementare; (*burocr*) aggiunto. ☐ (*Am,Univ*) ~ *faculty* professori universitari a contratto; (*Am,Univ*) ~ *professor* professore a contratto.

adjunction /ə'dʒʌŋ(k)ʃən/ *n.* 1 aggiunzione *f.*, aggiunta *f.* 2 (*Mat*) aggiunzione *f.*

adjunctive /ə'dʒʌŋ(k)tɪv/ *a.* aggiuntivo.

adjuration /ˌædʒ(ʊ)ə'reɪʃən/ *n.* 1 esortazione *f.* solenne. 2 (*Dir*) giuramento *m.* solenne.

adjuratory /ə'dʒʊərətəri *Am* ə'dʒʊrətɔːri/ *a.* di giuramento.

adjure /ə'dʒʊər *Am* ə'dʒʊr/ *v.t.* 1 comandare. 2 (*to beg*) scongiurare, supplicare.

adjust /ə'dʒʌst/ **I** *v.t.* 1 adattare, adeguare: *to ~ (oneself) to changes* adattarsi ai cambiamenti. 2 (*to arrange*) accomodare, sistemare, aggiustare, mettere in ordine. 3 (*to regulate*) regolare, mettere a punto. 4 (*to settle*) risolvere, comporre, conciliare: *to ~ a difference of opinion* conciliare opinioni diverse. 5 (*of an instrument*) tarare, regolare, compensare; (*of a shaft*) aggiustare, calettare. 6 (*Assic*) regolare, liquidare. 7 (*Mil*) (*of a gun*) aggiustare. 8 (*Mus*) regolare: *to ~ the bass* regolare i bassi. **II** *v.i.* adattarsi, abituarsi (*to* a).

adjustable /ə'dʒʌstəbl/ *a.* 1 (*that can be adjusted*) regolabile, adattabile. 2 (*variable*) variabile. ☐ (*Mecc*) ~ *spanner* chiave inglese.

adjusted /ə'dʒʌstɪd/ *a.* 1 regolato, corretto. 2 (*Econ*) rettificato. ☐ (*Econ*) ~ *capital* capitale sociale più le riserve; (*Econ*) ~ *profits* utile rettificato.

adjuster /ə'dʒʌstər/ *n.* 1 (*Assic*) liquidatore *m.* (*f.* -trice), perito *m.*: *claims ~* liquidatore di avaria, perito. 2 (*Mecc*) (*person*) regolatore *m.* (*f.* -trice); (*device*) dispositivo *m.* di regolazione.

adjusting /ə'dʒʌstɪŋ/ *n.* 1 (*Mecc*) regolazione *f.*, aggiustamento *m.* 2 (*Econ*) rettifica *f.*

adjustment /ə'dʒʌstmənt/ *n.* 1 adattamento *m.*, adeguamento *m.* 2 (*agreement*) accomodamento *m.*, accordo *m.* 3 (*settling*) assestamento *m.*, sistemazione *f.* 4 (*regulating*) regolazione *f.*, registrazione *f.*, messa *f.* a punto; (*mechanism*) dispositivo *m.* di regolazione. 5 (*Assic*) perizia *f.*; (*settlement*) liquidazione *f.* 6 (*Comm,Econ*) correzione *f.*, adeguamento *m.*, rettifica *f.* ☐ (*Econ*) ~ *account* scrittura di conguaglio, conto di riepilogo; (*Econ*) ~ *bond* obbligazione di riorganizzazione; *to make -s* operare correzioni; *out of* ~ sregolato.

adjustor /ə'dʒʌstər/ *n.* 1 (*Assic*) liquidatore *m.* (*f.* -trice), perito *m.* 2 (*Mecc*) (*person*) regolatore *m.* (*f.* -trice); (*device*) dispositivo *m.* di regolazione.

adjutancy /'ædʒʊtənsi/ *n.* ufficio *m.* di aiutante.

adjutant /'ædʒʊtənt/ *n.* 1 (*Mil*) aiutante *m.* (di campo). 2 (*helper*) aiutante *m./f.*, assistente *m./f.* ☐ (*Ornit*) ~ *bird* (o ~ *crane*) marabù indiano; ~ *general*: 1 (*Mil*) aiutante maggiore; 2 (*Mar*) aiutante di bordo; 3 (*US*) comandante della milizia territoriale (di uno Sta-

to); (*Ornit*) ~ *stork* marabù indiano.

adjuvant /'ædʒʊvənt/ **I** *a.* ausiliare, che aiuta. **II** *n.* 1 assistente *m./f.*, coadiutore *m.* (*f.* -trice), cooperatore *m.* (*f.* -trice). 2 (*Farm*) adiuvante *m.*, coadiuvante *m.*

Adlerian /æd'lɪriən/ *a.* (*Psic*) adleriano.

ad-lib, ad lib /ˌæd'lɪb/ **I** *v.t.* (*past, p.p.* **ad-libbed** /-d/) improvvisare (*anche assol*). **II** *a.* improvvisato, estemporaneo. **III** *n.* improvvisazione *f.* **IV** *avv.* 1 a piacere, a volontà, ad libitum. 2 (*without restraint*) a profusione.

ad-libber /æd'lɪbər/ *n.* improvvisatore *m.* (*f.* -trice).

ad-libbing /æd'lɪbɪŋ/ *n.* improvvisazione *f.*

ad libitum /æd'lɪbɪtəm *Am* æd'lɪbɪtəm/ **I** *a.* improvvisato, estemporaneo. **II** *avv.* 1 a piacere, a volontà, ad libitum. 2 (*without restraint*) a profusione.

ADM 1 *Admiral* Amm. (ammiraglio). 2 *Admiralty* (ammiragliato).

adman /'ædmæn/ *n.irr.* (*colloq*) pubblicitario *m.*

admeasure /æd'meʒər/ *v.t.* ripartire, suddividere.

admeasurement /æd'meʒəmənt *Am* æd 'meʒərmənt/ *n.* 1 misurazione *f.* 2 (*apportionment*) ripartizione *f.*, suddivisione *f.*, distribuzione *f.* 3 (*size*) dimensioni *f.pl.*, proporzioni *f.pl.*

admin /'ædmɪn/ *n.* (*spec. Br*) (*administration*) amministrazione.

administer /əd'mɪnɪstər/ **I** *v.t.* 1 amministrare. 2 (*to dispense*) amministrare, dispensare: *to ~ justice* amministrare la giustizia. 3 (*to inflict*) dare, infliggere: *to ~ punishment* dare una punizione. 4 (*of laws*) applicare. 5 (*of medicine*) somministrare. 6 (*of the sacrament*) amministrare. **II** *v.i.* (*Dir*) sovrintendere, fungere da amministratore. ☐ (*Dir*) *to ~ an oath to so.* far prestare giuramento a qcu.

administrable /əd'mɪnɪstrəbl/ *a.* amministrabile.

administrate /əd'mɪnɪstreɪt/ **I** *v.t.* amministrare, gestire. **II** *v.i.* sovrintendere.

administration /ədˌmɪnɪ'streɪʃən/ *n.* 1 amministrazione *f.*, gestione *f.*; (*government*) governo *m.* 2 (*of a company*) amministrazione *f.*, direzione *f.* 3 (*spec. Am*) (*term of office*) legislatura *f.* 4 (*Dir*) (*of an estate*) amministrazione *f.* 5 (*dispensing*) amministrazione *f.*: *the ~ of the last rites* l'amministrazione dell'estrema unzione. 6 (*of medicines*) somministrazione *f.* 7 (*of an oath*) prestazione *f.* (di un giuramento). ☐ ~ *order* ordine di liquidazione.

administrative /əd'mɪnɪstrətɪv/ *a.* amministrativo. ☐ ~ *area* circoscrizione amministrativa; ~ *expenses* spese amministrative; ~ *grade* funzionari di grado superiore; ~ *law* diritto amministrativo; ~ *malpractice* malversazione; ~ *officer* funzionario amministrativo; ~ *staff* personale amministrativo; ~ *unit* circoscrizione amministrativa.

administratively /əd'mɪnɪstrətɪvli/ *avv.* a livello amministrativo.

administrator /əd'mɪnɪstreɪtər *Am* əd 'mɪnɪstreɪtər/ *n.* 1 amministratore *m.* (*f.* -trice), direttore *m.* (*f.* -trice). 2 (*Dir*) amministratore *m.* (*f.* -trice), curatore *m.* (*f.* -trice).

administratrix /əd'mɪnɪstreɪtrɪks/ (*pl.* **-trices** /-trɪsiːz/, **-trixes** /-trɪksɪz/) *n.* (*Dir*) amministratrice *f.*, curatrice *f.*

admirable /'ædmərəbl/ *a.* 1 ammirevole, ammirabile, mirabile. 2 (*excellent*) eccellente.

admirably /'ædmərəbli/ *avv.* ammirevolmente.

admiral /'ædmərəl/ *n.* 1 (*Mar,mil*) ammiraglio *m.* 2 (*Mar,ant*) (*flagship*) nave *f.* ammiraglia. 3 (*Entom*) vanessa *f.* □ (*GB*) ~ *of the Fleet* comandante in capo della flotta.

admiralship /'ædmərəlʃɪp/ *n.* ammiragliato *m.*

admiralty /'ædmərəlti *Am* 'ædmərəlti/ *n.* 1 ammiragliato *m.* 2 (*court*) tribunale *m.* dell'ammiragliato. □ *British Admiralty* Ammiragliato britannico, ministero della marina britannico; (*Geog*) *Admiralty Islands* Isole dell'Ammiragliato.

admiration /,ædmə'reɪʃən/ *n.* 1 ammirazione *f.* 2 (*object of wonder*) ammirazione *f.*, oggetto *m.* di ammirazione: *to be the ~ of everyone* essere l'ammirazione di tutti.

admire /əd'maɪər/ *v.t.* 1 ammirare: *to ~ a painting* ammirare un quadro. 2 (*Am*) (*to respect*) stimare, apprezzare, ammirare. 3 (*Am, dial*) (*to like*) piacere (*costr.impers.*), desiderare.

admirer /əd'maɪərər/ *n.* ammiratore *m.* (*f.* -trice), corteggiatore *m.* (*f.* -trice).

admiring /əd'maɪrɪŋ/ *a.* pieno di ammirazione, ammirativo.

admiringly /əd'maɪrɪŋli/ *avv.* con ammirazione.

admissibility /əd,mɪsɪ'bɪlɪti *Am* əd,mɪsɪ 'bɪləti/ *n.* ammissibilità *f.*

admissible /əd'mɪsəbl/ *a.* 1 (*Dir*) (*of proof, etc.*) ammissibile. 2 (*allowed to enter*) ammesso. 3 (*permissible*) permesso, concesso.

admission /əd'mɪʃən/ *n.* 1 ammissione *f.*, accesso *m.*, ingresso *m.*: ~ *to a university* ammissione all'università. 2 (*into an office, etc.*) ammissione *f.*, assunzione *f.* 3 (*right to enter*) ammissione *f.*, permesso *m.* di entrare, permesso *m.* di accedere: ~ *to the library* permesso di accedere alla biblioteca. 4 (*price of entry*) entrata *f.*, prezzo *m.* di ingresso, biglietto *m.* di ingresso: ~ *is eight dollars* l'ingresso costa otto dollari. 5 (*confession*) confessione *f.*, ammissione *f.*: *on his own* ~ in base alla sua stessa confessione. 6 (*acknowledgement of the truth*) ammissione *f.*, riconoscimento *m.* □ ~ *fee* prezzo di ingresso; ~ *free* entrata libera; ~ *office* ufficio accettazioni, accettazione; ~ *requirements* requisiti per l'ammissione; (*Scol*) ~ *test* esame di ammissione; (*Dir*) ~ *to the bar* iscrizione all'albo degli avvocati.

admissive /əd'mɪsɪv/ *a.* che ammette.

admit /əd'mɪt/ (*past, p.p.* **admitted** /-tɪd *Am* -ţɪd/) **I** *v.t.* 1 ammettere, far entrare, introdurre. 2 (*to give right to enter*) ammettere; (*of a ticket*) essere valido: *this ticket -s two people* questo biglietto è valido per due persone. 3 (*to confess*) confessare, ammettere, riconoscere. 4 (*to grant*) ammettere, concedere: *let us ~ that you are right* ammettiamo che tu abbia ragione. 5 (*to allow as valid*) accogliere, accettare: *to ~ a claim* accogliere un reclamo. 6 (*to be large enough for*) contenere, aver posto per, ospitare: *the hall -s three hundred* la sala può contenere trecento persone. **II** *v.i.* 1 dare accesso (*to a*), portare, condurre (in): *that gate -s to the garden* quel cancello porta in giardino. 2 (*to allow*) lasciare adito (*of a*), ammettere (qcs.): *it does not ~ of doubt* non lascia adito ad alcun dubbio. □ *to ~ to* ammettere di; *to ~ to hospital* ricoverare in ospedale.

admittance /əd'mɪtəns/ *n.* 1 accesso *m.*, entrata *f.*, ingresso *m.*: *no ~* vietato l'ingresso. 2 (*act of admitting*) ammissione *f.* 3 (*El*) ammettenza *f.*

admitted /əd'mɪtɪd/ □ (*Br*) *dogs are not ~* vietato l'ingresso ai cani.

admittedly /əd'mɪtɪdli *Am* əd'mɪţɪdli/ *avv.* palesemente: *diamonds are ~ expensive, but* è vero che i diamanti sono costosi ma, certo che i diamanti sono costosi, ma.

admix /əd'mɪks/ **I** *v.t.* mescolare. **II** *v.i.* mescolarsi.

admixture /əd'mɪkstʃər/ *n.* 1 miscela *f.*, mescolanza *f.* 2 (*sth. added*) aggiunta *f.* 3 (*mixture*) miscuglio *m.*, mistura *f.*

admonish /əd'mɒnɪʃ *Am* əd'mɑːnɪʃ/ *v.t.* 1 ammonire, avvertire, mettere in guardia. 2 (*to reprove*) rimproverare, riprendere.

admonisher /əd'mɒnɪʃər *Am* əd'mɑːnɪʃər/ *n.* ammonitore *m.* (*f.* -trice).

admonishment /əd'mɒnɪʃmənt *Am* əd 'mɑːnɪʃmənt/ *n.* 1 ammonimento *m.*, avvertimento *m.* 2 (*rebuke*) rimprovero *m.*

admonition /,ædmə'nɪʃən/ *n.* 1 ammonimento *m.*, avvertimento *m.* 2 (*rebuke*) rimprovero *m.*

admonitory /əd'mɒnɪtəri *Am* əd'mɑːnətɔːri/ *a.* ammonitorio, di ammonimento.

ADN *Yemen* ADN (Yemen).

ad nauseam /,æd'nɔːziæm ,æd'nɔːsiəm *Am also* ,æd'nɑːziæm/ *avv.* (sino) alla nausea.

adnexa /æd'neksə/ *n.pl.* (*Biol*) annessi *m.pl.*

adnexal /æd'neksəl/ *a.* (*Biol*) annesso.

ado /ə'duː/ (*pl.* **-s** /-z/) *n.* 1 trambusto *m.*, confusione *f.*, rumore *m.*: *much ~ about nothing* molto rumore per nulla. 2 (*trouble*) difficoltà *f.*, fatica *f.*, fastidio *m.* □ *without further ~* senza ulteriore fatica.

adobe /ə'dəʊbi/ *n.* (*Edil*) adobe *m.*, mattone *m.* cotto. □ (*Edil*) ~ *house* adobe, casa in mattoni cotti.

adolescence /,ædə'lesəns/ *n.* adolescenza *f.*

adolescent /,ædə'lesənt/ **I** *n.* adolescente *m.*/ *f.* **II** *a.* 1 adolescente. 2 (*typical of adolescents*) da adolescente. 3 (*immature*) immaturo, infantile.

Adolf, Adolph /'ædɒlf *Am* 'eɪdɑːlf, 'ædɑːlf/ *n.pr.m.* Adolfo.

Adonis /ə'dəʊnɪs *Am* ə'dɑːnɪs/ **I** *n.pr.m.* (*Mitol*) Adone. **II** *n.* 1 (*beautiful young man*) adone *m.* 2 (*Bot*) adonide *f.*

adopt /ə'dɒpt *Am* ə'dɑːpt/ *v.t.* 1 adottare (*anche fig*). 2 (*officially approve*) approvare, adottare, accogliere: (*Econ*) *to ~ a balance sheet* approvare un bilancio, *to ~ a resolution* approvare una risoluzione. 3 (*to choose*) scegliere: *to ~ a candidate* scegliere un candidato. 4 (*to take over maintenance of a road*) adottare, curare la manutenzione di: *to ~ a road* (o *Am to ~ a highway*) adottare una strada, curare la manutenzione di una strada.

adoptability /ə,dɒptə'bɪlɪti *Am* ə,dɑːptəbɪləti/ *n.* possibilità *f.* di essere adottato, possibilità *f.* di essere approvato.

adoptable /ə'dɒptəbl *Am* ə'dɑːptəbl/ *a.* adottabile.

adopted /ə'dɒptɪd *Am* ə'dɑːptɪd/ *a.* 1 adottato, di adozione: ~ *country* patria di adozione; *an ~ child* un bambino adottato. 2 (*officially approved*) approvato. 3 (*chosen*) scelto. 4 (*of a maintained road*) adottato, curato.

adoptee /æ'dɒpti: Am ə,dɑːp'tiː/ *n.* adottato *m.* (*f.* -a).

adopter /ə'dɒptər *Am* ə'dɑːptər/ *n.* adottante *m./f.*

adoption /ə'dɒpʃən *Am* ə'dɑːpʃən/ *n.* 1 adozione *f.* 2 (*choice*) scelta *f.* □ *an Italian by ~* un italiano di adozione; ~ *procedure* procedura di adozione.

adoptive /ə'dɒptɪv *Am* ə'dɑːptɪv/ *a.* adottivo.

□ (*Med*) ~ *immunotherapy* immunoterapia adottiva.

adorability /ə,dɔːrə'bɪlɪti *Am* ə,dɔːrə'bɪləti/ *n.* adorabilità *f.*

adorable /ə'dɔːrəbl/ *a.* adorabile, delizioso.

adoration /,ædɔː'reɪʃən/ *n.* adorazione *f.* □ (*Art*) *the ~ of the Magi* l'adorazione dei Magi.

adore /ə'dɔː *Am* ə'dɔːr/ *v.t.* 1 adorare, venerare: *to ~ God* adorare Dio. 2 (*colloq*) (*to like very much*) adorare, piacere molto (*costr. impers.*).

adorer /ə'dɔːrər/ *n.* adoratore *m.* (*f.* -trice).

adoring /ə'dɔːrɪŋ/ *a.* adorante, di adorazione.

adoringly /ə'dɔːrɪŋli/ *avv.* con adorazione, in adorazione.

adorn /ə'dɔːn *Am* ə'dɔːrn/ *v.t.* ornare, adornare, abbellire.

adornment /ə'dɔːnmənt *Am* ə'dɔːrnmənt/ *n.* ornamento *m.*, decorazione *f.*, addobbo *m.*

ADP /,eɪdiː'piː/ (*Inform*) *automatic data processing* EDP (elaborazione automatica dei dati).

ad personam /,ædpɜ'soʊnæm *Am* ,ædpɜːr 'soʊnæm/ *avv.* ad personam, a persona, a livello individuale.

adrenal /ə'driːnəl/ **I** *a.* (*Anat*) surrenale: ~ *gland* ghiandola surrenale. **II** *n.* (*Anat*) ghiandola surrenale.

adrenalin, adrenaline /ə'drenəlɪn/ *n.* (*Biol*) adrenalina *f.*

adrenergic /,ædrɪ'nɜːdʒɪk *Am* ,ædrɪ'nɜːrdʒɪk/ *a.* (*Biol*) adrenergico.

adrenocorticotrophic /ə,driːnoʊ,kɔːtɪkoʊ 'trɒfɪk *Am* ə,driːnoʊ,kɔːrţɪkoʊ'troʊfɪk/ □ (*Biol*) ~ *hormone* ormone adrenocorticotropo.

adrenocorticotropic /ə,driːnoʊ,kɔːtɪkoʊ 'trɒpɪk *Am* ə,driːnoʊ,kɔːrţɪkoʊ'troʊpɪk/ □ (*Biol*) ~ *hormone* ormone adrenocorticotropo.

Adrian /'eɪdriən/ *n.pr.m.* Adriano.

Adriatic /,eɪdri'ætɪk *Am* ,eɪdri'æţɪk/ **I** *a.* (*Geog*) adriatico. **II** *n.pr.* (*Adriatic Sea*) mare *m.* Adriatico, Adriatico *m.*

adrift /ə'drɪft/ **I** *avv.* 1 (*Mar,fig*) alla deriva: *to go ~* andare alla deriva. 2 (*unfastened*) divelto, strappato. **II** *a.pred.* 1 (*Mar*) alla deriva. 2 (*unfastened, loose*) sciolto, divelto, alla deriva. 3 (*fig*) alla deriva, sbandato. □ (*fig*) *to come ~* staccarsi.

adroit /ə'drɔɪt/ *a.* 1 abile, destro. 2 (*fig*) (*skillful, ingenious*) abile, sagace.

adroitly /ə'drɔɪtli/ *avv.* abilmente.

adroitness /ə'drɔɪtnəs/ *n.* abilità *f.*, destrezza *f.*

adsorb /æd'sɔːb *Am* æd'sɔːrb/ *v.t.* (*Chim*) adsorbire.

adsorbate /æd'sɔːbeɪt *Am* æd'sɔːrbeɪt/ *n.* (*Chim*) adsorbato *m.*

adsorbent /æd'sɔːbənt *Am* æd'sɔːrbənt/ **I** *n.* (*Chim*) adsorbente *m.* **II** *a.* (*Chim*) adsorbente.

adsorption /æd'sɔːpʃən *Am* æd'sɔːrpʃən/ *n.* (*Chim*) adsorbimento *m.*

adsorptive /æd'sɔːptɪv *Am* æd'sɔːrptɪv/ *n.* (*Chim*) adsorptivo.

ADT /,eɪdiː'tiː/ (*US*) *Atlantic Daylight Time* ADT (orario estivo lungo la costa atlantica).

adulate /'ædjʊleɪt *Am* 'ædʒəleɪt/ *v.t.* (*lett*) adulare, lusingare.

adulation /,ædjʊ'leɪʃən *Am* ,ædʒə'leɪʃən/ *n.* adulazione *f.*

adulator /'ædjʊleɪtər *Am* 'ædʒəleɪtər/ *n.* adulatore *m.* (*f.* -trice).

adulatory /,ædjʊ'leɪtəri 'ædjʊleɪtəri *Am* 'ædʒələtɔːri/ *a.* adulatorio.

adult /'ædʌlt *Am* ə'dʌlt/ **I** *a.* **1** adulto, maturo. **2** (*for adults*) per adulti. **3** (*colloq*) (*pornographic*) per adulti, porno. **II** *n.* **1** adulto *m.* (*f.* -a). **2** (*Dir*) maggiorenne *m./f.* □ ~ *education* corsi di istruzione per adulti.

adulterant /ə'dʌltᵊrənt *Am* ə'dʌltᵊrənt/ **I** *n.* adulterante *m./f.* **II** *a.* adulterante.

adulterate[1] /ə'dʌltᵊreɪt *Am* ə'dʌltᵊreɪt/ *v.t.* **1** (*of food*) adulterare, sofisticare; (*of language*) corrompere; (*of a text*) alterare; (*of wine*) diluire, annaquare. **2** (*to falsify*) contraffare.

adulterate[2] /ə'dʌltᵊrət *Am* ə'dʌltᵊreɪt/ *a.* **1** adulterato, alterato, falsificato, spurio, sofisticato. **2** (*lett*) (*adulterous*) adultero, adulterino.

adulteration /ə,dʌltᵊr'eɪʃᵊn *Am* ə,dʌltə'reɪʃᵊn/ *n.* **1** adulterazione *f.*, sofisticazione *f.* **2** (*of language*) corruzione *f.*

adulterator /ə'dʌltᵊreɪtᵊr *Am* ə'dʌltᵊreɪtᵊr/ *n.* adulteratore *m.* (*f.* -trice).

adulterer /ə'dʌltᵊrᵊr *Am* ə'dʌltᵊrᵊr/ *n.* adultero *m.* (*f.* -a).

adulteress /ə'dʌltᵊrəs *Am* ə'dʌltᵊrəs/ *n.* adultera *f.*

adulterine /ə'dʌltᵊraɪn *Am* ə'dʌltᵊraɪn/ *a.* **1** adulterino. **2** (*ant*) (*spurious*) falsificato, contraffatto.

adulterous /ə'dʌltᵊrəs *Am* ə'dʌltᵊrəs/ *a.* adultero, adulterino: *an ~ relationship* una relazione adulterina.

adultery /ə'dʌltᵊri *Am* ə'dʌltᵊri/ *n.* adulterio *m.*

adultescent /ædʌl'tesᵊnt/ *n.* adulto *m.* (*f.* -a) che mantiene interessi da adolescente.

adulthood /'ædʌlthʊd *Am* ə'dʌlthʊd/ *n.* maturità *f.*, età *f.* adulta.

adultify /'ædʌltɪfaɪ *Am* ə'dʌltɪfaɪ/ *v.t.* rendere precocemente adulto.

adumbrate /'ædʌmbreɪt/ *v.t.* **1** schizzare, abbozzare. **2** (*to foreshadow*) lasciar intravedere, far presagire, accennare a. **3** (*to overshadow*) adombrare, oscurare.

adumbration /,ædʌm'breɪʃᵊn/ *n.* **1** abbozzo *m.*, schizzo *m.* **2** (*presentiment*) presagio *m.*, presentimento *m.* **3** (*allusion*) accenno *m.*, indizio *m.* **4** (*obscuration*) adombramento *m.*, ombreggiamento *m.*

adumbrative /æ'dʌmbrətɪv *Am* æ'dʌmbrətɪv/ *a.* che adombra.

adust /ə'dʌst/ *a.* **1** (*ant*) adusto, riarso. **2** (*ant*) (*gloomy*) triste, malinconico.

adv. (*Gramm*) *adverb* avv. (avverbio).

ad val. *ad valorem* (ad valorem, in proporzione al valore).

ad valorem /,ædvə'lɔːrem *Am* ,ædvə'lɔːrəm/ *a./avv.* ad valorem, in proporzione al valore.

advance[1] /əd'vɑːns *Am* əd'væns/ **I** *n.* **1** avanzamento *m.*, movimento *m.* in avanti; (*distance covered*) cammino *m.*, avanzata *f.* **2** (*fig*) progresso *m.* **3** (*Mil*) avanzata *f.* **4** (*increase*) aumento *m.* **5** (*Comm*) anticipo *m.*, acconto *m.*, anticipazione *f.* **6** (*Giorn*) (*advance copy*) anticipazione *f.*: *an ~ of the speech* un'anticipazione del discorso. **7** *pl.* (*overtures*) approcci *m.pl.*, tentativi *m.pl.*; (*amorous overtures*) avance *f.pl.*, approcci *m.pl.* amorosi. **II** *a.* **1** anteriore, davanti: *the ~ section* la parte anteriore. **2** (*of time*) anticipato, in anteprima, in anticipo: ~ *payment* pagamento anticipato. □ (*Comm*) ~ *against collateral* anticipazione su garanzia; ~ *booking* prenotazione anticipata; ~ *copy* esemplare di lancio; ~ *guard* gruppo di avanguardia, gruppo di punta; *in* ~: **1** (*in time*) anticipatamente, in anticipo: *to pay in* ~ pagare in anticipo; *a thinker in ~ of his time*

un pensatore che precorre i tempi; **2** (*in space*) davanti, avanti (*of* a); (*burocr*) ~ *in seniority* scatto di anzianità; ~ *notice* preavviso; *the ~ of knowledge* i progressi della scienza; ~ *party* gruppo di avanguardia, gruppo di avanscoperta; (*Canad*) ~ *poll* votazione anticipata.

advance[2] /əd'vɑːns *Am* əd'væns/ **I** *v.t.* **1** (*to go ahead*) avanzare, portare avanti. **2** (*to further*) portare avanti, far progredire. **3** (*to suggest*) avanzare, suggerire, proporre: *to ~ a theory* avanzare una teoria. **4** (*to supply beforehand*) anticipare, dare in anticipo: *to ~ money* anticipare dei soldi; (*to lend*) prestare. **5** (*in time*) anticipare, affrettare: *to ~ a date* anticipare una data; (*of clocks*) spostare in avanti, mettere in avanti. **6** (*to promote in rank*) promuovere, avanzare. **7** (*to raise prices*) aumentare. **II** *v.i.* **1** avanzare, andare avanti. **2** (*to improve*) far progressi, progredire. **3** (*to be promoted*) salire di grado, avanzare di grado, avere una promozione; (*to rise in importance*) fare carriera. **4** (*to rise*) aumentare, salire. □ *to ~ claims* avanzare rivendicazioni; *to ~ on so.* muovere contro qcu.

advanced /əd'vɑːnst *Am* əd'vænst/ *a.* **1** avanzato. **2** (*not elementary*) (di livello) superiore, avanzato. **3** (*progressive*) d'avanguardia, avanzato, moderno, progressista: ~ *ideas* idee avanzate. □ (*Scol*) ~ *course* corso superiore, corso avanzato; ~ *economy* economia avanzata; (*Nucl*) ~ *gas-cooled reactor* reattore nucleare avanzato raffreddato a gas; (*GB,Scol*) *Advanced level* (*A level*) esame di licenza di scuola secondaria; *in an ~ stage* in uno stadio avanzato; ~ *technology* tecnologia avanzata.

advancement /əd'vɑːnsmənt *Am* əd'vænsmənt/ *n.* **1** avanzamento *m.*, avanzata *f.* **2** (*improvement*) miglioramento *m.*, progresso *m.* **3** (*promotion*) promozione *f.*, avanzamento *m.* **4** (*of prices*) rialzo *m.*

advancing /əd'vɑːnsɪŋ *Am* əd'vænsɪŋ/ *a.* in avanzamento, in avanzata.

advantage /əd'vɑːntɪdʒ *Am* əd'væntɪdʒ/ **I** *n.* **1** vantaggio *m.* (*anche Sport*). **2** (*benefit*) guadagno *m.*, profitto *m.*, convenienza *f.*: *to gain little ~ from sth.* trarre poco profitto da qcs. **3** (*superiority*) vantaggio *m.*, superiorità *f.* **II** *v.t.* avvantaggiare, favorire, appoggiare. □ *to get the ~ over so.* avere il sopravvento su qcu.; *to have an ~ over so.* essere in vantaggio rispetto a qcu., avere un vantaggio su qcu.; *to take ~ of so.* approfittarsi di qcu.; *to take ~ of sth.* approfittare di qcs., trarre profitto da qcs., sfruttare qcs.; *to do sth. to ~* fare qcs. con profitto; *to turn sth. to one's ~* volgere qcs. a proprio vantaggio, trarre vantaggio da qcs.

advantageous /,ædvən'teɪdʒəs *Am* ,ædvæn'teɪdʒəs/ *a.* vantaggioso, proficuo, conveniente.

advantageously /,ædvən'teɪdʒəsli *Am* ,ædvæn'teɪdʒəsli/ *avv.* vantaggiosamente, proficuamente.

advect /əd'vekt *Am* æd'vekt/ *v.t.* avvezionare.

advection /əd'vekʃən *Am* æd'vekʃən/ *n.* avvezione *f.*

advent /'ædvənt/ *n.* avvento *m.*, venuta *f.*

Advent /'ædvənt/ *n.* **1** (*Rel*) avvento *m.* **2** (*Lit*) Avvento *m.* □ (*Rel*) ~ *calendar* calendario dell'Avvento; (*Lit*) ~ *Sunday* prima domenica d'Avvento.

Adventism /'ædvəntɪzᵊm/ *n.* (*Rel*) avventismo *m.*

Adventist /'ædvəntɪst/ **I** *n.* (*Rel*) avventista

m./f. **II** *a.* (*Rel*) avventista.

adventitia /,ædven'tɪʃə/ *n.* tunica *f.* avventizia.

adventitial /,ædven'tɪʃᵊl/ *a.* **1** accidentale, casuale. **2** (*Bot,Zool*) avventizio. **3** (*Med*) acquisito.

adventitious /,ædven'tɪʃəs/ *a.* **1** accidentale, casuale. **2** (*Bot,Zool*) avventizio: ~ *bud* gemma avventizia. **3** (*Med*) acquisito.

adventive /æd'ventɪv *Am* æd'ventɪv/ **I** *a.* (*Biol*) avventizio. **II** *n.* avventizio *m.*

adventure /əd'ventʃᵊr/ **I** *n.* **1** avventura *f.* **2** (*ant*) (*speculation, venture*) speculazione *f.*, avventura *f.* **II** *v.t.* **1** rischiare, mettere a repentaglio. **2** (*to attempt*) tentare. **3** (*to venture to say*) azzardare, avanzare. **III** *v.i.* **1** avventurarsi, arrischiarsi. **2** (*to take the risk*) rischiare. □ (*Br*) ~ *playground* parco giochi (allestito con materiali poveri, per giochi creativi).

adventurer /əd'ventʃᵊrᵊr *Am* əd'ventʃᵊrᵊr/ *n.* **1** avventuriero *m.* (*f.* -a). **2** (*mercenary*) mercenario *m.*, soldato *m.* di ventura. **3** (*speculator*) speculatore *m.* (*f.* -trice).

adventuresome /əd'ventʃəsᵊm *Am* əd'ventʃᵊrsᵊm/ *a.* (*lett*) avventuroso.

adventuress /əd'ventʃᵊrəs/ *n.* avventuriera *f.*

adventurism /əd'ventʃᵊrɪzᵊm/ *n.* (*Pol*) avventurismo *m.*

adventurist /əd'ventʃᵊrɪst/ *n.* (*Pol*) avventurista *m./f.*

adventurous /əd'ventʃᵊrəs/ *a.* **1** avventuroso, ricco di avventura. **2** (*hazardous*) audace, rischioso: *an ~ undertaking* un'impresa rischiosa.

adventurously /əd'ventʃᵊrəsli/ *avv.* in modo avventuroso.

adventurousness /əd'ventʃᵊrəsnəs/ *n.* arditezza *f.*, audacia *f.*

adverb /'ædvɜːb *Am* 'ædvɜːrb/ *n.* (*Gramm*) avverbio *m.*

adverbial /əd'vɜːbiəl *Am* əd'vɜːrbiəl/ **I** *a.* avverbiale: ~ *phrase* locuzione avverbiale. **II** *n.* espressione *f.* avverbiale.

adverbially /əd'vɜːbiəli *Am* əd'vɜːrbiəli/ *avv.* in modo avverbiale.

adversarial /,ædvə'seəriəl/ *a.* (*spec. Br,Dir*) accusatorio.

adversary /'ædvəsᵊri *Am* 'ædvᵊrseri/ **I** *n.* **1** avversario *m.* (*f.* -a), nemico *m.* (*f.* -a). **2** (*in a game*) avversario *m.* (*f.* -a), antagonista *m./f.* **II** *a.* (*spec. Am,Dir*) accusatorio.

adversative /əd'vɜːsətɪv *Am* əd'vɜːrsətɪv/ *a.* (*Gramm*) avversativo.

adverse /'ædvɜːs *Am* æd'vɜːrs/ *a.* **1** avverso, ostile, contrario: ~ *criticism* critica ostile. **2** (*unfavourable*) avverso, sfavorevole: ~ *weather conditions* condizioni meteorologiche sfavorevoli; (*of winds*) contrario. □ (*Dir,Assic*) *the ~ party* la controparte.

adversity /əd'vɜːsɪti *Am* əd'vɜːrsəti/ *n.* **1** avversità *f.*, sfortuna *f.*: *companions in ~* compagni di sfortuna. **2** (*unfortunate event*) avversità *f.*, disgrazia *f.*, calamità *f.*

advert[1] /əd'vɜːt *Am* əd'vɜːrt/ *v.i.* **1** accennare, alludere, riferirsi (*to* a). **2** (*to turn the attention to*) considerare (qcs.), rivolgere l'attenzione (su).

advert[2] /'ædvɜːt/ *n.* (*spec. Br,colloq*) annuncio *m.* pubblicitario.

advertise /'ædvətaɪz/ **I** *v.t.* (*Br*) **1** fare pubblicità a, pubblicizzare, lanciare: *to ~ a product* pubblicizzare un prodotto. **2** (*to call attention to*) richiamare l'attenzione su, far mostra di, sbandierare: *don't ~ your ignorance* non sbandierare la tua ignoranza. **3**

(*ant*) (*to give public notice of*) annunciare, dare l'annuncio di, informare. **II** *v.i.* (*Br*) **1** mettere un annuncio sul giornale, mettere un'inserzione: *we -d for a gardener* mettemmo un'inserzione per trovare un giardiniere. **2** (*to use advertisements*) fare pubblicità, servirsi di annunci pubblicitari.

advertisement /ədˈvɜːtɪsmənt *Am* ˌædvərˈtaɪzmənt, ədˈvɜːtəsmənt/ *n.* **1** (*in a newspaper*) annuncio *m.*, inserzione *f.*, avviso *m.*; (*on radio, television*) pubblicità *f.*, spot *m.*, reclame *f.* **2** (*poster*) cartellone *m.* pubblicitario, manifesto *m.* pubblicitario. **3** (*ant*) (*in books*) avvertenze *f.pl.* **4** (*fig*) pubblicità *f.*, risonanza *f.*

advertiser /ˈædvətaɪzər *Am* ˈædvərtaɪzər/ *n.* inserzionista *m./f.*

advertising /ˈædvətaɪzɪŋ *Am* ˈædvərtaɪzɪŋ/ **I** *n.* **1** pubblicità *f.* **2** (*advertisements*) annunci *m.pl.* pubblicitari, avvisi *m.pl.* pubblicitari, pubblicità *f.* **II** *a.* pubblicitario: *an ~ campaign* una campagna pubblicitaria. □ ~ *agency* agenzia di pubblicità, agenzia pubblicitaria; ~ *agent* agente pubblicitario; ~ *copy* testo pubblicitario; ~ *copywriter* creatore di testi pubblicitari; ~ *man* agente pubblicitario; ~ *manager* direttore della pubblicità; ~ *media* mezzi pubblicitari; ~ *space* spazio riservato alla pubblicità.

advertize /ˈædvətaɪz/ **I** *v.t.* **1** fare pubblicità a, pubblicizzare, lanciare: *to ~ a product* pubblicizzare un prodotto. **2** (*to call attention to*) richiamare l'attenzione su, far mostra di, sbandierare: *don't ~ your ignorance* non sbandierare la tua ignoranza. **3** (*ant*) (*to give public notice of*) annunciare, dare l'annuncio di, informare. **II** *v.i.* **1** mettere un annuncio sul giornale, mettere un'inserzione: *we -d for a gardener* mettemmo un'inserzione per trovare un giardiniere. **2** (*to use advertisements*) fare pubblicità, servirsi di annunci pubblicitari.

advertorial /ˌædvəˈtɔːrɪəl *Am* ˌædvərˈtɔːrɪəl/ *n.* pubblicità *f.* redazionale, redazionale *m.*

advice /ədˈvaɪs *Am also* ædˈvaɪs/ *n.* **1** consiglio *m.*, consigli *m.pl.*: *to follow the doctor's ~* seguire i consigli del medico; *to take so.'s ~* seguire il consiglio di qcu., accettare il consiglio di qcu.; *a piece of ~* un consiglio. **2** (*Comm*) avviso *m.*, notifica *f.*: ~ *of delivery* avviso di consegna. **3** (*Dir*) consulenza *f.*, parere *m.* **4** *pl.* (*news from a distance*) notizie *f.pl.*, informazioni *f.pl.* □ (*Am,Giorn*) ~ *column* rubrica "lettere dei lettori"; (*Am,Giorn*) ~ *columnist* giornalista che cura la rubrica "lettere dei lettori" dando consigli e rispondendo alle domande; (*Comm*) ~ *note* avviso di spedizione, lettera di avviso; (*Comm*) ~ *of shipment* avviso di spedizione; *to act on so.'s ~* agire secondo il consiglio di qcu.

advisability /ədˌvaɪzəˈbɪlɪti *Am* ədˌvaɪzəˈbɪləti/ *n.* opportunità *f.*, convenienza *f.*

advisable /ədˈvaɪzəbl *Am also* ædˈvaɪzəbl/ *a.* consigliabile, raccomandabile, opportuno.

advise /ədˈvaɪz *Am also* ædˈvaɪz/ **I** *v.t.* **1** consigliare, raccomandare. **2** (*to notify*) avvisare, informare, notificare a, far sapere a: ~ *me of the date* fatemi sapere la data. **II** *v.i.* (*spec. Am*) consultarsi, consigliarsi (*with* con). □ *I ~ you against it* te lo sconsiglio.

advised /ədˈvaɪzd *Am also* ædˈvaɪzd/ *a.* **1** considerato, prudente. **2** informato, al corrente: *keep me ~* tienimi informato. **3** (*deliberate*) deliberato, intenzionale. □ *you would be well ~ to leave now* ti consiglio vivamente di andare via adesso.

advisedly /ədˈvaɪzɪdli *Am also* ædˈvaɪzɪdli/

avv. **1** giudiziosamente, con cognizione di causa, dopo matura riflessione, a ragion veduta. **2** (*deliberately*) deliberatamente.

advisement /ədˈvaɪzmənt/ *n.* (*spec. Am*) deliberazione *f.*, considerazione *f.*: *to take a matter under ~* prendere in considerazione una questione.

adviser, advisor /ədˈvaɪzər *Am also* ædˈvaɪzər/ *n.* **1** consigliere *m.* (*f.* -a), consulente *m./f.* **2** (*Am,Scol*) professore *m.* (*f.* -essa) che assiste gli studenti negli studi.

advisorship /ədˈvaɪzəʃɪp *Am* ædˈvaɪsərʃɪp/ *n.* consulenza *f.*, incarico *m.* di consulente.

advisory /ədˈvaɪzəri *Am also* ædˈvaɪsəri/ **I** *a.* **1** consultivo. **2** (*containing advice*) che consiglia, con il consiglio, con il parere: *an ~ letter from a solicitor* una lettera con il parere dell'avvocato. **II** *n.* (*Am*) avviso *m.* □ (*Am*) ~ *board* organo consultivo; ~ *body* organo consultivo; *in an ~ capacity* con funzione di consulenza; ~ *committee* comitato consultivo; ~ *referendum* referendum consultivo; *in an ~ role* in qualità di consulente; ~ *teacher* professore che assiste gli studenti negli studi.

advocaat /ˈædvəʊkɑː/ *n.* liquore *m.* a base di uova, Vov *m.*

advocacy /ˈædvəkəsi/ *n.* **1** patrocinio *m.*, appoggio *m.*, propugnazione *f.* **2** (*profession of an advocate*) avvocatura *f.*, professione *f.* di avvocato. □ ~ *journalism* giornalismo impegnato.

advocate[1] /ˈædvəkɪt/ *n.* **1** fautore *m.* (*f.* -trice), difensore *m.*, sostenitore *m.* (*f.* -trice). **2** (*Dir,spec. Scott*) (*lawyer*) avvocato *m.* (*f.* -tessa). □ (*Dir,Scott*) ~ *depute* sostituto procuratore; (*Dir*) (*in the European Court of Justice*) *Advocate General* avvocato generale (nella Corte di giustizia europea).

advocate[2] /ˈædvəkeɪt/ *v.t.* difendere, patrocinare, sostenere la causa di, perorare la causa di.

advocation /ˌædvəˈkeɪʃən/ *n.* **1** (*Dir*) difesa *f.*, patrocinio *m.* di una causa. **2** (*Scott*) avocazione *f.*

advowson /ədˈvaʊzən/ *n.* (*Br,Dir*) collocazione *f.*, conferimento *m.* di benefici ecclesiastici.

advt. *advertisement* (annuncio).

adytum /ˈædɪtəm *Am* ˈædɪtəm/ *n.* (*pl.* **adyta** /ˈædɪtə *Am* ˈædɪtə/) *n.* (*Archeol*) abato *m.*

adze, *Am* **adz** /ædz/ *n.* ascia *f.*

adzuki /ædˈzuːki/ *n.* (*Bot*) azuki *m.*, soia *f.* rossa: ~ *bean* fagiolo azuki.

A+E /ˌeɪenˈiː/ (*Med*) *Accidents and Emergency* (reparto di pronto soccorso, pronto soccorso).

AEA /ˌeɪiːˈeɪ/ (*Br*) *Atomic Energy Authority* AEA (autorità per l'energia atomica).

AEC /ˌeɪiːˈsiː/ (*US*) *Atomic Energy Commission* AEC (commissione per l'energia atomica).

aedile /ˈiːdaɪl/ *n.* (*Stor.rom*) edile *m.*, edilità *f.*

Aegean /ɪˈdʒiːən/ **I** *a.* (*Stor,Geog*) egeo. **II** *n.pr.* (*Geog*) (*Aegean Sea*) mare *m.* Egeo, Egeo *m.*

Aegeus /ˈiːdʒiəs *Am also* ˈiːdʒuːs/ *n.pr.m.* (*Mitol*) Egeo.

aegis /ˈiːdʒɪs/ *n.* **1** (*Mitol*) egida *f.* **2** (*fig*) (*sponsorship*) egida *f.*, patronato *m.*: *under the ~ of* sotto l'egida di. **3** (*defence*) protezione *f.*

Aegisthus /ɪˈdʒɪsθəs/ *n.pr.m.* (*Mitol*) Egisto.

aegrotat /ˈiːɡrəʊtæt/ *n.* **1** (*GB,Univ*) certificato *m.* medico per universitari. **2** (*degree*) laurea *f.* concessa a studente assente dagli esami per malattia.

Aeneas /ɪˈniːæs/ *n.pr.m.* (*Mitol*) Enea.

Aeneid /ˈiːniɪd/ *n.* (*Lett*) Eneide *f.*

aeolian /iːˈəʊliən/ *a.* eolico. □ (*Mus*) ~ *harp* arpa eolia; (*Mus*) *Aeolian mode* modo eolio.

Aeolian /iːˈəʊliən/ *a.* **1** (*Mitol*) eolico. **2** (*from the Aeolian Islands*) eolio: *Aeolian Islands* Isole eolie.

aeolipile, aeolipyle /iːˈɒlɪpaɪl *Am* iːˈɑːlɪpaɪl/ *n.* (*Tecn*) eolipila *f.*

aeolotropic /ˌiːˈəʊlə̩trəʊpɪk/ *a.* (*Fis*) anisotropo.

Aeolus /ˈiːəʊləs/ *n.pr.m.* (*Mitol*) Eolo.

aeon /ˈiːɒn *Am* ˈiːɑːn/ *n.* **1** lunghissimo periodo *m.* **2** (*Geol,Filos*) eone *m.*

aeonian /iːˈəʊniən/ *a.* dell'eone.

aepyornis /ˌiːpɪˈɔːnɪs *Am* ˌiːpɪˈɔːrnɪs/ *n.* aepyornis *m.*

aerate /ˈeəreɪt *Am* erˈeɪt/ *v.t.* **1** aerare, arieggiare, ventilare, dare aria a. **2** (*to charge with gas*) aerare, immettere anidride carbonica in, gassare. **3** (*to charge with air*) aerare, aereare. **4** (*Med*) ossigenare.

aerated /ˈeəreɪtɪd *Am* erˈeɪtɪd/ *a.* **1** aerato, gassato. **2** (*Br,colloq*) (*agitated*) innervosito, incavolato: *don't get so ~!* non incavolarti! □ (*Alim*) ~ *bread* pane soffice, (*region*) pan buffetto; (*Edil*) ~ *concrete* calcestruzzo poroso; ~ *water* acqua gassata.

aeration /ˌeəˈreɪʃən *Am* erˈeɪʃən/ *n.* aerazione *f.*, aereazione *f.*, (*for drinks*) gassatura *f.*

aerator /ˈeəreɪtər *Am* erˈeɪtər/ *n.* aeratore *m.*

aerenchyma /æˈreŋkəmə/ *n.* (*Bot*) aerenchima *f.*

aerial /ˈeəriəl *Am* ˈeriəl/ **I** *n.* (*Rad*) antenna *f.* **II** *a.* **1** (*Aer,Bot*) aereo: ~ *warfare* guerra aerea. **2** (*of the air*) aereo, dell'aria, d'aria. **3** (*fig*) etereo; (*unsubstantial*) immateriale; (*imaginary*) immaginario. □ ~ *advertising* pubblicità aerea; ~ *bomb* bomba da aereo; (*El*) ~ *cable* cavo aereo; (*Mil*) ~ *ladder* scala da pompieri; (*Art*) ~ *perspective* prospettiva aerea; ~ *photograph* aerofotogramma; ~ *photography* aerofotografia; ~ *railway* funivia, teleferica; (*Bot*) ~ *root* radice aerea; ~ *survey* rilievo aereo; (*Mil*) ~ *torpedo* aerosiluro; ~ *wire* filo di antenna.

aerialist /ˈeəriəlɪst *Am* ˈeriəlɪst/ *n.* trapezista *m./f.*

aerie /ˈeri, ˈɪri, eɪri/ *n.* (*Am*) nido *m.* di aquila.

aeriform /ˈeərifɔːm *Am* ˈerifɔːrm/ *a.* **1** aeriforme. **2** (*fig*) irreale, immateriale.

aero /ˈeərəʊ *Am* ˈeroʊ/ *a.* aereo, di aeroplano: ~ *engine* motore di aeroplano.

aerobatic /ˌeərəʊˈbætɪk *Am* ˌeroʊˈbætɪk/ *a.* di acrobazie aeree.

aerobatics /ˌeərəʊˈbætɪks *Am* ˌeroʊˈbætɪks/ *n.pl.* (*costr.sing. o pl.*) **1** acrobatica *f.* aerea, volo *m.* acrobatico. **2** (*stunts*) acrobazie *f.pl.* aeree.

aerobe /ˈeərəʊb *Am* ˈeroʊb/ *n.* (*Biol*) aerobio *m.*

aerobic /eəˈrəʊbɪk *Am* erˈoʊbɪk/ *a.* aerobico. □ (*Ginn*) ~ *exercise* ginnastica aerobica.

aerobics /eəˈrəʊbɪks *Am* erˈoʊbɪks/ **I** *n.pl.* (*costr.sing.*) aerobica *f.*, ginnastica *f.* aerobica. **II** *a.* di ginnastica aerobica: *an ~ lesson* (o *Am an ~ class*) una lezione di aerobica.

aerobiology /ˌeərəʊbaɪˈɒlədʒi *Am* ˌeroʊbaɪˈɑːlədʒi/ *n.* (*Biol*) aerobiologia *f.*

aerobiosis /ˌeərəʊbaɪˈəʊsɪs *Am* ˌeroʊbaɪˈoʊsɪs/ *n.* (*Biol*) aerobiosi *f.*

aerobraking /ˈeərəʊˌbreɪkɪŋ *Am* ˈeroʊˌbreɪkɪŋ/ *n.* frenamento *m.* atmosferico, aerobraking *m.*

aerobus /ˈeərəʊbʌs *Am* ˈeroʊbʌs/ *n.* aerobus *m.*, airbus *m.*

aerodrome /ˈeərədrəʊm/ *n.* (*Br*) aerodromo *m.*

aerodynamic /ˌeərəʊdaɪˈnæmɪk *Am* ˌeroʊdaɪˈnæmɪk/ *a.* aerodinamico. □ ~ *properties* aerodinamicità.

aerodynamically /ˌeərəʊdaɪˈnæmɪkəli *Am* ˌeroʊdaɪˈnæmɪkəli/ *avv.* aerodinamicamente, in modo aerodinamico.

aerodynamics /ˌeərəʊdaɪˈnæmɪks *Am* ˌeroʊdaɪˈnæmɪks/ *n.pl.* (*costr.sing.*) aerodinamica *f.*

aerodyne /ˈeərəʊdaɪn *Am* ˈerədaɪn/ *n.* (*Aer*) aerodina *f.*

aerofoil /ˈeərəʊfɔɪl/ *n.* (*Br,Aer*) superficie *f.* a profilo aerodinamico.

aerogram (*Am*), **aerogramme** /ˈeərəʊgræm *Am* ˈerəgræm/ *n.* (*Post*) aerogramma *m.*

aerography /eəˈrɒgrəfi *Am* erˈɑːgrəfi/ *n.* aerografia *f.*

aerolite /ˈeərəʊlaɪt *Am* ˈerəlaɪt/ *n.* (*Min*) aerolite *m.*, aerolito *m.*

aerolith /ˈeərəʊlɪθ *Am* ˈerəlɪθ/ *n.* (*Min*) aerolite *m.*, aerolito *m.*

aerologic /ˌeərəʊˈlɒdʒɪk *Am* ˌeroʊˈlɑːdʒɪk/ *a.* aerologico.

aerological /ˌeərəʊˈlɒdʒɪkəl *Am* ˌeroʊˈlɑːdʒɪkəl/ *a.* aerologico.

aerologist /eəˈrɒlədʒɪst *Am* erˈɑːlədʒɪst/ *n.* aerologo *m.*

aerology /eəˈrɒlədʒi *Am* erˈɑːlədʒi/ *n.* (*Meteor*) aerologia *f.*

aeromagnetic /ˌeərəʊmægˈnetɪk *Am* ˌeroʊmægˈnetɪk/ *a.* aeromagnetico.

aeromechanics /ˌeərəʊməˈkæniks *Am* ˌeroʊməˈkæniks/ *n.pl.* (*costr.sing.*) aeromeccanica *f.*

aeromedical /ˌeərəʊˈmedɪkəl *Am* ˌeroʊˈmedɪkəl/ *a.* della medicina aeronautica.

aeromodeling /ˌerəʊˈmɑːdlɪŋ/ *n.* (*Am*) aeromodellismo *m.*

aeromodelling /ˈeərəʊmɒdlɪŋ *Am* ˌeroʊˈmɑːdlɪŋ/ *n.* aeromodellismo *m.*

aeronaut /ˈeərənɔːt *Am* ˈerənɑːt/ *n.* aeronauta *m.*

aeronautic /ˌeərəˈnɔːtɪk *Am* erəˈnɑːtɪk/ *a.* aeronautico.

aeronautical /ˌeərəˈnɔːtɪkəl *Am* ˌerəˈnɑːtɪkəl/ *a.* aeronautico.

aeronautics /ˌeərəˈnɔːtɪks *Am* ˌerəˈnɑːtɪks/ *n.pl.* (*costr.sing.*) aeronautica *f.*

aeronomy /eəˈrɒnəmi *Am* erˈɑːnəmi/ *n.* aeronomia *f.*

aerophagia /ˌeərəˈfeɪdʒiə *Am* erəˈfeɪdʒiə/ *n.* (*Med*) aerofagia *f.*

aerophagy /eəˈrɒfədʒi *Am* erˈɑːfədʒi/ *n.* (*Med*) aerofagia *f.*

aerophobia /ˌeərəˈfəʊbiə *Am* erəˈfoʊbiə/ *n.* (*Med*) aerofobia *f.*

aeroplane /ˈeərəpleɪn *Am* ˈerəpleɪn/ *n.* aeroplano *m.*, aereo *m.*, (*ant*) apparecchio *m.*

aerosol /ˈeərəsɒl *Am* ˈerəsɑːl/ *n.* 1 (*Chim*) aerosol *m.* 2 (*spray*) aerosol *m.*, spray *m.* 3 (*can*) bomboletta *f.*, spray *m.* □ (*Art*) ~ *art* aerosol art; ~ *bomb* bomboletta spray.

aerospace /ˈeərəʊspeɪs *Am* ˈeroʊspeɪs/ **I** *n.* spazio *m.* atmosferico, aerospazio *m.* **II** *a.* (*Aer*) aerospaziale. □ (*Aer*) ~ *engineering* ingegneria aerospaziale; (*Aer*) ~ *industry* industria aerospaziale; ~ *medicine* medicina aerospaziale.

aerostat /ˈeərəʊstæt *Am* ˈeroʊstæt/ *n.* aerostato *m.*

aerostatic /ˌeərəʊˈstætɪk *Am* ˌeroʊˈstætɪk/ *a.* aerostatico.

aerostatical /ˌeərəʊˈstætɪkəl *Am* ˌeroʊˈstætɪkəl/ *a.* aerostatico.

aerostatics /ˌeərəʊˈstætɪks *Am* ˌeroʊˈstætɪks/ *n.pl.* (*costr.sing.*) aerostatica *f.*

aerotechnics /ˌeərəʊˈtekniks *Am* ˌeroʊˈtekniks/ *n.pl.* (*costr.sing.*) aerotecnica *f.*

aerotrain /ˈeərəʊtreɪn *Am* ˈeroʊtreɪn/ *n.* aerotreno *m.*

aeruginous /eəˈruːdʒɪnəs *Am* eˈruːdʒɪnəs/ *a.* color verderame.

aery /ˈeəri *Am* ˈeri, ˈeɪəri/ *a.* (*poet*) aereo, etereo, incorporeo.

Aeschylean /ˌiːskɪˈliːən *Am* ˌeskəˈliːən/ *a.* eschileo.

Aeschylus /ˈiːskɪləs *Am* ˈeskələs/ *n.pr.m.* (*Stor.gr*) Eschilo.

Aesculapian /ˌiːskjʊˈleɪpiən *Am* ˌeskjʊˈleɪpiən/ *a.* di Esculapio.

Aesculapius /ˌiːskjʊˈleɪpiəs *Am* ˌeskjʊˈleɪpiəs/ *n.pr.m.* (*Mitol*) Esculapio.

Aesop /ˈiːsɒp *Am* ˈiːsɑːp/ *n.pr.m.* (*Stor.gr*) Esopo.

aesthete /ˈesθiːt *Br also* ˈiːsθiːt/ *n.* esteta *m./f.*

aesthetic /esˈθetɪk, iːsˈθetɪk *Am* esˈθetɪk/ *a.* 1 estetico. 2 (*appreciative of beauty*) dotato di senso estetico, sensibile al bello.

aesthetically /esˈθetɪkəli, iːsˈθetɪkəli *Am* esˈθetɪkəli/ *avv.* esteticamente.

aesthetician /ˌesθəˈtɪʃən, ˌiːsθəˈtɪʃən/ *n.* 1 studioso *m.* (*f.* -a) di estetica. 2 (*spec. Am*) estetista *f.*

aestheticise /esˈθetəsaɪz, iːsˈθetəsaɪz/ *v.t.* (*Br*) migliorare l'estetica di, rendere più estetico.

aestheticism /esˈθetɪsɪzəm *Br also* iːsˈθetɪsɪzəm/ *n.* estetismo *m.*

aestheticize /esˈθetəsaɪz *Br also* iːsˈθetəsaɪz/ *v.t.* migliorare l'estetica di, rendere più estetico.

aesthetics /esˈθetɪks, iːsˈθetɪks *Am* esˈθetɪks/ *n.pl.* (*costr.sing.*) estetica *f.*

aestival /iːˈstaɪvl *Am* esˈtəvəl/ *a.* (*Bot*) estivo.

aestivate /ˈiːstɪveɪt *Am* ˈestəveɪt/ *v.i.* 1 (*Zool*) andare in estivazione, passare l'estate in letargo. 2 (*spend the summer*) estivare, trascorrere l'estate.

aestivation /ˌiːstɪˈveɪʃn *Am* ˌestəˈveɪʃn/ *n.* 1 (*Bot*) estivazione *f.*, preflorazione *f.* 2 (*Zool*) estivazione *f.*

aether /ˈiːθər/ *n.* 1 etere *m.*, aria *f.* 2 (*Chim*) etere *m.*

aetiologic /ˌiːtiəˈlɒdʒɪk *Am* ˌiːtiəˈlɑːdʒɪk/ *a.* eziologico.

aetiological /ˌiːtiəˈlɒdʒɪkəl *Am* ˌiːtiəˈlɑːdʒɪkəl/ *a.* eziologico.

aetiologist /ˌiːtiˈɒlədʒɪst *Am* ˌiːtiˈɑːlədʒɪst/ *n.* eziologo *m.* (*f.* -a).

aetiology /ˌiːtiˈɒlədʒi *Am* ˌiːtiˈɑːlədʒi/ *n.* eziologia *f.*

AF /ˌeɪˈef/ 1 (*US*) *Air Force* (forze aeree). 2 *audio frequency* AF (audiofrequenza). 3 *autofocus* (autofocus).

afar /əˈfɑː *Am* əˈfɑːr/ *avv.* lontano, lungi: *to travel* ~ viaggiare in paesi lontani. □ *from* ~ di lontano, da lontano; ~ *off* lontano, in lontananza.

AFC /ˌeɪefˈsiː/ 1 (*Aer*) *automatic flight control* AFC (controllo automatico del volo). 2 (*El,Rad*) *automatic frequency control* AFC (regolatore automatico di frequenza). 3 (*Sport*) *Association Football Club* (società calcistica della lega inglese).

afeard, afeared /əˈfɪəd *Am* əˈfɪrd/ *a.* (*ant*) spaventato, impaurito.

affability /ˌæfəˈbɪlɪti *Am* ˌæfəˈbɪləti/ *n.* affabilità *f.*, cortesia *f.*

affable /ˈæfəbl/ *a.* affabile, socievole, alla mano: *an* ~ *smile* il sorriso di una persona affabile.

affably /ˈæfəbli/ *a.* affabilmente, cortesemente.

affair /əˈfeər *Am* əˈfer/ *n.* 1 (*matter*) affare *m.*, affari *m.pl.*, faccenda *f.*, questione *f.*: *that's*

my ~ sono affari miei. 2 *pl.* (*estens,Pol*) affari *m.pl.*: *internal* -*s* affari interni; -*s of state* affari di stato. 3 (*love affair*) (breve) relazione *f.*, avventura *f.*: *to have an* ~ *with so.* avere una (breve) relazione con qcu. 4 (*scandal*) affare *m.*, caso *m.*, scandalo *m.*: *the Brown* ~ l'affare Brown. 5 (*event*) trattenimento *m.*, festa *f.*, occasione *f.* mondana. 6 (*object*) cosa *f.*, affare *m.* □ *an* ~ *of honour* un duello, una questione d'onore; *an* ~ *of the heart* un affare di cuore, una questione amorosa.

affaire /əˈfeər *Am* əˈfer/ *n.* (*love affair*) (breve) relazione *f.*, avventura *f.*

affaire de coeur /əˈfeərdəˌkɜː *Am* əˈferdəˌkɜːr/ *n.* affare *m.* di cuore.

affect[1] /əˈfekt/ *v.t.* 1 influire su, incidere su, avere effetto su. 2 (*to concern*) toccare, interessare, concernere, riguardare: *the new regulations do not* ~ *me* i nuovi regolamenti non mi riguardano. 3 (*to have a detrimental effect on*) colpire. 4 (*to stir emotions of*) colpire, commuovere. 5 (*of a disease*) attaccare, colpire.

affect[2] /əˈfekt/ *v.t.* 1 affettare, ostentare: *to* ~ *indifference* ostentare indifferenza. 2 (*to feign*) fingere, simulare, atteggiarsi, fare: *he* -*s the victim* fa la vittima. 3 (*ant*) (*to be given to*) prediligere, gradire. 4 (*Zool,Bot*) assumere.

affect[3] /ˈæfekt/ *n.* 1 (*Psic*) affetto *m.* 2 (*ant*) sentimento *m.*

affectation /ˌæfekˈteɪʃn/ *n.* 1 affettazione *f.*, ostentazione *f.* 2 (*artificial mannerism*) ricercatezza *f.*, posa *f.*, leziosaggine *f.*

affected /əˈfektɪd/ *a.* 1 affettato, ricercato, sdolcinato, lezioso: ~ *manners* modi affettati. 2 (*of a person*) affettato, artificioso, ricercato. 3 (*moved*) commosso, scosso. 4 (*ant*) (*inclined*) disposto, incline, propenso. 5 (*Med*) affetto.

affectedly /əˈfektɪdli/ *avv.* in modo affettato, con ostentazione, in modo artificiale.

affectedness /əˈfektɪdnəs/ *n.* affettazione *f.*, artificiosità *f.*

affecting /əˈfektɪŋ/ *a.* commovente, emozionante.

affection /əˈfekʃn/ *n.* 1 affetto *m.*, affezione *f.*: *to have an* ~ *for so.* provare dell'affetto per qcu., essere affezionato a qcu.; *to gain so.'s* ~ (o *to win so.'s* ~) guadagnarsi l'affetto di qcu. 2 (*Med,Psic*) affezione *f.*

affectional /əˈfekʃnəl/ *a.* affettivo.

affectionate /əˈfekʃnɪt/ *a.* affettuoso, amorevole, tenero.

affectionately /əˈfekʃnɪtli/ *avv.* affettuosamente, amorevolmente.

affective /əˈfektɪv/ *a.* affettivo, emotivo.

affectively /əˈfektɪvli/ *avv.* affettivamente, emotivamente.

affectivity /ˌæfekˈtɪvɪti *Am* ˌæfekˈtɪvəti/ *n.* affettività *f.*

affectless /əˈfektləs/ *a.* insensibile, distaccato.

affenpinscher /ˈæfənˌpɪnʃər/ *a.* (*Zool*) affenpinscher *m./f.*

afferent /ˈæfərənt/ *a.* (*Fisiol*) afferente.

affiance /əˈfaɪəns/ *v.t.* (*lett*) promettere in matrimonio, fidanzare.

affianced /əˈfaɪənst/ *a.* (*lett*) promesso, fidanzato.

affiant /əˈfaɪənt/ *n.* (*US,Dir*) chi rilascia un affidavit.

affidavit /ˌæfɪˈdeɪvɪt/ *n.* (*Dir*) affidavit *m.*, dichiarazione *f.*, deposizione *f.* scritta giurata.

affiliate /əˈfɪlɪeɪt/ **I** *v.t.* 1 affiliare, aggregare: *school -d to the university* scuola aggregata all'università. **2** (*to adopt as a member*) affiliare, accogliere. **3** (*to ascribe*) attribuire, ascrivere. **4** (*Dir*) affiliare. **II** *v.i.* affiliarsi, associarsi, unirsi (*with* a), divenire socio (di). **III** *n.* **1** (*Comm*) società *f.* affiliata. **2** (*Am*) (*branch organization*) filiale *f.* **3** (*associate*) socio *m.* (*f.* -a).

affiliated /ə'fɪlɪeɪtɪd *Am* ə'fɪlɪeɪṭɪd/ *a.* affiliato, associata, collegata. ☐ ~ *company* (*o* ~ *firm*) società affiliata; ~ *trade union* sindacato affiliato.

affiliation /ə,fɪli'eɪʃªn/ *n.* affiliazione *f.* ☐ (*Br,Dir*) ~ *order* ingiunzione del tribunale che impone al padre di contribuire al mantenimento del figlio naturale.

affinal /ə'faɪnəl/ *a.* affine (*anche Mat*).

affine /ə'faɪn/ *a.* affine (*anche Mat*).

affined /ə'faɪnd/ *a.* (*ant*) affine.

affinity /ə'fɪnɪti/ *n.* **1** affinità *f.* (*anche Biol,Chim*): *a close* ~ una stretta affinità. **2** (*relationship by marriage*) affinità *f.*, parentela *f.* acquisita. ☐ ~ *card* carta di credito che consente di devolvere in beneficenza una piccola percentuale del denaro speso; *to feel an* ~ *for* (*o to feel an* ~ *with*) *so.* provare una simpatia per qcu.

affirm /ə'fɜːm *Am* ə'fɜːrm/ **I** *v.t.* **1** affermare, asserire, dichiarare. **2** (*to confirm*) confermare. **3** (*Dir*) dichiarare solennemente, professare. **II** *v.i.* **1** affermare. **2** (*Dir*) fare una dichiarazione solenne; (*of a court: to confirm*) confermare.

affirmable /ə'fɜːməbl *Am* ə'fɜːrməbl/ *a.* affermabile, sostenibile.

affirmation /,æfə'meɪʃ°n *Am* ,æfər'meɪʃ°n/ *n.* **1** affermazione *f.* **2** (*statement*) affermazione *f.*, asserzione *f.* **3** (*Dir*) (*confirmation*) conferma *f.*; (*declaration without oath*) dichiarazione *f.* solenne (in sostituzione del giuramento).

affirmative /ə'fɜːmətɪv *Am* ə'fɜːrmətɪv/ **I** *a.* **1** affermativo (*anche Filos*): *an* ~ *answer* una risposta affermativa. **2** (*positive*) positivo. **II** *n.* affermativa *f.* **III** *intz.* (*spec. Am*) sì, affermativo: *that's an* ~ la risposta è sì. ☐ (*spec. Am*) ~ *action* politica anti-discriminatoria, politica per la parità di diritti sul posto di lavoro (di donne, minoranze ecc.); *to answer in the* ~ rispondere di sì, rispondere affermativamente.

affirmatively /ə'fɜːmətɪvli *Am* ə'fɜːrmətɪvli/ *avv.* affermativamente.

affirmatory /ə'fɜːmətªri *Am* ə'fɜːrmətɔːri/ *a.* affermativo.

affirmer /ə'fɜːmər *Am* ə'fɜːrmər/ *n.* chi afferma qcs.

affix[1] /ə'fɪks/ *v.t.* **1** affiggere, attaccare, applicare. **2** (*to add at the end*) aggiungere, apporre: *to* ~ *one's signature* apporre la propria firma. **3** (*of a seal*) apporre. **4** (*fig*) (*to attribute*) attribuire, imputare.

affix[2] /'æfɪks/ *n.* **1** addizione *f.*, aggiunta *f.* **2** (*Ling*) affisso *m.*

affixation /,æfɪk'seɪʃ°n/ *n.* **1** apposizione *f.*, aggiunta *f.* **2** (*Gramm*) aggiunta *f.* di un affisso.

afflatus /ə'fleɪtəs *Am* ə'fleɪṭəs/ *n.* **1** afflato *m.*, ispirazione *f.*, estro *m.* poetico. **2** (*divine communication of knowledge*) ispirazione *f.* divina.

afflict /ə'flɪkt/ *v.t.* affliggere, tormentare, far soffrire.

afflicted /ə'flɪktɪd/ **I** *a.* afflitto, sofferente. **II** *n.* (*costr.pl.,collett.*) sofferenti *m.pl.*, infermi *m.pl.*

affliction /ə'flɪkʃ°n/ *n.* afflizione *f.*, dolore *m.*, sofferenza *f.*

---

afflictive /ə'flɪktɪv/ *a.* (*ant*) afflittivo.

affluence /'æfluəns/ *n.* **1** opulenza *f.*, ricchezza *f.*, abbondanza *f.*, profusione *f.* **2** (*ant*) (*influx*) afflusso *m.*, affluenza *f.*

affluent /'æfluənt/ **I** *a.* **1** ricco, opulento, florido, abbondante. **2** (*ant*) (*free-flowing*) fluente. **II** *n.* (*Geog*) affluente *m.*, tributario *m.* ☐ *the* ~ *society* la società del benessere.

affluently /'æfluəntli/ *avv.* riccamente, abbondantemente, copiosamente.

afflux /'æflʌks/ *n.* (*ant*) afflusso *m.*

afford /ə'fɔːd *Am* ə'fɔːrd/ *v.t.* **1** permettersi (il lusso di): *we cannot* ~ *this car* non possiamo permetterci questa automobile; *she can well* ~ *it* se lo può ben permettere. **2** (*to give*) offrire, fornire, procurare, dare: *the case -s us several precedents* il caso ci offre diversi precedenti, *this -s me great pleasure* questo mi procura un grande piacere. ☐ *he can't* ~ *the time to watch TV* non trova il tempo per guardare la televisione.

affordability /ə,fɔːdə'bɪlɪti *Am* ə,fɔːrdə'bɪləti/ *a.* disponibilità *f.*, accessibilità *f.*

affordable /ə'fɔːdəbl *Am* ə'fɔːrdəbl/ *a.* accessibile, che ci si può permettere.

afforest /ə'fɒrɪst *Am* ə'fɔːrəst/ *v.t.* imboschire, rimboscare.

afforestation /ə,fɒrɪ'steɪʃ°n *Am* ə,fɔːrə'steɪʃ°n/ *n.* imboschimento *m.*, rimboschimento *m.*

affranchise /ə'frænsaɪz/ *v.t.* (*ant*) affrancare, liberare.

affray /ə'freɪ/ *n.* **1** rissa *f.*, baruffa *f.*, zuffa *f.* **2** (*Dir*) rissa *f.*

affreightment /ə'freɪtmənt/ *n.* (*Mar*) noleggio *m.*

affricate /'æfrɪkɪt/ *n.* (*Fon*) affricata *f.*

affricative /ə'frɪkətɪv *Am* ə'frɪkəṭɪv/ **I** *a.* (*Fon*) affricato. **II** *n.* affricata *f.*

affright /ə'fraɪt/ (*rar*) **I** *v.t.* spaventare. **II** *n.* spavento *m.*, paura *f.*

affront /ə'frʌnt/ **I** *n.* affronto *m.*, insulto *m.*, offesa *f.*, oltraggio *m.*: *an* ~ *to human dignity* un oltraggio alla dignità umana. **II** *v.t.* **1** insultare, oltraggiare, offendere. **2** (*to confront*) affrontare. ☐ *to take* ~ *at sth.* offendersi per qcs.

affusion /ə'fjuːʒ°n/ *n.* (*Lit*) aspersione *f.* (*anche Med*).

AFG *Afghanistan* AFG (Afghanistan).

Afghan /'æfgæn/ **I** *n.* **1** afgano *m.* (*f.* -a). **2** (*language*) afgano *m.* **II** *a.* afgano. ☐ ~ *coat* montone; (*Zool*) ~ *hound* afgano, levriero afgano.

Afghani /æf'gæni/ *a.* afgano.

Afghanistan /æf'gænɪstæn/ *n.pr.* (*Geog*) Afghanistan *m.*

aficionado /ə,fɪʃiən'ɑːdoʊ/ (*pl.* **-os**, *f.* **-a**) *n.* aficionado *m.* (*f.* -a), appassionato *m.* (*f.* -a).

afield /ə'fiːld/ *avv.* **1** lontano, per il mondo. **2** (*Mil*) in campo. **3** (*in the fields*) nei campi.

afire /ə'faɪər/ *avv./a.pred.* (*lett*) in fiamme. ☐ *to be* ~ (*o to be all* ~) *with the desire to* ardere dal desiderio di; *to set sth.* ~ dare fuoco a qcs.

AFL /,eɪef'el/ (*Sport*) *Australian Football League* (lega australiana calcio).

aflame /ə'fleɪm/ *avv./a.pred.* (*lett*) in fiamme, fiammeggiante, ardente (*anche fig*). ☐ *to set sth.* ~ dare fuoco a qcs.; *to be* ~ *with colour* accendersi di vivi colori, brillare di vivi colori; *to be* ~ *with passion* ardere di passione.

aflatoxin /,æflə'tɒksɪn *Am* ,æflə'tɑːks°n/ *n.* (*Chim,Med*) aflatossina *f.*

AFL-CIO /,eɪef,elsɪ'aɪ'oʊ/ *American Federation of Labor and Congress of Industrial Organizations* (sindacati confederati statunitensi).

---

afloat /ə'floʊt/ *avv./a.pred.* **1** (*Mar*) a galla, in mare; (*aboard*) a bordo: *cargo* ~ carico a bordo. **2** (*Mar*) (*awash*) inondato. **3** (*fig*) (*adrift*) alla deriva. **4** (*fig*) (*in circulation*) in giro, in circolazione: *a rumour is* ~ c'è in giro una voce. **5** (*financially solvent*) a galla. ☐ (*Mar*) *to get* ~ disincagliare, disincagliarsi.

aflutter /ə'flʌtər *Am* ə'flʌṭər/ *a.* **1** svolazzante, ondeggiante. **2** (*fig*) (*nervous, excited*) palpitante, agitato.

afoot /ə'fʊt/ *a./avv.* **1** (*spec. Am*) a piedi. **2** (*fig*) in moto, in azione, in corso.

afore /ə'fɔːr *Am* ə'fɔːr/ **I** *avv.* (*ant,dial*) prima. **II** *prep.* (*ant,dial*) davanti a, alla presenza di. **III** *congz.* (*ant,dial*) prima che, prima di.

aforementioned /ə'fɔːmenʃ°nd *Am* ə'fɔːrmenʃ°nd/ *a.* predetto, summenzionato.

aforesaid /ə'fɔːsed *Am* ə'fɔːrsed/ *a.* predetto, suddetto.

aforethought /ə'fɔːθɔːt *Am* ə'fɔːrθɔːt/ *a.* premeditato, deliberato.

a fortiori /ɑː,fɔːti'ɔːri eɪ,fɔːti'ɔːri *Am* ,eɪfɔːrṭi'ɔːri/ *a./avv.* a maggior ragione, a fortiori.

afoul /ə'faʊl/ *a.* (*spec. Am*) **1** ingarbugliato, impigliato. **2** (*fig*) invischiato, impegolato. ☐ *to fall* ~ *of* (*o to run* ~ *of*): 1 (*Mar*) entrare in collisione con; 2 (*fig*) scontrarsi con, entrare in conflitto con.

afraid /ə'freɪd/ *a.* **1** spaventato, impaurito; (*fearful*) che ha paura, timoroso. **2** (*regretful*) dolente, spiacente: *I'm* ~ *so* temo di sì; *I'm* ~ *not* temo di no. ☐ *to be* ~ *for so.* essere in ansia per qcu.; *to be* ~ *of doing sth.* avere paura di fare qcs.; *to be* ~ *to do sth.* avere paura di fare qcs.

A-frame /'eɪ,freɪm/ *a.* struttura ad A, A-frame. **II** *n.* (*Am*) casa con struttura in legno a forma di A.

afreet /'æfriːt/ *n.* spirito *m.* maligno, demone *m.*

afresh /ə'freʃ/ *avv.* da capo, di nuovo: *to start* ~ ricominciare da capo.

Africa /'æfrɪkə/ *n.pr.* (*Geog*) Africa *f.*

African /'æfrɪkən/ **I** *a.* africano. **II** *n.* africano *m.* (*f.* -a). ☐ ~ *development bank* banca africana di sviluppo; (*Bot*) ~ *violet* violetta africana, saintpaulia.

African-American /,æfrɪkənə'merɪkən/ **I** *a.* afro-americano. **II** *n.* afro-americano *m.* (*f.* -a).

Africander /,æfrɪ'kændər/ *n.* **1** (*S.Afr*) zebù *m.* di origine sudafricana. **2** (*ant*) afrikaner *m./f.*, afrikander *m./f.*, afrikander *m./f.*

Africanisation /,æfrɪkən(a)ɪ'zeɪʃ°n/ *n.* (*Br*) africanizzazione.

Africanise /'æfrɪkənaɪz/ *v.t.* (*Br*) africanizzare.

Africanism /'æfrɪkənɪz°m/ *n.* africanismo *m.*

Africanist /'æfrɪkənɪst/ *n.* africanista *m./f.*

Africanization /,æfrɪkən(a)ɪ'zeɪʃ°n/ *n.* africanizzazione *f.*

Africanize /'æfrɪkənaɪz/ *v.t.* africanizzare.

Afrikaans /,æfrɪ'kɑːns/ *n.* afrikaans *m.*

Afrikander /,æfrɪ'kændər/ *n.* **1** (*S.Afr*) zebù *m.* di origine sudafricana. **2** (*ant*) afrikaner *m./f.*, afrikander *m./f.*

Afrikaner /,æfrɪ'kɑːnər/ *n.* **1** afrikaner *m./f.*, africander *m./f.*, afrikander *m./f.* **2** (*S.Afr*) gladiolo *m.*

afrit /'æfriːt/ *n.* spirito *m.* maligno, demone *m.*

Afro /'æfroʊ/ *n.* acconciatura *f.* di stile africano.

Afro-American /,æfroʊə'merɪkən/ **I** *a.* afro-americano. **II** *n.* afro-americano *m.* (*f.* -a).

Afro-Asian /,æfroʊ'eɪʃ°n/ **I** *a.* afroasiatico.

II *n.* afroasiatico *m.* (*f.* -a).

Afro-Asiatic /ˌæfrouei̯ʃi'ætik/ *a.* (*Ling*) afroasiatico.

Afro-Caribbean /ˌæfroukærɪ'biːən *Am also* ˌæfroukə'rɪbiən/ *a.* afrocaraibico.

Afrocentric /ˌæfrou'sentrɪk/ *a.* afrocentrico.

Afrocentricity /ˌæfrousen'trɪsiti *Am* ˌæfrousen'trɪsəti/ *a.* afrocentrismo.

Afrocentrism /ˌæfrou'sentrɪzəm/ *a.* afrocentrismo.

Afro-Cuban /ˌæfrou'kjuːbən/ *a.* afrocubano.

afrormosia /ˌæfrɔː'mouziə *Am* ˌæfrɔː'mouʒ(i)ə/ *n.* falso tek *m.* africano, afrormosia *f.*

aft /ɑːft *Am* æft/ **I** *avv.* (*Mar,Aer*) a poppa, verso poppa. **II** *a.* (*Mar,Aer*) poppiero.

after /'ɑːftə *Am* 'æftə/ **I** *prep.* **1** (*of place, order*) dietro, dopo: ~ *you* dopo di Lei. **2** (*of time*) dopo, passato: ~ *dinner* dopo pranzo; *it's* ~ *five o' clock* sono le cinque passate, (*Am*) *it's ten* ~ *five* sono le cinque e dieci minuti. **3** (*below in size, rank, etc.*) dopo: *the largest building* ~ *the church* il più grande edificio dopo la chiesa. **4** (*in consequence of*) dopo, in seguito a. **5** (*in spite of*) dopo, malgrado, nonostante. **6** (*imitating*) secondo, alla maniera di, a imitazione di: *to make sth.* ~ *a model* fare qcs. secondo un modello; ~ *one's own manner* a modo proprio; ~ *the manner of so.* alla maniera di qcu., nello stile di qcu. **7** (*in pursuit of*) dietro, in cerca di: *run* ~ *him* corrigli dietro. **8** (*about*) di: *your aunt asked* ~ *you* tua zia ha chiesto di te. **9** (*colloq*) (*according to*) secondo, conformemente a: *the bridge was named* ~ *a famous explorer* il ponte prese il nome da un celebre esploratore. **II** *avv.* **1** (*behind*) dietro: *I came* ~ io venivo dietro. **2** (*later*) dopo, più tardi: *three hours* ~ tre ore dopo. **III** *a.* (*ant*) **1** prossimo, seguente, successivo: *in* ~ *years* negli anni seguenti. **2** (*Mar*) poppiero. □ ~ *a time* dopo un po', dopo un certo tempo; ~ *all* dopo tutto, dopotutto, tutto considerato, in fin dei conti: *he failed* ~ *all* nonostante tutto non ci riuscì; *to be* ~ *so.* star dietro a qcu., essere in cerca di qcu.; (*Ir*) *to be* ~ *doing sth.* stare per fare qcs., aver appena fatto qcs.; *to go* ~ *so.* seguire qcu., dare la caccia a qcu.; *to go* ~ *sth.* ricercare intensamente qcs.; *he is a man* ~ *my own heart* è un uomo che mi piace, è il mio tipo (d'uomo); ~ *hours*: **1** dopo l'orario di lavoro; **2** (*of a public house*) dopo l'orario di chiusura, dopo la chiusura; (*Teat*) ~ *piece* breve rappresentazione che segue lo spettacolo principale; ~ *that* (o ~ *this*) dopo di ciò, dopo di che, dopo questo; ~ *the model of* a imitazione di.

afterbirth /'ɑːftəbɜːθ *Am* 'æftəbɜːrθ/ *n.* (*Med*) placenta *f.* e annessi *m.pl.* fetali, secondine *f.pl.*, (*colloq*) seconda *f.*

afterburner, **after-burner** /'ɑːftəˌbɜːnər *Am* 'æftəˌbɜːrnər/ *n.* (*Aer*) postbruciatore *m.*, postcombustore *m.*

aftercare, **after-care** /'ɑːftəkeər *Am* 'æftərker/ *n.* **1** (*Med*) assistenza *f.* postoperatoria. **2** (*for released criminals*) reinserimento *m.* **3** (*for products just bought*) assistenza *f.* clienti.

afterdamp /'ɑːftədæmp *Am* 'æftərdæmp/ *n.* (*Min*) grisù *m.* combusto, gas *m.* residuo.

afterdeck /'ɑːftədek *Am* 'æftərdek/ *n.* (*Mar*) ponte *m.* di poppa.

after-dinner /'ɑːftə'dɪnər *Am* 'æftər'dɪnər/ *a.* dopo pranzo. □ *an* ~ *drink* un dopocena; *an* ~ *party* un dopocena.

after-effect, **aftereffect** /'ɑːftəɪˌfekt *Am* 'æftərɪˌfekt/ *n.* **1** postumo *m.*, conseguenza *f.*,

strascico *m.*, effetto *m.* secondario. **2** (*Med*) postumi *m.pl.*

afterglow /'ɑːftəɡlou *Am* 'æftərɡlou/ *n.* **1** riverbero *m.* del tramonto. **2** (*fig*) sensazione *f.* piacevole, ricordo *m.* piacevole: *she basked in the* -*s of her success* si cullava nei piacevoli ricordi dei suoi successi passati. **3** (*El*) bagliore *m.* residuo, postluminescenza *f.* **4** (*of radar*) persistenza *f.* dell'immagine.

after-hours /ˌɑːftə'auəz *Am* 'æftər͜auərz/ **I** *a.* (*occurring after closing time*) dopo l'orario di chiusura, (*open after a legal closing time*) aperto dopo l'orario ufficiale di chiusura. **II** *n.* ore *f.pl.* straordinarie. □ (*Econ*) ~ *market* dopoborsa.

afterimage, **after-image** /'ɑːftəˌɪmɪdʒ *Am* 'æftərˌɪmɪdʒ/ *n.* **1** (*Psic*) immagine *f.* persistente. **2** (*Fisiol*) immagine *f.* residua.

afterlife /'ɑːftəlaɪf *Am* 'æftərlaɪf/ *n.* **1** (*Rel*) vita *f.* dell'aldilà. **2** (*later life*) ultimi anni *m.pl.* (della vita).

aftermarket, **after-market** /'æftərmɑːrkɪt/ *n.* **1** (*spec. Am*) (*market for spare parts*) mercato *m.* dei ricambi. **2** (*Econ*) dopomercato *m.*, mercato *m.* secondario dei titoli.

aftermath /'ɑːftəmɑːθ *Am* 'æftərmæθ/ *n.* **1** conseguenze *f.pl.*, postumi *m.pl.*, strascichi *m.pl.* **2** (*Agr*) secondo fieno *m.*

aftermost /'ɑːftəmoust *Am* 'æftərmoust/ *a.* **1** (*Mar*) più vicino alla poppa, più a poppa. **2** (*last*) ultimo, in coda.

afternoon[1] /ˌɑːftə'nuːn *Am* ˌæftər'nuːn/ *n.* **1** pomeriggio *m.*: *this* ~ questo pomeriggio. **2** (*fig*) meriggio *m.*: *in the* ~ *of life* nel meriggio della vita.

afternoon[2] /'ɑːftənuːn *Am* 'æftərnuːn/ *a.* del pomeriggio, pomeridiano: *an* ~ *performance* uno spettacolo pomeridiano.

afterpains /'ɑːftəpeɪnz *Am* 'æftərpeɪnz/ *n.pl.* morsi *m.pl.* uterini.

afters /'ɑːftəz/ *n.pl.* (*costr.sing.* o *pl.*) (*Br,colloq*) dessert *m.*

after-sales /ˌɑːftə'seɪlz *Am* ˌæftər'seɪlz/ □ (*Comm*) ~ *service* assistenza post-vendita, servizio di assistenza.

aftershave, **after-shave** /'ɑːftəʃeɪv *Am* 'æftərʃeɪv/ *n.* dopobarba *m.*

aftershock, **after-shock** /'ɑːftəʃɒk *Am* 'æftərʃɑːk/ *n.* **1** (*Geol*) scossa *f.* secondaria, scossa *f.* di replica. **2** (*Psic*) shock *m.* postraumatico.

aftersun, **after-sun** /'ɑːftəsʌn *Am* 'æftərsʌn/ *n.* doposole *m.*

aftertaste /'ɑːftəteɪst *Am* 'æftərteɪst/ *n.* **1** sapore *m.* che rimane in bocca. **2** (*fig*) sapore *m.*: *the bitter* ~ *of a defeat* l'amaro sapore di una sconfitta.

aftertax, **after-tax** /'ɑːftətæks *Am* 'æftərtæks/ *a.* al netto delle imposte.

afterthought /'ɑːftəθɔːt *Am* 'æftərθɔːt/ *n.* **1** ripensamento *m.* **2** (*sth. added later*) aggiunta *f.*, ripensamento *m.* **3** (*fig*) figlio *m.* (*f.* -a) nato/a a molti anni di distanza dal precedente.

aftertime /'ɑːftətaɪm *Am* 'æftərtaɪm/ *n.* futuro *m.*, avvenire *m.*

afterward /'ɑːftəwəd *Am* 'æftərwərd/ *avv.* dopo, poi, successivamente, in seguito.

afterwards /'ɑːftəwəd(z) *Am* 'æftərwərd(z)/ *avv.* dopo, poi, successivamente, in seguito.

afterword /'ɑːftəwɜːd *Am* 'æftərwɜːrd/ *n.* (*Edit*) postfazione *f.*

afterworld /'ɑːftəwɜːld *Am* 'æftərwɜːrld/ *n.* aldilà *m.*

AG /ˌeɪ'dʒiː/ **1** *Adjutant General* (aiutante generale). **2** (*Parl*) *Attorney General* (ministro della giustizia). **3** *Antigua and Barbuda* AG

(Antigua e Barbuda).

aga /'ɑːɡə/ *n.* aga *m.*, aghà *m.*: *the Aga Khan* l'Aga Khan.

Aga /'ɑːɡə/ *n.* (*Br*) (*stove*) (tipo di) cucina *f.* economica.

again /ə'ɡen *Br also* ə'ɡeɪn/ *avv.* **1** ancora, di nuovo, un'altra volta, una seconda volta: *try* ~ prova di nuovo. **2** (*from the beginning*) da capo: *begin* ~ ricomincia da capo. **3** (*any more*) più: *never* ~ mai più. **4** (*on the other hand*) anche, tuttavia, d'altra parte: *it may rain and* ~ *it may not* può piovere ma può anche non piovere. **5** (*besides*) d'altronde: *and then* ~, *what do they mean?* d'altronde, che cosa intendono dire? **6** (*as before*) di nuovo, come prima: *you'll soon be well* ~ starai presto bene come prima; *it's nice to be home* ~ è bello essere di nuovo a casa; *here we are* ~ ci risiamo, eccoci qui di nuovo. □ ~ *and* ~ ripetutamente, spesso, più volte; *as many* ~ altrettanti; *as much* ~ altrettanto, il doppio; *to be oneself* ~ tornare a essere se stesso.

against /ə'ɡenst *Br also* ə'ɡeɪnst/ *prep.* **1** contro. **2** (*contrary to*) contrario a, contro: ~ *the law* contrario alla legge; *to be* ~ *a proposal* essere contrario a una proposta, essere contro una proposta. **3** (*as protection from*) come riparo da, contro. **4** (*in an opposite direction to*) contro, in senso contrario a: *to sail* ~ *the wind* navigare contro vento. **5** (*on*) contro, su: *the rain beat* ~ *the window* la pioggia batteva contro la finestra. **6** (*in contact with*) contro: *a ladder* ~ *the wall* una scala contro il muro. **7** (*in contrast to*) contro, sullo sfondo di. **8** (*in preparation for*) in previsione di, per. □ ~ *all expectations* contro ogni aspettativa; ~ *all odds* contro ogni probabilità, contro ogni aspettativa; (*Comm*) *payment* ~ *documents* pagamento contro documenti; ~ *nature* contro natura; ~ *receipt* contro ricevuta, dietro ricevuta; ~ *the clock* contro il tempo, nel minor tempo possibile; *to work* ~ *the clock* combattere contro il tempo; (*fig*) ~ *the grain* controvoglia, malvolentieri; ~ *the stream* controcorrente (*anche fig*).

Agamemnon /ˌæɡə'memnən *Am also* ˌæɡə'memnɑːn/ *n.pr.m.* (*Mitol*) Agamennone.

agamic /ə'ɡæmɪk *Am* eɪ'ɡæmɪk/ *a.* (*Biol*) agamico.

agamically /ə'ɡæmɪkəli *Am* eɪ'ɡæmɪkəli/ *avv.* (*Biol*) per agamia, agamicamente.

agapanthus /ˌæɡə'pænθəs/ *n.* (*Bot*) agapanto *m.*

agape[1] /ə'ɡeɪp/ *avv./a.* **1** a bocca aperta. **2** (*wide open*) spalancato.

agape[2] /'æɡəpeɪ *Am* ɑː'ɡɑːpeɪ/ (*pl.* -**pae** /-piː/) *n.* (*Rel*) agape *f.*

agar /'eɪɡɑːr *Am* 'eɪɡɑːr/ *n.* (*Biol,Med*) agar-agar *m.*

agar-agar /ˌeɪɡər'eɪɡɑːr *Am* ˌeɪɡɑːr'eɪɡɑːr/ *n.* (*Biol,Med*) agar-agar *m.*

agaric /ə'ɡærɪk *Am* æ'ɡɑːrɪk/ *n.* (*Bot*) agarico *m.*

agarose /'æɡərous/ *n.* (*Chim*) agarosio *m.*

agate /'æɡət/ *n.* **1** (*Min*) agata *f.* **2** (*Tip*) corpo *m.* 5 1/2.

Agatha /'æɡəθə/ *n.prf.* Agata.

agave /ə'ɡɑːvi *Br also* ə'ɡeɪvi/ *n.* (*Bot*) agave *f.*

agaze /ə'ɡeɪz/ *avv./a.* con lo sguardo fisso, con gli occhi sbarrati.

agcy. *agency* ag. (agenzia).

age /eɪdʒ/ **I** *n.* **1** età *f.*: *the* ~ *of reason* l'età della ragione. **2** (*of persons*) anni *m.pl.*, età *f.*: *what* ~ *are you?* quanti anni hai?; *when I was your* ~ quando avevo la tua età; *he is my* ~ ha la mia stessa età. **3** (*old age*) vecchiaia *f.*, anni *m.pl.*: *bent with* ~ curvo sotto il peso degli anni. **4** (*full term of life*) vita *f.* (media), durata *f.* della vita. **5** (*period of history*) era *f.*, epoca *f.*, età *f.*: *the Age of the Reformation* l'epoca della Riforma. **6** (*lett*) (*time*) tempo *m.*, tempi *m.pl.*, epoca *f.*: *Galileo was in advance of his* ~ Galileo precorreva i suoi tempi. **7** (*ant*) (*generation*) generazione *f.*: *-s yet unborn* le generazioni future. **8** (*colloq*) (*a long time*) secolo *m.*, eternità *f.*: *I haven't seen you for -s* (o *Am in -s*) è un secolo che non ti vedo. **9** (*Geol*) era *f.*, periodo *m.*, età *f.*: *the Ice Age* l'era glaciale. **II** *v.t.* **1** (*far*) invecchiare. **2** (*to mature*) far crescere; (*of food, wine*) far invecchiare, far maturare, stagionare. **III** *v.i.* **1** invecchiare. **2** (*to mature*) crescere, maturare. □ (*scherz*) ~ *before beauty* la precedenza agli anziani; ~ *bracket* gruppo di età; ~ *discrimination* discriminazione basata sull'età; ~ *group* gruppo di età; (*Met*) ~ *hardening* indurimento per invecchiamento; *to be of* ~ essere maggiorenne; *to come of* ~ diventare maggiorenne; *to be of an* ~: **1** (*old enough*) avere l'età; **2** (*of a same age*) essere coetanei; *the* ~ *of consent* maggior età, età del consenso; *the Age of Reason* l'età dell'Illuminismo, l'Illuminismo; *the* ~ *of reason* l'età della ragione; *to be over* ~ aver superato i limiti di età; (*Aus*) ~ *pension* pensione di vecchiaia; ~ *structure* struttura dell'età; *to be under* ~ essere minorenne; (*colloq*) *act your* ~ (o *be your* ~) non fare il bambino.

aged[1] /eɪdʒd/ *a.* **1** dell'età di, di: *a child* ~ *six* un bambino di sei anni. **2** (*matured*) stagionato: ~ *cheese* formaggio stagionato.

aged[2] /ˈeɪdʒɪd/ **I** *a.* attempato, anziano. **II** *n.* (*costr.pl.,collett.*) anziani *m.pl.*, vecchi *m.pl.*

ageful /ˈeɪdʒfʊl/ *a.* attempato.

ageing /ˈeɪdʒɪŋ/ *n.* **1** invecchiamento *m.* (*anche Met*). **2** (*Sociol*) senilizzazione *f.*: ~ *of the population* senilizzazione della popolazione. □ (*Biol*) ~ *gene* gene della senescenza.

ageism /ˈeɪdʒɪzəm/ *n.* discriminazione *f.* degli anziani.

ageist /ˈeɪdʒɪst/ **I** *n.* persona *f.* con pregiudizi verso gli anziani. **II** *a.* discriminante verso gli anziani.

ageless /ˈeɪdʒləs/ *a.* senza età, di età indefinibile; (*eternal*) eterno.

agelong, **age-long** /ˈeɪdʒlɒŋ *Am* ˈeɪdʒlɑːŋ/ *a.* eterno.

agency /ˈeɪdʒənsi/ *n.* **1** agenzia *f.*, ufficio *m.*: *an employment* ~ un'agenzia di collocamento; *advertising* ~ agenzia pubblicitaria; *travel* ~ agenzia di viaggi. **2** (*of government*) dipartimento *m.* ministeriale, ente *m.* governativo. **3** (*Comm*) rappresentanza *f.*; (*branch*) filiale *f.*, succursale *f.* **4** (*action or operation*) opera *f.*, intervento *m.*, azione *f.*, buoni uffici *m.pl.*: *he got his job through the* ~ *of his uncle* ottenne l'impiego per opera dello zio. □ (*Comm*) ~ *commission* commissione di agenzia; (*Comm*) ~ *contract* contratto di rappresentanza, contratto di agenzia; (*Comm*) ~ *fee* commissione di agenzia.

agenda /əˈdʒendə/ (*pl.inv.* o *-s* /-z/) **I** *n.* **1** ordine *m.* del giorno: *to be on the* ~ essere all'ordine del giorno; *to set the* ~ fissare l'ordine del giorno; (*fig*) stabilire il programma. **2** (*plan*) programma *m.*: *what's on your* ~ *for today?* che cosa hai in programma per oggi? **3** (*note-book*) agenda *f.*, taccuino *m.* **II** *v.t.* mettere all'ordine del giorno.

agent /ˈeɪdʒənt/ *n.* **1** agente *m./f.*, rappresentante *m./f.* **2** (*cause*) agente *m.* **3** (*Pol*) agente

m. elettorale. **4** (*Chim,Inform*) agente *m.* □ (*Aus,ant*) ~ *general* rappresentante ufficiale; ~ *provocateur* agente provocatore.

age-old /ˈeɪdʒˈould *Am* ˈeɪdʒˌould/ *a.* antico, vecchio, secolare.

ageratum /ˌædʒəˈreɪtəm *Am* ˌædʒəˈreɪtəm/ *n.* (*Bot*) agerato *m.*

agglomerate[1] /əˈɡlɒmərət *Am* əˈɡlɑːmərət/ **I** *a.* agglomerato (*anche Bot*). **II** *n.* agglomerato *m.* (*anche Geol*).

agglomerate[2] /əˈɡlɒmˀreɪt *Am* əˈɡlɑːmˀreɪt/ **I** *v.t.* agglomerare. **II** *v.i.* agglomerarsi, ammassarsi.

agglomeration /əˌɡlɒmˀreɪʃˀn *Am* əˌɡlɑːmə ˈreɪʃˀn/ *n.* agglomerazione *f.*, agglomerato *m.*

agglomerative /əˈɡlɒmˀreɪtɪv *Am* əˈɡlɑːmərətɪv/ *a.* agglomerante.

agglutinant /əˈɡluːtɪnənt *Am* əˈɡluːtˀnənt/ **I** *a.* agglutinante. **II** *n.* agglutinante *m.* (*anche Ling*).

agglutinate /əˈɡluːtɪneɪt *Am* əˈɡluːtˀneɪt/ **I** *v.t.* **1** agglutinare, incollare. **2** (*Ling,Med*) agglutinare. **II** *v.i.* **1** agglutinarsi. **2** (*Ling*) agglutinare.

agglutination /əˌɡluːtɪˈneɪʃˀn *Am* əˌɡluːtˀn ˈeɪʃˀn/ *n.* agglutinazione *f.*

agglutinative /əˈɡluːtɪnətɪv *Am* əˈɡluːtˀneɪtɪv/ *a.* agglutinante (*anche Ling*).

agglutinin /əˈɡluːtɪnɪn *Am* əˈɡluːtˀnɪn/ *a.* (*Biol*) agglutinina *f.*

aggrandise /əˈɡrændaɪz/ *v.t.* **1** ingrandire, aumentare, estendere. **2** (*in power, etc.*) rendere più grande. **3** (*to exalt*) ingrandire, esaltare, esagerare.

aggrandisement /əˈɡrændɪzmənt/ *n.* **1** aumento *m.*, ingrandimento *m.* **2** (*exaggeration*) esagerazione *f.*

aggrandize /əˈɡrændaɪz/ *v.t.* **1** ingrandire, aumentare, estendere. **2** (*in power, etc.*) rendere più grande. **3** (*to exalt*) ingrandire, esaltare, esagerare.

aggrandizement /əˈɡrændɪzmənt/ *n.* **1** aumento *m.*, ingrandimento *m.* **2** (*exaggeration*) esagerazione *f.*

aggravate /ˈæɡrəveɪt/ *v.t.* **1** (*to worsen*) aggravare, peggiorare. **2** (*to annoy*) irritare, dare fastidio a, seccare; (*to exasperate*) esasperare.

aggravated /ˈæɡrəveɪtɪd *Am* ˈæɡrəveɪt̬ɪd/ *a.* aggravato. □ (*Dir*) ~ *assault* aggressione aggravata; (*Dir*) ~ *larceny* furto aggravato.

aggravating /ˈæɡrəveɪtɪŋ *Am* ˈæɡrəveɪt̬ɪŋ/ *a.* **1** (*more serious*) aggravante: ~ *circumstances* circostanze aggravanti. **2** (*annoying*) irritante, seccante.

aggravation /ˌæɡrəˈveɪʃˀn/ *n.* **1** (*worsening*) aggravamento *m.*, peggioramento *m.* **2** (*annoyance*) esasperazione *f.*, irritazione *f.*, seccatura *f.*

aggregate[1] /ˈæɡrɪɡət/ **I** *a.* **1** globale, complessivo, totale: ~ *production* produzione complessiva. **2** (*Bot,Geol,Econ*) aggregato. **II** *n.* **1** insieme *m.*, complesso *m.*, totale *m.* **2** (*Edil,Geol,Mat*) aggregato *m.* □ (*Econ*) ~ *demand* domanda aggregata; *in the* ~ nell'insieme, in totale; (*Econ*) ~ *income* reddito complessivo; *on* ~ nell'insieme, nel complesso; (*Econ*) ~ *supply* offerta globale.

aggregate[2] /ˈæɡrɪɡeɪt/ **I** *v.t.* **1** aggregare, unire, raccogliere. **2** (*to total*) ammontare, totalizzare, assommare. **II** *v.i.* aggregarsi, unirsi.

aggregation /ˌæɡrɪˈɡeɪʃˀn/ *n.* **1** aggregamento *m.*, riunione *f.* **2** (*assemblage*) aggregazione *f.*, gruppo *m.*

aggregative /ˈæɡrɪɡətɪv/ *a.* aggregativo.

aggress /əˈɡres/ *v.i.* fare un'aggressione.

aggression /əˈɡreʃˀn/ *n.* **1** aggressione *f.* **2** (*Psic*) aggressività *f.*

aggressive /əˈɡresɪv/ *a.* **1** aggressivo (*anche Med*), violento. **2** (*energetic*) energico, intraprendente, combattivo, dinamico. □ (*Psic*) ~ *instinct* istinto di aggressività.

aggressively /əˈɡresɪvli/ *avv.* in modo aggressivo, aggressivamente.

aggressiveness /əˈɡresɪvnəs/ *n.* aggressività *f.*, dinamismo *m.*, grinta *f.*

aggressor /əˈɡresər/ *n.* aggressore *m.*

aggrieve /əˈɡriːv/ *v.t.* **1** affliggere, addolorare, rattristare. **2** (*to wrong*) offendere, fare torto a, ledere.

aggrieved /əˈɡriːvd/ *a.* **1** danneggiato, leso: *the* ~ *party* la parte lesa. **2** (*distressed*) afflitto, addolorato.

aggro /ˈæɡrou/ *n.* (*Br,colloq*) **1** comportamento *m.* aggressivo. **2** (*problems*) rogne *f.pl.*

agha /ˈɑːɡə/ *n.* aga *m.*, aghà *m.*

aghast /əˈɡɑːst *Am* əˈɡæst/ *a.* sbalordito, sbigottito, inorridito, esterrefatto.

agile /ˈædʒaɪl *Am* ˈædʒˀl/ *a.* **1** agile, destro, attivo. **2** (*mentally quick*) pronto, svelto, vivace.

agilely /ˈædʒaɪli *Am* ˈædʒˀli/ *avv.* con agilità, con destrezza.

agility /əˈdʒɪləti *Am* əˈdʒɪləti/ *n.* **1** agilità *f.*, sveltezza *f.*, destrezza *f.* **2** (*mental quickness*) agilità *f.*, prontezza *f.*

agin /əˈɡɪn/ *prep.* (*dial*) contro.

aging /ˈeɪdʒɪŋ/ *n.* (*Am*) **1** invecchiamento *m.* (*anche Met*). **2** (*Sociol*) senilizzazione *f.*: ~ *of the population* senilizzazione della popolazione. □ (*Biol*) ~ *gene* gene della senescenza.

agio /ˈædʒiou/ (*pl. -s* /-z/) *n.* (*Econ*) aggio *m.*

agiotage /ˈædʒɪtɪdʒ *Am* ˈædʒɪtɪdʒ/ *n.* (*Econ*) **1** (*exchange business*) mercato *m.* titoli e valuta estera. **2** (*speculation*) aggiotaggio *m.*, speculazione *f.*

agism /ˈeɪdʒɪzˀm/ *n.* discriminazione *f.* degli anziani.

agist /əˈdʒɪst/ *v.t.* **1** (*Dir*) (*of livestock*) accettare in soccida. **2** (*of land, landowner*) tassare, imporre una tassa su, mettere un'imposta su.

agistment /əˈdʒɪstmənt/ *n.* **1** soccida *f.*, diritto *m.* di pascolo. **2** (*price, profit*) prezzo *m.* della soccida, profitto *m.* della soccida.

agitate /ˈædʒɪteɪt/ **I** *v.t.* **1** agitare, scuotere, sbattere. **2** (*to disturb*) agitare, turbare: *the news -d him* la notizia lo turbò. **3** (*to discuss excitedly*) discutere animatamente, dibattere animatamente. **II** *v.i.* agitarsi, darsi da fare (*for* per): *to* ~ *for higher wages* battersi per l'aumento dei salari.

agitated /ˈædʒɪteɪtɪd *Am* ˈædʒɪteɪt̬ɪd/ *a.* **1** agitato, scosso. **2** (*anxious*) agitato, nervoso, turbato.

agitatedly /ˈædʒɪteɪtɪdli *Am* ˈædʒɪteɪt̬ɪdli/ *avv.* con agitazione.

agitation /ˌædʒɪˈteɪʃˀn/ *n.* **1** agitazione *f.*, movimento *m.*, fermento *m.* **2** (*emotional excitement*) agitazione *f.*, inquietudine *f.*, turbamento *m.* **3** (*public unrest*) agitazione *f.*, moto *m.* **4** (*public campaigning*) impegno *m.*, mobilitazione *f.*

agitato /ˌædʒɪˈtɑːtou *Am* ˌædʒɪˈtɑːt̬ou/ *a.* (*Mus*) agitato.

agitator /ˈædʒɪteɪtər *Am* ˈædʒɪteɪt̬ər/ *n.* **1** agitatore *m.* (*f.* -trice), istigatore *m.* (*f.* -trice), (*spreg*) arruffapopoli *m./f.* **2** (*machine*) agitatore *m.*, agitatrice *f.*

agitprop /ˈædʒɪtprɒp *Am* ˈædʒɪtprɑːp/ **I** *n.* (*Pol*) agit-prop *m./f.* **II** *a.* di agit-prop.

agleam /əˈɡliːm/ *a.* (*lett*) lucente, brillante,

scintillante (*with* di, per).

aglet /'æglət/ *n.* aghetto *m.*

agley /ə'gli: ə'gleɪ/ *avv.* (*spec. Scott*) di traverso, obliquamente.

aglimmer /ə'glɪmər/ *a.* (*lett*) lucicante.

aglitter /ə'glɪtər/ *a.* (*lett*) scintillante, brillante, lucente.

aglow /ə'gloʊ/ *a.* 1 acceso, ardente. 2 (*fig*) raggiante (*with* di).

AGM /ˌeɪdʒi:'em/ *Annual General Meeting* (assemblea generale degli azionisti).

agnate /'ægneɪt/ **I** *n.* (*Dir*) agnato *m.* **II** *a.* 1 (*Dir*) legato da agnazione. 2 (*fig*) simile, affine, della stessa natura.

agnatic /æg'nætɪk Am æg'næṭɪk/ *a.* (*Dir*) agnatizio.

agnation /æg'neɪʃən/ *n.* (*Dir*) agnazione *f.*

Agnes /'ægnɪs/ *n.pr.f.* Agnese.

agnosia /æg'noʊziə Am æg'noʊʒ(i)ə/ *n.* (*Med*) agnosia *f.*

agnostic /æg'nɒstɪk Am æg'nɑ:stɪk/ **I** *n.* agnostico *m.* (*f.* -a). **II** *a.* agnostico.

agnosticism /æg'nɒstɪsɪzəm Am æg'nɑ:stɪsɪzəm/ *n.* agnosticismo *m.*

ago /ə'goʊ/ *avv./a.* fa, or sono: *long* ~ tempo fa; *a long time* ~ molto tempo fa.

agog /ə'gɒg Am ə'gɑ:g/ *a.pred.* impaziente, smanioso, elettrizzato, eccitato: *they were all* ~ *with excitement* non riuscivano a contenere l'agitazione.

a gogo, a go-go, à go-go /ə'goʊgoʊ/ *a./avv.* a gogo, a profusione: ~ *dancing* ballo a gogo.

agonic /ə'gɒnɪk Am er'gɑ:nɪk/ *a.* (*Geom*) agonico: ~ *line* linea agonica.

agonise /'ægənaɪz/ **I** *v.i.* (*Br*) 1 soffrire. 2 (*to struggle*) tormentarsi, torturarsi. **II** *v.t.* (*Br*) torturare, tormentare, far soffrire.

agonised /'ægənaɪzd/ *a.* disperato, straziato, angosciato: *an* ~ *look on his face* uno sguardo disperato.

agonising /'ægənaɪzɪŋ/ *a.* 1 dolorosissimo, lancinante. 2 (*fig*) penoso, lancinante, straziante: *an* ~ *decision* una decisione straziante.

agonisingly /'ægənaɪzɪŋli/ *avv.* dolorosamente, in modo lancinante.

agonist /'ægənɪst/ *n.* 1 (*Stor.gr,Lett*) agonista *m./f.* 2 (*Anat*) agonista *m.*

agonistic /ˌægoʊ'nɪstɪk/ *a.* 1 agonistico (*anche Psic,Zool,Stor.gr*). 2 (*fig*) battagliero, combattivo. 3 (*fig*) (*strained*) forzato.

agonistical /ˌægoʊ'nɪstɪkəl/ *a.* 1 agonistico (*anche Psic,Zool,Stor.gr*). 2 (*fig*) battagliero, combattivo. 3 (*fig*) (*strained*) forzato.

agonize /'ægənaɪz/ **I** *v.i.* (*Am*) 1 soffrire. 2 (*to struggle*) tormentarsi, torturarsi. **II** *v.t.* (*Am*) torturare, tormentare, far soffrire.

agonizing /'ægənaɪzɪŋ/ *a.* 1 dolorosissimo, lancinante. 2 (*fig*) penoso, lancinante, straziante: *an* ~ *decision* una decisione straziante.

agony /'ægəni/ *n.* 1 sofferenza *f.* tormento *m.*, supplizio *m.*, angoscia *f.*: *the* ~ *of despair* il tormento della disperazione. 2 (*ant,lett*) (*struggle before death*) agonia *f.* □ (*Br, Giorn*) ~ *aunt* giornalista che cura le risposte nella rubrica "lettere dei lettori"; (*Giorn*) ~ *column*: 1 (*Br*) rubrica "lettere dei lettori" con relative risposte; 2 (*Am*) colonna di annunci per la ricerca di persone scomparse; *to be in* ~ *soffrire terribilmente*; (*Br,Giorn*) ~ *uncle* giornalista che cura le risposte nella rubrica "lettere dei lettori".

Agony /'ægəni/ *n.* (*Teol*) agonia *f.* del Signore.

agora[1] /'ægərə/ (*pl.* **agoras, agorae** /-ri:/) *n.* (*Stor.gr*) agora *f.*

agora[2] /ˌægə'rɑ:/ (*pl.* **agorot** /ˌægə'roʊt/) *n.* (*unit of Israeli currency*) agorà *f.*, agorah *f.*

agoraphobia /ˌægərə'foʊbiə/ *n.* (*Psic*) agorafobia *f.*

agoraphobic /ˌægərə'foʊbɪk/ *a.* (*Psic*) agorafobo.

agouti /ə'gu:ti Am ə'gu:ṭi/ (*pl.* **-s/-es** /-i:z/) *n.* (*Zool*) aguti *m.*

agranulocytosis /əˌgrænjʊloʊsaɪ'toʊsɪs Am eɪˌgrænjəloʊsaɪ'toʊsəs/ *n.* (*Med*) agranulocitosi *m.*

agrapha /'ægrəfə/ *n.* (*Rel*) agrapha *f.*

agraphia /ə'græfiə eɪ'græfiə/ *n.* (*Med*) agrafia *f.*

agrarian /ə'greəriən Am ə'greriən/ **I** *a.* 1 agricolo, rurale: ~ *society* società rurale. 2 (*Bot*) agreste, campestre. **II** *n.* (*Pol*) agrario *m.* □ (*Stor.brit*) ~ *revolution* rivoluzione agricola.

agree /ə'gri:/ **I** *v.i.* 1 essere d'accordo, convenire (*with* con): *I* ~ *with you entirely* sono completamente d'accordo con te; *I* ~ *one hundred percent* sono d'accordo al cento per cento. 2 (*to reach an understanding*) accordarsi, mettersi d'accordo (*on, upon, about* su, circa). 3 (*to get along well*) andare d'accordo: *we don't always* ~ non sempre andiamo d'accordo. 4 (*to consent*) acconsentire (*to* a), accettare (qcs.), approvare (qcs.): *do you* ~ *to my proposal?* acconsenti alla mia proposta? 5 (*of accounts*) pareggiare, quadrare, concordare. 6 (*to correspond*) corrispondere (*with* a), concordare (con): *his version does not* ~ *with mine* la sua versione non corrisponde alla mia. 7 (*to suit*) far bene, giovare, confarsi (*with* a): *the climate does not* ~ *with him* il clima non gli giova; *garlic does not* ~ *with him* non digerisce l'aglio. 8 (*Gramm*) concordare (*with* con). **II** *v.t.* convenire, stabilire, concordare: *to* ~ *all the details* concordare tutti i particolari. □ *I couldn't* ~ *more* sono più che d'accordo; *to* ~ *to so.'s doing sth.* approvare che qcu. faccia qcs., acconsentire che qcu. faccia qcs.; *let us* ~ *to differ* rinunciamo a convincerci a vicenda, riconosciamo che non riusciremo a vederla allo stesso modo.

agreeable /ə'gri:əbl/ *a.* 1 gradevole, piacevole, amabile, simpatico: *an* ~ *young man* un giovanotto simpatico. 2 (*willing*) compiacente, disposto ad accettare: ~ *to suggestions* disposto ad accettare suggerimenti. 3 (*suitable*) adatto, conveniente, confacente (*to* a); (*in conformity with*) conforme (a).

agreeableness /ə'gri:əblnəs/ *n.* 1 amabilità *f.*, cortesia *f.* 2 (*conformability*) conformità *f.*

agreeably /ə'gri:əbli/ *avv.* 1 piacevolmente, gradevolmente: *I was* ~ *disappointed in it* sono stato piacevolmente sorpreso (era migliore di quanto pensassi). 2 (*willingly*) volontariamente.

agreed /ə'gri:d/ *a.* 1 concordato, convenuto, pattuito: *the* ~ *price* il prezzo convenuto. 2 (*in agreement*) d'accordo (*anche esclam.*).

agreement /ə'gri:mənt/ *n.* 1 accordo *m.*, intesa *f.* 2 (*arrangement*) accordo *m.*, patto *m.*, convenzione *f.*: *to sign an* ~ firmare un accordo. 3 (*approval*) consenso *m.*, permesso *m.* 4 (*Dir*) contratto *m.* 5 (*Gramm*) concordanza *f.* □ *to arrive at an* ~ mettersi d'accordo, giungere a un accordo, accordarsi; *to be in* ~ *with so.* essere d'accordo con qcu.

agrestic /ə'grestɪk/ *a.* 1 (*ant*) agreste, rurale. 2 (*fig*) rustico, rozzo.

agribusiness /'ægrɪˌbɪznɪs/ *n.* agribusiness *m.*, attività *f.* agroindustriale.

agric. 1 *agricultural* agric. (agricolo). 2 *agriculture* (agricoltura).

agricultural /ˌægrɪ'kʌltʃərəl/ *a.* agricolo, agrario. □ ~ *area* terreno agricolo; ~ *bank* banca di credito agricolo; ~ *belt* zona agricola; ~ *college* istituto agrario, scuola di agraria; ~ *economy* economia rurale, economia agraria; ~ *engineering* ingegneria agraria; ~ *industry* industria agraria; ~ *machinery* macchinario agricolo; ~ *produce* prodotti agricoli; ~ *research* ricerca agraria; ~ *science* agraria; ~ *show* mostra agricola; ~ *worker* lavoratore agricolo.

agriculturalist /ˌægrɪ'kʌltʃərəlɪst/ *n.* 1 (*farmer*) agricoltore *m.* 2 (*expert*) perito *m.* agrario.

agriculture /'ægrɪkʌltʃər/ *n.* 1 (*science*) agraria *f.* 2 (*production of crops, etc.*) agricoltura *f.*

agriculturist /ˌægrɪ'kʌltʃərɪst/ *n.* 1 (*farmer*) agricoltore *m.* 2 (*expert*) perito *m.* agrario.

agrigenetics /ˌægrɪdʒɪ'netɪks Am ˌægrɪdʒɪ'netɪks/ *n.* agrigenetica *f.*

agrimony /'ægrɪməni Am 'ægrɪmoʊni/ *n.* (*Bot*) agrimonia *f.*, eupatoria *f.*

agro /'ægroʊ/ *a.* (*Aus,colloq*) arrabbiato, incavolato.

agrobiologist /ˌægroʊbaɪ'ɒlədʒɪst Am ˌægroʊbaɪ'ɑ:lədʒɪst/ *n.* agrobiologo *m.* (*f.* -a).

agrobiology /ˌægroʊbaɪ'ɒlədʒi Am ˌægroʊbaɪ'ɑ:lədʒi/ *n.* agrobiologia *f.*

agrochemical /ˌægroʊ'kemɪkəl/ **I** *n.* prodotto *m.* agrochimico. **II** *a.* agrochimico.

agroforestry /ˌægroʊ'fɒrɪstri Am ˌægroʊ'fɔ:rɪstri/ *n.* agrosilvicoltura *m.*

agro-industry /ˌægroʊ'ɪndəstri/ *n.* industria *f.* agricola.

agronomic /ˌægrə'nɒmɪk Am ˌægrə'nɑ:mɪk/ *a.* agronomico.

agronomical /ˌægrə'nɒmɪkəl Am ˌægrə'nɑ:mɪkəl/ *a.* agronomico.

agronomics /ˌægrə'nɒmɪks Am ˌægrə'nɑ:mɪks/ *n.pl.* (*costr.sing.*) agronomia *f.*

agronomist /ə'grɒnəmɪst Am ə'grɑ:nəmɪst/ *n.* agronomo *m.* (*f.* -a).

agronomy /ə'grɒnəmi Am ə'grɑ:nəmi/ *n.* agronomia *f.*

aground /ə'graʊnd/ *a.pred.* (*Mar*) incagliato, arenato, in secca. □ (*Mar*) *to be* ~ essere arenato; (*Mar*) *to run* ~ incagliarsi, arenarsi.

ague /'eɪgju:/ *n.* (*ant*) 1 (*Med*) malaria *f.*, febbre *f.* malarica. 2 (*chill*) brivido *m.*, tremito *m.*

aguish /'eɪgju:ɪʃ/ *a.* (*ant*) 1 malarico: *an* ~ *climate* un clima malarico. 2 (*fig*) (*shaking*) scosso da brividi.

ah /ɑ:/ *intz.* ah!

Ah *ampere-hour* Ah (amperora).

aha /ɑ:'hɑ:/ *intz.* ah, bene!

ahead /ə'hed/ **I** *avv.* 1 (*in front*) davanti; (*forward*) avanti: *walk* ~, *I'll follow* vai avanti, ti seguirò; *things are going* ~ le cose procedono. 2 (*earlier*) in anticipo. 3 (*at an advantage*) in vantaggio, avanti, in testa: *of competitors* davanti alla concorrenza. **II** *a.pred.* prossimo, venturo, futuro, a venire: *in the weeks* ~ nelle prossime settimane; *in the years* ~ negli anni a venire. □ *to get* ~: 1 (*to be successful*) andare lontano, fare carriera, avere successo, farsi strada; 2 (*to overtake*) superare, sorpassare (*of so.* qcu.); ~ *of*: 1 (*in front of*) davanti a; 2 (*in advance of*) in anticipo su; 3 (*in a position of advantage*) in vantaggio su; *to run* ~ *of schedule* essere in anticipo rispetto al previsto; (*Am*) ~ *of the game* in una posizione vincente; (*fig*) *to be* ~ *of one's time* essere un precursore, essere in anticipo sul proprio tempo.

ahem /ə'hem/ *intz.* ehm.

ahimsa /ɑ:'hɪmsɑ: Am ə'hɪmsɑ:/ *n.* (*Rel*) ahimsa *f.*

ahistoric /ˌeɪhɪ'stɒrɪk Am ˌeɪhɪs'tɔːrɪk/, **ahistorical** /ˌeɪhɪ'stɒrɪkəl Am ˌeɪhɪs'tɔːrɪkəl/ a. astorico.

ahold /ə'hoʊld/ □ (Am,colloq) to get ~ of trovare, contattare; (spec. Am) to get ~ of oneself calmarsi, darsi una regolata.

ahoy /ə'hɔɪ/ □ (Mar) land ~ terra in vista; (Mar) ship ~ ehi, di bordo.

ai /'aɪ, aɪ/ n. (Zool) ai-ai m., bradipo m.

A.I. /ˌeɪ'aɪ/ 1 (Inform) artificial intelligence I.A. (intelligenza artificiale). 2 (Biol) artificial insemination (inseminazione artificiale). 3 Amnesty International AI (Amnesty International).

aid /eɪd/ I v.t. 1 aiutare, assistere, soccorrere. 2 (to help to bring about) accelerare, affrettare, aiutare: this medicine may ~ your recovery questa medicina potrebbe affrettare la tua guarigione. II v.i. dare assistenza, essere di aiuto. III n. 1 (assistance) aiuto m., aiuti m.pl., soccorso m., assistenza f.: to developing countries assistenza ai paesi in via di sviluppo. 2 (sth. helpful) sussidio m., aiuto m., sostegno m.: a teaching ~ un sussidio didattico; a visual ~ un sussidio visivo. 3 (helper) aiutante m./f., aiuto m., assistente m./f. 4 (Am,Mil) aiutante m. di campo. 5 (Stor) tributo m. 6 (Dir) assistenza f. legale (in giudizio). □ (Dir) to ~ and abet so. favoreggiare qcu.; in ~ of a favore di; (Br,colloq) what's all this in ~ of? a che cosa serve tutto questo?; (Mil) ~ station stazione di pronto soccorso; to come to so.'s ~ venire in aiuto di qcu.; to run to so.'s ~ accorrere in aiuto di qcu.

AID /ˌeɪaɪ'diː/ 1 (US) Agency for International Development AIS (Agenzia internazionale per lo sviluppo). 2 (Med) artificial insemination by donor (fecondazione artificiale mediante donatore).

aide /eɪd/ n. 1 assistente m./f. 2 (Pol) assistente m./f. 3 (Mil) aiutante m. di campo.

aide-de-camp /ˌeɪddə'kɑ̃ː Am ˌeɪddə'kæmp/ n. (Mil) aiutante m. di campo.

aide-mémoire /ˌeɪdmem'wɑ: Am ˌeɪdmem'wɑːr/ n. 1 (notebook) taccuino m. 2 (written reminder) memorandum m., promemoria f.

aider /'eɪdər/ n. (Dir) favoreggiatore m.

aiding /'eɪdɪŋ/ n. favoreggiamento m. □ ~ escape favoreggiamento nella fuga.

AIDS /eɪdz/ I (Med) Acquired Immune Deficiency Syndrome AIDS, Aids (sindrome da immunodeficienza acquisita). II n. (Med) AIDS m./f., Aids m./f., sindrome f. da immunodeficienza acquisita. □ ~ related complex complesso correlato all'AIDS.

aigrette /'eɪgret/ n. 1 (Ornit,Mod) aigrette f., aspri m. 2 (of jewels) gioiello m. a forma di aigrette.

aiguille /ˌeɪ'gwiːl/ n. (Geol) guglia f., aiguille f.

aiguillette /ˌeɪgwɪ'let/ n. aghetto m.

AIH /ˌeɪaɪ'eɪtʃ/ (Med) homologous artificial insemination (fecondazione artificiale omologa).

aikido /aɪ'kiːdoʊ/ n. (Sport) aikido m.

ail /eɪl/ I v.t. affliggere, addolorare: what's ~ing you? che cos'è che ti affligge? II v.i. essere sofferente, sentirsi male, stare male.

ailanthus /ˌaɪ'lænθəs/ n. (Bot) ailanto m.

aileron /'eɪlərɒn Am 'eɪlərɑːn/ n. (Aer) alettone m., alerone m.

ailing /'eɪlɪŋ/ a. sofferente, indisposto.

ailment /'eɪlmənt/ n. indisposizione f., disturbo m.

ailurophobia /aɪˌljʊəroʊ'foʊbɪə Am aɪˌlʊrə'foʊbɪə/ n. ailurofobia f.

aim /eɪm/ I v.t. 1 puntare, mirare: to ~ a rifle at so. puntare un fucile contro qcu. 2 dirigere, rivolgere, destinare: he -ed his criticism at me la sua critica era diretta a me. II v.i. 1 mirare (at a). 2 (to aspire to) aspirare, mirare (a). 3 (to plan) progettare (di): to ~ at doing (o to do) sth. progettare di fare qcs. 4 (to intend) intendere (qcs.), proporsi (di): what are you -ing to do now? che cosa intendi fare ora? III n. 1 mira f. 2 (target) bersaglio m.: to miss one's ~ mancare il bersaglio. 3 (intention) scopo m., intenzione f., intento m., proposito m. 4 (project) disegno m. □ (fig) what are you -ing at? dove vuoi arrivare?; to ~ a blow at so. assestare un colpo a qcu.; to ~ high: 1 (Arm) mirare alto; 2 (fig) mirare in alto; to ~ a stone lanciare una pietra; to take ~ at sth. mirare a qcs., prendere qcs. di mira.

aimless /'eɪmləs/ a. senza scopo, senza meta.

aimlessly /'eɪmləsli/ avv. senza scopo, senza meta.

aimlessness /'eɪmləsnəs/ n. mancanza f. di scopo.

ain't /eɪnt/ (colloq) contraz. di am not, is not, are not, has not, have not.

air¹ /eər Am er/ n. 1 aria f. 2 (breeze) brezza f., venticello m., aria f. 3 (appearance) aria f., aspetto m.: with an ~ of satisfaction con aria soddisfatta. 4 pl. (fig) arie f.pl.: to give oneself -s (o to put on -s) darsi delle arie. 5 (Mus) (composition) aria f.; (tune) motivo m., aria f., melodia f. 6 (Rad) trasmissioni f.pl. □ (Aer.mil) ~ alert allarme aereo; ~ ambulance aeroambulanza; -s and graces arie, spocchia, superbia: to be full of -s and graces darsi tante arie; (Aut) ~ bag airbag; (Aer.mil) ~ base base aerea; (Aer) ~ beacon aerofaro; (Br) ~ bed materasso pneumatico, materassino; ~ bladder: 1 (Itt) vescica natatoria; 2 (Bot) vescica aerifera; ~ brake: 1 (Tecn) freno ad aria compressa; 2 (Aer) freno aerodinamico, aerofreno; (Tecn) ~ brick mattone forato, blocco per aerazione; (Br) ~ bridge ponte aereo; ~ bubble bolla d'aria; (colloq) ~ bus aerobus; to send by ~ spedire per via aerea; to travel by ~ viaggiare in aereo; (Aer) ~ cargo carico aereo; (Aer) ~ carrier: 1 vettore aereo; 2 (aircraft) aeroplano, aereo; (Anat,Biol) ~ cell alveolo polmonare; ~ chamber camera d'aria; (Aer) ~ charter noleggio aereo; ~ conditioning: 1 aria condizionata; 2 (system, unit) impianto per il condizionamento dell'aria, impianto per l'aria condizionata; ~ cooling raffreddamento ad aria; (Aer) (US) ~ corps aeronautica militare; (Aer) ~ corridor corridoio aereo; (Aer.mil) ~ cover copertura aerea; ~ cushion: 1 (Tecn) cuscino pneumatico, cuscino d'aria; 2 (inflatable cushion) cuscino gonfiabile; (Aer.mil) ~ defence protezione antiaerea; ~ disaster sciagura aerea; (Mecc) ~ engine macchina ad aria compressa; (Aer) ~ fare tariffa aerea; ~ filter filtro dell'aria; ~ fleet: 1 flotta aerea; 2 (airforce) aviazione militare; ~ force: 1 aviazione militare, aeronautica militare; 2 (Am) forze aeree; ~ frame: 1 (of an aeroplane) cellula; 2 (of a missile) struttura; (Aer) ~ freight: 1 (transport) spedizione merci per via aerea; 2 (goods) merci aviotrasportate; seen from the ~ visto dall'aereo; to get some ~: 1 uscire a prendere aria; 2 (to take a break) (fare una pausa per) prendere un po' di tempo per pensare; (Arm) ~ gun fucile ad aria compressa; ~ hole fornello di ventilazione; (Aer) ~ hostess hostess, assistente di volo; in the ~: 1 (of rumours, etc.) in giro, in circolazione; 2 (un-

certain) campato in aria, indeciso, in alto mare: the project is still (up) in the ~ il progetto è ancora in alto mare; (Tecn) ~ inlet presa di aria; ~ jacket: 1 (Aer) giubbotto pneumatico; 2 (Mecc) involucro per il raffreddamento ad aria; (Am,Aer) ~ lane corridoio aereo; (Agr) ~ layering margotta; (Aer) ~ lift ponte aereo; (GB) ~ marshal maresciallo dell'aria; ~ mass massa di aria; ~ mattress materasso pneumatico, materassino; ~ mile (Aer) miglio (marino); Air Miles punti (premio), miglia accumulate (dai frequent flyers); (GB) Air Ministry ministero dell'aeronautica; off the ~: 1 (Rad) non in trasmissione, non in onda; 2 (Am,Mil) (unprotected) allo scoperto; (Rad) on the ~ in onda, ~ piracy pirateria dell'aria, pirateria aerea; ~ pirate pirata dell'aria; ~ pistol pistola ad aria compressa; (Bot) ~ plant epifita, aerofita; (Aer) ~ pocket vuoto d'aria; ~ pollutant contaminante atmosferico, inquinante atmosferico; ~ pollution inquinamento atmosferico, contaminazione atmosferica; (Tecn) ~ pump pompa di aria; ~ purifier impianto di depurazione dell'aria; ~ quality qualità dell'aria; (Aer.mil) ~ raid incursione aerea; ~ rally avioraduno; (Aer) ~ route rotta aerea; ~ sac: 1 (Ornit) sacco aereo; 2 (Entom) sacca d'aria; (Aer) ~ screw elica; ~ service servizio aereo; ~ show salone dell'aeronautica; (Aer) ~ sleeve manica a vento; (Aer) ~ sock manica a vento; (Aer) ~ steward assistente di bordo, steward; (Mil) ~ stewardess assistente di bordo, hostess; (Mil) ~ support appoggio aereo; to take the ~: 1 uscire a prendere aria; 2 (Am,colloq) tagliare la corda; 3 (Rad) iniziare a trasmettere, andare in onda; (Aer) ~ tanker aviocisterna; ~ taxi aerotaxi; (Aer) ~ terminal terminal di aeroporto; (Aer) ~ traffic traffico aereo; (Aer) ~ traffic control controllo del traffico aereo: to speak with ~ traffic control parlare con la torre di controllo; ~ tunnel galleria aerodinamica; up in the ~: 1 (unsettled) campato in aria, in alto mare; 2 (colloq) (angry) su tutte le furie, in bestia; (Br,Mil) ~ vice-marshal vice-maresciallo dell'aria.

air² /eər Am er/ v.t. 1 arieggiare, ventilare, dare aria a: to ~ clothes dare aria ai vestiti. 2 (express publicly) esprimere pubblicamente, diffondere, proclamare: to ~ a grievance esprimere pubblicamente una lagnanza. 3 (to broadcast) trasmettere, mandare in onda. □ to ~ the dog portare fuori il cane.

airbag /'eəbæg Am 'erbæg/ n. 1 (Aut) airbag m. 2 (Am,sl) polmone m.

airbase /'eəbeɪs Am 'erbeɪs/ n. (Aer.mil) base f. aerea.

airboat, **air-boat** /'eəboʊt Am 'erboʊt/ n. (Aer) idroscivolante f.

airborne /'eəbɔːn Am 'erbɔːrn/ a. 1 in volo: to be ~ levarsi in volo. 2 (carried in aircraft) aviotrasportato, aerotrasportato. 3 (spread by the air) diffuso dall'aria, a diffusione aerea. □ (Aer) to become ~ decollare; ~ radar radar di bordo; ~ troops truppe aviotrasportate.

airbrush /'eəbrʌʃ Am 'erbrʌʃ/ I n. aerografo m. II v.t. aerografare.

airburst /'eəbɜːst Am 'erbɜːrst/ n. esplosione f. in aria.

air-condition /'eəkənˌdɪʃən Am 'erkənˌdɪʃən/ v.t. 1 dotare di aria condizionata. 2 (of air) condizionare.

air-conditioned /'eəkənˌdɪʃnd Am 'erkən ˌdɪʃnd/ a. ad aria condizionata, condizionato, climatizzato.

air-conditioner /'eəkən,dıʃʲnəʳ Am 'erkən ,dıʃʲnəʳ/ n. condizionatore m. (d'aria), apparecchio m. condizionatore.

air-conditioning /'eəkən,dıʃʲnıŋ Am 'erkən ,dıʃʲnıŋ/ n. **1** aria f. condizionata. **2** (system, unit) impianto m. per il condizionamento dell'aria, impianto m. per l'aria condizionata.

air-consignment /'eəkən,saınmənt Am 'erkən,saınmənt/ □ (Comm) ~ note bolla di trasporto aereo, polizza di carico aereo.

air-cool /'eəku:l Am 'erku:l/ v.t. raffreddare ad aria.

air-cooled /'eəku:ld Am 'erku:ld/ a. raffreddato ad aria.

aircraft /'eəkrɑ:ft Am 'erkræft/ n.inv. aeroplano m., aereo m., velivolo m., aeromobile m. □ (Mil) ~ carrier portaerei; ~ engineer ingegnere aeronautico; ~ engineering ingegneria aeronautica; (Aer) ~ movements movimento (dei) voli.

aircraftman /'eəkrɑ:ftmən Am 'erkræftmən/ n.irr. (GB) sottufficiale m. dell'aviazione.

aircraftsman /'eəkrɑ:ftsmən Am 'erkræftsmən/ n.irr. (GB) sottufficiale m. dell'aviazione.

aircraftswoman /'eəkrɑ:ft(s),wumən Am 'erkræfts,wumən/ n.irr. (GB) sottufficiale m. (donna) dell'aviazione.

aircraftwoman /'eəkrɑ:ft,wumən Am 'erkræft,wumən/ n.irr. (GB) sottufficiale m. (donna) dell'aviazione.

aircrew /'eəkru: Am 'erkru:/ n. equipaggio m. di un aereo.

air-cushion /'eəkuʃʲn Am 'erkuʃʲn/ n. **1** (Tecn) cuscino m. pneumatico, cuscino m. d'aria. **2** (inflatable cushion) cuscino m. gonfiabile. □ ~ craft (o ~ vehicle) veicolo a cuscino d'aria, hovercraft.

airdrome /'erdroʊm/ n. (Am) aerodromo m., aeroporto m.

airdrop, air-drop /'eədrɒp Am 'erdrɑ:p/ v.t. lanciare con il paracadute, paracadutare, aviolanciare.

airdropped, air-dropped /'eədrɒpt Am 'erdrɑ:pt/ a. lanciato con il paracadute, paracadutato.

air-dry /'eədraı Am 'erdraı/ v.t. stagionare all'aria, essiccare all'aria.

Airedale /'eədeıl Am 'erdeıl/ n. (Zool) airedale m. □ (Zool) ~ terrier airedale terrier.

airer /'eərəʳ/ n. (Br) stendibiancheria m.

airfield /'eəfi:ld Am 'erfi:ld/ n. campo m. d'aviazione.

airflow /'eəfloʊ Am 'erfloʊ/ **I** n. flusso m. di aria. **II** a. dell'area, aerodinamico: ~ body carrozzeria aerodinamica.

airfoil, air-foil /'erfɔıl/ n. (Am,Aer) superficie f. a profilo aerodinamico.

airforce /'eəfɔ:s Am 'erfɔ:rs/ n. **1** aviazione f. militare, aeronautica f. militare. **2** (Am) forze f.pl. aeree.

airframe /'eəfreım Am 'erfreım/ n. **1** (of an aeroplane) cellula f. **2** (of a missile) struttura f.

airfreight /'eəfreıt Am 'erfreıt/ n. **1** (transport) spedizione f. merci per via aerea. **2** (goods) merci f.pl. aviotrasportate.

airhead /'eəhed Am 'erhed/ n. **1** (Mil) testa f. di ponte aerea. **2** (colloq) zuccone m. (f. -a), testa f. vuota; (of a girl) oca f.

airily /'eərıli Am 'erıli/ avv. **1** leggermente. **2** (jauntily) spensieratamente, con disinvoltura.

airiness /'eərınəs Am 'erınəs/ n. **1** aerazione f., ventilazione f. **2** (fig) spensieratezza f., disinvoltura f.

airing /'eərıŋ Am 'erıŋ/ n. **1** aria f., aerazione f., ventilazione f.: to give blankets an ~ dare aria alle coperte. **2** (walk, drive, etc. in the open air) boccata f. d'aria: to take an ~ prendere una boccata d'aria. □ ~ cupboard essiccatoio, vano essiccatore.

airlane /'erleın/ n. (Am,Aer) corridoio m. aereo.

airless /'eələs Am 'erləs/ a. **1** senz'aria, mal ventilato, dall'aria viziata. **2** (still) senza vento, calmo.

airlift /'eəlıft Am 'erlıft/ n. (Aer) ponte m. aereo.

airline /'eəlaın Am 'erlaın/ n. **1** (Aer) linea f. aerea, aviolinea f.; (company) compagnia f. aerea. **2** (Am) (straight line) linea f. retta, volo m. di uccello, linea f. d'aria. **3** (Tecn) tubo m. dell'aria.

airliner /'eəlaınəʳ Am 'erlaınəʳ/ n. velivolo m. per passeggeri, aereo m. di linea.

airlock /'eəlɒk Am 'erlɑ:k/ n. **1** (Idr) camera f. di equilibrio. **2** (of a submarine) cassa f. d'aria. **3** (Tecn) bolla f. di aria, embolo m.

airmail /'eəmeıl Am 'ermeıl/ **I** n. (Post) posta f. aerea. **II** a. (Post) per posta aerea, per via aerea. **III** v.t. (Post) spedire per posta aerea. □ (Post) ~ letter lettera per via aerea.

airman /'eəmən Am 'ermən/ n.irr. **1** aviatore m. **2** (aircrew member) membro m. dell'equipaggio. **3** (Aer.mil) aviere m.

air-minded /'eəmaındıd Am 'ermaındıd/ a. appassionato di aviazione.

airmiss /'eəmıs/ n. (Br) collisione f. aerea mancata.

airmobile /'eəmoʊbi:l Am 'er,moʊbəl/ a. (Aer) aviotrasportato, aviotrasportabile.

airplane /'erpleın/ n. (Am) aeroplano m., aereo m., apparecchio m.

airplay /'eəpleı Am 'erpleı/ n. trasmissione f., messa f. in onda.

airport /'eəpɔ:t Am 'erpɔ:rt/ n. aeroporto m. □ ~ book libro poco impegnativo; ~ facilities impianti aeroportuali; ~ of departure aeroporto di partenza; ~ of destination aeroporto di destinazione; ~ shuttle servizio navetta (tra aeroporto e hotel); ~ tax tassa aeroportuale.

airproof /'eəpru:f Am 'erpru:f/ a. a tenuta d'aria, ermetico.

air-raid /'eəreıd Am 'erreıd/ n. (Aer.mil) incursione f. aerea. □ ~ precautions misure antiaeree; ~ shelter rifugio antiaereo; ~ warden addetto alla protezione antiaerea; ~ warning system dispositivo di allarme aereo.

airscrew /'eəskru:/ n. (Br,Aer) elica f.

air-sea /,eə'si: Am ,er'si:/ □ ~ rescue salvataggio aereo in mare.

airshaft, air-shaft /'eəʃɑ:ft Am 'erʃæft/ n. (Minier) pozzo m. di aerazione.

airship /'eəʃıp Am 'erʃıp/ n. (Aer) aeronave f., dirigibile m.

airsick /'eəsık Am 'ersık/ a. che soffre di mal d'aria.

airsickness, air-sickness /'eəsıknəs Am 'ersıknəs/ n. mal m. d'aria.

airside /'eəsaıd Am 'ersaıd/ n. (Aer) (part of an airport) zona f. aeroportuale oltre il check-in.

airspace /'eəspeıs Am 'erspeıs/ n. (Aer) spazio m. aereo.

airspeed /'eəspi:d Am 'erspi:d/ n. (Aer) velocità f. relativa.

airstream /'eəstri:m Am 'erstri:m/ n. flusso m. di aria.

airstrip /'eəstrıp Am 'erstrıp/ n. (Aer) pista f. di atterraggio.

airtight /'eətaıt Am 'ertaıt/ a. **1** a tenuta d'aria, ermetico. **2** (fig) inattaccabile, irrefutabile, di ferro: an ~ alibi un alibi di ferro.

airtime /'eətaım Am 'ertaım/ n. (Rad,TV) trasmissione f., tempo m. di una trasmissione.

air-to-air /,eətu'eəʳ Am ,ertə'er/ a./avv. aria-aria: ~ missile missile aria-aria.

air-to-ground /,eətu'graund Am ,ertə'graund/ a./avv. aria-terra.

air-to-surface /,eətə'sɜ:fıs Am ,ertə'sɜ:rfəs/ a./avv. aria-terra.

air-traffic /'eə,træfık Am 'er,træfık/ □ (Aer) ~ control controllo del traffico aereo; (Aer) ~ controller controllore di volo, controllore del traffico aereo.

air-transport /'eə,trænspɔ:t Am 'er,træns pɔ:rt/ n. (Aer) trasporto m. aereo.

air-transportation /,ertrænspɔ:r'teıʃʲn/ n. (Am,Aer) trasporto m. aereo.

airvent /'eəvent Am 'ervent/ n. (Tecn) cunicolo m. di ventilazione.

airwave /'eəweıv Am 'erweıv/ n. (El) onda f. radio.

airway /'eəweı Am 'erweı/ n. **1** (Aer) via f. aerea, aerovia f. **2** (Minier) galleria f. di ventilazione, via f. di ventilazione.

airwoman /'eə,wumən Am 'er,wumən/ n.irr. **1** aviatrice f. **2** (aircrew member) membro m. dell'equipaggio.

airworthiness /'eə,wɜ:ðınəs Am 'er ,wɜ:rðınəs/ n. (Aer) navigabilità f. aerea, idoneità f. al volo.

airworthy /'eə,wɜ:ði Am 'er,wɜ:rði/ a. (Aer) atto alla navigazione aerea, idoneo al volo.

airy /'eəri Am 'eri/ a. **1** aerato, arioso, arieggiato: an ~ room una stanza ariosa. **2** (lofty) elevato, alto, aereo. **3** (casual) disinvolto, leggero, superficiale. **4** (graceful) leggero, leggiadro, grazioso, delicato. **5** (lett) (imaginary) fantasioso, immaginario: ~ dreams sogni fantasiosi.

airy-fairy /,eəri'feəri/ a. (spec. Br,colloq) campato in aria, fumoso.

aisle /aıl/ n. **1** (Arch) navata f. laterale. **2** (between rows of seats, shelves) corridoio m., passaggio m.

aisle-browsing /'aıl,brauzıŋ/ n. il curiosare negli scaffali al supermercato.

aisled /aıld/ a. a navate.

ait /eıt/ n. (Br) isoletta f. di fiume, isoletta f. di lago.

aitch /eıtʃ/ n. acca f., lettera f. acca.

aitchbone /'eıtʃboʊn/ n. **1** (Anat) culatta f., culaccio m. **2** (cut of meat) culaccio m.

ajar /ə'dʒɑ:ʳ Am ə'dʒɑ:r/ a.pred./avv. socchiuso, semiaperto: the door is ~ la porta è socchiusa.

Ajax /'eıdʒæks/ n.pr.m. (Mitol) Aiace.

AK /,eı'keı/ Alaska AK (Alaska).

aka, AKA /,eıkeı'eı/ also known as (altrimenti detto, alias).

akee /'æki/ n. (Bot) sapindo m.

akimbo /ə'kımboʊ/ a.pred./avv. con i gomiti in fuori, con le mani sui fianchi: to stand with arms ~ stare con le mani sui fianchi.

akin /ə'kın/ a.pred. **1** imparentato (to con), consanguineo. **2** (fig) simile, analogo, affine.

akinesia /,eıkı'ni:sıə Am ,eıkı'ni:ʒ(i)ə/ n. (Med) acinesia f.

akrasia /ə'kreızıə ə'kræsıə Am ə'kreız(i)ə/ n. (Filos) acrasia f.

Al /æl/ n.pr.m. dim. di Albert.

AL /,eı'el/ **1** Alabama AL (Alabama). **2** American League (lega americana di baseball). **3** Albania AL (Albania).

Alabama /,ælə'bæmə Br also ,ælə'bɑ:mə/ n.pr. (Geog) Alabama f.

Alabaman /͵ælə'bæmən *Br also* ͵ælə'bɑːmən/ *a.* dell'Alabama.

alabaster /'æləbæstəʳ *Br also* 'æləbɑːstəʳ/ **I** *n.* (*Min*) alabastro *m.* **II** *a.* **1** di alabastro, alabastrino. **2** (*lett*) alabastrino, candido: ~ *skin* pelle alabastrina.

à la carte /͵ɑːlɑː'kɑːt *Am* ͵ɑːlə'kɑːrt/ *a./avv.* alla carta.

alack /ə'læk/ *intz.* (*ant*) ahimè!

à la coque /͵ɑːlɑː'kɒk *Am* ͵ɑːlə'kɑːk/ *a.* (*Gastron*) à la coque, alla coque.

alacrity /ə'lækrɪtɪ *Am* ə'lækrəṭɪ/ *n.* alacrità *f.*, prontezza *f.*

Aladdin /ə'lædɪn *Am* ə'lædən/ *n.pr.m.* (*Lett*) Aladino. □ ~*'s cave* stanza dei tesori; ~*'s lamp* la lampada di Aladino.

à la grecque /͵ɑːlɑː'grek *Am* ͵ɑːlə'grek/ *a.* (*Gastron*) servito con vinaigrette greca.

à la king /͵ɑːlɑː'kɪŋ *Am* ͵ɑːlə'kɪŋ/ *a.* (*Gastron*) (*of chicken*) cotto in salsa di panna, funghi e peperoni.

alameda /͵ælə'meɪdə/ *n.* viale *m.*

à la mode /͵ɑːlɑː'moʊd *Am* ͵ɑːlə'moʊd/ *a.* **1** alla moda. **2** (*Gastron*) (*of fruit pies*) con gelato, (*of beef*) brasato con verdure.

alanine /'ælənɪn/ *n.* (*Chim*) alanina *f.*

alannah /ə'lænə/ *intz.* (*Ir*) bambino mio, bambina mia.

alar /'eɪləʳ/ *a.* alare.

Alaric /'ælərɪk/ *n.pr.m.* (*Stor*) Alarico.

alarm /ə'lɑːm *Am* ə'lɑːrm/ **I** *n.* **1** paura *f.*, timore *m.*, preoccupazione *f.* **2** (*warning of danger*) allarme *m.*: *to give* (o *to raise*) *the* ~ dare l'allarme. **3** (*device*) allarme *m.*, segnale *m.* (di allarme), antifurto *m.*: ~ *system* sistema di allarme; *car* ~ antifurto per auto, allarme per auto; *fire* ~ allarme antincendio. **4** sveglia *f.*: *to set the* ~ *for five o' clock* puntare la sveglia alle cinque. **5** (*Sport*) (*in fencing*) passo *m.* balestra. **6** (*ant*) (*call to arms*) allarme *m.*: *to sound the* ~ suonare l'allarme. **II** *v.t.* **1** allarmare, spaventare, impaurire: *to be* -*ed at sth.* essere spaventato da qcs.; *don't be* -*ed* non spaventarti. **2** (*to warn*) dare l'allarme a, avvertire. **3** (*to fit with an alarm*) dotare di antifurto. □ ~ *bell* campanello di allarme (*anche fig*); *to set the* ~ *bell ringing* suonare il campanello d'allarme (*anche fig*); ~ *clock* sveglia; *in* ~ allarmato, spaventato; (*Biol*) ~ *reaction* reazione di allarme; ~ *signal* segnale di allarme; *to take* ~ *at sth.* allarmarsi per qcs.

alarming /ə'lɑːmɪŋ *Am* ə'lɑːrmɪŋ/ *a.* allarmante.

alarmingly /ə'lɑːmɪŋlɪ *Am* ə'lɑːrmɪŋlɪ/ *a.* in modo allarmante, minacciosamente.

alarmism /ə'lɑːmɪzᵊm *Am* ə'lɑːrmɪzᵊm/ *n.* allarmismo *m.*

alarmist /ə'lɑːmɪst *Am* ə'lɑːrmɪst/ **I** *n.* allarmista *m./f.* **II** *a.* allarmistico.

alarum /ə'lærəm, ə'lɑːrəm/ *n.* (*ant*) allarme *m.* □ -*s and excursions*: **1** (*Teat*) (*as a stage direction*) clamori marziali; **2** (*fig*) (*excitement, feverish activity*) agitazione, attività febbrile.

alas /ə'læs *Br also* ə'lɑːs/ *intz.* ahimè!

Alaska /ə'læskə/ *n.pr.* (*Geog*) Alaska *f.*

Alaskan /ə'læskən/ **I** *a.* dell'Alaska. **II** *n.* abitante *m./f.* dell'Alaska.

alate /'eɪleɪt/ *a.* (*Bot,Entom*) alato.

alated /'eɪleɪtɪd *Am* 'eɪleɪṭɪd/ *a.* (*Bot,Entom*) alato.

alb /ælb/ *n.* (*Lit*) camice *m.*, alba *f.*

albacore /'ælbəkɔː *Am* 'ælbəkɔːr/ (*pl.inv.* o -**s** /-z/) *n.* (*Itt*) alalonga *f.*, albacora *f.*

Albania /æl'beɪnɪə/ *n.pr.* (*Geog*) Albania *f.*

Albanian /æl'beɪnɪən/ **I** *a.* albanese. **II** *n.* **1**

albanese *m./f.* **2** (*language*) albanese *m.*

albata /æl'beɪtə *Am* /æl'beɪṭə/ *n.* (*Met*) argentone *m.*

albatross /'ælbətrɒs *Am* 'ælbətrɔːs/ *n.* **1** (*Ornit*) albatro *m.* **2** (*fig*) grosso disagio *m.*, grossa difficoltà *f.* **3** (*Br*) (*golf*) albatros *m.* (buca conclusa con tre colpi sotto il par).

albedo /æl'biːdoʊ/ *n.* (*Astr,Fis*) albedo *f.*

albeit /ɔːl'biːɪt/ *congz.* (*lett*) quantunque, sebbene, anche se, benché.

Albert /'ælbət *Am* 'ælbərt/ *n.pr.m.* Alberto. □ (*Br*) *albert chain* catena con barretta per allacciatura.

Alberta /æl'bɜːtə *Am* æl'bɜːrṭə/ *n.pr.* (*Geog*) Alberta *f.*

albescence /æl'besᵊns/ *n.* biancore *m.*

albescent /æl'besᵊnt/ *a.* albescente, biancheggiante.

Albigenses /͵ælbɪ'dʒensiːz/ *n.pr.pl.* (*Stor*) Albigesi.

Albigensian /͵ælbɪ'dʒensiːən/ **I** *a.* albigese. **II** *n.* albigese *m./f.*

albinism /'ælbɪnɪzᵊm/ *n.* (*Biol*) albinismo *m.*

albino /æl'biːnoʊ *Am* æl'baɪnoʊ/ (*pl.* -**s** /-z/) *n.* **1** (*Biol*) albino *m.* **2** (*Bot*) pianta *f.* albina.

Albion /'ælbɪən/ *n.pr.f.* (*Geog,poet*) Albione.

albite /'ælbaɪt/ *n.* (*Min*) albite *f.*

album /'ælbəm/ *n.* **1** album *m.*: *stamp* ~ album di francobolli. **2** (*set of gramophone records*) album *m.*

albumen /'ælbjuːmən *Am* æl'bjuːmən/ *n.* **1** albume *m.* **2** (*Chim*) (*albumin*) albumina *f.*

albumin /'ælbjuːmɪn *Am* æl'bjuːmən/ *n.* (*Chim*) albumina *f.*

albuminoid /æl'bjuːmɪnɔɪd/ **I** *n.* (*Chim*) albuminoide *m.* **II** *a.* (*Biol*) albuminoide.

albuminous /æl'bjuːmɪnəs/ *a.* albuminoso.

albuminuria /͵ælbjuːmɪ'njʊərɪə *Am* ͵ælbjuːmɪ'n(j)ʊrɪə/ *n.* (*Med*) albuminuria *f.*

alburnum /æl'bɜːnəm *Am* æl'bɜːrnəm/ *n.* (*Bot*) alburno *m.*

Alcaeus /æl'siːəs/ *n.pr.m.* (*Stor.gr*) Alceo.

alcahest /'ælkəhest/ *n.* alkaest *m.*

alcaic, Alcaic /æl'keɪɪk/ **I** *a.* (*Metr*) alcaico. **II** *n.* strofa *f.* alcaica.

alcalde /æl'kældeɪ *Am* æl'kɑːldɪ/ *n.* sindaco *m.*

alcazar /ælkə'zɑː *Am* ͵ælkə'zɑːr/ *n.* alcazar *m.*, palazzo *m.*

alchemise /'ælkəmaɪz/ *v.t.* (*Br*) alchimizzare.

alchemist /'ælkəmɪst/ *n.* alchimista *m.*

alchemistic /͵ælkə'mɪstɪk/ *a.* alchimistico.

alchemistical /͵ælkə'mɪstɪkᵊl/ *a.* alchimistico.

alchemize /'ælkəmaɪz/ *v.t.* alchimizzare.

alchemy /'ælkəmɪ/ *n.* alchimia *f.*

Alcibiades /͵ælsɪ'baɪədiːz/ *n.pr.m.* (*Stor.gr*) Alcibiade.

alcohol /'ælkəhɒl *Am* 'ælkəhɑːl/ *n.* alcol *m.*, alcol *m.* □ ~ *abuse* abuso di alcolici, abuso di alcol; ~ *content* alcolicità, grado alcolico; ~ *free* senza alcol, analcolico.

alcoholic /͵ælkə'hɒlɪk *Am* ͵ælkə'hɑːlɪk/ **I** *a.* **1** alcolico: ~ *drinks* bevande alcoliche. **2** (*Med*) alcolizzato. **II** *n.* **1** (*person*) alcolizzato *m.* (*f.* -a). **2** *pl.* alcolici *m.pl.*

alcoholism /'ælkəhɒlɪzᵊm *Am* 'ælkəhɑːlɪzᵊm/ *n.* (*Med*) alcolismo *m.*

alcopop /'ælkoʊpɒp/ *n.* (*Br,colloq*) bibita *f.* alcolica.

Alcoran /͵ælkɒ'rɑːn *Am* ͵ælkə'ræn/ *n.* (*ant,Rel*) Alcorano *m.*, Corano *m.*

alcove /'ælkoʊv/ *n.* **1** (*recess*) nicchia *f.* **2** (*secluded place in garden*) padiglione *m.* d'estate, pergola *f.* **3** (*rar*) (*recess for a bed*) alcova *f.*

Alcuin /'ælkwɪn/ *n.pr.m.* (*Stor*) Alcuino.

Alcyone /æl'saɪənɪ/ *n.pr.f.* (*Mitol,Astr*) Alcione.

Ald. 1 *Alderman* (assessore comunale). **2** *Alderwoman* (assessore comunale).

aldehyde /'ældɪhaɪd/ *n.* (*Chim*) aldeide *f.*

aldehydic /͵ældɪ'hɪdɪk/ *a.* (*Chim*) aldeidico.

alder /'ɔːldəʳ/ *n.* (*Bot*) ontano *m.*, alno *m.*

alderman /'ɔːldəmən *Am* 'ɔːldəʳmən/ *n.irr.* **1** (*GB,ant*) membro *m.* del consiglio di contea, assessore *m.* comunale. **2** (*US,Aus*) membro *m.* del consiglio locale, consigliere *m.* comunale.

aldermanic /͵ɔːldə'mænɪk *Am* ͵ɔːldəʳ'mænɪk/ *a.* relativo alla carica di alderman.

aldermanship /'ɔːldəmənʃɪp *Am* 'ɔːldəʳmənʃɪp/ *n.* assessorato *m.*, carica *f.* dell'alderman.

alderwoman /'ɔːldəʳwʊmən/ *n.irr.* (*US,Aus*) consigliera *f.* comunale.

ale /eɪl/ *n.* ale *f.*, birra *f.* chiara.

aleatoric /͵eɪliə'tɒrɪk *Am* ͵eɪliə'tɔːrɪk/ *a.* aleatorio (*anche Dir*).

aleatory /'eɪliətᵊrɪ *Am* 'eɪliətɔːri/ *a.* aleatorio (*anche Dir*).

alec, aleck /'ælɪk/ *n.* (*spec. Aus,sl*) imbecille *m.*

Alec, Aleck /'ælɪk/ *n.pr.m.dim.* di Alexander.

alee /ə'liː/ *a./avv.* (*Mar*) sottovento.

alehouse /'eɪlhaʊs/ *n.* birreria *f.*

Alemannic /͵ælɪ'mænɪk/ **I** *n.* (*Stor*) (*dialect*) alemanno *m.* **II** *a.* (*Stor*) alemanno.

alembic /ə'lembɪk/ *n.* (*Chim*) alambicco *m.*

aleph /'ɑːlef/ *n.* (*Ling,Mat*) alef *m.*

alert /ə'lɜːt *Am* ə'lɜːrt/ **I** *a.* **1** vigile, sveglio, pronto, agile. **II** *n.* **1** allarme *m.* **2** (*warning signal*) segnale *m.* di allarme. **3** (*period of watchfulness*) stato *m.* di allarme. **III** *v.t.* **1** dare l'allarme a, avvisare; (*to prepare for action*) mettere in stato di allarme. **2** (*to arouse*) destare, risvegliare, suscitare: *to* ~ *so.'s interest* suscitare l'interesse di qcu. □ (*Inform*) ~ *box* finestra di avvertimento; *to be on* ~ stare all'erta; *on the* ~ all'erta, sul chi vive; *to be on the* ~ stare all'erta.

alertly /ə'lɜːtlɪ *Am* ə'lɜːrtlɪ/ *avv.* all'erta, attentamente.

alertness /ə'lɜːtnəs *Am* ə'lɜːrtnəs/ *n.* vigilanza *f.*, prontezza *f.*, sveltezza *f.*

aleurone /ə'ljʊəroʊn *Am* 'æljəroʊn/ *n.* (*Biol*) aleurone *m.*

Aleutian /ə'l(j)uːʃən/ □ (*Geog*) ~ *Islands* Aleutine, isole Aleutine.

A level, A-level /'eɪlevᵊl/ *n.* (*GB,Scol*) (*abbr.* di *Advanced level*) esame *m.* di licenza di scuola secondaria.

alevin /'ælvɪn/ *n.* (*Itt*) avannotto *m.*

alewife /'eɪlwaɪf/ *n.irr.* (*Itt*) falsa aringa *f.* atlantica.

Alex /'ælɪks/ *n.pr.m.dim.* di Alexander.

Alexander /͵ælɪg'zɑːndəʳ *Am* ͵ælɪg'zændəʳ/ *n.pr.m.* Alessandro. □ (*Stor*) ~ *the Great* Alessandro Magno.

Alexandra /͵ælɪg'zɑːndrə *Am* ͵ælɪg'zændrə/ *n.pr.f.* Alessandra.

Alexandria /͵ælɪg'zɑːndrɪə *Am* ͵ælɪg'zændrɪə/ *n.pr.* (*Geog*) Alessandria *f.* (d'Egitto).

Alexandrian /͵ælɪg'zɑːndrɪən *Am* ͵ælɪg'zændrɪən/ *a.* alessandrino.

Alexandrine /͵ælɪg'zɑːndraɪn *Am* ͵ælɪg'zændr(a)ɪn/ **I** *n.* (*Metr*) alessandrino *m.* **II** *a.* (*Metr*) alessandrino.

Alexia /ə'leksɪə/ *n.pr.f.* Alessia.

alexic /ə'leksɪk/ *a.* (*Med*) alessico.

Alexis /ə'leksɪs/ **I** *n.pr.m.* Alessio. **II** *n.pr.f.dim.* di Alexandra.

alf /ælf/ *n.* (*Aus,sl*) zotico *m.* (*f.* -a), buzzurro *m.* (*f.* -a).

alfalfa /æl'fælfə/ *n.* (*Bot*) alfalfa *f.*, erba *f.* medica, erba *f.* spagna.

Alfred /ˈælfrɪd/ *n.pr.m.* Alfredo.

alfresco /ælˈfreskoʊ/ *a./avv.* all'aperto, fuori.

alg. *algebra* alg. (algebra).

alga /ˈælɡə/ (*pl.* **algae** /ˈældʒiː/) *n.* (*Bot*) alga *f.*

algal /ˈælɡəl/ □ ~ *bloom* proliferazione di alghe.

algebra /ˈældʒɪbrə/ *n.* (*Mat*) algebra *f.*

algebraic /ˌældʒɪˈbreɪɪk/ *a.* (*Mat*) algebrico.

algebraical /ˌældʒɪˈbreɪkəl/ *a.* (*Mat*) algebrico.

algebraically /ˌældʒɪˈbreɪkəli/ *avv.* (*Mat*) dal punto di vista algebrico.

algebraist /ˌældʒɪˈbreɪɪst/ *n.* (*Mat*) algebrista *m./f.*

Algeria /ælˈdʒɪərɪə *Am* ælˈdʒɪrɪə/ *n.pr.* (*Geog*) Algeria *f.*

Algerian /ælˈdʒɪərɪən *Am* ælˈdʒɪrɪən/ **I** *a.* algerino. **II** *n.* algerino *m.* (*f.* -a).

algicide /ˈældʒɪsaɪd/ *a.* (*Chim*) alghicida.

algid /ˈældʒɪd/ *a.* (*Med*) algido.

Algiers /ælˈdʒɪəz *Am* ælˈdʒɪrz/ *n.pr.* (*Geog*) Algeri *f.*

Algol, ALGOL /ˈælɡɒl *Am* ˈælɡɑːl/ (*Inform*) *Algorithmic-Oriented Language* ALGOL (linguaggio algoritmico).

algolagnia /ˌælɡoʊˈlæɡnɪə/ *n.* (*Psic*) algolagnia.

algological /ˌælɡəˈlɒdʒɪkəl *Am* ˌælɡəˈlɑːdʒɪkəl/ *a.* (*Med*) algologico.

algologist /ælˈɡɒlədʒɪst *Am* ælˈɡɑːlədʒɪst/ *n.* (*Med*) algologo *m.*

algology /ælˈɡɒlədʒi *Am* ælˈɡɑːlədʒi/ *n.* (*Med*) algologia *f.*

algometer /ælˈɡɒmɪtər *Am* ælˈɡɑːmətər/ *n.* (*Med*) algometro *m.*, algesimetro *m.*

Algonquian /ælˈɡɒŋkwɪən *Am* ælˈɡɑːŋkwɪən/ **I** *n.* algonchino *m.* (*f.* -a). **II** *a.* algonchino.

algorism /ˈælɡərɪzəm/ *n.* **1** (*Mat*) algorismo *m.* **2** (*algorithm*) algoritmo *m.*

algorithm /ˈælɡərɪðəm/ *n.* (*Mat. Inform*) algoritmo *m.*

algorithmic /ˌælɡəˈrɪðmɪk/ *a.* algoritmico.

alias /ˈeɪlɪəs/ **I** *n.* **1** pseudonimo *m.*, falso nome *m.* **2** (*Inform*) alias *m.* **II** *avv.* alias, altrimenti detto: *Jones,* ~ *Williams* Jones, alias Williams.

aliasing /ˈeɪlɪəsɪŋ/ *n.* (*Inform*) aliasing *m.*

alibi /ˈælɪbaɪ/ *n.* **1** (*Dir*) alibi *m.*: *to plead an* ~ invocare un alibi; *to produce an* ~ presentare un alibi. **2** (*colloq*) (*excuse*) alibi *m.*, scusa *f.*

Alice /ˈælɪs/ *n.pr.f.* Alice. □ ~ *band* cerchietto per capelli.

Alicia /əˈlɪʃ(i)ə/ *n.pr.f.* Alice.

alicyclic /ˌælɪˈsaɪklɪk *Am* ˌælɪˈsɪklɪk/ *a.* (*Chim*) aliciclico.

alidad /ˈælɪdæd/ *n.* (*Tecn*) alidada *f.*

alidade /ˈælɪdeɪd/ *n.* (*Tecn*) alidada *f.*

alien /ˈeɪlɪən/ **I** *n.* **1** straniero *m.* (*f.* -a). **2** (*outsider*) estraneo *m.* (*f.* -a), forestiero *m.* (*f.* -a). **3** (*extraterrestrial being*) extraterrestre *m./f.*, alieno *m.* (*f.* -a). **II** *a.* **1** straniero, estero. **2** (*unfamiliar*) estraneo, contrario, alieno (*to* a): *pity is* ~ *to his character* la compassione è estranea al suo carattere. **3** (*incompatible*) contrario (a), in contrasto (con).

alienability /ˌeɪlɪənəˈbɪlɪti *Am* ˌeɪlɪənəˈbɪləti/ *n.* (*Dir*) alienabilità *f.*

alienable /ˈeɪlɪənəbl/ *a.* alienabile (*anche Dir*).

alienage /ˈeɪlɪənɪdʒ/ *n.* (*Dir*) condizione *f.* (giuridica) di straniero.

alienate /ˈeɪlɪəneɪt/ *v.t.* **1** alienare, estraniare, allontanare: *to* ~ *a friend* alienarsi un amico. **2** (*Dir*) alienare.

alienation /ˌeɪlɪəˈneɪʃən/ *n.* **1** alienazione *f.*, allontanamento *m.* **2** (*Med,Dir*) alienazione *f.*

alienator /ˈeɪlɪəneɪtər *Am* ˈeɪlɪəneɪtər/ *n.* (*Dir*) alienatore *m.* (*f.* -trice).

alienee /ˌeɪlɪəˈniː/ *n.* (*Dir*) alienatario *m.* (*f.* -a).

alienism /ˈeɪlɪənɪzəm/ *n.* **1** nazionalità *f.* straniera. **2** (*Psic*) studio *m.* dell'alienazione mentale.

alienist /ˈeɪlɪənɪst/ *n.* (*spec. Am,Psic*) alienista *m./f.*

aliform /ˈeɪlɪfɔːm *Am* ˈeɪlɪfɔːrm/ *a.* aliforme.

alight[1] /əˈlaɪt/ *v.i.* **1** (*spec. Br*) discendere, scendere (*from* da): *to* ~ *from a bus* scendere dall'autobus. **2** (*from a horse*) smontare (da). **3** (*lett*) (*of a bird*) posarsi. **4** (*fig*) capitare, giungere per caso (*on, upon* in). □ *to* ~ *on land* atterrare; *to* ~ *on water* ammarare.

alight[2] /əˈlaɪt/ *a.pred.* **1** acceso. **2** (*fig*) illuminato (*with* da), splendente (di): *her face was* ~ *with joy* il suo viso era illuminato dalla gioia.

alighting /əˈlaɪtɪŋ *Am* əˈlaɪtɪŋ/ *n.* (*Aer*) (*on land*) atterraggio *m.*; (*on sea*) ammaraggio *m.*

align /əˈlaɪn/ **I** *v.t.* **1** allineare. **2** (*fig*) (*to adjust*) allineare, adeguare, tenere in linea: *to* ~ *salaries* adeguare gli stipendi. **3** (*fig*) (*to ally*) allineare, schierare: *to* ~ *oneself with a party* schierarsi con un partito. **II** *v.i.* allinearsi, schierarsi (*with* con).

aligner /əˈlaɪnər *Am* əˈlaɪnər/ *n.* (*Tecn*) allineatore *m.*, dispositivo *m.* di allineamento.

aligning /əˈlaɪnɪŋ/ *n.* allineamento *m.* (*anche Econ*).

alignment /əˈlaɪnmənt/ *n.* **1** allineamento *m.* (*anche Rad,Tip*). **2** (*fig*) (*alliance*) schieramento *m.* **3** (*Mil*) allineamento *m.*, schieramento *m.* □ *in* ~ *with* in linea con; *non* ~ non allineamento, neutralità; (*Econ*) ~ *of currencies* allineamento monetario; *out of* ~ fuori allineamento, male allineato.

alike /əˈlaɪk/ **I** *avv.* **1** nello stesso modo. **2** (*equally*) in egual misura, egualmente. **II** *a.* simile, somigliante: *these twins are very much* ~ questi gemelli sono molto simili, questi gemelli si assomigliano molto. □ ~ *as apples and oranges* diversi come il giorno e la notte; ~ *as two peas in a pod* uguali come due gocce d'acqua; *all things are* ~ *to her* per lei una cosa vale l'altra.

aliment /ˈælɪmənt/ **I** *n.* **1** (*ant*) alimento *m.*, cibo *m.*, nutrimento *m.* **2** (*Scott,Dir*) alimenti *m.pl.* **II** *v.t.* **1** alimentare. **2** (*Dir*) corrispondere gli alimenti a.

alimentary /ˌælɪˈmentəri *Am* ˌælɪˈmentəri/ *a.* alimentare, alimentario. □ (*Anat*) ~ *canal* canale alimentare, tubo digerente.

alimentation /ˌælɪmenˈteɪʃən/ *n.* **1** alimentazione *f.* **2** (*support*) sostentamento *m.*

alimony /ˈælɪmoʊni/ *n.* **1** (*spec. Am,Dir*) alimenti *m.pl.* **2** (*maintenance*) alimenti *m.pl.*, mezzi *m.pl.* di sostentamento.

aline /əˈlaɪn/ **I** *v.t.* **1** allineare. **2** (*fig*) (*to adjust*) allineare, adeguare, tenere in linea. **3** (*fig*) (*to ally*) allineare, schierare. **II** *v.i.* allinearsi, schierarsi (*with* con).

A-line /ˈeɪlaɪn/ *a.* svasato.

alinement /əˈlaɪnmənt/ *n.* **1** allineamento *m.* (*anche Rad,Tip*). **2** (*fig*) (*alliance*) schieramento *m.* **3** (*Mil*) allineamento *m.*

aliphatic /ˌælɪˈfætɪk *Am* ˌælɪˈfætɪk/ *a.* (*Chim*) alifatico: ~ *compounds* composti alifatici.

A-list, A list /ˈeɪlɪst/ *n.* lista *f.* di nomi principali, lista *f.* dei massimi esponenti.

aliteracy /eɪˈlɪtərəsi *Am* eɪˈlɪtərəsi/ *n.* scarso interesse *m.* alla lettura.

aliterate /eɪˈlɪtərət *Am* eɪˈlɪtərət/ *a.* disinteressato alla lettura.

alive /əˈlaɪv/ *a.pred.* **1** vivo, vivente, in vita: *to be burnt* ~ esser bruciato vivo; *to keep so.* ~ mantenere qcu. in vita; *to keep a memory* ~ mantenere vivo un ricordo. **2** (*in the world*) al mondo, del mondo, sulla terra: *the happiest man* ~ l'uomo più felice del mondo. **3** (*lively*) vivace, attivo, pieno di vita: *to bring sth.* ~ vivacizzare qcs., ravvivare qcs.; *to come* ~ ravvivarsi, animarsi. **4** (*vibrant*) vivido, vibrante (*with* di). **5** (*filled*) pieno, denso (*with* di): *his prose is* ~ *with colourful metaphors* la sua prosa è densa di pittoresche metafore. **6** (*aware of*) sensibile, suscettibile (*to* a): ~ *to pain* sensibile al dolore. **7** (*El*) sotto tensione. □ ~ *and kicking* vivo e vegeto; ~ *and well* vivo e vegeto; ~ *and whole* sano e salvo; (*fig*) *to be* ~ *to* essere conscio di; *to be* ~ *with* brulicare di, pullulare di.

alizarin /əˈlɪzərɪn/ *n.* (*Chim*) alizarina *f.*

alizarine /əˈlɪzərɪn, əˈlɪzəriːn/ *n.* (*Chim*) alizarina *f.*

alkahest /ˈælkəhest/ *n.* alkaest *m.*

alkalescence /ˌælkəˈlesəns/ *n.* (*Chim*) alcalescenza *f.*

alkalescency /ˌælkəˈlesənsi/ *n.* (*Chim*) alcalescenza *f.*

alkalescent /ˌælkəˈlesənt/ *a.* (*Chim*) alcalescente.

alkali /ˈælkəlaɪ/ **I** *n.* (*pl.* **-s** /*Am also* **-es** /-z/) (*Chim*) alcali *m.* **II** *a.* (*Chim,Agr*) alcalino. □ (*Chim*) ~ *metal* metallo alcalino.

alkaline /ˈælkəlaɪn/ *a.* (*Chim*) alcalino: ~ *reaction* reazione alcalina. □ (*Chim*) ~ *earth metals* metalli alcalino-terrosi.

alkalinity /ˌælkəˈlɪnɪti *Am* ˌælkəˈlɪnəti/ *n.* (*Chim*) alcalinità *f.*

alkalise /ˈælkəlaɪz/ *v.t.* (*Br,Chim*) alcalinizzare.

alkalize /ˈælkəlaɪz/ *v.t.* (*Chim*) alcalinizzare.

alkaloid /ˈælkəlɔɪd/ *n.* (*Chim*) alcaloide *m.*

alkaloidal /ˌælkəˈlɔɪdəl/ *a.* (*Chim*) alcaloide.

alkalosis /ˌælkəˈloʊsɪs/ *n.* (*Med*) alcalosi *f.*

alkane /ˈælkeɪn/ *n.* (*Chim*) alcano *m.*

alkanet /ˈælkənet/ *n.* **1** (*Bot*) alcanna *f.* spuria. **2** (*Chim*) alcannina *f.*, ancusa *f.*, orcanetto *m.* **3** (*Bot*) (*bugloss*) buglossa *f.*

alkene /ˈælkiːn/ *n.* (*Chim*) alchene *m.*

alkyd /ˈælkɪd/ □ (*Chim*) ~ *resin* resina alchidica.

alkyl /ˈælkɪl *Am* ˈælkəl/ *n.* (*Chim*) alchile *m.*

alkylate /ˈælkɪleɪt *Am* ˈælkəleɪt/ **I** *n.* (*Chim*) alchilato *m.* **II** *v.t.* alchilare.

alkylating /ˈælkɪleɪtɪŋ *Am* ˈælkəleɪtɪŋ/ *a.* (*Chim*) alchilante.

alkylation /ˌælkɪˈleɪʃən *Am* ˌælkəˈleɪʃən/ *n.* (*Chim*) alchilazione *f.*

alkyne /ˈælkaɪn/ *n.* (*Chim*) alchino *m.*

all /ɔːl/ **I** *a.* **1** tutto; (*the whole of*) intero. **2** (*the whole number of*) tutti: ~ *men* tutti gli uomini. **3** (*greatest possible*) tutto, massimo: *with* ~ *due respect* con tutto il rispetto. **4** (*every*) ogni, ciascuno: ~ *kinds of books* ogni tipo di libri. **5** (*any*) qualsiasi, ogni, alcuno: *he denied* ~ *complicity* negò qualsiasi complicità. **II** *pron.* **1** tutti: *they* ~ *want to come* vogliono venire tutti; ~ *of us are going* andiamo tutti. **2** (*the whole amount*) tutto: *don't take it* ~ non prenderlo tutto. **3** (*everything*) tutto: ~ *is lost* tutto è perduto. **III** *avv.* **1** tutto, interamente, completamente, totalmente. **2** (*exclusively*) tutto, soltanto, esclusivamente. **3** (*each, apiece*) pari: *the score is thirty* ~ il punteggio è di trenta pari. **IV** *n.* tutto *m.*: *to lose one's* ~ perdere tutto; *it was* ~ *I could do not to laugh* riuscivo a stento a trattenermi dal ridere. □ ~ *alone*: 1 solo (soletto), tutto solo; 2 (*without help*) (tutto) da solo; ~ *along*: 1 per tutto, lungo tutto: ~ *along the road* lungo tutta la strada; 2 (*all the time*) sempre, sin dall'inizio *often not translated*: *I knew it ~ along* lo sapevo io; *and ~* tutto; *he jumped into the lake clothes and ~* si buttò nel lago bell'e vestito, si buttò nel lago tutto vestito; ~ *and sundry* tutti, tutti quanti; *at ~* affatto, per niente; *I didn't enjoy myself at ~* non mi sono divertito affatto; *tell me if you are at ~ worried* dimmi se c'è qualcosa che ti preoccupa; ~ *at once*: 1 (*suddenly*) all'improvviso, improvvisamente, d'un tratto; 2 (*all at the same time*) al tempo stesso, allo stesso tempo, nello stesso tempo; ~ *but* quasi, per poco non; *the coffee's ~ but finished* il caffè è quasi finito; *it is ~ but complete* è quasi completo; *for ~ I care* per quel che m'importa; (*fig*) ~ *chiefs, but no Indians* troppi generali e nessun soldato; ~ *clear* cessato allarme: *to sound the ~ clear* dare il cessato allarme, suonare il cessato allarme; ~ *day* per tutta la giornata, tutto il giorno; ~ *day long* tutto il santo giorno; (*fig*) *to be ~ ears* essere tutt'orecchi; *All Fools' Day* il primo aprile; *for ~* con tutto, malgrado, nonostante; *for ~ his wealth he is not happy* con tutta la sua ricchezza non è felice; *to be ~ for doing sth.* essere d'accordissimo a fare qcs., essere dispostissimo a fare qcs.; *to be ~ for sth.* essere totalmente a favore di qcs.; *on ~ fours* a quattro zampe; (*Am,sl*) ~ *get-out* al massimo, *to go like ~ get-out* andare a tavoletta, andare a manetta; (*ant*) ~ *hail* salve; *All Hallows* Ognissanti, giorno dei santi; *fifty people in ~* cinquanta persone in tutto; ~ *in*: 1 tutto compreso: *it will cost you fifty pound ~ in* ti costerà cinquanta sterline tutto compreso; 2 (*colloq*) (*exhausted*) sfinito, esausto; ~ *in ~*: 1 tutto considerato, tutto sommato; 2 (*altogether*) nel complesso; 3 (*everything*) tutto: *she was ~ in ~ to me* lei era tutto per me; ~ *in one piece* integro, intero; *for ~ I know* per quanto ne so; ~ *manner of* ogni sorta di, ogni genere di; *that's ~ we need!* ci mancherebbe altro!, ci manca solo questa!; *your work is not ~ that it should be* il tuo lavoro non è proprio come dovrebbe essere; *not at ~* niente, affatto; *thank you very much - not at ~!* molte grazie - non c'è di che! (*o* di nulla!); *of ~* fra tutti, *~ of*: 1 tutto: ~ *of a tremble* tutto tremante; ~ *of a sudden* tutto d'un tratto, improvvisamente; 2 (*colloq*) almeno, non meno di; *it cost me ~ of fifty dollars* mi è costato non meno di cinquanta dollari, mi è costato ben cinquanta dollari; *it's ~ one to me* per me fa lo stesso, per me è la stessa cosa; *one's ~* di tutto, il massimo, *she gave her ~* ha fatto di tutto; ~ *out* totale, integrale, completo; ~ *over*: 1 (*everywhere*) dappertutto; 2 (*finished*) tutto terminato, tutto finito: *it's ~ over* è finito tutto; ~ *over again* tutto di nuovo, tutto da capo; (*colloq*) *that's him ~ over* è tipico suo, è proprio quello che ci si può aspettare da lui; (*Am,colloq*) ~ *over the map* dappertutto, in modo disordinato; (*colloq*) ~ *over the place* dappertutto, in modo disordinato; (*Br,colloq*) ~ *over the shop* dappertutto, in modo disordinato; *he, of ~ people* proprio lui, tra tutti proprio lui; ~ *right*: 1 (*used as an adverb: well*) bene, discretamente, in modo soddisfacente: *he's getting on ~ right* sta procedendo bene; *the car is going ~ right now* adesso la macchina va benissimo; 2 (*used as an adverb: certainly*) va bene, d'accordo (che), certo: *he's alive ~ right* certo che è vivo; *you were ill, ~*

right, but va bene che eri malato, ma; 3 (*used as an adjective: correct*) giusto, corretto; 4 (*used as an adjective: in good health*) bene: *I'm feeling ~ right now* ora sto bene; 5 (*used as an adjective: adequate*) soddisfacente, discreto, passabile; 6 (*Am,colloq*) (*used as an adjective: good, dependable*) buono, bravo, onesto; 7 (*used as an interjection: yes*) va bene!, bene!: ~ *right, I'll come* va bene, verrò; *All Saints' Day* Ognissanti, giorno dei santi; (*Am,fig*) *that's ~ she wrote* basta, tutto qui, la storia finisce qui; *All Souls' Day* giorno dei morti; (*Br*) *I'm not as ill as ~ that* non sono malato fino a quel punto, non sono malato a tal punto; *that's ~* questo è tutto, tutto qui, e basta; ~ *the better* tanto meglio; ~ *the more* tanto meglio; ~ *the more reason* (una) ragione di più, a maggior ragione; ~ *the way* fino in fondo; ~ *the worse* tanto peggio; (*colloq*) *he's not ~ there* gli manca qualche rotella; *to be ~ things to ~ men* essere un opportunista; *you can't be ~ things to ~ people* non è possibile accontentare tutti; ~ *things considered* tutto sommato; ~ *told* tutto sommato; (*iron*) ~ *very well* si fa presto, è bene: *it is ~ very well to criticize* si fa presto a criticare; *that's ~ very well (and good), but...*, va benissimo, però...

alla breve /ˌælə'breɪveɪ Am ˌɑ:lə'breɪvi/ *adv.* (*Mus*) alla breve.

all-absorbing /'ɔ:ləb‚sɔːbɪŋ Am 'ɔːləb‚zɔːbɪŋ/ *a.* appassionante, entusiasmante.

Allah /'ælə, ə'lɑː/ *n.pr.m.* (*Rel*) Allah.

all-American /ˌɔːlə'merɪkən/ I *a.* 1 genuinamente americano, veramente americano: *he's as ~ as apple pie and baseball* è tipicamente americano come la torta di mele e il baseball. 2 (*from the Americas*) da tutte le Americhe. 3 (*Sport*) migliore degli Stati Uniti. 4 (*Sport*) (*representative*) rappresentativo degli Stati Uniti. II *n.* (*Sport*) migliore *m.* (giocatore) degli Stati Uniti. □ (*Am*) *high-school ~ team* squadra formata dai migliori giocatori americani della scuola.

allantoic /ˌælən'toʊɪk/ *a.* (*Anat*) allantoico.

allantoin /ə'læntoʊɪn/ *n.* (*Chim*) allantoina *f.*

allantois /ə'læntoʊɪs/ (*pl.* **-toides** /-'toʊɪdiːz/) *n.* (*Anat*) allantoide *f.*

allargando /ˌælɑː'gændoʊ Am ˌɑ:lɑːr'gɑ:ndoʊ/ *adv.* (*Mus*) allargando.

all-around /ˌɔːlə'raʊnd/ *a.* (*Am*) 1 versatile, completo: *an ~ athlete* un atleta versatile. 2 (*comprehensive*) ampio, generale, eclettico.

allay /ə'leɪ/ *v.t.* 1 placare, calmare, acquietare, sedare: *to ~ one's fears* calmare le proprie paure. 2 (*to abate*) alleviare, lenire, attenuare, mitigare: *to ~ the fever* attenuare la febbre.

all-candidates /ˌɔːl'kæn(d)ɪdəts/ □ (*Canad*) ~ *meeting* riunione pubblica con tutti i candidati prima di un'elezione.

all-clear /ˌɔːl'klɪə Am ˌɔːl'klɪr/ *n.* cessato allarme *m.*: *to sound the ~* dare il cessato allarme, suonare il cessato allarme.

all-comers, allcomers /'ɔːlkʌməs Am 'ɔːlkʌmərs/ *n.* tutti *m.pl.*: *the competition is open to ~* la gara è aperta a tutti.

all-day /'ɔːldeɪ/ *a.* che dura tutto il giorno.

allegation /ˌælɪ'geɪʃən/ *n.* 1 asserzione *f.*, affermazione *f.* accusa *f.*; (*unsupported*) asserzione *f.* infondata. 2 (*Dir*) allegazione *f.*, testimonianza *f.*

allege /ə'ledʒ/ *v.t.* 1 affermare, asserire, dichiarare; (*without proof*) sostenere, asserire. 2 (*to bring forward as a reason*) sostenere, addurre. 3 (*ant,Dir*) (*to state under oath*) dichiarare solennemente.

alleged /ə'ledʒd/ *a.* 1 presunto, addotto: *the ~ murderer* il presunto assassino. 2 (*supposed, so-called*) cosiddetto.

allegedly /ə'ledʒɪdli/ *avv.* presumibilmente, secondo quanto si dice.

Alleghenies /ælɪ'geɪniːz/ *n.pr.pl.* (*Geog*) monti *m.pl.* Alleghény.

allegiance /ə'liːdʒəns/ *n.* 1 (*to a sovereign or state*) fedeltà *f.*, obbedienza *f.*: *to take an oath of ~* fare giuramento di fedeltà. 2 (*to a person, an ideal, etc.*) fedeltà *f.*; (*to a cause*) lealtà *f.*, devozione *f.*

allegoric /ˌælɪ'gɒrɪk Am ˌælɪ'gɔːrɪk/ *a.* allegorico.

allegorical /ˌælɪ'gɒrɪkəl Am ˌælɪ'gɔːrɪkəl/ *a.* allegorico.

allegorically /ˌælɪ'gɒrɪkəli Am ˌælɪ'gɔːrɪkəli/ *avv.* allegoricamente.

allegorisation /ˌælɪgɔːr(a)ɪ'zeɪʃən Am ˌælɪgɔːrɪ'zeɪʃən/ *n.* (*Br*) interpretazione *f.* allegorica.

allegorise /'ælɪgəraɪz Am 'ælɪgɔːraɪz/ I *v.t.* (*Br*) 1 allegorizzare. 2 (*to interpret allegorically*) interpretare allegoricamente. II *v.i.* (*Br*) 1 allegorizzare, esprimersi per allegorie. 2 (*to explain allegorically*) spiegare con allegorie.

allegorist /'ælɪgərɪst Am 'ælɪgɔːrɪst/ *n.* allegorista *m./f.*

allegorization /ˌælɪgər(a)ɪ'zeɪʃən Am ˌælɪgɔːrɪ'zeɪʃən/ *n.* interpretazione *f.* allegorica.

allegorize /'ælɪgəraɪz Am 'ælɪgɔːraɪz/ I *v.t.* 1 allegorizzare. 2 (*to interpret allegorically*) interpretare allegoricamente. II *v.i.* 1 allegorizzare, esprimersi per allegorie. 2 (*to explain allegorically*) spiegare con allegorie.

allegory /'ælɪgəri Am 'ælɪgɔːri/ *n.* allegoria *f.*

allegretto /ælɪ'gretoʊ Am ælɪ'gretoʊ/ I *a./avv.* (*Mus*) allegretto. II *n.* (*pl.* **-s** /-z/) allegretto *m.*

allegro /ə'leɪgroʊ/ I *a./avv.* (*Mus*) allegro. II *n.* (*pl.* **-s** /-z/) allegro *m.*

allele /ə'liːl/ *n.* (*Biol*) allele *m.*

allelic /ə'liːlɪk/ *a.* (*Biol*) allelico.

allelochemical /ˌə‚liːloʊ'kemɪkəl/ *a.* (*Chim*) allelochimico.

allelomorph /ə'liːloʊmɔːf Am ə'liːləmɔːrf/ *n.* (*Biol*) allele *m.*

allelomorphic /ˌə‚liːloʊ'mɔːfɪk Am ə‚liːlə'mɔːrfɪk/ *a.* (*Biol*) allelomorfo *m.*

allelopathic /ˌə‚liːloʊ'pæθɪk/ *a.* (*Bot*) allelopatico.

allelopathy /ˌælɪ'lɒpəθi Am ˌælɪ'lɑːpəθi/ *n.* (*Bot*) allelopatia *f.*

alleluia /ælɪ'luːjə/ *n./intz.* alleluia *m.*

allemande /'æləmænd/ *n.* (*danza*) allemanda *f.*

all-embracing /ˌɔːlɪm'breɪsɪŋ Am also ˌɔːlɪm'breɪsɪŋ/ *a.* che comprende tutto, che abbraccia tutto, completo.

Allen /'ælən/ □ (*Br,Mecc*) ~ *key* chiave a brugola, chiave a testa esagonale; (*Mecc*) ~ *screw* brugola, vite a testa esagonale; (*Am, Mecc*) ~ *wrench* chiave a brugola, chiave a testa esagonale.

allergen /'ælədʒen Am 'ælərdʒen/ *n.* (*Med*) allergene *m.*

allergenic /ˌælə'dʒenɪk Am ˌælər'dʒenɪk/ *a.* (*Med*) allergenico.

allergic /ə'lɜːdʒɪk Am ə'lɜːrdʒɪk/ *a.* (*Med*) allergico (*anche scherz*).

allergist /'ælədʒɪst Am 'ælərdʒɪst/ *n.* (*Med*) allergologo *m.* (*f.* -a).

allergy /'ælədʒi Am 'ælərdʒi/ *n.* 1 (*Med*) allergia *f.* 2 (*colloq*) (*dislike*) allergia *f.*, antipatia *f.*

allethrin /'æləθrɪn/ *n.* (*Chim*) alletrina *f.*

alleviate /ə'liːvieɪt/ *v.t.* 1 alleviare, lenire, attenuare, mitigare: *to ~ pain* alleviare il dolore. 2 (*fig*) (*to moderate*) attenuare, alleviare.

alleviation /ə,liːviˈeɪʃən/ *n.* 1 alleviamento *m.*, attenuazione *f.* 2 (*sth. which alleviates*) lenimento *m.*, lenitivo *m.*

alleviative /əˈliːviertɪv *Am* əˈliːviertɪv/ *a.* lenitivo.

alleviator /əˈliːviertər *Am* əˈliːviertər/ *n.* alleviatore *m.* (*f.* -trice).

alley /ˈæli/ *n.* 1 vicolo *m.*: *a blind ~* un vicolo cieco (*anche fig*). 2 (*alleyway*) passaggio *m.* 3 (*path, garden walk*) vialetto *m.* 4 (*Sport*) (*in bowling*) pista *f.*, corsia *f.*; (*Am*) (*in tennis*) corridoio *m.*; (*in baseball*) corridoio *m.* □ *~ cat* gatto randagio; (*colloq*) *down one's ~* congeniale, adatto; (*colloq*) *up one's ~* congeniale, adatto; *it's right up his ~* è proprio ciò che piace a lui.

alley-oop /ˌæliˈuːp/ **I** *intz.* bravo! **II** *n.* (*Am, Sport*) (*in basketball*) passaggio *m.* della palla all'altezza del canestro per la schiacciata finale.

alleyway /ˈæliweɪ/ *n.* passaggio *m.*

all-fired /ˈɔːlfaɪəd/ *I* *avv.* (*Am,sl*) maledettamente. **II** *a.* (*Am,sl*) infernale, dannato.

Allhallowmas /ˌɔːlˈhæloʊməs/ *n.* (*ant*) Ognissanti *m.*, giorno *m.* dei santi.

Allhallows /ˌɔːlˈhæloʊz/ *n.* (*ant*) Ognissanti *m.*, giorno *m.* dei santi.

alliaceous /ˌæliˈeɪʃəs/ *a.* (*Bot*) agliaceo.

alliance /əˈlaɪəns/ *n.* 1 alleanza *f.*, unione *f.*: *to form* (o *to enter into*) *an ~ with* allearsi con, formare un'alleanza con, stringere un'alleanza con. 2 (*Pol*) alleanza *f.*, patto *m.*: *defensive ~* alleanza difensiva. 3 (*Bot*) alleanza *f.* 4 (*amorous relationship*) relazione *f.*, unione *f.* 5 (*fig*) (*affinity*) parentela *f.*, affinità *f.* □ *in ~ with* insieme con, unitamente a.

allied /ˈælaɪd/ *a.* 1 alleato. 2 (*fig*) (*related*) affine, apparentato, collegato: *~ species* specie affini. □ *~ forces* forze alleate; *~ health professions* professioni paramediche; (*Mil*) *~ powers* potenze alleate.

Allies /ˈælaɪz/ *n.pl.* (*Stor*) alleati *m.pl.*

alligator /ˈæliɡeɪtər *Am* ˈæliɡeɪtər/ *n.* 1 (*Zool*) alligatore *m.* 2 (*Pell*) coccodrillo *m.* □ (*Am, El*) *~ clip* coccodrillo; (*Itt*) *~ fish* (o *~ gar*) luccio alligatore; (*Am*) *~ pear* avocado; (*Zool*) *~ snapper* (o *~ turtle*) tartaruga alligatore.

all-important /ˈɔːlɪm,pɔːtənt *Am* ˈɔːlɪm ,pɔːrtənt/ *a.* importantissimo, della massima importanza.

all-in /ˌɔːlˈɪn/ *a.* 1 (*Br*) tutto compreso, complessivo, globale: *~ price* prezzo complessivo. 2 (*spec. Br,Sport*) (*of wrestling*) senza esclusione di colpi. □ (*El*) *~ tariff* tariffa per uso promiscuo.

all-inclusive /ˌɔːlɪŋˈkluːsɪv/ *a.* 1 tutto compreso. 2 (*comprehensive*) comprensivo.

alliterate /əˈlɪtəreɪt *Am* əˈlɪtəreɪt/ *v.i.* formare allitterazioni, usare allitterazioni.

alliteration /əˌlɪtəˈreɪʃən *Am* əˌlɪtəˈreɪʃən/ *n.* allitterazione *f.*

alliterative /əˈlɪtərətɪv *Am* əˈlɪtərətɪv/ *a.* allitterativo.

all-night /ˌɔːlˈnaɪt/ *a.* 1 aperto tutta la notte, con servizio notturno. 2 (*lasting all night*) che dura tutta la notte.

all-nighter /ˌɔːlˈnaɪtər *Am* ˌɔːlˈnaɪtər/ *n.* 1 lavoro *m.* che dura tutta la notte, attività *f.* che dura tutta la notte. 2 (*colloq*) negozio *m.* aperto tutta la notte, servizio *m.* aperto tutta la notte. □ *to pull an ~* studiare per tutta la notte.

allocable /ˈæləkəbl/ *a.* assegnabile, stanziabile.

allocate /ˈæləkeɪt/ *v.t.* 1 (*to share*) distribuire, ripartire, assegnare. 2 (*to earmark*) assegnare, destinare, stanziare. 3 (*to set aside*) stanziare, accantonare, allocare. 4 (*Inform*) allocare.

allocation /ˌæləˈkeɪʃən/ *n.* 1 (*sharing out*) distribuzione *f.*, ripartizione *f.*, assegnazione *f.* 2 (*earmarking*) assegnazione *f.*, destinazione *f.* 3 (*setting aside*) stanziamento *m.* accantonamento *m.*, collocamento *m.* □ (*Econ*) *~ of dividends* destinazione dei dividendi; (*Econ*) *~ of income* ripartizione del reddito; (*Econ*) *~ to the highest bidder* assegnazione (o aggiudicazione) al maggior offerente.

allocator /ˈæləkeɪtər *Am* ˈæləkeɪtər/ *n.* stanziatore *m.* (*f.* -trice).

allochthonous /əˈlɒkθənəs/ *a.* (*Geol*) alloctono.

allocution /ˌæləˈkjuːʃən/ *n.* allocuzione *f.* (*anche Rel.catt*).

allodial /əˈloʊdiəl/ *a.* (*Dir*) allodiale.

allodium /əˈloʊdiəm/ (*pl.* **-dia** /-diə/) *n.* (*Dir*) allodio *m.*

allogamy /əˈlɒɡəmi *Am* əˈlɑːɡəmi/ *n.* (*Bot*) allogamia *f.*

allogeneic /æloʊdʒəˈneɪɪk ,æloʊdʒəˈniːɪk/ *a.* (*Biol*) allogenico.

allogenic /æloʊˈdʒenɪk/ *a.* 1 (*Bot*) allogenico. 2 (*Geol*) allottogenico.

allograft /ˈæləɡrɑːft *Am* ˈæləɡræft/ *n.* (*Chir*) allotrapianto *m.*, omotrapianto *m.*

allograph /ˈæləɡrɑːf *Am* ˈæləɡræf/ *n.* (*Dir, Ling*) allografo *m.*

allometry /əˈlɒmɪtri *Am* əˈlɑːmɪtri/ *n.* (*Biol*) allometria *f.*

allomorph /ˈæləmɔːf *Am* ˈæləmɔːrf/ *n.* (*Ling*) allomorfo *m.*

allomorphic /æloʊˈmɔːfɪk *Am* æloʊˈmɔːrfɪk/ *a.* (*Ling*) allomorfico.

allomorphism /ˈæləmɔːˌfɪzəm *Am* ˈæloʊ ,mɔːrfɪzəm/ *n.* (*Ling*) allomorfismo *m.*

allopath /ˈæloʊpæθ/ *n.* (*Med*) medico *m.* allopatico.

allopathic /ˌæloʊˈpæθɪk/ *a.* (*Med*) allopatico.

allopathist /əˈlɒpəθɪst *Am* əˈlɑːpəθɪst/ *n.* (*Med*) medico *m.* allopatico.

allopathy /əˈlɒpəθi *Am* əˈlɑːpəθi/ *n.* (*Med*) allopatia *f.*

allopatric /ˌæloʊˈpætrɪk/ *a.* (*Biol*) allopatrico.

allopatry /əˈlɒpətri *Am* əˈlɑːpətri/ *n.* (*Biol*) allopatria *f.*

allophone /ˈæloʊfoʊn/ *n.* (*Ling*) allofono *m.*

allophonic /ˌæloʊˈfɒnɪk *Am* æləˈfɑːnɪk/ *a.* (*Ling*) allofonico.

allopurinol /ˌæloʊˈpjʊərɪnɒl *Am* ˌæloʊ ˈpjʊrɪnɔːl/ *n.* (*Farm*) allopurinolo *m.*

All-Ordinaries Index /ˌɔːl ˈɔːdɪnəriːs ,ɪndeks/ *n.* (*Aus,Econ*) (principale) indice *m.* delle azioni ordinarie, indice *m.* borsistico australiano.

All-Ords /ˈɔːl,ɔːdz/ *n.* (*Aus,Econ*) (principale) indice *m.* delle azioni ordinarie, indice *m.* borsistico australiano.

allosaurus /ˌæləˈsɔːrəs/ *n.* (*Zool*) allosauro *m.*

allosteric /ˌæloʊˈsterɪk ,æloʊˈstiː(ə)rɪk/ *a.* (*Biol*) allosterico.

allot /əˈlɒt *Am* əˈlɑːt/ (*past, p.p.* **allotted** /-tɪd *Am* -tɪd/) *v.t.* 1 (*to assign*) assegnare, destinare, riservare: *to ~ a task to so.* assegnare un compito a qcu. 2 (*to share*) distribuire, ripartire. 3 (*to earmark*) accantonare, stanziare.

allotment /əˈlɒtmənt *Am* əˈlɑːtmənt/ *n.* 1 (*assigning*) assegnazione *f.*, destinazione *f.* 2 (*sharing*) distribuzione *f.*, ripartizione *f.*: (*Econ*) *~ of an income* ripartizione di un red-

dito. 3 (*plot of land*) lotto *m.*, piccolo appezzamento *m.* 4 (*portion*) parte *f.*, porzione *f.* 5 (*Am,Mil*) assegno *m.*

allotrope /ˈælətroʊp/ *n.* (*Chim*) allotropo *m.*

allotropic /ˌæləˈtrɒpɪk *Am* ˌæləˈtrɑːpɪk/ *a.* (*Chim*) allotropico.

allotropical /ˌæləˈtrɒpɪkəl *Am* ˌæləˈtrɑːpɪkəl/ *a.* (*Chim*) allotropico.

allotropism /əˈlɒtrəpɪzəm *Am* əˈlɑːtrəpɪzəm/ *n.* (*Chim*) allotropia *f.*

allotropy /əˈlɒtrəpi *Am* əˈlɑːtrəpi/ *n.* (*Chim*) allotropia *f.*

allottee /ˌæləˈtiː *Am* ˌælɑˈtiː/ *n.* assegnatario *m.* (*f.* -a).

all-out /ˈɔːlˈaʊt/ *a.* totale, integrale, completo: *an ~ effort* uno sforzo totale.

allow /əˈlaʊ/ **I** *v.t.* 1 permettere, consentire, ammettere: *to ~ so. out after dark* permettere a qcu. di uscire di sera. 2 (*to give*) dare, assegnare, concedere, (*colloq*) passare: *he ~ed his wife fifty pounds a week* dava alla moglie cinquanta sterline alla settimana. 3 (*to admit*) ammettere, accettare, accogliere: *to ~ a claim* accettare un reclamo. 4 (*to acknowledge*) riconoscere, ammettere: *you must ~ that I am right* dovete riconoscere che ho ragione. 5 (*to allot*) destinare, calcolare, assegnare: *he ~ed three hours for the journey* calcolò tre ore per il viaggio. **II** *v.i.* 1 ammettere, tollerare, accettare (*of sth. qcs.*): *I will ~ no excuse* non ammetterò scuse. 2 (*to take into consideration*) tener conto (*for* di), calcolare, considerare (*qcs.*): *-ing for delays* calcolando i ritardi; *to ~ for all possibilities* tenere conto di tutte le possibilità. □ *to ~ so. a discount* accordare uno sconto a qcu., concedere uno sconto a qcu.; *~ me* se permette, mi permetta.

allowable /əˈlaʊəbl/ *a.* 1 consentito, lecito. 2 (*admissible*) accettabile, ammissibile. 3 (*Econ*) deducibile, detraibile: *~ expenses* oneri deducibili.

allowance /əˈlaʊəns/ **I** *n.* 1 permesso *m.*, autorizzazione *f.* 2 (*acknowledgement*) riconoscimento *m.*, accoglimento *m.*, accettazione *f.* 3 (*tolerance*) tolleranza *f.* 4 (*share*) razione *f.*, assegnazione *f.* 5 (*reserve*) riserva *f.*, accantonamento *m.* 6 (*sum of money*) assegno *m.*, indennità *f.*, gratifica *f.*: *weekly ~* assegno settimanale. 7 (*Am*) (*money given to a child*) paghetta *f.* 8 (*Comm*) abbuono *m.*, riduzione *f.*, detrazione *f.* 9 (*Mecc*) tolleranza *f.*, gioco *m.* **II** *v.t.* 1 mettere a razione. 2 (*to allocate in a fixed quantity*) razionare. □ (*Econ*) *~ for bad debts* fondo svalutazione crediti; (*Comm*) *~ in kind* prestazioni in natura; *to make -s for* (o *to make ~ for*) tener conto di, tenere in considerazione; *-s must be made for his inexperience* bisogna tener conto della sua inesperienza; (*colloq*) *to put so. on ~* razionare i viveri a qcu.

allowed /əˈlaʊd/ *a.* permesso. □ *dogs are not ~ here* vietato introdurre cani.

allowedly /əˈlaʊɪdli/ *avv.* per ammissione generale, notoriamente.

alloxan /ˈælɒksən *Am* əˈlɑːksən/ *n.* (*Chim*) allossana *f.*

alloy[1] /ˈælɔɪ/ *n.* 1 (*Met*) lega *f.* 2 (*Met*) (*inferior metal mixed with more valuable one*) bassa lega *f.* 3 (*Met*) (*fineness*) titolo *m.* 4 (*fig*) (*impairing element*) elemento *m.* negativo, punto *m.* nero. 5 (*fig*) (*blend*) miscuglio *m.*, amalgama *m.*

alloy[2] /əˈlɔɪ/ *v.t.* 1 unire in lega, legare. 2 (*to lessen the purity of*) alterare, svilire. 3 (*fig*) (*to debase*) svilire, guastare.

all-pervasive /ˈɔːlpəˌveɪsɪv *Am* ˈɔːlpər-

,veisiv/ *a.* che penetra ovunque, diffuso ovunque.

all-points /'ɔ:l,pɔints/ *a.* (*spec. Am*) a tutti (i poliziotti in servizio). □ ~ *bulletin* avviso a tutti i poliziotti.

all-powerful /,ɔ:l'pauəful *Am* ,ɔ:l'pauərful/ *a.* onnipotente.

all-purpose /,ɔ:l'pɜ:pəs *Am* ,ɔ:l'pɜ:rpəs/ *a.* per tutti gli usi, universale.

all-round /,ɔ:l'raund/ *a.* (*spec. Br*) **1** versatile, completo: *an ~ athlete* un atleta versatile. **2** (*comprehensive*) ampio, generale, eclettico.

all-rounder /,ɔ:l'raundər/ *n.* (*Br*) persona *f.* versatile, eclettico *m.*

all-seater /'ɔ:l:sitər/ *a.* (*Br*) con solo posti a sedere: *an ~ stadium* uno stadio con solo posti a sedere.

all-singing-all-dancing /,ɔ:l'siŋiŋɔ:l ,dɑ:nsiŋ/ *a.* (*spec. Br,colloq*) sofisticatissimo, attrezzatissimo, accessoriatissimo.

allspice /'ɔ:lspais/ *n.* **1** (*Bot,Alim*) (*allspice tree*) pimento *m.* **2** (*spice*) pepe *m.* della Giamaica, pimento *m.*

all-star /'ɔ:lstɑ:r *Am* 'ɔ:lstɑ:r/ *a.* **1** (*Cin,Teat*) (composto) di celebrità: *an ~ cast* un complesso di celebrità. **2** (*Am,Sport*) (composto) di campioni, di serie A.

all-terrain /'ɔ:ltərein/ □ (*Aut*) ~ *vehicle* veicolo fuoristrada, fuoristrada.

all-ticket /'ɔ:l,tikit/ □ (*Br,Sport*) ~ *match* partita (cui sono ammessi solo spettatori con biglietti acquistati in prevendita).

all-time /,ɔ:l'taim *Am* 'ɔ:ltaim/ *a.* di tutti i tempi, assoluto: ~ *record* primato assoluto. □ (*spec. Econ*) *an ~ high* massimo storico; (*spec. Econ*) *an ~ low* minimo storico.

allude /ə'lu:d/ *v.i.* alludere, fare allusione (*to* a).

all-up /'ɔ:lʌp/ □ (*Aer*) ~ *weight* peso globale, peso totale, peso a pieno carico.

allure /ə'ljuər *Am* ə'lur/ **I** *v.t.* attrarre, attirare, affascinare, allettare. **II** *n.* fascino *m.*: *the ~ of the stage* il fascino del teatro.

allurement /ə'ljuərmənt *Am* ə'lurmənt/ *n.* **1** fascino *m.*, attrattiva *f.*, incanto *m.* **2** (*act of alluring*) allettamento *m.*, seduzione *f.*

alluring /ə'ljuəriŋ *Am* ə'luriŋ/ *a.* **1** allettante: *an ~ prospect* una prospettiva allettante. **2** (*fascinating*) affascinante, seducente.

alluringly /ə'ljuəriŋli *Am* ə'luriŋli/ *avv.* in modo allettante.

allusion /ə'lu:ʒən/ *n.* allusione *f.*, accenno *m.*

allusive /ə'lu:siv/ *a.* allusivo.

allusively /ə'lu:sivli/ *avv.* in modo allusivo.

allusiveness /ə'lu:sivnəs/ *n.* carattere *m.* allusivo, senso *m.* allusivo.

alluvial /ə'lu:viəl/ **I** *a.* (*Geol*) alluvionale, alluviale. **II** *n.* terreno *m.* alluvionale. **2** (*Aus*) terreno *m.* aurifero alluvionale. □ (*Geol*) ~ *cone* conoide di deiezione; (*Geol*) ~ *dam* sbarramento alluvionale; (*Geol*) ~ *fan* conoide di deiezione.

alluvion /ə'lu:viən/ *n.* **1** (*Geol*) materiale *m.* alluvionale. **2** (*wash, flow*) risacca *f.* **3** (*rar*) (*flood*) alluvione *f.*, inondazione *f.* **4** (*Dir*) alluvione *f.*

alluvium /ə'lu:viəm/ *n.* (*pl.* **-s** /-z/, **-via** /-viə/) *n.* (*Geol*) materiale *m.* alluvionale.

all-weather /'ɔ:lweðər/ *a.* **1** per qualsiasi tempo, per qualsiasi stagione. **2** (*Aer*) ognitempo: ~ *landing* atterraggio ognitempo.

all-wheel /'ɔ:l,(h)wi:l/ □ (*Am,Aut*) ~ *drive* quattro ruote motrici.

ally[1] /ə'lai/ **I** *v.t.* **1** alleare, unire, associare. **2** (*to relate*) imparentare. **II** *v.i.* allearsi (*with* a, con), far lega (con).

ally[2] /'ælai/ *n.* **1** alleato *m.* (*f.* -a). **2** (*helper*)

---

sostenitore *m.* (*f.* -trice), alleato *m.* (*f.* -a). **3** (*Bot,Zool*) affine *m./f.*, simile *m./f.*

all-year /ɔ:l'jiər *Am* 'ɔ:l'jir/ *a.* tutto l'anno, in tutte le stagioni.

allyl /'ælil 'ælail/ *n.* (*Chim*) allile *m./f.*: ~ *alcohol* alcol allilico.

allylic /æ'lilik æ'lailik/ *a.* (*Chim*) allilico.

Almagest, almagest /'ælmədʒest/ *n.* (*Stor*) almagesto *m.*

alma mater /,ælmə'mɑ:tər ,ælmə'meitər *Am* ,ælmə'mɑ:tər/ *n.* alma *f.* mater, università *f.*

almanac, almanack /'ɔ:lmənæk/ *n.* **1** almanacco *m.* **2** (*yearly*) annuario *m.*

almandine /'ælmədi:n/ *n.* (*Min*) almandino *m.*

almandite /'ælməndait/ *n.* (*Min*) almandino *m.*

almightiness /ɔ:l'maitnəs *Am* ɔ:l'maitnəs/ *n.* onnipotenza *f.*

almighty /ɔ:l'maiti *Am* ɔ:l'maiti/ **I** *a.* **1** onnipotente. **2** (*colloq*) (*great*) colossale: *what ~ nonsense* che colossale stupidaggine. **II** *avv.* (*colloq*) (*very*) molto. □ (*fig*) *the ~ dollar* la potenza del denaro, il dio denaro.

Almighty /ɔ:l'maiti *Am* ɔ:l'maiti/ *n.pr.* Onnipotente *m.*

almond /'ɑ:mənd/ *n.* **1** (*Bot*) mandorlo *m.* **2** (*nut*) mandorla *f.*: *bitter ~* mandorla amara. **3** (*colour*) color *m.* mandorla. □ ~ *milk* latte di mandorle; ~ *oil* olio di mandorle; ~ *paste* pasta di mandorle, marzapane; ~ *tree* mandorlo.

almond-eyed /'ɑ:mənd'aid *Am* 'ɑ:mənd,aid/ *a.* con gli occhi a mandorla, dagli occhi a mandorla.

almoner /'ɑ:mənər *Am also* 'ælmənər/ *n.* **1** (*Stor*) elemosiniere *m.* **2** (*in a hospital*) assistente *m./f.* sociale di ospedale.

almonry /'ɑ:mənri *Am also* 'ælmənri/ *n.* elemosineria *f.*

almost /'ɔ:lmoust *Am* 'ɔ:lmoust/ *avv.* quasi, pressoché: *we're ~ there* ci siamo quasi; *we ~ missed the bus* per poco non abbiamo perso l'autobus.

alms /ɑ:mz/ *n.* (*costr.sing. o pl.*) elemosina *f.*, carità *f.*

almsgiver /'ɑ:mzgivər/ *n.* chi fa elemosine, chi fa la carità, elemosiniere *m.* (*f.* -a).

almshouse, alms-house /'ɑ:mzhaus/ *n.* ospizio *m.*, ricovero *m.*

almsman /'ɑ:mzmən/ *n.irr.* uomo *m.* che vive in un ospizio.

almucantar /,ælmə'kæntər/ *n.* (*Astr*) almucantarat *m.*, parallelo *m.* di altezza.

alnico /'ælniko/ *n.* (*Met*) alnico *m.*

aloe /'ælou/ *n.* **1** (*Bot*) aloe *f.* **2** *pl.* (*costr.sing.*) (*Farm*) aloe *m.* **3** *pl.* (*costr.sing.*) (*aloeswood*) legno *m.* di aloe. □ (*Bot,Farm*) ~ *vera* aloe vera.

aloft /ə'lɒft *Am* ə'lɑ:ft/ *avv.* **1** (*high up*) in alto, lassù; (*up into the air*) in aria; (*in flight*) in volo. **2** (*Mar*) sull'alberatura, in coffa.

alogical /ei'lɒdʒikəl *Am* ei'lɑ:dʒikəl/ *a.* alogico.

aloha /ə'louhə/ *intz.* (*Hawaiian greeting*) aloha. □ ~ *shirt* camicia hawaiana, camicia coloratissima.

alone /ə'loun/ **I** *a.pred.* **1** solo, solitario. **2** (*exclusive of all others*) solo: *he ~ can do it* solo lui lo può fare. **3** (*unique*) unico, solo, impareggiabile. **II** *avv.* **1** da solo: *to live ~* vivere da solo. **2** (*merely, exclusively*) solamente, soltanto. □ *to do it ~* (o *to go it ~*) fare da solo; *to be ~ in doing sth.* essere il solo a fare qcs.; *I am not ~ in believing he is wrong* non sono il solo a credere che abbia torto; *to be ~ in the world* essere solo al mondo.

---

aloneness /ə'lounnəs/ *n.* solitudine *f.*, individualità *f.*

along /ə'lɒŋ *Am* ə'lɔ:ŋ/ **I** *prep.* **1** lungo: ~ *the river* lungo il fiume. **2** (*in the course of*) durante, lungo: *we'll stop ~ the way* ci fermeremo lungo la strada. **II** *avv.* **1** avanti, innanzi: *move ~ please* andate avanti, prego. **2** (*with one*) con sé: *he took his dog ~* prese il cane con sé. **3** (*from one to another*) avanti, da uno all'altro. □ (*Am,colloq*) ~ *about five o'clock* verso le cinque; *all ~*: **1** per tutto, lungo tutto: *all ~ the road* lungo tutta la strada; *all ~ the line* su tutta la linea, lungo tutta la linea; **2** (*all the time*) sempre, sin dall'inizio *often not translated*: *I knew it all ~* lo sapevo io; *I'll be ~* (o *I'll come ~*) *in five minutes* fra cinque minuti sarò là; (*dial*) ~ *of* a causa di, per via di; ~ *the lines* sulla falsariga, del tipo; ~ *these lines* su questa falsariga, secondo questi principi; ~ *with* con, insieme con, insieme a.

alongshore /əlɒŋ'ʃɔ:r *Am* əlɔ:ŋ'ʃɔ:r/ *a./avv.* lungo la costa.

alongside /ə,lɒŋ'said *Am* əlɔ:ŋ'said/ **I** *avv.* accanto, accosto, di fianco, fianco a fianco. **II** *prep.* accanto a, a fianco di, lungo. □ (*Mar*) *to go ~* attraccare, accostare.

aloof /ə'lu:f/ **I** *avv.* a distanza, lontano, alla larga; *to hold oneself ~* tenere le distanze, stare a debita distanza; *to keep ~* (o *to stand ~*) (*from so.*) tenersi a distanza (da qcu.). **II** *a.pred.* (*of persons*) distante, distaccato, riservato.

aloofness /ə'lu:fnəs/ *n.* distacco *m.*, indifferenza *f.*, riserbo *m.*

alopecia /,ælou'pi:ʃ(i)ə/ *n.* (*Med*) alopecia *f.*

aloud /ə'laud/ *avv.* a voce alta, forte: *to talk ~* parlare a voce alta.

alow /ə'lou/ *avv.* (*Mar,ant*) sotto coperta. □ ~ *and aloft* dappertutto.

alp /ælp/ *n.* **1** alpe *f.*, montagna *f.* **2** (*mountain pasture*) alpeggio *m.*

ALP /,eiel'pi:/ *Australian Labour Party* ALP (partito laburista australiano).

alpaca /æl'pækə/ *n.* (*Zool,Tess*) alpaca *m.*

alpenglow /'ælpənglou/ *n.* (*Meteor*) scintillio *m.* delle Alpi.

alpenhorn /'ælpənhɔ:n *Am* 'ælpənhɔ:rn/ *n.* alpenhorn *m.*

alpenstock /'ælpənstɒk *Am* 'ælpənstɑ:k/ *n.* alpenstock *m.*

alpestrine /æl'pestrin/ *a.* (*Bot*) subalpino.

alpha /'ælfə/ **I** *n.* **1** alfa *f./m.* (*anche Fis*). **2** (*Br, Scol*) votazione *f.* ottima. **II** *a.* (*Chim,Nucl,Med*) alfa. □ (*Bibl*) ~ *and omega* l'alfa e l'omega, il principio e la fine; (*Farm*) ~ *blocker* (farmaco) alfabloccante; (*Fis*) ~ *decay* decadimento alfa; (*Fis*) ~ *particle* particella alfa; (*Fis*) ~ *radiation* radiazione alfa; (*Nucl*) ~ *ray* raggio alfa; (*Fisiol*) ~ *receptor* recettore alfa; (*Fisiol*) ~ *rhythm* ritmo alfa; (*Inform,Mecc*) ~ *test* test alfa, test iniziale.

alphabet /'ælfəbet/ *n.* alfabeto *m.*, abbicci *m.*, rudimenti *m.pl.* □ ~ *soup*: **1** brodo con pastina a forma di lettere (dell'alfabeto); (*colloq,fig*) pasticcio, casino; (*Alim*) ~ *spaghetti* pasta a forma di lettere dell'alfabeto.

alphabetic /,ælfə'betik *Am* ,ælfə'betik/ *a.* alfabetico: *in ~ order* in ordine alfabetico.

alphabetical /,ælfə'betikəl *Am* ,ælfə'betikəl/ *a.* alfabetico.

alphabetically /,ælfə'betikʰli *Am* ,ælfə'betikʰli/ *avv.* alfabeticamente.

alphabetisation /,ælfəbet(ə)'zeiʃən *Am* ,ælfəbeti'zeiʃən/ *n.* il mettere in ordine alfabetico.

alphabetise /'ælfəbətaiz *Am* 'ælfəbətaiz/ *v.t.*

(Br) alfabetizzare.

alphabetization /ˌælfəbetaɪˈzeɪʃən Am ˌælfəbɪˈzeɪʃən/ n. il mettere in ordine alfabetico.

alphabetize /ˈælfəbətaɪz Am ˈælfəbətaɪz/ v.t. alfabetizzare.

alphanumeric /ˌælfənjuˈmerɪk/ a. (Inform) alfanumerico: ~ code codice alfanumerico.

alphanumerical /ˌælfənjuˈmerɪkəl/ a. (Inform) alfanumerico.

alphorn /ˈælphɔːn Am ˈælphɔːrn/ n. alpenhorn m.

alpine, Alpine /ˈælpaɪn/ I a. 1 alpino. 2 (Bot) alpino, alpestre. II n. (Bot) pianta f. alpina. □ (Sport) ~ climbing alpinismo; ~ garden giardino rupestre; ~ guide guida alpina; ~ meadow prato alpino; ~ skiing sci alpino.

alpinism, Alpinism /ˈælpɪnɪzəm/ n. alpinismo m.

alpinist, Alpinist /ˈælpɪnɪst/ n. alpinista m./f.

Alps /ælps/ n.pr.pl. (Geog) Alpi f.pl.

already /ɔːlˈredi/ avv. già, di già; (by this time) già, ormai.

alright /ɔːlˈraɪt/ I a. 1 bene, discretamente, in modo soddisfacente: he's getting on ~ sta procedendo bene. 2 (certainly) va bene, d'accordo (che), certo: he's alive ~ certo che è vivo; you were ill, ~, but you were ill, ma. II a.pred. 1 giusto, corretto. 2 (in good health) bene: I'm feeling ~ now ora sto bene. 3 (adequate) soddisfacente, discreto, passabile. III a.attr. (Am,colloq) (good, dependable) buono, bravo, onesto. IV intz. (yes) va bene, bene: ~ I'll come va bene, verrò. □ (Am) it's ~ by me per me va bene; it's ~ with me per me va bene.

Alsace /ælˈsæs/ n.pr. (Geog) Alsazia f.

Alsatian /ælˈseɪʃən/ I a. (Geog) alsaziano. II n. 1 alsaziano m. (f. -a). 2 (Br) (Alsatian dog) pastore m. tedesco.

alsike /ˈælsɪk ˈælsaɪk/ □ (Bot) ~ clover trifoglio ibrido, trifoglio svedese.

also /ˈɔːlsəʊ/ I avv. 1 anche, pure, inoltre. 2 (likewise) anche, pure: if you go, I'll come ~ se tu ci vai, vengo anch'io. II congz. (and) e (anche): it's difficult, ~ dangerous è difficile e pericoloso.

also-ran /ˈɔːlsəʊræn/ n. 1 (Sport) concorrente m./f. non classificatosi; (of horses) cavallo m. non piazzato. 2 (unsuccessful person) fallito m. (f. -a).

Alt alternate Alt (alternato). □ (Inform) Alt key tasto Alt.

alt. 1 alternate alt. (alternato). 2 altitude alt. (altitudine).

Alta. Alberta Alberta.

Altaic /ælˈteɪɪk/ a. altaico.

altar /ˈɔːltər Am ˈɔːltər/ n. altare m. □ (Rel.catt) ~ boy chierichetto; (Rel.catt) ~ bread pane eucaristico; to give an ~ call (in a religious meeting) esortare ad andare verso il pulpito; ~ cloth tovaglia di altare; ~ piece pala di altare, ancona; ~ rail balaustrata; ~ screen dossale; ~ stone pietra di altare.

altarpiece /ˈɔːltəpiːs Am ˈɔːltərpiːs/ n. pala f. di altare, ancona f.

altazimuth /ælˈtæzɪməθ/ n. (Astr) altazimutale m.

alter /ˈɔːltər Am ˈɔːltər/ I v.t. 1 modificare, variare, cambiare, aggiustare: to ~ a dress modificare un vestito; the ship -ed course la nave modificò la rotta; to ~ the structure of sth. destrutturare qcs. 2 (Am,Aus) (to castrate) castrare. II v.i. 1 cambiare, cambiarsi: you have -ed sei cambiato. 2 (to become modified) modificarsi, alterarsi.

alterability /ˌɔːltərəˈbɪlɪti Am ˌɔːltərəˈbɪləti/ n. alterabilità f.

alterable /ˈɔːltərəbl Am ˈɔːltərəbl/ a. alterabile.

alteration /ˌɔːltərˈeɪʃən Am ˌɔːltəˈreɪʃən/ n. cambiamento m., variazione f., modifica f.: -s to the timetable variazioni nell'orario.

altercate /ˈɔːltəkeɪt Am ˈɔːltərkeɪt/ v.i. (ant) altercare, litigare.

altercation /ˌɔːltəˈkeɪʃən Am ˌɔːltərˈkeɪʃən/ n. alterco m., lite f.

alter ego /ˌɔːltərˈiːgəʊ Am ˌɔːltərˈiːgəʊ/ n. 1 alter ego m. 2 (inseparable friend) amico m. intimo.

alterity /ælˈterɪti Am ælˈterəti/ n. (Filos) alterità f.

alternant /ɔːlˈtɜːnənt Am ɔːlˈtɜːrnənt/ I a. alternante. II n. 1 (Mat) funzione f. alternante. 2 (Ling) forma f. alternante, variante f.

alternate¹ /ɔːlˈtɜːnɪt Am ɔːlˈtɜːrnɪt/ I a. 1 alternato, alterno: on ~ days a giorni alterni, (colloq) un giorno sì e uno no. 2 (reciprocal) reciproco, scambievole. 3 (Bot) alterno. II n. 1 (spec. Am) sostituto m. (f. -a). 2 (Aer) aeroporto m. alternativo. □ (Aer) ~ airfield aeroporto alternativo; (Geom) ~ angles angoli alterni.

alternate² /ˈɔːltəneɪt Am ˈɔːltərneɪt/ I v.i. alternarsi, avvicendarsi: rain -d with sunshine la pioggia si alterna al sole. II v.t. alternare, avvicendare: to ~ work and pleasure alternare il lavoro con il divertimento.

alternately /ɔːlˈtɜːnɪtli Am ɔːlˈtɜːrnɪtli/ avv. alternativamente, vicendevolmente.

alternating /ˈɔːltəneɪtɪŋ Am ˈɔːltərneɪtɪŋ/ a. alternante, alternato. □ (El) ~ current corrente alternata.

alternation /ˌɔːltəˈneɪʃən Am ˌɔːltərˈneɪʃən/ n. 1 alternazione f., avvicendamento m. 2 (succession, rotation) l'alternarsi, avvicendamento m., rotazione f. □ (Biol) ~ of generations alternanza di generazioni, metagenesi.

alternative /ɔːlˈtɜːnətɪv Am ɔːlˈtɜːrnətɪv/ I n. alternativa f., opzione f., scelta f.: we have no ~ but to accept non abbiamo altra alternativa che accettare. II a. 1 che offre alternativa, di riserva: ~ plan piano di riserva. 2 (Pol,Sociol) alternativo: ~ model modello alternativo; ~ society società alternativa. □ ~ curriculum piano di studi alternativo; ~ employment cambio di lavoro; ~ energy energia alternativa; ~ lifestyle stile di vita alternativo (rif. a omosessuali); ~ medicine medicina alternativa; ~ newspaper giornale alternativo; ~ school scuola non tradizionale, scuola alternativa, (Aus) ~ vote sistema elettorale con scelta dei candidati in ordine di preferenza.

alternatively /ɔːlˈtɜːnətɪvli Am ɔːlˈtɜːrnətɪvli/ avv. 1 alternativamente. 2 (otherwise) oppure, altrimenti.

alternator /ˈɔːltəneɪtər Am ˈɔːltərneɪtər/ n. (El) alternatore m.

althaea, Am **althea** /ælˈθiːə/ n. (Bot) altea f. da siepe.

Althea /ælˈθiːə Am ælˈθiːə/ n.pr.f. Altea.

altho /ɔːlˈðəʊ/ congz. (Am,colloq) benché, sebbene, quantunque.

althorn /ˈælθɔːn Am ˈælθɔːrn/ n. (Mus) saxhorn m. alto.

although /ɔːlˈðəʊ/ congz. benché, sebbene, quantunque.

altimeter /ˈæltɪmiːtər Am ælˈtɪmɪtər/ n. (Aer) altimetro m.

altimetric /ˌæltɪˈmetrɪk/ a. (Aer) altimetrico.

altimetry /ælˈtɪmɪtri/ n. (Aer) altimetria f.

altiplano /ˌælti'plɑːnəʊ/ n. (Geog) altipiano m., altopiano m.

altitude /ˈæltɪtjuːd Am also ˈæltɪtuːd/ n. 1 altitudine f., quota f., altezza f.: to gain ~ prendere quota; to lose ~ perdere quota; at high -s ad alta quota. 2 (Aer) quota f. 3 (Astr) elevazione f. 4 (height) altezza f. 5 (fig) posizione f. eccelsa, posizione f. eminente, rango m. elevato. □ ~ recorder registratore di quota, altimetro registratore; ~ sickness mal di montagna, mal di altitudine.

altitudinal /ˈæltɪˌtjuːdɪnəl Am also ˌælti'tuːdɪnəl/ a. altitudinale.

alto /ˈæltəʊ/ I n. (pl. -s /-z/) 1 (Mus) (male voice) alto; (female voice) contralto m. 2 (counter tenor) falsetto m. 3 (musical part) spartito m. per contralto. 4 (alto horn) flicorno m. II a. 1 alto. 2 (of instrument) contralto. □ (Mus) ~ clef chiave di contralto; (Mus) ~ sax (o ~ saxophone) sax contralto, sassofono contralto.

altocumulus /ˌæltəʊˈkjuːmjʊləs/ (pl. -li /-laɪ/) n. (Meteor) altocumulo m.

altogether /ˌɔːltəˈgeðər/ avv. 1 completamente, del tutto, interamente: I'm not ~ sure non sono del tutto convinto. 2 (all things considered) tutto sommato. 3 (in all) in tutto, complessivamente: ~ there were ten students c'erano dieci studenti in tutto. □ (Br, colloq) in the ~ come mamma l'ha fatto, nudo come un verme; taking things ~ tutto sommato.

alto-rilievo /ˌæltəʊrɪˈliːvəʊ/ n. altorilievo m.

altostratus /ˈæltəʊˌstrætəs Am ˈæltəʊˌstreɪtəs/ (pl. -ti /-taɪ/) n. (Meteor) altostrato m.

altricial /ælˈtrɪʃəl/ a. (Zool) altriciale.

altruism /ˈæltruɪzəm/ n. altruismo m.

altruist /ˈæltruɪst/ n. altruista m./f.

altruistic /ˌæltruˈɪstɪk/ a. altruistico.

altruistically /ˌæltruˈɪstɪkəli/ avv. con altruismo, in modo altruistico.

ALU, /ˌeɪelˈjuː/ (Inform) Arithmetic Logic Unit ALU, UAL (unità aritmetico-logica).

alula /ˈæljʊlə/ n. (Zool) alula f., ala f. bastarda.

alum /ˈæləm/ n. 1 (Pell,Farm) allume m. 2 (Chim) (potash alum) allume m. (di rocca); (ammonium alum) allume m. (ammoniacale).

alumina /əˈluːmɪnə Br also əˈljuːmɪnə/ n. (Chim) allumina f.

aluminise /əˈluːmɪnaɪz, əˈljuːmɪnaɪz/ v.t. (Br, Ind) alluminiare, alluminare.

aluminising /əˈluːmɪnaɪzɪŋ, əˈljuːmɪnaɪzɪŋ/ n. (Br,Ind) alluminiatura f., alluminiatura f.

aluminium /ˌæljʊˈmɪniəm/ n. (spec. Br,anche Chim) alluminio m. □ (Met) ~ brass ottone di alluminio; (Met) ~ bronze bronzo di alluminio, cupralluminio; ~ clad rivestito di alluminio, alluminato; (Met) ~ foil: 1 lamina di alluminio; 2 (kitchen foil) (foglio di) alluminio; (Chim) ~ hydroxide idrossido di alluminio, allumina idrata; (Chim) ~ oxide ossido di alluminio, allumina; (Bot) ~ plant pilea; (Chim) ~ sulphate solfato di alluminio, allume.

aluminize /əˈluːmɪnaɪz Br also əˈljuːmɪnaɪz/ v.t. (Ind) alluminare, alluminiare.

aluminizing /əˈluːmɪnaɪzɪŋ Br also əˈljuːmɪnaɪzɪŋ/ n. (Ind) alluminiatura f., alluminiatura f.

aluminosilicate /əˌluːmɪnəʊˈsɪlɪkeɪt/ n. alluminosilicato m.

aluminous /əˈluːmɪnəs Br also əˈljuːmɪnəs/ a. alluminoso.

aluminum /əˈluːmɪnəm/ n. (Am) → **aluminium**.

alumna /əˈlʌmnə/ (pl. **-nae** /-niː/) n. ex studentessa *f.*

alumnus /əˈlʌmnəs/ (*pl.* **-ni** /-naɪ/) *n.* ex studente *m.*

alveolar /ælˈviːələr *Br also* ˌælviˈoʊlər/ I *a.* (*Anat,Biol,Fon*) alveolare. II *n.* (*Fon*) alveolare *f.*

alveolate /ælˈviːəlɪt *Br also* ælˈviːəleɪt/ *a.* alveolato.

alveolated /ælˈviːəleɪtɪd *Am* ælˈviːəleɪtɪd/ *a.* alveolato.

alveolus /ælˈviːələs *Br also* ælviˈoʊləs/ (*pl.* **-li** /-laɪ/) *n.* (*Anat*) alveolo *m.*; (*socket for a tooth*) alveolo *m.* dentario.

always /ˈɔːlweɪz/ *avv.* **1** sempre, (*ant*) ognora: *I am ~ late* sono sempre in ritardo. **2** (*forever*) sempre, per sempre: *I will ~ love you* ti amerò per sempre. **3** (*continually*) continuamente, in continuo, ripetutamente, sempre: *he's ~ complaining* si lamenta sempre. **4** (*suggesting an alternative*) sempre, in alternativa: *we could ~ meet later* possiamo sempre incontrarci più tardi.

alyssum /ˈælɪsəm/ *n.* (*Bot*) alisso *m.*: *sweet ~* alisso odoroso.

Alzheimer /ˈæltshaɪmər *Am* ˈɑːltshaɪmər/ □ (*Med*) *~'s disease* malattia di Alzheimer, morbo di Alzheimer.

am /əm, m *emphatic* æm/ → **be**.

AM /ˌeɪˈem/ **1** *amplitude modulation* AM (modulazione di ampiezza). **2** (*US*) *Artium Magister, Master of Arts* (master, laurea in materie umanistiche). **3** (*Aus*) *Member of the Order of Australia* (membro dell'Ordine di Australia).

Am. 1 *America* (America). **2** *American* (americano).

a.m. /ˌeɪˈem/ *ante meridiem* a.m. (antimeridiano).

amah /ˈɑːmə *Am* ˈɑːmɑː/ *n.* **1** (*wet nurse*) balia *f.* **2** (*maid*) domestica *f.*

amain /əˈmeɪn/ *avv.* **1** (*rar*) a tutta velocità; (*at once*) precipitosamente. **2** (*at full force*) con tutta la forza; (*violently*) violentemente. **3** (*greatly*) grandemente, estremamente.

Amalekite /əˈmæləkaɪt/ *n.* (*Bibl*) amalecita *m.*

Amalfitan /əˈmælfɪtən/ I *a.* (*Geog*) amalfitano. II *n.* amalfitano *m.* (*f.* -a).

amalgam /əˈmælgəm/ *n.* (*Met,fig*) amalgama *m.*

amalgamate /əˈmælgəmeɪt/ I *v.t.* **1** (*Met*) amalgamare. **2** (*Comm,fig*) amalgamare, fondere, unire. II *v.i.* amalgamarsi, fondersi, unirsi. III *a.* amalgamato.

amalgamation /əˌmælgəˈmeɪʃən/ *n.* **1** (*Met*) (*act*) amalgamazione *f.*; (*result*) amalgama *m.* **2** (*fig*) unione *f.*, fusione *f.* **3** (*Comm*) fusione *f.*, concentrazione *f.* **4** (*Biol*) mescolanza *f.*

amalgamator /əˈmælgəmeɪtər *Am* əˈmælgəmeɪtər/ *n.* **1** chi amalgama. **2** (*machine*) macchina *f.* per amalgamare.

amanita /ˌæməˈnaɪtə *Am* əˈmænɪtə/ *n.* (*Bot*) amanita *f.*

amantadine /əˈmæntəˌdiːn/ *n.* (*Farm*) amantadina *f.*

amanuensis /əˌmænjuˈensɪs/ (*pl.* **-ses** /-siːz/) *n.* amanuense *m.*

amaranth /ˈæmərænθ/ *n.* **1** (*poet*) fiore *m.* che non appassisce mai. **2** (*Bot,Chim*) amaranto *m.* **3** (*colour*) amaranto *m.*

amaranthine /ˌæmərˈænθaɪn *Am also* ˌæməˈrænθɪn/ *a.* **1** (*Bot*) amarantino. **2** (*poet*) (*undying*) imperituro, perpetuo. **3** (*colour*) amarantino.

amaretto /ˌæmərˈetoʊ *Am* æməˈretoʊ/ (*pl.* **-tti** /-ti/) *n.* (*biscuit, liqueur*) amaretto *m.*

amaryllis /ˌæmərˈɪlɪs *Am* ˌæməˈrɪlɪs/ *n.* (*Bot*)

amarillide *f.*

Amaryllis /ˌæmərˈɪlɪs *Am* ˌæməˈrɪlɪs/ *n.pr.f.* Amarilli.

amass /əˈmæs/ *v.t.* **1** ammassare, accumulare: *to ~ a fortune* accumulare una fortuna. **2** (*to heap up*) ammucchiare, ammassare.

amasser /əˈmæsər/ *n.* accaparratore *m.* (*f.* -trice), accumulatore *m.* (*f.* -trice).

amateur /ˈæmətər *Am* ˈæmətʃɜːr, ˈæmətɜːr/ I *n.* **1** dilettante *m./f.*, amatore *m.* (*f.* -trice). **2** (*Sport,spreg*) dilettante *m./f.* **3** (*devotee*) cultore *m.* (*f.* -trice), amatore *m.* (*f.* -trice), appassionato *m.* (*f.* -a). II *a.* dilettante: *an ~ painter* un pittore dilettante. □ *~ boxing* pugilato per dilettanti; *~ dramatic company* (o *~ dramatic society*) gruppo teatrale di dilettanti; *~ dramatics* filodrammatica; *~ film maker* cinedilettante, cineamatore; *~ sport* sport amatoriale; *~ theatricals* filodrammatica.

amateurish /ˈæmətɜːrɪʃ *Am* ˈæmətʃɜːrɪʃ, ˈæmətɜːrɪʃ/ *a.* dilettantesco, amatoriale.

amateurishly /ˌæməˈtɜːrɪʃli *Am* ˈæmətʃɜːrɪʃli, ˈæmətɜːrɪʃli/ *avv.* in maniera dilettantesca.

amateurism /ˈæmətɜːrɪzəm *Am* ˈæmətʃɜːrˌɪzəm, ˈæmətɜːrˌɪzəm/ *n.* dilettantismo *m.*

amatol /ˈæmətɒl *Am* ˈæmətɑːl/ *n.* (*Chim*) amatolo *m.*

amatory /ˈæmətəri *Am* ˈæmətɔːri/ *a.* amatorio, amoroso. □ *~ poetry* poesia d'amore.

amaurosis /ˌæmɔːˈroʊsɪs/ (*pl.* **-ses** /-siːz/) *n.* (*Med*) amaurosi *f.*

amaurotic /ˌæmɔːˈrɒtɪk *Am* ˌæmɔːˈrɑːtɪk/ *a.* (*Med*) amaurotico.

amaze /əˈmeɪz/ I *v.t.* **1** stupire, sbalordire, sorprendere, meravigliare. **2** (*ant*) (*to bewilder*) disorientare, confondere. II *n.* (*ant*) confusione *f.* mentale.

amazed /əˈmeɪzd/ *a.* stupito, sbalordito, sorpreso, meravigliato: *to be ~ at sth.* essere sorpreso per qcs., essere sorpreso di qcs.

amazedly /əˈmeɪzɪdli/ *avv.* attonitamente.

amazement /əˈmeɪzmənt/ *n.* **1** (*grande*) sorpresa *f.*, stupore *m.*, meraviglia *f.*, sbalordimento *m.* **2** (*ant*) (*bewilderment*) costernazione *f.*, disorientamento *m.* □ *he stared at me in ~* mi guardò sbalordito.

amazing /əˈmeɪzɪŋ/ *a.* sorprendente, sbalorditivo, stupefacente.

amazingly /əˈmeɪzɪŋli/ *avv.* sorprendentemente.

amazon /ˈæməzən *Am* ˈæməzɑːn/ *n.* **1** guerriera *f.*, amazzone *f.* **2** (*virago*) virago *f.* **3** (*Ornit*) (*parrot*) amazzonia *f.* □ (*Entom*) *~ ant* formica amazzone; (*Min*) *~ stone* amazzonite.

Amazon /ˈæməzən *Am* ˈæməzɑːn/ I *n.pr.* (*Geog*) Rio *m.* delle Amazzoni. II *n.* **1** (*Mitol*) Amazzone *f.* **2** (*Entom*) (*Amazon ant*) amazzone *f.*

Amazonian /ˌæməˈzoʊniən/ *a.* **1** amazzoniano. **2** (*Mitol*) amazzonio. **3** (*Geog*) amazzonico.

amb. *ambassador* amb. (ambasciatore).

ambages /ˈæmbɪdʒəz/ *n.pl.* **1** (*ant*) (*circuitous paths*) ambagi *m.pl.* **2** (*ambiguities*) ambagi *m.pl.*, ambiguità *f.pl.*

ambassador /æmˈbæsədər/ *n.* **1** ambasciatore *m.* (*f.* -trice). **2** (*head of a mission, etc.*) rappresentante *m./f.*, ambasciatore *m.* (*f.* -trice). □ (*US,Canad*) *~ at large* ambasciatore a disposizione; *~ extraordinary* ambasciatore straordinario.

ambassadorial /æmˌbæsəˈdɔːriəl/ *a.* di ambasciatore.

ambassadorship /æmˈbæsədəʃɪp *Am* æmˈbæsədərʃɪp/ *n.* carica *f.* di ambasciatore, ufficio *m.* di ambasciatore.

ambassadress /æmˈbæsədrəs/ *n.* ambasciatrice *f.*

amber /ˈæmbər/ I *n.* **1** ambra *f.* **2** (*traffic lights*) giallo *m.* II *a.* **1** ambra. **2** (*in colour*) ambrato. **3** (*traffic lights*) giallo. □ (*Aus*) *~ fluid* birra (bionda); (*Br*) *~ gambler* guidatore che con il semaforo giallo accelera e passa invece di rallentare; (*Aus*) *~ nectar* birra (bionda).

ambergris /ˈæmbəgriːs *Am* ˈæmbərgrɪs/ *n.* ambra *f.* grigia.

ambiance /ˈæmbiəns/ *n.* ambiente *m.*, atmosfera *f.*

ambidexterity /ˌæmbɪdekˈsterɪti *Am* ˌæmbɪdekˈsterɪti/ *n.* **1** ambidestrismo *m.* **2** (*fig, rar*) (*deceitfulness*) doppiezza *f.*

ambidextrous /ˌæmbɪˈdekstrəs/ *a.* **1** ambidestro. **2** (*fig*) (*very skilful*) bravo, capace, abile; (*versatile*) versatile. **3** (*fig,rar*) (*deceitful*) falso, infido. **4** (*sl*) (*bisexual*) bisessuale, ambidestro.

ambidextrously /ˌæmbɪˈdekstrəsli/ *avv.* in maniera ambidestra.

ambidextrousness /ˌæmbɪˈdekstrəsnəs/ *n.* **1** ambidestrismo *m.* **2** (*sl*) (*bisexual*) bisessualità *f.*

ambience /ˈæmbiəns/ *n.* ambiente *m.*, atmosfera *f.*

ambient /ˈæmbiənt/ I *a.* circostante, ambientale. II *n.* ambiente *m.*, atmosfera *f.* □ *~ air* aria ambiente; (*Mus*) *~ music* musica ambient; *~ temperature* temperatura ambiente.

ambiguity /ˌæmbɪˈgjuːɪti *Am* ˌæmbəˈgjuːəti/ *n.* ambiguità *f.*

ambiguous /æmˈbɪgjuəs/ *a.* ambiguo, equivoco; (*doubtful*) dubbio; (*obscure*) vago, indistinto.

ambiguously /æmˈbɪgjuəsli/ *avv.* in maniera ambigua.

ambiguousness /æmˈbɪgjuəsnəs/ *n.* ambiguità *f.*

ambisexual /ˌæmbɪˈsekʃuəl *Am* ˌæmbɪˈsekʃuəl/ *a.* ambisessuale, bisessuale.

ambisonic /ˌæmbɪˈsɒnɪk *Am* ˌæmbɪˈsɑːnɪk/ *a.* con effetto "surround".

ambit /ˈæmbɪt/ *n.* ambito *m.*, spazio *m.*, campo *m.*, sfera *f.*, raggio *m.* di azione. □ *to fall within the ~ of* essere compreso nell'ambito di.

ambition /æmˈbɪʃən/ *n.* **1** ambizione *f.*: *to harbour* (o *have*) *great -s* mirare in alto, avere grandi ambizioni. **2** (*object desired*) ambizione *f.*, aspirazione *f.*: *to achieve one's ~* realizzare le proprie ambizioni.

ambitious /æmˈbɪʃəs/ *a.* **1** ambizioso. **2** (*desiring*) avido, desideroso: *~ of power* avido di potere.

ambitiously /æmˈbɪʃəsli/ *avv.* ambiziosamente.

ambitiousness /æmˈbɪʃəsnəs/ *n.* ambiziosità *f.*

ambivalence /æmˈbɪvələns/ *n.* ambivalenza *f.*, indecisione *f.*

ambivalency /æmˈbɪvələnsi/ *n.* ambivalenza *f.*, indecisione *f.*

ambivalent /æmˈbɪvələnt/ *a.* ambivalente, indeciso.

ambivalently /æmˈbɪvələntli/ *avv.* ambivalentemente.

amble /ˈæmbl/ I *v.i.* **1** (*Equit*) (*of a horse*) andare all'ambio, ambiare. **2** (*to walk slowly*) andare a zonzo, camminare lemme lemme. II *n.* **1** (*Equit*) (*of a horse*) ambio *m.* **2** (*slow pace*) passo *m.* lento. **3** (*stroll*) passeggiata *f.*, giretto *m.*

ambler /ˈæmblər/ *n.* **1** (*Equit*) ambiatore *m.*, cavallo *m.* ambiatore. **2** (*of a person*) persona *f.* che cammina lentamente.

amblyopia /ˌæmbliˈoupiə/ *n.* (*Med,Ott*) ambliopia *f.*

ambo /ˈæmbou/ (*pl.* -s /-z/) *n.* (*Arch*) ambone *m.*

Ambrose /ˈæmbrous/ *n.pr.m.* Ambrogio.

ambrosia /æmˈbrouʒə *Br also* æmˈbrouziə/ *n.* 1 (*Mitol*) ambrosia *f.* (*anche fig*). 2 (*Am,colloq*) macedonia *f.* 3 (*bee-bread*) miscela *f.* di polline e miele. □ (*Entom*) ~ *beetle* xileboro.

ambrosial /æmˈbrouʒəl *Br also* æmˈbrouziəl/ *a.* (*lett*) soave, ambrosio.

ambrosian /æmˈbrouʒən *Br also* æmˈbrouziən/ *a.* 1 (*lett*) soave, ambrosio. 2 (*Rel*) di Sant'Ambrogio. □ (*Lit*) *Ambrosian rite* rito ambrosiano.

ambry /ˈæmbri/ *n.* 1 (*ant*) (*store room*) ripostiglio *m.* 2 (*pantry*) dispensa *f.* 3 (*Rel*) nicchia *f.* per arredi sacri.

ambulacrum /ˌæmbjuˈleɪkrəm ˌæmbjuˈlækrəm/ (*pl.* -cra /-krə/) *n.* (*Zool*) ambulacro *m.*

ambulance /ˈæmbjuləns/ **I** *n.* ambulanza *f.*; (*car*) autoambulanza *f.* **II** *v.t.* trasportare in ambulanza. □ (*colloq*) ~ *chaser* avvocato che specula sugli incidenti stradali.

ambulant /ˈæmbjulənt/ *a.* 1 (*Med*) deambulante. 2 (*rar*) itinerante, ambulante.

ambulate /ˈæmbjuleɪt/ *v.i.* camminare, deambulare.

ambulation /ˌæmbjuˈleɪʃən/ *n.* (*Med*) deambulazione *f.*

ambulatorial /ˌæmbjuləˈtɔːriəl/ *a.* 1 (*Med*) ambulatorio, deambulatorio. 2 (*Zool*) deambulante.

ambulatory /ˈæmbjulətəri *Am* ˈæmbjulətɔːri/ **I** *a.* 1 (*Med*) (*movements*) ambulatorio, deambulatorio. 2 (*Med*) (*able to walk*) deambulante. 3 (*rar*) (*moving from place to place*) itinerante, ambulante. 4 (*Dir*) modificabile, ambulatorio. **II** *n.* (*Arch*) deambulatorio *m.*, ambulacro *m.*

ambuscade /ˌæmbəˈskeɪd/ **I** *n.* imboscata *f.*, agguato *m.*, trancllo *m.* **II** *v.t.* (*ant*) tcndcrc un'imboscata a.

ambush /ˈæmbuʃ/ **I** *n.* 1 agguato *m.*; (*of bandits, soldiers*) imboscata *f.*, agguato *m.*: *to lay an* ~ tendere un'imboscata. 2 (*the men*) persone *f.pl.* in agguato. 3 (*the place*) imboscata *f.*, agguato *m.* **II** *v.t.* tendere un agguato a, tendere un'imboscata a. □ *to wait in* ~ aspettare in agguato; *to fall into an* ~ cadere in un'imboscata.

ambusher /ˈæmbuʃər/ *n.* persona *f.* in agguato.

ameliorate /əˈmiːliəreɪt *Am also* əˈmiːljəreɪt/ *v.t./i.* migliorare.

amelioration /əˌmiːliəˈreɪʃən *Am also* əˌmiːljə ˈreɪʃən/ *n.* miglioramento *m.*

ameliorative /əˈmiːliəreɪtɪv *Am* əˈmiːljəreɪtɪv/ *a.* migliorativo.

amen /ˌɑːˈmen ˌeɪˈmen/ **I** *intz.* amen, così sia. **II** *n.* amen *m.* □ ~ *corner* gruppo dei sostenitori.

amenability /əˌmiːnəˈbɪliti *Am* əˌmiːnəˈbɪləti/ *n.* 1 disponibilità *f.*, apertura *f.* 2 (*of things*) l'essere riconducibile.

amenable /əˈmiːnəbl *Am also* əˈmenəbl/ *a.* 1 aperto, ben disposto, disponibile: *an* ~ *child* un bambino disponibile. 2 (*accountable*) soggetto, sottoposto: ~ *to the law* soggetto alla legge. 3 (*testable*) riconducibile, che si presta a che: che si può sottoporre a: ~ *to analysis* che può essere sottoposto ad analisi.

amenableness /əˈmiːnəblnəs *Am also* əˈmenəblnəs/ *n.* 1 disponibilità *f.*, apertura *f.* 2 (*of things*) l'essere riconducibile.

amend /əˈmend/ **I** *v.t.* emendare, correggere,

rettificare; (*of a law*) emendare; (*to improve*) migliorare. **II** *v.i.* emendarsi, ravvedersi, correggersi: *to* ~ *one's ways* ravvedersi.

amendable /əˈmendəbl/ *a.* emendabile.

amendatory /əˈmendətɔːri/ *a.* (*Am*) emendativo, correttivo.

amendment /əˈmen(d)mənt/ *n.* 1 emendamento *m.*, correzione *f.*; (*of manuscripts*) emendazione *f.* 2 (*Parl*) emendamento *m.*: *constitutional* ~ emendamento costituzionale.

amends /əˈmendz/ *n.pl.* (*costr.sing. o pl.*) ammenda *f.*, riparazione *f.*; (*financial compensation*) compenso *m.*, risarcimento *m.*, indennizzo *m.* □ *to make* ~ *for sth.* fare ammenda di qcs., fare ammenda per qcs.

amenity /əˈmiːniti *Am* əˈmenəti/ *n.* 1 amenità *f.*, piacevolezza *f.* 2 *pl.* (*facilities*) servizi *m.pl.*, strutture *f.pl.*, attrattive *f.pl.* 3 *pl.* (*comforts*) comodità *f.pl.*, comfort *m.pl.* □ ~ *centre* (*in hospital*) letto in camera privata; ~ *centre* centro ricreativo.

amenorrhea /əˌmenəˈriːə/ *n.* (*Am,Med*) amenorrea *f.*

amenorrhoea /əˌmenəˈriːə/ *n.* (*Br,Med*) amenorrea *f.*

ament /ˈeɪment, əˈment/ *n.* (*Bot*) amento *m.*, gattino *m.*

amentia /eɪˈmenʃ(i)ə, əˈmenʃ(i)ə/ *n.* (*ant*) amenza *f.*

amentum /əˈmentəm *Am* əˈmentəm/ (*pl.* -ta /-tə/) *n.* (*Bot*) amento *m.*, gattino *m.*

Amerasian /ˌæməˈreɪʃən/ **I** *a.* con un genitore americano e uno asiatico. **II** *n.* persona *f.* con un genitore americano e uno asiatico.

amerce /əˈmɜːs/ *v.t.* (*Br,Dir,ant*) condannare a un'ammenda, multare.

amercement /əˈmɜːsmənt/ *n.* (*Br,Dir,ant*) ammenda *f.* a discrezione del tribunale.

America /əˈmerikə/ *n.pr.* (*Geog*) America *f.*

American /əˈmerikən/ **I** *a.* 1 americano. 2 (*of North America*) nordamericano; (*of South America*) sudamericano. **II** *n.* 1 americano *m.* (*f.* -a). 2 (*Ling*) americano *m.*, inglese *m.* parlato in America. □ (*Bot*) ~ *aloe* aloe americana, agave americana; *as* ~ *as apple pie* americanissimo, tipicamente americano, americano al cento per cento; (*Zool*) ~ *bison* bisonte; *the* ~ *dream* il sogno americano; ~ *eagle* aquila americana; ~ *English* americano, inglese parlato in America; ~ *football* football americano; ~ *gallon* gallone americano (pari a 3,785 l); ~ *gothic* frugale, semplice, provinciale; ~ *Indian* indiano d'America, amerindio; (*Mus*) ~ *organ* armonium americano; ~ *plan* pensione all'americana, pensione completa; (*Bibl*) ~ *Revised Version* versione americana della Bibbia del 1901; (*Stor*) ~ *Revolution* rivoluzione americana; (*Geog*) ~ *Samoa* Samoa Americane; (*Ling*) ~ *Spanish* spagnolo dell'America centromeridionale; (*Bibl*) ~ *Standard Version* versione americana della Bibbia del 1901; ~ *ton* tonnellata americana (pari a 907,18 kg); (*Stor*) ~ *War of Independence* Guerra di indipendenza americana.

Americana /əˌmeriˈkɑːnə/ *n.* collezione *f.* di documenti e oggetti concernenti la storia americana.

Americanisation /əˌmerikən(a)ɪˈzeɪʃən/ *n.* (*Br*) americanizzazione *f.*

Americanise /əˈmerikənaɪz/ **I** *v.t.* (*Br*) americanizzare. **II** *v.i.* (*Br*) americanizzarsi.

Americanism /əˈmerikənizᵊm/ *n.* americanismo *m.*

Americanist /əˈmerikənist/ *n.* 1 filoamericano *m.* (*f.* -a), americanista *m./f.* 2 (*special-*

ist) americanista *m./f.* (*anche Ling*).

Americanization /əˌmerikən(a)ɪˈzeɪʃən/ *n.* americanizzazione *f.*

Americanize /əˈmerikənaɪz/ **I** *v.t.* americanizzare. **II** *v.i.* americanizzarsi.

Americanologist /əˌmerikəˈnɒlədʒist *Am* əˌmerikəˈnɑːlədʒist/ *n.* americanologo *m.* (*f.* -a).

americium /ˌæməˈrisiəm/ *n.* (*Chim*) americio *m.*

Amerind /ˈæmərind/ *n.* amerindio *m.* (*f.* -a), amerindiano *m.* (*f.* -a).

Amerindian /ˌæməˈrindiən/ **I** *n.* amerindio *m.* (*f.* -a), amerindiano *m.* (*f.* -a). **II** *a.* amerindio, amerindiano *m.* (*f.* -a).

amethyst /ˈæməθist/ *n.* 1 ametista *f.* 2 (*colour*) ametista *f.*

amethystine /ˌæməˈθistaɪn ˌæməˈθistiːn/ *a.* 1 simile all'ametista. 2 (*colour*) ametistino.

Amex /ˈæmeks/ *American Stock Exchange* AMEX (Borsa americana).

Amharic /æmˈhærik *Am also* æmˈhɑːrik/ **I** *n.* amarico *m.* **II** *a.* amarico.

amiability /ˌeɪmiəˈbɪliti *Am* ˌeɪmiəˈbɪləti/ *n.* amabilità *f.*, affabilità *f.*

amiable /ˈeɪmiəbl/ *a.* 1 affabile, garbato, amabile. 2 (*enjoyable*) piacevole, simpatico.

amiableness /ˈeɪmiəblnəs/ *n.* amabilità *f.*

amiably /ˈeɪmiəbli/ *avv.* affabilmente, garbatamente, simpaticamente.

amianthus /ˌæmiˈænθəs/ *n.* (*Min*) amianto *m.*

amicability /ˌæmikəˈbɪliti *Am* ˌæmikəˈbɪləti/ *n.* amichevolezza *f.*

amicable /ˈæmikəbl/ *a.* amichevole: ~ *agreement* accordo amichevole.

amicableness /ˈæmikəblnəs/ *n.* amichevolezza *f.*

amicably /ˈæmikəbli/ *avv.* amichevolmente.

amice[1] /ˈæmis/ *n.* (*Lit*) amitto *m.*

amice[2] /ˈæmis/ *n.* (*almuce*) mozzetta *f.*

amicus /əˈmiːkəs/ (*pl.* **amici** /əˈmiːkiː, əˈmiːsiː/) *n.* (*Dir*) perito *m.* del tribunale.

amicus curiae /əˌmiːkəsˈkjuriei/ (*pl.* **amici** /əˈmiːkiː, əˈmiːsiː/) *n.* (*Dir*) perito *m.* del tribunale.

amid /əˈmid/ *prep.* 1 in mezzo a, tra, fra: *a cottage* ~ *the trees* una casetta circondata da alberi. 2 (*during*) durante.

amide /ˈæmaid/ *n.* ammide *f.*

amidship /əˈmidʃip/ *avv./a.pred.* (*Mar*) a mezza nave.

amidships /əˈmidʃips/ *avv./a.pred.* (*Mar*) a mezza nave.

amidst /əˈmidst/ *prep.* 1 in mezzo a, tra, fra: *a cottage* ~ *the trees* una casetta circondata da alberi. 2 (*during*) durante.

amigo /əˈmiːgou *Am also* ɑːˈmiːgou/ *n.* amico *m.* (*f.* -a).

amine /ˈeɪmiːn *Am* əˈmiːn/ *n.* (*Chim*) ammina *f.*

amino /əˈmiːnou/ □ (*Chim*) ~ *acid* amminoacido.

amir /əˈmiər *Am* əˈmir/ *n.* emiro *m.*

Amish /ˈeɪmiʃ *Am* ˈɑːmiʃ/ *n.inv.* 1 Amish *m.* 2 (*community*) comunità *f.* Amish.

amiss /əˈmis/ **I** *avv.* 1 male, di traverso, a male, non bene: *to go* ~ andare male, andare di traverso. 2 (*out of place*) fuori luogo, fuori posto, a sproposito. **II** *a.pred.* 1 inopportuno, fuori luogo: *is there anything* ~? qualcosa non va?; *there was something* ~ qualcosa non andava; *it wouldn't come* (*o go*) ~ non sarebbe fuori luogo. 2 (*wrong*) sbagliato, errato. □ *to take sth.* ~ offendersi per qcs., prendersela per qcs.

amitosis /ˌæmiˈtousis/ *n.* (*Biol*) amitosi *f.*

amitotic /ˌæmiˈtoutik/ *a.* (*Biol*) amitotico.

amitriptyline /ˌæmiˈtriptiliːn/ *n.* (*Med*) amitriptilina *f.*

amity /'æmɪti *Am* 'æməṭi/ *n.* amicizia *f.*, rapporti *m.pl.* amichevoli: *treaty of* ~ trattato di amicizia.

ammeter /'æmɪtər *Am* 'æməṭər/ *n.* (*El*) amperometro *m.*

ammo /'æmoʊ/ (*pl.* **-s** /-z/) *n.* (*Mil,sl*) (*ammunition*) munizioni *f.pl.*

Ammon /'æmən/ *n.pr.m.* (*Mitol*) Ammone.

ammonia /ə'moʊnɪə *Am* ə'moʊnjə/ *n.* (*Chim*) ammoniaca *f.* □ (*Chim*) ~ *sulphate* solfato di ammonio.

ammoniac /ə'moʊnɪæk/ **I** *n.* (*Chim*) ammoniaco *m.*, gomma *f.* ammoniaco. **II** *a.* (*Chim*) ammoniacale.

ammoniacal /ˌæmoʊ'naɪəkəl/ *a.* (*Chim*) ammoniacale.

ammoniated /ə'moʊnɪeɪṭɪd *Am* ə'moʊnɪeɪṭɪd/ *a.* (*Chim*) ammoniacato.

ammonite /'æmənaɪt/ *n.* (*Paleont*) ammonite *f.*

ammonium /ə'moʊnɪəm/ *n.* (*Chim*) ammonio *m.* □ (*Chim*) ~ *chloride* cloruro di ammonio; (*Chim*) ~ *nitrate* nitrato di ammonio; (*Chim*) ~ *sulphate* solfato di ammonio.

ammunition /ˌæmjʊ'nɪʃən/ **I** *n.* **1** (*Mil*) munizioni *f.pl.* **2** (*fig*) (*in an argument, debate, etc.*) armi *f.pl.*, argomenti *m.pl.*, (*colloq*) cartucce *f.pl.* **II** *v.t.* rifornire di munizioni. □ (*Mil*) ~ *belt*: 1 cartucciera; 2 (*of a machine gun*) nastro; ~ *dump* polveriera, deposito di armi; ~ *pouch* giberna.

amnesia /æm'niːʒə *Br also* æm'niːzɪə/ *n.* amnesia *f.*

amnesiac /æm'niːzɪæk *Am* æm'niːʒɪæk/ *n.* amnesiaco *m.*

amnesic /æm'niːzɪk/ *a.* amnesico.

amnesty /'æmnɪsti/ **I** *n.* amnistia *f.*, grazia *f.* **II** *v.t.* amnistiare, graziare. □ (*Dir*) ~ *ordinance* decreto di amnistia.

amniocentesis /ˌæmniousen'tiːsɪs/ (*pl.* **-ses** /-siːz/) *n.* (*Med*) amniocentesi *f.*

amniography /ˌæmni'ɒɡrəfi *Am* ˌæmni'ɑːɡrəfi/ *n.* (*Med*) amniografia *f.*

amnion /'æmnɪən *Am also* 'æmnɪɑːn/ (*pl.* **-s** /-z/, **amnia** /-nɪə/) *n.* (*Anat*) amnio *m.*

amniotic /ˌæmni'ɒtɪk *Am* ˌæmni'ɑːṭɪk/ *a.* (*Anat*) amniotico: ~ *fluid* liquido amniotico.

amoeba /ə'miːbə/ (*pl.* **-s** /-z/, **-bae** /-biː/) *n.* (*Biol*) ameba *f.*

amoebiasis /ˌæmiː'baɪəsɪs/ *n.* (*Med*) amebiasi *f.*

amoebic /ə'miːbɪk/ *a.* (*Med*) amebico. □ (*Med*) ~ *dysentery* amebiasi.

amoeboid /ə'miːbɔɪd/ *a.* (*Zool*) ameboide.

amok /ə'mɒk *Am* ə'mɑːk/ □ *to run* ~: 1 correre freneticamente; 2 (*fig*) scatenarsi, perdere il controllo, diventare pazzo.

among /ə'mʌŋ/ *prep.* **1** tra, fra: *a house* ~ *the trees* una casa tra gli alberi; *one* ~ *many* uno fra tanti. **2** (*in company with*) in mezzo a, fra: *you are* ~ *friends* sei fra amici. **3** (*throughout*) tra, fra, in: *unrest* ~ *the people* agitazione nel popolo. □ ~ *other things* tra le altre cose; ~ *others* fra gli altri: *she worked with* ~ *others the Prime Minister* ha lavorato, fra gli altri, con il primo ministro.

amongst /ə'mʌŋst/ *prep.* (*spec. Br*) **1** tra, fra. **2** (*in company with*) in mezzo a, fra. **3** (*throughout*) tra, fra, in: *unrest* ~ *the people* agitazione nel popolo.

amontillado /əˌmɒntɪ'lɑːdoʊ *Am* əˌmɑːntə'lɑːdoʊ/ (*pl.* **-s** /-z/) *n.* (*Enol*) varietà *f.* di sherry.

amoral /ˌeɪ'mɒrəl *Am* ˌeɪ'mɔːrəl/ *a.* amorale.

amoralism /ˌeɪ'mɒrəlɪzəm *Am* ˌeɪ'mɔːrəlɪzəm/ *n.* amoralismo *m.*

amorality /ˌeɪmɒ'rælɪti *Am* ˌeɪmə'rælɪṭi/ *n.*

---

amoralità *f.*

amoretto /ˌæmə'retoʊ *Am* ˌæmə'reṭoʊ/ (*pl.* **-tti** /-ti/) *n.* (*Art*) amorino *m.*, puttino *m.*

amorino /amə'riːneʊ/ (*pl.* **-ni** /-ni/) *n.* (*Art*) amorino *m.*, puttino *m.*

amorist /'æmərɪst/ *n.* innamorato *m.* (*f.* -a), adulatore *m.* (*f.* -trice).

Amorite /'æməraɪt/ **I** *n.* (*Stor*) Amorreo *m.*: *the -s* gli Amorrei. **II** *a.* amorreo.

amoroso[1] /ˌæmə'rouzoʊ/ *a.* (*Mus*) amoroso.

amoroso[2] /ˌæmə'rouzoʊ/ (*pl.* **-s** /-z/) *n.* (*Enol*) varietà di sherry.

amorous /'æmərəs/ *a.* **1** affettuoso, amorevole. **2** (*relating to love*) amoroso, d'amore: ~ *poetry* poesia d'amore.

amorously /'æmərəsli/ *avv.* amorosamente, affettuosamente.

amorousness /'æmərəsnəs/ *n.* amorosità, amorevolezza, affettuosità.

amorphism /ə'mɔːfɪzəm *Am* ə'mɔːrfɪzəm/ *n.* amorfismo *m.*, amorfia *f.*

amorphous /ə'mɔːfəs *Am* ə'mɔːrfəs/ *a.* amorfo.

amorphously /ə'mɔːfəsli *Am* ə'mɔːrfəsli/ *avv.* in modo amorfo.

amorphousness /ə'mɔːfəsnəs *Am* ə'mɔːrfəsnəs/ *n.* stato *m.* amorfo, mancanza *f.* di forma.

amortisable /ə'mɔːtaɪzəbl̩ *Am* ˌæmɔːr'taɪzəbl̩/ *a.* ammortizzabile.

amortisation /əˌmɔːtɪ'zeɪʃən *Am* æmˌɔːrtə'zeɪʃən/ *n.* (*Econ*) ammortizzamento *m.*, ammortamento *m.*

amortise /ə'mɔːtaɪz *v.t.* (*Br,Econ*) ammortizzare, ammortare.

amortizable /ə'mɔːtaɪzəbl̩ *Am* ˌæmɔːr'taɪzəbl̩/ *a.* ammortizzabile.

amortization /əˌmɔːtɪ'zeɪʃən *Am* æmˌɔːrtə'zeɪʃən/ *n.* (*Econ*) ammortizzamento *m.*, ammortamento *m.*

amortize /ə'mɔːtaɪz *Am* æm'ɔːrtaɪz/ *v.t.* (*Econ*) ammortizzare, ammortare.

Amos /'eɪməs/ *n.pr.m.* Amos (*anche Bibl*).

amount /ə'maʊnt/ **I** *n.* **1** (*total sum*) ammontare *m.*, importo *m.*, totale *m.* **2** (*fig*) (*significance*) senso *m.*, significato *m.*, portata *f.* **3** (*value*) importanza *f.*, valore *m.*: *of little* ~ di poca importanza. **4** (*quantity*) quantità *f.*: *a great* ~ *of information* una gran quantità di informazioni. **II** *v.i.* **1** ammontare, sommare, ascendere (*to* a). **2** (*to be equivalent to*) equivalere (a), significare, voler dire (qcs.): *keeping it -s to stealing it* tenerlo equivale a rubarlo. □ (*colloq*) *any* ~ *of* una gran quantità di, un sacco di, da vendere; *he has any* ~ *of courage* ha coraggio da vendere; ~ *carried forward* somma riportata; *the* ~ *of business* il giro di affari; (*colloq*) *he will never* ~ *to much* non farà gran che nella vita; *it -s to that*..., in poche parole, si tratta di...; *it -s to the same thing* è praticamente la stessa cosa; *it -s to this*... in poche parole, si tratta di...

amour /ə'mʊər *Am* ə'mʊr/ *n.* (*ant*) intrigo *m.* amoroso, relazione *f.* amorosa, tresca *f.*

amour propre /ˌæ'ʊər'prɒprə *Am* ˌɑːmur'proʊprə/ *n.* amor *m.* proprio.

amp[1] /æmp/ *n.* (*colloq*) amplificatore *m.*

amp[2] /æmp/ *n.* (*El*) ampere A (ampere). **2** *amperage* (amperaggio).

AMP /ˌeɪem'piː/ *adenosine monophosphate* AMP (adenosina monofosfato).

ampelography /ˌæmpɪ'lɒɡrəfi *Am* ˌæmpɪ'lɑːɡrəfi/ *n.* ampelografia *f.*

ampelopsis /ˌæmpɪ'lɒpsɪs *Am* ˌæmpɪ'lɑːpsɪs/ *n.* (*Bot*) ampelodesma *f.*, (*colloq*) disa *f.*

amperage /'æmpərɪdʒ/ *n.* (*El*) amperaggio *m.*

---

ampere /'æmpeər *Am* 'æmper/ *n.* ampere *m.*

ampere-hour /'æmpeərˌaʊər *Am* 'æmperˌaʊər/ *n.* amperora *m.*

ampere-meter /'æmpeərˌmiːtər *Am* 'æmperˌmiːṭər/ *n.* amperometro *m.*

ampersand /'æmpəsænd *Am* 'æmpərsænd/ (*Tip*) simbolo *m.* &, e *f.* commerciale.

amphetamine /æm'fetəmiːn *Am* æm'feṭəmiːn/ *n.* (*Farm*) anfetamina *f.*

amphibian /æm'fɪbɪən/ **I** *n.* (*pl.* **-s** /-z/, **-bia** /-bɪə/) **1** (*Zool,Aer*) anfibio *m.* **2** (*Mil*) mezzo *m.* anfibio. **II** *a.* anfibio.

amphibious /æm'fɪbɪəs/ *a.* anfibio.

amphibole /'æm(p)fɪboʊl/ *n.* (*Min*) anfibolo *m.*

amphibolic /ˌæm(p)fɪ'bɒlɪk *Am* æm(p)fɪ'bɑːlɪk/ *a.* **1** (*Med*) anfibolo. **2** (*Zool*) anfibolico.

amphibology /ˌæm(p)fɪ'bɒlədʒi *Am* æm(p)fɪ'bɑːlədʒi/ *n.* (*Ling*) anfibologia *f.*, ambiguità *f.*

amphibolous /æm(p)'fɪbələs/ *a.* (*Ling*) anfibologico.

amphiboly /æm'fɪbəli/ *n.* (*Ling*) anfibologia *f.*, ambiguità *f.*

amphibrach /'æm(p)fɪbræk/ *n.* (*Metr*) anfibraco *m.*

amphimixis /æm(p)fɪ'mɪksɪs/ *n.* (*Biol*) anfimissi *f.*

amphioxus /ˌæm(p)fɪ'ɒksəs *Am* ˌæm(p)fɪ'ɑːksəs/ (*pl.* **-es** /-iːz/, **-xi** /-ksaɪ/) *n.* (*Zool*) anfiosso *m.*

amphipod /'æm(p)fɪpɒd *Am* 'æm(p)fɪpɑːd/ *n.* (*Zool*) anfipodo *m.* **II** *a.* degli anfipodi.

amphiprostyle /æm(p)'fɪproʊstaɪl/ **I** *n.* (*Arch*) anfiprostilo *m.* **II** *a.* (*Arch*) anfiprostilo.

amphisbaena /ˌæm(p)fɪs'biːnə/ *n.* (*Mitol, Zool*) anfisbena *f.*

amphitheater /'æm(p)fɪθɪəṭər/ *n.* (*Am*) anfiteatro *m.*

amphitheatre /'æm(p)fɪˌθɪətər *Am* 'æm(p)fəˌθiːəṭər/ *n.* anfiteatro *m.*

amphitheatrical /ˌæm(p)fɪθi'ætrɪkəl/ *a.* **1** dell'anfiteatro. **2** (*resembling an amphitheatre*) ad anfiteatro.

Amphitrite /ˌæm(p)fɪ'traɪti *Am* ˌæm(p)fɪ'traɪṭi/ *n.pr.f.* (*Mitol*) Anfitrite.

Amphitryon /æm'fɪtrɪən/ *n.pr.m.* (*Mitol*) Anfitrione.

amphora /'æm(p)fərə/ (*pl.* **-rae** /-riː/, **-s** /-z/) *n.* anfora *f.*

amphoteric /ˌæm(p)fou'terɪk/ *a.* (*Chim*) anfotero.

amphotericin /ˌæm(p)fou'terɪsən/ *a.* (*Farm*) anfotericina *f.*

ampicillin /ˌæmpɪ'sɪlɪn/ *n.* (*Farm*) ampicillina *f.*

ample /'æmpl̩/ *a.* **1** (*abundant*) abbondante, ampio, copioso: ~ *praise* ampi elogi. **2** (*large*) ampio, spazioso, vasto. **3** (*fully sufficient*) abbondante, più che sufficiente: *an* ~ *supply of food* un'abbondante scorta di cibo.

ampleness /'æmplnəs/ *n.* ampiezza *f.*

amplexus /æm'pleksəs/ *n.* (*Zool*) accoppiamento *m.*

amplification /ˌæmplɪfɪ'keɪʃən/ *n.* **1** (*enlarging*) amplificazione *f.*, ingrandimento *m.* **2** (*expansion*) sviluppo *m.*, ampliamento *m.* **3** (*extra detail*) aggiunta *f.*, spiegazione *f.*: *your report needs* ~ la tua relazione ha bisogno di essere sviluppata. **4** (*sound*) amplificazione *f.* **5** (*Tecn*) amplificazione *f.*

amplifier /'æmplɪfaɪər/ *n.* (*Tecn*) amplificatore *m.*

amplify /'æmplɪfaɪ/ **I** *v.t.* **1** (*enlarge*) aumentare, accrescere. **2** (*to expand*) allargare, ampliare, sviluppare: *to* ~ *a description* sviluppare una descrizione. **3** (*to exaggerate*) esagerare, ingrandire. **4** (*to increase in sound*) amplificare. **5** (*Tecn*) amplificare. **II** *v.i.* dilungarsi, scendere in particolari (*on* su).

amplitude /'æmplɪtjuːd *Am also* 'æmplɪtuːd/ *n.* **1** ampiezza *f.*, estensione *f.*, vastità *f.* **2** (*abundance*) abbondanza *f.*, quantità *f.* **3** (*breadth of thought*) vastità *f.*, ampiezza *f.* **4** (*Fis*) ampiezza *f.* **5** (*Astr*) amplitudine *f.* **6** (*Mat*) argomento *m.*, anomalia *f.* □ (*Rad*) ~ *modulation* modulazione di ampiezza.

amply /'æmpli/ *avv.* ampiamente.

ampoule /'æmpuːl/ *n.* ampolla *f.*, fiala *f.*

ampule /'æmp(j)uːl/ *n.* (*Am*) ampolla *f.*, fiala *f.*

ampulla /æm'pʊlə/ (*pl.* **-llae** /-liː/) *n.* (*Lit,Biol*) ampolla *f.*

amputate /'æmpjʊteɪt/ *v.t.* (*Chir*) amputare.

amputation /ˌæmpjʊ'teɪʃⁿn/ *n.* (*Chir*) amputazione *f.*

amputee /ˌæmpjʊ'tiː/ *n.* amputato *m.* (*f.* -a).

amtrac /'æmtræk/ *n.* (*Am,Mil*) mezzo *m.* anfibio.

Amtrack /'æmtræk/ *n.* (*US*) ferrovie *f.pl.* federali americane.

amtrak /'æmtræk/ *n.* (*Am,Mil*) mezzo *m.* anfibio.

amu *atomic mass unit* amu (unità di massa atomica).

amuck /ə'mʌk/ □ *to run* ~: 1 correre freneticamente; 2 (*fig*) scatenarsi, perdere il controllo, diventare pazzo.

amulet /'æmjʊlɪt/ *n.* amuleto *m.*

amuse /ə'mjuːz/ *v.t.* **1** divertire, intrattenere, svagare. **2** (*to distract*) distrarre, svagare. **3** (*to cause to laugh*) divertire, rallegrare. **4** (*of time, leisure, etc.*) passare, occupare.

amused /ə'mjuːzd/ *a.* divertito (*at, by* da). □ *to keep so.* ~ distrarre qcu.

amusement /ə'mjuːzmənt/ *n.* **1** (*mirth*) divertimento *m.*, spasso *m.*: *to our great* ~ con nostro grande divertimento. **2** (*entertainment*) divertimento *m.*, distrazione *f.*, svago *m.*, passatempo *m.* □ (*Br*) ~ *arcade* sala giochi; *to do sth. for* ~ fare qcs. per divertimento; *to look at so. in* ~ guardare qcu. con aria divertita; (*Am*) ~ *park* parco dei divertimenti; ~ *tax* tassa sugli spettacoli.

amusing /ə'mjuːzɪŋ/ *a.* divertente, spassoso: *an* ~ *book* un libro divertente.

amusingly /ə'mjuːzɪŋli/ *avv.* in modo divertente.

amygdala /ə'mɪgdələ/ (*pl.* **-lae** /-liː/) *n.* (*Anat*) amigdala *f.*

amygdale /ə'mɪgdeɪl/ *n.* (*Geol*) amigdala *f.*

amygdalin /ə'mɪgdəlɪn/ *n.* (*Chim*) amigdalina *f.*

amygdaline /ə'mɪgdəlɪn, ə'mɪgdəlaɪn/ *n.* (*Chim*) amigdalina *f.*

amygdaloid /ə'mɪgdələɪd/ *a.* (*Anat*) amigdaloideo. *n.* (*Geol*) amigdaloide *f.*

amygdaloidal /ə'mɪgdələɪdⁿl/ *a.* (*Geol*) amigdaloideo.

amyl /'æmɪl/ *n.* (*Chim*) amile *m.* □ (*Chim*) ~ *acetate* acetato di amile; (*Chim*) ~ *alcohol* alcol amilico; (*Chim*) ~ *nitrate* nitrato di amile; (*Chim*) ~ *nitrite* nitrito di amile.

amylaceous /ˌæmɪ'leɪʃəs/ *a.* amilaceo, amidaceo.

amylase /'æmɪleɪz/ *n.* (*Chim*) amilasi *f.*

amyloid /'æmɪlɔɪd/ *n.* (*Med*) amiloide *m.*

amyloidosis /ˌæmɪlɔɪ'dəʊsɪs/ *n.* (*Med*) amiloidosi *f.*

amylopectin /ˌæmɪloʊ'pektɪn/ *n.* (*Chim*) amilopectina *f.*

amylopsin /ˌæmɪ'lɒpsɪn *Am* ˌæmɪ'lɑːpsɪn/ *n.* (*Chim,Biol*) amilopsina *f.*

amylose /'æmɪloʊs/ *n.* (*Chim*) amilosio *m.*

amyotrophic /ˌeɪmaɪə'trɒfɪk *Am* ˌeɪmaɪə'trɑːfɪk/ *a.* (*Med*) amiotrofico. □ (*Med*) ~ *lateral sclerosis* sclerosi laterale amiotrofica, morbo di Charcot.

amyotrophy /ˌæmɪ'ɒtrəfi/ *n.* (*Med*) amiotrofia *f.*

an /ən *emphatic* æn/ *art.indef.* → **a**.

an' /æn/ *congz.* **1** (*dial*) (*and*) e. **2** (*ant*) (*if*) se.

Anabaptism /ˌænə'bæptɪzⁿm/ *n.* (*Stor*) anabattismo *m.*

Anabaptist /ˌænə'bæptɪst/ **I** *n.* (*Stor*) anabattista *m./f.* **II** *a.* (*Stor*) anabattista.

anabatic /ˌænə'bætɪk *Am* ˌænə'bæt̬ɪk/ *a.* (*Meteor*) anabatico.

anabolic /ˌænə'bɒlɪk *Am* ˌænə'bɑːlɪk/ *a.* (*Biol*) anabolico. □ (*Farm*) ~ *steriod* (steroide) anabolizzante.

anabolism /ə'næboʊlɪzⁿm *Am* ə'næbⁿlɪzⁿm/ *n.* (*Biol*) anabolismo *m.*

anachronism /ə'nækrənɪzⁿm/ *n.* anacronismo *m.*

anachronistic /əˌnækrə'nɪstɪk/ *a.* anacronistico.

anachronistical /əˌnækrə'nɪstɪkⁿl/ *a.* anacronistico.

anachronistically /əˌnækrə'nɪstɪkⁿli/ *avv.* anacronisticamente, in modo anacronistico.

anaclitic /ˌænə'klɪtɪk *Am* ˌænə'klɪt̬ɪk/ *a.* (*Psic*) anaclitico.

anacoluthic /ˌænəkoʊ'luːθɪk/ *a.* (*Ling*) dell'anacoluto.

anacoluthon /ˌænəkoʊ'luːθɒn *Am* ˌænəkə'luːθⁿn/ (*pl.* **-tha** /-θə/) *n.* (*Ling*) anacoluto *m.*

anaconda /ˌænə'kɒndə *Am* ˌænə'kɑːndə/ *n.* (*Zool*) anaconda *m.*

Anacreon /ə'nækriən *Am* ə'nækriɑːn/ *n.pr.m.* Anacreonte.

Anacreontic /əˌnækri'ɒntɪk *Am also* əˌnækri'ɑːntɪk/ **I** *a.* **1** (*Metr*) anacreontico. **2** (*fig*) (*convivial*) gaio, leggero. **II** *n.* **1** (*Metr*) anacreonteo *m.* **2** (*Anachreontic poem*) anacreontica *f.*

anacrusis /ˌænə'kruːsɪs/ (*pl.* **-ses** /-siːz/) *n.* (*Metr,Mus*) anacrusi *f.*

anadiplosis /ˌænədɪ'ploʊsɪs/ (*pl.* **-ses** /-siːz/) *n.* (*Ling*) anadiplosi *f.*

anadromous /ə'nædrəməs/ *a.* (*Zool*) anadromo.

anaemia /ə'niːmiə/ *n.* **1** (*Med*) anemia *f.* **2** (*fig*) fiacchezza *f.*, debolezza *f.*

anaemic /ə'niːmɪk/ *a.* **1** (*Med*) anemico. **2** (*fig*) anemico, privo di vitalità.

anaerobe /'ænəroʊb/ *n.* (*Biol*) anaerobio *m.*

anaerobic /ˌænəˈroʊbɪk *Am* ˌænəˈroʊbɪk/ *a.* (*Biol*) anaerobico. ~ *fermentation* fermentazione anaerobica.

anaesthesia /ˌænəsˈθiːziə *Am* ˌænəsˈθiːʒə/ *n.* (*Med*) anestesia *f.*

anaesthesiologist /ˌænəsˌθiːziˈɒlədʒɪst *Am* ˌænəsˌθiːziˈɑːlədʒɪst/ *n.* (*Med*) anestesiologo *m.* (*f.* -a).

anaesthesiology /ˌænəsˌθiːziˈɒlədʒi *Am* ˌænəsˌθiːziˈɑːlədʒi/ *n.* (*Med*) anestesiologia *f.*

anaesthetic /ˌænəsˈθetɪk *Am* ˌænəsˈθet̬ɪk/ **I** *a.* (*Farm*) anestetico. **II** *n.* (*Farm*) anestetico *m.*

anaesthetisation /əˌniːsθət(ə)ɪˈzeɪʃⁿn *Am* əˌnesθət̬ɪˈzeɪʃⁿn/ *n.* (*Med*) anestesia *f.*

anaesthetise /æniːˈsθətaɪz/ *v.t.* (*Br,Med*) anestetizzare.

anaesthetist /ə'niːsθətɪst *Am* ə'nesθət̬ɪst/ *n.* (*Med*) anestesista *m./f.*, anestesiologo *m.* (*f.* -a).

anaesthetize /æ'niːsθətaɪz *Am* ə'nesθət̬aɪz/ *v.t.* (*Med*) anestetizzare.

anaglyph /'ænəglɪf/ *n.* (*Art,Ott*) anaglifo *m.*

anaglypta /'ænəglɪptə/ *n.* carta *f.* da parati con disegni in rilievo.

anagoge /'ænəgoʊdʒi *Am* 'ænəgɑːdʒi/ (*pl.* **-gies**

/-dʒiːz/) *n.* (*Lett,Teol*) anagogia *f.*

anagogic /ˌænə'gɒdʒɪk *Am* ˌænə'gɑːdʒɪk/ *a.* anagogico (*anche Psic*).

anagogical /ˌænə'gɒdʒɪkⁿl *Am* ˌænə'gɑːdʒɪkⁿl/ *a.* anagogico (*anche Psic*): ~ *meaning* significato anagogico, significato mistico.

anagogy /'ænəgoʊdʒi *Am* 'ænəgɑːdʒi/ (*pl.* **-gies** /-dʒiːz/) *n.* (*Lett,Teol*) anagogia *f.*

anagram /'ænəgræm/ *n.* anagramma *m.*

anagrammatic /ˌænəgrə'mætɪk *Am* ˌænəgrə'mæt̬ɪk/ *a.* anagrammatico.

anagrammatise /ˌænə'græmətaɪz/ *v.t.* (*Br*) anagrammare.

anagrammatize /ˌænə'græmətaɪz/ *v.t.* anagrammare.

anal /'eɪnⁿl/ *a.* anale. □ (*Itt*) ~ *fin* pinna anale; ~ *intercourse* rapporto (sessuale) anale; (*Med*) ~ *retention* ritenzione anale; ~ *retentive*: 1 (*Med*) che manifesta ritenzione anale; 2 (*colloq*) maniaco dell'ordine.

analecta /ˌænə'lektə/ *n.pl.* **1** analetti *m.pl.* **2** (*religious publications*) analecta *m.pl.*

analects /'ænəlekts/ *n.pl.* **1** analetti *m.pl.* **2** (*religious publications*) analecta *m.pl.*

analeptic /ˌænə'leptɪk/ **I** *a.* (*Farm*) analettico. **II** *n.* (*Farm*) analettico *m.*

analgesia /ˌænæl'dʒiːziə *Am* ˌænæl'dʒiːʒə/ *n.* (*Med*) analgesia *f.*

analgesic /ˌænæl'dʒiːzɪk/ **I** *a.* (*Farm*) analgesico. **II** *n.* (*Farm*) analgesico *m.*

analog /'ænəlɑːg/ *n.* (*Am*) → **analogue**.

analogic /ˌænə'lɒdʒɪk *Am* ˌænə'lɑːdʒɪk/ *a.* analogico.

analogical /ˌænə'lɒdʒɪkⁿl *Am* ˌænə'lɑːdʒɪkⁿl/ *a.* analogico.

analogise /ə'nælədʒaɪz/ **I** *v.t.* (*Br*) rendere analogo. **II** *v.i.* (*Br*) **1** usare analogie, ragionare per analogie. **2** (*to show analogy*) essere analogo (*with* a), presentare delle analogie (con).

analogism /ə'nælədʒɪzⁿm/ *n.* analogismo *m.*

analogist /ə'nælədʒɪst/ *n.* analogista *m./f.*

analogize /ə'nælədʒaɪz/ **I** *v.t.* rendere analogo. **II** *v.i.* **1** usare analogie, ragionare per analogie. **2** (*to show analogy*) essere analogo (*with* a), presentare delle analogie (con).

analogous /ə'næləgəs/ *a.* **1** affine, analogo (*to* a). **2** (*similar*) simile, somigliante (a). **3** (*Biol*) analogo.

analogue /'ænəlɒg *Am* 'ænəlɑːg/ *n.* **1** cosa *f.* analoga. **2** (*Biol*) organo *m.* analogo. **3** (*Pol*) omologo *m.*, controparte *f.*: *the British Foreign Minister and his Irish* ~ il ministro degli esteri britannico e il suo omologo irlandese. □ ~ *clock* orologio analogico; (*Inform*) ~ *computer* computer analogico; ~ *recording* registrazione analogica; ~ *signal* segnale analogico; ~ *watch* orologio analogico; ~ *writing* scrittura analogica.

analogy /ə'nælədʒi/ *n.* **1** analogia *f.*, affinità *f.*: *to draw an* ~ fare un'analogia. **2** (*similarity*) somiglianza *f.*, rassomiglianza *f.* **3** (*Biol, Ling,Filos*) analogia *f.* **4** (*Mat*) proporzione *f.* □ *to argue by* ~ ragionare per analogie, ragionare per analogia; *by* ~ *with* per analogia con; *to argue from* ~ ragionare per analogie, ragionare per analogia; *on the* ~ *of* per analogia con.

analphabetic /ˌænælfə'betɪk *Am* ˌænælfə'bet̬ɪk/ **I** *a.* analfabeta. **II** *n.* analfabeta *m./f.*

analysable /ˌænⁿl'aɪzəbⁿl *Am* 'ænⁿlaɪzəbⁿl/ *a.* analizzabile.

analysand /ə'nælɪsænd/ *n.* (*Med*) paziente *m./f.* (sotto psicanalisi).

analyse /'ænⁿlaɪz/ *v.t.* **1** analizzare. **2** (*Med*) analizzare, psicanalizzare. **3** (*Mat*) risolvere.

analyser /ˈænəlaɪzəʳ/ n. (Tecn,Inform) analizzatore m.

analysis /əˈnælɪsɪs/ (pl. **-ses** /-siːz/) n. 1 analisi f., studio m. (analitico), indagine f., esame m. 2 (Chim,Mat,Ling,Med) analisi f. 3 (psychoanalysis) psicoanalisi f.

analyst /ˈænəlɪst/ n. 1 analista m./f. (anche Inform). 2 (psychoanalyst) psicoanalista m./f., analista m./f.

analytic /ænəˈlɪtɪk Am ˌænəˈlɪtɪk/ a. analitico. □ **an ~ brain** una mente analitica; (Mat) ~ **geometry** geometria analitica; (Filos) ~ **philosophy** filosofia analitica; (Psic) ~ **psychology** psicologia analitica; (Chim) ~ **reagent** reattivo.

analytical /ˌænəˈlɪtɪkəl Am ˌænəˈlɪtɪkəl/ a. analitico.

analytically /ˌænəˈlɪtɪkəli Am ˌænəˈlɪtɪkəli/ avv. analiticamente.

analytics /ˌænəˈlɪtɪks Am ˌænəˈlɪtɪks/ n.pl. (costr.sing.) (Filos) analitica f.

analyze /ˈænəlaɪz/ v.t. (Am) 1 analizzare. 2 (Med) analizzare, psicanalizzare. 3 (Mat) risolvere.

analyzer /ˈænəlaɪzəʳ/ n. (Am,Tecn,Inform) analizzatore m.

anamnesis /ˌænæmˈniːsɪs/ (pl. **-ses** /-siːz/) n. anamnesi f. (anche Med).

anamnestic /ˌænæmˈnestɪk/ a. anamnestico (anche Med).

anamorphic /ˌænəˈmɔːfɪk Am ˌænəˈmɔːrfɪk/ a. (Ott) anamorfico. □ (Ott) ~ **lens** obiettivo anamorfico.

anamorphosis /ˌænəmɔːˈfəʊsɪs Am ˌænəmɔːrˈfəʊsɪs/ (pl. **-ses** /-siːz/) n. (Ott) anamorfosi f.

Anangu /ˈɑːnɑːŋu/ n. (Aus) aborigeno m. (f. -a).

anapaest /ˈænəpest ˈænəpiːst/ n. (Metr) anapesto m.

anapaestic /ˌænəˈpestɪk ˌænəˈpiːstɪk/ a. (Metr) anapestico.

anapest /ˈænəpest/ n. (Am,Metr) anapesto m.

anapestic /ˌænəˈpestɪk/ a. (Am,Metr) anapestico.

anaphase /ˈænəfeɪz/ n. (Biol) anafase f.

anaphora /əˈnæfərə/ n. 1 (Ret,Lit) anafora f. 2 (Gramm) termine m. anaforico.

anaphoric /ˌænəˈfɒrɪk Am ˌænəˈfɔːrɪk/ a. (Ret) anaforico.

anaphorically /ˌænəˈfɒrɪkəli Am ˌænəˈfɔːrɪkəli/ avv. (Ret) in maniera anaforica.

anaphrodisiac /ˌænæfrəʊˈdɪziæk/ n. anafrodisiaco m.

anaphylactic /ˌænəfɪˈlæktɪk/ a. (Med) anafilattico: ~ **shock** shock anafilattico.

anaphylaxis /ˌænəfɪˈlæksɪs/ (pl. **-ses** /-siːz/) n. (Med) anafilassi f.

anaplasia /ˌænəˈpleɪziə Am ˌænəˈpleɪʒ(i)ə/ n. (Med) anaplasia f.

anaplastic /ˌænəˈplæstɪk/ a. (Med) anaplastico.

anarch /ˈænɑːk Am ˈænɑːrk/ n. (lett) ribelle m./f., anarchico m. (f. -a).

anarchic /ænˈɑːkɪk Am ænˈɑːrkɪk/ a. anarchico.

anarchical /ænˈɑːkɪkəl Am ænˈɑːrkɪkəl/ a. anarchico.

anarchism /ˈænəkɪzəm Am ˈænərkɪzəm/ n. 1 (doctrine) anarchia f. 2 (methods, practice) anarchismo m.

anarchist /ˈænəkɪst Am ˈænərkɪst/ n. anarchico m. (f. -a).

anarchistic /ˌænəˈkɪstɪk Am ˌænərˈkɪstɪk/ a. anarchico.

anarchy /ˈænəki Am ˈænərki/ n. anarchia f. (anche fig).

anasarca /ˌænəˈsɑːkə Am ˌænəˈsɑːrkə/ n. (Med) anasarca m.

anastigmat /ˌænˈæstɪgmæt/ n. (Ott) lente f. anastigmatica.

anastigmatic /ˌænæstɪgˈmætɪk Am ˌænəstɪgˈmætɪk/ a. (Ott) anastigmatico.

anastomose /əˈnæstəməʊs/ I v.i. (Med,Biol) anastomizzarsi. II v.t. (Chir) anastomizzare.

anastomosis /ˌænəstəˈməʊsɪs/ (pl. **-ses** /-siːz/) n. (Med,Biol) anastomosi f.

anastrophe /əˈnæstrəfi/ n. (Ling) anastrofe f.

anathema /əˈnæθəmə/ n. 1 (sth. loathed) anatema f., cosa f. detestabile: paying taxes is ~ to him odia pagare le tasse. 2 (person loathed) maledizione f., persona f. detestabile. 3 (Rel) anatema m. 4 (excommunicated person) scomunicato m. (f. -a).

anathematise /æˈnæθəmətaɪz/ v.t. (Br) anatematizzare, scagliare l'anatema contro.

anathematize /æˈnæθəmətaɪz/ v.t. anatematizzare, scagliare l'anatema contro.

Anatolia /ˌænəˈtəʊliə/ n.pr. (Geog) Anatolia f.

Anatolian /ˌænəˈtəʊliən/ I a. anatolico. II n. (native) anatolico m. (f. -a).

anatomic /ˌænəˈtɒmɪk Am ˌænəˈtɑːmɪk/ a. 1 anatomico. 2 (fig) strutturale.

anatomical /ˌænəˈtɒmɪkəl Am ˌænəˈtɑːmɪkəl/ a. 1 anatomico. 2 (fig) strutturale. □ ~ **specimen** pezzo anatomico; ~ **theatre** (o Am ~ **theater**) sala anatomica.

anatomically /ˌænəˈtɒmɪkəli Am ˌænəˈtɑːmɪkəli/ avv. anatomicamente.

anatomisation /əˌnætəm(a)ɪˈzeɪʃən/ n. dissezione f., anatomia f.

anatomise /əˈnætəmaɪz/ v.t. (Br) 1 anatomizzare, dissecare. 2 (fig) analizzare, anatomizzare.

anatomist /əˈnætəmɪst Am əˈnætəmɪst/ n. anatomista m./f., anatomico m. (f. -a).

anatomization /əˌnætəm(a)ɪˈzeɪʃən Am əˌnætəmɪˈzeɪʃən/ n. dissezione f., anatomia f.

anatomize /əˈnætəmaɪz Am əˈnætəmaɪz/ v.t. 1 anatomizzare, dissecare. 2 (fig) analizzare, anatomizzare.

anatomy /əˈnætəmi Am əˈnætəmi/ n. 1 anatomia f.: human ~ anatomia umana. 2 (structure) struttura f., morfologia f.; (skeleton) scheletro m. 3 (dissection) anatomia f., dissezione f. 4 (fig) anatomia f., analisi f.: the ~ of a crime l'anatomia di un delitto. 5 (colloq) (human body) corpo m. □ ~ **theatre** (o Am ~ **theater**) sala anatomica.

anatoxin /ˌænəˈtɒksɪn Am ænəˈtɑːksɪn/ n. (Biol) anatossina f.

ANC /ˌeɪenˈsiː/ (S.Afr) African National Congress ANC (partito politico della Repubblica sudafricana).

ancestor /ˈænsestəʳ/ n. 1 antenato m. (f. -a), avo m. (f. -a), progenitore m. (f. -trice). 2 (Biol) progenitore m. (f. -trice). 3 (Dir) ascendente m./f. 4 (fig) prototipo m., antenato m. □ ~ **cult** (o ~ **worship**) culto degli antenati.

ancestral /ænˈsestrəl/ a. 1 ancestrale, avito, atavico. 2 (fig) precursore m. (f. precorritrice), precorritore m. (f. -trice). □ ~ **home** casa avita.

ancestress /ˈænsestrəs/ n. (ant) antenata f., ava f., progenitrice f.

ancestry /ˈænsestri/ n. 1 ascendenza f., stirpe f., lignaggio m.: of royal ~ di stirpe reale. 2 (ancestors) antenati m.pl., avi m.pl. 3 (fig) (origin) inizio m., principio m. 4 (fig) (history) storia f., sviluppo m., origini f.pl.

Anchises /ænˈkaɪsiːz/ n.pr. (Mitol) Anchise.

anchor /ˈæŋkəʳ/ I n. 1 (Mar) ancora f.: to drop (o to cast) ~ gettare l'ancora, to let go the ~

mollare l'ancora; the ~ drags l'ancora ara; the ~ holds l'ancora agguanta. 2 (Tecn) ancora f., ancoraggio m. 3 (fig) appoggio m., punto m. di appoggio, sostegno m.; (support in danger) ancora f. di salvezza. 4 (TV) conduttore m. (f. -trice), anchorman m. (f. -woman). 5 (Sport) ultimo frazionista m. di staffetta. 6 (Alp) ancoraggio m. 7 (Inform) (in hypertexts) ancora f. II v.t. 1 (Mar,Edil) ancorare: to ~ a ship ancorare una nave. 2 (fig) (to fix firmly) fissare, attaccare, ancorare. 3 (TV) condurre. III v.i. 1 (Mar) ancorarsi, gettare l'ancora. 2 (fig) fermarsi, fissarsi, ancorarsi (on su): his attention -ed on the children la sua attenzione si fermò sui bambini. □ at ~ alla fonda, all'ancora; to ride at ~ essere alla fonda, essere all'ancora; (Rad,TV) ~ **man** conduttore, anchorman; (Tecn) ~ **plate** piastra di fissaggio; to bring a ship to ~ ancorare una nave: to come to ~ 1 ancorarsi, dare fondo all'ancora, gettare l'ancora; 2 (fig) (to settle down) stabilirsi, fermarsi; (Mar) ~ **watch** servizio di porto, guardia di porto; (Rad,TV) ~ **woman** conduttrice.

anchorage /ˈæŋkərɪdʒ/ n. 1 ancoraggio m. punto m. di ancoraggio. 2 (fig) (means of security) porto m. sicuro, punto m. di appoggio. □ (Mar) ~ **dues** ancoraggio, diritti di ancoraggio.

anchoress /ˈæŋkərəs/ n. anacoreta f.

anchoret /ˈæŋkəret/ n. anacoreta m., eremita m.

anchoretic /ˌæŋkəˈretɪk Am ˌæŋkəˈretɪk/ a. anacoretico, eremitico.

anchorite /ˈæŋkəraɪt/ n. anacoreta m., eremita m.

anchoritic /ˌæŋkəˈrɪtɪk Am ˌæŋkəˈrɪtɪk/ a. anacoretico, eremitico.

anchoritism /ˈæŋkərɪtɪzəm/ n. anacoretismo m.

anchorman /ˈæŋkəmæn Am ˈæŋkərmæn/ n. (Rad,TV) conduttore m., anchorman m.

anchorperson /ˈæŋkəˌpɜːsən Am ˈæŋkərˌpɜːrsən/ (pl. **anchorpeople** /ˈpiːpl/, **-s** /-z/) n. (Rad,TV) conduttore m. (f. -trice).

anchorwoman /ˈæŋkəˌwʊmən Am ˈæŋkərˌwʊmən/ n. (Rad,TV) conduttrice f.

anchovy /ˈæntʃəvi Am ˈæntʃoʊvi/ n. (Itt) acciuga f., alice f. □ (Alim) ~ **paste** pasta di acciughe.

ancien régime /ˌɑːnsiænreɪˈʒiːm/ n. (Stor) ancien régime m.

ancient /ˈeɪnʃənt/ I a. 1 antico: an ~ superstition un'antica superstizione; the ~ world il mondo antico; ~ **relics** antichi relitti. 2 (iperb) vecchissimo, decrepito, vecchio bacucco. II n. 1 uomo m. (donna f.) dell'antichità. 2 (patriarchal or venerable person) vegliardo m. 3 pl. antichi m.pl. 4 (classical authors) autori m.pl. antichi, autori m.pl. classici. □ (Bibl) the Ancient of Days l'Eterno; ~ **history** storia antica: (colloq) it's ~ history è una vecchia storia, è acqua passata; ~ **monument** edificio storico, bene culturale.

anciently /ˈeɪnʃəntli/ avv. 1 anticamente. 2 (ant) (formerly) già, precedentemente.

ancientness /ˈeɪnʃəntnəs/ n. antichità f.

ancientry /ˈeɪnʃəntri/ n. 1 (rar) stile m. antiquato. 2 (ancient times) tempi m.pl. antichi, antichità f.

ancillary /ænˈsɪlri Am ˈænsəleri/ a. 1 subordinato, dipendente. 2 (auxiliary) ausiliario, sussidiario: ~ **engine** motore ausiliario; ~ **material** materiale di sussidio (per libro di testo). □ ~ **companies** succursali; ~ **duties** mansioni extracontrattuali; (Inform) ~ **equipment** apparecchiatura periferica; ~ **staff** personale ausiliario (a tempo determinato).

ancon /'æŋkɒn Am 'æŋkɑːn/ (pl. **-cones** /-'kəʊniːz/) n. (Art) ancona f.

and /ən(d), emphatic ænd/ congz. **1** e: books ~ pens libri e penne. **2** (then) poi, e: he had breakfast ~ went to work fece la prima colazione, poi andò a lavorare. **3** (added to) più, e: 2 ~ 2 makes 4 2 più 2 fa 4. **4** (between finite verbs: to) a, di: let's go ~ see him andiamo a vederlo; I'll go ~ check vado a controllare; try ~ come early cerca di arrivare presto. **5** (as opposed to) e: there are teachers ~ there are teachers ci sono insegnanti e insegnanti. **6** (used as a strengthening word: between comparatives) sempre più: it's hotter ~ hotter fa sempre più caldo. **7** (between verbs) a lungo, per molto tempo: we talked ~ talked abbiamo parlato tantissimo, abbiamo continuato a parlare. **8** (between nouns, adverbs or adjectives) e: for hours ~ hours (per) ore e ore; well ~ truly finished bell'e finito. **9** (therefore, resulting in) e di conseguenza, e perciò: he studied consistently ~ earned a reputation as a stellar pupil studiava con passione e perciò si guadagnò la fama di studente modello. **10** (interr.) e allora?, e con questo?: You seemed to be standing awfully close to him - And? Gli stavi terribilmente vicina - E allora? Gli stavi terribilmente

AND Andorra AND (Andorra).

Andalusia /ˌændə'luːsiə Am ˌændə'luːʒ(i)ə/ n.pr. (Geog) Andalusia f.

Andalusian /ˌændə'luːsiən Am ˌændə'luːʒ(i)ən/ **I** a. andaluso. **II** n. **1** (native) andaluso m. (f. -a). **2** (dialect) dialetto m. andaluso. **3** (Zootecn) razza f. andalusa.

andalusite /ˌændə'luːsaɪt/ n. (Min) andalusite f.

andante /æn'dænteɪ Am ɑːn'dɑːnteɪ/ **I** a./avv. (Mus) andante. **II** n. andante m.

andantino /ˌændæn'tiːnəʊ Am ˌɑːndɑːn'tiːnəʊ/ **I** a./avv. (Mus) andantino. **II** n. (Mus) andantino m.

Andean /'ændiən/ **I** a. (Geog) andino. **II** n. andino m. □ (Geog) ~ Cordillera Cordigliera delle Ande.

Andes /'ændiːz/ n.pr.pl. Ande f.pl.

andiron /'ændaɪən Am 'ændaɪəʳn/ n. alare m.

Andorra /æn'dɒrə Am æn'dɔːrə/ n.pr. (Geog) Andorra f.

Andorran /æn'dɒrən Am æn'dɔːrən/ **I** a. andorrano. **II** n. andorrano m. (f. -a).

andouille /ɑːn'duːi, 'ɑːnduːi/ n. (Am) salsiccia f. di maiale (usata nella cucina francese e cajun).

Andrea /æn'dreɪə Am also ɑːn'dreɪə/ n.pr.f. Andreina.

Andrew /'ændruː/ n.pr.m. Andrea. □ (Geol) St. ~'s fault la faglia di S. Andrea.

androcentric /ˌændrəʊ'sentrɪk/ a. androcentrico.

Androcles /'ændrəʊkliːz/ n.pr.m. (Mitol) Androclo.

androcracy /æn'drɒkrəsi Am æn'drɑːkrəsi/ a. androcrazia.

androecium /æn'driːsiəm Am also æn'driːʃəm/ (pl. **-cia** /-siə, -ʃiə/) n. (Bot) androceo m.

androgen /'ændrəʊdʒən/ n. (Biol) androgeno m.

androgenise /æn'drɒdʒəˌnaɪz/ v.t. (Br) **1** (Med) curare con androgeni, curare con ormoni maschili. **2** (to make neutral or unified in sexual gender) femminilizzare, demascolinizzare, dotare di attributi femminili: to ~ history interpretare la storia in chiave femminile; to ~ one's appearance assumere un

aspetto androgino.

androgenize /æn'drɒdʒəˌnaɪz Am æn'drɑːdʒəˌnaɪz/ v.t. **1** (Med) curare con androgeni, curare con ormoni maschili. **2** (to make neutral or unified in sexual gender) femminilizzare, demascolinizzare, dotare di attributi femminili: to ~ history interpretare la storia in chiave femminile; to ~ one's appearance assumere un aspetto androgino.

androgyne /'ændrədʒaɪn/ n. androgino m.

androgynous /æn'drɒdʒɪnəs Am æn'drɑːdʒɪnəs/ a. **1** (Bot) androgino, androginico. **2** (hermaphroditic) androgino, androginico, ermafrodito.

androgyny /æn'drɒdʒɪni æn'drɑːdʒɪni/ n. **1** (Biol) androginia f., ermafroditismo m. **2** (androgynous style) stile m. androgino, androginia f.

android /'ændrɔɪd/ n. androide m.

andrologist /æn'drɒlədʒɪst Am æn'drɑːlədʒɪst/ n. andrologo m. (f. -a).

andrology /æn'drɒlədʒi Am æn'drɑːlədʒi/ n. andrologia f.

Andromache /æn'drɒməki Am æn'drɑːməki/ n.pr.f. (Mitol) Andromaca.

Andromeda /æn'drɒmɪdə Am æn'drɑːmədə/ n.pr.f. (Mitol, Astr) Andromeda.

androphobia /ˌændrəʊ'fəʊbiə/ n. (Psic) androfobia f.

Andy /'ændi/ n.pr.m. dim. di Andrew.

anecdotage /'ænɪkdəʊtɪdʒ Am 'ænɪkdəʊtɪdʒ/ n. **1** aneddotica f., raccolta f. di aneddoti. **2** (scherz) (talkative old age) loquacità f. senile, loquacità f. delle persone anziane.

anecdotal /ˌænɪk'dəʊtᵊl Am ˌænɪk'dəʊtᵊl/ a. aneddotico.

anecdotally /ˌænɪk'dəʊtᵊli Am ˌænɪk'dəʊtᵊli/ avv. mediante aneddoti, per mezzo di aneddoti.

anecdote /'ænɪkdəʊt/ (pl. **-s** /-s/, **-ta** /-tə/) n. aneddoto m.

anecdotic /ˌænɪk'dɒtɪk Am ˌænɪk'dɑːtɪk/ a. **1** aneddotico. **2** (fond of telling anecdotes) che racconta sempre aneddoti.

anecdotical /ˌænɪk'dɒtɪkᵊl Am ˌænɪk'dɑːtɪkᵊl/ a. **1** aneddotico. **2** (fond of telling anecdotes) che racconta sempre aneddoti.

anecdotically /ˌænɪk'dɒtɪkᵊli Am ˌænɪk'dɑːtɪkᵊli/ avv. mediante aneddoti, per mezzo di aneddoti.

anecdotist /'ænɪkdəʊtɪst/ n. aneddotista m./f.

anechoic /ˌænɪ'kəʊɪk/ a. anecoico.

anele /ə'niːl/ v.t. (ant, Lit) ungere.

anelectric /ˌænɪ'lektrɪk/ a. anelettrico.

anemia /ə'niːmiə/ n. (Am) **1** (Med) anemia f. **2** (fig) fiacchezza f., debolezza f.

anemic /ə'niːmɪk/ a. (Am) **1** (Med) anemico. **2** (fig) anemico, privo di vitalità.

anemograph /ə'neməˌgrɑːf Am ə'neməˌgræf/ n. (Meteor) anemografo m.

anemography /ˌænɪ'mɒgrəfi Am ˌæni'mɑːgrəfi/ n. (Meteor) anemografia f.

anemometer /ˌænɪ'mɒmɪtəʳ Am ˌæni'mɑːmətəʳ/ n. (Meteor) anemometro m.

anemometry /ˌænɪ'mɒmɪtri Am ˌæni'mɑːmɪtri/ n. (Meteor) anemometria f.

anemone /ə'neməni/ n. **1** (Bot) anemone m. **2** (Zool) anemone m. di mare, attinia f.

anemophilous /ˌænɪ'mɒfɪləs Am ˌæni'mɑːfɪləs/ a. (Bot) anemofilo.

anent /ə'nent/ prep. (lett) su, circa, intorno a.

anergia /æ'nɜːdʒiə Am æ'nɜːrdʒiə/ n. (Med) anergia f.

anergy /'ænədʒi Am 'ænəʳdʒi/ n. (Med) anergia f.

aneroid /'ænərɔɪd/ a. (Fis) aneroide m., barometro m. aneroide.

anesthesia /ˌænəs'θiːʒə/ n. (Am, Med) anestesia f.

anesthesiologist /ˌænəsˌθiːzi'ɑːlədʒɪst/ n. (Am, Med) anestesiologo m. (f. -a).

anesthesiology /ˌænəsˌθiːzi'ɑːlədʒi/ n. (Am, Med) anestesiologia f.

anesthetic /ˌænəs'θetɪk/ **I** a. (Farm) anestetico. **II** n. (Farm) anestetico m.

anesthetist /ə'nesθətɪst/ n. (Am, Med) anestesista m./f., anestesiologo m. (f. -a).

anesthetize /ə'nesθətaɪz/ v.t. (Am, Med) anestetizzare.

aneurism /'ænjʊ(ə)rɪzᵊm/ n. (Med) aneurisma m.

aneurismal /ˌænjʊ(ə)'rɪzməl/ a. (Med) aneurismatico.

aneurysm /'ænjʊ(ə)rɪzᵊm/ n. (Med) aneurisma m.

aneurysmal /ˌænjʊ(ə)'rɪzməl/ a. (Med) aneurismatico.

anew /ə'njuː Am also ə'nuː/ avv. **1** di nuovo, da capo, ancora, un'altra volta: he sang the song ~ cantò di nuovo la canzone; to begin ~ ricominciare. **2** (in a different way) in modo diverso.

anfractuosity /ˌænfræktju'ɒsɪti Am ˌænfræktʃu'ɑːsəti/ n. **1** (lett, fig, Med) anfrattuosità f. **2** (channel, passage) canale m. tortuoso, passaggio m. tortuoso, anfratto m.

anfractuous /æn'fræktjuəs Am æn'fræktʃuəs/ a. anfrattuoso, pieno di anfratti.

ANG Angola ANG (Angola).

angary /'æŋgəri/ n. (Dir) angheria f.

angel /'eɪndʒᵊl/ n. **1** angelo m. (anche fig): you're an ~ sei un tesoro; be an ~ and help me fai la brava, aiutami. **2** (poet) (harbinger) messaggero m. **3** (colloq) (backer) finanziatore m. (f. -trice). **4** (mil) aereo m. amico. □ (sl) ~ dust polvere d'angelo (tipo di droga); ~ face faccia d'angelo; (Itt) ~ fish squatina, squadro; (Dolc) ~ food cake torta paradiso; (Gastron) ~ hair fedelini, fidellini; (Arch) ~ light lunetta; the ~ of darkness l'angelo delle tenebre; the ~ of death l'angelo della morte.

Angeleno /ˌændʒə'liːnəʊ Am ˌændʒə'liːnəʊ/ **I** a. di Los Angeles. **II** n. abitante m./f. di Los Angeles.

angelic /æn'dʒelɪk/ a. **1** angelico, celeste. **2** (fig) angelico: to look ~ avere un aspetto angelico. □ the ~ doctor il dottore angelico (Tommaso d'Aquino).

angelica /æn'dʒelɪkə/ n. **1** (Bot) angelica f. **2** (Dolc) angelica f. candita.

angelical /æn'dʒelɪkᵊl/ a. **1** angelico, celeste. **2** (fig) angelico: to look ~ avere un aspetto angelico.

angelically /æn'dʒelɪkᵊli/ avv. angelicamente.

Angelus /'ændʒɪləs/ n. (Rel.catt) angelus m.

anger /'æŋgəʳ/ **I** n. rabbia f., collera f., ira f.: a fit of ~ un accesso di collera; righteous ~ giusta collera. **II** v.t. mandare in collera, far arrabbiare, irritare. **III** v.i. adirarsi, arrabbiarsi, montare in collera: she -s too quickly si arrabbia troppo facilmente.

Angevin /'ændʒəvɪn/ **I** a. (Geog.stor) angioino, di Angiò. **II** n. angioino m. (f. -a).

angina /æn'dʒaɪnə/ n. (Med) angina f. pectoris.

angina pectoris /ænˌdʒaɪnə'pektᵊrɪs/ n. (Med) angina f. pectoris.

angiogenesis /ˌændʒiəʊ'dʒenəsɪs/ n. (Med) angiogenesi f.

angiogram /'ændʒiəʊgræm/ n. (Med) angiogramma *m*.

angiographic /ˌændʒiouˈgræfɪk/ *a*. (*Med*) angiografico.

angiographically /ˌændʒiouˈgræfɪkəli/ *avv*. (*Med*) angiograficamente.

angiography /ˌændʒiˈɒgrəfi *Am* ˌændʒiˈɑːgrəfi/ *n*. (*Med*) angiografia *f*.

angiologist /ˌændʒiˈɒlədʒɪst *Am* ˌændʒiˈɑːlədʒɪst/ *n*. (*Med*) angiologo *m*. (*f*. -a).

angiology /ˌændʒiˈɒlədʒi *Am* ˌændʒiˈɑːlədʒi/ *n*. (*Anat*) angiologia *f*.

angioplasty /ˈændʒiouplæsti/ *n*. (*Med*) angioplastica *f*.

angiosperm /ˈændʒiouspɜːm *Am* ˈændʒiouspɜːrm/ *n*. (*Bot*) pianta *f*. angiosperma.

Angl. 1 *Anglican* (anglicano). **2** *Anglicized* (anglicizzato).

angle[1] /ˈæŋgl/ *n*. **1** angolo *m*. (*anche Geom*). **2** (*edge*) spigolo *m*. **3** (*fig*) (*point of view*) aspetto *m*., lato *m*., punto *m*. di vista: *he considered the question from all -s* esaminò il problema sotto tutti gli aspetti. **4** (*Am,sl*) (*opportunity for gain*) interesse *m*., scopo *m*.: *what was his ~ in doing it?* che interesse aveva a farlo? □ (*Tip*) ~ *brackets* parentesi uncinate; (*Tecn*) ~ *dozer* livellatrice; (*Tecn*) ~*iron* ferro angolare; (*Aer*) ~*of climb* angolo di rampa, angolo di salita; (*Mil*) ~ *of elevation* angolo di elevazione; (*Fis*) ~*of incidence* angolo di incidenza; (*Fis*) ~ *of reflection* angolo di riflessione; (*Fis*) ~ *of refraction* angolo di rifrazione.

angle[2] /ˈæŋgl/ **I** *v.t.* **1** piegare ad angolo. **2** (*Giorn*) (*to slant*) alterare, deformare, presentare in modo tendenzioso: *to ~ news* alterare le notizie. **II** *v.i.* svoltare, piegarsi, formare angolo.

angle[3] /ˈæŋgl/ **I** *v.i.* **1** (*Pesc*) pescare (con la lenza): *to ~ for trout* pescare trote; (*Br*) *to go angling* andare a pescare. **2** (*fig*) sollecitare (*for sth*. qcs.), andare in cerca (di): *to ~ for compliments* andare in cerca di complimenti. **II** *n*. (*ant*) amo *m*. □ ~ *worm* lombrico (usato come esca).

angled /ˈæŋgld/ *a*. angolato (*anche Arald*).

angler /ˈæŋglər/ *n*. **1** pescatore *m*. (*f*. -trice) con la lenza, cannista *m./f.* **2** (*Itt*) rana *f*. pescatrice.

anglerfish /ˈæŋgləfɪʃ *Am* ˈæŋgləfɪʃ/ *a*. (*Itt*) rana *f*. pescatrice.

Angles /ˈæŋglz/ *n.pr.pl.* (*Stor*) Angli *m.pl.*

Anglian /ˈæŋgliən/ **I** *a*. anglico. **II** *n*. **1** (*person*) anglo *m*. **2** (*dialect*) dialetto *m*. anglo.

Anglican /ˈæŋglɪkən/ **I** *a*. **1** (*Rel*) anglicano: ~ *Church* Chiesa anglicana. **2** (*Am*) (*English*) inglese. **II** *n*. (*Rel*) anglicano *m*. (*f*. -a).

Anglicanism /ˈæŋglɪkənɪzˀm/ *n*. (*Rel*) anglicanesimo *m*.

anglicise /ˈæŋglɪsaɪz/ *v.t.* (*Br*) anglicizzare.

anglicism /ˈæŋglɪsɪzˀm/ *n*. **1** (*Ling*) anglicismo *m*., inglesismo *m*. **2** (*English feature*) caratteristica *f*. inglese. **3** (*English custom*) usanza *f*. inglese, abitudine *f*. inglese.

Anglicist /ˈæŋglɪsɪst/ *n*. anglista *m./f.*

anglicize /ˈæŋglɪsaɪz/ *v.t.* anglicizzare.

anglify /ˈæŋglɪfaɪ/ *v.t.* anglicizzare.

angling /ˈæŋglɪŋ/ *n*. pesca *f*. con la lenza.

Anglo-American /ˌæŋglouəˈmerɪkən/ **I** *a*. angloamericano. **II** *n*. angloamericano *m*. (*f*. -a).

Anglo-Catholic /ˌæŋglouˈkæθˀlɪk/ **I** *n*. anglocattolico *m*. (*f*. -a). **II** *a*. anglocattolico.

Anglo-Catholicism /ˌæŋgloukəˈθɒlɪsɪzˀm *Am* ˌæŋgloukəˈθɑːləsɪzˀm/ *n*. anglocattolicesimo *m*.

Anglo-French /ˌæŋglouˈfrentʃ/ **I** *a*. (*Stor*)

anglofrancese. **II** *n*. (*dialect*) anglofrancese *m*., anglonormanno *m*.

Anglo-Indian /ˌæŋglouˈɪndiən/ **I** *n*. **1** (*person*) angloindiano *m*. (*f*. -a). **2** (*language*) angloindiano *m*. **II** *a*. angloindiano.

Anglo-Irish /ˌæŋglouˈaɪərɪʃ/ **I** *a*. angloirlandese. **II** *n*. angloirlandese *m./f.*

Anglomania /ˌæŋglouˈmeɪniə/ *n*. anglomania *f*.

Anglomaniac /ˌæŋglouˈmeɪniæk/ *n*. anglomane *m./f.*

Anglo-Norman /ˌæŋglouˈnɔːmən *Am* ˌæŋglouˈnɔːrmən/ **I** *a*. (*Stor*) anglonormanno. **II** *n*. **1** (*person*) anglonormanno *m*. (*f*. -a). **2** (*dialect*) anglonormanno *m*.

Anglophil /ˈæŋgloufɪl/ *n*. anglofilo *m*. (*f*. -a).

Anglophile /ˈæŋgloufaɪl/ *n*. anglofilo *m*. (*f*. -a).

Anglophilia /ˌæŋglouˈfɪliə/ *n*. anglofilia *f*.

Anglophobe /ˈæŋgloufoub/ *n*. anglofobo *m*. (*f*. -a).

Anglophobia /ˌæŋglouˈfoubiə/ *n*. anglofobia *f*.

Anglophobic /ˌæŋglouˈfoubɪk/ *a*. anglofobo.

anglophone /ˈæŋgloufoun/ *n*. anglofono *m*. (*f*. -a).

anglophonic /ˌæŋglouˈfɒnɪk *Am* ˌæŋglouˈfɑːnɪk/ *a*. di lingua inglese, anglofono.

Anglo-Saxon /ˌæŋglouˈsæksˀn/ **I** *n*. **1** (*person*) anglosassone *m./f.* **2** (*language*) anglosassone *m*. **II** *a*. anglosassone.

Angola /æŋˈgoulə/ *n.pr.* (*Geog*) Angola *f*.

Angolan /æŋˈgoulən/ **I** *a*. angolano. **II** *n*. angolano *m*. (*f*. -a).

angora /æŋˈgɔːrə/ □ (*Zool*) ~ *cat* gatto d'Angora; (*Zool*) ~ *goat* capra d'Angora; (*Zool*) ~ *rabbit* coniglio d'Angora; (*Tess*) ~ *wool* lana d'angora.

angostura /ˌæŋgəsˈtjuərə *Am* ˌæŋgəˈstjurə/ *n*. (*Bot*) angostura *f*. □ ~ *bark* angostura; *Angostura Bitters* olio essenziale di angostura.

angrily /ˈæŋgrɪli/ *avv*. irosamente.

angry /ˈæŋgri/ *a*. **1** arrabbiato, adirato, in collera, incollerito: *to be ~ at* (o *with*) *so.* essere arrabbiato con qcu. **2** (*indicative of anger*) collerico, irato, iroso: ~ *words* parole irate. **3** (*inflamed*) infiammato, irritato: *an ~ wound* una ferita infiammata. **4** (*fig*) (*raging, stormy*) infuriato, tempestoso, burrascoso: *an ~ sky* un cielo tempestoso. □ *to get ~* arrabbiarsi, adirarsi, andare in collera; *to make ~* fare arrabbiare; (*Lett*) ~ *young men* Arrabbiati (gruppo letterario britannico degli anni '50).

angst /æŋ(k)st/ *n*. angoscia *f*. esistenziale.

anguish /ˈæŋgwɪʃ/ **I** *n*. **1** (*of mind*) angoscia *f*., tormento *m*., affanno *m*.: *to cause so. great ~* causare una grande angoscia a qcu., fare soffrire molto qcu. **2** (*of body*) tormento *m*., dolore *m*., sofferenza *f*., spasimo *m*. **II** *v.t.* angosciare, angustiare: *the thought -es me* il pensiero mi angoscia. **III** *v.i.* angosciarsi, provare angoscia: *to ~ over sth.* provare angoscia per qcs. □ *to be in ~* essere angosciato, soffrire.

anguished /ˈæŋgwɪʃt/ *a*. tormentato, afflitto, travagliato, angosciato. **2** (*showing anguish*) angoscioso: ~ *cries* grida angosciose.

angular /ˈæŋgjulər/ *a*. **1** (*having angles*) angoloso. **2** (*Fis*) (*measured by an angle*) angolare. **3** (*fig*) (*bony*) angoloso, ossuto, spigoloso. **4** (*fig*) (*awkward*) goffo, sgraziato: *an ~ gait* un'andatura sgraziata. **5** (*fig*) (*stiff in manner*) duro, legnoso, rigido.

angularity /ˌæŋgjuˈlærɪti *Am* ˌæŋgjəˈlerəti/ *n*. **1** angolosità *f*. **2** (*fig*) (*awkwardness*) goffaggine *f*. **3** (*fig*) (*stiffness*) durezza *f*., rigidezza *f*.

angularly /ˈæŋgjulərli/ *avv*. angolarmente.

angulate[1] /ˈæŋgjuleɪt/ *a*. angolato, fatto ad angoli.

angulate[2] /ˈæŋgjuleɪt/ *v.t.* **1** angolare, disporre ad angolo. **2** (*to bend*) piegare ad angolo.

angulated /ˈæŋgjuleɪtɪd *Am* ˈæŋgjuleɪtɪd/ *a*. angolato, fatto ad angoli.

angulation /ˌæŋgjuˈleɪʃˀn/ *n*. **1** (*angular formation*) angolarità *f*. **2** (*measurement of angles*) angolazione *f*.

Angus /ˈæŋgəs/ *n.pr.m.* Angus.

anhydride /ænˈhaɪdraɪd/ *n*. (*Chim*) anidride *f*.

anhydrite /ænˈhaɪdraɪt/ *n*. (*Min*) anidrite *f*.

anhydrous /ænˈhaɪdrəs/ *a*. (*Chim,Biol*) anidro.

anile /ˈeɪnaɪl/ *a*. (*lett*) di donna anziana.

aniline /ˈænɪlɪn, ˈænɪliːn/ *n*. (*Chim*) anilina *f*. □ ~ *dye* colorante di anilina.

anility /əˈnɪlɪti *Am* əˈnɪləti/ *n*. vecchiaia *f*. (di donna).

anima /ˈænɪmə/ *n*. (*Psic*) anima *f*.

animadversion /ˌænɪmædˈvɜːʃˀn *Am* ˌænɪmædˈvɜːrʃˀn/ *n*. **1** (*lett*) rimprovero *m*., biasimo *m*. **2** (*criticism*) osservazione *f*., critica *f*.

animadvert /ˌænɪmædˈvɜːt *Am* ˌænɪmædˈvɜːrt/ *v.i.* criticare, censurare (*on sth*. qcs.).

animal /ˈænɪmˀl/ **I** *n*. **1** animale *m*. (mammifero). **2** (*fig*) (*brute*) animale *m*., bestia *f*.: *to behave like an ~* comportarsi come una bestia. **3** (*fig*) (*passionate*) persona *f*. passionale: *when it comes to debating, she's an ~* quando si tratta di discutere non la batte nessuno. **4** (*colloq,scherz*) (*type of person*) creatura *f*., tipo *m*. di persona: *they are rather different -s* loro sono un caso a parte. **II** *a*. **1** animale: ~ *fats* grassi animali. **2** (*fig*) (*purely instictive*) fisico: ~ *courage* coraggio fisico. **3** (*fig*) (*carnal*) animale, sensuale: ~ *instincts* istinti animali. **4** (*fig*) (*gross*) animalesco. □ ~ *attraction* attrazione animale; ~ *crackers* biscotti a forma di animale; ~ *husbandry* zootecnia, allevamento di animali; ~ *kingdom* regno animale; ~ *magnetism* magnetismo, forza di attrazione; ~ *proteins* proteine animali; ~ *rights* diritti degli animali; ~ *rights movement* movimento per i diritti degli animali; *to bring out the ~ in so.* risvegliare gli istinti animali in qcu.

animalcular /ˌænɪˈmælkjulər/ *a*. (*Biol*) microbico.

animalcule /ˌænɪˈmælkjuːl/ *n*. (*Biol*) microbo *m*.

animalisation /ˌænɪməlaɪˈzeɪʃˀn/ *n*. (*Br*) abbrutimento *m*.

animalise /ˈænɪməlaɪz/ *v.t.* (*Br*) **1** suscitare istinti animaleschi in. **2** (*Art*) raffigurare con attributi animali.

animalism /ˈænɪmˀlɪzˀm/ *n*. **1** sensualità *f*., animalità *f*. **2** (*in anthropology*) animalismo *m*.

animalist /ˈænɪmˀlɪst/ *n*. **1** sensualista *m./f.* **2** (*in anthropology*) animalista *m./f.*

animalistic /ˌænɪmˀlˈɪstɪk/ *a*. animale, animalesco, bestiale, da bestia.

animality /ˌænɪˈmælɪti *Am* ˌænɪˈmæləti/ *n*. animalità *f*.

animalization /ˌænɪmˀl(a)ɪˈzeɪʃˀn/ *n*. abbrutimento *m*.

animalize /ˈænɪməlaɪz/ *v.t.* **1** suscitare istinti animaleschi in. **2** (*Art*) raffigurare con attributi animali.

animate[1] /ˈænɪmeɪt/ *v.t.* **1** animare. **2** (*fig*) (*to enliven*) animare, rallegrare, ravvivare. **3** (*to* (*fig*) (*to encourage*) incoraggiare, animare, dare animo a, stimolare.

animate[2] /'ænɪmət/ *a.* **1** animato, vivente. **2** (*fig*) (*lively*) vivace, brioso, animato. **3** (*fig*) (*moving*) animato, che si muove.

animated /'ænɪmeɪtɪd *Am* 'ænɪmeɪṭɪd/ *a.* **1** animato, vivace, acceso: *an ~ discussion* una discussione animata. **2** (*made to move*) animato. □ (*Cin*) ~ *cartoons* (o ~ *drawings*) disegni animati, cartoni animati.

animatedly /'ænɪmeɪtɪdli *Am* 'ænɪmeɪṭɪdli/ *avv.* in modo animato, in modo vivace.

animatics /ˌænɪ'mætɪks *Am* ˌænɪ'mæṭɪks/ *n.* (*Cin*) animatica *f.*

animation /ˌænɪ'meɪʃ⁰n/ *n.* **1** animazione *f.* (*anche Cin*): *clay ~* animazione di plastilina. **2** (*liveliness*) vivacità *f.*, calore *m.*, animazione *f.*

animator /'ænɪmeɪtə⁰ *Am* 'ænɪmeɪṭə⁰/ *n.* animatore *m.* (*f.* -trice) (*anche Cin*).

animism /'ænɪmɪz⁰m/ *n.* animismo *m.*

animist /'ænɪmɪst/ *n.* animista *m./f.*

animistic /ˌænɪ'mɪstɪk/ *a.* animistico.

animosity /ˌænɪ'mɒsɪti *Am* ˌænɪ'mɑːsəṭi/ *n.* animosità *f.*, ostilità *f.*, malanimo *m.*

animus /'ænɪməs/ *n.* **1** malanimo *m.*, animosità *f.* **2** (*intention*) intenzione *f.*, animo *m.* **3** (*Psic*) animus *m.*

anion /'ænaɪən/ *n.* (*Fis*) anione *m.*

anionic /ˌænaɪ'ɒnɪk *Am* ˌænaɪ'ɑːnɪk/ *a.* (*Fis*) anionico.

anise /'ænɪs/ *n.* **1** (*Bot*) anice *m.* **2** (*aniseed*) semi *m.pl.* di anice.

aniseed /'ænɪsiːd/ *n.* semi *m.pl.* di anice: *star ~* anice stellato.

anisette /ˌænɪ'set/ *n.* anisetta *f.*

anisotropic /ˌænaɪsou'trɒpɪk *Am* ˌænaɪsou'trɑːpɪk/ *a.* (*Fis,Biol*) anisotropo.

ankh /æŋk/ *n.* (*Art*) ankh *m.*, croce *f.* ansata.

ankle /'æŋkl/ *n.* caviglia *f.*: *to sprain one's ~* slogarsi la caviglia. □ (*spec.Am,colloq*) ~ *biter* marmocchio, bambino piccolo; (*Anat*) ~ *bone* astragalo; ~ *length* (lungo fino) alla caviglia; ~ *socks* calzini corti, calzerotti.

ankle-deep /'æŋkldiːp/ *a.* che arriva alle caviglie: *the mud was ~* il fango arrivava alle caviglie.

anklet /'æŋklɪt/ *n.* **1** (*bracelet*) cavigliera *f.* **2** (*Am*) (*ankle sock*) calzino *m.*, calzerotto *m.*

ankylose /'æŋkɪlouz/ I *v.t.* (*Med*) anchilosare. II *v.i.* (*Med*) anchilosarsi.

ankylosis /ˌæŋkɪ'lousɪs/ (*pl.* -ses /-siːz/) *n.* (*Med*) anchilosi *f.*

Ann /æn/ *n.pr.f.* Anna. □ (*Stor.brit*) ~ *Boleyn* Anna Bolena.

Anna /'ænə/ *n.pr.f.* Anna.

Annabel, Annabelle /'ænəbel/ *n.pr.f.* Annabella.

annalist /'ænəlɪst/ *n.* annalista *m./f.*

annalistic /ˌænə'lɪstɪk/ *a.* annalistico.

annals /'ænəlz/ *n.pl.* **1** annali *m.pl.* **2** (*historical records*) annali *m.pl.*, cronache *f.pl.*

Anne /æn/ *n.pr.f.* Anna.

anneal /ə'niːl/ *v.t.* **1** (*Vetr,Met*) temprare, dare la tempera a. **2** (*fig*) (*of mind, will, etc.*) temprare, fortificare. □ (*Met*) ~ *furnace* forno di ricottura.

annelid /'ænəlɪd/ I *a.* (*Zool*) degli anellidi. II *n.* anellide *m.*

Annette /ə'net *Br also* æn'et/ *n.pr.f. dim. di* Ann, Anna, Anne.

annex[1] /æn'eks/ *v.t.* **1** (*to add*) allegare, accludere, annettere: *to ~ a clause* allegare una clausola. **2** (*to append*) aggiungere. **3** (*to take over*) impossessarsi di, appropriarsi di.

annex[2] /'æneks/ *n.* **1** edificio *m.* annesso, dépendance *f.*: *the hotel ~* la dépendance di

un albergo. **2** (*supplementary clause, etc.*) allegato *m.*, codicillo *m.*

annexation /ˌænek'seɪʃ⁰n/ *n.* **1** annessione *f.* **2** (*territory*) territorio *m.* annesso.

annexationism /ˌænek'seɪʃ⁰nɪz⁰m/ *n.* (*Pol*) annessionismo *m.*

annexationist /ˌænek'seɪʃ⁰nɪst/ *n.* (*Pol*) annessionista *m./f.*

annexe /'æneks/ *n.* **1** edificio *m.* annesso, dépendance *f.* **2** (*supplementary clause, etc.*) allegato *m.*, codicillo *m.*

annihilate /ə'naɪəleɪt/ *v.t.* **1** annientare, annichilire, distruggere. **2** (*fig*) (*to defeat*) schiacciare, annientare. **3** (*Nucl*) annichilare.

annihilation /əˌnaɪə'leɪʃ⁰n/ *n.* **1** annientamento *m.*, annichilamento *m.* **2** (*fig*) sconfitta *f.* schiacciante, annientamento *m.* **3** (*Nucl*) annichilazione *f.*

annihilator /ə'naɪəleɪtə *Am* ə'naɪəleɪṭə⁰/ *n.* annientatore *m.* (*f.* -trice).

anniversary /ˌænɪ'vɜːs⁰ri *Am* ˌænɪ'vɜːrs⁰ri/ I *n.* anniversario *m.* II *a.* anniversario.

Anno /'ænou/ □ *~ Domini* dopo Cristo, anno del Signore.

annotate /'ænouteɪt/ *v.t.* annotare, commentare, chiosare.

annotated /'ænouteɪtɪd *Am* 'ænouteɪṭɪd/ *a.* annotato, commentato: *~ edition* edizione commentata.

annotation /ˌænou'teɪʃ⁰n/ *n.* annotazione *f.*, nota *f.*, commento *m.*, chiosa *f.*

annotator /'ænouteɪtə *Am* 'ænouteɪṭə⁰/ *n.* annotatore *m.* (*f.* -trice), commentatore *m.* (*f.* -trice).

announce /ə'naʊns/ I *v.t.* **1** annunciare, rendere noto; (*of a marriage, etc.*) annunciare, partecipare. **2** (*to make an event known*) annunciare (*anche Rad,TV*): *to ~ a guest* annunciare un invitato; *to ~ a programme* annunciare un programma; *to ~ dinner* annunciare che il pranzo è servito. **3** (*to state*) annunciare, dichiarare: *he -d that he was tired* dichiararò di essere stanco. II *v.i.* **1** (*Rad,TV*) fare l'annunciatore. **2** (*US,Pol*) presentarsi come candidato (*for* a): *to ~ for president* candidarsi a presidente.

announcement /ə'naʊnsmənt/ *n.* **1** annuncio *m.*, comunicazione *f.* **2** (*Rad,TV*) annuncio *m.* (pubblicitario). **3** (*card, letter, etc.*) annuncio *m.*; (*for a wedding, etc.*) partecipazione *f.*

announcer /ə'naʊnsə⁰/ *n.* (*Rad,TV*) **1** annunciatore *m.* (*f.* -trice). **2** (*master of ceremonies*) presentatore *m.* (*f.* -trice). **3** (*commentator*) commentatore *m.* (*f.* -trice).

annoy /ə'nɔɪ/ *v.t.* disturbare, infastidire, dar noia a, seccare, importunare.

annoyance /ə'nɔɪəns/ *n.* **1** (*that which annoys*) disturbo *m.*, molestia *f.*, seccatura *f.*, fastidio *m.*, scocciatura *f.* **2** (*feeling of botherment*) irritazione *f.*, fastidio *m.*: *to show ~ at a delay* mostrare irritazione per un ritardo; *much to our ~* con nostro grande fastidio.

annoyed /ə'nɔɪd/ *a.* infastidito, seccato, scocciato. □ *to be ~ at sth.* essere seccato per qcs.; *to be ~ by so.* essere seccato da qcu.; *to be ~ by sth.* essere infastidito da qcs.; *don't get ~* non arrabbiarti; *to be ~ with so.* essere seccato da qcu.

annoying /ə'nɔɪɪŋ/ *a.* irritante, seccante, fastidioso. □ *how ~!* che seccatura!

annoyingly /ə'nɔɪɪŋli/ *avv.* fastidiosamente, in modo irritante.

annual /'ænjuəl/ I *a.* annuo, annuale (*anche Bot*): *~ salary* stipendio annuo. II *n.* **1** annuario *m.* **2** (*Bot*) pianta *f.* annua. **3** (*Econ*) ~ *general meeting* riunione annuale (degli

azionisti); (*Econ*) ~ *report* relazione annuale (del bilancio); (*Bot*) ~ *ring* anello annuale.

annualise /'ænjuəlaɪz/ *vt.* (*Br*) annualizzare (*anche Econ*).

annualize /'ænjuəlaɪz/ *vt.* annualizzare (*anche Econ*).

annually /'ænjuəli/ *avv.* annualmente.

annuitant /ə'njuːɪtənt *Am* ə'n(j)uːəṭnt/ *n.* beneficiario *m.* (*f.* -a) di rendita annua, beneficiario *m.* (*f.* -a) di vitalizio.

annuity /ə'njuːɪti *Am* ə'n(j)uːəṭi/ *n.* **1** (*Econ*) annualità *f.*, rendita *f.* pagata annualmente. **2** (*right to receive*) diritto *m.* a un assegno.

annul /ə'nʌl/ (*past, p.p.* **annulled** /-d/) *v.t.* annullare, abrogare, revocare, rescindere: *to ~ a contract* rescindere un contratto; *to ~ a marriage* annullare un matrimonio.

annular /'ænjulə⁰/ *a.* anulare. □ (*Astr*) ~ *eclipse* eclissi anulare; (*Anat*) ~ *ligament* legamento anulare; (*Arch*) ~ *vault* volta a botte.

annulated /'ænjuleɪtɪd *Am* 'ænjuleɪṭɪd/ *a.* inanellato, ad anelli.

annulation /ˌænju'leɪʃ⁰n/ *n.* **1** formazione *f.* di anelli. **2** (*structure*) struttura *f.* ad anelli.

annulet /'ænjulɪt/ *n.* **1** anellino *m.* **2** (*Arch*) collarino *m.*

annullable /ə'nʌləbl̩/ *a.* annullabile.

annulment /ə'nʌlmənt/ *n.* annullamento *m.*: ~ *of marriage* annullamento di matrimonio.

annunciate /ə'nʌnsieɪt/ *v.t.* annunciare.

annunciation /əˌnʌnsi'eɪʃ⁰n/ *n.* annuncio *m.*

Annunciation /əˌnʌnsi'eɪʃ⁰n/ *n.pr.* **1** Annunciazione *f.* **2** (*Annunciation Day*) Annunciazione *f.*, festa *f.* dell'Annunciazione.

annunciator /ə'nʌnsieɪtə *Am* ə'nʌnsieɪṭə⁰/ *n.* **1** annunciatore *m.* (*f.* -trice). **2** (*signalling device*) quadro *m.* di segnalazione.

anodal /æ'noud⁰l/ *a.* (*Fis*) anodico.

anode /'ænoud/ *n.* (*Fis*) anodo *m.*

anodic /æ'noudɪk/ *a.* (*Fis*) anodico.

anodise /'ænoudaɪz/ *v.t.* (*Br,Met*) anodizzare.

anodization /ˌænoud(a)ɪ'zeɪʃ⁰n/ *n.* (*Met*) anodizzazione *f.*

anodize /'ænoudaɪz/ *v.t.* (*Met*) anodizzare.

anodizer /ˌænou'daɪzə⁰/ *n.* (*Met*) anodizzatore *m.*

anodyne /'ænoudaɪn/ I *n.* **1** (*Farm*) sedativo *m.*, anodino *m.*, calmante *m.* **2** (*fig*) sollievo *m.*, medicina *f.*, calmante *m.* II *a.* **1** (*Farm*) anodino, calmante. **2** (*fig*) riposante; (*comforting*) confortante. **3** (*fig*) (*watered down*) anodino, di scarsa efficacia.

anoint /ə'nɔɪnt/ *v.t.* **1** ungere. **2** (*Lit*) ungere; (*to consecrate*) consacrare.

anointing /ə'nɔɪntɪŋ *Am* ə'nɔɪntɪŋ/ *n.* **1** (*Lit*) unzione *f.* **2** (*consecration*) consacrazione *f.*, unzione *f.*

anointment /ə'nɔɪntmənt/ *n.* **1** (*Lit*) unzione *f.* **2** (*consecration*) consacrazione *f.*, unzione *f.*

anomalism /ə'nɒməlɪz⁰m *Am* ə'nɑːmələz⁰m/ *n.* anomalia *f.*

anomalistic /əˌnɒmə'lɪstɪk *Am* əˌnɑːmə'lɪstɪk/ *a.* anomalistico (*anche Astr*): ~ *year* anno anomalistico.

anomalous /ə'nɒmələs *Am* ə'nɑːmələs/ *a.* **1** anomalo, irregolare. **2** (*incongruous*) contraddittorio, incoerente; (*strange*) insolito, strano. **3** (*Biol*) anomalo, anormale.

anomaly /ə'nɒməli *Am* ə'nɑːməli/ *n.* **1** anomalia *f.*, irregolarità *f.* **2** (*Astr*) anomalia *f.*

anomic /ə'nɒmɪk *Am* ə'nɑːmɪk/ *a.* (*Sociol*) anomico.

anomie /'ænəmi/ *n.* (*Sociol*) anomia *f.*

anon /ə'nɒn *Am* ə'nɑːn/ *avv.* **1** (*ant,scherz*) fra poco, presto. **2** (*again*) di nuovo. **3** (*immediately*) subito. □ *ever and ~* ogni tanto.

anon. *anonymous* anon. (anonimo).

anonym /ˈænənɪm/ *n.* 1 anonimo *m.* (*f.* - a). 2 (*pseudonym*) pseudonimo *m.* 3 (*publication*) anonimo *m.*

anonymity /ˌænɒnˈɪmɪtɪ *Am* ˌænəˈnɪmətɪ/ *n.* 1 (*state of being unknown*) anonimia *f.*: *he insisted on* ~ insistette per conservare l'anonimato. 2 (*impersonal nature*) anonimità *f.*

anonymous /əˈnɒnɪməs *Am* əˈnɑːnɪməs/ *a.* anonimo: *an* ~ *letter* una lettera anonima; *to remain* ~ conservare l'anonimato, rimanere anonimo.

anonymously /əˈnɒnɪməslɪ *Am* əˈnɑːnɪməslɪ/ *avv.* anonimamente.

anonymousness /əˈnɒnɪməsnəs *Am* əˈnɑː nɪməsnəs/ *n.* anonimato *m.*

anopheles /əˈnɒfɪliːz *Am* əˈnɑːfɪliːz/ *n.inv.* (*Entom*) anofele *m.*

anorak /ˈænəræk/ *n.* 1 giacca *f.* a vento (con cappuccio). 2 (*Br*) (*boring person*) tipo *m.* noioso, tipo *m.* pesante.

anorectal /ˌænɒˈrektəl/ *a.* (*Med*) anorettale.

anorectic /ˌænəˈrektɪk *Am* ˌænəˈrektɪk/ I *n.* (*Farm*) anoressizzante *m.* II *a.* (*marked by loss of appetite*) anoressico.

anorexia /ˌænəˈreksiə *Am* ˌænəˈreksiə/ *n.* (*Med*) anoressia *f.* □ (*Med*) ~ *nervosa* anoressia nervosa.

anorexic /ˌænəˈreksɪk *Am* ˌænəˈreksɪk/ I *n.* 1 (*anorexic person*) anoressico *m.* (*f.* -a). 2 (*Farm*) anoressizzante *m.* II *a.* 1 (*marked by loss of appetite*) anoressico. 2 (*Farm*) anoressizzante.

anorgasmia /ˌænɔːrˈɡæzmiə *Am* ænɔːr ˈɡæzmiə/ *n.* (*Med*) anorgasmia *f.*

anorgasmic /ˈænɔːrˌɡæzmɪk *Am* ˈænɔːr ˌɡæzmɪk/ *a.* (*Med*) anorgasmico.

anosmia /ænˈɒzmiə *Am* ænˈɑːzmiə/ *n.* (*Med*) anosmia *f.*

another /əˈnʌðər/ I *a.* 1 (*an additional*) un altro: ~ *person* un'altra persona. 2 (*of a group*) altro: ~ *ten books* altri dieci libri. 3 (*of time*) altro, ancora: ~ *two years* ancora due anni, altri due anni. 4 (*different*) un altro, diverso, differente: *it is quite* ~ *matter* è una faccenda del tutto diversa, è tutt'altra cosa. 5 (*similar*) un secondo, un altro, un nuovo: ~ *Einstein* un secondo Einstein. II *pron.* 1 un altro: *may I have* ~? posso averne un'altra? 2 (*a different one*) un altro, uno differente: *give me* ~ dammene un altro; *he left me for* ~ mi ha lasciata per un'altra. 3 (*the other*) l'altro: *one after* ~ uno dopo l'altro. □ (*colloq*) *tell me* ~ *one* raccontala a qualcun altro!, ma va'!; (*Br*) ~ *place* nell'altra camera del parlamento; *but that's* ~ *story* ma questa è un'altra storia; (*fig*) *that is quite* ~ *story* questo è un altro paio di maniche; ~ *such* uno del genere, uno uguale, uno così: ~ *such mistake could be fatal* un altro errore del genere potrebbe essere fatale; *not* ~ *word!* non una parola di più!

anovulant /æˈnɒvjʊlənt *Am* æˈnɑːvjʊlənt/ *a.* (*Med*) antiovulatorio.

anovulatory /ˈænɒvjʊleɪtərɪ *Am* æn ˈɑːvjʊlətɔːrɪ/ *a.* (*Med*) anovulatorio.

anoxia /ænˈɒksiə *Am* ænˈɑːksiə/ *n.* (*Med*) anossia *f.*

ans. *answer* R. (risposta).

ansate /ˈænseɪt/ □ (*Art*) ~ *cross* croce ansata.

Anselm /ˈænselm/ *n.pr.m.* Anselmo.

anserine /ˈænsəraɪn/ *a.* 1 anserino, d'oca. 2 (*fig*) (*stupid*) stupido, sciocco.

ANSI *American National Standards Institute* ANSI (ufficio nazionale americano per la normazione).

answer[1] /ˈɑːnsər *Am* ˈænsər/ *n.* 1 risposta *f.*: *no one knew the* ~ nessuno sapeva la risposta; *her only* ~ *was a smile* si limitò a rispondere con un sorriso; *to get an* ~ ricevere risposta. 2 (*solution*) soluzione *f.*, risposta *f.*: *there is no easy* ~ non c'è una soluzione facile; *to have an* ~ *for everything* avere sempre la risposta pronta. 3 (*reply to an accusation or challenge*) replica *f.* 4 (*Dir*) replica *f.* (del convenuto). □ (*colloq*) *to know all the* -s sapere tutto, saperla lunga; (*epist*) *in* ~ *to your letter* in risposta alla Vostra (lettera); (*Cin*) ~ *print* copia campione.

answer[2] /ˈɑːnsər *Am* ˈænsər/ I *v.i.* 1 rispondere. 2 (*to rejoin*) replicare. 3 (*to be responsible for*) rispondere (*for* di): *to* ~ *for so.'s safety* rispondere della sicurezza di qcu. 4 (*to suffer the consequences of*) rispondere (di), pagare (per), scontare (qcs.): *to* ~ *for a crime with one's life* pagare per un delitto con la propria vita. 5 (*to correspond to*) rispondere, corrispondere (*to* a): *to* ~ *to a description* corrispondere a una descrizione. 6 (*to serve the purpose*) servire (a), rispondere allo scopo. 7 (*be accountable to so.*) rendere conto (a), rispondere (a): *I don't have to* ~ *to you* non devo rendere conto a te. II *v.t.* 1 rispondere a: ~ *my question* rispondi alla mia domanda; *he* -ed *the telephone* rispose al telefono. 2 (*to solve*) risolvere, sciogliere. 3 (*to satisfy*) rispondere a, servire a, soddisfare: *this will* ~ *all your needs* questo risponderà a tutti i tuoi bisogni. 4 (*of an obligation, a debt*) soddisfare, esaudire, adempiere: *who will* ~ *our prayers?* chi esaudirà le nostre preghiere? 5 (*to reply to in defence*) rispondere a, replicare a: *to* ~ *a charge* replicare a un'accusa. □ *to* ~ *back* rispondere in modo impertinente, rispondere male, rimbeccare, ribattere; *to* ~ *blow with blow* ribattere colpo su colpo; *to* ~ *the door* andare a vedere chi c'è alla porta, aprire la porta; (*Br*) *to* ~ *the purpose* fare al caso, rispondere allo scopo; *to* ~ *to the name of* rispondere al nome di, chiamarsi.

answerable /ˈɑːnsərəbl *Am* ˈænsərəbl/ *a.* 1 responsabile, garante: *to be* ~ *to so. for sth.* essere responsabile verso qcu. per qcs. 2 (*capable of being answered*) cui si può rispondere.

answering /ˈɑːnsərɪŋ *Am* ˈænsərɪŋ/ □ ~ *machine* segreteria telefonica; ~ *service* servizio di segreteria telefonica.

answerphone /ˈɑːnsəfəʊn/ *n.* (*Br*) segreteria *f.* telefonica.

ant /ænt/ *n.* (*Entom*) formica *f.* □ (*Zool*) ~ *eater* formichiere; (*Entom*) ~ *egg* pupa seccata (di formica); ~ *heap* formicaio; ~ *hill* formicaio; (*colloq*) *to have* -s *in your pants* avere il ballo di S. Vito, avere il pepe al culo.

antacid /ænˈtæsɪd/ I *n.* (*Med*) antiacido *m.* II *a.* (*Med*) antiacido.

antagonise /ænˈtæɡənaɪz/ *v.t.* (*Br*) 1 inimicarsi, provocare l'ostilità di: *anyone can become violent if you* ~ *them* chiunque può diventare violento se provocato. 2 (*to oppose actively*) opporsi a, resistere a.

antagonism /ænˈtæɡənɪzm/ *n.* 1 antagonismo *m.* (*between* tra). 2 (*hostility*) ostilità *f.*, opposizione *f.* (*towards* nei confronti di).

antagonist /ænˈtæɡənɪst/ *n.* 1 avversario *m.* (*f.* -a), antagonista *m./f.*, rivale *m./f.* 2 (*Farm*) antagonista *m.* 3 (*Anat*) muscolo *m.* antagonista.

antagonistic /æn,tæɡəˈnɪstɪk/ *a.* 1 antagonistico (*anche Anat*). 2 (*hostile*) ostile, avverso: ~ *to change* avverso ai cambiamenti.

antagonistically /æn,tæɡəˈnɪstɪkəlɪ/ *avv.* antagonisticamente, in modo antagonistico.

antagonize /ænˈtæɡənaɪz/ *v.t.* 1 inimicarsi, provocare l'ostilità di: *anyone can become violent if you* ~ *them* chiunque può diventare violento se provocato. 2 (*to oppose actively*) opporsi a, resistere a.

Antarctic /ænˈtɑːktɪk *Am* ænˈtɑːrtɪk/ I *a.* (*Geog*) antartico. II *n.pr.* (*Geog*) Antartico *m.* □ (*Geog*) ~ *Circle* circolo polare antartico; (*Geog*) ~ *Continent* Antartide; (*Geog*) ~ *Ocean* Oceano antartico.

Antarctica /ænˈtɑːktɪkə *Am* ænˈtɑːrtɪkə/ *n.pr.* Antartide *f.*

ante[1] /ˈæntɪ *Am* ˈæntɪ/ *n.* 1 (*in poker*) buio *m.* 2 (*Am*) (*Comm*) anticipo *m.* □ *to up the* ~ alzare la posta in gioco (*anche fig*).

ante[2] /ˈæntɪ *Am* ˈæntɪ/ *v.t.* (*in poker*) fare il buio di. □ *to* ~*up* alzare la posta in gioco (*anche fig*).

anteater /ˈæntˌiːtər *Am* ˈæntˌiːtər/ *n.* (*Zool*) formichiere *m.*

antebellum /ˌæntɪˈbeləm/ *a.* (*Stor.am*) (*before the Civil War*) prima della guerra di secessione.

antecede /ˌæntɪˈsiːd *Am* ˌæntəˈsiːd/ *v.t.* precedere.

antecedence /ˌæntɪˈsiːdəns *Am* ˌæntəˈsiːdəns/ *n.* precedenza *f.*, priorità *f.*, anteriorità *f.*, antecedenza *f.*

antecedent /ˌæntɪˈsiːdənt *Am* ˌæntəˈsiːdnt/ I *n.* 1 antecedente *m.*, precedente *m.* 2 (*Gramm, Filos, Mat*) antecedente *m.* 3 *pl.* (*ancestors*) antenati *m.pl.*; (*events of one's early life*) precedenti *m.pl.* II *a.* antecedente, precedente.

antecessor /ˌæntɪˈsesər *Am* ˌæntəˈsesər/ *n.* predecessore *m.*, antecessore *m.*

antechamber /ˈæntɪˌtʃeɪmbər *Am* ˈæntɪ ˌtʃeɪmbər/ *n.* anticamera *f.*

antechoir /ˈæntɪˌkwaɪər *Am* ˈæntɪˌkwaɪər/ *n.* (*Arch*) parte *f.* antistante al coro.

antedate /ˈæntɪdeɪt *Am* ˈæntɪdeɪt/ I *v.t.* 1 precedere, precorrere. 2 (*to assign to an earlier date*) retrodatare, antidatare: *to* ~ *a cheque* antidatare un assegno. 3 (*rar*) (*to anticipate*) anticipare. II *n.* antidata *f.*

antediluvian /ˌæntɪdɪˈluːviən *Am* ˌæntɪdə ˈluːviən/ I *a.* antidiluviano. II *n.* 1 (*Bibl*) persona *f.* vissuta prima del diluvio. 2 (*fig*) persona *f.* antidiluviana, persona *f.* antiquata.

antefix /ˈæntɪfɪks *Am* ˈæntɪfɪks/ *n.* (*pl.* -es /-ɪz/, *pl.* -a /-ə/) *n.* (*Arch*) antefissa *f.*

antelope /ˈæntɪloʊp *Am* ˈæntɪloʊp/ *n.* (*pl.inv.* o -s /-s/) *n.* (*Zool, Pell*) antilope *f.*

antemeridian /ˌæntɪməˈrɪdiən *Am* ˌæntɪmə ˈrɪdiən/ *a.* antimeridiano.

antenatal /ˌæntɪˈneɪtəl *Am* ˌæntɪˈneɪtʃl/ *a.* prenatale, antenatale.

antenna /ænˈtenə/ *n.* 1 (*pl.* -s /-z/) (*Rad, TV*) antenna *f.* 2 (*pl.* -nae /-niː/) (*Zool, Entom*) antenna *f.*

antenuptial /ˌæntɪˈnʌpʃəl/ *a.* (*Br, Dir*) antenuziale.

ante-orbital /ˌæntɪˈɔːbɪtəl *Am* ˌæntɪˈɔːrbɪtəl/ *a.* (*Anat*) situato davanti all'occhio, situato davanti all'orbita.

antepartum /ˌæntɪˈpɑːtəm *Am* ˌæntɪˈpɑːrtəm/ *a.* (*Med*) ante partum.

antepenult /ˌæntɪpɪˈnʌlt *Am* ˌæntɪˈpiːnʌlt/ I *a.* terzultimo. II *n.* terzultima sillaba *f.*, antipenultima sillaba *f.*

antepenultimate /ˌæntɪpɪˈnʌltɪmət *Am* ˌæntɪpɪˈnθltəmət/ I *a.* terzultimo. II *n.* terzultima sillaba *f.*, antipenultima sillaba *f.*

antepost /ˈæntɪˈpoʊst/ I *n.* (*Br*) (*anticipated bet*) scommessa *f.* anticipata, scommessa *f.* fatta prima della selezione finale. II *a.* (*of a* *bet*) anticipato, prima della selezione finale.

anterior /æn'tɪərɪər *Am* æn'tɪrɪər/ *a.* anteriore.

anteriority /æn,tɪərɪ'ɒrɪti *Am* æn,tɪri'ɔːrəti/ *n.* anteriorità *f.*

anteriorly /æn'tɪərɪərli *Am* æn'tɪrɪərli/ *avv.* anteriormente.

anteroom, ante-room /'æntɪruːm *Am* 'æntɪruːm/ *n.* anticamera *f.*

anthelion /æn'θiːlɪən/ (*pl.* **-lia** /-lɪə/) *n.* (*Astr*) antelio *m.*

anthelmintic /,ænθəl'mɪntɪk *Am* ,ænθel'mɪntɪk/ **I** *a.* (*Farm*) antelmintico. **II** *n.* (*Farm*) antelmintico *m.*

anthem /'ænθəm/ *n.* **1** inno *m.*: *national ~* inno nazionale. **2** (*Lit*) (*hymn sung antiphonally*) antifona *f.*

anthemion /'ænθiːmɪən/ *n.* (*Arch*) antemio *m.*

anther /'ænθər/ *n.* (*Bot*) antera *f.*

antheral /'ænθərəl/ *a.* (*Bot*) dell'antera.

antherozoid /,ænθərou'zouɪd/ *n.* (*Bot*) anterozoo *m.*

anthill /'ænthɪl/ *n.* (*Entom*) formicaio *m.*

anthological /,ænθə'lɒdʒɪkəl *Am* ,ænθə'lɑːdʒɪkəl/ *a.* antologico.

anthologise /æn'θɒlədʒaɪz/ *v.t.* (*Br*) **1** raccogliere in un'antologia, antologizzare. **2** (*of a poem*) pubblicare in un'antologia.

anthologist /æn'θɒlədʒɪst *Am* æn'θɑːlədʒɪst/ *n.* antologista *m./f.*, compilatore *m.* (*f.* -trice) di antologie.

anthologize /æn'θɒlədʒaɪz *Am* æn'θɑːlədʒaɪz/ *v.t.* **1** raccogliere in un'antologia, antologizzare. **2** (*of a poem*) pubblicare in un'antologia.

anthology /æn'θɒlədʒi *Am* æn'θɑːlədʒi/ *n.* antologia *f.*, florilegio *m.*

Anthony /'æntəni *Am* 'ænθəni/ *n.pr.m.* Antonio.

anthozoan /,ænθə'zouən/ **I** *a.* (*Zool*) degli antozoi. **II** *n.* (*pl.* **-zoa** /-zouə/) antozoo *m.*

anthracene /'ænθrəsiːn/ *n.* (*Chim*) antracene *m.*

anthracite /'ænθrəsaɪt/ *n.* antracite *f.*

anthracitic /,ænθrə'sɪtɪk *Am* ,ænθrə'sɪtɪk/ *a.* antracitico.

anthrax /'ænθræks/ (*pl.* **anthraces** /-rəsiːz/) *n.* (*Veter,Med*) antrace *m.*

anthropobiology /,ænθroupoubaɪ'ɒlədʒi *Am* ,ænθroupoubaɪ'ɑːlədʒi/ *n.* antropobiologia *f.*

anthropocentric /,ænθroupou'sentrɪk/ *a.* (*Filos*) antropocentrico.

anthropocentrically /,ænθroupou'sentrɪkəli/ *avv.* (*Filos*) antropocentricamente.

anthropocentrism /,ænθroupou'sentrɪzəm/ *n.* antropocentrismo *m.*

anthropogenetic /,ænθroupoudʒə'netɪk *Am* ,ænθroupoudʒə'netɪk/ *a.* antropogenico *m.*

anthropogenic /,ænθroupou'dʒenɪk/ *a.* antropogenico *m.*

anthropoid /'ænθroupɔɪd/ **I** *a.* (*Zool*) antropoide. **II** *n.* **1** antropoide *m.* **2** (*anthropoid ape*) scimmia *f.* antropoide, scimmia *f.* antropomorfa.

anthropological /,ænθrəpə'lɒdʒɪkəl *Am* ,ænθrəpə'lɑːdʒɪkəl/ *a.* antropologico.

anthropologism /,ænθrə'pɒlədʒɪzəm *Am* ,ænθrə'pɑːlədʒɪzəm/ *n.* antropologismo *m.*

anthropologist /,ænθrə'pɒlədʒɪst *Am* ,ænθrə'pɑːlədʒɪst/ *n.* antropologo *m.* (*f.* -a).

anthropology /,ænθrə'pɒlədʒi *Am* ,ænθrə'pɑːlədʒi/ *n.* antropologia *f.*

anthropometric /,ænθroupou'metrɪk/ *a.* antropometrico.

anthropometry /,ænθrə'pɒmɪtri *Am* ,ænθrə'pɑːmɪtri/ *n.* antropometria *f.*

anthropomorphic /,ænθrəpou'mɔːfɪk *Am* ,ænθrəpə'mɔːrfɪk/ *a.* antropomorfico.

anthropomorphise /,ænθrəpou'mɔːfaɪz/ *v.t.* (*Br*) antropomorfizzare.

anthropomorphism /,ænθrəpou'mɔːfɪzəm *Am* ,ænθrəpə'mɔːrfɪzəm/ *n.* antropomorfismo *m.*

anthropomorphist /,ænθrəpou'mɔːfɪst *Am* ,ænθrəpə'mɔːrfɪst/ *n.* antropomorfita *m./f.*

anthropomorphize /,ænθrəpou'mɔːfaɪz *Am* ,ænθrəpə'mɔːrfaɪz/ *v.t.* antropomorfizzare.

anthropomorphous /,ænθrəpou'mɔːfəs *Am* ,ænθrəpəmɔːrfəs/ *a.* antropomorfico.

anthropophagite /,ænθrou'pɒfəgaɪt *Am* ,ænθrə'pɑːfəgaɪt/ *n.* antropofago *m.* (*f.* -a).

anthropophagous /,ænθrou'pɒfəgəs *Am* ,ænθrə'pɑːfəgəs/ *a.* antropofago.

anthropophagus /,ænθrou'pɒfəgəs *Am* ,ænθrə'pɑːfəgəs/ (*pl.* **-gi** /-dʒi/) *n.* antropofago *m.* (*f.* -a).

anthropophagy /,ænθrou'pɒfədʒi *Am* ,ænθrə'pɑːfədʒi/ *n.* antropofagia *f.*, cannibalismo *m.*

anthroposphere /,ænθroupou'sfɪər *Am* ,ænθroupou'sfɪr/ *n.* antroposfera *f.*

anti /'ænti *Am* 'ænti/ **I** *prep.* (*colloq*) contro, contrario a: *to be ~ sth.* essere contro qcs. **II** *n.* (*colloq*) oppositore *m.* (*f.* -trice), contestatario *m.* (*f.* -a).

anti-abortion /,æntɪə'bɔːʃən *Am* ,æntɪə'bɔːrʃən/ *a.* antiabortista: *~ movement* movimento antiabortista.

anti-abortionist /,æntɪə'bɔːʃənɪst *Am* ,æntɪə'bɔːrʃənɪst/ *n.* antiabortista *m./f.*

anti-aircraft /,æntɪ'eəkrɑːft *Am* ,æntɪ'erkræft/ **I** *a.* (*Mil*) antiaereo, contraereo. **II** *n.* (*Mil*) **1** contraerea *f.*, artiglieria *f.* contraerea. **2** (*organization*) difesa *f.* contraerea. **3** (*shell fire*) fuoco *m.* antiaereo. □ (*Mil*) *~ missiles* missili antiaerei.

anti-alcoholic /,æntɪælkə'hɒlɪk *Am* ,æntɪælkə'hɑːlɪk/ *a.* (*Farm*) antialcolico.

antialiasing /,æntɪ'eɪlɪəsɪŋ *Am* ,æntɑːr'eɪlɪəsɪŋ/ *n.* (*Inform*) antialiasing *m.*

anti-American /,æntɪə'merɪkən *Am* ,æntaɪə'merɪkən/ *a.* antiamericano.

anti-Americanism /,æntɪə'merɪkənɪzəm *Am* ,æntaɪə'merɪkənɪzəm/ *n.* antiamericanismo *m.*

antianxiety /,æntɪæŋ'zaɪəti *Am* ,æntaɪæŋ'zaɪəti/ □ (*Farm*) *~ drugs* tranquillanti, ansiolitici.

anti-art /'æntɪˌɑːt *Am* 'æntaɪˌɑːrt/ *n.* anti-arte *f.*

antiarthritic /,æntɪɑː'θrɪtɪk *Am* ,æntaɪɑːr'θrɪtɪk/ *a.* (*Farm*) antiartritico.

antiasthmatic /,æntɪæs(θ)'mætɪk *Am* ,æntaɪæz'mætɪk/ *a.* (*Farm*) antiasmatico.

antiatom /'æntɪætəm *Am* 'æntɪætəm/ *n.* (*Fis*) antiatomo *m.*

antiatomic /'æntɪætɒmɪk *Am* 'æntɪætɑːmɪk/ *a.* (*Mil*) antiatomico.

antiauthoritarian /,æntɪˌɔːθɒrɪ'teərɪən *Am* ,æntɪˌɔːθɒrə'terɪən/ *a.* (*Sociol*) antiautoritario.

antiauthoritarianism /,æntɪˌɔːˌθɒrɪ'teərɪənɪzəm *Am* ,æntɪˌɔːˌθɒrə'terɪənɪzəm/ *n.* antiautoritarismo *m.*

antibacterial /,æntɪbæk'tɪərɪəl *Am* ,æntɪbæk'tɪrɪəl/ *a.* antibatterico.

antiballistic /,æntɪbə'lɪstɪk *Am* ,æntɪbə'lɪstɪk/ *a.* (*Mil*) antibalistico: *~ missiles* missili antibalistici.

antibiosis /,æntɪbaɪ'ousɪs *Am* ,æntɪbaɪ'ousɪs/ (*pl.* **-ses** /-siːz/) *n.* (*Biol*) antibiosi *f.*

antibiotic /,æntɪbaɪ'ɒtɪk *Am* ,æntɪbaɪ'ɑːtɪk/ **I** *n.* (*Biol*) antibiotico *m.* **II** *a.* antibiotico. □ (*Med*) *~ therapy* antibioticoterapia.

antibody /'æntɪˌbɒdi *Am* ,æntɪˌbɑːdi/ *n.* (*Biol*) anticorpo *m.*

antic /'æntɪk *Am* æntɪk/ **I** *n.* **1** (*ant*) (*clown*)

buffone *m.* **2** *pl.* pagliacciata *f.sing.*, buffonata *f.sing.*, gesti *m.pl.* grotteschi. **3** *pl.* (*capers*) capriole *f.pl.*, salti *m.pl.* **II** *a.* (*ant*) grottesco; (*fantastic*) fantastico, bizzarro.

anticatalyst /,æntɪ'kætəlɪst *Am* ,æntɪ'kætəlɪst/ *n.* (*Chim*) anticatalizzatore *m.*

anticathode /,æntɪ'kæθoud *Am* ,æntɪ'kæθoud/ *n.* (*Fis*) anticatodo *m.*

anti-Catholic /,æntɪ'kæθəlɪk *Am* ,æntɪ'kæθəlɪk/ **I** *a.* anticattolico. **II** *n.* anticattolico *m.* (*f.* -a).

antichlorine /,æntɪ'klɔːriːn *Am* ,æntaɪ'klɔːriːn/ *n.* (*Chim*) anticloro *m.*

anticholeraic /,æntɪkɒlə'reɪɪk *Am* ,æntaɪkɑːlə'reɪɪk/ **I** *a.* (*Farm*) anticolerico. **II** *n.* anticolerico *m.*

anticholinergic /,æntɪˌkoulɪ'nɜːdʒɪk *Am* ,æntaɪˌkoulɪ'nɜːrdʒɪk/ **I** *a.* (*Farm*) anticolinergico. **II** *n.* anticolinergico *m.*

Antichrist /'æntɪkraɪst *Am* 'æntaɪkraɪst/ *n.* Anticristo *m.*

antichristian /,æntɪ'krɪstʃən *Am* ,æntaɪ'krɪstʃən/ **I** *a.* anticristiano. **II** *n.* anticristiano *m.* (*f.* -a).

anticipate /æn'tɪsɪpeɪt/ *v.t.* **1** (*to foresee*) aspettarsi, prevedere, mettere in conto: *do you ~ any difficulty?* prevedi qualche difficoltà? **2** (*to act before another*) prevenire, precedere: *to ~ so.* precedere qc. **3** (*to act with foresight*) prevenire, prevedere: *to ~ enemy movements* prevenire i movimenti del nemico; *to ~ the competition* precedere la concorrenza. **4** (*to consider or mention in advance*) preannunciare, anticipare. **5** (*to foretaste*) pregustare, assaporare in anticipo: *to eagerly ~ an event* pregustare con ansia un evento. **6** (*Econ*) anticipare, far fronte anticipatamente a: *to ~ payment* anticipare un pagamento.

anticipation /æn,tɪsɪ'peɪʃən/ *n.* **1** attesa *f.*, aspettativa *f.*; (*foretaste*) pregustazione *f.*: (*colloq*) *I'm waiting with ~* non vedo l'ora. **2** (*foreknowledge*) conoscenza *f.* anticipata, previsione *f.* **3** (*prior occurrence*) previsione *f.*, anticipazione *f.* **4** (*Econ,Mus*) anticipazione *f.* □ (*Comm*) *payment in ~* pagamento anticipato; (*epist*) *thanking you in ~* ringraziandoLa anticipatamente; *in ~ of* per fare fronte a.

anticipative /æn'tɪsɪpeɪtɪv *Am* æn'tɪsɪpeɪtɪv/ *a.* che anticipa.

anticipator /æn'tɪsɪpeɪtər *Am* æn'tɪsɪpeɪtər/ *n.* chi prevede, che anticipa.

anticipatory /æn,tɪsɪ'peɪtəri *Am* æn'tɪsəpəːtɔːri/ *a.* che anticipa.

anticlerical /,æntɪ'klerɪkəl *Am* ,æntɪ'klerɪkəl/ **I** *a.* anticlericale. **II** *n.* anticlericale *m./f.*

anticlericalism /,æntɪ'klerɪkəlɪzəm *Am* ,æntɪ'klerɪkəlɪzəm/ *n.* anticlericalismo *m.*

anticlimactic /,æntɪkl(a)ɪ'mæktɪk *Am* ,æntɪklaɪ'mæktɪk/ *a.* deludente.

anticlimax /,æntɪ'klaɪmæks *Am* ,æntɪ'klaɪmæks/ *n.* **1** (*Ret*) anticlimax *m.*, climax *m.* discendente, caduta *f.* di tono. **2** (*anticlimactic event*) delusione *f.*, doccia *f.* fredda, disappunto *m.*

anticlinal /,æntɪ'klaɪnəl *Am* ,æntɪ'klaɪnəl/ *a.* **1** (*Bot*) anticlino. **2** (*Geol*) anticlinale.

anticline /'æntɪklaɪn *Am* 'æntɪklaɪn/ *n.* (*Geol*) anticlinale *f.*

anticlockwise /,æntɪ'klɒkwaɪz *Am* ,æntɪ'klɑːkwaɪz/ **I** *a.* (*Br*) antiorario. **II** *avv.* in senso antiorario.

anticoagulant /,æntɪkou'ægjulənt *Am* ,æntɪkou'ægjulənt/ **I** *a.* (*Biol,Chim*) anticoagulante. **II** *n.* anticoagulante *m.*

anti-collision /,æntɪkə'lɪʒən *Am* ,æntaɪkə'lɪʒən/ *a.* anticollisione.

anti-conformism, anticonformism /ˌæntɪkənˈfɔːmɪzᵊm *Am* ˌæntaɪkənˈfɔːrmɪzᵊm/ *n.* anticonformismo *m.*

anti-conformist, anticonformist /ˌæntɪkənˈfɔːmɪst *Am* ˌæntaɪkənˈfɔːrmɪst/ *n.* anticonformista *m./f.*

anti-constitutional, anticonstitutional /ˌæntɪˌkɒnstɪˈtjuːʃᵊnᵊl *Am* ˌæntɪˌkɑːnstɪˈt(j)uːʃᵊnᵊl/ *a.* anticostituzionale.

anti-constitutionally, anticonstitutionally /ˌæntɪˌkɒnstɪˈtjuːʃᵊnᵊli *Am* ˌæntɪˌkɑːnstɪˈt(j)uːʃᵊnᵊli/ *avv.* anticostituzionalmente, in modo anticostituzionale.

anticrease /ˌæntɪˈkriːs *Am* ˌæntaɪˈkriːs/ *a.* antipiega.

anticrime /ˌæntɪˈkraɪm *Am* ˌæntaɪˈkraɪm/ *a.* anticrimine: ~ *legislation* legislazione anticrimine.

anticyclical /ˌæntɪˈsaɪklɪkᵊl *Am* ˌæntɪˈsaɪklɪkᵊl/ *a.* (*Econ*) anticiclico.

anticyclone /ˌæntɪˈsaɪkloʊn *Am* ˌæntɪˈsaɪkloʊn/ *n.* (*Meteor*) anticiclone *m.*

anticyclonic /ˌæntɪsaɪˈklɒnɪk *Am* ˌæntɪsaɪˈklɑːnɪk/ *a.* (*Meteor*) anticiclonico.

anti-dazzle /ˌæntɪˈdæzl *Am* ˌæntɪˈdæzl/ *a.* anabbagliante.

anti-democratic /ˌæntɪˌdeməˈkrætɪk *Am* ˌæntɪˌdeməˈkrætɪk/ *a.* antidemocratico.

antidepressant /ˌæntɪdɪˈpresᵊnt *Am* ˌæntɪdɪˈpresᵊnt/ *n.* (*Farm*) antidepressivo *m.*

antidepressive /ˌæntɪdɪˈpresɪv *Am* ˌæntɪdɪˈpresɪv/ **I** *a.* (*Farm*) antidepressivo. **II** *n.* antidepressivo *m.*

antidiarrhoeal /ˌæntɪˌdaɪəˈrɪᵊl *Am* ˌæntaɪdaɪəˈrɪᵊl/ **I** *a.* (*Farm*) antidiarroico. **II** *n.* antidiarroico *m.*

anti-diphtheric /ˌæntɪdɪfˈθerɪk *Am* ˌæntaɪdɪfˈθerɪk/ □ (*Farm*) ~ *serum* siero antidifterico.

antidiuretic /ˌæntɪˌdaɪjʊ(ə)ˈretɪk *Am* ˌæntaɪˌdaɪjəˈretɪk/ **I** *a.* (*Farm*) antidiuretico. **II** *n.* (*Farm*) antidiuretico *m.*

antidoping /ˌæntɪˈdoʊpɪŋ *Am* ˌæntaɪˈdoʊpɪŋ/ *n.* (*Sport*) antidoping *m.*

antidotal /ˌæntɪˈdoʊtᵊl *Am* ˈæntɪdoʊtᵊl/ *a.* **1** che serve da antidoto. **2** (*of an antidote*) di antidoto, antidoto.

antidote /ˈæntɪdoʊt *Am* ˈæntɪdoʊt/ *n.* (*Med*) antidoto *m.* (*anche fig*): *an* ~ *for inflation* un antidoto (*o* rimedio) contro l'inflazione.

anti-drug /ˌæntɪˈdrʌg *Am* ˌæntaɪˈdrʌg/ *a.* antidroga.

anti-dumping /ˌæntɪˈdʌmpɪŋ *Am* ˌæntɪˈdʌmpɪŋ/ *a.* (*Econ*) antidumping.

anti-emetic /ˌæntɪˈmetɪk *Am* ˌæntɪˈmetɪk/ **I** *a.* (*Farm*) antiemetico. **II** *n.* (*Farm*) antiemetico *m.*

anti-establishment /ˌæntɪesˈtæblɪʃmᵊnt *Am* ˌæntɪesˈtæblɪʃmᵊnt/ *a.* contrario al sistema.

antifebrile /ˌæntɪˈfiːbraɪl *Am* ˌæntɪˈfiːbrɪl/ **I** *a.* (*Farm*) antifebbrile. **II** *n.* febbrifugo *m.*, antifebbrile *m.*

Antifederalist /ˌæntɪˈfedᵊrᵊlɪst *Am* ˌæntɪˈfedᵊrᵊlɪst/ *n.* (*Stor.am*) antifederalista *m./f.*

antifeminism /ˌæntɪˈfemɪnɪzᵊm *Am* ˌæntɪˈfemɪnɪzᵊm/ *n.* antifemminismo *m.*

antifeminist /ˌæntɪˈfemɪnɪst *Am* ˌæntaɪˈfemɪnɪst/ *n.* antifemminista *m./f.*

anti-flu /ˌæntɪˈfluː *Am* ˌæntaɪˈfluː/ *a.* (*Farm*) antinfluenzale, antiinfluenzale.

anti-fouling /ˌæntɪˈfaʊlɪŋ *Am* ˌæntaɪˈfaʊlɪŋ/ *a.* (*Tecn*) antivegetativo.

antifreeze /ˈæntɪfriːz *Am* ˈæntɪfriːz/ *n.* (*Mot*) anticongelante *m.*, antigelo *m.*

anti-g, anti-G /ˌæntɪˈdʒiː *Am* ˌæntaɪˈdʒiː/ □ (*Astron*) ~ *suit* tuta anti-G, tuta antigravità.

antigen /ˈæntɪdʒᵊn *Am* ˈæntɪdʒᵊn/ *n.* (*Biol*) antigene *m.*

antigen-antibody /ˌæntɪdʒᵊnˈæntɪbɒdi *Am* ˌæntɪdʒᵊnˈæntɪbɑːdi/ □ (*Biol*) ~ *reaction* reazione antigene-anticorpo.

anti-glare /ˌæntɪˈgleᵊ *Am* ˌæntɪˈgler/ *a.* (*Ott*) antiriflesso.

antiglobalization /ˌæntɪˌgləʊbᵊl(a)ɪzeɪʃᵊn *Am* ˈæntɪˌgləʊbᵊlɪzeɪʃᵊn/ *a.* antiglobalizzazione.

Antigone /ænˈtɪgəni/ *n.pr.f.* (*Mitol*) Antigone.

anti-government /ˌæntɪˈgʌvᵊnmənt *Am* ˌæntaɪˈgʌvᵊnmənt/ *a.* antigovernativo.

anti-governmental /ˌæntɪˌgʌvᵊnˈmentᵊl *Am* ˌæntaɪˌgʌvᵊnˈmentᵊl/ *a.* antigovernativo.

antigravity /ˌæntɪˈgrævɪti *Am* ˌæntaɪˈgrævɒti/ *a.* antigravità.

Antigua and Barbuda /ænˌtiːgəəndbɑː ˈbuːdə/ *n.pr.* (*Geog*) Antigua e Barbuda *f.*

anti-hail /ˌæntɪˈheɪl *Am* ˌæntaɪˈheɪl/ *a.* antigrandine: ~ *rocket* razzo antigrandine.

anti-hero /ˈæntɪˌhɪərəʊ *Am* ˈæntɪˌhiːrəʊ/ *n.* antieroe *m.*

anti-heroine /ˈæntɪˌherəʊɪn *Am* ˈæntɪˌherəʊɪn/ *n.* antieroina *f.*

antihistamine /ˌæntɪˈhɪstəmiːn *Am* ˌæntɪˈhɪstəmɪːn/ *n.* (*Farm*) antistaminico *m.*

antihydrogen /ˌæntɪˈhaɪdrədʒᵊn *Am* ˌæntaɪˈhaɪdrədʒᵊn/ *n.* (*Chim*) antiidrogeno *m.*

anti-incumbency /ˌæntɪɪnˈkʌmbᵊn(s)i/ *n.* (*Pol*) (*in India*) rifiuto *m.* dei politici in carica.

anti-inflammatory /ˌæntɪɪnˈflæmətᵊri *Am* ˌæntɪɪnˈflæmətɒːri/ **I** *a.* (*Farm*) antiinfiammatorio. **II** *n.* (*Farm*) antiinfiammatorio *m.*

anti-inflation /ˌæntɪɪnˈfleɪʃᵊn *Am* ˌæntɪɪnˈfleɪʃᵊn/ *a.* (*Econ*) antiinflazionistico.

anti-inflationary /ˌæntɪɪnˈfleɪʃᵊnᵊri *Am* ˌæntɪɪnˈfleɪʃᵊnᵊri/ *a.* (*Econ*) antiinflazionistico.

anti-jam /ˈæntɪdʒæm *Am* ˈæntaɪdʒæm/ *n.* (*Rad*) eliminazione *f.* dei radiodisturbi.

anti-jammer /ˌæntɪˈdʒæmᵊ *Am* ˌæntaɪ ˈdʒæmᵊr/ *n.* (*Rad*) dispositivo *m.* antidisturbo.

anti-jamming /ˌæntɪˈdʒæmɪŋ *Am* ˌæntaɪ ˈdʒæmɪŋ/ *n.* (*Rad*) eliminazione *f.* dei radiodisturbi.

anti-Jewish /ˌæntɪˈdʒuːɪʃ *Am* ˌæntaɪˈdʒuːɪʃ/ *a.* **1** antiebraico, antisemita. **2** (*Stor*) antigiudaico.

antiknock /ˌæntɪˈnɒk *Am* ˌæntɪˈnɑːk/ **I** *a.* (*Mot*) antidetonante. **II** *n.* antidetonante *m.*: ~ *fuel* carburante antidetonante.

Antilles /ænˈtɪliːz/ *n.pr.pl.* (*Geog*) Antille *f.pl.*

anti-lock /ˌæntɪˈlɒk *Am* ˌæntɪˈlɑːk/ *a.* (*Aut*) antibloccaggio. □ (*Aut*) ~ *brakes system* (*o* ~ *braking system*) sistema antibloccaggio, ABS.

antilogarithm /ˌæntɪˈlɒgᵊrɪðᵊm *Am* ˌæntɪ ˈlɔːgᵊrɪðᵊm/ *n.* (*Mat*) antilogaritmo *m.*

antilogical /ˌæntɪˈlɒdʒɪkᵊl *Am* ˌæntaɪ ˈlɑːdʒɪkᵊl/ *a.* (*Filos*) antilogico.

antilogy /ænˈtɪlədʒi/ *n.* **1** (*ant, Filos*) antilogia *f.* **2** (*contradiction*) contraddizione *f.*, antilogia *f.*

antimacassar /ˌæntɪməˈkæsᵊ *Am* ˌæntɪmə ˈkæsᵊr/ *n.* coprischienale *m.*

antimagnetic /ˌæntɪmægˈnetɪk *Am* ˌæntɪmæg ˈnetɪk/ *a.* antimagnetico.

antimalarial /ˌæntɪməˈleərɪəl *Am* ˌæntaɪmə ˈleərɪəl/ **I** *a.* (*Farm*) antimalarico. **II** *n.* (*Farm*) antimalarico *m.*

antimasque /ˈæntɪmɑːsk *Am* ˈæntɪmæsk/ *n.* (*Teat*) intermezzo *m.* grottesco.

antimatter /ˈæntɪˌmætᵊ *Am* ˈæntɪˌmæʈᵊr/ *n.* (*Fis*) antimateria *f.*

anti-militarism /ˌæntɪˈmɪlɪtᵊrɪzᵊm *Am* ˌæntɪ ˈmɪlɪtᵊrɪzᵊm/ *n.* antimilitarismo *m.*

anti-militarist /ˌæntɪˈmɪlɪtᵊrɪst *Am* ˌæntɪ

anti-militarist /ˌæntɪˈmɪlɪtᵊrɪst/ **I** *a.* antimilitarista. **II** *n.* antimilitarista *m./f.*

antimissile /ˌæntɪˈmɪsaɪl *Am* ˌæntɪˈmɪsᵊl/ □ (*Mil*) ~ *missile* missile antimissile.

antimonarchical /ˌæntɪmɒnˈɑːkɪkᵊl *Am* ˌæntɪmɒˈnɑːrkɪkᵊl/ *a.* antimonarchico.

antimonarchist /ˌæntɪˈmɒnəkɪst *Am* ˌæntɪ ˈmɑːnᵊrkɪst/ *n.* antimonarchico *m.* (*f.* -a).

antimonial /ˌæntɪˈmoʊnɪəl *Am* ˌæntɪˈmoʊnɪəl/ **I** *a.* (*Chim*) antimoniale. **II** *n.* composto *m.* antimoniale.

antimonic /ˌæntɪˈmɒnɪk *Am* ˌæntɪˈmɑːnɪk/ *a.* (*Chim*) antimonico.

antimonious /ˌæntɪˈmoʊnɪəs *Am* ˌæntɪ ˈmoʊnɪəs/ *a.* (*Chim*) antimonioso.

antimonite /ænˈtɪmənaɪt/ *n.* (*Min*) antimonite *f.*

antimonous /ˌænˈtɪmənəs/ *a.* (*Chim*) antimonioso.

antimony /ˈæntɪmᵊni *Am* ˈæntᵊmoʊni/ *n.* (*Chim*) antimonio *m.*

antinational /ˌæntɪˈnæʃᵊnᵊl *Am* ˌæntɪˈnæʃᵊnᵊl/ *a.* antinazionale.

antinazi /ˌæntɪˈnɑːtsi *Am* ˌæntɪˈnɑːtsi/ **I** *a.* antinazista. **II** *n.* antinazista *m./f.*

antineutron /ˌæntɪˈnjuːtrɒn *Am* ˌæntaɪ ˈnuːtrɑːn/ *n.* (*Fis*) antineutrone *m.*

antinoise /ˌæntɪˈnɔɪz *Am* ˌæntɪˈnɔɪz/ *a.* **1** antirumore, contro il rumore. **2** (*of paint*) antirombo.

antinomian /ˌæntɪˈnoʊmɪən *Am* ˌæntɪ ˈnoʊmɪən/ **I** *n.* (*Rel*) antinomista *m./f.*, antinomiano *m.* (*f.* -a). **II** *a.* antinomiano.

antinomianism /ˌæntɪˈnoʊmɪənɪzᵊm *Am* ˌæntɪˈnoʊmɪənɪzᵊm/ *n.* (*Rel*) antinomismo *m.*

antinomy /ænˈtɪnəmi/ *n.* **1** (*Dir*) antinomia *f.*, contraddizione *f.* **2** (*Filos*) antinomia *f.*

anti-novel /ˈæntɪˌnɒvᵊl *Am* ˈæntɪˌnɑːvᵊl/ *n.* (*Lett*) antiromanzo *m.*

antinuclear /ˌæntɪˈnjuːklɪəᵊ *Am* ˌæntɪ ˈn(j)uːklɪəᵊr/ *a.* antinucleare: ~ *group* gruppo antinucleare; ~ *protest* protesta antinucleare.

Antioch /ˈæntɪɒk *Am* ˈæntɪɑːk/ *n.pr.* (*Geog*) Antiochia *f.*

Antiochus /ænˈtaɪəkəs/ *n.pr.m.* (*Stor*) Antioco.

antioxidant /ˌæntiˈɒksɪdᵊnt *Am* ˌæntɪ ˈɑːksɪdᵊnt/ *n.* (*Chim*) antiossidante *m.*, sostanza *f.* antiossidante.

antipapal /ˌæntɪˈpeɪpᵊl *Am* ˌæntɪˈpeɪpᵊl/ *a.* antipapale.

anti-parliamentary /ˌæntɪpɑːləˈmentᵊri *Am* ˌæntaɪpɑːrləˈmentᵊri/ *a.* (*Pol*) antiparlamentare.

antiparticle /ˈæntɪˌpɑːtɪkl *Am* ˈæntɪˌpɑːrʈkl/ *n.* (*Fis*) antiparticella *f.*

antipathetic /ˌæntɪpəˈθetɪk *Am* ˌæntɪpəˈθeʈɪk/ *a.* **1** contrario, avverso (*to* a). **2** (*causing antipathy*) antipatico, inviso (a).

antipathetical /ˌæntɪpəˈθetɪkᵊl *Am* ˌæntɪpə ˈθeʈɪkᵊl/ *a.* **1** contrario, avverso (*to* a). **2** (*causing antipathy*) antipatico, inviso (a).

antipathy /ænˈtɪpəθi/ *n.* **1** antipatia *f.*, avversione *f.* **2** (*repugnance*) ripugnanza *f.*, repulsione *f.* (*towards* per, verso). **3** (*object of aversion*) antipatia *f.*

antipatriotic /ˌæntɪˌpætrɪˈɒtɪk *Am* ˌæntaɪ peɪtrɪˈɑːʈɪk/ *a.* antipatriottico.

antipatriotism /ˌæntɪˈpætrɪətɪzᵊm *Am* ˌæntaɪ ˈpeɪtrɪətɪzᵊm/ *n.* antipatriottismo *m.*

antiperistalsis /ˌæntɪˌperɪˈstælsɪs *Am* ˌæntɪ ˌperɪˈstælsɪs/ *n.* (*Fisiol*) antiperistalsi *f.*

antipersonnel /ˌæntɪˌpɜːsᵊnˈel *Am* ˌæntɪ ˌpɜːrsᵊnˈel/ *a.* (*Mil*) antiuomo: ~ *mine* mina antiuomo.

antiperspirant /ˌæntɪˈpɜːspᵊrᵊnt *Am* ˌæntɪ

'pɜːrspərənt/ n. (Farm) antidiaforetico m.

antiphlogistic /ˌæntɪfləˈdʒɪstɪk Am ˌænt̬ɪfloʊ'dʒɪstɪk/ **I** a. (Farm) antiflogistico. **II** n. antiflogistico m.

antiphon /ˈæntɪfɒn Am ˈænt̬əfɑːn/ n. (Lit) antifona f.

antiphonal /ænˈtɪfənl/ **I** a. antifonale. **II** n. antifonario m.

antiphonally /ænˈtɪfənli/ avv. antifonalmente.

antiphonary /ænˈtɪfənri Am ænˈtɪfəneri/ n. antifonario m.

antiphony /ænˈtɪfəni/ n. **1** (Mus) antifonia f. **2** (Lit) antifona f.

antiphrasis /ænˈtɪfrəsɪs/ (pl. -ses /-siːz/) n. (Ret) antifrasi f.

antipill /ˌæntaɪˈpɪl/ a. (Tess) antipilling.

antipodal /ænˈtɪpədl/ a. **1** (Geog) antipode. **2** (fig) agli antipodi, diametralmente opposto.

antipodean, Antipodean /ænˌtɪpoʊˈdiːən/ a. antipode.

Antipodes /ænˈtɪpədiːz/ n.pl. (Geog) antipodi m.pl. (anche fig).

antipollutant /ˌæntɪpəˈl(j)uːtnt Am ˌænt̬ɪpə'luːtənt/ a. antinquinante: ~ technology tecnologia antinquinante.

antipollution /ˌæntɪpəˈl(j)uːʃn Am ˌænt̬ɪpə'luːʃn/ a. antinquinamento, contro l'inquinamento: ~ measures misure antinquinamento, misure contro l'inquinamento.

antipope /ˈæntɪpoʊp Am ˈænt̬ɪpoʊp/ n. antipapa m.

antiproton /ˌæntɪˈproʊtɒn Am ˌænt̬ɪˈproʊtɑːn/ n. (Fis) antiprotone m.

antipruritic /ˌæntɪprʊəˈrɪtɪk Am ˌænt̬ɪprʊ'rɪtɪk/ **I** a. (Farm) antipruriginoso m. **II** n. (Farm) antipruriginoso m.

anti-psychiatry /ˌæntɪsaɪˈkaɪətri Am ˌænt̬aɪsaɪˈkaɪətri/ n. antipsichiatria f.

antipsychotic /ˌæntɪsaɪˈkɒtɪk Am ˌænt̬aɪsaɪ'kɑːt̬ɪk/ **I** a. (Farm) antipsicotico. **II** n. (Farm) antipsicotico m.

antipyretic /ˌæntɪpaɪ(ə)ˈretɪk Am ˌænt̬ɪpaɪ'ret̬ɪk/ **I** a. (Farm) antipiretico. **II** n. (Farm) antipiretico m.

antipyrin, antipyrine /ˌæntɪˈpaɪ(ə)rɪn Am ˌænt̬ɪ'paɪrɪn/ n. (Farm) antipirina f.

antiquarian /ˌæntɪˈkweəriən Am ˌænt̬ə'kweriən/ **I** n. **1** (Br) antiquario m. (f. -a). **2** (Cart) formato di carta da disegno (53 x 31 pollici). **II** a. antiquario.

antiquarianism /ˌæntɪˈkweəriənɪzm Am ˌænt̬ə'kweriənɪzm/ n. antiquaria f., studio m. dell'antichità.

antiquary /ˈæntɪkwəri Am ˈænt̬əkweri/ n. antiquario m. (f. -a).

antiquate /ˈæntɪkweɪt Am ˈænt̬əkweɪt/ v.t. rendere antiquato.

antiquated /ˈæntɪkweɪtɪd Am ˈænt̬əkweɪt̬ɪd/ a. **1** antiquato. **2** (old-fashioned) fuori moda, antiquato, sorpassato.

antique /ænˈtiːk/ **I** a. **1** antico, d'antiquaria: ~ furniture mobili antichi; ~ dealer antiquario; ~ shop negozio di antiquariato. **2** (old-fashioned) antiquato, vecchio. **II** n. **1** pezzo m. di antiquariato, oggetto m. di antiquariato. **2** (ancient style) stile m. antico. **3** (Tip) antiqua f., romano m. **III** v.t. (to shop for antiques) acquistare pezzi di antiquariato.

antiqued /ænˈtiːkt/ a. anticato.

antiqueness /ænˈtiːknəs/ n. antichità f.

antiquity /ænˈtɪkwɪti Am ænˈtɪkwət̬i/ n. **1** antichità f. **2** pl. (objects from ancient times) antichità f.pl.; (customs) usi e costumi m.pl. antichi.

antirabies /ˌæntɪˈreɪbiːz Am ˌænt̬aɪˈreɪbiːz/ n.

(Farm) antirabbico m., antirabico m.

antiracialist /ˌæntɪˈreɪʃəlɪst Am ˌænt̬ɪ'reɪʃlɪst/ a. antirazzista.

antiracism /ˌæntɪˈreɪsɪzəm Am ˌænt̬ɪ'reɪsɪzəm/ n. antirazzismo m.

antiracist /ˌæntɪˈreɪsɪst Am ˌænt̬ɪ'reɪsɪst/ a. antirazzista.

antiradar /ˌæntɪˈreɪdaːr Am ˌænt̬aɪˈreɪdɑːr/ **I** a. (Mil) antiradar. **II** n. (Mil) dispositivo m. antiradar.

anti-recession /ˌæntɪrɪˈseʃn Am ˌænt̬ɪrɪ'seʃn/ a. antirecessivo.

antireflecting /ˌæntɪrɪˈflektɪŋ Am ˌænt̬aɪrɪ'flektɪŋ/ a. antiriflesso, antiriflettente.

anti-religious /ˌæntɪrɪˈlɪdʒəs Am ˌænt̬ɪrɪ'lɪdʒəs/ a. antireligioso.

antirevolutionary /ˌæntɪˌrevəˈluːʃənri Am ˌænt̬aɪrevəˈluːʃneri/ **I** a. antirivoluzionario. **II** n. antirivoluzionario m. (f. -a).

anti-roll /ˌæntɪˈroʊl Am ˌænt̬ɪ'roʊl/ a. antirollio. □ (Aut) ~ bar barra antirollio.

antirrhinum /ˌæntɪˈraɪnəm Am ˌænt̬ə'raɪnəm/ n. (Bot) antirrino m., bocca f. di leone.

antiscorbutic /ˌæntɪskɔːˈbjuːtɪk Am ˌænt̬ɪskɔːr'bjuːt̬ɪk/ **I** a. (Farm) antiscorbutico. **II** n. antiscorbutico m.

anti-scratch /ˌæntaɪˈskrætʃ/ a. antigraffio.

antisegregationist /ˌæntɪˌsegrɪˈgeɪʃnɪst Am ˌænt̬ɪˌsegrɪ'geɪʃnɪst/ n. (Pol) antisegregazionista m./f.

anti-self /ˈæntɪˌself Am ˈænt̬ɪ,self/ n. (Psic) anti-io m.

anti-Semite /ˈæntɪˌsiːmaɪt Am ˌænt̬ɪ'semaɪt/ n. antisemita m./f.

anti-Semitic /ˌæntɪsɪˈmɪtɪk Am ˌænt̬ɪsə'mɪt̬ɪk/ a. antisemitico.

anti-Semitism /ˌæntɪˈsemɪtɪzm Am ˌænt̬ɪ'semɪt̬ɪzm/ n. antisemitismo m.

antisepsis /ˌæntɪˈsepsɪs Am ˌænt̬ə'sepsɪs/ (pl. -ses /-siːz/) n. (Med) antisepsi f.

antiseptic /ˌæntɪˈseptɪk Am ˌænt̬ə'septɪk/ **I** a. **1** (Farm) antisettico. **2** (free from germs) asettico. **3** (fig) (dull, lacking character) privo di calore umano, freddo. **II** n. (Farm) antisettico m.

antiserum /ˌæntɪˈsɪərəm Am ˌænt̬ɪ'sɪrəm/ (pl. -ra /-rə/, -s /-z/) n. (Farm) antisiero m.

antiskid /ˌæntɪˈskɪd Am ˌænt̬ɪ'skɪd/ a. antisdrucciolevole, antislittamento.

antislavery /ˌæntɪˈsleɪvəri Am ˌænt̬ɪ'sleɪvəri/ n. antischiavismo m.

antislip /ˌæntɪˈslɪp Am ˌænt̬aɪ'slɪp/ a. antisdrucciolo.

antismog /ˌæntɪˈsmɒg Am ˌænt̬aɪ'smɑːg, ˌænt̬aɪ'smɔːg/ a. antismog, contro lo smog: ~ equipment dispositivo antismog.

anti-smoking /ˌæntɪˈsmoʊkɪŋ Am ˌænt̬ɪ'smoʊkɪŋ/ □ ~ campaign campagna contro il fumo; ~ therapy terapia antifumo.

antisocial /ˌæntɪˈsoʊʃl Am ˌænt̬ɪ'soʊʃl/ a. antisociale, asociale. □ (Psic) ~ behaviour comportamento antisociale.

anti-spasmodic /ˌæntɪspæzˈmɒdɪk Am ˌænt̬ɪspæz'mɑːdɪk/ **I** a. (Farm) antispasmodico. **II** n. (Farm) antispasmodico m.

antistatic /ˌæntɪˈstætɪk Am ˌænt̬ɪ'stæt̬ɪk/ a. antistatico.

antistrophe /ænˈtɪstrəfi/ n. (Metr) antistrofe f.

antisubmarine /ˌæntɪsʌbməˈriːn Am ˌænt̬aɪ'sʌbmərin/ **I** a. (Mar.mil) antisommergibile. **II** n. (Mar.mil) antisommergibile m.

anti-tank /ˌæntɪˈtæŋk Am ˌænt̬ɪ'tæŋk/ a. (Mil) anticarro: ~ gun cannone anticarro.

anti-terror /ˌæntɪˈterər Am ˌænt̬ɪ'terər/ □ ~ unit nucleo antiterrorismo.

anti-terrorism /ˌæntɪˈterərɪzəm Am ˌænt̬ɪ

'terərɪzm/ n. antiterrorismo m.

anti-terrorist /ˌæntɪˈterərɪst Am ˌænt̬ɪ'terərɪst/ a. antiterroristico.

antitetanic /ˌæntɪtɪˈtænɪk Am ˌænt̬ɪtɪ'tænɪk/ **I** a. (Farm) antitetanico. **II** n. (Farm) antitetanica f.

antitetanus /ˌæntɪˈtetənəs Am ˌænt̬aɪ'tet̬nəs/ □ (Med) ~ injection iniezione antitetanica, antitetanica.

anti-theft /ˌæntɪˈθeft Am ˌænt̬ɪ'θeft/ a. antifurto: ~ device dispositivo antifurto.

antithesis /ænˈtɪθəsɪs/ (pl. -ses /-siːz/) n. antitesi f.

antithetic /ˌæntɪˈθetɪk Am ˌænt̬ə'θet̬ɪk/ a. antitetico.

antithetical /ˌæntɪˈθetɪkəl Am ˌænt̬ə'θet̬ɪkəl/ a. antitetico.

antitoxic /ˌæntɪˈtɒksɪk Am ˌænt̬ɪ'tɑːksɪk/ a. (Farm) antitossico.

antitoxin /ˌæntɪˈtɒksɪn Am ˌænt̬ɪ'tɑːksɪn/ n. (Biol) antitossina f.

anti-trades /ˌæntɪˈtreɪdz Am ˌænt̬ɪ'treɪdz/ n.pl. (Meteor) controalisei m.pl., antialisei m.pl.

antitrust /ˌæntɪˈtrʌst Am ˌænt̬ɪ'trʌst/ a. (Am,Econ) antitrust: ~ laws legislazione antitrust.

antitumor /ˌæntɪˈtjuːmər Am ˌænt̬ɪ'tuːmər/ a. antitumorale.

antitumorous /ˌæntɪˈtjuːmərəs Am ˌænt̬ɪ't(j)uːmərəs/ a. antitumorale.

antitussive /ˌæntɪˈtʌsɪv Am ˌænt̬aɪ'tʌsɪv/ **I** a. (Farm) contro la tosse. **II** n. (Farm) sedativo m. della tosse.

antitype /ˈæntɪtaɪp Am ˌænt̬aɪ'taɪp/ n. **1** (Bibl) antitipo m. **2** (estens) tipo m. opposto.

antitypical /ˌæntɪˈtɪpɪkəl Am ˌænt̬ɪ'tɪpɪk'l/ a. **1** (Bibl) antitipico. **2** (estens) di tipo opposto.

antivariolar /ˌæntɪˈvɜːriələr Am ˌænt̬ɪ'vɜːriələr/ a. (Farm) antivaioloso.

antivenene /ˌæntɪˈveniːn Am ˌænt̬ɪ'veniːn/ n. (Farm) antiveleno m., contravveleno m.

antivenin /ˌæntɪˈvenɪn Am ˌænt̬ɪ'venɪn/ n. (Farm) antiveleno m., contravveleno m.

antiviral /ˌæntɪˈvaɪ(ə)rl Am ˌænt̬ɪ'vaɪrl/ a. (Farm) antivirale.

anti-virus /ˌæntɪˈvaɪ(ə)rəs Am ˌænt̬ɪ'vaɪrəs/ n. (Inform) antivirus m. □ (Inform) ~ software software antivirus.

antivivisection /ˌæntɪˌvɪvɪ'sekʃn Am ˌænt̬ɪ'vɪvɪsekʃn/ n. antivivisezione f.

antivivisectionist /ˌæntɪˌvɪvɪ'sekʃnɪst Am ˌænt̬ɪˌvɪvɪsekʃnɪst/ n. antivivisezionista m./f.

anti-wrinkle /ˌæntɪˈrɪŋkl Am ˌænt̬aɪ'rɪŋkl/ □ (Cosmet) ~ cream crema antirughe.

antler /ˈæntlər/ n. **1** ramificazione f. (di corna di cervidi). **2** pl. palchi m.pl. (di corna di cervidi).

antlered /ˈæntlərd/ a. con corna ramificate.

Antoinette /ˌæntwɑː'net/ n.pr.f. Antonietta.

antonomasia /ˌæntənəˈmeɪziə Am ˌæntənə'meɪz(i)ə/ n. antonomasia f.

Antony /ˈæntəni/ n.pr.m. Antonio.

antonym /ˈæntənɪm/ n. antonimo m., contrario m.

antonymous /ænˈtɒnɪməs Am ˌæn'tɑːnəməs/ a. antonimo, contrario.

antral /ˈæntrəl/ a. (Anat) antrale.

antrectomy /ænˈtrektəmi Am æn'trektəmi/ n. (Med) antrectomia f.

antrum /ˈæntrəm/ (pl. antra /ˈæntrə/) n. (Anat) antro m.

antsy /ˈæntsi/ a. (Am,colloq) sulle spine, agitato, nervoso.

Antwerp /ˈæntwɜːp Am ˈæntwɜːrp/ n.pr. (Geog) Anversa f.

anuran /əˈnjʊrən/ **I** a. (Zool) anuro. **II** n. anuro m.

anuria /əˈnjuːriə Am æn'jʊriən/ n. (Med) anuria f.

anuric /ˌænˈjuːrɪk Am ˌænˈjʊrɪk/ a. (Med) anurico.

anurous /ˈænjʊrəs/ a. (Zool) anuro.

anus /ˈeɪnəs/ n. (Anat) ano m.

anvil /ˈænvɪl Am also ˈænvəl/ n. 1 incudine f. (anche Anat). 2 (Meteor) nube f. a forma di incudine.

anxiety /æŋˈzaɪəti Am æŋˈzaɪəti/ n. 1 ansia f., ansietà f., apprensione f.: to cause so. great ~ far stare qcu. in grande ansia, far stare qcu. in pena; state of ~ stato ansioso, stato di ansia. 2 (problem) preoccupazione f., inquietudine f.: he has many anxieties ha molte preoccupazioni. 3 (eagerness) ansia f., bramosia f., brama f.: his ~ to succeed la sua ansia di riuscire. 4 (Med) angoscia f. □ ~ attack attacco di ansia.

anxiolytic /ˌænʒɪəˈlɪtɪk Am ˌænʒiouˈlɪtɪk/ I a. (Farm) ansiolitico. II n. ansiolitico m.

anxious /ˈæŋ(k)ʃəs/ a. 1 preoccupato, inquieto, apprensivo, in pensiero, in ansia: to be ~ for so.'s safety essere preoccupato per l'incolumità di qcu. 2 (disturbing) pieno di ansie, inquietante, angosciante: an ~ time un periodo angosciante. 3 (eager) ansioso, bramoso; (impatient) impaziente: to be ~ to meet so. essere impaziente di conoscere qcu.

anxiously /ˈæŋ(k)ʃəsli/ avv. ansiosamente.

anxiousness /ˈæŋ(k)ʃəsnəs/ n. 1 (eagerness, excitement) impazienza f., agitazione f. 2 (anxiety) ansia f., ansietà f.

any /ˈeni/ I a. 1 (as a partitive: in interrogatives) del, dello, della, dei, degli, delle, qualche, un po' di: have you got ~ money? hai del denaro?; do you know ~ French? conosci un po' di francese? 2 (as a partitive: in negatives and implied negatives) nessuno, alcuno, often not translated: without ~ difficulty senza (alcuna) difficoltà; we haven't ~ money non abbiamo soldi; the cell hasn't got ~ window la cella non ha finestre. 3 (as a partitive: in conditionals) qualche, del: if there is ~ news, let me know se c'è qualche notizia, fammela sapere. 4 (no matter which) qualsiasi, qualunque: ~ excuse is better than none una scusa qualunque è sempre meglio di nessuna; come ~ day vieni in qualsiasi giorno. 5 (a quantity of it or of them) ne: I don't want ~ non ne voglio; did he give you ~? te ne ha dato?; would you like ~ more? ne vuoi ancora? 6 (every) ogni, qualsiasi, qualunque: ~ other person qualsiasi altra persona; in ~ situation in qualunque situazione. 7 (all) tutto: he needs ~ help he can get ha bisogno di tutto l'aiuto possibile. II pron. 1 (in interrogatives) qualcuno: have you read ~ of these books? hai letto qualcuno di questi libri? 2 (in negatives) nessuno: I don't know ~ of my wife's relatives non conosco nessuno dei parenti di mia moglie. III avv. 1 (in any degree: in interrogatives) un po': do you feel ~ better? ti senti un po' meglio? 2 (in any degree: in negatives) affatto, niente affatto, per niente; translation often idiomatic: you don't look ~ better non hai per niente l'aria di star meglio; is that book ~ good? vale qualcosa quel libro?; I am not going ~ further io mi fermo qui. 3 (Am) (used absolutely: at all) affatto, per niente: you're not helping me ~ non mi stai aiutando per niente; (colloq) he wasn't having ~ non ne ha voluto sapere. □ he doesn't know ~ better non sa quello che fa, è ignorante; ~ but he would have left chiunque altro se ne sarebbe andato; in ~ case a ogni modo, ad ogni modo, in ogni caso; (colloq) ~ how alla buona, come viene; I thought you'd choose him, if ~ pen-

savo che, dovendo scegliere qualcuno, avresti scelto lui; ~ longer più (a lungo), oltre: I shan't wait ~ longer non aspetterò più (a lungo); ~ man chiunque; ~ man alive chiunque; ~ more questions? altre domande?; ~ day now da un giorno all'altro, in qualunque momento; (colloq) ~ old thing qualsiasi cosa, quello che capita; (colloq) ~ old way come capita, senza troppe attenzioni, in qualche modo; ~ one qualunque, qualsiasi; at ~ rate a ogni modo, ad ogni modo, in ogni caso; ~ time: 1 in qualsiasi momento, a qualsiasi ora, sempre; 2 (as an answer to "thank you") prego, figurati; 3 (as a challenge) ~ time, any place quando vuoi sono pronto; (Am) ~ which way a casaccio, alla rinfusa.

anybody /ˈeniˌbɒdi Am ˈeniˌbɑːdi/ I pron. 1 (in interrogatives) qualcuno, nessuno: has ~ phoned? ha telefonato qualcuno?; do you know ~ here? conosci nessuno qui? 2 (in negatives and implied negatives) nessuno: there was hardly ~ there non c'era quasi nessuno. 3 (in conditionals) qualcuno: if ~ asks for me, tell them I'm not at home se qualcuno chiede di me, di' che non sono in casa; if ~ knows the answer, he will se c'è qualcuno che può sapere la risposta, è proprio lui. 4 (no matter who) chiunque, qualunque persona: ~ can do it lo può fare chiunque. II n. qualcuno m., persona f. importante: ~ who is ~ will be there vi saranno tutte le persone importanti; he'll never be ~ non diventerà mai qualcuno. □ ~ but he chiunque fuorché lui, qualunque altro; it's ~'s guess Dio solo lo sa, nessuno lo sa.

anyhow /ˈenihaʊ/ avv. 1 a ogni modo, in ogni modo, comunque: it's wrong ~ è sbagliato comunque. 2 (carelessly) alla meglio, senza ordine, senza cura, alla rinfusa. 3 (no matter how) in qualsiasi modo, in qualunque modo.

anyone /ˈeniwʌn/ pron./n. → anybody.

anyplace /ˈenipleɪs/ avv. (Am) → anywhere.

anything /ˈeniθɪŋ/ I pron. 1 (in interrogatives) qualche cosa, qualcosa: is ~ wrong? c'è qualcosa che non va?; does she know ~ about it lei ne sa qualcosa? 2 (no matter what) qualunque cosa, qualsiasi cosa, tutto: ~ you say is all right by me qualsiasi cosa tu dica, per me va bene; I would have given ~ to know avrei dato qualsiasi cosa per sapere; you can have ~ you like puoi prendere tutto ciò che ti piace. 3 (in negatives and implied negatives) niente, nulla: I can't see ~ non vedo nulla. 4 (in conditionals) qualcosa: if ~ goes wrong se qualcosa andrà male. II avv. 1 (in interrogatives, conditionals): to ~ any extent) in qualche modo, un poco. 2 (in negatives: at all) affatto, in nessun modo, neanche lontanamente, per niente. □ it's as cold as ~ fa un freddo cane; it's as easy as ~ è facilissimo; ~ but: 1 tutto fuorché; 2 (not in the least) tutt'altro che: he is ~ but mad è tutt'altro che matto; ~ else, madam? desidera altro, signora?, qualcos'altro, signora?; not for ~ per niente al mondo; I wouldn't move for ~ non mi sposterei per niente al mondo; if ~ , I feel worse se mai, mi sento peggio; (colloq) like ~ come un matto, da matti; it isn't ~ like it used to be non è affatto com'era una volta; is ~ the matter? c'è qualcosa che non va?; (colloq) ~ to please! e va bene!, sia!

anytime /ˈenitaɪm/ avv. 1 in qualsiasi momento, a qualsiasi ora, sempre. 2 (as an answer to "thank you") prego, figurati.

anyway /ˈeniweɪ/ avv. 1 in qualsiasi modo, in ogni modo, comunque. 2 (in any case) co-

munque, a ogni modo, tuttavia. □ (Am,fig) ~ you slice it (o ~ you look at it) mettila come vuoi, girala come vuoi.

anyways /ˈeniweɪz/ avv. (Am,colloq) 1 in qualsiasi modo, in ogni modo, comunque. 2 (in any case) comunque, a ogni modo, tuttavia.

anywhere /ˈeni(h)weə Am ˈeni(h)wer/ I avv. 1 (in interrogatives) in qualche luogo, in qualche posto, da qualche parte: have you seen my lighter ~? hai visto il mio accendino da qualche parte? 2 (in negatives and implied negatives) in nessun luogo, in nessun posto, in alcun luogo, in alcun posto, da nessuna parte: I can't find it ~ non lo trovo in nessun posto. 3 (no matter where) dovunque, in qualsiasi luogo, in qualsiasi posto, da qualunque parte: put it down ~ posalo in qualsiasi posto, posalo dove vuoi; we'll go ~ you want andremo dovunque tu desideri; (colloq) ~ with you con te andrei in capo al mondo. II n. posto m. (qualsiasi), luogo m. (qualsiasi): they were left without ~ to live restarono senza un tetto. □ ~ from ten to fifteen pounds dalle dieci alle quindici sterline; (colloq) to get ~ (o to go ~) fare strada; it's ~ near finished? quanto manca?, ci vuole molto?; (colloq) not to get ~ non approdare a nulla.

anywise /ˈeniwaɪz/ avv. (Am) in ogni modo.

Anzac /ˈænzæk/ n. 1 soldato m. dell'esercito australiano e neozelandese. 2 (colloq) australiano m. (f. -a), neozelandese m./f.

a/o (Comm) account of (conto di).

aorist /ˈeɪərɪst Br also ˈeərɪst/ n./a. (Gramm) aoristo m.

aorta /eɪˈɔːtə Am eɪˈɔːrtə/ (pl. -s /-z/, -tae /-tiː/) n. (Anat) aorta f.

aortography /ˌeɪɔːˈtɒɡrəfi Am ˌeɪɔːrˈtɑːɡrəfi/ n. (Radiol) aortografia f.

AP /ˌeɪˈpiː/ 1 Associated Press (stampa associata). 2 (US) Air Police (polizia aerea).

apace /əˈpeɪs/ avv. (lett) velocemente, rapidamente, di buon passo.

Apache /əˈpætʃi/ (pl.inv. o -s /-z/) n. apache m./f.

apanage /ˈæpənɪdʒ/ n. 1 appannaggio m. 2 (adjunct) appannaggio m., dote f., prerogativa f.

apart /əˈpɑːt Am əˈpɑːrt/ I avv. 1 (in space) lontano (l'uno dall'altro), distante: the two towns are five miles ~ le due città sono distanti cinque miglia l'una dall'altra. 2 (in time) a distanza di: the twins were born ten minutes ~ i gemelli nacquero a dieci minuti di distanza l'uno dall'altro. 3 (intentionally separate or reserved) da parte, da un lato: to set money ~ mettere da parte denaro; to stay ~ stare in disparte. 4 (separate) separato, staccato; (separately) separatamente: to live ~ vivere separatamente. 5 (to pieces) a pezzi, in pezzi: to tear sth. ~ fare a pezzi qcs. II a. (unlike all others; generally after the noun) diverso, speciale: a man ~ un uomo speciale. □ ~ from a parte, tranne.

apartheid /əˈpɑːtheɪt Am əˈpɑːrteɪt/ n. apartheid f.

aparthotel /ˌəpɑːthouˈtel/ n. (Br) casa f. albergo, residence m.

apartment /əˈpɑːtmənt Am əˈpɑːrtmənt/ n. 1 (spec. Am) (flat) appartamento m. 2 (rooms in hotel) suite f. 3 pl. (set of rooms) appartamento m.sing., abitazione f.sing.: royal -s appartamenti reali. □ (Br) ~ block condominio; ~ building (o ~ house) residence.

apathetic /ˌæpəˈθetɪk Am ˌæpəˈθetɪk/ a. apatico, indifferente.

apathetical /ˌæpəˈθetɪkəl Am ˌæpəˈθetɪkəl/

apatico, indifferente.
apathetically /ˌæpə'θetɪkˈli *Am* ˌæpə'θetɪkˈli/ *avv.* in modo apatico.
apathy /'æpəθi/ *n.* apatia *f.*, indifferenza *f.*
APB /ˌeɪpiː'biː/ (*spec. Am*) *all points bulletin* (avviso a tutti i poliziotti).
ape /eɪp/ **I** *n.* **1** (*Zool*) scimmia *f.* (antropomorfa). **2** (*mimic*) imitatore *m.* (*f.* -trice). **3** (*fig*) (*ill-mannered, clumsy person*) scimmione *m.*, persona *f.* maldestra. **II** *v.t.* scimmiottare, imitare. □ (*sl*) *togo* ~ incazzarsi; (*sl*) *to go* ~ *over* (*o for*) *sth.* andare pazzo per qcs.; ~ *man* uomo scimmia; *to play the* ~ scimmiottare, fare la scimmia.
apeak /ə'piːk/ *avv./a.pred.* (*Mar*) verticale, dritto, a picco: *oars* ~ remi alzati.
Apennines /'æpənaɪnz/ *n.pr.pl.* (*Geog*) Appennini *m.pl.*
aperient /ə'pɪəriənt *Am* ə'pɪriənt/ **I** *a.* (*Farm*) lassativo. **II** *n.* (*Farm*) lassativo *m.*, purgante *m.*
aperiodic /ˌeɪpɪəri'ɒdɪk *Am* ˌeɪpɪri'ɑːdɪk/ *a.* **1** aperiodico. **2** (*irregular*) irregolare.
aperitif /ə'perətɪf *Am* ɑːˌperɪ'tiːf/ *n.* aperitivo *m.*
aperture /'æpətʃə *Am* 'æpərtʃʊr/ *n.* **1** apertura *f.*, spiraglio *m.*, fessura *f.* **2** (*Fot*) apertura *f.* □ (*Ott*) ~*ratio* apertura relativa, luminosità.
apery /'eɪpəri/ *n.* scimmiottatura *f.*, imitazione *f.*
apeshit /'eɪpʃɪt/ □ (*Am,volg,sl*) *to go* ~ incazzarsi.
apetalous /eɪ'petələs *Am* eɪ'petələs/ *a.* (*Bot*) apetalo.
apex /'eɪpeks/ (*pl.* **apexes** /-ɪz/, **apices** /'eɪpɪsiːz/) *n.* **1** vertice *m.*, sommità *f.*, apice *m.*: *the* ~ *of a triangle* il vertice di un triangolo. **2** (*fig*) (*climax*) apice *m.*, culmine *m.*, vertice *m.*: *to reach the* ~ *of one's career* raggiungere l'apice della carriera.
aphasia /ə'feɪziə *Am* ə'feɪʒ(i)ə/ *n.* (*Med*) afasia *f.*
aphasiac /ə'feɪziæk/ **I** *a.* afasico. **II** *n.* chi soffre di afasia, afasico *m.* (*f.* -a).
aphasic /ə'feɪzɪk/ **I** *a.* afasico. **II** *n.* chi soffre di afasia, afasico *m.* (*f.* -a).
aphelion /æf'iːliən/ (*pl.* **-lia** /-liə/) *n.* (*Astr*) afelio *m.*
apheresis /æf'ɪərəsɪs *Am* ə'ferəsɪs/ (*pl.* **-ses** /-siːz/) *n.* (*Ling*) aferesi *f.*
aphid /'eɪfɪd/ (*pl.* **-es** /-diːz/) *n.* (*Entom*) afide *m.*
aphis /'eɪfɪs/ (*pl.* **aphides** /'eɪfɪdiːz/) *n.* (*Entom*) afide *m.*
aphonia /eɪ'founiə/ *n.* (*Med*) afonia *f.*
aphonic /eɪ'fɒnɪk *Am* eɪ'fɑːnɪk/ *a.* (*Med,Ling*) afono.
aphony /'æfəni/ *n.* (*Med*) afonia *f.*
aphorise /'æfəraɪz/ *v.i.* (*Br*) esprimersi per aforismi.
aphorism /'æfərɪzəm *Am* 'æfərɪzəm/ *n.* aforisma *m.*
aphorist /'æfərɪst *Am* 'æfərɪst/ *n.* aforista *m./f.*
aphoristic /ˌæfə'rɪstɪk/ *a.* aforistico.
aphoristically /ˌæfər'ɪstɪkˈli/ *avv.* per aforismi.
aphorize /'æfəraɪz/ *v.i.* esprimersi per aforismi.
aphrodisiac /ˌæfrou'dɪziæk/ **I** *a.* afrodisiaco. **II** *n.* afrodisiaco *m.*
Aphrodite /ˌæfrou'daɪti *Am* ˌæfrou'daɪti/ *n.pr.f.* (*Mitol*) Afrodite.
aphtha /'æfθə/ (*pl.* **-s** /-z/, **-thae** /-θiː/) *n.* (*Med, Veter*) afta *f.*
aphyllous /eɪ'fɪləs/ *a.* (*Bot*) afillo.
apian /'eɪpiən/ *a.* apistico, delle api, relativo alle api.

apiarian /ˌeɪpi'eəriən *Am* ˌeɪpi'eriən/ *a.* apistico, relativo all'apicoltura.
apiarist /'eɪpiərɪst/ *n.* apicoltore *m.* (*f.* -trice).
apiary /'eɪpiəri *Am* 'eɪpieri/ *n.* apiario *m.*
apical /'æpɪkəl/ *a.* apicale (*anche Fon*).
apicultural /ˌeɪpɪ'kʌltʃərəl/ *a.* dell'apicoltura.
apiculture /'eɪpɪkʌltʃər/ *n.* apicoltura *f.*
apiculturist /ˌeɪpɪ'kʌltʃərɪst/ *n.* apicoltore *m.* (*f.* -trice).
apiece /ə'piːs/ *avv.* **1** ognuno, ciascuno, l'uno: *they cost a dollar* ~ costano un dollaro l'uno. **2** (*for each person*) a testa, a ognuno.
apish /'eɪpɪʃ/ *a.* **1** scimmiesco. **2** (*fig*) che scimmiotta, che imita. **3** (*fig*) (*silly*) sciocco, stupido.
apishness /'eɪpɪʃnəs/ *n.* scimmiaggine *f.*
APL /ˌeɪpi'el/ (*Inform*) *Automatic Programming Language* APL (linguaggio per la programmazione automatica).
aplanat /'æplənæt/ *n.* (*Fis*) sistema *m.* aplanatico.
aplanatic /ˌæplə'nætɪk *Am* ˌæplə'nætɪk/ *a.* (*Fis*) aplanatico.
aplasia /ə'pleɪziə *Am* ə'pleɪʒ(i)ə/ *n.* (*Med*) aplasia.
aplastic /eɪ'plæstɪk/ □ (*Med*) ~*anaemia* anemia aplastica.
aplenty /ə'plenti *Am* ə'plenti/ **I** *a.* (*colloq*) abbondante, in abbondanza, a profusione. **II** *avv.* parecchio, molto.
aplomb /ə'plɒm *Am* ə'plɑːm/ *n.* **1** sicurezza *f.*, disinvoltura *f.*, padronanza *f.* di sé, aplomb *m.* **2** (*concr*) (*perpendicular*) appiombo *m.*
apnea /æp'niːə/ *n.* (*Am,Med*) apnea *f.*: *sleep* ~ apnea nel sonno.
apneic /æp'niːɪk/ *a.* (*Am*) apnoico.
apnoea /æp'niːə/ *n.* (*Med*) apnea *f.*: *sleep* ~ apnea nel sonno.
apnoeic /æp'niːɪk/ *a.* apnoico.
apocalypse /ə'pɒkəlɪps *Am* ə'pɑːkəlɪps/ *n.* **1** (*Rel*) apocalisse *f.* **2** (*fig*) rivelazione *f.*
Apocalypse /ə'pɒkəlɪps *Am* ə'pɑːkəlɪps/ *n.pr.* (*Bibl*) Apocalisse *f.*
apocalyptic /ˌəpɒkə'lɪptɪk *Am* ˌəpɑːkə'lɪptɪk/ *a.* apocalittico (*anche fig*).
apocalyptical /ˌəpɒkə'lɪptɪkəl *Am* ˌəpɑːkə'lɪptɪkəl/ *a.* apocalittico (*anche fig*).
apocopate /ə'pɒkoupeɪt *Am* ə'pɑːkəpeɪt/ *v.t.* (*Ling*) apocopare.
apocope /ə'pɒkoupi *Am* ə'pɑːkəpi/ *n.* (*Ling*) apocope *f.*
apocrypha /ə'pɒkrɪfə *Am* ə'pɑːkrəfə/ *n.pl.* (*costr.sing. o pl.*) **1** (*Rel*) apocrifi *m.pl.*, libri *m.pl.* apocrifi. **2** (*fig*) (*doubtful works*) opere *f.pl.* apocrife.
Apocrypha /ə'pɒkrɪfə *Am* ə'pɑːkrəfə/ *n.pr.pl.* (*Bibl*) Apocrifi *m.pl.*
apocryphal /ə'pɒkrɪfəl *Am* ə'pɑːkrəfəl/ *a.* apocrifo.
apodal /'æpədəl/ **I** *a.* (*Zool*) apodo. **II** *n.* animale *m.* apodo.
apodeictic /ˌæpou'daɪktɪk/ *a.* apodittico (*anche Filos*).
apodeictical /ˌæpou'daɪktɪkəl/ *a.* apodittico (*anche Filos*).
apodictic /ˌæpou'dɪktɪk/ *a.* apodittico (*anche Filos*).
apodictical /ˌæpou'dɪktɪkəl/ *a.* apodittico (*anche Filos*).
apodosis /ə'pɒdəsɪs *Am* ə'pɑːdəsɪs/ (*pl.* **-ses** /-siːz/) *n.* (*Gramm*) apodosi *f.*
apogee /'æpoudʒiː/ *n.* (*Astr*) apogeo *m.* (*anche fig*).
apolar /eɪ'poulər/ *a.* (*Biol*) apolare.
apolitical /ˌeɪpə'lɪtɪkəl *Am* ˌeɪpə'lɪtɪkəl/ *a.* apolitico.

Apollo /ə'pɒlou *Am* ə'pɑːlou/ **I** *n.pr.m.* (*Mitol*) Apollo. **II** *n.* **1** (*Entom*) (*apollo butterfly*) apollo *m.* **2** (*fig*) apollo *m.*
apollonian /ˌæpə'louniən/ *a.* **1** armonioso, equilibrato. **2** (*contrasted with dionysian*) apollineo.
Apollonian /ˌæpə'louniən/ *a.* apollineo.
Apollyon /ə'pɒliən *Am* ə'pɑːliən/ *n.pr.m.* (*Bibl*) Satana.
apologetic /əˌpɒlə'dʒetɪk *Am* əˌpɑːlə'dʒetɪk/ *a.* **1** spiacente, pieno di scuse: *he was very* ~ si è scusato tantissimo. **2** (*containing an apology*) di scuse: *an* ~ *letter* una lettera di scuse. **3** (*defending*) apologetico: *an* ~ *essay* un saggio apologetico.
apologetically /əˌpɒlə'dʒetɪkˈli *Am* əˌpɑːlə'dʒetɪkˈli/ *avv.* apologeticamente.
apologetics /əˌpɒlə'dʒetɪks *Am* əˌpɑːlə'dʒetɪks/ *n.pl.* (*costr.sing.*) (*Teol*) apologetica *f.*
apologia /ˌæpə'loudʒ(i)ə/ *n.* **1** apologia *f.*, difesa *f.* **2** (*lett*) apologia *f.*
apologise /ə'pɒlədʒaɪz/ *v.i.* (*Br*) scusarsi, chiedere scusa: *to* ~ *to so. for sth.* scusarsi con qcu. di (*o* per) qcs.; *he -d for being late* si scusò per il ritardo.
apologist /ə'pɒlədʒɪst *Am* ə'pɑːlədʒɪst/ *n.* apologeta *m./f.*, apologeta *m./f.* (*anche Rel*).
apologize /ə'pɒlədʒaɪz *Am* ə'pɑːlədʒaɪz/ *v.i.* scusarsi, chiedere scusa: *to* ~ *to so. for sth.* scusarsi con qcu. di (*o* per) qcs.; *he -d for being late* si scusò per il ritardo.
apologue /'æpoulɒg *Am* 'æpəlɑːg/ *n.* apologo *m.*
apology /ə'pɒlədʒi *Am* ə'pɑːlədʒi/ *n.* **1** scusa *f.pl.*: *please accept my apologies* ti prego di accettare le mie scuse; *letter of* ~ lettera di scuse. **2** (*defence*) apologia *f.* **3** (*fig*) (*poor substitute*) surrogato *m.*, per modo di dire, misero sostituto *m.*: *an* ~ *for real English tea* un surrogato del vero tè inglese; *an* ~ *for a dinner* una cena per modo di dire; *an* ~ *for a man* una caricatura d'uomo. □ *tomake an* ~ (*o to make apologies*) *to so. for sth.* porgere le proprie scuse a qcu. per qcs.; *to makeno* ~ *for sth.* non accettare critiche per qcs.; *I make no apologies for what I am about to say* non ho intenzione di scusarmi per quello che dirò; *with apologies for troubling you* con mille scuse per il disturbo.
apophasis /ə'pɒfəsɪs *Am* ə'pɑːfəsɪs/ *n.* (*Ret*) apofasi *f.*
apophatic /ˌæpə'fætɪk *Am* ˌæpə'fætɪk/ *a.* (*Teol*) apofatico.
apophthegm /'æpəθem/ *n.* apoftegma *m.*
apophysis /ə'pɒfəsɪs *Am* ə'pɑːfəsɪs/ (*pl.* **-ses** /-siːz/) *n.* (*Anat*) apofisi *f.*
apoplectic /ˌæpə'plektɪk/ **I** *n.* (*Med*) apoplettico *m.* (*f.* -a). **II** *a.* **1** (*Med*) apoplettico *m.* (*f.* -a): *an* ~ *stroke* un colpo apoplettico. **2** (*furious with rage*) furibondo, furioso.
apoplexy /'æpəpleksi/ *n.* **1** (*Med*) apoplessia *f.* **2** (*colloq*) il rimanere senza parole per la rabbia.
apoptosis /ˌæpəp'tousɪs/ *n.* (*Fisiol*) apoptosi *f.*
aporia /ə'pɔːriə/ *n.* (*Ret,Filos*) aporia *f.*
aport /ə'pɔːt *Am* ə'pɔːrt/ *avv.* (*Mar*) a sinistra: *hard* ~ tutta a sinistra.
aposematic /ˌæpousi'mætɪk *Am* ˌæpəsi'mætɪk/ *a.* (*Zool*) aposematico: ~ *coloring* colorazione aposematica.
aposiopesis /ˌæpəsaɪou'piːsɪs/ (*pl.* **-ses** /-siːz/) *n.* (*Ret*) aposiopesi *f.*
apostasy /ə'pɒstəsi *Am* ə'pɑːstəsi/ *n.* apostasia *f.*
apostate /ə'pɒsteɪt *Am* ə'pɑːsteɪt/ **I** *n.* apostata *m./f.* **II** *a.* apostatico.

apostatic /,æpou'stætɪk *Am* ,æpə'stætɪk/ *a*. apostatico.

apostatical /,æpou'stætɪkəl *Am* ,æpə'stætɪkəl/ *a*. apostatico.

apostatise /ə'pɒstətaɪz/ *v.i.* (*Br*) apostatare.

apostatize /ə'pɒstətaɪz *Am* ə'pɑ:stətaɪz/ *v.i.* apostatare.

a posteriori /,eɪpɒs,teri'ɔ:raɪ *Am* ,eɪpɑ:stɪri 'ɔ:raɪ/ *a./avv.* a posteriori.

apostil /ə'pɒstɪl *Am* ə'pɑ:stɪl/ *n*. postilla *f*.

apostle /ə'pɒsl *Am* ə'pɑ:sl/ *n*. **1** (*Bibl*) apostolo *m*. **2** (*Rel*) (*first missionary*) apostolo *m*., evangelista *m*. **3** (*fig*) apostolo *m*., fautore *m*. (*f*. -trice). □ (*Rel*) *Apostles' Creed* credo apostolico, simbolo apostolico.

apostleship /ə'pɒsl,ʃɪp *Am* ə'pɑ:sl,ʃɪp/ *n*. apostolato *m*.

apostolate /ə'pɒstəlɪt *Am* ə'pɑ:stəlɪt/ *n*. apostolato *m*.

apostolic /,æpə'stɒlɪk *Am* ,æpə'stɑ:lɪk/ *a*. apostolico. □ *Apostolic Church* Chiesa apostolica; *Apostolic delegate* nunzio apostolico; *Apostolic Fathers* padri apostolici; *Apostolic See* sede apostolica; *Apostolic succession* successione apostolica.

apostolical /,æpə'stɒlɪkəl *Am* ,æpə'stɑ:lɪkəl/ *a*. apostolico.

apostrophe[1] /ə'pɒstrəfi *Am* ə'pɑ:strəfi/ *n*. (*Ret*) apostrofe *f*.

apostrophe[2] /ə'pɒstrəfi *Am* ə'pɑ:strəfi/ *n*. (*Gramm*) apostrofo *m*.

apostrophic[1] /,æpə'strɒfɪk *Am* ,æpə'strɑ:fɪk/ *a*. (*Ret*) dell'apostrofe.

apostrophic[2] /,æpə'strɒfɪk *Am* ,æpə'strɑ:fɪk/ *a*. (*Gramm*) dell'apostrofo.

apostrophise[1] /ə'pɒstrəfaɪz/ *v.t./i.* (*Br,Ret*) apostrofare.

apostrophise[2] /ə'pɒstrəfaɪz/ *v.t.* (*Br,Gramm*) apostrofare.

apostrophize[1] /ə'pɒstrəfaɪz *Am* ə'pɑ:strə faɪz/ *v.t./i.* (*Ret*) apostrofare.

apostrophize[2] /ə'pɒstrəfaɪz *Am* ə'pɑ:strə faɪz/ *v.t.* (*Gramm*) apostrofare.

apothecary /ə'pɒθɪkəri *Am* ə'pɑ:θəkəri/ *n*. **1** (*ant*) farmacista *m./f.*, speziale *m*. **2** (*shop*) farmacia *f*. □ ~ *jar* alberello, vasetto; (*ant*) *apothecaries' units* unità apothecaries' (sistema di misura farmaceutico anglosassone).

apothegm /'æpəθem/ *n*. (*Am*) apoftegma *m*.

apothem /'æpəθem/ *n*. (*Geom*) apotema *m*.

apotheosis /ə,pɒθɪ'ousɪs *Am* ə,pɑ:θi'ousɪs/ (*pl.* -ses /-siːz/) *n*. **1** apoteosi *f*. **2** (*exaltation*) apoteosi *f*., glorificazione *f*. **3** (*fig*) (*glorified ideal*) quintessenza *f*., ideale *m*.

apotheosise /ə'pɒθɪousaɪz/ *v.t.* (*Br*) **1** deificare, fare l'apoteosi di. **2** (*to exalt*) glorificare, esaltare.

apotheosize /ə'pɒθɪousaɪz *Am* ə'pɑ: θɪousaɪz/ *v.t.* **1** deificare, fare l'apoteosi di. **2** (*to exalt*) glorificare, esaltare.

apotropaic /,æpətrə'peɪɪk/ *a*. apotropaico.

app. **1** *appendix* app. (appendice). **2** *application* (domanda, richiesta). **3** *apparatus* app. (apparato). **4** *apprentice* (apprendista). **5** (*Inform*) *application* (applicazione).

appal /ə'pɔ:l *Am also* ə'pɑ:l/ (*past, p.p.* **appalled** /-d/) *v.t.* (*Am*) disgustare, inorridire: *to be -ed at the thought* essere disgustato al pensiero.

Appalachian /,æpə'leɪʃ(i)ən/ *a*. (*Geol*) appalachiano.

Appalachians /,æpə'leɪʃ(i)ənz/ *n.pr.pl.* Appalachi *m.pl.*, monti *m.pl.* Appalachi.

appall /ə'pɔ:l, ə'pɑ:l/ (*past, p.p.* **appalled** /-d/) *v.t.* (*Am*) disgustare, inorridire: *to be ~ at the thought* essere disgustato al pensiero.

appalling /ə'pɔ:lɪŋ *Am also* ə'pɑ:lɪŋ/ *a*. **1** disgustoso, orrendo, terribile, schifoso. **2** (*of food*) schifoso, terribile.

appallingly /ə'pɔ:lɪŋli /ə'pɑ:lɪŋli/ *avv.* (*Am*) terribilmente, spiacevolmente: *there was ~ little that we could do* con nostro grande disappunto, c'era pochissimo da fare.

appanage /'æpənɪdʒ/ *n*. **1** appannaggio *m*. **2** (*adjunct*) appannaggio *m*., dote *f*., prerogativa *f*.

apparatus /,æpər'eɪtəs *Am* ,æpə'rætəs/ (*pl.inv.* o **-es** /-ɪz/) *n*. **1** apparato *m*., attrezzatura *f*., impianto *m*. **2** (*system*) sistema *m*., apparato *m*.: *the ~ of government* il sistema di governo. **3** (*Fisiol*) apparato *m*.: *the digestive ~* l'apparato digerente. **4** (*Filol*) apparato *m*.: *critical ~* (o *~ criticus*) apparato critico. □ (*Ginn*) ~ *gymnastics* ginnastica attrezzistica, attrezzistica; (*Ginn*) ~ *work* ginnastica attrezzistica, attrezzistica.

apparel /ə'pærəl *Am also* ə'perəl/ **I** *n*. **1** abito *m*., vestito *m*., tenuta *f*.: *riding ~* tenuta da cavallerizzo. **2** (*Mar*) armamento *m*. **3** (*Rel*) ricamo *m*. di abito talare. **II** *v.t.* (*ant*) (*past, p.p.* **-lled**/ *Am* **-led** /-d/) **1** vestire. **2** (*to adorn*) ornare, addobbare, rivestire. **3** (*Mar*) armare, equipaggiare.

apparent /ə'pærənt *Am also* ə'perənt/ *a*. **1** visibile, evidente, palese, chiaro. **2** (*easily understood*) comprensibile. **3** (*seeming*) apparente: *an ~ contradiction* una contraddizione apparente. **4** (*Dir*) legittimo: *the heir ~* l'erede legittimo. □ ~ *damage* danno apparente; ~ *defect* vizio apparente; (*Astr*) ~ *magnitude* grandezza apparente; *for no ~ reason* senza alcun motivo; ~ *time* tempo solare; ~ *wind* vento apparente.

apparently /ə'pærəntli *Am also* ə'perəntli/ *avv.* apparentemente, a quanto pare, per quanto si dice, per quanto ci è dato di sapere.

apparition /,æpər'ɪʃən *Am* ,æpə'rɪʃən/ *n*. apparizione *f*., fantasma *m*., spirito *m*.

apparitional /,æpər'ɪʃənl *Am* ,æpə'rɪʃənl/ *a*. di un'apparizione, di un fantasma.

apparitor /ə'pærɪtə *Am* ə'perɪtə, ə'pærɪtə/ *n*. (*Stor.rom*) apparitore *m*.

appeal[1] /ə'pi:l/ *n*. **1** appello *m*., supplica *f*., preghiera *f*. **2** (*Dir*) appello *m*., ricorso *m*. in appello: *to file an ~* presentare un ricorso in appello. **3** (*call for corroboration, etc.*) appello *m*.: *an ~ to reason* un appello alla ragione. **4** (*attraction*) richiamo *m*., attrazione *f*., fascino *m*., interesse *m*.: *the ~ of television for children* il fascino della televisione per i bambini. □ (*GB,Dir*) ~ *court* Corte d'appello; *look of ~* sguardo supplichevole; (*Dir*) *acquitted on ~* assolto in appello.

appeal[2] /ə'pi:l/ **I** *v.i.* **1** fare appello, appellarsi (*to* a). **2** (*to be attractive*) attrarre, interessare (qcu.), piacere, andare a genio (a): *dark colours don't ~ to me* i colori scuri non mi piacciono. **3** (*Dir*) appellarsi, ricorrere in appello (a), fare ricorso. **II** *v.t.* (*Dir*) impugnare con un appello. **III** *n*. appello *m*., ricorso *m*.: ~ *to arms* ricorso alle armi. □ *to ~ against a verdict* appellarsi contro una sentenza; *to ~ to so.'s better feelings* far appello al lato migliore di qcu.; (*Parl*) *to ~ to the country* indire nuove elezioni, indire le elezioni generali, fare appello al paese.

appealable /ə'pi:ləbl/ *a*. (*Dir*) appellabile.

appealer /ə'pi:lə/ *n*. (*Dir*) appellante *m./f.*

appealing /ə'pi:lɪŋ/ *a*. **1** attraente, allettante. **2** (*nice*) gradevole, piacevole. **3** (*suppliant*) supplichevole.

appealingly /ə'pi:lɪŋli/ *avv.* **1** in modo supplichevole. **2** (*attractively*) in modo attraente.

appear /ə'pɪə *Am* ə'pɪr/ *v.i.* **1** apparire, comparire, mostrarsi: *a ship -ed on the horizon* una nave apparve all'orizzonte. **2** (*to seem*) sembrare, parere, apparire: *there -s to be a mistake* sembra che ci sia un errore. **3** (*Teat*) esibirsi: *to ~ in the role of Portia* esibirsi nella parte di Porzia. **4** (*of books*) esser pubblicato, uscire. **5** (*to present oneself formally*) presentarsi, arrivare: ~ *in court* presentarsi in tribunale. **6** (*to be manifest*) mostrarsi, manifestarsi, palesarsi. **7** (*Dir*) comparire, presentarsi (in giudizio): *to fail to ~* non comparire in giudizio. □ *to ~ in print* essere pubblicato; *it -s not* sembra di no, pare di no; *so it -s* così sembra, così pare; *it would ~ that...*, a quanto pare..., sembrerebbe che...

appearance /ə'pɪərəns *Am* ə'pɪrəns/ *n*. **1** apparizione *f*., comparsa *f*.: *to make an ~* comparire, arrivare, presentarsi; *to make a public ~* mostrarsi in pubblico. **2** (*aspect*) aspetto *m*., aria *f*., sembianza *f*.: *to give* (o *have*) *the ~ of* avere l'aria di, sembrare. **3** *pl.* (*outward show*) apparenza *f.sing.*, apprenze *f.pl.*: *to judge by -s* giudicare dalle apparenze; *-s are deceptive* l'apparenza inganna; *to keep up -s* salvare le apparenze. **4** (*Teat*) comparsa *f*., esibizione *f*. **5** (*of books*) pubblicazione *f*., uscita *f*. **6** (*Dir*) comparizione *f*. □ ~ *by all -s* a quanto pare; ~ *money* compenso per la presenza di un VIP a un evento; *to put in an ~* fare atto di presenza; *to put in a short ~* fare una breve apparizione; *to all -s* a quanto pare.

appearing /ə'pɪərɪŋ *Am* ə'pɪrɪŋ/ *a*. che compare, che appare. □ (*Dir*) ~ *party* comparente.

appeasable /ə'pi:zəbl/ *a*. placabile.

appease /ə'pi:z/ *v.t.* **1** placare, pacificare, calmare, acquietare. **2** (*to satisfy*) placare, appagare, soddisfare: *to ~ one's hunger* soddisfare il proprio appetito.

appeasement /ə'pi:zmənt/ *n*. **1** pacificazione *f*., acquietamento *m*. **2** (*satisfaction*) appagamento *m*., soddisfazione *f*. **3** (*Stor*) appeasement *m*.

appeaser /ə'pi:zə/ *n*. pacificatore *m*.

appellant /ə'pelənt/ *n*. appellante *m./f.* (anche *Dir*).

appellate /ə'pelɪt/ *a*. (*Dir*) di appello. □ (*US,Dir*) ~ *court* Corte di appello.

appellation /,æpə'leɪʃən/ *n*. **1** appellativo *m*., nome *m*. **2** (*Enol,Gastron*) denominazione *f*.

appellation contrôlée /æpelæs,jɔ̃:(t) kɔ̃:(n)trou'ler/ *n*. (*Enol*) denominazione *f*. di origine controllata.

appellative /ə'pelətɪv *Am* ə'pelətɪv/ **I** *n*. **1** (*Gramm*) nome *m*. comune. **2** (*descriptive name*) appellativo *m*., soprannome *m*. **II** *a*. **1** (*Gramm*) appellativo, comune. **2** (*designative*) che serve a denominare.

appellee /,æpə'li:/ *n*. (*Dir*) appellato *m*. (*f*. -a).

append /ə'pend/ *v.t.* **1** aggiungere, apporre: *to ~ a clause to a contract* apporre una clausola a un contratto. **2** (*concr*) (*to attach*) attaccare, appendere. **3** (*Inform*) incollare di seguito, aggiungere.

appendage /ə'pendɪdʒ/ *n*. **1** appendice *f*., aggiunta *f*. **2** (*Anat*) (*of animals*) membro *m*., appendice *f*.

appendant /ə'pendənt/ **I** *a*. **1** aggiuntivo, accessorio. **2** (*associated*) connesso, collegato, attinente. **3** (*Dir*) incorporato, accessorio. **II** *n*. **1** (*person attached*) aggiunto *m*., aiutante *m./f.* **2** (*subordinate thing*) aggiunta *f*., appendice *f*. **3** (*Dir*) bene *m*. incorporato in un altro.

appendectomy /ˌæpenˈdektəmi/ n. (Med) appendicectomia f.

appendicitis /əˌpendɪˈsaɪtɪs/ n. (Med) appendicite f.

appendicular /ˌæpenˈdɪkjʊlər/ a. (Anat) appendicolare.

appendix /əˈpendɪks/ (pl. **-es** /-ɪz/, **-dices** /-dɪsiːz/) n. appendice f. (anche Anat): vermiform ~ appendice cecale, appendice vermiforme. □ to have one's ~out farsi operare di appendicite.

apperceive /ˌæpəˈsiːv Am ˌæpərˈsiːv/ v.t. (Filos, Psic) appercepire.

apperception /ˌæpəˈsepʃən Am ˌæpərˈsepʃən/ n. (Filos,Psic) appercezione f.

apperceptive /ˌæpəˈseptɪv Am ˌæpərˈseptɪv/ a. (Filos,Psic) appercettivo.

appertain /ˌæpəˈteɪn Am ˌæpərˈteɪn/ v.i. 1 spettare, essere pertinente (to a), essere proprio (to di), essere di competenza (to di): the duties -ing to an office le funzioni pertinenti a una carica. 2 (to belong) appartenere (a).

appetence /ˈæpɪtəns/ n. 1 desiderio m., brama f., appetito m. 2 (affinity) attrazione f., affinità f. 3 (inclination) inclinazione f., appetenza f.

appetency /ˈæpɪtənsi/ n. 1 desiderio m., brama f., appetito m. 2 (affinity) attrazione f., affinità f. 3 (inclination) inclinazione f., appetenza f.

appetiser /ˈæpətaɪzər/ n. 1 (food) stuzzichino m. 2 (drink) aperitivo m.

appetising /ˈæpətaɪzɪŋ/ a. 1 appetitoso, stuzzicante. 2 (fig) allettante, invitante.

appetite /ˈæpɪtaɪt/ n. 1 appetito m.: to work up an ~ farsi venire appetito. 2 (desire) desiderio m., voglia f., avidità f., brama f., appetito m.

appetite-suppressing /ˈæpɪtaɪtsəˌpresɪŋ/ a. (Farm) anoressizzante. □ (Farm) ~agent anoressizzante.

appetizer /ˈæpətaɪzər/ n. 1 (food) stuzzichino m. 2 (drink) aperitivo m.

appetizing /ˈæpətaɪzɪŋ/ a. 1 appetitoso, stuzzicante. 2 (fig) allettante, invitante.

Appian /ˈæpiən/ □ (Geog) ~ Way Appia, via Appia.

applaud /əˈplɔːd Am also əˈplɑːd/ I v.i. applaudire. II v.t. 1 applaudire. 2 (to praise) applaudire, approvare, lodare: to ~ a decision approvare una decisione.

applaudable /əˈplɔːdəbl̩ Am also əˈplɑːdəbl̩/ a. lodevole, encomiabile.

applauder /əˈplɔːdər Am also əˈplɑːdər/ n. applauditore m. (f. -trice).

applause /əˈplɔːz Am also əˈplɑːz/ n. 1 applauso m., applausi m.pl.: a round of ~ un applauso. 2 (approval) elogio m., plauso m., consenso m., approvazione f.: to win the ~ of the audience conquistarsi l'applauso del pubblico.

apple /ˈæpl̩/ n. mela f. □ ~brandy brandy di succo di mele fermentato; ~butter specie di marmellata di mele; ~cider 1 sidro; 2 (Am) (expressed juice) succo di mele non fermentato; ~green verde mela; ~juice succo di mela; (Mitol) the ~of discord il pomo della discordia; (fig) the ~of one's eye la pupilla dei propri occhi, la luce dei propri occhi; ~pie torta di mele; (Gastron) ~sauce salsa di mele; (Bot) ~tree melo. Prov.: an ~ a day keeps the doctor away una mela al giorno leva il medico di torno.

applecart /ˈæpl̩kɑːt Am ˈæpl̩kɑːrt/ □ (colloq) to upsetthe ~ mandare tutto all'aria.

applejack /ˈæpl̩dʒæk/ n. (Am) brandy m. di succo di mele fermentato.

apple-leaf /ˈæpl̩liːf/ □ (Entom) ~sucker psilla del melo.

apple-pie /ˌæpl̩ˈpaɪ/ □ (Br) ~bed (scherzo del) sacco nel letto; (colloq) ~order ordine perfetto.

apple-polish /ˈæpl̩ˌpɒlɪʃ Am ˌæpl̩ˈpɑːlɪʃ/ v.i. (colloq) adulare, leccare.

apple-polisher /ˈæpl̩ˌpɒlɪʃər Am ˈæpl̩ˌpɑːlɪʃər/ n. adulatore m. (f. -trice), (colloq) leccone m. (f. -a), lecchino m. (f. -a).

applet /ˈæplɪt/ n. (Inform) applet m.

appliance /əˈplaɪəns/ n. 1 apparecchio m., congegno m., dispositivo m., strumento m., arnese m.: household ~ elettrodomestico. 2 (Br) (application) applicazione f., somministrazione f.

applicability /ˌæplɪkəˈbɪlɪti Am ˌæplɪkəˈbɪləti/ n. applicabilità f.

applicable /ˈæplɪkəbl̩/ a. 1 appropriato, adatto, idoneo. 2 (relevant) applicabile, pertinente. □ tickwhere ~ barrare i punti che interessano.

applicant /ˈæplɪkənt/ n. 1 aspirante m./f., candidato m. (f. -a): an ~for a job un aspirante a un posto. 2 (one who makes a request) richiedente m./f., postulante m./f.

application /ˌæplɪˈkeɪʃən/ n. 1 (request) domanda f., richiesta f., istanza f.: ~ for a job (o job ~) domanda di impiego. 2 (usage) applicazione f., impiego m.: the ~ of new techniques l'impiego di nuove tecniche. 3 (putting on) applicazione f., uso m. (anche Med): ~ of ointment applicazione di pomata; external ~ only solo per uso esterno. 4 (practical use) attinenza f., applicazione f. (pratica). 5 (consistent effort) applicazione f., assiduità f., diligenza f. 6 (Inform) applicazione f. □ (Am) ~blank modulo di domanda; ~field campo di applicazione; (Br) ~form modulo di domanda; on ~ a richiesta, su richiesta; (Inform) ~package pacchetto applicativo; (Inform) ~program programma applicativo.

applicative /ˈæplɪkeɪtɪv Am əˈplɪkətɪv/ a. applicabile.

applicator /ˈæplɪkeɪtər Am ˈæplɪkeɪtər/ n. applicatore.

applied /əˈplaɪd/ a. applicato: ~ chemistry chimica applicata; ~ research ricerca applicata; ~ sciences scienze applicate.

appliqué /æˈpliːkeɪ Am əˈplɪkeɪ/ I n. 1 (in sewing) applicazione f. 2 (Arred) decorazione f. II v.t. ornare con applicazioni.

apply /əˈplaɪ/ I v.t. 1 applicare: to ~ a rule applicare una regola. 2 (to bring into use) usare, applicare, azionare, far funzionare: to ~ the brakes azionare i freni. 3 (to put on) applicare, mettere: to ~ an ointment applicare una pomata. 4 (to overlay) dare, stendere: to ~ paint dare la vernice. 5 (to devote diligently) applicare, dedicare: to ~ oneself to a task applicarsi a un lavoro. 6 (to bring into contact) avvicinare, mettere in contatto con, applicare: he applied a match to the wood avvicinò un fiammifero alla legna. II v.i. 1 (to be relevant) applicarsi, essere valido, valere: when does this rule ~? quando si applica questa regola? 2 (to concern) riferirsi (to a), riguardare, essere valido (per): that applies to you too questo è valido (o vale) anche per te. 3 (to ask) rivolgersi (for a): ~ here for information per informazioni rivolgersi qui. 4 (to make a request) fare domanda, inoltrare una domanda: to ~ for a job fare domanda per un impiego, fare domanda di assunzione. 5 (to devote oneself) dedicarsi, applicarsi (a), impegnarsi (in).

appoint /əˈpɔɪnt/ v.t. 1 nominare, designare: he was -ed chairman fu nominato presidente. 2 (to elect) eleggere. 3 (to set) fissare, stabilire: on the -ed day nel giorno fissato. 4 (Dir) assegnare. 5 (furnished) arredare: a well--ed study uno studio ben arredato. 6 (to equip) attrezzare.

appointed /əˈpɔɪntɪd Am əˌpɔɪntɪd/ a. (Dir) assegnato.

appointee /əˌpɔɪnˈtiː/ n. persona f. designata, persona f. incaricata.

appointer /əˈpɔɪntər Am əˈpɔɪntər/ n. persona f. che nomina.

appointive /əˈpɔɪntɪv Am əˈpɔɪntɪv/ a. 1 che può nominare, che ha la facoltà di nominare: to have ~ powers avere poteri di nomina. 2 (established by appointment) assegnato per nomina, ottenuto per nomina: an ~ office una carica a cui si accede per nomina.

appointment /əˈpɔɪntmənt/ n. 1 (engagement) appuntamento m.: to make (o arrange) an ~ prendere (o fissare) un appuntamento; to break an ~ mancare a un appuntamento; to keep an ~ andare a un appuntamento, mantenere un appuntamento; by ~ per appuntamento. 2 (position, job) carica f., ufficio m., posto m., impiego m. 3 (nomination) nomina f. (anche Dir). 4 pl. (furniture, equipment) arredamento m.sing., mobilio m.sing.: a flat with Georgian -s un appartamento arredato in stile georgiano. 5 pl. (of a soldier) equipaggiamento m.sing.; (of a horse) bardatura f.sing. □ (Pol) ~power potere di nomina.

apport /əˈpɔːt Am əˈpɔːrt/ n. (object made manifest during a seance) apporto m.

apportion /əˈpɔːʃən Am əˈpɔːrʃən/ v.t. dividere, spartire, distribuire, fare le parti.

apportionable /əˈpɔːʃənəbl̩ Am əˈpɔːrʃənəbl̩/ a. divisibile.

apportionment /əˈpɔːʃənmənt Am əˈpɔːrʃənmənt/ n. 1 ripartizione f., distribuzione f. 2 (US) ripartizione f. dei seggi.

appose /əˈpəʊz/ v.t. (to place beside) accostare, porre accanto.

apposite /ˈæpəzɪt/ a. appropriato, adatto, giusto, opportuno: an ~ choice una scelta appropriata.

apposition /ˌæpəˈzɪʃən/ n. 1 giustapposizione f. 2 (Gramm,Biol) apposizione f.

appositional /ˌæpəˈzɪʃənl̩/ a. in apposizione, appositivo.

appositionally /ˌæpəˈzɪʃənl̩i/ avv. come apposizione, in modo appositivo.

appraisable /əˈpreɪzəbl̩/ a. valutabile, stimabile.

appraisal /əˈpreɪzl̩/ n. 1 valutazione f., stima f. 2 (Dir,Comm) stima f., perizia f.

appraise /əˈpreɪz/ v.t. 1 valutare, analizzare, esprimere un giudizio su. 2 (Dir,Comm) stimare, valutare, fare la stima di, periziare.

appraisement /əˈpreɪzmənt/ n. 1 valutazione f., stima f. 2 (Dir,Comm) stima f., perizia f.

appraiser /əˈpreɪzər/ n. stimatore m. (f. -trice), perito m.

appreciable /əˈpriːʃ(i)əbl̩/ a. notevole, sensibile, rilevante: an ~ difference una notevole differenza.

appreciably /əˈpriːʃ(i)əbli/ avv. apprezzabilmente, notevolmente, sensibilmente.

appreciate /əˈpriːʃieɪt/ I v.t. 1 apprezzare, riconoscere il valore di: I ~ your help apprezzo il tuo aiuto; much ~ molto gentile (da parte tua). 2 (to be aware of) rendersi conto di, essere consapevole, capire: can you ~ how...? ti rendi conto di come...? 3 (to raise in value) aumentare il valore di, rivalutare.

II *v.i.* rivalutarsi, aumentare di valore, valorizzarsi: *land -s rapidly* i terreni si rivalutano rapidamente.

appreciation /əˌpriːʃiˈeɪʃ°n/ *n.* **1** apprezzamento *m.*, stima *f.*, valutazione *f.* **2** (*understanding*) comprensione *f.*, valutazione *f.* **3** (*gratitude*) riconoscenza *f.*, riconoscimento *m.*: *in ~ of his services* in riconoscimento dei suoi servizi. **4** (*criticism*) critica *f.*, recensione *f.*, accoglienza *f.* **5** (*rise in value*) aumento *m.* di valore, rivalutazione *f.*

appreciative /əˈpriːʃiətɪv *Am* əˈpriːʃ(i)ətɪv/ *a.* che apprezza, riconoscente, grato. □ *an ~ audience* un pubblico caloroso.

apprehend /ˌæprɪˈhend/ *v.t.* **1** (*to arrest*) arrestare. **2** (*to understand*) comprendere, capire. **3** (*ant*) (*to dread*) temere, paventare.

apprehensibility /ˌæprɪˌhensɪˈbɪlɪti *Am* ˌæprɪˌhensɪˈbɪləti/ *n.* comprensibilità *f.*

apprehensible /ˌæprɪˈhensɪbl/ *a.* comprensibile, percepibile.

apprehension /ˌæprɪˈhenʃ°n/ *n.* **1** apprensione *f.*, preoccupazione *f.*, inquietudine *f.*, timore *m.*: *filled with ~* in grande apprensione. **2** (*arrest*) arresto *m.*, cattura *f.* **3** (*grasp*) comprensione *f.*, capacità *f.* di apprendimento.

apprehensive /ˌæprɪˈhensɪv/ *a.* **1** apprensivo, timoroso (*for, of, about* per): *to be ~ for so.'s safety* stare in pena per l'incolumità di qcu., essere in ansia per l'incolumità di qcu. **2** (*conscious*) conscio, consapevole (*of* di). **3** (*ant*) (*quick to learn*) sveglio, pronto.

apprehensively /ˌæprɪˈhensɪvli/ *avv.* con apprensione.

apprehensiveness /ˌæprɪˈhensɪvnəs/ *n.* **1** preoccupazione *f.*, inquietudine *f.* **2** (*ant*) (*quickness to learn*) facilità *f.* di apprendimento, prontezza *f.*

apprentice /əˈprentɪs *Am* əˈprentɪs/ **I** *n.* **1** apprendista *m./f.*: *a ~ carpenter* un apprendista falegname. **2** (*fig*) (*novice*) principiante *m./f.*, novellino *m.* (*f.* -a). **II** *v.t.* mettere a far pratica, collocare come apprendista (*to* presso): *he was -d as a goldsmith* fu collocato come apprendista presso un orefice.

apprenticeship /əˈprentɪ(s)ʃɪp *Am* əˈprentəsʃɪp/ *n.* apprendistato *m.*, tirocinio *m.*

apprise /əˈpraɪz/ *v.t.* informare, avvertire, avvisare: *to be fully -d of the situation* essere bene informati sulla situazione.

apprize /əˈpraɪz/ *v.t.* **1** valutare, analizzare, esprimere un giudizio su. **2** (*Dir,Comm*) stimare, valutare, fare la stima di, periziare.

approach¹ /əˈproutʃ/ *n.* **1** l'avvicinarsi, l'approssimarsi, avvicinamento *m.*: *winter's ~* l'avvicinarsi dell'inverno. **2** (*method of beginning a task, etc.*) approccio *m.*, modo *m.* di affrontare, modo *m.* di impostare: *a casual ~ to a problem* un modo superficiale di affrontare un problema. **3** (*Aer*) avvicinamento *m.* **4** (*means of access*) accesso *m.*, via *f.* di accesso; (*entrance*) via *f.* di accesso. **5** *pl.* (*sexual advances*) avances *f.pl.*, approcci *m.pl.* (amorosi), proposte *f.pl.* **6** *pl.* (*Mil*) vie *f.pl.* di accesso. □ *to make -es to so.*: **1** tentare degli approcci con qcu.; **2** (*sexually*) fare delle avances a qcu.; *~ shot*: **1** (*in golf*) approccio; **2** (*in tennis*) approccio profondo, approccio lungo (per aprirsi il campo).

approach² /əˈproutʃ/ **I** *v.t.* **1** avvicinarsi a, accostarsi a. **2** (*in quality, etc.*) avvicinarsi a, essere vicino a, rasentare, sfiorare: *to ~ perfection* rasentare la perfezione. **3** (*fig*) (*to make overtures to*) rivolgersi a, avvicinare, fare un tentativo con: *to ~ the boss for a raise* rivolgersi al capo per un aumento. **4** (*a problem, a task*) affrontare, iniziare. **II** *v.i.* avvicinarsi, approssimarsi: *winter is -ing* si sta avvicinando l'inverno.

approachability /əˌproutʃəˈbɪlɪti *Am* əˌproutʃəˈbɪləti/ *n.* accessibilità *f.*

approachable /əˈproutʃəbl/ *a.* **1** accessibile, raggiungibile. **2** (*of a person*) avvicinabile, accessibile.

approbate /ˈæprəbeɪt/ *v.t.* (*Am*) sanzionare, autorizzare.

approbation /ˌæprouˈbeɪʃ°n/ *n.* **1** approvazione *f.*; (*sanction*) sanzione *f.* **2** (*Comm*) prova *f.*: *on ~* in prova.

approbative /ˌæprouˈbeɪtɪv *Am* ˌæprəˈbeɪtɪv/ *a.* approvativo.

approbatory /ˌæprouˈbeɪt°ri *Am* əˈproubətɔːri/ *a.* approvativo.

appropriable /əˈproupriəbl/ *a.* assegnabile, stanziabile.

appropriate¹ /əˈproupriət/ *a.* **1** appropriato, adatto (*for, to* per a). **2** (*proper*) proprio.

appropriate² /əˈproupriett/ *v.t.* **1** stanziare, assegnare: *to ~ funds for overseas aid* stanziare fondi per gli aiuti all'estero. **2** (*to take for oneself*) appropriarsi (di); (*to steal*) sottrarre.

appropriately /əˈproupriətli/ *avv.* appropriatamente, in modo appropriato.

appropriateness /əˈproupriətnəs/ *n.* appropriatezza *f.*

appropriation /əˌproupriˈeɪʃ°n/ *n.* **1** stanziamento *m.*, assegnazione *f.* **2** (*act of taking for oneself*) appropriazione *f.* □ (*Econ*) *~ account* conto di accantonamento; (*Parl*) *~ bill* disegno di legge per stanziamenti in bilancio.

appropriative /əˈproupriətɪv *Am* əˈproupriətɪv/ *a.* che stanzia.

appropriator /əˈprouprieɪt°r *Am* əˈprouprieɪtə°r/ *n.* chi si appropria.

approvable /əˈpruːvəbl/ *a.* approvabile.

approval /əˈpruːv°l/ *n.* **1** approvazione *f.*, benestare *m.*: *to meet with so.'s ~* incontrare l'approvazione di qcu. **2** (*sanction*) sanzione *f.*, ratifica *f.* □ *seal of ~* (o *stamp of ~*) visto di approvazione; (*Comm*) *on ~* salvo approvazione, in visione.

approve /əˈpruːv/ **I** *v.t.* **1** approvare. **2** (*to sanction*) approvare, sanzionare, ratificare: *to ~ a decision* approvare una decisione. **II** *v.i.* approvare, vedere di buon occhio (*of sth., so.* qcs., qcu.).

approved /əˈpruːvt/ □ (*Br,Stor*) *~ school* riformatorio, correzionale, istituto di rieducazione per minori.

approver /əˈpruːvə°r/ *n.* **1** chi approva, chi è consenziente. **2** (*ant,Dir*) delatore *m.* (*f.* -trice).

approvingly /əˈpruːvɪŋli/ *avv.* con approvazione.

approx. *approximately* ca. (circa, approssimativamente).

approximate¹ /əˈprɒksimət *Am* əˈprɑːksɪmət/ *a.* **1** approssimativo, approssimato. **2** (*very similar*) molto simile, che si avvicina.

approximate² /əˈprɒksimeɪt *Am* əˈprɑːksɪmeɪt/ **I** *v.t.* **1** approssimarsi a, essere vicino a, avvicinarsi a: *to ~ the truth* avvicinarsi alla verità. **2** (*to estimate roughly*) calcolare approssimativamente. **3** (*of figures*) arrotondare. **II** *v.i.* approssimarsi, avvicinarsi (*to* a).

approximately /əˈprɒksimitli *Am* əˈprɑːksɪmitli/ *avv.* approssimativamente, circa, all'incirca, pressappoco.

approximation /əˌprɒksiˈmeɪʃ°n *Am* əˌprɑːksɪˈmeɪʃ°n/ *n.* approssimazione *f.* (*anche*

Mat): *as a first ~* in prima approssimazione.

approximative /əˈprɒksimətɪv *Am* əˈprɑːksəmətɪv/ *a.* approssimativo.

appurtenance /əˈpɜːtinəns *Am* əˈpɜːrt°nəns/ **I** *n.* **1** (*Dir*) annesso: *a house and its -s* una casa e gli annessi (e connessi). **2** (*Dir*) (*incidental right*) diritto *m.* accessorio. **3** (*fig*) accessorio *m.*, aggiunta *f.* **4** *pl.* (*apparatus, gear*) apparecchiature *f.pl.*, accessori *m.pl.*

appurtenant /əˈpɜːtinənt *Am* əˈpɜːrt°nənt/ *a.* **1** appartenente, pertinente (*to* a), proprio (*di*). **2** (*Dir*) annesso, legalmente connesso, accessorio.

APR /ˈeɪpiːˈeɪ/ (*Econ*) *annual percentage rate* TAN (tasso annuale nominale).

Apr. *April* apr. (aprile).

apraxia /eɪˈpræksiə/ *n.* (*Med*) aprassia.

après-ski /ˌæpreɪˈskiː/ *a.attr.* doposcì: *~ clothes* abbigliamento doposcì.

apricot /ˈeɪprɪkɒt *Am* ˈeɪprɪkɑːt/ *n.* **1** (*fruit*) albicocca *f.* **2** (*Bot*) albicocco *m.* **3** (*colour*) color *m.* albicocca.

April /ˈeɪprəl, ˈeɪprɪl/ *n.* aprile *m.*: *in ~* in Aprile, ad Aprile. □ *~ fool*: **1** (*person*) vittima di un pesce d'aprile; **2** (*joke*) pesce d'aprile; *~ fools' Day* primo d'aprile.

a priori /ˌeɪpraɪˈɔːraɪ/ *a./avv.* a priori.

apriorism /eɪˈpraɪərɪzºm/ *n.* (*Filos*) apriorismo *m.*

aprioristic /ˌeɪpraɪəˈrɪstɪk/ *a.* (*Filos*) aprioristico.

apriority /ˌeɪpraɪˈɒrɪti *Am* ˌeɪpraɪˈɔːrəti/ *n.* apriorità *f.*

apron /ˈeɪprən/ *n.* **1** grembiule *m.* **2** (*Tecn*) (*conveyor belt*) nastro *m.* trasportatore. **3** (*Tecn*) (*metal covering*) riparo *m.*, piastra *f.* **4** (*Mecc*) (*of a lathe*) piastra *f.*, grembiale *m.* (di tornio). **5** (*Aer*) area *f.* di stazionamento. **6** (*Teat*) proscenio *m.* **7** (*Edil*) (*shield against water*) graticciata *f.* protettiva. □ (*Teat*) *~ stage* proscenio; *to be tied to so.'s ~ strings* essere attaccato alle gonnelle di qcu.

aproned /ˈeɪprənd/ *a.* che indossa un grembiule.

apropos /ˌæprəˈpou/ **I** *a.* appropriato, opportuno. **II** *avv.* opportunamente, a proposito: *~ of* a proposito di.

apse /æps/ *n.* **1** (*Arch*) abside *f.* **2** (*Astr*) apside *m.*

apsidal /ˈæpsɪd°l/ *a.* absidale.

apsis /ˈæpsɪs/ (*pl.* **apsides** /ˈæpsɪdiːz/) *n.* **1** (*Arch*) abside *f.* **2** (*Astr*) apside *m.*

apt /æpt/ *a.* **1** soggetto, portato, che ha tendenza: *I am ~ to catch colds* vado soggetto a raffreddori. **2** (*inclined*) propenso, incline: *he is ~ to forget* dimentica facilmente. **3** (*appropriate*) adatto, atto, appropriato: *an ~ answer* una risposta appropriata. **4** (*quick to learn*) sveglio, pronto, intelligente.

apteral /ˈæpt°r°l/ *a.* (*Arch*) attero.

apterous /ˈæpt°rəs/ *a.* (*Entom,Bot*) attero.

apteryx /ˈæpt°rɪks/ *n.* (*Ornit*) kiwi *m.*

aptitude /ˈæptɪtjuːd/ *n.* **1** (*specific ability*) attitudine *f.*, inclinazione *f.*, disposizione *f.*, idoneità *f.*, abilità *f.* **2** (*quickness to understand*) prontezza *f.* **3** (*intelligence*) intelligenza *f.*, perspicacia *f.* □ (*Psic*) *~ test* test attitudinale.

aptly /ˈæptli/ *avv.* a proposito, in modo adatto.

aptness /ˈæptnəs/ *n.* **1** appropriatezza *f.*, opportunità *f.* **2** (*proneness*) inclinazione *f.*, predisposizione *f.* **3** (*quick-wittedness*) prontezza *f.* **4** (*ability*) abilità *f.*

Apulia /əˈpjuːliə/ *n.pr.* **1** (*Geog*) Puglia *f.* **2** (*Stor*) Apulia *f.*

Apulian /əˈpjuːliən/ **I** *a.* **1** pugliese. **2** (*Stor*) apulo. **II** *n.* **1** pugliese *m./f.* **2** (*Stor*) apulo *m.* (*f.* -a).

apyretic /ˌeɪpaɪ(ə)ˈretɪk *Am* ˌeɪpaɪˈretɪk/ *a.* apiretico, senza febbre.

AQ /ˌeɪˈkjuː/ (*Psic*) *achievement quotient* (quoziente di rendimento).

aqua /ˈækwə/ (*pl.* **aquae** /-wiː/, **-s** /-z/) *n.* (*Farm*) acqua *f.* □ (*Chim,Art*) *~fortis* acquaforte; (*Chim*) *~ regia* acqua regia; *~ vitae* : 1 (*alcohol*) alcol; 2 (*liquor*) acquavite.

aquabatics /ˌækwəˈbætɪks *Am* ˌɑːkwəˈbætɪks/ *n.pl.* (*costr.sing.*) acrobazie *f.pl.* acquatiche.

aquaculture /ˈækwəˌkʌltʃər/ *n.* acquacoltura *f.*

aquadrome /ˈækwədroʊm/ *n.* centro *m.* di sci nautico.

aquaerobics /ˌækwəˈroʊbɪks/ *n.* esercizi *m.pl.* aerobici eseguiti in acqua.

aqualung /ˈækwəlʌŋ/ *n.* autorespiratore *m.*, respiratore *m.*

aquamarine /ˌækwəməˈriːn/ *n.* acquamarina *f.*

aquanaut /ˈækwənɔːt/ *n.* acquanauta *m./f.*

aquaplane /ˈækwəpleɪn/ **I** *n.* (*Sport*) acquaplano *m.* **II** *v.i.* praticare lo sci acquatico.

aquaplaning /ˈækwəpleɪnɪŋ/ *n.* **1** (*Sport*) acquaplano *m.* **2** (*Aut*) aquaplaning *m.*

aquarelle /ˌækwəˈrel/ *n.* (*Art*) acquerello *m.*

aquarellist /ˌækwəˈrelɪst/ *n.* acquerellista *m./f.*

aquarist /ˈækwərɪst *Am* ˈækwerɪst/ *n.* acquariofilo *m.* (*f.* -a).

aquarium /əˈkweəriəm *Am* əˈkweriəm/ (*pl.* **-s** /-z/, **-ria** /-riə/) *n.* acquario *m.*

Aquarius /əˈkweəriəs *Am* əˈkweriəs/ *n.pr.* **1** (*Astr*) Acquario *m.*: *Age of ~* Età dell'Acquario. **2** (*person*) Acquario *m.*, persona *f.* nata sotto il segno dell'Acquario.

aquarobics /ˌækwəˈroʊbɪks/ *n.* esercizi *m.pl.* aerobici eseguiti in acqua.

aquatic /əˈkwætɪk *Am* əˈkwæt̬ɪk/ **I** *a.* acquatico. **II** *n.* **1** (*Biol*) (*plant*) pianta *f.* acquatica, idrofita *f.* **2** (*Biol*) (*animal*) animale *m.* acquatico. **3** *pl.* (*Sport*) sport *m.pl.* acquatici.

aquatint /ˈækwətɪnt/ *n.* (*Art*) acquatinta *f.*

aquavitae /ˌækwəˈviːtaɪ/ *n.* acquavite *f.*

aqueduct /ˈækwɪdʌkt/ *n.* (*Edil,Anat*) acquedotto *m.*

aqueous /ˈækwiəs/ *a.* **1** acqueo (*anche Geol*). **2** (*similar to or full of water*) acquoso. □ (*Anat*) *~humour* umore acqueo.

aquifer /ˈækwɪfər/ *n.* (*Geol*) acquifero *m.*, falda *f.* aquifera, strato *m.* aquifero.

aquiline /ˈækwɪlaɪn/ *a.* aquilino (*anche Ornit*).

Aquinist /əˈkwaɪnɪst/ *n.* (*Teol*) tomista *m.*

aquiver /əˈkwɪvər/ *a.* (*lett*) tremante, fremente.

AR /ˌeɪˈɑː, eɪˈɑːr/ **1** *Arkansas* AR (Arkansas). **2** (*GB*) *Associate of the Royal Academy* (socio dell'Accademia Reale britannica).

a.r. (*Assic*) *all risks* (tutti i rischi).

A.R. /ˌeɪˈɑː *Am* ˌeɪˈɑːr/ *anno regni* (nell'anno del regno).

Arab /ˈærəb *Am also* ˈerəb/ **I** *a.* arabo. **II** *n.* **1** arabo *m.* (*f.* -a). **2** (*horse*) cavallo *m.* arabo.

arabesque /ˌærəˈbesk *Am also* ˌerəˈbesk/ **I** *n.* **1** (*Art,Mus*) arabesco *m.* **2** (*in ballet*) arabesque *f.* **II** *a.* arabesco.

Arabia /əˈreɪbiə/ *n.pr.* (*Geog*) Arabia *f.*

Arabian /əˈreɪbiən/ **I** *a.* arabo. **II** *n.* arabo *m.* (*f.* -a). □ *~bird* fenice; (*Geog*) *~Gulf* golfo arabico; (*Lett*) *the ~ Nights* le Mille e Una Notte.

Arabic /ˈærəbɪk *Am also* ˈerəbɪk/ **I** *a.* **1** arabico, arabo. **2** (*of the language, alphabet*) arabo. **II** *n.* arabo *m.* (*f.* -a). □ *~ numerals* numeri arabi.

arabica /əˈræbɪkə/ *n.* (*coffee*) arabica *f.*

Arabism /ˈærəbɪzᵊm *Am also* ˈerəbɪzᵊm/ *n.* arabismo *m.*

Arab-Israeli /ˌærəbɪzˈreɪli *Am also* ˌerəbɪzˈreɪli/ □ *~war* guerra arabo-israeliana.

Arabist /ˈærəbɪst *Am also* ˈerəbɪst/ *n.* arabista *m./f.*

arable /ˈærəbl̩ *Am also* ˈerəbl̩/ **I** *a.* arabile. **II** *n.* terreno *m.* arabile.

Araby /ˈærəbi *Am also* ˈerəbi/ *n.pr.* (*poet*) Arabia *f.*

arachnean /əˈræknɪən/ *a.* **1** trasparente, sottilissimo. **2** (*spiderlike*) aracneo.

arachnid /əˈræknɪd/ *n.* **1** (*Entom*) aracnide *m.* **2** *pl.* aracnidi *m.pl.*

arachnoid /əˈræknɔɪd/ **I** *a.* **1** aracneo. **2** (*Anat*) aracnoideo. **3** (*Bot*) coperto di peli. **II** *n.* (*Entom*) aracnide *m.*

arachnophobia /əˌræknoʊˈfoʊbiə/ *n.* aracnofobia *f.*

Aragon /ˈærəgən *Am also* ˈerəgɑːn, ˈærəgɑːn/ *n.pr.* (*Geog*) Aragona *f.*

aragonite /əˈrægənaɪt/ *n.* (*Min*) aragonite *f.*

Aramaean /ˌærəˈmiːən *Am also* ˌerəˈmiːən/ **I** *a.* arameo. **II** *n.* arameo *m.* (*f.* -a).

Aramaic /ˌærəˈmeɪɪk *Am also* ˌerəˈmeɪɪk/ **I** *n.* (*language*) aramaico *m.* **II** *a.* aramaico.

arapaima /ˌærəˈpaɪmə/ *n.* (*Itt*) arapaima *m.*

araucaria /ˌærɔːˈkeəriə *Am* ˌerɔːˈkeriə/ *n.* (*Bot*) araucaria *f.*

Arawak /ˈærəwæk *Am* ˈɑːrəwɑːk/ (*pl.inv.* o **-s** /-s/) *n.* **1** aruaco *m.* (*f.* -a). **2** (*language*) lingua *f.* aruaca.

Arawakan /ˌærəˈwækən *Am* ˌɑːrəˈwɑːkən/ *a.* aruaco.

arbalest /ˈɑːbəlɪst *Am* ˈɑːrbəlɪst/ *n.* (*Mil,ant*) balestra *f.*

arbiter /ˈɑːbɪtər *Am* ˈɑːrbɪt̬ər/ *n.* arbitro *m.*: *~ of taste* arbitro del gusto.

arbitrable /ˈɑːbɪtrəbl̩ *Am* ˈɑːrbɪtrəbl̩/ *a.* arbitrabile.

arbitrage /ˌɑːbɪˈtrɑːʒ *Am* ˌɑːrbɪˈtrɑːʒ/ *n.* (*Econ*) arbitraggio *m.*

arbitrageur /ˌɑːbɪtrɑːˈʒɜːr *Am* ˌɑːrbɪtrɑːˈʒɜːr/ *n.* (*Econ*) arbitraggista *m.*

arbitral /ˈɑːbɪtrəl *Am* ˈɑːrbɪtrᵊl/ *a.* arbitrale. □ (*Dir*) *~award* sentenza arbitrale, lodo arbitrale; *~board* collegio arbitrale.

arbitrament /ɑːˈbɪtrəmənt *Am* ɑːrˈbɪtrəmənt/ *n.* arbitrato *m.*

arbitrarily /ˌɑːbɪˈtreᵊrəli *Am* ˌɑːrbəˈtrerᵊli/ *avv.* arbitrariamente: *~ chosen* scelto arbitrariamente.

arbitrariness /ˈɑːbɪtrᵊrɪnəs *Am* ˈɑːrbətrerɪnəs/ *n.* arbitrarietà *f.*

arbitrary /ˈɑːbɪtrᵊri *Am* ˈɑːrbətreri/ *a.* **1** (*random*) arbitrario (*anche Dir*). **2** (*autocratic*) arbitrario, dispotico, assoluto: *~ powers* poteri arbitrari. **3** (*Mat*) arbitrario: *~ precision* precisione arbitraria.

arbitrate /ˈɑːbɪtreɪt *Am* ˈɑːrbətreɪt/ **I** *v.i.* arbitrare, fare da arbitro (*between* tra). **II** *v.t.* arbitrare: *to ~ a dispute* arbitrare una vertenza.

arbitration /ˌɑːbɪˈtreɪʃᵊn *Am* ˌɑːrbəˈtreɪʃᵊn/ *n.* arbitrato *m.*: *international ~* arbitrato internazionale; *commercial ~* arbitrato commerciale. □ *~centre* (o *Am ~center*) centro arbitrale; (*Dir*) *~court* tribunale arbitrale; (*Dir*) *~proceedings* procedimento arbitrale.

arbitrator /ˈɑːbɪtreɪtər *Am* ˈɑːrbətreɪt̬ər/ *n.* **1** (*Dir*) arbitratore *m.* (*f.* -trice). **2** (*arbiter*) arbitro *m.* (*f.* -a).

arbitress /ˈɑːbɪtrəs *Am* ˈɑːrbɪtrəs/ *n.* arbitra *f.*

arblast /ˈɑːblɑːst *Am* ˈɑːrblæst/ *n.* (*Mil,ant*) balestra *f.*

arbor[1] /ˈɑːbər *Am* ˈɑːrbər/ *n.* **1** (*Mecc*) mandrino *m.* **2** (*Met*) armatura *f.* **3** (*Mecc*) (*of a watch*)

albero *m.*

arbor[2] /ˈɑːbər/ *n.* (*Am*) **1** pergola *f.*, chiosco *m.* **2** (*covered walk*) pergolato *m.* □ (*US*) *ArborDay* festa degli alberi; *~vitae* : 1 (*Bot*) tuia; 2 (*Anat*) albero della vita.

arboraceous /ˌɑːbərˈeɪʃəs *Am* ˌɑːrbəˈreɪʃəs/ *a.* **1** arboreo. **2** (*lett*) (*arboreous*) boscoso.

arboreal /ɑːˈbɔːriəl *Am* ɑːrˈbɔːriəl/ *a.* **1** arboreo. **2** (*Zool*) arboricolo.

arboreally /ɑːˈbɔːriəli *Am* ɑːrˈbɔːriəli/ *avv.* arboricolo.

arboreous /ɑːˈbɔːriəs *Am* ɑːrˈbɔːriəs/ *a.* boscoso.

arborescence /ˌɑːbᵊrˈesᵊns *Am* ˌɑːrbəˈresᵊns/ *n.* arborescenza *f.*

arborescent /ˌɑːbᵊrˈesᵊnt *Am* ˌɑːrbəˈresᵊnt/ *a.* arborescente.

arboretum /ˌɑːbᵊrˈiːtəm *Am* ˌɑːrbəˈriːtəm/ (*pl.* **-s** /-z/, **-ta** /-tə *Am* -t̬ə/) *n.* arboreto *m.*

arboricultural /ˌɑːbᵊrɪˈkʌltʃᵊrᵊl *Am* ˌɑːrbᵊrɪˈkʌltʃᵊrᵊl/ *a.* dell'arboricoltura.

arboriculture /ˈɑːbᵊrɪˌkʌltʃᵊr *Am* ˈɑːrbᵊrɪˌkʌltʃᵊr/ *n.* arboricoltura *f.*

arboriculturist /ˌɑːbᵊrɪˈkʌltʃᵊrɪst *Am* ˌɑːrbᵊrɪˈkʌltʃᵊrɪst/ *n.* arboricoltore *m.* (*f.* -trice).

arborisation /ˌɑːbᵊraɪˈzeɪʃᵊn/ *n.* (*Br*) **1** ramificazione *f.* **2** (*Min,Anat*) arborizzazione *f.*

arborist /ˈɑːbᵊrɪst *Am* ˈɑːrbᵊrɪst/ *n.* arborista *m./f.*

arborization /ˌɑːbᵊraɪˈzeɪʃᵊn *Am* ˌɑːrbᵊrɪˈzeɪʃᵊn/ *n.* **1** ramificazione *f.* **2** (*Min,Anat*) arborizzazione *f.*

arbour /ˈɑːbᵊr/ *n.* (*Br*) **1** pergola *f.*, chiosco *m.* **2** (*covered walk*) pergolato *m.*

arboured /ˈɑːbᵊd *Am* ˈɑːrbᵊrd/ *a.* **1** coperto da pergolato. **2** (*lined with trees*) alberato.

arbovirus /ˈɑːbəʊ,vaɪ(ə)rəs *Am* ˈɑːrbəʊ,vaɪrəs/ *n.* arbovirus *m.*

arbutus /ɑːˈbjuːtəs *Am* ɑːrˈbjuːt̬əs/ *n.* (*Bot*) corbezzolo *m.*, albatro *m.*

arc[1] /ɑːk *Am* ɑːrk/ *n.* arco *m.* □ (*Mat*) *~cosine* arcocoseno; (*El*) *~lamp* (o *~light*) lampada ad arco; (*Mat*) *~secant* arcosecante; (*Mat*) *~sine* arcoseno; (*Tecn*) *~welding* saldatura ad arco.

arc[2] /ɑːk *Am* ɑːrk/ *v.i.* **1** creare un arco. **2** (*El*) creare un arco voltaico; (*colloq*) scintillare.

ARC /eɪɑːˈsiː *Am* ˌeɪɑːrˈsiː/ **1** *American Red Cross* (Croce Rossa statunitense). **2** *AIDS-related complex* ARC (complesso correlato all'Aids).

arcade /ɑːˈkeɪd *Am* ɑːrˈkeɪd/ *n.* **1** (*Arch*) (*series of arches*) arcata *f.*; (*gallery*) galleria *f.*, porticato *m.*, portico *m.* **2** (*passage way with shops*) galleria *f.*: (*Br*) *shopping ~* galleria commerciale. **3** (*enclosed area with video games*): sala *f.* giochi, sala *f.* per videogiochi: *video ~* (o *video -s*) sala per videogiochi.

arcaded /ɑːˈkeɪdɪd *Am* ɑːrˈkeɪdɪd/ *a.* ad arcate.

Arcadia /ɑːˈkeɪdiə *Am* ɑːrˈkeɪdiə/ **I** *n.pr.* (*Mitol*) Arcadia *f.* **II** *n.* (*fig*) arcadia *f.*

Arcadian /ɑːˈkeɪdiən *Am* ɑːrˈkeɪdiən/ **I** *a.* **1** arcadico. **2** (*fig*) arcadico, idillico. **II** *n.* arcade *m./f.*

Arcady /ˈɑːkədi *Am* ˈɑːrkədi/ *n.pr.* (*poet*) Arcadia *f.*

arcanum /ɑːˈkeɪnəm *Am* ɑːrˈkeɪnəm/ (*pl.* **-na** /-nə/) *n.* **1** *spec.pl.* (*secret, mystery*) arcano *m.*, mistero *m.* **2** (*elixir*) elisir *m.*, filtro *m.*

arch[1] /ɑːtʃ *Am* ɑːrtʃ/ **I** *n.* **1** (*Arch*) arco *m.*, arcata *f.* **2** (*Arch*) (*archway*) arco a volta, volta *f.*, arcata *f.* **3** (*any curvature*) arco *m.*, volta *f.*: *the ~ of the sky* la volta del cielo. **4** (*Anat*) arco *m.* del piede, arcata *f.* plantare: *fallen -es* piedi piatti. **5** (*fig*) (*span*) arco *m.* **II** *v.t.* **1** incurvare, inarcare, arcuare: *to ~ one's* *eyebrows* inarcare le sopracciglia. **2** (*to span*) congiungere con un arco, attraversare: *a bridge -ed the stream* un ponte attraversava il fiume. **III** *v.i.* inarcarsi, incurvarsi. ☐ *to ~ one's back* inarcare la schiena; (*Arch*) *~ stone* cuneo dell'arco, chiave; (*Calz*) *~ support* supporto, plantare.

arch² /ɑːtʃ *Am* ɑːrtʃ/ *a.* **1** arci-, archi-, grande, principale: *~ rivals* grandi rivali. **2** (*crafty*) astuto. **3** (*playful, teasing, insincere*) furbetto, malizioso, birichino: *an ~ smile* un sorriso malizioso. ☐ *~ enemy*: 1 grande avversario; 2 (*Satan*) Satana; *~ fiend*: 1 arcidiavolo; 2 (*Satan*) Satana.

arch. **1** *archaic* arch. (arcaico). **2** *archipelago* arc. (arcipelago). **3** *architect* arch. (architetto). **4** *architecture* arch (architettura).

Arch. *Archbishop* arc., Arc. (arcivescovo).

archaeologic /ˌɑːkɪə'lɒdʒɪk *Am* ˌɑːrkɪə'lɑːdʒɪk/ *a.* archeologico.

archaeological /ˌɑːkɪə'lɒdʒɪkl *Am* ˌɑːrkɪə'lɑːdʒɪkəl/ *a.* archeologico. ☐ *~ find* reperto archeologico; *~ site* sito archeologico.

archaeologically /ˌɑːkɪə'lɒdʒɪkli *Am* ˌɑːrkɪə'lɑːdʒɪkəli/ *avv.* archeologicamente.

archaeologist /ˌɑːkɪ'ɒlədʒɪst *Am* ˌɑːrki'ɑːlədʒɪst/ *n.* archeologo *m.* (*f.* -a).

archaeology /ˌɑːkɪ'ɒlədʒi *Am* ˌɑːrki'ɑːlədʒi/ *n.* **1** archeologia *f.* **2** (*remains*) avanzi *m.pl.* archeologici, resti *m.pl.* archeologici.

archaeomagnetism /ˌɑːkɪoʊ'mægnətɪzm *Am* ˌɑːrkɪoʊ'mægnətɪzᵊm/ *n.* (*Geol*) archeomagnetismo *m.*

archaeometry /ˌɑːki'ɒmɪtri *Am* ˌɑːrki'ɑːmɪtri/ *n.* archeometria *f.*

Archaeozoic /ˌɑːkɪoʊ'zoʊɪk *Am* ˌɑːrkɪoʊ'zoʊɪk/ **I** *a.* (*Geol*) archeozoico. **II** *n.* (*Geol*) archeozoico *m.*

archaic /ɑː'keɪɪk *Am* ɑːr'keɪɪk/ *a.* **1** (*out-of-date*) arcaico, antiquato. **2** (*ancient*) antico: *~ statues* statue antiche. **3** (*Arch*) arcaico.

archaise /'ɑːkeɪaɪz/ **I** *v.t.* (*Br*) rendere simile all'arcaico. **II** *v.i.* (*Br*) arcaicizzare, arcaizzare.

archaism /'ɑːkeɪɪzᵊm *Am* 'ɑːrkeɪɪzᵊm/ *n.* arcaismo *m.*

archaist/'ɑːkeɪɪst *Am*/ɑːrkeɪɪst/ *n.* arcaista *m./f.*

archaistic /ˌɑːkeɪ'ɪstɪk *Am* ˌɑːrkeɪ'ɪstɪk/ *a.* arcaistico, arcaizzante.

archaize/'ɑːkeɪaɪz *Am* 'ɑːrkeɪaɪz/ **I** *v.t.* rendere simile all'arcaico. **II** *v.i.* arcaicizzare, arcaizzare.

archangel /'ɑːkeɪndʒl *Am* 'ɑːrkeɪndʒᵊl/ *n.* (*Rel*) arcangelo *m.*

archbishop/ˌɑːtʃ'bɪʃəp *Am* ˌɑːrtʃ'bɪʃəp/ *n.* arcivescovo *m.*

archbishopric /ˌɑːtʃ'bɪʃəprɪk *Am* ˌɑːrtʃ'bɪʃəprɪk/ *n.* arcivescovado *m.*

archdeacon /ˌɑːtʃ'diːkən *Am* ˌɑːrtʃ'diːkən/ *n.* arcidiacono *m.*

archdeaconate /ˌɑːtʃ'diːkənɪt *Am* ˌɑːrtʃ'diːkənɪt/ *n.* arcidiaconato *m.*

archdeaconry /ˌɑːtʃ'diːkᵊnri *Am* ˌɑːrtʃ'diːkᵊnri/ *n.* arcidiaconato *m.*

archdiocese /ˌɑːtʃ'daɪəsɪs *Am* ˌɑːrtʃ'daɪəsɪs/ *n.* arcidiocesi *f.*

archducal /ˌɑːtʃ'djuːkəl *Am* ˌɑːrtʃ'd(j)uːkəl/ *a.* arciducale.

archduchess /ˌɑːtʃ'dʌtʃɪs *Am* ˌɑːrtʃ'dʌtʃɪs/ *n.* arciduchessa *f.*

archduchy /ˌɑːtʃ'dʌtʃi *Am* ˌɑːrtʃ'dʌtʃi/ *n.* arciducato *m.*

archduke /ˌɑːtʃ'djuːk *Am* ˌɑːrtʃ'd(j)uːk/ *n.* arciduca *m.*

arched /ɑːtʃt *Am* ɑːrtʃt/ *a.* (*Arch*) arcato.

archegonium /ˌɑːkɪ'goʊnɪəm *Am* ˌɑːrkɪ'goʊnɪəm/ (*pl.* **-nia** /-nɪə/) *n.* (*Bot*) archegonio *m.*

archeologic/ˌɑːrkɪə'lɑːdʒɪk/ *a.* (*spec. Am*) archeologico.

archeological/ˌɑːrkɪə'lɑːdʒɪkəl/ *a.* (*spec. Am*) archeologico. ☐ *~ find* reperto archeologico; *~ site* sito archeologico.

archeologically/ˌɑːrkɪə'lɒdʒɪkˤli/ *avv.* (*spec. Am*) archeologicamente.

archeologist/ˌɑːrki'ɑːlədʒɪst/ *n.* (*spec. Am*) archeologo *m.* (*f.* -a).

archeology/ˌɑːrki'ɑːlədʒi/ *n.* (*spec. Am*) **1** archeologia *f.* **2** (*remains*) avanzi *m.pl.* archeologici, resti *m.pl.* archeologici.

archeomagnetism /ˌɑːrkɪoʊ'mægnətɪzᵊm/ *n.* (*spec. Am,Geol*) archeomagnetismo *m.*

archeometry /ˌɑːrki'ɑːmɪtri/ *n.* (*spec. Am*) archeometria *f.*

archer /'ɑːtʃə *Am* 'ɑːrtʃər/ *n.* **1** arciere *m.* **2** (*Itt*) arciere *m.*

Archer/'ɑːtʃə *Am* 'ɑːrtʃər/ *n.pr.* (*Astr*) Arciere *m.*, Sagittario *m.*

archer-fish /'ɑːtʃəfɪʃ *Am* 'ɑːrtʃərfɪʃ/ *n.* (*Itt*) arciere *m.*

archery /'ɑːtʃᵊri *Am* 'ɑːrtʃᵊri/ *n.* **1** (*Sport*) tiro *m.* all'arco. **2** (*archers*) arcieri *m.pl.* **3** (*equipment*) equipaggiamento *m.* dell'arciere.

archetypal /ˌɑːkɪ'taɪpᵊl *Am* ˌɑːrkɪ'taɪpᵊl/ *a.* archetipico: *~ analysis* analisi archetipica.

archetypally /ˌɑːkɪ'taɪpᵊli *Am* ˌɑːrkɪ'taɪpᵊli/ *avv.* archetipicamente.

archetype /'ɑːkɪtaɪp *Am* 'ɑːrkɪtaɪp/ *n.* **1** archetipo *m.* **2** (*colloq*) perfetto esempio *m.*

archetypical /ˌɑːkɪ'tɪpɪkᵊl *Am* ˌɑːrkə'tɪpɪkᵊl/ *a.* archetipico: *~ analysis* analisi archetipica.

Archibald /'ɑːtʃɪbᵊld *Am* 'ɑːrtʃɪbɑːld/ *n.pr.m.* Arcibaldo.

archidiaconal /ˌɑːkɪdaɪ'ækən̩l *Am* ˌɑːrkɪdaɪ'ækən̩l/ *a.* arcidiaconale.

archiepiscopal /ˌɑːkɪep'ɪskəpᵊl *Am* ˌɑːrkɪep'ɪskəpᵊl/ *a.* arcivescovile, archiepiscopale. ☐ *~ cross* croce patriarcale.

archiepiscopate /ˌɑːkɪep'ɪskəpɪt *Am* ˌɑːrkɪə'pɪskəpɪt/ *n.* arcivescovado *m.*

Archilochus /ɑː'kɪləkəs *Am* ɑːr'kɪləkəs/ *n.pr.m.* (*Stor*) Archiloco.

archimandrite /ˌɑːkɪ'mændraɪt *Am* ˌɑːrkə'mændraɪt/ *n.* (*Rel*) archimandrita *m.*

Archimedean /ˌɑːkɪ'miːdiən *Am* ˌɑːrkə'miːdiən/ *a.* archimedeo, di Archimede.

Archimedes /ˌɑːkɪ'miːdiːz *Am* ˌɑːrkə'miːdiːz/ *n.pr.m.* (*Stor.gr*) Archimede. ☐ (*Fis*) *~' principle* principio di Archimede; (*Tecn*) *~' screw* vite di Archimede, coclea.

arching /'ɑːtʃɪŋ *Am* 'ɑːrtʃɪŋ/ *n.* (*Arch*) (*arched part*) arco *m.*; (*system of arches*) arcata *f.*

archipelago /ˌɑːkɪ'peləgoʊ *Am* ˌɑːrkə'peləgoʊ/ (*pl.* **-s/-es** /-z/) *n.* arcipelago *m.*

archit. *architecture* arch. (architettura).

architect /'ɑːkɪtekt *Am* 'ɑːrkətekt/ *n.* **1** architetto *m.* **2** (*fig*) architetto *m.*, artefice *m.*: *~ of one's own destiny* artefice del proprio destino.

architectonic /ˌɑːkɪtek'tɒnɪk *Am* ˌɑːrkətek'tɑːnɪk/ *a.* **1** architettonico. **2** (*fig*) armonioso, equilibrato, architettonico.

architectonics /ˌɑːkɪtek'tɒnɪks *Am* ɑːrkətek'tɑːnɪks/ *n.pl.* (*costr.sing.*) **1** architettura *f.* **2** (*fig*) (*structural design*) struttura *f.*

architectural /ˌɑːkɪ'tektʃᵊrᵊl *Am* ˌɑːrkə'tektʃərᵊl/ *a.* architettonico. ☐ *~ barriers* barriere architettoniche; *~ barrier removal* rimozione delle barriere architettoniche; *~ engineering* ingegneria edile.

architecture /'ɑːkɪtektʃə *Am* 'ɑːrkətektʃər/ *n.* **1** architettura *f.*: *Gothic ~* architettura go-

tica. **2** (*fig*) (*construction*) struttura *f.*, schema *m.*, architettura *f.*: *the ~ of a novel* la struttura di un romanzo. **3** (*Inform*) architettura *f.*

architrave /'ɑːkɪtreɪv *Am* 'ɑːrkətreɪv/ *n.* (*Arch*) architrave *f.*

archival /ɑː'kaɪvᵊl *Am* ɑːr'kaɪvᵊl/ ☐ (*Univ*) *~ studies* archivistica.

archive /'ɑːkaɪv *Am* 'ɑːrkaɪv/ **I** *n.spec.pl.* archivio *m.* **II** *v.t.* archiviare (*anche Inform*). ☐ *~ keeping* archivistica.

archivist /'ɑːkɪvɪst *Am* 'ɑːrkaɪvɪst/ *n.* archivista *m./f.*

archivolt /'ɑːkɪvoʊlt *Am* 'ɑːrkɪvoʊlt/ *n.* (*Arch*) archivolto *m.*

archlute /'ɑːtʃluːt *Am* ɑːrtʃluːt/ *n.* (*Mus*) arciliuto *m.*

archly /'ɑːtʃli *Am* 'ɑːrtʃli/ *avv.* con malizia, da birichino.

archness /'ɑːtʃnəs *Am* 'ɑːrtʃnəs/ *n.* malizia *f.*

archon /'ɑːkən *Am* 'ɑːrkɑːn/ *n.* (*Stor.gr*) arconte *m.* ☐ (*Stor.gr*) *~ basileus* arconte re; (*Stor.gr*) *~ eponymos* arconte eponimo.

archonship /'ɑːkənʃɪp *Am* 'ɑːrkɑːnʃɪp/ *n.* (*Stor.gr*) arcontato *m.*

archpriest /ˌɑːtʃ'priːst *Am* ˌɑːrtʃ'priːst/ *n.* arciprete *m.*

archway /'ɑːtʃweɪ *Am* 'ɑːrtʃweɪ/ *n.* **1** (*Arch*) passaggio *m.* a volta, volta *f.*, arcata *f.* **2** (*archivolt*) archivolto *m.*, arco *m.*

arcing /'ɑːkɪŋ *Am* 'ɑːrkɪŋ/ *n.* (*El*) (*creazione di*) arco *m.* voltaico, (*colloq*) scintille *f.pl.*

arctic /'ɑːktɪk *Am* 'ɑːrtɪk/ **I** *a.* **1** artico. **2** (*fig*) gelido. **II** *n.pl.* (*Calz*) soprascarpe *f.pl.* da neve.

Arctic /'ɑːktɪk *Am* 'ɑːrtɪk/ *n.pr.* (*Geog*) Artide *f.* ☐ (*Geog*) *~ Circle* circolo polare artico; (*Zool*) *~ fox* volpe bianca; (*Geog*) *~ Ocean* mare Artico, oceano Artico; (*Geog*) *~ Zone* zona artica, regione artica.

Arcturus /ɑː'kˈtjʊərəs *Am* ɑːrk'tʊrəs/ *n.pr.* (*Astr*) Arturo.

arcuate /'ɑːkjuːt *Am* 'ɑːrkjuːt/ *a.* (*Tecn*) arcuato.

arcuated /'ɑːkjuːɪtɪd *Am* 'ɑːrkjueɪtɪd/ *a.* (*Tecn*) arcuato.

arcuation /ˌɑːkju'eɪʃᵊn *Am* ˌɑːrkju'eɪʃᵊn/ *n.* incurvatura *f.*, arcuazione *f.*

ardency /'ɑːdᵊnsi *Am* 'ɑːrdᵊnsi/ *n.* ardore *m.*, fervore *m.*

ardent /'ɑːdᵊnt *Am* 'ɑːrdᵊnt/ *a.* **1** ardente, appassionato, fervente: *~ supporter* appassionato sostenitore; *~ admirer* grande ammiratore. **2** (*fig*) (*glowing*) ardente, splendente. ☐ *~ spirits* bevande alcoliche, alcolici.

ardor /'ɑːdə *Am* 'ɑːrdər/ *n.* (*Am*) ardore *m.*, passione *f.*, fervore *m.*

ardour /'ɑːdə *Am* 'ɑːrdər/ *n.* ardore *m.*, passione *f.*, fervore *m.*

arduous /'ɑːdjuəs *Am* 'ɑːrdʒuəs/ *a.* **1** arduo, difficile: *an ~ task* un'ardua impresa. **2** (*strenuous*) strenuo, energico: *~ efforts* strenui sforzi. **3** (*hard to endure*) rigido, duro, difficile: *an ~ winter* un inverno rigido. **4** (*steep*) ripido, arduo.

arduously /'ɑːdjuəsli *Am* 'ɑːrdʒuəsli/ *avv.* **1** strenuamente. **2** (*with difficulty*) con difficoltà, faticosamente.

arduousness /'ɑːdjuəsnəs *Am* 'ɑːrdʒuəsnəs/ *n.* **1** difficoltà *f.*, arduità *f.* **2** (*steepness*) ripidezza *f.*

are¹ /ə *emphatic* ɑː *Am* ɑː/ → **be.**

are² /ɑː *Am* ɑː/ *n.* (*unit of measurement*) ara *f.*

area /'eərɪə *Am* 'erɪə/ *n.* **1** area *f.*, zona *f.*: *residential ~* zona residenziale; *picnic ~* area per il picnic; *mountainous ~* zona montagnosa; *are you new to the ~?* sei nuovo del posto? **2**

(*superficial extent*) area *f.*, superficie *f.*: *the ~ of a triangle* l'area di un triangolo. **3** (*in a building*) parte *f.*, zona *f.*: *the living ~ of a house* la zona soggiorno di una casa. **4** (*fig*) (*range, field*) settore *m.*, campo *m.*, area *f.*, sfera *f.* **5** (*subjects*) ambito *m.*, campo *m.*: *that's not my ~ of expertise* non sono esperto in questo campo. **6** (*specific region*) parte *f.*, zona *f.*: *the ~ around the pupil* la zona intorno alla pupilla. **7** (*site of a building*) area *f.*, terreno *m.* **8** (*Am*) (*areaway*) ingresso *m.* a un seminterrato. **9** (*Inform*) area *f.* (di memoria). □ (*Tel*) ~*code* prefisso, numero di distretto, indicativo; (*Comm*) ~*manager* capo area; ~ *officials* autorità locale; ~ *rug* tappeto, passatoia (per proteggere un pavimento di legno); (*Comm*) ~*sampling* campionamento su un'area.

areaway /'eəriəweɪ *Am* 'eriəweɪ/ *n.* **1** ingresso *m.* a un seminterrato. **2** (*Am*) (*passageway*) passaggio *m.*

areca /'ærɪkə/ *n.* **1** (*areca nut*) noce *f.* di areca, noce *f.* di betel. **2** (*Bot*) areca *f.*, betel *m.* □ (*Bot*) ~*palm* areca, betel.

arena /ə'riːnə/ *n.* **1** arena *f.* **2** (*fig*) arena *f.*, teatro *m.* □ (*Sport*) ~*football* calcetto, calcio a cinque; ~ *theatre* arena, teatro con palcoscenico centrale.

arenaceous /ærɪ'neɪʃəs/ *a.* **1** arenaceo. **2** (*Bot*) arenicolo.

aren't /ɑːnt *Am* ɑːrnt/ *contraz. di* are not.

Areopagite /ærɪ'ɒpəɡaɪt *Am* eri'ɑːpəɡaɪt/ *n.* (*Stor.gr*) areopagita *m.*

Areopagus /ærɪ'ɒpəɡəs *Am* eri'ɑːpəɡəs/ *n.* (*Stor.gr*) areopago *m.*

arête /æ'et, ə'ret/ *n.* cresta *f.* (di monte).

argali /'ɑːɡəli *Am* 'ɑːrɡəli/ (*pl.inv.* o -s /-z/) *n.* (*Zool*) argalì *m.*

argent /'ɑːdʒənt *Am* 'ɑːrɡənt/ I *n.* **1** (*Arald*) argento *m.* **2** (*rar*) (*silver money*) argento *m.* II *a.* **1** argenteo. **2** (*Arald*) d'argento.

argentic /ɑː'dʒentɪk *Am* ɑːr'dʒentɪk/ *a.* (*Chim*) di argento bivalente.

argentiferous /ɑːdʒən'tɪfərəs *Am* ɑːrdʒən'tɪfrəs/ *a.* argentifero.

Argentina /ɑːdʒən'tiːnə *Am* ɑːrdʒən'tiːnə/ *n.pr.* (*Geog*) Argentina *f.*

argentine /'ɑːdʒəntaɪn *Am* 'ɑːrdʒəntaɪn/ I *a.* (*ant*) argento, argentino. II *n.* **1** (*ant*) (*silver*) argento *m.* **2** (*Itt*) argentina *f.*

Argentine /'ɑːdʒəntaɪn *Am* 'ɑːrdʒəntaɪn/ I *a.* argentino. II *n.* argentino *m.* (*f.* -a). III *n.pr.* (*Geog*) Argentina *f.*: *to go to the ~* andare in Argentina.

Argentinian /ɑːdʒə'n'tɪnɪən *Am* ɑːrdʒə'n 'tɪnɪən/ *a.* argentino. II *n.* argentino *m.* (*f.* -a).

argentite /'ɑːdʒən'taɪt *Am* 'ɑːrdʒən'taɪt/ *n.* (*Min*) argentite *f.*

argil /'ɑːdʒɪl *Am* 'ɑːrdʒɪl/ *n.* argilla *f.*

argillaceous /ɑːdʒɪ'leɪʃəs *Am* ɑːrdʒə'leɪʃəs/ *a.* (*Geol*) argillaceo.

Argive /'ɑːɡaɪv *Am* 'ɑːrɡaɪv/ I *a.* argivo. II *n.* argivo *m.* (*f.* -a).

argol /'ɑːɡəl *Am* 'ɑːrɡəl/ *n.* tartaro *m.* (di vino).

argon /'ɑːɡɒn *Am* 'ɑːrɡɑːn/ *n.* (*Chim*) argon *m.*, argo *m.* □ (*Tecn*) ~*laser* laser ad argon.

argonaut /'ɑːɡənɔːt *Am* 'ɑːrɡənɔːt/ *n.* (*Zool*) argonauta *m.*

Argonaut /'ɑːɡənɔːt *Am* 'ɑːrɡənɔːt/ *n.* **1** (*Mitol*) argonauta *m.* **2** (*Stor.am*) cercatore *m.* d'oro.

Argonautic /ɑːɡə'nɔːtɪk *Am* ɑːrɡə'nɔːtɪk/ *a.* (*Mitol*) argonautico.

argosy /'ɑːɡəsi *Am* 'ɑːrɡəsi/ *n.* **1** (*poet*) galeone *m.* **2** (*fleet*) flotta *f.*

argot /'ɑːɡou *Am* 'ɑːrɡou/ *n.* argot *m.*, gergo *m.*

arguable /'ɑːɡjuəbl *Am* 'ɑːrɡjuəbl/ *a.* sostenibile; (*debatable*) discutibile.

arguably /'ɑːɡjuəbli *Am* 'ɑːrɡjuəbli/ *avv.* forse, si può affermare che, (molto) probabilmente.

argue /'ɑːɡjuː *Am* 'ɑːrɡjuː/ I *v.i.* **1** parlare, discutere: *to ~ against sth.* parlare contro qcs. **2** (*take up the cause of, fight for*) lottare (*for* per), difendere la causa (*for* di). **3** (*to dispute*) discutere, avere una discussione, disputare; (*to quarrel*) litigare, bisticciare. II *v.t.* **1** discutere, dibattere: *to ~ a question* discutere un problema. **2** (*to persuade*) persuadere, convincere: *to ~ so. into doing sth.* persuadere qcu. a fare qcs. **3** (*to dissuade*) dissuadere, distogliere: *I -d him out of joining the army* lo dissuasi dall'arruolarsi. **4** (*to maintain*) sostenere, affermare: *he -d that this approach was not feasible* lui sosteneva che questo approccio non era possibile. **5** (*to indicate*) provare, dimostrare, denotare, indicare: *his manner -s indecision* il suo modo denota indecisione. □ *there is no arguing about tastes* sui gusti non si discute; (*Dir*) *to ~ the case* dimostrare la propria tesi.

argufy /'ɑːɡjufaɪ *Am* 'ɑːrɡjufaɪ/ *v.i.* (*colloq*) argomentare, sofisticare, cavillare.

argument /'ɑːɡjumənt *Am* 'ɑːrɡjumənt/ *n.* **1** (*disagreement*) discussione *f.*, contrasto *m.*, disputa *f.*, controversia *f.*: *to have an ~ with so. about sth.* avere una discussione con qcu. su qcs. **2** (*reason in support*) argomento *m.*, argomentazione *f.*; (*chain of reasons*) ragionamento *m.*, ragioni *f.pl.*: *his ~ was convincing* le sue argomentazioni erano convincenti. **3** (*subject matter*) argomento *m.*, soggetto *m.*, tema *m.* **4** (*lett*) (*summary*) sommario *m.*, argomento *m.* **5** (*Mat*) argomento *m.*

argumentation /ɑːɡjumen'teɪʃən *Am* ɑːrɡjumen'teɪʃən/ *n.* **1** argomentazione *f.* **2** (*discussion*) dibattito *m.*, discussione *f.*

argumentative /ɑːɡju'mentatɪv *Am* ɑːrɡju 'mentatɪv/ *a.* **1** polemico: *an ~ disposition* un carattere polemico; *playfully ~* scherzosamente polemico. **2** (*controversial*) controverso.

argumentatively /ɑːɡju'mentatɪvli *Am* ɑːrɡju'mentatɪvli/ *avv.* in modo polemico.

argumentativeness /ɑːɡju'mentatɪvnəs *Am* ɑːrɡju'mentatɪvnəs/ *n.* polemicità *f.*

argus /'ɑːɡəs *Am* 'ɑːrɡəs/ *n.* **1** guardiano *m.* (*f.* -a). **2** (*Ornit*) argo *m.*, fagiano *m.* argo.

Argus /'ɑːɡəs *Am* 'ɑːrɡəs/ *n.pr.m.* (*Mitol*) Argo.

Argus-eyed /'ɑːɡəsaɪd *Am* 'ɑːrɡəsaɪd/ *a.* (*lett*) dagli occhi d'Argo.

argute /ɑː'ɡjuːt *Am* ɑːr'ɡjuːt/ *a.* (*ant,lett*) acuto, perspicace, sagace.

argy-bargy /ɑːdʒi'bɑːdʒi/ *n.* (*Br,colloq*) discussione *f.* accesa, dibattito *m.* accanito.

aria /'ɑːriə/ *n.* (*Mus*) aria *f.*

Ariadne /ærɪ'ædni/ *n.pr.f.* (*Mitol*) Arianna.

Arian /'eərɪən *Am* 'erɪən/ I *a.* (*Teol*) ariano: ~ *controversy* controversia ariana. II *n.* ariano *m.* (*f.* -a).

Arianism /'eərɪənɪzəm *Am* 'erɪənɪzəm/ *n.* (*Teol*) arianesimo *m.*

arid /'ærɪd *Am also* 'erɪd/ *a.* arido (*anche fig*).

aridity /æ'rɪdɪti *Am* er'ɪdəti, ær'ɪdəti/ *n.* aridità *f.* (*anche fig*).

aridness /'ærɪdnəs *Am also* 'erɪdnəs/ *n.* aridità *f.* (*anche fig*).

Ariel /'eərɪəl *Am* 'erɪəl/ *n.pr.m.* (*Lett*) Ariele.

Aries /'eəriːz *Am* 'eriːz/ *n.pr.* **1** (*Astr*) Ariete *m.* **2** (*person*) Ariete *m.*, persona *f.* nata sotto il segno dell'Ariete.

aright /ə'raɪt/ *avv.* bene, correttamente, giustamente: (*fig*) *to put things ~* rimettere le cose a posto.

aril /'ærɪl/ *n.* (*Bot*) arillo *m.*

arillate /'ærɪleɪt/ *a.* (*Bot*) arillato.

arise /ə'raɪz/ (*past* **arose** /ə'rouz/ *p.p.* **arisen** /ə'rɪzən/) *v.i.* **1** presentarsi, offrirsi: *if the opportunity -s* se si presenta l'occasione. **2** (*to come up*) sorgere, insorgere, presentarsi: *if complications ~* se sorgono complicazioni. **3** (*to result*) risultare, derivare, nascere (*from* da). **4** (*to get up*) levarsi, alzarsi. **5** (*to rise from torpor, etc.*) svegliarsi. **6** (*to ascend*) salire, alzarsi: *smoke arose from the chimney* il fumo saliva dal camino. **7** (*of the sun*) sorgere. **8** (*of a quarrel*) nascere, scoppiare. **9** (*of a storm*) scoppiare. □ (*ant*) *to ~ from the dead* risuscitare.

arisings /ə'raɪzɪŋz/ *n.pl.* prodotti *m.pl.* secondari, sottoprodotti *m.pl.*

arista /ə'rɪstə/ (*pl.* **-tae** /-tiː/) *n.* (*Bot,Entom*) arista *f.*

Aristarchus /ærɪ'stɑːkəs *Am* erə'stɑːrkəs/ *n.pr.m.* Aristarco.

aristate /ə'rɪsteɪt/ *a.* (*Bot,Zool*) aristato.

aristocracy /ærɪ'stɒkrəsi *Am* erə'stɑːkrəsi/ *n.* aristocrazia *f.*

aristocrat /'ærɪstəkræt *Am also* ə'rɪstəkræt, 'erəstəkræt/ *n.* aristocratico *m.* (*f.* -a).

aristocratic /ærɪstə'krætɪk *Am* ərɪstə'krætɪk, erəstə'krætɪk/ *a.* aristocratico.

aristocratical /ærɪstə'krætɪkəl *Am* ərɪstə 'krætɪkəl, erəstə'krætɪkəl/ *a.* aristocratico.

aristocratically /ærɪstə'krætɪkəli *Am* ərɪstə 'krætɪkəli, erəstə'krætɪkəli/ *avv.* aristocraticamente.

Aristophanes /ærɪs'tɒfəniːz *Am* erə 'stɑːfəniːz/ *n.pr.m.* (*Stor.gr*) Aristofane.

Aristotelian /ærɪstɒ'tiːlɪən *Am* erəstə'tiːlɪən/ I *a.* aristotelico: ~ *logic* logica aristotelica. II *n.* aristotelico *m.* (*f.* -a).

Aristotelianism /ærɪstɒ'tiːlɪənɪzəm *Am* erəstə'tiːlɪənɪzəm/ *n.* aristotelismo *m.*

Aristotle /'ærɪstɒtl *Am* 'erəstɑːtl/ *n.pr.m.* (*Stor.gr*) Aristotele. □ (*Zool*) ~*'s lantern* lanterna di Aristotele.

arithmetic [1] /ə'rɪθmətɪk/ *n.* (*Mat*) **1** aritmetica *f.* **2** (*calculation*) calcolo *m.* □ (*Mat*) ~ *mean* media aritmetica; (*Inform*) ~*operator* operatore aritmetico.

arithmetic [2] /ærɪθ'metɪk *Am* erɪθ'metɪk/ *a.* (*Mat*) aritmetico. □ (*Mat*) ~ *mean* media aritmetica; (*Mat*) ~*progression* progressione aritmetica.

arithmetical /ærɪθ'metɪkəl *Am* erɪθ'metɪkəl/ *a.* (*Mat*) aritmetico.

arithmetician /ərɪθmə'tɪʃən/ *n.* (*Mat*) aritmetico *m.* (*f.* -a).

arithmetics /ə'rɪθmətɪks/ *n.* (*Br,Mat*) aritmetica *f.*

arithmetise /ə'rɪθmə'taɪz/ *v.t.* (*Br*) aritmetizzare.

arithmetize /ə'rɪθmə'taɪz/ *v.t.* aritmetizzare.

Arizona /ærɪ'zounə *Am* erɪ'zounə/ *n.pr.* (*Geog*) Arizona *f.*

Arizonan /ærɪ'zounən *Am* erɪ'zounən/ I *a.* dell'Arizona. II *n.* abitante *m./f.* dell'Arizona.

Arizonian /ærɪ'zounɪən *Am* erɪ'zounɪən/ I *a.* dell'Arizona. II *n.* abitante *m./f.* dell'Arizona.

ark /ɑːk *Am* ɑːrk/ *n.* **1** (*Bibl*) arca *f.*: *Noah's ~* l'arca di Noè. **2** (*fig*) rifugio *m.* **3** (*Rel.ebr*) (*Ark of the Covenant*) arca *f.* dell'Alleanza, arca *f.* santa. **4** (*safe*) forziere *m.*, cassa *f.* **5** (*Stor.am*) specie di battello fluviale. □ (*Rel.ebr*) *Ark of the Covenant* arca dell'Alleanza, arca santa; (*colloq*) *out of the ~* vecchio come il cucù, fuori moda, antiquato, antidiluviano; (*Zool*) ~*shell* arca.

Arkansan /ɑː'kænzən *Am* ɑːr'kænzən/ *n.* abitante *m./f.* dell'Arkansas.

Arkansas /'ɑːkənsɔː *Am* 'ɑːrkənsɑː/ *n.pr.* (*Geog*) Arkansas (stato e fiume).

arm[1] /ɑːm *Am* ɑːrm/ *n.* **1** braccio *m.* (*anche fig*): *to have sth. on one's* ~ avere qcs. appeso al braccio; (*fig*) *the secular* ~ *of the Church* il braccio secolare della chiesa. **2** (*Arch,Mecc, Geog*) braccio *m.* **3** (*of a chair*) bracciolo *m.* **4** (*of a tree*) ramo *m.* **5** (*division*) divisione *f.*, ramo *m.*: ~ *of the government* settore del governo. **6** (*Mar*) (*of an anchor*) braccio *m.*, marra *f.*; (*of a yard*) varea *f.* **7** (*Sart*) (*sleeve*) manica *f.* □ (*Am*) *to put one's* ~ *around so.* abbracciare qcu.; ~ *band* bracciale, fascia (da braccio); *with* -*s crossed* con le braccia incrociate; (*Sart*) ~ *hole* giro (della) manica; *a baby in* -*s* un bambino in fasce; *to take so. in one's* -*s* prendere qcu. fra le braccia; *to carry in one's* -*s* portare in braccio; *to walk* ~ *in* ~ *with so.* camminare a braccetto con qcu.; *to fall into so.'s* -*s* cadere nelle braccia di qcu.; (*fig*) *to keep so. at* ~ *'s length* tenere qcu. a debita distanza, trattare qcu. con freddezza; (*fig*) *in the* -*s of Morpheus* in braccio a Morfeo, addormentato; (*Br,Sport*) *over* ~ (*of a pitch*) dall'alto, fatto portando il braccio sopra la spalla; *within* ~ *'s reach* a portata di mano; *to put one's* -*s round so.* abbracciare qcu.; (*Br,Sport*) *under* ~ (*of a pitch*) dato facendo ruotare il braccio sotto la spalla, dal basso verso l'alto, sottomano.

arm[2] /ɑːm *Am* ɑːrm/ *n.* **1** arma *f.*: *small arms* armi leggere. **2** (*Mil*) arma *f.*: *the air* ~ l'arma aerea. **3** *pl.* (*fig*) servizio *m.sing.* militare, armi *f.pl.* **4** *pl.* (*Arald*) arme *f.sing.*, stemma *m.sing.* □ -*s control* controllo degli (*o* sugli) armamenti; *a nation in* -*s* una nazione in armi; -*s limitation* limitazione degli armamenti; -*s race* corsa agli armamenti; -*s sales* vendita di armi; *to* -*s!* all'armi!; *under* -*s* sotto le armi; *to be up in* -*s* essere sul piede di guerra, (*fig*) entrare in polemica.

arm[3] /ɑːm *Am* ɑːrm/ *I v.t.* **1** armare (*anche Mar*). **2** (*fig*) (*to prepare*) armare, munire; (*to supply*) rifornire, equipaggiare. **3** (*rifl.*) *to* ~ *oneself* armarsi, munirsi (*with* di): *the lawyers* -*ed themselves with statistics before presenting the case* gli avvocati si armarono di statistiche prima di presentare il caso. **II** *v.i.* armarsi.

ARM *Armenia* ARM (Armenia).

armada /ɑːˈmɑːdə *Am* ɑːrˈmɑːdə/ *n.* **1** armata *f.*, flotta *f.* **2** (*fig*) (*large force*) esercito *m.*

armadillo /ɑːməˈdɪloʊ *Am* ˌɑːrməˈdɪloʊ/ (*pl.* -*s*/-*es* /-z/) *n.* (*Zool*) armadillo *m.*

Armageddon /ˌɑːməˈgedən *Am* ˌɑːrməˈgedən/ *n.* **1** (*Bibl*) Armageddo *m.*, Armagheddon *m.* **2** (*fig*) scontro *m.* catastrofico, scontro *m.* finale.

armament /'ɑːməmənt *Am* 'ɑːrməmənt/ *n.* **1** armamento *m.* **2** (*fig*) difesa *f.*, corazza *f.* **3** *pl.* (*military strength*) armamenti *m.pl.* □ -*s control* controllo degli armamenti; -*s industry* industria degli armamenti; -*s race* corsa agli armamenti.

armature /'ɑːmətjʊəʳ *Am* 'ɑːrmətʃəʳ/ *n.* **1** (*Biol*) corazza *f.*, rivestimento protettivo. **2** (*El*) indotto *m.*, armatura *f.* **3** (*armour*) armatura *f.*

armband /'ɑːmbænd *Am* 'ɑːrmbænd/ *n.* bracciale *m.*, fascia *f.* (da braccio).

armchair /'ɑːmtʃeəʳ *Am* 'ɑːrmtʃeʳ/ **I** *n.* poltrona *f.*, sedia *f.* a braccioli. **II** *a.* (*theoretical*) da tavolino, a tavolino: *an* ~ *strategist* uno stratega da tavolino; *an* ~ *traveller* persona che viaggia con la fantasia.

armed /ɑːmd *Am* ɑːrmd/ *a.* **1** armato (*anche Arald*). **2** (*fig*) (*equipped*) armato, munito, provvisto, corredato (*with* di): *the reporters were* ~ *with cameras* i giornalisti erano armati di macchine fotografiche. **3** (*Biol*) corazzato. □ ~ *conflict* conflitto armato; ~ *forces* forze armate; ~ *neutrality* neutralità armata; (*Aer.mil*) ~ *reconnaissance flight* volo armato di ricognizione; ~ *robbery* rapina a mano armata; ~ *to the teeth* armato fino ai denti; ~ *truce* tregua armata.

Armenia /ɑːˈmiːnɪə *Am* ɑːrˈmiːnɪə/ *n.pr.* (*Geog*) Armenia *f.*

Armenian /ɑːˈmiːnɪən *Am* ɑːrˈmiːnɪən/ **I** *a.* armeno. **II** *n.* **1** armeno *m.* (*f.* -a). **2** (*language*) armeno *m.*

armful /'ɑːmful *Am* 'ɑːrmful/ *n.* bracciata *f.* (quantità). □ *an* ~ *of roses* un fascio di rose.

armhole /'ɑːmhoʊl *Am* 'ɑːrmhoʊl/ *n.* (*Sart*) giromanica *m.*

armiger /'ɑːmɪdʒəʳ *Am* 'ɑːrmɪdʒəʳ/ (*pl.* -**s** /-z/, -**migeri** /-ˈmɪdʒəri/) *n.* **1** (*Arald*) armigero *m.* **2** (*squire*) scudiero *m.*, armigero *m.*

armillary /ɑːˈmɪləri *Am* 'ɑːrməleri/ *a.* armillare. □ (*Astr,ant*) ~ *sphere* sfera armillare.

arming /'ɑːmɪŋ *Am* 'ɑːrmɪŋ/ *n.* (*Mar*) sego *m.*

Arminian /ɑːˈmɪnɪən *Am* ɑːrˈmɪnɪən/ **I** *a.* (*Teol*) arminiano. **II** *n.* (*Teol*) arminiano *m.*

Arminianism /ɑːˈmɪnɪənɪzᵊm *Am* ɑːrˈmɪnɪənɪzᵊm/ *n.* (*Teol*) arminianesimo *m.*

armistice /'ɑːmɪstɪs *Am* 'ɑːrmɪstɪs/ *n.* armistizio *m.* □ (*Stor*) *Armistice Day* giorno dell'armistizio (11 novembre).

armless /'ɑːmləs *Am* 'ɑːrmləs/ *a.* senza braccia.

armlet /'ɑːmlɪt *Am* 'ɑːrmlɪt/ *n.* **1** bracciale *m.* **2** (*of the sea, etc*) piccolo braccio *m.*

armload /'ɑːmloʊd *Am* 'ɑːrmloʊd/ *n.* bracciata *f.* (quantità).

armlock /'ɑːmlɒk *Am* 'ɑːrmlɑːk/ *n.* (*Sport*) chiave *f.* di braccio, mossa *f.* per immobilizzare qcu. piegandogli il braccio dietro la schiena.

armoire /ɑːˈmwɑː *Am* ɑːrmˈwɑːr/ *n.* guardaroba *m.*

armor /'ɑːrməʳ/ *e der.* (*Am*) → **armour** *e der.*

armorial /ɑːˈmɔːrɪəl *Am* ɑːrˈmɔːrɪəl/ **I** *a.* (*Arald*) **1** araldico, dell'arme. **2** (*bearing heraldic arms*) stemmato. **II** *n.* armerista *m.*, stemmario *m.* □ (*Arald*) ~ *bearings* blasone, stemma.

armorist /'ɑːmərɪst *Am* 'ɑːrmərɪst/ *n.* araldista *m./f.*

armory /'ɑːrməri/ *n.* (*Am*) **1** armeria *f.*, sala *f.* d'armi. **2** (*factory*) fabbrica *f.* di armi. **3** (*supply*) arsenale *m.*, riserva *f.*: (*fig*) *I have many more arguments in my* ~ ho ancora molte cartucce da sparare, ho ancora molte frecce al mio arco. **4** (*Mil*) armeria *f.*

armour[1] /'ɑːməʳ *Am* 'ɑːrməʳ/ *n.* **1** armatura *f.*: *a suit of* ~ un'armatura. **2** (*of a warship*) corazza *f.*, blindatura *f.* **3** (*Mil*) mezzi *m.pl.* corazzati, unità *f.pl.* blindate. **4** (*fig*) difesa *f.*, corazza *f.*: *an* ~ *of indifference* una corazza di indifferenza. **5** (*Bot,Zool*) protezione *f.*, corazza *f.* **6** (*of a diver*) scafandro *m.* □ ~ *bearer* scudiero; *in* ~ completamente armato; *knights in* ~ cavalieri in armi; ~ *plate* piastra blindata, piastra corazzata.

armour[2] /'ɑːməʳ *Am* 'ɑːrməʳ/ *v.t.* corazzare, blindare.

armour-clad /ˌɑːməˈklæd *Am* ˌɑːrməʳˈklæd/ *a.* corazzato.

armoured /'ɑːməd *Am* 'ɑːrməʳd/ *a.* **1** corazzato. **2** (*Mil*) corazzato, blindato. □ (*El*) ~ *cable* cavo armato; ~ *car* autoblindo, autoblinda; (*Mar.mil*) ~ *cruiser* incrociatore co-

razzato; (*Mil*) ~ *division* divisione blindata; ~ *door* porta corazzata, porta blindata; (*Aut*) ~ *glass* vetro temprato.

armourer /'ɑːmərəʳ *Am* 'ɑːrmərəʳ/ *n.* **1** armaiolo *m.*, armiere *m.* **2** (*Mil*) armiere *m.*

armour-piercing /ˌɑːməˈpɪəsɪŋ *Am* ˌɑːrməˈpɪrsɪŋ/ *a.* (*Mil*) perforante.

armour-plated /'ɑːməˌpleɪtɪd *Am* 'ɑːrməʳˌpleɪtɪd/ *a.* corazzato, blindato.

armoury /'ɑːməri *Am* 'ɑːrməri/ *n.* **1** armeria *f.*, sala *f.* d'armi. **2** arsenale *m.*, riserva *f.*: (*fig*) *I have many more arguments in my* ~ ho ancora molte cartucce da sparare, ho ancora molte frecce al mio arco.

armpit /'ɑːmpɪt *Am* 'ɑːrmpɪt/ *n.* **1** (*Anat*) ascella *f.* **2** (*spec. Am,fig*) postaccio *m.*: *the* ~ *of the world* il posto peggiore del mondo.

armrest /'ɑːmrest *Am* 'ɑːrmrest/ *n.* bracciolo *m.*

arm-twist /'ɑːmtwɪst *Am* 'ɑːrmtwɪst/ *v.t.* (*fig*) esercitare una forte pressione su.

arm-twisting /'ɑːmtwɪstɪŋ *Am* 'ɑːrmtwɪstɪŋ/ *n.* (*fig*) (forte) pressione *f.*: *political* ~ pressione politica.

arm-wrestling /'ɑːmreslɪŋ *Am* 'ɑːrmreslɪŋ/ *n.* braccio *m.* di ferro.

army /'ɑːmi *Am* 'ɑːrmi/ *n.* **1** (*Mil*) esercito *m.*: *regular* ~ esercito permanente, esercito regolare; *to join the* ~ entrare nell'esercito, andare sotto le armi. **2** (*Mil*) armata *f.* **3** (*organized group*) schiera *f.*: *an* ~ *of doctors* una schiera di dottori. **4** (*host*) moltitudine *f.*, orda *f.*, stuolo *m.* □ (*Entom*) ~ *ant* formica cacciatrice; ~ *camp* accampamento militare; ~ *corps* corpo di armata; *to be in the* ~ prestare servizio militare, fare il soldato; *to go into the* ~ entrare nell'esercito, andare sotto le armi; ~ *list* annuario militare; ~ *of occupation* esercito di occupazione; ~ *surplus* residui militari. *Prov.: an* ~ *marches on its stomach* un esercito non marcia se non ha lo stomaco pieno.

arnica /'ɑːnɪkə *Am* 'ɑːrnɪkə/ *n.* (*Bot,Farm*) arnica *f.*

Arnold /'ɑːnld *Am* 'ɑːrnld/ *n.pr.m.* Arnoldo.

aroma /əˈroʊmə/ *n.* **1** aroma *m.*, fragranza *f.* **2** (*of wine*) aroma *m.*, bouquet *m.* **3** (*fig*) (*atmosphere*) atmosfera *f.*

aromatherapy /əˌroʊmə'θerəpi/ *n.* aromaterapia *f.*

aromatic /ˌærəˈmætɪk *Am* ˌerəˈmætɪk/ **I** *a.* aromatico (*anche Chim*). **II** *n.* **1** (*Bot*) pianta *f.* aromatica. **2** (*Chim*) composto *m.* aromatico.

aromatise /əˈroʊmətaɪz/ *v.t.* (*Br*) aromatizzare.

aromatize /əˈroʊmətaɪz/ *v.t.* aromatizzare.

arose /əˈroʊz/ → **arise**.

around /əˈraʊnd/ **I** *prep.* **1** intorno a, attorno a: *to travel* ~ *the world* viaggiare intorno al mondo; ~ *one's neck* intorno al collo. **2** (*here and there*) in giro per, intorno a, qua e là per, per: *to travel* ~ *a country* viaggiare per un paese. **3** (*close to*) intorno a, vicino a (*anche fig*): *the people* ~ *him* le persone che stanno intorno a lui, le persone che gli stanno intorno. **4** (*approximately*) circa, press'a poco, intorno a: *we'll meet* ~ *midnight* ci vediamo verso mezzanotte. **II** *avv.* **1** (*in a circle*) in tondo, in cerchio, intorno. **2** (*here and there*) in giro, attorno, qua e là: *the wine was passed* ~ si passavano il vino da uno all'altro. **3** (*in circumference*) di circonferenza: *three feet* ~ tre piedi di circonferenza. **4** (*colloq*) (*in the neighbourhood*) nei paraggi, qui vicino: *is Mark* ~? Mark è qui?, c'è Mark? **5** (*colloq*) (*existing*) esistente, in circolazione, sulla breccia, in giro: *this actor* *has been* ~ *for years* quest'attore è sulla breccia da anni; *one of the most famous directors* ~ *today* uno dei più famosi registi del momento. □ *all* ~ da ogni parte, da tutte le parti, tutto intorno; (*colloq*) *to have been* ~ saperla lunga, conoscere il mondo; *to get* ~ *to doing sth.* trovare il tempo per fare qcs.

arousal /ə'rauzəl/ *n.* **1** (*awakening*) risveglio *m.* **2** (*stimulation*) eccitazione *f.* **3** (*sexual*) eccitazione *f.* sessuale.

arouse /ə'rauz/ *v.t.* **1** destare, svegliare. **2** (*fig*) (*to rouse to action*) risvegliare, ridestare, scuotere. **3** (*to excite*) suscitare, destare: *to* ~ *suspicion* destare sospetto. **4** (*sexually*) eccitare sessualmente.

arpeggio /ɑː'pedʒiou *Am* ɑːr'pedʒiou/ (*pl.* -s /-z/) *n.* (*Mus*) arpeggio *m.*

arquebus /'ɑːkwɪbəs *Am* 'ɑːrkwɪbəs/ *n.* archibugio *m.*

arquebusier /ɑːkwɪbə'sɪəʳ *Am* ɑːrkwɪbə'sɪr/ *n.* archibugiere *m.*

arr. 1 (*Mus*) *arranged* arr. (arrangiato). **2** (*Mus*) *arrangement* arr. (arrangiamento). **3** *arrival* arr. (arrivo).

arraign /ə'reɪn/ *v.t.* **1** (*Dir*) chiamare in giudizio, accusare. **2** (*to find fault with*) biasimare, accusare.

arraignment /ə'reɪnmənt/ *n.* **1** (*Dir*) (*act*) chiamata *f.* in giudizio penale, lettura *f.* formale del reato; (*state*) l'essere sotto accusa, essere in stato di accusa. **2** (*censuring*) biasimo *m.*, critica *f.*

arrange /ə'reɪndʒ/ **I** *v.t.* **1** sistemare, ordinare, accomodare, disporre: *to* ~ *furniture* sistemare i mobili; *to* ~ *one's hair* sistemarsi i capelli. **2** (*to plan, to prepare*) organizzare, preparare, predisporre: *to* ~ *a tour* organizzare un viaggio; *it was -d that* si era disposto che, si era d'accordo che. **3** (*Mus*) (*to adapt*) adattare, arrangiare, fare l'arrangiamento di; (*to orchestrate*) orchestrare. **4** (*of disputes, etc*) comporre, conciliare. **II** *v.i.* **1** combinare, mettersi d'accordo, arrivare a un accordo (*with* con): *we -d to go together* ci siamo messi d'accordo per andare insieme; *to* ~ *a marriage* combinare un matrimonio. **2** (*to make preparations*) fare preparativi (*for* per), provvedere (a), fare in modo che: *to* ~ *for sth. to be done* dare istruzioni perché venga fatto qcs.; *I'll* ~ *for a car to pick you up* farò in modo che una macchina ti venga a prendere.

arranged /ə'reɪndʒd/ *a.* combinato, stabilito. □ *as* ~ come stabilito; ~ *marriage* matrimonio combinato.

arrangement /ə'reɪndʒmənt/ *n.* **1** sistemazione *f.*, disposizione *f.*, ordinamento *m.* **2** (*settlement*) accordo *m.*, accomodamento *m.*, intesa *f.*: *to come to an* ~ giungere a un accordo; *to make -s* prendere accordi. **3** (*sth. arranged*) composizione *f.*: *floral* ~ composizione floreale. **4** (*contrivance*) congegno *m.*, dispositivo *m.*, (*colloq*) aggeggio *m.* **5** (*Mus*) arrangiamento *m.*, adattamento *m.* **6** *pl.* (*plans, preparations*) piani *m.pl.*, progetti *m.pl.*, preparativi *m.pl.*: *to make -s for a trip* fare i preparativi per una gita; *wedding -s* preparativi per il matrimonio. □ *by* ~ secondo gli accordi, come d'accordo, come stabilito; (*Dir*) ~ *with creditors* concordato preventivo.

arranger /ə'reɪndʒəʳ/ *n.* **1** organizzatore *m.* (*f.* -trice), chi provvede. **2** (*Mus*) arrangiatore *m.* (*f.* -trice).

arrant /'ærənt *Am also* 'erənt/ *a.* **1** completo, perfetto, vero, totale: ~ *nonsense* una vera assurdità. **2** (*confirmed*) matricolato: ~

knave furfante matricolato.

arras /'ærəs *Am also* 'erəs/ *n.* (*tapestry*) arazzo *m.*

array /ə'reɪ/ **I** *n.* **1** ordine *m.*, disposizione *f.*, schieramento *m.*, spiegamento *m.*: *in battle* ~ in ordine di battaglia. **2** (*display*) mostra *f.*, esposizione *f.*, esibizione *f.* **3** (*group*) gruppo *m.*, squadra *f.* **4** (*body of soldiers*) schiera *f.* **5** (*clothes*) abbigliamento *m.*, abito *m.*: *the diva appeared in her finest* ~ la diva si presentò splendidamente vestita. **6** (*Dir*) lista *f.* di giurati. **7** (*Inform*) vettore *m.*, matrice *f.* **II** *v.t.* **1** ordinare, disporre, schierare. **2** (*to dress up*) abbigliare, adornare. **3** (*Dir*) (*of a jury*) insediare, costituire. **4** (*Mil*) schierare.

arrayal /ə'reɪəl/ *n.* schieramento *m.*, spiegamento *m.*

arrearage /ə'rɪərɪdʒ *Am* ə'rɪrɪdʒ/ *n.* **1** l'essere in arretrato. **2** *pl.* (*arrears*) arretrati *m.pl.*

arrears /ə'rɪəʳ *Am* ə'rɪrz/ *n.pl.* arretrati *m.pl.*: ~ *of salary* arretrati dello stipendio; *in* ~ *with the rent* in arretrato con l'affitto. □ *to fall into* ~ *with* restare indietro con; *to fall into* ~ *with payment* essere indietro con i pagamenti; *to fall into* ~ *with one's work* restare indietro col lavoro, avere del lavoro arretrato; (*Dir,Econ*) *interest on* ~ interessi di mora.

arrect /ə'rekt/ *a.* **1** ritto, teso. **2** (*fig*) vigile, attento, in guardia.

arrest[1] /ə'rest/ *v.t.* **1** arrestare, fermare, impedire: *to* ~ *progress* impedire il progresso. **2** (*Dir,Med*) arrestare. **3** (*fig*) attirare, colpire: *to* ~ *the attention* attirare l'attenzione.

arrest[2] /ə'rest/ *n.* **1** sospensione *f.*, arresto *m.* **2** (*Dir*) arresto *m.*: *close* ~ arresto di rigore; *open* ~ arresto semplice. **3** (*Med*) arresto *m.*: *cardiac* ~ arresto cardiaco. □ (*Dir*) ~ *of judgement* sospensione di giudizio; *to place* (*o to put*) *so. under* ~ mettere qcu. in stato di arresto, mettere qcu. agli arresti.

arrestable /ə'restəbl/ □ (*Dir*) ~ *offence* reato passibile di arresto.

arrestee /ə,res'tiː/ *n.* persona *f.* arrestata.

arrester /ə'restəʳ/ *n.* **1** chi arresta. **2** (*El*) (*lightning arrester*) scaricatore *m.* □ (*Aer.mil*) ~ *hook* gancio di arresto.

arresting /ə'restɪŋ/ *a.* **1** notevole, singolare, che fa colpo: ~ *eyes* occhi che fanno colpo. **2** (*of a story*) avvincente. □ (*Aer.mil*) ~ *gear* dispositivo di arresto.

arrestive /ə'restɪv/ *a.* che colpisce.

arrestment /ə'restmənt/ *n.* arresto *m.*

arrhythmia /ə'rɪðmiə/ *n.* (*Med*) aritmia *f.*

arrhythmic /ə'rɪðmɪk/ *a.* aritmico.

arrhythmical /ə'rɪðmɪkəl/ *a.* aritmico.

arrhythmy /ə'rɪðmi/ *n.* (*Med*) aritmia *f.*

arris /'ærɪs *Am also* 'erɪs/ *n.* (*Arch*) spigolo *m.*

arrival /ə'raɪvəl/ *n.* **1** arrivo *m.* **2** (*appearance*) comparsa *f.*, venuta *f.* **3** (*person*) arrivo *m.*: *a new* ~ un nuovo arrivato, un nuovo arrivo; *a late* ~ un ritardatario, uno arrivato in ritardo. **4** (*thing*) arrivo *m.* □ ~ *-s and departures board* tabellone degli arrivi e delle partenze; (*Comm*) ~ *draft* tratta documentaria; *on* ~ all'arrivo.

arrive /ə'raɪv/ *v.i.* **1** arrivare, giungere (*at, in* a, in). **2** (*assol*) (*to be successful*) affermarsi, arrivare. **3** (*fig*) (*to reach, to attain*) arrivare, giungere (*at* a), raggiungere (qcs.): *to* ~ *at a conclusion* giungere a una conclusione.

arriviste /,æri'viːst *Am also* ,eri'viːst/ *n.* arrivista *m.f.*

arrogance /'ærəgəns *Am also* 'erəgəns/ *n.* arroganza *f.*, alterigia *f.*, tracotanza *f.*

arrogancy /'ærəgənsi *Am also* 'erəgənsi/ *n.* arroganza *f.*, alterigia *f.*, tracotanza *f.*

arrogant /'ærəgənt *Am also* 'erəgənt/ *a.* arro-

gante, altezzoso, tracotante.

arrogate /'ærəgeit *Am also* 'erəgeit/ *v.t.* **1** arrogarsi, impossessarsi di: *to* ~ *a right to oneself* arrogarsi un diritto. **2** (*to attribute*) attribuire ingiustamente. **3** (*Dir.rom*) arrogare.

arrogation /,ærəʊ'geɪʃən *Am also* ,erəʊ'geɪʃən/ *n.* **1** pretesa *f.* ingiusta. **2** (*attribution*) attribuzione *f.* ingiusta. **3** (*Dir.rom*) arrogazione *f.*

arrow /'ærəʊ *Am also* 'erəʊ/ *n.* **1** freccia *f.*, (*lett*) strale *m.*, dardo *m.* **2** (*sign*) freccia *f.*, freccetta *f.* **3** (*Inform*) freccia *f.* □ (*Inform*) ~ *key* tasto con freccia.

arrowhead /'ærəʊhed *Am also* 'erəʊhed/ *n.* **1** punta *f.* di freccia. **2** (*Bot*) sagittaria *f.*, erba *f.* saetta.

arrowheaded /'ærəʊhedɪd *Am also* 'erəʊhedɪd/ *a.* cuneiforme.

arrowroot /'ærəʊruːt *Am also* 'erəʊruːt/ *n.* (*Bot*) specie *f.* di maranta.

arrowy /'ærəʊi *Am also* 'erəʊi/ *a.* **1** acuto, aguzzo. **2** (*darting*) rapido, sfrecciante.

arse[1] /ɑːs *Am* ɑːrs/ *n.* (*volg*) culo *m.* □ (*volg*) *not know one's* ~ *from one's elbow* non capire un cazzo; (*volg*) *get off* one's ~ muovere le chiappe.

arse[2] /ɑːs *Am* ɑːrs/ □ (*volg*) *to* ~ *about* (*o to* ~ *around*) cazzeggiare, fare il fesso.

arsehole /'ɑːshəʊl *Am* 'ɑːrshəʊl/ *n.* (*volg*) **1** ano *m.* **2** (*jerk*) testa *f.* di cazzo, stronzo *m.*: *that policeman was such an* ~ quel poliziotto è stato un vero stronzo.

arse-licker /'ɑːslɪkəʳ *Am* 'ɑːrslɪkəʳ/ *n.* (*volg*) leccaculo *m.f.*

arsenal /'ɑːsənəl *Am* 'ɑːrsənəl/ *n.* **1** arsenale *m.* **2** (*fig*) (*store*) riserva *f.*

arsenate /'ɑːsəneit *Am* 'ɑːrsəneit/ *n.* (*Chim*) arseniato *m.*

arsenic[1] /'ɑːsənɪk *Am* 'ɑːrsənɪk/ *n.* (*Chim*) arsenico *m.*

arsenic[2] /ɑː'senɪk *Am* ɑːr'senɪk/ *a.* (*Chim*) arsenicale.

arsenical /ɑː'senɪkəl *Am* ɑːr'senɪkəl/ *a.* (*Chim*) arsenicale.

arsenide /'ɑːsənaɪd *Am* 'ɑːrsənaɪd/ *n.* (*Chim*) arseniuro *m.*

arsenious /ɑː'siːniəs *Am* ɑːr'siːniəs/ *a.* (*Chim*) arsenioso.

arsenopyrite /,ɑːsənəʊ'paɪ(ə)raɪt *Am* ,ɑːrsənəʊ'paɪraɪt/ *n.* (*Min*) arsenopirite *f.*, mispickel *m.*

arsis /'ɑːsɪs *Am* 'ɑːrsɪs/ (*pl.* -ses /-siːz/) *n.* (*Metr, Mus*) arsi *f.*

arson /'ɑːsən *Am* 'ɑːrsən/ *n.* incendio *m.* doloso.

arsonist /'ɑːsənɪst *Am* 'ɑːrsənɪst/ *n.* incendiario *m.* (*f.* -a), piromane *m.f.*

art[1] /ɑːt *Am* ɑːrt/ *n.* **1** arte *f.*: *Byzantine* ~ arte bizantina. **2** (*works of art*) opere *f.pl.* d'arte: *an* ~ *museum* un museo d'arte. **3** *pl.* (*branch of creative learning*) arti *f.pl.*, attività *f.pl.* artistiche. **4** (*skill*) arte *f.*, abilità *f.*: *the* ~ *of cooking* l'arte culinaria. **5** (*artifice*) artificio *m.*, espediente *m.*,. **6** (*Giorn*) materiale *m.* illustrativo. **7** *pl.* (*costr.sing.*) (*the humanities*) lettere *f.pl.*, materie *f.pl.* umanistiche, studi *m.pl.* umanistici; (*costr.pl.*) (*liberal arts*) arti *f.pl.* liberali. □ ~ *-sand crafts* arti e mestieri; (*Art*) *Arts and crafts movement* movimento arts and crafts; ~ *cinema* cinema d'essai; ~ *critic* critico d'arte; ~ *director* direttore artistico, art director; (*Giorn*) ~ *editor* redattore artistico; ~ *education* educazione artistica; ~ *film* film d'essai; (*Lett*) ~ *sfor art's sake* l'arte per l'arte; ~ *form* forma d'arte; ~ *gallery* galleria d'arte; ~ *history* storia dell'arte; ~ *house* cinema d'essai; ~ *needle-work* ricamo artistico; ~ *nouveau* stile liberty; (*Cart*) ~ *paper* carta patinata; ~ *school* istituto di belle arti; ~ *theater* cinema d'essai; ~ *therapy* arteterapia, biodramma.

art[2] /ɑːt *Am* ɑːrt/ □ (*ant,poet*) *thou* ~ tu sei.

art. 1 (*Gramm*) *article* art. (articolo). **2** *artist* art. (artista).

art deco, **Art Deco** /ˌɑːtˈdekoʊ *Am* ˌɑːrt ˈdeɪkoʊ/ *n.* art déco *m.*, liberty *m.*

artefact /ˈɑːtɪfækt *Am* ˈɑːrtəfækt/ *n.* **1** manufatto *m.* **2** (*Med,Biol*) artefatto *m.*

Artemis /ˈɑːtɪmɪs *Am* ˈɑːrtəmɪs/ *n.pr.f.* (*Mitol*) Artemide.

artemisia /ˌɑːtɪˈmɪzɪə *Am* ˌɑːrtɪˈmɪʒ(i)ə/ *n.* (*Bot*) artemisia *f.*

arterial /ɑːˈtɪərɪəl *Am* ɑːrˈtɪrɪəl/ *a.* **1** (*Anat*) arterioso. **2** (*Strad*) di grande comunicazione, principale: ~ *road* arteria, strada di grande comunicazione.

arterialise /ɑːˈtɪərɪəlaɪz/ *v.t.* (*Br,Fisiol*) mutare in sangue arterioso.

arterialization /ɑːˌtɪərɪəl(ə)rˈzeɪʃən *Am* ɑːrˌtɪrɪəlɪˈzeɪʃən/ *n.* (*Fisiol*) arterializzazione *f.*

arterialize /ɑːˈtɪərɪəlaɪz *Am* ɑːrˈtɪrɪəlaɪz/ *v.t.* (*Fisiol*) mutare in sangue arterioso.

arteriography /ɑːˌtɪərɪˈɒɡrəfi *Am* ɑːrˌtɪri ˈɑːɡrəfi/ *n.* (*Med*) arteriografia *f.*

arteriole /ɑːˈtɪərɪoʊl *Am* ɑːrˈtɪrɪoʊl/ *n.* (*Anat*) arteriola *f.*

arteriopathy /ɑːˌtɪərɪˈɒpəθi *Am* ɑːrˌtɪri ˈɑːpəθi/ *n.* (*Med*) arteriopatia *f.*

arteriosclerosis /ɑːˌtɪərɪoʊsklɪˈ(ə)rˈoʊsɪs *Am* ɑːrˌtɪrioʊsklɪˈroʊsɪs/ *n.* (*Med*) arteriosclerosi *f.*

arteriosclerotic /ɑːˌtɪərɪoʊsklɪˈrɒtɪk *Am* ɑːrˌtɪrioʊsklɪˈrɑːtɪk/ *a.* (*Med*) arteriosclerotico.

arteriotomy /ɑːˌtɪərɪˈɒtəmi *Am* ɑːrˌtɪriˈɑːtəmi/ *n.* (*Chir*) arteriotomia *f.*

arteritis /ɑːtəˈraɪtɪs *Am* ˌɑːrtəˈraɪtəs/ *n.* (*Med*) arterite *f.*

artery /ˈɑːtəri *Am* ˈɑːrtəri/ *n.* **1** (*Anat*) arteria *f.* **2** (*Strad*) arteria *f.*, importante via *f.* di comunicazione.

artesian /ɑːˈtiːzɪən *Am* ɑːrˈtiːʒən/ *a.* (*Geol*) artesiano: ~ *well* pozzo artesiano.

artful /ˈɑːtful *Am* ˈɑːrtful/ *a.* **1** (*crafty*) astuto, scaltro; (*deceitful*) ingannevole. **2** (*skilful*) abile, destro; (*clever*) geniale: *that's an ~ little invention* è un'invenzione davvero geniale. **3** (*performed with art*) magistrale, abile.

artfulness /ˈɑːtfulnəs *Am* ˈɑːrtfulnəs/ *n.* **1** astuzia *f.* **2** (*ability*) abilità *f.*, destrezza *f.*

arthritic /ɑːˈθrɪtɪk *Am* ɑːrˈθrɪtɪk/ *a.* (*Med*) artritico.

arthritis /ɑːˈθraɪtɪs *Am* ɑːrˈθraɪtəs/ *n.* (*Med*) artrite *f.*

arthrocentesis /ˌɑːθrəsenˈtiːsɪs *Am* ˌɑːrθroʊsenˈtiːsɪs/ *n.* (*Med*) artrocentesi *f.*

arthroplasty /ˈɑːθrəplæsti *Am* ˈɑːrθrəplæsti/ *n.* (*Med*) artroplastica *f.*

arthropod /ˈɑːθrəpɒd *Am* ˈɑːrθrəpɑːd/ **I** *a.* (*Zool*) degli artropodi. **II** *n.* artropodo *m.*

arthroscope /ˈɑːθrəskoʊp *Am* ˈɑːrθrəskoʊp/ *n.* (*Med*) artroscopio *m.*

arthroscopy /ɑːˈθrɒskəpi *Am* ɑːrˈθrɑːskəpi/ *n.* (*Med*) artroscopia *f.*

arthrosis /ɑːˈθroʊsɪs *Am* ɑːrˈθroʊsɪs/ (*pl.* -ses /-siːz/) *n.* (*Med*) artrosi *f.*

Arthur /ˈɑːθər *Am* ˈɑːrθər/ *n.pr.m.* **1** Arturo. **2** (*Lett*) Artù.

Arthurian /ɑːˈθjʊərɪən *Am* ɑːrˈθʊrɪən/ *a.* arturiano, di re Artù. □ (*Lett*) ~ *cycle* ciclo arturiano; (*Lett*) ~ *legend* leggenda arturiana.

artichoke /ˈɑːtɪtʃoʊk *Am* ˈɑːrtətʃoʊk/ *n.* **1** (*Bot,Gastron*) carciofo *m.* **2** (*Jerusalem arti-choke*) topinambur *m.*

article[1] /ˈɑːtɪkl̩ *Am* ˈɑːrtɪkl̩/ *n.* **1** (*item*) capo *m.*, articolo *m.*, elemento *m.*: ~ *of clothing* capo di vestiario, articolo di abbigliamento. **2** (*Gramm*) articolo *m.*: *definite* ~ articolo determinativo. **3** (*Giorn,Comm*) articolo *m.*: *leading* ~ articolo di fondo. **4** (*clause, document, etc*) articolo *m.*, clausola *f.* **5** (*Dir*) (*of a statute*) articolo *m.* **6** (*Econ*) (*of a budget*) voce *f.* **7** *pl.* (*conditions, stipulations*) disposizioni *f.pl.*, accordi *m.pl.*, condizioni *f.pl.* □ ~ *for one's own use* oggetto di uso personale; ~ *for personal use* oggetto di uso personale; -*s of agreement* clausole dell'accordo; (*Dir*) -*s of association* statuto sociale; (*Stor.am*) *Articles of Confederation* Costituzione; (*Dir*) -*s of incorporation* atto costitutivo di una società per azioni; (*Dir*) -*s of partnership* contratto di associazione, statuto della società; -*s of war* codice militare.

article[2] /ˈɑːtɪkl̩ *Am* ˈɑːrtɪkl̩/ **I** *v.t.* **1** impegnare con contratto, legare con contratto: *to* ~ *an apprentice to so.* impegnare con contratto un apprendista presso qcu. **2** (*rar*) (*to indict*) accusare, incriminare. **II** *v.i.* (*rar*) muovere accusa (*against* contro).

articled /ˈɑːtɪkl̩d *Am* ˈɑːrtɪkl̩d/ *a.* impegnato con contratto, legato da contratto.

articular /ɑːˈtɪkjʊlər *Am* ɑːrˈtɪkjʊlər/ *a.* (*Anat*) articolare. □ (*Anat*) ~ *cartilage* cartilagine articolare; (*Med*) ~ *rheumatism* reumatismo articolare.

articulate[1] /ɑːˈtɪkjʊlɪt *Am* ɑːrˈtɪkjʊlɪt/ **I** *a.* **1** chiaro, bene articolato, ben strutturato: *an ~ speech* un discorso chiaro. **2** (*capable of speech*) capace di parlare, in grado di parlare. **3** (*expressing oneself easily*) con la parola facile, eloquente, loquace. **4** (*jointed*) articolato. **5** (*Zool,Bot*) articolato. **II** *n.* (*Zool*) articolato *m.*

articulate[2] /ɑːˈtɪkjʊleɪt *Am* ɑːrˈtɪkjʊleɪt/ **I** *v.t.* **1** (*of sounds, words*) articolare, pronunciare distintamente. **2** (*of ideas, etc*) esprimere chiaramente, formulare chiaramente. **3** (*fig*) (*to unify*) unificare, coordinare. **4** (*to unite by joints*) articolare. **II** *v.i.* pronunciare chiaramente, avere una dizione chiara.

articulated /ɑːˈtɪkjʊleɪtɪd *Am* ɑːrˈtɪkjʊleɪtɪd/ *a.* articolato. □ ~ *lorry* autocarro snodabile, autoarticolato.

articulately /ɑːˈtɪkjʊlɪtli *Am* ɑːrˈtɪkjʊlɪtli/ *avv.* in modo chiaro, chiaramente.

articulation /ɑːˌtɪkjʊˈleɪʃən *Am* ɑːrˌtɪkjʊ ˈleɪʃən/ *n.* **1** (*of words*) dizione *f.*, articolazione *f.* **2** (*act of jointing*) articolazione *f.* **3** (*Anat, Zool,Bot*) articolazione *f.*

articulator /ɑːˈtɪkjʊleɪtər *Am* ɑːrˈtɪkjʊleɪtər/ *n.* **1** persona *f.* dalla dizione chiara. **2** (*Fon*) organo *m.* dell'articolazione (dei suoni).

artifact /ˈɑːtɪfækt *Am* ˈɑːrtəfækt/ *n.* **1** manufatto *m.* **2** (*Med,Biol*) artefatto *m.*

artifice /ˈɑːtɪfɪs *Am* ˈɑːrtəfɪs/ *n.* **1** (*skill*) abilità *f.*, destrezza *f.*, ingegnosità *f.* **2** (*stratagem*) stratagemma *m.* **3** (*craft, trickery*) artificio *m.*, espediente *m.*, trucco *m.*

artificer /ɑːˈtɪfɪsər *Am* ɑːrˈtɪfɪsər/ *n.* **1** artigiano *m.* (*f.* -a). **2** (*maker, inventor*) inventore *m.* (*f.* -trice), artefice *m./f.* **3** (*Mil*) artigliere *m.*

artificial /ˌɑːtɪˈfɪʃəl *Am* ˌɑːrtɪˈfɪʃəl/ *a.* **1** artificiale: ~ *light* luce artificiale. **2** (*imitation*) artificiale, finto: ~ *flowers* fiori finti. **3** (*man-made*) artificiale, sintetico. **4** (*false*) artificioso, artefatto, falso: *tone of voice* tono di voce artefatto. **5** (*affected*) affettato, manierato. □ ~ *daylight* luce diurna artificiale; ~ *fibre* (o *Am* ~ *fiber*) fibra artificiale; ~ *flavour* (o *Am* ~ *flavor*) aroma artificiale;

(*Aer*) ~ *horizon* orizzonte artificiale; ~ *insemination* fecondazione artificiale; (*Inform*) ~ *intelligence* intelligenza artificiale; (*Med*) ~ *kidney* rene artificiale; ~ *language* lingua artificiale; ~ *leather* cuoio sintetico; (*Med*) ~ *lung* polmone artificiale; ~ *pearl* perla artificiale; (*Dir*) ~ *person* persona giuridica; (*Med*) ~ *respiration* respirazione artificiale; ~ *rubber* gomma sintetica; ~ *satellite* satellite artificiale; ~ *tooth* dente finto.

artificiality /ˌɑːtɪˌfɪʃɪˈælɪti *Am* ˌɑːrtəˌfɪʃɪˈæləti/ *n.* **1** artificiosità *f.* **2** (*thing*) cosa *f.* artificiale.

artificialness /ˌɑːtɪˈfɪʃəlnəs *Am* ˌɑːrtə ˈfɪʃəlnəs/ *n.* artificiosità *f.*

artillerist /ɑːˈtɪlərɪst *Am* ɑːrˈtɪlərɪst/ *n.irr.* artigliere *m.*

artillery /ɑːˈtɪləri *Am* ɑːrˈtɪləri/ *n.* **1** artiglieria *f.* **2** (*science*) balistica *f.*

artilleryman /ɑːˈtɪlərimən *Am* ɑːrˈtɪlərimən/ *n.irr.* artigliere *m.*

artiness /ˈɑːtɪnəs *Am* ˈɑːrtɪnəs/ *n.* pretese *f.pl.* artistiche.

artiodactyl /ˌɑːtɪoʊˈdæktɪl *Am* ˌɑːrtioʊˈdæktəl/ *n.* (*Zool*) artiodattilo *m.*

artisan /ˌɑːtɪˈzæn *Am* ˈɑːrtəzən/ *n.* artigiano *m.* (*f.* -a).

artist /ˈɑːtɪst *Am* ˈɑːrtɪst/ *n.* **1** artista *m./f.* **2** (*painter*) pittore *m.* (*f.* -trice). **3** (*fig*) artista *m./f.*, virtuoso *m.* (*f.* -a), maestro *m.* (*f.* -a): *an ~ in words* un virtuoso dell'eloquenza.

artiste /ɑːˈtiːst *Am* ɑːrˈtiːst/ *n.* artista *m./f.*

artistic /ɑːˈtɪstɪk *Am* ɑːrˈtɪstɪk/ *a.* **1** artistico. **2** (*of artists*) artistico, di artista, dotato di senso artistico: ~ *temperament* temperamento artistico. □ ~ *licence* licenza artistica.

artistical /ɑːˈtɪstɪkəl *Am* ɑːrˈtɪstɪkəl/ *a.* **1** artistico. **2** (*of artists*) artistico, di artista, dotato di senso artistico.

artistry /ˈɑːtɪstri *Am* ˈɑːrtɪstri/ *n.* **1** qualità *f.* artistica, livello *m.* artistico. **2** (*artistic ability*) abilità *f.* artistica, arte *f.*: *to sing with great ~* cantare con grandissima abilità.

artless /ˈɑːtləs *Am* ˈɑːrtləs/ *a.* **1** semplice, ingenuo. **2** (*natural*) naturale, spontaneo, senza artifici. **3** (*crude*) grezzo, rozzo, incolto, senz'arte.

artlessness /ˈɑːtləsnəs *Am* ˈɑːrtləsnəs/ *n.* **1** semplicità *f.*, naturalezza *f.* **2** (*lack of culture*) rozzezza *f.*

artmobile /ˈɑːtmoʊbiːl/ *n.* (*Am*) camion *m.* per esposizioni d'arte.

artwork /ˈɑːtwɜːk *Am* ˈɑːrtwɜːrk/ *n.* **1** (*Giorn*) materiale *m.* illustrativo. **2** (*handicraft*) artigianato *m.* **3** (*object*) oggetto *m.* di artigianato.

arty /ˈɑːti *Am* ˈɑːrti/ *a.* (*colloq*) che ha pretese artistiche, che si dà arie di artista, pseudoartistico.

arty-crafty /ˌɑːtiˈkrɑːfti *Am* ˌɑːrtiˈkræfti/ *a.* **1** (*scherz*) che ha pretese artistiche, che si dà arie di artista, pseudoartistico. **2** (*of a thing*) bello ma inutile.

arty-farty /ˌɑːtiˈfɑːti/ *a.* (*Br,colloq,spreg*) **1** (*not practical*) poco pratico. **2** (*pretentiously artistic*) appassionato di arte poco pregiata.

arugula /əˈruːɡ(j)ələ/ *n.* (*Am*) rucola *f.*

arum /ˈeərəm *Am* ˈerəm/ *n.* (*Bot*) aro *m.* □ (*Bot*) ~ *lily* calla.

arvo /ˈɑːvoʊ/ *a.* (*Aus,colloq*) pomeriggio *m.*: *this* ~ oggi pomeriggio.

Aryan /'eəriən Am 'eriən/ I a. ariano. II n. ariano m. (f. -a).

as[1] /əz emphatic æz/ I avv. (in comparisons, equally) così, tanto, quanto, come, often not translated: he is ~ tall ~ I am è alto quanto me; I know no one else quite ~ stupid non conosco nessun altro così stupido; it's the same film ~ they were showing last week è lo stesso film che davano la settimana scorsa. II congz. 1 (to such a degree; occurs with as in positive sentences and sometimes with so in negative sentences) come, quanto: he is not so handsome ~ I thought non è così bello come pensavo. 2 (in the way) come: ~ usual come al solito; a foreigner, ~ is evident from his accent uno straniero, come appare chiaramente dall'accento. 3 (in the same way in which) come, nello stesso modo che: do ~ I say, not ~ I do fai come dico, non come faccio. 4 (while, when) mentre, quando: ~ I was cooking dinner mentre preparavo la cena; ~ she grew older she forgot about the accident crescendo ha dimenticato l'incidente. 5 (since) poiché, siccome, dal momento che: ~ it was raining, we didn't go dal momento che pioveva, non andammo. 6 (though) sebbene, nonostante, per quanto: young ~ she was nonostante la sua giovane età. 7 (according to what) come, per quanto, per quello che, secondo: ~ I said before come ti ho detto prima; ~ I recall per quel che ricordo. III prep. 1 (in the function of character of) come, in qualità di, in veste di: ~ a family come famiglia; ~ a child da bambino; he will never be any good ~ a writer come scrittore non varrà mai niente; ~ manager, she felt she had finally found her role come direttrice, sentiva che finalmente aveva trovato il suo ruolo; the Holy Spirit appeared ~ a dove lo Spirito Santo apparve in forma di colomba. 2 (in the role of) da, nella parte di: to be dressed ~ a pirate essere vestito da pirata; his appearance ~ Hamlet la sua esibizione nella parte di Amleto. □ ~ a matter of fact in effetti; ~ a rule di regola, di solito; ~ above come sopra; ~ big again grosso il doppio; ~ against in confronto a, contro; ~ concerns ..., per quanto riguarda...; ~ directed secondo le indicazioni avute, secondo le direttive avute; ~ ever come sempre; ~ far ~ I am concerned per quanto mi riguarda, quanto a me, per quanto ne so io; ~ far ~ I can remember per quel che (mi) ricordo, per quanto posso ricordare; ~ far ~ the eye can reach (o ~ far ~ the eye can see) a perdita d'occhio, fin dove l'occhio può giungere; ~ for per quanto riguarda, quanto a; ~ from a decorrere da, a partire da; ~ if come se, quasi; he behaves ~ if he were king si comporta come se fosse il re; ~ if to come per; he opened his mouth ~ if to speak aprì la bocca come per parlare; (colloq) ~ is così com'è; ~ it is come stanno le cose, già; he has trouble enough ~ it is di guai ne ha già abbastanza; it's bad enough ~ it is va già abbastanza male così; ~ it were se vogliamo, per così dire; try ~ I might nonostante tutti i miei sforzi, prova e riprova; ~ much ~ I would like to, I can't help you vorrei, ma non ti posso aiutare; ~ much altrettanto, tanto; I told you ~ much te l'avevo detto; ~ of a partire da; ~ of next Monday, you are no longer working together a partire da lunedì, non lavorerete più insieme; ~ one man to another da uomo a uomo; (epist) ~ per advice come da avviso; ~ per agreement come d'accordo, come convenuto, come da contratto; ~ regards quanto

a, per quanto riguarda, riguardo a; ~ required quanto occorre, quanto basta; ~ such come tale, di per sé, in sé; the job, ~ such, is not very interesting il lavoro di per sé non è molto interessante; ~ though come se; it isn't ~ though we were rich non è che siamo ricchi; ~ to quanto a, per quanto riguarda, riguardo a; ~ to your problem quanto al tuo problema; ~ well pure, anche; seeing that you're here, you might ~ well help me già che ci sei, potresti anche aiutarmi; try ~ I would nonostante tutti i miei sforzi, riprova; ~ yet finora; (Mil) ~ you were! riposo!

as[2] /æs/ (pl. asses /-ɪz/) n. asse m. (anche Numism).

AS /,eɪ'es/ Anglo-Saxon (anglosassone).

A/S /,eɪ'es/ (Comm) account sales c/v (conto vendite).

ASA /,eɪes'eɪ/ (US) American Standards Association ASA (Associazione americana per la normalizzazione).

asafetida, asafoetida /,æsə'fetɪdə Am ,æsə'fetədə/ n. (Chim) assafetida f.

ASAP /,eɪeseɪ'piː 'eɪsæp/ as soon as possible (al più presto possibile).

ASAT /'eɪsæt/ antisatellite (antisatellite).

asbestos /æz'bestəs/ n. 1 (Min) amianto m., asbesto m. 2 (Tess) tessuto m. di amianto. 3 (Teat) sipario m. antincendio. □ ~ board cartone di amianto; (Edil) ~ cement cemento amianto, fibrocemento; (Tess) ~ cloth tessuto di amianto; ~ fibre fibra di amianto.

asbestosis /,æzbes'təʊsɪs/ n. (Med) asbestosi f.

ASCAP /'æskæp/ (US) American Society of Composers, Authors and Publishers (società americana compositori, autori ed editori).

ascarid /'æskərɪd/ n. (Zool) ascaride m.

ASCE /,eɪesiːsiː'iː/ (US) American Society of Civil Engineers (società americana degli ingegneri civili).

ascend /ə'send/ I v.i. 1 salire, innalzarsi, elevarsi (anche fig): the road -ed la strada saliva. 2 (to go back in time) risalire. 3 (Mus) ascendere. II v.t. 1 salire, scalare: to ~ the Everest scalare l'Everest. 2 (of a throne) salire a, ascendere a. 3 (of a river) risalire.

ascendance /ə'sendəns/ n. 1 supremazia f., predominio m. 2 (domination) dominio m.: to gain ~ over dominare su. 3 (influence) ascendente m., autorità f. morale, influenza f.

ascendancy /ə'sendənsi/ n. 1 supremazia f., predominio m. 2 (domination) dominio m. 3 (influence) ascendente m., autorità f. morale, influenza f.

ascendant /ə'sendənt/ I a. 1 dominante, predominante: the ~ power of Europe la potenza dominante in Europa. 2 (Bot, Astr) ascendente. II n. 1 posizione f. di superiorità, potere m. 2 (in astrology) ascendente m. 3 (ancestor) ascendente m./f., antenato m. (f. -a). □ to be in the ~ essere in ascesa.

ascendence /ə'sendəns/ n. → **ascendance**.

ascendent /ə'sendənt/ a./n. → **ascendant**.

ascender /ə'sendər/ n. 1 chi ascende. 2 (Tip) lettera f. ascendente.

ascending /ə'sendɪŋ/ a. ascendente (anche Bot,Mus). □ (Dir) ~ line linea ascendente.

ascension /ə'senʃən/ n. ascesa f., ascensione f.: a balloon ~ un'ascensione in pallone aerostatico.

Ascension /ə'senʃən/ n.pr. 1 (Rel) Ascensione f. 2 (day) (giorno dell') Ascensione f. □ ~ Day (giorno dell') Ascensione.

ascensional /ə'senʃənəl/ a. ascensionale.

ascensive /ə'sensɪv/ a. 1 ascendente. 2 (Gramm) rafforzativo.

ascent /ə'sent/ n. 1 ascesa f., il sollevarsi. 2 (advancement) ascesa f., crescita f., avanzamento m. 3 (climbing) ascensione f., scalata f.: the ~ of the Matterhorn l'ascensione del Cervino. 4 (slope) salita f., pendio m.: easy ~ pendio dolce. 5 (fig) ascesa f.: ~ to power ascesa al potere. 6 (going back in time) ascendenza f. 7 (gradient) pendenza f., inclinazione f.

ascertain /,æsə'teɪn Am ,æsər'teɪn/ v.t. 1 accertarsi di, assicurarsi di, rendersi conto di. 2 (to find out) accertare, constatare, verificare, appurare: to ~ the extent of the damage constatare l'entità del danno.

ascertainable /,æsə'teɪnəbl Am ,æsər'teɪnəbl/ a. accertabile.

ascertainment /,æsə'teɪnmənt Am ,æsər'teɪnmənt/ n. accertamento m.

ascetic /ə'setɪk Am ə'seţɪk/ I n. asceta m./f. (anche Rel). II a. 1 (Rel) ascetico. 2 (austere) ascetico, austero.

ascetical /ə'setɪkəl Am ə'seţɪkəl/ a. ascetico. □ (Teol) ~ theology ascetica.

asceticism /ə'setɪsɪzəm Am ə'seţəsɪzəm/ n. 1 ascetismo m. 2 (Rel) (doctrine) ascetismo m., ascesi f.

ascidian /ə'sɪdiən/ I a. (Entom) degli ascidiacei. II n. ascidiaceo m.

ascidium /ə'sɪdiəm/ (pl. -dia /-diə/) n. (Bot) ascidio m.

ASCII /'æskiː/ (Inform) American Standard Code for Information Interchange ASCII (codice standard americano per l'interscambio di informazioni).

ascites /ə'saɪtiːz/ n. (Med) ascite f.

asclepiad /æs'kliːpiæd/ n. (Bot) pianta delle asclepiadacee.

Asclepiad /æs'kliːpiæd/ n. (Metr) asclepiadeo m.

Asclepiadean /æs,kliːpiə'diːən/ a. (Metr,Lett) asclepiadeo.

Asclepius /æs'kliːpiəs/ n.pr.m. (Mitol) Asclepio.

ascocarp /'æskəkɑːp Am 'æskəkɑːrp/ n. (Bot) ascocarpo.

ascorbic /ə'skɔːbɪk Am ə'skɔːrbɪk/ □ (Chim) ~ acid acido ascorbico.

ascospore /'æskəspɔːr Am 'æskəuspɔːr/ n. (Bot) ascospora.

ascribable /ə'skraɪbəbl/ a. ascrivibile, attribuibile: her success is ~ only to her beauty il suo successo è attribuibile soltanto alla sua bellezza, deve il suo successo esclusivamente all'aspetto fisico.

ascribe /ə'skraɪb/ v.t. 1 ascrivere, attribuire: NASA -d the rocket's delay to bad weather la NASA ha attribuito il ritardo del lancio del razzo al tempo inclemente. 2 (to impute) imputare: to ~ a work to so. attribuire un'opera a qcu.

ascription /ə'skrɪpʃən/ n. attribuzione f.

asdic /'æzdɪk/ n. (Mar) ecogoniometro m.

ASE Azerbaijan ASE (Azerbaijan).

ASEAN /'æsiən/ Association of South-East Asian Nations ASEAN (Associazione delle nazioni del sud-est asiatico).

asepsis /eɪ'sepsɪs/ n. (Med) asepsi f.

aseptic /eɪ'septɪk/ a. 1 asettico. 2 (fig) (cold, sterile) freddo, gelido.

asexual /,eɪ'seksjuəl Am ,eɪ'sekʃuəl/ a. 1 (Biol) asessuale, asessuato: ~ reproduction riproduzione asessuale. 2 (not relating to sex) che non riguarda il sesso, non sessuale.

asexuality /,eɪseksju'æliti Am ,eɪsekʃu'æləţi/ n. asessualità f.

ash[1] /æʃ/ I n. 1 cenere f.: volcanic ~ cenere vulcanica. 2 (colour) color m. cenere, grigio *m.* cenere. **3** *pl.* (*fig*) (*remains*) resti *m.pl.*, rovine *f.pl.*: *the new city was built on the -es of the old* la nuova città fu costruita sulle ceneri di quella vecchia. **4** *pl.* (*mortal remains*) ceneri *f.pl.* **5** *pl.* (*Sport*) (*in cricket*) trofeo *m.sing.* □ ~ **bin** pattumiera; ~ **can**: 1 pattumiera; 2 (*Mil*) bomba di profondità; ~ **grey** grigio cenere; ~ **pan** cenerario, ceneratoio; ~ **pit** cenerario, ceneratoio; *-es to -es, dust to dust* cenere alla cenere, polvere alla polvere; (*Rel*) *Ash Wednesday* le Ceneri, mercoledì delle Ceneri.

ash² /æʃ/ *n.* **1** (*Bot*) frassino *m.* **2** (*wood*) frassino *m.*

ashamed /ə'ʃeɪmd/ *a.* che prova vergogna, che si vergogna: *to feel* ~ avere vergogna, vergognarsi. □ *don't be* ~ *to ask* non aver paura di chiedere; *to be* ~ *of sth.* vergognarsi di qcs.; *to be* ~ *of oneself* vergognarsi.

ash-blond, ash-blonde /'æʃblɒnd Am 'æʃblɑːnd/ *a.* biondo-cenere.

ashen¹ /'æʃən/ *a.* **1** (*very pale*) cinereo, livido. **2** (color) grigio cenere, cenerino. **3** (*of ashes*) di cenere.

ashen² /'æʃən/ *a.* **1** (*Bot*) del frassino. **2** (*of ash wood*) di frassino.

ashimmer /ə'ʃɪmər/ *a.* luccicante.

ashine /ə'ʃaɪn/ *a.* splendente.

ashiver /ə'ʃɪvər/ *a.* tremante.

ashlar /'æʃlər/ *n.* (*Edil*) **1** concio *m.*, pietra *f.* squadrata, pietra *f.* da taglio. **2** (*masonry*) muratura *f.* in pietra da taglio.

ashlaring /'æʃlərɪŋ/ *n.* (*Edil*) costruzione *f.* in pietra da taglio, bugnato *m.*

ashler /'æʃlər/ *n.* (*Am,Edil*) **1** concio *m.*, pietra *f.* squadrata, pietra *f.* da taglio. **2** (*masonry*) muratura *f.* in pietra da taglio.

ashman /'æʃmən/ *n.irr.* (*Am*) spazzino *m.* (*f.* -a), netturbino *m.* (*f.* -a).

ashore /ə'ʃɔːr Am ə'ʃɔːr/ *a.pred./avv.* **1** a riva: *to come* ~ venire a riva **2** a terra: *to go* ~ scendere a terra, sbarcare; *to run* (*o be driven*) ~ incagliarsi. **2** (*on shore*) a terra, sulla terraferma: *the captain is* ~ il capitano è sceso a terra.

ashtray /'æʃtreɪ/ *n.* portacenere *m.*, posacenere *m.*

ashy /'æʃi/ *a.* **1** di cenere. **2** (*covered with ashes*) coperto di cenere. **3** (*ash coloured*) cinereo. **4** (*Am,dial*) pieno di rabbia, furibondo.

Asia /'eɪʃə, 'eɪʒə/ *n.pr.* (*Geog*) Asia *f.* □ ~ *Minor* Asia Minore.

Asian /'eɪʃən, 'eɪʒən/ **I** *a.* **1** asiatico. **2** (*Br*) indiano, pakistano. **3** (*Am*) orientale, dell'estremo Oriente. **II** *n.* **1** asiatico *m.* (*f.* -a). **2** (*Br*) indiano *m.* (*f.* -a), pakistano *m.* (*f.* -a). **3** (*Am*) orientale *m./f.* □ ~ *American* asiatico-americano; (*Med*) ~ *flu* (*o* ~ *influenza*) asiatica, influenza asiatica.

Asiatic /,eɪʃiˈætɪk Am ,eɪʒiˈætɪk/ **I** *a.* asiatico. **II** *n.* asiatico *m.* (*f.* -a). □ ~ *mode of production* modo di produzione asiatico.

aside /ə'saɪd/ **I** *avv.* **1** da parte, di lato, in disparte: *to put* (*o set*) *sth.* ~ mettere da parte qcs.; *he took me* ~ mi ha preso in disparte. **2** (*apart*) a parte: *joking* ~ scherzi a parte. **II** *n.* **1** (*Teat*) a parte *m.* **2** (*digression*) divagazione *f.*, digressione *f.* □ ~ *from*: 1 oltre a; 2 (*except for*) a parte, eccetto.

asinine /'æsɪnaɪn/ *a.* **1** stupido, sciocco. **2** (*of an ass*) asinino, asinesco, da asino.

asininity /,æsɪ'nɪnɪti Am ,æsɪ'nɪnəti/ *n.* asineria *f.*, asinità *f.*

ask /ɑːsk Am æsk/ **I** *v.t.* **1** chiedere, domandare: *to* ~ *the way* domandare la strada. **2** (*a person*) chiedere a: *to* ~ *so.* ~

---

sth. chiedere qcs. a qcu.; *to* ~ *so. the way* domandare la strada a qcu.; *to* ~ *so. to do sth.* chiedere a qcu. di fare qcs.; ~ *him what he wants* chiedigli che cosa vuole. **3** (*to demand*) chiedere, volere: *he's -ing a high price* chiede un prezzo alto. **4** (*to invite*) invitare: ~ *the Browns to dinner* invita a cena i Brown. **II** *v.i.* **1** chiedere, richiedere (*for sth.* qcs.): *to* ~ *for help* chiedere aiuto. **2** (*to inquire*) informarsi, domandare (*about* di): *she -ed about you* ha domandato di te, ha chiesto notizie di te. □ *to* ~ *so. a question* rivolgere una domanda a qcu., fare una domanda a qcu.; *to* ~ *about sth.* informarsi di qcs.; *to* ~ *after so.* chiedere notizie di qcu.; *to* ~ *after so.'s health* informarsi sulla salute di qcu.; *to* ~ *around* chiedere in giro, domandare qua e là; *to* ~ *for sth.* **back** chiedere la restituzione di qcs.; *to* ~ *a favour of so.* chiedere un piacere a qcu., chiedere un favore a qcu.; *to* ~ *for so.* domandare di qcu., cercare qcu.; *to* ~ *for sth.* richiedere qcs., chiedere qcs.; (*fig*) *to* ~ *for so.'s hand in marriage* chiedere la mano di qcu.; (*colloq*) *to* ~ *for it* volersela, andarsela a cercare; *to* ~ *for quarter* chiedere quartiere, offrire la resa (avendo salva la vita); (*fig*) *to* ~ *for the floor* chiedere la parola; (*colloq*) *to be -ing for trouble* (*o to* ~ *for trouble*) andare in cerca di guai; *I get -ed that a lot* me lo chiedono spesso; (*colloq*) *if you* ~ *me* se vuoi il mio parere; *to* ~ *so. in* invitare qcu. a entrare; *don't* ~ *me!* non chiederlo a me! (non ne ho idea); *to* ~ *so. out* invitare qcu. a uscire, portare fuori qcu.; *to* ~ *so. over* invitare qcu. a casa propria; *to* ~ *too much of so.* chiedere troppo a qcu.; *he did not have to be -ed twice* non si faceva certo pregare; *I* ~ *you!* mi domando e dico!?

askance /ə'skæns/ *avv.* **1** sospettosamente, con diffidenza. **2** (*disapprovingly*) di traverso: *to look* ~ *at so.* guardare qcu. di traverso. **3** (*obliquely*) di traverso, per traverso, obliquamente.

askant /ə'skænt/ *avv.* **1** sospettosamente, con diffidenza. **2** (*disapprovingly*) di traverso. **3** (*obliquely*) di traverso, per traverso, obliquamente.

askari /ə'skɑːri/ *n.* ascaro *m.*

askew /ə'skjuː/ **I** *avv.* **1** di traverso, di sghimbescio, a sghembo, obliquamente. **2** (*fig*) sdegnosamente. **II** *a.pred.* storto, obliquo, sghembo: *the picture was hung* ~ il quadro era attaccato storto.

asking /'ɑːskɪŋ Am 'æskɪŋ/ □ ~ (*Comm*) ~ *price* prezzo di offerta.

aslant /ə'slɑːnt Am ə'slænt/ **I** *avv.* obliquamente, di traverso. **II** *prep.* attraverso, di traverso a. **III** *a.* obliquo, sghembo, inclinato.

asleep /ə'sliːp/ *a.pred./avv.* **1** addormentato. **2** (*fig*) incurante, indifferente; (*inactive*) addormentato, fiacco. **3** (*fig*) (*numb*) addormentato, intorpidito: *my foot is* ~ mi si è addormentato il piede. **4** (*eufem*) morto. □ (*Am,colloq*) *I was* ~ *at the switch* ero soprappensiero; *to be* ~ *on one's feet* dormire a occhi aperti, dormire in piedi; ~ *to the world* profondamente addormentato.

AS level, A/S level /eɪ'eslevəl/ *n.* (*GB,Scol*) (*Advanced Supplementary level*) esame *m.* supplementare di livello avanzato (nell'ultimo biennio della scuola secondaria).

aslope /ə'sloʊp/ *avv./a.pred.* in pendio, in pendenza.

ASM /eɪes'em/ *air-to-surface missile* (missile aria-terra).

asocial /,eɪ'soʊʃəl/ *a.* **1** asociale. **2** (*selfish*)

---

egoista, egocentrico.

asp /æsp/ *n.* **1** (*Zool*) aspide *m.* **2** (*Egyptian cobra*) cobra *m.* comune, cobra *m.* egiziano. **3** (*European viper*) marasso *m.*

asparagus /ə'spærəgəs Am also ə'sperəgəs/ *n.* **1** (*Bot*) asparago *m.* **2** (*shoots*) asparagi *m.pl.*, turioni *m.pl.* □ ~ *tips* punte di asparagi.

asparkle /ə'spɑːk| Am ə'spɑːrk|/ *a.* scintillante.

aspartame /'æspəteɪm Am 'æspər'teɪm/ *n.* (*Chim*) aspartame *m.*

ASPCA /,eɪes,piːsiː'eɪ/ *American Society for the Prevention of Cruelty to Animals* (società statunitense per la protezione degli animali).

aspect /'æspekt/ *n.* **1** aspetto *m.*, apparenza *f.* **2** (*fig*) aspetto *m.*, lato *m.* **3** (*air*) aspetto *m.*, espressione *f.*, aria *f.*: *the stern* ~ *of the judge* l'aspetto severo del giudice. **4** (*exposure*) esposizione *f.*: *southern* ~ esposizione a sud. **5** (*side facing a direction*) lato *m.*: *the western* ~ *of the house* il lato ovest della casa. **6** (*Gramm*) aspetto *m.* **7** (*Fis*) assetto *m.* relativo al suolo. **8** (*in astrology*) aspetto *m.* □ ~ *ratio*: 1 (*TV,Fot*) rapporto di formato; 2 (*Aer*) allungamento alare.

aspen /'æspən/ **I** *n.* (*Bot*) pioppo *m.* tremolo. **II** *a.* **1** (*Bot*) del pioppo tremolo, simile al pioppo tremolo. **2** (*fig*) (*quivering*) tremante, timoroso.

aspergillum /,æspə'dʒɪləm Am ,æspər'dʒɪləm/ (*pl.* -**lla** /-lə/, -**s** /-z/) *n.* (*Lit*) aspersorio *m.*

aspergillus /,æspə'dʒɪləs Am ,æspər'dʒɪləs/ (*pl.* -**lli** /-laɪ/) *n.* (*Bot*) aspergillo *m.*

asperity /æs'perɪti Am æs'perəti/ *n.* **1** asprezza *f.*, severità *f.*, durezza *f.*: *to reply with* ~ rispondere con durezza. **2** (*of the weather*) rigore *m.*, asprezza *f.*, inclemenza *f.* **3** (*concr*) (*roughness*) ruvidità *f.*, asprezza *f.* **4** *pl.* (*rough places*) asperità *f.pl.*, irregolarità *f.pl.* **5** *pl.* (*harsh words*) parole *f.pl.* dure, insulti *m.pl.*

asperse /ə'spɜːs Am ə'spɜːrs/ *v.t.* **1** diffamare, denigrare, calunniare: *to* ~ *so.'s good name* diffamare il buon nome di qcu. **2** (*Lit*) aspergere.

aspersion /ə'spɜːʃən Am ə'spɜːrʃən/ *n.* **1** denigrazione *f.*, diffamazione *f.*, calunnia *f.*: *to cast -s on so.* denigrare qcu., sparlare di qcu. **2** (*Lit*) aspersione *f.*: *to baptize by* ~ battezzare per aspersione.

aspersorium /,æspə'sɔːriəm Am ,æspər'sɔːriəm/ (*pl.* -**ria** /-riə/) *n.* **1** acquasantiera *f.* **2** (*Lit*) (*aspergillum*) aspersorio *m.*

asphalt¹ /'æsfælt Am 'æsfɔːlt/ **I** *n.* (*Min,Strad*) asfalto *m.* **II** *a.* di asfalto, asfaltato. □ (*Mar*) ~ *carrier* nave per il trasporto di asfalto; (*Strad*) ~ *cement* cemento asfaltico; ~ *jungle* giungla di asfalto; (*Cart*) ~ *paper* carta incatramata.

asphalt² /'æsfælt Am 'æsfɔːlt/ *v.t.* asfaltare.

asphalter /'æsfæltər Am 'æsfɔːltər/ *n.* asfaltista *m.*

asphaltic /æs'fæltɪk Am æs'fɔːltɪk/ *a.* asfaltico: ~ *bitumen* bitume asfaltico.

asphodel /'æsfoʊdel/ *n.* (*Bot*) asfodelo *m.*

asphyxia /æs'fɪksiə/ *n.* (*Med*) asfissia *f.*

asphyxiant /æs'fɪksiənt/ **I** *a.* asfissiante. **II** *n.* **1** sostanza *f.* asfissiante. **2** (*gas*) gas *m.* asfissiante.

asphyxiate /æs'fɪksieɪt/ *v.t./i.* asfissiare.

asphyxiation /æs,fɪksi'eɪʃən/ *n.* asfissia *f.*, soffocamento *m.*

aspic /'æspɪk/ *n.* (*Gastron*) aspic *m.*

aspidistra /,æspi'dɪstrə/ *n.* (*Bot*) aspidistra *f.*

aspirant /ə'spaɪ(ə)rənt Am 'æspərənt/ **I** *n.* aspirante *m./f.*, candidato *m.* (*f.* -a): ~ *for a job* aspirante a un impiego. **II** *a.* aspirante.

aspirate[1] /'æspɪreɪt/ *v.t.* (*Fon,Med*) aspirare.

aspirate[2] /'æspɪrɪt/ **I** *a.* (*Fon*) aspirato. **II** *n.* 1 (*Fon*) consonante *f.* aspirata. 2 (*Med*) liquido *m.* aspirato.

aspirated /'æspɪreɪtɪd Am 'æspɪreɪt̬ɪd/ *a.* (*Fon*) aspirato.

aspiration /,æspɪ'reɪʃ³n/ *n.* 1 (*Fon,Med*). aspirazione *f.* 2 (*ambition*) aspirazione *f.*, ambizione *f.* 3 (*breathing*) respiro *m.*

aspirator /'æspɪreɪtə Am 'æspɪreɪt̬ər/ *n.* aspiratore *m.* (*anche Med*).

aspire /ə'spaɪər/ *v.i.* aspirare (*to, after* a), ambire, agognare (qcs.): *to ~ to perfection* aspirare alla perfezione.

aspirin /'æsp³rɪn/ *n.* (*Farm*) aspirina *f.*

asquint /ə'skwɪnt/ *a.pred.* di traverso, sbieco.

ass[1] /æs/ *n.* 1 (*Zool*) asino *m.*, somaro *m.*, ciuco *m.* 2 (*fig*) asino *m.* (*f.* -a), sciocco *m.* (*f.* -a). □ ~ *colt* asinello; (*colloq*) *to make an ~ of oneself* rendersi ridicolo, fare una figuraccia.

ass[2] /æs/ *n.* (*Am,volg*) culo *m.* □ (*volg*) *not know one's ~ from one's elbow* non capire un cazzo; (*volg*) *get off one's ~* muovere le chiappe; (*volg*) *my ~* balle!, col cavolo!

assagai /'æsəgaɪ/ *n.* zagaglia *f.*

assail /ə'seɪl/ *v.t.* 1 assalire, attaccare, assaltare, dare l'assalto a. 2 (*fig*) (*with arguments, etc*) assalire, aggredire, investire. 3 (*of feelings*) assalire: *doubts and fears -ed them* dubbi e paure li assalirono. 4 (*to undertake*) affrontare decisamente, affrontare con risolutezza.

assailant /ə'seɪlənt/ *n.* assalitore *m.* (*f.* -trice).

assassin /ə'sæsɪn/ *n.* uccisore *m.*, assassino *m.* (*f.* -a); (*hired killer*) sicario *m.*

assassinate /ə'sæsɪneɪt/ *v.t.* assassinare, uccidere.

assassination /ə,sæsɪ'neɪʃ³n/ *n.* assassinio *m.*

assault[1] /ə'sɔːlt/ *n.* 1 assalto *m.*, attacco *m.* (*anche Mil*). 2 (*Dir*) aggressione *f.*, violenza *f.* personale. 3 (*rape*) violenza *f.* carnale, stupro *m.* □ (*Dir*) ~ *and battery* percosse, aggressione fisica; *to take by* ~ prendere d'assalto; ~ *rifle* fucile da assalto.

assault[2] /ə'sɔːlt/ *v.t.* 1 assaltare, assalire, attaccare. 2 (*to rape*) violentare, stuprare.

assaulter /ə'sɔːltə Am ə'sɔːlt̬ər/ *n.* assalitore *m.* (*f.* -trice).

assay /ə'seɪ/ **I** *v.t.* 1 saggiare, mettere alla prova. 2 (*to try*) tentare, cimentarsi in. 3 (*Met*) saggiare: *to ~ gold* saggiare l'oro. 4 (*Farm,fig*) analizzare. **II** *v.i.* (*Am,Met*) risultare dall'analisi. **III** *n.* 1 (*analysis*) analisi *f.*, saggio *m.*; (*of metals*) saggiatura *f.* 2 (*substance analysed*) saggio *m.*, campione *m.* 3 (*Met*) saggio *m.*, assaggio *m.*

assayable /ə'seɪəbl̩/ *a.* saggiabile.

assayer /ə'seɪə Am (*Met*) assaggiatore *m.*

assaying /ə'seɪɪŋ/ *n.* (*Met*) saggiatura *f.*

assegai /'æsɪgaɪ/ *n.* zagaglia *f.*

assemblage /ə'semblɪdʒ/ *n.* 1 (*of people*) adunata *f.*, raduno *m.*, assembramento *m.* 2 (*of things*) raccolta *f.*, insieme *m.* 3 (*mounting*) montaggio *m.*

assemble /ə'sembl̩/ **I** *v.t.* 1 radunare, riunire, raccogliere. 2 (*to fit together*) montare, assemblare: *to ~ a tape recorder* montare un registratore. 3 (*of facts, information*) radunare, mettere insieme, raccogliere. 4 (*Inform*) assemblare. **II** *v.i.* riunirsi, radunarsi.

assembler /ə'semblə/ *n.* 1 montatore *m.* (*f.* -trice). 2 (*Inform*) assembler *m.*

assembling /ə'semblɪŋ/ *n.* montaggio *m.*, assemblaggio *m.*

assembly /ə'sembli/ *n.* 1 assemblea *f.*, riunione *f.*, adunanza *f.*: *unlawful* ~ assembramento illegale. 2 (*construction*) assemblaggio *m.*, montaggio *m.* 3 (*sth. constructed*) complesso *m.* 4 (*parts for assembly*) pezzi *m.pl.*, elementi *m.pl.* 5 (*Mil*) (*signal*) adunata *f.*, segnale *m.* di adunata; (*collection of troops, etc*) radunata *f.* 6 (*Parl*) (*lower house*) camera *f.* bassa. □ (*Parl*) ~ *district* circoscrizione elettorale; (*Tecn*) ~ *drawing* disegno di insieme; ~ *hall* sala riunioni; (*Inform*) ~ *language* linguaggio assembly; ~ *line* linea di montaggio, catena di montaggio; ~ *proceedings* verbale di assemblea; ~ *room*: 1 sala di montaggio; 2 (*meeting room*) sala riunioni.

Assembly /ə'sembli/ *n.* (*Parl*) Camera *f.* bassa.

assemblyman /ə'semblimən/ (*Am*) *n.irr.* (*Parl*) deputato *m.*

assent[1] /ə'sent/ *v.i.* 1 approvare (*to sth.* qcs.), assentire (a), essere d'accordo (su): *to ~ to a plan* approvare un piano. 2 (*to yield*) acconsentire, consentire.

assent[2] /ə'sent/ *n.* 1 assenso *m.*, consenso *m.*, approvazione *f.*, beneplacito *m.*, autorizzazione *f.*: *by common* ~ per consenso generale. 2 (*Parl*) parere *m.* conforme. □ *with one* ~ all'unanimità.

assentation /,æsen'teɪʃ³n/ *n.* (*lett*) assentimento *m.* servile, approvazione *f.* servile.

assentient /ə'senʃnt/ **I** *a.* assenziente. **II** *n.* chi assente.

assert /ə'sɜːt Am ə'sɜːrt/ *v.t.* 1 asserire, affermare, sostenere. 2 (*to maintain*) sostenere, rivendicare, riaffermare: *to ~ one's innocence* sostenere la propria innocenza; *to ~ a claim* rivendicare un diritto; *to ~ one's rights* asserire i propri diritti. 3 (*to put forward*) far valere, fare rispettare, imporre, affermare: *to ~ oneself* farsi valere, imporsi; *to ~ one's authority* imporre la propria autorità.

asserted /ə'sɜːtɪd Am ə'sɜːrt̬ɪd/ *a.* asserito, dichiarato.

assertedly /ə'sɜːtɪdli Am ə'sɜːrt̬ɪdli/ *avv.* presumibilmente.

assertion /ə'sɜːʃ³n Am ə'sɜːrʃ³n/ *n.* 1 asserzione *f.*, affermazione *f.* 2 (*of a right, etc*) affermazione *f.*, rivendicazione *f.*

assertive /ə'sɜːtɪv Am ə'sɜːrt̬ɪv/ *a.* 1 assertivo. 2 (*self-confident*) sicuro di sé, che si impone.

assertiveness /ə'sɜːtɪvnəs Am ə'sɜːrt̬ɪvnəs/ *n.* sicurezza *f.* di sé, assertività *f.* □ (*Psic*) ~ *training* training assertivo.

assertor /ə'sɜːtə Am ə'sɜːrt̬ər/ *n.* assertore *m.* (*f.* -trice).

asses' /'æsɪz/ □ ~ *bridge* teoria difficile da capire, formula difficile da capire, ponte dell'asino.

assess /ə'ses/ *v.t.* 1 valutare, stimare (*a scopo fiscale*); (*of income*) accertare. 2 (*to fix the amount*) stimare, calcolare, valutare: *to ~ damages* valutare i danni. 3 (*to tax*) tassare; (*to fine*) multare. 4 (*fig*) valutare.

assessable /ə'sesəbl̩/ *a.* 1 valutabile. 2 (*chargeable*) tassabile. □ (*Econ*) ~ *profit* utile fiscale.

assessment /ə'sesmənt/ *n.* 1 valutazione *f.*, stima *f.*; (*of job*) valutazione *f.* professionale; (*of income*) accertamento *m.* 2 (*amount*) tassa *f.*, imposta *f.* 3 (*fig*) valutazione *f.*, giudizio *m.* □ (*Econ*) ~ *book* ruolo delle imposte; *to make an* ~ fare una valutazione; *to make an ~ of the damage caused by the hurricane* fare una valutazione dei danni causati dall'uragano; (*Assic*) ~ *of damages* stima dei danni, accertamento dei danni, valutazione dei danni; (*Econ*) ~ *of income* determinazione del reddito; ~ *of taxes* accertamento fiscale; ~ *on landed property* imposta fondiaria.

assessor /ə'sesər/ *n.* 1 agente *m.* delle imposte, funzionario *m.* del fisco. 2 (*judge's assistant*) giudice *m.* a latere. 3 (*expert*) perito *m.* (*f.* -a).

assessorship /ə'sesəʃɪp Am ə'sesərʃɪp/ *n.* carica *f.* di agente delle imposte.

asset /'æset/ *n.* 1 pregio *m.*, merito *m.*, qualità *f.* 2 (*advantage*) vantaggio *m.* 3 (*in a person*) dote *f.*, qualità *f.*, elemento *m.* prezioso: *your smile is your greatest* ~ il sorriso è il tuo punto forte. 4 (*person*) collaboratore *m.* (*f.* -trice) prezioso, persona *f.* valida. 5 *pl.* (*property*) beni *m.pl.*, averi *m.pl.*, patrimonio *m.sing.* (*on a balance sheet*) attivo *m.sing.* 7 *pl.* (*Dir*) (*of a bankrupt, etc*) patrimonio *m.sing.*; (*of a deceased person*) asse *m.sing.* ereditario. □ (*Comm*) -s *and liabilities* attivo e passivo, attività e passività; (*Econ*) ~ *and liability statement* stato patrimoniale; (*Econ*) ~ *turnover* rotazione del capitale.

asseverate /ə'sev³reɪt/ *v.t.* asseverare, asserire.

asseveration /ə,sevə'reɪʃ³n/ *n.* asseverazione *f.*, affermazione *f.* solenne.

asshole /'æʃhoʊl/ *n.* (*volg*) 1 ano *m.* 2 (*jerk*) testa *f.* di cazzo, stronzo *m.*: *that policeman was such an* ~ quel poliziotto è stato un vero stronzo.

assibilate /ə'sɪbɪleɪt/ **I** *v.t.* (*Fon*) assibilare. **II** *v.i.* (*Fon*) assibilarsi.

assiduity /,æsɪ'djuːti Am ,æsɪ'd(j)uːət̬i/ *n.* 1 assiduità *f.*, diligenza *f.*, costanza *f.* 2 *pl.* (*solicitous attentions*) assiduità *f.pl.*, attenzioni *f.pl.*, premure *f.pl.*

assiduous /ə'sɪdjuəs Am ə'sɪdʒuəs/ *a.* 1 assiduo, diligente, perseverante, costante. 2 (*solicitous*) sollecito, premuroso.

assiduousness /ə'sɪdjuəsnəs Am ə'sɪdʒuəs nəs/ *n.* assiduità *f.*

assign /ə'saɪn/ **I** *v.t.* 1 assegnare: *to ~ a task to so.* assegnare un compito a qcu.; *the professor has assigned another chapter to read* il professor ha assegnato (*o* dato) un nuovo capitolo da leggere. 2 (*to appoint*) incaricare, designare. 3 (*to fix*) fissare, stabilire: *to ~ a date for a trial* fissare la data di un processo. 4 (*to attribute*) attribuire. 5 (*Dir*) cedere, trasferire. **II** *n.* (*Dir*) assegnatario *m.* (*f.* -a).

assignability /ə,saɪnə'bɪltɪ Am ə,saɪnə'bɪlət̬i/ *n.* cedibilità *f.*

assignable /ə'saɪnəbl̩/ *a.* 1 assegnabile. 2 (*attributable*) attribuibile.

assignat /'æsɪgnæt/ *n.* (*Stor*) assegnato *m.*

assignation /,æsɪg'neɪʃ³n/ *n.* 1 appuntamento *m.*, convegno *m.* 2 (*allotting*) assegnazione *f.* 3 (*attribution*) attribuzione *f.*

assignee /'æsaɪ'niː/ *n.* 1 (*Dir*) assegnatario *m.* (*f.* -a). 2 (*agent*) delegato *m.* (*f.* -a), procuratore *m.* (*f.* -trice).

assignment /ə'saɪnmənt/ *n.* 1 compito *m.*, incarico *m.* 2 (*Scol*) compito *m.* a casa. 3 (*appointment*) nomina *f.*, incarico *m.*, designazione *f.* 4 (*allotment*) assegnazione *f.*, distribuzione *f.*, ripartizione *f.* 5 (*attribution*) attribuzione *f.* 6 (*Dir*) trasferimento *m.*, cessione *f.*: *deed of* ~ atto di cessione. 7 (*Inform*) assegnamento *m.*, assegnazione *f.* □ ~ *of contract* cessione di contratto; ~ *of debt* cessione di debito.

assignor /ə'saɪnəʳ/ n. (Dir) cedente m./f.

assimilable /ə'sɪmɪləbl̩/ a. assimilabile.

assimilate /ə'sɪmɪleɪt/·I v.t. 1 assimilare, assorbire: she reads a great deal, but -s little legge moltissimo ma assimila poco. 2 (to make similar) rendere simile. 3 (groups of different cultures, etc) assorbire, assimilare. 4 (Filos,Fon) assimilare. II v.i. 1 assimilarsi. 2 (to become similar) assimilarsi (to, with a, con). 3 (of groups of different cultures, etc) inserirsi, integrarsi (in).

assimilation /ə‚sɪmɪ'leɪʃn̩/ n. 1 assimilazione f. 2 (state of being absorbed) assimilazione f., assorbimento m., incorporazione f. 3 (Sociol) assimilazione f., integrazione f., assorbimento m.

assimilationist /ə‚sɪmɪ'leɪʃn̩ɪst/ n. (Sociol) fautore m. (f. -trice) di una politica di integrazione.

assimilative /ə'sɪməleɪtɪv Am ə'sɪməleɪtɪv/ a. assimilativo.

assimilatory /ə'sɪmɪlətᵊri Am ə'sɪmɪlətɔːri/ a. assimilativo.

assist /ə'sɪst/ I v.t. 1 aiutare, assistere: to ~ so. in doing sth. aiutare qcu. a fare qcs. 2 (assol) aiutare, collaborare, dare il proprio aiuto. II v.i. (ant) assistere, essere presente (at a). III n. 1 (Sport) (in baseball) intervento m.; (in ice hockey, basketball) passaggio m. 2 (aid) aiuto m.

assistance /ə'sɪstᵊns/ n. aiuto m., assistenza f.: government ~ sussidio statale, aiuto statale; technical ~ assistenza tecnica. □ to come to so.'s ~ venire in aiuto di qcu.; to be of ~ to so. essere di aiuto a qcu.; (Am,Dir) ~ of counsel diritto all'assistenza di un avvocato.

assistant /ə'sɪstᵊnt/ I n. 1 aiutante m./f., assistente m./f., collaboratore m. (f. -trice): laboratory ~ assistente di laboratorio; hairdresser's ~ lavorante di parrucchiere. 2 (subordinate, second-in-command) assistente m./f., aiuto m./f., aggiunto m. 3 (shop assistant) commesso m. (f. -a): shop ~ commesso. 4 (Am,Univ) docente m./f. non titolare di cattedra, professore m. (f. -essa) non titolare di cattedra. II a. 1 di aiuto, utile. 2 (subordinate) aiuto, vice-: ~ headmaster vicepreside. □ (Cin,TV) ~ director (o ~ to the director) aiuto regista; ~ headmaster (il) vicepreside; ~ headmistress (la) vicepreside; ~ manager vicedirettore; (Univ) ~ professor professore non titolare di cattedra.

assistantship /ə'sɪstᵊntʃɪp/ n. (US,Univ) assistentato m.

assize /ə'saɪz/ n. 1 (Dir) inchiesta f.; (verdict) verdetto m. 2 (edict) editto m., ordinanza f. 3 pl. (Dir) corte f.sing. di Assise, Assise f.pl.

assn., Assn. association ass. (associazione).

associability /ə‚souʃə'bɪlɪti Am ə‚souʃə'bɪlət̬i/ n. associabilità f.

associable /ə'souʃ(i)əbl̩, ə'sousiəbl̩/ a. associabile.

associate[1] /ə'souʃieɪt, ə'sousieɪt/ I v.t. associare, collegare, mettere insieme, unire: ~ rain with sadness associare la pioggia con la tristezza. II v.i. 1 frequentare (with so. qcu.), essere in rapporti di amicizia (con). 2 (to combine) unirsi, entrare in società, mettersi insieme.

associate[2] /ə'souʃiət, ə'sousiət/ I n. 1 socio m. (f. -a), collega m./f.: business ~ socio di affari. 2 (companion) compagno m. (f. -a), amico m. (f. -a). 3 (accompaniment) cosa f. unita a, cosa f. concomitante con un'altra. 4 (member of a learned society, etc) membro

m.; (of a club) socio m. (f. -a). II a. 1 associato, unito. 2 (with secondary status) aggiunto, subordinato, aggregato: ~ producer produttore associato. 3 (concomitant) concomitante. □ (Dir) -d corporations società collegate; (Am,Univ) -s degree diploma finale di un Community college; ~ editor condirettore, direttore associato; ~ judge giudice assessore; (Dir) ~ justice giudice associato; (Univ) ~ professor (professore) associato.

association /ə‚sousi'eɪʃᵊn, ə‚sousi'eɪʃᵊn/ n. 1 associazione f., sodalizio m. 2 (companionship) amicizia f., familiarità f., legame m.: in our long ~ nella nostra lunga amicizia. 3 (of ideas, etc) connessione f., associazione f.: ~ of ideas associazione di idee. 4 (overtone) ricordo m., connotazione f. 5 (Sport) calcio m. □ (Parl) ~ agreement accordo di associazione; Association football calcio, gioco del calcio; Association of African States and Madagascar Associazione degli stati africani e malgascio.

associationism /ə‚sousi'eɪʃᵊnɪzᵊm, ə‚sousi'eɪʃᵊnɪzᵊm/ n. (Psic) associazionismo m.

associative /ə'sousiətɪv, ə'sousiətɪv/ a. associativo. □ (Mat) ~ law legge associativa.

assonance /'æsᵊnəns/ n. assonanza f.

assonant /'æsᵊnənt/ a. assonante.

assonate /'æsᵊneɪt/ v.i. assonare, essere in assonanza.

assort /ə'sɔːt Am ə'sɔːrt/ I v.t. 1 ordinare, disporre in ordine. 2 (to furnish with an assortment) assortire, rifornire (di merci varie). II v.i. 1 essere assortito, andar bene insieme: the two groups ~ well questi due gruppi stanno bene assortiti. 2 (to associate) accompagnarsi (with con), frequentare, praticare (qcu.).

assorted /ə'sɔːtɪd Am ə'sɔːrt̬ɪd/ a. 1 assortito: ~ chocolates cioccolatini assortiti. 2 (miscellaneous) vario, misto, di vario genere.

assortment /ə'sɔːtmənt Am ə'sɔːrtmənt/ n. assortimento m., scelta f.

asst. assistant ass. (assistente).

assuage /ə'sweɪdʒ/ v.t. 1 alleviare, lenire, mitigare, attenuare: to ~ so.'s grief lenire il dolore di qcu. 2 (to appease) calmare, placare, sedare, acquietare: to ~ one's thirst placare la propria sete.

assuagement /ə'sweɪdʒmənt/ n. alleviamento m., lenimento m., sollievo m.

assumable /ə'suːməbl̩ Br also ə'sjuːməbl̩/ a. presumibile.

assume /ə'suːm Br also ə'sjuːm/ I v.t. 1 presupporre, ritenere, dare per scontato, dare per certo, supporre: assuming this to be true ammesso (e non concesso) che questo sia vero. 2 (to make an assumption) ammettere per ipotesi: let us ~ that supponiamo che. 3 (to undertake) assumere, prendere, addossarsi: to ~ responsibility assumersi una responsabilità. 4 (to invest oneself with) prendere possesso di: to ~ an office prendere possesso di una carica. 5 (to take on) assumere, prendere, adottare: the problem has -d another form il problema ha assunto un altro aspetto. 6 (to usurp) usurpare. 7 (to appropriate) arrogarsi, appropriarsi. 8 (to feign) fingere, simulare; (to pretend) affettare, ostentare. 9 (Dir) (of another's debts) assumere. II v.i. presumere, dare per scontato. □ to ~ the worst pensare al peggio, supporre il peggio.

assumed /ə'suːmd Br also ə'sjuːmd/ a. 1 affettato, ostentato. 2 (false) finto, fittizio: under an ~ name sotto falso nome. 3 (supposed) presunto, supposto.

assuming /ə'suːmɪŋ Br also ə'sjuːmɪŋ/ a. presuntuoso.

assumption /ə'sʌm(p)ʃᵊn/ n. 1 presupposto m., premessa f., postulato m. 2 (presumption) presunzione f., arroganza f. 3 (feigning) indifferenza f., ostentazione f., affettazione f.: ~ of indifference ostentazione di indifferenza. 4 (pretence) finzione f., simulazione f. 5 (taking possession) assunzione f., presa f. di possesso: the ~ of power l'assunzione del potere, la presa di potere. □ on the ~ that nell'ipotesi che, supponendo che, a condizione che.

Assumption /ə'sʌm(p)ʃᵊn/ n.pr. 1 (Rel) Assunzione f. 2 (feast) Assunzione f., festa f. dell'Assunta.

assumptive /ə'sʌm(p)tɪv/ a. 1 presunto, ipotetico. 2 (assuming) presuntuoso, arrogante.

assurance /ə'ʃʊərᵊns Am ə'ʃʊrᵊns/ n. 1 assicurazione f., promessa f.: he gave me his ~ that mi ha assicurato che. 2 (guarantee) garanzia f. 3 (certainty) sicurezza f., certezza f., fiducia f.: the ~ of victory la certezza della vittoria; to say sth. with ~ dire qcs. con sicurezza. 4 (self-confidence) fiducia f. in se stesso, sicurezza f. di sé. 5 (impudence) ardire m., impudenza f., sfacciataggine f. 6 (Br) (insurance) assicurazione f.: life ~ assicurazione sulla vita. □ to make ~ double sure essere doppiamente sicuro; to give so. ~ to the contrary assicurare qcu. del contrario.

assure /ə'ʃʊəʳ Am ə'ʃʊr/ v.t. 1 assicurare, garantire: to ~ so. of sth. assicurare qcs. a qcu.; I ~ you your car will be ready on time le assicuro che la sua macchina sarà pronta in tempo; nothing can ~ success niente può garantire il successo. 2 (to reassure) rassicurare. 3 (to make safe) assicurare, mettere al sicuro. 4 (Br,Assic) assicurare: to ~ one's life fare un'assicurazione sulla vita.

assured /ə'ʃʊəʳd Am ə'ʃʊrd/ I a. 1 sicuro, certo: you may rest ~ that puoi star sicuro che. 2 (confident) sicuro (di sé), disinvolto. 3 (arrogant) spavaldo. II n. (Assic) beneficiario m. (f. -a). 2 (person assured) assicurato m. (f. -a).

assuredly /ə'ʃʊərɪdli Am ə'ʃʊrɪdli/ avv. 1 certamente, senza dubbio. 2 (confidently) fiduciosamente.

assuredness /ə'ʃʊərdnəs Am ə'ʃʊrdnəs/ n. 1 certezza f., sicurezza f. 2 (confidence) fiducia f., sicurezza f.

assurer /ə'ʃʊərəʳ Am ə'ʃʊrəʳ/ n. (Assic) assicuratore m. (f. -trice).

assurgent /ə'sɜːdʒənt Am ə'sɜːrdʒənt/ a. (Bot) ascendente.

Assyria /ə'sɪriə/ n.pr. (Geog.stor) Assiria f.

Assyrian /ə'sɪriən/ I a. assiro. II n. 1 Assiro m. (f. -a). 2 (language) assiro m.

Assyriologist /ə‚sɪri'ɒlədʒɪst Am ə‚sɪri'ɑːlədʒɪst/ n. assiriologo m. (f. -a).

Assyriology /ə‚sɪri'ɒlədʒi Am ə‚sɪri'ɑːlədʒi/ n. assiriologia f.

astable /‚eɪ'steɪbl̩/ a. (Inform) astabile.

astarboard /ə'stɑːbɔːd Am ə'stɑːrbɔːrd/ avv. (Mar) a dritta.

astatic /‚eɪ'stætɪk Am ‚eɪ'stæt̬ɪk/ a. 1 instabile, malfermo. 2 (Fis) astatico.

astatine /'æstəti:n/ n. (Chim) astato m.

aster /'æstəʳ/ n. (Bot) aster m.

asterisk /'æstᵊrɪsk/ I n. asterisco m. II v.t. segnare con un asterisco.

asterism /'æstᵊrɪzᵊm/ n. 1 (Min,Tip) asterismo m. 2 (Astr) asterismo m.; (constellation) costellazione f.

astern /ə'stɜːn Am ə'stɜːrn/ avv. (Mar,Aer) indietro, a poppa: to have the wind ~ avere il vento a poppa. □ ~ *of* a poppavia di.

asteroid /'æstʰrɔɪd/ I *n.* (*Astr,Zool*) asteroide *m.* II *a.* **1** a forma di stella. **2** (*Itt*) simile agli asteroidi. **3** (*Bot*) delle asteracee.

asthenia /æs'θiːniə/ *n.* (*Med*) astenia *f.*

asthenic /æs'θenɪk/ I *a.* (*Med*) astenico. II *n.* astenico *m.* (*f.* -a).

asthenosphere /əs'θenəsfɪəʳ *Am* æs'θenəsfɪr/ *n.* (*Geol*) astenosfera *f.*

asthma /'æs(θ)mə *Am* 'æzmə/ *n.* (*Med*) asma *m./f.*

asthmatic /æs(θ)'mætɪk *Am* æz'mætɪk/ I *a.* (*Med*) asmatico. II *n.* asmatico *m.* (*f.* -a).

astigmatic /ˌæstɪg'mætɪk *Am* ˌæstɪg'mæţɪk/ *a.* (*Med,Ott*) astigmatico.

astigmatism /ə'stɪgmətɪzʰm, æs'tɪgmətɪzʰm/ *n.* (*Med,Ott*) astigmatismo *m.*

astir /ə'stɜːʳ *Am* ə'stɜːr/ *a.pred.* **1** in moto, in agitazione. **2** (*up and about*) alzato, in piedi: *to be* ~ *early* essere in piedi di buon'ora. □ *the streets were* ~ *with people* le strade brulicavano di gente.

astonish /ə'stɒnɪʃ *Am* ə'staːnɪʃ/ *v.t.* stupire, sorprendere, meravigliare.

astonishing /ə'stɒnɪʃɪŋ *Am* ə'staːnɪʃɪŋ/ *a.* sorprendente, straordinario, stupefacente, sbalorditivo.

astonishment /ə'stɒnɪʃmənt *Am* ə'staːnɪʃmənt/ *n.* sorpresa *f.*, stupore *m.*, meraviglia *f.*: *to my great* ~ con mio grande stupore; *to cause* ~ destare meraviglia, sorprendere; *to look at so. in* ~ guardare qcu. con stupore.

astound /ə'staʊnd/ *v.t.* sbalordire, riempire di stupore.

astounding /ə'staʊndɪŋ/ *a.* sbalorditivo, stupefacente.

astraddle /ə'strædl/ I *a.pred./avv.* a cavalcioni. II *prep.* a cavalcioni di.

astragal /'æstrəgʰl/ *n.* (*Arch,Mil*) astragalo *m.*

astragalus /ə'strægʰləs/ (*pl.* **-li** /-laɪ/) *n.* (*Anat*) astragalo *m.*

astrakhan /ˌæstrə'kæn/ *n.* astracan *m.*

astral /'æstrʰl/ *a.* astrale. □ (*Occult*) ~ *body* corpo astrale.

astray /ə'streɪ/ *avv./a. pred.* fuori strada (*anche fig*). □ *to go* ~: **1** (*to be lost*) smarrirsi, perdere la strada, andare smarrito, essere smarrito, perdersi; **2** (*fig*) deviare dalla retta via; **3** (*to go away from the correct path*) andare fuori strada.

astriction /ə'strɪkʃʰn/ *n.* (*Med*) costrizione *f.*, restrizione *f.*

astrictive /ə'strɪktɪv/ I *a.* (*Farm*) astringente. II *n.* astringente *m.*

astride /ə'straɪd/ I *avv.* a cavalcioni, a gambe divaricate. II *prep.* **1** a cavalcioni di. **2** (*on both sides of*) da ambo i lati di, sui due lati di: *the woods lie* ~ *of the road* i boschi si estendono a entrambi i lati della strada. □ *to sit* ~ *a horse* cavalcare un cavallo.

astringency /ə'strɪndʒʰnsi/ *n.* **1** astringenza *f.* **2** (*fig*) durezza *f.*, severità *f.*

astringent /ə'strɪndʒʰnt/ I *a.* **1** (*Farm*) astringente. **2** (*fig*) severo, duro. II *n.* (*Farm,Cosmet*) astringente *m.*

astrionics /ˌæstri'ɒnɪks *Am* ˌæstri'aːnɪks/ *n.pl.* (*costr.sing.*) elettronica *f.* applicata all'astronautica.

astrobiologist /ˌæstroʊbaɪ'ɒlədʒɪst *Am* ˌæstroʊbaɪ'aːlədʒɪst/ *n.* astrobiologo *m.* (*f.* -a).

astrochemist /ˌæstroʊ'kemɪst/ *n.* astrochimico *m.*

astrodome /'æstroʊdoʊm/ *n.* (*Astron*) astrodomo *m.*

astrodynamic /ˌæstroʊdaɪ'næmɪk/ *a.* astrodinamico.

astrodynamics /ˌæstroʊdaɪ'næmɪks/ *n.pl.*

(*costr.sing.*) astrodinamica *f.*

astrogate /'æstroʊgeɪt/ I *v.t.* (*of a spaceship*) guidare, comandare. II *v.i.* compiere un volo interplanetario, navigare nello spazio.

astrogation /ˌæstrə'geɪʃʰn/ *n.* navigazione *f.* spaziale.

astrogator /'æstrə,geɪtəʳ *Am* 'æstrə,geɪţəʳ/ *n.* navigatore *m.* (*f.* -trice) spaziale.

astrogony /æ'strɒgʰni *Am* æ'straːgəni/ *n.* cosmogonia *f.* stellare.

astrography /æ'strɒgrəfi *Am* æ'straːgrəfi/ *n.* astrografia *f.*

astrolabe /'æstroʊleɪb/ *n.* (*Astr,ant*) astrolabio *m.*

astrologer /ə'strɒlədʒəʳ *Am* ə'straːlədʒəʳ/ *n.* astrologo *m.* (*f.* -a).

astrologic /ˌæstrə'lɒdʒɪk *Am* ˌæstrə'laːdʒɪk/ *a.* astrologico.

astrological /ˌæstrə'lɒdʒɪkʰl *Am* ˌæstrə'laːdʒɪkʰl/ *a.* astrologico.

astrology /ə'strɒlədʒi *Am* ə'straːlədʒi/ *n.* astrologia *f.*

astrometry /æ'strɒmɪtri *Am* ə'straːmɪtri/ *n.* astrometria *f.*

astronaut /'æstrənɔːt *Am* also 'æstrənɑːt/ *n.* astronauta *m./f.*

astronautical /ˌæstroʊ'nɔːtɪkʰl *Am* ˌæstrə'nɔːtɪkʰl, ˌæstrə'nɑːtɪkʰl/ *a.* astronautico.

astronautics /ˌæstroʊ'nɔːtɪks *Am* ˌæstrə'nɔːtɪk, ˌæstrə'nɑːtɪk/ *n.pl.* (*costr.sing.*) astronautica *f.*

astronavigation /ˌæstroʊnævɪ'geɪʃʰn/ *n.* navigazione *f.* astronomica, navigazione *f.* stellare.

astronomer /ə'strɒnəməʳ *Am* ə'straːnəməʳ/ *n.* astronomo *m.* (*f.* -a).

astronomic /ˌæstrə'nɒmɪk *Am* ˌæstrə'naːmɪk/ *a.* astronomico (*anche fig*): ~ *sum* cifra astronomica.

astronomical /ˌæstrə'nɒmɪkʰl *Am* ˌæstrə'naːmɪkʰl/ *a.* astronomico. □ ~ *clock* orologio astronomico; ~ *telescope* telescopio astronomico; ~ *time* ora astronomica; ~ *unit* unità astronomica.

astronomy /ə'strɒnəmi *Am* ə'straːnəmi/ *n.* astronomia *f.*

astrophotographer /ˌæstroʊfə'tɒgrəfəʳ *Am* ˌæstroʊfə'taːgrəfəʳ/ *n.* astrofotografo *m.* (*f.* -a).

astrophotography /ˌæstroʊfə'tɒgrəfi *Am* ˌæstroʊfə'taːgrəfi/ *n.* astrofotografia *f.*

astrophysicist /ˌæstroʊ'fɪzɪsɪst/ *n.* astrofisico *m.* (*f.* -a).

astrophysics /ˌæstroʊ'fɪzɪks/ *n.pl.* (*costr. sing.*) astrofisica *f.*

Asturias /æs'tʊəriəs *Am* æs'tʊriəs/ *n.pr.pl.* (*Geog*) Asturie *f.pl.*

astute /ə'stjuːt *Am* also ə'stuːt/ *a.* **1** avveduto, accorto, sagace. **2** (*cunning*) furbo, astuto, scaltro.

astuteness /ə'stjuːtnəs *Am* also ə'stuːtnəs/ *n.* astuzia *f.*, sagacia *f.*

asunder /ə'sʌndəʳ/ I *avv.* a pezzi: *to tear* ~ fare a pezzi. II *a.pred.* separati, lontani (l'uno dall'altro).

aswarm /ə'swɔːm *Am* ə'swɔːrm/ *a.pred.* brulicante (*with* di).

asylum /ə'saɪləm/ *n.* **1** ospizio *m.*, casa *f.* di ricovero: ~ *for the blind* casa di ricovero per ciechi. **2** (*lunatic asylum*) manicomio *m.*, ospedale *m.* psichiatrico. **3** (*place of refuge*) asilo *m.*, rifugio *m.* (*anche fig*). **4** (*Dir*) asilo *m.* politico: *to be granted* ~ ottenere asilo politico. □ ~ *seeker* persona in cerca di rifugio politico.

asymmetric /ˌeɪsɪ'metrɪk/ *a.* asimmetrico.

asymmetrical /ˌeɪsɪ'metrɪkʰl/ *a.* asimmetrico.

asymmetry /eɪ'sɪmɪtri/ *n.* asimmetria *f.*

asymptomatic /ˌeɪsɪm(p)tə'mætɪk *Am* ˌeɪsɪm(p)tə'mæţɪk/ *a.* (*Med*) asintomatico.

asymptote /'æsɪm(p)toʊt/ *n.* (*Mat*) asintoto *m.*

asynchronism /eɪ'sɪŋkrənɪzʰm/ *n.* asincronismo *m.*

asynchronous /eɪ'sɪŋkrənəs/ *a.* asincrono. □ (*Inform*) ~ *computer* computer asincrono.

asyndeton /ə'sɪndɪtən *Am* ə'sɪndɑːn/ *n.* (*Ret*) asindeto *m.*

asynergy /eɪ'sɪnədʒi *Am* eɪ'sɪnʰrdʒi/ *n.* (*Med*) asinergia *f.*

asyntactic /ˌeɪsɪn'tæktɪk/ *a.* non sintattico.

at[1] /ət *emphatic* æt/ *prep.* **1** a, in: ~ *home* a casa; ~ *the door* alla porta; ~ *church* in chiesa. **2** (*used with the possessive morpheme*) da: ~ *my uncle's* da mio zio; ~ *Mark's* da Mark. **3** (*to indicate location*) a: ~ *right angles* ad angolo retto; ~ *a distance* a una certa distanza. **4** (*of time*) a, in, di: ~ *eight o'clock* alle otto; ~ *the age of twenty* a vent'anni; ~ *Christmas* a Natale; ~ *that time* a quell'epoca. **5** (*in condition*) in: *we are* ~ *war* siamo in guerra. **6** (*to, toward*) a, verso, contro, addosso: *to rush* ~ *the enemy* lanciarsi contro il nemico. **7** (*through*) attraverso, per, da. **8** (*to indicate occupation*) a: ~ *work* al lavoro; ~ *dinner* a cena. **9** (*of value, cost*) a: ~ *a high price* a caro prezzo. **10** (*to indicate degree, order*) a: ~ *the beginning* al principio; ~ *the third attempt* al terzo tentativo; ~ *a hundred degrees* a cento gradi. **11** (*to indicate rate*) a: ~ *twenty miles an hour* a venti miglia all'ora; ~ *full speed* a tutta velocità. **12** (*with reference to*) a, in: *good* ~ *volleyball* bravo a pallavolo; *good* ~ *sewing* brava a cucire. □ *one thing* ~ *a time* una cosa per volta; *to be* ~ *sth.* fare qcs.; *what are you* ~? che diavolo stai facendo?; *he's* ~ *it again* ora ricomincia, ci risiamo; ~ *best* nella migliore delle ipotesi; ~ *first* al principio, dapprima, sulle prime, in un primo momento, in un primo tempo; ~ *hand*: **1** a portata di mano, sottomano; **2** (*imminent*) (molto) vicino, imminente, prossimo: *the exam is* ~ *hand* l'esame è molto vicino; ~ *last* alla fine, finalmente; ~ *least* al meno, per lo meno; ~ *most* al massimo; *I am* ~ *my worst in the morning* la mattina è per me il momento peggiore della giornata; ~ *once* subito, immediatamente; ~ *present* al momento (presente), ora, attualmente, in questo momento; ~ *that*: **1** (*as it is*) così com'è, così (come stanno), a quel punto lì: *we'll leave things* ~ *that* lasceremo le cose così come stanno; **2** (*even so, nevertheless*) pure, nonostante, anche se, nonostante tutto, nonostante ciò, ciò nonostante: *it's still worth it* ~ *that* nonostante tutto ne vale ancora la pena; **3** (*besides*) per di più, inoltre, anche, per giunta: *his book is boring and full of mistakes* ~ *that* il suo libro è noioso e per giunta pieno di errori; **4** (*whereupon*) al che, dopo di che: ~ *that mother got really angry* al che mamma si arrabbiò sul serio; ~ *them*! addosso!, assaliteli!

at[2] *technical atmosphere* at (atmosfera tecnica) *f.*

AT /eɪ'tiː/ **1** *anti-tank* (anticarro). **2** *air temperature* TA (temperatura dell'aria). **3** *air transport* (trasporto aereo).

at. **1** *atmospheric* atm. (atmosferico). **2** *atomic* atomico: ~ *no.* (*atomic number*) numero atomico; ~ *wt.* (*atomic weight*) peso atomico.

ataraxia /ˌætə'ræksiə/ *n.* (*Filos*) atarassia *f.*

ataraxy /'ætəræksi/ *n.* (*Filos*) atarassia *f.*

atavism /'ætəvɪzᵊm *Am* 'æţəvɪzᵊm/ *n.* **1** (*Biol*) atavismo *m.* **2** (*throwback, reversion*) regressione *f.*

atavist /'ætəvɪst *Am* 'æţəvɪst/ *n.* individuo *m.* con caratteri atavici.

atavistic /ˌætə'vɪstɪk *Am* ˌæţə'vɪstɪk/ *a.* (*Biol*) atavico (*anche estens*).

ataxia /ə'tæksiə/ *n.* (*Med*) atassia *f.*

ataxic /ə'tæksɪk/ *a.* (*Med*) atassico.

ataxy /ə'tæksi/ *n.* (*Med*) atassia *f.*

ATC /ˌeɪtiː'siː/ *Air Traffic Control* ATC (controllo del traffico aereo).

ATCAS /ˌeɪtiːsiːeɪ'es/ *Air Traffic Control Automatic System* (sistema di controllo automatico del traffico aereo).

ate /et, eɪt/ → **eat**.

atelier /'ætəljeɪ *Am* 'ætel'jeɪ/ *n.* atelier *m.*

Athanasian /ˌæθə'neɪʒən/ **I** *a.* (*Rel*) atanasiano. **II** *n.* seguace *m./f.* di Atanasio. □ (*Rel*) ~ *Creed* simbolo atanasiano.

Athanasius /ˌæθə'neɪʒəs/ *n.pr.m.* (*Stor*) Atanasio.

atheism /'eɪθiɪzᵊm/ *n.* ateismo *m.*

atheist /'eɪθiɪst/ *n.* ateo *m.* (*f.* -a), ateista *m./f.*

atheistic /ˌeɪθi'ɪstɪk/ *a.* ateo, ateistico.

atheistical /ˌeɪθi'ɪstɪkᵊl/ *a.* ateo, ateistico.

atheling /'æθəlɪŋ/ *n.* (*Stor*) principe *m.* anglosassone, nobile *m.* anglosassone.

Athena /ə'θiːnə/ *n.pr.f.* (*Mitol*) Atena.

athenaeum /ˌæθɪ'niːəm/ *n.* **1** società *f.* letteraria, società *f.* scientifica. **2** (*library*) biblioteca *f.*; (*reading-room*) sala *f.* di lettura.

Athenaeum /ˌæθɪ'niːəm/ *n.pr.m.* (*Stor.gr*) Ateneo.

Athenian /ə'θiːniən/ **I** *a.* ateniese. **II** *n.* ateniese *m./f.*

Athens /'æθɪnz/ *n.pr.* (*Geog*) Atene *f.*

athermic /eɪ'θɜːmɪk *Am* eɪ'θɜːrmɪk/ *a.* (*Fis*) atermico: ~ *glass* vetro atermico.

athirst /ə'θɜːst *Am* ə'θɜːrst/ *a.pred.* **1** (*Lett*) avido, bramoso (*for* di). **2** (*poet*) assetato.

athlete /'æθliːt/ *n.* atleta *m./f.* □ (*Med*) ~'s *foot* piede da atleta.

athletic /æθ'letɪk *Am* æθ'letɪk/ *a.* atletico. □ ~ *build* costituzione atletica; ~ *events* gare di atletica; (*Med*) ~ *heart* cuore da atleta.

athleticism /æθ'letɪsɪzᵊm *Am* æθ'leţəsɪzᵊm/ *n.* atletismo *m.*

athletics /æθ'letɪks *Am* æθ'leţɪk/ *n.pl.* (*costr.sing. o pl.*) **1** atletica *f.* **2** (*track-and-field events*) atletica *f.* leggera.

at-home, at home /æt'houm/ *n.* ricevimento *m.* in casa.

athrill /ə'θrɪl/ *a.pred.* emozionato, eccitato.

athwart /ə'θwɔːt *Am* ə'θwɔːrt/ **I** *avv.* **1** di traverso, per traverso, trasversalmente, obliquamente, di sghembo. **2** (*fig*) (*awry*) di traverso, storto, male. **3** (*Mar*) per madiere, al traverso. **II** *prep.* **1** attraverso. **2** (*Mar*) al traverso di. **3** (*fig*) in contrasto con, in opposizione a.

athwartship /ə'θwɔːtʃɪp *Am* ə'wɔːrtʃɪp/ *a.* (*Mar*) trasversale.

athwartships /ə'θwɔːtʃɪps *Am* ə'θwɔːrtʃɪps/ *avv.* trasversalmente, di traverso, traverso.

a-tilt /ə'tɪlt/ *avv./a.pred.* **1** inclinato, di sghembo, pendente. **2** (*with lance in hand*) con la lancia in resta. □ (*fig*) *to run* ~ *at* partire all'attacco di.

atingle /ə'tɪŋɡl/ *a.pred.* formicolante, che pizzica.

Atlanta /ət'læntə *Am* ət'læntə/ *n.pr.* (*Geog*) Atlanta *f.*

Atlantean /ˌætlæn'tiːən/ *a.* **1** (*of Atlas*) di Atlante, atlantico. **2** (*fig*) possente, titanico. **3** (*of Atlantis*) dell'Atlantide.

Atlantic /ət'læntɪk *Am* ət'læntɪk/ **I** *a.* **1** atlantico. **2** (*of Atlas*) di Atlante, atlantico. **II** *n.pr.* (*Geog*) Atlantico *m.* □ (*Pol*) ~ *Alliance* alleanza atlantica; (*Stor*) ~ *Charter* carta atlantica; (*Mar*) ~ *liner* transatlantico; (*Geog*) ~ *Ocean* Oceano atlantico.

Atlanticism /ət'læntɪsɪzᵊm *Am* æt'læntə sɪzᵊm/ *n.* (*Pol*) atlantismo *m.*

Atlanticist /ət'læntɪsɪst *Am* æt'læntəsɪst/ *n.* atlantista *m./f.*

Atlantis /ət'læntɪs *Am* ət'læntɪs/ *n.pr.f.* (*Mitol*) Atlantide.

atlas[1] /'ætləs/ (*pl.* **atlases** /'ætləsɪz/) *n.* (*Geog*) atlante *m.*

atlas[2] /'ætləs/ (*pl.* **atlantes** /æt'læntiːz/) *n.* (*Arch*) atlante *m.*, telamone *m.*

Atlas /'ætləs/ *n.pr.m.* (*Mitol,Astr*) Atlante.

ATM /ˌeɪtiː'em/ (*Br*) *automated teller machine* (bancomat, sportello automatico di banca).

atm *atmosphere* atm (atmosfera).

atm. *atmospheric* (atmosferico).

atmosphere /'ætməsfɪᵊr *Am* 'ætməsfɪr/ *n.* **1** atmosfera *f.* **2** (*fig*) (*environment*) ambiente *m.*, atmosfera *f.* **3** (*fig*) (*of a work of art*) atmosfera *f.*, clima *m.* psicologico. **4** (*fig*) (*colour*) atmosfera *f.*, colore *m.* locale.

atmospheric /ˌætməs'ferɪk *Am also* ˌætməs 'fɪrɪk/ *a.* **1** atmosferico: ~ *conditions* condizioni atmosferiche. **2** (*fig*) che crea un'atmosfera, ricco di suggestioni. □ (*Meteor*) ~ *pressure* pressione atmosferica.

atmospherical /ˌætməs'ferɪkᵊl *Am also* ˌætməs'fɪrɪkᵊl/ *a.* **1** atmosferico. **2** (*fig*) che crea un'atmosfera, ricco di suggestioni.

atmospherics /ˌætməs'ferɪks *Am also* ˌætməs'fɪrɪks/ *n.pl.* **1** (*Rad*) (*noise*) disturbi *m.pl.* atmosferici, scariche *f.pl.* **2** (*phenomena*) fenomeni *m.pl.* atmosferici. **3** (*in marketing*) atmosfera *f.sing.* generale.

atoll /'ætɒl *Am* 'ætɑːl/ *n.* (*Geol*) atollo *m.*

atom /'ætəm *Am* 'æţəm/ *n.* **1** (*Fis*) atomo *m.* **2** (*fig*) briciolo *m.*, grano *m.*, atomo *m.*: *there's not an* ~ *of truth in it* non c'è un briciolo di verità. □ ~ *bomb* bomba atomica; (*Fis*) ~ *smasher* acceleratore di particelle.

atom-free /'ætəmfriː *Am* 'æţəmfriː/ *a.* denuclearizzato.

atomic /ə'tɒmɪk *Am* ə'tɑːmɪk/ *a.* **1** (*Fis*) atomico. **2** (*driven by atomic energy*) atomico, nucleare. □ ~ *bomb* bomba atomica; ~ *clock* orologio atomico; (*sl*) ~ *cocktail* medicina contenente una sostanza radioattiva; ~ *disintegration* disintegrazione atomica; ~ *energy* energia nucleare, energia atomica; *Atomic Energy Commission* Commissione per l'energia atomica; ~ *fall-out* pioggia radioattiva; ~ *number* numero atomico; ~ *physicist* fisico atomico; ~ *physics* fisica atomica; ~ *pile* pila atomica; ~ *plant* centrale atomica; ~ *power* forza atomica; ~ *power plant* centrale atomica; ~ *power station* centrale atomica; ~ *race* corsa agli armamenti atomici; ~ *reactor* reattore atomico; ~ *research* ricerca nucleare; ~ *scientist* fisico atomico; (*Chim*) ~ *series* serie atomica; ~ *submarine* sottomarino atomico; ~ *theory* teoria atomica; ~ *warfare* guerra atomica; (*Mil*) ~ *warhead* testata atomica, testata nucleare; ~ *waste* residui radioattivi; ~ *weapon* arma atomica; ~ *weight* peso atomico.

atomicity /ˌætə'mɪsɪti *Am* ˌæţə'mɪsəţi/ *n.* **1** (*Chim*) numero *m.* di atomi in una molecola. **2** (*Chim*) (*valence*) valenza *f.* **3** (*Fis*) atomicità *f.*

atomic-powered /ə'tɒmɪkˌpaʊəd *Am* ə'tɑːmɪkˌpaʊᵊrd/ *a.* a propulsione atomica, a propulsione nucleare.

atomics /ə'tɒmɪks *Am* ə'tɑːmɪks/ *n.pl.* (*costr.sing.*) fisica *f.* nucleare.

atomise /'ætəmaɪz/ *v.t.* (*Br*) **1** atomizzare, nebulizzare, polverizzare. **2** (*to separate into atoms*) atomizzare.

atomism /'ætəmɪzᵊm *Am* 'æţəmɪzᵊm/ *n.* (*Filos*) atomismo *m.*

atomist /'ætəmɪst *Am* 'æţəmɪst/ *n.* (*Filos*) atomista *m./f.*

atomistic /ˌætə'mɪstɪk *Am* ˌæţə'mɪstɪk/ *a.* (*Filos*) atomistico.

atomization /ˌætəmaɪ'zeɪʃᵊn *Am* ˌæţəmɪ 'zeɪʃᵊn/ *n.* atomizzazione *f.*, polverizzazione *f.*

atomize /'ætəmaɪz *Am* 'æţəmaɪz/ *v.t.* **1** atomizzare, nebulizzare, polverizzare. **2** (*to separate into atoms*) atomizzare.

atomizer /'ætəmaɪzᵊr *Am* 'æţəmaɪzᵊr/ *n.* atomizzatore *m.*, nebulizzatore *m.*

atomy[1] /'ætəmi *Am* 'æţəmi/ *n.* **1** (*rar*) atomo *m.*, piccolezza *f.* **2** (*pygmy*) pigmeo *m.*

atomy[2] /'ætəmi *Am* 'æţəmi/ *n.* (*ant*) (*skeleton*) scheletro *m.*

atonable /ə'toʊnəbl/ *a.* espiabile, riparabile.

atonal /eɪ'toʊnᵊl/ *a.* (*Mus*) atonale.

atonalism /eɪ'toʊnᵊlɪzᵊm/ *n.* (*Mus*) atonalità *f.*

atonality /ˌeɪtoʊ'nælɪti *Am* ˌeɪtoʊ'næləţi/ *n.* (*Mus*) atonalità *f.*

atone /ə'toʊn/ **I** *v.i.* (*Rel*) fare ammenda (*for* di), espiare (qcs.): *to* ~ *for one's sins* fare ammenda dei propri peccati. **II** *v.t.* **1** (*Rel*) espiare, fare penitenza per, riparare. **2** (*ant*) (*to reconcile*) riconciliare, rappacificare.

atonement /ə'toʊnmənt/ *n.* **1** riparazione *f.*, espiazione *f.*, penitenza *f.*, ammenda *f.* **2** (*ant*) riconciliazione *f.* **3** (*Teol*) espiazione *f.* □ *to make* ~ *for a fault* riparare una colpa.

Atonement /ə'toʊnmənt/ *n.* (*Rel*) Redenzione *f.*

atonic /eɪ'tɒnɪk *Am* eɪ'tɑːnɪk/ **I** *a.* **1** (*Ling*) atono. **2** (*Med*) atonico. **II** *n.* (*Ling*) **1** (*syllable*) sillaba *f.* atona. **2** (*word*) parola *f.* atona.

atony /'ætəni *Am* 'æţəni/ *n.* atonia *f.*

atop /ə'tɒp *Am* ə'tɑːp/ **I** *avv./a.pred.* in cima. **II** *prep.* in cima a.

atrabilious /ˌætrə'bɪliəs/ *a.* **1** (*Med*) atrabiliare. **2** (*gloomy*) malinconico, ipocondriaco. **3** (*bad-tempered*) irritabile, iroso, stizzoso.

atrabiliousness /ˌætrə'bɪliəsnəs/ *n.* **1** malinconia *f.*, ipocondria *f.* **2** (*bad temper*) stizza *f.*, malumore *m.*, irritabilità *f.*

atresia /ə'triːziə *Am* ə'triːʒ(i)ə/ *n.* (*Med*) atresia *f.*

Atreus /'eɪtr(i)uːs/ *n.pr.m.* (*Mitol*) Atreo.

atrip /ə'trɪp/ *a.pred.* (*Mar*) (*of an anchor*) spedato.

atrium /'eɪtriəm *Br also* 'ætriəm/ (*pl.* **atria** /-riə/, **-s** /-z/) *n.* (*Arch,Anat*) atrio *m.*

atrocious /ə'troʊʃəs/ *a.* **1** atroce, feroce, efferato: *an* ~ *crime* un atroce crimine. **2** (*colloq*) (*very bad*) pessimo, orrendo, atroce: ~ *taste* pessimo gusto.

atrociousness /ə'troʊʃəsnəs/ *n.* atrocità *f.*

atrocity /ə'trɒsɪti *Am* ə'trɑːsəţi/ *n.* **1** atrocità *f.* **2** (*colloq*) orrore *m.*, mostruosità *f.*

atrophic /ə'trɒfɪk *Am* -'trɑː-/ *a.* atrofico.

atrophy /'ætrəfi/ **I** *n.* **1** (*Med*) atrofia *f.* **2** (*fig*) degenerazione *f.*, declino *m.* **II** *v.i.* atrofizzarsi. **III** *v.t.* atrofizzare.

atropine /'ætrəpiːn/ *n.* (*Farm*) atropina *f.*

atropinism /'ætrəpɪnˌɪzᵊm/ *n.* (*Med*) atropinismo *m.*

atropism /'ætrəpɪzᵊm/ *n.* (*Med*) atropinismo *m.*

Atropos /'ætrəpɒs *Am* 'ætrəpɑːs/ *n.pr.f.* (*Mitol*)

Atropo.

att. (*Dir*) attorney (procuratore). □ (*Dir*) **att. gen.** (*attorney general*) procuratore generale; (*Pol*) **Att. Gen.** (*Attorney General*) ministro della giustizia.

attaboy /'ætǝbɔɪ/ *intz.* (*Am,colloq*) dai!, coraggio!

attach /ǝ'tætʃ/ **I** *v.t.* **1** attaccare, fissare, assicurare. **2** (*to tie*) legare. **3** (*to connect*) unire, collegare, connettere. **4** (*to attribute*) attribuire, annettere, dare: *to ~ little importance to sth.* attribuire poca importanza a qcs. **5** (*to affix*) apporre. **6** (*to add*) aggiungere, allegare. **7** (*fig*) (*to bind by affection*) affezionare, legare: *she is too -ed to him* gli è troppo affezionata. **8** (*rifl.*) *to ~ oneself* addirsi. **9** (*Mil*) assegnare, destinare, aggregare: *he was -ed to another company* fu aggregato a un'altra compagnia. **10** (*Dir*) pignorare, sequestrare. **11** (*Inform*) allegare. **II** *v.i.* appartenere, spettare, essere connesso, essere collegato (*to* a), accompagnare (qcu.): *the advantages that are -ed to wealth* i vantaggi connessi alla ricchezza, i vantaggi che la ricchezza comporta; *no blame -es to him* non bisogna fargliene una colpa.

attachable /ǝ'tætʃǝbl/ *a.* **1** attaccabile, fissabile. **2** (*that can be added*) da applicare, da aggiungere. **3** (*attributable*) attribuibile. **4** (*Dir*) sequestrabile, pignorabile.

attaché /ǝ'tæʃeɪ *Am* ætǝ'ʃeɪ/ *n.* (*Dipl*) addetto *m.*: *a commercial ~* un addetto commerciale. □ *~ case* valigetta (di cuoio) portadocumenti, cartella portadocumenti.

attached /ǝ'tætʃt/ *a.* **1** assegnato, addetto (*to* a). **2** (*fig*) attaccato, affezionato, legato (*to* a): *to become ~ to so.* affezionarsi a qcu. **3** (*Edil*) annesso, attiguo, adiacente: *a house with garage ~* una casa con annesso garage. **4** (*Mil*) aggregato.

attachment /ǝ'tætʃmǝnt/ *n.* **1** attaccatura *f.*, allacciamento *m.* **2** (*devotion*) attaccamento *m.*, devozione *f.*, fedeltà *f.* **3** (*affectionate relationship*) legame *m.* affettivo. **4** (*accessory*) accessorio *m.* **5** (*connection*) collegamento *m.*, allacciamento *m.*, attacco *m.* **6** (*Dir*) (*arrest*) arresto *m.*; (*seizure*) sequestro *m.*, pignoramento *m.*; (*writ*) ordine *m.* di sequestro. **7** (*Inform*) attachment *m.*, allegato *m.* □ (*Dir*) *~ of assets* sequestro conservativo; (*Dir*) *~ of earnings* sequestro di stipendio.

attack[1] /ǝ'tæk/ **I** *v.t.* **1** attaccare, assalire. **2** (*fig*) assalire, aggredire: *to ~ so.'s proposal* attaccare la proposta di qcu. **3** (*to disrepute*) denigrare, screditare. **4** (*to begin vigorously*) intraprendere, accingersi a, attaccare, affrontare: *to ~ a difficult task* affrontare un compito difficile. **5** (*of a disease*) colpire. **6** (*to rape*) usare violenza a, violentare. **II** *v.i.* attaccare, andare all'assalto.

attack[2] /ǝ'tæk/ *n.* **1** attacco *m.*, assalto *m.*; (*military action*) attacco *m.*, azione *f.* offensiva: *plan of ~* piano di attacco (*anche fig*). **2** (*Med*) attacco *m.*, accesso *m.*: *an ~ of gout* un attacco di gotta. **3** (*fig*) attacco *m.*, critica *f.* violenta. **4** (*manner of beginning*) avvio *m.*, inizio *m.*, impostazione *f.*, attacco *m.*: *the problem calls for a different ~* il problema richiede un'impostazione diversa. **5** (*Mus*) attacco *m.* **6** (*rape*) violenza *f.* carnale. □ (*Mil*) *~ formation* formazione di attacco, ordine di attacco; *to make an ~ on the enemy* attaccare il nemico; (*Dir*) *~ on the rights of property* lesione dei diritti di proprietà.

attackable /ǝ'tækǝbl/ *a.* attaccabile.

attacker /ǝ'tækǝr/ *n.* **1** assalitore *m.* (*f.* -trice), aggressore *m.* (*f.* aggreditrice). **2** (*Mil*) attac-

cante *m.*

attain /ǝ'teɪn/ **I** *v.t.* **1** raggiungere, arrivare a: *to ~ the age of ninety* raggiungere l'età di novant'anni; *to ~ perfection* raggiungere la perfezione. **2** (*to gain*) ottenere, conseguire, raggiungere: *to ~ an end* conseguire uno scopo. **II** *v.i.* arrivare, giungere, pervenire (*to* a), raggiungere (qcs.): *to ~ to perfection* raggiungere la perfezione.

attainability /ǝˌteɪnǝ'bɪlɪti *Am* ǝˌteɪnǝ'bɪlǝti/ *n.* l'essere ottenibile, l'essere raggiungibile, accessibilità *f.*

attainable /ǝ'teɪnǝbl/ *a.* raggiungibile, ottenibile, accessibile.

attainableness /ǝ'teɪnǝblnǝs/ *n.* l'essere ottenibile, l'essere raggiungibile, accessibilità *f.*

attainder /ǝ'teɪndǝr/ *n.* (*Dir*) perdita *f.* dei diritti civili (per condanna o proscrizione).

attainment /ǝ'teɪnmǝnt/ *n.* **1** conseguimento *m.*, raggiungimento *m.*, conquista *f.* **2** (*achievement*) risultato *m.* ottenuto, realizzazione *f.*, conquista *f.*, successo *m.* □ *of impossible ~* irrealizzabile.

attaint /ǝ'teɪnt/ *v.t.* **1** (*Dir*) privare dei beni civili, condannare alla morte civile. **2** (*to disgrace*) disonorare. **II** *n.* **1** (*Dir*) perdita *f.* dei diritti civili. **2** (*ant*) (*in tilting*) stoccata *f.*

attar /'ætǝr *Am* 'ætǝr/ *n.* **1** essenza *f.* di fiori. **2** (*of roses*) essenza *f.* di rose, olio *m.* di rose.

attemper /ǝ'tempǝr/ *v.t.* **1** (*rar*) temperare, stemperare, diluire. **2** (*to soften*) moderare, mitigare, attenuare. **3** (*to adapt*) adattare, accordare.

attemperament /ǝ'tempǝrǝmǝnt/ *n.* giusta miscela *f.*

attempt[1] /ǝ'tem(p)t/ *v.t.* cercare, tentare, provare, sforzarsi. □ *to ~ the life of so.* attentare alla vita di qcu.

attempt[2] /ǝ'tem(p)t/ *n.* **1** tentativo *m.*, prova *f.*, sforzo *m.* **2** (*attack*) attentato *m.*, aggressione *f.*: *an ~ on the life of so.* un attentato alla vita di qcu. □ *to make an ~ to do sth.* tentare di fare qcs.

attemptable /ǝ'tem(p)tǝbl/ *a.* che si può tentare, tentabile.

attempted /ǝ'tem(p)tɪd/ *a.* tentato: *~ murder* tentato omicidio.

attend /ǝ'tend/ **I** *v.t.* **1** assistere a, presenziare a, intervenire a, partecipare a: *to ~ a meeting* intervenire a una riunione. **2** (*to go to*) frequentare, andare a: *to ~ school* frequentare la scuola. **3** (*to look after*) assistere, curare, accudire a, prendersi cura di. **4** (*to escort*) essere al seguito di, essere al servizio di, scortare. **5** (*fig*) (*to accompany*) coronare, accompagnare, seguire a: *hard work is often -ed with success* la fatica è spesso coronata dal successo. **II** *v.i.* **1** accudire, applicarsi (*to* a), fare (qcs.): *to ~ to one's work* fare il proprio lavoro, applicarsi al proprio lavoro. **2** (*to take care of*) occuparsi, avere cura (di), accudire (a), assistere (qcu.): *to ~ to the sick* assistere i malati. **3** (*to be present*) intervenire, essere presente (a), presenziare (a). **4** (*to heed*) stare attento, fare attenzione (a), prestare attenzione (a), ascoltare (qcu.): *~ to what I say* ascolta quello che dico. **5** (*to be present for service*) essere al seguito, essere al servizio (*on, upon* di): *to ~ upon a king* essere al servizio di un re. □ *are you being -ed to, sir?* la stanno già servendo?; *to ~ to so.'s orders* eseguire gli ordini di qcu.

attendance /ǝ'tendǝns/ *n.* **1** presenza *f.*, frequenza *f.*: *~ at school* frequenza scolastica. **2** (*people present*) pubblico *m.*, spettatori *m.pl.*, presenti *m.pl.* **3** (*number of people*

present) affluenza *f.*, concorso *m.* di pubblico, numero *m.* di presenze, numero *m.* di spettatori: *~ was low* l'affluenza è stata bassa. **4** (*act of being in waiting*) assistenza *f.*, disposizione *f.*: *a doctor in ~* un medico a disposizione. **5** (*care*) assistenza *f.*, cura *f.* □ *~ book* libro delle presenze; *~ card* cartellino di presenza; *~ fees* gettoni di presenza; *physician in ~* medico in servizio; *to be in ~ on so.* (o *to be in ~ upon so.*) essere al servizio di qcu.; (*US,Scol*) *~ laws* normative sull'età scolare; (*Scol*) *~ prize* premio di assiduità, premio di frequenza; *~ recorder* orologio marcatempo; *~ register* registro delle presenze; *~ sheet* foglio di presenza.

attendant /ǝ'tendǝnt/ **I** *a.* **1** presente. **2** (*accompanying*) che accompagna, relativo, annesso: *the advantages ~ on* (o *upon*) *wealth* i vantaggi che accompagnano (o che comporta) la ricchezza. **3** (*consequent*) che deriva, conseguente: *poverty and its ~ hardships* la povertà e le privazioni che ne derivano. **4** (*serving*) che presta assistenza, in servizio. **5** (*Dir*) concomitante: *~ circumstances* circostanze concomitanti. **II** *n.* **1** compagno *m.* (*f.* -a). **2** (*employee*) addetto *m.* (*f.* -a), dipendente *m./f.*: *a garage ~* l'addetto a un'autorimessa. **3** (*servant*) servitore *m.* **4** (*keeper*) guardiano *m.* (*f.* -a), sorvegliante *m./f.*, custode *m./f.* **5** (*accompaniment*) circostanza *f.* concomitante. **6** (*person present*) frequentatore *m.* (*f.* -trice), persona *f.* presente. **7** *pl.* (*companions*) seguito *m.sing.*: *the queen's -s* il seguito della regina. **8** *pl.* (*servants*) servitù *f.sing.* □ *to be ~ on so.* scortare qcu., accompagnare qcu.

attending /ǝ'tendɪŋ/ □ *~ physician* medico in servizio.

attention /ǝ'tenʃǝn/ *n.* **1** attenzione *f.*: *to call* (o *draw*) *so.'s ~ to sth.* richiamare l'attenzione di qcu. su qcs.; *to turn one's ~ to sth.* rivolgere l'attenzione su qcs., rivolgere l'attenzione a qcs.; *~, please!* attenzione, prego! **2** (*consideration*) attenzione *f.*, premura *f.*, sollecitudine *f.*, riguardo *m.* **3** (*Mil*) attenti *m.*: *to stand at ~* stare sull'attenti. **4** (*esclam.,Mil*) attenti! **5** *pl.* (*of a suitor*) premure *f.pl.*, cortesie *f.pl.*, gentilezze *f.pl.*, attenzioni *f.pl.*: *he paid her many -s* la circondava di mille attenzioni. □ (*colloq*) *to be all ~* essere tutt'orecchi; (*Mil*) *to come to ~* mettersi sull'attenti; (*epist*) *for the ~ of* alla cortese attenzione di; *~ span* periodo di concentrazione; *~ to details* cura dei particolari.

attentive /ǝ'tentɪv *Am* ǝ'tentɪv/ *a.* **1** attento. **2** (*courteous*) premuroso, cortese, sollecito, assiduo: *a very ~ hostess* una padrona di casa molto premurosa.

attentiveness /ǝ'tentɪvnǝs *Am* ǝ'tentɪvnǝs/ *n.* **1** attenzione *f.* **2** (*courtesy*) sollecitudine *f.*, premura *f.*

attenuant /ǝ'tenjuǝnt/ **I** *n.* (*Med*) diluente *m.* **II** *a.* diluente.

attenuate[1] /ǝ'tenjueɪt/ *v.t.* **1** assottigliare. **2** (*fig*) (*to weaken*) moderare, attenuare. **3** (*to dilute*) diluire, rarefare. **4** (*Med*) attenuare, ridurre la virulenza di. **II** *v.i.* attenuarsi; (*to become thin*) assottigliarsi.

attenuate[2] /ǝ'tenjuɪt/ *a.* **1** esile, sottile. **2** (*fig*) tenue, rarefatto.

attenuation /ǝˌtenju'eɪʃǝn/ *n.* attenuazione *f.*, assottigliamento *m.*

attenuator /ǝ'tenjueɪtǝr *Am* ǝ'tenjueɪtǝr/ *n.* (*El*) attenuatore *m.*

attest /ǝ'test/ **I** *v.t.* **1** attestare, testimoniare, dimostrare, essere la conferma di, essere la prova di, documentare: *his career -s his abil-*

ity la sua carriera è la conferma della sua abilità. **2** (*to certify*) autenticare, legalizzare, vidimare. **3** (*to put on oath*) far prestare giuramento a. **4** (*Zootecn*) certificare la sanità di. **II** *v.i.* **1** testimoniare, deporre, rendere testimonianza (*to* su). **2** (*Mil*) arruolarsi. □ *to ~* (*to*) *a signature* autenticare una firma.

attestant /ə'testənt/ *n.* (*Dir*) teste *m./f.*, testimone *m./f.*

attestation /ˌætes'teɪʃən *Am* ˌætərs'teɪʃən/ *n.* **1** attestato *m.*, attestazione *f.*, testimonianza *f.*, deposizione *f.* **2** (*proof*) prova *f.*, dimostrazione *f.*, attestazione *f.* **3** (*authentication*) autenticazione *f.*, legalizzazione *f.*, vidimazione *f.* **4** (*Mil*) il far prestare giuramento.

attested /ə'testɪd/ *a.* autenticato: *~ copy* copia autenticata.

attester, **attestor** /ə'testər/ *n.* testimone *m./f.*, teste *m./f.*

attic /'ætɪk *Am* 'ætɪk/ *n.* **1** (*garret*) soffitta *f.*, sottotetto *m.*, solaio *m.* **2** (*room, rooms*) mansarda *f.* **3** (*Arch,Anat*) attico *m.*

Attic /'ætɪk *Am* 'ætɪk/ **I** *a.* attico. **II** *n.* **1** abitante *m./f.* dell'Attica. **2** (*dialect*) attico *m.*, dialetto *m.* attico. □ (*Arch*) *~ order* ordine attico; *~ wit* sale attico.

atticism, **Atticism** /'ætɪsɪzəm *Am* 'ætɪsɪzəm/ *n.* (*Ling*) atticismo *m.*

atticize /'ætɪsaɪz *Am* 'ætɪsaɪz/ *v.t.* atticizzare.

attire /ə'taɪər/ **I** *v.t.* **1** vestire, abbigliare. **2** (*to adorn*) ornare, acconciare. **II** *n.* **1** abbigliamento *m.*, vesti *f.pl.*: *formal ~* abbigliamento formale. **2** (*Zool*) palchi *m.pl.*

attitude /'ætɪtjuːd *Am* 'ætət(j)uːd/ *n.* **1** atteggiamento *m.* (*to, towards* verso). **2** (*opinion*) modo *m.* di pensare, opinione *f.*: *what's your ~ to* (o *towards*) *euthanasia?* qual è la tua opinione (*o* come la pensi) sull'eutanasia? **3** (*affected pose*) posa *f.*: *to strike an ~* assumere una posa. **4** (*Aer*) assetto *m.* □ *~ of mind* abito mentale, modo di pensare.

attitudinarian /ˌætɪtjuːdɪ'neəriən *Am* ˌætəˌt(j)uːdɪ'nerɪən/ *n.* posatore *m.* (*f.* -trice).

attitudinise /ˌætɪ'tjuːdɪnaɪz/ *v.i.* (*Br*) posare, assumere un atteggiamento affettato, assumere una posa.

attitudinize /ˌætɪ'tjuːdɪnaɪz *Am* ˌætəˌt(j)uːdənaɪz/ *v.i.* posare, assumere un atteggiamento affettato, assumere una posa.

attn. *attention* a. (attenzione).

attorn /ə'tɜːn *Am* ə'tɜːrn/ **I** *v.t.* (*Dir*) (*of a property*) trasferire. **II** *v.i.* **1** rimanere affittuario (di un nuovo proprietario). **2** (*Mediev*) prestare omaggio (a un nuovo signore).

attorney /ə'tɜːni *Am* ə'tɜːrni/ *n.* (*Dir*) **1** (*Br*) agente *m./f.* investito di procura. **2** (*Am*) avvocato *m.*, legale *m./f.* □ (*Dir*) *~ general* procuratore generale; (*Pol*) *Attorney General* ministro della giustizia.

attorney-at-law /əˌtɜːniət'lɔː *Am* əˌtɜːrniət 'lɔː/ *n.* **1** procuratore *m.* (*f.* -trice) legale. **2** (*Am*) avvocato *m.*, legale *m.*

attorney-in-fact /əˌtɜːnin'fækt *Am* əˌtɜːrnin 'fækt/ *n.* procuratore *m.* (*f.* -trice), agente *m./f.* legale, rappresentante *m./f.*

attorneyship /ə'tɜːniʃɪp *Am* ə'tɜːrniʃɪp/ *n.* ufficio *m.* di procuratore, carica *f.* di procuratore.

attract /ə'trækt/ *v.t.* **1** attirare, attrarre: *a magnet -s iron* la calamita attira il ferro. **2** (*fig*) attrarre, attirare, allettare, affascinare: *to ~ attention* attirare l'attenzione; *to be -ed to so.* essere attratto da qcu.; *bright colours ~ children* i bambini sono attratti dai colori vivaci. **3** (*assol*) attrarre (a sé), esercitare un'attrazione. **4** (*fig,assol*) (*to be pleasing*) essere attraente, attirare, piacere.

attractable /ə'træktəbl/ *a.* che può essere attratto, che può essere attirato.

attraction /ə'trækʃən/ *n.* **1** attrazione *f.* (*anche Fis*). **2** (*fig*) attrattiva *f.*, fascino *m.*, incanto *m.*, seduzione *f.*: *wealth had no ~ for him* le ricchezze non esercitavano alcun fascino su di lui. **3** (*concr*) attrattiva *f.*, attrazione *f.*, richiamo *m.*

attractive /ə'træktɪv/ *a.* **1** attrattivo, di attrazione. **2** (*charming*) attraente, affascinante, avvincente: *an ~ personality* una personalità affascinante. **3** (*pleasing*) piacevole. **4** (*enticing*) allettante, che attira: *an ~ price* un prezzo allettante.

attractively /ə'træktɪvli/ *avv.* in maniera attraente, in modo allettante.

attractiveness /ə'træktɪvnəs/ *n.* attrattiva *f.*, fascino *m.*, attrazione *f.*

attrib. **1** *attribute* attr. (attributo). **2** *attributive* attr. (attributivo).

attributable /ə'trɪbjutəbl *Am* ə'trɪbjətəbl/ *a.* attribuibile.

attribute[1] /ə'trɪbjuːt/ *v.t.* **1** attribuire, ascrivere. **2** (*of works of art, etc*) attribuire, assegnare: *this sonnet is -d to Shakespeare* questo sonetto è attribuito a Shakespeare.

attribute[2] /'ætrɪbjuːt/ *n.* **1** attributo *m.*, qualità *f.*, caratteristica *f.* **2** (*symbol*) attributo *m.*, simbolo *m.* **3** (*Art,Gramm,Inform*) attributo *m.*

attribution /ˌætrɪ'bjuːʃən/ *n.* attribuzione *f.*, assegnazione *f.*

attributive /ə'trɪbjutɪv *Am* ə'trɪbjətɪv/ **I** *a.* **1** che attribuisce. **2** (*Gramm*) attributivo. **II** *n.* (*Gramm*) attributo *m.*

attrite /ə'traɪt/ *a.* **1** (*Teol*) attrito. **2** (*attrited*) logoro, consumato per attrito.

attrition /ə'trɪʃən/ *n.* **1** attrito *m.*, logorio *m.* **2** (*fig*) logoramento *m.*: *a war of ~* una guerra di logoramento. **3** (*Teol*) attrizione *f.*

attune /ə'tjuːn *Am also* ə'tuːn/ *v.t.* **1** (*Mus*) accordare. **2** (*fig*) accordare, armonizzare, intonare.

atty. *attorney* (procuratore).

ATV /ˌeɪtiː'viː/ (*Am,Aut*) *all-terrain vehicle* (veicolo fuoristrada, fuoristrada).

atypical /ˌeɪ'tɪpɪkəl/ *a.* atipico.

A.U. *astronomical unit* AU, UA (unità astronomica).

aubergine /'əubəʒiːn/ *n.* (*Br,Bot*) melanzana *f.*

auburn /'ɔːbən *Am* 'ɔːbərn/ **I** *a.* castano dorato, castano ramato. **II** *n.* castano *m.* dorato, castano *m.* ramato.

auction[1] /'ɔːkʃən/ *n.* **1** vendita *f.* all'asta, asta *f.*, incanto *m.* **2** (*in bridge*) licitazione *f.* □ *to buy at ~* comprare all'asta; *to sell at ~* vendere all'asta; *~ bridge* gioco simile al mercante in fiera; *sale by ~* vendita all'asta; *~ house* casa d'aste; *to put sth. up for ~* mettere qcs. all'asta.

auction[2] /'ɔːkʃən/ *v.t.* vendere all'asta, vendere all'incanto. □ *to ~ off* vendere all'asta, vendere all'incanto.

auctioneer /ˌɔːkʃən'ɪər *Am* ˌɔːkʃə'nɪr/ **I** *n.* banditore *m.* (*f.* -trice) (d'asta). **II** *v.t.* vendere all'asta.

aud. *auditor* (revisore dei conti, auditor).

audacious /ɔː'deɪʃəs/ *a.* **1** audace, intrepido, temerario. **2** (*impudent*) sfacciato, sfrontato, impudente, insolente.

audacity /ɔː'dæsɪti *Am* ɔː'dæsəti/ *n.* **1** audacia *f.*, temerarietà *f.* **2** (*impudence*) ardire *m.*, sfrontatezza *f.*, impudenza *f.*, insolenza *f.*: *he had the ~ to criticize me* ebbe l'ardire di criticarmi.

audibility /ˌɔːdɪ'bɪlɪti *Am* ˌɔːdɪ'bɪləti/ *n.* (*Acus*) udibilità *f.*, intelligibilità *f.* ◇ (*Acus*) *~*

threshold soglia di udibilità.

audible /'ɔːdəbl/ *a.* udibile, percettibile, comprensibile.

audience /'ɔːdɪəns/ *n.* **1** pubblico *m.*, uditorio *m.*, ascoltatori *m.pl.*: *the ~ were* (o *was*) *enthusiastic* il pubblico era entusiasta. **2** (*spectators*) spettatori *m.pl.*; (*TV audience*) telespettatori *m.pl.* **3** (*readers*) lettori *m.pl.*, pubblico *m.* di lettori. **4** (*formal interview*) udienza *f.*: *an ~ with the Pope* un'udienza pontificia; *to grant so. an ~* concedere un'udienza a qcu., accordare un'udienza a qcu.; *open ~* udienza pubblica. **5** (*act of hearing*) ascolto *m.* **6** (*opportunity to speak*) udienza *f.*, occasione *f.* di parlare: *to get an ~* trovare udienza. **7** (*fig*) (*following*) seguito *m.*, pubblico *m.* **8** (*Dir*) rappresentanza *f.* in giudizio. □ (*Dir*) *~ chamber* sala delle udienze; *to give ~ to so.* dare udienza a qcu.; *to have an ~ with so.* essere ricevuto in udienza da qcu.; (*Rad*) *~ rating* indice di ascolto.

audio /'ɔːdɪəu/ **I** *a.* audio. **II** *n.* audio *m.*, sonoro *m.* □ *~ cassette* audiocassetta; *~ frequency* audiofrequenza; (*Tecn*) *~ signal* segnale audio; *~ tape* nastro magnetico.

audiogram /'ɔːdɪəugræm/ *n.* audiogramma *m.*

audiolingual /ˌɔːdɪəu'lɪŋwəl/ *a.* audio-orale.

audiological /ˌɔːdɪəu'lɒdʒɪkəl *Am* ˌɔːdɪəu 'lɑːdʒɪkl/ *a.* audiologico.

audiologist /ˌɔːdɪ'ɒlədʒɪst *Am* ˌɔːdiː'ɑːlədʒɪst/ *n.* audiologo *m.* (*f.* -a).

audiology /ˌɔːdɪ'ɒlədʒi *Am* ˌɔːdiː'ɑːlədʒi/ *n.* audiologia *f.*

audiometer /ˌɔːdɪ'ɒmɪtər *Am* ˌɔːdɪ'ɑːmətər/ *n.* (*Fis,Med*) audiometro *m.*

audiometric /ˌɔːdɪəu'metrɪk/ *a.* (*Fis,Med*) audiometrico.

audiometrician /ˌɔːdɪəume'trɪʃən/ *n.* audiometrista *m./f.*

audiometry /ˌɔːdɪ'ɒmɪtri *Am* ˌɔːdɪ'ɑːmɪtri/ *n.* audiometria *f.*

audiophile /'ɔːdɪəufaɪl/ *n.* audiofilo *m.* (*f.* -a).

audio-visual /ˌɔːdɪəu'vɪʒuəl *Am* ˌɔːdɪəu 'vɪʒuəl/ *a.* audiovisivo. □ *~ aids* (o *~ media*) sussidi audiovisivi.

audiphone /'ɔːdɪfəun/ *n.* (*Med*) audifono *m.*

audit /'ɔːdɪt/ **I** *v.t.* **1** (*Comm*) controllare, verificare (conti). **2** (*Am,Univ*) frequentare un corso come uditore. **II** *v.i.* (*Comm*) fare un controllo dei conti. **III** *n.* **1** controllo *m.*, verifica *f.*, revisione *f.* **2** (*Comm*) revisione *f.* dei conti.

auditing /'ɔːdɪtɪŋ *Am* 'ɔːdətɪŋ/ *n.* (*Comm*) revisione *f.*, verifica *f.*, auditing *m.*

audition /ɔː'dɪʃən/ **I** *n.* **1** (*for an actor, etc*) audizione *f.* **2** (*Cin*) provino *m.* **3** (*power of hearing*) udito *m.* **II** *v.t.* **1** concedere un'audizione. **2** (*Cin*) far fare un provino. **III** *v.i.* **1** sostenere un'audizione. **2** (*Cin*) fare un provino.

auditive /'ɔːdɪtɪv *Am* 'ɔːdətɪv/ *a.* auditivo.

auditor /'ɔːdɪtər *Am* 'ɔːdətər/ *n.* **1** (*hearer*) uditore *m.* (*f.* -trice), ascoltatore *m.* (*f.* -trice). **2** (*Comm*) revisore *m.* dei conti, auditor *m.* **3** (*Am,Univ*) uditore *m.* (*f.* -trice). □ *~'s committee* collegio dei sindaci, collegio sindacale; *~'s report* relazione dei sindaci.

auditorial /ˌɔːdɪ'tɔːrɪəl/ *a.* (*Comm*) relativo alla verifica dei conti.

auditorium /ˌɔːdɪ'tɔːrɪəm/ (*pl.* **-s** /-z/, **-ria** /-rɪə/) *n.* **1** auditorium *m.*, sala *f.* concerti. **2** (*Br, Teat*) platea *f.*, sala *f.* **3** (*parlatory*) parlatorio *m.*

auditory /'ɔːdɪtᵊri Am 'ɔːdətɔːri/ I a. uditivo (anche Anat). II n. 1 (rar) uditorio m. 2 (auditorium) auditorio m. □ (Anat) ~ canal canale uditivo; (Anat) ~ nerve nervo acustico.

Audrey /'ɔːdri/ n.pr.f. Audrey.

Aug. August ago. (agosto).

Augean /ɔː'dʒiːən/ a. (Mitol) di Augia. □ (fig) to clean the ~ stables pulire le stalle di Augia.

auger /'ɔːgəʳ/ n. 1 (Fal) succhiello m., trivella f. 2 (Minier) sonda f.

aught /ɔːt/ I pron. (Lett) alcunché, qualcosa. II avv. affatto, in nessun modo. □ for ~ I care per quel che m'importa, per me.

augment[1] /ɔːg'ment/ I v.t. 1 aumentare, accrescere. 2 (Mus) aumentare. II v.i. aumentare, crescere, accrescersi.

augment[2] /'ɔːgment/ n. (Ling) aumento m.

augmentable /ɔːg'mentəbḷ Am ɔːg'mentəbḷ/ a. aumentabile.

augmentation /ˌɔːgmen'teɪʃᵊn/ n. 1 aumento m., accrescimento m., incremento m. 2 (addition) aggiunta f. 3 (Mus) aumentazione f.

augmentative /ɔːg'mentətɪv Am ɔːg'mentətɪv/ I a. 1 aumentativo. 2 (Gramm) accrescitivo. II n. (Gramm) accrescitivo m.

augmented /ɔːg'mentɪd Am ɔːg'mentɪd/ a. aumentato (anche Mus): (Mus) ~ sixth sesta aumentata.

augmenter /ɔːg'mentəʳ Am ɔːg'mentəʳ/ n. aumentatore m. (f. -trice).

au gratin /ˌəʊ'grætᵊn/ a. (Gastron) al gratin, gratinato.

Augsburg /'aʊgzbɜːg Am 'aːgzbɜːrg/ n.pr. (Geog) Augusta f.

augur[1] /'ɔːgəʳ/ n. 1 (Stor.rom) augure m. 2 (prophet) indovino m. (f. -a), profeta m. (f. -essa).

augur[2] /'ɔːgəʳ/ I v.t. 1 predire, profetizzare, presagire. 2 (to give promise of) far presagire, far pronosticare, promettere. II v.i. essere di augurio, essere di auspicio. □ to ~ ill essere di cattivo augurio, essere infausto; to ~ well essere di buon augurio.

augural /'ɔːgjᵊrᵊl Am 'ɔːgjᵊrᵊl/ a. augurale.

augury /'ɔːgjʊri Am 'ɔːgjᵊri/ n. 1 divinazione f. 2 (omen) augurio m., presagio m. 3 (rite) augurio m.

august /ɔː'gʌst/ a. augusto, nobile, venerabile.

August /'ɔːgəst/ n. agosto m.: in ~ in agosto, ad agosto.

Augustan /ɔː'gʌstən/ I a. (Stor.rom) augusteo, di Augusto. II n. scrittore m. dell'età augustea. □ ~ age: 1 (Stor.rom) età augustea, età di Augusto; 2 (Lett) periodo neoclassico (XVII e XVIII secolo in Inghilterra).

Augustine /ɔː'gʌstɪn/ n.pr.m. (Stor) Agostino.

Augustinian /ˌɔːgə'stɪniən/ I a. agostiniano. II n. agostiniano m. (f. -a).

Augustinianism /ˌɔːgə'stɪniːnɪzᵊm/ n. (Teol) agostinismo m.

Augustinism /ˌɔː'gʌstɪnɪzᵊm/ n. (Teol) agostinismo m.

augustly /ɔː'gʌstli/ avv. maestosamente.

augustness /ɔː'gʌstnəs/ n. maestà f., nobiltà f.

Augustus /ɔː'gʌstəs/ n.pr.m. (Stor.rom) Augusto.

au jus /əʊ'dʒuːs/ a. (Gastron) (of meat) cotto nel proprio sugo.

auk /ɔːk/ n. 1 (Ornit) alca f. 2 pl. alcidi m.pl.

auld /ɔːld/ a. (Scott) vecchio: ~ lang syne i bei tempi passati.

aulic /'ɔːlɪk/ a. aulico.

au naturel /ˌəʊnætjʊ'rel Am also ˌəʊnɑːtʊ'rel/ a./avv. al naturale, nature.

aunt /ɑːnt Am also ænt/ n. zia f. □ Aunt Sally: 1 (at fairs) bersaglio; 2 (fig) zimbello.

auntie, aunty /'ɑːnti Am 'ænti, 'ɑːnti/ n. (colloq) zietta f.

au pair /ˌəʊ'peəʳ Am ˌəʊ'per/ I a. alla pari. II n. ragazza f. alla pari.

aura /'ɔːrə/ (pl. -s /-z/, -rae /-riː/) n. 1 (fig) aria f., atmosfera f., aura f. 2 (concr) aura f., effluvio m. 3 (fig) (luminous radiation) aureola f., alone m. 4 (Med) aura f.

aural[1] /'ɔːrᵊl/ a. 1 (of the ear) auricolare, dell'orecchio. 2 (of hearing) uditivo. □ ~ memory memoria uditiva.

aural[2] /'ɔːrᵊl/ a. (of an aura) di un'aura.

aureate /'ɔːrieɪt/ a. 1 aureo, d'oro, dorato. 2 (fig) splendente, dorato, aurato.

Aurelius /ɔː'riːliəs/ n.pr.m. Aurelio.

aureola /ɔː'riːələ Am ˌɔːri'oʊlə/ n. aureola f. (anche fig,Astr).

aureole /'ɔːrioʊl/ n. aureola f. (anche fig,Astr).

aureomycin /ˌɔːrioʊ'maɪsɪn/ n. (Farm) aureomicina f.

auric /'ɔːrɪk/ a. (Chim) aurico.

auricle /'ɔːrɪkḷ/ n. 1 (Anat) (of the ear) padiglione m. auricolare; (of the heart) auricola f. 2 (Bot) organo m. vegetale auricolato.

auricula /ɔː'rɪkjʊlə/ (pl. -s /-z/, -lae /-liː/) n. (Bot) auricola f., orecchio m. di orso, primula f. di monte.

auricular /ɔː'rɪkjʊləʳ/ a. auricolare: ~ confession confessione auricolare; ~ witness testimone auricolare.

auriculate /ɔː'rɪkjʊlɪt/ a. (Bot) auricolato.

auriferous /ɔː'rɪfᵊrəs/ a. aurifero.

auriform /ɔː'rɪfɔːm Am 'ɔːrɪfɔːrm/ a. a forma di orecchio.

aurist /'ɔːrɪst/ n. (Med) otoiatra m./f.

aurochs /'ɔːrɒks Am 'ɔːraːks/ n.inv. (Zool) uro m.

aurora /ɔː'rɔːrə/ (pl. -s /-z/, -rae /-riː/) n. aurora f. □ ~ australis aurora australe; ~ borealis aurora boreale; ~ polaris aurora polare.

auroral /ɔː'rɔːrᵊl/ a. (Lett) aurorale, dell'aurora.

aurous /'ɔːrəs/ a. (Chim) auroso.

AUS Australia AUS (Australia).

auscultate /'ɔːskᵊlteɪt/ v.t. (Med) auscultare.

auscultation /ˌɔːskᵊl'teɪʃᵊn/ n. (Med) auscultazione f.

auspicate /'ɔːspɪkeɪt/ v.t. (ant) iniziare sotto buoni auspici.

auspice /'ɔːspɪs/ n. 1 (portent) auspicio m., segno m., presagio m. 2 (divination) auspicio m. 3 pl. auspici m.pl., patrocinio m.sing.: under the -s of con il patrocinio di. 4 pl. (circumstances) auspici m.pl., circostanze f.pl.: under favourable -s sotto buoni auspici.

auspicious /ɔː'spɪʃəs/ a. 1 di buon augurio, favorevole, fausto, promettente. 2 (fortunate) fortunato, prospero.

auspiciously /ɔː'spɪʃəsli/ avv. sotto buoni auspici.

auspiciousness /ɔː'spɪʃəsnəs/ n. buoni auspici m.pl.

Aussie /'ɒzi Am 'ɑːzi, ɔːzi/ n. (colloq) australiano m. (f. -a).

austere /ɔː'stɪəʳ Am ɔː'stɪr/ a. 1 austero, severo, grave. 2 (morally strict) austero, rigido, severo. 3 (severely simple) austero, sobrio, semplice.

austerely /ɔː'stɪəli Am ɔː'stɪrli/ avv. in modo austero, con austerità, austeramente.

austereness /ɔː'stɪənəs Am ɔː'stɪrnəs/ n. 1 austerità f., severità f., rigore m. (morale). 2 pl. (austere practices) mortificazioni f.pl.,

pratiche f.pl. ascetiche.

austerity /ɔː'sterɪti Am ɔː'sterəti/ n. 1 austerità f., severità f., rigore m. (morale). 2 (extreme economy) austerità f. 3 pl. (austere practices) mortificazioni f.pl., pratiche f.pl. ascetiche.

Austin /ɔːstɪn Br also 'ɒstɪn/ □ (Rel.catt) ~ friar agostiniano.

austral /'ɔːstrᵊl/ a. australe, meridionale.

Australasia /ˌɔːstrə'leɪʒə/ n.pr. (Geog) Australasia f.

Australasian /ˌɔːstrə'leɪʒən/ I a. dell'Australasia. II n. abitante m./f. dell'Australasia.

Australia /ɔː'streɪliə Am ɔː'streɪljə/ n.pr. (Geog) Australia f.

Australian /ɔː'streɪliən/ I a. australiano: ~ English inglese australiano. II n. australiano m. (f. -a).

Austria /'ɔːstriə/ n.pr. (Geog) Austria f.

Austrian /'ɔːstriən/ I a. austriaco. II n. austriaco m. (f. -a).

Austro-Hungarian /ˌɔːstroʊhʌŋ'geəriən Am ˌɔːstroʊhʌŋ'geriən/ I a. austro-ungarico. II n. cittadino m. (f. -a) dell'impero austro-ungarico.

autarchic /ɔː'taːkɪk Am ɔː'taːrkɪk/ a. autocratico, dispotico.

autarchical /ɔː'taːkɪkᵊl Am ɔː'taːrkɪkᵊl/ a. autocratico, dispotico.

autarchy /'ɔːtaːki Am 'ɔːtaːrki/ n. 1 (absolute sovereignty) autocrazia f., assolutismo m., potere m. assoluto. 2 (autarky) autarchia f.

autarkic /ɔː'taːkɪk Am ɔː'taːrkɪk/ a. autarchico.

autarky /'ɔːtaːki Am 'ɔːtaːrki/ n. autarchia f.

auth. 1 author aut. (autore). 2 authorized aut. (autorizzato).

authentic /ɔː'θentɪk Am ɔː'θentɪk/ a. 1 (reliable) autentico, fedele. 2 (genuine) autentico, genuino, vero: an ~ antique un autentico pezzo di antiquariato. 3 (verified) autentico, degno di fede, attendibile. 4 (Dir,Mus) autentico: an ~ deed un atto autentico.

authenticate /ɔː'θentɪkeɪt Am ɔː'θentɪkeɪt/ v.t. 1 avvalorare, accreditare, avallare. 2 (to establish as genuine) accreditare, convalidare, dimostrare la verità di. 3 (Dir) autenticare, legalizzare, convalidare: to ~ a signature autenticare una firma. 4 (to establish the authorship of) autenticare, provare l'autenticità di.

authentication /ɔːˌθentɪ'keɪʃᵊn Am ɔːˌθenti'keɪʃᵊn/ n. autenticazione f. (anche Inform): ~ by notary public certificazione notarile.

authenticity /ˌɔːðen'tɪsɪti Am ˌɔːðen'tɪsəti/ n. 1 (reliableness) autenticità f., veridicità f. 2 (genuineness) autenticità f., genuinità f. 3 (validity) validità f.

author /'ɔːðəʳ/ n. 1 autore m. 2 (fig) creatore m., autore m., artefice m. □ ~ index indice per autore.

authoress /'ɔːθᵊrəs Am 'ɔːθᵊrəs/ n. 1 autrice f. 2 (fig) creatrice f., autrice f., artefice f.

authorial /ɔː'θɔːriᵊl/ a. di autore. □ (Lett) ~ voice voce dell'autore.

authoring /'ɔːθᵊrɪŋ/ n. (Inform) autoring m. □ (Inform) ~ tool programma autore.

authorise /'ɔːθᵊraɪz/ v.t. (Br) autorizzare.

authoritarian /ɔːˌθɒrɪ'teəriən Am ɔːˌθɔːrə'teriən/ I a. 1 autoritario, dispotico. 2 (Pol) autoritario. II n. fautore m. (f. -trice) dell'autoritarismo.

authoritarianism /ɔːˌθɒrɪ'teəriənɪzᵊm Am ɔːˌθɔːrə'teriənɪzᵊm/ n. autoritarismo m.

authoritative /ɔː'θɒrɪtᵊtɪv Am ɔː'θɔːrəteɪtɪv/ a. 1 d'autorità. 2 (conclusive, convincing) autorevole: an ~ analysis of the problem un'autorevole analisi del problema. 3 (com-

manding) autoritario, imperioso, perentorio: *an ~ tone of voice* un tono di voce autoritario.

authoritativeness /ɔːˈθɒrɪtətɪvnəs *Am* ɔːˈθɔːrəteɪtɪvnəs/ *n.* **1** autorevolezza *f.* **2** (*peremptoriness*) perentorietà *f.*

authority /ɔːˈθɒrɪti *Am* ɔːˈθɔːrəti/ *n.* **1** autorità *f.*, potere *m.* **2** (*authorization*) autorizzazione *f.* **3** (*power*) potere *m.* (delegato): *he has my ~ to do it* ha la mia autorizzazione per farlo; *to confer ~ on so.* conferire poteri a qcu. **4** (*collett.*) autorità *f.pl.: the local education ~* le autorità scolastiche locali. **5** (*reliable source*) autorità *f.*, fonte *f.* (autorevole). **6** (*expert*) autorità *f.*, esperto *m.* (*f.* -a): *he is an ~ in his field* è un'autorità nel suo campo. **7** (*influence*) influenza *f.*, ascendente *m.*, autorità *f.* **8** (*weight*) autorevolezza *f.: to speak with ~* parlare con autorevolezza. **9** (*justifying grounds*) diritto *m.: you had no ~ to act that way* non avevi nessun diritto di agire in quel modo. **10** *pl.* (*persons in control*) autorità *f.pl.: civilian authorities* autorità civili. **11** *pl.* (*for public utilities*) enti *m.pl.* di vigilanza. ☐ *by the ~ invested in me* per l'autorità che mi è conferita; *to give so. ~ to do sth.* autorizzare qcu. a fare qcs.; *on one's own ~* di propria iniziativa; *to act on so.'s ~* agire su autorizzazione di qcu.; *by ~ received* previa autorizzazione; *to be under so.'s ~* essere agli ordini di qcu.; *without ~* abusivo, illecito.

authorization /ɔːθəraɪˈzeɪʃən *Am* ɔːθɜrɪˈzeɪʃən/ *n.* autorizzazione *f.*, permesso *m.: ~ in writing* autorizzazione scritta.

authorize /ˈɔːθəraɪz/ *v.t.* autorizzare: *the dictionary -s two spellings* il dizionario consente due differenti grafie.

authorized /ˈɔːθəraɪzd/ *a.* autorizzato. ☐ *~ by custom* consacrato dall'uso; (*Econ*) *~ capital* capitale nominale, capitale autorizzato; (*Bibl*) *AuthorizedVersion* versione della Bibbia del 1611.

authorless /ˈɔːθələs *Am* ˈɔːθərləs/ *a.* **1** senza autore. **2** (*anonymous*) anonimo.

authorship /ˈɔːθəʃɪp *Am* ˈɔːθərʃɪp/ *n.* **1** condizione *f.* di scrittore. **2** (*of books, etc*) paternità *f.* **3** (*fig*) origine *f.*, fonte *f.*

autism /ˈɔːtɪzəm/ *n.* (*Psic*) autismo *m.*

autist /ˈɔːtɪst/ *n.* (*Psic*) autista *m./f.*

autistic /ɔːˈtɪstɪk/ *a.* (*Psic*) autistico: *~ child* bambino autistico.

auto /ˈɔːtəʊ/ (*pl.* -s /-z/) *n.* (*Am,colloq*) auto *f.*, automobile *f.* ☐ *~ company* casa automobilistica, società automobilistica; (*Am*) *~ court* motel; *~ dealer* rivenditore di automobili; (*Aut*) *~ diagnostic center* reparto accettazione di officina di autoriparazioni; *~ leasing* leasing automobilistico; *~ loan* prestito automobilistico; *~ race* corsa automobilistica; *~ rental* autonoleggio; *~ repair* autoriparazione; *~ repairing service* officina di autoriparazioni.

autoanalysis /ɔːtəʊəˈnæləsɪs *Am* ɔːtʊəˈnæləsɪs/ *n.* (*Psic*) autoanalisi *f.*

autoanalyzer /ɔːtəʊˈænəlaɪzər *Am* ɔːtʊˈænəlaɪzər/ *n.* (*Chim*) autoanalizzatore *m.*

auto-answering /ɔːtəʊˈɑːnsərɪŋ *Am* ɔːtʊˈænsərɪŋ/ *n.* (*Inform*) risposta *f.* automatica.

auto-antibody /ɔːtəʊˈæntɪbɒdi *Am* ɔːtʊˈæntɪbɑːdi/ *n.* (*Med*) autoanticorpo *m.*

auto-antigen /ɔːtəʊˈæntɪdʒən *Am* ɔːtʊˈæntɪdʒən/ *n.* (*Med*) autoantigene *m.*

autobiographer /ɔːtəbaɪˈɒɡrəfər *Am* ɔːtoʊbaɪˈɑːɡrəfər/ *n.* autobiografo *m.* (*f.* -a).

autobiographic /ɔːtəˌbaɪəˈɡræfɪk *Am* ɔːtoʊˌbaɪəˈɡræfɪk/ *a.* autobiografico.

autobiographical /ɔːtəˌbaɪoʊˈɡræfɪkəl *Am* ɔːtoʊˌbaɪəˈɡræfɪkəl/ *a.* autobiografico.

autobiography /ɔːtəbaɪˈɒɡrəfi *Am* ɔːtoʊbaɪˈɑːɡrəfi/ *n.* autobiografia *f.*

autobus /ˈɔːtəʊˌbʌs/ *n.* (*Am*) autobus *m.*

autocade /ˈɔːtoʊkeɪd *Am* ˈɔːtoʊkeɪd/ *n.* autocolonna *f.*

autocar /ˈɔːtoʊkɑːr *Am* ˈɔːtoʊkɑːr/ *n.* (*ant*) automobile *f.*

autocephalous /ɔːtoʊˈsefələs *Am* ɔːtoʊˈsefələs/ *a.* (*Rel*) autocefalo.

autochrome /ˈɔːtoʊkroʊm *Am* ˈɔːtoʊkroʊm/ *n.* (*Fot*) lastra *f.* autocroma.

autochthon /ɔːˈtɒkθən *Am* ɔːˈtɑːkθən/ (*pl.* -s /-z/, **-thones** /-θəniːz/) *n.* **1** autoctono *m.* (*f.* -a), aborigeno *m.* (*f.* -a). **2** (*Bot*) pianta *f.* autoctona. **3** (*Zool*) animale *m.* autoctono.

autochthonic /ɔːtɒkˈθɒnɪk *Am* ɔːtɑːkˈθɑːnɪk/ *a.* autoctono, aborigeno, indigeno.

autochthonous /ɔːˈtɒkθənəs *Am* ɔːˈtɑːkθənəs/ *a.* autoctono, aborigeno, indigeno.

autochthony /ɔːˈtɒkθəni *Am* ɔːˈtɑːkθəni/ *n.* autoctonia *f.*

autoclave /ˈɔːtoʊkleɪv *Am* ˈɔːtoʊkleɪv/ **I** *n.* **1** (*Chim,Med*) autoclave *f.* **2** (*French stew-pan*) pentola *f.* a pressione. **II** *v.t.* sterilizzare nell'autoclave.

autocorrelation /ɔːtoʊˌkɒrɪˈleɪʃən *Am* ɔːtoʊˌkɔːrɪˈleɪʃən/ *n.* autocorrelazione *f.*

autocracy /ɔːˈtɒkrəsi *Am* ɔːˈtɑːkrəsi/ *n.* **1** autocrazia *f.* **2** (*state*) stato *m.* assoluto.

autocrat /ˈɔːtəkræt *Am* ˈɔːtəkræt/ *n.* autocrate *m.* (*anche fig*).

autocratic /ɔːtəˈkrætɪk *Am* ɔːtəˈkrætɪk/ *a.* **1** autocratico. **2** (*fig*) dispotico, tirannico.

autocratical /ɔːtəˈkrætɪkəl *Am* ɔːtəˈkrætɪkəl/ *a.* **1** autocratico. **2** (*fig*) dispotico, tirannico.

autocross /ˈɔːtoʊkrɒs *Am* ˈɔːtoʊkrɑːs/ *n.* (*Sport*) autocross *m.*

autodyne /ˈɔːtoʊdaɪn *Am* ˈɔːtoʊdaɪn/ *n.* (*Rad*) autodina *f.*

autoecious /ɔːˈtiːʃəs/ *a.* (*Bot*) autoico.

autoerotic /ɔːtoʊɪˈrɒtɪk *Am* ɔːtoʊɪˈrɑːtɪk/ *a.* autoerotico.

autoerotism /ɔːtoʊˈerətɪzəm *Am* ɔːtoʊˈrɑːtɪzəm/ *n.* autoerotismo *m.*

autoexposure /ɔːtoʊekˈspoʊʒər *Am* ɔːtoʊekˈspoʊʒər/ *n.* (*Fot*) esposizione *f.* automatica.

autoflash /ˈɔːtoʊflæʃ *Am* ˈɔːtoʊflæʃ/ *n.* (*Fot*) flash *m.* automatico.

autofocus /ˈɔːtoʊˌfoʊkəs *Am* ˈɔːtoʊˌfoʊkəs/ *n.* (*Fot*) autofocus *m.*, messa *f.* a fuoco automatica.

autogamy /ɔːˈtɒɡəmi *Am* ɔːˈtɑːɡəmi/ *n.* (*Bot*) autogamia *f.*

autogenesis /ɔːtoʊˈdʒenəsɪs *Am* ɔːtoʊˈdʒenəsɪs/ *n.* (*Biol*) autogenesi *f.*, autogenia *f.*

autogenic /ɔːtoʊˈdʒenɪk *Am* ɔːtoʊˈdʒenɪk/ *a.* autogeno. ☐ *~ training* training autogeno.

autogenous /ɔːˈtɒdʒənəs *Am* ɔːˈtɑːdʒənəs/ *a.* autogeno. ☐ (*Med*) *~ vaccine* autovaccino; (*Met*) *~ welding* saldatura autogena.

autogiro /ɔːtoʊˈdʒaɪroʊ *Am* ɔːtoʊˈdʒaɪroʊ/ (*pl.* -s /-z/) *n.* (*Aer*) autogiro *m.*

autograft /ˈɔːtoʊɡrɑːft *Am* ˈɔːtoʊɡræft/ *n.* (*Chir*) autotrapianto *m.*

autograph /ˈɔːtəɡrɑːf *Am* ˈɔːtəɡræf/ **I** *n.* **1** autografo *m.: to sign -s* firmare autografi. **2** (*manuscript*) manoscritto *m.* autografo, autografo *m.* **II** *v.t.* **1** autografare, firmare: *-ed photograph* fotografia con autografo. **2** (*to write with one's own hand*) scrivere di proprio pugno, autografare. ☐ *~ album* album di autografi.

autographic /ɔːtoʊˈɡræfɪk *Am* ɔːtoʊˈɡræfɪk/ *a.* autografo, autografico.

autographical /ɔːtoʊˈɡræfɪkəl *Am* ɔːtoʊˈɡræfɪkəl/ *a.* autografo, autografico.

autography /ɔːˈtɒɡrəfi *Am* ɔːˈtɑːɡrəfi/ *n.* autografia *f.* (*anche Tip*).

autogyro /ɔːtoʊˈdʒaɪroʊ *Am* ɔːtoʊˈdʒaɪroʊ/ *n.* (*Aer*) autogiro *m.*

auto-immune /ɔːtoʊɪˈmjuːn *Am* ɔːtoʊɪˈmjuːn/ *a.* (*Med*) autoimmune: *~ disease* malattia autoimmune.

auto-immunity /ɔːtoʊɪˈmjuːnɪti *Am* ɔːtoʊɪˈmjuːnɪti/ *n.* (*Med*) autoimmunità *f.*

auto-immunization /ɔːtoʊɪmjʊn(ə)ɪˈzeɪʃən *Am* ɔːtoʊɪmjʊnɪˈzeɪʃən/ *n.* (*Med*) autoimmunizzazione *f.*

autoist /ˈɔːtoʊɪst/ *n.* (*Am,colloq*) automobilista *m./f.*

autoloading /ˈɔːtoʊloʊdɪŋ *Am* ˈɔːtoʊloʊdɪŋ/ *a.* (*Mil*) a caricamento automatico.

autolysis /ɔːˈtɒlɪsɪs *Am* ɔːˈtɑːlɪsɪs/ *n.* (*Fisiol*) autolisi *f.*

autolytic /ɔːtoʊˈlɪtɪk *Am* ɔːtoʊˈlɪtɪk/ *a.* (*Fisiol*) autolitico.

automaker /ˈɔːtoʊˌmeɪkər/ *n.* (*Am*) casa *f.* automobilistica.

automat /ˈɔːtəmæt/ *n.* (*Am*) tavola *f.* calda (con servizio a gettone).

automate /ˈɔːtəmeɪt/ *v.t.* (*Am*) automatizzare: *to ~ the production line* automatizzare la linea di produzione.

automated /ˈɔːtəmeɪtɪd *Am* ˈɔːtəmeɪtɪd/ *a.* automatizzato. ☐ *~ bank teller* bancomat, sportello automatico (di banca); (*Br*) *~ cash dispenser* bancomat; *~ management* gestione automatizzata; (*Am*) *~ teller machine* bancomat, sportello automatico (di banca).

automatic /ɔːtəˈmætɪk *Am* ɔːtəˈmætɪk/ **I** *a.* **1** automatico. **2** (*performed without thinking*) meccanico, automatico. **3** (*spontaneous*) spontaneo. **II** *n.* **1** (*car*) macchina *f.* automatica. **2** (*gun*) pistola *f.* automatica; (*rifle*) fucile *m.* automatico, automatico *m.* ☐ (*Tel*) *~ announcement player* ripetitore automatico, pappagallo; *~ answering machine* segreteria telefonica; *~ answering service* (servizio di) segreteria telefonica; (*Fot*) *~ camera* macchina fotografica automatica, automatica; (*Br*) *~ cash dispenser* bancomat; (*El*) *~ control* regolazione automatica, controllo automatico; (*Inform*) *~ data processing* elaborazione automatica dei dati; (*Aut*) *~ drive* trasmissione automatica; (*Tel*) *~ exchange* centrale automatica di commutazione; (*Mecc*) *~ feed* avanzamento automatico; *~ focus* autofocus, messa a fuoco automatica; (*Tel*) *~ long distance code* prefisso di teleselezione; *~ machine* distributore automatico; *~ photo* fotografia automatica; (*Aer*) *~ pilot* pilota automatico, autopilota: *to be on ~ pilot* avere messo il pilota automatico (*anche fig*); *~ pistol* pistola automatica; (*Inform*) *~ programming* programmazione automatica; (*Fot*) *~ release* autoscatto; (*Dir*) *~ renewal* rinnovo tacito; *~ rifle* fucile automatico, automatico; *~ selling* vendita mediante distributori automatici; (*Aut*) *~ transmission* trasmissione automatica; *~ vending machine* distributore automatico; *~ wage adjustment* adeguamento salariale automatico; (*Fot*) *~ wind* avanzamento automatico.

automaticity /ɔːtəməˈtɪsɪti *Am* ɔːtəməˈtɪsəti/ *n.* automaticità *f.*

automation /ɔːtəˈmeɪʃən *Am* ɔːtəˈmeɪʃən/ *n.* automazione *f.*

automatise /ɔːˈtɒmətaɪz/ *v.t.* (*Br*) automatizzare.

automatism /ɔːˈtɒmətɪzəm *Am* ɔːˈtɑːməţɪzᵊm/ n. 1 automatismo m. 2 (*automatic action*) automatismo m., atto m. automatico.

automatist /ɔːˈtɒmətɪst Am ɔːˈtɑːmətɪst/ n. (*Filos*) seguace m./f. della teoria dell'automatismo.

automatization /ɔːˌtɒmət(a)ɪˈzeɪʃᵊn Am ɔːˌtɑːmətɪˈzeɪʃᵊn/ n. automatizzazione f.

automatize /ɔːˈtɒmətaɪz Am ɔːˈtɑːmətaɪz/ v.t. automatizzare.

automaton /ɔːˈtɒmətᵊn Am ɔːˈtɑːmətᵊn/ (pl. **-ta** /-tə Am -tə/, **-s** /-z/) n. automa m.

automechanism /ˌɔːˈtoʊˈmekənɪzᵊm Am ˌɔːˈtoʊˈmekənɪzᵊm/ n. macchina f. automatica, congegno m. automatico.

automobile /ˌɔːtəmoʊbiːl, ˌɔːtəmoʊˈbiːl/ I n. (*Am*) automobile f. II a. 1 (*self-propelling*) semovente, automobile. 2 (*pertaining to automobiles*) di automobile, automobilistico. □ (*Aut*) ~ *body* carrozzeria; ~ *club* automobile club; ~ *leasing* leasing automobilistico; ~ *loan* prestito automobilistico; ~ *repairing* autoriparazione.

automobilist /ˈɔːtəmoʊbiːlɪst, ˌɔːtəmoʊˈbiːlɪst/ n. (*Am*) automobilista m./f.

automotive /ˌɔːtəˈmoʊtɪv/ a. (*Am*) 1 (*self-propelling*) semovente, automobile. 2 (*pertaining to automobiles*) di automobile, automobilistico. □ ~ *engineer* ingegnere automobilistico.

autonomic /ˌɔːtəˈnɒmɪk Am ˌɔːtəˈnɑːmɪk/ a. autonomo.

autonomism /ɔːˈtɒnəmɪzᵊm Am ɔːˈtɑːnəmɪzᵊm/ n. autonomismo m.

autonomous /ɔːˈtɒnəməs Am ɔːˈtɑːnəməs/ a. autonomo.

autonomy /ɔːˈtɒnəmi Am ɔːˈtɑːnəmi/ n. 1 autonomia f., indipendenza f. 2 (*freedom*) libertà f. 3 (*self-government*) autonomia f., autogoverno m. 4 (*state*) stato m. autonomo; (*community*) comunità f. autonoma.

autopilot /ˈɔːtoʊˌpaɪlət Am ˈɔːtoʊˌpaɪlət/ n. (*Aer*) pilota m. automatico, autopilota m.

autoplasty /ˈɔːtoʊplæsti Am ˈɔːtoʊplæsti/ n. (*Chir*) autoplastica f.

autopsic /ɔːˈtɒpsɪk Am ˈɔːtɑːpsɪk/ a. (*Med*) autoptico.

autopsical /ɔːˈtɒpsɪkᵊl Am ɔːˈtɑːpsɪkᵊl/ a. (*Med*) autoptico.

autopsy /ˈɔːtɒpsi Am ˈɔːtɑːpsi/ n. 1 (*Med*) autopsia f. 2 (*fig*) analisi f.

autoradiograph /ˌɔːtoʊˈreɪdiougrɑːf Am ˌɔːtoʊˈreɪdiougræf/ n. (*Radiol*) autoradiografia f.

auto-repeat /ˌɔːtoʊrɪˈpiːt Am ˌɔːtoʊrɪˈpiːt/ n. (*Inform*) ripetizione f. automatica. □ (*Inform*) ~ *key* tasto di ripetizione automatica.

auto-restart /ˌɔːtoʊˌriːˈstɑːt Am ˌɔːtoʊˌriːˈstɑːrt/ n. (*Inform*) riavvio m. automatico.

autosave /ˈɔːtoʊˌseɪv Am ˈɔːtoʊˌseɪv/ n. (*Inform*) salvataggio m. automatico.

autosizing /ˈɔːtoʊˌsaɪzɪŋ Am ˈɔːtoʊˌsaɪzɪŋ/ n. (*Inform*) dimensionamento m. automatico.

autosome /ˈɔːtəsoʊm Am ˈɔːtɑːsoʊm/ n. (*Biol*) autosoma m.

autostacker /ˈɔːtoʊˌstækəʳ Am ˈɔːtoʊˌstækəʳ/ n. garage m. automatico.

auto-suggestibility /ˌɔːtoʊsədʒestɪˈbɪliti Am ˌɔːtoʊsədʒestəˈbɪləti/ n. (*Psic*) autosuggestionabilità f.

auto-suggestible /ˌɔːtoʊsəˈdʒestɪbḷ Am ˌɔːtoʊsəˈdʒestɪbḷ/ a. (*Psic*) autosuggestionabile.

auto-suggestion /ˌɔːtoʊsəˈdʒestʃᵊn Am ˌɔːtoʊsəˈdʒestʃᵊn/ n. (*Psic*) autosuggestione f.

autotomy /ɔːˈtɒtəmi Am ɔːˈtɑːtəmi/ n. (*Zool*) autotomia f.

autotrace /ˈɔːtoʊtreɪs Am ˈɔːtoʊtreɪs/ n. (*Inform*) traccia f. automatica.

autotrophic /ˌɔːtoʊˈtrɒfɪk Am ˌɔːtoʊˈtroʊfɪk, ˌɔːtoʊˈtrɑːfɪk/ a. (*Biol*) autotrofico.

autotrophism /ˌɔːtoʊˈtrɒfɪzᵊm Am ˌɔːtoʊˈtroʊfɪzᵊm/ n. autotrofia f.

autotrophy /ˈɔːtoʊˌtroʊfi Am ˈɔːtoʊˌtroʊfi/ n. autotrofia f.

autotruck /ˈɔːtoʊtrʌk/ n. (*Am*) autocarro m.

autotype /ˈɔːtoʊtaɪp Am ˈɔːtoʊtaɪp/ n. 1 facsimile m. 2 (*Fot*) autotipia f.

autotypic /ˈɔːtoʊˌtɪpɪk Am ˈɔːtəˌtɪpɪk/ a. autotipico.

autovaccination /ˌɔːtoʊˌvæksɪˈneɪʃᵊn Am ˌɔːtoʊˌvæksɪˈneɪʃᵊn/ n. (*Med*) autovaccinazione f.

autovaccine /ˈɔːtoʊvæksiːn Am ˈɔːtoʊvæksiːn/ n. (*Med*) autovaccino m.

autowind /ˈɔːtoʊwaɪnd Am ˈɔːtoʊwaɪnd/ n. (*Fot*) avanzamento m. automatico.

autowrecker /ˈɔːtoʊrekəʳ Am ˈɔːtoʊrekəʳ/ n. demolitore m. di automobili, sfasciacarrozze m.

autumn /ˈɔːtəm/ n. (*spec. Br*) autunno m. (*anche fig*). □ (*Bot*) ~ *crocus* colchico; *in* ~ d'autunno, in autunno.

autumnal /ɔːˈtʌmnᵊl/ a. autunnale, d'autunno. □ (*Astr*) ~ *equinox* equinozio di autunno.

auxiliary /ɔːgˈzɪljᵊri/ I a. 1 ausiliario, ausiliare, sussidiario. 2 (*reserve*) ausiliario, supplementare, di riserva. 3 (*giving support*) di sostegno, di aiuto. II n. 1 aiuto m., assistente m./f. 2 (*organization*) organizzazione f. supplementare, organizzazione f. ausiliaria. 3 (*Gramm*) verbo m. ausiliare. 4 (*Mar*) nave f. ausiliaria. 5 pl. (*Stor*) milizie f.pl. ausiliarie, ausiliari m.pl. □ (*burocr*) ~ *body* organo ausiliario; *in an* ~ *capacity* in qualità di aiuto; ~ *engine* motore ausiliare; (*Mot*) ~ *fuel tank* serbatoio ausiliare; ~ *machinery* apparato ausiliario; ~ *medical personnel* personale paramedico; (*Inform*) ~ *memory* memoria ausiliaria; ~ *service* servizio ausiliario; ~ *troops* truppe ausiliarie; (*Gramm*) ~ *verb* verbo ausiliare.

AV /ˌeɪˈviː/ 1 *Authorized Version* (versione della Bibbia del 1611). 2 *audiovisual media* (sussidi audiovisivi).

av. 1 *avenue* v.le (viale). 2 *average* (media). 3 *avoirdupois* av. (avoirdupois).

avail /əˈveɪl/ I v.i. 1 servire, essere utile (*to* a). 2 (*to be of advantage*) giovare, essere di vantaggio (*to* a). II v.t. 1 giovare a, servire a, essere di aiuto a. 2 (*rifl.*) ~ *oneself* valersi, servirsi, approfittare (*of* di): *he* -*ed himself of every opportunity* approfittava di ogni occasione; *to* ~ *oneself of a right* approfittare di un diritto. III n. vantaggio m., utilità f., giovamento m., profitto m. □ *of no* ~ inutile, vano; *of what* ~ *is it?* a che serve?, a che pro?; *to no* ~ inutile, vano; *without* ~ senza profitto, inutilmente.

availability /əˌveɪləˈbɪliti Am əˌveɪləˈbɪləti/ n. disponibilità f.

available /əˈveɪləbḷ/ a. 1 disponibile, a disposizione: *to use any means* ~ usare qualsiasi mezzo a disposizione. 2 (*obtainable*) disponibile: *the article is* ~ *in several colours* l'articolo è disponibile in vari colori; *there are no more tickets* ~ i biglietti sono esauriti. 3 (*Dir*) valido. 4 (*Am,Pol*) disponibile (a candidarsi). □ *to make sth.* ~ *to so.* mettere qcs. a disposizione di qcu.

avalanche /ˈævəlɑːnʃ Am ˈævəlæntʃ/ I n. valanga f. (*anche fig*). II v.i. precipitare come una valanga. III v.t. sommergere, inondare.

avaluative /əˈvæljuətɪv Am əˈvæljuətɪv/ a. avalutativo.

avant-garde /ˌævɑ̃ː(ŋ)ˈgɑːd Am ˌɑːvɑːnt ˈgɑːrd/ I n. avanguardia f. II a. d'avanguardia.

avant-gardism /ˌævɑ̃ː(ŋ)ˈgɑːdɪzᵊm Am ˌɑːvɑːntˈgɑːrdɪzᵊm/ n. (*Art*) avanguardismo m.

avant-gardist /ˌævɑ̃ː(ŋ)ˈgɑːdɪst Am ˌɑːvɑːnt ˈgɑːrdɪst/ n. (*Art*) avanguardista m./f.

avarice /ˈævərɪs/ n. 1 avidità f., cupidigia f. 2 (*miserliness*) avarizia f.

avaricious /ˌævəˈrɪʃəs Am ˌævəˈrɪʃəs/ a. 1 avido, cupido. 2 (*miserly*) avaro.

avast /əˈvɑːst Am əˈvæst/ *intz.* (*Mar*) ferma, agguanta: ~ *there!* ferma là!; ~ *heaving!* ferma l'argano!

avatar /ˈævəˌtɑːʳ Am ˈævəˌtɑːr/ n. 1 (*Rel*) avatara m., incarnazione f. 2 (*manifestation*) manifestazione f., apparizione f. 3 (*version*) versione f. 4 (*Inform*) avatar m.

avaunt /əˈvɔːnt/ *intz.* (*ant*) (va) via, vattene!

AVC /ˌeɪviːˈsiː/ (*Tel*) *automatic volume control* AVC, CAV (controllo automatico del volume).

avdp. *avoirdupois* (avoirdupois).

ave /ˈɑːveɪ, ˈɑːviː/ I n. ave f. II *intz.* ave, salve.

Ave /ˈɑːveɪ, ˈɑːviː/ n. (*Rel.catt*) Ave Maria f., ave f. □ (*Rel.catt*) ~ *Maria* Ave Maria, ave.

Ave. *Avenue* v.le (viale).

avenge /əˈvendʒ/ I v.t. vendicare. II v.i. vendicarsi, fare vendetta (*on, upon* di).

avenger /əˈvendʒəʳ/ n. vendicatore m. (f. -trice).

Aventine /ˈævəntaɪn, ˈævəntiːn/ n.pr. (*Geog*) Aventino m.

aventurin, aventurine /əˈventʃərɪn Br also əˈventjuriːn/ n. (*Min*) avventurina f.

avenue /ˈævɪnjuː Am also ˈævɪnuː/ n. 1 viale m., via f. (ampia e spaziosa). 2 (*Br*) (*tree-lined driveway*) viale m. alberato. 3 (*approach*) accesso m. 4 (*fig*) strada f., via f.: *to explore every* ~ scandagliare ogni possibilità, non lasciare intentata nessuna via.

aver /əˈvɜːʳ Am əˈvɜːr/ (*past, p.p.* **averred** /-d/) v.t. 1 (*Lett*) asserire, affermare, dichiarare. 2 (*Dir*) dimostrare, provare.

average[1] /ˈævərɪdʒ/ I n. 1 media f.: *on* ~ in media, mediamente. 2 (*Mar*) avaria f. II a. 1 medio: *the* ~ *cost* il costo medio. 2 (*ordinary*) medio, normale, comune: ~ *intelligence* intelligenza media. 3 (*Mar,Assic*) calcolato secondo le leggi sull'avaria. □ (*Assic*) ~ *adjuster* liquidatore di avaria; ~ *adjustment* regolamento di avaria, liquidazione di avaria, (*certificate*) certificato di avaria; ~ *agreement* compromesso di avaria; (*Assic*) ~ *bond* obbligazione di avaria, clausola di avaria; (*Assic*) ~ *payment* dividendo di avaria; ~ *surveyor* perito di avaria; *to take the* ~ fare la media, calcolare la media; (*fig*) *up to* ~ (o *up to the* ~) discreto.

average[2] /ˈævərɪdʒ/ I v.t. 1 fare la media di, calcolare la media di. 2 (*to amount to approximately*) aggirarsi su una media di, ammontare approssimativamente a, essere circa. 3 (*to do, to make, etc. on an average*) fare in media, fare una media di: *I* ~ *five hours of work a day* faccio in media cinque ore di lavoro al giorno, lavoro in media cinque ore al giorno. II v.i. essere in media, ammontare in media. □ *to* ~ *out* aggirarsi su una media di, ammontare approssimativamente a, essere circa.

averment /əˈvɜːmənt Am əˈvɜːrmənt/ n. 1 (*Lett*) asserzione f., affermazione f. 2 (*statement*) dichiarazione f. 3 (*Dir*) testimonianza f., affermazione f.

Avernus /əˈvɜːnəs Am əˈvɜːrnəs/ n.pr.m. (*Geog*,

Mitol) Averno.

Averroës /ə'verouɪːz/ *n.pr.m.* (*Filos*) Averroè.

Averroism /ə'verouɪzᵊm/ *n.* averroismo *m.*

Averroist /ə'verouɪst/ *n.* averroista *m./f.*

averse /ə'vɜːs *Am* ə'vɜːrs/ *a.* **1** contrario, alieno, avverso (*to, from* a): *I am ~ to violence* sono contrario alla violenza. **2** (*reluctant*) riluttante, poco disposto.

averseness /ə'vɜːsnəs *Am* ə'vɜːrsnəs/ *n.* **1** avversione *f.*, antipatia *f.*; (*repugnance*) ripugnanza *f.* (*to* per). **2** (*person, thing disliked*) antipatia *f.*

aversion /ə'vɜːʃən *Am* ə'vɜːrʃᵊn/ *n.* **1** avversione *f.*, antipatia *f.*; (*repugnance*) ripugnanza *f.* (*to* per). **2** (*person, thing disliked*) antipatia *f.* □ *to have an ~ to so.* nutrire antipatia per qcu., avere antipatia per qcu.

aversive /ə'vɜːsɪv *Am* ə'vɜːrsɪv/ *a.* **1** caratterizzato da avversione, caratterizzato da antipatia. **2** (*Psic*) aversivo.

avert /ə'vɜːt *Am* ə'vɜːrt/ *v.t.* **1** distogliere, volgere altrove, allontanare: *to ~ one's eyes from sth.* distogliere gli occhi da qcs. **2** (*to prevent*) prevenire, evitare: *he left to ~ trouble* se n'è andato per evitare guai.

avgas /'ævgæs/ *n.* (*Am*) benzina *f.* avio.

avian /'eɪvɪən/ *a.* aviario.

aviary /'eɪvɪəri *Am* 'eɪvɪeri/ *n.* uccelliera *f.*, aviario *m.*

aviate /'eɪvɪeɪt/ *v.i.* (*rar*) viaggiare in aereo, volare.

aviation /ˌeɪvɪeɪʃᵊn/ *n.* **1** aeronautica *f.*, aviazione *f.* **2** (*industry*) industria *f.* aeronautica. □ *~company* compagnia aerea; (*Br*) *~fuel* benzina avio; (*Am*) *~gasoline* benzina avio; *~ insurance* assicurazione aeronautica; *~ risk* rischio aeronautico.

aviator /'eɪvɪeɪtər *Am* 'eɪvɪeɪtᵊr/ *n.* (*f.* **-tress** /-trɪs/, **-trix** /-trɪks/) aviatore *m.* (*f.* -trice), pilota *m./f.*

aviculture /'eɪvɪˌkʌltʃər/ *n.* avicoltura *f.*

avid /'ævɪd/ *a.* **1** avido, bramoso, cupido (*of, for* di): *~ for gold* avido di oro. **2** (*enthusiastic*) accanito, entusiasta, appassionato, *an ~ tennis player* un accanito giocatore di tennis; *an ~ reader* un divoratore di libri.

avidity /ə'vɪdɪti *Am* ə'vɪdəti/ *n.* avidità *f.*, cupidigia *f.*, bramosia *f.*

avifauna /'eɪvɪfɔːnə/ *n.* avifauna *f.*

Avignon /'ævɪnjɔː(ŋ)/ *n.pr.* (*Geog*) Avignone *f.*

avionics /ˌeɪvɪ'ɒnɪks/ *Am* ˌeɪvɪ'ɑːnɪk/ *n.* (*costr.sing.*) avionica *f.*

avitaminosis /eɪˌvɪtəmɪ'nousɪs *Am* eɪˌvɪtᵊmɪ'nousɪs/ (*pl.* **-ses** /-siːz/) *n.* (*Med*) avitaminosi *f.*

avocado /ˌævə'kɑːdou/ (*pl.* **-s** /-z/) *n.* (*Bot*) avocado *m.*

avocation /ˌævou'keɪʃᵊn/ *n.* **1** svago *m.*, hobby *m.* **2** (*minor occupation*) occupazione *f.* secondaria, lavoro *m.* marginale. **3** (*regular occupation*) lavoro *m.*, mestiere *m.* **4** (*vocation*) vocazione *f.*

avocet /'ævouset/ *n.* (*Ornit*) avocetta *f.*

avoid /ə'vɔɪd/ *v.t.* **1** evitare: *to ~ doing sth.* evitare di fare qcs.; *to ~ being seen* evitare di farsi vedere, cercare di non farsi vedere. **2** (*to keep away from*) sfuggire, scansare, evitare: *to ~ so.'s eye* sfuggire lo sguardo di qcu., evitare lo sguardo di qcu. **3** (*Dir*) rescindere, annullare; (*to invalidate*) invalidare. □ *to ~observation* sfuggire alla vista.

avoidable /ə'vɔɪdəbl/ *a.* **1** evitabile. **2** (*Dir*) annullabile, risolubile.

avoidably /ə'vɔɪdəbli/ *avv.* in modo evitabile.

avoidance /ə'vɔɪdns/ *n.* **1** l'evitare, lo scansare, lo sfuggire. **2** (*vacancy*) vacanza *f.*, di-

sponibilità *f.*: *the ~ of an office* la disponibilità di una carica. **3** (*Dir*) risoluzione *f.*, annullamento *m.*: *action for ~ of contract* azione per annullamento di contratto. □ (*Dir*) *~clause* clausola risolutiva.

avoidant /ə'vɔɪdənt/ □ (*Psic*) *~personality* personalità evitante.

avoirdupois /ˌævədə'pɔɪz *Am* ˌævə'rdə'pɔɪz/ *n.* **1** (*avoirdupois weight*) avoirdupois *m.* **2** (*colloq*) (*fat*) grasso *m.*, ciccia *f.*

Avon /'eɪvᵊn/ *n.pr.* (*Geog*) Avon *f.* (contea inglese).

avouch /ə'vautʃ/ *v.t.* **1** (*ant,Ret*) asserire, affermare, dichiarare. **2** (*to vouch for*) garantire per, farsi garante per, rispondere di. **3** (*to acknowledge*) riconoscere, ammettere, confessare.

avouchment /ə'vautʃmənt/ *n.* **1** asserzione *f.*, affermazione *f.* **2** (*guarantee*) garanzia *f.*

avow /ə'vau/ *v.t.* **1** dichiarare. **2** (*to declare openly*) dichiarare apertamente, ammettere, riconoscere.

avowal /ə'vauəl/ *n.* ammissione *f.*, dichiarazione *f.*

avowed /ə'vaud/ *a.* dichiarato, noto.

avowedly /ə'vauɪdli/ *avv.* apertamente, per ammissione esplicita.

avulsion /ə'vʌlʃᵊn/ *n.* (*Med,Dir*) avulsione *f.*

avuncular /ə'vʌŋkjulər/ *a.* di zio, da zio.

AWACS /'eɪwæks/ (*Aer.mil*) *Airborne Warning and Control System* AWACS (sistema di allarme e controllo aereo).

await /ə'weɪt/ *v.t.* **1** attendere, aspettare, essere in attesa di. **2** (*to be in store for*) attendere: *fame -s you* la gloria ti attende. □ (*Post*) *to ~arrival* fino all'arrivo del destinatario; *to ~further events* aspettare gli eventi.

awaiting /ə'weɪtɪŋ *Am* ə'weɪtɪŋ/ *a.* **1** in attesa. **2** (*Post*) in attesa di recapito, giacente.

awake [1] /ə'weɪk/ (*past* **awoke** /ə'wouk/ *p.p.* **awoken** /ə'woukən/ *o* **awaked** /-/) **I** *v.i.* **1** svegliarsi, destarsi, risvegliarsi (*anche fig*). **2** (*to become conscious of*) rendersi conto (*to* di), aprire gli occhi (*su*). **II** *v.t.* **1** svegliare, destare. **2** (*fig*) (*to arouse to action*) scuotere, risvegliare, ridestare.

awake [2] /ə'weɪk/ *a.* **1** sveglio, desto: *wide ~* completamente sveglio, ben sveglio. **2** (*fig*) (*alert*) pronto, vigile, desto, sveglio. **3** (*fig*) (*aware*) consapevole, conscio (*to* di): *~ to the danger* consapevole del pericolo.

awaken /ə'weɪkᵊn/ **I** *v.i.* **1** svegliarsi, destarsi, risvegliarsi (*anche fig*). **2** (*fig*) (*to become conscious of*) rendersi conto (*to* di), aprire gli occhi su. **II** *v.t.* **1** svegliare, destare. **2** (*to stir up*) scuotere, spronare. **3** (*to make conscious of*) rendere consapevole di.

awakening /ə'weɪkᵊnɪŋ/ *n.* **1** risveglio *m.* (*anche fig*). **2** (*realization*) il rendersi conto, consapevolezza *f.*

award [1] /ə'wɔːd *Am* ə'wɔːrd/ *v.t.* **1** assegnare, dare, concedere: *to ~ prizes* assegnare dei premi. **2** (*to confer*) conferire. **3** (*Dir*) assegnare, aggiudicare: *to be -eddamages* ottenere il risarcimento dei danni.

award [2] /ə'wɔːd *Am* ə'wɔːrd/ *n.* **1** ricompensa *f.*, premio *m.*, onorificenza *f.* **2** (*scholarship*) borsa *f.* di studio. **3** (*Dir*) assegnazione *f.*, aggiudicazione *f.*; (*decision of arbitrators*) lodo *m.* arbitrale. **4** (*US,Dir*) sentenza *f.* civile. □ (*Dir*) *~of a contract* aggiudicazione di un contratto; (*Dir*) *~alimony* concessione degli alimenti.

aware /ə'weər *Am* ə'wer/ *a.* **1** consapevole, conscio: *to be ~ of sth.* essere consapevole di qcs. **2** (*informed*) informato, preparato, ragguagliato, edotto: *politically ~* politicamen-

te preparato. □ *to become ~ of* rendersi conto di; *I am well ~that* mi rendo perfettamente conto che.

awareness /ə'weərnəs *Am* ə'wernəs/ *n.* consapevolezza *f.*, presa *f.* di coscienza.

awash /ə'wɒʃ *Am* ə'wɑːʃ/ *a.pred./avv.* **1** lambito dalle onde, bagnato dalle onde. **2** (*afloat*) a galla, a fior d'acqua. **3** (*flooded*) inondato, allagato. **4** (*fig*) pieno, traboccante. □ (*sl*) *~with drink* ubriaco.

away /ə'weɪ/ *avv.* **1** via: *go ~* vai via; *take him ~* portalo via; *we must go ~* dobbiamo andarcene. **2** (*far*) lontano: *stay ~ from the fire* stai lontano dal fuoco; *~ from home* lontano da casa. **3** (*aside*) via, da parte, in disparte: *he put his newspaper ~* mise da parte il giornale. **4** (*out of one's possession*) via: *to give sth. ~* dare via qcs. **5** (*continuously*) di seguito, continuamente, ancora: *he worked ~ for hours* ha continuato a lavorare per molte ore. **6** (*in another direction*) da un'altra parte, altrove: *to look ~* guardare altrove. **II** *a.* **1** lontano, distante: *her home is three miles ~* la sua casa è lontana tre miglia (*o* è a tre miglia di distanza); *ten minutes walk ~* dieci minuti a piedi. **2** (*absent*) via, assente. **3** (*Sport*) fuori casa, in trasferta: *~ match* (partita in) trasferta. **4** (*Sport*) (*in baseball: out*) fuori gioco. □ *~with him* portatelo via; *~ with you!* basta!, via!

AWB /ˌeɪdʌbəlju:'biː/ (*Am,Comm*) *airway bill* (lettera di vettura per trasporti aerei).

awe /ɔː/ **I** *n.* **1** timore *m.* riverenziale, soggezione *f.*: *to stand in ~ of so.* aver soggezione di qcu. **2** (*fear*) timore *m.*, sgomento *m.*, paura *f.* **II** *v.t.* **1** ispirare timore a, incutere soggezione a. **2** (*to influence by awe*) sgomentare, impaurire.

aweary /ə'wɪəri *Am* ə'wɪri/ *a. pred.* (*poet*) stanco.

aweather /ə'weðər *Am* ə'weðᵊr/ *a.pred./avv.* (*Mar*) sopravvento, dalla parte del vento.

awed /ɔːd/ *a.* riverente: *an ~ silence* un riverente silenzio.

aweigh /ə'weɪ/ *a.* (*Mar*) (*of an anchor*) libero, pendente, staccato dal fondo.

awe-inspiring /'ɔːɪnspaɪ(ə)rɪŋ/ *a.* **1** che incute timore. **2** (*majestic*) imponente, maestoso.

aweless /'ɔːləs/ *a.* **1** senza timore, intrepido. **2** (*irreverent*) irriverente.

awesome /'ɔːsəm/ *a.* **1** che incute timore, spaventoso. **2** (*majestic*) imponente, maestoso. **3** (*awed*) riverente; (*fearful*) timoroso. **4** (*colloq*) (*right*) giustissimo, (*great*) grandissimo.

awe-stricken /'ɔːˌstrɪkᵊn/ *a.* in preda a timore, atterrito, sgomento.

awe-struck /'ɔːstrʌk/ *a.* in preda a timore, atterrito, sgomento.

awful /'ɔːfᵊl/ **I** *a.* **1** terribile, tremendo, spaventoso, orrendo: *an ~ nuisance* una tremenda seccatura. **2** (*colloq*) grandissimo, enorme. **II** *avv.* (*colloq*) molto, assai. □ (*colloq*) *an ~ lot* tantissimo, un sacco, a non finire; *an ~ lot of icecream* una quantità enorme di gelato; *an ~ lot of books* una caterva di libri.

awfully /'ɔːfᵊli/ *avv.* **1** terribilmente, tremendamente: *I'm ~ sorry* mi dispiace tanto, sono davvero spiacente. **2** (*colloq*) (*very*) molto, incredibilmente: *he's ~ clever* è incredibilmente bravo, è bravissimo; *thanks ~* grazie mille. **3** (*colloq*) orribilmente, in modo orrendo, malissimo.

awfulness /'ɔːfᵊlnəs/ *n.* **1** terribilità *f.* **2** (*majesty*) imponenza *f.*, maestosità *f.*

awheel /ə'(h)wiːl/ *avv.* in bicicletta, su un veicolo a due ruote.

awhile /ə'(h)waɪl/ *avv.* per un po', ancora un po'.

awhirl /ə'(h)wɜːl *Am* ə'(h)wɜːrl/ *a.pred.* in un turbine, in un vortice, che turbina.

awkward /'ɔːkwəd *Am* 'ɔːkwərd/ *a.* 1 sgraziato, goffo: *an ~ gesture* un gesto sgraziato. 2 (*clumsy*) maldestro, impacciato. 3 (*embarrassed*) a disagio: *to feel ~* sentirsi a disagio. 4 (*inept*) incapace, inetto. 5 (*unwieldy*) scomodo, poco maneggevole. 6 (*difficult, dangerous*) difficile, pericoloso: *an ~ road to drive on* una strada pericolosa per gli automobilisti. 7 (*embarrassing*) imbarazzante: *an ~ situation* una situazione imbarazzante. □ *the ~ age* l'età ingrata, l'età critica; (*colloq*) *an ~ customer* un tipo difficile; (*Mil*) *~ squad* nuove reclute, novellini.

awkwardness /'ɔːkwədnəs *Am* 'ɔːkwərdnəs/ *n.* 1 goffaggine *f.* 2 (*ineptitude*) incapacità *f.*, inettitudine *f.* 3 (*inelegance*) ineleganza *f.*, mancanza *f.* di grazia. 4 (*embarrassement*) imbarazzo *m.*

awl /ɔːl/ *n.* (*Tecn*) punteruolo *m.*

awn /ɔːn/ *n.* (*Bot*) barba *f.*

awned /ɔːnd/ *a.* (*Bot*) barbuto.

awning /'ɔːnɪŋ/ *n.* 1 tenda *f.* 2 (*shelter*) riparo *m.*, tendone *m.* □ (*Mar*) *~ deck* ponte di manovra.

awoke /ə'wəʊk/, **awoken** /ə'wəʊkən/ → **awake**.

awry /ə'raɪ/ *a.pred./avv.* 1 storto, di traverso. 2 (*wrong*) male, a monte. □ *to go ~* andare a monte, fallire.

aw-shucks /'ɔː'ʃʌks/ *intz.* oh!, ma dai! (risposta di persona timida a un complimento imbarazzante).

ax /æks/ *n./v.t.* (*Am*) → **axe**.

axe /æks/ **I** *n.* 1 ascia *f.*, accetta *f.*, scure *f.* 2 (*battle-axe*) azza *f.* 3 (*Am,sl*) strumento *m.* musicale. **II** *v.t.* 1 tagliare con l'ascia, scortecciare con l'ascia. 2 (*colloq*) (*to dismiss at short notice*) liquidare, licenziare. 3 (*fig*) (*to curtail*) ridurre drasticamente, tagliare drasticamente: *to ~ the defence budget* ridurre drasticamente le spese militari. □ (*colloq*)

to get the ~ rimetterci la testa, perdere il posto di lavoro; (*fig*) *to have an ~ to grind* avere un interesse personale, tirare acqua al proprio mulino; *~ helve* manico di ascia.

axial /'æksɪəl/ *a.* assiale. □ (*Mecc*) *~ flow* flusso assiale; (*Mecc*) *~ load* carico assiale.

axially /'æksɪəli/ *avv.* lungo un asse.

axil /'æksɪl/ *n.* (*Bot*) ascella *f.*

axile /'æksaɪl/ *a.* (*Bot*) assile.

axilla /æk'sɪlə/ *n.* (*pl.* **-llae** /-liː/) *n.* (*Anat,Bot*) ascella *f.*

axillary /æk'sɪləri/ *a.* (*Anat,Bot*) ascellare.

axiology /ˌæksɪ'ɒlədʒi *Am* ˌæksi'ɑːlədʒi/ *n.* axiologia *f.*, assiologia *f.*

axiom /'æksɪəm/ *n.* assioma *m.*

axiomatic /ˌæksɪə'mætɪk *Am* æksɪə'mætɪk/ *a.* assiomatico.

axis /'æksɪs/ (*pl.* **axes** /-siːz/) *n.* 1 asse *m.* (anche *Geom*): *the Earth's ~* l'asse della Terra. 2 (*Pol*) asse *m.*, alleanza *f.* 3 (*Anat*) asse *m.* □ (*Astr*) *~ of revolution* asse di rivoluzione; (*Astr*) *~ of rotation* asse di rotazione; *~ of vision* asse ottico.

Axis[1] /'æksɪs/ *n.* (*Stor*) Asse *m.* (Berlino-Roma).

Axis[2] /'æksɪs/ *n.* (*Zool*) cervo *m.* axis, cervo *m.* pomellato.

axle /'æksl/ *n.* 1 (*Mecc*) assale *m.*, asse *m.* di ruota. 2 (*spindle of an axle tree*) fuso *m.* dell'assale. □ (*Aut*) *~ base* interasse; (*Mecc*) *~ bearing* cuscinetto; (*Mecc*) *~ box* boccola; (*Aut*) *~ journal* fuso *m.*; (*Aut*) *~ shaft* semiasse.

axon /'æksɒn *Am* 'æksɑːn/ *n.* (*Anat*) cilindrasse *m.*, assone *m.*

axone /'æksəʊn/ *n.* (*Anat*) cilindrasse *m.*, assone *m.*

axonometry /ˌæksɒ'nɒmɪtri *Am* ˌæksə'nɑːmɪtri/ *n.* (*Geol*) assonometria *f.*

ay /aɪ, eɪ/ *intz.* ahi! : *~ me* ahimè!

ayah /'aɪə, 'ɑːjə/ *n.* bambinaia *f.* indiana, cameriera *f.* indiana.

ayatollah /ˌaɪə'tɒlə *Am* ˌaɪə'toʊlə/ *n.* (*Rel.islam*) ayatollah *m.*

aye[1] /eɪ/ *avv.* (*poet*) sempre: *for ~* per sempre.

aye[2] /aɪ/ **I** *avv.* (*yes*) sì. **II** *n.* voto *m.* favorevole.

AZ /ˌeɪ'ziː/ *Arizona* AZ (Arizona).

azalea /ə'zeɪlɪə *Am* ə'zeɪljə/ *n.* (*Bot*) azalea *f.*

azarole /'æzərəʊl/ *n.* (*Bot*) azzeruolo *m.*, lazzeruolo *m.*

Azerbaijan /ˌæzəbaɪ'dʒɑːn *Am* ˌæzərbaɪ'dʒɑːn/ *n.pr.* (*Geog*) Azerbaigian *m.*

Azerbaijani /ˌæzəbaɪ'dʒɑːni *Am* ˌæzərbaɪ'dʒɑːni/ **I** *a.* (*Geog*) azerbaigiano. **II** *n.* azerbaigiano (*f.* -a).

azimuth /'æzɪməθ/ *n.* (*Astr*) azimut *m.* □ (*Astr*) *~ circle* cerchio azimutale; (*Topogr*) *~ compass* bussola azimutale, ecclimetro.

azimuthal /æzɪ'mjuːθl/ *a.* azimutale.

azo /'eɪzəʊ, 'æzəʊ/ *a.* (*Chim*) azoico. □ *~ dye* azocolorante, colorante azoico.

azo-compounds /eɪzəʊ'kɒmpaʊndz, æzəʊ 'kɒmpaʊndz *Am* ˌeɪzəʊ'kɑːmpaʊndz/ *n.pl.* (*Chim*) azocomposti *m.pl.*

azoic /eɪ'zəʊɪk/ *a.* (*Geol*) azoico.

Azores /ə'zɔːz *Am* ə'zɔːrz/ *n.pr.pl.* (*Geog*) Azzorre *f.pl.* □ (*Meteor*) *~ high* anticiclone delle Azzorre.

azote /'æzəʊt/ *n.* (*Chim*) azoto *m.*

azotemia /ˌæzə'tiːmɪə/ *n.* (*Med*) azotemia *f.*

azotic /ə'zɒtɪk *Am* ə'zɑːtɪk/ *a.* (*Chim*) azotico.

azotise /'æzətaɪz/ *v.t.* (*Br*) azotare.

azotize /'æzətaɪz/ *v.t.* azotare.

Aztec /'æztek/ *n.* 1 (*native*) azteco *m.* (*f.* -a). 2 (*language*) azteco *m.*

Aztecan /'æztekən/ *a.* azteco.

azulene /'æzjuːn, 'æzəliːn/ *n.* (*Chim*) azulene *m.*

azure /'æʒər, 'eɪʒər/ **I** *n.* azzurro *m.* **II** *a.* azzurro.

azurine /'æʒuraɪn/ **I** *a.* azzurrino. **II** *n.* (*Chim*) azzurrina *f.*

azurite /'æʒuraɪt/ *n.* (*Min*) azzurrite *f.*

azygous /'æz'aɪgəs *Am* 'æzɪgəs/ *a.* (*Anat*) azygos.

azym /'æzɪm/ *n.* pane *m.* azzimo, azzima *f.*

azyme /'æzaɪm/ *n.* pane *m.* azzimo, azzima *f.*

azymous /'æzɪməs/ *a.* azzimo, non lievitato.

B

b ,**B** [1] /biː/ (pl. **b's/bs**, **B's/Bs** /-z/) n. (letter of the alphabet) b, B f./m.: (Tel) B for Benjamin (o Am B as in Baker) b come Bologna.

B [2] /biː/ n. (Mus) si m.: B flat si bemolle.

b. 1 (Mus) bass b. (basso). 2 born n. (nato). 3 billion mld. (miliardo).

B. 1 (Mus) bass b. (basso). 2 Bible (Bibbia). 3 (Br) B-road (strada secondaria, strada provinciale). 4 British (britannico). 5 Belgium B (Belgio). 6 baron bar. (barone). 7 (Sport) (cricket) bye (punto per palla passata).

B4 /bɪˈfɔːr/ Am bɪˈfɔːr/ (colloq) (used in e-mail messages, etc) before (prima).

B.A. /ˌbiːˈeɪ/ 1 Bachelor of Arts (degree) laurea di primo livello in discipline umanistiche. 2 Bachelor of Arts (person) laureato (di primo livello in discipline umanistiche). 3 (GB) British Academy (Accademia britannica). 4 British Airways B.A. (British Airways, Linee Aeree Britanniche). 5 (GB) British Association for the Advancement of Science (Associazione britannica per la promozione delle scienze). 6 (GB) British Admiralty (Ammiragliato britannico).

baa /baː/ Am also bæ/ I n. belato m. II v.i. belare.

Baal /ˈbaːl, ˈbeɪˈl/ (pl. **-im** /-ɪm/) n.pr.m. (Bibl) Baal.

baas /baːs/ n. (S.Afr,spreg) capo m. boss m.

baba /ˈbaːbaː/ n. (Dolc) babà m.

babbitt /ˈbæbɪt/ □ (Met) ~metal metallo babbit, metallo antifrizione.

Babbitt /ˈbæbɪt/ n. (lett) convenzionalista m./f., perbenista m./f.

Babbittry /ˈbæbɪtri/ n. (lett) convenzionalismo m., perbenismo m.

babble /ˈbæbl/ I v.i. 1 (to talk almost incoherently) chiacchierare, cianciare, parlare a vanvera. 2 (of children) balbettare. 3 (sound of water) gorgogliare, mormorare. II v.t. 1 balbettare, barbugliare, farfugliare. 2 (to reveal thoughtlessly) lasciarsi sfuggire. 3 (Am) (to make a low sound) fare un brusio, fare un rumore leggero. III n. 1 (sound of voices) vocio m. confuso, chiacchierio m. 2 (of children) balbettio m., balbettamento m. 3 (senseless talking) ciancia f., chiacchiere f.pl., discorso m. a vanvera. 4 (sound of water) gorgoglio m., mormorio m. 5 (Am) (low sound) brusio m., rumore m. leggero. 6 (Tel) brusio m., diafonia f.

babbler /ˈbæblər/ n. 1 chiacchierone m. (f. -a), ciarlone m. (f. -a), pettegolo m. (f. -a). 2 (Ornit) tamalide m.

babbling /ˈbæblɪŋ/ I n. 1 (sound of voices) vocio m. confuso, chiacchierio m. 2 (of children) balbettio m., balbettamento m. 3 (senseless talking) ciancia f., chiacchiere f.pl., discorso m. a vanvera. 4 (sound of water) gorgoglio m., mormorio m. II a. 1 (talking) ciarliero, balbettante. 2 (sound of water) gorgogliante, mormorante. □ ~brook : 1 ruscello gorgogliante; 2 (colloq) chiacchierone.

babby /ˈbæbi/ n. (Br) bambino m. (f. -a).

babe /beɪb/ n. 1 bambino m. (f. -a), bimbo m. (f. -a). 2 (fig) ingenuo m. (f. -a), bambino m. (f. -a). 3 (Am,colloq) (pretty girl) pupa f., bambola f. □ a ~in arms : 1 un bambino in fasce, un neonato; 2 (fig) persona giovanissima,

persona ingenua; a ~ in the woods uno sprovveduto, una persona inesperta.

babel /ˈbeɪbl/ Am also ˈbæbəl/ n. 1 babele f., babilonia f., confusione f. 2 (of sounds) frastuono m.

Babel /ˈbeɪbl/ Am also ˈbæbəl/ n.pr. (Bibl) Babele f.: the Tower of ~ la torre di Babele.

babirousa ,**babirusa** ,**babirussa** /ˌbaːbɪˈruːsə/ Am also ˌbæbɪˈruːsə/ n. (Zool) babirussa m.

Babism /ˈbaːbɪzm/ n. (Rel) babismo m.

baboo /ˈbaːbuː/ n. 1 signore m. (indiano). 2 (office worker) impiegato m. (indiano). 3 (spreg) indiano m. anglicizzato.

baboon /bəˈbuːn/ Am also bæbˈuːn/ n. 1 (Zool) babbuino m. 2 (fig) babbuino m., scimmione m. 3 (Am) bruto m., bestione m.

baboonery /bəˈbuːnəri, bæbˈuːnəri/ n. 1 (Zool) colonia f. di babbuini. 2 (Am) (rudeness) l'essere un bruto, l'essere un bestione.

baboonish /bəˈbuːnɪʃ Am also bæbˈuːnɪʃ/ a. 1 da babbuino, goffo. 2 (Am) (rude) maleducato, da bestione.

babu /ˈbaːbuː/ n. 1 signore m. (indiano). 2 (office worker) impiegato m. (indiano). 3 (spreg) indiano m. anglicizzato.

babul /bəˈbuːl/ n. (Bot) acacia f. arabica.

babushka /bəˈbʊʃkə/ n. 1 vecchia signora f. (russa), nonna f. (russa). 2 (Am) (headscarf) foulard m.

baby /ˈbeɪbi/ I n. 1 bambino m. (f. -a), bimbo m. (f. -a); (newborn) neonato m. (f. -a), bebè m. 2 (of an animal) piccolo m., cucciolo m.: a ~ rabbit un coniglietto. 3 (the youngest) il più giovane, il più piccolo: the ~ of the family il più giovane della famiglia. 4 (childish person) bambinone m. (f. -a). 5 (colloq) (pet project) creatura f.: that's your ~ (Br) sono affari tuoi, (Am) questo (progetto) è solo tuo, io me ne lavo le mani. 6 (colloq) (girl) ragazza f., bambola f. 7 (colloq) (hot potato) patata f. bollente: (Br) to carry the ~ beccarsi la patata bollente; to be left holding the ~ essere lasciato nei guai, restare con il cerino acceso in mano; (Am) to pass the ~ giocare a scaricabarili, fare a scaricabarili. II a. 1 (young) giovane, piccolo. 2 (colloq) (small) piccolo. 3 (childish) infantile, puerile, sciocco. III v.t. viziare, coccolare. □ (Am) ~battering violenza contro i minori; ~ blue (colore) celeste; (colloq) ~blues occhi azzurri; (Am,Econ) ~bonds mini-obbligazioni (per incoraggiare i piccoli risparmiatori); ~boom esplosione demografica, boom delle nascite; ~boomers generazione del boom demografico; ~bouncer seggiolino dondolante; ~boy bambino, maschietto; ~break aspettativa per maternità; (Br,Bot) ~'sbreath saponaria bianca; ~buggy carrozzina per bambini; ~bust calo demografico, calo delle nascite; ~busters generazione del calo demografico; (Br) ~car utilitaria; (Am) ~carriage carrozzina per bambini; ~changing table fasciatoio; (fig) ~doll bambola, ragazza carina; ~dolls baby-doll, camicia da notte corta; ~face 1 viso infantile; 2 (person) persona dal viso infantile; ~farm istituto che accoglie le ragazze madri e si occupa dell'adozione dei figli indesiderati; ~food alimenti per l'infanzia; ~girl bambina, femminuccia; (Mus) ~grand pianoforte a mezza

coda; ~kisser uomo politico affettuoso con i bambini durante la campagna elettorale; (Br,Bot,Alim) ~marrow zucchino; ~shower festa in cui si offrono alla madre regali per il futuro neonato; ~snatcher rapitore di bambini; ~snatching rapimento di bambini; (Alim) ~sweetcorn pannocchiette (di granoturco); ~talk linguaggio infantile, chiacchiericcio infantile; ~teeth denti da latte; ~toe mignolo del piede, quinto dito del piede; (Br) ~walker girello; to throw out the ~with the bathwater gettare (o buttare) via il bambino con l'acqua sporca, buttare via il buono con il cattivo.

babygro ,**Babygro** /ˈbeɪbɪɡrəʊ/ n. (Br) pagliaccetto m., tuta f. da bambino.

babyhood /ˈbeɪbɪhʊd/ n. (Br) (prima) infanzia f.

babyish /ˈbeɪbɪʃ/ a. infantile, puerile.

babyishness /ˈbeɪbɪʃnəs/ n. puerilità f., infantilismo m.

babylon /ˈbæbɪlən Am ˈbæbɪlɑːn/ n. 1 città f. lussuriosa, nuova Babilonia f. 2 (fig) esilio m., oppressione f., luogo m. di esilio.

Babylon /ˈbæbɪlən Am ˈbæbɪlɑːn/ n.pr. (Stor) Babilonia f.

Babylonian /ˌbæbɪˈləʊnɪən/ I a. (Stor) babilonese. II n. 1 (native) babilonese m./f. 2 (language) babilonese m. □ ~captivity : 1 (Bibl) cattività babilonese; 2 (Stor) (of the Popes) cattività avignonese.

baby-minder /ˈbeɪbɪˌmaɪndər/ n. (Br) baby-sitter f./m.

babysit ,**baby-sit** /ˈbeɪbɪsɪt/ v.i./t.irr. fare da baby-sitter a.

babysitter ,**baby-sitter** /ˈbeɪbɪˌsɪtər Am ˈbeɪbɪˌsɪtər/ n. baby-sitter f./m.

babysitting ,**baby-sitting** /ˈbeɪbɪˌsɪtɪŋ/ n. il fare da baby-sitter.

baby-snatcher /ˈbeɪbɪˌsnætʃər/ n. rapitore m. (f. -trice) di bambini.

babywipe /ˈbeɪbɪwaɪp/ n. salvietta f. umidificata (usa e getta).

baccalaureate /ˌbækəˈlɔːriət/ n. 1 (prima) laurea f., laurea f. di primo livello; (in alcuni paesi) baccalaureato m., (ant) baccellierato m.: International Baccalaureate baccalaureato internazionale. 2 (final exams) esami m.pl. scolastici finali. 3 (certificate) diploma m. scolastico. 4 (person) laureato m. (di primo livello). 5 (ant) baccelliere m., baccalaureato m. 6 (Am,colloq) discorso m. al conferimento della laurea.

baccarat /ˈbækəraː/ n. baccarà m.

Bacchae /ˈbækiː/ n.pl.f. (Mitol) baccanti f.pl., menadi f.pl.

bacchanal /ˌbækəˈnæl Br also ˈbækənəl/ I n. 1 (Mitol) baccante f., sacerdotessa f. di Bacco. 2 (drunken reveller) crapulone m. (f. -a), chi fa baldoria. 3 (revelry) baccanale m. II a. relativo ai baccanali.

bacchanalia /ˌbækəˈneɪliə/ n.pl. baccanale m.sing.

Bacchanalia /ˌbækəˈneɪliə/ n.pl. (Stor,rom) Baccanali m.pl.

bacchanalian /ˌbækəˈneɪliən/ a. dei baccanali.

bacchant /ˈbækənt/ I n. (pl. **-s** /-s/, **-ntes** /bəˈkæntiːz/) (Br) 1 (Mitol) baccante f., sacerdotessa f. di Bacco. 2 (drunken reveller) crapulone *m.* (*f.* -a), chi fa baldoria. **II** *a.* (*Br*) **1** bacchico. **2** (*fond of alcohol*) dedito a bacco, amante del vino.

bacchante /bə'kænti/ *n.* (*Br*) menade *f.*, baccante *f.*

bacchantic /bə'kæntɪk/ *a.* (*Br*) baccante.

Bacchic /'bækɪk/ *a.* (*Br*) **1** bacchico. **2** (*fond of alcohol*) dedito a bacco, amante del vino.

Bacchus /'bækəs *Am also* 'baːkəs/ *n.pr.m.* (*Mitol*) Bacco.

baccy /'bæki/ *n.* (*Br,colloq*) tabacco *m.*

bach[1] /bætʃ/ **I** *n.* **1** (*spec. NZ*) casa *f.* di campagna. **2** (*spec. US*) appartamento *m.* da scapolo. **II** *v.i.* (*Aus,NZ*) vivere da singolo.

bach[2] /baːk, baːx/ *n.* (*in Welsh, friendly form of address*) amico *m.* (*f.* -a), ragazzo *m.* (*f.* -a).

Bach /'bætʃ/ □ ~ *flower remedies* fiori di Bach.

bachelor /'bætʃələr/ *n.* **1** scapolo *m.*, celibe *m.* **2** (*Stor*) (*knight*) baccelliere *m.* (*d'armi*), scudiero *m.* **3** (*Univ*) laureato *m.* (*ant*) baccelliere *m.*, baccalaureato *m.*: *Bachelor of Arts* laureato (di primo livello) in studi umanistici, *Bachelor of Science* laureato (di primo livello) in studi scientifici. □ (*Canad*) ~ *apartment* monolocale; ~*'s button*: **1** (*Bot*) margheritina; **2** (*cornflower*) ciano, fiordaliso; ~*'s degree* laurea di primo livello; ~ *flat* appartamento da scapolo; (*Br*) ~ *girl* ragazza nubile e indipendente; (*Am*) ~ *pad* appartamento da scapolo; (*Am*) ~ *party* addio al celibato.

bachelor-at-arms /ˌbætʃələrət'ɑːmz *Am* ˌbætʃələrət'ɑːrmz/ *n.* (*Stor*) baccelliere *m.* d'armi, scudiero *m.*

bachelorette /ˌbætʃələ'ret/ *n.* (*Am*) ragazza *f.* nubile. □ (*Am*) ~ *party* addio al nubilato.

bachelor-girl /'bætʃələgɜːl/ *n.* (*Br*) ragazza *f.* nubile e indipendente.

bachelorhood /'bætʃələhʊd *Am* 'bætʃələr hʊd/ *n.* celibato *m.*

bachelorship /'bætʃələʃɪp *Am* 'bætʃələr ʃɪp/ *n.* celibato *m.*

bacillary /bə'sɪləri/ *a.* **1** bacillare. **2** (*rod-shaped*) bastoncellare.

bacilliform /bə'sɪlɪfɔːm *Am* bə'sɪlɪfɔːrm/ *a.* (*Biol*) bacilliforme.

bacillus /bə'sɪləs/ (*pl.* **-lli** /-laɪ/) *n.* (*Biol*) bacillo *m.*

back[1] /bæk/ **I** *n.* **1** (*of persons*) schiena *f.*, dorso *m.*, spalle *f.pl.*: *on the* ~ sul dorso; *excuse my* ~ scusa le spalle; (*Br*) *to sit with one's* ~ *to so.* sedersi dando le spalle a qcu. **2** (*of animals*) schiena *f.*, dorso *m.*; (*of pack animals*) groppa *f.* **3** (*spine*) spina *f.* dorsale. **4** (*contrary of front*) dietro *m.*, parte *f.* posteriore. **5** (*reverse side*) rovescio *m.*: *the* ~ *of a coin* il rovescio di una moneta. **6** (*inside*) fondo *m.*: *the* ~ *of the hall* il fondo della sala; *at the* ~ *of the book* in fondo al libro. **7** (*of a chair*) schienale *m.* **8** (*fig*) spalle *f.pl.*: *he's got so much work on his* ~ ha tanto lavoro sulle (sue) spalle. **9** (*Sport*) difensore *m.* **10** (*Legat*) (*spine of a book*) dorso *m.*, costola *f.* **II** *a.* **1** posteriore, di dietro. **2** (*past*) arretrato: ~ *numbers* (o ~ *issues*) *of a magazine* numeri arretrati di una rivista. **3** (*in distant regions*) remoto, lontano. **4** (*Fon*) velare. □ *at the* ~ *of one's mind* da qualche parte nella testa di qcu., in qualche recesso della mente; ~ *boiler* caldaia dietro al camino; (*fig*) *on the* ~ *burner* in disparte, in seconda fila; *to put sth. on the* ~ *burner* rimandare qcs., rinviare qcs., accantonare qcs.; ~ *channel* canale secondario (*anche fig*); (*Teat*) ~ *cloth* fondale; (*Giorn*) ~ *copy* (*of a magazine*) numero arretrato; ~ *country* zona isolata, terra di confine; ~ *door*: **1** (*used as a noun*) ingresso posteriore, porta posteriore, porta di servizio

(*anche fig*); **2** (*used as an adjective*) segreto, clandestino; **3** (*used as an adjective: underhand*) furtivo; ~ *drop*: **1** (*Teat*) fondale; **2** (*fig*) sfondo, ambiente; ~ *end* estremità posteriore; (*Ling*) ~ *formation* derivazione retrograda, retroformazione; (*fig*) *to get off so.'s* ~ lasciare in pace qcu.: *get off my* ~! mollami!, lasciami in pace!; (*Am*) *in* ~ *of* dietro (a); *in the* ~ *of one's mind* da qualche parte nella testa di qcu., in qualche recesso della mente; *to stab so. in the* ~ pugnalare qcu. alle spalle (*anche fig*); (*fig*) *when so.'s* ~ *is turned* dietro le spalle di qcu.; (*Giorn*) ~ *issue* (*of a magazine*) numero arretrato; ~ *number*: **1** (*Giorn*) (*of a magazine*) numero arretrato; **2** (*Br, colloq*) (*of a person*) persona antiquata; (*of things*) oggetto fuori moda; *like the* ~ *of a bus* mostruoso, grosso e brutto; (*Br,eufem*) (*fallen*) *off the* ~ *of a lorry* di dubbia provenienza, trovato in mezzo alla strada; (*fig*) *on the* ~ *of a postage stamp* in pochissimo spazio; (*Br,fig*) ~ *of beyond* luogo remoto, (*colloq*) casa del diavolo; *the* ~ *of the hand* il dorso della mano; (*fig*) *to give so. the* ~ *of one's hand* dare uno schiaffo (con il dorso della mano) a qcu., dare un manrovescio a qcu.; *to be on so.'s* ~ rimproverare qcu.; (*Br,fig*) *on the* ~ in aggiunta a, per giunta; (*Comm*) ~ *order* ordinazione da eseguire; (*Sport*) ~ *pass* (*in football*) passaggio all'indietro; (*Br,colloq*) ~ *passage* retto, ano; ~ *pay* paga arretrata; (*Cin, TV*) ~ *projection* proiezione di fondo; (*fig*) *to put one's* ~ *into sth.* impegnarsi a fondo in qcs., (*colloq*) mettercela tutta; ~ *road* strada secondaria, strada di campagna, (*colloq*) ~ *room*: **1** (*of a tavern, etc.*) stanza posteriore, sala appartata; **2** (*Pol*) camera di consultazione; (*colloq*) ~ *room boy* scienziato che lavora a ricerche segrete; ~ *seat*: **1** posto in fondo; **2** (*Aut*) sedile posteriore: *a* ~ *seat driver* passeggero impiccione, (*scherz*) secondo pilota; **3** (*colloq*) posizione secondaria, posizione di secondo piano; *to take a* ~ *seat* occupare una posizione di secondo piano; (*Br,fig*) *to be glad to see the* ~ *of so.* essere felice di sbarazzarsi di qcu.; ~ *slang* gergo convenzionale in cui le parole vengono pronunciate a ritroso; (*Sport*) ~ *straight* rettilineo; ~ *street* strada secondaria (di città), vicolo; (*Am,Sport*) ~ *stretch* rettilineo; ~ *to* ~ dorso a dorso, schiena contro schiena, spalle a spalle; (*Am*) consecutivo, in seguito; *to stand* ~ *to* ~ essere addossati; ~ *to front* alla rovescia, al contrario; (*fig*) *with one's* ~ *to the wall* con le spalle al muro; *to have one's* ~ *to the wall* trovarsi con le spalle al muro; (*Br,fig*) *to get so.'s* ~ *up* (o *to put so.'s* ~ *up*) fare arrabbiare qcu., dare sui nervi a qcu.; ~ *yard*: **1** (*Br*) cortiletto posteriore, cortile dietro la casa; **2** (*Am*) (*garden*) giardino dietro la casa; **3** (*fig*) (*home*) casa: *in one's own* ~ *yard* in casa propria, sotto gli occhi.

back[2] /bæk/ **I** *v.t.* **1** (*to support*) appoggiare, sostenere, spalleggiare, supportare. **2** (*to move backwards*) far indietreggiare, mandare indietro, spingere indietro. **3** (*to bet on*) puntare su, scommettere su (*anche fig*): *to* ~ *the wrong horse* puntare sul cavallo sbagliato. **4** (*to lie behind*) avere alle spalle; (*to form a background*) fare da sfondo a. **5** (*to supply with a back*) rinforzare, munire di rinforzo: *to* ~ *a photograph with cardboard* rinforzare con un cartoncino una fotografia. **6** (*of a book*) coprire, rivestire. **7** (*Br,Sart*) (*of clothes*) foderare. **8** (*Mus*) accompagnare. **9** (*Econ*) avallare: *to* ~ *a bill* avallare una cambiale. **10** (*to mount*) montare (in groppa) a. **11** (*Mar*) (*of a sail*) bracciare; (*of an anchor*)

appennellare. **II** *v.i.* **1** (*to move backward*) retrocedere, rinculare, fare marcia indietro. **2** (*Br,Meteor*) (*of the wind*) girare (in senso antiorario nell'emisfero boreale). □ *to* ~ *a loser* puntare su un cavallo perdente (*anche fig*); *to* ~ *a winner* puntare su un cavallo vincente (*anche fig*); *to* ~ *and fill*: **1** (*Mar*) orzare e poggiare alternativamente; **2** (*Am,colloq*) esitare, essere indeciso; *to* ~ *away* indietreggiare, tirarsi indietro, farsi indietro, prendere le distanze (*from* da) (*anche fig*); (*fig*) *to* ~ *down* fare marcia indietro; *to* ~ *into* urtare facendo retromarcia; *to* ~ *off*: **1** (*Br*) recedere, fare marcia indietro (*from* da); **2** (*Br,fig*) fare marcia indietro (*from* da), rinunciare (a); **3** (*Am,colloq*) piantarla: ~ *off!* non sono affari tuoi!, mollami!; *to* ~ *on to* dare (dal retro): *the house* -*ed on to a park* il dietro della casa dava su un parco; *to* ~ *out* tirarsi indietro (*of* da), (*anche fig*); *to* ~ *one's car out of the garage* togliere la macchina dal garage facendo marcia indietro; (*Mar*) *to* ~ *the oars* remare all'indietro; *to* ~ *up*: **1** sostenere, appoggiare, spalleggiare: *to* ~ *up so.'s theory* sostenere la teoria di qcu.; **2** (*to move backwards*) fare marcia indietro, fare retromarcia, retrocedere: *he* -*ed up into the garage* entrò nel garage facendo retromarcia; **2** (*to push backwards*) far indietreggiare, mandare indietro, spingere indietro; **3** (*traffic*) stare in coda, creare code; **2** (*Inform*) fare un copia (di sicurezza), fare un backup; (*Mar*) *to* ~ *water* remare all'indietro.

back[3] /bæk/ *avv.* **1** indietro: *stand* ~! (fatevi) indietro! **2** (*of time*) addietro, or sono, fa: *ten years* ~ dieci anni fa; ~ *in 1910* nel (lontano) 1910. **3** (*in reserve*) da parte, in serbo, indietro. **4** (*in return*) indietro: *I'll be* ~ *in a minute* torno (o sarò di ritorno) tra un minuto; *we are* ~ *where we started* siamo tornati al punto di partenza; *a trip to Glasgow and* ~ un viaggio a Glasgow e ritorno. **5** (*Br*) (*in check*) a freno, sotto controllo. □ ~ *and forth* avanti e indietro; (*to stand*) ~ *from* (stare) discosto da, (stare) lontano da; (*Am*) ~ *of* (o *in* ~ *of*) dietro (a).

backache /'bækeɪk/ *n.* mal *m.* di schiena.

backbeat /'bækbiːt/ *n.* (*Mus*) ritmo *m.* sincopato del rock e del jazz, backbeat *m.*

backbench, back-bench /ˌbæk'bentʃ/ **I** *n.* (*GB,Parl*) posto *m.* di minore importanza. **II** *a.* (*GB,Parl*) senza incarico, di secondo piano: *a* ~ *MP* un parlamentare senza incarico.

backbencher, back-bencher /ˌbæk 'bentʃər/ *n.* **1** (*GB,Parl*) parlamentare *m./f.* senza incarico, peon *m.* **2** (*US,Parl*) deputato *m.* (*f.* -a) nuovo, deputato *m.* (*f.* -a) di secondo piano.

backbite /'bækbaɪt/ *v.t.irr.* **1** calunniare, diffamare. **2** (*to gossip*) sparlare di, fare della maldicenza su.

backbiter /'bækbaɪtər *Am* 'bæk baɪtər/ *n.* **1** calunniatore *m.* (*f.* -trice), diffamatore *m.* (*f.* -trice). **2** (*gossiper*) maldicente *m./f.*, malalingua *f.*

backbiting /'bækbaɪtɪŋ *Am* 'bæk baɪtɪŋ/ **I** *a.* **1** calunniatore, diffamatore. **2** (*gossiping*) maldicente. **II** *n.* **1** calunnia *f.*, diffamazione *f.* **2** (*gossip*) maldicenza *f.*

backblocks /'bækblɒks/ *n.pl.* (*Aus*) entroterra *m.sing.*

backboard /'bækbɔːd *Am* 'bækbɔːrd/ *n.* **1** piano *m.* di sostegno; (*of a picture frame*) fodera *f.*, tela *f.*; (*of a cart*) spalliera *f.*, sponda *f.* **2** (*Sport*) (*in basket*) tabellone *m.* **3** (*Med*) reggischiena *m.*

backbone /'bækboʊn/ *n.* **1** (*Anat*) spina *f.* dorsale, colonna *f.* vertebrale. **2** (*fig*) (*firmness*) carattere *m.*, fermezza *f.*, spina *f.* dorsale: *to have no* ~ essere uno smidollato, essere una mezza calzetta. **3** (*Am,Legat*) dorso *m.*, costola *f.* **4** (*Inform*) backbone *f.*, dorsale *f.*

backbreaker ˌback-breaker /'bæk ˌbreɪkəʳ/ *n.* lavoro *m.* faticoso.

backbreaking ˌback-breaking /'bæk ˌbreɪkɪŋ/ *a.* durissimo, faticosissimo, massacrante: *a ~ job* un lavoro massacrante.

back-burner /ˌbæk'bɜːrnəʳ/ □ (*Am*) *to put sth. on the* ~ rimandare qcs., rinviare qcs., accantonare qcs.

backchannel ˌback-channel /'bæk ˌtʃænəl/ *n.* canale *m.* secondario (*anche fig.*).

backchat ˌback-chat /'bæktʃæt/ *n.* **1** (*Br, colloq*) risposta *f.* impertinente, rimbeccata *f.* **2** (*repartee*) botta e risposta *f.*, scambio *m.* di battute.

backcloth /'bækklɒθ/ *n.* (*Br,Teat*) fondale *m.*

backcomb ˌback-comb /'bækkoʊm/ *v.t.* cotonare.

backcountry /'bækˌkʌntri/ *n.* (*spec. Am*) zona *f.* isolata, terra *f.* di confine.

backcourt /'bækkɔːt *Am* 'bækkɔːrt/ *n.* (*Sport*) **1** (*in tennis*) fondo *m.* campo. **2** (*in basketball*) zona *f.* di difesa.

backcross /'bækkrɒs *Am* 'bækkrɑːs/ *n.* (*Biol*) reincrocio *m.*

backdate /ˌbæk'deɪt/ *v.t.* (*Br*) retrodatare, postdatare.

backdated /ˌbæk'deɪtɪd/ *a.* (*Br*) postdatato: *a ~ cheque* un assegno postdatato.

backdoor /'bækdɔːʳ *Am* 'bækdɔːr/ *a.* **1** segreto, clandestino. **2** (*underhand*) furtivo.

backdown /'bækdaʊn/ *n.* (*Br*) ritirata *f.*, cedimento *m.*

backdrop /'bækdrɒp *Am* 'bækdrɑːp/ *n.* **1** (*Teat*) fondale. **2** (*fig*) sfondo, ambiente.

backed /bækt/ *a.* **1** (*having a back; in compounds*) dal dorso..., dalla schiena..., dallo schienalc...: *a high-- chair* una scdia dallo schienale alto; *stiff-~* dallo schienale rigido. **2** (*covered*) rivestito, protetto. **3** (*having support*) appoggiato, sostenuto, spalleggiato. **4** (*-trice*) a trama rinforzata. □ (*Econ*) ~ *bills* effetti avallati; (*Econ*) ~ *currency* moneta (fiduciaria) garantita.

back-end /'bækend/ *n.* estremità *f.* posteriore. □ *like the ~of a bus* mostruoso; grosso e brutto; (*colloq*) *the ~ of the year* l'ultima parte dell'anno.

backer /'bækəʳ/ *n.* **1** sostenitore *m.* (*f.* -trice), fautore *m.* (*f.* -trice). **2** (*better*) scommettitore *m.* (*f.* -trice). **3** (*Econ*) finanziatore *m.* (*f.* -trice).

backfield /'bækfiːld/ *n.* (*Am,Sport*) **1** area *f.* di difesa. **2** (*collett*) difesa *f.*, difensori *m.pl.* □ (*Sport*) ~*player* difensore *m.*

backfill /'bækfɪl/ **I** *n.* (*Edil*) materiale *f.* di ripiena. **II** *v.t.* (*Edil*) riempire.

backfire /'bækfaɪəʳ/ **I** *n.* (*Mot*) ritorno di fiamma. **II** *v.i.* **1** (*Mot*) dare ritorni di fiamma. **2** (*fig,colloq*) (*to fail*) fallire, andare all'aria, andare a monte. □ (*Am,colloq*) *to ~on so.* ritorcersi contro qcu., essere controproducente per qcu.

backflip /ˌbæk'flɪp/ *n.* salto *m.* mortale (all'indietro).

backgammon /'bækgæmən/ *n.* tric-trac *m.*, tavola *f.* reale, backgammon *m.*

background /'bækgraʊnd/ **I** *n.* **1** fondo *m.*, sfondo *m.* **2** (*fig*) (*earlier conditions*) antefatto *m.*, retroscena *f.*, precedenti *m.pl.*: *the ~ of the negotiations* l'antefatto delle trattative. **3** (*up-bringing, social status*) estrazione *f.*, origini *f.pl.*, retroterra *m.*, background *m.* **4** (*education, experience*) preparazione *f.*, formazione *f.*, bagaglio *m.* culturale. **5** (*of music, etc.*) sottofondo *m.* **6** (*fig*) (*obscure position*) ombra *f.*, oscurità *f.* **7** (*Rad*) rumori *m.pl.*

di fondo, disturbi *m.pl.* di fondo. **8** (*Inform*) background *m.* **II** *a.* **1** di fondo. **2** (*Inform*) non prioritario, secondario. □ (*Am,Mus*) ~ *group* coro; (*fig*) (*to stay* (o *to keep*)*in the* ~ restare nell'ombra; ~*information* informazioni generali, retroscena; *to push so. into the* ~ relegare qcu. in secondo piano; ~*music* musica di sottofondo; (*Am,Mus*) ~ *track* base musicale.

backgrounder /'bækgraʊndəʳ/ *n.* (*Am*) informazioni *f.pl.* di base (su carta o in conferenza stampa non ufficiale).

backhand /'bækhænd/ **I** *n.* **1** manrovescio *m.*, schiaffo *m.*, ceffone *m.* **2** (*Sport*) rovescio *m.* **3** (*handwriting*) scrittura *f.* sinistrorsa. **II** *a.* **1** col dorso della mano, di rovescio. **2** (*Sport*) di rovescio: ~ *stroke* colpo di rovescio. **III** *avv.* **1** con il dorso della mano. **2** (*Sport*) con un rovescio, di rovescio.

backhanded /ˌbæk'hændɪd/ *a.* **1** col dorso della mano, di rovescio. **2** (*of handwriting*) sinistrorso. **3** (*fig*) ambiguo, equivoco: *a ~ compliment* un complimento ambiguo. **4** (*indirect*) indiretto.

backhander /ˌbæk'hændəʳ/ *n.* **1** manrovescio *m.* **2** (*Sport*) rovescio *m.* **3** (*Br*) bustarella *f.*, mazzetta *f.*

backhoe /'bækhoʊ/ *n.* (*Edil*) escavatore *m.* a cucchiaio rovescio.

backing /'bækɪŋ/ *n.* **1** sostegno *m.*, appoggio *m.*, aiuto *m.* **2** (*helpers*) aiutanti *m.pl.*; (*supporters*) sostenitori *m.pl.*, seguaci *m.pl.*, seguito *m.* **3** (*stiff back*) rinforzo *m.* **4** (*covering*) rivestimento *m.*, protezione *f.* **5** (*Econ*) finanziamenti *m.pl.*, copertura *f.* **6** (*Mus*) accompagnamento *m.* (*background music*) sottofondo *m.* **7** (*Mar*) fasciame *m.* interno. □ (*Mus*) ~*group* coro; (*Inform*) ~*store* copia su disco dei dati in memoria; (*Mus*) ~*track* base musicale; (*Mar*) ~*wind* vento sinistrorso.

backland ˌbacklands /'bæklænd(z)/ *n.* (*Br*) entroterra *m.*

backlash /'bæklæʃ/ *n.* **1** (*recoil*) contraccolpo *m.* **2** (*strong reaction*) ripercussione *f.*, reazione *f.* violenta. **3** (*Mecc*) (*play*) gioco *m.* **4** (*Pesc*) groviglio *m.*

backless /'bæklɑs/ *a.* (*Br*) **1** senza dorso, senza schiena. **2** (*Abbigl*) con ampia scollatura (sulla schiena).

backlight /'bæklaɪt/ *n.* (*Fot*) controluce *f.*

backlighted /'bækˌlaɪtɪd *Am* 'bækˌlaɪtɪd/ *a.* (*Fot*) in controluce.

backlighting /'bækˌlaɪtɪŋ *Am* 'bækˌlaɪtɪŋ/ *n.* (*Fot*) controluce *f.*, illuminazione *f.* da dietro.

backlist /'bæklɪst/ *n.* catalogo *m.* delle opere ancora disponibili, catalogo *m.* di libri ristampati.

backlit /'bæklɪt/ *a.* (*Fot*) in controluce.

backlog /'bæklɒg *Am* 'bæklɑːg/ *n.* **1** cumulo *m.*, accumulo *m.* **2** (*Comm*) (*of orders*) cumulo *m.* di ordinativi inevasi. **3** (*arrears*) arretrato *m.*, arretrati *m.pl.*: *a ~ of work* un arretrato di lavoro, un accumulo di lavoro.

backmost /'bækmoʊst/ *a.* (*Br*) ultimo, più lontano.

backpack /'bækpæk/ **I** *n.* zaino *m.* **II** *v.i.* viaggiare con lo zaino.

backpacker /'bækpækəʳ/ *n.* chi viaggia con lo zaino.

backpacking /'bækpækɪŋ/ *n.* il viaggiare con lo zaino.

backpedal ˌback-pedal /ˌbækˌpedəl/ *v.i.* **1** pedalare all'indietro. **2** (*fig*) fare marcia indietro, tirarsi indietro.

backpressure /'bækpreʃəʳ/ *n.* (*Tecn*) contropressione *f.*

back-projection /ˌbækprəʹdʒekʃən/ *n.* (*Fot*) retroproiezione *f.*

backrest /'bækrest/ *n.* schienale *m.*

backrub /'bækrʌb/ *n.* (*Am*) massaggio *m.* alla schiena.

backscatter /ˌbæk'skætəʳ *Am* ˌbæk'skætə̩r/ *n.* (*Fis*) retrodiffusione *f.*

backscratcher /'bækˌskrætʃəʳ/ *n.* **1** manina *f.* grattaschiena. **2** (*colloq*) adulatore *m.* (*f.* -trice), lustrastivali *m./f.*

backscratching /'bækˌskrætʃɪŋ/ *n.* aiuto *m.* reciproco.

back-seat /'bæksiːt/ □ (*colloq*) ~ *driver* passeggero impiccione, (*scherz*) secondo pilota.

backside /'bækˌsaɪd/ *n.* **1** (*Br*) (*of a house*) parte *f.* posteriore, locali *m.pl.* posteriori. **2** (*colloq*) posteriore *m.*, sedere *m.*, didietro *m.*

back-slang /'bækslæŋ/ *n.* gergo *m.* convenzionale in cui le parole vengono pronunciate a ritroso.

backslap /'bækslæp/ *v.t.* (*Br,colloq*) dare pacche sulle spalle, incoraggiare.

backslapper /'bækslæpəʳ/ *n.* (*Br,colloq*) cordialone *m.* (*f.* -a).

backslapping ˌback-slapping /'bæk slæpɪŋ/ *n.* (*Br,colloq*) il dare pacche sulle spalle.

backslash /'bækslæʃ/ *n.* backslash *m.*, barra *f.* inversa.

backslide /'bækslaɪd/ **I** *v.i.irr.* ricadere nel vizio, ricadere nel peccato. **II** *n.* ricaduta *f.* nel vizio, ricaduta *f.* nel peccato.

backslider /'bækslaɪdəʳ/ *n.* chi ricade nel vizio, chi ricade nel peccato, recidivo *m.*

backsliding /'bækslaɪdɪŋ/ *n.* il ricadere nel vizio, il ricadere nel peccato, ricaduta *f.*

backspace /'bækspeɪs/ **I** *n.* (*Inform*) tasto *m.* di backspace, backspace *m.*, tasto *m.* di cancellazione all'indietro. **II** *v.i.* (*Inform*) battere il (tasto di) backspace, battere il tasto di cancellazione all'indietro.

backspin /'bækspɪn/ *n.* (*Sport*) effetto *m.* all'indietro (di una palla); (*in golf*) backspin *m.*

backstab /'bækstæb/ *v.t.* pugnalare alle spalle (*anche fig*).

backstabber /'bækstæbəʳ/ *n.* chi pugnala alle spalle, traditore *m.* (*f.* -trice).

backstabbing /'bækstæbɪŋ/ *n.* il pugnalare alle spalle, tradimento *m.*

backstage /ˌbæk'steɪdʒ/ **I** *avv.* (*Teat*) dietro la scena, dietro le quinte, nel retroscena (*anche fig*). **II** *a.* (*che ha luogo*) dietro le quinte (*anche fig*). **III** *n.* retroscena *m.* (*anche fig*), backstage *m.*

backstairs /ˌbæk'steəz *Am* ˌbæk'sterz/ **I** *a.* clandestino, nascosto, segreto. **II** *n.* scala *f.* posteriore, scala *f.* di servizio.

backstay /'bæksteɪ/ *n.* **1** sostegno *m.* (posteriore). **2** (*Mar*) paterazzo *m.*

backstitch /'bækstɪtʃ/ **I** *n.* (*in sewing*) punto *m.* indietro, impuntura *f.* **II** *v.t.* cucire a punto indietro, impunturare.

backstop /'bækstɒp *Am* 'bækstɑːp/ *n.* (*Sport*) **1** rete *f.* di protezione, parapalle *m.* **2** (*colloq*) (*player in baseball*) ricevitore *m.*, catcher *m.*

backstreet ˌback-street /'bækstriːt/ **I** *n.* strada *f.* secondaria (di città), vicolo *m.* **II** *a.* **1** delle (*o* nelle) strade secondarie della città. **2** (*clandestine*) clandestino, segreto: *a ~ love affair* una relazione clandestina.

backstroke /'bækstroʊk/ *n.* **1** (*in swimming*) nuoto *m.* sul dorso: *to do* (*o swim*) *the* ~ nuotare a dorso. **2** (*recoil, return blow*) contraccolpo *m.* **3** (*Sport*) rovescio *m.* **4** (*Mecc*) corsa *f.* di ritorno.

backswing /'bækswɪŋ/ *n.* (*in golf*) backswing *m.*, movimento *m.* all'indietro (con il bastone).

backsword /'bækso:d *Am* 'bækso:rd/ *n.* **1** sciabola *f.* **2** (*singlestick*) bastone *m.* con impugnatura.

back-talk /'bæktɔːk/ n. (Am,colloq) risposta f. impertinente, rimbeccata f.

back-to-back /ˌbæktə'bæk/ a./avv. **1** schiena a schiena. **2** (consecutively) uno dopo l'altro. □ (Comm) ~ **credit** controcredito.

backtrack /'bæktræk/ v.i. **1** retrocedere, ritirarsi. **2** (Br) (to go back on) rinunciare (on a), desistere (on da).

backtracking /'bæktrækɪŋ/ n. (Inform) backtracking m.

backup, back-up /'bækʌp/ **I** n. **1** riserva f., sostituto m. **2** (support) sostegno m., rinforzo m. **3** (Am) (traffic jam) coda f. (di macchine). **4** (Inform) copia f. di riserva, backup m. **II** a. di riserva, di appoggio. **III** v.i. (Inform) fare una copia di riserva, fare un backup. □ (Inform) ~ **copy** copia di riserva, copia di backup; (Econ) ~ **facilities** agevolazioni di sostegno; (Am,Aut) ~ **light** luce di retromarcia.

backward /'bækwəd Am 'bækwəʳd/ **I** avv. **1** indietro: he took two steps ~ fece due passi indietro. **2** (towards the past) dietro, indietro. **3** (in reverse) a ritroso, in senso inverso, a rovescio, all'indietro: to walk ~ camminare a ritroso. **4** (from better to worse) indietro. **II** a. **1** (volto) indietro, (diretto) all'indietro: a ~ glance uno sguardo all'indietro, a ~ step un passo indietro. **2** (returning) di ritorno. **3** (done in reverse order) a ritroso, a rovescio, in senso inverso, all'indietro: a ~ process un processo a rovescio. **4** (mentally retarded) ritardato, (physically underdeveloped) poco sviluppato. **5** (underdeveloped) sottosviluppato, in via di sviluppo, arretrato, depresso: ~ countries paesi sottosviluppati; a ~ economy un'economia arretrata. **6** (Br) (late) in ritardo, tardivo. **7** (shy) riluttante, timido, esitante. □ to be ~ in doing sth. essere lento nel fare qcs.; (Br) not to be ~ in coming forward caparbio, risoluto.

backwardation /ˌbækwə'deɪʃən/ n. (Br,Econ) deporto m.

backward-looking /'bækwədˌlʊkɪŋAm 'bæk wəʳdˌlʊkɪŋ/ a. arretrato, rimasto indietro.

backwardly /'bækwədli Am 'bækwəʳdli/ avv. indietro.

backwardness /'bækwədnəs Am 'bæk wəʳdnəs/ n. **1** arretratezza f. **2** (shyness) riluttanza f., timidezza f. **3** (retardedness) tardività f.

backwards /'bækwədz Am 'bækwəʳdz/ avv. **1** indietro: he took two steps ~ fece due passi indietro. **2** (towards the past) dietro, indietro. **3** (in reverse) a ritroso, in senso inverso, a rovescio, all'indietro: to walk ~ camminare a ritroso. **4** (from better to worse) indietro. □ ~ and forwards avanti e indietro.

backwash /'bækwɒʃ Am 'bækwɑːʃ/ n. **1** (Mar) risacca f., risucchio m. **2** (Aer) (slipstream) scia f. **3** (fig) strascichi m.pl., ripercussioni f.pl.

backwater /'bæk,wɔːtəʳ Am 'bæk,wɔːtəʳ/ n. **1** (Idr) accumulo m. di acqua. **2** (Mar) rigurgito m. **3** (pool) acqua f. stagnante. **4** (fig) luogo m. appartato. **5** (backwards place) zona f. depressa.

backwoods /'bækwʊdz/ n.pl. **1** zona f.sing. boscosa remota e selvaggia. **2** (colloq) luogo m.sing. isolato, luogo m.sing. fuori mano.

backwoodsman /'bæk,wʊdzmən/ n.irr. **1** abitante m. di zone boscose e selvagge. **2** (colloq) zoticone m. **3** (Br,Parl) membro m. della Camera dei Lords poco assiduo alle sedute.

backyard /ˌbæk'jɑːd Am ˌbæk'jɑːrd/ n. **1** (Br) cortiletto m. posteriore, cortile m. dietro la casa. **2** (Am) (garden) giardino m. dietro la casa. **3** (fig) (home) casa f.: in one's own ~ in

casa propria, sotto gli occhi.

bacon /'beɪkən/ n. (Gastron) pancetta f., pancetta f. affumicata, bacon m.

Bacon /'beɪkən/ n.pr.m. (Filos) Bacone.

Baconian /beɪ'kəʊnɪən/ **I** a. (Filos) baconiano. **II** n. seguace m./f. di Bacone.

bacteraemia, Am **bacteremia** /ˌbæktə'riːmɪə/ n. (Med) batteriemia f.

bacteria /bæk'tɪərɪə Am bæk'tɪrɪə/ → **bacterium**.

bacterial /bæk'tɪərɪəl Am bæk'tɪrɪəl/ a. (Biol) batterico, da batteri. □ (Med) ~ **disease** malattia da batteri; ~ **genetics** genetica batterica; (Med) ~ **infection** infezione batterica; (Dent) ~ **plaque** placca batterica.

bactericidal /bæk'tɪərɪˌsaɪdəl Am bæk'tɪrɪ ˌsaɪdəl/ a. (Farm) battericida.

bactericide /bæk'tɪərɪˌsaɪd Am bæk'tɪrɪˌsaɪd/ n. (Farm) battericida m., sostanza f. battericida.

bacteriologic /bæk,tɪərɪə'lɒdʒɪk Am bæk ,tɪrɪə'lɑːdʒɪk/ a. (Biol) batteriologico.

bacteriological /bæk,tɪərɪə'lɒdʒɪkəl Am bæk ,tɪrɪə'lɑːdʒɪkəl/ a. (Biol) batteriologico: ~ **warfare** guerra batteriologica.

bacteriologist /bæk,tɪərɪ'ɒlədʒɪst Am bæk ,tɪrɪ'ɑːlədʒɪst/ n. (Biol) batteriologo m. (f. -a).

bacteriology /bæk,tɪərɪ'ɒlədʒɪ Am bæk,tɪrɪ 'ɑːlədʒɪ/ n. (Biol) batteriologia f.

bacteriolysis /bæk,tɪərɪ'ɒlɪsɪs Am bæk,tɪrɪ 'ɑːlɪsɪs/ n. batteriolisi f.

bacteriolytic /bæk,tɪərɪoʊ'lɪtɪk Am bæk,tɪrɪə 'lɪtɪk/ a. batteriolitico.

bacteriophage /bæk'tɪərɪoʊfeɪdʒ Am bæk 'tɪrɪəfeɪdʒ/ n. (Biol) batteriofago m.

bacteriostasis /bæk,tɪərɪoʊ'steɪsɪs Am bæk ,tɪrɪoʊ'steɪsɪs/ n. batteriostasi f.

bacteriostat /bæk'tɪərɪoʊstæt Am bæk 'tɪrɪoʊstæt/ n. sostanza f. batteriostatica.

bacteriostatic /bæk,tɪərɪoʊ'stætɪk Am bæk ,tɪrɪoʊ'stætɪk/ a. batteriostatico.

bacterium /bæk'tɪərɪəm Am bæk'tɪrɪəm/ (pl. **-ria** /-rɪə/) n. (Biol) batterio m.

Bactrian /'bæktrɪən/ □ ~ **camel** cammello; ~ **deer** cervo di Bukara.

baculum /'bækjʊləm/ (pl. **-la** /-lə/) n. osso m. penieno.

bad /bæd/ **I** a. (compar. **worse** /wɜːs Am wɜːrs/, sup. **worst** /wɜːst Am wɜːrst/) **1** cattivo: a ~ crop un cattivo raccolto; a ~ child un bambino cattivo. **2** (evil, wicked) cattivo, malvagio, maligno: a ~ man un uomo malvagio. **3** (of poor quality, defective) scadente, difettoso, fatto male: ~ work lavoro scadente. **4** (incorrect) cattivo, scorretto, sbagliato: to speak ~ English parlare un inglese scorretto. **5** (unfavourable) sfavorevole, cattivo: a ~ report un resoconto sfavorevole. **6** (of prices) svantaggioso. **7** (not suitable) poco opportuno, poco adatto, cattivo, brutto, scomodo: to come at a ~ time giungere in un momento poco opportuno; a ~ day for a picnic una giornata poco adatta per una scampagnata. **8** (unskilful) cattivo, inesperto, incapace: a ~ driver un cattivo guidatore; I'm ~ at remembering names non riesco mai a ricordare i nomi. **9** (unpleasant) brutto, cattivo, spiacevole, sgradevole: I've had a ~ day ho avuto una brutta giornata; a ~ smell un cattivo odore. **10** (sullen) brutto, cattivo: ~ mood cattivo umore. **11** (of the weather) brutto, cattivo: to make ~ weather incontrare cattivo tempo. **12** (harmful) cattivo, dannoso, nocivo, malsano: ~ air aria malsana; it's ~ for your health è dannoso alla salute. **13** (Br) (sick, suffering) malato, sofferente, he's been ~ for a week che ha una settimana che sta male. **14** (painful) cattivo, dolente, dolorante: a ~ finger un dito che fa male; to

have a ~ back soffrire di dolori alla schiena. **15** (serious) forte, grave: a ~ attack of influenza un forte attacco di influenza. **16** (worthless) privo di valore, falso; (colloq) fasullo: a ~ coin una moneta falsa. **17** (rotten) guasto, marcio, andato a male, cattivo: ~ eggs uova marce. **18** (Sport) sbagliato, nullo. **19** (Dir) nullo, non valido. **20** (sl) (compar. **badder,** sup. **baddest**) (excellent) eccellente, ottimo, stupendo; (cool) ganzo, fico. **II** avv. (colloq) → **badly. III** n. **1** (evil) male m. **2** (sth. defective) brutto m., parte f. scadente. **3** (costr.pl.) (bad people) cattivi m.pl., gente f. cattiva. □ ~ **apple** mela marcia (anche fig): he's a ~ apple è un tipo poco raccomandabile, è meglio perderlo che trovarlo; to be ~ at sth. essere negato per qcs.; a ~ **bargain** un cattivo affare (anche fig); a ~ **bet** un rischio; (fig) ~ **blood** malanimo, rancore, astio, cattivo sangue: there is ~ blood between them tra di loro non corre buon sangue; to make ~ blood between seminare zizzania tra; (Br, colloq) to be in so's ~ **books** essere sul libro nero di qcu.; (sl) ~ **break** sfortuna, (pop) sfiga: he's had a ~ break è stato sfortunato; ~ **breath** alito cattivo; ~ **breeding** cattive maniere, mancanza di educazione; it's a ~ **business** è un brutto affare; ~ **cheque** (Am ~ check) assegno a vuoto; to get into ~ **company** fare cattive amicizie; (Comm,Dir) ~ **debt** credito irrecuperabile, credito inesigibile, sofferenza; that's not a ~ **effort** non è niente male; (sl) ~ **egg** tipaccio, poco di buono; (Br) to come to a ~ **end** andare a finir male; (Dir) in ~ **faith** in malafede; to be ~ **for** far male a, essere nocivo a, essere nocivo per; ~ **form** mancanza di tatto, maleducazione: it is ~ form to speak with your mouth full è maleducazione parlare con la bocca piena; to be in ~ form essere giù di forma; to go ~ andare a male, diventare marcio, guastarsi; (Br) to go to the ~ prender la via del male, corrompersi; with ~ **grace** (o with a ~ grace) con poco garbo, con poca grazia, di mala grazia, malvolentieri; to be in so.'s ~ **graces** essere in disgrazia presso qcu.; to get into ~ **habits** prendere delle brutte abitudini; (Am,sl) ~ **hair day** una giornataccia; to be (o to have) a ~ **influence** on so. avere un influsso malefico su qcu., avere una cattiva influenza su qcu.; (Br) to make the best of a ~ **job** fare buon viso a cattivo gioco; ~ **language:** **1** (obscene) male parole, turpiloquio; **2** (Br) (incorrect) linguaggio scorretto; (Econ) ~ **loan** sofferenza; (colloq) a ~ **lot** un cattivo soggetto, un brutto tipo; ~ **luck:** **1** cattiva sorte; **2** (esclam.) che sfortuna!; ~ **luck to you!** accidenti a te!; it is ~ **manners** to stare at people non sta bene fissare la gente; that's ~ **manners** non sta bene, non si fa; to be a ~ **match** (of things) non intonarsi, essere male accoppiati; to have a ~ **memory** avere cattiva memoria, avere poca memoria; to call so. ~ **names** insultare qcu.; (estens) dare degli epiteti a qcu.; (sl) ~ **news** (una cosa) da evitare: this guy's ~ news questo tipo è da evitare; è meglio perderlo che trovarlo; to have a ~ **night** passare una brutta notte, dormire male, passare una nottataccia; he had a ~ night at the poker tables and lost a lot of money non era la sua serata per il poker: ha perso un sacco di soldi; (colloq) **not** ~ (o **not half** ~) discreto, non male, piuttosto buono; (fig) to be in ~ **odour** avere una cattiva reputazione, godere di dubbia fama; to be in ~ **odour** with so. essere malvisto da qcu.; to do so. a ~ **office** fare un cattivo servizio a qcu., rendere un cattivo servizio a qcu.; (Br) to **accept** (o to take) sth. in ~ **part** prendere qcs. a male, aversela a male per qcs.; (*fig*) *to turn up like a ~ penny* intrufolarsi dappertutto, essere come il prezzemolo; (*Giorn*) *to have a ~ press* essere accolto male dalla stampa; *to be a ~ sailor* soffrire il (mal di) mare; (*sl*) *~ scene* brutto affare; (*Am*) *to make the best of a ~situation* fare buon viso a cattivo gioco; (*colloq*) *notso ~* discreto, non male, piuttosto buono; (*colloq*) *he's not a ~sort* non è cattivo; (*Br,colloq*) *to betaken ~* sentirsi male, essere colpito da malessere; *in ~ taste* di cattivo gusto; *to leave a ~ taste in one's mouth* lasciare la bocca amara (*anche fig*); *it wouldn't be a ~thing* non sarebbe male, non sarebbe una cattiva idea; *to go from ~to worse* andare di male in peggio; *to do so. a ~turn* giocare un brutto tiro a qcu.; *to be in a ~ way* essere in uno stato pietoso, essere ridotto male, essere mal messo; *to take the ~with the good* accettare la buona e la cattiva sorte.

bad-ass , badass /ˈbædæs/ I *n.* (*Am,sl*) prepotente *m./f.* II *a.* (*Am,sl*) 1 prepotente, aggressivo. 2 (*excellent*) eccellente.

baddie /ˈbædi/ *n.* (*Br,sl*) cattivo *m.* (*f.* -a), malvagio *m.* (*f.* -a).

baddish /ˈbædiʃ/ *a.* (*Br*) piuttosto cattivo.

baddy /ˈbædi/ *n.* (*Br,sl*) cattivo *m.* (*f.* -a), malvagio *m.* (*f.* -a).

bade /bæd, beɪd/ → bid.

badge /bædʒ/ I *n.* 1 cartellino *m.* nominativo, distintivo *m.*, etichetta *f.*, badge *m.* 2 (*symbol*) emblema *m.*, simbolo *m.* 3 (*fig*) (*sign*) segno *m.*, simbolo *m.*, prova *f.* II *v.t.* (*Br*) etichettare.

badger /ˈbædʒər/ I *n.* 1 (*Zool*) tasso *m.* 2 (*pelt, fur*) pelle *f.* di tasso. 3 (*Aus,Zool*) vombato *m.* II *v.t.* tormentare, molestare, infastidire, assillare: *to ~ so. with questions* tormentare qcu. con domande. ☐ *~baiting* caccia ai tassi.

badinage /ˈbædɪnɑ:(d)ʒ/ *n.* celia *f.*, burla *f.*, scherzo *m.*

badlands /ˈbædlændz/ *n.pl.* calanchi *m.pl.*

badly /ˈbædli/ (*compar.* **worse** /wɜ:s Am wɜ:rs/, *sup.* **worst** /wɜ:st Am wɜ:rst/) I *avv.* 1 male, malamente. 2 (*incorrectly*) male, scorrettamente, in modo scorretto: *to behave ~* comportarsi male. 3 (*very much*) estremamente, moltissimo, grandemente, fortemente, tanto: *I ~ need a new suit* ho tanto bisogno di un vestito nuovo. 4 (*seriously*) seriamente, gravemente: *~ hurt* gravemente ferito. II *a.* (*dial*) indisposto, male, poco bene. ☐ *to go ~* andare male; *to be ~matched* (*of two people, teams*) essere male accoppiati; *to be ~off* passarsela male, trovarsi in cattive acque, essere male in arnese.

badminton /ˈbædmɪntən/ *n.* (*Sport*) (gioco del) volano *m.*, badminton *m.*

bad-mouth /ˈbædmaʊθ/ *v.t.* (*sl*) parlare male di.

badness /ˈbædnəs/ *n.* 1 (*evilness*) cattiveria *f.*, malvagità *f.* 2 (*poor quality*) cattiva qualità *f.*, qualità *f.* scadente. 3 (*of the weather*) cattive condizioni *f.pl.*, inclemenza *f.* 4 (*incorrectness*) scorrettezza *f.*

bad-tempered /ˌbædˈtempəd Am ˌbæd ˈtempərd/ *a.* irritabile, irascibile.

Baedeker /ˈbeɪdekər, ˈbaɪdekər/ *n.* guida *f.* Baedeker, guida *f.* turistica.

baffle /ˈbæfl/ I *v.t.* 1 confondere, sconcertare, rendere perplesso. 2 (*to frustrate*) rendere vano, frustrare. 3 (*to elude*) eludere: *the thief -d pursuit* il ladro eluse gli inseguitori. 4 (*to deflect*) deviare. II *n.* 1 (*El*) deflettore *m.*, diaframma *m.* 2 (*Rad*) schermo *m.* acustico. 3 (*Edil*) pannello *m.* acustico. III *a.* 1 (*Edil*) acustico, antiacustico, fonoassorbente: *~ wall* parete antiacustica. 2 (*Mecc*) schermo a labirinto: *~

filter filtro a labirinto.

bafflement /ˈbæflmənt/ *n.* confusione *f.*, perplessità *f.*

baffling /ˈbæflɪŋ/ *a.* sconcertante, che suscita perplessità.

Bafta , BAFTA /ˈbæftə/ *British Academy of Film and Television Arts* (accademia britannica del cinema e della televisione). ☐ *~ award* premio Oscar britannico.

bag [1] /bæg/ *n.* 1 sacco *m.*: *a ~ of potatoes* un sacco di patate. 2 (*small bag*) sacchetto *m.*: *plastic ~* sacchetto di plastica; *paper ~* sacchetto di carta. 3 (*with handles*) borsa *f.*, borsetta *f.* 4 (*case*) valigia *f.*; (*holdall*) borsone *f.*: *to pack one's -s* (fare le valigie e) andarsene. 5 (*handbag*) borsa *f.*, borsetta *f.* 6 (*packet*) pacchetto *m.*: *a ~ of sugar* un pacchetto di zucchero. 7 (*Am*) (*purse*) borsellino *m.* 8 (*spreg*) (*ugly woman*) befana *f.*, strega *f.*, racchia *f.* 9 (*Anat*) sacco *m.*, vescica *f.* 10 (*Zool*) mammella *f.* 11 (*Caccia*) cacciagione *f.*, selvaggina *f.* 12 (*Pesc*) pesca *f.* 13 (*sl,ant*) (*area of interest or skill*) campo *m.* 14 (*Sport*) (*baseball*) base *f.* 15 *pl.* (*ant*) (*trousers*) pantaloni *m.pl.*, braghe *f.pl.* 16 *pl.* (*colloq*) (*much, many*) sacco *m.sing.*, mucchio *m.sing.*: *we have -s of time* abbiamo un sacco di tempo. ☐ *~ and baggage* : 1 (*with all one's belongings*) con armi e bagagli; 2 (*completely*) completamente, letteralmente; (*colloq*) *in the ~* sicuro, certo; *it's in the ~* è cosa fatta; (*Br*) *~lady* barbona; *to be a ~of bones* essere pelle e ossa; (*colloq*) *to be a ~of nerves* avere i nervi a fior di pelle, essere un fascio di nervi; (*fig*) *a ~of worms* un vespaio; (*Br*) *~person* senzatetto, barbone; *-s under the eyes* borse sotto gli occhi.

bag [2] /bæg/ (*past, p.p.* **bagged** /-d/) I *v.t.* 1 gonfiare, dilatare, ingrossare: *the wind -ged the sails* il vento gonfiava le vele. 2 (*Caccia,Pesc*) prendere, catturare, uccidere. 3 (*to put in bags*) mettere in un sacco, insaccare. 4 (*Br, colloq*) (*to take*) intascare, accaparrarsi, impadronirsi di: *he always -s the best seat* si accaparra sempre il posto migliore. 5 (*Aus,sl*) (*to criticise*) mettere in discussione, criticare. II *v.i.* 1 gonfiarsi. 2 (*Br*) (*to hang loosely*) sformarsi, fare le borse, essere cascante: *trousers -ging at the knees* pantaloni che fanno le borse alle ginocchia. ☐ (*Br*) *-s I get it!* lo prendo io!; (*Am*) *-it !* finiscila!, fine della discussione!; *to ~up* mettere in un sacco, insaccare.

bagasse /bəˈgæs/ *n.* (*Ind*) bagassa *f.*

bagatelle /ˌbægəˈtel/ *n.* 1 bagatella *f.*, inezia *f.*, bazzecola *f.*, cosa *f.* da niente. 2 (*game*) biliardino *m.*, bagatella *f.* 3 (*Mus*) bagatella *f.*

bagel /ˈbeɪgəl/ *n.* panino *m.* a forma di ciambella.

bagful /ˈbægful/ *n.* 1 (*contents*) (contenuto di un) sacco *m.* 2 (*fig*) (*considerable amount*) sacco *m.*, grande quantità *f.*

baggage /ˈbægɪdʒ/ *n.* 1 bagaglio *m.* (*anche fig*). 2 (*Mil*) salmerie *f.pl.* 3 (*ant*) ragazza *f.*: *a saucy ~* una ragazza impertinente. 4 (*ant*) (*immoral woman*) donna *f.* di liberi costumi; (*prostitute*) prostituta *f.* ☐ (*Aer*) *~allowance* bagaglio in franchigia; (*Ferr*) *~car* bagagliaio; (*Am*) *~ check* : 1 (*ticket*) scontrino del bagaglio; 2 (*Ferr*) deposito bagagli; *~ handler* addetto ai bagagli, facchino; *~rack* portabagagli; (*Am*) *~room* deposito bagagli; (*Mil*) *~train* salmerie.

baggage-claim /ˈbægɪdʒkleɪm/ *n.* (*Am*) (*at the airport*) ritiro *m.* bagagli.

baggage-master /ˈbægɪdʒmæstər/ *n.* (*Am, Ferr*) addetto *m.* al servizio merci.

bagginess /ˈbægɪnəs/ *n.* gonfiezza *f.*

baggy /ˈbægi/ *a.* 1 gonfio, rigonfio. 2 (*hang-*

ing loosely) cascante, cadente, che fa le borse, sformato: *~ trousers* calzoni sformati; *to go ~* fare le borse.

bagman /ˈbægmən/ *n.irr.* 1 (*colloq,ant*) commesso *m.* viaggiatore. 2 (*Aus,sl*) vagabondo *m.* (*f.* -a).

bagpiper /ˈbægpaɪpər/ *n.* suonatore *m.* di cornamusa, zampognaro *m.*

bagpipes /ˈbægpaɪps/ *n.pl.* cornamusa *f.sing.*, zampogna *f.sing.*

bagstuffer /ˈbægstʌfər/ *n.* volantino *m.* distribuito in grandi quantità.

baguette /bæˈget/ *n.* 1 (*breadstick*) baguette *f.*, francesino *m.* 2 (*Oref*) baguette *f.* 3 (*Arch*) modanatura *f.*

bagworm /ˈbægwɜːm Am ˈbægwɜːrm/ *n.* (*Zool*) bruco *m.* dal fodero.

bah /bɑː/ *intz.* (*Br*) bah, ohibò.

bahaism /bəˈhɑːɪzəm/ *n.* (*Rel*) bahaismo *m.*

Bahamas /bəˈhɑːməz/ *n.pr.pl.* (*Geog*) Bahamas *f.pl.*

Bahasa /bəˈhɑːsə/ *n.* (*Ling*) Baasa *f.*

Bahrain /bɑːˈreɪn/ *n.pr.* (*Geog*) Bahrain *m.*

Bahraini , Bahreini /bɑːˈreɪni/ I *n.* nativo *m.* (*f.* -a) del Bahrain. II *a.* del Bahrain.

bail [1] /beɪl/ *n.* (*Dir*) (*money*) cauzione *f.* 1 (*position of being on bail*) libertà *f.* provvisoria (dietro cauzione), rilascio *m.* su cauzione: *to grant so. ~* rilasciare qcu. dietro cauzione. 3 (*person*) chi paga la cauzione per qcu., garante *m./f.*: *to stand ~ for so.* rendersi garante per qcu. ☐ (*Dir*) *~bond* cauzione, garanzia; (*Am*) *~bondsman* chi paga la cauzione per qcu., garante, depositante; *to go ~ for so.* pagare la cauzione per qcu.; (*fig*) rendersi garante per qcu.; *on ~* in libertà provvisoria, libero su cauzione; *to release on ~* rilasciare dietro cauzione.

bail [2] /beɪl/ *v.t.* 1 (*Dir*) mettere in libertà provvisoria (dietro cauzione), concedere la libertà provvisoria a. 2 (*Dir*) (*to obtain bail for*) far ottenere la libertà provvisoria (dietro cauzione) a. 3 (*colloq*) (*to help*) aiutare, tirare fuori dai pasticci. 4 (*of goods*) affidare in consegna, mettere in deposito. ☐ *to ~out* : 1 tirare fuori: *to ~ so. out of trouble* tirare qcu. fuori dai guai; 2 (*Dir*) far ottenere la libertà provvisoria (dietro cauzione) a; 3 (*Am,colloq*) svignarsela.

bail [3] /beɪl/ *n.* (*Mar*) gottazza *f.*, sessola *f.*

bail [4] /beɪl/ *v.t.* (*Mar*) aggottare, sgottare. ☐ *to ~out* : 1 (*Aer*) lanciarsi, gettarsi (col paracadute); 2 (*Mar*) aggottare, sgottare.

bail [5] /beɪl/ *n.* 1 (*handle of a pail*) manico *m.* tondo. 2 (*hoop-like support*) semicerchio *m.* di sostegno, fascetta *f.* 3 (*in cricket*) traversa *f.* 4 (*hinged bar*) staffa *f.* ☐ *~ bar* staffa della barra.

bailable /ˈbeɪləbl/ *a.* (*Dir*) (*of an offence*) che ammette la libertà provvisoria dietro cauzione.

bailee /ˌbeɪˈliː/ *n.* (*Dir*) depositario *m.* (*f.* -a) di fiducia, consegnatario *m.* (*f.* -a).

bailer [1] /ˈbeɪlər/ *n.* (*Dir*) garante *m./f.*, depositante *m./f.*, comodante *m./f.*

bailer [2] /ˈbeɪlər/ *n.* (*Mar*) 1 gottazza *f.*, sessola *f.* 2 (*person*) chi aggotta.

bailey /ˈbeɪli/ *n.* 1 mura *f.pl.* esterne di un castello, bastioni *m.pl.* 2 (*courtyard*) cortile *m.* ☐ *Baileybridge* ponte Bailey, ponte provvisorio.

bailie /ˈbeɪli/ *n.* (*Scott*) assessore *m.* (*f.* -a).

bailiff /ˈbeɪlɪf/ *n.* 1 (*GB*) aiuto *m.* sceriffo. 2 (*US*) ufficiale *m.* giudiziario (incaricato dell'ordine pubblico nelle corti statali e locali). 3 (*of a court*) ufficiale *m.* giudiziario, messo *m.* del tribunale. 4 (*overseer*) amministratore *m.* (*f.* -trice) (di una tenuta); (*of lands*) fattore *m.* (*f.* -essa). 5 (*Stor*) (*chief* *magistrate*) balivo *m*.

bailiwick /'beɪlɪwɪk/ *n*. **1** (*Stor*) distretto *m*. del balivo, giurisdizione *f*. del balivo. **2** (*fig*) campo *m*. di azione, campo *m*. di competenza.

bailment /'beɪlmənt/ *n*. (*Dir*) **1** (*money*) cauzione *f*. **2** (*position of being on bail*) libertà *f*. provvisoria (dietro cauzione), rilascio *m*. su cauzione.

bailor /beɪ'lɔːr, 'beɪlər/ *n*. (*Dir*) garante *m./f*., depositante *m./f*., comodante *m./f*.

bailout /'beɪlaʊt/ *n*. (*Econ*) salvataggio *m*. (di un'impresa in dissesto).

bailsman /'beɪlzmən/ *n.irr*. (*Dir*) garante *m*., mallevadore *m*.

Baily /'beɪli/ □ (*Astr*) ~*'s beads* perle di Baily, grani di Baily.

bain-marie /ˌbænmə'riː/ *n*. bagnomaria *m*.

bairn /beən/ *n*. (*Scott*) bambino *m*. (*f*. -a).

bait /beɪt/ **I** *n*. **1** (*Pesc,Caccia*) esca *f*. **2** (*fig*) esca *f*., lusinga *f*., allettamento *m*. **3** (*ant*) cibo *m*., ristoro *m*. **II** *v.t*. **1** (*Pesc,Caccia*) munire di esca: *to ~ a hook* munire un amo di esca. **2** (*fig*) (*to tempt*) adescare, lusingare. **3** (*to persecute*) perseguitare, tormentare. □ ~ *casting* il lanciare la lenza con l'esca; (*fig*) *to rise to the* ~ abboccare.

bait-and-switch /ˌbeɪtⁿ'swɪtʃ/ (*Comm*) ~ *product* articolo civetta; (*Comm*) ~ *selling* vendita mediante articoli civetta.

baited /'beɪtɪd *Am* 'beɪtɪd/ *a*. (*Pesc*) innescato.

baiting /'beɪtɪŋ *Am* 'beɪtɪŋ/ *n*. **1** (*ant*) l'aizzare cani contro animali incatenati. **2** (*fig*) persecuzione *f*.

baize /beɪz/ *n*. panno *m*. grezzo e spesso (generalmente verde per tavoli da gioco, biliardi ecc.).

BAK (*colloq*) (*used in chat messages, etc.*) back at the keyboard (tornato alla tastiera, eccomi di nuovo).

bake /beɪk/ **I** *v.t*. **1** cuocere al forno. **2** (*of bricks*) cuocere. **II** *v.i*. **1** cuocere al forno, infornare. **2** (*to become baked*) cuocersi (al forno). **III** *n*. **1** cottura *f*. (al forno). **2** (*oven-cooked dish*) pasticcio *m*., timballo *m*. □ (*Gastron*) *to ~ blind* cuocere in bianco, precuocere la pasta delle crostate; ~ *sale* ricevimento in cui si vendono torte e biscotti fatti in casa per raccogliere fondi.

baked /beɪkt/ □ (*Dolc*) ~ *Alaska* torta calda meringata con gelato all'interno; (*Gastron*) ~ *beans* fagioli stufati (in salsa di pomodoro).

bakehouse /'beɪkhaʊs/ *n*. panificio *m*., panetteria *f*., forno *m*.

bakelite /'beɪkəlaɪt/ *n*. (*Ind*) bachelite *f*., bakelite *f*.

baker /'beɪkər/ *n*. panettiere *m*. (*f*. -a), fornaio *m*. (*f*. -a). □ ~*'s dozen* tredici; ~*'s shop* panetteria.

bakery /'beɪkəri/ *n*. panificio *m*., panetteria *f*., forno *m*.

Bakewell /'beɪkwel/ □ (*Dolc*) ~ *tart* crostata con pan di mandorle.

baking /'beɪkɪŋ/ **I** *n*. **1** cottura *f*. al forno. **2** (*batch*) infornata *f*. **II** *a*. bollente, caldissimo. □ (*Gastron*) ~ *batch* quantità di cibo cucinata insieme (da utilizzare in piatti diversi); ~ *hot* bollente, rovente; (*Gastron*) ~ *powder* lievito chimico; ~ *sheet* teglia; ~ *soda* bicarbonato di soda; ~ *tin* tortiera; ~ *tray* teglia.

baksheesh /'bækʃiːʃ/ *n*. mancia *f*.

bakshish /'bækʃɪʃ/ *n*. mancia *f*.

balaclava /ˌbælə'klɑːvə/ *n*. (*Br*) passamontagna *m*. □ (*Br*) ~ *helmet* passamontagna.

balalaika /ˌbælə'laɪkə/ *n*. (*Mus*) balalaica *f*.

balance[1] /'bæləns/ *n*. **1** bilancia *f*. **2** (*equilibrium*) equilibrio *m*.: *to lose one's* ~ perdere l'equilibrio; (*fig*) perdere la calma, non esse-

re più padrone di sé; *to keep one's* ~ mantenersi in equilibrio; (*fig*) dominarsi, mantenere la calma, rimanere padrone di sé. **3** (*unstable position*) bilico *m*. **4** (*composure*) equilibrio *m*., calma *f*., padronanza *f*. di sé. **5** (*Art*) (*harmony*) equilibrio *m*., armonia *f*., proporzione *f*. **6** (*counterweight*) contrappeso *m*., equilibrio *m*. **7** (*Comm*) (*equality of an account*) pareggio *m*.; (*debit-credit difference*) saldo *m*.: *a bank* ~ un saldo in banca. **8** (*Econ*) (*balance sheet*) bilancio *m*. **9** (*surplus*) rimanenza *f*., resto *m*. **10** (*Chim,El,Aer, Acus*) bilanciamento *m*. **11** (*Orol*) bilanciere *m*. □ (*Comm*) ~ *account* conto collettivo; (*Tecn*) ~ *beam* braccio della bilancia; (*Tecn*) ~ *bridge* ponte del bilanciere; (*Comm*) ~ *brought forward* saldo riportato; (*Comm*) ~ *carried forward* saldo da riportare; (*Comm*) ~ *due* saldo di conto, saldo debitore; (*fig*) *to hang in* ~ essere in bilico, essere incerto; (*Comm*) ~ *in cash* saldo di cassa, rimanenza di cassa; (*Comm*) ~ *in hand* saldo a credito; *in the* ~: in bilico, incerto, indeciso (*anche fig*): *his fate hung in the* ~ la sue sorte era incerta; ~ *of forces* equilibrio di forze; (*Econ*) ~ *of payments* bilancia dei pagamenti, partite correnti: ~ *of payments deficit* deficit esterno; ~ *of payments surplus* surplus esterno; ~ (*of payments*) *on current accounts* bilancia delle partite correnti; (*Pol*) ~ *of power* equilibrio delle forze, equilibrio di potere; (*Pol*) ~ *of terror* equilibrio del terrore; (*Econ*) ~ *of trade* bilancio commerciale, bilancia commerciale; *to throw so. off* ~ (o *off their* ~): 1 fare perdere a qcu.l'equilibrio; 2 (*fig*) far perdere a qcu.il controllo di sé; *on* ~ a conti fatti, tutto sommato; (*Econ*) ~ *sheet* bilancio, bilancio annuale, bilancio legale; (*Orol*) ~ *spring* molla del bilanciere; (*Tecn*) ~ *weight* contrappeso; (*Orol*) ~ *wheel* bilanciere.

balance[2] /'bæləns/ **I** *v.t*. **1** pesare. **2** (*fig*) (*to be equal in force, etc.*) controbilanciare, compensare, avere lo stesso peso (o valore) di. **3** (*to poise*) tenere in equilibrio: *she -d a jug of water on her head* teneva in equilibrio sulla testa una brocca d'acqua. **4** (*to keep in an unsteady position*) tenere in bilico. **5** (*fig*) (*to compare*) pesare, soppesare, valutare, considerare: *after balancing all the evidence* dopo aver considerato i pro e i contro. **6** (*to be proportionate to*) equilibrare, essere proporzionato a: *cash on hand -s expenses* il fondo cassa è proporzionato alle spese. **7** (*Comm*) saldare, chiudere: *to ~ accounts* saldare i conti, chiudere i conti. **8** (*Comm*) (*to make equal*) pareggiare, far quadrare: *to ~ the books* far bilanciare i libri contabili, far quadrare i libri contabili; *to ~ the budget* chiudere in pareggio il bilancio. **9** (*Econ, Alim*) bilanciare: *to ~ investments* bilanciare gli investimenti; *to ~ a diet* equilibrare una dieta, bilanciare una dieta. **10** (*Tecn*) equilibrare. **II** *v.i*. **1** bilanciarsi, essere dello stesso peso. **2** (*to keep steady*) essere in equilibrio, stare in equilibrio, tenersi in bilico. **3** (*Comm*) essere in pareggio, quadrare. **4** (*in dancing*) oscillare, dondolare. □ *to ~ out*: 1 controbilanciare, compensare, avere lo stesso peso (o valore) di: *the advantages ~ out the disadvantages* i vantaggi compensano gli svantaggi; 2 (*Comm*) essere in pareggio, quadrare; *to ~ up* controbilanciare, compensare, avere lo stesso peso (o valore) di.

balanced /'bælənst/ *a*. **1** bilanciato, equilibrato: ~ *growth* crescita equilibrata. **2** (*fig*) proporzionato, armonioso. **3** (*unbiased*) ben bilanciato, imparziale, obbiettivo. **4** (*of a diet*) equilibrato, bilanciato. **5** (*Econ*) (*of a*

budget) in pareggio, (*of invesments*) bilanciato. **6** (*Mecc*) equilibrato. □ (*Econ*) ~ *budget*: 1 bilancio in pareggio; 2 (*for the future*) previsione di bilancio in pareggio; (*Econ*) *a* ~ (*mutual*) *investment fund* un fondo (comune) di investimenti bilanciato; (*fig*) *a* ~ *person* una persona equilibrata; (*Pol*) ~ *ticket* lista elettorale equilibrata.

balancer /'bælənsər/ *n*. **1** chi mantiene l'equilibrio. **2** (*thing*) bilanciere *m*. **3** (*acrobat*) acrobata *m./f*., equilibrista *m./f*. **4** (*Rad*) compensatore *m*.

balance-sheet /'bælənsˌʃiːt/ *n*. (*Econ*) bilancio *m*., bilancio *m*. annuale, bilancio *m*. legale.

balancing /'bælənsɪŋ/ *n*. **1** (*Mecc,Aer*) equilibratura *f*. **2** (*Rad*) compensazione *f*. **3** (*Econ*) quadratura *f*., bilanciamento *m*. □ (*fig*) *a* ~ *act* (tentativo di) mantenimento degli equilibri; (*El*) ~ *coil* autotrasformatore.

balas /'bæləs/ *n*. (*Min*) balascio *m*. □ ~ *ruby* balascio.

balata /'bælətə, bə'lɑːtə/ *n*. (*Bot,Chim*) balata *f*.

balbriggan /bæl'brɪgən/ *n*. balbriggan *m*., tessuto *m*. balbriggan.

balconied /'bælkənid/ *a*. con balcone, con balconi.

balcony /'bælkəni/ *n*. **1** balcone *m*., terrazzo *m*. **2** (*Teat*) galleria *f*., balconata *f*.: *a ~ seat* un posto in galleria. □ ~ *plant* pianta da balcone.

bald /bɔːld/ *a*. **1** calvo, (*colloq*) pelato: *to go* ~ diventare calvo; *as* ~ *as a coot* pelato come una palla di biliardo, pelato come un uovo. **2** (*with a shaven head*) rapato (a zero). **3** (*without natural covering*) nudo; (*devoid of vegetation*) brullo; (*of a tree*) spoglio. **4** (*of style*) nudo, disadorno, semplice. **5** (*obvious*) chiaro, evidente; (*explicit*) esplicito. **6** (*Zool*) con una macchia bianca sulla fronte. **7** (*Br*) (*of a tyre*) liscio, consumato. □ (*Ornit*) ~ *coot* folaga, (*Ornit*) ~ *eagle* aquila del Nord-America; (*colloq*) ~ *spot* pelata, calvizie.

baldachin, baldaquin /'bɔːldəkɪn *Am also* 'baːldəkɪn/ *n*. baldacchino *m*.

balderdash /'bɔːldədæʃ *Am* 'bɔːldərdæʃ/ *n*. sciocchezze *f.pl*., stupidaggini *f.pl*.

baldfaced /'bɔːldfeɪst/ *a*. (*Am*) **1** a viso scoperto, senza maschera. **2** (*shameless*) impudente, sfacciato. **3** (*undisguised*) a viso aperto, chiaro, senza sottintesi.

baldfacedly /'bɔːldfeɪstli/ *avv*. (*Am*) **1** a viso scoperto. **2** (*shamelessly*) sfacciatamente.

baldhead /'bɔːldhed/ *n*. (*colloq,spreg*) persona *f*. calva, calvo *m*., testa *f*. pelata.

bald-headed /ˌbɔːld'hedɪd/ **I** *a*. calvo, (*colloq*) pelato. **II** *avv*. (*colloq*) a capofitto: *to go at sth.* ~ gettarsi a capofitto in qcs.

baldie /'bɔːldi/ *avv*. in modo chiaro, esplicitamente, senza riguardi, senza peli sulla lingua.

balding /'bɔːldɪŋ/ *a*. che sta perdendo i capelli, che sta diventando calvo.

baldish /'bɔːldɪʃ/ *a*. quasi calvo.

baldly /'bɔːldli/ *avv*. in modo chiaro, esplicitamente, senza riguardi, senza peli sulla lingua.

baldness /'bɔːldnəs/ *n*. **1** calvizie *f*. **2** (*fig*) (*of style*) nudità *f*., semplicità *f*., sobrietà *f*.

baldpate /'bɔːldpeɪt/ *n*. **1** persona *f*. calva, (*colloq*) zucca *f*. pelata. **2** (*Ornit*) fischione *m*. americano, anatra *f*. americana.

bald-pated /'bɔːldˌpeɪtɪd *Am* 'bɔːldˌpeɪtɪd/ *a*. calvo, (*colloq*) pelato.

baldric, baldrick /'bɔːldrɪk/ *n*. (*ant*) bandoliera *f*., balteo *m*., budriere *m*.

Baldwin /'bɔːldwɪn/ *n.pr.m*. Baldovino.

baldy /'bɔːldi/ **I** *n*. (*colloq,spreg*) persona *f*. pelata, zucca *f*. pelata. **II** *a.* (*colloq*) rapato (a zero).

bale[1] /beɪl/ **I** *n.* balla *f.*: ~ *of cotton* balla di cotone. **II** *v.t.* imballare. □ (*Pesc*) ~*arm* archetto.

bale[2] /beɪl/ *n.* **1** (*ant*) male *m.*, disastro *m.* **2** (*misery*) dolore *m.*, pena *f.*

bale[3] /beɪl/ *v.t.* (*Br*) **1** (*Mar*) aggottare, sgottare. **2** (*colloq*) (*to help*) aiutare, tirare fuori dai pasticci.

Balearic /ˌbæliˈærɪk/ □ (*Geog*) ~*Islands* isole Baleari.

baleen /bəˈliːn/ *n.* (*Zool*) fanone *m.* □ (*Zool*) ~*whale* balena.

balefire /ˈbeɪlfaɪə/ *n.* (*Am*) grande falò *m.*, pira *f.*

baleful /ˈbeɪlfʊl/ *a.* **1** nocivo, pernicioso. **2** (*menacing*) minaccioso, bieco. **3** (*malevolent*) malevolo. **4** (*ominous*) di malaugurio, sinistro.

balefulness /ˈbeɪlfʊlnəs/ *n.* **1** malvagità *f.* **2** (*harmfulness*) perniciosità *f.*

baler /ˈbeɪlə/ *n.* **1** imballatore *m.* **2** (*machine*) pressa *f.* per balle. **3** (*Agr*) (*roughage baler*) pressaforaggi *m.*; (*straw baler*) pressapaglia *m.*

Bali /ˈbɑːli/ *n.pr.* Bali *f.*

Balinese /ˌbɑːlɪˈniːz/ **I** *a.* balinese, da (*o* di) Bali. **II** *n.* **1** balinese *m./f.* **2** (*language*) balinese *m.*

balk /bɔːk/ *n./v.* (*Am*) → **baulk**.

Balkan /ˈbɔːlkən/ *a.* (*Geog*) balcanico.

Balkanization /ˌbɔːlkənaɪˈzeɪʃən/ *n.* (*Pol*) balcanizzazione *f.*

Balkanize /ˈbɔːlkənaɪz/ *v.t.* (*Pol*) balcanizzare.

Balkans /ˈbɔːlkənz/ *n.pr.pl.* (*Geog*) Balcani *m.pl.*

balkiness /ˈbɔːkɪnəs/ *n.* (*spec. Am.*) testardaggine *f.*, cocciutaggine *f.*

balky /ˈbɔːki/ *a.* (*spec. Am.*) **1** (*of a horse*) ricalcitrante. **2** (*stubborn*) testardo, cocciuto.

ball[1] /bɔːl/ **I** *n.* **1** palla *f.*: *a* ~ *of paper* una palla di carta. **2** (*of yarn, string, etc.*) gomitolo *m.* **3** (*Sport*) palla *f.*, pallina *f.*: *tennis* ~ palla da tennis. **4** (*Sport*) (*for football, etc.*) pallone *m.* **5** (*Sport*) (*throw of a ball with hands*) lancio *m.* (di una palla), palla *f.* **6** (*Mil*) (*bullet*) proiettile *m.*, palla *f.*, pallottola *f.*; (*cannon ball*) palla *f.* di cannone. **7** (*of the human body*) rotondità *f.*, globo *m.*: ~ *of the eye* globo oculare. **8** *pl.* (*volg*) (*testicles*) palle *f.pl.*, coglioni *m.pl.* **9** *pl.* (*Br,volg*) (*nonsense*) balle *f.pl.* **10** *pl.* (*volg*) (*courage*) palle *f.pl.*, coraggio *m.sing.*: *to have* -*s* avere le palle. □ ~ *and chain*: 1 palla a catena (al piede dei forzati); 2 (*fig*) palla al piede; (*Mecc*) ~*bearing* cuscinetto a sfere; (*Sport*) ~*boy* raccattapalle; (*Mecc*) ~*cock* valvola a sfera; (*fig*) *the* ~ *is in your court* tocca a te, è il tuo turno; (*fig*) *to have the* ~ *at one's feet* avere la strada aperta, avere una buona occasione a portata di mano; (*Arch*) ~*flower* ball flower, fregio a forma di fiore rotondo a tre petali che avviluppano una sferetta; (*Sport*) ~ *game*: 1 gioco con la palla; 2 (*Am*) baseball; 3 (*colloq*) competizione, gara; (*Sport*) ~*girl* raccattapalle; *to roll* (*up*) *into a* ~ appallottolare; ~*joint* articolazione sferoidale; (*Meteor*) ~*lightning* fulmine a palla; (*Sport*) *no* ~ (*in cricket*) palla fallosa, palla nulla; ~*of fire*: 1 palla di fuoco; 2 (*fig*) persona focosa, persona vivacissima, vulcano; (*Am,colloq*) (*the whole*) ~*of wax* tutto l'insieme, tutto l'ambaradan; (*colloq*) *on the* ~ all'erta, vigile, sveglio, in gamba; ~*park* stadio; (*fig*) *to set* (*o start*) *the* ~*rolling* iniziare, dare inizio, mettere in moto il meccanismo; (*fig*) *to keep the* ~ *rolling*: 1 mandare avanti un'attività;

(*colloq*) mandare avanti la baracca, mandare avanti le cose; 2 (*of conversation*) mantenere viva la conversazione; (*Mecc*) ~*valve* valvola a sfera; (*Br,fig*) *the* ~ *is with you* tocca a te, è il tuo turno.

ball[2] /bɔːl/ **I** *v.t.* **1** appallottolare, fare palle con (*o* di). **2** (*of yarn, string, etc.*) aggomitolare. **3** (*volg*) (*have sexual intercourse with a woman*) scopare, fottere. **II** *v.i.* appallottolarsi. □ *to* ~*up*: 1 appallottolare, fare delle palle con (*o* di); 2 (*Br,sl*) fare casino.

ball[3] /bɔːl/ *n.* **1** ballo *m.*, festa *f.* da ballo, festa *f.* danzante, danza *f.* **2** (*colloq*) divertimento *m.*: *to have a* ~ divertirsi un mondo.

ballad /ˈbæləd/ *n.* **1** (*Lett,Mus*) ballata *f.* **2** (*Mus*) canzone *f.* popolare.

ballade /bæˈlɑːd/ *n.* (*Lett,Mus*) ballata *f.*

balladeer /ˌbæləˈdɪə Am ˌbæləˈdɪr/ *n.* (*Lett, Mus*) cantante *m./f.* di ballate, compositore *m.* (*f.* -trice) di ballate.

balladry /ˈbælədri/ *n.* **1** arte *f.* di comporre ballate. **2** (*collett.*) ballate *f.pl.*

ball-and-socket /ˌbɔːlənˈsɒkɪt Am ˌbɔːlən ˈsɑːkɪt/ □ (*Mecc*) ~*joint* articolazione sferoidale.

ballast /ˈbæləst/ **I** *n.* **1** (*Mar,Aer*) zavorra *f.*: *ship in* ~ nave in zavorra; *to take in* ~ fare zavorra. **2** (*fig*) equilibrio *m.*, influenza *f.* equilibratrice. **3** (*Edil*) ghiaia *f.*, pietrisco *m.*; (*of roads and railways*) massicciata *f.* **4** (*El*) regolatore *m.* di corrente, autoregolatore *m.* **II** *v.t.* **1** (*Mar,Aer*) zavorrare. **2** (*fig*) equilibrare, stabilizzare. **3** (*Ferr*) massicciare. □ (*Mar*) ~*water* acqua di zavorra.

ballasting /ˈbæləstɪŋ/ *n.* zavorramento *m.*

ballbearing,ball-bearing /ˌbɔːlˈbeərɪŋ Am ˌbɔːlˈberɪŋ/ *n.* (*Mecc*) cuscinetto *m.* a sfere.

ballbreaker,ball-breaker /ˈbɔːlbreɪkə/ *n.* (*Br,sl*) rompipalle *m./f.*

ballbuster,ball-buster /ˈbɔːlbʌstə/ *n.* **1** (*Br,sl*) rompipalle *m./f.* **2** (*bad job*) lavoraccio *m.*

ballerina /ˌbæləˈriːnə Am ˌbæləˈriːnə/ (*pl.* -s /-z/, -ne /-ne/) *n.* ballerina *f.*

ballet /ˈbæleɪ/ *n.* **1** balletto *m.* **2** (*dancers*) balletto *m.*, corpo *m.* di ballo. **3** (*style of dance*) danza *f.* classica. □ ~*dancer* ballerino classico; ~*master* maestro di danza classica; ~*mistress* maestra di danza classica; ~*shoe* scarpetta da ballo; ~*skirt* tutù.

balletomane /ˈbælɪtoʊmeɪn Am bəˈletəmeɪn/ *n.* amante *m./f.* del balletto.

balletomania /ˌbæˌletoʊˈmeɪniə Am bəˌletə ˈmeɪniə/ *n.* passione *f.* per il balletto.

balling /ˈbɔːlɪŋ/ □ (*Tess*) ~*machine* aggomitolatrice.

ballista /bəˈlɪstə/ (*pl.* -tae /-tiː/) *n.* (*Mil,ant*) balista *f.*

ballistic /bəˈlɪstɪk/ *a.* balistico: ~ *missile* missile balistico. □ (*fig*) *togo* ~ andare su tutte le furie, partire come un razzo.

ballistically /bəˈlɪstɪkəli/ *avv.* con ira, andando su tutte le furie.

ballistics /bəˈlɪstɪks/ *n.pl.* (*costr.sing.*) balistica *f.*

ballocks /ˈbɒləks Am ˈbɑːləks/ *n.pl.* (*volg*) **1** (*testes*) coglioni *m.pl.*, palle *f.pl.* **2** (*nonsense*) fesserie *f.pl.*, stronzate *f.pl.*, (*colloq*) balle *f.pl.*

balloon /bəˈluːn/ **I** *n.* **1** (*Aer*) pallone *m.*, aerostato *m.*, mongolfiera *f.* **2** (*child's toy*) palloncino *m.* **3** (*Edit*) (*in comic strips*) fumetto *m.*, nuvoletta *f.* **4** (*Chim*) (*flask*) pallone *m.* (per distillazione). **5** (*Arch*) palla *f.* **6** (*brandy glass*) bicchiere *m.* per brandy. **II** *a.* a palloncino, a sbuffo: ~ *sleeve* manica a palloncino. **III** *v.i.* **1** gonfiarsi: *sails* -*ing in the wind* vele che si gonfiano al vento. **2** (*to ride a balloon*) salire in pallone, viaggiare in pallone. **3** (*fig*) crescere a dismisura, salire rapidamente, in-

grossare velocemente. □ (*Med*) ~*angioplasty* angioplastica coronarica; (*Aer.mil*) ~*apron* (o ~*barrage*) sbarramento di palloni; (*Med*) ~*catheter* catetere a pallone; (*Itt*) ~*fish* pesce palla; (*Mar*) ~*jib* fiocco a pallone; (*Mar*) ~*sail* vela a sacco; ~*sculpture* palloncino-scultura; (*sl*) *then the* ~ *went up* poi è successo il pandemonio; (*Br*) ~*whisk* sbattiuova.

ballooning /bəˈluːnɪŋ/ *n.* **1** (*Aer*) aerostatica *f.* **2** (*Econ*) (*speculative*) rialzo *f.* (*Aer.mil*) *togo* ~ andare in mongolfiera.

balloonist /bəˈluːnɪst/ *n.* aeronauta *m./f.*, aerostiere *m.*

ballot /ˈbælət/ **I** *n.* **1** voto *m.* (segreto), votazione *f.* (segreta), scrutinio *m.* (segreto). **2** (*total number of votes*) numero *m.* dei voti espressi. **3** (*ballot paper*) scheda *f.* (elettorale). **4** (*franchise*) diritto *m.* di voto. **5** (*drawing lots*) estrazione *f.* a sorte. **II** *v.i.* votare (a scrutinio segreto. **III** *v.t.* **1** scegliere, eleggere. **2** (*to canvass for votes*) sollecitare per ottenere voti. □ ~*box* urna elettorale; *to voteby* ~ votare per scrutinio segreto, votare a scrutinio segreto; ~*paper* scheda elettorale; ~ *rigging* brogli elettorali; *to take a* ~ passare ai voti, votare.

ballotting /ˈbælətɪŋ Am ˈbælətɪŋ/ *n.* votazione *f.* (segreta).

ballpark /ˈbɔːlpɑːk/ **I** *n.* (*Am*) **1** stadio *m.* **2** zona *f.* di atterraggio (di astronave). **II** *a.* (*Am*) approssimativo: *a* ~*figure* una cifra approssimativa. □ *in the* ~ *of 500 dollars* più o meno 500 dollari.

ballpoint /ˈbɔːlpɔɪnt/ *n.* penna *f.* a sfera, biro *f.* □ ~*pen* penna a sfera, biro.

ballroom /ˈbɔːlruːm/ *n.* sala *f.* da ballo. □ ~*dancing* ballo da sala, ballo liscio.

balls /bɔːlz/ *n.pl.* (*volg*) **1** (*testicles*) palle *f.pl.*, coglioni *m.pl.* **2** (*Br*) (*nonsense*) balle *f.pl.* **3** (*courage*) palle *f.pl.*, coraggio *m.sing.*: *to have* ~ avere le palle. **II** *intz.* (*volg*) cazzo!, merda!

balls-up /ˈbɔːlzʌp/ *n.* (*Br,sl*) macello *m.*, casino *m.*

ballsy /ˈbɔːlzi/ *a.* (*Am,sl*) con le palle, grintoso.

bally /ˈbæli/ *a.* (*sl*) maledetto, dannato.

ballyhoo /ˌbæliˈhuː Am ˈbælihuː/ **I** *n.* **1** (*colloq*) pubblicità *f.* sensazionale, strombazzamento *m.* pubblicitario. **2** (*uproar*) baccano *m.*, chiasso *m.*, frastuono *m.*, scalpore *m.* **3** (*nonsense*) sciocchezze *f.pl.*, (*colloq*) balle *f.pl.* **II** *v.t.* (*colloq*) strombazzare.

ballyrag /ˈbæliræg/ *v.t.* molestare; (*to tease*) prendere in giro.

balm /bɑːm/ *n.* **1** balsamo *m.* (*anche fig*). **2** (*fragrance*) fragranza *f.*, profumo *m.* **3** (*Bot*) (*lemon balm*) melissa *f.*, cedronella *f.* **2** (*Entom*) ~*cricket* cicala; ~*of Gilead* balsamo del pioppo.

balminess /ˈbɑːmɪnəs/ *n.* balsamo *m.*, fragranza *f.* (*piacevole*).

balmoral, Balmoral /bælˈmɒrəl Am bæl ˈmɔːrəl/ *n.* **1** (*Calz*) scarpa *f.* a stivaletto. **2** (*Abbigl*) basco *m.* scozzese.

balmy /ˈbɑːmi/ *a.* **1** fragrante, balsamico. **2** (*fig*) (*mild*) dolce, tiepido, mite: *a* ~ *summer evening* una tiepida serata estiva. **3** (*spec. Br, colloq*) (*foolish*) svanito, tonto.

balneology /ˌbælniˈɒlədʒi Am ˌbælniˈɑːlədʒi/ *n.* (*Med*) balneologia *f.*

balneotherapy /ˌbælnioʊˈθerəpi/ *n.* (*Med*) balneoterapia *f.*

baloney /bəˈloʊni/ *n.* **1** (*colloq*) sciocchezze *f.pl.*, balle *f.pl.* **2** (*Am,Gastron*) mortadella *f.*

balsa /ˈbɔːlsə/ *n.* (*Bot*) balsa *f.* □ ~*wood* legno di balsa.

balsam /ˈbɔːlsəm/ *n.* **1** balsamo *m.* (*anche fig*).

2 (*Bot*) (*impatiens*) balsamina *f.*, begliuomini *m.pl.* **3** (*healing ointment*) unguento *m.* □ (*Bot*) ~ **fir** abete del balsamo; (*Bot*) ~ **poplar** pioppo balsamifero.

balsamic /bɔːl'sæmɪk/ I *a.* balsamico. II *n.* (*Farm*) balsamico *m.*, medicamento *m.* balsamico. □ (*Alim*) ~ **vinegar** aceto balsamico.

Balt /'bɔːlt/ I *n.* baltico *m.* (*f.* -a). II *a.* baltico.

Balthazar /'bælθəzɑːr/ *n.pr.m.* Baldassarre.

balti /'bɔːlti/ ~ *n.* (*Gastron*) cucina *f.* (indiana) balti.

Baltic /'bɔːltɪk/ I *n.pr.* (*Geog*) Baltico *m.*, mar *m.* Baltico. II *a.* baltico. III *n.* (*language*) baltico *m.*, lingue *f.pl.* baltiche. □ *the ~ Sea* il Baltico, il mar Baltico; *the ~ States* gli stati del Baltico.

Baltimore /'bɔːltɪmɔːr Am 'bɔːltɪmɔːr/ *n.pr.* (*Geog*) Baltimora *f.*

balun /'bælʌn/ *n.* (*El*) balun *m.*, simmetrizzatore *m.*

baluster /'bæləstər/ *n.* (*Arch*) **1** balaustro *m.* **2** *pl.* (*balustrade*) balaustrata *f.sing.*

balustrade /ˌbælə'streɪd Am 'bæləstreɪd/ *n.* (*Arch*) balaustrata *f.*

balustraded /ˌbælə'streɪdɪd Am 'bæləs treɪdɪd/ *a.* (*Arch*) balaustrato.

bam /bæm/ *onom.* pam, pum.

bambino /bæm'biːnoʊ/ (*pl.* -**s** /-z/, -**ni** /-ni/) *n.* (*Br*) **1** bambino *m.* (*f.* -a). **2** (*Art*) immagine *f.* del Bambino Gesù, Bambino *m.*

bamboo /bæm'buː/ I *n.* (*Bot*) bambù *m.* II *a.* di bambù: ~ *furniture* mobili di bambù. □ (*Stor,Pol*) ~ **curtain** cortina di bambù; (*Gastron*) ~ **shoots** germogli di bambù.

bamboozle /bæm'buːzl/ *v.t.* (*colloq*) **1** confondere, rendere perplesso: *to ~ so. into doing sth.* confondere qcu. a tal punto da indurlo a fare qcs. **2** (*to hoodwink*) fregare, infinocchiare.

bamboozlement /bæm'buːzlmənt/ *n.* (*colloq*) imbroglio *m.*, fregatura *f.*

bamboozler /bæm'buːzlər/ *n.* imbroglione *m.* (*f.* -a).

ban[1] /bæn/ (*past, p.p.* **banned** /-d/) *v.t.* **1** bandire, proibire, vietare, interdire. **2** (*Rel*) scomunicare. □ *to be -ned from driving for a year* subire il ritiro della patente per un anno.

ban[2] /bæn/ *n.* **1** proibizione *f.*, divieto *m.*: ~ *on publishing* divieto di pubblicazione; *total ~ on smoking* divieto assoluto di fumare. **2** (*ant*) (*curse*) maledizione *f.* **3** (*Rel*) interdizione *f.*, scomunica *f.* **4** (*Dir*) proscrizione *f.*, bando *m.*: *to put sth. under a ~* mettere qcs. al bando. □ (*Pol*) ~ *on demonstration* divieto di (tenere una) manifestazione; ~ *on nuclear weapons* messa al bando delle armi nucleari.

ban[3] /bæn/ *n.* (*rar*) (*public edict*) bando *m.*, proclama *m.*

banal /bə'nɑːl Am 'beɪnəl/ *a.* banale, ordinario.

banality /bə'næliti Am bə'næləti/ *n.* banalità *f.*, luogo *m.* comune.

banally /bə'nɑːli Am 'beɪnəli/ *avv.* banalmente.

banana /bə'nɑːnə Am bə'nænə/ *n.* **1** (*fruit*) banana *f.* **2** (*Bot*) banano *m.* □ (*Am*) ~ **belt** area di villeggiatura invernale con un clima mite; (*Aus,spreg*) ~ **bender** nativo di Queensland; ~ **boat** bananiera; ~ **cluster** casco di banane; *to go -s* diventare matto, dare i numeri, arrabbiarsi di brutto; (*Chim*) ~ **oil** essenza di banana, acetato di anile; ~ **plant** banano; ~ **plug** spina a banana; (*spreg*) ~ **republic** repubblica delle banane; (*Dolc*) ~ **split** banana split, banana con gelato; ~ **tree** banano.

banausic /bə'nɔːsɪk/ *a.* piatto, terra-terra, noioso.

Banbury /'bænbəri/ □ (*Br,Dolc*) ~ **cake** torta con uvetta e canditi.

bancassurance /'bæŋkə.ʃɔːrəns/ *intz.* (*Br,*

Econ) bancassurance *f.*, bancassicurazione *f.*

banco /'bæŋkoʊ/ *intz.* (*nel baccarà*) banco!

band[1] /bænd/ I *n.* **1** gruppo *m.*, comitiva *f.*, brigata *f.*, compagnia *f.* **2** (*of soldiers*) reparto *m.* **3** (*gang*) banda *f.*: *a ~ of criminals* una banda di criminali. **4** (*of horses, etc.*) branco *m.* **5** (*of musicians*) band *f.* (musicale), gruppo *m.*, complesso *m.*; (*of traditional music*) banda *f.* II *v.t.* **1** unire, collegare. **2** (*to associate*) associare. III *v.i.* unirsi, legarsi, collegarsi, associarsi. □ *to ~ together* unirsi, legarsi, collegarsi, associarsi.

band[2] /bænd/ I *n.* **1** (*Tecn*) cinghia *f.*, nastro *m.* **2** (*of fabric*) banda *f.*, nastro *m.*, fascia *f.* **3** (*strip*) striscia *f.*, banda *f.*, riga *f.*: *a ~ of light* una striscia di luce. **4** (*strip of paper, label*) fascetta *f.*, etichetta *f.* **5** (*Br*) (*bracket*) fascia *f.*, scaglione *m.*: *the lowest tax ~* la fascia imponibile più bassa. **6** (*Rad,Anat,Zool*) banda *f.*: (*Rad*) *frequency ~* banda di frequenza. **7** (*on a phonograph record*) pista *f.* **8** (*of metal*) lamina *f.*, piattina *f.* **9** (*Dent*) morsetto *m.* **10** (*ring*) anello *m.*, fascetta *f.*: *wedding ~* anello nuziale, fede. **11** (*Minier*) strato *m.* sottile, filone *m.* sottile. II *v.t.* **1** bendare, fasciare, legare. **2** (*to put into categories*) dividere in fasce, dividere in scaglioni. **3** (*to mark with stripes*) segnare con strisce, bordare, rigare. □ (*Econ*) ~ *of oscillation* banda di oscillazione; (*Tecn*) ~ *saw* sega a nastro.

band[3] /bænd/ *n.* (*rar*) vincolo *m.*, legame *m.*

bandage /'bændɪdʒ/ I *n.* benda *f.*, fascia *f.*, fasciatura *f.*: *to remove a ~ from a wound* sfasciare una ferita. II *v.t.* bendare, fasciare.

bandaging /'bændɪdʒɪŋ/ *n.* bendatura *f.*, fasciatura *f.*

Band-aid /'bændeɪd/ *n.* **1** cerotto *m.* **2** (*fig*) pezza *f.*, cerotto *m.*, soluzione *f.* temporanea e inadeguata.

bandana, bandanna /bæn'dænə/ *n.* bandana *f.*, fazzoletto *m.* a colori vivaci.

B&B, B. & B. /ˌbiːən(d)'biː/ *Bed and Breakfast* b & b (bed and breakfast, pernottamento con colazione).

bandbox /'bæn(d)bɒks Am 'bæn(d)bɑːks/ *n.* cappelliera *f.*, scatola *f.* per cappelli. □ (*Br, fig*) *to look as if one has come out of a ~* essere lindo e pinto.

bandeau /'bændoʊ Am also bæn'doʊ/ (*pl.* -**x** /-z/) *n.* **1** (*headband*) fascia *f.* per i capelli. **2** (*Abbigl*) (*strapless top*) top *m.* senza spalline.

banded /'bændɪd/ *a.* **1** (*Arch*) fasciato. **2** (*striped*) a strisce. **3** (*categorised*) (diviso) in fasce, in scaglioni. **4** (*Arald*) bandato. □ (*Comm*) ~ *pack* confezione unica (di due prodotti in offerta di lancio).

banderilla /ˌbændə'rɪljə, ˌbændə'riːjə/ *n.* (*bull-fighting*) banderilla *f.*

banderillero /ˌbændərɪl'jerou, ˌbændəri'jeərou/ *n.* (*bull-fighting*) banderillero *m.*

banderol, banderole /'bændəroʊl/ *n.* **1** (*Mil*) banderuola *f.* **2** (*Arch*) cartiglio *m.* **3** (*Mar*) pennone *m.*, pennoncello *m.*

bandfish /'bændfɪʃ/ *n.* (*Itt*) cepola *f.*

bandicoot /'bændɪkuːt/ *n.* (*Zool*) bandicut *m.*, peramele *m.* □ (*Zool*) ~ *rat* topo gigante, topo asiatico.

bandied /'bændɪd/ □ (*Br*) *his name was ~ about* si sparlava di lui.

banding /'bændɪŋ/ *n.* **1** (*categorising*) divisione *f.* in fasce, divisione *f.* in scaglioni. **2** (*binding*) fasciatura *f.*

bandit /'bændɪt/ (*pl.* -**s** /-s/, -**tti** /-'diːti/) *n.* **1** bandito *m.* (*f.* -a), fuorilegge *m./f.* **2** (*ant*) brigante *m.*

banditry /'bændɪtri/ *n.* banditismo *m.*

bandleader /'bænd.liːdər/ *n.* (*Mus*) (*of a dance band*) direttore *m.* (*f.* -a), capobanda *m./f.*

bandmaster /'bæn(d),mɑːstər Am 'bæn(d) ,mæstər/ *n.* (*Mus*) (*of a brass band*) direttore *m.* (*f.* -a), capobanda *m./f.*

bandog /'bændɒg Am 'bændɑːg/ *n.* cane *m.* feroce (*spec.* incrocio fra un pitbull e un rottweiler).

bandoleer, bandolier /ˌbændə'lɪər, ˌbændə'lɪr/ *n.* (*Mil*) bandoliera *f.*, cartucciera *f.* a tracolla.

bandpass, band-pass /'bæn(d)pɑːs Am 'bæn(d)pæs/ □ (*Acus*) ~ *filter* filtro passa-banda.

bandshell /'bændʃel/ *n.* (*Am*) tribuna *f.* coperta per l'orchestra.

bandsman /'bæn(d)zmən/ *n.irr.* suonatore *m.* di banda musicale, musicante *m.*

bandstand /'bæn(d)stænd/ *n.* palco *m.* dell'orchestra, tribuna *f.* dell'orchestra.

band-wagon, bandwagon /'bæn(d) ,wægən/ *n.* **1** (*Am*) carro *m.* della banda. **2** (*fig*) causa *f.* (molto popolare). □ (*colloq*) *to be on the ~* essere schierato dalla parte del più forte; *to climb* (o *join* o *jump on*) *the ~* passare dalla parte del vincitore, sposare una causa, salire sul carro dei vincitori.

bandwidth /'bændwɪdθ/ *n.* **1** (*Rad*) larghezza *f.* di banda. **2** (*Inform*) ampiezza *f.* di banda.

bandy /'bændi/ I *v.t.* **1** gettare, lanciare, passare. **2** (*Br*) (*to exchange*) scambiare, scambiarsi: *to ~ insults* scambiarsi insulti. II *a.* arcuato: ~ *legs* gambe storte, gambe arcuate. □ (*Br*) *his name was bandied about* si sparlava di lui; (*Br*) *to ~ words with so.* avere a che dire con qcu., avere un contrasto con qcu.

bandy-legged /ˌbændi'leg(ɪ)d/ *a.* con le gambe storte, con le gambe arcuate.

bane /beɪn/ *n.* **1** (*lett*) rovina *f.*, tormento *m.*, flagello *m.* **2** (*ant*) (*poison*) veleno *m.* □ *the ~ of my life* la mia rovina.

baneberry /'beɪnbəri Am 'beɪnberi/ *n.* (*Bot*) actea *f.*

baneful /'beɪnful/ *a.* (*rar*) (*destructive*) nocivo; (*deadly*) mortale; (*venomous*) velenoso.

bang[1] /bæŋ/ I *n.* **1** scoppio *m.*, esplosione *f.*, detonazione *f.*, fragore *m.* **2** (*thump*) colpo *m.*, botta *f.*, urto *m.* violento. **3** (*colloq*) (*vigour*) impeto *m.*, slancio *m.*; (*vitality*) vitalità *f.*, energia *f.* **4** (*volg*) (*sexual intercourse*) scopata *f.* **5** (*Tip,Inform*) (*exclamation mark*) punto *m.* esclamativo. **6** (*sl*) (*drug injection*) buco *m.*, pera *f.* II *avv.* **1** fragorosamente, con improvviso fragore, con fracasso. **2** (*exactly*) proprio, esattamente giusto: (*Br*) ~ *on the dot* esattamente in orario. III *onom.* bum, pum. □ (*Am,colloq*) *to get more ~ for your buck* ricavarci di più, ottenere di più per la stessa cifra, comprare con un migliore rapporto qualità/prezzo; (*colloq*) *to go ~* fare bum, esplodere; (*Br*) ~ *goes* (o ~ *goes the idea*) (l'idea) svanisce nel nulla; (*Br*) ~ *on*: (*colloq*) (*wonderful*) meraviglioso, straordinario, fantastico; **2** (*rightly*) con precisione, azzeccato; (*Br*) *to be ~ on* fare centro, azzeccare in pieno; (*Br,colloq*) *to go off* (o *Am over*) *with a ~* avere un successo strepitoso.

bang[2] /bæŋ/ I *v.t.* **1** (*to strike noisily*) colpire, battere, picchiare (rumorosamente). **2** (*to strike violently, to bump*) battere con violenza, dare una botta violenta a, sbattere: *he -ed his head on the rafter* ha battuto la testa contro la trave. **3** (*Br*) (*to slam*) sbattere, chiudere sbattendo: *to ~ the door* sbattere la porta. **4** (*volg*) (*to have sex*) scopare (con). **5** (*Br, Econ*) (*to cause a fall in prices*) buttare giù il mercato, svalutare i prezzi. II *v.i.* **1** sbattere, urtare con fracasso. **2** (*to burst*) scoppiare, esplodere. **3** (*to strike violently*) picchiare, battere, bussare (on a): *to ~ on the door* bussare alla porta. **4** (*Br,sl*) (*to inject with drugs*) bucarsi, farsi una pera. □ (*Br*) *to* ~**about**: 1 fare rumore, far fracasso; 2 (*to frequent a place without aim*) vagare per, andare a zonzo per; 3 (*to strike violently*) battere forte su, pestare su; *to* ~**away** (*at sth.*) andare avanti con determinazione (in qcs.), lavorare diligentemente (a qcs.); (*Br*) *to* ~ *the***door** *in so.'s face* sbattere la porta in faccia a qcu.; *to* ~ *so.'s***head** *against a (brick) wall* sbattere la testa contro il muro; *to* ~**on** *about sth.* insistere su qcs., battere su qcs.; *to* ~**out**: 1 fare in fretta e furia; 2 (*to strike violently*) pestare: *to* ~ *out a tune on the piano* pestare il pianoforte; *to* ~**up**: 1 danneggiare, rovinare, (*colloq*) scassare; 2 (*Br*) rinchiudere, imprigionare, mettere dietro le sbarre.

bang³ /bæŋ/ **I** *n.* frangia *f.*, frangetta *f.* **II** *v.t.* **1** tagliare (i capelli) a frangetta. **2** (*of a horse's tail*) mozzare.

banger /ˈbæŋəʳ/ *n.* (*spec. Br*) **1** (*colloq*) salsiccia *f.* **2** (*firecracker*) petardo *m.* **3** (*colloq*) macinino *m.*, veicolo *m.* vecchio e rumoroso.

Bangkok /ˌbæŋˈkɒk *Am* ˈbæŋkɑːk/ *n.pr.* (*Geog*) Bangkok *f.*

Bangladesh /ˌbæŋgləˈdeʃ/ *n.pr.* (*Geog*) Bangladesh *m.*

Bangladeshi /ˌbæŋgləˈdeʃi/ **I** *a.* del Bangladesh. **II** *n.* abitante *m./f.* del Bangladesh.

bangle /ˈbæŋgl/ *n.* **1** braccialetto *m.* **2** (*anklet*) cavigliera *f.*

bangled /ˈbæŋgld/ *a.* ornato di braccialetti.

bangs /bæŋz/ *n.pl.* (*Am*) frangia *f.sing.*, frangetta *f.sing.*

bangtail /ˈbæŋ.teɪl/ *n.* **1** coda *f.* mozza (di cavallo). **2** (*horse*) cavallo *m.* dalla coda mozza; cavallo *m.* da corsa. **3** (*Am*) (*envelope with detachable form*) busta *m.* con modulo staccabile.

bang-up /ˌbæŋˈʌp *Am* ˈbæŋʌp/ *a.* (*colloq*) gallattico, strepitoso: *a* ~ *job* un lavoro magnifico.

banish /ˈbænɪʃ/ *v.t.* **1** esiliare, bandire. **2** (*to drive away*) bandire, scacciare: *let's* ~ *all our cares* scacciamo ogni preoccupazione.

banishment /ˈbænɪʃmənt/ *n.* **1** condanna *f.* all'esilio, bando *m.* **2** (*casting off*) messa *f.* al bando. □ *to go into* ~ andare in esilio.

banister /ˈbænɪstəʳ/ *n.* **1** balaustro *m.* **2** *pl.* (*of a staircase*) balaustrata *f.sing.*

banjax /ˈbændʒæks/ *v.t.* (*Ir*) distruggere, fare a pezzi, polverizzare.

banjo /ˈbændʒəʊ/ (*pl.* **-s/-es** /-z/) *n.* (*Mus*) banjo *m.*

banjoist /ˈbændʒəʊɪst/ *n.* (*Mus*) suonatore *m.* (*f.* -trice) di banjo.

bank¹ /bæŋk/ *n.* **1** cumulo *m.*, mucchio *m.* **2** (*of a river, lake*) argine *m.*, riva *f.*, sponda *f.*; (*of a canal*) alzaia *f.*: *the far* ~ la riva opposta. **3** (*of sand in the sea*) banco *m.* (di sabbia), secca *f.* **4** (*slope*) pendio *m.*, pendenza *f.* **5** (*Aer*) inclinazione *f.* trasversale. **6** (*Strad*) scarpata *f.* **7** (*Meteor*) banco *m.*: ~ *s of fog* banchi di nebbia; ~ *of clouds* banco di nubi. **8** (*in billiards*) sponda *f.* **9** (*Min*) (*top of shaft*) bocca *f.* del pozzo. □ (*Aer*) ~ *indicator* sbandometro.

bank² /bæŋk/ **I** *v.t.* **1** accatastare, ammassare, ammucchiare. **2** (*to raise a bank*) arginare, alzare gli argini di. **3** (*of a fire*) ridurre, coprire (con legna). **4** (*Strad*) alzare (in curva), sopraelevare. **5** (*Aer*) inclinare (nella virata). **6** (*in billiards*) colpire di sponda. **7** (*Min*) scavare. **II** *v.i.* **1** ammucchiarsi, ammassarsi, addensarsi: *clouds -ing along the horizon* nubi che si addensano all'orizzonte. **2** (*Br,Mar*) urtare contro l'argine. **3** (*Aut*) inclinarsi in curva. **4** (*Aer*) inclinarsi in virata. □ *to* ~**up**: 1 (*of fires*) aggiungere combustibile a; 2 (*to*

accumulate) accumulare, ammassare.

bank³ /bæŋk/ **I** *n.* **1** (*Econ*) banca *f.*: *to go to the* ~ andare in banca; *to work at a* ~ lavorare in banca. **2** (*in gambling*) banco *m.* **3** (*store*) banca *f.*: *blood* ~ banca del sangue; *data* ~ banca dati. **II** *v.i.* **1** avere un conto in banca: *I* ~ *at Citibank* ho un conto presso la Citibank. **2** (*in card games*) tenere il banco. **III** *v.t.* depositare in banca. □ ~ *acceptance* accettazione bancaria; ~ *account* conto in banca, conto bancario; ~ *balance* saldo (di conto bancario); ~ *bill*: 1 assegno circolare, assegno bancario; 2 (*Am*) (*banknote*) biglietto di banca, banconota; ~ *book* libretto di deposito, libretto di risparmio; ~ *branch* succursale di banca; ~ *card* carta assegni; ~ *charges* commissioni bancarie, spese bancarie; ~ *clerk* impiegato di banca; ~ *draft* assegno circolare; (*Br*) ~ *giro* giroconto; ~ *group* gruppo di banche; ~ *holiday*: 1 (*GB*) festa civile, festa nazionale; 2 (*US*) giorno feriale in cui sono chiuse le banche; ~ *interest* interesse bancario; ~ *of issue* banca di emissione, istituto di emissione; (*Am*) ~ *line* fido bancario; ~ *manager* direttore di banca; ~ *note* biglietto di banca, banconota; *Bank of England* Banca d'Inghilterra; (*colloq*) *to* ~*on* fare affidamento su, contare su: *you can* ~ *on it!* puoi giurarci, puoi star certo!; ~ *order* ordine di bonifico; ~ *overdraft* scoperto con fido; ~ *paper* carta bancaria, valori bancari; ~ *payment order* ordine di bonifico; ~ *rate* tasso (ufficiale) di sconto; ~ *robber* rapinatore di banca; ~ *statement* estratto conto; ~ *teller* cassiere; ~ *transfer* bonifico bancario.

bank⁴ /bæŋk/ **I** *n.* **1** fila *f.*, serie *f.*, sfilza *f.*: *a* ~ *of seats* una fila di sedie. **2** (*El*) fila *f.*, banco *m.*: *a* ~ *of switches* un banco di interruttori. **3** (*Mus*) fila *f.* di tasti, tastiera *f.* **4** (*Mar*) (*bench in a galley*) panca *f.*, banco *m.*; (*tier of oars*) ordine *m.* (di remi). **5** (*Tip*) banco *m.* (da lavoro). **6** (*El*) batteria *f.* **II** *v.t.* allineare, mettere in fila.

bankable /ˈbæŋkəbl/ *a.* **1** (*Econ*) bancabile, esigibile, scontabile. **2** (*fig*) di sicuro successo.

banker /ˈbæŋkəʳ/ *n.* **1** banchiere *m.* (*f.* -a). **2** (*employee*) bancario *m.* (*f.* -a). □ ~ *'s acceptance* accettazione bancaria; (*Br*) ~ *'s draft* assegno bancario, assegno circolare; (*Br*) ~ *'s order* ordine di bonifico; (*Br*) ~ *'s transfer* bonifico bancario.

banket /ˈbæŋkɪt/ *n.* (*Min*) quarzite *f.* aurifera.

banking¹ /ˈbæŋkɪŋ/ *n.* **1** attività *f.* bancaria, tecnica *f.* bancaria, servizi *m.pl.* bancari. **II** *a.* bancario, di banca: ~ *hours* orario di sportello (di una banca). □ (*Econ*) ~ *account* conto in banca, conto bancario; ~ *group* gruppo di banche; (*Br*) ~ *house* istituto di credito, istituto bancario; (*Econ*) ~ *insurance* bancassicurazione, bancassurance; ~ *secrecy* (o ~*secret*) segreto bancario; ~*system* sistema bancario.

banking² /ˈbæŋkɪŋ/ *n.* (*construction of banks*) arginatura *f.*

banknote /ˈbæŋknəʊt/ *n.* biglietto *m.* di banca, banconota *f.*

bankroll /ˈbæŋkrəʊl/ *n.* (*spec. Am*) **1** risorse *f.* finanziarie. **2** (*roll of currency notes*) plico *m.* di banconote.

bankrupt¹ /ˈbæŋkrəpt/ **I** *n.* (*Dir*) fallito *m.* (*f.* -a), bancarottiere *m.* (*f.* -a). **2** (*Dir*) (*insolvent debtor*) debitore *m.* (*f.* -trice) insolvente. **3** (*fig*) fallito *m.* (*f.* -a), rovinato *m.* (*f.* -a). **II** *a.* **1** (*Dir*) fallito: *to declare so.* ~ dichiarare qcu. fallito. **2** (*fig*) totalmente privo (*of* di): *morally* ~ assolutamente privo di principi morali. □ (*Dir*) ~ *'s certificate* atto del

concordato fallimentare; (*Dir*) ~ *'s estate* massa fallimentare; *to go* ~ fare fallimento, fallire.

bankrupt² /ˈbæŋkrəpt/ *v.t.* **1** far fallire, mandare in rovina. **2** (*fig*) privare.

bankruptcy /ˈbæŋkrəpsi/ *n.* **1** (*Dir*) bancarotta *f.*, fallimento *m.*: *fraudulent* ~ bancarotta fraudolenta. **2** totale mancanza *f.*: *moral* ~ totale mancanza di principi morali. □ ~ *court* tribunale fallimentare; (*Dir*) ~*law* diritto fallimentare; (*Dir*) ~ *order* dichiarazione di fallimento; (*Dir*) ~ *petition* istanza di fallimento, istanza fallimentare; ~ *proceedings* procedura fallimentare; ~ *sale* vendita fallimentare.

banksia /ˈbæŋksiə/ *n.* (*Bot*) banksia *f.* □ (*Bot*) ~*rose* rosa Banksia.

banner /ˈbænəʳ/ *n.* **1** (*flag or standard*) bandiera *f.*, stendardo *m.* **2** (*strip of cloth hanging between poles*) striscione *m.* **3** (*Inform*) (*website advert*) banner *m.* **4** (*Giorn*) (*banner headline*) titolo *m.* a tutta pagina, titolone *m.* **5** (*Stor*) (*of a knight*) stendardo *m.*; (*of a community*) gonfalone *m.* **6** (*fig*) vessillo *m.*, insegna *f.*: *the* ~ *of independence* il vessillo dell'indipendenza. **II** *a.* (*spec. Am*) riuscito, eccezionale: *a* ~ *year for the company* un anno eccezionale (o un anno da ricordare) per l'azienda. □ (*Giorn*) ~ *headline* titolo a tutta pagina, titolone.

banneret /ˈbænərɪt *Am also* ˌbænəˈret/ *n.* (*Stor*) banderese *m.*

bannerol /ˈbænərəʊl/ *n.* (*Arald,Arch*) banderuola *f.*

bannister /ˈbænɪstəʳ/ *n.* **1** balaustro *m.* **2** *pl.* (*of a staircase*) balaustrata *f.sing.*

bannock /ˈbænək/ *n.* pagnotta *f.* (scozzese).

banns /bænz/ *n.pl.* pubblicazioni *f.pl.* (di matrimonio): *to put up the* ~ esporre le pubblicazioni.

banoffee, banoffi /bæˈnɒfi *Am* bæˈnɑːfi/ (*Dolc*) ~*cake* (o ~*pie*) torta a base di banane e salsa mou.

banquet /ˈbæŋkwɪt/ **I** *n.* **1** banchetto *m.*, convito *m.* **2** (*lavish feast*) lauto pranzo *m.* **II** *v.t.* festeggiare, invitare a un banchetto. **III** *v.i.* banchettare. □ ~*room* sala dei banchetti.

banqueter /ˈbæŋkwɪtəʳ *Am* ˈbæŋkwɪtəʳ/ *n.* convitato *m.* (*f.* -a).

banqueting /ˈbæŋkwɪtɪŋ *Am* ˈbæŋkwɪtɪŋ/ □ ~*hall* (o ~*room*) sala dei banchetti.

banquette /bæŋˈket/ *n.* **1** panchina *f.* (rivestita), divanetto *m.* **2** (*Mil*) (*fire step*) banchina *f.* di tiro. **3** (*on a stage coach*) sedile *m.* dietro al conducente.

banshee /ˈbænʃiː/ *n.* (*Ir,Scott*) spirito *m.* di donna (il cui lamento è considerato presagio di morte).

bantam /ˈbæntəm *Am* ˈbæntəm/ *n.* **1** (*Zootecn*) pollo *m.* bantam. **2** (*fig*) persona *f.* piccola e battagliera.

bantamweight /ˈbæntəmweɪt *Am* ˈbæntəm weɪt/ *n.* (*Sport*) peso *m.* gallo.

banter /ˈbæntəʳ *Am* ˈbæntəʳ/ **I** *n.* canzonatura *f.*, bonario scambio *m.* di prese in giro, punzecchiature *f.pl.* scherzose. **II** *v.t.* stuzzicare, prendere in giro bonariamente, canzonare. **III** *v.i.* parlare in modo scherzoso.

bantering /ˈbæntərɪŋ *Am* ˈbæntərɪŋ/ *a.* canzonatorio, scherzoso.

ban-the-bomb /ˈbændəbɒm *Am* ˈbændəbɑːm/ *a.* antinucleare: ~ *demonstration* manifestazione antinucleare, dimostrazione antinucleare.

bantling /ˈbæntlɪŋ/ *n.* (*spreg*) marmocchio *m.* (*f.* -a).

Bantu /ˈbæntuː/ **I** *n.* (*pl.inv.* o **-s** /-z/) **1** bantù *m./f.* **2** (*language*) bantù *m.*, lingua *f.* bantù. **II** *a.* bantù.

banyan /'bænjən/ n. 1 (banyan tree) fico m. del Banian. 2 (shirt) camicia f. indiana.

banzai /bæn'zaɪ Am bɑːn'zaɪ/ I intz. banzai. II n. banzai m., grido m. di guerra. □ ~attack attacco suicida in massa.

baobab /'beɪoubæb/ n. (Bot) baobab m. □ (Bot) ~tree baobab.

bap /bæp/ n. (Br) panino m. (morbido).

BAP /bæp/ n. (Am,colloq,spreg) (Black American Princess) ragazza f. afroamericana benestante (con la puzza sotto il naso).

baptise /bæp'taɪz/ I v.t. (Br) 1 (Rel) battezzare. 2 (fig) purificare. 3 (to name) battezzare, chiamare, dare un nome a. II v.i. (Br) impartire il battesimo, battezzare.

baptiser /bæp'taɪzər/ n. (Br,Rel) battezzatore m. (f. -trice).

baptism /'bæptɪzəm/ n. 1 (Rel) battesimo m. 2 (fig) battesimo m., iniziazione f. □ ~of blood battesimo del sangue, martirio; (Mil) ~of fire battesimo del fuoco (anche fig).

baptismal /bæp'tɪzməl/ a. battesimale, del battesimo. □ ~font fonte battesimale; ~name nome di battesimo.

Baptist /'bæptɪst/ I n. 1 (Rel) battezzatore m. 2 (Rel,prot) battista m./f. II a. battista: Baptist Church chiesa battista. III n.pr.m. Giovanni il Battista.

baptistery /'bæptɪstəri/ n. 1 (Arch,Rel) battistero m. 2 (Rel) (pool) fonte f. battesimale.

baptistry /'bæptɪstri/ n. 1 (Arch,Rel) battistero m. 2 (Rel) (pool) fonte f. battesimale.

baptize /bæp'taɪz/ I v.t. 1 (Rel) battezzare. 2 (fig) purificare. 3 (to name) battezzare, chiamare, dare un nome a. II v.i. impartire il battesimo, battezzare.

baptizer /bæp'taɪzər/ n. (Am,Rel) battezzatore m. (f. -trice).

bar [1] /bɑːr Am bɑːr/ n. 1 sbarra f., barra f., spranga f. 2 (slab, block) pezzo m. (oblungo), tavoletta f.: a ~ of soap un pezzo di sapone, una saponetta. 3 (of gold, silver) lingotto m. 4 (fig) (obstacle) ostacolo m., impedimento m., barriera f. 5 (place of refreshment) bar m.; (counter) banco m., bancone m. 6 (piece of furniture) bar m., mobile m. bar; (mobile bar) carrello m. 7 (Dir) (legal profession) professione f. forense, professione f. legale: to be admitted (o called) to the ~ essere ammesso all'esercizio della professione forense; to practice at the ~ praticare la professione legale. 8 (Inform) barra f.: tool ~ barra degli strumenti. 9 (lawyers) foro m.: the Bar l'ordine degli avvocati, l'avvocatura. 10 (fig) (testing agency) tribunale m.: the ~ of public opinion il tribunale dell'opinione pubblica. 11 (of a river, harbour) barriera f., barra f. 12 (Strad) (barrier) sbarramento m. 13 (of an electric heater) elemento m. 14 (stripe of light or colour) striscia f. 15 (Mus) (bar line, double bar) sbarra f., barra f., doppia barra f., doppia sbarra f., stanghetta f. 16 (Mus) (musical unit) misura f., battuta f.: the opening -s le prime battute. 17 (railing in court) sbarra f., ringhiera f. (che divide la corte dal pubblico). 18 (Meteor) bar m. 19 (Br,Parl) ringhiera f. 20 (in ballet: barre) sbarra f. 21 (Br,Mil) (insignia) insegne f.pl.; (additional honour) onorificenze f.pl. 22 (Arald) fascia f. □ (Dir) BarAssociation ordine degli avvocati; (Dir) to appear at the ~ comparire in giudizio; to be tried at the ~ subire un processo pubblico; the prisoner at the ~ l'imputato; (Ginn) ~bell bilanciere; (Statist) ~chart diagramma a barre, diagramma a colonne; (Elettron) ~code codice a barre; (Elettron) ~code reader (o ~code scanner) lettore di codice a barre; (GB, Dir) BarCouncil ordine degli avvocati; (Dir) Barexam esame di abilitazione all'avvoca-

tura; (Ginn) ~exercises esercizi alla sbarra; to read for the ~ studiare per diventare avvocato; (Statist) ~graph diagramma a barre, diagramma a colonne; (Mus) ~line stanghetta, linea di fine misura; ~of chocolate stecca di cioccolato, tavoletta di cioccolato; (fig) the ~of conscience il tribunale della coscienza; ~room bar, mescita; ~sinister : 1 (Arald) banda sinistra; 2 (fig) illegittimità.

bar [2] /bɑːr Am bɑːr/ (past, p.p. barred /-d/) v.t. 1 sbarrare, sprangare: he -red the door sprangò la porta. 2 (to shut up) chiudere, serrare: he -red himself in his study si chiuse nel suo studio. 3 (to block) sbarrare: to ~ the exit sbarrare l'uscita. 4 (to forbid) vietare, proibire. 5 (to prevent) escludere, impedire: they -red her from taking the examination la esclusero dall'esame. 6 (to mark with stripes) striare, rigare, segnare con strisce. 7 (Dir) sospendere.

bar [3] /bɑːr Am bɑːr/ prep. eccetto, all'infuori di, escluso: ~ none nessuno escluso.

bar. 1 barometer (barometro). 2 barrel (barile). 3 (Mus) baritone bar. (baritono).

Bar. Barrister avv. (legale, avvocato).

Barabbas /bə'ræbəs/ n.pr.m. (Bibl) Barabba.

barathrum /'bærəθrʌm/ (pl. -thra /-θrə/) n. (ant) baratro m., abisso m.

barb [1] /bɑːb Am bɑːrb/ I n. 1 barbiglio m., punta f. ricurva, punta f. uncinata. 2 (of an arrow) barbiglio m. 3 (of a bee) punta f. del pungiglione. 4 (fig) battuta f. pungente, frecciata f. 5 (Biol,Ornit) barba f. 6 (Itt) barbiglio m. 7 (Abbigl) soggolo m. II v.t. fornire di punta. □ ~wire filo spinato.

barb [2] /bɑːb Am bɑːrb/ n. barbero m., barbaresco m.

barb [3] /bɑːb Am bɑːrb/ n. (colloq) barbiturico m.

Barbadian /bɑː'beɪdɪən Am bɑːr'beɪdɪən/ I n. nativo m. (f. -a) delle Barbados, abitante m./f. delle Barbados. II a. delle Barbados.

Barbados /bɑː'beɪdəs Am bɑːr'beɪdous/ n.pl. (Geog) Barbados f.pl.

Barbara /'bɑːbərə Am 'bɑːrbərə/ n.pr.f. Barbara.

barbaresque /ˌbɑːbə'resk Am ˌbɑːrbə'resk/ a. barbaresco.

barbarian /bɑː'heərɪən Am bɑːr'berɪən/ I n. 1 (Stor) barbaro m. 2 (rough or crude person) selvaggio m. (f. -a), primitivo m. (f. -a). 3 (philistine) persona f. ignorante, persona f. rozza. II a. 1 rozzo, zotico, selvaggio, primitivo. 2 (foreign) barbaro, straniero.

barbaric /bɑː'bærɪk Am bɑːr'berɪk/ a. 1 barbaro, barbarico, incivile. 2 (fig) vistoso, sgargiante.

barbarisation /ˌbɑːbərɪ'zeɪʃən/ n. (Br) imbarbarimento m. (anche Ling).

barbarise /'bɑːbəraɪz/ I v.t. (Br) 1 rendere barbaro, barbarizzare. 2 (of language) imbastardire. II v.i. (Br) imbarbarirsi, diventare barbaro.

barbarism /'bɑːbərɪzəm Am 'bɑːrbərɪzəm/ n. 1 barbarie f. 2 (Ling) barbarismo m.

barbarity /bɑː'bærɪti Am bɑːr'berəti/ n. 1 crudeltà f., efferatezza f. 2 (act) crudeltà f., barbarie f.

barbarization /ˌbɑːbər(a)ɪ'zeɪʃən Am ˌbɑːrbərɪ'zeɪʃən/ n. imbarbarimento m. (anche Ling).

barbarize /'bɑːbəraɪz Am 'bɑːrbəraɪz/ I v.t. 1 rendere barbaro, barbarizzare. 2 (of language) imbastardire. II v.i. imbarbarirsi, diventare barbaro.

barbarous /'bɑːbərəs Am bɑːr'berəs/ a. 1 barbaro, selvaggio, primitivo: ~ tribes tribù selvagge. 2 (inhumane, cruel) barbaro, crudele, feroce, inumano. 3 (of language) barbaro.

barbarously /'bɑːbərəsli Am 'bɑːrbərəsli/ avv. barbaramente.

barbarousness /'bɑːbərəsnəs Am 'bɑːrbərəsnəs/ n. 1 crudeltà f., efferatezza f. 2 (act) crudeltà f., barbarie f.

Barbary /'bɑːbəri Am 'bɑːrbəri/ n.pr. (Stor, Geog) Barberia f. □ (Zool) ~ape bertuccia; ~Coast : 1 (Geog) Costa del nord Africa; 2 (fig) zona malfamata; (Zool) ~sheep ammotrago.

barbastelle /ˌbɑːbə'stel Am ˌbɑːrbə'stel/ n. (Biol) barbastello m.

barbecue /'bɑːbɪkju Am 'bɑːrbɪkjuː/ I n. 1 barbecue m., grigliata f. 2 (grill) graticola f., barbecue m. II v.t. grigliare, grigliare al barbecue. □ ~party barbecue; (Alim) ~sauce salsa (piccante) per barbecue.

barbed /bɑːbd Am bɑːrbd/ a. 1 (of an arrow) con barbigli. 2 (fig) acuto, pungente: ~ criticism critica pungente; ~ words parole graffianti. □ (Br) ~wire filo spinato.

barbel /'bɑːbəl Am 'bɑːrbəl/ n. (Itt) 1 (barb on a fish) barbiglio m. 2 (type of fish) barbo m.

barbell, bar-bell /'bɑːbel Am 'bɑːrbel/ n. (Ginn) bilanciere m.

barber /'bɑːbər Am 'bɑːrbər/ I n. barbiere m. (f. -a), parrucchiere m. (f. -a) (da uomo). II v.i. fare il barbiere, lavorare come barbiere. III v.t. 1 tagliare (capelli e/o barba). 2 (to cut very short) tagliare a filo, rasare. □ ~'s pole insegna del barbiere (colonna a strisce rosse e bianche); (Br) ~'s shop negozio di barbiere; (Stor) ~surgeon cerusico.

barberry /'bɑːbəri Am 'bɑːrberi/ n. (Bot) crespino m.

barbershop 'bɑːbəʃɑːp/ I n. (Am) negozio m. di barbiere. II a. (Am,Mus) vocale, a cappella: ~ quartet quartetto vocale a cappella.

barbet /'bɑːbɪt Am 'bɑːrbɪt/ n. (Ornit) barbuto m.

barbette /bɑː'bet Am bɑːr'bet/ n. (Mil) barbetta f.

barbican /'bɑːbɪkən Am 'bɑːrbɪkən/ n. (Mil, Stor) barbacane m.

barbie /'bɑːbi/ n. (Aus,colloq) barbecue m.

Barbie doll /'bɑːbidɒl Am 'bɑːrbidɑːl/ n. (bambola) Barbie f.

barbiturate /bɑː'bɪtjʊreɪt Am bɑːr'bɪtʃəreɪt/ n. (Farm) barbiturico m. □ (Med) ~poisoning barbiturismo.

barbituric /bɑːbɪ'tjʊərɪk Am ˌbɑːrbɪ'tʃʊrɪk/ a. (Chim) barbiturico. □ (Farm) ~acid acido barbiturico.

Barbour /'bɑːbər Am 'bɑːrbər/ n. Barbour m., giaccone m. Barbour.

barbule /'bɑːbjuːl Am 'bɑːrbjuːl/ n. 1 barbetta f. 2 (of feathers) barbula f.

barcarole, barcarolle /'bɑːkəroul Am 'bɑːrkəroul/ n. (Mus) barcarole f.

Barcelona /ˌbɑːsɪ'lounə Am ˌbɑːrsɪ'lounə/ n.pr. (Geog) Barcellona f.

barchan /'bɑːkən Am ˌbɑːr'kɑːn/ n. (Geog) barcana f., duna f. a mezzaluna.

barcode, bar-code /'bɑːkoud Am 'bɑːrkoud/ I n. (Elettron) codice m. a barre. II v.i./v.t. (Elettron) applicare un codice a barre (a).

barcoding, bar-coding /'bɑːkoudɪŋ Am 'bɑːrkoudɪŋ/ n. (Elettron) applicazione f. di codici a barre.

bard [1] /bɑːd Am bɑːrd/ n. 1 (Stor) bardo m. 2 (poet) poeta m. (f. -essa), (lett) bardo m.: the ~of Avon Shakespeare, il bardo di Avon; the Bard Shakespeare, il bardo di Avon.

bard [2] /bɑːd Am bɑːrd/ I n. 1 (Mil,ant) bardatura f., barda f. 2 (Gastron) copertura f. con fette di bacon. II v.t. (Gastron) coprire con bacon.

bardic /'bɑːdɪk Am 'bɑːrdɪk/ a. proprio dei bardi, di (o da) bardo, bardito.

bardolatry /bɑː'dɒlətri Am bɑːr'dɑːlətri/ n.

(*spreg*) idolatria *f.* di un bardo (*spec.* di Shakespeare).

bare[1] /beə[r] *Am* ber/ *a.* **1** (*naked, of people or things*) nudo: *with ~ hands* a mani nude; *~ feet* (a) piedi nudi. **2** (*of trees*) spoglio: (*of hills, etc.*) brullo. **3** (*empty*) vuoto, spoglio: *the room was ~* la stanza era spoglia. **4** (*bald, plain*) semplice, disadorno, spoglio. **5** (*undisguised*) puro, schietto, semplice: *the ~ truth* la pura verità; *the ~ facts* i fatti puri e semplici. **6** (*mere*) mero, puro, semplice. ☐ (*colloq*) *~ as baby's bottom* nudo come un verme; *to sleep on ~ boards* dormire sul tavolaccio; (*fig*) *the ~ bones* gli elementi essenziali, la cosa ridotta all'osso; *a ~ handful of people* uno sparuto gruppetto di persone; *to earn a ~ living* guadagnarsi appena da vivere; *the ~ minimum* lo stretto indispensabile, il minimo indispensabile; *the ~ necessities of life* lo stretto necessario (per vivere).

bare[2] /beə[r] *Am* ber/ *v.t.* **1** smascherare, scoprire, rivelare: *to ~ one's teeth* scoprire (*o* mostrare) i denti; *to ~ one's head* scoprirsi il capo. **2** (*to unsheathe*) sguainare, sfoderare. **3** (*to divulge*) divulgare, svelare: *to ~ one's soul* svelare la propria anima, aprire il proprio cuore.

bareback /ˈbeəbæk *Am* ˈberbæk/ *avv./a.* **1** (*of riding*) a dorso nudo, a pelo, senza sella: *to ride ~* cavalcare senza sella. **2** (*volg*) senza preservativo.

barebacked /ˈbeəbækt *Am* ˈberbækt/ *avv./a.* **1** (*of riding*) a dorso nudo, a pelo, senza sella. **2** (*volg*) senza preservativo.

bareboat /ˈbeəbout *Am* ˈberbout/ *a.* senza equipaggio, a scafo nudo.

barefaced /beəˈfeɪst *Am* ˈberfeɪst/ *a.* **1** a viso scoperto, senza maschera. **2** (*spec. Br*) (*shameless*) impudente, sfacciato, spudorato. **3** (*undisguised*) a viso aperto, chiaro, senza sottintesi.

barefacedly /beəˈfeɪstli *Am* ˈberfeɪstli/ *avv.* **1** a viso scoperto. **2** (*spec. Br*) (*shamelessly*) sfacciatamente.

barefacedness /beəˈfeɪstnəs *Am* ˈberfeɪstnəs/ *n.* **1** schiettezza *f.* **2** (*spec. Br*) (*impudence*) sfacciataggine *f.*, impudenza *f.*

barefisted /beəˈfɪstɪd *Am* ˈberfɪstɪd/ *a./avv.* a mani nude.

barefoot /beəˈfut *Am* ˈberfut/ *a./avv.* a piedi nudi, scalzo. ☐ *~ doctor* medico ausiliario (*spec.* nella Cina rurale).

barefooted /ˌbeəˈfutɪd *Am* ˈberfuʈɪd/ *a./avv.* a piedi nudi, scalzo.

barehanded /ˌbeəˈhændɪd *Am* ˈberˌhændɪd/ *a./avv.* **1** a mani nude. **2** (*without weapons*) disarmato, inerme. **3** (*Br,colloq*) con le mani nel sacco.

bareheaded /ˌbeəˈhedɪd *Am* ˈberˌhedɪd/ *a./avv.* a capo scoperto.

bare-knuckle /ˌbeəˈnʌkl̩ *Am* ˈberˌnʌkl̩/ *a./avv.* (*in boxing*) senza guanti.

bare-knuckled /ˌbeəˈnʌkl̩d *Am* ˈberˌnʌkl̩d/ *a./avv.* (*in boxing*) senza guanti.

barelegged, bare-legged /ˌbeəˈleg(ɪ)d *Am* ˈberˌleg(ɪ)d/ *a./avv.* a gambe nude.

barely /ˈbeəli *Am* ˈberli/ *avv.* **1** appena, a malapena: *~ enough food* cibo appena sufficiente. **2** (*Br*) (*openly*) apertamente, chiaramente. **3** (*poorly*) scarsamente, poveramente: *~ furnished* poveramente ammobiliato.

bareness /ˈbeənəs *Am* ˈbernəs/ *n.* **1** nudità *f.* **2** (*fig*) (*plainness*) semplicità *f.*

barf /bɑːf/ *Am,colloq* vomito *m.* **II** *v.i.* (*spec. Am,colloq*) vomitare. ☐ (*spec. Am, colloq*) *~ bag* sacchetto per il mal d'aereo.

barfly /ˈbɑːflaɪ *Am* ˈbɑːrflaɪ/ *n.* (*colloq*) habitué *m./f.* di bar.

bargain[1] /ˈbɑːgɪn *Am* ˈbɑːrgɪn/ *n.* **1** occasione *f.*, affare *m.* (*vantaggioso*): *to strike a ~ with so.* fare un affare con qcu., concludere un affare con qcu.; *to reach a ~* (*with so.*) concludere un affare (con qcu.). **2** (*agreement*) patto *m.*, accordo *m.*: *to make a ~ with so.* fare un patto con qcu. **3** (*Dir*) contratto *m.*, transazione *f.* ☐ *~ basement* reparto occasioni, angolo delle occasioni; *~ basement price* ottimo prezzo, affare; *~ counter* banco delle occasioni; *~ hunter* cacciatore di occasioni, cacciatrice di occasioni; *~ hunting* caccia alle occasioni; (*Am*) *in the ~* per giunta, in più; *into the ~* per giunta, in più; *~ pack* pacco offerta; *~ price* prezzo di liquidazione; *~ sale* vendita dei saldi, liquidazione. *Prov.: a ~'s a ~* affare fatto non si torna indietro.

bargain[2] /ˈbɑːgɪn *Am* ˈbɑːrgɪn/ **I** *v.i.* **1** mercanteggiare (*for* su, per), trattare sul prezzo (di), contrattare (qcs.). **2** (*to come to terms*) accordarsi (*at, on* su), pattuire (qcs.). **II** *v.t.* **1** negoziare, scambiare, barattare. **2** (*to arrange*) stipulare, stabilire. ☐ *to ~ away* svendere; *to ~ for* prevedere, aspettarsi: *I knew it would not be easy but I did not ~ for all this trouble* sapevo che non sarebbe stato facile, ma non prevedevo tante difficoltà; (*colloq*) *to get more than one -ed for* ottenere più di quanto ci si aspettasse; *to ~ on sth.*: **1** accordarsi su qcs; **2** (*fig*) contare su qcs., fare affidamento su qcs.

bargainer /ˈbɑːgɪnə[r] *Am* ˈbɑːrgɪnə[r]/ *n.* chi mercanteggia.

bargaining /ˈbɑːgɪnɪŋ *Am* ˈbɑːrgɪnɪŋ/ *n.* **1** mercanteggiamento *m.* **2** (*negotiating*) contrattazione *f.*: *collective ~* contrattazione collettiva. ☐ *~ counter* vantaggio contrattuale; *~ position* posizione contrattuale; *~ power* (*o* *~ strength*) forza contrattuale.

barge /bɑːdʒ *Am* bɑːrdʒ/ **I** *n.* (*Mar*) **1** (*for goods*) chiatta *f.*, barcone *m.*; (*at sea*) pontone *m.* **2** (*vessel of state*) lancia *f.* da parata. **3** (*naval boat for officers*) lancia *f.* **II** *v.t.* trasportare (su chiatta). **III** *v.i.* muoversi pesantemente. ☐ *to ~ in* intromettersi, intervenire a sproposito; *to ~ in on sth.* presentarsi a sproposito in qcs.; *to ~ into sth.* urtare contro qcs., scontrarsi contro qcs.

bargeboard /ˈbɑːdʒbɔːd *Am* ˈbɑːrdʒbɔːrd/ *n.* (*Edil*) mantovana *f.*

bargee /bɑːˈdʒiː/ *n.* (*spec. Br*) barcaiolo *m.*, battelliere *m.*

bargeman /ˈbɑːdʒmən *Am* ˈbɑːrdʒmən/ *n.irr.* (*spec. Am*) barcaiolo *m.*, battelliere *m.*

bargepole /ˈbɑːdʒpoul *Am* ˈbɑːrdʒpoul/ *n.* (*Mar*) gaffa *f.* ☐ (*Br,colloq*) *I wouldn't touch it with a ~* non vorrei averci a che fare neanche di striscio; io tengo le distanze.

barhop /ˈbɑːhɒp *Am* ˈbɑːhɑːp/ *v.i.* (*Am,colloq*) fare il giro dei bar (*o* locali notturni).

baric /ˈbeərɪk *Am* ˈberɪk, ˈbærɪk/ *a.* barico.

barilla /bəˈrɪlə *Am* bəˈri(l)jə/ *n.* (*Bot*) riscolo *m.*

barite /ˈbeəraɪt *Am* ˈberaɪt/ *n.* (*Min*) barite *f.*, baritina *f.*, spato *m.* pesante.

baritone /ˈbærɪtoun *Am also* ˈberɪtoun/ **I** *n.* (*Mus*) **1** voce *f.* di baritono. **2** (*singer, instrument*) baritono *m.* **II** *a.* baritonale, di (*o* da) baritono. ☐ (*Mus*) *~ clef* chiave di baritono; (*Mus*) *~ sax* sax baritono.

barium /ˈbeərɪəm *Am* ˈberɪəm, ˈbærɪəm/ *n.* (*Chim*) bario *m.* ☐ (*Med*) *~ meal* pasto di bario; (*Chim*) *~ sulphate* (*o Am* *~ sulfate*) solfato di bario.

bark[1] /bɑːk *Am* bɑːk/ *n.* **1** l'abbaiare, abbaio *m.* **2** (*Br*) (*sound of gunfire*) colpo *m.*, scoppio *m.* **3** (*sharp order*) ordine *m.* secco, ordine *m.* brusco. **4** (*colloq*) (*cough*) tosse *f.* secca. ☐ *Prov.: his ~ is worse than his bite* can che abbaia non morde.

bark[2] /bɑːk *Am* bɑːrk/ *v.i.* **1** abbaiare (*at* a). **2** (*of loud sounds*) scoppiare, esplodere. **3** (*to speak sharply*) abbaiare, sbraitare, parlare in tono arrabbiato. **4** (*colloq*) (*to cough*) tossire. ☐ (*fig*) *to ~ at the moon* abbaiare alla luna; (*fig*) *to ~ up the wrong tree* prendersela con chi non c'entra.

bark[3] /bɑːk *Am* bɑːrk/ **I** *n.* **1** (*of a tree*) corteccia *f.*, scorza *f.* **2** (*Pell*) concia *f.* **II** *v.t.* **1** scortecciare. **2** (*to scrape skin*) sbucciarsi, scorticarsi: *I -ed my knee* mi sono sbucciato un ginocchio. **3** (*Pell*) conciare. ☐ (*Zool*) *~ beetle* scolitide.

bark[4] /bɑːk *Am* bɑːrk/ *n.* (*ant*) (*small boat*) barchetta *f.*

barkeeper /ˈbɑːkiːpə[r] *Am* ˈbɑːrkiːpə[r]/ *n.* **1** proprietario *m.* (*f.* -a) di bar. **2** (*bartender*) barista *m./f.*, barman *m.*

barkentine /ˈbɑːkəntiːn *Am* ˈbɑːrkəntiːn/ *n.* (*Am,Mar*) nave *f.* goletta.

barker /ˈbɑːkə[r] *Am* ˈbɑːrkə[r]/ *n.* **1** abbaiatore *m.* (*f.* -trice). **2** (*colloq*) (*showman*) imbonitore *m.* (*f.* -trice). **3** (*Br,colloq*) (*gun*) pistola *f.*

barking[1] /ˈbɑːkɪŋ *Am* ˈbɑːrkɪŋ/ *n.* **1** abbaiamento *m.* **2** (*colloq*) tosse *f.* secca. ☐ (*Zool*) *~ deer* cervo abbaiatore; (*Br*) *~ mad* pazzo come un cane furioso.

barking[2] /ˈbɑːkɪŋ *Am* ˈbɑːrkɪŋ/ *n.* (*stripping bark*) scortecciamento *m.*

barky /ˈbɑːki *Am* ˈbɑːrki/ *a.* **1** ricoperto di scorza. **2** (*resembling bark*) simile a scorza.

barley /ˈbɑːli *Am* ˈbɑːrli/ *n.* (*Bot*) orzo *m.* ☐ *~ brew* (*o* *~ broth*): **1** whisky; **2** (*beer*) birra; *~ sugar* caramella (dura); *~ water* orzata; *~ wine* birra dolciastra.

barleycorn /ˈbɑːlikɔːn *Am* ˈbɑːrlikɔːrn/ *n.* **1** chicco *m.* di orzo. **2** (*ant*) (*measurement*) terzo *m.* di pollice (0,85 cm).

barleymow /ˈbɑːlimaʊ *Am* (*Br,ant*) cumulo *m.* di covoni di orzo.

barlow, Barlow /ˈbɑːlou *Am* ˈbɑːrlou/ ☐ *~ knife* tipo di coltello.

barm /bɑːm *Am* bɑːrm/ *n.* (*schiuma f.*) lievito *m.* di birra.

barmaid /ˈbɑːmeɪd *Am* ˈbɑːrmeɪd/ *n.* **1** (*Br*) barista *f.* **2** (*Am*) (*in a bar*) cameriera *f.*

barman /ˈbɑːmən *Am* ˈbɑːrmən/ *n.irr.* barista *m.*

Barmecidal /ˌbɑːmɪˈsaɪdl̩/ *a.* (*Br*) illusorio, apparente.

Barmecide /ˈbɑːmɪsaɪd/ *a.* (*Br*) illusorio, apparente.

bar mitzvah /bɑːˈmɪtsvə *Am* bɑːrˈmɪtsvə/ *n.* (*Rel.ebr*) **1** cerimonia *f.* di maggiorità religiosa (per un maschio), bar mitzvah *m.* **2** (*boy*) ragazzo *m.* che ha raggiunto la maggiorità religiosa, figlio *m.* del comandamento, bar mitzvah *m.*

barmy /ˈbɑːmi/ *a.* (*spec. Br,colloq*) svanito, tonto.

barn /bɑːn *Am* bɑːrn/ *n.* **1** capannone *m.* (agricolo). **2** (*for hay*) fienile *m.*; (*for grain*) granaio *m.* **3** (*cowshed*) stalla *f.* **4** (*Am,rar*) (*garage, depot*) autorimessa *f.* **5** (*colloq*) (*large, comfortless place*) baracca *f.* ☐ (*colloq*) *~ burner* avvenimento elettrizzante; *~ dance*: **1** ballo campestre, danza campestre; (*celebration*) festa campestre; *~ door*: **1** portone del granaio; **2** (*fig*) qcs. di grosso come una casa: *as big as a ~ door* grosso come una casa; **3** (*on a spotlight*) porticina; (*scherz*) *you left the ~ door open* hai la bottega aperta, hai i calzoni sbottonati; (*fig*) *were you born in a ~?* hai la coda? vivi in un campo? vivi al Colosseo? (detto a qcu. che non chiude mai la porta); (*Ornit*) *~ owl* barbagianni; *~ swallow* festa rurale (indetta per aiutare un vicino a costruire un capannone).

Barnabas /ˈbɑːnəbəs *Am* ˈbɑːrnəbəs/ *n.pr.m.*

(*Bibl*) Barnaba.

Barnabite /'bɑːnəbaɪt *Am* 'bɑːrnəbaɪt/ *n.* (*Rel*) barnabita *m.*

Barnaby /'bɑːnəbi *Am* 'bɑːrnəbi/ *n.pr.m.* Barnaba.

barnacle /'bɑːnəkl̩ *Am* 'bɑːrnəkl̩/ *n.* **1** (*Zool*) cirripede *m.* **2** (*Br,fig*) seccatore *m.* (*f.* -trice), attaccabottoni *m./f.* ☐ (*Ornit*) ~*goose* oca dalla faccia bianca.

barnacled /'bɑːnəkl̩d *Am* 'bɑːrnəkl̩d/ *a.* coperto di conchiglie, incrostato di conchiglie.

Barnard /'bɑːnəd *Am* 'bɑːrnərd/ *n.pr.m.* Bernardo.

barn-door /ˌbɑːn'dɔː *Am* ˌbɑːrn'dɔːr/ ☐ ~ *fowl* gallina.

barney /'bɑːni/ *n.* (*Br,colloq*) battibecco *m.*, litigio *m.*

barnstorm /'bɑːnstɔːm/ *v.i.* (*Am*) **1** viaggiare (in zone rurali) facendo comizi o rappresentazioni teatrali. **2** (*Aer*) fare acrobazie aeree.

barnstormer /'bɑːnstɔːrmər/ *n.* (*Am*) **1** oratore *m.* (*f.* -trice) elettorale. **2** (*Teat*) attore *m.* (*f.* -trice) girovago. **3** (*Aer*) aviatore *m.* (*f.* -trice) acrobatico.

barnstorming /'bɑːnstɔːmɪŋ *Am* 'bɑːrnstɔːrmɪŋ/ *I n.* (*Am*) **1** viaggi *m.pl.* (in zone rurali) per fare comizi o rappresentazioni teatrali. **2** (*Aer*) acrobazie *f.pl.* aeree. **II** *a.* (*Br*) (*of a show*) molto colorato, appariscente.

barnyard /'bɑːrnjɑːrd/ *I n.* (*spec. Am*) aia *f.* **II** *a.* (*spec. Am*) **1** da cortile. **2** (*fig*) grossolano, spinto.

barograph /'bærougrɑːf *Am* 'berəgræf/ *n.* barografo *m.*

barometer /bə'rɒmɪtər *Am* bə'rɑːmətər/ *n.* **1** (*Meteor*) barometro *m.* **2** (*fig*) barometro *m.*, indice *m.* ☐ (*Econ*) ~*stock* titolo guida.

barometric /ˌbærou'metrɪk *Am* ˌberə'metrɪk/ *a.* barometrico: ~ *pressure* pressione barometrica.

barometrical /ˌbærou'metrɪkəl *Am* ˌberə'metrɪkəl/ *a.* barometrico.

barometry /bə'rɒmɪtri *Am* bə'rɑːmɪtri/ *n.* barometria *f.*

baron /'bærən *Am also* 'berən/ *n.* **1** barone *m.* **2** (*Br,colloq*) (*tycoon*) magnate *m.*, grande industriale *m.*, barone *m.* **3** (*Macell*) ~*of beef* i due lombi del bue, lombata doppia.

baronage /'bærənɪdʒ *Am also* 'berənɪdʒ/ *n.* **1** (*collett.*) nobili *m.pl.*, nobiltà *f.* **2** (*rank, title*) baronia *f.*

baroness /'bærənəs *Am also* 'berənəs/ *n.* baronessa *f.*

baronet /'bærənɪt *Am also* 'berənɪt/ *n.* baronetto *m.*

baronetage /'bærənɪtɪdʒ *Am* 'berənətɪdʒ, 'bærənətɪdʒ/ *n.* (*collett.*) baronetti *m.pl.*

baronetcy /'bærənɪtsi *Am also* 'berənɪtsi/ *n.* titolo *m.* di baronetto, rango *m.* di baronetto.

baronial /bə'rounɪəl/ *a.* **1** da barone, baronale. **2** (*fig*) da barone, magnifico, splendido.

barony /'bærəni *Am also* 'berəni/ *n.* baronia *f.*

baroque, **Baroque** /bə'rɒk *Am* bə'rouk/ *I a.* **1** (*Art,Arch,Mus*) barocco. **2** (*fig*) grottesco. **II** *n.* **1** (*Art,Arch,Mus*) barocco *m.* **2** (*fig*) grottesco *m.*

baroreceptor /ˌbærourɪ'septər *Am also* ˌberourɪ'septər/ *n.* (*Zool*) barorecettore *m.*

barotitis /ˌbærou'taɪtɪs *Am* ˌberou'taɪtɪs/ *n.* (*Med*) aero-otite *f.*

barotrauma /ˌbærou'trɔːmə *Am* ˌberou'trɔːmə/ *n.* (*Med*) barotrauma *m.*

barouche /bə'ruːʃ/ *n.* barroccio *m.*, calesse *f.*

barque /bɑːk *Am* bɑːrk/ *n.* **1** (*Mar*) brigantino *m.* a palo. **2** (*poet*) barca *f.*, barchetta *f.*

barquentine /'bɑːkəntiːn/ *n.* (*Br,Mar*) nave *f.* goletta.

barrack[1] /'bærək *Am also* 'berək/ *I n.pl.* (*costr.sing. o pl.*) **1** (*Mil*) caserma *f.* **2** (*temporary building*) baraccamento *m.* **3** (*large, plain building*) casermone *m.* **II** *v.t.* (*Mil*) alloggiare in caserme. ☐ (*Mil*) -*sroom* camerata.

barrack[2] /'bærək/ *v.t.* (*Br,Aus*) fischiare, schernire, interrompere. ☐ (*Aus*) *to* ~*for* acclamare, incitare, far il tifo per.

barracking /'bærəkɪŋ/ *n.* (*Br,Aus*) l'interrompere di continuo, il fischiare.

barrack-room /'bærəkruːm *Am also* 'berəkruːm/ ☐ ~ *language* linguaggio da caserma; (*Mil,colloq*) ~ *lawyer* militare che conosce a menadito i regolamenti.

barracoon /ˌbærə'kuːn/ *n.* (*Stor*) recinto *m.* per schiavi.

barracouta /ˌbærə'kuːtə/ (*pl.inv. o* -*s* /-z/) *n.* **1** (*Itt*) tirsite *f.* **2** (*NZ*) (*bread*) specie *f.* di sfilatino.

barracuda /ˌbærə'kjuːdə *Am* ˌberə'kuːdə/ (*pl.inv. o* -*s* /-z/) *n.* (*Itt*) barracuda *m.*

barrage /'bærɑː(d)ʒ *Am* bə'rɑː(d)ʒ/ *I n.* **1** (*Mil*) sbarramento *m.* **2** (*fig*) fuoco *m.* di fila: *a* ~ *of questions* un fuoco di fila di domande. **3** (*Br, Edil*) diga *f.* **II** *v.t.* bombardare (*anche fig*): *to* ~ *so. with questions* bombardare qcu. di domande. ☐ ~ *balloon* pallone di sbarramento; (*Mil*) ~*fire* tiro di sbarramento.

barramundi /ˌbærə'mʌndi *Am also* ˌberə'mʌndi/ (*pl.inv. o* -*s* /-z/) *n.* (*Itt*) barramundi *m.*, barramunda *m.*

barranca /bə'ræŋkə/ *n.* (*Geol*) barranco *m.*

barranco /bə'ræŋkou/ (*pl.inv. o* -*s* /-z/) *n.* (*Geol*) barranco *m.*

barrater, **barrator** /'bærətər *Am also* 'berətər/ *n.* **1** barattiere *m.* **2** (*Dir*) istigatore *m.* (*f.* -trice) di liti, attaccabrighe *m./f.*

barratry /'bærətri *Am also* 'berətri/ *n.* **1** baratteria *f.* **2** (*Dir*) istigazione *f.* alle liti. **3** (*simony*) simonia *f.*

barre /bɑːr *Am* bɑːr/ *n.* (*in ballet*) sbarra *f.*

barred /bɑːd *Am* bɑːrd/ *a.* **1** sbarrato, munito di sbarre: *a* ~ *window* una finestra sbarrata. **2** (*striped*) striato. **3** (*prohibited*) proibito, vietato. ☐ (*Ornit*) ~*warbler* bigia padovana.

barrel[1] /'bærəl *Am also* 'berəl/ *n.* **1** barile *m.*, botte *f.* **2** (*measure of liquid*) barile *m.* (*GB* pari a circa 164 litri, *US* pari a circa 119 litri). **3** (*measure of oil*) barile *m.* (circa 159 litri). **4** (*of a gun*) canna *f.* **5** (*of a fountain pen*) serbatoio *m.* **6** (*Orol*) cilindro *m.* **7** (*Mar*) (*of a capstan*) tamburo *m.*, campana *f.* **8** (*Veter*) (*of a horse, etc.*) tronco *m.* ☐ ~*chair* poltrona con schienale avvolgente; (*Fot*) ~*distortion* distorsione a barilotto; (*fig*) *a* ~*of fun* (o *a* ~ *of laughs*) un sacco di risate; (*fig*) *it's more fun than a* ~ *of monkeys* c'è da morire dal ridere; ~*organ* organino, organetto di Barberia; (*fig*) *to have* (o *hold* o *put*) *so. over the* ~ mettere qcu. con le spalle al muro, mettere qcu. in difficoltà; (*Aer*) ~*roll* vite orizzontale; (*Arch*) ~*roof* (o ~*vault*) volta a botte.

barrel[2] /'bærəl *Am also* 'berəl/ (*past, p.p.* **barrelled** /*Am* **bareled** /-d/) *I v.t.* mettere in botte, mettere in barile, imbarilare. **II** *v.i.* (*colloq*) andare veloce, andare come un treno.

barrel-chested /'bærəl,tʃestɪd *Am also* 'berəl ,tʃestɪd/ *a.* dal torace ben sviluppato.

barrelful /'bærəlful *Am also* 'berəlful/ *n.* **1** barilata *f.*, barile *m.* **2** (*great deal*) gran quantità *f.*

barrelhead /'bærəlhed *Am also* 'berəlhed/ *n.* fondo *m.* di barile. ☐ (*Am,colloq*) *on the* ~ senza possibilità di credito; (*Am,colloq*) *cash on the* ~ voglio un pagamento sull'unghia.

barrelhouse /'bærəlhaus *Am also* 'berəlhaus/

II *a.* (*Mus*) barrelhouse *m.*, stile *m.* (rozzo) di jazz.

barrelled /'bærəld *Am also* 'berəld/ *a.* **1** (*in compounds; of a rifle, etc.*) a canna...: *a double-shotgun* un fucile a canna doppia. **2** (*in barrels*) imbarilato, in barile: ~ *beer* birra imbarilata.

barren /'bærən *Am also* 'berən/ *a.* **1** arido, brullo. **2** (*sterile*) sterile, infecondo. **3** (*fig*) (*dull*) scialbo, insignificante, privo di interesse. **4** (*fruitless*) sterile, infecondo, infruttuoso. **5** (*lacking*) privo (*of* di).

barrenly /'bærənli *Am also* 'berənli/ *avv.* aridamente, freddamente.

barrenness /'bærənəs *Am also* 'berənəs/ *n.* sterilità *f.*, aridità *f.*

barrens /'bærənz, 'bærənz/ *n.pl.* (*spec. Am*) lande *f.pl.*

barret /'bærət/ *n.* (*Stor*) berretta *f.*

barrette /bə'ret/ *n.* barretta *f.* per capelli, molletta *f.*

barricade /ˌbærɪ'keɪd *Am also* 'berɪkeɪd/ *I n.* **1** (*Mil*) barricata *f.* **2** (*for crowd control*) transenna *f.* **3** (*fig*) barriera *f.*, ostacolo *m.* **4** (*Equit*) cancelli *m.pl.* di partenza. **II** *v.t.* **1** barricare, ostruire. **2** (*for crowd control*) transennare. **3** (*to shut in*) barricare, chiudere dentro, asserragliare.

barrier /'bærɪər *Am also* 'beriər/ *n.* **1** barriera *f.*, ostruzione *f.*, palizzata *f.* **2** (*natural bar*) barriera *f.*: *a mountain* ~ una barriera montuosa. **3** (*fig*) barriera *f.*, ostacolo *m.*: *language* ~ barriera linguistica. ☐ (*Geog*) ~*beach* barriera litorale, barra; (*Cosmet*) ~*cream* crema protettiva; (*Geog*) ~*island* barriera litorale; (*Geol*) ~*reef* barriera corallina; (*Comm*) ~*to entry* barriera all'entrata.

barring /'bɑːrɪŋ/ *prep.* **1** eccetto, fatta eccezione per, all'infuori di. **2** (*except in the event of*) salvo (che), a meno di, tranne in caso di: ~ *bad weather* salvo avverse condizioni atmosferiche.

barrio /'bæriou *Am also* 'bɑːriou/ *n.* quartiere *m.* (spagnolo).

barrister /'bærɪstər/ *n.* (*spec. Br,Dir*) avvocato *m.* (*f.* -a) (abilitato al patrocinio presso le corti superiori).

barrister-at-law /ˌbærɪstərət'lɔː/ *n.* (*spec. Br, Dir*) avvocato *m.* (*f.* -a) (spesso di grado superiore).

barroom /'bɑːruːm/ *n.* (*spec. Am*) sala *f.* (interna) del bar.

barrow[1] /'bærou *Am also* 'berou/ *n.* **1** barella *f.* **2** (*wheelbarrow*) carriola *f.* **3** (*handcart*) carrettino *m.* ☐ ~*boy* (o ~*man*) venditore ambulante.

barrow[2] /'bærou *Am also* 'berou/ *n.* **1** (*Archeol*) tumulo *m.* **2** (*hill*) collina *f.*, altura *f.*

Bart. *Baronet* (baronetto).

bartender /'bɑːˌtendər *Am* 'bɑːr,tendər/ *n.* barista *m./f.*, barman *m.*

barter /'bɑːtər *Am* 'bɑːrtər/ *I v.i.* fare baratti. **II** *v.t.* **1** barattare, scambiare: *to* ~ *cotton for wheat* barattare (del) cotone con (del) grano. **2** (*fig*) barattare, dare in cambio. **III** *n.* baratto *m.*, scambio *m.*, permuta *f.* ☐ *to* ~*away* barattare, dare in cambio (*anche fig*).

barterer /'bɑːtərər *Am* 'bɑːrtərər/ *n.* barattatore *m.* (*f.* -trice).

Bartholin /'bɑːtəlɪn/ ☐ (*Anat*) ~*'s gland* ghiandola di Bartolini.

Bartholomew /bɑː'θɒləmjuː *Am* bɑːr'θɑːləmjuː/ *n.pr.m.* Bartolomeo.

bartizan /'bɑːtɪzæn, 'bɑːtɪzən *Am* 'bɑːrtɪzæn, 'bɑːrtɪzən/ *n.* (*Mil,Arch*) bertesca *f.*

Barts. /bɑːrts/ *St. Bartholomew's Hospital* (ospedale di san Bartolomeo, a Londra).

barycentre /'bærɪsentər *Am* 'berɪsentər, 'bærɪsentər/ *n.* (*Fis*) baricentro *m.*

barycentric /ˌbærɪ'sentrɪk *Am also* ˌberɪ'sentrɪk/ *a.* (*Fis*) baricentrico.

baryon /'bærɪɒn *Am* 'bæriɑːn/ *n.* (*Fis*) barione *m.*

baryonic /ˌbærɪ'ɒnɪk *Am* ˌbærɪ'ɑːnɪk/ *a.* (*Fis*) barionico.

baryta /bə'raɪtə *Am* bə'raɪtə/ *n.* (*Chim*) ossido *m.* di bario.

baryte /'beəraɪt *Am* 'berait/ *n.* (*Min*) barite *f.*, baritina *f.*, spato *m.* pesante.

barytes /bə'raɪtiːz/ *n.* (*Min*) barite *f.*, baritina *f.*, spato *m.* pesante.

barytine /'bærɪtɪn/ *n.* (*Min*) barite *f.*, baritina *f.*, spato *m.* pesante.

barytone /'bærɪtoʊn/ *n./a.* → **baritone**.

basal /'beɪsəl/ *a.* **1** basale, di base. **2** (*fig*) basilare, fondamentale. **3** (*Fisiol,Farm*) basale: ~ *metabolism* metabolismo basale. ☐ (*Med*) ~ *cell carcinoma* carcinoma basocellulare; (*Med*) ~ *ganglia* gangli della base, nuclei della base; (*Med*) ~ *metabolic rate* metabolismo basale, metabolismo di riposo.

basally /'beɪsəli/ *avv.* basilarmente, fondamentalmente.

basalt /'bæsɔːlt *Am* bə'sɔːlt/ *n.* (*Geol*) basalto *m.*

basaltic /bə'sɔːltɪk *Am* bə'sɔːltɪk/ *a.* (*Geol*) basaltico.

bascule /'bæskjuːl/ *n.* bilico *m.*, basculla *f.* ☐ (*Arch*) ~ *bridge* ponte levatoio.

base[1] /beɪs/ **I** *n.* **1** base *f.* (*anche Mat,Mil,Sport, Chim*). **2** (*main ingredient*) base *f.* **3** (*solvent*) base *f.*: *paint with an oil* ~ vernice a base di olio. **4** (*Arch*) base *f.*, piedistallo *m.*, zoccolo *m.*, piattaforma *f.* **5** (*starting line*) base *f.*, linea *f.* di partenza. **6** (*starting place*) base *f.*, punto *m.* di partenza: *the* ~ *of a climbing expedition* la base di una spedizione alpinistica. **7** (*Fot*) supporto *m.* **8** (*Topogr*) (*base line*) base *f.* di rilevamento. **9** (*El*) zoccolo *m.*; (*of transistors*) base *f.* **II** *a.* (di) base, di fondo. **III** *v.t.* **1** basare, fondare (*anche fig*). **2** (*use a place as a base*) avere come base, essere di base, avere la sede: *a company -d in Paris* una società con sede a Parigi; *he is -d in Bristol* la sua base è a Bristol. **3** (*Br*) (*to rely on*) fidarsi di. ☐ (*Inform*) ~ *address* indirizzo di base; (*Geom*) ~ *angle* angolo alla base; ~ *camp* campo base; ~ *coat* prima mano; (*Sport*) ~ *hit* (*in baseball*) singolo; (*Aus*) ~ *hospital* ospedale rurale (che serve una vasta zona); ~ *industry* industria chiave; ~ *lending rate* tasso base di interesse; (*El*) ~ *load* carico base; (*Inform*) ~ *memory* memoria convenzionale; ~ *metal* il metallo vile; 2 (*main metal of an alloy*) metallo base; (*Am,fig*) *off* ~ inesatto, sballato; *to be off* ~ essere fuori tema, essere lontano dal concetto; (*Mil*) ~ *of operations* base delle operazioni; (*Chim*) ~ *pair* appaiamento di base; ~ *pay* paga base; ~ *plate* piastra di base; ~ *point* punto base; (*Inform*) ~ *RAM* RAM base; (*Econ*) ~ *rate* tasso (bancario) di riferimento, tasso di base.

base[2] /beɪs/ **I** *a.* **1** basso, vile, spregevole, ignobile, meschino. **2** (*menial*) umile, vile, basso: ~ *tasks* umili faccende. **3** (*inferior*) inferiore, di scarto, scadente: ~ *materials* materiali scadenti. **4** (*of currency*) svalutato, deprezzato. **5** (*counterfeit*) falso. **6** (*ant*) (*illegitimate*) bastardo, illegittimo. **II** *n.* (*Am, Mus*) (*bass*) basso *m.*

baseball /'beɪsbɔːl/ *n.* (*Sport*) **1** baseball *m.* **2** (*ball*) palla *f.* da baseball. ☐ (*Sport*) ~ *cap* cappellino da baseball.

baseband /'beɪsbænd/ *n.* (*Inform*) banda *f.* base: ~ *transmission* trasmissione in banda base.

baseboard /'beɪsbɔːrd/ *n.* (*Am*) zoccolo *m.*, battiscopa *m.inv.*

baseborn, **base-born** /'beɪsbɔːn *Am* 'beɪbɔːrn/ *a.* (*ant*) **1** di umili (*o* oscuri) natali. **2** (*illegitimate*) illegittimo, bastardo.

based /'beɪsd/ ☐ *to be* ~ *on sth.* basarsi su qcs.

Basel /'bɑːzəl/ *n.pr.* (*Geog*) Basilea *f.*

baseless /'beɪsləs/ *a.* **1** senza base. **2** (*fig*) senza fondamento, infondato.

baselessness /'beɪsləsnəs/ *n.* infondatezza *f.*

baseline /'beɪslaɪn/ *n.* **1** linea *f.* base (*anche Art*). **2** (*Sport*) (*in baseball*) linea *f.* di gioco; (*in tennis*) linea *f.* di fondo. **3** (*Inform*) base *f.* del carattere. **4** (*Topogr*) base *f.* di rilevamento.

basely /'beɪsli/ *avv.* vilmente, ignobilmente, bassamente.

baseman /'beɪsmən/ *n.irr.* (*Sport*) difensore *m.* della base.

basement /'beɪsmənt/ *n.* **1** (*Edil*) piano *m.* interrato, piano *m.* seminterrato, scantinato *m.* **2** (*Arch,Geol*) basamento *m.* ☐ (*Anat*) ~ *membrane* membrana basale.

baseness /'beɪsnəs/ *n.* bassezza *f.* morale, ignobiltà *f.*, meschinità *f.*

bash[1] /bæʃ/ **I** *v.t.* **1** colpire (con violenza). **2** (*to smash by a blow*) sfondare. **3** (*colloq*) (*to criticise*) censurare, criticare. **II** *v.i.* urtare violentemente, cozzare (*against, into* contro). ☐ (*fig*) *to* ~ *one's head against a* (*brick*) *wall* battere il capo nel muro, dare la testa contro il muro; (*colloq*) *to* ~ *sth. in* sfondare qcs.; (*colloq*) *to* ~ *sth. out* fare qcs. in fretta e furia; (*sl*) *to* ~ *so. up* dare addosso a qcu. (e rovinarlo).

bash[2] /bæʃ/ *n.* **1** colpo *m.* violento, botta *f.* **2** (*dent*) botta *f.*, ammaccatura *f.* **3** (*colloq*) festa *f.*, baldoria *f.* ☐ (*colloq*) *to give sth. a* ~ tentare di far qcs., provare a fare qcs.; (*Br, colloq*) *to have a* ~ *at sth.* tentare di far qcs., provare a fare qcs.

basher /'bæʃər/ *n.* **1** violento *m.* (*f.* -a), teppista *m./f.* **2** (*critical person*) criticone *m.* (*f.* -a).

bashful /'bæʃfʊl/ *a.* timido, vergognoso, ritroso.

bashfully /'bæʃfʊli/ *avv.* timidamente, con ritrosia.

bashfulness /'bæʃfʊlnəs/ *n.* timidezza *f.*

bashing /'bæʃɪŋ/ *n.* **1** (*violent physical attack*) pestaggio *m.* **2** (*strong criticism*) attacco *m.* verbale, censura *f.*: *media* ~ attacco ai media. **3** (*Br*) (*defeat*) sconfitta *f.* pesante: *the team took a* ~ la squadra ha subito una pesante sconfitta.

basic /'beɪsɪk/ **I** *a.* **1** fondamentale, basilare, di fondo, essenziale: ~ *principle* principio fondamentale, principio di base. **2** (*Chim, Geol,Met*) basico. **II** *n.* **1** base *f.* **2** *pl.* basi *f.pl.*: *the -s of physics* le basi della fisica, le conoscenze di base della fisica; *to get back to -s* tornare alle cose fondamentali, tornare alle cose più importanti. ☐ ~ *airman* aviatore del grado più basso; (*Econ*) ~ *capital* capitale iniziale; ~ *chemistry* chimica di base; ~ *cost* costo (di) base; ~ *curriculum* curriculum (di) base; ~ *English* inglese essenziale; ~ *industry* industria chiave; *a* ~ *knowledge of* nozioni elementari di; ~ *needs* bisogni fondamentali, bisogni primari; (*Mat*) ~ *operation* operazione fondamentale; (*Br*) ~ *pay* paga base; ~ *price* prezzo base; ~ *proposition* dichiarazione protocollare; (*Econ*) ~ *rate* aliquota base, tasso (di) base; (*Br*) ~ *salary* stipendio (di) base, salario minimo; (*Mecc*) ~ *size* dimensioni nominali; (*Met*) ~ *slag* scoria basica; ~ *training* formazione di base; ~ *vocabulary* lessico di base; (*Br*) ~ *wage* salario base, salario minimo.

BASIC /'beɪsɪk/ (*Inform*) *Beginner's All pur-pose Symbolic Instruction Code* BASIC (codice simbolico polivalente di istruzione per principianti).

basically /'beɪsɪkəli/ *avv.* fondamentalmente, sostanzialmente, essenzialmente.

basicity /bə'sɪsɪti *Am* bə'sɪsəti/ *n.* (*Chim*) basicità *f.*

basidiomycete /bəˌsɪdioʊ'maɪsiːt/ *n.* (*Bot*) basidiomicete *m.*

basidium /bə'sɪdiəm/ *n.* (*Bot*) basidio *m.*

basify /'beɪsɪfaɪ/ *v.t.* (*Chim*) basificare.

basil /'bæzəl *Am also* 'beɪzəl/ *n.* (*Bot*) basilico *m.*

Basil /'bæzəl *Am also* 'beɪzəl/ *n.pr.m.* Basilio.

basilar /'bæsɪlər/ *a.* (*Anat*) basilare.

basilary /'bæsɪləri *Am* 'bæsɪleri/ *a.* (*Anat*) basilare.

basilica /bə'sɪlɪkə/ *n.* (*Arch,Rel*) basilica *f.*

basilical /bə'sɪlɪkəl/ *a.* (*Arch*) basilicale.

basilican /bə'sɪlɪkən/ *a.* (*Arch*) basilicale.

basilisk /'bæzɪlɪsk/ **I** *n.* basilisco *m.* **II** *a.* di basilisco (*anche fig*).

basin /'beɪsən/ *n.* **1** bacino *m.*, bacinella *f.*, catino *m.* **2** (*for food*) scodella *f.*, ciotola *f.* **3** (*washbasin*) lavabo *m.*, lavandino *m.* **4** (*basinful*) quantità *f.* contenuta in una bacinella, bacinella *f.*, quantità *f.* contenuta in un catino, catino *m.* **5** (*shallow place*) bacino *m.*, vasca *f.*, conca *f.*: *a yacht* ~ un bacino per yacht. **6** (*dock*) bacino *m.*, darsena *f.* **7** (*Geog, Geol*) bacino *m.* (idrico).

basinet /'bæsɪnet/ *n.* (*Mil,ant*) elmo *m.* leggero, bacinetto *m.*

basinful /'beɪsənfʊl/ *n.* (*contents*) quantità *f.* contenuta in una bacinella, bacinella *f.*, quantità *f.* contenuta in un catino, catino *m.*

basipetal /beɪ'sɪpɪtəl *Am* beɪ'sɪpɪtəl/ *a.* (*Biol*) basipeto.

basipetally /beɪ'sɪpɪtəli *Am* beɪ'sɪpɪtəli/ *avv.* (*Biol*) in senso basipeto, ad andamento basipeto.

basis /'beɪsɪs/ (*pl.* -**ses** /-siːz/) *n.* **1** base *f.* (*anche Mat*). **2** (*Arch*) base *f.*, basamento *m.* **3** (*fig*) base *f.*, basi *f.pl.*, fondamento *m.*, punto *m.* di partenza. ☐ *on the* ~ *of* sulla base di; (*Econ*) ~ *point* punto base, punto per mille.

bask /bɑːsk *Am* bæsk/ *v.i.* **1** crogiolarsi, riscaldarsi (*in a*): *to* ~ *in the sun* crogiolarsi al sole. **2** (*to feel great pleasure*) bearsi (*in in, di*), deliziarsi (*in in, di*), crogiolarsi (*in in*).

basket[1] /'bɑːskɪt *Am* 'bæskɪt/ **I** *n.* **1** cesto *m.*, cesta *f.*, cestino *m.*, canestro *m.* **2** (*shopping bag*) cestino *m.* per la spesa. **3** (*basketful*) paniere *m.*, cesto *m.* **4** (*group of items*) paniere *m.* **5** (*Sport*) (*in basketball*) canestro *m.*, cesto *m.* **6** (*of a washing machine*) cestello *m.* (*Br,sl*) ignorante *m./f.* **II** *a.* in vimini, di vimini. ☐ (*colloq*) ~ *case* caso disperato, frana, disastro; ~ *chair* poltrona di vimini; ~ *hilt* (*of a sword*) elsa a cesto; (*Econ*) ~ *of currencies* paniere di valute; (*Br*) ~ *party* picnic; (*Tess*) ~ *weave* armatura panama; ~ *work*: **1** ceste, articoli in vimini, articoli in giunco; **2** (*Artig*) arte *f.* del cestaio, arte di lavorare a giunco.

basket[2] /'bɑːskɪt *Am* 'bæskɪt/ *v.t.* cestinare.

basketball /'bɑːskɪtbɔːl *Am* 'bæskɪtbɔːl/ *n.* (*Sport*) **1** pallacanestro *f.*, basket *m.* **2** (*ball*) pallone *m.* da pallacanestro, pallone *m.* da basket. ☐ (*Sport*) ~ *player* cestista, giocatore di pallacanestro.

basketful /'bɑːskɪtfʊl *Am* 'bæskɪtfʊl/ *n.* (*contents*) paniere *m.*, cesto *m.*

basketmaker, **basket-maker** /'bɑːskɪtˌmeɪkər *Am* 'bæskɪtˌmeɪkər/ *n.* panieraio *m.* (*f.* -a), cestaio *m.* (*f.* -a).

basketry /'bɑːskɪtri *Am* 'bæskɪtri/ *n.* **1** ceste *f.pl.*, articoli *m.pl.* in vimini, articoli *m.pl.* in giunco. **2** (*Artig*) arte *f.* del cestaio, arte *f.* di lavorare il giunco.

basketwork /'bɑːskɪtwɜːk Am 'bæskɪtwɜːrk/ ι. **1** ceste f.pl., articoli m.pl. in vimini, articoli n.pl. in giunco. **2** (Artig) arte f. del cestaio, arte f. di lavorare il giunco.

basking /'bɑːskɪŋ Am 'bæskɪŋ/ ☐ (Itt) ~ *hark* squalo elefante, squalo pellegrino.

basmati /bæs'mɑːti/ ☐ (Gastron) ~ *rice* riso basmati.

bas mitzvah /bɑːs'mɪtsvə/ n. (Rel.ebr) **1** cerimonia f. di maggiorità religiosa (per una femmina), bat mitzvah m. **2** (girl) ragazza f. che ha raggiunto la maggiorità religiosa, figlia f. del comandamento, bat mitzvah f.

basophil /'beɪsoufɪl/ I n. (Fisiol) cellula f. basofila. II a. (Biol) basofilo.

basophilia /ˌbeɪsou'fɪliə/ n. (Med) basofilia f.

basophilic /ˌbeɪsou'fɪlɪk/ a. (Biol) basofilo.

basque /bæsk/ n. (Sart) corpino m. stretto.

Basque /bæsk/ I n. **1** basco m. (f. -a). **2** (language) basco m., lingua f. basca. II a. basco. ☐ (Geog) the ~ *Country* i Paesi Baschi.

bas-relief /bɑːrɪ'liːf/ n. (Art) bassorilievo m.

bass[1] /beɪs/ I a. (Mus) basso, di basso. II n. (Mus) **1** (singer, pitch) basso m. **2** (in musical compositions) nota f. bassa. **3** (voice) voce f. di basso. **4** (colloq) (bass guitar) basso m.; (double bass) contrabbasso m. ☐ (Mus) ~ *clarinet* clarinetto basso; (Mus) ~*clef* chiave di basso, chiave di fa; (Mus) ~*drum* grancassa; (Mus) ~ *guitar* basso (elettrico); (Mus) ~ *horn* tuba; (Mus) ~ *tuba* bassotuba; (Mus) ~*viol* : 1 (Br) viola da gamba; 2 (Am) contrabbasso.

bass[2] /bæs/ (pl.inv. o -sses /-sɪz/) n. (Itt) **1** (saltwater fish) pesce m. perciforme (spigola, labrace, branzino). **2** (freshwater fish) pesce m. persico.

bass[3] /bæs/ n. (Bot) **1** corteccia f. fibrosa, libra f. del floema. **2** (basswood) tiglio m. americano.

basset[1] /'bæsɪt/ n. (Zool) cane m. bassotto, bassotto m. ☐ (Zool) ~*hound* cane bassotto, bassotto.

basset[2] /'bæsɪt/ ☐ (Mus) ~*horn* corno di bassetto.

bassinet /ˌbæsɪ'net/ n. culla f. (di vimini).

basso /'bæsou/ (pl. -s /-z/) n. (Mus) **1** basso m. **2** (part) parte f. da (o di) basso. ☐ (Mus) ~*continuo* basso continuo; (Mus) ~*profundo* : 1 voce di basso profondo; 2 (singer) basso profondo.

bassoon /bə'suːn/ n. (Mus) fagotto m.

bassoonist /bə'suːnɪst/ n. (Mus) fagottista m.f.

basso-relievo /ˌbæsourɪ'liːvou/ (pl. -s /-z/) n. (Art) bassorilievo m.

basswood, bass-wood /'bæswʊd/ n. (Bot) tiglio m. americano.

bast /bæst/ n. **1** (Bot) floema m., libro m. **2** (fibrous material) corteccia f. fibrosa, fibra f. del floema. **3** (Tess) rafia f. ☐ ~ *fibre* (o Am ~*fiber*) fibra del floema, rafia.

bastard /'bæstəd Am 'bæstərd/ I n. **1** bastardo m. (f. -a). **2** (spreg) bastardo m. (f. -a), carogna f., figlio m. (f. -a) di buona donna. **3** (fig) (sth. spurious) falso m., contraffazione f. II a. **1** bastardo, illegittimo. **2** (false) bastardo, falso, spurio, contraffatto. **3** (abnormal) di qualità inferiore, scadente. ☐ (Tip) ~*title* occhiello, occhietto; (Zool) ~ *wing* ala bastarda, alula.

bastardisation /ˌbæstədɪ'zeɪʃən/ n. (Br) **1** imbastardimento m. **2** (fig) (debasement) adulterazione f., svilimento m.

bastardise /'bæstədaɪz/ v.t. (Br) **1** imbastardire. **2** (fig) svalutare, svilire, adulterare.

bastardised /'bæstədaɪzd/ a. (Br) imbastardito.

bastardization /ˌbæstəd(a)ɪ'zeɪʃən Am ˌbæstərdɪ'zeɪʃən/ n. **1** imbastardimento m. **2** (fig) (debasement) adulterazione f., svilimento m.

bastardize /'bæstədaɪz Am 'bæstərdaɪz/ v.t. **1** imbastardire. **2** (fig) svalutare, svilire, adulterare.

bastardized /'bæstədaɪzd Am 'bæstərdaɪzd/ a. imbastardito.

bastardy /'bæstədi Am 'bæstərdi/ n. bastardaggine f., illegittimità f., condizione f. di bastardo. ☐ (Dir) ~ *order* ingiunzione di provvedere al mantenimento di un figlio illegittimo.

baste[1] /beɪst/ v.t. (Sart) imbastire.

baste[2] /beɪst/ v.t. (Gastron) ungere ripetutamente (con burro o grasso).

baste[3] /beɪst/ v.t. (ant) bastonare, picchiare.

bastil, bastille /bæs'tiːl/ n. **1** fortezza f. **2** (jail) prigione f.

Bastille /bæs'tiːl/ n.pr. (Stor) Bastiglia f. ☐ ~ *Day* festa della presa della Bastiglia, 14 luglio.

bastinado /ˌbæstɪ'neɪdou/ I n. (pl. -es /-z/) **1** (Stor) punizione f. consistente nel colpire con un bastone le piante dei piedi. **2** (stick) bastone m., randello m. II v.t. bastonare, randellare.

basting[1] /'beɪstɪŋ/ n. **1** (Sart) imbastitura f. **2** pl. filo m.sing. da imbastire.

basting[2] /'beɪstɪŋ/ n. (Gastron) l'ungere (ripetutamente con burro o grasso).

basting[3] /'beɪstɪŋ/ n. (ant) pestata f.

bastion /'bæstiən/ n. **1** (Arch) bastione m. **2** (fig) baluardo m.: the last ~ l'ultimo baluardo.

bat[1] /bæt/ n. **1** (Sport) (in cricket, baseball) mazza f.; (in table tennis) racchetta f. **2** (Sport) battuta f.: to be at ~ essere alla battuta. **3** (Sport) (turn) turno m. di battuta. **4** (Sport) (batter) battitore m. (f. -trice). **5** (blow) colpo m., botta f. **6** (of an eyelid) battito m. (di ciglia). **7** (Br,Aer) paletta f. (di segnalazione). **8** (Ceram) pezzo m., blocco m. **9** (colloq) (pace) rapidità f., velocità f. **10** (Am,colloq) (spree) baldoria f. ☐ (Am,fig) to *go on a* ~ fare baldoria, fare bisboccia; in the ~*of an eyelid* in un batter d'occhio; (Br,fig) *off* one's own ~ di propria iniziativa, di testa propria; (Am, colloq) right *off the* ~ senza esitare, fin dall'inizio.

bat[2] /bæt/ (prep., p.p. **batted** /'bætɪd Am 'bætɪd/) I v.t. **1** battere, picchiare. **2** (wink) battere (ciglia), sbattere (le ciglia), ammiccare. II v.i. **1** (Sport) colpire (la palla), battere. **2** (to be at bat) battere: who's *-ting next?* a chi tocca battere? ☐ to ~ *an eyelid* battere le ciglia; (fig) he didn't ~ *an eyelid* non ha battuto ciglio.

bat[3] /bæt/ n. (Zool) pipistrello m. ☐ *to have -s in the belfry* essere un pazzoide, avere qualche rotella fuori posto; like a ~ *out of hell* come un fulmine.

batboy, bat-boy /'bætbɔɪ/ n. (Sport) batboy m., ragazzo m. che tiene le mazze da baseball.

batch /bætʃ/ I n. **1** lotto m., partita f. **2** (group) gruppo m.: a ~ *of recruits* un gruppo di reclute. **3** (quantity of loaves, etc.) infornata f. **4** (Inform) batch m. II v.t. **1** suddividere in lotti, lottizzare. **2** (Inform) ~*file* file batch; ~ *number* numero di lotto; (Inform) ~*processing* elaborazione batch.

bate[1] /beɪt/ I v.t. **1** trattenere, frenare. **2** (to lessen) diminuire, ridurre. II v.i. diminuire, decrescere.

bate[2] /beɪt/ v.t. (of a captured bird's wings) battere, scuotere.

bate[3] /beɪt/ n. (Br,ant,colloq) ira f., furia f.

bated /'beɪtəd Am 'beɪtɪd/ ☐ *with ~breath* col fiato sospeso.

Batesian /'beɪtsiən/ ☐ (Zool) ~*mimicry* mimetismo batesiano.

batfish /'bætfɪʃ/ n. (Itt) pesce m. pipistrello, malte m.

bath /bɑːθ Am bæθ/ I n. **1** bagno m. **2** (Chim, Fot) bagno m. **3** (bathtub) vasca f. da bagno. **4** (bathroom) bagno m., stanza f. da bagno. **5** (Br) acqua f. per il bagno: to draw (o run) a ~ fare scorrere l'acqua per il bagno. **6** pl. (Br) (swimming baths) piscina f.sing., piscina f.sing. coperta. **7** pl. (Br,ant) (bathhouse) bagni m.pl.; (public baths) bagni m.pl. pubblici. **8** pl. (Stor) terme f.pl.: the -s of Caracalla le terme di Caracalla. **9** (resort, spa) stazione f. termale, bagni m.pl. II v.t. (Br) lavare, fare il bagno a: to ~ the baby fare il bagno al bambino. ☐ (ant) ~*chair* (o Bath*chair*) sedia a rotelle; (Br) to *have* a ~ fare il bagno; ~*mat* scendibagno, tappetino da bagno; ~*oil* olio da bagno; ~*salts* sali da bagno; to*take* a ~: 1 (Am) fare il bagno; 2 (Br,fig) avere un crollo finanziario; ~*towel* telo da bagno.

Bath /bɑːθ Am bæθ/ n.pr. (Geog) Bath f. ☐ (Br,Dolc) ~*bun* panino dolce con uvetta.

bathe /beɪð/ I v.i. **1** fare il bagno. **2** (to swim) nuotare. **3** (fig) crogiolarsi, bearsi. II v.t. **1** (spec. Am) fare il bagno a. **2** (to apply water to) lavare, bagnare: to ~ a wound lavare una ferita. **3** (fig) (to envelop) inondare: the square was ~d in sunlight la piazza era inondata di sole. **4** (poet) (of rivers, etc.) bagnare. III n. **1** (spec. Am) bagno m.: to go for a ~ andare a fare il bagno. **2** (swim) nuotata f.

bather /'beɪðər/ n. bagnante m.f.

bathetic /bə'θetɪk Am ˌbə'θetɪk/ a. che cala di tono, che cade nel ridicolo.

bathhouse /'bɑːθhaus Am 'bæθhaus/ n. bagni m.pl., stabilimento m. balneare.

bathing /'beɪðɪŋ/ n. balneazione f. ☐ ~*attendant* bagnino; ~*beauty* miss in costume da bagno; ~*cap* cuffia da bagno; (Br) ~*costume* costume da bagno; ~*hut* cabina (da spiaggia); (ant) ~*machine* cabina balneare su ruote; ~*shoes* scarpette da bagno; ~*suit* costume da bagno; ~*trunks* pantaloncini da bagno, costume da bagno.

bathmat /'bɑːθmæt Am 'bæθmæt/ n. scendibagno m., tappetino m. da bagno.

batholith /'bæθoʊlɪθ/ n. (Geol) batolite f.

bathometer /bə'θɒmɪtər Am bə'θɑːmətər/ n. (Topogr) batometro m.

bathos /'beɪθɒs Am 'beɪθɑːs/ n. **1** (Ret) anticlimax m. **2** (triviality) banalità f., luogo m. comune. **3** (sentimentality) sentimentalismo m., pateticità f.

bathrobe /'bɑːθroʊb Am 'bæθroʊb/ n. **1** (Br) accappatoio m. **2** (Am) vestaglia f.

bathroom /'bɑːθruːm Am 'bæθruːm/ n. bagno m., stanza f. da bagno. ☐ ~*scales* (bilancia) pesapersone.

Bathsheba /'bæθʃɪbə/ n.pr.f. (Bibl) Betsabea.

bathtub /'bæθtʌb/ n. (Am) vasca f. da bagno.

bathwater /'bɑːθ,wɔːtər Am 'bæθ,wɔːtər/ n. acqua f. del bagno.

bathyal /'bæθiəl/ a. (Topogr,Geol) batiale.

bathymetric /ˌbæθɪ'metrɪk/ a. (Topogr) batimetrico.

bathymetry /bə'θɪmɪtri/ n. (Topogr) batometria f., batimetria f.

bathypelagic /ˌbæθɪpə'lædʒɪk/ a. (Biol) batipelagico.

bathyscaphe /'bæθɪskæf/ n. (Mar) batiscafo m.

bathysphere /'bæθɪsfɪər Am 'bæθɪsfɪr/ n. (Mar) batisfera f.

batik /'bætɪk Am 'bætɪk/ n. (Tess) batik m.

batiste /bæ'tiːst/ n. (Tess) batista f.

batman /'bætmən/ *n.irr.* (*Br,Mil,ant*) attendente *m.*

bat mitzvah /ba:t'mɪtsvə/ *n.* (*Rel.ebr*) **1** cerimonia *f.* di maggiorità religiosa (per una femmina), bat mitzvah *m.* **2** (*girl*) ragazza *f.* che ha raggiunto la maggiorità religiosa, figlia *f.* del comandamento, bat mitzvah *f.*

baton /'bætən/ *n.* **1** bastone *m.* **2** (*Br*) (*of a policeman*) bastone *m.*, manganello *m.*, sfollagente *m.* **3** (*of a majorette*) mazza *f.* **4** (*Mus*) (*of a conductor*) bacchetta *f.*: *under the ~ of* sotto la direzione di (*anche fig*). **5** (*Sport,fig*) testimone *m.*, staffetta *f.*: (*fig*) *to pass the ~* passare il testimone, passare la staffetta. □ *~ charge* carica di poliziotti (con sfollagente); (*fig*) *~ passing* staffetta, passaggio del testimone; (*Br,Arm*) *~ round* proiettile di gomma.

batrachian /bə'treɪkɪən/ *a.* (*Zool*) di batrace.

bats /bæts/ *a.* (*colloq*) pazzo, folle, tonto.

batsman /'bætsmən/ *n.irr.* **1** (*Br,Sport*) battitore *m.* **2** (*Aer*) segnalatore *m.* di manovre (mediante palette).

batt /bæt/ *n.* (*Tess*) ovatta *f.* (per isolamento).

battalion /bə'tælɪən/ *n.* **1** (*Mil*) battaglione *m.* **2** (*army*) esercito *m.*, armata *f.* **3** (*fig*) (*organized group*) esercito *m.*, schiera *f.*

battels /'bætəlz/ *n.pl.* (*Br*) spese *f.pl.* di vitto e alloggio per uno studente a Oxford.

batten[1] /'bætən/ *v.i.* **1** ingrassare. **2** (*to glut oneself*) rimpinzarsi, riempirsi, fare una scorpacciata (*on, upon* di). **3** (*fig*) (*to prosper*) ingrassarsi, arricchirsi, prosperare (*on* a spese di).

batten[2] /'bætən/ **I** *n.* **1** assicella *f.* di legno, listello *m.* di legno. **2** (*Mar*) (*for a sail*) stecca *f.*; (*for a hatch*) serretta *f.* di chiusura. **3** (*Edil*) asse *f.*, tavola *f.* **II** *v.t.* rinforzare con assicelle. □ (*Mar*) *to ~ down* chiudere (ermeticamente): *to ~ down the hatches* chiudere i boccaporti.

batter[1] /'bætə[r] *Am* 'bæt̬ə[r] / **I** *v.t.* **1** battere, colpire (ripetutamente), tempestare di colpi, attaccare. **2** (*to damage by blows*) danneggiare. **3** (*to maltreat*) maltrattare, malmenare. **4** (*Mil*) bombardare. **II** *v.i.* colpire, battere (ripetutamente), picchiare: *to ~ at the door* battere ripetutamente alla porta. □ *to ~ down* buttar giù; *to ~ to pieces* fare a pezzi.

batter[2] /'bætə[r] *Am* 'bæt̬ə[r] / *n.* (*Tip*) **1** carattere *m.* ammaccato. **2** (*defect*) difetto *m.*

batter[3] /'bætə[r] *Am* 'bæt̬ə[r] / *n.* (*Gastron*) pastella *f.*, impasto *m.* sbattuto.

batter[4] /'bætə[r] *Am* 'bæt̬ə[r] / *n.* (*Sport*) battitore *m.* (*f.* -trice).

batter[5] /'bætə[r] *Am* 'bæt̬ə[r] / **I** *v.i.* (*Arch*) essere inclinato, essere in pendenza. **II** *v.t.* inclinare. **III** *n.* inclinazione *f.*, scarpa *f.*

battered[1] /'bætəd *Am* 'bæt̬əd/ *a.* **1** rovinato, danneggiato. **2** (*maltreated*) maltrattato, malmenato, che ha subito percosse: *a ~ child* un bambino maltrattato.

battered[2] /'bætəd *Am* 'bæt̬əd/ *a.* (*Gastron*) in pastella: *~ cod* merluzzo (fritto) in pastella.

batterer /'bætərə[r] *Am* 'bæt̬ərə[r]/ *n.* persona *f.* che maltratta (o picchia) gli altri.

batterie /bætər'i; *Am* bætə'ri:/ □ *~ de cuisine* batteria di pentole.

battering /'bætərɪŋ *Am* 'bæt̬ərɪŋ/ *n.* **1** danneggiamento *m.*, battimento *m.* **2** (*violence*) maltrattamento *m.*, violenza *f.* □ (*Mil,ant*) *~ ram* ariete.

battery[1] /'bætəri *Am* 'bæt̬əri/ *n.* **1** batteria *f.* (*anche Mil,El,Mus*). **2** (*Psic*) batteria *f.* di test. □ *~ charger* caricabatterie; *~ chicken* (o *~ hen*) pollo di allevamento.

battery[2] /'bætəri *Am* 'bæt̬əri/ *n.* (*Dir*) percosse *f.pl.*, aggressione *f.*, maltrattamento *m.*

battery-operated /'bætəri,ɒpəreɪtəd *Am* 'bætəri,ɑ:pəreɪtəd/ *a.* (che funziona) a batteria.

battery-powered /'bætəri,pauəd *Am* 'bætəri,pauə[r]d/ *a.* (che funziona) a batteria.

batting /'bætɪŋ *Am* 'bæt̬ɪŋ/ *n.* **1** (*Sport*) battuta *f.* **2** (*Tess*) ovatta *f.* (per imbottitura). □ (*Am, Sport*) *~ average* media battute.

battle /'bætl̩ *Am* 'bæt̬l̩/ **I** *n.* battaglia *f.*, combattimento *m.*, scontro *m.*, lotta *f.* (*anche fig*). **II** *v.i.* combattere. **2** (*fig*) (*to struggle*) combattere, lottare. **III** *v.t.* combattere, lottare contro. □ *trial by ~* processo per duello; (*Mar.mil*) *~ cruiser* incrociatore da battaglia; (*Mil,fig*) *~ cry* grido di battaglia; *to do ~* dare battaglia; (*Mil*) *~ dress* uniforme da campo; (*Psic*) *~ fatigue* stress da combattimento; *~ front* fronte (*anche fig*): *on the political ~ front* sul fronte politico; (*Mil,fig*) *~ line* linea di battaglia; (*fig*) *the ~ lines are drawn* i contendenti sono pronti a dare battaglia; (*Stor*) *the ~ of Britain* la Battaglia d'Inghilterra; (*fig*) *the ~ of the bulge* la lotta per mantenere la linea; (*fig*) *~ of wits* competizione tra cervelloni; (*fig*) *a ~ of words* uno scontro verbale; (*Mil*) *~ order* ordine di battaglia; (*Art,Lett*) *~ piece* descrizione (pittorica o letteraria) di una battaglia; *~ plan*: **1** (*Mil*) strategia di battaglia; **2** (*fig*) strategia operativa; *~ royal*: **1** combattimento fra più combattenti; **2** (*fig*) discussione accesa; (*Mil,Mar*) *~ stations* posti di combattimento; *to ~ one's way through a crowd* farsi strada a fatica tra la folla. *Prov.*: *the ~ is to the strong* la vittoria è dei forti.

battleax /'bætl̩æks/ *n.* **1** azza *f.* **2** (*colloq*) donna *f.* autoritaria, donna *f.* dispotica, virago *f.*

battlecruiser /'bætl̩kru:zə[r] *Am* 'bætl̩kru:zə[r]/ *n.* (*Mar.mil*) incrociatore *m.* da battaglia.

battledore /'bætl̩dɔ:[r] *Am* 'bætl̩dɔ:[r]/ *n.* (*Sport*) **1** volano *m.* **2** (*racket*) racchetta *f.* per il volano.

battledress /'bætl̩dres *Am* 'bætl̩dres/ *n.* (*Mil*) uniforme *m.* da campo.

battlefield /'bætl̩fi:ld *Am* 'bætl̩fi:ld/ *n.* campo *m.* di battaglia.

battleground /'bætl̩graund *Am* 'bætl̩graund/ *n.* campo *m.* di battaglia.

battlement /'bætl̩mənt *Am* 'bæt̬l̩mənt/ *n.* (*Arch*) **1** merlatura *f.* **2** *pl.* parapetto *m.sing.*

battlemented /'bætl̩,məntɪd *Am* 'bæt̬l̩,məntɪd/ *a.* (*Arch*) merlato.

battler /'bætl̩ə[r] *Am* 'bæt̬l̩ə[r]/ *n.* **1** combattente *m./f.*, lottatore *m.* (*f.* -trice) (*anche fig*). **2** (*Aus*) prostituta *f.*

battle-scarred /'bætl̩skɑ:d *Am* 'bætl̩skɑ:rd/ *a.* con ferite di guerra.

battleship /'bætl̩ʃɪp *Am* 'bætl̩ʃɪp/ *n.* nave *f.* da guerra. □ *~ grey* (o *Am ~ gray*) grigio chiaro.

battue /'bætu:/ *n.* **1** (*Caccia*) battuta *f.* **2** (*fig*) carneficina *f.*

batty /'bæti *Am* 'bæt̬i/ *a.* (*colloq*) pazzo, folle, tonto.

batwing /'bætwɪŋ/ □ (*Sart*) *~ sleeve* manica a pipistrello.

bauble /'bɔːbl̩/ *n.* **1** ninnolo *m.*, gingillo *m.* **2** (*ball on a Christmas tree*) pallina *f.* per albero di Natale. **3** (*jester's staff*) bastone *m.* da giullare.

baud /bɔːd/ *n.* (*Inform*) baud *m.* □ (*Inform*) *~ rate* velocità (di trasmissione) in baud.

baulk /bɔːk/ **I** *v.i.* **1** arrestarsi, ricalcitrare, rifiutarsi. **2** (*to avoid, to shirk*) esitare, arrestarsi, tirarsi indietro (*at* davanti a): *he doesn't ~ at hard work* non si tira indietro se c'è da lavorare sodo. **II** *v.t.* ostacolare, intralciare: *to ~ so.'s plans* ostacolare i piani di qcu. **III** *n.* **1** ostacolo *m.*, difficoltà *f.*, intralcio *m.* **2** (*Agr*) porca *f.* **3** (*Edil*) (*timber*) trave *f.*; (*tie beam*) catena *f.* **4** (*Sport*) (*in baseball*)

fallo *m.* del lanciatore. **5** (*Sport*) (*in billiards*) punto *m.* di acchito, linea *f.* di acchito.

baulkiness /'bɔːkɪnəs/ *n.* (*spec. Am.*) testardaggine *f.*, cocciutaggine *f.*

baulky /'bɔːki/ *a.* (*spec. Am.*) **1** (*of a horse*) ricalcitrante. **2** (*stubborn*) testardo, cocciuto.

bauxite /'bɔːksaɪt/ *n.* (*Min*) bauxite *f.*

Bavaria /bə'veəriə *Am* bə'veriə/ *n.pr.* (*Geog*) Baviera *f.*

Bavarian /bə'veəriən *Am* bə'veriən/ **I** *a.* bavarese. **II** *n.* **1** bavarese *m./f.* **2** (*dialect*) bavarese *m.*, dialetto *m.* bavarese. □ (*Dolc*) *~ cream* bavarese.

bavarois /,bævə'wɑ:/ *n.* (*Dolc*) bavarese *f.*

bavaroise /,bævə'wɑ:z/ *n.* (*Dolc*) bavarese *f.*

bawbee /bɔː'biː/ *n.* (*Scott*) monetina *f.*

bawd /bɔːd/ *n.* (*ant*) **1** (*madam*) tenutaria *f.* di postribolo. **2** (*prostitute*) prostituta *f.*, sgualdrina *f.*

bawdiness /'bɔːdɪnəs/ *n.* oscenità *f.*, licenziosità *f.*

bawdry /'bɔːdri/ *n.* oscenità *f.*, licenziosità *f.*

bawdy /'bɔːdi/ *a.* osceno, lascivo, licenzioso, spudorato. □ (*volg*) *~ house* postribolo, bordello.

bawl /bɔːl/ **I** *v.t.* urlare, gridare (a squarciagola), strillare. **II** *v.i.* **1** piangere rumorosamente, strillare. **2** (*to shout*) gridare, urlare (*at* a). **III** *n.* **1** urlo *m.*, grido *m.* **2** (*crying*) strillo *m.*, pianto *m.* rumoroso. □ (*Am, colloq*) *to ~ so. out* sgridare qcu., fare una sfuriata a qcu., strapazzare qcu., (*region*) fare un cazziatone a qcu.; *to ~ out to so.* chiamare qcu. a gran voce, urlare a qcu.

bawling /bɔːlɪŋ/ *n.* (*Br*) sgridata *f.*, sfuriata *f.* (*region*) cazziatone *m.*: *to give so. a ~* sgridare qcu., fare una sfuriata a qcu.

bay[1] /beɪ/ *n.* (*Geog*) **1** baia *f.*, insenatura *f.*: *the Bay of Bengal* la baia di Bengal. **2** (*indentation of hills*) recesso *m.*, anfratto *m.* **3** (*Am*) (*tract of prairie*) radura *f.* □ (*Geog*) *the Bay of Pigs* la baia dei Porci; (*Geog*) *~ State* stato del Massachusetts.

bay[2] /beɪ/ *n.* **1** (*Arch*) campata *f.*; (*bay window*) bow window *m.*, bovindo *m.* **2** (*bay window*) vano *m.* **3** (*separate place*) zona *f.*, reparto *m.*: *loading ~* zona adibita al carico. **4** (*Mar*) (*sick bay*) infermeria *f.* **5** (*Br,Ferr*) (*bay platform*) binario *m.* tronco. **6** (*Br*) (*in bus stations*) piazzola *f.* □ (*Arch*) *~ window* bow window, bovindo (a pianta rettangolare).

bay[3] /beɪ/ **I** *n.* **1** abbaio *m.* **II** *v.i.* abbaiare, latrare. **III** *v.t.* **1** (*rar*) abbaiare a. **2** (*Caccia*) (*to bring to bay*) fermare. □ *at ~* alle strette, a bada (*anche fig*): *to hold* (o *keep*) *so. at ~* tenere qcu. a bada; *to ~ at the moon* abbaiare alla luna (*anche fig*); (*fig*) *to ~ for blood* invocare vendetta; *to bring to ~* fermare; (*fig*) mettere con le spalle al muro.

bay[4] /beɪ/ *n.* **1** (*Bot*) (*bay laurel*) alloro *m.*, lauro *m.* **2** (*Am,Bot*) (*bayberry*) pimento *m.* **3** (*garland*) corona *f.* di alloro. **4** *pl.* (*fame*) allori *m.pl.* □ *~ leaf* (foglia *f.* di) lauro; *~ rum* estratto di pimento; (*Bot*) *~ rum tree* pimento; (*Bot*) *~ tree* alloro, lauro.

bay[5] /beɪ/ **I** *n.* (*colour, horse*) baio *m.* **II** *a.* baio.

bayadere /,bɑːjə'dɪə[r] *Am* 'baɪədɪr/ *n.* (*Tess*) baiadera *f.*, stoffa *f.* a strisce.

bayberry /'beɪbəri *Am* 'beɪ,beri/ *n.* **1** (*Bot*) pimento *m.* **2** (*wax myrtle*) mirica *f.* cerifica.

bayonet /'beɪənɪt/ **I** *n.* baionetta *f.*: *to fix ~s* innestare la baionetta. **II** *v.t.* (*past, p.p.* **bayoneted/bayonetted** /-tɪd *Am* -t̬ɪd/) colpire con la baionetta. □ (*El*) *~ base* zoccolo a baionetta; *~ charge* assalto alla baionetta; *~ thrust* baionettata.

bazaar /bə'zɑː[r] *Am* bə'zɑːr/ *n.* **1** bazar *m.* **2**

charity sale) vendita *f.* di beneficenza.

bazooka /bə'zuːkə/ *n.* (*Mil*) bazooka *m.*

BB /ˌbiːˈbiː/ *Boys' Brigade* (club per ragazzi simile agli scout).

BBC /ˌbiːbiːˈsiː/ *British Broadcasting Corporation* BBC (ente radiofonico britannico).

BBL (*colloq*) (*used in chat messages, etc.*) be back later (torno dopo, torno tra un po').

bbl. *dry barrel* barile asciutto, pari a 115,6 l.

BBQ /ˌbiːbiːˈkjuː, ˈbɑːrbəkjuː/ *barbecue* (barbecue).

BBS /ˌbiːbiːˈes/ (*Inform*) *Bulletin Board System* BBS (bacheca elettronica).

BC /biːˈsiː/ **1** *Before Christ* a.C. (avanti Cristo). **2** (*Geog*) *British Columbia* BC (Columbia Britannica).

BCE *Before the Common Era* (prima dell'era comune).

B-cell /ˈbiːsel/ *n.* (*Med*) linfocita *m.* B, linfocito *m.* B.

BCG /ˌbiːsiːˈdʒiː/ (*Biol*) *Calmette-Guérin bacillus* BCG (bacillo di Calmette-Guérin).

B-complex /ˈbiːˈkɒmpleks Am ˌbiːˈkɑːmpleks/ *n.* (*Farm*) complesso *m.* vitaminico B.

Bd (*Inform*) baud B, Bd (baud).

BD /ˌbiːˈdiː/ **1** *Bachelor of Divinity* (laureato in teologia). **2** *Bangladesh* BD (Bangladesh).

B/D *bank draft* AB (assegno bancario).

bdellium /ˈdeliəm/ *n.* (*Chim*) bdellio *m.*

Bdr. (*Aer.mil*) *Bombardier* (bombardiere).

BDS /ˌbiːdiːˈes/ **1** *Bachelor of Dental Surgery* (laureato in odontoiatria). **2** *Barbados* BDS (Barbados).

be /bi, bɪ emphatic biː/ (*pres.ind. 1ª pers.* **am** /əm, m emphatic æm/; *2ª pers.* **are** /ər emphatic ɑːr ɑːr/, *3ª pers.* **is** /z, s emphatic ɪz/, *pl.* **are**; *past 1ª pers.* **was** /wəz, wz emphatic wɒs Am waːz, wʌz/, *2ª pers.* **were** /wər emphatic wɜː Am wɜːr/, *pl.* **were**; *pres.cong.* **be**; *cong.pass.* **were**; *p.pres.* **being** /'biːɪŋ/; *p.p.* **been** /biːn Br also biːn/) **I** *v.i.* **1** essere: *I am tired* sono stanco; *if I were you* se fossi in te; *is that you?* sei tu? **2** (*to exist*) essere, esistere: *I think, therefore I am* penso, dunque sono; *~ or not to ~, that is the question* essere o non essere, questo è il problema; *that may ~* può essere. **3** (*to happen*) essere, accadere, avvenire: *what was it?* che cos'è stato?; *the match will ~ tomorrow* l'incontro avrà luogo domani. **4** (*to occupy a position*) essere, stare, trovarsi: *the dog is under the table* il cane sta sotto il tavolo; *to be in trouble* trovarsi nei pasticci (*o* nei guai). **5** (*to remain, to continue*) essere, stare, rimanere, trattenersi: *I'll ~ here until next week* rimarrò qui fino alla settimana prossima; *so ~ it* così sia, e sia. **6** (*to equal*) essere, essere uguale a, fare, ammontare a: *let x ~ any unknown quantity* sia x una (grandezza) incognita; *4 and 4 are 8* 4 più 4 fa 8. **7** (*to go; solo nei tempi composti*) stare: *have you ever been to London?* sei mai stato a Londra? **8** (*to come*) venire: *has anyone been here?* è venuto qualcuno? **9** (*to come from*) essere, venire, provenire: *where are you from?* di dove sei?, da dove vieni? **10** (*to cost*) essere, costare: *how much is it?* quant'è?, quanto costa? **11** (*to become*) diventare, essere: *she wants to ~ an actress* vuole diventare (*o* fare l') attrice. **12** (*of health, feelings, etc.*) essere, stare, sentirsi: *how are you? - I'm very well* come stai? - sto molto bene; *he seems to ~ very cheerful* sembra (essere) molto allegro. **13** (*to mean*) essere, significare: *money is all to him* il denaro è tutto per lui. **14** (*of work, profession*) fare, essere: *he is a baker* fa il fornaio; *he is a lawyer* è avvocato. **15** (*of time*) essere:

what time is it? che ora è?, che ore sono?; *it's seven o'clock* sono le sette; *it was in summer* era d'estate. **16** (*of the weather*) fare: *it's cold today* oggi fa freddo. **17** (*of age*) avere: *to ~ twenty* (*years old*) avere vent'anni. **18** (*with possessive meaning*) essere: *it was my father's* era di mio padre. **II** *v.aus.* **1** (*to form continuous tenses*) stare, *often not translated*: *what are you doing?* che fai?; *she was working* stava lavorando. **2** (*to form the passive*) essere, venire: *he was scolded by the teacher* è stato sgridato dalla maestra; *modern languages are taught in many schools* le lingue moderne vengono insegnate in molte scuole, le lingue moderne si insegnano in molte scuole. □ *to ~ about to do sth.* stare per fare qcs., essere sul punto di fare qcs.; *while I was about it* già che c'ero; (*colloq*) *what is he about?* dove vuole arrivare?; *to ~ afraid* avere paura; *to ~ after sth.* essere a caccia di qcs., cercare (di ottenere) qcs., mirare a qcs.; (*Br,colloq*) *been and* ecco che, accidenti: *somebody's been and stolen my umbrella* ecco che qualcuno mi ha rubato l'ombrello; *he doesn't know what he's at* non sa quello che fa; *to ~ born* nascere; *to ~ for* essere per, essere a favore di, servire; (*colloq*) *now you're (in) for it* ora sei nei guai; *had it not -en for him* (*o were it not for him*) se non fosse stato per lui; *to ~ going to* avere intenzione di: *I'm going to do it afterwards* lo farò dopo; (*lett*) *~ gone* vattene; *to ~ hungry* avere fame; *to ~ in*: **1** (*at home*) essere in casa; **2** (*to wear*) indossare, portare; **3** (*in fashion*) essere di moda, essere in voga; **4** (*in favour*) essere apprezzato, avere buoni rapporti: *he's very well in with the boss* è in ottimi rapporti con il capo; *~ it known that* si sappia che; *to ~ like so.* assomigliare a qcu.; *to ~ likely* essere probabile: *it's likely to rain* è probabile che piova; (*colloq*) *pouring it ~* to avere a *long time* metterci molto tempo: *he was a long time getting there* gli ci volle molto tempo per arrivare, ci mise molto tempo per arrivare; *I won't ~ long* non starò via molto, non ci metterò molto; *don't ~ long about it* fai presto, spicciati; *to ~ off*: **1** (*to depart*) andare, andarsene: *~ off with you!* vattene!; **2** (*to cancel*) sospendere, rinviare: *the match is off* l'incontro è sospeso; *not to ~ oneself* non stare bene: *he's not himself today* oggi non sta bene, oggi non è in forma; *to ~ out*: **1** (*absent*) esser fuori, essere uscito; *to ~ out of work* essere disoccupato; *we're out of cigarettes* abbiamo finito le sigarette; **2** (*out of fashion*) essere fuori moda; *to ~ over* essere finito, essere passato; *he is over thirty* ha più di trent'anni; *to ~ right* avere ragione, fare bene; *to ~ sleepy* avere sonno; *~ that as it may* sia come sia; *to ~ thirsty* avere sete; *to ~ through*: **1** (*of things*) avere finito, avere terminato: *are you through with that book yet?* hai finito quel libro?; **2** (*of persons*) avere rotto, non avere più nulla a che fare; **3** (*Tel*) essere in comunicazione; *to ~ to*: **1** dovere: *what am I to do?* che cosa devo fare?; *we are to meet at the theatre* ci dobbiamo incontrare al teatro; **2** (*indicating possibility*) essere, *translated by a reflexive construction*: *he was nowhere to ~ found* non si trovava da nessuna parte; **3** (*indicating purpose*) essere per: *the telegram was to say that* il telegramma era per avvertire che; *to ~ up* essere in piedi, essere alzato; *that's up to him* è affar suo, sta a lui decidere; *to ~ with so.*: **1** (*to understand*) capire qcu., seguire qcu.: *are you with me?* mi segui?; **2** (*to support*) sostenere qcu., essere con qcu., essere dalla parte di qcu.; *to ~wrong* essere in errore, sbagliare, sbaglia-

si; to ~ in the wrong avere torto.

BE /ˌbiːˈes/ **1** *Bachelor of Education* (laureato in pedagogia). **2** *Bachelor of Engineering* (laureato in ingegneria).

B/E *bill of exchange* (cambiale).

beach /biːtʃ/ **I** *n.* **1** spiaggia *f.*, lido *m.* **2** (*seaside*) mare *m.*: *a holiday at the ~* una vacanza al mare. **II** *v.t.* (*Mar*) tirare in secco. □ *~ ball* pallone da spiaggia; *~ boy* bagnino; (*Aut*) *~ buggy* beach buggy, fuoristrada leggero; (*spec. Am,colloq*) *~ bum* giovane che passa tutta l'estate al mare; (*Zool*) *~ flea* pulce di mare, talitro; (*Mar.mil*) *~ master* ufficiale che dirige le operazioni di sbarco; (*colloq*) *to be on the ~*: **1** (*of naval officers*) prestare servizio a terra; **2** (*out of work*) essere disoccupato, (*colloq*) essere a spasso; (*Bot*) *~ plum* prunus maritima; (*Abbigl*) *~ robe* copricostume; (*Sport*) *~ volley* beach volley.

beachcomber /ˈbiːtʃˌkoʊmər/ *n.* **1** persona *f.* che passa al setaccio le spiagge alla ricerca di oggetti preziosi, persona *f.* che vive di ciò che il mare rigetta sulla spiaggia. **2** (*vagrant*) vagabondo *m.* (*f.* -a).

beachfront /ˈbiːtʃfrʌnt/ *n.* (*spec. Am*) lungomare *m.*

beachhead /ˈbiːtʃhed/ *n.* **1** (*Mil*) testa *f.* di ponte, testa *f.* di sbarco. **2** (*fig*) avanzamento *m.*, progresso *m.*

beach-la-mar, Beach-la-mar /ˌbiːtʃlə'mɑːr Am ˌbiːtʃlə'mɑːr/ *n.* lingua *f.* franca (usata nei porti dei Mari del Sud), bislama *m.*

beachwear /ˈbiːtʃweər Am 'biːtʃwer/ *n.* abbigliamento *m.* da spiaggia.

beacon /ˈbiːkən/ **I** *n.* **1** falò *m.*, fuoco *m.* di segnalazione, segnale *m.* **2** (*hill*) monte *m.*, altura *f.* **3** (*lighthouse*) faro *m.* **4** (*buoy*) boa *f.* luminosa. **5** (*Rad*) radiofaro *m.* **6** (*Aer*) aerofaro *m.* **7** (*Br,Strad*) (*Belisha beacon*) luce *f.* intermittente gialla (che segnala un passaggio pedonale). **8** (*fig*) esempio *m.*, guida *f.* luminosa, faro *m.*

bead /biːd/ **I** *n.* **1** (*of a necklace*) perlina *f.*; (*of a rosary*) grano *m.* **2** (*drop*) goccia *f.*; (*fig*) perla *f.*: *a ~ of sweat* una goccia di sudore. **3** (*sight of a gun*) mirino *m.* **4** (*bubble in liquids*) bolla *f.*, bollicina *f.*; (*foam*) schiuma *f.* **5** (*Arch,Arred*) (*moulding*) tondino *m.* **6** (*Mecc*) modanatura *f.*, nervatura *f.* **7** (*Chim*) goccia *f.* di fondente. **8** *pl.* (*necklace*) collana *f.sing.*; (*rosary*) rosario *m.sing.* **II** *v.t.* ornare, munire di perle, munire di grani, imperlare. **III** *v.i.* formare perle, formare grani, imperlarsi: *sweat -ed on his forehead* la fronte gli s'imperlò di sudore. □ (*Am,fig*) *to draw a ~ on a target* (*o to get a ~ on a target*) mirare con cura (al bersaglio); (*Aut*) *~ of the rim* bordo del cerchio; (*Rel.catt*) *to say one's -s* dire il rosario.

beaded /ˈbiːdɪd/ *a.* ornato di perline.

beadhouse /ˈbiːdhaʊs/ *n.* (*Stor*) ricovero *m.* di mendicità, ospizio *m.* di mendicità.

beading /ˈbiːdɪŋ/ *n.* **1** (*decorative trimming*) decorazione *f.* di perline. **2** (*moulding*) modanatura *f.*, tondino *m.* □ *~ needle* ago sottile (adatto per infilare perline).

beadle /ˈbiːdl/ *n.* **1** (*Br,Stor*) (*parish officer*) sagrestano *m.*, (*ant*) scaccino *m.*; (*in university ceremonies*) mazziere *m.* **2** (*Am*) (*court messenger*) usciere *m.* (*f.* -a), messo *m.*

beadsman /ˈbiːdzmən/ *n.irr.* (*f.* **-woman**) **1** (*ant,Rel*) persona *f.* che prega per l'anima altrui. **2** (*inmate of a poorhouse*) ricoverato *m.* (*f.* -a) in ospizio, mendicante *m./f.*

beadwork /ˈbiːdwɜːk Am 'biːdwɜːrk/ *n.* perline *f.pl.*, guarnizione *f.* di perline.

beady /ˈbiːdi/ *a.* **1** simile a una perlina. **2** (*of eyes*) piccolo e luccicante. **3** (*full of beads*) ornato di perline, imperlato.

beagle /'bi:gl/ *n.* **1** (*Zool*) beagle *m.*, bracchetto *m.*, cane *m.* inglese da lepre. **2** (*fig*) spia *f.*, delatore *m.* (*f.* -trice).

beagler /'bi:glər/ *n.* (*Caccia*) chi caccia la lepre con bracchetti.

beagling /'bi:glɪŋ/ *n.* (*Caccia*) caccia *f.* alla lepre con bracchetti.

beak /bi:k/ *n.* **1** becco *m.*; (*of birds of prey*) rostro *m.*; (*of other animals*) bocca *f.* **2** (*spout*) beccuccio *m.* **3** (*colloq*) (*nose*) naso *m.* adunco. **4** (*Br,sl*) (*magistrate*) giudice *m.*, magistrato *m.*; (*schoolmaster*) insegnante *m./f.* **5** (*Mar,ant*) rostro *m.*

beaked /bi:kt/ *a.* **1** a becco, rostrato. **2** (*of a nose*) a becco, adunco. ☐ (*Zool*) ~ *whale* zifido.

beaker /'bi:kər/ *n.* **1** bicchiere *m.* alto. **2** (*Archeol*) coppa *f.*, calice *m.* **3** (*Chim*) bicchiere *m.*, becher *m.* ☐ (*Archeol*) *Beaker folk* (o *Beaker people*) cultura del vaso campaniforme.

beakful /'bi:kful/ *n.* imbeccata *f.*

beaky /'bi:ki/ *a.* (*of a nose*) a becco, adunco.

be-all /'bi:ɔːl/ *n.* essenziale *m.* ☐ *the ~ and end-all*: **1** il tutto, la totalità; **2** (*the most important thing*) la cosa più importante in assoluto.

beam /bi:m/ **I** *n.* **1** (*Edil*) trave *f.* **2** (*Mar*) (*of a ship*) baglio *m.*; (*of an anchor*) fusto *m.*; (*breadth of a ship*) larghezza *f.* massima. **3** (*ray of light*) raggio *m.*: *laser* ~ raggio laser. **4** (*Rad*) fascio *m.* (d'onde); (*radio signal*) segnale *m.* unidirezionale costante; (*of a microphone*) portata *f.*, raggio *m.* d'azione. **5** (*of a balance*) giogo *m.* **6** (*Tess*) subbio *m.* **7** (*Mecc*) astina *f.*, trave *f.* **8** (*colloq*) (*rump*) didietro *m.*, sedere *m.*: *to be broad in the ~* essere largo (*o* grosso) di sedere. **9** (*broad smile*) sorrisone *m.*, sorriso *m.* radioso. **10** (*of a deer's antler*) asta *f.* **II** *v.t.* **1** irradiare, irraggiare. **2** (*Rad*) (*to broadcast, to direct*) orientare (mediante antenna direzionale). **3** (*to transport, in science fiction*) trasportare. **III** *v.i.* **1** (*of the sun*) risplendere, splendere. **2** (*of a person*) sorridere (radiosamente). ☐ (*Tecn*) ~ *aerial* antenna direttiva; (*Tecn*) ~ *compass* compasso a verga; (*Mecc*) ~ *engine* macchina a bilanciere; (*fig*) *a ~ in one's eye* la trave nell'occhio; *off* ~ (o *off the* ~): **1** (*Aer*) che non segue il segnale unidirezionale; **2** (*colloq*) fuori strada; *on the* ~: **1** (*Aer*) che segue il segnale unidirezionale: *to come in on the* ~ atterrare seguendo un segnale unidirezionale; **2** (*Mar*) al traverso; **3** (*Am, colloq*) sulla strada giusta; (*Mar*) ~ *sea* mare al traverso.

beam-ends /'bi:mendz/ *n.pl.* (*Mar*) teste *f.pl.* di baglio, estremità *f.pl.* di baglio. ☐ (*fig*) *to be on one's* ~ essere ridotto male.

beaming /'bi:mɪŋ/ *a.* **1** raggiante, splendente: ~ *sun* sole splendente. **2** (*fig*) raggiante, radioso.

beamy /'bi:mi/ *a.* **1** splendente, raggiante, radioso. **2** (*Mar*) (*of a ship*) largo. **3** (*of a stag*) con le corna, munito di corna.

bean /bi:n/ *n.* **1** fagiolo *m.* **2** (*hard seed*) seme *m.*, chicco *m.*, grano *m.*: *coffee* ~ chicco di caffè, grano di caffè; *soya* ~ seme di soia. **3** (*Am,colloq*) (*head*) testa *f.*, (*colloq*) capoccia *f.*: ~ *ball* una palla lanciata alla testa. **4** (*colloq*) (*small sum*) soldo *m.*: *I haven't a* ~ non ho un soldo, sono in bolletta. **II** *v.t.* (*colloq*) colpire alla testa. ☐ (*colloq*) ~ *counter* impiegato risparmioso; (*Alim*) ~ *curd* tofu; (*colloq*) ~ *feast* festa, baldoria; (*colloq*) *to give so.* -*s* punire qcu. severamente, rimproverare qcu. severamente; (*Am, colloq*) *I don't know a* ~ (*about it*) non so niente; (*colloq*) *to know how many* -*s make five* capire bene l'essenziale; (*Bot*) ~ *pod*

baccello; (*Gastron*) ~ *soup* fagiolata, minestra di fagioli; (*Alim*) ~ *sprouts* germogli di soia; (*Bot*) ~ *tree* albero che produce baccelli.

beanbag /'bi:nbæg/ *n.* poltrona *f.* sacco.

beanery /'bi:nəri/ *n.* (*Am,sl*) trattoria *f.* a buon mercato.

beanie /'bi:ni/ *n.* (*colloq*) berrettino *m.* aderente di lana.

beano /'bi:nou/ *n.* (*Br,colloq*) festa *f.*, baldoria *f.*

beanpole /'bi:npoul/ *n.* **1** (*Agr*) tutore *m.* per piante di fagioli. **2** (*colloq*) persona *f.* allampanata, stanga *f.*

beanshooter /'bi:nʃu:tər Am 'bi:nʃu:tər/ *n.* cerbottana *f.*

beanstalk /'bi:nstɔ:k/ *n.* (*Bot*) gambo *m.* di pianta di fagioli.

bear[1] /beər Am ber/ (*past* **bore** /bɔ:r Am bɔːr/, *p.p.* **borne** /bɔ:n Am bɔːrn/) **I** *v.t.* **1** partorire, mettere al mondo, generare: *to ~ a child* partorire un bambino. **2** (*to produce, to yield*) produrre, dare: *this tree -s fine pears* quest'albero produce delle belle pere. **3** (*to support*) portare, reggere, sostenere: *the ice was too thin to ~ my weight* il ghiaccio era troppo sottile per reggere il mio peso. **4** (*to allow, to permit*) permettere, ammettere. **5** (*to drive*) spingere, sospingere, portare. **6** (*rifl.*) *to ~ oneself* (*to behave*) comportarsi, condursi: *she bore herself with dignity* si comportò con dignità. **7** (*to endure*) sopportare, tollerare: *to ~ pain* sopportare il dolore. **8** (*to tollerate*) sopportare, soffrire, tollerare: *she can't ~ noise* non riesce a sopportare il rumore. **9** (*to carry*) portare, trasportare, (*lett*) recare: *to ~ gifts* portare doni. **10** (*to hold an opinion*) portare, serbare, avere: *to ~ a grudge against so.* serbare rancore a qcu. **11** (*to render*) rendere: *to ~ witness to sth.* rendere testimonianza, testimoniare qcs., attestare qcs. **12** (*to show*) mostrare, avere: *to ~ a resemblance to so.* avere una certa somiglianza con qcu., assomigliare a qcu. **13** (*to be entitled to*) aver diritto di: *to ~ title* avere il diritto di portare un titolo. **14** (*to be answerable for*) essere responsabile di, addossarsi: *to ~ the responsibility* addossarsi la responsabilità. **15** (*to exercise*) esercitare: *to ~ authority* esercitare l'autorità. **II** *v.i.* **1** dare frutti, produrre frutti, fruttificare. **2** (*to move, to proceed*) dirigersi, muoversi, andare: *the ship -s north* la nave si dirige verso nord. **3** (*to turn*) voltare, girare: *to ~ right* voltare a destra. **4** (*to lie*) essere situato, trovarsi. **5** (*to exert pressure*) forzare; (*against sth.* qcs.) fare pressione, fare forza (su, contro qcs.). ☐ (*Br*) *to ~ all before one* riuscire in qualsiasi cosa si faccia; *to ~ away*: **1** portar via, conquistare; **2** (*Mar*) poggiare, farsi portare; (*fig*) *to ~ the bell* riportare la palma; *to bring sth. to ~*: **1** puntare, mirare: *to bring a telescope to ~ on sth.* puntare un telescopio su qcs.; **2** (*to bring pressure*) *to bring sth. to ~ on so.* esercitare qcs. su qcu.: *to bring one's influence to ~ on so.* esercitare la propria influenza su qcu.; (*Bibl*) *to ~ one's cross* portare la propria croce; *to ~ down* (*on*): **1** premere, schiacciare, fare pressione (su); **2** (*fig*) (*to subdue*) sconfiggere, schiacciare; **3** (*fig*) (*to oppress*) gravare su, opprimere; **4** (*fig*) (*to approach menacingly*) avvicinarsi minacciosamente; **5** (*fig*) (*to strive*) lottare, impegnarsi (a fondo), sforzarsi; *to ~ evidence of sth.* mostrare segni di qcs.; (*Dir*) *to ~ evidence* deporre; *to ~ fruit*: **1** dar frutto, fruttare; **2** (*fig*) dare dei (buoni) frutti, dare dei risultati; *to ~ hard on* opprimere, gravare su; *to ~ in mind* tener presente, ricordare; *to ~*

interest fruttare; *to ~ no relation to* non avere alcun rapporto con, non essere in relazione con, non avere niente a che fare (*o a che* vedere) con; *to ~ off*: **1** (*to ward off*) allontanare, tenere lontano; **2** (*to carry off*) portar via; **3** (*to win*) conquistare; *to ~ on* riguardare, concernere: *information -ing on the case* un'informazione riguardante il caso; *to ~ out* confermare, convalidare, rafforzare: *he'll ~ me out* lui mi darà ragione; *to ~ record to sth.* testimoniare qcs., provare qcs.; *to ~ repeating*: **1** essere ripetibile: *language doesn't ~ repeating* il suo linguaggio è irripetibile; **2** (*to be worth repeating*) meritare di essere ripetuto, valere la pena di essere ripetuto; *to ~ resemblance to* somigliare a, assomigliare a; *to ~ testimony*: **1** (*Dir*) deporre, testimoniare, fare una deposizione; **2** (*to serve as proof*) provare, testimoniare, attestare, essere prova di: *his resignation -s testimony to his wisdom* le sue dimissioni provano la sua saggezza; *to ~ the marks of* portare i segni di; *to ~ up*: **1** (*to encourage*) incoraggiare, sostenere, far forza a; **2** (*to resist*) farsi forza, farsi coraggio, tenere testa a: *~ up!* coraggio!; *to ~ upon* riguardare, concernere; *to ~ with* sopportare, avere pazienza con: *you'll have to ~ with me* un attimo di pazienza.

bear[2] /beər Am ber/ **I** *n.* **1** (*Zool*) orso *m.* **2** (*fig*) orso *m.*, persona *f.* scontrosa. **3** (*teddy bear*) orsacchiotto *m.* **4** (*Econ*) ribassista *m./f.*, speculatore *m.* (*f.* -trice) al ribasso. **II** *a.* (*Econ*) (*o in*) ribasso, allo scoperto: *a ~ market* un mercato in ribasso. **III** *v.t.* (*Econ*) provocare un ribasso. ☐ (*ant*) ~ *baiter* cane addestrato a combattere contro gli orsi; (*ant*) ~ *baiting* combattimento *m.* di cani contro un orso (incatenato); (*Bot*) ~ *'s breech* acanto, branca ursina; (*Zool*) ~ *cat* panda minore; (*Bot*) ~ *'s ear* orecchia d'orso; (*Bot*) ~ *'s foot* elleboro puzzolente, cavolo di lupo; ~ *garden*: **1** (*Stor*) recinto degli orsi; **2** (*colloq*) luogo rumorosissimo, (*colloq*) gabbia di matti; (*Econ*) *to go a ~* speculare al ribasso; ~ *hug*: **1** (*colloq*) abbraccio vigoroso; **2** (*Sport*) cintura di fronte; (*ant,colloq*) ~ *leader* precettore che accompagna un giovane (in un viaggio d'istruzione); ~ *pit* fossa degli orsi; (*Econ*) ~ *rumours* voci allarmanti; (*Econ*) *to ~ the market* vendere allo scoperto; (*Br,colloq*) *to be like a ~ with a sore head* essere di pessimo umore.

Bear /beər Am ber/ *n.pr.* **1** (*Astr*) Orsa *f.*: *Great ~* Orsa maggiore; *Little ~* Orsa minore. **2** (*fig*) Russia *f.*

bearable /'beərəbl Am 'berəbl/ *a.* sopportabile, tollerabile.

bearably /'beərəbli Am 'berəbli/ *avv.* in modo sopportabile, in modo tollerabile.

bear-baiter /'beəˌbeɪtər Am 'berˌbeɪtər/ *n.* (*ant*) cane *m.* addestrato a combattere contro gli orsi.

bearbaiting, bear-baiting /'beəˌbeɪtɪŋ Am 'berˌbeɪtɪŋ/ *n.* (*ant*) combattimento *m.* di cani contro un orso (incatenato).

bearberry /'beəbəri Am 'berberi/ *n.* (*Bot*) uva *f.* ursina.

bearcat /'beəkæt Am 'berkæt/ *n.* (*Zool*) panda *m.* minore.

beard /bɪəd Am bɪrd/ **I** *n.* **1** barba *f.* (*anche Biol*): *to wear a ~* portare la barba. **2** (*Tip*) bianco *m.* di spalla inferiore. **II** *v.t.* **1** prendere per la barba. **2** (*fig*) affrontare, sfidare: *to ~ the lion in his den* sfidare il leone nella sua tana.

bearded /'bɪədɪd Am 'bɪrdɪd/ *a.* **1** barbuto, con la barba. **2** (*Bot*) barbato. ☐ (*Zool*) ~ *collie* collie barbuto; (*Zool*) ~ *dragon* (o

lizard) drago barbuto, pogona; (*Ornit*) ~ *tit* basettino; (*Zool*) ~*vulture* gipeto, avvoltoio barbuto.

beardless /ˈbɪədləs *Am* ˈbɪrdləs/ *a.* senza barba, imberbe, glabro.

bearer /ˈbeərə *Am* ˈberər/ *n.* 1 portatore *m.* (*f.* -trice); *native* -*s* portatori indigeni. 2 (*holder of rank, office*) titolare *m.ff.* 3 (*pallbearer*) chi porta la bara. 4 (*of a letter*) latore *m.* (*f.* -trice). 5 (*Arch,Edil*) elemento *m.* portante. □ (*to forestall*) ~*bond* obbligazione al portatore; (*Econ*) ~*security* titolo al portatore.

beargrass /ˈbeəɡrɑːs *Am* ˈberɡræs/ *n.* (*Bot*) nolina *f.*, agave *f.* selvatica.

bearing /ˈbeərɪŋ *Am* ˈberɪŋ/ *n.* 1 portamento *m.*, modo *m.* di camminare: *military* ~ portamento militare. 2 (*relevance*) relazione *f.*, attinenza *f.*, connessione *f.*, rapporto *m.*: *this has no* ~ *on the case* questo non ha nessuna attinenza con il caso. 3 (*Mar,Aer*) rilevamento *m.*: *compass* ~ rilevamento alla bussola. 4 (*act of producing*) produzione *f.* 5 (*Agr*) (*of a crop*) raccolto *m.* 6 (*endurance*) sopportazione *f.*: *beyond all* ~ al di là di ogni sopportazione. 7 (*Mecc*) cuscinetto *m.* 8 (*Edil*) appoggio *m.*, sostegno *m.* 9 (*Mil,Topogr*) angolo *m.* di direzione. 10 (*Arald*) insegna *f.* campita. 11 *pl.* (*fig*) posizione *f.sing.*, direzione *f.sing.*: *to find* (o *to get*) *one's* -*s* orientarsi; *to lose one's* -*s* disorientarsi, confondersi. □ ~ *rein* briglia corta; ~*surface* superficie *f.* di appoggio; (*Mar*) *to* *take a ship's* -*s* determinare la posizione di una nave, rilevare la posizione di una nave.

bearish /ˈbeərɪʃ *Am* ˈberɪʃ/ *a.* 1 sgarbato, scontroso, da orso. 2 (*Econ*) ribassista, (tendente) al ribasso.

bearishly /ˈbeərɪʃli *Am* ˈberɪʃli/ *avv.* 1 sgarbatamente, maleducatamente, da orso. 2 (*Econ*) (tendente) al ribasso.

bearishness /ˈbeərɪʃnəs *Am* ˈberɪʃnəs/ *n.* scontrosità *f.*, orsaggine *f.*

béarnaise, Béarnaise /ˌbeɪəˈneɪz *Am* ˌber ˈneɪz/ *n.* (*Gastron*) salsa *f.* bearnese. □ (*Gastron*) ~*sauce* salsa bearnese.

bearskin /ˈbeəskɪn *Am* ˈberskɪn/ *n.* 1 (*rug*) pelle *f.* d'orso. 2 (*Mil*) colbacco *m.*

beast /biːst/ *n.* 1 bestia *f.*, animale *m.*, belva *f.*: *a wild* ~ una bestia feroce, una belva. 2 (*riding animal*) animale *m.* da sella. 3 (*bovine*) bovino *m.* 4 (*fig*) (*of a man*) bestia *f.*, belva *f.*, animale *m.* 5 (*colloq*) (*a bad thing or situation*) bestia *f.*: *a* ~ *of a job* un lavoro bestiale; *a* ~ *of a day* una giornataccia. □ (*Lett*) ~ *epic* favolistica; ~*fable* favola (di animali); *to* *make a* ~ *of oneself* abbrutirsi; ~ *of burden* bestia da soma; -*s of draught* bestie da tiro; ~ *of prey* animale da preda, predatore.

Beast /biːst/ *n.* (*Bibl*) Bestia *f.*

beastie /ˈbiːsti/ *n.* (*colloq*) animaletto *m.*

beastliness /ˈbiːslɪnəs/ *n.* 1 bestialità *f.* 2 (*colloq*) comportamento *m.* disgustoso.

beastly /ˈbiːsli/ **I** *a.* 1 bestiale. 2 (*spec. Br, colloq*) (*nasty*) disgustoso, abominevole, da cani: ~ *weather* tempo da cani. **II** *avv.* 1 (*colloq*) in modo disgustoso, in modo abominevole. 2 (*ant*) (*very*) molto, terribilmente: *it's* ~ *cold* fa un freddo cane, fa un freddo bestiale.

beat[1] /biːt/ (*past* **beat**, *p.p.* **beaten** /ˈbiːtən *Am* ˈbiːtən/) **I** *v.t.* 1 battere, colpire, picchiare, percuotere; (*with a stick*) bastonare. 2 (*to defeat*) battere, vincere: *their team* ~ *ours* la loro squadra ha battuto la nostra. 3 (*to dash strike against*) battere su, battere contro. 4 (*to flap*) battere, sbattere: *the bird* ~ *its wings* l'uccello batteva le ali. 5 (*on a drum*) battere, suonare: *to* ~ *a tattoo* suonare la ritirata. 6

(*Gastron*) sbattere: *to* ~ *eggs* sbattere le uova. 7 (*Met*) battere: *to* ~ *gold into gold leaf* battere l'oro in foglie. 8 (*Met*) (*to forge*) forgiare. 9 (*to tread*) pestare, battere: *to* ~ *a path* battere un sentiero. 10 (*Mus*) (*to mark*) battere. 11 (*Caccia,Tess*) battere: *the men* ~ *the woods* gli uomini batterono i boschi. 12 (*to outdo*) battere, superare, essere superiore a: *nothing can* ~ *fishing as a hobby* come passatempo non c'è niente di meglio della pesca. 13 (*to forestall*) battere (sul tempo), prevenire. 14 (*colloq*) (*to baffle*) confondere, lasciare perplesso: *it* -*s me* sono senza parole. 15 (*Am,colloq*) (*to cheat*) ingannare, truffare. 16 (*to avoid*) evitare, aggirare: *to* ~ *the traffic* evitare il trafffico. **II** *v.i.* 1 battere, picchiare (*at a, against, on* contro, su). 2 (*to throb*) palpitare, pulsare (*with* di), battere forte (di, per): *a heart* ~*ing with joy* un cuore che palpita di gioia. 3 (*Mar*) (*to tack*) battere, bordeggiare. □ *to* ~*a hasty retreat* squagliarsela, defilarsi velocemente, battersela; *to* ~ *a retreat* : 1 (*Mil*) battere in ritirata; 2 (*estens*) battere in ritirata, squagliarsela, defilarsi velocemente; *to* ~*about* : 1 (*to search*) perlustrare; 2 (*Mar*) bordeggiare; (*fig*) *to* ~*about the bush* menare il can per l'aia, tergiversare, evitare di arrivare al dunque; (*fig*) *to* ~ *so.* *at his own* *game* battere qcu. con le sue stesse armi; *to* ~*back* ricacciare, respingere; *to* ~ *so. black and blue* coprire (o riempire) qcu. di lividi, conciare qcu. per le feste, pestare qcu.; (*fig*) *to* ~ *one's* *brains* lambiccarsi il cervello, scervellarsi; (*colloq*) ~ *so.'s* *brains out* fare a pezzi qcu., spaccare la testa a qcu.; *to* ~ *one's* *breast* (o *to* ~ *one's* *breast* *chest*): 1 battersi il petto; 2 (*fig*) rendere pubblico il proprio errore; *to* ~*down* : 1 (*to subdue*) abbattere, domare, schiacciare; 2 (*to haggle over prices*) mercanteggiare su, tirare su; 3 (*of the sun*) essere a picco; (*colloq*) *that* -*s everything* questo è il colmo; (*Am, colloq*) *to* ~ *one's* *gums* chiacchierare incessantemente; (*Br,colloq*) *to* ~ *so.* *hollow* infliggere una batosta a qcu.; (*Am,sl*) *to* ~*it* darsela a gambe, squagliarsela; ~ *it!* togliti di mezzo!, alza i tacchi!; *to* ~*off* : 1 respingere: *to* ~ *off an attack* respingere un attacco; 2 (*sl, volg*) masturbarsi, farsi una sega; (*Br,Sport*) *to* ~ *on points* battere ai punti; *to* ~ *out* : 1(*to tread*) battere, pestare; 2 (*of music*) scandire: *to* ~ *out a rhythm* scandire il ritmo; (*colloq*) *can you* ~*that* ? questa è forte!; (*fig*) *to* ~*the air* agitarsi inutilmente, pestare l'acqua nel mortaio; (*spec. Am,colloq*) *to* ~*the band* superare tutti; (*spec. Am*) *to* ~*the bushes* fare di tutto; *to* ~*the clock* finire prima del tempo; (*colloq*) *to* ~*the daylights out of so.* riempire qcu. di botte; (*Br,fig*) *to* ~*the devil's tattoo* tamburellare con le dita (*spec.* in segno di impazienza); (*fig*) *to* ~*the drum of* battere il tamburo (*o* la grancassa) per; (*colloq*) *to* ~*the Dutch* superare ogni aspettativa, essere sorprendente, essere straordinario; (*colloq*) *to* ~ *the living daylights out of so.* riempire qcu. di botte; (*colloq*) *to* ~*the pants off so.* dare un sacco di botte a qcu.; (*sl*) *to* ~*the rap* farla franca; (*colloq*) *to* ~*the stuffing out of so.*: 1 fare scendere dal piedistallo qcu.; 2 (*to defeat utterly*) battere in modo schiacciante qcu.; 3 (*to upset, to unnerve*) sconcertare, sconvolgere; (*Mus*) *to* ~*time* battere il tempo, marcare il tempo; *to* ~ *so. to sth.* arrivare per primo (a qcs.): *he always* -*s me to the* *shower* arriva sempre prima di me a fare la doccia; (*colloq*) *to* ~ *so. to it* battere qcu. sul tempo, prevenire qcu.; *to* ~ *up*: 1(*to mix*) sbattere; 2 (*to muster*) raccogliere, radunare; 3 (*colloq*) (*to thrash*) malmenare, concia-

re per le feste; 4 (*Mar*) bordeggiare. *Prov.*: *if you can't* ~ *them, join them* se non si riesce a battere qualcuno, tanto vale farselo amico.

beat[2] /biːt/ **I** *n.* 1 colpo *m.* 2 (*sound*) colpo *m.*, suono *m.*; (*of a clock*) tic tac *m.*, ticchettio *m.*; (*of a drum*) rullo *m.* 3 (*Mus*) tempo *m.*; (*baton stroke*) battuta *f.*; (*rhythm*) ritmo *m.* 4 (*throb*) battito *m.*, palpito *m.*, pulsazione *f.* 5 (*round*) giro *m.*: *a policeman on his* ~ un poliziotto che fa il suo giro (d'ispezione). 6 (*Metr*) accento *m.* ritmico. 7 (*Giorn*) notizia *f.* in esclusiva, colpo *m.* 8 (*Fis,El*) battimento *m.* 9 (*Mar*) bordata *f.* **II** *a.* 1 (*Mus*) rock: ~ *music* musica rock. 2 (*colloq*) a pezzi, sfinito, distrutto: *to be dead* ~ essere distrutto. 3 (*of the 1950s*) beat: ~ *generation* la generazione beat. □ (*Mus*) *on the* ~ a tempo.

beatable /ˈbiːtəbl *Am* ˈbiːtəbl/ *a.* battibile.

beatbox /ˈbiːtbɒks *Am* ˈbiːtbɑːks/ *n.* (*Mus*) batteria *f.* automatica.

beaten[1] /ˈbiːtən *Am* ˈbiːtən/ → **beat**[1].

beaten[2] /ˈbiːtən *Am* ˈbiːtən/ *a.* 1 percosso, picchiato, bastonato. 2 (*shaped by hammer*) battuto: ~ *silver* argento battuto. 3 (*much travelled*) battuto, molto frequentato: ~ *path* sentiero battuto. 4 (*defeated*) sconfitto, battuto, vinto. 5 (*exhausted*) esausto, sfinito, stremato. □ ~*earth* terra battuta; *off the* ~ *track* : 1 lontano, fuori mano, isolato; 2 (*unusual*) fuori dell'ordinario, insolito, originale; (*fig*) *to keep to the* ~ *track* attenersi alla via seguita da tutti.

beater /ˈbiːtə *Am* ˈbiːtər/ *n.* 1 chi picchia, bastonatore *m.* (*f.* -trice), picchiatore *m.* (*f.* -trice). 2 (*Caccia,Tess*) battitore *m.* (*f.* -trice). 3 (*Agr*) battitrice *f.* 4 (*kitchen device*) frullino *m.*: *an egg* ~ un frullino per le uova.

beatific /ˌbiːəˈtɪfɪk/ *a.* 1 beatifico: ~ *vision* visione beatifica. 2 (*blissful*) beato, gioioso, felice.

beatification /bɪˌætɪfɪˈkeɪʃən *Am* bɪˌætəfɪ ˈkeɪʃən/ *n.* (*Rel.catt*) beatificazione *f.*

beatify /bɪˈætɪfaɪ *Am* bɪˈætəfaɪ/ *v.t.* 1 (*Rel.catt*) beatificare. 2 (*to make happy*) riempire di gioia, fare felice.

beating /ˈbiːtɪŋ *Am* ˈbiːtɪŋ/ *n.* 1 botte *f.pl.*, percosse *f.pl.*, bastonate *f.pl.*, legnate *f.pl.*: *to give so. a good* ~ dare a qcu. una buona dose di legnate, picchiare qcu. di santa ragione. 2 (*defeat*) sconfitta *f.*, batosta *f.*: *they took quite a* ~ hanno preso una bella batosta. 3 (*throbbing*) battito *m.*, il battere, pulsazione *f.* □ (*Mus*) ~ *reed* ancia libera; (*colloq*) *to take some* ~ essere difficile da battere, essere difficile da superare; ~*up* pestaggio, botte, scarica di botte.

beating-up /ˌbiːtɪŋˈʌp *Am* ˌbiːtɪŋˈʌp/ *n.* pestaggio *m.*, botte *f.pl.*, scarica *f.* di botte.

beatitude /bɪˈætɪtjuːd *Am* bɪˈætɪtjuːd/ *n.* 1 beatitudine *f.* 2 *pl.* (*Bibl*) Beatitudini *f.pl.*

beatnik /ˈbiːtnɪk/ *n.* beatnik *m./f.*, giovane *m./f.* beat.

Beatrice /ˈbɪətrɪs *Am* ˈbiːətrɪs/ *n.prf.* Beatrice.

beat-up /ˌbiːtˈʌp/ *a.* dilapidato, malconcio, malandato: *a* ~ *old van* un vecchio furgone malconcio.

beau /bəʊ/ (*pl.* -**s**/-**x** /-z/) *n.* 1 innamorato *m.* 2 (*suitor*) pretendente *m.*, corteggiatore *m.* 3 (*dandy*) cicisbeo *m.*, damerino *m.*, vagheggino *m.*

Beaufort /ˈbəʊfət *Am* ˈbəʊfərt/ □ (*Meteor*) ~*scale* scala Beaufort.

beau geste /ˌbəʊˈʒest/ *n.* gesto *m.* magnanimo, nobile gesto *m.*

beau ideal /ˌbəʊiːdeˈɑːl/ *n.* bello *m.* ideale.

beau monde /ˌbəʊˈmɒnd/ *n.* bel mondo *m.*, alta società *f.*

beaut /bjuːt/ *n.* (*spec. Aus,sl*) bellezza *f.*, schianto *m.*: *it's a* ~ è uno schianto, è una meraviglia.

beauteous /'bjuːtiəs *Am* 'bjuːtiəs/ *a.* (*poet*) bello.

beautician /bjuː'tɪʃən/ *n.* (*Cosmet*) estetista *m./f.*, cosmetologo *m.* (*f.* -a).

beautification /ˌbjuːtɪfɪ'keɪʃən *Am* ˌbjuːtəfɪ'keɪʃən/ *n.* abbellimento *m.*

beautifier /'bjuːtɪfaɪə *Am* 'bjuːtəfaɪər/ *n.* 1 abbellitore *m.* (*f.* -trice). 2 (*Cosmet*) prodotto *m.* di bellezza, cosmetico *m.*

beautiful /'bjuːtɪfʊl *Am* 'bjuːtəfʊl/ **I** *a.* 1 bello: *a ~ girl* una bella ragazza. 2 (*excellent*) eccellente, stupendo, magnifico. **II** *n.* 1 bello *m.*, bellezza *f.* 2 (*costr.pl.*) (*beautiful people*) belli *m.pl.* □ *the ~ people* il bel mondo, l'altra società.

beautifully /'bjuːtɪfʊli *Am* 'bjuːtəfʊli/ *avv.* 1 in modo bello, bellamente. 2 (*excellently*) magnificamente, benissimo, perfettamente: *it went off* ~ è riuscito benissimo. 3 (*as a strengthening word*) meravigliosamente, divinamente, deliziosamente.

beautify /'bjuːtɪfaɪ *Am* 'bjuːtəfaɪ/ **I** *v.t.* abbellire, adornare. **II** *v.i.* abbellirsi, diventare bello.

beauty /'bjuːti *Am* 'bjuːti/ *n.* 1 bellezza *f.* 2 (*person*) bellezza *f.*: *she's a real* ~ è una vera bellezza. 3 (*thing*) meraviglia *f.* 4 (*iron*) meraviglia *f.*, portento *m.*: *a ~ of a black eye* un occhio nero che è una meraviglia. □ (*Bot*) ~ *bush* kolkwitzia; ~ *contest* concorso di bellezza; ~ *cream* crema di bellezza; ~ *farm* beauty farm, centro di cure mediche ed estetiche; (*Am*) ~ *pageant* concorso di bellezza; ~ *parlour* (o *Am* ~ *parlor*) istituto di bellezza; ~ *queen* reginetta di bellezza, miss; ~ *salon* (o ~ *shop*) istituto di bellezza; (*scherz*) ~ *sleep* molto sonno: *I need my ~ sleep* ho bisogno di andare a letto presto (per rimanere così giovane e attraente); ~ *spot*: 1 posto incantevole; 2 (*mole*) neo; 3 (*patch*) neo artificiale, mosca; (*colloq*) *that's the ~ of it* questo è il bello; (*Cosmet*) ~ *treatment* cura di bellezza. *Prov.*: ~ *is only skin-deep* l'apparenza inganna; ~ *is in the eye of the beholder* la bellezza sta negli occhi di chi guarda; non è bello ciò che è bello, ma è bello ciò che piace.

beaux arts /bou'zɑː *Am* bou'zɑːr/ *n.pl.* belle arti *f.*

beaver[1] /'biːvə *Am* 'biːvər/ *n.* 1 (*Zool*) castoro *m.* 2 (*fur*) castoro *m.*, pelliccia *f.* di castoro. 3 (*hat*) berretto *m.* di castoro. 4 (*Tess*) castorino *m.*, pannino *m.* 5 (*young scout*) scout *m./f.* di 6-7 anni. 6 (*Am,colloq*) barba *f.*; (*bearded man*) uomo *m.* barbuto. 7 (*volg*) pube *m.* femminile, topa *f.* □ (*Zool*) ~ *rat* idromide orientale; (*Am,colloq*) ~ *State* stato dell'Oregon.

beaver[2] /'biːvər/ *v.i.* (*colloq*) lavorare sodo, lavorare alacremente. □ (*fig*) *to ~ away at sth.* lavorare come un matto a qcs.

beaver[3] /'biːvər/ *n.* 1 (*Mil,ant*) barbozza *f.* 2 (*visor*) visiera *f.*

beaverboard /'biːvəbɔːd *Am* 'biːvərbɔːrd/ *n.* (*Edil,Fal*) pannello *m.* di fibre.

bebop, be-bop /'biːbɒp *Am* 'biːbɑːp/ *n.* (*Mus*) be-bop *m.*

becalm /bɪ'kɑːm/ *v.t.* 1 (*Mar*) abbonacciare: *to be -ed* essere abbonacciato. 2 (*fig*) calmare, placare, acquietare.

became /bɪ'keɪm/ → **become**.

because /bɪ'kɒz *Am* bɪ'kɑːz/ *congz.* perché, poiché: *he did it ~ he wanted to* l'ha fatto perché voleva farlo. □ ~ *of* a causa di, per causa di, per, per via di.

béchamel /ˌbe(ɪ)ʃə'mel/ *n.* (*Gastron*) besciamella *f.* □ (*Gastron*) ~ *sauce* besciamella.

bêche-de-mer /ˌbeʃdə'meər *Am* ˌbeʃdə'mer/ *n.* (*Zool*) oloturia *f.*, cetriolo *m.* di mare.

Bechuanaland /ˌbetʃu'ɑːnəlænd/ *n.* (*Stor, Geog*) Beciuania *f.*

beck[1] /bek/ **I** *n.* cenno *m.*, segno *m.* **II** *v.t.* (*rar*) chiamare con un cenno. □ *to be at so.'s ~ and call* essere sempre agli ordini di qcu., essere sempre a totale disposizione di qcu.

beck[2] /bek/ *n.* (*dial*) torrentello *m.*, ruscello *m.*

becket /'bekɪt/ *n.* (*Mar*) rizza *f.*

beckon /'bekən/ **I** *v.t.* chiamare con un cenno, fare un cenno di avvicinarsi a. **II** *v.i.* fare cenni, fare segnali. 2 (*fig*) chiamare, invitare.

beckoning /'bekənɪŋ/ *a.* invitante, invogliante: *a ~ look* uno sguardo invitante.

Becky /'beki/ *n.pr.f. dim.* di Rebecca.

becloud /bɪ'klaʊd/ *v.t.* 1 annuvolare, offuscare, oscurare. 2 (*fig*) (*to confuse*) offuscare, confondere, rendere confuso.

become /bɪ'kʌm/ (*past* **became** /bɪ'keɪm/, *p.p.* **become** /bɪ'kʌm/) **I** *v.i.* 1 diventare, divenire: *to ~ Prime Minister* diventare primo ministro. 2 (*in costruzioni passive*) (*to come to be*) venire, essere, *often translated by a reflexive verb*: *to ~ influenced* venire influenzato, lasciarsi influenzare; *to ~ frightened* impaurirsi. **II** *v.t.* 1 star bene a, donare a: *that dress -s you* quel vestito ti dona. 2 (*to be proper for*) addirsi a, convenirsi a. □ *to ~ of* accadere di, esserne di, succedere a: *whatever became of him?* cosa ne è stato di lui?

becoming /bɪ'kʌmɪŋ/ *a.* 1 che dona, che sta bene. 2 (*suitable*) adatto, appropriato.

becomingly /bɪ'kʌmɪŋli/ *avv.* gradevolmente, in modo attraente.

becomingness /bɪ'kʌmɪŋnəs/ *n.* 1 (*fitness*) convenienza *f.* 2 (*elegance*) eleganza *f.*

becquerel /'bekərel/ *n.* (*Fis*) becquerel *m.*

bed[1] /bed/ *n.* 1 letto *m.*: *to go to ~* andare a letto; *before going to ~* prima di andare a letto; *a brass ~* un letto di ottone. 2 (*any place to sleep*) giaciglio *m.* 3 (*lodging*) pernottamento *m.*, posto *m.* letto, notte *f.*: *that hotel doesn't charge much for a ~ in* quell'hotel non si paga tanto per notte. 4 (*of plants*) aiuola *f.*: *a rose ~* un'aiuola di rose; *a ~ of lettuce* un pezzetto di terra coltivato a lattuga. 5 (*of a river*) letto *m.*, alveo *m.*; (*of a lake, the sea*) fondo *m.* 6 (*Geol*) strato *m.*: *a ~ of coal* uno strato di carbone. 7 (*foundation*) base *f.*, fondamento *m.*: *a ~ of concrete* su una base di cemento. 8 (*Gastron*) letto *m.*, strato *m.*: *a ~ of lettuce* un letto di lattuga. 9 (*Edil*) strato *m.* di calce, strato *m.* di cemento. 10 (*Tip*) piano *m.* 11 (*Mecc*) basamento *m.* 12 (*Ferr*) massicciata *f.* 13 (*Mar*) banco *m.*: *oyster -s* banchi di ostriche; *a ~ of coral* un banco di corallo. □ ~ *and bedding* letto e biancheria da letto; ~ *and board* vitto e alloggio, pensione completa; ~ *and breakfast* bed and breakfast, alloggio e prima colazione; ~ *bath* spugnatura; (*fig*) *to get into ~ with so.* condividere una scelta, stare insieme; (*colloq*) *to get so. into* ~ portare a letto qcu.; (*colloq*) *to get out of ~ on the wrong side* alzarsi col piede sbagliato, alzarsi di cattivo umore; (*colloq*) *to go to ~ with so.* andare a letto con qcu.; (*colloq*) *to be in ~ with so.*: 1 essere a letto con qcu.; 2 (*estens*) (*to have sex*) andare a letto (insieme) con qcu.: *he was in bed with her* sono andati a letto insieme; 3 (*fig*) (*to develop a relationship in an entity for mutual, esp. illicit gain*) avere degli intrallazzi con qcu., trescare; (*Abbigl*) ~ *jacket* liseuse; *to keep to one's* ~ essere costretto a letto; ~ *linen* biancheria da letto; *to make the* ~ rifare il letto; (*fig*) *a ~ of nails* una situazione spinosa; (*fig*) *it's not a ~ of roses* non è un letto di rose, non è tutto rose e fiori;

to put to ~: 1 mettere a letto (un bambino); 2 (*Giorn*) impaginare; 3 (*fig*) completare, concludere; ~ *rest* prolungata permanenza a letto; *to take to one's ~* essere costretto a letto. *Prov.*: *as you make your ~ so you must lie in it* (o *you've made your ~, now you will have to lie on it*) chi è causa del suo mal pianga se stesso.

bed[2] /bed/ (*past, p.p.* **bedded** /'bedɪd/) **I** *v.t.* 1 (*to provide with a bed*) alloggiare, sistemare (per la notte). 2 (*to make a bed for*) fare un letto a. 4 (*colloq*) (*to go to bed with so.*) andare a letto, portare a letto. 5 (*Agr*) (*to plant*) piantare, trapiantare. 6 (*to lay flat*) disporre in strati. 7 (*to embed*) conficcare, incastrare, fissare: *bricks are -ded in mortar* i mattoni sono fissati nella calce. 8 (*Tecn*) affondare. **II** *v.i.* 1 (*to go to bed*) coricarsi, mettersi a letto. 2 (*to have sleeping accomodation*) alloggiare, sistemarsi (*in* in). 3 (*Geol*) stratificarsi. □ ~ *to* ~ *down*: 1 (*to provide with a bed*) alloggiare, sistemare (per la notte); 2 (*to go to bed*) coricarsi, mettersi a letto: *they -ded down for the night* si coricarono per la notte; 3 (*to make a bed for*) fare un letto a; ~ *down a horse with straw* fare un letto a un cavallo con la paglia; (*Agr*) *to ~ out* piantare, trapiantare.

BEd /biː'ed/ *Bachelor of Education* (laureato in pedagogia).

bedabble /bɪ'dæbl/ *v.t.* (*ant*) macchiare, inzaccherare (*with* di).

bedaub /bɪ'dɔːb/ *v.t.* imbrattare, impiastrare.

bedazzle /bɪ'dæzl/ *v.t.* 1 abbagliare, accecare. 2 (*fig*) confondere.

bedbug /'bedbʌg/ *n.* (*Entom*) cimice *f.* (dei letti).

bedchamber /'bed,tʃeɪmbər/ *n.* (*ant*) camera *f.* da letto.

bedclothes /'bedkloʊ(ð)z/ *n.pl.* biancheria *f.sing.* e coperte da letto.

bedcover /'bed,kʌvər/ *n.* copriletto *m.*

beddable /'bedəbl/ *a.* (*colloq*) sexy, da portare a letto.

bedded /'bedɪd/ *a.* (*Geol*) stratificato.

bedder /'bedər/ *n.* 1 (*Br,Univ*) chi rifà i letti. 2 (*Bot*) pianta *f.* per aiuole.

bedding /'bedɪŋ/ *n.* 1 (*bedclothes*) biancheria *f.* e coperte da letto. 2 (*of animals*) lettiera *f.* 3 (*foundation*) base *f.*, fondamento *m.* 4 (*Geol*) strato *m.* 5 (*Giard*) il mettere piante nelle aiuole, il trapiantare. □ (*Giard*) *a ~ plant* una pianta per aiuole.

Bede /biːd/ *n.pr.m.* (*Stor*) Beda.

bedeck /bɪ'dek/ *v.t.* (*lett*) ornare, adornare, decorare. □ (*lett*) *-ed with* adorno di.

bedevil /bɪ'devəl/ *v.t.* 1 tormentare, infastidire. 2 (*to muddle*) confondere (le idee a), stordire. 3 (*to bewitch*) stregare. 4 (*to spoil*) guastare, corrompere.

bedevilment /bɪ'devəlmənt/ *n.* 1 tormento *m.*, seccatura *f.* 2 (*muddle*) confusione *f.*, pandemonio *m.* 3 (*being bewitched*) l'essere indemoniato.

bedew /bɪ'djuː *Am also* bɪduː/ *v.t.* (*lett*) irrorare, bagnare.

bedfellow /'bed,feloʊ/ *n.* 1 compagno *m.* (*f.* -a) di letto. 2 (*fig*) compagno *m.* (*f.* -a), alleato *m.* (*f.* -a).

Bedfordshire /'bedfəd,ʃ(ɪ)ər *Am* 'bedfərd,ʃɪr/ *n.pr.* (*Geog*) Bedfordshire *m.*, contea *f.* di Bedford.

bedhead, bed-head /'bedhed/ *n.* (*Br*) testiera *f.*

bedhop, bed-hop /'bedhɒp *Am* 'bedhɑːp/ *v.i.* (*colloq*) fare sesso con un partner dopo l'altro, passare da un letto all'altro.

bedhopper, bed-hopper /'bedhɒpər *Am*

'bedhɑ:pəʳ/ n. (colloq) chi fa sesso con un partner dopo l'altro, chi passa da un letto all'altro.

bedhopping, **bed-hopping** /'bedhɒpɪŋ Am 'bedhɑ:pɪŋ/ n. (colloq) sesso m. con un partner dopo l'altro, passaggio m. da un letto all'altro.

bedim /bɪ'dɪm/ v.t. offuscare, velare, annebbiare.

bedlam /'bedləm/ n. 1 confusione f., pandemonio m., manicomio m., bolgia f. 2 (rar) (madhouse) manicomio m.

bedmate /'bedmeɪt/ n. 1 (bedfellow) compagno m. (f. -a) di letto. 2 (husband) marito m.; (wife) moglie f.

Bedouin /'beduɪn/ I n. (pl.inv. o -s /-z/) 1 beduino m. (f. -a). 2 (fig) (wanderer) nomade m./f., zingaro m. (f. -a). II a. beduino.

bedpan, **bed-pan** /'bedpæn/ n. padella f. (per malati).

bedplate /'bedpleɪt/ n. (Tecn) basamento m., base f.

bedpost /'bedpoust/ n. colonna f. del letto. ☐ between you and me and the ~ (sia) detto fra noi, in confidenza.

bedraggle /bɪ'drægl/ v.t. inzuppare, infradiciare, inzaccherare.

bedraggled /bɪ'drægld/ a. 1 (wet) fradicio, inzaccherato. 2 (scruffy) disordinato, trasandato.

bedrail /'bedreɪl/ n. sponda f. del letto.

bedridden /'bed‚rɪdən/ a. costretto a letto, confinato a letto.

bedrock, **bed-rock** /'bedrɒk Am 'bedrɑ:k/ n. 1 (Geol) basamento m., roccia f. fresca. 2 (fig) principio m. basilare, principio m. fondamentale. II a. basilare, fondamentale. ☐ let's get down to ~ veniamo al sodo.

bedroll /'bedroul/ n. rotolo m. di coperte e biancheria da letto.

bedroom /'bedru:m/ I n. camera f. da letto. II a. 1 piccante, pepato: a ~ comedy una commedia piccante. 2 (Am) (inhabited by commuters) dormitorio: a ~ suburb un quartiere dormitorio. ☐ ~ eyes sguardo sexy, sguardo provocante.

bedside /'bedsaɪd/ n. 1 lato m. del letto. 2 (of a sick person) capezzale m. ☐ ~ carpet scendiletto; ~ lamp lampada da comodino; ~ manner (of a doctor) modo di trattare i pazienti; ~ rug scendiletto; ~ table comodino, tavolino da notte.

bedsit /'bedsɪt/ n. monolocale m., appartamentino m. a una stanza.

bedsitter /'bed‚sɪtəʳ/ n. monolocale m., appartamentino m. a una stanza.

bedsock /'bedsɑ:k/ n. (Am) calzino m. da notte.

bedsore /'bedsɔːʳ Am 'bedsɔːr/ n. (Med) piaga f. da decubito.

bedspread /'bedspred/ n. copriletto m.

bedspring /'bedsprɪŋ/ n. rete f. del letto.

bedstead /'bedsted/ n. telaio m. del letto, lettiera f.

bedtime /'bedtaɪm/ I n. ora f. di andare a letto. II a. (che si fa) all'ora di andare a letto. ☐ ~ story favola per addormentare i bambini.

Beduin /'beduɪn/ I n. (pl.inv. o -s /-z/) 1 beduino m. (f. -a). 2 (fig) (wanderer) nomade m./f., zingaro m. (f. -a). II a. beduino.

bedwarmer, **bed-warmer** /'bedwɔːməʳ Am 'bedwɔːrməʳ/ n. scaldaletto m.

bedwetter, **bed-wetter** /'bedwetəʳ Am 'bedweţəʳ/ n. bambino m. (f. -a) che bagna il letto, piscialletto m./f.

bedwetting, **bed-wetting** /'bedwetɪŋ Am 'bedweţɪŋ/ n. il fare la pipì a letto, il bagnare il letto; (Med) enuresi f.

bedworthy, **bed-worthy** /'bedwɜ:ði Am 'bedwɜːrðɪ/ a. (colloq) desiderabile, da portare a letto.

bee /biː/ n. 1 (Entom) ape f. 2 (fig) persona f. laboriosa. 3 (gathering) incontro m. di un gruppo di lavoro: a sewing ~ un lavoro di cucito collettivo. ☐ (colloq) to have a ~ in one's bonnet avere una mania, avere un'idea fissa, esser fissato; (colloq) the ~'s knees chissà chi: he thinks he's the ~'s knees crede di essere un dio; è pieno di sé; (Bot) ~ orchid vesparia, fiore d'ape.

Beeb /biːb/ n. (colloq) BBC f., ente m. radiofonico britannico.

beebread, **bee-bread** /'biːbred/ n. miscela f. di polline e miele.

beech /biːtʃ/ n. 1 (Bot) faggio m. 2 (wood) legno m. di faggio, faggio m. ☐ (Zool) ~ marten faina; (Bot) ~ mast faggina.

beechmast /'biːtʃmɑːst Am 'biːtʃmæst/ n. (Bot) faggina f.

beechnut /'biːtʃnʌt/ n. (Bot) faggina f.

bee-eater /'biː‚iːtəʳ Am 'biː‚iːţəʳ/ n. (Ornit) gruccione m., grallo m.

beef /biːf/ I n. (pl. **beeves** /biːvz/ spec. Am -s /-s/) 1 manzo m., carne f. di bue. 2 (adult steer, cow) bue m. da macello, mucca f. da macello; (collett.) buoi m.pl. da macello. 3 (colloq) (strength) forza f., nerbo m., muscoli m.pl., robustezza f.: this meat will put some ~ into you questa carne ti darà forza. 4 pl. (sl) (complaint) lagnanza f.sing., protesta f.sing. II v.i. (sl) lagnarsi (about di), protestare (per), brontolare (su, per). ☐ ~ cattle buoi da macello; (Macell,Gastron) ~ strips straccetti di manzo; (Br,Gastron) ~ tea brodo ristretto; (Bot) ~ tomato pomodoro cuore di bue; (fig) to ~ sth. up ampliare qcs., ampliare qcs.; (Br, Gastron) ~ Wellington manzo in crosta.

beefburger /'biːf‚bɜːgəʳ Am 'biːf‚bɜːrgəʳ/ n. (Gastron) hamburger m. (di manzo), svizzera f.

beefcake /'biːfkeɪk/ n. (colloq) 1 (man) uomo m. muscoloso, fusto m., palestrato m. 2 (photo) fotografia f. di uomo muscoloso, fotografia f. di uomo muscoloso.

beefeater /'biːf‚iːtəʳ Am 'biːf‚iːţəʳ/ n. 1 (yeoman of the English royal guard) guardia f. del corpo reale. 2 (warder of the Tower of London) guardia f. della torre di Londra.

beefiness /'biːfɪnəs/ n. nerbo m., muscolosità f.

beefsteak /'biːfsteɪk/ n. (Gastron) bistecca f. ☐ (Bot) ~ fungus (o ~ mushroom) fistulina, lingua di bue; (Am,Bot) ~ tomato pomodoro cuore di bue.

beefwood /'biːfwʊd/ n. legno m. rosso, chowku m.

beefy /'biːfi/ a. robusto, muscoloso, nerboruto.

beehive /'biːhaɪv/ I n. 1 alveare m., arnia f. 2 (fig) alveare m. II a. a forma di alveare.

beekeeper /'biː‚kiːpəʳ/ n. apicoltore m. (f. -trice).

beekeeping /'biː‚kiːpɪŋ/ n. apicoltura f.

beeline /'biːlaɪn/ n. linea f. d'aria, linea f. retta, strada f. diretta. ☐ to make a ~ for sth. andare dritto verso qcs.

Beelzebub /bɪ'elzɪbʌb/ I n.pr.m. Belzebù. II n. diavolo m.

been /bɪn Br also biːn/ → be.

beep /biːp/ I n. 1 (of a horn) colpo m. di clacson. 2 (of an answering machine) segnale m. acustico, bip m. II v.t. suonare, fare bip.

beeper /'biːpəʳ/ n. cercapersone m., cicalino m.

beer /bɪəʳ Am bɪr/ n. 1 birra f. 2 (non-alcoholic drink) bevanda f. (analcolica), bibita f. (analcolica): ginger ~ bibita al gusto di zenzero e limone. ☐ (colloq) ~ belly pancione (tipico di chi beve molta birra), trippa; ~ cellar cantina (per birra); ~ from the tap birra alla spina; ~ garden birreria all'aperto; (colloq) ~ gut pancione (tipico di chi beve molta birra), trippa; ~ mat sottobicchiere (di cartone); ~ money piccola somma (per comprarsi una birra), spiccioli m.: here's some ~ money ti pago un caffè; (Canad) ~ parlour birreria.

beerbellied, **beer-bellied** /'bɪəbelid Am 'bɪrbelid/ a. (colloq) con il pancione (tipico di chi beve molta birra), con la trippa.

beerhouse /'bɪəhaʊs Am 'bɪrhaʊs/ n. (ant) birreria f.

beershop /'bɪəʃɒp Am 'bɪrʃɑ:p/ n. (ant) birreria f.

beery /'bɪəri Am 'bɪri/ a. 1 (of beer) di birra; (similar to beer) simile alla birra, tipo la birra. 2 (smelling of beer) che sa (o puzza) di birra. 3 (slightly drunk) brillo.

beestings /'biːstɪŋz/ n.pl. (costr.sing.) (Zootecn) colostro m.

bee-stung /'biːstʌŋ/ ☐ (colloq) ~ lips labbra carnose e rosse.

beeswax, **bees-wax** /'biːzwæks/ I n. 1 cera f. d'api, cera f. vergine. 2 (Am,colloq) affari m.pl.: that's none of your ~ non sono cavoli tuoi. II v.t. lucidare con cera d'api, strofinare con cera d'api.

beeswing /'biːzwɪŋ/ n. (Enol) pellicola f. del vino.

beet /biːt/ n. (Bot,Alim) barbabietola f.: sugar ~ barbabietola da zucchero. ☐ (Alim) ~ sugar zucchero di barbabietola.

beetle[1] /'biːtl̩ Am 'biːtl̩/ I n. (Entom) 1 coleottero m., scarabeo m. 2 (cockroach) scarafaggio m. 3 (fig) persona f. miope, talpa f. 4 (Aut) (Volkswagen) maggiolino m. 5 (game) gioco m. di dadi: a ~ drive un ritrovo per giocare a dadi. II v.i. (colloq) correre, darsi da fare, affrettarsi. ☐ (colloq) to ~ along correre, darsi da fare, affrettarsi; (Br) ~ crusher : 1 (sl) scarpone; 2 (large foot) piedone; (colloq) to ~ off andare via, svignarsela.

beetle[2] /'biːtl̩ Am 'biːtl̩/ I n. 1 mazza f., maglio m. 2 (kitchen mallet) martello m. di legno. II v.t. 1 battere, pestare (con una mazza). 2 (Tess) calandrare.

beetle[3] /'biːtl̩ Am 'biːtl̩/ I v.i. 1 (ant) sporgere (above sopra), strapiombare (su), sovrastare (a). 2 (fig) impendere minaccioso. II a. (of eyebrows) sporgente, irsuto, folto.

beetle-brain /'biːtl̩breɪn Am 'biːtl̩breɪn/ n. stupido m. (f. -a), testa f. di legno, cervello m. di gallina.

beetle-browed /'biːtl̩braʊd Am 'biːtl̩braʊd/ a. 1 dalle sopracciglia sporgenti (o folte). 2 (sullen) accigliato.

beetling /'biːtlɪŋ/ a. sporgente.

beetroot /'biːtruːt/ n. (Br,Bot) barbabietola f.

beeves /biːvz/ → beef.

beezer /'biːzəʳ/ I a. (Br,sl,ant) eccellente. II n. (Am,sl) naso m.

befall /bɪ'fɔːl/ (past befell /bɪ'fel/, p.p. befallen /bɪ'fɔːlən/) I v.t. accadere a, capitare a, succedere a. II v.i. accadere, capitare, succedere.

befit /bɪ'fɪt/ v.t. addirsi a, convenire a, confarsi a.

befitting /bɪ'fɪtɪŋ Am bɪ'fɪţɪŋ/ a. adatto, confacente, opportuno.

befittingly /bɪ'fɪtɪŋli Am bɪ'fɪţɪŋli/ avv. opportunamente, idoneamente.

befog /bɪ'fɒg Am bɪ'fɑːg/ v.t. 1 annebbiare, avvolgere nella nebbia. 2 (fig) (to confuse) confondere, offuscare, ottenebrare, annebbiare.

befool /bɪ'fuːl/ v.t. (ant) ingannare, gabbare,

beffare.

before /bɪˈfɔːʳ Am bɪˈfɔːr/ **I** prep. **1** (earlier than) prima di: ~ nine o'clock prima delle nove. **2** (ahead of) davanti a: walk ~ me cammina davanti a me. **3** (in the future) davanti a, innanzi a, dinanzi a: a happy future lies ~ you ti si presenta un futuro felice. **4** (in precedence of) innanzi a, davanti a: to put money ~ anything else mettere il denaro davanti a tutto. **5** (in the presence of) davanti a, innanzi a, in presenza di: to stand ~ the king trovarsi davanti al re. **6** (confronted by) di fronte a. **7** (in the eyes of) davanti a, innanzi a: a crime ~ God and man un crimine davanti a Dio e agli uomini. **8** (exclusive of) eccetto, senza, escluso: income ~ taxes reddito escluse le tasse. **II** avv. **1** (earlier) prima, più presto: come at nine, not ~ vieni alle nove, non prima. **2** (previously) precedentemente, già, prima (d'ora): I hadn't seen it ~ prima d'ora non l'avevo visto. **3** (ahead) avanti, innanzi: go on ~ vai avanti. **4** (in front) davanti: ~ and behind davanti e dietro. **III** congz. **1** prima che, innanzi che: ~ you go prima che tu vada (via). **2** (sooner than) piuttosto che (o di): death ~ dishonour la morte piuttosto che il disonore. □ to go on as ~ andare avanti come prima; ~ Christ avanti Cristo; ~ my eyes (o ~ my very eyes) proprio sotto ai miei occhi; (colloq) ~ you know where you are in quattro e quattr'otto, in men che non si dica; the time ~ last la penultima volta; ~ long entro breve tempo, fra poco, tra non molto, (ben) presto: he'll be here before ~ sarà qui tra poco; ~ now prima d'ora; (colloq) ~ you could say knife in un batter d'occhio; this page and the one ~ questa pagina e la precedente; (Mar) to sail ~ the wind navigare con il vento propizio, navigare col vento in poppa; ~ then prima di allora; ~ this prima di questo, prima d'ora; ~ time prima del tempo, anzitempo, in anticipo.

beforehand /bɪˈfɔːhænd Am bɪˈfɔːrhænd/ **I** a.pred. in anticipo: to be ~ with sth. essere in anticipo con qcs., essere avanti con qcs. **II** avv. in anticipo, anticipatamente, prima.

befoul /bɪˈfaʊl/ v.t. **1** insudiciare, sporcare, imbrattare. **2** (to denigrate) infamare, denigrare.

befriend /bɪˈfrend/ v.t. **1** (to make friends) diventare amico di, fare amicizia con. **2** (to assist) aiutare, soccorrere, prendersi cura di.

befuddle /bɪˈfʌdl/ v.t. istupidire, stordire, confondere: -d with drink stordito dall'alcol.

befuddlement /bɪˈfʌdlmənt/ n. confusione f., disorientamento m., intontimento m.

beg /beg/ (past, p.p. **begged** /-d/) **I** v.t. **1** elemosinare, chiedere in elemosina. **2** (to ask) chiedere umilmente, supplicare, implorare: he -ged me to help him mi supplicò di aiutarlo. **II** v.i. **1** chiedere l'elemosina, elemosinare. **2** (to ask humbly) chiedere umilmente, implorare (for sth. qcs.): to ~ for mercy implorare la grazia. **3** (to ask permission) pregare, chiedere. **4** (to sit up and ask for) chiedere, domandare: the dog -ged for food il cane chiedeva del cibo. □ to ~ a favour of so. chiedere un favore a qcu.; to ~ leave to do sth. chiedere il permesso di fare qcs.; (lett) I ~ leave to inform you that mi permetto di informarVi che; I ~ of you ti prego; to ~ off: 1 chiedere l'esenzione; 2 (to back out) tirarsi indietro, esimersi; to ~ the question: 1 (to evade the issue) non fornire una spiegazione, eludere la domanda; 2 (to assume sth. as proved) dare per scontato (una risposta); 3 (to suggest that a question needs to be asked) far nascere (spontanea) la domanda,

necessitare di approfondimento; (Comm,ant) we ~ to acknowledge receipt accusiamo ricevuta; to ~ to be excused chiedere scusa; I ~ to differ mi permetto di non essere d'accordo, mi permetto di dissentire; (Comm,ant) we ~ to inform you ci pregiamo informarVi; I ~ your pardon: 1 chiedo scusa, scusa, scusi, scusate; 2 (with an interrogative inflection: please repeat) prego?, scusi, potrebbe ripetere?; 3 (in indignation) (ma) per favore!, ma mi faccia il piacere! (o ma fammi il piacere!).

begad /bɪˈgæd/ intz. (ant) perbacco, perdinci, perdiana.

began /bɪˈgæn/ → **begin**.

begat /bɪˈgæt/ → **beget**.

beget /bɪˈget/ (past **begot** /bɪˈgɒt Am bɪˈgaːt/, ant **begat** /bɪˈgæt/, p.p. **begotten** /bɪˈgɒtən Am bɪˈgaːtən/ o **begot**) v.t. (lett) **1** generare, procreare. **2** (fig) produrre, generare, causare. □ (Bibl) the only begotten Son il Figlio unigenito.

begetter /bɪˈgetəʳ Am bɪˈgetər/ n. **1** padre m. (f. madre), genitore m. (f. -trice). **2** (fig) autore m. (f. -trice), ideatore m. (f. -trice).

beggar /ˈbegəʳ/ **I** n. **1** mendicante m./f., accattone m. (f. -a). **2** (Br,colloq) (fellow) individuo m., diavolo m. (f. -a): poor ~! povero diavolo! **3** (Br,colloq) (scamp) birbante m./f., birichino m. (f. -a). **II** v.t. **1** ridurre in miseria, ridurre alla mendicità, mandare in rovina, rovinare. **2** (to go beyond) superare, andare oltre. □ to ~ belief essere indescrivibile; to ~ comparison esser senza paragone, non avere l'uguale, non trovare uguali; to ~ description essere indescrivibile, essere inenarrabile; a ~ for work persona in cerca di lavoro; (Bot) ~'s lice (o ~'s ticks) lappola. Prov.: -s can't be choosers o mangi questa minestra o salti dalla finestra.

beggarliness /ˈbegəlɪnəs Am ˈbegərlɪnəs/ n. **1** mendicità f., estrema povertà f. **2** (meanness) meschinità f., squallore m., grettezza f.

beggarly /ˈbegli Am ˈbegərli/ a. **1** di (o da) mendicante; (marked by poverty) mendico, poverissimo: he is a ~ fellow è un poveraccio. **2** (mean) meschino, misero: a ~ five pounds la misera somma di cinque sterline.

beggar-my-neighbour /ˌbegəm(a)ɪˈneɪbəʳ Am ˌbegəmaɪˈneɪbər/ n. (card game) rubamazzo m., rubamazzetto m.

beggarticks /ˈbegətɪks Am ˈbegərtɪks/ n. (Bot) lappola f.

beggary /ˈbegəri/ n. **1** mendicità f., estrema povertà f., miseria f.: to reduce to ~ ridurre in miseria. **2** (collett.) mendicanti m.pl.

begging /begɪŋ/ **I** n. il mendicare. **II** a. mendicante, questuante. □ ~ bowl: 1 piattino da mendicante; 2 (fig) richiesta di elemosina; (fig) if it is going ~, I'll take it se nessuno lo vuole, lo prendo io; ~ letter lettera per chiedere soldi, lettera per chiedere un'offerta.

begin /bɪˈgɪn/ (past **began** /bɪˈgæn/, p.p. **begun** /bɪˈgʌn/) **I** v.i. **1** incominciare, iniziare: it began to rain incominciò a piovere; to ~ by doing sth. cominciare col fare qcs.; to ~ on sth. cominciare qcs., dare inizio a qcs.; to come into being) avere inizio, nascere. **II** v.t. **1** cominciare, incominciare, iniziare. **2** (to bring into being) creare, fondare, iniziare: she began a new business ha fondato una nuova società. □ to ~ again ricominciare; to ~ at the beginning cominciare dal principio; to ~ with tanto per cominciare, anzitutto, per prima cosa.

beginner /bɪˈgɪnəʳ/ n. **1** chi inizia, chi comincia, (rar) iniziatore m. (f. -trice). **2** (novice) principiante m./f., esordiente m./f., novizio m. (f. -a): a ~'s course un corso per prin-

cipianti. □ ~'s luck fortuna del principiante.

beginning /bɪˈgɪnɪŋ/ n. **1** inizio m., principio m.: everything has a ~ ogni cosa ha il suo inizio. **2** (point of time) principio m., origini f.pl.: in the ~ in principio. **3** (first part) prima parte f., inizio m. **4** (origin) origine f., fonte f. □ from the ~ dall'inizio, da principio; the ~ of the end l'inizio della fine; from ~ to end dall'inizio alla fine.

begob /bɪˈgɒb/ intz. (Ir) per l'amor di Dio!, per l'amor del cielo!

begone /bɪˈgɒn Am bɪˈgaːn/ intz. (ant) vattene (via); (said to more than one person) andatevene (via).

begonia /bɪˈgoʊniə/ n. (Bot) begonia f.

begorra /bɪˈgɒrə/ intz. (Ir) accidenti, accipicchia.

begot /bɪˈgɒt Am bɪˈgaːt/ → **beget**.

begotten /bɪˈgɒtən Am bɪˈgaːtən/ → **beget**.

begrime /bɪˈgraɪm/ v.t. (lett) imbrattare, insudiciare.

begrudge /bɪˈgrʌdʒ/ v.t. **1** essere riluttante a dare, dare a malincuore. **2** (to envy) invidiare: he -d her wealth invidiava la sua ricchezza.

begrudging /bɪˈgrʌdʒɪŋ/ a. **1** riluttante, forzato, involontario. **2** (envious) invidioso.

begrudgingly /bɪˈgrʌdʒɪŋli/ avv. **1** a malincuore, controvoglia. **2** (enviously) con invidia, invidiosamente.

beguile /bɪˈgaɪl/ v.t. **1** ingannare, trarre in inganno, abbindolare. **2** (lett) (to deprive of by trickery) defraudare: to ~ so. (out) of sth. defraudare qcu. di qcs. **3** (to entertain) divertire, intrattenere; (to charm) incantare. **4** (of time) ingannare, (far) passare. □ to ~ so. into doing sth. indurre qcu. con inganni (o lusinghe) a fare qcs.

beguilement /bɪˈgaɪlmənt/ n. inganno m., allettamento m., seduzione f.

beguiler /bɪˈgaɪləʳ/ n. ingannatore m. (f. -trice), allettatore m. (f. -trice), seduttore (f. -trice).

beguiling /bɪˈgaɪlɪŋ/ a. **1** ingannevole. **2** (entertaining) divertente, seducente, incantevole.

beguilingly /bɪˈgaɪlɪŋli/ avv. **1** ingannevolmente. **2** (entertainingly) piacevolmente, incantevolmente.

beguine /bɪˈgiːn/ n. (Mus) beguine f.

begum /ˈbeɪgəm/ n. begum f.

begun /bɪˈgʌn/ → **begin**.

behalf /bɪˈhɑːf Am bɪˈhæf/ □ (Am) in ~ of per conto di, a favore di; on ~ of: 1 per conto di, nell'interesse di, a favore di, per; 2 (in the name of) a nome di.

behave /bɪˈheɪv/ v.i. **1** comportarsi, condursi, agire. **2** (to do what is right) comportarsi bene, comportarsi come si deve: ~ (yourself)! comportati bene! **3** (of machines, etc.) funzionare, andare.

behavior /bɪˈheɪvjəʳ/ e der. (Am) → **behaviour** e der.

behaviour /bɪˈheɪvjəʳ/ n. **1** comportamento m., modo m. di comportarsi, condotta f. **2** (Psic) comportamento m. **3** (of things) funzionamento m., comportamento m., andamento m. □ (Psic) ~ disorder disordine comportamentale; (Psic) ~ therapy terapia del comportamento, terapia comportamentale.

behavioural /bɪˈheɪvjərəl/ a. comportamentale (anche Psic). □ (Psic) ~ patterns costanti di comportamento; (Psic) ~ psychology psicologia del comportamento; ~ science scienza del comportamento; ~ therapy terapia del comportamento, terapia comportamentale.

behaviouralism /bɪ'heɪvjərᵊlɪzᵊm/ n. scienza m. del comportamento.

behaviouralist /bɪ'heɪvjərᵊlɪst/ I n. studioso m. (f. -a) del comportamento. II a. comportamentale, del comportamento.

behaviourism /bɪ'heɪvjərᵊm/ n. (Psic) comportamentismo m., behaviorismo m., psicologia f. del comportamento.

behaviourist /bɪ'heɪvjᵊrɪst/ I n. (Psic) seguace m./f. del comportamentismo, behaviorista m./f. II a. comportamentistico, behavioristico.

behaviouristic /bɪ'heɪvjᵊrɪstɪk/ a. (Psic) comportamentistico, behavioristico.

behead /bɪ'hed/ v.t. decapitare.

beheading /bɪ'hedɪŋ/ n. decapitazione f.

beheld /bɪ'held/ → **behold**.

behemoth /bɪ'hi:mɒθ Am bɪ'hi:mɑːθ/ n. sacripante m., bestione m.

behest /bɪ'hest/ n. (lett) ordine m.: at the ~ of su ordine di.

behind /bɪ'haɪnd/ I prep. **1** dietro: ~ the door dietro la porta. **2** (on the far side of) dietro, al di là di. **3** (after, later than) in ritardo: ~ schedule in ritardo. **4** (less advanced than) più indietro di, indietro rispetto a: he is ~ the others è indietro rispetto agli altri. **5** (hidden cause) dietro, sotto: what is ~ all this? che cosa c'è sotto? **6** (remaining after) dietro: the men left the women ~ them gli uomini lasciarono le donne dietro di loro. **7** (fig) (in support of) dietro, con: to be (o to stand) ~ so. appoggiare qcu., sostenere qcu.; I'll stand ~ you 100% sono dalla tua parte al 100%, hai il mio totale appoggio. **8** (in control of) dietro, alla guida di; (of a car) al volante di; (of an aircraft) ai comandi di. II avv. **1** dietro, di dietro, in coda. **2** (farther back) indietro, lontano: far ~ molto indietro. **3** (late, slow) in ritardo: an hour ~ in ritardo di un'ora. **4** (in arrears) in arretrato, indietro: to be ~ with one's rent essere in arretrato con l'affitto; to be ~ with one's work essere indietro con il lavoro. III n. (colloq) didietro m., sedere m., culo m. □ (fig) ~ so.'s back alle spalle di qcu., all'insaputa di qcu.; (colloq) ~ bars dietro le sbarre, in prigione; to get ~ rimanere indietro (anche fig); ~ the clock in ritardo; (sl) to be ~ the eight ball essere nei guai; (fig) ~ the scenes dietro le quinte, in segreto; ~ the times antiquato, fuori moda, superato; ~time : **1** in ritardo, tardi; **2** (in arrears) in arretrato, indietro.

behindhand /bɪ'haɪnd,hænd/ avv./a.pred. **1** in ritardo. **2** (backward) indietro, lento, tardo. **3** (in debt, in arrears) in arretrato. **4** (fig) antiquato, fuori moda.

behold /bɪ'hoʊld/ (past, p.p. **beheld** /bɪ'held/) I v.t. (poet) vedere, scorgere; (to look at) guardare, osservare. II intz. guarda, ecco; (said to more than one person) guardate, ecco.

beholden /bɪ'hoʊldᵊn/ a. grato, obbligato, riconoscente.

beholder /bɪ'hoʊldər/ n. osservatore m. (f. -trice), spettatore m. (f. -trice).

behoof /bɪ'hu:f/ n.irr. (ant) interesse m., vantaggio m., beneficio m., profitto m.

behoove /bɪ'hu:v/ v.impers. (Am,ant) essere opportuno, essere giusto, convenire.

behove /bɪ'hoʊv/ v.impers. (Br,ant) essere opportuno, essere giusto, convenire.

beige /beɪʒ/ I a. beige. II n. **1** beige m. **2** (wool cloth) stoffa f. di lana grezza.

beignet /,beɪ'njeɪ/ n. frittella f., bombolone m.

Beijing /beɪ'(d)ʒɪŋ/ n.pr. (Geog) Pechino f., Beijing f.

being /'bi:ɪŋ/ n. **1** esistenza f., vita f. **2** (nature) natura f., indole f., animo m.: my whole

~ revolts at the idea tutto il mio animo si rivolta all'idea. **3** (person, creature) creatura f., persona f., essere m. vivente: human ~ essere umano; alien ~s alieni, esseri extraterrestri. **4** (Filos) essere m., ente m. □ in ~ esistente; to bring sth.into ~ dare vita a qcs.; to come into ~ avere origine.

Beirut /beɪ'ru:t/ n.pr. (Geog) Beirut f.

bejabers, bejabbers /bɪ'dʒæbəz/ intz. (Ir) perbacco, per l'amor di Dio, accidenti.

bejasus /bɪ'dʒeɪzəs/ intz. (Ir) perbacco, per l'amor di Dio, accidenti.

bejesus,bejeezus /bɪ'dʒi:zəs/ intz. (Ir) perbacco, per l'amor di Dio, accidenti.

bejewel /bɪ'dʒu:əl/ v.t. ingioiellare, adornare (anche fig).

bejeweled /bɪ'dʒu:əld/ a. (Am) ingioiellato, coperto di gioielli.

bejewelled /bɪ'dʒu:əld/ a. ingioiellato, coperto di gioielli.

bel /bel/ n. (Fis) bel m.

belabor /bɪ'leɪbər/ v.t. (Am) **1** (lett,scherz) battere, bastonare, picchiare (con violenza). **2** (to insist for an unreasonable length of time) insistere (lungamente) su, ostinarsi su, accanirsi su.

belabour /bɪ'leɪbər/ v.t. **1** (lett,scherz) battere, bastonare, picchiare (con violenza). **2** (to insist for an unreasonable length of time) insistere (lungamente) su, ostinarsi su, accanirsi su.

Belarus /,bilə'ru:s/ n.pr. (Geog) Bielorussia f.

Belarusian /,bilə'ru:siən/ I a. (Geog) bielorusso. II n. **1** (language) bielorusso m. **2** (inhabitant) bielorusso m. (f. -a).

Belarussian /,bilə'rʌʃən/ I a. (Geog) bielorusso. II n. **1** (language) bielorusso m. **2** (inhabitant) bielorusso m. (f. -a).

belated /bɪ'leɪtɪd Am bɪ'leɪtɪd/ a. in ritardo, tardivo, tardo.

belatedly /bɪ'leɪtɪdli Am bɪ'leɪtɪdli/ avv. in ritardo, tardivamente.

belatedness /bɪ'leɪtɪdnəs Am bɪ'leɪtɪdnəs/ n. l'essere in ritardo, l'essere tardivo, (rar) tardezza f.

belay /bɪ'leɪ/ v.t. **1** (Mar) legare, assicurare. **2** (Alp) assicurare. II n. (Alp) appiglio m. III intz. (Mar) fermo.

belaying /bɪ'leɪɪŋ/ □ (Mar) ~pin caviglia.

bel canto /,bel'kæntoʊ/ n. (Mus) bel canto m., belcanto m.

belch /beltʃ/ I v.i. ruttare. II v.t. (of a geyser, volcano) eruttare. III n. **1** rutto m. **2** (estens) eruzione f., scoppio m. □ to ~forth smoke gettare fuori fumo, vomitare fumo.

beldam, beldame /'beldəm/ n. (ant) **1** (lett) vecchia f. **2** (hag) megera f., strega f., vecchiaccia f.

beleaguer /bɪ'li:gər/ v.t. **1** assediare. **2** (fig) assediare, assillare.

beleaguered /bɪ'li:gəd Am bɪ'li:gərd/ a. **1** assediato. **2** (fig) assillato.

belemnite /'beləmnaɪt/ n. (Paleont) belemnite f.

Belfast /'belfɑːst Am bel'fæst/ n.pr. (Geog) Belfast f.

belfry /'belfri/ n. (Arch) campanile m.; (place for bells) cella f. campanaria.

Belgian /'beldʒən/ I a. belga. II n. belga m./f. □ (Zool) ~hare lepre di razza; (Zool) ~sheepdog pastore belga.

Belgic /'beldʒɪk/ a. **1** (Stor) belga, dei belgi. **2** (Belgian) belga.

Belgium /'beldʒəm/ n.pr. (Geog) Belgio m.

Belgrade /bel'greɪd Am 'belgreɪd/ n.pr. (Geog) Belgrado f.

Belial /'bi:liəl/ n.pr.m. Belial, Satana. □ a man of ~ un reprobo.

belie /bɪ'laɪ/ v.t. **1** (to give a false impression)

mascherare, distorcere, travisare. **2** (to disprove) smentire, contraddire: he -d our hopes deluse le nostre speranze.

belief /bɪ'li:f/ n. **1** credenza f. **2** (confidence, trust) fede f., fiducia f. **3** (opinion, conviction) opinione f., parere m., convinzione f.: it is my ~ that è mia opinione che, sono del parere che; contrary to popular ~ contrariamente a quanto pensa la gente, al contrario di quanto si pensa di solito. **4** (faith, doctrine) fede f., dottrina f., credo m. □ in the ~ that nella convinzione che, credendo che.

believability /bɪ,li:və'bɪlɪti Am bɪ,li:və'bɪləti/ n. credibilità f.

believable /bɪ'li:vəbl/ a. credibile, plausibile.

believably /bɪ'li:vəbli/ avv. credibilmente, plausibilmente.

believe /bi:'li:v/ I v.t. **1** credere, essere convinto: I don't ~ a word of what he says non credo a una sola parola di ciò che dice. **2** (of a person) credere a, prestar fede a: I don't ~ you non ti credo. **3** (to think) pensare, credere, supporre, ritenere, essere convinto: the criminal is -d to have escaped si ritiene che il criminale sia fuggito; I ~ her to be alive penso che sia viva. II v.i. **1** credere (in a, in): to ~ in God credere in Dio. **2** (to have faith) credere (a, in), aver fiducia (in). □ I can't ~ my ears non credo alle mie orecchie; I can't ~ myeyes non credo ai miei occhi; ~it or not incredibile ma vero, che tu ci creda o no, tu non ci crederai; tomake ~ fingere; to make so. ~ sth. far credere qcs. a qcu.; I ~not credo di no; I ~ so credo di sì; (colloq) to ~ the moon is made of green cheese prendere lucciole per lanterne, prendere fischi per fiaschi; would you ~ it incredibile ma vero; ~ you me credimi, dammi retta.

believer /bi:'li:vər/ n. **1** (Rel) credente m./f.: I'm a ~ sono credente. **2** (one who believes in the value of sth.) sostenitore m. (f. -trice), fautore m. (f. -trice).

Belisha beacon /bə,li:ʃə'bi:kən/ n. (Br,Strad) luce f. intermittente gialla (che segnala un passaggio pedonale).

belittle /bɪ'lɪtl Am bɪ'lɪtl/ v.t. sminuire, deprezzare, minimizzare.

belittlement /bɪ'lɪtlmənt Am bɪ'lɪtlmənt/ n. deprezzamento m.

belittler /bɪ'lɪtlər/ n. chi sminuisce, chi deprezza.

belittling /bɪ'lɪtlɪŋ/ a. che sminuisce, che deprezza, riduttivo.

Belize /bel'i:z/ n.pr. (Geog) Belize m.

bell[1] /bel/ I n. **1** campana f. **2** (small bell or an electrical device) campanello m.: a bicycle ~ campanello di bicicletta; the door ~ il campanello della porta d'ingresso. **3** (on an alarm clock) suoneria f. **4** (sound of a bell) rintocco m., suono m. di campana. **5** (Mar) (half-hour unit) turno m. di mezz'ora di guardia. **6** (Bot) corolla f. campanulata. **7** pl. rintocchi m.pl.: it is now eight -s la campana ha suonato gli otto rintocchi. **8** pl. (Mus) carillon m.sing., campanelli m.pl. II v.t. **1** gonfiare. **2** (to put a bell on) fornire di campana, mettere un campanello. □ ~ -sand whistles fronzoli, accessori (superflui); ~bronze bronzo da campane; (Mar) ~buoy boa a campana; (Am) ~ captain portiere d'albergo; (Tecn) ~crank leva a squadra; ~founder fonditore di campane; (Br,colloq) togive so. a ~ dare un colpo di telefono a qcu., fare uno squillo a qcu.; (Fis) ~glass (o ~jar) campana di vetro; ~metal bronzo da campane; (Am) ~pepper peperone; ~pull cordone di campanello; ~push pulsante di campanello; ~rope corda di campana; ~tent tenda conica;

(Br,fig) to ~ **the cat** affrontare un pericolo per il bene di tutti, tentare (o intraprendere) un'impresa pericolosa; (Arch) ~ **tower** torre campanaria, campanile a torre; ~ **wether**. 1 montone munito di campanaccio (che guida le pecore); 2 (fig) (leader) capobanda, leader, chi detta legge.

bell[2] /bel/ I v.i. (of deer) bramire. II n. bramito m.

Bell /bel/ □ (Med) ~'s **palsy** paralisi di Bell.

belladonna /,belə'dɒnə Am ,belə'dɑːnə/ n. (Bot,Farm) belladonna f.

bell-bottom /'bel,bɒtəm Am 'bel,bɑːtəm/ a. (Abbigl) a zampa d'elefante.

bell-bottomed /'bel,bɒtəmd Am 'bel,bɑːtəmd/ a. (Abbigl) a zampa d'elefante.

bell-bottoms /'bel,bɒtəmz Am 'bel,bɑːtəmz/ n.pl. (Abbigl) pantaloni m.pl. a zampa d'elefante.

bellboy /'belbɔɪ/ n. (Am) fattorino m., ragazzo m. d'albergo.

belle /bel/ n. (ant) bella f., bellezza f., reginetta f.: the ~ of the ball la reginetta del ballo.

belle époque /,beleɪ'pɒk Am ,beleɪ'pɑːk/ n. (Stor) belle époque f.

belles-lettres /,bel'letrə/ n.pl. belle lettere f.pl., studi m.pl. umanistici.

belletrism /'beletrɪzəm/ n. (spreg) bellettristica f., lo scrivere per diletto.

belletrist /'beletrɪst/ n. (spreg) bellettrista m./f., scrittore m. (f. -trice) per diletto.

bellflower /'belflaʊər/ n. (Bot) campanula f.

bellfoundry /'belfaʊndrɪ/ n. fonderia f. di campane.

bellhop /'belhɒp/ n. (Am,colloq) fattorino m., ragazzo m. d'albergo.

bellicose /'belɪkoʊs/ a. bellicoso, aggressivo.

bellicosity /,belɪ'kɒsɪtɪ Am ,belə'kɑːsəti/ n. bellicosità f., aggressività f.

bellied /'belɪd/ a. (in compounds) dalla pancia...: fat-~ dalla pancia grossa.

belligerence /bɪ'lɪdʒərəns/ n. 1 belligeranza f., atteggiamento m. guerresco. 2 (war) guerra f., il guerreggiare.

belligerency /bɪ'lɪdʒərənsi/ n. 1 belligeranza f., atteggiamento m. guerresco. 2 (war) guerra f., il guerreggiare.

belligerent /bɪ'lɪdʒərənt/ I a. belligerante, bellicoso, guerresco. II n. belligerante m./f.

belligerently /bɪ'lɪdʒərəntlɪ/ avv. bellicosamente, aggressivamente.

bellman /'belmən/ n.irr. 1 (town-crier) banditore m. 2 (bellboy) fattorino m. d'albergo.

bellow /'beloʊ/ I v.i. 1 (of animals) muggire, mugghiare. 2 (fig) gridare, urlare, rombare. II v.t. (to bawl) urlare (a squarciagola). III n. 1 (of animals) muggito m., mugghio m. 2 (shout) urlo m. 3 (roar) fragore m. □ to ~ forth (o to ~ out) urlare a squarciagola.

bellows /'beloʊz/ n.pl. (costr.sing. o pl.) 1 mantice m., soffietto m.: a pair of ~ un soffietto. 2 (Mus) (for an organ) mantice m. 3 (Fot) soffietto m.

bell-ringer /'bel,rɪŋər/ n. campanaro m. (f. -a).

bell-ringing /'bel,rɪŋɪŋ/ n. arte f. campanaria.

bell-shaped /'bel,ʃeɪpt/ a. scampanato, a campana.

bellwether /'bel,weðər/ n. 1 montone m. munito di campanaccio (che guida le pecore). 2 (fig) (leader) capobanda m., leader m., chi detta legge.

belly /'belɪ/ I n. 1 pancia f., ventre m., addome m. 2 (stomach) stomaco m., pancia f.: with an empty ~ a stomaco vuoto. 3 (fig) pancia f., rigonfio m., protuberanza f.: the ~ of a jug la

pancia di una brocca. 4 (Mar) (of a sail) pancia f. 5 (fig) (interior) ventre m., viscere f.pl.: the ~ of a ship il ventre di una nave. 6 (fig) (appetite) appetito m., fame f. 7 (fig) (desire) fame f., voglia f.: he has no ~ for a fight non ha voglia di lottare. 8 (Mus) cassa f. armonica, cassa f. di risonanza. II v.t. gonfiare. III v.i. fare la pancia, essere protuberante (o rigonfio); (of sails) gonfiarsi. □ (Agr) ~ **band** sottopancia; (colloq) ~ **button** ombelico; ~ **dance** danza del ventre; ~ **dancer** danzatrice del ventre; (colloq) ~ **laugh** risata (grassa), risata fragorosa; to have a ~ laugh sbellicarsi dalle risate; to ~ **out** fare la pancia, essere protuberante, essere rigonfio; (of sails) gonfiarsi; ~ **pork** pancetta (di maiale); (colloq) to go ~ **up**: 1 andare in bancarotta, fallire; 2 (Am) (to die) crepare, tirare le cuoia.

bellyache, belly-ache /'belɪeɪk/ I n. 1 (colloq) mal di pancia. 2 (sl) (grievance) lagnanza. II v.i. (sl) lamentarsi, lagnarsi: to ~ about sth. lamentarsi di qcs.

bellyflop, belly-flop /'belɪflɒp Am 'belɪflɑːp/ (colloq) I n. (in diving) panciata f. II v.i. 1 spanciare, prendere una panciata. 2 (Aer) atterrare con carrello rientrato, atterrare senza carrello, fare un atterraggio sul ventre.

bellyful /'belɪfʊl/ n. (colloq) scorpacciata f., spanciata f. □ to have a ~ of sth. averne fin sopra i capelli di qcs., averne abbastanza di qcs.

bellyland, belly-land /'belɪlænd/ I v.i. (Aer) atterrare con carrello rientrato, atterrare senza carrello, fare un atterraggio sul ventre. II v.t. (Aer) fare atterrare con carrello rientrato, fare atterrare senza carrello.

bellylanding, belly-landing /'belɪlændɪŋ/ n. (Aer) atterraggio m. senza carrello, atterraggio m. sul ventre.

belong /bɪ'lɒŋ Am bɪ'lɔːŋ/ v.i. 1 appartenere (to a), essere (di): who does this book ~ to? di chi è questo libro?; it doesn't ~ to me non è mio. 2 (to be part of) fare parte (di): this piece ~s to a different jigsaw questo pezzo fa parte di un altro puzzle. 3 (to be pertinent to) spettare, compete, riguardare: that chore ~s to him quel lavoraccio spetta a lui. 4 (to be a member) essere socio, aderire, far parte (di): do you ~ to this club? sei membro di questo club? 5 (Br) (to be an inhabitant) venire (da): I ~ to Glasgow vengo da Glasgow. 6 (to be properly situated) andare (messo): the table ~s here la tavola va (messa) qui, il posto della tavola è qui; this item ~s under the category of expenses questo articolo va (messo) sotto la voce spese. □ I feel as if I ~ here qui mi sento a casa; to ~ **together** stare bene insieme: you can tell they really ~ together si vede da lontano che sono fatti uno per l'altra.

belonging /bɪ'lɒŋɪŋ Am bɪ'lɔːŋɪŋ/ n. 1 reciproca affezione f., mutua devozione f. 2 (pl) (possessions) roba f.sing., averi m.pl., beni m.pl., cose f.pl. □ with all one's ~s con armi e bagagli.

Belorussia /,beloʊ'rusɪə/ n.pr. (Geog) Bielorussia f.

Belorussian /,beloʊ'rusɪən/ I a. (Geog) bielorusso. II n. 1 (language) bielorusso m. 2 (inhabitant) bielorusso m. (f. -a).

beloved /bɪ'lʌv(ɪ)d/ I a. diletto, amato, adorato: ~ by all amato da tutti. II n. amato m. (f. -a), diletto m. (f. -a), adorato m. (f. -a).

below /bɪ'loʊ/ I avv. 1 sotto, di sotto, giù in basso: we could see the fields ~ riuscivamo a scorgere i campi giù in basso. 2 (on the earth) quaggiù: here ~ quaggiù (sulla Terra). 3 (in hell) laggiù. 4 (later in a text) sotto, più avanti: see ~ vedi sotto. 5 (on the page) più in giù, sotto; (at the foot of a page) in calce,

a piè di pagina. 6 (in a lower rank or grade) inferiore, di grado inferiore, sotto. 7 (Mar) (below decks) sottocoperta. II prep. 1 sotto, al di sotto di: ~ **zero** sotto zero; ~ **sea level** sotto il livello del mare. 2 (unworthy of) indegno di, non degno di: it is ~ my notice non è degno della mia considerazione. 3 (further down) a valle di: Greenwich is ~ London Greenwich è a valle di Londra. □ ~ **average** sotto la media, al di sotto della media, inferiore alla media; (Mar) ~ **decks** sottocoperta; ~ **ground**: 1 sottoterra; 2 (buried) sepolto, seppellito; ~ **normal** sotto la norma, inferiore alla norma: temperature ~ normal temperatura inferiore alla norma; ~ **par**. (Sport) al di sotto della media, sotto la pari; 2 (fig) inferiore, non all'altezza; (Br) ~ **stairs**: 1 giù, (al piano) di sotto, dabbasso; 2 (ant) (servants) la (zona della) servitù; to be ~ **standard** essere sotto la media; (Mil) ~ **strength** con gli effettivi ridotti; ~ **the average** sotto la media, al di sotto della media, inferiore alla media.

belt /belt/ I n. 1 cintura f., cinghia f., cinta f. 2 (strip, band) fascia f., striscia f. 3 (hit) botta f., colpo m. 4 (region) zona f., regione f., fascia f.: the ~ of volcanoes la zona dei vulcani. 5 (Tecn) (endless band) nastro m. continuo, cinghia f. ad anello; (conveyor belt) nastro m. trasportatore. 6 (Sport) (belt or person) cintura f.: black ~ cintura nera. 7 (Mar) (armour plates) cintura f. a corazza (lungo la linea di galleggiamento). 8 (Mil) (cartridge holder) cinturone m. 9 (Strad) (belt highway) circonvallazione f. II v.t. 1 allacciare, legare, assicurare: to ~ one's broadsword (on) allacciare la sciabola. 2 (to beat with a belt) prendere a cinghiate. 3 (colloq) (to dash) precipitarsi, correre. 4 (Am,colloq) (to sing) cantare forte, cantare a squarciagola. □ (Br,colloq) ~ **and braces** con estrema prudenza, con tutte le precauzioni necessarie; ~ **bag** marsupio, borsetta legata in vita; (Tecn) ~ **carrier** (o ~ **conveyor**) trasportatore a nastro, nastro trasportatore; (Tecn) ~ **drive** trasmissione a cinghia; to give so. the ~ dare una cinghiata a qcu., dare delle botte a qcu.; (Ferr) ~ **line** (of railways, etc.) anello ferroviario, circolare; to ~ **off** precipitarsi, correre; (Am,colloq) to ~ sth. **out** cantare a squarciagola; to have sth. **under one's** ~ avere qcs. in mano; to keep sth. under one's ~ tenere qcs. nascosto, non dire niente di qcs.; to ~ **up**: 1 allacciare la cintura; 2 (to keep quiet) stare zitto, tacere.

Beltane /'belteɪn/ n. (Scott,Ir) primo maggio m. (celtico), calendimaggio m.

belted /'beltɪd Am 'beltɪd/ a. 1 con cintura, cinto: ~ **dress** vestito con cintura. 2 (with a band of colour) con una striscia, con strisce, con bande. 3 (Stor) cinto. □ (Zootecn) ~ **galloway** belted galloway (razza bovina britannica); (Br,sl) keep it ~! stai zitto!; (Ornit) ~ **kingfisher** martin pescatore americano.

belter /'beltər/ n. (colloq) 1 (outstanding example) schianto m., cosa f. eccezionale. 2 (song) canzone f. da cantare a squarciagola.

belting /'beltɪŋ/ n. 1 materiale m. per cinture. 2 (collett.) (belts) cinture f.pl., cinghie f.pl. 3 (sl) (beating) botte f.pl., percosse f.pl.

beltway /'beltweɪ/ n. (Am) circonvallazione f.

beluga /bə'luːgə/ n. (Itt) 1 (white beluga whale) beluga m. 2 (sturgeon) storione m. ladano.

belvedere /belvɪ,dɪər Am 'belvɪdɪr/ n. belvedere m.

belying /bɪ'laɪɪŋ/ → **belie**.

bema /bi:mə/ n. (Arch,Stor) bema m.

bemedalled /bɪ'medəld/ a. con il petto coperto di medaglie.

bemire /bɪ'maɪə' *Am* bɪ'maɪr/ *v.t.* **1** (*lett*) infangare, inzaccherare. **2** (*to cause to sink in mire*) far impantanare.

bemoan /bɪ'moʊn/ **I** *v.t.* piangere, lamentare. **II** *v.i.* lamentarsi, piangere.

bemuse /bɪ'mju:z/ *v.t.* confondere, disorientare.

bemused /bɪ'mju:zd/ *a.* **1** confuso, spaesato, disorientato. **2** (*lost in thought*) assorto, immerso nei propri pensieri.

bemusedly /bɪ'mju:zdlɪ/ *avv.* con perplessità, attonito.

bemusement /bɪ'mju:zmənt/ *n.* confusione *f.*, disorientamento *m.*

ben[1] /ben/ *n.* (*Scott*) monte *m.*, picco *m.*, vetta *f.*

ben[2] /ben/ **I** *avv./prep.* (*Scott*) dentro. **II** *a.* (*Scott*) interno. **III** *n.* (*Scott*) stanza *f.* interna.

Ben /ben/ *n.pr.m.* dim. di Benjamin.

bench /bentʃ/ **I** *n.* **1** panca *f.*, panchina *f.*, sedile *m.*: *a park* ~ una panchina del parco. **2** (*work table*) banco *m.*, banco *m.* di lavoro: *a carpenter's* ~ un banco di falegname. **3** (*seat occupied by officials*) seggio *m.*, scanno *m.* (*by parliamentarians*) seggio *m.*, banco *m.* **4** (*Dir*) (*position of judge*) magistratura *f.*; (*group of judges*) magistrati *m.pl.*, magistratura *f.*; (*the judge*) giudice *m.*, magistrato *m.*: *to address the* ~ rivolgersi alla corte. **5** (*dog show*) mostra *f.* canina; (*platform for showing dog*) palco *m.* **6** (*Geog*) terrazza *f.*, ripiano *m.* **7** (*Minier*) scalino *m.*, gradino *m.* **II** *v.t.* **1** munire di panche, munire di panchine. **2** (*Sport*) escludere dal gioco, richiamare in panchina. **3** (*to exhibit*) far partecipare a una mostra canina. □ ~ *mark*: **1** (*guide post*) segno di riferimento; **2** (*fig*) benchmark, valore di riferimento, metro di valutazione, standard; *to be on the* ~: **1** (*Dir*) far parte della magistratura, essere un giudice; **2** (*Sport*) essere di riserva, essere in panchina; (*Ginn*) ~*press* panca piana; (*Tecn*) ~*run* prova al banco, prova di laboratorio; (*Aut*) ~*seat* sedile intero; (*Tecn*) ~*test* prova al banco, prova di laboratorio; (*Dir*) ~*trial* processo senza la partecipazione della giuria; (*Sport*, *colloq*) ~*warmer* atleta in panchina, panchinaro.

bencher /'bentʃə'/ *n.* membro *m.* anziano di un Inn of Court.

benchmark /'bentʃmɑːk *Am* 'bentʃmɑːrk/ **I** *n.* **1** (*guide post*) segno *m.* di riferimento. **2** (*fig*) benchmark *m.*, valore *m.* di riferimento, metro *m.* di valutazione, standard *m.* **3** (*Topogr*) caposaldo *m.* di livellazione. **4** (*Inform*) benchmark *m.*, test *m.pl.* di controllo comparativi. **5** (*Econ*) benchmark *m.* **II** *a.* standard, di riferimento. **III** *v.t.* **1** fissare degli standard, stabilire dei punti di riferimento. **2** (*Inform*) monitorare, effettuare un controllo di prestazioni comparate.

benchmarking /'bentʃmɑːkɪŋ *Am* 'bentʃmɑːrkɪŋ/ *n.* **1** definizione *f.* dei valori di riferimento. **2** (*Inform*) benchmarking *m.*, il fare test di controllo comparativi.

bend[1] /bend/ (*past, p.p.* **bent** /-nt/) **I** *v.t.* **1** curvare, piegare. **2** (*to force from original position*) storcere, piegare: *he bent his front mudguard* ha piegato il parafango anteriore. **3** (*fig*) (*to force, to submit*) piegare, sottomettere, domare. **4** (*to direct*) volgere, dirigere: *he bent his steps homewards* si diresse verso casa. **5** (*to apply*) rivolgere, applicare: *to* ~ *one's mind to one's work* concentrarsi sul proprio lavoro. **6** (*Mar*) (*of a rope*) intugliare; (*of a sail*) inferire. **7** (*of a bow*) tendere. **II** *v.i.* **1** curvarsi, piegarsi: *to* ~ *forward* piegarsi in avanti. **2** (*to stoop, to bow*) chinarsi, inchinarsi: *he bent to pick up the letter*

si chinò per raccogliere la lettera. **3** (*fig*) (*to submit*) piegarsi, sottomettersi. **4** (*to turn*) voltare, svoltare, girare, volgere, piegare: *the path is to the left* il sentiero piega a sinistra; *all eyes were bent on him* tutti gli occhi erano fissi su di lui. **5** (*fig*) (*to work vigorously*) mettersi di buona lena. □ (*fig*) *to* ~ *a rule* fare uno strappo alla regola; *to* ~ *back* ripiegare, ripiegarsi; *to* ~ *down*: **1** curvare, piegare (verso terra); **2** (*to stoop*) chinarsi (verso terra), piegarsi; (*fig, colloq*) *to* ~ *so.'s ear* costringere qcu. ad ascoltare; (*fig, colloq*) *to* ~ *one's elbow* alzare il gomito; (*fig*) *to* ~ *over backwards* sforzarsi, fare di tutto, fare l'impossibile (*to* per); *to* ~ *the bow* tendere l'arco; (*fig*) *to* ~ *the knee* piegare il ginocchio, sottomettersi, piegare le ginocchia.

bend[2] /bend/ *n.* **1** curva *f.*, svolta *f.*, piegatura *f.*: *a dangerous* ~ una curva pericolosa. **2** (*of a river*) gomito *m.*, ansa *f.* **3** (*stoop, bow*) piegamento *m.*, flessione *f.* **4** (*Mar*) (*knot*) nodo *m.* **5** *pl.* (*Med,colloq*) (*caisson disease*) embolia *f.sing.* gassosa, malattia *f.sing.* dei cassoni. □ (*spec. Br,colloq*) *round the* ~ pazzo, svitato; *to go round the* ~ impazzire.

bend[3] /bend/ *n.* (*Arald*) banda *f.* diagonale: ~ *sinister* banda sinistra.

bendable /'bendəbl/ *a.* piegabile.

bended /'bendɪd/ □ *on* ~*knee* (o *on one's* ~*knees*) in ginocchio (*anche fig*).

bender /'bendə'/ *n.* **1** persona *f.* (*o* cosa *f.*) che piega, piegatore *m.* **2** (*Tecn*) piegatrice *f.* **3** (*colloq*) (*drinking spree*) bicchierata *f.*, bevuta *f.* **4** (*Br,volg*) omosessuale *m.*, culo *m.* **5** (*Br, colloq*) riparo *m.* temporaneo costruito con rami piegati.

bending /'bendɪŋ/ □ ~ *angle* angolo di curvatura.

bendy /'bendɪ/ *a.* flessibile, molle, duttile.

beneath /bɪ'niːθ/ **I** *avv.* sotto, di sotto, sottostante. **II** *prep.* **1** sotto, al di sotto di: ~ *the tree* sotto l'albero. **2** (*lower down than*) sotto, più in basso di: *the town is* ~ *the castle* la città è più in basso del castello. **3** (*unworthy of*) indegno di, immeritevole di: *this is* ~ *you* questo è indegno di te. **4** (*inferior to*) inferiore a: *to marry* ~ *oneself* sposare qcu. di condizione inferiore. **5** (*under the pressure, weight, etc.*) sotto, sotto il peso di: *to sink* ~ *a burden* sprofondare sotto un peso. □ (*fig*) ~ *the surface* sotto sotto, grattando un po'; *it is* ~ *your dignity to accept* sarebbe indegno (di te) accettare.

benedicite /ˌbenɪ'daɪsɪtɪ *Am* ˌbenə'dɪsəti/ *n.* (*Rel*) benedizione *f.*

Benedict /'benɪdɪkt/ *n.pr.m.* Benedetto.

benedictine /ˌbenɪ'dɪktiːn/ *n.* (*liqueur*) benedettino *m.*

Benedictine /ˌbenɪ'dɪktɪn/ **I** *n.* (*Rel.catt*) benedettino *m.* **II** *a.* (*Rel.catt*) benedettino.

benediction /ˌbenɪ'dɪkʃən/ *n.* **1** benedizione *f.* **2** (*grace*) ringraziamento *m.*, rendimento *m.* di grazie.

benedictory /ˌbenɪ'dɪktərɪ *Am* ˌbenɪ'dɪktɔːri/ *a.* di benedizione, benedicente.

benefaction /ˌbenɪ'fækʃən/ *n.* (*rar*) **1** beneficenza *f.*, opera *f.* buona, opera *f.* di carità. **2** (*benefit conferred*) donazione *f.* benefica, elargizione *f.*

benefactor /ˌbenɪ'fæktə'/ *n.* benefattore *m.*

benefactress /'benɪfæktrəs/ *n.* benefattrice *f.*

benefic /bɪ'nefɪk/ *a.* (*lett*) benefico.

benefice /'benɪfɪs/ *n.* **1** (*Dir.can*) beneficio *m.* ecclesiastico, prebenda *f.* **2** (*Stor*) feudo *m.*, beneficio *m.*

beneficed /'benɪfɪst/ *a.* che gode di un beneficio ecclesiastico, beneficiato. □ *a* ~ *clergyman* un beneficiario.

beneficence /bɪ'nefɪsəns/ *n.* **1** carità *f.*, beneficenza *f.* **2** (*instance*) atto *m.* di carità, opera *f.* di beneficenza, azione *f.* caritatevole.

beneficent /bɪ'nefɪsənt/ *a.* benefico, caritatevole.

beneficial /ˌbenɪ'fɪʃəl/ *a.* **1** proficuo, vantaggioso, benefico, salutare, di (grande) beneficio, che fa bene: *sunlight is* ~ *to all plants* la luce solare fa bene a tutte le piante. **2** (*Dir*) del beneficiario. □ ~ *association* società di mutuo soccorso; (*Dir*) ~*interest* diritto del beneficiario; (*Dir*) ~ *owner* usufruttuario.

beneficially /ˌbenɪ'fɪʃəlɪ/ *avv.* proficuamente, vantaggiosamente.

beneficiary /ˌbenɪ'fɪʃərɪ/ *n.* (*Dir, Assic*) beneficiario *m.* (*f.* -a).

benefit /'benɪfɪt/ **I** *n.* **1** vantaggio *m.*, beneficio *m.*, utilità *f.*, giovamento *m.*: *the* -*s of a good education* i vantaggi di una buona cultura; *to derive* ~ *from sth.* (o *to reap the* ~ *of sth.*) trarre vantaggio da qcs. **2** (*entertainment to raise money*) spettacolo *m.* di beneficenza, recita *f.* di beneficenza; (*for the benefit of an actor*) beneficiata *f.* **3** (*payment of state assistance*) indennità *f.*, sussidio *m.*, assegno *m.*: *sick* ~ indennità per malattia; *unemployment* ~ sussidio di disoccupazione; *supplementary* ~ sussidio supplementare. **4** *pl.* (*payment from an insurance company, etc.*) indennità *f.sing.*, assegni *m.pl.* **II** *v.t.* fare (del) bene a, giovare a, beneficare. **III** *v.i.* trarre profitto, trarre vantaggio (*from*, *by* da), beneficiare, avvantaggiarsi (di): *they will* ~ *from the new law* potranno beneficiare della nuova legge. □ ~ *association* società di mutuo soccorso; ~ *concert* concerto di beneficenza; *for the* ~ *of* a beneficio di, a favore di, per; (*scherz*) *for the* ~ *of the neighbours* soltanto per far bella figura con i vicini; (*Econ*) ~*fund* fondo utili; (*Sport*) ~ *match* partita di beneficenza; *to give so. the* ~ *of one's advice* aiutare qcu. con i propri consigli; ~*of clergy*: **1** (*Stor.brit*) matrimonio religioso; **2** (*Dir.mediev*) immunità giudiziaria del clero; *to give so. the* ~ *of the doubt* concedere a qcu. il beneficio del dubbio; ~ *performance* spettacolo di beneficenza; ~ *society* società di mutuo soccorso.

Benelux /'benɪlʌks/ *n.pr.* Benelux *m.*

benevolence /bɪ'nevələns/ *n.* **1** benevolenza *f.* **2** (*act of kindness*) gentilezza *f.*, atto *m.* di gentilezza; (*generous gift*) dono *m.* generoso. **3** *pl.* (*Mediev*) benevolenze *f.pl.*

benevolent /bɪ'nevələnt/ *a.* **1** benevolo, ben disposto. **2** (*non-profit*) benefico, filantropico, a scopo di beneficenza: ~ *institution* istituzione di beneficenza.

Bengal /beŋ'gɔːl *Am also* 'beŋgəl/ *n.pr.* (*Geog*) Bengala *m.* □ ~ *light* bengala; (*Zool*) ~ *tiger* tigre del Bengala.

Bengalese /ˌbeŋgə'liːz *Am* ˌbeŋgə'liːz/ **I** *n.* **1** (*native*) bengalese *m./f.* **2** (*language*) bengali *m.* **II** *a.* bengalese.

Bengali /beŋ'gɔːli/ **I** *n.* **1** (*pl.* -s /-z/) (*native*) bengalese *m./f.* **2** (*language*) bengali *m.* **II** *a.* **1** del Bengala. **2** (*of the people*) bengalese.

benighted /bɪ'naɪtɪd/ *a.* **1** sorpreso dalle tenebre, sorpreso dal calar della notte. **2** (*fig*) ottenebrato, arretrato, ignorante.

benign /bɪ'naɪn/ *a.* **1** benigno, benevolo. **2** (*kind*) gentile. **3** (*favourable*) favorevole, propizio. **4** (*of climate*) salubre. **5** (*Med*) benigno.

benignancy /bɪ'nɪgnənsɪ/ *n.* (*lett*) benignità *f.*, benevolenza *f.*, bontà *f.*

benignant /bɪ'nɪgnənt/ *a.* **1** benevolo, benigno. **2** (*beneficial*) salutare, giovevole.

benignity /bɪ'nɪgnɪtɪ *Am* bɪ'nɪgnəti/ *n.* **1** benevolenza *f.*, benignità *f.* **2** (*favour*) favore *m.*

benignly /bɪ'naɪnlɪ/ *avv.* benevolmente.

Benin /ben'iːn/ *n.pr.* (*Geog*) Benin *m.*

benison /'benɪzⁿ/ *n.* (*poet*) benedizione *f.*

benjamin /'bendʒəmɪn/ *n.* benzoino *m.* (*anche Bot*).

Benjamin /'bendʒəmɪn/ **I** *n.pr.m.* Beniamino. **II** *n.* beniamino *m.*, prediletto *m.* □ (*fig*) ~'s **mess** la parte migliore, la parte maggiore.

benne, benni /'beni/ *n.* (*Am,Bot,Alim*) sesamo *m.*

Ben Nevis /ˌben'nevɪs/ *n.pr.* (*Geog*) Ben Nevis *m.*

bent[1] /bent/ → **bend**[1].

bent[2] /bent/ **I** *a.* **1** piegato, curvo, ricurvo: *a back* ~ *with age* una schiena curva sotto il peso degli anni. **2** (*determined*) deciso, risoluto, intenzionato: *she was* ~ *on going home* era decisa ad andare a casa. **3** (*Br,sl*) (*homosexual*) invertito, finocchio. **4** (*Br,sl*) (*dishonest*) disonesto. **5** (*sl*) (*stolen*) rubato. **6** (*Med, colloq*) con la malattia dei cassoni. **II** *n.* inclinazione *f.*, disposizione *f.*, tendenza *f.*, propensione *f.*: *a* ~ *for literature* un'inclinazione per la letteratura; *to follow one's* ~ seguire la propria inclinazione. □ *to be* ~ *on mischief* essere male intenzionato.

bent[3] /bent/ *n.* **1** erba *f.* dura e secca; (*stalk*) stelo *m.* d'erba secca. **2** (*Bot*) (*bent grass*) agrostide *f.* **3** (*Br,ant*) (*heath*) prateria *f.*, landa *f.*

Benthamism /'benθəmɪzᵉm/ *n.* (*Filos*) benthamismo *m.*

Benthamite /'benθəmaɪt/ *n.* (*Filos*) seguace *m./f.* della filosofia di Bentham.

benthic /'benθɪk/ *a.* (*Biol*) bentonico.

benthos /'benθɒs *Am* 'benθɑːs/ *n.* (*Biol*) benthos *m.*

bentonite /'bentənaɪt/ *n.* (*Geol*) bentonite *f.*

bentwood /'bentwʊd/ *n.* (*Arred*) legno *m.* curvato, legno *m.* piegato per mobili.

benumb /bɪ'nʌm/ *v.t.* **1** intorpidire, intirizzire. **2** (*fig*) paralizzare, istupidire, inebetire.

benumbed /bɪ'nʌmd/ *a.* **1** intirizzito (*with*, *by* da). **2** (*fig*) paralizzato, istupidito.

Benzedrine /'benzɪdriːn/ *n.pr.* (*Farm*) benzedrina *f.*

benzene /'benziːn/ *n.* (*Chim*) benzene *m.* □ (*Chim*) ~ *ring* anello benzenico.

benzenoid /'benzənɔɪd/ *a.* (*Chim*) benzenico.

benzin /'benzɪn/ *n.* (*Chim*) benzina *f.*

benzine /'benziːn/ *n.* (*Chim*) benzina *f.*

benzodiazepine /ˌbenzoʊdaɪ'æzəpiːn/ *n.* (*Chim*) benzodiazepina *f.*

benzoic /ben'zoʊɪk/ *a.* (*Chim*) benzoico. □ (*Chim*) ~ *acid* acido benzoico.

benzoin /'benzoʊɪn/ *n.* (*Bot,Chim*) benzoino *m.*

benzol, benzole /'benzɒl *Am* 'benzɑːl/ *n.* (*Chim*) benzolo *m.*

benzopyrene /ˌbenzoʊ'paɪriːn/ *n.* (*Chim*) benzopirene *m.*

benzoquinone /ˌbenzoʊ'kwɪnoʊn/ *n.* (*Chim*) benzochinone *m.*

benzoyl /'benzoʊ(a)ɪl/ *n.* (*Chim*) benzoile *m.*

benzyl /'benzɪl *Am* 'benziːəl, 'benzəl/ **I** *n.* (*Chim*) benzile *m.* **II** *a.* (*Chim*) benzilico.

Beowulf /'beɪoʊwʊlf/ *n.pr.m.* (*Lett*) Beowulf.

bequeath /bɪ'kwiːθ/ *v.t.* **1** (*Dir*) lasciare (in eredità), legare per testamento. **2** (*to hand down to posterity*) trasmettere, tramandare. □ (*Dir*) *to give and* ~ legare, lasciare in eredità (per testamento).

bequeathal /bɪ'kwiːθᵊl/ *n.* **1** lascito *m.* **2** (*legacy*) legato *m.*

bequeather /bɪ'kwiːθəʳ/ *n.* testatore *m.* (*f.* -trice), chi lascia in eredità.

bequest /bɪ'kwest/ *n.* **1** lascito *m.* **2** (*legacy*)

legato *m.*

berate /bɪ'reɪt/ *v.t.* rimproverare, sgridare.

Berber /'bɜːbəʳ *Am* 'bɜːrbəʳ/ **I** *n.* **1** berbero *m.* (*f.* -a). **2** (*language*) lingua *f.* berbera. **II** *a.* berbero.

berberine /'bɜːbəriːn *Am* 'bɜːrbəriːn/ *n.* (*Chim*) berberina *f.*

berberis /'bɜːbərɪs *Am* 'bɜːrbərɪs/ *n.* (*Bot*) crespino *m.*

berceuse /beə'sɜːz *Am* ber'sʊz, ber'sɜːz/ *n.* (*Mus*) berceuse *f.*

bereave /bɪ'riːv/ (*past* **-d** /-d/, *p.p.* **-d** /-d/ o **bereft** /bɪ'reft/) *v.t.* privare (*of* di), (*lett*) orbare: *she was* -*d of her parents at an early age* perse i genitori in tenera età.

bereaved /bɪ'riːvd/ *a.* **1** privato (*of* di) (una persona). **2** (*in mourning*) in lutto. **3** (*of the departed person*) del defunto: *the* ~ *parents* i genitori del defunto.

bereavement /bɪ'riːvmənt/ *n.* **1** privazione *f.* **2** (*condition*) lutto *m.* **3** (*loss*) perdita *f.*

bereft[1] /bɪ'reft/ → **bereave**.

bereft[2] /bɪ'reft/ *a.* privo, senza: ~ *of all hope* privo di ogni speranza.

Berenice /ˌberɪ'niːs/ *n.pr.f.* Berenice. □ (*Astr*) ~'s **Hair** Chioma di Berenice.

beret /'bereɪ *Am* bə'reɪ/ *n.* berretto *m.*, basco *m.*

berg /bɜːg *Am* bɜːrg/ *n.* **1** (*iceberg*) iceberg *m.* **2** (*S.Afr*) (*mountain*) monte *m.* □ (*S.Afr*) ~ *wind* vento caldo dall'interno.

bergamot /'bɜːgəmɒt *Am* 'bɜːrgəmɑːt/ *n.* (*Bot*) **1** (*citrus fruit*) bergamotto *m.*: *essence of* ~ essenza di bergamotto. **2** (*pear*) bergamotta *f.* **3** (*mint*) menta *f.* selvatica, mentastro *m.* □ ~ *oil* essenza di bergamotto.

bergenia /bɜː'giːnɪə *Am* bər'giːnɪə/ *n.* (*Bot*) bergenia *f.*

bergère /bɜː'ʒeəʳ *Am* bɜːr'ʒer/ *n.* (*Arred*) bergère *f.*

bergschrund /'bɜːgʃrʊnd *Am* 'bɜːrgʃrʊnd/ *n.* (*Topogr*) bergschrund *f.*, crepaccio *m.* terminale.

beriberi /ˌberɪ'berɪ/ *n.* (*Med*) beriberi *m.*

Bering /'berɪŋ/ □ (*Geog*) ~ *Strait* stretto di Bering.

berk /bɜːk/ *n.* (*Br,sl*) imbecille *m./f.*

Berkeley /'bɜːklɪ *Am* 'bɜːrklɪ/ *n.pr.* (*Geog*) Berkeley *f.*

berkelium /bɜː'kiːlɪəm *Am* 'bɜːrklɪəm/ *n.* (*Chim*) berkelio *m.*, berchelio *m.*

Berkshire /'bɑːkˌʃ(ɪ)əʳ *Am* 'bɜːrkˌʃɪr/ *n.pr.* (*Geog*) Berkshire *m.*, contea *f.* di Berks.

berlin /bɜː'lɪn *Am* bɜːr'lɪn/ *n.* (*Aut,ant*) berlina *f.*

Berlin /bɜː'lɪn *Am* bɜːr'lɪn/ *n.pr.* (*Geog*) Berlino *f.* □ (*Tecn*) ~ *black* nero di prussia; (*Tecn*) ~ *blue* blu di Prussia, azzurro di Prussia; (*Stor*) ~ *Wall* muro di Berlino; ~ *wool* lana grossa per lavori a maglia.

Berliner /bɜː'lɪnəʳ *Am* bər'lɪnəʳ/ *n.* berlinese *m./f.*

berm /bɜːm *Am* bɜːrm/ *n.* (*Topogr*) (*alongside stream or canal*) berma *f.*; (*coastal berm*) banchina *f.*

Bermuda /bə'mjuːdə *Am* bər'mjuːdə/ □ (*Bot*) ~ *grass* gramigna, erba capriola; (*Mar*) ~ *rig* bermudiana; (*Abbigl*) ~ *shorts* bermuda; (*Geog*) ~ *Triangle* il triangolo delle Bermude.

Bermudas /bə'mjuːdəz *Am* bər'mjuːdəz/ **I** *n.pr.pl.* (*Geog*) Bermude *f.pl.* **II** *n.pl.* (*Abbigl*) bermuda *m.pl.*

Bermudian /bə'mjuːdɪən *Am* bər'mjuːdɪən/ **I** *a.* **1** delle Bermude. **2** (*of Bermudians*) degli abitanti delle Bermude. **II** *n.* abitante *m./f.* delle Bermude.

Bern /bɜːn *Am* bɜːrn/ *n.pr.* (*Geog*) Berna *f.*

Bernard /'bɜːnəd *Am* 'bɜːrnəʳd/ *n.pr.m.* Bernardo.

Bernardine /'bɜːnədɪn *Am* 'bɜːrnəʳdɪn/ **I** *a.*

(*Rel*) di San Bernardo. **II** *n.* (*Rel.catt*) cistercense *m.*, monaco *m.* cistercense.

Berne /bɜːn *Am* bɜːrn/ *n.pr.* (*Geog*) Berna *f.*

Bernese /bɜː'niːz *Am* bɜːr'niːz/ **I** *a.* bernese. **II** *n.* bernese *m./f.*

berried /'berɪd/ *a.* **1** (*Bot*) munito di bacche. **2** (*Zool*) (*of lobsters, crabs, etc.*) con uova.

berry /'berɪ/ **I** *n.* **1** bacca *f.* **2** *pl.* frutti *m.pl.* di bosco. **3** (*grape*) acino *m.* **4** (*of wheat*) chicco *m.* **5** (*Zool*) uovo *m.* **II** *v.i.* **1** raccogliere bacche. **2** (*to bear berries*) produrre bacche.

berserk /bə'sɜːk *Am* bə'sɜːrk/ **I** *a.* furioso, furibondo, forsennato. **II** *n.* (*Mitol.nord*) feroce guerriero *m.* □ *to go* ~ abbandonarsi a una furia cieca.

berserker /bə'sɜːkəʳ *Am* bə'sɜːrkəʳ/ *n.* **1** (*Mitol.nord*) feroce guerriero *m.* **2** (*fig*) chi combatte furiosamente.

Bert /bɜːt *Am* bɜːrt/ *n.pr.m. dim.* di Albert, Bertram, Gilbert, Herbert, Humbert.

berth /bɜːθ *Am* bɜːrθ/ **I** *n.* **1** (*Ferr*) cuccetta *f.* **2** (*Mar*) cuccetta *f.*; (*cabin*) cabina *f.* **3** (*Mar*) (*anchorage*) ormeggio *m.*, posto *m.* di ormeggio, posto *m.* in banchina, ancoraggio *m.* **4** (*Mar*) (*room*) spazio *m.* di manovra. **5** (*colloq,ant*) (*job*) posto *m.*, impiego *m.* **II** *v.t.* (*Mar*) **1** ormeggiare, ancorare. **2** (*to assign a berth to*) assegnare un ormeggio a. **3** (*to assign a bed to*) assegnare una cuccetta a. **III** *v.i.* (*Mar*) ormeggiarsi.

bertha /'bɜːθə *Am* 'bɜːrθə/ *n.* (*Abbigl*) ampio colletto *m.*

Bertha /'bɜːθə *Am* 'bɜːrθə/ *n.pr.f.* Berta.

berthing /bɜːθɪŋ *Am* bɜːrθɪŋ/ □ (*Mar*) ~ *gear* attrezzatura di accosto, attrezzatura d'attracco.

Bertie /'bɜːtɪ *Am* 'bɜːrtɪ/ *n.pr.m. dim.* di Albert, Bertram, Gilbert, Herbert, Humbert.

Bertram /'bɜːtrəm *Am* 'bɜːrtrəm/ *n.pr.m.* Bertrando.

beryl /'berᵊl *Br* also 'berɪl/ *n.* (*Min*) berillo *m.*

Beryl /'berᵊl *Br* also 'berɪl/ *n.pr.f.* Beryl.

berylliosis /bəˌrɪlɪ'oʊsɪs *Br* also beˌrɪlɪ'oʊsɪs/ *n.* (*Med*) berilliosi *f.*

beryllium /bə'rɪlɪəm *Br* also ber'ɪlɪəm/ *n.* (*Chim*) berillio *m.*

beseech /bɪ'siːtʃ/ (*past, p.p.* **besought** /-'sɔːt/ *Am* **-ed** /-t/) *v.t.* **1** implorare, supplicare: *I besought him to help me* lo supplicai di aiutarmi. **2** (*to beg eagerly for*) sollecitare, chiedere con insistenza, implorare.

beseecher /bɪ'siːtʃəʳ/ *n.* supplicante *m./f.*, supplice *m./f.*

beseeching /bɪ'siːtʃɪŋ/ *a.* implorante, supplichevole.

beseechingly /bɪ'siːtʃɪŋlɪ/ *avv.* in modo supplichevole.

beseem /bɪ'siːm/ *v.t.* (*lett*) addirsi a, confarsi a, convenire a: *it ill -s you to refuse the gift* non è bello da parte tua rifiutare questo dono.

beseeming /bɪ'siːmɪŋ/ *a.* (*lett*) confacente, conveniente.

beseemly /bɪ'siːmlɪ/ *a.* (*lett*) confacente, conveniente.

beset /bɪ'set/ *v.t.irr.* **1** assalire, attaccare: *we were* ~ *by mosquitoes* siamo stati assaliti dalle zanzare. **2** (*fig*) assalire, tormentare, ossessionare: *to be* ~ *by doubts* essere tormentato dai dubbi. **3** (*to surround*) assediare, circondare. **II** *a.* **1** cosparso, punteggiato, tempestato (*with* di). **2** (*fig*) pieno, irto (di): ~ *with diffculties* pieno di difficoltà.

beside /bɪ'saɪd/ *prep.* **1** accanto a, presso, vicino a, a fianco di: ~ *the stream* vicino al ruscello. **2** (*compared with*) a confronto di, rispetto a, a paragone di. **3** (*aside from*) estraneo a, non pertinente a: *that question is* ~ *the point* la domanda non è pertinente a.

(*in addition*) oltre a, in aggiunta a. □ *to be ~ oneself*: 1 essere fuori di sé: *she's ~ herself with joy* è fuori di sé dalla gioia; *he's ~ himself with anger* è fuori di sé dalla rabbia; 2 (*to be desperate*) essere disperato, essere a terra; *to be ~ the mark*: 1 non essere pertinente; 2 (*of a guess, etc.: to be wide of the mark*) essere lontano dal cogliere nel segno; *~ the point* non pertinente, fuori proposito, irrilevante; *~ the question* non pertinente.

besides /bɪˈsaɪdz/ **I** *avv.* **1** inoltre, anche, per di più: *~, he had come to enjoy himself* inoltre, era venuto per divertirsi. **2** (*in addition*) oltre a tutto, ancora. **3** (*otherwise, else*) d'altronde, del resto. **II** *prep.* **1** oltre a, in aggiunta a. **2** (*except*) all'infuori di, a eccezione di.

besiege /bɪˈsiːdʒ/ *v.t.* **1** assediare, stringere d'assedio. **2** (*fig*) (*to crowd round*) assediare, circondare. **3** (*to overwhelm*) tempestare, sommergere: *to ~ so. with requests* tempestare qcu. di domande.

besieger /bɪˈsiːdʒər/ *n.* assediante *m./f.*

besmear /bɪˈsmɪər *Am* bɪˈsmɪr/ *v.t.* **1** (*lett*) impiastrare, impiastricciare. **2** (*fig*) infangare, disonorare: *to ~ so.'s name* disonorare il nome di qcu.

besmirch /bɪˈsmɜːtʃ *Am* bɪˈsmɜːrtʃ/ *v.t.* **1** (*poet*) imbrattare, insudiciare. **2** (*to tarnish*) offuscare, appannare.

besom /ˈbiːzəm/ **I** *n.* scopa *f.*, granata *f.* **II** *v.t.* (*Br,Scott*) scopare (via), spazzare (via).

besotted /bɪˈsɒtɪd *Am* bɪˈsɑːtɪd/ *a.* **1** ebbro (*anche fig*). **2** (*stupefied*) istupidito, inebetito. **3** (*infatuated*) infatuato, cotto.

besought /bɪˈsɔːt/ → **beseech**.

bespangle /bɪˈspæŋgl/ *v.t.* (*lett*) **1** ornare di lustrini, tempestare. **2** (*fig*) cospargere, costellare.

bespatter /bɪˈspætər *Am* bɪˈspætər/ *v.t.* **1** infangare, inzaccherare. **2** (*fig*) gettare fango addosso a, coprire di fango, diffamare.

bespeak /bɪˈspiːk/ *v.t.irr.* **1** prenotare, impegnare, riservare. **2** (*ant*) (*to indicate*) rivelare, essere indizio di. **3** (*ant*) (*to request*) chiedere.

bespectacled /bɪˈspektəkld/ *a.* occhialuto.

bespoke /bɪˈspəʊk/ *a.* (*Br*) **1** ordinato in anticipo. **2** (*of clothes*) (fatto) su misura: *a ~ overcoat* un soprabito su misura. **3** (*of persons*) che lavora (solo) su ordinazione.

besprinkle /bɪˈsprɪŋkl/ *v.t.* cospargere, spruzzare.

Bess /bes/ *n.pr.f. dim. di* Elizabeth.

Bessemer /ˈbesəmər/ □ (*Met*) *~ convertor* convertitore Bessemer; (*Met*) *~ process* processo di Bessemer; (*Met*) *~ steel* acciaio Bessemer.

Bessie /ˈbesi/ *n.pr.f. dim. di* Elizabeth.

best /best/ **I** *a.* **1** (*sup. di* good) il migliore: *the ~ film of the year* il miglior film dell'anno; *my ~ friend* il mio migliore amico. **2** (*most advantageous*) il migliore, il più proficuo, il più vantaggioso: *the ~ way to do sth.* il modo migliore per fare qcs.; *the ~ price* il prezzo migliore, il miglior prezzo. **3** (*largest*) il maggiore: *the ~ part of their savings* la maggior parte dei loro risparmi. **II** *avv.* **1** (*sup. di* well) meglio, nel modo migliore: *who reads ~ in this class?* chi legge meglio in questa classe? **2** (*most advantageously*) meglio, di più: *black suits her ~* il nero è il colore che le sta meglio, il nero è il colore che le si addice di più. **3** (*to the highest degree*) di più, più di tutti, meglio: *I liked that book ~* quel libro mi è piaciuto più di tutti; *the ~-dressed man* l'uomo meglio vestito. **III** *n.* **1** (*of persons*) il migliore, la migliore; (*of things*) *we want nothing but the*

~ vogliamo soltanto il meglio. **2** (*utmost*) il meglio, (tutto) il possibile: *he did his ~* ha fatto del suo meglio, ce l'ha messa tutta. **3** (*best performance*) record *m.*: *her personal ~* il suo record personale; *a world ~* un record mondiale. **4** (*best clothes*) i vestiti migliori: *he's wearing his ~* ha addosso i suoi vestiti migliori. **5** (*best wishes*) i migliori auguri: *all the ~* tanti auguri, tante cose belle. **IV** *v.t.* avere la meglio su, spuntarla con. □ *to do sth. to ~ advantage* fare qcs. nel modo più vantaggioso, fare qcs. col massimo profitto; *as ~ one can* come meglio si può, il meglio possibile; *as ~ as I could* come meglio ho potuto. **2** *~ at* nel migliore dei casi, nella migliore delle ipotesi; *at one's ~* al proprio meglio: *Dickens at his ~* Dickens nei suoi momenti migliori (*o* più felici), il Dickens migliore; *he is at his ~ painting portraits* le sue opere migliori sono i ritratti; (*Sport*) *~ ball* miglior lancio, miglior palla; *to be ~* essere meglio: *it's ~ to forget about it* è meglio dimenticare; *it would be ~ to stay at home* la miglior cosa sarebbe restare a casa; (*Alim*) *~ before* da consumarsi preferibilmente entro; (*Alim*) *~ before date* data di scadenza; *to be on one's ~ behaviour* fare di tutto per comportarsi bene; *to put so. on his ~* raccomandare a qcu. di comportarsi il meglio possibile; (*colloq*) *your ~ bet* la tua opzione migliore, quello su cui dovresti puntare; (*Cin*) *~ boy* aiuto del caposquadra elettricisti; *~ buy* migliore acquisto; *the ~ defence is offence* la miglior difesa è l'attacco; *to do one's ~* fare il proprio meglio, fare del proprio meglio; *to do the ~ one can* fare come meglio si può, (*colloq*) mettercela tutta; (*Br, Macell*) *~ end* (taglio di) carne (vicino al collo dell'animale); *to put one's ~ foot forward*: 1 camminare il più in fretta possibile; 2 (*fig*) fare del proprio meglio; *for the ~* per il meglio: *it will all turn out for the ~* finirà tutto per il meglio, andrà tutto bene; (*Am*) *to get the ~ of it* avere la meglio, spuntarla; *to get the ~ of the bargain* essere in vantaggio, avere la meglio; (*fig*) *to get the ~ of one's enemy* sconfiggere il nemico, avere la meglio; *to get the ~ out of sth.* (*o so.*) ottenere il massimo rendimento da qcs. (*o* qcu.), far sì che qcu. (*o* qcs.) dia il meglio di sé; *to give one's ~* dare il meglio di sé; *to give ~ to* riconoscere la superiorità di; *had ~* sarebbe meglio: *you'd ~ get there early* sarebbe meglio arrivare in anticipo; *you had ~ go now* faresti meglio ad andartene ora; *to have the ~ of*: 1 avere la meglio su, essere in vantaggio rispetto a; 2 (*to beat*) superare, (*colloq*) battere; (*fig*) *to make the ~ of a bad job* (*o* bargain, business) fare buon viso a cattivo gioco; *~ man* testimone dello sposo; *may the ~ man win* vinca il migliore; *the ~ of all possible worlds* il migliore dei mondi possibili; (*colloq*) *to have the ~ of both worlds* avere la botte piena e la moglie ubriaca; avere tutti i vantaggi e nessuno degli svantaggi; (*fig*) *to make the ~ of both worlds* conciliare i piaceri mondani con quelli dello spirito; (*Br*) *the ~ of British luck to you!* la fortuna ti assista!; *they are the ~ of friends* sono molto amici; *with the ~ of intentions* con le migliori intenzioni; *the ~ of it is that* il bello è che; (*Br*) *the ~ of luck to you!* la fortuna ti assista!; *the ~ of my belief* a quanto mi risulta; *to the ~ of my knowledge* per quanto ne so io, che io sappia; *to the ~ of my remembrance* per quanto posso ricordare, in memoria di; *to eat and drink of the ~* mangiare bene e bere meglio; (*colloq*) *the ~ of the bunch* il migliore di tutti; (*even*) *at the ~ of times* (anche)

nei momenti migliori, (anche) quando tutto va bene: *it is difficult enough at the ~ of times* è già abbastanza difficile quando tutto va bene; *the ~ part of* la maggior parte di, quasi (tutto); *the ~ part of a year* quasi un anno; *the ~ people* la gente bene, la gente chic; *in the ~ possible way* nel miglior modo possibile, nel migliore dei modi; *in the ~ sense* (*of the word*) nel senso migliore (del termine); *the ~ thing* la cosa migliore: *the ~ thing to do* la miglior cosa da fare; (*colloq*) *the ~ thing since sliced bread* una novità favolosa, la migliore invenzione dopo la ruota; *to the ~ of my recollection* per quello che mi ricordo, se ben ricordo; *to do sth. to the ~ of one's ability* fare qcs. con il massimo impegno, fare del proprio meglio; *with the ~ will in the world* con tutta la buona volontà; *~ wishes* migliori auguri, tanti auguri.

bestial /ˈbestiəl *Am also* ˈbestʃəl/ *a.* bestiale, brutale, animalesco: *~ cruelty* crudeltà bestiale.

bestialise /ˈbestiəlaɪz/ *v.t.* abbrutire.

bestiality /ˌbestiˈæliti *Am* ˌbestʃiˈæləti/ *n.* (*fig*) bestialità *f.*, brutalità *f.*, depravazione *f.*

bestialize /ˈbestiəlaɪz *Am also* ˈbestʃəlaɪz/ *v.t.* abbrutire.

bestiary /ˈbestiəri *Am* ˈbestʃieri/ *n.* (*Lett*) bestiario *m.*

bestir /bɪˈstɜː *Am* bɪˈstɜːr/ *v.t.* **1** agitare, scuotere. **2** (*rifl.*) *to ~ oneself* darsi da fare, muoversi: *it's time to ~ ourselves* è ora di darsi da fare.

bestow /bɪˈstəʊ/ *v.t.* **1** dare, concedere, conferire: *to ~ sth. upon so.* conferire qcs. a qcu. **2** (*to devote*) dedicare, consacrare. **3** (*to place*) posare, collocare; (*to stow*) riporre.

bestowal /bɪˈstəʊəl/ *n.* **1** concessione *f.*, conferimento *m.* **2** (*gift*) dono *m.*, donazione *f.*

bestrew /bɪˈstruː/ *v.t.irr.* **1** spargere, cospargere, (ri)coprire: *the path was -n with leaves* il sentiero era coperto di foglie. **2** (*lett*) (*to scatter about*) sparpagliare, spargere (intorno). **3** (*lett*) (*to be scattered*) essere sparso per: *wreckage -ed the lake* i relitti erano sparsi per il lago.

bestride /bɪˈstraɪd/ *v.t.* (*past.* **bestrode** /bɪˈstrəʊd/, *p.p* **bestridden** /bɪˈstrɪdən/) *v.t.* **1** montare, essere (*o* stare) a cavallo di. **2** (*to sit astride*) stare a cavalcioni di: *to ~ a wall* stare a cavalcioni di un muro. **3** (*to span*) stendersi attraverso, attraversare.

bestseller, best-seller /ˌbestˈselər/ *n.* **1** (*book*) best-seller *m.*, libro *m.* più venduto, libro *m.* di gran successo. **2** (*author*) autore *m.* (*f.* -trice) di best-seller, scrittore *m.* (*f.* -trice) di gran successo. **3** (*referred to any kind of product*) il più venduto.

bestselling, best-selling /ˌbestˈselɪŋ/ *a.* più venduto, di gran successo.

best-wired /ˌbestˈwaɪəd *Am* ˈbestˌwaɪərd/ *a.* (*Inform*) meglio attrezzato per l'accesso a Internet.

bet[1] /bet/ (*past, p.p.* **bet/betted** /ˈbetɪd *Am* ˈbetɪd/) **I** *v.t.* **1** scommettere, puntare: (*Am, colloq*) *to ~ one's bottom dollar* scommettere l'ultimo centesimo. **2** (*to be sure*) essere certo (*o* sicuro), scommettere: *I ~ it'll rain* scommetto che pioverà. **II** *v.i.* fare una scommessa. □ (*colloq*) *to ~ one's boots* esserne assolutamente certo, giurarci; (*spec. Am, colloq*) *I'd ~ my bottom dollar* ci giocherei la camicia; *I wouldn't ~ on it* non ci scommetterei; (*colloq*) *you ~!* (o *you can ~!*) ma certo!, ci puoi scommettere!; (*Am,colloq*) *thank you! - You ~!* grazie! - Prego!

bet[2] /bet/ *n.* **1** scommessa *f.*: *to take up a ~* accettare una scommessa; *to lay a ~* fare una scommessa, scommettere. **2** (*money wa-*

gered) scommessa *f.*, posta *f.*: *a ten pound ~* una scommessa di dieci sterline. 3 (*opinion*) convinzione *f.*, opinione *f.*: *it's my ~ you lose* scommetto che perdi. 4 (*option*) scelta *f.*, alternativa *f.*, soluzione *f.*: *your best ~* la miglior soluzione per te; *she's a good ~ for a headship* sarà un'ottima scelta come preside. □ *it's a ~* scommessa fatta; *all the -s are off* nessuno osa scommettere.

beta /'biːtə *Am* 'beɪtə/ *n.* 1 beta *f./m.* (*anche Fis, Inform, Econ*). 2 (*Scol*) (*mark*) buono *m.*, B *f.* □ (*Farm*) *~ blocker* betabloccante; (*Econ*) *~ coefficient* coefficiente beta; (*Fis*) *~ decay* decadimento beta; *~ factor*: 1 (*Fisiol*) fattore beta; 2 (*Fis*) beta; (*Fis*) *~ particle* particella beta; (*Fis*) *~ process* decadimento beta; (*Fis*) *~ ray* raggio beta; (*Fisiol*) *~ receptor* recettore beta; (*Fisiol*) *~ rhythm* ritmo beta; (*Inform*) *~ test* beta test, prova della versione beta; (*Inform*) *~ version* versione beta; (*Fisiol*) *~ waves* onde beta, ritmo beta.

betaine /'biːtəiːn/ *n.* (*Chim*) betaina *f.*

betake /bɪ'teɪk/ *v.t.irr. to ~ oneself* 1 (*poet*) andarsene, recarsi, condursi: *to ~ oneself to bed* andarsene a letto. 2 (*rar*) (*to apply oneself*) dedicarsi, darsi.

betatron /'biːtətrɒn *Am* 'beɪtətraːn/ *n.* (*Nucl*) betatrone *m.*

betel /'biːtl *Am* 'biːtəl/ *n.* (*Bot*) (*betel pepper*) betel *m.* □ (*Bot*) *~ nut* noce di betel; (*Bot*) *~ palm* betel.

bête noire /ˌbeɪt'nwaːr/ *n.* (*fig*) bestia *f.* nera.

Beth /beθ/ *n.pr.f. dim. di Elizabeth.*

bethel /'beθəl/ *n.* 1 luogo *m.* sacro, luogo *m.* santo. 2 (*Nonconformist chapel*) chiesa *f.* evangelica (*spec.* battista o metodista).

bethink /bɪ'θɪŋk/ *v.t.irr.* 1 considerare, riflettere. 2 (*rifl.*) *to ~ oneself* (*ant*) (*to resolve oneself*) decidersi. 3 (*rifl.*) *to ~ oneself* (*ant*) (*to remember*) ricordarsi.

Bethlehem /'beθlɪhem/ *n.pr.* (*Bibl*) Betlemme *f.*

betide /bɪ'taɪd/ *v.t./i.* accadere a, succedere a.

betimes /bɪ'taɪmz/ *avv.* (*ant*) per tempo, di buon'ora, in tempo.

bêtise /beɪ'tiːz/ *n.* indelicatezza *f.*, gaffe *f.*

betoken /bɪ'toʊkən/ *v.t.* (*ant, poet*) far presagire, far prevedere, minacciare, indicare.

betony /'betənɪ/ *n.* (*Bot*) betonica *f.*

betook /bɪ'tʊk/ → **betake**.

betray /bɪ'treɪ/ *v.t.* 1 tradire. 2 (*to be unfaithful to*) tradire, ingannare, essere infedele a. 3 (*to mislead*) traviare, trascinare: *he was -ed by his enthusiasm into violence* il suo entusiasmo lo trascinò alla violenza. 4 (*to reveal*) tradire, rivelare: *to ~ a secret* tradire un segreto. 5 (*to reveal unconsciously*) tradire, denunciare, rivelare.

betrayal /bɪ'treɪəl/ *n.* tradimento *m.*

betrayer /bɪ'treɪər/ *n.* traditore *m.* (*f.* -trice).

betroth /bɪ'troʊð/ *v.t.* 1 fidanzare, promettere in matrimonio. 2 (*ant*) promettere di sposare.

betrothal /bɪ'troʊðəl/ *n.* 1 fidanzamento *m.* 2 (*ant*) promessa *f.* di matrimonio.

betrothed /bɪ'troʊðd/ **I** *n.* fidanzato *m.* (*f.* -a), promesso sposo *m.* (*f.* -a). **II** *a.* fidanzato, promesso.

Betsy /'betsɪ/ *n.pr.f. dim. di Elizabeth.*

better[1] /'betər *Am* 'betər/ (*compar. di well*) **I** *a.* 1 (*compar. di good*) migliore, meglio, superiore: *a ~ car* una macchina migliore; *the book is ~ than the film* il libro è superiore al film, il libro è migliore del film; *a ~ job* un posto migliore; *a ~ future* un futuro migliore. 2 (*morally superior*) migliore, più buono: *a ~ man than I* un uomo migliore di me. 3 (*more able*) più bravo, più capace. 4 (*improved in health*) meglio, migliorato: *she's*

much ~ today sta molto meglio oggi. 5 (*more than half*) più della metà, maggiore, più grosso: *the ~ part of a loaf* più della metà di una pagnotta. **II** *avv.* 1 meglio, in modo migliore: *you can do it ~* tu lo sai fare meglio. 2 (*to a higher degree*) meglio, più fondo: *I know her ~* la conosco meglio. 3 (*preferably*) meglio, preferibilmente: *such things are ~ left unsaid* meglio non dire certe cose. 4 (*more*) di più, maggiormente: *you'll like it ~ next time* ti piacerà di più la prossima volta. 5 (*sl*) (*had better*) meglio: *you ~ listen to what I have to say* sarebbe meglio se ascoltassi quello che ho da dire. **III** *v.t.* 1 migliorare, perfezionare: *to ~ one's lot* migliorare la propria sorte. 2 (*to surpass*) superare, sorpassare. 3 (*rifl.*) *to ~ oneself* migliorare le proprie condizioni, migliorare la propria situazione. **IV** *v.i.* migliorare, diventare migliore. **V** *n.* 1 migliore *m.*: *the ~ of the two* il migliore dei due. 2 (*one's superior*) migliore *m.*, superiore *m.*: *listen to your elders and -s* dai ascolto a quelli più vecchi e più saggi di te. □ *all the ~ for him* tanto meglio per lui; *~ and ~* sempre meglio, di bene in meglio; (*fig*) *to have seen ~ days* aver conosciuto tempi migliori, aver visto giorni migliori; *for ~ or for worse* nella buona e nella cattiva sorte, nel bene e nel male; *to get ~*: 1 (*of things*) migliorare, andar meglio; 2 (*of persons, to recover*) stare meglio, migliorare, ristabilirsi, essere in via di guarigione; *to get the ~ of* avere la meglio su, prevalere su, superare; *you had ~ go now* faresti meglio ad andartene ora, ti converrebbe andartene ora; *you had ~ not do that* è meglio che tu non lo faccia, faresti meglio a non farlo; (*colloq*) *my ~half*: 1 (*wife*) la mia (dolce) metà, mia moglie; 2 (*husband*) la mia (dolce) metà, mio marito; *against one's ~ judgement* senza esserne troppo convinto, anche se non sembra l'idea migliore: *I'm going to lend you the car against my ~ judgement* ti presto la macchina anche se non sono tanto convinto; *~ nature* lato migliore, parte migliore, sentimenti più nobili; *no ~ than* non... che, non... altro che: *he's no ~ than a beggar* non è altro che un mendicante; (*colloq*) *she's no ~ than she ought to be* è una poco di buono; *to be ~ off* stare meglio: *you'd be ~ off at home* staresti meglio a casa; (*colloq*) *to go one ~* prevalere su qcu., spuntarla con qcu., superare qcu.; *the ~ part of* la maggior parte di, quasi (tutto): *the ~ part of a year* quasi un anno; *I was sick for the ~ part of September* sono stato malato per la maggior parte di settembre; *~ self* lato migliore, parte migliore, sentimenti più nobili; *~ still* ancora meglio; *~ than nothing* meglio di niente: 1 (*to be richer*) essere in condizioni finanziarie migliori, avere più soldi; 2 (*to be happier*) stare meglio, trovarsi meglio, essere più felice, essere più contento; *to be ~ than one's word* fare più di quanto si era promesso; (*eufem*) *to go to a ~ world* passare a miglior vita. *Prov.*: *~ late than never* meglio tardi che mai; *~ to laugh than to cry* meglio ridere che piangere; *~ bend than break* meglio piegarsi che spezzarsi.

better[2] /'betər *Am* 'betər/ *n.* scommettitore *m.* (*f.* -trice).

betterment /'betəmənt *Am* 'betərmənt/ *n.* 1 miglioramento *m.* 2 (*Econ*) plusvalore *m.* 3 (*Dir*) miglioria *f.*

betting /'betɪŋ *Am* 'betɪŋ/ **I** *n.* 1 lo scommettere, scommesse *f.pl.* 2 (*odds*) differenza *f.*; (*of a bookmaker*) quota *f.*: *the ~ is twenty to one* la quota è di venti a uno. **II** *a.* delle (*o* sulle) scommesse: *~ laws* leggi sulle scom-

messe. □ *~ office* (*o ~ shop*) agenzia ippica; (*Br, colloq*) *what's the ~?* che cosa ci scommetti?

bettong /'betɒŋ *Am* 'betaːŋ/ *n.* (*Zool*) bettongia *f.*

Betty /'betɪ *Am* 'betɪ/ *n.pr.f. dim. di Elizabeth.*

between /bɪ'twiːn/ **I** *prep.* 1 (*in the middle space of two people or things*) tra, fra, in mezzo a: *a shop ~ two houses* un negozio fra due case. 2 (*intermediate to two positions or times*) da, tra, fra: *he earns ~ ten and fifteen pounds a week* guadagna dalle dieci alle quindici sterline alla settimana; *~ three o'clock and half past* tra le tre e le tre e mezzo. 3 (*linking two or more places*) tra, fra, che collega: *the motorway ~ London, the Midlands and the North East* l'autostrada che collega Londra al centro e al nord est. 4 (*concerning two or more parties*) tra, fra: *trade ~ two countries* il commercio tra due stati; *there is no agreement ~ EU countries* non c'è accordo fra i paesi dell'UE; *I had to choose ~ five different times* ho dovuto scegliere fra cinque diversi orari. 5 (*together*) tra di loro, insieme, in comune, complessivamente: *they own the company ~ them* insieme sono i proprietari della società; *we had only ten pounds ~ the four of us* in quattro avevamo solo dieci sterline. **II** *avv.* in mezzo: *two acts and an interval ~* due atti con un intervallo in mezzo. □ *to distinguish ~ good and evil* distinguere il bene dal male; *in ~* in mezzo, di mezzo, in posizione intermedia; *~ one thing and another* tra una cosa e l'altra; *~ ourselves* (detto) fra noi, in confidenza; (*fig*) *to say sth. ~ one's teeth* mormorare qcs. tra i denti; (*colloq*) *to get ~ the blankets* cacciarsi sotto le coperte, infilarsi sotto le coperte; (*fig*) *~ the devil and the deep blue sea* tra l'incudine e il martello, tra due fuochi; *in ~ times* negli intervalli, nei tempi morti; *~ you, me and the gatepost* (*o ~ you, me and the bedpost o ~ you, me and the lamppost*) (detto) fra noi, in confidenza.

between-decks /bɪ'twiːndeks/ **I** *avv.* (*Mar*) sottocoperta. **II** *n.pl.* (*costr. sing.*) (*Mar*) interponte *m.*

between-times /bɪ'twiːntaɪmz/ *avv.* negli intervalli, nei tempi morti.

between-whiles /bɪ'twiːnwaɪlz/ *avv.* negli intervalli, nei tempi morti.

betwixt /bɪ'twɪkst/ *prep./avv.* → **between**. □ (*colloq*) *~ and between* mezzo e mezzo, né carne né pesce.

beurre blanc /bɜː'blɑːŋ *Am* bɜːr'blɑːŋ/ *n.* (*Gastron*) salsa *f.* di burro, aceto e scalogno.

beurre manié /bɜː'mænjeɪ *Am* bɜːrmaːn'jeɪ/ *n.* (*Gastron*) burro *m.* amalgamato con farina.

bevatron /'bevətrɒn *Am* 'bevətraːn/ *n.* (*Fis*) bevatrone *f.*

bevel[1] /'bevl/ **I** *n.* 1 (*sloping surface*) smussatura *f.*, superficie *f.* smussata. 2 (*angle*) angolo *m.* smussato. 3 (*Fal*) squadra *f.* falsa, squadra *f.* zoppa. 4 (*Mecc*) (*of a lock bolt*) bisello *m.* **II** *a.* 1 smussato. 2 (*oblique*) obliquo. □ (*Fal*) *~ cut* taglio a unghia; *~ edge* punta smussata, bordo smussato; (*Tecn*) *~ gear* ingranaggio conico; (*Fal*) *~ square* squadra zoppa, squadra falsa; (*Tecn*) *~ wheel* ruota (dentata) conica.

bevel[2] /'bevl/ (*past, p.p.* **-lled**/ *Am* **-led** /-d/) **I** *v.i.* essere smussato. **II** *v.t.* 1 smussare. 2 (*Vetr*) molare.

beveled /'bevld/ *a.* (*Am*) 1 smussato. 2 (*Vetr*) molato. □ *~ edge* punta smussata, bordo smussato; (*Vetr*) *~ glass* cristallo molato; (*Tip*) *~ rule* filetto.

bevelled /'bevld/ *a.* 1 smussato. 2 (*Vetr*) molato. □ *~ edge* punta smussata, bordo smussato; (*Vetr*) ~ *glass* cristallo molato; (*Tip*) ~ *rule* filetto.

bevelling /'bevəlɪŋ/ n. **1** smussatura f. **2** (*Vetr*) molatura f. a smusso.

beverage /'bevərɪdʒ/ n. bevanda f., bibita f.

bevvy /'bevi/ n. (*Br,sl*) **1** bevanda f. alcolica. **2** (*estens*) (*drink*) bicchiere m.

bevy /'bevi/ n. **1** (*group*) gruppo m., raggruppamento m.: a ~ of tourists un gruppo di turisti. **2** (*of birds*) stormo m. **3** (*of roebucks*) branco m.

bewail /bɪ'weɪl/ I v.t. lamentare, piangere. II v.i. lamentarsi.

beware /bɪ'weər Am bɪ'wer/ (*general. all'inf. o all'imperat.*) I v.t. guardarsi da, badare a. II v.i. stare attento (a), fare attenzione, guardarsi (*of* da): ~ of the step (stai) attento al gradino, fai attenzione al gradino. □ (*Comm*) ~ of imitations diffidate delle imitazioni; ~ of the dog attenti al cane.

bewhiskered /bɪ'(h)wɪskəd Am bɪ'(h)wɪskərd/ a. **1** con baffi, baffuto. **2** (*wearing a beard*) barbuto, con la barba.

bewilder /bɪ'wɪldər/ v.t. disorientare, sconcertare, confondere.

bewildered /bɪ'wɪldəd Am bɪ'wɪldərd/ a. sconcertato, disorientato, perplesso.

bewilderedly /bɪ'wɪldədli Am bɪ'wɪldərdli/ avv. in modo disorientato.

bewildering /bɪ'wɪldərɪŋ/ a. sconcertante, sbalorditivo.

bewilderingly /bɪ'wɪldərɪŋli/ avv. in modo sconcertante.

bewilderment /bɪ'wɪldəmənt Am bɪ'wɪldərmənt/ n. sconcerto m., disorientamento m., perplessità f.

bewitch /bɪ'wɪtʃ/ v.t. **1** stregare. **2** (*fig*) affascinare, incantare, ammaliare.

bewitched /bɪ'wɪtʃt/ a. **1** stregato. **2** (*fig*) affascinato, incantato.

bewitching /bɪ'wɪtʃɪŋ/ a. affascinante, seducente, che incanta.

bewitchingly /bɪ'wɪtʃɪŋli/ avv. in modo seducente, con grande fascino: ~ beautiful bella e fascinosa.

bewitchment /bɪ'wɪtʃmənt/ n. **1** stregoneria f., magia f. **2** (*effect*) incantesimo m., malia f.

bey /beɪ/ n. (*Stor*) bei m., bey m.

beyond /bɪ'ɒnd Am bɪ'(j)ɑːnd/ I prep. **1** oltre, (al) di là di, dall'altra parte di: ~ the hill al di là della collina. **2** (*farther on than*) oltre: ~ the horizon oltre l'orizzonte. **3** (*later than*) oltre, più di: they stayed ~ their time si sono trattenuti del tempo stabilito, si sono trattenuti oltre il previsto. **4** (*exceeding*) oltre, più di, al di là di, al di sopra di: ~ my wildest dreams al di là dei miei sogni più arditi. II avv. oltre, al di là, più lontano, più in là, al di là, dall'altra parte: the hills were ~ le colline erano oltre. III n. **1** aldilà m., oltretomba m. **2** (*sth. distant*) angolo m. remoto, punto m. lontano. □ ~ a doubt senza possibilità di dubbio: this is going ~ a joke questo va oltre i limiti dello scherzo; ~ all dispute fuori discussione; ~ all hope oltre ogni speranza, senza alcuna speranza; ~ all question: 1 (*beyond dispute*) fuori (di) discussione; 2 (*undoubtedly*) indubbiamente, fuor di dubbio, senza dubbio; ~ argument indiscutibile, fuori discussione; ~ belief inconcepibile, incredibile, inverosimile, oltre ogni credere; ~ compare incomparabile, senza paragone, che non teme confronti: she is beautiful ~ compare è di una bellezza incomparabile; to be ~ one's comprehension essere incomprensibile; for reasons ~ our control per motivi indipendenti dalla nostra volontà, per cause di forza maggiore; ~ dispute fuori discussione; ~ doubt senza possi-

bilità di dubbio; ~ endurance insopportabile, intollerabile; ~ expectation al di là di ogni aspettativa, oltre le aspettative; ~ expression inesprimibile, indicibile; (*Am*) ~ eyeshot a perdita d'occhio; to go ~ oltrepassare (*anche fig*); to live ~ one's income vivere al di sopra dei propri mezzi; ~ one's ken al di là della propria comprensione; this is ~ me non ci arrivo; ~ measure oltre (ogni) misura; ~ number innumerevoli, senza numero; (*fig*) ~ the Pale al di là del consentito, al di là del lecito: his conduct is quite ~ the Pale la sua condotta oltrepassa ogni limite; it is ~ my power non è in mio potere, va oltre le mie possibilità; ~ praise superiore a ogni elogio, superiore a ogni lode; ~ price inestimabile, di valore incalcolabile; ~ one's purse al di sopra delle proprie possibilità (finanziarie); ~ question: 1 (*beyond dispute*) fuori (di) discussione; 2 (*undoubtedly*) indubbiamente, fuor di dubbio, senza dubbio: he is, ~ question, the finest artist in the country è indubbiamente il miglior artista del paese; ~ range fuori portata, fuori dal raggio d'azione; ~ recall: 1 (*irrevocably*) irrevocabilmente; 2 (*irrevocable*) irrevocabile; 3 (*forgotten*) dimenticato; ~ reclaim irrecuperabile; ~ recognition irriconoscibile; ~ recovery incurabile; ~ redemption irrecuperabile, incorreggibile; ~ repair irreparabile; ~ reproach irreprensibile, ineccepibile; ~ retrieval irrecuperabile; ~ retrieve senza rimedio, irreparabile; it is ~ my scope non è di mia competenza; ~ sufferance intollerabile, insopportabile; from ~ the grave dall'oltretomba; (*fig*) to go ~ the mark (*of good taste, etc.*) oltrepassare il segno; ~ the memory of man a tempo immemorabile; ~ the reach of al di là delle possibilità di, fuori delle possibilità di; ~ the seas: 1 oltremare; 2 (*Pol*) all'estero; (*fig*) ~ the veil oltre la morte, nell'aldilà; ~ words oltre ogni dire, più di quanto si possa dire.

bezel /'bezəl/ I n. **1** (*of a chisel, etc.: slope*) smussatura f., smusso m., spigolo m. inclinato. **2** (*of a jewel*) faccia f. obliqua, sfaccettatura f. **3** (*of a jewel or watch setting*) incastonatura f., lunetta f. II v.t. (*past, p.p.* **-lled/** Am **-led** /-d/) smussare.

bezique /bə'ziːk/ n. bazzica f.

bezoar /'biːzɔːr/ n. (*Zool*) capra f. selvatica, capra f. aegagrus.

BF *Burkina* BF (Burkina).

b.f., **B/F 1** (*Comm*) brought forward (riportato). **2** (*Tip*) bold-face n.tto (neretto).

BFA /ˌbiːefˈeɪ/ Bachelor of Fine Arts (laureato in belle arti).

BG *Bulgaria* BG (Bulgaria).

BGH (*Zootecn*) Bovine Growth Hormone BGH (ormone della crescita bovina).

BH *Belize* BH (Belize).

bhaji /'bɑːdʒi/ n. (*Gastron*) frittella f. indiana.

bhakti /'bʌkti/ n. (*Rel*) devozione f. (nella religione indù).

bhang /bæŋ/ n. **1** (*Bot*) canapa f. indiana. **2** (*narcotic*) hascish m.

bhangra /'bɑːŋɡrə/ n. musica f. bhangra, musica f. popolare del Punjab (anche in versione pop).

bhindi /'bɪndi/ n. (*Bot*) abelmosco m.

bhp, **b.h.p.** brake horsepower (potenza al freno).

BHT *Bhutan* BHT (Bhutan).

Bhutan /buːˈtɑːn, buːˈtæn/ n.pr. (*Geog*) Bhutan m.

Bhutanese /ˌbuːtəˈniːz/ I a. del Bhutan. II n. **1** (*language*) lingua f. del Bhutan. **2** (*inhabitant*) bhutanese m./f.

bi /baɪ/ a. (*sl*) bisessuale, bisex.

biannual /baɪˈænjuəl/ a. semestrale, due volte all'anno.

biannually /baɪˈænjuəli/ avv. semestralmente, due volte all'anno.

bias /'baɪəs/ I n. **1** (*prejudice*) pregiudizio m., prevenzione f.: to have a ~ against so. essere prevenuto contro qcu. **2** (*tendency*) tendenza f., inclinazione f. **3** (*in bowls: bulge on ball*) peso m. (che dà effetto alla boccia); (*curve*) inclinazione f., curva f. **4** (*Sart*) sbieco m., diagonale f.: to cut on the ~ tagliare di sbieco. **5** (*Rad*) tensione f. base di griglia, polarizzazione f. **6** (*Acus*) premagnetizzazione f., bias m. **7** (*Statist*) errore m. (sistematico). II a. (*Sart*) (tagliato di) sbieco, diagonale. III avv. in diagonale, di sbieco. IV v.t. (*past, p.p.* **biased/biassed** /'baɪəst/) influenzare (sfavorevolmente). □ (*Br*) ~ binding rinforzo, sbieco; (*Am*) ~ tape rinforzo, sbieco.

biased /'baɪəst/ a. **1** (*prejudiced*) prevenuto, parziale, con pregiudizi: to be ~ avere dei pregiudizi; to be ~ against so. essere prevenuto nei confronti di qcu.; to be ~ in favour of so. avere una preferenza per qcu.; the judge was ~ il giudice è stato parziale; I'm slightly ~ io sono un po' di parte. **2** (*of an account, report: not objective*) tendenzioso, non obiettivo, poco obiettivo: a ~ account of sth. un resoconto poco obiettivo di qcs. **3** (*weighted*) ben disposto, orientato, con una preferenza per: ~ towards women con una preferenza per le donne. **4** (*of a ratio*) con una prevalenza (*towards* di): the sex ratio is ~ towards females il rapporto numerico tra i sessi presenta una prevalenza di femmine. □ ~ opinion pregiudizio, preconcetto.

bias-ply /'baɪəsplaɪ/ □ (*Am,Aut*) ~ tire pneumatico (a struttura) diagonale.

biassed /'baɪəst/ a. → biased.

biathlon /baɪˈæθlən/ n. (*Sport*) biathlon m.

biaxial /baɪˈæksiəl/ a. **1** biassiale, biasse. **2** (*of a crystal*) biassico.

bib[1] /bɪb/ n. **1** bavaglino m. **2** (*of an apron*) pettorina f. **3** (*of racers*) pettorale m. **4** (*Itt*) gado m. barbato. □ (*colloq*) in one's best ~ and tucker in ghingheri.

bib[2] /bɪb/ (*past, p.p.* **bibbed** /-d/) v.i. (*rar*) bere molto.

Bib. 1 *Bible* (Bibbia). **2** *Biblical* (biblico).

bibasic /baɪˈbeɪsɪk/ a. (*Chim*) bibasico.

bibber /'bɪbər/ n. (*tippler*) beone m.

bibcock, **bib-cock** /'bɪbkɒk Am 'bɪbkɑːk/ n. rubinetto m.

bibl. 1 *bibliographical* bibl. (bibliografico). **2** *bibliography* bibl. (bibliografia).

Bibl. *Biblical* (biblico).

bible /'baɪbl/ n. **1** testo m. sacro. **2** (*fig*) bibbia f., vangelo m.

Bible /'baɪbl/ n. **1** Bibbia f. **2** (*sacred writings*) testi m.pl. sacri. □ ~ Belt zona del sud degli USA dove il protestantesimo è molto forte; ~ class lezione sulla Bibbia, corso biblico; ~ oath giuramento sulla Bibbia; (*Cart*) ~ paper carta bibbia, carta India; ~ Society Società biblica, Società per la diffusione della Bibbia.

Bible-basher /'baɪblˌbæʃər/ n. predicatore m. evangelico molto aggressivo.

Bible-bashing /'baɪblˌbæʃɪŋ/ n. predicazione f. evangelica molto aggressiva.

Bible-thumper /'baɪblˌθʌmpər/ n. (*Am*) predicatore m. evangelico molto aggressivo.

Bible-thumping /'baɪblˌθʌmpɪŋ/ n. (*Am*) predicazione f. evangelica molto aggressiva.

biblical, **Biblical** /'bɪblɪkəl/ a. biblico.

bibliographer /ˌbɪbliˈɒɡrəfər Am ˌbɪbliˈɑːɡrəfər/ n. bibliografo m. (*pl.* -a).

bibliographic /ˌbɪbliəˈɡræfɪk/ a. bibliografico.

bibliographical /ˌbɪbliəˈgræfɪkəl/ a. bibliografico.

bibliography /ˌbɪbliˈɒgrəfi Am ˌbɪbliˈɑːgrəfi/ n. bibliografia f.: a Hemingway ~ una bibliografia su Hemingway.

bibliomancy /ˈbɪblioʊmænsi/ n. (Occult) bibliomanzia f.

bibliomania /ˌbɪblioʊˈmeɪniə/ n. bibliomania f.

bibliomaniac /ˌbɪblioʊˈmeɪniæk/ n. bibliomane m./f.

bibliophile /ˈbɪblioʊfaɪl/ n. bibliofilo m. (f. -a).

bibliophily /ˌbɪbliˈɒfɪli Am ˌbɪbliˈɑːfɪli/ n. bibliofilia f.

bibliopole /ˈbɪblioʊpoʊl/ n. (ant) libraio m. (f. -a).

bibulous /ˈbɪbjʊləs/ a. (lett,scherz) dedito al bere.

bicameral /baɪˈkæmərəl/ a. (Parl) bicamerale.

bicameralism /ˌbaɪˈkæmərəlɪzəm/ n. (Parl) bicameralismo m.

bicarb /ˈbaɪkɑːb Am ˈbaɪkɑːrb/ n. (Chim,colloq) bicarbonato m.

bicarbonate /ˌbaɪˈkɑːbənɪt Am ˌbaɪˈkɑːrbənɪt/ n. (Chim) bicarbonato m.: ~ of soda bicarbonato di sodio.

bice /baɪs/ n. 1 (blue) turchino m. 2 (green) verde m. grigio.

bicentenary /ˌbaɪsenˈtiːnəri Am baɪˈsentəneri, ˌbaɪsenˈtenəri/ I a. 1 bicentenario, del (o per il) bicentenario: a ~ exhibition una mostra per il bicentenario. 2 (of two hundred years) bicentennale, di duecento anni. 3 (occurring every two hundred years) bicentennale. II n. bicentenario m.

bicentennial /ˌbaɪsenˈteniəl/ I a. (Am) 1 bicentenario, del (o per il) bicentenario: a ~ exhibition una mostra per il bicentenario. 2 (of two hundred years) bicentennale, di duecento anni. 3 (occurring every two hundred years) bicentennale. II n. (Am) bicentenario m.

bicephalous /baɪˈsefələs/ a. bicefalo.

biceps /ˈbaɪseps/ (pl. -cepses /-ɪz/ /inv./) n. (Anat) bicipite m.

bicker /ˈbɪkər/ I v.i. 1 bisticciare, litigare. 2 (poet) (of water) fluire, scorrere; (to babble) gorgogliare. II n. bisticcio m., litigio m.

bickerer /ˈbɪkərə Am ˈbɪkərər/ n. litigante m./f.

bickering /ˈbɪkərɪŋ/ n. litigio m., bisticcio m.

bicoastal /baɪˈkoʊstəl/ a. di entrambe le coste (degli USA).

bicolor /ˈbaɪkʌlər/ a. (Am) bicolore.

bicolored /ˈbaɪkʌlərd/ a. (Am) bicolore.

bicolour /ˈbaɪkʌlər/ a. bicolore.

bicoloured /ˈbaɪkʌlərd/ a. bicolore.

biconcave /baɪˈkɒnkeɪv Am baɪˈkɑːnkeɪv/ a. (Ott) biconcavo.

biconvex /baɪˈkɒnveks Am baɪˈkɑːnveks/ a. (Ott) biconvesso.

bicultural /baɪˈkʌltʃərəl/ a. biculturale.

biculturalism /baɪˈkʌltʃərəˌlɪzəm/ n. biculturalismo m.

bicuspid /baɪˈkʌspɪd/ I n. (Anat) premolare m. II a. bicuspide. □ (Anat) ~ valve valvola bicuspide, valvola mitrale.

bicycle /ˈbaɪsɪkl/ I n. bicicletta f. II v.i. andare in bicicletta. □ (Med) ~ ergometer cicloergometro.

bicycler /ˈbaɪsɪklə/ n. (Am) ciclista m./f.

bicyclist /ˈbaɪsɪklɪst/ n. ciclista m./f.

bid[1] /bɪd/ n. 1 offerta f.: to put in a ~ fare un'offerta. 2 (amount offered) offerta f., somma f. offerta: a cash ~ un'offerta in contanti. 3 (in card games) dichiarazione f.: how much is the ~? qual è stata la dichiarazione? 4 (turn of player) turno m. 5 (Am,colloq) (in-

vitation) invito m. 6 (fig) (attempt) tentativo m.: an escape ~ un tentativo di evasione. □ (Pol) to make a ~ for power tentare un colpo di stato; (Econ) ~ price (o ~ quotation) prezzo denaro, corso denaro; (Econ) ~ tender offer opzione all'acquisto.

bid[2] /bɪd/ (past bid /bɪd/ o bade /beɪd/, p.p. bid o bidden /ˈbɪdən/) I v.t. 1 (to salute) dire a, augurare a: to ~ so. farewell dire addio a qcu. 2 (to invite) invitare: he bade me approach him mi invitò ad avvicinarmi a lui. 3 (ant) comandare a, ordinare a. 4 (to offer; past, p.p. bid) offrire, fare un'offerta di: he ~ twenty pounds for the table offrì venti sterline per il tavolo. 5 (in bridge; past, p.p. bid) dichiarare, accusare: to ~ diamonds dichiarare quadri. II v.i. 1 (ant) comandare: do as I ~ (o do as you are -den) fate come comando, eseguite i miei ordini. 2 (to offer; past, p.p. bid) fare un'offerta: to ~ for a contract fare un'offerta per un contratto d'appalto. □ to ~ against competere con; ~ and asked prices prezzi di domanda e di offerta; to ~ defiance to so. lanciare una sfida a qcu.; (ant) to ~ fair to promettere (bene), avere buone probabilità; (Comm) to ~ in far salire il prezzo (di una cosa propria) facendo offerte a un'asta; (Comm) to ~ up far salire il prezzo facendo continuamente offerte superiori; to ~ so. welcome dare il benvenuto a qcu.

biddable /ˈbɪdəbl/ a. 1 docile, obbediente. 2 (in bridge) che permette di dichiarare, che permette di accusare.

bidden /ˈbɪdən/ → **bid**[2].

bidder /ˈbɪdər/ n. 1 (Comm) offerente m./f.: the highest ~ il miglior offerente. 2 (Comm) (undertaker) appaltatore m. (f. -trice). 3 (in bridge) dichiarante m./f.

bidding /ˈbɪdɪŋ/ n. 1 comando m., ordine m., cenno m. di comando. 2 (invitation) invito m. 3 (offers at an auction) offerte f.pl.: the ~ was slow le offerte andavano a rilento. 4 (bids in card games) dichiarazioni f.pl. □ to be at so.'s ~ essere agli ordini di qcu.: at your ~ ai suoi ordini, al suo comando, ai tuoi ordini, al tuo comando; to do so.'s ~ eseguire gli ordini di qcu.; (Rel.prot) ~ prayer preghiera di intercessione; (Comm) ~ price prezzo d'offerta.

biddy /ˈbɪdi/ n. 1 (chicken) gallina f. 2 (spreg) (woman) vecchietta f. vispa: an old ~ una vecchietta sempre affaccendata.

bide /baɪd/ (past bided /ˈbaɪdɪd/ o bode /boʊd/, p.p. bided) I v.t. (ant) sopportare, tollerare. II v.i. 1 (ant) stare, abitare. 2 (rar) (to wait) attendere, aspettare. □ to ~ one's time attendere il momento opportuno, aspettare il momento buono.

bidet /ˈbiːdeɪ Am brˈdeɪ/ n. bidè m., bidet m.

bidi /ˈbiːdiː/ n. sigaretta f. indiana.

bidirectional /ˌbaɪd(a)ɪˈrekʃənəl/ a. bidirezionale.

biennial /baɪˈeniəl/ I a. biennale. II n. biennale f.

biennially /baɪˈeniəli/ avv. ogni due anni.

biennium /baɪˈeniəm/ (pl. -nia /-niə/) n. biennio m.

bier /bɪə Am bɪr/ n. 1 feretro m., bara f. 2 (lett) (catafalque) catafalco m.

bifacial /baɪˈfeɪʃəl/ a. bifacciale.

biff /bɪf/ I n. (colloq) colpo m., percossa f. II v.t. (colloq) colpire, percuotere.

biffin /ˈbɪfɪn/ n. 1 mela f. rossa (da cuocere). 2 (Gastron) mela f. al forno.

bifid /ˈbaɪfɪd/ a. (Bot,Zool) bifido.

bifocal /baɪˈfoʊkəl/ a. (Ott) bifocale. □ ~ glasses occhiali bifocali; ~ lens lente bifocale.

bifocals /baɪˈfoʊkəlz/ n.pl. occhiali m.pl. bifocali.

bifurcate /ˈbaɪfəkeɪt Am ˈbaɪfərkeɪt/ I a. biforcuto. II v.t. biforcare. III v.i. biforcarsi.

bifurcation /ˌbaɪfəˈkeɪʃən Am ˌbaɪfərˈkeɪʃən/ n. biforcazione f.

big /bɪg/ I a. (compar. bigger /ˈbɪgər/, sup. biggest /ˈbɪgəst/) 1 grande, grosso: a ~ room una grande stanza, uno stanzone. 2 (grown-up) adulto, (colloq) grande: you're a ~ boy now sei un ragazzo grande ora. 3 (important) importante, grosso, grande: ~ news novità importanti. 4 (of people) importante, grosso: a ~ man in the building trade un pezzo grosso nel campo dell'edilizia. 5 (outstanding) notevole, degno di nota, (colloq) grande, grosso: a ~ success un grosso successo, un successone. 6 (full, loud) pieno, forte, potente: a ~ voice una voce piena. 7 (filled) pieno. 8 (of clouds, the sky) gravido, carico. 9 (generous, noble) nobile, generoso, (colloq) grosso, grande: a woman with a ~ heart una donna dal (o con un) cuore grande. 10 (boastful) roboante, pomposo, ampolloso. 11 (pregnant) incinta, gravida. 12 (full-bodied) importante, corposo: a wine with a ~ taste un vino corposo. II avv. 1 (colloq) alla grande, in modo pomposo, in modo esagerato, da smargiasso: to think ~ pensare alla grande. 2 (successfully) felicemente, a gonfie vele. □ (colloq) ~ Aids; the Big Apple la Grande Mela, New York; (Mus) ~ band orchestra jazz; ~ bang big bang (anche fig): the ~ bang theory la teoria del big bang; ~ board: 1 tabellone (spec. della borsa di New York); 2 (fig) la borsa di New York, Wall Street; (fig) to get too ~ for one's boots (o to get too ~ for one's breeches o to get too ~ for one's britches) montarsi la testa, darsi delle arie; the ~ boss il grande capo; ~ brother: 1 fratello maggiore, fratello (più) grande; 2 (fig) protettore, difensore; (Lett) Big Brother il Grande Fratello; (Am,colloq) ~ bucks soldoni; (Agr) ~ bud ipertrofia delle gemme; (Am,colloq) ~ bug persona importante, pezzo grosso, alto papavero; ~ business: 1 alta finanza; 2 (monopolies) monopoli; 3 (dealings) grossi affari, largo giro d'affari; (colloq) ~ C cancro, brutto male; ~ cat grosso felino; (colloq) ~ cheese pezzo grosso, pezzo da novanta, persona di spicco, grande capo; ~ city grande città; ~ deal grosso affare, vero affare; (iron) bell'affare; no ~ deal niente di speciale; (iron) ~ deal! tutto qui?, bell'affare!, e allora?; to make a ~ deal out of sth. metterla giù dura, fare un dramma di qcs.; (Astr) Big Dipper Orsa Maggiore; (Br) ~ dipper montagne russe; Big Easy New Orleans; ~ eater mangione; (fig) the ~ enchilada il capo, il boss; (Tecn) ~ end testa di biella; (colloq) ~ fish pezzo grosso, pezzo da novanta, persona di spicco; ~ game: 1 (Caccia) caccia grossa; 2 (fig) colpo grosso; (sl) ~ gun pezzo da novanta, pezzo grosso, alto papavero; ~ hand: 1 (of a wach) lancetta dei minuti; 2 (applause) applauso: to give so. a ~ hand fare un (grande) applauso a qcu.; (fig) to have a ~ head essere presuntuoso; (colloq) ~ hitter pezzo grosso, pezzo da novanta; ~ idea: 1 (colloq) grande idea, ideona; 2 (purpose) fine, scopo; (colloq,iron) what's the ~ idea? che sciocchezze sono queste?, che cosa credi di fare?; (Sport) ~ league serie A; ~ letter lettera maiuscola; (colloq) to make it ~ avere un grosso successo, sfondare; (Sport) ~ match partitissima; (fig) to make a ~ mistake sbagliare di grosso; (Am,sl) ~ mo ondata di popolarità; (colloq) to earn ~ money guadagnare forte; (sl) ~ mouth persona chiacchierona e maliziosa, linguaccia; to *have a ~ mouth* avere la lingua lunga, non saper tenere la lingua a posto, non saper tenere la bocca chiusa; (*sl*) *you and your ~ mouth!* tutta colpa della tua linguaccia!; *~ name* celebrità, personalità, grosso nome, big; (*sl*) *~ noise* pezzo da novanta, pezzo grosso, alto papavero; (*colloq*) *to be ~ on sth.* essere entusiasta di qcs., (*colloq*) andare pazzo per qcs.; *Big One* Big One, terremoto apocalittico che dovrebbe colpire la California; (*Br,colloq*) *to consider oneself a ~ pot* reputarsi una persona importante, credersi un pezzo grosso; *~ screen*: 1 (*TV*) grande schermo, schermo gigante; 2 (*the cinema*) il grande schermo, il cinema; (*sl*) *~ shot* pezzo da novanta, pezzo grosso, alto papavero; *~ sister*: 1 sorella maggiore, sorella (più) grande; 2 (*fig*) protettrice; (*colloq*) *Big Smoke* grande città; *~ spender* spendaccione; *~ stick*: 1 (*fig*) maniera forte; 2 (*Am,Stor*) politica del manganello; *a ~ stiff* un idiota, un imbecille; (*sl*) *~ stink* scandalo: *to raise a ~ stink* sollevare uno scandalo; (*Am*) *the Big Ten* le dieci università statali più famose (Illinois, Iowa, Michigan, Indiana, Minnesota, Northwestern, Ohio, Purdue, Wisconsin, California); (*Am*) *the Big Three* le tre grandi compagnie radiotelevisive (ABC, NBC, CBS); (*colloq*) *~ time* gran classe, prima classe, alto livello; *to hit the ~ time* avere un successo; (*colloq*) *~ timer*: 1 (*actor or performer*) attore di primo piano, artista di alto livello; 2 (*personality*) personaggio di spicco, personalità, big; *~ toe* alluce; *~ top*: 1 (*colloq*) tendone da circo; 2 (*circus*) circo; *in a ~ way* su grande scala, in grande: *to do things in a ~ way* fare le cose in grande; (*Aus*) *Big Wet* lungo periodo piovoso; *~ wheel*: 1 (*Br*) (*Ferris wheel*) ruota panoramica; 2 (*Am, colloq*) (*influential person*) persona importante, pezzo grosso, alto papavero; (*Am, colloq,iron*) *~ whup!* bell'affare!; (*ant*) *~ with child* incinta; *~ with young* (*of animals*) gravida, pregna; (*colloq*) *~ words* una spacconata.

bigamist /'bɪgəmɪst/ *n.* bigamo *m.* (*f.* -a).

bigamous /'bɪgəməs/ *a.* **1** (*guilty of bigamy*) bigamo. **2** (*involving bigamy*) (che costituisce reato) di bigamia.

bigamy /'bɪgəmi/ *n.* bigamia *f.*

big-city /'bɪgsɪti Am 'bɪgsɪti/ □ *~ crime* criminalità delle grandi città.

bigeneric /,baɪdʒə'nerɪk/ *a.* (*Bot*) bigenerico.

bigeye /'bɪgaɪ/ *a.* (*Itt*) (*large tuna*) tonno *m.* obeso.

bigger /'bɪgə^r/, **biggest** /'bɪgəst/ → **big**.

biggish /'bɪgɪʃ/ *a.* abbastanza grosso, piuttosto grosso.

bighead, big-head /'bɪghed/ *n.* (*colloq*) presuntuoso *m.* (*f.* -a), borioso *m.* (*f.* -a).

big-headed /,bɪg'hedɪd Am 'bɪghedɪd/ *a.* (*colloq*) presuntuoso, tronfio, montato.

big-headedness /,bɪg'hedɪdnəs Am 'bɪg hedɪdnəs/ *n.* (*colloq*) presunzione *f.*, superbia *f.*

big-hearted /,bɪg'hɑːtɪd Am ,bɪg'hɑːrtɪd/ *a.* generoso, magnanimo, dal cuore grande.

bighorn /'bɪghɔːn Am 'bɪghɔːrn/ *n.* (*Zool*) pecora *f.* delle Montagne Rocciose, bighorn *m.*

bight /baɪt/ **I** *n.* **1** (*Mar*) doppino *m.* **2** (*Topogr*) (*of the coastline*) baia *f.*, curva *f.*; (*of a river*) ansa *f.* **II** *v.t.* fissare con un doppino.

bigness /'bɪgnəs/ *n.* grossezza *f.*, grandezza *f.*

bigot /'bɪgət/ *n.* intollerante *m./f.*, fanatico *m.* (*f.* -a), fazioso *m.* (*f.* -a).

bigoted /'bɪgətɪd Am 'bɪgətɪd/ *a.* intollerante, fanatico, fazioso, settario.

bigotry /'bɪgətri/ *n.* intolleranza *f.*, fanatismo *m.*, settarismo *m.*,.

big-ticket /'bɪg'tɪkɪt/ *a.* (*Am,colloq*) caro, salato.

big-timer /'bɪgtaɪmə^r/ *n.* (*colloq*) **1** (*actor or performer*) attore *m.* (*f.* -trice) di primo piano, artista *m./f.* di alto livello. **2** (*personality*) personaggio *m.* di spicco, personalità *f.*, big *m.*

bigwheel /'bɪg(h)wiːl/ *n.* (*Am,colloq*) pezzo *m.* da novanta, pezzo *m.* grosso, alto papavero *m.*

bigwig /'bɪgwɪg/ *n.* (*colloq*) persona *f.* importante, pezzo *m.* grosso, alto papavero *m.*

BIH *Bosnia Herzegovina* BIH (Bosnia-Erzegovina).

bijou /bɪ'ʒuː/ (*pl.* **-x** /-z/) *n.* gioiello *m.*, bijou *m.*

bijouterie /biː'ʒuːtəri/ *n.* bigiotteria *f.*

bike /baɪk/ **I** *n.* **1** bici *f.*, bicicletta *f.* **2** (*motorcycle*) moto *f.* **II** *v.i.* **1** andare in bicicletta. **2** (*to ride a motorcycle*) andare in moto.

biker /baɪkə^r/ *n.* motociclista *m./f.*

bikeway /'baɪkweɪ/ *n.* pista *f.* ciclabile.

biking /'baɪkɪŋ/ *n.* (*colloq*) ciclismo *m.*

bikini /bɪ'kiːni/ *n.* bikini *m.* □ *~ briefs* minislip; *~ line* inguine.

Bikini /bɪ'kiːni/ *n.pr.* (*Geog*) Bikini *m.*

bilabial /baɪ'leɪbɪəl/ **I** *a.* (*Fon*) bilabiale. **II** *n.* (*Fon*) consonante *f.* bilabiale.

bilabiate /baɪ'leɪbɪət/ *a.* (*Bot*) bilabiato.

bilateral /baɪ'læt^ər^əl Am baɪ'lætər^əl/ *a.* **1** bilaterale: *~ agreements* accordi bilaterali. **2** (*Geom*) bilatero. □ (*Biol*) *~ symmetry* simmetria bilaterale.

bilateralism /baɪ'læt^ər^əlɪz^əm Am baɪ 'lætərəlɪz^əm/ *n.* bilateralismo *m.*

bilayer /'baɪleɪə^r/ *n.* (*Chim*) strato *m.* di spessore bimolecolare.

bilberry /'bɪlb^əri Am 'bɪlberi/ *n.* (*Bot*) mirtillo *m.*

bilby /'bɪlbi/ *n.* (*Zool*) bandicoot *m.*, coniglio *m.* dalla coda bianca.

bile /baɪl/ *n.* **1** (*Fisiol*) bile *f.* **2** (*fig*) bile *f.*, rabbia *f.*, livore *m.* □ (*Anat*) *~ duct* dotto biliare.

bilestone /'baɪlstəʊn/ *n.* (*Med*) calcolo *m.* biliare.

bi-level /'baɪ,lev^əl/ *a.* su due livelli.

bilge /bɪldʒ/ **I** *n.* **1** (*Mar*) (*part of the hull*) opera *f.* viva, carena *f.*; (*enclosure for seepage*) sentina *f.*; (*bilge water*) acqua *f.* di sentina. **2** (*sl*) (*nonsense*) sciocchezze *f.pl.*, stupidaggini *f.pl.* **3** (*of a cask*) pancia *f.* **II** *v.t.* (*Mar,ant*) aprire una falla nella sentina. **III** *v.i.* (*Mar,ant*) fare acqua. □ (*Mar*) *~ block* tacco (di invasatura), puntello (di invasatura); (*ant*) taccata; (*Mar*) *~ keel* chiglia di rollio, aletta di rollio; (*Mar*) *~ water* acqua di sentina.

bilharzia /bɪl'hɑːsɪə Am bɪl'hɑːrzɪə/ *n.* (*Med*) bilharzia *f.*

bilharziasis /,bɪlhɑː'tsaɪəsɪs Am ,bɪlhɑːr 'zaɪəsɪs/ *n.* (*Med*) bilharziosi *f.*

biliary /'bɪliəri/ *a.* (*Med*) biliare.

bilinear /baɪ'lɪnɪə^r/ *a.* (*Mat*) bilineare.

bilingual /baɪ'lɪŋgwəl/ **I** *a.* bilingue. **II** *n.* persona *f.* bilingue, bilingue *m./f.*

bilingualism /baɪ'lɪŋgwəlɪz^əm/ *n.* bilinguismo *m.*

bilingually /baɪ'lɪŋgwəli/ *avv.* in due lingue.

bilinguist /baɪ'lɪŋgwɪst/ *n.* persona *f.* bilingue, bilingue *m./f.*

bilious /'bɪliəs/ *a.* **1** (*Fisiol,Med*) biliare. **2** (*angry*) bilioso, collerico. **3** (*nauseous*) nauseabondo, da vomito: *to feel ~* avere la nausea.

biliously /'bɪliəsli/ *avv.* **1** (*angrily*) in modo bilioso, con rabbia. **2** (*nauseously*) da vomito.

biliousness /'bɪliəsnəs/ *n.* **1** (*anger*) bile *f.*, rabbia *f.*, stizza *f.* **2** (*nauseous*) nausea *f.*,

voglia *f.* di vomitare.

bilirubin /,bɪlɪ'ruːbɪn/ *n.* (*Biol*) bilirubina *f.*

biliverdin /,bɪlɪ'vɜːdɪn Am ,bɪlɪ'vɜːrdɪn/ *n.* (*Biol*) biliverdina *f.*

bilk /bɪlk/ **I** *v.t.* **1** non pagare, evadere: *to ~ a debt* non pagare un debito. **2** (*to cheat*) imbrogliare, truffare. **3** (*to escape from*) sfuggire a, sottrarsi a, evitare, scansare: *to ~ one's creditors* sottrarsi ai propri creditori. **II** *n.* imbroglione *m.* (*f.* -a), truffatore *m.* (*f.* -trice). □ *to ~ so.'s plans* mandare all'aria i piani di qcu.

bilker /'bɪlkə^r/ *n.* imbroglione *m.* (*f.* -a), truffatore *m.* (*f.* -trice).

bill[1] /bɪl/ **I** *n.* **1** (*commercial statement of money owed*) fattura *f.*, bolletta *f.*, nota *f.*: *I get nothing but -s in my mail* nella posta non ricevo altro che bollette da pagare. **2** (*slip of paper showing amount owed*) conto *m.*: *the ~ for lunch* il conto per il pranzo. **3** (*poster*) manifesto *m.* (pubblicitario), cartellone *m.* (pubblicitario). **4** (*list of items*) lista *f.*, elenco *m.* **5** (*theatre programme*) programma *m.*, cartellone *m.*; (*playbill*) locandina *f.* **6** (*Parl*) (*proposed law*) disegno *m.* di legge, progetto *m.* di legge, progetto *m.* legislativo: *to introduce* (o *present*) *a ~* presentare un disegno di legge. **7** (*Comm*) (*bill of exchange*) cambiale *f.*, tratta *f.*: *to accept* (o *take up*) *a ~* accettare una tratta; *to discharge a ~* pagare una cambiale; *to issue a ~* emettere una tratta. **8** (*Dir*) documento *m.*, atto *m.* scritto, deposizione *f.* scritta. **9** (*Am*) (*bank note*) biglietto *m.* (di banca), banconota *f.*: *a five-dollar ~* un biglietto da cinque dollari. **II** *v.t.* **1** mandare il conto a, spedire il conto a. **2** (*to charge on a bill*) fatturare, mettere in conto: *to ~ goods* fatturare la merce. **3** (*to announce by public notice*) reclamizzare con cartelloni, reclamizzare con manifesti. **4** (*to post bills*) affiggere manifesti, attaccare cartelloni. **5** (*to list in a theatrical programme*) mettere in programma, annunciare, programmare. □ (*Econ*) *~ after date* cambiale a certo tempo data; (*Comm*) *~ at sight* cambiale a vista; (*Dir*) *Bill of Attainder* decreto di confisca dei beni e di morte civile; (*Econ*) *~ broker* agente di sconto; (*Econ*) *~ case* portafoglio; (*Am*) *~ fold* portafoglio; (*Comm*) *~ for a term* cambiale a tempo; (*Comm*) *~ for collection* cambiale all'incasso; (*Comm*) *-s for discount* effetti allo sconto; *~ head* (o *~ heading*): 1 intestazione di fattura; 2 (*printed form*) modulo; (*Econ*) *-s in hand* portafoglio effetti; (*Comm*) *-s in suspense* effetti in sofferenza; (*Dir*) *~ of costs* specifica delle spese giudiziarie; *~ of entry* bolletta doganale, dichiarazione doganale; (*Dir*) *~ of exceptions* lista delle eccezioni; (*Comm*) *~ of exchange* cambiale, tratta; *~ of fare* lista delle vivande, menù; (*Comm*) *~ of freight* lettera di porto, lettera di vettura; *~ of goods*: 1 (*Comm*) partita di merce; 2 (*Am,colloq*) seccatura, scocciatura, noia; (*Med*) *~ of health* patente sanitaria, certificato sanitario; *to give so. a clean ~ of health*: 1 dichiarare il paziente sano; 2 (*fig*) dichiarare che qcu. ha superato la prova; (*Dir*) *~ of indictment* imputazione, atto d'accusa; (*Mar*) *~ of lading* polizza di carico; (*Br,Dir*) *~ of particulars* dettagli contenuti in una domanda giudiziale; *~ of quantities* conto dettagliato, conto particolareggiato; (*Pol,Stor*) *Bill of Rights* dichiarazione dei diritti; (*Comm*) *~ of sale* atto di vendita; (*Comm*) *~ of sufferance* lettera di esenzione doganale; (*Comm*) *~ on demand* cambiale a vista; (*Comm*) *-s payable* effetti passivi (da pagare); *~ poster* attacchino; *~ posting* affissione di manifesti; (*Comm*) *to* *have a ~protested* fare protestare una cambiale; (*Comm*) *-s receivable* effetti attivi (da incassare); *~sticker* attacchino; (*Comm*) *~to drawer* cambiale a favore del traente; (*Comm*) *-s to mature* effetti a scadenza.

bill[2] /bɪl/ **I** *n.* **1** becco *m.*; (*of birds of prey*) rostro *m.* **2** (*Geol*) promontorio *m.*, capo *m.*, punta *f.* **3** (*Mar*) (*of an anchor*) unghia *f.* **II** *v.i.* beccuzzarsi, rimbeccarsi. □ (*fig*) *to ~ and coo* tubare, amoreggiare.

bill[3] /bɪl/ *n.* **1** alabarda *f.* **2** (*Agr*) roncola *f.*; (*for pruning*) pennato *m.*, falcetto *m.* **3** (*billman*) alabardiere *m.* □ (*Agr*) *~ hook* roncola; (*for pruning*) pennato, falcetto.

Bill /bɪl/ *n.pr.m. dim. di* William. □ (*Br*)*the ~* la polizia, (*colloq*) la pula.

billable /ˈbɪləb/ *a.* (*Comm*) fatturabile.

billabong /ˈbɪləbɒŋ/ *n.* (*Aus*) stagno *m.* (formato da un fiume in secca).

billboard /ˈbɪlbɔːd *Am* ˈbɪlbɔːrd/ *n.* riquadro *m.* per le affissioni, tabellone *m.* per le affissioni.

billed /bɪld/ *a.* beccuto, col becco.

biller /ˈbɪlər/ *n.* **1** addetto *m.* (*f.* -a) alla fatturazione. **2** (*machine*) fatturatrice *f.*

billet[1] /ˈbɪlɪt/ **I** *n.* **1** (*Mil*) biglietto *m.* d'alloggio. **2** (*Mil*) (*lodging*) alloggio *m.* **3** (*colloq*) (*job*) impiego *m.*, posto *m.*, lavoro *m.* **II** *v.t.* (*Mil*) alloggiare, acquartierare. **III** *v.i.* (*Mil*) alloggiare.

billet[2] /ˈbɪlɪt/ *n.* **1** ciocco *m.*, ceppo *m.* **2** (*Arch*) modanatura *f.*

billet-doux /ˌbɪleɪˈduː/ (*pl.* **billets-doux**) *n.* (*ant,scherz*) lettera *f.* d'amore, biglietto *m.* amoroso.

billfish /ˈbɪlfɪʃ/ *n.* (*Itt*) aguglia *f.*

billfold /ˈbɪlfoʊld/ *n.* (*Am*) portafoglio *m.*

billful /ˈbɪlfʊl/ *n.* beccata *f.*

billhook /ˈbɪlhʊk/ *n.* (*Agr*) roncola *f.*; (*for pruning*) pennato *m.*, falcetto *m.*

billiard /ˈbɪljəd *Am* ˈbɪljərd/ *a.* da biliardo, di biliardo. □ *~ball* palla da biliardo; *~cloth* panno verde (da biliardo); *~cue* stecca da biliardo; *~player* giocatore di biliardo; *~room* sala da biliardo; *~table* tavolo da biliardo.

billiards /ˈbɪljədz *Am* ˈbɪljərdz/ *n.pl.* (*costr. sing.*) biliardo *m.*: *to play* ~ giocare a biliardo.

Billie /ˈbɪli/ **I** *n.pr.m. dim. di* William. **II** *n.pr.f. dim. di* Wilhelmina.

billing /ˈbɪlɪŋ/ *n.* **1** pubblicità *f.* **2** (*Comm*) fatturazione *f.* □ (*Comm*) *~department* ufficio fatture; (*ant*) *~machine* fatturatrice.

billingsgate /ˈbɪlɪŋzɡeɪt/ *n.* (*Br,sl*) linguaggio *m.* scurrile, linguaggio *m.* volgare.

Billingsgate /ˈbɪlɪŋzɡeɪt/ *n.pr.* mercato *m.* del pesce a Londra.

billion /ˈbɪljən/ **I** *n.* **1** (*thousand millions*) miliardo *m.* **2** (*Br,ant*) (*million millions*) bilione *m.* **II** *a.* **1** miliardo di. **2** (*Br,ant*) bilione di.

billionaire /ˌbɪljəˈneər *Am* ˌbɪljəˈner/ *n.* miliardario *m.* (*f.* -a).

billionth /ˈbɪljənθ/ **I** *a.* **1** miliardesimo. **2** (*Br, ant*) bilionesimo. **II** *n.* **1** miliardesimo *m.* **2** (*Br,ant*) bilionesimo *m.*

billon /ˈbɪlən/ *n.* (*Met*) metallo *m.* di bassa lega.

billow /ˈbɪloʊ/ **I** *n.* **1** (*ant*) ondata *f.*, cavallone *m.*, maroso *m.* **2** (*fig*) (*wave of smoke, flame, etc.*) ondata *f.*, nube *f.* **II** *v.i.* **1** (*to bulge*) gonfiarsi: *the sails -ed in the wind* le vele si gonfiavano al vento. **2** (*to flow in a curving mass*) ondeggiare, levarsi a ondate, accavallarsi.

billowy /ˈbɪloʊi/ *a.* ondoso.

billposter /ˈbɪlˌpoʊstər/ *n.* attacchino *m.*

billsticker /ˈbɪlˌstɪkər/ *n.* attacchino *m.* (*f.* -a).

billy /ˈbɪli/ *n.* **1** (*Am,colloq*) (*billy club*) manganello *m.*, sfollagente *m.*; (*wooden stick*)

mazza *f.*, randello *m.* **2** (*spec. Aus*) (*billycan*) pentolino *m.*, gavetta *f.* □ (*Am,colloq*) *~club* manganello, sfollagente; (*colloq*) *~goat* capro, caprone, becco.

Billy /ˈbɪli/ *n.pr.m. dim. di* William.

billycan /ˈbɪlikæn/ *n.* pentolino *m.*, gavetta *f.*

billycock /ˈbɪlikɒk/ *n.* (*Br,ant*) bombetta *f.*

billy-o, **billy-oh** /ˈbɪlioʊ/ □ (*Br,colloq*)*like* ~ con forza, da matti: *it's raining like* ~ piove a catinelle, piove a dirotto.

bilobate /baɪˈloʊbeɪt/ *a.* **1** (*Bot*) bilobo, bilobato. **2** (*Arch*) bilobo.

bilobed /baɪˈloʊbd/ *a.* **1** (*Bot*) bilobo, bilobato. **2** (*Arch*) bilobo.

biltong /ˈbɪltɒŋ *Am* ˈbɪltɔːŋ/ *n.* (*spec. S.Afr*) carne *f.* secca, carne *f.* essiccata.

bimanual /baɪˈmænjuəl/ *a.* che richiede l'uso delle due mani.

bimanually /baɪˈmænjuəli/ *avv.* usando le due mani.

bimbo /ˈbɪmboʊ/ *n.* (*colloq,spreg*) ochetta *f.*, sciocchina *f.*

bimetallic /ˌbaɪmɪˈtælɪk/ *a.* bimetallico.

bimetallism /baɪˈmetəlɪzm *Am* baɪˈmetəlɪzm/ *n.* (*Econ,ant*) bimetallismo *m.*

bimetallist /baɪˈmetəlɪst *Am* baɪˈmetəlɪst/ *n.* (*f.* -trice) del bimetallismo.

bimillenary /ˌbaɪmɪˈlenəri *Am* ˌbaɪˈmɪlənəri/ *a.* bimillenario.

bimodal /baɪˈmoʊdəl/ *a.* bimodale.

bimonthly /baɪˈmʌnθli/ **I** *a.* **1** (*every two months*) bimestrale. **2** (*twice monthly*) bimensile, quindicinale. **II** *n.* **1** pubblicazione *f.* bimestrale. **2** (*twice monthly publication*) quindicinale *m.*, pubblicazione *f.* bimensile. **III** *avv.* **1** (*every two months*) ogni due mesi, bimestralmente. **2** (*twice monthly*) due volte al mese, bimensilmente.

bin /bɪn/ **I** *n.* **1** bidone *m.*, recipiente *m.*, contenitore *m.*: *bread* ~ contenitore per il pane. **2** (*for grain, coal, etc.*) silo *m.*, deposito *m.* **3** (*Br*) (*rubbish bin*) pattumiera *f.*, bidone *m.* della spazzatura, cassonetto *m.*: *to throw sth. in the* ~ buttare qcs. nella pattumiera. **4** (*wastepaper bin*) cestino *m.* **5** (*lot of goods*) lotto *m.* **6** (*madhouse*) (*colloq*) manicomio *m.* **II** *vt.* **1** buttare, cestinare. **2** (*to store wine*) conservare, mettere in cantina. □ (*Br*) *~ end* ultima bottiglia (*o* ultime bottiglie) di un lotto.

binary /ˈbaɪnəri/ *a.* binario (*anche Inform*). □ (*Inform*) *~ code* codice binario; (*Inform*) *~ coded decimal* cifra decimale codificata in binario; (*Chim*) *~compound* composto binario; (*Inform*) *~counter* contatore binario; *~ digit* cifra binaria; (*Biol*) *~ fission* scissione binaria; (*Mus*) *~ form* forma binaria; *~ number* numero binario; *~ number system* sistema di numerazione binaria; (*Mat*) *~ scale* scala binaria; *~search* ricerca binaria; (*Astr*) *~ star* stella binaria; (*Mat*) *~ system* sistema binario; (*Inform*) *~ tree* albero binario.

binate /ˈbaɪneɪt/ *a.* (*Bot*) binato.

binaural /bɪ(ɪ)ˈnɔːrəl/ *a.* biauricolare, binaurale.

bind[1] /baɪnd/ (*past, p.p.* **bound** /baʊnd/) **I** *v.t.* **1** legare, fissare, assicurare; (*with chains*) incatenare, mettere in catene. **2** (*to bandage*) fasciare, bendare. **3** (*to cause to adhere*) far aderire, tenere unito, fissare: *to ~ stones with cement* fissare le pietre con il cemento. **4** (*to cause to harden*) (fare) indurire, (fare) rassodare. **5** (*to unite*) unire, congiungere (*anche fig*): *to be bound by the ties of matrimony* essere uniti dal vincolo del matrimonio. **6** (*to restrain*) vincolare, tenere legato, trattenere: *his work -s him to the city* il suo lavoro lo trattiene in città. **7** (*to oblige; gen-*

erally passive) obbligare, impegnare, costringere, vincolare: *bound by law* obbligato per legge. **8** (*ant*) (*to apprentice*) collocare come apprendista. **9** (*to sew a border*) orlare, bordare. **10** (*Gastron*) legare, amalgamare. **11** (*Med*) costipare. **12** (*Legat*) rilegare, legare: *the book is bound in leather* il libro è rilegato in pelle. **13** (*rifl.*) *to ~ oneself* obbligarsi, impegnarsi: *to ~ oneself to do sth.* obbligarsi a fare qcs., impegnarsi a fare qcs. **II** *v.i.* **1** aderire, legare, far lega, fare presa. **2** (*to harden*) indurirsi, rassodarsi. **3** (*to compel*) essere obbligatorio, vincolare, essere vincolante: *all contracts* ~ tutti i contratti vincolano. **4** (*of clothes*) tirare, essere stretto. **5** (*Mot*) grippare, ingripparsi. □ *to ~ hand and foot* legare mani e piedi (*anche fig*); (*Am*) (*in knitting*) *to ~ off* calare; (*ant*) *to ~ out* collocare come apprendista: *he bound his son out to a shoemaker* collocò il figlio come apprendista presso un calzolaio; (*Br,Dir*) *to ~ over* obbligare, impegnare, vincolare: *to ~ so. over to keep the peace* diffidare qcu. dal commettere altri reati; *to ~ so. to obedience* obbligare qcu. a ubbidire, vincolare qcu. all'obbedienza; *to ~ up* fasciare, bendare.

bind[2] /baɪnd/ *n.* **1** legatura *f.*, legamento *m.* **2** (*sth. that binds*) legaccio *m.*; (*band*) fascia *f.*, nastro *m.* **3** (*Mus*) legatura *f.*, legamento *m.* **4** (*Br,colloq*) seccatura *f.*, fastidio *m.* □ *to be in a* ~ trovarsi in difficoltà, trovarsi nelle peste; *to be in a double* ~ trovarsi in gravi difficoltà, trovarsi in un vicolo cieco.

binder /ˈbaɪndər/ *n.* **1** persona *f.* che lega, persona *f.* che unisce. **2** (*Ind*) (*agent*) legante *m.* **3** (*Legat*) rilegatore *m.* (*f.* -trice). **4** (*folder*) cartella *f.*, cartelletta *f.*, raccoglitore *m.*: *a loose-leaf* ~ un raccoglitore (per fogli); *a ring* ~ un raccoglitore ad anelli. **5** (*Agr*) mietitrice *f.*, mietitrice-legatrice *f.* **6** (*Tecn*) agglomerante *m.*

bindery /ˈbaɪndəri/ *n.* (*Am*) legatoria *f.*

bindi /ˈbɪndi/ *n.* bindi *m.*, segno *m.* decorativo sulla fronte delle donne indiane.

bindi-eye /ˈbɪndiaɪ/ *n.* (*Bot*) calotis *f.* cuneifolia.

binding /ˈbaɪndɪŋ/ **I** *n.* **1** legatura *f.* **2** (*anything that binds*) legame *m.*, vincolo *m.* **3** (*of a book*) rilegatura *f.*, legatura *f.* **4** (*Tecn*) grippaggio *m.*, inceppamento *m.* **5** (*Sart*) bordo *m.*, nastro *m.*, fettuccia *f.* **6** *pl.* (*ski attachments*) attacchi *m.pl.* **II** *a.* **1** impegnativo, vincolante, che lega. **2** (*obligatory*) obbligatorio, vincolante (*on per*), irrevocabile. **3** (*Dir*) cogente, vincolante. □ *~contract* contratto vincolante; (*Fis*) *~ energy* energia di legame; *~ offer* offerta vincolante; (*El*) *~post* serrafilo; (*Dir*) *~ precedent* precedente vincolante.

bindlestiff /ˈbɪndlstɪf/ *n.* (*Am,colloq*) (*hobo*) vagabondo *m.* (*f.* -a).

bindweed /ˈbaɪndwiːd/ *n.* (*Bot*) convolvolo *m.*

bine /baɪn/ *n.* (*Bot*) gambo *m.* di rampicante.

bing[1] /bɪŋ/ *n.* (*Scott*) pila *f.*, pigna *f.*, cumulo *m.*

bing[2] /bɪŋ/ *onom.* drin drin.

binge /bɪndʒ/ **I** *n.* **1** (*heavy eating or drinking*) bisboccia *f.*, gozzoviglia *f.*, abbuffata *f.* **2** (*spree*) baldoria *f.*, festa *f.*, bagordo *m.*: *to have a* ~ fare baldoria. **II** *v.i.* **1** (*to eat heavily*) abbuffarsi, ingozzarsi: *to ~ on chocolate* ingozzarsi di cioccolato. **2** (*to drink heavily*) trincare, bere tanto. **3** (*go on a spree*) fare baldoria, darsi alla pazza gioia. □ *~eating* il continuo abbuffarsi; *to go on a* ~ darsi ai bagordi, fare baldoria.

binger /ˈbɪndʒər/ *n.* chi fa delle pazzie, chi fa baldoria.

bingo /ˈbɪŋɡoʊ/ (*pl.* **-s** /-z/) **I** *n.* tombola *f.*

bingo *m.* **II** *intz.* eureka!, ecco fatto!, esatto!

binnacle /'bɪnəkl/ *n.* (*Mar*) chiesuola *f.*

binocular /b(a)ɪ'nɒkjʊlə Am b(a)ɪ'nɑːkjʊlə/ **I** *a.* binoculare. **II** *n.spec.pl.* (*Ott*) binocolo *m.*

binomial /baɪ'nəʊmɪəl/ **I** *n.* (*Mat*) binomio *m.* **II** *a.* **1** (*Mat*) binomiale. **2** (*Biol*) binomio. □ (*Biol*) ~ **nomenclature** nomenclatura binomia; (*Mat*) ~ **theorem** teorema del binomio.

bint /bɪnt/ *n.* (*Br,sl,spreg*) donna *f.*, ragazza *f.*

binturong /'bɪntjʊrɒŋ Am 'bɪntʊrɑːŋ/ *n.* (*Bot*) binturong *m.*, gatto *m.* orsino.

binucleate /baɪ'njuːklɪət/ *a.* (*Biol*) binucleato.

binucleolate /baɪ'njuːklɪəleɪt/ *a.* (*Biol*) binucleato.

bioaccumulate /ˌbaɪəʊə'kjuːmjʊleɪt/ *v.i.* (*Biol*) bioaccumularsi.

bioaccumulation /ˌbaɪəʊəˌkjuːmjʊ'leɪʃən/ *n.* (*Biol*) bioaccumulo *m.*

bioactive /ˌbaɪəʊ'æktɪv/ *a.* (*Biol*) bioattivo.

bioactivity /ˌbaɪəʊæk'tɪvɪti Am ˌbaɪəʊæk'tɪvəti/ *n.* (*Biol*) bioattività *f.*

bioassay /ˌbaɪəʊə'seɪ/ *n.* (*Chim*) prova *f.* biologica.

bioavailability /ˌbaɪəʊəˌveɪlə'bɪlɪti Am ˌbaɪəʊəˌveɪlə'bɪləti/ *n.* (*Farm*) biodisponibilità *f.*

bioavailable /ˌbaɪəʊə'veɪləbl/ *a.* (*Farm*) biodisponibile.

biocenose /ˌbaɪəʊ'siːnəʊs/ *n.* (*Am,Biol*) biocenosi *f.*

biocenosis /ˌbaɪəʊsɪ'nəʊsɪs/ (*pl.* **-oses** /-əʊsiːz/) *n.* (*Am,Biol*) biocenosi *f.*

biocentric /ˌbaɪəʊ'sentrɪk/ *a.* biocentrico.

biocentrism /ˌbaɪəʊ'sentrɪzəm/ *n.* biocentrismo *m.*

biocentrist /ˌbaɪəʊ'sentrɪst/ *n.* biocentrista *m./f.*

biochemical /ˌbaɪəʊ'kemɪkəl/ *a.* biochimico.

biochemist /ˌbaɪəʊ'kemɪst/ *n.* biochimico *m.* (*f.* -a).

biochemistry /ˌbaɪəʊ'kemɪstri/ *n.* biochimica *f.*

biochip /'baɪəʊtʃɪp/ *n.* (*Inform*) biochip *m.*

biocide /'baɪəʊsaɪd/ *n.* biocida *m.*

biocircuit /'baɪəʊsɜːkɪt Am 'baɪəʊsɜːrkɪt/ *n.* biocircuito *m.*

bioclast /'baɪəʊklæst/ *n.* (*Geol*) roccia *f.* bioclastica.

bioclastic /ˌbaɪəʊ'klæstɪk/ *a.* (*Geol*) bioclastico: ~ **rock** roccia bioclastica.

bioclimatic /ˌbaɪəʊklaɪ'mætɪk Am ˌbaɪəʊklaɪ'mætɪk/ *a.* bioclimatico.

bioclimatology /ˌbaɪəʊˌklaɪmə'tɒlədʒi Am ˌbaɪəʊˌklaɪmə'tɑːlədʒi/ *n.* bioclimatologia *f.*

biocoenose /ˌbaɪəʊ'siːnəʊs/ *n.* (*Br,Biol*) biocenosi *f.*

biocoenosis /ˌbaɪəʊsɪ'nəʊsɪs/ *n.* (*Br,Biol*) biocenosi *f.*

biocompatibility /ˌbaɪəʊkəmˌpætɪ'bɪlɪti Am ˌbaɪəʊkəmˌpætɪ'bɪləti/ *n.* biocompatibilità *f.*

biocompatible /ˌbaɪəʊkəm'pætəbl Am ˌbaɪəʊkəm'pætəbl/ *a.* biocompatibile.

biocomputer /ˌbaɪəʊkəm'pjuːtə Am ˌbaɪəʊkəm'pjuːtər/ *n.* biocomputer *m.*, computer *m.* organico.

biocontrol /ˌbaɪəʊkən'trəʊl/ *n.* controllo *m.* biologico.

biodegradability /ˌbaɪəʊdɪˌgreɪdə'bɪlɪti Am ˌbaɪəʊdɪˌgreɪdə'bɪləti/ *n.* biodegradabilità *f.*

biodegradable /ˌbaɪəʊdɪ'greɪdəbl/ *a.* biodegradabile. □ ~ **detergent** detersivo biodegradabile.

biodegradation /ˌbaɪəʊdegrə'deɪʃən/ *n.* biodegradazione *f.*

biodegrade /ˌbaɪəʊdɪ'greɪd/ *v.i.* biodegradarsi.

biodiesel /ˌbaɪəʊ'diːzəl/ *n.* biodiesel *m.*

biodiversity /ˌbaɪəʊd(a)ɪ'vɜːsəti Am ˌbaɪəʊd(a)ɪ'vɜːrsəti/ *n.* biodiversità *f.*

biodynamic /ˌbaɪəʊd(a)ɪ'næmɪk/ *a.* biodinamico.

biodynamics /ˌbaɪəʊd(a)ɪ'næmɪks/ *n.pl.* (*costr.sing.*) biodinamica *f.*

bioelectric /ˌbaɪəʊɪ'lektrɪk/ *a.* bioelettrico.

bioelectrical /ˌbaɪəʊɪ'lektrɪkəl/ *a.* bioelettrico.

bioelectronics /ˌbaɪəʊɪˌlek'trɒnɪks Am ˌbaɪəʊɪˌlek'trɑːnɪks/ *n.pl.* (*costr.sing.*) bioelettronica *f.*

bioenergetic /ˌbaɪəʊˌenə'dʒetɪk Am ˌbaɪəʊ ˌenər'dʒetɪk/ *a.* bioenergetico.

bioenergetics /ˌbaɪəʊˌenə'dʒetɪks Am ˌbaɪəʊ ˌenər'dʒetɪks/ *n.pl.* (*costr.sing.*) bioenergetica *f.*

bioenergy /ˌbaɪəʊ'enədʒi Am ˌbaɪəʊ'enərdʒi/ *n.* bioenergia *f.*

bioengineer /ˌbaɪəʊendʒɪ'nɪər Am ˌbaɪəʊendʒɪ'nɪr/ *n.* bioingegnere *m./f.*

bioengineering /ˌbaɪəʊendʒɪ'nɪərɪŋ Am ˌbaɪəʊendʒɪ'nɪrɪŋ/ *n.* bioingegneria *f.*, ingegneria *f.* genetica.

bioequivalence /ˌbaɪəʊɪ'kwɪvələns/ *n.* (*Farm*) bioequivalenza *f.*

bioethical /ˌbaɪəʊ'eθɪkəl/ *a.* bioetico.

bioethics /ˌbaɪəʊ'eθɪks/ *n.pl.* (*costr.sing.*) bioetica *f.*

biofeedback /ˌbaɪəʊ'fiːdbæk/ *n.* (*Med,Psic*) biofeedback *m.*

bioflavonoid /ˌbaɪəʊ'fleɪvənɔɪd/ *n.* (*Biol, Chim*) bioflavonoide *m.*

biofouling /ˌbaɪəʊ'faʊlɪŋ/ *n.* bioincrostazione *f.*, incrostazioni *f.pl.* dall'ambiente biologico marino.

biofuel /ˌbaɪəʊ'fjuːəl/ *n.* biomassa *f.*

biogas /'baɪəʊgæs/ *n.* biogas *m.*

biogenesis /ˌbaɪəʊ'dʒenəsɪs/ *n.* (*Biol*) biogenesi *f.*

biogenetic /ˌbaɪəʊdʒə'netɪk Am ˌbaɪəʊdʒə 'netɪk/ *a.* (*Biol*) biogenetico.

biogenic /ˌbaɪəʊ'dʒenɪk/ *a.* biogeno.

biogenous /baɪ'ɒdʒənəs Am baɪ'ɑːdʒənəs/ *a.* biogeno.

biogeny /baɪ'ɒdʒəni Am baɪ'ɑːdʒəni/ *n.* biogenia *f.*

biogeographic /ˌbaɪəʊˌdʒiːəʊ'græfɪk/ *a.* biogeografico.

biogeography /ˌbaɪəʊdʒi'ɒgrəfi Am ˌbaɪəʊdʒi'ɑːgrəfi/ *n.* biogeografia *f.*

biographer /baɪ'ɒgrəfə Am baɪ'ɑːgrəfər/ *n.* biografo *m.* (*f.* -a).

biographical /ˌbaɪəʊ'græfɪkəl/ *a.* biografico: ~ **details** particolari biografici.

biographically /ˌbaɪəʊ'græfɪkli/ *avv.* biograficamente.

biography /baɪ'ɒgrəfi Am baɪ'ɑːgrəfi/ *n.* biografia *f.*

biohazard /'baɪəʊhæzəd Am 'baɪəʊhæzərd/ *n.* rischio *m.* biologico, pericolo *m.* biologico.

biol. 1 *biology* biol. (biologia). **2** *biological* biol. (biologico).

biological /ˌbaɪə'lɒdʒɪkəl Am ˌbaɪə'lɑːdʒɪkəl/ *a.* biologico. □ ~ **clock** orologio biologico; ~ **control** controllo biologico; ~ **engineer** bioingegnere; ~ **engineering** bioingegneria, ingegneria genetica; ~ **protein** bioproteina; ~ **rhythm** bioritmo; ~ **shield** schermo biologico; ~ **threshold** soglia biologica; ~ **warfare** guerra biologica; ~ **weapons** armi biologiche.

biologically /ˌbaɪə'lɒdʒɪkli Am ˌbaɪə 'lɑːdʒɪkli/ *avv.* biologicamente. □ ~ **active** bioattivo.

biologist /baɪ'ɒlədʒɪst Am baɪ'ɑːlədʒɪst/ *n.* biologo *m.* (*f.* -a).

biology /baɪ'ɒlədʒi Am baɪ'ɑːlədʒi/ *n.* biologia *f.*

bioluminescence /ˌbaɪəʊˌluːmɪ'nesəns/ *n.*

(*Biol*) bioluminescenza *f.*

bioluminescent /ˌbaɪəʊˌluːmɪ'nesənt/ *a.* (*Biol*) bioluminescente.

biomagnetism /ˌbaɪəʊ'mægnətɪzəm Am ˌbaɪəʊ'mægnətɪzəm/ *n.* biomagnetismo *m.*, magnetismo *m.* animale.

biomass /'baɪəʊmæs/ *n.* biomassa *f.*

biomathematics /ˌbaɪəʊˌmæθə'mætɪks Am ˌbaɪəʊˌmæθə'mætɪks/ *n.pl.* (*costr.sing.*) biomatematica *f.*

biome /'baɪəʊm/ *n.* (*Bot*) bioma *f.*

biomechanics /ˌbaɪəʊmə'kænɪks/ *n.pl.* (*costr.sing.*) biomeccanica *f.*

biomedical /ˌbaɪəʊ'medɪkəl/ *a.* biomedico. □ ~ **engineering** ingegneria biomedica, bioingegneria; ~ **research** ricerca biomedica.

biomedicine /ˌbaɪəʊ'medɪsɪn/ *n.* biomedicina *f.*

biometeorological /ˌbaɪəʊˌmiːtiːərə 'lɒdʒɪkəl Am ˌbaɪəʊˌmiːtiːərˌlɑːdʒɪkəl/ *a.* biometeorologico.

biometeorology /ˌbaɪəʊˌmiːtiːər'ɒlədʒi Am ˌbaɪəʊˌmiːtiːrˌɑːlədʒi/ *n.* biometereologia *f.*

biometric /ˌbaɪəʊ'metrɪk/ *a.* biometrico.

biometrician /ˌbaɪəʊme'trɪʃən/ *n.* biometrista *m./f.*

biometrics /ˌbaɪəʊ'metrɪks/ *n.pl.* (*costr.sing.*) (*Biol*) biometrica *f.*, biometria *f.*

biometry /baɪ'ɒmɪtri Am baɪ'ɑːmɪtri/ *n.* (*Biol*) biometrica *f.*, biometria *f.*

biomimetic /ˌbaɪəʊmɪ'metɪk/ *a.* (*Biol,Chim*) biomimetico.

biomorph /'baɪəʊmɔːf Am 'baɪəʊmɔːrf/ *n.* **1** (*Art*) segno *m.* biomorfo. **2** (*Inform*) biomorfo *m.*

biomorphic /ˌbaɪəʊ'mɔːfɪk Am ˌbaɪəʊ 'mɔːrfɪk/ *a.* biomorfo.

bionic /baɪ'ɒnɪk Am baɪ'ɑːnɪk/ *a.* bionico (*anche fig*).

bionics /baɪ'ɒnɪks Am baɪ'ɑːnɪks/ *n.pl.* (*costr.sing.*) bionica *f.*

bionomics /ˌbaɪəʊ'nɒmɪks Am ˌbaɪəʊ'nɑː mɪks/ *n.pl.* (*costr.sing.*) bionomia *f.*

biophysical /ˌbaɪəʊ'fɪzɪkəl/ *a.* biofisico.

biophysicist /ˌbaɪəʊ'fɪzɪsɪst/ *n.* biofisico *m.* (*f.* -a).

biophysics /ˌbaɪəʊ'fɪzɪks/ *n.pl.* (*costr.sing.* o *pl.*) biofisica *f.*

biopic /'baɪəʊpɪk/ *n.* (*Cin*) film *m.* biografico.

biopiracy /ˌbaɪəʊ'paɪ(ə)rəsi/ *n.* pirateria *f.* biologica, biopirateria *f.*

bioplasm /'baɪəʊplæzəm/ *n.* (*Biol*) bioplasma *m.*

bioplast /'baɪəʊplæst/ *n.* (*Biol*) bioplasma *m.*

biopolymer /ˌbaɪəʊ'pɒlɪmə Am ˌbaɪəʊ 'paːlɪmər/ *n.* (*Biol*) biopolimero *m.*

bioprospecting /ˌbaɪəʊ'prɒspektɪŋ Am ˌbaɪəʊ'praːspektɪŋ/ *n.* bioprospecting *m.*, prospezione *f.* biologica.

biopsic /baɪ'ɒpsɪk Am baɪ'aːpsɪk/ *a.* (*Med*) bioptico.

biopsy /'baɪɒpsi Am 'baɪaːpsi/ *n.* (*Med*) biopsia *f.*

bioreactor /ˌbaɪəʊri'æktər/ *n.* bioreattore *m.*, reattore *m.* biologico.

bioregion /ˌbaɪəʊ'riːdʒən/ *n.* bioregione *f.*

bioregional /ˌbaɪəʊ'riːdʒənl/ *a.* bioregionale.

bioregionalsim /ˌbaɪəʊ'riːdʒənlɪzəm/ *n.* bioregionalismo *m.*

bioremediation /ˌbaɪəʊrɪˌmiːdi'eɪʃən/ *n.* biorisanamento *m.*

biorhythm /'baɪəʊrɪðəm/ *n.* (*Fisiol*) bioritmo *m.* □ ~ **computer** calcolatore di bioritmi *m.*

biorhythmic /ˌbaɪəʊ'rɪðmɪk/ *a.* bioritmico.

biosciences /ˌbaɪəʊ'saɪənsɪz/ *n.pl.* scienze *f.pl.* biologiche.

bioscope /'baɪəʊskəʊp/ *n.* (*S.Afr*) cinema *m.*,

sala *f.* cinematografica.

biosensor /'baɪousensəʳ/ *n.* biosensore *m.*

biosolids /ˌbaɪou'sɒlɪdz Am ˌbaɪou'sɑːlɪdz/ *n.pl.* biosolidi *m.pl.*

biospeleology /ˌbaɪouˌspiːli'ɒlədʒi Am ˌbaɪouˌspiːli'ɑːlədʒi/ *n.* speleobiologia *f.*

biosphere /'baɪousfɪəʳ Am 'baɪəsfɪr/ *n.* biosfera *f.* □ *~reserve* riserva biosferica.

biospheric /ˌbaɪou'sferɪk Am also ˌbaɪou'sfɪrɪk/ *a.* biosferico. □ *~cycles* cicli biosferici.

biostatistical /ˌbaɪoustə'tɪstɪkəl/ *a.* biostatistico.

biostatistics /ˌbaɪoustə'tɪstɪks/ *n.pl.* (*costr.sing.*) biostatistica *f.*

biostratigraphic /ˌbaɪouˌstrætɪ'græfɪk/ *a.* (*Geol*) biostratigrafico.

biostratigraphical /ˌbaɪouˌstrætɪ'græfɪkəl/ *a.* (*Geol*) biostratigrafico.

biostratigraphy /ˌbaɪoustrə'tɪgrəfi/ *n.* (*Geol*) biostratigrafia *f.*

biosynthesis /ˌbaɪou'sɪnθəsɪs/ *n.* biosintesi *f.*

biosynthetic /ˌbaɪousɪn'θetɪk Am ˌbaɪousɪn'θetɪk/ *a.* biosintetico.

biosystematics /ˌbaɪouˌsɪstə'mætɪks Am ˌbaɪouˌsɪstə'mætɪks/ *n.pl.* (*costr.sing.*) biosistematica *f.*

biota /baɪ'outə Am baɪ'ouṱə/ *n.* (*Biol*) biota *f.*

biotech /'baɪoutek/ *n.* biotecnologia *f.*

biotechnological /ˌbaɪouˌteknə'lɒdʒɪkəl Am ˌbaɪouˌteknə'lɑːdʒɪkəl/ *a.* biotecnologico.

biotechnologist /ˌbaɪoutek'nɒlədʒɪst Am ˌbaɪoutek'nɑːlədʒɪst/ *n.* biotecnologo *m.*

biotechnology /ˌbaɪoutek'nɒlədʒi Am ˌbaɪoutek'nɑːlədʒi/ *n.* biotecnologia *f.*

biotherapy /'baɪouθerəpi/ *n.* (*Med*) bioterapia *f.*

biotic /baɪ'ɒtɪk Am baɪ'ɑːtɪk/ *a.* (*Biol*) biotico.

biotin /'baɪətɪn/ *n.* (*Biol,Chim*) biotina *f.*

biotite /'baɪətaɪt/ *n.* (*Min*) biotite *f.*

biotope /'baɪoutoup/ *n.* biotopo *m.*

bioturbation /ˌbaɪoutɜː'beɪʃən Am ˌbaɪoutɜr'beɪʃən/ *n.* (*Geol*) bioturbazione *f.*

biotype /'baɪoutaɪp/ *n.* biotipo *m.*

bipartisan /baɪ'pɑːtɪzæn Am baɪ'pɑːrṱəzən/ *a.* (*Pol*) di accordo tra maggioranza e opposizione.

bipartisanship /baɪ'pɑːtɪzænʃɪp Am baɪ'pɑːrṱəsənʃɪp/ *n.* (*Pol*) accordo *m.* tra maggioranza e opposizione (*spec.* in politica estera).

bipartite /baɪ'pɑːtaɪt Am baɪ'pɑːrtaɪt/ *a.* **1** (*Biol*) bipartito. **2** (*Pol*) bipartitico: *a ~ agreement* un accordo bipartitico.

biped /'baɪped/ **I** *n.* (*Zool*) bipede *m.* **II** *a.* bipede.

bipedal /baɪ'pedəl/ *a.* bipede.

biphasic /baɪ'feɪsɪk/ *a.* bifase.

biphenyl /baɪ'fenəl/ *n.* (*Chim*) bifenile *m.*

bipinnate /baɪ'pɪneɪt/ *a.* (*Bot*) bipennato.

biplane /'baɪpleɪn/ **I** *n.* (*Aer*) biplano *m.* **II** *a.* (*Aer*) biplano.

bipod /'baɪpɒd Am 'baɪpɑːd/ *n.* bipede *m.*

bipolar /baɪ'pouləʳ/ *a.* bipolare. □ (*Psic*) *~ depression* depressione bipolare; (*Psic*) *~ disorder* disordine bipolare; (*El*) *~transistor* transistor bipolare.

bipolarity /ˌbaɪpou'lærɪti Am ˌbaɪpou'leræṱi/ *n.* bipolarità *f.*

biquadrate /baɪ'kwɒdreɪt Am baɪ'kwɑːdreɪt/ **I** *n.* (*Mat*) biquadrato *m.*, quarta potenza *f.* **II** *v.t.* (*Mat*) elevare alla quarta potenza.

biquadratic /ˌbaɪkwɒ'drætɪk Am ˌbaɪkwɑː'drætɪk/ *a.* biquadratico, alla quarta potenza: *~ equation* equazione biquadratica.

biramous /baɪ'reɪməs/ *a.* (*Biol,Zool*) bifido.

birch /bɜːtʃ Am bɜrtʃ/ **I** *n.* **1** (*Bot*) betulla *f.* **2** (*rod*) verga *f.* di betulla. **II** *a.* di betulla. **III**

v.t. fustigare.

birchen /'bɜːtʃən Am 'bɜːrtʃən/ *a.* (*ant*) di betulla.

bird /bɜːd Am bɜrd/ **I** *n.* **1** uccello *m.*, uccellino *m.*, volatile *m.* **2** (*poultry*) pollame *m.*; (*chicken*) pollo *m.* **3** (*shuttlecock*) volano *m.* **4** (*sl*) (*odd person*) tipo *m.*, individuo *m.*, tizio *m.*: *an odd ~* uno strano tipo; *the ~ has flown* il nostro amico è scappato. **5** (*Br,sl,spreg*) (*young woman*) ragazza *f.*, bambola *f.*, pollastra *f.* **6** (*sl*) (*aeroplane*) aeroplano *m.*, aereo *m.* **7** (*sl*) (*prison*) carcere *m.*, galera *f.* **8** (*colloq*) (*satellite*) satellite *m.* **9** (*Am,sl*) (*missile*) missile *m.* teleguidato. **10** *pl.* (*game birds*) selvaggina *f.sing.* di penna. □ *~ her parents never told her about the -s and the bees* i suoi genitori non le hanno mai spiegato da dove vengono i bambini; *~ bath* vaschetta per gli uccelli; *~cage* gabbia per gli uccelli, uccelliera; *~catcher* uccellatore; *~catching* uccellagione; (*Am,colloq*) *~dog* cane da caccia; *~fancier* allevatore di uccelli, avicoltore; (*Am,sl*)*for the ~s* assurdo, campato in aria, sciocco; (*Br,colloq*) *strictly for the ~s* per gli stupidi, per gli sciocchi; (*Br,colloq*) *to get the ~*: **1** essere fischiato; **2** (*to get the sack*) essere licenziato; (*Br,colloq*) *to give so. the ~* fischiare qcu.; (*Am,colloq*) *to have a ~* essere agitato; (*fig*) *a ~ in the bush* una cosa aleatoria, una cosa incerta, una possibilità remota; (*fig*) *a ~ in the hand* una cosa sicura, un punto fermo; *~'s nest* : **1** nido d'uccello; **2** (*Bot*) (*wild carrot*) carota; **3** (*Alim*) (*edible bird's-nest*) nido d'uccello; *~nester* cacciatore di nidi; (*fig*) *-s of a feather* gente della stessa risma, gente dello stesso stampo; (*fig*) *~ of ill omen* uccello del malaugurio; *~of paradise* : **1** (*Ornit*) uccello del paradiso; **2** (*Bot*) strelitzia; *~ of passage* : **1** (*ant*) uccello migratore, uccello di passo; **2** (*fig*) vagabondo; *~ of peace* colomba; *~of prey* rapace, uccello da preda; *~ pepper* peperoncino della Florida; *~sanctuary* riserva naturale per volatili; *~shot* pallini da caccia; (*Aer*) *~ strike* collisione con uccelli in volo; (*Br*) *~ table* mangiatoia (esterna) per uccelli; *~watcher* chi studia gli uccelli, birdwatcher; *~watching* studio degli uccelli, birdwatching *Prov.*: *-s of a feather flock together* ogni simile ama il suo simile, Dio li fa e poi li accoppia, chi si assomiglia si piglia; *a ~ in the hand is worth two in the bush* meglio un uovo oggi che una gallina domani.

birdbrain /'bɜːdbreɪn Am 'bɜːrdbreɪn/ *n.* sciocco *m.*, cervello *m.* di gallina.

birdbrained /'bɜːdbreɪnd Am 'bɜːrdˌbreɪnd/ *a.* (*colloq*) sciocco, dal cervello di gallina.

birdcall /'bɜːdkɔːl Am 'bɜːrdkɔːl/ *n.* **1** cinguettio *m.*, verso *m.* degli uccelli, canto *m.* degli uccelli. **2** (*device*) richiamo *m.* per uccelli, fischio *m.* per uccelli.

birder /'bɜːrdəʳ/ *n.* (*Am*) chi studia gli uccelli, birdwatcher *m./f.*

birdie /'bɜːdi Am 'bɜːrdi/ *n.* **1** (*infant*) uccellino *m.* **2** (*Sport*) (*in golf*) birdie *m.*, buca *f.* conclusa con un colpo in meno del par.

birdlife /'bɜːdlaɪf Am 'bɜːrdlaɪf/ *n.* avifauna *f.*

birdlike /'bɜːdlaɪk Am 'bɜːrdlaɪk/ *a.* simile a un uccello.

birdlime /'bɜːdlaɪm Am 'bɜːrdlaɪm/ *n.* **1** vischio *m.*, pania *f.* **2** (*fig*) insidia *f.* **3** (*dial*) (*in cockney rhyming slang*) tempo *m.*

birdseed /'bɜːdsiːd Am 'bɜːrdsiːd/ *n.* becchime *m.*, miglio *m.*

bird's-eye /'bɜːdzaɪ Am 'bɜːrdzaɪ/ *a.* **1** a volo d'uccello, panoramico: *a ~ view of the city* una veduta panoramica della città. **2** (*cursory*) a volo d'uccello, superficiale. **3** (*patterned fabric*) occhio di pernice. **4** (*knotted*

wood) occhiolinato. □ *~ maple* acero occhiolinato. □ (*Bot*) *~primrose* primula farinosa; (*Am,Bot*) *~speedwell* veronica querciola; (*Bot*) *~wort* burinella.

bird's-foot /'bɜːdzfut Am 'bɜːrdzfut/ □ (*Bot*) *~trefoil* ginestrina.

birdshot /'bɜːdʃɒt Am 'bɜːrdʃɑːt/ *n.* (*Arm*) pallini *m.pl.* di dimensioni minime.

bird's-nest /'bɜːdznest Am 'bɜːrdznest/ **I** *n.* nido *m.* di uccello. **II** *v.i.* andare alla ricerca di nidi d'uccello. □ (*Bot*) *~orchid* neottia, nido di uccello; (*Gastron*) *~ soup* zuppa di nidi di rondine.

birdsong /'bɜːdsɒŋ Am 'bɜːrdsɔːŋ/ *n.* canto *m.* degli uccelli.

birdstrike /'bɜːdstraɪk Am 'bɜːrdstraɪk/ *n.* (*Aer*) collisione *f.* con uccelli in volo.

birdwatcher, **bird-watcher** /'bɜːdˌwɒtʃəʳ Am 'bɜːrdˌwɑːtʃəʳ/ *n.* chi studia gli uccelli, birdwatcher *m./f.*

birdwatching, **bird-watching** /'bɜːdˌwɒtʃɪŋ Am 'bɜːrdˌwɑːtʃɪŋ/ *n.* studio *m.* degli uccelli, birdwatching *m.*

birdwing /'bɜːdwɪŋ Am 'bɜːrdwɪŋ/ □ (*Zool*) *~butterflies* ornitotteri.

birefringence /ˌbaɪrɪ'frɪndʒəns/ *n.* (*Fis*) birifrangenza *f.*

birefringent /ˌbaɪrɪ'frɪndʒənt/ *a.* (*Fis*) birifrangente.

bireme /'baɪriːm/ *n.* (*Mar,ant*) bireme *f.*

biretta /bɪ'retə Am bɪ'reṱə/ *n.* (*Rel.catt*) berretta *f.*

biri /'biːri/ *n.* sigaretta *f.* indiana.

biriani /ˌbɪri'ɑːni/ *n.* (*Gastron*) biriani *m.*, piatto *m.* indiano a base di riso.

birl /bɜːl Am bɜrl/ **I** *v.i.* (*Scott*) rotolare, far girare. **II** *v.t.* (*Am*) (*of logs in a river*) rotolare, girare.

Birmingham /'bɜːmɪŋəm Am 'bɜːrmɪŋəm/ *n.pr.* (*Geog*) Birmingham *f.*

biro /'baɪ(ə)rou/ *n.* biro *f.*, penna *f.* a sfera.

birth /bɜːθ Am bɜrθ/ *n.* **1** nascita *f.*: *date of ~* data di nascita; *place of ~* luogo di nascita. **2** (*parturition*) parto *m.*: *a difficult ~* un parto difficile. **3** (*descent*) origini *f.pl.*, natali *m.pl.*, discendenza *f.*, stirpe *f.*: *of humble ~* (o *of low ~*) di umili origini, di umili natali. **4** (*natural heritage*) dono *m.* di natura, dote *f.* naturale. **5** (*origin*) nascita *f.*, inizio *m.*, origine *f.*: *the ~ of a nation* la nascita di una nazione; *the ~ of an idea* l'origine di un'idea. □ *at ~*: **1** alla nascita; **2** (*fig*) sul nascere: *to crush a revolt at ~* soffocare una rivolta sul nascere; *Irish by ~* irlandese di nascita, di origine irlandese; *a musician by ~* un musicista nato; *~certificate* certificato di nascita, atto di nascita; *~ control* limitazione delle nascite, controllo delle nascite; *blind from ~* cieco dalla nascita; *to give ~ to*: **1** mettere al mondo, dare alla luce, partorire; **2** (*fig*) produrre, causare; *~mother* madre naturale; *~pangs*: **1** doglie; **2** (*fig*) difficoltà iniziali, difficoltà di assestamento; *~parents* genitori naturali; *~ rate* tasso di natalità, indice di natalità, (*colloq*) nascite: *an increase in the ~ rate* un aumento del tasso di natalità; *with a low ~ rate* a bassa natalità; *~sign* segno zodiacale; *~stone* pietra abbinata a un segno zodiacale.

birth-control /'bɜːθkən troul Am 'bɜːrθkən troul/ □ (*Farm*) *~pill* pillola anticoncezionale.

birthday /'bɜːθdeɪ Am 'bɜːrθdeɪ/ **I** *n.* **1** compleanno *m.* **2** (*first day of life*) giorno *m.* della nascita. **II** *a.* di compleanno. □ (*Dolc*) *~cake* torta di compleanno, torta con le candeline; *~ card* biglietto di auguri di buon compleanno; (*GB*) *~honours* onorificenze conferite dal sovrano inglese nel giorno del suo compleanno ufficiale; (*colloq*) *in one's ~*

suit in costume adamitico, come mamma l'ha fatto, nudo.

birthing /'bɜːθɪŋ/ Am 'bɜːrθɪŋ/ I n. parto m. II a. da parto. □ ~ **chair** sedia da parto; ~ **pool** vasca da parto; ~ **room** sala parto.

birthmark /'bɜːθmɑːk Am 'bɜːrθmɑːrk/ n. voglia f. (sulla pelle).

birthplace /'bɜːθpleɪs Am 'bɜːrθpleɪs/ n. 1 luogo m. di nascita; (house) casa f. natale; (town) città f. natale. 2 (fig) culla f.

birthright /'bɜːθraɪt Am 'bɜːrθraɪt/ n. diritto m. di nascita, primogenitura f.

birthstone /'bɜːθstoʊn Am 'bɜːrθstoʊn/ n. pietra f. abbinata a un segno zodiacale.

birthwort /'bɜːθwɜːt Am 'bɜːrθwɜːrt/ n. (Bot) aristolochia f., vellutino m.

biryani /ˌbɪriˈɑːni/ n. (Gastron) biriani m., piatto m. indiano a base di riso.

bis /bɪs/ avv. (Mus) bis.

BIS /ˌbiːaɪˈes/ Bank for International Settlements BRI, BIS (Banca dei regolamenti internazionali).

Biscay /'bɪskeɪ/ n.pr. (Geog) Biscaglia f.: the bay of ~ il golfo di Biscaglia.

biscuit /'bɪskɪt/ I n. 1 (Br) biscotto m.: chocolate ~ biscotto al cioccolato; dog -s biscotti per cani. 2 (Am) (bread) panino m., (scone) panino m. con uvetta. 3 (colour) marrone m. chiaro, biscotto m. 4 (Ceram) biscotto m., biscuit m. II a. marrone chiaro, (color) biscotto. □ (Ceram) ~ **firing** prima cottura; (Br, colloq) that **takes** the ~! questa è grossa!; (Ceram) ~ **ware** biscotto, biscuit.

bisect /baɪˈsekt/ I v.t. 1 dividere in due parti uguali. 2 (Geom) bisecare. II v.i. biforcarsi.

bisection /baɪˈsekʃən/ n. (Geom) bisezione f.

bisector /baɪˈsektə/ n. (Geom) bisettrice f., bisecante f.

bisexual /baɪˈseksjʊəl Am baɪˈsekʃʊəl/ I a. 1 bisessuale. 2 (hermaphroditic) ermafrodito. II n. 1 (Biol) (plant) pianta f.; (animal) animale m. bisessuale. 2 (Med) ermafrodito m. 3 (person) bisessuale m./f.

bisexualism /baɪˈseksjʊəlɪzəm Am baɪˈsekʃʊəlɪzəm/ n. bisessualità f.

bisexuality /baɪˌseksjʊˈælɪti Am baɪˌsekʃʊˈæləti/ n. bisessualità f.

bishop /'bɪʃəp/ n. 1 vescovo m. 2 (in chess) alfiere m. 3 (hot drink) vino m. caldo aromatizzato, vin brûlé m. 4 (Ornit) (weaverbird) tessitore m.

bishopric /'bɪʃəprɪk/ n. 1 diocesi f. 2 (office of a bishop) episcopato m., vescovato m.

bisk /bɪsk/ n. (Gastron) (creamy shellfish soup) zuppa f. di pesce.

Bismarckian /bɪzˈmɑːkiən Am bɪzˈmɑːrkiən/ a. (Stor) bismarckiano.

bismuth /'bɪzməθ/ n. (Chim) bismuto m.

bison /'baɪsən/ n. (Zool) bisonte m.

bisque¹ /bɪsk Br also biːsk/ n. (Gastron) (creamy shellfish soup) zuppa f. di pesce.

bisque² /bɪsk Br also biːsk/ n. (Sport) (in croquet) vantaggio m. concesso al giocatore più debole.

bisque³ /bɪsk Br also biːsk/ n. (Ceram) biscotto m., biscuit m.

bistable /baɪˈsteɪbl/ a. (El) bistabile.

bisto /'bɪstoʊ/ □ **hey** ~! e voilà!

Bisto /'bɪstoʊ/ n. (Gastron) dado m. in polvere.

bistort /'bɪstɔːt Am 'bɪstɔːrt/ n. (Bot) bistorta f.

bistoury /'bɪstəri/ n. (Chir) (scalpel) bisturi m.

bistre /'bɪstə/ n. 1 (pigment) bistro m. 2 (colour) color bistro m.

bistro /'bɪstroʊ/ n. bistrot m., tavola f. calda, ristorantino m.

bisulphate, bisulfate Am /ˌbaɪˈsʌlfeɪt/ n. (Chim) bisolfato m.

bit¹ /bɪt/ I n. 1 (of a bridle) morso m., freno m. 2 (fig) freno m., limite m. 3 (of a tool: cutting part) punta f., taglio m. 4 (tool) trivella f., punta f. di trapano. 5 (of a key) ingegno m. 6 (Minier) punta f. per perforazione, scalpello m. II v.t. (past, p.p. bitted /'bɪtɪd Am 'bɪtɪd/) 1 mettere il morso a, mettere il freno a. 2 (fig) frenare, imbrigliare. □ to **get the ~ between one's teeth** (o Br to **take the ~ between one's teeth**): 1 (of horses) imbizzarrirsi; 2 (fig) ribellarsi, non sentire il freno; 3 (fig) (to be determined) stringere i denti.

bit² /bɪt/ n. 1 (small piece) pezzetto m., pezzo m. 2 (small quantity) po' m., poco m.: a ~ of trouble un po' di fastidio. 3 (a short while) momento m., attimo m., istante m., po' m., poco m.: stay a ~ longer resta ancora un po'. 4 (of a literary work) passo m., brano m. 5 (of a performance) pezzo m., numero m.; (part) parte f. 6 (morsel) boccone m., bocconcino m., morso m. 7 (Br, Numism) (small coin) monetina f.: a three-penny ~ una monetina da tre penny. 8 (Br, sl) (girl) ragazza f., (colloq) bambola f. □ (Br) ~s **and bobs** due o tre cose (personali), poche cose; -s **and pieces**: 1 pezzetti, frantumi, mille pezzi: the clock was all in -s and pieces l'orologio era in mille pezzi; 2 due o tre cose (personali), poche cose; a ~ **at a time** un po' per volta, per gradi; ~ **by** ~ a poco a poco, gradualmente; to **come to** -s andare in pezzi, disfarsi; to **do one's** ~ fare la propria parte, fare il proprio dovere; **in** -s in pezzi, a pezzi; a ~ **late** un po' tardi; (colloq) that's a ~ **much** questo è troppo, questo passa il limite; **not a** ~ affatto, per nulla; not a ~ **of it** niente affatto; it's not a ~ **of use** non serve proprio a niente; a ~ **of a**: 1 (small) piccolo: a ~ **of an accident** un piccolo incidente; 2 (a little) un po': he's a ~ **of a fool** è un po' sciocco; 3 (young) giovane: she's only a ~ **of a girl** è una ragazza ancora molto giovane; (Br, sl) a ~ **of all right** (of a woman) uno schianto, una bonazza; (sl) a ~ **of crumpet** (o a ~ **of fluff**) (of a woman) una bella gnocca, una bonazza; (colloq) to **give** so. a ~ **of one's mind** parlare chiaro a qcu., dirne quattro a qcu.; (Br, sl) a ~ **of skirt** (o a ~ **of stuff**) (of a woman) una bella gnocca, una bonazza; (sl) a ~ **on the side** un'amante; (Cin, Teat) ~ **part** particina, ruolo secondario, comparsa; (Cin, Teat) ~ **player** comparsa, generico; (Br, colloq) it's a ~ **thick** questo è troppo: a week of rain is a ~ **thick** una settimana di pioggia è un po' troppo; to -s a pezzi, in pezzi; (Am) I give **you my two** -s ti do la mia opinione, ecco la mia opinione.

bit³ /bɪt/ n. (Inform) bit m. □ (Inform) ~ **density** densità di bit; (Inform) ~ **depth** profondità di bit; (Inform) ~ **rate** velocità di trasmissione, velocità di bit.

bit⁴ /bɪt/ → **bite¹**.

bitch /bɪtʃ/ I n. 1 (female: of a dog) cagna f.; (of a wolf) lupa f.; (of a fox) volpe f. 2 (spreg) (unpleasant, malicious woman) strega f., megera f., befana f. 3 (volg) (immoral woman) donnaccia f., puttana f., zoccola f. 4 (among American blacks) donna f. 5 (quarrel) battibecco m. 6 (sth. difficult to do) lavoraccio m., sudata f. II v.i. (sl) (to complain) lamentarsi, rompere. □ (sl) ~ **goddess** (material success) dea del successo; to ~ **up** rovinare.

bitchery /'bɪtʃəri/ n. (volg) 1 irascibilità f., collera f. 2 (spite) risentimento m., malignità f.

bitchiness /'bɪtʃɪnəs/ n. (volg) 1 irascibilità f., collera f. 2 (spite) risentimento m., malignità f.

bitching /'bɪtʃɪŋ/ a. (Am, colloq) fantastico,

bellissimo, incredibile. II avv. (Am, colloq) tantissimo, moltissimo: ~ **good** da sballo.

bitchy /'bɪtʃi/ a. 1 cattivo, irascibile, collerico. 2 (spiteful) maligno.

bite¹ /baɪt/ (past bit /bɪt/, p.p. bitten /'bɪtən/ bit) I v.t. 1 mordere, morsicare, dare un morso a. 2 (to bite into) addentare, mordere: she bit hungrily into the apple addentò avidamente la mela. 3 (to remove with the teeth) staccare con un morso. 4 (of insects, etc.) pungere, morsicare, pizzicare: I've been bitten by a mosquito mi ha punto una zanzara. 5 (to cause sharp pain to) mordere, pungere: an icy wind bit our faces un vento gelido ci pungeva il viso. 6 (to grip) mordere, far presa su, addentare: a good tyre -s the road un buon pneumatico fa presa sulla strada. 7 (to corrode) corrodere, intaccare, mangiare, mordere. 8 (to cut, to pierce) penetrare, trapassare. 9 (colloq) (to take in; generally passive) ingannare, imbrogliare. 10 (sl) (to worry) turbare, preoccupare, (colloq) prendere: what's biting you? cosa ti prende? 11 (Aus) (to scrounge) scroccare. II v.i. 1 mordere, morsicare: this dog -s questo cane morde. 2 (of fish: to take the bait) abboccare (anche fig). 3 (to grip) mordere, far presa, addentare. 4 (to become effective) funzionare, fare effetto. 5 (sl) (to be taken in) abboccare, cascarci. □ to ~ **back**: 1 (to hold back) tenere, trattenere: I bit back my tears ho trattenuto le lacrime; 2 (to answer sharply) rispondere in modo pungente, rispondere con sarcasmo; (colloq) to be **bitten by the bug** farsi prendere da una mania, farsi venire un pallino: he's has been bitten by the gardening bug gli è venuta la mania del giardinaggio; (fig) to ~ so.'s **head off** rispondere con rabbia a qcu., mangiarsi (vivo) qcu.; to ~ **into**: 1 (to corrode) corrodere, intaccare, mangiare, mordere; 2 (to cut, to pierce) penetrare, trapassare; to ~ **one's lips** mordersi le labbra (anche fig); to ~ **one's nails** mangiarsi le unghie; to ~ **off** staccare con un morso; (fig) to ~ **off more than one can chew** fare il passo più lungo della gamba; I could have bitten **off my tongue** avrei fatto meglio a tagliarmi la lingua, avrei fatto meglio a stare zitto; to **have sth. to ~ on** avere qcs. da mettere sotto i denti, (fig) essere alle prese con qcs.; (fig) to **give so. sth. to ~ on** dare a qcu. pane per i suoi denti; (colloq) ~ **on that!** pigliati questo!, beccati questa!; (Am) to ~ **the big one** morire; (fig) to ~ **the bullet** affrontare la situazione con coraggio, prendere il toro per le corna; (fig) to ~ **the dust**: 1 morire, cadere morto; 2 (to fall from a horse) cadere (da cavallo); (fig) to ~ **the hand that feeds one** sputare nel piatto in cui si mangia, ripagare il bene con il male; to ~ **one's tongue** mordersi la lingua (anche fig); to be **bitten with** essere tutto preso da, essere in preda a: to be bitten with a desire ardere dal desiderio.

bite² /baɪt/ n. 1 morso m., morsicatura f. 2 (of insects) puntura f. 3 (sharp pain) morso m., sferza f.: the ~ of the cold wind la sferza del vento freddo. 4 (fig) (pungency) mordacità f. 5 (mouthful) boccone m., morso m. 6 (food) cibo m., mangiare m.: I haven't had a ~ to eat non ho toccato cibo. 7 (quick meal) boccone m., spuntino m. 8 (piquancy) sapore m. piccante, piccantezza f. 9 (of fish) l'abboccare. 10 (Mecc) presa f., stretta f. 11 (colloq) (amount) parte f., somma f., fetta f. □ to have **two** -s **at the cherry** fare due tentativi; **neither** ~ **nor sup** senza mangiare né bere; (colloq) to **put the** ~ **on** so. spillare soldi a qcu., scroccare soldi a qcu.

biter /'baɪtə Am 'baɪtər/ n. 1 chi morde. 2 (ant)

(*swindler*) imbroglione *m.* (*f.* -a). □ *the ~ bit* (o *the ~gets the bit*) il gabbatore gabbato, il ladro derubato.

bite-sized /ˈbaɪtsaɪzd/ *a.* da boccone: *to cut the meat into ~ pieces* tagliare la carne a bocconcini.

biting /ˈbaɪtɪŋ *Am* ˈbaɪtɪŋ/ *a.* **1** pungente, tagliente, acuto: *a ~ wind* un vento tagliente. **2** (*fig*) mordace, sarcastico, caustico, graffiante. **3** (*of an insect*) che punge, che morde.

bitmap /ˈbɪtmæp/ *n.* (*Inform*) bitmap *m.*, mappatura *f.* di bit. □ (*Inform*) *~image* immagine bitmap.

bitstream /ˈbɪtstriːm/ *n.* (*Inform*) sequenza *f.* di bit.

bitt /bɪt/ **I** *n.* (*Mar*) bitta **f. II** *v.t.* (*Mar*) abbittare.

bitten /ˈbɪtən/ → **bite**[1].

bitter[1] /ˈbɪtə *Am* ˈbɪtər/ **I** *a.* **1** (*strong and sharp in taste*) amaro: *a ~ taste* un gusto amaro. **2** (*harsh*) aspro, duro, intenso, accanito: *~ words* parole dure; *a ~ argument* un'aspra discussione. **3** (*painful or difficult to accept*) amaro, duro, doloroso: *a ~ defeat* una dura sconfitta; *a ~ blow* un duro colpo; *~ tears* lacrime amare; *the ~ truth* l'amara verità. **4** (*unpleasant*) spiacevole, duro, sgradevole: *a ~ experience* un'esperienza spiacevole. **5** (*relentless*) implacabile, inesorabile, spietato: *~ hatred* odio implacabile. **6** (*cold, biting*) pungente, rigido, penetrante, tagliente: *~ weather* freddo pungente. **II** *n.* **1** amaro *m.*, sapore *m.* amaro. **2** (*bitterness*) amarezza *f.* **3** (*Br*) (*bitter beer*) birra *f.* amara. **4** *pl.* essenza *f.sing.*: *angostura -s* essenza di angostura. □ (*Bot*) *~almond* mandorla amara; (*Bot*) *~apple* coloquintide; *~chocolate* cioccolato amaro, cioccolato fondente; (*Chim*) *~ earth* magnesia; *~ end* fine: *to the ~ end* fino all'ultimo, fino in fondo; *to fight to the ~ end* combattere a oltranza; (*Br*) *~lemon* limonata amara; *~orange*: **1** (*fruit*) arancia amara, arancia di Siviglia; **2** (*drink*) aranciata amara; (*fig*) *~pill* un boccone amaro: *a ~ pill to swallow* un boccone amaro da mandare giù; (*Bot*) *~pit* maculatura amara. *Prov.*: *take the ~ with the sweet* non c'è rosa senza spine.

bitter[2] /ˈbɪtə *Am* ˈbɪtər/ *n.* (*Mar*) giro *m.* di bitta, volta *f.* di bitta. □ *the ~end* estremità del cavo.

bitterish /ˈbɪtərɪʃ *Am* ˈbɪtərɪʃ/ *a.* amarognolo.

bitterling /ˈbɪtəlɪŋ *Am* ˈbɪtərlɪŋ/ *n.* (*Itt*) rodeo *m.*

bitterly /ˈbɪtəli *Am* ˈbɪtərli/ *avv.* **1** (*harshly*) aspramente, duramente, intensamente, fortemente: *to fight ~* lottare duramente. **2** (*painfully*) amaramente, terribilmente: *she was ~ disappointed* era terribilmente dispiaciuta. **3** (*unpleasantly*) spiacevolmente, duramente. **4** (*bitingly cold*) in modo pungente, in modo penetrante, in modo tagliente: *~ cold weather* un freddo pungente.

bittern[1] /ˈbɪtən *Am* ˈbɪtərn/ *n.* (*Ornit*) tarabuso *m.*

bittern[2] /ˈbɪtən *Am* ˈbɪtərn/ *n.* (*Chim*) acqua *f.* madre.

bitterness /ˈbɪtənəs *Am* ˈbɪtərnəs/ *n.* **1** amaro *m.*, sapore *m.* amaro, amarezza *f.* **2** (*fig*) (*painfulness*) amarezza *f.* **3** (*fig*) (*harshness*) durezza *f.*, asprezza *f.*

bittersweet, **bitter-sweet** /ˈbɪtəswiːt *Am* ˈbɪtərswiːt/ **I** *a.* (*Bot*) **1** (*woody nightshade*) dulcamara *f.* **2** (*climbing celastrus*) celasatro *m.* **II** *a.* **1** (*taste*) agrodolce. **2** (*fig*) dolceamaro.

bittiness /ˈbɪtinəs/ *n.* (*spec. Br*) frammentarietà *f.*

bitty /ˈbɪti/ *a.* (*spec. Br*) frammentato, spez-

zettato, a pezzetti.

bitumen /ˈbɪtjʊmən *Am* b(a)ɪˈt(j)uːmən/ *n.* bitume *m.*

bituminisation /bɪˌtjuːmən(a)ɪˈzeɪʃən/ *n.* (*Br*) bitumatura *f.*

bituminise /bɪˈtjuːmɪnaɪz/ *v.t.* (*Br*) bitumare.

bituminization /bɪˌtjuːmən(a)ɪˈzeɪʃən *Am* baɪˌt(j)uːmən(a)ɪˈzeɪʃən/ *n.* bitumatura *f.*

bituminize /bɪˈtjuːmɪnaɪz/ *v.t.* bitumare.

□ *~coal* litantrace, carbone bituminoso.

bituminous /bɪˈtjuːmɪnəs/ *a.* bituminoso.

bitwise /ˈbɪtwaɪz/ *a.* (*Inform*) bitwise, a bit: *~band* band a bit, banda bitwise.

bivalence /ˌbaɪˈveɪləns/ *n.* (*Chim*) bivalenza *f.*

bivalency /ˌbaɪˈveɪlənsi/ *n.* (*Chim*) bivalenza *f.*

bivalent /ˌbaɪˈveɪlənt/ *a.* bivalente. □ (*Biol*) *~chromosome* cromosoma bivalente.

bivalve /ˈbaɪvælv/ *n.* **1** (*Zool*) mollusco *m.* bivalve. **2** (*Bot*) capsula *f.* bivalve.

bivalved /ˈbaɪvælvd/ *a.* (*Biol*) bivalve.

bivalvular /baɪˈvælvjʊlər/ *a.* (*Biol*) bivalve.

bivouac /ˈbɪvuæk/ **I** *n.* (*Mil*) bivacco *m.* **II** *v.i.* (*past, p.p.* **-acked** /-t/) (*Mil*) bivaccare.

bivvy /ˈbɪvi/ *n.* (*Br,Mil,colloq*) bivacco *m.*

biweekly, bi-weekly /baɪˈwiːkli/ **I** *a.* **1** (*spec. Am*) (*every two weeks*) quindicinale. **2** (*spec. Br*) (*twice weekly*) bisettimanale. **II** *n.* **1** (*spec. Am*) pubblicazione *f.* quindicinale. **2** (*spec. Br*) (*semiweekly*) pubblicazione *f.* bisettimanale. **III** *avv.* **1** (*spec. Am*) ogni due settimane. **2** (*spec. Br*) (*twice weekly*) due volte la settimana.

biyearly, bi-yearly /baɪˈjɪəli *Am* baɪˈjɪrli/ **I** *a.* **1** (*spec. Am*) (*every two years*) biennale. **2** (*spec. Br*) (*twice a year*) semestrale. **II** *avv.* **1** (*spec. Am*) ogni due anni. **2** (*spec. Br*) (*twice a year*) ogni sei mesi.

biz /bɪz/ *n.* (*sl*) **1** (*company*) società *f.* **2** (*business*) affari *m.pl.*

bizarre /bɪˈzɑː *Am* bɪˈzɑːr/ *a.* bizzarro, eccentrico, stravagante.

bizarrely /bɪˈzɑːli *Am* bɪˈzɑːrli/ *avv.* in modo bizzarro, in modo eccentrico, in modo stravagante.

bizarreness /bɪˈzɑːnəs *Am* bɪˈzɑːrnəs/ *n.* bizzarria *f.*, eccentricità *f.*, stravaganza *f.*

bizarrerie /bɪˈzɑːrəri *Am* bɪˌzɑːrəˈriː/ *n.* bizzarria *f.*, capriccio *m.*

bizonal /baɪˈzoʊnəl/ *a.* (*Pol*) bizonale.

bkpt., **bkrpt.** (*Econ*) bankrupt (fallito).

BL /ˌbiːˈel/ **1** Bachelor of Law (laureato in legge). **2** British Library (Biblioteca nazionale Britannica). **3** (*Comm*) bill of lading (polizza di carico).

B/L (*Comm*) bill of lading (polizza di carico).

blab[1] /blæb/ (*past, p.p.* **blabbed** /-d/) **I** *v.t.* rivelare, spifferare, spiattellare. **II** *v.i.* **1** rivelare un segreto, spifferare un segreto. **2** (*to chatter idly*) chiacchierare, ciarlare, cianciare. □ *to ~out* rivelare, spifferare, spiattellare.

blab[2] /blæb/ *n.* **1** chiacchiera *f.*; (*idle talk*) ciarle *f.pl.*, ciance *f.pl.* **2** (*person*) chiacchierone *m.* (*f.* -a).

blabber /ˈblæbə *Am* ˈblæbər/ **I** *n.* **1** chiacchiera *f.*; (*idle talk*) ciarle *f.pl.*, ciance *f.pl.* **2** (*person*) chiacchierone *m.* (*f.* -a). **II** *v.t.* rivelare, spifferare, spiattellare. **III** *v.i.* **1** rivelare un segreto, spifferare un segreto. **2** (*to chatter idly*) chiacchierare, ciarlare, cianciare. □ *to ~on about sth.* perdersi in chiacchiere su qcs.

blabbermouth /ˈblæbəmaʊθ *Am* ˈblæbərmaʊθ/ *n.* chiacchierone *m.* (*f.* -a).

black[1] /blæk/ **I** *a.* **1** nero: *as ~ as coal* nero come il carbone. **2** (*very dark*) buio, scuro: *a ~ winter's night* una buia notte d'inverno. **3** (*dirty*) nero, sporco, sudicio. **4** (*dark-skinned*) nero, di colore: *the ~ com-*

munity la comunità nera. **5** (*wearing black*) nero, in nero, vestito di nero: *men in ~* uomini in nero. **6** (*gloomy*) tetro, cupo, triste, lugubre. **7** (*unrelieved*) nero, sconsolato: *~ despair* nera disperazione. **8** (*angry*) adirato, arrabbiato; (*sullen*) accigliato, arcigno. **9** (*evil*) cattivo, perfido, malvagio; (*wicked*) scellerato: *he is not as ~ as he's painted* non è poi così cattivo come dicono. **10** (*disastrous*) triste, desolante, disastroso, luttuoso, nero: *a ~ day* una giornata nera. **11** (*of coffee*) nero, senza latte, non macchiato. **II** *n.* **1** nero *m.* **2** (*black pigment*) vernice *f.* nera, tintura *f.* nera. **3** (*mourning*) nero *m.*, lutto *m.* **4** (*dark-skinned person*) nero *m.* (*f.* -a), persona *f.* di colore. **5** (*in chess*) nero *m.* **6** (*black horse*) cavallo *m.* nero. □ (*Comm*) *~accounts* contabilità in attivo; (*Geog*) *BlackAfrica* Africa nera; *~African* dell'Africa nera; *~and blue* pieno di lividi: *to beat so. ~ and blue* riempire qcu. di lividi, pestare qcu.; (*Stor.brit*) *Black and Tans* polizia ausiliaria (utilizzata per sedare la rivolta in Irlanda); *~ and white*: **1** (*colours or opposing views*) bianco e nero; **2** (*in writing*) nero su bianco: *to put* (o *have*) *sth. down in ~ and white* mettere qcs. nero su bianco; **3** (*Am, colloq*) macchina della polizia; *~art* magia nera; *as ~as jet* nero come l'ebano; *as ~as sin* nero come il peccato, scellerato; *as ~as soot* nero come il carbone, nero come la notte; (*Itt*) *~bass* persico-trota; (*Gastron*) *~bean* fagiolo nero; (*Zool*) *~bear* (*American bear*) baribal; (*Br, Entom*) *~beetle* blatta (delle case), scarafaggio; (*Sport*) *~belt* cintura nera; (*Fis*) *~body* corpo nero; *~book* libro nero: *to be in so.'s ~ book* (o *to be in so.'s ~ books*) essere sul libro nero di qcu.; (*Aer*) *~box* scatola nera; *~bread* pane nero; (*fig*) *~coat* prete; *~coffee* caffè nero; (*Cin,Teat*) *~comedy* black comedy, commedia nera; *Black Country* (*English Midlands*) zona industriale dell'Inghilterra centrale; (*Stor*) *Black Death* peste bubbonica, morte nera; *~diamond*: **1** (*gem*) carbonado, diamante nero; **2** (*piece of coal*) pezzo di carbone; (*colloq*) *~dog* depressione, malinconia; (*fig*) *a crime of the -est dye* un crimine dei più neri, un delitto orrendo; *~economy* economia sommersa, economia in nero; *~eye* occhio pesto, occhio nero: *to give so. a black ~* fare un occhio pesto a qcu., fare un occhio nero a qcu.; *~flag* (*Jolly Roger*) bandiera dei pirati, bandiera nera; (*Geog*) *Black Forest* Foresta Nera; (*Dolc*) *Black Forest gateau* torta della foresta nera; (*Rel.catt*) *Black Friar* domenicano; *Black Friday*: **1** Venerdì Santo; **2** (*fig*) venerdì sfortunato, venerdì iellato; **3** (*Econ*) venerdì nero; (*Meteor*) *~frost* freddo intenso (senza brina), gelo nero; *~gold*: **1** (*Min*) maldonite, oro nero; **2** (*colloq*) (*petroleum*) petrolio; (*Ornit*) *~grouse* fagiano di monte; (*Stor*) *Black Hand* manonera; (*fig*) *to have a ~heart* essere malvagio; *~hole*: **1** (*Mil*) cella di rigore; **2** (*Astr, Inform*) buco nero; **3** (*fig*) inferno, posto infernale: *~ hole of Calcutta* un girone infernale; *~humour* umorismo macabro; (*Strad*) *~ice* strato di ghiaccio invisibile, ghiaccio nero; (*Comm*) *to be in the ~* essere in attivo, essere in nero; (*Tip*) *~letter* carattere gotico; *~light* luce nera; *a ~look* un brutto sguardo: *to give so. a ~look* lanciare (o dare) un brutto sguardo a qcu., guardare male qcu., lanciare un'occhiataccia a qcu.; (*Med*) *~lung* tisi dei minatori, antracosi; *~magic* magia nera; *Black Maria* furgone cellulare, cellulare; *~mark* brutto voto, punto a sfavore: *to get a ~mark*: **1** prendere un brutto voto; **2** (*fig*) rovinarsi la reputazione, rovinarsi la piazza; *~-*

market mercato nero, borsa nera; ~ *market-eer* borsanerista; (*Occult*) ~ *mass* messa nera; (*Econ*) ~ *money* fondi neri; *Black Monk* benedettino; ~ *mood* umore nero; *Black Muslim* musulmano nero; (*Pol*) *Black Panther* Pantera nera; (*Bot*) ~ *pepper* pepe nero; ~ *powder* (*gunpowder*) polvere pirica, polvere nera; (*Pol*) *Black Power* Potere nero; (*Br, Gastron*) ~ *pudding* sanguinaccio (insaccato); (*Stor.brit*) *Black Rod* usciere della camera dei Lord; (*Bot*) ~ *rot* marciume nero; (*Geog*) *Black Sea* Mar Nero; (*fig*) ~ *sheep* pecora nera: *the* ~ *sheep of the family* la pecora nera della famiglia; *to look on the* ~ *side* essere pessimista; (*Sport*) ~ *slope* (*in skiing*) pista nera; ~ *spot*: 1 (*Br*) (*accident black spot*) luogo dove si verificano spesso incidenti stradali; 2 (*Bot*) (*fungal disease*) macchie nere, nerume; ~ *studies* studio della cultura dei neri d'America; (*Aus,fig*) ~ *stump* confini della civiltà; (*fig*) ~ *swan* mosca bianca; ~ *tea* tè nero; ~ *tie*: 1 cravatta nera; 2 (*formal dress*) abito da sera; ~ *water* acque nere; (*Zool*) ~ *whale* globicefalo; (*Zool*) ~ *widow* vedova nera.

black[2] /blæk/ *v.t.* **1** annerire, tingere di nero. **2** (*of an eye*) far nero. **3** (*to put blacking on*) lucidare di nero. **4** (*of a stove*) pulire con piombaggine, pulire con grafite. **5** (*to boycott*) boicottare, mettere nella lista nera. □ *to* ~ *out*: 1 oscurare, oscurarsi; 2 (*Teat*) oscurare il palcoscenico; 3 (*to lose consciousness*) perdere conoscenza, perdere i sensi; 4 (*of radio, tv transmission*) oscurare; *to* ~ *out the news* imporre il silenzio stampa.

blackamoor /'blækəmɔːʳ *Am* 'blækəmʊr/ *n.* (*ant,spreg*) persona *f.* di pelle scura, moro *m.* (*f.* -a).

black-and-blue /ˌblækən'bluː/ *a.* pieno di lividi.

black-and-tan /ˌblækən'tæn/ **I** *n.* (*colloq*) (*drink*) birra *f.* chiara mista a birra scura. **II** *a.* (*sl*) (*of a bar, etc.*) frequentato da bianchi e neri.

black-and-white /ˌblækən'(h)waɪt/ *a.* **1** in bianco e nero: *a* ~ *film* un film in bianco e nero; ~ *photography* fotografia in bianco e nero. **2** (*fig*) assolutistico, rigido, senza mezzi termini.

blackball /'blækbɔːl/ **I** *v.t.* **1** votare contro, dare voto contrario a. **2** (*to ostracize*) bandire, mettere al bando, dare l'ostracismo a, ostracizzare. **II** *n.* **1** voto *m.* contrario. **2** (*in a ballot box*) pallina *f.* nera.

blackbelt /'blækbelt/ *n.* **1** (*spreg*) zona *f.* abitata da neri. **2** (*Sport*) (*in judo*) cintura *f.* nera.

blackberry /'blækbəri *Am* 'blæk,beri/ *n.* (*Bot*) mora *f.*

blackberrying /'blækbəriɪŋ *Am* 'blæk,beriɪŋ/ *n.* raccolta *f.* delle more: *to go* ~ andare a raccogliere le more.

blackbird /'blækbɜːd *Am* 'blækbɜːrd/ *n.* (*Ornit*) merlo *m.*

blackboard /'blækbɔːd *Am* 'blækbɔːrd/ *n.* lavagna *f.* (nera).

blackbook /ˌblæk'bʊk/ *n.* (*fig*) libro *m.* nero: *to be in so.'s* ~ essere sul libro nero di qcu.

blackbuck /'blækbʌk/ *n.* (*Zool*) antilope *m.* cervicapra.

blackbutt /'blækbʌt/ *n.* (*Aus*) (*Bot*) eucalipto *m.* pilularis.

blackcap /'blækkæp/ *n.* **1** (*Br*) (*of a judge*) berretto *m.* nero. **2** (*Ornit*) capinera *f.* □ (*Br, fig*) *to put on the* ~ pronunciare una sentenza di morte.

blackcock /'blækkɒk *Am* 'blækkɑːk/ *n.* (*Ornit*) fagiano *m.* di monte.

blackcurrant /ˌblæk'kʌrənt *Am* 'blæk,kɜːrənt/ *n.* (*Bot*) ribes *m.* nero.

blacken /'blækən/ **I** *v.t.* **1** annerire, oscurare. **2** (*to make black*) far diventare nero, tingere di nero (*anche fig*). **3** (*to speak ill of*) denigrare, diffamare, calunniare. **II** *v.i.* annerirsi, oscurarsi, diventare nero, diventare scuro.

blackeye /'blækaɪ/ *a.* **1** dagli occhi neri. **2** (*having a bruised eye*) con un occhio nero.

black-eyed /ˌblæk'aɪd *Am* 'blækaɪd/ *a.* **1** dagli occhi neri. **2** (*having a bruised eye*) con un occhio nero. □ (*Bot,Alim*) ~ *bean* (o *Am* ~ *pea*) fagiolo dell'occhio; (*Bot*) ~ *susan*: 1 (*Br*) thunbergia alata; 2 (*Am*) rudbeckia hirtu.

blackface /'blækfeɪs/ *n.* **1** (*Teat*) attore *m.* (*f.* -trice) che recita la parte di un nero. **2** (*Tip*) neretto *m.* **3** (*Zool*) blackface *f.* (razza di pecora con il muso nero).

blackfish /'blækfɪʃ/ *n.* (*Itt*) globicefalo *m.*

blackfly /'blækflaɪ/ *n.* (*Entom*) **1** (*plant pest*) afide *m.* nero, pidocchio *m.* nero. **2** (*blood-sucking fly*) simulide *m.*

Blackfoot /'blækfʊt/ *n.irr.* (*Am*) indiano *m.* (*f.* -a) algonchino.

blackguard /'blægɑːd *Am* 'blægɑːrd/ **I** *n.* furfante *m.*, mascalzone *m.* (*f.* -a), canaglia *f.* **II** *v.i.* agire da furfante, comportarsi da mascalzone. **III** *v.t.* lanciare ingiurie a (o contro), ingiuriare.

blackguardly /'blægɑːdli *Am* 'blægɑːrdli/ *a.* furfantesco, canagliesco.

blackhead /'blækhed/ *n.* **1** comedone *m.*, punto *m.* nero. **2** (*Veter*) istomoniasi *f.* **3** (*Ornit*) moretta *f.* grigia.

blacking /'blækɪŋ/ *n.* (*shoe polish*) lucido *m.* nero.

blackish /'blækɪʃ/ *a.* nerastro, nerognolo.

blackjack /'blækdʒæk/ **I** *n.* **1** (*card game*) blackjack *m.*, ventuno *m.* **2** (*Jolly Roger*) bandiera *f.* nera, bandiera *f.* dei pirati. **3** (*cosh*) sfollagente *m.*, manganello *m.* **4** (*ant*) (*leather drinking cup*) boccale *m.* di cuoio catramato. **II** *v.t.* (*Am*) colpire con lo sfollagente.

blacklead /'blækled/ *n.* (*Min*) grafite *f.*, piombaggine *f.*

blackleg /'blækleg/ **I** *n.* **1** (*Br,colloq*) (*strike breaker*) crumiro *m.* (*f.* -a). **2** (*Veter*) antrace *m.* sintomatico, carbonchio *m.* **3** (*Bot*) rogna *f.* nera. **II** *v.t.* (*Br,colloq*) negare la propria solidarietà a, rifiutarsi di aderire a: *to* ~ *a strike* rifiutarsi di aderire a uno sciopero. **III** *v.i.* (*Br, colloq*) fare il crumiro.

black-letter /'blækletə *Am* 'blækletəʳ/ *a.* infausto, poco propizio: ~ *day* giorno infausto.

blacklist /'blæklɪst/ **I** *n.* lista *f.* nera. **II** *v.t.* mettere sulla lista nera.

blackmail /'blækmeɪl/ **I** *n.* **1** (*sum*) riscatto *m.* **2** (*act*) ricatto *m.*, estorsione *f.*: *emotional* ~ ricatto emotivo. **II** *v.t.* ricattare (*anche fig*).

blackmailer /'blækmeɪləʳ/ *n.* ricattatore *m.* (*f.* -trice).

black-market /'blækmɑːkɪt *Am* 'blækmɑːrkɪt/ *a.* di borsa nera.

blackmarketeer /ˌblækˌmɑːkɪ'tɪəʳ *Am* blæk ˌmɑːrkɪ'tɪr/ *n.* borsanerista *m./f.*

blackmarketer /ˌblæk'mɑːkɪtəʳ *Am* blæk 'mɑːrkɪtəʳ/ *n.* borsanerista *m./f.*

blackness /'blæknəs/ *n.* **1** nerezza *f.*, nero *m.* **2** (*fig*) cattiveria *f.*

blackout, black-out /'blækaʊt/ *n.* **1** (*temporary unconsciousness*) svenimento *m.*, perdita *f.* (momentanea) di coscienza. **2** (*temporary loss of memory*) amnesia *f.* temporanea, amnesia *f.* momentanea. **3** (*Rad,TV*) (*break in transmissions*) interruzione *f.* **4** (*El*) (*power failure*) mancanza *f.* di corrente elettrica, blackout *m.*: *we had a* ~ *last night* ieri sera è andata via la luce. **5** (*during an air raid*) oscuramento *m.* **6** (*of information*) silenzio *m.*: *news* ~ silenzio stampa.

blackshirt, Blackshirt /'blækʃɜːt *Am* 'blækʃɜːrt/ *n.* (*Stor*) **1** (*Fascist*) camicia *f.* nera, fascista *m./f.* **2** (*Nazi*) nazista *m./f.*

blacksmith /'blæksmɪθ/ *n.* fabbro *m.* ferraio.

blackthorn /'blækθɔːn *Am* 'blækθɔːrn/ *n.* **1** (*Bot*) prugnolo *m.* **2** (*cane*) bastone *m.* di prugnolo. □ (*Br*) ~ *winter* periodo di fine inverno-inizio primavera (quando fiorisce il prugnolo).

black-tie /blæk'taɪ/ *a.* in abito da sera: *a* ~ *dinner* un pranzo in abito da sera.

blacktop /'blæktɒp/ *n.* (*Am*) asfalto *m.*, bitume *m.*

blackwater /'blæk,wɔːtəʳ *Am* 'blæk,wɔːtəʳ/ *n.* (*Med*) melanuria *f.* □ (*Med*) ~ *fever* malaria, febbre dell'acqua nera.

bladder /'blædəʳ/ *n.* **1** (*Anat,Med*) vescica *f.*, vescichetta *f.* **2** (*air-filled sac*) camera *f.* d'aria. □ (*Bot*) ~ *campion* erba del cucco, silene rigonfia, strigolo; (*Bot*) ~ *fern* Cystoperis fragilis; (*Bot*) ~ *nut* colutea; (*Bot*) ~ *senna* erba vescicaria; (*Bot*) ~ *wrack* fuco nodoso.

bladderwort /'blædəwɜːt *Am* 'blædərwɜːrt/ *n.* (*Bot*) orticolaria *f.*

bladdery /'blædəri/ *a.* **1** vescicolare. **2** (*inflated*) gonfio, enfiato.

blade /bleɪd/ *n.* **1** lama *f.*; (*tool*) coltello *m.*, lama *f.* **2** (*razor blade*) lametta *f.* **3** (*lett*) (*sword*) spada *f.* **4** (*fig*) (*swordsman*) spadaccino *m.* **5** (*fig,ant*) (*dashing man*) baldo giovane *m.*, moscardino *m.*: *an old* ~ una vecchia canaglia. **6** (*leaf: of grass*) filo *m.*; (*of wheat, barley*) foglia *f.* **7** (*Bot*) (*of a leaf*) lamina *f.* **8** (*Tecn*) (*of a propeller*) pala *f.*; (*of a bulldozer*) lama *f.* **9** (*Ferr*) (*of a switch*) ago *m.*, laminella *f.* **10** (*Fot*) lamella *f.* **11** (*of an oar*) pala *f.* **12** (*Anat*) (*blade bone*) scapola *f.*, omoplata *f.* **13** (*Fon*) (*of the tongue*) dorso *m.* **14** (*Sport*) (*of an ice-skate*) lama *f.* **15** *pl.* (*Sport,colloq*) rollerblades *m.pl.*, pattini *m.pl.* in linea. **16** *pl.* (*Aus*) tosatrice *f.sing.* per pecore.

bladed /'bleɪdɪd/ *a.* **1** (*Bot,Min*) stratificato. **2** (*Tecn*) palettato.

blaeberry /'bleɪbəri/ *n.* (*Scott,Bot*) mirtillo *m.*

blah /blɑː/ *n.* (*colloq*) **1** sciocchezze *f.pl.*, aria *f.* fritta, fesserie *f.pl.* **2** (*Am*) paturnie *f.pl.*, depressione *f.sing.*: *the* -s la depressione.

blah-blah /ˌblɑː'blɑː/ *n.* (*colloq*) sciocchezze *f.pl.*, aria *f.* fritta, fesserie *f.pl.*

blain /bleɪn/ *n.* (*Med,Veter*) pustola *f.*, bolla *f.*

Blairism /'bleərɪzəm *Am* 'blerɪzəm/ *n.* (*Pol*) politica *f.* di Tony Blair, blairismo *m.*

Blairite /'bleərait *Am* 'blerait/ *n.* (*Pol*) sostenitore *m.* (*f.* -trice) di Tony Blair.

blamable /'bleɪməbl/ *a.* biasimevole, riprovevole.

blame /bleɪm/ **I** *v.t.* **1** (*to consider responsible*) incolpare, dare la colpa a, accusare, prendersela con: *they -d the failure on us* hanno dato a noi la colpa del fallimento; *you have only yourself to* ~ non hai che da ringraziare te stesso, prenditela con te stesso. **2** (*to find fault with*) biasimare, riprovare. **3** (*to scold*) rimproverare. **II** *n.* **1** colpa *f.*, responsabilità *f.*: *we lay the* ~ *on him* la colpa è sua, noi diamo la colpa a lui. **2** (*censure*) biasimo *m.*, riprovazione *f.* **3** (*reproof*) rimprovero *m.* □ *to* ~ *so. for sth.* dare la colpa di qcs. a qcu.: *I* ~ *myself for your troubles* mi sento responsabile dei tuoi guai; *to be to* ~ essere da biasimare, essere colpevole: *no one is to* ~ non è colpa di nessuno.

blameable /'bleɪməbl/ *a.* biasimevole, riprovevole.

blamed /'bleɪmd/ *a.* (*Am,eufem*) benedetto, maledetto: *where is that* ~ *boy?* dov'è quel benedetto ragazzo?

blameful /'bleɪmfʊl/ *a.* biasimevole, riprovevole.

blameless /'bleɪmləs/ a. irreprensibile, incensurabile, innocente, senza macchia.

blamelessly /'bleɪmləsli/ avv. innocentemente, irreprensibilmente.

blamelessness /'bleɪmləsnəs/ n. 1 irreprensibilità f. 2 (innocence) innocenza f.

blameworthiness /'bleɪm,wɜːðɪnəs Am 'bleɪm,wɜːrðɪnəs/ n. colpevolezza f., stato m. di colpa, responsabilità f.

blameworthy /'bleɪm,wɜːði Am 'bleɪm ,wɜːrði/ a. biasimevole, riprovevole.

blanch /blɑːnʃ Am blænʃ/ I v.t. 1 sbiancare, imbiancare. 2 (Agr) sbiancare, fare imbiancare: to ~ rice sbiancare il riso. 3 (Gastron) (to boil briefly) sbollentare, scottare. 4 (Gastron) (to peel) pelare (scottando): to ~ almonds pelare le mandorle. II v.i. impallidire, sbiancarsi.

Blanche /blɑːnʃ Am blænʃ/ n.pr.f. Bianca.

blancmange /blə'mɒn(d)ʒ Am blə'mɑːn(d)ʒ/ n. (Dolc) biancomangiare m.

blanco /'blæŋkoʊ/ I n. biacca f. (per attrezzature militari). II v.t. imbiaccare (attrezzature militari).

bland /blænd/ a. 1 (simple) blando, attenuato, misurato, leggero: a ~ diet una dieta leggera. 2 (uninspired) blando, piatto, banale. 3 (with little taste) insipido, insaporo, delicato. 4 (ingratiating) mellifluo. 5 (ironical) ironico. 6 (of weather) mite, dolce, temperato.

blandish /'blændɪʃ/ v.t. (ant) blandire, lusingare.

blandisher /'blændɪʃər/ n. lusingatore m. (f. -trice).

blandishment /'blændɪʃmənt/ n.spec.pl. blandizie f.pl., lusinghe f.pl.

blandly /'blændli/ avv. in modo blando, blandamente, con leggerezza.

blandness /'blændnəs/ n. 1 (simplicity) misuratezza f., leggerezza f. 2 (lack of inspiration) piattezza f., inespressività f. 3 (tastelessness) insipidità f., insipidezza f. 4 (of weather) mitezza f., dolcezza f.

blank /blæŋk/ I a. 1 bianco, in bianco, non scritto: a ~ space uno spazio (in) bianco. 2 (of a form, with spaces) in bianco. 3 (fig) (having no variety) monotono, scialbo, grigio. 4 (fig) (expressionless) assente, privo di espressione, privo di interesse: a ~ look uno sguardo assente. 5 (fig) (puzzled) perplesso. 6 (fig) (utter) totale, completo, assoluto, reciso: a ~ refusal un rifiuto assoluto. 7 (fig) (fruitless) sterile, improduttivo. 8 (Metr) senza rima, sciolto: ~ verse versi sciolti. 9 (Econ) in bianco: ~ credit credito in bianco; ~ draft tratta in bianco. 10 (of tape, cassette, CD) vergine, non preregistrato. II n. 1 spazio m. vuoto, spazio m. in bianco: fill in the -s riempite gli spazi vuoti. 2 (Am) (form) modulo m. 3 (void) vuoto m., lacuna f.: my mind is a ~ ho un vuoto di memoria. 4 (Tip) spazio m., bianco m. 5 (Inform) spazio m. 6 (Mil) cartuccia f. a salve. 7 (Mecc) pezzo m. grezzo. 8 (colloq) (replacing an obscene word) bip m. 9 (colloq) (a ticket) biglietto m. non vincente. 10 (colloq) (bull's eye) centro m. III v.t. 1 (to delete) cancellare, annullare. 2 (to delete using correction fluid) sbianchettare, cancellare con il bianchetto. 3 (to indicate by a dash) indicare con una lineetta; (to indicate by dots) indicare con puntini. 4 (Met) tranciare. 5 (Am,Sport) (to keep from scoring) ostacolare, impedire. IV v.i. (colloq) (to forget) avere un vuoto (di memoria). □ (Mil) ~cartridge cartuccia a salve; ~cheque (o Am ~ check): 1 assegno in bianco; 2 (colloq) (carte-blanche) carta bianca; (Econ) ~ en-

dorsement girata in bianco; to go ~: 1 (to forget) avere un vuoto di memoria; 2 (to lose consciousness) perdere i sensi; (Tip) ~ line riga bianca; to ~ out: 1 (to cancel sth.) cancellare, annullare; 2 (to faint) svenire; ~ sheet: 1 foglio bianco, pagina bianca; 2 (fig) mente pronta ad acquisire ogni conoscenza, tabula rasa, foglio bianco; (Arm) ~shell proiettile a salve; ~signature firma in bianco; to return a ~ vote votare scheda bianca; to return a ~ voting paper votare scheda bianca; ~wall: 1 parete cieca; 2 (fig) barriera insormontabile; 3 (fig) (blind alley) vicolo cieco.

blanket /'blæŋkɪt/ I n. 1 coperta f. 2 (fig) manto m., mantello m., coltre f., strato m.: a ~ of snow un manto di neve. 3 (Tip) caucciù m., tessuto m. gommato. 4 (Nucl) (around a nuclear reactor) mantello m. II a. generale, generalizzato, globale, completo, in blocco: a ~ accusation un'accusa generale; a ~ statement un'affermazione generalizzata; a ~ insurance una polizza di assicurazione globale. III v.t. 1 coprire con una coperta. 2 (fig) (to cover) ricoprire, ammantare. 3 (fig) (to apply uniformly) applicarsi uniformemente a. 4 (Rad) disturbare la ricezione di (o a). 5 (Mar) sventare. 6 (to suppress) sopprimere, soffocare. □ ~agreement contratto collettivo di lavoro; (Br) ~bath lavaggio di un paziente a letto; (Br,Geog) ~bog palude estesa; (Sport) ~finish finale al fotofinish (anche fig); (Econ) ~mortgage ipoteca generale; to ~out sopprimere, soffocare; ~roll zaino; ~ stitch (in embroidery) punto a smerlo.

blanketing /'blæŋkɪtɪŋ Am 'blæŋkɪtɪŋ/ n. 1 stoffa f. per coperte. 2 (supply of blankets) coperte f.pl. 3 (Rad) interferenza f., copertura f. di segnale. □ (Mil) ~smoke nebbia artificiale.

blankety /'blæŋkɪti Am 'blæŋkəti/ a. (colloq) bip: ~ blank biiip (per evitare di dire una parolaccia).

blanking /'blæŋkɪŋ/ n. 1 (El) soppressione f., spegnimento m. 2 (Met) tranciatura f.

blankly /'blæŋkli/ avv. 1 dallo sguardo assente, dallo sguardo inespressivo. 2 (utterly) totalmente, completamente, recisamente.

blankness /'blæŋknəs/ n. 1 vuoto m., vacuità f. 2 (lack of expression) aria f. assente, mancanza f. di espressione.

blanquette /,blɒŋ'ket Am ,blɑːŋ'ket/ n. (Gastron) fricassea f.: ~ of lamb fricassea di agnello.

blare /bleər Am bler/ I v.i. 1 squillare. 2 (of car horns) strombettare, suonare il clacson. II v.t. 1 suonare fortemente, tenere a tutto volume: the radio is blaring away la radio ha un chiasso assordante. 2 (to proclaim loudly) strombazzare, proclamare a gran voce. III n. 1 (harsh sound) strombettio m.; (of a trumpet) squillo m. 2 (fig) (glaring intensity: of light) bagliore m., barbaglio m., luce f. accecante; (of colour) brillantezza f. 3 (fig) (flourish) pompa f., sfarzo m.

blaring /'bleərɪŋ Am 'blerɪŋ/ a. squillante, a tutto volume.

blarney /'blɑːni Am 'blɑːrni/ I n. 1 (chatty talk) parlantina f. 2 (smooth talk) adulazione f., lusinga f. II v.t. adulare, lusingare, fare una sviolinata a. III v.i. usare un linguaggio adulatorio, fare una sviolinata. □ the Blarney Stone: 1 pietra irlandese che dona la parlantina; 2 (fig) parlantina.

blasé /'blɑːzeɪ Am blɑː'zeɪ/ a. blasé, indifferente, scettico.

blaspheme /,blæs'fiːm Am 'blæsfiːm/ I v.t. 1 bestemmiare contro. 2 (estens) (to curse) maledire, imprecare contro. 3 (to slander) diffa-

lunniare, diffamare. II v.i. bestemmiare, (pop) smoccolare.

blasphemer /,blæs'fiːmər Am 'blæsfiːmər/ n. bestemmiatore m. (f. -trice), blasfemo m. (f. -a).

blasphemous /'blæsfɪməs/ a. blasfemo, empio.

blasphemy /'blæsfɪmi/ n. bestemmia f.

blast /blɑːst Am blæst/ I n. 1 (gust of wind) raffica f., ventata f., colpo m. di vento. 2 (stream of air) corrente f. d'aria, getto m. d'aria. 3 (blowing of trumpet, etc.) squillo m.; (of a whistle) fischio m. 4 (explosion) esplosione f., scoppio m. (anche fig). 5 (colloq) (outburst of criticism) attacco m. 6 (Minier) (charge of dynamite) carica f. (di esplosivo). 7 (pressure wave) spostamento m. d'aria, onda f. di pressione. 8 (Am,colloq) (enjoyable experience) schianto m., sballo m. II v.t. 1 far saltare, far esplodere; (of a mine) brillare. 2 (of a trumpet, car horn, etc.) suonare, strombazzare. 3 (Bot) (to wither) dissecare, inaridire, far appassire, bruciare: the frost has -ed the plants il gelo ha bruciato le piante. 4 (fig) distruggere, rovinare, mandare all'aria, far naufragare: to ~ so.'s hopes distruggere le speranze di qcu. 5 (to make by blasting) aprire con le mine: to ~ a road through the mountains aprire (con le mine) una strada tra le montagne. 6 (colloq) (to criticize) criticare aspramente, attaccare. 7 (colloq) (to shoot) sparare. III v.i. 1 squillare. 2 (Am,sl) (to take drugs) drogarsi. IV intz. dannazione, maledizione. □ (Tecn) ~furnace altoforno; (Aer) to ~off decollare, partire.

blasted /'blɑːstɪd Am 'blæstɪd/ a. 1 disseccato, inaridito. 2 (ruined) distrutto, danneggiato. 3 (eufem) (damned) maledetto, benedetto, dannato.

blasting /'blɑːstɪŋ Am 'blæstɪŋ/ n. 1 (Minier) dirompimento m. (con esplosivi); (of mines) brillamento m. 2 (colloq) (using bad language) linguaggio m. sboccato. 3 (colloq) (fierce criticism) attacco m., critica f. furibonda.

blastocyst /'blæstoʊ,sɪst/ n. (Biol) blastocisti f.

blastoderm /'blæstoʊ,dɜːm Am 'blæstə ,dɜːrm/ n. (Biol) blastoderma m.

blastoff, **blast-off** /'blɑːstɒf Am 'blæstɔːf/ I n. (of a rocket, an astronaut) lancio m., partenza f. II v.i. partire, decollare.

blastomere /'blæstoʊmɪər Am 'blæstəmɪr/ n. (Biol) blastomero m.

blastomycosis /,blæstoʊmaɪ'koʊsɪs/ n. (Med) blastomicosi f.

blastospore /'blæstoʊ,spɔː Am 'blæstə,spɔːr/ n. (Biol) blastospora f.

blastula /'blæstjʊlə/ n. (Biol) blastula f.

blat /blæt/ (past, p.p. **blatted** /'blætɪd Am 'blætɪd/) v.i. belare. □ (colloq) to ~ sth. out lasciarsi sfuggire qcs., spifferare qcs.; (Br, colloq) ~sheet giornale tabloid.

blatancy /'bleɪtnsi/ n. 1 evidenza f., chiarezza f. 2 (showiness) vistosità f., appariscenza f.; (display) sfoggio m. 3 (noisiness) chiasso m., rumorosità f.

blatant /'bleɪtnt/ a. 1 lampante, manifesto, palese: a ~ lie una bugia lampante. 2 (showy) vistoso, appariscente, sfacciato. 3 (noisy) chiassoso, rumoroso.

blatantly /'bleɪtntli/ avv. palesemente, vistosamente, sfacciatamente.

blather /'blæðər/ I n. chiacchiere f.pl. II v.i. blaterare, chiacchierare a vanvera.

blatherer /'blæðərər Am 'blæðərər/ n. chiacchierone m. (f. -a), ciarlone m. (f. -a).

blatherskite /'blæðərskaɪt/ n. (Am) chiacchierone m. (f. -a), logorroico m. (f. -a).

blatter /'blætə^r *Am* 'blætə^r/ **I** *n.* (*Scott,dial*) **1** ciance *f.pl.*, chiacchiere *f.pl.* **2** (*of rain*) crepitio *m.* **II** *v.i.* (*Scott,dial*) **1** blaterare, cianciare. **2** (*of rain*) crepitare.

blaxploitation /ˌblæksplɔɪ'teɪʃ^ən/ *n.* presentazione *f.* stereotipata delle persone di colore nei film.

blaze[1] /bleɪz/ *n.* **1** (*fire*) fuoco *m.* violento, incendio *m.*, fiamme *f.pl.* **2** (*flame*) fiamma *f.*, fiammata *f.*, vampa *f.*, vampata *f.* **3** (*intense light*) splendore *m.*, bagliore *m.*, luce *f.* abbagliante: *the ~ of the sun* lo splendore del sole. **4** (*bright display*) sfavillio *m.*, luccicchio *m.*, scintillio *m.* **5** (*outburst*) scoppio *m.*, scatto *m.*, slancio *m.*, impeto *m.*: *a ~ of temper* uno scoppio d'ira. **6** *pl.* (*sl*) (*hell*) diavolo *m.sing.*, inferno *m.sing.*: *go to ~s!* vai al diavolo! □ *like -s* vigorosamente, energicamente; *a ~ of publicity* una massiccia campagna pubblicitaria; *what the -s is the matter?* che diavolo succede?

blaze[2] /bleɪz/ *v.i.* **1** (*to burn brightly*) ardere, avvampare, divampare, fiammeggiare. **2** (*to display colour, lights*) risplendere, sfavillare, brillare: *the house -d with lights* la casa risplendeva di luci. **3** (*to shoot repeatedly*) far fuoco ripetutamente, sparare senza sosta. □ (*colloq*) *to ~ away*: 1 ardere, avvampare, divampare; 2 (*to tell off*) sgridare; *to ~ down* (*of the sun*) dardeggiare (*on* su); *to ~ up*: 1 ardere, avvampare, divampare; 2 (*fig*) avvampare, infiammarsi.

blaze[3] /bleɪz/ **I** *n.* **1** (*mark on a tree*) segnavia *m.*, incisione *f.* **2** (*of a horse*) macchia *f.* bianca, stella *f.* **II** *v.t.* incidere un albero, segnare un albero. □ *to ~ a trail*: 1 segnare gli alberi di un bosco per indicare la via; 2 (*fig*) indicare una nuova via, tracciare una nuova via.

blaze[4] /bleɪz/ *v.t.* (*to proclaim news*) divulgare, proclamare, gridare ai quattro venti.

blazer /'bleɪzə^r/ *n.* (*jacket*) giacca *f.* sportiva, blazer *m.*

blazing /'bleɪzɪŋ/ *a.* **1** in fiamme, fiammeggiante. **2** (*glaring, shining*) splendente, risplendente, sfavillante: *the ~ sun* il sole splendente. **3** (*fig*) fiammeggiante: *~ with anger* fiammeggiante di rabbia. □ (*Am, Bot*) *~ star* liatris.

blazon /'bleɪz^ən/ **I** *v.t.* **1** diffondere, divulgare, proclamare. **2** (*to adorn*) adornare, decorare. **3** (*Arald*) (*to describe*) blasonare; (*to depict*) disegnare. **II** *n.* (*Arald*) stemma *m.* gentilizio, blasone *m.*; (*blazonry*) descrizione *f.* tecnica di un blasone. □ *to ~ abroad* diffondere dappertutto, gridare ai quattro venti.

blazoner /'bleɪz^ənə^r/ *n.* (*Arald*) blasonista *m./f.*

blazonry /'bleɪz^ənri/ *n.* **1** (*Arald*) descrizione *f.* tecnica di un blasone; (*coat of arms*) blasoni *m.pl.*, stemmi *m.pl.* **2** (*fig*) (*display*) sfoggio *m.*, esibizione *f.*

bldg. *building* (edificio).

bleach /bli:tʃ/ *v.t.* **1** (*to whiten*) sbiancare, candeggiare, imbiancare. **2** (*to lighten*) schiarire: *to ~ one's hair* schiarirsi i capelli. **3** (*to decolorize*) decolorare. **4** (*Fot*) sbiancare. **5** (*Cart*) sbiancare, imbianchire. **II** *v.i.* **1** sbiancarsi. **2** (*to lighten*) schiarirsi. **3** (*Fot*) sbiancarsi. **III** *n.* **1** candeggina *f.* **2** (*Chim*) decolorante *m.*, candeggiante *m.* **3** (*act*) imbianchimento *m.*, candeggio *m.*, sbianca *f.*

bleacher /'bli:tʃə^r/ *n.* **1** (*person*) candeggiatore *m.* (*f.* -trice). **2** (*container*) recipiente *m.* per candeggiare. **3** (*agent*) candeggiante *m.*, decolorante *m.* **4** *pl.* (*Am*) (*seats in tiers*) posti *m.pl.* di gradinata, gradinate *f.pl.*

bleacherite /'bli:tʃəraɪt/ *n.* (*Am,colloq*) (*in a stadium*) persona *f.* seduta sulle gradinate.

bleaching /'bli:tʃɪŋ/ *n.* imbianchimento *m.*, candeggio *m.*, sbianca *f.* □ (*Tess*) *~ powder* polvere per imbiancare, polvere da sbianca.

bleak[1] /bli:k/ *a.* **1** (*exposed and unwelcoming*) brullo, spoglio, desolato: *~ hills* colline brulle. **2** (*wind-swept*) battuto dal vento, spazzato dal vento, esposto al vento. **3** (*discouraging, gloomy*) deprimente, tetro, cupo: *a ~ stare* uno sguardo cupo. **4** (*cold*) freddo, gelido.

bleak[2] /bli:k/ *n.* (*Itt*) alborella *f.*, alburno *m.*

bleakly /'bli:kli/ *avv.* desolatamente, tristemente, cupamente.

bleakness /'bli:knəs/ *n.* desolazione *f.*, tetraggine *f.*

blear /blɪə^r *Am* blɪr/ *v.t.* **1** (*of the eyes*) appannare, annebbiare, offuscare, velare. **2** (*to dim, to blur*) sfumare, confondere, rendere indistinto.

blearily /'blɪərɪli *Am* 'blɪrɪli/ *avv.* in modo offuscato.

bleariness /'blɪərɪnəs *Am* 'blɪrɪnəs/ *n.* **1** (*of the eyes*) annebbiamento *m.* **2** (*indistinctness*) confusione *f.*

bleary /'blɪəri *Am* 'blɪri/ *a.* **1** (*of the eyes*) annebbiato, appannato, velato. **2** (*indistinct*) indistinto, confuso, vago.

bleary-eyed /ˌblɪəri'aɪd *Am* 'blɪriaɪd/ *a.* **1** dagli occhi cisposi. **2** (*fig*) dalla mente annebbiata.

bleat /bli:t/ **I** *n.* **1** belato *m.* **2** (*fig*) gemito *m.*, lamento *m.*, piagnucolio *m.* **II** *v.i.* **1** belare. **2** (*fig*) piagnucolare, gemere. **III** *v.t.* dire piagnucolando, dire con voce tremante, (*iron*) belare. □ *to ~ out* dire piagnucolando, dire con voce tremante, (*iron*) belare.

bleb /bleb/ *n.* **1** (*blister*) vescichetta *f.* **2** (*bubble*) bolla *f.* d'aria.

bled /bled/ → **bleed.**

bleed /bli:d/ **I** *n.* **1** sanguinamento *m.* **2** (*Tip*) sfogo *m.* **II** *v.i.* (*past,p.p.* **bled** /bled/) **1** sanguinare, perdere sangue. **2** (*fig*) (*to die*) morire, versare il proprio sangue. **3** (*to exude sap, etc.*) stillare linfa. **4** (*fig*) (*to feel pity*) sanguinare, provare grande compassione, provare un forte dolore: *my heart -s* il mio cuore sanguina. **5** (*of dye, paint*) virare. **6** (*of a stain or colour*) venir fuori, stingere, scolorire. **7** (*Tip*) sfogare. **III** *v.t.* **1** salassare. **2** (*to take sap, etc. from*) estrarre la linfa da. **3** (*Legat*) smarginare eccessivamente. **4** (*colloq*) (*to get money from*) spillare quattrini a, estorcere. **5** (*Tecn*) (*to drain slowly*) spurgare, scaricare. □ (*fig*) *to ~ so. dry* dissanguare qcu., ridurre qcu. allo stremo; (*colloq*) *to ~ like a stuck pig* sanguinare moltissimo; *to ~ to death* dissanguarsi, morire dissanguato; (*fig*) *to ~ so. white* dissanguare qcu., ridurre qcu. allo stremo.

bleeder /'bli:də^r/ *n.* **1** (*colloq*) emofiliaco *m.* (*f.* -a). **2** (*Br,sl*) (*rogue*) canaglia *f.* □ (*El*) *~ resistor* resistore zavorra.

bleeding /'bli:dɪŋ/ **I** *a.* **1** sanguinante (*anche fig*). **2** (*Br,sl*) (*bloody*) maledetto, dannato. **II** *n.* **1** emorragia *f.*: *internal ~* emorragia interna. **2** (*blood letting*) salasso *m.* **3** (*Fot*) frangia *f.* **4** (*Tecn*) spurgo *m.* □ *~ heart*: 1 (*Bot*) dicentra; 2 (*colloq*) tenerone, persona *f.* che si commuove facilmente.

bleep /bli:p/ **I** *n.* (*sound*) bip *m.* **II** *v.i.* emettere un bip, fare bip. **III** *v.t.* **1** chiamare (qcu.) con il cercapersone, chiamare (qcu.) con il cicalino. **2** (*Rad,TV*) coprire (una parola volgare) con un bip.

bleeper /'bli:pə^r/ *n.* (*pager*) cercapersone *m.*, cicalino *m.*

bleeping /'bli:pɪŋ/ *a.* (*eufem*) dannato, maledetto.

blemish /'blemɪʃ/ **I** *n.* **1** macchia *f.* **2** (*fig*)

(*flaw*) difetto *m.*, imperfezione *f.*, macchia *f.* **3** (*fig*) (*moral stain*) macchia *f.*, infamia *f.* **II** *v.t.* **1** macchiare. **2** (*to scar*) sfigurare. **3** (*fig*) rovinare, macchiare.

blemished /'blemɪʃt/ *a.* macchiato.

blench /blenʃ/ *v.i.* ritrarsi, tirarsi indietro.

blend /blend/ **I** *v.t.* **1** mescolare, mischiare. **2** (*to mix several things*) miscelare. **3** (*of paints, pigments*) sfumare. **4** (*of wines*) tagliare. **5** (*fig*) riunire in sé. **II** *v.i.* **1** mescolarsi, amalgamarsi, fondersi. **2** (*to harmonize*) intonarsi, accordarsi, armonizzare: *those colours ~ nicely* quei colori armonizzano bene. **3** (*to shade*) sfumare: *red -ing into yellow* un rosso che sfuma nel giallo. □ *to ~ in with sth.* (o *to ~ into sth.*) fondersi, mimetizzarsi, unirsi; *to ~ into the background* diventare quasi invisibile, confondersi.

blend[2] /blend/ *n.* **1** miscela *f.*, mistura *f.*: *a choice ~* una miscela scelta. **2** (*fig*) fusione *f.*, unione *f.* **3** (*of colours*) sfumatura *f.* **4** (*Mus*) modulazione *f.* **5** (*Gramm,Ling*) (*blendword*) ibrido *m.* **6** (*Tess*) mischia *f.*

blende /blend/ *n.* (*Min*) blenda *f.*

blended /'blendɪd/ □ (*Br*) *~ family* famiglia creata da un nuovo matrimonio.

blender /'blendə^r/ *n.* **1** (*agent*) miscelatore *m.*, mescolatrice *f.* **2** (*sociable person*) simpaticone *m.* (*f.* -a), persona *f.* di compagnia. **3** (*kitchen appliance*) frullatore *m.*

blending /'blendɪŋ/ *n.* miscela *f.*

blenny /'bleni/ *n.* (*Itt*) blennio *m.*, bavosa *f.*

blepharitis /ˌblefə'raɪtɪs *Am* ˌblefə'raɪtɪs/ *n.* (*Med*) blefarite *f.*

blepharoplasty /'blef^ərouˌplæsti/ *n.* (*Med*) blefaroplastica *f.*

blesbok /'blesbɒk *Am* 'blesbɑːk/ *n.* (*S.Afr,Zool*) damalisco *m.* sfacciato.

bless /bles/ (*past, p.p.* **blessed/blest** /-t/) *v.t.* **1** (*to praise, to glorify*) benedire, lodare, glorificare. **2** (*to wish well to*) benedire. **3** (*to ask God's favour*) benedire, invocare la protezione divina su. **4** (*to make prosperous, happy*) rendere prospero, rendere felice. **5** (*to hallow*) santificare: *God -ed the seventh day* Dio santificò il settimo giorno. **6** (*to consecrate*) consacrare. **7** (*to protect*) proteggere. **8** (*rifl.*) *to ~ oneself* farsi il segno della croce, segnarsi. □ (*God*) *~ me!* (o *~ my soul!*) Dio mio!, santo cielo!; *God ~ you!* (o *God ~!*) Dio ti benedica!; (*to one who sneezes*) *~ you!* salute!

blessed /'blesɪd, blest/ **I** *a.* **1** benedetto, santo, sacro. **2** (*Rel.catt*) (*beatifed*) beato. **3** (*fortunate*) beato, fortunato: *~ are the pure in heart* beati i puri di cuore. **4** (*joyful*) beato, felice, (*ant*) fausto. **5** (*eufem*) (*cursed*) benedetto. **II** *n.* (*costr.pl.,collett.*) (*Rel.catt*) Beati *pl.* □ (*colloq*) *I'm ~ if I know* mi venga un accidente se lo so, mi venga un colpo se lo so; *well I'll be ~!* perbacco!, accipicchia!; (*colloq*) *well I'm ~!* benedetto Iddio!; *of ~ memory* di santa memoria; (*Rel.catt*) *Blessed Sacrament* Santissimo Sacramento; (*Rel*) *Blessed Trinity* Santissima Trinità; (*Rel.catt*) *Blessed Virgin* Vergine Santissima; *to be ~ with sth.* avere la fortuna di avere qcs.

blessedness /'blesɪdnəs/ *n.* **1** felicità *f.* **2** (*Rel*) beatitudine *f.*

blesser /'blesə^r/ *n.* chi benedice.

blessing /'blesɪŋ/ *n.* **1** benedizione *f.* (*anche Rel*). **2** (*fig*) (*gift, boon*) dono *m.*, beneficio *m.*: *the -s of nature* i doni della natura. **3** (*fig*) (*approval*) approvazione *f.*, beneplacito *m.* □ *a ~ from heaven* una benedizione di Dio; *a ~ in disguise* un male che si rivela un bene, una sfortuna solo apparente.

blest[1] /blest/ → **bless.**

blest[2] /blest/ *a.* → **blessed.**

blether /'bleðər/ I n. chiacchiere f.pl. II v.i. blaterare, chiacchierare a vanvera.

bletherskite /'bleðəʳskaɪt/ n. (Am) chiacchierone m. (f. -a), logorroico m. (f. -a).

blew /blu:/ → blow², blow⁴.

blewits /'blu:ɪts/ n. (Bot) tricoloma m.

blight /blaɪt/ I n. 1 (Agr) golpe f., carbonchio m.; (brand) ruggine f. 2 (ruin) rovina f., sventura f. 3 (curse) flagello m., maledizione f., influsso m. malefico. II v.t. 1 (Agr) inaridire, fare appassire, bruciare. 2 (fig) rovinare; (of hopes) deludere, frustrare.

blighted /'blaɪtɪd Am 'blaɪtɪd/ a. 1 (Agr) appassito, bruciato. 2 (spoilt) rovinato, degradato.

blighter /'blaɪtəʳ Am 'blaɪtəʳ/ n. 1 (sl) (person) individuo m., tipo m. (f. -a), tizio m. (f. -a). 2 (rascal) canaglia f., briccone m. (f. -a).

Blighty /'blaɪti/ n. (Br,Mil,ant,sl) casa f., patria f. ☐ (Br,Mil,ant,sl) ~wound ferita che assicura il rimpatrio.

blimey /'blaɪmi/ intz. (Br,ant,sl) accidenti, caspita.

blimp /blɪmp/ n. 1 (Aer) piccolo dirigibile m. 2 (Br,colloq) conservatore m. (f. -trice), reazionario m. (f. -a). 3 (Am,colloq) grassone m. (f. -a), ciccione m. (f. -a).

blimpish /'blɪmpɪʃ/ a. pomposo, tronfio, borioso.

blind /blaɪnd/ I a. 1 cieco, non vedente: to go ~ diventare cieco. 2 (fig) cieco: ~ with rage cieco dalla rabbia. 3 (fig) (unreasonable) cieco, sconsiderato: ~ fury furia cieca. 4 (fig) (uncontrollable) incontrollabile. 5 (fig) (unheeding) sordo, cieco: to be ~ to criticism essere sordo alle critiche. 6 (hidden) coperto, nascosto, invisibile: a ~ curve una curva cieca. 7 (dead-end) cieco: a ~ canyon un vallone cieco. 8 (of or for blind people) per ciechi. 9 (fig) (without prior knowledge) a scatola chiusa, alla cieca: a ~ purchase un acquisto a scatola chiusa. 10 (anonymous) anonimo. 11 (illegible) illeggibile; (unintelligible) oscuro. 12 (Edil, Arch) senza apertura, cieco, finto: a ~ wall una parete cieca; a ~ arch un arco finto. 13 (Comm) di difficile valutazione, difficile da valutare. 14 (Aer) con gli strumenti, strumentale, cieco. 15 (colloq) (slightest) minimo: he didn't take a ~ bit of notice non ha prestato neanche la minima attenzione. II n. 1 (costr.pl.) (blind people) ciechi m.pl., non vedenti m.pl. 2 (at a window) tenda f., tendone m.; (roller blind) tenda f. avvolgibile; (Venetian blind) veneziana f., tenda f. alla veneziana. 3 (fig) schermo m., paravento m.: his business was a ~ for his criminal activities l'azienda faceva da paravento alle sue attività criminose. 4 (Am, Caccia) nascondiglio m. 5 (in poker) buio m. 6 (Br,ant,colloq) (drunkenness) ubriacatura f., sbronza f. 7 pl. (blinkers) paraocchi m.pl. III v.t. 1 accecare, abbagliare. 2 (to darken) oscurare, offuscare; (to cover) coprire; (to eclipse) eclissare. 3 (fig) (to deprive of judgement, etc.) accecare, rendere cieco. 4 (Tecn) rendere opaco, opacizzare. 5 (Rad) schermare. IV avv. 1 alla cieca, ciecamente, a occhi chiusi. 2 (colloq) (unconscious) privo di sensi, in stato di incoscienza. 3 (colloq) (totally) di tutto, del tutto: the lawyer robbed him ~ il suo avvocato gli ha rubato tutto. 4 (Aer) strumentalmente. ☐ ~alley : 1 vicolo cieco; 2 (fig) vicolo cieco, situazione senza prospettive, situazione senza avvenire; 3 (fig) (job) lavoro senza prospettive; as ~as a bat cieco come una talpa; as ~as a mole cieco come una talpa; ~booking (of films, etc.) noleggio in blocco; (Inform) ~carbon copy copia conoscenza nascosta; (Met) ~

copper rame di cementazione; (colloq) ~date appuntamento con uno sconosciuto, appuntamento al buio, appuntamento alla cieca; (Inform) ~diagram diagramma a blocchi; (colloq) ~drunk ubriaco, sbronzo, (region) ciucco perso; ~ of one eye (o ~ in one eye) orbo (da un occhio), cieco da un occhio; (fig) to turn a ~ eye to sth. fingere di non vedere qcs., chiudere un occhio su qcs.; (Aer) ~flight volo strumentale, volo cieco; (Mus) ~flute flauto dolce; (Aer) ~flying volo strumentale, volo cieco; (Aus,colloq) ~freddie rozzo, imbecille; (Mil) ~gas gas vescicatorio, gas vescicante; (Anat) ~gut intestino cieco; (Aer) ~landing atterraggio con visibilità zero, atterraggio cieco; (fig) (it's a question of) the ~leading the ~ se un cieco guida l'altro tutt'e due cascano nella fossa; ~man's bluff (game) mosca cieca; (Am, colloq) ~pig bar illegale; (Tip) ~printing xilografia, riproduzione a stampa mediante xilografia; ~school scuola per non vedenti; ~selling vendita a scatola chiusa; (Arm) ~shell proiettile inesploso; (Mar) ~ship nave di blocco; ~side : 1 (Anat,Aut) punto cieco; 2 (fig) punto debole, lacuna; (Zool) ~snake tiflope; ~sort ordinamento a gruppi; ~spot : 1 (Anat,Aut) punto cieco; 2 (fig) punto debole, lacuna; 3 (Rad) zona di silenzio; ~stamp timbro a secco; ~test test cieco; (Am,colloq) ~tiger bar illegale; (Strad) ~turning curva cieca; (Rad) ~zone zona morta, zona di silenzio.

blindage /'blaɪndɪdʒ/ n. 1 (Mil) blindaggio m., blindatura f. 2 (Rad) schermaggio m.

blinder /'blaɪndəʳ/ n. 1 (Br,colloq) (sth. excellent) schianto m., cannonata f. 2 pl. (Am) (blinkers) paraocchi m.pl.

blindfold /'blaɪn(d)fould/ I v.t. bendare gli occhi a, bendare (anche fig). II a. 1 con gli occhi bendati, bendato. 2 (reckless) avventato, sconsiderato, impulsivo. III n. benda f. IV avv. alla cieca, ciecamente.

blindfolded /'blaɪn(d)fouldɪd/ a. con gli occhi bendati.

blinding¹ /'blaɪndɪŋ/ n. (Strad) sabbiatura f., granigliatura f., getto m. di ghiaietto su strada catramata.

blinding² /'blaɪndɪŋ/ a. (dazzling) accecante, abbagliante.

blindly /'blaɪndli/ avv. 1 alla cieca. 2 (fig) ciecamente, a occhi chiusi.

blindman's-buff, **blind-man's buff** /ˌblaɪn(d)mænz'bʌf/ n. (game) mosca f. cieca.

blindness /'blaɪndnəs/ n. cecità f.

blindstitch /'blaɪndstɪtʃ/ I n. sottopunto m., punto m. interno. II v.t. cucire con punti interni.

blindworm /'blaɪndwɜːm Am 'blaɪndwɜːrm/ n. (Zool) orbettino m.

blini /'bli:ni/ n. (Gastron) blini m.pl., frittelle f.pl.

blink /blɪŋk/ I v.i. 1 (s)battere gli occhi, (s)battere le palpebre. 2 (to wink repeatedly) ammiccare. 3 (to peep) guardare con gli occhi socchiusi, guardare di sottecchi. 4 (to shine unsteadily) brillare a intermittenza, baluginare. 5 (to twinkle) tremolare. 6 (fig) (to look with indifference) chiudere un occhio (at su), fingere di non vedere, ignorare (qcs.). 7 (Am,colloq) (to loose one's nerve) perdere le staffe, mostrare debolezza per primo. 8 (Inform) lampeggiare. II v.t. 1 battere, sbattere: to ~ one's eyes (s)battere gli occhi. 2 (to cause to blink) fare lampeggiare. 3 (fig) (to ignore) ignorare, trascurare: we cannot ~ the fact that he is right non possiamo ignorare il fatto che ha ragione. III n. 1 l'ammiccare, battito m. di ciglia. 2 (gleam of light)

lampo m., sprazzo m., raggio m. 3 (Scott) (glance) occhiata f., rapido sguardo m. 4 (brightness from ice or snow) riverbero m. ☐ to ~back one's tears soffocare le lacrime; in the ~of an eye in un batter d'occhio, tutto a un tratto; (Br,colloq) to be on the ~ essere un po' guasto: the TV's on the ~ il televisore ogni tanto funziona e ogni tanto no.

blinker /'blɪŋkəʳ/ I n. 1 (warning signal) lampeggiatore m. 2 pl. (Br) (horse blinders) paraocchi m.pl. 3 pl. (Br,Aut) luci f.pl. di direzione. II v.t. (Br) mettere i paraocchi.

blinkered /'blɪŋkəʳd/ a. 1 (Br) (of a horse) con i paraocchi. 2 (narrow-minded) ottuso.

blinking /'blɪŋkɪŋ/ a. 1 (Br,eufem) (damned) maledetto, dannato. 2 (Br,colloq) (utter) perfetto, completo: a ~ fool un perfetto cretino. 3 (of a light) intermittente.

blip /blɪp/ I n. 1 (sound) bip m. 2 (El) (on a radar screen) segnale m., traccia f. II v.t. 1 chiamare (qcu.) con il cercapersone, chiamare (qcu.) con il cicalino. 2 (El) creare una traccia.

bliss /blɪs/ n. 1 gioia f. immensa, felicità f. immensa, beatitudine f.: it was sheer ~ era uno stato di gioia assoluta (o suprema); domestic ~ il paradiso domestico. 2 (Rel) beatitudine f.: eternal ~ l'eterna beatitudine. 3 (Rel) (heaven) paradiso m.

blissful /'blɪsful/ a. 1 beato, pieno di gioia, raggiante. 2 (of a thing) divino. ☐ ~ignorance beata ignoranza.

blissfully /'blɪsfuli/ avv. pieno di gioia, con tanta gioia.

blissfulness /'blɪsfulnəs/ n. felicità f. perfetta, beatitudine f.

blister /'blɪstəʳ/ I n. 1 vescica f., vescichetta f., bolla f.: to raise -s far venire le vesciche. 2 (of plants, paints, etc.) bolla f. 3 (plastic packaging) blister m. 4 (Met) (defect) bolla f. 5 (Aer) cupola f. 6 (Farm) vescicante m. 7 (NZ, colloq) (rebuke) rimprovero m., sgridata f. II v.t. far venire delle vesciche su, produrre delle vesciche su, riempire di vesciche. III v.i. coprirsi di vesciche. ☐ (Entom) ~beetle cantaride; ~pack confezione blister; (Farm) ~plaster vescicante.

blistering /'blɪstərɪŋ/ a. 1 rovente, infuocato, scottante: the ~ sun il sole rovente. 2 (fig) (scathing) rovente, aspro, feroce: ~ criticism aspre critiche.

blithe /blaɪð/ a. 1 (cheerful) gioioso, sereno, allegro. 2 (thoughtlessly indifferent) spensierato. ☐ a ~spirit una persona serena, spensierata.

blithely /'blaɪðli/ avv. in allegria, serenamente.

blither /'blɪðəʳ/ v.i. (colloq) chiacchierare scioccamente, cianciare, blaterare.

blithering /'blɪðərɪŋ/ a. (colloq) (utter) perfetto, completo, assoluto: a ~idiot un perfetto idiota.

blitz /blɪts/ I n. 1 (Mil) (blitzkrieg) guerra f. lampo. 2 (Mil) (sudden air attack) incursione f. (aerea) improvvisa, blitz m. 3 (fig) (sudden attack) assalto m., blitz m. 4 (Sport) (in American football) blitz m., placcaggio m. del quarterback. II v.t. 1 (Mil) bombardare. 2 (Sport) (in American football) placcare il quarterback. ☐ to have a ~ on sth.: 1 pulire a fondo qcs.: I had a ~ on the kitchen ho pulito la cucina da cima a fondo; 2 (fig,scherz) fare un raid in qcs.: I had a ~ on the fridge ho fatto un raid nel frigo.

Blitz /blɪts/ n. (Stor) Blitz m., bombardamenti m.pl. aerei dei tedeschi sulla Gran Bretagna.

blitzed /blɪtst/ a. (sl) 1 (drunk) totalmente sbronzo. 2 (drugged) completamente fatto.

bloodstock

blitzkrieg /'blɪtskriːg/ n. (Mil) guerra f. lampo.

blizzard /'blɪzəd Am 'blɪzərd/ n. (Meteor) bufera f. di neve.

bloat /bloʊt/ I v.t. 1 gonfiare, dilatare. 2 (of fish: to cure) affumicare. 3 (fig) insuperbire, inorgoglire, rendere presuntuoso, rendere vanitoso. II v.i. gonfiarsi, dilatarsi. III n. 1 (Veter) meteorismo m. 2 (Am,sl) (excessive increase) aumento m. sproporzionato.

bloated /'bloʊtɪd Am 'bloʊt̬ɪd/ a. 1 gonfio. 2 (fig) gonfio, tronfio, borioso: ~ with pride gonfio di orgoglio. 3 (obese) obeso, estremamente grasso. 4 (of fish) affumicato.

bloater /'bloʊtər Am 'bloʊt̬ər/ n. (kipper) aringa f. affumicata; (mackerel) sgombro m. affumicato.

bloatware /'bloʊtweər Am 'bloʊtwer/ n. (Inform) bloatware m., blocco m. di dati che occupa molto spazio sull'hard disk.

blob /blɒb Am blaːb/ I n. 1 goccia f. 2 (spot of colour) chiazza f., macchia f. 3 (small lump) grumo m., pezzetto m. 4 (Am,sl) pezzente m., buono a nulla. II v.t. macchiare.

bloc /blɒk Am blaːk/ n. (Pol) blocco m.: the neutral ~ il blocco neutrale. □ en ~ in blocco, in massa.

block[1] /blɒk Am blaːk/ n. 1 blocco m. 2 (piece of wood) blocco m. di legno, ceppo m.; (for chopping) tagliere m. 3 (child's toy) cubo m., cubetto m.: building ~s cubi per le costruzioni. 4 (Am) (of houses) isolato m.; (distance) distanza f. di un isolato: he lives three ~s from me abita a (distanza di) tre isolati da me. 5 (Br) (large building) palazzo m.: a ~ of offices un palazzo di uffici. 6 (group of things) serie f., collezione f.; (of tickets) blocchetto m.; (of paper) blocchetto m., blocknotes m. 7 (obstruction) ingorgo m., blocco m., intasamento m. 8 (area) blocco m., zona f., distesa f.: a ~ of colour una zona di colore. 9 (fig) (blockhead) stupido m. (f. -a). 10 (Econ) (group of shares) pacchetto m., lotto m. 11 (Stor) (for beheading) ceppo m. 12 (for auctions) piattaforma f., palco m. 13 (Sport,Med,Inform) blocco m. 14 (mould) forma f., stampo m. 15 (Tip) (engraving plate) composizione f. tipografica, cliché m. 16 (Mar) bozzello m. 17 (Mot) blocco m. cilindri, blocco m. motore. 18 (Edil) (hollow brick) blocco m. cavo. 19 (Tecn) (pulley set) carrucola f., bozzello m. 20 (Aus) (of land) lotto m. □ ~ and tackle paranco; ~ booking prenotazione in blocco; ~ capitals stampatello; ~ diagram grafico a blocchi; to go to the ~: 1 essere decapitato; 2 (to be sold) essere (messo) in vendita all'asta; (US) ~ grant trasferimento di fondi pubblici alle unità di governo locale; ~ letters stampatello; (Br) ~ of flats palazzo; a ~ of forms un modulario; (Am) to be on the ~ essere all'asta; (Fal) ~ plane pialla per taglio traversale; (Br) ~ vote voto di blocco.

block[2] /blɒk Am blaːk/ v.t. 1 (to fix) bloccare, arrestare, fissare. 2 (to obstruct) bloccare, ostruire, intasare. 3 (Sport) bloccare, intercettare. 4 (Econ) (of funds) bloccare, congelare. 5 (Parl) (of a bill) bloccare, osteggiare, ostacolare. 6 (to shape on a mould) modellare su uno stampo, modellare su una forma: to ~ a hat modellare un cappello su una forma. 7 (Chim) disattivare, rendere inattivo. □ to ~ in abbozzare, schizzare, tratteggiare (anche fig); to ~ off bloccare, chiudere: to ~ off a street to traffic chiudere una strada al traffico; to ~ out: 1 (to screen) escludere; 2 (to block in) abbozzare, schizzare, tratteggiare; 3 (to outline) descrivere a grandi linee; to ~ up bloccare, ostruire, intasare.

blockade /blɒk'eɪd Am blaːˈkeɪd/ I n. 1 (Mil) blocco m.: to lift (o raise) a ~ togliere il blocco; to run a ~ rompere il blocco, forzare il blocco. 2 (fig) blocco m., ostruzione f., impedimento m. II v.t. 1 bloccare, stringere d'assedio. 2 (fig) bloccare, ostruire.

blockader /blɒk'eɪdər Am blaːˈkeɪdər/ n. persona f. che ostruisce, persona f. che crea un blocco.

blockage /'blɒkɪdʒ Am 'blaːkɪdʒ/ n. 1 blocco m. 2 (fig) blocco m., arresto m.

blockboard /'blɒkbɔːd Am 'blaːkbɔːrd/ n. (Fal) listellare m.

blockbuster /'blɒk,bʌstər Am 'blaːk,bʌstər/ n. 1 successone m., cannonata f. 2 (Mil) bomba f. ad alto potenziale.

blockbusting /'blɒk,bʌstɪŋ Am 'blaːk,bʌstɪŋ/ a. (colloq) di grandissimo successo.

blockhead /'blɒkhed Am 'blaːkhed/ n. (colloq) testa f. di legno, testa f. di rapa.

blockhouse /'blɒkhaʊs Am 'blaːkhaʊs/ n. (Mil) fortino m.

blocklettering /,blɒk'letərɪŋ Am ,blaːk'letərɪŋ/ n. stampatello m.

bloke /bloʊk/ n. (Br,colloq) individuo m., tipo m.

blokeish, blokish /'bloʊkɪʃ/ a. (Br,colloq) da maschio, tipicamente maschile.

blond /blɒnd Am blaːnd/ I a. 1 chiaro. 2 (of hair) biondo. II n. biondo m. (f. -a), persona f. dai capelli biondi.

blonde /blɒnd Am blaːnd/ I a. 1 chiaro. 2 (of hair) biondo. II n. bionda f., biondina f. □ (Am) ~ joke barzelletta sulle bionde.

blondish /'blɒndɪʃ Am 'blaːndɪʃ/ a. biondastro, biondiccio.

blondness /'blɒndnəs Am 'blaːndnəs/ n. color m. biondo, biondo m.

blood /blʌd/ I n. 1 sangue m. (anche fig). 2 (family, ancestry, breeding) sangue m., stirpe f., discendenza f.: of mixed ~ di sangue misto. 3 (royal lineage) sangue m. reale, stirpe f. reale: a prince of the ~ un principe di sangue reale. 4 (temperament) sangue m., temperamento m., indole f.: a man of hot ~ un uomo dal sangue caldo. 5 (fig) (bloodshed, slaughter) sangue m., assassinio m., morte f.: to avenge so.'s ~ vendicare l'assassinio di qcu. 6 (colloq,ant) (rake) damerino m., libertino m. II v.t. 1 (Caccia) (of a hound) assuefare al gusto del sangue. 2 (of a novice soldier) instradare, avviare, iniziare. □ ~ and thunder sensazionalismo, esagerato melodramma; ~ bank banca del sangue, emobanca; (fig) ~ bath bagno di sangue, massacro m., eccidio m., strage; (Med) ~ blister vescicola ematica; (fig) to make so.'s ~ boil far ribollire il sangue (nelle vene) a qcu.; ~ brother: 1 fratello carnale; 2 (Etnol) amico legato da patto di fratellanza; 3 (fig) amico fraterno, amico per la pelle; (Med) ~ cell cellula sanguigna; (Med) ~ clot grumo di sangue, embolo m.; (Med) ~ count esame emocromocitometrico; (Med) ~ derivate emoderivato; (Med) ~ disease malattia del sangue, emopatia; (Med) ~ donor donatore di sangue; ~ doping doping del sangue; (Stor) ~ feud faida; (Med) ~ fluke schistosoma; (Med) ~ giver donatore di sangue; (Fisiol) ~ group gruppo sanguigno; ~ group A gruppo sanguigno A; (Med) ~ grouping determinazione del gruppo sanguigno; (Med) ~ heat temperatura del sangue; ~ horse cavallo purosangue, purosangue; (fig) it runs in the ~ è nella natura umana; (fig) in your ~ innato, nel sangue; ~ meal: 1 farina animale; 2 (fertilizer) fertilizzante derivante dalla lavorazione del sangue; ~ money: 1 compenso del mandante di un omicidio; 2 (sum paid to dead man's family) denaro pagato alla famiglia di un assas-

sinato; 3 (reward) compenso del delatore; (fig) to have so.'s ~ on one's hands essersi macchiato del sangue di qcu.; (Bot) ~ orange arancia sanguigna; (fig) to be out for ~ avere giurato vendetta; (fig) to get ~ out of a stone cavar sangue da una rapa, ottenere qcs. con immensa difficoltà; (Am,fig) to get ~ out of a turnip cavar sangue da una rapa, ottenere qcs. con immensa difficoltà; (Biol) ~ plasma plasma sanguigno; (Med) ~ poisoning setticemia; ~ pressure: 1 (Fisiol) pressione sanguigna; 2 (colloq) ipertensione, pressione alta; ~ product emoderivato; (Gastron) ~ pudding sanguinaccio; (Pol) ~ purge epurazione cruenta; ~ red rosso sangue; ~ relation (o ~ relative), consanguineo; the news made his ~ run cold la notizia gli gelò il sangue, la notizia lo raggelò; (Gastron) ~ sausage sanguinaccio; (Biol) ~ serum siero del sangue; ~ sport sport cruento; ~ sugar zucchero del sangue, ~, sweat and tears grossa fatica, vero tormento, tribolazione; (Med) ~ test esame del sangue, analisi del sangue; (Med) ~ type gruppo sanguigno; ~ type A gruppo sanguigno A; (Med) ~ typing determinazione del gruppo sanguigno; (fig) his ~ is up è molto arrabbiato, gli è andato il sangue alla testa; (Anat) ~ vessel vaso sanguigno. Prov.: ~ is thicker than water il sangue non è acqua; ~ will tell buon sangue non mente; you can't get ~ out of a stone non si può cavare sangue da una rapa.

bloodbath /'blʌdbɑːθ Am 'blʌdbæθ/ n. bagno m. di sangue, massacro m., eccidio m., strage f.

blood-curdling /'blʌd,kɜːdlɪŋ Am 'blʌd,kɜːrdlɪŋ/ a. che fa gelare il sangue, raccapricciante, orripilante.

blooded /'blʌdɪd/ a. 1 di razza, purosangue. 2 (in compounds) a sangue, dal sangue...: cold-~ dal sangue freddo.

bloodfin /'blʌdfɪn/ n. (Itt) ciprinide m. d'acque fredde.

bloodhound /'blʌdhaʊnd/ n. 1 (Zool) bracco m., limiere m. 2 (colloq) (detective) poliziotto m., agente m. investigativo, segugio m.

bloodily /'blʌdɪli/ avv. sanguinosamente.

bloodiness /'blʌdɪnəs/ n. l'essere sanguinario.

bloodless /'blʌdləs/ a. 1 anemico, dissanguato. 2 (pale) pallido, esangue. 3 (without bloodshed) incruento, senza spargimento di sangue. 4 (fig) (spiritless) fiacco, debole. 5 (cold-hearted) freddo, insensibile. □ ~ revolution rivoluzione pacifica; (Med) ~ surgery intervento chirurgico senza trasfusioni di sangue.

bloodletter /'blʌd,letər Am 'blʌd,let̬ər/ n. (Med) flebotomo m.

bloodletting /'blʌd,letɪŋ Am 'blʌd,let̬ɪŋ/ n. 1 (Med) salasso m. 2 (fig) (violent fighting) scontro m. frontale, strage f. 3 (fig) (loss of staff) riduzione f. di personale.

bloodroot /'blʌdruːt/ n. (Bot) sanguinaria f.

bloodshed /'blʌdʃed/ n. 1 spargimento m. di sangue. 2 (slaughter) eccidio m., massacro m.

bloodshedding /'blʌdʃedɪŋ/ n. 1 spargimento m. di sangue. 2 (slaughter) eccidio m., massacro m.

bloodshot /'blʌdʃɒt Am 'blʌdʃɑːt/ a. (of the eyes) iniettato di sangue, arrossato, rosso.

bloodstain /'blʌdsteɪn/ n. macchia f. di sangue.

bloodstained, blood-stained /'blʌdsteɪnd/ a. macchiato di sangue (anche fig).

bloodstock /'blʌdstɒk Am 'blʌdstaːk/ n. (of horses) cavalli m.pl. purosangue, cavalli m.pl. di razza.

bloodstone /'blʌdstoʊn/ n. 1 (Min) eliotropio m. 2 (hematite) ematite f.

bloodstream /'blʌdstri:m/ n. (Fisiol) circolo m. ematico.

bloodsucker /'blʌd,sʌkər/ n. 1 (Zool) sanguisuga f., mignatta f. 2 (fig) sanguisuga f., vampiro m.

bloodsucking /'blʌd,sʌkɪŋ/ n. 1 il succhiare il sangue, vampirismo m. 2 (fig) (extortion) sfruttamento m.

bloodthirstily /'blʌd,θɜ:stɪli Am 'blʌd ,θɜ:rstɪli/ avv. sanguinosamente, crudelmente.

bloodthirstiness /'blʌd,θɜ:stɪnəs Am 'blʌd ,θɜ:rstɪnəs/ n. sete f. di sangue.

bloodthirsty /'blʌd,θɜ:sti Am 'blʌd,θɜ:rsti/ a. 1 assetato di sangue, sanguinario. 2 (enjoying violence) che ama la violenza.

bloodworm /'blʌdwɜ:m Am 'blʌdwɜ:rm/ n. 1 (Zool) (midge larva) chironomo m. 2 (Zool) (angler's bait) annelida f.

bloody /'blʌdi/ I a. 1 (blood-stained) insanguinato. 2 (with much bloodshed) sanguinoso, cruento. 3 (blood thirsty) sanguinario. 4 (bleeding) sanguinante, che sanguina, che perde sangue, che ha un'emorragia. 5 (blood-coloured) rosso sangue, (di color) sanguigno. 6 (Br,volg) (damned) schifoso, di merda, del cazzo. II avv. (Br,volg) del cazzo, di merda. III v.t. insanguinare, far sanguinare, macchiare di sangue. □ (Br) that's a ~ lie è una sporca menzogna; Bloody Mary : 1 (Stor) Maria la Sanguinaria; 2 (cocktail) Bloody Mary, cocktail a base di vodka e succo di pomodoro; (colloq) give so. (o get) a ~ nose prendere qcu. a pugni, riempire di botte qcu.: you look at my girlfriend again and you're going to get a ~ nose! se guardi ancora la mia ragazza ti cambio i connotati!; (Br, volg) ~well per davvero, sul serio: I ~ well did tell him! ma gliel'ho detto, cazzo!

bloody-minded /,blʌdi'maɪndɪd/ a. (Br) 1 sanguinario, crudele. 2 (sl) (unhelpful) scontroso, testardo, ostinato.

bloody-mindedness /,blʌdi'maɪndɪdnəs/ n. (Br) 1 crudeltà f. 2 (unhelpfulness) scontrosità f., testardaggine f., ostinazione f.

bloom [1] /blu:m/ I n. 1 (flower) fiore m. 2 (blossom) fioritura f., fiore m.: almond trees in ~ mandorli in fiore; in full ~ in piena fioritura. 3 (fig) (flourishing) rigoglio m., il fiorire. 4 (fig) (glow, vigour) freschezza f., splendore m., rigoglio m. 5 (Bot) (on fruit, leaves) lanugine f., peluria f.; (waxy material) pruina f. 6 (Bot) (on the surface of the sea) mucillagine f. 7 (of cheeks) colorito m. roseo. 8 (surface coating) patina f. 9 (Ind) efflorescenza f. 10 (TV) luminosità f. intensa. II v.i. 1 fiorire, essere in fiore, sbocciare. 2 (fig) (to flourish) essere in fiore, essere fiorente. 3 (to be fashionable) essere molto di moda. 4 (to glow) essere raggiante, essere splendente. □ to take the ~off fare avvizzire.

bloom [2] /blu:m/ I n. 1 (Met) lingotto m., blumo m.; (mass of wrought iron) massello m. 2 (Vetr) massa f. di vetro fuso. II v.t. (Met) massellare.

bloomer /'blu:mər/ n. 1 pianta f. che fiorisce: a late ~ una pianta che fiorisce tardi. 2 (Br, colloq) errore m. grossolano, grossa gaffe f., sproposito m.

bloomers /'blu:mərz/ n.pl. (Sart) 1 (ant) abito m.sing. da donna (composto da sottana corta e calzoni lunghi). 2 (for sports) pantaloncini m.pl. da ginnastica.

blooming /'blu:mɪŋ/ a. 1 in fiore. 2 (fig) (flourishing) fiorente, prospero, florido. 3 (fig) (glowing) raggiante, splendente. 4 (Br, sl) (confounded) maledetto, dannato. □

(Br) a ~fool un perfetto cretino.

bloop /blu:p/ I n. 1 (Rad) breve interferenza f. 2 (sl) (public blunder) gaffe f., figuraccia f. 3 (Am,Sport) (in baseball) battuta f. in zona Texas. II v.i. 1 (Rad) emettere un breve segnale (che disturba la ricezione). 2 (sl) fare una gaffe, fare una figuraccia. III v.t. (Am,Sport) (in baseball) battere in zona Texas.

blooper /'blu:pər/ n. 1 (Am,sl) (public blunder) gaffe f. (spec. cinematografica). 2 (Am, Sport) (in baseball) battuta f. in zona Texas.

blossom /'blɒsəm Am 'blɑ:səm/ I n. 1 fiore m.: pear -s fiori di pero. 2 (flowering) fioritura f., fiore m. (anche fig): an apple tree in ~ un melo in fiore. II v.i. 1 fiorire, essere in fiore, sbocciare. 2 (fig) (to develop) sbocciare, svilupparsi, diventare. 3 (fig) (to appear) rivelarsi, manifestarsi: his talent -ed early il suo talento si è rivelato in tenera età. □ to ~ into (o to ~out), sbocciare, svilupparsi, diventare.

blossomed /'blɒsəmd Am 'blɑ:səmd/ a. 1 fiorito, in fiore. 2 (in compounds) dai fiori, con fiori...: yellow-~ dai fiori gialli.

blossomless /'blɒsəmləs Am 'blɑ:səmləs/ a. senza fioritura.

blossomy /'blɒsəmi Am 'blɑ:səmi/ a. 1 (poet) fiorito, pieno di fiori. 2 (like a blossom) come un fiore, simile a un fiore.

blot [1] /blɒt Am blɑ:t/ (past, p.p. blotted /'blɒtɪd Am 'blɑ:tɪd/) I v.t. 1 macchiare (di inchiostro). 2 (to dry) asciugare (con materiale assorbente). 3 (fig) (to disgrace) macchiare, sporcare, rovinare. II v.i. 1 fare macchie. 2 (to become blotted) macchiarsi. □ (Br) to ~ one's copybook rovinarsi la reputazione; to ~out 1 cancellare; 2 (of fog, etc.: to hide) nascondere, coprire; 3 (to destroy) distruggere, annientare.

blot [2] /blɒt Am blɑ:t/ n. 1 macchia f. (di inchiostro). 2 (fig) (damage to reputation) macchia f., infamia f. 3 (fig) (eyesore) bruttura f., obbrobrio m. □ (Br,fig) a ~on one'sescutcheon una macchia sulla propria reputazione; (fig) a ~on the landscape un pugno in un occhio.

blot [3] /blɒt Am blɑ:t/ n. 1 (in backgammon) pedina f. scoperta. 2 (rar) punto m. debole.

blotch /blɒtʃ Am blɑ:tʃ/ I n. 1 macchia f., chiazza f. 2 (on the skin) macchia f.; (skin eruption) foruncolo m., pustola f. II v.t. 1 macchiare, ricoprire di macchie. 2 (assol) fare una macchia.

blotchiness /'blɒtʃɪnəs Am 'blɑ:tʃɪnəs/ n. l'essere coperto di macchie, l'essere coperto di chiazze.

blotchy /'blɒtʃi Am 'blɑ:tʃi/ a. macchiato, chiazzato, a macchie: a ~ complexion una pelle (tutta) chiazzata.

blotter /'blɒtər Am 'blɑ:tər/ n. 1 tampone m. di carta assorbente. 2 (Am) (record, logbook) brogliaccio m., scartafaccio m. 3 (Tecn) guarnizione f.

blotting /'blɒtɪŋ Am 'blɑ:tɪŋ/ □ ~pad tampone di carta assorbente; ~paper carta assorbente, carta asciugante.

blotto /'blɒtoʊ Am 'blɑ:toʊ/ a. (sl) ubriaco fradicio, sbronzo.

blouse /blaʊz Am blaʊs/ I n. 1 camicetta f., blusa f. 2 (Mil) giubba f. giubbotto m., casacca f.; (of workmen) camiciotto m. II v.i. cadere in pieghe sciolte. III v.t. disporre in pieghe sciolte.

blouson /'blu:zɒn Am 'blu:sɑ:n/ n. giubbotto m., blouson m.

blow [1] /bloʊ/ n. 1 colpo m. 2 (fig) (setback) colpo m., disgrazia f., (colloq) botta f. 3 (sudden attack) attacco m. improvviso, colpo m. di mano. □ (fig)at a ~ in un sol colpo, in

una volta; ~by ~ dettagliato, minuzioso; (Br, Tecn) ~cock rubinetto di scarico; tocome to -s venire alle mani; (fig) to ~ one's owntrumpet cantare le proprie lodi, tessere le proprie lodi.

blow [2] /bloʊ/ (past blew /blu:/, p.p. blown /bloʊn/) I v.i. 1 soffiare. 2 (of wind) soffiare, tirare: the wind is -ing hard il vento soffia forte. 3 (to be driven by wind) essere spinto dal vento. 4 (to make a sound) suonare; (to whistle) fischiare: the siren blew at noon la sirena ha fischiato a mezzogiorno. 5 (to pant, to puff) soffiare, ansimare, sbuffare. 6 (colloq) (to boast) vantarsi, gloriarsi (about di). 7 (to explode) scoppiare, esplodere, saltare: a short circuit caused the fuse to ~ un corto circuito ha fatto saltare la valvola. 8 (Zool) (of whales) lanciare acqua (dagli sfiatatoi). 9 (Entom) (of flies) depositare le uova. 10 (sl) (to go away) andarsene, filare, squagliarsela. II v.t. 1 muovere, spingere: the wind blew the curtains il vento muoveva le tende. 2 (to force air through, into, etc.) gonfiare, insufflare, soffiare dentro, soffiare sopra. 3 (to clear) liberare soffiando, svuotare soffiando. 4 (of the nose) soffiare: to ~ one's nose soffarsi il naso. 5 (Mus) (of a wind instrument) suonare. 6 (to cause to explode) far saltare (in aria), fare esplodere. 7 (to burst) far scoppiare, far saltare; (of a fuse) fare saltare, fare fondere. 8 (to cause to pant) fare ansimare, sfiancare. 9 (to squander) scialacquare, sperperare, (colloq) mangiarsi: he blew a fortune ha sperperato una fortuna. 10 (to waste) sprecare, sciupare: to ~ an opportunity sprecare un'occasione. 11 (Teat) (of lines) sbagliare, pasticciare. 12 (to spread about) diffondere, spargere. 13 (to expose) rivelare, spifferare. 14 (volg) (to fellate) fare un pompino a. 15 (Am,sl) (to inhale drugs) sniffare. 16 (colloq) (to leave) lasciare, andarsene da. □ (fig) to ~a fuse perdere le staffe, uscire dai gangheri; (fig) to ~a gasket perdere le staffe, uscire dai gangheri; (fig) to ~a hole in sth. rovinare facilmente qcs.; to ~away : 1 soffiare via; 2 (of the wind) portare via, far volare via; 3 (to overwhelm) travolgere, trascinare, colpire (favorevolmente); 4 (colloq) (to kill) far fuori, uccidere: to ~ so. away far fuori qcu.; to ~ one'sbrains out farsi saltare le cervella, bruciarsi le cervella; to ~bubbles fare (le) bolle di sapone; (fig) to ~ one'scool perdere l'autocontrollo, perdere le staffe, perdere la testa; to ~down : 1 abbattere, rovesciare; 2 (Met) (of steam, etc.) scaricare; it's -ing agale c'è tempesta; to ~glass soffiare il vetro; to ~hot and cold nicchiare, tentennare; to ~ in apparire all'improvviso; (Br) ~it ! accidenti!; to ~ kisses mandare baci; (colloq) to ~ one'slid arrabbiarsi, andare su tutte le furie; to ~ so.'s mind sbigottire qcu., sconvolgere qcu., impressionare qcu.; to ~off : 1 (Met) (of steam, etc.) scaricare; 2 (of wind) far volare via: my hat blew off mi è volato via il cappello; 3 (Am) (not to keep an appointment) fare un bidone, non presentarsi: to ~ so. off fare un bidone a qcu.; (fig) to ~off steam sfogarsi; to ~ anoil well fare sgorgare un getto di petrolio; (colloq) to ~on so. vendere qcu., tradire qcu.; the door blewopen la porta si aprì per un colpo di vento; the wind blew the door open il vento spalancò la porta; to ~out : 1 spegnere (soffiando): to ~ out a candle spegnere una candela; 2 (to explode) scoppiare, esplodere, saltare; 3 (to be extinguished) spegnersi, estinguersi; 4 (to puncture) bucarsi; 5 (to burst) far scoppiare, far saltare; 5 (of a fuse) far saltare, fare fondere; to ~

over: 1 passare, placarsi: *the storm soon blew over* la tempesta passò presto; 2 (*fig*) passare, essere dimenticato; (*fig*) *to be ~n sky-high* essere fatto saltare in aria; (*fig*) *to ~ one's stack* perdere la calma, andare in bestia; (*Br,colloq*) *~the expense!* crepi l'avarizia!; (*sl*) *to ~the gaff* spifferare tutto, rivelare un segreto; (*colloq*) *to ~the lid off* rivelare, scoprire, smascherare, mettere in mostra; *to ~to bits* mandare in pezzi, mandare in frantumi; (*fig*) *to ~ one's stop* perdere la calma, andare in bestia; *to ~ one's trumpet* (o *to ~ one's own trumpet*) lodarsi, incensarsi, tessere le proprie lodi; *to ~ up*: 1 (*to inflate*) gonfiare; 2 (*Fot*) ingrandire; 3 (*to explode*) far saltare (in aria), fare esplodere: *to ~ up a bridge* far saltare in aria un ponte; *to ~ up a mine* fare saltare una mina; 4 (*to exaggerate*) montare, gonfiare; 5 (*to rebuke*) rimproverare, sgridare; 6 (*to sabotage*) far fallire, mandare all'aria; 7 (*to become angry*) arrabbiarsi, esplodere; 8 (*to break out*) scoppiare, levarsi: *a storm blew up* si levò una burrasca; *to ~with the wind* seguire il corrente.

blow³ /bloʊ/ *n.* 1 soffiata *f.*: *a ~ of the nose* una soffiata di naso. 2 (*gust of wind*) colpo *m.* di vento, raffica *f.* (di vento), ventata *f.* 3 (*gale*) vento *m.* forte, burrasca *f.* 4 (*Mus*) (*of wind instruments*) squillo *m.* 5 (*Am,colloq*) (*boasting*) vanteria *f.*, millanteria *f.* 6 (*Met*) (*blast of air*) soffio *m.* 7 (*Br*) (*leak: of gas*) fuga *f.*; (*of liquids*) perdita *f.*, getto *m.* 8 (*colloq*) (*spree*) baldoria *f.*, bagordo *m.* 9 (*volg*) (*fellatio*) pompino *m.*, bocchino *m.* 10 (*sl*) (*cannabis*) erba *f.* 11 (*Am,sl*) (*cocaine*) coca *f.* □ (*Br*) *let's go out for a ~* usciamo a prendere una boccata d'aria; (*volg*) *~job* pompino, bocchino.

blow⁴ /bloʊ/ **I** *n.* (*ant*) fioritura *f.*: *in full ~* in piena fioritura. **II** *v.i.* (*past* **blew** /bluː/, *p.p.* **blown** /bloʊn/) (*rar*) fiorire, germogliare, sbocciare, schiudersi.

blowback /ˈbloʊbæk/ *n.* (*of firearms*) vampa *f.* di ritorno.

blow-by-blow /ˌbloʊbaɪˈbloʊ/ *a.* dettagliato, minuzioso: *a ~ account* un resoconto molto dettagliato.

blowdown /ˈbloʊdaʊn/ *n.* (*Am*) albero *m.* sradicato (che ostruisce la strada).

blow-dry /ˈbloʊdraɪ/ *v.t.* asciugarc con il fon, fonare.

blow-dryer /ˈbloʊˌdraɪər/ *n.* fon *m.*, asciugacapelli *m.*

blowed /bloʊd/ □ (*Br,colloq*) *I'll be ~!* accidenti!, che il diavolo mi porti!; *I'll be ~ if I'll go!* che mi venga un accidente se ci vado!

blower /ˈbloʊər/ *n.* 1 (*person*) soffiatore *m.* (*f.* -trice): *glass ~* soffiatore di vetro. 2 (*Mot*) compressore *m.* 3 (*Br,colloq*) (*telephone*) telefono *m.* 4 (*Tecn*) sfiatatoio *m.* 5 (*colloq*) (*whale*) balena *f.*

blowfish /ˈbloʊfɪʃ/ *n.* (*Itt*) pesce *m.* palla.

blowfly /ˈbloʊflaɪ/ *n.* (*Entom*) moscone *m.* azzurro della carne.

blowgun /ˈbloʊɡʌn/ *n.* (*Am*) cerbottana *f.*

blowhard /ˈbloʊhɑːrd/ *n.* (*Am,sl*) smargiasso *m.* (*f.* -a), spaccone *m.* (*f.* -a).

blowhole /ˈbloʊhoʊl/ *n.* 1 (*Tecn*) soffiatura *f.*, bolla *f.* 2 (*of whales*) sfiatatoio *m.* 3 (*ventilation shaft*) condotto *m.* di ventilazione.

blow-in /ˈbloʊɪn/ *n.* (*Aus,colloq*) nuovo arrivato *m.* (*f.* -a).

blowing /ˈbloʊɪŋ/ *n.* 1 soffiatura *f.* (*anche Tecn*). 2 (*hard breathing*) respiro *m.* affannoso.

blowlamp /ˈbloʊlæmp/ *n.* 1 cannello *m.* (per scrostare). 2 (*oxyhydrogen flame*) cannello *m.* ossidrico, fiamma *f.* ossidrica.

---

blown¹ /bloʊn/ *a.* 1 gonfiato, gonfio. 2 (*breathless*) sfiatato, senza fiato. 3 (*exhausted*) stremato, sfinito. 4 (*Vetr*) (*shaped by blowing*) soffiato: *hand-~* soffiato a mano. 5 (*of a fuse, etc.*) scoppiato, saltato, fuso. 6 (*colloq*) (*of a motor*) spinto.

blown² /bloʊn/ *a.* 1 sbocciato, dischiuso, aperto: *a full-~ rose* una rosa completamente sbocciata. 2 (*covered with flowers*) fiorito.

blowout, **blow-out** /ˈbloʊaʊt/ *n.* 1 scoppio *m.* di pneumatico. 2 (*escape of gas*) fuoriuscita *f.* di gas. 3 (*sl*) grande festa *f.*

blowpipe /ˈbloʊpaɪp/ *n.* 1 (*Br*) cerbottana *f.* 2 (*Tecn*) (*for flames*) cannello *m.* ossidrico, (*for glass-blowing*) canna *f.* da vetraio.

blowsiness /ˈblaʊzɪnəs/ *n.* sciatteria *f.*, trasandatezza *f.*

blowsy /ˈblaʊzi/ *a.* 1 sciatto, trascurato, trasandato. 2 (*red-faced*) paonazzo.

blowtorch /ˈbloʊtɔːtʃ *Am* ˈbloʊtɔːrtʃ/ *n.* 1 cannello *m.* (per scrostare). 2 (*oxyhydrogen flame*) cannello *m.* ossidrico, fiamma *f.* ossidrica.

blow-up /ˈbloʊʌp/ *n.* 1 esplosione *f.* 2 (*Fot*) ingrandimento *m.*

blowy /ˈbloʊi/ *a.* 1 ventoso, pieno di vento: *a ~ day* una giornata ventosa. 2 (*of a place*) battuto dal vento.

blowziness /ˈblaʊzɪnəs/ *n.* sciatteria *f.*, trasandatezza *f.*

blowzy /ˈblaʊzi/ *a.* 1 sciatto, trascurato, trasandato. 2 (*red-faced*) paonazzo.

BLR *Belarus* BLR (Bielorussia).

BLT /ˌbiːelˈtiː/ □ (*Am*) *~sandwich* (*bacon, lettuce and tomato*) panino con pancetta, lattuga e pomodoro.

blub /blʌb/ (*past, p.p.* **blubbed** /-d/) *v.i.* (*sl*) piagnucolare, frignare.

blubber /ˈblʌbər/ **I** *n.* 1 grasso *m.* di balena. 2 (*referring to people*) grasso *m.* (di persona obesa). 3 (*blubbering*) piagnisteo *m.*, piagnucolio *m.* 4 (*medusa*) medusa *f.* **II** *v.i.* (*sl*) piagnucolare, frignare. **III** *v.t.* dire piagnucolando. **IV** *a.* 1 gonfio dal pianto, gonfio per il pianto. 2 (*ant*) (*swollen*) tumido, gonfio: *~ lips* labbra tumide.

blubberer /ˈblʌbərə *Am* ˈblʌbərər/ *n.* piagnone *m.* (*f.* -a), piagnucolone *m.* (*f.* -a).

blubbering /ˈblʌbərɪŋ/ *n.* piagnisteo *m.*, piagnucolio *m.*

blubbery /ˈblʌbəri/ *a.* grasso, gonfio.

bludge /blʌdʒ/ *v.i.* (*Aus,colloq*) scroccare, vivere a sbafo.

bludgeon /ˈblʌdʒən/ **I** *n.* mazza *f.*, randello *m.* **II** *v.t.* 1 prendere a randellate, bastonare, colpire (con una mazza): *to ~ so. to death* bastonare qcu. a morte. 2 (*fig*) minacciare, intimidire; (*to coerce*) costringere: *to ~ so. into buying sth.* costringere qcu. a comprare qcs. □ *to ~ one's way in* entrare con la forza, entrare a tutti i costi.

bludgeoner /ˈblʌdʒənər/ *n.* soverchiatore *m.* (*f.* -trice), prepotente *m./f.*

bludger /ˈblʌdʒər/ *n.* (*Aus,colloq*) 1 (*scrounger*) scroccone *m.* (*f.* -a). 2 (*idler*) pigrone *m.* (*f.* -a), scansafatiche *m./f.*

blue /bluː/ **I** *n.* 1 (*light blue*) azzurro *m.*, (*medium/dark blue*) blu *m.*, (*deep blue*) turchino *m.* 2 (*blue dye*) tinta *f.* azzurra. 3 (*blue material*) tessuto *m.* blu, stoffa *f.* blu. 4 (*fig*) (*the sky*) cielo *m.*, volta *f.* celeste. 5 (*fig*) (*the sea*) mare *m.* 6 (*Br,Sport*) giocatore *m.* di squadra universitaria (di Cambridge o Oxford). 7 (*Stor.am*) soldato *m.* dell'Unione. 8 (*Entom*) licena *f.*, farfalla *f.* blu. 9 *pl.* → **blues**. **II** *a.* 1 azzurro, blu, turchino. 2 (*livid*) livido: *~ with cold* livido dal freddo. 3 (*colloq*) (*depressed*) malinconico, triste, depresso, giù di corda, giù di morale. 4 (*depressing*) tetro, depri-

---

mente, nero: *the future looks ~* il futuro si prospetta nero. 5 (*colloq*) (*obscene*) osceno, indecente, sconcio: *a ~ joke* una barzelletta sconcia. 6 (*Br,Pol*) conservatore, del partito conservatore. 7 (*Aus,colloq*) rossa *f.*, donna *f.* dai capelli rossi. **III** *v.t.* 1 rendere blu, tingere di blu. 2 (*Br,ant*) (*to squander*) scialacquare, sperperare, dissipare. 3 (*Met*) (*of steel*) brunire. **IV** *v.i.* diventare blu. □ (*Med*) *~baby* bambino cianotico; *~ bag* turchinetto; (*Sport*) *~ belt* (*in judo*) cintura azzurra; *~ blood*: 1 (*fig*) sangue blu; 2 (*aristocrat*) aristocratico, persona di sangue blu; *~book*: 1 (*colloq*) elenco di persone socialmente eminenti, Gotha; 2 (*Am*) (*examination book*) quaderno degli esami; 3 (*government publication*) relazione governativa; *~cheese* formaggio erborinato; *~chip*: 1 (*in poker*) gettone azzurro; 2 (*Econ*) titolo di prim'ordine, blue chip; (*colloq*) *~devils* depressione, avvilimento; (*Med*) *~disease* morbo blu, cianosi; *~flag* bandiera azzurra; (*Zool*) *~fox* volpe azzurra; *to be in a ~funk* avere una fifa terribile, avere una fifa blu, avere una gran paura; (*Chim*) *~gas* gas blu, gas d'acqua; (*Stor.am*) *the Blues and the Greys* i Nordisti e i Sudisti; (*Min*) *~ground* giacimento diamantifero; (*Bot*) *~gum* eucalipto; (*fig*) *to be ~in the face*: 1 essere furibondo, essere paonazzo dalla rabbia; 2 (*to be exhausted*) essere sfinito, essere esausto; *to disappear into the ~* svanire nel nulla, scomparire nel nulla; (*Abbigl*) *~jeans* jeans, blue jeans; (*Am*) *~ laws* leggi puritane; (*colloq*) *once in a ~ moon* raramente, a ogni morte di papa; (*Am, sl*) *~movie* film porno; *to scream ~murder* (o *to cry ~ murder*) urlare come un ossesso; (*Mus*) *~note* nota blu, nota blu (nel jazz); *out of the ~* all'improvviso, inaspettato, a ciel sereno; *~pencil* censura; (*Mar*) *BluePeter* bandiera di partenza; (*Br*) *~plaque* targa blu (generalmente a Londra per indicare la casa di un personaggio famoso); (*Zool*) *~ point* specie di gatto siamese; *~riband* (o *~ribbon*): 1 (*Order of the Garter*) ordine della giarrettiera; 2 (*first prize*) primo premio, nastro azzurro; (*Itt*) *~rinse* riflessante blu; (*Itt*) *~shark* verdesca, verdone, squalo azzurro; (*Sport*) *~ski run* (o *~ski slope*) (*in skiing*) pista blu; (*Min*) *~spar* lazulite; (*Met*) *~steel* acciaio sbozzato; *~streak*: 1 fulmine, lampo, baleno, freccia: *to run like a ~ streak* correre come una freccia, correre come un lampo; 2 (*stream of words*) fiume di parole; (*Chim*) *~vitriol* vetriolo azzurro; (*Zool*) *~ whale* balenottera azzurra.

bluebeard /ˈbluːbɪəd *Am* ˈbluːbɪrd/ *n.* (*fig*) barbablù *m.*

Bluebeard /ˈbluːbɪəd *Am* ˈbluːbɪrd/ *n.pr.m.* (*Lett*) Barbablù.

bluebell /ˈbluːbel/ *n.* (*Bot*) 1 campanula *f.* 2 (*grape hyacinth*) giacinto *m.* delle vigne.

blueberry /ˈbluːbəri *Am* ˈbluːˌberi/ *n.* (*Bot, Alim*) mirtillo *m.*

bluebird /ˈbluːbɜːd *Am* ˈbluːbɜːrd/ *n.* (*Am, Ornit*) uccello *m.* azzurro, pettirosso *m.* azzurro.

blue-black /ˌbluːˈblæk/ *a.* nerazzurro, blu scuro.

blueblooded, **blue-blooded** /ˌbluːˈblʌdɪd/ *a.* di sangue blu, aristocratico, nobile.

bluecoat /ˈbluːkoʊt/ *n.* 1 (*Am*) poliziotto *m.* 2 (*Stor.am*) soldato *m.* statunitense.

blue-collar /ˌbluːˈkɒlə *Am* ˌbluːˈkɑːlər/ **I** *n.* colletto *m.* blu. **II** *a.* di fabbrica: *~ worker* operaio, colletto blu.

blue-eyed /ˌbluːˈaɪd *Am* ˈbluːaɪd/ *a.* 1 dagli occhi azzurri. 2 (*colloq*) preferito, prediletto:

(*Br*) *the* ~ *boy* il figlio prediletto.

bluegill /'blu:gɪl/ *n.* (*Itt*) persico *m.*

bluegrass /'blu:grɑːs *Am* 'blu:græs/ *n.* (*Bot*) gramigna *f.* dei prati, fienarola *f.* □ ~ *music* bluegrass, musica country virtuosistica; (*colloq*) *Bluegrass State* stato del Kentucky.

blue-green /ˌbluː'griːn/ *a.* verdeazzurro, verdazzurro.

bluegum /'blu:gʌm/ *n.* (*Bot*) eucalipto *m.*

bluehelmet /'blu:ˌhelmɪt/ *n.* casco *m.* blu (delle Nazioni Unite).

blueing /'blu:ɪŋ/ *n.* **1** (*Met*) brunitura *f.* **2** (*in laundering*) azzurraggio *m.*

blueish /'blu:ɪʃ/ *a.* bluastro, azzurrognolo.

bluejacket /'blu:ˌdʒækɪt/ *n.* marinaio *m.*

blueness /'blu:nəs/ *n.* azzurro *m.*, (*lett*) azzurrità *f.*

bluenose /'blu:nəʊz/ *n.* (*Am,colloq*) puritano *m.* (*f.* -a), moralista *m./f.*

Bluenose /'blu:nəʊz/ *n.* (*colloq*) abitante *m./ f.* della Nuova Scozia.

bluepencil /ˌbluː'pensəl *Am* 'bluːˌpensəl/ *v.t.* **1** (*to revise*) revisionare. **2** (*to delete*) cancellare. **3** (*to censor*) censurare.

blue-plate /'blu:pleɪt/ □ (*Am*) *the* ~ *meal* (o *the* ~ *special*) il piatto del giorno.

blueprint /'blu:prɪnt/ **I** *n.* **1** (*Tecn,Tip*) cianografia *f.* **2** (*fig*) piano *m.*, programma *m.* **II** *v.t.* **1** (*Tecn,Tip*) cianografare, riprodurre mediante cianografia. **2** (*fig*) (*to outline in detail*) programmare.

blue-ribbon /blu:'rɪbən/ *a.* di alta classe, di alta qualità.

blues /blu:z/ *n.pl.* (*costr.sing. o pl.*) **1** malinconia *f.*, tristezza *f.*, depressione *f.* **2** (*Mus*) blues *m.* □ *to have the* ~ essere malinconico, essere depresso, essere giù di corda, essere giù di morale.

Blues /blu:z/ *n.pl.* (*GB*) guardie *f.pl.* reali a cavallo.

blue-stocking /'blu:ˌstɒkɪŋ *Am* 'blu:ˌstɑːkɪŋ/ *n.* donna *f.* intellettuale, intellettuale *f.*, bas bleu *f.*

bluestone /'blu:stəʊn/ *n.* **1** (*Chim*) solfato *m.* di rame, calcantite *f.* **2** (*Min*) turchese *m.* **3** (*at Stonehenge*) monolito *m.*, blocco *m.*

bluetit /'blu:tɪt/ *n.* (*Ornit*) cinciarella *f.*

blue-veined /'blu:ˌveɪnd/ *a.* (*Alim*) (*of cheese*) erborinato.

bluey /'blu:i/ *a.* bluastro, azzurrognolo.

bluff[1] /blʌf/ **I** *n.* costa *f.* alta e ripida, scogliera *f.*; (*steep cliff*) promontorio *m.* a picco. **II** *a.* **1** scosceso, ripido, a picco: *a* ~ *headland* un promontorio a picco. **2** (*fig*) schietto, franco, cordiale.

bluff[2] /blʌf/ **I** *n.* **1** (*in poker*) bluff *m.* **2** (*fig*) bluff *m.*, montatura *f.* **II** *v.t.* **1** (*in poker*) fare un bluff a. **2** (*to deceive*) ingannare. **3** (*to gain by bluffing*) ottenere bluffando, ottenere con un bluff. **III** *v.i.* bluffare. □ *to call so.'s* ~ far mettere le carte in tavola a qcu. (*anche fig*).

bluffer /'blʌfər/ *n.* bluffatore *m.* (*f.* -trice).

bluffness /'blʌfnəs/ *n.* **1** ripidezza *f.* **2** (*fig*) franchezza *f.* un po' brusca, eccessiva franchezza *f.*

bluing /'blu:ɪŋ/ *n.* **1** (*Met*) brunitura *f.* **2** (*in laundering*) azzurraggio *m.*

bluish /'blu:ɪʃ/ *a.* bluastro, azzurrognolo.

blunder /'blʌndər/ **I** *n.* gaffe *f.*, errore *m.* grossolano, errore *m.* marchiano, cantonata *f.*, (*colloq*) granchio *m.*: *to make a* ~ prendere una cantonata. **II** *v.i.* **1** prendere una cantonata, prendere un granchio. **2** (*to move unsteadily, blindly*) annaspare, brancolare, muoversi a tentoni, andare a tentoni, muoversi alla cieca, andare alla cieca. **3** (*fig*) (*to chance upon*) inciampare, imbattersi (*on, upon* in), scoprire casualmente, trovare ca-

sualmente. **III** *v.t.* **1** (*to blurt*) spifferare, spiattellare. **2** (*to bungle*) pasticciare, sciupare, abborracciare. □ *to* ~ *out* spifferare, spiattellare.

blunderbuss /'blʌndəbʌs *Am* 'blʌndərbʌs/ *n.* archibugio *m.*, trombone *m.*

blunderer /'blʌndərər *Am* 'blʌndərər/ *n.* confusionario *m.* (*f.* -a), pasticcione *m.* (*f.* -a).

blundering /'blʌndərɪŋ/ *a.* confusionario, pasticcione.

blunderingly /'blʌndərɪŋli/ *avv.* in modo confusionario, da pasticcione.

blunge /blʌn(d)ʒ/ *v.t.* impastare l'argilla (con acqua).

blunt /blʌnt/ **I** *a.* **1** (*of a blade*) che non taglia, smussato, non affilato. **2** (*of a pencil*) spuntato. **3** (*frank*) schietto, franco, sincero: *a* ~ *answer* una risposta schietta. **4** (*curt*) reciso, brusco. **5** (*slow, dull*) ottuso, lento, tardo: *a* ~ *mind* un cervello ottuso. **II** *n.* (*Am,sl*) sigaro *m.* di marijuana. **III** *v.t.* **1** (*of a blade*) smussare. **2** (*of a pencil*) spuntare. **3** (*fig*) (*to dull*) ottundere: *alcohol* -*s one's faculties* l'alcol ottunde il cervello. **3** (*to weaken*) smorzare, attutire. **IV** *v.i.* **1** (*of a blade*) smussarsi. **2** (*of a pencil*) spuntarsi.

bluntly /'blʌntli/ *avv.* senza mezzi termini, recisamente. □ *to put it* ~ per dirla francamente, a essere schietti, per parlare senza mezzi termini, per parlare chiaro.

bluntness /'blʌntnəs/ *n.* **1** (*of a blade*) l'essere senza taglio, l'essere senza filo. **2** (*of a pencil*) l'essere senza punta. **3** (*fig*) franchezza *f.* un po' rude.

blur[1] /blɜːr *Am* blɜːr/ *n.* **1** visione *f.* confusa, immagine *f.* sfuocata. **2** (*indistinctness*) nebulosità *f.*, offuscamento *m.* **3** (*blot*) macchia *f.* **4** (*ant,fig*) macchia *f.*, infamia *f.* **5** (*hum*) suono *m.* confuso, ronzio *m.*

blur[2] /blɜːr *Am* blɜːr/ (*past, p.p.* **blurred** /-d/) *v.t.* **1** macchiare, imbrattare. **2** (*to make dim*) rendere confuso, rendere indistinto. **3** (*to obscure*) offuscare, ottenebrare, velare. **II** *v.i.* confondersi, diventare indistinto, diventare vago.

blurb /blɜːb *Am* blɜːrb/ *n.* **1** pubblicità *f.* **2** (*on a book cover*) fascetta *f.* (*editoriale*).

blurred /blɜːd *Am* blɜːrd/ *a.* **1** macchiato, chiazzato. **2** (*dim*) indistinto, confuso, sfocato, sfuocato: *a* ~ *photo* una foto sfocata. **3** (*fig*) confuso, poco chiaro. □ (*Tip*) ~ *print* stampa sbavata.

blurriness /'blɜːrɪnəs/ *n.* nebulosità *f.*

blurring /'blɜːrɪŋ/ *n.* (*Cin,TV*) evanescenza *f.*

blurt /blɜːt *Am* blɜːrt/ **I** *v.t.* spifferare, spiattellare. **II** *v.i.* parlare d'impulso, parlare impulsivamente, sbottare. □ *to* ~ *out* spifferare, spiattellare.

blush /blʌʃ/ **I** *v.i.* **1** arrossire: *to* ~ *at the thought* arrossire al pensiero. **2** (*to feel shame*) vergognarsi. **3** (*poet*) (*of the sky*) rosseggiare. **II** *n.* **1** (*flush*) rossore *m.* **2** (*colour*) rosso *m.*, colore *m.* rosato, colore *m.* rosso: *the* ~ *of sunset* il rosso del tramonto. **3** (*Tecn*) (*of varnish, etc.*) lattescenza *f.* **4** (*Enol*) chiaretto *m.* **5** (*Am,Cosmet*) fard *m.* □ *in the first* ~ *of youth* nel fiore della giovinezza; *to put so. to the* ~ far arrossire qcu.; *to* ~ *to the roots of one's hair* arrossire fino alla radice dei capelli.

blusher /'blʌʃər/ *n.* **1** (*Br,Cosmet*) fard *m.* **2** (*person who blushes*) chi arrossisce.

blushing /'blʌʃɪŋ/ *a.* che arrossisce, timido, pudico.

blushingly /'blʌʃɪŋli/ *avv.* arrossendo.

bluster /'blʌstər/ **I** *v.i.* **1** (*of wind, etc.*) infuriare, imperversare. **2** (*to roar*) rumoreggiare. **3** (*fig*) (*to rage*) dare in escandescenze, fare una sfuriata. **II** *v.t.* (*fig*) costringere (con

la prepotenza), intimidire. **III** *n.* **1** tempesta *f.*, bufera *f.* **2** (*fig*) (*swagger*) spavalderia *f.*; (*boasting*) millanteria *f.*

blusterer /'blʌstərər *Am* 'blʌstərər/ *n.* gradasso *m.* (*f.* -a), spaccone *m.* (*f.* -a), (*colloq*) bullo *m.* (*f.* -a).

blustering /'blʌstərɪŋ/ *a.* **1** tempestoso, burrascoso. **2** (*fig*) (*swaggering*) spavaldo; (*fond of boasting*) millantatore.

blusterous /'blʌstərəs/ *a.* **1** tempestoso, burrascoso. **2** (*fig*) (*swaggering*) spavaldo; (*fond of boasting*) millantatore.

blustery /'blʌstəri/ *a.* **1** tempestoso, burrascoso. **2** (*fig*) (*swaggering*) spavaldo; (*fond of boasting*) millantatore.

blvd. *boulevard* v.le (viale).

B.M. /ˌbiː'em/ **1** *British Museum* (British Museum, Museo britannico). **2** *Bachelor of Medicine* (laureato in medicina).

BMA /ˌbiː'em'eɪ/ *British Medical Association* (associazione medica britannica).

B-movie /'biːˌmuːvi/ *n.* filmetto *m.*, film *m.* di serie B.

BMR /ˌbiː'em'ɑːr/ *Basal Metabolic Rate* MB (metabolismo basale).

B.Mus. *Bachelor of Music* (laureato in musica).

BMX /ˌbiː'em'eks/ *n.* (*bicycle motorcross*) bicicletta *f.* BMX, BMX *f.*

bn, bn. *billion* Mld. (miliardo).

Bn. **1** *Baron* bar (barone). **2** *Battalion* btg. (battaglione).

bo[1] /bəʊ/ (*pl.* **boes** /bəʊz/) *n.* (*Am*) **1** (*sl*) vagabondo *m.*, barbone *m.* **2** (*fellow*) amico *m.* mio.

bo[2] /buː/ *intz.* bu. □ *he can't say* ~ *to a goose* ha paura di una mosca, è timidissimo.

b.o. **1** *branch office* succ. (succursale). **2** *buyer's option* (premio di acquisto).

B.O. /ˌbiː'əʊ/ (*colloq*) *body odour* (odore di sudore).

boa /'bəʊə/ *n.* **1** (*Zool*) boa *m.*: ~ *constrictor* boa, serpente boa. **2** (*Abbigl*) boa *m.*, sciarpa *f.* (di piume o pelliccia): *feather* ~ boa di piume.

boab /'bəʊæb/ *n.* (*Bot*) baobab *m.*

boar /bɔːr *Am* bɔːr/ *n.* **1** (*male pig, hog*) verro *m.* **2** (*wild boar*) cinghiale *m.* □ (*Zool*) ~ *hound* cane per la caccia al cinghiale.

board[1] /bɔːd *Am* bɔːrd/ *n.* **1** asse *f.*, assicella *f.* **2** (*slab of material*) tavola *f.*, tavoletta *f.*, asse *f.*, pannello *m.* **3** (*fig*) (*table*) mensa *f.*, desco *m.* **4** (*for board games*) tabellone *m.*, tavola *f.*, (*chessboard*) scacchiera *f.* **5** (*notice board*) tabellone *m.*, bacheca *f.* albo *m.*: *the list was pinned on the* ~ l'elenco è stato affisso in bacheca. **6** (*colloq*) (*blackboard*) lavagna *f.* **7** (*daily meals*) vitto *m.*, pasti *m.pl.*: ~ *and lodging* vitto e alloggio. **8** (*group of persons*) consiglio *m.*, comitato *m.*, commissione *f.* **9** (*Br,ant*) ministero: *Board of Health* Ministero della sanità. **10** (*Cart*) cartone *m.* **11** (*Elettron*) scheda *f.* **12** (*Sport,colloq*) tavola *f.*; (*surfboard*) tavola *f.* da surf; (*snowboard*) snowboard *m.* **13** (*Mar*) (*side of a ship*) bordo *m.*, fianco *m.*, (*tack*) bordata *f.* **14** *pl.* (*stage*) palcoscenico *m.sing.*, scene *f.pl.*: *to tread the* -*s* calcare le scene. □ ~ *and wages* (indennità di) vitto e alloggio; *to go by the* ~: **1** cadere in mare; **2** (*fig*) andare in rovina, andare a rotoli; **3** (*to fail*) fallire, venir meno; ~ *chairman* presidente del consiglio di amministrazione; (*Tecn*) ~ *foot* board foot, piede tavolare; ~ *game* gioco da tavolo; ~ *meeting* riunione del consiglio di amministrazione; ~ *of arbitrators* collegio arbitrale; (*Econ*) ~ *of auditors* collegio sindacale; (*US*) *Board of Commissioners* consiglio di contea; ~ *of directors* consiglio di amministrazione;

(*US*) ~ *of Education* organo preposto all'amministrazione delle scuole pubbliche; ~ *of examiners* commissione d'esame, commissione esaminatrice; ~ *of governors* comitato di gestione; ~ *of inquiry* commissione d'inchiesta, commissione inquirente; ~ *of management* direzione; (*Am,Univ*) ~ *of regents* consiglio accademico; (*Am*) *Board of Trade* Camera di commercio; (*Am,Univ*) ~ *of trustees* consiglio accademico; **on** ~ a bordo: *to go on* ~ *(a) ship* salire a bordo di una nave; (*Aus*) ~ *shorts* bermuda da surf; (*Br*) *to take on* ~ prendere a bordo; (*fig*) *to take sth. on* ~ prendere atto di qcs., afferrare pienamente qcs.

board[2] /bɔːd *Am* bɔːrd/ **I** *v.t.* **1** (*a ship, plane*) imbarcarsi su, salire a bordo di; (*a train, bus, car*) salire su, montare su (*o* in); (*a bicycle, etc.*) inforcare. **2** (*Mar*) (*to go alongside*) abbordare, accostare; (*to attack*) assaltare, arrembare. **3** (*to provide lodgings*) tenere a pensione. **4** (*to cover with boards*) coprire di assi, coprire di tavole. **II** *v.i.* **1** essere a pensione (*at* presso, in). **2** (*Mar*) (*to tack*) virare di bordo, bordeggiare. **3** (*Sport,colloq*) andare sullo snowboard. ☐ *to ~ and lodge so.* tenere a pensione qcu., dare vitto e alloggio a qcu.; *to ~ out*: 1 consumare i pasti fuori; 2 (*of neglected children*) mettere a pensione presso una famiglia; *to ~ over* coprire di assi, coprire di tavole; *to ~ up* chiudere con assi, coprire con assi: *the windows were -ed up* le finestre erano chiuse con assi.

boarded /ˈbɔːdɪd *Am* ˈbɔːrdɪd/ *a.* **1** coperto di assi. **2** (*made of boards*) fatto di assi.

boarder /ˈbɔːdə* *Am* ˈbɔːrdə*/ *n.* **1** (*lodger*) pensionante *m./f.* **2** (*of a school*) convittore *m.* (*f.* -trice). **3** (*Mar*) chi va all'arrembaggio.

boarding /ˈbɔːdɪŋ *Am* ˈbɔːrdɪŋ/ *n.* **1** assito *m.*, tavolato *m.* **2** (*Mar*) abbordaggio *m.*, accostamento *m.*; (*embarking*) imbarco *m.* **3** (*Aer*) imbarco *m.* ☐ (*Aer*) ~*area* sala di imbarco; (*Aer*) ~*card* carta di imbarco; (*Aer*) ~ *gate* cancello di imbarco; ~ *house* pensione; ~ *kennel* pensionato per cani; (*Aer*) ~*pass* carta di imbarco; ~ *school* collegio, convitto, pensionato.

boarding-out /ˌbɔːdɪŋ'aʊt *Am* ˌbɔːrdɪŋ'aʊt/ *n.* il mettere a pensione.

boardroom /ˈbɔːdruːm *Am* ˈbɔːrdruːm/ **I** *n.* sala *f.* di riunione (del consiglio di amministrazione). **II** *a.* del consiglio di amministrazione, della direzione: ~ *pay and perks* i compensi e gli extra che spettano ai consiglieri di amministrazione.

boardsailing /ˈbɔːdseɪlɪŋ *Am* ˈbɔːrdseɪlɪŋ/ *n.* windsurf *m.*

board-school /ˈbɔːdskuːl *Am* ˈbɔːrdskuːl/ *n.* (*Stor.brit*) scuola *f.* primaria comunale, scuola *f.* primaria municipale.

boardwalk /ˈbɔːdwɔːk *Am* ˈbɔːrdwɔːk/ *n.* **1** passerella *f.* di legno. **2** (*Am,estens*) lungomare *m.*

boast[1] /bəʊst/ **I** *v.i.* vantarsi, gloriarsi (*of, about* di): *it's nothing to ~ about* non c'è da vantarsene. **II** *v.t.* (*to have and be proud of*) vantare: *some cities ~ large parks* alcune città vantano grandi parchi. **III** *n.* **1** vanteria *f.*, millanteria *f.* **2** (*sth. to be proud of*) vanto *m.*

boast[2] /bəʊst/ *v.t.* (*of stone*) sgrossare, sbozzare.

boaster /ˈbəʊstə*/ *n.* millantatore *m.* (*f.* -trice), spaccone *m.* (*f.* -a).

boastful /ˈbəʊstfʊl/ *a.* **1** vanaglorioso. **2** (*of persons*) millantatore.

boastfulness /ˈbəʊstfʊlnəs/ *n.* millanteria *f.*

boasting /ˈbəʊstɪŋ/ *n.* vanto *m.*, il vantarsi, millantamento *m.*

boat /bəʊt/ **I** *n.* **1** imbarcazione *f.*, barca *f.*, battello *m.* **2** (*lifeboat*) scialuppa *f.*: *to lower the -s* calare le scialuppe. **3** (*ship*) nave *f.* **4** (*gravy boat*) salsiera *f.* **5** (*Chim*) navicella *f.*, crogiolo *m.* **II** *v.t.* **1** imbarcare, mettere nella barca; (*of oars*) tirare in barca. **2** (*to transport by boat*) trasportare in barca, traghettare. **III** *v.i.* andare in barca. ☐ ~ *builder* costruttore navale; (*Mar*) ~ *deck* ponte delle imbarcazioni; -*s for hire* barche da noleggio; ~*house* tettoia per imbarcazioni, rimessa per imbarcazioni; (*Sart*) ~ *neckline* scollatura a barchetta; ~*people* boat people, profughi; ~ *race* regata; (*Br,fig*) *to take to the -s* mettersi in salvo; ~ *train* treno in coincidenza con un traghetto; ~ *trip* gita in barca.

boatel /bəʊ'tel/ *n.* albergo *m.* galleggiante.

boater /ˈbəʊtə* *Am* ˈbəʊtə*/ *n.* **1** barcaiolo *m.*, battelliere *m.* **2** (*hat*) paglietta *f.*, cappello *m.* di paglia.

boatful /ˈbəʊtfʊl/ *n.* barcata *f.*, barca *f.*

boathook /ˈbəʊthʊk/ *n.* (*Mar*) alighiero *m.*, gaffa *f.*, gancio *m.* di accosto.

boathouse /ˈbəʊthaʊs/ *n.* (*Mar*) tettoia *f.* per imbarcazioni, rimessa *f.* per imbarcazioni.

boating /ˈbəʊtɪŋ *Am* ˈbəʊtɪŋ/ **I** *n.* canottaggio *m.* **II** *a.* di canottaggio. ☐ ~ *club* circolo del canottaggio.

boatload /ˈbəʊtləʊd/ *n.* barcata *f.*, barca *f.*

boatman /ˈbəʊtmən/ *n.irr.* **1** (*boat hirer*) noleggiatore *m.* di imbarcazioni. **2** (*rover*) barcaiolo *m.*, battelliere *m.*

boatswain /ˈbəʊsən/ *n.* (*Mar*) nostromo *m.* ☐ (*Mar*) ~*'s chair* balzo.

boatyard /ˈbəʊtjɑːd *Am* ˈbəʊtjɑːrd/ *n.* cantiere *m.* per imbarcazioni minori.

bob[1] /bɒb *Am* bɑːb/ (*past, p.p.* **bobbed** /-d/) **I** *v.t.* **1** muovere a scatti, spingere a scatti, muovere su e giù: *the bird -bed its head* l'uccello muoveva la testa a scatti. **2** (*to bow, to nod*) annuire, fare un rapido inchino. **3** (*ant*) (*to tap lightly*) battere leggermente, picchiare leggermente, dare colpetti a. **II** *v.i.* **1** muoversi di scatto, chinarsi di scatto, andare su e giù, (*on water*) galleggiare. **2** (*to bow, to nod*) fare un rapido inchino. **3** (*fig*) (*to appear suddenly*) farsi vivo, saltare fuori. ☐ *to ~ for apples* giocare ad addentare delle mele che galleggiano sull'acqua; *to ~up and down*: 1 ballonzolare, andar su e giù; 2 (*fig*) farsi vivo, saltare fuori.

bob[2] /bɒb *Am* bɑːb/ *n.* **1** rapido cenno *m.* del capo, inchino *m.* **2** (*light tap*) colpetto *m.* **3** (*felt or leather polishing wheel*) disco *m.* per lucidatrice.

bob[3] /bɒb *Am* bɑːb/ **I** *n.* **1** capelli *m.pl.* (tagliati) alla maschietta, carré *m.* **2** (*lock, knot of hair*) ciocca *f.* di capelli. **3** (*of a horse's tail*) coda *f.* mozza. **4** (*Tecn*) (*of a pendulum*) peso *m.* terminale; (*of a plumb line*) peso *m.* del filo a piombo. **5** (*Pesc*) (*knot of worms*) mazzetto *m.* di vermi (sull'amo); (*float*) galleggiante *m.*, sughero *m.* **6** (*short line in a river*) verso *m.* breve. **7** (*Sport*) bob *m.* **II** *v.t.* **1** (*of hair*) tagliare a caschetto. **2** (*of a tail*) mozzare. **III** *v.i.* (*Sport*) andare in bob.

bob[4] /bɒb *Am* bɑːb/ *n.inv.* (*Br,colloq*) scellino *m.*

Bob /bɒb *Am* bɑːb/ *n.pr.m. dim. di* Robert. ☐ (*Br*) ~*'s your uncle* e voilà.

bobbed /bɒbd *Am* bɑːbd/ *a.* **1** (*of hair*) tagliato corto, tagliato alla maschietta. **2** (*of a tail*) mozzato, mozzo.

bobber /ˈbɒbə* *Am* ˈbɑːbə*/ *n.* **1** (*Sport*) bobbista *m./f.* **2** (*Pesc*) galleggiante *m.*

bobbin /ˈbɒbɪn *Am* ˈbɑːbɪn/ *n.* **1** (*Tess*) rocchetto *m.*, bobina *f.*, spola *f.* **2** (*El*) bobina *f.* ☐ ~ *lace* merletto a fuselli, merletto al tombolo, tombolo.

bobbinet /ˈbɒbɪnet *Am* ˈbɑːbɪnet/ *n.* (*Tess*) piz-

zo *m.* a rete.

bobble /ˈbɒbl *Am* ˈbɑːbl/ *n.* **1** (*on surface of jumper*) pelucco *m.*, bioccolo *m.* **2** (*pompom*) pompon *m.* ☐ *a ~ hat* un berretto con il pompon.

bobby /ˈbɒbi *Am* ˈbɑːbi/ *n.* (*Br,colloq*) poliziotto *m.*, (*gerg*) piedipiatti *m.* ☐ ~*calf* vitellino; (*Am*) ~*pin* forcina, molletta; (*Am,ant*) ~*socks* calzini corti; (*Am,ant*) ~*soxer* ragazzina.

Bobby /ˈbɒbi *Am* ˈbɑːbi/ *n.pr.m. dim. di* Robert.

bobby-dazzler /ˌbɒbi'dæzlə*/ *n.* (*Br,colloq*) splendore *m.*, roba *f.* da sogno.

bobcat /ˈbɒbkæt *Am* ˈbɑːbkæt/ *n.* (*Zool*) lince *f.* rossa.

bobolink /ˈbɒbəlɪŋk *Am* ˈbɑːbəlɪŋk/ *n.* (*Ornit*) doliconice *f.*

bobskate /ˈbɒbskeɪt *Am* ˈbɑːbskeɪt/ *n.* pattino *m.* da ghiaccio (a due lame, per bambini).

bobsled /ˈbɑːbsled/ **I** *n.* (*Am,Sport*) bob *m.*: *two-man ~* bob a due. **II** *v.i.* (*Am,Sport*) andare in bob.

bobsleigh /ˈbɒbsleɪ/ **I** *n.* (*Br,Sport*) bob *m.*: *two-man ~* bob a due. **II** *v.i.* (*Br,Sport*) andare in bob.

bobstay /ˈbɒbsteɪ *Am* ˈbɑːbsteɪ/ *n.* (*Mar*) briglia *f.* del bompresso.

bobtail /ˈbɒbteɪl *Am* ˈbɑːbteɪl/ **I** *n.* **1** coda *f.* mozza. **2** (*dog*) cane *m.* con la coda mozza; (*horse*) cavallo *m.* con la coda mozza. **II** *a.* con la coda mozza.

bobwhite /ˈbɒb(h)waɪt *Am* ˈbɑːb(h)waɪt/ *n.* (*Ornit*) colino *m.*, quaglia *f.* americana.

bocce /ˈbɒtʃeɪ, ˈbɒtʃi *Am* ˈbɑːtʃi/ *n.* bocce *f.pl.*

boche, **Boche** /bɒʃ *Am* bɑːʃ/ *n.pl.* (*sl,spreg*) tedeschi *m.pl.*, crucchi *m.pl.*

bock /bɒk *Am* bɑːk/ *n.* birra *f.* forte e scura. ☐ ~*beer* birra forte e scura.

bod /bɒd/ *n.* (*spec. Br,colloq*) persona *f.*, tizio *m.* (*f.* -a): *an odd ~* un tipo strano.

BOD /ˌbiːəʊ'diː/ (*Chim*) *biochemical oxygen demand* BOD (fabbisogno biologico di ossigeno).

bodacious /bəʊ'deɪʃəs/ *a.* (*Am,colloq*) stupendo, magnifico.

bode /bəʊd/ **I** *v.t.* (*lett*) preannunciare, far presagire: *dark clouds ~ rain* le nubi nere preannunciano la pioggia. **II** *v.i.* far presagire, promettere. ☐ *to ~ill* essere di cattivo augurio; *to ~ well* essere di buon augurio.

bodega /bəʊ'deɪɡə/ *n.* **1** rivendita *f.* di vini. **2** (*Am,colloq*) (*grocery store*) drogheria *f.*

bodge /bɒdʒ/ *v.t.* (*Br,sl*) fare (un lavoro di riparazione) con i piedi, riparare male.

bodgie /ˈbɒdʒi *Am* ˈbɑːdʒi/ *n.* (*Aus,sl*) porcheria *f.*

bodice /ˈbɒdɪs *Am* ˈbɑːdɪs/ *n.* **1** (*outer garment*) bolero *m.* **2** (*part of a dress*) corpetto *m.*, corpino *m.*, bustino *m.* **3** (*fitted vest*) maglia *f.* aderente. **4** (*ant*) (*stays*) busto *m.*, corsetto *m.*

bodice-ripper /ˈbɒdɪsrɪpə* *Am* ˈbɑːdɪsrɪpə*/ *n.* (*ant,scherz*) film *m.* osé; (*novel*) libro *m.* osé.

bodied /ˈbɒdɪd *Am* ˈbɑːdɪd/ *a.* (*in compounds*) dal corpo...: *small-~* dal corpo piccolo.

bodiless /ˈbɒdɪləs *Am* ˈbɑːdɪləs/ *a.* senza corpo, incorporeo.

bodily /ˈbɒdɪli *Am* ˈbɑːdɪli/ **I** *a.* **1** fisico, corporale: ~ *strength* forza fisica. **2** (*corporeal*) corporeo: ~ *life* vita corporea. **II** *avv.* **1** in persona, in carne e ossa. **2** (*entirely*) di peso, fisicamente, materialmente.

boding /ˈbəʊdɪŋ/ *n.* **1** presagio *m.*, presentimento *m.* **2** (*prediction*) predizione *f.*

bodkin /ˈbɒdkɪn *Am* ˈbɑːdkɪn/ *n.* **1** ago *m.* grosso, ago *m.* senza punta. **2** (*long hairpin*) spillone *m.* **3** (*awl*) punteruolo *m.* **4** (*Tip*) mollette *f.pl.*, pinze *f.pl.* **5** (*Sart*) infilanastri *m.* **6** (*ant*) (*dirk*) pugnale *m.*, stiletto *m.*

body[1] /'bɒdi Am 'bɑːdi/ n. **1** corpo m. **2** (*corpse*) corpo m., cadavere m., salma f.; (*carcass*) carcassa f. **3** (*Anat*) (*trunk*) busto m., tronco m. **4** (*Arch*) (*of a building*) corpo m. principale; (*of a church*) navata f. centrale. **5** (*Aut*) carrozzeria f. **6** (*Mar*) scafo m. **7** (*Aer*) fusoliera f. **8** (*main part*) maggior parte f.: *the ~ of the nation* la maggior parte della nazione. **9** (*of an army*) grosso m. **10** (*principal part*) parte f. principale, corpo m.: *the ~ of a letter* il corpo di una lettera. **11** (*fig*) (*bulk, extent*) forza f., peso m., importanza f.: *the ~ of evidence* il peso delle prove. **12** (*mass*) massa f., quantità f.: *a ~ of water* una massa di acqua. **13** (*fighting force*) corpo m. **14** (*consistency*) consistenza f., corpo m., pastosità f. **15** (*Dir*) corpus m., corpo m., raccolta f.: *a ~ of laws* una raccolta di leggi. **16** (*corporation*) corpo m., associazione f.; (*body corporate*) ente m. (giuridico), corporazione f. **17** (*fig*) (*substance*) sostanza f., consistenza f., significato m. **18** (*colloq*) (*person*) persona f., tipo m. **19** (*Tip,Enol,Tess*) corpo m. **20** (*Abbigl*) (*bodysuit*) body m. **21** (*Tecn*) (*of a bolt*) gambo m. **22** (*Fis,Mat,Astr*) corpo m., massa f.: *solid ~* corpo solido; *heavenly ~* corpo celeste. **23** (*Chim*) sostanza f. **24** (*Ceram*) materia f. base. **25** (*Min*) giacimento m. ☐ (*fig*) *~ and soul* anima e corpo; (*colloq*) *to keep ~ and soul together* vivacchiare, tirare avanti alla meglio; *~ armour*: 1 (*ant*) corazza; 2 (*for police, military*) protezione integrale per il corpo; *~ art* body art; *~ bag* sacco per cadavere, sacco per salma; *~ blow*: 1 (*in boxing*) colpo al petto; 2 (*fig*) colpo basso; *~ board* tavoletta da surf; *~ burden* carico fisico; (*Zool*) *~ cavity* cavità perifiscerale; (*Sport*) *~ check* ostruzione, scontro corpo a corpo; *~ clock* orologio biologico; *~ colour* acquerello non diluito; *~ copy* testo pubblicitario; (*Dir*) *~ corporate* ente giuridico, corporazione; *~ count*: 1 (*attendance*) numero di persone presenti; 2 (*death toll*) numero dei morti; *~ double* controfigura in scene di nudo; *~ fluid* fluido corporale, fluido corporeo; *in a ~* in massa, tutti insieme: *they resigned in a ~* si sono dimessi in massa; *~ language* linguaggio del corpo, linguaggio corporeo; *~ odour*: 1 odore del corpo; 2 (*smelling of sweat*) puzza di sudore; (*Dir*) *~ of creditors* la massa dei creditori; *~ piercing* body piercing, piercing del corpo; (*Mar*) *~ plan* sezione trasversale (di nave); (*Biol*) *~ plasm* somatoplasma; *the ~ politic* lo stato, la nazione; *~ popping* ballo frenetico; (*Aut*) *~ repairer* carrozziere; *~ scrub* esfoliazione del corpo, scrub del corpo; *~ search* perquisizione; (*Aut*) *~ shop* officina di riparazione; *~ snatcher* dissotterratore di cadaveri; *~ stocking* calzamaglia, tutina aderente; (*Br,Abbigl*) *~ warmer*: 1 giubbotto senza maniche; 2 (*quilted*) giubbotto imbottito senza maniche; *~ weight* peso corporeo.

body[2] /'bɒdi Am 'bɑːdi/ v.t. **1** incarnare, dare corpo a. **2** (*to represent*) rappresentare, impersonare, dare forma corporea a. ☐ *to ~ forth* rappresentare, impersonare, dare forma corporea a.

bodybuilder, body-builder /'bɒdi,bildər Am 'bɑːdi,bildər/ n. **1** (*person*) culturista m./f., bodybuilder m./f. **2** (*Br,Aut*) carrozziere m.

bodybuilding, body-building /'bɒdi ,bildɪŋ Am 'bɑːdi,bildɪŋ/ n. **1** (*development of the body*) bodybuilding m., culturismo m. **2** (*Br,Aut*) costruzione f. di scocche, costruzione f. di carrozzerie.

bodyguard /'bɒdigɑːd Am 'bɑːdigɑːrd/ n. **1** guardia f. del corpo.

body-search /'bɒdisɜːtʃ Am 'bɑːdisɜːrtʃ/ v.t.

perquisire.

bodyshell /'bɒdiʃel Am 'bɑːdiʃel/ n. (*Aut*) scocca f.

bodysuit /'bɒdisuːt Am 'bɑːdisuːt/ n. (*Abbigl*) body m.

bodysurf /'bɒdisɜːf Am 'bɑːdisɜːrf/ v.i. (*Sport*) fare bodysurf.

bodywork /'bɒdiwɜːk Am 'bɑːdiwɜːrk/ n. (*Aut*) carrozzeria f.

Boer /'bəʊər/ I n. boero m. (f. -a). II a. boero: (*Stor*) *~ War* guerra boera.

boff /bɒf/ I n. (*Am*) **1** (*colloq*) colpo m. **2** (*sl*) (*sexual intercourse*) scopata f. II v.t. (*Am*) **1** (*colloq*) colpire. **2** (*sl*) fottere, scopare.

boffin /'bɒfɪn/ n. (*spec. Br,colloq*) scienziato m. (f. -a), ricercatore m. (f. -trice).

boffo /'bɑːfəʊ/ a. (*spec. Am,colloq*) eccezionale, di grande successo.

bog /bɒg/ n. **1** pantano m., palude f., acquitrino m. **2** (*Br,sl*) (*lavatory*) gabinetto m., latrina f., (*sl*) cesso m. ☐ (*Bot*) *~ asphodel* narthecium ossifragum; *to ~ down*: 1 impantanare; 2 (*fig*) (*used transitively*) ostacolare; 3 (*used intransitively*) impantanarsi (*anche fig*); (*Min*) *~ earth* torba; (*Aus,sl*) *~ in* cominciare bene; (*Min*) *~ iron-ore* limonite; (*Bot*) *~ moss* sfagno; (*Bot*) *~ myrtle* mirica; (*Br, volg*) *~ off!* vaffanculo!; (*Br,sl*) *~ roll* carta igienica, carta del cesso; (*Veter*) *~ spavin* spavenio acquoso; *~ wood* legname annerito in torbiera.

bogey[1] /'bəʊgi/ n. (*Sport*) (*in golf*) bogey m., buca f. conclusa con un colpo in più del par.

bogey[2] /'bəʊgi/ n. **1** fantasma m., folletto m., spirito m. **2** (*fig*) (*bugbear*) spauracchio m.: *the real ~ is unemployment* il vero spauracchio è la disoccupazione. **3** (*Am,Mil,sl*) aeromobile m. non identificato. **4** (*Br,sl*) (*nasal mucus*) cappero m.

bogey[3] /'bəʊgi/ n. **1** (*spec. Br,Ferr*) (*of a four- or six-wheel vehicle*) carrello m. a tre assi. **2** (*Ind,Ferr*) carrello m. ferroviario. **3** (*spec. Br, colloq*) (*cart*) carro m., carretto m.

bogeyman /'bəʊgimæn/ n. (*colloq*) orco m., babau m., uomo m. nero.

bogginess /'bɒgɪnəs Am 'bɑːgɪnəs/ n. palu-dosità f.

boggle /'bɒgl Am 'bɑːgl/ I v.i. **1** (*to be startled*) trasecolare, allibire, restare di stucco: *the mind -s at such a comment* un commento del genere mi lascia di stucco. **2** (*to show indecision*) indugiare, esitare, tentennare (*at a*). II v.t. **1** sbalordire, riempire di stupore. **2** (*to shock*) colpire, impressionare: *to ~ the imagination* colpire l'immaginazione.

boggy /'bɒgi Am 'bɑːgi/ a. paludoso, pantanoso.

bogie[1] /'bəʊgi/ n. **1** (*spec. Br,Ferr*) (*of a four- or six-wheel vehicle*) carrello m. a tre assi. **2** (*Ind,Ferr*) carrello m. ferroviario. **3** (*spec. Br, colloq*) (*cart*) carro m., carretto m.

bogie[2] /'bəʊgi/ n. (*Sport*) (*in golf*) bogey m., buca f. conclusa con un colpo in più del par.

bogie[3] /'bəʊgi/ n. **1** fantasma m., folletto m., spirito m. **2** (*fig*) (*bugbear*) spauracchio m.: *the real ~ is unemployment* il vero spauracchio è la disoccupazione. **3** (*Am,Mil,sl*) aeromobile m. non identificato. **4** (*Br,sl*) (*nasal mucus*) cappero m.

bogland /'bɒglænd Am 'bɑːglænd/ n. terreno m. paludoso.

bogof, BOGOF /'bɒgɒf/ (*Comm,colloq*) buy one get one free 2x1 (due al prezzo di uno, paghi uno prendi due). ☐ (*Comm,colloq*) *a ~ offer* un'offerta due al prezzo di uno.

Bogota /,bɒgəʊ'tɑː/ n.pr. (*Geog*) Bogotà f.

bog-standard /,bɒg'stændəd/ a. (*Br*) normalissimo, qualunque, banale.

bogtrotter, bog-trotter /'bɒgtrɒtər/ n. (*Br,*

spreg,sl) irlandese m./f.

bogus /'bəʊgəs/ a. **1** contraffatto, falsificato, fasullo. **2** (*false*) falso, finto.

bogy /'bəʊgi/ n. → **bogey**[2].

Bohemia /bəʊ'hiːmiə/ n.pr. (*Geog*) Boemia f.

Bohemian /bəʊ'hiːmiən/ I n. **1** boemo m. (f. -a). **2** (*language*) lingua f. boema. **3** (*fig*) (*unconventional artist, writer, etc.*) bohémien m. (f. -ienne). **4** (*gypsy*) zingaro m. (f. -a). II a. **1** boemo. **2** (*fig*) bohémien. **3** (*vagabond*) vagabondo. ☐ (*Vetr*) *~ glass* cristallo di Boemia.

Bohemianism /bəʊ'hiːmiə,nɪzəm/ n. bohème f.

boho /'bəʊhəʊ/ n. (*unconventional artist, writer, etc.*) bohémien m. (f. -ienne).

bohunk /'bəʊhʌŋk/ n. (*Am, spreg*) operaio m. (f. -a) proveniente dall'Europa centro-orientale.

boil[1] /bɔɪl/ I v.i. **1** bollire. **2** (*fig*) bollire, fremere, (*colloq*) friggere (*with* di): *to ~ with rage* fremere di rabbia. **3** (*fig*) (*to move violently*) ribollire, agitarsi. II v.t. **1** bollire, far bollire. **2** (*to cook in boiling water*) lessare. ☐ *to ~ away* (*fare*) evaporare mediante bollitura; *to ~ down*: 1 condensare, condensarsi; 2 (*fig*) (*to condense*) condensare, riassumere: *it all -s down to this* tutto si riduce a questo; *to ~ fast* bollire a fuoco alto; *to ~ gently* bollire a fuoco basso; *to ~ off* (*fare*) evaporare (la parte liquida di qcs.), vaporizzare; *to ~ over*: 1 traboccare (per ebollizione): *the milk is -ing over* il latte trabocca; 2 (*fig*) traboccare: *to ~ over with indignation* traboccare di indignazione; *to ~ up*: 1 (*fare*) bollire, (*fare*) alzare il bollore; 2 (*fig*) raggiungere un punto critico, stare per scoppiare: *a crisis was -ing up* stava per scoppiare una crisi.

boil[2] /bɔɪl/ n. **1** (*act of boiling*) bollitura f., ebollizione f. **2** (*state of boiling*) bollore m. **3** (*Am,dial*) (*picnic with boiled seafood*) picnic (con frutti di mare lessati). ☐ *to bring to the ~*: 1 fare bollire, fare levare il bollore; 2 (*fig*) fare culminare, portare al punto critico; *to come to the ~* (o Am *to come to a ~*): 1 levare il bollore, cominciare a bollire; 2 (*fig*) arrivare a un punto critico, giungere al culmine; *to be off the ~*: 1 smettere di bollire, non bollire più; 2 (*fig*) raffreddarsi: *to go off the ~* perdere l'intensità, perdere interesse, raffreddarsi: *their relationship is going off the ~* la loro storia si sta raffreddando; 3 (*Br, Sport*) non essere in forma; *to go off the ~* perdere la forma; *to be on the ~*: 1 bollire, essere in ebollizione; 2 (*fig*) essere in fermento: *tempers were on the ~* si stavano arrabbiando; 3 (*Br,Sport*) essere in grande forma.

boil[3] /bɔɪl/ n. (*Med*) foruncolo m., pustola f.

boiled /bɔɪld/ a. **1** bollito, lessato, lesso. **2** (*Am,sl*) ubriaco, sbronzo. ☐ (*Gastron*) *~ egg*: 1 (*soft-boiled*) uovo bazzotto, uovo alla coque; 2 (*hard-boiled*) uovo sodo; (*Gastron*) *~ ham* prosciutto cotto; (*Gastron*) *~ meat* lesso, bollito, carne lessata; (*ant,colloq*) *~ shirt* camicia inamidata; (*Br,Dolc*) *~ sweet* caramella dura.

boiler /'bɔɪlər/ n. **1** bollitore m. **2** (*steam generator, heater for central heating system*) caldaia f. **3** (*water heater*) scaldaacqua m., scaldabagno m. **4** (*laundry tub*) vasca f. scaldaacqua. **5** (*Br*) (*chicken suitable for boiling*) gallina f., pollo m. da fare lesso. ☐ *~ room* sala caldaie; (*Br*) *~ suit* tuta da lavoro, tuta da operaio.

boilermaker /'bɔɪlə,meikər Am 'bɔɪlər ,meikər/ n. calderaio m.

boilerplate /'bɔɪləpleit Am 'bɔɪlərpleit/ n. **1**

(*Met*) lamiera *f.* (per caldaie). 2 (*Geol*) superficie *f.* indurita, boiler plate *m.* 3 (*Am,colloq*) luoghi *m.pl.* comuni, linguaggio *m.* stereotipato.

boiling /'bɔɪlɪŋ/ **I** *a.* 1 bollente, in ebollizione: ~ *water* acqua bollente; *to be* ~ essere in ebollizione. 2 (*fig*) (*torrid*) torrido, cocente, rovente. 3 (*fig*) (*seething*) ribollente, agitato, in fermento. **II** *avv.* molto: ~ *hot coffee* caffè caldissimo, caffè bollente. **III** *n.* 1 (*action of boiling*) ebollizione *f.* 2 (*subjection to boiling*) bollitura *f.* 3 (*Tess*) (*in silk cleaning*) sgommatura *f.* □ ~*point*: 1 punto di ebollizione, temperatura di ebollizione; 2 (*fig*) punto critico, temperatura critica.

boing /bɔɪŋ/ **I** *n.* balzo *m.*, rimbalzo *m.* **II** *intz.* boing (rumore della palla che rimbalza).

boisterous /'bɔɪstərəs/ *a.* 1 turbolento, tumultuoso. 2 (*unrestrained*) sfrenato, vivace, chiassoso: ~ *laughter* risata sfrenata. 3 (*stormy*) violento, burrascoso: *a* ~ *wind* un vento impetuoso.

boisterously /'bɔɪstərəsli/ *avv.* tumultuosamente.

boisterousness /'bɔɪstərəsnəs/ *n.* turbolenza *f.*

boke /'bouk/ *v.i.* (*Scott*) vomitare.

BOL *Bolivia* BOL (Bolivia).

bold /bould/ *a.* 1 (*confident*) baldanzoso, ardito, baldo, spavaldo. 2 (*daring*) audace, coraggioso, ardito: *a* ~ *plan* un piano audace. 3 (*impudent*) impudente, sfacciato, sfrontato: *if I may be so* ~ *as to offer a suggestion* se posso prendermi la libertà di dare un suggerimento. 4 (*free, daring*) libero, audace, franco: *a* ~ *thinker* un libero pensatore. 5 (*eye-catching*) marcato: ~ *handwriting* una calligrafia marcata. 6 (*fully delineated*) chiaro, nitido, ben delineato. 7 (*sheer*) a picco, a perpendicolo. 8 (*Tip*) in neretto, in grassetto, in bold. □ *as* ~ *as a lion* fiero come un leone; *as* ~ *as brass* con una faccia di bronzo, con una faccia di tolla; *to put a* ~ *face on the matter* affrontare qcs. con coraggio, affrontare qcs. a viso aperto; (*fig*) *to put on* (*o to show*) *a* ~ *face* assumere un aspetto baldanzoso; (*fig*) *to put a* ~ *front on sth.* affrontare risolutamente qcs.; ~ *in word and deeds* audace a parole e a fatti; *to make* ~ *to do sth.* osare fare qcs., prendersi la libertà di fare qcs., permettersi di fare qcs.; (*Tip*) *print* caratteri in neretto, caratteri in grassetto; (*Tip*) ~*type* caratteri in neretto, caratteri in grassetto.

boldface /'bouldfeɪs/ *n.* (*Tip*) neretto *m.*, grassetto *m.*

bold-faced /'bouldfeɪst/ *a.* 1 (*Tip*) in neretto, in grassetto, in bold. 2 (*fig*) (*impudent*) impudente, sfacciato.

boldly /'bouldli/ *avv.* 1 con audacia, con coraggio. 2 (*impudently*) con sfacciataggine, con la faccia tosta. 3 (*clear, strong*) chiaramente, marcatamente.

boldness /'bouldnəs/ *n.* 1 audacia *f.*, baldanza *f.* 2 (*impudence*) impudenza *f.*, sfacciataggine *f.*, (*colloq*) faccia *f.* tosta. 3 (*clearness*) chiarezza *f.*, nitidezza *f.*

boldo /'bɒldou *Am* 'ba:ldou/ *n.* (*Bot*) boldo *m.*

bole /boul/ *n.* 1 (*trunk*) tronco *m.* (di albero). 2 (*clay used for pigment*) bolo *m.*; (*used as ground for oil painting*) mordente *m.*

bolection /bou'lekʃən/ *n.* (*Arch*) modanatura *f.* (di un pannello).

bolero /bə'leərou *Am* bə'lerou/ (*pl.* -s /-z/) *n.* (*Mus,Abbigl*) bolero *m.*

boletus /bou'li:təs *Am* bou'li:təs/ *n.* (*Bot,Alim*) boleto *m.* □ (*Bot,Alim*) ~*mushroom* fungo porcino.

bolide /'boulaɪd/ *n.* (*Astr*) bolide *m.*

Bolivia /bə'lɪviə/ *n.pr.* (*Geog*) Bolivia *f.*

Bolivian /bə'lɪviən/ **I** *a.* boliviano. **II** *n.* 1 boliviano *m.* (*f.* -a). 2 (*language*) boliviano *m.*

boll /boul/ **I** *n.* (*Bot*) capsula *f.* **II** *v.t.* (*Agr*) raccogliere le capsule di. □ (*Zool*) ~*weevil* antonomo del cotone.

bollard /'bɒlɑd/ *n.* 1 (*Br,Mar*) bitta *f.* 2 (*Br, Strad*) pilastrino *m.* spartitraffico.

bollix /'bɒlɪks/ *v.t.* (*Br*) → **bollocks**.

bollocking /'bɒləkɪŋ/ *n.* (*Br*) → **bollocksing**.

bollocks /'bɒləks/ **I** *n.pl.* 1 (*Br,volg*) (*testes*) coglioni *m.pl.*, palle *f.pl.* 2 (*Br,volg*) (*nonsense*) fesserie *f.pl.*, stronzate *f.pl.*, (*colloq*) balle *f.pl.* **II** *v.t.* (*Br,volg*) mandare a puttane, incasinare. □ (*Br,volg*) *to* ~*up* mandare a puttane, incasinare; *to get -ed up* andare a puttane, (*region*) finire a schifio.

bollocksing /'bɒləksɪŋ/ *n.* (*Br,volg*) cazziatone *m.*, girata *f.*, lavata *f.* di capo: *I'm going to give you a right* ~ ti faccio un culo così.

bollworm /'boulwɜːm *Am* 'boulwɜːrm/ *n.* (*Entom*) eliotide *m.*

Bollywood /'bɒliwud *Am* 'ba:liwud/ *n.* (*colloq*) 1 industria *f.* cinematografica di Bombay. 2 (*studios*) studi *m.pl.* cinematografici di Bombay.

bolo /'boulou/ □ (*Am,Abbigl*) ~ *tie* cravattino texano.

Bologna /bə'lɒnjə, bə'lounjə *Am also* bə 'la:njə/ *n.pr.* (*Geog*) Bologna *f.* □ (*Gastron*) ~*sausage* mortadella.

bolognese /,bɒlə'neɪz *Am* ,boulə'n(j)i:z/ □ (*Gastron*) ~*sauce* sugo di carne, ragù.

bolometer /bou'lɒmɪtər *Am* bou'la:mətər/ *n.* (*Fis*) bolometro *m.*

boloney /bə'louni/ *n.* 1 (*baloney*) fandonie *f.pl.*, sciocchezze *f.pl.* 2 (*Gastron*) mortadella *f.*

Bolshevik /'bɒlʃɪvɪk *Am* 'boulʃɪvɪk/ **I** *n.* 1 (*Stor*) bolscevico *m.* (*f.* -a). 2 (*revolutionary*) agitatore *m.* (*f.* -trice), sovversivo *m.* (*f.* -a). 3 (*communist*) comunista *m.e.f.* **II** *a.* 1 (*Stor*) bolscevico. 2 (*revolutionary*) rivoluzionario, sovversivo. 3 (*communist*) comunista.

Bolshevisation /,bɒlʃəvaɪ'zeɪʃən/ *n.* (*Br*) bolscevizzazione *f.*

Bolshevism /'bɒlʃəvɪzəm *Am* 'boulʃəvɪzəm/ *n.* 1 (*Stor*) bolscevismo *m.* 2 (*revolutionary politics*) politica *f.* rivoluzionaria. 3 (*communism*) comunismo *m.*

Bolshevization /,bɒlʃəv(ə)ɪ'zeɪʃən *Am* ,boulʃəvɪ'zeɪʃən/ *n.* bolscevizzazione *f.*

bolshie /'bɒlʃi/ *a.* (*Br,colloq*) prepotente, intrattabile, ribelle.

Bolshie /'bɒlʃi *Am* 'boulʃi/ *n./a.* (*colloq,ant*) → **Bolshevik**.

bolster /'boulstər/ **I** *n.* 1 (*pillow*) capezzale *m.*, guanciale *m.* 2 (*padding*) imbottitura *f.* 3 (*fig*) sostegno *m.*, rinforzo *m.* 4 (*Tecn*) supporto *m.*, appoggio *m.*, sostegno *m.* 5 (*Mecc*) piano *m.* di appoggio, intelaiatura *f.* di appoggio. 6 (*Fal*) mensola *f.* **II** *v.t.* 1 sostenere, sorreggere. 2 (*fig*) (*to reinforce, to uphold*) appoggiare, rinforzare, sottolineare. 3 (*to supplement*) integrare, rinforzare. 4 (*to pad*) imbottire. □ *to* ~*up* appoggiare, rinforzare, sottolineare.

bolt[1] /boult/ *n.* 1 (*blunt screw*) bullone *m.* 2 (*of a door*) chiavistello *m.*, catenaccio *m.*, sbarra *f.* 3 (*of a firearm*) otturatore *m.* 4 (*arrow*) freccia *f.*, dardo *m.* 5 (*thunderbolt*) fulmine *m.*, lampo *m.* 6 (*sudden start*) balzo *m.*, sobbalzo *m.* 7 (*sudden desertion*) abbandono *m.*, ritiro *m.*, diserzione *f.* 8 (*roll: of cloth*) pezza *f.*; (*of wallpaper*) rotolo *m.* □ (*fig*) *a* ~*from the blue* un fulmine a ciel sereno; ~ *head*: 1 testa del bullone; 2 (*Chim*) matraccio; (*Br*) ~ *hole* via di scampo (*anche fig*); *to make a* ~ *for sth.* balzare su qcs.; (*fig*) *to*

---

make a ~ *for it* prendere il volo, squagliarsela, darsela a gambe; (*fig*) *a* ~ *out of the blue* un fulmine a ciel sereno; (*Mar*) ~ *rope* gratile, ralinga; ~*upright* dritto (impalato), diritto come un palo.

bolt[2] /boult/ *v.t.* 1 (*fasten with nut and bolt*) fissare con bullone e dado. 2 (*of a door*) serrare, sprangare, chiudere col catenaccio: *to* ~ *the doors* sprangare le porte. 3 (*to desert*) abbandonare, disertare. 4 (*to eat hastily*) ingoiare, tranguigiare, ingollare. **II** *v.i.* 1 (*to escape*) fuggire, scappare. 2 (*of a horse*) prendere la mano, imbizzarrirsi. 3 (*to rush, to dart*) balzare, scattare. 4 (*fig*) (*to break away*) staccarsi, allontanarsi. 5 (*Bot*) (*to go to seed*) andare a seme. □ *to* ~*up* balzare, scattare.

bolt[3] /boult/ *v.t.* setacciare, burattare.

bolter /'boultər *Am* 'boultər/ *n.* 1 cavallo *m.* ombroso. 2 (*Aus*) (*escapee*) fuggiasco *m.* (*f.* -a).

bolus /'boulæs/ *n.* 1 (*Med,Veter*) bolo *m.*, grossa pillola *f.* 2 (*round mass*) bolo *m.* 3 (*Min*) bolo *m.* (di Armenia), terra *f.* bolare, terra *f.* argillosa.

bomb /bɒm *Am* ba:m/ **I** *n.* 1 bomba *f.*: *the atomic* ~ la bomba atomica. 2 (*fig*) bomba *f.* 3 (*Geol*) bomba *f.* vulcanica, bomba *f.* lavica. 4 (*colloq*) (*disappointment*) spiacevole sorpresa *f.* 5 (*Br,colloq*) (*a lot of money*) fortuna *f.*, barca *f.* di soldi, cifra *f.*: *it cost me a* ~ mi è costato una cifra. 6 (*Am,colloq*) (*disastrous performance, etc.*) fiasco *m.* (clamoroso), fallimento *m.* totale. **II** *v.t.* 1 bombardare, lanciare bombe su, fare cadere bombe su: *to* ~ *a city* bombardare una città. 2 (*to blow up with bombs*) fare saltare in aria, far esplodere. **III** *v.i.* 1 gettare bombe, sganciare bombe. 2 (*Br*) (*to leave quickly*) scappare a gambe levate, andarsene in fretta e furia. 3 (*Am, colloq*) (*to be a disaster*) fare un fiasco clamoroso. 4 (*Inform,colloq*) (*to crash*) andare in crash, bloccarsi, piantarsi. □ *to* ~*along* andare come un razzo, andare come una scheggia; (*Aer*) ~ *bay* vano bombe; (*Mil*) ~ *carrier* portabombe; (*Mil*) ~ *disposal* rimozione e disinnesco di bombe; (*Br,colloq*) *to go like a* ~ andare come un razzo, andare come una scheggia; (*Mil*) ~*load* carico di bombe; (*Br*) *to* ~*off* scappare a gambe levate, andarsene in fretta e furia; *to* ~ *out*: 1 radere al suolo; 2 (*of a person*) fare rimanere senza tetto (con bombardamenti); (*Br,fig*) *to put a* ~ *under so.* fare svegliare qcu., scuotere qcu.; (*Mil*) ~*shelter* rifugio antiaereo; (*Mil*) ~*sight* dispositivo di puntamento, punteria; (*Mil*) ~*site* zona bombardata; ~*squad* squadra anti-terrorismo; (*Mil*) *the Bomb* la bomba atomica; (*Aer,Mil*) *to* ~*up* caricare di bombe.

bombard[1] /bɒm'ba:d *Am* ba:m'ba:rd/ *v.t.* 1 bombardare, cannoneggiare. 2 (*fig*) bersagliare, bombardare: *to* ~ *with questions* bersagliare di domande. 3 (*Fis*) bombardare.

bombard[2] /'bɒmba:d *Am* 'ba:mba:rd/ *n.* (*ant, Arm*) bombarda *f.*

bombardier /,bɒmbə'dɪər *Am* ,ba:mbə'dɪr/ *n.* 1 (*non-commissioned officer in artillery*) sottufficiale *m.* di artiglieria. 2 (*member of bomber crew*) bombardiere *m.* 3 (*ant*) (*artilleryman*) artigliere *m.* □ (*Zool*) ~ *beetle* bombardiere.

bombardment /bɒm'ba:dmənt *Am* ba:m 'ba:rdmənt/ *n.* (*Mil,Fis*) bombardamento *m.*

bombardon /bɒm'ba:dən *Am* ba:m'ba:rdən/ *n.* (*Mus*) 1 (*wind instrument*) bombardone *m.* 2 (*organ stop*) bombarda *f.*

bombast /'bɒmbæst *Am* 'ba:mbæst/ *n.* stile *m.* ampolloso, stile *m.* altisonante.

bombastic /bɒmˈbæstɪk *Am* bɑːmˈbæstɪk/ *a.* altisonante, pomposo, ampolloso.

bombastically /bɒmˈbæstɪkᵊli *Am* bɑːmˈbæstɪkli/ *avv.* con magniloquenza, in modo altisonante.

Bombay /ˌbɒmˈbeɪ *Am* ˌbɑːmˈbeɪ/ *n.pr.* (*Geog*) Bombay *f.* ☐ ~ **duck**: 1 (*Itt*) harpodon nehereus; 2 (*Gastron*) pesce secco (usato nella cucina indiana); (*Gastron*) ~ **mix** snack indiano a base di lenticchie e miglio fritto.

bombe /bɒmb *Am also* bɑːm/ *n.* (*Dolc*) bomba *f.* gelata.

bombé /bɒmˈbeɪ *Am* bɑːmˈbeɪ/ *a.* (*Arred*) bombato.

bombed /bɒmd *Am* bɑːmd/ *a.* 1 bombardato. 2 (*sl*) sotto l'effetto della droga, fatto.

bombed-out /bɒmdaut *Am* ˈbɑːmdaut/ *a.* 1 che ha perso la casa sotto i bombardamenti. 2 (*sl*) sotto l'effetto della droga, fatto.

bomber /ˈbɒmər *Am* ˈbɑːmər/ *n.* 1 (*Aer*) bombardiere *m.* 2 (*person who bombs*) bombarolo *m.* (*f.* -a), dinamitardo *m.* (*f.* -a). 3 (*sl*) (*cannabis cigarette*) spinello *m.*, canna *f.*, cannone *m.* ☐ (*Abbigl*) ~ **jacket** giubbotto (da pilota), bomber.

bombinate /ˈbɒmbɪneɪt *Am* ˈbɑːmbɪneɪt/ *v.i.* (*lett*) ronzare.

bombing /ˈbɒmɪŋ *Am* ˈbɑːmɪŋ/ *n.* (*Mil*) bombardamento *m.* ☐ (*Mil*) ~ **run** volo sul bersaglio; (*Mil*) ~ **wave** ondata di bombardamenti.

bombora /bɒmˈbɔːrə *Am* bɑːmˈbɔːrə/ *n.* (*Aus*) 1 barriera *f.* corallina sommersa. 2 (*waves*) onde *f.pl.* pericolose (create da una barriera sommersa).

bombproof, **bomb-proof** /ˈbɒmpruːf *Am* ˈbɑːmpruːf/ *a.* a prova di bomba: ~ **shelter** rifugio a prova di bomba.

bombshell /ˈbɒmʃel *Am* ˈbɑːmʃel/ *n.* 1 (*Mil*) granata *f.*, bomba *f.* 2 (*fig*) (*surprising news*) bomba *f.*, notizia *f.* esplosiva, fulmine *m.* a ciel sereno: *to drop a ~* rivelare una notizia clamorosa, dare una notizia inattesa. 3 (*fig*) (*stunning woman*) schianto *m.* di ragazza.

bona fide /ˌbəʊnəˈfaɪdi/ *a./avv.* 1 (*fatto*) in buona fede: *a ~ offer* un'offerta in buona fede. 2 (*authentic*) autentico: *a ~ Rembrandt* un Rembrandt autentico.

bona fides /ˌbəʊnəˈfaɪdiːz/ *n.pl.* credenziali *f.pl.*

bonanza /bəˈnænzə/ **I** *n.* 1 (*Minier*) bonanza *f.*, ricco giacimento *m.* 2 (*colloq*) fonte *f.* di grossi guadagni. **II** *a.* buono, favorevole, prospero: ~ *year* annata prospera. ☐ (*fig*) *to be in* ~ essere in un buon periodo, essere in un periodo fortunato.

Bonapartism /ˈbəʊnəpɑːtɪzᵊm *Am* ˈbəʊnə pɑːrtɪzᵊm/ *n.* (*Stor*) bonapartismo *m.*

Bonapartist /ˈbəʊnəpɑːtɪst *Am* ˈbəʊnə pɑːrtɪst/ **I** *n.* (*Stor*) bonapartista *m./f.* **II** *a.* bonapartista.

bon appetit, **bon appétit** /ˌbɒnæpeˈtiː *Am* ˌbɑːnæpeˈtiː/ *intz.* buon appetito!

bonbon /ˈbɒnbɒn *Am* ˈbɑːnbɑːn/ *n.* bonbon *m.*, confetto *m.*, caramella *f.*

bonbonnière /ˈbɒnbəniə *Am* ˈbɑːnbənir/ *n.* scatola *f.* contenente confetti, (*rar*) bomboniera *f.*

bonce /bɒns/ *n.* (*Br,sl*) testa *f.*, zucca *f.*, (*region*) crapa *f.*

bond[1] /bɒnd/ **I** *n.* 1 vincolo *m.*, legame *m.* (*anche fig*): *the -s of friendship* i vincoli dell'amicizia. 2 (*fig*) (*covenant*) accordo *m.*, patto *m.* 3 (*sealed promise to pay*) impegno *m.* 4 (*Econ*) obbligazione *f.*, certificato *m.*, buono *m.*: *to call -s* rimborsare le obbligazioni. 5 (*Dir*) (*written surety*) garanzia *f.*, cauzione *f.*, impegno *m.*: *to place so.* (*o sth.*) *under* ~ porre qcu. (*o* qcs.) sotto cauzione. 6

(*Cart*) carta *f.* di alta qualità. 7 (*Assic*) garanzia *f.* (*assicurativa*). 8 (*Tecn*) (*cohesion*) aderenza *f.*, commessura *f.* 9 (*Tecn*) (*binder*) agglutinante *m.*, legante *m.* 10 (*Edil*) (*arrangement*) apparecchiatura *f.*; (*connection*) connessione *f.* (*per sovrapposizione*). 11 (*Chim*) legame *m.* 12 (*El*) collegamento *m.* 13 (*Am*) (*bonded whisky*) whisky *m.* invecchiato in magazzini doganali. 14 (*Aus*) (*deposit on rented accommodation*) cauzione *f.*, caparra *f.* 15 *pl.* (*fetters*) ceppi *m.pl.*, ferri *m.pl.* 16 *pl.* (*fig*) prigionia *f.sing.*, schiavitù *f.sing.*, catene *f.pl.*: *to break one's -s* spezzare le catene. **II** *v.t.* 1 (*to cause to adhere*) legare, assicurare, fissare, unire. 2 (*to link emotionally*) legare, stringere un legame tra, unire. 3 (*to store*) immagazzinare, conservare. 4 (*to mortgage*) ipotecare. 5 (*Econ*) (*to secure payment of*) emettere obbligazioni su. 6 (*Econ*) (*to provide bond*) cauzionare; (*Aus*) (*to pay a deposit*) pagare una cauzione. 7 (*El*) (*of metal elements*) collegare, fondere. 8 (*Edil*) (*to arrange*) apparecchiare; (*to connect*) connettere (*per sovrapposizione*). ☐ (*Edil*) ~ **course** corso di legamento; (*Econ*) ~ **creditor** creditore garantito da cauzione; (*Econ*) ~ **department** ufficio titoli; (*Econ*) (*di investimento*) in titoli; (*Econ*) ~ **fund** fondo emissione obbligazionaria, emissione di titoli; (*Econ*) ~ **market** mercato dei titoli a reddito fisso, mercato delle obbligazioni; (*Cart*) ~ **paper** carta di alta qualità; (*Fis*) ~ **strength** forza di coesione; (*Comm*) *to take out of* ~ sdoganare; (*Econ*) ~ **yield** reddito obbligazionario.

bond[2] /bɒnd *Am* bɑːnd/ *a.* (*ant*) schiavo, servo.

bondage /ˈbɒndɪdʒ *Am* ˈbɑːndɪdʒ/ *n.* 1 (*serfdom*) servitù *f.*, schiavitù *f.* 2 (*fig*) soggezione *f.*, sottomissione *f.* 3 (*sexual practice*) bondage *m.*, il legare il partner durante un rapporto sessuale sadomaso.

bonded /ˈbɒndɪd *Am* ˈbɑːndɪd/ *a.* 1 (*adhering*) unito, fissato, legato. 2 (*legally agreed, with surety*) cauzionato, garantito da cauzione. 3 (*placed in bond*) vincolato, sotto vincolo doganale: ~ *goods* merce sotto vincolo doganale. ☐ (*Econ*) ~ *debt* debito garantito da obbligazioni; ~ *warehouse* magazzino doganale.

bondholder /ˈbɒndˌhəʊldər *Am* ˈbɑːnd ˌhəʊldər/ *n.* (*Econ*) obbligazionista *m./f.*; (*people holding T-bonds*) BOT people *m.pl.*, possessori *m.pl.* di BOT.

bonding /ˈbɒndɪŋ *Am* ˈbɑːndɪŋ/ **I** *a.* legante. **II** *n.* 1 (*joint*) giunzione *f.*, collegamento *m.* 2 (*formation of emotional attachment*) creazione *f.* di un legame, unione *f.* 3 (*Comm*) deposito *m.*, cauzione *f.*, garanzia *f.* ☐ (*Tecn*) ~ *agent* legante; (*Tecn*) ~ *strength* resistenza della giunzione, resistenza del collegamento.

bondmaid /ˈbɒndmeɪd *Am* ˈbɑːndmeɪd/ *n.irr.* (*Stor*) (*serf*) giovane serva *f.*, giovane schiava *f.*

bondman /ˈbɒndmən *Am* ˈbɑːndmən/ *n.irr.* (*Stor*) (*serf*) servo *m.* della gleba, schiavo *m.*

bondservant /ˈbɒndsɜːvᵊnt *Am* ˈbɑːnd sɜːrvᵊnt/ *n.* (*Stor*) (*serf*) servo *m.* della gleba, schiavo *m.*

bondsman /ˈbɒn(d)zmən *Am* ˈbɑːn(d)zmən/ *n.irr.* 1 (*Dir*) garante *m.*, mallevadore *m.* 2 (*Stor*) (*serf*) servo *m.* della gleba, schiavo *m.*

bondstone /ˈbɒndstəʊn *Am* ˈbɑːndstəʊn/ *n.* (*Edil*) pietra *f.* di legamento.

bondwoman /ˈbɒndˌwʊmən *Am* ˈbɑːnd ˌwʊmən/ *n.irr.* (*Stor*) (*serf*) serva *f.*, schiava *f.*

bone /bəʊn/ **I** *n.* 1 osso *m.* 2 (*of fish*) lisca *f.*, spina *f.* 3 (*in corsets*) stecca *f.* (di balena). 4

pl. (*skeleton*) ossa *f.pl.*, scheletro *m.sing.* 5 *pl.* (*fig*) (*framework*) ossatura *f.sing.*, intelaiatura *f.sing.* 6 *pl.* (*mortal remains*) spoglie *f.pl.* (*mortali*): *to bury so.'s -s* seppellire le spoglie di qcu. 7 *pl.* (*colloq*) (*dice*) dadi *m.pl.*; (*dominoes*) tessere *f.pl.* del domino. 8 *pl.* (*bone clappers*) castagnette *f.pl.*, nacchere *f.pl.* **II** *avv.* molto, estremamente: ~ *idle* veramente pigro, pigrissimo; ~ *dry* asciuttissimo, completamente asciutto, secchissimo. **III** *v.t.* 1 (*of meat*) disossare. 2 (*of fish*) spinare. 3 (*of a garment, corset*) munire di stecche (di balena). **IV** *v.i.* (*Am*) studiare con grande impegno, sgobbare. ☐ (*Chim*) ~ *ash* cenere di ossa; ~ *china* porcellana fine; (*Minier*) ~ *coal* bone coal, scisto carbonifero; ~ *dust* farina di ossa; ~ *heap* (*in dominoes*) ossario, insieme di tessere coperte sul tavolo di gioco; *to be in one's -s* essere innato, essere istintivo; *to feel sth. in one's -s* sentirsi qcs. dentro, avere il presentimento di qcs.; (*colloq*) *to make no -s about sth.*: 1 (*to state without hesitation*) non farsi scrupolo di dire qcs., dire qcs. chiaro e tondo, non fare mistero di qcs.; 2 (*to deal with without hesitation*) non farsi scrupolo di fare qcs., non pensarci due volte a fare qcs.; ~ *marrow* midollo osseo; ~ *meal* farina di ossa; (*fig*) ~ *of contention* pomo della discordia; *meat off the* ~ carne senza l'osso, carne disossata; ~ *oil* olio di ossa; *meat on the* ~ carne con l'osso; (*colloq*) ~ *setter* conciaossa; (*Veter*) ~ *spavin* spavenio osseo; (*fig*) *to have a* ~ *to pick with so.* avere un conto in sospeso con qcu.; *to the* ~ fino all'osso; *to pare sth. to the* ~ ridurre qcs. all'osso; *to cut expenses to the* ~ ridurre le spese all'osso; *chilled to the* ~ congelato, diventato un ghiacciolo; (*colloq*) *to* ~ *up* studiare con grande impegno, sgobbare; *to work one's fingers to the* ~ ammazzarsi di lavoro, lavorare tantissimo.

boned /bəʊnd/ *a.* 1 (*in compounds*) dalle ossa..., di ossatura...: *a big-~ boy* un ragazzo di ossatura robusta. 2 (*having bones removed*) disossato. 3 (*of fish*) senza lische, deliscato, spinato.

bone-dry /ˌbəʊnˈdraɪ/ *a.* 1 secchissimo, arido. 2 (*colloq*) (*without alcohol*) senza bevande alcoliche; (*opposed to alcohol*) proibizionista.

bonefish /ˈbəʊnfɪʃ/ *n.* (*Itt*) tarpone *m.*

bonehead /ˈbəʊnhed/ *n.* (*colloq*) testa *f.* di legno, zuccone *m.* (*f.* -a).

boneheaded /ˈbəʊnhedɪd/ *a.* (*colloq*) (*da*) testa di legno, (*da*) zuccone.

boneheadedness /ˌbəʊnˈhedɪdnəs/ *n.* (*colloq*) zucconaggine *f.*

bone-idle /ˈbəʊnaɪdl/ *a.* estremamente pigro, poltrone, (*da*) pelandrone.

bone-lazy /ˈbəʊnleɪzi/ *a.* estremamente pigro, poltrone, (*da*) pelandrone.

boneless /ˈbəʊnləs/ *a.* 1 senza ossa, privo di ossa. 2 (*boned*) disossato. 3 (*of fish*) senza lische, privo di lische; (*boned*) deliscato, spinato. 4 (*fig*) (*spineless*) fiacco, smidollato.

boner /ˈbəʊnər/ *n.* 1 (*colloq*) gaffe *f.*: *to pull a* ~ fare una gaffe. 2 (*volg*) erezione *f.*: *to have a* ~ essere in tiro.

boneshaker, **bone-shaker** /ˈbəʊnˌʃeɪkər/ *n.* (*Br*) 1 (*ant*) bicicletta *f.* senza pneumatici. 2 (*colloq*) (*dilapidated vehicle*) catorcio *m.*, carretta *f.*

Boney /ˈbəʊni/ *n.pr.m.* (*scherz*) Napoleone.

boneyard /ˈbəʊnjɑːd *Am* ˈbəʊnjɑːrd/ *n.* (*scherz*) cimitero *m.*

bonfire /ˈbɒnfaɪə *Am* ˈbɑːnfaɪər/ *n.* falò *m.* ☐ (*Br*) *Bonfire* **Night** festa del 5 novembre (con falò e fuochi d'artificio per celebrare la sco-

perta della congiura delle polveri del 1605).
bong[1] /bɒŋ *Am* bɑːŋ/ **I** *n.* dong *m.*, rintocco *m.*, colpo *m.* **II** *v.i.* risuonare. **III** *v.t.* suonare.

bong[2] /bɒŋ *Am* bɑːŋ/ *n.* (*sl*) pipa *f.* per fumare droghe.

bongo /'bɒŋgoʊ *Am* 'bɑːŋgoʊ/ (*pl.inv.* o **-s** /-z/) *n.* (*Zool*) bongo *m.*

bonhomie /ˌbɒnə'mi: *Am* ˌbɒnə'mi:/ *n.* bonarietà *f.*, bonomia *f.*

Boniface /'bɒnɪfeɪs *Am* 'bɑːnɪfeɪs/ *n.pr.m.* Bonifacio.

bonito /bə'niːtoʊ *Am* bə'niːtoʊ/ (*pl.inv.* o **-s** /-z/) *n.* (*Itt*) sarda *f.*

bonk /bɒŋk *Am* 'bɑːŋk/ **I** *v.t.* **1** (*colloq*) colpire (facendo risuonare), picchiare, battere contro. **2** (*Br,volg*) scopare, chiavare. **II** *n.* **1** (*colloq*) colpo *m.*, colpo *m.* alla testa. **2** (*Br, volg*) scopata *f.*, chiavata *f.*

bonkers /'bɒŋkəz *Am* 'bɑːŋkərz/ *a.* (*sl*) pazzo, matto, fuori di testa.

bon mot /ˌbɔ̃:n'moʊ/ (*pl.* **bons mots**) *n.* bon mot *m.*, battuta *f.* di spirito, frizzo *m.*

bonnet /'bɒnɪt *Am* 'bɑːnɪt/ *I n.* **1** cappellino *m.*, cuffia *f.* **2** (*Scott*) (*cap*) berretto *m.* **3** (*chimney hood*) cappa *f.* **4** (*Br,Aut*) cofano *m.* **5** (*of a valve casing*) coperchio *m.*, calotta *f.*; (*of a hot-air furnace*) parascintille *m.* **6** (*Mar,ant*) grembiule *m.* **II** *v.t.* mettere il cappellino a. □ (*Zool*) ~ **monkey** macaco dal berretto; ~ **rouge**: **1** berretto frigio; **2** (*fig*) rivoluzionario.

bonnethead /'bɒnɪthed *Am* 'bɑːnɪthed/ *n.* (*Itt*) pesce *m.* martello. □ (*Itt*) ~ **shark** pesce martello.

bonnie, bonny /'bɒni/ *a.* (*spec. Scott*) **1** bello, simpatico, grazioso: *a ~ lass* una ragazza graziosa. **2** (*of a place*) bello, piacevole. **3** (*of considerable degree*) eccellente, in gamba. **4** (*healthy-looking*) robusto, vigoroso, sano: *a ~ baby* un bambino robusto.

bonsai /'bɒnsaɪ *Am* 'bɑːnsaɪ/ **I** *n.* bonsai *m.* **II** *a.* bonsai: *a ~ tree* un bonsai.

bonsela, bonsella /bɒn'selə *Am* bɑːn'selə/ *n.* (*S.Afr*) regalino *m.*

bontebok /'bɒntəbɒk *Am* 'bɑːntəbɑːk/ *n.* (*S.Afr,Zool*) bontebok *m.*, antilope *f.* pigarga.

bonus /'boʊnəs/ *n.* **1** (*Comm*) (*additional payment*) indennità *f.*, pagamento *m.* straordinario, bonus *m.*: *cost of living ~* indennità di carovita. **2** (*Comm*) (*premium*) premio *m.*, bonus *m.* **3** (*Br,Econ*) extradividendo *m.* **4** (*free gift*) gratifica *f.* **5** (*government subsidy*) sussidio *m.* governativo, sovvenzione *f.* statale. **6** (*unexpected event*) bonus *m.*, plus *m.* □ (*Br,Econ*) ~ **issue** emissione gratuita di azioni; ~ **scheme** programma di incentivazione.

bon vivant /ˌbɔ̃:nvi:'vɑ:nt/ (*pl.* **bons vivants**) *n.* buongustaio *m.* (*f.* -a), intenditore *m.* (*f.* -trice).

bon viveur /ˌbɔ̃:nvi:'vɜ:ʳ/ (*pl.* **bons viveurs**) *n.* buongustaio *m.* (*f.* -a), intenditore *m.* (*f.* -trice).

bon voyage /ˌbɔ̃:nvwaɪ'ɑ:ʒ/ *esclam.* buon viaggio!

bony /'boʊni/ *a.* **1** di osso, di ossa, osseo. **2** (*like bone*) simile all'osso, come un osso. **3** (*full of bones: of meat*) tutt'osso; (*of fish*) pieno di lische. **4** (*having protruding bones*) ossuto, dalle ossa sporgenti: *a ~ face* un viso ossuto. **5** (*thin*) magro, (tutto) pelle e ossa. □ (*Zool*) ~ **fish** pesce osseo.

bonze /bɒnz *Am* bɑːnz/ *n.* (*Rel*) bonzo *m.*

bonzer /'bɒnzəʳ *Am* 'bɑːnzəʳ/ *a.* (*Aus,sl*) eccellente, di prima qualità.

boo /bu:/ **I** *n.* (*pl.* **-s** /-z/) **1** fischio *m.* (di disapprovazione). **2** (*shout of disapproval*) grido *m.* di disapprovazione, grido *m.* di protesta. **3** (*cry of contempt*) urlo *m.* di disprezzo. **II** *v.i.* fischiare, gridare in segno di prote-

sta, gridare in segno di disapprovazione. **III** *v.t.* fischiare, disapprovare, protestare contro. **IV** *intz.* **1** (*to disapprove*) poh, puah. **2** (*to frighten*) bu. **3** (*to drive out*) pussa via. □ (*Teat*) *to ~ so.* **off the stage** scacciare qcu. dal palcoscenico a furia di fischi; (*colloq*) *he can't say ~ to a goose* ha paura di una mosca, è timidissimo.

boob[1] /bu:b/ **I** *n.* (*colloq*) **1** (*Am*) (*fool*) sciocco *m.* (*f.* -a), idiota *m./f.* **2** (*Br*) (*blunder*) errore *m.* marchiano, sproposito *m.*, strafalcione *m.* **II** *v.i.* (*Br,colloq*) sbagliare stupidamente, prendere una cantonata. □ (*Am,colloq*) ~ **tube** televisione.

boob[2] /bu:b/ *n.* (*sl*) tetta *f.* □ (*Br,Abbigl*) ~ **tube** top strettissimo senza spalline.

boo-boo /'bu:bu:/ *n.* (*sl*) errore *m.* grossolano, gaffe *f.*

booby /'bu:bi/ *n.* **1** (*Am,colloq*) (*fool*) sciocco *m.* (*f.* -a), idiota *m./f.* **2** (*Br,colloq*) (*blunder*) errore *m.* marchiano, sproposito *m.*, strafalcione *m.* **3** (*sl*) (*breast*) tetta *f.* **4** (*Ornit*) sula *f.* □ (*sl*) ~ **hatch** manicomio; ~ **prize** premio di consolazione; ~ **trap**: **1** tranello, trappola; **2** (*Mil*) trappola esplosiva, ordigno esplosivo camuffato; **3** (*fig*) trabocchetto, insidia.

boodle /'bu:dl/ *n.* (*colloq*) **1** (*loot*) bottino *m.*, malloppo *m.* **2** (*bribe*) bustarella *f.*, tangente *f.*

boogie /'bu:gi/ **I** *n.* (*Mus*) boogie-woogie *m.* **II** *v.i.* ballare il boogie-woogie. **2** (*Sport*) ~ **board** boogie board (tavoletta leggera da surf su cui si sta proni).

boogie-woogie /ˌbu:gi'wu:gi/ *n.* (*Mus*) boogie-woogie *m.*

boohoo /ˌbu:'hu:/ *v.i.* piangere forte, strillare.

book[1] /bʊk/ *n.* **1** libro *m.*, volume *m.* **2** (*notebook*) quaderno *m.* **3** (*register*) registro *m.*, libro *m.* commerciale. **4** (*Mus*) (*libretto*) libretto *m.* **5** (*record of bets*) libro *m.* delle scommesse. **6** (*Am,sl*) (*bookmaker*) allibratore *m.* (*f.* -trice). **7** (*of tickets, stamps, matches, etc.*) blocchetto *m.*, mazzetto *m.*, blocco *m.* **8** (*phone book*) elenco *m.* del telefono, guida *f.* del telefono. **9** (*in card games*) bazza *f.* **10** *pl.* (*Comm*) (*records*) contabilità *f.sing.*, registrazioni *f.pl.*, conti *m.pl.*: *to keep the -s* tenere la contabilità. □ (*Econ*) ~ **account** conto corrente; *to be at one's -s* essere sui libri, essere immerso nello studio; (*Comm,Econ*) ~ **balance** saldo contabile; (*Legat*) ~ **binder** rilegatore (di libri); (*fig*) *by the ~*: **1** secondo le regole, correttamente: *to speak by the ~* parlare con cognizione di causa; **2** (*in the usual manner*) nel solito modo, come al solito; ~ **club** club del libro; (*Comm*) ~ **credit** partita accreditata; (*Comm*) ~ **creditor** creditore chirografario; (*Comm*) ~ **debit** partita addebitata; (*Comm*) ~ **debt** debito attivo, credito chirografario; (*Comm*) ~ **entry** scrittura contabile; (*colloq*) *one for the ~* (o *one for the -s*) un caso memorabile, un evento straordinario; *in ~ form* in forma di libro; *in my ~* (o *in my -s*) secondo me, a mio parere; (*Legat*) ~ **jacket** sopraccoperta; ~ **learning**: **1** cultura libresca, sapere teorico; **2** (*colloq*) (*schooling*) istruzione formale; (*Econ*) ~ **loss** perdita contabile; (*Zool*) ~ **lung** polmone a libro; (*Comm*) ~ **of account** registro contabile; *the ~ of Books* il libro dei libri, la Bibbia; (*Rel,prot*) *Book of Common Prayers* libro di preghiere (della chiesa anglicana); (*Comm*) ~ **of first entry** prima nota; (*Rel*) ~ **of hours** breviario; *the ~ of life*: **1** (*Bibl*) il libro della vita; **2** (*S.Afr*) documento di identità; (*Comm*) ~ **of original entry** libro giornale; *on the -s*: **1** (*messo*) in lista, elencato, registrato: (*colloq*) *what's on the -s today?* che pro-

getti ci sono per oggi?; **2** (*regularly employed*) in regola, assunto regolarmente, a libri; **3** (*Dir*) in vigore; (*Post*) ~ **post** ridotta (per libri); (*Econ*) ~ **profit** utile contabile; (*Post*) ~ **rate** tariffa ridotta (per libri); ~ **review** recensione (di libri); ~ **reviewer** recensore; (*Econ*) ~ **surplus** eccedenza contabile; *the Book* la Bibbia; *the ~* l'elenco telefonico; (*Br*) *to bring so. to ~*: **1** costringere qcu. alla resa dei conti; **2** (*to bring to justice*) assicurare qcu. alla giustizia; (*Br*) ~ **token** buono per l'acquisto di libri, buono-libro; ~ **trade** industria libraria; (*Econ*) ~ **value** valore contabile, valore di carico; ~ **work** studio (di libri), studio mnemonico.

book[2] /bʊk/ **I** *v.t.* **1** registrare, annotare, elencare. **2** (*to put on an account*) segnare. **3** (*to reserve*) prenotare, fissare, (fare) riservare: *to ~ a seat* prenotare un posto. **4** (*of persons: to register*) (fare) registrare, (fare) mettere in nota, fare una prenotazione per conto di. **5** (*Teat,Cin*) scritturare. **6** (*to enter a charge against*) incriminare: *they -ed him on a charge of murder* venne incriminato per omicidio. **7** (*to fine*) elevare una contravvenzione a, fare una multa a. **8** (*Br,Sport*) ammonire. **II** *v.i.* **1** prenotare, fare la prenotazione. **2** (*at a hotel*) prenotarsi, fissare una stanza. □ (*Br*) *to ~ in* registrarsi in albergo; *to ~ through to London* (*of passengers*) prendere un biglietto diretto per Londra.

bookable /'bʊkəbl/ *a.* **1** che si può prenotare, prenotabile. **2** (*Br,Sport*) da ammonizione: *a ~ offence* un'infrazione da ammonizione.

bookbinder /'bʊkˌbaɪndəʳ/ *n.* (*Legat*) legatore *m.* (*f.* -trice), rilegatore *m.* (*f.* -trice).

bookbinder's /'bʊkˌbaɪndəʳz/ *n.* (*Legat*) legatoria *f.*

bookbindery /'bʊkˌbaɪndəri/ *n.* (*Legat*) legatoria *f.*

bookbinding /'bʊkˌbaɪndɪŋ/ *n.* (*Legat*) rilegatura *f.*, legatura *f.* di libri.

bookcase /'bʊkkeɪs/ *n.* scaffale *m.* (per libri), libreria *f.*

booked /bʊkt/ *a.* **1** registrato. **2** (*engaged*) impegnato, scritturato. **3** (*Br*) (*of tickets, etc.*) riservato, prenotato. **4** (*Sport*) ammonito. □ (*Br*) ~ **in** prenotato in albergo, registrato in albergo; ~ **up**: **1** (*of theatres*) esaurito; **2** (*of hotels*) (al) completo; **3** (*of a person*) impegnato, occupato: *I'm ~ up for the whole day* sono impegnato per l'intera giornata.

bookend /'bʊkend/ *n.* fermalibri *m.*

bookie /'bʊki/ *n.* (*colloq*) (*bookmaker*) allibratore *m.*

booking /'bʊkɪŋ/ *n.* **1** prenotazione *f.* **2** (*Teat*) (*engagement*) impegno *m.*, scrittura *f.* **3** (*issuing of tickets*) vendita *f.* di biglietti. **4** (*Sport*) ammonizione *f.* □ ~ **agency** agenzia di prenotazioni, ufficio prenotazioni; ~ **clerk**: **1** bigliettaio; **2** (*one who registers passengers, baggage, etc.*) addetto alle prenotazioni; (*Br*) ~ **hall** biglietteria, sala biglietti; (*Br*) ~ **office**: **1** ufficio prenotazioni, agenzia prenotazioni; **2** (*ticket office*) biglietteria; (*Comm*) ~ **order** cedola di commissione.

bookish /'bʊkɪʃ/ *a.* **1** appassionato dei libri, amante della lettura. **2** (*fig*) (*impractical*) teorico, privo di senso pratico. **3** (*literary*) ricercato: ~ **way of speaking** modo di parlare ricercato. **4** (*pedantic*) libresco, pedante.

bookishness /'bʊkɪʃnəs/ *n.* **1** passione *f.* per i libri. **2** (*pedantry*) pedanteria *f.* **3** (*literary inclinations*) inclinazioni *f.pl.* letterarie.

bookkeeper /'bʊkˌki:pəʳ/ *n.* (*Comm*) contabile *m./f.*

bookkeeping /'bʊkˌki:pɪŋ/ *n.* (*Comm*) contabilità *f.*

booklet /'buklɪt/ n. **1** (*pamphlet*) depliant m., opuscolo m. **2** (*small book*) opuscolo m., libretto m. **3** (*for a CD*) booklet m.

booklore /'buklɔːr Am 'buklɔːr/ n. **1** cultura f. libresca, sapere m. teorico. **2** (*colloq*) (*schooling*) istruzione f. formale.

booklouse, book-louse /'buklaus/ n. pidocchio m. dei libri.

booklover /'buklʌvər/ n. bibliofilo m. (f. -a).

bookmaker /'buk,meɪkər/ n. allibratore m. (f. -trice).

bookmaking /'buk,meɪkɪŋ/ n. **1** accettazione f. e registrazione f. di scommesse. **2** (*rar*) (*book industry*) editoria f.

bookman /'bukmən/ n.irr. (*ant*) letterato m., erudito m.

bookmark /'bukmɑːk Am 'bukmɑːrk/ n. **1** segnalibro m. **2** (*Inform*) bookmark m.

bookmobile /'bukmou,biːl/ n. (*Am*) bibliobus m., veicolo m. adibito a biblioteca.

bookplate /'bukpleɪt/ n. ex-libris m.

bookrest /'buk,rest/ n. leggio m.

bookseller /'buk,selər/ n. libraio m. (f. -a).

bookselling /'buk,selɪŋ/ n. vendita f. di libri.

bookshelf /'bukʃelf/ n.irr. scaffale m. (per libri).

bookshop /'bukʃɒp Am 'bukʃɑːp/ n. libreria f. □ ~ order coupon cedola di commissione libraria.

bookstall /'bukstɔːl/ n. **1** bancarella f. dei libri. **2** (*news-stand*) edicola f., chiosco m.

bookstand /'bukstænd/ n. **1** (*bookrest*) leggio m. **2** (*bookstall*) bancarella f. dei libri. **3** (*news-stand*) edicola f., chiosco m.

bookstore /'bukstɔːr/ n. (*Am*) libreria f.

bookworm /'bukwɜːm Am 'bukwɜːrm/ n. **1** (*Entom*) tarma f., tignola f. **2** (*fig*) bibliofago m., (*scherz*) topo m. di biblioteca.

Boolean /'buːliən/ a. (*Inform*) booleano, di Boole. □ ~ algebra algebra booleana; ~ operator operatore booleano.

boom[1] /buːm/ I n. **1** (*Mar*) boma m., asta f. **2** (*of a derrick*) braccio m. (di gru). **3** (*Cin,TV*) giraffa f., asta f. portamicrofono. **4** (*barrier*) barriera f., sbarramento m.; (*in lumbering*) sbarramento m. di tronchi. **5** (*Mar.mil*) cavo m. di sbarramento, catena f. di sbarramento. II v.t. (*Mar*) (*of a sail*) tendere. □ (*Cin,TV*) ~ microphone microfono a giraffa; (*Mar*) to ~ off tendere (una vela); (*Cin,TV*) ~ operator giraffista; (*Mar*) to ~ out tendere (una vela).

boom[2] /buːm/ I n. **1** suono m. cupo, rimbombo m., rombo m. **2** (*fig*) (*rapid increase*) rapido aumento m., boom m.: the population ~ il boom demografico. **3** (*fig*) (*economic expansion*) alta congiuntura f., rapida espansione f. economica, boom m. economico, periodo m. di forte crescita. **4** (*fig*) (*rise in popularity*) improvvisa popolarità f. II a. dovuto al rapido sviluppo economico, dovuto al boom. III v.i. **1** rombare, risuonare, rimbombare: the cannon -ed il cannone rombò. **2** (*to cry: of animals*) urlare. **3** (*of birds*) stridere. **4** (*to drone*) ronzare. **5** (*fig*) (*to develop rapidly*) svilupparsi rapidamente, espandersi rapidamente, crescere. **6** (*to prosper*) prosperare, crescere, andare a gonfie vele: business was -ing gli affari prosperavano. IV v.t. **1** fare rimbombare, fare risuonare. **2** (*to cause to grow rapidly*) fare espandere, fare prosperare. □ ~ and bust crescita e recessione; ~ industry industria in forte crescita; ~ or bust crescere o fallire; to ~ out fare rimbombare, fare risuonare; ~ town città sviluppatasi improvvisamente, città-fungo.

boomer /'buːmər/ n. **1** chi prospera, chi si è affermato. **2** (*Aus*) (*large wave*) onda f. altissima. **3** (*Zool*) (*mountain beaver*) castoro m. di montagna. **4** (*Aus,Zool*) (*large male kangaroo*) canguro m. gigante. **5** (*baby boomer*) figlio m. (f. -a) del boom, persona f. nata durante l'esplosione demografica.

boomerang /'buːmᵊræŋ/ I n. **1** boomerang m. **2** (*fig*) boomerang m., azione f. che sortisce l'effetto contrario. II v.i. **1** tornare indietro come un boomerang. **2** (*fig*) ottenere l'effetto contrario, avere un effetto boomerang. □ ~ effect effetto boomerang.

booming /'buːmɪŋ/ a. **1** (*of sounds*) risonante, rimbombante. **2** (*developing rapidly*) in rapido sviluppo, in rapido aumento.

boomslang /'buːmslæŋ/ n. (*Zool*) boomslang m., dispholidus m.

boon[1] /buːn/ n. **1** (*advantage*) vantaggio m., beneficio m.: I found it a great ~ l'ho trovato di gran beneficio. **2** (*blessing*) benedizione f., manna f. **3** (*ant*) favore m., piacere m.: to grant a ~ fare un favore.

boon[2] /buːn/ □ a ~ companion un compagno gioviale, un simpaticone.

boondocks /'buːndɑːks/ n. (*Am*) zone f.pl. sperdute, zone f.pl. rurali.

boong /buŋ/ n. (*Aus,spreg*) aborigeno m. (f. -a).

boonies /'buːniz/ n.pl. (*Am*) zone f.pl. sperdute, zone f.pl. rurali.

boor /buər Am bur/ n. **1** maleducato m. (f. -a), villano m. (f. -a), cafone m. (f. -a). **2** (*yokel*) zoticone m. (f. -a). **3** (*peasant*) contadino m. (f. -a).

boorish /'buərɪʃ Am 'burɪʃ/ a. maleducato; (*coarse*) rozzo, zotico.

boorishness /'buərɪʃnəs Am 'burɪʃnəs/ n. maleducazione f., villania f.; (*coarseness*) rozzezza f.

boost /buːst/ I n. **1** spinta f. verso l'alto, stimolo m. **2** (*increase*) aumento m., incremento m.: production ~ aumento della produzione. **3** (*fig*) aiuto m., spinta f., incoraggiamento m.: a moral ~ un aiuto morale; he needs a ~ for his ego ha bisogno di un'iniezione di fiducia. **4** (*advertising campaign*) lancio m. pubblicitario, campagna f. pubblicitaria, propaganda f. **5** (*Aer,Mot*) pressione f. di alimentazione. II v.t. **1** spingere verso l'alto, spingere in su, issare, alzare, stimolare. **2** (*increase*) aumentare, incrementare, accrescere. **3** (*colloq*) (*to promote: of things*) lanciare, diffondere, propagandare: to ~ a new product lanciare un nuovo prodotto. **4** (*colloq*) (*of persons*) sostenere, appoggiare: to ~ so.'s ego gratificare qcu. **5** (*El,Fis*) elevare, aumentare: to ~ the voltage aumentare il voltaggio. **6** (*Mot*) sovralimentare; (*to increase power*) aumentare la potenza di, (*colloq*) truccare.

booster /'buːstər/ n. **1** sostenitore m. (f. -trice), fautore m. (f. -trice). **2** (*El*) booster m. **3** (*in rocketry*) primo stadio m., razzo m. ausiliario, razzo m. vettore. **4** (*Med*) (*booster dose*) dose f. di mantenimento; (*booster injection*) iniezione f. di richiamo. **5** (*Mecc*) elevatore m. di pressione, surpressore m.; (*servo-mechanism*) sovralimentatore m. **6** (*Acus*) amplificatore m. di suoni. □ (*Mecc*) ~ brake servofreno; (*Mil*) ~ charge detonatore secondario; ~ engine motore ausiliario; (*Econ*) ~ measure provvedimento per il rilancio della congiuntura; (*Tecn*) ~ pump pompa di sovralimentazione, pompa ausiliaria; (*Mot*) ~ rocket razzo ausiliario; (*Aut*) ~ seat seggiolino per auto.

boot[1] /buːt/ n. **1** (*above the ankle*) stivaletto m.; (*to the knee*) stivale m.; (*above the knee*) stivale m. sopra il ginocchio, (*ant*) stivale m. alla scudiera. **2** (*special shoe*) scarpa f. (alta), scarpone m. **3** (*kick*) calcio m., pedata f. **4** (*colloq*) (*dismissal*) licenziamento m. **5** (*Br,*

roo) canguro m. gigante. **5** (*baby boomer*)

Aut) (*trunk*) bagagliaio m., vano m. portabagagli. **6** (*Am,Aut*) (*wheel clamp*) ceppo m. bloccaruota. **7** (*Tecn*) guaina f., rivestimento m., rinforzo m. **8** (*Inform*) lancio m., caricamento m. automatico. **9** (*Stor*) (*instrument of torture*) stanghetta f., dado m. □ (*Am,Mil*) ~ camp centro molto spartano per l'addestramento delle reclute; to get too big for one's -s fare lo sputasentenze, essere un pallone gonfiato; (*colloq*) to get the ~ essere licenziato; (*colloq*) to give so. the ~ mettere alla porta qcu., licenziare qcu.; ~ hook calzastivali, calzatoio; (*Br*) the ~ is on the other foot è proprio il contrario, è proprio l'opposto; (*Br*) to put the ~ in: 1 prendere a calci (qcu. che è già per terra); 2 (*fig*) criticare, attaccare; (*Br*) ~ sale vendita di oggetti di seconda mano (caricati nel baule dell'auto e trasportati in un punto di vendita); (*Inform*) ~ sector settore di avvio; (*Inform*) ~ sector virus virus che si annida nel settore di avvio; ~ tree forma da scarpe.

boot[2] /buːt/ v.t. **1** mettere gli stivali a. **2** (*to kick*) prendere a calci. **3** (*to dismiss*) cacciare via (in malo modo), mettere alla porta. **4** (*Inform*) lanciare, far partire. **5** (*Am,Aut*) mettere un ceppo bloccaruota a. □ to ~ out cacciare via (in malo modo), mettere alla porta.

boot[3] /buːt/ n. (*ant*) vantaggio m., utilità f. □ to ~ per giunta, inoltre.

bootable /'buːtəbḷ Am 'buːtəbḷ/ □ (*Inform*) ~ diskette dischetto di sistema.

bootblack /'buːtblæk/ n. (*ant*) lustrascarpe m./f.

booted /'buːtɪd Am 'buːtɪd/ a. con stivali, calzato (di stivali). □ (*fig*) ~ and spurred pronto per partire, sul piede di partenza.

bootee /'buːti Am 'buːti/ n. **1** stivaletto m. (da signora). **2** (*of infants*) scarpetta f. (di lana).

booth /buːð Am buːθ/ n. **1** (*at a fair, market*) bancarella f. (coperta). **2** (*cubicle*) cabina f. **3** (*at a restaurant*) séparé m. **4** (*Agr*) (*temporary shelter*) riparo m. di fortuna, capanno m. **5** (*Mil*) garitta f. **6** (*for interpreters*) cabina f.

bootie /'buːti Am 'buːti/ n. **1** stivaletto m. (da signora). **2** (*of infants*) scarpetta f. (di lana).

bootjack /'buːtdʒæk/ n. cavastivali m.

bootlace /'buːtleɪs/ n. stringa f. (per stivali); (*shoe lace*) laccio m. (per scarpe).

bootleg /'buːtleg/ I a. **1** di contrabbando: ~ whisky whisky di contrabbando. **2** (*clandestine*) clandestino, pirata, abusivo. II v.t. **1** contrabbandare. **2** (*of illegal spirits*) distillare clandestinamente. **3** (*of pirate recordings*) piratare, fare copie pirata di; (*to sell*) vendere copie pirata di. III v.i. **1** contrabbandare (alcolici o registrazioni pirata). **2** (*to manufacture illegal spirits*) distillare alcolici clandestinamente. **3** (*to make pirate recordings*) fare copie pirata di; (*to sell*) vendere copie pirata di.

bootlegger /'buːt,legər/ n. **1** (*seller of illegal spirits*) contrabbandiere m. (f. -a) di alcolici, spacciatore m. (f. -trice) clandestino di alcolici. **2** (*seller of pirate recordings*) venditore m. (f. -trice) abusivo (di copie pirata). **3** (*manufacturer of illegal spirits*) distillatore m. (f. -trice) clandestino di alcolici. **4** (*manufacturer of pirate recordings*) duplicatore m. (f. -trice) abusivo.

bootlegging /'buːtlegɪŋ/ n. **1** (*of illegal spirits*) contrabbando m. di alcolici. **2** (*of pirate recordings*) vendita f. abusiva (di copie pirata).

bootless /'buːtləs/ a. inutile, vano.

bootlick /'buːtlɪk/ v.t. (*colloq*) adulare servilmente, lustrare le scarpe a.

bootlicker /'buːtlɪkər/ n. adulatore m. (f. -trice), (*pop*) leccapiedi *m./f.*

boots /buːts/ *n.pl.* (*costr.sing.*) (*Br,ant*) servitore *m.* (*f.* -trice) (in un albergo); (*porter*) portabagagli *m.*, facchino *m.* (in un albergo).

bootstrap /ˈbuːtstræp/ *n.* **1** linguetta *f.* per calzare gli stivali. **2** (*Inform*) bootstrap *m.*, caricamento *m.* iniziale del sistema operativo. □ *to pull oneself up by one's -s* riuscirci da solo, farcela da solo; (*Inform*) ~ *program* programma di bootstrap; (*Aus*) *to the -s* inglese fino al midollo, britannico al 100%.

booty /ˈbuːti *Am* ˈbuːti/ *n.* bottino *m.*, preda *f.*, spoglie *f.pl.* di guerra.

booze /buːz/ **I** *n.* (*colloq*) **1** bevanda *f.* alcolica; (*hard liquor*) liquore *m.* **2** (*spree*) bevuta *f.*, bicchierata *f.* **II** *v.i.* (*colloq*) bere smodatamente, bere come una spugna, (*colloq*) trincare.

boozer /ˈbuːzəʳ/ *n.* (*colloq*) **1** (*drinker*) bevitore *m.* (*f.* -trice) accanito, ubriacone *m.* (*f.* -a), spugna *f.* **2** (*Br*) (*public house*) pub *m.*, osteria *f.*, taverna *f.* □ (*Br*) *to go down the* ~ andare al pub, andare a bere qualcosa.

booze-up /ˈbuːzʌp/ *n.* (*Br,colloq*) bella bevuta *f.*: *let's have a* ~ prendiamoci una bella sbornia.

boozily /ˈbuːzɪli/ *avv.* da ubriaco.

boozy /ˈbuːzi/ *a.* **1** (*sl*) bevuto, sbronzo. **2** (*fond of drink*) dedito all'alcol.

bop /bɒp *Am* bɑːp/ **I** *n.* **1** (*hit*) colpetto *m.*; (*punch*) pugno *m.* (leggero). **2** (*Br*) (*dance*) ballo *m.* con musica pop. **3** (*Mus*) be-bop *m.* **II** *v.t.* colpire, dare un colpetto a. **III** *v.i.* ballare (in discoteca) con musica pop.

bo-peep /ˌbouˈpiːp/ *n.* gioco *m.* del cucù, nascondino *m.* □ *to play* ~: **1** fare a cucù, giocare a nascondino; **2** (*fig*) essere evasivo.

bopper /ˈbɒpəʳ *Am* ˈbɑːpəʳ/ *n.* **1** (*musician*) suonatore *m.* (*f.* -trice) di bebop. **2** (*dancer*) ballerino *m.* (*f.* -a) (molto energico). **3** (*lively person*) persona *f.* scattante.

bor. *borough* (città, comune).

bora /ˈbɔːrə *Am also* ˈbourə/ *n.* (*Meteor*) bora *f.*

boracic /bəˈræsɪk/ *a.* (*Chim*) borico.

borage /ˈbɒrɪdʒ *Am* ˈbɔːrɪdʒ/ *n.* (*Bot*) borragine *f.*

borane /ˈbɔːreɪn *Am also* ˈbourein/ *n.* (*Chim*) borano *m.*

borate /ˈbɔːreɪt *Am also* ˈboureit/ *n.* (*Chim*) borato *m.*

borax /ˈbɔːræks *Am also* ˈbouræks/ *n.* (*Min*) borace *m.*

borborygmus /ˌbɔːbəˈrɪgməs *Am* ˌbɔːrbəˈrɪgməs/ *n.* (*Med*) borborigmo *m.*

Bordeaux /bɔːˈdou *Am* bɔːrˈdou/ **I** *n.* **1** (*wine*) bordeaux *m.* **2** (*colour*) bordò *m.* **II** *a.* bordolese. □ ~ *mixture* poltiglia bordolese.

bordello /bɔːˈdelou/ *n.* (*spec. Am*) bordello *m.*

border /ˈbɔːdəʳ *Am* ˈbɔːrdəʳ/ **I** *n.* **1** (*edge*) margine *m.*, orlo *m.*, bordo *m.*, estremità *f.*: *on the* ~ *of the forest* al margine della foresta. **2** (*frontier*) confine *m.*, frontiera *f.*: *to cross the* ~ passare il confine. **3** (*country along a frontier*) terra *f.* di confine, zona *f.* di confine. **4** (*Giard*) aiuola *f.*, striscia *f.* **5** (*Sart*) orlo *m.*, orlatura *f.* **II** *v.t.* **1** orlare, fare un orlo a, bordare. **2** (*to bound*) delimitare, circoscrivere, cingere: *a field -ed with trees* un campo cinto da alberi. **3** (*to adjoin*) confinare con, essere vicino a, fare da confine a: *Italy -s Austria* l'Italia confina con l'Austria. **III** *v.i.* **1** confinare (*on* con): *the garden -s on the road* il giardino confina con la strada. **2** (*fig*) (*to verge*) essere assai vicino (a), rasentare (qcs.): *his behaviour -s on insolence* il suo comportamento rasenta l'insolenza. □ ~ *country* terra di confine; (*Am*) ~ *patrol* polizia di confine; ~ *town* città di frontiera; ~

worker frontaliere.

Border /ˈbɔːdəʳ *Am* ˈbɔːrdəʳ/ *n.pr.* **1** (*Geog*) confine *m.* fra Inghilterra e Scozia. **2** (*Am*) confine *m.* tra Stati Uniti e Messico. □ *the -s* regione di confine fra l'Inghilterra e la Scozia.

borderer /ˈbɔːdərəʳ *Am* ˈbɔːrdərəʳ/ *n.* abitante *m./f.* di zona di confine, frontaliere *m.* (*f.* -a).

bordering /ˈbɔːdərɪŋ *Am* ˈbɔːrdərɪŋ/ *n.* orlatura *f.*

borderland /ˈbɔːdələænd *Am* ˈbɔːrdəʳlænd/ *n.* **1** zona *f.* di confine, confine *m.* **2** (*fig*) (*fringe area*) confini *m.pl.*, margini *m.pl.*: *to live on the* ~ *of society* vivere ai margini della società. **3** (*fig*) (*twilight zone*) confine *m.* incerto: *the* ~ *between good and evil* l'incerto confine tra il bene e il male.

borderline /ˈbɔːdəlaɪn *Am* ˈbɔːrdəʳlaɪn/ **I** *n.* linea *f.* di confine. **II** *a.* **1** di confine, di frontiera: *a* ~ *town* una città di confine. **2** (*questionable*) discutibile, dubbio, marginale. **3** (*Med*) lieve, di grado lieve. □ ~ *case*: **1** caso controverso; **2** (*Psic*) caso borderline; (*Psic*) ~ *personality* personalità borderline.

bordure /ˈbɔːdj(ʊ)əʳ *Am* ˈbɔːrdʒəʳ/ *n.* (*Arald*) bordura *f.*

bore[1] /bɔːʳ *Am* bɔːr/ **I** *v.t.* **1** forare, perforare, bucare; (*to drill*) trapanare. **2** (*of a hole*) fare, praticare. **3** (*Minier*) trivellare, perforare: *to* ~ *an oil well* trivellare un pozzo petrolifero; *to* ~ *a tunnel* scavare una galleria. **4** (*Sport*) sfondare. **II** *v.i.* **1** fare un foro, praticare un foro. **2** (*to excavate*) perforare il terreno: *to* ~ *for oil* perforare il terreno in cerca di petrolio. **3** (*that can be bored*) perforarsi: *this steel does not* ~ *well* questo acciaio non è facile da perforare. **4** (*fig*) farsi largo, aprirsi un passaggio, aprirsi un varco (*through, into* attraverso, tra): *to* ~ (*one's way*) *through the crowd* farsi largo tra la folla. **5** (*Mecc*) alesare, barenare. **III** *n.* **1** (*hole*) foro *m.* **2** (*diameter of a hole*) diametro *m.* interno; (*of a cylinder*) alesaggio *m.* **3** (*of a gun: inner tube*) anima *f.*, tubo *m.*; (*calibre*) calibro *m.*: *twelve* ~ *shotgun* fucile da caccia calibro dodici. **4** (*vertical hole*) pozzo *m.* **5** (*Mecc*) trivella *f.*

bore[2] /bɔːʳ *Am* bɔːr/ **I** *v.t.* annoiare, tediare. **II** *n.* **1** persona *f.* noiosa, seccatore *m.* (*f.* -trice): *the party* ~ la classica persona noiosa che si incontra a una festa. **2** (*cause of boredom*) noia *f.*, (*colloq*) barba *f.*: *what a* ~! che barba! □ (*colloq*) *to* ~ *the pants off so.* annoiare qcu. a morte.

bore[3] /bɔːʳ *Am* bɔːr/ *n.* (*of an estuary*) onda *f.* di marea, onda *f.* isolata.

bore[4] /bɔːʳ *Am* bɔːr/ → **bear**[1].

boreal /ˈbɔːriəl/ *a.* boreale.

Boreas /ˈbɔːriəs/ *n.pr.m.* (*Mitol*) Borea.

bored /bɔːd *Am* bɔːrd/ *a.* annoiato, (*colloq*) stufo. □ ~ *to death* (o ~ *to tears*) annoiato a morte.

boredom /ˈbɔːdəm *Am* ˈbɔːrdəm/ *n.* noia *f.*, (*ant*) tedio *m.*, (*ant*) uggia *f.*

borehole /ˈbɔːhoul *Am* ˈbɔːrhoul/ *n.* (*Minier*) pozzo *m.* trivellato.

borer /ˈbɔːrəʳ/ *n.* **1** operaio *m.* scavapozzi; (*Minier*) minatore *m.* (addetto al trivellamento). **2** (*tool*) trivella *f.* **3** (*Mecc*) alesatore *m.*, barenatore *m.* **4** (*Entom*) tarlo *m.*

boric /ˈbɔːrɪk/ *a.* (*Chim*) borico: ~ *acid* acido borico.

boring /ˈbɔːrɪŋ/ **I** *a.* noioso, tedioso, pesante, monotono. **II** *n.* **1** (*Mecc*) alesatura *f.*, barenatura *f.* **2** (*Mecc*) (*hole*) foro *m.* **3** (*Minier*) trivellazione *f.*, sondaggio *m.*, perforazione *f.* **4** *pl.* trucioli *m.pl.* di alesatura, frammenti *m.pl.* di alesatura. □ (*Mecc*) ~ *machine* alesatrice; (*Minier*) ~ *test* sondaggio.

boringly /ˈbɔːrɪŋli/ *avv.* noiosamente, tedio-

samente.

borlotti /bɔːˈlɒti *Am* bɔːrˈlɑːti/ □ (*Bot,Alim*) ~ *beans* (fagioli) borlotti.

born /bɔːn *Am* bɔːrn/ *a.* **1** nato: *I was* ~ *in Melbourne* sono nato a Melbourne; ~ *of experience* nato dall'esperienza. **2** (*native*) di nascita, di origine, nato in, nato a: *a British-~ writer* uno scrittore di origine inglese; *an Irish* ~ *New Yorker* un newyorkese originario dell'Irlanda. **3** (*natural*) nato, (*iron*) perfetto: *a* ~ *actor* un attore nato; *a* ~ *idiot* un perfetto idiota. **4** (*innate*) innato. **5** (*destined*) destinato (*to* a), nato (per): ~ *to succeed* destinato al successo. □ ~ *and bred* nato e cresciuto, autentico; ~ *and bred in London* nato e cresciuto a Londra; (*fig*) *to be* ~ *before one's time* essere in anticipo sui tempi, essere un precursore; (*colloq*) *in all my -days* in tutta la vita; (*scherz*) *there's one* ~ *every minute* il mondo è pieno di scemi; *to be* ~ *lucky* essere nato con la camicia; *no one is* ~ *master* nessuno nasce maestro; (*Bibl*) ~ *of woman* nato da donna, mortale; (*Br,colloq*) *to be* ~ *on the wrong side of the blanket* essere un figlio illegittimo; (*fig*) *to be* ~ *to be hanged* essere un avanzo di galera; (*colloq*) ~ *to fortune* nato con la camicia; *to be* ~ *under a lucky star* essere nato sotto una buona stella; (*fig*) *to be* ~ *with a silver spoon in one's mouth* essere nato con la camicia; ~ *yesterday* ingenuo, inesperto: *I wasn't* ~ *yesterday* non sono (mica) nato ieri.

born-again /ˌbɔːnəˈgeɪ(ɪ)n *Am* ˌbɔːrnəˈgen/ *a.* **1** (*Rel.prot*) nato di nuovo, convertito: ~ *Christian* un cristiano nato di nuovo. **2** (*characterized by renewal*) rinnovato: ~ *enthusiasm* entusiasmo rinnovato.

borne /bɔːn *Am* bɔːrn/ → **bear**[1].

Borneo /ˈbɔːniou *Am* ˈbɔːrniou/ *n.pr.* (*Geog*) Borneo *m.*

Bornholm /ˈbɔːnhou(l)m *Am* ˈbɔːrnhou(l)m/ *n.pr.* (*Geog*) Bornholm *f.* □ (*Med*) ~ *disease* malattia di Bornholm; (*Geog*) ~ *island* isola di Bornholm.

bornite /ˈbɔːnaɪt *Am* ˈbɔːrnaɪt/ *n.* (*Min*) bornite *f.*

boron /ˈbɔːrɒn *Am* ˈbɔːraːn/ *n.* (*Chim*) boro *m.*

boronia /bəˈrouniə/ *n.* (*Bot*) boronia *f.*

borosilicate /ˌbɔːrouˈsɪlɪkeɪt *Am also* ˌbourou ˈsɪlɪkeɪt/ *n.* (*Chim*) borosilicato *m.*

borough /ˈbʌrə *Am* ˈbɜːrou/ *n.* **1** (*GB*) cittadina *f.* con amministrazione autonoma. **2** (*of a large city*) distretto *m.* amministrativo, zona *f.* circoscrizionale. **3** (*GB,ant*) (*constituency*) collegio *m.* elettorale. □ (*GB*) ~ *council* consiglio comunale, consiglio di zona.

Borough /ˈbʌrə *Am* ˈbɜːrou/ *n.pr.* (*in London*) Southwark *f.*

borrow /ˈbɒrou *Am* ˈbɑːrou/ **I** *v.t.* **1** prendere in prestito, prendere a prestito, avere in prestito: *to* ~ *money from so.* prendere denaro in prestito da qcu. **2** (*fig*) prendere, attingere. **3** (*Ling*) prendere in prestito, mutuare. **II** *v.i.* prendere prestiti. □ (*Edil*) ~ *pit* cava di prestito; (*Am*) *to* ~ *trouble* crucciarsi prima del tempo, crucciarsi inutilmente.

borrowed /ˈbɒroud *Am* ˈbɑːroud/ *a.* preso in prestito, dato in prestito, (*colloq*) imprestato. □ (*Econ*) ~ *capital* capitale mutuato, capitale di credito; (*Econ*) ~ *funds* fondi mutuati; (*fig*) ~ *plumes* penne del pavone, penne altrui:(*fig*) *to dress oneself in* ~ *plumes* coprirsi delle penne del pavone; *to live on* ~ *time* avere i giorni contati; (*Ling*) ~ *word* parola presa in prestito, prestito linguistico.

borrower /ˈbɒrouəʳ *Am* ˈbɑːrouəʳ/ *n.* **1** chi prende in prestito. **2** (*Econ*) mutuatario *m.* (*f.* -a).

borrowing /ˈbɒrouɪŋ *Am* ˈbɑːrouɪŋ/ *n.* (*thing*

borrowed) prestito *m.*; (*financing*) finanziamento *m.*; (*debts*) indebitamento *m.* □ (*Econ*) ~ *limit* limite di credito, limite di indebitamento; (*Econ*) ~ *rate* tasso passivo; (*Econ*) ~ *requirement* fabbisogno, necessità di finanziamento: *public sector ~ requirement* fabbisogno del settore pubblico.

borstal /'bɔːstəl/ *n.* (*Br*) riformatorio *m.*, correzionale *m.* □ ~ *boy* corrigendo.

bort /bɔːt *Am* bɔːrt/ *n.* **1** (*Ind*) bort *m.* **2** (*carbon diamond*) diamante *m.* nero.

borzoi /'bɔːzɔɪ *Am* 'bɔːrzɔɪ/ *n.* (*Zool*) borzoi *m.*, levriere *m.* russo.

boscage /'bɒskɪdʒ *Am* 'bɑːskɪdʒ/ *n.* boschetto *m.*, gruppo *m.* di alberi.

bosh /bɒʃ *Am* bɑːʃ/ **I** *n.* (*sl*) sciocchezze *f.pl.*, scemenze *f.pl.*, (*pop*) fesserie *f.pl.*: *to talk ~* dire sciocchezze. **II** *intz.* sciocchezze, (*colloq*) balle.

bosky /'bɒski *Am* 'bɑːski/ *a.* (*lett*) boscoso.

bosn, bos'n /'boʊsən/ *n.* (*Mar*) nostromo *m.*

Bosnia /'bɒzniə *Am* 'bɑːzniə/ *n.pr.* (*Geog*) Bosnia *f.* □ (*Geog*) ~ *Herzegovina* Bosnia-Erzegovina.

Bosnian /'bɒzniən *Am* 'bɑːzniən/ **I** *a.* bosniaco. **II** *n.* **1** bosniaco *m.* (*f.* -a). **2** (*language*) lingua *f.* bosniaca.

bosom /'bʊzəm/ **I** *n.* **1** petto *m.*; (*of a woman*) petto *m.*, seno *m.* **2** (*Sart*) petto *m.*; (*of a man's dress shirt*) sparato *m.* **3** (*fig*) (*centre of emotions*) cuore *m.*, petto *m.*, seno *m.* **4** (*fig*) (*protective place*) seno *m.*, grembo *m.*: *in the ~ of one's family* in seno alla propria famiglia; *in Abraham's ~* nel seno di Abramo. **5** (*fig*) (*broad surface*) distesa *f.*, vasta superficie *f.*: *the ~ of the sea* la distesa del mare. **II** *a.* **1** del cuore, prediletto, amato: ~ *friend* amico del cuore. **2** (*of the bosom*) del petto.

bosomed /'bʊzəmd/ *a.* **1** nascosto nel seno (*anche fig*). **2** (*in compounds*) a petto..., dal petto...: *bare-* a petto nudo.

bosomy /'bʊzəmi/ *a.* dal seno prosperoso, dal seno procace.

boson /'boʊzɒn *Am* 'boʊzɑːn/ *n.* (*Fis*) bosone *m.*

Bosphorus /'bɒsfərəs *Am* 'bɑːsfərəs/ *n.pr.* (*Geog*) Bosforo *m.*

Bosporus /'bɒspərəs *Am* 'bɑːspərəs/ *n.pr.* (*Geog*) Bosforo *m.*

boss[1] /bɒs *Am* bɑːs/ **I** *n.* **1** (*colloq*) capo *m.* (*f.* -a), padrone *m.* (*f.* -a), principale *m./f.* **2** (*top executive*) dirigente *m./f.*, capo *m.* (*anche Pol*): *a political ~* un dirigente politico. **II** *a.* **1** (*master*) capo, principale: ~ *stonemason* muratore capo, capomastro. **2** (*Am,sl*) (*excellent*) eccellente, ottimo. **III** *v.t.* dirigere, avere sotto di sé, avere sotto la propria direzione, avere alle proprie dipendenze. **IV** *v.i.* **1** essere il capo, essere il padrone. **2** (*to be domineering*) essere autoritario, essere tirannico, agire da padrone, dare ordini. □ *to ~ about* (o *to ~ around*), fare il tiranno, dare ordini; *to be one's own ~* rispondere solo a se stesso.

boss[2] /bɒs *Am* bɑːs/ **I** *n.* **1** protuberanza *f.*, nodo *m.* **2** (*ornamentation*) borchia *f.* **3** (*Arch*) bugna *f.*, bozza *f.* **4** (*Aer,Mar*) (*on a propeller*) mozzo *m.* **5** (*Mecc*) punzone *m.* **6** (*Geol*) corpo *m.*

BOSS /bɒs *Am* bɑːs/ (*S.Afr*) Bureau of State Security (Servizi segreti sudafricani).

bossa nova /ˌbɒsəˈnoʊvə *Am* ˌbɑːsəˈnoʊvə/ *n.* (*Mus*) bossa nova *f.*

boss-eyed /ˌbɒsˈaɪd *Am* 'bɑːsaɪd/ *a.* (*Br, colloq*) strabico.

bossily /'bɒsɪli *Am* 'bɑːsɪli/ *avv.* (*colloq*) autoritariamente.

bossiness /'bɒsɪnɪs *Am* 'bɑːsɪnɪs/ *n.* autoritarismo *m.*

bossism /'bɑːsɪzəm/ *n.* (*Am,Pol*) autoritarismo *m.*

bossy /'bɒsi *Am* 'bɑːsi/ *a.* (*colloq*) autoritario, tirannico.

boston /'bɒstən *Am* 'bɑːstən/ *n.* **1** (*type of whist*) boston *m.* **2** (*dance*) boston *m.*

Boston /'bɒstən *Am* 'bɑːstən/ *n.pr.* (*Geog*) Boston *f.* □ (*Sport*) ~ *crab* (*in wrestling*) presa Boston; (*Bot*) ~ *ivy* vite americana, vite del Canada; (*Stor*) ~ *Tea Party* protesta anti-britannica di Boston del 1773.

Bostonian /bɒs'toʊniən *Am* bɑː'stoʊniən/ **I** *a.* bostoniano. **II** *n.* bostoniano *m.* (*f.* -a).

bosun /'boʊsən/ *n.* (*Mar*) nostromo *m.*

bot[1] /bɒt *Am* bɑːt/ *n.* (*Zool*) larva *f.* di un estro.

bot[2] /bɒt *Am* bɑːt/ *n.* (*Inform,colloq*) bot *m.*

bot[3] /bɒt *Am* bɑːt/ *n.* (*sl*) sedere *m.*, chiappe *f.pl.*

BOT, BoT, B.O.T. (*GB*) Board of Trade (ministero del commercio britannico).

bot. 1 *botanical* bot. (botanico). **2** *botany* bot. (botanica). **3** *bottle* bott. (bottiglia).

botanic /bə'tænɪk/ *a.* botanico: ~ *garden* orto botanico, giardino botanico.

botanical /bə'tænɪkəl/ *a.* botanico.

botanically /bə'tænɪkəli/ *avv.* secondo la botanica, dal punto di vista botanico.

botanise /'bɒtənaɪz/ **I** *v.i.* (*Br*) **1** studiare botanica. **2** (*to collect plants*) botanizzare. **II** *v.t.* (*Br*) esaminare dal punto di vista botanico.

botanist /'bɒtənɪst *Am* 'bɑːtənɪst/ *n.* botanico *m.* (*f.* -a).

botanize /'bɒtənaɪz *Am* 'bɑːtənaɪz/ **I** *v.i.* **1** studiare botanica. **2** (*to collect plants*) botanizzare. **II** *v.t.* esaminare dal punto di vista botanico.

botany /'bɒtəni *Am* 'bɑːtəni/ *n.* **1** botanica *f.* **2** (*plant life*) vegetazione *f.*, flora *f.* □ (*Tess*) ~ *wool* lana merinos.

botch /bɒtʃ *Am* bɑːtʃ/ **I** *n.* lavoro *m.* mal fatto, lavoro *m.* abborracciato, pasticcio *m.* **II** *v.t.* **1** abborracciare, pasticciare, fare male. **2** (*to mend clumsily*) rabberciare, rattoppare, rappezzare. □ *to ~ sth. up* abborracciare qcs., fare qcs. male.

botcher /'bɒtʃər *Am* 'bɑːtʃər/ *n.* **1** rappezzatore *m.* (*f.* -trice). **2** (*bungler*) pasticcione *m.* (*f.* -a).

botch-up /'bɒtʃʌp *Am* 'bɑːtʃʌp/ *n.* lavoro *m.* mal fatto, lavoro *m.* abborracciato, pasticcio *m.*

botchy /'bɒtʃi *Am* 'bɑːtʃi/ *a.* **1** rattoppato, rappezzato. **2** (*badly done*) mal fatto, pasticciato.

botfly /'bɒtflaɪ *Am* 'bɑːtflaɪ/ *n.* (*Zool*) estro *m.*

both /boʊθ/ **I** *a.* tutti e due, ambedue, entrambi, l'uno e l'altro, ambo: ~ *models are suitable* entrambi i modelli sono adatti. **II** *pron.* tutti e due, ambedue, entrambi, l'uno e l'altro: *I'd like ~* mi piacerebbero tutti e due; ~ *of them were there* erano là entrambi. **III** *congz.* **1** (*alike*) sia...sia/che, tanto...quanto: ~ *Rome and London* sia Roma che Londra. **2** (*at the same time*) contemporaneamente, a un tempo. □ ~ *ways*: **1** tutti e due, entrambi: *to have* (o *want*) *it ~ ways* voler tenere il piede in due staffe; *you can't have it ~ ways* non puoi avere la botte piena e la moglie ubriaca; **2** (*under both points of view*) sotto tutti e due gli aspetti, da entrambi i punti di vista: *to look at sth. ~ ways* esaminare qcs. sotto tutti e due gli aspetti; **3** (*in both directions*) in entrambe le direzioni; **4** (*of a bet*) vincente o piazzato.

bother /'bɒðər *Am* 'bɑːðər/ **I** *v.t.* **1** (*to worry, to give pain*) infastidire, dar noia, seccare, importunare: *what's ~ing you?* che cos'hai?, che cosa c'è che non va? **2** (*to disturb*) dare noia, dare fastidio a: *does the smoke ~ you?* ti dà fastidio il fumo? **3** (*to confuse*) confondere, disorientare. **II** *v.i.* **1** (*to be worried*) preoccuparsi (*about* di, per), agitarsi (per): *they weren't ~ed about it* non se ne sono preoccupati. **2** (*to take the trouble*) preoccuparsi (di, per), prendersi il disturbo, prendersi la briga (di): *don't ~ to shut the door* non preoccuparti di chiudere la porta. **III** *n.* **1** (*source of annoyance*) fastidio *m.*, seccatura *f.*, noia *f.* **2** (*worried state*) agitazione *f.*, nervosismo *m.*, stato *m.* di agitazione: *to get in a ~* entrare in uno stato di agitazione. **3** (*annoying person*) seccatore *m.* (*f.* -trice). **IV** *intz.* (*spec. Br*) uffa, accidenti: ~ *the flies!* accidenti alle mosche!; *oh, ~ it!* uffa! □ *the baby wasn't any ~* il bambino non ha dato nessun fastidio; *I can't be ~ed* non mi va; *to go to a lot of ~* fare grossi sforzi, fare tanto, farsi in quattro; *no ~* nessun problema.

botheration /ˌbɒðəˈreɪʃən *Am* ˌbɑːðəˈreɪʃən/ **I** *intz.* (*colloq,ant*) uffa, che noia, che seccatura. **II** *n.* (*colloq,ant*) preoccupazione *f.*, seccatura *f.*, scocciatura *f.*

bothersome /'bɒðəsəm *Am* 'bɑːðərsəm/ *a.* seccante, fastidioso, noioso.

bothie, bothy /'bɒθi/ *n.* (*Scott*) casupola *f.*, capanna *f.*, baracca *f.*

botryoidal /ˌbɒtriˈɔɪdəl *Am* ˌbɑːtriˈɔɪdəl/ *a.* (*Min*) botroidale.

Botswana /bɒt'swɑːnə *Am* bɑːt'swɑːnə/ *n.pr.* (*Geog*) Botswana *m.*

botte /bɒt *Am* bɑːt/ *n.* (*Sport*) (*in fencing*) stoccata *f.*

bottle[1] /'bɒtl *Am* 'bɑːtl/ *n.* **1** bottiglia *f.* **2** (*feeding-bottle*) biberon *m.*, (*ant*) poppatoio *m.*: *to bring up on the ~* allevare con il biberon. **3** (*bottleful*) bottiglia *f.*, contenuto *m.* di una bottiglia. **4** (*fig*) bottiglia *f.*, il bere: *he's fond of the ~* gli piace molto bere. **5** (*gas container*) bombola *f.* **6** (*Br*) (*confidence*) coraggio *m.*, sfrontatezza *f.*, stoffa *f.* □ (*colloq*) ~ *baby* bambino allattato artificialmente; (*Br*) ~ *bank* campana per la raccolta del vetro; ~ *blonde* bionda ossigenata; ~ *brush* (o ~ *cleaner*) scovolino; ~ *feeding* allattamento artificiale; (*Vetr*) ~ *glass* vetro di bottiglia; (*Bot*) ~ *grass* panicastrella; ~ *green* verde bottiglia; (*Br*) ~ *holder*: **1** (*scherz*) assistente, secondo, aiuto; **2** (*Sport*) (*in boxing*) secondo; ~ *opener* apribottiglie; ~ *party* festa in cui gli invitati portano da bere; ~ *rack* portabottiglie, ripiano per bottiglie, rastrelliera per bottiglie; (*Aus,S.Afr*) ~ *shop* (o ~ *store*), enoteca, negozio che vende alcolici; (*Bot*) ~ *tree* albero fiamma; ~ *washer*: **1** lavabottiglie; **2** (*fig*) persona di fatica, sguattero: *I'm head cook* (o *chief cook*) *and ~ washer* sono un factotum.

bottle[2] /'bɒtl *Am* 'bɑːtl/ *v.t.* **1** imbottigliare, infiascare: *to ~ wine* imbottigliare il vino. **2** (*to preserve*) mettere in conserva, conservare. **3** (*to trap*) imbottigliare, intrappolare. **4** (*colloq*) (*to hit with a bottle*) colpire con una bottiglia. □ (*colloq*) *to ~ out* tirarsi in dietro; *to ~ up*: **1** contenere, frenare, reprimere: *to ~ up one's anger* reprimere la collera; **2** (*to entrap*) imbottigliare, prendere in trappola, bloccare.

bottlebrush /'bɒtlbrʌʃ *Am* 'bɑːtlbrʌʃ/ *n.* **1** (*bottle cleaner*) scovolino *m.*, spazzola *f.* lavabottiglie. **2** (*Aus,Bot*) scopettino *m.*

bottled /'bɒtld *Am* 'bɑːtld/ *a.* **1** imbottigliato, in bottiglia. **2** (*colloq*) ubriaco, sbronzo. □ ~ *gas* gas compresso, gas in bombole; (*Am*) ~ *in bond* imbottigliato sotto controllo ufficiale; ~ *water* acqua in bottiglia, acqua minerale.

bottle-fed /'bɒtlfed *Am* 'bɑːtlfed/ *a.* allattato

artificialmente.

bottle-feed /'bɒtļfiːd Am 'baːtļfiːd/ v.t. allattare artificialmente.

bottle-feeding /'bɒtļˌfiːdɪŋ Am 'baːtļˌfiːdɪŋ/ n. allattamento m. artificiale.

bottleful /'bɒtļful Am 'baːtļful/ n. bottiglia f., contenuto m. di una bottiglia.

bottle-green /ˌbɒtļ'griːn Am ˌbaːtļ'griːn/ a. (color) verde bottiglia.

bottleneck /'bɒtļnek Am 'baːtļnek/ n. 1 strettoia f., strozzatura f., stretto passaggio m. 2 (traffic obstruction) ingorgo m., intasamento m. 3 (fig) strettoia f., vicolo m. cieco, punto m. morto, impasse f.

bottlenose /'bɒtļnouz Am 'baːtļnouz/ n. 1 (Zool) tursiope m. 2 (large nose) naso m. gonfio, naso m. grosso e rosso, (colloq) naso m. a peperone.

bottlenosed /'bɒtļnouzd Am 'baːtļnouzd/ a. dal naso gonfio. ☐ (Zool) ~ dolphin tursiope.

bottler /'bɒtlər Am 'baːtlər/ I n. (machine) imbottigliatrice f. II a. (Aus,colloq) fuoriclasse m., asso m.

bottom[1] /'bɒtəm Am 'baːtəm/ I n. 1 parte f. inferiore, fondo m., disotto m.: the ~ of the barrel il fondo del barile. 2 (the lowest part) fondo m.; (of a mountain) piedi m.pl. 3 (the lowest place) fondo m., posto m. in fondo: at the ~ of the table in fondo al tavolo. 4 (end) fondo m., fine f., estremità f.: at the ~ of our garden in fondo al nostro giardino. 5 (of a river, the sea, etc.) fondo m. 6 (basis) fondo m., nocciolo m., essenza f.: to get to the ~ of a problem arrivare al nocciolo di un problema, andare fino in fondo a una questione. 7 (worst possible level) fondo m., colmo m.: the ~ of despair il fondo della disperazione. 8 (stamina) resistenza f. 9 (of a chair) fondo m., piano m. (della sedia). 10 (Mar) (part of the hull) carena f., opera f. viva; (cargo ship) nave f. mercantile, nave f. da trasporto, nave f. da carico. 11 (colloq) (buttocks) sedere m., deretano m.: he fell flat on his ~ è caduto battendo il sedere. 12 (Aut) (lowest gear) prima f., prima marcia f. 13 pl. (Geol) terreno m.sing. basso, bassa f.sing. 14 pl. (pyjama trousers) pantaloni m.pl.; (bikini bottoms) slip m.pl. del bikini; (tracksuit trousers) pantaloni m.pl. della tuta. II a. 1 ultimo, in fondo, del fondo. 2 (located at the bottom) più basso, ultimo in basso: the ~ shelf l'ultimo scaffale in basso. 3 (lowest) il più basso: the ~ prices i prezzi più bassi. 4 (basic) fondamentale, basilare. ☐ at ~ in fondo, in realtà; (fig) to be (o to lie) at the ~ of sth. essere il vero responsabile di qcs., essere la causa reale di qcs.; (Mot) ~ dead-centre punto morto inferiore; (Br,scherz) ~ drawer corredo (da sposa); (fig) the ~ drops out of sth. qcs. cede, qcs. crolla; (fig) the ~ falls out of sth. qcs. cede, qcs. crolla: the ~ fell out of the market il mercato crollò; to start from the ~ cominciare da zero; from the ~ up dal basso verso l'alto; to get to the ~ of sth. arrivare fino in fondo a qcs.; (Mar) to go to the ~ colare a picco, andare a fondo, affondare; (Geol) ~ water terreno basso, bassa; ~ line: 1 (Econ) risultato finale, totale finale; 2 (fig) limite minimo, minimo; 3 (fig) (final result) risultato finale: the ~ line is tutto sommato, alla fin fine, in ultima analisi: the ~ line is that things are looking up tutto sommato, le cose vanno meglio; (Am,colloq) the ~ man on the totem pole l'ultima ruota del carro, la persona meno importante; (colloq,scherz) to have a mouth like the ~ of a parrot's cage avere l'alito che puzza in maniera vergognosa, aver mangiato i topi morti; from the ~ of one's heart dal profondo

del cuore, di tutto cuore, sinceramente; (Scol) to be ~ of the class essere l'ultimo della classe; ~ price prezzo più basso; (Br,colloq) ~s up! cin cin!, alla salute!

bottom[2] /'bɒtəm Am 'baːtəm/ I v.t. 1 mettere il fondo a, fare il fondo a: to ~ a chair fare il fondo di una sedia. 2 (to base) basare, fondare, poggiare. 3 (to touch the sea floor) portare sul fondo, far toccare il fondo a; (of a submarine) far posare, adagiare. 4 (fig) (to fathom) penetrare, sondare, andare a fondo in: to ~ the mystery andare a fondo in una vicenda misteriosa. II v.i. 1 essere basato, basarsi, fondarsi (on, upon su). 2 (to touch the sea floor) toccare il fondo; (of a submarine) posarsi, adagiarsi (su). ☐ to ~ out: 1 ritirarsi; 2 (to stop going down) smettere di scendere: prices have ~ed out i prezzo non scendono più.

bottomless /'bɒtəmləs Am 'baːtəmləs/ a. 1 sfondato, senza fondo. 2 (very deep) profondissimo, senza fondo. 3 (fig) (unfathomable) insondabile, impenetrabile. 4 (fig) (boundless) illimitato, senza limiti. 5 (fig) (baseless) senza fondamento, infondato. ☐ a ~ pit: 1 un abisso senza fondo; 2 (person who eats an incredible amount) un pozzo senza fondo.

bottommost /'bɒtəmmoust Am 'baːtəmmoust/ a. 1 il più basso, il più fondo. 2 (lowest) il più in basso, l'ultimo in basso. 3 (deepest) il più profondo: the ~ depths of the sea i più profondi abissi del mare.

bottom-up /'bɒtəmʌp Am 'baːtəmʌp/ a. dal basso verso l'alto.

botulin /'bɒtjulɪn Am 'baːtʃəlɪn/ n. (Biol) tossina f. botulinica.

botulism /'bɒtjulɪzm Am 'baːtʃəlɪzm/ n. (Med) botulismo m.

bouclé /'buːkleɪ Am buː'kleɪ/ n. (Tess) bouclé m.

boudoir /'buːdwaːr Am 'buːdwaːr/ n. boudoir m.

bouffant /'buːfɑːnt/ a. gonfio, vaporoso: ~ hairdos pettinature vaporose.

bougainvillaea, bougainvillea /ˌbuːgənˈvɪliə/ n. (Bot) buganvillea f., bouganvillea f.

bough /baʊ/ n. ramo m. (di albero).

bought /bɔːt/ → buy[1].

boughten /'bɔːtən/ a. (Am,dial) comprato già confezionato.

bougie /'buːʒiː(d)ʒi/ n. 1 candela f. 2 (Chir) sonda f., dilatatore m.

bouillabaisse /ˌbuːjəˈbeɪs/ n. (Gastron) zuppa f. di pesce.

bouillon /'buːjɒn Am 'buːjaːn/ n. 1 (Gastron) brodo m. 2 (Am,Alim) (cube) dado m. (da brodo). ☐ (Alim) ~ cube dado (per brodo).

boulder /'bouldər/ n. (Geol) masso m. ☐ (Geol) ~ clay deposito glaciale.

bouldering /'bouldərɪŋ/ n. (Sport) bouldering m., arrampicata f. sui massi.

boules /buːl/ n. (Sport) bocce f.pl.

boulevard /'buːlvaːr Am 'buləvaːrd/ n. boulevard m., viale m.

boult /'boult/ → bolt[3].

bounce[1] /baʊns/ v.t. 1 far rimbalzare: to ~ a ball off a wall far rimbalzare una palla contro il muro. 2 (fig) (of ideas) far rimbalzare, far discutere: the teacher ~d a few different opinions around the class l'insegnante fece discutere diverse opinioni in classe; I ~d my ideas off him; ho usato lui come cassa di risonanza per le mie idee. 3 (to lift up and down) far saltare: to ~ a baby on one's knees far saltare un bambino sulle ginocchia. 4 (to refuse, to send back) respingere, far tornare indietro: the bank ~d my cheque la banca ha respinto il mio assegno. 5 (colloq) (from a

night club, etc.) buttare fuori. 6 (spec. Br, colloq) (to coerce) indurre, costringere: I got ~d into going out mi hanno costretto a uscire, mi hanno fatto uscire per forza. 7 (spec. Am, colloq) (to dismiss) licenziare, mandare a spasso; (to expel) espellere, scacciare. II v.i. 1 rimbalzare. 2 (fig) (of ideas) rimbalzare, fare il giro. 3 (to jump up and down) saltare (su e giù). 4 (to bound) balzare, precipitarsi, slanciarsi: he ~d into the room si precipitò nella stanza. 5 (to come back) essere respinto, tornare indietro: my last e-mail to him ~d l'ultimo messaggio di posta elettronica che gli ho mandato mi è tornato indietro. 6 (of a cheque) essere respinto al beneficiario, essere scoperto. ☐ to ~ against sth. sbattere contro qcs.; to ~ back: 1 (to recover) riaversi, riprendersi (from da); 2 (to recoil) ricadere (on su), ritorcersi (contro).

bounce[2] /baʊns/ n. 1 rimbalzo m.: he caught the ball on the first ~ ha preso la palla al primo rimbalzo. 2 (elasticity) elasticità f. 3 (fig) (verve, energy) spirito m., slancio m., energia f.: full of ~ pieno di energia. 4 (Econ) scoperto m. bancario. ☐ (spec. Am,colloq) to get the ~ essere licenziato.

bounced /baʊnst/ ☐ (Inform) ~ e-mail messaggio e-mail che non raggiunge il destinatario.

bouncer /'baʊnsər/ n. 1 (at a night club, etc.) buttafuori m. 2 (Sport) (in cricket) tiro m. che rimbalza, (in baseball) palla f. rotolante. 3 (sl) (bad cheque) assegno m. scoperto, assegno m. a vuoto.

bouncily /'baʊnsɪli/ avv. 1 (lively) vivacemente. 2 (with spring) con elasticità.

bounciness /'baʊnsɪnəs/ n. 1 (liveliness) vivacità f., spirito m. 2 (springiness) elasticità f.

bouncing /'baʊnsɪŋ/ a. 1 robusto, pieno di salute: a ~ baby un bambino che scoppia di salute. 2 (lively) vivace, animato.

bouncy /'baʊnsi/ a. 1 (that bounces well) che rimbalza (bene): a ~ ball una palla che rimbalza. 2 (springy) elastico, flessibile. 3 (lively) vivace, animato. ☐ ~ castle castello gonfiabile di plastica, gonfiabile.

bound[1] /baʊnd/ → bind[1].

bound[2] /baʊnd/ a. 1 legato: ~ hand and foot legato mani e piedi. 2 (fig) legato, inchiodato, costretto. 3 (Legat) (of a book) rilegato, legato. 4 (obliged) obbligato, costretto, vincolato: ~ by a contract vincolato da un contratto; to be (in) honour ~ essere moralmente obbligato. 5 (sure) destinato: his plan is ~ to fail il suo piano è destinato a fallire. 6 (apprenticed) messo a far pratica, collocato come apprendista. 7 (Am) (resolved) deciso, risoluto. 8 (Med) costipato. 9 (Chim,Ling) combinato, unito. ☐ I'll be ~ ne sono certo, ci scommetterei, ci giurerei; to be ~ to: 1 (compelled) essere obbligato a, essere tenuto a; 2 (sure) essere destinato a; to be ~ up in (o to be ~ up with): 1 essere strettamente connesso con, essere tutt'uno con; 2 (devoted to) essere dedito a, essere coinvolto in; to be ~ up with so. essere emotivamente coinvolto con qcu.

bound[3] /baʊnd/ I n. 1 salto m., balzo m.: he cleared the fence in a ~ superò la staccionata con un balzo. 2 (bounce, rebound) rimbalzo m. II v.i. 1 balzare, slanciarsi. 2 (to rebound) rimbalzare.

bound[4] /baʊnd/ I n. 1 (generally pl.) limite m., confine m. (anche fig): within the ~s of reason entro limiti ragionevoli. 2 (Mat) limite m. II v.t. 1 delimitare: fields ~ed by hedges campi delimitati da siepi. 2 (fig) (to limit) limitare, porre dei limiti a. III v.i. confinare (with con). ☐ (fig) to know no ~s non conoscere limiti; *out of* -s: 1 (*Sport*) fuori campo; 2 (*forbidden*) proibito, vietato: *this bar is out of* -*s to students* l'accesso a questo bar è vietato agli studenti; *within* -*s* entro i limiti fissati, entro limiti ragionevoli.

bound[5] /baʊnd/ *a.* **1** diretto (*for, to* a), sulla via (di), in viaggio, con destinazione (per): *a ship* ~ *for Palermo* una nave diretta a Palermo. **2** (*fig*) (*of a person*) destinato a: *she's* ~ *for stardom* è destinata a diventare una stella.

bound[6] /baʊnd/ *a.* (*in compounds*) **1** impedito..., bloccato...: *snow-*~ bloccato dalla neve. **2** (*fig*) legato, inchiodato, costretto: *desk-*~ inchiodato alla scrivania. **3** (*going*) diretto a, verso: *west*~ diretto a ovest.

boundary /'baʊnd²ri/ *n.* **1** limite *m.*, confine *m.* **2** (*Geol*) delimitazione *f.* **3** (*Sport*) bordo *m.* del campo. □ (*GB*) *Boundary Commission* comitato che delimita i confini dei collegi elettorali; ~ *dispute* contestazione di confine; ~ *layer* strato limite; ~ *line* linea di demarcazione; ~ *stone* pietra di confine, cippo di confine.

bounded /'baʊndɪd/ *a.* (*Mat*) limitato.

bounden /'baʊndən/ *a.* (*ant*) obbligato. □ *it is my* ~ *duty to do it* è mio sacrosanto dovere farlo.

bounder /'baʊndə^r/ *n.* (*Br*) mascalzone *m.* (*f.* -a), farabutto *m.* (*f.* -a), canaglia *f.*

boundless /'baʊndləs/ *a.* **1** infinito, illimitato, sconfinato, sterminato: *the* ~ *ocean* l'oceano sconfinato. **2** (*without restraint*) incontenibile, senza limiti.

boundlessly /'baʊndləsli/ *avv.* senza limiti, infinitamente, in modo illimitato.

boundlessness /'baʊndləsnəs/ *n.* illimitatezza *f.*, immensità *f.*, sconfinatezza *f.*

bounteous /'baʊntiəs *Am* 'baʊntiəs/ *a.* **1** generoso, liberale, munifico. **2** (*plentiful*) abbondante, copioso, ricco.

bounteousness /'baʊntiəsnəs *Am* 'baʊntiəs nəs/ *n.* **1** generosità *f.*, munificenza *f.*, liberalità *f.* **2** (*plentifulness*) abbondanza *f.*

bountiful /'baʊntɪful *Am* 'baʊntɪfʊl/ *a.* **1** generoso, munifico, liberale: *a* ~ *nature* una natura generosa. **2** (*plentiful*) abbondante, copioso, ricco: *a* ~ *supply of food* un'abbondante provvista di cibo.

bounty /'baʊnti *Am* 'baʊnti/ *n.* **1** liberalità *f.*, munificenza *f.*, generosità *f.* **2** (*sth. given*) dono *m.* generoso, dono *m.* munifico. **3** (*reward*) ricompensa *f.*, compenso *m.*, premio *m.*; (*of criminals*) taglia *f.* **4** (*Mil,ant*) premio *m.* di arruolamento. **5** (*Econ*) (*subsidy*) sovvenzione *f.*; (*premium*) premio *m.* □ ~ *hunter* cacciatore di taglie.

bouquet /buˈkeɪ *Am* buˈkeɪ/ *n.* **1** mazzo *m.* di fiori, mazzolino *m.* di fiori. **2** (*fig,lett*) complimento *m.* **3** (*of wine, etc.*) bouquet *m.*, aroma *m.*, profumo *m.* □ (*Gastron*) ~ *garni* mazzetto guarnito.

bourbon[1] /'bɜːbən *Am* 'bɜːrbən/ *n.* (*bourbon whisky*) bourbon *m.*

bourbon[2] /'bɔːbən/ □ (*Br*) ~ *biscuit* biscotto farcito al cioccolato.

Bourbon /'bʊəbən *Am* 'bʊrbən/ *n.* **1** (*Stor*) borbonico *m.* (*f.* -a). **2** (*fig*) borbonico *m.* (*f.* -a), reazionario *m.* (*f.* -a).

bourdon /'bʊədən *Am* 'bʊrdən/ *n.* (*Mus*) **1** (*of a bagpipe*) bordone *m.* **2** (*bass*) registro *m.* basso. **3** (*organ stop*) bordone *m.*

bourgeois /'bʊəʒwɑː *Am* 'bʊrʒwɑː/ **I** *n.inv.* **1** borghese *m./f.* **2** (*capitalist*) capitalista *m./f.* **II** *a.* borghese (*anche spreg*).

bourgeoisie /ˌbʊəʒwɑːˈziː *Am* ˌbʊrʒwɑːˈziː/ *n.inv.* borghesia *f.*

bourn[1] /bʊən/ *n.* (*Br,dial*) ruscello *m.*

bourn[2] /bʊən *Am* bɔːrn/ *n.* **1** (*poet*) meta *f.*,

---

obiettivo *m.* **2** (*ant*) (*bound*) confine *m.*

bourne /bɔːn *Am* bʊrn/ → **bourn**[1].

bourse /bʊəs, bɔːs *Am* bʊrs, bɔːrs/ *n.* (*Econ*) borsa *f.* (*spec.* francese o europea).

boustrophedon /ˌbuːstrəˈfiːdən/ *a.* bustrofedico.

bout /baʊt/ *n.* **1** (*attack of illness*) attacco *m.*, accesso *m.*: *a* ~ *of flu* un attacco di influenza. **2** (*fight*) incontro *m.*, gara *f.*: *a boxing* ~ un incontro di pugilato. **3** (*with the enemy*) scontro *m.* **4** (*period of activity*) po': *a* ~ *at gardening* un po' di giardinaggio. **5** (*session*) sessione *f.*, (*colloq*) tirata *f.*

boutique /buːˈtiːk/ *n.* boutique *f.*

bouton /'buːtɒn *Am* buːˈtɔːn/ *n.* (*Anat*) placchetta *f.* terminale.

boutonniere /ˌbuːtɒnˈjeə^r *Am* ˌbuːtənˈɪr, ˌbuːtənˈjer/ *n.* mazzetto *m.* di fiori all'occhiello.

bouzouki /buˈzuːki/ *n.* (*Mus*) bouzouki *m.*

bovid /'bəʊvɪd/ *n.* (*Zool*) bovide *m.*

bovine /'bəʊvaɪn *Am also* 'bəʊviːn/ *a.* **1** bovino. **2** (*fig*) ottuso, lento, stupido. □ (*Veter*) ~ *spongiform encephalopathy* encefalopatia spongiforme bovina, BSE.

bovril, Bovril /'bɒvrɪl *Am* 'bɑːvrɪl/ *n.* (*Alim*) estratto *m.* di carne.

bovver /'bɒvə^r/ *n.* (*Br,colloq*) aggressione *f.*, hooliganismo *m.*, teppismo *m.* □ ~ *boot* scarpone (da hooligan); ~ *boy* hooligan, teppista.

bow[1] /baʊ/ **I** *v.i.* **1** (*in reverence*) inchinarsi, fare un inchino. **2** (*in salutation*) fare un cenno di saluto, accennare col capo, salutare col capo. **3** (*fig*) piegarsi, rassegnarsi, piegare il capo, chinare il capo, cedere: *to* ~ *to the inevitable* rassegnarsi all'inevitabile. **II** *v.t.* **1** chinare, piegare: *to* ~ *one's head* chinare la testa. **2** (*to cause to stoop*) curvare, piegare, rendere curvo: *-ed with old age* reso curvo dagli anni, carico di anni. **3** (*to express by bowing*) esprimere con un cenno del capo: *he -ed his thanks* espresse con un cenno del capo la sua gratitudine. **4** (*to bend*) piegare, curvare: *the wind -ed the trees* il vento piegava gli alberi. □ *to* ~ *and scrape*: 1 profondersi in inchini e salamelecchi; 2 (*fig*) essere servile, comportarsi servilmente; *to* ~ *down* schiacciare, sopraffare, prostrare, abbattere: *he is -ed down by care* è prostrato dagli affanni; *to* ~ *in* far entrare qcu. con un inchino; *to* ~ *low* fare un profondo inchino; *to* ~ *so. out* congedare qcu. con un inchino; *to* ~ *oneself out* uscire con un inchino, (*fig*) abbandonare la scena; (*fig*) *to* ~ *the knee* piegare le ginocchia; *to* ~ *to necessity* piegarsi alla necessità, far buon viso a cattivo gioco; *to* ~ *to pressure* cedere alle pressioni; (*fig*) *to* ~ *to the facts* arrendersi all'evidenza.

bow[2] /baʊ/ *n.* inchino *m.* □ *to make one's* ~: 1 fare un inchino; 2 (*fig*) esordire, debuttare; 3 (*fig*) ritirarsi; *to take a* ~ ringraziare (il pubblico) con un inchino.

bow[3] /bəʊ/ **I** *n.* **1** arco *m.* **2** (*curve*) curva *f.* **3** (*looped knot*) nodo *m.*, fiocco *m.*: *he tied the parcel with a neat* ~ ha legato il pacchetto con un bel fiocco. **4** (*decoration*) fiocco *m.*, nastro *m.*, gala *f.* **5** (*Mus*) archetto *m.*, arco *m.*; (*movement of a bow*) arcata *f.* **6** (*Abbigl*) (*bow tie*) cravatta *f.* a farfalla, (*colloq*) farfallino *m.* **7** (*ant*) (*archer*) arciere *m.* **8** (*El*) (*of a tram, trolley bus*) archetto *m.*, trolley *m.*, asta *f.* di presa. **9** (*rainbow*) arcobaleno *m.* **II** *v.i.* **1** piegarsi ad arco, curvarsi ad arco. **2** (*Mus*) suonare uno strumento ad arco. **III** *v.t.* **1** piegare ad arco, inarcare. **2** (*Mus*) suonare con l'archetto; (*to indicate bowing*) segnare l'archeggio. **IV** *a.* arcuato, ad arco: ~ *legs* gambe arcuate. □ (*Br*) *Bow Bells* campane di St.

Mary-le-Bow; *to be born within the sound of Bow Bells* essere nato nel cuore di Londra, essere un londinese puro; (*Tecn*) ~ *compass* balaustrino *f.*; (*Mecc*) ~ *drill* trapano a violino, trapano ad arco; (*Tecn*) ~ *pen* balaustrino a inchiostro; (*Tecn*) ~ *pencil* balaustrino; (*Fal*) ~ *saw* saga a telaio, sega a mano; ~ *shot* (*distance*) tiro d'arco; (*Br,ant*) *Bow Street Runner* poliziotto londinese; (*Abbigl*) ~ *tie* cravatta a farfalla; (*Edil*) ~ *window* bovindo, bow-window (a pianta semicircolare).

bow[4] /baʊ/ *n.* **1** (*Mar*) prua *f.*, prora *f.* **2** (*Aer*) (*of an airship*) scudo *m.* di prua. **3** (*Mar*) (*of the rudder*) spalla *f.* **4** (*Mar*) (*oar*) remo *m.* di prua; (*bowman*) rematore *m.* al remo di prua. □ (*Mar*) ~ *light* fanale di prora; (*Pesc*) ~ *net* nassa; (*Mar*) -*s on* di prua; (*Mar*) *on the* ~ al mascone; (*Mar*) ~ *sprit* bompresso; (*Mar*) ~ *sprit shrouds* sartie del bompresso; (*Mar*) -*s under* con la prua sommersa.

bowdlerisation /ˌbaʊdl²r(a)ɪˈzeɪʃən/ *n.* (*Br*) (*of a play, a novel*) espurgazione *f.*

bowdlerise /'baʊdl²raɪz/ *v.t.* (*Br*) (*of a play, a novel*) espurgare.

bowdlerization /ˌbaʊdl²r(a)ɪˈzeɪʃən *Am* ˌbaʊdl²rˈzeɪʃən/ *n.* (*of a play, a novel*) espurgazione *f.*

bowdlerize /'baʊdl²raɪz/ *v.t.* (*of a play, a novel*) espurgare.

bowdlerized /'baʊdl²raɪzt/ *a.* (*of a play, a novel*) espurgato: ~ *edition of Boccaccio* un'edizione espurgata del Boccaccio.

bowed[1] /baʊd/ *a.* inchinato, piegato.

bowed[2] /bəʊd/ *a.* **1** arcato, arcuato, curvo. **2** (*Mus*) ad arco. □ ~ *legs* gambe arcuate.

bowel /'baʊəl/ *n.* **1** (*Anat*) (*often pl.*) intestino *m.* **2** *pl.* (*fig*) viscere *f.pl.*: *in the -s of the earth* nelle viscere della terra. **3** *pl.* (*ant*) (*internal organs*) viscere *f.pl.* □ ~ *motion* (o ~ *movement*): 1 defecazione *f.*; 2 (*faeces*) feci.

bower[1] /'baʊə^r/ *n.* **1** pergola *f.*, pergolato *m.*; (*leafy recess*) recesso *m.* ombroso. **2** (*lett*) (*cottage*) casetta *f.* (di campagna). **3** (*ant*) (*lady's boudoir*) salottino *m.*, boudoir *m.*

bower[2] /'baʊə^r/ *n.* (*Mar*) ancora *f.* di prua.

bowerbird /'baʊəbɜːd *Am* 'baʊərbɜːrd/ *n.* (*Ornit*) uccello *m.* giardiniere.

bowery /'baʊəri *Am* 'baʊəri, 'baʊri/ *a.* (*poet*) pieno di pergolati; (*shady*) ombroso.

bowfin /'bəʊfɪn/ *n.* (*Itt*) amia *f.*

bowhead /'bəʊhed/ *n.* (*Zool*) balena *f.* della Groenlandia.

bowie /'bəʊi/ □ ~ *knife* coltello-pugnale, coltello da caccia.

bowing[1] /'bəʊɪŋ/ *n.* (*Mus*) archeggio *m.*

bowing[2] /'baʊɪŋ/ □ *to have a* ~ *acquaintance with so.* conoscere appena qcu., conoscere qcu. di vista.

bowl[1] /bəʊl/ *n.* **1** ciotola *f.*, scodella *f.*, piatto *m.* (fondo): *a* ~ *of rice* una ciotola di riso, *a bowl of cereal* un piatto di cereali. **2** (*of a toilet*) tazza *f.*, vaso *m.* **3** (*of a pipe*) fornello *m.* **4** (*of a spoon*) incavo *m.* **5** (*for goldfish*) vaso *m.*, acquario *m.* **6** (*lett*) (*drinking cup*) coppa *f.*, boccale *m.*: (*fig*) *he was addicted to the* ~ aveva il vizio del bere. **7** (*Am*) (*stadium*) stadio *m.* **8** (*Mot*) (*of a filter*) bicchierino *m.*, vaschetta *f.* **9** (*Geog*) bacino *m.* □ (*fig*) *life is a* ~ *of cherries* la vita è tutta rose e fiori; *life is just a* ~ *of cherries for him* lui ha la vita facile, lui vive nella bambagia.

bowl[2] /bəʊl/ *n.* **1** (*in skittles*) palla *f.* di legno. **2** (*in lawn bowling*) boccia *f.* **3** (*cast of the ball*) lancio *m.* della boccia, tiro *m.* della boccia. **4** (*Tecn*) rullo *m.*, cilindro *m.* **5** *pl.* (*costr.sing.*) (*lawn bowling*) gioco *m.* delle bocce.

bowl[3] /bəʊl/ **I** *v.i.* **1** (*to play bowls*) giocare a bocce. 2 (*to roll a bowl*) tirare una boccia. 3 (*Sport*) (*in cricket, etc.*) lanciare. II *v.t.* 1 (*to throw*) lanciare, far rotolare. 2 (*Sport*) (*in cricket: of the ball*) lanciare; (*of a batsman*) eliminare. ☐ *to ~ a good game* fare una bella partita; *to ~ along* (*of a carriage*) viaggiare rapidamente, (*of a ship*) filare; (*Sport*) *to ~ out* (*in cricket: of a batsman*) eliminare; *to ~ over*: 1 abbattere, buttar giù, investire; 2 (*fig*) sconcertare, confondere: *he was -ed over by the news* rimase sconcertato dalla notizia.

bow-legged /boʊˈleg(ɪ)d/ *a.* dalle gambe arcuate.

bowler[1] /ˈboʊlər/ *n.* (*Sport*) 1 (*in bowls*) giocatore *m.* (*f.* -trice) di bocce. 2 (*in cricket*) lanciatore *m.* (*f.* -trice).

bowler[2] /ˈboʊlər/ *n.* (*Br*) (*hat*) bombetta *f.* ☐ (*Br*) *~ hat* bombetta.

bowlful /ˈboʊlfʊl/ *n.* contenuto *m.* di una scodella, scodella *f.*

bowline /ˈboʊlɪn/ *n.* (*Mar*) 1 (*bowline knot*) gassa *f.* d'amante. 2 (*of a sail*) bolina *f.* ☐ (*Mar*) *on a ~* stretto di bolina.

bowling /ˈboʊlɪŋ/ *n.* 1 (*in an alley, with skittles*) bowling *m.* 2 (*lawn bowling*) gioco *m.* delle bocce. 3 (*in cricket*) lancio *m.* della palla. ☐ *~ alley*: 1 corsia per il gioco del bowling; 2 (*building*) bowling; (*Sport*) *~ crease* (*in cricket*) linea di demarcazione; *~ green* campo di bocce; *~ lane* pista da bowling; *~ pin* birillo.

bowman[1] /ˈboʊmən/ *n.irr.* (*archer*) arciere *m.*

bowman[2] /ˈboʊmən/ *n.irr.* (*bow oar*) rematore *m.* al remo di prua.

bowser /ˈboʊzər/ *n.* (*Aer*) (*tanker*) autocisterna *f.* 2 (*Aus,colloq*) pompa *f.* della benzina.

bowshot /ˈboʊʃɒt Am* ˈboʊʃɑːt/ *n.* (*in archery*) portata *f.* di arco.

bowstring /ˈboʊstrɪŋ/ *n.* (*Mus*) corda *f.* di archetto.

bow-wow[1] /ˌbaʊˈwaʊ/ *onom.* bau bau, bu bu.

bow-wow[2] /ˈbaʊwaʊ/ *n.* (*infant*) cane *m.*

bowyer /ˈboʊjər/ *n.* 1 (*bow maker*) fabbricante *m.* di archi. 2 (*ant*) (*archer*) arciere *m.*

box[1] /bɒks *Am* bɑːks/ *n.* 1 scatola *f.*: *a ~ of chocolates* una scatola di cioccolatini. 2 (*case*) cassetta *f.*; (*chest*) cassa *f.*, cassone *m.* 3 (*small rectangular shape*) quadretto *m.*, riquadro *m.*, casella *f.*: *please tick one* ~ si prega di segnare una sola casella. 4 (*in a courtroom: for the jury*) banco *m.* della giuria; (*for witnesses*) banco *m.* dei testimoni. 5 (*for a sentry*) garitta *f.* 6 (*booth*) séparé *m.*; (*telephone booth*) cabina *f.* telefonica. 7 (*post office box*) casella *f.* postale. 8 (*for horses*) box *m.*, posta *f.* 9 (*Sport*) (*in baseball*) box *m.*, pedana *f.*; (*penalty area*) area *m.* di rigore. 10 (*Br,Sport*) (*protection for genitals*) conchiglia *f.* 11 (*square playing area*) rettangolo *m.*, quadrato *m.* 12 (*of a cartridge*) bossolo *m.* 13 (*gift*) regalo *m.*, strenna *f.*; (*tip*) mancia *f.* 14 (*Br,colloq*) (*television*) televisione *f.*, tivù *f.*: *on the ~* alla televisione, in tivù. 15 (*colloq*) (*coffin*) cassa *f.* da morto. 16 (*Br*) (*cabin, cottage*) capanno *m.*, casetta *f.* 17 (*ant*) (*driving seat on coach*) cassetta *f.* 18 (*Teat*) palco *m.*, palchetto *m.* 19 (*Tip*) riquadro *m.* 20 (*Tecn*) (*housing*) alloggiamento *m.*, scatola *f.*, sede *f.* 21 (*El*) (*of a battery*) vaso *m.* 22 (*Am,volg*) (*vagina*) fica *f.* ☐ (*Br*) *~ and cox* vicini ma estranei; (*Edil*) *~ beam* trave a scatola, trave rettangolare; *~ bed* armadio-letto; (*Pell*) *~ calf* boxcalf, pelle di vitello al cromo; (*Fot*) *~ camera* macchina fotografica a cassetta; (*Am*) *~ canyon* canyon cieco; (*Tess*) *~ cloth* tessuto felpato di lana; *~ coat*: 1 mantello pesante, cappotto pesante; 2 (*for coachmen*) pastrano, gabbano; (*Edil*) *~ girder* trave a

scatola, trave rettangolare; *~ holder*: 1 (*Teat*) palchettista; 2 (*Post*) casellista; (*ant*) *~ iron* ferro da stiro a carbone; *~ kite* cervo volante; (*Tip*) *~ letter* carattere cubitale; (*Am*) *~ lunch* colazione al sacco; (*Post*) *~ number* numero di casella postale; (*fig,scherz*) *~ of tricks* scatola magica; *~ office*: 1 (*Teat*) botteghino: *~ office returns* introiti del botteghino; 2 (*receipts*) incasso; 3 (*estens*) di cassetta: *a ~ office success* un successo di cassetta; *out of the ~*: 1 (*easy to use*) facile da usare, subito, direttamente dalla scatola: *you can use the computer out of the ~* il computer è venduto già pronto per l'uso; 2 (*Sport*) (*position*) in campo; 3 (*Br,colloq*) drogato; 4 (*Br,colloq*) cretino; *~ pew* banco di chiesa con cancelletto; (*Sart*) *~ pleat* cannone; (*Am, Sport*) *~ score* tabellone (dei risultati); *~ seat*: 1 posto a cassetta; 2 (*Teat*) posto in un palco; (*Teat*) *~ set* interno (di stanza); (*Br,Mecc*) *~ spanner* chiave a collare, chiave a tubo; *~ spring* materasso a molle; (*Bot*) *~ tree* bosso; (*Am,Mecc*) *~ wrench* chiave a collare, chiave a tubo.

box[2] /bɒks *Am* bɑːks/ *v.t.* 1 (*to enclose: in a box*) inscatolare, mettere in (una) scatola, imballare; (*in a case*) mettere in una cassetta; (*in a chest*) mettere in una cassa. 2 (*to supply with a box*) munire di vaso. 3 (*to outline with a box*) riquadrare, mettere in un riquadro. 4 (*Agr*) incidere, praticare un'incisione in (*o* a): *to ~ a tree* incidere un albero. 5 (*Aus*) (*of sheep*) mescolare, mischiare. ☐ *to ~ in* chiudere, circoscrivere, limitare; *to ~ off* chiudere, cingere, recintare; *to ~ up*: 1 inscatolare, imballare; 2 (*to limit*) limitare, circoscrivere, chiudere; 3 (*colloq*) pasticciare, abborracciare.

box[3] /bɒks *Am* bɑːks/ I *n.* schiaffo *m.*, ceffone *m.* II *v.t.* schiaffeggiare, prendere a schiaffi, riempire di botte. III *v.i.* 1 battersi, fare a pugni, boxare: *he -es very well* è un bravo pugile. 2 (*to be a professional boxer*) fare il pugile, fare del pugilato. ☐ (*Br,colloq*) *to ~ clever* so. superare qcu. in furbizia, bagnare il naso a qcu.; *to ~ so.'s ears* prendere a schiaffi qcu., riempire qcu. di botte; *to ~ so. on the ears* rifilare un ceffone a qcu.; *to ~ on* continuare a lottare.

box[4] /bɒks *Am* bɑːks/ *n.* 1 (*Bot*) bosso *m.* 2 (*boxwood*) legno *m.* di bosso, bosso *m.* ☐ (*Bot*) *~ elder* negundo, acero bianco.

boxcar /ˈbɑːkskɑːr/ *n.* (*Am,Ferr*) carro *m.* merci.

boxed /bɒkst *Am* ˈbɑːkst/ *a.* inscatolato, in scatola.

boxer[1] /ˈbɒksər *Am* ˈbɑːksər/ *n.* (*Sport*) pugile *m.*, boxeur *m.* ☐ (*Abbigl*) *~ shorts* boxer.

boxer[2] /ˈbɒksər *Am* ˈbɑːksər/ *n.* (*Zool*) boxer *m.*, cane *m.* boxer.

Boxer /ˈbɒksər *Am* ˈbɑːksər/ *n.* (*Stor*) Boxer *m.*: *the ~ Rebellion* la rivolta dei Boxers.

boxfish /ˈbɒksfɪʃ *Am* ˈbɑːksfɪʃ/ *n.* (*Itt*) pesce *m.* cofano.

boxful /ˈbɒksfʊl *Am* ˈbɑːksfʊl/ *n.* scatola *f.*; (*caseful*) cassetta *f.*; (*chestful*) cassa *f.*

boxing[1] /ˈbɒksɪŋ *Am* ˈbɑːksɪŋ/ *n.* 1 (*packing*) imballaggio *m.*, imballo *m.* 2 (*providing with a box*) inscatolamento *m.* 3 (*Edil*) cassaforma *f.*, armatura *f.*

boxing[2] /ˈbɒksɪŋ *Am* ˈbɑːksɪŋ/ *n.* (*Sport*) pugilato *m.*, boxe *f.* ☐ (*Br*) *Boxing Day* Santo Stefano; (*Sport*) *~ glove* guantone a (da pugile); (*Sport*) *~ match* incontro di pugilato; (*Sport*) *~ ring* quadrato, ring.

boxroom /ˈbɒksruːm/ *n.* (*Br*) sgabuzzino *m.*, ripostiglio *m.*, stanzino *m.*

boxthorn /ˈbɒksθɔːn *Am* ˈbɑːksθɔːrn/ *n.* (*Bot*) spinacristi *f.*, agutoli *m.*

boxwood /ˈbɒkswʊd *Am* ˈbɑːkswʊd/ *n.* legno *m.* di bosso, bosso *m.*

boxy /ˈbɒksi *Am* ˈbɑːksi/ *a.* 1 quadrato, squadrato, a forma di scatola. 2 (*of a room*) stretto, angusto.

boy /bɔɪ/ I *n.* 1 ragazzo *m.*, (*ant*) fanciullo *m.* 2 (*son*) figlio *m.*, ragazzo *m.*; (*new-born*) maschietto *m.* 3 (*immature youth*) ragazzone *m.*, bambinone *m.* 4 (*colloq*) (*fellow, man*) tizio *m.*, tipo *m.*, diavolo *m.*: *a nice old ~* un tipo simpatico. 5 (*colloq*) (*used vocatively*) amico *m.*, vecchio *m.* mio, (mio) caro *m.*: *cheer up, old ~* coraggio, vecchio mio; *I'm here, -s* ragazzi, sono qui. 6 (*ant,spreg*) (*male servant*) servo *m.*, domestico *m.*, ragazzo *m.* 7 (*server*) ragazzo *m.*, garzone *m.*, fattorino *m.*: *the grocer's ~* il garzone del droghiere. II *intz.* accipicchia, accidenti, mamma mia. ☐ *the -s back home* gli amici, i compaesani; *the -s in blue* i poliziotti; (*colloq*) *to be one of the -s* essere un tipo allegro, essere un gioviale, essere un tipo a suo agio in compagnia; (*colloq*) *~ racer* giovane che corre in macchina; *~ scout* (boy) scout, giovane esploratore; *~ wonder* ragazzo prodigio, piccolo genio. *Prov.: -s will be boys* (che cosa vuoi pretendere;) i ragazzi sono ragazzi!

boyar /boʊˈjɑːr *Am* boʊˈjɑːr/ *n.* (*Stor*) boiaro *m.*, boiardo *m.*

boycott /ˈbɔɪkɒt *Am* ˈbɔɪkɑːt/ I *v.t.* boicottare. II *n.* boicottaggio *m.*

boycotter /ˈbɔɪkɒtər *Am* ˈbɔɪkɑːtər/ *n.* boicottatore *m.* (*f.* -trice).

boycotting /ˈbɔɪkɒtɪŋ *Am* ˈbɔɪkɑːtɪŋ/ *n.* boicottaggio *m.*

boyfriend, boy-friend /ˈbɔɪfrend/ *n.* ragazzo *m.* (del cuore), fidanzatino *m.*, amichetto *m.*, fidanzato *m.*

boyhood /ˈbɔɪhʊd/ *n.* 1 fanciullezza *f.*; (*adolescence*) adolescenza *f.* 2 (*collett.*) (*boys*) ragazzi *m.pl.*, gioventù *f.*

boyish /ˈbɔɪʃ/ *a.* 1 di ragazzo, da ragazzo, fanciullesco, puerile. 2 (*spreg*) (*childish*) infantile, puerile. ☐ *~ looks* aspetto giovanile, faccia d'angelo.

boyishness /ˈbɔɪʃnəs/ *n.* 1 puerilità *f.*, fanciullaggine *f.* 2 (*spreg*) infantilismo *m.*

boyo /ˈbɔɪoʊ/ *n.* (*Br,colloq*) (*spec. in Wales*) ragazzo *m.*, amico *m.*

boysenberry /ˈbɔɪzənbəri *Am* ˈbɔɪzənˌberi/ *n.* (*Bot*) boysenberry *m.*, ibrido *m.* del lampone e della mora di rovo.

bozo /ˈboʊzoʊ/ *n.* (*Am,colloq*) stupido *m.* (*f.* -a), tonto *m.* (*f.* -a), buzzurro *m.* (*f.* -a). ☐ (*Inform*) *~ filter* filtro automatico per la posta elettronica.

BP, B.P. /ˌbiːˈpiː/ 1 *Before the Present Era* (prima dell'era moderna). 2 (*Comm*) *bills payable* (effetti passivi). 3 (*Med*) *blood pressure* PS (pressione sanguigna).

bp. 1 *birthplace* (luogo di nascita). 2 *baptised* (battezzato, all'anagrafe). 3 (*Fis*) *boiling point* PE (punto di ebollizione). 4 (*Econ*) *basis point* pb (punto base).

Bp. *bishop* Vesc. (vescovo).

BPC /ˌbiːpiːˈsiː/ (*Farm*) *British Pharmaceutical Codex* (codice farmaceutico britannico).

BPharm *Bachelor in Pharmacy* (laureato in farmacologia).

BPhil *Bachelor in Philosophy* (laureato in filosofia).

bpi (*Inform*) *bits per inch* bpi (bit per pollice).

bpl *birthplace* (luogo di nascita).

bps (*Inform*) *bits per second* bps (bit al secondo).

BR /ˌbiːˈɑːr *Am* ˌbiːˈɑːr/ 1 *British Rail* (ferrovie britanniche). 2 (*Comm*) *bills receivable* (effetti attivi). 3 *Brasil* BR (Brasile).

Br. 1 *Britain* (Gran Bretagna). **2** *British* (britannico). **3** (*Rel.catt*) *Brother* (frate, fratello).

bra /brɑː/ *n.* (*Abbigl*) reggiseno *m.* □ (*colloq, spreg*) ~ **burner** femminista militante; (*Abbigl*) ~ **top** top a reggiseno.

braai /braɪ/ *v.t.* (*S.Afr*) grigliare.

braaivleis /ˈbraɪˌfleɪs/ *n.* (*S.Afr*) grigliata *f.*

brabble /ˈbræbl/ **I** *v.i.* (*ant*) rissare. **II** *n.* alterco *m.*, lite *f.*

brace[1] /breɪs/ *n.* **1** (*Tecn*) grappa *f.*, gancio *m.*; (*support*) sostegno *m.*, rinforzo *m.* **2** (*Edil*) (*truss*) controvento *m.*, putrella *f.* **3** (*Dent*) apparecchio *m.* ortodontico. **4** (*Med*) busto *m.* ortopedico, tutore *m.* ortopedico. **5** (*Mar*) (*rope of a yard*) braccio *m.*; (*rudder gudgeon*) femminella *f.* **6** (*Mus*) (*of a drum*) tirante *m.* **7** (*Mus*) (*connected staves*) legatura *f.* **8** (*Tip*) graffa *f.*, parentesi *f.* graffa. **9** (*Fal*) girabacchino *m.* **10** (*pair, couple*) coppia *f.*, paio *m.*: *a* ~ *of pheasants* una coppia di fagiani. **11** *pl.* (*Br*) (*suspenders*) bretelle *f.pl.* □ ~ **and bit** girabacchino.

brace[2] /breɪs/ *v.t.* **1** sostenere, rinforzare. **2** (*rifl.*) *to* ~ *oneself* tenersi rigido, irrigidirsi. **3** (*rifl.*) *to* ~ *oneself* (*to call up one's energies*) prepararsi, raccogliere tutte le proprie forze. **4** (*to make taut*) tendere: *to* ~ *a drum* tendere la pelle di un tamburo. **5** (*fig*) (*to invigorate*) tonificare, rinvigorire, corroborare, rinfrescare. **6** (*Mar*) bracciare. **7** (*Aer,Edil*) controventare. □ (*Mar*) *to* ~ **aback** bracciare a collo; (*Mar*) *to* ~ **about** bracciare per virare di prua; (*Mar*) *to* ~ **around** bracciare per virare in poppa; (*Mar*) *to* ~ **in** bracciare in croce; (*Mar*) *to* ~ **up**: **1** (*fig*) (*to invigorate*) tonificare, rinvigorire, corroborare, rinfrescare; **2** (*spec. Am*) (*to call up one's energies*) farsi coraggio, raccogliere le forze.

braced /breɪst/ *a.* **1** (*rigid*) irrigidito. **2** (*ready*) pronto per un'emergenza.

bracelet /ˈbreɪslɪt/ *n.* **1** braccialetto *m.*, bracciale *m.*: *a gold* ~ un braccialetto d'oro. **2** *pl.* (*sl*) (*handcuffs*) manette *f.pl.*

bracer[1] /ˈbreɪsər/ *n.* **1** (*sth. that supports*) sostegno *m.*, rinforzo *m.* **2** (*colloq*) (*drink*) bicchierino *m.*, cicchetto *m.* **3** (*fig*) (*reviver*) conforto *m.*, stimolo *m.*

bracer[2] /ˈbreɪsər/ *n.* (*Sport*) (*in archery*) bracciale to *m.* d'arco, bracciale *m.*

brachial /ˈbreɪkɪəl *Am also* ˈbrækɪəl/ *a.* (*Anat*) brachiale.

brachiate[1] /ˈbrækɪeɪt/ *v.i.* (*Zool*) (*of apes*) praticare la brachiazione.

brachiate[2] /ˈbrækɪət, ˈbreɪkɪət/ *a.* **1** (*Bot*) ramificato. **2** (*Zool*) con braccia.

brachiation /ˌbreɪkiˈeɪʃən/ *n.* (*Zool*) (*of apes*) brachiazione *f.*

brachiopod /ˈbrækɪoʊpɒd *Am* ˈbrækɪəpɑːd/ *n.* (*Zool*) brachiopode *m.*

brachiosaurus /ˌbrækɪoʊˈsɔːrəs/ *n.* (*Zool*) brachiosauro *m.*

brachycephalic /ˌbrækɪseˈfælɪk/ *a.* (*Med*) brachicefalico.

brachycephalous /ˌbrækɪˈsefələs/ *a.* (*Med*) brachicefalico.

brachycephaly /ˌbrækɪˈsefəli/ *n.* (*Med*) brachicefalia *f.*

bracing /ˈbreɪsɪŋ/ **I** *a.* tonificante, corroborante: *the* ~ *mountain air* l'aria corroborante della montagna. **II** *n.* rinforzo *m.*, sostegno *m.*

bracken /ˈbrækən/ *n.* **1** (*Bot*) felce *f.*, felce *f.* aquilina. **2** (*area of bracken*) felceta *f.*, felceto *m.*

bracket /ˈbrækɪt/ **I** *n.* **1** mensola *f.* (di sostegno), supporto *m.* **2** (*wall shelf*) scaffale *m.* a muro; (*supporting arm*) braccio *m.* **3** (*Arch*) (*support*) mensola *f.*; (*false console*) mensola *f.* ornamentale. **4** (*Br*) (*in punctuation*) pa-

rentesi *f.*: *between* ~*s* (o *in* -*s*) fra parentesi. **5** (*Am*) (*in punctuation*) parentesi *f.* quadrata. **6** (*class, group*) serie *f.*, gruppo *m.*, categoria *f.*: *a tax* ~ scaglione fiscale. **7** (*Arm*) forcella *f.* **II** *v.t.* **1** sostenere con mensole. **2** (*to enclose in brackets*) mettere tra parentesi. **3** (*to group*) raggruppare, classificare insieme, mettere insieme, collegare. **4** (*Mil*) sparare a forcella. □ (*Bot*) ~ *fungus* agarico.

bracketing /ˈbrækɪtɪŋ *Am* ˈbrækɪtɪŋ/ *n.* **1** serie *f.* di supporti, supporti *m.pl.* **2** (*Edil*) nervatura *f.* di sostegno.

brackish /ˈbrækɪʃ/ *a.* salmastro.

brackishness /ˈbrækɪʃnəs/ *n.* sapore *m.* salmastro.

bract /brækt/ *n.* (*Bot*) brattea *f.*

bracteal /ˈbræktɪəl/ *a.* (*Bot*) bratteale.

bracteate /ˈbræktɪeɪt, ˈbræktɪət/ **I** *n.* (*Numism*) moneta *f.* bratteata, bratteato *m.* **II** *a.* (*Bot*) bratteato.

brad /bræd/ *n.* (*Tecn*) chiodo *m.* senza testa.

bradawl /ˈbrædɔːl/ *n.* (*Fal*) punteruolo *m.* a punta piatta.

bradycardia /ˌbrædɪˈkɑːdɪə *Am* ˌbrædɪˈkɑːrdɪə/ *n.* (*Med*) bradicardia *f.*

bradykinin /ˌbrædɪˈkaɪnɪn/ *n.* (*Chim*) bradichinina *f.*

bradyseism /ˈbrædɪˌsaɪzəm/ *n.* (*Geol*) bradisismo *m.*

bradyseismal /ˌbrædɪˌsaɪzməl/ *a.* (*Geol*) bradisismico.

bradyseismic /ˌbrædɪˌsaɪzmɪk/ *a.* (*Geol*) bradisismico.

brae /breɪ/ *n.* (*Scott*) pendio *m.*, declivio *m.*, erta *f.*

brag /bræg/ **I** *v.i.* (*past, p.p.* **bragged** /-d/) boriarsi, vantarsi, (*ant*) millantarsi (*about* di). **II** *n.* **1** vanteria *f.*, spacconeria *f.*, (*ant*) millanteria *f.* **2** (*thing boasted of*) vanto *m.* **3** (*person*) spaccone *m.* (*f.* -a), (*ant*) millantatore *m.* (*f.* -trice). **4** (*card game*) gioco *m.* di carte (simile al poker).

braggadocio /ˌbrægəˈdoʊʃioʊ/ (*pl.* -s /-z/) *n.* **1** spaccone *m.* (*f.* -a), (*ant*) millantatore *m.* (*f.* -trice), fanfarone *m.* (*f.* -a), smargiasso *m.* (*f.* -a). **2** (*bragging*) vanteria *f.*, spacconeria *f.*, (*ant*) millanteria *f.*

braggart /ˈbrægət *Am* ˈbrægərt/ **I** *n.* spaccone *m.* (*f.* -a), (*ant*) millantatore *m.* (*f.* -trice), fanfarone *m.* (*f.* -a), smargiasso *m.* (*f.* -a). **II** *a.* vanaglorioso.

Brahma /ˈbrɑːmə/ *n.pr.m.* (*Rel*) Brahma, Brama.

Brahman /ˈbrɑːmən/ *n.* (*Rel*) brahmano *m.*, bramano *m.*

Brahmanee, Brahmani /ˈbrɑːməni/ *n.* donna *f.* di casta brahmanica.

Brahmanic /brɑːˈmænɪk/ *a.* brahmanico, bramanico, brahminico, braminico.

Brahmanical /brɑːˈmænɪkəl/ *a.* brahmanico, bramanico, brahminico, braminico.

Brahmanism /ˈbrɑːmənɪzəm/ *n.* brahmanesimo *m.*, brahmanismo *m.*

Brahmanist /ˈbrɑːmənɪst/ *n.* studioso *m.* (*f.* -a) di brahmanesimo.

Brahmin /ˈbrɑːmɪn/ *n.* **1** (*Rel*) brahmano *m.*, bramano *m.* **2** (*Am,fig*) persona *f.* colta. **3** (*spreg*) persona *f.* appartenente a una classe privilegiata.

Brahminic /brɑːˈmɪnɪk/ *e der.* → **Brahmanee, Brahmanic** *e der.*

Brahms /brɑːmz/ □ (*Br,scherz*) ~ *and Liszt* ubriaco, sbronzo.

braid /breɪd/ **I** *v.t.* **1** intrecciare: *to* ~ *hair* intrecciare i capelli. **2** (*to make by braiding*) lavorare a treccia. **3** (*of the hair*) legare con un nastro. **4** (*Sart*) guarnire con passamaneria, bordare con passamaneria. **II** *n.* **1** treccia *f.*: *she wore* -*s* portava le trecce. **2** (*Tess*) gal-

lone *m.*, passamano *m.*, spighetta *f.* **3** (*ribbon*) nastro *m.*; (*band*) fascia *f.*

braided /ˈbreɪdɪd/ *a.* **1** intrecciato, lavorato a treccia. **2** (*Sart*) con passamaneria. **3** (*Geol*) intrecciato: ~ *stream* corso d'acqua intrecciato.

braiding /ˈbreɪdɪŋ/ *n.* **1** trecce *f.pl.* **2** (*Tess*) passamaneria *f.*

brail /breɪl/ **I** *n.* (*Mar*) imbroglio *m.* **II** *v.t.* (*Mar*) (*of sails*) imbrogliare. □ (*Mar*) *to* ~ *up* imbrogliare.

braille, Braille /breɪl/ *n.* Braille *m.* □ ~ *type* carattere Braille.

brain /breɪn/ **I** *n.* **1** (*Anat*) cervello *m.* **2** (*intelligence; often used in pl.*) cervello *m.*, intelligenza *f.*; (*mind*) mente *f.*, ingegno *m.* **3** (*colloq*) (*genius*) genio *m.*, cervello *m.*, cervellone *m.* (*f.* -a). **4** *pl.* (*colloq*) (*guiding genius*) mente *f.sing.* (organizzatrice), cervello *m.sing.*: *he's the* -*s behind the movement* è la mente organizzatrice del movimento. **II** *v.t.* spaccare la testa a, rompere la testa a. □ *he has a lot of* -*s* è molto intelligente; ~ *box*: **1** (*Anat*) scatola cranica; **2** (*Br,colloq*) (*brainbox*) genio, cervellone; (*Zool*) ~ *coral* corallo a forma di cervello, corallo cerebriforme; (*Med*) ~ *dead* cerebralmente morto; (*Med*) ~ *death* morte cerebrale; (*colloq*) ~ *drain* fuga dei cervelli; (*Br*) ~ *fag* esaurimento nervoso; (*Med*) ~ *fever* encefalite; (*Med*) ~ *injury* lesione cerebrale; *to have sth. on the* ~ avere un chiodo in testa, avere un chiodo fisso, essere ossessionato da qcs.; ~ *power* capacità intellettuali, cervello; (*Med*) ~ *scan* encefalogramma; (*Anat*) ~ *stem* tronco encefalico; ~ *storming* brainstorming, libera esposizione di idee e proposte; ~ *teaser* indovinello, rompicapo; (*Am*) ~ *trust* (o -*s trust*) gruppo di consulenti, gruppo di esperti, trust dei cervelli; ~ *twister* indovinello, rompicapo.

brainbox /ˈbreɪnbɒks/ *n.* (*Br,colloq*) genio *m.*, cervellone *m.* (*f.* -a).

braincase /ˈbreɪnkeɪs/ *n.* (*Anat*) scatola *f.* cranica.

brainchild /ˈbreɪntʃaɪld/ *n.* frutto *m.* dell'ingegno, prodotto *m.* dell'immaginazione.

brain-damaged /ˈbreɪnˌdæmɪdʒd/ *a.* cerebroleso.

brainiac /ˈbreɪniæk/ *n.* (*Am*) cervellone *m.* (*f.* -a).

braininess /ˈbreɪnɪnəs/ *n.* intelligenza *f.*

brainless /ˈbreɪnləs/ *a.* senza cervello, scervellato, stupido.

brainpan /ˈbreɪnpæn/ *n.* (*spec. Am,colloq*) scatola *f.* cranica.

brainpower /ˈbreɪnpaʊər/ *n.* capacità *f.pl.* intellettuali, cervello *m.*

brainsick /ˈbreɪnsɪk/ *a.* malato di mente, pazzo.

brainstem /ˈbreɪnstem/ *n.* (*Anat*) tronco *m.* encefalico.

brainstorm /ˈbreɪnstɔːm *Am* ˈbreɪnstɔːrm/ **I** *n.* **1** (*Am,fig*) idea *f.* brillante, lampo *m.* di genio, trovata *f.* geniale. **2** (*spontaneous group discussion*) brainstorming *m.*, libera esposizione *f.* di idee e proposte. **3** (*Med*) accesso *m.* di pazzia, disturbo *m.* cerebrale. **II** *v.i.* sviscerare il problema, fare del brainstorming.

brainstorming /ˈbreɪnˌstɔːmɪŋ *Am* ˈbreɪnˌstɔːrmɪŋ/ **I** *n.* brainstorming *m.*, libera esposizione *f.* di idee e proposte. **II** *a.* per sviscerare un problema, per fare del brainstorming: *a* ~ *session* un incontro per fare del brainstorming.

brainwash /ˈbreɪnwɒʃ *Am* ˈbreɪnwɔːʃ/ *v.t.* **1** fare il lavaggio del cervello a. **2** (*to persuade*) convincere, persuadere.

brainwashing /ˈbreɪnwɒʃɪŋ *Am* ˈbreɪnwɔːʃɪŋ/ *n.* lavaggio *m.* del cervello.

brainwave /'breɪnweɪv/ *n.* **1** (*Br,fig*) idea *f.* brillante, lampo *m.* di genio, trovata *f.* geniale. **2** (*Fisiol*) onda *f.* cerebrale.

brainwork /'breɪnwɜːk *Am* 'breɪnwɜːrk/ *n.* lavoro *m.* di concetto, lavoro *m.* mentale, attività *f.* mentale.

brainy /'breɪni/ *a.* (*colloq*) **1** intelligente. **2** (*ingenious*) ingegnoso, acuto: *a ~ idea* un'idea ingegnosa.

braise /breɪz/ *v.t.* (*Gastron*) brasare, stufare. ☐ (*Gastron*) *-d steak* brasato di manzo.

brake[1] /breɪk/ **I** *n.* **1** freno *m.* (*anche fig*): *~ pedal* pedale del freno. **2** (*Tess*) gramola *f.*, maciulla *f.*, scotola *f.* **3** (*Agr*) (*drag*) erpice *m.* pesante. **4** (*ant*) (*instrument of torture*) ruota *f.* (di tortura), tormento *m.* **II** *v.t.* **1** frenare: *to ~ the car* frenare la macchina. **2** (*Tess*) gramolare, maciullare, scotolare. **3** (*Agr*) erpicare. **III** *v.i.* **1** azionare i freni, usare i freni, frenare. **2** (*of a vehicle*) frenare, fermarsi: *the bus -d* l'autobus frenò. ☐ (*fig*) *to act as a ~ upon* agire da freno su, fare da freno a, frenare; *~ block* ceppo del freno; *~ drum* tamburo del freno; *~ fluid* liquido per freni; *~ horsepower* potenza al freno; (*Br*) *~ light* fanalino di stop; *~ lining* guarnizione del freno, ferodo; *~ pad* pastiglia dei freni; *~ parachute* paracadute freno; *to put on the -s*: **1** frenare, azionare i freni; **2** (*fig*) porre un freno; *~ shoe* ganascia del freno; (*Br,ant,Ferr*) *~ van* carro con freno, garrita del frenatore.

brake[2] /breɪk/ *n.* **1** (*poet*) boschetto *m.*, macchia *f.* **2** (*Bot*) felce *f.*, felce *f.* aquilina.

brake[3] /breɪk/ *n.* **1** (*Aut*) station wagon *f.*, familiare *f.* **2** (*ant*) carrozza *f.* aperta.

brakeman /'breɪkmən/ *n.irr.* (*Am,Ferr,Sport*) frenatore *m.*

brakesman /'breɪksmən/ *n.irr.* (*Br,Ferr,Sport*) frenatore *m.*

braking /'breɪkɪŋ/ *n.* **1** (*Aut*) frenatura *f.* **2** (*Sport*) frenaggio *m.* ☐ (*Aut*) *~ distance* spazio di frenata; (*Astron*) *~ rocket* retrorazzo.

bramble /'bræmbl/ *n.* **1** (*Bot*) rovo *m.* **2** (*spec. Br*) (*fruit*) mora *f.* ☐ *to go brambling* andare alla ricerca di more.

brambling /'bræmblɪŋ/ *n.* (*Ornit*) peppola *f.*, fringuello *m.* montanaro.

brambly /'bræmbli/ *a.* **1** pieno di rovi. **2** (*like brambles*) spinoso.

bramley, Bramley /'bræmli/ *n.* varietà *f.* di mela.

bran /bræn/ *n.* **1** crusca *f.* **2** (*stock feed*) mangime *m.* ☐ (*Br*) *~ tub* pesca (spesso di beneficenza) con premi nascosti in una botte piena di crusca.

branch /braɪnʃ *Am* brænʃ/ **I** *n.* **1** (*of a tree or plant*) ramo *m.* **2** (*of a river*) ramo *m.*, affluente *m.* **3** (*division of a subject*) ramo *m.*, branca *f.*: *a ~ of physics* un ramo della fisica. **4** (*of a family*) ramo *m.* **5** (*section*) sezione *f.*, gruppo *m.*, squadra *f.*: *a special ~ of the police force* una sezione speciale della polizia. **6** (*representative office*) (*of a bank, shop, etc.*) succursale *f.*, filiale *f.*; (*of an organisation*) ufficio *m.* locale, rappresentanza *f.*, agenzia *f.* **7** (*political division*) braccio *m.*, sezione *f.* **8** (*of a pipe*) diramazione *f.* **9** (*Arch*) nervatura *f.* (di volta gotica). **10** (*Geom,Zool,Ling,Strad, Mat,Econ*) ramo *m.* **11** (*El*) derivazione *f.*, diramazione *f.* **12** (*Inform*) ramificazione *f.*, salto *m.*, diramazione *f.* **II** *v.i.* **1** ramificare, mettere rami, ramificarsi. **2** (*to diverge*) diramarsi, ramificarsi. **3** (*fig*) (*to be derived*) derivare (*from* da). ☐ *~ bank* filiale di banca; (*El*) *~ circuit* circuito di derivazione; *to ~ into* estendere i propri interessi verso; (*Ferr*) *~ line* diramazione, linea secondaria; (*Comm*) *~ manager* direttore di filiale, diret-

tore di succursale; *~ network* rete commerciale, rete di filiali; *~ of business* ramo del commercio; *to ~ off*: **1** (*to fork off*) biforcarsi, diramarsi; **2** (*to make an aside*) aprire una parentesi, allontanarsi dall'argomento; *~ office* filiale, succursale; *~ officer*: **1** responsabile del filiale; **2** (*Br,Mar,mil*) capocarico; *to ~ out* estendersi, ampliare il proprio giro di affari, estendere la propria attività.

branchia /'bræŋkiə/ (*pl.* **-chiae** /-kiiː/) *n.* (*Itt*) branchia *f.*

branchial /'bræŋkiəl/ *a.* (*Itt*) branchiale. ☐ (*Zool*) *~ cleft* fessura branchiale.

branchiate /'bræŋkieɪt/ *a.* (*Zool*) branchifero.

branchiopod /'bræŋkioupɒd *Am* 'bræŋkiəpɑːd/ *n.* (*Zool*) branchiopode *m.*

branchless /'braːnʃləs *Am* 'brænʃləs/ *a.* senza rami, privo di rami.

branchlet /'braːnʃlɪt *Am* 'brænʃlɪt/ *n.* ramoscello *m.*, rametto *m.*

branchy /'braːnʃi *Am* 'brænʃi/ *a.* ramoso.

brand /brænd/ **I** *n.* **1** (*kind*) qualità *f.*, tipo *m.* **2** (*manufactured by a particular company*) marca *f.*, qualità *f.*: *an excellent ~ of tea* un'ottima marca di tè. **3** (*trademark*) marchio *m.* (di fabbrica), marchio *m.* commerciale. **4** (*designer label*) firma *f.* **5** (*mark made by burning*) marchio *m.* (a fuoco), bollo *m.* **6** (*fig*) (*mark of infamy*) stigma *m.*, marchio *m.* (di infamia). **7** (*branding iron*) marchio *m.*, ferro *m.* (da marchio). **8** (*ant*) (*firebrand*) tizzone *m.* **9** (*Agr*) ruggine *f.* **10** (*poet*) (*torch*) torcia *f.* **II** *v.t.* **1** marchiare, marcare, bollare con marchio a fuoco: *to ~ a calf* marchiare un vitello. **2** (*fig*) bollare, stigmatizzare, tacciare: *he was -ed as a liar* fu accusato di essere un bugiardo. ☐ *~ awareness* notorietà della marca; *~ image* immagine della marca; *~ leader* marca più venduta, marca con la più alta quota di mercato; *~ loyalty* fedeltà alla marca; *~ manager* direttore di marca, direttore di prodotto; *~ name* marchio depositato, marchio di fabbrica, marca, nome commerciale; *~ new* nuovo di zecca, nuovo di pacca, nuovo fiammante; *~ share* quota di mercato (di un prodotto).

branded /'brændɪd/ *a.* **1** bollato (*anche fig*). **2** (*with a brand name*) di marca: *~ goods* prodotti di marca.

Brandenburg /'brændənbɜːg *Am* 'brændənbɜːrg/ *n.pr.* (*Geog*) Brandeburgo *m.* ☐ *~ Gate* la porta di Brandeburgo.

brandied /'brændid/ *a.* **1** conservato sotto brandy. **2** (*flavoured with brandy*) aromatizzato con brandy, insaporito con brandy.

branding /'brændɪŋ/ *n.* **1** (*marking*) marchiatura *f.* **2** (*of products*) differenziazione *f.* (mediante diverse marche commerciali). ☐ *~ iron* marchio, ferro (da marchio).

brandish /'brændɪʃ/ *v.t.* **1** brandire, agitare. **2** (*fig*) esibire, ostentare: *to ~ one's superiority* ostentare la propria superiorità.

brand-new /'brændnjuː/ *a.* nuovo di zecca, nuovo di pacca, nuovo fiammante.

brandy /'brændi/ *n.* brandy *m.* ☐ (*Br*) *~ butter* burro aromatizzato con brandy; (*Gastron*) *~ snap* pan pepato (arrotolato).

brank /bræŋk/ ☐ (*Bot*) *~ ursine* acanto, branca ursina.

branks /bræŋks/ *n.pl.* strumento *m.sing.* di tortura a forma di cavezza.

brant /brænt/ (*pl.inv.* o *-s* /-s/) *n.* (*Am,Ornit*) oca *f.* colombaccio. ☐ (*Am,Ornit*) *~ goose* oca colombaccio.

brash /bræʃ/ **I** *a.* **1** spavaldo, sfacciato; (*arrogant*) arrogante; (*bumptious*) presuntuoso. **2** (*colloq*) (*rash*) avventato, spericolato. **3** (*impetuous*) impetuoso; (*ebullient*) efferve-

scente, esuberante. **4** (*of wood: brittle*) fragile. **5** (*of colour: bold*) vistoso, sgargiante, chiassoso. **II** *n.* **1** frammenti *m.pl.*, detriti *m.pl.* **2** (*hedge clippings*) tralci *m.pl.* potati, rami *m.pl.* potati, potatura *f.* **3** (*ice fragments*) frammenti *m.pl.* di ghiaccio. **4** (*Med*) pirosi *f.*

brashly /'bræʃli/ *avv.* con spavalderia, arrogantemente.

brashness /'bræʃnəs/ *n.* **1** sfacciataggine *f.*, spavalderia *f.*, arroganza *f.* **2** (*ebullience*) esuberanza *f.*, vitalità *f.*

brass /braːs *Am* bræs/ **I** *n.* **1** ottone *m.* **2** (*metal utensils*) recipienti *m.pl.* di ottone. **3** (*Br*) (*brass plaque*) targa *f.* di ottone. **4** (*Mus*) (*sometimes in pl.*) ottoni *m.pl.* **5** (*Br,sl*) (*money*) denaro *m.*, grana *f.* **6** (*Mar*) accessori *m.pl.* di ottone, ottoni *m.pl.* **7** (*Mecc*) bronzina *f.* **8** (*colour*) giallo *m.* ambra, color *m.* ottone. **9** (*Mil,sl*) ufficiali *m.pl.* superiori. **10** (*colloq*) pezzi *m.pl.* grossi, alti papaveri *m.pl.*: *the top ~ of the industry* i pezzi grossi dell'industria. **11** (*colloq*) (*shamelessness*) sfacciataggine *f.*, impudenza *f.*, faccia *f.* tosta, faccia *f.* di bronzo. **II** *a.* **1** di ottone: *a ~ cannon* un cannone di ottone. **2** (*Mus*) degli ottoni: *the ~ section* il gruppo degli ottoni. **3** (*colour*) ambrato. ☐ *~ band* banda, fanfara; (*Br,colloq*) *I don't care a ~ farthing* non me ne importa un fico secco; (*Br*) *~ hat*: **1** (*colloq*) pezzo grosso, alto papavero; **2** (*Mil,sl*) ufficiale superiore; *~ knuckles* pugno di ferro, tirapugni; *~ monkeys* freddo boia, freddo cane; *~ plate* targa di ottone; (*Am*) *the ~ ring* successo: *to go for the ~ ring* ambire al successo; *~ rubbing* ricalcatura; *~ tacks* essenziale; *to get down to ~ tacks* venire al sodo; *~ ware* ottoname.

brassage /'braːsɪdʒ *Am* 'bræsɪdʒ/ *n.* (*Stor*) brassage *m.*, costo *m.* del conio di una moneta.

brassard /'bræsaːd *Am* 'bræsaːrd/ *n.* **1** bracciale *m.*, fascia *f.* di stoffa (che si porta al braccio). **2** (*of an armour*) bracciale *m.*

brassed /braːst/ ☐ (*Br,colloq*) *~ off* seccato, scocciato, stufo, che si è rotto le scatole.

brasserie /'bræsəri *Am* ,bræsə'riː/ *n.* birreria *f.*

brassie /'braːsi *Am* 'bræsi/ *n.* (*ant*) (*in golf*) bastone *m.* (con la testa ricoperta di ottone).

brassière /'bræsiər *Am* brə'zɪr/ *n.* reggiseno *m.*

brassiness /'braːsinəs *Am* 'bræsinəs/ *n.* **1** (*of a sound*) asprezza *f.* **2** (*fig*) (*brazenness*) sfacciataggine *f.*, sfrontatezza *f.*, impudenza *f.*

brass-monkey /,braːs'mʌŋki *Am* ,bræs 'mʌŋki/ ☐ *~ weather* freddo boia, freddo cane.

brassy[1] /'braːsi *Am* 'bræsi/ *a.* **1** di ottone. **2** (*brass-like*) simile a ottone. **3** (*of a sound: harsh*) aspro, metallico; (*shrill*) stridente, penetrante. **4** (*fig*) (*brazen*) sfacciato, impudente, sfrontato. **5** (*fig*) (*ostentatious*) vistoso, sgargiante.

brassy[2] /'braːsi *Am* 'bræsi/ *n.* (*ant*) (*in golf*) bastone *m.* (con la testa ricoperta di ottone).

brat /bræt/ *n.* (*spreg*) monello *m.* (*f.* -a), ragazzaccio *m.* (*f.* -a), peste *f.* ☐ *~ pack* gruppo di giovani di successo (che creano clamore); *~ packer* giovane di successo (che crea clamore).

brattice /'brætɪs/ *n.* (*Minier*) tramezzo *m.* di legno, tramezzo *m.* di ventilazione.

bratwurst /'brætvɜːst *Am* 'brætvɜːrst/ *n.* (*Gastron*) würstel *m.*

bravado /brə'vaːdou/ (*pl.* **-es/-s** /-z/) *n.* spacconeria *f.*, bravata *f.*

brave /breɪv/ **I** *a.* **1** coraggioso, valoroso, animoso: *a ~ soldier* un valoroso soldato. **2** (*bright*) vivace, sgargiante. **3** (*splendid*) fastoso, magnifico. **4** (*excellent*) ottimo, splendido, *(ant)* mirabile. **II** *n*. **1** valoroso *m*. *(f.* -a), *(lett)* prode *m*. **2** *(costr.pl.,collett.)* coraggiosi *m.pl.*, valorosi *m.pl.* **3** *(North American Indian warrior)* guerriero *m*. pellerossa. **4** *(ant) (bully)* sgherro *m*., bravo *m*. **III** *v.t.* **1** affrontare coraggiosamente, tener testa a. **2** *(to challenge)* sfidare: *to ~ death* sfidare la morte. □ *to put a ~ face on a situation* fare buon viso a cattivo gioco; *to ~ sth. out* affrontare con coraggio qcs. (di difficile).

bravery /'breɪvᵊri/ *n*. **1** valore *m*., coraggio *m*. **2** *(lett) (magnificence)* fasto *m*., splendore *m*., magnificenza *f*.: *the royal procession in all its ~* il corteo reale in tutto il suo fasto.

bravo[1] /'brɑːvoʊ/ *(pl.* **-s/-es** /-z/) *n*. bravo *m*., sgherro *m*., bravaccio *m*.

bravo[2] /'brɑːvoʊ/ **I** *n. (pl.* **-s** /-z/; *generally pl.)* grida *f.pl.* di "bravo", acclamazione *f*. **II** *intz.* bravo, brava.

bravura /brəˈvjʊərə Am brəˈv(j)ʊrə/ *n*. **1** *(Mus)* virtuosismo *m*.; *(piece)* pezzo *m*. di bravura. **2** *(brilliant performance, bravura)* bravura *f*., virtuosismo *m*., abilità *f*.: *the ~ of an acrobat* la bravura di un acrobata. **3** *(aggressive confidence)* spavalderia *f*.

brawl /brɔːl/ **I** *n*. **1** rissa *f*. **2** *(quarrel)* alterco *m*., disputa *f*. **3** *(uproar)* rumore *m*., strepito *m*. **4** *(Am,sl) (party)* festa *f*., baldoria *f*. **II** *v.i.* **1** azzuffarsi, fare una rissa. **2** *(to quarrel)* litigare. **3** *(of a stream)* rumoreggiare. **III** *v.t.* urlare, gridare.

brawler /'brɔːlər/ *n*. attaccabrighe *m./f.*, persona *f*. rissosa.

brawling /'brɔːlɪŋ/ *a*. **1** *(noisy)* rumoroso, chiassoso. **2** *(quarrelsome)* litigioso.

brawn /brɔːn/ *n*. **1** muscoli *m.pl.*, muscolatura *f*. **2** *(muscular strength)* forza *f*. muscolare. **3** *(fig)* forza *f*. bruta. **4** *(Br,Gastron)* soppressata *f*. □ *all ~, no brain* tutto muscoli, niente cervello.

brawniness /'brɔːnɪnəs/ *n*. muscolosità *f*.

brawny /'brɔːni/ *a*. muscoloso, forzuto: *~ arms* braccia muscolose.

bray[1] /breɪ/ **I** *v.i.* **1** *(of a donkey)* ragliare. **2** *(fig)* gridare, urlare, sbraitare. **II** *v.t. (fig)* gridare, urlare. **III** *n*. **1** *(of a donkey)* raglio *m*. **2** *(fig)* suono *m*. alto e rauco; *(of a trumpet)* squillo *m*.

bray[2] /breɪ/ *v.t.* **1** pestare, frantumare. **2** *(to grind)* macinare.

braze[1] /breɪz/ *v.t.* **1** fare con l'ottone. **2** *(to cover with brass)* rivestire di ottone, ottonare. **3** *(to make brass-like)* rendere simile all'ottone.

braze[2] /breɪz/ *v.t. (Met)* saldare a forte, saldare a ottone, brasare.

brazen /'breɪzᵊn/ **I** *a*. **1** *(lett)* di ottone. **2** *(like brass: of a colour)* ambrato, giallo metallico; *(of a sound)* penetrante, squillante. **3** *(fig)* sfacciato, impudente, sfrontato: *a ~ liar* un impudente bugiardo. **II** *v.t.* affrontare con sfacciataggine. □ *to ~ out* affrontare con sfacciataggine: *to ~ a crisis out* affrontare una crisi con sfacciataggine, affrontare una crisi con coraggio.

brazen-faced /ˌbreɪzᵊnˈfeɪst/ *a*. sfrontato, dalla faccia di bronzo.

brazenly /'breɪzᵊnli/ *avv.* in modo sfrontato, con una faccia di bronzo.

brazenness /'breɪzᵊnnəs/ *n*. sfacciataggine *f*., sfrontatezza *f*., faccia *f*. tosta.

brazier[1] /'breɪziər Am 'breɪʒᵊr/ *n*. **1** braciere *m*. **2** *(Am)* barbecue *m*.

brazier[2] /'breɪziər Am 'breɪʒᵊr/ *n*. *(Met)* calderaio *m*., ottonaio *m*.

brazil /brəˈzɪl/ *n*. **1** *(brazilwood)* legno *m*. del Brasile, brasile *m*., verzino *m*. **2** *(Brazil nut)* noce *f*. del Brasile.

Brazil /brəˈzɪl/ *n.pr. (Geog)* Brasile *m*. □ *~*

nut noce del Brasile; *~ wood* legno del Brasile, brasile, verzino.

Brazilian /brəˈzɪliən/ **I** *a*. brasiliano. **II** *n*. brasiliano *m. (f.* -a). □ *~ Portuguese* brasiliano, lingua brasiliana.

brazilwood /'brəzɪl,wʊd/ *n*. legno *m*. del Brasile, brasile *m*., verzino *m*.

brazing /'breɪzɪŋ/ *n. (Met)* brasatura *f*., saldatura *f*. forte, saldatura *f*. all'ottone.

BRB *(colloq) (used in chat messages, etc.)* *be right back* (torno subito).

BRCS *British Red Cross Society* (Croce rossa britannica).

breach /briːtʃ/ **I** *n*. **1** rottura *f*. **2** *(gap: in fortifications, walls, etc.)* breccia *f*., squarcio *m*.; *(in a hedge)* varco *m*., buco *m*. **3** *(violation)* violazione *f*., abuso *m*.: *~ of confidence* abuso di fiducia. **4** *(Dir)* violazione *f*., infrazione *f*. **5** *(disagreement, quarrel)* frattura *f*., rottura *f*., incrinatura *f*. **II** *v.t.* **1** *(Dir)* violare, infrangere. **2** aprire una breccia, aprire un varco in: *to ~ the walls of a city* aprire una breccia nelle mura di una città. **3** *(Mil) (in a minefield)* aprire un varco in. **III** *v.i. (of a whale)* fare un balzo fuori dall'acqua. □ *to make a ~* aprire una breccia; *(Mil) ~ of arrest* infrazione agli arresti; *(Dir) ~ of contract* violazione di contratto, inadempienza contrattuale, inadempimento di contratto; *(Dir) ~ of duty* violazione di un dovere; *~ of etiquette* infrazione all'etichetta; *~ of faith* mancanza di parola, mancanza di fede; *~ of prison* evasione dal carcere; *~ of privilege* violazione dei diritti di un'assemblea; *~ of promise* rottura di promessa, *(of marriage)* rottura di promessa di matrimonio; *(Br,Dir) ~ of the peace*: **1** violazione dell'ordine pubblico, turbativa dell'ordine pubblico; **2** *(riot)* rissa; *~ of trust* abuso di fiducia.

bread /bred/ **I** *n*. **1** pane *m*. **2** *(fig) (food)* pane *m*., cibo *m*.: *give us this day our daily ~* dacci oggi il nostro pane quotidiano. **3** *(fig) (livelihood)* pane *m*., vita *f*.: *to earn one's ~* guadagnarsi da vivere. **4** *(Rel)* pane *m*.; *(wafer)* ostia *f*. **5** *(sl) (money)* soldi *m.pl.*, *(gerg)* grana *f*. **II** *v.t. (Gastron)* impanare. □ *~ and butter*: **1** pane imburrato. **2** *(fig)* mezzi di sussistenza, mezzi di sostentamento, pane quotidiano; *~ and circuses* panem et circenses, pancia piena e tanti divertimenti (per tenere buone le masse); *(Br) ~ bin* cassetta portapane; *(Am) ~ box* cassetta portapane; *(Br) ~ bun* panino; *(fig) to want one's ~ buttered on both sides* volere tutto, *(colloq)* volere la botte piena e la moglie ubriaca; *(colloq) to know on which side one's ~ is buttered (on)*, saper fare i propri interessi; *~ knife* coltello da pane; *(Dolc) ~ pudding* torta di pane e burro con uva passa; *(Alim) ~ roll* panino, *(Br, Gastron) ~ sauce* salsa di latte, burro e pangrattato; *(fig) to take the ~ out of so.'s mouth* togliere il pane di bocca a qcu.

bread-and-butter /ˌbredᵊnˈbʌtər Am bredᵊn ˈbʌtᵊr/ *a*. **1** *(staple)* sicuro, solido. **2** *(important)* fondamentale. □ *(fig) ~ letter* lettera di ringraziamento per l'ospitalità ricevuta; *(Br,Dolc) ~ pudding* torta di pane e burro con uva passa.

breadbasket, **bread-basket** /'bred ˌbɑːskɪt Am 'bred,bæskɪt/ *n*. **1** cestino *m*. per il pane. **2** *(Am) (grain-producing area)* granaio *m*. **3** *(sl) (stomach)* stomaco *m*., pancia *f*.

breadboard /'bredbɔːd Am 'bredbɔrd/ *n*. **1** tagliere *m*. (per affettare il pane). **2** *(El) (experimental model)* montaggio *m*. sperimentale (di un circuito elettrico). **II** *v.t. (El)* costruire un montaggio sperimentale (di un circuito elettrico).

breadcrumb /'bredkrʌm/ **I** *n*. **1** mollica *f*.,

midolla *f*. **2** *pl. (Alim)* pangrattato *m.sing.*, pane *m.sing.* grattugiato. **II** *v.t. (Gastron)* impanare.

breaded /'bredɪd/ *a. (Gastron)* impanato.

breadfruit /'bredfruːt/ *n*. **1** *(Bot)* albero *m*. del pane. **2** *(fruit)* frutto *m*. dell'albero del pane.

breadline /'bredlaɪn/ *n*. fila *f*. di persone presso un ente assistenziale. □ *(fig) to be just above the ~* stare appena sopra il livello di sussistenza; *(fig) to be on the ~* vivere di stenti.

breadstick /'bredstɪk/ *n. (Gastron)* grissino *m*.

breadth /bredθ/ *n*. **1** larghezza *f*., ampiezza *f*.; *(of fabric)* altezza *f*. **2** *(piece of cloth)* pezza *f*. **3** *(wide expanse)* distesa *f*., vasta estensione *f*.: *-s of green* distese di verde. **4** *(fig) (liberality, scope)* larghezza *f*., liberalità *f*.: *~ of outlook* larghezza di vedute. **5** *(fig) (in art)* ampio respiro *m*.

breadthways /'bredθweɪz/ *avv.* nel senso della larghezza, in larghezza, per il largo.

breadthwise /'bredθwaɪz/ *avv.* nel senso della larghezza, in larghezza, per il largo.

breadwinner /'bred,wɪnər/ *n*. chi lavora per mantenere tutta la famiglia, capofamiglia *m./f.*

break[1] /breɪk/ *(past* **broke** /broʊk/, *p.p.* **broken** /'broʊkᵊn/) **I** *v.t.* **1** rompere, spaccare, spezzare: *to ~ a glass* rompere un bicchiere; *to ~ sth. in two* rompere qcs. in due. **2** *(to shatter)* frantumare, mandare in frantumi. **3** *(to violate)* violare, infrangere: *to ~ the law* violare la legge. **4** *(of promises, etc.)* venire meno a, rompere: *to ~ a contract* rompere un contratto. **5** *(to fracture)* rompere, spezzare: *to ~ one's leg* rompersi una gamba, spezzarsi una gamba. **6** *(to come to an end)* rompere, provocare la rottura di. **7** *(to put an end to)* mettere fine a, porre fine a. **8** *(to interrupt)* rompere, interrompere: *to ~ the silence* rompere il silenzio; *to ~ a journey* interrompere un viaggio; *to ~ ranks* rompere le righe. **9** *(to smash)* distruggere, stroncare, schiantare, frantumare: *to ~ the enemy forces* distruggere le forze nemiche. **10** *(to split the surface of)* rompere la superficie di. **11** *(of soil)* dissodare. **12** *(of an animal: to train)* domare, ammaestrare, addomesticare: *to ~ a horse* domare un cavallo. **13** *(to decipher)* decifrare, interpretare. **14** *(to split up)* cambiare, spicciolare: *to ~ a five pound note* cambiare una banconota da cinque sterline. **15** *(to escape from)* fuggire da *(o* di), scappare da *(o* di), evadere da. **16** *(to solve)* risolvere, sciogliere, districare: *to ~ a case* risolvere un caso. **17** *(to disclose)* comunicare, dare, rivelare; *(Giorn)* dare alla stampa, rendere pubblico: *to ~ the news* rivelare la notizia, rendere pubblica la notizia; *to ~ the news to so.* dare una cattiva notizia a qcu. **18** *(to ruin)* rovinare, mandare in rovina, far fallire. **19** *(to weaken the effect of)* attutire, smorzare, indebolire: *his helmet broke the blow* l'elmetto gli ha attutito il colpo. **20** *(Sport)* battere, migliorare, superare: *to ~ the record* migliorare il primato, battere il record. **21** *(Mil) (to reduce in rank)* abbassare di grado, degradare. **22** *(El)* interrompere. **23** *(Mar)* spiegare, distendere. **II** *v.i.* **1** rompersi, infrangersi, spaccarsi, spezzarsi. **2** *(to shatter)* frantumarsi. **3** *(to become detached)* sciogliersi, staccarsi *(from, away from* da): *the boat broke from its moorings* la barca si staccò dagli ormeggi. **4** *(to force a way)* farsi largo, aprirsi un varco *(through* tra, in): *the police broke through the crowd* la polizia si fece largo tra la folla. **5** *(to leave suddenly)* andarsene improvvisamente, fuggire, scappare. **6** *(of the day: to dawn)* spuntare, cominciare. **7** (*of a storm*) scoppiare. **8** (*of weather*: *to change*) cambiare, mutare: *the weather broke after two weeks of sunshine* il tempo è cambiato dopo due settimane di sole. **9** (*to surface*) emergere, affiorare, venire a galla. **10** (*Br*) (*of health*) rovinarsi, venire meno. **11** (*fig*) (*of the heart*) spezzarsi: *my heart -s to see him go* mi si spezza il cuore a vederlo partire. **12** (*of the voice*: *to change*) mutarsi, cambiarsi; (*to cease abruptly*) spezzarsi, rompersi. **13** (*of waves*) frangersi. **14** (*to be uttered*) erompere (*from* da), uscire, sfuggire (da, di): *a cry broke from his lips* gli uscì di bocca un grido. **15** (*to make a sudden dash*) precipitarsi, slanciarsi: *the men broke for cover* gli uomini si sono precipitati al riparo. **16** (*to yield*) cedere, arrendersi, crollare. **17** (*to be dispersed*) disperdersi, sparpagliarsi, sbandarsi. **18** (*to go bankrupt*) fallire, far bancarotta, andare in rovina. **19** (*Econ*) (*of prices*) subire un forte ribasso, crollare. **20** (*to interrupt one's activity*) interrompere il lavoro, sospendere il lavoro, fare (una) pausa: *we break at five* interrompiamo il lavoro alle cinque. **21** (*Sport*) (*of a ball*) deviare; (*in horse racing*) partire; (*in boxing*) dividersi, separarsi. **22** (*Giorn*) (*to become public*) essere divulgato, diventare di dominio pubblico; (*of scandals, etc.*) scoppiare. □ (*Teat,sl*) – **a leg**! in bocca al lupo!; *to* – **a sweat**: 1 iniziare a sudare; 2 (*fig, iron*) farsi male, farsi venire l'ernia, lavorare troppo; *to* – **away**: 1 (*Sport*) fare una falsa partenza; 2 (*to leave suddenly*) andarsene improvvisamente, fuggire, scappare; 3 (*fig*) staccarsi, allontanarsi, separarsi (*from* da); *to* – *one's* **back**: 1 rompersi la schiena; 2 (*fig*) sfaticare, ammazzarsi di lavoro: *don't* – *your back!* non ti ammazzare!; (*fig*) *to* – *so.'s* **back**: 1 caricare qcu. di lavoro; 2 (*to ruin*) rovinare qcu., stroncare qcu.; *to* – *the back of a job* fare il grosso di un lavoro; *to* – **bread**: 1 (*Rel.catt*) comunicarsi, fare la comunione, (*Rel.prot*) rompere il pane, fare la comunione; 2 (*Rel.catt*) (*said of the priest*) comunicare, amministrare la comunione; *to* – **cover** venire fuori, apparire, spuntare, uscire allo scoperto; *to* – **down**: 1 (*to destroy*) abbattere, distruggere, fracassare: *to* – *down a door* abbattere una porta; 2 (*to become inoperative*) rompersi, guastarsi: *the bus broke down on a hill* l'autobus si è guastato (*o* è rimasto in panne) su una salita; 3 (*to make ineffective*) rendere inefficiente, indebolire; 4 (*to weaken*) esaurire, fiaccare, logorare: *to* – *down so.'s resistance* fiaccare la resistenza di qcu.; 5 (*to analyse*) analizzare: *to* – *down a report* analizzare una relazione; 6 (*to cause to yield*) far cedere, fare crollare: *the prisoner was broken by interrogation* l'interrogatorio fece crollare il prigioniero; 7 (*to become ineffective*) disgregarsi, venir meno, crollare; 8 (*to be classified*) dividersi, classificarsi (*into* in); 9 (*to decompose*) disgregarsi, decomporsi; 10 (*to yield*) cedere, arrendersi, crollare; *to* – **even** finire (in) pari, chiudere in parità, finire alla pari; *to* – **faith** mancare alla parola; *to* – **ground**: 1 (*Agr*) dissodare; 2 (*Edil*) iniziare i lavori di scavo; 3 (*fig*) preparare il terreno; (*fig*) *to* – *so.'s* **heart** spezzare il cuore a qcu.; *to* – **in**: 1 (*to force entry*) irrompere, fare irruzione, penetrare; 2 (*to interrupt*) interrompere, interloquire, intromettersi in: *to* – *in on a conversation* intromettersi in una conversazione; 3 (*to smash*) sfondare: *to* – *in the door* sfondare la porta; 4 (*to train*) domare, ammaestrare, addomesticare; 5 (*fig*) (*to train*) addestrare, impratichire, iniziare: *to* – *in an appren-*

tice addestrare un apprendista; 6 (*Calz*) ammorbidire con l'uso; 7 (*Tip*) inserire nel testo; 8 (*Aut*) rodare; *to* – **into**: 1 (*to enter forcibly*) entrare in, penetrare in: *the thieves broke into the house* i ladri penetrarono nella casa; 2 (*to become established*) affermarsi, farsi un nome: *to* – *into films* affermarsi nel mondo del cinema; 3 (*to burst*) scoppiare, prorompere: *she broke into tears* scoppiò a piangere; 4 (*to interrupt*) interrompere: *they broke into the programme for an announcement* hanno interrotto il programma per fare un annuncio; *to* – **loose**: 1 spezzare i legami, liberarsi; 2 (*to loose from* sciogliersi da, liberarsi da; 2 (*fig*) scatenarsi: *all hell broke loose* è successo un finimondo, si è scatenato il finimondo; *to* **make** *or* – *so.* fare la fortuna di qcu. o mandarlo in rovina; *to* – *one's* **neck**: 1 rompersi l'osso del collo, rompersi il collo; 2 (*fig*) ammazzarsi di lavoro; *to* – **new ground** essere un pioniere, aprire nuovi orizzonti; *to* – *oneself* **of a bad habit** levarsi un vizio, perdere un vizio; *to* – **off**: 1 (*of speech*) interrompersi, tacere improvvisamente; 2 (*of a habit*) smettere, cessare: *to* – *off smoking* smettere di fumare; 3 (*to discontinue*) rompere, troncare, spezzare: *to* – *diplomatic relations* rompere i rapporti diplomatici; *to* – *off all communication with so.* rompere ogni rapporto con qcu.; *to* – *off relations with*: 1 rompere i rapporti con, interrompere i rapporti con; 2 (*Pol*) rompere le relazioni diplomatiche con; *to* – *sth*. **open** aprire qcs. con la forza, scassinare qcs., forzare qcs.; *to* – **out**: 1 (*of fighting*) scoppiare, prorompere: *the day war broke out* il giorno in cui scoppiò la guerra; 2 (*of a person*) riempirsi, coprirsi (in di): *to* – *out in spots* riempirsi di macchioline rosse; 3 (*of a disease*) erompere, scoppiare; 4 (*to start an action*) scoppiare, prorompere: *to* – *out laughing* scoppiare a ridere; 5 (*to escape*) evadere, scappare, fuggire: *to* – *out of prison* evadere di prigione; (*fig*) *to* – *out of the routine* evadere dalla routine; 6 (*of flags*) spiegarsi, spiegare; *to* – *one's* **parole** venire meno alla parola (data), mancare alla parola (data); *to* – *a* **promise** mancare a una promessa; *to* – **rank** (o *to* – **ranks**): 1 (*Mil*) rompere le righe; 2 (*fig*) (*to be thrown into confusion*) essere confuso, essere imbarazzato; (*Br,Comm*) *to* – *a sales campaign* lanciare una campagna di vendite; (*Sport*) (*in tennis*) *to* – *so's* **serve** strappare il servizio a qcu.; (*Sport*) *to* – **service** battere l'avversario sul servizio; (*Mar*) *to* – **sheer** mollare gli ormeggi; (*Mar*) *to* – **ship** abbandonare la nave; (*Mil*) *to* – **step** rompere il passo; *to* – *the* **bank**: 1 fare saltare il banco; 2 (*fig*) mandare in rovina; (*fig*) *to* – *the* **ice** rompere il ghiaccio; (*Br*) *to* – *the* **neck** *of a job* far la parte più difficile di un lavoro; (*Sport*) *to* – *the* **record** battere il primato, battere il primato; *to* – **through**: 1 penetrare, sfondare, aprirsi un varco in; 2 (*fig*) (*to overcome*) vincere, sopraffare; *to* – **up**: 1 (*to end*) sciogliere, concludere, porre fine a: *to* – *up a meeting* sciogliere una riunione; *to* – *up a friendship* rompere un'amicizia, troncare un'amicizia; 2 (*to break into pieces*) demolire, smantellare, fare a pezzi; 3 (*to disrupt*) interrompere, spezzare; 4 (*Ling*) (*of syllables*) dividere; 5 (*to disband*) separarsi, dividersi, (*of a meeting or a party*) sciogliersi, finire; 6 (*to fall to pieces*) sfasciarsi, finire in pezzi; 7 (*Br,Scol*) chiudersi, finire: *we* – *up in a week* la scuola si chiude tra una settimana; 8 (*to dissolve*) sciogliersi, disgelare; 9 (*to become weak*) indebolirsi, perdere le forze; 10 (*spec. Am*) (*to distress*) abbattere, pro-

strare; (*to overwhelm*) sopraffare; **11** (*of weather*: *to change*) cambiare, mutare; *to* – **wind** fare un peto; *to* – **with**: 1 (*to end a relationship*) rompere con, chiuderla con: *to* – *with one's family* rompere con la (propria) famiglia; 2 (*to repudiate*) rompere, ripudiare: *to* – *with custom* rompere una consuetudine; *to* – *one's* **word** non mantenere la parola (data), mancare di parola.

break² /breɪk/ *n.* **1** (*crack*) rottura *f.*, spaccatura *f.*, frattura *f.*, incrinatura *f.* **2** (*gap*) apertura *f.*, varco *m.*, squarcio *m.*: *a* – *in the clouds* uno squarcio tra le nuvole. **3** (*escape*) evasione *f.*, fuga *f.*: *a* – *from gaol* un'evasione (dal carcere). **4** (*severance of relations*) rottura *f.*, incrinatura *f.*, interruzione *f.* dei rapporti. **5** (*change*) cambiamento *m.*, mutamento *m.*: *a* – *in the weather* un cambiamento del tempo. **6** (*rest, pause*) interruzione *f.*, intervallo *m.*, pausa *f.*: *tea* – pausa per il tè. **7** (*short holiday*) minivacanza *f.*: *a weekend* – un fine settimana di vacanza. **8** (*of the voice*) incrinatura *f.* **9** (*Econ*) (*of prices*) crollo *m.*; (*of personal finances*) introito *m.* inaspettato, colpo *m.* di fortuna. **10** (*abrupt change*) interruzione *f.*, cambiamento *m.* improvviso, rottura *f.* **11** (*colloq*) (*opportunity*) occasione *f.*, possibilità *f.* **12** (*Rad,TV*) interruzione *f.*, pausa *f.* **13** (*Metr*) cesura *f.* **14** (*Mus*) cambiamento *m.* di registro. **15** (*Sport*) (*in billiards*: *win*) serie *f.* di punti. **16** (*Sport*) (*of a bowled ball*) deviazione *f.* **17** (*Sport*) (*in horse racing*) partenza *f.* **18** (*Sport*) (*in boxing, rugby*) break *m.* **19** (*Sport*) (*in tennis*) break *m.*, break *m.* di vantaggio. **20** (*El*) commutatore *m.* **21** (*Geol*) (*dislocation*) dislocazione *f.*; (*fault*) faglia *f.* **22** *pl.* (*Tip*) puntini *m.pl.* di sospensione. □ (*colloq*) *to* **give** *so. a* – dare a qcu. un'altra chance, offrire a qcu. l'occasione di rifarsi; *give me a* –! lasciami stare!, basta!, piantala; *at* – *of day* (o *at the* – *of day*) allo spuntar del giorno; *without a* – ininterrottamente, senza sosta, senza interruzione.

break³ /breɪk/ *n.* **1** (*Aut*) station wagon *f.*, familiare *f.* **2** (*ant*) carrozza *f.* aperta.

breakable /ˈbreɪkəb(ə)l/ *a.* fragile.

breakables /ˈbreɪkəb(ə)lz/ *n.pl.* oggetti *m.pl.* fragili.

breakage /ˈbreɪkɪdʒ/ *n.* **1** rottura *f.* **2** (*effect*) rottami *m.pl.* **3** (*damage*) danni *m.pl.*, guasti *m.pl.* **4** (*Comm*) risarcimento *m.*

breakaway /ˈbreɪkəweɪ/ **I** *n.* **1** separazione *f.*, distacco *m.*, scissione *f.*: *a* – *from tradition* un distacco dalla tradizione. **2** (*Sport*) falsa partenza *f.* **II** *a.* separatista, scissionistico, secessionista: *a* – *movement* un movimento separatista.

breakdance /ˈbreɪkdɑːns *Am* ˈbreɪkdæns/ *n.* breakdance *f.*

breakdancing /ˈbreɪkˌdɑːnsɪŋ *Am* ˈbreɪkˌdænsɪŋ/ *n.* breakdance *f.*

breakdown /ˈbreɪkdaʊn/ *n.* **1** (*failure to work*) guasto *m.*, avaria *f.*; (*of cars*) panne *f.pl.*, guasto *m.* **2** (*collapse: of physical health*) collasso *m.*; (*of mental health*) esaurimento *m.*, collasso *m.*: *a* – *nervous* – un esaurimento nervoso. **3** (*loss of self-control*) crollo *m.*, cedimento *m.*, abbattimento *m.* **4** (*of negotiations, etc.*) fallimento *m.*, insuccesso *m.*, rottura *f.* **5** (*interruption*) interruzione *f.*, sospensione *f.*: *a* – *of communications* un'interruzione delle comunicazioni. **6** (*analysis*) analisi *f.*, classificazione *f.*: *a* – *of results* un'analisi dei risultati. **7** (*splitting up*) scomposizione *f.*, suddivisione *f.*: *a* – *of costs* una suddivisione dei costi, i costi dettagliati. **8** (*El*) scarica disruptiva *f.* **9** (*Chim*) scomposizione *f.*, decomposizione *f.* **10** (*Mar*) avaria *f.* □ (*Aut*) – **crane** autogru;

(*Ferr,Aut*) ~ **gang** squadra di soccorso; (*Aut*) ~ **lights** luci di emergenza; (*Br,Aut*) ~ **lorry** carro attrezzi, carro soccorso; (*Aut*) ~ **service** servizio assistenza stradale; (*Aut*) ~ **truck** (o ~ **van**) carro attrezzi, carro soccorso.

breaker[1] /'breɪkə[r]/ *n.* **1** (*person who breaks*) chi rompe. **2** (*person who interrupts*) chi interrompe. **3** (*machine*) apparecchio *m.* che rompe, apparecchio *m.* che interrompe. **4** (*wave*) frangente *m.*, cavallone *m.* **5** (*of horses*: *tamer*) domatore *m.* (f. -trice). **6** (*El*) interruttore *m.*: *circuit* ~ interruttore automatico, interruttore centrale, salvavita. **7** (*sl*) (*breakdancer*) chi pratica la breakdance. ☐ (*Mot*) ~ **points** puntine platinate; (*Aut*) ~ **strip** fascia di rinforzo (del pneumatico); ~ **'s yard** cimitero delle macchine, sfasciacarrozze.

breaker[2] /'breɪkə[r]/ *n.* (*Mar*) barilotto *m.* per acqua.

breakeven, break-even /ˌbreɪk'iːvən/ **I** *a.* (*Econ,Comm*) in pareggio. **II** *n.* (*Econ,Comm*) pareggio *m.*, break even *m.* ☐ (*Econ*) ~ **point** punto di pareggio, break-even point.

breakfast /'brekfəst/ **I** *n.* (prima) colazione *f.*: *to have* ~ fare colazione. **II** *v.i.* fare (la prima) colazione: *to* ~ *on eggs and bacon* fare colazione con uova e pancetta. **III** *v.t.* offrire la (prima) colazione a. ☐ ~ **food** cereali per la (prima) colazione; ~ **television** rotocalchi televisivi di prima mattina.

break-in /'breɪkɪn/ *n.* effrazione *f.*, scasso *m.*

breaking /'breɪkɪŋ/ *n.* **1** rottura *f.*, interruzione *f.* **2** (*Ling*) dittongazione *f.* **3** (*sl*) (*breakdancing*) breakdance *f.* ☐ (*Dir*) ~ **and entering** effrazione, scasso; ~ **of the voice** mutazione della voce; ~ **point**: 1 (*Tecn*) limite di rottura, punto di rottura; 2 (*fig*) (*of a person*) limite di sopportazione, (*of a situation*) punto cruciale, momento cruciale, punto di rottura.

breakneck /'breɪknek/ *a.* **1** (*very rapid*) velocissimo, precipitoso, da rompersi il collo. **2** (*dangerous*) pericoloso, rischioso. ☐ *at* ~ **pace** (o *at* ~ **speed**) a rotta di collo, a gran velocità.

breakout, break-out /'breɪkaʊt/ **I** *n.* **1** (*escape from prison, etc.*) evasione *f.*, fuga *f.* **2** (*Mil*) offensiva *f.* per rompere l'accerchiamento, attacco *m.* per rompere l'accerchiamento. **II** *a.* (*Am,colloq*) improvvisamente famoso, che sfonda.

breakthrough /'breɪkθruː/ *n.* **1** (*overcoming of an obstacle*) progresso *m.*, conquista *f.*, passo *m.* avanti: *a* ~ *in cancer research* un passo avanti nel campo delle ricerche sul cancro. **2** (*Mil*) sfondamento *m.*, breccia *f.*, varco *m.*

breakup, break-up /'breɪkʌp/ *n.* **1** (*coming apart*) sfacelo *m.*, disfacimento *m.*; (*of a state, etc.*) smembramento *m.* **2** (*separation*) rottura *f.*, scioglimento *m.*: ~ *of a marriage* scioglimento di un matrimonio. **3** (*subdivision*) frazionamento *m.*, spezzettamento *m.*: *the* ~ *of a property* il frazionamento di una proprietà. **4** (*of ice*) disgelo *m.* **5** (*emotional breakdown*) crollo *m.*, tracollo *m.* **6** (*Chim,Fis*) disgregazione *f.*, decomposizione *f.* ☐ (*Econ*) ~ **value** valore di realizzo.

breakwater /'breɪkˌwɔːtə[r] Am 'breɪkˌwɔːtə[r]/ *n.* frangiflutti *m.*, frangionde *m.*

bream[1] /briːm/ *n.* (*Itt*) **1** (*freshwater fish*) abramide *m.* comune. **2** (*saltwater fish*) pagello *m.*

bream[2] /briːm/ *v.t.* (*Mar*) bruscare.

breast[1] /brest/ *n.* **1** (*Anat*) seno *m.*, mammella *f.*, petto *m.* **2** (*chest*) petto *m.* **3** (*fig*) cuore *m.*, animo *m.*, petto *m.*, seno *m.* **4** (*of animals*) mammelle *f.pl.* **5** (*of meats*) petto *m.*: *chicken* ~ petto di pollo. **6** (*Abbigl*) (*of a garment*)

petto *m.*, davanti *m.* **7** (*fig*) (*curved surface*) curva *f.*, incurvatura *f.* **8** (*Arch*) (*of a wall*) parapetto *m.*; (*of a chimney*) cappa *f.* **9** (*Minier*) fronte *m.* di avanzamento, fronte *m.* di abbattimento. ☐ *to be at the* ~ (*of a baby*) prendere il latte materno, poppare; (*Anat*) ~ **bone** sterno *m.*; (*Med*) ~ **cancer** cancro della mammella, cancro al seno; (*Tecn*) ~ **drill** trapano a petto; ~ **feeding** allattamento al seno; ~ **harness** (*of horses*) pettorale, pettiera; (*Med*) ~ **implant** protesi del seno; (*Sart*) ~ **pocket** taschino; ~ **pump** tiralatte, pompetta tiralatte; (*Med*) ~ **tenderness** tensione mammaria; (*Med*) ~ **tumour** (o *Am* ~ **tumor**) tumore al seno, tumore della mammella; (*Arch*) ~ **wall** muro di rinforzo, muro di sostegno, parapetto.

breast[2] /brest/ *v.t.* **1** (*to face boldly*) affrontare, fronteggiare, tenere testa a. **2** (*to ascend*) salire, scalare, risalire. ☐ (*Sport*) *to* ~ **the tape** tagliare il traguardo.

breastbone /'bresbəʊn/ *n.* (*Anat*) sterno *m.*

breast-deep /'bresdiːp/ *a.pred.* fino al petto: *to be* ~ *in water* essere nell'acqua fino al petto.

breasted /'brestɪd/ *a.* (*in compounds*) dal petto...: *broad-*~ dal petto largo, dal petto ampio.

breastfeed, breast-feed /'bresfiːd/ *v.t.* allattare al seno.

breastfeeding, breast-feeding /'bresfiːdɪŋ/ *n.* allattamento *m.* al seno.

breast-high /'breshaɪ/ *a./avv.* che arriva fino al petto, all'altezza del petto.

breastline /'breslaɪn/ *n.* (*Mar*) traversino *m.*

breastpin /'brespɪn/ *n.* (*brooch*) spilla *f.*; (*tie pin*) spilla *f.* da cravatta.

breastplate /'brespleɪt/ *n.* **1** corazza *f.* **2** (*of horses*) pettorale *m.*, pettiera *f.* **3** (*Rel.ebr*) razionale *m.*

breaststroke /'bresstrəʊk/ *n.* (*Sport*) nuoto *m.* a rana.

breastsummer /'bresˌsʌmə[r]/ *n.* (*Arch*) architrave *m.*

breastwork /'brestwɜːk Am 'brestwɜːrk/ *n.* **1** (*Mil*) fortificazione *f.* improvvisata (di media altezza). **2** (*Mar*) parapetto *m.* di murata (del castello di prua e del ponte di poppa).

breath /breθ/ *n.* **1** (*air breathed in and out*) fiato *m.*, respiro *m.*: *to lose one's* ~ rimanere senza fiato; *to fight to one's last* ~ lottare fino all'ultimo respiro. **2** (*air exhaled*) alito *m.*, fiato *m.*: *bad* ~ alito cattivo, alito pesante. **3** (*act of breathing*) respiro *m.*, respirazione *f.* **4** (*fig*) (*spirit, life*) vitalità *f.*, anima *f.*, spirito *m.* **5** (*fig*) (*short pause*) respiro *m.*, tregua *f.*: *give me some* ~ dammi un po' di respiro. **6** (*fig*) (*instant*) attimo *m.*, istante *m.* **7** (*movement of air*) soffio *m.*, alito *m.* (di vento), (*colloq*) filo *m.*: *there was not a* ~ *of air* non c'era un filo di aria. **8** (*whisper*) sussurro *m.*, mormorio *m.* **9** (*fig*) (*light stain*) sospetto *m.*, diceria *f.*, ombra *f.*: *a* ~ *of scandal* un'ombra di scandalo. ☐ *to get one's* ~ **back** riprendere fiato; *a* ~ *of fresh air* una boccata di aria fresca (*anche fig*); *out of* ~ senza fiato; *to take so.'s* ~ **away** togliere il fiato a qcu., lasciare qcu. senza fiato; ~ **test**: 1 (*for alcohol*) prova del palloncino, prova dell'alcol, alcoltest; 2 (*Med*) breath test, analisi del respiro; *under one's* ~ sottovoce.

breathability /ˌbriːðəˈbɪlɪti/ *n.* (*Tess*) traspirabilità *f.*

breathable /'briːðəbl/ *a.* **1** respirabile. **2** (*Tess*) traspirabile.

breathalyse /'breθəlaɪz/ *v.t.* (*Br*) sottoporre ad alcoltest.

breathalyser /'breθəlaɪzə[r]/ *n.* alcoltest *m.*, etilometro *m.*

breathalyze /'breθəlaɪz/ *v.t.* (*Am*) sottoporre ad alcoltest.

breathalyzer, Breathalyzer /'breθəlaɪzə[r]/ *n.* alcoltest *m.*, etilometro *m.*

breathe /briːð/ *v.i.* **1** respirare: *to* ~ *deeply* respirare profondamente. **2** (*to pause, to rest*) prendere fiato, respirare. **3** (*of breezes*) spirare, soffiare, alitare. **4** (*to live, to exist*) vivere, esistere, esserci. **5** (*fig*) (*to emanate*) emanare, trapelare, diffondersi. **6** (*to smell of*) odorare, profumare, (*ant*) olezzare (*of di*): *she -d of roses* profumava di rose. **7** (*Fon*) aspirare. **8** (*Tecn*) respirare: *leather must be allowed to* ~ il cuoio deve poter respirare. **9** (*for wine*) far respirare, far riposare. **II** *v.t.* **1** respirare. **2** (*to smell*) sentire l'odore, percepire l'odore, odorare. **3** (*to let breathe*) far riprendere fiato a, far riposare: *to* ~ *a horse* far riposare un cavallo. **4** (*to whisper*) mormorare, sussurrare. **5** (*to evince*) dimostrare, manifestare. **6** (*to infuse*) infondere, ispirare, trasfondere. ☐ *to* ~ *a sigh* sospirare, emettere un sospiro, mandare un sospiro; *don't* ~ *a word of this to anyone* non far parola di questo con nessuno; *to* ~ *again* sentirsi sollevato; (*fig*) *to* ~ *down so.'s neck* stare addosso a qcu., soffiare sul collo a qcu.; *to* ~ *easily* (o *to* ~ *freely*): 1 respirare (liberamente); 2 (*fig*) sentirsi sollevato; *to* ~ *hard* respirare male, respirare con difficoltà; *to* ~ *heavily* respirare con difficoltà; *to* ~ *in* inspirare, aspirare; *to* ~ *one's last* spirare, esalare l'ultimo respiro; (*fig*) *to* ~ *life into a party* animare una festa; (*fig*) *to* ~ *new life into sth.* rianimare qcs.; *to* ~ *out* espirare; *to* ~ *short* ansimare, avere il fiato corto.

breathed[1] /briːθd/ *a.* (*in compounds*) dall'alito...: *foul-*~ dall'alito cattivo.

breathed[2] /breθt, briːθd/ *a.* (*Fon*) (*of a vowel*) aspirato; (*of a consonant*) sordo.

breather /'briːðə[r]/ *n.* **1** chi respira. **2** (*pause, rest*) attimo *m.* di respiro, pausa *f.*: *to take a* ~ prendersi un attimo di respiro, fare una pausa, prendersi una boccata di aria. **3** (*spell of exercise*) intenso esercizio *m.* fisico. **4** (*Tecn*) sfiatatoio *m.*

breathing /'briːðɪŋ/ **I** *n.* **1** respirazione *f.* **2** (*single breath*) respiro *m.* **3** (*Ling*) aspirazione *f.* **II** *a.* che respira. ☐ ~ *apparatus* autorespiratore; ~ *room* (o ~ *space* o ~ *time*) respiro, attimo di respiro, attimo di tregua, pausa, momento di sosta.

breathless /'breθləs/ *a.* **1** senza respiro, senza fiato, ansante, ansimante. **2** (*dead*) morto, senza vita. **3** (*holding one's breath*) che trattiene il respiro, col fiato sospeso: *she was* ~ *with fear* tratteneva il respiro per la paura. **4** (*windless*) senza un alito di vento, soffocante, afoso.

breathlessly /'breθləsli/ *avv.* **1** affannosamente. **2** (*fig*) col fiato sospeso.

breathlessness /'breθləsnəs/ *n.* **1** affanno *m.* **2** (*Med*) dispnea *f.*

breathtaking, breath-taking /'breθˌteɪkɪŋ/ *a.* **1** da togliere il respiro, da far restare senza fiato. **2** (*astonishing*) mozzafiato, strabiliante, eccezionale.

breathtakingly /'breθˌteɪkɪŋli/ *avv.* da mozzafiato, eccezionalmente.

breath-test /'breθtest/ *v.t.* sottoporre ad alcoltest.

breathy /'breθi/ *a.* ansimante.

breccia /'bretʃ(i)ə/ *n.* (*Geol*) breccia *f.*

bred /bred/ → **breed**[1]. ☐ (*fig*) ~ *in the bone* profondamente radicato, insito, innato.

breech /briːtʃ/ **I** *n.* **1** (*Arm*) culatta *f.* **2** (*ant*) (*hind part*: *of the body*) deretano *m.*; (*of anything*) didietro *m.* **3** (*Tecn*) (*of a pulley*) parte *f.* terminale. **II** *v.t.* (*Arm*) fornire di culatta. □ (*Med*) ~ *birth* parto podalico; (*Arm*) ~ *block* otturatore; (*Med*) ~ *delivery* parto podalico; (*Arm*) ~ *loader* arma da fuoco a retrocarica.

breechcloth /'briːtʃklɒθ *Am* 'briːtʃklɑːθ/ *n.* perizoma *m.*, (*ant*) copripudende *m.*

breeches /'brɪtʃɪz/ *n.pl.* **1** (*knee-length trousers*) pantaloni *m.pl.* corti, pantaloni *m.pl.* alla zuava. **2** (*riding breeches*) pantaloni *m.pl.* alla cavallerizza. **3** (*colloq*) (*trousers*) pantaloni *m.pl.*, calzoni *m.pl.*, (*colloq*) braghe *f.pl.* □ (*Mar*) ~ *buoy* pantaloni con riserva di galleggiabilità.

breeching /'brɪtʃɪŋ/ *n.* **1** (*of a harness*) imbraca *f.* **2** (*Tecn*) collettore *m.* **3** (*Mar*) imbracatura *f.* (di cannone).

breechless /'brɪtʃləs/ *a.* (*of a person*) senza pantaloni, senza calzoni.

breed[1] /briːd/ (*past, p.p.* **bred** /bred/) **I** *v.t.* **1** generare, procreare. **2** (*Zootecn*) (*to raise*) allevare: *to ~ cattle* allevare bestiame. **3** (*Zootecn*) (*to mate*) accoppiare. **4** (*Agr*) riprodurre; (*to improve by selection*) selezionare: *to ~ roses* selezionare rose. **5** (*fig*) (*to produce*) generare, causare, produrre: *violence -s violence* la violenza genera violenza. **6** (*fig*) (*to be the source of*) essere fonte di, essere il luogo di origine di: *stagnant water -s mosquitoes* l'acqua stagnante è fonte di zanzare. **7** (*of people: to bring up*) allevare, educare, tirare su: *he bred his son to the Church* avviò il figlio alla carriera ecclesiastica. **II** *v.i.* **1** riprodursi, figliare: *sheep ~ in the spring* le pecore si riproducono in primavera. **2** (*fig*) (*to be produced*) nascere, avere origine. **3** (*fig*) (*to develop*) svilupparsi, aumentare, propagarsi. □ (*colloq*) *to ~ like flies* (o *to ~ like rabbits*) essere prolifici come i conigli.

breed[2] /briːd/ *n.* **1** razza *f.*, stirpe *f.*, discendenza *f.* **2** (*of domestic animals*) razza *f.*; (*of plants*) famiglia *f.*, varietà *f.*, specie *f.* **3** (*fig*) tipo *m.*, genere *m.*, specie *f.*: *a new ~ of scientists* un nuovo genere di scienziati.

breeder /'briːdər/ *n.* **1** (*Zootecn*) allevatore *m.* (*f.* -trice). **2** (*person who breeds plants*) orticoltore *m.* (*f.* -trice), frutticoltore *m.* (*f.* -trice); (*person who breeds flowers*) floricoltore *m.* (*f.* -trice). **3** (*animal*) riproduttore *m.*, animale *m.* da riproduzione; (*plant*) pianta *f.* da riproduzione. **4** (*Nucl*) reattore *m.* autofertilizzante. □ (*Nucl*) ~ *reactor* reattore autofertilizzante.

breeding /'briːdɪŋ/ *n.* **1** il figliare, il partorire. **2** (*fig*) (*ancestry*) stirpe *f.*, estrazione *f.* (familiare). **3** (*fig*) (*good manners*) educazione *f.*, buona educazione *f.*, buone maniere *f.pl.*: *the girl lacks ~* la ragazza manca di buone maniere. **4** (*Zootecn*) allevamento *m.* (controllato). **5** (*Agr*) selettocoltura *f.* □ ~ *ground*: 1 luogo di cova; 2 (*fig*) terreno fertile; ~ *place*: 1 luogo di cova; 2 (*fig*) terreno fertile; (*Zootecn*) ~ *stock* animali da riproduzione.

breeze[1] /briːz/ **I** *n.* **1** brezza *f.*, venticello *m.*: *a sea ~* un venticello (che viene) dal mare. **2** (*colloq*) (*easy task*) sciocchezza *f.*, cosa *f.* da nulla. **II** *v.i.* **1** (*to blow gently*) soffiare, spirare, tirare. □ (*colloq*) *to ~ in* arrivare come se niente fosse; (*colloq*) *to ~ out* andarsene senza preavviso; (*colloq*) *to ~ through* superare facilmente.

breeze[2] /briːz/ *n.* **1** (*cinders*) cenere *f.* (di carbone). **2** (*Ind*) scorie *f.pl.* di coke, scorie *f.pl.* di fornace. □ (*Br,Edil*) ~ *block* Gasbeton, laterizio di calcestruzzo e scorie.

breezeway /'briːzweɪ/ *n.* (*Am*) passaggio *m.* coperto, passaggio *m.* con tettuccio.

breezy /'briːzi/ *a.* **1** arieggiato, ventilato. **2** (*windy*) ventoso. **3** (*colloq*) (*brisk*) spigliato, disinvolto.

brekky /'breki/ *n.* (*Br,colloq*) (*prima*) colazione *f.*

Bremen /'breɪmən/ *n.pr.* (*Geog*) Brema *f.*

bremsstrahlung /'bremzˌʃtraːlʊŋ/ *n.* (*Fis*) radiazione *f.* di frenamento, bremsstrahlung *f.*

Bren /bren/ □ (*Arm*) ~ *gun* fucile mitragliatore, mitra Bren.

brent /brent/ □ (*Ornit*) ~ *goose* oca colombaccio.

Breslau /'brezlaʊ/ *n.pr.* (*Geog*) Breslavia *f.*

bressummer /'bresʌmər/ *n.* (*Arch*) architrave *m.*

brethren /'breðrən/ *n.pl.* **1** (*ant*) → **brother**. **2** (*Rel*) fratelli *m.pl.*

Breton /'bretən/ **I** *a.* bretone. **II** *n.* **1** bretone *m./f.* **2** (*language*) lingua *f.* bretone, bretone *m.*

breve /briːv *Am also* brev/ *n.* **1** (*Mus*) breve *f.* **2** (*Tip*) segno *m.* di vocale breve. **3** (*Stor*) (*an authorizing letter: of kings or Popes*) breve *m.*

brevet /'brevɪt *Am* brə'vet/ **I** *n.* (*Mil*) promozione *f.* onoraria, grado *m.* onorario. **II** *v.t.* (*past, p.p.* **breveted/brevetted** /'brevɪtɪd *Am* brə'vetɪd/) conferire una promozione (*o* una carica) onoraria a.

breviary /'briːviəri *Am* briːvieri/ *n.* (*Rel*) breviario *m.*

brevity /'breviti *Am* 'brevəti/ *n.* **1** brevità *f.* **2** (*terseness*) concisione *f.*, brevità *f.* □ *Prov.*: ~ *is the soul of wit* a volte bastano poche parole, a buon intenditor poche parole.

brew /bruː/ **I** *v.t.* **1** (*to make beer, etc.*) fare (mediante fermentazione). **2** (*to make tea, etc*) preparare, mettere in infusione: *to ~ tea* preparare il tè. **3** (*fig*) macchinare, tramare, architettare: *to ~ a plot* tramare una congiura. **II** *v.i.* **1** (*of beer, etc.*) fermentare, essere in fermentazione. **2** (*of tea, etc.*) essere in infusione. **3** (*fig*) prepararsi, (*colloq*) bollire in pentola: *something is -ing* qualcosa bolle in pentola. **4** (*of a storm*) essere nell'aria, addensarsi. **III** *n.* **1** (*kind of beer*) qualità *f.* (di birra); (*kind of tea*) qualità *f.* (di tè), miscela *f.* (di tè). **2** (*beer brewing*) preparazione *f.* della birra; (*process*) fermentazione *f.* **3** (*hot beverage*) infuso *m.*, tisana *f.*, decotto *m.* **4** (*concoction*) mistura *f.*, miscuglio *m.* □ *to ~ up*: 1 (*fig*) essere nell'aria; 2 (*colloq*) prepararsi il tè.

brewer /'bruːər/ *n.* **1** fabbricante *m./f.* di birra. **2** (*worker*) birraio *m.* (*f.* -a). □ ~ *'s yeast* lievito di birra.

brewery /'bruːəri/ *n.* fabbrica *f.* di birra.

brewing /'bruːɪŋ/ *n.* **1** (*act of brewing*) preparazione *f.* della birra; (*process*) fermentazione *f.* **2** (*quantity*) quantità *f.* di bevanda preparata in un solo processo.

Brian /'braɪən/ *n.pr.m.* Brian.

briar /'braɪər/ *n.* **1** spineto *m.*, roveto *m.* **2** (*prickly twig*) tralcio *m.* spinoso. **3** (*Bot*) erica *f.* arborea. **4** (*pipe*) pipa *f.* di radica. **5** (*rose*) rosa *f.* selvatica, rosa *f.* canina. □ ~ *-root* (o ~ *wood*): 1 radica; 2 (*pipe*) pipa di radica.

bribable /'braɪbəbl/ *a.* corruttibile, corrompibile.

bribe /braɪb/ **I** *n.* tangente *f.*, bustarella *f.* **II** *v.t.* **1** corrompere, (*colloq*) comprare. **2** (*to induce*) indurre, allettare, attirare. □ *to take -s* prendere tangenti, lasciarsi corrompere.

briber /'braɪbər/ *n.* corruttore *m.* (*f.* -trice).

bribery /'braɪbəri/ *n.* corruzione *f.* (*anche Dir*).

bric-a-brac, bric-à-brac /'brɪkəˌbræk/ *n.* bric-à-brac *m.*, chincaglierie *f.pl.*, cianfrusaglie *f.pl.*

brick[1] /brɪk/ **I** *n.* **1** mattone *m.*, laterizio *m.* **2** (*rectangular block*) barra *f.*, mattonella *f.*: *a ~ of gold* una barra d'oro. **3** (*child's toy*) mattonella *f.* (per costruzioni), blocchetto *m.* **4** (*Br,colloq*) (*good fellow*) brav'uomo *m.*, persona *f.* generosa, persona *f.* a modo: *be a ~ and lend me ten pounds* fai il bravo, prestami dieci sterline. **II** *a.* di mattoni. □ (*fig*) *to invest in -s and mortar* investire nel mattone; ~ *clay* (o ~ *earth*) terra per mattoni, argilla per mattoni; *to go over like a ~* essere un fiasco totale, non incontrare successo; ~ *hammer* mazzuola da muratore, martello da muratore; ~ *kiln* forno per mattoni, fornace per mattoni; ~ *red* rosso mattone, color mattone; (*Br,volg*) *a man built like a ~ shithouse* un bestione, un armadio; ~ *wall* muro di mattoni: *to hit* (o *to come up against*) *a ~ wall* trovarsi davanti a un ostacolo insormontabile; (*fig*) *to make -s without straw*: 1 (*to act on a false premise*) fare i conti senza l'oste; 2 (*to make sth. which will not last*) costruire qcs. sulla sabbia.

brick[2] /brɪk/ *v.t.* **1** (*to build with bricks*) costruire con mattoni, murare, mattonare. **2** (*to cover with bricks*) rivestire di mattoni, ammattonare. □ ~ *in*, murare, chiudere con mattoni; (*Br,volg*) *to ~ oneself* cagarsi addosso dalla paura; *to ~ over* (o *to ~ up*) murare, chiudere con mattoni.

brickbat /'brɪkbæt/ *n.* **1** frammento *m.* di mattone, pezzo *m.* di mattone (usato come proiettile). **2** (*fig*) critica *f.* negativa, frecciata *f.*

brickie /'brɪki/ *n.* (*Br,colloq*) muratore *m.*

bricklayer /'brɪkˌleɪər/ *n.* muratore *m.*

bricklaying /'brɪkˌleɪɪŋ/ *n.* muratura *f.*

brickwork /'brɪkwɜːk *Am* 'brɪkwɜːrk/ *n.* muratura *f.* in mattoni, ammattonato *m.*

brickyard /'brɪkjɑːd *Am* 'brɪkjɑːrd/ *n.* fabbrica *f.* di mattoni, mattonificio *m.*

bricolage /ˌbrɪkoʊˈlɑːʒ/ *n.* bricolage *m.*

bridal /'braɪdl/ *a.* **1** nuziale. **2** (*of a bride*) della sposa. □ ~ *cake* torta nuziale; ~ *gown* abito da sposa, abito nuziale; ~ *party* la sposa e il suo seguito; ~ *registry* lista nozze; ~ *shower* festa in cui si offrono regali alla futura sposa; ~ *suite* suite nuziale; ~ *veil* velo nuziale.

bride /braɪd/ *n.* **1** sposa *f.* **2** (*just newly married*) sposa *f.* novella, sposina *f.* **3** (*Rel*) monaca *f.*, suora *f.* □ (*Teol*) ~ *of Christ* sposa di Cristo; ~ *price* (*in tribal societies*) prezzo pagato per la sposa; *the ~ to be* la promessa sposa, la futura sposa.

bridegroom /'braɪdgruːm/ *n.* **1** sposo *m.* **2** (*just newly married*) sposo *m.* novello, sposino *m.*

bridesmaid /'braɪdzmeɪd/ *n.* damigella *f.* d'onore.

bridewell /'braɪdwəl/ *n.* (*ant*) casa *f.* di correzione, riformatorio *m.*

bridge[1] /brɪdʒ/ **I** *n.* **1** ponte *m.* (*anche fig*). **2** (*Mar*) ponte *m.* di comando, plancia *f.*; (*gangway*) passerella *f.*, ponticello *m.* (di sbarco). **3** (*of the nose*) dorso *m.* nasale. **4** (*of spectacles*) ponte *m.*, cavalletto *m.* **5** (*Mus*) (*of an instrument*) ponticello *m.* **6** (*Mus*) (*bridge passage*) ponte *m.*, passaggio *m.* (di collegamento), raccordo *m.* **7** (*Aer*) (*passenger bridge*) ponte *m.* telescopico. **8** (*Dent, Ginn,Elettron*) ponte *m.* **9** (*in billiards*) ponte *m.* **II** *v.t.* **1** fare un ponte su, collegare (con un ponte): *to ~ a river* fare un ponte su un fiume. **2** (*fig*) creare un ponte. **3** (*El*) collegare. □ (*fig*) *to ~ a gap* colmare una lacuna; ~ *deck*: 1(*Mar*) ponte di comando, plancia; 2 (*Mar, ant*) ponte del casseretto centrale; (*Am,Econ*) ~ *loan* prestito-ponte, prestito compensativo; ~ *of boats* ponte di barche; ~ *of sighs* ponte dei sospiri; ~ *roll* panino lungo; (*Inform*) ~*router* bridge router, router di ponte.

bridge[2] /brɪdʒ/ n. (*card game*) bridge m. ☐ ~ *drive* torneo bridgistico; ~ *player* bridgista.

bridged /brɪdʒd/ a. provvisto di ponte.

bridgehead /ˈbrɪdʒhed/ n. (*Mil*) testa f. di ponte.

Bridget /ˈbrɪdʒɪt/ n.pr.f. Brigida.

bridging /ˈbrɪdʒɪŋ/ ☐ (*Br,Econ*) ~ *loan* prestito-ponte, prestito compensativo.

bridie /ˈbraɪdɪ/ n. (*Scott*) tortino f. salato riempito di carne trita.

bridle /ˈbraɪdl/ I n. 1 (*of a horse*) briglia f. 2 (*fig*) briglia f., freno m. 3 (*Mecc*) briglia f., cravatta f. 4 (*Mar*) cima f. di ormeggio. 5 (*Anat*) frenulo m. II v.t. 1 imbrigliare, mettere le briglie a. 2 (*fig*) imbrigliare, tenere a freno, mettere sotto controllo. III v.i. risentirsi, indignarsi, inalberarsi (*at, against* per, a). ☐ ~ *bit* morso; *to give a horse the* ~ dare la briglia a un cavallo, allentare la briglia a un cavallo; ~*path* (o ~*way*): 1 pista per cavalli; 2 (*trail*) mulattiera; ~*rein* redini.

bridoon /brɪˈduːn/ n. redini f.pl. e morso.

brief /briːf/ I a. 1 (*short*) breve, corto: *a* ~ *visit* una breve visita. 2 (*concise*) conciso, breve, succinto. 3 (*curt*) brusco, secco. II n. 1 (*synopsis of documents*) compendio m., riassunto m., sunto m. 2 (*Giorn*) breve f., trafiletto m. 3 (*Dir*) (*memorandum*) memoriale m.; (*written argument*) memoria f., comparsa f. 4 (*Dir*) (*legal representation*) mandato m. 5 (*Br*) (*set of instructions*) istruzioni f.pl., direttive f.pl., brief m., briefing m. 6 (*Aer.mil*) piano m. di volo, istruzioni f.pl. 7 (*papal letter*) breve m. 8 pl. (*underpants*) slip m.pl., mutande f.pl.; (*for women*) slip m.pl., mutandine f.pl. III v.t. 1 riassumere, fare un riassunto di, riferire. 2 (*to give instructions to*) dare istruzioni a, impartire istruzioni a, fare un briefing: *to* ~ *the men before an attack* dare istruzioni agli uomini prima di un attacco. 3 (*Br, Dir*) (*to retain*) riservarsi, impegnare, assumere: *to* ~ *a lawyer* impegnare un avvocato. ☐ *in* ~ in breve, in poche parole, per farla breve; (*Am,Dir*) ~ *of title* estratto catastale; (*Dir*) *to take a* ~ accettare di patrocinare una causa, accettare di difendere una causa; *to be* ~ *with so.* sbrigare qcu. con poche parole.

briefcase /ˈbriːfkeɪs/ n. borsa f., cartella f.

briefing /ˈbriːfɪŋ/ n. 1 istruzioni f.pl., disposizioni f.pl., briefing m. 2 (*Aer.mil*) istruzioni f.pl. di volo. ☐ *a* ~*session* un briefing, una riunione informativa.

briefless /ˈbriːfləs/ a. 1 senza istruzioni. 2 (*Br*) (*of a lawyer*) senza clienti, senza cause.

briefly /ˈbriːflɪ/ avv. 1 (*in brief*) brevemente, in breve. 2 (*for a short time*) per breve tempo, per poco.

briefness /ˈbriːfnəs/ n. brevità f., concisione f.

brier /braɪəʳ/ n. → briar.

brig /brɪg/ n. 1 (*Am*) carcere m. militare. 2 (*Mar*) brigantino m.

Brig. 1 *Brigade* brg. (brigata). 2 *Brigadier* (generale di brigata).

brigade /brɪˈgeɪd/ I n. 1 (*Mil*) brigata f.; (*large body of troops*) armata f. 2 (*non-military squad*) corpo m.: *the fire* ~ il corpo dei vigili del fuoco. 3 (*group of activitists*) associazione f., (*spreg*) brigata f. II v.t. costituire in brigata.

brigadier /ˌbrɪgəˈdɪəʳ *Am* ˌbrɪgəˈdɪr/ n. (*Br,Mil*) generale m. di brigata. ☐ (*Am,Mil*) ~*general* generale di brigata.

brigand /ˈbrɪgənd/ n. brigante m., bandito m.

brigandry /ˈbrɪgəndrɪ/ n. brigantaggio m., banditismo m.

brigantine /ˈbrɪgəntiːn/ n. (*Mar*) brigantino m.

Brig. Gen. (*Am,Mil*) *Brigadier General* (generale di brigata).

bright /braɪt/ I a. 1 (*giving out light*) luminoso, splendente, radioso, brillante: *a* ~ *sun* un sole splendente. 2 (*filled with light*) luminoso, pieno di luce, illuminato. 3 (*of colours*) brillante, vivo, vivace, acceso. 4 (*glorious*) glorioso, illustre, splendido: *the* -*est period in our history* il più glorioso periodo della nostra storia. 5 (*intelligent, quick*) intelligente, sveglio, perspicace, acuto: *a* ~ *young man* un ragazzo sveglio; *a* ~ *remark* un'osservazione acuta. 6 (*cheerful*) vivace allegro, brioso. 7 (*happy*) radioso, raggiante, felice: *a* ~ *face* un viso raggiante. 8 (*promising*) brillante, promettente: *a* ~ *future* un avvenire brillante. 9 (*crisp in sound*) chiaro, pulito. 10 (*glossy*) lucido: ~ *leather* cuoio lucido. II n.pl. (*Am,Aut*) fari m.pl. abbaglianti, abbaglianti m.pl. III avv. 1 luminosamente, brillantemente. 2 (*cheerfully*) allegramente, briosamente. ☐ *to be up* ~ *and early* alzarsi di buon mattino; (*Br*) *as* ~ *as a button* in gambissima, molto sveglio; *the* ~ *lights* le luci della città, i divertimenti notturni; (*fig*) *to look on the* ~ *side* guardare il lato positivo; (*iron*) ~ *spark* furbacchione, genio: *some bright* ~ *left the window open* qualche furbacchione ha lasciato la finestra aperta; (*Met*) ~*steel* acciaio (ricotto) lucido.

Bright /braɪt/ ☐ (*Med*) ~*'s disease* morbo di Bright.

brighten /ˈbraɪtən/ I v.t. 1 (*to make shiny*) far brillare, lucidare. 2 (*to enliven*) rianimare, rallegrare. II v.i. 1 (*to get lighter*) illuminarsi, diventare (più) luminoso: *his face* -*ed* il suo viso s'illuminò. 2 (*of the sky*) rischiararsi, schiarirsi. 3 (*to become lively, cheerful*) animarsi, ravvivarsi. 4 (*to improve*) migliorare, rischiararsi: *prospects are* -*ing* le prospettive migliorano. ☐ *to* ~ *up*: 1 (*to enliven*) ravvivare, rianimare, rallegrare; 2 (*to get lighter*) illuminarsi, diventare (più) luminoso; (*of the sky*) rischiararsi, schiarirsi; 3 (*to become lively, cheerful*) animarsi, ravvivarsi; 4 (*to improve*) migliorare, rischiararsi.

bright-eyed /ˈbraɪtaɪd/ a. dagli occhi luminosi. ☐ (*fig*) ~*and bushy-tailed* pieno di energia e voglia di fare.

brightly /ˈbraɪtlɪ/ avv. 1 luminosamente, brillantemente. 2 (*cheerfully*) allegramente, briosamente.

brightness /ˈbraɪtnəs/ n. 1 luminosità f., lucentezza f., splendore m. 2 (*fig*) (*splendour*) grandezza f., gloria f. 3 (*acuteness*) intelligenza f. pronta, acume m. 4 (*vivacity*) allegrezza f., vivacità f. 5 (*Tecn*) luminosità f. ☐ (*TV*) ~*control* regolatore di luminosità.

brightwork /ˈbraɪtwɜːk *Am* ˈbraɪtwɜːrk/ n. (*Mar,Aut*) parti f.pl. lucidate.

Brigid /ˈbrɪdʒɪd/ n.pr.f. Brigida.

brill[1] /brɪl/ n. (*Itt*) rombo m. liscio.

brill[2] /brɪl/ a. (*Br,sl*) stupendo, mitico, da favola.

brilliance /ˈbrɪlɪəns/ n. 1 luminosità f., splendore m., fulgore m. 2 (*intelligence, talent*) genialità f., eccezionalità f., talento m. 3 (*TV*) luminosità f. 4 (*Mus*) intensità f. (di tono).

brilliancy /ˈbrɪlɪənsɪ/ n. 1 luminosità f., splendore m., fulgore m. 2 (*intelligence, talent*) genialità f., eccezionalità f., talento m. 3 (*TV*) luminosità f. 4 (*Mus*) intensità f. (di tono).

brilliant /ˈbrɪlɪənt/ I a. 1 (*extremely shiny*) brillante, lucente, splendente, luminoso. 2 (*striking*) brillante, fulgido, magnifico: *a* ~ *career* una carriera brillante. 3 (*talented*) di talento, geniale, illustre. 4 (*of colours*) brillante, vivo, vivace, acceso. II n. (*Oref*) brillante m. III intz. (*Br*) favoloso!, stupendo!, grande!

brilliant-cut /ˈbrɪlɪəntkʌt/ a. (*Oref*) con taglio a brillante: *a* ~ *diamond* una diamante con taglio a brillante.

brilliantine /ˈbrɪlɪəntiːn/ n. 1 (*for hair*) brillantina f. 2 (*Am,Tess*) brillantino m.

brilliantly /ˈbrɪlɪəntlɪ/ avv. brillantemente.

brim /brɪm/ I n. 1 (*of a container*) orlo m., bordo m.: *the* ~ *of the crater* l'orlo del cratere. 2 (*of a hat*) falda f., tesa f., ala f. II v.i. (*past, p.p.* **brimmed** /-d/) 1 (*to be full*) essere pieno fino all'orlo, essere strapieno, essere colmo (*with* di): *she was* -*ming with ideas* era strapiena di idee. 2 (*to full to the point of overflowing*) riempirsi, colmarsi (di): *her eyes* -*med with tears* le si riempirono gli occhi di lacrime. ☐ *to* ~*over*: 1 (*to overflow*) traboccare; 2 (*fig*) traboccare (*with* di), sprizzare (qcs.).

brimful /ˈbrɪmfʊl/ a. pieno, ricolmo, traboccante (*anche fig*).

brimless /ˈbrɪmləs/ a. 1 senza bordo, senza orlo. 2 (*of a hat*) senza falda, senza tesa.

brimmed /brɪmd/ a. 1 (*in compounds*) con bordo..., con orlo... 2 (*of a hat*) con (o a) tesa..., con (o a) falda...: *a broad-*~ *hat* un cappello a larghe tese, un cappello dall'ampia falda.

brimstone /ˈbrɪmstoʊn/ n. zolfo m. ☐ (*Entom*) ~*butterfly* cedronella.

brindle /ˈbrɪndl/ I n. grigio m. pezzato, grigio m. striato, fulvo m. pezzato, fulvo m. striato. II a. pezzato, striato.

brindled /ˈbrɪndld/ a. pezzato, striato.

brine /braɪn/ I n. 1 acqua f. salata, acqua f. salmastra. 2 (*Gastron*) salamoia f. 3 (*Chim*) soluzione f. salina. 4 (*poet*) (*sea*) mare m.; (*seawater*) acqua f. di mare; (*tears*) lacrime f.pl. II v.t. (*Gastron*) mettere in salamoia.

bring /brɪŋ/ (*past, p.p.* **brought** /brɔːt/) v.t. 1 portare: *will you* ~ *me my book?* vuoi portarmi il mio libro? 2 (*of a person*) condurre, portare: *he brought his brother to my office* portò suo fratello nel mio ufficio. 3 (*to attract*) portare, apportare, procurare, attirare: *he brought honour to his family* ha portato onòre alla sua famiglia. 4 (*to persuade, to lead*) indurre, persuadere, fare. 5 (*rifl.*) *to* ~ *oneself to do sth.* (*to decide*) decidersi a fare qcs. 6 (*rifl.*) *to* ~ *oneself to do sth.* (*to succeed*) riuscire a fare qcs., rassegnarsi a fare qcs.: *I can't* ~ *myself to believe it* non riesco a crederci. 7 (*to cause to occur, to produce*) portare, causare, produrre: *war* -*s nothing but bereavements* la guerra causa solo lutti. 8 (*to sell for*) rendere, fruttare: *antiques* ~ *a good price* gli oggetti di antiquariato fruttano bene. 9 (*Br,Dir*) intentare, promuovere, proporre: *to* ~ *a legal action* promuovere un'azione legale, intentare una causa. ☐ *to* ~*about*: 1 effettuare, essere la causa di, operare, determinare, provocare, causare: *to* ~ *about changes* effettuare dei cambiamenti; 2 (*Mar*) invertire la rotta di; *to* ~*along* condurre con sé, portare con sé; ~ *and buy sale* vendita di beneficenza; (*Am*) *to* ~*around*: 1 (*to alter opinion*) convincere, persuadere, indurre: *I brought him around to my way of thinking* alla fine l'ho indotto a darmi ragione; 2 (*to revive*) far riprendere i sensi, far rinvenire; 3 (*of a visitor*) portare con sé, (*colloq*) portarsi dietro; 4 (*to divert*) portare, deviare: *to* ~ *the discussion around to one's* *favourite topic* portare la discussione sul proprio argomento preferito; *to ~ back*: 1 riportare, restituire: *to ~ so. back to reality* riportare qcu. alla realtà; 2 (*to call to mind*) richiamare alla memoria, ricordare, rammentare; *to ~ down*: 1 (*to reduce sth.*) ridurre, far calare, abbassare: *to ~ down prices* abbassare i prezzi; 2 (*to make so. fall*) fare cadere (*anche fig*); 2 (*Caccia*) abbattere, uccidere; 3 (*Aer*) abbattere; 4 (*Comm*) (*to carry forward*) riportare; 5 (*Teat*) *to ~ down the house* avere un eccezionale successo di pubblico, suscitare un'esplosione di risate (*o di applausi*), far crollare il teatro dalle risate (*o dagli applausi*), suscitare applausi scroscianti; 4 (*Aus,Canad,Parl*) presentare: *to ~ down a bill* presentare un progetto di legge; *to ~ forth*: 1 produrre, originare, causare; 2 (*to give birth*) dare alla luce, partorire; 3 (*to introduce*) proporre, presentare; *to ~ forward*: 1 (*to exhibit*) mettere in mostra, mostrare; 2 (*to introduce, to adduce*) produrre, presentare, addurre: *to ~ forward a new argument* addurre un nuovo argomento; 3 (*Comm*) riportare; (*fig*) *to ~ sth. home to so.* far comprendere qcs. a qcu., far capire qcs. a qcu.; (*colloq*) *to ~ home the bacon*: 1 guadagnarsi da vivere, guadagnarsi da mangiare; 2 (*to be successful*) riuscire in un'impresa; *to ~ in*: 1 (*to introduce*) introdurre; 2 (*to earn*) guadagnare, fruttare, rendere; 3 (*Dir*) emettere, pronunciare, dichiarare: *the jury brought in a verdict of not guilty* la giuria emise un verdetto di non colpevolezza; 4 (*Parl*) presentare: *to ~ in a bill* presentare un progetto di legge; *to ~ into fashion* far diventare di moda; *to ~ so. luck* (*o good luck*) portare fortuna a qcu., essere la fortuna di qcu.; *to ~ so. bad luck* portare sfortuna a qcu.; *to ~ off*: 1 (*to complete*) (riuscire a) portare a termine, riuscire a compiere; 2 (*to rescue*) salvare, mettere in salvo; 3 (*volg*) portare all'orgasmo, far venire; *to ~ on*: 1 (*to provoke*) provocare, causare, essere causa di: *to ~ on a crisis* provocare una crisi; 2 (*to cause to appear*) introdurre, far entrare; 3 (*to encourage development*) potenziare; *to ~ out*: 1 (*to reveal*) portare alla luce, mettere in evidenza, rivelare: *the job brought out his fine qualities* il lavoro ha messo in evidenza le sue ottime qualità; 2 (*to explain*) chiarire, spiegare, illustrare: *to ~ out the meaning of a passage* spiegare il significato di un brano; 3 (*to market*) lanciare; 4 (*Edit*) pubblicare, dare alle stampe; 5 (*to introduce socially*) presentare in società; 6 (*to utter*) pronunciare, dire; (*fig*) *to ~ out the beast in so.* risvegliare gli istinti animali (*o bestiali*) in qcu., far diventare qcu. una belva; *to ~ over*: 1 portare con sé, condurre con sé; 2 (*to convert*) far cambiare idea a, convincere; (*fig*) *to ~ pressure on so.* fare pressione su qcu.; (*Br*) *to ~ round*: 1 (*to alter opinion*) convincere, persuadere, indurre: *I brought him round to my way of thinking* alla fine l'ho indotto a darmi ragione; 2 (*to revive*) far riprendere i sensi, far rinvenire; 3 (*of a visitor*) portare con sé, (*colloq*) portarsi dietro; 4 (*to divert*) portare, deviare: *to ~ the discussion round to one's favourite topic* portare la discussione sul proprio argomento preferito; *to ~ through* salvare, far superare una malattia a; *to ~ to*: 1 far riprendere i sensi; *to ~ so. to their senses* far riprendere i sensi, (*fig*) riportare qcu. alla ragione; 2 (*to revive*) far riprendere i sensi, far rinvenire; 3 (*Mar*) fermare, far fermare; *to ~ sth. to so.'s attention* far notare qcs. a qcu.; *to ~ to bear* esercitare pressioni, coartare; *to ~ sth. to mind* far ri-

cordare, far venire in mente: *that ~s to mind a funny story* questo mi fa ricordare una storiella divertente; (*poet*) *to ~ to pass* far accadere, causare, realizzare, portare a compimento; *to ~ together* mettere insieme, riunire; *to ~ under*: 1 reprimere, domare; (*of persons*) ridurre all'obbedienza, sottomettere; 2 (*to include*) includere, comprendere; *to ~ up*: 1 (*to raise*) allevare, educare, tirar su: *to ~ up one's children* tirar su i figli; 2 (*to introduce a subject*) introdurre nella conversazione, proporre, tirare in ballo; 3 (*to cause to stop suddenly*) arrestare di colpo, fermare di colpo, bloccare; 4 (*Mar*) dare fondo all'ancora, fermare una nave; 5 (*to vomit*) vomitare, rigettare; (*Mil,fig*) *to ~ up the rear* essere alla retroguardia; *to ~ word* riferire, portare una notizia.

bringer /'brɪŋər/ *n.* portatore *m.* (*f.* -trice), latore *m.* (*f.* -trice).

bringing-up /'brɪŋɪŋʌp/ *n.* educazione *f.* dei figli.

brinjal /'brɪn(d)ʒəl/ *n.* (*Bot,Alim*) (*in India e Sudafrica*) melanzana *f.*

brink /brɪŋk/ *n.* 1 orlo *m.*, bordo *m.*: *the ~ of a precipice* l'orlo di un precipizio. 2 (*bank*) sponda *f.*, riva *f.* 3 (*fig*) orlo *m.*, punto *m.*: *on the ~ of ruin* sull'orlo della rovina; *to be on the ~ of doing sth.* essere sul punto di fare qcs. □ (*fig*) *to be on the ~ of the grave* avere un piede nella fossa.

brinkmanship /'brɪŋkmənʃɪp/ *n.* (*Pol*) politica *f.* del rischio calcolato.

briny /'braɪni/ **I** *a.* salato, salmastro. **II** *n.* (*Br, ant,scherz*) mare *m.*

brio /'briːəʊ/ *n.* brio *m.*

brioche /'briːʃ *Am* briː'ɑːʃ/ *n.* (*Dolc*) brioche *f.*

briquet, briquette /brɪ'ket/ *n.* bricchetta *f.*, bricchetto *m.*

Brisbane /'brɪzbən/ *n.pr.* (*Geog*) Brisbane *f.*

brisk /brɪsk/ **I** *a.* 1 (*energetic*) svelto, vivace: *a ~ walk* un'andatura svelta. 2 (*of people*) attivo, vivace, vispo: *a ~ old lady* una vecchietta vivace. 3 (*brusque*) scortese, brusco. 4 (*of weather*) frizzante, fresco, tonificante. 5 (*of drinks*) forte, fortificante. 6 (*Comm*) attivo, intenso, animato: *~ trade* commercio attivo. **II** *v.t.* ravvivare, animare. **III** *v.i.* sveltirsi, diventare attivo, diventare energico. □ *to ~ up*: 1 (*to animate*) ravvivare animare; 2 (*to get brisk*) sveltirsi, diventare attivo, diventare energico.

brisket /'brɪskɪt/ *n.* (*Macell*) punta *f.* di petto.

briskly /'brɪskli/ *avv.* vivacemente.

briskness /'brɪsknəs/ *n.* vivacità *f.*; (*quickness*) sveltezza *f.*

brisling /'brɪslɪŋ/ *n.* (*Itt*) spratto *m.*

bristle /'brɪsl/ **I** *n.* 1 setola *f.* 2 *pl.* (*on brushes*) setole *f.pl.* 3 (*stubble*) barbetta *f.sing.*, barba *f.sing.* corta, peli *m.pl.* ispidi. **II** *v.i.* 1 (*of hair*) rizzarsi. 2 (*of an animal*) arruffare il pelo. 3 (*fig*) mostrare i denti, (*colloq*) rizzare il pelo. 4 (*colloq*) (*to be full of*) essere pieno, essere irto, pullulare (*with* di): *to ~ with confidence* essere estremamente sicuro di sé. □ *to ~ up* arruffare il pelo, rizzare il pelo.

bristled /'brɪsld/ *a.* setoloso, ispido, irsuto.

bristly /'brɪsli/ *a.* setoloso, ispido, irsuto.

Bristol /'brɪstəl/ *n.pr.* (*Geog*) Bristol *f.* □ (*Cart*) *~ board* cartoncino bristol, bristol; (*Geog*) *~ Channel* canale di Bristol.

bristols /'brɪstəlz/ *n.pl.* (*Br,sl*) tette *f.pl.*

Brit /brɪt/ *n.* britannico *m.* (*f.* -a), inglese *m./f.*

Brit. 1 *Britain* (Gran Bretagna). 2 *British* (britannico).

Britain /'brɪtən/ *n.pr.* 1 (*Great Britain*) Gran Bretagna *f.* 2 (*Stor*) (*in Roman times*) Britannia *f.*

Britannia /brɪ'tænɪə/ *n.* 1 Britannia *f.*, impero *m.* britannico. 2 (*Stor*) (*in Roman times*) Britannia *f.* □ (*Met*) *~ metal* metallo Britannia, peltro con zinco.

Britannic /brɪ'tænɪk/ *a.* britannico: *Her ~ Majesty* (*o His ~ Majesty*) Sua Maestà Britannica.

Briticism /'brɪtɪsɪzəm *Am* 'brɪtɪsɪzəm/ *n.* (*Ling*) anglicismo *m.*, anglismo *m.*

British /'brɪtɪʃ *Am* 'brɪtɪʃ/ **I** *a.* 1 britannico. 2 (*of the ancient Britons*) britannico. **II** *n.* 1 (*collett.*) popolo *m.* britannico, inglesi *m.pl.* 2 (*British English*) inglese *m.* britannico; (*ant*) (*Celtic*) bretone *m.* □ (*Geog*) *~ Columbia* Columbia britannica; *~ Commonwealth* (*o ~ Commonwealth of Nations*) Commonwealth (britannico); *~ Council* Ente culturale britannico; (*Stor*) *~ Empire* Impero britannico; *~ English* inglese britannico; (*Geog*) *~ Isles* Isole britanniche; *~ Legion* associazione di militari in congedo; *the ~ Lion*: 1 il leone britannico; 2 (*estens*) la Gran Bretagna; *~ Museum* Museo britannico; (*GB*) *~ Summer Time* ora legale; (*Fis*) *~ thermal unit* unità termica inglese.

Britisher /'brɪtɪʃər/ *n.* (*Am*) inglese *m./f.*

Britishism /'brɪtɪʃɪzəm/ *n.* (*Am,Ling*) anglicismo *m.*, anglismo *m.*

Briton /'brɪtən/ *n.* 1 inglese *m./f.* 2 (*Celt*) britanno *m.* (*f.* -a).

Britpop /'brɪtpɒp *Am* 'brɪtpɑːp/ *n.* (*Mus*) britpop *m.*, musica *f.* pop inglese degli anni '90.

Brittany /'brɪtəni/ *n.pr.* (*Geog*) Bretagna *f.*

brittle /'brɪtl *Am* 'brɪtl/ **I** *a.* 1 friabile, croccante, fragile. 2 (*fig*) (*frail*) fragile, precario, effimero: *~ promises* promesse precarie. 3 (*fig*) (*sharp sound*) secco, acuto. 4 (*fig*) (*cold, calculating*) freddo, calcolatore. 5 (*Met*) fragile. **II** *n.* (*Dolc*) (*hard toffee with nuts*) croccante *m.* □ (*Med*) *~ bone disease* osteoporosi; (*Met*) *~ fracture* fragilità alla rottura; (*Itt*) *~ star* stella serpentina.

brittleness /'brɪtlnəs *Am* 'brɪtlnəs/ *n.* fragilità *f.* (*anche fig*).

BRN *Bahrain* BRN (Bahrain).

bro /brəʊ/ **I** *brother* f.llo (fratello). **II** *n.* (*Am, colloq*) fratello *m.*, amico *m.*

broach /brəʊtʃ/ **I** *n.* 1 (*spit*) spiedo *m.* 2 (*for tapping casks*) spina *f.* 3 (*Arch*) guglia *f.* (ottagonale). 4 (*Mecc*) broccia *f.*, spina *f.* 5 (*Edil*) scalpello *m.* **II** *v.t.* 1 (*to introduce a difficult topic, etc.*) introdurre, avanzare, toccare, sollevare; (*to announce*) annunciare: *he ~ed his plans for the next month* annunciò i suoi progetti per il mese successivo. 2 (*of a cask: to tap*) munire di spina, mettere la spina a. 3 (*to draw by tapping*) spillare: *to ~ beer from a barrel* spillare birra da un barile. 4 (*Mecc*) brocciare. **III** *v.i.* (*Mar*) straorzare. □ (*Arch*) *~ spire* guglia (ottagonale); (*Mar*) *to ~ to* straorzare.

broad /brɔːd/ **I** *a.* 1 largo: *a ~ street* una strada larga. 2 (*spacious*) ampio, vasto, spazioso: *the ~ sea* il vasto mare. 3 (*clear, full*) chiaro, aperto, pieno: *in ~ daylight* in pieno giorno. 4 (*extensive*) largo, ampio, vasto: *a ~ basis for negotiations* un'ampia base per il negoziato. 5 (*liberal*) largo, ampio, liberale: *a man of ~ views* un uomo di larghe vedute. 6 (*general*) generale: *a ~ rule* una regola generale; *they achieved a ~ agreement* raggiunsero un accordo generale. 7 (*obvious*) chiaro, lampante, esplicito: *a ~ hint* una chiara allusione. 8 (*coarse*) volgare, triviale, scollacciato; (*risqué*) salace, piccante, spinto. 9 (*Ling*) forte, marcato, spiccato: *a ~ Irish accent* uno spiccato accento irlandese. 10 (*Fon*) aperto: *a ~ A* una A aperta. **II** *n.* 1 parte *f.* larga: *the ~ of the hand* la parte larga della mano. **2** (*Am,sl*) (*woman*) donna *f.* **III** *avv.* completamente, del tutto: ~ *awake* completamente sveglio. ☐ (*fig*) *it's as ~ as it's long* è la stessa cosa, se non è zuppa è pan bagnato; (*fig*) *to have a ~back* avere le spalle larghe, avere le spalle quadrate; (*Bot,Alim*) ~ *bean* fava; ~ *brim*: 1 cappello a tesa larga; 2 (*iron*) quacchero; (*Rel.prot*) *Broad Church* chiesa latitudinaria; (*Rel.prot*) *Broad Churchman* latitudinario; ~ *communications* comunicazioni su banda larga; (*Ferr*) ~ *gauge* (o *Am* ~*gage*) scartamento largo; (*Am, Sport*) ~*jump* salto in lungo; ~*money* denaro in genere, moneta in senso ampio; *in ~outline* a grandi linee; *in a ~sense* in senso lato: *in the -est sense of the word* nel senso più ampio del termine.

broad-backed /'brɔːdbækt/ *a.* dalla schiena larga.

broadband /'brɔːdbænd/ **I** *n.* (*Rad,Inform*) banda *f.* larga. **II** *a.* (*Rad,Inform*) su banda larga: ~ *communications* comunicazioni su banda larga.

broad-breasted /'brɔːdbrestɪd/ *a.* dal petto largo, dal petto ampio.

broad-brush /'brɔːdbrʌʃ/ *a.* ad ampio raggio.

broadcast[1] /'brɔːdkɑːst *Am* 'brɔːdkæst/ (*past, p.p.* **broadcast**) **I** *v.t.* **1** (*Rad,TV*) diffondere, trasmettere: *the BBC* ~ *the event live* la BBC ha trasmesso l'evento in diretta. **2** (*Agr*) seminare a spaglio, seminare alla volata, spargere. **3** (*to spread about*) spargere, diffondere. **II** *v.i.* **1** (*Rad,TV*) trasmettere, fare una trasmissione. **2** (*to speak: on the radio*) parlare alla radio; (*on television*) parlare alla TV.

broadcast[2] /'brɔːdkɑːst *Am* 'brɔːdkæst/ **I** *n.* **1** (*Rad,TV*) diffusione *f.*, radiodiffusione *f.*, trasmissione *f.* **2** (*programme: on television*) trasmissione *f.*, programma *m.* televisivo; (*on the radio*) programma *m.* radiofonico. **3** (*Agr*) semina *f.* a spaglio, semina *f.* alla volata. **II** *a.* **1** (*TV*) teletrasmesso, diffuso per televisione, trasmesso per televisione. **2** (*Rad*) radiodiffuso, trasmesso per radio; (*of broadcasting*) radiofonico. **3** (*Agr*) sparso, disseminato. **III** *avv.* **1** (*TV*) per televisione. **2** (*Rad*) per radio, radiofonicamente. **3** (*Agr*) a spaglio, alla volata. ☐ ~*account*: 1 (*TV*) telecronaca; 2 (*Rad*) radiocronaca; ~ *programme* (*Am* ~*program*): 1 (*TV*) programma televisivo; 2 (*Rad*) programma radiofonico; (*Agr*) ~ *seeder* seminatrice a spaglio; ~ *transmitter* trasmittente.

broadcaster /'brɔːd,kɑːstər *Am* 'brɔːd,kæstər/ *n.* **1** (*Rad,TV*) (*person: host*) conduttore *m.* (*f.* -trice), presentatore *m.* (*f.* -trice). **2** (*Rad,TV*) (*announcer*) annunciatore *m.* (*f.* -trice), speaker *m./f.*, (*newsreader*) giornalista *m./f.* radiotelevisivo. **3** (*Rad*) (*company*) emittente *f.*, stazione *f.* radio. **4** (*TV*) (*company*) emittente *f.*, stazione *f.* televisiva.

broadcasting /'brɔːd,kɑːstɪŋ *Am* 'brɔːd,kæstɪn/ *n.* **1** (*Rad,TV*) diffusione *f.*, radiodiffusione *f.*, trasmissione *f.* **2** (*Agr*) semina *f.* a spaglio, semina *f.* alla volata. ☐ ~*authority* garante per la radiodiffusione; (*Rad,TV*) ~ *centre* (*Am* ~ *center*) centro di produzione; (*Rad,TV*) ~*frequency* frequenze di trasmissione; (*Rad,TV*) ~*studio* studio, sala di trasmissione; (*Rad,TV*) ~*time* tempo di trasmissione.

broadcloth /'brɔːdklɒθ *Am* 'brɔːdklɑːθ/ *n.* **1** (*Tess*) tessuto *m.* in doppia altezza. **2** (*Tess*) (*woollen fabric*) tessuto *m.* di lana pettinata.

broaden /'brɔːdən/ **I** *v.i.* **1** allargarsi. **2** (*fig*) estendersi, allargarsi. **II** *v.t.* **1** allargare. **2** (*fig*) allargare, ampliare: *to* ~ *one's horizons* allargare i propri orizzonti.

broad-faced /'brɔːdfeɪst/ *a.* dal viso largo.

broadleaf, **broad-leaf** /'brɔːdliːf/ *a.* (*Bot*) latifoglia.

broadleaved, **broad-leaved** /'brɔːdliːvd/ *a.* (*Bot*) latifoglia.

broadloom /'brɔːdluːm/ *n.* tappeto *m.* tessuto su telaio largo. ☐ ~*carpet* tappeto tessuto su telaio largo.

broadly /'brɔːdli/ *avv.* **1** largamente, ampiamente. **2** (*fig*) in generale, in senso lato, generalmente: ~ *speaking* in linea di massima.

broad-minded /,brɔːd'maɪndɪd *Am also* 'brɔːd,maɪndɪd/ *a.* **1** di larghe vedute, di mente aperta. **2** (*liberal*) liberale, tollerante.

broad-mindedness /,brɔːd'maɪndɪdnəs *Am also* 'brɔːd,maɪndɪdnəs/ *n.* **1** larghezza *f.* di vedute. **2** (*liberality*) liberalità *f.*, tolleranza *f.*

broadness /'brɔːdnəs/ *n.* **1** larghezza *f.*, ampiezza *f.* **2** (*fig*) (*liberality*) liberalità *f.*, ampiezza *f.*: ~ *of outlook* ampiezza di vedute. **3** (*fig*) (*coarseness*) volgarità *f.*, grossolanità *f.*

broadsheet /'brɔːdʃiːt/ *n.* **1** (*newspaper*) giornale *m.* (di formato tradizionale). **2** (*large sheet of paper*) foglio *m.* disteso. **3** (*ant*) (*handout*) volantino *m.*

broad-shouldered /'brɔːd,ʃouldəd *Am* 'brɔːd,ʃouldərd/ *a.* dalle spalle larghe.

broadside /'brɔːdsaɪd/ **I** *n.* **1** (*Mar*) fiancata *f.*, murata *f.* **2** (*Mar.mil*) cannoni *m.pl.* di una stessa fiancata; (*volley*) bordata *f.*: *to fire a* ~ sparare una bordata. **3** (*fig*) violento attacco *m.*, aspra critica *f.* **4** (*Am,sl*) lato *m.*: *my car was hit on the* ~ la mia macchina è stata colpita di lato. **5** (*sheet of paper*) foglio *m.* disteso. **II** *avv.* **1** di traverso, col fianco più largo. **2** (*Tip*) di traverso. **3** (*Mil*) in una bordata.

broadsword /'brɔːdsɔːd *Am* 'brɔːdsɔːrd/ *n.* spadone *m.*

broadtail /'brɔːdteɪl/ *n.* (*Zool*) breitschwanz *m.*, agnellino *m.* di Persia.

Broadway /'brɔːdweɪ/ *n.pr.* **1** Broadway *f.*, quartiere *m.* dei teatri a New York. **2** (*fig*) teatro *m.*, mondo *m.* del teatro: *a career on* ~ una carriera nel teatro, una carriera teatrale.

broadways /'brɔːdweɪz/ *avv.* per il largo, nel senso della larghezza.

broadwise /'brɔːdwaɪz/ *avv.* per il largo, nel senso della larghezza.

brocade /brou'keɪd/ **I** *n.* (*Tess*) broccato *m.* **II** *v.t.* (*Tess*) ornare (un tessuto) con disegni in rilievo, broccare.

broccoli /'brɒkəli *Am* 'brɑːkəli/ *n.* (*Bot,Alim*) broccolo *m.*

broch /brɒk/ *n.* (*Archeol*) torre *f.* fortificata preistorica (in Scozia).

brochure /'brouʃ(u)ər, brɒ'ʃuər *Am* brou'ʃur/ *n.* opuscolo *m.*, fascicolo *m.*

brock /brɒk/ *n.* (*Zool*) tasso *m.*

brocket /'brɒkɪt *Am* 'brɑːkɪt/ *n.* (*Zool*) cervo *m.* (di due anni).

broderie /'brɒdəri *Am* 'broudəri/ ☐ (*Tess*) ~ *anglaise* sangallo.

brogue[1] /broug/ *n.* **1** scarpa *f.* da uomo con decorazione perforata. **2** (*ant*) tipo *m.* di scarpa pesante (portata in Irlanda o Scozia).

brogue[2] /broug/ *n.* **1** (*Irish accent*) accento *m.* irlandese. **2** (*Scottish accent*) accento *m.* scozzese.

broider /'brɔɪdər/ *v.t.* (*ant*) ricamare.

broil[1] /brɔɪl/ **I** *v.t.* **1** (*Am*) (*to grill*) cuocere alla griglia, cuocere ai ferri, cuocere sulla brace. **2** (*fig*) arroventare, bruciare, arrostire. **II** *v.i.* **1** (*Am*) (*of meat*) cuocere alla griglia, cuocere allo spiedo, cuocere sulla brace. **2** (*fig*) bruciarsi, arrostirsi: *he -ed in the sun* si arrostiva al sole. **3** (*fig*) (*to burn with impatience, etc.*) fremere (di impazienza), (*colloq*) friggere (*with* per).

broil[2] /brɔɪl/ *n.* (*ant*) rissa *f.*, lite *f.* violenta,

tafferuglio *m.*

broiler /'brɔɪlər/ *n.* **1** (*Am*) (*grill*) graticola *f.*, griglia *f.*, piastra *f.* **2** (*Am*) (*compartment of a cooker*) griglia *f.* incorporata. **3** (*spec. Am*) (*chicken*) pollo *m.* da cuocere alla griglia. **4** (*colloq*) giornata *f.* caldissima, giornata *f.* torrida. ☐ ~*house* pollaio, stia.

broiling /'brɔɪlɪŋ/ *a.* torrido, caldissimo, soffocante.

broke[1] /brouk/ → **break**[1].

broke[2] /brouk/ *a.* (*colloq*) **1** senza un soldo, al verde, in bolletta. **2** (*bankrupt*) fallito, rovinato. ☐ (*colloq*) *to go* ~ fallire, fare bancarotta; (*colloq*) *to go for* ~ sfruttare al massimo le proprie risorse, rischiare tutto. *Prov.*: *if it ain't* ~, *don't fix it* finché funziona non toccarlo.

broken[1] /'broukən/ → **break**[1].

broken[2] /'broukən/ *a.* **1** rotto, spaccato, spezzato: *a* ~ *glass* un bicchiere rotto. **2** (*shattered*) frantumato. **3** (*fractured*) fratturato, rotto. **4** (*not functioning*) guasto, rotto. **5** (*not complete*) incompleto, mancevole, carente: *a* ~ *line of goods* un assortimento di merci incompleto. **6** (*of speech*) scorretto, sgrammaticato: ~ *English* inglese scorretto. **7** (*halting*) rotto, incrinato, alterato: *words* ~ *with sobs* parole incrinate dai singhiozzi. **8** (*uneven*) accidentato, frastagliato: ~ *country* regione accidentata. **9** (*of water*) mosso, agitato. **10** (*of an animal*) domato, addomesticato. **11** (*not kept*) violato, mancato, infranto: *a* ~ *promise* una promessa mancata, una promessa non mantenuta. **12** (*interrupted*) interrotto, spezzato: ~ *sleep* sonno interrotto. **13** (*weak, infirm*) malfermo, deperito, debole: ~ *health* salute malferma. **14** (*crushed*) avvilito, piegato, sopraffatto: *a* ~ *spirit* uno spirito avvilito. **15** (*ruined*) distrutto, rovinato, spezzato. **16** (*of weather*) variabile, incerto. **17** (*Mil*) degradato. ☐ *the* ~*bodies of the victims* i corpi martoriati delle vittime; (*Mus*) ~*chord* arpeggio; (*fig*) ~ *heart* cuore spezzato, cuore infranto; *he died of a* ~ *heart* è morto di crepacuore; ~ *home* famiglia divisa (con genitori separati); (*Strad*) ~*line* striscia discontinua; (*Mat*) ~*number* frazione; (*Bibl*) ~*reed* canna rotta, canna fessa; (*Veter*) ~*wind* bolsaggine.

broken-down /,broukən'daun/ *a.* **1** a pezzi, sfasciato. **2** (*out of order*) guasto, rotto. **3** (*fig*) (*disheartened*) cadente, decrepito. **4** (*fig*) (*in health*) gravemente ammalato.

brokenhearted, **broken-hearted** /,broukən'hɑːtɪd *Am* ,broukən'hɑːrtɪd/ *a.* (*fig*) dal cuore infranto, dal cuore spezzato, straziato dal dolore.

broken-winded /'broukən,wɪndɪd/ *a.* bolso.

broker /'broukər/ **I** *n.* **1** (*intermediary*) intermediario *m.* (*f.* -a). **2** (*Econ*) mediatore *m.* (*f.* -trice), agente *m./f.* di cambio. **3** (*Comm*) mediatore *m.* (*f.* -trice), sensale *m./f.*, procuratore *m.* (*f.* -trice) di affari. **4** (*dealer*) rigattiere *m.* **5** (*marriage broker*) sensale *m./f.* di matrimoni. **II** *v.i.* mediare, fare da intermediario. ☐ ~*'s contract* contratto di commissione; (*Econ*) ~*dealer* agente di cambio (alla borsa di Londra); ~*'s loan* prestito su titoli (fatto da una banca a un agente di cambio).

brokerage /'broukərɪdʒ/ *n.* **1** mediazione *f.*, senseria *f.* **2** (*Econ*) intermediazione *f.*, brokeraggio *m.*

broking /'broukɪŋ/ *n.* (*Br*) **1** attività *f.* di mediatore. **2** (*Econ*) intermediazione *f.*, brokeraggio *m.*

brolga /'brɒlgə *Am* 'broulgə/ *n.* (*Ornit*) brolga *f.*

brolly /'brɒli/ *n.* (*Br,colloq*) ombrello *m.*

bromate /'broumeɪt/ *n.* (*Chim*) bromato *m.*

brome /'broum/ *n.* (*Bot*) bromo *m.*, ventolana

f. □ (*Bot*) ~ **grass** bromo, ventolana.
bromeliad /ˌbrouˈmiːliæd/ *n.* (*Bot*) bromelia *f.*
bromic /ˈbroumɪk/ *a.* (*Chim*) bromico. □ (*Chim*) ~ **acid** acido bromico.
bromide /ˈbroumaɪd/ *n.* **1** (*Chim*) bromuro *m.* **2** (*ant*) (*platitude*) luogo *m.* comune, banalità *f.* □ (*Fot*) ~ **paper** carta al bromuro di argento.
bromine /ˈbroumiːn/ *n.* (*Chim*) bromo *m.*
brominism /ˈbroumɪnɪzəm/ *n.* (*Med*) bromismo *m.*
bromism /ˈbroumɪzəm/ *n.* (*Med*) bromismo *m.*
bronchial /ˈbrɒŋkiəl *Am* ˈbrɑːŋkiəl/ *a.* (*Anat*) bronchiale. □ (*Med*) ~ **asthma** asma bronchiale, bronchite asmatica; (*Med*) ~ **pneumonia** broncopolmonite; (*Anat*) ~ **tubes** bronchi.
bronchiole /ˈbrɒŋkioul *Am* ˈbrɑːŋkioul/ *n.* (*Anat*) bronchiolo *m.*
bronchitic /brɒŋˈkɪtɪk *Am* brɑːŋˈkɪtɪk/ **I** *a.* (*Med*) **1** della bronchite, bronchitico. **2** (*of a person*) affetto da bronchite. **II** *n.* (*Med*) bronchitico *m.*
bronchitis /brɒŋˈkaɪtɪs *Am* brɑːŋˈkaɪtɪs/ *n.* (*Med*) bronchite *f.*
bronchocele /ˈbrɒŋkousiːl *Am* ˈbrɑːŋkəsiːl/ *n.* (*Med*) broncocele *m.*
bronchopneumonia /ˌbrɒŋkounjuːˈmouniə *Am* ˌbrɑːŋkoun(j)uːˈmouniə/ *n.* (*Med*) broncopolmonite *f.*
bronchoscope /ˈbrɒŋkəskoup *Am* ˈbrɑːŋkəskoup/ *n.* (*Med*) broncoscopio *m.*
bronchoscopy /brɒŋˈkɒskəpi *Am* brɑːŋˈkɑːskəpi/ *n.* (*Med*) broncoscopia *f.*
bronchus /ˈbrɒŋkəs *Am* ˈbrɑːŋkəs/ (*pl.* **-chi** /-kaɪ/) *n.* (*Anat*) bronco *m.*
bronco /ˈbrɒŋkou *Am* ˈbrɑːŋkou/ (*pl.* **-s** /-z/) *n.* mustang *m.*, cavallo *m.* selvatico.
broncobuster, bronco-buster /ˈbrɒŋkouˌbʌstər *Am* ˈbrɑːŋkouˌbʌstər/ *n.* domatore *m.* (*f.* -trice) di mustang, domatore *m.* (*f.* -trice) di cavalli.
brontosaur /ˈbrɒntəsɔːr *Am* ˈbrɑːntəsɔːr/ *n.* (*Paleont*) brontosauro *m.*
brontosaurus /ˌbrɒntəˈsɔːrəs *Am* ˌbrɑːntəˈsɔːrəs/ *n.* (*Paleont*) brontosauro *m.*
Bronx /brɒŋks *Am* brɑːŋks/ *n.pr.* Bronx *m.* □ (*Am,sl*) ~ **cheer** pernacchia.
bronze /brɒnz *Am* brɑːnz/ **I** *n.* **1** (*Met*) bronzo *m.* **2** (*sculpture*) oggetto *m.* di bronzo, bronzo *m.* **3** (*colour*) color *m.* bronzo, bronzo *m.* **4** (*medal*) bronzo *m.*, medaglia *f.* di bronzo. **II** *a.* **1** di bronzo, bronzeo: *a* ~ *statue* una statua di bronzo. **2** (*bronze-coloured*) color bronzo, bronzeo. **III** *v.t.* **1** (*Met*) bronzare: *to* ~ *a bust* bronzare un busto. **2** (*to make brown*) abbronzare. **IV** *v.i.* abbronzarsi. □ (*Geol*) *Bronze Age* età del bronzo; ~ *medal* medaglia di bronzo.
bronzing /ˈbrɒnzɪŋ *Am* ˈbrɑːnzɪŋ/ *n.* **1** (*Met*) bronzatura *f.* **2** (*of the skin*) abbronzatura *f.*
bronzy /ˈbrɒnzi *Am* ˈbrɑːnzi/ *a.* bronzeo.
brooch /broutʃ *Am also* bruːtʃ/ *n.* spilla *f.*, fermaglio *m.*
brood /bruːd/ **I** *n.* **1** (*young birds*) nidiata *f.*, covata *f.* **2** (*progeny*) figliolanza *f.*, prole *f.*; (*scherz*) covata *f.*, nidiata *f.* **3** (*fig*) (*group*) serie *f.*, gruppo *m.* **II** *v.t.* covare. **III** *v.i.* **1** (*to keep eggs warm*) covare. **2** (*fig*) (*to meditate*) ripensare (*over, on* a), riflettere (su), rimuginare (qcs.): *he was -ing over his problems* stava rimuginando i suoi problemi. **3** (*fig*) (*to meditate depressedly*) meditare tristemente, tormentarsi (a pensare). **4** (*fig*) (*to loom*) torreggiare (*over* su, sopra), incombere (su). **IV** *a.* **1** (*breeding*) che cova. **2** (*Zootecn*) da riproduzione. □ ~ *hen* chioccia; (*Zootecn*) ~ *mare* fattrice, cavalla da riproduzione.

brooder /ˈbruːdər/ *n.* **1** (*Zootecn*) incubatrice *f.* **2** (*animal*) animale *m.* che cova; (*hen*) chioccia *f.* **3** (*fig*) persona *f.* che medita, persona *f.* che rimugina. □ (*Zootecn*) ~ *house* incubatrice.
broodily /ˈbruːdɪli/ *avv.* **1** (*moodily*) pieno di pensieri, pensierosamente, tristemente. **2** (*of a woman wanting a baby*) con il desiderio di un figlio, con il desiderio di maternità.
broodiness /ˈbruːdɪnəs/ *n.* **1** (*of animals*) disposizione *f.* a covare, tendenza *f.* a covare. **2** (*of persons*) tendenza *f.* a meditare tristemente. **3** (*of a woman wanting a baby*) desiderio *m.* di un figlio, desiderio *m.* di maternità.
brooding /ˈbruːdɪŋ/ **I** *a.* **1** (*of animals*) che cova. **2** (*of persons*) che medita tristemente, che rimugina. **3** (*of clouds, etc.*) minaccioso. **II** *n.* covatura *f.*
broody /ˈbruːdi/ *a.* **1** covaticcia, che cova, covatrice. **2** (*of a woman wanting a baby*) che desidera un figlio. **3** (*fig*) (*moody*) pensoso, meditabondo, impensierito.
brook[1] /bruk/ *n.* ruscello *m.*, torrente *m.*
brook[2] /bruk/ *v.t.* (*lett*) (*generally in negative sentences*) sopportare, tollerare: *he will never* ~ *interference* non tollererà mai interferenze.
Brooklyn /ˈbruklɪn/ *n.pr.* (*Geog*) Brooklyn *f.*
broom /bruːm/ **I** *n.* **1** scopa *f.*; (*made of broomcorn*) granata *f.* **2** (*Bot*) ginestra. **II** *v.t.* scopare, spazzare. □ (*Br*) ~ *cupboard* armadio delle scope, portascope; ~ *handle* manico di scopa; (*Br*) ~ *staff* manico di scopa; (*Am*) ~ *stick* manico di scopa.
broomcorn /ˈbruːmkɔːn *Am* ˈbruːmkɔːrn/ *n.* (*Bot*) saggina *f.*, sorgo *m.*
broomrape /ˈbruːmreɪp/ *n.* (*Bot*) succiamele *m.*
broomstick /ˈbruːmstɪk/ *n.* manico *m.* di scopa.
Bros. (*Comm*) *Brothers* F.lli (Fratelli).
brose /brouz/ *n.* (*Scott*) zuppa *f.* densa.
broth /brɒθ *Am* brɑːθ/ *n.* **1** brodo *m.* **2** (*Biol*) (*culture medium*) brodo *m.*, terreno *m.* di coltura. □ (*Ir*) *a* ~ *of a boy* un ragazzo in gamba.
brothel /ˈbrɒθəl *Am* ˈbrɑːθəl/ *n.* bordello *m.*, postribolo *m.*, casa *f.* di tolleranza.
brother /ˈbrʌðər/ **I** *n.* (*pl.* **-s** /-z/, *ant* **brethren** /ˈbreðrən/; *il plurale* brethren *è usato per i membri di comunità religiose o di società*) **1** fratello *m.* (*anche fig*): *all men are -s* tutti gli uomini sono fratelli. **2** (*fellow countryman*) compatriota *m.*, connazionale *m.* **3** (*fellow member, etc.*) compagno *m.*, camerata *m.*, collega *m.*: *our -s in the medical profession* i nostri colleghi medici. **4** (*in a society*) socio *m.* **5** (*Am,sl*) (*buddy*) amico *m.*, compagno *m.* **6** (*Rel*) (*lay member*) confratello *m.*; (*of a religious order*) fratello *m.*, frate *m.* **II** *intz.* caspita, perbacco: ~, *can she cook!* caspita, se sa cucinare!
brother-german /ˌbrʌðəˈdʒɜːmən *Am* ˌbrʌðərˈɡɜːrmən/ *n.* (*ant*) fratello *m.* carnale, fratello *m.* germano.
brotherhood /ˈbrʌðəhud *Am* ˈbrʌðərhud/ *n.* **1** fratellanza *f.* (*anche fig*). **2** (*comradeship*) cameratismo *m.* **3** (*organization, fraternity, etc.*) confraternita *f.*, associazione *f.*, sodalizio *m.* **4** (*Am*) (*trade union*) sindacato *m.* **5** (*body of people*) corpo *m.*, collegio *m.*
brother-in-arms /ˈbrʌðərɪnɑːmz *Am* ˈbrʌðərɪnɑːrmz/ *n.* (*Mil*) compagno *m.* d'armi, commilitone *m.*
brother-in-law /ˈbrʌðərɪnlɔː/ *n.* cognato *m.*
brotherliness /ˈbrʌðəlɪnəs *Am* ˈbrʌðərlɪnəs/ *n.* fraternità *f.*, fratellanza *f.*
brotherly /ˈbrʌðəli *Am* ˈbrʌðərli/ *a.* fraterno: ~

love amore fraterno.
brougham /ˈbruːəm/ *n.* carrozza *f.* chiusa, brum *m.*
brought /brɔːt/ → **bring**.
brouhaha /ˈbruːhɑːhɑː/ *n.* baccano *m.*, baraonda *f.*, (*colloq*) casino *m.*
brouter /ˈbrautər *Am* ˈbrautʃər/ *n.* (*Inform*) bridge router *m.*, router *m.* di rete.
brow /brau/ *n.* **1** (*forehead*) fronte *f.* **2** (*eyebrow*) sopracciglio *m.* **3** (*Anat*) arcata *f.* sopracciliare. **4** (*edge*) ciglio *m.*, orlo *m.*; (*top*) cima *f.*: *the* ~ *of the hill* la cima della collina. **5** (*poet*) (*air*) aria *f.*, aspetto *m.*
browbeat /ˈbraubiːt/ *v.t.irr.* tiranneggiare, intimidire. □ *to* ~ *so. into doing sth.* costringere qcu. a fare qcs. (con le minacce).
browbeaten /ˈbraubiːtən *Am* ˈbraubiːtən/ *a.* intimidito, pieno di timore, turbato.
browbeater /ˈbraubiːtər *Am* ˈbraubiːtər/ *n.* despota *m./f.*, tiranno *m.* (*f.* -a), prepotente *m./f.*
brown /braun/ **I** *a.* **1** marrone. **2** (*of hair and eyes*) castano. **3** (*of animals*) bruno. **4** (*sunburnt*) abbronzato, (*colloq*) nero. **5** (*brown-skinned*) di carnagione scura, dalla pelle scura, moro. **6** (*of unprocessed food*) integrale: ~ *bread* pane integrale. **II** *n.* **1** marrone *m.*, colore *m.* marrone, bruno *m.* **2** (*horse*) cavallo *m.* sauro, sauro *m.* **III** *v.i.* **1** diventare marrone. **2** (*to tan*) abbronzarsi, (*colloq*) prendere la tintarella. **3** (*in cooking*) rosolarsi. **IV** *v.t.* **1** rendere marrone. **2** (*in cooking*) rosolare. **3** (*Tecn*) brunire. □ (*Br*) ~ *ale* birra scura in bottiglia; (*Biol*) ~ *algae* alghe brune; *as* ~ *as a berry* nero come il carbone; (*Zool*) ~ *bear* orso bruno; (*Am*) *Brown Betty* torta di mele speziata; ~ *coal* lignite, lignite bruna; (*Astr*) ~ *dwarf* nana marrone; (*Anat*) ~ *fat* tessuto adiposo bruno; ~ *goods* televisori e impianti stereo; (*Am, colloq*) *to* ~ *out* (*of electrical current*) andare e venire, interrompersi brevemente, (*of lights*) abbassarsi; ~ *owl* **1** (*Ornit*) allocco, gufo selvatico; **2** (*Br*) (*in the Girl Guide movement*) capogruppo; (*Cart*) ~ *paper* carta (marrone da pacchi; (*Alim*) ~ *rice* riso integrale; (*Bot*) ~ *rot* marciume bruno, macchie brune; (*Gastron*) ~ *sauce*: **1** sugo di carne; **2** (*in bottles*) salsa marrone agrodolce; (*Br,fig*) *to be in a* ~ *study* essere assorto nei propri pensieri, essere meditabondo; ~ *sugar*: **1** zucchero grezzo, zucchero greggio; **2** (*sl*) eroina di colore scuro; (*Itt*) ~ *trout* trota comune; (*Am,sl*) *to do sth. up* ~ fare qcs. alla perfezione.
brown-bag /ˌbraunˈbæɡ/ *v.i.* (*Am*) **1** (*to take one's lunch to work*) portarsi il pranzo in ufficio. **2** (*to take one's own liquor into a public establishment*) portarsi da bere in un locale pubblico.
browned /braund/ □ (*sl*) *to be* ~ *off* essere scocciato, essere stufo, averne abbastanza.
brown-haired /ˈbraunheəd *Am* ˈbraunherd/ *a.* dai capelli castani.
Brownian /ˈbrauniən/ *a.* (*Fis*) browniano: ~ *motion* moto browniano.
brownie /ˈbrauni/ *n.* **1** (*Folcl*) folletto *m.* buono. **2** (*spec. Am,Dolc*) (*square of cake*) pezzo *m.* di torta al cioccolato con nocciole. **3** (*young girl guide*) ragazza *f.* della sezione giovanile. **4** (*Fot*) macchina *f.* fotografica a cassetta. **5** (*scherz,fig*) *a* ~ *point* un punto guadagnato, un punto in più.
browning /ˈbrauniŋ/ *n.* **1** (*Gastron*) rosolatura *f.* **2** (*Br,Alim*) (*for soup or gravy*) colorante *m.* per sughetti.
brownish /ˈbraunɪʃ/ *a.* tendente al marrone, brunastro.
brownness /ˈbraunnəs/ *n.* tinta *f.* marrone,

bruno *m.*

brownnose, **brown-nose** /ˌbraʊnˈnoʊz/ I *n.* (*colloq*) leccapiedi *m.*, ruffiano *m.*, (*volg*) leccaculo *m.* II *v.i./v.t.* (*colloq*) leccare i piedi (a qcu.), arruffianarsi (qcu.), (*volg*) leccare il culo (a qcu.).

brownout /ˈbraʊnaʊt/ *n.* 1 (*short blackout*) interruzione *f.* temporanea, oscuramento *m.* parziale, black-out *m.* temporaneo. 2 (*power reduction*) illuminazione *f.* ridotta.

Brownshirt /ˈbraʊnʃɜːt/ *Am* ˈbraʊnʃɜːrt/ *n.* (*Stor*) 1 (*Nazi*) camicia *f.* bruna, nazista *m./f.* 2 (*Fascist*) camicia *f.* nera, fascista *m./f.*

brownstone /ˈbraʊnstoʊn/ *n.* (*Am,Edil*) 1 (*stone*) pietra *f.* bruna, arenaria *f.* (di color bruno rossastro). 2 (*house*) tipica casa *f.* di New York (in pietra bruna).

browse /braʊz/ I *v.t.* 1 (*to surf the Internet*) navigare su; (*of a page*) scorrere. 2 (*to graze*) pascere, brucare. II *v.i.* 1 (*to surf the Internet*) navigare. 2 (*to glance through a book*) scartabellare; (*through a newspaper or magazine*) sfogliare; (*through a page*) leggiucchiare. 3 (*in a shop*) curiosare, indugiare, dare un'occhiata. 4 (*of an animal*) pascolare, pascere. III *n.* 1 (*on the Internet*) navigata *f.* 2 (*grazing*) brucata *f.* 3 (*of papers, books*) letta *f.*, sfogliata *f.*, scorsa *f.* 4 (*fodder*) germogli *m.pl.* teneri, ramoscelli *m.pl.* teneri.

browser /ˈbraʊzər/ *n.* 1 (*Inform*) (*software*) browser *m.*, software *m.* di navigazione, navigatore *m.* 2 (*surfer on the Internet*) navigatore *m.* (*f.* -trice). 3 (*person, of papers, books*) lettore *m.* (*f.* -trice) superficiale. 4 (*person in a shop*) persona *f.* che dà un'occhiata.

browsing /ˈbraʊzɪŋ/ *n.* 1 (*on the Internet*) navigazione *f.* 2 (*grazing*) il brucare, brucatura *f.* 3 (*of papers, books*) sfogliata *f.*, lettura *f.* superficiale. 4 (*in a shop*) occhiata *f.* in giro: *to do a bit of ~* dare un'occhiata in giro.

BRU *Brunei* BRU (Brunei).

Bruce /bruːs/ *n.pr.m.* Bruce.

brucellosis /ˌbruːsɪˈloʊsɪs/ *n.* (*Veter*) brucellosi *f.*

bruin /ˈbruːɪn/ *n.* (*in tales*) orso *m.* (bruno).

bruise /bruːz/ I *v.t.* 1 fare (venire) un livido a, ammaccare. 2 (*of fruit*) ammaccare. 3 (*of food or drugs*) pestare, frantumare. 4 (*fig*) ferire, offendere, urtare: *to ~ so.'s feelings* ferire i sentimenti di qcu. 5 (*Met*) battere. II *v.i.* 1 coprirsi di lividi. 2 (*of fruit*) ammaccarsi. III *n.* 1 livido *m.*, contusione *f.*, ammaccatura *f.* 2 (*of fruit*) ammaccatura *f.* 3 (*fig*) offesa *f.*, ferita *f.*, colpo *m.*

bruiser /ˈbruːzər/ *n.* 1 (*strong, tough person*) colosso *m.*, omaccione *m.* 2 (*colloq*) (*black-eye*) occhio *m.* nero.

bruising /ˈbruːzɪŋ/ I *n.* 1 (*bruised skin*) lividi *m.pl.*, contusioni *f.pl.* 2 (*of fruit*) ammaccature *f.pl.* 3 (*colloq*) pestaggio *m.*, pestata *f.*: *he took a ~* è stato pestato. II *a.* doloroso, penoso.

bruit /bruːt/ I *n.* 1 (*Med*) rumore *m.* anormale, soffio *m.* 2 (*ant*) rumore *m.*, voce *f.* II *v.t.* diffondere, propagare, spargere.

Brum /brʌm/ *n.pr.* (*Br,colloq*) Birmingham *f.*

brumby /ˈbrʌmbi/ *n.* (*Aus*) cavallo *m.* selvatico.

brume /bruːm/ *n.* (*lett*) nebbia *f.*, bruma *f.*

brummagem, **Brummagem** /ˈbrʌməgəm/ *a.* (*Br*) 1 (*colloq*) di Birmingham. 2 (*sl*) di scarsa qualità.

brummie, **Brummie** /ˈbrʌmi/ *a.* (*Br,colloq*) di Birmingham.

brumous /ˈbruːməs/ *a.* (*lett*) nebbioso, brumoso.

brunch /brʌntʃ/ *n.* brunch *m.*, colazione-pranzo *f.*

Brunei /bruːˈnaɪ/ *Br also* ˈbruːnaɪ/ *n.pr.* (*Geog*)

Brunei *m.*

brunet, **brunette** /bruːˈnet/ I *a.* bruna, castana, scura. II *n.* bruna *f.*, brunetta *f.*, mora *f.*

Brunhild /ˈbruːnhɪlt/ *n.pr.f.* Brunilde.

Brunhilde /ˈbruːnhɪldə/ *n.pr.f.* Brunilde.

brunt /brʌnt/ *n.* 1 (*force*) urto *m.*, assalto *m.*, attacco *m.*: *to bear the ~ of an attack* sostenere l'urto di un attacco; *to bear the ~ of criticism* sostenere l'attacco della critica. 2 (*greater burden*) peso *m.*, onere *m.* principale: *to bear the ~ of the costs* affrontare la maggior parte dei costi.

brush [1] /brʌʃ/ I *n.* 1 spazzola *f.*, spazzolino *m.* 2 (*for painting*) pennello *m.* 3 (*act of brushing*) spazzolata *f.*, colpo *m.* di spazzola: *to give one's shoes a ~* dare una spazzolata alle scarpe. 4 (*animal's tail*) coda *f.* folta (a pennello). 5 (*fleeting encounter*) breve scontro *m.*, scaramuccia *f.* (*anche Mil*). 6 (*light touch*) lieve contatto *m.*, lieve tocco *m.* 7 (*El*) spazzola *f.* 8 (*El*) (*brush discharge*) scarica *f.* a fiocco. □ (*El*) *~ discharge* scarica a fiocco; *to have a ~ with death* sfiorare la morte.

brush [2] /brʌʃ/ I *v.t.* 1 spazzolare: *to ~ one's hair* spazzolarsi i capelli. 2 (*to remove by brushing*) spazzolare, spolverare: *he -ed the dust off his hat* si spolverò il cappello. 3 (*to apply with a brush*) applicare con il pennello, stendere con il pennello, pennellare. 4 (*to touch gently*) sfiorare, toccare lievemente: *his lips -ed her hair* le sfiorò i capelli con le labbra. II *v.i.* sfiorare passando. □ *to ~ against so.* sfiorare qcu. passando; *to ~ objections aside* ignorare le obiezioni; *to ~ by so.* sfiorare qcu. passando; *to ~ oneself down* spolverarsi (i vestiti), darsi una spolverata; *to ~ off*: 1 liberarsi, togliersi di torno, scaricare, ignorare; 2 (*to rebuff*) rifiutare seccamente; 3 (*to remove brushing*) togliere con la spazzola; 3 (*to be removed by brushing*) venire via con la spazzola; *to ~ over* dare una leggera pennellata a; *to ~ past so.* sfiorare qcu. passando; *to ~ one's teeth* lavarsi i denti; *to ~ up* (o *to ~ up on*): 1 migliorare, perfezionare; 2 (*of a literary work*) limare; 3 (*to revive*) rinfrescare, ripassare: *to ~ up one's Shakespeare* rinfrescare le proprie conoscenze di Shakespeare.

brush [3] /brʌʃ/ *n.* 1 (*undergrowth*) boscaglia *f.*, sottobosco *m.*, macchia *f.* 2 (*backwoods*) foreste *f.pl.* interne. 3 (*thicket*) folto *m.*, macchia *f.*, sottobosco *m.* 4 (*twigs*) ramaglia *f.* □ *~fire* incendio del sottobosco; (*Zool*) *~ turkey* tacchino di boscaglia; (*Am,Zool,colloq*) *~ wolf* coyote.

brushed /brʌʃt/ *a.* 1 (*Mecc*) (*metal*) satinato. 2 (*Tess*) spazzolato, morbido.

brushmark /ˈbrʌʃmɑːk/ *Am* ˈbrʌʃmɑːrk/ *n.* pennellata *f.*

brush-off /ˈbrʌʃɒf/ *Am* ˈbrʌʃɑːf/ *n.* (*colloq*) 1 distacco *m.*, freddezza *f.* 2 (*rebuff*) secco rifiuto *m.*, ripulsa *f.* □ *to give so. the ~*: 1 liberarsi di qcu., scaricare qcu.; 2 (*to rebuff*) respingere (bruscamente) qcu.

brushstroke /ˈbrʌʃstroʊk/ *n.* pennellata *f.*

brush-up /ˈbrʌʃʌp/ *n.* 1 colpo *m.* di spazzola, spazzolata *f.*: *to have a ~* darsi una spazzolata, mettersi in ordine. 2 (*reviewing*) ripassata *f.*, rinfrescata *f.* 3 (*perfecting*) perfezionamento *m.*, correzione *f.* 4 (*Art*) ritocco *m.*

brushwood /ˈbrʌʃwʊd/ *n.* 1 (*thicket*) folto *m.*, macchia *f.*, sottobosco *m.* 2 (*twigs*) ramaglia *f.*

brushwork /ˈbrʌʃwɜːk/ *Am* ˈbrʌʃwɜːrk/ *n.* 1 (*Art*) lavoro *m.* di pennello. 2 (*technique*) tecnica *f.* del pennello, arte *f.* del pennello.

brushy /ˈbrʌʃi/ *a.* 1 ricco di boscaglia, cespuglioso, con vegetazione a macchia. 2

(*shaggy*) ispido, irsuto, irto.

brusque /brʌsk/ *Br also* brʊsk/ *a.* brusco, secco, aspro, rude.

brusquely /ˈbrʌskli/ *Br also* brʊskli/ *avv.* bruscamente, seccamente, aspramente.

brusqueness /ˈbrʌsknəs/ *Br also* ˈbrʊsknəs/ *n.* asprezza *f.*, rudezza *f.*

Brussels /ˈbrʌsəlz/ *n.pr.* (*Geog*) Bruxelles *f.* □ *~ carpet* tappeto di Bruxelles; *~ lace* pizzo di Bruxelles; (*Bot,Alim*) *~ sprouts* cavolini di Bruxelles.

brut /bruːt/ *a.* (*Enol*) brut.

brutal /ˈbruːtəl/ *Am* ˈbruːtəl/ *a.* 1 (*violent and cruel*) brutale. 2 (*frank*) brutale, crudo, duro. 3 (*harsh*) duro, spietato. □ *the ~truth* la dura verità.

brutalisation /ˌbruːtəlaɪˈzeɪʃən/ *n.* (*Br*) 1 brutalizzazione *f.* 2 (*effect*) abbrutimento *m.*

brutalise /ˈbruːtəlaɪz/ *v.t.* (*Br*) 1 trattare in modo brutale, brutalizzare. 2 (*to make brutal, to degrade*) abbrutire.

brutalism /ˈbruːtəlɪzəm/ *Am* ˈbruːtəlɪzəm/ *n.* (*Arch*) neobrutalismo *m.*

brutality /bruːˈtæliti/ *Am* bruːˈtæləti/ *n.* brutalità *f.*

brutalization /ˌbruːtəl(a)ɪˈzeɪʃən *Am* ˌbruːtəlɪ ˈzeɪʃən/ *n.* 1 brutalizzazione *f.* 2 (*effect*) abbrutimento *m.*

brutalize /ˈbruːtəlaɪz *Am* ˈbruːtəlaɪz/ *v.t.* 1 trattare in modo brutale, brutalizzare. 2 (*to make brutal, to degrade*) abbrutire: *war -s men* la guerra abbrutisce gli uomini.

brutally /ˈbruːtəli *Am* ˈbruːtəli/ *avv.* brutalmente.

brute /bruːt/ I *a.* 1 (*of an animal*) animale: *the ~ world* il mondo animale. 2 (*like a wild animal*) brutale, animalesco. 3 (*purely physical*) bruto, irrazionale: *~ force* forza bruta. 4 (*unreasonable*) irragionevole, insensato. 5 (*cruel*) brutale, crudele. 6 (*barbaric*) bestiale. 7 (*crude*) nudo e crudo, puro e semplice: *~ facts* la realtà nuda e cruda. II *n.* 1 bestia *f.*, animale *m.* 2 (*savage*) bruto *m.*, bestia *f.* 3 (*brute qualities*) istinti *m.pl.* animaleschi, impulsi *m.pl.* animaleschi: *to bring out the ~ in so.* destare gli istinti animaleschi di qcu. □ *a ~of a job* un lavoro da cani, un lavoro bestiale.

brutify /ˈbruːtɪfaɪ *Am* ˈbruːtəfaɪ/ *v.t.* 1 trattare in modo brutale, brutalizzare. 2 (*to make brutal, to degrade*) abbrutire.

brutish /ˈbruːtɪʃ *Am* ˈbruːtɪʃ/ *a.* 1 bestiale, brutale, animalesco. 2 (*unintelligent*) ignorante, insensato. 3 (*gross*) rozzo, grossolano. 4 (*brutal*) brutale, inumano, spietato: *slavery is ~* la schiavitù è inumana.

brutishness /ˈbruːtɪʃnəs *Am* ˈbruːtɪʃnəs/ *n.* brutalità *f.*, bestialità *f.*

Brutus /ˈbruːtəs *Am* ˈbruːtəs/ *n.pr.m.* (*Stor.rom*) Bruto.

bruxism /ˈbrʌksɪzəm/ *n.* (*Med*) bruxismo *m.*

Brylcreem /ˈbrɪlkriːm/ *n.* brillantina *f.*

bryologist /braɪˈɒlədʒɪst *Am* braɪˈɑːlədʒɪst/ *n.* (*Bot*) briologo *m.* (*f.* -a).

bryology /braɪˈɒlədʒi *Am* braɪˈɑːlədʒi/ *n.* (*Bot*) briologia *f.*

bryony /ˈbraɪəni/ *n.* (*Bot*) 1 brionia *f.*, vite *f.* bianca. 2 (*white bryony*) barbone *m.*, fescera *f.*

bryophyte /ˈbraɪəfaɪt/ *n.* (*Bot*) briofita *f.*

Brython /ˈbrɪθən/ *n.* celta *m./f.* britannico.

Brythonic /brɪˈθɒnɪk *Am* brɪˈθɑːnɪk/ I *a.* celtico britannico. II *n.* (*language*) celtico *m.*

BS /ˌbiːˈes/ 1 (*Am*) *Bachelor of Science* (laureato in materie scientifiche). 2 *Bachelor of Surgery* (laureato in chirurgia). 3 (*volg*) *bullshit* (merda). 4 *Bahamas* BS (Bahama).

b.s. 1 *balance sheet* (bilancio). 2 (*Comm*)

bill of sale fatt. (fattura).

BSc (*Br*) *Bachelor of Science* (laureato in materie scientifiche).

BSE /ˌbiːesˈiː/ (*Veter*) *bovine spongiform encephalopathy* BSE (encefalopatia spongiforme bovina).

BSF (*colloq*) (*used in chat messages, etc.*) *but seriously, folks* (parlando seriamente, gente).

BSI /ˌbiːesˈaɪ/ (*Tecn*) *British Standards Institute, British Standards Institution* (istituto britannico di normalizzazione, istituto britannico di unificazione).

B-side /ˈbiːsaɪd/ n. lato m. B (di disco o cassetta). □ *a ~ song* una canzone mediocre.

BST /ˌbiːesˈtiː/ *British Summer Time* (ora legale britannica).

BT /ˌbiːˈtiː/ (*GB*) *British Telecom* (società telefonica britannica).

Bt. *Baronet* (Baronetto).

btu, **Btu** /ˌbiːtiːˈjuː/ (*Fis*) *British Thermal Unit* Btu (unità termica britannica).

BTW (*colloq*) (*used in e-mail messages, etc.*) *by the way* (a proposito).

bub /bʌb/ n. (*Am,sl*) tizio m., tale m.

bubal /ˈbjuːbəl/ n. (*Zool*) bufalo m.

bubble[1] /ˈbʌbl/ n. **1** bolla f.: *soap -s* bolle di sapone. **2** (*in liquids*) bollicina f. **3** (*Vetr*) (*in glass*) bollicina f., pulica f. **4** (*sth. resembling a bubble*) bolla f. **5** (*bubbling*) ribollimento m. **6** (*sound of bubbling*) gorgoglio m., borbottio m. **7** (*space for words in a cartoon*) fumetto m., nuvoletta f. **8** (*fig*) (*precarious situation*) cosa f. effimera, bolla f. di sapone; (*risky scheme*) truffa f., frode f. **9** (*Psic*) zona f. intima. **10** pl. (*colloq*) champagne m.sing., spumante m.sing. □ (*Br,Gastron*) ~ *and squeak* fritto di patate bollite e verdura; ~ *bath*: 1 (*bath*) bagno di schiuma; 2 (*liquid*) bagnoschiuma; (*fig*) *the ~ burst* c'è stato un ridimensionamento; (*Aer*) ~ *canopy* tettuccio; (*Aut*) ~ *car* microvettura; (*Fis*) ~ *chamber* camera a bolle; (*colloq*) ~ *gum* gomma da masticare; (*colloq*) ~ *head* zuccone; (*Inform*) ~ *memory* memoria a bolle; (*Am*) *to be on the ~* in difficoltà, nei guai; (*Tecn*) ~ *pack* imballaggio a blister, imballaggio a bolle; (*Abbigl*) ~ *skirt* gonna a palloncino; (*Tecn*) ~ *wrap* bollearia, film a bolle.

bubble[2] /ˈbʌbl/ v.i. **1** formare bolle, fare delle bolle. **2** (*in liquids*) formare bollicine. **3** (*to make a bubbling noise*) gorgogliare, borbottare. **4** (*to boil*) bollire, ribollire. **5** (*to sparkle*) essere effervescente, essere spumeggiante (*anche fig*). **6** (*El*) bollire. □ *to ~ over* essere traboccante (*with* di), sprizzare (qcs.): *to ~ over with enthusiasm* essere traboccante di entusiasmo; *to ~ up* scaturire, gorgogliare; *to ~ with* sprizzare, scoppiare: *she was bubbling with joy* scoppiava dalla gioia.

bubblegum /ˈbʌblɡʌm/ n. gomma f. da masticare.

bubblejet, **bubble-jet** /ˈbʌbldʒet/ a. a getto di inchiostro: *a ~ printer* una stampante a getto di inchiostro.

bubbler /ˈbʌblər/ n. (*Am*) fontana f. di acqua potabile.

bubbly /ˈbʌbli/ I a. **1** pieno di bolle, effervescente. **2** (*bubble-like*) a forma di bolla, tondeggiante. **3** (*excited*) spumeggiante. II n. (*colloq*) champagne m., spumante m.

bubo /ˈb(j)uːbou/ (pl. -es /-z/) n. (*Med*) bubbone m.

bubonic /b(j)uːˈbɒnɪk Am b(j)uːˈbɑːnɪk/ a. (*Med*) bubbonico: ~ *plague* peste bubbonica.

buccal /ˈbʌkəl/ a. (*Anat*) **1** (*of the cheek*) delle guance. **2** (*of the mouth*) della bocca, boccale, orale: ~ *cavity* cavità orale.

buccaneer /ˌbʌkəˈnɪər Am ˌbʌkəˈnɪr/ I n. **1** (*pirate*) pirata m., corsaro m. **2** (*Stor*) bucaniere m. **3** (*unscrupulous person*) avventuriero m. (f. -a), filibustiere m. (f. -a). II v.i. pirateggiare.

buccaneering /ˌbʌkəˈnɪərɪŋ Am ˌbʌkəˈnɪrɪŋ/ I n. pirateria f., filibusteria f. II a. **1** (*ant*) piratesco, da pirata. **2** (*unscrupulous in business*) da filibustiere, spregiudicato, spudorato.

buccinator /ˈbʌksɪneɪtər Am ˈbʌksɪneɪtər/ n. (*Anat*) muscolo m. buccinatore.

Bucephalus /bjuːˈsefələs/ n.pr.m. (*Stor*) Bucefalo m.

Bucharest /ˈb(j)uːkərest/ n.pr. (*Geog*) Bucarest f.

buchu /ˈbʌkuː/ n. (*Bot*) bucco m.

buck[1] /bʌk/ I n. **1** (*Zool*) maschio m. (dei cervidi); (*of sheep*) capro m., caprone m., montone m.; (*of rabbits*) coniglio m. maschio. **2** (*S.Afr,Zool*) antilope f. del Sud Africa. **3** (*ant*) (*dandy*) donnaiolo m., zerbinotto m. **4** (*Am, Fal*) (*saw-horse*) cavalletto m. per segare. **5** (*Ginn*) cavallo m. II a. maschio. □ (*Am*) ~ *fever* paura del principiante; ~ *'s fizz* cocktail a base di spumante e succo d'arancia; ~ *hound* cane per cacciare il cervo; (*Am*) ~ *naked* completamente nudo, nudo come un verme; (*Aus*) ~ *'s night* (o ~ *'s party*) festa di addio al celibato; ~ *tooth* dente incisivo sporgente.

buck[2] /bʌk/ n. **1** (*money*) soldo m. **2** (*Am, colloq*) (*dollar*) dollaro m. **3** (*ant*) (*in poker*) gettone m. □ ~ *passer* persona che fa a scaricabarile; *the ~ stops here* la responsabilità è mia, me la prendo io la responsabilità, sono io che decido.

buck[3] /bʌk/ I v.i. **1** (*of a horse, mule*) recalcitrare; (*of a vehicle*) procedere a strappi, sobbalzare. **2** (*to boast*) darsi delle arie, vantarsi. II v.t. **1** sbalzare di sella, disarcionare. **2** (*colloq*) (*to oppose*) opporre resistenza a, tenere testa a. **3** (*Am*) (*to butt*) attaccare a testa bassa, caricare. **4** (*Am*) (*to gamble against*) rischiare, azzardare: *to ~ the odds* rischiare le possibilità contrarie. □ *to ~ off* sbalzare di sella; *to ~ up*: 1 (*to hurry up*) affrettarsi, sbrigarsi; 2 (*to become cheerful*) rincorarsi, riprendere coraggio; 3 (*to strengthen*) rafforzare, rinvigorire; 4 (*to cheer up*) rincuorare, fare coraggio a: ~ *up!* coraggio!; (*to improve*) maturare: *to ~ up one's ideas* darsi una regolata.

buckaroo /ˌbʌkəˈruː, ˈbʌkəruː/ n. (*Am,ant*) cowboy m.

buckbean /ˈbʌkbiːn/ n. (*Bot*) trifoglio m. d'acqua.

buckboard /ˈbʌkbɔːrd/ n. (*Am*) carro m. aperto.

bucket /ˈbʌkɪt/ I n. **1** secchio m., (*ant*) secchia f. **2** (*quantity*) secchio m., secchiata f. **3** (*of a conveyor*) tazza f. **4** (*of a water wheel, etc.*) pala f. **5** (*of a dredge*) cucchiaia f. **6** (*Mar*) bugliolo m. **7** (*of an excavator*) benna f. **8** (*of a steam turbine*) paletta f. mobile. **9** (*colloq*) (*large quantity*) profusione f. **10** (*Am,sl*) (*in basketball*) canestro m.pl. □ ~ *bag* borsa (da donna) a secchiello; ~ *chain* fila di persone che si passano secchi d'acqua; (*fig*) *to ~ down*: 1 (*to move jerkily*) andare sobbalzando; 2 (*to rain hard*) piovere a dirotto; (*Idr*) ~ *dredger* draga a tazze; *to ~ out* attingere con il secchio; ~ *seat* sedia con schienale curvo; ~ *shop*: 1 agenzia di cambio clandestina; 2 (*Br*) (*travel agency*) agen-

zia (di viaggio) che vende biglietti di aereo a prezzi scontati; *to ~ up* attingere con il secchio.

bucketful /ˈbʌkɪtfʊl/ n. secchio m., contenuto m. di un secchio.

buckeye /ˈbʌkaɪ/ n. **1** (*Bot*) castagno m. americano. **2** (*Am,colloq*) nativo m. dell'Ohio.

buckhorn /ˈbʌkhɔːn Am ˈbʌkhɔːrn/ n. corno m. (di cervo).

Buckinghamshire /ˈbʌkɪŋəmˌʃ(ɪ)ər Am ˈbʌkɪŋəmˌʃɪr/ n.pr. (*Geog*) Buckinghamshire m.

buckjump /ˈbʌkdʒʌmp/ n. (*spec. Aus*) sgroppata f.

buckjumper /ˈbʌkdʒʌmpər/ n. (*spec. Aus*) cavallo m. che dà sgroppate.

buckle /ˈbʌkl/ I n. **1** (*fastener*) fibbia f., fermaglio m. **2** (*bend*) piega f. **3** (*Met*) (*bulge*) rigonfiamento m., gobba f. II v.t. **1** (*to fasten with a buckle*) affibbiare, allacciare. **2** (*to bend, warp*) storcere, piegare, deformare, accartocciare. III v.i. **1** affibbiarsi, allacciarsi. **2** (*to bend, to warp*) storcersi, piegarsi, deformarsi, accartocciarsi. **3** (*fig*) (*to yield*) cedere, piegarsi. □ *to ~ down* to sth. impegnarsi a fondo in qcs., applicarsi a qcs.: *to ~ -d down to the job* si è impegnato a fondo nel lavoro; *to ~ on* affibbiare, allacciare; *to ~ under* arrendersi, crollare, cedere; *to ~ up* allacciare la cintura, allacciarsi la cintura.

buckler /ˈbʌklər/ n. **1** (*Mil,ant*) piccolo scudo m. rotondo. **2** (*lett*) tutela f., protezione f. **3** (*Zool*) guscio m. (di crostacei). □ (*Bot*) ~ *fern* felce dilatata.

Buckley /ˈbʌkli/ □ (*Aus*) *have ~'s chance* essere senza speranze.

buckling /ˈbʌklɪŋ/ n. **1** (*Tecn*) schiacciamento m. **2** (*Aer*) imbozzamento m., ingobbamento m. **3** (*Met*) rigonfiamento m. **4** (*Alim*) (*smoked herring*) aringa f. affumicata.

bucko /ˈbʌkou/ (pl. -es /-z/) n. (*Ir,ant*) ragazzo m., giovanotto m.

buckram /ˈbʌkrəm/ n. (*Tess,Legat*) tela f. rigida.

Bucks. (*Geog*) Buckinghamshire (Buckinghamshire).

bucksaw /ˈbʌksɔː/ n. (*Mecc*) sega f. a telaio.

buckshee /ˌbʌkˈʃiː/ a. (*Br,colloq*) gratuito, gratis.

buckshot /ˈbʌkʃɒt Am ˈbʌkʃɑːt/ n. (*Caccia*) pallettoni m.pl.

buckskin /ˈbʌkskɪn/ I n. **1** pelle f. di daino, pelle f. di camoscio, camoscio m. **2** (*Pell*) pelle f. scamosciata. **3** (*Tess*) tessuto m. scamosciato. **4** pl. calzoni m.pl. di pelle scamosciata. II a. **1** di pelle di daino, di pelle di camoscio. **2** (*colour*) color camoscio.

buckthorn /ˈbʌkθɔːn Am ˈbʌkθɔːrn/ n. (*Bot*) spincervino m., spino m. merlo.

buckwheat /ˈbʌk(h)wiːt/ n. **1** (*Bot*) grano m. saraceno. **2** (*flour*) farina f. di grano saraceno.

bucolic /bjuːˈkɒlɪk Am bjuːˈkɑːlɪk/ I a. **1** bucolico, pastorale: ~ *poetry* poesia bucolica. **2** (*rustic*) rustico, agreste, rurale. II n. bucolica f., poema m. pastorale.

bud[1] /bʌd/ n. **1** (*Bot*) (*of a plant*) gemma f., germoglio m., getto m.; (*of a flower*) boccio m., bocciolo m. **2** (*Biol*) gemma f. □ *to come into ~*: 1 (*of a plant*) germogliare; 2 (*of a flower*) sbocciare; *to be in ~* essere in boccio; (*fig*) *a musician in the ~* un musicista in erba; (*Bot*) ~ *scale* brattea della gemma.

bud[2] /bʌd/ (past, p.p. **budded** /ˈbʌdɪd/) I v.i. **1** (*of a plant or its parts*) mettere le gemme, germogliare, spuntare; (*of a flower*) sbocciare. **2** (*fig*) crescere, sbocciare. **3** (*Biol*) riprodursi per gemmazione. II v.t. **1** (*to cause to bud*) far germogliare, far sbocciare. **2** (*to* *graft*) innestare con gemme. □ *to ~ out* far germogliare, far sbocciare.

bud[3] /bʌd/ *n.* → **buddy.**

Budapest /ˌb(j)uːdəˈpest *Am* ˈbuːdəpest/ *n.pr.* (*Geog*) Budapest *f.*

Buddha /ˈbudə *Am also* ˈbuːdə/ *n.pr.m.* (*Rel*) Budda.

Buddhism /ˈbudɪzᵊm *Am also* ˈbuːdɪzᵊm/ *n.* buddismo *m.*

Buddhist /ˈbudɪst *Am also* ˈbuːdɪst/ **I** *n.* buddista *m./f.* **II** *a.* buddistico.

Buddhistic /buˈdɪstɪk *Am also* buːˈdɪstɪk/ *a.* buddistico.

budding /ˈbʌdɪŋ/ **I** *n.* (*Bot*) innesto *m.* a occhio. **II** *a.* 1 (*Bot*) in boccio. 2 (*fig*) che è agli inizi, in erba: *a ~ poet* un poeta in erba.

buddleia /ˈbʌdlɪə *Am also* bʌdˈliː/ *n.* (*Bot*) buddleia *f.*

buddy /ˈbʌdi/ *n.* (*spec. Am*) 1 (*colloq*) amico *m.*, compagno *m.* 2 (*as a term of address*) amico; (*to a little boy*) ragazzo *m.*, ragazzino *m.* 3 (*helper to patient*) assistente *m.*, sostegno *m.* (per un malato).

buddy-buddy /ˌbʌdiˈbʌdi/ *a.* (*spec. Am*) amico per la pelle. □ *to get too ~* prendersi troppe confidenze.

budge /bʌdʒ/ **I** *v.t.* 1 spostare, scostare, smuovere. 2 (*to cause to change an opinion*) far cambiare idea a, smuovere. **II** *v.i.* 1 muoversi, spostarsi: *the mule refused to ~* il mulo rifiutò di muoversi. 2 (*to change one's opinion*) cambiare idea, mutare parere. □ *to ~ over* (o *to ~ up*) far spazio, spostarsi.

budgerigar /ˈbʌdʒᵊrɪgɑːʳ *Am* ˈbʌdʒᵊrɪgɑːr/ *n.* (*Ornit*) pappagallino *m.*, pappagallino *m.* ondulato.

budget /ˈbʌdʒɪt/ **I** *n.* 1 (*Econ*) (*financial estimates*) budget *m.*, bilancio *m.* preventivo, bilancio *m.* di previsione. 2 (*allocated resources*) bilancio *m.*: *family ~* bilancio familiare. 3 (*Econ*) (*sum for specific purpose*) preventivo *m.* (di cassa), somma *f.* stanziata. 4 (*quantity or supply*) quantità *f.*, riserva *f.* (*anche fig*). 5 (*Econ*) (*public spending*) bilancio *m.* pubblico. 6 (*Parl*) (*the Budget*) finanziaria *f.*, legge *f.* finanziaria. **II** *a.* economico. **III** *v.t.* 1 (*to plan expenditure*) preventivare. 2 (*to allow for*) mettere in bilancio, prevedere. 3 (*to earmark*) stanziare, ripartire: *to ~ funds* stanziare fondi. **IV** *v.i.* 1 (*to make estimates*) fare un bilancio preventivo. 2 (*to live within spending limits*) gestire il bilancio, far quadrare i conti. □ (*Econ*) *~ appropriations* stanziamento di bilancio; *to keep the ~ balanced* far quadrare il bilancio; (*Econ*) *~ committee* commissione per il bilancio; (*Econ*) *~ correction measures* manovra fiscale; (*Econ*) *~ cut:* 1 tagli al bilancio; 2 (*announced in the Budget*) taglio annunciato nella finanziaria; (*GB,Parl*) *Budget Day* giorno di presentazione della finanziaria; (*Econ*) *~ deficit* disavanzo pubblico, deficit pubblico; (*Econ*) *~ estimate* previsione di bilancio; (*Econ*) *~ item* voce di bilancio; (*GB,Parl*) *~ minister* ministro del bilancio; *~ plan* sistema di pagamento a rate; (*Econ*) *~ policy* politica di bilancio.

budgetary /ˈbʌdʒɪtᵊri *Am* ˈbʌdʒɪteri/ *a.* (*Econ*) budgetario, di bilancio. □ (*Econ*) *~ appropriations* stanziamento di bilancio; (*Econ*) *~ control* controllo budgetario.

budgeting /ˈbʌdʒɪtɪŋ *Am* ˈbʌdʒɪtɪŋ/ *n.* 1 il far quadrare i conti. 2 (*Econ*) (*planning of the expenditure*) preparazione *f.* del bilancio.

budgie /ˈbʌdʒi/ *n.* (*Ornit,colloq*) pappagallino *m.*, pappagallino *m.* ondulato.

budworm /ˈbʌdwɜːm *Am* ˈbʌdwɜːrm/ *n.* (*Entom*) tortrice *f.*

buff /bʌf/ **I** *n.* 1 (*colour*) giallo *m.* scuro, co-

---

lor *m.* camoscio. 2 (*Pell*) pelle *f.* scamosciata, scamosciato *m.* 3 (*Pell*) (*shammy leather*) pelle *f.* di camoscio. 4 (*Tecn*) disco *m.* pulitore di camoscio. 5 (*bare skin*) pelle *f.* nuda. 6 (*enthusiast*) entusiasta *m./f.*, fanatico *m.* (*f.* -a): *theatre -s* i fanatici del teatro. **II** *a.* 1 (*in colour*) giallo scuro, di color camoscio. 2 (*of buff leather*) di camoscio, scamosciato. 3 (*Am,sl*) (*muscular*) muscoloso, atletico. **III** *v.t.* 1 (*Met*) lucidare, brillantare. 2 (*to polish*) lucidare: *to ~ one's shoes* lucidarsi le scarpe. 3 (*Pell*) scamosciare. □ (*Mil,ant*) *~ coat* giubba di cuoio; (*colloq*) *in the ~* nudo, svestito; (*Tecn*) *~ wheel* disco pulitore.

buffalo /ˈbʌfᵊləu/ **I** *n.* (*pl.* **-s/-es** /-z/) 1 (*Zool*) bufalo *m.* 2 (*Zool*) (*bison*) bisonte *m.* americano. 3 (*Itt*) (*buffalofish*) pesce *m.* bufalo. 4 (*Am,Mil*) carro *m.* armato anfibio. **II** *v.t.* (*Am, colloq*) confondere, disorientare. 2 (*to overawe*) intimidire, intimorire. □ *~fish* pesce bufalo; (*Bot*) *~ grass* buchloe dactyloides; (*Am*) *Buffalo wings* ali di pollo fritte e condite con salsa piccante.

buffer[1] /ˈbʌfəʳ/ **I** *n.* 1 (*Br,Ferr*) respingente *m.* 2 (*Mecc*) paracolpi *m.* 3 (*Econ*) scorta *f.* cuscinetto. 4 (*Chim*) stabilizzatore *m.*, tampone *m.* 5 (*Inform*) memoria *f.* buffer, buffer *m.*, memoria *f.* tampone. **II** *v.t.* 1 proteggere, fungere da cuscino. 2 (*Inform*) bufferizzare. □ (*Chim*) *~ action* azione compensatrice; (*Chim*) *~ solution* soluzione tampone; (*Pol*) *~ state* stato cuscinetto; (*Econ*) *~ stock* scorta tampone; (*Ferr*) *~ stop* fermacarro; (*Inform*) *~ storage* memoria buffer; (*Pol*) *~ zone* zona cuscinetto.

buffer[2] /ˈbʌfəʳ/ *n.* 1 (*Tecn*) pulitrice *f.* 2 (*person*) operaio *m.* (*f.* -a) addetto alla pulitrice, pulitore *m.* (*f.* -trice).

buffer[3] /ˈbʌfəʳ/ *n.* (*Br,sl*) 1 incompetente *m./f.*, pasticcione *m.* (*f.* -a). 2 (*fellow*) tipo *m.*: *an old ~* un tipo antiquato.

buffering /ˈbʌfᵊrɪŋ/ *n.* 1 tamponatura *f.* 2 (*Inform*) buffering *m.*

buffet[1] /ˈbufei *Am* bəˈfei/ *n.* 1 (*self-service meal*) buffet *m.*, rinfresco *m.* 2 (*serving table*) credenza *f.*, buffet *m.* 3 (*table laid with refreshments*) tavolo *m.* dei rinfreschi, buffet *m.* 4 (*snack bar* /ˈbufei/) caffè-ristorante *m.* di stazione, buffet *m.*, bar *m.* 5 (*buffet supper*) cena *f.* fredda, buffet *m.* □ (*Br,Ferr*) *~ car* carrozza ristorante *m.*; *~ lunch* colazione alla forchetta; *~ service* buffetteria.

buffet[2] /ˈbʌfɪt/ **I** *n.* 1 colpo *m.*, colpetto *m.* botta *f.* 2 (*smack*) schiaffo *m.* 3 (*ant,fig*) colpo *m.*, avversità *f.*: *the -s of destiny* le avversità della sorte. **II** *v.t.* 1 colpire, picchiare, malmenare, percuotere. 2 (*to batter*) battere contro, investire, urtare contro: *the waves -ed the sea wall* le onde battevano contro la diga. 3 (*Aer*) (*to affect with turbulence*) scuotere. **III** *v.i.* 1 (*to fight*) combattere, lottare (*with* contro, con). 2 (*to force one's way*) farsi strada lottando, aprirsi un varco a forza, (*colloq*) farsi largo a gomitate.

buffeting /ˈbʌfɪtɪŋ *Am* ˈbʌfɪtɪŋ/ *n.* (*Aer*) buffeting *m.*, scuotimento *m.* (di un aereo dovuto a turbolenza).

buffing /ˈbʌfɪŋ/ □ (*Tecn*) *~ wheel* disco pulitore.

buffoon /bʌfˈuːn/ **I** *n.* buffone *m.* (*f.* -a), pagliaccio *m.*: *to play the ~* fare il pagliaccio. **II** *v.i.* fare il buffone.

buffoonery /bʌfˈuːnᵊri/ *n.* buffonata *f.*, buffoneria *f.*

bug /bʌg/ **I** *n.* 1 (*any insect*) insetto *m.* 2 (*Entom*) emittero *m.* 3 (*Entom*) (*bedbug*) cimice *f.* dei letti. 4 (*colloq*) (*germ*) virus *m.*, germe *m.*; (*viral disease*) infezione *f.* 5 (*colloq*) (*defect*) difetto *m.*, guasto *m.* 6 (*colloq*) (*enthusi-*

---

ast) fanatico *m.* (*f.* -a). 7 (*colloq*) (*hobby, craze*) mania *f.*, passione *f.*, pallino *m.* 8 (*colloq*) (*hidden microphone*) microspia *f.*, cimice *f.* 9 (*Inform*) bug *m.*, baco *m.*, buco *m.* (di programma), difetto *m.*; (*error*) errore *m.* **II** *v.t.* (*past, p.p.* **bugged** /-d/) 1 (*colloq*) (*install a listening device*) installare una microspia in. 2 (*colloq*) (*monitor with a listening device*) spiare. 3 (*to irritate*) seccare, irritare: *what's -ging you?* che cos'hai?, cosa c'è che non va? □ *to get the ~:* 1 (*a virus*) prendere un virus; 2 (*a craze*) farsi prendere da una mania; (*sl*) *to ~ off* (o *to ~ out*) squagliarsela, togliersi dai piedi.

bugaboo /ˈbʌgəbuː/ *n.* (*Am,infant*) orco *m.*, babau *m.*, uomo *m.* nero.

bugbear /ˈbʌgbeəʳ *Am* ˈbʌgber/ *n.* 1 spauracchio *m.* 2 (*problem*) grattacapo *m.*, preoccupazione *f.*

bug-eyed /ˈbʌgaɪd *Am* ˈbʌgaɪd/ *a.* con gli occhi sporgenti.

bugger /ˈbʌgəʳ/ **I** *n.* 1 (*spreg*) stronzo *m.* (*f.* -a), bastardo *m.* (*f.* -a), coglione *m.* (*f.* -a). 2 (*fool*) deficiente *m./f.*, cretino *m.* (*f.* -a). 3 (*pitied person*) poveraccio *m.* (*f.* -a), sciagurato *m.* (*f.* -a). 4 (*sodomite*) sodomita *m.*, pederasta *m.* **II** *v.t.* (*Br,volg*) 1 (*to ruin*) distruggere, scassare, fottere. 2 (*to exhaust*) sfinire, spossare. 3 (*to sodomise*) sodomizzare, inculare. **III** *intz.* (*Br,volg*) maledizione!, cazzo! □ (*Br,volg*) *to ~ about* (o *to ~ around*) perdere tempo, cazzeggiare, fare lo stronzo; (*Br, volg*) *I'll be -ed!* dannazione!, cazzo!; (*Br, volg*) *to ~ off* alzare il culo, andarsene: *~ off!* vaffanculo!; (*Br,volg*) *to ~ sth. up* scassare qcs., mandare a puttane qcs., incasinare qcs.

buggery /ˈbʌgᵊri/ *n.* sodomia *f.*

bugging /ˈbʌgɪŋ/ *n.* (*colloq*) intercettazione *f.* telefonica.

buggy[1] /ˈbʌgi/ *n.* 1 (*Aut*) buggy *m.*, piccolo fuoristrada *m.* scoperto. 2 (*pram*) carrozzina *f.*; (*pushchair*) passeggino *m.* 3 (*Ind*) carrello *m.* 4 (*ant*) (*carriage*) calesse *m.*, baghero *m.*

buggy[2] /ˈbʌgi/ *a.* 1 infestato da insetti; (*with bedbugs*) cimicioso. 2 (*Am,sl*) (*crazy*) pazzo, matto.

bughouse /ˈbʌghaus/ *n.* (*Am,sl*) manicomio *m.*

bugle[1] /ˈbjuːgl/ **I** *n.* 1 (*Mil*) tromba *f.* 2 (*Mus*) cornetta *f.* 3 (*Caccia*) corno *m.* da caccia. **II** *v.i.* (*Mil*) suonare la tromba, suonare la cornetta. **III** *v.t.* suonare (con la tromba). □ *a ~ call* uno squillo di tromba.

bugle[2] /ˈbjuːgl/ *n.* (*Bot*) bugola *f.*

bugle[3] /ˈbjuːgl/ *n.* (*bead*) perlina *f.* oblunga per ricamo.

bugler /ˈbjuːgləʳ/ *n.* (*Mil*) trombettiere *m.*, tromba *f.*

bugleweed /ˈbjuːglwiːd/ *n.* (*Am,Bot*) bugola *f.*

bugloss /ˈbjuːglɒs *Am* ˈbjuːglɑːs/ *n.* (*Bot*) buglossa *f.*

buhl /buːl/ *n.* (*Arred*) tessera *f.* per intarsio.

build[1] /bɪld/ (*past, p.p.* **built** /bɪlt/) **I** *v.t.* 1 (*to put up a building*) costruire, innalzare, edificare, erigere: *to ~ a garage* costruire un garage. 2 (*to put together*) costruire, fare, realizzare. 3 (*to form*) modellare, formare, fabbricare: *to ~ boys into men* trasformare dei ragazzi in uomini. 4 (*to found*) fondare, basare, poggiare: *to ~ one's hopes on work* riporre le proprie speranze nel lavoro. **II** *v.i.* 1 fare il costruttore. 2 costruirsi la casa, farsi costruire la casa. 3 (*to base a plan, etc.*) basarsi, fondarsi (*on, upon* su). 4 (*to increase*) crescere, salire, aumentare: *tension was -ing* la tensione saliva. □ (*Br*) *to ~ a power* costruire una base di potere; (*fig*) *to ~ bridges* creare ponti, favorire il processo di avvicinamento; *to ~ in* incassare, inserire, integrare; *to ~into* incorporare, integrare; *to ~ on*: 1 contare su, fidarsi di; 2 (*to further develop*) fare un'aggiunta, ampliare; (*fig, Bibl*) *built on sand* destinato a non durare, costruito sulla sabbia; *to ~up*: 1 sviluppare, incrementare, aumentare: *to ~ up one's strength* sviluppare la propria forza; *tension was -ing up* la tensione aumentava; 2 (*to strengthen*) rafforzare, fortificare; 3 (*to build in stages*) costruire (per gradi); 4 (*to accumulate*) accumulare, ammassare; 5 (*to cover with buildings*) edificare, costruire; 6 (*colloq*) (*to give publicity to*) lanciare.

build[2] /bɪld/ *n.* 1 (*physique*) corporatura *f.*, fisico *m.*: *a man of heavy ~* un uomo di corporatura robusta. 2 (*features of construction*) stile *m.*, forma *f.*, costruzione *f.* 3 (*Inform*) versione *f.*

builder /'bɪldər/ *n.* 1 costruttore *m.* (*f.* -trice), edificatore *m.* (*f.* -trice) (*anche fig*). 2 (*colloq*) muratore *m.* (*f.* -trice). 3 (*head of company*) imprenditore *m.* (*f.* -trice) edile. 4 (*Chim*) (*additive*) emulsionante *m.*

buildering /'bɪldərɪŋ/ *n.* (*Sport*) arrampicata *f.* su edifici, ponti, grattacieli.

building /'bɪldɪŋ/ *n.* (*Edil*) 1 edificio *m.*, costruzione *f.*, fabbricato *m.* 2 (*act*) edilizia *f.* □ *~ block*: 1 (*building materials*) blocco di costruzione, mattonella; 2 (*toy*) cubo per fare le costruzioni; 3 (*fig*) base, parte fondamentale; (*Dir*) *~ code* regolamento edilizio; *~ contract* contratto di costruzione, appalto edile; *~ contractor* imprenditore edile; *~ land* terreno da costruzione, terreno edificabile; *~ loan* mutuo per la casa; *~ lot* lotto edificabile; *~ material* materiale da costruzione; *~ plot* terreno da costruzione; *~ regulations* norme edilizie; *~ site*: 1 (*lot*) lotto edificabile; 2 (*yard*) cantiere; (*Br*) *~ society* banca di credito edilizio; *~ surveyor* perito edile; *~ trade* settore edilizio, edilizia; *~ worker* edile, lavoratore dell'edilizia; *~yard* cantiere.

buildup, **build-up** /'bɪldʌp/ *n.* 1 incremento *m.*, aumento *m.* 2 (*Mil*) concentramento *m.* 3 (*development*) sviluppo *m.*, rafforzamento *m.* 4 (*excitement*) fermento *m.*, emozione *f.* 5 (*publicity*) lancio *m.* pubblicitario, campagna *f.* pubblicitaria: *the ~ of a star* il lancio pubblicitario di una diva. 6 (*process of preparation*) preparazione *f.* 7 (*Med*) accumulazione *f.*, addensamento *m.*

built[1] /bɪlt/ → **build**[1].

built[2] /bɪlt/ *a.* (*in compounds*) di corporatura...: *a slightly-~ man* un uomo di corporatura gracile.

built-in /ˌbɪlt'ɪn Am 'bɪltɪŋ/ *a.* 1 incassato, incorporato, integrato. 2 (*inherent*) innato, intrinseco, strutturale, automatico. 3 (*Inform*) integrato. □ *~cupboard* armadio a muro.

built-up /'bɪltʌp/ *a.* 1 composto, fatto a strati. 2 (*covered with buildings*) fabbricato, edificato, urbano: *~ area* area edificata, agglomerato urbano.

bulb /bʌlb/ **I** *n.* 1 (*Bot*) (*of buds*) bulbo *m.*; (*of plants*) bulbo *m.*, tubero *m.* 2 (*of a thermometer, etc.*) bulbo *m.* 3 (*El*) (*incandescent lamp*) lampada *f.*, lampadina *f.*: *electric ~* lampadina elettrica. 4 (*El*) (*glass housing*) bulbo *m.*, globo *m.* 5 (*Rad*) valvola *f.* termoionica. 6 (*Anat*) bulbo *m.* **II** *v.i.* gonfiarsi (a forma di bulbo).

bulbiferous /bʌl'bɪfərəs/ *a.* che produce bulbi, bulbifero.

bulbil /'bʌlbɪl/ *n.* (*Bot*) bulbillo *m.*

bulbous /'bʌlbəs/ *a.* 1 (*Bot*) bulboso; (*growing from bulbs*) prodotto da un bulbo. 2 (*fig*) (*bulb-shaped*) bulbiforme, tondeggiante.

bulbul /'bʊlbʊl/ *n.* 1 (*lett*) usignolo *m.* 2 (*Ornit*)

---

bulbul *m.*

bulgar /'bʌlgər/ □ (*Bot,Alim*) *~wheat* (frumento) bulgur.

Bulgar /'bʌlgɑːr Am 'bʌlgɑːr/ *n.* (*Stor*) 1 (*native*) bulgaro *m.* (*f.* -a). 2 (*language*) bulgaro *m.*

Bulgaria /bʌl'geəriə Am bʌl'geriə/ *n.pr.* (*Geog*) Bulgaria *f.*

Bulgarian /bʌl'geəriən Am bʌl'geriən/ **I** *n.* bulgaro *m.* (*f.* -a). **II** *a.* bulgaro.

bulge /bʌldʒ/ **I** *n.* 1 (*protuberance*) protuberanza *f.*, rigonfiamento *m.*, prominenza *f.* 2 (*increase in numbers*) aumento *m.* temporaneo, incremento *m.* temporaneo. 3 (*Statist*) punta *f.* (di diagramma). 4 (*Mil*) saliente *m.* 5 (*Mar*) controcarena *f.* **II** *v.i.* 1 incurvarsi, essere protuberante, sporgere. 2 (*of eyes*) uscire dalle orbite. 3 (*to be full of*) traboccare, essere rigonfio (*with* di): *his pockets -d with sweets* aveva le tasche gonfie di caramelle. **III** *v.t.* gonfiare. □ (*Am,colloq*) *to have the ~ on so.* ottenere un vantaggio su qcu., avere un vantaggio su qcu.

bulginess /'bʌldʒɪnəs/ *n.* l'essere incurvato, l'essere rigonfio.

bulgy /'bʌldʒi/ *a.* incurvato, protuberante, rigonfio.

bulimia /b(j)uː'liːmiə/ *n.* (*Med*) bulimia *f.*

bulimic /b(j)uː'liːmɪk/ *a.* (*Med*) bulimico *m.* (*f.* -a).

bulk /bʌlk/ **I** *n.* 1 massa *f.*, mole *f.*; (*quantity*) quantità *f.* 2 (*greater part*) maggior parte *f.*, grosso *m.*, più *m.*: *the ~ of the work has been done* il grosso del lavoro è stato fatto. 3 (*body*) corpo *m.*, mole *f.*: *the ~ of an elephant* la mole di un elefante. 4 (*roughage in food*) fibra *f.* 5 (*Mar*) (*cargo*) carico *m.* (sfuso); (*hold*) stiva *f.* **II** *a.* (*Comm*) all'ingrosso, in massa: *~ order* ordinazione all'ingrosso. **III** *v.i.* aumentare di volume, gonfiarsi. **IV** *v.t.* gonfiare, ingrossare. 2 (*to mass*) ammassare. □ (*Comm*) *~ buying* acquisto in massa; (*Comm*) *~ carrier* carico a monte, carico alla rinfusa; (*Mar*) *~ carrier* nave portarinfuse; (*Comm*) *~ goods* merci alla rinfusa; (*Comm*) *in ~*: 1 senza imballaggio, alla rinfusa: *to load in ~* caricare alla rinfusa; 2 (*in large numbers*) all'ingrosso, in massa; (*Br*) *to ~ large* occupare un posto importante, essere una persona importante; (*Comm*) *~ purchase* acquisto in blocco, blocco; (*Comm*) *~ sale* vendita in blocco; (*Comm*) *~ transport* trasporto alla rinfusa; *to ~up* aumentare, gonfiare, ingrossare.

bulkhead /'bʌlkhed/ *n.* 1 (*Mar*) paratia *f.* 2 (*Aer*) paratia *f.*, diaframma *m.*; (*rib*) ordinata *f.* di forza. 3 (*Tecn*) divisorio *m.*, diaframma *m.* 4 (*Edil*) (*in a tunnel*) muratura *f.* di sostegno.

bulkiness /'bʌlkɪnəs/ *n.* voluminosità *f.*, grossezza *f.*

bulky /'bʌlki/ *a.* 1 voluminoso, grosso. 2 (*cumbersome*) ingombrante: *~ waste* rifiuti ingombranti.

bull[1] /bʊl/ **I** *n.* 1 toro *m.* 2 (*male of certain large animals*) maschio *m.*: *a whale ~* una balena maschio. 3 (*Br,colloq*) (*bull's eye*) centro *m.* 4 (*Mil*) barilotto *m.* 5 (*Econ*) rialzista *m./f.* 6 (*sl*) (*big man*) omone *m.*, toro *m.*, elefante *m.* 7 (*sl,volg*) (*bullshit*) stronzate *f.pl.* **II** *a.* 1 maschio: *~ elephant* elefante maschio. 2 (*bull-like*) taurino, da toro. 3 (*Econ*) tendente al rialzo. □ (*Entom*) *~ ant* formica sergente; (*Stor*) *~ baiting* combattimento di cani contro un toro; (*Aut*) *~ bar* bull bar; (*fig*) *to take the ~ by the horns* prendere il toro per le corna; (*Zool*) *~calf* vitello, torello; *~'s eye*: 1 centro del bersaglio, (*Mil*) barilotto; 2 (*fig*) cosa che fa centro, cosa che colpisce in pie-

---

no; 3 (*ant,Mar*) (*glass disk*) oblò, portellino; 4 (*sweet*) caramella tonda; (*Econ*) *to go a ~* speculare al rialzo; (*fig*) *~ in a china shop* elefante in una cristalleria, persona maldestra, (*colloq*) fracassone; (*Econ*) *~ market* mercato tendente al rialzo; *~ puncher* bovaro; (*Zool*) *~ terrier* bull-terrier; (*Itt*) *~ trout* trota di mare.

bull[2] /bʊl/ **I** *v.t.* 1 (*Econ*) cercare di far rialzare (il prezzo di). 2 (*Zootecn*) coprire, montare. **II** *v.i.* 1 (*Econ*) speculare al rialzo. 2 (*of shares*) salire di prezzo. 3 (*Zootecn*) essere in calore. □ (*Econ*) *to ~the market* comprare allo scoperto.

bull[3] /bʊl/ *n.* bolla *f.*: *Papal ~* bolla papale, bolla pontificia.

bull[4] /bʊl/ *n.* (*colloq*) 1 (*nonsense*) fandonie *f.pl.* 2 (*mistake in language*) lapsus *m.*

Bull /bʊl/ *n.pr.* (*Astr*) Toro *m.*

bull. *bulletin* Boll. (bollettino).

bulla /'bʊlə/ *n.* (*Med*) bolla *f.*

bullace /'bʊlɪs/ *n.* (*Bot*) susino *m.* selvatico.

bullate /'bʊleɪt/ *a.* (*Bot*) bolloso, coperto di bolle.

bulldog /'bʊldɒg Am 'bʊldɑːg/ **I** *n.* 1 (*Zool*) bulldog *m.* 2 (*Br,Univ*) (*at Oxbridge*) assistente *m.* del censore. **II** *a.* testardo, tenace. □ (*Entom*) *~ ant* formica sergente; (*Econ*) *~ bond* obbligazione estera in sterline; (*Br*) *~ clip* grossa pinza (per fogli di carta).

bulldoze /'bʊldouz/ *v.t.* (*Am*) 1 (*to clear with a bulldozer*) spianare con un bulldozer, demolire. 2 (*to push forcibly*) procedere come un bulldozer, spingere con la forza, costringere con la forza. 3 (*to intimidate*) angariare, intimorire, costringere con le minacce.

bulldozer /'bʊlˌdouzər/ *n.* 1 (*Mecc*) bulldozer *m.*, apripista *m.*, spianatrice *f.* 2 (*colloq*) (*bully*) prepotente *m./f.*, spaccone *m.* (*f.* -a).

bullet /'bʊlɪt/ *n.* 1 (*Mil*) pallottola *f.*, proiettile *m.* 2 (*Tip*) pallino *m.*, bullet *m.* □ (*colloq*) *to get the ~* essere licenziato; *~ head*: 1 testa rotonda; 2 (*stubborn*) testardo; *~ train* treno pallottola, treno ad alta velocità.

bulletin /'bʊlɪtɪn Am 'bʊlətɪn/ *n.* 1 bollettino *m.*, comunicato *m.* 2 (*Rad,TV*) notiziario *m.* □ *~ board*: 1 (*Am*) (*notice board*) bacheca, tabellone; 2 (*Inform*) bacheca elettronica.

bulletproof, **bullet-proof** /'bʊltpruːf/ **I** *a.* a prova di proiettile, antiproiettile, blindato: *~ vest* giubbotto antiproiettile; *~ glass* vetro antiproiettile; *~ car* macchina blindata. **II** *v.t.* rendere a prova di proiettile, blindare.

bullfight /'bʊlfaɪt/ *n.* corrida *f.*, tauromachia *f.*

bullfighter /'bʊlˌfaɪtə Am 'bʊlˌfaɪtər/ *n.* torero *m.* (*f.* -a), matador *m.*

bullfighting /'bʊlˌfaɪtɪŋ Am 'bʊlˌfaɪtɪŋ/ *n.* corrida *f.*, tauromachia *f.*

bullfinch /'bʊlfɪnʃ/ *n.* (*Ornit*) ciuffolotto *m.*

bullfrog /'bʊlfrɒg Am 'bʊlfrɑːg/ *n.* (*Zool*) rana *f.* toro.

bullhead /'bʊlhed/ *n.* 1 (*Itt*) (*sculpin*) ghiozzo *m.*, (*North American catfish*) pesce *m.* gatto. 2 (*fig*) persona *f.* stupida, zuccone *m.* (*f.* -a).

bullheaded /ˌbʊl'hedɪd Am 'bʊlˌhedɪd/ *a.* 1 ostinato, testardo. 2 (*impetuous*) precipitoso.

bullhorn /'bʊlhɔːrn/ *n.* (*Am*) megafono *m.*

bullion /'bʊliən/ *n.* 1 (*Econ*) lingotti *m.pl.*, oro *m.* in lingotti, argento *m.* in lingotti. 2 (*trimming for uniforms*) frangia *f.* dorata, gallone *m.* dorato. □ *~ knot* (*in embroidery*) punto vapore, punto di posta.

bullish /'bʊlɪʃ/ *a.* 1 taurino. 2 (*Econ*) tendente al rialzo.

bull-necked /'bʊlnekt/ *a.* dal collo taurino.

bull-nosed /'bʊlnouzd/ *a.* dal naso taurino.

bullock /'bʊlək/ *n.* **1** manzo *m.*, giovenco *m.* **2** (*young bull*) torello *m.*

bullpen /'bʊlpen/ *n.* **1** (*for bulls*) recinto *m.* per tori. **2** (*Sport*) (*baseball*) bullpen *m.*, zona *f.* di riscaldamento dei lanciatori. **3** (*Am, colloq*) (*temporary cell*) guardina *f.*

bullring /'bʊlrɪŋ/ *n.* arena *f.*

bullroarer /'bʊlrɔːrər/ *n.* (*Aus*) (*musical instrument*) raganella *f.*

bullshit /'bʊlʃɪt/ *n.* (*volg*) stronzate *f.pl.*, cazzate *f.pl.*, fesserie *f.pl.* **II** *v.i.* (*volg*) prendere per il culo, dire stronzate, contare balle. **III** *v.t.* (*volg*) fregare, contare balle a, prendere per il culo. **IV** *intz.* (*volg*) merda!, cazzo!

bullshitter /'bʊl.ʃɪtər *Am* 'bʊl.ʃɪtər/ *n.* (*volg*) **1** stronzo *m.* (*f.* -a). **2** (*deceiver*) uno *m.* (*f.* -a) che frega; (*lier*) contaballe *m./f.*, cacciaballe *m./f.*

bully¹ /'bʊli/ **I** *n.* **1** prepotente *m.*, bravaccio *m.*, attaccabrighe *m.*, (*colloq*) bullo *m.* **2** (*rar*) (*hired ruffian*) sicario *m.*, bravo *m.* **3** (*ant*) (*pimp*) sfruttatore *m.* **II** *a.* (*Am,sl*) fantastico, straordinario, eccezionale. **III** *v.t.* angariare, opprimere, tiranneggiare. **IV** *v.i.* fare il prepotente. **V** *intz.* (*Am,colloq*) bene. □ *~ for you!* bravissimo!; *to ~ so. into doing sth.* costringere qcu. a fare qcs.; (*Am,fig*) *~ pulpit* pulpito formidabile (la Casa bianca).

bully² /'bʊli/ **I** *n.* (*Sport*) (*in hockey*) messa *f.* in gioco. **II** *v.t.* (*Sport*) mettere in gioco. □ (*Sport*) *to ~ off* mettere in gioco.

bullyboy /'bʊlibɔɪ/ *n.* (*ruffian*) gorilla *m.*

bullyrag /'bʊliræg/ *v.t.* (*Am*) angariare, maltrattare.

bulrush /'bʊlrʌʃ/ *n.* (*Bot*) **1** giunco *m.* di palude. **2** (*papyrus*) papiro *m.*

bulwark /'bʊlwək *Am* 'bʊlwərk/ *n.* **1** (*Mil*) bastione *m.*, spalto *m.* **2** (*breakwater*) opera *f.* di difesa, argine *m.*, molo *m.* **3** (*fig*) baluardo *m.*, difesa *f.* **4** *pl.* (*Mar*) murata *f.sing.*, parapetto *m.sing.* di murata.

bum¹ /bʌm/ *n.* (*Br,colloq*) sedere *m.*, chiappe *f.pl.*, culo *m.* □ (*scherz*) *-s on seats* tutti seduti: *to get -s on seats* avere un grande seguito.

bum² /bʌm/ *n.* (*sl*) **1** (*good-for-nothing*) fannullone *m.* (*f.* -a); (*sponger*) scroccone *m.* (*f.* -a). **2** (*Am*) (*tramp*) vagabondo *m.* (*f.* -a), barbone *m.* (*f.* -a). **3** (*enthusiast of a sport*) fanatico *m.* (*f.* -a). **II** *a.* (*sl*) **1** scadente, di poco valore. **2** (*false*) falso, fasullo. **III** *v.t.* (*Am,sl*) scroccare, farsi dare. **IV** *v.i.* (*sl*) **1** (*Am*) vivere alle spalle altrui, vivere da parassita. **2** (*to waste time*) bighellonare, vagare. **3** (*spec. Am*) fare una vita da vagabondo, fare una vita da barbone. □ *to ~ around* vagare, andare a zonzo, girovagare; (*Am*) *on the ~* che fa una vita da vagabondo; (*Am,fig*) *~rap* accuse false; (*Am,fig*) *to give so. the ~'s rush* buttare fuori qcu.; (*Am,fig*) *~ steer* informazioni false.

bumbag, bum-bag /'bʌmbæg/ *n.* (*Br*) marsupio *m.*

bumble¹ /'bʌmbl/ **I** *v.i.* **1** incespicare, confondersi. **2** (*to mutter*) borbottare. **II** *v.t.* pasticciare, abborracciare. **III** *n.* balordaggine *f.*

bumble² /'bʌmbl/ *v.i.* ronzare.

bumblebee /'bʌmblbiː/ *n.* (*Entom*) bombo *m.*

bumbledom /'bʌmbldəm/ *n.* sciocco sfoggio *m.* di autorità.

bumbler /'bʌmblər/ *n.* pasticcione *m.* (*f.* -a).

bumbling /'bʌmblɪŋ/ *a.* **1** maldestro, goffo. **2** (*incompetent*) incompetente.

bumf /bʌm(p)f/ *n.* (*Br,colloq*) cartaccia *f.*, scartoffie *f.pl.*

bumfluff /'bʌmflʌf/ *n.* (*Br,colloq,scherz*) peluria *f.*, barbetta *f.*

bummer /'bʌmər/ *n.* (*colloq*) **1** (*annoyance*)

---

seccatura *f.*, rottura *f.* **2** (*Am*) (*vagrant*) vagabondo *m.* (*f.* -a), barbone *m.* (*f.* -a).

bump¹ /bʌmp/ **I** *v.t.* **1** (*to hit*) colpire, urtare (contro), (andare a) sbattere contro. **2** (*to cause to hit*) sbattere, cozzare, battere: *he -ed his head on the door* ha battuto la testa contro la porta. **3** (*colloq*) (*to turn away a passenger*) escludere dalla lista di imbarco (un passeggero). **4** (*Am,colloq*) (*to dismiss*) licenziare, buttare fuori. **5** (*in boat racing*) toccare con la prua (superando). **II** *v.i.* **1** (*to knock*) andare a sbattere, andare a cozzare. **2** (*to bounce along*) sobbalzare, (*Aer*) ballare. □ (*Br,Econ,colloq*) *to ~ along the bottom* non dare segni di ripresa; *to ~ into*: 1 andare a sbattere contro: *the car -ed into a tree* la macchina è andata a sbattere contro un albero; 2 (*to meet by chance*) imbattersi in qcu., incontrare qcu. per caso; (*colloq*) *to ~ off* uccidere, far fuori; (*colloq*) *to ~ sth. up* aumentare qcs. (di volume); *to ~ up against* imbattersi in.

bump² /bʌmp/ *n.* **1** colpo *m.*, urto *m.*, collisione *f.*, botto *m.* **2** (*sound*) colpo *m.* sordo. **3** (*swelling*) bernoccolo *m.*, bozza *f.*, protuberanza *f.*: *a ~ on the forehead* un bernoccolo sulla fronte. **4** (*in phrenology*) protuberanza *f.* cranica, bozza *f.* cranica. **5** (*on a road surface*) gobba *f.*, asperità *f.* **6** (*in boat racing*) il toccare con la prua l'imbarcazione davanti. **7** (*Aer*) sbalzo *m.*, ballo *m.*

bumper /'bʌmpər/ **I** *n.* **1** (*Aut*) paraurti *m.* **2** (*Mar*) parabordo *m.* **3** (*Ferr*) respingente *m.* **4** (*colloq*) (*sth. very large*) fenomeno *m.*, cosa *f.* eccezionale. **II** *a.* molto abbondante, eccezionale, fenomenale: *~ crops* raccolti abbondantissimi. □ *~ car* autoscontro; *~ sticker* adesivo per paraurti; *~-to* ~ (*of traffic*) pesantissimo, intasato, incolonnato.

bumph /bʌm(p)f/ *n.* (*Br,colloq*) cartaccia *f.*, scartoffie *f.pl.*

bumpiness /'bʌmpɪnəs/ *n.* **1** (*of the ground*) irregolarità *f.* **2** (*of a flight*) ballo *m.*, il ballare durante il volo.

bumpkin /'bʌmpkɪn/ *n.* (*yokel*) bifolco *m.* (*f.* -a), zoticone *m.* (*f.* -a), sempliciotto *m.* (*f.* -a): *a country ~* un sempliciotto di campagna.

bump-start /'bʌmstɑːt/ **I** *n.* (*Br,Aut*) partenza *f.* a spinta. **II** *v.t.* (*Br,Aut*) spingere, far partire con una spinta.

bumptious /'bʌmpʃəs/ *a.* presuntuoso, borioso, arrogante.

bumptiousness /'bʌmpʃəsnəs/ *n.* presunzione *f.*, boria *f.*, arroganza *f.*

bumpy /'bʌmpi/ *a.* **1** accidentato, sconnesso, irregolare: *a ~ road* una strada accidentata. **2** (*full of jolts*) pieno di scossoni, pieno di sobbalzi: *we had a ~ flight* abbiamo fatto un volo pieno di scossoni, abbiamo ballato per tutto il volo.

bun /bʌn/ *n.* **1** (*Gastron*) (*bread*) panino *m.*, bocconcino *m.* **2** (*Gastron*) (*cake*) tortino *m.*, focaccina *f.* dolce, merendina *f.* **3** (*of hair*) chignon *m.*, crocchia *f.* **4** *pl.* (*Am,colloq*) chiappe *f.pl.* □ (*Br,scherz*) *~fight* festa importante, ricevimento; (*fig*) *to have a ~ in the oven* essere incinta.

bunch /bʌntʃ/ **I** *n.* **1** (*of fruit*) grappolo *m.*: *a ~ of grapes* un grappolo di uva. **2** (*of flowers*) mazzo *m.*: *a ~ of flowers* un mazzo di fiori. **3** (*of hair*) ciocca *f.*, ciuffo *m.* **4** (*of things in general*) mazzo *m.*, mucchio *m.*, quantità *f.* **5** (*of people, friends*) gruppo *m.*, comitiva *f.* **6** (*Tess*) fiocco *m.* **II** *v.t.* **1** raggruppare, raccogliere in mazzi, riunire (in fascio). **2** (*to drape*) drappeggiare. **III** *v.i.* **1** raggrupparsi, fare un capannello, formare un capannello, radunarsi. **2** (*Mil*) serrare le file. □ *a ~ of bananas* un casco di banane. (*Br,colloq*) *~ of*

---

fives pugno, mano; *~ of keys* mazzo di chiavi; *to ~ up* raggrupparsi, fare (o formare) un capannello, radunarsi.

bunchy /'bʌnʃi/ *a.* a grappoli, a mazzi.

bunco /'bʌŋkoʊ/ **I** *n.* (*Am,colloq*) (*pl.* -s /-z/) truffa *f.*, imbroglio *m.* **II** *v.t.* (*Am,colloq*) imbrogliare, truffare.

bundle¹ /'bʌndl/ *n.* **1** fascio *m.*, fastello *m.*: *a ~ of sticks* un fascio di sterpi. **2** (*of clothes, rags, etc.*) fagotto *m.*, involto *m.* **3** (*package*) pacco *m.*, involto *m.*, pacchetto *m.* **4** (*collection*) mucchio *m.*, quantità *f.* **5** (*Comm,Inform*) pacchetto *m.* completo, raccolta *f.* **6** (*colloq*) (*of money*) mucchio *m.*, sacco *m.* **7** (*Anat*) fascio *m.* □ (*Br,colloq*) *to go a ~* essere entusiasta, andare pazzo; *a ~ of firewood* una fascina; (*colloq*) *a ~ of fun* uno spasso, un gran divertimento; (*colloq*) *a ~ of laughs* uno spasso, un gran divertimento; *a ~ of nerves* un fascio di nervi, una persona agitatissima.

bundle² /'bʌndl/ **I** *v.t.* **1** legare in un fascio, affastellare. **2** (*to pack*) impacchettare. **3** (*to put away hurriedly*) mettere via alla rinfusa, schiaffare: *they -d everything into the cupboard* misero tutto nella credenza. **4** (*to send away hurriedly*) mandare via precipitosamente. **5** (*Comm,Inform*) allegare un prodotto secondario (a uno primario). **II** *v.i.* andarsene (in tutta fretta), svignarsela, fare fagotto. □ *to ~ away* spedire, mandare via; *to ~ off*: 1 mandare in tutta fretta: *to ~ a child off to bed* spedire un ragazzino difilato a letto; 2 (*to go away*) andarsene, fare fagotto; *to ~ up* infagottarsi; *to ~ sth. up* impacchettare qcs., fare un fagotto di qcs.

bundled /'bʌndld/ *a.* (*Comm,Inform*) incluso, che fa parte del pacchetto. □ (*Inform*) *~ software* software in bundle, software che viene fornito con un computer nuovo.

bundt /bʌnt/ □ (*Am,Dolc*) *~cake* ciambella; (*Am*) *~pan* stampo per ciambelle.

bung /bʌŋ/ **I** *n.* **1** (*of a cask*) cocchiume *m.*, zaffo *m.*; (*of a demijohn*) turacciolo *m.*, (*of a bottle, etc.*) tappo *m.* **2** (*Br,sl*) (*bribe*) mazzetta *f.* **II** *v.t.* **1** (*to close with a stopper*) tappare, zaffare, turare. **2** (*Br,sl*) gettare, scagliare, lanciare. □ *to ~ up*: 1 (*of a cask*) tappare, turare; 2 (*colloq*) (*to clog*) intasare, riempire.

bungalow /'bʌŋgəloʊ/ *n.* **1** villetta *f.* a un piano, villino *f.* a un piano. **2** (*in tropics*) bungalow *m.*

bungee /'bʌndʒi/ *n.* elasticone *m.* □ *~cord* elasticone; (*Sport*) *~ jumping* bungee jumping, salto con l'elasticone; *~rope* elasticone.

bunghole /'bʌŋhoʊl/ *n.* (*hole in a cask*) cocchiume *m.*

bungle /'bʌŋgl/ **I** *v.t.* pasticciare, abborracciare. **II** *v.i.* fare pasticci, impasticciare. **III** *n.* **1** pasticcio *m.*, abborracciatura *f.* **2** (*sth. bungled*) lavoro *m.* pasticciato, lavoro *m.* mal fatto, pasticcio *m.*

bungler /'bʌŋglər/ *n.* pasticcione *m.* (*f.* -a), confusionario *m.* (*f.* -a).

bungling /'bʌŋglɪŋ/ *a.* pasticcione, maldestro: *a ~ idiot* un pasticcione di prim'ordine.

bunion /'bʌnjən/ *n.* (*Med*) borsite *f.* dell'alluce.

bunk¹ /bʌŋk/ **I** *n.* **1** cuccetta *f.* (*anche Ferr*). **2** (*colloq*) (*bed*) letto *m.* **II** *v.i.* **1** (*spec. Am*) dormire in cuccetta. **2** (*to stay the night*) passare la notte. □ *~bed* letto a castello.

bunk² /bʌŋk/ *n.* (*colloq*) sciocchezze *f.pl.*

bunk³ /bʌŋk/ *n.* (*Br,colloq*) fuga *f.* **II** *v.i.* (*Br, colloq*) dileguarsi, sparire. □ (*Br,colloq*) *to do a ~* svignarsela, tagliare la corda; (*Br, colloq*) *to ~ off school* marinare la scuola, (*region*) bigiare la scuola; *to ~ up* spostarsi, farsi più in là.

bunker /'bʌŋkər/ I *n.* **1** (*Mil*) fortino *m.*, casamatta *f.*, bunker *m.* **2** (*Sport*) (*in golf*) bunker *m.*; (*hazard*) ostacolo *m.* **3** (*Mar*) carbonile *m.*, stiva *f.* (per carbone). II *v.t.* **1** (*Sport*) mandare (la palla) in un bunker. **2** (*Mar*) fornire di carbone. III *v.i.* (*Mar*) rifornirsi di carbone.

bunkered /'bʌŋkərd/ ☐ (*fig*) *to be* ~ essere in difficoltà.

bunkhouse /'bʌŋkhaʊs/ *n.* (*Am*) baracca *f.*

bunko /'bʌŋkoʊ/ I *n.* (*Am,colloq*) (*pl.* **-s** /-z/) truffa *f.*, imbroglio *m.* II *v.t.* (*Am,colloq*) imbrogliare, truffare.

bunkum /'bʌŋkəm/ *n.* (*colloq*) sciocchezze *f.pl.*, fandonie *f.pl.*

bunny /'bʌni/ *n.* **1** (*infant*) coniglietto *m.* **2** (*in a nightclub*) coniglietta *f.* **3** (*Aus*) credulone *m.* (*f.* -a). ☐ (*Sport*) ~ *slope* (*in skiing*) pista baby, pista per principianti.

Bunsen /'bʌnsən Am 'bʌnsɪn/ ☐ (*Chim*) ~ *burner* becco Bunsen.

bunt[1] /bʌnt/ I *n.* **1** (*Mar*) (*of a sail*) pancia *f.*, parte *f.* concava. **2** (*Pesc*) sacco *m.*

bunt[2] /bʌnt/ I *v.t.* **1** (*Sport*) (*in baseball*) smorzare, fare un bunt. II *n.* (*Sport*) (*in baseball*) bunt *m.*, smorzata *f.*

bunt[3] /bʌnt/ *n.* (*Agr*) ruggine *f.* del frumento, carie *f.pl.* del grano.

bunting[1] /'bʌntɪŋ Am 'bʌntɪŋ/ *n.* **1** (*collett.*) (*flags*) bandierine *f.pl.*, pavesi *m.pl.* **2** (*Tess*) stamigna *f.*, stamina *f.*

bunting[2] /'bʌntɪŋ Am 'bʌntɪŋ/ *n.* (*Ornit*) **1** (*indigo bunting*) specie *f.* di gringillide. **2** (*red bunting*) migliarino *m.* di palude. **3** (*snow bunting*) zigolo *m.* delle nevi.

buntline /'bʌntlaɪn/ *n.* (*Mar*) imbroglio *m.*

bunya /'bʌnjə/ *n.* (*Bot*) araucaria *f.* bidwillii.

bunya-bunya /'bʌnjə,bʌnjə/ *n.* (*Bot*) araucaria *f.* bidwillii.

buoy /bɔɪ Am also 'buːi/ I *n.* (*Mar*) **1** boa *f.*, gavitello *m.* **2** (*life buoy*) boa *f.* di salvataggio. II *v.t.* (*Mar*) segnalare con boe, segnare con boe. III *v.i.* (*Mar*) galleggiare, venire a galla. ☐ *to* ~ *up*: **1** tenere a galla; **2** (*fig*) (*to sustain*) sostenere, sorreggere: *to be* -*ed up by hope* essere sorretto dalla speranza; **3** (*fig*) (*to hearten*) incoraggiare, rincuorare.

buoyancy /'bɔɪənsi Am also 'buːjənsi/ *n.* **1** galleggiabilità *f.* **2** (*Fis*) spinta *f.* idrostatica, spinta *f.* di galleggiamento. **3** (*Aer*) spinta *f.* aerostatica, forza *f.* ascensionale. **4** (*fig*) capacità *f.* di ripresa, capacità *f.* di recupero. **5** (*cheerfulness*) vivacità *f.*, esuberanza *f.* **6** (*Econ*) elasticità *f.*, tendenza *f.* al rialzo. ☐ (*Mar*) ~ *tank* cassa di emersione.

buoyant /'bɔɪənt Am also 'buːjənt/ *a.* **1** capace di galleggiare. **2** (*capable of causing to float*) capace di tenere a galla. **3** (*fig*) (*cheerful*) vivace, esuberante, allegro. **4** (*Econ*) elastico, tendente al rialzo. ☐ (*Fis*) ~ *force* spinta idrostatica.

BUPA /'b(j)uːpə/ *British United Provident Association* (ente privato sanitario britannico).

bur /bɜːr Am bɜːr/ *n./v.* → **burr**[1].

BUR *Myanmar, Burma* BUR (Myanmar).

Burberry /'bɜːbəri Am 'bɜːrberi/ *n.* (*Abbigl*) impermeabile *m.* Burberry, Burberry *m.*

burble /'bɜːbl Am 'bɜːrbl/ I *v.i.* **1** gorgogliare; (*of the stomach*) gorgogliare, brontolare. **2** (*to prattle*) chiacchierare, ciarlare (*about* di). **3** (*Aer*) (*to become turbulent*) ballare. II *n.* **1** gorgoglio *m.* **2** (*Aer*) turbolenza *f.*, transizione *f.* di aria, corrente *f.* vorticosa.

burbot /'bɜːbət Am 'bɜːrbət/ *n.* (*Itt*) bottatrice *f.*

burden[1] /'bɜːdən Am 'bɜːrdən/ I *n.* **1** carico *m.*, peso *m.* **2** (*fig*) onere *m.*, peso *m.*, fardello *m.*, responsabilità *f.*: *the* ~ *of leadership* la responsabilità del comando: *to be a* ~ *to so.* essere di peso a qcu., gravare su qcu., pesare

su qcu. **3** (*Mar*) (*cargo weight*) portata *f.*, tonnellaggio *m.*; (*capacity*) capacità *f.* (di trasporto), stazza *f.* netta. **4** (*Met*) letto *m.* di fusione. **5** (*Comm*) gravame *m.*, aggravio *m.* II *v.t.* **1** caricare, gravare, imporre un onere a. **2** (*fig*) opprimere, deprimere. ☐ ~ *of care* fardello di affanni; (*Dir*) ~ *of proof* onere della prova; (*Dir*) ~ *of taxation* carico tributario, onere fiscale.

burden[2] /'bɜːdən Am 'bɜːrdən/ *n.* **1** (*Mus*) ritornello *m.*; (*drone*) bordone *m.* **2** (*fig*) (*central idea*) tema *m.* dominante, tema *m.* principale, punto *m.* centrale.

burdened /'bɜːdənd Am 'bɜːrdənd/ *a.* (*Dir*) gravato: ~ *with mortgage* gravato di ipoteca; ~ *estate* proprietà ipotecata.

burdensome /'bɜːdənsəm Am 'bɜːrdənsəm/ *a.* **1** pesante, gravoso. **2** (*fig*) gravoso, pesante, opprimente.

burdock /'bɜːdɒk Am 'bɜːrdɑːk/ *n.* (*Bot*) lappa *f.*, lappola *f.*, bardana *f.*

bureau /'bjʊərəʊ Am 'bjʊroʊ/ (*pl.* **-s/-x** /-z/) *n.* **1** (*Br*) (*writing desk*) scrittoio *m.*, (*ant*) calatoia *f.*, bureau *m.* **2** (*Am*) (*dressing table*) cassettone *m.*, comò *m.* **3** (*government department*) dipartimento *m.*, sezione *f.* **4** (*agency, office*) agenzia *f.*, ufficio *m.* ☐ ~ *de change* ufficio cambi.

bureaucracy /bjʊ(ə)'rɒkrəsi Am bjʊ'rɑːkrəsi/ *n.* burocrazia *f.*

bureaucrat /'bjʊərəʊkræt Am 'bjʊrəkræt/ *n.* burocrate *m./f.*

bureaucratese /ˌbjʊərəʊkrə'tiːz Am ˌbjʊrəkræt'iːz/ *n.* gergo *m.* burocratico, burocratese *m.*

bureaucratic /ˌbjʊərəʊ'krætɪk Am ˌbjʊrə'krætɪk/ *a.* burocratico.

bureaucratisation /bjʊə,rəʊkrət(a)ɪ'zeɪʃən/ *n.* (*Br*) burocratizzazione *f.*

bureaucratist /bjʊ(ə)'rɒkrətɪst Am bjʊ'rɑːkrətɪst/ *n.* burocrate *m./f.*

bureaucratization /bjʊə,rəʊkrət(a)ɪr'zeɪʃən Am bjʊə,rɑːkrət'zeɪʃən/ *n.* burocratizzazione *f.*

buret, burette /bjʊ(ə)'ret/ *n.* (*Chim*) buretta *f.*

burg /bɜːg Am bɜːrg/ *n.* **1** (*Stor*) città *f.* fortificata. **2** (*Am,colloq*) (*town*) città *f.*

burgee /bɜːˈdʒiː Am 'bɜːrdʒi/ *n.* (*Mar*) bandiera *f.* triangolare, guidone *m.*

burgeon /'bɜːdʒən Am 'bɜːrdʒən/ *v.i.* **1** prosperare, espandersi, svilupparsi, fiorire. **2** (*lett*) (*to bud*) gemmare; (*to sprout*) germogliare, buttare, gettare.

burgeoning /'bɜːdʒənɪŋ Am 'bɜːrdʒənɪŋ/ *a.* crescente, fiorente, florido.

burger /'bɜːgər Am 'bɜːrgər/ *n.* (*Alim*) hamburger *m.*

burgh /'bʌrə/ *n.* (*in Scotland*) città *f.* con autonomia amministrativa.

burgher /'bɜːgər Am 'bɜːrgər/ *n.* **1** (*ant*) abitante *m./f.* di un borough. **2** (*S.Afr,Stor*) cittadino *m.* (*f.* -a) boero.

burglar /'bɜːglər Am 'bɜːrglər/ *n.* scassinatore *m.* (*f.* -trice), topo *m.* di appartamento. ☐ ~ *alarm* (allarme) antifurto.

burglarize /'bɜːgləraɪz/ *v.t.* (*Am*) scassinare.

burglarproof, burglar-proof /'bɜːgləpruːf Am 'bɜːrglərpruːf/ *a.* a prova di scasso, a prova di furto.

burglary /'bɜːgləri Am 'bɜːrgləri/ *n.* **1** furto *m.*, (*Dir*) furto *m.* con scasso. **2** (*housebreaking*) violazione *f.* di domicilio.

burgle /'bɜːgl Am 'bɜːrgl/ *v.t.* scassinare, svaligiare. II *v.i.* commettere un furto con scasso.

burgomaster /'bɜːgoʊ,mɑːstər Am 'bɜːrgə,mæstər/ *n.* borgomastro *m.*

burgoo /bɜːˈguː Am 'bɜːrguː/ *n.* **1** (*Mar,ant*) zuppa *f.* densa di avena. **2** (*Am,Gastron*) stufato *m.* denso.

Burgundian /bɜːˈgʌndiən Am bɜːr'gʌndiən/ I *n.* borgognone *m.* (*f.* -a). II *a.* borgognone.

burgundy /'bɜːgəndi Am 'bɜːrgəndi/ *n.* bordeaux *m.*, rosso *m.* bordeaux.

Burgundy /'bɜːgəndi Am 'bɜːrgəndi/ I *n.pr.* (*Geog*) Borgogna *f.* II *n.* (*Enol*) borgogna *m.*, vino *m.* di Borgogna.

burial /'berial/ *n.* **1** (*ceremony*) sepoltura *f.*, funerale *m.* **2** (*act*) inumazione *f.*, seppellimento *m.* **3** (*grave*) sepolcro *m.*, tomba *f.* ☐ ~ *at sea* sepoltura in mare; ~ *ground* cimitero, camposanto; (*Archeol*) ~ *mound* tomba a tumulo, tumulo sepolcrale; (*Lit*) ~ *service* ufficio funebre.

buried /'berid/ *a.* sepolto. ☐ (*fig*) *to be* ~ *in thought* essere assorto nei propri pensieri, essere immerso nei propri pensieri.

burin /'bjʊərɪn 'bʊrɪn/ *n.* (*Met*) bulino *m.*

burke /bɜːk Am bɜːrk/ *v.t.* **1** (*fig*) (*to hush up*) soffocare, mettere a tacere, passare sotto silenzio. **2** (*rar*) (*to suffocate*) soffocare.

Burkina /bɜːˈkiːnə Am bur'kiːnə/ *n.pr.* (*Geog*) Burkina *m.*

burl /bɜːl Am bɜːrl/ I *n.* **1** (*Tess*) nodo *m.* **2** (*Bot*) nodo *m.*, escrescenza *f.* **3** (*Aus*) (*attempt*) tentativo *m.* II *v.t.* (*Tess*) slappolare, rifinire (togliendo i nodi).

burlap /'bɜːlæp Am 'bɜːrlæp/ *n.* (*Tess*) tela *f.* da imballaggio, tela *f.* da sacchi, tela *f.* ruvida.

burled /'bɜːld Am bɜːrld/ *a.* (*Bot*) (*of wood*) nodoso.

burlesque /bɜːˈlesk Am bɜːr'lesk/ I *n.* **1** (*lett*) farsa *f.*, componimento *m.* comico-burlesco, burlesque *m.* **2** (*parody, caricature*) parodia *f.*, caricatura *f.* **3** (*ant,Teat*) spettacolo *m.* di varietà, rivista *f.* II *a.* **1** caricaturale, parodistico, burlesco. **2** (*ant,Teat*) di varietà, di rivista. III *v.t.* parodiare, mettere in ridicolo.

burliness /'bɜːlɪnəs Am 'bɜːrlɪnəs/ *n.* corpulenza *f.*, robustezza *f.*

burly /'bɜːli Am 'bɜːrli/ *a.* corpulento, robusto, tarchiato.

Burma /'bɜːmə Am 'bɜːrmə/ *n.pr.* (*Geog*) Birmania *f.*, Myanmar *m.*

Burman /'bɜːmən Am 'bɜːrmən/ I *a.* birmano. II *n.* **1** birmano *m.* (*f.* -a). **2** (*language*) birmano *m.*

Burmese /bɜːˈmiːz Am bɜːr'miːz/ I *a.* birmano. II *n.* **1** birmano *m.* (*f.* -a). **2** (*language*) birmano *m.* ☐ (*Zool*) ~ *cat* gatto birmano.

burn[1] /bɜːn Am bɜːrn/ (*past, p.p.* **-t** /-t/, **-ed** /-d/) I *v.i.* **1** bruciare: *green wood doesn't* ~ *well* la legna verde non brucia bene. **2** (*of fire*) ardere, fiammeggiare, essere acceso. **3** (*of fuel*) bruciare, ardere. **4** (*to be hot*) bruciare, scottare, ardere. **5** (*of stoves, etc.*) essere acceso. **6** (*of light, gas*) ardere, essere acceso; (*to glow brightly*) fare luce, risplendere: *the lamp* -*ed brightly* la lampada faceva molta luce. **7** (*to feel heat*) bruciare, avvampare, ardere (*with* per, da, di): *his forehead* -*ed with fever* la fronte gli bruciava per la febbre. **8** (*to feel a strong emotion*) ardere, fremere: *to* ~ *with shame* ardere dalla vergogna. **9** (*to become charred*) bruciarsi, bruciacchiarsi: *the toast has* -*t* il pane si è bruciacchiato. **10** (*of the skin*) bruciarsi, scottarsi, ustionarsi. **11** (*Am,sl*) (*to die on the electric chair*) essere giustiziato (sulla sedia elettrica). **12** (*to feel anger*) avvampare d'ira, ardere d'ira, bruciare di sdegno. **13** (*to long*) desiderare ardentemente, bruciare dal desiderio, ardere dal desiderio. **14** (*Chim*) bruciarsi, ossidarsi. **15** (*Aus*) (*to drive fast*) correre, volare. II *v.t.* **1** bruciare, distruggere col fuoco: *he* -*t the papers* bruciò i documenti. **2** (*to use as fuel*) usare come combustibile, consumare come combustibile, bruciare, (*colloq*) andare a: *this stove* -*s coke* questa stufa va a coke. **3** (*to* *injure*: *by heat or fire*) bruciare, scottare, ustionare: *I -t my fingers* mi sono scottato le dita. **4** (*to overcook, char*) bruciare, bruciacchiare. **5** (*to treat with heat*) cuocere, calcinare: *to ~ clay* cuocere l'argilla. **6** (*to mark with fire*) imprimere a fuoco. **7** (*to sting*) bruciare, pungere: *whisky -s my throat* il whisky mi brucia la gola. **8** (*to use up*) bruciare, consumare: *you don't ~ many calories sitting in front of the computer* non si bruciano tante calorie stando seduti davanti al computer. **9** (*to squander*) sperperare, buttare (via): *he has money to ~* lui ha soldi da buttare. **10** (*colloq*) (*to cheat, to disillusion*) deludere, scottare: *I got -ed* ci sono rimasta scottata. **11** (*Med*) cauterizzare, bruciare. **12** (*Chim, Met*) ossidare. **13** (*Inform*) (*to make a CD-ROM*) masterizzare. □ (*fig*) *the money -ed a hole in his pockets* il denaro gli scottava tra le dita; *to ~away*: 1 eliminare bruciando, bruciare (via); 2 (*to burn oneself out*) consumarsi (bruciando): *the candle has -t away* la candela si è consumata; *to keep burning* rimanere acceso, (continuare a) bruciare: *the fire has been -ing away all night* il fuoco è rimasto acceso tutta la notte; *to ~ blue* bruciare a fiamma azzurra; (*fig*) *to ~ one's bridges* (o *to ~ one's boats*) tagliarsi i ponti alle spalle, farsi saltare i ponti alle spalle; *to ~ daylight* sprecare energie, sprecare tempo, fare un lavoro inutile; (*to ~down* bruciare completamente, distruggere col fuoco: *his house was -ed down* la sua casa fu distrutta dal fuoco; (*sl*) *to ~ so.'s ears* dare una lavata di capo a qcu.; (*fig*) *to ~ one's fingers* bruciarsi le dita, rimanere scottato; *to ~for so.* bruciare d'amore per qcu., ardere d'amore per qcu.; (*Elettron,Inform*) *to ~ in* invecchiare preventivamente (lasciando acceso per parecchio tempo); *his words -t into my memory* le sue parole mi rimasero impresse (nella memoria); *to ~off*: 1 (*to get rid of sth. by burning*) bruciare; 2 (*to dissolve*) dissipare; *to ~out*: 1 bruciare completamente, distruggere col fuoco; 2 (*fig*) (*to exhaust*) esaurire, logorare: *to ~ oneself out* esaurirsi, rovinarsi la salute; 3 (*to stop burning*) spegnersi, estinguersi: *the fire -ed itself out* il fuoco si spense; 4 (*El*) fulminarsi, bruciarsi; (*Aut*) *to ~ rubber* correre, volare; *to ~ the candle at both ends* stare sveglio fino a tardi e alzarsi presto; (*estens*) lavorare troppo, tirare troppo la corda; *to ~ the midnight oil* lavorare fino a notte tarda (o inoltrata); *to ~ to ashes*: 1 incenerirsi; 2 (*to burn*) incenerire, ridurre in cenere; *to ~ to death* morire bruciato vivo, morire carbonizzato, (*at the stake*) bruciare (o morire) sul rogo; *to ~up*: 1 (*to get rid of by burning*) bruciare; 2 (*colloq*) (*to make angry*) irritare, far adirare; (*to become angry*) irritarsi, arrabbiarsi; 3 (*colloq*) (*to move speedily over*) divorare: *to ~ up the road* divorare la strada; 4 (*to burst into flames*) prendere fuoco, divampare, avvampare; *to be -ing with fever* scottare, bruciare di febbre.

burn[2] /bɜːn *Am* bɜːrn/ *n.* **1** (*Med*) ustione *f.*, scottatura *f.*: *first degree ~* ustione di primo grado. **2** (*burnt place*) scottatura *f.*, bruciatura *f.*; (*of land*) zona *f.* bruciata. **3** (*sting*) bruciatura *f.* **4** (*Tecn*) (*baking*) cottura *f.* **5** (*Astron*) (*firing of rocket*) fiammata *f.*, vampata *f.* **6** (*brand*) marchio *m.* a fuoco. □ (*Med*) ~ *treatment centre* reparto ustionati; (*Med*) ~ *unit* reparto ustionati; (*Med*) ~ *victim* ustionato.

burn[3] /bɜːn/ *n.* (*Scott*) ruscello *m.*

burned /bɜːnd *Am* bɜːrnd/ *a.* → **burnt**[2].

burned-out /'bɜːndaʊt *Am* 'bɜːrndaʊt/ *a.* **1**

---

spento, consumato, morto (*anche fig*). **2** (*El*) fulminato, bruciato. **3** (*Aut*) arso, bruciato.

burner /'bɜːnər *Am* bɜːrnər/ *n.* **1** (*of a gas fixture*) becco *m.* a gas. **2** (*of a cooker*) piastra *f.*, fuoco *m.* **3** (*Tecn*) bruciatore *m.* **4** (*Inform*) (*CD burner*) masterizzatore *m.*

burnet /'bɜːnɪt *Am* 'bɜːrnɪt/ *n.* (*Bot*) salvastrella *f.*, sanguisorba *f.* □ (*Bot*) ~ *saxifrage* pimpinella.

burning /'bɜːnɪŋ *Am* 'bɜːrnɪŋ/ **I** *a.* **1** che brucia, in fiamme. **2** (*very hot*) cocente, scottante, ardente: *the ~ sun* il sole cocente. **3** (*affecting with heat*) bruciante, ardente: *a ~ fever* una febbre ardente. **4** (*fig*) (*intense*) ardente, veemente, bruciante: ~ *desire* desiderio ardente. **5** (*fig*) (*hotly debated*) scottante, impellente: *a ~ question* una questione scottante. **II** *n.* **1** (*fire*) incendio *m.*, il bruciare: *a smell of ~* odore di bruciato. **2** (*Met*) bruciatura *f.* **3** (*Inform*) masterizzazione *f.* □ (*Bot*) ~ *bush* dittamo; (*Ott*) ~ *glass* specchio ustorio; ~ *hot* rovente.

burnish /'bɜːnɪʃ *Am* 'bɜːrnɪʃ/ **I** *v.t.* **1** (*to polish*) lucidare. **2** (*to make smooth*) brunire. **II** *n.* (*polish*) lucidatura *f.*

burnished /'bɜːnɪʃt *Am* 'bɜːrnɪʃt/ *a.* brunito, lucido.

burnoose, burnous, burnouse /bɜːˈnuːs *Am* bərˈnuːs/ *n.* burnus *m.*

burnout /'bɜːnaʊt *Am* 'bɜːrnaʊt/ *n.* **1** (*fig*) (*exhaustion*) esaurimento *m.*, crollo *m.* **2** (*El, Inform*) burnout *m.*, arresto *m.* per surriscaldamento. **3** (*Mot*) fine *f.* della combustione.

burnt[1] /bɜːnt *Am* bɜːrnt/ → **burn**[1].

burnt[2] /bɜːnt *Am* bɜːrnt/ *a.* **1** bruciato, bruciacchiato, arso. **2** (*of colours*) bruciato. **3** (*Tecn*) (*of clay, etc.*) cotto. **4** (*Met*) bruciato. □ (*Dolc*) ~ *almond* mandorla caramellata; ~ *lime* calce viva; ~ *offering*: 1 (*Rel*) sacrificio; 2 (*scherz*) cibo bruciacchiato; ~ *sienna* (*colour*) terra di Siena bruciata, terra calcinata; ~ *umber* (*colour*) terra d'ombra bruciata.

burnt-out /'bɜːntaʊt *Am* 'bɜːrntaʊt/ *a.* **1** spento, consumato, morto (*anche fig*). **2** (*El*) fulminato, bruciato. **3** (*Aut*) arso, bruciato.

burp /bɜːp *Am* bɜːrp/ **I** *n.* (*colloq*) rutto *m.* **II** *v.i.* (*colloq*) ruttare. **III** *v.t.* (*of a baby*) far fare il ruttino a. □ (*Am,colloq*) ~ *gun* pistola automatica.

burr[1] /bɜːr *Am* bɜːr/ **I** *n.* **1** (*Bot*) lappola *f.*, bardana *f.*; (*of a chestnut*) riccio *m.* **2** (*Tess*) lappola *f.* **3** (*Mecc*) (*tool*) fresa *f.* a lima; (*washer*) riparella *f.*, rosetta *f.* **4** (*Dent*) fresa *f.* **5** (*Met*) bava *f.*, bavatura *f.*, ricciolo *m.* **II** *v.t.* (*Met*) sbavare.

burr[2] /bɜːr *Am* bɜːr/ **I** *n.* **1** (*Ling*) pronuncia *f.* arrotata delle erre. **2** (*whirring noise*) ronzio *m.* **II** *v.i.* **1** (*Ling*) arrotare la erre. **2** (*to make a whirring noise*) ronzare, emettere un ronzio. **III** *v.t.* (*Ling*) pronunciare arrotando la erre.

burr[3] /bɜːr *Am* bɜːr/ *n.* **1** (*Geol*) roccia *f.* silicea per macine. **2** (*millstone*) macina *f.*

burrito /bəˈriːtəʊ *Am* bəˈriːtoʊ/ *n.* (*Gastron*) burrito *m.*, tortilla *f.* ripiena.

burro /'bʌrəʊ *Am* 'bɜːroʊ/ *n.* (*Am,Zool*) asinello *m.*

burrow /'bʌrəʊ *Am* 'bɜːroʊ/ **I** *n.* **1** tana *f.*, cunicolo *m.*, buco *m.* **2** (*place of retreat*) tana *f.*, rifugio *m.* **II** *v.i.* **1** scavare un buco, scavare un cunicolo. **2** (*fig*) (*to look into*) indagare, setacciare, fare ricerche in. **3** (*to hide*) nascondersi. **III** *v.t.* scavare.

bursa /'bɜːsə *Am* 'bɜːrsə/ *n.* (*Anat*) borsa *f.*

bursar /'bɜːsər *Am* 'bɜːrsər/ *n.* **1** (*Br,Scol,Univ*) economo *m.* (*f.* -a), tesoriere *m.* (*f.* -a). **2** (*Canad,Scott*) (*scholarship student*) borsista *m./f.*

bursary /'bɜːsəri *Am* 'bɜːrsəri/ *n.* **1** (*Br,Scol,*

Univ) economato *m.*, tesoreria *f.* **2** (*Canad, Scott*) (*scholarship*) borsa *f.* di studio.

bursitis /bɜːˈsaɪtɪs *Am* bɜːrˈsaɪtɪs/ *n.* (*Med*) borsite *f.*

burst[1] /bɜːst *Am* bɜːrst/ (*past, p.p.* **burst**) **I** *v.i.* **1** scoppiare, spaccarsi. **2** (*to explode*) esplodere, scoppiare (*anche fig*): *if he goes on eating he will ~* se continua a mangiare scoppierà. **3** (*to move suddenly*) irrompere, slanciarsi: *the bull ~ out of its pen* il toro si slanciò fuori del recinto. **4** (*to overflow*) zampillare, sgorgare, traboccare. **5** (*to be overwhelmed*) scoppiare, prorompere (*into* in). **6** (*to be very full*) traboccare, essere ricolmo (*with* di). **7** (*to appear suddenly*) apparire improvvisamente, sbucare: *the sun ~ through the clouds* il sole apparve improvvisamente tra le nuvole. **8** (*to rupture*) scoppiare, rompersi: *the boil has ~* il foruncolo è scoppiato. **9** (*of buds*) aprirsi, schiudersi. **10** (*fig*) (*to be eager*) essere impaziente, non vedere l'ora, (*colloq*) morire dalla voglia. **II** *v.t.* **1** far scoppiare, far esplodere. **2** (*to cause to rupture*) provocare la rottura di, farsi scoppiare: *to ~ a blood vessel* provocare la rottura di un vaso sanguigno. **3** (*to break a containment*) rompere: *the river has ~ its banks* il fiume ha rotto gli argini. **4** (*Inform*) (*to separate continuous sheets of paper*) strappare, separare (fogli di carta). □ *to ~ so.'s bubble* distruggere le illusioni di qcu.; (*fig*) *to ~ the bubble* sgonfiare la cosa, ridimensionare la cosa; *to ~ in*: 1 entrare con violenza, irrompere: (*fig*) *to ~ in upon a conversation* interrompere una conversazione; 2 (*to break down*) abbattere, buttare giù: *he ~ in the door* ha buttato giù la porta; *to ~ into* scoppiare in: *the car ~ into flames* la macchina è scoppiata in fiamme; *he ~ into tears* scoppiò in lacrime; *to ~ into bloom* sbocciare all'improvviso; *to ~ into flower* sbocciare, schiudersi; *to ~ open* aprirsi violentemente; *to ~ out crying* scoppiare in lacrime; *to ~ out laughing* scoppiare a ridere; *to ~ up* esplodere, far saltare in aria; *to ~upon*: 1 giungere improvvisamente, venire improvvisamente; 2 (*to storm*) irrompere, fare irruzione; *to ~ with laughing* scoppiare dal ridere.

burst[2] /bɜːst *Am* bɜːrst/ *n.* **1** (*explosion*) esplosione *f.*, scoppio *m.*; (*of gunfire*) raffica *f.* **2** (*sudden activity*) scatto *m.*, sforzo *m.* improvviso: *a ~ of speed* uno scatto di velocità. **3** (*outburst*) scoppio *m.*, esplosione *f.*: *a ~ of anger* uno scoppio d'ira. **4** (*sudden eruption*) fuoriuscita *f.* improvvisa, getto *m.*, sbuffo *m.* **5** (*break*) rottura *f.*, squarcio *m.*, fenditura *f.*, falla *f.*: *a ~ in the water mains* una rottura nelle condutture d'acqua. **6** (*Minier*) cedimento *m.* con scoppio. □ *a ~ of applause* uno scroscio di applausi; *a ~of flames* una vampata.

burster /'bɜːstər *Am* 'bɜːrstər/ *n.* **1** (*of radiation, etc.*) carica *f.* **2** (*Tecn,Tip*) strapperina *f.*

bursting /'bɜːstɪŋ *Am* 'bɜːrstɪŋ/ **I** *n.* esplosione *f.*, scoppio *m.* **II** *a.* che scoppia, sul punto di scoppiare (*anche fig*). □ ~ *at the seams*: 1 pieno zeppo; 2 (*really fat*) grasso come un maiale; ~ *point* limite di sopportazione.

burthen /'bɜːðən *Am* 'bɜːrðən/ *n./v.* (*ant*) → **burden**[1].

burton /'bɜːtən/ □ (*Br,colloq*) *to go for a ~* finire in tragedia.

Burundi /bʊˈrʊndi/ *n.pr.* (*Geog*) Burundi *m.*

bury /'beri/ *v.t.* **1** (*to bury*) seppellire: *the dog buried his bone* il cane ha sotterrato l'osso. **2** (*of a corpse*) seppellire. **3** (*to hide*) nascondere: *he buried his face in his hands* nascose la faccia tra le mani. **4** (*to plunge in*) affondare, sprofondare: *to ~ one's hands in one's pock-*

ets affondare le mani nelle tasche. **5** (*rifl.*) *to ~ oneself* immergersi, sprofondarsi: *he buried himself in a book* si immerse nella lettura di un libro. **6** (*fig*) dimenticare: *to ~ one's differences* dimenticare le discordie. **7** (*to lose by death*) perdere, (*scherz*) sotterrare: *she has already buried two husbands* ha già sotterrato due mariti. □ *to ~ so. alive* seppellire vivo qcu.; (*fig*) *to ~ oneself alive* segregarsi, seppellirsi vivo; (*fig*) *to ~ one's head in the sand* mettere la testa sotto la sabbia, ignorare la realtà; (*fig*) *to ~ the hatchet* riconciliarsi, fare (la) pace; (*fig*) *to ~ the tomahawk* cessare le ostilità, seppellire l'ascia di guerra.

bus[1] /bʌs/ (*pl.* **buses** /Am **busses** /-ɪz/) *n.* **1** autobus *m.* **2** (*Am*) (*coach*) pullman *m.*, (*ant*) torpedone *m.* **3** (*horse-drawn vehicle*) diligenza *f.*, omnibus *m.* **4** (*sl*) (*old vehicle*) carretta *f.* **5** (*Inform*) bus *m.* □ *~ conductor* bigliettaio di autobus; *~ driver* conducente di autobus, autista di autobus; *~ lane* corsia preferenziale per gli autobus; *~ line*: 1 (*route*) autolinea; 2 (*company*) compagnia di autolinee; *~ pass* abbonamento (dell'autobus); *~ service* servizio autobus; *~ stop* fermata dell'autobus.

bus[2] /bʌs/ (*past, p.p.* **bused/bussed** /-t/) **I** *v.i.* andare in autobus. **II** *v.t.* **1** trasportare in autobus. **2** (*Am*) portare gli allievi nella scuola di un quartiere diverso (nel quadro della politica di integrazione razziale). **3** (*Am*) (*in a restaurant: to clear tables*) sparecchiare.

busbar /'bʌsbɑːʳ Am 'bʌsbɑːr/ *n.* (*El*) barra *f.* collettrice.

busboy /'bʌsbɔɪ/ *n.* (*Am*) aiuto cameriere *m.*

busby /'bʌzbi/ *n.* (*Mil*) colbacco *m.*

bush[1] /bʊʃ/ **I** *n.* **1** cespuglio *m.*, arbusto *m.* **2** (*uncultivated land*) zona *f.* incolta, zona *f.* selvaggia, terreno *m.* a macchia. **3** (*spec. NZ*) (*dense forest*) foresta *f.* fitta, selva *f.* **4** (*Am*) (*backwoods*) foreste *f.pl.* interne (dell'America del Nord). **5** (*Zool*) coda *f.* folta (a pennello). **6** (*mass*) massa *f.*: *a ~ of hair* una massa di capelli. **7** (*volg*) (*pubic hair*) peli *m.pl.* pubici, foresta *f.* nera. **8** (*ant*) (*tavern*) osteria *f.*; (*tavern sign*) frasca *f.* **II** *v.i.* diventare cespuglioso, coprirsi di cespugli. □ (*Zool*) *~ cat* servalo, gattopardo africano; (*Zool*) *~ dog* speoto; *~ fighter* guerrigliero, franco tiratore; *~ fighting* guerriglia; *~ fire* incendio di boscaglia; (*spec. Aus*) *to go ~* darsi alla macchia; (*Edil*) *~ hammer* bocciarda; (*Abbigl*) *~ jacket* sahariana; *~ lawyer* azzeccagarbugli, avvocato da strapazzo; *~ pig* cinghiale rosso; *to take to the ~* darsi alla macchia; *~ telegraph*: 1 (*Aus*) sistema d'informazioni trasmesse oralmente; 2 (*colloq*) (*grapevine*) diceria, tamtam.

bush[2] /bʊʃ/ *n.* **1** (*Br,Mecc*) boccola *f.*, bussola *f.* **2** (*Br,El*) rivestimento *m.* isolante, guaina *f.* isolante.

bushbaby /'bʊʃbeɪbi/ *n.* (*Zool*) galagone *m.*

bushbuck /'bʊʃbʌk/ *n.* (*Zool*) tragelafo *m.* striato.

bushed /bʊʃt/ *a.* **1** cespuglioso. **2** (*colloq*) (*exhausted*) sfinito, esausto, stremato. **3** (*Aus*) (*lost in the bush*) perduto nella selva. **4** (*Am*) pazzo.

bushel /'bʊʃəl/ *n.* **1** unità *f.* di misura di capacità (*Br,ant* pari a 36,37 litri; *Am* pari a 35, 24 litri). **2** (*container*) staio *m.* **3** (*Am,ant*) (*lots*) grande quantità *f.*

bushiness /'bʊʃɪnəs/ *n.* foltezza *f.*, fittezza *f.*

bushing /'bʊʃɪŋ/ *n.* **1** (*Br,El*) (*sleeve*) fodera *f.* isolante; (*conductor*) isolatore *m.* passante. **2** (*Br,Mecc*) (*sleeve*) boccola *f.*, bussola *f.*

bush-league /'bʊʃliːg/ *a.* (*Am*) mediocre, di qualità inferiore.

bushman /'bʊʃmən/ *n.irr.* (*Aus*) pioniere *m.*, abitante *m.* di regioni selvagge.

Bushman /'bʊʃmən/ *n.irr.* boscimano *m.*

bushranger /'bʊʃreɪndʒəʳ/ *n.* **1** (*Aus*) brigante *m.* (alla macchia). **2** (*Am*) emarginato *m.* (*f.* -a), isolato *m.* (*f.* -a).

bushwalking /'bʊʃˌwɔːkɪŋ/ *n.* (*Aus*) trekking *m.* nelle zone selvagge.

bushwhack /'bʊʃ(h)wæk/ **I** *v.i.* (*spec. Am*) **1** aprirsi un sentiero a colpi d'accetta, aprirsi un passaggio a colpi d'accetta. **2** (*to travel through woods*) passare nei boschi, attraversare i boschi. **3** (*to fight as a bushwhacker*) combattere alla macchia, fare la guerriglia. **II** *v.t.* (*spec. Am*) tendere un'imboscata a.

bushwhacker /'bʊʃ(h)wækəʳ/ *n.* (*spec. Am*) **1** chi vive isolato nei boschi. **2** (*so. who clears the bush*) chi ripulisce il sottobosco. **3** (*Stor.am*) guerrigliero *m.* confederato. **4** (*guerrilla*) guerrigliero *m.* (*f.* -a). **5** (*sniper*) cecchino *m.* (*f.* -a).

bushy /'bʊʃi/ *a.* **1** cespuglioso, coperto di cespugli. **2** (*growing thickly*) cespuglioso, folto, a ciuffi: *~ eyebrows* sopracciglia folte.

busily /'bɪzɪli/ *avv.* attivamente, laboriosamente.

business /'bɪznəs/ **I** *n.* **1** (*line of work*) lavoro *m.*, occupazione *f.*, mestiere *m.*, attività *f.* **2** (*commercial activity*) affari *m.pl.*, commercio *m.*: *~ is booming* gli affari prosperano; *~ is not what it used to be* (o *what it was*) gli affari non vanno più come una volta. **3** (*firm, etc.*) ditta *f.*, azienda *f.*, impresa *f.*, società *f.* **4** (*office*) sede *f.*, uffici *m.pl.*; (*shop*) negozio *m.*, rivendita *f.*; (*factory*) fabbrica *f.* **5** (*rightful concern*) affare *m.*, affari *m.pl.*, fatti *m.pl.*: *this is none of your ~* non sono affari tuoi, non ti riguarda. **6** (*task*) compito *m.*, dovere *m.*: *it is my ~ to warn them* è mio dovere avvertirli. **7** (*matter*) faccenda *f.*, storia *f.*, affare *m.*: *I'm tired of the whole ~* sono stanco di tutta questa faccenda. **8** (*difficult matter*) fatica *f.*, affare *m.* serio, cosa *f.* difficile: *it's quite a ~ getting him out* è una vera fatica indurlo a venire con noi. **9** (*Br,Teat*) mimica *f.*, gesto *m.* **II** *a.* **1** di affari, affaristico: *a ~ trip* un viaggio d'affari; *~ sense* spirito affaristico. **2** (*suitable for business*) commerciale. □ *~ acumen* senso degli affari; *~ address* indirizzo dell'ufficio; *~ administration* amministrazione aziendale; *~ analyst* analista finanziario; (*Univ*) *~ and management* economia e commercio; *it's ~ as usual* tutto come prima; *~ associate* partner, socio; *~ before pleasure* prima il dovere e poi il piacere; *the ~ before the meeting* l'ordine del giorno, l'agenda; *~ call* conversazione di affari; (*Econ*) *~ capital* capitale d'esercizio; *~ card* biglietto da visita (di una ditta); *~ casual* vestito elegante ma comodo; (*Aer*) *~ class* business class; *~ climate* congiuntura; (*Am*) *~ college* istituto commerciale; *~ consultant* commercialista; *~ correspondence* corrispondenza d'affari; (*Econ*) *~ cycle* ciclo economico; *to do ~ with so.* avere rapporti di affari con qcu.; (*colloq*) *to do one's ~* andare di corpo; (*Econ*) *~ done* prezzi praticati, corsi praticati; *~ economics* economia aziendale; *~ education* istruzione professionale, istruzione commerciale; *~ end*: 1 (*colloq*) (*of a blade*) punta; 2 (*of a gun*) bocca; *~ English* inglese commerciale; (*Comm*) *~ enterprise* impresa commerciale; *~ executive* dirigente commerciale; (*Econ*) *~ expenses* spese di esercizio; *to get down to ~* mettersi all'opera, mettersi al lavoro; *to go about one's ~* andarsene per i fatti propri; *to go out of ~* cessare l'attività; *~ graphics* grafica finanziaria; *to have no ~ doing sth.* non

avere alcuna ragione di fare qcs., non avere il diritto di fare qcs.; (*Comm*) *~ hours* orario di apertura, orario d'ufficio; *to be in ~* essere all'opera; *to be in ~ for oneself* lavorare in proprio, essere in proprio; *~ income* redditi commerciali, redditi industriali; *~ interests*: 1 interessi commerciali; 2 (*estens*) i commercianti; *to go into ~* darsi agli affari, mettersi nel commercio; *~ language* lingua di lavoro; *~ letter* lettera commerciale; *~ magazine* rivista economica; *to make it one's ~ to do sth.* assumersi il compito di fare qcs.; (*epist*) *we shall make it our ~ to satisfy you* sarà nostra cura (o preoccupazione) venirvi incontro; *he makes a great ~ of it* ne fa un affare di stato; *~ manager* direttore commerciale; *~ meeting* seduta di lavoro; *~ name* ragione sociale dell'azienda, nome dell'azienda; *to go away on ~* partire per affari; (*Econ*) *~ outlook* congiuntura economica; *~ park* zona uffici; *~ plan* piano aziendale; *~ process re-engineering* ristrutturazione e informatizzazione aziendale; *~ reply card* cartolina con risposta pagata; *~ strategy* strategia aziendale; *~ studies* studi di economia aziendale; *~ trip* viaggio d'affari; (*Comm*) *~ undertaking* impresa commerciale; *what ~ have you to be here?* con quale diritto Lei è qui?; *~ world* mondo degli affari; *~ year* anno d'esercizio. *Prov.*: *~ is ~* gli affari sono affari.

businesslike /'bɪznəslaɪk/ *a.* **1** pratico, metodico. **2** (*efficient*) efficiente. **3** (*purposeful*) serio, risoluto.

businessman /'bɪznəsmən/ *n.irr.* **1** uomo *m.* d'affari. **2** (*estens*) commerciante *m.*

businesswoman /'bɪznəsˌwʊmən/ *n.irr.* **1** donna *m.* d'affari. **2** (*estens*) commerciante *f.*

busing /'bʌsɪŋ/ *n.* (*Am*) trasporto *m.* degli allievi nella scuola di un quartiere diverso (nel quadro della politica di integrazione razziale).

busk[1] /bʌsk/ *n.* (*ant*) (*in corsetry*) stecca *f.*

busk[2] /bʌsk/ *v.i.* (*Br*) fare l'artista di strada, suonare per la strada.

busker /'bʌskəʳ/ *n.* (*Br*) artista *m./f.* di strada, suonatore *m.* (*f.* -trice) ambulante.

buskin /'bʌskɪn/ *n.* **1** (*Calz*) stivaletto *m.* **2** (*Stor.gr*) coturno *m.* **3** (*fig*) (*tragedy*) tragedia *f.*; (*art of acting*) arte *f.* tragica.

busman /'bʌsmən/ *n.irr.* **1** (*driver*) conducente *m.* **2** (*conductor*) bigliettaio *m.* di autobus. □ (*Br,colloq*) *~'s holiday* vacanza trascorsa facendo la vita di ogni giorno, finta vacanza.

buss /bʌs/ **I** *n.* bacio *m.* **II** *v.t.* baciare, (*colloq*) sbaciucchiare.

bust[1] /bʌst/ *n.* **1** (*Anat*) torace *m.*, petto *m.*; (*woman's breasts*) seno *m.*, petto *m.* **2** (*Sart*) petto *m.*, busto *m.* **3** (*Art*) busto *m.*

bust[2] /bʌst/ (*past, p.p.* **busted** /'bʌstɪd/ o **bust** /bʌst/) **I** *v.i.* (*colloq*) **1** (*to get broken*) rompersi, spaccarsi. **2** (*to burst*) scoppiare, esplodere: *he laughed fit to ~* scoppiava dalle risa. **3** (*to go bankrupt*) fallire, fare bancarotta. **4** (*to collapse with effort*) scoppiare, (*colloq*) schiattare. **II** *v.t.* (*colloq*) **1** (*to break*) rompere, spezzare. **2** (*to burst*) fare scoppiare, fare esplodere. **3** (*to bankrupt*) mandare in rovina, far fallire. **4** (*sl*) (*to arrest*) arrestare; (*to cause to be arrested*) fare arrestare. **5** (*sl*) (*to raid*) fare un blitz, fare irruzione. **6** (*Am*) (*to hit*) colpire, picchiare. **7** (*Am,Mil*) degradare. **8** (*of a horse*) domare. □ (*sl*) *to ~ so.'s chops* rendere la vita difficile a qcu., rompere le scatole a qcu.; *to ~ up* separare, interrompere.

bust[3] /bʌst/ (*colloq*) **I** *n.* **1** (*police raid*) blitz *m.*, irruzione *f.* **2** (*Am*) (*bankruptcy*) fallimento *m.* 3 (*Am*) (*spree*) baldoria *f.*, bagordi *m.pl.*: *to go on a ~* fare baldoria. 4 (*Am*) (*punch, hit*) pugno *m.*, colpo *m.* II *a.* 1 (*broken*) rotto, guasto. 2 (*bankrupt*) fallito, rovinato: *the company went ~* la società è fallita.

bustard /'bʌstəd *Am* 'bʌstɑːd/ *n.* (*Ornit*) otarda *f.*

buster /'bʌstə^r/ *n.* 1 (*colloq*) (*term of address*) bello *m.*, giovanotto *m.*: *listen, ~* senti, bello. 2 (*sl*) cosa *f.* eccezionale, fenomeno *m.* 3 (*Am, colloq*) (*breaker-up*) demolitore *m.* (*f.* -trice), distruttore *m.* (*f.* -trice). 4 (*colloq*) (*reveller*) festaiolo *m.* (*f.* -a); (*revel*) baldoria *f.* 5 (*Am*) (*broncobuster*) domatore *m.* (*f.* -trice) di mustang, domatore *m.* (*f.* -trice) di cavalli.

bustier /'bʌstiə^r *Am* 'buːstieɪ/ *n.* (*Abbigl*) bustier *m.*

bustle[1] /'bʌsl/ **I** *v.i.* 1 darsi da fare, affaccendarsi, agitarsi. 2 (*to teem*) brulicare, pullulare, essere pieno (*with* di): *to ~ with people* brulicare di gente. **II** *v.t.* fare fretta a, sollecitare, scocciare: *stop bustling me!* piantala di scocciarmi! **III** *n.* trambusto *m.*, andirivieni *m.*, confusione *f.* □ *~ to ~ about* (o *to ~ around*) aggirarsi dandosi da fare.

bustle[2] /'bʌsl/ *n.* (*Abbigl,ant*) (*framework*) crinolina *f.*; (*padded cushion*) sellino *m.*

bustler /'bʌslə^r/ *n.* persona *f.* indaffarata, persona *f.* agitata.

bustling /'bʌslɪŋ/ **I** *n.* andirivieni *m.*, trambusto *m.* **II** *a.* indaffarato, affaccendato.

bust-up /'bʌstˌʌp/ *n.* 1 (*colloq*) violenta lite *f.* 2 (*break-up*) rottura *f.*

busty /'bʌsti/ *a.* (*colloq*) dal seno prosperoso.

busway /'bʌsweɪ/ *n.* (*Br,Strad*) corsia *f.* preferenziale per gli autobus.

busy /'bɪzi/ **I** *a.* 1 indaffarato, affaccendato, occupato: *she's ~ cooking dinner* è affaccendata a cucinare il pranzo. 2 (*otherwise engaged*) impegnato, occupato: *I can't come, I'm ~* non posso venire, sono già impegnato. 3 (*active*) pieno di attività, pieno di lavoro: *a ~ office* un ufficio pieno di attività. 4 (*of streets*) pieno di traffico, che ha un traffico intenso, trafficato. 5 (*officious, meddling*) intrigante, che si impiccia dei fatti altrui. 6 (*Am,Tel*) occupato: *the line is ~* la linea è occupata. 7 (*over-elaborate*) elaborato, macchinoso, complesso. **II** *v.t.* 1 tenere occupato. 2 (*rifl.*) *to ~ oneself* darsi da fare (*at, about* in, per), occuparsi (*with* di). □ *as ~ as a bee* operoso come una formica; *a ~ bee* una persona sempre occupatissima, una (persona attiva come una) formica; (*colloq*) *get ~!* al lavoro!, datti da fare!, sbrigati!, muoviti!; (*Br,Bot*) *~ Lizzie* impatiens, piante di vetro; (*Am,Tel*) *~ signal* segnale di occupato.

busybody /'bɪziˌbɒdi *Am* 'bɪziˌbɑːdi/ *n.* intrigante *m./f.*, impiccione *m.* (*f.* -a), ficcanaso *m./f.*

busyness /'bɪzinəs/ *n.* attività *f.*, operosità *f.*

busywork /'bɪziwɜːrk/ *n.* (*Am*) attività *f.* inutile.

but /bət *emphatic* bʌt/ **I** *congz.* 1 ma, però, tuttavia: *she wanted to come ~ she couldn't* voleva venire, ma non ha potuto. 2 (*except*) eccetto che, tranne che, salvo che: *he does nothing ~ sleep* non fa altro che dormire. 3 (*without the circumstance that*) senza che, se non: (*Br*) *he never goes out ~ his wife goes with him* non esce mai senza che la moglie lo accompagni. 4 (*otherwise than*) che, altro che, se non (che): *he could not ~ laugh* non poté fare altro che ridere. 5 (*that*) che: *I don't doubt ~ he is telling the truth* non dubito che stia dicendo la verità. **II** *prep.* 1 eccetto, eccettuato, tranne, salvo, fuorché: *no one ~ me* nessuno tranne me. 2 (*other or otherwise than*) che, altro che, se non: *it was*

nothing ~ an insult non era che un insulto. **III** *avv.* 1 solo, soltanto, non... (altro) che: *he is ~ a child* è solo un bambino. 2 (*no more than*) solo, soltanto: *there is ~ one God* vi è un solo Dio. 3 (*no longer ago than*) non più di: *~ five minutes ago* non più di cinque minuti fa. 4 (*Aus,Scot,sl*) (*though*) però!: *she was sad, ~* era triste, però! **IV** *pron.rel.* (*only in negative sentences*) che non. **V** *n.* ma *m.*, obiezione *f.*: *full of ifs and ~s* pieno di se e di ma. □ *~ for* se non fosse (stato) per; *~ me no ~s* non c'è ma che tenga; (*Br,dial*) *not ~ that* (o *not ~ what*) non che, non; *~ that*: 1 (*except that*) se non; 2 che: *there is no doubt ~ that he is wrong* non c'è alcun dubbio sul fatto che si sbaglia; *~ then* (ma) d'altra parte.

butadiene /ˌbjuːtə'daɪiːn/ *n.* (*Chim*) butadiene *m.*

butane /'bjuːteɪn/ *n.* (*Chim*) butano *m.*

butanoic /ˌbjuːtə'nəʊɪk/ *a.* (*Chim*) butanoico: *~ acid* acido butanoico.

butanol /'bjuːtənɒl *Am* 'bjuːtənɑːl/ *n.* (*Chim*) butanolo *m.*

butch /bʊtʃ/ *a.* mascolino. □ (*Am*) *~ haircut* taglio a spazzola.

butcher /'bʊtʃə^r/ **I** *n.* 1 macellaio *m.* (*f.* -a), (*ant*) beccaio *m.* (*f.* -a): *to go to the ~'s* andare alla macelleria, andare dal macellaio. 2 (*slaughterer*) macellatore *m.* (*f.* -trice), macellaio *m.* (*f.* -a). 3 (*fig*) assassino *m.* (*f.* -a), macellaio *m.* (*f.* -a), boia *m.* 4 (*Am*) (*seller*) venditore *m.* (*f.* -trice) ambulante (di giornali, bibite, dolciumi sui treni ecc.). **II** *v.t.* 1 macellare. 2 (*fig*) massacrare, fare strage di. □ (*Ornit*) *~ bird* averla maggiore, laniere avvereccio; *~'s block* ceppo da macellaio; (*Bot*) *~'s broom* pungitopo; (*Br,colloq*) *to have a ~'s* dare un'occhiata; (*Br,Alim*) *~'s meat* carne fresca; *~'s shop* macelleria, (*ant*) beccheria.

butchery /'bʊtʃəri/ *n.* 1 macelleria *f.* 2 (*Br*) (*slaughterhouse*) macello *m.*, mattatoio *m.* 3 (*trade*) commercio *m.* di carni macellate. 4 (*fig*) macello *m.*, carneficina *f.*, strage *f.*

butler /'bʌtlə^r/ *n.* 1 maggiordomo *m.* 2 (*servant in charge of wines*) cameriere *m.* addetto ai vini.

butt[1] /bʌt/ *n.* 1 (*thick end*) estremità *f.* (più grossa): *the ~ of a spear* l'estremità di una lancia. 2 (*of a firearm*) calcio *m.*, impugnatura *f.* 3 (*of a plant*) ceppo *m.* 4 (*cigarette-end*) mozzicone *m.*, residuo *m.*: *a cigar ~* un mozzicone di sigaro. 5 (*spec.Am,sl*) (*buttocks*) culo *m.*, chiappe *f.pl.* 4 *v.i.* confinare (*on, against* con). **II** *v.t.* 1 far combaciare. 2 (*Tecn*) fare giunti di testa. □ (*Br,Dir*) *~ sand bounds* confini; (*Fal*) *~ hinge* cerniera; (*Fal*) *~ joint* giunto di testa; (*Arm*) *~ stock* (*of a firearm*) impugnatura.

butt[2] /bʌt/ **I** *n.* 1 (*target*) bersaglio *m.* 2 (*object of contempt*) zimbello *m.*, bersaglio *m.*, oggetto *m.* di scherno, oggetto *m.* di critiche. 3 (*Mil,Sport*) (*mound behind target*) terrapieno *m.* dietro un bersaglio. 4 *pl.* (*target range*) tiro *m.sing.* a segno, poligono *m.sing.* □ *to be the ~ of all jokes* essere lo zimbello di tutti.

butt[3] /bʌt/ **I** *v.t.* (*to ram*) dare una testata a (o contro); (*of an animal*) dare una cornata a, incornare. **II** *v.i.* 1 (*to ram*) dare di capo, andare a cozzare (*against, on* contro); (*of an animal*) dare cornate. 2 (*to protrude*) sporgere, protendere. **III** *n.* cozzo *m.*, cornata *f.*, testata *f.* □ (*colloq*) *to ~ in* interferire, intromettersi; (*Am,colloq*) *to ~ out* badare ai fatti propri, estromettersi.

butt[4] /bʌt/ *n.* (grossa) botte *f.*, barile *m.*

butte /bjuːt/ *n.* (*spec.Am,Geol*) colle *m.* isolato.

butt-end /bʌtend/ *n.* 1 estremità *f.* (più grossa). 2 (*cigarette end*) mozzicone *m.*

butter /'bʌtə^r *Am* 'bʌtər/ *n.* 1 burro *m.* 2 (*spread*) pasta *f.*, crema *f.* 3 (*fig*) adulazione *f.* **II** *v.t.* 1 imburrare: *to ~ bread* imburrare il pane. 2 (*sl*) (*to flatter*) adulare, (*colloq*) ungere. □ (*Bot*) *~ bean* fagiolo bianco di Spagna; 2 (*Am*) (*Lima bean*) fagiolo di Lima; (*Tecn*) *~ churn* zangola; *~ curler* arricciaburro; *~ dish* burriera; *~ fingers* persona maldestra, persona dalle mani di pasta frolla; *~ knife* coltello per tagliare il burro; (*Br,Tess*) *~ muslin* étamine, mussolina; (*Br*) *fine words ~ no parsnips* le belle parole non servono a nulla; *to ~ up* adulare, (*colloq*) ungere; *to look as if ~ would not melt in one's mouth* avere un'aria innocente, avere un'aria da santarellina.

butter-and-eggs /ˌbʌtər'n'egz *Am* ˌbʌtər'n'egz/ *n.pl.* (*costr.sing.*) (*Bot*) linaiola *f.*, linaria *f.*

butterball /'bʌtərbɔːl/ *n.* (*Am,colloq*) palla *f.* di lardo, ciccione *m.* (*f.* -a).

butterbur /'bʌtəbɜːr *Am* 'bʌtərbɜːr/ *n.* (*Bot*) farfaraccio *m.*

buttercream /'bʌtəkriːm *Am* 'bʌtərkriːm/ *n.* (*Gastron*) farcitura *f.* per torte.

buttercup /'bʌtəkʌp *Am* 'bʌtərkʌp/ *n.* (*Bot*) ranuncolo *m.*

butterfat /'bʌtəfæt *Am* 'bʌtərfæt/ *n.* grasso *m.* di latte.

butterfingered /'bʌtəˌfɪŋɡəd *Am* 'bʌtərˌfɪŋɡərd/ *a.* dalle mani di pasta frolla, maldestro.

butterfingers /'bʌtəˌfɪŋɡəz *Am* 'bʌtərˌfɪŋɡərz/ *n.* 1 persona *f.* maldestra, persona *f.* dalle mani di pasta frolla.

butterfish /'bʌtəfɪʃ *Am* 'bʌtərfɪʃ/ *n.* (*Itt*) gunnello *m.*

butterfly /'bʌtəflaɪ *Am* 'bʌtərflaɪ/ **I** *n.* 1 (*Entom*) farfalla *f.* 2 (*fig*) persona *f.* frivola, persona *f.* vanesia. 3 (*Sport*) nuoto *m.* a farfalla. **II** *a.* a farfalla. **III** *v.t.* aprire a farfalla. □ (*Bot*) *~ bush* buddleia; *~ clip* molletta per capelli (con decorazione a farfalla); (*Sport*) *~ dolphin* nuoto a delfino; *~ effect* effetto farfalla; (*Itt*) *~ fish* pesce farfalla; *~ net* acchiappafarfalle, retino per le farfalle; (*Mecc*) *~ nut* galletto, dado ad alette; *to have butterflies in one's stomach* essere molto agitato (fin quasi alla nausea); (*Sport*) *~ stroke* nuoto a farfalla: *to do the ~ stroke* nuotare a farfalla; *~ valve*: 1 (*Mot*) (*clack valve*) valvola a cerniera; 2 (*Mot*) (*throttle valve*) valvola a farfalla.

butteriness /'bʌtərinəs *Am* 'bʌtərinəs/ *n.* burrosità *f.*

buttermilk /'bʌtəmilk *Am* 'bʌtərmilk/ *n.* 1 latticello *m.* 2 (*colour*) color *m.* crema.

butternut /'bʌtənʌt *Am* 'bʌtərnʌt/ *n.* 1 (*Bot*) noce *m.* cinereo americano. 2 (*Bot*) (*Souari nut*) noce *f.* del souari. 3 (*Stor.am*) soldato *m.* confederato.

butterscotch /'bʌtəskɒtʃ *Am* 'bʌtərskɑːtʃ/ *n.* 1 caramella *f.* al gusto di caramello. 2 (*flavour*) mou *m.*, caramello *m.*

butterwort /'bʌtəwɜːt *Am* 'bʌtərwɜːrt/ *n.* (*Bot*) pinguicola *f.*

buttery[1] /'bʌtəri *Am* 'bʌtəri/ *a.* burroso.

buttery[2] /'bʌtəri *Am* 'bʌtəri/ *n.* 1 (*store room*) dispensa *f.* 2 (*Univ*) spaccio *m.*

buttock /'bʌtək *Am* 'bʌtək/ *n.* 1 (*Anat*) natica *f.* 2 (*Macell*) girello *m.* e controgirello (di manzo). 3 *pl.* (*of humans*) sedere *m.sing.*, glutei *m.pl.*, (*scherz*) chiappe *f.pl.*; (*of animals*) posteriore *m.sing.*, groppa *f.sing.*

button[1] /'bʌtən/ *n.* 1 bottone *m.* 2 (*El,Inform*) pulsante *m.*, tasto *m.*, bottone *m.*: *mouse ~* tasto del mouse. 3 (*Am*) (*badge*) distintivo *m.* 4 (*Bot*) (*bud*) bottone *m.* (fiorale), bocciolo *m.*,

gemma *f.*; (*head of mushroom*) testa *m.* **5** (*of a fencing foil*) bottone *m.* □ (*El*) ~ **battery** batteria a pastiglia; ~ **boy** fattorino d'albergo; (*fig*) *to take so. by the* ~ attaccare un bottone a qcu.; ~**fly** chiusura a bottoni; ~ **hook** gancio allacciabottoni; ~ **mushroom** funghetto; *on the* ~: **1** nel segno: *to be right on the* ~ colpire nel segno, azzeccarci; **2** (*spec. Am*) (*very punctual*) puntualissimo; (*Zool*) ~ **quail** turnicide; (*fig*) *to be a* ~ **short** essere duro di comprendonio; (*Bot*) ~ **tree** (o ~ **wood**) platano occidentale.

button² /'bʌtⁿn/ **I** *v.t.* **1** abbottonare. **2** (*to provide with buttons*) fornire di bottoni. **II** *v.i.* **1** abbottonarsi: *this jacket -s at the back* questa giacca si abbottona sul dietro. **2** (*Bot*) gemmare, germogliare. **3** (*Sport*) (*in fencing*) toccare. □ *to* ~ *one's lips* stare zitto, (*colloq*) chiudere il becco; *to* ~*up* abbottonare: *to* ~ *up a coat* abbottonare una giacca; *to be -ed up* essere abbottonato (*anche fig*).

button-fly /'bʌtⁿnflaɪ/ *n.* (*anche pl.*) chiusura *f.* a bottoni. □ ~*jeans* jeans con chiusura a bottoni.

buttonhead, button-head /'bʌtⁿnhed/ □ (*Mecc*) ~*rivet* chiodo a testa bombata.

buttonhole /'bʌtⁿnhəʊl/ **I** *n.* **1** asola *f.*, occhiello *m.* **2** (*Br*) (*boutonnière*) fiore *m.* all'occhiello. **II** *v.t.* **1** (*Sart*) fare il punto asola, fare il punto a occhiello. **2** (*to make buttonholes in*) fare le asole a, fare gli occhielli a. **3** (*fig*) attaccare un bottone a. □ (*Sart*) ~ *machine* occhiellatrice; ~*stitch* (*in embroidery*) punto festone, punto smerlo.

buttonholer /'bʌtⁿn,həʊlər/ *n.* (*fig*) attaccabottoni *m./f.*

buttonhook /'bʌtⁿnhʊk/ *n.* gancio *m.* allacciabottoni.

buttonless /'bʌtⁿnləs/ *a.* senza bottoni.

buttons /'bʌtⁿnz/ *n.pl.* (*costr.sing.*) (*Br*) fattorino *m.* d'albergo.

buttonwood /'bʌtⁿnwʊd/ *n.* **1** (*Am,Bot*) (*plane*) platano *m.* d'occidente. **2** (*Bot*) (*mangrove*) mangrovia *f.*

buttress /'bʌtrɪs/ **I** *n.* **1** (*Arch*) contrafforte *m.*, sperone *m.* **2** (*fig*) (*support*) appoggio *m.*, sostegno *m.*; (*defence*) baluardo *m.* **II** *v.t.* **1** rinforzare con un contrafforte, rinforzare con uno sperone. **2** (*fig*) (*to support*) appoggiare, sostenere, rafforzare. □ (*fig*) *to* ~*up* appoggiare, sostenere, rafforzare.

butty /'bʌti/ *n.* (*Br,dial*) **1** (*friend*) compagno *m.*, amico *m.* **2** (*sandwich*) panino *m.*

butyl /'bju:tɪl *Am* 'bju:tⁿl/ *n.* (*Chim*) butile *m.* □ (*Ind*) ~*rubber* gomma butilica, gomma butile.

butylene /'bju:tɪli:n *Am* 'bju:tⁿli:n/ *n.* (*Chim*) butilene *m.*

butyric /bju'tɪrɪk *Am* bju:'tɪrɪk/ *a.* (*Chim*) butirrico: ~ *acid* acido butirrico.

buxom /'bʌksəm/ *a.* **1** (*of a woman: full-bosomed*) formosa, florida, prosperosa. **2** (*rar*) (*plump*) paffuta, rotonda.

buxomness /'bʌksəmnəs/ *n.* formosità *f.*, prosperosità *f.*, floridezza *f.*

buy¹ /baɪ/ (*past, p.p.* **bought** /bɔ:t/) *v.t.* **1** comprare, comperare, acquistare: *my wife is fond of -ing* mia moglie ha la passione degli acquisti. **2** (*to obtain*) ottenere, comprare, procurare. **3** (*to hire*) ingaggiare. **4** (*to bribe*) comprare, corrompere (con denaro): *to* ~ *a witness* comprare un testimone. **5** (*to be the purchasing equivalent of*) valere, avere un potere d'acquisto di. **6** (*Teol*) redimere, acquistare. **7** (*colloq*) (*to believe*) credere a, (*colloq*) bere. □ *to* ~*a bull* comprare allo scoperto; (*fig*) *to* ~*a pig in a poke* comprare qcs. alla cieca, comprare qcs. a occhi chiusi; *to* ~ *sth. back* ricomprare qcs.; *to* ~ *cash*

comprare in contanti; (*fig*) *to* ~ *dear* acquistare con grande sacrificio, acquistare a caro prezzo; *to* ~ *in*: **1** comprare una scorta di, comprare uno stock di; **2** (*at an auction*) ricomprare (per conto del venditore); (*colloq*) *to* ~ *into*: **1** comprare titoli di, comprare azioni di; **2** (*to buy a part of*) comprare una quota: *to* ~ *into a timesharing scheme* comprare una quota in una multiproprietà; **3** (*Am*) (*to accept*) accettare, credere a; (*sl*) *to* ~*it*: **1** credere: *he bought it* ci ha creduto, l'ha bevuta; **2** (*to give up*) rinunciare a indovinare, arrendersi: *OK, I'll* ~ *it* va bene, mi arrendo; **3** (*to die*) crepare, tirare le cuoia: *he's bought it* è crepato; *to* ~ *off* : **1** (*to bribe*) corrompere, comprare; **2** (*to silence through bribery*) comprare il silenzio di, far tacere; *to* ~ *on credit* comprare a credito; (*Comm*) *to* ~ *on term* comprare a termine; *to* ~ *out*: **1** rilevare la quota di: *he bought his partner out* ha rilevato la quota del suo socio; **2** (*of a business*) comprare, rilevare; *to* ~*over* (*to bribe*) corrompere, comprare; (*Am,fig*) *to* ~ *the farm* morire; *to* ~ *time* guadagnare tempo; *to* ~*up* comprare l'intero stock di, accaparrarsi, fare incetta di.

buy² /baɪ/ *n.* **1** acquisto *m.*, spesa *f.*, compera *f.* **2** (*bargain*) affare *m.*, occasione *f.*: *a bad* ~ un cattivo affare; *a good* ~ un buon acquisto, un affare.

buy-back /'baɪbæk/ *n.* (*Comm,Econ*) riacquisto *m.*

buyer /'baɪər/ *n.* **1** compratore *m.* (*f.* -trice), acquirente *m./f.* **2** (*Comm*) addetto *m.* (*f.* -a) agli acquisti, direttore *m.* (*f.* -trice) del reparto acquisti, compratore *m.* (*f.* -trice), buyer *m./f.* □ (*Econ*) -*s' market* mercato favorevole ai compratori, mercato al ribasso; -*s' option* premio per i compratori.

buying /'baɪɪŋ/ **I** *n.* acquisto *m.*, compera *f.* **II** *a.* degli acquisti. □ ~*department* reparto acquisti, ufficio acquisti; (*Econ*) ~*power* potere d'acquisto; (*Comm*) ~*price* prezzo d'acquisto; (*Econ*) ~ *rate* cambio d'acquisto; *to* ~ *up* accaparramento.

buyout, buy-out /'baɪaʊt/ *n.* (*Econ*) rilevamento *m.*: *management* ~ rilevamento dall'interno.

buzz /bʌz/ **I** *n.* **1** ronzio *m.*: *the* ~ *of a fly* il ronzio di una mosca. **2** (*of people*) brusio *m.*, mormorio *m.* **3** (*of a buzzer*) suono *m.* di cicalino. **4** (*rumour*) diceria *f.*, voce *f.* **5** (*colloq*) (*telephone call*) colpo *m.* di telefono, telefonata *f.* **6** (*colloq*) (*thrill*) emozione *f.* **7** (*Fon*) suono *m.* della fricativa. **II** *v.i.* **1** ronzare. **2** (*of people talking*) emettere un brusio, bisbigliare, mormorare. **3** (*to gossip*) spettegolare, fare della maldicenza. **4** (*to move busily*) agitarsi, correre qua e là. **5** (*to dart, to whizz*) sfrecciare, filare; (*to go away*) andarsene. **6** (*to fly at low altitude*) volare a bassa quota. **7** (*to use a buzzer*) chiamare con un cicalino. **III** *v.t.* **1** far ronzare. **2** (*to spread*) diffondere, spargere. **3** (*to signal with a buzzer*) segnalare con un cicalino. **4** (*colloq*) (*to telephone*) dare un colpo di telefono a, fare una telefonata a. **5** (*Aer*) sorvolare a bassa quota. □ *to* ~*about* agitarsi, correre qua e là; *to be all the* ~ essere molto di moda; (*Arm*) ~ *bomb* bomba volante; ~*book* libro che suscita un vespaio, libro di cui tutti parlano; *to* ~ *so. in* aprire la porta a qcu. (premendo un pulsante); (*colloq*) *to* ~*off* : **1** sfrecciare, filare; **2** (*to go away*) andarsene; (*Mecc*) ~*saw* sega circolare; ~*session* dibattito, discussione.

buzzard /'bʌzəd *Am* 'bʌzərd/ *n.* **1** (*Ornit*) poiana *f.*, buzzago *m.* **2** (*Am,Ornit*) avvoltoio *m.* **3** (*colloq*) bisbetico *m.* (*f.* -a), scorbutico (*f.* -a): *that old* ~ quel vecchio scorbutico.

buzzer /'bʌzər/ *n.* **1** (*El*) cicalino *m.*, vibratore *m.* a cicala, segnale *m.* acustico. **2** (*El*) (*button*) pulsante *m.* (che emette un segnale acustico). **3** (*Br,Aut*) clacson *m.* **4** (*Br,colloq*) telefono *m.* □ (*spec. Am*)*at the* ~ quasi alla fine del gioco, in zona Cesarini; (*colloq*)*on the* ~: **1** all'ultimo secondo; **2** (*ready*) prontissimo.

buzzing /'bʌzɪŋ/ **I** *a.* ronzante. **II** *n.* ronzio *m.*, brusio *m.*

buzzword /'bʌzwɜːd *Am* 'bʌzwɜːrd/ *n.* parola *f.* di moda, parola *f.* a effetto.

b.v., BV (*Econ*) *book value* (valore di carico, valore contabile).

B.V.M. (*Rel.catt*) *Blessed Virgin Mary* B.V.M. (Beata Vergine Maria).

BW **1** *biological warfare* (guerra biologica). **2** *bacteriological warfare* (guerra batteriologica).

b/w, B/W *black and white* B/N (bianco e nero).

BWR (*Nucl*) *Boiling Water Reactor* BWR (reattore ad acqua bollente).

by¹ /baɪ/ *prep.* **1** vicino a, presso: *come and sit* ~ *me* vieni a sederti vicino a me; *a house* ~ *the river* una casa presso il fiume. **2** (*over the surface of*) per: *he went* ~ *the longest route* è passato per la strada più lunga; *to travel* ~ *sea* viaggiare per mare. **3** (*via*) attraverso, via, per: *he sailed to India* ~ *the Suez Canal* è andato in India attraverso il canale di Suez. **4** (*past*) davanti a, vicino a: *she walked* ~ *me* mi è passata vicino. **5** (*of transport*) in, con: *to go* ~ *car* andare in macchina; *they arrived* ~ *ship* arrivarono con la nave. **6** (*to, into*) a, in: *he came* ~ (*our house*) *last night* è venuto a casa nostra ieri sera. **7** (*in compass readings*) *generally not translated*: *North* ~ *North East* Nord-Nord Est. **8** (*of time*) di, durante: ~ *night* di notte. **9** (*not later than*) entro, per: *I shall finish* ~ *tomorrow* finirò entro domani. **10** (*with passive verbs*) da: *he was killed* ~ *a car* fu ucciso da una macchina. **11** (*carried out by*) a opera di: *colonization* ~ *the French* la colonizzazione a opera dei francesi. **12** (*author, painter of*) di: *a novel* ~ *Steinbeck* un romanzo di Steinbeck. **13** (*by means of*) con, per mezzo di: *she earned her living* ~ *translating* si guadagnava da vivere con le traduzioni; *he made a fortune* ~ *hard work* costruì una fortuna lavorando duramente. **14** (*as a consequence of*) per, a causa di, con: *he won* ~ *a trick* vinse con un inganno. **15** (*in the opinion of, according to*) per, secondo: *it's all right* ~ *me* per me va bene; ~ *my watch* secondo il mio orologio. **16** (*in conformity with*) secondo, conformemente a: *to play* ~ *the rules* giocare secondo le regole; ~ *the terms of the agreement* secondo i termini dell'accordo. **17** (*of parts of the body*) per: *he took me* ~ *the arm* mi prese per il braccio. **18** (*to the extent of*) di: *he missed the target* ~ *a foot* mancò il bersaglio di un piede. **19** (*with periods of time, units of measure*) a, per: *he is paid* ~ *the week* è pagato a settimana; *eggs are sold* ~ *the dozen* le uova sono vendute a dozzina. **20** (*after, in order*) a, per: *inch* ~ *inch* centimetro per centimetro; *little* ~ *little* poco a poco. **21** (*on behalf of*) per, nell'interesse di: *to do one's best* ~ *so.* fare del proprio meglio nell'interesse di qcu. **22** (*born of*) da: *a child* ~ *his first wife* un figlio dalla prima moglie. **23** (*in oaths*) nel nome di, su: *to swear* ~ *all that is holy* giurare su tutto ciò che vi è di più sacro. **24** (*Mat*) per: *to multiply* 2 ~ 2 moltiplicare 2 per 2; *to divide* 60 ~ 20 dividere 60 per 20; *the box was three feet* ~ *two* la scatola era (o misurava) tre piedi per due. □ ~*made* ~*hand* fatto a mano; *to have sth.* ~ *one* avere qcs. a portata di mano; *one ~ one* uno alla volta, (a) uno a uno; *~ oneself*: 1 (*alone*) (da) solo; 2 (*without help, unaided*) da solo, da sé: *I did it ~ myself* l'ho fatto da me; *what do you mean ~ that?* che cosa intendi dire con ciò?, che cosa vuoi dire con questo?; *~ the ~* a proposito, tra parentesi; *~ twos* due alla volta, (a) due a due.

by² /baɪ/ **I** *avv.* **1** vicino: *the shops are close ~* i negozi sono molto vicini. **2** (*past*) oltre: *he passed ~ without stopping* passò oltre senza fermarsi. **3** (*aside*) da parte, via: *put your work ~* metti da parte il lavoro. **II** *a.* **1** laterale, secondario. **2** (*secondary*) secondario, marginale, incidentale. ☐ *~ and ~* tra poco, tra breve; *~ and large* nell'insieme, in complesso, tutto sommato.

by-blow /'baɪbloʊ/ *n.* (*Br*) **1** colpo *m.* accidentale, colpo *m.* casuale. **2** (*illegitimate child*) figlio *m.* (*f.* -a) illegittimo.

bye /baɪ/ **I** *intz.* arrivederci, ciao. **II** *n.* (*Sport*) (*in golf*) buche *f.pl.* rimandate alla partita successiva; (*in cricket*) punto *m.* per palla passata. ☐ *by the ~* a proposito, tra parentesi.

bye-bye /ˌbaɪ'baɪ, bʌb'aɪ/ *intz.* arrivederci, ciao. ☐ (*infant*) *to go ~* (o *to go -s*): **1** (*Br*) andare a nanna; **2** (*Am*) andare via.

by-election /'baɪˌlekʃən/ *n.* (*Parl*) elezione *f.* suppletiva.

Byelorussia /ˌbjelou'rʌʃə/ *n.pr.* (*Geog*) Bielorussia *f.*

Byelorussian /ˌbjelou'rʌʃən/ **I** *a.* bielorusso. **II** *n.* bielorusso *m.* (*f.* -a).

bygone /'baɪgɒn Am 'baɪgɑːn/ **I** *a.* passato, del passato: *~ days* i tempi passati, i tempi an-

dati. **II** *n.spec.pl.* passato *m.* ☐ *Prov.: let -s be -s* il passato è passato, acqua passata non macina più.

by-lane /'baɪleɪn/ *n.* viottolo *m.*, via *f.* secondaria, sentiero *m.*

by-law /'baɪlɔː/ *n.* **1** (*Br,Dir*) legge *f.* locale, ordinanza *f.* locale. **2** (*Am*) (*of a corporation, company*) regolamento *m.*, statuto *m.* **3** (*subsidiary law*) legge *f.* suppletiva.

byline, by-line /'baɪlaɪn/ *n.* **1** (*Giorn*) riga *f.* con il nome dell'autore. **2** (*Sport*) (*in football*) linea *f.* di porta.

by-monthly /ˌbaɪ'mʌnθli/ **I** *avv.* ogni quindici giorni. **II** *a.* (*Giorn*) quindicinale.

byname /'baɪneɪm/ *n.* soprannome *m.*, nomignolo *m.*

BYOB /ˌbiːwaɪoʊ'biː/ (*colloq*) *bring your own bottle* (ognuno porti da bere). ☐ (*colloq*) *~ party* festa a cui gli invitati si presentano con una bottiglia.

bypass /'baɪpɑːs Am 'baɪpæs/ **I** *n.* **1** (*Strad*) tangenziale *f.*, circonvallazione *f.*; (*detour*) deviazione *f.* **2** (*Med*) by-pass *m.* **3** (*pipe, channel*) by-pass *m.*, tubo *m.* di derivazione. **4** (*El*) derivazione *f.*, ramo *m.* in parallelo. **II** *v.t.* **1** seguire la circonvallazione di, girare attorno a. **2** (*to avoid*) evitare, aggirare, bypassare (*anche fig*). **3** (*of a fluid, gas*) far passare in un by-pass. **4** (*fig*) (*to ignore*) scavalcare: *to ~ office procedures* scavalcare le procedure d'ufficio.

bypath /'baɪpɑːθ Am 'baɪpæθ/ *n.* **1** via *f.* secondaria. **2** (*private path*) via *f.* privata. ☐ (*fig*) *the -s of history* i retroscena della storia.

byplay, by-play /'baɪpleɪ/ *n.* (*Teat*) azione *f.* secondaria (sul palcoscenico).

by-product /'baɪˌprɒdəkt Am 'baɪˌprɑːdəkt/ *n.*

1 (*Ind*) sottoprodotto *m.* **2** (*fig*) conseguenza *f.*, effetto *m.* secondario.

byre /'baɪər/ *n.* (*Br,Agr*) stalla *f.* per mucche, vaccheria *f.*

byroad, by-road /'baɪroʊd/ *n.* strada *f.* secondaria.

Byronic /baɪ'rɒnɪk Am baɪ'rɑːnɪk/ *a.* (*Lett*) byroniano.

Byronism /'baɪrənɪzəm/ *n.* byronismo *m.*

byssinosis /ˌbɪsɪ'noʊsɪs/ *n.* (*Zool,Tess*) bissinosi *f.*

byssus /'bɪsəs/ (*pl.* **-es** /-əz/, **byssi** /'baɪsaɪ, 'bɪsiː/) *n.* (*Med*) bisso *m.*

bystander /'baɪˌstændər/ *n.* astante *m./f.*, spettatore *m.* (*f.* -trice). ☐ (*Biol*) *~ effect* effetto spettatore, effetto bystander.

by-street /'baɪstriːt/ *n.* strada *f.* secondaria, strada *f.* fuorimano.

byte /baɪt/ *n.* (*Inform*) byte *m.*

byway /'baɪweɪ/ *n.* **1** strada *f.* secondaria, strada *f.* poco frequentata. **2** (*fig*) parte *f.* poco conosciuta, campo *m.* secondario.

byword /'baɪwɜːd Am 'baɪwɜːrd/ *n.* **1** (*buzzword*) parola *f.* d'ordine. **2** (*fig*) (*embodiment*) simbolo *m.*: *the magazine has become a ~ for style* la rivista è diventata un simbolo di eleganza. **3** (*proverb*) proverbio *m.*, cosa *f.* proverbiale.

Byzantine /b(a)ɪ'zæntaɪn Am 'b(a)ɪzən'tiːn/ **I** *a.* (*Art,Rel*) bizantino. **II** *n.* bizantino *m.* (*f.* -a). ☐ (*Stor*) *~ schism* scisma d'Oriente.

Byzantinism /b(a)ɪ'zæntɪnɪzəm Am 'bɪzæntɪnɪzəm/ *n.* (*Art,Lett*) bizantinismo *m.*

Byzantium /b(a)ɪ'zæntɪəm/ *n.pr.* (*Geog.stor*) Bisanzio *f.*

C

c, C[1] /siː/ (*pl.* **c's/cs, C's/Cs** /siːz/) *n.* c, C *f./m.*: (*Tel*) *C for Charlie* (o *Am C as in Charlie*) c come Catania.

C[2] /siː/ *n.* **1** (*Mus*) do m.: *C major* do maggiore. **2** (*Inform*) C m. (linguaggio di programmazione). ☐ (*Mus*) *C clef* chiave di do.

C[3] *Cuba* C (Cuba).

c. 1 *cent* (centesimo). **2** *century* sec. (secolo).

C. 1 (*Geog*) *Cape* C. (capo). **2** *city* c. (città). **°C** *degree Celsius* °C (grado celsius).

CA 1 (*Geog*) *Central America* America centrale. **2** *California* CA (California). **3** (*Br*) *chartered accountant* (revisore ufficiale dei conti, commercialista). **4** *commercial agent* (agente di commercio).

ca. *circa* ca. (circa).

C/A (*Econ*) **1** *capital account* (conto capitale). **2** *current account* c/c, c.c., cc (conto corrente). **3** *credit account* (conto creditori). **4** *cash account* (conto cassa).

cab /kæb/ **I** *n.* **1** (*taxicab*) taxi m., (*ant*) tassì m.: *to hail a ~* fermare un taxi. **2** (*horse-drawn vehicle*) carrozza f. di piazza, carrozza f. da nolo, carrozzella f. **3** (*Am*) (*of a railway engine, lorry, etc.*) cabina f. **II** *v.i.* (*past, p.p.* **cabbed** /-d/) andare in taxi. ☐ *~ driver* taxista; *~ rank* fila di taxi (in un posteggio); *~ stand*: 1 (*for taxicabs*) posteggio di taxi, stazione di taxi; 2 (*for horse-drawn vehicles*) posteggio di carrozze da nolo.

cabal /kəˈbæl/ **I** *n.* **1** (*Stor*) cabala f. **2** (*intrigue, plot*) cabala f., intrigo m., complotto m. **3** (*clique, coterie*) conventicola f., cricca f. **II** *v.i.* (*past, p.p.* **caballed** /-d/) congiurare, tramare cabale.

Cabala /kaˈbaːla/ *n.* cabala f. (*anche Rel.ebr*).

cabalism /ˈkæbəlɪzᵊm/ *n.* (*Rel.ebr*) cabalismo m.

cabalist /ˈkæbəlɪst/ *n.* cabalista m./f.

cabalistic /ˌkæbəˈlɪstɪk/ *a.* cabalistico.

caballer /kəˈbɔːlər/ *n.* **1** (*Rel.ebr*) cabalista m./f. **2** (*plotter*) cospiratore m. (f. -trice).

caballero /ˌkæbəˈleərou Am ˌkæbəˈlerou/ *n.* **1** (*Spanish gentleman*) caballero m. **2** (*Am*) cavallerizzo m., cavaliere m.

cabana /kəˈbɑːnə Am also kəˈbænə/ *n.* (*Am*) cabina f., capanno m. (da spiaggia).

cabaret /ˈkæbəreɪ, ˌkæbəˈreɪ/ **I** *n.* **1** (*floor show*) cabaret m., varietà m. **2** (*restaurant*) cabaret m., caffè m. concerto. **II** *a.* cabarettistico, da cabaret. ☐ *~ show* spettacolo cabarettistico.

cabbage /ˈkæbɪdʒ/ *n.* **1** (*Bot*) cavolo m. cappuccio. **2** (*Alim*) cavolo m. **3** (*Br,colloq*) vegetale m., persona f. ridotta a un vegetale. ☐ (*Entom*) *~ butterfly*: 1 (*small white*) rapaiola, cavolaia minore; 2 (*large white*) cavolaia; (*Bot*) *~ lettuce* lattuga cappuccio; (*Bot*) *~ palmetto* palmetto; *~ patch* cavolaia, cavolaio; (*Bot*) *~ rose* rosa centifoglia; *~ stalk* (o *~ stump*) torsolo di cavolo; (*Bot*) *~ tree* palmetto; (*Entom*) *~ white*: 1 (*small white*) rapaiola, cavolaia minore; 2 (*large white*) cavolaia.

cabbagehead /ˈkæbɪdʒhed/ *n.* **1** cavolo m. **2** (*sl*) imbecille m./f., testa f. di cavolo.

cabbala /kəˈbɑːlə/ *n.* cabala f. (*anche Rel.ebr*).

cabbalism /ˈkæbəlɪzᵊm/ *n.* (*Rel.ebr*) cabalismo m.

cabby /ˈkæbi/ (*pl.* **cabbies** /-z/) *n.* **1** (*of a taxi*) taxista m./f., tassista m./f. **2** (*of a horse-drawn carriage*) vetturino m., cocchiere m.

cabdriver /ˈkæbˌdraɪvər/ *n.* **1** (*of a taxi*) taxista m./f., tassista m./f. **2** (*of a horse-drawn carriage*) vetturino m., cocchiere m.

caber /ˈkeɪbər/ *n.* (*Scott,Sport*) tronco m. (da lancio): *to toss the ~* lanciare il tronco.

cabin /ˈkæbɪn/ **I** *n.* **1** (*wooden house*) casetta f. di legno, bungalow m. **2** (*wooden shelter*) capanna f., casupola f.; (*shed*) baracca f. **3** (*enclosed space*) cabina f.: *the ~ of a cable car* la cabina di una funivia. **4** (*Mar*) cabina f. **5** (*Aer*) (*passenger's compartment*) cabina f. passeggeri; (*cargo compartment*) stiva f. **6** (*Ferr*) cabina f. di manovra. **II** *v.t.* rinchiudere in uno spazio ristretto, ingabbiare. ☐ *~ boy*: 1 (*Mar*) mozzo; 2 (*waiter*) aiuto cameriere di bordo; *~ class* sistemazione di seconda classe; (*Aer*) *~ crew* personale di cabina; *~ cruiser* cabinato, motoscafo cabinato; (*Am,colloq*) *~ fever* l'essere stanco di vivere senza stimoli esterni (per es. in casa o in una zona remota); (*Aer*) *~ staff* personale di cabina.

cabin-class /ˈkæbɪnklɑːs Am ˈkæbɪnklæs/ **I** *a.* di seconda classe. **II** *avv.* in seconda classe.

cabinet /ˈkæbɪnɪt/ **I** *n.* **1** (*Arred*) (*cupboard*) mobiletto m., armadietto m.; (*display cabinet*) vetrina f.: *a china ~* una vetrina per le porcellane. **2** (*Pol*) gabinetto m.; (*government*) governo m., consiglio m. dei ministri. **3** (*housing for radio, television, etc.*) mobile m. **4** (*ant*) (*small private room*) stanzetta f. appartata. **II** *a.* **1** (*Pol*) del gabinetto, del governo: *a ~ meeting* una riunione del governo. **2** (*Fal*) dell'ebanisteria. ☐ (*Pol*) *~ crisis* crisi di governo, crisi ministeriale; *~ edition* edizione pregiata; (*Fal*) *~ maker* ebanista; (*Fal*) *~ making* ebanisteria; (*Pol*) *Cabinet Minister* membro del gabinetto, ministro; (*GB,Pol*) *Cabinet Office* Ufficio di gabinetto; *~ photograph* fotografia formato album, fotografia formato gabinetto; (*Dolc*) *~ pudding* dolce a base di frutta candita.

cable /ˈkeɪbl/ **I** *n.* **1** cavo m., canapo m. **2** (*Mar*) (*rope*) cavo m., gomena f.; (*anchor chain*) catena f. dell'ancora. **3** (*Mar*) (*cable's length*) misura f. di lunghezza (da 608 a 720 piedi). **4** (*El,Elettron*) cavo m. **5** (*Tel*) cavo m. telefonico. **6** (*Tel*) (*cablegram*) cablogramma m., cablo m. **7** (*Arch*) rudente m./f. **8** (*cable television*) televisione f. via cavo. **II** *v.t.* **1** munire di un cavo. **2** (*to fasten with a cable*) legare con un cavo, fissare con un cavo. **3** (*Elettron*) cablare. **4** (*Tel*) cablare, trasmettere per cablogramma. **III** *v.i.* (*Tel*) inviare un cablogramma, trasmettere un cablogramma. ☐ *~ address* indirizzo cablografico; *~ box* levisione via cavo; *~ car*: 1 (*of a cableway*) cabina teleferica, cabina di funivia; 2 (*of a cable railway*) vagone di funicolare, cabina di funicolare; *~ code* codice cablografico; (*Tel*) *~ hook-up* collegamento via cavo; (*Tel*) *~ joiner* giuntista; *~ knit* (*in knitting*) a trecce; (*Mar*) *~ locker* pozzo (per) catene; *~ railway* funicolare; *~ stitch* (*in knitting*) treccia f.; (*TV*) *~ system* sistema via cavo; *~ television* TV via cavo, televisione via cavo; *~ tramway* funicolare aerea, ~ transfer bonifico ca-

blografico; *to ~ up* collegare a un sistema di televisione via cavo.

cablecast /ˈkeɪblkɑːst Am ˈkeɪblkæst/ **I** *n.* trasmissione f. televisiva via cavo. **II** *v.t.* trasmettere via cavo.

cablegram /ˈkeɪblgræm/ *n.* (*Tel*) cablogramma m., cablo m.

cable-laid /ˈkeɪblleɪd/ *a.* (*Mar*) ritorto. ☐ (*Mar*) *~ rope* torticcio.

cable-layer /ˈkeɪblleɪᵊr/ *n.* operaio m. posacavi.

cable-ship /ˈkeɪblʃɪp/ *n.* (*Mar*) nave f. posacavi.

cablet /ˈkeɪblɪt/ *n.* (*Mar*) piccolo cavo m. (di circonferenza inferiore a 10 pollici).

cablevision /ˈkeɪblˌvɪʒᵊn/ *n.* TV f. via cavo, televisione f. via cavo.

cableway /ˈkeɪblweɪ/ *n.* teleferica f., funivia f.

cabling /ˈkeɪblɪŋ/ *n.* **1** (*Arch*) rudenti m./f.pl. **2** (*Tess*) ritorcitura f.

cabman /ˈkæbmən/ *n.irr.* **1** (*of a taxi*) taxista m., tassista m. **2** (*of a horse-drawn carriage*) vetturino m., cocchiere m.

cabochon /ˈkæbəʃɒn Am ˈkæbəʃɑːn/ **I** *n.* (*Oref*) cabochon m. **II** *avv.* (*Oref*) a cabochon.

caboodle /kəˈbuːdl/ ☐ *the whole ~* (o *the whole kit and ~*): 1 (*of things*) tutta la baracca, baracca e burattini, tutto; 2 (*of persons*) tutta la tribù.

caboose /kəˈbuːs/ *n.* **1** (*Mar,ant*) cambusa f. **2** (*Am,Ferr*) carro m. di servizio, vagone m. del personale viaggiante.

cabotage /ˈkæbətɑːʒ, ˈkæbətɪdʒ/ *n.* (*Mar*) cabotaggio m.

cabriolet /ˌkæbriˈouleɪ Am ˌkæbriouˈleɪ/ *n.* cabriolet m. (*anche Aut*).

ca'canny /kɑːˈkæni/ *n.* (*Br*) sciopero m. bianco.

cacao /kæˈkaʊ Am kæˈkoʊ/ (*pl.* **-s** /-z/) *n.* **1** (*Bot*) cacao m. **2** (*bean*) seme m. di cacao. ☐ *~ bean* seme di cacao; *~ butter* burro di cacao.

cachalot /ˈkæʃəlɒt Am ˈkæʃəlɑːt/ *n.* (*Zool*) capodoglio m.

cache /kæʃ/ **I** *n.* **1** nascondiglio m. **2** (*for munitions, foodstuffs*) deposito m. segreto. **3** (*sth. hidden*) provviste f.pl. segrete, provviste f.pl. nascoste. **II** *v.t.* nascondere, occultare. ☐ (*Inform*) *~ copy* copia cache; (*Inform*) *~ memory* (o *~ storage*) memoria cache.

cachectic /kəˈkektɪk/ *a.* (*Med*) cachettico.

cachet /ˈkæʃeɪ Am kæʃˈeɪ/ *n.* **1** sigillo m. **2** (*feature*) segno m. caratteristico; (*mark*) impronta f., contrassegno m. **3** (*sign of approval*) crisma m., convalida f. **4** (*Farm*) cachet m., ostia f., cialdino m.

cachexia /kəˈkeksiə/ *n.* (*Med*) cachessia f.

cachexy /kəˈkeksi/ *n.* (*Med*) cachessia f.

cachinnate /ˈkækɪneɪt/ *v.i.* (*poet,lett*) ridere rumorosamente, ridere sguaiatamente.

cachinnation /ˌkækɪˈneɪʃᵊn/ *n.* (*poet,lett*) riso m. rumoroso, riso m. sguaiato.

cachinnatory /ˈkækɪnətᵊri Am ˈkækɪnətɔːri/ *a.* di risa rumorose, di risa sguaiate.

cachou /kæˈʃuː, ˈkæʃuː/ *n.* **1** (*Bot,Chim*) catecù m. **2** (*ant*) (*breath sweetener*) pasticca f. per profumare l'alito, mentina f.

cacique /kæˈsiːk/ *n.* **1** (*Indian chief*) cacicco m. **2** (*in Spain, Latin America*) pezzo m. grosso, alto papavero *m.* 3 (*Ornit*) cacicus *m.*

cackle /'kækl/ **I** *v.i.* 1 (*of a hen*) chiocciare; (*of a goose*) schiamazzare. 2 (*to laugh harshly*) ridere in modo stridulo, ridere in maniera roca. 3 (*to prattle*) blaterare, ciarlare. **II** *v.t.* esprimere con petulanza, dire con voce stridula. **III** *n.* 1 (*of a hen*) coccodè *m.*; (*of a goose*) schiamazzo *m.* 2 (*prattle*) chiacchierio *m.*, ciarlio *m.*, chiacchiere *f.pl.*: *cut the* ~ basta con le chiacchiere.

cacodaemon, cacodemon /ˌkækou-'diːmən/ *n.* genio *m.* cattivo.

cacography /kə'kɒgrəfi *Am* kə'kɑːgrəfi/ *n.* cacografia *f.*

caconym /'kækənɪm/ *n.* 1 (*erroneous name*) nome *m.* errato. 2 (*in sociolinguistics*) termine *m.* da evitare.

cacophonous /kə'kɒfənəs *Am* kə'kɑːfənəs/ *a.* cacofonico.

cacophony /kə'kɒfəni *Am* kə'kɑːfəni/ *n.* cacofonia *f.*

cactaceous /kæk'teɪʃəs/ *a.* (*Bot*) delle cactacee.

cactoid /'kæktɔɪd/ *a.* cactiforme.

cactus /'kæktəs/ (*pl.* **-ti** /-taɪ/, **-tuses** /-təsɪz/) *n.* (*Bot*) cactus *m.*

cad /kæd/ *n.* (*sl*) villano *m.*, furfante *m.*, mascalzone *m.*

CAD /kæd/ (*Inform*) *Computer Aided Design* CAD (progettazione assistita dal computer).

cadastral /kə'dæstrəl/ *a.* catastale: ~ *survey* rilievo catastale.

cadastre /kə'dæstər/ *n.* catasto *m.*

cadaver /kə'deɪvər *Am* kə'dævər/ *n.* cadavere *m.*

cadaveric /kə'dævərɪk/ *a.* cadaverico.

cadaverine /kə'dævəriːn/ *n.* (*Chim*) cadaverina *f.*

cadaverous /kə'dævərəs/ *a.* 1 cadaverico. 2 (*fig*) (*pale*) cadaverico, pallido, smorto. 3 (*fig*) (*gaunt*) emaciato, smunto.

CAD/CAM /'kædkæm/ (*Inform*) *Computer Aided Design and Manufacturing* CAD/CAM (progettazione e fabbricazione assistite da computer).

caddice /'kædɪs/ *n.* (*Entom*) larva *f.* di friganea.

caddie /'kædi/ **I** *n.* (*Sport*) (*in golf*) caddie *m.*, portabastoni *m.* **II** *v.i.* (*Sport*) lavorare come caddie, fare il portabastoni. ☐ (*Sport*) ~ *cart* carrello portabastoni.

caddis[1] /'kædɪs/ *n.* 1 (*Tess*) filato *m.* di lana. 2 (*colloq*) (*cotton wool*) bambagia *f.*, ovatta *f.* ☐ (*Entom*) ~ *worm* larva di friganea.

caddis[2] /'kædɪs/ *n.* (*Entom*) larva *f.* di friganea.

caddish /'kædɪʃ/ *a.* villano, zotico.

caddishly /'kædɪʃli/ *avv.* (*behaving dishonorably*) maleducatamente, villanamente, zoticamente.

caddishness /'kædɪʃnəs/ *n.* villania *f.*

caddy[1] /'kædi/ *n./v.* → **caddie**

caddy[2] /'kædi/ *n.* (*tea caddy*) barattolo *m.* per il tè, scatola *f.* per il tè.

cadence /'keɪdəns/ *n.* 1 cadenza *f.*, inflessione *f.* 2 (*rhythm*) cadenza *f.*, ritmo *m.* 3 (*Metr, Mus*) cadenza *f.* 4 (*Fon*) (*fall in pitch*) cadenza *f.*; (*modulation*) intonazione *f.*, modulazione *f.*

cadenced /'keɪdənst/ *a.* cadenzato, ritmico.

cadency /'keɪdənsi/ *n.* (*Arald*) discendenza *f.* da un ramo cadetto.

cadenza /kə'denzə/ *n.* (*Mus*) cadenza *f.*

cadet /kə'det/ *n.* 1 (*Mil*) cadetto *m.*, allievo *m.*: *an Air Force* ~ un cadetto dell'aeronautica. 2 (*trainee*) praticante *m./f.* 3 (*ant*) (*younger son*) cadetto *m.*, figlio *m.* cadetto. ☐ ~ *blue* grigioblù; ~ *grey* grigioazzurro.

cadetship /kə'detʃɪp/ *n.* grado *m.* di cadetto,

rango *m.* di cadetto.

cadet-ship /kə'detʃɪp/ *n.* (*Mar*) nave *f.* scuola.

cadge /kædʒ/ **I** *v.t.* (*colloq*) 1 mendicare, elemosinare. 2 (*to sponge*) scroccare (*from* da; *off* a): *to* ~ *a cigarette off so.* scroccare una sigaretta a qcu. **II** *v.i.* (*colloq*) 1 campare a scrocco, vivere a scrocco. 2 (*to beg*) mendicare, elemosinare (*for sth.* qcs.). ☐ (*colloq*) *to be on the* ~ essere uno scroccone.

cadger /'kædʒər/ *n.* 1 scroccone *m.* (*f.* -a) 2 (*pedlar*) venditore *m.* (*f.* -trice) ambulante.

Cadiz /kə'dɪz/ *n.pr.* (*Geog*) Cadice *f.*

Cadmaean, Cadmean /kæd'miːən *Br also* 'kædmiən/ *a.* (*Mitol*) di Cadmo. ☐ (*fig*) ~ *victory* vittoria di Pirro.

cadmic /'kædmɪk/ *a.* (*Chim*) del cadmio.

cadmium /'kædmiəm/ *n.* (*Chim*) cadmio *m.* ☐ (*Met*) ~ *plating* cadmiatura; ~ *yellow* giallo di cadmio.

cadmium-coated /'kædmiəmˌkoutɪd/ *a.* (*Met*) cadmiato.

cadmium-plate /'kædmiəmˌpleɪt/ *v.t.* (*Met*) cadmiare.

cadmium-plated /'kædmiəmˌpleɪtɪd *Am* 'kædmiəmˌpleɪtɪd/ *a.* (*Met*) cadmiato.

Cadmus /'kædməs/ *n.pr.m.* (*Mitol*) Cadmo.

cadre /'kɑːdər, 'kɑːdr(ə) *Am* 'kædreɪ, 'kɑːdriː/ *n.* 1 (*Mil*) quadri *m.pl.* (degli ufficiali). 2 (*Pol*) gruppo *m.*, schiera *f.*, manipolo *m.* 3 (*group of trained men*) squadra *f.* 4 (*framework*) quadro *m.*, schema *m.*

caduceus /kə'djuːsiəs *Am also* kə'd(j)uːʃəs/ (*pl.* **-cei** /-siaɪ/) *n.* (*Mitol*) caduceo *m.*

caducity /kə'djuːsɪti *Am* kə'd(j)uːsəti/ *n.* 1 senilità *f.* 2 (*transientness*) caducità *f.* (*anche Biol*).

caducous /kə'djuːkəs *Am* kə'd(j)uːkəs/ *a.* 1 caduco, effimero, fugace. 2 (*Biol,Dir*) caduco.

CAE /ˌsiːeɪˈiː/ (*Inform*) *Computer Aided Engineering* CAE (ingegneria assistita da computer).

caecal /'siːkəl/ *a.* (*Anat*) cecale.

caecum /'siːkəm/ (*pl.* **-ca** /-kə/) *n.* (*Anat*) intestino *m.* cieco.

Caesar /'siːzər/ **I** *n.pr.m.* Cesare. **II** *n.* 1 (*Stor.rom*) Cesare *m.* 2 (*emperor*) imperatore *m.*, cesare *m.* 3 (*tyrant*) autocrate *m.* 4 (*temporal ruler*) sovrano *m.*, cesare *m.* ☐ (*Gastron*) ~ *salad* insalata a base di lattuga, petto di pollo, crostini, parmigiano e salsa Worcester; (*fig*) *to be like ~'s wife* essere al di sopra di ogni sospetto.

Caesarean /sɪ'zeəriən *Am* sɪ'zeriən/ **I** *a.* 1 cesariano, di Giulio Cesare. 2 (*imperial*) cesareo, imperiale. **II** *n.* 1 cesariano *m.* (*f.* -a), seguace *m./f.* di Giulio Cesare. 2 (*Chir*) taglio *m.* cesareo. ☐ (*Chir*) ~ *operation* (o ~ *section*) taglio cesareo.

Caesarism /'siːzərɪzəm *Am* 'siːzərɪzəm/ *n.* (*Pol*) cesarismo *m.*

Caesarist /'siːzərɪst/ *n.* (*Pol*) cesarista *m./f.*

Caesaropapism /'siːzərou,peɪpɪzəm/ *n.* (*Pol*) cesaropapismo *m.*

caesium /'siːziəm/ *n.* (*Chim*) cesio *m.* ☐ ~ *clock* orologio al cesio.

caesura /sɪ'zjuərə *Am* sə'zurə/ (*pl.* **-rae** /-riː/, **-s** /-z/) *n.* cesura *f.*

c.a.f., C.A.F. (*Comm*) 1 *cost and freight* C&N (costo e nolo). 2 *cost, assurance and freight* c.a.f., CAN (costo, assicurazione e nolo).

café /'kæfeɪ *Am* kæf'eɪ/ *n.* 1 bar *m.*, caffè *m.* 2 (*small restaurant*) trattoria *f.*, tavola *f.* calda. ☐ ~ *au lait* latte macchiato; ~ *curtain* tendina che copre solo la parte bassa della finestra; ~ *noir* caffè nero; ~ *society* bel mondo, café society.

cafeteria /ˌkæfɪ'tɪəriə *Am* ˌkæfɪ'tɪriə/ *n.* self service *m.* ☐ (*Am*) ~ *plan* pacchetto di indennità (offerto da un'azienda ai dipendenti).

cafetière /ˌkæfə'tjeər *Am* ˌkæfə'tjer/ *n.* caffettiera *f.* a presso-filtro.

caff /kæf/ *n.* (*Br,colloq*) (*café*) bar *m.*, caffè *m.*

caffè /'kæfeɪ/ ☐ ~ *latte* latte macchiato.

caffeinated /'kæfɪneɪtɪd *Am* 'kæfneɪtɪd/ *a.* contenente caffeina.

caffeine /'kæfiːn *Am* kæf'iːn/ *n.* (*Chim*) caffeina *f.* ☐ ~ *free* decaffeinato.

caftan /'kæftæn/ *n.* caffetano *m.*

cage /keɪdʒ/ **I** *n.* 1 gabbia *f.* 2 (*prison*) prigione *f.*, carcere *m.* 3 (*for a bank clerk, etc.*) sportello *m.* 4 (*of a lift*) gabbia *f.*, cabina *f.* 5 (*Edil*) ingabbiatura *f.* 6 (*Minier*) gabbia *f.* 7 (*Sport*) (*in hockey*) porta *f.*; (*in baseball*) cesto *m.* **II** *v.t.* 1 mettere in gabbia, ingabbiare, imprigionare. 2 (*Sport*) mandare in porta, insaccare. ☐ ~ *bird* uccello da gabbia; ~ *of a staircase* tromba delle scale.

cagey /'keɪdʒi/ *a.* (*colloq*) cauto, guardingo, circospetto.

caginess /'keɪdʒɪnəs/ *n.* (*colloq*) 1 cautela *f.*, circospezione *f.* 2 (*shrewdness*) astuzia *f.*

cagoule /kə'guːl/ *n.* (*Abbigl*) sottile impermeabile *m.* con cappuccio, mantellina *f.* impermeabile.

cagy /'keɪdʒi/ *a.* (*colloq*) cauto, guardingo, circospetto.

cahier /'kaɪjeɪ *Am* kɑː'jeɪ/ *n.* (*workbook or notebook*) quaderno *m.*

cahoots /kə'huːts/ *n.pl.* (*Am,sl*) (*collusion*) collusione *f.*, combutta *f.* ☐ *to be in* ~ *with so.*: 1 fare lega con qcu., fare società con qcu.; 2 (*to act in collusion*) essere in combutta con qcu.

CAI /ˌsiːeɪ'aɪ/ (*Inform*) *Computer Aided Instruction* CAI (istruzione assistita dal computer).

caiman /'keɪmən/ *n.* (*Zool*) caimano *m.*

Cain /keɪn/ *n.pr.m.* (*Bibl*) Caino. **II** *n.* (*fig*) assassino *m.* (*f.* -a).

Cainozoic /ˌkaɪnə'zouɪk/ **I** *a.* (*Geol*) cenozoico. **II** *n.* (*Geol*) cenozoico *m.*

caique, caïque /kɑː'iːk/ *n.* (*Mar*) caicco *m.*

Cairene /kaɪ(ə)'riːn *Am* kaɪ(ə)'riːn/ **I** *a.* (*Geog*) del Cairo, cairota. **II** *n.* (*Geog*) cairota *m./f.*

cairn /keən *Am* 'kern/ *n.* 1 mucchio *m.* di pietre. 2 (*tombstone*) tumulo *m.* 3 (*Zool*) (*cairn terrier*) cairn terrier *m.*

Cairo /'kaɪ(ə)rou/ *n.pr.* (*Geog*) il Cairo *m.*

caisson /'keɪsən *in engineering* kə'suːn/ *n.* 1 (*Idr,Mil*) cassone *m.* 2 (*Mar*) (*float*) cassone *m.* di immersione; (*coffer-dam*) cassone *m.* a tenuta idraulica. 3 (*Arch*) cassettone *m.* ☐ (*Med*) ~ *disease* malattia dei cassoni, embolia gassosa, malattia dei palombari.

caitiff /'keɪtɪf *Am* 'keɪtɪf/ **I** *a.* (*ant*) 1 spregevole, vile, ignobile. 2 (*cowardly*) codardo. **II** *n.* (*ant*) 1 individuo *m.* spregevole. 2 (*coward*) codardo *m.* (*f.* -a).

cajole /kə'dʒoul/ *v.t.* 1 (*to persuade: by flattery*) allettare, persuadere (con lusinghe): *he was -d into going* lo persuasero ad andarci. 2 (*to wheedle*) ottenere con lusinghe, ottenere con moine.

cajolement /kə'dʒoulmənt/ *n.* allettamento *m.*

cajolery /kə'dʒouləri/ *n.* allettamento *m.*

Cajun /'keɪdʒən/ **I** *n.* 1 cajun *m./f.* 2 (*language*) dialetto *m.* cajun. **II** *a.* cajun.

cake /keɪk/ **I** *n.* 1 (*Dolc*) torta *f.*, dolce *m.* 2 (*Gastron*) (*of unleavened bread*) schiacciata *f.*, focaccia *f.* 3 (*Gastron*) (*flat, round mass of food*) polpetta *f.*, crocchetta *f.* 4 (*compressed mass*) pane *m.*, barra *f.*, tavoletta *f.* 5 (*incrustation*) incrostazione *f.*, crosta *f.* **II** *v.t.* incrostare. **III** *v.i.* incrostarsi, rapprendersi, agglomerarsi. ☐ (*Br,fig*) ~*s and ale* i piaceri della vita, la vita allegra; ~ *flour* farina bianca; (*Cosmet*) ~ *make-up* cipria compatta; (*Dolc*) ~ *mix* miscela per torte; *a* ~ *of soap* una saponetta; *a* ~ *of tobacco* un blocchetto di tabacco; ~ *shop* pasticceria; (*Gastron*) ~ *slice* paletta per dolci; (*iron*) *to take the* ~ eccellere, ottenere la palma. *Prov.*: *you can't have your* ~ *and eat it too* non si può avere la botte piena e la moglie ubriaca.

cakewalk /'keɪkwɔːk/ *n.* **1** danza *f.* di origine afro-americana. **2** (*colloq,fig*) (*very easy task*) passeggiata *f.*, cosa *f.* estremamente facile, bazzecola *f.*, gioco *m.* da ragazzi.

caky /'keɪki/ *a.* **1** simile a una torta. **2** (*lumpy*) grumoso.

CAL /kæl, ˌsiːrˈel/ *Computer Aided Learning* CAL (apprendimento mediante computer).

cal. 1 *calendar* (calendario). **2** *calibre* (calibro).

Calabar /ˌkæləˈbɑːr, ˈkæləbɑːr/ ☐ (*Bot*) ~ *bean* fava del Calabar.

calabash /'kæləbæʃ/ *n.* **1** (*Bot*) zucca *f.* a fiasco, zucca *f.* da vino. **2** (*Bot*) (*calabash tree*) specie *f.* di crescenzia. **3** (*container*) zucca *f.*

calaboose /ˌkæləˈbuːs, ˈkæləbuːs/ *n.* (*colloq*) prigione *f.*, galera *f.*, gattabuia *f.*

calamander /ˌkæləˈmændər, ˈkæləmændər/ *n.* calamandra *f.* ☐ ~*wood* calamandra.

calamari /ˌkæləˈmɑːri/ *n.* (*Itt*) calamaro *m.*

calamine /'kæləmaɪn/ *n.* (*Min*) **1** (*hemimorphite*) calamina *f.*, emimorfite *f.* **2** (*smithsonite*) smithsonite *f.*

calamint /'kæləmɪnt/ *n.* (*Bot*) calaminta *f.*, nepitella *f.*, mentuccia *f.*

calamite /'kæləmaɪt/ *n.* (*Geol*) calamite *m.*

calamitous /kəˈlæmɪtəs Am kəˈlæmɪtəs/ *a.* disastroso, calamitoso, rovinoso.

calamitously /kəˈlæmɪtəsli Am kəˈlæmɪtəsli/ *avv.* in modo disastroso, in modo calamitoso, in modo rovinoso.

calamity /kəˈlæmɪti Am kəˈlæməti/ *n.* **1** flagello *m.*, piaga *f.* **2** (*misfortune*) sventura *f.*, disgrazia *f.* **3** (*disaster*) calamità *f.*, disastro *m.*: *natural calamities* calamità naturali. ☐ ~ *howler* profeta di sventure, cassandra.

calamus /'kæləməs/ (*pl.* **-mi** /-maɪ/) *n.* **1** (*Bot*) (*sweet flag*) calamo *m.* aromatico. **2** (*quill, reed pen*) calamo *m.*

calash /kəˈlæʃ/ *n.* **1** calesse *m.* **2** (*folding top*) mantice *m.* **3** (*hood*) cappuccio *m.*, cappellino *m.*

calcar /'kælkɑːr/ *n.* (*Vetr*) calcara *f.*, forno *m.* di calcinazione.

calcareous /kælˈkeəriəs Am kælˈkeriəs/ *a.* (*Min*) calcareo.

calceolaria /ˌkælsɪəˈleəriə Am ˌkælsɪəˈleriə/ *n.* (*Bot*) calceolaria *f.*

calceolate /'kælsɪələt/ *a.* (*Bot*) calceolato.

calcic /'kælsɪk/ *a.* (*Geol,Chim*) calcico.

calciferous /kælˈsɪfərəs/ *a.* (*Geol,Chim*) calcifero.

calcific /kælˈsɪfɪk/ *a.* **1** calcificante. **2** (*caused by calcification*) causato da calcificazione.

calcification /ˌkælsɪfɪˈkeɪʃən/ *n.* (*Med,Biol*) calcificazione *f.*

calcify /'kælsɪfaɪ/ **I** *v.i.* calcificarsi. **II** *v.t.* calcificare.

calcination /ˌkælsɪˈneɪʃən/ *n.* (*Tecn*) calcinazione *f.*

calcine /'kælsaɪn/ **I** *v.t.* sottoporre a calcinazione, calcinare. **II** *v.i.* calcinarsi, ridursi in cenere.

calcined /'kælsaɪnd/ *a.* calcinato.

calcite /'kælsaɪt/ *n.* (*Min*) calcite *f.*

calcitic /'kælsɪtɪk/ *a.* (*Min*) (*containing cal-*

cite) calcitico.

calcium /'kælsɪəm/ *n.* (*Chim*) calcio *m.* ☐ (*Chim*) ~ *carbide* carburo di calcio; (*Chim*) ~ *chloride* cloruro di calcio; (*Chim*) ~ *cyanamide* calciocianamide; (*Chim*) ~ *fluoride* fluoruro di calcio; (*Chim*) ~ *hydroxide* idrossido di calcio, idrato di calcio.

calculability /ˌkælkjʊləˈbɪlɪti Am ˌkælkjʊləˈbɪləti/ *n.* determinabilità *f.* mediante calcolo, accertabilità *f.* mediante calcolo.

calculable /'kælkjʊləbl/ *a.* calcolabile, accertabile.

calculably /'kælkjʊləbli/ *avv.* in modo calcolabile, in modo accertabile.

calculate /'kælkjʊleɪt/ **I** *v.t.* **1** calcolare: *to ~ the weight* calcolare il peso. **2** (*to ascertain by common sense*) calcolare, considerare, valutare: *he did not ~ the consequences of his action* non calcolò le conseguenze della sua azione. **3** (*spec. passive*) (*to plan*) essere inteso a, mirare a, essere calcolato per: *his words were -d to arouse passion* le sue parole miravano a suscitare emozione. **4** (*Am,dial*) (*to suppose*) credere, ritenere (*that* che); (*to plan*) contare di, intendere. **II** *v.i.* **1** eseguire calcoli, calcolare. **2** (*to rely*) contare, fare assegnamento (su). ☐ *to ~ on* (*o to ~ upon*) contare su, fare assegnamento su.

calculated /'kælkjʊleɪtɪd Am 'kælkjʊleɪtɪd/ *a.* **1** calcolato, accertato. **2** (*deliberate*) deliberato, ponderato, calcolato: *a ~ insult* un insulto deliberato. **3** (*intended*) inteso, volto (*to* a), studiato (per): *words ~ to deceive* parole volte a ingannare.

calculatedly /'kælkjʊˌleɪtɪdli Am 'kælkjʊˌleɪtɪdli/ *avv.* di proposito, in modo studiato.

calculating /'kælkjʊleɪtɪŋ Am 'kælkjʊleɪtɪŋ/ *a.* **1** che calcola, calcolatore. **2** (*cautious*) prudente, cauto. **3** (*scheming*) calcolatore, astuto. ☐ ~*machine* macchina calcolatrice, calcolatore, calcolatrice; *to behave in a* ~ *way* agire per calcolo.

calculatingly /'kælkjʊleɪtɪŋli Am 'kælkjʊleɪtɪŋli/ *avv.* di proposito, in modo studiato.

calculation /ˌkælkjʊˈleɪʃən/ *n.* **1** calcolo *m.*, conteggio *m.*, computo *m.*: ~ *of interest* calcolo degli interessi. **2** (*forecast*) previsione *f.*, congettura *f.* **3** (*shrewdness*) calcolo *m.*, astuzia *f.*

calculative /'kælkjʊlətɪv Am 'kælkjʊlətɪv/ *a.* del calcolo.

calculator /'kælkjʊleɪtər Am 'kælkjʊleɪtər/ *n.* **1** (*machine*) calcolatore *m.*, calcolatrice *f.* **2** (*person*) chi calcola, computista *m./f.*; (*operator*) operatore *m.* (*f.* -trice). **3** (*shrewd person*) calcolatore *m.* (*f.* -trice). **4** (*set of tables*) prontuario *m.* per calcoli.

calculous /'kælkjʊləs/ *a.* (*Med*) calcoloso.

calculus /'kælkjʊləs/ (*pl.* **-li** /-laɪ/, **-luses** /-ləsɪz/) *n.* (*Mat,Med*) calcolo *m.*

Calcutta /kælˈkʌtə Am kælˈkʌtə/ *n.pr.* (*Geog*) Calcutta *f.*

caldron /'kɔːldrən/ *n.* calderone *m.* (*anche fig*).

Caledonia /ˌkælɪˈdoʊniə/ *n.pr.* (*Geog.stor*) Caledonia *f.*

Caledonian /ˌkælɪˈdoʊniən/ **I** *a.* **1** (*Geol*) caledoniano. **2** (*Stor*) caledonio. **II** *n.* (*Stor*) caledonio *m.*

calefacient /ˌkælɪˈfeɪʃənt/ **I** *a.* riscaldante, (*lett*) calefaciente. **II** *n.* (*Farm*) calefaciente *m.*

calefaction /ˌkælɪˈfækʃən/ *n.* (*Fis*) calefazione *f.*

calefactory /ˌkælɪˈfæktəri/ **I** *a.* riscaldante, (*lett*) calefaciente. **II** *n.* (*in a monastery*) parlatorio *m.* riscaldato.

calendar /'kælɪndər/ **I** *n.* **1** (*system*) calendario *m.*: *the Aztec* ~ il calendario azteco. **2** (*table*) calendario *m.*, almanacco *m.* **3** (*list,*

register) annuario *m.*, lista *f.*, registro *m.* **4** (*schedule*) calendario *m.*, scaletta *f.* **II** *v.t.* **1** segnare sul calendario, annotare sul calendario. **2** (*to index*) classificare, schedare, registrare. ☐ (*Orol*) ~ *clock* orologio a calendario; (*Comm*) ~ *file* scadenzario; ~ *month* mese civile; (*Farm*) ~ *package* confezione calendario; ~ *year* anno civile.

calender /'kæləndər/ **I** *n.* (*Tecn,Cart*) calandra *f.* **II** *v.t.* (*Tecn*) calandrare, cilindrare.

calendering /'kæləndərɪŋ/ *n.* (*Tecn*) calandratura *f.*

calendric /kəˈlendrɪk/ *a.* (*pertaining to the calendar*) calendaristico.

calendrical /kəˈlendrɪkəl/ *a.* (*pertaining to the calendar*) calendaristico.

calends /'kælɪndz/ *n.pl.* (*Stor.rom*) calende *f.pl.*

calendula /kəˈlendjʊlə Am kəˈlendʒələ/ *n.* (*Bot*) calendula *f.*

calenture /'kæləntjʊər Am 'kæləntʃʊr/ *n.* (*Med*) calentura *f.*, febbre *f.* tropicale.

calf[1] /kɑːf Am kæf/ (*pl.* **calves** /kɑːvz Am kævz/) *n.* **1** (*Zool*) (*of a cow*) vitello *m.*; (*of certain other mammals*) piccolo *m.* **2** (*Pell*) vitello *m.*, pelle *f.* di vitello. **3** (*Br,colloq*) (*silly boy*) sciocco *m.*, tonto *m.* **4** (*Br,colloq*) (*callow boy*) sbarbatello *m.*, pivello *m.* **5** (*Geol*) blocco *m.* di ghiaccio (staccatosi da un iceberg). ☐ (*Zootecn*) *in ~* (*of a cow*) gravida, pregna; (*Br*) ~*love* amore da ragazzi, cotta giovanile; (*Pell*) ~*skin* vitello *m.*, pelle di vitello.

calf[2] /kɑːf Am kæf/ (*pl.* **calves** /kɑːvz Am kævz/) *n.* (*Anat*) polpaccio *m.*

calf-bound /'kɑːfbaʊnd Am 'kæfbaʊnd/ *a.* (*Legat*) rilegato in (pelle di) vitello.

Caliban /'kælɪbæn/ **I** *n.pr.m.* (*Lett*) Calibano. **II** *n.* (*fig*) mostro *m.*

caliber /'kælɪbər/ *a.* (*Am*) **1** (*Tecn*) calibro *m.* **2** (*fig*) levatura *f.*, importanza *f.*, calibro *m.*: *a writer of high* ~ uno scrittore di grande levatura.

calibrate /'kælɪbreɪt/ *v.t.* **1** calibrare (*anche Elettron*). **2** (*to mark with graduations*) graduare. **3** (*to rectify the graduation of*) tarare.

calibrated /'kælɪbreɪtɪd Am 'kælɪbreɪtɪd/ *a.* calibrato, tarato.

calibration /ˌkælɪˈbreɪʃən/ *n.* **1** calibratura *f.*, taratura *f.* **2** *pl.* (*set of graduations*) graduazione *f.*

calibrator /'kælɪbreɪtər Am 'kælɪbreɪtər/ *n.* calibratore *m.*

calibre /'kælɪbər/ *n.* **1** (*Tecn*) calibro *m.* **2** (*fig*) levatura *f.*, importanza *f.*, calibro *m.*: *a writer of high* ~ uno scrittore di grande levatura.

calibred /'kælɪbərd/ *a.* calibrato.

calico /'kælɪkoʊ/ **I** *n.* (*pl.* **-s/-es** /-z/) **1** (*Tess*) calicò *m.*, tela *f.* di cotone. **2** (*Am*) cotonina *f.* stampata. **II** *a.* di calicò. ☐ (*Zool*) ~ *cat* gatto variegato; (*Tess*) ~*printing* stampaggio multicolore, stampa multicolore.

calif /'kælɪf, 'keɪlɪf/ *n.* califfo *m.*

California /ˌkælɪˈfɔːniə Am ˌkælɪˈfɔːrniə/ *n.pr.* (*Geog*) California *f.*

Californian /ˌkælɪˈfɔːniən Am ˌkælɪˈfɔːrniən/ **I** *a.* californiano. **II** *n.* californiano *m.* (*f.* -a).

californium /ˌkælɪˈfɔːniəm Am ˌkæləˈfɔːrniəm/ *n.* (*Chim*) californio *m.*

caliginous /kəˈlɪdʒɪnəs/ *a.* (*ant*) oscuro, incerto, caliginoso.

Caligula /kəˈlɪgjʊlə/ *n.pr.m.* (*Stor.rom*) Caligola.

caliper /'kælɪpər/ **I** *n.* (*Am*) calibro. **II** *v.t.* (*Am*) calibrare.

calipers /'kælɪpərz/ *n.pl.* (*Am*) calibro *m.sing.* a compasso, compasso *m.sing.* da tracciatore.

caliph /'kælɪf, 'keɪlɪf/ *n.* califfo *m.*

caliphate /'kælɪfeɪt, 'keɪlɪfeɪt/ *n.* califfato *m.*

calisthenics /ˌkælɪsˈθenɪks/ *n.pl.* (*Am,Ginn*) **1**

calix *(costr.sing.)* *(Art)* ginnastica *f.* ritmica, ginnastica *f.* callistenica. **2** *(costr.pl.)* *(exercises)* esercizi *m.pl.* di ginnastica ritmica.

calix /'kælɪks, 'keɪlɪks/ *(pl.* **-ices** /-ɪsiːz/*) n. (Rel)* calice *m.*

calk¹ /kɔːk/ *v.t.* **1** *(Mecc)* cianfrinare, presellare. **2** *(to putty up)* stuccare. **3** *(Mar,rar)* calafatare.

calk² /kɔːk/ **I** *n.* rampone *m.* **II** *v.t.* fornire di ramponi.

calker /'kɔːkəʳ/ *n. (rar)* **1** calafato *m.* **2** *(tool)* cianfrino *m.*, presello *m.*

calkin /'kɔːlkɪn Br also* 'kælkɪn/ *n. (calk)* rampone *m.*, bottone *m.*

calking /'kɔːkɪŋ/ *n.* **1** *(Mecc)* cianfrinatura *f.* **2** *(Mar,rar)* calafataggio *m.*

call¹ /kɔːl/ **I** *v.t.* **1** chiamare. **2** *(to shout)* gridare, urlare: *he -ed her name* gridò il suo nome. **3** *(to telephone to)* telefonare a, chiamare. **4** *(to name)* chiamare, dare il nome di: *what are they going to ~ the baby?* come chiameranno il bambino?; *what's that flower -ed?* come si chiama quel fiore? **5** *(to designate)* chiamare, dare del: *to ~ so. a liar* dare del bugiardo a qcu. **6** *(to summon)* chiamare, far venire: *to ~ a doctor* chiamare un medico. **7** *(to bring together)* riunire, radunare, convocare. **8** *(to rouse from sleep)* chiamare, svegliare: *mother -ed us early la* mamma ci ha svegliati di buon'ora. **9** *(to proclaim)* annunziare, proclamare, indire: *to ~ a strike* proclamare uno sciopero. **10** *(to bring)* chiamare, evocare, richiamare: *to ~ to mind* richiamare alla mente. **11** *(to convoke)* convocare, indire: *to ~ a meeting* convocare una riunione. **12** *(of birds: to lure)* richiamare, attirare. **13** *(colloq)* *(to criticize)* criticare, riprovare, censurare. **14** *(to consider)* considerare, ritenere, giudicare: *I wouldn't ~ that a nice thing to do* non la chiamerei una bella azione. **15** *(in billiards)* dichiarare. **16** *(in card games: to demand)* dichiarare, accusare; *(in poker)* vedere. **17** *(Econ)* esigere il pagamento di: *to ~ a loan* esigere il pagamento di un prestito. **18** *(of resources)* *(to draw from)* fare appello *(on* a): *to ~ on one's inner strength* fare appello alla propria forza interiore. **II** *v.i.* **1** gridare, chiamare, invocare: *she -ed to her friends* chiamò i suoi amici; *to ~ for help* invocare aiuto. **2** *(to pay a short visit)* passare: *I only -ed to see you* sono passato solo per vederti. **3** *(to visit as a part of courting)* passare a trovare (per corteggiare), fare visita: *he came to ~ every Sunday with a bunch of daisies* passava tutte le domeniche con un mazzo di margherite. **4** *(to telephone)* telefonare, chiamare. **5** *(of animals)* emettere il richiamo. ☐ *(Econ)* *to ~ a bond* rimborsare un'obbligazione; *to ~ a halt:* **1** *(Mil)* dare l'alt; **2** *(to make a stop)* fare una pausa, fare una sosta, dare l'alt; *(fig)* *to ~ a spade a spade* dire pane al pane (e vino al vino), parlare chiaro, chiamare le cose con il loro nome, parlare nudo e crudo; *to ~ after* dare il nome di; *to be -ed after* prendere il nome di, prendere nome da; *(Mar,Aer)* *to ~ at* fare scalo a, fermarsi a; *to ~ (so.'s) attention to sth.* richiamare l'attenzione (di qcu.) su qcs., attirare l'attenzione (di qcu.) su qcs.; *to ~ away* chiamare via, richiamare; *to ~ back:* **1** *(to call again)* richiamare; **2** *(to retract)* ritrattare, revocare; **3** *(on the telephone)* richiamare, ritelefonare a; *to ~ so.'s bluff* scoprire il gioco di qcu., costringere qcu. a mettere le carte in tavola *(anche fig)*; *(Am)* *to ~ collect* fare una telefonata a carico del destinatario; *to ~ down:* **1** *(to invoke)* invocare, chiamare; *to ~ down curses on so.* invocare

la maledizione (di Dio) su qcu.; **2** *(Am,colloq)* *(to reprimand)* sgridare, rimproverare; *to ~ for:* **1** *(to pick up, to fetch)* passare a prendere: *I'll ~ for you at nine o'clock* passerò a prendervi alle nove; **2** *(to request, to summon)* chiamare, far venire; **3** *(to require, to need)* richiedere, necessitare; **4** *(Post)* ritirare: *to be kept until -ed for* trattenere fino al ritiro, *(on an envelope)* fermoposta; *to ~ forth:* **1** causare, suscitare, provocare; **2** *(to summon into action)* fare appello a, radunare: *to ~ forth all one's energy* fare appello a tutte le proprie energie; *to ~ heads or tails* fare (a) testa e croce; *to ~ in:* **1** *(Econ)* *(to call for payment)* chiedere il pagamento, chiedere il rimborso; **2** *(to withdraw from circulation)* ritirare dalla circolazione; **3** *(to summon to one's aid)* far venire, chiamare; *to ~ in sick* darsi malato per telefono; *to ~ sth. into being* dar vita a qcs.; *to ~ into play* chiamare in causa, chiamare in gioco, mettere in gioco, mettere in azione; *to ~ into question* mettere in dubbio; *to ~ it a day* sospendere, interrompere, smettere: *it's getting dark, let's ~ it a day* si fa buio, è ora di smettere; *to ~ so. names* ingiuriare qcu., insultare qcu.; *to ~ off:* **1** richiamare, allontanare: *to ~ off the dogs* richiamare i cani; **2** *(to cancel)* sospendere, aggiornare; **3** *(to annul)* disdire, revocare: *to ~ off a strike* revocare uno sciopero; *to ~ on:* **1** *(to appeal to)* rivolgersi a, chiedere l'aiuto di; **2** *(to ask, to invite)* invitare; **3** *(to visit)* venire a trovare, andare a trovare, fare una visita a; *to ~ out:* **1** annunciare, proclamare; **2** *(to summon into action troops, police)* chiamare (in azione); **3** *(to elicit, to bring out)* (ri)destare, suscitare, risvegliare; *to ~ over* leggere ad alta voce; *to ~ sth. one's own* avere qcs., possedere qcs.: *(colloq)* *he hasn't a penny to ~ his own* non ha il becco di un quattrino, non ha un soldo di suo; *to ~ roll* fare l'appello; *(Br,fig)* *he can't ~ his soul his own* non è padrone di sé, si lascia dominare dagli altri; *(fig)* *to ~ the shots* dare ordini, comandare; *to ~ so. to account* chiedere spiegazione a qcu., chiamare qcu. alla resa dei conti; *(Mil)* *to ~ to arms* chiamare sotto le armi; *to ~ so. to order* richiamare qcu. all'ordine; *to be -ed to the bar* essere ammesso all'avvocatura; *(Mil)* *to ~ so. to the colours* chiamare qcu. alle armi; *to ~ together* chiamare a raccolta; *to ~ up:* **1** ridestare, rievocare, richiamare, ricordare: *this music -s up childhood memories* questa musica ridesta i ricordi dell'infanzia; **2** *(on the telephone)* telefonare a, chiamare; **3** *(to bring forward for discussion)* proporre, presentare: *to ~ up a bill* presentare una legge; **4** *(Mil)* chiamare alle armi; **5** *(Econ)* *(of capital)* richiamare; *to ~ upon:* **1** *(to appeal to)* rivolgersi a, chiedere l'aiuto di; **2** *(to ask, to invite)* invitare; **3** *(to visit)* venire a trovare, andare a trovare, fare una visita a; **4** *(used in the passive)* *(to oblige)* *to feel -ed upon to do sth.* sentirsi obbligato a fare qcs., ritenersi in dovere di fare qcs.; *what do you ~ it?* come si chiama? *Prov.:* *(Bibl)* *many are -ed, but few are chosen* molti sono i chiamati, pochi gli eletti.

call² /kɔːl/ *n.* **1** richiamo *m.*, chiamata *f.*, grido *m.* **2** *(telephone call)* telefonata *f.*, chiamata *f.*, colpo *m.* di telefono: *to give so. a ~* fare una telefonata a qcu. **3** *(appeal)* richiesta *f.* *(for* di), invocazione *f.*, appello *m.*: *a ~ for help* un'invocazione di aiuto. **4** *(short visit)* breve visita *f.*: *to pay a ~ on so.* fare una breve visita a qcu., andare a trovare qcu. **5** *(Mar, Aer)* scalo *m.*, fermata *f.* **6** *(of animals)* verso *m.*, richiamo *m.*, grido *m.* **7** *(Caccia)* richiamo

m. **8** *(summons)* convocazione *f.*, chiamata *f.*, invito *m.*: *to gather at so.'s ~* riunirsi su invito di qcu.; *~ to arms* chiamata alle armi. **9** *(Dir)* citazione *f.* **10** *(vocation)* vocazione *f.* **11** *(attraction)* richiamo *m.*, fascino *m.*, attrazione *f.*: *the ~ of the desert* il richiamo del deserto; *the ~ of the wild* il richiamo della foresta; *the ~ of nature* il richiamo della natura. **12** *(need)* bisogno *m.*, motivo *m.*, necessità *f.*: *you had no ~ to treat him so rudely* non avevi alcun motivo di trattarlo così sgarbatamente. **13** *(roll-call)* appello *m.*, chiamata *f.* **14** *(in card games)* chiamata *f.*, invito *m.* **15** *(Econ)* richiesta *f.* di pagamento. **16** *(Comm)* visita *f.* di vendita. ☐ *~ at ~:* **1** a disposizione di, servizio, in servizio, reperibile; **2** *(Econ, Comm)* pagabile a vista; *~ back:* **1** *(Comm)* ritiro (di un prodotto) dalla circolazione; **2** *(Teat,Cin)* seconda audizione; *(Br,Tel)* *~ bell* suoneria; *(Caccia)* *~ bird* uccello da richiamo; *(Teat)* *~ board* indicatore di servizio; *(Econ)* *-ed bond* obbligazione estratta; *(Br, Tel)* *~ charge* importo di una conversazione; *(Tel)* *~ display* display che visualizza il numero del chiamante; *(Econ)* *~ for funds* richiesta di fondi; *(Tel)* *~ forwarding* trasferimento di chiamata; *(colloq)* *~ girl* squillo, ragazza squillo; *(Tel,Rad)* *~ in show* programma con telefonate del pubblico in diretta; *(Inform)* *~ instruction* istruzione di richiamo; *(Econ)* *~ loan* prestito a vista; *(Econ)* *~ money* denaro (rimborsabile) a richiesta; *(Bibliot)* *~ number* numero di schedario; *on ~:* **1** a disposizione, di servizio, in servizio, reperibile: *a doctor is always on ~* un medico è sempre in servizio; **2** *(Econ)* pagabile su domanda, pagabile a richiesta; *(Econ)* *~ option* opzione call, opzione di acquisto; *(Econ)* *~ price* prezzo di riscatto; *(Econ)* *~ rate* tasso di interesse su depositi a vista; *(Assic)* *~ risk* rischio negli scali; *(Tel,Rad)* *~ sign* segnale di chiamata; *(Teat)* *to take a ~* essere chiamato alla ribalta; *(Mil)* *to ~ to quarters* ritirata; *(Tel)* *~ waiting* avviso di chiamata.

calla /'kælə/ *n. (Bot)* calla *f.*

callable /'kɔːləbl/ *a. (Econ)* **1** *(subject to redemption)* redimibile. **2** *(subject to payment)* rimborsabile.

callback /'kɔːlbæk/ ☐ *(Tel,Inform)* *~ modem* modem callback; *(Tel)* *~ service* servizio di callback.

callboy /'kɔːlbɔɪ/ *n.* **1** *(Teat)* chi chiama gli attori per andare in scena. **2** *(in a hotel)* fattorino *m.*, ragazzo *m.*

call-down /'kɔːldaʊn/ *n. (Am)* rimprovero *m.*, sgridata *f.*

caller /'kɔːləʳ/ *n.* **1** persona *f.* che chiama. *(one who pays a visit)* visitatore *m.* (*f.* -trice).

call-girl /'kɔːlgɜːl *Am* 'kɔːlgɜːrl/ *n.* ragazza *f.* squillo.

call-house /'kɔːlhaʊs/ *n. (Br)* casa *f.* squillo.

calligrapher /kə'lɪgrəfəʳ/ *n.* calligrafo *m.* (*f.* -a).

calligraphic /ˌkælɪ'græfɪk/ *a.* calligrafico.

calligraphist /kə'lɪgrəfɪst/ *n.* calligrafo *m.* (*f.* -a).

calligraphy /kə'lɪgrəfɪ/ *n.* **1** calligrafia *f.* **2** *(handwriting)* scrittura *f.* a mano.

call-in /'kɔːlɪn/ ☐ *(Am,Rad,TV)* *~ talkshow* programma con telefonate del pubblico in diretta.

calling /'kɔːlɪŋ/ *n.* **1** chiamata *f.*, grido *m.* **2** *(profession)* attività *f.*, impiego *m.*, occupazione *f.* **3** *(summoning)* convocazione *f.*, invito *m.* **4** *(vocation)* vocazione *f.* ☐ *~ card* biglietto da visita; *(Econ)* *~ officer* funzionario contabile che controlla la posizione di un cliente; *(Inform)* *~ program* programma chiamante; (*Inform*) ~ *sequence* sequenza chiamante.

calliper /ˈkælɪpəʳ/ I *n.* calibro. II *v.t.* calibrare.

callipers /ˈkælɪpəʳz/ *n.pl.* calibro *m.sing.* a compasso, compasso *m.sing.* da tracciatore.

callisthenics /ˌkælɪsˈθenɪks/ *n.pl.* (*Ginn*) 1 (*costr.sing.*) ginnastica *f.sing.* ritmica, ginnastica *f.sing.* callistenica. 2 (*costr.pl.*) (*exercises*) esercizi *m.pl.* di ginnastica ritmica.

call-note /ˈkɔːlnəʊt/ *n.* (*of a bird*) grido *m.* di richiamo.

callosity /kælˈɒsɪti *Am* kæˈlɑːsəti/ *n.* 1 callosità *f.* 2 (*Med,Bot*) callo *m.* 3 (*fig*) insensibilità *f.*, durezza *f.*

callous /ˈkæləs/ *a.* 1 (*fig*) (*insensitive*) indifferente, insensibile, duro (*to* nei confronti di). 2 (*of the skin*) calloso, indurito: ~ *skin* pelle indurita. 3 (*fig*) (*hardened*) indurito, incallito. 4 (*calloused*) calloso.

calloused /ˈkæləst/ *a.* calloso: ~ *hands* mani callose.

callously /ˈkæləsli/ *avv.* con durezza, senza pietà.

callousness /ˈkæləsnəs/ *n.* 1 durezza *f.* 2 (*fig*) insensibilità *f.*, durezza *f.*

call-over /ˈkɔːləʊvəʳ/ *n.* (*roll-call*) appello *m.*

callow /ˈkæləʊ/ *a.* 1 (*fig*) imberbe, inesperto, immaturo: *a* ~ *youth* un giovane inesperto. 2 (*of a bird*) implume.

call-up /ˈkɔːlʌp/ *n.* (*Mil*) chiamata *f.* alle armi; (*number of men*) leva *f.*

callus /ˈkæləs/ (*pl.* **-ses** /-sɪz/, **-li** /-laɪ/) *n.* 1 (*Med*) callo *m.*; (*osseous growth*) callo *m.* osseo. 2 (*Bot*) (*tissue*) callosità *f.*, callo *m.*

calm /kɑː(l)m/ I *a.* 1 calmo, tranquillo, placido: *a* ~ *sea* un mare calmo. 2 (*not windy*) calmo, senza vento. 3 (*fig*) calmo, sereno, tranquillo, placido. II *n.* 1 calma *f.*, quiete *f.*, tranquillità *f.* 2 (*of the sea*) bonaccia *f.* 3 (*Meteor*) calmatura *f.* 4 (*fig*) calma *f.*, serenità *f.*, tranquillità *f.* III *v.t.* calmare, placare, rasserenare. IV *v.i.* calmarsi, placarsi. □ *as ~ as a mill-pond* (*of the sea*) liscio come l'olio; *the ~ before the storm* la calma che precede la tempesta (*anche fig*); *to ~ down*:calmarsi, placarsi; *to ~ down so.* calmare qcu., placare qcu.

calmative /ˈkɑːmətɪv *Am* ˈkɑːmətɪv/ I *n.* (*Farm*) calmante *m.*, tranquillante *m.*, sedativo *m.* II *a.* (*Farm*) calmante, sedativo.

calmly /ˈkɑː(l)mli/ *avv.* con calma, tranquillamente.

calmness /ˈkɑː(l)mnəs/ *n.* 1 calma *f.* 2 (*fig*) calma *f.*, serenità *f.*

calomel /ˈkæləʊmel/ *n.* (*Farm*) calomelano *m.*

caloric /kəˈlɒrɪk, ˈkælərɪk *Am* kəˈlɔːrɪk/ I *a.* 1 (*Alim*) calorico, delle calorie: *the* ~ *content of food* il contenuto calorico degli alimenti. 2 (*relating to heat*) calorico. 3 (*driven by heat*) a calore, termico. II *n.* calore *m.*

calorically /kəˈlɒrɪkəli, ˈkælərɪkəli *Am* kəˈlɔːrɪkəli/ *avv.* dal punto di vista calorico.

calorie /ˈkæləri/ *n.* caloria *f.*

calorifacient /ˌkælərɪˈfeɪʃənt/ *a.* calorifico.

calorific /ˌkæləˈrɪfɪk/ *a.* calorifico. □ ~ *power* potere calorifico; ~ *value* valore calorifico.

calorimeter /ˌkæləˈrɪmɪtəʳ *Am* ˌkæləˈrɪmətəʳ/ *n.* (*Fis*) calorimetro *m.*

calorimetric /ˌkæləˈrɪˈmetrɪk/ *a.* calorimetrico.

calorimetry /ˌkæləˈrɪmɪtri/ *n.* (*Fis*) calorimetria *f.*

calory /ˈkæləri/ *n.* caloria *f.*

calotte /kəˈlɒt *Am* kəˈlɑːt/ *n.* 1 calotta *f.*, papalina *f.*; (*zucchetto*) zucchetto *m.* 2 (*Arch*) (*dome*) cupola *f.*; (*inner dome*) calotta *f.*, volta *f.* 3 (*Geol,Tecn*) calotta *f.* 4 (*Zool*) cresta *f.* a

cappuccio.

caltrap /ˈkæltrəp/ *n.* 1 (*Bot*) tribolo *m.* 2 (*Bot*) (*water chestnut*) castagna *f.* d'acqua. 3 (*Bot*) (*star thistle*) specie *f.* di centaurea. 4 (*Mil,ant*) tribolo *m.*

caltrop /ˈkæltrɒp/ *n.* 1 (*Bot*) tribolo *m.* 2 (*Bot*) (*water chestnut*) castagna *f.* d'acqua. 3 (*Bot*) (*star thistle*) specie *f.* di centaurea. 4 (*Mil,ant*) tribolo *m.*

calumet /ˈkæljʊmet/ *n.* calumet *m.*, pipa *f.* della pace.

calumniate /kəˈlʌmnɪeɪt/ *v.t.* calunniare, diffamare.

calumniation /kəˌlʌmnɪˈeɪʃən/ *n.* 1 (*statement*) calunnia *f.* 2 (*act*) calunnia *f.*, diffamazione *f.*

calumniator /kəˈlʌmnɪeɪtəʳ *Am* kəˈlʌmnɪeɪtəʳ/ *n.* calunniatore *m.* (*f.* -trice), diffamatore *m.* (*f.* -trice).

calumniatory /kəˈlʌmnɪeɪtəri *Am* kəˈlʌmnɪətɔːri/ *a.* calunnioso, diffamatorio.

calumnious /kəˈlʌmnɪəs/ *a.* calunnioso, diffamatorio.

calumny /ˈkæləmni/ *n.* 1 (*statement*) calunnia *f.* 2 (*act*) calunnia *f.*, diffamazione *f.*

calvary /ˈkælvəri/ *n.* 1 (*Rel*) Via Crucis *f.*, calvario *m.* 2 (*fig*) calvario *m.*

Calvary /ˈkælvəri/ *n.pr.* (*Bibl*) Calvario *m.*

calve /kɑːv *Am* kæv/ *v.t.* 1 (*Zootecn*) figliare, partorire (un vitello). 2 (*Geol*) (*of an ice mass*) spaccarsi.

calves /kɑːvz *Am* kævz/ → **calf**[1], **calf**[2].

Calvin /ˈkælvɪn/ *n.pr.m.* (*Stor,Rel*) Calvino.

Calvinism /ˈkælvɪnɪzəm/ *n.* (*Rel.prot*) calvinismo *m.*

Calvinist /ˈkælvɪnɪst/ I *n.* (*Rel.prot*) calvinista *m./f.* II *a.* (*Rel.prot*) calvinista.

Calvinistic /ˌkælvɪˈnɪstɪk/ *a.* (*Rel.prot*) calvinistico.

calx /kælks/ (*pl.* **calxes** /ˈkælksɪz/, **calces** /ˈkælsiːz/) *n.* (*Tecn*) residuo *m.* calcinato, residuo *m.* di calcinazione.

calyciform /kəˈlɪsɪfɔːm *Am* kəˈlɪsɪfɔːrm/ *a.* a forma di calice, caliciforme.

calycinal /kəˈlɪsɪnəl/ *a.* (*Bot*) calicino.

calycine /ˈkælɪsaɪn, ˈkeɪlɪsaɪn/ *a.* (*Bot*) calicino.

calycle /ˈkælɪkl̩, ˈkeɪlɪkl̩/ *n.* (*Bot*) calicetto *m.*

calyculus /kəˈlɪkjʊləs/ (*pl.* **-li** /-laɪ/) *n.* (*Zool*) calice *m.*

calypso /kəˈlɪpsəʊ/ (*pl.* **-s** /-z/) *n.* (*Mus*) calypso *m.*

Calypso /kəˈlɪpsəʊ/ *n.pr.f.* (*Mitol*) Calipso.

calyptra /kəˈlɪptrə/ *n.* (*Bot*) 1 (*in mosses*) archegonio *m.* 2 (*in flowering plants*) cupola *f.* 3 (*root cap*) caliptra *f.*, calittra *f.*

calyx /ˈkeɪlɪks, ˈkælɪks/ (*pl.* **-xes** /-ksɪz/, **-lyces** /-lɪsiːz/) *n.* (*Biol,Anat*) calice *m.*

cam /kæm/ *n.* (*Mecc*) camma *f.*, eccentrico *m.* □ (*Mecc*) ~ *follower* organo condotto, cedente.

CAM /kæm/ *n.* 1 *Computer Aided Manufacturing* CAM (fabbricazione assistita da computer). 2 *Cameroon* CAM (Camerun).

camaraderie /ˌkæməˈrɑːdəri *Am* ˌkæmə ˈrɑːdəri/ *n.* cameratismo *m.*

camber /ˈkæmbəʳ/ I *n.* 1 curvatura *f.* 2 (*height of curve*) freccia *f.* 3 (*Aer*) curvatura *f.*, incarnatura *f.* 4 (*Strad*) profilo *m.* curvo, bombatura *f.* 5 (*camber beam*) trave *f.* ricurva, trave *f.* deformata. II *v.t.* curvare, arcuare. III *v.i.* curvarsi, arcuarsi.

cambered /ˈkæmbəd *Am* ˈkæmbəʳd/ *a.* a schiena d'asino.

cambist /ˈkæmbɪst/ *n.* (*Econ*) 1 cambiavalute *m./f.*, agente *m./f.* di cambio. 2 (*table, manual*) prontuario *m.* (della borsa valori).

cambium /ˈkæmbɪəm/ (*pl.* **-s** /-z/, **-bia** /-bɪə/) *n.* (*Bot*) cambio *m.*

Cambodia /kæmˈbəʊdɪə/ *n.pr.* (*Geog*) Cambogia *f.*

Cambodian /kæmˈbəʊdɪən/ I *a.* (*Geog*) cambogiano. II *n.* 1 cambogiano *m.* (*f.* -a). 2 (*language*) cambogiano *m.*

Cambrian /ˈkæmbrɪən/ I *a.* 1 gallese. 2 (*Geol*) cambriano. II *n.* 1 gallese *m./f.* 2 (*Geol*) cambriano *m.*, periodo *m.* cambriano. □ (*Geog*) ~ *Mountains* Monti Cambrici.

cambric /ˈkeɪmbrɪk, ˈkæmbrɪk/ *n.* (*Tess*) cambrì *m.*, batista *f.* □ (*Tess*) ~ *muslin* percalle.

Cambridge /ˈkeɪmbrɪdʒ/ *n.pr.* (*Geog*) Cambridge *f.*

Cambridgeshire /ˈkeɪmbrɪdʒˌʃ(ɪ)əʳ *Am* ˈkeɪmbrɪdʒˌʃɪr/ *n.pr.* (*Geog*) Cambridgeshire *m.*, contea *f.* di Cambridge.

camcorder /ˈkæmˌkɔːdəʳ *Am* ˈkæmˌkɔːrdəʳ/ *n.* videocamera *f.*, camcorder *m.*

came[1] /keɪm/ → **come**.

came[2] /keɪm/ *n.* (*Tecn*) bacchetta *f.* di piombo per (fissare) vetri.

camel /ˈkæml̩/ *n.* 1 (*Zool*) cammello *m.*; (*dromedary*) dromedario *m.* 2 (*colour*) color *m.* cammello, cammello *m.* 3 (*Mar*) (*float*) cassone *m.* pneumatico. □ *on* ~ *back* a dorso di cammello; (*Mil*) ~ *corps* truppe cammellate; ~ *driver* cammelliere; ~ *hair* (o ~'s *hair*): 1 pelo di cammello; 2 (*Tess*) cammello; 3 (*painter's brush*) pennello di pelo di scoiattolo.

cameleer /ˌkæmɪˈlɪəʳ *Am* ˌkæməˈlɪr/ *n.* 1 cammelliere *m.* 2 (*Mil*) soldato *m.* cammellato.

camellia /kəˈmiːlɪə/ *n.* (*Bot*) camelia *f.*

camelopard /kəˈmeləpɑːd *Am* kəˈmeləpɑːrd/ *n.* (*Zool,ant*) giraffa *f.*, camelopardo *m.*

Camelot /ˈkæmɪlɒt *Am* ˈkæmɪlɑːt/ *n.pr.* 1 (*Lett*) Camelot *f.*, sede *f.* della reggia di Re Artù. 2 (*estens*) (*place*) luogo *m.* ameno; (*epoch*) epoca *f.* di grande benessere.

camelry /ˈkæməlri/ *n.* (*Mil*) truppe *f.pl.* cammellate.

cameo /ˈkæmɪəʊ/ *n.* 1 cammeo *m.* 2 (*Lett,Teat*) quadro *m.*, quadretto *m.*, scena *f.* 3 (*Cin*) cammeo *m.*

camera /ˈkæmərə/ *n.* 1 (*Fot*) macchina *f.* fotografica, apparecchio *m.* fotografico. 2 (*TV*) telecamera *f.* 3 (*Dir*) (*judge's office*) ufficio *m.* privato del giudice. □ (*Fot*) ~ *angle* angolo di campo; (*TV*) ~ *dolly* carrello di telecamera; ~ *gun* fotomitragliatrice; *in* ~: 1 (*Dir*) in sessione segreta; 2 (*privately*) in segreto, in confidenza; (*Ott*) ~ *lucida* camera chiara; (*Ott*) ~ *obscura* camera oscura; (*TV*) *on* ~ in trasmissione, in onda; (*Tip*) ~ *ready* pronto per la riproduzione: ~ *ready copy* originale pronto per la riproduzione.

cameralism /ˈkæmərəlɪzəm/ *n.* (*Pol*) cameralismo *m.*

cameralist /ˈkæmərəlɪst/ *n.* (*Pol*) cameralista *m./f.*

cameraman /ˈkæmərəmən/ *n.irr.* (*Cin,TV*) cineoperatore *m.* (*f.* -trice), cameraman *m./f.*

cameraperson /ˈkæmərəˌpɜːsən *Am* ˈkæmərə ˈpɜːrsən/ *n.* (*Cin,TV*) cineoperatore *m.* (*f.* -trice), cameraman *m./f.*

camerawoman /ˈkæmərəˈwʊmən/ *n.irr.* (*Cin, TV*) cineoperatrice *f.*, cameraman *f.*

camerlengo /ˌkæmərˈleŋgəʊ/ (*pl.* **-s** /-z/) *n.* (*Rel.catt*) camerlengo *m.*

camerlingo /ˌkæmərˈlɪŋgəʊ/ (*pl.* **-s** /-z/) *n.* (*Rel.catt*) camerlengo *m.*

Cameroon /ˌkæməˈruːn/ *n.pr.* (*Geog*) Camerun *m.*

Cameroonian /ˌkæməˈruːnɪən/ *n.* (*Geog*) camerunense *m./f.*, abitante *m./f.* del Camerun, nativo *m.* (*f.* -a) del Camerun.

camiknickers /ˈkæmiˌnɪkəz *Am* ˈkæmi ˌnɪkəʳz/ *n.pl.* (*Abbigl*) pagliaccetto *m.sing.*

Camilla /kəˈmɪlə/ *n.pr.f.* Camilla.

camion /'kæmiən/ n. 1 carro m. 2 (lorry) camion m., autocarro m.

camisole /'kæmɪsoʊl/ n. (Abbigl) canottiera f. (di seta o raso).

camlet /'kæmlɪt/ n. (Tess) cammellotto m.

camomile /'kæmoʊmaɪl Am 'kæməmiːl/ n. (Bot) 1 camomilla f. romana. 2 (wild camomile) matricaria f. □ ~ tea camomilla, infuso di camomilla.

Camorra /kə'mɒrə Am kə'mɔːrə/ n. Camorra f.

Camorrism /kə'mɒrɪzᵊm Am kə'mɔːrɪzᵊm/ n. camorrismo m.

Camorrist /kə'mɒrɪst Am kə'mɔːrɪst/ n. camorrista m./f.

camouflage /'kæməuflɑː(d)ʒ/ I n. 1 (Mil) mimetizzazione f., mascheramento m. 2 (fig) travestimento m., camuffamento m.; (pretence) maschera f., finzione f. 3 (deception) frode f., inganno m. II v.t. 1 (Mil) mimetizzare, mascherare. 2 (fig) mascherare, camuffare.

camp¹ /kæmp/ I n. 1 campo m., campeggio m.: a boy scout ~ un campeggio di boy scout; to strike ~ (o to break ~) levare il campo. 2 (body of campers) campo m., campeggiatori m.pl. (f.pl. -trici). 3 (military life) campo m., accampamento m. 4 (fig) campo m., fazione f., partito m. II v.i. 1 accamparsi, piantare la tenda, piantare le tende. 2 (to live in a camp) campeggiare, fiare, campeggio. 3 (to lodge temporarily) alloggiare provvisoriamente, accamparsi. 4 (to settle down) sistemarsi. 5 (to take up a besieging position) accamparsi, piazzarsi: the reporters -ed on the star's doorstep i cronisti si piazzarono davanti alla porta della diva. III v.t. accampare. □ ~ bed letto da campo, branda; (Ferr) ~ car vagone dormitorio; ~ chair sedia da campeggio, sedia pieghevole; ~ fire fuoco di accampamento, fuoco di bivacco; ~ follower: 1 civile al seguito delle truppe; 2 (prostitute) prostituta f.; (Rel) ~ meeting raduno religioso sotto una tenda, raduno religioso all'aperto; to ~ out (stay over night outside) campeggiare, fare campeggio (anche fig); ~ shot arginatura; ~ site campeggio; ~ stool seggiolino pieghevole.

camp² /kæmp/ a. 1 lezioso, affettato. 2 (effeminate) effeminato, da checca.

campaign /kæm'peɪn/ I n. (Mil,Pol,fig) campagna f.: an advertising ~ una campagna pubblicitaria. II v.i. 1 fare una campagna, partecipare a una campagna. 2 (fig) lottare, battersi (for per; against contro). □ to ~ against lottare, battersi contro; (Pol) ~ fund fondo per una campagna (elettorale); (Pol, colloq) ~ trail giro di comizi elettorali.

campaigner /kæm'peɪnər/ n. 1 (Pol) partecipante m./f. a una campagna, attivista m./f., chi fa campagne politiche. 2 (Mil) combattente m., partecipante m. a una campagna: old ~ vecchio combattente, veterano. 3 (fig) fautore m. (f. -trice), sostenitore m. (f. -trice): a ~ for civil rights un fautore dei diritti civili.

campanile /ˌkæmpə'niːleɪ/ n. campanile m., torre f. campanaria.

campanologist /ˌkæmpə'nɒlədʒɪst Am ˌkæmpə'nɑːlədʒɪst/ n. esperto m. (f. -a) di campane.

campanology /ˌkæmpə'nɒlədʒi Am ˌkæmpə'nɑːlədʒi/ n. 1 studio m. delle campane. 2 (art) arte f. campanaria.

campanula /kəm'pænjʊlə/ n. (Bot) campanula f.

campanulate /kəm'pænjʊl(e)ɪt/ a. campanulato, campaniforme.

camper /'kæmpər/ n. 1 campeggiatore m. (f. -trice). 2 (Aut) camper m.

campestral /kæm'pestrəl/ a. rurale, campestre.

campgrounds /'kæmpgraʊndz/ n.pl. campeggio m.sing.

camphor /'kæm(p)fər/ n. (Chim) canfora f.

camphorate /'kæm(p)fəreɪt/ I v.t. impregnare di canfora, trattare con canfora. II n. (Chim) canforato m.

camphorated /'kæm(p)fəreɪtɪd Am 'kæm(p)fəreɪtɪd/ a. canforato: ~ oil olio canforato.

camphoric /kæm'fɒrɪk Am kæm'fɔːrɪk/ a. canforico.

campily /'kæmpɪli/ avv. 1 leziosamente, affettatamente. 2 in modo effeminato, da checca.

campiness /'kæmpɪnəs/ n. 1 leziosaggine f., affettazione f. 2 effeminatezza f.

camping /'kæmpɪŋ/ n. campeggio m., camping m. □ ~ ground (o ~ site) campeggio; ~ tent tenda da campeggio.

campion /'kæmpiən/ n. (Bot) licnide f.

campsite /'kæmpsaɪt/ n. 1 campeggio m. 2 (Am) piazzola f. (per la tenda).

campstove /'kæmpstoʊv/ n. fornello m. da campo.

campus /'kæmpəs/ (pl. -ses /-sɪz/, -pi /-paɪ/) n. 1 (Univ) (grounds) città f. universitaria, campus m. 2 (university) università f. 3 (academic world) ambiente m. universitario, ambiente m. accademico. □ ~ upheaval rivolta universitaria.

campy /'kæmpi/ a. 1 lezioso, affettato. 2 effemminato, da checca.

camshaft /'kæmʃɑːft Am 'kæmʃæft/ n. (Mecc) albero m. a camme, albero m. di distribuzione.

can¹ /kən emphatic kæn/ v.aus. (pr. can, negativo cannot /kænɒt Am'kænɑːt/; past e condiz. could /kəd emphatic kʊd/; cannot e could not si contraggono spesso in can't /kɑːnt Am kænt/ e couldn't /'kʊdᵊnt/; manca dell'inf. e del p.p.) 1 posso, puoi ecc.; sono in grado, sei in grado ecc.; sono capace di, sei capace di ecc.: ~ you tell me the way? può indicarmi la strada?; we -not possibly do it non siamo assolutamente in grado di farlo; he ~ 't be very rich non può essere molto ricco. 2 (to know how to) so, sai ecc.; sono capace di, sei capace di ecc.: ~ you swim? sai nuotare? 3 (to have the right to) posso, puoi ecc.: they -not vote non possono votare. 4 (to have permission to) posso, puoi ecc.: you ~ go now puoi andare ora. 5 (may perhaps) può darsi che (costr.impers.), posso, puoi ecc.: you could be right potresti avere ragione, può darsi che tu abbia ragione. 6 (with verbs of perception) generally not translated: I ~ 't hear you non ti sento; she ~ 't see anything without her glasses non vede niente senza occhiali. 7 (to manage to) riesco a, riesci a ecc., posso, puoi ecc.: I just -not understand non riesco proprio a capire. □ I could not but admire her non potevo fare a meno di ammirarla; we ~ but hope non possiamo far altro che sperare; I ~ 'tdo it non ci riesco, non ce la faccio, non posso farcela; I ~ 't take it anymore non ce la faccio più; this -not be non è possibile, non può essere.

can² /kæn/ I n. 1 (tin) scatola f., scatoletta f., barattolo m., latta f., lattina f.: a ~ of beer una lattina di birra. 2 (receptacle for liquids) contenitore m., recipiente m.: milk ~ recipiente per il latte. 3 (Am) (large receptacle) bidone m.: garbage ~ bidone per le immondizie. 4 (Am,sl) (lavatory) gabinetto m., latrina f. 5 (Am,sl) (jail) carcere m., galera f. 6 (Am, sl) (buttocks) didietro m., sedere m. 7 (Cin) scatola f. per pellicole. II v.t. 1 (Am) inscatolare, conservare in scatola. 2 (sl) (to fire) licenziare. 3 (Rad,sl) registrare su dischi. □ in the ~: 1 (Am,Alim) in scatola, in conserva; 2 (Cin) pronto per la distribuzione; (Am,sl) ~ it! smettila!, piantala!; (fig) a ~ of worms una questione intricata, un pasticcio; ~ opener apriscatole.

Can. 1 Canada (Canada). 2 Canadian (canadese).

Canaan /'keɪnən/ n.pr.m. (Bibl) Canaan.

Canaanite /'keɪnənaɪt/ n. cananeo m. (f. -a).

Canada /'kænədə/ n.pr. (Geog) Canada m., Canadà m. □ ~ balsam balsamo del Canada; ~ Day festa nazionale del Canada; (Zool) ~ goose oca del Canada.

Canadian /kə'neɪdiən/ I a. canadese. II n. canadese m./f. □ (Alim) ~ bacon prosciutto cotto di forma rotonda; (Sport) ~ football football canadese; (Ornit) ~ goose oca canadese.

Canadianism /kə'neɪdiənɪzᵊm/ n. 1 atteggiamento m. di simpatia per il Canada. 2 (custom) abitudine f. canadese, uso m. proprio del Canada. 3 (Ling) espressione f. canadese.

Canadianize /kə'neɪdiənaɪz/ v.t. rendere canadese.

canal /kə'næl/ I n. 1 canale m. (anche Geog): the Suez Canal il canale di Suez. 2 (Biol) canale m., dotto m., tubo m. II v.t. (past, p.p. canalled /Am canaled /-d/). 1 costruire un canale attraverso, fare un canale attraverso, tagliare con un canale in. 2 (to provide with canals) canalizzare. □ (Fis) ~ ray raggio canale, raggio positivo; (Geog) Canal Zone zona del canale (di Panama).

canaliculate /ˌkænə'lɪkjʊl(e)ɪt/ a. (Bot) canalicolato.

canalise /'kænəlaɪz/ v.t. (Br) 1 costruire un canale attraverso, fare un canale attraverso, tagliare con un canale. 2 (to convert into a canal) canalizzare, incanalare. 3 (of a river, stream) rendere navigabile. 4 (fig) incanalare, convogliare. 5 (Med) incanalare.

canalization /ˌkænəl(a)ɪ'zeɪʃᵊn/ n. 1 incanalamento m. 2 (construction or system of canals) canalizzazione f. 3 (Med) canalizzazione f.

canalize /'kænəlaɪz/ v.t. 1 costruire un canale attraverso, fare un canale attraverso, tagliare con un canale. 2 (to convert into a canal) canalizzare, incanalare. 3 (of a river, stream) rendere navigabile. 4 (fig) incanalare, convogliare. 5 (Med) incanalare.

canapé /'kænəpeɪ/ n. (Gastron,Arred) canapè m.

canard /kə'nɑːd Am kə'nɑːrd/ n. 1 (false report) canard m., notizia f. infondata, voce f. infondata; (hoax) beffa f., burla f. 2 (Aer) canard m.

canary /kə'neəri Am kə'neri/ I n. 1 (Ornit) canarino m. 2 (colour) canarino m., giallo m. canarino. 3 (wine) vino m. delle Canarie. II a. (colour) canarino. □ (Bot) ~ grass canaria, scagliola; (Geog) Canary Islands Canarie, isole Canarie; ~ seed seme di canaria, ~ yellow canarino, giallo canarino.

canasta /kə'næstə/ n. (card game) canasta f.

canaster /kə'næstər/ n. (tobacco) tabacco m. grossolano.

Canberra /'kænbᵊrə Am 'kænberə/ n.pr. (Geog) Canberra f.

cancan /'kænkæn/ n. cancan m.

cancel¹ /'kænsᵊl/ (past, p.p. cancelled /Am canceled /-d/) I v.t. 1 annullare, disdire, revocare. 2 (of events) sospendere: the match was -led l'incontro fu sospeso. 3 (of stamps, tickets, etc.) annullare. 4 (to cross out, to delete) cancellare. 5 (fig) compensare, bilan-

ciare, neutralizzare. **6** (*Comm*) (*of an account*) chiudere, estinguere; (*of a debit*) estinguere, pagare; (*of a credit*) stornare. **7** (*Tip*) sopprimere, omettere. **8** (*Inform*) cancellare. **9** (*Mat*) elidere. **II** *v.i.* (*Mat*) elidersi.
□ (*Econ*) *to ~ a* **cheque** annullare un assegno; (*Dir*) *to ~ a* **contract** annullare un contratto; (*Dir*) *to ~ a* **deed** annullare un atto; (*Dir*) *to ~ a* **law** abrogare una legge; (*Dir*) *to ~ a* **mortgage** cancellare un'ipoteca; (*Comm*) *to ~ an* **order** annullare un'ordinazione; *to ~ out*: 1 compensare, bilanciare, neutralizzare; 2 (*each other*) compensarsi, neutralizzarsi, bilanciarsi: *the advantages and disadvantages ~ out* i vantaggi e gli svantaggi si bilanciano.

cancel[2] /'kænsl/ *n.* **1** cancellazione *f.*, annullamento *m.* **2** (*Tip*) (*omission*) omissione *f.*, soppressione *f.*; (*replacement*) testo *m.* sostitutivo.

cancelbot /'kænsəlbɒt *Am* 'kænsəlbɑːt/ *n.* (*Inform*) cancelbot *m.*

cancellable /'kænsələbl/ *a.* annullabile, cancellabile.

cancellate /'kænsəleɪt/ *a.* **1** (*Anat*) poroso, spugnoso, cellulare. **2** (*reticulate*) reticolato.

cancellated /'kænsəleɪtɪd *Am* 'kænsəleɪtɪd/ *a.* (*Anat*) poroso, spugnoso, cellulare.

cancellation /ˌkænsə'leɪʃən/ *n.* **1** cancellazione *f.*, annullamento *m.* **2** (*crossing out*) cancellazione *f.*, cancellatura *f.* **3** (*of events*) sospensione *f.* **4** (*Post*) annullo *m.* **5** (*Assic*) abrogazione *f.*, revoca *f.* **6** (*sth. cancelled*) cancellatura *f.* □ (*Dir*) *~clause* clausola di annullamento; (*Dir*) *~ of a mortgage* estinzione di ipoteca, radiazione di ipoteca; (*Comm*) *~ of an* **order** cancellazione di ordine.

cancellous /'kænsələs/ *a.* (*Anat*) poroso, spugnoso, cellulare.

cancer /'kænsər/ *n.* **1** (*Med*) cancro *m.* **2** (*fig*) male *m.* fondamentale, male *m.* principale, cancro *m.* □ (*Med*) *~ hospital* ospedale oncologico; (*Med*) *~ of the lung* cancro del polmone; (*Med*) *~ patient* malato di cancro, canceroso; (*Med*) *~ prevention* prevenzione del cancro, prevenzione dei tumori; *~ promoting* cancerogeno; (*Med*) *~ specialist* oncologo; (*sl*) *~ stick* sigaretta.

Cancer /'kænsər/ *n.pr.* **1** (*Astr*) Cancro *m.* **2** (*person*) cancro *m.*, persona *f.* nata sotto il segno del cancro.

cancerologist /ˌkænsə'rɒlədʒɪst *Am* ˌkænsə'rɑːlədʒɪst/ *n.* (*Med*) cancerologo *m.* (*f.* -a).

cancerology /ˌkænsə'rɒlədʒi *Am* ˌkænsə'rɑːlədʒi/ *n.* (*Med*) cancerologia *f.*

cancerous /'kænsərəs/ *a.* **1** (*Med*) canceroso. **2** (*fig*) maligno, cattivo.

cancroid /'kæŋkrɔɪd/ **I** *a.* **1** (*Med*) cancroide, canceroide. **2** (*Zool*) granchiforme, simile a un granchio. **II** *n.* (*Med*) cancroide *m.*

candelabrum /ˌkændɪ'lɑːbrəm/ (*pl.* **-bra** /-brə/, **-bras** /-brəz/) *n.* candelabro *m.*

candid /'kændɪd/ **I** *a.* **1** franco, schietto, sincero: *a ~ reply* una risposta schietta. **2** (*outspoken*) franco, esplicito, chiaro. **3** (*honest, impartial*) imparziale, disinteressato, onesto. **II** *n.* (*Fot*) fotografia *f.* istantanea, istantanea *f.* □ *~camera*: 1 (*Fot*) microcamera; 2 (*style of photography*) fotografia-verità; 3 (*TV*) candid camera.

candidacy /'kændɪdəsi/ *n.* (*Am*) candidatura *f.*

candidate /'kændɪd(e)ɪt/ *n.* **1** candidato *m.* (*f.* -a) (*for* a) (*anche fig*): *to run* (o *to stand*) *as a ~ for an office* porre la propria candidatura a una carica, presentarsi come candidato a una carica. **2** (*Univ*) (*for an exam*) esaminando *m.*

(*f.* -a), candidato *m.* (*f.* -a). **3** (*Univ*) (*for a degree*) laureando *m.* (*f.* -a).

candidature /'kændɪdətʃər *Am also* 'kændɪdətʃʊr/ *n.* candidatura *f.*: *to withdraw one's ~* ritirare la propria candidatura.

candidly /'kændɪdli/ *avv.* **1** candidamente, francamente: *she spoke ~ and everyone believed her* parlò apertamente e tutti le credettero. **2** (*honestly*) onestamente, in verità: *~, I don't understand it* a dire il vero non capisco.

candidness /'kændɪdnəs/ *n.* **1** franchezza *f.*, schiettezza *f.* **2** (*outspokenness*) franchezza *f.*, chiarezza *f.* **3** (*impartiality*) imparzialità *f.*

candied /'kændid/ *a.* **1** candito. **2** (*fig*) mellifluo, melato. □ (*Alim*) *~fruit* frutta candita, canditi.

Candiot /'kændiət/ **I** *a.* candiota, cretese. **II** *n.* candiota *m./f.*, cretese *m./f.*

Candiote /'kændioʊt/ *n.* candiota *m./f.*, cretese *m./f.*

candle /'kændl/ *n.* candela *f.* (*anche Fis*). □ (*Fis*) *~hour* candela-ora; *~light*: 1 lume di candela: *to read by ~ light* leggere a lume di candela; 2 (*soft artificial light*) luce artificiale soffusa, luce artificiale tenue; 3 (*twilight*) crepuscolo, sera; *~maker* candelaio, fabbricante di candele; *~nut* frutto dell'aleurite; *~power*: 1 (*Fis*) candela; 2 (*of a lamp*) intensità (in candele); *~snuffer* smoccolatoio.

candleholder /'kændl,hoʊldər/ *n.* candeliere *m.*

candlelight /'kændllaɪt/ *n.* lume *m.* di candela: *by ~* a lume di candela.

candle-lit /'kændllɪt/ *a.* a lume di candela.

Candlemas /'kændlməs/ *n.* (*Rel*) candelora *f.* □ (*Rel*) *~Day* candelora.

candlestick /'kændlstɪk/ *n.* candeliere *m.*

candlewick /'kændlwɪk/ *n.* **1** stoppino *m.*, lucignolo *m.* **2** (*Tess*) ciniglia *f.*

can-do /'kænduː, kæn'duː/ **I** *a.* (*Am*) determinato, deciso, pronto a raccogliere le sfide: *a ~ attitude* un atteggiamento fattivo (improntato all'ottimismo). **II** *n.* persona *f.* zelante.

candor *Am*, **candour** /'kændər/ *n.* **1** franchezza *f.*, sincerità *f.*, schiettezza *f.* **2** (*impartiality*) imparzialità *f.*, obiettività *f.*

candy /'kændi/ **I** *n.* **1** (*Dolc*) zucchero *m.* candito. **2** (*Am*) (*sweet*) caramella *f.*, confetto *m.*; (*collett.*) dolciumi *m.pl.* **3** (*Am,sl*) (*cocaine*) cocaina *f.* **II** *v.t.* **1** (*to cook in sugar or syrup*) candire, sciroppare. **2** (*to crystallize by boiling*) caramellare. **3** (*to coat with sugar*) confettare, candire. **4** (*fig*) rendere gradevole, addolcire. **III** *v.i.* caramellarsi, diventare candito. □ (*Am,Dolc*) *~apple* mela caramellata mangiata su un bastoncino; *~apple red* color rosso vivo, rosso ciliegia; (*Am, spreg*) *~ass* vigliacco, smidollato, fifone, cagasotto; (*Dolc*) *~cane* caramella a forma di bastone a strisce bianche e rosse; (*Br,Dolc*) *~floss* zucchero filato; (*Tess*) *~striped* a righe colorate sottili; *~striper* infermiera volontaria.

candytuft /'kændiˌtʌft/ *n.* (*Bot*) iberide *f.*

cane /keɪn/ **I** *n.* **1** bastone *m.* da passeggio. **2** (*stem of bamboo, etc.*) canna *f.* **3** (*in wickerwork*) canna *f.* (di bambù), bambù *m.* **4** (*stick for flogging*) verga *f.*, canna *f.* **5** (*Bot*) (*stem of raspberry*) stelo *m.*, gambo *m.* **6** (*sugar cane*) canna *f.* da zucchero. **II** *v.t.* **1** battere con una canna, battere con una verga, fustigare. **2** (*of chairs, etc.: to furnish with canes*) rivestire di bambù; (*to make with canes*) fare con bambù. □ (*Am*) *~brake* canneto; *~chair* sedia di bambù; *~mill* zuccherificio; (*Alim*) *~sugar* zucchero di canna.

canella /kə'nelə/ *n.* (*Gastron, Farm*) cannella *f.*

canescent /kə'nesnt/ *a.* **1** biancastro. **2**

(*Bot*) canescente.

canework /'keɪnwɜːk *Am* 'keɪnwɜːrk/ *n.* canniccio *m.*

Canicula /kə'nɪkjʊlə/ *n.pr.* (*Astr*) Canicola *f.*

canicular /kə'nɪkjʊlər/ *a.* canicolare.

canine /'keɪnaɪn *Br also* 'kænaɪn/ **I** *a.* canino. **II** *n.* **1** (*Zool*) canide *m.* **2** (*dog*) cane *m.* **3** (*Dent*) dente *m.* canino, canino *m.* □ (*Anat*) *~tooth* dente canino, canino.

caning /'keɪnɪŋ/ *n.* bastonatura *f.*, dose *f.* di legnate.

canister /'kænɪstər/ **I** *n.* **1** scatola *f.* di metallo, barattolo *m.* di metallo. **2** (*Arm*) mitraglia *f.* (per cannoni). **3** (*Mil*) (*of a gas mask*) filtro *m.* (antigas). □ (*Arm*) *~shot* mitraglia (per cannoni).

canker /'kæŋkər/ **I** *n.* **1** (*Med*) ulcera *f.* cancrenosa, stomatite *f.* cancrenosa. **2** (*Veter*) (*of horses*) cancro *m.* dello zoccolo; (*of dogs, cats, etc.*) ulcerazione *f.* delle orecchie. **3** (*Agr*) cancro *m.*, tumore *m.* **4** (*fig*) cancro *m.*, cancrena *f.*, male *m.* insanabile. **II** *v.t.* **1** infettare, ulcerare. **2** (*fig*) corrompere, guastare. **III** *v.i.* **1** incancrenire, andare in cancrena. **2** (*fig*) essere corrotto. □ (*Med*) *~rash* (o *~sore*) scarlattina (con ulcerazioni alla gola); (*Zool*) *~worm* larva del cancro delle piante, bruco del cancro delle piante.

cankered /'kæŋkəd *Am* 'kæŋkərd/ *a.* **1** (*Agr*) distrutto da un bruco del cancro, distrutto da una larva del cancro; (*infected with a canker*) infettato dal cancro. **2** (*Med*) affetto da ulcera cancrenosa. **3** (*fig*) (*spiteful*) velenoso, maligno, malevolo.

cankerous /'kæŋkərəs/ *a.* **1** (*Agr*) che causa il cancro, cancerogeno; (*affected with canker*) affetto da cancro. **2** (*fig*) corruttivo, corruttore.

canna /'kænə/ *n.* (*Bot*) canna *f.*

cannabis /'kænəbɪs/ *n.* (*Bot*) canapa *f.* indiana, cannabis *f.*

canned /kænd/ *a.* **1** (*of food*) in scatola, inscatolato, in conserva. **2** (*sl*) (*prerecorded*) registrato, inciso: *~ music* musica registrata. **3** (*sl*) (*not spontaneous*) preparato (in anticipo), prestabilito: *a ~ speech* un discorso preparato. **4** (*Br,sl*) (*drunk*) ubriaco, sbronzo. □ *~ food* scatolame, conserve; *~ goods* scatolame; *~ heat* combustibile in scatola.

cannel /'kænl/ *n.* □ (*Ind*) *~coal* carbone a fiamma lunga.

canner /'kænər/ *n.* (*Alim*) inscatolatore *m.*

cannery /'kænəri/ *n.* (*Ind*) conservificio *m.*

cannibal /'kænɪbl/ **I** *n.* **1** (*human being*) cannibale *m./f.*, antropofago *m.* (*f.* -a). **2** (*animal*) cannibale *m.* **II** *a.* **1** cannibalesco, antropofago: *~ tribes* tribù antropofaghe, tribù di cannibali. **2** (*pertaining to cannibals*) cannibalesco, dei cannibali.

cannibalise /'kænɪbəlaɪz/ *v.t.* (*Br*) cannibalizzare (*anche Comm*).

cannibalism /'kænɪbəlɪzm/ *n.* **1** cannibalismo *m.* (*Etnol*) antropofagia *f.* rituale. **3** (*fig*) ferocia *f.*, barbarie *f.*, crudeltà *f.*

cannibalistic /ˌkænɪbə'lɪstɪk/ *a.* **1** (*of humans*) cannibalesco, antropofago; (*of animals*) cannibalesco. **2** (*fig*) (*voracious*) distruttivo, divorante, cannibalesco. **3** (*fig*) (*ruthless*) cannibalesco, spietato.

cannibalistically /ˌkænɪbə'lɪstɪkli/ *avv.* in modo cannibalesco, da cannibale.

cannibalization /ˌkænɪbəl(a)ɪ'zeɪʃən/ *n.* cannibalizzazione *f.*, cannibalismo *m.*

cannibalize /'kænɪbəlaɪz/ *v.t.* cannibalizzare (*anche Comm*).

cannikin /'kænɪkɪn/ *n.* **1** piccola scatola *f.*, scatoletta *f.*; (*drinking vessel*) tazza *f.* **2** (*Am*) (*wooden bucket*) secchio *m.* di legno.

cannily /'kænɪli/ avv. (shrewdly) astutamente.

canniness /'kænɪnəs/ n. 1 (shrewdness) astuzia f., furberia f., scaltrezza f. 2 (frugality) parsimonia f., frugalità f. 3 (Scott) (gentleness) delicatezza f., tatto m.

canning /'kænɪŋ/ n. (Ind) conservazione f. (dei cibi) in scatola. □ ~ factory conservificio; ~ industry industria conserviera.

cannon /'kænən/ I n. (pl.inv. o -s /-z/; il pl. inv. si usa general. con valore collett.) 1 (Mil) (large gun) cannone m.; (mounted piece of ordnance) mortaio m. 2 (Mecc) albero m. cavo, perno m. cavo. 3 (Equit) (cannon bit) morso m. curvo. 4 (Zool) (cannon bone) osso m. cannone, osso m. tubolare. 5 (in billiards) carambola f. II v.i. 1 (Mil) sparare cannonate (against contro). 2 (in billiards) fare carambola, carambolare. 3 (to collide) urtare violentemente (into, against, with contro), scontrarsi (con): to ~ into so. urtare violentemente contro qcu. 4 (to rebound) rimbalzare (off sopra, su, da). III v.t. (Mil) cannoneggiare. □ ~ fodder carne da cannone; ~ shot: 1 (Arm) palla di cannone; 2 (shooting) colpo di cannone, cannonata; 3 (range) gittata, portata.

cannonade /ˌkænə'neɪd/ I n. 1 (Mil) cannoneggiamento m. 2 (fig) bombardamento m., fuoco m. di fila. II v.t. (Mil) cannoneggiare. III v.i. (Mil) sparare cannonate (against contro).

cannon-ball /'kænənbɔːl/ I n. 1 (Arm) palla f. di cannone. 2 (Sport) bolide m. 3 (Ferr) treno m. rapidissimo. II v.i. procedere molto velocemente, andare come una scheggia.

cannoneer /ˌkænə'nɪər Am ˌkænə'nɪr/ n. (Mil) cannoniere m.

cannonry /'kænənri/ n. (Mil) 1 (discharge) cannoneggiamento m. 2 (artillery) artiglieria f.

cannot /'kænɒt Am 'kænɑːt/ → can¹.

canny /'kæni/ I a. 1 (shrewd) astuto, furbo, scaltro. 2 (Scott) (frugal) frugale, sobrio. 3 (Scott) (gentle) cordiale, gentile, garbato. II avv. (Scott) (cannily) astutamente.

canoe /kə'nuː/ I n. canoa f. II v.i. andare in canoa. III v.t. trasportare su una canoa.

canoeing /kə'nuːɪŋ/ n. (Sport) canoismo m., canoa f.

canoeist /kə'nuːɪst/ n. (Sport) canoista m./f.

canola /kə'nəʊlə/ n. (Bot) ravizzone m. □ (Alim) ~ oil olio di ravizzone.

canon¹ /'kænən/ n. 1 norma f., principio m. fondamentale, principio m. basilare, regola f.: the -s of good taste le regole del buon gusto. 2 (standard) canone m., criterio m. (generale), norma f.: the -s of morality i canoni della morale. 3 (Rel,Dir,Mus) canone m. 4 (Rel) (genuine books of the Bible) canone m. biblico, canone m. della sacra Scrittura. 5 (Lett) canone m.: the Homeric ~ il canone omerico. 6 (list of accepted books) canone m., catalogo m. di opere, corpus m. 7 (Tip,ant) corpo m. 48. □ (Dir) ~ lawyer canonista.

canon² /'kænən/ I n. 1 (Rel) canonico m. 2 (Rel.catt) canonico m. regolare. II a. canonico: ~ law diritto canonico. □ (Rel.catt) ~ regular canonico regolare.

canon³ /'kænən/ n. (Geog) cañon m., canyon m.

canoness /'kænənəs/ n. (Rel) canonichessa f.

canonical /kə'nɒnɪkəl Am kə'nɑːnɪkəl/ a. 1 canonico, regolare. 2 (widely accepted) tradizionale, consacrato, universalmente riconosciuto. 3 (Rel) canonico. 4 (Lett) genuino, del canone, incluso nel canone, del corpus. □ (Rel) ~ dress paramenti; (Rel) ~ hours

ore canoniche.

canonically /kə'nɒnɪkəli Am kə'nɑːnɪkəli/ avv. conformemente al canone, in modo conforme ai canoni.

canonicals /kə'nɒnɪkəlz Am kə'nɑːnɪkəlz/ n.pl. (Rel) paramenti m.pl.

canonicate /kə'nɒnɪkeɪt Am kə'nɑːnɪkeɪt/ n. (Rel) canonicato m.

canonicity /ˌkænə'nɪsɪti Am ˌkænə'nɪsəṭi/ n. (Rel) canonicità f.

canonisation /ˌkænənaɪ'zeɪʃ°n/ n. (Br, Rel.catt) canonizzazione f.

canonise /'kænənaɪz/ v.t. (Br) → canonize.

canonist /'kænənɪst/ n. (Rel) canonista m.

canonistic /ˌkænə'nɪstɪk/ a. 1 di un canonista. 2 (of canon law) del diritto canonico.

canonization /ˌkænənaɪ'zeɪʃ°n/ n. (Rel.catt) canonizzazione f.

canonize /'kænənaɪz/ v.t. 1 (Rel.catt) canonizzare, santificare, elevare agli altari. 2 (Rel) (of a book) riconoscere come canonico, riconoscere come appartenente al canone biblico. 3 (Rel) (to sanction) approvare, ratificare. 4 (fig) considerare (come) sacrosanto.

canonry /'kænənri/ n. 1 canonicato m. 2 (collett.) canonici m.pl.

canoodle /kə'nuːdl/ I v.t. (sl) sbaciucchiare. II v.i. (sl) sbaciucchiarsi.

canopy /'kænəpi/ I n. 1 baldacchino m. 2 (Arch) tettoia f. 3 (of a parachute) calotta f.; (of an aeroplane) tettuccio m. 4 (fig) volta f. celeste, cielo m. II v.t. 1 coprire con un baldacchino. 2 (fig) coprire, formare una volta sopra. □ (Arred) ~ bed letto a baldacchino.

canorous /kə'nɔːrəs Am also kə'nəʊrəs/ a. (rar) 1 canoro, musicale. 2 (sonorous) sonoro.

canst /kənst emphatic kænst/ (ant) → can¹.

cant¹ /kænt/ n. 1 (hypocritical, sanctimonious talk) linguaggio m. ipocrita, linguaggio m. da bigotto. 2 (insincere speech) linguaggio m. ipocrita, discorso m. ipocrita. 3 (slang) gergo m.; (thieves' slang) gergo m. dei ladri, gergo m. della malavita. 4 (jargon) linguaggio m. (convenzionale), gergo m., terminologia f.: juridical ~ terminologia giuridica. 5 (conventional expressions) frasi f.pl. fatte, luoghi m.pl. comuni. II v.i. 1 parlare in gergo, parlare in linguaggio convenzionale. 2 (to whine) lagnarsi, lamentarsi.

cant² /kænt/ I n. 1 angolo m. esterno. 2 (slanting thrust) urto m. di traverso, spinta f. di traverso. 3 (slanting position) inclinazione f. 4 (slanting surface) piano m. inclinato. 5 (Strad) sopraelevazione f. 6 (Mar) (cant frame) ordinata f. deviata, costa f. deviata. II a. 1 (Br) (of jargon) gergale, di gergo, relativo a gergo. 2 (canted) inclinato, obliquo. III v.t. 1 smussare. 2 (of a log) squadrare. 3 (to tilt) inclinare; (to turn over) rovesciare, voltare sottosopra. 4 (to throw with a jerk) sbilanciare. IV v.i. 1 inclinarsi. 2 (to turn over) rovesciarsi. 3 (to slope) essere inclinato, avere un'inclinazione. 4 (Mar) (of a ship) ingavonarsi. □ (Mar) to ~ across ingavonarsi; (Tecn) ~ board asse smussata; (Tecn) ~ dog (o ~ hook) asta a gancio (per far rotolare tronchi di albero).

Cantabrigian /ˌkæntə'brɪdʒiən/ I a. 1 (caratteristico) di Cambridge. 2 (of Cambridge University) dell'Università di Cambridge (in Gran Bretagna e nel Massachusetts). II n. 1 abitante m./f. di Cambridge. 2 (student or graduate of Cambridge University) membro m. dell'Università di Cambridge (in Gran Bretagna e nel Massachusetts).

cantaloup, cantaloupe /'kæntəluːp Am 'kænṭəloʊp/ n. (Bot) melone m. cantalupo, melone m. retato, (region) zatta f.

cantankerous /ˌkæn'tæŋkərəs/ a. 1 irascibile, litigioso, intrattabile, bisbetico. 2 (of an animal) bizzoso, selvatico, difficile.

cantankerously /ˌkæn'tæŋkərəsli/ avv. in modo stizzoso, nervosamente.

cantankerousness /ˌkæn'tæŋkərəsnəs/ n. irascibilità f., intrattabilità f.

cantata /kæn'tɑːtə Am kən'tɑːṭə/ n. (Mus) cantata f.

canted /'kæntɪd/ a. 1 inclinato, obliquo. 2 (bevelled) smussato. □ (Arch) ~ column colonna sfaccettata.

canteen /kæn'tiːn/ n. 1 (in a factory, etc.) mensa f. aziendale. 2 (Mil) bettolino m., spaccio m.; (maintained by civilians) cantina f. 3 (Mil) (water bottle) borraccia f. 4 (Br) (box for cutlery) scatola f. per posate, cesta f. per posate.

canter¹ /'kæntər Am 'kænter/ n. 1 ipocrita m./f. 2 (beggar) mendicante m./f.

canter² /'kæntər Am 'kænter/ I n. 1 piccolo galoppo m. 2 (ride) cavalcata f. al piccolo galoppo. II v.t. fare andare al piccolo galoppo. III v.i. andare al piccolo galoppo, cavalcare al piccolo galoppo. □ (Br,fig) to win at a ~ vincere senza sforzo.

canterbury /'kæntəbəri Am 'kænterberi/ n. (music stand) leggio m.

Canterbury /'kæntəbəri Am 'kænterberi/ n.pr. (Geog) Canterbury f. □ (Bot) ~ bell campanula.

cantharides /kæn'θærɪdiːz Am also kæn'θerɪdiz/ n.pl. (costr.sing. o pl.) (Farm) cantaride f.

canthic /'kænθɪk/ a. (Anat) dell'angolo palpebrale.

canthus /'kænθəs/ n. (Anat) angolo m. palpebrale.

canticle /'kæntɪkl Am 'kænṭəkl/ n. (Rel) cantico m. □ (Bibl,ant) Canticle of Canticles Cantico dei Cantici.

Canticles /'kæntɪklz Am 'kænṭəklz/ n.pl. (costr.sing.) (Bibl) Cantico m.sing. dei Cantici.

cantilever /'kæntɪliːvər Am 'kænṭəliːvər/ I n. 1 (Arch) mensola f. (a sbalzo). 2 (Edil) trave f. a sbalzo, elemento m. a sbalzo. 3 (Aer) (cantilever wing) ala f. a sbalzo. II a. a cantilever, a mensola: ~ wing ala a sbalzo. □ (Arch) ~ bridge ponte a mensola, ponte a sbalzo; ~ roof pensilina; (Aut) ~ spring molla a sbalzo, molla a flessione.

cantilevered /'kæntɪliːvəd Am 'kænṭəliːvərd/ a. (Edil) a sbalzo, aggettante.

cantina /kæn'tiːnə/ n. (Am,colloq) 1 (bar) bar m. 2 (wine shop) enoteca f.

cantle /'kæntl/ n. 1 (of a saddle) arcione m. posteriore. 2 (piece of bread, cheese, etc.) pezzo m., pezzetto m.

canto /'kæntoʊ/ n. (pl. -s /-z/) n. (Lett,Mus) canto m.

canton¹ /'kæntɒn Am 'kæntɑːn, 'kæntən/ n. 1 (in Switzerland) cantone m. 2 (Arald) cantone m. 3 (Arch) spicchio m. di volta.

canton² /'kæntɒn Am kæn'tɑːn/ v.t. 1 dividere, suddividere. 2 (into territorial districts) dividere in cantoni. 3 (Mil) accantonare, acquartierare.

cantonal /'kæntənəl Br also kæn'toʊnəl/ a. (Geog) cantonale.

Cantonese /ˌkæntə'niːz/ I a. cantonese, di Canton. II n. 1 abitante m./f. di Canton. 2 (dialect) dialetto m. di Canton.

cantonment /kæn'tɒnmənt, kæn'tuːnmənt Am kæn'toʊnmənt/ n. (Mil) 1 (camp) quartiere m. 2 (quarters) acquartieramento m.

cantor /'kæntɔːr Am 'kæntɔːr/ n. 1 (Mus) cantore m. 2 (Rel.ebr) cantore m. officiante.

cantoral /'kæntɔːrəl/ a. (Mus,rar) di un cantore.

cantorial /ˌkænˈtɔːrɪəl *Am also* ˌkænˈtourɪəl/ *a.* (*Mus*) di un cantore.

canty /ˈkænti/ *a.* (*Br,dial*) vivace, allegro, gaio.

Canuck /kəˈnʌk/ *n.* (*Am*) **1** (*Canadian*) canadese *m./f.* **2** (*spreg*) (*French Canadian: person*) franco-canadese *m./f.* **3** (*spreg*) (*language*) franco-canadese *m.*

canvas /ˈkænvəs/ **I** *n.* **1** (*Tess*) grossa tela *f.* di canapa, grossa tela *f.* di cotone. **2** (*Pitt*) tela *f.*; (*painting*) dipinto *m.* su tela, tela *f.*: *a ~ by Manet* una tela di Manet. **3** (*tent*) tenda *f.*; (*tents*) attendamento *m.* **4** (*Mar*) (*sail cloth*) tela *f.* da vele, tela *f.* per vele; (*sails*) velatura *f.*, vele *f.pl.* **5** (*fig*) (*circus*) circo *m.* **6** (*fig*) (*background, setting*) scenario *m.* **7** (*for embroidery*) canovaccio *m.* **8** (*Sart*) imbottitura *f.* **9** (*Sport*) tappeto *m.*: *flat out on the ~* messo al tappeto. **II** *a.* di tela. □ *~ town* accampamento, attendamento; *under ~*: 1 (*Mar*) a vele spiegate; 2 (*Mil*) sotto le tende; *~ work* (*in embroidery*) piccolo punto.

canvas-back /ˈkænvəsbæk/ *n.* (*Ornit*) moretta *f.* americana.

canvass /ˈkænvəs/ **I** *v.t.* **1** (*of votes, orders, etc.*) sollecitare. **2** (*to determine opinion*) saggiare l'opinione di, sondare l'opinione di. **3** (*Pol*) effettuare un sondaggio elettorale su. **4** (*to discuss*) dibattere, discutere. **5** (*to examine thoroughly*) vagliare. **II** *v.i.* **1** (*to solicit orders, subscriptions, etc.*) fare propaganda, chiedere adesioni (*for* per). **2** (*Pol*) fare una campagna elettorale, fare propaganda politica (*for* per). **III** *n.* **1** esame *m.* approfondito, vaglio *m.* **2** (*solicitation of votes, orders, etc.*) sollecitazione *f.* **3** (*Pol*) campagna *f.* elettorale, propaganda *f.* politica; (*survey*) sondaggio *m.* elettorale.

canvasser /ˈkænvəsər/ *n.* **1** chi sollecita. **2** (*Pol*) agente *m./f.* elettorale, galoppino *m.* (*f.* -a) elettorale. **3** (*salesman*) piazzista *m./f.*

canvassing /ˈkænvəsɪŋ/ *n.* (*Pol*) sollecitazione *f.* di voti (mediante visite personali o contatti telefonici).

canyon /ˈkænjən/ *n.* (*Geog*) cañon *m.*, canyon *m.*

canyoning /ˈkænjənɪŋ/ *n.* (*Sport*) canyoning *m.*, torrentismo *m.*

caoutchouc /ˈkaʊtʃuk/ *n.* caucciù *m.*, gomma *f.* naturale.

cap[1] /kæp/ *n.* **1** (*soft hat*) berretto *m.*, copricapo *m.* **2** (*top, covering*) coperchio *m.*, copertura *f.*, capsula *f.* **3** (*for pens, pencils*) cappuccio *m.*, salvapunte *m.* **4** (*fig*) (*limit*) limite *m.*, tetto *m.*, plafond *m.*: *the university had to put a ~ on enrolment* l'università ha dovuto mettere un limite alle nuove iscrizioni. **5** (*for a woman*) cuffia *f.* **6** (*as part of a uniform: of a sailor*) berretto *m.* da marinaio; (*of a nurse*) cuffia *f.*; (*of a maid*) crestina *f.*, cuffietta *f.* **7** (*cardinal's biretta*) berretta *f.* (cardinalizia), cappello *m.* cardinalizio. **8** (*of a cartridge*) capsula *f.* **9** (*summit*) cima *f.*, vetta *f.* **10** (*Bot*) (*of a mushroom*) cappello *m.* **11** (*Aut*) (*of a tyre*) battistrada *m.* ricostruito. **12** (*Aut*) (*of a radiator*) tappo *m.* **13** (*Arch*) capitello *m.* **14** (*Mecc*) (*of a bearing*) cappello *m.*; (*of a valve stem*) puntalino *m.*; (*of a spring*) scodellino *m.* **15** (*El*) (*of a cable*) cappuccio *m.* isolante; (*of a distributor*) calotta *f.*; (*of an insulator*) cappa *f.* **16** (*Calz*) puntale *m.* □ *~ and bells* berretto a sonagli, berretto da giullare; (*Univ*) *~ and gown* tocco e toga, toga accademica; (*Br,fig*) *~ in hand* umilmente; (*Inform*) *-s lock key* tasto bloccamaiuscole; (*Stor*) *~ of liberty* berretto frigio; *~ pistol* pistola a capsule; (*Geol*) *~ rock* cap rock, strato di copertura; (*Mecc*) *~ screw* prigioniero; (*colloq*) *to set one's ~ at* (o *for so.*) dare la

caccia a qcu.; (*Abbigl*) *~ sleeve* manica ad aletta.

cap[2] /kæp/ (*past, p.p.* **capped** /-t/) **I** *v.t.* **1** mettere il berretto a. **2** (*to provide with a top*) tappare, mettere il coperchio a. **3** (*to crown, to cover*) circondare alla sommità, ricoprire la cima di: *the mountain was -ped with snow* la cima della montagna era ricoperta di neve. **4** (*Br,fig*) (*to better*) superare, far meglio di, dar dei punti a. **5** (*fig*) (*to provide with a climax, or pleasant ending*) far culminare, coronare, completare. **6** (*fig*) (*to place a limit on*) porre un limite a. **7** (*Univ*) conferire un grado accademico a. **8** (*Arch*) fornire di capitello. **9** (*Sport*) scegliere, mettere in squadra. **10** (*Dent*) incapsulare. **11** (*Aut*) (*of a tyre*) ricostruire. **II** *v.i.* **1** (*rar*) togliersi il cappello, scappellarsi. **2** (*Caccia*) (*in fox-hunting*) partecipare a una battuta (dietro pagamento di una quota). □ *to ~ it all* per colmare la misura, a colmare la misura; *to ~ the climax* oltrepassare ogni limite.

CAP /ˌsiːeɪˈpiː/ (*Econ*) *Common Agricultural Policy* PAC (politica agricola comune).

cap. **1** *capital letter* M.la (lettera maiuscola). **2** *capacity* C (capacità). **3** (*Geog*) *capital* (capitale).

capability /ˌkeɪpəˈbɪlɪti *Am* ˌkeɪpəˈbɪləti/ *n.* **1** abilità *f.*, capacità *f.*, ingegno *m.* **2** (*of things*) proprietà *f.*, caratteristica *f.*, facoltà *f.* **3** *pl.* (*potential abilities*) possibilità *f.pl.*, risorse *f.pl.*, capacità *f.pl.*: *a man of great capabilities* un uomo di grandi possibilità.

capable /ˈkeɪpəbl/ *a.* **1** capace, abile, bravo: *a ~ administrator* un abile amministratore. **2** (*competent*) competente. **3** (*able to*) capace, in grado (*of* di): *~ of looking after himself* in grado di badare a se stesso. **4** (*susceptible to*) suscettibile (di): *~ of improvement* suscettibile di miglioramento.

capably /ˈkeɪpəbli/ *avv.* abilmente, in maniera competente, da esperto.

capacious /kəˈpeɪʃəs/ *a.* spazioso, ampio, capace, capiente.

capaciously /kəˈpeɪʃəsli/ *avv.* **1** (*extensively*) in modo estensivo, ampiamente. **2** (*thoroughly*) completamente, pienamente, interamente. **3** (*expansively*) in modo espansivo.

capaciousness /kəˈpeɪʃəsnəs/ *n.* ampiezza *f.*, spaziosità *f.*, capacità *f.*

capacitance /kəˈpæsɪtəns/ *n.* (*El*) **1** capacità *f.* **2** (*of a conductor*) capacitanza *f.*, reattanza *f.* capacitiva.

capacitate /kəˈpæsɪteɪt/ *v.t.* **1** rendere capace, mettere in grado, mettere in condizione. **2** (*Dir*) (*give legal power*) rendere capace, qualificare: *to ~ so. to act* dare a qcu. il potere di agire, dare a qcu. la capacità legale di agire.

capacitative /kəˈpæsɪtətɪv *Am* kəˈpæsɪteɪtɪv/ *a.* (*El,rar*) capacitivo.

capacitive /kəˈpæsɪtɪv *Am* kəˈpæsətɪv/ *a.* (*El*) capacitivo.

capacitor /kəˈpæsɪtər *Am* kəˈpæsɪtər/ *n.* (*El*) condensatore *m.* □ *~ microphone* microfono a condensatore.

capacity /kəˈpæsɪti *Am* kəˈpæsəti/ *n.* **1** capienza *f.*: *the theatre has a seating ~ of five hundred* il teatro ha una capienza di cinquecento posti. **2** (*volume, cubic content*) capacità *f.*, contenuto *m.*: *measures of ~* misure di capacità. **3** (*of a ship*) carico *m.* **4** (*mental ability*) capacità *f.*, potenziale *m.* mentale. **5** (*ability to perform, etc.*) abilità *f.*, capacità *f.*, possibilità *f.* **6** (*ability to produce*) produttività *f.*, capacità *f.* produttiva. **7** (*distinctive quality, trait*) proprietà *f.*, caratteristica *f.*: *the ~ of steel to withstand pressure* la proprietà dell'acciaio di resistere alla pressione. **8**

(*position, function*) funzione *f.*, posizione *f.*, qualità *f.*, veste *f.*: *in the ~ of technical adviser* in qualità di consigliere tecnico; *I speak in my ~ of* parlo in qualità di. **9** (*Dir*) capacità *f.*, potere *m.* **10** (*El*) capacità *f.*, capacitanza *f.*; (*maximum output*) potenza *f.* massima. **11** (*Inform*) capacità *f.* □ *at ~* al massimo della produttività; (*Econ*) *~ increase* ampliamento della capacità; *~ reduction* riduzione della capacità; *to ~* al massimo (della produttività); *filled to ~* pieno zeppo.

cap-a-pie, **cap-à-pie** /ˌkæpəˈpiː/ *avv.* da capo a piedi, dalla testa ai piedi: *armed ~* armato fino ai denti.

caparison /kəˈpærɪsən *Am also* kəˈperɪsən/ **I** *n.* **1** (*of a horse: covering*) gualdrappa *f.*; (*trappings*) bardatura *f.* **2** (*fig*) (*rich clothing*) bardatura *f.*, pompa *f.* magna, cappa *f.* magna. **II** *v.t.* bardare (*anche fig*).

cape[1] /keɪp/ *n.* (*Abbigl*) cappa *f.*, mantellina *f.*; (*of a bullfighter*) muleta *f.*

cape[2] /keɪp/ *n.* (*Geog*) capo *m.*, promontorio *m.* □ *Cape boy* ragazzo sudafricano di sangue misto; *Cape Coloured* mulatto del Sud Africa; (*S.Afr*) *~ doctor* forte vento da sud-est; (*ant*) *Cape Dutch* afrikaans; (*Geog*) *Cape Farewell* Capo Farvel; (*Geog*) *Cape Horn* Capo Horn; (*Geog*) *Cape of Good Hope* Capo di Buona Speranza; (*Geog*) *Cape Town* Città del Capo; (*Geog*) *Cape Verde* Capo Verde.

capelin /ˈkæpəlɪn, ˈkeɪpəlɪn/ *n.* (*Itt*) capelin *m.*, mallotus villosus *m.*

caper[1] /ˈkeɪpər/ **I** *n.* **1** salto *m.*, saltello *m.* **2** (*somersault*) capriola *f.* **3** (*fig*) colpo *m.* grosso, colpo *m.* del secolo. **II** *v.i.* **1** fare salti, spiccare salti, saltellare. **2** (*to turn somersaults*) fare capriole. □ *to cut a ~*: 1 saltellare; 2 (*to somersault*) fare una capriola; 3 (*to act frivolously*) agire frivolamente; 4 (*fig*) comportarsi da sciocco, agire da sciocco.

caper[2] /ˈkeɪpər/ *n.* (*Bot,Gastron*) cappero *m.*

capercaillie /ˌkæpəˈkeɪlji *Am* ˌkæpərˈkeɪlji/ *n.* (*Ornit*) cedrone *m.*, gallo *m.* cedrone, urogallo *m.*

capercailzie /ˌkæpəˈkeɪlzi *Am* ˌkæpərˈkeɪlzi/ *n.* (*Ornit*) cedrone *m.*, gallo *m.* cedrone, urogallo *m.*

Capernaum /kəˈpɜːniəm *Am* kəˈpɜːrniəm/ *n.pr.* (*Geog*) Cafarnao *f.*, Capernaum *f.*

Capetian /kəˈpiːʃən/ **I** *a.* (*Stor*) della dinastia dei Capetingi, relativo alla dinastia dei Capetingi. **II** *n.* (*Stor*) Capetingio *m.* (*f.* -a).

Capetown /ˈkeɪptaʊn/ *n.pr.* (*Geog*) Città *f.* del Capo.

capful /ˈkæpfʊl/ *n.* **1** (*quantity*) cappellata *f.* **2** (*Mar*) (*light puff of wind*) folata *f.*

capias /ˈkeɪpɪəs *Am* ˈkeɪpiəs/ *n.* (*Dir,Stor*) mandato *m.* di cattura.

capillarity /ˌkæpɪˈlærɪti *Am* ˌkæpɪˈlærəti, ˌkæpɪˈlerəti/ *n.* capillarità *f.* (*anche Fis*).

capillary /kəˈpɪləri *Am* ˈkæpɪləri/ **I** *a.* capillare. **II** *n.* (*Anat*) capillare *m.*, vaso *m.* capillare. □ (*Fis*) *~ action* capillarità; (*Tecn*) *~ tube* tubo capillare.

capital[1] /ˈkæpɪtl *Am* ˈkæpətl/ **I** *n.* **1** capitale *f.*: *Cardiff is the ~ of Wales* Cardiff è la capitale del Galles; (*estens*) *the fashion ~ of Italy is unarguably Milan* la capitale della moda italiana è certamente Milano. **2** (*Econ*) capitale *m.* **3** (*Comm*) (*assets*) attivo *m.*, disponibilità *f.* finanziaria, capitale *m.* netto. **4** (*fig*) risorsa *f.*, capitale *m.* **5** *pl.* (*capital letters*) maiuscolo *m.*, lettere *f.pl.* maiuscole: *written in all -s* scritto in maiuscolo. **II** *a.* **1** (*Econ*) del capitale. **2** (*of a letter*) maiuscola. **3** (*of a city*) capitale. **4** (*fig*) primario, capitale: *~ of importance* di primaria importanza. **5** (*fig*) (*excellent*) ottimo, eccellente, coi fiocchi: *a ~ meal* un pasto coi fiocchi. **6** (*Dir*) capitale: *a ~ crime* un delitto capitale. **III** *intz.* (*Br*) benissimo!, magnifico! ☐ *~ account*: 1 (*Econ*) conto capitale; 2 (*Comm*) conto di capitale, attivo, disponibilità finanziaria; (*Econ*) *~ accumulation* accumulazione del capitale; (*Econ*) *~ allowance* deduzione in conto capitale; (*Econ*) *~ assets* capitale fisso; (*Econ*) *~ at hand* dotazione di capitale; (*Econ*) *~ bonus* dividendo; (*Econ*) *~ budget* bilancio preventivo degli investimenti; (*Econ*) *~ charges* spese del capitale; (*Econ*) *~ consumption allowance* detrazione per consumo di capitale; (*Econ*) *~ deficit* disavanzo patrimoniale; (*Comm*) *~ expenditure* spese in conto capitale; *~ expenditure account* conto immobilizzazioni; (*Econ*) *~ export* esportazione di capitali; (*Econ*) *~ flight* fuga di capitali; (*Econ*) *~ gain* plusvalenza, utile del capitale; *~ gains tax* imposta sui redditi da capitale; (*Econ*) *~ goods* beni strumentali; (*Econ*) *~ inflow* (o *~ influx*) afflusso di capitali; (*Econ*) *~ injection* iniezione di capitali; (*Econ*) *~ investment*: 1 (*money invested*) investimento di capitale; 2 (*money required*) capitale di investimento; (*Econ*) *~ levy* imposta sul patrimonio, imposta patrimoniale, imposta sul capitale; *-s lock* fissamaiuscole; (*Econ*) *~ loss* perdita di capitale; (*fig*) *to make ~* (*out*) *of sth.* fare tesoro di qcs., fare capitale di qcs., trarre vantaggio da qcs.; (*Econ*) *~ market* mercato finanziario; *~ offence* delitto capitale; (*Econ*) *~ on hand* dotazione di capitale; (*Econ*) *~ project* progetto di investimento; (*Dir*) *~ punishment* pena di morte; (*Econ*) *~ redemption* rimborso del capitale; (*Econ*) *~ requirements* fabbisogno di capitale; (*Mar.mil*) *~ ship* corazzata, supercorazzata; (*Econ*) *~ stock*: 1 (*total stock*) capitale azionario, capitale sociale; 2 (*par value of capital*) valore azionario alla pari; (*Econ*) *~ structure* struttura finanziaria; (*Assic*) *~ sum* massimale; (*Econ*) *~ surplus* eccedenza di capitale; (*Econ*) *~ value* valore capitalizzato, valore capitale.

capital² /'kæpɪtəl *Am* 'kæpəṭəl/ *n.* (*Arch*) capitello *m.*

capital-intensive /ˌkæpɪtəl'ɪntensɪv *Am* ˌkæpəṭəlɪn'tensɪv/ *a.* (*Econ*) ad alta intensità di capitale.

capitalise /'kæpɪtəlaɪz/ *v.t.* (*Br*) → **capitalize**.

capitalism /'kæpɪtəlɪz²m *Am* 'kæpəṭəlɪz²m/ *n.* (*Econ,Pol*) capitalismo *m.*

capitalist /'kæpɪtəlɪst *Am* 'kæpəṭəlɪst/ **I** *n.* (*Econ,Pol*) capitalista *m./f.* **II** *a.* (*Econ,Pol*) capitalistico: *~ countries* paesi capitalistici, paesi a regime capitalistico; *~ economy* economia capitalistica, economia capitalista.

capitalistic /ˌkæpɪtəl'ɪstɪk *Am* ˌkæpəṭə'lɪstɪk/ *a.* (*Econ,Pol*) capitalistico.

capitalistically /ˌkæpɪtəl'ɪstɪkəli *Am* ˌkæpəṭə'lɪstɪkəli/ *avv.* capitalisticamente, secondo le teorie del capitalismo.

capitalization /ˌkæpɪtəlaɪ'zeɪʃən *Am* ˌkæpəṭəlɪ'zeɪʃən/ *n.* 1 (*stocks, bonds*) azioni *f.pl.*, capitale *m.* 2 (*Comm*) (*total investment*) capitale *m.* complessivo. 3 (*Econ*) (*conversion into stocks*) conversione *f.* in azioni. 4 (*Econ*) capitalizzazione *f.*: *~ of interest* capitalizzazione degli interessi. 5 (*of letters*) uso *m.* delle maiuscole. ☐ (*Econ*) *~ issue* emissione di azioni gratuite; (*Econ*) *~ of income* capitalizzazione del reddito.

capitalize /'kæpɪtəlaɪz *Am* 'kæpəṭəlaɪz/ **I** *v.t.* 1 (*Econ*) capitalizzare. 2 (*Comm*) (*to enter in the books as assets*) registrare nella partita attiva. 3 (*Econ*) (*to supply with capital*) fi-

nanziare. 4 (*Econ*) (*to estimate the value of*) valutare, stimare il valore di, calcolare il valore di. 5 (*of letters*) scrivere in maiuscolo, scrivere con lettere maiuscole. **II** *v.i.* 1 far capitale, far tesoro, giovarsi (*on* di), trarre vantaggio (da). 2 (*fig*) trarre profitto (*on* da) fare tesoro (*on* di).

capitally /'kæpɪtəli *Am* 'kæpəṭəli/ *avv.* 1 (*Dir*) con la pena capitale, con la pena di morte. 2 (*fig*) benissimo, splendidamente, in modo eccellente.

capitate /'kæpɪteɪt/ **I** *a.* (*Biol*) capitato. **II** *n.* (*Anat*) capitato *m.*, osso *m.* capitato. ☐ (*Anat*) *~ bone* capitato, osso capitato.

capitation /ˌkæpɪ'teɪʃən/ *n.* imposta *f.* pro capite, tributo *m.* pro capite. ☐ *~ grant* concessione pro capite; *~ tax* tributo pro capite, imposta pro capite.

Capitol /'kæpɪtəl *Am* 'kæpəṭəl/ *n.pr.* (*US, Stor.rom*) Campidoglio *m.*

Capitoline /kə'pɪtoʊlaɪn *Am* kə'pəṭəlaɪn/ **I** *a.* capitolino. **II** *n.pr.* (*Geog*) colle *m.* capitolino (a Roma).

capitular /kə'pɪtjʊlər *Am* kə'pɪtʃələr/ **I** *n.* 1 (*Rel*) (*person*) membro *m.* del capitolo. 2 *pl.* (*laws of a chapter*) leggi *f.pl.* del capitolo, statuti *m.pl.* del capitolo, capitolari *m.pl.* **II** *a.* 1 (*Bot*) capitato. 2 (*Rel*) capitolare.

capitulary /kə'pɪtjʊlari *Am* kə'pɪtʃəleri/ **I** *a.* (*Rel*) capitolare. **II** *n.pl.* (*Stor*) capitolari *m.pl.*

capitulate /kə'pɪtjʊleɪt *Am* kə'pɪtʃəleɪt/ *v.i.* 1 (*Mil*) capitolare, arrendersi. 2 (*fig*) cedere, arrendersi (*to* a, di fronte a).

capitulation /kəˌpɪtjʊ'leɪʃən *Am* kəˌpɪtʃə'leɪʃən/ *n.* 1 (*Mil*) capitolazione *f.*; (*document of surrender*) trattato *m.* di resa, patti *m.pl.* di resa. 2 (*list of headings*) capitolato *m.*, enumerazione *f.* 3 (*fig*) cedimento *m.*, resa *f.* 4 *pl.* (*ant,Dir*) capitolazioni *f.pl.*

capitulator /kəˌpɪtjʊ'leɪtər *Am* kəˌpɪtʃə'leɪtər/ *n.* persona *f.* che capitola.

capitulum /kə'pɪtjʊləm *Am* kə'pɪtʃələm/ *n.* 1 (*Bot*) capolino *m.* 2 (*Anat*) condilo *m.*

capless /'kæpləs/ *a.* senza berretto, a testa nuda.

Cap'n /'kæpn/ *n.* (*colloq*) capitano *m.*

capo /'keɪpoʊ/ *n.* (*Mus*) capotasto *m.*

capon /'keɪpən/ *n.* (*Zootecn*) cappone *m.*

caponier /ˌkæpə'nɪər *Am* ˌkæpə'nɪr/ *n.* (*Mil, ant*) caponiera *f.*

caponise /'keɪpənaɪz/ *v.t.* (*Br,Zootecn*) castrare, accapponare.

caponize /'keɪpənaɪz/ *v.t.* (*Zootecn*) castrare, accapponare.

capot /kə'pɒt *Am* kə'pɑːt/ **I** *n.* (*in card games*) cappotto *m.* **II** *v.t.* (*past, p.p.* **capotted** /kə'pɒtɪd *Am* kə'pɑːtɪd/) fare cappotto a.

capote /kə'poʊt/ *n.* 1 mantello *m.* con cappuccio. 2 (*Aut*) capote *f.*, mantice *m.*

capping /'kæpɪŋ/ *n.* 1 (*Minier*) strato *m.* roccioso. 2 (*Arch*) capitello *m.* 3 (*Am,Aut*) (*of a window*) cornice *f.*

capri /kə'priː/ ☐ (*Abbigl*) *~ pants* pantaloni alla pescatora.

capric /'kæprɪk/ ☐ (*Chim*) *~ acid* acido caprico, acido caprinico.

capriccio /kə'priːtʃ(i)oʊ/ (*pl.* **-s** /-z/, **-cci** /-tʃi/) *n.* (*Mus*) capriccio *m.*

caprice /kə'priːs/ *n.* 1 capriccio *m.*, grillo *m.*, ghiribizzo *m.* 2 (*of children*) capriccio *m.*, bizza *f.* 3 (*sudden change in weather, etc.*) mutamento *m.* improvviso, capriccio *m.* 4 (*Mus*) capriccio *m.*

capricious /kə'prɪʃəs/ *a.* incostante, instabile, capriccioso: *~ weather* tempo instabile.

capriciously /kə'prɪʃəsli/ *avv.* in modo incostante, in modo instabile, in modo capriccioso.

capriciousness /kə'prɪʃəsnəs/ *n.* capric-

ciosità *f.*

Capricorn /'kæprɪkɔːn *Am* 'kæprɪkɔːrn/ *n.pr.* 1 (*Astr*) Capricorno *m.* 2 (*person*) Capricorno *m.*, persona *f.* nata sotto il segno del Capricorno.

caprification /ˌkæprɪfɪ'keɪʃən/ *n.* (*Bot*) caprificazione *f.*

caprifig /'kæprɪfɪg/ *n.* (*Bot*) fico *m.* selvatico, fico *m.* maschile, caprifico *m.*

caprine /'kæpraɪn/ *a.* (*Zool*) caprino.

capriole /'kæprɪoʊl/ **I** *n.* (*Equit*) capriola *f.* **II** *v.i.* 1 fare capriole, fare una capriola. 2 (*Equit*) eseguire una capriola.

caps. /kæps/ 1 *capital letters* (lettere maiuscole). 2 (*Farm*) *capsule* caps. (capsula).

capsicum /'kæpsɪkəm/ *n.* (*Bot*) capsico *m.*

capsid /'kæpsɪd/ *n.* (*Biol*) capside *m.*

capsizable /kæp'saɪzəbl/ *a.* (*Mar*) ribaltabile.

capsize /kæp'saɪz/ **I** *v.t.* capovolgere, ribaltare, rovesciare. **II** *v.i.* capovolgersi, ribaltarsi, rovesciarsi, scuffiare, fare scuffia.

capstan /'kæpstən/ *n.* (*Mar*) argano *m.*: *to man the ~* armare l'argano; *to work the ~* virare l'argano. ☐ (*Mecc*) *~ lathe* tornio a torretta, tornio a revolver.

capstone /'kæpstoʊn/ *n.* 1 (*Arch*) chiave *f.* di volta, pietra *f.* di coronamento. 2 (*Archeol*) (*of a dolmen*) lastra *f.* di copertura.

capsular /'kæpsjʊlər/ *a.* capsulare.

capsule /'kæpsjuːl *Am* 'kæpsəl, 'kæpsjʊl/ **I** *n.* 1 capsula *f.* (*anche Bot,Biol,Mot*). 2 (*fig*) pillola *f.*, breve riassunto *m.*, sommario *m.* 3 (*Astron*) capsula *f.* (spaziale): *manned orbital ~* capsula orbitale con equipaggio umano. **II** *v.t.* 1 incapsulare. 2 (*fig*) sintetizzare, riassumere.

capsuliform /'kæpsjuːlɪfɔːm *Am* 'kæpsəlɪfɔːrm, 'kæpsjʊlɪfɔːrm/ *a.* capsulare.

Capt. *Captain* Cap. (Capitano).

captain /'kæptɪn *Am* 'kæptən/ **I** *n.* 1 (*Mil, Aer.mil,Sport*) capitano *m.* 2 (*leader*) capo *m.* 3 (*Mar.mil*) contrammiraglio *m.* 4 (*Mar*) (*officer in charge of a ship*) comandante *m.*; (*in the mercantile marine*) capitano *m.* marittimo. 5 (*Am*) (*in the police*) capitano *m.*; (*in the fire department*) comandante *m.* di compagnia. 6 (*Aer*) (*pilot*) comandante *m.* pilota. 7 (*Stor*) condottiero *m.* 8 (*Am,Pol*) funzionario *m.* di partito. 9 (*magnate*) magnate *m.*, capitano *m.*: *a ~ of industry* un magnate dell'industria. 10 (*Am*) (*headwaiter*) capocameriere *m.*; (*bell captain*) capofattorino *m.* (di albergo). **II** *v.t.* essere il capitano di, capitanare: *to ~ a football team* capitanare una squadra di calcio. ☐ (*Br,Alim*) *Captain's biscuit* galletta di prima qualità; (*Stor*) *~ of fortune* capitano di ventura; (*Mar*) *~ of top* capo coffa; (*Mar*) *Captain's Register* matricola generale dei capitani inglesi.

captaincy /'kæptɪnsi *Am* 'kæptənsi/ *n.* capitanato *m.*

captainship /'kæptɪnʃɪp *Am* 'kæptənʃɪp/ *n.* 1 (*Mil*) capitanato *m.* 2 (*leadership*) arte *f.* di comandare; (*of an enterprise*) comando *m.*, guida *f.*

captation /kæp'teɪʃən/ *n.* (*Dir*) captazione *f.*

caption /'kæpʃən/ *n.* 1 (*Tip*) didascalia *f.*: *the ~ for a photograph* la didascalia di una fotografia. 2 (*title*) intestazione *f.*, titolo *m.* 3 (*Cin*) didascalia *f.*, sottotitolo *m.* 4 (*Dir*) rubrica *f.* 5 (*Scot,Dir*) cattura *f.*, arresto *m.* **II** *v.t.* intitolare, mettere il titolo a, dare il titolo a. ☐ (*Giorn*) *~ writer* titolista.

captious /'kæpʃəs/ *a.* 1 ipercritico, incontentabile, esigente. 2 (*sophistical*) capzioso, insidioso, sofistico: *~ questions* domande capziose.

captiously /'kæpʃəsli/ *avv.* in modo capzioso, capziosamente.

captiousness /'kæpʃəsnəs/ n. capziosità f.
captivate /'kæptɪveɪt/ v.t. **1** attrarre, affascinare, incantare: *he was -d by her smile* fu affascinato dal suo sorriso. **2** (*of so.'s affection*) cattivarsi, accattivarsi.
captivating /'kæptɪveɪtɪŋ *Am* 'kæptɪveɪtɪŋ/ a. seducente, accattivante, affascinante.
captivatingly /'kæptɪveɪtɪŋli *Am* 'kæptɪveɪtɪŋli/ avv. in modo seducente, in modo accattivante, in modo affascinante.
captivation /ˌkæptɪ'veɪʃən/ n. attrazione f., fascino m., seduzione f.
captive /'kæptɪv/ **I** n. **1** prigioniero m. (f. -a). **2** (*fig*) prigioniero m. (f. -a), schiavo m. (f. -a) (*to, of* di). **II** a. **1** prigioniero: *to be held* ~ essere in prigionia, essere prigioniero; *to be taken* ~ essere fatto prigioniero. **2** (*caged*) in gabbia, in cattività: *a* ~ *bird* un uccello in gabbia. **3** (*of herds*) nel recinto. **4** (*fig*) affascinato, attratto, sedotto (*to* da). **5** (*relating to a captive*) di un prigioniero. **6** (*Comm*) sussidiario, ausiliario: ~ *industry* industria sussidiaria. **7** (*Pol*) che subisce l'influenza di, che è sotto l'influenza di; (*of states*) satellite. □ ~ *audience* pubblico prigioniero, persone che non possono sottrarsi (a discorsi, pubblicità ecc.); (*Aer*) ~ *balloon* pallone frenato.
captivity /kæp'tɪvɪti *Am* kæp'tɪvəti/ n. **1** prigionia f., schiavitù f. **2** (*being caged*) cattività f.: *animals living in* ~ animali che vivono in cattività.
captor /'kæptər, 'kæptɔːr/ n. chi fa prigioniero, chi cattura.
capture /'kæptʃər/ **I** v.t. **1** far prigioniero, arrestare, catturare. **2** (*Mil*) conquistare, espugnare, impadronirsi di: *to* ~ *a strategic position* conquistare una posizione strategica. **3** (*Mil*) (*to sack*) depredare, saccheggiare. **4** (*fig*) (*to get control of*) accaparrare, conquistare: *to* ~ *the market* accaparrarsi il mercato. **5** (*fig*) (*to attract*) avvincere, allettare: *to* ~ *so.'s fancy* attrarre la fantasia di qcu. **6** (*in chess, etc.*) mangiare. **7** (*Inform, Nucl,Mar*) catturare. **8** (*to succeed in representing*) cogliere, riuscire a descrivere: *to* ~ *a likeness* cogliere una somiglianza. **II** n. **1** cattura f., arresto m. **2** (*Mil*) presa f., espugnazione f., conquista f.; (*thing captured*) bottino m., preda f. di guerra. **3** (*captured ship*) preda f., nave f. catturata. **4** (*fig*) (*gaining control*) accaparramento m., conquista f. **5** (*in chess, etc.*) cattura f. **6** (*Nucl*) cattura f.
capturer /'kæptʃərər *Am* 'kæptʃərər/ n. (*captor*) persona f. che cattura, persona f. che fa prigioniero.
capuchin /'kæpjuʃɪn/ n. **1** (*Zool*) cappuccino m. **2** (*Abbigl*) mantello m. (da donna) con cappuccio.
Capuchin /'kæpjuʃɪn/ n. (*Rel*) cappuccino m., frate m. cappuccino.
Capulet /'kæpjulət, 'kæpjulet/ n.pr. (*Lett*) Capuleto m.
capybara /ˌkæpɪ'bɑːrə/ n. (*Zool*) capibara m., porcello m. acquatico.
car /kɑːr *Am* kɑːr/ n. **1** automobile f., auto f., macchina f.: *by* ~ in macchina. **2** (*Am*) (*tramcar*) tram m., vettura f. tranviaria. **3** (*Am,Ferr*) carrozza f. viaggiatori, vettura f. **4** (*of a lift*) gabbia f., cabina f. **5** (*of a balloon or airship*) navicella f. **6** (*of a cableway*) vagoncino m., cabina f. **7** (*Minier*) vagoncino m., vagonetto m. **8** (*poet*) (*chariot*) carro m., cocchio m. □ ~ *accessories* autoaccessori m.; ~ *bomb* auto-bomba; ~ *chassis* autotelaio m.; (*Abbigl*) ~ *coat* giaccone m.; ~ *dealer* concessionario di auto; (*Mar*) ~ *ferry* nave traghetto, autotraghetto; ~ *hire* autonoleggio; ~ *park* posteggio, parcheggio; ~ *phone* telefono veicola-

re; ~ *pool* car pool, auto con tre o quattro passeggeri, gruppo di persone che si accordano per compiere un tragitto sulla stessa auto; ~ *rally* autoraduno; (*Aut*) ~ *registration book* carta di circolazione; (*Aut*) ~ *registration plate* targa automobilistica; ~ *rental* autonoleggio; ~ *repairs* autoriparazione; ~ *sharing* car sharing; ~ *wash* autolavaggio; ~ *washing service* autolavaggio, impianto di autolavaggio.
car. *carat* K (carato).
C.A.R. /ˌsiːeɪ'ɑːr/ (*Geog*) *Central African Republic* Repubblica Centrafricana.
caracal /'kærəkæl/ n. (*Zool*) lince f. del deserto, caracal m.
car-accessory /'kɑːræ(k)ˌsesəri/ □ (*Aut, Comm*) ~ *dealer* accessorista.
caracole /'kærəkoʊl/ **I** n. **1** (*Equit*) caracollo m. **2** (*Arch*) scala f. a chiocciola. **II** v.i. (*past, p.p.* **caracolled** /-d/) (*Equit*) caracollare.
caracul /'kærəkʊl *Am* 'kærəkəl/ n. **1** (*fur*) pelliccia f. di karakul. **2** (*Zool*) agnello m. karakul, karakul m.
carafe /kə'rɑːf, kə'ræf/ n. caraffa f.
caramel /'kærəməl *Am* 'kɑːrm²l/ n. **1** (*Dolc*) (*syrup*) caramello m. **2** (*Dolc*) (*sweet*) caramella f. **3** (*colour*) caramello m., color m. zucchero bruciato. □ (*Dolc*) ~ *custard* crème caramel.
caramelise /'kærəmelaɪz/ v.t. (*Br*) caramellare.
caramelize /'kærəmelaɪz *Am* 'kɑːrməlaɪz/ v.t. caramellare.
carapace /'kærəpeɪs/ n. (*Zool*) carapace m.
carat /'kærət/ n. carato m.: *twenty-four* ~ *gold* oro a ventiquattro carati.
caravan /'kærəvæn/ **I** n. **1** (*covered vehicle*) carro m. coperto, carrozzone m.: *a circus* ~ un carrozzone da circo. **2** (*trailer*) roulotte f. **3** (*of merchants, etc.*) carovana f. **4** (*of vehicles*) fila f., colonna f. **II** v.i. (*past, p.p.* **caravanned** /*Am* **caravaned** /-d/) viaggiare in roulotte, girare in roulotte.
caravaner, caravanner /'kærəvænər/ n. **1** carovaniere m. **2** (*trailer*) roulottista m./f., caravanista m./f.
caravanserai /ˌkærə'vænsəraɪ/ n. caravanserraglio m.
caravel /'kærəvel/ n. (*Mar,Stor*) caravella f.
caraway /'kærəweɪ/ n. (*Bot*) carvi m., cumino m. dei prati. □ ~ *oil* essenza di carvi; ~ *seed* seme di cumino.
carbarn /'kɑːrbɑːrn/ n. (*Am*) deposito m. per veicoli pubblici, garage m. per veicoli pubblici.
carbide /'kɑːbaɪd *Am* 'kɑːrbaɪd/ n. (*Chim*) carburo m.
carbine /'kɑːbaɪn *Am* 'kɑːrbaɪn, 'kɑːrbiːn/ n. (*Mil*) carabina f.
carbineer /ˌkɑːbɪ'nɪər *Am* ˌkɑːrbɪ'nɪr/ n. soldato m. armato di carabina.
carbohydrate /ˌkɑːbou'haɪdr(e)ɪt *Am* ˌkɑːrbou'haɪdreɪt/ n. (*Biol,Alim*) carboidrato m.
carbolic /kɑː'bɒlɪk *Am* kɑːr'bɑːlɪk/ a. (*Chim*) carbolico. □ (*Chim*) ~ *acid* acido carbolico.
carbon /'kɑːbən *Am* 'kɑːrbən/ **I** n. **1** (*Chim*) carbonio m. **2** (*El*) (*rod of carbon*) filo m. a carbone; (*in batteries*) piastra f. di carbone. **3** (*sheet of carbon paper*) foglio m. di carta carbone. **4** (*carbon copy*) copia f. (con carta) carbone. **II** v.t. **1** fare una copia esatta di. **2** (*Tecn*) rivestire di uno strato di carbonio. **III** v.i. coprirsi di carbonio. □ (*Biol*) ~ *absorption* assorbimento di carbonio; (*Chim*) ~ *black* nerofumo (di gas); (*Acus*) ~ *button* capsula a carbone; ~ *copy*: 1 copia (con carta) carbone; 2 (*fig*) copia esatta; 3 (*Inform*) copia conoscenza; 4 (*used as a verb*) fare

una copia esatta di; ~ *cycle*: 1 (*Bot*) ciclo del carbonio; 2 (*Fis*) ciclo del carbonio-carbonio, ciclo del carbonio-azoto; ~ *dating* datazione con carbonio 14; ~ *deposit* deposito carbonioso; (*Chim*) ~ *dioxide* biossido di carbonio, anidride carbonica; (*Chim*) ~ *disulfide* (o ~ *disulphide*) solfuro di carbonio; (*El*) ~ *lamp* lampada ad arco; (*Rad*) ~ *microphone* microfono a carbone; (*Chim*) ~ *monoxide* ossido di carbonio; ~ *paper* carta copiativa, carta carbone; (*Fot*) ~ *process* processo al carbone; ~ *steel* acciaio al carbonio; (*Chim*) ~ *tetrachloride* tetracloruro di carbonio; (*Fot*) ~ *tissue* carta al carbone.
carbonaceous /ˌkɑːbou'neɪʃəs *Am* ˌkɑːrbə'neɪʃəs/ a. **1** (*Minier*) carbonifero. **2** (*Chim*) carbonioso.
carbonate /'kɑːbəneɪt *Am* 'kɑːrbəneɪt/ **I** n. (*Chim*) carbonato m. **II** v.t. **1** (*Chim*) trasformare in carbonato. **2** (*to gas*) impregnare di anidride carbonica, gassare. **3** (*fig*) animare, dar vita a, dar brio a.
carbonated /'kɑːbəneɪtɪd *Am* 'kɑːrbəneɪtɪd/ a. gassato, impregnato di anidride carbonica: ~ *drink* bevanda gassata.
carbon-dating /ˌkɑːbən'deɪtɪŋ *Am* ˌkɑːrbən'deɪtɪŋ/ n. datazione f. al carbonio 14, datazione f. al radiocarbonio.
carbonic /kɑː'bɒnɪk *Am* kɑːr'bɑːnɪk/ a. carbonico. □ (*Chim*) ~ *acid* acido carbonico; (*Chim*) ~ *acid gas* biossido di carbonio, anidride carbonica; (*Chim*) ~ *anhydride* biossido di carbonio, anidride carbonica; (*Chim*) ~ *maceration* macerazione carbonica.
carboniferous /ˌkɑːbə'nɪfərəs *Am* ˌkɑːrbə'nɪfərəs/ a. (*Minier*) carbonifero.
Carboniferous /ˌkɑːbə'nɪfərəs *Am* ˌkɑːrbə'nɪfərəs/ **I** n. (*Geol*) carbonifero m. **II** a. carbonifero.
carbonisation /ˌkɑːbən(a)ɪ'zeɪʃən/ n. (*Br, Chim*) carbonizzazione f.
carbonise /'kɑːbənaɪz/ v.t. (*Br*) **1** carbonizzare. **2** (*Met,Mot*) carburare.
carbonization /ˌkɑːbən(a)ɪ'zeɪʃən *Am* ˌkɑːrbənɪ'zeɪʃən/ n. (*Chim*) carbonizzazione f.
carbonize /'kɑːbənaɪz *Am* 'kɑːrbənaɪz/ v.t. **1** carbonizzare. **2** (*Met,Mot*) carburare.
carborundum /ˌkɑːbər'ʌndəm *Am* ˌkɑːrbər'ʌndəm/ n. carborundo m., carburo m. di silicio.
carboxyl /kɑː'bɒks(a)ɪl *Am* kɑːr'bɑːks²l/ n. (*Chim*) carbossile m.
carboxylation /ˌkɑːbɒksɪ'leɪʃən *Am* kɑːrˌbɑːksɪ'leɪʃən/ n. (*Chim*) carbossilazione f.
carboxylic /ˌkɑːbɒk'sɪlɪk *Am* kɑːrbɑːk'sɪlɪk/ □ (*Chim*) ~ *acid* acido carbossilico.
carboy /'kɑːbɔɪ *Am* 'kɑːrbɔɪ/ n. (*Vetr*) damigiana f. (per acidi).
carbuncle /'kɑːbʌŋkl *Am* 'kɑːrbʌŋkl/ n. **1** (*Med*) carbonchio m.; (*pimple*) pustola f. **2** (*Min*) (*garnet*) granato m. **3** (*colour*) marrone m. rossastro, granato m.
carbuncled /'kɑːbʌŋkld *Am* 'kɑːrbʌŋkld/ a. (*Med*) affetto da carbonchio.
carbuncular /kɑː'bʌŋkjulər *Am* kɑːr'bʌŋkjulər/ a. (*Med*) carbonchioso.
carburation /ˌkɑːbju'reɪʃən *Am* ˌkɑːrb(j)ə'reɪʃən/ n. (*Chim,Mot*) carburazione f.
carburet /'kɑːbjuret *Am* 'kɑːrbjure(ɪ)t/ (*past, p.p.* **carburetted** /-tɪd/ /*Am* **carbureted** /-t̬ɪd/) v.t. (*Chim,Mot*) carburare.
carburetant /ˌkɑːbju'retənt *Am* ˌkɑːrbju're(ɪ)tənt/ n. carburante m.
carburetter, carburettor /'kɑːbjuretər *Am* 'kɑːrb(j)əret̬ər/ n. (*Mot*) carburatore m.
carburise /'kɑːbjuraɪz/ v.t. (*Br*) **1** (*Met*) carburare, cementare (in superficie). **2** (*Mot*) carburare.
carburization /ˌkɑːbjur(a)ɪ'zeɪʃən *Am*

,kɑːrb(j)ərɪ'zeɪʃᵊn/ n. (Met,Mot) carburazione f.

carburize /'kɑːbjʊraɪz Am 'kɑːrb(j)əraɪz/ v.t. 1 (Met) carburare, cementare (in superficie). 2 (Mot) carburare.

carcanet /'kɑːkənet Am 'kɑːrkənet/ n. (ant) monile m.

carcase, carcass /'kɑːkəs Am 'kɑːrkəs/ n. 1 (dead body of an animal) carcassa f., carcame m.; (skeleton of a dead animal) carcame m. 2 (spreg) (body of a human being) pelle f., pellaccia f.: (colloq) to save one's ~ salvare la pelle. 3 (Macell) carcassa f. 4 (fig) (empty shell) cosa f. morta; (of a town) cumulo m. di rovine. 5 (framework: of a building) armatura f.; (of a ship) ossatura f., scheletro m.; (of a wrecked boat) carcame m. 6 (Tecn) (of a tyre) carcassa f.

carcinogen /kɑː'sɪnədʒᵊn Am kɑːr'sɪnədʒᵊn/ n. (Med) cancerogeno m., sostanza f. cancerogena.

carcinogenesis /kɑː,sɪnoʊ'dʒenəsɪs Am kɑːr,sɪnoʊ'dʒenəsɪs/ n. carcinogenesi f.

carcinogenic /kɑːsɪnoʊ'dʒenɪk Am kɑːr,sɪnoʊ'dʒenɪk/ a. cancerogeno.

carcinology /,kɑːsɪ'nɒlədʒi Am ,kɑːrsɪ'nɑːlədʒi/ n. (Zool) carcinologia f.

carcinoma /,kɑːsɪ'noʊmə/ (pl. -s /-z/, -ta /-tə Am -tə/) n. (Med) carcinoma m.

carcinomatous /,kɑːsɪ'noʊmətəs Am ,kɑːrsɪ'noʊmətəs/ a. (Med) carcinomatoso.

card¹ /kɑːd Am kɑːrd/ I n. 1 biglietto m. 2 (greeting card) biglietto m. di auguri. 3 (visiting card) biglietto m. da visita: to leave a ~ for so. lasciare il proprio biglietto da visita a qcu. 4 (of membership) tessera f., tesserino m.; (of a filing system) scheda f., cartella f. (di schedario). 5 (Post) cartolina f. (postale); (illustrated postcard) cartolina f. (illustrata). 6 (playing card) carta f. da gioco. 7 (programme) programma m.: race ~ programma delle corse. 8 (menu) menù m., carta f. 9 (in golf) carta f. della segnatura, carta f. del punteggio. 10 (Mar) (of a compass: dial) quadrante m.; (compass card) rosa f. dei venti. 11 (colloq) (amusing person) tipo m. (f. -a) ameno, spasso m.; (strange person) tipo m. (f. -a) strambo, persona f. eccentrica. 12 (Am, Giorn) annuncio m., avviso m. 13 (Inform) scheda f. 14 pl. (costr.sing.) (game) carte f.pl., partita f.sing. a carte: to play -s giocare a carte, fare una partita a carte. II v.t. 1 scrivere su una scheda, scrivere su un biglietto. 2 (to schedule) registrare, schedare. 3 (to check one's ID for age) controllare i documenti, chiedere un documento di identità. □ (Br, fig) -s and spades vantaggio; (Br,fig) to speak by the ~ parlare con sicurezza, parlare con precisione; (Bibliot) ~ catalogue (o Am ~ catalog) catalogo (a schede), schedario; (Bibliot) ~ file catalogo (a schede), schedario; (Br,colloq) to get one's -s essere licenziato; ~ holder: 1 (of a political party) tesserato di partito, membro di un partito; 2 (of an organization) membro, affiliato, socio; 3 (on a typewriter) asta reggicarta; (fig) ~ house castello di carte, progetto m. campato in aria; (Am,fig) it's not in the -s è (una cosa) molto improbabile, è poco possibile; ~ index: 1 schedario, indice a schede: ~ index file indice a schedario; 2 (used as a verb) schedare, catalogare; (Elettron) ~ key chiave magnetica; (Br,fig) it's not on the -s è (una cosa) molto improbabile, è poco possibile; (fig) to put (all) one's -s on the table mettere le carte in tavola, scoprire le proprie carte; (Tecn) ~ punch perforatore di schede; (Inform) ~ reader lettore di schede perforate; (fig) to play one's -s right giocare bene le proprie carte; ~ sharp (o ~ sharper) baro;

(Inform) ~ sorter ordinatrice (di schede); ~ table tavolo da gioco; (fig) to have a ~ up one's sleeve avere un asso nella manica; (Pol) ~ vote (in trade unions) voto per delega (equivalente al numero dei membri rappresentati); ~ voting sistema di votazione mediante delegati.

card² /kɑːd Am kɑːrd/ I n. (Tess) 1 carda f., cardatrice f. 2 (hand implement) scardasso m. (a mano). II v.t. cardare, scardassare.

Card. Cardinal f. (cardinale).

cardamom /'kɑːdəməm Am 'kɑːrdəməm/ n. (Bot) cardamomo m.

cardamon /'kɑːdəmən Am 'kɑːrdəmən/ n. (Bot) cardamomo m.

cardamum /'kɑːdəməm Am 'kɑːrdəməm/ n. (Bot) cardamomo m.

cardan /'kɑːdᵊn Am 'kɑːrdᵊn/ a. (Tecn) cardanico. □ (Mecc) ~ joint giunto cardanico; (Mecc) ~ shaft albero di trasmissione, albero cardanico, cardano.

cardboard /'kɑːdbɔːd Am 'kɑːrdbɔːrd/ I n. (Cart) cartone m. II a. 1 (Cart) di cartone: a ~ box una scatola di cartone. 2 (fig) convenzionale, stereotipato, senza sostanza.

card-carrying /'kɑːd,kæriŋ Am 'kɑːrd ,kæriŋ/ a. 1 (Pol) iscritto al partito. 2 (estens) devoto (a una causa): a ~ liberal un liberale devoto.

cardcase /'kɑːdkeɪs Am 'kɑːrdkeɪs/ n. portabiglietti m. da visita.

cardcastle /'kɑːdkɑːsḷ Am 'kɑːrdkæsḷ/ n. (fig) castello m. di carte, progetto m. campato in aria.

carded /'kɑːdɪd Am 'kɑːrdɪd/ a. (Tess) cardato.

carder /'kɑːdər Am 'kɑːrdər/ n. 1 (worker) cardatore m. (f. -trice). 2 (Tess) carda f., cardatrice f.

cardiac /'kɑːdiæk Am 'kɑːrdiæk/ I a. (Anat, Med) (of the heart) cardiaco; (of the cardia) cardiale. II n. 1 (Farm) cardiotonico m., cardiostimolante m. 2 (Med) cardiopatico m. (f. -a), cardiaco m. (f. -a). □ (Med) ~ cycle ciclo cardiaco, rivoluzione cardiaca; (Med) ~ disease cardiopatia; (Med) ~ massage massaggio cardiaco; (Med) ~ monitoring monitoraggio cardiaco; (Anat) ~ muscle muscolo cardiaco; (Med) ~ neurosis nevrosi cardiaca, cardionevrosi.

cardialgia /,kɑːdɪ'ældʒ(i)ə Am ,kɑːrdi 'ældʒ(i)ə/ n. (Med) cardialgia f.

Cardiff /'kɑːdɪf Am 'kɑːrdɪf/ n.pr. (Geog) Cardiff f.

cardigan /'kɑːdɪgən Am 'kɑːrdɪgən/ n. (Abbigl) cardigan m., golf m. (con bottoni).

cardinal /'kɑːdɪnᵊl Am 'kɑːrdɪnᵊl/ I n. 1 (Rel.catt) cardinale m. 2 (Ornit) cardinale m. rosso. 3 (colour) rosso m. cardinale, color m. rosso. 4 (Abbigl,ant) mantellina f. da donna. II a. 1 fondamentale, cardinale, capitale: of ~ importance di capitale importanza. 2 (Rel) cardinalizio. 3 (Zool,Entom) del cardine. □ (Ornit) ~ bird cardinale rosso; (Rel.catt) ~ bishop cardinale vescovo; (Bot) ~ flower lobelia a fior di cardinale; (Ornit) ~ grosbeak cardinale rosso; (Geog) ~ points punti cardinali; (Rel) ~ number numero cardinale; ~ virtue virtù cardinale; ~ vowels vocali cardinali.

cardinalate /'kɑːdɪnᵊleɪt Am 'kɑːrdɪnᵊleɪt/ n. (Rel.catt) cardinalato m.

cardinalship /'kɑːdɪnᵊlʃɪp Am 'kɑːrdɪnᵊlʃɪp/ n. (Rel.catt) cardinalato m.

carding /'kɑːdɪŋ Am 'kɑːrdɪŋ/ n. (Tess) cardatura f., scardassatura f. □ (Tess) ~ machine carda, cardatrice.

cardio-active /,kɑːdioʊ'æktɪv Am ,kɑːrdioʊ 'æktɪv/ a. (Med) cardiostimolante.

cardiogenic /,kɑːdioʊ'dʒenɪk Am ,kɑːrdioʊ 'dʒenɪk/ a. cardiogenico.

cardiogram /'kɑːdioʊgræm Am 'kɑːrdioʊgræm/ n. (Med) cardiogramma m.

cardiograph /'kɑːdioʊgrɑːf Am 'kɑːrdioʊgræf/ n. (Med) cardiografo m.

cardiographer /,kɑːdi'ɒgrəfər Am ,kɑːrdi'ɑːgrəfər/ n. (Med) cardiografo m.

cardiography /,kɑːdi'ɒgrəfi Am ,kɑːrdi'ɑːgrəfi/ n. (Med) cardiografia f.

cardiologist /,kɑːdi'ɒlədʒɪst Am ,kɑːrdi'ɑːlədʒɪst/ n. (Med) cardiologo m. (f. -a).

cardiology /,kɑːdi'ɒlədʒi Am ,kɑːrdi'ɑːlədʒi/ n. (Med) cardiologia f.

cardiomegaly /,kɑːdioʊ'megəli Am ,kɑːrdioʊ'megəli/ n. (Med) cardiomegalia f.

cardioplegic /,kɑːdioʊ'pliːdʒɪk Am ,kɑːrdioʊ'pliːdʒɪk/ a. (Med) cardioplegico.

cardiorespiratory /,kɑːdioʊ'respɪrətᵊri Am ,kɑːrdioʊ'respᵊrətoːri/ a. (Med) cardiorespiratorio.

cardiospasm /'kɑːdioʊspæzᵊm Am 'kɑːrdioʊspæzᵊm/ n. (Med) cardiospasmo m.

cardiotonic /,kɑːdioʊ'tɒnɪk Am ,kɑːrdioʊ 'tɑːnɪk/ a. (Farm) cardiotonico. II n. (Farm) cardiotonico m.

cardiovascular /,kɑːdioʊ'væskjʊlər Am ,kɑːrdioʊ'væskjʊlər/ a. (Fisiol,Med) cardiovascolare, cardiocircolatorio. □ (Med) ~ disease patologia del sistema cardiovascolare.

cardiovascularly /,kɑːdioʊ'væskjʊlərli Am ,kɑːrdioʊ'væskjʊlərli/ avv. (Med) dal punto di vista cardiovascolare, cardiovascolarmente.

carditis /kɑː'daɪtɪs Am kɑːr'daɪtɪs/ n. (Med) cardite f.

cardoon /kɑː'duːn Am kɑːr'duːn/ n. (Bot) carciofo m. selvatico, cardo m. spinoso.

care /keər Am ker/ I n. 1 ansietà f., affanni m.pl., preoccupazioni f.pl., (colloq) pensieri m.pl.: the -s of motherhood le preoccupazioni della maternità. 2 (attention, solicitude) attenzione f., cura f.: he devotes great ~ to his work dedica molta attenzione al suo lavoro. 3 (protection, charge) cura f., cure f.pl., protezione f., responsabilità f.: she left the children in the ~ of their grandmother lasciò i bambini alle cure della nonna. 4 (temporary keeping) custodia f., mani f.pl.: our furniture is in the ~ of a shipping agent i nostri mobili sono in custodia presso uno spedizioniere marittimo. 5 (object of attention, concern) preoccupazione f., cura f.: his family is his only ~ la sua unica cura è la famiglia. II v.i. 1 preoccuparsi, (colloq) prendersela (a cuore): she doesn't ~ lei non se la prende. 2 (costr.impers.) (in negative sentences: to mind) importare, tenerci: I don't ~ if he comes non m'importa che venga. 3 (to look after) avere cura (for di), prendersi cura (for di). 4 (to be fond of) amare (qcs.); (costr.impers.) (to like) piacere (qcs.): I don't ~ much for chocolate non mi piace molto la cioccolata. 5 (to wish) desiderare (qcs.), avere voglia (di): would you ~ for a beer? avresti voglia di una birra? 6 (to want) volersi: would you ~ to step in? vuole accomodarsi? □ I don't ~ a bit non me ne importa nulla; (Br,colloq) I don't ~ a cent non me ne importa niente; (Br,colloq) I don't ~ a damn non me ne importa un bel niente, me ne infischio, non me ne importa un fico secco; (colloq) I don't ~ a hoot non me ne importa un fico secco, non me ne importa niente; (Br,colloq) I don't ~ a jot non me ne importa un fico secco; (Br,colloq) I don't ~ a scrap non m'importa un bel niente; (Am,colloq) I don't ~ a snap non me ne importa un fico secco; (fig) not to ~ a straw about sth. infischiarsene di qcs.; (Am,colloq) I don't ~ a whoop non me ne importa un fico; to be free from ~ non avere pensieri, non avere preoccupazioni;

couldn't ~ *less* non me ne importa un bel niente, me ne infischio, non me ne importa un fico secco; (*Post*) ~ *of* presso, c/o; *take* ~*!* mi raccomando!, sta' attento!, (fa') attenzione!; *take* ~ *not to be late* bada di non fare tardi; *to take* ~ *of:* 1 prendersi cura di, avere cura di: *to take* ~ *of a patient* prendersi cura di un malato; 2 (*to deal with, to attend to*) occuparsi di: *I'll take* ~ *of the bill* mi occuperò del conto; (*colloq*) *not to* ~ *tuppence* infischiarsene; *under so.'s* ~ sotto la responsabilità di qcu.; (*colloq*) *who* ~*s?* che importa?, (*pop*) chi se ne frega?, chi se ne infischia?

careen /kə'riːn/ I *v.t.* 1 (*Mar*) abbattere in carena, carenare. 2 (*Mar*) (*to cause to keel over*) far sbandare, inclinare. 3 (*assol*) (*Mar*) carenare (una nave). 4 (*of a vehicle: to sway*) sbandare. II *n.* (*Mar*) posizione *f.* di carenaggio: *on the* ~ in posizione di carenaggio.
careenage /kə'riːnɪdʒ/ *n.* (*Mar*) 1 carenaggio *m.* 2 (*expense*) spese *f.pl.* di carenaggio. 3 (*place for careening*) bacino *m.* di carenaggio, cantiere *m.* di carenaggio.
careening /kə'riːnɪŋ/ *n.* (*Mar*) 1 abbattimento *m.* in carena. 2 (*repair*) carenaggio *m.*
career /kə'rɪə' *Am* kə'rɪr/ I *n.* 1 carriera *f.: to take up a* ~ intraprendere una carriera; *to make a* ~ *for oneself* farsi una posizione, fare carriera, affermarsi. 2 (*profession*) carriera *f.*, lavoro *m.*, mestiere *m.* 3 (*full speed*) carriera *f.*, corsa *f.*, velocità *f.: to stop in mid* ~ fermarsi nel mezzo della corsa. II *a.* di carriera. III *v.i.* andare di gran carriera, andare a tutta velocità. □ ~ *advancement* avanzamento di carriera; -*s advice* orientamento professionale; ~ *brief* profilo professionale; ~ *development* sviluppo di carriera; ~ *diplomat* diplomatico di carriera; ~ *in a managerial capacity* carriera direttiva; ~ *man* uomo di carriera; -*s master* psicotecnico; -*s office* centro di orientamento professionale; ~ *woman* donna in carriera.
careerism /kə'rɪərɪzəm *Am* kə'rɪrɪzəm/ *n.* arrivismo *m.*, carrierismo *m.*
careerist /kə'rɪərɪst *Am* kə'rɪrɪst/ *n.* arrivista *m./f.*, carrierista *m./f.*
carefree /'keəfriː *Am* 'kerfriː/ *a.* libero da preoccupazioni, spensierato: *a* ~ *holiday in the sun* una spensierata vacanza al sole.
careful /'keəful *Am* 'kerful/ *a.* 1 attento: *be* ~*!* sta' attento! 2 (*thorough*) diligente, attento, accurato: *a* ~ *worker* un lavoratore diligente. 3 (*of things: done with accuracy*) accurato, fatto con accuratezza. 4 (*taking good care*) attento (*of, about* a): *to be* ~ *of one's health* stare attento alla salute. 5 (*mindful, precise*) ordinato, accurato, curato (*in* in): *to be* ~ *in one's dress* essere curato nel vestire, vestire con cura. □ *be* ~ *not to do it!* guardati dal farlo!; *to be* ~ *with one's money* essere parsimonioso. *Prov.: you can't be too* ~ la prudenza è mai troppa.
carefully /'keəfuli *Am* 'kerfuli/ *avv.* 1 (*accurately*) accuratamente, attentamente, con cura, scrupolosamente. 2 (*prudently*) con prudenza.
carefulness /'keəfulnəs *Am* 'kerfulnəs/ *n.* 1 cautela *f.*, prudenza *f.* 2 (*thoroughness*) accuratezza *f.*, diligenza *f.*, attenzione *f.*
care-laden /'keə,leɪdən *Am* 'ker,leɪdən/ *a.* logorato dalle preoccupazioni.
careless /'keələs *Am* 'kerləs/ *a.* 1 trascurato, negligente, disattento, sbadato: *a* ~ *typist* una dattilografa sbadata. 2 (*of things: inaccurate*) inesatto, impreciso, non accurato. 3 (*heedless*) avventato, sconsiderato, incauto. 4 (*inconsiderate*) incurante (*of, about* di): ~ *of other people's feelings* incurante dei sentimenti altrui. 5 (*unstudied*) spontaneo, na-

turale: ~ *beauty* bellezza naturale. □ (*Dir*) ~ *driving* guida imprudente.
carelessly /'keələsli *Am* 'kerləsli/ *avv.* 1 (*thoughtlessly*) sbadatamente, sconsideratamente. 2 (*without accuracy*) senza cura, malamente. 3 (*heedlessly*) inavvedutamente, incautamente. 4 (*without consideration*) senza riguardi.
carelessness /'keələsnəs *Am* 'kerləsnəs/ *n.* 1 trascuratezza *f.*, negligenza *f.* 2 (*imprecision*) imprecisione *f.*, inesattezza *f.* 3 (*heedlessness*) avventatezza *f.*, sconsideratezza *f.*
caress /kə'res/ I *v.t.* 1 accarezzare, carezzare. 2 (*fig*) sfiorare, accarezzare: *the breeze* -*ed the tree-tops* la brezza accarezzava la cima degli alberi. II *n.* 1 carezza *f.* 2 (*act of affection*) gesto *m.* affettuoso, dimostrazione *f.* di affetto.
caressing /kə'resɪŋ/ *a.* carezzevole.
caret /'kærət/ *n.* (*Tip*) segno *m.* di omissione (di una parola in un testo).
caretaker /'keə,teɪkə' *Am* 'ker,teɪkər/ *n.* 1 custode *m./f.*, guardiano *m.* (*f.* -a), sorvegliante *m./f.* 2 (*janitor*) portinaio *m.* (*f.* -a). □ (*Pol*) ~ *government* governo provvisorio, governo di transizione.
careworn /'keəwɔːn *Am* 'kerwɔːrn/ *a.* logorato dalle preoccupazioni.
carfare /'kɑːfeə' *Am* 'kɑːrfer/ *n.* (*Am*) prezzo *m.* della corsa.
carfloat /'kɑːfləʊt *Am* 'kɑːrfloʊt/ *n.* (*Am,Mar*) barcone *m.* traghetto.
cargo /'kɑːgəʊ *Am* 'kɑːrgoʊ/ I *n.* (*pl.* -*es/-s* /-z/) 1 (*Mar,Aer*) carico *m.* 2 (*Mar*) nave *f.* mercantile, nave *f.* da carico. II *v.t.* (*sl*) caricare. □ (*Mar*) ~ *boat* nave da carico, nave mercantile; (*Mar*) ~ *hold* spazio (utile) di carico; ~ *liner:* 1 (*Mar*) nave mercantile di linea; 2 (*Aer*) aereo da carico di linea; (*Mar*) ~ *service* servizio su navi da carico; (*Mar*) ~ *steamer* vapore da carico; (*Mar*) ~ *tank* cisterna da carico; (*Mar*) ~ *terminal* terminale di carico.
carhop /'kɑːhɒp/ *n.* (*Am*) cameriere *m.* (*f.* -a) di ristorante drive-in.
Carib /'kærɪb/ *n.* (*pl.inv.* o -*s* /-z/) *n.* 1 caribo *m.* (*f.* -a), caraibo *m.* (*f.* -a). 2 (*language*) caribico *m.*, caraibico *m.*
Caribbean /,kærɪ'biːən/ I *a.* caribico, caraibico. II *n.* 1 caribo *m.* (*f.* -a), caraibo *m.* (*f.* -a). 2 *pl.* (*people*) caribi *m.pl.* (*f.pl.* -e), caraibi *m.pl.* (*f.pl.* -e). III *n.pr.* (*Geog*) mare *m.* Caribico, mare *m.* delle Antille, mare *m.* dei Caraibi. □ ~ *Islands* Piccole Antille; (*Geog*) ~ *Sea* mare Caribico, mare dei Caraibi, mar delle Antille.
caribou /'kærɪbuː/ *n.* (*pl.inv.* o -*s* /-z/; *il pl. inv. si usa general. con valore collett.*) *n.* (*Zool*) caribù *m.*, renna *f.* dei boschi.
caricatural /,kærɪkə'tjʊərəl *Am* ,kærɪkə't(ʃ)ʊrəl/ *a.* che si presta alla caricatura.
caricature /,kærɪkə'tjʊə' *Am* 'kærɪkət(ʃ)ʊr/ I *n.* caricatura *f.* II *v.t.* mettere in caricatura, caricaturare, fare una caricatura di.
caricaturist /,kærɪkə'tjʊərɪst *Am* 'kærɪkət(ʃ)ʊrɪst/ *n.* caricaturista *m./f.*
caries /'keə(ɪ)iːz *Am* 'keriːz/ *n.inv.* (*Med,Bot*) carie *f.*
carillon /'kærɪljən *Am* 'kerələːn/ *n.* 1 (*set of bells*) carillon *m.* 2 (*melody*) musica *f.* del carillon, aria *f.* del carillon. 3 (*organ stop*) registro *m.* di carillon.
carina /kə'raɪnə, kə'riːnə/ (*pl.* -*s* /-z/, -**nae** /-niː/) *n.* (*Anat,Biol*) carena *f.*
carinate /'kærɪn(e)ɪt/ *a.* (*Biol*) carenato.
Carinthia /kə'rɪnθɪə/ *n.pr.* (*Geog*) Carinzia *f.*
Carinthian /kə'rɪnθɪən/ I *a.* carinziano. II *n.* carinziano *m.* (*f.* -a).
cariogenic /,keəriəʊ'dʒenɪk *Am* ,keriə'dʒenɪk/ *a.* (*producing caries*) cariogeno.

carious /'keərɪəs *Am* 'keriəs/ *a.* (*Med*) cariato: ~ *tooth* dente cariato.
carjack /'kɑːdʒæk *Am* 'kɑːrdʒæk/ *v.t.* rubare un'auto (minacciando l'autista con le armi).
carjacker /'kɑːdʒækə' *Am* 'kɑːrdʒækər/ *n.* ladro *m.* (*f.* -a) di auto (che minaccia l'autista con le armi).
carjacking /'kɑːdʒækɪŋ *Am* 'kɑːrdʒækɪŋ/ *n.* furto *m.* di auto (in cui l'autista è obbligato a scendere sotto la minaccia di armi).
carking /'kɑːkɪŋ *Am* 'kɑːrkɪŋ/ *a.* (*poet*) preoccupante, gravoso.
carline /'kɑːlɪn *Am* 'kɑːrlɪn/ *n.* 1 (*Bot*) (*carline thistle*) carlina *f.* 2 (*Scott,spreg*) vecchia *f.*, megera *f.*, strega *f.* □ (*Bot*) ~ *thistle* carlina.
Carlism /'kɑːlɪzəm *Am* 'kɑːrlɪzəm/ *n.* (*Stor*) carlismo *m.*
Carlist /'kɑːlɪst *Am* 'kɑːrlɪst/ *n.* (*Stor*) carlista *m./f.*
carload /'kɑːləʊd *Am* 'kɑːrloʊd/ *n.* (*Am,Ferr*) carico *m.* completo, portata *f.*
Carlovingian /,kɑːləʊ'vɪn(d)ʒɪən *Am* ,kɑːrlə'vɪn(d)ʒɪən/ *a.* (*Stor*) carolingio.
Carmelite /'kɑːmɪlaɪt *Am* 'kɑːrmɪlaɪt/ I *n.* (*Rel*) 1 (*friar*) carmelitano *m.*, frate *m.* carmelitano. 2 (*nun*) carmelitana *f.*, suora *f.* carmelitana. II *a.* (*Rel*) carmelitano.
carminative /'kɑːmɪnətɪv *Am* 'kɑːrmɪnətɪv/ I *n.* (*Farm*) carminativo *m.* II *a.* (*Farm*) carminativo.
carmine /'kɑːmaɪn *Am* 'kɑːrmaɪn/ I *n.* 1 (*colour*) color *m.* carminio, carminio *m.* 2 (*crimson pigment*) carminio *m.* II *a.* (*colour*) carminio.
carnage /'kɑːnɪdʒ *Am* 'kɑːrnɪdʒ/ *n.* carneficina *f.*, strage *f.*, massacro *m.*
carnal /'kɑːnəl *Am* 'kɑːrnəl/ *a.* 1 (*sensual*) carnale, sensuale, dei sensi: ~ *knowledge* rapporti carnali, rapporti sessuali. 2 (*temporary*) caduco, mondano, temporale.
carnality /kɑː'nælɪti *Am* kɑːr'næləti/ *n.* 1 sensualità *f.*, carnalità *f.* 2 (*worldliness*) mondanità *f.*
carnally /'kɑːnəli *Am* 'kɑːrnəli/ *avv.* carnalmente, sessualmente.
carnation /kɑː'neɪʃən *Am* kɑːr'neɪʃən/ I *n.* 1 (*Bot*) garofano *m.* 2 (*colour pink*) rosa *m.*; (*flesh-colour*) rosa *m.* carne. II *a.* rosa.
carnelian /kɑː'niːlɪən *Am* kɑːr'niːliən/ *n.* (*Min*) corniola *f.*, cornalina *f.*
carnet /'kɑːneɪ *Am* kɑːr'neɪ/ *n.* 1 (*Aut*) carnet *m.* 2 (*of stamps, tickets*) carnet *m.*
carnification /,kɑːnɪfɪ'keɪʃən *Am* ,kɑːrnɪfɪ'keɪʃən/ *n.* (*Med*) carnificazione *f.*
carnify /'kɑːnɪfaɪ *Am* 'kɑːrnɪfaɪ/ I *v.t.* (*Med*) carnificare. II *v.i.* (*Med*) carnificarsi.
carnival /'kɑːnɪvəl *Am* 'kɑːrnɪvəl/ *n.* 1 (*revelry*) festa *f.*, baldoria *f.*, carnevalata *f.* 2 (*Shrove-tide*) carnevale *m.* 3 (*Am*) (*funfair*) lunapark *m.*, parco *m.* dei divertimenti.
carnivore /'kɑːnɪvɔː' *Am* 'kɑːrnɪvɔːr/ *n.* 1 (*Zool*) carnivoro *m.* 2 (*Bot*) pianta *f.* carnivora, pianta *f.* insettivora.
carnivorous /kɑː'nɪvərəs *Am* kɑːr'nɪvərəs/ *a.* (*Zool,Bot*) carnivoro.
carny /'kɑːni/ *v.t.* (*Br,colloq*) adulare, blandire, fare moine a.
carob /'kærəb/ *n.* (*Bot*) 1 (*Alim*) (*fruit*) carruba *f.* 2 (*tree*) carrubo *m.* □ (*Alim*) ~ *bean* carruba; (*Bot*) ~ *tree* carrubo.
carol[1] /'kærəl/ *n.* 1 canto *m.* di gioia, inno *m.* 2 (*religious song*) inno *m.*, canto *m.*: *Christmas* ~ canto *m.* di Natale. 3 (*ant,Mus*) carola *f.*
carol[2] /'kærəl/ (*past, p.p.* **carolled** /*Am* **caroled** -d/) *v.i.* 1 cantare allegramente, cantare gioiosamente. 2 (*to sing carols*) cantare inni.
Carol /'kærəl/ *n.pr.f.* Carola, Carol.
caroler /'kærələr/ *n.* (*Am*) cantore *m.* di inni di Natale.

Caroline /'kærəl(a)ɪn/ *n.pr.f.* Carolina.

Carolingian /ˌkærə'lɪndʒ(i)ən/ **I** *a.* (*Stor*) carolingio. **II** *n.* (*Stor*) carolingio *m.* (*f.* -a).

Carolinian[1] /ˌkærə'lɪniən/ **I** *a.* (*Geog*) della Carolina. **II** *n.* abitante *m./f.* della Carolina.

Carolinian[2] /ˌkærə'lɪniən/ **I** *a.* (*Stor*) carolingio. **II** *n.* (*Stor*) carolingio *m.* (*f.* -a).

caroller /'kærələr/ *n.* cantore *m.* di inni di Natale.

carom /'kærəm/ **I** *n.* (*Am*) **1** (*in billiards*) carambola *f.* **2** (*rebound*) rimbalzo *m.* **II** *v.i.* (*Am*) **1** fare carambola, carambolare. **2** (*to rebound*) rimbalzare.

carotene /'kærətin/ *n.* (*Chim*) carotene *m.*

carotenoid /kə'rɒtɪnɔɪd Am kə'rɑːt̬ənɔɪd/ *n.* (*Chim*) carotenoide *m.*

carotid /kə'rɒtɪd Am kə'rɑːt̬ɪd/ **I** *n.* (*Anat*) carotide *f.*, arteria *f.* carotide. **II** *a.* (*Anat*) carotideo.

carotidal /kə'rɒtɪdəl Am kə'rɑːt̬ɪdəl/ *a.* (*Anat*) carotideo.

carotin /'kærətɪn/ *n.* (*Chim*) carotene *m.*

carousal /kə'rauzəl/ *n.* bicchierata *f.*, bevuta *f.*

carouse /kə'rauz/ **I** *n.* bicchierata *f.*, bevuta *f.* **II** *v.i.* **1** fare baldoria. **2** (*to drink deeply*) bere smodatamente.

carousel /ˌkærə'sel/ *n.* **1** (*Am*) carosello *m.*, giostra *f.* **2** (*Stor*) (*riding exhibition*) carosello *m.* **3** (*Aer*) nastro *m.* trasportatore bagagli.

carouser /kə'rauzər/ *n.* chi fa baldoria.

carousing /kə'rauzɪŋ/ *n.* bicchierata *f.*, bevuta *f.*

carp[1] /kɑːp Am kɑːrp/ *v.i.* **1** cavillare, trovare da ridire (*at, on, about* su). **2** (*to complain*) lamentarsi, lagnarsi (di).

carp[2] /kɑːp Am kɑːrp/ *n.* (*Itt*) carpa *f.*

carpal /'kɑːpəl Am 'kɑːrpəl/ *a.* (*Anat*) carpale. □ (*Med*) ~ **tunnel syndrome** sindrome del tunnel carpale.

car-park /'kɑːpɑːk/ *n.* (*Br*) parcheggio *m.* □ ~ **attendant** posteggiatore.

Carpathian /kɑː'peɪθiən Am kɑːr'peɪθiən/ *a.* (*Geog*) carpatico.

Carpathians /kɑː'peɪθiənz Am kɑːr'peɪθiənz/ *n.pr.pl.* (*Geog*) Carpazi *m.pl.*, monti *m.pl.* Carpazi.

carpel /'kɑːpəl Am 'kɑːrpəl/ *n.* (*Bot*) carpello *m.*

carpellary /kɑː'peləri Am 'kɑːrpəleri/ *a.* (*Bot*) carpellare.

carpenter /'kɑːpəntər Am 'kɑːrpəntər/ **I** *n.* **1** (*for objects and furniture*) falegname *m.* **2** (*for structures*) carpentiere *m.* **3** (*Mar*) maestro *m.* di ascia. **II** *v.i.* fare il falegname. **III** *v.t.* fabbricare. □ (*Entom*) ~ **ant** camponotus; (*Entom*) ~ **bee** xilopoca.

carpentry /'kɑːpəntri Am 'kɑːrpəntri/ *n.* **1** (*trade, for objects and furniture*) falegnameria *f.* **2** (*trade, for structures*) carpenteria *f.* **3** (*woodwork*) lavoro *m.* di carpenteria, rifiniture *f.pl.* in legno, elementi *m.pl.* in legno.

carper /'kɑːpər Am 'kɑːrpər/ *n.* criticone *m.* (*f.* -a).

carpet /'kɑːpɪt Am 'kɑːrpɪt/ **I** *n.* **1** tappeto *m.*: *a Persian ~* un tappeto persiano. **2** (*fig*) tappeto *m.*, strato *m.*: *a ~ of leaves* un tappeto di foglie. **II** *v.t.* **1** coprire con tappeti. **2** (*fig*) rimproverare, riprendere, (*colloq*) fare un cicchetto a. □ ~ **bag** borsa da viaggio, sacca da viaggio; ~ **beater** battipanni; (*Giard*) ~ **bed** aiuola con fiori a disegno ornamentale; (*Mil*) ~ **bombing** bombardamento a tappeto; ~ **dance** ballo improvvisato, quattro salti; ~ **knight**: 1 (*rar*) eroe da salotto; 2 (*Mil*) (*stay-at-home soldier*) imboscato; (*Entom*) ~ **moth** tignola dei tappeti; (*fig*) **on the** ~ sul tappeto, in discussione; (*colloq*) *he was called on the ~ for indiscipline* si è preso una sgridata per indisciplina; ~ **rod** asta ferma-

guida; (*Calz*) ~ **slippers** pantofole da camera, pantofole di stoffa; ~ **sweeper** spazzola per tappeti.

carpet-bagger /'kɑːpɪtˌbægər/ *n.* (*Am*) **1** candidato *m.* (*f.* -a) non residente nel collegio elettorale. **2** (*Stor.am*) profittatore *m.* (*f.* -trice) politico (nordista), politico *m.* repubblicano del Nord trasferito al Sud. **3** (*estens*) avventuriero *m.* (*f.* -a) politico.

carpet-baggery /'kɑːpɪtˌbægəri/ *n.* (*Am*) opportunismo *m.*

carpeting /'kɑːpɪtɪŋ Am 'kɑːrpət̬ɪŋ/ *n.* **1** (*material*) stoffa *f.* per tappeti, tessuto *m.* per tappeti. **2** (*carpets*) tappeti *m.pl.*

carpological /ˌkɑːpə'lɒdʒɪkəl Am kɑːrpə'lɑːdʒɪkəl/ *a.* (*Bot*) carpologico.

carpologist /kɑː'pɒlədʒɪst Am kɑːr'pɑːlədʒɪst/ *n.* (*Bot*) carpologo *m.* (*f.* -a).

carpology /kɑː'pɒlədʒi Am kɑːr'pɑːlədʒi/ *n.* (*Bot*) carpologia *f.*

carpophore /'kɑːpoufɔːr Am 'kɑːrpəfɔːr/ *n.* (*Bot*) **1** carpoforo *m.* **2** (*of mushrooms*) corpo *m.* fruttifero.

carport /'kɑːpɔːt Am 'kɑːrpɔːrt/ *n.* (*Aut*) tettoia *f.* per automobili.

carpus /'kɑːpəs Am 'kɑːrpəs/ (*pl.* **-pi** /-paɪ/) *n.* (*Anat*) carpo *m.*

carrageen /'kærəgin/ *n.* (*Bot*) lichene *m.* d'Irlanda, muschio *m.* d'Irlanda.

carrageenin /ˌkærə'giːnɪn/ *n.* carragenina *f.*

carragheen /'kærəgiːn/ *n.* (*Bot*) lichene *m.* d'Irlanda, muschio *m.* d'Irlanda.

carragheenin /ˌkærə'giːnɪn/ *n.* carragenina *f.*

carriage /'kærɪdʒ/ *n.* **1** carrozza *f.*: ~ *and pair* carrozza a due, tiro a due. **2** (*Br,Ferr*) vagone *m.*, carrozza *f.*, vettura *f.* (ferroviaria). **3** (*transporting*) trasporto *m.* **4** (*Comm*) spese *f.pl.* di trasporto, porto *m.* **5** (*wheeled support*) carrello *m.* **6** (*bearing*) portamento *m.*, atteggiamento *m.*, contegno *m.*: *a man of military* ~ un uomo dal portamento militare. **7** (*Arm*) (*gun carriage*) affusto *m.* di cannone. **8** (*Edil*) montante *m.* della scala. **9** (*Tecn*) (*of a lathe*) carrello *m.*; (*of a spinning machine*) carro *m.* **10** (*of a typewriter*) carrello *m.* □ (*Comm*) ~ **by land** trasporto via terra, trasporto terrestre; (*Comm*) ~ **by sea** trasporto marittimo; (*Comm*) ~ **forward** porto assegnato; (*Comm*) ~ **free** porto affrancato, porto franco; (*Comm*) ~ **inwards** spese di trasporto per la merce acquistata; ~ **lever** (*of a typewriter*) leva dell'interlinea; (*Comm*) ~ **note** lettera di porto, lettera di vettura; (*Comm*) ~ **outwards** spese di trasporto per la merce venduta; (*Comm*) ~ **paid** porto affrancato, porto franco; (*Inform*) ~ **return** carriage return, ritorno *m.* del carrello.

carriageway /'kærɪdʒweɪ/ *n.* (*Br,Strad*) strada *f.* rotabile; (*lane*) corsia *f.*

carrick /'kærɪk/ □ (*Mar*) ~ **bend** nodo del vaccaro; (*Mar*) ~ **bitt** sostegno dell'argano.

carrier /'kæriər/ *n.* **1** portatore *m.* (*f.* -trice), latore *m.* (*f.* -trice). **2** (*Am,Post*) postino *m.* (*f.* -a). **3** (*Mar*) (*aircraft carrier*) nave *f.* portaerei, portaerei *f.* **4** (*Am*) (*on a car, etc.*) portabagagli *m.*; (*on a bicycle, etc.*) portapacchi *m.* **5** (*Comm*) impresa *f.* di trasporti; (*person*) corriere *m.*, vettore *m.* **6** (*Br*) (*carrier bag*) busta *f.* (di carta o plastica), sacco *m.* (di carta o plastica). **7** (*Mecc*) (*carrying plate*) piastra *f.* portante; (*of a lathe*) brida *f.* **8** (*Med*) (*person*) portatore *m.* (*f.* -trice); (*animal, plant*) veicolo *m.* **9** (*Chim*) veicolo *m.*, catalizzatore *m.* **10** (*Fis*) elemento *m.* portante. **11** (*Farm, Cosmet*) carrier. **12** (*Rad*) onda *f.* portante, portante *f.* **13** (*Ornit*) piccione *m.* viaggiatore, colombo *m.* viaggiatore. **14** (*in paint*) base *f.* □ ~ **bag** busta (di carta o plastica), sacco

(di carta o plastica); (*El*) ~ **frequency** frequenza portante; (*Ornit*) ~ **pigeon** colombo viaggiatore, piccione viaggiatore; (*Rad*) ~ **wave** onda portante, portante.

carrier-borne /'kæriəbɔːn Am 'kæriərbɔːrn/ *a.* (*Aer.mil*) di base su una portaerei: ~ *aircraft* aereo di base su una portaerei.

carrion /'kæriən/ **I** *n.* **1** carcame *m.*, carogna *f.* **2** (*fig*) marcio *m.*, marciume *m.* **II** *a.* **1** necrofago. **2** (*putrid*) putrido, in putrefazione, marcio. □ (*Ornit*) ~ **crow** cornacchia maggiore, cornacchia nera.

carrom /'kærəm/ **I** *n.* (*Am*) **1** (*in billiards*) carambola *f.* **2** (*rebound*) rimbalzo *m.* **II** *v.i.* (*Am*) **1** fare carambola, carambolare. **2** (*to rebound*) rimbalzare.

carronade /ˌkærə'neɪd/ *n.* (*Mil,ant*) carronata *f.*

carrot /'kærət/ *n.* **1** (*Bot,Alim*) carota *f.* **2** (*fig*) (*lure,incentive*) incentivo *m.*, esca *f.* □ (*colloq*) ~ **top** persona dai capelli rossi, pel di carota.

carroty /'kærəti Am 'kærət̬i/ *a.* **1** color carota. **2** (*with a carrot taste*) dal gusto di carota, che sa di carota. **3** (*carroty-haired*) dai capelli rossi, con i capelli rossi.

carrousel /ˌkærə'sel/ *n.* **1** (*Am*) carosello *m.*, giostra *f.* **2** (*riding exhibition*) carosello *m.*

carry[1] /'kæri/ **I** *v.t.* **1** portare, trasportare: *the porter carried my bags* il facchino portò le mie valige; *to ~ a message* portare (con sé) un messaggio, essere latore di un messaggio. **2** (*have with you*) portare con sé: *you should ~ your passport at all times* dovresti sempre portare il passaporto. **3** (*to keep in stock*) tenere, vendere, trattare: *our shop does not ~ this article* il nostro negozio non tratta questo articolo. **4** (*to bear the weight of*) sostenere, sorreggere, portare, reggere: *a paper sack is not strong enough to ~ bottled water* il sacchetto di carta non è abbastanza resistente per reggere le bottiglie dell'acqua. **5** (*to channel*) convogliare, incanalare: *this pipe carries sewage into the river* questa tubatura convoglia le acque di scarico nel fiume. **6** (*to move by impetus of flow*) portare via, trasportare. **7** (*to contain*) portare, contenere: *my purse is too small to ~ everything* la mia borsa è troppo piccola per contenere tutto. **8** (*to be pregnant with*) aspettare (un figlio), portare in grembo, essere incinta. **9** (*to publish*) riportare, pubblicare: *the paper carried a full report of the incident* il giornale pubblicò un resoconto completo dell'incidente. **10** (*to stand or to comport oneself in a given way*) portare, tenere; comportarsi, tenere un contegno: *to ~ oneself with decorum* comportarsi dignitosamente. **11** (*of a transmissible disease*) trasmettere, diffondere (malattie): *mosquitoes ~ malaria* le zanzare trasmettono la malaria. **12** (*to approve*) accogliere, approvare: *the motion was carried* la mozione fu approvata. **13** (*Am,Pol*) (*to gain a majority in*) ottenere la maggioranza in, avere la maggioranza in: *to ~ a state* ottenere la maggioranza in uno stato. **14** (*to win, to capture*) conquistare, impadronirsi di. **15** (*to extend*) portare, estendere: *the war was carried into the enemy territory* la guerra fu estesa al territorio nemico; *the game carried into overtime* si arrivò ai (tempi) supplementari. **16** (*fig*) (*to bear the burden of*) reggere, sostenere (il peso di). **17** (*fig*) (*to involve*) comportare, implicare, avere per conseguenza, avere come conseguenza: *a crime which carries the death penalty* un delitto che comporta la pena di morte. **18** (*Mat*) riportare. (*in an addition*) portare, riportare. **II** *v.i.* **1** (*to be au-*

dible) arrivare, giungere: *his voice carried over the lake* la sua voce arrivò oltre il lago. **2** (*of a horse*) avere portamento di testa. **3** (*Caccia*) (*of a dog*) seguire la traccia. ☐ (*Am,sl,ant*) *to ~ a torch for so.* soffrire per un amore non corrisposto, essere segretamente innamorato di qcu.; (*Mus*) *to ~ a tune* essere intonato, (saper) cantare intonato; (*Br,fig*) *to ~ all before* on avere un pieno successo, avere un completo successo, riuscire in tutto ciò che si fa; *to ~ along* portar via, trascinare; *to ~ authority* avere influenza, avere autorità; *to ~ away*: **1** trasportare altrove, portare altrove, portare via; **2** (*Mar*) portare via, spazzare (via), strappare (via); **3** (*Mar*) (*of a ship*) perdere il sartiame; **4** (*used in the passive*) essere trasportato: *to be* (o *to get*) *carried away by emotion* lasciarsi trasportare dalle emozioni, lasciarsi trascinare dalle emozioni; *to ~ back*: **1** riportare, portare indietro; **2** (*Econ*) ripartire (su esercizi precedenti); *to ~ conviction* essere convincente; (*Br,fig*) *to ~ everything before* one avere un pieno successo, avere un completo successo, riuscire in tutto ciò che si fa; *to ~ forward*: **1** mandare avanti, portare avanti: *to ~ a project forward* mandare avanti un progetto; **2** (*Comm,Econ*) riportare; (*Econ*) *to ~ interest* rendere, fruttare; *to ~ into effect* porre in pratica, porre in atto, mettere in pratica, mettere in atto; (*Mar*) *to ~ lee helm* navigare sottovento; (*Br, fig*) *to ~ one's liquor* reggere (bene) l'alcol; *to ~ off*: **1** vincere, (*colloq*) portarsi via: *to ~ off the prize* portarsi via il premio, vincere il premio; **2** (*Br*) (*to succeed in*) compiere, portare a termine, riuscire in: *to ~ off an attempt* riuscire in un tentativo; **3** (*to cause the death of*) portarsi via, fare morire; **4** (*to remove*) rimuovere con la forza; *to ~ on*: **1** (*to continue*) continuare, proseguire, andare avanti (with con); **2** (*colloq*) (*to behave foolishly, improperly*) fare stramberie, fare buffonate, comportarsi male; **3** (*colloq*) (*to behave agitatedly*) agitarsi, fare storie, fare una scenata (*about* per); **4** (*colloq*) (*to flirt*) civettare, flirtare (with con); *to ~ out* eseguire, attuare: *to ~ out an order* eseguire un ordine; *to ~ over*: **1** (*to postpone*) rimandare, rinviare; **2** (*Comm,Econ*) riportare; (*Mar*) *to ~ sail* spiegare le vele, portare vela; (*Econ*) *to ~ stock* riportare titoli, prendere titoli a riporto; (*fig*) *to ~ the ball* assumere il ruolo principale, assumersi la maggiore responsabilità; (*Br, colloq*) *to ~ the can* assumersi la responsabilità; *to ~ the day* vincere (un concorso), avere successo; *to ~ through*: **1** (*to end*) portare a termine; **2** (*to help*) sostenere, aiutare: *the extra money will ~ us through to the end of the month* il denaro in più ci aiuterà ad arrivare alla fine del mese; (*fig*) *to ~ (sth.) too far* passare il segno (in qcs.), passare il limite (in qcs.), esagerare (con qcs.), andare troppo oltre (in qcs.); (*Mar*) *to ~ weather helm* navigare sopravvento; *to ~ weight*: **1** (*of an argument, etc.*) avere peso, essere convincente; **2** (*fig*) (*of a person*) avere influenza, avere autorità, aver peso, essere importante, contare, valere; **3** (*Sport*) (*of racehorses*) essere handicappato; (*Br,fig*) *to ~ so. with one* trascinare qcu., conquistare qcu.

carry² /'kæri/ *n.* **1** (*of a gun: range*) portata *f.*, gittata *f.* **2** (*in golf: of a ball*) traiettoria *f.* **3** (*Am,Mar*) (*portage*) trasporto *m.* di imbarcazioni via terra. **4** (*Econ*) riporto *m.* ☐ (*Br*) *~ cot* culla trasportabile, porte-enfant.

carry-all /'kæriɔːl/ *n.* **1** (*Am*) borsone *m.*, borsa *f.* da viaggio. **2** (*Stor*) (*carriage*) giardiniera *f.*, giardinetta *f.* **3** (*Am,Aut*) berlina *f.* con sedili trasversali.

carry-back /'kæribæk/ *n.* (*Am,Econ*) riporto *m.* in esercizi precedenti.

carry-forward /'kæri,fɔːwəd *Am* 'kæri ,fɔːrwərd/ *n.* (*Econ*) riporto *m.* in conto nuovo.

carrying /'kæriɪŋ/ ☐ (*Comm*) *~ agent* spedizioniere (*Aer,Mar*) *~ capacity* portata; *~ case* valigetta; (*Comm*) *~ charge* maggiorazione per paga; *~ trade* trasporto di merci.

carry-on /'kæriɒn *Am* 'kæriɑːn/ **I** *a.* a mano: *~ luggage* bagaglio a mano. **II** *n.* **1** bagaglio *m.* a mano. **2** (*scene*) scenata *f.*

carry-over /'kæri,ouvər/ *n.* **1** rimanenza *f.*, residuo *m.* (*anche Comm*). **2** (*sth. extended*) continuazione *f.* **3** (*Am,Econ*) riporto *m.*

carshop /'kɑːrʃɒp/ *n.* (*Am,Ferr*) officina *f.* di manutenzione, officina *f.* di riparazioni.

carsick /'kɑːsɪk *Am* 'kɑːrsɪk/ *a.* che soffre il mal d'auto.

carsickness /'kɑːsɪknəs *Am* 'kɑːrsɪknəs/ *n.* mal *m.* d'auto.

cart¹ /kɑːt *Am* kɑːrt/ *n.* **1** carro *m.*, barroccio *m.* **2** (*light vehicle*) calesse *m.*, carrozzino *m.* **3** (*hand vehicle*) carretto *m.*, barroccino *m.* ☐ (*fig*) *to put the ~ before the horse* mettere il carro davanti ai buoi; (*Br,colloq*) *to be in the ~* trovarsi nei guai, essere in una posizione difficile; *~wright* carradore, carraio.

cart² /kɑːt *Am* kɑːrt/ **I** *v.t.* trasportare con un carro. **II** *v.i.* andare in calesse. ☐ (*pop*) *to ~ about* scarrozzare; (*colloq*) *to ~ off* trascinare, portare via, condurre via a forza.

cartage /'kɑːtɪdʒ *Am* 'kɑːrtɪdʒ/ *n.* **1** trasporto *m.* **2** (*cost*) spese *f.pl.* di trasporto.

carte /kɑːt *Am* kɑːrt/ *n.* menu *m.*, carta *f.*, lista *f.* delle vivande. ☐ *~blanche* carta bianca.

carte² /kɑːt *Am* kɑːrt/ *n.* (*Sport*) (*in fencing*) quarta *f.*

cartel /kɑː'tel *Am* kɑːr'tel/ *n.* **1** (*Econ*) cartello *m.*, consorzio *m.*: *drug ~* cartello della droga. **2** (*Mil*) convenzione *f.* per lo scambio di prigionieri; (*exchange of prisoners*) scambio *m.* di prigionieri. **3** (*Pol*) cartello *m.* **4** (*challenge to a duel*) cartello *m.* di sfida. ☐ (*Econ*) *~ of banks* cartello bancario.

cartelise /'kɑːtəlaɪz/ **I** *v.t.* (*Br,Econ*) cartellizzare. **II** *v.i.* (*Br,Econ*) fare un cartello.

cartelize /'kɑːtəlaɪz *Am* 'kɑːrtəlaɪz/ **I** *v.t.* (*Econ*) cartellizzare. **II** *v.i.* (*Econ*) fare un cartello.

carter /'kɑːtər *Am* 'kɑːrtər/ *n.* **1** carrettiere *m.*, barrocciaio *m.* **2** (*truck driver*) camionista *m./f.*

Cartesian /kɑː'tiːziən *Am* kɑːr'tiːʒən/ **I** *a.* (*Filos,Mat*) cartesiano. **II** *n.* cartesiano *m.* (*f.* -a). ☐ (*Mat*) *~ coordinates* coordinate cartesiane.

Cartesianism /kɑː'tiːziənɪzəm *Am* kɑːr'tiːʒənɪzəm/ *n.* (*Filos*) cartesianesimo *m.*

cartful /'kɑːtful *Am* 'kɑːrtful/ *n.* carrettata *f.*, barrocciata *f.*

Carthage /'kɑːθɪdʒ *Am* 'kɑːrθɪdʒ/ *n.pr.* (*Geog.stor*) Cartagine *f.*

Carthaginian /,kɑːθə'dʒɪnɪən *Am* ,kɑːrθə'dʒɪnɪən/ **I** *a.* cartaginese. **II** *n.* cartaginese *m./f.*

cart-horse /'kɑːthɔːs/ *n.* (*Br,Zool*) cavallo *m.* da tiro, cavallo *m.* da traino.

Carthusian /kɑː'θjuːziən *Am* kɑːr'θ(j)uːʒən/ **I** *n.* (*Rel.catt*) certosino *m.* **II** *a.* (*Rel.catt*) certosino.

cartilage /'kɑːtɪlɪdʒ *Am* 'kɑːrtəlɪdʒ/ *n.* (*Anat*) cartilagine *f.*

cartilaginous /,kɑːtɪ'lædʒɪnəs *Am* ,kɑːrtə'lædʒənəs/ *a.* (*Anat*) cartilaginoso, cartilagineo.

cart-load /'kɑːtloud *Am* 'kɑːrtloud/ *n.* **1** carrettata *f.*, barrocciata *f.* **2** (*colloq*) (*great amount*) sacco *m.*, mucchio *m.*

cartogram /'kɑːtəgræm *Am* 'kɑːrtəgræm/ *n.*

(*Statist*) cartogramma *m.*

cartographer /kɑː'tɒgrəfər *Am* kɑːr'tɑːgrəfr/ *n.* cartografo *m.* (*f.* -a).

cartographic /,kɑːtou'græfɪk *Am* ,kɑːrtə'græfɪk/ *a.* cartografico.

cartographical /,kɑːtou'græfɪkəl *Am* ,kɑːrtə'græfɪkl/ *a.* cartografico.

cartographically /,kɑːtou'græfɪkəli *Am* ,kɑːrtə'græfɪkəli/ *avv.* cartograficamente.

cartography /kɑː'tɒgrəfi *Am* kɑːr'tɑːgrəfi/ *n.* cartografia *f.*

cartomancy /'kɑːtoumænsi *Am* 'kɑːrtəmænsi/ *n.* (*Occult*) cartomanzia *f.*

carton /'kɑːtən *Am* 'kɑːrtən/ *n.* **1** (*box*) scatola *f.* di cartone, scatolone *m.* **2** (*container*) cartone *m.*, contenitore *m.* di cartone, confezione *f.*, brik *m.* **3** (*quantity*) cassetta *f.* **4** (*contents*) scatola *f.*, pacco *m.*: *a ~ of cigarettes* una stecca di sigarette. **5** (*of a target*) centro *m.*

cartoon /kɑː'tuːn *Am* kɑːr'tuːn/ **I** *n.* **1** vignetta *f.*, disegno *m.* umoristico. **2** (*comic strip*) fumetto *m.* **3** (*Art*) cartone *m.* **4** (*animated cartoon*) disegno *m.* animato, cartone *m.* animato. **5** *pl.* (*Cin*) (*film*) cartoni *m.pl.* animati. **II** *v.t.* **1** mettere in caricatura, fare un ritratto umoristico di. **2** (*Art*) fare un cartone di. **III** *v.i.* disegnare vignette, disegnare cartoni animati.

cartoonish /kɑː'tuːnɪʃ *Am* kɑːr'tuːnɪʃ/ *a.* da fumetto, da cartone animato: *to look ~* sembrare un personaggio di un cartone animato.

cartoonist /kɑː'tuːnɪst *Am* kɑːr'tuːnɪst/ *n.* **1** disegnatore *m.* (*f.* -trice) di vignette, vignettista *m./f.*, caricaturista *m./f.* **2** (*Cin*) cartonista *m./f.*, cartoonist *m./f.*

cartoony /kɑː'tuːni *Am* kɑːr'tuːni/ *a.* da fumetto, da cartone animato: *to look ~* sembrare un personaggio di un cartone animato.

cartophilist /kɑː'tɒfɪlɪst *Am* kɑːr'tɑːfɪlɪst/ *n.* cartofilo *m.* (*f.* -a), collezionista *m./f.* di cartoline.

cartophily /kɑː'tɒfɪli *Am* kɑːr'tɑːfɪli/ *n.* cartofilia *f.*, collezione *f.* di cartoline.

car-toppable /,kɑː'tɒpəbl *Am* ,kɑːr'tɑːpəbl/ *a.* trasportabile sul portabagagli di un'auto.

cartouche /kɑː'tuːʃ *Am* kɑːr'tuːʃ/ *n.* **1** (*Arch*) cartiglio *m.*, cartoccio *m.* **2** (*on Egyptian monuments*) mandorla *f.* **3** (*Mil*) cartuccia *f.*

cartridge /'kɑːtrɪdʒ *Am* 'kɑːrtrɪdʒ/ *n.* **1** (*Mil,El, Inform,Tecn*) cartuccia *f.* **2** (*Fot*) caricatore *m.* **3** (*for a recorder*) cartuccia *f.*, cassetta *f.* ☐ (*Mil*) *~ belt* cartucciera, giberna; *~ box* cassetta per munizioni; (*Mil*) *~ case* cartucciera, giberna; *~ chamber* camera di scoppio; (*Mil*) *~ clip* caricatore; *~ paper* carta opaca da disegno; (*El*) *~ pick-up* cartuccia per testina di giradischi; (*Mil*) *~ pouch* cartucciera, giberna.

cartulary /'kɑːtjuləri *Am* 'kɑːrtʃəleri/ *n.* cartolario *m.*, cartulario *m.*

cartwheel /'kɑːt(h)wiːl *Am* 'kɑːrt(h)wiːl/ *n.* **1** ruota *f.* di carro. **2** (*Ginn*) ruota *f.*: *to turn ~s* fare la ruota.

caruncle /'kærəŋkl *Am* kə'rʌŋkl/ *n.* (*Biol,Anat*) caruncola *f.*

carve /kɑːv *Am* kɑːrv/ *v.t.* **1** (*to shape by cutting*) scolpire: *to ~ a statue out of marble* scolpire una statua nel marmo. **2** (*to cut: into pieces*) trinciare, scalcare: *to ~ a chicken* trinciare un pollo. **3** (*to cut: into slices*) affettare. **4** (*of stones, etc.*) intagliare, scolpire, incidere. **5** (*to cut, to hew out*) tagliare, aprire: *to ~ a path in the bush* aprirsi un passaggio nella macchia. ☐ (*fig*) *to ~ out*: costruirsi, farsi: *he -d out a name for himself* si fece un nome; (*fig*) *to ~ up*: **1** dividere, suddividere, lottizzare: *to ~ up an estate* suddividere una proprietà, lottizzare una proprietà; **2**

(*to divide ruthlessly*) dividere, ripartire, spartirsi; 3 (*sl*) accoltellare, sfregiare.

carvel /'kɑːvəl Am kɑːr'vel/ n. (*Mar,Stor*) caravella f.

carvel-built /'kɑːvəl,bɪlt Am 'kɑːrvel,bɪlt/ a. (*Mar*) a comenti non sovrapposti.

carvel-planked /'kɑːvəl,plæŋkt Am 'kɑːrvel ,plæŋkt/ a. (*Mar*) a comenti non sovrapposti.

carven /'kɑːvən Am 'kɑːrvən/ a. (*poet*) scolpito, intagliato, inciso.

carver /'kɑːvə Am 'kɑːrvər/ n. 1 (*knife*) trinciante m., coltello m. da scalco. 2 (*Br*) (*principle chair*) sedia f. (con braccioli) del capotavola.

carving /'kɑːvɪŋ Am 'kɑːrvɪŋ/ n. lavoro m. di intaglio, intaglio m. □ ~ *chisel* scalpello da intaglio; ~ *fork* forchetta da scalco; ~ *knife* trinciante, coltello da scalco; ~ *set* servizio di posate per trinciare.

caryatid /,kærɪ'ætɪd Am ,kæri'ætɪd/ (*pl. -s* /-z/, **-ides** /-ɪdɪːz/) n. (*Arch,Art*) cariatide f.

casaba /kə'sɑːbə/ n. (*Bot,Alim*) melone m. d'inverno, melone m. invernale. □ (*Bot, Alim*) ~ *melon* melone d'inverno, melone invernale.

casbah /'kæzbɑː Am also 'kɑːzbɑː/ n. casba f.

cascade /kæs'keɪd/ I n. 1 cascata f. (*anche El*). 2 (*series of shallow waterfalls*) cascatelle f.pl. 3 (*fig*) cascata f., ondata f.: *a ~ of coins* una cascata di monete. II v.i. 1 precipitare a cascata, venire giù a cascata. 2 (*fig*) cadere con impeto, fluire con impeto, prorompere. 3 (*fig*) (*to fall in a flowing pattern*) scendere a cascata, cadere come una cascata. III v.t. (*Inform*) (*of windows*) sovrapporre.

cascade-connect /kæs,keɪdkə'nekt/ v.t. (*El*) collegare in cascata.

cascading /kæs'keɪdɪŋ/ a. (*Inform*) sovrapposto.

case¹ /keɪs/ n. 1 caso m., esempio m.: *a ~ of great courage* un esempio di grande coraggio; *in nine cases out of ten* in nove casi su dieci, nove volte su dieci. 2 (*Dir*) (*action*) causa f., processo m.: *the ~ will be tried next month* il processo sarà discusso il mese prossimo, il processo si terrà il mese prossimo; *to win one's ~* vincere la causa. 3 (*Dir*) (*set of facts*) argomentazioni f.pl., prove f.pl. 4 (*investigation*) caso m.: *the police are investigating the ~* la polizia sta indagando sul caso. 5 (*Med,Gramm*) caso m. 6 (*argument*) argomento m., motivi m.pl., ragioni f.pl.: *to present a strong ~* avere valide ragioni. 7 (*colloq*) (*strange person*) tipo m. (f. -a) strano, (bel) tipo m. (f. -a), bell'arnese m. □ *as is the ~ with* come nel caso di; *as is generally the ~* com'è generalmente il caso, come avviene normalmente; *as the ~ may be* a seconda del caso, secondo le circostanze; (*Legat*) ~ *binding* copertina; *get off my ~!* mollami!, lasciami in pace!; ~ *history*: 1 (*Med,Sociol*) anamnesi; 2 (*typical example*) modello, campione; 3 (*Ind*) caso aziendale; *in ~* per il caso che, nel caso che, caso mai, se: *take an umbrella just in ~ it rains* prendi l'ombrello, caso mai piovesse; *in no ~* in nessun caso, per nessuna ragione; *in ~ of* in caso di: *in ~ of emergency* in caso di emergenza, in caso di bisogno; *in ~ of necessity* in caso di necessità, in caso di bisogno, al bisogno, all'occorrenza; (*Comm*) *in ~ of need* occorrendo; *a ~ in point* un esempio calzante; *in ~ that* nel caso che; *in that ~* in tal caso; *in this ~* in questo caso; (*Dir*) ~ *law* giurisprudenza, norme giurisprudenziali; *to make a ~ for* (o *to make out a ~ for*) dimostrare la giustezza di, dimostrare la fondatezza di; (*colloq*) *to be on so.'s ~* tormentare qcu., stare addosso a qcu., non lasciare in pace qcu., rompere a qcu.: *my*

mother is on my ~ to clean my room mia madre mi sta sempre addosso per farmi pulire la camera; (*Dir*) ~ *ready for hearing* causa istruita; ~ *record*: 1 (*Med,Sociol*) anamnesi; 2 (*typical example*) modello, campione; (*Mil*) ~ *shot* shrapnel; *should that not be the* ~ in caso contrario; ~ *study*: 1 (*Sociol*) studio (dello sviluppo in relazione all'ambiente); 2 (*case history*) anamnesi; 3 (*Ind*) (studio di) caso aziendale; (*Gramm*) ~ *system* sistema di casi; *that is the* ~ le cose stanno (proprio) così; *if that is the* ~ se le cose stanno così, stando così le cose; *that is not the* ~ non è così, le cose non stanno così.

case² /keɪs/ I n. 1 scatola f., contenitore m. 2 (*for jewels, instruments, etc.*) astuccio m., custodia f. 3 (*sheath, covering*) astuccio m., busta f., guaina f., custodia f.: *a spectacles ~* un astuccio per gli occhiali. 4 (*box*) cassa f., scatola f., scatolone m., cassetta f.: *a ~ of whisky* una cassa di whisky. 5 (*Br*) (*suitcase*) valigia f. 6 (*Legat*) copertina f. 7 (*Tip*) cassa f. (di caratteri). 8 (*Edil*) (*of a door, window*) intelaiatura f.; (*of a building*) incassatura f. 9 (*colloq*) (*strange person*) tipo m. (f. -a) strano, (bel) tipo m. (f. -a), bell'arnese m. II v.t. 1 imballare, mettere in casse, mettere in cassette. 2 (*to sheathe*) rinfoderare, ringuainare, rimettere nella fondina. 3 (*to cover, to protect*) rivestire, ricoprire, proteggere: *-d in steel* rivestito di acciaio. 4 (*Am,sl*) (*in planning a crime: to survey*) ispezionare, perlustrare.

casebook /'keɪsbʊk/ n. 1 (*Med*) schedario m. dei casi clinici. 2 (*Dir*) raccolta f. di giurisprudenza.

casebound /'keɪsbaʊnd/ a. (*Legat*) con copertina rigida, rilegato.

case-harden /'keɪs,hɑːdən Am 'keɪs,hɑːrdən/ v.t. 1 (*Met*) cementare. 2 (*Vetr*) temperare. 3 (*fig*) indurire, rendere insensibile.

case-hardened /'keɪs,hɑːdənd Am 'keɪs ,hɑːrdənd/ a. 1 (*Met*) cementato. 2 (*fig*) indurito, insensibile. 3 (*resistant to change*) incallito, inveterato: *a ~ criminal* un delinquente incallito.

casein /'keɪsiː(ɪ)n/ n. (*Chim*) caseina f.

caseinate /'keɪsiː(ɪ)neɪt/ n. (*Chim*) caseinato m.

caseload /'keɪsloʊd/ n. (*Dir*) carico m. di lavoro, quantità f. di casi (da prendere in esame).

casemate /'keɪsmeɪt/ n. 1 (*Mar.mil*) casamatta f. 2 (*Mil*) casamatta f., bunker m.

casement /'keɪsmənt/ n. 1 (*Edil*) (*frame*) intelaiatura f. di finestra a battenti, telaio m. di finestra a battenti; (*casement window*) finestra f. a battenti, finestra f. a cerniera. 2 (*Tess*) (*casement cloth*) stoffa f. per tendine.

case-sensitive /,keɪs'sensɪtɪv Am ,keɪs 'sensətɪv/ a. (*Inform*) con riconoscimento di maiuscole e minuscole.

casework /'keɪswɜːk Am 'keɪswɜːrk/ n. (*Sociol*) assistenza f. sociale.

caseworker /'keɪs,wɜːkə Am 'keɪs,wɜːrkər/ n. (*Sociol*) assistente m./f. sociale.

caseworm /'keɪswɜːm Am 'keɪswɜːrm/ n. (*Zool*) larva f. evoica.

cash¹ /kæʃ/ n.inv. 1 (*Econ*) denaro m. contante, contante m., contanti m.pl. 2 (*colloq*) (*ready money*) denaro m. contante, liquido m., soldi m.pl.: *to be short of ~* non avere disponibilità di liquido. □ (*Econ*) ~ *account* conto cassa; (*Econ*) ~ *adjustment* conguaglio in contanti; (*Comm*) ~ *advance* anticipo in contanti; (*Comm*) ~ *against documents* pagamento contro documenti; (*Econ*) ~ *assets* attività in cassa, fondo cassa; (*Econ*) ~ *audit* controllo di gestione; (*Comm*) ~ *before delivery* pa-

gamento anticipato; (*Comm*) ~ *book* libro cassa, giornale di cassa; (*Econ*) ~ *capital* capitale in contanti; (*colloq,fig*) ~ *cow* azienda o investimento sicuro, azienda ad alta redditività; (*Agr*) ~ *crop* coltivazione a scopo commerciale; (*Econ*) ~ *desk* cassa; (*Comm*) ~ *discount* sconto per contanti; ~ *dispenser* cassa automatica (nelle banche); (*Econ*) ~ *distribution* conguaglio in contanti; ~ *down* in denaro contante, in contanti, a pronta cassa; (*Econ*) ~ *letter* distinta di versamento; (*Comm*) ~ *on delivery* pagamento in contrassegno, pagamento alla consegna; (*Comm*) ~ *on hand* fondo cassa; (*Comm*) ~ *or charge?* (paga in) contanti o (con) carta di credito?; (*Comm*) ~ *payment* pagamento in contanti; ~ *point* (sportello) bancomat; ~ *poor* a corto di spiccioli; (*Comm*) ~ *price* prezzo per contanti; (*Comm*) ~ *purchase* acquisto a pronti; (*Econ*) ~ *ratio* quoziente di liquidità, coefficiente di liquidità; ~ *register* registratore di cassa; (*Econ*) ~ *reserve* riserva monetaria; (*Econ*) ~ *statement* situazione di cassa, prospetto di cassa; (*Assic*) ~ *value* valore (di riscatto) per contanti.

cash² /kæʃ/ v.t. 1 incassare, riscuotere: *to ~ a cheque* incassare un assegno. 2 (*to give cash for*) pagare, cambiare: *the shopkeeper -ed my cheque* il negoziante mi ha cambiato l'assegno. □ (*Econ*) *to ~ in* convertire; (*colloq*) *to ~ in one's chips* morire, chiudere i propri giorni; (*Am,colloq*) *to ~ in on*: 1 fare soldi con: *film producers -ed in on the spy film boom* i produttori hanno fatto i soldi con il boom dei film di spionaggio; 2 (*to profit by*) approfittare di, trarre vantaggio da.

cash³ /kæʃ/ n.inv. (*Numism*) moneta f. cinese (di poco valore).

cashable /'kæʃəbl/ a. incassabile.

cash-and-carry /,kæʃ'n'kæri/ n. (*Comm*) vendita f. in contanti (senza servizio di consegna, nel commercio all'ingrosso).

cash-book /'kæʃbʊk/ n. libro m. cassa, giornale m. di cassa.

cashbox /'kæʃbɒks Am 'kæʃbɑːks/ n. cassetta f. (a scompartimenti) per denaro.

cashew /'kæʃuː, kə'ʃuː/ n. (*Bot*) 1 anacardio m., acagiù m. 2 (*cashew nut*) noce f. di acagiù, noce f. di anacardio. □ ~ *nut* noce di acagiù, noce di anacardio.

cash-flow /'kæʃfloʊ/ n. (*Econ*) flusso m. di cassa, cash-flow m.

cashier¹ /kæ'ʃɪə Am kæʃ'ɪr/ n. cassiere m. (f. -a). □ (*Econ*) ~'s *cheque* (o Am ~'s *check*) assegno circolare; ~'s *office* ufficio cassa, cassa.

cashier² /kæ'ʃɪə Am kæʃ'ɪr/ v.t. 1 licenziare. 2 (*Mil*) destituire.

cashless /'kæʃləs/ a. (*Econ*) non in contanti.

cashmere /'kæʃmɪə Am 'kæʒmɪr/ n. (*Tess*) cachemire m., cashmere m.

casing /'keɪsɪŋ/ n. 1 custodia f., rivestimento m., involucro m. 2 (*material*) copertura f., involucro m., fodera f. 3 (*of a door, window*) telaio m. 4 (*Am,Aut*) (*tyre casing*) copertone m. 5 (*Tecn*) (*framework*) alloggiamento m., corpo m. 6 (*Alim*) budello m. per salumi.

casino /kə'siːnoʊ/ (*pl. -s* /-z/) n. casinò m., casa f. da gioco.

cask /kɑːsk Am kæsk/ I n. barile m., botte f.; (*for beer*) fusto m. II v.t. mettere in botti, imbarilare; (*of beer*) mettere in fusti. □ ~ *beer* birra alla spina maturata in fusto.

cask-conditioned /kɑːskkən'dɪʃənd Am kæskkən'dɪʃənd/ a. (*of beer*) maturato in fusto.

casket /'kɑːskɪt Am 'kæskɪt/ n. 1 cofanetto m., scrigno m. 2 (*Am*) (*coffin*) bara f., feretro m.

Caspian /'kæspiən/ □ (*Geog*) ~ *Sea* mar

Caspio.

casque /kæsk *Br also* kɑːsk/ *n.* (*Mil,ant*) casco *m.*, elmo *m.*

Cassandra /kə'sændrə *Am* kə'sɑːndrə/ *n.pr.f.* (*Mitol,fig*) Cassandra.

cassation /kə'seɪʃən/ *n.* (*Dir*) cassazione *f.*

cassava /kə'sɑːvə/ *n.* 1 (*Bot*) (*bitter cassava*) manioca *f.*, cassava *f.* 2 (*Alim*) (*starch*) fecola *f.* di manioca; (*bread*) pane *m.* di manioca.

casserole /'kæsərəʊl/ *n.* 1 teglia *f.* con bordi alti e coperchio. 2 (*Gastron*) pietanza *m.* cotta e servita in casseruola. □ ~*dish* teglia con bordi alti e coperchio.

cassette /kə'set *Br also* kæ'set/ *n.* 1 (*Fot*) caricatore *m.* 2 (*for a recorder*) cassetta *f.* □ ~ *case* portacassette; ~ *deck* piastra di registrazione; ~ *head cleaner* cassetta puliscitestine; ~ *recorder* registratore a cassetta; ~ *tape* cassetta.

cassia /'kæsɪə/ *n.* (*Bot*) cassia *f.* □ (*Bot*) ~ *bark* cannella cinese.

cassock /'kæsək/ *n.* (*Rel*) abito *m.* talare, veste *f.* talare, tonaca *f.*

cassolette /ˌkæsə'let/ *n.* incensiere *m.*, turibolo *m.*

cassowary /'kæsəweəri *Am* 'kæsəweri/ *n.* (*Ornit*) casuario *m.* dell'elmo.

cast[1] /kɑːst *Am* kæst/ (*past, p.p.* cast) I *v.t.* 1 (*to throw by force*) gettare, buttare, scaraventare: *to* ~ *so. into prison* gettare qcu. in prigione. 2 (*to throw down*) atterrare, gettare a terra, abbattere. 3 (*to put forth*) gettare, dare, emettere: *the candle* ~ *a dim light* la candela dava una luce fioca. 4 (*fig*) lanciare, gettare: *to* ~ *a glance at sth.* gettare un'occhiata a qcs.; *to* ~ *doubt over a situation* mettere in forse una situazione. 5 (*to lose, to discard*) perdere, lasciar cadere: *the horse has* ~ *a shoe* il cavallo ha perduto un ferro. 6 (*to shed: of animals*) mutare, cambiare: *snakes* ~ *their skins* i serpenti mutano la pelle. 7 (*of fruit, leaves*) lasciar cadere, perdere. 8 (*of a ballot, vote*) votare, dare il voto a. 9 (*to arrange, to plan*) preparare, fare i piani di, fare i piani per: *the book was* ~ *in the form of a dialogue* il libro fu preparato sotto forma di dialogo. 10 (*Pesc*) (*of a fishing line, etc.*) gettare, lanciare; (*of a river*) pescare, gettare l'amo. 11 (*Zootecn*) partorire prematuramente. 12 (*Teat,Cin*) (*of a film, play*) scegliere gli attori per; (*to assign to a role*) scegliere, scritturare: *to be* ~ *as Hamlet* essere scritturato per la parte di Amleto. 13 (*Teat,Cin*) (*to allot a role*) assegnare, distribuire, dare: *to* ~ *the leading part* assegnare la parte principale. 14 (*Met,Scult*) fondere, gettare: *to* ~ *a statue in bronze* fondere una statua in bronzo. 15 (*to calculate, to add*) addizionare, calcolare, sommare. 16 (*Mar*) mollare di poppa, virare di bordo. 17 (*in knitting*) gettare: *to* ~ *a stitch* gettare una maglia. 18 (*Caccia*) (*of a dog*) mettere sulle tracce di. II *v.i.* 1 gettare. 2 (*Pesc*) gettare l'esca, buttare l'esca. 3 (*Teat, Cin*) assegnare le parti. 4 (*Met,Scult*) fondere. □ *to* ~ *a spell on so.* stregare qcu., ammaliare qcu.; *to* ~ *about*: 1 cercare (*for sth.* qcs.), andare in cerca (di), guardarsi intorno (per); 2 (*Mar*) (*to go about*) navigare senza una meta precisa; 3 (*Br*) (*to devise*) escogitare, progettare: *to* ~ *about how to do sth.* escogitare il modo di fare qcs.; (*fig*) *to* ~ *an eye over* (o *at*) *sth.* gettare l'occhio su qcs.; (*Mar*) *to* ~ *anchor* gettare l'ancora; *to* ~ *aside* scartare, abbandonare, rompere i rapporti con (*anche fig*); *to* ~ *away* gettare via; (*fig*) *to* ~ *one's bread upon the waters* fare del bene senza aspettare ricompensa, agire con generosità e disinteresse; *to* ~ *doubts on sth.* porre in dubbio qcs., mettere in dubbio qcs.;

(*fig*) *to be* ~ *in a heroic mould* avere la tempra dell'eroe; (*fig*) *to* ~ *sth. in so.'s teeth* rinfacciare qcs. a qcu., buttare in faccia qcs. a qcu.; (*fig*) *to be* ~ *in the same mould as so.* essere tale (e) quale a qcu.; (*fig*) *to* ~ *light on sth.* gettare (nuova) luce su qcs.; *to* ~ *loose from* staccarsi da, liberarsi da; *to* ~ *one's lot with so.* unire la propria sorte a quella di qcu., legare la propria sorte a quella di qcu.; *to* ~ *lots* estrarre a sorte, tirare a sorte; *to* ~ *new light on sth.* gettare nuova luce su qcs.; *to* ~ *off*: 1 smettere, scartare, buttare via: *to* ~ *off one's old clothes* buttare via i vestiti vecchi; 2 (*fig*) disormeggiare, mollare; 3 (*Tip*) calcolare l'ingombro di un testo; 4 (*in knitting*) fermare, chiudere; *to* ~ *on* (*in weaving and knitting*) avviare; *to* ~ *out* scacciare, buttare fuori; (*fig*) *to* ~ *pearls before swine* gettare le perle ai porci; (*Met*) *to* ~ *soft* produrre ghisa a basso tenore di carbonio; *to* ~ *the blame on so.* dare la colpa a qcu.; (*fig*) *to* ~ *the first stone* scagliare la prima pietra; (*Mar*) *to* ~ *the lead* gettare lo scandaglio; *to* ~ *up*: 1 addizionare, sommare; 2 (*to reproach*) riprendere, rimproverare; 3 (*to vomit*) rimettere, vomitare; (*Met*) *to* ~ *white* fondere ghisa bianca. *Prov.*: ~ *not a clout till May be out* aprile non ti scoprire.

cast[2] /kɑːst *Am* kæst/ *n.* 1 lancio *m.*, tiro *m.* 2 (*Pesc*) lancio *m.*, getto *m.* 3 (*Teat,Cin*) complesso *m.* di attori, cast *m.*: *an all-star* ~ un cast di attori famosi. 4 (*of dice: a throw*) lancio *m.*, tiro *m.*; (*number thrown*) numero *m.* estratto. 5 (*form, arrangement*) forma *f.*, stesura *f.* 6 (*Met,Scult*) (*act*) getto *m.*, fusione *f.*; (*quantity*) colata *f.*, gettata *f.*; (*impression, mould*) forma *f.*, stampo *m.* 7 (*Med*) ingessatura *f.* 8 (*shape*) forma *f.*: *the irregular* ~ *of her nose* la forma irregolare del suo naso. 9 (*hue*) sfumatura *f.*, colore *m.* 10 (*Zool,Ornit*) muta *f.* 11 (*Ornit*) (*pellet*) pallottola *f.* □ (*Met*) ~ *iron* ghisa (di seconda fusione); (*Pesc*) ~ *net* giacchio; (*Met*) ~ *steel* acciaio in getti, acciaio fuso.

Castalia /kæs'teɪlɪə/ *n.pr.f.* (*Mitol*) Castalia.

Castalian /kæs'teɪlɪən/ *a.* (*Mitol,lett*) castalio.

castanets /ˌkæstə'nets/ *n.pl.* nacchere *f.pl.*, castagnette *f.pl.*

castaway /'kɑːstəweɪ *Am* 'kæstəweɪ/ *n.* naufrago *m.* (*f.* -a).

caste /kɑːst *Am* kæst/ *n.* 1 casta *f.*: *high* ~ alta casta. 2 (*social position*) privilegio *m.* sociale, posizione *f.* sociale: *to lose* ~ perdere la propria posizione sociale. 3 (*prestige*) prestigio *m.* 4 (*Entom*) casta *f.* □ ~ *mark*: 1 (*segno*) distintivo di casta; 2 (*fig*) segno di condizione sociale; ~ *system* sistema delle caste.

casteism /'kɑːstɪzəm *Am* 'kæstɪzəm/ *n.* sistema *m.* di caste.

castellan /'kæstələn/ *n.* castellano *m.* (*f.* -a).

castellated /'kæstəleɪtɪd *Am* 'kæstəleɪtɪd/ *a.* (*furnished with battlements*) turrito.

castellation /ˌkæstə'leɪʃən/ *n.* (*having many battlements*) l'essere turrito.

caster /'kɑːstər *Am* 'kæstər/ *n.* 1 (*Met*) fonditore *m.*, modellatore *m.* 2 (*for furniture, etc.*) rotella *f.* 3 (*bottle, cruet*) ampolla *f.* 4 *pl.* (*cruet stand*) ampolliera *f.sing.* 5 (*container with holes*) spargizucchero *m.*, spargisale *m.* □ ~ *sugar* zucchero raffinato; (*Mecc*) ~ *wheel* ruota orientabile.

castigate /'kæstɪgeɪt/ *v.t.* 1 castigare, punire. 2 (*to criticize*) censurare, giudicare severamente, criticare.

castigation /ˌkæstɪ'geɪʃən/ *n.* 1 castigo *m.*, punizione *f.* 2 (*criticism*) critica *f.*, censura *f.* 3 (*of a literary text*) correzione *f.*

castigator /'kæstɪgeɪtər *Am* 'kæstɪgeɪtər/ *n.*

castigatore *m.* (*f.* -trice).

castigatory /'kæstɪgeɪtəri *Am* 'kæstɪgətɔːri/ *a.* punitivo.

Castile /kæs'tiːl/ *n.pr.* (*Geog*) Castiglia *f.* □ *castile soap* sapone all'olio di oliva.

Castilian /kæs'tɪlɪən/ I *n.* 1 (*dialect*) castigliano *m.* 2 (*native*) castigliano *m.* (*f.* -a). II *a.* castigliano.

casting /'kɑːstɪŋ *Am* 'kæstɪŋ/ *n.* 1 (*Met*) getto *m.*, fusione *f.*, colata *f.*; (*object cast*) pezzo *m.* fuso. 2 (*Teat,Cin*) casting *m.*, assegnazione *f.* delle parti. 3 (*Pesc*) lancio *m.* della lenza. □ ~ *calls* ricerca di collaboratori; ~ *vote* voto decisivo.

cast-iron /ˌkɑːst'aɪən *Am* ˌkæst'aɪrn/ *a.* 1 (*Met*) di ghisa. 2 (*fig*) (*inflexible*) duro, rigido, inflessibile, ferreo: ~ *will* volontà ferrea. 3 (*fig*) (*strong*) di ferro, di acciaio: *a* ~ *constitution* una costituzione di ferro.

castle /'kɑːsl *Am* 'kæsl/ I *n.* 1 castello *m.* (*anche fig*). 2 (*ant*) (*in chess*) torre *f.* II *v.t.* (*in chess*) arroccare. III *v.i.* arroccarsi. □ (*fig*) ~ *builder* sognatore, chi fa castelli in aria; (*fig*) *to build* -s *in Spain* fare castelli in aria; (*fig*) *to build* -s *in the air* fare castelli in aria.

castled /'kɑːsld *Am* 'kæsld/ *a.* 1 munito di castello, con castello. 2 (*Arch*) turrito, merlato.

castoff /'kɑːstɒf *Am* 'kæstɔːf/ *n.* (*Tip*) valutazione *f.* dello spazio occupato da un testo.

cast-off /'kɑːstɒf *Am* 'kæstɔːf/ I *a.* scartato, smesso: ~ *clothing* abiti smessi. II *n.* (*garment*) abito *m.* smesso; (*object*) scarto *m.*

castor[1] /'kɑːstər *Am* 'kæstər/ *n.* 1 (*Farm, Cosmet*) castoreo *m.* 2 (*hat*) berretto *m.* di castoro. □ ~ *bean*: 1 seme di ricino; 2 (*Bot*) ricino; (*Farm*) ~ *oil* olio di ricino; (*Bot*) ~ *oil plant* ricino.

castor[2] /'kɑːstər *Am* 'kæstər/ *n.* 1 (*for furniture, etc.*) rotella *f.* 2 (*bottle, cruet*) ampolla *f.* 3 *pl.* (*cruet stand*) ampolliera *f.sing.* 4 (*container with holes*) spargizucchero *m.*, spargisale *m.* □ ~ *sugar* zucchero raffinato.

Castor /'kɑːstər *Am* 'kæstər/ *n.pr.m.* (*Astr,Mitol*) Castore.

castoreum /kæs'tɔːrɪəm *Am also* kæ'stʊərɪəm/ *n.* (*Farm,Cosmet*) castoreo *m.*

castrate /kæs'treɪt *Am* 'kæstreɪt/ *v.t.* 1 castrare, evirare. 2 (*fig*) (*of a book, etc.*) mutilare, espurgare.

castration /kæs'treɪʃən/ *n.* 1 castrazione *f.*, evirazione *f.* 2 (*fig*) (*of a book, etc.*) mutilazione *f.*, taglio *m.*

castrator /'kæstreɪtər *Am* 'kæstreɪtər/ *n.* castratore *m.*: *dog* ~ castracani.

Castroism /'kæstrəʊɪzəm/ *n.* (*Pol*) castrismo *m.*

Castroite /'kæstrəʊaɪt/ *n.* (*Pol*) castrista *m./f.*

casual /'kæʒʊəl/ I *a.* 1 casuale, accidentale, fortuito: *a* ~ *meeting* un incontro fortuito. 2 (*unconcerned*) noncurante, indifferente. 3 (*informal*) disinvolto, spontaneo. 4 (*occasional*) occasionale, saltuario: ~ *work* lavoro saltuario; (*of a workman*) avventizio, occasionale. II *n.* 1 (*workman*) avventizio *m.* (*f.* -a). 2 *spec.pl.* (*of fashion*) casual *m.* 3 *pl.* (*Abbigl*) abiti *m.pl.* sportivi; (*Calz*) scarpe *f.pl.* sportive. □ ~ *clothes* tenuta sportiva; (*Am*) ~ *Friday* venerdì in cui gli impiegati possono vestirsi in modo sportivo; ~ *labourer* bracciante a giornata; ~ *worker* lavoratore saltuario.

casualise /'kæʒʊəlaɪz/ *v.t.* (*Br*) sostituire con lavoratori saltuari.

casualism /'kæʒʊəlɪzəm/ *n.* (*Filos*) casualismo *m.*

casualist /'kæʒʊəlɪst/ *n.* (*Filos*) casualista *m./f.*

casualize /'kæʒʊəlaɪz/ *v.t.* sostituire con lavoratori saltuari.

casually /'kæʒjuəli/ *avv.* **1** con semplicità, con naturalezza. **2** (*indifferently*) con indifferenza. **3** (*off-handedly*) con disinvoltura, con noncuranza.

casualness /'kæʒjuəlnəs/ *n.* naturalezza *f.*

casualty /'kæʒjuəlti/ *n.* **1** (*Mil*) (*dead*) morto *m.*; (*wounded*) ferito *m.* **2** (*one injured or killed*) vittima *f.*: *the flood caused several casualties* l'inondazione ha fatto molte vittime. **3** (*accident*) incidente *m.*, infortunio *m.* **4** *pl.* (*losses*) perdite *f.pl.* □ (*Assic*) ~ *insurance* assicurazione contro gli infortuni; ~ *list* elenco delle vittime, lista delle vittime; ~ *ward* (*first-aid station*) pronto soccorso.

casualwear /'kæʒjuəlweəʳ *Am* 'kæʒjuəlwerʳ/ *n.* (*Abbigl*) (*casual clothing*) abbigliamento *m.* sportivo.

casuist /'kæzjuɪst *Am* 'kæʒuɪst/ *n.* **1** (*Teol*) casista *m./f.*, casuista *m./f.* **2** (*sophist*) casista *m./f.*, sofista *m./f.*, cavillatore *m.* (*f.* -trice).

casuistic /ˌkæzjuˈɪstɪk *Am* ˌkæʒuˈɪstɪk/ *a.* **1** (*Teol*) casistico. **2** (*sophistic*) sofistico, cavilloso.

casuistical /ˌkæzjuˈɪstɪkəl *Am* ˌkæʒuˈɪstɪkəl/ *a.* **1** (*Teol*) casistico. **2** (*sophistic*) sofistico, cavilloso.

casuistry /'kæzjuɪstri *Am* 'kæʒuɪstri/ *n.* **1** (*Teol*) casistica *f.* **2** (*spreg*) cavillo *m.*, ragionamento *m.* capzioso, ragionamento *m.* specioso.

cat /kæt/ *n.* **1** gatto *m.* **2** (*Zool*) felino *m.* **3** (*spiteful woman*) donna *f.* maliziosa. **4** (*colloq*) (*chap*) tizio *m.*, tipo *m.* **5** (*jazz fan*) fanatico *m.* del jazz. **6** (*Stor*) (*cat-o'nine-tails*) gatto *m.* a nove code. **7** (*tipcat*) lippa *f.*; (*stick*) bastoncino *m.* per giocare alla lippa. **8** (*Mar*) imbarcazione *f.* da diporto, catboat *m.* **9** (*Itt*) (*catfish*) pesce *m.* gatto. **10** (*Mar*) capone *m.* **11** (*double tripod*) doppio tripode *m.* □ ~ *and mouse* (*children's game*) guardie e ladri; (*fig*) *to play* ~ *and mouse with so.* giocare con qcu. come il gatto con il topo, giocare con qcu. in modo crudele; ~ *burglar* ladro acrobata; ~'s *cradle* (*game*) ripiglino; ~'s *eye*: **1** (*Min*) occhio di gatto; **2** (*Strad*) catarifrangenti (sul manto stradale); **3** (*child's marble*) biglia; ~ *flap* gattaiola; (*Bot*) ~'s *foot* bambagia selvatica; (*Br,fig*) *to wait to see which way the* ~ *jumps* (o *to wait for the* ~ *to jump*) vedere da che parte tira il vento; (*Br,fig*) *to make a* ~ *laugh* fare ridere i polli; (*colloq*) *the* ~'s *meow* il massimo, il non plus ultra; ~ *nap* pisolino, dormitina: *to take a* ~ *nap* schiacciare un pisolino; *to be like a* ~ *on a hot tin roof* stare sui carboni ardenti, stare sulle spine, friggere, fremere; (*fig*) *to let the* ~ *out of the bag* lasciarsi sfuggire un segreto, lasciarsi scappare un segreto, svelare un segreto; ~'s *paw*: **1** zampa di gatto; **2** (*fig*) (*dupe*) burattino, strumento; **3** (*Mar*) (*hitch*) nodo da gancio; **4** (*Mar*) (*light wind*) brezza; (*Br,colloq*) *the* ~'s *pyjamas* la cosa migliore; (*Mar*) ~ *tackle* paranco per ancora; (*Rad,El*) ~'s *whisker* baffo di gatto; *the* ~'s *whiskers*: **1** i baffi del gatto; **2** (*Br,fig*) il massimo, il non plus ultra. *Prov.*: *when the* ~'s *away the mice will play* quando il gatto manca, i topi ballano; *a* ~ *may look at a king* non c'è niente di male a guardare; *a* ~ *has nine lives* il gatto ha nove vite.

CAT /kæt/ **1** (*Med*) *Computerized Axial Tomography* TAC (tomografia assiale computerizzata). **2** (*Inform*) *Computer Assisted Testing* CAT (valutazione mediante computer).

cat. 1 *catalogue* ca. (catalogo). **2** *catechism* (catechismo). **3** (*Mar*) *catamaran* (catamarano).

catabolic /ˌkætəˈbɒlɪk *Am* ˌkætəˈbɑːlɪk/ *a.* (*Biol*) catabolico.

catabolism /kəˈtæbəlɪzəm/ *n.* (*Biol*) catabolismo *m.*

catabolite /ˌkætəˈbɒlaɪt *Am* ˌkætəˈbɑːlaɪt/ *n.* (*Biol*) catabolita *m.*

catachresis /ˌkætəˈkriːsɪs *Am* ˌkætəˈkriːsɪs/ (*pl.* -ses /-siːz/) *n.* (*Ret*) catacresi *f.*

cataclysm /'kætəklɪzəm *Am* 'kætəklɪzəm/ *n.* **1** (*Geol*) cataclisma *m.* **2** (*fig*) cataclisma *m.*, sconvolgimento *m.*, disastro *m.*

cataclysmal /ˌkætəˈklɪzməl *Am* ˌkætə'klɪzməl/ *a.* di un cataclisma, disastroso.

cataclysmic /ˌkætəˈklɪzmɪk *Am* ˌkætə'klɪzmɪk/ *a.* di un cataclisma, disastroso.

cataclysmically /ˌkætəˈklɪzmɪkəli *Am* ˌkætə'klɪzmɪkəli/ *avv.* come un cataclisma.

catacomb /'kætəkuːm, 'kætəkoum *Am* 'kætəkoum/ *n.* catacomba *f.*

Catacombs /'kætəkuːmz, 'kætəkoumz *Am* 'kætəkoumz/ *n.pl.* Catacombe *f.pl.*

catacoustics /ˌkætəˈkuːstɪks *Am* ˌkætə'kuːstɪks/ *n.pl.* (*costr.sing.*) (*Fis*) catacustica *f.*

catafalque /'kætəfælk *Am* 'kætəfælk/ *n.* catafalco *m.*

Catalan /'kætəlæn *Am* 'kætəlæn/ **I** *n.* **1** catalano *m.* (*f.* -a). **2** (*language*) catalano *m.* **II** *a.* catalano.

catalectic /ˌkætəˈlektɪk *Am* ˌkætəˈlektɪk/ *a.* (*Metr*) catalettico.

catalepsy /'kætəlepsi *Am* 'kætəlepsi/ *n.* (*Med, Filos*) catalessi *f.*, catalessia *f.*

cataleptic /ˌkætəˈleptɪk *Am* ˌkætəˈleptɪk/ *a.* (*Med*) catalettico.

catalog /'kætəlɒg *Am* 'kætəlɔːg/ **I** *n.* (*Am*) **1** catalogo *m.* **2** (*fig*) elenco *m.*, serie *f.* **II** *v.t.* (*Am*) catalogare. □ (*Comm*) ~ *sale* vendita su catalogo.

cataloger /'kætəlɒgəʳ *Am* 'kætəlɔːgəʳ/ *n.* (*Am*) catalogatore *m.* (*f.* -trice), cataloghista *m./f.*

catalogue /'kætəlɒg *Am* 'kætəlɔːg/ **I** *n.* **1** catalogo *m.* **2** (*fig*) elenco *m.*, serie *f.* **II** *v.t.* catalogare. □ (*Comm*) ~ *sale* vendita su catalogo. (*Br,Comm*) ~ *shop* negozio che vende tramite catalogo.

cataloguer /'kætəlɒgəʳ *Am* 'kætəlɔːgəʳ/ *n.* catalogatore *m.* (*f.* -trice), cataloghista *m./f.*

Catalonia /ˌkætəˈlouniə/ *n.pr.* (*Geog*) Catalogna *f.*

catalpa /kəˈtælpə/ *n.* (*Bot*) catalpa *f.*

catalyse /'kætəlaɪz/ *v.t.* (*Br*) catalizzare.

catalysis /kəˈtælɪsɪs/ (*pl.* -ses /-siːz/) *n.* (*Chim*) catalisi *f.*

catalyst /'kætəlɪst *Am* 'kætəlɪst/ *n.* (*Chim*) catalizzatore *m.*

catalytic /ˌkætəˈlɪtɪk *Am* ˌkætˈəlɪtɪk/ *a.* (*Chim*) catalitico. □ (*Aut*) ~ *converter* marmitta catalitica.

catalyze /'kætəlaɪz *Am* 'kætəlaɪz/ *v.t.* catalizzare.

catamaran /ˌkætəməˈræn *Am* ˌkætəməˈræn/ *n.* **1** (*boat with twin hulls*) catamarano *m.* **2** (*float*) zattera *f.* **3** (*colloq*) (*shrew*) bisbetica *f.*, attaccabrighe *f.*

catamount /'kætəmaunt/ *n.* (*Am,Zool*) **1** (*cougar*) coguaro *m.*, puma *m.* **2** (*lynx*) lince *f.* comune. **3** (*wildcat*) gatto *m.* selvatico. **4** (*leopard*) leopardo *m.*

catamountain /ˌkætəˈmauntin *Am* ˌkætə'mauntən/ *n.* (*Zool*) **1** (*wildcat*) gatto *m.* selvatico. **2** (*leopard*) leopardo *m.*

cataplasm /'kætəplæzəm *Am* 'kætəplæzəm/ *n.* cataplasma *m.*

cataplexy /'kætəpleksi *Am* 'kætəpleksi/ *n.* (*Med*) cataplessia *f.*

catapult /'kætəpʌlt *Am* 'kætəpʌlt/ I *n.* **1** (*Mil, ant,Aer*) catapulta *f.* **2** (*sling*) fionda *f.*, frombola *f.* **II** *v.t.* **1** catapultare, scagliare. **2** (*fig*) lanciare, catapultare, proiettare: *to* ~ *so. to fame* catapultare qcu. verso la fama. **3** (*Aer*) catapultare, lanciare. **III** *v.i.* **1** essere catapultato, venire scagliato. **2** (*fig*) scaraventarsi,

lanciarsi, scagliarsi.

cataract /'kætərækt/ *n.* **1** (*waterfall*) cascata *f.*; (*rapids*) cateratta *f.* **2** (*deluge*) pioggia *f.* torrenziale, diluvio *m.* **3** (*fig*) diluvio *m.*: *a* ~ *of words* un diluvio di parole. **4** (*Med*) cataratta *f.*

catarrh /kəˈtɑːʳ *Am* kəˈtɑːr/ *n.* (*Med*) catarro *m.*

catarrhal /kəˈtɑːrəl/ *a.* (*Med*) catarrale.

catarrhine /'kætəraɪn *Am* 'kætər(a)ɪn/ **I** *a.* (*Zool*) dei catarrini. **II** *n.* (*Zool*) **1** scimmia *f.* catarrina. **2** *pl.* catarrini *m.pl.*

catarrhous /kəˈtɑːrəs/ *a.* (*Med*) catarrale.

catastrophe /kəˈtæstrəfi/ *n.* **1** catastrofe *f.*, disastro *m.* **2** (*failure*) fallimento *m.*, fiasco *m.* **3** (*Lett,Teat*) catastrofe *f.* **4** (*Geol*) cataclisma *m.* □ (*Mat*) ~ *theory* teoria delle catastrofi.

catastrophic /ˌkætəˈstrɒfɪk *Am* ˌkætə'strɑːfɪk/ *a.* catastrofico, disastroso.

catastrophical /ˌkætəˈstrɒfɪkəl *Am* ˌkætə'strɑːfɪkəl/ *a.* catastrofico, disastroso.

catastrophically /ˌkætəˈstrɒfɪkəli *Am* ˌkætə'strɑːfɪkəli/ *avv.* in modo catastrofico, in modo disastroso.

catastrophism /kəˈtæstrəfɪzəm/ *n.* (*Geol*) catastrofismo *m.*

catastrophist /kəˈtæstrəfɪst/ *n.* catastrofista *m./f.*

catbird /'kætbɜːrd/ *n.* (*Am,Ornit*) uccello *m.* gatto. □ (*Am,fig*) ~ *seat* condizione vantaggiosa, posizione vantaggiosa.

catboat /'kætbout/ *n.* (*Mar*) imbarcazione *f.* da diporto, catboat *m.*

catcall /'kætkɔːl/ **I** *n.* fischio *m.*: *the speaker was greeted by* -s l'oratore fu accolto con fischi. **II** *v.t./i.* fischiare (qcu. in pubblico).

catch[1] /kætʃ/ (*past, p.p.* **caught** /kɔːt/) **I** *v.t.* **1** prendere, catturare, acciuffare, acchiappare: *to* ~ *a thief* prendere un ladro. **2** (*to trap*) prendere, catturare, intrappolare: *to be caught in a trap* essere intrappolato, rimanere intrappolato, essere preso in trappola. **3** (*to intercept sth. when falling*) prendere, afferrare, acchiappare: *to* ~ *a ball* afferrare una palla, *to* ~ *so. by the arm* afferrare qcu. per il braccio. **4** (*to be in time for*) prendere, riuscire a prendere, arrivare in tempo per: *to* ~ *a bus* prendere un autobus. **5** (*to surprise*) sorprendere, cogliere (di sorpresa): *to* ~ *so. in the act* cogliere qcu. sul fatto; (*iron*) *you won't* ~ *him giving you any help* non c'è speranza che ti dia un aiuto. **6** (*to come up with*) raggiungere, acchiappare: *he ran too fast to be caught* correva troppo veloce perché lo si potesse raggiungere. **7** (*of disease, etc.*) prendere, contrarre: *to* ~ *a cold* prendere un raffreddore; *to* ~ *measles* contrarre il morbillo. **8** (*to become inspired by*) lasciarsi prendere da, lasciarsi vincere da, essere contagiato da: *to* ~ *so.'s enthusiasm* lasciarsi prendere dall'entusiasmo di qcu. **9** (*to hook, to entangle*) impigliare, intrappolare: *he caught his sleeve on the nail* gli s'impigliò la manica nel chiodo. **10** (*to fasten*) allacciare, agganciare. **11** (*to attract, to captivate*) attrarre, richiamare, attirare, affascinare, prendere.: *to* ~ *so.'s eye* attirare lo sguardo di qcu. **12** (*to grasp, to comprehend*) cogliere, afferrare, capire, comprendere: *I didn't* ~ *your last remark* non ho afferrato la tua ultima osservazione. **13** (*to grasp and reproduce*) saper rendere, saper esprimere: *the writer has caught the mood of the times perfectly* lo scrittore ha saputo rendere perfettamente l'atmosfera dell'epoca. **14** (*Sport*) (in *cricket, baseball*) ricevere. **II** *v.i.* **1** (*to become hooked, to become entangled*) impigliarsi, avvilupparsi, aggrovigliarsi. **2** (*to take hold*) prendere, fare presa: *the lock won't* ~ la serratura non prende. **3** (*of a door*, *window, etc.*) chiudere. **4** (*to take fire*) prendere fuoco, andare a fuoco, andare in fiamme. **5** (*Bot*) attecchire, prendere. ☐ *to ~ a glimpse of so.* intravedere qcu.; *to ~ a packet*: 1 (*sl*) cacciarsi nei guai; 2 (*Mil*) essere gravemente ferito; (*Br,fig*) *to ~ a tartar* avere a che fare con un osso duro, trovare pane per i propri denti; (*fig*) *to ~ at shadows* correre dietro alle ombre; (*colloq*) *to ~ so. bending* cogliere qcu. in fallo; *to ~ one's breath*: 1 (*as a reaction to an emotion*) trattenere il respiro; 2 (*to recover one's breath*) riprendere fiato; (*colloq*) *I wouldn't be caught dead doing it* non lo farei per nessun motivo al mondo; (*colloq*) *you will ~ your death of* (*a*) *cold* prenderai una polmonite, ti verrà un accidente; *to ~ so.'s fancy* andare a genio a qcu., colpire la fantasia di qcu., piacere a qcu.; *to ~ fire* prendere fuoco (*anche fig*); (*colloq*) *to ~ hell* ricevere una lavata di capo; *to ~ hold of sth.* (*o so.*) afferrare qcs. (*o qcu.*); (*colloq*) *to ~ it* prendersi una bella sgridata; (*colloq*) *~ me!* stai fresco!, non ci casco!; *to ~ so. napping*: 1 sorprendere qcu. nel sonno, cogliere qcu. nel sonno; 2 (*to surprise so.*) cogliere di sorpresa qcu., prendere qcu. alla sprovvista, prendere qcu. in contropiede; *to ~ on*: 1 diffondersi, attecchire: *the fashion quickly caught on* la moda si è diffusa rapidamente; 2 (*to comprehend*) afferrare, arrivare a capire; (*Br*) *to ~ out*: 1 scoprire, sorprendere, cogliere (in fallo), beccare; 2 (*Sport*) eliminare; *to ~ the point* afferrare l'idea, capire, afferrare il concetto; (*fig*) *to ~ the wave* cogliere l'occasione; *to ~ up*: 1 afferrare, prendere; 2 (*to come up to*) raggiungere, riprendere: *we caught up* (*with*) *the car* raggiungemmo la macchina; 3 (*to get up-to-date*) mettersi in pari, aggiornarsi (*on*, *with* con): *to ~ up on one's work* mettersi in pari col lavoro.

catch[2] /kætʃ/ **I** *n.* **1** (*of a door, window, etc.*) gancio *m.*, fermo *m.* **2** (*of a brooch, etc.*) fermaglio *m.* **3** (*Pesc*) retata *f.*, pesca *f.* **4** (*Sport*) (*in football*) parata *f.*; (*in cricket, baseball*) presa *f.* **5** (*so. worth catching*) preda *f.*, occasione *f.* **6** (*of a bachelor*) (buon) partito *m.* **7** (*drawback, trick*) inganno *m.*, trappola *f.*, tranello *m.*: *there must be a ~ in it* ci deve essere un tranello; *what's the ~?* dov'è la fregatura? **8** (*ball game*) gioco *m.* della palla. **9** (*fragment*) brano *m.*, frammento *m.*: *-es of a song* brani di una canzone. **II** *a.* **1** (*tricky*) insidioso, ingannevole: *a ~ question* una domanda insidiosa. **2** (*easily remembered*) di (sicuro) effetto, che fa colpo: *a ~ phrase* una frase di effetto. ☐ (*fig,colloq*) *Catch 22* situazione senza via di uscita, vicolo cieco; (*Agr*) *~ crop* (o ~ *cropping*) coltura intercalare, seconda coltura; *~ line*: 1 (*in an advertisement, etc.*: *word*) parola che fa colpo, parola che fa effetto; 2 (*sentence, motto*) motto pubblicitario, slogan pubblicitario; *~ phrase* slogan, frase di effetto.

catchable /'kætʃəbl/ *a.* prendibile, catturabile.

catch-all /'kætʃɔːl/ *n.* (*Am*) ripostiglio *m.*

catch-as-catch-can /ˌkætʃəzkætʃ'kæn/ **I** *n.* (*Sport*) lotta *f.* libera americana. **II** *a.* disorganizzato, disordinato, senza metodo.

catcher /'kætʃər/ *n.* **1** (*Sport*) (*in baseball*) catcher *m./f.*, ricevitore *m.* **2** (*Mecc*) dente *m.* di arresto.

catchfly /'kætʃflaɪ/ *n.* (*Bot*) pigliamosche *m.*

catchiness /'kætʃɪnəs/ *n.* orecchiabilità *f.*

catching /'kætʃɪŋ/ *a.* **1** contagioso (*anche fig*): *his enthusiasm is ~* il suo entusiasmo è contagioso. **2** (*appealing*) attraente, affascinante.

catchment /'kætʃmənt/ *n.* **1** raccolta *f.* di ac-

qua. **2** (*basin, reservoir*) bacino *m.* pluviale, bacino *m.* artificiale. **3** (*water*) acqua *f.* di raccolta. ☐ *~ area* (o *~ basin*): 1 (*Geol*) bacino di raccolta; 2 (*estens*) bacino di utenza.

catchpenny /'kætʃpeni/ *a.* da quattro soldi, da pochi soldi: *~ novelettes* romanzetti da quattro soldi.

catchpole, catchpoll /'kætʃpoul/ *n.* (*Stor.brit*) ufficiale *m.* giudiziario.

catch-up /'kætʃʌp/ *n.* aumento *m.*, intensificazione *f.*, accelerazione *f.*, recupero *m.*: *at work I'm having to play ~* al lavoro devo sbrigare gli arretrati.

catchweight /'kætʃweɪt/ *n.* (*Sport*) peso *m.* effettivo.

catchword /'kætʃwɜːd *Am* 'kætʃwɜːrd/ *n.* **1** slogan *m.* **2** (*in a dictionary, etc.*) testatina *f.* **3** (*Teat*) parola *f.* che dà la battuta.

catchy /'kætʃi/ *a.* **1** che si ricorda facilmente. **2** (*of music*) orecchiabile. **3** (*tricky, deceptive*) insidioso, ingannevole: *a ~ question* una domanda insidiosa.

catechesis /ˌkætɪ'kiːsɪs *Am* ˌkætə'kiːsɪs/ (*pl. -ses* /-siːz/) *n.* (*Rel*) catechesi *f.*

catechetical /ˌkætɪ'ketɪkəl *Am* ˌkætə'ketɪkəl/ *a.* (*Rel*) catechetico.

catechise /'kætɪkaɪz/ *v.t.* (*Br*) **1** (*Rel*) catechizzare. **2** (*to question systematically*) interrogare.

catechism /'kætɪkɪzəm *Am* 'kætəkɪzəm/ *n.* **1** (*Rel*) catechismo *m.* **2** (*oral instruction*) catechesi *f.* **3** (*series of questions*) serie *f.* di domande.

catechismal /ˌkætɪ'kɪzməl *Am* ˌkætə'kɪzməl/ *a.* catechistico.

catechist /'kætɪkɪst *Am* 'kætəkɪst/ *n.* catechista *m./f.*

catechistic /ˌkætɪ'kɪstɪk/ *a.* catechistico.

catechistical /ˌkætɪ'kɪstɪkəl/ *a.* catechistico.

catechize /'kætɪkaɪz *Am* 'kætəkaɪz/ *v.t.* **1** (*Rel*) catechizzare. **2** (*to question systematically*) interrogare.

catechizer /'kætɪkaɪzər *Am* 'kætəkaɪzər/ *n.* catechizzatore *m.* (*f.* -trice).

catecholamine /ˌkætɪ'kouləmiːn *Am* ˌkætə'kouləmiːn/ *n.* (*Biol*) catecolammina *f.*, catecolamina *f.*

catechu /'kætɪtʃu: *Am* 'kætətʃu:/ *n.* (*Chim,Bot*) catecù *m.*

catechumen /ˌkætɪ'kjuːmen *Am* ˌkætə'kjuːmən/ *n.* (*Rel*) catecumeno *m.* (*f.* -a).

categorial /ˌkætɪ'ɡɔːriəl *Am* ˌkætə'ɡɔːriəl/ *a.* (*Filos*) categoriale.

categorical /ˌkætɪ'ɡɒrɪkəl *Am* ˌkætə'ɡɔːrɪkəl/ *a.* categorico. ☐ (*Filos*) *~ imperative* imperativo categorico.

categorically /ˌkætɪ'ɡɒrɪkli *Am* ˌkætə'ɡɔːrɪkəli/ *avv.* (*without ambiguity*) categoricamente: *to refuse ~* opporre un netto rifiuto.

categoricalness /ˌkætɪ'ɡɒrɪkəlnəs *Am* ˌkætə'ɡɔːrɪkəlnəs/ *n.* categoricità *f.*

categorise /'kætɪɡəraɪz/ *v.t.* (*Br*) classificare, categorizzare.

categorization /ˌkætɪɡəraɪ'zeɪʃən *Am* ˌkætəɡəraɪ'zeɪʃən/ *n.* categorizzazione *f.*, classificazione *f.*

categorize /'kætɪɡəraɪz *Am* 'kætəɡəraɪz/ *v.t.* classificare, categorizzare.

category /'kætɪɡəri *Am* 'kætəɡɔːri/ *n.* categoria *f.*

catenary /kə'tiːnəri/ **I** *n.* (*Fis*) catenaria *f.* **II** *a.* catenario. ☐ (*Edil*) *~ bridge* ponte sospeso.

catenate /'kætɪneɪt/ *v.t.* concatenare.

catenation /ˌkætɪ'neɪʃən/ *n.* concatenamento *m.*, concatenazione *f.*

cater /'keɪtər *Am* 'keɪtər/ **I** *v.i.* **1** provvedere di

cibo, approvvigionare (*for so.* qcu.). **2** (*fig*) andare incontro (*to* a), soddisfare (qcu.): *to ~ to so.* soddisfare qualcuno. **3** (*fig*) (*to provide what is necessary*) provvedere alle necessità, provvedere ai bisogni (*for* di): *to ~ for the sick* provvedere alle necessità degli ammalati. **II** *v.t.* provvedere al catering per, provvedere al cibo di: *to ~ a Christmas party* organizzare il servizio di catering per una festa di Natale.

cater-corner /'keɪtərˌkɔːrnər/ **I** *a.* (*Am*) diagonale. **II** *avv.* (*Am*) diagonalmente.

cater-cornered /'keɪtərˌkɔːrnərd/ **I** *a.* (*Am*) diagonale. **II** *avv.* (*Am*) diagonalmente.

cater-cousin /'keɪtəˌkʌzən/ *n.* (*Br,ant*) intimo amico *m.*

caterer /'keɪtərər *Am* 'keɪtərər/ *n.* fornitore *m.* (*f.* -trice) di catering, approvvigionatore *m.* (*f.* -trice) (di cibo e bevande).

catering /'keɪtərɪŋ *Am* 'keɪtərɪŋ/ *n.* catering *m.*, rifornimento *m.* di cibo e bevande (per comunità ecc.). ☐ *~ industry* industria del catering, industria della ristorazione.

caterpillar /'kætəpɪlər *Am* 'kætərpɪlər/ *n.* **1** (*Entom*) bruco *m.* **2** (*Tecn*) caterpillar *m.*

caterwaul /'kætəwɔːl *Am* 'kætərwɔːl/ **I** *v.i.* **1** miagolare (di gatto in amore). **2** (*fig*) (*to screech, to howl*) lamentarsi, lagnarsi. **3** (*fig*) (*to quarrel*) litigare, azzuffarsi. **4** (*spreg*) (*to sing*) strillare, lamentarsi (come un gatto in amore). **II** *n.* **1** miagolio *m.* (di gatto in amore). **2** (*fig*) (*screech, howl*) lamentela *f.*, lagna *f.*

cat-eyed /'kæt,aɪd *Am* 'kæt,aɪd/ *a.* **1** dagli occhi di gatto. **2** (*fig*) capace di vedere al buio.

catfall /'kætfɔːl/ *n.* (*Mar*) tirante *m.* di capone, vento *m.*

catfight /'kætfaɪt/ *n.* disputa *f.*, alterco *m.*

catfish /'kætfɪʃ/ *n.* (*Itt*) **1** pesce *m.* gatto. **2** (*wolf fish*) pesce *m.* lupo.

cat-footed /'kæt,futɪd *Am* 'kæt,futɪd/ *a.* con zampe di gatto, dalle zampe di gatto.

catgut /'kætɡʌt/ *n.* **1** (*Chir*) catgut *m.*, filo *m.* per suture. **2** (*Mus*) corda *f.* di minugia.

Cath. **1** *Cathedral* (cattedrale). **2** *Catholic* catt. (cattolico).

Catharine /'kæθərɪn/ *n.pr.f.* Caterina.

catharsis /kə'θɑːsɪs *Am* kə'θɑːrsɪs/ (*pl. -ses* /-siːz/) *n.* **1** (*Lett,Teat,Psic*) catarsi *f.* **2** (*release, discharge of emotion*) catarsi *f.*, liberazione *f.*, purificazione *f.* **3** (*Med,rar*) evacuazione *f.*

cathartic /kə'θɑːtɪk *Am* kə'θɑːrtɪk/ **I** *a.* **1** (*releasing, purifying*) catartico, liberatore. **2** (*Med,rar*) purgativo. **II** *n.* (*Med,rar*) catartico *m.*, purgante *m.*

cathartically /kə'θɑːtɪkli *Am* kə'θɑːrtɪkli/ *avv.* cataticamente, in modo catartico.

Cathay /kæ'θeɪ/ *n.pr.* (*Geog.stor*) Catai *m.*

cathead /'kæthed/ *n.* (*Mar*) ceppo *m.* dell'ancora.

cathedral /kə'θiːdrəl/ **I** *n.* cattedrale *f.*, duomo *m.* **II** *a.* **1** cattedrale: *~ church* chiesa cattedrale. **2** (*containing a cathedral*) sede vescovile: *a ~ city* una città sede vescovile. **3** (*authoritative*) autorevole.

Catherine /'kæθərɪn/ *n.pr.f.* Caterina. ☐ *~ wheel*: 1 (*firework*) girandola; 2 (*Arch*) rosone.

catheter /'kæθɪtər *Am* 'kæθətər/ *n.* (*Med*) catetere *m.*

catheterise /'kæθɪtəraɪz/ *v.t.* (*Br,Med*) cateterizzare.

catheterization /ˌkæθɪtəraɪ'zeɪʃən *Am* ˌkæθətəraɪ'zeɪʃən/ *n.* (*Med*) cateterismo *m.*

catheterize /'kæθɪtəraɪz *Am* 'kæθətəraɪz/ *v.t.* (*Med*) cateterizzare.

cathode /'kæθoud/ **I** *n.* (*El*) catodo *m.* **II** *a.* (*El*) catodico. ☐ (*Elettron*) *~ ray* raggio catodico; *~ ray oscillograph* oscilloscopio a raggi catodici; ~ *ray tube* tubo a raggi catodici, tubo catodico; (*Elettron*) ~ *tube* tubo a raggi catodici, tubo catodico.

cathodic /kə'θɒdɪk *Am* kæ'θɑːdɪk/ *a.* (*El*) catodico. ☐ (*Fis*) ~ *bombardment* bombardamento catodico; (*Met*) ~ *protection* protezione catodica.

catholic /'kæθəlɪk/ *a.* **1** (*universal*) generale, universale. **2** (*comprehensive*) tollerante, comprensivo. **3** (*broad-minded*) ampio, liberale, aperto: *a man of ~ interests* un uomo di ampi interessi.

Catholic /'kæθəlɪk/ *I a.* (*Rel*) cattolico: ~ *Church* Chiesa cattolica. **II** *n.* (*Rel*) (*Roman Catholic*) cattolico *m.* (*f.* -a).

Catholicise /kə'θɒlɪsaɪz/ *I v.t.* (*Br*) **1** universalizzare. **2** (*Rel*) convertire al cattolicesimo. **II** *v.i.* (*Br,Rel*) convertirsi al cattolicesimo.

Catholicism /kə'θɒlɪsɪzəm *Am* kə'θɑːlɪsɪzəm/ *n.* (*Rel*) cattolicesimo *m.*

catholicity /ˌkæθəʊ'lɪsɪti *Am* ˌkæθəə'lɪsəti/ *n.* **1** apertura *f.* mentale, larghezza *f.* di vedute. **2** (*universality*) universalità *f.*

Catholicity /ˌkæθəʊ'lɪsɪti *Am* kæθəə'lɪsəti/ *n.* cattolicità *f.*

Catholicize /kə'θɒlɪsaɪz *Am* kə'θɑːlɪsaɪz/ *I v.t.* **1** universalizzare. **2** (*Rel*) convertire al cattolicesimo. **II** *v.i.* (*Rel*) convertirsi al cattolicesimo.

catholicon /kə'θɒlɪkən *Am* kə'θɑːlɪkɑːn/ *n.* panacea *f.*

cathouse /'kæthaʊs/ *n.* (*Am,sl*) bordello *m.*

Cathy /'kæθi/ *n.pr.f. dim. di* Catherine.

Catiline /'kætɪlaɪn/ *n.pr.m.* (*Stor.rom*) Catilina.

cation /'kætaɪən/ *n.* (*Fis*) catione *m.*

cationic /ˌkætaɪ'ɒnɪk *Am* ˌkætaɪ'ɑːnɪk/ *a.* (*Fis*) cationico.

catkin /'kætkɪn/ *n.* (*Bot*) amento *m.*, gattino *m.*

catlike /'kætlaɪk/ *a.* felino.

catling /'kætlɪŋ/ *n.* (*Chir*) **1** (*knife*) bisturi *m.* (per amputazioni). **2** (*rar*) (*catgut*) catgut *m.*, sottile.

catmint /'kætmɪnt/ *n.* (*Bot*) erba *f.* gattaia.

catnip /'kætnɪp/ *n.* (*Bot*) erba *f.* gattaia.

Cato /'keɪtəʊ *Am* 'keɪtoʊ/ *n.pr.m.* (*Stor.rom*) Catone.

cat-o'mountain /ˌkætə'maʊntɪn *Am* ˌkætə'maʊntən/ *n.* (*Zool*) **1** (*wildcat*) gatto *m.* selvatico. **2** (*leopard*) leopardo *m.*

cat-o'nine-tails /ˌkætə'naɪnteɪlz *Am* ˌkætə'naɪnteɪlz/ *n.inv.* (*Stor*) gatto *m.* a nove code.

catoptric /kə'tɒptrɪk *Am* kə'tɑːptrɪk/ *a.* (*Fis*) catottrico, catoptrico.

catoptrical /kə'tɒptrɪkəl *Am* kə'tɑːptrɪkəl/ *a.* (*Fis*) catottrico, catoptrico.

catoptrics /kə'tɒptrɪks *Am* kə'tɑːptrɪks/ *n.pl.* (*costr.sing.*) (*Fis*) catottrica *f.sing.*, catoptrica *f.sing.*

catsuit /'kætsuːt/ *n.* (*Abbigl*) tuta *f.* (da donna), calzamaglia *f.* intera.

catsup /'kætʃəp/ *n.* (*Am,Alim*) ketchup *m.*

cattiness /'kætɪnəs *Am* 'kætɪnəs/ *n.* (*spitefulness*) malignità *f.*, maliziosità *f.*

cattish /'kætɪʃ *Am* 'kætɪʃ/ *a.* **1** felino. **2** (*fig*) (*malicious*) dispettoso, malizioso; (*spiteful*) malevolo, maligno.

cattishness /'kætɪʃnəs *Am* 'kætɪʃnəs/ *n.* (*spitefulness*) malignità *f.*, maliziosità *f.*

cattle /'kætl *Am* 'kætl/ *n.pl.* **1** bovini *m.pl.* **2** (*spreg*) (*human beings*) marmaglia *f.*, gentaglia *f.* ☐ (*Zootecn*) ~ *breeder* allevatore di bovini; (*fig,colloq*) ~ *call* audizione generale per parti minori e comparse; (*Zootecn*) ~ *dealer* commerciante di bovini; (*Zootecn*) ~ *fair* fiera dei bovini; (*Zootecn*) ~ *feeder* macchina per alimentare i bovini (a dosi costanti); (*Dir*) ~ *lifter* abigeo, ladro di bestiame; (*Zootecn*) ~ *pen* recinto (per bestiame); (*Veter*) ~ *plague* peste bovina; (*Zootecn*) ~ *run*

pascolo; (*Dir*) ~ *rustler* abigeo, ladro di bestiame; (*Zootecn*) ~ *shed* stalla per bovini; ~ *show* mostra di bestiame (a premi); (*Ferr*) ~ *truck* carro bestiame.

cattleman /'kætlmən *Am* 'kætlmən/ *n.irr.* **1** bovaro *m.* **2** (*Am*) allevatore *m.* di bovini.

catty /'kæti *Am* 'kæti/ *a.* **1** felino. **2** (*fig*) (*malicious*) dispettoso, malizioso; (*spiteful*) malevolo, maligno.

catty-cornered /'kæti,kɔːrnərd/ *a.* (*Am*) diagonale.

Catullus /kə'tʌləs/ *n.pr.m.* (*Stor.rom*) Catullo.

CATV /'siːeɪˌtiːviː/ **1** *Cable Television* (televisione via cavo). **2** *Community Aerial Television* (televisione ad antenna centralizzata).

catwalk /'kætwɔːk/ *n.* **1** (*Mar, Aer*) passerella *f.* **2** (*Edil*) passerella *f.*, ponte *m.* dell'impalcatura. **3** (*for fashion models*) passerella *f.* (per sfilate): *to be paraded* (o *to parade*) *on the* ~ sfilare.

Caucasian /kɔː'keɪʒ(i)ən/ *I a.* caucasico: ~ *languages* lingue caucasiche. **II** *n.* caucasico *m.* (*f.* -a).

Caucasoid /'kɔːkəsɔɪd/ *I a.* caucasico. **II** *n.* caucasico *m.* (*f.* -a).

Caucasus /'kɔːkəsəs/ *n.pr.* (*Geog*) **1** (*mountain range*) Caucaso *m.* **2** (*Caucasia*) Caucasia *f.*

caucus /'kɔːkəs/ *I n.* **1** (*Pol*) (*of a party*) comitato *m.* di dirigenti; (*party organization*) organizzazione *f.* di partito. **2** (*Am*) (*of a legislative body*) riunione *f.* ad alto livello. **3** (*Br, Pol,spreg*) cricca *f.* (interna a un partito). **II** *v.i.* (*Am*) tenere una riunione ad alto livello.

caudal /'kɔːdl/ *a.* **1** (*Zool*) caudale: ~ *fin* pinna caudale. **2** (*tail-like*) caudiforme.

caudate /'kɔːdeɪt/ *a.* caudato.

caudated /'kɔːdeɪtɪd *Am* 'kɔːdeɪtɪd/ *a.* caudato.

caught /kɔːt/ → **catch**[1].

caul /kɔːl/ *n.* **1** (*Anat*) (*amnion*) amnio *m.*, amnios *m.*; (*greater omentum*) grande omento *m.* (*ant,Mod*) cappellino *m.*, cuffia *f.*

cauldron /'kɔːldrən/ *n.* (*Archeol*) calderone *m.*

caulescent /kɔː'lesənt/ *a.* (*Bot*) caulescente.

cauliflower /'kɒlɪˌflaʊə *Am* 'kɔːlɪˌflaʊə/ *n.* (*Bot,Alim*) cavolfiore *m.* ☐ (*fig*) ~ *ear* orecchio a cavolfiore, orecchio da pugile.

cauline /'kɔːlaɪn/ *a.* (*Bot*) caulinare.

caulis /'kɔːlɪs/ (*pl.* -les /-liːz/) *n.* (*Bot*) caule *m.*

caulk /kɔːk/ *v.t.* **1** (*Mecc*) cianfrinare, presellare. **2** (*Mar*) calafatare.

caulker /'kɔːkə/ *n.* **1** (*person*) calafato *m.*, stoppatore *m.* **2** (*tool*) cianfrino *m.*

caulking /'kɔːkɪŋ/ *n.* **1** (*Mecc*) presellatura *f.*, cianfrinatura *f.* **2** (*Mar*) calafataggio *m.* ☐ (*Tecn*) ~ *chisel* (o ~ *iron*) scalpello da calafataggio.

causal /'kɔːzl/ *I a.* causale (*anche Gramm*). **II** *n.* (*Gramm*) congiunzione *f.* causale.

causality /kɔː'zælɪti *Am* kɔː'zæləti/ *n.* causalità *f.*

causally /'kɔːzəli/ *avv.* causalmente. ☐ ~ *related* in relazione di causa-effetto, in relazione causale, in relazione di causalità: *A is not ~ related to B* non si può stabilire un rapporto di causa-effetto tra A e B.

causation /kɔː'zeɪʃən/ *n.* **1** causale *f.*, causa *f.* **2** (*relation of cause and effect*) causalità *f.*, relazione *f.* di causa-effetto.

causationism /kɔː'zeɪʃənɪzəm/ *n.* (*Filos*) dottrina *f.* della causalità.

causative /'kɔːzətɪv *Am* 'kɔːzətɪv/ *I a.* **1** causativo, che causa. **2** (*Gramm*) causativo. **II** *n.* (*Gramm*) causativo *m.*

causatively /'kɔːzətɪvli *Am* 'kɔːzətɪvli/ *avv.* causalmente.

causativeness /'kɔːzətɪvnəs *Am* 'kɔːzətɪv nəs/ *n.* causalità *f.*

causativity /ˌkɔːzə'tɪvɪti *Am* ˌkɔːzə'tɪvəti/ *n.* causalità *f.*

cause /kɔːz/ *I n.* **1** causa *f.* (*anche Dir*). **2** (*reason, motive*) ragione *f.*, motivo *m.*, causa *f.*: *there is no ~ for alarm* non c'è ragione di allarmarsi. **3** (*good reason*) giusta causa *f.*: *he was sacked without ~* fu licenziato senza una giusta causa. **4** (*ideal, belief*) causa *f.*, ideale *m.*: *to fight for the ~* combattere per la causa. **II** *v.t.* **1** causare, provocare, produrre, determinare: *smoking -s cancer* il fumo provoca il cancro. **2** (*to make, to induce*) costringere, indurre: *to ~ so. to do sth.* indurre qcu. a fare qcs. ☐ ~ *and effect* causa ed effetto: *relation of ~ and effect* rapporto di causalità, relazione di causa-effetto; *to ~ so. difficulty* causare imbarazzo a qcu., causare difficoltà a qcu.; *to give so. ~ for sth.* dare a qcu. motivo di qcs.; (*Dir*) ~ *list* elenco delle cause a ruolo; (*Dir*) ~ *of action* diritto di agire in giudizio; *to ~ sth. to happen* fare in modo che qcs. accada, far succedere qcs.

'cause /kɔːz/ *congz.* (*Am,sl*) → **because**.

causeless /'kɔːzləs/ *a.* **1** senza causa apparente. **2** (*chance*) fortuito, casuale. **3** (*groundless*) ingiustificato, senza motivo, senza ragione.

causerie /'kəʊzəri *Am* ˌkoʊzə'riː/ *n.* **1** chiacchierata *f.*, conversazione *f.* informale. **2** (*Lett,Giorn*) breve articolo *m.* in stile discorsivo, breve saggio *m.* in stile discorsivo.

causeway /'kɔːzweɪ/ *I n.* **1** (*raised road*) strada *f.* rialzata, strada *f.* soprelevata. **2** (*highway*) strada *f.* maestra. **3** (*Scott*) (*paved road*) strada *f.* lastricata, strada *f.* selciata. **II** *v.t.* **1** provvedere di una strada rialzata. **2** (*Scott*) (*to pave*) lastricare, selciare.

caustic /'kɔːstɪk/ *I a.* **1** caustico. **2** (*fig*) caustico, mordace, pungente: ~ *comments* commenti mordaci. **II** *n.* **1** sostanza *f.* caustica. **2** (*Ott*) superficie *f.* caustica. **3** (*Ott*) (*caustic curve*) curva *f.* caustica. ☐ ~ *potash* potassa caustica; ~ *soda* soda caustica; (*Ott*) ~ *surface* superficie caustica.

caustically /'kɔːstɪkli/ *avv.* causticamente, mordacemente.

causticity /kɔː'stɪsɪti *Am* kɔː'stɪsəti/ *n.* causticità *f.* (*anche fig*).

cauter /'kɔːtə *Am* 'kɔːtər/ *n.* (*Med*) cauterio *m.*

cauterise /'kɔːtəraɪz/ *v.t.* (*Br*) **1** cauterizzare, causticare. **2** (*fig*) rendere insensibile.

cauterization /ˌkɔːtəraɪ'zeɪʃən *Am* ˌkɔːtər 'zeɪʃən/ *n.* (*Med*) cauterizzazione *f.*

cauterize /'kɔːtəraɪz *Am* 'kɔːtəraɪz/ *v.t.* **1** cauterizzare, causticare. **2** (*fig*) rendere insensibile.

cautery /'kɔːtəri *Am* 'kɔːtəri/ *n.* **1** (*agent*) cauterio *m.* **2** (*process*) cauterizzazione *f.*

caution /'kɔːʃən/ *I n.* **1** cautela *f.*, prudenza *f.*, circospezione *f.*, attenzione *f.* **2** (*warning*) avvertimento *m.*, ammonimento *m.*, avviso *m.* **3** (*Dir*) diffida *f.* **II** *v.t.* avvertire, mettere in guardia, ammonire: *to ~ so. against sth.* mettere in guardia qcu. contro qcs. **III** *intz.* attenzione!, attenti! ☐ *to ~ so. against* avvisare qcu. di, mettere in guardia qcu. contro; (*Dir*) *dismissed with a ~* assolto con diffida.

cautionary /'kɔːʃənri *Am* 'kɔːʃəneri/ *a.* **1** ammonitore, ammonitorio, di avvertimento: *a ~ tale* un aneddoto ammonitore. **2** (*Dir*) cauzionale. ☐ (*Dir*) ~ *judgement* ordinanza di sequestro conservativo; (*Dir*) ~ *measure* misura cautelare; (*Dir*) ~ *obligation* obbligazione cauzionale di un avallante, vincolo cauzionale di un avallante.

cautioner /'kɔːʃənər/ *n.* garante *m./f.*, avallante *m./f.*

cautious /'kɔːʃəs/ *a.* prudente, cauto, guardingo, circospetto.

cautiously /'kɔːʃəsli/ avv. in modo prudente, con cautela, con circospezione.

cautiousness /'kɔːʃəsnəs/ n. prudenza f., cautela f., circospezione f.

cav. 1 cavalry (cavalleria). **2** cavalier cav. (cavaliere).

cavalcade /ˌkævəl'keɪd/ n. **1** corteo m. di persone a cavallo, cavalcata f., colonna f. di persone a cavallo. **2** (procession) sfilata f., processione f., corteo m. **3** (fig) (sequence) serie f., sequela f., successione f.

cavalier /ˌkævəl'ɪər Am ˌkævə'lɪr/ **I** n. **1** cavaliere m. **2** (escort) cavaliere m., cavalier m. servente, accompagnatore m. **II** a. altezzoso, sprezzante, sdegnoso.

Cavalier /ˌkævəl'ɪər Am ˌkævə'lɪr/ n. (Stor) Cavaliere m.

cavalierly /ˌkævəl'ɪər'li Am ˌkævə'lɪrli/ avv. con arroganza, con alterigia, sdegnosamente.

cavally /kə'væli/ n. (Itt) scombro m. cavallino, carangide m. gigante.

cavalry /'kævəlri/ n. (Mil) cavalleria f.; (cavalrymen) cavalleggeri m.pl. □ (Tess) ~ twill tessuto diagonale (per divise).

cavalryman /'kævəlrimən/ n.irr. soldato m. di cavalleria, soldato m. a cavallo, cavalleggero m.

cave[1] /keɪv/ **I** n. **1** caverna f., grotta f., spelonca f. **2** (den) covo m., tana f. **3** (Br,Pol) secessione f.; (group of seceders) dissidenti m./f.pl., secessionisti m.pl. (f.pl. -e). **II** v.t. (Sport) scavare. **III** v.i. **1** (to collapse) crollare. **2** (colloq) (to submit) cedere, arrendersi. □ ~ art arte rupestre, arte paleolitica; (Zool) ~ bear orso delle caverne; ~ dweller: **1** cavernicolo; **2** (prehistoric man) troglodita, cavernicolo, uomo delle caverne; **3** (colloq) (city dweller) abitante di città; to ~ in (to fall in) franare.

cave[2] /'keɪvɪ/ intz. (Br,colloq) attenti!, attenzione!, occhio!

caveat /'keɪvɪæt/ n. **1** (Dir) opposizione f.: to file a ~ (o to enter a ~) fare opposizione, opporsi (against a). **2** (caution, warning) ammonimento m., avvertimento m. □ (Comm) ~ emptor rischio del compratore.

cave-in /'keɪvɪn/ n. crollo m., frana f.

caveman /'keɪvmæn/ n.irr. **1** (cave dweller) uomo m. delle caverne, troglodita m., cavernicolo m. **2** (scherz) (rough man) individuo m. rozzo, individuo m. primitivo, troglodita m.

cavendish /'kævəndɪʃ/ n. tabacco m. dolce (in panetti).

cavern /'kævən Am 'kævərn/ n. grotta f., caverna f., spelonca f.

cavernicolous /ˌkævə'nɪkələs Am ˌkævər'nɪkələs/ a. cavernicolo, che abita nelle caverne.

cavernous /'kævərnəs Am 'kævərnəs/ a. **1** cavernoso (anche fig): ~ darkness oscurità cavernosa. **2** (of eyes: deep-set) incavato, infossato. **3** (deep-sounding) cavernoso, cupo, profondo: a ~ voice una voce cavernosa. **4** (Min) poroso.

cavesson /'kævɪsən/ n. cavezza f.

caviar, caviare /'kævɪɑːr Am 'kævɪɑːr/ n. (Gastron) caviale m. □ (fig) ~ to the general perle ai porci.

cavil /'kævɪl/ **I** v.i. (past, p.p. **cavilled** /Am **caviled** /-d/) cavillare, ricorrere a cavilli (at, about su). **II** n. cavillo m.: to accept sth. without ~s accettare qcs. senza cercare cavilli.

caviler /'kævɪlər/ n. (Am) cavillatore m. (f. -trice).

caviling /'kævɪlɪŋ/ a. (Am) cavilloso.

caviller /'kævɪlər/ n. cavillatore m. (f. -trice).

cavilling /'kævɪlɪŋ/ a. cavilloso.

caving /'keɪvɪŋ/ n. speleologia f.

cavitation /ˌkævɪ'teɪʃən/ n. (Fis) cavitazione f.

cavity /'kævɪti Am 'kævəti/ n. **1** cavità f., spazio m. vuoto. **2** (Anat) cavità f. **3** (Dent) carie f., cavità f. dentaria prodotta da carie. **4** (Mecc) intercapedine f. □ (Edil) ~ wall muro a intercapedine.

cavort /kə'vɔːt Am kə'vɔːrt/ v.i. **1** (sl) saltellare, saltare, fare capriole. **2** (of horses) corvettare.

cavortings /kə'vɔːtɪŋz Am kə'vɔːrtɪŋz/ n.pl. comportamento m.sing. poco dignitoso.

cavy /'keɪvi/ n. (Zool) cavia f., porcellino m. d'India.

caw /kɔː/ **I** n. **1** gracchiamento m. del corvo. **2** (fig) gracchiamento m. **II** v.i. gracchiare (anche fig).

cay /keɪ, kiː/ n. (Geol) banco m. di sabbia; (of coral) banco m. corallino.

cayenne /keɪ'en Am also kaɪ'en/ n. (Alim) pepe m. di Caienna, pepe m. rosso. □ ~ pepper pepe di Caienna, pepe rosso.

cayman /'keɪmən/ n. (Zool) caimano m.

CB /ˌsiː'biː/ Citizens' Band CB (banda cittadina).

CBC /ˌsiːbiː'siː/ Canadian Broadcasting Corporation CBC (ente radiofonico canadese).

CBE /ˌsiːbiː'iː/ Commander of the Order of the British Empire (comandante dell'ordine dell'Impero britannico).

CBer /siː'biər Am siː'bɪr/ n. utente m./f. CB, utente m./f. della banda cittadina.

CBI /ˌsiːbiː'aɪ/ Confederation of British Industry (confederazione dell'industria britannica).

CBW Chemical and Biological Warfare (guerra chimica e biologica).

cc, c.c. 1 cubic centimetre cm³ (centimetro cubo). **2** (El) continuous current c.c. (corrente continua). **3** chapters capp. (capitoli). **4** (epist,Inform) carbon copy pc (per conoscenza).

CC 1 circuit court (tribunale distrettuale). **2** city council (consiglio comunale). **3** county council (consiglio di contea). **4** county court (tribunale di contea). **5** cricket club (circolo del cricket).

CCA (US) Circuit Court of Appeals (corte di appello distrettuale).

C.C.C. Central Criminal Court (tribunale penale centrale).

CCD (Elettron) charge-coupled device CCD (dispositivo ad accoppiamento di carica).

CCP (Dir) Code of Civil Procedure CPC (codice di procedura civile).

CCTV /ˌsiːsiːˌtiːˈviː/ Closed Circuit Television TVCC (televisione a circuito chiuso).

CD[1] /ˌsiːˈdiː/ **I** Compact Disc CD (compact disc). **II** n. CD m., compact disc m.

CD[2] /ˌsiːˈdiː/ **I 1** Civil Defence (difesa civile). **2** Corps Diplomatique, Diplomatic Corps CD (corpo diplomatico).

c.d. (Comm) cash discount (sconto cassa).

CD-I /ˌsiːdiːˈaɪ/ **I** Compact Disc Interactive CD-I (compact disc interattivo). **II** n. CD m. interattivo, compact disc m. interattivo.

CDN Canada CDN (Canada).

Cdr., CDR. Commander Com. (comandante).

CD-ROM /ˌsiːdiːˈrɒm Am ˌsiːdiːˈrɑːm/ **I** Compact Disc Read Only Memory CD-ROM (memoria a sola lettura su compact disc). **II** n. CD-ROM m.

CD-V /ˌsiːdiːˈviː/ **I** Compact Disc Vision CD-V (compact disc video). **II** n. CD-V m., compact disc m. video.

CE 1 Church of England (chiesa anglicana). **2** Chief Engineer (ingegnere capo). **3** Civil Engineer Ing. Civ. (ingegnere civile). **4** Common Era (era comune).

cease /siːs/ **I** v.i. **1** cessare, finire: to ~ to exist cessare di esistere. **2** (rar) (to discontinue) smettere, sospendere (from sth. qcs.). **II** v.t. cessare, smettere, esaudire, porre fine a: to ~ doing sth. smettere di fare qcs. □ ~ fire: **1** (Mil) cessate il fuoco; **2** (order) ordine di cessare il fuoco; without ceasing senza sosta, incessantemente.

ceaseless /'siːsləs/ a. incessante, continuo.

ceaselessly /'siːsləsli/ avv. incessantemente, continuamente, senza interruzione, senza tregua.

ceaselessness /'siːsləsnəs/ n. continuità f., persistenza f.

Cecile /se'siːl Am sɪ'siːl/ n.pr.f. Cecilia.

Cecily /'sesɪli/ n.pr.f. Cecilia.

cecity /'siːsɪti Am 'siːsɪti/ n. (fig,poet) cecità f.

CED /ˌsiːiːˈdiː/ (US) Committee for Economic Development CED (commissione per lo sviluppo economico).

cedar /'siːdər/ n. **1** (Bot) cedro m. **2** (Bot) (cedar of Lebanon) cedro m. del Libano. **3** (wood) cedro m., legno m. di cedro.

cedarn /'siːdən Am 'siːdərn/ a. (ant) **1** (made of cedar wood) di cedro, di legno cedrino. **2** (poet) cedrino.

cede /siːd/ v.t. **1** cedere. **2** (to transfer) cedere, trasferire. **3** (to admit) concedere, ammettere.

cedilla /sɪ'dɪlə/ n. (Ling) cediglia f.

ceil /siːl/ v.t. (ant,Edil) coprire, intonacare.

ceilidh /'keɪli/ n. (Ir,Scott) ballo m. con musica e danze tradizionali.

ceiling /'siːlɪŋ/ n. **1** soffitto m. **2** (Mar) fasciame m. interno. **3** (top limit) tetto m., limite m. massimo: ~ on prices limite massimo dei prezzi. **4** (Aer) altitudine f. massima, quota f. di tangenza; (of a rocket) quota f. massima. **5** (Meteor) livello m. delle nubi. **6** (Arch) volta f. □ (Comm) ~ prices prezzi massimi.

ceilometer /siːˈlɒmɪtər Am siːˈlɑːmətər/ n. (Meteor) nefoipsometro m.

celadon /'selədɒn Am 'selədɑːn/ **I** n. **1** (Ceram) celadon m. **2** (colour) verde m. celadon. **II** a. (colour) verde celadon.

celandine /'selændaɪn, 'selændiːn/ n. (Bot) **1** (greater celandine) celidonia f., erba f. da porri. **2** (lesser celandine) favagello m.

celanese /ˌselə'niːz/ n. (Tess) tipo m. di seta artificiale.

celeb /sə'leb/ n. (Am,colloq) (celebrity) celebrità f., persona f. celebre.

celebrant /'selɪbrənt/ n. (Lit) celebrante m./f., officiante m./f.

celebrate /'selɪbreɪt/ **I** v.t. **1** festeggiare, celebrare: to ~ one's wedding anniversary festeggiare l'anniversario di matrimonio. **2** (to make known) proclamare, annunciare. **3** (to praise) celebrare, lodare, esaltare, inneggiare a. **4** (Lit) celebrare: to ~ a Mass celebrare una Messa. **II** v.i. **1** fare festeggiamenti, fare celebrazioni. **2** (Rel) santificare le feste; (to perform a religious ceremony) officiare. **3** (to enjoy oneself) fare festa, fare baldoria, divertirsi.

celebrated /'selɪbreɪtɪd Am 'selɪbreɪtɪd/ a. celebre, famoso, rinomato.

celebration /ˌselɪ'breɪʃən/ n. **1** festeggiamento m., celebrazione f. **2** (Lit) celebrazione f.

celebrator /'selɪbreɪtər Am 'selɪbreɪtər/ n. celebratore m. (f. -trice).

celebratory /ˌselɪ'breɪtəri Am 'selɪbrətɔːri/ a. celebrativo, celebratorio.

celebrity /sə'lebrɪti Am sə'lebrəti/ n. **1** celebrità f., persona f. famosa. **2** (fame) celebrità f., fama f., rinomanza f.

celeriac /sə'lerɪæk, 'selɪræk/ n. (Bot,Alim) sedanorapa m.

celerity /sə'lerɪti Am sə'lerəṭi/ n. 1 celerità f., velocità f., rapidità f. 2 (promptness) prontezza f., tempestività f.

celery /'seləri/ n. (Bot,Alim) sedano m. □ (Alim) ~ salt sale aromatizzato al sedano.

celesta /sə'lestə/ n. (Mus) celesta f., celeste f.

céleste /sə'lest/ n. (Mus) (organ register) registro m. celeste.

celestial /sə'lestiəl Am sə'lestʃəl/ a. 1 celestiale, celeste, divino. 2 (pertaining to the sky) celeste. 3 (of celestial navigation) astronomico. 4 (fig) celestiale, etereo, spirituale. □ (Astr) ~ body corpo celeste; (Astr) ~ equator equatore celeste; (Aer) ~ fix punto astronomico; (Bibl) ~ hierarchy gerarchia celeste; (Astr) ~ horizon orizzonte celeste; (Astr) ~ latitude latitudine celeste; (Astr) ~longitude longitudine celeste; (Astr) ~ mechanics meccanica celeste; (Astr) ~ meridian meridiano astronomico, meridiano celeste; ~ navigation navigazione astronomica; (Astr) ~pole polo celeste; ~sphere sfera celeste.

Celestial /sə'lestiəl Am sə'lestʃəl/ I n. (Stor) suddito m. (f. -a) del Celeste Impero. II a. cinese. □ (Lett) ~City Città celeste; (Stor) ~ Empire Celeste Impero.

celestially /sə'lestiəli Am sə'lestʃəli/ avv. celestialmente, in maniera celestiale.

celestine /'selɪst(ə)ɪn/ n. (Min) celestina f.

celestite /'selɪstaɪt/ n. (Min) celestina f.

celiac /'siːliæk/ a. (Am,Med) (coeliac) celiaco.

celibacy /'selɪbəsi/ n. 1 astinenza f. (sessuale). 2 (rar) (being unmarried: of a man) celibato m.; (of a woman) nubilato m.

celibatarian /ˌselɪbə'teəriən Am ˌselɪbə'teriən/ n. 1 sostenitore m. (f. -trice) dell'astinenza sessuale. 2 (rar) (unmarried man) celibe m.; (woman) nubile f.

celibate /'selɪbət/ I n. 1 persona f. astinente (dal punto di vista sessuale), persona f. casta. II a. astinente (dal punto di vista sessuale), casto.

cell /sel/ n. 1 (in a prison, convent, etc.) cella f. 2 (Pol) cellula f., nucleo m. 3 (Biol) cellula f. 4 (of a honeycomb) cella f. 5 (El) elemento m. 6 (Inform) cella f. di memoria. □ ~biology biologia cellulare; ~ block (of a prison) blocco di celle, braccio; (Biol) ~body protoplasma; (Biol) ~ cycle ciclo cellulare; (Biol) ~ division divisione cellulare; (Biol) ~ metabolism ricambio cellulare; ~phone telefono cellulare, cellulare, telefonino; ~sap linfa della cellula, linfa cellulare; (Med) ~therapy terapia cellulare, celluloterapia; (Biol) ~ wall parete cellulare.

cellar /'selər/ I n. 1 (underground store room) cantina f. (spec. per vini). 2 (underground room) stanza f. sotterranea, sotterraneo m.; (set of rooms) scantinato m., sottosuolo m. 3 (fig) scorta f. di vini, riserva f. di vini: our host kept a fine ~ il nostro ospite aveva una buona riserva di vini. II v.t. mettere in cantina. □ (Br) ~man cantiniere.

cellarage /'selərɪdʒ/ n. 1 spazio m. utile di una cantina. 2 (charge for storage) spese f.pl. di magazzinaggio.

cellarer /'selərər/ n. cellerario m., dispensiere m.

cellaret /ˌselər'et Am ˌselər'et/ n. mobile m. per vini.

celliform /'selɪfɔːm Am 'selɪfɔːrm/ a. celliforme.

cellist /'tʃelɪst/ n. (Mus) violoncellista m./f.

cello /'tʃeloʊ/ (pl. -s /-z/, **celli** /'tʃeliː/) n. (Mus) violoncello m.

cellophane /'seləfeɪn/ I n. cellofan m. II a. di cellofan.

cellphone /'selfoʊn/ n. telefono m. cellulare, cellulare m.

cellular /'seljʊlər/ a. 1 (Biol) cellulare. 2 (porous) poroso, spugnoso, celluloso: ~ rubber gomma spugnosa. 3 (using cell-like rooms) cellulare: ~ prison carcere cellulare. □ (Biol) ~ biology biologia cellulare; (Tess) ~ cloth tessuto a nido d'ape, tessuto cellulare; ~ confinement segregazione cellulare; ~ phone telefono cellulare, cellulare, telefonino; (Bot) ~ plant pianta cellulare, tallofita; (Med) ~ therapy terapia cellulare, celluloterapia; (Biol) ~ tissue tessuto cellulare.

cellularity /ˌseljʊ'lærɪti Am ˌseljə'lærəṭi/ n. (Biol) cellularità f.

cellulate[1] /'seljʊlɪt/ a. cellulare.

cellulate[2] /'seljʊleɪt/ v.t. fornire di cellule.

cellulated /'seljʊleɪtɪd Am 'seljələtɪd/ a. cellulare.

cellule /'seljuːl/ n. cellula f.

cellulite /'seljʊlaɪt/ n. (Med) cellulite f.

cellulitis /ˌseljʊ'laɪtɪs Am ˌseljə'laɪṭɪs/ n. (Med) cellulite f.

celluloid /'seljʊlɔɪd/ I n. 1 (Chim) celluloide f. 2 (Fot) (photographic film) pellicola f. fotografica. 3 (Cin) (motion-picture film) pellicola f. cinematografica. 4 (Cin) (motion-picture) film m., pellicola f. (cinematografica). II a. di celluloide.

cellulose /'seljoʊlous/ I n. (Chim) cellulosa f. II v.t. trattare con cellulosa. □ (Chim) ~ acetate acetato di cellulosa; (Chim) ~nitrate nitrocellulosa.

cellulosic /seljʊloʊsɪk/ a. cellulosico.

Celsius /'selsiəs Am also 'selʃəs/ □ (Fis) ~ degree grado Celsius.

celt /selt/ n. (Archeol) ascia f. preistorica.

Celt /kelt, selt/ n. (Stor) celta m./f.

Celtic /'keltɪk, 'seltɪk/ I n. (language) celtico m. II a. celtico. □ (Rel) ~ Church chiesa celtica; ~cross croce celtica; (Geog) ~fringe fascia celtica (delle isole britanniche); (Mus) ~ harp arpa celtica, arpa diatonica.

Celticism /'keltɪsɪzᵊm, 'seltɪsɪzᵊm/ n. 1 uso m. celtico, costume m. celtico. 2 (Ling) celtismo m. 3 (liking for Celtic customs) interesse m. per i costumi celtici.

celticist /'keltɪsɪst, 'seltɪsɪst/ n. celtista m./f.

Celticize /'keltɪsaɪz, 'seltɪsaɪz/ I v.t. rendere celtico. II v.i. diventare celtico.

cembalist /'tʃembəlɪst, 'sembəlɪst/ n. (Mus) cembalista m./f.

cembalo /'tʃembəloʊ, 'sembəloʊ/ (pl. **-li** /-liː/, **-s** /-z/) n. (Mus) 1 clavicembalo m. 2 (dulcimer) salterio m.

cement /sɪ'ment/ I n. 1 cemento m. (anche Geol,Dent,Med). 2 (adhesive substance) adesivo m., mastice m. 3 (fig) cemento m., legame m. 4 (Anat) cemento m. dentario. II v.t. 1 cementare. 2 (fig) cementare, saldare; (to establish firmly) consolidare, rinsaldare, rinforzare: to ~ a friendship consolidare un'amicizia. 3 (to coat with cement) dare il cemento a, coprire di cemento. □ ~factory cementificio; (Edil) ~gun pistola spruzzacemento; (Edil) ~ mixer betoniera.

cementation /ˌsiːmen'teɪʃən/ n. cementazione f. (anche Met).

cementer /siː'mentər Am siː'menṭər/ n. 1 (workman) cementiero m. 2 (cement-layer) cementista m. 3 (Min) cementatore m.

cement-layer /sɪ'ment'leɪər/ n. cementista m.

cement-mixer /sɪ'ment'mɪksər/ n. (Edil) betoniera f.

cement-mortar /sɪ'ment'mɔːtər Am sɪ'ment 'mɔːrtər/ n. (Edil) malta f. di cemento.

cement-steel /sɪ'ment'stiːl/ n. (Met) acciaio m. di cementazione.

cementum /sɪ'mentəm Am sɪ'menṭəm/ n. (Anat) cemento m. dentario.

cemetery /'semɪtri Am 'seməteri/ n. cimitero m., camposanto m.

cenobite /'senəbaɪt Br also 'siːnəbaɪt/ n. (Rel) cenobita m.

cenotaph /'senoʊtæf/ n. cenotafio m.

Cenozoic /ˌsiːnə'zoʊɪk/ I a. (Geol) cenozoico. II n. (Geol) cenozoico m.

cense /sens/ v.t. incensare, bruciare incenso a.

censer /'sensər/ n. (Lit) incensiere m., turibolo m. □ (Lit) ~ bearer turiferario m.

censor /'sensər/ I n. 1 censore m. (anche Mil, Stor.rom): Board of Censor comitato di censura, censura; to pass the ~ passare la censura. 2 (critic) censore m., persona f. ipercritica. 3 (Psic) censura f. II v.t. 1 censurare. 2 (to criticize) criticare, censurare.

censorial /sen'sɔːriəl/ a. censorio, censoriale.

censorious /sen'sɔːriəs/ a. critico, incline a criticare.

censoriousness /sen'sɔːriəsnəs/ n. atteggiamento m. critico.

censorship /'sensəʃɪp Am 'sensərʃɪp/ n. 1 censura f. (anche Psic): ~ of the press censura sulla stampa. 2 (Stor) censorato m.

censurable /'senʃərəbl Am 'senʃərəbl/ a. censurabile, biasimevole, riprensibile.

censure /'senʃər/ I n. 1 biasimo m., riprovazione f., disapprovazione f., critica f. 2 (official disapproval) censura f., condanna f.: public ~ condanna pubblica. 3 (Rel) censura f. II v.t. biasimare, criticare (for per), censurare.

censurer /'senʃərər Am 'senʃərər/ n. censore m., critico m. (f. -a) (severo).

census /'sensəs/ n. 1 censimento m.: to hold a population ~ effettuare un censimento della popolazione. 2 (Stor.rom) censo m. □ ~ of business censimento industriale; ~ of production censimento della produzione; ~ paper modulo per censimento; ~ taker rilevatore, persona che raccoglie i dati per un censimento.

cent /sent/ n. 1 (Am) centesimo m. di dollaro. 2 (in other countries) centesimo m. 3 (colloq) (small coin) centesimo m., soldo m.: to pay to the last ~ pagare fino all'ultimo centesimo; I haven't a ~ non ho un centesimo. □ (Br) ~ per ~: 1 (Econ,Comm) cento per cento; 2 (fig) completamente, al cento per cento.

cent. 1 centigrade (centigrado). 2 central centr. (centrale). 3 century sec. (secolo).

cental /'sentəl/ n. (short hundredweight) cental m. (pari a 100 libbre).

centaur /'sentɔːr Am 'sentɔːr/ n. (Mitol) centauro m.

Centaur /'sentɔːr Am 'sentɔːr/ n.pr. (Astr) Centauro m.

centaury /'sentɔːri/ n. (Bot) centaurea f. minore, cacciafebbre f.

centenarian /ˌsentɪ'neəriən Am ˌsentᵊn'eriən/ I a. centenario. II n. centenario m. (f. -a).

centenary /sen'tiːnəri Am 'sentᵊneri/ I a. 1 (lasting a hundred years) centennale, centenne. 2 (every hundred years) centenario, centennale. II n. 1 (anniversary) centenario m. 2 (period) centenario m.

centennial /sen'teniəl/ I a. centennale. II n. centenario m.

centennially /sen'teniəli/ avv. ogni cento anni.

center /'sentər/ e der. (Am) → **centre** e der.

centesimal /sen'tesɪmᵊl/ I a. centesimale. II n. centesimo m.

centesimally /sen'tesɪmᵊli/ avv. in maniera centesimale.

centigrade /'sentɪgreɪd Am 'sent̯əgreɪd/ a. centigrado: ~ *thermometer* termometro centigrado.

centigram /'sent̯əgræm/ n. (Am) centigrammo m.

centigramme /'sentɪgræm Am 'sent̯əgræm/ n. centigrammo m.

centiliter /'sent̯ə,li:tər/ n. (Am) centilitro m.

centilitre /'sentɪ,li:tər Am 'sent̯ə,li:tər/ n. centilitro m.

centimeter /'sentə,mi:tər/ n. (Am) centimetro m.

centimetre /'sentɪ,mi:tər Am 'sent̯ə,mi:tər/ n. centimetro m.

centipede /'sentɪpi:d Am 'sent̯əpi:d/ n. (Entom) centopiedi m.

cento /'sentoʊ/ (pl. **-s** /-z/, **-tones** /-toʊnez/) n. (Lett) centone m.

CENTO /'sentoʊ/ (Stor) Central Treaty Organization CENTO (Organizzazione del Patto Centrale).

central /'sentrəl/ I a. **1** centrale. **2** (fig) principale, centrale, fondamentale: the ~ *issue* il problema principale. **3** (Anat) relativo al sistema nervoso centrale. II n. (Am,Tel) centrale f. telefonica, centralino m. ☐ (Geog) *Central African Republic* Repubblica Centrafricana; (Geog) *Central America* America centrale, Centroamerica; (Geog) *Central American* dell'America centrale, centroamericano; (Geom) ~ *angle* angolo al centro; ~ *bank* banca centrale; ~ *computer* calcolatore centrale; (GB) *Central Criminal Court* Corte penale di Londra; *Central European* centroeuropeo, medi(o)europeo; *Central European time* ora dell'Europa centrale; (Inform) ~ *file* schedario centrale, archivio centrale; ~ *government* governo centrale; ~ *heating* riscaldamento centrale; (Anat) ~ *nervous system* sistema nervoso centrale; ~ *office* ufficio centrale; (Stor) *Central Powers* Imperi centrali; (Inform) ~ *processing unit* (o ~ *processor*) unità centrale di elaborazione; (Br,Strad) ~ *reservation* aiuola spartitraffico; (El) ~ *station* centrale elettrica; *Central time* ora dell'America centrale.

centralise /'sentrəlaɪz/ v. (Br) **1** accentrare. **2** (Pol) centralizzare, accentrare. I v.i. accentrarsi, radunarsi al centro.

centralism /'sentrəlɪzəm/ n. (Pol) centralismo m.

centralist /'sentrəlɪst/ n. (Pol) centralista m./f.

centrality /sen'trælɪti Am sen'trælətɪ/ n. centralità f.

centralization /ˌsentrəl(a)ɪ'zeɪʃən/ n. **1** centralizzazione f., accentramento m. **2** (Pol) centralizzazione f., accentramento m., concentrazione f. di poteri.

centralize /'sentrəlaɪz/ I v.t. accentrare. **2** (Pol) centralizzare, accentrare. II v.i. accentrarsi, radunarsi al centro.

centralizing /'sentrəlaɪzɪŋ/ a. centralizzatore.

centrally /'sentrəli/ avv. in posizione centrale, centralmente.

centre [1] /'sentər Am 'sentər/ I n. **1** centro m.: the ~ *of a circle* il centro di un cerchio. **2** (pivot, axis) centro m., perno m.: the ~ *of a wheel* il perno di una ruota. **3** (fig) (source, heart) centro m., cuore m., fulcro m., elemento m. centrale. **4** (principal place) centro m.: a ~ *of the wool trade* un centro dell'industria laniera. **5** (core, middle) parte f. centrale, parte f. interna, nucleo m.; (of fruit) torsolo m. **6** (shopping centre) centro m. commerciale, zona f. dei negozi. **7** (Sport) (centre forward) centravanti m., centrattacco m.; (centre half) centromediano m.; (in hockey) centro m.; (centred ball, puck, etc.) tiro m. al cen-

tro, passaggio m. al centro. **8** (Mecc) (on a lathe, etc.) punta f.; (conical recess) centro m. **9** (Arch) centina f. II a. centrale. ☐ (Sport) ~ *back* difensore centrale, centromediano; (Fal) ~ *bit* punta a centro, punta inglese; (Mar) ~ *board* deriva mobile, chiglia di deriva; (Mecc) ~ *distance* interasse; (Mecc) ~ *drill* punta a centrare; (Sport) ~ *field* (in baseball) esterno centro; (Sport) ~ *fielder* (in baseball) giocatore esterno centro; (Sport) ~ *forward* centravanti, centrattacco; (Fis) ~ *of gravity* centro di gravità, baricentro; (Sport) ~ *half* difensore centrale, centromediano; (Mecc) ~ *lathe* tornio parallelo; ~ *line* : 1 linea mediana, linea centrale, mezzeria; 2 (axis) asse; ~ *of attraction* : 1 (Fis) centro di attrazione; 2 (fig) centro di richiamo, centro di attrazione, attrattiva; (Mar) ~ *of buoyancy* centro di carena, centro di spinta; (Fis) ~ *of mass* centro di massa, baricentro; ~ *of motion* fulcro; (Giorn) ~ *spread* doppia pagina centrale; ~ *stage* : 1 centro del palcoscenico; 2 (fig) (center of attention) centro m. dell'attenzione; 3 (used as an adverb) al centro del palcoscenico.

centre [2] /'sentər Am 'sentər/ I v.t. **1** centrare, mettere nel centro, mettere al centro. **2** (fig) concentrare, accentrare, polarizzare, imperniare: he ~d his *life* on his work accentrò la sua vita sul lavoro. **3** (to occupy the centre of) occupare il centro di, stare al centro di, trovarsi al centro di. **4** (Mecc) centrare. **5** (Sport) (of a ball, puck, etc.) passare al centro. I v.i. **1** ruotare, imperniarsi (on, about, around, in intorno, su): the *tribal organization* ~d round the chief l'organizzazione tribale si imperniava intorno al capo. **2** (fig) concentrarsi, accentrarsi, polarizzarsi: the *discussion* ~d around the latest news la discussione si è concentrata sulle ultime notizie.

Centre /'sentər Am 'sentər/ n. **1** (Pol) centro m. **2** (collett.) (Centrists) centristi m.pl.

centreback /'sentə,bæk Am 'sentər,bæk/ n. (Sport) difensore m. centrale, centromediano m.

centre-left /ˌsentə'left Am ˌsentər'left/ n. (Pol) centrosinistra m.

centremost /'sentəmoust Am 'sentər'moust/ a. il più centrale, centralissimo.

centre-piece /'sentəpi:s Am 'sentər'pi:s/ n. **1** centrotavola m. **2** (of a ceiling) rosone m. centrale.

centre-rail /'sentəreɪl Am 'sentər'reɪl/ n. (Ferr) rotaia f. centrale.

centre-right /ˌsentə'raɪt Am ˌsentər'raɪt/ n. (Pol) centrodestra m.

centric /'sentrɪk/ a. **1** centrale. **2** (Anat) di un centro nervoso, relativo a un centro nervoso. **3** (Bot) centrico.

centricity /sen'trɪsɪti Am sen'trɪsətɪ/ n. centralità f.

centrifugal /sen'trɪfjugəl/ a. centrifugo. ☐ ~ *dryer* : 1 (Mecc) idroestrattore, essiccatore centrifugo; 2 (of washing machines) centrifuga; (Fis) ~ *force* forza centrifuga; ~ *separator* separatore centrifugo.

centrifugation /ˌsentrɪfjuːˈgeɪʃən/ n. centrifugazione f.

centrifuge /'sentrɪfjuːdʒ/ I n. centrifuga f. II v.t. centrifugare.

centring /'sentərɪŋ/ n. **1** (Edil) centina f. **2** (Tecn) centratura f. ☐ (Tecn) ~ *machine* centratrice.

centripetal /sen'trɪpɪtəl Am sen'trɪpətəl/ a. **1** (Fis,Bot) centripeto. ~ *force* forza centripeta. **2** (Med) centripeto, afferente.

centrism /'sentrɪzəm/ n. (Pol) centrismo m.

centrist /'sentrɪst/ I n. (Pol) centrista m./f. II

a. (Pol) centrista.

centrosome /'sentrəsoum/ n. (Biol) centrosoma m.

centrosphere /'sentrəsfɪər Am 'sentrəsfɪr/ n. (Biol,Geol) centrosfera f.

centumvir /sen'tʌmvər/ (pl. **-viri** /-vəraɪ/, **-s** /-z/) n. (Stor.rom) centumviro m.

centumvirate /sen'tʌmvɪrɪt/ n. (Stor.rom) centumvirato m.

centuple /'sentjupl Am 'sentəpl/ I a. centuplo, centuplice. II v.t. centuplicare.

centuplicate /sen'tju:plɪk(e)ɪt/ I v.t. centuplicare. II a. centuplicato. III n. centuplo m. ☐ in ~ in cento copie.

centurion /sen'tjuərɪən Am sen't(j)urɪən/ n. (Stor.rom) centurione m.

century /'senʃəri/ n. **1** secolo m.: in the nineteenth ~ nel diciannovesimo secolo. **2** (group of a hundred) centinaio m., centuria f. **3** (Stor.rom) centuria f. **4** (Am,sl) cento dollari m.pl., centone m. **5** (Sport) punteggio m. di cento. ☐ (Bot) ~ *plant* agave americana, aloe americana.

CEO /ˌsi:i:'oʊ/ Chief Executive Officer AD (amministratore delegato), DG (direttore generale).

cephalalgia /ˌsefə'lældʒiə/ n. (Med) cefalea f., cefalalgia f.

cephalalgy /ˌsefə'lældʒi/ n. (Med) cefalea f., cefalalgia f.

cephalic /se'fælɪk/ a. cefalico: ~ *index* indice cefalico.

cephalopod /'sefəloupod Am 'sefələpɑːd/ n. (Itt) **1** mollusco m. dei cefalopodi. **2** pl. cefalopodi m.pl.

cephalosporin /ˌsefəlou'spɔːrɪn Am ˌsefələ'spourɪn/ n. (Biol) cefalosporina f.

cephalotomy /ˌsefə'lɒtəmi Am ˌsefə'lɑːtəmi/ n. (Chir) cefalotomia f.

ceramic /sə'ræmɪk/ a. della ceramica, ceramico.

ceramics /sə'ræmɪks/ n.pl. **1** (costr.sing.) (art, technique) ceramica f.sing. **2** (costr.pl.) (articles) ceramiche f.pl.

ceramist /'serəmɪst/ n. ceramista m./f.

cerastes /sə'ræsti:z/ n.inv. (Zool) ceraste m.

Cerberus /'sɜːbərəs Am 'sɜːrbərəs/ n.pr.m. (Mitol) Cerbero. ☐ (fig) a sop [to] ~ un dono propiziatorio, (lett) un'offa a Cerbero.

cercopith /'sɜːkəpɪθ Am 'sɜːrkəpɪθ/ n. (Zool) cercopiteco m.

cercopithecoid /ˌsɜːkou'pɪθɪkɔɪd Am ˌsɜːrkə'pɪθɪkɔɪd/ a. (Zool) dei cercopitechi.

cere /sɪər Am sɪr/ n. (Ornit) cera f.

cereal /'sɪərɪəl Am 'sɪrɪəl/ I n. **1** cereale m. **2** (breakfast food) cereali m.pl. II a. cereale. ☐ (Agr) ~ *grower* cerealicoltore; (Agr) ~ *growing* cerealicoltura.

cerebellar /ˌserɪ'belər/ a. (Anat) cerebellare.

cerebellum /ˌserɪ'beləm/ n. (pl. **-s** /-z/, **-lla** /-lə/) n. (Anat) cervelletto m.

cerebral /'serɪbrəl/ a. **1** (Anat) cerebrale. **2** (fig) cerebrale, intellettuale. ☐ (Fisiol) *blood flow* flusso ematico cerebrale; (Anat) ~ *cortex* corteccia cerebrale; (Anat) ~ *hemisphere* emisfero cerebrale; (Med) ~ *palsy* paralisi cerebrale.

cerebrally /'serɪbrəli/ avv. cerebralmente.

cerebrate /'serɪbreɪt/ v.i. usare il cervello, ragionare.

cerebration /ˌserɪ'breɪʃən/ n. **1** cerebrazione f., meditazione f. **2** (product) elucubrazione f.

cerebrospinal /ˌserɪbrou'spaɪnəl/ a. (Anat, Med) **1** (of the brain and the spinal cord) cerebrospinale. **2** (of the central nervous system) del sistema nervoso centrale. ☐ (Anat) ~ *fluid* liquido cerebrospinale; (Med) ~ *meningitis* meningite cerebrospinale.

cerebrum /'serɪbrəm/ n. (pl. **-s** /-z/, **-bra** /-brə/)

n. (*Anat*) cervello m.

cerecloth /'sɪəklɒθ *Am* 'sɪrklɑːθ/ n. (*ant*) sudario m. di tela cerata.

cerement /'sɪəmənt, 'serəmənt *Am* 'sɪrmənt/ n. (*ant*) sudario m. di tela cerata.

ceremonial /ˌserɪ'moʊnɪəl/ I a. 1 formale, solenne, rituale: a ~ *funeral* un funerale solenne. 2 (*used in ceremonies*) da cerimonia, di cerimonia, cerimoniale: ~ *robes* abiti da cerimonia. II n. 1 cerimoniale m. 2 (*Lit*) cerimoniale m., rituale m.; (*book*) cerimoniale m. 3 (*ceremonial usage, behaviour*) etichetta f.

ceremonialism /ˌserɪ'moʊnɪəlɪzəm/ n. 1 (*Rel*) ritualismo m. 2 (*fondness for ceremonies*) formalismo m.

ceremonialist /ˌserɪ'moʊnɪəlɪst/ n. 1 (*Rel*) ritualista m. 2 (*spreg*) formalista m./f.

ceremonially /ˌserɪ'moʊnɪəli/ avv. formalmente.

ceremonious /ˌserɪ'moʊnɪəs/ a. 1 cerimonioso, convenzionale, formale. 2 (*marked by ceremony*) formale, solenne.

ceremoniously /ˌserɪ'moʊnɪəsli/ avv. in modo cerimonioso, convenzionale, formale.

ceremoniousness /ˌserɪ'moʊnɪəsnəs/ n. cerimoniosità f.

ceremony /'serɪməni *Am* 'serəmoʊni/ n. 1 cerimonia f. 2 (*Lit*) cerimonia f., rito m. 3 (*collett.*) (*formal observances*) complimenti m.pl., convenevoli m.pl., cerimonie f.pl.: *without* ~ senza fare complimenti. 4 (*meaningless observance*) formalità f.: *the signing of the treaty was nothing but* ~ la firma del trattato non fu che una formalità. ☐ (*fig*) *to stand on* ~ fare complimenti, formalizzare, farsi pregare: *let's not stand on* ~ lasciamo perdere i convenevoli.

Ceres /'sɪəriːz *Am* 'sɪriːz/ n.pr.f. (*Mitol*) Cerere.

cerise /sə'riːz/ I a. (color) rosso ciliegia. II n. rosso m. ciliegia.

cerium /'sɪərɪəm *Am* 'sɪrɪəm/ n. (*Chim*) cerio m.

ceroplastic /ˌsɪəroʊ'plæstɪk *Am* 'sɪroʊplæstɪk/ a. ceroplastico.

ceroplastics /ˌsɪəroʊ'plæstɪks *Am* 'sɪroʊplæstɪks/ n.pl. (*costr.sing.*) ceroplastica f.sing.

cerotype /ˌsɪəroʊ'taɪp *Am* 'sɪroʊtaɪp/ n. cerografia f.

cert /sɜːt/ n. (*Br,sl*) cosa f. certa, certezza f.: *it's a dead* ~ è più che certo.

cert. 1 *certificate* (certificato). 2 *certified* (attestato).

certain /'sɜːtən *Am* 'sɜːrtən/ a. 1 sicuro, certo: *I am* ~ *that I am right* sono sicuro di aver ragione; *to be* ~ *of* (o *about*) sth. essere certo di qcs.; *I'm absolutely* ~ *of it* ne sono più che certo. 2 (*destined, sure*) scontato, stabilito, certo: *he is* ~ *to be late* è scontato che sarà in ritardo. 3 (*inevitable*) certo, sicuro, inevitabile: *it meant* ~ *death* significava morte certa. 4 (*unquestionable*) indubbio, indiscutibile: *his integrity is* ~ la sua onestà è indiscutibile. 5 (*fixed, established*) certo, dato, determinato, stabilito: *on a* ~ *day* in un giorno stabilito. 6 (*definite but not specified*) certo, qualche: *a* ~ *well-known actress* una certa attrice famosa; *a* ~ *likeness* una certa somiglianza. ☐ *in* ~ *conditions* in certe circostanze, in date circostanze; *on* ~ *conditions* a certe condizioni; (*Comm*) *to quote* ~ *exchange* dare il certo, quotare il certo; *to a* ~ *extent* fino a un certo punto, in certa misura; *for* ~ per certo, di sicuro, con certezza: *to know sth. for* ~ sapere qcs. per certo, sapere qcs. di sicuro; *to be able to say for* ~ saper dire con certezza, poter dire con certezza; *to one's* ~ *knowledge* per certo, con certezza; *to make* ~ accertarsi, assicurarsi.

certainly /'sɜːtənli *Am* 'sɜːrtənli/ avv. 1 certamente, sicuramente, indubbiamente. 2 (*in answers*) certo, sicuro, senz'altro, certamente. 3 (*used for emphasis*) sicuramente, senza dubbio, (di) certo: *he* ~ *has made a lot of money* ha fatto certamente un mucchio di soldi. ☐ ~ *not!* no di certo!, certamente no!

certainty /'sɜːtənti *Am* 'sɜːrtənti/ n. 1 certezza f., sicurezza f. 2 (*sth. certain*) cosa f. certa, certezza f. ☐ *for a* ~ per certo, di sicuro, con certezza: *I know for a* ~ *that you are wrong* so per certo che ti sbagli; *to bet on a* ~ scommettere sul sicuro; *to a* ~ per certo, di sicuro, con certezza.

certes /'sɜːtɪz, sɜːts *Am* 'sɜːrtiːz/ avv. (*ant*) certamente, in verità, invero.

certifiable /'sɜːtɪfaɪəbl *Am* 'sɜːrtəfaɪəbl/ a. 1 attestabile. 2 (*that has to be admitted to psychiatric hospital*) (*Med*) da ricoverare in ospedale psichiatrico. 3 (*colloq*) (*mad*) pazzo, matto, da manicomio, da camicia di forza.

certifiably /'sɜːtɪfaɪəbli *Am* 'sɜːrtəfaɪəbli/ avv. in modo attestabile.

certificate¹ /sə'tɪfɪkɪt *Am* sər'tɪfɪkɪt/ n. 1 certificato m. (*anche Dir,Comm*). 2 (*Scol*) certificato m., attestato m., diploma m. 3 (*Econ*) cartella f. ☐ ~ *book* registro degli attestati, registro dei certificati; ~ *of airworthiness* certificato di navigabilità aerea; (*Am,Dir*) ~ *of authority* certificato di autorizzazione; (*Mar*) ~ *of clearance* certificato di nulla osta; (*Comm*) ~ *of clearing outwards* nulla osta per la partenza di una nave, certificato di verifica doganale in uscita; ~ *of compliance* certificato di conformità; ~ *of damage* certificato di avaria; (*Comm*) ~ *of discharge* certificato di scarico; ~ *of firearms* porto d'armi; (*Am,Dir*) ~ *of incorporation* certificato di costituzione (di una società); (*Econ*) ~ *of indebtedness* certificato obbligazionario; (*Comm*) ~ *of inward clearance* certificato per lo scarico di una nave, certificato di verifica doganale in entrata; (*Agr*) ~ *of land ownership* estratto del libro fondiario, estratto del registro immobiliare; (*Comm*) ~ *of origin* certificato di origine; (*Mar*) ~ *of ownership* documento di identità della nave; ~ *of qualification* certificato di abilitazione (professionale); (*Mar*) ~ *of registry* certificato di registro della nave; (*Dir*) ~ *of satisfaction* certificato di radiazione, certificato di cancellazione; (*Mar*) ~ *of seaworthiness* certificato di navigabilità; (*Econ*) ~ *of stock* certificato di proprietà di azioni.

certificate² /sə'tɪfɪkeɪt *Am* sər'tɪfɪkeɪt/ v.t. 1 certificare, attestare (mediante certificato). 2 (*to authorize by a certificate*) autorizzare (mediante certificato), abilitare.

certification /ˌsɜːtɪfɪ'keɪʃən *Am* ˌsɜːrtəfɪ'keɪʃən/ n. 1 certificazione f. 2 (*certified statement*) attestazione f. 3 (*of a cheque, document*) autenticazione f., vidimazione f. 4 (*Dir*) legalizzazione f., autenticazione f. ☐ (*Dir*) ~ *of signatures* legalizzazione delle firme; (*Dir*) ~ *of transfer* autentificazione di un atto di cessione.

certified /'sɜːtɪfaɪd *Am* 'sɜːrtəfaɪd/ a. 1 certificato, attestato. 2 (*proved by a certificate*) attestato, autenticato, legalizzato; (*guaranteed*) garantito. 3 (*of a person*) dichiarato ufficialmente malato di mente. ☐ (*Am*) ~ *accountant* commercialista iscritto all'albo professionale; (*Econ*) ~ *cheque* (o *Am* ~ *check*) assegno bancario a copertura garantita; ~ *date* data autenticata; (*Am*) ~ *mail* posta raccomandata; (*Comm*) ~ *mark* marchio di autenticità, marchio di origine; ~ *milk* latte pastorizzato; (*Am*) ~ *public accountant* revisore ufficiale dei conti, commercialista iscritto all'albo professionale; (*Dir*) ~ *trans-*

fer cessione documentata; (*Dir*) ~ *true copy* copia autenticata conforme all'originale.

certifier /'sɜːtɪfaɪər *Am* 'sɜːrtəfaɪər/ n. chi certifica, chi attesta.

certify /'sɜːtɪfaɪ *Am* 'sɜːrtəfaɪ/ I v.t. 1 attestare, certificare: *to* ~ *the truth of sth.* attestare la verità di qcs. 2 (*in writing*) certificare, attestare, dichiarare per iscritto. 3 (*to guarantee*) legalizzare, autenticare: *to* ~ *a signature* legalizzare una firma. 4 (*of a cheque*) garantire. 5 (*Med*) dichiarare malato di mente. II v.i. attestare con un certificato, attestare mediante certificato (*to sth.* qcs.), rilasciare un certificato (di): *to* ~ *to unfitness for a job* rilasciare un certificato di inabilità a un lavoro. ☐ (*Dir*) *to* ~ *a deed* legalizzare un atto; (*Dir*) *I hereby* ~ *that* con la presente dichiaro che, con la presente attesto che; (*Dir*) *this is to* ~ *that* si certifica che.

certiorari /ˌsɜːʃɪɔː'reəraɪ *Am* ˌsɜːrʃɪə'reri/ n. 1 (*GB,Dir*) richiesta f. degli atti processuali (da parte di autorità giudiziaria superiore). 2 (*US,Dir*) documento m. per l'ammissione di un caso in appello.

certitude /'sɜːtɪtjuːd *Am* 'sɜːrtət(j)uːd/ n. certezza f., sicurezza f.

cerulean /sə'ruːlɪən/ I a. ceruleo. II n. ceruleo m.

cerumen /sə'ruːmən/ n. cerume m.

ceruminous /sə'ruːmɪnəs/ a. ceruminoso.

ceruse /'sɪəruːs *Am* 'sɪruːs/ n. (*ant*) cerussa f., biacca f.

cervical /'sɜːv(ə)ɪkəl *Am* 'sɜːrvɪkəl/ a. (*Anat*) cervicale. ☐ (*Anat*) ~ *canal* canale cervicale; (*Med*) ~ *cancer* cancro della cervice; (*Med*) ~ *smear* striscio cervicovaginale; (*Anat*) ~ *vertebra* vertebra cervicale.

cervicitis /ˌsɜːvɪ'saɪtɪs *Am* ˌsɜːrvə'saɪtɪs/ n. (*Med*) cervicite f.

cervine /'sɜːvaɪn *Am* 'sɜːrvaɪn/ a. 1 simile al cervo. 2 (*of deer*) di cervo, cervino.

cervix /'sɜːvɪks *Am* 'sɜːrvɪks/ (pl. -**vixes** /-vɪksɪz/, -**vices** /-vɪsiːz/) n. (*Anat*) (*neck of the womb*) cervice f. uterina, collo m. dell'utero.

Cesarean /sɪ'zerɪən/ a./n. (*Am*) → **Caesarean**.

cess¹ /ses/ n. 1 tassa f., imposta f. 2 (*Scott*) imposta f. terriera. 3 (*Ir*) tassa f. militare.

cess² /ses/ n. (*Ir,sl*) fortuna f., sorte f. ☐ *bad* ~ *to you!* il diavolo ti porti!, va' in malora!

cessation /ses'eɪʃən/ n. 1 cessazione f.: ~ *of hostilities* cessazione delle ostilità. 2 (*pause, stop*) sospensione f., pausa f. (*from* di).

cesser /'sesər/ n. (*Dir*) cessazione f.

cession /'seʃən/ n. cessione f. (*anche Dir*).

cessionary /'seʃənri *Am* 'seʃəneri/ n. (*Dir*) cessionario m. (f. -a).

cesspit /'sespɪt/ n. 1 pozzo m. nero, fogna f. 2 (*fig*) fogna f., letamaio m.

cesspool /'sespuːl/ n. 1 pozzo m. nero, fogna f. 2 (*fig*) fogna f., letamaio m.

cestode /'sestoʊd/ I a. (*Zool*) dei cestodi. II n. (*Zool*) cestode m.

cestoid /'sestɔɪd/ I a. (*Zool*) (*of worms*) nastriforme. II n. (*Zool*) cestode m.

cestus /'sestəs/ n.inv. (*Stor.rom*) cesto m.

cesura /sɪ'zjʊərə *Am* sə'zʊrə/ (pl. -**s** /-z/, -**rae** /-riː/) n. (*Metr*) cesura f.

CET *Central European Time* CET (ora dell'Europa Centrale).

cetacean /sɪ'teɪʃən/ I a. (*Zool*) dei cetacei. II n. (*Zool*) cetaceo m.

cetaceous /sɪ'teɪʃəs/ a. (*Zool*) dei cetacei.

cetane /'siːteɪn/ ☐ (*Chim,Mot*) ~ *number* (o ~ *rating*) numero di cetano.

ceterach /'setəræk *Am* 'setəræk/ n. (*Bot*) cedracca f.

cetologist /sɪ'tɒlədʒɪst *Am* sɪ'tɑːlədʒɪst/ n. cetologo m. (f. -a).

cetology /sɪ'tɒlədʒɪ Am sɪ'tɑːlədʒɪ/ n. cetologia f.

cetyl /'siːtəl/ □ (Chim) ~ *alcohol* alcol cetilico.

Ceylon /sɪ'lɒn Am s(e)ɪ'lɑːn/ n.pr. (Geog) Ceylon f.

Ceylonese /ˌselə'niːz, ˌsiːlə'niːz/ I a. di Ceylon. II n. abitante m./f. di Ceylon.

c/f. (Comm) carried forward (riportato).

c.f. 1 compare cfr. (confronta).

c.f. 2, **C.F.** (Comm) cost and freight C & N (costo e nolo).

CG 1 Captain of the Guard (capitano delle guardie). 2 Coast Guard GC (guardia costiera). 3 Consul-General C.G. (console generale).

CGS 1 (GB,Mil) Chief of General Staff (capo di stato maggiore). 2 Centimetre-gram-second cgs (centimetro-grammo-secondo).

CH 1 Switzerland CH (Svizzera). 2 (Econ) Clearing House (stanza di compensazione). 3 Custom House (dogana).

ch. chapter cap. (capitolo).

cha-cha /'tʃɑːtʃɑː/ I n. (ballroom dance) cha-cha-cha m. II v.i. (past, p.p. **cha-chaed** /'tʃɑːtʃɑːd/) ballare il cha-cha-cha.

cha-cha-cha /ˌtʃɑːtʃɑː'tʃɑː/ n. cha-cha-cha m.

chaconne /ʃə'kɒn Am ʃæk'ɑːn/ n. (Mus) ciaccona f.

Chad /tʃæd/ n.pr. (Geog) Ciad m.

chafe /tʃeɪf/ I v.t. 1 (to wear away by rubbing) logorare, consumare. 2 (to make sore by rubbing) irritare: the rough cloth -d her skin la stoffa ruvida le ha irritato la pelle. 3 (fig) (to irritate) irritare, infastidire, (colloq) seccare. II v.i. 1 (to become worn by rubbing) logorarsi, consumarsi. 2 (to become sore with rubbing) irritarsi. 3 (fig) irritarsi, infastidirsi, (colloq) seccarsi (at di, per): to ~ at the constant interruptions infastidirsi per le continue interruzioni. 4 (to rub) sfregare, strofinarsi (against contro). III n. 1 (wear caused by rubbing) sfregamento m., attrito m.; (of skin) irritazione f. 2 (ant) (annoyance) malumore m., collera f. □ (Br,fig) to ~ at the bit mordere il freno, attendere con impazienza.

chafer /'tʃeɪfər/ n. (Entom) coleottero m.

chaff 1 /tʃæf Br also tʃɑːf/ n. 1 (Agr) pula f., loppa f., lolla f. 2 (straw fodder) paglia f., fieno m. 3 (fig) rifiuto m., scarto m. 4 (Bot) palea f., paglietta f. □ (Agr) ~ *cutter* trinciapaglia; (fig) to be caught **with** ~ essere facilmente imbrogliato.

chaff 2 /tʃæf Br also tʃɑːf/ I v.t. canzonare, prendere in giro, prendersi gioco di. II v.i. scherzare, celiare. III n. celia f., canzonatura f., presa f. in giro.

chaffer 1 /'tʃæfər/ I v.i. mercanteggiare (over su), contrattare (qcs.), tirare sul prezzo (di). II n. mercanteggiamento m., contrattazione f.

chaffer 2 /'tʃæfər/ n. canzonatore m. (f. -trice), burlone m. (f. -a).

chaffinch /'tʃæfɪnʃ/ n. (Ornit) fringuello m.

chaffy /'tʃæfi Br also 'tʃɑːfi/ a. 1 coperto di pula; (resembling chaff) simile a pula. 2 (Br, fig) vuoto, insignificante, privo di valore.

chafing /'tʃeɪfɪŋ/ n. 1 irritazione f. 2 (Mecc) sfregamento m. □ ~ *dish* (o ~ *pan*) scaldavivande.

chagrin /'ʃægrɪn Am ʃə'grɪn/ I n. mortificazione f., umiliazione f. II v.t. (past, p.p. **chagrined** o **chagrinned** /-d/) mortificare, umiliare: to feel -ned by sth. (o to be -ned at sth.) sentirsi mortificato per qcs., essere mortificato per qcs.

chain /tʃeɪn/ I n. 1 catena f. (anche Chim). 2 (as an ornament) catenina f., collana f.: a ~

gold ~ una catenina d'oro. 3 (fig) (bond, tie) catena f., vincolo m. 4 (fig) (series, succession) concatenamento m., serie f., successione f., catena f.: a ~ of events una catena di eventi. 5 (of banks, shops, etc.) catena f.: a ~ of shoeshops una catena di negozi di calzature. 6 (Geog) catena f. montuosa, catena f. di montagne. 7 (Topogr) (surveyor's chain) catena f. da topografo; (unit of length) catena f. (66 piedi). 8 pl. (bonds) catene f.pl., ceppi m.pl., ferri m.pl.: to keep a prisoner in -s tenere un prigioniero in catene. 9 pl. (bondage) schiavitù f., servitù f. 10 pl. (Aut) catene f.pl. (per pneumatici). II v.t. incatenare. □ ~ *banking* attività bancaria a catena; (Tecn) ~ *belt* nastro trasportatore; (Rad,Tel) ~ *break* annuncio pubblicitario; (Arch) ~ *bridge* ponte sospeso; (Mar) ~ *cable* catena di ancora; (Inform) ~ *code* codice concatenato; (Ferr) ~ *coupling* attacco a catena; (Mecc) ~ *drive* trasmissione a catena; ~ *gang* fila di forzati incatenati, squadra di forzati incatenati; (Mecc) ~ *gear* ruota a catena; (Mecc) ~ *guard* copricatena; (colloq) ~ *letter* catena di sant'Antonio; ~ *lightning* lampo a zigzag; (Mar) ~ *mail* corazza a maglia; (Dir) ~ *of causation* rapporto di causalità; ~ *of command* vie gerarchiche; (Inform) ~ *printer* chain printer, stampante a catena; (Mecc) ~ *pump* pompa a catena; to ~ *react* reagire a catena, presentare reazioni a catena; (Nucl) ~ *reaction* reazione a catena (anche fig); (Nucl) ~ *reactor* reattore nucleare, pila atomica; (Mat) ~ *rule* regola catenaria; ~ *smoker* fumatore accanito, chi fuma una sigaretta dopo l'altra; ~ *stitch* (in embroidery or crochet) punto catenella; (Mecc) ~ *store* negozio a catena; (colloq) to be -ed *to the oar* tirare la carretta, lavorare come uno schiavo; to ~ *up* (of animals) incatenare, mettere alla catena, tenere alla catena: to ~ up a dog tenere un cane alla catena; (Mecc) ~ *wheel* puleggia per catena.

chainlet /'tʃeɪnlɪt/ n. catenina f., catenella f.

chainsaw /'tʃeɪnsɔː/ n. motosega f., sega f. a catena.

chain-smoke /'tʃeɪnsmouk/ v.i. fumare una sigaretta dopo l'altra, (colloq) fumare come un turco.

chair /tʃeər Am tʃer/ I n. 1 sedia f., seggiola f. 2 (seat of office, authority) seggio m., scranna f. 3 (fig) carica f., seggio m.: the presidential ~ la carica di presidente. 4 (fig) (professorship) cattedra f.: ~ of geology cattedra di geologia. 5 (fig) (chairperson of a meeting) presidente m. (f. -essa): to address the ~ rivolgersi al presidente. 6 (Br,Ferr) ganascia f. II v.t. (fig) (to act as chairman of) presiedere: to ~ a meeting presiedere una riunione. □ ~ *bed* poltrona letto; ~ *lift* seggiovia; ~ *of state* trono; (Br) to take a ~ prendere una sedia, sedersi; please (won't you) take a ~? prego, si accomodi!, si segga!; (Am) the ~ (electric chair) la sedia elettrica; (Br,fig) to take the ~: 1 (to open a meeting) aprire la seduta; 2 (to act as chairman) assumere la presidenza; (sl) ~ *warmer* fannullone, scaldaseggiole.

chairback /'tʃeəbæk Am 'tʃerbæk/ n. schienale m.

chairman /'tʃeəmən Am 'tʃermən/ n.irr. 1 presidente m. (di comitato, assemblea, azienda): the ~ of a company il presidente di una società. 2 (one who wheels an invalid's chair) chi spinge una sedia a rotelle. 4 (carrier of a sedan chair) portatore m. di portantina. □ ~ *of the board* presidente del consiglio di amministrazione.

chairmanship /'tʃeəmənʃɪp Am 'tʃermənʃɪp/ n. presidenza f.

chairperson /'tʃeəˌpɜːsən Am 'tʃerˌpɜːrsən/ n. presidente m. (f. -essa) (di comitato, assemblea, azienda).

chairwoman /'tʃeəˌwʊmən Am 'tʃerˌwʊmən/ n.irr. presidentessa f.

chaise /ʃeɪz/ n. 1 calesse m. 2 (post chaise) diligenza f. 3 (chaise-longue) chaise-longue f., sedia f. a sdraio.

chaise-longue /ˌʃe(ɪ)z'lɒŋ/ n. (Br) chaise-longue f., sedia f. a sdraio.

chaise-lounge /ˌʃeɪz'laʊndʒ/ n. (Am) chaise-longue f., sedia f. a sdraio.

chalcedonic /ˌkælsɪ'dɒnɪk Am ˌkælsɪ'dɑːnɪk/ a. (Min) di calcedonio, relativo al calcedonio.

chalcedony /kæl'sedəni Am also 'kælsədouni/ n. (Min) calcedonio m.

chalcography /kæl'kɒgrəfi Am kæl'kɑːgrəfi/ n. calcografia f.

chalcopyrite /ˌkælkou'paɪraɪt/ n. (Min) calcopirite f.

Chaldaic /kæl'deɪɪk/ a. caldeo.

Chaldea /kæl'diːə/ n.pr. (Geog.stor) Caldea f.

Chaldean /kæl'diːən/ I n. 1 caldeo m. (f. -a). 2 (language) lingua f. caldaica, lingua f. caldea. 3 (rar) (astrologer) astrologo m. (f. -a). II a. caldeo.

chaldron /'tʃɔːldrən/ n. unità di misura di peso (da 32 a 36 bushel).

chalet /'ʃæleɪ, 'ʃæli Am ʃæl'eɪ/ n. 1 (cottage) chalet m., villetta f. di montagna. 2 (herdsman's hut in the Alps) baita f., malga f. 3 (farm house in the Alps) fattoria f. di montagna.

chalice /'tʃælɪs/ n. 1 (lett) coppa f., calice m. 2 (Lit,Bot) calice m.

chaliced /'tʃælɪst/ a. (Bot) che fiorisce (forma di) calice.

chalk 1 /tʃɔːk/ I n. 1 gesso m. 2 (piece of chalk) gesso m., gessetto m.: coloured -s gessetti colorati. II a. 1 di gesso. 2 (drawn with chalk) disegnato col gesso. □ (Br,fig) as different as ~ *and cheese* completamente diversi; (Geol) ~ *bed* strato gessoso; (Art) ~ *drawing* disegno con i gessetti colorati; (Br, colloq) not to know ~ *from cheese* prendere fischi per fiaschi; ~ *pit* cava di gesso; (Med) ~ *stone* tofo della gotta; (Am) ~ *talk* conferenza illustrata da diagrammi.

chalk 2 /tʃɔːk/ v.t. 1 scrivere col gesso. 2 (to mark with chalk) segnare col gesso. 3 (to fertilize land with chalk) gessare. □ (colloq) to ~ *it up* to sb. considerarlo qcs.: ~ it up to experience considerarlo un'esperienza di vita; to ~ *out* a plan delineare un piano, abbozzare un piano; to ~ *up*: 1 (to score) riportare, ottenere: to ~ up a win riportare una vittoria; 2 (to ascribe) attribuire.

chalkboard /'tʃɔːkbɔːrd/ n. (Am) lavagna f.

chalkiness /'tʃɔːkɪnəs/ n. l'essere gessoso.

chalky /'tʃɔːki/ a. 1 gessoso. 2 (chalk-coloured) pallido, terreo.

challenge /'tʃælɪndʒ/ I n. 1 sfida f.: to accept a ~ raccogliere una sfida. 2 (threat) sfida f., minaccia f.: a ~ to democracy una minaccia per la democrazia. 3 (demand for an explanation) richiesta f. di chiarimento, richiesta f. di spiegazione. 4 (fig) impresa f. difficile, impresa f. ardua, sfida f.: this mission is the greatest ~ of his career questa missione è l'impresa più ardua della sua carriera; a career that offers a ~ una carriera che richiede molto impegno. 5 (Mil) chi va là m., alto là m. 6 (Dir) (of a jury, juror) impugnazione f., opposizione f., eccezione f. 7 (Am,Parl) (of a vote) dichiarazione f. di nullità, invalidità. mento m. 8 (Med) challenge m., esposizione *f.* a organismi patogeni. **II** *v.t.* **1** sfidare: *to ~ so. to a duel* sfidare qcu. a duello. **2** (*to require, to demand*) rivendicare, esigere. **3** (*to call into question*) mettere in discussione, mettere in dubbio: *I ~ your right to do it* metto in dubbio il tuo diritto di farlo. **4** (*fig*) suscitare, eccitare, stimolare: *to ~ the imagination* eccitare la fantasia. **5** (*Mil*) intimare il chi va là, intimare l' alto là. **6** (*Dir*) impugnare. **7** (*Am,Parl*) (*of a vote*) invalidare. □ *to ~ attention* imporsi all'attenzione, meritare di essere preso in considerazione; (*Sport*) *~ cup* trofeo challenge, coppa challenge; (*Dir*) *~ for cause* ricusazione motivata; (*Dir*) *~ to the array* opposizione contro tutta la giuria.

challenged /'tʃælənʤd/ *a.* disabile, handicappato: *a physically ~ person* un disabile fisico.

challenger /'tʃælənʤər/ *n.* **1** chi sfida, (*rar*) sfidatore *m.* (*f.* -trice), provocatore *m.* (*f.* -trice). **2** (*Sport*) sfidante *m./f.*

challenging /'tʃælənʤɪŋ/ *a.* **1** (*stimulating*) provocatorio, polemico, di sfida. **2** (*interesting*) interessante, stimolante: *a ~ idea* un'idea interessante. **3** (*offering difficulty*) impegnativo, difficoltoso: *a ~ task* un compito impegnativo.

chalybeate /kə'lɪbi(e)ɪt/ *a.* (*Geol,Farm*) ferruginoso, contenente ferro: *~ spring* sorgente ferruginosa. **II** *n.* (*Geol*) acqua *f.* ferruginosa.

chamber /'tʃeɪmbər/ *I* *n.* **1** (*Parl*) (*meeting hall*) aula *f.* **2** (*fig*) (*parliamentary body*) camera *f.* **3** (*treasury, chamberlain's office*) tesoreria *f.* **4** (*Anat*) cavità *f.*, camera *f.* **5** (*Mil*) (*for cartridges, shells*) camera *f.* di scoppio; (*part of the barrel*) camera *f.* di caricamento. **6** *pl.* (*apartment*) appartamento *m.sing.*, stanze *f.pl.* **7** *pl.* (*Dir*) (*judge's office*) ufficio *m.sing.* privato di un giudice. **8** *pl.* (*lawyer's quarters*) studio *m.sing.* di avvocato. **9** (*lett*) (*room*) camera *f.*; (*bedroom*) camera *f.* da letto; (*in a palace, etc.*) sala *f.*, salone *m.* **II** *a.* **1** segreto, privato. **2** (*Mus*) da camera. **III** *v.t.* **1** alloggiare, ospitare. **2** (*to furnish with a chamber*) fornire di camera. **3** (*Mil*) (*of guns, firearms*) contenere. □ (*Mus*) *~ concert* concerto di musica da camera, concerto cameristico; (*ant*) *~ council* consiglio segreto; (*Dir*) *~ counsel* avvocato consulente; (*Mus*) *~ music* musica da camera; *Chamber of Commerce* camera di commercio; (*Parl*) *~ of deputies* camera dei deputati; *~ of horrors*: **1** (*place*) stanza degli orrori (*anche fig*); **2** (*collection*) raccolta di oggetti macabri; (*Mus*) *~ orchestra* orchestra da camera; (*Mus*) *~ organ* organo da camera; *~ pot* vaso da notte, (*lett*) pitale.

chamberlain /'tʃeɪmbəlɪn Am 'tʃeɪmbərlɪn/ *n.* **1** (*bed-chamber attendant*) maestro *m.* di camera. **2** (*high steward*) cerimoniere *m.*; (*high official*) ciambellano *m.* **3** (*treasurer*) tesoriere *m.*

chamberlainship /'tʃeɪmbəlɪnʃɪp Am 'tʃeɪmbərlɪnʃɪp/ *n.* ufficio *m.* di ciambellano, carica *f.* di ciambellano.

chambermaid /'tʃeɪmbəmeɪd Am 'tʃeɪmbərmeɪd/ *n.* cameriera *f.* d'albergo.

chamber-pot /'tʃeɪmbəpɒt Am 'tʃeɪmbərpɑːt/ *n.* vaso *m.* da notte, (*lett*) pitale.

chambray /'tʃæmbreɪ/ *n.* (*Tess*) batista *f.*, cambrì *m.*

chameleon /kə'miːliən/ *n.* (*Zool,fig*) camaleonte *m.*

chameleonic /kə,miːli'ɒnɪk Am kə,miːli'ɑːnɪk/ *a.* camaleontico (*anche fig*).

chamfer /'tʃæm(p)fər/ *I* *n.* **1** (*Tecn*) bisello *m.*, smusso *m.*, taglio *m.* a sbieco. **2** (*Arch*) modanatura *f.*, smussatura *f.* **3** (*Fal*) scanalatura *f.*

II *v.t.* **1** (*Tecn*) smussare, bisellare. **2** (*Fal*) scanalare.

chammy /'ʃæmi/ *I* *n.* (*pl.* **-mies** /-s/) **1** (*Pell*) pelle *f.* di camoscio, camoscio *m.* **2** (*Tess*) tessuto *m.* scamosciato. **II** *v.t.* **1** (*Pell*) scamosciare. **2** (*to rub with a chammy*) strofinare con una pelle di camoscio.

chamois[1] /'ʃæmwɑː Am ʃæm'wɑː/ *n.* (*Zool*) camoscio *m.*

chamois[2] /'ʃæmi/ *I* *n.* (*Pell*) pelle *f.* di camoscio, camoscio *m.* **II** *v.t.* **1** (*Pell*) scamosciare. **2** (*to rub with a chammy*) strofinare con una pelle di camoscio. □ (*Pell*) *~ leather* camoscio, pelle di camoscio.

chamomile /'kæməmaɪl Am also 'kæməmiːl/ *n.* (*Bot*) **1** camomilla *f.* romana. **2** (*wild chamomile*) matricaria *f.*

champ[1] /tʃæmp/ *I* *v.t.* **1** (*of horses*) mordere: *to ~ the bit* mordere il freno. **2** (*to chew, to munch*) masticare rumorosamente, sgranocchiare. **II** *v.i.* **1** masticare rumorosamente. **2** (*fig*) essere impaziente, fremere di impazienza. **III** *n.* masticazione *f.* rumorosa. □ (*fig*) *to ~at the bit* mordere il freno, attendere con impazienza.

champ[2] /tʃæmp/ *n.* (*colloq*) campione *m.* (*f.* -essa).

champac /'tʃæmpæk/ *n.* (*Bot*) champaca *f.*

champagne /ʃæm'peɪn/ *n.* **1** champagne *m.* **2** (*colour*) color *m.* champagne, champagne *m.* □ (*scherz*) *to live in the ~belt* abitare in un quartiere signorile; (*Br,scherz*) *~ socialist* persona di fede socialista ma con un tenore di vita molto elevato.

champaign /'tʃæmpeɪn/ *n.* (*lett*) pianura *f.*, aperta campagna *f.*

champak /'tʃæmpæk/ *n.* (*Bot*) champaca *f.*

champignon /ʃæm'pɪnjən/ *n.* (*Bot,Alim*) champignon *m.*

champion /'tʃæmpiən/ *I* *n.* **1** campione *m.* (*f.* -essa) (*anche Sport*): *the world heavyweight ~* il campione mondiale dei pesi massimi. **2** (*first-prize winner*) vincitore *m.* (*f.* -trice) del primo premio: *the ~ rose at the flower show* la rosa vincitrice del primo premio alla mostra floreale. **3** (*the best, the most expert*) campione *m.* (*f.* -essa), fuoriclasse *m./f.*, asso *m.* **4** (*upholder*) difensore *m.*: *a ~ of women's rights* un difensore dei diritti della donna. **II** *a.* **1** vincitore, campione: *~ team* squadra campione. **2** (*colloq*) (*first-rate*) di prim'ordine, eccellente, fantastico. **III** *v.t.* difendere, battersi per. **IV** *avv.* (*colloq*) in modo eccellente, da campione. □ *to ~ the cause of sth.* farsi campione di qcs.; *~ of -s* campionissimo.

championship /'tʃæmpiənʃɪp/ *n.* **1** campionato *m.*: *to win a ~* vincere un campionato. **2** (*contest*) torneo *m.*, gara *f.* **3** (*fig*) (*support, defence*) difesa *f.*

chance[1] /tʃɑːns Am tʃæns/ *I* *n.* **1** (*possibility, probability*) probabilità *f.*, possibilità *f.*: *to have a good ~ of success* avere buone probabilità di successo; *the -s are fifty to one against his winning* ha una probabilità su cinquanta di vincere. **2** (*opportunity*) possibilità *f.*, opportunità *f.* (*of* di), occasione *f.*: *I've had no ~ to read it* non ho avuto la possibilità di leggerlo; *to give so. a ~* dare a qcu. una chance; *take your ~ while you have it* approfitta dell'occasione quando ti si presenta, non lasciarti sfuggire l'occasione; *to miss a ~* perdere l'occasione. **3** (*lot, destiny*) sorte *f.* **4** (*fortune*) fortuna *f.*, sorte *f.* **5** (*risk*) rischio *m.*, azzardo *m.* **II** *a.* casuale, fortuito, accidentale: *a ~ encounter* un incontro fortuito. □ (*the*) *-s are that...* molto probabilmente...; *by ~* per caso, casualmente, fortuita-

mente; *purely by ~* per puro caso; *if by any ~* se per caso; *it was a ~ in a million that...* c'era una possibilità su un milione che...; *no ~* (o *not a ~*) non ci sono possibilità, è impossibile; *the ~ of a lifetime* un'occasione più unica che rara, un'occasione unica; *on the ~ of* caso mai; *on the off ~* nell'eventualità, perché c'era una minima possibilità; *on the off ~ of doing sth.* nella speranza di fare qcs.; *on the ~ that* nel caso che; *to take a ~* rischiare; *to take no -s* non voler correre rischi; *to take one's -s*: **1** cogliere l'occasione, approfittare dell'occasione; **2** (*to trust to luck*) affidarsi al caso, confidare nella buona sorte: *you'll just have to take your ~* non ti resta che affidarti al caso; *to take the ~ to do sth.* cogliere l'occasione per fare qcs.; *what are the -s that...?* quante sono le probabilità che...?; (*Br*) *~ would be a fine thing* mi piacerebbe, ma non posso.

chance[2] /tʃɑːns Am tʃæns/ *I* *v.i.* (*costr.pers.* o *impers.*) darsi il caso che, succedere, capitare, accadere: *I -d to be in the hotel when they arrived* mi è capitato di essere nell'albergo quando sono arrivati, per caso ero nell'albergo quando sono arrivati; *it -d that they were late* guarda caso, erano in ritardo. **II** *v.t.* rischiare, azzardare. □ (*colloq*) *to ~ one's arm* rischiare, voler correre il rischio; (*colloq*) *to ~it* tentare, provarci; *to ~on* (o *to ~upon*) imbattersi in, incontrare per caso.

chancel /'tʃɑːnsəl Am 'tʃænsəl/ *n.* (*Arch*) coro *m.*

chancellery /'tʃɑːnsələri Am 'tʃænsələri/ *n.* **1** carica *f.* di cancelliere. **2** (*office of a chancellor*) cancelleria *f.* (*anche Dipl*). **3** (*Am*) (*ambassadorial personnel*) diplomatici *m.pl.*

chancellor /'tʃɑːnsələr Am 'tʃænsələr/ *n.* **1** cancelliere *m.* (*anche Dipl*). **2** (*Am,Dir*) (*judge of a court of equity*) giudice *m.* di una corte di giustizia. **3** (*GB,Univ*) presidente *m.* onorario. **4** (*US,Univ*) rettore *m.* **5** (*Parl*) (*in West Germany*) cancelliere *m.* □ (*Rel*) *~ of a diocese* consulente legale del vescovo; (*GB*) *Chancellor of the Exchequer* Cancelliere dello Scacchiere.

chancellorship /'tʃɑːnsələʃɪp Am 'tʃænsələʃɪp/ *n.* cancellierato *m.*

chance-medley /,tʃɑːns'medli Am ,tʃæns'medli/ *n.* (*Dir,rar*) omicidio *m.* preterintenzionale, omicidio *m.* involontario.

chancery /'tʃɑːnsəri Am 'tʃænsəri/ *n.* **1** cancelleria *f.* **2** (*GB*) cancelleria *f.*, corte *f.* di giustizia del Lord Cancelliere. **3** (*Am,Dir*) (*court of equity*) corte *f.* di giustizia. **4** (*Rel*) (*of a diocese*) cancelleria *f.*; (*of the Curia Romana*) cancelleria *f.* apostolica. □ *in ~*: **1** (*Dir*) in contestazione; **2** (*fig*) in una situazione senza uscita.

chancily /'tʃɑːnsɪli Am 'tʃænsɪli/ *avv.* in modo incerto, rischiosamente.

chanciness /'tʃɑːnsɪnəs Am 'tʃænsɪnəs/ *n.* rischiosità *f.*

chancre /'ʃæŋkər/ *n.* (*Med*) sifiloma *m.* iniziale, lesione *f.* sifilitica primaria.

chancroid /'ʃæŋkrɔɪd/ *n.* (*Med*) ulcera *f.* molle, ulcera *f.* venerea.

chancrous /'ʃæŋkrəs/ *a.* (*Med*) dell'ulcera molle, dell'ulcera venerea.

chancy /'tʃɑːnsi Am 'tʃænsi/ *a.* rischioso, azzardato; (*uncertain*) incerto.

chandelier /,ʃændə'lɪər Am ʃændə'lɪr/ *n.* lampadario *m.* (pendente) a corona.

chandelle /ʃæn'del/ *I* *n.* (*Aer*) candela *f.* **II** *v.i.* (*Aer*) salire a candela.

chandler /'tʃɑːndlər Am 'tʃændlər/ *n.* **1** candelaio *m.* (*f.* -a). **2** (*dealer*) commerciante *m./f.*

chandlery /'tʃɑːndləri Am 'tʃændləri/ *n.* **1** deposito *m.* di candele, magazzino *m.* di candele. **2** (*business of a chandler*) commercio *m.* di candele.

change[1] /tʃeɪndʒ/ **I** *v.t.* **1** cambiare, mutare, variare: *to ~ the subject* cambiare argomento; *to ~ one's clothes* cambiarsi di abito. **2** (*to transform*) tramutare, trasformare, cambiare, mutare: *you can't ~ human nature* non si può cambiare la natura umana. **3** (*to interchange*) scambiare: *let's ~ seats* scambiamoci i posti. **4** (*to exchange*) scambiare, barattare. **5** (*Econ*) (*of money*) cambiare: *to ~ pounds for dollars* cambiare sterline in dollari. **II** *v.i.* **1** cambiare, mutare: *he has -d since I last saw him* è cambiato dall'ultima volta che l'ho visto. **2** (*to be transformed*) essere trasformato, essere tramutato (*into* in). **3** (*to undergo transition*) mutarsi, tramutarsi, trasformarsi (*to, into* in): *love can easily ~ to hate* l'amore può facilmente tramutarsi in odio. **4** (*to make an exchange*) fare a cambio: *you can ~ with me* puoi fare a cambio con me. **5** (*to change one's clothes*) cambiarsi, mutare di abito. □ (*Am*) *to ~ a nappy* cambiare il pannolino; *to ~ sth. about* (o *to ~ sth. around*) cambiare la disposizione di qcs.; (*Ferr*) *all ~!* fine della corsa!; *to ~ colour*: 1 (*to blush*) cambiare colore, cambiare di colore, arrossire; 2 (*to grow pale*) impallidire; (*Am*) *to ~ a diaper* cambiare il pannolino; (*Aut*) *to ~ down* passare a una marcia inferiore; *to ~ for the better* cambiare in meglio, mutare in meglio; (*Aut*) *to ~ gears* cambiare (marcia); (*fig*) *to ~ hands* cambiare gestione, cambiare padrone, cambiare proprietario; *to ~ into sth. more comfortable* mettersi qcs. di più comodo; *to ~ jobs* cambiare lavoro; *to ~ one's mind* cambiare opinione, cambiare idea; *to ~ one's name* cambiarsi il nome; (*Br,fig*) *to ~ one's note* cambiare tono, cambiare registro; *to ~ over*: 1 mutare sistema, cambiare sistema; 2 (*of a sentry*) dare il cambio; 3 (*El*) commutare; *to ~ over from red to green* passare dal verde al rosso; *to ~ places with so.*: 1 scambiare il posto con qcu.; 2 (*fig*) fare a cambio con qcu., mettersi nei panni di qcu.; *to ~ sth. round* cambiare la disposizione di qcs.; (*fig*) *to ~ sides* cambiare bandiera; (*Mil*) *to ~ step* cambiare il passo; *to ~ tack* cambiare metodo; *to ~ the sheets* cambiare la biancheria del letto; *let's ~ the subject* cambiamo argomento; *to ~ one's tune* cambiare tono, cambiare registro, cambiare atteggiamento; (*Aut*) *to ~ up* passare a una marcia superiore; *to ~ one's ways* cambiare il modo di comportarsi.

change[2] /tʃeɪndʒ/ *n.* **1** cambiamento *m.*, mutamento *m.* **2** (*variation*) cambiamento *m.*, variazione *f.*, alterazione *f.*: *a ~ in the weather* una variazione del tempo; *the ~ of season* il cambiamento delle stagioni. **3** (*of the moon*) variazione *f.* **4** (*novelty*) cambiamento *m.*, diversivo *m.*, novità *f.*: *it will be a pleasant ~* sarà un piacevole diversivo. **5** (*replacement*) sostituzione *f.*, cambio *m.* **6** (*of money*) resto *m.*, cambio *m.*, moneta *f.* spicciola: *you have given me the wrong ~* ti sei sbagliato nel darmi il resto; *can you give me ~ for a dollar?* hai da cambiarmi un dollaro? **7** (*small money*) spiccioli *m.pl.* **8** (*of bells*) variazione *f.* **9** (*Mus*) modulazione *f.*: *key ~* cambio di tonalità. □ *for a ~* (tanto) per cambiare; *a ~ for the better* un cambiamento in meglio; *a ~ for the worse* un cambiamento in peggio; (*Aut*) *~ gear* cambio; *does not make ~* (*of a machine*) non dà il resto; *~ of address* cambio di indirizzo; (*colloq*) *~ of air* cambiamento d'aria; *a ~ of climate* un cambiamento di clima (*anche fig*); (*El*) *~ of con-*

nection commutazione; *to have a ~ of heart* avere un ripensamento, cambiare opinione, mutare atteggiamento; (*colloq*) *~ of life* menopausa; (*Am*) *~ of pace*: 1 cambiamento di passo; 2 (*Sport*) (*in bowling, serving, etc.*) cambio di velocità (della palla); 3 (*fig*) (*more relaxed pace*) rallentamento: *I need a ~ of pace* ho bisogno di rallentare (il mio ritmo di vita); 4 (*fig*) (*change from a routine*) variazione, diversivo; (*Dir*) *~ of venue* rinvio (per incompetenza) di una causa (a un'altra corte di giustizia); (*Mar*) *~ of wind* salto di vento; (*fig*) *to get no ~ out of so.* non riuscire a spuntarla con qcu., non riuscire ad avere la meglio su qcu.

changeability /ˌtʃeɪndʒə'bɪlɪti *Am* ˌtʃeɪndʒə'bɪlət̬i/ *n.* **1** variabilità *f.*, mutevolezza *f.*, incostanza *f.* **2** (*alterability*) alterabilità *f.*

changeable /'tʃeɪndʒəbl/ *a.* **1** variabile, mutevole, incostante: *the weather has been very ~* il tempo è stato molto variabile. **2** (*alterable*) alterabile. **3** (*changing colour*) cangiante.

changeableness /'tʃeɪndʒəblnəs/ *n.* **1** variabilità *f.*, mutevolezza *f.*, incostanza *f.* **2** (*alterability*) alterabilità *f.*

changeably /'tʃeɪndʒəbli/ *avv.* variabilmente, incostantemente, mutevolmente.

changeful /'tʃeɪndʒfʊl/ *a.* variabile, mutevole, incostante.

changeless /'tʃeɪndʒləs/ *a.* immutabile, costante.

changelessly /'tʃeɪndʒləsli/ *avv.* in modo immutabile, costante.

changelessness /'tʃeɪndʒləsnəs/ *n.* immutabilità *f.*

changeling /'tʃeɪndʒlɪŋ/ *n.* **1** bambino *m.* (*f.* -a) sostituito furtivamente a un altro. **2** (*Folcl*) (*elf child*) bambino *m.* (*f.* -a) portato dalle fate.

changeover /'tʃeɪndʒˌoʊvər/ *n.* conversione *f.*, passaggio *m.*: *the ~ to the decimal system* la conversione al sistema decimale.

change-up /'tʃeɪndʒʌp/ *n.* (*Sport*) (*in baseball*) cambio *m.*

changing /'tʃeɪndʒɪŋ/ **I** *n.* il cambiare, cambio *m.*: *~ of the guard* cambio della guardia (*anche fig*). **II** *a.* mutevole, variabile. □ *~ cubicle* spogliatoio; *~ table* fasciatoio.

channel[1] /'tʃænl/ *n.* **1** (*strait*) stretto *m.*, canale *m.* **2** (*bed of a stream*) alveo *m.*, letto *m.* **3** (*deeper parts of a waterway*) parte *f.* più profonda, mezzo *m.* **4** (*Arch,Tecn*) scanalatura *f.* **5** (*fig*) (*means of access*) via *f.* di accesso, sbocco *m.*: *a ~ to foreign markets* una via di accesso ai mercati stranieri. **6** (*fig*) (*direction, course*) direzione *f.*, indirizzo *m.* **7** (*Rad, TV,Inform*) canale *m.* **8** (*conduit, pipe*) canale *m.*, condotto *m.* **9** (*Biol*) canale *m.*, tubo *m.* **10** *pl.* (*official course of communication*) vie *f.pl.*, canali *m.pl.*, mezzi *m.pl.*: *through official ~s* tramite le vie ufficiali, per via gerarchica; *through the appropriate ~s* per via gerarchica. □ (*Met,Edil*) *~ iron* ferro a C, ferro a U; (*Geog*) *Channel Islands* Isole del Canale, Isole Normanne.

channel[2] /'tʃænl/ (*past, p.p.* **channelled** /*Am* **channeled** /-d/) *v.t.* **1** scavare canali in, scavare canali su: *the hillside was -led by streams* i torrenti avevano scavato canali sul fianco della collina. **2** (*fig*) (*to direct*) incanalare, convogliare, dirigere, rivolgere. **3** (*fig*) (*to convey*) trasmettere, comunicare: *the announcement was -led to the newspapers through the press officer* l'annuncio fu trasmesso ai giornali dall'addetto stampa. **4** (*Arch,Tecn*) scanalare. **5** (*Inform*) inviare su canale. □ (*Am,colloq*) *to ~ surf* fare zapping.

Channel /'tʃænl/ *n.pr.* (*Geog*) (*the English*

Channel) la Manica.

channelling /'tʃænlɪŋ/ *n.* scanalatura *f.*

chant /tʃɑːnt *Am* tʃænt/ **I** *n.* **1** canto *m.* **2** (*Rel*) canto *m.* liturgico; (*psalm, canticle, etc.*) salmodia *f.*, salmo *m.*, cantico *m.* **3** (*singsong*) cantilena *f.* **II** *v.t.* **1** cantare, intonare. **2** (*to speak or recite monotonously*) dire con voce monotona, recitare con voce monotona, cantilenare. **III** *v.i.* **1** (*Rel*) salmodiare. **2** (*to speak or recite monotonously*) dire con voce monotona, recitare con voce monotona, cantilenare.

chanter /'tʃɑːntər *Am* 'tʃæntər/ *n.* (*Mus*) (*pipe of a bagpipe*) cannello *m.*

chanterelle /ˌʃæntə'rel *Am* ˌʃæntə'rel/ *n.* (*Bot*) gallinaccio *m.*, galletto *m.*, finferlo *m.*

chanteuse /ʃɑːn'tɜːz *Am* ʃæn'tɜːz, ʃæn'tuːs/ *n.* cabarettista *f.*

chanticleer /'tʃɑːntɪˈklɪər *Am* 'tʃæntəklɪr/ *n.* (*lett*) gallo *m.*

chantilly /ʃæn'tɪli/ □ (*Dolc*) *~ cream* crema chantilly; *~ lace* pizzo chantilly.

chantry /'tʃɑːntri *Am* 'tʃæntri/ *n.* **1** (*Rel*) (*foundation*) cappellania *f.*; (*endowment*) lascito *m.*, donazione *f.* **2** (*endowed chapel*) cappella *f.* votiva.

chanty /'tʃɑːnti *Am* 'tʃænti/ *n.* (*Mar*) canto *m.* marinaresco.

chaologist /ˌkeɪˈɒlədʒɪst *Am* ˌkeɪˈɑːlədʒɪst/ *n.* studioso *m.* (*f.* -a) della teoria del caos.

chaology /ˌkeɪˈɒlədʒi *Am* ˌkeɪˈɑːlədʒi/ *n.* studio *m.* della teoria del caos.

chaos /'keɪɒs *Am* 'keɪɑːs/ *n.* **1** caos *m.*, confusione *f.*, disordine *m.*, soqquadro *m.*: *a room in ~* una stanza a soqquadro. **2** (*confused, disorderly mass*) caos *m.*, guazzabuglio *m.*, accozzaglia *f.*: *a ~ of colours* un guazzabuglio di colori. □ (*Fis*) *~ theory* teoria del caos.

chaotic /keɪˈɒtɪk *Am* keɪˈɑːt̬ɪk/ *a.* caotico, confuso.

chaotically /keɪˈɒtɪkəli *Am* keɪˈɑːt̬ɪkəli/ *avv.* caoticamente.

chap[1] /tʃæp/ (*past, p.p.* **chapped** /-t/) **I** *v.t.* screpolare. **II** *v.i.* screpolarsi.

chap[2] /tʃæp/ *n.* (*colloq*) tipo *m.*, tizio *m.*, uomo *m.*, individuo *m.*

chap[3] /tʃæp/ *n.* (*Anat*) (*jaw*) mascella *f.*, mandibola *f.*; (*cheek*) guancia *f.*

chap[4], **Chap.** **1** *chapter* cap. (capitolo). **2** *Chaplain* (cappellano).

chapbook /'tʃæpbʊk/ *n.* raccolta *f.* di racconti e poesie popolari.

chape /tʃeɪp/ *n.* (*Mil*) **1** (*of a scabbard: trimming at the upper end*) ghiera *f.*, viera *f.*, bocchetta *f.* **2** (*lowermost terminal mount*) cresta *f.*, dado *m.* **3** (*of a buckle*) attacco *m.*

chapel /'tʃæpəl/ **I** *n.* **1** (*Rel*) cappella *f.* **2** (*Rel.prot*) (*for Nonconformist congregations*) tempio *m.*, chiesa *f.* **3** (*religious service*) culto *m.*, funzioni *f.pl.*, rito *m.* religioso: *morning ~* le funzioni mattutine. **4** (*Br,rar*) (*printing shop*) laboratorio *m.* tipografico, tipografia *f.*; (*body of printers*) associazione *f.* di tipografi. **II** *a.* (*Rel*) (*Nonconformist*) dissidente: *are you church or ~?* sei anglicano o dissidente? **2** (*Rel.prot*) *~-goer* (*Nonconformist*) nonconformista, (*Mus*) *~ master* maestro di cappella; (*Rel.prot*) *~ of ease* chiesa succursale; *~ royal* cappella reale.

chaperon, chaperone /'ʃæpəroʊn/ **I** *n.* chaperon *m.*, dama *f.* di compagnia, accompagnatrice *f.* **II** *v.t.* accompagnare, fare da accompagnatrice a.

chaperonage /'ʃæpərəʊnɪdʒ/ *n.* sorveglianza *f.*, tutela *f.*

chap-fallen /'tʃæpˌfɔːlən/ *a.* (*ant*) scoraggiato, depresso.

chapiter /'tʃæpɪtər *Am* 'tʃæpɪt̬ər/ *n.* (*Arch*) capitello *m*.

chaplain /'tʃæplɪn/ *n*. cappellano *m*. (*anche Mil*).

chaplaincy /'tʃæplɪnsi/ *n*. (*Rel*) cappellanato *m*.

chaplainship /'tʃæplɪnʃɪp/ *n*. (*Rel*) cappellanato *m*.

chaplet /'tʃæplɪt/ *n*. **1** ghirlanda *f*., corona *f*. **2** (*Rel.catt*) corona *f*. del rosario, rosario *m*.; (*prayers*) rosario *m*. **3** (*Arch*) fregio *m*. a gocce, fregio *m*. a perline.

chapleted /'tʃæplɪtɪd Am 'tʃæplɪtɪd/ *a*. inghirlandato, incoronato di fiori.

Chaplinesque /ˌtʃæplɪ'nesk/ *a*. alla Charlie Chaplin.

chapman /'tʃæpmən/ *n.irr*. (*ant*) venditore *m*. ambulante.

chapped /tʃæpt/ *a*. screpolato: ~ *hands* mani screpolate.

chappie /'tʃæpi/ *n*. (*colloq*) tipo *m*., tizio *m*., uomo *m*., individuo *m*.

chappy /'tʃæpi/ *n*. (*colloq*) tipo *m*., tizio *m*., uomo *m*., individuo *m*.

chaps /tʃæps/ *n.pl.* copripantaloni *m.pl.* in cuoio da mandriano.

chaptalise /'tʃæptəlaɪz/ *v.t.* (*Br,Enol*) disagrire.

chaptalization /ˌtʃæptəl(a)ɪ'zeɪʃən/ *n*. (*Enol*) disagrimento *m*.

chaptalize /'tʃæptəlaɪz/ *v.t.* (*Enol*) disagrire.

chapter /'tʃæptər/ *n*. **1** capitolo *m*. **2** (*fig*) (*era*) capitolo *m*., periodo *m*., epoca *f*. **3** (*Am*) (*local branch of an association*) sede *f*., sezione *f*., succursale *f*. **4** (*Rel*) capitolo *m*. □ ~ *and verse*: **1** (*completely, thoroughly*) per filo e per segno, pari pari, con precisione; **2** (*exact reference*) fonte precisa, riferimento preciso; **3** (*full information*) spiegazione particolareggiata; ~ *house* : **1** (*Rel*) capitolo, sala capitolare; **2** (*Am*) (*of a society, etc.*) luogo di riunione, circolo; (*fig*) ~ *of accidents* serie di imprevisti, serie di incidenti.

char[1] /tʃɑːr Am tʃɑːr/ (*past, p.p.* **charred** /-d/) **I** *v.t.* **1** (*to reduce wood to charcoal*) carbonizzare. **2** (*to burn black*) bruciacchiare, annerire. **II** *v.i.* carbonizzarsi.

char[2] /tʃɑːr Am tʃɑːr/ *n*. **1** materiale *m*. bruciacchiato. **2** (*charcoal*) carbone *m*. di legna; (*decolourizing agent*) nero *m*. animale, carbone *m*. animale.

char[3] /tʃɑːr Am tʃɑːr/ (*pl.inv.* o -**s** /-z/; *il pl. inv. si usa general. con valore collett.*) *n*. (*Itt*) salmerino *m*.

char[4] /tʃɑːr Am tʃɑːr/ **I** *n*. **1** (*colloq*) (*charwoman*) domestica *f*. a ore, donna *f*. di servizio a ore. **2** (*housework*) lavori *m.pl.* di casa, faccende *f.pl.* domestiche. **II** *v.i.* (*past, p.p.* **charred** /-d/) andare a servizio a ore.

char[5] /tʃɑːr Am /tʃɑːr/ (*Br,sl*) (*tea*) tè *m*.

charabanc, char-à-banc /'ʃærəbæŋ/ *n*. **1** (*ant*) torpedone *m*., pullman *m*. **2** (*horse-drawn vehicle*) carrozza *f*. con sedili trasversali.

character /'kærəktər/ *n*. **1** carattere *m*., indole *f*., natura *f*.: *a woman of strong* ~ una donna dal carattere forte; *to have a weak* ~ mancare di carattere, avere un carattere debole; *questions of a general* ~ domande di carattere generale. **2** (*characteristic*) caratteristica *f*., carattere *m*., peculiarità *f*. **3** (*reputation*) reputazione *f*., buon nome *m*. : *to stain one's* ~ macchiare la propria reputazione. **4** (*Teat*) parte *f*., ruolo *m*., personaggio *m*. **5** (*in a book, story, etc.*) personaggio *m*., carattere *m*. **6** (*Mat,Tip,Inform*) carattere *m*.; (*graphic symbol*) carattere *m*., lettera *f*. **7** (*colloq*) (*eccentric person*) tipo *m*. (*f.* -**a**) strano, tipo *m*. (*f.* -**a**) eccentrico, originale *m*., bel tipo *m*. (*f.* -**a**): *he's quite a* ~ è proprio un originale. □

(*Teat,Cin*) ~ *actor* caratterista; ~ *analysis* analisi caratteriale; ~*disorder* turba caratteriale; ~*drawing* caratterizzazione dei personaggi, caratterizzazione di un personaggio; *in* ~ in carattere (*with* con), appropriato (*with* a), intonato (*with* a, con), consono (*with* a): *his actions are not in* ~ *with his words* le sue azioni non sono consone alle sue parole; *out of* ~ non in carattere, non appropriato, non intonato, non consono; (*Inform*) ~*reader* lettore di caratteri; (*Inform*) ~ *recognition* riconoscimento dei caratteri; ~*reference* referenze sul carattere di un lavoratore, (*ant*) benservito; (*Inform*) ~*set* serie di caratteri; (*Lett*) ~*sketch* saggio di carattere; (*Inform*) ~*string* stringa di caratteri.

characterise /'kærəktəraɪz/ *v.t.* (*Br*) **1** (*to describe the character of*) caratterizzare, descrivere. **2** (*to attribute character to*) definire, qualificare: *to* ~ *so. as a liar* definire qcu. un bugiardo.

characteristic /ˌkærəktə'rɪstɪk/ **I** *a*. caratteristico, tipico, proprio (*of* di). **II** *n*. caratteristica *f*. □ (*Tecn*) ~*curve* curva caratteristica.

characteristically /ˌkærəktə'rɪstɪkəli/ *avv*. in modo caratteristico, tipicamente.

characterization /ˌkærəktər(a)ɪ'zeɪʃən Am ˌkærəktərɪ'zeɪʃən/ *n*. **1** descrizione *f*. **2** (*Lett*) caratterizzazione *f*.: *a novel weak of* ~ un romanzo debole nella caratterizzazione.

characterize /'kærəktəraɪz/ *v.t.* **1** (*to describe the character of*) caratterizzare, descrivere. **2** (*to attribute character to*) definire, qualificare: *to* ~ *so. as a liar* definire qcu. un bugiardo.

characterless /'kærəktələs Am 'kærəktərləs/ *a*. **1** senza carattere. **2** (*commonplace*) banale, ovvio. **3** (*without a written character*) senza una presentazione del precedente datore di lavoro, (*ant*) sprovvisto di benservito.

charade /ʃə'rɑːd Am ʃə'reɪd/ *n*. **1** farsa *f*., finzione *f*. assurda: *the trial was a mere* ~ il processo è stato una farsa. **2** *pl.* (*costr.sing.*) (*game*) sciarada *f.sing*.

charbroil /'tʃɑːrbrɔɪl/ *v.t.* (*Am*) cuocere alla brace, grigliare.

charcoal /'tʃɑːkoul Am 'tʃɑːrkoul/ *n*. **1** carbone *m*. di legna. **2** (*drawing pencil*) carboncino *m*. **3** (*drawing*) disegno *m*. a carboncino. □ ~*black* nerofumo; ~*burner* : **1** carbonaio; **2** (*stove*) stufa a carbone; ~*drawing* disegno a carboncino.

chard /tʃɑːd Am tʃɑːrd/ *n*. bieta *f*. da coste, bietola *f*. (di cui si mangiano foglie e gambi cotti).

chargé /'ʃɑːʒeɪ Am 'ʃɑːrʒeɪ/ □ (*Dipl*) ~ *d'affaires* incaricato di affari diplomatici.

charge[1] /tʃɑːdʒ Am tʃɑːrdʒ/ *v.t.* **1** (*to load, to fill*) caricare (*anche El*): *to* ~ *a battery* caricare una batteria; *the air was* -*d with electricity* l'atmosfera era carica di elettricità. **2** (*to accuse*) accusare, incolpare: *he was* -*d with murder* fu accusato di assassinio. **3** (*to command, to instruct*) incaricare (*with* di), dare l'incarico a. **4** (*Dir*) (*of a judge: to instruct a jury*) fare l'allocuzione a, indicare alla giuria (che tipo di verdetto esprimere). **5** (*to entrust*) incaricare, affidare: *to* ~ *so. with a mission* incaricare qcu. di una missione, affidare una missione a qcu. **6** (*to rush at, to attack*) attaccare, caricare: *they* -*d the enemy lines* attaccarono le linee nemiche. **7** (*Sport*) (*in football*) caricare. **8** (*to hold liable for payment*) far pagare, mettere a carico: *I won't* ~ *you for the extra weight* non le farò pagare il peso in più; *he* -*d me two pounds for the material* mi ha fatto pagare la stoffa due sterline. **9** (*to ask for as a*

price) chiedere, prendere: *what do you* ~ *for mending this umbrella?* quanto prende per riparare questo ombrello? **10** (*Am*) (*to pay with a credit card*) pagare con carta di credito: *may I* ~ *these items on my Mastercard?* posso pagare con la Mastercard? **11** (*to enter as a debit*) addebitare, mettere in conto, mettere sul conto. **12** (*Arald*) provvedere di insegna, provvedere di stemma. **II** *v.i.* **1** (*to attack*) caricare, andare alla carica, attaccare. **2** (*to rush headlong*) lanciarsi, precipitarsi: *he* -*d into the room* si precipitò nella stanza. **3** (*to ask payment*) farsi pagare: *we don't* ~ *for service* non (ci) facciamo pagare l'assistenza. **III** *intz.* (*Mil*) carica! □ *to* ~ *sth. against an account* addebitare qcs. sul conto, mettere qcs. in conto; *to* ~ *at so.* scagliarsi contro qcu., avventarsi contro qcu.; *to* ~ *off* : **1** (*Comm*) mettere al passivo; **2** (*to attribute to*) attribuire, ascrivere; **3** (*to dash off in a hurry*) andarsene in fretta; *to* ~ *with* incaricare di.

charge[2] /tʃɑːdʒ Am tʃɑːrdʒ/ *n*. **1** (*load, quantity*) carico *m*. (*anche El*). **2** (*accusation*) accusa *f*., capo *m*. di accusa, imputazione *f*.: *he was arrested on a* ~ *of treason* fu arrestato sotto accusa di tradimento; *to drop the* -*s* (*against so.*) lasciar cadere l'accusa (contro qcu.). **3** (*command*) comando *m*., ordine *m*., ingiunzione *f*. **4** (*instruction*) istruzioni *f.pl.* **5** (*Dir*) (*of a judge to a jury*) allocuzione *f*., esortazione *f*. **6** (*duty, obligation*) dovere *m*., compito *m*., responsabilità *f*. **7** (*Mil,Sport*) carica *f*.: *to sound the* ~ suonare la carica. **8** (*care, custody*) cura *f*., custodia *f*., tutela *f*.: *the orphan was put in his uncle's* ~ l'orfano fu posto sotto la tutela dello zio. **9** (*person or thing in one's care*) persona *f*. affidata (alle cure di qcu.), cosa *f*. affidata (alle cure di qcu.): *the nurse took her* -*s for a walk* la bambinaia portò a passeggio i bambini a lei affidati. **10** (*expense, cost*) spesa *f*., costo *m*.: *what is the* ~? qual è la spesa? **11** (*fee, price*) prezzo *m*., tariffa *f*. **12** (*debit to an account*) addebito *m*. **13** (*Rel*) parrocchia *f*. **14** (*Arald*) insegna *f*., stemma *m*. □ (*Comm*) ~*account* conto (presso un negozio); ~ *card* (*credit card*) carta di credito; (*El*) ~*carrier* portatore di carica; (*Comm*) ~ *collect* spese assegnate; (*Elettron*) ~*coupled device* CCD, dispositivo ad accoppiamento di carica; (*Comm*) -*s forward* spese assegnate; *to be in* ~ comandare, avere la responsabilità, dirigere, essere incaricato, essere a capo, essere addetto: *who is in* ~ *here?* chi comanda qui?; *to put so. in* ~ *of sth.* affidare a qcu. la responsabilità di qcs.; *to give so. in* ~ far arrestare qcu., consegnare qcu. alla polizia; *to be in* ~ *of* avere in cura, avere in custodia; *in* (*the*) ~ *of* sotto il controllo di, sotto la sorveglianza di; (*Dir*) ~*of bribery* subornazione; (*GB,Dir*) ~*sheet* elenco delle cause a ruolo; *to take* ~ *of sth.* prendersi cura di qcs.; *to take in* ~ arrestare.

chargeability /ˌtʃɑːdʒə'bɪlɪti Am ˌtʃɑːrdʒə'bɪlɪti/ *n*. **1** (*Comm*) l'essere addebitabile. **2** (*Dir*) imputabilità *f*.

chargeable /'tʃɑːdʒəbl Am 'tʃɑːrdʒəbl/ *a*. **1** (*Comm*) addebitabile. **2** (*taxable*) tassabile, soggetto a imposta. **3** (*Dir*) imputabile, accusabile. **4** (*liable to be a burden*) a carico di: *the poor* ~ *to the parish* poveri a carico della parrocchia. □ (*Tel*) ~*time indicator* indicatore di conteggio, contascatti.

charged /'tʃɑːdʒd Am 'tʃɑːrdʒd/ *a*. **1** (*loaded*) caricato. **2** (*El*) carico. **3** (*fig*) (*intense*) intenso, veemente, appassionato. **4** (*fig*) (*tense*) teso, intenso: ~ *atmosphere* atmosfera tesa.

charger /'tʃɑːdʒər Am 'tʃɑːrdʒər/ *n*. **1** chi carica. **2** (*horse*) destriero *m.*, cavallo *m.* da battaglia. **3** (*El*) caricabatterie *m.*

charging /'tʃɑːdʒɪŋ Am 'tʃɑːrdʒɪŋ/ *n.* caricamento *m.* (*anche Tecn*). ☐ (*El*) ~ *set* gruppo alimentatore; (*El*) ~ *voltage* tensione di carica.

charging-order /'tʃɑːdʒɪŋˌɔːdər Am 'tʃɑːrdʒɪŋˌɔːrdər/ *n.* (*Dir*) ordine *m.* di sequestro.

chargrill /'tʃɑːrgrɪl/ *v.t.* (*Am*) cuocere alla brace, grigliare.

charily /'tʃeərɪli Am 'tʃerɪli/ *avv.* **1** cautamente. **2** (*sparingly*) parcamente, con parsimonia.

chariness /'tʃeərɪnəs Am 'tʃerɪnəs/ *n.* **1** cautela *f.*, prudenza *f.* **2** (*sparingness*) frugalità *f.*

chariot /'tʃærɪət Am also 'tʃerɪət/ **I** *n.* biga *f.*, cocchio *m.* **II** *v.t.* trasportare in carrozza. **III** *v.i.* andare in carrozza.

charioteer /ˌtʃærɪəˈtɪər Am also ˌtʃerɪəˈtɪr/ *n.* auriga *m.*

charisma /kəˈrɪzmə/ (*pl.* **-mata** /-mətə/) *n.* (*Rel*) carisma *m.* (*anche fig*).

charismatic /ˌkærɪzˈmætɪk Am ˌkærɪzˈmætɪk/ *a.* carismatico (*anche fig*). ☐ (*Rel*) ~ *church* chiesa carismatica; (*Rel*) ~ *movement* movimento carismatico.

charismatically /ˌkærɪzˈmætɪkəli Am ˌkærɪz'mætɪkəli/ *avv.* carismaticamente.

charitable /'tʃærɪtəbl/ *a.* **1** caritatevole. **2** (*benevolent*) indulgente, benevolo, caritatevole (*to* verso, nei confronti di). **3** (*relating to charity*) di carità, di beneficenza, filantropico, caritativo: *a ~ institution* un'istituzione filantropica. ☐ ~ *association* associazione di beneficenza; ~ *trust* ente morale; *to take a ~ view* of *sth.* giudicare benevolmente qcs.

charitableness /'tʃærɪtəblnəs/ *n.* **1** l'essere caritatevole. **2** (*indulgence*) indulgenza *f.*, benevolenza *f.*

charitably /'tʃærɪtəbli/ *avv.* **1** caritatevolmente, con carità. **2** (*indulgently*) benevolmente.

charity /'tʃerɪti Am 'tʃærəti/ **I** *n.* **1** atti *m.pl.* di carità, opere *f.pl.* di carità. **2** (*sth. given, alms*) elemosina *f.*, carità *f.*: *to live on ~* vivere di elemosina. **3** (*charitable institution*) istituto *m.* di carità, istituto *m.* di beneficenza, opera *f.* pia. **4** (*benevolence*) carità *f.*, benevolenza *f.* **5** (*Rel*) carità *f.* **II** *a.* di beneficenza. ☐ ~ *ball* ballo di beneficenza; *out of ~* per pura misericordia, per pura carità; ~ *trust* ente morale. *Prov.:* ~ *begins at home* la carità comincia a casa propria.

charivari /ˌʃɑːrɪˈvɑːri/ *n.* **1** scampanata *f.*, serenata *f.* burlesca. **2** (*hubbub*) baccano *m.*, schiamazzo *m.*, chiassata *f.*

charlady /'tʃɑːˌleɪdi/ *n.* (*Br*) domestica *f.* a ore, donna *f.* di servizio a ore.

charlatan /'ʃɑːlətən Am 'ʃɑːrlətən/ *n.* **1** ciarlatano *m.* (*f.* -a). **2** (*swindler*) ciarlatano *m.* (*f.* -a), imbroglione *m.* (*f.* -a).

charlatanish /'ʃɑːlətənɪʃ Am 'ʃɑːrlətənɪʃ/ *a.* ciarlatanesco.

charlatanism /'ʃɑːlətənɪzəm Am 'ʃɑːrlətənɪzəm/ *n.* ciarlataneria *f.*

charlatanry /'ʃɑːlətənri Am 'ʃɑːrlətənri/ *n.* ciarlataneria *f.*

Charlemagne /'ʃɑːləmeɪn Am 'ʃɑːrləmeɪn/ *n.pr.m.* (*Stor*) Carlomagno.

Charles /tʃɑːlz Am tʃɑːrlz/ *n.pr.m.* Carlo. ☐ (*Chim*) *Charles' Law* legge di Charles; (*Astr, ant*) ~*'s Wain* Orsa maggiore.

charleston /'tʃɑːlstən Am 'tʃɑːrlstən/ *n.* (*Mus*) charleston *m.*

Charleston /'tʃɑːlstən Am 'tʃɑːrlstən/ *n.pr.* (*Geog*) Charleston *f.*

charley /'tʃɑːli Am 'tʃɑːrli/ ☐ (*colloq*) ~ *horse* crampo (dovuto all'eccessivo sforzo

---

fisico), stiramento muscolare.

Charley /'tʃɑːli Am 'tʃɑːrli/ *n.pr.m.* dim. di Charles.

Charlie /'tʃɑːli Am 'tʃɑːrli/ *n.pr.m.* dim. di Charles.

charlock /'tʃɑːlɒk Am 'tʃɑːrlɑːk/ *n.* (*Bot*) senape *f.* selvatica.

charlotte /'ʃɑːlət Am 'ʃɑːrlət/ *n.* (*Dolc*) charlotte *f.*

Charlotte /'ʃɑːlət Am 'ʃɑːrlət/ *n.pr.f.* Carlotta.

charm /tʃɑːm Am tʃɑːrm/ **I** *n.* **1** fascino *m.*, incanto *m.*, attrattiva *f.*, seduzione *f.*: *a woman full of ~* una donna ricca di fascino. **2** (*amulet*) amuleto *m.*, talismano *m.*, portafortuna *m.* **3** (*trinket on a bracelet, etc.*) ciondolo *m.* **4** (*enchantment*) incanto *m.*, incantesimo *m.*, malia *f.* **5** (*magical verse, formula*) formula *f.* magica. **II** *v.t.* **1** affascinare, incantare, deliziare, rapire. **2** (*to influence by magic*) incantare, stregare; (*to protect by magic*) proteggere con arti magiche. **3** (*to achieve as if by magic*) far scomparire come per incanto, far passare come per magia. ☐ *to ~ so. asleep* fare addormentare qcu. per magia; *to ~ away* far scomparire come per incanto, far passare come per magia; (*Pol, colloq*) ~ *offensive* (*campaign of flattery and friendliness*) operazione simpatia, offensiva della simpatia; ~ *school* scuola di bon ton per giovani ragazze; (*colloq*) *to ~ the pants off so.* incantare qcu.

charmed /'tʃɑːmd Am 'tʃɑːrmd/ *a.* **1** (*bewitched*) incantato, fatato. **2** (*enchanted, delighted*) incantato, rapito, ammaliato. ☐ ~ *circle* cerchia di privilegiati, gruppo di privilegiati; (*ant*) ~ *I'm sure!* lusingato di fare la Sua conoscenza!

charmer /'tʃɑːmər Am 'tʃɑːrmər/ *n.* **1** ammaliatore *m.* (*f.* -trice), persona *f.* affascinante, persona *f.* incantevole. **2** (*enchanter, magician*) incantatore *m.* (*f.* -trice).

charming /'tʃɑːmɪŋ Am 'tʃɑːrmɪŋ/ *a.* **1** affascinante, attraente, incantevole. **2** (*employing magic*) magico.

charmingly /'tʃɑːmɪŋli Am 'tʃɑːrmɪŋli/ *avv.* in modo affascinante, in modo attraente.

charnel /'tʃɑːnəl Am 'tʃɑːrnəl/ *n.* ossario *m.* ☐ ~ *house* ossario.

Charon /'keərən Am 'kerən/ *n.pr.m.* (*Mitol*) Caronte.

chart /tʃɑːt Am tʃɑːrt/ **I** *n.* **1** (*hydrographic map*) carta *f.* idrografica; (*marine map*) carta *f.* nautica. **2** (*graph*) grafico *m.*, diagramma *m.* **3** (*outline map*) carta *f.*, prospetto *m.* **4** (*table*) tabella *f.* informativa, quadro *m.* informativo. **5** (*in embroidery*) schema *m.* **6** pl. (*of songs*) classifiche *f.pl.*, hit parade *f.*: *at the top of the ~s* in vetta alle classifiche. **II** *v.t.* **1** fare una carta geografica di, disegnare una carta geografica di. **2** (*Mar*) tracciare la rotta di. **3** (*fig*) progettare, studiare, ideare.

charter /'tʃɑːtər Am 'tʃɑːrtər/ **I** *n.* **1** licenza *f.*, lettera *f.* di privilegio, patente *f.* di franchigia. **2** (*for a corporation*) atto *m.* costitutivo. **3** (*for a new branch, lodge, etc.*) atto *m.* istitutivo. **4** (*for a colony*) statuto *m.*, documento *m.* di concessione. **5** (*constitution*) statuto *m.*, carta *f.* costituzionale. **6** (*privilege, immunity*) privilegio *m.*, immunità *f.*, esenzione *f.* **7** (*Comm*) contratto *m.* di noleggio. **8** (*Mar*) noleggio *m.* **II** *v.t.* **1** istituire mediante statuto, riconoscere mediante statuto. **2** (*to hire*) noleggiare, prendere a noleggio: *to ~ an aircraft* noleggiare un aereo. ☐ (*Aer*) ~ *flight* volo charter; ~ *member* socio fondatore; *the Charter of the United Nations* la Carta delle Nazioni Unite; (*Comm*) ~ *party* contratto di noleggio; (*US*) ~ *school* scuola pubblica creata su iniziativa degli insegnanti o dei geni-

---

tori degli studenti.

charterable /'tʃɑːtərəbl Am 'tʃɑːrtərəbl/ *a.* noleggiabile.

chartered /'tʃɑːtəd Am 'tʃɑːrtərd/ *a.* **1** (*qualified*) qualificato, abilitato. **2** (*Comm*) (*hired*) noleggiato. ☐ (*Br*) ~ *accountant* commercialista, revisore ufficiale dei conti; (*GB*) ~ *company* compagnia commerciale privilegiata, società commerciale privilegiata; (*Comm*) ~ *freight* nolo contrattuale; (*Br*) ~ *surveyor* geometra.

charterer /'tʃɑːtərər Am 'tʃɑːrtərər/ *n.* (*Comm*) noleggiatore *m.* (di navi).

charterhouse /'tʃɑːtəhaus Am 'tʃɑːrtərhaus/ *n.* certosa *f.*

charthouse /'tʃɑːthaus Am 'tʃɑːrthaus/ *n.* (*Mar*) sala *f.* nautica.

Chartism /'tʃɑːtɪzəm Am 'tʃɑːrtɪzəm/ *n.* (*Pol*) cartismo *m.*

Chartist /'tʃɑːtɪst Am 'tʃɑːrtɪst/ *n.* (*Pol*) cartista *m./f.*

chartreuse /ʃɑːˈtrɜːz Am ʃɑːrˈtruːz/ **I** *n.* **1** (*liqueur*) chartreuse *f.* **2** (*colour*) verde *m.* pallido. **II** *a.* verde pallido.

chartroom /'tʃɑːtruːm Am 'tʃɑːrtruːm/ *n.* (*Mar*) sala *f.* nautica.

charwoman /'tʃɑːˌwumən/ *n.irr.* (*Br*) domestica *f.* a ore, donna *f.* di servizio a ore.

chary /'tʃeəri Am 'tʃeri/ *a.* **1** prudente, cauto, attento (*in, of* in): *to be ~ in making promises* essere cauto nel fare promesse. **2** (*sparing*) parco, avaro (*of* di): ~ *of compliments* parco di complimenti.

Charybdis /kəˈrɪbdɪs/ *n.pr.f.* (*Mitol*) Cariddi.

chase[1] /tʃeɪs/ *v.t.* **1** inseguire, rincorrere: *to ~ a thief* inseguire un ladro. **2** (*Caccia*) inseguire, cacciare, dare la caccia a. **3** (*to drive by pursuing*) scacciare, cacciare (via): *she -d him out of the room* lo scacciò dalla stanza. **II** *v.i.* rincorrere, dare la caccia a: *to ~ after so.* rincorrere qcu. **III** *n.* **1** caccia *f.*, inseguimento *m.* **2** (*quarry*) preda *f.* **3** (*private game preserve*) riserva *f.* di caccia; (*hunting right*) diritto *m.* di caccia; (*hunting*) caccia *f.* ☐ *to ~ away* scacciare, cacciar (via): *to ~ a dog away* cacciar via un cane; *to ~ off* scacciare, cacciar (via).

chase[2] /tʃeɪs/ **I** *n.* **1** (*Tip*) telaio *m.* **2** (*groove*) traccia *f.*, incassatura *f.* **3** (*Mil*) (*of a cannon*) volata *f.* **II** *v.t.* **1** (*Art*) cesellare, sbalzare. **2** (*Mecc*) filettare, scanalare. **3** (*to set with gems*) incastonare.

chaser[1] /'tʃeɪsər/ *n.* **1** inseguitore *m.* (*f.* -trice); (*hunter*) cacciatore *m.* (*f.* -trice). **2** (*Am, colloq*) (*after coffee*) ammazzacaffè *m.*; (*after an alcoholic drink*) altra bevanda *f.* alcolica. **3** (*Mar.mil*) (*chase gun*) pezzo *m.* cacciatore.

chaser[2] /'tʃeɪsər/ *n.* (*Art*) cesellatore *m.* (*f.* -trice), incisore *m.*

chasm /'kæzəm/ *n.* **1** abisso *m.*, baratro *m.* (*anche fig*). **2** (*fissure*) fenditura *f.*, fessura *f.*, crepa *f.* **3** (*omission*) lacuna *f.*, omissione *f.*

chassé /'ʃæseɪ Am ʃæsˈeɪ/ *n.* (*in dancing*) chassé *m.*, pas chassé *m.*

chassis /'ʃæsi/ *n.inv.* **1** (*Aut,Tecn,Elettron,Rad*) telaio *m.* **2** (*Mil*) (*of a gun carriage*) slitta *f.* **3** (*Aer*) ossatura *f.*

chaste /tʃeɪst/ *a.* **1** casto, puro. **2** (*of language*) decente, pudico, castigato. **3** (*fig*) (*undefiled*) immacolato, puro: ~ *white linen* biancheria di un bianco immacolato. **4** (*fig*) (*of style, taste*) semplice, puro.

chastely /'tʃeɪstli/ *avv.* puramente, castamente.

chasten /'tʃeɪsən/ *v.t.* **1** castigare, correggere castigando, punire. **2** (*to subdue*) frenare, trattenere, contenere: *he felt -ed by his father's words* le parole del padre lo frenarono. **3** (*of a style, etc.*) castigare, purificare.

chastener /'tʃeɪsənər/ n. castigatore m. (f. -trice).

chasteness /'tʃeɪstnəs/ n. castità f., purezza f. (anche fig).

chastise /tʃæs'taɪz Am 'tʃæstaɪz/ v.t. 1 castigare, punire. 2 (to criticize severely) criticare aspramente.

chastisement /tʃæs'taɪzmənt/ n. castigo m., punizione f.

chastiser /tʃæs'taɪzər/ n. castigatore m. (f. -trice).

chastity /'tʃæstɪti Am 'tʃæstəti/ n. 1 castità f., purezza f. 2 (decency) decenza f., castigatezza f. 3 (virginity) castità f., verginità f. □ (Stor) ~belt cintura di castità.

chasuble /'tʃæzjubl/ n. (Lit) casula f., pianeta f.

chat /tʃæt/ I v.i. (past, p.p. chatted /'tʃætɪd/) 1 chiacchierare, discorrere, conversare (about di). 2 (Inform) chattare. II n. 1 chiacchierata f., quattro chiacchiere f.pl.: we had a pleasant ~ abbiamo fatto una piacevole chiacchierata. 2 (Ornit) (stonechat) saltimpalo m.; (whinchat) stiaccino m. □ (Inform) ~room chat room; (TV) ~show talk show; (Br,colloq) to ~ so. up (to flirt) tacchinare qcu., cercare di abbordare qcu., attaccare bottone con qcu.

chatelaine /'ʃætəleɪn Am 'ʃætəleɪn/ n. 1 castellana f. 2 (mistress of a household) padrona f. di casa. 3 (ant) châtelaine f.

chatline /'ʃætlaɪn/ n. (Inform) chatline f.

chattel /'tʃætəl Am 'tʃætl/ n. (Dir) bene m. mobile. □ (Am,Dir) ~mortgage ipoteca su beni mobili; (Dir) ~s personal beni mobili; (Dir) ~s real beni immobili.

chatter /'tʃætər Am 'tʃætər/ I v.i. 1 chiacchierare, ciarlare, cicalare. 2 (of monkeys) schiamazzare, squittire. 3 (of birds) cinguettare. 4 (of the teeth) battere: his teeth were ~ing from the cold batteva i denti dal (o per) il freddo. II n. 1 chiacchiccio m., cicaleccio m., ciarlio m. 2 (of monkeys) schiamazzo m., squittio m. 3 (of birds) cinguettio m.

chatterbox /'tʃætəbɒks Am 'tʃætərbɑːks/ n. chiacchierone m. (f. -a), ciarlone m. (f. -a).

chatterer /'tʃætərər Am 'tʃætərər/ n. chiacchierone m. (f. -a), ciarlone m. (f. -a).

chattily /'tʃætɪli Am 'tʃætɪli/ avv. in modo discorsivo.

chattiness /'tʃætɪnəs Am 'tʃætɪnəs/ n. loquacità f.

chatty /'tʃæti Am 'tʃæti/ a. 1 chiacchierino, ciarliero, loquace. 2 (conversational) discorsivo: ~ tone tono discorsivo.

Chaucer /'tʃɔːsər/ n.pr.m. (Lett) Chaucer.

Chaucerian /tʃɔː'sɪərɪən Am tʃɔː'sɪrɪən, tʃɔː'serɪən/ I a. (Lett) di Chaucer, relativo a Chaucer. II n. (Lett) studioso m. (f. -a) di Chaucer.

chauffeur /'ʃoʊfər Am ʃoʊ'fɜːr/ n. autista m.

chauvinism /'ʃoʊvɪnɪzəm/ n. 1 sciovinismo m. 2 (sexism) sessismo m.

chauvinist /'ʃoʊvɪnɪst/ n. 1 sciovinista m./f. 2 (sexist) sessista m./f.

chauvinistic /ʃoʊvɪ'nɪstɪk/ a. sciovinistico.

chauvinistically /ʃoʊvɪ'nɪstɪkəli/ avv. in modo sciovinistico, da sciovinista.

chaw /tʃɔː/ I v.t. (dial) masticare (tabacco). II n. (dial) cicca f. (da masticare). □ ~bacon villano, zotico.

Ch.E. Chemical Engineer (ingegnere chimico).

cheap /tʃiːp/ I a. 1 poco costoso, conveniente, economico, a buon mercato. 2 (charging low prices) che vende a basso prezzo. 3 (fig) (of poor quality) scadente, dozzinale, di poco valore. 4 (fig) (not difficult) facile: ~ promises facili promesse. II avv. a buon mercato, a basso prezzo: to sell ~ vendere a buon mercato. □ as ~as dirt a bassissimo prez-

zo, da quattro soldi; (scherz) it's ~at half the price costa un occhio della testa; ~flattery complimenti di rito, complimenti di occasione; (sl) toget off ~ cavarsela a buon mercato, cavarsela con poco; (fig) tomake oneself ~ mancare alla propria dignità.

cheapen /'tʃiːpən/ I v.t. 1 ridurre il prezzo di. 2 (fig) (to belittle) screditare, sminuire: to ~ oneself screditarsi. 3 (fig) (to lower the value of) deprezzare, svalutare. II v.i. diminuire di prezzo, costare meno.

cheapish /'tʃiːpɪʃ/ a. 1 abbastanza conveniente. 2 (rather ordinary) alquanto dozzinale.

cheapjack /'tʃiːpdʒæk/ I n. venditore m. (f. -trice) ambulante (di merci di poco prezzo). II a. da quattro soldi.

cheaply /'tʃiːpli/ avv. 1 a buon prezzo, a buon mercato. 2 (fig) grossolanamente.

cheapness /'tʃiːpnəs/ n. basso prezzo m.

cheapskate /'tʃiːpskeɪt/ n. (sl) avaro m. (f. -a), taccagno m. (f. -a).

cheat /tʃiːt/ I v.t. 1 frodare, defraudare, truffare: to ~ so. out of sth. defraudare qcu. di qcs. 2 (to influence by fraud) indurre con l'inganno, persuadere con l'inganno: to ~ so. into doing sth. indurre con l'inganno qcu. a fare qcs. 3 (to deceive) imbrogliare, ingannare. 4 (to elude, to foil) eludere, sottrarsi a, sfuggire a. II v.i. 1 imbrogliare, fare imbrogli. 2 (to break rules) imbrogliare, barare: to ~ at cards barare al gioco. 3 (Am,sl) (to be unfaithful to) tradire (on so. qcu.), mettere le corna (a). III n. 1 imbroglione m. (f. -a), truffatore m. (f. -trice). 2 (at cards) baro m. (f. -a). 3 (fraud, swindle) inganno m., imbroglio m., frode f., truffa f. 4 (adulterer) adultero m. (f. -a), infedele m./f., traditore m. (f. -trice). □ to ~death farla in barba alla morte; (fig) to ~ the gallows farla franca, cavarsela.

cheater /'tʃiːtər Am 'tʃiːtər/ n. 1 imbroglione m. (f. -a), truffatore m. (f. -trice). 2 (at cards) baro m. (f. -a).

Chechen /ˌtʃetʃ'en/ I n. 1 (Geog) ceceno m. (f. -a). 2 (language) ceceno m. II a. ceceno.

Chechenia /ˌtʃetʃ'niːə/ n.pr. (Geog) Cecenia f.

check[1] /tʃek/ I v.t. 1 (to inspect) ispezionare, esaminare, controllare. 2 (to verify) controllare, verificare: to ~ a copy with the original controllare una copia con l'originale; he ~ed that everyone was there controllò che ci fossero tutti. 3 (to restrain, to hold back) arrestare, trattenere, frenare: to ~ inflation frenare l'inflazione, tenere a freno l'inflazione. 4 (to curb, to diminish) rallentare, ridurre, diminuire: drugs ~ed the progress of the disease i farmaci rallentarono il progredire della malattia. 5 (to stop) arrestare, (far) fermare. 6 (to mark as examined, etc.) spuntare: to ~ a list spuntare una lista. 7 (Inform) selezionare (una casella di spunta). 8 (Am) (to leave in safekeeping) depositare, lasciare in consegna: he ~ed his baggage at the station depositò il bagaglio alla stazione. 9 (Am) (to accept in safekeeping) prendere in consegna. 10 (Am) (to consign for shipment) consegnare per la spedizione; (to accept for shipment) accettare per la spedizione. 11 (in chess) dare scacco a. II v.i. 1 controllare, verificare: you'd better ~ faresti meglio a controllare. 2 (Am) (to correspond, to agree) concordare (with con), corrispondere (a): your account does not ~ with the facts il tuo resoconto non concorda con i fatti. 3 (to stop suddenly) arrestarsi bruscamente. 4 (to crack, to split) screpolarsi, incrinarsi. 5 (in chess) dare scacco al re. 6 (in poker) passare. 7 (Am) (to draw a cheque) emettere un assegno. 8 (Caccia) (of hounds) fermarsi (fiutan-

do la traccia); (of a hawk) abbandonare la preda (per altra selvaggina). □ to ~in: 1 (to register) firmare il registro: to ~ in at a hotel registrarsi in un albergo; 2 (to present yourself, to see if there's a problem) controllare, sentire: we should ~ in on (o with) the babysitter to make sure she's not having any problems dovremmo sentire la babysitter per vedere se ha qualche problema; to ~off (to mark as examined) spuntare: to ~ off a list spuntare una lista; to ~ on controllare, verificare; to ~ out: 1 (to vacate a hotel room) lasciare libera la stanza; 2 (to pay) pagare (alla cassa del supermercato); 3 (Am) (of a book in a library) ritirare, prendere: you may ~ out up to six books at a time si possono ritirare fino a sei libri contemporaneamente; 4 (Am) (in a supermarket) stare alla cassa; 5 (Am) (to stare at or notice) guardare, dare un'occhiata, esaminare: (colloq) ~ this out dagli un'occhiata; 6 (Am,sl) (to die) crepare, tirare le cuoia; to ~up controllare (on sth. qcs.), verificare (on sth. qcs.), fare accertamenti (on sth. su qcs.).

check[2] /tʃek/ I n. 1 (Am,Econ) assegno m. (bancario): to pay by ~ pagare con un assegno. 2 (Am) (check mark) visto m. 3 (control, inspection) controllo m. (on su), verifica f., esame m., ispezione f.: to carry out (o to run) a ~ on sth. fare un controllo su qcs. 4 (arrest, stop) arresto m., fermata f. improvvisa, battuta f. di arresto. 5 (inquiry, search) ricerca f., indagine f.: after a quick ~ they found nothing missing dopo una breve indagine trovarono che non mancava niente. 6 (obstacle) freno m., ostacolo m., impedimento m.: wind acts as a ~ on speed il vento fa da freno alla velocità. 7 (Am) (bill) conto m. 8 (Am) (ticket denoting ownership) scontrino m., tagliando m.: a baggage ~ uno scontrino per il bagaglio. 9 (pattern of squares) quadrettatura f., disegno m. a quadri, disegno m. a scacchi. 10 (one square) quadro m., scacco m. 11 (Tess) (checked fabric) tessuto m. a quadri, tessuto m. a scacchi. 12 (Tecn) (crack, chink) screpolatura f., incrinatura f. 13 (Caccia) perdita f. della traccia. 14 (Inform) controllo m., verifica f. II a. 1 (serving to verify) di controllo, di verifica: a ~ system un sistema di controllo. 2 (checked) quadrettato, a quadri, a scacchi. III intz. 1 (in chess) scacco al re! 2 (colloq) d'accordo!, va bene! □ ~back controllo alla rovescia; (Econ) ~ clerk revisore; (Inform) ~digit cifra chiave; to hold (o to keep) sth.in ~ tenere a freno qcs., tenere qcs. sotto controllo; to keep one's anger in ~ dominare l'ira; ~list lista di controllo; (Am) ~ mark visto, segno di spunta; (Mecc) ~nut controdado; ~off trattenuta; ~on consumption contenimento dei consumi; ~out: 1 (of a hotel room procedure) disdetta; (time) tempo limite per la disdetta; ~ out is at midday i clienti devono lasciare la camera a mezzogiorno; 2 (test) controllo, collaudo; 3 (examination) esame, verifica; 4 (in a supermarket) cassa; (payment) pagamento alla cassa); ~out counter cassa (di supermercato); ~out girl cassiera (di supermercato); ~ point: 1 (Strad) posto di controllo; 2 (Aer) punto di riferimento; 3 (Inform) punto di controllo; to put a ~on production contenere la produzione; (Ferr) ~rail controrotaia; ~rein (of a pair of horses) redine che unisce i cavalli di una pariglia; (Tel) ~word parola convenzionale di controllo.

checkbook /'tʃekbʊk/ n. (Am) libretto m. degli assegni. □ ~holder portassegni.

checkbox /'tʃekbɒks Am 'tʃekbɑːks/ n. (Inform) casella f. da spuntare.

checked /tʃekt/ *a.* **1** a quadri, a scacchi, quadrettato. **2** (*restrained*) contenuto, frenato.

checker[1] /'tʃekər/ *n.* **1** chi controlla, chi verifica. **2** (*Am*) (*of coats*) guardarobiere *m.* (*f.* -a); (*of luggage*) addetto *m.* (*f.* -a) ai bagagli. **3** (*timekeeper*) cronometrista *m./f.* **4** (*in a supermarket*) cassiere *m.* (*f.* -a). **5** (*of telescope*) cercatore *m.* (*f.* -trice). ☐ -s**player** damista, giocatore di dama.

checker[2] /'tʃekər/ *e der.* (*Am*) → **chequer** *e der.*

checkerman /'tʃekərmən/ *n.irr.* (*Am*) (*draughtsman*) pedina *f.*

check-in /'tʃekɪn/ *n.* (*at the airport, etc.*) accettazione *f.*, check-in *m.* ☐ ~ **desk** (o ~ **counter**) banco dell'accettazione.

checking /'tʃekɪŋ/ ☐ (*Econ*) ~ **account** conto corrente bancario; (*Econ*) ~ **deposit** deposito in conto corrente.

checkmate /'tʃekmeɪt/ **I** *n.* **1** (*in chess*) scacco *m.* matto. **2** (*fig*) scacco *m.* matto, insuccesso *m.* totale, disfatta *f.*: *to meet with* ~ essere un totale insuccesso. **II** *v.t.* dare scacco matto a (*anche fig*).

checkroom /'tʃekruːm/ *n.* (*Am*) deposito *m.* bagagli.

checksum /'tʃeksʌm/ *n.* (*Inform*) somma *f.* di controllo.

check-up /'tʃekʌp/ *n.* **1** controllo *m.*, verifica *f.* **2** (*Med*) controllo *m.* (generale), check-up *m.*

cheek /tʃiːk/ **I** *n.* **1** guancia *f.*, (*lett*) gota *f.* **2** (*colloq*) (*impudence*) sfrontatezza *f.*, sfacciataggine *f.*, impudenza *f.*, faccia *f.* tosta: *I like your* ~! che faccia tosta!, hai un bel coraggio!; *what a* ~! che sfacciataggine! **3** (*colloq*) (*buttock*) chiappa *f.*, natica *f.* **4** (*Arch*) lato *m.* di un'apertura. **5** (*Tecn*) (*of a vice*) ganascia *f.* **6** (*Mar*) maschetta *f.*, galtella *f.* **II** *v.t.* (*colloq*) parlare in modo impertinente a, parlare in maniera insolente a. ☐ ~ *by jowl*: **1** guancia a guancia; **2** (*side by side*) fianco a fianco, affiancato; **3** (*in close intimacy*) molto intimi, in un rapporto molto stretto; (*Zool*) ~ *pouch* tasca boccale, borsa guanciale; (*Anat*) ~ *tooth* molare.

cheekbone /'tʃiːkbəʊn/ *n.* (*Anat*) zigomo *m.*

cheekily /'tʃiːkɪli/ *avv.* sfacciatamente, sfrontatamente.

cheekiness /'tʃiːkɪnəs/ *n.* sfacciataggine *f.*, sfrontatezza *f.*, impudenza *f.*

cheekpiece /'tʃiːkpiːs/ *n.* (*di elmo*) paraguance *m.*, paragnatide *f.*

cheeky /'tʃiːki/ *a.* (*colloq*) (*impudent*) sfacciato, sfrontato, insolente (*to* con).

cheep /tʃiːp/ **I** *v.i.* pigolare; (*to squeak*) squittire. **II** *n.* (*chirp*) pigolio *m.*; (*squeak*) squittio *m.*

cheer /tʃɪər/ *Am* tʃɪr/ **I** *n.* **1** acclamazione *f.*, applauso *m.* **2** (*traditional shout*) grido *m.* di incoraggiamento, grido *m.* di plauso, evviva *m.*, urrà *m.*: *three -s for our commander* tre urrà per il nostro comandante. **3** (*encouragement, comfort*) incoraggiamento *m.*, conforto *m.*: *words of* ~ parole di incoraggiamento. **4** (*feeling*) stato *m.* d'animo, disposizione *f.* d'animo, umore *m.*: *to be of good* ~ essere di buon umore. **5** (*good spirits*) gaiezza *f.*, allegrezza *f.* **II** *v.t.* **1** acclamare, applaudire. **2** (*to gladden*) rallegrare, allietare. **3** (*to encourage*) rincuorare, confortare. **4** (*to incite*) incoraggiare, incitare. **III** *v.i.* applaudire. ☐ *to give a* ~ lanciare un evviva, lanciare un urrà; ~*leader* ragazza ponpon, cheerleader; *to* ~*on* incoraggiare, incitare: *to* ~ *a team on* incitare una squadra; *to* ~ *up*: **1** (*to become more cheerful*) rincuorarsi, farsi animo, rallegrarsi: ~ *up!* fatti animo!, su, coraggio!; *she -ed up as soon as she heard the news* si

rincuorò non appena seppe la notizia; **2** (*to encourage*) rincuorare, confortare; (*Br, colloq*) *what* ~? come va?, come ti senti?

cheerful /'tʃɪəfʊl/ *Am* 'tʃɪrfʊl/ *a.* **1** allegro, contento, di buon umore. **2** (*lively, gay*) allegro, vivace, gaio: *a* ~ *room* una stanza allegra; (*bright*) raggiante, luminoso. **3** (*willing*) volenteroso, pronto. ☐ ~ *giver* persona generosa; ~*news* notizie incoraggianti.

cheerfully /'tʃɪəfʊli/ *Am* 'tʃɪrfʊli/ *avv.* **1** allegramente. **2** (*willingly*) volentieri, di buon grado.

cheerfulness /'tʃɪəfʊlnəs/ *Am* 'tʃɪrfʊlnəs/ *n.* allegria *f.*, contentezza *f.*, buon umore *m.*

cheerily /'tʃɪərɪli/ *Am* 'tʃɪrɪli/ *avv.* **1** allegramente. **2** (*willingly*) volentieri, di buon grado.

cheeriness /'tʃɪərɪnəs/ *Am* 'tʃɪrɪnəs/ *n.* allegria *f.*, contentezza *f.*, buon umore *m.*

cheerio /ˌtʃɪəri'əʊ/ *intz.* (*Br,colloq*) ciao!, arrivederci!

cheerless /'tʃɪələs/ *Am* 'tʃɪrləs/ *a.* squallido, triste, tetro: *a* ~ *waiting room* una sala d'aspetto squallida. ☐ ~ *weather* brutto tempo, tempaccio.

cheerlessness /'tʃɪələsnəs *Am* 'tʃɪrləsnəs/ *n.* squallore *m.*, tristezza *f.*

cheers /'tʃɪəz/ *intz.* **1** (*spec. Br,Aus*) (*as a toast*) cin cin!, alla salute! **2** (*Br,colloq*) (*thank you*) grazie! **3** (*Br,colloq*) (*good-bye*) ciao!, arrivederci!

cheery /'tʃɪəri *Am* 'tʃɪri/ *a.* **1** allegro, contento, di buon umore. **2** (*lively*) vivace, brioso. **3** (*causing cheerfulness*) gioioso, gaio, festoso.

cheese /tʃiːz/ *n.* (*Alim*) **1** formaggio *m.*, (*region*) cacio *m.* **2** (*mass of cheese*) forma *f.* di formaggio. ☐ (*Alim*) ~ *biscuit* biscotto al formaggio; ~ *curd* grumo di latte rappreso; ~ *cutter* coltello da formaggio; ~ *dairy* caseificio; ~ *dish* formaggiera, formaggera; ~*knife* coltello da formaggio; ~*maggot* verme del formaggio; (*Bot*) ~ *rennet* caglio; (*Alim*) ~ *sticks* salatini al formaggio; (*Alim*) ~ *straws* salatini al formaggio.

cheeseboard /'tʃiːzbɔːd *Am* 'tʃiːzbɔːrd/ *n.* vassoio *m.* per formaggi.

cheeseburger /'tʃiːzˌbɜːgər *Am* 'tʃiːz ˌbɜːrgər/ *n.* (*Gastron*) hamburger *m.* al formaggio.

cheesecake /'tʃiːzkeɪk/ *n.* **1** (*Dolc*) cheesecake *m.* (torta a base di biscotti sbriciolati, formaggio e gelatina di frutta). **2** (*sl*) fotografia *f.* di donna seminuda.

cheesecloth /'tʃiːzklɒθ *Am* 'tʃiːzklɑːθ/ *n.* (*Tess*) buratto *m.*, stamigna *f.*

cheesed /tʃiːzd/ ☐ (*Br,Aus,sl*) ~*off* disgustato, stufo.

cheesemonger /'tʃiːzˌmʌŋgər *Am also* 'tʃiːz ˌmɑːŋgər/ *n.* commerciante *m./f.* di formaggi.

cheese-parer /'tʃiːzˌpeərər *Am* 'tʃiːzˌperər/ *n.* (*colloq*) avaro *m.* (*f.* -a), spilorcio *m.* (*f.* -a).

cheese-paring /'tʃiːzˌpeərɪŋ *Am* 'tʃiːzˌperɪŋ/ **I** *a.* gretto, misero, meschino: *a* ~ *allowance* un misero assegno. **II** *n.* grettezza *f.*, avarizia *f.*

cheesiness /'tʃiːzɪnəs/ *n.* **1** proprietà *f.* del formaggio, qualità *f.* del formaggio. **2** (*bad taste*) bruttezza *f.*, cattivo gusto *m.*

cheesy /'tʃiːzi/ *a.* **1** (*resembling cheese: in consistence*) caseiforme, del formaggio. **2** (*resembling cheese: in odour*) di formaggio, di cacio: *a* ~ *smell* un odore di formaggio. **3** (*caseous*) caseoso. **4** (*Am,sl*) scadente, dozzinale, brutto, di cattivo gusto.

cheetah /'tʃiːtə *Am* 'tʃiːtə/ *n.* (*Zool*) ghepardo *m.*

chef /ʃef/ *n.* capocuoco *m.*, chef *m.* ☐ (*Gastron*) ~*'s salad* insalata dello chef, insa-

latona.

chef-d'oeuvre /ˌʃeɪ'dɜːvr(ə)/ *n.* capolavoro *m.*

Chekhovian /tʃe'kəʊviən/ *a.* cecoviano, di Cechov.

chela[1] /'kiːlə/ (*pl.* **chelae** /'kiːliː/) *n.* (*Zool*) chela *f.*

chela[2] /'tʃeɪlə, 'tʃiːlə/ *n.* cela *m.*, novizio *m.* buddista.

chelate /'kiːleɪt/ **I** *a.* (*Zool,Chim*) chelato. **II** *n.* (*Chim*) chelato *m.* **III** *v.i.* (*Chim*) chelare.

chelation /kɪ'leɪʃən/ *n.* (*Chim*) chelazione *f.*

cheliform /'kiːlɪfɔːm *Am* 'kiːlɪfɔːrm/ *a.* (*Zool*) cheliforme.

chelonian /kɪ'ləʊniən/ **I** *a.* (*Zool*) dei cheloni. **II** *n.pl.* cheloni *m.pl.*

Chelsea /'tʃelsiː/ ☐ (*Br*) ~*bun* specie di focaccia; ~ *ware* porcellane di Chelsea.

Cheltonian /tʃel'təʊniən/ *n.* membro *m.* del Cheltenham College.

chemical /'kemɪkəl/ **I** *n.* prodotto *m.* chimico, sostanza *f.* chimica. **II** *a.* chimico. ☐ (*Chim*) ~ *bond* legame chimico, valenza; (*Chim*) ~ *compound* composto chimico; (*Chim*) ~ *engineer* ingegnere chimico, chimico industriale; (*Chim*) ~ *engineering* ingegneria chimica, chimica industriale; ~ *fertilizer* concime chimico, fertilizzante chimico; (*Chim*) ~*formula* formula chimica; ~ *laser* laser chimico; (*Met*) ~ *lead* piombo duro; ~ *plant* stabilimento chimico; ~ *pollutant* inquinante chimico; (*Chim*) ~*process* processo chimico; (*Chim*) ~ *reactor* reattore chimico; (*Mil*) ~ *warfare* guerra chimica; ~ *waste* rifiuti chimici; (*Mil*) ~ *weapons* armi chimiche; *without* -s senza fertilizzanti chimici; (*Chim*) ~ *works* laboratorio chimico.

chemically /'kemɪkəli/ *avv.* chimicamente. ☐ (*Chim*) ~*pure* chimicamente puro.

chemico-physical /ˌkemɪkəʊ'fɪzɪkəl/ *a.* chimico-fisico.

chemise /ʃə'miːz/ *n.* **1** (*Abbigl*) (*dress hanging straight from the shoulders*) chemisier *m.* **2** (*Abbigl*) (*shirt*) camicia *f.* (da donna). **3** (*Abbigl*) (*nightdress*) camicia *f.* da notte. **4** (*Tecn*) (*revetment for earth embankments*) muro *m.* di ritegno.

chemisette /ˌʃemɪ'zet/ *n.* (*Abbigl*) davantino *m.*, pettorina *f.*

chemist /'kemɪst/ *n.* **1** chimico *m.* (*f.* -a). **2** (*druggist*) farmacista *m./f.*

chemistry /'kemɪstri/ *n.* **1** chimica *f.* **2** (*chemical properties*) proprietà *f.pl.* chimiche. ☐ ~ *of metals* metallochimica.

chemotaxis /ˌkiːmoʊ'tæksɪs/ (*pl.* **-xes/-xies** /-siːz/) *n.* (*Biol*) chemiotassi *f.*

chemotherapeutic /ˌkiːmoʊθerə'pjuːtɪk *Am* kiːmoʊˌθerə'pjuːtɪk/ *a.* (*Med*) chemioterapico.

chemotherapy /ˌkiːmoʊ'θerəpi/ *n.* (*Med*) chemioterapia *f.*

chemurgy /'kemɜːdʒi *Am* 'kemɜːrdʒi/ *n.* (*Chim*) chemiurgia *f.*

chenille /ʃə'niːl/ *n.* (*Tess*) ciniglia *f.*

cheque /tʃek/ *n.* (*Econ*) assegno *m.* (bancario): *to pay by* ~ pagare con un assegno. ☐ ~ *book* libretto degli assegni; ~ *card* carta assegni; ~ *to bearer* assegno al portatore; (*Econ*) ~ *to order* assegno all'ordine.

chequer /'tʃekər/ **I** *n.* **1** (*pattern*) disegno *m.* a quadri, disegno *m.* a scacchi. **2** (*one square*) riquadro *m.*, quadro *m.*, scacco *m.* **3** *pl.* (*costr.sing.*) (*draughts*) dama *f.* **II** *v.t.* **1** segnare a riquadri, quadrettare. **2** (*estens*) (*to make irregular*) rendere irregolare. ☐ ~ *work* disegno a quadri, disegno a scacchi.

chequer-board /'tʃekəbɔːd *Am* 'tʃekərbɔːrd/ *n.* damiera *f.*

chequered /'tʃekəd *Am* 'tʃekərd/ *a.* **1** a scacchi, a quadri, quadrettato. **2** (*estens*) con alti e bassi, con alterne fortune.

cherish /'tʃerɪʃ/ *v.t.* **1** essere molto affezionato a, avere caro. **2** (*to care for lovingly*) curare teneramente, avere molta cura di: *to ~ one's garden* avere molta cura del proprio giardino. **3** (*of hopes, ideas, etc.: to cling to*) nutrire, serbare (in cuore), conservare: *to ~ illusions* farsi delle illusioni, vivere di illusioni.

Cherokee /'tʃerəkiː, tʃerə'kiː/ (*pl.inv.* o **-s** /-z/) *n.* (indiano) Cherokee *m.*

cheroot /ʃə'ruːt/ *n.* sigaro *m.* spuntato.

cherry /'tʃeːri/ **I** *n.* **1** (*Bot,Alim*) ciliegia *f.* **2** (*Bot*) ciliegio *m.* **3** (*wood*) ciliegio *m.* **4** rosso *m.* ciliegia, color *m.* ciliegia. **II** *a.* **1** di ciliegie. **2** (*cherry-coloured*) color ciliegia. **3** (*made of cherry wood*) di ciliegio, in ciliegio. □ (*Bot*) *~ blossom* fiore del ciliegio; *~ bob* mazzetto di due ciliegie; *~ brandy* acquavite di ciliegie; (*Bot*) *~ laurel* lauroceraso; *~ liqueur* ciliegiolo, liquore di ciliegie; (*fig*) *the ~ on the cake* la ciliegina sulla torta; *~ orchard* ciliegeto, giardino dei ciliegi; *~ picker* carroponte (di piccole dimensioni), idroscala, scala idraulica; *~ pie*: 1 (*Dolc*) torta di ciliegie; 2 (*Bot*) valeriana (minore); *~ stone* nocciolo di ciliegia; (*Bot,Alim*) *~ tomato* ciliegino, pomodoro ciliegino, pomodorino; (*Bot*) *~ tree* ciliegio; *~ wood* legno di ciliegio, ciliegio.

cherry-red /'tʃeri,red/ *n.* rosso *m.* ciliegia.

chersonese /'kɜːsəniːz Am 'kɜːrsəniːz/ *n.* (*poet*) penisola *f.*

chert /tʃɜːt Am tʃɜːrt/ *n.* (*Min*) selce *f.*

cherty /'tʃɜːti Am 'tʃɜːrti/ *a.* di selce, siliceo.

cherub /'tʃerəb/ (*pl.* **-im** /-ɪm/, **-s** /-z/) *n.* **1** (*Bibl,Teol*) cherubino *m.* **2** (*Art*) (*cupid*) amorino *m.*, cupido *m.*, putto *m.* **3** (*fig*) (*innocent, chubby child*) amorino *m.*, angioletto *m.*

cherubic /tʃə'ruːbɪk/ *a.* cherubico, di cherubino, da cherubino, serafico.

cherubically /tʃə'ruːbɪkəli/ *avv.* da cherubino, seraficamente.

chervil /'tʃɜːvɪl Am tʃɜːrvɪl/ *n.* (*Bot*) cerfoglio *m.*

Cheshire /'tʃeʃ(ɪ)ə Am 'tʃeʃɪr/ **I** *n.pr.* (*Geog*) Cheshire *m.* **II** *n.* (*Cheshire cheese*) formaggio *m.* del Cheshire. □ (*fig*) *to grin like a ~ cat* fare un sorriso che va da un orecchio all'altro, fare un sorriso a trentadue denti.

chess[1] /tʃes/ *n.* gioco *m.* degli scacchi, scacchi *m.pl.*: *to play ~* giocare a scacchi. □ *~ player* giocatore di scacchi, scacchista; *~ tournament* torneo di scacchi; (*Mar,ant*) *~ tree* caviglia.

chess[2] /tʃes/ (*pl.inv.* o **-es** /-ɪz/) *n.* (*Mar*) (*of a floating bridge*) piano *m.* del pontone.

chess[3] /tʃes/ *n.* (*Bot*) bromus *m.* secalinus.

chess-board /'tʃesbɔːd Am 'tʃesbɔːrd/ *n.* scacchiera *f.*

chessel /'tʃesəl/ *n.* stampo *m.* per formaggio, forma *f.* per formaggio.

chessman /'tʃesmən/ *n.irr.* pezzo *m.* (degli scacchi).

chest /tʃest/ *n.* **1** (*Anat*) torace *m.*, petto *m.* **2** (*large box*) cassa *f.*, cassetta *f.*; (*for storing clothes*) cassapanca *f.*; (*coffer*) scrigno *m.*, forziere *m.* **3** (*funds*) cassa *f.*, fondo *m.* □ (*Med*) *~ cold* bronchite *f.*; (*Arred*) *~ of drawers* cassettiera *f.*; (*colloq*) *to get sth. off one's ~* sfogarsi, togliersi un peso dallo stomaco; (*Mus*) *~ register* registro inferiore; (*Mus*) *in ~ voice* di petto.

chested /'tʃestɪd/ *a.* (*in compounds*) dal petto..: *narrow-~* dal petto stretto.

chesterfield /'tʃestəfiːld Am 'tʃestərfiːld/ *n.* **1** (*Abbigl*) soprabito *m.* a un petto. **2** (*Arred*) sofà *m.*

chestiness /'tʃestɪnəs/ *n.* ampiezza *f.* di torace.

chestnut /'tʃesnʌt/ **I** *n.* **1** (*nut*) castagna *f.*; (*tree*) castagno *m.*; (*wood*) castagno *m.* **2** (*Bot*) (*horse chestnut*) ippocastano *m.*, marrone *m.* d'India, castagno *m.* d'India; (*fruit*) castagna *f.* d'India. **3** (*chestnut brown*) castano *m.*, color *m.* castano. **4** (*Zool*) (*on a horse's leg*) castagna *f.*, castagnetta *f.* **5** (*Zool*) (*reddish-brown horse*) baio *m.* castano; (*liver chestnut*) cavallo *m.* sauro. **6** (*colloq*) (*old joke*) barzelletta *f.* vecchia, barzelletta *f.* trita, storiella *f.* risaputa: *that's a ~!* (o *that's an old ~!*) questa è vecchia!, questa è risaputa! **II** *a.* (*colour*) castano. **2** (*of a horse*) baio, sauro. **3** (*made of chestnuts*) di castagne. □ *~ brown* castano, color castano; (*Dolc*) *~ cake* castagnaccio; (*Alim*) *~ flour* farina di castagne; *~ grove* castagneto.

chesty /'tʃesti/ *a.* **1** (*colloq*) largo di torace; (*of women*) pettoruta, formosa. **2** (*Br,colloq*) (*full of catarrh*) catarroso. **3** (*Mus*) (*of voice*) di petto.

cheval-glass /ʃə'vælglɑːs Am ʃə'vælglæs/ *n.* (*Arred*) specchio *m.* a bilico, psiche *f.*

chevalier /ʃevə'lɪə Am ʃevə'lɪr/ *n.* **1** (*member of an order of Knighthood*) cavaliere *m.* **2** (*in French nobility*) cadetto *m.* **3** (*chivalrous man*) cavaliere *m.*

chevet /ʃə'veɪ/ *n.* (*Arch*) abside *f.*

cheviot /'tʃevɪət Am 'ʃevɪət/ *n.* **1** (*Zool*) pecora *f.* cheviot. **2** (*Tess*) lana *f.* cheviot.

chevron /'ʃevrən/ *n.* **1** (*Mil*) gallone *m.* **2** (*Arch*) (*chevron moulding*) modanatura *f.* a zig-zag. **3** (*Arald*) capreolo *m.*, capriolo *m.*, scaglione *m.*

chevronways /'ʃevrənweɪz/ *avv.* (*Arald*) a guisa di capreolo, a guisa di scaglione.

chevronwise /'ʃevrənwaɪz/ *avv.* (*Arald*) a guisa di capreolo, a guisa di scaglione.

chevrotain /'ʃevrouteɪn/ *n.* (*Zool*) tragulo *m.*

chew /tʃuː/ **I** *v.t.* **1** masticare. **2** (*to grind with the teeth*) rosicchiare, rodere: *the puppy -ed a hole in my slipper* il cucciolo ha rosicchiato la mia pantofola fino a creare un buco. **II** *v.i.* **1** masticare. **2** (*Am,colloq*) (*to chew tobacco*) masticare tabacco, ciccare. **3** (*fig*) (*to ponder*) rimuginare, ponderare. □ (*Am,sl*) *to ~ out* rimproverare aspramente, dare una girata a; (*colloq*) *to ~ over* rimuginare su, riflettere su, meditare su; *to ~ the cud*: 1 ruminare; 2 (*to meditate*) rimuginare, meditare, meditare a lungo, rimasticare.

chewable /'tʃuːəbl/ *a.* masticabile.

chewiness /'tʃuːɪnəs/ *n.* il richiedere una laboriosa masticazione, gommosità *f.*

chewing /'tʃuːɪŋ/ □ *~ gum* gomma da masticare, gomma americana, chewing gum.

chewy /'tʃuːi/ *a.* che richiede una laboriosa masticazione, gommoso.

chiaroscurist /kiːˌɑːrəs'kjʊərɪst Am kiːˌɑːrə'skjʊrɪst/ *n.* (*Pitt*) artista *m./f.* che usa il chiaroscuro.

chiaroscuro /kiːˌɑːrəs'kjʊərəʊ Am kiːˌɑːrə'skjʊroʊ/ (*pl.* **-s** /-z/) *n.* (*Pitt*) chiaroscuro *m.*

chiasma /kaɪ'æzmə/ (*pl.* **-s** o /-z/, **chiasmata** /kaɪ'æzmətə/ Am kaɪ'æzmətə/) *n.* (*Biol,Anat*) chiasma *m.*

chiasmus /kaɪ'æzməs/ (*pl.* **-mi** /-maɪ/) *n.* (*Ret*) chiasmo *m.*

chiastic /kaɪ'æstɪk/ *a.* chiastico.

chic /ʃiːk, ʃɪk/ **I** *a.* **1** elegante, chic. **2** (*modish*) alla moda. **II** *n.* **1** eleganza *f.*, sciccheria *f.*; (*style*) stile *m.* **2** (*fashionableness*) moda *f.*

Chicago /ʃɪ'kɑːgəʊ/ *n.pr.* (*Geog*) Chicago *f.* □ (*Econ,Arch*) *~ school* scuola di Chicago.

chicane /ʃɪ'keɪn/ **I** *n.* **1** (*in motor-racing*) chicane *f.* **2** (*in bridge*) chicane *f.* **II** *v.i.* (*ant*)

usare cavilli, usare artifici. **III** *v.t.* (*ant*) **1** imbrogliare, ingannare: *to ~ so. out of an inheritance* imbrogliare qcu. togliendogli un'eredità. **2** (*to cavil at*) cavillare su.

chicanery /ʃɪ'keɪnəri/ *n.* **1** sofisma *m.*, cavillo *m.* **2** (*trick*) imbroglio *m.*, raggiro *m.*; (*at law*) cavillo *m.* (legale).

chick /tʃɪk/ *n.* **1** (*young chicken*) pulcino *m.*; (*young of any bird*) uccellino *m.* **2** (*sl*) (*girl*) ragazza *f.*, pollastra *f.* □ (*Am,colloq*) *~ flick* film per ragazze, film sdolcinato.

chickabiddy /'tʃɪkə,bɪdi/ *n.* (*Br,vezz,ant*) pulcino *m.*, cocco *m.*

chickadee /'tʃɪkə,diː/ *n.* (*Zool*) cincia *f.*

chicken /'tʃɪkɪn/ **I** *n.* **1** pollo *m.*; (*young*) pollastro *m.* (*f.* -a). **2** (*flesh*) pollo *m.* **3** (*sl*) (*coward*) vigliacco *m.* (*f.* -a), fifone *m.* (*f.* -a); (*sissy*) pappamolle *m.*, signorina *f.* **II** *a.* **1** di pollo. **2** (*sl*) vile, pauroso. **III** *v.i.* (*colloq*) tirarsi indietro (per la paura), fare marcia indietro (*of* di fronte a). □ (*Am,Gastron*) *~ à la king* pollo tagliato a pezzi e cucinato con pepe verde; *~ breast*: 1 (*Alim*) petto di pollo; 2 (*Med*) petto carenato; *~ coop* stia per polli, gabbia per polli; *~ farmer* pollicoltore; *~ farming* pollicoltura; (*sl*) *~ feed* (*small change*) spiccioli; (*Am,Gastron*) *~ fried steak* cotoletta impanata e fritta; (*colloq*) *to ~ out* tirarsi indietro (per paura), fare marcia indietro (*of* di fronte a); *~ run* recinto per polli; (*Gastron*) *~ salad* insalata di pollo; *~ wire* rete metallica a maglie strette; (*sl*) *like a ~ with its head cut off* in preda al panico.

chicken-hearted /ˌtʃɪkɪn'hɑːtɪd Am ˌtʃɪkɪn'hɑːrtɪd/ *a.* (*colloq*) pauroso, dal cuore di coniglio.

chicken-livered /ˌtʃɪkɪn'lɪvərd/ *a.* (*colloq*) pauroso, dal cuore di coniglio.

chickenpox /'tʃɪkɪn,pɒks Am 'tʃɪkɪn,pɑːks/ *n.* (*Med*) varicella *f.*

chickpea /'tʃɪkpiː/ *n.* (*Bot,Alim*) cece *m.*

chicle /'tʃɪkl, 'tʃɪkli/ *n.* lattice *m.* della sapota. □ *~ gum* lattice della sapota.

chicory /'tʃɪkəri/ *n.* (*Bot,Alim*) cicoria *f.*

chide /tʃaɪd/ (*past* **chid** /tʃɪd/ o **chided** /'tʃaɪdɪd/, *p.p.* **chided**, *ant* **chidden** /'tʃɪdən/) **I** *v.t.* rimproverare, sgridare, riprendere. **II** *v.i.* **1** borbottare contro, lamentarsi di. **2** (*of a storm, sea, etc.: to roar*) mugghiare. □ *to ~ so. into doing sth.* far fare qcs. a qcu. a furia di rimproveri.

chiding /'tʃaɪdɪŋ/ *n.* rimprovero *m.*, sgridata *f.*, rimbrotto *m.*

chidingly /'tʃaɪdɪŋli/ *avv.* con un rimprovero, con una sgridata.

chief /tʃiːf/ **I** *n.* **1** capo *m.*, comandante *m.*: *the ~ of police* il capo della polizia. **2** (*leader*) condottiero *m.* **3** (*head of a tribe or clan*) capo *m.*: *a Zulu ~* un capo zulù. **4** (*sl*) (*boss*) capo *m.*, principale *m.* **5** (*Arald*) capo *m.* **II** *a.* **1** primo, sommo, capo: *the ~ priest* il sommo sacerdote. **2** (*principal*) principale, più importante, primo: *the ~ town in the county* la città più importante della contea; *the ~ problem* il problema principale. □ *~ accountant* ragioniere capo; (*Mar*) *~ boatswain mate* primo nostromo; *~ clerk* capo ufficio; (*GB*) *~ constable* capo della polizia di una contea; (*Mar*) *~ engineer* primo ufficiale di macchina; *Chief Executive* capo del governo, capo dell'esecutivo; *~ executive officer*: 1 governatore (di uno stato); 2 (*head of a government*) capo del governo, capo dell'esecutivo; 3 (*Comm*) direttore generale; *in ~*: 1 (*of a person*) capo: *editor in ~* redattore capo, caporedattore; 2 (*ant*) (*specially*) in special modo; 3 (*Arald*) nel capo, in capo; *~ inspector* ispettore capo; (*Dir*) *~ justice* giudice capo; *~ object* scopo principale;

(*US,Pol*) ~ *of staff* capo dell'Ufficio esecutivo del Presidente; (*Mil*) ~ *of Staff* capo di stato maggiore; (*US,Pol*) *Chief of State* Capo di Stato; (*Mil*) ~ *of the General Staff* capo di stato maggiore; (*Am,Mar*) ~ *petty officer* capo commissario di bordo; ~ *rabbi* rabbino capo; ~ *surgeon* primario (chirurgo); ~ *warder* capocarceriere.

chiefdom /'tʃiːfdəm/ *n.* **1** dignità *f.* di capo, sovranità *f.* **2** (*office*) comando *m.* **3** (*region*) territorio *m.* sottoposto, giurisdizione *f.*

chiefly /'tʃiːfli/ *avv.* **1** principalmente, soprattutto, specialmente. **2** (*mostly, mainly*) più che altro.

chieftain /'tʃiːftən/ *n.* **1** (*head of a tribe or clan*) capo *m.* **2** (*head of a gang*) capobanda *m.*, capo *m.* **3** (*leader of a troop*) condottiero *m.*, (*lett*) capitano *m.*

chieftaincy /'tʃiːftənsi/ *n.* **1** dignità *f.* di capo. **2** (*office*) comando *m.*

chieftainship /'tʃiːftənʃɪp/ *n.* **1** dignità *f.* di capo. **2** (*office*) comando *m.*

chiff-chaff /'tʃɪftʃæf/ *n.* (*Ornit*) luì *m.* piccolo.

chiffon /'ʃɪfɒn Am ʃɪ'fɑːn/ *n.* (*Tess*) chiffon *m.*, velo *m.* crespo.

chiffonier /ˌʃɪfə'nɪər Am ʃɪfə'nɪr/ *n.* (*Arred*) stipo *m.* a cassettini.

chigger /'tʃɪɡər/ *n.* (*Entom*) pulce *f.* penetrante.

chignon /'ʃiːnjɒn Am 'ʃiːnjɑːn/ *n.* chignon *m.*, crocchia *f.*

chilblain /'tʃɪlbleɪn/ *n.spec.pl.* (*Med*) gelone *m.*

chilblained /'tʃɪlbleɪnd/ *a.* (*Med*) con i geloni.

child /tʃaɪld/ (*pl.* **children** /'tʃɪldrən/) *n.* **1** (*boy, girl*) bambino *m.* (*f.* -a), fanciullo *m.* (*f.* -a), ragazzo *m.* (*f.* -a). **2** (*son, daughter*) figlio *m.* (*f.* -a): *I have three* -ren ho tre figli. **3** (*baby*) bambino *m.* (*f.* -a) (*anche fig*). **4** (*descendant*) discendente *m./f.*: *the* -ren *of Abraham* i discendenti di Abramo. **5** (*fig*) (*result*) prodotto *m.*, risultato *m.*, esito *m.* **6** (*fig*) (*person conditioned by sth.*) figlio *m.* (*f.* -a), prodotto *m.*, frutto *m.*: *a* ~ *of the revolution* un figlio della rivoluzione. □ (*Dir*) ~ *abuse* violenza sui minori, abuso sui minori; (*GB*) ~ *benefit* assegno per figlio a carico; ~ *care* assistenza a minori; (*Dir*) -ren's *court* tribunale minorile; -ren's *literature* letteratura per l'infanzia, letteratura infantile; *our* -ren's -ren i nostri pronipoti; (*fig*) ~'s *play* gioco da bambini, cosa facilissima; ~ *psychology* psicologia infantile; ~ *support* assegno di mantenimento per figli; (*ant*) *to be with* ~ essere incinta.

childbearing /'tʃaɪld,beərɪŋ Am 'tʃaɪld,berɪŋ/ *n.* gravidanza *f.* □ ~ *age* età feconda (della donna).

childbed /'tʃaɪldbed/ *n.* puerperio *m.* □ (*Med*) ~ *fever* febbre puerperale.

childbirth /'tʃaɪldbɜːθ Am 'tʃaɪldbɜːrθ/ *n.* parto *m.*: *to die in* ~ morire di parto.

child-centred /'tʃaɪld,sentəd Am 'tʃaɪld ,sentərd/ *a.* (*Pedag*) che tiene conto degli interessi dei bambini.

childe /tʃaɪld/ *n.* (*rar,lett*) rampollo *m.* di famiglia nobile.

Childermas /'tʃɪldəməs Am 'tʃɪldərməs/ *n.* (*Rel,ant*) festa *f.* degli Innocenti.

childhood /'tʃaɪldhʊd/ *n.* **1** infanzia *f.*, fanciullezza *f.*: *from* ~ (fin) dall'infanzia. **2** (*fig*) infanzia *f.*, origini *f.pl.*, primordi *m.pl.*

childish /'tʃaɪldɪʃ/ *a.* **1** da bambino, fanciullesco, infantile. **2** (*spreg*) (*puerile*) puerile, infantile, bambinesco: *to be* ~ essere puerile, comportarsi in modo infantile.

childishly /'tʃaɪldɪʃli/ *avv.* in modo puerile,

in modo infantile.

childishness /'tʃaɪldɪʃnəs/ *n.* fanciullaggine *f.*, puerilità *f.*

child-labor *Am*, **child-labour** /'tʃaɪld ,leɪbər/ *n.* sfruttamento *m.* del lavoro minorile. □ (*Dir*) ~ *laws* leggi sul lavoro minorile.

childless /'tʃaɪldləs/ *a.* senza figli: *a* ~ *couple* una coppia senza figli. □ *to have a* ~ *marriage* non avere figli, essere una coppia senza figli.

childlessness /'tʃaɪldləsnəs/ *n.* l'essere senza figli.

childlike /'tʃaɪldlaɪk/ *a.* **1** da bambino, fanciullesco, infantile: ~ *innocence* innocenza fanciullesca. **2** (*innocent*) ingenuo, innocente.

childminder /'tʃaɪld,maɪndər/ *n.* (*Br*) baby-sitter *f.* (che custodisce i bambini a casa propria).

child-proof /'tʃaɪldpruːf/ *a.* sicuro (per i bambini), a prova di bambini, di sicurezza: ~ *doors* porte a prova di bambino.

Chile /'tʃɪli, 'tʃɪleɪ/ *n.pr.* (*Geog*) Cile *m.* □ (*Min*) ~ *nitre* (o ~ *saltpetre*) nitro del Cile.

Chilean /'tʃɪliən, tʃɪ'liːən/ **I** *a.* cileno. **II** *n.* cileno *m.* (*f.* -a).

chili /'tʃɪli/ *n.* **1** (*Am*) chili *m.*, peperoncino *m.* rosso. **2** (*Am,Gastron*) (*chili con carne*) chili *m.* con carne. □ (*Am,Gastron*) ~ *con carne* chili con carne; (*Am,Gastron*) ~ *dog* panino con salsiccia al chili; (*Am*) ~ *pepper* chili, peperoncino rosso; (*Am,Gastron*) ~ *sauce* salsa chili.

chiliad /'kɪliæd/ *n.* **1** migliaio *m.* **2** (*thousand years*) millennio *m.*

chill /tʃɪl/ **I** *n.* **1** freddo *m.*, rigore *m.*, rigidezza *f.* **2** (*feeling of cold*) brivido *m.* di freddo, sensazione *f.* di freddo. **3** (*Med*) infreddatura *f.*, colpo *m.* di freddo: *to catch a* ~ prendere un'infreddatura. **4** (*fig*) senso *m.* di gelo, freddezza *f.*, atmosfera *f.* gelida. **5** (*Met*) (*chill mould*) conchiglia *f.* **II** *a.* **1** freddo, rigido: *a* ~ *wind* un vento freddo. **2** (*fig*) (*unfriendly*) freddo, gelido. **III** *v.t.* **1** raffreddare, gelare, intirizzire: *to be* -ed *to the bone* essere gelato fino alle ossa. **2** (*of food, drinks, etc.*) raffreddare, mettere in fresco. **3** (*Met*) (*to cast in an iron mould*) fondere in conchiglia; (*to harden by cooling*) temprare. **IV** *v.i.* **1** raffreddarsi. **2** (*to catch a chill*) raffreddarsi, prendere freddo. **3** (*Met*) temprarsi. □ (*Met*) ~ *casting* fusione in conchiglia; *there's a* ~ *in the air* l'aria incomincia a essere gelata; (*colloq*) *to* ~ *out* darsi una calmata, rilassarsi; (*colloq*) ~ *out!* calmati!; (*fig*) (*of blood*) *to run* ~ gelarsi, raggelarsi; *to take the* ~ *off a bottle of wine* ambientare una bottiglia di vino, portare una bottiglia di vino a temperatura ambiente.

chilled /tʃɪld/ *a.* **1** raffreddato. **2** (*of food, etc.*) tenuto in fresco, tenuto in ghiaccio: ~ *meat* carne conservata in fresco. **3** (*Met*) temprato.

chiller /'tʃɪlər/ *n.* **1** (*in a refrigerator*) refrigeratore *m.*, congelatore *m.* **2** (*fig*) (*a miserably cold day*) giornata *f.* freddissima.

chilli /'tʃɪli/ *n.* (*pl.* **-es** /-z/) *n.* (*Br*) **1** chili *m.*, peperoncino *m.* rosso. **2** (*Gastron*) (*chilli con carne*) chili *m.* con carne.

chilliness /'tʃɪlinəs/ *n.* **1** freddo *m.*, gelo *m.* **2** (*fig*) freddezza *f.*

chilling /'tʃɪlɪŋ/ *a.* (*frightening*) agghiacciante, spaventoso, da brivido.

chillingly /'tʃɪlɪŋli/ *avv.* in modo agghiacciante, spaventosamente.

chilly /'tʃɪli/ *a.* **1** freddo, fresco: ~ *weather* tempo freddo. **2** (*feeling cold*) che ha freddo, infreddolito. **3** (*sensitive to cold*) freddoloso. **4** (*fig*) (*cold in manner*) freddo, raggelan-

te; (*unfriendly*) poco cordiale.

chilopod /'kaɪləpɒd Am 'kaɪləpɑːd/ *n.* (*Entom*) chilopode *m.*, centopiedi *m.*

chime[1] /tʃaɪm/ *n.* **1** rintocco *m.*, suono *m.*: *the* ~ *of a clock* il rintocco di un orologio; ~ *of bells* scampanio. **2** (*apparatus for a door, clock, etc.*) carillon *m.*, suoneria *f.* **3** *pl.* (*set of bells, etc.*) carillon *m.sing.*, sistema *m.sing.* di campane, campanelli *m.pl.*; (*sequence of notes*) scampanio *m.*

chime[2] /tʃaɪm/ **I** *v.i.* **1** scampanare, suonare a festa. **2** (*to toll*) rintoccare. **3** (*fig*) (*to be in accord*) accordarsi, andare d'accordo, essere in armonia (*with* con). **II** *v.t.* **1** diffondere: *the bells* -d *a gay tone* le campane diffusero un suono lieto. **2** (*to cause to chime*) far suonare, far risuonare. **3** (*to indicate by chiming*) battere, suonare: *the clock* -d *midnight* l'orologio ha battuto la mezzanotte. **4** (*to utter in a singsong voice*) cantilenare, ripetere monotonamente. □ *to* ~ *in*: **1** (*to break into a conversation*) intromettersi, intervenire; **2** (*fig*) (*to agree*) armonizzare, essere in accordo (*with* con), essere aderente (a); (*colloq*) *to* ~ *together* andare d'accordo.

chime[3] /tʃaɪm/ *n.* (*of a cask, barrel*) capruggine *f.*

chimera /k(a)ɪ'mɪərə Am k(a)ɪ'mɪrə/ *n.* **1** (*Mitol*) chimera *f.* **2** (*fig*) (*imaginary monster*) mostro *m.*; (*wild idea, fancy*) chimera *f.*, fantasticheria *f.*

chimeric /k(a)ɪ'merɪk/ *a.* **1** (*unreal*) chimerico, immaginario, fantastico. **2** (*fanciful*) chimerico, utopistico, illusorio.

chimerical /k(a)ɪ'merɪkəl/ *a.* **1** (*unreal*) chimerico, immaginario, fantastico. **2** (*fanciful*) chimerico, utopistico, illusorio.

chimerically /k(a)ɪ'merɪkli/ *avv.* chimericamente.

chimney /'tʃɪmni/ *n.* **1** camino *m.* **2** (*chimney top*) comignolo *m.* **3** (*of a lamp*) tubo *m.* di vetro. **4** (*of a volcano*) camino *m.* **5** (*Ferr,Mar*) fumaiolo *m.*, ciminiera *f.* **6** (*Alp*) camino *m.* □ (*Edil*) ~ *breast* bocca del camino; (*Edil*) ~ *cap* comignolo; ~ *corner*: **1** angolo del camino; **2** (*seat, bench*) sedile posto all'angolo del camino; (*Edil*) ~ *flue* canna fumaria, canna del camino; (*Edil*) ~ *piece* mensola del caminetto; (*Edil*) ~ *pot* gola del camino; (*Edil*) ~ *stack* comignolo, fumaiolo; ~ *sweep* (o ~ *sweeper*) spazzacamino; (*Edil*) ~ *top* comignolo.

chimp /tʃɪmp/ *n.* (*Zool,colloq*) scimpanzé *m.*

chimpanzee /ˌtʃɪmpən'ziː/ *n.* (*Zool*) scimpanzé *m.*

chin /tʃɪn/ *n.* mento *m.* □ (*colloq*) *keep one's* ~ *up!* farsi coraggio, farsi forza; (*sl*) *take it on the* ~ affrontare le difficoltà con coraggio, prendere bene qcs. di spiacevole; *he takes everything on the* ~ è un buon incassatore; *up to the* ~ *in* (immerso) fino al collo in; *to set* -s *wagging* suscitare pettegolezzi, fare parlare di sé.

china[1] /'tʃaɪnə/ **I** *n.* **1** (*Ceram*) porcellana *f.* (fine). **2** (*porcelain ware*) porcellane *f.pl.*, oggetti *m.pl.* di porcellana. **3** (*crockery*) vasellame *m.*, stoviglie *f.pl.* **II** *a.* di porcellana. □ ~ *blue* azzurro; (*Arred*) ~ *cabinet* vetrina, vetrinetta; (*Min*) ~ *clay* caolino; (*Am, Arred*) ~ *closet* vetrina; (*Ceram*) ~ *ware* oggetti di porcellana, porcellana.

china[2] /'tʃaɪnə/ *n.* (*Br,sl*) amico *m.*, compagno *m.*: *my old* ~ vecchio mio.

China /'tʃaɪnə/ *n.pr.* (*Geog*) Cina *f.* □ ~ *ink* inchiostro di china; (*Bot*) ~ *rose* rosa chinensis.

Chinaman /'tʃaɪnəmən/ *n.irr.* (*spreg*) cinese *m.* □ (*iron*) *he doesn't have a* ~'s *chance* non c'è pericolo che ci riesca, non ci riuscirà mai.

Chinatown /'tʃaɪnətaʊn/ n. quartiere m. cinese, Chinatown f.

chinch /tʃɪntʃ/ n. (Entom) **1** cimice f. dei campi. **2** (Am) (bedbug) cimice f. dei letti.

chinchilla /tʃɪn'tʃɪlə/ n. **1** (Zool) chinchilla m./f. **2** (fur) cincillà m./f.

chin-chin /tʃɪn'tʃɪn/ intz. **1** (as a toast) cin-cin!, cin cin! **2** (as a greeting or farewell) arrivederci!, addio!, salve!

chin-deep /ˌtʃɪn'diːp/ a. immerso fino al collo.

chine /tʃaɪn/ n. **1** (Anat) spina f. dorsale. **2** (Gastron) lombata f. **3** (Geol) cresta f. **4** (Mar, Aer) angolare m.

Chinese /tʃaɪ'niːz/ I n. **1** cinese m./f.: the ~ i cinesi, il popolo cinese. **2** (language) cinese m. II a. cinese. □ ~ boxes scatole cinesi; (Bot) ~ cabbage cavolo cinese; ~ chequers (o Am ~ checkers) dama cinese; (Bot) ~ cinnamon cannella cinese; (Am,colloq) ~ fire-drill: 1 gioco consistente nell'uscire da un'auto ferma al semaforo, farle un giro intorno e rientrarvi prima che il semaforo cambi colore; 2 (fig) situazione caotica, vero caos; (Bot,Alim) ~ gooseberry kiwi; ~ lantern lanterna cinese; (Bot) ~ leaves cavolo cinese; (Mus) ~ pavilion: 1 (Mus) cappello cinese; 2 (kiosk) padiglione alla cinese, chiosco; ~ puzzle: 1 rompicapo cinese; 2 (fig) rompicapo, enigma; ~ restaurant ristorante cinese; (Br) ~ take-away cibo cinese da asporto; (Am) ~ take-out cibo cinese da asporto; ~ wall barriera insormontabile; ~ water torture tortura cinese dell'acqua, tortura cinese della goccia; ~ whispers (game) telefono senza fili.

chink[1] /tʃɪŋk/ I n. **1** fessura f., crepa f. **2** (narrow space) interstizio m. **3** (fig) (weak spot) punto m. debole, tallone m. d'Achille. II v.t. riempire le fessure di, riempire le crepe di. III v.i. fendersi, spaccarsi.

chink[2] /tʃɪŋk/ I v.t. far tintinnare. II v.i. tintinnare. III n. tintinnio m., il tintinnare.

Chink /tʃɪŋk/ n. (spreg) cinese m./f.

chinless /'tʃɪnləs/ a. dal mento sfuggente, dal mento poco pronunciato. □ (Br,colloq) a ~ wonder uno stupido (ma ricco).

chinned /tʃɪnd/ a. (in compounds) dal mento...: weak-~ dal mento poco pronunciato, dal mento sfuggente.

chinoiserie /ʃɪn'wɑːzᵊri Am also ˌʃɪnwɑːzə'riː/ n. cineseria f.

chintz /tʃɪnts/ n. (Tess) chintz m.

chintzy /'tʃɪntsi/ a. **1** ricoperto di chintz. **2** (Am,colloq) (cheap) dozzinale; (gaudy) vistoso, appariscente.

chin-up /'tʃɪn'ʌp/ □ (Ginn) to do ~s fare le trazioni.

chin-wag /'tʃɪnwæg/ I n. (sl) lo spettegolare. II v.i. (sl) pettegolare, spettegolare.

chip[1] /tʃɪp/ n. **1** scheggia f., pezzetto m., frammento m.: wood -s schegge di legno. **2** (flake) truciolo m., scaglia f. **3** (of food) fettina f., bastoncino m. **4** (missing piece) scheggiatura f., sbocconcellatura f.: the cup has a ~ la tazza ha una scheggiatura. **5** (token, counter) gettone m., fiche f.: poker -s gettoni per il poker. **6** (Inform) chip m., circuito m. integrato. **7** pl. (Gastron) patatine f.pl., patate f.pl. fritte: fish and -s pesce fritto e patatine fritte. □ when the -s are down quando le cose si mettono male, quando la situazione precipita; ~ axe (o Am ~ ax) ascia (di piccole dimensioni); ~ basket: 1 (for fruit) cestino, paniere; 2 (for cooking chips) reticella per friggere; (fig) he's a ~ off the old block è tale e quale suo padre, è tutto suo padre; (fig) to have a ~ on one's shoulder avere del risentimento, provare del rancore; (Sport) ~ shot

colpo di approssimazione, colpo di approccio.

chip[2] /tʃɪp/ (past, p.p. **chipped** /-t/) I v.t. **1** scalpellare: to ~ marble scalpellare il marmo. **2** (to break a fragment from) scheggiare, sbeccare, sbocconcellare: to ~ the edge of a saucer scheggiare l'orlo di un piattino. **3** (to break into fragments) rompere, fare a pezzi. **4** (to make or form by cutting) intagliare, scolpire: to ~ a figure out of wood intagliare una figura nel legno. **5** (to cut into slices) affettare, tagliare a fette. **6** (to poke fun at) deridere, farsi beffe di. II v.i. **1** scheggiarsi, sbeccarsi. **2** (to break off in small pieces) frantumarsi, andare in pezzi, andare in frantumi. **3** (of an egg) schiudersi. **4** (Sport) (to make a chip shot) fare un colpo di approccio. □ to ~ in (to contribute money) contribuire.

chip[3] /tʃɪp/ n. (Sport) (in wrestling) sgambetto m.

chipboard /'tʃɪpbɔːd Am 'tʃɪpbɔːrd/ n. (Fal) truciolare m., truciolato m.

chipmunk /'tʃɪpmʌŋk/ n. (Zool) tamia m., chipmunk m.

chipped /tʃɪpt/ □ (Br,Gastron) ~ potatoes patatine fritte.

Chippendale /'tʃɪpəndeɪl/ I a. (Arred) (in stile) Chippendale. II n. (Arred) Chippendale m., stile m. Chippendale.

chipper /'tʃɪpər/ a. (Am,colloq) allegro, vivace.

chippings /'tʃɪpɪŋz/ n.pl. trucioli m.pl.

chippy /'tʃɪpi/ n. (Br) **1** (colloq) (fish 'n' chips shop) negozio m. di fish and chips. **2** (sl) (carpenter) falegname m.

chiral /'kaɪrəl/ a. (Chim) chirale.

chirality /'kaɪræləti Am 'kaɪrælət̬i/ f. (Chim) chiralità f.

chirograph /'kaɪ(ə)rougrɑːf Am 'kaɪrəgræf/ n. (Dir) chirografo m.

chirographary /ˌkaɪ(ə)rou'grɑfᵊri Am ˌkaɪrou'græfᵊri/ a. (Dir) chirografario: ~ creditor creditore chirografario.

chirographer /kaɪ(ə)'rɒgrəfər Am kaɪ'rɑːgrəfər/ n. calligrafo m. (f. -a).

chirographic /ˌkaɪ(ə)rou'græfik Am ˌkaɪrou'græfɪk/ a. calligrafico.

chirography /kaɪ(ə)'rɒgrəfi Am kaɪ'rɑːgrəfi/ n. calligrafia f.

chiromancer /'kaɪ(ə)roumænsər 'kaɪroumænsər/ n. chiromante m./f.

chiromancy /'kaɪ(ə)roumænsi Am 'kaɪroumænsi/ n. chiromanzia f.

chiropodist /kɪ'rɒpədɪst Am k(a)ɪ'rɑːpədɪst/ n. callista m./f., pedicure m./f.

chiropody /kɪ'rɒpədi Am k(a)ɪ'rɑːpədi/ n. mestiere m. di pedicure.

chiropractic /ˌkaɪ(ə)rou'præktik Am ˌkaɪrou'præktɪk/ n. chiropratica f., chiroterapia f.

chiropractical /ˌkaɪ(ə)rou'præktɪkᵊl Am ˌkaɪrou'præktɪkᵊl/ a. chiroterapico.

chiropractor /'kaɪ(ə)roupræktər 'kaɪroupræktər/ n. chiropratico m. (f. -a), chiroterapeuta m./f.

chiropteran /kaɪ'rɒptᵊrən Am kaɪ'rɑːptᵊrən/ I a. (Zool) dei chirotteri. II n.pl. (Zool) chirotteri m.pl.

chirp /tʃɜːp Am tʃɜːrp/ I v.i. **1** cinguettare. **2** (of crickets, grasshoppers) stridere, frinire. II v.t. dire con voce stridula. III n. **1** cinguettio m. **2** (of crickets, grasshoppers) stridio m.

chirpily /'tʃɜːpɪli Am 'tʃɜːrpɪli/ avv. (colloq) allegramente.

chirpiness /'tʃɜːpɪnəs Am 'tʃɜːrpɪnəs/ n. (colloq) allegria f., gaiezza f.

chirpy /'tʃɜːpi Am 'tʃɜːrpi/ a. (colloq) allegro, gaio.

chirr /tʃɜːr Am tʃɜːr/ I v.i. (past, p.p. **chirred**

/-d/) frinire, stridere. II n. stridio m.

chirrup /'tʃɪrəp/ I v.i. **1** cinguettare. **2** (in urging on a horse) schioccare la lingua. II n. cinguettio m.

chirrupy /'tʃɪrəpi/ a. allegro, gaio; (lively) vivace.

chisel[1] /'tʃɪzᵊl/ n. scalpello m., cesello m.

chisel[2] /'tʃɪzᵊl/ (past, p.p. **chiselled** /Am **chiseled** /-d/) I v.t. **1** scalpellare, cesellare. **2** (to make, to form by chiselling) intagliare: to ~ a head out of wood intagliare una testa nel legno. **3** (sl) (to cheat, to swindle) imbrogliare, ingannare, defraudare. **4** (sl) (to get by cheating) ottenere con l'inganno. II v.i. **1** lavorare di scalpello, lavorare di cesello. **2** (sl) (to cheat) fare imbrogli.

chiselled /'tʃɪzᵊld/ a. **1** cesellato. **2** (fig) scolpito, cesellato: finely ~ features fattezze finemente cesellate.

chiseller /'tʃɪzᵊlər/ n. **1** cesellatore m. (f. -trice). **2** (sl) (swindler, cheat) imbroglione m. (f. -a).

chit[1] /tʃɪt/ n. **1** (voucher of debt) nota f., conto m. **2** (note, memorandum) appunto m., promemoria m.

chit[2] /tʃɪt/ n. (spreg) ragazzetta f., ragazzina f. □ ~ of a girl ragazzina dalla lingua lunga, ragazzina impertinente.

chit-chat /'tʃɪttʃæt/ I v.i. chiacchierare. II n. chiacchierata f., quattro chiacchiere f.pl.

chitin /'kaɪtɪn Br also 'tʃaɪtɪn/ n. (Biol) chitina f.

chitinous /'kaɪtᵊnəs Br also 'tʃaɪtɪnəs/ a. (Biol) chitinoso.

chiton /'kaɪtɒn Am 'kaɪtaːn/ n. (Stor.gr,Zool) chitone m.

chitter /'tʃɪtər Am 'tʃɪt̬ər/ v.i. **1** (Am) cinguettare. **2** (Scott,dial) (to shiver) rabbrividire.

chitterlings /'tʃɪtᵊlɪŋz Am 'tʃɪt̬ᵊrlɪŋz/ n.pl. (Gastron) trippa f. di maiale.

chitty /'tʃɪti/ n. (note, memorandum) appunto m., promemoria m.

chivalric /'ʃɪvᵊlrɪk Am also ʃɪ'vælrɪk/ a. cavalleresco.

chivalrous /'ʃɪvᵊlrəs/ a. cavalleresco.

chivalrously /'ʃɪvᵊlrəsli/ avv. cavallerescamente.

chivalrousness /'ʃɪvᵊlrəsnəs/ n. condotta f. cavalleresca, cortesia f.

chivalry /'ʃɪvᵊlri/ n. **1** (Mediev) cavalleria f.: the age of ~ l'epoca della cavalleria. **2** (body of knights, gallant gentlemen) cavalieri m.pl. **3** (fig) (gallantry) cavalleria f., galanteria f., cortesia f.

chives /tʃaɪvz/ n.pl. (Bot,Alim) erba f.sing. cipollina.

chivvy, chivy /'tʃɪvi/ I v.t. (Br) **1** molestare, tormentare. **2** (to chase) cacciare, inseguire. II n. (Br) caccia f., inseguimento m.

chlamys /'klæmɪs, 'kleɪmɪs/ (pl. -**myes** /-mɪz/, -**mydes** /-mɪdiːz/) n. (Stor.gr) clamide f.

chloracne /klɔː'rækni/ n. (Med) cloracne f.

chloral /'klɔːrᵊl/ n. (Chim) cloralio m.

chlorate /'klɔːre(ɪ)t/ n. (Chim) clorato m.

chloric /'klɔːrɪk/ a. (Chim) clorico: ~ acid acido clorico.

chloride /'klɔːraɪd/ n. (Chim) cloruro m.

chlorinate /'klɔːrɪneɪt/ v.t. **1** (Chim) clorurare. **2** (to disinfect with chlorine) clorare, trattare con cloro.

chlorinated /'klɔːrɪneɪtɪd Am 'klɔːrɪneɪt̬ɪd/ a. clorurato: ~ water acqua clorurata. □ (Chim) ~ hydrocarbons cloroidrocarburi; (Chim) ~ lime cloruro di calce.

chlorination /ˌklɔːrɪ'neɪʃᵊn/ n. **1** (Chim) clorurazione f. **2** (for sterilizing water) clorazione f.

chlorine /'klɔːriːn/ n. (Chim) cloro m.: ~ water acqua di cloro. □ (Med) ~ acne cloracne.

chloring /'klɔːrɪŋ/ n. **1** (Chim) clorurazione f. **2** (for sterilizing water) clorazione f.

chlorite[1] /'klɔːraɪt/ n. (Min) clorite f.

chlorite[2] /'klɔːraɪt/ n. (Chim) clorito m.

chloroform /'klɔːrəfɔːm Am 'klɔːrəfɔːrm/ I n. (Chim,Farm) cloroformio m. II v.t. (Med) cloroformizzare.

chloroformization /ˌklɔːrəfɔːm(a)ɪ'zeɪʃən Am ˌklɔːrəfɔːrmɪ'zeɪʃən/ n. (Med) cloroformizzazione f.

chlorophyll /'klɔːrəfɪl/ n. (Bot) clorofilla f.

chlorosis /klə'rousɪs/ (pl. -ses /-siːz/) n. (Bot, Med) clorosi f.

chlorotic /klə'rɒtɪk Am klə'rɑːtɪk/ a. (Bot, Med) clorotico.

chlorous /'klɔːrəs/ a. (Chim) cloroso.

chock /tʃɒk Am tʃɑːk/ I n. **1** cuneo m., zeppa f., tassello m. **2** (for the wheels of a vehicle) calzataia f. **3** (Mar) (for passing ropes) passacavi m., bocca f. di rancio; (boat chock) morsa f., calastra f. **4** pl. (Aer) tacchi m.pl. II v.t. **1** assicurare con un cuneo, fermare con un cuneo. **2** (Mar) (of a boat) mettere sulle calastre.

chock-a-block /ˌtʃɒkə'blɒk/ a. (Br) stipato, pieno zeppo (with di).

chock-full /tʃɒk'ful Am 'tʃɑːkful/ a. pieno zeppo, traboccante (of di).

chocolate /'tʃɒkəlɪt Am 'tʃɑːkələt/ I n. (Dolc) **1** cioccolata f., cioccolato m.: a bar of ~ una tavoletta di cioccolato; hot ~ cioccolata calda. **2** (individual sweet) cioccolatino m. **3** (colour) color m. cioccolato. II a. **1** di cioccolata, al cioccolato. **2** (chocolate-coloured) color cioccolato. □ (Dolc) ~ cake torta al cioccolato; (Dolc) ~ chip pezzettino di cioccolato, scaglia di cioccolato, goccia di cioccolato; (Am,Dolc) ~ chip cookies biscotti con gocce di cioccolato; (Dolc) ~ cream cioccolatino ripieno; (Dolc) ~ fudge caramella mou al cioccolato; (Dolc) ~ liqueur cioccolatino al liquore; ~pot cioccolatiera f.; (Dolc) ~ sauce salsa al cioccolato; (Mil) ~ soldier soldato non combattente; (Bot) ~ tree (albero del) cacao, teobroma.

chocolate-box /'tʃɒkəlɪtbɒks Am 'tʃɑːkələtbɑːks/ a. (spreg) (of a painting, etc.) lezioso, sdolcinato.

chocolatier /ˌtʃɒkə'lætɪər Am ˌtʃɑːkələ'tɪr/ n. cioccolataio m. (f. -a), cioccolatiere m. (f. -a).

choice /tʃɔɪs/ I n. **1** scelta f.: to make (o to take) a ~ fare una scelta; to take (o to have) one's ~ fare la propria scelta; he was fortunate in his ~ è stato fortunato nella scelta, ha fatto una scelta felice. **2** (thing chosen) scelta f., oggetto m. prescelto: this is my ~ questa è la mia scelta. **3** (person chosen) prescelto m. (f. -a). **4** (option) scelta f., possibilità f. di scelta, facoltà f. di scelta: he had no ~ but to obey non aveva altra scelta che obbedire. **5** (alternative) alternativa f. **6** (variety from which to choose) scelta f., assortimento m. (of di): a large ~ of dishes un ricco assortimento di piatti. **7** (person, thing preferred) preferenza f., scelta f. **8** (best, élite) meglio m., crema f., fior fiore m. II a. **1** di prima qualità, scelto, eccellente: a ~ dinner un pranzo eccellente. **2** (well-chosen) scelto con cura, ben scelto. **3** (Macell) di prima scelta. □ given the ~ dovendo scegliere; to do sth. out of one's own ~ fare qcs. per scelta.

choicely /'tʃɔɪsli/ avv. **1** attentamente, con cura. **2** (daintily) squisitamente.

choiceness /'tʃɔɪsnəs/ n. squisitezza f., raffinatezza f.

choir /'kwaɪər/ I n. coro m.: a male-voice ~ un coro di voci maschili; a boys' ~ un coro di ragazzi; member of a ~ corista. II a. del coro. □ (Lit) the ~ book il corale; (Arch) ~

loft galleria del coro; (Mus) ~ organ organo positivo; (Arch) ~ screen grata del coro.

choirboy /'kwaɪəbɔɪ Am 'kwaɪərbɔɪ/ n. cantore m., corista m.

choirmaster /'kwaɪəˌmɑːstər Am 'kwaɪərˌmæstər/ n. maestro m. del coro.

choke[1] /tʃouk/ I v.t. **1** soffocare. **2** (to strangle) strangolare, strozzare. **3** (to make breathing difficult) togliere il respiro a, asfissiare. **4** (to clog) intasare, ostruire, bloccare: seaweed has ~d the channel le alghe hanno intasato il canale. **5** (to fill chock-full) stipare, pigiare. **6** (Tecn) (of a furnace) soffocare. II v.i. **1** strozzarsi, soffocare: to ~ on a fishbone strozzarsi con una lisca. **2** (to become clogged) ingorgarsi, intasarsi, ostruirsi. **3** (Am,sl) andare nel pallone, bloccarsi (per emozione, paura, nervosismo). **4** (sl) (to die) crepare, tirare le cuoia. □ to ~ a fire soffocare le fiamme; to ~ back one's tears trattenere le lacrime, mandar giù le lacrime; (fig) to ~ down one's rage soffocare l'ira; (Br) to ~ off: 1 porre fine a; 2 (colloq) (of a person: to silence) far tacere, fare stare zitto; 3 (colloq) (of a person: to get rid of) liberarsi di, sbarazzarsi di; to ~ on soffocare con, asfissiare con (anche fig); to ~ to death morire soffocato; to ~ so. to death strangolare qcu.; to be ~d up restare senza fiato (dall'emozione), essere sconvolto; a voice ~d with sobs una voce rotta dai singhiozzi.

choke[2] /tʃouk/ n. **1** soffocamento m. **2** (Sport) (in wrestling) strangolamento m. **3** (Mot) valvola f. dell'aria. **4** (Rad) bobina f. di arresto. **5** (Vetr) strozzatura f. □ ~ bore: 1 calibro decrescente; 2 (shotgun) fucile a calibro decrescente; (El) ~ coil bobina di arresto; (Minier) ~ damp biossido di carbonio; ~ hold: 1 lo strozzare, lo strangolare con le mani; 2 (fig) l'avere il controllo.

chokeberry /'tʃoukbəri Am 'tʃoukberi/ n. (Bot) aronia f.

choker /'tʃoukər/ n. **1** (thing) cosa f. che soffoca. **2** (person) soffocatore m. (f. -trice), strangolatore m. (f. -trice). **3** (colloq) (tight necklace) girocollo m., collana f. a girocollo; (high collar) colletto m. rigido.

chokey /'tʃouki/ n. (Br,sl) (jail) prigione f., carcere m., gattabuia f.

choky /'tʃouki/ n. (Br,sl) (jail) prigione f., carcere m., gattabuia f.

cholagogic /ˌkɒlə'gɒdʒɪk Am ˌkɑːlə'gɑːdʒɪk/ a. (Med) colagogo.

cholagogue /'kɒləgɒg Am 'kɑːləgɑːg/ I a. (Med) colagogo. II n. (Med) colagogo m.

cholecyst /'koulɪsɪst/ n. (Anat,rar) colecisti f., cistifellea f.

cholecystectomy /ˌkoulɪsɪs'tektəmi/ n. (Chir) colecistectomia f.

cholecystitis /ˌkoulɪsɪs'taɪtɪs/ (pl. -tides /-tɪdiːz/) n. (Med) colecistite f.

choler /'kɒlər Am 'kɑːlər/ n. **1** collera f., ira f. **2** (irascibility) irascibilità f., iracondia f. **3** (rar) (bile) bile f. **4** (ant) (biliousness) carattere m. bilioso.

cholera /'kɒlərə Am 'kɑːlərə/ n. (Med) colera m. □ (Med) ~ vaccine anticolera, vaccinazione anticolerica.

choleraic /ˌkɒlə'reɪɪk Am ˌkɑːlə'reɪɪk/ a. (Med) coleroso.

choleric /kə'lerɪk/ a. **1** collerico, irascibile. **2** (of temperament) collerico. **3** (ant) (of temperament) bilioso.

cholerically /kə'lerɪkəli/ avv. collericamente, in maniera irascibile.

cholerine /'kɒlərain Am 'kɑːlərain/ n. (Med) colerina f.

cholesterol /kə'lestərɒl Am kə'lestərɑːl/ n. (Biol) colesterolo m., colesterina f. □

(Fisiol) ~ absorption assimilazione di colesterolo; ~ blockbuster farmaco di successo anticolesterolo; ~ free privo di colesterolo, senza colesterolo.

choliamb /'kouliæm(b)/ n. (Metr) coliambo m.

choliambic /ˌkouli'æmbɪk/ a. (Metr) coliambico.

choline /'koulin/ n. (Chim) colina f.

cholinergic /ˌkouli'nɜːdʒɪk Am ˌkouli'nɜːrdʒɪk/ a. (Fisiol) colinergico.

chomp /tʃɒmp Am tʃɑːmp/ v.i. masticare rumorosamente. □ (fig) to ~ at the bit fremere, friggere (per l'impazienza), scalpitare, non vedere l'ora.

Chomskian, Chomskyan /'tʃɒm(p)skiən Am 'tʃɑːm(p)skiən/ a. (Ling) chomskyano.

chondrite /'kɒndraɪt Am 'kɑːndraɪt/ n. (Min) condrite f.

chondritic /kɒn'drɪtɪk Am kɑːn'drɪtɪk/ a. (Min) condritico.

choo-choo /'tʃuːtʃuː/ n. (infant) (train) ciuf-ciuf m.

choose /tʃuːz/ (past chose /tʃouz/, p.p. chosen /'tʃouzən/) I v.t. scegliere. II v.i. **1** scegliere, fare una scelta. **2** (to be inclined) piacere (costr.impers.), preferire, volere: he does as he ~s lui fa quel che gli piace. □ ~ for yourself scegli tu, lascio a te la scelta; there's not much to ~ from c'è poco da scegliere; (colloq) to ~ sides schierarsi, scegliere da che parte stare.

chooser /'tʃuːzər/ n. chi sceglie.

choosiness /'tʃuːzɪnəs/ n. (colloq) pignoleria f.

choosy /'tʃuːzi/ a. (colloq) pignolo, esigente, difficile: ~ about food esigente nel mangiare.

chop[1] /tʃɒp Am tʃɑːp/ I v.t. (past, p.p. chopped /-t/) **1** tagliare a pezzi. **2** (of firewood) spaccare. **3** (to cut into small pieces) tagliare a pezzetti, trinciare; (to mince) tritare, triturare. **4** (to make by chopping) tagliare: to ~ a passage through the jungle tagliare una strada nella giungla. **5** (Sport) tagliare. **6** (in hand-to-hand combat) colpire di taglio, colpire col taglio della mano. II v.i. (past, p.p. chopped /-t/) **1** dare un colpo (at a), vibrare un colpo: he ~ped at the tree with his hatchet diede un colpo di accetta all'albero. **2** (Sport) (in tennis, cricket, etc.) dare un colpo tagliato, tagliare una palla; (in boxing) dare un colpo uncinato corto. III n. **1** taglio m. netto, colpo m. **2** (Sport) (in tennis, cricket, etc.: chop stroke) colpo m. tagliato; (in boxing) colpo m. uncinato corto. **3** (Gastron) costoletta f., braciola f.: pork ~ costoletta di maiale, braciola di maiale. **4** (Mar) maretta f. **5** (colloq) (dismissal) licenziamento m.: to get the ~ essere licenziato. □ to ~ down a tree abbattere un albero; ~ house ristorante specializzato in piatti di carne serviti alla griglia; to ~ in intromettersi, interloquire; to ~ off a branch tagliare un ramo; (Am, colloq) ~ shop officina dove vengono smantellate le auto rubate per rivenderne i pezzi; to ~ one's speech mangiarsi le parole; (Gastron) ~ suey stufato di verdura con carne o pesce servito con riso caldo (piatto inventato dai cinoamericani); to ~ sth. to pieces fare qcs. a pezzettini, fare qcs. a pezzi; to ~ up: 1 (to cut into small pieces) tagliare a pezzetti, trinciare; 2 (to mince) tritare, triturare; 3 (Geol) affiorare, apparire in superficie.

chop[2] /tʃɒp/ v.i. (past, p.p. chopped /-t/) (Br) (of the wind) essere incostante, essere variabile, cambiare direzione. II n. (Br) cambiamento m., mutamento m. □ (fig) to ~ and

change essere incostante, tentennare, essere una banderuola; *to ~ and change jobs* cambiare continuamente lavoro; *the -s and changes of life* gli alti e bassi della vita; *~ logic* ragionamento fallace.

chop[3] /tʃɒp Am tʃɑːp/ *n.* **1** (*in the Far East: official stamp or seal*) timbro *m.* ufficiale, sigillo *m.* ufficiale; (*passport*) passaporto *m.* **2** (*trade mark*) marchio *m.* di fabbrica; (*quality*) qualità *f.*: *first ~ goods* merce di prima qualità.

chop-chop /ˌtʃɒp'tʃɒp Am ˌtʃɑːp'tʃɑːp/ *intz.* (*sl*) spicciati!, svelto!, muoviti!

chopfallen /'tʃɒpfɔːlən Am 'tʃɑːpfɔːlən/ *a.* depresso, scoraggiato, giù di corda.

chopper /'tʃɒpər Am 'tʃɑːpər/ **I** *n.* **1** tagliatore *m.*; (*person who cuts up*) trinciatore *m.* **2** (*Macell*) mannaia *f.*; (*kitchen utensil*) tritacarne *m.* **3** (*Am,colloq*) elicottero *m.* **4** *pl.* (*sl*) denti *m.pl.* (finti). **5** (*El*) chopper *m.* **6** (*bicycle*) bicicletta *f.* (con manubrio alto e sella lunga); (*motorcycle*) motocicletta *f.* **II** *v.t.* (*Am,colloq*) trasportare in elicottero. **III** *v.i.* (*Am,colloq*) viaggiare in elicottero.

choppily /'tʃɒpɪli Am 'tʃɑːpɪli/ *avv.* in modo discontinuo, a scatti.

choppiness /'tʃɒpɪnəs Am 'tʃɑːpɪnəs/ *n.* **1** (*of the sea*) maretta *f.* **2** (*of the wind*) variabilità *f.*, incostanza *f.* **3** (*fig*) (*unevenness*) irregolarità *f.*, discontinuità *f.*

chopping /'tʃɒpɪŋ Am 'tʃɑːpɪŋ/ □ *~ block* (o *~ board*) tagliere; *~ knife* trinciante.

choppy /'tʃɒpi Am 'tʃɑːpi/ *a.* **1** (*of the sea*) corto, rotto, fastidioso: *the sea is ~ today* oggi c'è mare corto, oggi c'è maretta. **2** (*of the wind*) incostante, variabile. **3** (*fig*) (*uneven, jerky*) irregolare, disuguale, discontinuo: *a ~ style* uno stile disuguale.

chops /tʃɒp Am tʃɑːp/ *n.pl.* (*colloq*) **1** (*jaw*) mascella *f.sing.*, ganasce *f.pl.* **2** (*mouth*) bocca *f.sing.*

chopstick /'tʃɒpstɪk Am 'tʃɑːpstɪk/ *n.* bacchetta *f.*, bastoncino *m.* (per cibo cinese).

choral /'kɔːrəl/ **I** *a.* **1** corale. **2** (*sung by a chorus*) corale, per coro. **II** *n.* **1** (*Mus*) corale *m.* **2** (*Am*) (*group of singers*) coro *m.*, corale *f.* □ (*Lit*) *~ service* funzione religiosa con canti corali; *a full ~ service* una funzione religiosa (unicamente) cantata; *~ speaking* declamazione corale.

chorale /kə'rɑːl/ *n.* **1** (*Mus*) corale *m.*: *a Bach ~* un corale di Bach. **2** (*Am*) (*group of singers*) coro *m.*, corale *f.*

choralist /'kɔːrəlɪst/ *n.* corista *m./f.*

chorally /'kɔːrəli/ *avv.* in coro, coralmente.

chord[1] /kɔːd Am kɔːrd/ *n.* **1** (*Geom*) corda *f.* **2** (*Anat*) (*spinal chord*) spina *f.* dorsale, colonna *f.* vertebrale. **3** (*Aer*) corda *f.* di profilo alare. **4** (*Edil*) catena *f.* **5** (*poet,lett*) (*string of a musical instrument*) corda *f.* **6** (*fig*) corda *f.*, tasto *m.*: *his story struck a ~ of pity* la sua storia toccò la corda della pietà, la sua storia fece vibrare la corda della pietà.

chord[2] /kɔːd Am kɔːrd/ *n.* (*Mus*) accordo *m.*

chordal /'kɔːdəl Am 'kɔːrdəl/ *a.* (*Mus*) di un accordo, relativo a un accordo.

chordally /'kɔːdəli Am 'kɔːrdəli/ *avv.* (*Mus*) dal punto di vista degli accordi.

Chordata /kɔː'deɪtə/ *n.* (*Zool*) cordato *m.*

chordate /'kɔːd(e)ɪt Am 'kɔːrd(e)ɪt/ **I** *a.* (*Zool*) dei cordati. **II** *n.pl.* (*Zool*) cordati *m.pl.*

chore /tʃɔːr Am tʃɔːr/ *n.* **1** (*routine task*) lavoretto *m.*, lavoro *m.* di routine. **2** (*difficult, unpleasant job*) lavoro *m.* ingrato, compito *m.* ingrato, compito *m.* faticoso. **3** *pl.* (*household job*) faccende *f.pl.* domestiche, faccende *f.pl.* di casa, lavori *m.pl.* domestici: *to do the -s* fare i lavori di casa. □ *it's no ~ for me* non mi pesa, lo faccio volentieri.

---

chorea /kɔː'rɪə Am kɔː'iːə/ *n.* (*Med*) corea *f.*, (*pop*) ballo *m.* di san Vito.

choree /kə'riː/ *n.* (*Metr*) coreo *m.*

choreograph /'kɒriəgrɑːf Am 'kɔːriəgræf/ *v.t.* **1** (*to compose a series of dance steps*) preparare la coreografia di. **2** (*fig*) (*plan in advance*) inscenare, organizzare, preparare, simulare.

choreographer /ˌkɒri'ɒgrəfər Am ˌkɔːri'ɑːgrəfər/ *n.* coreografo *m.* (*f.* -a).

choreographic /ˌkɒriou'græfɪk/ *a.* coreografico.

choreographically /ˌkɒriou'græfɪkəli/ *avv.* coreograficamente.

choreography /ˌkɒri'ɒgrəfi Am ˌkɔːri'ɑːgrəfi/ *n.* **1** coreografia *f.* **2** (*dancing*) danza *f.*; (*stage dancing*) balletto *m.*

choriamb /'kɒriæm(b)/ *n.* (*Metr*) coriambo *m.*

choriambic /ˌkɒri'æmbɪk/ *a.* (*Metr*) coriambico.

choriambus /ˌkɒri'æmbəs/ (*pl.* -**ambi** /-æmbaɪ/, -**buses** /-bəsɪz/) *n.* (*Metr*) coriambo *m.*

choric /'kɒrɪk Am 'kɔːrɪk/ *a.* corale.

chorine /'kɒriːn, 'kɔːriːn/ *n.* (*chorus girl*) ballerina *f.* di fila.

chorion /'kɒriɒn Am 'kɔːriɑːn/ *n.* (*Biol*) corion *m.*, corio *m.*

chorionic /ˌkɒri'ɒnɪk Am ˌkɔːri'ɑːnɪk/ *a.* (*Biol*) coriale. □ (*Med*) *~ villus sampling* prelievo dei villi coriali, villocentesi.

chorister /'kɒrɪstər Am 'kɔːrɪstər/ *n.* **1** (*member of a choir*) corista *m./f.*; (*in a church*) cantore *m.* (*f.* -trice). **2** (*Am*) (*person who leads the singing*) maestro *m.* (*f.* -a) del coro.

chorographer /kə'rɒgrəfər Am kə'rɑːgrəfər/ *n.* corografo *m.* (*f.* -a).

chorographic /ˌkɒrə'græfɪk/ *a.* corografico.

chorographical /ˌkɒrə'græfɪkəl/ *a.* corografico.

chorography /kə'rɒgrəfi Am kə'rɑːgrəfi/ *n.* corografia *f.*

choroid /'kɔːrɔɪd/ **I** *a.* (*Anat*) **1** (*membraneous*) coroideo, corioideo. **2** (*like the corion*) coriale. **II** *n.* (*Anat*) coroide *f.*, coroidea *f.* □ (*Anat*) *~ coat* coroide, coroidea.

choroidal /kə'rɔɪdəl/ *a.* (*Anat*) coroideale.

chorology /kə'rɒlədʒi Am kə'rɑːlədʒi/ *n.* corologia *f.*

chortle /'tʃɔːtl Am 'tʃɔːrtl/ **I** *v.i.* ridacchiare. **II** *n.* (*chuckle*) riso *m.* represso.

chorus /'kɔːrəs/ *n.* **1** coro *m.* (di cantanti o ballerini). **2** (*refrain*) ritornello *m.* **3** (*company in a musical show*) corpo *m.* di ballo. □ *~ girl*: **1** (*dancer*) ballerina (di fila); **2** (*singer*) corista.

chosen /'tʃouzən/ → **chose**. *a.* **1** scelto, selezionato: *the ~ few* i pochi scelti, gli eletti. **2** (*Teol*) eletto.

chough /tʃʌf/ *n.* (*Ornit*) gracchio *m.*

chow /tʃaʊ/ *n.* (*Am,colloq*) cibo *m.*

Chow /tʃaʊ/ □ (*Zool*) *~ Chow* (chow) chow.

chowchow /'tʃaʊˌtʃaʊ/ *n.* (*Gastron*) conserva *f.* di frutta mista; (*mixed pickles*) sottaceti *m.pl.* misti.

chowder /'tʃaʊdər/ *n.* (*Am,Gastron*) zuppa *f.* di vongole (o di pesce).

chow mein /ˌtʃaʊ'meɪn/ *n.* (*Gastron*) piatto *m.* (cinoamericano) con pezzetti di carne e verdure varie, spesso guarnito con fettuccine.

chrematistic /ˌkriːmə'tɪstɪk/ *a.* (*Econ*) crematistico.

chrematistics /ˌkriːmə'tɪstɪks/ *n.pl.* (*costr.sing.*) (*Econ*) crematistica *f.sing.*

chrestomathy /kres'tɒməθi Am kres'tɑːməθi/ *n.* (*Lett*) crestomazia *f.*

Chris /'krɪs/ *n.pr.m. dim. di* Christopher, Christian.

chrism /'krɪzm/ *n.* (*Lit*) crisma *m.*

chrisom /'krɪzəm/ *n.* (*baptismal robe*) veste *f.* da battesimo. □ *~ child*: **1** infante; **2** (*child that dies in its first month*) bambino che muore nel primo mese di vita.

Christ /kraɪst/ *n.pr.m.* Cristo. □ *the ~ child* il bambino Gesù; *for ~'s sake* per (l')amor di Dio!

christen /'krɪsən/ *v.t.* **1** battezzare. **2** (*to name at baptism*) battezzare, dare il nome (di battesimo) a: *he was -ed John* lo battezzarono Giovanni. **3** (*of ships: to name*) chiamare, battezzare, mettere il nome di, dare il nome di. **4** (*fig*) (*to use for the first time*) inaugurare: *to ~ one's new home* inaugurare la nuova casa. □ *to ~ a child after so.* battezzare un bambino con il nome di qcu.

Christendom /'krɪsəndəm/ *n.* **1** (*body of Christians*) cristianità *f.* **2** (*the Christian world*) cristiani *m.pl.*, mondo *m.* cristiano, cristianità *f.*

christening /'krɪsnɪŋ/ *n.* (*Rel*) battesimo *m.*

Christian /'krɪstiən, 'krɪstʃən/ **I** *a.* **1** cristiano: *a ~ country* un paese cristiano. **2** (*fig*) civile, umano. **3** (*colloq*) (*decent*) decoroso, decente, da cristiani. **II** *n.* **1** cristiano *m.* (*f.* -a). **2** (*colloq*) (*decent person*) persona *f.* civile, cristiano *m.* (*f.* -a). **3** (*dial*) essere *m.* umano. **III** *n.pr.m.* Cristiano. □ (*Rel*) *~ Brothers* fratelli cristiani; *~ burial* sepoltura cristiana; *~ era* era cristiana; *~ name* nome di battesimo; *~ Science* Christian Science, Scienza cristiana; *~ Scientist* seguace della Christian Science.

Christiania /ˌkrɪsti'ɑːniə Am also ˌkrɪsti'æniə/ *n.* (*Sport*) cristiania *m.*

Christianise /'krɪstiənaɪz, 'krɪstʃənaɪz/ *v.t.* (*Br*) cristianizzare, convertire al cristianesimo.

Christianism /'krɪstiənɪzəm, 'krɪstʃənɪzəm/ *n.* cristianesimo *m.*

Christianity /ˌkrɪsti'ænɪti Am ˌkrɪst(ʃ)i'ænəti/ *n.* **1** religione *f.* cristiana. **2** (*Christian belief or character*) cristianità *f.*, spirito *m.* cristiano, sentimento *m.* cristiano. **3** (*body of Christians*) cristianità *f.*

Christianization /ˌkrɪstiən(a)ɪ'zeɪʃən, ˌkrɪstʃəni'zeɪʃən/ *n.* conversione *f.* al cristianesimo.

Christianize /'krɪstʃənaɪz Br also 'krɪstiənaɪz/ *v.t.* cristianizzare, convertire al cristianesimo.

Christianizer /'krɪstʃənaɪzər Br also 'krɪstiənaɪzər/ *n.* chi cristianizza, chi converte al cristianesimo.

Christianly /'krɪstʃənli Br also 'krɪstiənli/ *avv.* cristianamente.

Christlike /'kraɪstlaɪk/ *a.* simile a Cristo, come aveva Cristo.

Christmas /'krɪsməs/ *n.* (*Rel*) Natale *m.* □ (*Br*) *~ box* regalo di Natale (per dipendenti e fornitori); *~ cake* torta natalizia (a base di frutta e ricoperta con marzapane e glassa); *~ card* biglietto di auguri natalizi, cartoncino di auguri natalizi; *~ carol* inno di Natale, canto di Natale; *~ comes but once a year* non tutti i giorni è Natale; (*Br*) *~ cracker* confezione contenente un regalino natalizio in un tubo di cartone che produce uno scoppio quando viene aperto; *~ Day* giorno di Natale; *~ Eve* vigilia di Natale; *~ holidays* vacanze natalizie, vacanze di Natale; *~ present* regalo di Natale, strenna natalizia; (*Br*) *~ pudding* dolce di Natale (a base di farina, strutto e frutta secca); (*Bot*) *~ rose* rosa di Natale, elleboro nero; *~ stocking* calza di Natale (per raccogliere i regali di Babbo Natale); *~ time* periodo natalizio, Natale; *~ tree* albero di Natale.

Christmassy /'krɪsməsi/ a. natalizio, festoso.

Christmas-tide /'krɪsməstaɪd/ n. (lett) periodo m. natalizio, Natale m.

Christocentric /ˌkrɪstə'sentrɪk/ a. (Teol) cristocentrico.

Christolatry /krɪs'tɒlətri Am krɪs'tɑːlətri/ n. cristolatria f.

Christological /ˌkrɪstə'lɒdʒɪkəl Am ˌkrɪstə'lɑːdʒɪkəl/ a. (Teol) cristologico.

Christology /krɪs'tɒlədʒi Am krɪs'tɑːlədʒi/ n. (Teol) cristologia f.

Christopher /'krɪstəfər/ n.pr.m. Cristoforo.

Christy /'krɪsti/ n. (Sport) cristiania m.

chromate /'krəʊm(e)ɪt/ n. (Chim) cromato m.

chromatic /krəʊ'mætɪk Am krəʊ'mætɪk/ a. (Ott,Mus) cromatico. □ (Mus) ~ scale scala cromatica.

chromatically /krəʊ'mætɪkəli Am krəʊ'mætɪkəli/ avv. (Ott,Mus) cromaticamente.

chromaticity /ˌkrəʊmə'tɪsɪti Am ˌkrəʊmə'tɪsəti/ n. cromaticità f.

chromatics /krəʊ'mætɪks Am krəʊ'mætɪks/ n.pl. (costr.sing.) cromatica f.sing.

chromatin /'krəʊmətɪn/ n. (Biol) cromatina f.

chromatography /ˌkrəʊmə'tɒgrəfi Am ˌkrəʊmə'tɑːgrəfi/ n. (Chim) cromatografia f.

chromatology /ˌkrəʊmə'tɒlədʒi Am ˌkrəʊmə'tɑːlədʒi/ n. cromatica f.

chromatophore /krəʊ'mætəfɔːr Am krəʊ'mætəfɔːr/ n. (Biol) cromatoforo m.

chrome /krəʊm/ I n. 1 (Chim) cromo m. 2 (in dyeing) bicromato m. di potassio, bicromato m. di sodio. 3 (on a car, motorcycle, etc.) cromature f.pl. II v.t. (Met) cromare. □ (fig, spreg) ~ dome testa calva, testa pelata; ~ leather cuoio al cromo; ~ steel acciaio al cromo; (Chim) ~ yellow giallo di cromo.

chromic /'krəʊmɪk/ a. (Chim) cromico: ~ acid acido cromico.

chromium /'krəʊmɪəm/ n. (Chim) cromo m. □ to ~ plate cromare; ~ plating cromatura; (Med) ~ poisoning cromismo; ~ steel acciaio al cromo.

chromo /'krəʊməʊ/ n. (Tip) cromolitografia f.

chromolithograph /ˌkrəʊməʊ'lɪθəʊgrɑːf Am ˌkrəʊməʊ'lɪθəgræf/ n. (Tip) cromolitografia f.

chromolithographer /ˌkrəʊməʊlɪ'θɒgrəfər Am ˌkrəʊməʊlɪ'θɑːgrəfər/ n. (Tip) cromolitografo m. (f. -a).

chromolithographic /ˌkrəʊməʊlɪθəʊ'græfɪk/ a. (Tip) cromolitografico.

chromolithography /ˌkrəʊməʊlɪ'θɒgrəfi Am ˌkrəʊməʊlɪ'θɑːgrəfi/ n. (Tip) cromolitografia f.

chromosomal /ˌkrəʊmə'səʊməl/ a. (Biol) cromosomico: ~ mutation mutazione cromosomica.

chromosome /'krəʊməsəʊm/ n. (Biol) cromosoma m. □ (Biol) ~ number numero cromosomico.

chromosphere /'krəʊməsfɪər Am 'krəʊməsfɪr/ n. (Biol) cromosfera f.

chromospheric /ˌkrəʊmə'sferɪk Am also ˌkrəʊmə'sfɪrɪk/ a. (Biol) cromosferico.

chromotherapy /ˌkrəʊmə'θerəpi/ n. (Med) cromoterapia f.

chromotypography /ˌkrəʊməʊtaɪ'pɒgrəfi Am ˌkrəʊməʊtaɪ'pɑːgrəfi/ n. (Tip) cromotipografia f., cromotipia f.

chronic /'krɒnɪk Am 'krɑːnɪk/ I a. 1 cronico, persistente, inveterato. 2 (obstinate) ostinato, impenitente: a ~ bachelor uno scapolo impenitente. 3 (recurrent) ricorrente, continuo: ~ problems problemi ricorrenti. 4 (Med) cronico. 5 (Br,sl) (terrible) terribile, pessi-

mo, (colloq) da cani. II n. cronico m. (f. -a), malato m. (f. -a) cronico. □ (Med) ~ fatigue syndrome sindrome da stanchezza cronica; (Med) ~ heart failure collasso cardiaco cronico; ~ unemployment disoccupazione permanente, disoccupazione cronica.

chronically /'krɒnɪkəli Am 'krɑːnɪkəli/ avv. cronicamente.

chronicity /krɒ'nɪsɪti Am krɑː'nɪsəti/ n. cronicità f.

chronicle /'krɒnɪkl Am 'krɑːnɪkl/ I n. cronaca f., cronistoria f. II v.t. 1 fare la cronaca di, fare la cronistoria di. 2 (to register) annotare, registrare. □ (Teat) ~ history (o ~ play) dramma storico.

chronicler /'krɒnɪklər Am 'krɑːnɪklər/ n. cronista m./f.

Chronicles /'krɒnɪklz Am 'krɑːnɪklz/ n.pl. (Bibl) Cronache f.pl.: 1 ~ I Cronache; 2 ~ II Cronache.

chronobiologist /ˌkrɒnəʊbaɪ'ɒlədʒɪst Am ˌkrɑːnəʊbaɪ'ɑːlədʒɪst/ n. cronobiologo m. (f. -a).

chronobiology /ˌkrɒnəʊbaɪ'ɒlədʒi Am ˌkrɑːnəʊbaɪ'ɑːlədʒi/ n. cronobiologia f.

chronogram /'krɒnəgræm Am 'krɑːnəgræm/ n. cronogramma m.

chronograph /'krɒnəgrɑːf Am 'krɑːnəgræf/ n. cronografo m.

chronographic /ˌkrɒnə'græfɪk Am ˌkrɑːnə'græfɪk/ a. cronografico.

chronographical /ˌkrɒnə'græfɪkəl Am ˌkrɑːnə'græfɪkəl/ a. cronografico.

chronography /krə'nɒgrəfi Am krə'nɑːgrəfi/ n. cronografia f.

chronologer /krə'nɒlədʒər Am krə'nɑːlədʒər/ n. cronologista m./f.

chronological /ˌkrɒnə'lɒdʒɪkəl Am ˌkrɑːnə'lɑːdʒɪkəl/ a. cronologico: in ~ order in ordine cronologico.

chronologically /ˌkrɒnə'lɒdʒɪkəli Am ˌkrɑːnə'lɑːdʒɪkəli/ avv. cronologicamente.

chronologist /krə'nɒlədʒɪst Am krə'nɑːlədʒɪst/ n. cronologista m./f.

chronology /krə'nɒlədʒi Am krə'nɑːlədʒi/ n. cronologia f.

chronometer /krə'nɒmɪtər Am krə'nɑːmətər/ n. cronometro m.

chronometric /ˌkrɒnə'metrɪk Am ˌkrɑːnə'metrɪk/ a. cronometrico.

chronometrical /ˌkrɒnə'metrɪkəl Am ˌkrɑːnə'metrɪkəl/ a. cronometrico.

chronometrically /ˌkrɒnə'metrɪkəli Am ˌkrɑːnə'metrɪkəli/ avv. cronometricamente.

chronometry /krə'nɒmɪtri Am krə'nɑːmətri/ n. 1 (science) cronometria f. 2 (timekeeping) cronometraggio m.

chronophotograph /ˌkrɒnəʊ'fəʊtəgrɑːf Am ˌkrɑːnəʊ'fəʊtəgræf/ n. cronofotografia f.

chronophotography /ˌkrɒnəʊfə'tɒgrəfi Am ˌkrɑːnəʊfə'tɑːgrəfi/ n. cronofotografia f., processo m. cronofotografico.

chronoscope /'krɒnəskəʊp Am 'krɑːnəskəʊp/ n. cronoscopio m.

chrysalid /'krɪsəlɪd/ I n. (Entom) crisalide f. II a. (Entom) della crisalide.

chrysalis /'krɪsəlɪs/ (pl. -ses /-siːz/, **chrysalides** /krɪ'sælɪdiːz/) n. (Entom) crisalide f.

chrysanthemum /krɪ'zænθəməm/ n. (Bot) crisantemo m.

chryselephantine /ˌkrɪselɪ'fænt(ə)ɪn/ a. (Art) criselefantino, crisoelefantino.

chrysoberyl /'krɪsəʊberəl Br also 'krɪsəʊberɪl/ n. (Min) crisoberillo m.

chrysolite /'krɪsəʊlaɪt/ n. (Min) crisolito m.

chthonian /'θəʊnɪən/ a. infernale, degli inferi.

chthonic /'θɒnɪk Am 'θɑːnɪk/ a. infernale, degli inferi.

chub /tʃʌb/ n. (Itt) cavedano m.

chubbiness /'tʃʌbɪnəs/ n. paffutezza f.

chubby /'tʃʌbi/ a. paffuto, grassoccio, pienotto: a ~ baby un bimbo paffuto. □ ~ cheeks guance paffute, guanciotte.

chuck[1] /tʃʌk/ v.t. 1 (colloq) (to throw) buttare, gettare: to ~ sth. away buttare via qcs. 2 (colloq) (to resign from) abbandonare, smettere, piantare: to ~ one's job piantare il lavoro. □ (Br,sl) to get the ~ essere licenziato, (colloq) essere mandato a spasso; (Br,sl) to give the ~ cacciare via, licenziare; (Br,sl) to ~ one's hand in arrendersi, gettare la spugna; (Br,sl) ~ it! smettila!, piantala!; (Br, colloq) to ~ out buttare fuori, cacciare: he was -ed out of the cinema fu buttato fuori dal cinema; (colloq) to ~ up abbandonare, smettere, piantare: to ~ up one's job piantare il lavoro; (Br) (fig) to ~ up the sponge arrendersi, gettare la spugna.

chuck[2] /tʃʌk/ I n. 1 (Mecc) (of a drill) mandrino m. portapunta; (of a lathe) autocentrante m. 2 (wedge, chock) calzatoia f. 3 (Macell) spalla f. II v.t. (Mecc) bloccare nel mandrino, mettere nel mandrino. □ ~ farthing gioco della buca (con monetine); (Am) ~ wagon carro delle provviste.

chuck[3] /tʃʌk/ I v.i. (Br) (of fowl) chiocciare; (of persons) schioccare la lingua. II n. (Br) 1 chiocciolio m. 2 (sound to urge on a horse) schiocco m. della lingua. III intz. (Br) 1 (to hens) pio, pio. 2 (to horses) clop, clop.

chucker-out /ˌtʃʌkər'aʊt/ n. (Br,sl) buttafuori m.

chucking-out /ˌtʃʌkɪŋ'aʊt/ □ (Br,colloq) ~ time (bar closing time) ora di chiusura.

chuckle /'tʃʌkl/ I v.i. 1 ridere di soppiatto, ridere sotto i baffi. 2 (to gloat) sogghignare. II n. risata f. soffocata. □ (colloq) ~ head sciocco, stupido, testa di cavolo.

chuckle-headed /'tʃʌklˌhedɪd/ a. (colloq) sciocco, stupido.

chuff /tʃʌf/ I n. ciuf ciuf m. II v.i. fare ciuf ciuf.

chuffed /tʃʌft/ a. (Br,colloq) (delighted) esultante, felice.

chug /tʃʌg/ I n. 1 (of a train) sbuffo m., ciuf ciuf m. 2 (of an engine) scoppiettio m. II v.i. (past, p.p. **chugged** /-d/) 1 sbuffare, fare ciuf ciuf. 2 (of an engine) scoppiettare. 3 (to proceed chugging: of a train) muoversi sbuffando, avanzare sbuffando. III v.t. (past, p.p. **chugged** /-d/) (colloq) bere tutto d'un fiato.

chugalug /'tʃʌgəlʌg/ (past, p.p. **chugalugged** /-d/) v.t. (colloq) bere tutto d'un fiato. II v.i. (colloq) bere tutto d'un fiato, trangugiare (una bevanda) in un solo sorso.

chum /tʃʌm/ I n. (colloq) amico m. (f. -a) intimo, amico m. (f. -a) del cuore, amicone m. (f. -a). II v.i. (past, p.p. **chummed** /-d/) (colloq) (to form a close friendship) diventare molto amico (di). □ (colloq) to ~ up diventare molto amico (di).

chummily /'tʃʌmɪli/ avv. amichevolmente, da amiconi.

chumminess /'tʃʌmɪnəs/ n. 1 amicizia f. 2 (friendliness) amichevolezza f.

chummy /'tʃʌmi/ a. (colloq) amichevole, da amiconi.

chump /tʃʌmp/ n. (colloq) zuccone m. (f. -a), fesso m. (f. -a), pollo m. □ (colloq) ~ change due soldi, pochissimi soldi; (Macell) ~ chop (of mutton) taglio spesso, taglio alto; (Br, colloq,ant) off one's ~ pazzo.

chunk /tʃʌŋk/ n. 1 pezzo m., tocco m.: a ~ of cheese un pezzo di formaggio. 2 (of wood) grosso ceppo m. 3 (fig) (large amount) buona parte f., bel po' m., grossa fetta f.

chunkiness /'tʃʌŋkɪnəs/ n. robustezza f.

chunky /'tʃʌnki/ a. **1** robusto, massiccio, atticciato, tarchiato. **2** (containing chunks) a pezzi, a tocchi: ~ jam marmellata con pezzi di frutta.

Chunnel /'tʃʌnəl/ n. tunnel m. sotto la Manica.

church /tʃɜːtʃ Am tʃɜːrtʃ/ I n. **1** chiesa f.: at ~ (o in ~) in chiesa; to go to ~ andare in chiesa, (Rel.catt) andare a Messa. **2** (religious service) funzione f. (religiosa), (Rel.prot) culto m.: when does ~ begin? a che ora comincia la funzione?; after ~ dopo la funzione. II a. ecclesiastico, della chiesa. III v.t. (usually passive) indottrinare. □ ~ and state chiesa e stato; ~ burial sepoltura religiosa; (Rel.prot) Church Commissioner commissario ecclesiastico; to go to ~ andare in chiesa, essere praticante; ~ going: **1** (used as a noun) l'andare in chiesa; **2** (used as an adjective) di chiesa, religioso; ~ hall sala parrocchiale; (spreg) ~ hen bigotta, bacchettona; ~ land beni della chiesa, beni ecclesiastici; (Rel) the Church Militant la Chiesa militante; Church of England Chiesa di Inghilterra, Chiesa anglicana; Church of Ireland Chiesa d'Irlanda; Church of Rome Chiesa cattolica; Church of Scotland Chiesa di Scozia; ~ plant chiesa fondata di recente; ~ planting fondazione di nuove chiese; (Stor) ~ rate tassa per la chiesa; ~ register registro parrocchiale; (Br) ~ school istituto a carattere religioso; (Rel) ~ service funzione religiosa; ~ work attività di chiesa; ~ year anno liturgico.

Churchillian /tʃɜːˈtʃɪliən Am tʃɜːrˈtʃɪliən/ a. di Winston Churchill, relativo a Winston Churchill.

churchless /'tʃɜːtʃləs Am 'tʃɜːrtʃləs/ a. **1** senza chiesa. **2** (not belonging to any church) che non appartiene ad alcuna chiesa.

churchman /'tʃɜːtʃmən Am 'tʃɜːrtʃmən/ n.irr. **1** ecclesiastico m., uomo m. di chiesa. **2** (adherent of a church) appartenente m. a una chiesa.

churchwarden /ˌtʃɜːtʃˈwɔːdᵊn Am ˌtʃɜːrtʃ ˈwɔːrdᵊn/ n. **1** (in the Church of England) rappresentante m. laico della parrocchia. **2** (in the Episcopal Church) amministratore m. laico della parrocchia. **3** (colloq) (long clay-pipe) lunga pipa f. di terracotta.

churchwoman /'tʃɜːtʃˌwumən Am 'tʃɜːrtʃ ˌwumən/ n.irr. (adherent of a church) appartenente f. a una chiesa.

churchy /'tʃɜːtʃi Am 'tʃɜːrtʃi/ a. (colloq) religioso, bigotto.

churchyard /'tʃɜːtʃjɑːd Am 'tʃɜːrtʃjɑːrd/ n. **1** sagrato m. **2** (burial ground) cimitero m., camposanto m.

churl /tʃɜːl Am tʃɜːrl/ n. (boorish person) zoticone m. (f. -a), villano m. (f. -a).

churlish /'tʃɜːlɪʃ Am 'tʃɜːrlɪʃ/ a. rozzo, volgare, grossolano, da zoticone: ~ behaviour comportamento da zoticone.

churlishly /'tʃɜːlɪʃli Am 'tʃɜːrlɪʃli/ avv. rozzamente, villanamente.

churlishness /'tʃɜːlɪʃnəs Am 'tʃɜːrlɪʃnəs/ n. cafonaggine f., villania f.

churn /tʃɜːn Am tʃɜːrn/ I n. **1** (Br) (large milk can) bidone m. per il latte. **2** (Agr) zangola f. II v.t. **1** (of milk, cream) agitare in una zangola, sbattere in una zangola; (of butter) fare nella zangola. **2** (fig) (of liquids: to stir up) agitare, sconvolgere, sommuovere. **3** (fig) (of the screw of a boat) far spumeggiare, far ribollire. III v.i. **1** fare il burro nella zangola. **2** (to move in agitation) agitarsi, ribollire. □ ~ dasher paletta della zangola; (dial) ~ milk latticello; (fig) to ~ out produrre in gran quantità; (colloq) sfornare; ~ staff paletta

della zangola; (fig) to ~ up far spumeggiare, far ribollire: the speedboat -ed up the waves il motoscafo faceva spumeggiare le onde.

churner /'tʃɜːnə Am 'tʃɜːrnər/ n. zangolatore m. (f. -trice).

churr /tʃɜːr Am tʃɜːr/ v.i. (past, p.p. **chirred** /-d/) frinire, stridere. II n. stridio m.

chute¹ /ʃuːt/ n. **1** scivolo m., piano m. inclinato: a coal ~ uno scivolo per il carbone. **2** (waterfall) cascata f.; (rapid) rapida f. **3** (Geol) canale m. di scolo. **4** (Sport) pista f. inclinata.

chute² /ʃuːt/ I n. (colloq) paracadute m. II v.t. (colloq) paracadutare.

chutney /'tʃʌtni/ n. (Gastron) salsa f. indiana a base di frutta e spezie.

chutzpah /'hutspə/ n. (colloq) impudenza f., audacia f., faccia tosta f., spudoratezza f.

chyle /kaɪl/ n. (Fisiol) chilo m.

chyliferous /kaɪˈlɪfᵊrəs/ a. (Fisiol) chilifero.

chylification /ˌkaɪlɪfɪˈkeɪʃᵊn/ n. (Fisiol) chilificazione f.

chylify /'kaɪlɪfaɪ/ v.t. (Fisiol) chilificare.

chyme /kaɪm/ n. (Fisiol) chimo m.

chymificate /kaɪˈmɪfɪkeɪt/ v.t. (Fisiol) chimificare.

chymification /ˌkaɪmɪfɪˈkeɪʃᵊn/ n. **1** (Fisiol) chimificazione f. **2** (Biol) chimosi f.

CI Ivory Coast CI (Costa d'Avorio).

CIA /ˌsiːaɪˈeɪ/ (US) Central Intelligence Agency CIA (ufficio centrale d'informazione, servizio di controspionaggio).

ciborium /sɪˈbɔːriəm/ (pl. **-ria** /-rɪə/) n. **1** (Arch) ciborio m. **2** (Lit) pisside f., ciborio m.

C.I.C. (Mil) Commander-in-Chief (comandante in capo).

cicada /sɪˈkɑːdə, sɪˈkeɪdə/ n. (Entom) cicala f.

cicatrice /'sɪkətrɪs/ n. (Med,Bot) cicatrice f.

cicatricial /ˌsɪkəˈtrɪʃᵊl/ a. (past, Bot) cicatriziale.

cicatricle /sɪˈkætrɪkl/ n. **1** (Biol) cicatricola f. **2** (Bot) cicatricola f., ilo m.

cicatrise /'sɪkətraɪz/ I (Br) v.t. cicatrizzare. II (Br) v.i. cicatrizzarsi.

cicatrix /'sɪkətrɪks/ (pl. **-trices** /-ˈtraɪsiːz/, **-es** /-ɪz/) n. (Med,Bot) cicatrice f.

cicatrization /ˌsɪkətr(a)ɪˈzeɪʃᵊn/ n. (Med) cicatrizzazione f.

cicatrize /'sɪkətraɪz/ I v.t. cicatrizzare. II v.i. cicatrizzarsi.

cicatrizer /'sɪkətraɪzᵊr/ n. cicatrizzante m.

cicely /'sɪsɪli/ n. (Bot) mirride f., finocchiella f.

Cicero /'sɪsᵊroʊ/ n.pr.m. (Stor) Cicerone.

cicerone¹ /ˌsɪsᵊˈroʊni Br also ˌtʃɪtʃᵊˈroʊni/ (pl. **-ni** /-naɪ/) n. cicerone m., guida f. turistica.

cicerone² /ˌsɪsᵊˈroʊni Br also ˈtʃɪtʃᵊroʊni/ v.i. fare da cicerone (to a).

Ciceronian /ˌsɪsᵊˈroʊniən/ I a. ciceroniano: ~ eloquence eloquenza ciceroniana. II n. **1** (expert) studioso m. (f. -a) delle opere di Cicerone. **2** (imitator) seguace m./f. del ciceronianismo.

Ciceronianism /ˌsɪsᵊˈroʊniənɪzᵊm/ n. ciceronianismo m.

cider /'saɪdᵊr/ n. **1** (Am) (hard cider) sidro m. **2** (Am) (sweet cider) succo m. di mele non fermentato. □ ~ press pressa per mele.

c.i.f., C.I.F., CIF /ˌsiːaɪˈef/ (Comm) cost, insurance, freight CIF, CAN (costo, assicurazione, nolo).

cigar /sɪˈgɑː Am sɪˈgɑːr/ n. sigaro m. □ ~ box scatola per sigari; (Am,colloq) close, but no ~! ci sei andato vicino!, non proprio!, non esattamente!; ~ butts mozziconi di sigaro; ~ case portasigari, astuccio per sigari; ~ cutter tagliasigari; ~ holder bocchino per sigari; ~ shop tabaccheria.

cigaret /sɪgᵊˈret, 'sɪgᵊret/ n. (Am) sigaretta f.

cigarette /ˌsɪgᵊˈret, 'sɪgᵊret/ n. sigaretta f.: a filter-tipped ~ una sigaretta con filtro. □ ~ butt mozzicone di sigaretta, cicca; ~ case portasigarette; ~ girl venditrice di sigarette, sigaraia; ~ holder bocchino; ~ lighter accendisigari, accendino; ~ machine distributore (automatico) di sigarette; ~ paper cartina per sigarette; (Br) ~ stub mozzicone di sigaretta, cicca.

cigarillo /ˌsɪgᵊˈrɪloʊ/ (pl. **-s** /-z/) n. sigaretto m.

cigar-shaped /sɪˈgɑːˌʃeɪpt Am sɪˈgɑːrˌʃeɪpt/ a. a forma di sigaro.

ciliary /'sɪliri Am 'sɪlieri/ a. **1** ciliare. **2** (Biol) ciliato.

ciliate /'sɪli(e)ɪt Am 'sɪlieɪt/ I n. (Zool) ciliato m. II a. (Zool) dei ciliati, relativo ai ciliati. **2** (Biol) ciliato.

ciliated /'sɪlieɪtɪd Am 'sɪlieɪtɪd/ a. (Biol) ciliato.

ciliation /ˌsɪliˈeɪʃᵊn/ n. l'essere provvisto di ciglia.

cilice /'sɪlɪs/ n. cilicio m.

cilium /'sɪliəm/ (pl. **-lia** /-liə/) n. **1** (eyelash) ciglio m. **2** (Bot,Ornit) ciglio m. **3** pl. (Biol) ciglia f.pl. vibratili.

Cimbri /'sɪmbri/ n.pl. (Etnol) cimbri m.pl.

Cimbrian /'sɪmbriən/ I n. (dialect) cimbro m. II a. cimbrico.

Cimbric /'sɪmbrɪk/ a. cimbrico.

cimex /'saɪmeks/ (pl. **cimices** /'sɪmɪsiːz/) n. (Entom) cimice f.

Cimmerian /sɪˈmɪəriən Am sɪˈmɪriən/ I a. (fig) oscuro, nebbioso, buio: a ~ dungeon un oscuro sotterraneo. II n. (Stor) cimmerio m.

C-in-C /ˌsiːɪnˈsiː/ (Mil) Commander in Chief (comandante in capo).

cinch /sɪntʃ/ I n. **1** (sl) (sth. easy) cosa f. facile, inezia f., quisquilia f. **2** (sl) (dead certainty) certezza f. assoluta: it's a ~ that our team will win abbiamo la certezza assoluta che la nostra squadra vincerà. **3** (Am) (girth) straccale m. II v.t. (Am) **1** (of a horse) stringere lo straccale a, stringere lo straccale di. **2** (sl) (to guarantee, to assure) garantire, assicurare.

cinchona /sɪŋˈkoʊnə/ □ (Farm) ~ bark corteccia di china.

cincture /'sɪŋ(k)tʃᵊr/ I n. **1** recinzione f., recinto m.; (of walls) cinta f. **2** (poet) (belt, girdle) cintura f. **3** (Arch) filetto m., listello m. II v.t. cingere, recingere, delimitare.

cinder /'sɪndᵊr/ n. **1** (burnt piece of wood, etc.) tizzone m., tizzo m.; (of coal) scoria f. **2** (ember, live coal) brace f. **3** (Met) scaglia f., scoria f. **4** pl. (ashes) cenere f.sing. **5** pl. (Geol) (of volcanoes) scorie f.pl., ceneri f.pl. □ (Br, Edil) ~ block Gasbeton, laterizio di calcestruzzo e scorie.

Cinderella /ˌsɪndᵊˈrelə/ n.pr.f. (Lett) Cenerentola (anche fig).

cindery /'sɪndri/ a. **1** simile a cenere. **2** (sprinkled with cinders) cosparso di cenere, coperto di cenere.

Cindy /'sɪndi/ n.pr.f. dim. di Cynthia.

cine /'sɪni/ □ (Cin) ~ camera cinepresa, macchina da presa; (Cin) ~ projector proiettore cinematografico, macchina da proiezione.

cinema /'sɪnəmə Br also 'sɪnəmɑː/ n. **1** cinema m., cinematografo m.: to go to the ~ andare al cinema. **2** (art) cinema m., cinematografia f. □ ~ fan fanatico del cinema, cinefilo; (Am) ~ theatre cinemateatro.

cinema-goer /'sɪnəməˌgoʊᵊr/ n. frequentatore m. (f. -trice) (abituale) di cinema.

Cinemascope /ˌsɪnəməˈskoʊp/ n. cinemascope m.

cinematheque /ˌsɪnəməˈtek/ n. cineteca f., cineclub m.

cinematic /ˌsɪnəˈmætɪk Am ˌsɪnəˈmætɪk/ a. cinematografico.

cinematically /ˌsɪnəˈmætɪkəli Am ˌsɪnəˈmætɪkəli/ avv. cinematograficamente.

cinematograph /ˌsɪnəˈmætəgrɑːf Am ˌsɪnəˈmætəgræf/ n. 1 (camera) cinepresa f., macchina f. da presa. 2 (projector) proiettore m. cinematografico, macchina f. da proiezione.

cinematographer /ˌsɪnəməˈtɒɡrəfər Am ˌsɪnəməˈtɑːɡrəfər/ n. 1 operatore m. (f. -trice) cinematografico. 2 (projectionist) proiezionista m./f.

cinematographic /ˌsɪnəˌmætəˈɡræfɪk Am ˌsɪnəˌmætəˈɡræfɪk/ a. cinematografico.

cinematographical /ˌsɪnəˌmætəˈɡræfɪkəl Am ˌsɪnəˌmætəˈɡræfɪkəl/ a. cinematografico.

cinematographically /ˌsɪnəˌmætəˈɡræfɪkəli Am ˌsɪnəˌmætəˈɡræfɪkəli/ avv. cinematograficamente.

cinematography /ˌsɪnəməˈtɒɡrəfi Am ˌsɪnəməˈtɑːɡrəfi/ n. cinematografia f.

cinephile /ˈsɪnəfaɪl/ n. cinefilo m. (f. -a).

cinerama /ˌsɪnəˈrɑːmə/ n. cinerama m.

cineraria /ˌsɪnəˈreəriə Am ˌsɪnəˈreriə/ n. (Bot) cineraria f.

cinerarium /ˌsɪnəˈreəriəm Am ˌsɪnəˈreriəm/ (pl. -ria -riə/) n. cinerario m.

cinerary /ˈsɪnərəri Am ˈsɪnəreri/ a. cinerario: ~ urn urna cineraria; ~ vase vaso cinerario.

cinereous /sɪˈnɪəriəs Am sɪˈnɪriəs/ a. cinereo, cenericcio: a ~ sky un cielo cinereo.

Cingalese /ˌsɪŋɡəˈliːz/ I a. (ant) cingalese. II n. (ant) 1 cingalese m./f. 2 (dialect) cingalese m.

cinnabar /ˈsɪnəbɑːr Am ˈsɪnəbɑːr/ n. 1 (Min) cinabro m. 2 (pigment) vermiglione m.

cinnamon /ˈsɪnəmən/ n. 1 (Bot) cinnamomo m. 2 (cinnamon bark) cannella f. 3 (spice) cannella f. 4 (colour) color m. cannella.

cinque /sɪŋk/ □ (Geog.stor) Cinque Ports Cinque Porti (città portuali inglesi che godevano di speciali privilegi).

cinquefoil /ˈsɪŋkfɔɪl/ n. 1 (Bot) potentilla f. 2 (Arch) pentalobo m.

cipher /ˈsaɪfər/ I n. 1 (secret method of writing) scrittura f. cifrata; (coded message) messaggio m. cifrato; (key to a code) cifrario m. 2 (ant,Mat) zero m. 3 (Arabic numeral, figure) cifra f. 4 (fig) (nonentity) zero m. assoluto, nullità f.: he is a mere ~ è uno zero assoluto, non vale nulla. 5 (monogram) monogramma m. II v.t. (to encode) cifrare, tradurre in cifra. III v.i. 1 (to write in cipher) scrivere in cifra. 2 (rar) (to compute) fare calcoli, eseguire calcoli. □ (Tel) ~ cable cablogramma cifrato; ~ code cifrario; ~ key chiave di cifrario; to ~ out calcolare (numericamente), computare: to ~ out a sum calcolare una somma; (Tel) ~ telegram telegramma cifrato.

cipherer /ˈsaɪfərər Am ˈsaɪfərər/ n. cifrista m./f.

cipolin /ˈsɪpəlɪn/ n. cipollino m., marmo m. cipollino.

circa /ˈsɜːkə Am ˈsɜːrkə/ I prep. intorno a: ~ 1922 intorno al 1922. II avv. circa, pressappoco.

circadian /sɜːˈkeɪdiən Am sərˈkeɪdiən/ a. (Biol) circadiano.

Circassian /sɜːˈkæsiən Am sərˈkæsiən/ I n. 1 circasso m. (f. -a). 2 (language) circasso m., lingua f. circassa. II a. circasso.

Circe /ˈsɜːsi Am ˈsɜːrsi/ n.pr.f. (Mitol) Circe (anche fig).

Circean /sɜːˈsiːən Am sɜːrˈsiːən/ a. 1 di Circe. 2 (fig) affascinante, seducente, ammaliante.

circinate /ˈsɜːsɪn(e)ɪt Am ˈsɜːrsɪneɪt/ a. 1 circolare, a forma di anello. 2 (Bot) circinato.

circinately /ˈsɜːsɪnɪtli Am ˈsɜːrsɪnɪtli/ avv. in modo circolare, ad anello.

circle /ˈsɜːkl̩ Am ˈsɜːrkl̩/ I n. 1 (Geom) circolo m., cerchio m.; (circumference) circonferenza f. 2 (ring) cerchio m., circolo m.: they sat in a ~ sedevano in cerchio. 3 (in a theatre) galleria f. 4 (environment, milieu) cerchia f., ambiente m., sfera f.: the family ~ la cerchia di famiglia; one's ~ of friends la cerchia delle proprie conoscenze; he moves in the best -s frequenta i migliori ambienti; in high -s nell'alta società, negli ambienti aristocratici. 5 (realm) sfera f. di influenza, sfera f. di attività. 6 (cycle, complete series) ciclo m., serie f. completa: the ~ of the seasons il ciclo delle stagioni. 7 (in logic) circolo m. vizioso: arguments in a (vicious) ~ argomenti in (un) circolo vizioso. 8 (Geog) circolo m.; (meridian) meridiano m.; (parallel) parallelo m. 9 (Astr) circolo m.; (orbit) orbita f., rivoluzione f.; (halo) alone m. II v.t. 1 girare intorno a: the plane -d the airport before landing l'aeroplano girò intorno all'aeroporto prima di atterrare. 2 (to surround) circondare, racchiudere, delimitare. 3 (to by-pass, to evade) aggirare, girare attorno a. III v.i. girare in circolo, girare in tondo; (of birds, planes) volteggiare. □ (Ginn) to ~ one's arms circondurre le braccia; (colloq) to run around in -s perdere tempo senza riuscire a fare niente; (Astr) ~ of latitude meridiano; (Ginn) to ~ the bar fare la grande volta; (fig) to ~ the wagons riunirsi per difendere qcu.

circlet /ˈsɜːklɪt Am ˈsɜːrklɪt/ n. 1 cerchietto m. 2 (ring) anello m.

circs /sɜːks/ n.pl. (Br,sl) circostanze f.pl.: in the ~ date le circostanze.

circuit /ˈsɜːkɪt Am ˈsɜːrkɪt/ I n. 1 (track for horse or automobile racing) giro m. (di pista). 2 (judicial district) distretto m. giudiziario, giurisdizione f. 3 (circumference) circonferenza f.; (of a city) cinta f.: the ~ of the city walls la cinta delle mura cittadine. 4 (chain of sporting events) campionato m., torneo m. 5 (chain of night clubs, cinemas, etc.) catena f., organizzazione f. 6 (Astr) rivoluzione f. 7 (El, Mecc) circuito m.: (El) to break the ~ interrompere il circuito; to close the ~ chiudere il circuito. II v.t. compiere il giro di, girare intorno a. III v.i. percorrere un circuito. □ (El) ~ breaker interruttore; (Dir) ~ court: 1 (GB) corte di un circuito giudiziario; 2 (US) corte con competenze territoriali; (Rad) ~ diagram schema di montaggio; (Dir) ~ judge giudice di un circuito giudiziario; (El) ~ switching commutazione dei circuiti; (Ginn) ~ training allenamento a circuito, allenamento a stazioni.

circuitous /sɜːˈkjuːɪtəs Am sərˈkjuːɪtəs/ a. 1 tortuoso, serpeggiante, sinuoso: a ~ route una strada tortuosa. 2 (of words, etc.) tortuoso.

circuitously /sɜːˈkjuːɪtəsli Am sərˈkjuːɪtəsli/ avv. tortuosamente.

circuitousness /sɜːˈkjuːɪtəsnəs Am sərˈkjuːɪtəsnəs/ n. tortuosità f.

circuitry /ˈsɜːkɪtri Am ˈsɜːrkɪtri/ n. 1 (El) (plan of a network) schema m. 2 (El) (components) collegamenti m.pl. elettrici, circuiteria f. 3 (circuitousness) tortuosità f.

circular /ˈsɜːkjələr Am ˈsɜːrkjələr/ I a. 1 circolare: a ~ race track una pista circolare; the ~ rotation of a planet la rotazione circolare di un pianeta. 2 (moving in a cycle) ciclico: the ~ succession of the seasons il succedersi ciclico delle stagioni. II n. lettera f. circolare, circolare f. □ (Mus) ~ breathing respirazione circolare; (Br,Econ) ~ cheque assegno circolare; (Br,Econ) ~ note lettera di credito; ~ saw sega circolare.

circularise /ˈsɜːkjələraɪz/ v.t. (Br) 1 inviare circolari a, mandare circolari a. 2 (of a letter, etc.) far circolare. 3 (to announce by circulars) annunciare per mezzo di circolari, rendere noto per mezzo di circolari.

circularity /ˌsɜːkjəˈlærɪti Am ˌsɜːrkjuˈlerəti/ n. forma f. circolare.

circularization /ˌsɜːkjələr(a)ɪˈzeɪʃən Am ˌsɜːrkjələrɪˈzeɪʃən/ n. invio m. di (lettere) circolari.

circularize /ˈsɜːkjələraɪz Am ˈsɜːrkjələraɪz/ v.t. 1 inviare circolari a, mandare circolari a: to ~ delegates mandare circolari ai delegati. 2 (of a letter, etc.) far circolare: to ~ a memorandum far circolare un memorandum. 3 (to announce by circulars) annunciare per mezzo di circolari, rendere noto per mezzo di circolari.

circulate /ˈsɜːkjəleɪt Am ˈsɜːrkjuleɪt/ I v.i. 1 circolare: blood -s through the body il sangue circola nel corpo. 2 (of news, rumours, etc.) circolare, diffondersi, divulgarsi. 3 (to pass from person to person) girare fra, circolare: the hostess -d among her guests la padrona di casa girava fra gli ospiti. 4 (to be sold over a wide area) circolare, essere venduto, essere diffuso. 5 (Mat) (to recur) ricorrere (periodicamente). II v.t. 1 far circolare. 2 (of news, etc.: to diffuse) far circolare, diffondere.

circulating /ˈsɜːkjəleɪtɪŋ Am ˈsɜːrkjuleɪtɪŋ/ a. circolante. □ (Econ) ~ capital capitale circolante; (Mat) ~ decimal frazione decimale periodica; (Mat) ~ function funzione periodica; (ant) ~ library biblioteca circolante; (Econ) the ~ medium il circolante.

circulation /ˌsɜːkjəˈleɪʃən Am ˌsɜːrkjuˈleɪʃən/ n. 1 (Med) circolazione f. 2 (of rumours, news, etc.) diffusione f., divulgazione f., propagazione f. 3 (Giorn) diffusione f., distribuzione f.: nation-wide ~ diffusione su scala nazionale. 4 (Giorn) (number of copies distributed) tiratura f.: a ~ of five million una tiratura di cinque milioni di copie. 5 (Econ) circolazione f.: the ~ of money la circolazione monetaria. 6 (rar,Econ) (currency) valuta f. corrente. 7 (Aer) circuitazione f. □ to put into ~ mettere in circolazione.

circulator /ˈsɜːkjəleɪtər Am ˈsɜːrkjuleɪtər/ n. 1 diffonditore m. (f. -trice) di notizie. 2 (Mat) funzione f. periodica.

circulatory /ˌsɜːkjəˈleɪtəri Am ˈsɜːrkjələtɔːri/ a. circolatorio.

circumambience /ˌsɜːkəmˈæmbiəns Am ˌsɜːrkəmˈæmbiəns/ n. l'essere circostante.

circumambiency /ˌsɜːkəmˈæmbiənsi Am ˌsɜːrkəmˈæmbiənsi/ n. l'essere circostante.

circumambient /ˌsɜːkəmˈæmbiənt Am ˌsɜːrkəmˈæmbiənt/ a. circostante.

circumambulate /ˌsɜːkəmˈæmbjuleɪt Am ˌsɜːrkəmˈæmbjuleɪt/ I v.i. 1 girare attorno, girare qua e là. 2 (fig) tergiversare, temporeggiare. II v.t. girare attorno a.

circumambulation /ˌsɜːkəmˌæmbjuˈleɪʃən Am ˌsɜːrkəmˌæmbjuˈleɪʃən/ n. 1 il girare attorno. 2 (fig) tergiversazione f., temporeggiamento m.

circumambulatory /ˌsɜːkəmˈæmbjulətəri Am ˌsɜːrkəmˈæmbjulətɔːri/ a. 1 indiretto, tortuoso. 2 (fig) che tergiversa, che gira intorno.

circumcenter /ˌsɜːkəmˈsentər/ n. (Am, Geom) circoncentro m.

circumcentre /ˌsɜːkəmˈsentər Am ˌsɜːrkəmˈsentər/ n. (Geom) circoncentro m.

circumcise /ˈsɜːkəmsaɪz Am ˈsɜːrkəmsaɪz/ v.t. 1 circoncidere. 2 (fig) purificare.

circumcision /ˌsɜːkəmˈsɪʒən Am ˌsɜːrkəmˈsɪʒən/ n. 1 circoncisione f. 2 (fig) purificazione f.

Circumcision /ˌsɜːkəmˈsɪʒən Am ˌsɜːrkəm-

'sɪʒᵊn/ n. (Rel) Circoncisione f. del Signore.

circumference /sə'kʌm(p)fᵊrᵊns Am sᵊr'kʌm(p)fᵊrᵊns/ n. **1** (Geom) circonferenza f. **2** (boundaries) circonferenza f., linea f. di delimitazione. **3** (fig) (limits) limiti m.pl., confini m.pl.

circumferential /sə,kʌm(p)fᵊ'renʃᵊl Am ,kʌm(p)fᵊ'renʃᵊl/ a. **1** della circonferenza. **2** (encircling) che circonda, attorno a. **3** (fig) tortuoso, indiretto.

circumferentially /sə,kʌm(p)fᵊ'renʃᵊli Am sᵊr,kʌm(p)fᵊ'renʃᵊli/ avv. circolarmente.

circumflex /'sɜːkəmfleks Am 'sɜːrkəmfleks/ **I** a. **1** (Anat) circonflesso: ~ nerve nervo circonflesso, nervo ascellare. **2** (Ling) circonflesso: ~ accent accento circonflesso. **II** n. (Ling) accento m. circonflesso. **III** v.t. segnare con accento circonflesso, (rar) circonflettere.

circumflexion /,sɜːkəm'flekʃᵊn Am ,sɜːrkəm'flekʃᵊn/ n. circonflessione f.

circumfluence /sə'kʌmfluəns Am sə'kʌmfluəns/ n. circonfluenza f.

circumfluent /sə'kʌmfluᵊnt Am sə'kʌmfluᵊnt/ a. circonfluente.

circumfluous /sə'kʌmfluəs Am sə'kʌmfluəs/ a. **1** circonfluente. **2** (surrounded by water) circondato da acqua.

circumfuse /,sɜːkəm'fjuːz Am ,sɜːrkəm'fjuːz/ v.t. **1** circondare, circonfondere. **2** (fig) circonfondere, soffondere: a face -d with light un volto circonfuso di luce.

circumjacence /,sɜːkəm'dʒeɪsᵊns Am ,sɜːrkəm'dʒeɪsᵊns/ n. (lett) adiacenza f., contiguità f.

circumjacency /,sɜːkəm'dʒeɪsᵊnsi Am ,sɜːrkəm'dʒeɪsᵊnsi/ n. (lett) adiacenza f., contiguità f.

circumjacent /,sɜːkəm'dʒeɪsᵊnt Am ,sɜːrkəm'dʒeɪsᵊnt/ a. (lett) adiacente, contiguo.

circumlittoral /,sɜːkəm'lɪtᵊrᵊl Am ,sɜːrkəm'lɪtᵊrᵊl/ a. litoraneo, costiero.

circumlocution /,sɜːkəmlə'kjuːʃᵊn Am ,sɜːrkəmlə'kjuːʃᵊn/ n. **1** (periphrasis) circonlocuzione f., perifrasi f., giro m. di parole. **2** (style) stile m. circonlocutorio.

circumlocutory /,sɜːkəm'lɒkjutᵊri Am ,sɜːrkəm'lɑːkjuːtɔːri/ a. circonlocutorio.

circumnavigable /,sɜːkəm'nævɪgᵊbl̩ Am ,sɜːrkəm'nævɪgᵊbl̩/ a. circumnavigabile.

circumnavigate /,sɜːkəm'nævɪgeɪt Am ,sɜːrkəm'nævɪgeɪt/ v.t. circumnavigare: to ~ the earth circumnavigare la terra.

circumnavigation /,sɜːkəm,nævɪ'geɪʃᵊn Am ,sɜːrkəm,nævɪ'geɪʃᵊn/ n. circumnavigazione f.

circumnavigator /,sɜːkəm'nævɪgeɪtᵊr Am ,sɜːrkəm'nævɪgeɪtᵊr/ n. circumnavigatore m. (f. -trice).

circumpolar /,sɜːkəm'poʊlᵊr Am ,sɜːrkəm'poʊlᵊr/ a. (Astr) circumpolare: ~ stars stelle circumpolari.

circumscribe /'sɜːkəmskraɪb Am 'sɜːrkəmskraɪb/ v.t. **1** circoscrivere. **2** (fig) (to enclose, to limit) limitare, restringere, frenare: his ambitions were -d by lack of money la mancanza di denaro frenò le sue ambizioni. **3** (fig) (to define) definire, stabilire. **4** (Geom) circoscrivere: to ~ a polygon with a circle circoscrivere un cerchio a un poligono.

circumscription /,sɜːkəm'skrɪpʃᵊn Am ,sɜːrkəm'skrɪpʃᵊn/ n. **1** circoscrizione f. **2** (on a medallion) iscrizione f. circolare. **3** (fig) (restriction) limitazione f., restrizione f. **4** (fig) (limit, boundary) limite m., delimitazione f. **5** (fig) (limited area) circoscrizione f., territorio m. circoscritto.

circumsolar /,sɜːkəm'soʊlᵊr Am ,sɜːrkəm'soʊlᵊr/ a. intorno al sole.

circumspect /'sɜːkəmspekt Am 'sɜːrkəm-

spekt/ a. **1** circospetto, cauto, guardingo. **2** (of an action: well-considered) saggio, ponderato.

circumspection /,sɜːkəm'spekʃᵊn Am ,sɜːrkəm'spekʃᵊn/ n. circospezione f., cautela f.

circumspective /,sɜːkəm'spektɪv Am ,sɜːrkəm'spektɪv/ a. circospetto, cauto, guardingo.

circumspectly /'sɜːkəmspektli Am 'sɜːrkəmspektli/ avv. con circospezione, con prudenza, cautamente.

circumspectness /'sɜːkəmspektnəs Am 'sɜːrkəmspektnəs/ n. circospezione f., cautela f.

circumstance /'sɜːkəmstæns Am 'sɜːrkəmstæns/ n. **1** circostanza f., fatto m., dettaglio m.: no -s must be overlooked nessun dettaglio deve essere trascurato. **2** (incident, event) circostanza f., avvenimento m. **3** (fate, chance) circostanza f.pl., sorte f., caso m.: a victim of -s una vittima delle circostanze. **4** pl. (existing conditions) circostanze f.pl.: it will depend on the -s dipenderà dalle circostanze. **5** pl. (financial condition) condizioni f.pl. finanziarie, stato m.sing. finanziario. **6** (ant) (ceremony, formal display) cerimonie f.pl., pompa f. □ in no -s in nessun caso; in the -s date le circostanze, stando così le cose: it was a wise decision in the -s date le circostanze fu una saggia decisione; -s permitting salvo imprevisti; as -s (may) require secondo le necessità; under no -s in nessun caso; under the -s date le circostanze, stando così le cose.

circumstanced /'sɜːkəmstænst Am 'sɜːrkəmstænst/ a. in condizioni finanziarie: to be well ~ essere in buone condizioni finanziarie.

circumstantial /,sɜːkəm'stænʃᵊl Am ,sɜːrkəm'stænʃᵊl/ a. **1** circostanziale, dipendente dalle circostanze, derivante dalle circostanze. **2** (secondary, unessential) secondario, di secondaria importanza, incidentale: a ~ factor un fattore di secondaria importanza. **3** (detailed) circostanziato, dettagliato, particolareggiato: a ~ description una descrizione dettagliata. **4** (Dir) indiziario: ~ evidence prova indiziaria.

circumstantiality /,sɜːkəm,stænʃi'ælɪti Am ,sɜːrkəm,stænʃi'æləti/ n. ricchezza f. di particolari, abbondanza f. di particolari.

circumstantially /,sɜːkəm'stænʃᵊli Am ,sɜːrkəm'stænʃᵊli/ avv. in modo particolareggiato.

circumstantiate /,sɜːkəm'stænʃieɪt Am ,sɜːrkəm'stænʃieɪt/ v.t. **1** avvalorare. **2** (to describe minutely) circostanziare, descrivere dettagliatamente.

circumstantiation /,sɜːkəm,stænʃi'eɪʃᵊn Am ,sɜːrkəm,stænʃi'eɪʃᵊn/ n. il circostanziare, descrizione f. dettagliata.

circumvallate /,sɜːkəm'væleɪt Am ,sɜːrkəm'væleɪt/ v.t. circonvallare, cingere di bastioni, cingere di terrapieni.

circumvallation /,sɜːkəmvə'leɪʃᵊn Am ,sɜːrkəmvə'leɪʃᵊn/ n. (Mil) vallo m. fortificato.

circumvent /,sɜːkəm'vent Am ,sɜːrkəm'vent/ v.t. **1** (to go around) aggirare, eludere (anche fig): to ~ an obstacle aggirare un ostacolo. **2** (fig) (to deceive, to outwit: of a person) raggirare, circonvenire; (of the law) eludere; (of hopes, wishes, etc.) frustrare.

circumvention /,sɜːkəm'venʃᵊn Am ,sɜːrkəm'venʃᵊn/ n. (Dir) circonvenzione f.: ~ of an incapable circonvenzione di incapace.

circumvolution /,sɜːkəmvə'luːʃᵊn Am ,sɜːrkəmvə'luːʃᵊn/ n. **1** movimento m. di rotazione. **2** (single rotation or cycle) rotazione f. **3** (winding, twisting) sinuosità f., serpeg-

giamento m.

circus /'sɜːkəs Am 'sɜːrkəs/ n. **1** circo m. **2** (troupe of performers) compagnia f. di circo equestre, troupe f. di circo equestre. **3** (Stor.rom) circo m. **4** (Br,Strad) piazza f. **5** (fig) (uproar) parapiglia m., babele f. □ (Stor.rom) ~ games giochi circensi; (Stor.rom) Circus Maximus Circo Massimo.

cirque /sɜːk, sɪək Am sɜːrk/ n. (Geol) circo m. (glaciale).

cirrhosis /sɪ'roʊsɪs/ (pl. -ses /-siːz/) n. (Med) cirrosi f.: ~ of the liver cirrosi epatica.

cirrhotic /sɪ'rɒtɪk Am sɪ'rɑːt̬ɪk/ **I** a. (Med) cirrotico. **II** n. (Med) cirrotico m. (f. -a).

cirrocumulus /,sɪroʊ'kjuːmjʊləs/ (pl. -li /-laɪ/) n. (Meteor) cirrocumulo m.

cirrose /sɪ'roʊs/ a. (Biol,Meteor) cirroso.

cirrostratus /,sɪroʊ'streɪtəs Am ,sɪroʊ'streɪt̬əs/ (pl. -ti /-taɪ/) n. (Meteor) cirrostrato m.

cirrous /'sɪrəs/ a. (Biol,Meteor) cirroso.

cirrus /'sɪrəs/ (pl. cirri /'sɪraɪ/) n. (Biol,Meteor) **1** (Meteor) ~ cloud cirro.

CIS /,siː.aɪ'es/ (Geog) Commonwealth of Independent States CSI (Comunità di Stati Indipendenti).

cisalpine /sɪ'sælpaɪn/ a. cisalpino.

cisatlantic /,sɪsət'læntɪk Am ,sɪsət'lænt̬ɪk/ a. cisatlantico.

cismontane /sɪs'mɒnteɪn Am sɪs'mɑːnteɪn/ a. cismontano.

cispadane /'sɪspədeɪn/ a. (rar) cispadano.

cist /sɪst/ n. (Archeol) cista f.

Cistercian /sɪ'stɜːʃᵊn Am sɪ'stɜːrʃᵊn/ **I** n. (Rel.catt) cistercense m./f., monaco m. (f. -a) cistercense. **II** a. (Rel.catt) cistercense.

Cistercianism /sɪ'stɜːʃᵊnɪzᵊm Am sɪ'stɜːrʃᵊnɪzᵊm/ n. (Rel.catt) **1** ordine m. cistercense. **2** (practices) regola f. cistercense.

cistern /'sɪstən Am 'sɪstᵊrn/ n. **1** cisterna f., serbatoio m. **2** (of a flushing toilet) vaschetta f.

cistus /'sɪstəs/ n. (Bot) cisto m.

citable /'saɪtᵊbl̩ Am 'saɪt̬ᵊbl̩/ a. citabile, menzionabile.

citadel /'sɪtᵊdᵊl Am 'sɪt̬ᵊdᵊl/ n. cittadella f., fortezza f., roccaforte f. (anche fig).

citation /saɪ'teɪʃᵊn/ n. **1** citazione f. **2** (Dir) citazione f. (a giudizio). **3** (Mil) encomio m.: solemn ~ encomio solenne.

citatory /'saɪtᵊtᵊri Am 'saɪt̬ᵊtɔːri/ □ (Dir) ~ letter lettera di citazione.

cite /saɪt/ v.t. **1** (to quote) citare. **2** (to refer to) citare, fare riferimento a: he -d the experience of other countries fece riferimento alle esperienze di altri paesi. **3** (Dir) citare: to ~ so. before a court citare qcu. davanti a un tribunale. **4** (to hold up as an example) citare, portare come esempio, portare come esempio. **5** (Mil) (to commend) encomiare.

cithara /'sɪθᵊrə/ (pl. -rae /-riː/) n. (lett) cetra f.

cither /'sɪθᵊr/ n. (Mus) cetra f. (del XVI e XVII secolo).

cithern /'sɪθᵊn Am 'sɪθᵊrn/ n. (Mus) cetra f. (del XVI e XVII secolo).

citified /'sɪtɪfaɪd Am 'sɪt̬ɪfaɪd/ a. di città, da cittadino, alla cittadina, sofisticato.

citify /'sɪtɪfaɪ Am 'sɪt̬ɪfaɪ/ v.t. rendere cittadino, rendere sofisticato.

citizen /'sɪtɪzᵊn Am 'sɪt̬ɪzᵊn/ n. **1** cittadino m. (f. -a), privato cittadino m. (f. -a): an Italian ~ un cittadino italiano. **2** (inhabitant, denizen) abitante m./f., abitatore m. (f. -trice). **3** (civilian) borghese m./f., civile m./f. □ (Dir) ~'s arrest arresto effettuato da un privato cittadino; (Rad) -s' band banda cittadina; ~ of the world cittadino del mondo, cosmopolita.

citizenship /'sɪtɪzᵊnʃɪp Am 'sɪt̬ɪzᵊnʃɪp/ n. cittadinanza f. □ he's Peruvian by ~ è di cittadinanza peruviana; ~ papers documenti di cittadinanza.

citrate /'sɪtr(e)ɪt, 'saɪtr(e)ɪt/ *n.* (*Chim*) citrato *m.*

citric /'sɪtrɪk/ *a.* (*Chim*) citrico: ~ *acid* acido citrico.

citrin /'sɪtrɪn/ *n.* (*Biol*) citrina *f.*

citrine /sɪ'triːn/ **I** *a.* (color) citrino, giallo limone. **II** *n.* 1 citrino *m.*, giallo *m.* limone. 2 (*Min*) citrino *m.*

citron /'sɪtrən/ **I** *n.* 1 (*Bot*) cedro *m.* 2 (*colour*) giallo *m.* cedrino. **II** *a.* cedrino.

citronella /ˌsɪtrən'elə/ *n.* 1 (*Bot*) citronella *f.* 2 (*Farm*) olio *m.* essenziale di citronella. ☐ (*Farm*) ~ *oil* olio essenziale di citronella.

citron-flavoured /'sɪtrən,fleɪvəd *Am* 'sɪtrən ,fleɪvərd/ *a.* cedrato.

citrous /'sɪtrəs/ *a.* (*Bot*) di agrumi.

citrus /'sɪtrəs/ **I** *n.* agrume *m.* **II** *a.* di agrumi. ☐ (*Bot,Alim*) ~ *fruits* agrumi.

cittern /'sɪtɜːn *Am* 'sɪtərn/ *n.* (*Mus*) cetra *f.* (del XVI e XVII secolo).

city /'sɪti *Am* 'sɪti/ *n.* 1 città *f.*: *the ~ of Rome* la città di Roma. 2 (*collett.*) cittadinanza *f.*, cittadini *m.pl.*, città *f.* 3 (*Am*) municipalità *f.* ☐ *cities and towns* città grandi e piccole; ~ *article*: 1 (*Econ*) bollettino finanziario; 2 (*Giorn*) notiziario finanziario; ~ *centre* centro della città, centro cittadino; ~ *council* consiglio municipale; ~ *councillor* consigliere municipale; (*Dir*) ~ *court* tribunale locale; (*Giorn*) ~ *desk*: 1 (*Br*) sezione finanziaria; 2 (*Am*) sezione stampa locale; ~ *dweller* cittadino; (*Giorn*) ~ *editor*: 1 (*Br*) redattore finanziario; 2 (*Am*) capocronista; ~ *father* notabile (della città); ~ *hall* municipio; (*Am*) ~ *manager* capo dei servizi municipali; (*Am*) ~ *plan* piano regolatore; (*Am*) ~ *planner* urbanista; (*Am*) ~ *planning* urbanistica; (*Giorn*) ~ *room*: 1 ufficio della cronaca locale; 2 (*staff*) redattori della cronaca locale; ~ *slicker* cittadino elegante, cittadino sofisticato.

City /'sɪti/ *n.* (*Br*) City *f.* (di Londra). ☐ (*Br*) *to be in the* ~ lavorare nel campo della finanza; *the ~ of London* la City (di Londra); *the ~ of the seven hills* la città dei sette colli, Roma.

city-born /'sɪtibɔːn *Am* 'sɪtibɔːrn/ *a.* nato in città.

city-bred /'sɪtibred *Am* 'sɪtibred/ *a.* cresciuto in città.

cityscape /'sɪtiskeɪp *Am* 'sɪtiskeɪp/ *n.* veduta *f.* di una città, panorama *m.* di una città.

city-state /'sɪtisteɪt *Am* 'sɪtisteɪt/ *n.* (*Stor*) città-stato *f.*

cityward /'sɪtiwəd *Am* 'sɪtiwərd/ **I** *avv.* verso la città. **II** *a.* verso la città.

citywards /'sɪtiwədz *Am* 'sɪtiwərdz/ **I** *avv.* verso la città. **II** *a.* verso la città.

civet /'sɪvɪt/ *n.* 1 (*Zool*) civetta *f.* zibetto. 2 (*Cosmet*) zibetto *m.* ☐ (*Zool*) ~ *cat* civetta zibetto.

civic /'sɪvɪk/ *a.* civico: ~ *rights* diritti civici; ~ *duty* doveri civici, doveri del cittadino. ☐ ~ *centre* (o *Am* ~ *center*) quartiere amministrativo.

civically /'sɪvɪkəli/ *avv.* civicamente, dal punto di vista civico.

civic-minded /ˌsɪvɪk'maɪndɪd/ *a.* dotato di civismo.

civics /'sɪvɪks/ *n.pl.* (*costr.sing.*) (*Scol*) educazione *f.sing.* civica.

civil /'sɪvəl/ *a.* 1 civile: ~ *liberties* libertà civili. 2 (*secular*) civile, secolare, non religioso: *a ~ holiday* una festa civile. 3 (*polite, courteous*) civile, gentile, cortese. ☐ (*Dir*) ~ *action* causa civile; (*Aer*) ~ *airliner* aereo passeggeri; (*Dir*) ~ *appeal* appello civile; (*Aer*) ~ *aviation* aviazione civile; (*Econ*) ~

bond titolo del debito pubblico; (*Dir*) ~ *code* codice civile; ~ *commitment* impegno civile; (*Dir*) ~ *contempt* illecito civile; (*Dir*) ~ *court* tribunale civile; ~ *day* giorno civile; (*Dir*) ~ *death* perdita dei diritti civili, morte civile; ~ *defence*: 1 difesa territoriale; 2 (*protective measures for civilians*) protezione civile; (*Dir*) ~ *disobedience* disobbedienza civile; ~ *disturbance* agitazione; ~ *engineer*: 1 ingegnere civile; 2 (*collett.*) (*civil engineers*) genio civile; ~ *engineering* ingegneria civile; ~ *law*: 1 (*Dir*) diritto civile; 2 (*Stor.rom*) diritto civile, diritto romano; ~ *liberties* diritti civili; (*GB*) ~ *list*: 1 (*sum granted to the sovereign*) lista civile, appannaggio della casa reale; 2 (*to the government*) lista civile; ~ *marriage* matrimonio civile; (*Dir*) ~ *procedure* (o ~ *proceedings*) procedura civile; ~ *rights* diritti civili; ~ *rights march* marcia per i diritti civili; ~ *rights movement* movimento per i diritti civili; ~ *servant* impiegato statale, pubblico funzionario, dipendente pubblico; ~ *service*: 1 pubblica amministrazione; 2 (*collett.*) (*civil servants*) pubblici funzionari, impiegati dello stato, impiegati statali; *the Civil Service Commissioners* corpo incaricato della nomina dei funzionari statali; (*fig*) *keep a ~ tongue in your head!* parla educatamente!; (*Dir*) ~ *trial* processo civile; ~ *war* guerra civile; (*Dir*) ~ *wrong* illecito civile; ~ *year* anno civile.

civilian /sɪ'vɪliən/ **I** *n.* civile *m./f.*, borghese *m./f.* **II** *a.* 1 civile: *the ~ population* la popolazione civile. 2 (*pertaining to civilians*) civile, (da) borghese: ~ *habits* abitudini borghesi. ☐ ~ *libertarian* esponente del movimento per i diritti civili.

civilianisation /sɪˌvɪliən(a)ɪ'zeɪʃən/ *n.* (*Br*) il restituire alla vita civile.

civilianise /sɪ'vɪliənaɪz/ *v.t.* (*Br*) restituire alla vita civile.

civilianization /sɪˌvɪliən(a)ɪ'zeɪʃən/ *n.* il restituire alla vita civile.

civilianize /sɪ'vɪliənaɪz/ *v.t.* restituire alla vita civile.

civilisation /ˌsɪvəl(a)ɪ'zeɪʃən/ *n.* (*Br*) → **civilization**.

civilise /'sɪvəlaɪz/ *v.t.* (*Br*) 1 civilizzare, incivilire. 2 (*to refine*) incivilire, dirozzare, ingentilire.

civility /sɪ'vɪlɪti *Am* sɪ'vɪləti/ *n.* 1 civiltà *f.*, cortesia *f.*, educazione *f.* 2 (*act, expression*) cortesia *f.*, gentilezza *f.*: *exchange of civilities* scambio di cortesie.

civilizable /'sɪvɪlaɪzəbl/ *a.* civilizzabile, che può essere civilizzato.

civilization /ˌsɪvəl(a)ɪ'zeɪʃən/ *n.* 1 civilizzazione *f.*, incivilimento *m.* 2 (*civilized people, nations*) paesi *m.pl.* civili, popoli *m.pl.* civilizzati: *a crime against* ~ un delitto contro i popoli civili. 3 (*type of society, culture, etc.*) civiltà *f.*: *modern* ~ civiltà moderna. 4 (*cultural refinement*) cultura *f.* 5 (*populated area*) zona *f.* abitata, abitato *m.*: *to live far from* ~ vivere lontano dalla zona abitata. 6 (*scherz*) (*modern comforts*) civiltà *f.*, vita *f.* civile: *to get back to* ~ *after a week of camping* ritornare alla vita civile dopo una settimana di campeggio. ☐ (*Med*) ~ *disease* malattia da civilizzazione.

civilize /'sɪvəlaɪz/ *v.t.* 1 civilizzare, incivilire. 2 (*to refine*) incivilire, dirozzare, ingentilire.

civilized /'sɪvəlaɪzd/ *a.* 1 civile, civilizzato, incivilito: *the ~ world* il mondo civile. 2 (*polite, refined*) civile, ben educato.

civilizer /'sɪvəlaɪzər/ *n.* civilizzatore *m.* (*f.* -trice).

civilly /'sɪvəli/ *avv.* 1 (*politely*) cortesemente, educatamente, garbatamente. 2 (*Dir*) secon-

do il diritto civile.

civism /'sɪvɪzəm/ *n.* (*rar*) civismo *m.*

civvy /'sɪvi/ **I** *a.* (*colloq*) civile, (da) borghese. **II** *n.pl.* (*colloq*) abiti *m.pl.* civili, abiti *m.pl.* borghesi. ☐ *in* ~ (o *in civvies*) in borghese: *what did you do in* ~? che cosa facevi da borghese?; (*Mil*) *Civvy Street* vita borghese, vita civile.

CJD /ˌsiːdʒeɪ'diː/ (*Med*) *Creutzfeldt-Jakob disease* (malattia di Creutzfeldt-Jakob).

CL *Sri Lanka* CL (Sri Lanka).

clack /klæk/ **I** *v.i.* 1 produrre un suono secco, schioccare. 2 (*to chatter*) chiacchierare ad alta voce, schiamazzare. **II** *v.t.* 1 far schioccare. 2 (*to utter with a clack*) blaterare. **III** *n.* 1 rumore *m.* forte e secco, ticchettio *m.* 2 (*of the tongue*) schiocco *m.* 3 (*chatter, prattle*) chiacchierio *m.*, schiamazzo *m.* ☐ (*Tecn*) ~ *valve* valvola a cerniera.

clad[1] /klæd/ → **clothe**.

clad[2] /klæd/ *a.* 1 vestito: *a well-~ child* un bambino ben vestito. 2 (*covered*) rivestito: *iron-~* rivestito di ferro. 3 (*Met*) placcato.

claim /kleɪm/ **I** *v.t.* 1 (*to demand as a right*) esigere, reclamare, pretendere: *to ~ an inheritance* reclamare un'eredità. 2 (*to demand recognition of*) rivendicare: *to ~ one's rights* rivendicare i propri diritti. 3 (*to profess to have*) vantare, pretendere di avere: *he -s a wide knowledge of the subject* vanta una vasta conoscenza della materia. 4 (*to call for, to require*) richiedere, esigere. 5 (*to assert, to maintain*) sostenere, affermare, asserire: *she -s she has been cheated* sostiene di essere stata truffata; *he -ed to have done it by himself* affermava di averlo fatto da solo. **II** *n.* 1 reclamo *m.*: *to set up a* ~ fare un reclamo. 2 (*right to ask for*) diritto *m.*, titolo *m.* (*to a; on* su): ~ *to fame* diritto alla fama. 3 (*assertion of possession, etc.*) pretesa *f.*, pretensione *f.*, rivendicazione *f.* (*for* di): *I make no -s to scientific knowledge* non ho alcuna pretesa di cultura scientifica. 4 (*piece of land claimed*) concessione *f.* (mineraria): *to stake out a* ~ segnare i confini di una concessione. 5 (*Assic*) (*request*) domanda *f.* di indennizzo: *to put in a* ~ (o *to file a* ~) presentare una domanda di indennizzo. 6 (*Assic*) (*amount*) indennità *f.* 7 (*of a patent*) rivendicazione *f.* ☐ *to ~ attention* imporsi all'attenzione; (*Assic*) ~ *for damages* chiedere il risarcimento dei danni; (*Assic*) ~ *for damages* domanda di indennizzo; ~ *holder* concessionario (di miniere); ~ *jumper* usurpatore di una concessione mineraria; *to have no ~ whatever on sth.* non avere alcun diritto su qcs.; (*fig*) *to have many -s on one's time* avere molte cose da fare; (*Dir*) ~ *secured by bond* credito privilegiato.

claimable /'kleɪməbl/ *a.* rivendicabile.

claimant /'kleɪmənt/ *n.* 1 reclamante *m./f.* 2 (*Dir*) ricorrente *m./f.*

Claire /kleə/ *Am* kler/ *n.pr.* Clara, Chiara.

clairvoyance /ˌkleə'vɔɪəns *Am* ˌkler'vɔɪəns/ *n.* (*Occult,fig*) chiaroveggenza *f.*

clairvoyant /ˌkleə'vɔɪənt *Am* ˌkler'vɔɪənt/ **I** *a.* (*Occult*) chiaroveggente. **II** *n.* (*Occult*) chiaroveggente *m./f.*

clam[1] /klæm/ *n.* 1 (*Zool*) mollusco *m.* bivalve. 2 *spec.pl.* (*as food*) molluschi *m.pl.* 3 *pl.* (*Am, colloq*) soldi *m.pl.* ☐ (*Am,colloq*) ~ *bake* festa all'aperto (in cui si mangiano pesce e molluschi); (*Gastron*) ~ *chowder* zuppa di molluschi cotti nel latte; (*Zool*) ~ *shell* valva di mollusco.

clam[2] /klæm/ ☐ (*colloq*) *to ~ up* non parlare più, diventare silenzioso.

clamant /'kleɪmənt, 'klæmənt/ *a.* 1 (*lett*) (*noisy*) rumoroso, chiassoso. 2 (*pressing*) pressante, insistente. **3** (*urgent*) urgente.

clamber /'klæmbər/ **I** *v.i.* **1** arrampicarsi (con mani e piedi). **2** (*to climb with effort*) arrampicarsi con difficoltà, arrampicarsi con fatica. **II** *n.* arrampicata *f.*, ascesa *f.*, salita *f.*

clamberer /'klæmbərər/ *Am* 'klæmbərər/ *n.* **1** arrampicatore *m.* (*f.* -trice). **2** (*Bot*) rampicante *m.*

clammily /'klæmɪlɪ/ *avv.* vischiosamente.

clamminess /'klæmɪnəs/ *n.* viscidità *f.*, viscosità *f.*

clammy /'klæmɪ/ *a.* vischioso, appicciaticcio, viscido: ~ *hands* mani appicciaticce.

clamor /'klæmər/ *n./v.i.* (*Am*) → **clamour**.

clamorous /'klæmərəs/ *a.* **1** (*noisy*) clamoroso, chiassoso, rumoroso; (*vociferous*) rumoreggiante, vociante. **2** (*insistent*, *importunate*) insistente, importuno.

clamorously /'klæmərəslɪ/ *avv.* clamorosamente, rumorosamente.

clamorousness /'klæmərəsnəs/ *n.* clamore *m.*

clamour /'klæmər/ **I** *n.* **1** (*loud uproar*) clamore *m.*, chiasso *m.*, strepito *m.*, rumore *m.* **2** (*loud protest, outcry*) clamore *m.*, rimostranza *f.*, lagnanza *f.* (*against* contro); grido *m.*, urlo *m.* (*for* per). **II** *v.i.* **1** rumoreggiare, fare un gran chiasso, strepitare. **2** (*to demand by clamouring*) chiedere a gran voce, invocare a gran voce (*for sth. qcs.*): *the press -ed for his resignation* la stampa chiedeva a gran voce le sue dimissioni. **3** (*to raise an outcry*) suscitare rimostranze, suscitare lagnanze (*against* verso, contro).

clamp[1] /klæmp/ *n.* **1** (*Tecn*) brida *f.*, morsetto *m.*, morsa *f.* **2** (*fig*) presa *f.*, stretta *f.* **3** (*Aut*) chiusura *f.* **4** (*Minier*) clampa *f.* **5** (*Chir*) clamp *m.*, pinza *f.* **6** (*Mar*) sottodormiente *m.*, serretta *f.* di baglio. □ (*Tecn*) ~ *jaw* tenaglia.

clamp[2] /klæmp/ *v.t.* assicurare, fissare, unire con grappe. **2** (*fig*) stringere, tener fermo, tener fisso. □ (*colloq*) *to* ~ *down on* (*to increase controls*) stringere i freni nei confronti di, dare un giro di vite a.

clamp[3] /klæmp/ **I** *n.* (*compact pile*) cumulo *m.*, pila *f.* **II** *v.t.* ammucchiare.

clamp[4] /klæmp/ **I** *v.i.* (*to tread heavily*) camminare con passo pesante. **II** *n.* passo *m.* pesante.

clamper /'klæmpər/ *n.* **1** → **clamp**[1]. **2** (*Calz*) rampone *m.*

clamping /'klæmpɪŋ/ *n.* (*Tecn*) grappatura *f.*

clamp-on /'klæmpɒn *Am* 'klæmpɑːn/ □ ~ *lamp* lampada a morsetto.

clamshell /'klæmʃel/ *n.* contenitore *m.* (di cartone o polistirolo) per panino di fast food.

clan /klæn/ **I** *n.* **1** (*family, related group*) gruppo *m.* familiare, nucleo *m.* familiare. **2** (*clique, set*) clan *m.*, cricca *f.*, congrega *f.* **3** (*Etnol*) clan *m.*, tribù *f.* **II** *v.i.* (*past, p.p.* **clanned** /-d/) riunirsi.

clandestine /klæn'destɪn/ *a.* clandestino: *a* ~ *marriage* un matrimonio clandestino.

clandestinely /klæn'destɪnlɪ/ *avv.* clandestinamente.

clandestinity /ˌklændes'tɪnɪtɪ *Am* ˌklændes'tɪnɪtɪ/ *n.* clandestinità *f.*

clang /klæŋ/ **I** *v.i.* **1** risuonare con fragore. **2** (*of pieces of metal*) produrre un suono metallico. **3** (*of a bell*) scampanellare. **II** *v.t.* **1** far risuonare con fragore. **2** (*of a bell*) scampanellare. **III** *n.* **1** fragore *m.* **2** (*of a bell*) scampanellio *m.*

clanger /'klæŋər/ *n.* (*Br,colloq*) gaffe *f.*, svarione *m.*: *to drop a* ~ fare una gaffe, dire uno svarione.

clangor /'klæŋ(g)ər/ *n.* (*Am*) fragore *m.*

clangorous /'klæŋ(g)ərəs *Am* 'klæŋ(g)ərəs/ *a.* fragoroso.

clangorously /'klæŋ(g)ərəslɪ *Am* 'klæŋ(g)ərəslɪ/ *avv.* fragorosamente.

clangour /'klæŋ(g)ər/ *n.* fragore *m.*

clank /klæŋk/ **I** *n.* rumore *m.* metallico. **II** *v.i.* fare un rumore metallico. **III** *v.t.* far risuonare con suono metallico.

clannish /'klænɪʃ/ *a.* **1** (*Scott*) di un clan, relativo a un clan. **2** (*spreg*) (*cliquish*) imbevuto di spirito di parte.

clannishly /'klænɪʃlɪ/ *avv.* con spirito di parte.

clannishness /'klænɪʃnəs/ *n.* spirito *m.* di parte.

clansman /'klænzmən/ *n.irr.* (*Scott*) membro *m.* di un clan.

clanswoman /'klænzˌwʊmən/ *n.irr.* (*Scott*) donna *f.* appartenente a un clan.

clap[1] /klæp/ (*past, p.p.* **clapped** /-t/) **I** *v.t.* **1** (*of the hands*) battere: *to* ~ *hands delightedly* battere le mani per la gioia. **2** (*to applaud*) applaudire. **3** (*to strike together with a sharp noise*) sbattere. **4** (*to strike encouragingly*) battere (amichevolmente): *to* ~ *so. on the shoulder* battere amichevolmente qcu. sulla spalla. **5** (*of wings*) sbattere. **II** *v.i.* applaudire. □ (*colloq*) *to* ~ *eyes on so.* vedere qcu.: *I haven't -ped eyes on him for a month* non lo vedo da un mese; *to* ~ *so.* **into** *jail* sbattere qcu. in prigione; (*Mar*) *to* ~ **on** *sail* alzare in fretta le vele; *to* ~ **to** (*of a door*) sbattere con violenza, chiudersi con violenza.

clap[2] /klæp/ *n.* **1** (*abrupt sharp sound*) colpo *m.* secco, rumore *m.* secco: *he closed the book with a* ~ chiuse il libro con un colpo secco. **2** (*friendly slap*) manata *f.* (amichevole): *a* ~ *on the back* una manata sulla schiena. □ *a* ~ *of thunder* un tuono.

clap[3] /klæp/ *n.* (*sl*) (*gonorrhea*) gonorrea *f.*, scolo *m.*

clapboard /'klæpbɔːd/ *n.* (*Am,Edil*) assicella *f.* (per rivestimento esterno).

clap-net /'klæpnet/ *n.* rete *f.* da uccellatore.

clapped-out /ˌklæpt'aʊt/ *a.* (*Br,colloq*) consumato.

clapper /'klæpər/ *n.* **1** applauditore *m.* (*f.* -trice). **2** (*of a bell*) battaglio *m.* **3** (*of a door, gate*) battente *m.* **4** (*sl*) (*tongue*) lingua *f.* **5** pl. (*Mus*) nacchere *f.pl.* □ (*Br,colloq*) **like the** *-s* velocissimo, come una scheggia, come un fulmine.

clapperboard /'klæpəbɔːd *Am* 'klæpərbɔːrd/ *n.* (*Cin*) ciak *m.*

clapsticks /'klæpstɪks/ *n.pl.* (*Aus,Mus*) clapsticks *f.pl.* (barrette percosse dalle mani).

claptrap /'klæptræp/ *n.* sproloquio *m.*, sfilza *f.* di paroloni, parola *f.* a effetto.

claque /klæk/ *n.* claque *f.*

claqueur /klæ'kər/ *n.* clacchista *f.*

Clara /'klærə *Am* 'klerə/ *n.pr.f.* Clara, Chiara.

Clare /kleər *Am* kler/ *n.pr.f.* Clara, Chiara.

claret /'klærət/ **I** *n.* **1** (*Enol*) chiaretto *m.* **2** (*colour*) color *m.* rosso violaceo. **II** *a.* (*color*) rosso violaceo.

claret-red /ˌklærət'red/ *n.* color *m.* rosso violaceo.

clarification /ˌklærɪfɪ'keɪʃən/ *n.* chiarificazione *f.*, chiarimento *m.*

clarificatory /ˌklærɪfɪ'keɪtərɪ *Am* 'klærɪfɪkətɔːrɪ/ *a.* di chiarimento, chiarificatore.

clarified /'klærɪfaɪd/ *a.* (*of butter*) chiarificato.

clarify /'klærɪfaɪ/ **I** *v.t.* **1** chiarire, chiarificare: *to* ~ *a statement* chiarire un'affermazione. **2** (*Chim*) chiarificare. **II** *v.i.* chiarificarsi, chiarirsi.

clarinet /ˌklærɪ'net/ *n.* (*Mus*) clarinetto *m.*

clarinetist, clarinettist /ˌklærɪ'netɪst *Am* ˌklærɪ'netɪst/ *n.* (*Mus*) clarinettista *m./f.*

clarion /'klærɪən/ **I** *n.* (*Mus*) **1** chiarina *f.*,

chiarino *m.* **2** (*sound of a clarion*) squillo *m.* di chiarina. **II** *a.* squillante. □ (*fig*) ~ *call* fervido appello.

clarity /'klærɪtɪ *Am* 'klærətɪ/ *n.* **1** chiarezza *f.*, trasparenza *f.* **2** (*fig*) chiarezza *f.*, lucidità *f.*: ~ *of thought* chiarezza di pensiero, lucidità di mente.

clary /'kleərɪ *Am* 'klerɪ, 'klærɪ/ *n.* (*Bot*) sclarea *f.* □ (*Bot*) ~ *sage* sclarea.

clash /klæʃ/ **I** *v.i.* **1** fare un rumore metallico, produrre un rumore metallico, fare frastuono. **2** (*to come together with a clash*) cozzare rumorosamente, scontrarsi con gran frastuono, urtarsi con gran frastuono (*with* con): *their swords -ed* le loro spade cozzarono rumorosamente. **3** (*fig*) (*to conflict, to be at variance*) essere in disaccordo, essere in contrasto, essere in conflitto con, scontrarsi (*with* con). **4** (*fig*) (*of colours*) stridere, fare a pugni. **5** (*fig*) (*of events*) avvenire contemporaneamente, coincidere. **6** (*fig*) (*of colours*) stridere, stonare, fare a pugni: *fuchsia and red* ~ il rosso e il fucsia fanno davvero a pugni. **II** *v.t.* far cozzare con gran frastuono. **III** *n.* **1** rumore *m.* metallico, suono *m.* metallico, fragore *m.*, frastuono *m.* **2** (*noisy collision*) cozzo *m.* **3** (*fig*) (*conflict, opposition*) contrasto *m.*, conflitto *m.*, scontro *m.*: ~ *of interests* contrasto di interessi. **4** (*fig*) (*of colours*) contrasto *m.*, stonatura *f.* □ (*fig*) ~ *of views* diversità di vedute; (*Aut*) *to* ~ **the gears** far grattare le marce, grattare.

clasp /klɑːsp *Am* klæsp/ **I** *n.* **1** fibbia *f.*, gancio *m.*, fermaglio *m.* **2** (*grip, grasp*) stretta *f.*: *a* ~ *of hands* una stretta di mano. **3** (*embrace*) abbraccio *m.* **II** *v.t.* **1** affibbiare, agganciare, fermare. **2** (*to seize, to grasp*) afferrare, stringere. □ *to* ~ *hands* stringere le mani; ~ *knife* coltello a serramanico.

clasper /'klɑːspə *Am* 'klæspər/ *n.* **1** (*Zool*) appendice *f.* prensile. **2** (*Bot*) viticcio *m.*

class /klɑːs *Am* klæs/ **I** *n.* **1** classe *f.*, genere *m.*, categoria *f.*, tipo *m.*: *a certain* ~ *of people* una certa categoria di persone; *a hotel of the best* ~ un albergo di prima categoria. **2** (*Sociol*) classe *f.*: *the ruling* ~ la classe dominante. **3** (*Sociol*) (*system*) sistema *m.* classista, classi *f.pl.*: *the abolition of* ~ l'abolizione delle classi. **4** (*excellence, distinction*) classe *f.*, prim'ordine *m.*: *a musician of* ~ un musicista di classe; *this car has real* ~ quest'automobile è veramente di classe. **5** (*Scol*) (*group of students*) classe *f.*, scolaresca *f.* **6** (*Scol,Univ*) (*lesson, period of time*) lezione *f.*, ora *f.* (di lezione): ~ *begins at nine o'clock* la lezione comincia alle nove. **7** (*course of instruction*) corso *m.*: *she goes to evening -es* frequenta un corso serale, frequenta un corso di lezioni serali. **8** (*Am,Scol*) (*students of the same year*) alunni *m.pl.* (*f.pl.* -e), studenti *m.pl.* (*f.pl.* -esse); (*Univ*) (*students graduated in the same year*) laureati *m.pl.* (*f.pl.* -e): *the* ~ *of 1985* gli alunni del 1985. **9** (*Br,Univ*) voto *m.* di laurea: *a third* ~ *in philosophy* un discreto voto di laurea in filosofia. **10** (*Mil*) (*annual contingent*) classe *f.* **11** (*Biol,Mat*) classe *f.* **II** *v.t.* **1** assegnare a una classe, classificare. **2** (*to classify*) classificare, dividere in classi: *to* ~ *flowers* classificare i fiori. □ (*Scol*) ~ *book* registro; ~ *conflict* lotta di classe; ~ *conscious* che ha coscienza di classe; ~ *consciousness* coscienza di classe; (*Br, Scol*) ~ *fellow* compagno di classe; (*Br,Univ*) ~ *list* elenco delle votazioni; (*Scol*) ~ *mate* compagno di classe; (*Br,Scol*) ~ *register* registro; ~ *room* classe, aula; (*Sociol*) ~ *struggle* lotta di classe; (*Sociol*) ~ *war* lotta di classe.

classable /'klɑːsəbl *Am* 'klæsəbl/ *a.* classificabile.

classic /'klæsɪk/ **I** *a.* **1** classico: *the ~ work on Greek mythology* l'opera classica sulla mitologia greca; *~ architecture* architettura classica; *a ~ evening dress* un abito da sera di linea classica, un abito da sera classico; *a ~ design* una linea classica. **2** (*well-proportioned*) armonioso, ben proporzionato. **3** (*basic, fundamental*) basilare, fondamentale: *the ~ techniques of wrestling* le tecniche fondamentali della lotta. **4** (*traditional, typical*) tipico, classico: *a ~ persecution complex* un tipico (esempio di) complesso di persecuzione. **II** *n.* **1** classico *m.*: *Homer is a ~ of epic poetry* Omero è un classico della poesia epica; *the book is a ~ of its kind* questo libro è un classico nel suo genere. **2** (*standard, model*) modello *m.*, tipo *m.* classico, esempio *m.* classico. **3** (*Abbigl*) (*classic garment*) capo *m.* (di vestiario) classico. **4** (*Sport*) (*traditional, important contest*) gara *f.* classica, classica *f.* **5** *pl.* (*classical studies*) studi *m.pl.* classici, studi *m.pl.* umanistici: *he read -s* ha fatto studi classici.

classical /'klæsɪkəl/ *a.* classico: *~ mythology* mitologia classica.

classicalism /'klæsɪkəlɪzəm/ *n.* → **classicism**.

classicalist /'klæsɪkəlɪst/ *n.* classicista *m./f.*

classicality /ˌklæsɪ'kælɪtɪ Am ˌklæsɪ'kæləʈɪ/ *n.* classicità *f.*

classically /'klæsɪkəlɪ/ *avv.* **1** classicamente. **2** (*typically, traditionally*) tipicamente, tradizionalmente.

classicise /'klæsɪsaɪz/ **I** (*Br*) *v.t.* rendere classico, classicizzare. **II** (*Br*) *v.i.* classicheggiare.

classicism /'klæsɪsɪzəm/ *n.* **1** classicismo *m.* **2** (*Greek form or word*) grecismo *m.*; (*Latin form or word*) latinismo *m.* **3** (*classical scholarship*) cultura *f.* classica, erudizione *f.* classica.

classicist /'klæsɪsɪst/ *n.* classicista *m./f.*

classicize /'klæsɪsaɪz/ **I** *v.t.* rendere classico, classicizzare. **II** *v.i.* classicheggiare.

classifiable /'klæsɪfaɪəbl/ *a.* classificabile.

classification /ˌklæsɪfɪ'keɪʃən/ *n.* classificazione *f.*: *~ by occupation* classificazione professionale.

classified /'klæsɪfaɪd/ *a.* riservato, segreto, confidenziale: *that's ~* è confidenziale, è top secret (*anche scherz*). **II** *n.pl.* annunci *m.pl.* economici. □ (*Mil*) *~ documents* documenti confidenziali; (*Mil*) *~ information* informazioni confidenziali.

classifier /'klæsɪfaɪər/ *n.* classificatore *m.* (*f. -trice*).

classify /'klæsɪfaɪ/ *v.t.* **1** classificare, dividere in categorie, dividere per categorie: *to ~ library books* classificare i libri di una biblioteca. **2** (*to arrange by classes*) assegnare a una classe, classificare. **3** (*Am,Mil,Parl*) classificare.

classily /'klɑːsɪlɪ Am 'klæsɪlɪ/ *avv.* (*colloq*) con classe.

classiness /'klɑːsɪnəs Am 'klæsɪnəs/ *n.* eleganza *f.*

classless /'klɑːsləs Am 'klæsləs/ *a.* (*Sociol*) senza classi: *a ~ society* una società senza classi.

classroom /'klɑːsruːm Am 'klæsruːm/ *n.* (*Scol*) aula *f.*, classe *f.*

classwork /'klɑːswɜːk Am 'klæswɜːrk/ *n.* (*Scol*) compito *m.* in classe.

classy /'klɑːsɪ Am 'klæsɪ/ *a.* **1** (*colloq*) di alta classe, stiloso. **2** (*stylish*) di classe.

clastic /'klæstɪk/ *a.* (*Geol*) clastico: *~ rock* roccia clastica.

clatter /'klætər Am 'klæʈər/ **I** *v.i.* **1** (*to move with a clatter*) muoversi rumorosamente. **2** (*of plates*) produrre un (rumore di) acciottolio. **3** (*of shutters*) sbattere. **4** (*of vehicles*) sferragliare. **II** *v.t.* acciottolare, produrre un acciottolio con: *she -ed the pots in the sink* acciottolò le pentole nell'acquaio. **III** *n.* **1** (*din*) chiasso *m.*, schiamazzo *m.*; (*of voices*) vocio *m.*; (*chatter*) chiacchierio *m.*, ciarlio *m.* **2** (*of plates*) acciottolio *m.* **3** (*of shutters, doors*) lo sbattere. **4** (*of vehicles*) sferragliamento *m.*

Claude /klɔːd/ *n.pr.m.* Claudio.

Claudian /'klɔːdɪən/ *a.* (*Stor.rom*) di Claudio, relativo a Claudio.

claudication /ˌklɔːdɪ'keɪʃən/ *n.* (*Med*) claudicazione *f.*

Claudius /'klɔːdɪəs/ *n.pr.m.* Claudio.

clausal /'klɔːzəl/ *a.* di una clausola, relativo a una clausola.

clause /klɔːz/ *n.* **1** (*Gramm*) proposizione *f.*: *a subordinate ~* una proposizione subordinata, una proposizione dipendente. **2** (*Dir, Comm*) clausola *f.*

claustral /'klɔːstrəl/ *a.* claustrale.

claustrophilia /ˌklɔːstrə'fɪlɪə/ *n.* (*Psic*) claustrofilia *f.*

claustrophobia /ˌklɔːstrə'foʊbɪə/ *n.* (*Psic*) claustrofobia *f.*

claustrophobic /ˌklɔːstrə'foʊbɪk/ **I** *n.* (*Psic*) claustrofobo *m.* (*f. -a*). **II** *a.* **1** (*Psic*) affetto da claustrofobia. **2** (*inducing claustrophobia*) che causa claustrofobia, che dà claustrofobia.

clavate /'kleɪveɪt/ *a.* (*Bot*) clavato.

clave /kleɪv/ → **cleave**[1].

clavichord /'klævɪkɔːd Am 'klævɪkɔːrd/ *n.* (*Mus*) clavicordo *m.*, clavicordio *m.*

clavicle /'klævɪkl/ *n.* (*Anat*) clavicola *f.*

clavicular /klə'vɪkjələr/ *a.* (*Anat*) clavicolare.

claviform /'klævɪfɔːm Am 'klævɪfɔːrm/ *a.* (*Bot*) clavato.

claw[1] /klɔː/ *n.* **1** (*Zool*) (*of a cat, dog, etc.*) artiglio *m.*, unghia *f.* (ad artiglio); (*of an insect*) parte *f.* terminale della zampa; (*of a crab, lobster, etc.*) chela *f.*, pinza *f.*, (*colloq*) tenaglia *f.* **2** (*Fal*) (*of a hammer head*) granchio *m.* **3** (*Cin*) griffa *f.* **4** (*Tecn*) (*of hoisting apparatus*) branca *f.*, dispositivo *m.* di tenuta del carico. □ (*Tecn*) *~ bar* palanchino, piede di porco; (*Fal*) *~ hammer* martello a granchio; (*Abbigl*) *~ hammer coat* frac, marsina; (*Fal*) *~ hatchet* accetta a granchio.

claw[2] /klɔː/ *v.t.* **1** (*to dig with claws*) scavare raspando, rave raspando. **2** (*to seize*) afferrare con gli artigli, ghermire. **3** (*to tear, to scratch*) lacerare, graffiare. **II** *v.i.* (*fig*) (*to try to grip, to clutch*) cercare di aggrapparsi, afferrarsi: *he -ed at the handle* si aggrappò alla maniglia. □ (*fig*) *to get one's -s into* mettere le grinfie addosso a, mettere le unghie su, accalappiare; (*fig*) *to ~ one's way to the top* farsi strada a gomitate.

clawless /'klɔːləs/ *a.* (*Zool*) senza artigli, privo di artigli.

clay /kleɪ/ *n.* **1** argilla *f.*, creta *f.* **2** (*fig*) (*human body, the flesh*) corpo *m.* umano, (*poet*) creta *f.* mortale. □ (*Sport*) *~ pigeon* piattello *m.*; *~ pipe* pipa di creta; (*Geol*) *~ pit* cava di argilla; (*Geol*) *~ slate* argilloscisto; (*Agr*) *~ soil* terreno argilloso; *~ stone* arenaria.

clayey /'kleɪɪ/ *a.* **1** argilloso, cretoso. **2** (*covered with clay*) ricoperto di argilla, incrostato di argilla.

clayish /'kleɪɪʃ/ *a.* argilloso, di creta.

claymore /'kleɪmɔːr Am 'kleɪmɔːr/ *n.* (*Scott, Mil,ant*) spadone *m.*

clayware /'kleɪweər Am 'kleɪwer/ *n.* (*collet.*) stoviglie *f.pl.* di argilla.

clean[1] /kliːn/ **I** *a.* **1** pulito, (*lett*) lindo, netto:

a ~ shirt una camicia pulita. **2** (*having clean habits*) pulito: *cats are ~ animals* i gatti sono animali puliti. **3** (*free from foreign matter*) puro, senza impurità, incontaminato: *~ water* acqua pura. **4** (*fig*) (*pure, honest*) pulito, limpido, ineccepibile: *to have a ~ past* avere un passato ineccepibile. **5** (*neat, well-made*) puro, dalla linea pura, di linea pura, armonioso. **6** (*of a ship, aeroplane, etc.*) dalla linea armoniosa. **7** (*without rough edges*) pulito, senza sbavature. **8** (*adroit, skilful*) abile, esperto, destro: *a ~ move* un'abile mossa. **9** (*Tip*) (*of proofs*) pulito. **10** (*Bibl*) puro, mondo: *a ~ animal* un animale mondo. **11** (*Sport*) corretto, sportivo, leale: *a ~ fighter* un lottatore corretto. **12** (*Equit*) (*of a jump*) netto. **13** (*of a nuclear weapon*) pulito: *a ~ bomb* una bomba pulita. **14** (*sl*) pulito, senza roba che scotta addosso. **II** *n.* pulita *f.*: *he gave his shoes a ~* si diede una pulita alle scarpe. **III** *avv.* (*colloq*) **1** in modo da lasciar pulito, in modo da pulire bene. **2** (*without cheating*) lealmente, secondo le regole, sportivamente. **3** (*completely, wholly*) completamente, interamente, del tutto: *I ~ forgot about it* me ne sono completamente dimenticato. □ (*Br,Econ*) *~ acceptance* accettazione incondizionata, accettazione senza riserve; *as ~ as a pin* pulito come uno specchio, pulitissimo; *as ~ as a whistle* pulito come uno specchio, pulitissimo; (*colloq*) *~ bill of health*: 1 certificato di sana costituzione; 2 (*Mar*) patente sanitaria netta; 3 (*fig*) approvazione: *to give sth. a ~ bill of health* approvare qcs.; *to make a ~ break with* rompere completamente con; (*colloq*) *to make a ~ breast* (*of it*) vuotare il sacco, cantare; (*sl*) *to come ~* confessare, vuotare il sacco; (*fig*) *to come ~ with so. about sth.* ammettere qcs. a qcu.; (*Br,Econ*) *~ credit* credito in bianco; (*fig*) *~ cut* (*well-groomed*) ben vestito, curato, a posto; (*colloq*) *a ~ getaway* fuga perfetta, evasione perfetta; *a ~ joke* una barzelletta pulita; (*fig*) *to keep it ~*: 1 (*to use non vulgar language*) non fare discorsi spinti, usare un linguaggio pulito; 2 (*to be sportsmanlike*) essere sportivo, non usare colpi bassi; *~ language* linguaggio pulito; (*fig*) *a ~ liver* una persona pulita; (*Br,Comm*) *~ receipt* ricevuta senza riserve; (*fig*) *~ record* fedina penale pulita; *~ room* camera asettica; (*Dir*) *~ sheet* fedina penale pulita; (*colloq*) *to have a ~ slate* avere la fedina penale pulita; (*colloq*) *to start* (*over*) *with a ~ slate* ricominciare da capo, ripartire da zero; *to make a ~ sweep of* fare piazza pulita di; (*Fal*) *~ timber* legno senza nodi, legno pulito.

clean[2] /kliːn/ **I** *v.t.* **1** pulire, nettare: *~ your shoes* pulisciti le scarpe. **2** (*to remove*) togliere, rimuovere: *to ~ the fingermarks from* (o *off*) *the door* togliere le impronte digitali dalla porta. **II** *v.i.* **1** pulirsi, diventare pulito: *marble floors ~ easily* i pavimenti di marmo si puliscono facilmente. **2** (*to perform the process of cleaning*) pulire. □ (*Am,colloq*) *to ~ so.'s clock* picchiare, pestare, suonarle; *to ~ house*: 1 pulire la casa; 2 (*fig*) ripulire, epurare; *to ~ out*: 1 (*to remove dirt, etc. from*) dare una ripulita a, ripulire: *to ~ out a room* dare una ripulita a una stanza; 2 (*sl*) (*to take all money from*) vuotare le tasche a, lasciare senza un soldo; 3 (*colloq*) (*to use up*) dilapidare, far fuori; (*colloq*) *to be -ed out* essere ridotto al verde; *to ~ one's plate* ripulire il piatto; *to ~ one's teeth* lavarsi i denti; *to ~ up*: 1 (*to tidy*) riordinare, mettere in ordine, rassettare; 2 (*to clean everything*) pulire tutto; 2 (*to rid of undesirable elements*) ripulire, epurare: *to ~ up a red-light district* ripulire un quartiere malfamato; *to ~ up the government of subversives* epurare il governo di elementi sovversivi; 3 (*to wash, to tidy oneself*) darsi una pulita, mettersi in ordine; 4 (*colloq*) (*to make money*) fare soldi a palate; (*to win in a huge way*) vincere molto, fare piazza pulita; 5 (*to get clean*) pulirsi, diventare pulito; (*colloq*) *to ~ up one's act* mettere la testa a posto, comportarsi in modo più rispettabile.

cleanable /'kliːnəbl/ *a.* pulibile, che si può pulire.

clean-burning /'kliːnˌbɜːnɪŋ *Am* 'kliːn ˌbɜːrnɪŋ/ *a.* (*Tecn*) che brucia senza scorie, che brucia senza residui.

clean-cut /ˌkliːn'kʌt/ *a.* 1 marcato, ben delineato, netto, nitido: *~ features* lineamenti marcati. 2 (*clearly outlined*) chiaro, evidente, inequivocabile: *a ~ case of homicide* un chiaro caso di omicidio.

cleaner /'kliːnər/ *n.* 1 addetto *m.* (*f.* -a) alle pulizie. 2 (*apparatus, machine*) arnese *m.* per pulire, macchina *f.* per pulire. 3 (*chemical preparation*) smacchiatore *m.*; (*detergent*) detersivo *m.* 4 *pl.* (*dry-cleaning establishment*) lavanderia *f.sing.* (a secco).

cleaning /'kliːnɪŋ/ *n.* 1 pulizia *f.*: *to do the ~* fare le pulizie. 2 (*Tess*) pulitura *f.* ☐ *~ woman* donna delle pulizie.

cleanliness /'klenlɪnəs/ *n.* pulizia *f.*: *he has a thing about ~* ha la mania del pulito. ☐ *Prov.*: *~ is next to godliness* l'igiene è importantissima.

clean-living /ˌkliːn'lɪvɪŋ/ *a.* che conduce una vita onesta.

cleanly[1] /'klenli/ *a.* pulito, amante della pulizia: *a ~ animal* un animale pulito.

cleanly[2] /'kliːnli/ *avv.* 1 con pulizia, in modo pulito. 2 (*fig*) pulito.

cleanness /'kliːnnəs/ *n.* 1 pulizia *f.* 2 (*of water, features, etc.*) purezza *f.* 3 (*of lines*) nitidezza *f.*

cleansable /'klenzəbl/ *a.* 1 pulibile. 2 (*fig*) purificabile.

cleanse /klenz/ *v.t.* 1 pulire, nettare (*from, of* da): *to ~ a wound* pulire una ferita. 2 (*fig*) purificare, (*ant*) mondare: *to ~ the soul of sin* purificare l'anima dal peccato.

cleanser /'klenzər/ *n.* detergente *m.* (*anche Cosmet*).

clean-shaven /ˌkliːn'ʃeɪvən/ *a.* (ben) rasato, sbarbato di fresco, accuratamente rasato.

cleansing /'klenzɪŋ/ I *n.* 1 pulitura *f.* 2 (*fig*) purificazione *f.* II *a.* (*Cosmet*) detergente: *~ cream* crema detergente. ☐ (*Cosmet*) *~ pad* dischetto detergente, (*Ott*) *~ solution* soluzione detergente.

clean-up /'kliːnʌp/ *n.* 1 (*thorough cleaning*) ripulita *f.*, (*bella*) pulita *f.* 2 (*elimination*) epurazione *f.*, repulisti *m.* 3 (*Sport*) (*in baseball*) quarto *m.* in battuta, battitore *m.* di potenza.

clear[1] /klɪər *Am* klɪr/ I *a.* 1 (*bright, radiant*) chiaro, luminoso, radioso: *a ~ flame* una fiamma luminosa. 2 (*cloudless*) sereno, limpido: *a ~ sky* un cielo sereno. 3 (*transparent*) trasparente, limpido. 4 (*of the skin*) senza difetti. 5 (*easily seen*) distinto, nitido: *a ~ photograph* una fotografia nitida. 6 (*easily heard*) chiaro, distinto, chiaramente udibile: *a ~ voice* una voce chiara. 7 (*easily understood*) chiaro: *is that quite ~?* è chiaro? 8 (*fig*) (*of one's conscience*) pulito, limpido: *my conscience is ~* ho la coscienza pulita. 9 (*obvious, evident*) chiaro, ovvio. 10 (*plain, definite*) chiaro, reciso, netto: *a ~ refusal* un netto rifiuto. 11 (*certain, confident*) sicuro, certo: *I'm not ~ about what I want* non sono sicuro di ciò che voglio, non so bene che

cosa voglio; *to be quite ~ about sth.* essere sicuro di qcs. 12 (*free from obstructions*) libero, sgombro, aperto (*of* di, da): *from here the view of the valley is ~* da qui si ha una vista aperta sulla valle; *the road is ~ of snow* la strada è libera dalla neve. 13 (*free from obligations*) libero, esente: *~ of taxes* esente da tasse. 14 (*absolute, complete*) assoluto, netto, completo: *a ~ victory* una vittoria assoluta. 15 (*without deductions*) netto: *a ~ profit* un guadagno netto. 16 (*Br*) (*without anything on schedule*) libero: *I have three ~ weeks* ho tre settimane libere. 17 (*Tel*) in chiaro, non cifrato. 18 (*Comm*) (*of a stock*) esaurito. II *avv.* 1 (*in modo*) chiaro, chiaramente: *to speak loud and ~* parlare forte e chiaro. 2 (*colloq*) (*completely*) completamente, del tutto. 3 (*without contact, apart*) discosto, da parte, lontano: *stand ~ of the doors* allontanarsi dalle porte. ☐ *all ~* cessato pericolo; (*Dir*) *~ and present danger* pericolo evidente e immediato; (*fig*) *as ~ as a bell* cristallino, chiarissimo; (*fig*) *as ~ as crystal* chiarissimo, cristallino; (*fig*) *as ~ as daylight* chiaro come il sole; (*iron*) *as ~ as mud* per niente chiaro, nebuloso, (*iron*) chiarissimo; (*fig*) *out of the ~ blue sky* inaspettatamente, senza preavviso, come un fulmine a ciel sereno; (*Mar,Aer*) *~ certificate* congedo; *to have a ~ conscience* avere la coscienza tranquilla, avere la coscienza pulita; *~ estate* immobile libero da gravame; *to get ~ of debt* liberarsi dai debiti; *to write in a ~ hand* avere una scrittura chiara; *to have a ~ head* avere le idee chiare, essere lucido; *in the ~*: 1 (*free from guilt*) a posto, pulito, libero da ogni sospetto; 2 (*free of debt*) senza debiti; *to keep ~* stare alla larga da, tenersi lontano da; *a ~ majority* una netta maggioranza, *to make one's meaning ~* farsi capire, spiegarsi; *to make oneself ~* farsi capire, spiegarsi; *have I made myself ~?* sono stato chiaro?, mi sono spiegato?; (*Econ*) *~ profit* utile netto; (*fig*) *out of the ~ sky* inaspettatamente, senza preavviso, come un fulmine a ciel sereno; (*Gastron*) *~ soup* brodo.

clear[2] /klɪər *Am* klɪr/ I *v.t.* 1 (*to free from obstructions*) sgombrare, liberare: *to ~ the roads of snow* sgombrare le strade dalla neve. 2 (*to remove*) togliere, levare: *to ~ papers from the desk* (o *to ~ the desk of papers*) togliere le carte dalla scrivania. 3 (*of a path, road, etc.*) farsi, fare, aprirsi, aprire: *to ~ a path* aprirsi un sentiero. 4 (*to free from suspicion*) discolpare, dichiarare innocente: *to be -ed of a charge* essere discolpato da un'accusa. 5 (*to pass by, over or through without contact or difficulty*) superare, oltrepassare: *the horse -ed the fence* il cavallo ha superato lo steccato, il cavallo ha saltato lo steccato. 6 (*of goods: to sell off*) liquidare, svendere: *to ~ stocks* liquidare le scorte. 7 (*to realize as profit*) realizzare un guadagno netto di, guadagnare al netto: *I used to ~ $500 a week* una volta guadagnavo 500 dollari netti alla settimana. 8 (*to give permission*) dare un'autorizzazione, approvare: *to ~ a plane for take-off* dare l'autorizzazione al decollo. 9 (*of messages, mail, etc.: to classify*) classificare. 10 (*Econ*) (*of cheques*) compensare. 11 (*of goods: to pass through customs*) sdoganare, svincolare. 12 (*Inform*) cancellare, azzerare. 13 (*Econ*) (*of a cheque*) portare all'incasso. II *v.i.* 1 diventare limpido, rendere trasparente, rendere chiaro. 2 (*of the weather: to become better*) schiarirsi, rischiararsi, rasserenarsi. 3 (*to become free of doubt, confusion, etc.*) schiararsi, diventare chiaro: *his mind -ed* la sua mente si schiarì.

4 (*Econ*) (*of a cheque*) andare all'incasso. 5 (*Mar*) *to pay customs, duties, etc.*) espletare le pratiche doganali. ☐ *~ to ~ away*: 1 (*to remove*) portare via, togliere, rimuovere (*from* da); 2 (*of snow, earth*) spalare; 3 (*to clear the table*) sparecchiare (la tavola); *to ~ one's conscience* togliersi un peso dalla coscienza; (*Dir*) *to ~ the court* far sgombrare l'aula; *to ~ customs* sdoganare la propria merce; *to ~ land* diboscare e dissodare il terreno; *to ~ a minefield* sminare un campo; *to ~ off*: 1 (*Br*) saldare, regolare: *to ~ off a debt* saldare un debito; 2 (*Br*) (*to go away*) andarsene (rapidamente), tagliare la corda, squagliarsela: *we -ed off before the police arrived* abbiamo tagliato la corda prima che arrivasse la polizia; *~ off!* vattene!, fila!; 3 (*to cause to go away*) fare sgombrare, fare andare via; 4 (*Am*) (*to free the surface of sth.*) sgombrare, togliere tutto da: *to ~ off a table* sgombrare un tavolo; 5 (*Mar*) salpare; *to ~ out*: 1 (*to tidy up*) mettere in ordine, riordinare, rassettare; 2 (*colloq*) (*to drive out*) far uscire, cacciare via; *~ out!* vattene!; 3 (*colloq*) (*to go out*) uscire, andarsene (*of* da); 4 (*Mar*) (*to leave*) salpare; *to ~ the air*: 1 rinfrescare l'aria: *the storm has -ed the air* il temporale ha rinfrescato l'aria; 2 (*fig*) mettere le cose in chiaro, eliminare ogni malinteso, chiarire la situazione; *to ~ the decks* (*for action*): 1 (*Mar*) sgombrare i ponti; 2 (*fig*) prepararsi all'azione, (*to prepare to fight*) prepararsi a combattere; (*Ferr*) *to ~ the line* dare il via libera; *to ~ the way*: 1 sgombrare la strada; 2 (*fig*) spianare la strada; *to ~ one's throat* schiarirsi la gola; *to ~ up*: 1 (*to explain, to solve*) chiarire, spiegare; *to ~ up a misunderstanding* chiarire un malinteso; *to ~ up a doubt* chiarire un dubbio; 2 (*of the weather: to become better*) schiarirsi, rischiararsi, rasserenarsi; *we'll go out later if it -s up* usciamo più tardi, se il cielo si schiarisce.

clearance /'klɪərəns *Am* 'klɪrəns/ *n.* 1 liberazione *f.*, rimozione *f.*, sgombro *m.* 2 (*height of passageway for vehicles*) altezza *f.* massima: *we only had a ~ of a few inches* c'era uno spazio di qualche centimetro. 3 (*authorization*) autorizzazione *f.*, permesso *m.* (ufficiale). 4 (*Econ*) (*of cheques*) compensazione *f.* 5 (*Mar*) (*of a ship in port*) pratiche *f.pl.* di sdoganamento; (*of goods*) sdoganamento *m.* 6 *pl.* (*Mar*) documenti *m.pl.* di spedizione. 7 (*Sport*) rinvio *m.* (dall'area), calcio *m.* per liberare l'area. ☐ (*Aer*) *~ for take off* autorizzazione al decollo; (*Aut,Aer*) *~ light* luce di ingombro; (*Tecn*) *~ limit* gioco massimo; *~ outlet* stockista, stocchista; (*Mar*) *~ papers* documenti di spedizione; (*Comm*) *~ prices* prezzi da svendita; (*Comm*) *~ sale* svendita, liquidazione.

clear-cut /ˌklɪə'kʌt *Am* ˌklɪr'kʌt/ I *a.* 1 (*definite*) completo, netto, reciso: *a ~ victory* una vittoria completa. 2 (*of a forest*) disboscato. II *v.t.* (*to remove all forestation*) disboscare.

clear-eyed /ˌklɪər'aɪd *Am* 'klɪraɪd/ *a.* 1 dalla vista chiara, dalla vista buona. 2 (*fig*) acuto, perspicace.

clear-fell /ˌklɪə'fel *Am* 'klɪrfel/ *v.t.* (*of a forest*) disboscato.

clear-headed /ˌklɪə'hedɪd *Am* 'klɪrˌhedɪd/ *a.* dalle idee chiare, lucido.

clear-headedness /ˌklɪə'hedɪdnəs *Am* 'klɪrˌhedɪdnəs/ *n.* lucidità *f.* di mente, perspicacia *f.*

clearing /'klɪərɪŋ/ *n.* 1 (*tract of cleared land*) radura *f.*, zona *f.* disboscata: *a ~ in the forest* una radura nella foresta. 2 (*removal*) liberazione *f.*, sgombro *m.*, rimozione *f.* 3 (*Econ*) compensazione *f.*, clearing *m.*: *in ~* compensazione in entrata. ☐ (*Br*)

agent spedizioniere doganale accreditato; (*Econ*) ~ **agreement** accordo di compensazione; (*Econ*) ~ **bank** banca associata alla stanza di compensazione; (*Econ*) ~ **house** stanza di compensazione; (*Econ*) ~ **price** prezzo di compensazione; (*Econ*) ~ **system** sistema di compensazione.

clearly /'klɪəli *Am* 'klɪrli/ *avv.* **1** chiaramente, con chiarezza: *to explain things* ~ spiegare le cose con chiarezza. **2** (*without doubt, plainly*) evidentemente, decisamente.

clearness /'klɪənəs *Am* 'klɪrnəs/ *n.* **1** chiarezza *f.* **2** (*freedom from obstruction*) l'essere libero, l'essere sgombro.

clear-sighted /ˌklɪə'saɪtɪd *Am* 'klɪrˌsaɪtɪd/ *a.* **1** dalla vista acuta, dalla vista buona. **2** (*fig*) (*perceptive*) perspicace, acuto.

clear-sightedness /ˌklɪə'saɪtɪdnəs *Am* 'klɪrˌsaɪtɪdnəs/ *n.* **1** vista *f.* acuta, vista *f.* buona. **2** (*fig*) chiarezza *f.* di vedute.

clearway /'klɪəweɪ/ *n.* (*Br*) strada *f.* in cui la sosta è concessa solo in caso di emergenza.

cleat /kliːt/ *n.* **1** bietta *f.* **2** (*Mar*) galloccia *f.* **3** (*strengthening*) striscia *f.* di rinforzo. **4** (*Am*) (*of boots*) tacchetto *m.* **5** *pl.* (*Am*) (*boots for playing football*) scarpette *f.pl.* da calcio.

cleavage /'kliːvɪdʒ/ *n.* **1** fenditura *f.*, spaccatura *f.* **2** (*between a woman's breasts*) solco *m.* (tra i seni di una donna); incavo *m.* tra i seni. **3** (*Biol*) segmentazione *f.* **4** (*Chim*) scissione *f.* **5** (*Geol*) clivaggio *m.*, sfaldatura *f.* **6** (*fig*) (*division*) scissione *f.*, divisione *f.*; (*divergence*) divergenza *f.*, disparità *f.*: *a* ~ *of opinion* disparità di opinioni.

cleave[1] /kliːv/ (*past* **cleaved** /-d/, **clave** /kleɪv/, *p.p.* **cleaved**) *v.i.* **1** aderire, stare attaccato (*to* a). **2** (*fig*) essere fedele (a), rimanere fedele (a).

cleave[2] /kliːv/ (*past* **cleft** /kleft/, **cleaved** /-d/, **clove** /kləuv/, *p.p.* **cleft/cleaved** o **cloven** /'kləuvᵊn/) **I** *v.t.* **1** fendere, spaccare: *to* ~ *logs* spaccare ceppi di legno. **2** (*to penetrate, to pass through*) fendere: *to* ~ *the water* fendere l'acqua. **3** (*to make by cleaving*) fare, farsi, aprire, aprirsi: *to* ~ *a path through the jungle* aprirsi un sentiero nella giungla. **II** *v.i.* **1** (*to split*) fendersi, spaccarsi. **2** (*to pierce*) fendere, solcare (*through sth.* qcs.): *the ship clove through the water* la nave solcava le acque.

cleaver /'kliːvəʳ/ *n.* (*Macell*) mannaia *f.*

cleavers /'kliːvəz *Am* 'kliːvəʳz/ *n.pl.* (*costr.sing.*) (*Bot*) attaccamani *m.*, attaccavesti *m.*

clef /klef/ *n.* (*Mus*) (*symbol*) chiave *f.*

cleft[1] /kleft/ **I** *n.* **1** fenditura *f.*, fessura *f.*, spacco *m.* **2** (*of glaciers, rock*) crepaccio *m.* **3** (*fig*) divisione *f.*, scissione *f.* **4** (*Anat*) fessura *f.* **II** *a.* **1** spaccato, diviso. **2** (*Bot*) crenato. □ (*Agr*) ~ *grafting* innesto a spacco; (*Med*) ~ *lip* cheiloschisi, lagostoma, labbro leporino; (*Med*) ~ *palate* palato leporino; (*Gramm*) ~ *sentence* prolessi; (*fig*) ~ *stick* dilemma, situazione difficile.

cleft[2] /kleft/ → **cleave**[2].

cleg /kleg/ *n.* (*Br,Entom*) tafano *m.*, mosca *f.* cavallina.

cleistogamic /ˌklaɪstou'gæmɪk/ *a.* (*Bot*) cleistogamo.

cleistogamous /klaɪ'stɒgəməs *Am* klaɪ'stɑːgəməs/ *a.* (*Bot*) cleistogamo.

cleistogamy /klaɪ'stɒgəmi *Am* klaɪ'stɑːgəmi/ *n.* (*Bot*) cleistogamia *f.*

clematis /'klemətɪs *Am* 'klemətəs/ *n.* (*Bot*) clematide *f.*

clemency /'klemənsi/ *n.* **1** clemenza *f.*: *to show* ~ *to so.* usare clemenza verso qcu. **2** (*of the weather*) mitezza *f.*, clemenza *f.*

clement /'klemənt/ *a.* **1** clemente. **2** (*of the*

weather) mite, clemente.

Clement /'klemənt/ *n.pr.m.* Clemente.

Clementine /'klemənταɪn *Am* 'kleməntiːn/ *n.pr.f.* Clementina.

clemently /'kleməntli/ *avv.* con clemenza.

clench /klenʃ/ **I** *v.t.* **1** stringere, serrare: *to* ~ *one's fists* stringere i pugni; *to* ~ *one's teeth* stringere i denti. **2** (*to grasp firmly*) afferrare strettamente, afferrare saldamente. **3** (*Mar*) (*to clinch*) fissare, serrare. **II** *v.i.* stringersi, serrarsi. **III** *m.pl.* **1** presa *f.*, stretta *f.*

Cleopatra /ˌkliou'pætrə *Am* ˌkliou'pɑːtrə/ *n.pr.f.* Cleopatra.

clepsydra /'klepsɪdrə/ (*pl.* -**s** /-s/, -**drae** /-driː/) *n.* clessidra *f.*

clerestory /'klɪəstɔːri *Am* 'klɪrstɔːri/ *n.* (*Arch*) lanterna *f.*

clergy /'klɜːdʒi *Am* 'klɜːrdʒi/ *n.* clero *m.*, ecclesiastici *m.pl.*

clergyman /'klɜːdʒɪmən *Am* 'klɜːrdʒɪmən/ *n.irr.* **1** ecclesiastico *m.*, sacerdote *m.* **2** (*Rel.prot*) pastore *m.* □ (*scherz*) ~*'s sore throat* (o ~*'s throat*) mal di gola tipico degli oratori.

cleric /'klerɪk/ *n.* ecclesiastico *m.*

clerical /'klerɪkᵊl/ **I** *a.* **1** impiegatizio, d'ufficio: *a* ~ *job* un lavoro impiegatizio. **2** (*pertaining to the clergy*) ecclesiastico, clericale. **3** (*Pol*) clericale: *a* ~ *party* un partito clericale. **II** *n.* (*Pol*) clericale *m.* □ ~ *collar* colletto da ecclesiastico; ~ *duties* mansioni esecutive; ~ *error* errore materiale, errore di copiatura; ~ *mistake* errore materiale; ~ *staff* personale (d'ufficio), impiegati; ~ *work* lavoro d'ufficio, mansioni impiegatizie; ~ *worker* impiegato.

clericalism /'klerɪkᵊlɪzᵊm/ *n.* (*Pol*) clericalismo *m.*

clericalist /'klerɪkᵊlɪst/ *n.* (*Pol*) clericale *m.*

clerically /'klerɪkᵊli/ *avv.* **1** d'ufficio, da parte degli impiegati. **2** (*from the point of view of the clergy*) in maniera ecclesiastica, dal punto di vista ecclesiastico.

clerisy /'klerɪsi/ *n.* letterati *m.pl.*, intellettuali *m.pl.*, intellighenzia *f.*

clerk /klɑːk *Am* klɜːrk/ **I** *n.* **1** impiegato *m.* (*f.* -a): *bank* ~ impiegato di banca. **2** (*Am*) (*shop assistant*) commesso *m.* (*f.* -a); (*hotel receptionist*) portiere *m.* **3** (*person in charge of records*) cancelliere *m.*: *the* ~ *of the court* il cancelliere del tribunale. **4** (*clergyman*) ecclesiastico *m.* **5** (*layman performing ecclesiastical duties*) funzionario *m.* laico di una parrocchia. **6** (*GB,Dir*) (*clerk to the justices*) funzionario *m.* di giustizia. **7** (*GB,Parl*) (*officer*) alto ufficiale *m.* nominato dalla Corona. **8** (*US,Dir*) neolaureato *m.* (*f.* -a) in giurisprudenza (che assiste un giudice). **II** *v.i.* (*Am*) lavorare come commesso. □ ~ *in holy orders* ecclesiastico, sacerdote; (*Sport*) ~ *of the course* commissario di pista; ~ *of the works* sovrintendente ai lavori.

clerkship /'klɑːkʃɪp *Am* 'klɜːrkʃɪp/ *n.* **1** posto *m.* da impiegato. **2** (*office, function*) lavoro *m.* impiegatizio. **3** (*Am,Univ*) pratica *f.* di ospedale, internato *m.*

clever /'klevəʳ/ *a.* **1** intelligente, sveglio: *a* ~ *student* uno studente intelligente. **2** (*able*) bravo, capace (*at* in): *she's very* ~ *at making cakes* è molto brava nel fare dolci; *I was* ~ *at chess* ero bravo a giocare a scacchi. **3** (*of things*) ingegnoso, intelligente, abile: *a* ~ *speech* un discorso abile. □ (*Br,colloq, spreg*) *to be too* ~ *by half* essere molto intelligente e farlo pesare; (*Br,sl,spreg*) *a* ~ *clog* (o *a* ~ *dick*) uno che si crede molto intelligente; ~ *remark* battuta (di spirito).

cleverish /'klevᵊrɪʃ/ *a.* piuttosto abile, piuttosto bravo.

cleverly /'klevᵊli *Am* 'klevᵊrli/ *avv.* **1** intelligentemente. **2** (*ably*) abilmente, con destrezza.

cleverness /'klevᵊnəs *Am* 'klevᵊrnəs/ *n.* **1** abilità *f.*, destrezza *f.*, bravura *f.* **2** (*intelligence*) intelligenza *f.*

clevis /'klevɪs/ *n.* **1** (*Tecn*) cavallotto *m.*, cambretta *f.* **2** (*Agr*) (*of a plough*) gancio *m.* di attacco.

clevy /'klevi/ *n.* **1** (*Tecn*) cavallotto *m.*, cambretta *f.* **2** (*Agr*) (*of a plough*) gancio *m.* di attacco.

clew[1] /kluː/ *n.* **1** gomitolo *m.* **2** (*Mar*) (*corner of a sail*) bugna *f.* **3** (*Mitol*) filo *m.* di Arianna. **4** *pl.* (*of a hammock*) corde *f.pl.* di sostegno. □ (*Mar*) ~ *garnet* (o ~ *line*) meolo.

clew[2] /kluː/ *v.t.* aggomitolare. □ (*Mar*) *to* ~ *a sail down* imbrogliare; (*Mar*) *to* ~ *a sail up* alare, tirare su.

cliché /'kliːʃeɪ kli'ʃeɪ/ *n.* **1** (*fig*) (*trite, hackneyed phrase*) cliché *m.*, frase *f.* fatta, luogo *m.* comune. **2** (*Tip*) cliché *m.*

clichéd /'kliːʃeɪd *Am* kli'ʃeɪd/ *a.* (*fig*) trito, banale, stereotipato, detto e ridetto, ovvio.

click /klɪk/ **I** *n.* **1** scatto *m.*: *the* ~ *of the lock* lo scatto della serratura. **2** (*of the tongue*) schiocco *m.* **3** (*Tecn*) dente *m.* di arresto. **4** (*Fon*) clic *m.* **5** (*Inform*) clic *m.* **II** *v.i.* **1** scattare, fare uno scatto, fare un colpo secco. **2** (*colloq, fig*) essere chiaro di colpo, apparire chiaro, illuminarsi, chiarirsi. **3** (*colloq*) (*to succeed, to be lucky*) avere fortuna, raggiungere lo scopo, (*colloq*) fare colpo. **4** (*colloq*) (*to get along well*) trovarsi bene insieme, andare d'accordo: *they -ed at their first meeting* sono andati subito d'accordo. **5** (*Inform*) cliccare, fare clic (*on* su). **III** *v.t.* **1** far scattare. **2** (*to strike with a click*) battere con un colpo secco. **3** (*Inform*) cliccare, fare clic su. □ (*Mil*) *to* ~ *one's heels* battere i tacchi.

clickable /'klɪkəbᵊl/ *a.* (*Inform*) cliccabile: ~ *image* immagine cliccabile.

click-clack /'klɪk,klæk/ **I** *n.* ticchettio *m.* **II** *v.i.* ticchettare.

clicker /'klɪkəʳ/ *n.* (*Tecn*) (*of leather, paper, etc.*) tagliatore *m.*

clickety-clack /'klɪkɪti,klæk *Am* 'klɪkɪti ,klæk/ *n.* clicchettio *m.*

client /'klaɪənt/ *n.* **1** cliente *m./f.* **2** (*Comm*) committente *m./f.* **3** (*Inform*) client *m.* **4** (*Dir*) assistito *m.*, cliente *m.* □ (*Inform*) -/*server architecture* architettura client/server.

clientele /ˌkliːən'tel *Am* ˌklaɪən'tel/ *n.* clientela *f.*

clientelism /ˌkliːən'telɪzᵊm *Am* ˌklaɪən 'telɪzᵊm/ *n.* clientelismo *m.*

clientelistic /ˌkliːəntel'ɪstɪk *Am* ˌklaɪəntə 'lɪstɪk/ *a.* clientelistico.

cliff /klɪf/ *n.* **1** scogliera *f.*, rupe *f.*: *the white* -*s of Dover* le bianche scogliere di Dover. **2** (*precipice*) precipizio *m.*, dirupo *m.*

cliffhanger /'klɪf,hæŋəʳ/ *n.* **1** (*Lett*) racconto *m.* pieno di suspense. **2** (*tense situation*) situazione *f.* ricca di suspense.

climacteric /klaɪ'mæktᵊrɪk *Am* klaɪ 'mæktᵊrɪk/ **I** *n.* **1** (*Fisiol*) climaterio *m.*, età *f.* critica. **2** (*fig*) periodo *m.* critico, periodo *m.* cruciale. **II** *a.* **1** (*Fisiol*) climaterico. **2** (*fig*) critico, cruciale. □ (*fig*) *the* ~ *years* gli anni climaterici, gli anni critici.

climacterical /ˌklaɪmæk'terɪkᵊl/ *a.* (*fig*) critico, cruciale.

climactic /klaɪ'mæktɪk/ *a.* **1** culminante, all'apogeo. **2** (*Ret*) per gradazione ascendente, che forma un climax.

climate /'klaɪmət/ *n.* **1** clima *m.* **2** (*region, area*) clima *m.*, regione *f.*, paese *m.*: *he went to live in a warmer* ~ andò a vivere in un paese più caldo. **3** (*fig*) clima *m.*, atmosfera *f.*, ambiente *m.*: *the cultural ~ of an age* il clima culturale di un'epoca.

climatic /klaɪ'mætɪk *Am* klaɪ'mætɪk/ *a.* climatico. ☐ *~ chamber* camera per prove climatiche, camera climatica; *~ zone* zona climatica.

climatical /klaɪ'mætɪkəl *Am* klaɪ'mætɪkəl/ *a.* climatico.

climatically /klaɪ'mætɪkəli *Am* klaɪ'mætɪkəli/ *avv.* climaticamente.

climatologic /ˌklaɪmətə'lɒdʒɪk *Am* ˌklaɪmətə'lɑːdʒɪk/ *a.* climatologico.

climatological /ˌklaɪmətə'lɒdʒɪkəl *Am* ˌklaɪmətə'lɑːdʒɪkəl/ *a.* climatologico.

climatologically /ˌklaɪmətə'lɒdʒɪkəli *Am* ˌklaɪmətə'lɑːdʒɪkəli/ *avv.* climatologicamente.

climatologist /ˌklaɪmə'tɒlədʒɪst *Am* ˌklaɪmə'tɑːlədʒɪst/ *n.* climatologo *m.* (*f.* -a).

climatology /ˌklaɪmə'tɒlədʒi *Am* ˌklaɪmə'tɑːlədʒi/ *n.* climatologia *f.*

climax /'klaɪmæks/ **I** *n.* 1 acme *f.*, punto *m.* culminante, periodo *m.* culminante, culmine *m.*, apice *m.* 2 (*Lett,Teat,Med,Biol*) climax *m.* 3 (*Ret*) climax *m.*, gradazione *f.* 4 (*Fisiol*) orgasmo *m.* **II** *v.t.* portare al punto culminante. **III** *v.i.* culminare, raggiungere il punto culminante. ☐ *to bring matters to a ~* essere il colmo, fare precipitare le cose.

climb[1] /klaɪm/ (*past, p.p.* **climbed** /-d/) **I** *v.i.* 1 arrampicarsi, salire (*up* su, in): *to ~ up a ladder* salire su una scala a pioli. 2 (*to go up slowly or laboriously*) scalare (*to sth.* qcs.), salire (fino a): *to ~ to the top* salire in cima. 3 (*to slope upwards*) arrampicarsi, salire (*up* su, per, lungo): *the road -s up the mountainside* la strada si arrampica lungo il fianco della montagna. 4 (*of a plant*) arrampicarsi (*up, to* su, per, lungo). 5 (*fig*) arrivare, giungere (*to* a), raggiungere (qcs.): *to ~ to the top of one's profession* arrivare al culmine della carriera. 6 (*Aer*) prendere quota. **II** *v.t.* 1 arrampicarsi su, salire fino a. 2 (*of a mountain*) scalare; (*of stairs*) salire. 3 (*to go up using the hands and feet*) arrampicarsi su, arrampicarsi per: *to ~ a tree* arrampicarsi su un albero. ☐ *to ~ down*: 1 scendere da: *to ~ down a ladder* scendere da una scala; 2 (*colloq*) (*to retreat*) cedere, far marcia indietro; *to ~ over a wall* scavalcare un muro; (*colloq*) *to ~ the wall* essere frustrato, essere demoralizzato; *to ~ to power* salire al potere.

climb[2] /klaɪm/ *n.* 1 arrampicata *f.*, salita *f.* 2 (*of a mountain*) scalata *f.*, ascensione *f.* 3 (*place to be climbed*) salita *f.*, erta *f.*: *a difficult ~* una salita difficile. 4 (*Aer*) salita *f.*

climbable /'klaɪməbl/ *a.* che si può scalare, scalabile.

climbdown /'klaɪmdaʊn/ *n.* (*fig*) ritirata *f.*, resa *f.*, rinuncia *f.*, dietro-front *m.*, marcia *f.* indietro.

climber /'klaɪmər/ *n.* 1 arrampicatore *m.* (*f.* -trice). 2 (*of a mountain*) scalatore *m.* (*f.* -trice). 3 (*Bot*) rampicante *m.*, pianta *f.* rampicante. 4 (*Ornit*) uccello *m.* rampicante, rampicante *m.*

climbing /'klaɪmɪŋ/ **I** *a.* rampicante. **II** *n.* arrampicata *f.*, salita *f.* ☐ (*Alp*) *~ iron* rampone *m.* (*Bot*) *~ plant* rampicante, pianta rampicante; (*Aut,Aer*) *~ speed* velocità di salita; (*Sport*) *~ wall* parete artificiale per scalate.

clime /klaɪm/ *n.* (*poet*) clima *m.*, regione *f.*

clinch /klɪnʃ/ **I** *v.t.* 1 (*of a nail*) ribadire. 2 (*colloq*) (*to settle decisively*) concludere, liquidare: *to ~ a deal* concludere un accordo. 3 (*Mar*) legare. **II** *v.i.* (*Sport*) (*in boxing*) immobilizzare l'avversario in un corpo a corpo. **III** *n.* 1 (*Sport*) (*in boxing*) clinch *m.*, corpo a corpo *m.*, nodo *m.* 2 (*colloq*) (*passionate embrace*) abbraccio *m.* stretto, abbraccio *m.*

forte. 3 (*Mar*) nodo *m.* di carico. ☐ (*Mar*) *~ knot* nodo di carico; (*Tecn*) *~ nail* ribattino; *that -es the argument!* questo è decisivo!, e con questo l'argomento è chiuso!

clincher /'klɪnʃər/ *n.* 1 ribattitore *m.* 2 (*nail, screw*) graffatrice *f.* 3 (*colloq*) (*decisive argument*) argomento *m.* decisivo.

cling /klɪŋ/ (*past, p.p.* **clung** /klʌŋ/) *v.i.* 1 aderire, stare attaccato, stare appiccicato, incollarsi (*to* a): *the wet clothes clung to his body* gli abiti bagnati gli si incollavano al corpo. 2 (*of plants*) abbarbicarsi (*to* a). 3 (*to hold tight*) stringersi (con forza), avvinghiarsi (*to* a). 4 (*fig*) attaccarsi, aggrapparsi (*to* a).

clingfish /'klɪnfɪʃ/ *n.* (*Itt*) succiascoglio *m.*

clinginess /'klɪnɪnəs/ *n.* aderenza *f.*

clinging /'klɪnɪŋ/ *a.* aderente.

clingingly /'klɪnɪŋli/ *avv.* in modo da aderire strettamente.

clingstone /'klɪnstoʊn/ ☐ (*Bot,Alim*) *~ peach* pesca duracina.

clingy /'klɪni/ *a.* 1 aderente. 2 (*fig*) appiccicoso, che ha bisogno di appoggiarsi a qcu.

clinic /'klɪnɪk/ *n.* 1 (*part of a hospital*) clinica *f.*, reparto *m.* ospedaliero. 2 (*bedside instruction or class*) clinica *f.*

clinical /'klɪnɪkəl/ *a.* 1 clinico: *a ~ case* un caso clinico. 2 (*objective*) obiettivo: *a ~ description of the financial situation* una descrizione obiettiva della situazione finanziaria. ☐ *~ death* morte clinica; (*Med*) *~ depression* depressione clinica; *~ eye* occhio clinico (*anche fig*); *~ laboratory* laboratorio di analisi cliniche; (*Psic*) *~ psychologist* psicologo clinico; (*Psic*) *~ psychology* psicologia clinica; (*Med*) *~ thermometer* termometro clinico.

clinically /'klɪnɪkəli/ *avv.* clinicamente.

clinician /klɪ'nɪʃən/ *n.* clinico *m.*

clink[1] /klɪŋk/ **I** *v.i.* tintinnare: *ice -ed in the glass* il ghiaccio tintinnava nel bicchiere. **II** *v.t.* far tintinnare. **III** *n.* tintinnìo *m.*

clink[2] /klɪŋk/ *n.* (*sl*) (*prison, jail*) prigione *f.*, galera *f.*, gattabuia *f.*

clinker[1] /'klɪŋkər/ *n.* 1 (*hard brick*) clinker *m.* 2 (*vitrified mass of brick*) scoria *f.* vitrea, scoria *f.* vetrosa. 3 (*mass of stone, slag, etc. fused together*) massa *f.* fusa. 4 (*Met*) scoria *f.* 5 (*Geol*) massa *f.* di lava indurita.

clinker[2] /'klɪŋkər/ *n.* (*Br,sl,ant*) bomba *f.*, cannonata *f.*

clinker-built /'klɪŋkəbɪlt *Am* 'klɪŋkərbɪlt/ *a.* (*Mar*) a clinker, a comenti sovrapposti.

clinometer /klɪ(a)'nɒmɪtər *Am* klɪ(a)'nɑːmətər/ *n.* clinometro *m.*

Clio /'klaɪoʊ/ *n.pr.f.* (*Mitol*) Clio.

clip[1] /klɪp/ (*past, p.p.* **clipped** -t) *v.t.* 1 tagliare. 2 (*of a hedge*) potare, cimare, pareggiare. 3 (*of articles, pictures*) ritagliare. 4 (*to shear*) tosare: *to ~ a sheep* tosare una pecora. 5 (*of words, sounds*) biascicare, mangiarsi. 6 (*colloq*) (*to hit sharply*) dare un colpo secco, dare uno scappellotto a. 7 (*Elettron*) (*to truncate the amplitude of a signal*) tagliare. **II** *v.i.* 1 sforbiciare. 2 (*to move swiftly*) muoversi velocemente, filare, sfrecciare. ☐ (*fig*) *to ~ so.'s claws* disarmare qcu., rendere qcu. innocuo; (*fig*) *to ~ so.'s wings* tarpare le ali a qcu.

clip[2] /klɪp/ *n.* 1 taglio *m.* 2 (*wool clipped off*) lana *f.* di tosatura. 2 (*colloq*) (*blow, punch*) colpo *m.*, scappellotto *m.*, botta *f.* 4 (*colloq*) (*speed*) velocità *f.*; (*pace*) passo *m.*, ritmo *m.*, andatura *f.*: *the horse trotted along at a steady ~* il cavallo trottava ad andatura regolare. 5 (*Cin*) (*film clip*) inserto *m.* filmato. ☐ (*Inform*) *~ art* clip art; (*sl*) *~ joint* (*disreputable public place*) locale malfamato.

clip[3] /klɪp/ **I** *n.* 1 (*paper clip*) graffetta *f.*, clip *f.* 2 (*for hair*) molletta *f.* 3 (*spring clip*) fermaglio *m.* a molla. 4 (*pin*) clip *f.*, fermaglio *m.*: *a diamond ~* un fermaglio di diamanti. 5 (*Mil*) (*cartridge clip*) caricatore *m.* **II** *v.t.* (*past, p.p.* **clipped** /-t/) fermare con una graffetta: *to ~ the documents together* fermare i documenti con una graffetta.

clipboard /'klɪpbɔːd *Am* 'klɪpbɔːrd/ *n.* 1 portablocco *m.* con molla. 2 (*Inform*) appunti *m.pl.*

clip-clop /'klɪpklɒp *Am* 'klɪpklɑːp/ *n.* 1 zoccolio *m.* 2 (*onom.*) clop clop *m.*

clip-on /'klɪpɒn *Am* 'klɪpɑːn/ *a.* a fermaglio: *~ brooch* spilla con fermaglio a scatto. ☐ (*Oref*) *~ earring* orecchino con la clip; *~ tie* cravatta con la clip.

clipper /'klɪpər/ *n.* 1 (*person*) tagliatore *m.* (*f.* -trice). 2 (*of sheep*) tosatore *m.* (*f.* -trice). 3 (*fig*) fulmine *m.*, saetta *f.*: *that runner is a real ~* quel corridore è un vero fulmine. 4 (*Mar, Aer,El*) clipper *m.* 5 *pl.* (*tool*) forbici *f.pl.*, cesoie *f.pl.* 6 *pl.* (*for hair*) macchina *f.* per tagliare i capelli, (*colloq*) macchinetta *f.* 7 *pl.* (*for nails*) tronchesine *f.pl.* 8 *pl.* (*for hedges*) tagliasiepi *f.*, tosatrice *f.*

clipper-built /'klɪpəbɪlt *Am* 'klɪpərbɪlt/ *a.* (*Mar*) a clipper.

clippety-clop /'klɪpɪti,klɒp *Am* 'klɪpɪti,klɑːp/ *n.* (*onom.*) clop clop *m.*

clipping /'klɪpɪŋ/ *n.* 1 taglio *m.*, tosatura *f.*; (*of sheep*) tosatura *f.*, tosa *f.* 2 (*from a newspaper, etc.*) ritaglio *m.* 3 (*Met*) sbavatura *f.* 4 (*Inform*) clipping *m.*

clique /kliːk/ *n.* cricca *f.*, combriccola *f.*, banda *f.*

cliquey /'kliːki/ *a.* tendente a unirsi in gruppi, diviso in combriccole.

cliquish /'kliːkɪʃ/ *a.* tendente a unirsi in gruppi, diviso in combriccole.

cliquishness /'kliːkɪʃnəs/ *n.* tendenza *f.* a unirsi in gruppi.

cliquism /'kliːkɪzəm/ *n.* tendenza *f.* a unirsi in gruppi.

cliquy /'kliːki/ *a.* tendente a unirsi in gruppi, diviso in combriccole.

clitic /'klɪtɪk *Am* 'klɪtɪk/ *a.* (*Gramm*) clitico.

clitoridectomy /ˌklɪtərɪ'dektəmi *Am* ˌklɪtərɪ'dektəmi/ *n.* clitoridectomia *f.*

clitoris /'klɪtərɪs *Am* 'kl(a)ɪtərəs/ *n.* (*Anat*) clitoride *f./m.*

Clive /klaɪv/ *n.pr.m.* Clive.

cloaca /kloʊ'eɪkə/ (*pl.* -**cae** /-kiː/) *n.* cloaca *f.* (*anche fig*).

cloacal /kloʊ'eɪkəl/ *a.* (*Zool*) cloacale: *~ membrane* membrana cloacale.

cloak /kloʊk/ **I** *n.* 1 (*Abbigl*) mantello *m.*, manto *m.* 2 (*fig*) (*disguise*) velo *m.*, manto *m.*: *under the ~ of modesty* sotto il velo della modestia. 3 (*fig*) (*excuse*) scusa *f.*, pretesto *m.*: *under the ~ of religion* con il pretesto della religione. **II** *v.t.* coprire con un mantello, ammantare. 2 (*fig*) (*to hide, disguise*) mascherare, dissimulare, nascondere.

cloak-and-dagger /ˌkloʊkən'dægər/ *a.* di spionaggio, di agenti segreti.

cloak-and-sword /ˌkloʊkən'sɔːd/ *a.* (*Br*) di cappa e spada: *a ~ novel* un romanzo di cappa e spada.

cloakroom /'kloʊkruːm/ *n.* 1 (*in a restaurant, hotel, etc.*) guardaroba *m.* 2 (*Br,eufem*) (*bathroom*) bagno *m.*

clobber[1] /'klɒbər *Am* 'klɑːbər/ *v.t.* (*sl*) battere, picchiare, colpire duramente.

clobber[2] /'klɒbər *Am* 'klɑːbər/ *n.* (*costr.pl.*) (*Br,sl*) (*clothes and personal belongings*) roba *f.sing.*, indumenti *m.pl.* ed effetti personali.

cloche /klɒʃ *Br also* kloʊʃ/ *n.* 1 (*Agr*) campana *f.* di vetro. 2 (*Mod*) cloche *f.*, cappello *m.* a cloche. □ (*Mod*) ~ *hat* cloche, cappello a cloche.

clock[1] /klɒk *Am* klɑːk/ *n.* **1** orologio *m.* **2** (*Inform*) clock *m.* □ *around the* ~: 1 giorno e notte, ventiquattro ore su ventiquattro; 2 (*without resting, tirelessly*) instancabilmente, giorno e notte: *to work around the* ~ lavorare giorno e notte; *to put* (o *to set*) *the* ~ *back*: 1 mettere l'orologio indietro; 2 (*fig*) (*to revert to an earlier state*) far tornare indietro il tempo, riportare indietro il tempo; *by the* ~: 1 secondo (quanto segna) l'orologio: *it is three by the* ~ sono le tre secondo l'orologio; 2 (*exactly*) orologio alla mano: *I waited an hour by the* ~ ho aspettato un'ora, orologio alla mano, ho aspettato una buona ora di orologio; ~ *card* cartellino di presenza; ~ *face* quadrante; *the* ~ *is fast* l'orologio va avanti, l'orologio è avanti; (*Sport*) ~ *golf* specie di golf in cui si colpisce una palla sistemata su punti diversi di una circonferenza tracciata intorno alla buca; ~ *radio* radiosveglia; (*Inform*) ~ *speed* velocità di clock; (*scherz*) ~ *watcher* impiegato che consulta sempre l'orologio.

clock[2] /klɒk *Am* klɑːk/ *v.t.* cronometrare. □ *to* ~ *in* registrare l'ora di entrata, timbrare il cartellino all'entrata; *to* ~ *off* (o *to* ~ *out*) registrare l'ora di uscita, timbrare il cartellino all'uscita; *to* ~ *up* (*of an instrument*) registrare.

clock[3] /klɒk *Am* klɑːk/ *n.* (*on a stocking or sock*) freccia *f.*, baghetta *f.*, spighetta *f.*

clock-like /'klɒklaɪk *Am* 'klɑːklaɪk/ *a.* (*fig*) regolare, preciso, cronometrico.

clockwise /'klɒkwaɪz *Am* 'klɑːkwaɪs/ *avv.* in senso orario, da sinistra a destra.

clockwork /'klɒkwɜːk *Am* 'klɑːkwɜːrk/ **I** *n.* **1** (*of a clock*) meccanismo *m.* **2** (*timing device: of toys*) molla *f.*, carica *f.*; (*of bombs*) orologeria *f.* **II** *a.* **1** ad orologeria. **2** (*of toys*) a molla, a carica: *a* ~ *train* un trenino a molla. □ (*fig*) *like* ~ con perfetta regolarità, come un orologio; (*fig*) *things went like* ~ tutto è filato liscio come l'olio.

clod /klɒd *Am* klɑːd/ *n.* **1** zolla *f.* **2** (*earth, soil*) terra *f.*, terreno *m.* **3** (*colloq*) (*blockhead*) stupido *m.* (*f.* -a), zuccone *m.* (*f.* -a), testa *f.* di legno. **4** (*Macell*) spalla *f.* □ (*Agr*) ~ *breaker* rullo frangizolle.

cloddish /'klɒdɪʃ *Am* 'klɑːdɪʃ/ *a.* stupido, zuccone.

cloddishly /'klɒdɪʃli *Am* 'klɑːdɪʃli/ *avv.* rozzamente, villanamente, sgarbatamente.

cloddishness /'klɒdɪʃnəs *Am* 'klɑːdɪʃnəs/ *n.* stupidità *f.*, goffaggine *f.*

cloddy /'klɒdi *Am* 'klɑːdi/ *a.* zolloso.

clodhopper /'klɒd,hɒpə *Am* 'klɑːd,hɑːpər/ *n.* **1** zoticone *m.* (*f.* -a), ignorante *m./f.* **2** *pl.* scarpe *f.pl.* pesanti.

clog[1] /klɒg *Am* klɑːg/ (*past, p.p.* **clogged** /-d/) **I** *v.t.* **1** bloccare, ostruire, intasare, otturare. **2** (*to block up*) intasare, congestionare: *heavy traffic* -*ged the highway* l'autostrada era intasata da un traffico intenso. **II** *v.i.* **1** intasarsi, ostruirsi, otturarsi (*with* per). **2** (*to stick together*) incollarsi, appiccicarsi.

clog[2] /klɒg *Am* klɑːg/ *n.* **1** impedimento *m.*, intoppo *m.*, ostacolo *m.* **2** (*Calz*) zoccolo *m.* □ ~ *dance* ballo rustico (con gli zoccoletti).

cloggy /'klɒgi *Am* 'klɑːgi/ *a.* **1** appiccicoso, vischioso. **2** (*lumpy*) grumoso, molle.

cloister /'klɔɪstə *Am* 'klɔɪstər/ **I** *n.* **1** (*Arch*) chiostro *m.*; (*covered walk*) portico *m.* **2** (*monastery, convent*) chiostro *m.*, monastero *m.*, convento *m.* **3** (*fig*) vita *f.* monastica, chiostro *m.* **II** *v.t.* **1** chiudere in convento, mandare in convento. **2** (*fig*) segregare, isolare: *he* -*ed himself in his*

laboratory si isolò nel suo laboratorio. □ (*Arch*) ~ *garth* chiostro.

cloistered /'klɔɪstəd *Am* 'klɔɪstərd/ *a.* **1** (*Arch*) con chiostro. **2** (*monastic*) claustrale, monastico. **3** (*fig*) appartato, isolato, da cenobita. □ (*Rel.catt*) ~ *nun* suora di clausura.

cloistral /'klɔɪstrəl/ *a.* **1** claustrale. **2** (*fig*) appartato, isolato.

clonal /'kloʊnəl/ *a.* (*Biol*) clonale.

clone /kloʊn/ **I** *n.* clone *m.* (*anche Inform*). **II** *v.t.* clonare. **III** *v.i.* riprodursi per clonazione.

clonic /'klɒnɪk *Am* 'klɑːnɪk/ *a.* (*Med*) clonico: ~ *spasm* spasmo clonico.

cloning /'kloʊnɪŋ/ *n.* clonazione *f.*

clonus /'kloʊnəs/ *n.* (*Med*) clono *m.*

clop /klɒp *Am* klɑːp/ *n.* (*onom.*) clop clop *m.*

close[1] /kloʊz/ **I** *v.t.* **1** chiudere: ~ *the door* chiudi la porta. **2** (*to block, shut off*) chiudere, bloccare, sbarrare: *to* ~ *a road to traffic* chiudere una strada al traffico. **3** (*to grip, clutch*) serrare, chiudere: *he* -*d his hand on her wrist* le serrò la mano intorno al polso. **4** (*to fill, block up*) chiudere, tappare: *he* -*d the cracks with plaster* tappò le fessure con lo stucco. **5** (*to bring to an end*) chiudere, concludere, porre termine, porre fine a: *to* ~ *the debate* concludere il dibattito. **6** (*to settle*) concludere, portare a termine: *to* ~ *a deal* concludere un accordo. **7** (*of a gap, distance, etc.*) colmare, guadagnare. **8** (*El*) chiudere: *to* ~ *a circuit* chiudere un circuito. **9** (*Inform*) chiudere. **10** (*Mar*) accostare. **11** (*Mil*) serrare, stringere: *to* ~ *ranks* serrare le file. **II** *v.i.* **1** chiudersi. **2** (*to join together*) chiudersi, serrarsi: *the dog's jaws* -*d with a snap* le mascelle del cane si chiusero con uno scatto. **3** (*to end*) concludersi, avere fine, terminare. **4** (*to cease to operate*) chiudersi, restare chiuso: *the school* -*d for the holidays* la scuola chiuse per il periodo delle vacanze. **5** (*of a play, show*) finire. **6** (*Econ*) essere in chiusura, chiudere (*at* a): *the shares* -*d at 12 dollars* le azioni erano a 12 dollari in chiusura. □ (*fig*) *this has* -*d all doors to him* questo gli ha precluso ogni possibilità; (*fig*) *to* ~ *one's doors* finire i propri giorni, morire; (*fig*) *to* ~ *the door on* (o *to* ~ *against*) sbarrare la strada a; *to* ~ *down*: 1 fare chiudere: *the police* -*d down the restaurant* la polizia fece chiudere il ristorante; 2 (*to end operations*) chiudere, cessare la propria attività; 3 (*Rad, TV*) chiudere la trasmissione; *to* ~ *in*: 1 avanzare da ogni lato (*on* verso, contro), circondare (qcu.); 2 (*to grow dark early*) accorciarsi: *the days are beginning to* ~ *in* le giornate cominciano ad accorciarsi; (*Mil*) ~ *left!* serrare a sinistra!; *to* ~ *one's mind to unpleasant facts* rifiutarsi di pensare a cose spiacevoli; (*Am,Comm*) *to* ~ *out*: 1 abbassare i prezzi di; 2 (*to liquidate*) liquidare; *to* ~ *ranks*: 1 (*Mil,Sport*) serrare le file; 2 (*fig*) serrare i ranghi; (*fig*) *to* ~ *the book on sth.* mettere una pietra sopra qcs.; (*Comm*) *to* ~ *the books* chiudere i conti; *to* ~ *the ranks*: 1 (*Mil,Sport*) serrare le file; 2 (*fig*) serrare i ranghi; *to* ~ *up*: 1 chiudere, concludere, chiudere; 2 (*Tip*) ridurre lo spazio di; 3 (*to come together, converge*) chiudersi, serrarsi; (*Mil*) ~ *up!* serrare le file!; 4 (*to retreat into silence*) chiudersi nel silenzio, chiudersi in un ostinato mutismo; 5 (*of wounds*) rimarginarsi, chiudersi; (*fig*) *to* ~ *up shop* chiudere bottega; (*Mar*) *to* ~ *the wind* stringere al vento; *to* ~ *with* (o *to engage in a fight at close quarters*) venire alle prese, ingaggiare un corpo a corpo (con).

close[2] /kloʊs/ **I** *a.* **1** (*near in space*) vicino, prossimo, presso: *our house is* ~ *to yours* la nostra casa è vicina alla tua. **2** (*in time*) vici-

no, prossimo: *he is* ~ *on sixty* è vicino ai sessant'anni. **3** (*in degree or action*) vicino, prossimo: *she was* ~ *to tears* era prossima alle lacrime. **4** (*in kind*) affine, simile, vicino: *Spanish is* ~ *to Italian* lo spagnolo è affine all'italiano. **5** (*in relation*) vicino, stretto: *a* ~ *relation* uno stretto parente; ~ *intimacy* stretta intimità. **6** (*compact*) compatto, fitto, serrato: *to fly in* ~ *formation* volare in formazione serrata. **7** (*dense*) denso, spesso. **8** (*reserved*) chiuso, riservato: *a very* ~ *boy* un ragazzo molto riservato. **9** (*intimate, united*) unito, vicino, legato: *the two sisters are very* ~ (*to each other*) le due sorelle sono molto legate l'una all'altra. **10** (*strict*) rigoroso, stretto: *in* ~ *custody* in stretta sorveglianza. **11** (*searching*) approfondito, minuzioso: *a* ~ *investigation* un'indagine minuziosa. **12** (*precise, exact*) preciso, esatto; (*of a translation*) fedele, aderente al testo. **13** (*strictly logical*) stringato: ~ *reasoning* ragionamento stringato. **14** (*of a prisoner*) sotto stretta sorveglianza, sotto rigorosa sorveglianza, sorvegliato a vista, guardato a vista. **15** (*even, equal*) equo, pari: *a* ~ *contest* un combattimento equo. **16** (*sultry, oppressive*) afoso, soffocante, opprimente: ~ *weather* tempo afoso. **17** (*of a room, etc.: unventilated*) poco arieggiato. **18** (*stingy*) avaro, tirchio, spilorcio. **19** (*Fon*) stretto, chiuso. **20** (*fitting tightly*) stretto, attillato: *a* ~-*fitting garment* un indumento attillato. **II** *avv.* **1** (*near in space or time*) vicino, accanto, dappresso: *to walk* ~ *to the wall* camminare vicino al muro. **2** (*in a close manner*) da vicino, dappresso. **3** (*tightly*) completamente, ermeticamente: *the door was shut* ~ la porta era ermeticamente chiusa. □ ~ *at hand* vicinissimo; ~ *behind* appena dietro, a distanza ravvicinata; (*colloq*) ~ *call* rischio da cui si è scampati per un pelo, rischio da cui si è scampati per miracolo; (*colloq*) *to have a* ~ *call* cavarsela per un pelo, salvarsi per un pelo, scamparla bella, salvarsi per il rotto della cuffia; ~ *combat*: 1 lotta corpo a corpo, combattimento corpo a corpo; 2 (*Mar.mil*) combattimento a distanza ravvicinata; *to come* ~ *to* arrivare vicino a, giungere vicino a, sfiorare: *to come* ~ *to perfection* sfiorare la perfezione; *to be in* ~ *contact with so.* essere in (stretto) contatto con qcu.; (*Mil*) ~ *formation* formazione serrata; *on* -*r inspection* a un più attento esame; *to keep* ~ tenersi nascosto, restare nascosto; ~ *observer* osservatore acuto, osservatore attento; ~ *on* prossimo a, vicino a; (*Fon*) ~ *pronunciation* pronuncia stretta, pronuncia chiusa; (*Mil*) *at* ~ *range* a distanza ravvicinata, a breve distanza, vicino; (*fig*) ~ *shave* rischio da cui si è scampati per un pelo, (*colloq*) rischio da cui si è scampati per miracolo; (*colloq*) *to have a* ~ *shave* cavarsela per un pelo, salvarsi per un pelo, scamparla bella, salvarsi per il rotto della cuffia; (*colloq*) *to have a* ~ *squeak* cavarsela per un pelo, salvarsi per il rotto della cuffia; *in* ~ *succession* in rapida successione; (*fig*) ~ *to the bone* troppo audace, troppo spinto, osé; *to sail* ~ *to the wind*: 1 (*Mar*) navigare stringendo il vento; 2 (*fig*) rasentare l'illegalità; *a* ~ *victory* una vittoria di stretta misura.

close[3] /kloʊz/ *n.* **1** conclusione *f.*, fine *f.*, chiusa *f.*, chiusura *f.* **2** (*Mus*) finale *m.* □ *to bring sth. to a* ~ concludere qcs., portare qcs. a termine; *to draw to a* ~ avvicinarsi alla fine, volgere al termine.

close[4] /kloʊs/ *n.* **1** (*enclosed space*) recinto *m.*, chiuso *m.*, luogo *m.* cintato, terreno *m.* cintato: *a cathedral* ~ il terreno cintato di una cattedrale. **2** (*Br,Strad*) strada *f.* residenziale tranquilla. **3** (*Dir*) terreno *m.* privato. **4** (*Econ, Caccia,Pesc*) chiusura *f.*

close-at-hand /ˈkloʊsətˌhænd/ *a.* **1** (*of time*) imminente, prossimo. **2** (*of space*) vicino, a portata di mano.

close-by /ˌkloʊsˈbaɪ/ *a.* adiacente, vicino, accanto.

close-cropped /ˌkloʊsˈkrɒpt Am ˌkloʊsˈkrɑːpt/ *a.* tagliato raso, rasato.

close-cut /ˌkloʊsˈkʌt/ *a.* tagliato raso, rasato.

closed /kloʊzd/ *a.* **1** chiuso. **2** (*concluded*) chiuso, concluso, finito: *the incident is* ~ l'incidente è chiuso. **3** (*restricted, exclusive*) limitato, ristretto, esclusivo, riservato a pochi. **4** (*Fon*) chiuso. □ ~ *account* conto chiuso (*anche fig*); (*fig*) a ~ *book* una cosa incomprensibile, un mistero, un enigma; (*Chim*) ~ *chain* catena chiusa; (*Tecn*) ~ *circuit* circuito chiuso: ~ *circuit television* televisione a circuito chiuso; ~ *corporation* società chiusa; (*Sport*) ~ *course* circuito chiuso; (*fig*) *behind* ~ *doors* a porte chiuse; (*Dir*) ~ *hearing* dibattimento a porte chiuse; (*US, Pol*) ~ *primaries* primarie chiuse; ~ *shop* azienda che assume esclusivamente membri del sindacato.

closed-captioned /ˌkloʊzdˈkæpʃᵊnd/ *a.* (*TV*) sottotitolato: ~ *for the deaf* sottotitolato per non udenti.

closed-end /ˈkloʊzdend/ □ (*Econ*) ~ *investment trust* fondo d'investimento chiuso.

close-down /ˈkloʊzdaʊn/ *n.* **1** chiusura *f.*: *the* ~ *of a factory* la chiusura di una fabbrica. **2** (*Rad,TV*) segnale *m.* di fine trasmissione.

close-fisted /ˌkloʊsˈfɪstɪd/ *a.* avaro, spilorcio, tirchio.

close-fistedness /ˌkloʊsˈfɪstɪdnəs/ *n.* avarizia *f.*, tirchieria *f.*

close-fitting /ˌkloʊsˈfɪtɪŋ Am ˌkloʊsˈfɪtɪŋ/ *a.* (*Abbigl*) aderente, attillato.

close-grained /ˌkloʊsˈgreɪnd/ *a.* compatto: ~ *wood* legno compatto.

closely /ˈkloʊsli/ *avv.* **1** molto attentamente, con grande attenzione: *to listen* ~ ascoltare molto attentamente. **2** (*in close conformity*) moltissimo, in sommo grado: *to resemble so.* ~ somigliare moltissimo a qcu. **3** (*intimately*) intimamente, strettamente.

close-minded /ˌkloʊzˈmaɪndɪd/ *a.* **1** di vedute ristrette. **2** (*stubborn*) ostinato, testardo.

close-mouthed /ˌkloʊsˈmaʊðd/ *a.* **1** riservato, discreto. **2** (*reticent*) reticente.

closeness /ˈkloʊsnəs/ *n.* **1** vicinanza *f.*, prossimità *f.* **2** (*in kind*) affinità *f.*, vicinanza *f.* **3** (*close relationship*) parentela *f.* stretta. **4** (*close friendship*) amicizia *f.* intima; (*intimacy*) intimità *f.*

closeout /ˈkloʊzaʊt/ *n.* (*Comm*) liquidazione *f.*

close-quarters /ˈkloʊsˌkwɔːtəz Am ˈkloʊsˌkwɔːrtəᵊrz/ *n.pl.* **1** spazio *m.sing.* limitato, ambiente *m.sing.* ristretto. **2** (*direct contact*) corpo a corpo *m.sing.*: *to fight at* ~ combattere corpo a corpo. □ *to live in* ~ vivere in un alloggio ristretto, vivere in uno spazio insufficiente.

close-range /ˈkloʊsˌreɪndʒ/ *a.* a breve distanza.

closet /ˈklɒzɪt Am ˈklɑːzɪt/ **I** *n.* **1** armadio *m.*, armadietto *m.*, stipo *m.* **2** (*small room*) stanzino *m.*, vano *m.* **3** (*water-closet*) gabinetto *m.* **II** *v.t.* (*usually passive*) chiudere, rinchiudere: *to be -ed with so.* essere rinchiuso con qcu. **III** *a.* (*hidden*) segreto, nascosto: *a* ~ *Elvis fan* un fan segreto di Elvis. □ (*Lett*) ~ *drama* dramma destinato soltanto alla let-

tura; (*fig*) *to come out of the* ~ dichiarare pubblicamente la propria omosessualità; (*Lett*) ~ *play* dramma destinato soltanto alla lettura; (*fig*) ~ *strategist* strategia da tavolino.

close-up /ˈkloʊsʌp/ *n.* **1** (*Fot,Cin,TV*) primo piano *m.* **2** (*fig*) quadro *m.* molto chiaro, quadro *m.* dettagliato, primo piano *m.*

closing /ˈkloʊzɪŋ/ **I** *a.* ultimo, finale, conclusivo. **II** *n.* **1** chiusura *f.* **2** (*conclusion*) fine *f.*, conclusione *f.* □ (*Econ*) ~ *balance* bilancio di chiusura; ~ *ceremony* cerimonia di chiusura; ~ *date*: **1** scadenza; **2** (*deadline*) data di chiusura, chiusura, termine (*for* per); (*Comm*) ~ *down* cessazione di esercizio; (*Econ*) ~ *price* quotazione di chiusura, prezzo di chiusura; (*Comm*) ~ *rate* corso di chiusura; ~ *speech* discorso di chiusura (*anche Parl*); (*Dir*) ~ *statement* conclusioni (*del giudice*); (*Comm*) ~ *stock* giacenza finale, scorta finale; ~ *time*: **1** orario di chiusura; **2** (*esclam.*) si chiude!

closure /ˈkloʊʒəʳ/ *n.* **1** chiusura *f.*: *the* ~ *of a mine* la chiusura di una miniera. **2** (*end, conclusion*) conclusione *f.*, fine *f.*, termine *m.* **3** (*Parl*) sospensione *f.* di un dibattito, termine *m.* di un dibattito, mozione *f.* di chiusura anticipata. **II** *v.t.* (*Parl*) votare la sospensione di.

clot[1] /klɒt Am klɑːt/ *n.* **1** grumo *m.*, coagulo *m.*: *a* ~ *of blood* un grumo di sangue. **2** (*sl*) (*idiot, fool*) stupido *m.* (*f.* -a), zuccone *m.* (*f.* -a), testa *f.* di legno.

clot[2] /klɒt Am klɑːt/ (*past, p.p.* **clotted** /ˈklɒtɪd Am ˈklɑːtɪd/) **I** *v.i.* **1** formare un grumo. **2** (*to coagulate*) coagularsi, raggrumarsi. **II** *v.t.* far coagulare.

cloth /klɒθ Am klɑːθ/ **I** *n.* **1** (*Tess*) tela *f.*, tessuto *m.*, stoffa *f.*, panno *m.* **2** (*piece of cloth, for cleaning, etc.*) pezza *f.*, panno *m.*, straccio *m.*, cencio *m.* **3** (*covering*) coperta *f.* **4** (*tablecloth*) tovaglia *f.*: (*Br*) *to lay the* ~ preparare la tavola, apparecchiare la tavola; *to remove the* ~ sparecchiare (la tavola). **5** (*distinctive dress of a profession*) abito *m.*, tenuta *f.* **6** (*of the clergy*) abito *m.* talare, clergyman *m.* **7** (*collett., costr.pl.*) (*clergy*) clero *m.*, ecclesiastici *m.pl.* **8** (*Mar*) ferzo *m.*; (*sail*) vela *f.* **II** *a.* di stoffa, di tela. □ (*Tess*) ~ *beam* subbio *m.*; (*Legat*) ~ *binding* (ri)legatura in tela; ~ *merchant* negoziante di stoffe, commerciante di stoffe; ~ *of gold* stoffa intessuta di oro; ~ *of silver* stoffa intessuta di argento; ~ *worker*: **1** (operaio) tessile; **2** (*manufacturer*) fabbricante di stoffe.

clothbound /ˈklɒθbaʊnd Am ˈklɑːθbaʊnd/ *a.* (*Legat*) rilegato in tela.

clothe /kloʊð/ (*past, p.p.* **clothed** /-d/, **clad** /klæd/) *v.t.* **1** vestire. **2** (*to provide clothes for*) vestire, provvedere di abiti: *to* ~ *one's family* vestire la propria famiglia. **3** (*fig*) ammantare, rivestire, ricoprire: *fields -d with snow* campi ammantati di neve.

clothes /kloʊðz/ *n.pl.* **1** abiti *m.pl.*, vestiti *m.pl.*, indumenti *m.pl.* **2** (*clothing*) vestiario *m.sing.*, abbigliamento *m.sing.* **3** (*estens*) panni *m.pl.*: *to wash* ~ lavare i panni, fare il bucato. □ ~ *for casual wear* abiti sportivi; ~ *hook* attaccapanni da parete; ~ *peg* molletta da bucato.

clothes-brush /ˈkloʊðzˌbrʌʃ/ *n.* spazzola *f.* per vestiti.

clothes-hamper /ˈkloʊðzˌhæmpəʳ/ *n.* cesto *m.* per il bucato.

clothes-hanger /ˈkloʊðzˌhæŋəʳ/ *n.* gruccia *f.*

clothes-horse /ˈkloʊðzhɔːs Am ˈkloʊðzhɔːrs/ *n.* **1** stenditoio *m.* **2** (*estens,spreg*) modella *f.*

clothes-line /ˈkloʊðzlaɪn/ *n.* corda *f.* del bucato.

clothes-moth /ˈkloʊðzmɒθ Am ˈkloʊðzmɑːθ/ *n.* (*Entom*) tignola *f.* delle pellicce.

clothes-peg /ˈkloʊðzpeg/ *n.* molletta *f.* da bucato.

clothes-pin /ˈkloʊðzpɪn/ *n.* (*Am*) molletta *f.* da bucato.

clothes-press /ˈkloʊðzpres/ *n.* **1** (*cupboard*) armadio *m.* **2** (*device for pressing clothes*) pressa *f.* per biancheria.

clothes-prop /ˈkloʊðzprɒp/ *n.* (*Br*) palo *m.* di sostegno (della corda del bucato), paletto *m.* di sostegno (della corda del bucato).

clothes-stand /ˈkloʊðzstænd/ *n.* attaccapanni *m.* a stelo.

clothes-tree /ˈkloʊðztriː/ *n.* attaccapanni *m.* a stelo.

clothier /ˈkloʊðɪəʳ/ *n.* **1** negoziante *m./f.* di vestiti. **2** (*maker of cloth*) fabbricante *m./f.* di stoffe. **3** (*seller of cloth*) negoziante *m./f.* di stoffe, commerciante *m./f.* di stoffe.

clothing /ˈkloʊðɪŋ/ *n.* **1** vestiario *m.*, abbigliamento *m.* **2** (*covering*) coperta *f.* □ (*Tess*) ~ *wool* lana da carda.

Clotho /ˈkloʊθoʊ/ *n.pr.f.* (*Mitol*) Cloto.

cloth-yard /ˈklɒθjɑːd Am ˈklɑːθjɑːrd/ *n.* (*Tess*) unità *f.* di misura per la stoffa equivalente a 36 pollici (0,914 m). □ (*Stor*) ~ *shaft* freccia lunga una iarda.

clotted /ˈklɒtɪd/ *a.* grumoso. □ (*Br,Gastron*) ~ *cream* panna a grumi ottenuta dalla scrematura di latte riscaldato.

clotting /ˈklɒtɪŋ Am ˈklɑːtɪŋ/ *n.* coagulazione *f.* □ (*Med*) ~ *factor* fattore di coagulazione.

clotty /ˈklɒti Am ˈklɑːti/ *a.* **1** (*clotted*) pieno di grumi. **2** (*tending to clot*) tendente a coagularsi.

cloture /ˈkloʊtʃəʳ/ *n.* (*US,Parl*) mozione *f.* di chiusura anticipata.

cloud /klaʊd/ **I** *n.* **1** nube *f.*, nuvola *f.* (*anche fig*). **2** (*estens*) (*mass of smoke, etc.*) nube *f.*, nuvola *f.*: *to raise a* ~ *of dust* sollevare una nuvola di polvere. **3** (*mass of birds, insects, etc.*) stormo *m.*, nugolo *m.*, nuvolo *m.* **4** (*dim patch on a transparent surface*) velo *m.*, velatura *f.*, appannamento *m.*: *a* ~ *of steam on a window* un velo di vapore su una finestra. **II** *v.t.* **1** annuvolare, coprire di nuvole. **2** (*to make opaque, dim*) annebbiare, velare, appannare: *his breath -ed the window* il suo fiato appannò la finestra. **3** (*fig*) (*to make gloomy, troubled*) annuvolare, turbare. **4** (*fig*) (*to sully*) macchiare, offuscare, gettare ombra su. **5** (*to darken in patches*) variegare, striare. **III** *v.i.* **1** (*to grow cloudy*) annuvolarsi, rannuvolarsi, coprirsi di nuvole. **2** (*of a transparent surface: to become opaque*) appannarsi, diventare opaco. **3** (*fig*) (*of the face*) annuvolarsi: *his face -ed at the reproof* al rimprovero si annuvolò (in volto). □ (*Meteor*) ~ *ceiling* coltre di nubi, cappa di nubi; (*Nucl*) ~ *chamber* camera a nebbia; ~ *cuckoo land* sogni, fantasticherie; (*fig*) *to be on* ~ *nine* essere al settimo cielo; *under* ~ *of night* nell'oscurità della notte; *to* ~ *over* annuvolarsi, rannuvolarsi, coprirsi di nuvole: *the sky has -ed over* il cielo si è annuvolato; (*Meteor*) ~ *rack* cumulo di nubi; (*Meteor*) ~ *street* strada di nubi; *to be under a* ~: **1** (*in disgrace*) essere (caduto) in disgrazia; **2** (*under suspicion*) essere oggetto di sospetti; (*fig*) ~ *up* annuvolarsi, rannuvolarsi, coprirsi di nuvole; *he's always up in the* -*s* ha sempre la testa fra le nuvole.

cloudburst /ˈklaʊdbɜːst Am ˈklaʊdbɜːrst/ *n.* **1** acquazzone *m.*, piovasco *m.* **2** (*deluge*) nubifragio *m.*

clouded /ˈklaʊdɪd/ *a.* **1** nuvoloso, coperto. **2** (*fig*) confuso, oscuro, nebuloso. **3** (*mottled*) variegato, striato.

cloudiness /'klaʊdɪnəs/ n. nuvolosità f.

cloudless /'klaʊdləs/ a. senza nubi, limpido, sereno (anche fig.).

cloudlet /'klaʊdlɪt/ n. nuvoletta f.

cloudy /'klaʊdi/ a. 1 nuvoloso, coperto: a ~ sky un cielo nuvoloso; it is ~ è nuvoloso, il cielo è coperto. 2 (dimmed, dulled) appannato, velato, offuscato, non puro: a ~ diamond un diamante non puro. 3 (of liquids) torbido, non limpido: ~ beer birra torbida. 4 (fig) (obscure, vague) vago, confuso, nebuloso. 5 (gloomy, sad) cupo, scuro, rabbuiato. 6 (variegated) variegato, striato: ~ marble marmo variegato.

clout /klaʊt/ I n. 1 (colloq) (influence) influenza f.: political ~ influenza politica. 2 (Br,colloq) (blow) colpo m.; (cuff) scapaccione m., scappellotto m. 3 (Sport) (in archery) bersaglio m. 4 (Calz) rinforzo m. di metallo. 5 (rag) cencio m., straccio m. II v.t. (colloq) colpire; (to cuff) dare uno scappellotto a.

clove[1] /kloʊv/ n. (aromatic dried flower-bud) chiodo m. di garofano. □ ~ (Farm) oil olio di garofano, essenza di garofano; (Bot) ~ pink garofano.

clove[2] /kloʊv/ n. spicchio m.: a ~ of garlic uno spicchio di aglio.

clove[3] /kloʊv/ → **cleave**[2].

cloven /'kloʊvən/ a. spaccato, fesso. □ ~ foot (o ~ hoof): 1 (Zool) piede fesso, zoccolo fesso; 2 (fig) lato diabolico, aspetto diabolico.

cloven-hoofed /'kloʊvənhuːft/ a. 1 (Zool) dallo zoccolo fesso. 2 (fig) diabolico, satanico.

clover /'kloʊvər/ n. (Bot) trifoglio m. □ (fig) to be (o to live) in ~ nuotare nell'abbondanza; (Strad) ~ leaf raccordo a quadrifoglio.

clown /klaʊn/ I n. 1 clown m., pagliaccio m. 2 (prankster, joker) burlone m. (f. -a), buffone m. (f. -a). 3 (coarse, ill-bred person) villano m. (f. -a), zoticone m. (f. -a). II v.i. fare il pagliaccio, fare il buffone. □ to ~ about (o to ~ around) fare il pagliaccio, fare il buffone.

clownery /'klaʊnəri/ n. 1 buffoneria f. 2 (instance) buffonata f., pagliacciata f.

clowning /'klaʊnɪŋ/ n. buffoneria f.

clownish /'klaʊnɪʃ/ a. 1 buffonesco, da pagliaccio, clownesco. 2 (boorish, rude) rude, sgarbato.

clownishly /'klaʊnɪʃli/ avv. buffonescamente.

clownishness /'klaʊnɪʃnəs/ n. 1 buffoneria f. 2 (coarse manners) rozzezza f., grossolanità f.

cloy /klɔɪ/ v.t./i. saziare, nauseare, stancare: a pleasure which never -s un piacere che non stanca mai. □ to ~ the appetite far passare l'appetito, togliere l'appetito.

cloying /'klɔɪɪŋ/ a. nauseante, stucchevole.

cloyingly /'klɔɪɪŋli/ a. in modo nauseante, stucchevolmente.

cloze /kloʊz/ □ (Scol) ~ test cloze, esercizio cloze, cloze test.

club[1] /klʌb/ n. 1 bastone m., randello m., clava f., mazza f. 2 (Sport) bastone m. da golf. 3 (organized group of persons) circolo m., associazione f., società f., club m.: a sports ~ un'associazione sportiva. 4 (building) circolo m., club m.: to go to the ~ andare al circolo. 5 (card) carta f. di fiori. □ (Am,Ferr) ~ car carrozza buffet, carrozza ristoro; ~ face (in golf clubs) club face, parte della testa del bastone che colpisce la palla; ~ house sede di club, edificio di club, circolo (spec. di golf); ~ law: 1 statuto, norme associative; 2 (fig) legge del più forte, legge del bastone; (Bot) ~ moss licopodio; ~ room locale di un

circolo; (Bot) ~ root ernia dei cavoli; (Gastron) ~ sandwich sandwich a più strati, club sandwich.

club[2] /klʌb/ (past, p.p. **clubbed** /-d/) I v.t. bastonare, prendere a bastonate: to ~ so. to death bastonare qcu. a morte. II v.i. 1 raccogliersi insieme, associarsi, mettersi (tutti) insieme. 2 (to pay a contribution) pagare una quota, pagare un contributo, quotarsi. □ to ~ together (o to ~ up) (to contribute) raccogliere, mettere insieme, mettere in comune, unire.

clubbable /'klʌbəbl/ a. (Br) 1 che ha i requisiti per entrare a far parte di un circolo. 2 (sociable) socievole, di compagnia.

clubbed /klʌbd/ a. (Bot) claviforme.

clubbing /'klʌbɪŋ/ n. (colloq) il frequentare locali (notturni).

clubby /'klʌbi/ a. 1 (exclusive) ristretto, esclusivo. 2 (colloq) (sociable) socievole, di compagnia.

club-foot /'klʌbfʊt Br also ˌklʌb'fʊt/ n.irr. (Med) 1 talismo m. 2 (foot) piede m. deformato da talismo.

club-footed /ˌklʌb'fʊtɪd, 'klʌbˌfʊtɪd Am 'klʌbˌfʊtɪd/ a. (Med) dal piede storto, talipede.

clubwear /ˌklʌb'weər Am ˌklʌb'wer/ n. (Abbigl) abbigliamento m. da discoteca.

cluck /klʌk/ I v.i. 1 (of a hen) chiocciare. 2 (of the tongue) schioccare. II n. 1 il chiocciare. 2 (clicking sound) schiocco m.

clucky /'klʌki/ a. che chioccia.

clue[1] /kluː/ I n. 1 indizio m. (to di), traccia f., pista f., chiave f. (per capire). 2 (of a cross-word puzzle) definizione f. II v.t. informare. □ to give so. a ~ mettere qcu. sulla strada giusta, mettere qcu. sulla pista; (colloq) I haven't a ~ non ho la minima idea; to ~ so. in informare qcu.: ~ me in on what's happening informami su quanto sta accadendo.

clue[2] /kluː/ n./v. → **clew**[1], **clew**[2].

clued-in /ˌkluːd'ɪn/ a. (colloq) (of a person) ben informato, al corrente dei fatti.

clued-up /ˌkluːd'ʌp/ a. (colloq) (of a person) ben informato, al corrente dei fatti.

clueless /'kluːləs/ a. 1 senza indizi, senza tracce, senza indicazioni. 2 (sl) (helpless, stupid) inetto, sciocco.

clump /klʌmp/ I n. 1 (of trees, plants) gruppo m. fitto; (of bushes) macchia f. 2 (lump, mass) blocco m., pezzo m. 3 (of roots) intrico m., viluppo m. 4 (heavy tread) rumore m. (sordo), tonfo m. 5 (Calz) grossa suola f. di rinforzo. 6 (Biol) agglutinazione f. II v.i. 1 camminare con passo pesante. 2 (Biol) agglutinarsi. III v.t. 1 raggruppare, ammucchiare, ammassare. 2 (of trees) piantare a (fitti) gruppi. 3 (Biol) agglutinare. □ (Calz) ~ sole grossa suola di rinforzo.

clumpy /'klʌmpi/ a. 1 (heavy and inelegant) grossolano, grosso e poco elegante. 2 (forming clumps) grumoso, che sembra un pastone.

clumsily /'klʌmzɪli/ avv. 1 goffamente. 2 (tactlessly) senza tatto, grossolanamente.

clumsiness /'klʌmzɪnəs/ n. 1 goffaggine f. 2 (tactlessness) mancanza f. di tatto, mancanza f. di garbo.

clumsy /'klʌmzi/ a. 1 goffo, impacciato, sgraziato; (lacking dexterity) maldestro. 2 (tactless) senza tatto, sgarbato.

clung /klʌŋ/ → **cling**.

Cluniac /'kluːnɪæk/ n. (Rel.catt) cluniacense m. II a. (Rel.catt) cluniacense.

clunk /klʌŋk/ n. (onom.) colpo m., suono m., sordo.

clunker /'klʌŋkər/ n. (colloq) macinino m., carretta f., catorcio m., macchina f. vecchia e scassata.

clunky /'klʌŋki/ a. pesante e rumoroso.

clupeid /'kluːpiːd/ I a. (Itt) dei clupeidi. II n. (Itt) clupeide m.

cluster /'klʌstər/ I n. 1 grappolo m.: a ~ of grapes un grappolo di uva. 2 (of flowers) mazzo m. 3 (of honey-bees) sciame m. 4 (group) gruppo m., ammasso m.: a ~ of spectators un gruppo di spettatori. 5 (in embroidery) fascetto m. 6 (Astr) (of stars) ammasso m. (stellare). 7 (Fon) gruppo m.: a consonant ~ un gruppo consonantico. 8 (Inform) cluster m. 9 (Chim) cluster m., aggregato m. (di atomi). 10 (Statist) cluster m., gruppo m. omogeneo. II v.t. 1 raggruppare, riunire in gruppo. 2 (Statist) riunire in un cluster, riunire in un gruppo omogeneo. III v.i. raggrupparsi, stringersi, fare grappolo (around intorno a). □ (Mil) ~ bomb bomba a grappolo; ~ candlestick candelabro; (Bot) ~ pine pino selvatico, pino marittimo.

clustered /'klʌstəd Am 'klʌstərd/ a. (Arch) polistilo: ~ pier pilastro polistilo.

clutch[1] /klʌtʃ/ I v.t. 1 (to snatch) afferrare. 2 (to hold tightly) stringere forte, tenere stretto: she -ed her doll to her teneva stretta la bambola. II v.i. afferrare (at sth. qcs.), aggrapparsi (a). III n. 1 artigli m.pl., grinfie f.pl.: a mouse in the ~ of an eagle un topo fra gli artigli di un'aquila. 2 (act of grasping) atto m. di afferrare: he made a ~ at the rope fece l'atto di afferrare la corda. 3 (grasp) stretta f., presa f. 4 (Mecc) (coupling) innesto m. 5 (Mecc,Aut) frizione f.: to adjust the ~ regolare la frizione; to engage the ~ innestare la frizione; the ~ is disengaged (o is out) la frizione è disinnestata; to throw out the ~ abbassare la frizione, disinnestare la frizione. 6 pl. (fig) poppe m.sing., balia f.sing., grinfie f.pl.: to fall into so.'s -es cadere nelle grinfie di qcu. IV a. 1 (of a handbag) a busta. 2 (of a coat) senza allacciatura. □ (fig) to ~ at straws aggrapparsi a un filo, cercare disperatamente di salvarsi; ~ bag bustina, pochette; (Aut) the ~ is engaged (o the ~ is in) la frizione è innestata; (Mecc) ~ pedal pedale della frizione, frizione; (Aut) the ~ slips la frizione slitta.

clutch[2] /klʌtʃ/ I n. 1 (of eggs) covata f.; (brood of chickens) covata f., nidiata f. 2 (fig) (group) gruppo m. II v.t. (to hatch) covare.

clutchless /'klʌtʃləs/ a. (Mecc) senza frizione. □ (Br,Aut) ~ gearshift cambio automatico.

clutter /'klʌtər Am 'klʌtər/ I v.t. (to litter) ingombrare, stipare. II n. 1 (disorder, mess) disordine m., confusione f., scompiglio m.: the room was in a ~ la stanza era in completo disordine. 2 (confused collection) ammasso m., congerie f., cumulo m. (disordinato). □ to ~ up (to litter) ingombrare, stipare.

clypeal /'klɪpɪəl/ a. (Entom) clipeato.

clypeate /'klɪpɪeɪt/ a. (Entom) clipeato.

clypeiform /'klɪp(i)ɪfɔːm Am 'klɪp(i)ɪfɔːrm/ a. clipeiforme.

clypeus /'klɪpɪəs/ (pl. **-pei** /-piaɪ/) n. (Entom) clipeo m.

clyster /'klɪstər/ n. (Med) clistere m., clisma m.

Clytaemnestra, Clytemnestra /ˌklaɪtɪm'nestrə Am ˌklaɪtəm'nestrə/ n.pr.f. (Stor.gr) Clitennestra.

cm centimetre cm (centimetro).

Cmdr Commander Com. (comandante).

Cmdre Commodore (Commodoro).

CMEA /ˌsiːemiː'eɪ/ Council for Mutual Economic Assistance COMECON (Consiglio di mutua assistenza Economica).

CMOS (Inform) Complementary Metal Oxide Semiconductor CMOS (semiconduttore complementare a ossidi metallici).

CNB *Guinea-Bissau* CNB (Guinea-Bissau).

cnidoblast /'naɪdəblæst/ *n.* (*Biol*) cnidoblasto *m.*

cnidocil /'naɪdəsɪl/ *n.* (*Biol*) cnidociglio *m.*

CNN /,siːen'en/ *Cable News Network* CNN (emittente televisiva statunitense).

CNS (*Anat*) *Central Nervous System* SNC (sistema nervoso centrale).

CO 1 *Colombia* CO (Colombia). 2 *Colorado* CO (Colorado).

Co. 1 (*Comm*) *Company* C.ia (Compagnia). 2 *County* (Contea).

c/o 1 *care of* c/o (presso). 2 *carried over* (riportato).

C.O. /,siː'oʊ/ 1 (*Mil*) *Commanding Officer* (ufficiale comandante). 2 *conscientious objector* OC (obiettore di coscienza).

coacervate /koʊ'æsəveɪt *Am* koʊ'æsərveɪt/ *n.* (*Chim*) coacervato *m.*

coacervation /koʊ,æsə'veɪʃən *Am* koʊ,æsər'veɪʃən/ *n.* (*Chim*) coacervazione *f.*

coach /koʊtʃ/ **I** *n.* **1** carrozza *f.* **2** (*motor coach*) pullman *m.*, (*ant*) torpedone *m.*: *a ~ tour of the city* un giro della città in pullman. **3** (*Ferr*) vettura *f.* **4** (*Aer*) (classe) turistica *f.*, seconda classe *f.* **5** (*Aut*) coupé *m.* **6** (*Mar*) sala *f.* (del) consiglio. **7** (*private tutor*) insegnante *m./f.* privato, istitutore *m.* (*f.* -trice); (*of an actor, a singer*) maestro *m.* (*f.* -a). **8** (*Sport*) allenatore *m.* (*f.* -trice): *a football ~* un allenatore di calcio. **II** *v.t.* **1** istruire, preparare: *to ~ so. for an examination* preparare qcu. per un esame; *to ~ a witness* istruire un testimone. **2** (*Sport*) allenare. **III** *v.i.* (*to be instructed by a coach*) prendere lezioni private, prendere ripetizioni (*with* da); (*to instruct*) istruire, preparare. □ *~ box* posto a cassetta, sedile del vetturino; *~ horse* cavallo da carrozza; *~ house* rimessa per pullman; *~ painter* verniciatore di carrozzerie; *~ service* autolinea; *~ tour* gita in pullman; (*Aut*) *~ work* carrozzeria.

coach-and-four /koʊtʃən,fɔːr/ *n.* tiro *m.* a quattro.

coachbuilder /'koʊtʃ,bɪldər/ *n.* (*Br,Aut*) carrozziere *m.*

coachbuilding /'koʊtʃ,bɪldɪn/ *n.* (*Br,Aut*) costruzione *f.* di carrozzerie.

coach-built /'koʊtʃbɪlt/ *a.* (*Br,Aut*) carrozzato.

coaching /'koʊtʃɪn/ *n.* **1** ripetizioni *f.pl.*, lezioni *f.pl.* private. **2** (*Sport*) allenamento *m.*

coachman /'koʊtʃmən/ *n.irr.* vetturino *m.*, postiglione *m.*, cocchiere *m.*

coact /koʊ'ækt/ **I** *v.t.* fare insieme. **II** *v.i.* agire insieme.

coaction /koʊ'ækʃən/ *n.* **1** azione *f.* congiunta, azione *f.* comune. **2** (*Biol*) interazione *f.* **3** (*Psic*) (*compulsion*) coazione *f.*

coactive /koʊ'æktɪv/ *a.* **1** congiunto. **2** (*Psic*) coattivo.

coadjutor /koʊ'ædʒʊtər *Am* koʊ'ædʒʊtər/ *n.* **1** (*rar*) coadiutore *m.*, collaboratore *m.* **2** (*Rel*) coadiutore *m.*

coadjutorship /koʊ'ædʒʊtərʃɪp *Am* koʊ'ædʒʊtərʃɪp/ *n.* coadiutoria *f.*, coadiutorato *m.*

coadjutrix /koʊ'ædʒʊtrɪks/ (*pl.* **-trices** /-'tr(ə)ɪsiːz/) *n.* coadiutrice *f.*, collaboratrice *f.*

coagulability /koʊ,æɡjʊlə'bɪlɪti *Am* koʊ,æɡjʊlə'bɪləti/ *n.* coagulabilità *f.*

coagulable /koʊ'æɡjʊləbl/ *a.* coagulabile.

coagulant /koʊ'æɡjʊlənt/ *n.* (*Farm*) coagulante *m.*

coagulate /koʊ'æɡjʊleɪt/ **I** *v.t.* coagulare. **II** *v.i.* coagularsi.

coagulation /koʊ,æɡjʊ'leɪʃən/ *n.* coagulazione *f.*

coagulative /koʊ'æɡjʊlətɪv, koʊ,æɡjʊ'leɪtɪv *Am* koʊ'æɡjʊlətɪv, koʊ,æɡjʊ'leɪtɪv/ *a.* (*Farm*) coagulante *m.*

coagulator /koʊ'æɡjʊleɪtər *Am* koʊ'æɡjʊleɪtər/ *n.* (*Farm*) coagulante *m.*

coagulum /koʊ'æɡjʊləm/ (*pl.* **-la** /-lə/) *n.* coagulo *m.*

coal /koʊl/ **I** *n.* **1** carbone *m.* **2** (*piece of coal, burning wood, etc.*) carbone *m.*, tizzone *m.*: *a live ~* un carbone ardente. **3** (*charcoal*) carbone *m.* di legna, carbone *m.* vegetale, carbonella *f.* **II** *v.t.* rifornire di carbone. **III** *v.i.* rifornirsi di carbone, fare carbone, carbonare. □ (*Minier*) *~ bed* strato carbonifero; *~ bin* bidone per il carbone; *~ black* color nero carbone, nero come il carbone; *~ bunker* carbonile; *~ cellar* carbonaia; *~ chemistry* carbochimica; (*Mar*) *~ chute* scivolo per il carbone; *~ dust* polvere di carbone, polverino; (*Minier*) *~ field* bacino carbonifero; (*Itt*) *~ fish* merlano nero; (*ant*) *~ flap* botola di scivolo per il carbone (posta sul marciapiede); *~ gas*: 1 gas illuminante; 2 (*gas made from coal*) gas di carbone; *~ gasification* gassificazione del carbone; *~ heaver* scaricatore di carbone, spalatore di carbone; *~ hole* carbonaia; *~ liquefaction* liquefazione del carbone; *~ master* proprietario di miniere di carbone; (*Geol*) *~ measures* strati carboniferi; *~ merchant* carbonaio, commerciante di carbone; *~ mine* miniera di carbone; *~ miner* minatore (di carbone); *~ mining* estrazione del carbone; *~ mining industry* industria estrattiva del carbone; (*fig*) *to carry ~s to Newcastle* portare acqua al mare, fare una cosa inutile; *~ oil* cherosene; *~ pit* miniera di carbone; *~ port* porto carbonifero; *~ screen* setaccio per la cernita del carbone; *~ scuttle* secchio per il carbone; (*Geol*) *~ seam* giacimento di carbone; (*Mar*) *~ ship* nave carbonaia, carboniera; (*Chim*) *~ tar* catrame di carbone; (*Ornit*) *~ tit* cincia mora; (*Ornit*) *~ titmouse* cincia mora.

coaler /'koʊlər/ *n.* (*Mar*) nave *f.* carbonaia, carboniera *f.*

coalesce /koʊə'les/ *v.i.* **1** crescere insieme; (*of the edges of a wound*) saldarsi, rimarginarsi. **2** (*to unite into one body*) unirsi, fondersi: *the two unions ~d* le due società si sono fuse. **3** (*Fon*) assimilarsi.

coalescence /koʊə'lesns/ *n.* (*Chim,Fis*) coalescenza *f.*

coalescent /koʊə'lesnt/ *a.* (*Chim,Fis*) coalescente.

coalface /'koʊlfeɪs/ *n.* (*Minier*) fronte *m.* □ (*fig*) *at the ~* sul fronte, sul lavoro, all'atto pratico.

coal-fired /'koʊlfaɪəd *Am* 'koʊlfaɪərd/ □ *~ power plant* centrale a carbone.

coalification /koʊlɪfɪ'keɪʃən/ *n.* (*Geol*) carbonificazione *f.*, carbonizzazione *f.*

coaling /'koʊlɪn/ □ (*Mar*) *~ station* porto di carbonamento.

coalition /koʊə'lɪʃən/ *n.* **1** coalizione *f.*, unione *f.* **2** (*Pol*) coalizione *f.*, alleanza *f.*: *a ~ government* un governo di coalizione.

coalitionist /koʊə'lɪʃənɪst/ *n.* **1** chi entra a far parte di una coalizione, alleato *m.* (*f.* -a). **2** (*one who favours a coalition*) chi favorisce una coalizione.

coalman /'koʊlmən/ *n.irr.* **1** carbonaio *m.*, commerciante *m.* di carbone. **2** (*shoveller*) spalatore *m.* di carbone, scaricatore *m.* di carbone.

coalrake /'koʊlreɪk/ *n.* attizzatoio *m.*

coaly /'koʊli/ *a.* **1** ricco di carbone, che contiene carbone. **2** (*resembling coal*) simile a carbone. **3** (*in colour*) color nero carbone.

coarctate /koʊ'aːkteɪt *Am* koʊ'aːrkteɪt/ *a.* (*Biol*) coartato.

coarctation /koʊaːk'teɪʃən *Am* koʊaːrk'teɪʃən/ *n.* **1** costrizione *f.* **2** (*Med*) coartazione *f.*

coarse /kɔːs *Am* kɔːrs/ *a.* **1** grezzo, ruvido: *~ cloth* tela grezza. **2** (*having large particles*) a grana grossa. **3** (*of inferior quality*) scadente, comune, dozzinale. **4** (*fig*) (*lacking delicacy, unpolished*) grossolano, rude, rozzo: *~ manners* modi grossolani. **5** (*obscene*) osceno, volgare, triviale: *~ language* linguaggio osceno. **6** (*Met,Minier*) grezzo. □ *~ fish* pesce d'acqua dolce (che non appartiene alla famiglia dei salmoni o delle trote); *~ salt* sale da cucina, sale grosso.

coarse-fibred /,kɔːs'faɪbəd *Am* 'kɔːrsfaɪbərd/ *a.* **1** (*Met*) a grana grossa. **2** (*fig*) (*crude, gross*) grossolano, rozzo.

coarse-grained /,kɔːs'ɡreɪnd *Am* 'kɔːrsɡreɪnd/ *a.* **1** (*Met*) a grana grossa. **2** (*fig*) (*crude, gross*) grossolano, rozzo.

coarsely /'kɔːsli *Am* 'kɔːrsli/ *avv.* rudemente, in modo grossolano.

coarsen /'kɔːsən *Am* 'kɔːrsən/ **I** *v.t.* rendere grossolano, rendere rozzo. **II** *v.i.* diventare grossolano, diventare rozzo.

coarseness /'kɔːsnəs *Am* 'kɔːrsnəs/ *n.* **1** ruvidezza *f.*, stato *m.* grezzo. **2** (*roughness, impoliteness*) grossolanità *f.*, rudezza *f.* **3** (*obscenity*) oscenità *f.*, trivialità *f.*

coast /koʊst/ **I** *n.* **1** costa *f.*, litorale *m.* **2** (*adjoining region*) costa *f.*, zona *f.* costiera: *they live on the ~* vivono sulla costa. **3** (*Am*) (*slope for sledging*) pista *f.* per slitte; (*run on a sled*) corsa *f.* su slitta, discesa *f.* su slitta. **II** *v.i.* **1** (*Mar*) costeggiare, navigare lungo la costa. **2** (*to move free-wheel: by car*) procedere in folle, andare a motore spento; (*on a bicycle*) procedere a ruota libera, andare a ruota libera. **3** (*Am*) (*to slide downhill on a sled*) fare una discesa in slitta. **4** (*fig*) farsi strada senza sforzo. **III** *v.t.* **1** (*Mar*) costeggiare: *we -ed the island* costeggiammo l'isola. **2** (*to cause to move without power*) far andare in folle, far andare a motore spento. □ (*Mil*) *~ artillery* artiglieria costiera; (*Mar*) *~ battery* batteria costiera; (*fig*) *the ~ is clear* la via è libera; (*Mil*) *~ defence* difesa costiera; *from ~ to ~* da un lato all'altro del paese, da costa a costa; *~ waiter* funzionario di dogana in servizio costiero.

coastal /'koʊstəl/ *a.* litoraneo, costiero. □ *~ environment* litorale; *~ pollution* contaminazione delle coste, inquinamento delle coste.

coastally /'koʊstəli/ *avv.* sulla costa. □ *~ trapped wave* sessa.

coaster /'koʊstər/ *n.* **1** (*plate, mat: under a glass*) sottobicchiere *m.*; (*under a bottle*) sottobottiglia *m.* **2** (*Mar*) nave *f.* cabotiera, nave *f.* da cabotaggio. **3** (*Am*) (*sled*) slitta *f.*, slittino *m.* **4** (*rollercoaster*) montagne *f.pl.* russe, otto volante *m.*

coastguard /'koʊsɡaːd *Am* 'koʊsɡaːrd/ *n.* **1** (*unit*) guardia *f.* costiera. **2** (*coast-guardsman*) guardacoste *m.*, guardia *f.* costiera. □ (*Mar*) *~ cutter* nave guardacoste, guardacoste.

coastguardman /'koʊsɡaːdmən *Am* 'koʊsɡaːrdmən/ *n.irr.* guardacoste *m.*, guardia *f.* costiera.

coastguardsman /'koʊsɡaːdzmən *Am* 'koʊsɡaːrdzmən/ *n.irr.* guardacoste *m.*, guardia *f.* costiera.

coasting /'koʊstɪn/ □ (*Mar*) *~ vessel* nave da cabotaggio, nave cabotiera.

coastline /'koʊstlaɪn/ *n.* linea *f.* costiera, fascia *f.* costiera, litorale *m.*

coast-to-coast /,koʊsttə'koʊst/ *a.* (*Am*) da costa a costa, in tutti gli Stati Uniti, nazionale: *a ~ broadcast* una trasmissione nazionale.

coastward /ˈkoʊstwəd *Am* ˈkoʊstwərd/ **I** *a.* diretto verso la costa. **II** *avv.* verso la costa.

coastwards /ˈkoʊstwədz *Am* ˈkoʊstwərdz/ *avv.* verso la costa.

coastwise /ˈkoʊstwaɪz/ *a.* **1** (*along the coast*) lungo la costa. **2** (*moving along the coast*) che si muove lungo la costa. **3** (*coastal*) litoraneo, costiero.

coat /koʊt/ **I** *n.* **1** (*Abbigl*) soprabito *m.*, cappotto *m.*; (*jacket*) giacca *f.*, giubba *f.* **2** (*of an animal*) mantello *m.*, pelliccia *f.*, pelo *m.* **3** (*covering layer*) strato *m.*; (*of paint*) mano *f.* **II** *v.t.* ricoprire di uno strato, rivestire di uno strato: *the path was -ed with leaves* il sentiero era ricoperto di uno strato di foglie. ▢ (*Am*) *~ check* (*cloak room*) guardaroba (custodito); (*Abbigl*) *~ dress* redingote, robe-manteau; *~ hanger* stampella, gruccia; *~ of arms*: 1 (*Arald*) cotta d'armi; 2 (*heraldic achievement*) arme, blasone; *~ of mail* cotta di maglia, giaco; *~ rack* attaccapanni a rastrelliera, portamantelli a muro; *~ tails* (*of a dress coat*) code del frac.

coated /ˈkoʊtɪd/ *a.* **1** ricoperto, rivestito (*with* di). **2** (*Cart*) patinato.

coatee /ˈkoʊtiː/ *n.* (*Abbigl*) giubbotto *m.*, giubba *f.* corta (*spec.* per neonato).

coating /ˈkoʊtɪŋ/ *n.* **1** strato *m.* (protettivo o decorativo). **2** (*of paint*) mano *f.* **3** (*Tess*) stoffa *f.* per soprabiti.

co-author /ˈkoʊːθəʳ *Br also* koʊˈɔːθəʳ/ **I** *n.* coautore *m.* (*f.* -trice). **II** *v.t.* essere coautore di.

coax /koʊks/ **I** *v.t.* **1** (*to persuade by flattery*) persuadere con (le) lusinghe, persuadere con blandizie: *to ~ so. to do sth.* (o *to ~ so. into doing sth.*) persuadere con lusinghe qcu. a fare qcs. **2** (*by persistent effort*) convincere con paziente insistenza, persuadere con paziente insistenza. **3** (*to wheedle*) ottenere blandendo, ottenere con moine. **II** *v.i.* usare (le) lusinghe. ▢ *to ~ the fire* ravvivare il fuoco.

coaxer /ˈkoʊksəʳ/ *n.* chi blandisce, adulatore *m.* (*f.* -trice).

coaxial /ˌkoʊˈæksɪəl/ *a.* (*Mat,El*) coassiale: *~ cable* cavo coassiale.

coaxially /ˌkoʊˈæksɪəli/ *avv.* (*Mat,El*) coassialmente.

coaxing /ˈkoʊksɪŋ/ **I** *a.* che blandisce, adulatorio. **II** *n.* (*collett.*) blandizie *f.pl.*, moine *f.pl.*

coaxingly /ˈkoʊksɪŋli/ *avv.* in modo persuasivo, in modo carezzevole.

cob[1] /kɒb *Am* kɑːb/ *n.* **1** (*Ornit*) cigno *m.* maschio. **2** (*Zool*) (*stocky horse*) cavallo *m.* di piccola corporatura. **3** (*corn cob*) pannocchia *f.* **4** (*lump of coal*) pezzo *m.* di carbone. **5** (*rounded mass*) ovulo *m.* **6** (*Br,Edil*) mattone *m.* crudo (di argilla e paglia). **7** (*cobnut*) nocciola *f.* ▢ *~ coal* carbone in ovuli.

cob[2] /kɒb *Am* kɑːb/ *n.* (*Ornit,ant*) mugnaiaccio *m.*

cobalt /ˈkoʊbɔːlt/ *n.* (*Chim*) cobalto *m.* ▢ (*Min*) *~ bloom* eritrite, fiori di cobalto; *~ blue*: 1 (*Chim*) (*pigment*) blu di cobalto, azzurro di cobalto; 2 (*colour*) blu cobalto; (*Mil, Med*) *~ bomb* bomba al cobalto; (*Med*) *~ therapy* cobaltoterapia.

cobaltic /koʊˈbɔːltɪk/ *a.* (*Chim*) cobaltico.

cobaltiferous /ˌkoʊbɔːlˈtɪfərəs/ *a.* (*Min*) contenente cobalto.

cobaltite /koʊˈbɔːltaɪt, ˈkoʊbɔːltaɪt/ *n.* (*Min*) cobaltite *f.*

cobaltous /koʊˈbɔːltəs *Am* koʊˈbɔːltəs/ *a.* (*Chim*) cobaltoso.

cobber /ˈkɒbəʳ/ *n.* (*Aus*) compagno *m.*

---

cobble[1] /ˈkɒbḷ *Am* ˈkɑːbḷ/ *n.* **1** (*Strad*) ciottolo *m.* **2** *pl.* (*Min*) carbone *m.* di pezzatura media. **II** *v.t.* (*Strad*) acciottolare, pavimentare con ciottoli. ▢ (*Minier*) *~ coal* carbone di pezzatura media.

cobble[2] /ˈkɒbḷ *Am* ˈkɑːbḷ/ *v.t.* **1** (*Calz*) fare (scarpe); (*to mend*) rattoppare, rappezzare. **2** (*to mend roughly*) aggiustare alla meglio, rabberciare. **3** (*fig*) (*to botch*) raffazzonare, abborracciare. ▢ (*fig*) *to ~ up* raffazzonare, abborracciare.

cobbler /ˈkɒbləʳ *Am* ˈkɑːbləʳ/ *n.* **1** (*Calz*) ciabattino *m.* (*f.* -a), calzolaio *m.* (*f.* -a). **2** (*Am, Dolc*) (*fruit pie*) crostata *f.* di frutta. **3** (*iced drink*) bevanda *f.* ghiacciata (di vino, frutta e zucchero). ▢ *Prov.*: (*Br*) *let the ~ stick to his last* a ognuno il suo mestiere.

cobblestone /ˈkɒbḷstoʊn *Am* ˈkɑːbḷstoʊn/ *n.* (*Strad*) ciottolo *m.* ▢ (*Strad*) *~ pavement* acciottolato.

co-belligerence /ˌkoʊbəˈlɪdʒərəns/ *n.* cobelligeranza *f.*

co-belligerent /ˌkoʊbəˈlɪdʒərənt/ **I** *n.* cobelligerante *m./f.* **II** *a.* cobelligerante.

cobnut /ˈkɒbnʌt *Am* ˈkɑːbnʌt/ *n.* nocciola *f.*

COBOL /ˈkoʊbɒl *Am* ˈkoʊbɔːl/ (*Inform*) *Common Business Oriented Language* COBOL (linguaggio orientato ai problemi gestionali).

cobra /ˈkoʊbrə/ *n.* (*Zool*) cobra *m.*

cobweb /ˈkɒbweb *Am* ˈkɑːbweb/ *n.* **1** ragnatela *f.*, tela *f.* di ragno. **2** (*single thread*) filo *m.* di ragnatela. **3** (*fig*) (*snare*) rete *f.*, trappola *f.*, tranello *m.*: *the -s of the law* i tranelli della legge. ▢ (*fig*) *to chase the -s away* (o *to blow the -s away*) snebbiare il cervello, schiarirsi le idee.

cobwebbed /ˈkɒbwebd *Am* ˈkɑːbwebd/ *a.* **1** simile a una ragnatela. **2** (*cobwebbed*) coperto di ragnatele.

cobwebby /ˈkɒbwebi *Am* ˈkɑːbwebi/ *a.* **1** simile a una ragnatela. **2** (*cobwebbed*) coperto di ragnatele.

coca /ˈkoʊkə/ *n.* (*Bot*) **1** coca *f.* **2** *pl.* foglie *f.pl.* di coca.

cocaine /koʊˈkeɪn *Am also* ˈkoʊkeɪn/ *n.* cocaina *f.* ▢ *~ addict* cocainomane; *~ habit* cocainomania.

cocainism /koʊˈkeɪnɪzəm/ *n.* (*Med*) cocainismo *m.*

cocainization /koʊˌkeɪn(ə)ɪˈzeɪʃən/ *n.* (*Med*) cocainizzazione *f.*

cocainize /koʊˈkeɪnaɪz/ *v.t.* (*Med*) cocainizzare.

coccagee /ˌkɒkəˈɡiː/ *n.* mela *f.* da sidro.

coccus /ˈkɒkəs *Am* ˈkɑːkəs/ (*pl.* **cocci** /ˈkɒksaɪ *Am* ˈkɑːksaɪ/) *n.* (*Med,Bot*) cocco *m.*

coccygeal /kɒkˈsɪdʒɪəl *Am* kɑːkˈsɪdʒɪəl/ *a.* (*Anat*) coccigeo.

coccyx /ˈkɒksɪks *Am* ˈkɑːksɪks/ (*pl.* **-xes** /-ksɪz/, **-cyges** /-saɪdʒiːz/) *n.* (*Anat*) coccige *m.*

co-chair /ˈkoʊtʃeəʳ *Am* ˈkoʊtʃeʳ/ *n.* co-presidente *m.* **II** *v.t.* co-presiedere.

co-chairman /ˈkoʊtʃeəmən *Am* ˈkoʊtʃeʳmən/ *n.* co-presidente *m.*

Cochin /ˈkoʊtʃɪn/ *n.* **1** (*Geog*) Cocincina *f.* **2** (*Zootecn*) cocincina *f.*, razza *f.* cocincina. ▢ *~ China*: 1 (*Geog*) Cocincina *f.*; 2 (*Zootecn*) cocincina, razza cocincina.

cochineal /ˈkɒtʃɪniːl *Am* ˈkɑːtʃɪniːl/ *n.* cocciniglia *f.*

cochlea /ˈkɒkliə *Am* ˈkoʊkliə, ˈkɑːkliə/ (*pl.* **-leae** /-liiː/, **-s** /-z/) *n.* (*Anat*) coclea *f.*

cochlear /ˈkɒkliəʳ *Am* ˈkoʊkliəʳ, ˈkɑːkliəʳ/ *a.* (*Anat*) cocleare.

cock[1] /kɒk *Am* kɑːk/ **I** *n.* **1** (*Ornit*) gallo *m.* **2** (*male of any bird*) maschio *m.* (di gallinacei e sim.). **3** (*of firearms: hammer*) cane *m.* **4** (*volg*) (*penis*) cazzo *m.*, pisello *m.* **5** (*tilt,*

---

slant) inclinazione *f.*, posizione *f.* inclinata. **6** (*weathercock*) banderuola *f.*, galletto *m.* **7** (*of a sundial*) gnomone *m.* **8** (*Br,sl*) (*fellow, friend*) compagno *m.*, amico *m.* **9** (*Br,sl*) (*nonsense*) cavolate *f.pl.*, corbellerie *f.pl.*: *he talks a lot of ~* dice un sacco di cavolate. **10** (*Tecn*) rubinetto *m.* **11** (*Orol*) ponte *m.* del bilanciere. **II** *v.t.* **1** armare, alzare il cane di: *to ~ a rifle* armare un fucile. **2** (*to turn up jauntily*) alzare, drizzare: *the dog -ed his ears* il cane drizzò le orecchie. **3** (*of a hat*) mettere di sghimbescio, mettere sulle ventitré. **III** *v.i.* drizzarsi, rizzarsi, levarsi. ▢ *~ bird* uccello maschio; *~ crow* canto del gallo; *to ~ one's ear* (o *to ~ one's ears*) drizzare gli orecchi, drizzare le orecchie, tendere l'orecchio; *to ~ one's eye* at so. dare un'occhiata di intesa a qcu., ammiccare a qcu.; (*Edil*) *~ loft* soffitta; (*Ornit*) *~ of the wood* (*capercaillie*) gallo cedrone, urogallo; *to ~ a snook at so.*: 1 fare marameo a qcu.; 2 (*fig*) deridere, prendere in giro qcu.; *~ sparrow*: 1 (*Ornit*) maschio di passero; 2 (*collog*) galletto, omettino presuntuoso; *to ~ up* alzare, drizzare.

cock[2] /kɒk *Am* kɑːk/ **I** *n.* (*of hay, dung, etc.*) mucchio *m.* **II** *v.t.* ammucchiare.

cockade /kɒkˈeɪd *Am* kɑːˈkeɪd/ *n.* coccarda *f.*

cockaded /kɒkˈeɪdɪd *Am* kɑːˈkeɪdɪd/ *a.* ornato di coccarda, decorato di coccarda.

cock-a-doodle-doo /ˌkɒkəduːdḷˈduː *Am* ˌkɑːkəduːdḷˈduː/ *n.* **1** chicchirichì *m.* **2** (*infant*) (*cock, rooster*) gallo *m.*

cock-a-hoop /ˌkɒkəˈhuːp *Am* ˌkɑːkəˈhuːp/ **I** *a.* pred. esultante, euforico. **II** *avv.* per traverso, di traverso, di sghimbescio.

Cockaigne /kɒkˈeɪn *Am* kɑːˈkeɪn/ *n.pr.* paese *m.* della cuccagna, cuccagna *f.*

cockamamie, cockamamy /ˌkɒkəˈmeɪmi *Am* ˈkɑːkəmeɪmi/ *a.* (*sl*) **1** (*trifling*) di nessun valore. **2** (*nonsensical*) assurdo, insensato.

cock-and-bull /ˌkɒkənˈbul *Am* ˌkɑːkənˈbul/ ▢ *~ story* racconto inverosimile, frottola.

cockatoo /ˌkɒkəˈtuː *Am* ˈkɑːkətuː/ *n.* (*Ornit*) cacatua *m.*

cockatrice /ˈkɒkətr(a)ɪs *Am* ˈkɑːkətr(a)ɪs/ *n.* (*Mitol*) basilisco *m.*

cockboat /ˈkɒkboʊt *Am* ˈkɑːkboʊt/ *n.* (*Mar*) piccola scialuppa *f.* a fondo piatto.

cockchafer /ˈkɒkˌtʃeɪfəʳ *Am* ˈkɑːkˌtʃeɪfəʳ/ *n.* (*Entom*) maggiolino *m.*

cocker[1] /ˈkɒkəʳ *Am* ˈkɑːkəʳ/ *n.* (*Zool*) cocker *m.* ▢ (*Zool*) *~ spaniel* cocker spaniel.

cocker[2] /ˈkɒkəʳ/ *v.t.* (*Br,rar*) (*to pamper*) viziare, coccolare.

cockerel /ˈkɒkərəl *Am* ˈkɑːkərəl/ *n.* galletto *m.* (*anche fig*).

cock-eyed /ˈkɒkaɪd *Am* ˈkɑːkaɪd/ *a.* **1** strabico. **2** (*sl*) (*askew, awry*) storto, sghembo. **3** (*sl*) (*drunk*) ubriaco.

cockfight /ˈkɒkfaɪt *Am* ˈkɑːkfaɪt/ *n.* combattimento *m.* di galli.

cockfighting /ˈkɒkˌfaɪtɪŋ *Am* ˈkɑːkˌfaɪtɪŋ/ *n.* combattimento *m.* di galli.

cockhorse /ˈkɒkhɔːs *Am* ˈkɑːkhɔːrs/ **I** *n.* cavalluccio *m.* **II** *avv.* a cavalluccio.

cockily /ˈkɒkɪli *Am* ˈkɑːkɪli/ *avv.* sfrontatamente.

cockiness /ˈkɒkɪnəs *Am* ˈkɑːkɪnəs/ *n.* sfrontatezza *f.*, impudenza *f.*

cockle[1] /ˈkɒkḷ *Am* ˈkɑːkḷ/ **I** *n.* **1** (*Zool*) cardio *m.*, cuore *m.* di mare. **2** (*Mar*) piccola scialuppa *f.* a fondo piatto. **3** (*wrinkle, pucker*) grinza *f.*, increspatura *f.* **II** *v.i.* **1** incresparsi, raggrinzarsi: *this paper -s easily* questa carta si increspa facilmente. **2** (*of waves*) incresparsi. **III** *v.t.* far raggrinzare, far increspare. ▢ *~ boat* piccola scialuppa a fondo piatto; (*fig*) *to warm the -s of so.'s heart* infondere calore nel cuore di qcu., infondere gioia nel cuore di qcu., rincuorare qcu.; ~*shell*: 1 (*Zool*) conchiglia di cuore di mare; 2 (*Mar*) piccola scialuppa a fondo piatto.

cockle² /'kɒkl *Am* 'ka:kl/ *n.* (*Bot*) gettaione *m.*, agrostemma *m.*, mazzettone *m.*

cockney /'kɒkni *Am* 'ka:kni/ **I** *n.* **1** cockney *m./f.*, nativo *m.* (*f.* -a) di Londra (*spec.* proletario dell'East End). **2** (*pronunciation*) pronuncia *f.* cockney. **3** (*dialect*) dialetto *m.* cockney. **II** *a.* tipicamente londinese, proprio dei popolani di Londra. □ (*Br*) ~ *rhyming slang* gergo londinese nel quale determinate parole vengono sostituite con altre che fanno rima con esse.

cockneyfy /'kɒknɪfaɪ/ *v.t.* (*Br*) dare un carattere cockney a.

cockneyism /'kɒkniːɪzᵊm *Am* 'ka:kniːzᵊm/ *n.* **1** atteggiamento *m.* cockney. **2** (*expression*) espressione *f.* cockney.

cockpit /'kɒkpɪt *Am* 'ka:kpɪt/ *n.* **1** (*Aer*) cabina *f.* di pilotaggio. **2** (*Aut*) abitacolo *m.*, posto *m.* di guida, posto *m.* di pilotaggio (in auto da corsa). **3** (*Mar*) quartiere *m.* di poppa, poppetta *f.* **4** (*pit for cockfights*) arena *f.* per combattimenti di galli. **5** (*fig*) teatro *m.* di battaglia, campo *m.* di battaglia.

cockroach /'kɒkrəʊtʃ *Am* 'ka:krəʊtʃ/ *n.* (*Entom*) blatta *f.*

cockscomb /'kɒkskəʊm *Am* 'ka:kskəʊm/ *n.* **1** cresta *f.* di gallo. **2** (*Bot*) celosia *f.*, cresta *f.* di gallo. **3** (*ant,fig*) (*foolish dandy*) damerino *m.*, zerbinotto *m.*

cocksfoot /'kɒksfʊt *Am* 'ka:ksfʊt/ *n.irr.* (*Bot*) erba *f.* mazzolina, pannocchina *f.*

cockshead /'kɒkshed *Am* 'ka:kshed/ *n.* (*Bot*) cedrangola *f.*, lupinella *f.*, crocetta *f.*

cockshot /'kɒkʃɒt *Am* 'ka:kʃɑt/ *n.* **1** tiro *m.*, lancio *m.* **2** (*target*) bersaglio *m.* (*anche fig*).

cockshy /'kɒkʃaɪ *Am* 'ka:kʃaɪ/ *n.* **1** tiro *m.*, lancio *m.* **2** (*target*) bersaglio *m.* (*anche fig*).

cockspur /'kɒkspɜ:r *Am* 'ka:kspɜːr/ *n.* (*Ornit*) sprone *m.* di gallo.

cocksure /,kɒk'ʃʊər *Am* ,ka:k'ʃʊr/ *a.* **1** sicurissimo. **2** (*overconfident*) presuntuoso, sicuro di sé, baldanzoso.

cocksureness /,kɒk'ʃʊənəs *Am* ,ka:k'ʃʊrnəs/ *n.* presunzione *f.*, baldanza *f.*

cockswain /'kɒkswein *Am* 'ka:kswein/ *n.* (*Sport,Mar*) timoniere *m.*

cocktail /'kɒkteil *Am* 'ka:kteil/ **I** *n.* **1** (*drink*) cocktail *m.* **2** (*horse with a docked tail*) cavallo *m.* dalla coda mozza. **3** (*Gastron*) cocktail *m.*: *shrimp* ~ cocktail di gamberetti; *fruit* ~ macedonia di frutta. **4** (*fig*) (*mixture*) cocktail *m.*, miscuglio *m.* **5** (*Farm*) cocktail *m.* farmacologico. **II** *a.* da cocktail: *a* ~ *dress* un abito da cocktail. □ (*Arred*) ~ *cabinet* mobile bar; ~ *lounge* sala da cocktail; ~ *party* cocktail; (*Gastron*) ~ *sauce* salsa cocktail; (*Gastron*) ~ *snacks* salatini.

cock-up /'kɒkʌp *Am* 'ka:kʌp/ *n.* **1** (*Tip*) iniziale *f.* in maiuscolo grande. **2** (*Br,sl*) (*mess*) casino *m.*; (*blunder*) cazzata *f.*

cocky /'kɒki *Am* 'ka:ki/ *a.* **1** impertinente, impudente. **2** (*vain*) vanitoso.

coco /'kəʊkəʊ/ (*pl.* -**s** /-z/) *n.* (*Bot*) **1** cocco *m.*, palma *f.* da cocco. **2** (*Alim*) (*coconut*) noce *f.* di cocco. □ (*Bot*) ~ *palm* (o ~ *tree*) cocco, palma da cocco.

cocoa /'kəʊkəʊ/ *n.* **1** cacao *m.* **2** (*colour*) color *m.* cacao. □ ~ *bean* fava di cacao; ~ *butter* burro di cacao; ~ *nib* grano di cacao; (*Bot*) ~ *palm* cocco, palma da cacao; ~ *seed* seme di cacao.

coconut /'kəʊkənʌt/ *n.* **1** (*Bot,Alim*) noce *f.* di cocco. **2** (*Bot*) cocco *m.*, palma *f.* da cocco. **3** (*sl*) (*head*) testa *f.*, zucca *f.* □ ~ *butter* burro di cocco; ~ *fat* grasso di cocco; (*Tess*) ~ *matting* stuoia di cocco; ~ *milk* latte di cocco; ~

oil olio di cocco; (*Bot*) ~ *palm* (o ~ *tree*) cocco, palma da cocco.

cocoon /kə'ku:n/ *n.* (*Entom*) bozzolo *m.* **II** *v.t.* avvolgere nel bozzolo. **III** *v.i.* **1** avvolgersi (in qcs. di confortevole). **2** (*Am*) (*at home*) rinchiudersi tra le pareti domestiche.

cocooner /kə'ku:nər/ *n.* (*Am*) persona *f.* che si rinchiude tra le pareti domestiche.

cod¹ /kɒd *Am* ka:d/ (*pl.inv.* o -**s** /-z/; il *pl. inv. si usa general. con valore collett.*) *n.* (*Itt*) merluzzo *m.* □ ~ *bank* banco di merluzzi; (*Pesc*) ~ *end* sacco (di rete a strascico); ~ *fisher* pescatore di merluzzi; ~ *liver oil* olio di fegato di merluzzo.

cod² /kɒd *Am* ka:d/ *n.* **1** (*Pesc*) sacco *m.* (di rete a strascico). **2** (*bag*) borsa *f.*; (*sack*) sacco *m.*, sacca *f.*

COD /,si:əʊ'di:/ **1** (*Comm*) *cash on delivery* (pagamento alla consegna). **2** (*Biol*) *chemical oxygen demand* COD (domanda chimica di ossigeno).

coda /'kəʊdə/ *n.* (*Mus,Lett*) coda *f.*

coddle /'kɒdl *Am* 'ka:dl/ *v.t.* **1** coccolare, vezzeggiare. **2** (*Gastron*) cuocere a fuoco lento.

code /kəʊd/ **I** *n.* **1** codice *m.*: ~ *of criminal procedure* codice di procedura penale. **2** (*collection of rules*) codice *m.*, regole *f.pl.*: *a gentleman's* ~ *of behaviour* le regole di condotta di un gentiluomo. **3** (*system of symbols*) codice *m.*, linguaggio *m.* convenzionale, linguaggio *m.* cifrato: *a message written in* ~ un messaggio in codice. **4** (*symbol used in a code*) cifra *f.* **5** (*code book*) cifrario *m.* **6** (*Inform*) codice *m.* **II** *v.t.* **1** codificare (*anche Dir*). **2** (*to translate into a code*) cifrare, mettere in cifra, tradurre in cifra. **3** (*Inform*) codificare, (*colloq*) programmare. □ ~ *book* cifrario; (*Inform*) ~ *conversion* decodifica, decodificazione; (*Inform*) ~ *element* elemento di codice; (*Inform*) ~ *name* nome in codice; ~ *number* numero di codice; ~ *of conduct* codice di comportamento, codice di etica professionale, deontologia; ~ *of ethics* codice morale, (*for professionals*) codice etico, codice deontologico; ~ *of practice* codice professionale; ~ *word* parola in codice.

codeclination /,kəʊdekli'neiʃᵊn/ *n.* (*Astr*) codeclinazione *f.*

codefendant /,kəʊdi'fendənt/ *n.* (*Dir*) coimputato *m.* (*f.* -a).

codeine /'kəʊdi:n/ *n.* (*Chim*) codeina *f.*

codependence /,kəʊdi'pendəns/ *n.* (*Psic*) codipendenza *f.*

codependency /,kəʊdi'pendənsi/ *n.* (*Psic*) codipendenza *f.*

codependent /,kəʊdi'pendənt/ *a.* (*Psic*) codipendente *m./f.*

coder /'kəʊdər/ *n.* **1** cifrista *m./f.* **2** (*Inform*) codificatore *m.*

codetermination /,kəʊditɜ:mi'neiʃᵊn *Am* ,kəʊditɜ:rmi'neiʃᵊn/ *n.* codeterminazione *f.*

codex /'kəʊdeks/ (*pl.* -**dices** /-disi:z/) *n.* (*Filol*) codice *m.*

codfish /'kɒdfɪʃ *Am* 'ka:dfɪʃ/ *n.* (*Itt*) merluzzo *m.*

codger /'kɒdʒər *Am* 'ka:dʒər/ *n.* (*colloq*) tipo *m.* strambo, originale *m.*

codicil /'kɒdisil *Am* 'ka:disil/ *n.* codicillo *m.*

codicillary /,kɒdi'siləri *Am* ,ka:di'siləri/ *a.* codicillare.

codification /,kəʊdifi'keiʃᵊn *Am also* ,ka:difi'keiʃᵊn/ *n.* codificazione *f.* (*Inform*) codifica *f.*

codifier /'kəʊdifaɪər *Am also* 'ka:difaɪər/ *n.* codificatore *m.* (*f.* -trice) (*anche Inform*).

codify /'kəʊdifaɪ *Am also* 'ka:difaɪ/ *v.t.* **1** codificare: *to* ~ *laws* codificare le leggi. **2** (*to translate into a code*) cifrare, mettere in cifra, tradurre in cifra.

coding /'kəʊdɪŋ/ *n.* (*Inform*) codifica *f.* □ (*Inform*) ~ *sheet* foglio di codifica.

co-direction /,kəʊd(a)ɪ'rekʃᵊn/ *n.* cogestione *f.*

co-director /,kəʊd(a)ɪ'rektər/ *n.* condirettore *m.* (*f.* -trice), cogerente *m./f.*

codling /'kɒdlɪŋ *Am* 'ka:dlɪŋ/ *n.* (*Itt*) piccolo merluzzo *m.*

codomain /'kəʊdəʊmeɪn/ *n.* (*Mat*) codominio *m.*

codon /'kəʊdɒn *Am* 'kəʊda:n/ *n.* (*Biol*) codon *m.*, codone *m.*

codpiece /'kɒdpi:s *Am* 'ka:dpi:s/ *n.* (*Stor*) brachetta *f.*

codswallop /'kɒdz,wɒləp/ *n.* (*Br,colloq*) sciocchezze *f.pl.*

co-ed /'kəʊed/ **I** *n.* (*Am,Scol*) studentessa *f.* di scuola mista. **II** *a.* della coeducazione.

co-editor /,kəʊ'editər/ *n.* (*Giorn*) condirettore *m.* (*f.* -trice).

coeducation /,kəʊedʒʊ'keiʃᵊn *Br also* ,kəʊedju'keiʃᵊn/ *n.* coeducazione *f.*

coeducational /,kəʊedʒʊ'keiʃᵊnᵊl *Br also* ,kəʊedju'keiʃᵊnᵊl/ *a.* della coeducazione. □ ~ *school* scuola mista.

coefficient /,kəʊi'fiʃᵊnt/ *n.* (*Mat,Fis*) coefficiente *m.* □ (*Fis*) ~ *of expansion* coefficiente di espansione, coefficiente di dilatazione; (*Fis*) ~ *of friction* coefficiente di attrito; (*Tecn*) ~ *of safety* coefficiente di sicurezza.

coelenterate /si:'lentər(e)ɪt *Am* sɪ'lentər(e)ɪt/ *n.* (*Zool*) celenterato *m.*

coeliac /'si:liæk/ *a.* (*Anat*) celiaco. □ (*Anat*) ~ *artery* arteria celiaca; (*Med*) ~ *disease* celiachia, morbo celiaco.

coelom /'si:ləm/ *n.* (*Biol*) celoma *m.*

coemption /,kəʊ'em(p)ʃᵊn/ *n.* (*Dir*) incetta *f.*, accaparramento *m.*

coenobite /'si:nəʊbaɪt *Am* 'senəbaɪt/ *n.* (*Rel.catt*) cenobita *m.*

coenobitic /,si:nəʊ'bɪtɪk *Am* ,senə'bɪtɪk/ *a.* (*Rel.catt*) cenobitico.

coenobitical /,si:nəʊ'bɪtɪkᵊl *Am* ,senə'bɪtɪkᵊl/ *a.* (*Rel.catt*) cenobitico.

coenobitism /'si:nəʊbaɪtɪzᵊm *Am* 'senəbaɪtɪzᵊm/ *n.* (*Rel.catt*) cenobitismo *m.*

coenzyme /,kəʊ'enzaɪm *Am* ,kəʊ'enzaɪm/ *n.* (*Chim,Biol*) coenzima *m.*: ~ *Q* coenzima Q.

coequal /,kəʊ'i:kwᵊl/ **I** *a.* coeguale, uguale a un altro. **II** *n.* chi è uguale a un altro.

coequality /,kəʊi'kwɒləti *Am* ,kəʊi'kwa:ləti/ *n.* parità *f.*, uguaglianza *f.*

coerce /kəʊ'ɜ:s *Am* kəʊ'ɜ:rs/ *v.t.* **1** costringere, obbligare, forzare: *to* ~ *so. into doing sth.* costringere qcu. a fare qcs. **2** (*to bring about by force, etc.*) effettuare con la forza, imporre.

coercibility /kəʊ,ɜ:sɪ'bɪliti *Am* kəʊ,ɜ:rsɪ'bɪləti/ *n.* coercibilità *f.* (*anche Fis*).

coercible /kəʊ'ɜ:səbl *Am* kəʊ'ɜ:rsəbl/ *a.* **1** coercibile, compressibile. **2** (*Fis*) coercibile, compressibile.

coercion /kəʊ'ɜ:ʃᵊn *Am* kəʊ'ɜ:rʃᵊn/ *n.* coercizione *f.* (*anche Dir*): *to act under* ~ agire sotto coercizione. **2** (*power, force used*) forza *f.*, costrizione *f.* **3** (*Fis*) forza *f.* coercitiva, forza *f.* compressiva. □ (*Pol*) ~ *act* legge che reprime i diritti civili.

coercionist /kəʊ'ɜ:ʃᵊnist *Am* kəʊ'ɜ:rʃᵊnist/ *n.* fautore *m.* (*f.* -trice) di sistemi coercitivi.

coercive /kəʊ'ɜ:sɪv *Am* kəʊ'ɜ:rsɪv/ *a.* coercitivo (*anche Fis*): ~ *force* forza coercitiva.

coercively /kəʊ'ɜ:sɪvli *Am* kəʊ'ɜ:rsɪvli/ *avv.* con la coercizione, forzatamente.

coerciveness /kəʊ'ɜ:sɪvnəs *Am* kəʊ'ɜ:rsɪvnəs/ *n.* carattere *m.* coercitivo.

coessential /,kəʊi'senʃᵊl *Am also* ,kəʊe'senʃᵊl/ *a.* coessenziale.

coetaneous /,kəʊi'teiniəs/ *a.* → **coeval**.

coeternal /ˌkoʊɪ'tɜːnəl *Am* ˌkoʊɪ'tɜːrnəl/ *a.* coeterno.

coeval /koʊ'iːvəl/ **I** *a.* **1** coetaneo. **2** (*equally old*) coevo, della stessa epoca. **3** (*contemporary*) contemporaneo. **II** *n.* **1** (*contemporary*) contemporaneo *m.* (*f.* -a). **2** (*one of the same age*) coetaneo *m.* (*f.* -a).

coevalilty /ˌkoʊi'væliti *Am* ˌkoʊi'væləti/ *n.* l'essere coevo, l'essere coetaneo.

coevally /koʊ'iːvəli/ *avv.* contemporaneamente, nella stessa epoca.

coexecutor /ˌkoʊɪg'zekjʊtər *Am* ˌkoʊɪg'zekjuːtər/ *n.* coesecutore *m.*

coexecutrix /ˌkoʊɪg'zekjutrɪks/ (*pl.* **-trices** /-'traɪsiːz/) *n.* coesecutrice *f.*

coexist /ˌkoʊɪg'zɪst/ *v.i.* coesistere.

coexistence /ˌkoʊɪg'zɪstəns/ *n.* coesistenza *f.*

coexistent /ˌkoʊɪg'zɪstənt/ *a.* coesistente.

coffee /'kɒfi *Am* 'kɑːfi/ **I** *n.* **1** caffè *m.*: *to order a cup of* ~ ordinare un caffè. **2** (*seed*) chicco *m.* di caffè. **3** (*colour*) color *m.* caffè. **II** *a.* color caffè. □ ~ *bar* bar, caffè; ~ *bean* chicco di caffè; ~ *break* pausa per il caffè; ~ *creamer* surrogato del latte (per macchiare il caffè); ~ *cup* tazzina da caffè; ~ *grinder* macinino per il caffè, macinacaffè; ~ *house* caffetteria; ~ *industry* industria del caffè, industria caffearia; ~ *lightener* surrogato del latte (per macchiare il caffè); ~ *mill* macinino per il caffè, macinacaffè; (*Med*) ~ *poisoning* caffeismo; ~ *pot*: 1 macchinetta del caffè; 2 (*percolator*) caffettiera; ~ *roaster* tostacaffè; ~ *shop* caffè, bar; ~ *spoon* cucchiaino da caffè; ~ *table* tavolino da caffè, tavolo basso; ~ *table book* libro di lusso, costoso libro illustrato; (*scherz*) ~, *tea, me?* caffè, tè, me?; (*Bot*) ~ *tree* caffè, pianta del caffè; ~ *urn* scaldacaffè.

coffee-grounds /'kɒfiˌgraʊndz *Am* 'kɑːfiˌgraʊndz/ *n.pl.* fondi *m.pl.* di caffè.

coffer /'kɒfər *Am* 'kɑːfər/ *n.* **1** scrigno *m.*, cofano *m.*, forziere *m.* **2** (*Arch*) (*caisson*) cassettone *m.* **3** *pl.* (*funds*) fondi *m.pl.*, riserve *f.pl.*, casse *f.pl.* **II** *v.t.* **1** mettere in uno scrigno. **2** (*Arch*) decorare a cassettoni.

cofferdam /'kɒfədæm *Am* 'kɑːfərdæm/ *n.* **1** (*Edil*) cassone *m.* di fondazione, cassone *m.* a tenuta idraulica. **2** (*Mar*) cofferdam *m.*, intercapedine *f.* stagna. **3** (*Idr*) argine *m.* di contenimento.

coffin /'kɒfɪn *Am* 'kɑːfɪn/ **I** *n.* **1** bara *f.*, cassa *f.* da morto. **2** (*Zool*) (*of a horse's foot*) cavità *f.* dello zoccolo. **II** *v.t.* chiudere nella bara. □ (*Tip*) ~ *block* cassa; (*Zool*) ~ *bone* falangetta; (*Zool*) ~ *joint* articolazione della falangetta; (*sl*) ~ *nail* sigaretta; ~ *plate* targa funeraria.

coffle /'kɒfl *Am* 'kɑːfl/ *n.* (*of slaves, animals*) carovana *f.* in catene, fila *f.* in catene.

co-finance /ˌkoʊf(a)ɪnæns/ *v.t.* cofinanziare.

co-financing /ˌkoʊ'f(a)ɪnænsɪŋ/ *n.* cofinanziamento *m.*

cog[1] /kɒg *Am* kɑːg/ *n.* **1** (*Mecc*) dente *m.* **2** (*Mecc*) (*cogwheel*) ruota *f.* dentata, ruota *f.* dell'ingranaggio. **3** (*Fal*) (*cog joint*) incastro *m.* a dente, giunzione *f.* a dente; (*tenon*) tenone *m.*, dente *m.* di incastro. □ (*Tecn*) ~ *rail* cremagliera; ~ *railway* ferrovia a cremagliera.

cog[2] /kɒg *Am* kɑːg/ (*past, p.p.* **cogged** /-d/) *v.t.* (*of dice: to manipulate, to load*) truccare. **II** *v.i.* (*at dice, etc.: to cheat*) barare.

cogency /'koʊdʒənsi/ *n.* forza *f.* di persuasione, validità *f.*, efficacia *f.*

cogent /'koʊdʒənt/ *a.* convincente, persuasivo, valido: *a* ~ *argument* un argomento valido.

cogently /'koʊdʒəntli/ *avv.* in modo convincente, in modo persuasivo.

cogitable /'kɒdʒɪtəbl̩ *Am* 'kɑːdʒɪtəbl̩/ *a.* concepibile, pensabile.

cogitate /'kɒdʒɪteɪt *Am* 'kɑːdʒɪteɪt/ **I** *v.i.* meditare, riflettere. **II** *v.t.* ponderare, meditare su.

cogitation /ˌkɒdʒɪ'teɪʃən *Am* ˌkɑːdʒɪ'teɪʃən/ *n.* **1** meditazione *f.*, riflessione *f.* **2** (*thought*) pensiero *m.*

cogitative /'kɒdʒɪtətɪv, 'kɒdʒɪteɪtɪv *Am* 'kɑːdʒɪteɪtɪv/ *a.* **1** della riflessione, (*lett*) cogitativo: *the* ~ *faculty* la facoltà cogitativa. **2** (*given to cogitation*) meditativo, portato alla riflessione.

cognac /'kɒnjæk *Am* 'koʊnjæk/ *n.* **1** (*Cognac brandy*) cognac *m.* **2** (*any brandy*) acquavite *f.*, brandy *m.*

cognate /'kɒgneɪt *Am* kɑːg'neɪt/ **I** *n.* **1** parente *m./f.*, congiunto *m.* (*f.* -a), affine *m./f.* **2** (*Ling*) parola *f.* affine, vocabolo *m.* affine. **II** *a.* **1** legato da vincoli di parentela, consanguineo. **2** (*kindred*) affine. **3** (*Ling*) (*of a language*) affine, appartenente alla stessa famiglia linguistica: *English is* ~ *with* (o *is* ~ *to*) *German* la lingua inglese è affine alla tedesca. **4** (*Ling*) (*of a word*) affine, derivante da una stessa radice. **5** (*fig*) affine, simile. □ (*Gramm*) ~ *object* complemento oggetto interno.

cognation /kɒg'neɪʃən *Am* kɑːg'neɪʃən/ *n.* parentela *f.*, consanguineità *f.*

cognisance /'kɒ(g)nɪzəns/ *e der.* (*Br*) → **cognizance** *e der.*

cognise /kɒg'naɪz/ *v.t.* (*Br*) avere cognizione di, prendere cognizione di.

cognition /kɒg'nɪʃən *Am* kɑːg'nɪʃən/ *n.* **1** cognizione *f.*; (*perception*) percezione *f.* **2** (*Filos*) conoscenza *f.*

cognitional /kɒg'nɪʃənəl *Am* kɑːg'nɪʃənəl/ *a.* cognitivo, conoscitivo.

cognitive /'kɒgnɪtɪv *Am* 'kɑːgnɪtɪv/ *a.* cognitivo, conoscitivo. □ (*Filos*) ~ *faculty* facoltà cognitiva; (*Psic*) ~ *psychology* psicologia cognitiva; (*Filos*) ~ *science* cognitivismo; (*Psic*) ~ *therapy* terapia cognitiva.

cognizable /'kɒ(g)nɪzəbl̩ *Am* 'kɑːg)nɪzəbl̩/ *a.* **1** conoscibile. **2** (*Dir*) soggetto alla giurisdizione di un tribunale, soggetto alla competenza di un tribunale.

cognizance /'kɒ(g)nɪzəns *Am* 'kɑː(g)nɪzəns/ *n.* **1** nota *f.*, atto *m.*: *to take* ~ *of sth.* prendere nota di qcs. **2** (*knowledge*) conoscenza *f.*, comprensione *f.* **3** (*Dir*) (*right of jurisdiction*) competenza *f.*, giurisdizione *f.* **4** (*control*) controllo *m.*, sorveglianza *f.*: *to have* ~ *over sth.* avere il controllo di qcs. **5** (*Arald*) segno *m.* distintivo, emblema *m.*

cognizant /'kɒ(g)nɪzənt *Am* 'kɑː(g)nɪzənt/ *a.* **1** che è a conoscenza, che è al corrente. **2** (*Dir*) cognitorio.

cognize /kɒg'naɪz *Am* kɑːg'naɪz/ *v.t.* avere cognizione di, prendere cognizione di.

cognomen /kɒg'noʊmen *Am* kɑːg'noʊmen/ (*pl.* **-s** /-z/, **-nomina** /-'nɒmɪnə *Am* -'nɑːmɪnə/) *n.* **1** cognome *m.* **2** (*nickname*) soprannome *m.*

cognoscenti /ˌkɒgnoʊ'ʃenti(ː) *Am* ˌkɑːgnə'ʃenti/ *n.pl.* conoscitori *m.pl.*, esperti *m.pl.*, intenditori *m.pl.*

cognoscible /kɒg'nɒsəbl̩ *Am* kɑːg'nɑːsəbl̩/ *a.* conoscibile.

cognovit /kɒg'noʊvɪt *Am* kɑːg'noʊvɪt/ *n.* (*Dir*) riconoscimento *m.* del diritto dell'attore (da parte del convenuto).

cogwheel /'kɒg(h)wiːl *Am* 'kɑːg(h)wiːl/ *n.* (*Mecc*) ruota *f.* dentata, ruota *f.* dell'ingranaggio.

cohabit /koʊ'hæbɪt/ *v.i.* convivere, (*ant*) vivere more uxorio.

cohabitation /koʊˌhæbɪ'teɪʃən/ *n.* convivenza *f.* (*more uxorio*).

cohabitee /ˌkoʊhæbɪ'tiː/ *n.* convivente *m./f.*

coheir /koʊ'eər *Am* koʊ'er/ *n.* coerede *m.*

coheiress /ˌkoʊ'eərəs *Am* ˌkoʊ'erəs/ *n.* coerede *f.*

cohere /koʊ'hɪər *Am* koʊ'hɪr/ *v.i.* **1** aderire, restare unito. **2** (*fig*) essere logico, essere coerente. **3** (*Fis*) avere coesione.

coherence /koʊ'hɪərəns *Am* koʊ'hɪrəns/ *n.* **1** coerenza *f.* **2** (*fig*) (*logic*) coerenza *f.*, logica *f.*

coherency /koʊ'hɪərənsi *Am* koʊ'hɪrənsi/ *n.* **1** coerenza *f.* **2** (*fig*) (*logic*) coerenza *f.*, logica *f.*

coherent /koʊ'hɪərənt *Am* koʊ'hɪrənt/ *a.* **1** aderente. **2** (*fig*) coerente, logico: *a* ~ *explanation* una spiegazione coerente. **3** (*Fis*) coerente: ~ *light* luce coerente.

coherently /koʊ'hɪərəntli *Am* koʊ'hɪrəntli/ *avv.* coerentemente.

coherer /koʊ'hɪərər *Am* koʊ'hɪrər/ *n.* (*Rad,ant*) coherer *m.*, rilevatore *m.* di onde elettromagnetiche.

cohesion /koʊ'hiːʒən *Am* koʊ'hiːʒən/ *n.* **1** coesione *f.* (*anche Fis*). **2** (*fig*) coesione *f.*, unità *f.*

cohesive /koʊ'hiːsɪv/ *a.* coesivo.

cohesively /koʊ'hiːsɪvli/ *avv.* in modo coesivo.

cohesiveness /koʊ'hiːsɪvnəs/ *n.* coesione *f.*

cohort /'koʊhɔːt *Am* 'koʊhɔːrt/ *n.* **1** (*Stor.rom*) coorte *f.* **2** (*group of soldiers*) schiera *f.* **3** (*band*) schiera *f.*, stuolo *m.*, moltitudine *f.* **4** (*Sociol*) generazione *f.*, gruppo *m.* di persone.

coif[1] /kɔɪf/ *n.* (*Abbigl*) **1** (*close-fitting cap*) cuffia *f.* **2** (*skullcap*) papalina *f.*

coif[2] /kwɑːf/ *n.* (*Am,colloq*) pettinatura *f.*, acconciatura *f.*

coiffeur /kwɑː'fɜːr *Am* kwɑː'fɜːr/ *n.* parrucchiere *m.* per signora.

coiffure /kwɑː'fjʊər *Am* kwɑː'fjʊr/ *n.* pettinatura *f.*, acconciatura *f.*

coign /kɔɪn/ *n.* (*Edil*) **1** angolo *m.* **2** (*cornerstone*) pietra *f.* di angolo, pietra *f.* angolare. □ (*fig*) ~ *of vantage* posizione vantaggiosa.

coil /kɔɪl/ **I** *n.* **1** rotolo *m.*: *a* ~ *of rope* un rotolo di corda. **2** (*single loop*) giro *m.* **3** (*of a snake*) spira *f.* **4** (*of hair*) crocchia *f.* **5** (*Mecc*) (*in a radiator*) serpentina *f.* **6** (*El*) bobina *f.*; (*magnetic field*) matassa *f.* **7** (*Filat*) rotolo *m.* di francobolli. **II** *v.t.* **1** avvolgere in un rotolo, avvolgere a spirale. **2** (*Mar*) addugliare, abbisciare. **III** *v.i.* **1** avvolgersi (a spirale), attorcigliarsi. **2** (*to wind*) serpeggiare. □ (*Mecc*) ~ *spring* molla a spirale.

coin /kɔɪn/ **I** *n.* **1** moneta *f.*: *a gold* ~ una moneta d'oro. **2** (*money in the form of coins*) moneta *f.* metallica, moneta *f.* coniata. **2** *pl.* (*in tarot packs*) ori *m.pl.* **4** (*Arch*) (*corner*) angolo *m.*; (*corner stone*) pietra *f.* angolare. **II** *v.t.* **1** coniare, monetare. **2** (*to convert in coins*) monetare. **3** (*fig*) coniare, inventare, creare: *to* ~ *a new word* coniare una parola nuova. □ ~ *box* cassetta per monete; (*fig*) *to* ~ *it in* far denaro a palate, arricchirsi rapidamente; (*Br,fig,colloq*) *to* ~ *money* far denaro a palate, arricchirsi rapidamente; (*Br,scherz*) *to* ~ *pay in* ~ *of the realm* pagare in denaro sonante; ~ *phone* telefono a gettoni, telefono a monete.

coinable /'kɔɪnəbl̩/ *a.* coniabile.

coinage /'kɔɪnɪdʒ/ *n.* **1** (*action of producing coins*) monetazione *f.* **2** (*fig*) (*invention of words*) coniazione *f.*, coniatura *f.* **3** (*fig*) (*invented word*) parola *f.* coniata. **4** (*collett*) (*coins*) monetazione *f.*, monete *f.pl.* **5** (*system of money*) sistema *m.* monetario: *decimal* ~ sistema *m.* monetario decimale. □ (*Dir*) ~ *offence* reato di falsificazione di moneta.

coincide /ˌkəʊɪnˈsaɪd/ *v.i.* **1** coincidere (*with* con). **2** (*to correspond exactly*) coincidere, corrispondere (esattamente): *our likes and dislikes* ~ i nostri gusti coincidono. **3** (*of opinions, etc.: to concur*) concordare; (*of persons*) essere d'accordo (con).

coincidence /kəʊˈɪnsɪdəns/ *n.* coincidenza *f.*, combinazione *f.*, caso *m.*: *by pure* ~ per pura coincidenza.

coincident /kəʊˈɪnsɪdənt/ *a.* **1** coincidente. **2** (*in agreement, harmonious*) coincidente, concordante, d'accordo (*with* con).

coincidental /kəʊˌɪnsɪˈdentəl Am kəʊˌɪnsɪˈdentəl/ *a.* casuale, fortuito.

coincidentally /kəʊˌɪnsɪˈdentəli Am kəʊˌɪnsɪˈdentəli/ *avv.* per combinazione, per caso, fortuitamente, per coincidenza.

coincidently /kəʊˌɪnsɪˈdentli/ *avv.* per coincidenza, casualmente.

coiner /ˈkɔɪnər/ *n.* **1** coniatore *m.* (*f.* -trice) (*anche fig.*). **2** (*counterfeiter*) falsario *m.* (*f.* -a).

coin-operated /ˌkɔɪnˈɒpəreɪtɪd Am ˈkɔɪnˌɑːpəreɪtɪd/ *I a.* a gettone: ~ *machine* macchina a gettone; ~ *laundry* lavanderia a gettone. **II** *n.* (*Tel*) apparecchio *m.* a gettoni.

coinstantaneous /ˌkəʊˌɪnstənˈteɪnɪəs/ *a.* simultaneo.

coinsurance /ˌkəʊɪnˈʃʊərəns Am ˌkəʊɪnˈʃʊərəns/ *n.* coassicurazione *f.*

coinsurer /ˌkəʊɪnˈʃʊərər Am ˌkəʊɪnˈʃʊərər/ *n.* coassicuratore *m.* (*f.* -trice).

coir /kɔɪər Am kɔɪr/ *n.* fibra *f.* di cocco.

coition /kəʊˈɪʃən/ *n.* coito *m.*

coitus /ˈkəʊɪtəs, ˈkɔɪtəs Am ˈkəʊɪtəs/ *n.* coito *m.*

coke[1] /kəʊk/ **I** *n.* coke *m.*, carbone *m.* coke. **II** *v.t.* trasformare in coke, cokificare. **III** *v.i.* trasformarsi in coke. (*Tecn*) ~ *breeze* scorie di coke; (*Min*) ~ *plant* cokeria.

coke[2] /kəʊk/ *n.* (*colloq*) (*soft drink*) coca cola *f.* □ (*scherz*) ~ *bottle glasses* fondi di bottiglia, lenti molto spesse.

coke[3] /kəʊk/ *n.* (*colloq*) (*cocaine*) cocaina *f.*

cokehead /ˈkəʊkhed/ *n.* (*sl*) (*cocaine addict*) cocainomane *m./f.*

cokernut /ˈkəʊkənʌt/ *n.* (*Br,colloq*) → **coconut**.

cokery /ˈkəʊkəri/ *n.* cokeria *f.*

col /kɒl Am kɑːl/ *n.* **1** (*Geol*) sella *f.*, passo *m.*, valico *m.* **2** (*Meteor*) sella *f.*

col. *column* col. (colonna).

Col. (*Mil*) *Colonel* Col. (colonnello).

cola /ˈkəʊlə/ *n.* **1** noce *f.* di cola. **2** (*Bot*) cola *f.* **3** (*colloq*) (*soft drink*) cola *f.*, bevanda *f.* aromatizzata con noci di cola. □ ~ *flavoured* al gusto di cola; ~ *nut* (o ~ *seed*) noce di cola.

colander /ˈkʌləndər/ *n.* colino *m.*

co-latitude /ˌkəʊˈlætɪtjuːd Am ˌkəʊˈlætɪt(j)uːd/ *n.* (*Geog*) colatitudine *f.*

colchicine /ˈkɒltʃɪsiːn Am ˈkɑːltʃɪsiːn/ *n.* (*Chim*) colchicina *f.*

colchicum /ˈkɒltʃɪkəm Am ˈkɑːltʃɪkəm/ *n.* (*Bot*) colchico *m.*

colcothar /ˈkɒlkəθər Am ˈkɑːlkəθər/ *n.* (*Chim*) colcotar *m.*

cold /kəʊld/ **I** *a.* **1** freddo: ~ *water* acqua fredda; *a* ~ *colour* un colore freddo. **2** (*fig*) (*unfriendly*) freddo, privo di calore: *a* ~ *reception* un'accoglienza fredda. **3** (*fig*) (*aloof*) riservato. **4** (*fig*) (*lacking in enthusiasm*) indifferente, freddo, insensibile: *the suggestion left him* ~ la proposta lo lasciò indifferente. **5** (*fig*) (*unexcitable*) imperturbabile. **6** (*fig*) (*lacking sensual desire*) frigido, freddo: ~ *kisses* baci freddi. **7** (*fig*) (*unconcerned*) freddo, distaccato, calmo: *a* ~ *appraisal of the facts* una fredda valutazione dei fatti. **8** (*fig*) (*depressing, cheerless*) deprimente, raggelante, gelido. **9** (*Caccia*) (*of a scent, or trail*) appena percettibile, debole. **II** *n.* **1** freddo *m.* **2** (*cold weather*) freddo *m.*, tempo *m.* freddo: *don't go out in this* ~ non uscire con questo freddo. **3** (*common cold*) raffreddore *m.*, (*rar*) infreddatura *f.*: *a bad* ~ un brutto raffreddore. **III** *avv.* **1** (*sl*) (*totally*) completamente, del tutto, totalmente: ~ *sober* completamente lucido. **2** (*without preparation*) senza preparazione: *to take the exam* ~ presentarsi all'esame senza preparazione. **3** (*fig*) (*immediately, without remorse*) immediatamente, senza pensarci due volte: *she dropped him* ~ *when she heard he had cheated on her* quando ha saputo di essere stata tradita lo ha mollato senza pensarci due volte. □ (*fig*) *as* ~ *as charity* indifferente, freddo, impersonale; *as* ~ *as ice* freddo come il ghiaccio; *to be* ~: 1 (*Br*) (*to feel cold*) avere freddo; 2 (*of the weather*) fare freddo: *it's bitterly* ~ fa un freddo terribile; (*Br*) *in* ~ *blood* a (sangue) freddo; *her blood ran* ~ le si gelò il sangue; (*Inform*) ~ *boot* partenza a freddo; (*Elettron*) ~ *cathode* catodo freddo; (*Mecc*) ~ *chisel* scalpello a freddo; (*colloq*) ~ *comfort* magra consolazione; (*Cosmet*) ~ *cream* crema emolliente e protettiva; (*Gastron*) ~ *cuts* piatto freddo di carni affettate miste, affettati; (*El*) ~ *emission* autoemissione; (*sl*) *it's* ~ *enough to freeze the balls off a brass-monkey* fa un freddo cane; (*colloq*) ~ *feet* paura, fifa; (*Agr,Giard*) ~ *frame* serra (di piccole dimensioni e non riscaldata); (*Meteor*) ~ *front* fronte freddo; (*Nucl*) ~ *fusion* fusione a freddo; *to get* ~ raffreddarsi, diventare freddo: *dinner is getting* ~ il pranzo si raffredda; (*fig*) *in the* ~ *light of day* a ragion veduta; *to be out* ~ essere privo di sensi, essere privo di conoscenza, essere svenuto; ~ *pack*: 1 (*cold compress*) impacco freddo; 2 (*ice bag*) borsa del ghiaccio; (*Pol*) ~ *peace* pace instabile; (*colloq*) ~ *shoulder* freddezza, ostentata indifferenza, voluta indifferenza; *to give so. the* ~ *shoulder* esser freddo con qcu., trattare qcu. con freddezza; ~ *snap* ondata di freddo; (*Med*) ~ *sore* febbre sulle labbra, herpes (labialis); (*Inform*) ~ *start* partenza a freddo; (*Mil*) ~ *steel* arma bianca; ~ *storage* conservazione in celle frigorifere; (*fig*) *to put a plan into* ~ *storage* accantonare un progetto; ~ *store* deposito refrigerato; ~ *sweat* sudore freddo; (*Pol,Stor*) ~ *war* guerra fredda; (*fig*) *to throw* ~ *water on so.* raffreddare l'entusiasmo di qcu., spegnere l'entusiasmo di qcu.; (*fig*) *to throw* ~ *water on sth.* raffreddare qcs., calmare le acque; ~ *wave*: 1 (*Meteor*) ondata di freddo; 2 (*of the hair*) permanente a freddo. *Prov.*: ~ *hands, warm heart* mani fredde, cuore caldo.

cold-blooded /ˌkəʊldˈblʌdɪd/ *a.* **1** (*Biol*) pecilotermo, a sangue freddo. **2** (*fig*) (*of persons*) insensibile, indifferente, freddo. **3** (*fig*) (*of actions*) spietato, crudele, efferato: *a* ~ *murder* uno spietato assassinio. **4** (*sensitive to cold*) freddoloso.

cold-bloodedly /ˌkəʊldˈblʌdɪdli/ *avv.* (*fig*) a sangue freddo.

cold-bloodedness /ˌkəʊldˈblʌdɪdnəs/ *n.* (*fig*) sangue *m.* freddo.

cold-call /ˈkəʊldkɔːl/ *v.i.* (*Comm*) **1** (*to visit*) presentarsi senza preavviso (per vendere prodotti). **2** (*to phone*) telefonare (per vendere prodotti).

cold-hearted /ˌkəʊldˈhɑːtɪd Am ˌkəʊldˈhɑːrtɪd/ *a.* freddo, indifferente.

cold-heartedness /ˌkəʊldˈhɑːtɪdnəs Am ˌkəʊldˈhɑːrtɪdnəs/ *n.* freddezza *f.*, indifferenza *f.*, aridità *f.* di sentimenti.

coldish /ˈkəʊldɪʃ/ *a.* (*colloq*) piuttosto freddo, freddino.

coldly /ˈkəʊldli/ *avv.* freddamente, con freddezza.

coldness /ˈkəʊldnəs/ *n.* freddezza *f.* (*anche fig*).

cold-pack /ˈkəʊldpæk/ □ ~ *method*: **1** metodo per abbassare la temperatura corporea usando lenzuola imbevute di acqua fredda; **2** (*Ind*) inscatolamento a freddo (di frutta e vegetali).

cold-short /ˈkəʊldʃɔːt Am ˈkəʊldʃɔːrt/ *a.* (*Met*) fragile a freddo.

cold-shoulder /ˌkəʊldˈʃəʊldər/ *v.t.* (*colloq*) essere freddo con, trattare con voluta indifferenza, trattare con ostentata indifferenza.

cold-storage /ˌkəʊldˈstɔːrɪdʒ/ □ ~ *room* cella frigorifera.

cold-water /ˌkəʊldˈwɔːtər Am ˌkəʊldˈwɔːtər/ *a.* senza acqua calda: *a* ~ *flat* un appartamento senza acqua calda.

cole /kəʊl/ *n.* (*Bot,ant*) ravizzone *m.*

colectomy /kəʊˈlektəmi/ *n.* (*Med*) colectomia *f.*

coleopteran /ˌkɒliˈɒptərən Am ˌkɑːliˈɑːptərən/ **I** *a.* (*Entom*) dei coleotteri. **II** *n.* (*Entom*) coleottero *m.*

coleopteron /ˌkɒliˈɒptərən Am ˌkɑːliˈɑːptərən/ (*pl.* **-ra** /-rə/) *n.* (*Entom*) coleottero *m.*

coleopterous /ˌkɒliˈɒptərəs Am ˌkɑːliˈɑːptərəs/ *a.* (*Entom*) dei coleotteri.

coleslaw /ˈkəʊlslɔː/ *n.* (*Am,Gastron*) insalata *f.* di cavolo con maionese.

colewort /ˈkəʊlwɔːt Am ˈkəʊlwɜːrt/ *n.* (*Bot*) **1** (*cole*) ravizzone *m.* **2** (*kale*) cavolo *m.* riccio.

colibacillus /ˌkəʊlɪbəˈsɪləs/ *n.* (*Biol*) colibacillo *m.*

colic /ˈkɒlɪk Am ˈkɑːlɪk/ **I** *n.* (*Med*) colica *f.* **II** *a.* (*Anat,Med*) colico.

colicky /ˈkɒlɪki Am ˈkɑːlɪki/ *a.* **1** soggetto a coliche. **2** (*causing colics*) che provoca coliche.

coliform /ˈkɒlɪfɔːm Am ˈkɑːlɪfɔːrm/ **I** *a.* coliforme. **II** *n.* coliforme *m.*

Coliseum /ˌkɒlɪˈsiːəm Am ˌkɑːlɪˈsiːəm/ *n.pr.* (*Archeol*) Colosseo *m.*

colitis /kəʊˈlaɪtɪs Am kəʊˈlaɪtəs/ *n.* (*Med*) colite *f.*

coll. **1** *college* coll. (collegio). **2** *colloquial* colloq. (colloquiale).

collaborate /kəˈlæbəreɪt/ *v.i.* **1** collaborare, cooperare (*with* con; *in, on* a): *to* ~ *with so. on sth.* (o *to* ~ *with so. in sth.*) collaborare con qcu. a qcs. **2** (*Pol*) collaborare (con), praticare il collaborazionismo: *to* ~ *with the enemy* collaborare col nemico.

collaboration /kəˌlæbəˈreɪʃən/ *n.* **1** collaborazione *f.*, cooperazione *f.* **2** (*result*) frutto *m.* della collaborazione: *the novel is a* ~ *of two writers* il romanzo è frutto della collaborazione di due scrittori. **3** (*Pol*) collaborazione *f.*

collaborationism /kəˌlæbəˈreɪʃənɪzəm/ *n.* (*Pol*) collaborazionismo *m.*

collaborationist /kəˌlæbəˈreɪʃənɪst/ *n.* (*Pol*) collaborazionista *m./f.*

collaborative /kəˈlæbərətɪv Am kəˈlæbəreɪtɪv/ *a.* collaborativo: ~ *study* studio collaborativo.

collaboratively /kəˈlæbərətɪvli Am kəˈlæbəreɪtɪvli/ *avv.* in modo collaborativo.

collaborator /kəˈlæbəreɪtər Am kəˈlæbəreɪtər/ *n.* collaboratore *m.* (*f.* -trice).

collage /kəˈlɑːʒ/ *n.* (*Art*) collage *m.* (*anche fig*).

collagen /ˈkɒlədʒən Am ˈkɑːlədʒən/ *n.* (*Biol*) collageno *m.* □ (*Biol*) ~ *fibre* (o Am ~ *fiber*) fibra collagena, fibra collagenica.

collagenous /kəˈlædʒɪnəs/ *a.* (*Biol*) collageno.

collagist /kə'lɑːʒɪst/ n. (Art) collagista m./f.

collapsable /kə'læpsəbl/ a. 1 pieghevole, piegabile: a ~ table un tavolo pieghevole. 2 (Fot) (of a lens) rientrabile.

collapse /kə'læps/ I v.i. 1 crollare, rovinare, franare: the roof -d il tetto crollò. 2 (fig) (of projects, hopes, etc.: to fail) crollare, franare, fallire. 3 (fig) (of persons: to break down) crollare, accasciarsi: he -d after the race crollò dopo la gara. 4 (to close together) chiudersi, richiudersi, piegarsi: this bed -s questo letto si chiude. 5 (Med) avere un collasso. II v.t. 1 far crollare, far rovinare. 2 (to fold up) piegare. III n. 1 crollo m. (anche fig). 2 (Med) collasso m.: nervous ~ collasso nervoso.

collapsible /kə'læpsəbl/ a. 1 pieghevole, piegabile: a ~ table un tavolo pieghevole. 2 (Fot) (of a lens) rientrabile. □ (Rad) ~ antenna antenna telescopica; ~ boat canotto pneumatico, canotto pieghevole; (Aut) ~ hood (of roof) tettuccio apribile, capote.

collar /'kɒlər/ Am 'kɑːlər/ I n. 1 (Abbigl) collo m., colletto m.: a coat with a fur ~ un cappotto con il collo di pelliccia. 2 (Abbigl) (of a shirt) colletto m., collo m.; (of a cassock) collare m., collarino m. 3 (for animals) collare m. 4 (neckband) collare m., collana f.: a diamond ~ una collana di diamanti. 5 (Calz) collo m. 6 (Mecc) collare m., fascetta f. 7 (Minier) bocca f. 8 (Gastron) (of meat, fish) rotolo m. II v.t. 1 mettere il collare a. 2 (to seize: by the collar) afferrare per il colletto, afferrare per il bavero. 3 (to seize: by the neck) afferrare per il collo, prendere per il collo. 4 (to capture) catturare, prendere, acciuffare. 5 (colloq) (to detain in conversation) attaccare (un) bottone a, attaccare (un) bottone con. 6 (colloq) (to seize, lay hold of) appropriarsi di, impadronirsi di; (to take) prendere: someone has -ed my shares in the company qualcuno ha preso le mie azioni nella società. 7 (Sport) marcare. 8 (Gastron) (of meat, fish) arrotolare. □ (Edil) ~ beam trave orizzontale; (Anat) ~ bone clavicola; ~ stud bottone del colletto; (colloq) to get (all) hot under the ~ adirarsi, montare su tutte le furie; (colloq) ~ work lavoro duro.

collard /'kɑːlərd/ n. (Am,Bot) cavolo m. senza cuore.

collared /'kɒləd Am 'kɑːlərd/ a. che porta il colletto, dal collarino: a red-~ bird un uccello dal collarino rosso.

collaret, collarette /,kɒlə'ret Am ,kɑːlə'ret/ n. colletto m. a giro collo, collaretto m.

collarless /'kɒlələs Am 'kɑːlərləs/ a. senza colletto, senza collare.

collate /kə'leɪt/ v.t. 1 collazionare, comparare, confrontare: to ~ two manuscripts collazionare due manoscritti. 2 (Legat) raccogliere, mettere insieme. 3 (Rel) conferire mediante collazione. 4 (Inform) disporre in ordine, confrontare.

collateral /kə'lætərəl Am kə'lætərəl/ I n. 1 (Econ) garanzia f. accessoria, garanzia f. collaterale. 2 (kinsman) parente m. collaterale m., parente m. collaterale. II a. 1 collaterale. 2 (parallel) parallelo. 3 (fig) (secondary) accessorio, secondario; (additional) ausiliare, addizionale. 4 (not lineal) collaterale: ~ relatives parenti collaterali. □ (Dir) ~ agreement clausola accessoria; ~ damages danni collaterali; (Econ) ~ loan mutuo accessorio.

collaterality /kə,lætə'ræliti Am kə,lætə'rælɪti/ n. parentela f. collaterale.

collateralize /kə'lætərəlaɪz Am kə'lætərəlaɪz/ v.t. (Econ) dare a garanzia: -d loan prestito con garanzia reale, prestito con garanzia collaterale.

collaterally /kə'lætərəli Am kə'lætərəli/ avv. 1 (not lineally) collateralmente. 2 (fig) indirettamente.

collation /kə'leɪʃən/ n. 1 collazione f., confronto m. 2 (Legat) raccoglitura f. 3 (Bibliot) descrizione f. 4 (Rel) (advowson) collazione f. 5 (light meal) spuntino m., refezione f.

collator /kə'leɪtər Am kə'leɪtər/ n. 1 chi collaziona, chi confronta. 2 (Legat) (machine) inseritrice f. 3 (Dir.can) collatore m. 4 (Inform) collazionatrice f.

colleague /'kɒliːg Am 'kɑːliːg/ n. collega m./f.

collect[1] /kə'lekt/ I v.t. 1 adunare, radunare, mettere insieme, raccogliere: he -ed his belongings mise insieme le sue cose. 2 (to accumulate) accumulare, ammucchiare. 3 (to make a collection of) fare la raccolta di, fare la collezione di, collezionare, raccogliere: to ~ stamps fare collezione di francobolli; to ~ signatures raccogliere autografi. 4 (to receive payment of) riscuotere, incassare: to ~ a cheque riscuotere un assegno. 5 (fig) (to recover) riprendere il controllo di, riprendere la padronanza di: he quickly -ed himself riprese prontamente la padronanza di sé, si riprese prontamente. 6 (to fetch, pick up) andare a prendere: to ~ a child from school andare a prendere un bambino a scuola. II v.i. 1 adunarsi, riunirsi. 2 (to accumulate) ammucchiarsi, accumularsi: dust had -ed on the shelves la polvere si era accumulata sugli scaffali. 3 (to make a collection) fare una colletta. 4 (to receive payment) riscuotere il pagamento (on di): to ~ on an insurance policy riscuotere il pagamento di una polizza di assicurazione. III a. (Am) a carico del destinatario: a ~ (telephone) call una telefoata a carico del destinatario. IV avv. (Am) a carico del destinatario: to call ~ chiamare a carico del destinatario. □ to ~ one's courage farsi coraggio; (Comm) to ~ a debt riscuotere un credito, recuperare un credito; to ~ one's thoughts concentrarsi, raccogliere le idee.

collect[2] /'kɒlekt Am 'kɑːlekt/ n. (Lit) colletta f.

collectability /kə,lektə'bɪlɪti Am kə,lektə'bɪləti/ n. riscuotibilità f.

collectable /kə'lektəbl/ I a. 1 collezionabile, che si può collezionare, che si può raccogliere. II n. pezzo m. da collezione.

collected /kə'lektɪd/ a. 1 padrone di sé. 2 (gathered together) raccolto, messo insieme.

collectedly /kə'lektɪdli/ avv. con padronanza di sé, con compostezza.

collectedness /kə'lektɪdnəs/ n. padronanza f. di sé, compostezza f.

collectibility /kə,lekti'bɪlɪti Am kə,lekti'bɪləti/ n. (Econ) l'essere riscuotibile, l'essere esigibile.

collectible /kə'lektəbl/ I a. collezionabile, che si può collezionare, che si può raccogliere. II n. pezzo m. da collezione.

collecting /kə'lektɪŋ/ n. 1 adunata f. 2 (accumulation) raccolta f.: ~ of waste raccolta di rifiuti. □ (Econ) ~ agent esattore; (Comm) ~ bank banca incaricata dell'incasso; (Econ) ~ clerk esattore; ~ point centro di raccolta; (Mil) ~ station centro di raccolta (dei feriti).

collection /kə'lekʃən/ n. 1 raccolta f. 2 (objects collected) collezione f., raccolta f.: a ~ of Chinese vases una collezione di vasi cinesi. 3 (group) gruppo m., raccolta f.: he has a strange ~ of friends ha uno strano gruppo di amici. 4 (lot) mucchio m., (scherz) raccolta f.: a fine ~ of grandchildren una bella collezione di nipoti. 5 (money collected) colletta f.: to take up a ~ fare una colletta. 6 (in fashion) collezione f. 7 (Edit) collezione f., raccolta f., serie f. 8 (Comm) riscossione f., esa-

collectanea ...

zione f.: ~ of taxes esazione delle imposte. 9 (Post) levata f. 10 pl. (Univ) esame m.sing. trimestrale. □ (Comm) ~ charges spese di incasso; (Comm) ~ expenses spese di esazione; (Comm) ~ fees spese di incasso; (Comm) to present a bill for ~ presentare un effetto all'incasso; ~ of debts recupero crediti; ~ order mandato di riscossione.

collective /kə'lektɪv/ I a. 1 collettivo. 2 (joint) collettivo, comune, collegiale: a ~ decision una decisione collegiale. 3 (Bot) sincarpico. II n. 1 collettività f., comunità f. 2 (Gramm) nome m. collettivo. 3 (collective farm) azienda f. agraria collettiva. □ (Dir) ~ agreement contratto collettivo (di lavoro); (Econ) ~ assets patrimonio collettivo, beni collettivi; (Dir) ~ bargaining trattative (sindacali) collettive, contrattazione collettiva; (Sociol) ~ behaviour comportamento di gruppo; ~ farm azienda agraria collettiva; (Bot) ~ fruit sincarpio; ~ goods beni pubblici; (Econ) ~ mortgage ipoteca generale; (Dipl) ~ note nota collettiva; (Gramm) ~ noun nome collettivo; (Comm) ~ order ordine collettivo; (Dir) ~ ownership proprietà collettiva; (Dir) ~ responsibility responsabilità collettiva; (Pol) ~ security sicurezza collettiva; (Sociol) ~ social mind coscienza collettiva; (Psic) ~ unconscious inconscio collettivo.

collectively /kə'lektɪvli/ avv. collettivamente, collegialmente.

collectiveness /kə'lektɪvnəs/ n. collettività f.

collectivise /kə'lektɪvaɪz/ v.t. (Br) collettivizzare.

collectivism /kə'lektɪvɪzəm/ n. collettivismo m.

collectivist /kə'lektɪvɪst/ n. collettivista m./f.

collectivistic /kə,lektɪ'vɪstɪk/ a. collettivistico, collettivista.

collectivity /,kɒlek'tɪvɪti Am ,kɑːlek'tɪvəti/ n. collettività f.

collectivization /kə,lektɪv(a)ɪ'zeɪʃən/ n. collettivizzazione f.

collectivize /kə'lektɪvaɪz/ v.t. collettivizzare.

collector /kə'lektər/ n. 1 collettore m. (f. -trice): ~ of signatures collettore di firme. 2 (one who makes a collection) collezionista m./f., raccoglitore m. (f. -trice): a stamp ~ un collezionista di francobolli. 3 (of money, taxes, etc.) esattore m. (f. -trice). 4 (Met,Chim) collettore m. 5 (Elettron) collettore m. □ ~'s item pezzo da collezionista; (Econ) ~ of customs ricevitore delle dogane; ~'s piece pezzo da collezionista.

collectorship /kə'lektəʃɪp Am kə'lektərʃɪp/ n. (office) esattoria f., collettoria f.; (jurisdiction) distretto m. esattoriale.

colleen /'kɒliːn Am 'kɑːliːn/ n. 1 ragazzina f. 2 (Irish girl) ragazza f. irlandese.

college /'kɒlɪdʒ Am 'kɑːlɪdʒ/ n. 1 (Am) università f. 2 (Br) istituto m. universitario. 3 (Br) (at Oxford and Cambridge) college m., collegio m. universitario. 4 (Br) (private secondary school) scuola f. secondaria privata. 5 (Br) (for adults) istituto m. per l'educazione degli adulti. 6 (body, board) collegio m.: ~ of physicians collegio dei medici. □ (Am) College Board associazione (di scuole secondarie e college) che assiste gli studenti con corsi e test preparatori per l'università; ~ catalogue annuario delle università; ~ education istruzione universitaria, cultura universitaria; ~ of music conservatorio m.

collegial /kə'liːdʒ(i)əl/ a. collegiale.

collegian /kə'liːdʒ(i)ən/ n. studente m. (f. -essa) di un college.

collegiate /kə'liːdʒɪət Am kə'liːdʒɪt/ a. 1 di un

college, relativo a un college: ~ *life* vita di college. 2 (*of college students*) degli studenti di un college. 3 (*Rel*) collegiato: ~ *church* chiesa collegiata, collegiata. 4 (*of a group of colleagues*) collegiale.

collet /ˈkɒlɪt *Am* ˈkɑːlɪt/ *n.* 1 collare *m.* 2 (*of a jewel*) castone *m.* 3 (*Met*) anello *m.*, colletto *m.*

collide /kəˈlaɪd/ *v.i.* 1 scontrarsi, entrare in collisione (*with* con). 2 (*fig*) (*come into opposition with*) cozzare (contro, con), essere in urto (con), essere in conflitto (con).

collie /ˈkɒli *Am* ˈkɑːli/ *n.* (*Zool*) collie *m.*, cane *m.* da pastore scozzese.

collier /ˈkɒljər *Am* ˈkɑːljər/ *n.* 1 minatore *m.* (di carbone). 2 (*Mar*) carboniera *f.*

colliery /ˈkɒljəri/ *n.* (*Br*) miniera *f.* di carbone.

colligate /ˈkɒlɪgeɪt *Am* ˈkɑːlɪgeɪt/ *v.t.* collegare, connettere.

colligation /ˌkɒlɪˈgeɪʃən *Am* ˌkɑːlɪˈgeɪʃən/ *n.* collegamento *m.*

colligative /kəˈlɪgətɪv *Am* kəˈlɪgətɪv/ *a.* (*Chim*) colligativo.

collimate /ˈkɒlɪmeɪt *Am* ˈkɑːlɪmeɪt/ *v.t.* (*Astr, Fis*) collimare.

collimation /ˌkɒlɪˈmeɪʃən *Am* ˌkɑːlɪˈmeɪʃən/ *n.* (*Astr,Fis*) collimazione *f.*

collimator /ˈkɒlɪmeɪtər *Am* ˈkɑːlɪmeɪtər/ *n.* (*Astr,Fis*) collimatore *m.*

collinear /koʊˈlɪniər/ *a.* (*Geom*) collineare, allineato, situato sulla stessa retta.

collinearity /kəˌlɪniˈærɪti *Am* kəˌlɪniˈærəti/ *n.* (*Geom*) l'essere collineare.

collision /kəˈlɪʒən/ *n.* 1 collisione *f.*, scontro *m.*, urto *m.* 2 (*fig*) (*clash, conflict*) collisione *f.*, conflitto *m.*, contrasto *m.* 3 (*Fis*) collisione *f.* □ ~ *course*: 1 (*Mar,fig*) rotta di collisione; 2 (*Mil*) traiettoria di collisione; *to come into* ~ *with so.* entrare in conflitto con qcu.; (*Mar*) ~ *mat* paglietto turafalle.

collisional /kəˈlɪʒənəl/ *a.* collisionale: *tectonic* ~ *phases* fasi tettoniche collisionali.

collision-avoidance /kəˈlɪʒənəˌvɔɪdəns/ □ (*Aut*) ~ *system* sistema anticollisione.

collocate /ˈkɒloʊkeɪt *Am* ˈkɑːləkeɪt/ I *v.t.* 1 collocare. 2 (*to arrange*) sistemare, ordinare. II *v.i.* collocarsi (*anche* Ling).

collocation /ˌkɒloʊˈkeɪʃən *Am* ˌkɑːləˈkeɪʃən/ *n.* 1 il collocare. 2 (*arrangement*) collocazione *f.*, disposizione *f.*; (*of words*) collocazione *f.* 3 (*Ling*) collocazione *f.*

collocutor /kəˈlɒkjutər *Am* kəˈlɑːkjutər/ (*lett*) interlocutore *m.* (*f.* -trice).

collodion /kəˈloʊdiən/ *n.* (*Chim*) collodio *m.* □ (*Chim*) ~ *cotton* nitrocellulosa.

collogue /kəˈloʊg/ *v.i.* 1 (*to plot*) tramare, complottare. 2 (*colloq*) (stare a) discorrere, conversare (privatamente).

colloid /ˈkɒlɔɪd *Am* ˈkɑːlɔɪd/ I *n.* 1 (*Chim*) colloide *m.* 2 (*Med*) sostanza *f.* colloide. II *a.* (*Chim*) colloidale.

colloidal /kəˈlɔɪdəl/ *a.* (*Chim*) colloidale.

collop /ˈkɒləp/ *n.* (*Br,dial*) fetta *f.* (di carne).

colloquial /kəˈloʊkwiəl/ *a.* 1 colloquiale, familiare: ~ *English* inglese colloquiale. 2 (*conversational*) della lingua parlata, della lingua corrente, di uso comune.

colloquialism /kəˈloʊkwiəlɪzəm/ *n.* espressione *f.* colloquiale, colloquialismo *m.*

colloquially /kəˈloʊkwiəli/ *avv.* nella lingua parlata, con espressioni familiari.

colloquist /ˈkɒləkwɪst *Am* ˈkɑːləkwɪst/ *n.* (*lett*) interlocutore *m.* (*f.* -trice).

colloquium /kəˈloʊkwiəm/ *n.* 1 (*Am*) riunione *f.*, incontro *m.* 2 (*academic seminar*) seminario *m.*

colloquy /ˈkɒləkwi *Am* ˈkɑːləkwi/ *n.* 1 colloquio *m.*, conversazione *f.* 2 (*conference*) conferenza *f.* 3 (*Lett*) dialogo *m.*

collotype /ˈkɒloʊtaɪp *Am* ˈkɑːlətaɪp/ *n.* (*Fot*) 1 (*process*) collotipia *f.*, collografia *f.* 2 (*print*) stampa *f.* ottenuta mediante collotipia.

collude /kəˈluːd *Br also* kəˈljuːd/ *v.i.* agire in collusione, colludere (*with* con).

colluder /kəˈluːdər *Br also* kəˈljuːdər/ *n.* collusore *m.*

collusion /kəˈluːʒən *Br also* kəˈljuːʒən/ *n.* (*Dir*) collusione *f.*, accordo *m.* fraudolento, accordo *m.* collusivo: *to act in* ~ *with so.* agire in collusione con qcu.

collusive /kəˈluːsɪv *Br also* kəˈljuːsɪv/ *a.* collusivo, collusorio.

collusively /kəˈluːsɪvli *Br also* kəˈljuːsɪvli/ *avv.* collusivamente, in modo collusivo.

collyrium /kəˈlɪriəm/ (*pl.* **-ria** /-riə/, **-s** /-z/) *n.* (*Farm*) collirio *m.*

collywobbles /ˈkɒlɪˌwɒblz/ *n.pl.* (*costr.sing.* o *pl.*) (*Br,colloq*) mal *m.sing.* di pancia, brontolii *m.pl.* intestinali.

colocynth /ˈkɒləsɪnθ *Am* ˈkɑːləsɪnθ/ *n.* 1 (*Bot*) coloquintide *f.*, cocomero *m.* amaro. 2 (*fruit*) coloquintide *f.* 3 (*Farm*) colocintina *f.* □ (*Bot*) ~ *apple* coloquintide, cocomero amaro.

cologne /kəˈloʊn/ *n.* (*Cosmet*) acqua *f.* di colonia. □ (*Cosmet*) ~ *water* acqua di colonia.

Cologne /kəˈloʊn/ *n.pr.* (*Geog*) Colonia *f.*

Colombia /kəˈlʌmbiə/ *n.pr.* (*Geog*) Colombia *f.*

Colombian /kəˈlʌmbiən/ I *a.* colombiano. II *n.* colombiano *m.* (*f.* -a).

colon[1] /ˈkoʊlən/ *n.* 1 (*pl.* **-s** /-z/) due punti *m.pl.* 2 (*Metr*) (*pl.* **cola** /ˈkoʊlə/) colon *m.*

colon[2] /ˈkoʊlən/ (*pl.* **-s** /-z/, **cola** /ˈkoʊlə/) *n.* (*Anat*) colon *m.*

colonate /kəˈloʊneɪt/ *n.* (*Stor.rom*) colonato *m.*

colonel /ˈkɜːnəl *Am* ˈkɜːrnəl/ *n.* (*Mil*) colonnello *m.* □ (*scherz*) *Colonel Blimp* parruccone in divisa, persona tronfia; (*Mil*) ~ *general* generale di corpo di armata.

colonelcy /ˈkɜːnəlsi *Am* ˈkɜːrnəlsi/ *n.* (*Mil*) grado *m.* di colonnello.

colonelship /ˈkɜːnəlʃɪp *Am* ˈkɜːrnəlʃɪp/ *n.* (*Mil*) grado *m.* di colonnello.

colonial /kəˈloʊniəl/ I *a.* coloniale. II *n.* coloniale *m.* □ (*Alim*) ~ *goods* coloniali, generi coloniali; (*Alim*) ~ *groceries* coloniali, generi coloniali; (*Stor*) *Colonial Office* ministero delle colonie; (*Arred*) *Colonial style* stile coloniale.

colonialism /kəˈloʊniəlɪzəm/ *n.* (*Pol*) colonialismo *m.*

colonialist /kəˈloʊniəlɪst/ I *a.* colonialistico. II *n.* colonialista *m./f.*

colonially /kəˈloʊniəli/ *avv.* secondo il sistema coloniale.

colonic /kəˈlɒnɪk *Am* koʊˈlɑːnɪk/ *a.* (*Anat*) colonico.

Colonies /ˈkɒləniz *Am* ˈkɑːləniz/ *n.pl.* (*Stor.am*) colonie *f.pl.* britanniche d'America.

colonisation /ˌkɒlən(a)ɪˈzeɪʃən/ *n.* (*Br*) colonizzazione *f.*

colonise /ˈkɒlənaɪz/ I *v.t.* (*Br*) colonizzare. II *v.i.* (*Br*) 1 fondare una colonia. 2 (*to settle in a colony*) stabilirsi in una colonia.

colonist /ˈkɒlənɪst *Am* ˈkɑːlənɪst/ *n.* 1 coloniale. 2 (*one who colonizes a country*) colonizzatore *m.* (*f.* -trice). 3 (*Stor*) colono *m.*

colonizable /ˈkɒlənaɪzəbl *Am* ˈkɑːlənaɪzəbl/ *a.* colonizzabile.

colonization /ˌkɒlən(a)ɪˈzeɪʃən *Am* ˌkɑːlənɪˈzeɪʃən/ *n.* colonizzazione *f.*

colonizationist /ˌkɒlənɪˈzeɪʃənɪst/ *n.* (*Am*) sostenitore *m.* (*f.* -trice) del ritorno dei neri americani in Africa.

colonize /ˈkɒlənaɪz *Am* ˈkɑːlənaɪz/ I *v.t.* colonizzare. II *v.i.* 1 fondare una colonia. 2 (*to*

settle in a colony) stabilirsi in una colonia.

colonizer /ˈkɒlənaɪzər *Am* ˈkɑːlənaɪzər/ *n.* colonizzatore *m.* (*f.* -trice).

colonnade /ˌkɒləˈneɪd *Am* ˌkɑːləˈneɪd/ *n.* 1 (*Arch*) colonnato *m.* 2 (*row of trees, posts, etc.*) filare *m.*

colonnaded /ˌkɒləˈneɪdɪd *Am* ˌkɑːləˈneɪdɪd/ *a.* colonnato.

colonoscopy /ˌkoʊləˈnɒskəpi *Am* ˌkoʊlə-ˈnɑːskəpi/ *n.* (*Med*) colonscopia *f.*

colony /ˈkɒləni *Am* ˈkɑːləni/ *n.* 1 (*Pol,Stor,Biol*) colonia *f.* 2 (*group of connected people*) colonia *f.*, comunità *f.*: *the English* ~ *in Rome* la colonia inglese a Roma.

colophon /ˈkɒləfən *Am* ˈkɑːləfən/ *n.* (*Filol,Tip*) colophon *m.*

colophony /kəˈlɒfəni *Am* kəˈlɑːfəni/ *n.* colofonia *f.*

color /ˈkʌlər/ *e der.* (*Am*) → **colour** *e der.*

Colorado /ˌkɒlərˈɑːdoʊ *Am* ˌkɑːləˈrædoʊ/ I *n.pr.* (*Geog*) Colorado *m.* II *n.* (*Entom*) dorifora *f.* □ (*Geog*) ~ *Plateau* altopiano del Colorado; (*Entom*) ~ *potato beetle* dorifora.

coloration /ˌkʌləˈreɪʃən/ *n.* 1 (*colour scheme*) colorazione *f.* 2 (*Mus*) coloritura *f.*

coloratura /ˌkɒlərəˈt(j)ʊərə *Am* ˌkʌlərəˈt(j)ʊrə/ I *n.* (*Mus*) coloratura *f.*, infiorettatura *f.* II *a.* (*Mus*) di coloratura, della coloratura. □ (*Mus*) ~ *soprano* soprano di coloratura.

colorectal /ˌkoʊloʊˈrektəl/ *a.* (*Anat*) colonrettale, colorettale.

colorific /ˌkʌləˈrɪfɪk/ *a.* 1 colorante. 2 (*highly coloured*) fortemente colorato.

colorimeter /ˌkʌləˈrɪmɪtər *Am* ˌkʌləˈrɪmətər/ *n.* (*Fis,Chim*) colorimetro *m.*

colorimetric /ˌkʌlərɪˈmetrɪk/ *a.* (*Fis,Chim*) colorimetrico: ~ *analysis* analisi colorimetrica; ~ *photometer* fotometro colorimetrico.

colorimetry /ˌkʌləˈrɪmɪtri/ *n.* (*Fis,Chim*) colorimetria *f.*

colossal /kəˈlɒsəl *Am* kəˈlɑːsəl/ *a.* colossale, enorme, smisurato (*anche fig*).

colossally /kəˈlɒsəli *Am* kəˈlɑːsəli/ *avv.* in modo colossale, smisuratamente.

Colossians /kəˈlɒsənz/ *n.pl.* (*Bibl*) Colossesi *m.pl.*

colossus /kəˈlɒsəs *Am* kəˈlɑːsəs/ (*pl.* **-es** /-ɪz/, **-ssi** /-saɪ/) *n.* colosso *m.* (*anche fig*).

colostomy /kəˈlɒstəmi *Am* kəˈlɑːstəmi/ *n.* (*Med*) colostomia *f.*

colostrum /kəˈlɒstrəm *Am* kəˈlɑːstrəm/ *n.* (*Med,Veter*) colostro *m.*

colour /ˈkʌlər/ I *n.* 1 colore *m.* 2 (*hue*) tinta *f.*, colore *m.*, tonalità *f.*: *a light* ~ una tinta leggera. 3 (*fig*) (*vividness*) colore *m.*, vivacità *f.*: *to give* ~ *to a description* dare vivacità a una descrizione. 4 (*fig*) (*realism*) realismo *m.* 5 (*fig*) (*semblance*) colore *m.*, apparenza *f.*, sembianza *f.* 6 (*fig*) (*pretext*) pretesto *m.* 7 (*pigment, paint*) colore *m.*, vernice *f.*, tinta *f.*; (*dye*) colorante *m.*, tintura *f.* 8 (*ruddy complexion*) colorito *m.* roseo, colore *m.* roseo: *the fresh air brought* ~ *to her cheeks* l'aria fresca ha ridato (un) colore (roseo) alle sue guance. 9 (*blush*) rossore *m.* 10 (*Pitt*) (*use of colours*) colore *m.*, colorito *m.*: *a master of* ~ un maestro del colore. 11 (*Tip*) inchiostro *m.* 12 (*Mus*) (*tone colour*) colore *m.*, colorito *m.* 13 (*Fon*) timbro *m.* 14 (*Am,Mar*) (*hoisting of the flag*) alzabandiera *m.* 15 (*Dir*) pretesto *m.*, titolarità *f.* apparente. 16 (*Arald*) colore *m.*, smalto *m.* 17 *pl.* (*coloured clothing, badge, etc.*) colori *m.pl.*, insegne *f.pl.*: *the Queen's* -*s* i colori della regina; (*Sport*) *to win* (o *to get*) *one's* -*s* portare i colori della squadra, indossare la maglia della squadra. 18 *pl.* (*fig*) (*personality*) carattere *m.*, personalità *f.*: *his be-*

haviour revealed his true -s il suo comportamento ha messo in luce la sua vera personalità. **19** *pl.* (*Mil,Mar*) bandiera *f.sing.*, colori *m.pl.* (nazionali): *the -s of the republic* i colori della repubblica. **II** *v.t.* **1** colorare, colorire: *to ~ sth. red* colorare qcs. di rosso. **2** (*to paint*) dipingere, pitturare. **3** (*fig*) (*to misrepresent*) travisare, svisare, deformare. **4** (*fig*) (*to make seem better*) colorire, dare un colorito diverso a: *to ~ the facts* colorire i fatti. **5** (*fig*) (*to make vivid*) rendere vivo, dare colore a, dare vivacità a: *to ~ a description* dare colore a una descrizione. **6** (*fig*) (*to make plausible*) rendere credibile, rendere plausibile. **7** (*fig*) (*to influence*) influenzare, influire su. **III** *v.i.* **1** colorarsi. **2** (*to blush*) arrossire, colorirsi (in volto). □ *all one ~* in tinta unita; *~ bar* barriera razziale, discriminazione razziale: *to draw the ~ bar* avere pregiudizi razziali; (*Mil*) *~ bearer* portabandiera, alfiere; *~ blind*: **1** (*Med*) daltonico; **2** (*fig*) che non fa discriminazioni razziali; (*Med*) *~ blindness* daltonismo, discromatopsia, dicromatopsia; (*Tess*) *~ blocking* bloccaggio del colore; *-ing book* libro (per bambini) da colorare; (*Biol*) *~ cell* cromocito; *~ chart* gamma di colori; *~ film*: **1** (*Fot*) pellicola a colori; **2** (*Cin*) film a colori; (*Fot*) *~ filter* filtro colorato; (*fig*) *to give ~ to sth.* conferire plausibilità a qcs., rendere verosimile qcs.; *~ line* barriera razziale, discriminazione razziale; (*Br,colloq*) *to see the ~ of so.'s money* sentire l'odore dei soldi di qcu.; (*colloq*) *people of ~* persone di colore; (*Mil*) *~ party* scorta d'onore alla bandiera; *~ photography* fotografia a colori, cromofotografia; (*Tip*) *~ print* policromia; *~ quality* resa dei colori (anche *Tess*); *~ scheme* disposizione di colori; (*Mil*) *~ sergeant* sergente portabandiera; (*TV*) *~ television* televisione a colori; (*Fot*) *~ transparency* diapositiva a colori; (*fig*) *under ~ of* (o *under the ~ of*) con il la scusa di, con il pretesto di; (*Edil*) *~ wash* colore a calce.

colourability /ˌkʌlərəˈbɪlɪti Am ˌkʌlərəˈbɪləti/ *n.* plausibilità *f.*, credibilità *f.*

colourable /ˈkʌlərəbl/ *a.* **1** colorabile, che si può tingere. **2** (*feigned*) finto, simulato, falso.

colourableness /ˈkʌlərəblnəs/ *n.* plausibilità *f.*, credibilità *f.*

colourably /ˈkʌlərəbli/ *avv.* **1** plausibilmente, verosimilmente. **2** (*not genuinely*) in modo ingannevole.

colouration /ˌkʌləˈreɪʃən/ *n.* **1** (*fig*) colore *m.*, qualità *f.* **2** (*Pitt*) colore *m.*, colorazione *f.*

colourcast /ˈkʌləkɑːst Am ˈkʌlərkæst/ **I** *n.* (*TV*) programma *m.* a colori. **II** *v.t.* (*TV*) trasmettere a colori. **III** *v.i.irr.* (*TV*) trasmettere a colori.

colour-code /ˈkʌləkoud Am ˈkʌlərkoud/ *v.t.* contrassegnare con un codice colore.

colour-contrast /ˌkʌləˈkɒntrɑːst Am ˌkʌlərˈkɑːntræst/ *n.* contrasto *m.* di colore.

coloured /ˈkʌləd Am ˈkʌlərd/ **I** *a.* **1** colorato: *~ pencils* matite colorate. **2** (*fig*) (*feigned, specious*) non sincero, finto, specioso. **3** (*fig*) (*biased*) distorto, travisato, non obiettivo. **II** *n.* persona *f.* di colore. □ *~ people* gente di colore.

colourer /ˈkʌlərər Am ˈkʌlərər/ *n.* chi colora.

colour-fast /ˈkʌləfɑːst Am ˈkʌlərfæst/ *a.* **1** di colore solido, di colore indelebile. **2** (*of a garment: holding its colour when washed*) con colore resistente al tempo. **3** (*of a bleach: not stripping colour from garments*) che non stinge.

colour-fastness /ˈkʌləfɑːstnəs Am ˈkʌlərfæstnəs/ *n.* solidità *f.* del colore.

colourful /ˈkʌləful Am ˈkʌlərful/ *a.* **1** pieno di colore. **2** (*vivid*) dai colori vivaci, vivacemente colorato. **3** (*fig*) (*lively*) colorito, vivace. **4** (*fig*) (*picturesque*) pittoresco: *a ~ style* uno stile pittoresco. **5** (*fig*) (*of a person: extravagant*) pittoresco, colorito, stravagante. **6** (*colloq*) (*of language*) colorito.

colourfully /ˈkʌləfuli Am ˈkʌlərfuli/ *avv.* in modo colorito, in modo pittoresco.

colourfulness /ˈkʌləfulnəs Am ˈkʌlərfulnəs/ *n.* **1** abbondanza *f.* di colori. **2** (*vividness*) vivacità *f.* di colori. **3** (*fig*) (*expressiveness*) colorito *m.*, vivezza *f.* espressiva.

colourimeter /ˌkʌləˈrɪmɪtər Am ˌkʌləˈrɪmətər/ *n.* colorimetro *m.*

colourimetric /ˌkʌlərɪˈmetrɪk/ *a.* colorimetrico.

colourimetry /ˌkʌləˈrɪmɪtri/ *n.* colorimetria *f.*

colouring /ˈkʌlərɪŋ/ *n.* **1** coloritura *f.*, colorazione *f.* **2** (*substance*) colorante *m.* **3** (*complexion*) colorito *m.*, colore *m.* **4** (*fig*) (*semblance*) apparenza *f.*; (*tone*) tono *m.* **5** (*fig*) (*slant, bias*) colore *m.*, tendenza *f.*: *political ~ of a newspaper* tendenza politica di un giornale.

colourist /ˈkʌlərɪst/ *n.* **1** (*Art*) colorista *m./f.* **2** (*Fot*) ritoccatore *m.* (*f.* -trice).

colourless /ˈkʌlələs Am ˈkʌlərləs/ *a.* **1** incolore. **2** (*pale*) pallido: *a ~ complexion* una carnagione pallida. **3** (*dull in colour*) spento, smorto, scolorito. **4** (*fig*) (*lacking vividness*) scialbo, insipido, sbiadito: *a ~ article* un articolo scialbo. **5** (*fig*) (*unbiased*) imparziale, neutrale, obiettivo.

colourlessly /ˈkʌlələsli Am ˈkʌlərləsli/ *avv.* **1** scialbamente, in modo insipido. **2** (*unbiasedly*) imparzialmente.

colourlessness /ˈkʌlələsnəs Am ˈkʌlərləsnəs/ *n.* **1** assenza *f.* di colore. **2** (*paleness*) pallore *m.* **3** (*fig*) (*dullness*) mancanza *f.* di colore, monotonia *f.* **4** (*fig*) (*neutrality*) imparzialità *f.*, oggettività *f.*

colourman /ˈkʌləmən Am ˈkʌlərmæn/ *n.irr.* negoziante *m.* di colori.

colporteur /ˈkɒlpɔːtər Am ˈkɑːlpɔːrtər/ *n.* colportore *m.*, venditore *m.* (*f.* -trice) ambulante di libri sacri.

colposcope /ˈkɒlpəskoup Am ˈkɑːlpəskoup/ *n.* (*Med*) colposcopio *m.*

colposcopy /kɒlˈpɒskəpi Am kɑːlˈpɑːskəpi/ *n.* (*Med*) colposcopia *f.*

colt /koult/ *n.* **1** (*Zool*) puledro *m.* **2** (*fig*) novellino *m.*, principiante *m./f.*, (*colloq*) pivello *m.* (*f.* -a). □ (*Bot*) *~'s tail* coda di cavallo, coda cavallina.

colter /ˈkoultər/ *n.* (*Am,Agr*) coltro *m.*

coltish /ˈkoultɪʃ Am ˈkoultɪʃ/ *a.* **1** di un puledro. **2** (*frolicsome*) giocoso. **3** (*frisky*) vivace. **4** (*youthfully energetic*) pieno di energia.

coltishness /ˈkoultɪʃnəs Am ˈkoultɪʃnəs/ *n.* **1** giocosità *f.* **2** (*friskiness*) vivacità *f.* **3** (*inexperience*) inesperienza *f.*

coltsfoot /ˈkoultsfut/ *n.* (*Bot*) farfara *f.*

coluber /ˈkɒljubər Am ˈkɑːljubər/ *n.* (*Zool*) colubro *m.*

colubrid /ˈkɒljubrɪd Am ˈkɑːl(j)ubrɪd/ **I** *a.* (*Zool*) dei colubridi. **II** *n.* (*Zool*) colubride *m.*

colubrine /ˈkɒljubr(a)ɪn Am ˈkɑːl(j)ubraɪn/ *a.* **1** (*Zool*) dei colubrini. **2** (*snakelike*) serpentino.

Columba /kəˈlʌmbə/ *n.pr.* Colomba *f.* (*anche Astr*).

columbarium /ˌkɒləmˈbeəriəm Am ˌkɑːləmˈberiəm/ (*pl.* **-ria** /-riə/) *n.* **1** (*Stor.rom*) colombario *m.* **2** (*recess*) nicchia *f.*

columbary /ˈkɒləmbəri Am ˈkɑːləmberi/ *n.* colombaia *f.*

Columbian /kəˈlʌmbiən/ *a.* **1** (*Geog*) colom-

biano. **2** (*of Columbus*) di Cristoforo Colombo, relativo a Cristoforo Colombo. □ (*Tip,ant*) *~ typeface* (in) corpo 16.

columbine[1] /ˈkɒləmbaɪn Am ˈkɑːləmbaɪn/ *n.* (*Bot*) aquilegia *f.*

columbine[2] /ˈkɒləmbaɪn Am ˈkɑːləmbaɪn/ *a.* **1** colombino. **2** (*fig*) puro, innocente, da colomba.

Columbine /ˈkɒləmbaɪn Am ˈkɑːləmbaɪn/ *n.pr.f.* (*Teat,Lett*) Colombina.

columbite /kəˈlʌmbaɪt/ *n.* (*Min*) columbite *f.*

columbium /kəˈlʌmbiəm/ *n.* (*Chim*) niobio *m.*, columbio *m.*

Columbus /kəˈlʌmbəs/ *n.pr.m.* (*Stor*) (Cristoforo) Colombo.

column /ˈkɒləm Am ˈkɑːləm/ *n.* **1** colonna *f.*: *a ~ of smoke* una colonna di fumo; *a ~ of figures* una colonna di cifre. **2** (*line, row*) colonna *f.*, fila *f.*: *a ~ of cars* una colonna di auto. **3** (*Giorn*) colonna *f.*, rubrica *f.* **4** (*Arch, Mil, Mar.mil*) colonna *f.*: *to march in ~* marciare in colonna. **5** (*Mecc*) colonna *f.*, montante *m.* □ (*Tip,ant*) *~ galley* vantaggio per composizione in colonna; (*Mil*) *~ of route* colonna di marcia; (*Arch*) *~ shaft* corpo della colonna.

columnar /kəˈlʌmnər/ *a.* **1** colonnare. **2** (*characterized by columns*) caratterizzato da colonne. **3** (*printed in columns*) stampato in colonne.

columnated /ˈkɒləmneɪtɪd Am ˈkɑːləmneɪtɪd/ *a.* **1** (*having columns*) con colonne. **2** (*in the shape of a column*) a forma di colonna. **3** (*formatted in columns*) in colonna: *~ text* testo in colonna.

columned /ˈkɒləmd Am ˈkɑːləmd/ *a.* colonnato.

columnist /ˈkɒləm(n)ɪst Am ˈkɑːləm(n)ɪst/ *n.* **1** (*Giorn*) colonnista *m./f.*, rubricista *m./f.* **2** (*Rad,TV*) rubricista *m./f.*

colza /ˈkɒlzə Am ˈkɑːlzə/ *n.* (*Bot*) colza *m.* □ *~ oil* olio di colza.

COM *Comores* COM (Comore).

com. /kɒm Am kɑːm/ **1** (*in web site addresses*) *commercial domain* com (dominio commerciale). **2** (*comedy*) (commedia). **3** *commerce* comm. (commercio).

Com. **1** (*Mil*) *Commander* Com. (comandante). **2** *Committee* (comitato). **3** (*Mar.mil*) *Commodore* (commodoro).

coma[1] /ˈkoumə/ *n.* (*Med*) coma *m.*: *to go into a ~* entrare in coma.

coma[2] /ˈkoumə/ (*pl.* **comae** /ˈkoumiː/) *n.* **1** (*Astr*) chioma *f.* **2** (*Ott*) coma *f.* **3** (*Bot*) (*tuft of hair*) ciuffo *m.* (di peli).

Comanches /kouˈmænʃiz/ *n.pr.pl.* (*Etnol*) Comanche *m.pl.*

comate /ˈkoumeɪt/ *a.* **1** (*Bot*) che ha un ciuffo di peli. **2** (*hairy*) peloso.

comatose /ˈkoumətous/ *a.* **1** (*Med*) comatoso. **2** (*fig*) letargico, torpido, comatoso.

comb /koum/ **I** *n.* **1** pettine *m.* **2** (*instrument for fastening hair*) pettinino *m.* **3** (*Zool,Ornit*) cresta *f.* **4** (*Tess*) pettine *m.*; (*card*) carda *f.* **5** (*honeycomb*) favo *m.* **II** *v.t.* **1** pettinare: *to ~ one's hair* pettinarsi i capelli. **2** (*to comb a horse*) strigliare. **3** (*Tess*) pettinare; (*to card*) cardare. **4** (*fig*) (*to search through*) rastrellare, perlustrare, setacciare: *the police -ed the district for the murderer* la polizia rastrellò il quartiere in cerca dell'assassino. □ (*Zool*) *~ jelly* ctenoforo; *to ~ out* rastrellare, perlustrare, setacciare; *a ~ through* una pettinata.

combat[1] /ˈkɒmbæt Am ˈkɑːmbæt/ *n.* **1** lotta *f.*, contesa *f.* **2** (*Mil*) combattimento *m.*, battaglia *f.* **3** (*fig*) conflitto *m.* □ (*Mil*) *~ efficiency* efficienza tattica; (*Med,Mil*) *~ fatigue* sindrome da fatica; (*Mil*) *~ fatigues* uniforme di fatica, tenuta di fatica; (*Aer.mil*) ~ *helicopter* elicottero da combattimento; (*Mar.mil*) ~ *operational centre* centrale di combattimento; (*Mil,Mar.mil*) ~ *order* formazione di combattimento, ordine di combattimento.

combat² /kəm'bæt/ (*past, p.p.* **combated/ combatted** /kəm'bætɪd Am kəm'bæṭɪd/) I *v.t.* 1 combattere: *to ~ disease* combattere le malattie. 2 (*to oppose*) opporsi a, ostacolare. II *v.i.* combattere, lottare (*with* contro), contrastare (qcs.): *to ~ death* combattere contro la morte.

combatant /'kɒmbətᵊnt Am 'kɑːmbətᵊnt/ I *n.* combattente *m./f.* II *a.* combattente, che combatte.

combative /'kɒmbətɪv Am 'kɑːmbəṭɪv/ *a.* combattivo, battagliero.

combatively /'kɒmbətɪvli Am 'kɑːmbəṭɪvli/ *avv.* in modo combattivo, in modo battagliero.

combativeness /'kɒmbətɪvnəs Am 'kɑːmbəṭɪvnəs/ *n.* combattività *f.*, bellicosità *f.*

combativity /ˌkɒmbə'tɪvɪti Am ˌkɑːmbə'tɪvəṭi/ *n.* combattività *f.*, bellicosità *f.*

combe /kuːm, koʊm/ *n.* (*Geol*) comba *f.*

comber /'koʊmə/ *n.* 1 chi pettina. 2 (*Tess*) pettinatore *m.* (*f.* -trice); (*carder*) cardatore *m.* (*f.* -trice); (*combing machine*) pettinatrice *f.*; (*carding machine*) carda *f.*, cardatrice *f.* 3 (*wave*) frangente *m.*

combi /'kɒmbi Am 'kɑːmbi/ *n.* combi *m.*, macchina *f.* che può svolgere due o più funzioni.

combinable /kəm'baɪnəbl/ *a.* combinabile.

combination /ˌkɒmbɪ'neɪʃᵊn Am ˌkɑːmbɪ'neɪʃᵊn/ *n.* 1 combinazione *f.* (*anche Mat,Chim, Sport*). 2 (*things combined*) combinazione *f.*, assortimento *m.*, varietà *f.*: *a ~ of colours* un assortimento di colori. 3 (*group of numbers that open a lock*) combinazione *f.*: *the ~ of a safe* la combinazione di una cassaforte. 4 (*alliance of persons, groups, etc.*) associazione *f.*, lega *f.*, federazione *f.*, alleanza *f.*: *a ~ in restraint of trade* un'associazione per il controllo del commercio. □ (*Mar*) ~ *carrier* nave per carico combinato; ~ *lock* serratura a combinazione; (*Univ*) ~ *room* (*at Cambridge*) sala professori; (*El*) ~ *switch* interruttore-commutatore; (*Acus*) ~ *tone* tono combinato.

combinative /'kɒmbɪneɪtɪv Am 'kɑːmbɪneɪṭɪv/ *a.* 1 tendente a una combinazione. 2 (*relating to a combination*) combinatorio, di combinazione.

combinatorial /ˌkɒmbɪnə'tɔːrɪəl Am ˌkɑːmbɪnə'tɔːrɪəl/ *a.* (*Mat*) combinatorio: ~ *analysis* analisi combinatoria, calcolo combinatorio.

combinatorially /ˌkɒmbɪnə'tɔːrɪəli Am ˌkɑːmbɪnə'tɔːrɪəli/ *avv.* (*Mat*) in modo combinatorio.

combinatory /'kɒmbɪnətᵊri Am 'kɑːmbɪnətɔːri/ *a.* 1 tendente a una combinazione. 2 (*relating to a combination*) combinatorio, di combinazione.

combine¹ /kəm'baɪn/ I *v.t.* 1 combinare, mettere insieme, unire: *to ~ forces* unire le forze. 2 (*to show or possess in union*) possedere a un tempo, rivelare a un tempo, combinare (insieme), riunire: *his art -s the best qualities* la sua arte combina insieme le migliori qualità. 3 (*Chim*) combinare. II *v.i.* 1 combinarsi, fondersi: *the two papers -d* i due giornali si sono fusi. 2 (*to join forces*) unirsi, unire le proprie forze. 3 (*to contribute*) contribuire, concorrere: *everything -d to give me that impression* tutto contribuiva a darmi quell'impressione. 4 (*Chim*) combinarsi.

combine² /'kɒmbaɪn Am 'kɑːmbaɪn/ *n.* 1 (*alliance of persons, groups, etc.*) associazione

---

f., lega *f.*, federazione *f.*, alleanza *f.* 2 (*Agr*) combine *f.*, mietitrebbia *f.* □ (*Agr*) ~ *harvester* mietitrebbia.

combined /kəm'baɪnd/ *a.* 1 combinato, unito, congiunto: ~ *efforts* sforzi combinati. 2 (*considered together*) (preso) insieme, messo insieme: *he has more money than both his brothers ~* ha più soldi lui che tutti e due i suoi fratelli messi insieme. 3 (*Chim*) combinato. □ (*Chim*) ~ *carbon* carbonio combinato; (*Tel*) ~ *hand-microphone* microtelefono; (*Mil*) ~ *operations* operazioni combinate; (*Ferr*) ~ *rail and road ticket* biglietto misto (ferrovia e auto); (*Sport*) ~ *skiing* combinata.

combing /'koʊmɪŋ/ □ (*Tess*) ~ *card* scardasso; (*Tess*) ~ *machine* pettinatrice, cardatrice; (*Tess*) ~ *waste* cascami di cardatura, cascami di pettinatura.

combings /'koʊmɪŋz/ *n.pl.* capelli *m.pl.* strappati dal pettine.

combining /kəm'baɪnɪŋ/ □ (*Ling*) ~ *form* affisso, prefissoide.

combo /'kɒmboʊ Am 'kɑːmboʊ/ *n.* (*colloq, Mus*) combo *m.*

combustibility /kəmˌbʌstɪ'bɪlɪti Am kəmˌbʌstɪ'bɪləti/ *n.* combustibilità *f.*

combustible /kəm'bʌstɪbl/ I *a.* 1 combustibile. 2 (*inflammable*) infiammabile. 3 (*fig*) (*excitable*) irascibile, infiammabile. II *n.* combustibile *m.*

combustion /kəm'bʌstʃᵊn/ *n.* 1 combustione *f.* 2 (*fig*) (*turmoil*) grande agitazione *f.*, trambusto *m.* □ (*Mot*) ~ *chamber* camera di combustione.

combustive /kəm'bʌstɪv/ *a.* tendente alla combustione, combustivo.

combustor /kəm'bʌstə/ *n.* (*Aer*) combustore *m.*

come /kʌm/ I *v.i.* (*past* **came** /keɪm/, *p.p.* **come**) 1 venire: ~ *here* vieni qui. 2 (*to arrive*) arrivare (*to* a, in), venire: *she hasn't ~ yet* non è ancora arrivata; *the train is coming now* il treno sta arrivando. 3 (*to fall in time*) avvenire, aver luogo, cadere, venire: *Easter -s in April this year* quest'anno Pasqua cade in aprile. 4 (*to occur to the mind*) venire (in mente), sorgere: *the idea suddenly came to me* l'idea mi venne improvvisamente. 5 (*to happen*) avvenire, accadere, succedere: *no harm will ~ to you* non ti succederà nulla di male. 6 (*to reach*) arrivare, esser lungo (fino) (*to* a): *his raincoat came to his knees* l'impermeabile gli arrivava al ginocchio. 7 (*to issue, be derived*) venire, derivare, provenire (*from, of* da): *he -s from (o of) a good family* viene da una buona famiglia. 8 (*to result*) essere il frutto (*from, of* di), essere il risultato (*from, of* di): *this -s from your carelessness* questo è il risultato della tua trascuratezza. 9 (*to take shape*) prendere forma, riuscire: *in spite of his efforts the picture would not ~* nonostante i suoi sforzi il quadro non prendeva forma. 10 (*to be a native of*) essere nativo (*from* di): *she -s from Scotland* è nativa della Scozia; (*to have as place of origin*) provenire (*from* da). 11 (*to add up to*) ammontare: *your bill -s to 37 dollars* il tuo conto ammonta a 37 dollari. 12 (*to be available*) essere disponibile: *these dresses ~ in several sizes* questi vestiti sono disponibili in varie taglie. 13 (*to be uttered*) levarsi, venire (emesso): *a cry came from the audience* un grido si levò dal pubblico. 14 (*volg*) (*to have an orgasm*) venire, avere un orgasmo. 15 (*to travel*) percorrere, fare: *I have ~ six miles* ho percorso sei miglia. 16 (*colloq*) (*to pretend to be*) fingersi, fare la parte di. II *intz.* suvvia!, andiamo!: ~, *my dear fellow* andiamo, vec-

---

chio; ~ *on!* dai! III *prep.* (*colloq*) quando sarà arrivato, *spesso non si traduce*: *I'll be twenty-eight ~ August 6th* il 6 agosto compirò ventotto anni. □ *to ~ about*: 1 accadere, capitare, succedere: *how did this (ever) ~ about?* come (mai) è successo?; 2 (*to change direction*) mutare direzione, cambiare; 3 (*Mar*) virare di bordo; *to ~ across*: 1 trovare per caso; 2 (*to meet by chance*) incontrare per caso, imbattersi in; 3 (*to seem, or communicate as*) dare l'impressione di essere, risultare: *extroverts often ~ across as more secure than they actually are* le persone estroverse spesso sembrano più sicure di quanto realmente siano; (*colloq*) ~ *again?* (*what did you say?*) scusa?, che hai detto?, come dici?; *to ~ alive* diventare vero, animarsi, ravvivarsi: *good music can really make a party ~ alive* la buona musica può davvero animare una festa; *to ~ along*: 1 venire (insieme): *why don't you ~ along?* perché non vieni con noi?; 2 (*to make progress*) progredire, far progressi, migliorare andare (bene): *the patient is coming along quite nicely* il paziente sta facendo buoni progressi; *how's the work coming along?* come sta andando il lavoro?; 3 (*intz*) vieni (via)!, muoviti!: ~ *along, we're late* cammina, fa' presto, siamo in ritardo; (*Mar*) *to ~ alongside* affiancarsi; *to ~ and go* andare e venire, (*colloq*) fare la spola; *after many months had ~ and gone* (dopo che furono) passati molti mesi; *to ~ apart*: 1 disfarsi, sfasciarsi: *the book came apart in my hands* il libro mi si è sfasciato tra le mani; 2 (*fig*) (*to collapse*) crollare, cedere; 3 (*fig*) (*emotionally*) andare a pezzi, crollare; (*fig*) *to ~ apart at the seams*: 1 andare a pezzi, andare a rotoli, sfasciarsi; 2 (*emotionally*) perdere il controllo di sé, avere un crollo; *to ~ around*: 1 ricorrere, verificarsi regolarmente; 2 (*to come by a circuitous route*) arrivare facendo un lungo giro, venire facendo un lungo giro; 3 (*to pay a visit*) venire a fare visita (*to* a), fare una visita (*to* a), passare (da); 4 (*to agree*) trovarsi d'accordo, convenire (*to* con): *at last he has ~ around to our way of thinking* alla fine si è trovato d'accordo con noi; 5 (*to regain consciousness*) rinvenire, riaversi, tornare in sé; 6 (*to cease being angry*) arrendersi, cedere; 7 (*of one's turn*) venire, arrivare: *my turn finally came around* finalmente venne il mio turno; 7 (*Mar*) orzare; (*colloq*) *how do you like your tea? - as it -s* come lo vuoi il tè? - non ho preferenze; (*colloq*) *he's as stupid as they ~* è stupido che più stupido non si può, più stupido di così si muore; *to ~ at*: 1 (*to attack*) attaccare, assalire, dare addosso a; 2 (*fig*) raggiungere, giungere a, arrivare a; 3 (*fig*) (*of an issue*) affrontare: *let's ~ at the problem from a different angle* affrontiamo il problema sotto un'ottica diversa; *to ~ away*: 1 venire via, partire, andare: *I came away from the seminar with an entirely new perspective on life* sono venuto via dal seminario con una visione completamente diversa della vita; ~ *away with me for the weekend* vieni via con me per il weekend; 2 (*to become detached*) venire via, staccarsi: *the shelf came away from the wall* lo scaffale si staccò dal muro; *to ~ back*: 1 ritornare, tornare: *we came back last week* siamo tornati la settimana scorsa; 2 (*to return to the memory*) (ri)tornare alla memoria, tornare in mente: *it will ~ back to you* ti tornerà in mente; 3 (*of fashions*) (ri)tornare di moda, tornare in voga; *to ~ before*: 1 venire prima di, avere la precedenza su; 2 (*to be dealt with*) venire discusso in, essere trattato da: *the bill will ~ before Parliament next week* la proposta di legge verrà discussa in Parlamento la prossima settimana; *(fig) nothing can ever ~ between us* niente potrà mai frapporsi tra di noi; *to ~ by*: 1 passare vicino a; 2 *(to acquire)* ottenere, procurarsi, trovare: *how did you ~ by that money?* come ti sei procurato quel denaro?; 3 *(Am) (to pay a call)* fare una visita a; *to ~ down*: 1 (di)scendere: *to ~ down the stairs* scendere le scale; 2 *(in a southern direction)* venire giù, arrivare: *she came down from Milan last week* è arrivata da Milano settimana scorsa; 3 *(of prices, etc.)* calare; 4 *(to lose wealth, or position)* rovinarsi: *to ~ down in the world* rovinarsi, aver conosciuto giorni migliori; 5 *(to be handed down)* essere trasmesso, essere tramandato: *many legends have ~ down to us* molte leggende ci sono state tramandate; 6 *(to oppose)* opporsi *(on* a), lottare (contro); 7 *(to reprimand)* riprendere severamente, redarguire severamente; 8 *(to become afflicted with)* prendersi, buscarsi *(with sth. qcs.): to ~ down with a cold* buscarsi un raffreddore; *to ~ for sth.* venire a prendere qcs., venire per qcs.: *he has ~ for his money* è venuto per (prendere) i suoi soldi; *to ~ forward* venire avanti, farsi avanti; *to ~ forward as a candidate* presentarsi come candidato; *(sl) to have it coming to one* meritare qcs.: *he had it coming to him* se lo meritava, ha avuto quello che si meritava; *to ~ in*: 1 entrare, venir dentro; 2 *(to become fashionable)* diventare di moda, venire in voga; 3 *(Sport)* piazzarsi, arrivare: *to ~ in first* arrivare primo; *to ~ in a good second* ottenere un buon secondo posto; 4 *(Pol)* *(to assume official duties)* andare al potere; *(to be elected)* essere eletto; 5 *(to come as gain)* entrare *(to* in): *a lot of money is coming in to the country* molto denaro sta entrando nel paese; 6 *(to be the recipient)* ottenere, ricevere, avere *(for sth. qcs.): his policy came in for heavy criticism* la sua politica ebbe pesanti critiche; 7 *(esclam.)* avanti!, vieni pure!, vieni dentro!, entra pure!, entra!; *to ~ in handy* tornare utile, rivelarsi utile; *to ~ into*: 1 entrare *(anche fig): he came into the room* entrò nella stanza; *he ~ into the job with no experience* ha iniziato il lavoro senza avere alcuna esperienza; 2 *(to inherit)* ereditare, entrare in possesso di: *to ~ into a fortune* ereditare una fortuna; *~ now!* suvvia!, andiamo!; *to ~ off*: 1 staccarsi da, venir via da: *a button came off my shirt* mi si è staccato un bottone della camicia; 2 *(to come across)* dare l'impressione di essere, risultare; 3 *(to fall from)* cascare da, cadere da; 4 *(to take place)* aver luogo, avvenire: *how did it ~ off?* com'è andata?; 5 *(to succeed)* riuscire, aver successo, *(colloq)* andare: *the experiment did not ~ off* l'esperimento non è riuscito; *to ~ off a drug* disintossicarsi da una droga; *(colloq) ~ off it!* piantala!; *to ~ on*: 1 *(esclam.) ~ on!* muoviti!, sbrigati!, andiamo!; 2 *(esclam.) (please)* ti prego!, per favore!, dai!: *~ on, give me a kiss* ti prego, dammi un bacio; 2 *(esclam.) (you are joking)* dai!, ma va'!, stai scherzando!; 4 *(Teat)* entrare in scena; 5 *(TV)* andare in onda, venir proiettato: *my favourite programme ~s on at 8 pm* il mio programma preferito va in onda alle 8 di sera; 6 *(to arise for discussion)* venire discusso, venire trattato; 7 *(to flirt)* flirtare *(to* con): *I can't believe he had the nerve to ~ to me with his girlfriend only a few feet away* non riesco a credere che abbia avuto il coraggio di fare il cascamorto con me quando c'era la sua ragazza lì vicino; 8 *(to make progress)* andare (bene): *how's the work*

coming on? come sta andando il lavoro?; *it's coming on well* sta andando bene; *to ~ out*: 1 uscire, apparire, comparire, venire fuori: *suddenly the sun came out* improvvisamente apparve il sole; 2 *(to be published)* venire pubblicato, essere pubblicato, uscire; 3 *(to become known)* venir fuori, venire a galla, essere rivelato: *the truth came out in the end* la verità alla fine è venuta fuori; 4 *(to go on strike)* scioperare, fare sciopero, entrare in sciopero; 5 *(in a photograph)* riuscire, *(colloq)* venire: *you've ~ out very well in this photograph* sei riuscita molto bene in questa fotografia; 6 *(of stains)* scomparire, venir via, andar via; 7 *(to make one's social début)* debuttare in società; 8 *(to be placed)* riuscire, risultare: *to ~ out top* riuscire primo; 9 *(to end, turn out)* terminare, (andare a) finire; 10 *(to declare oneself)* dichiararsi: *to ~ out strongly against sth.* dichiararsi decisamente contrario a qcs.; 11 *(to confess)* confessare, rivelare *(with sth. qcs.): to ~ out with one's thoughts* rivelare i propri pensieri; 12 *(colloq) (come out of the closet)* rivelare pubblicamente la propria omosessualità, cominciare a vivere apertamente da omosessuale, uscire allo scoperto; *to ~ over*: 1 *(to come from far away)* venire, arrivare: *his family came over with the original colonists* la sua famiglia venne (qui) con i primi colonizzatori; 2 *(to change sides)* passare dalla parte *(to* di): *several deserters came over to us* parecchi disertori passarono dalla nostra parte; 3 *(colloq) (to feel)* sentirsi: *to ~ over (all) strange* sentirsi strano; 4 *(colloq) (to become)* diventare, farsi: *the sky came over dark* il cielo diventò scuro; 5 *(of feelings, etc.)* prendere, impossessarsi di: *a feeling of helplessness came over him* un senso di impotenza si impossessò di lui; *what has ~ over you?* che cosa ti è preso?, che cosa ti è successo?; *that's what ~s of not paying attention* questo è quel che succede quando non si fa attenzione; *to ~ through*: 1 superare, uscire da: *to ~ safely through a war* uscire sano e salvo da una guerra; 2 *(colloq) (to do what is expected)* soddisfare le aspettative; 3 *(of a telephone call)* arrivare: *I was about to go home when the boss came through on the phone* stavo per andare a casa quando è arrivata una telefonata del capo; *to ~ to*: 1 costare, ammontare a, *(colloq)* venire: *how much does it ~ to?* quanto costa?; 2 *(to regain consciousness)* tornare in sé; *(colloq) what are things coming to?* dove andremo a finire?; *to ~ to believe* arrivare a credere; *to ~ to light* venire a galla, venire alla luce; *to never ~ to much* (o *to not ~ to much)* non fare mai grandi cose, non realizzare mai niente di importante; *to ~ to nothing* (o *to ~ to naught)* finire in niente; *to ~ to pass* accadere, avvenire, succedere; *to ~ to one's senses*: 1 riprendere i sensi, riaversi, ritornare in sé, riprendere conoscenza; 2 *(to behave sensibly)* comportarsi in modo sensato, comportarsi in modo ragionevole; 3 *(to regain one's self-possession)* tornare in sé, rinsavire; *if it ~s to that* se è così, in questo caso; *what you say ~s to this* ciò che dici, in definitiva, si riduce a questo; *to ~ true* avverarsi, verificarsi; *to ~ under*: 1 rientrare in, far parte di: *your case ~s under a separate heading* il tuo caso rientra in un capitolo a parte; 2 *(to be the province of)* essere (di) competenza di, dipendere da; 3 *(to be subject to)* dipendere da, essere sotto; *to ~ up*: 1 *(plants, etc.)* spuntare; 2 *(to arise)* venir fuori, saltar fuori: *his name came up in the conversation* il suo nome è

saltato fuori nel corso della conversazione; 3 *(to be presented for discussion)* venir presentato: *the case ~s up (for discussion) next week* il caso verrà presentato per la discussione la settimana prossima; 4 *(to approach)* avvicinarsi *(to* a): *he came up to me in the street* mi si avvicinò per la strada; 5 *(to equal, to compare with)* uguagliare *(to so. qcu.)*, essere all'altezza (di); 6 *(to invent)* offrire, fornire *(with sth. qcs.): to ~ up with a suggestion* offrire un suggerimento; *to ~ up against difficulties* incontrare (delle) difficoltà; *to ~ up to expectations* corrispondere alle aspettative; *to ~ upon*: 1 piombare su, attaccare; 2 *(to meet by chance)* imbattersi in, incontrare per caso. *Prov.: what ~s around, goes around* chi la fa l'aspetti.

come-and-go /ˌkʌmən'gou/ **I** n. andirivieni m. **II** a. mutevole, volubile.

come-at-able /ˌkʌm'ætəbl/ a. *(Am,colloq)* accessibile, facilmente raggiungibile, facilmente ottenibile.

come-back /'kʌmbæk/ n. 1 *(colloq)* ritorno m., rientro m.: *to make* (o *to stage) a resounding ~* fare un ritorno clamoroso. 2 *(colloq) (sharp answer, retort)* risposta f. pungente, replica f., rimbeccata f., risposta f. per le rime. 3 *(colloq) (of trend, style)* ritorno m. in auge. 4 *(colloq,Sport)* rimonta f. □ *to make a ~* ritornare in auge, ritornare in scena.

COMECON /'kɒmɪkɒn *Am* 'kɑːmɪkɑːn/ *Council for Mutual Economic Aid* COMECON (Consiglio di mutua assistenza economica).

comedian /kə'miːdiən/ n. 1 *(comic)* comico m., attore m. (f. -trice) comico: *a television ~* un comico della televisione. 2 *(entertainer)* entertainer m./f., chi intrattiene. 3 *(Teat)* *(actor)* attore m. (f. -trice); *(writer)* commediografo m. (f. -a). 4 *(comical person)* persona f. divertente, tipo m. (f. -a) ameno.

comedic /kə'miːdɪk/ a. della commedia, di commedia.

comedienne /kə,miːdi'en/ n. 1 *(female comic)* attrice f. comica. 2 *(entertainer)* entertainer f., chi intrattiene. 3 *(Teat) (actress)* attrice f.

comedist /'kɒmədɪst *Am* 'kɑːmədɪst/ n. commediografo m. (f. -a).

comedo /'kɒmɪdou *Am* 'kɑːmɪdou/ n. *(Med)* comedone m.

comedogenic /ˌkɒmɪdou'dʒenɪk *Am* ˌkɑːmɪdou'dʒenɪk/ a. *(Med)* comedogenico.

comedown /'kʌmdaun/ n. *(colloq)* 1 crollo m., rovescio m. finanziario. 2 *(disappointment)* delusione f., frustrazione f. 3 *(Am)* *(drug)* calo m., rientro m. da un trip.

comedy /'kɒmədi *Am* 'kɑːmədi/ n. 1 commedia f. *(anche Lett)* 2 *(comic element)* elemento m. comico, nota f. comica. 3 *(comic incident)* commedia f., spasso m.: *the party was a ~* il ricevimento fu un vero spasso. □ *(Lett) ~ of ideas* commedia a tesi; *(Lett) ~ of intrigue* commedia di intreccio; *(Lett) ~ of manners* commedia di costume; *(Teat,Rad,TV) ~ sketch* scenetta comica, sketch.

come-hither /ˌkʌm'hɪðər/ a. *(colloq)* allettante, invitante, seducente: *a ~ look* un'occhiata invitante.

comeliness /'kʌmlɪnəs/ n. 1 avvenenza f., grazia f. 2 *(properness)* dignità f., decoro m.

comely /'kʌmli/ a. 1 avvenente, aggraziato, piacevole. 2 *(seemly, proper)* dignitoso, decoroso.

come-on /'kʌmɒn *Am* 'kʌmɑːn/ n. 1 *(flirtatious advance)* occhiate f.pl. invitanti, comportamento m. seducente. 2 *(Comm)* offerta f. allettante.

comer /'kʌmər/ n. *(colloq) (one on his way to*

fame, etc.) persona *f.* che farà strada, promessa *f.*

comestible /kə'mestɪbl/ **I** *a.* commestibile. **II** *n.spec.pl.* commestibili *m.pl.*, generi *m.pl.* alimentari, generi *m.pl.* commestibili.

comet /'kɒmɪt Am 'kɑːmɪt/ *n.* (*Astr*) cometa *f.*

cometary /'kɒmɪtᵊri Am 'kɑːmɪteri/ *a.* **1** (*Astr*) cometario. **2** (*like a comet*) simile a una cometa.

cometical /kə'metɪkᵊl Am kə'metɪkᵊl/ *a.* **1** (*Astr*) cometario. **2** (*like a comet*) simile a una cometa.

come-uppance /kʌm'ʌpəns/ *n.* (*what is due*) ciò che è dovuto, ricompensa *f.*: (*colloq*) *he's got his* ~ ha avuto quel che si meritava.

comfily /'kʌmfɪli/ *avv.* (*Br,colloq*) **1** comodamente. **2** (*easily*) facilmente, senza difficoltà.

comfiness /'kʌmfɪnəs/ *n.* (*colloq*) comodità *f.pl.*, conforti *m.pl.*, agi *m.pl.*

comfit /'kʌmfɪt/ *n.* (*Dolc*) confetto *m.* □ ~ *box* bomboniera.

comfort /'kʌm(p)fət Am 'kʌm(p)fərt/ **I** *n.* **1** conforto *m.*, consolazione *f.*, sollievo *m.*: *it is a* ~ *to me* questo mi è di conforto. **2** (*person, thing giving consolation*) consolazione *f.*, conforto *m.*: *that is cold* ~ è una magra consolazione. **3** (*state of physical ease*) agiatezza *f.*, benessere *m.* **4** (*thing providing ease, etc.*) comfort *m.*, conforti *m.pl.*, comodità *f.pl.*, agi *m.pl.*: *this house has every* ~ questa casa dispone di tutti i comfort. **II** *v.t.* confortare, consolare. **2** (*Am*) ~ *food* cibo poco elaborato, pietanza semplice; *it's a* ~ *to know that* è consolante saperlo, è di conforto saperlo; (*Am,eufem*) ~ *room* (o ~ *station*) gabinetti pubblici; *take* ~ fatevi coraggio!, fatevi animo!; *take* ~ *in the fact that...* consolatevi sapendo che...

comfortability /ˌkʌm(p)fətə'bɪlɪti Am ˌkʌm(p)fərtə'bɪləti/ *n.* confortevolezza *f.*, comfort *m.*

comfortable /'kʌm(p)fətəbl Am 'kʌm(p)fərtəbl/ *a.* **1** comodo, confortevole: ~ *shoes* scarpe comode. **2** (*enjoying physical ease*) comodo, a proprio agio: *to make oneself* ~ mettersi a proprio agio. **3** (*enjoying mental ease*) sereno, tranquillo. **4** (*adequate, sufficient*) adeguato, sufficiente, soddisfacente: *a* ~ *income* un reddito soddisfacente.

comfortableness /'kʌm(p)fətəblnəs Am 'kʌm(p)fərtəblnəs/ *n.* comodità *f.pl.*, conforti *m.pl.*, agi *m.pl.*

comfortably /'kʌm(p)fətəbli Am 'kʌm(p)fərtəbli/ *avv.* **1** comodamente. **2** (*easily*) facilmente, senza difficoltà: *the key fitted* ~ *in the lock* la chiave entrò facilmente nella serratura. □ *to be* ~ *off* (o *to be* ~ *well off*) essere in buone condizioni finanziarie, non mancare di niente.

comforter /'kʌm(p)fətə͏ʳ Am 'kʌm(p)fərtə͏ʳ/ *n.* **1** confortatore *m.* (*f.* -trice), consolatore *m.* (*f.* -trice). **2** (*down-filled bedcover*) trapunta *f.*, piumino *m.* (da letto), copertina *f.* imbottita. **3** (*ant*) (*scarf*) sciarpa *f.* di lana.

Comforter /'kʌm(p)fətə͏ʳ Am 'kʌm(p)fərtə͏ʳ/ *n.* (*Bibl*) Consolatore *m.*, Spirito *m.* Santo.

comforting /'kʌm(p)fətɪŋ Am 'kʌm(p)fərtɪŋ/ *a.* confortante.

comfortless /'kʌm(p)fətləs Am 'kʌm(p)fərtləs/ *a.* **1** (*cheerless*) privo di conforto, sconsolato. **2** (*lacking in comforts*) senza comodità, scomodo. **3** (*dreary*) squallido.

comfrey /'kʌm(p)fri/ *n.* (*Bot*) consolida *f.* maggiore.

comfy /'kʌm(p)fi/ *a.* (*Br,colloq*) comodo, a proprio agio.

comic /'kɒmɪk Am 'kɑːmɪk/ **I** *a.* **1** (*Teat, Cin*) comico. **2** (*comical, funny*) comico, diver-

tente, spassoso. **II** *n.* **1** (*comedian*) comico *m.*, attore *m.* (*f.* -trice) comico: *a radio* ~ un comico della radio. **2** (*comic periodical*) giornale *m.* umoristico. **3** *pl.* fumetto *m.sing.*, fumetti *m.pl.* □ ~ *book* giornale a fumetti; ~ *opera* opera buffa; ~ *relief*: **1** (*Teat*) parentesi comica, diversivo comico; **2** (*relief from tension*) diversivo; ~ *strip* fumetto, fumetti.

comical /'kɒmɪkᵊl Am 'kɑːmɪkᵊl/ *a.* comico, divertente, spassoso.

comicality /ˌkɒmɪ'kæliti Am ˌkɑːmɪ'kæləti/ *n.* (*ant*) comicità *f.*

comically /'kɒmɪkᵊli Am 'kɑːmɪkᵊli/ *avv.* comicamente, in modo comico.

coming /'kʌmɪŋ/ **I** *n.* **1** arrivo *m.*, venuta *f.*, (*lett,Bibl*) avvento *m.* **2** (*accession*) assunzione *f.*, avvento *m.*: ~ *to power* avvento al potere. **II** *a.* prossimo, futuro, a venire, venturo: *the* ~ *years* gli anni futuri. □ ~ *-s and goings* viavai, andirivieni; (*Cin*) ~ *soon* (*to a theatre near you*) prossimamente (su questo schermo).

coming-of-age /'kʌmɪŋəv͏ˌeɪdʒ/ (*pl.* **comings-of-age**) *n.* raggiungimento *m.* della maggiore età.

coming-out /ˌkʌmɪŋ'aʊt/ *n.* (*of a gay or lesbian*) coming-out *m.*, dichiarazione *f.* della propria omosessualità. □ ~ *party* festa delle debuttanti, ricevimento delle debuttanti.

comity /'kɒmɪti Am 'kɑːməti/ *n.* cortesia *f.*, buone maniere *f.pl.* □ (*Dir*) ~ *of nations* rispetto reciproco di leggi e costumi, cortesia internazionale.

comma /'kɒmə Am 'kɑːmə/ (*pl.* -**s** /-z/) *n.* **1** virgola *f.* **2** (*Metr,Mus*) comma *m.* □ (*Biol*) ~ *bacillus* vibrione colerico, bacillo virgola.

command /kə'mɑːnd Am kə'mænd/ **I** *v.t.* **1** comandare, ordinare, impartire l'ordine di: *to* ~ *so. to do sth.* ordinare a qcu. di fare qcs. **2** (*to require, demand*) pretendere, esigere. **3** (*to have control over*) dominare, controllare, avere il controllo di: *to* ~ *the market* avere il controllo del mercato. **4** (*to have at one's disposal*) avere a (propria) disposizione, disporre di. **5** (*to deserve and get*) imporre, infondere, suscitare, incutere: *to* ~ *respect* incutere rispetto. **6** (*of places*) dominare, sovrastare. **7** (*Mil*) comandare, avere il comando di: *to* ~ *a platoon* comandare un plotone. **8** (*to master*) avere la padronanza di: *to* ~ *two languages* avere la padronanza di due lingue. **II** *v.i.* **1** impartire ordini, dare ordini, comandare. **2** (*to be in charge*) detenere il comando. **III** *n.* **1** ordine *m.*, comando *m.*: *to obey a* ~ eseguire un ordine. **2** (*authority, right to command*) comando *m.*, autorità *f.* di comando: *to be in* ~ *of an expedition* essere al comando, essere a capo di una spedizione. **3** (*mastery*) padronanza *f.*, controllo *m.*, dominio *m.* (*anche fig*): *he has a good* ~ *of English* ha una buona padronanza dell'inglese. **4** (*of places: extent of view*) visuale *f.*, campo *m.* visivo. **5** (*royal invitation*) invito *m.* da parte del sovrano. **6** (*Inform*) comando *m.*, istruzione *f.* □ *to do sth. at so.'s* ~ far qcs. per ordine di qcu.; *to be at so.'s* ~ essere ai comandi di qcu., essere agli ordini di qcu.; *to do sth. by so.'s* ~ far qcs. per ordine di qcu.; (*Econ*) ~ *economy* economia dirigistica, dirigismo economico; (*Mil*) *to have a* ~ comandare un reparto; *to have at one's* ~ avere a (propria) disposizione; (*Inform*) ~ *language* linguaggio di comando, linguaggio di interfaccia; (*Astron*) ~ *module* modulo di comando; *to* ~ *obedience* sapere farsi ubbidire; ~ *over oneself* padronanza di sé, autocontrollo; (*Parl*) ~ *paper* regio decreto; ~ *performance* spettacolo teatrale (dato) a ri-

chiesta del sovrano; (*Inform*) ~ *state* (*of a modem*) stato dei comandi; *under the* ~ *of* al comando di.

commandant /'kɒmᵊndɑːnt Am 'kɑːmən͏ dɑːnt/ *n.* comandante *m.* (*anche Mil*).

commandeer /ˌkɒmᵊn'dɪə͏ʳ Am ˌkɑːmən'dɪr/ *v.t.* **1** (*Mil*) (*to seize*) requisire; (*to force into active military service*) arruolare obbligatoriamente. **2** (*to seize arbitrarily*) impossessarsi di, prendere con la forza.

commander /kə'mɑːndə͏ʳ Am kə'mændə͏ʳ/ *n.* **1** capo *m.*, comandante *m.*: *the* ~ *of an expedition* il capo di una spedizione. **2** (*Mar.mil*) capitano *m.* di vascello. **3** (*Mil*) comandante *m.* **4** (*of an order of Chivalry*) commendatore *m.*

commander-in-chief /kəˌmɑːndᵊrɪn'tʃiːf Am kəˌmændᵊrɪn'tʃiːf/ *n.* (*Mil*) comandante *m.* in capo, comandante *m.* supremo.

commandership /kə'mɑːndəˌʃɪp Am kə'mændəˌʃɪp/ *n.* comando *m.*, autorità *f.* di comando.

commanding /kə'mɑːndɪŋ Am kə'mændɪŋ/ *a.* **1** imponente, autorevole. **2** (*of places*) dominante, sovrastante: *in a* ~ *position* in posizione dominante. **3** (*in command*) in comando: ~ *officer* ufficiale in comando.

commandment /kə'mɑːn(d)mənt Am kə'mæn(d)mənt/ *n.* **1** comando *m.* **2** (*Bibl*) comandamento *m.*

commando /kə'mɑːndoʊ Am kə'mændoʊ/ (*pl.* -**s/-es** /-z/) *n.* (*Mil*) commando *m.* □ (*Am, sl*) *to go* ~ non indossare biancheria intima.

commeasurable /kə'meʒᵊrəbl/ *a.* commensurabile.

commeasure /kə'meʒə͏ʳ/ *v.t.* commisurare, commensurare.

commemorate /kə'memᵊreɪt/ *v.t.* commemorare: *to* ~ *those who died in the war* commemorare i caduti in guerra.

commemoration /kəˌmemə'reɪʃᵊn/ *n.* **1** commemorazione *f.* **2** (*service*) commemorazione *f.*, cerimonia *f.* commemorativa.

commemorational /kəˌmemə'reɪʃᵊnᵊl/, **commemorative** /kə'memᵊrətɪv Am kə'memᵊrətɪv/ *a.* commemorativo, celebrativo.

commence /kə'mens/ **I** *v.t.* cominciare, incominciare, iniziare: *to* ~ *to do* (o *to* ~ *doing*) *sth.* cominciare a fare qcs. **II** *v.i.* cominciare, aver inizio.

commencement /kə'mensmənt/ *n.* **1** principio *m.*, inizio *m.* **2** (*Am*) cerimonia *f.* di conferimento di diplomi (*o* di lauree).

commend /kə'mend/ *v.t.* **1** (*to entrust*) raccomandare, affidare. **2** (*to praise*) lodare, encomiare: *to* ~ *so. on* (*o for*) *his courage* lodare qcu. per il suo coraggio; *such behaviour does not* ~ *itself to the authorities* un tale contegno non riscuote l'approvazione delle autorità. □ *to* ~ *one's soul to God* raccomandare l'anima a Dio.

commendable /kə'mendəbl/ *a.* lodevole, encomiabile.

commendableness /kə'mendəblnəs/ *n.* l'essere lodevole.

commendably /kə'mendəbli/ *avv.* in modo lodevole, encomiabile.

commendam /kə'mendæm/ *n.* (*Rel,Stor*) commenda *f.*

commendation /ˌkɒmen'deɪʃᵊn Am ˌkɑːmen 'deɪʃᵊn/ *n.* **1** lode *f.*, approvazione *f.* **2** (*recommendation*) raccomandazione *f.* **3** (*award*) encomio *m.*

commendatory /kə'mendᵊtᵊri Am kə'mendᵊtɔːri/ *a.* **1** elogiativo, d'encomio. **2** (*Rel,Stor*) (*of a cleric*) commendatario; (*of a benefice*) affidato in commenda.

commensal /kə'mensᵊl/ **I** *a.* (*Biol*) commensale. **II** *n.* commensale *m./f.* (*anche Biol*).

commensalism /kə'mensəlɪzəm/ n. (Biol) commensalismo m.

commensality /ˌkɒmen'sælɪti Am ˌkɑːmen'sæləti/ n. (Biol) commensalismo m.

commensurability /kəˌmenʃərə'bɪlɪti Am kəˌmensərə'bɪləti/ n. commensurabilità f. (anche Mat).

commensurable /kə'menʃərəbḷ Am kə'mensərəbḷ/ a. 1 commisurato, proporzionato. 2 (Mat) commensurabile.

commensurably /kə'menʃərəbli Am kə'mensərəbli/ avv. proporzionatamente.

commensurate /kə'menʃərɪt Am kə'mensərɪt/ a. 1 di ugual misura (with di). 2 (proportionate) adeguato, proporzionato (a): his income was not ~ with his needs il suo reddito non era proporzionato ai suoi bisogni.

commensurately /kə'menʃərɪtli Am kə'mensərɪtli/ avv. in modo adeguato, in modo proporzionato.

commensuration /kəˌmenʃə'reɪʃən Am kəˌmensə'reɪʃən/ n. 1 l'essere proporzionato. 2 (comparison) commisurazione f., confronto m.

comment /'kɒment Am 'kɑːment/ I n. 1 commento m., osservazione f. (on su). 2 (criticism) commento m., critica f. 3 (Lett) commento m., nota f. (on su), chiosa f., glossa f.; (explanatory matter) commento m., note f.pl. illustrative. II v.i. 1 fare commenti, fare osservazioni, esprimere un giudizio (on, about su), criticare (qcs.). 2 (to write comments) fare il commento (on a), commentare (qcs.), annotare (qcs.): to ~ on a text fare il commento a un testo. III v.t. (Lett) commentare, osserva, chiosare. □ no ~! nessuna dichiarazione da fare, nessun commento, no comment.

commentary /'kɒmentəri Am 'kɑːmenteri/ n. 1 (Lett) commento m., note f.pl. illustrative: a ~ on the Bible un commento alla Bibbia. 2 (Lett) (explanatory treatise) commentario m. 3 (Rad) radiocronaca f.: a ~ on a football match la radiocronaca di una partita di calcio. 4 (TV) telecronaca f. 5 pl. (record of events) commentari m.pl.

commentate /'kɒmenteɪt Am 'kɑːmenteɪt/ v.t. 1 (Lett) commentare, chiosare. 2 (Rad) fare la radiocronaca di. 3 (TV) fare la telecronaca di.

commentator /'kɒmenteɪtər Am 'kɑːmen teɪtər/ n. 1 (Lett) commentatore m. (f. -trice), annotatore m. (f. -trice). 2 (Rad) radiocronista m./f. 3 (TV) telecronista m./f.

commerce /'kɒmɜːs Am 'kɑːmɜːrs/ n. 1 commercio m. 2 (ant) (social intercourse) rapporto m., contatti m.pl.

commercial /kə'mɜːʃəl Am kə'mɜːrʃəl/ I a. 1 commerciale: a ~ success un successo commerciale. 2 (Rad,TV) commerciale, pubblicitario: a ~ film un film commerciale, un film di cassetta. II n. 1 (Rad,TV) comunicato m. commerciale, annuncio m. pubblicitario, pubblicità f., spot m. televisivo. 2 (colloq) commerciale m., rappresentante m., commesso m. viaggiatore. □ ~ agency agenzia commerciale; ~ agent agente di commercio, agente commerciale; ~ airport aeroporto civile; ~ art arte pubblicitaria, ~ artist disegnatore pubblicitario; (Dipl) ~ attaché addetto commerciale; (Econ) ~ bank banca commerciale; (Rad,TV) ~ break interruzione pubblicitaria, stacco pubblicitario; (Aut) ~ car utilitaria f.; ~ directory libro di indirizzi commerciali, guida generale del commercio; ~ hotel albergo per rappresentanti; (Dir) ~ law diritto commerciale; ~ paper: 1 (Econ) effetto commerciabile; 2 (Post) manoscritto con lettera di accompagnamento; (Aer) ~ pi-

lot pilota civile; ~ school scuola (tecnica) commerciale; ~ traveller commerciale, rappresentante, commesso viaggiatore.

commercialism /kə'mɜːʃəlɪzəm Am kə'mɜːrʃəlɪzəm/ n. 1 spirito m. commerciale, mercantilismo m. 2 (emphasis on profit) affarismo m.

commercialist /kə'mɜːʃəlɪst Am kə'mɜːrʃəlɪst/ n. commerciante m./f.

commerciality /kəˌmɜːʃi'ælɪti Am kəˌmɜːrʃi'æləti/ n. commercialità f.

commercialization /kəˌmɜːʃəl(a)ɪ'zeɪʃən Am kəˌmɜːrʃəlɪ'zeɪʃən/ n. commercializzazione f.

commercialize /kə'mɜːʃəlaɪz Am kə'mɜːrʃəlaɪz/ v.t. 1 commercializzare, rendere commerciale: to ~ Christmas commercializzare il Natale. 2 (to cause to be sold, etc.) rendere commerciabile: to ~ an invention rendere commerciabile un'invenzione.

commercially /kə'mɜːʃəli Am kə'mɜːrʃəli/ avv. commercialmente, mercantilmente.

commie /'kɒmi Am 'kɑːmi/ I n. (colloq, spreg) comunista m./f. II a. (colloq, spreg) comunista.

comminate /'kɒmɪneɪt Am 'kɑːmɪneɪt/ v.t. 1 minacciare; (to threaten divine punishment) minacciare la punizione divina a. 2 (Dir) comminare.

commination /ˌkɒmɪ'neɪʃən Am ˌkɑːmɪ'neɪʃən/ n. 1 (threat) comminazione f. (anche Dir). 2 (of divine punishment) minaccia f. di punizione divina. 3 (Rel) (in the Anglican Church) litania f. delle minacce divine.

comminatory /'kɒmɪnətəri Am 'kɑːmɪnətɔːri/ a. comminatorio.

commingle /kə'mɪŋgl̩/ I v.i. mescolarsi. II v.t. mescolare.

comminute /'kɒmɪnjuːt Am 'kɑːmɪn(j)uːt/ v.t. 1 (Med) comminuire. 2 (to reduce to minute fragments) sminuzzare, triturare, stritolare, polverizzare. □ (Med) -d fracture frattura comminuta, comminuzione.

comminution /ˌkɒmɪ'njuːʃən Am ˌkɑːmɪ'n(j)uːʃən/ n. 1 (Med) frattura f. comminuta, comminuzione f. 2 (reduction to minute fragments) triturazione f., stritolamento m., polverizzazione f.

commiserable /kə'mɪzərəbl̩/ a. commiserabile.

commiserate /kə'mɪzəreɪt/ I v.t. commiserare, compiangere. II v.i. partecipare al dolore (with di), condolersi (con): to ~ with so. over a bereavement condolersi con qcu. per un lutto.

commiseration /kəˌmɪzə'reɪʃən/ n. commiserazione f.

commiserative /kə'mɪzərətɪv Am kə'mɪzəreɪtɪv/ a. di commiserazione, di compatimento.

commissar /ˌkɒmɪ'sɑːr Am 'kɑːmɪsɑːr/ n. (Stor) 1 (in Russia) commissario m. del popolo. 2 (minister) ministro m.

commissarial /ˌkɒmɪ'seərɪəl Am ˌkɑːmə'serɪəl/ a. commissariale, del commissario.

commissariat /ˌkɒmɪ'seərɪət Am ˌkɑːmə'serɪət/ n. 1 (Stor) (in Russia) commissariato m.; (ministry) ministero m. 2 (Mil) (supply system) intendenza f.; (department) commissariato m.

commissary /'kɒmɪsəri Am 'kɑːməseri/ n. 1 commissario m., delegato m., incaricato m. 2 (provisions store) spaccio m. 3 (Rel) vicario m. 4 (Mil) ufficiale m. di un commissariato (o un'intendenza). 5 (in France, Italy) commissario m. di pubblica sicurezza. □ ~ general: 1 delegato generale, commissario generale; 2 (Mil) intendente generale.

commissaryship /'kɒmɪsərɪʃɪp Am 'kɑːməserɪʃɪp/ n. 1 commissariato m. 2 (Rel)

vicariato m.

commission /kə'mɪʃən/ I n. 1 incarico m., commissione f., mandato m., missione f. 2 (Comm) commissione f., provvigione f.: a ten per cent ~ on a sale una provvigione del dieci per cento su una vendita; on ~ a provvigione. 3 (warrant) mandato m. scritto, autorizzazione f. 4 (authority) autorità f., potere m. 5 (Mil) decreto m. di nomina a ufficiale; (rank) grado m. di ufficiale. 6 (order for a work) commissione f., ordinazione f.; (errand, piece of work) commissione f.: she gave me a few -s mi diede da fare alcune commissioni. 7 (body of commissioners) commissione f., comitato m.: Commission on Human Rights commissione dei diritti dell'uomo. 8 (Mar.mil) armamento m. II v.t. 1 delegare, autorizzare; (to appoint to a task) incaricare. 2 (to order) commissionare, ordinare, commettere: to ~ a statue from a sculptor commissionare una statua a uno scultore. 3 (Mar.mil) affidare il comando a; (of a ship) armare. □ ~ agent (o ~ broker) allibratore; (Comm) ~ charges spese di provvigione; (Comm) ~ house azienda commissionaria; in ~: 1 (Mar.mil) armato, pronto per salpare; 2 (fig) (in use) in efficienza, in servizio; 3 (of an office) autorizzato, delegato; (Mar.mil) to put a ship into ~ armare una nave; ~ merchant commissionario; Commission of the European Communities Commissione delle comunità europee; to sell on ~ (o to work on ~) vendere a provvigione; out of ~: 1 (Mar.mil) in disarmo; 2 (fig) (out of order) guasto, fuori servizio, fuori uso; 3 (of an office) non autorizzato.

commissionaire /kəˌmɪʃən'eər Am kəˌmɪʃən'er/ n. 1 (of a hotel, an office, etc.) fattorino m. 2 (of a cinema, theatre) portiere m. (in livrea).

commission-day /kə'mɪʃənˌdeɪ/ n. (Dir) giorno m. di apertura della Corte d'Assise.

commissioned /kə'mɪʃənd/ a. (of a person) delegato, autorizzato. □ (Mil) ~ officer ufficiale.

commissioner /kə'mɪʃənər/ n. 1 commissario m. (f. -a), componente m./f. di una commissione. 2 (delegate, deputy) commissario m. (f. -a), delegato m. (f. -a): ~ of a colony commissario di una colonia. 3 (government official) membro m. 4 (Comm) (orderer) committente m., committente m./f. 5 (Sport) commissario m. □ (Dir) ~ for oaths funzionario designato a ricevere le dichiarazioni giurate; (Dir) ~ in bankruptcy curatore di un fallimento, curatore fallimentare; (Dir) ~ of audit consigliere referendario della Corte dei Conti; Commissioners of Customs direzione generale delle dogane; Commissioners of Inland Revenue fisco; ~ of patents direttore dell'ufficio brevetti; ~ of police questore.

commissionership /kə'mɪʃənəʃɪp Am kə'mɪʃənərʃɪp/ n. commissariato m.

commissural /kə'mɪsjuərəl Am ˌkɑːmə'ʃʊrəl/ a. (Anat,Biol) commissurale.

commissure /'kɒmɪsjuər Am 'kɑːməʃʊr/ n. commettitura f., commessura f.

commit /kə'mɪt/ (past, p.p. **committed** /kə'mɪtɪd Am kə'mɪtɪd/) I v.t. 1 affidare, consegnare: to ~ sth. to so.'s care affidare qcs. alle cure di qcu. 2 (to place in confinement) relegare, mandare: to ~ a criminal to prison mandare un criminale in prigione. 3 (in a mental hospital) ricoverare, internare. 4 (to commend) affidare, raccomandare: to ~ one's soul to God affidare l'anima a Dio. 5 (to perform, execute) commettere, compiere: to ~ a crime commettere un delitto. 6 (to pledge) impegnare, legare: *to ~ oneself to doing sth.* impegnarsi a fare qcs. **7** (*rifl.*) *to ~ oneself* (*to express one's opinion, etc.*) compromettersi, impegnarsi: *he doesn't want to ~ himself* non vuole compromettersi. **II** *v.i.* (*colloq*) (*to enter into monogamous romantic relationship*) impegnarsi, legarsi: *many men are afraid to ~* molti uomini hanno paura di impegnarsi. ☐ (*Parl*) *to ~ a bill* rinviare un progetto di legge a una commissione parlamentare; (*Dir*) *to ~ so. for trial* rinviare qcu. a giudizio; *to ~ perjury*: 1 giurare il falso; 2 (*of a witness*) rendere falsa testimonianza; *to ~ suicide* suicidarsi; *to ~ sth.* **to memory** imparare qcs. a memoria; *to ~ a body to the* **flames** dare un corpo alle fiamme, ardere un corpo; *to ~ sth.* **to writing** mettere qcs. per iscritto, affidare qcs. alla scrittura.

commitment /kə'mɪtmənt/ *n.* **1** (*undertaking, pledge*) obbligo *m.*, impegno *m.* **2** (*financial obligation*) impegno *m.* **3** affidamento *m.*; (*in custody*) imprigionamento *m.*, carcerazione *f.* **4** (*to a mental hospital*) ricovero *m.*, internamento *m.* **5** (*Dir*) mandato *m.* di arresto. **6** (*Parl*) (*of a bill*) rinvio *m.* a una commissione parlamentare.

committable /kə'mɪtəbl̩ *Am* kə'mɪt̬əbl̩/ *a.* **1** (*Dir*) passibile di arresto e carcerazione. **2** (*capable of being committed*) che può essere commesso.

committal /kə'mɪtəl *Am* kə'mɪt̬əl/ *n.* **1** impegno *m.*: *~ to a cause* impegno in una causa. **2** (*consignment to custody*) imprigionamento *m.*, carcerazione *f.* **3** (*of a body to the grave*) seppellimento *m.*, sepoltura *f.* ☐ (*Dir*) *~ for trial* rinvio a giudizio; (*Dir*) *~ proceedings* esame preliminare. (*Dir*) *~ to a higher court* rinvio a un tribunale superiore.

committed /kə'mɪtɪd *Am* kə'mɪt̬ɪd/ *a.* impegnato: *a ~ writer* uno scrittore impegnato.

committee[1] /kə'mɪti *Am* kə'mɪt̬i/ *n.* comitato *m.*, commissione *f.*, consiglio *m.* ☐ (*Parl*) *to go into ~* (o *to resolve itself into a ~*) riunirsi in commissione; *~ man* membro di un comitato, membro di un comitato; (*Parl*) *~ of selection* commissione delle proposte; (*Parl*) *Committee of Supply* commissione per il bilancio; (*Parl*) *~ of the whole* (*house*) commissione plenaria; (*Parl*) *Committee of Ways and Means* commissione per il bilancio. *~ room* sala del consiglio.

committee[2] /kɒmɪ'tiː *Am* ˌkɒmɪ'tiː/ *n.* (*Dir*) tutore *m.* (*f.* -trice), curatore *m.* (*f.* -trice).

committer /kə'mɪtər *Am* kə'mɪt̬ər/ *n.* **1** (*perpetrator*) perpetratore *m.* (*f.* -trice). **2** (*colloq*) persona *f.* che si impegna, persona *f.* che si dedica.

commix /kə'mɪks/ **I** *v.t.* (*poet*) mescolare. **II** *v.i.* (*poet*) mescolarsi.

commixture /kə'mɪkstʃər/ *n.* mescolanza *f.*, mistura *f.*

commode /kə'məʊd/ *n.* **1** (*Am*) (*toilet*) comoda *f.*, seggetta *f.* **2** (*Arred*) canterano *m.*, cassettone *m.* **3** (*movable washstand*) lavabo *m.*

commodious /kə'məʊdɪəs/ *a.* **1** ampio, spazioso. **2** (*ant*) (*convenient*) comodo, comodo.

commodiously /kə'məʊdɪəslɪ/ *avv.* **1** ampiamente. **2** (*ant*) comodamente, in modo utile.

commodiousness /kə'məʊdɪəsnəs/ *n.* spaziosità *f.*, ampiezza *f.*

commodity /kə'mɒdɪtɪ *Am* kə'mɑːdət̬i/ *n.* **1** (*article of trade*) prodotto *m.*, merce *f.*, derrata *f.* **2** (*useful thing*) oggetto *m.* di uso, articolo *m.*: *household commodities* articoli casalinghi. **3** *pl.* (*Econ*) (*agricultural and mining products*) prodotti *m.pl.* (del suolo). ☐ (*Econ*) *~ exchange* borsa merci.

commodore /'kɒmədɔːr *Am* 'kɑːmədɔːr/ *n.* **1** (*Mar.mil, ant*) comandante *m.* di flotta. **2** (*of a yacht club*) presidente *m.*, commodoro *m.*

common /'kɒmən *Am* 'kɑːmən/ **I** *a.* **1** comune: *our common heritage* la nostra comune eredità; *a ~ mistake* un errore comune, un errore frequente. **2** (*widespread*) comune, diffuso, generale: *a ~ belief* una credenza diffusa. **3** (*shared by*) comune (*to* a), condiviso (da), proprio (di): *an experience ~ to many* un'esperienza comune a molti. **4** (*average, ordinary*) comune, medio, normale: *of ~ height* di statura media. **5** (*hackneyed*) comune, ovvio, trito, banale. **6** (*shoddy*) ordinario, scadente, dozzinale. **7** (*vulgar*) volgare, grossolano: *~ language* linguaggio grossolano. **II** *n.* **1** *spec.pl.* (*common tract of land*) terre *f.pl.* in godimento collettivo, comunanze *f.pl.*; (*pasture*) pascolo *m.sing.* comune, pascolo *m.sing.* pubblico; (*park*) parco *m.sing.* cittadino, parco *m.sing.* pubblico. **2** (*Dir*) servitù *f.sing.* **III** *avv.* (*colloq*) in modo volgare: *don't talk ~* non dire volgarità. ☐ *to the ~ advantage* a vantaggio di tutti, per il bene comune; (*Comm*) *~ carrier* vettore; *~ cause* causa comune: *to fight for a ~ cause* combattere per una causa comune; (*Br*) *to make ~ cause with so.* far causa comune con qcu.; (*Mus*) *~ chord* accordo perfetto; (*Med*) *~ cold* (comune) raffreddore; *by ~ consent* di comune accordo, per unanime consenso; (*US*) *~ council* consiglio municipale; *a matter of ~ courtesy* una questione di semplice cortesia; (*Dir*) *~ criminal* delinquente comune; (*Mat,fig*) *~ denominator* denominatore comune; (*Mat*) *~ divisor* divisore comune; (*Br,Scol*) *Common Entrance* esame di ammissione; *Common Era* era volgare, era comune; (*Mat*) *~ factor* divisore comune; (*Mat*) *~ fraction* frazione ordinaria; (*fig*) *to make a ~ front against so.* fare fronte comune contro qcu.; (*Gramm*) *~ gender* genere comune; (*Archeol*) *~ grave* tomba collettiva; (*fig*) *~ ground* terreno comune, punto di incontro; (*fig*) *the ~ herd* il volgo; *in ~* in comune: *the two have a lot in ~* quei due hanno molte cose in comune; (*Dir*) *~ intendment* interpretazione secondo la consuetudine; (*Dir*) *~ jury* giuria ordinaria; *it is ~ knowledge that* è risaputo che, è notorio che; *~ labour* manodopera non qualificata; (*Dir*) *~ law*: 1 common law, diritto comune, diritto anglosassone; 2 (*unwritten law*) diritto consuetudinario, legge non scritta; *the ~ man* l'uomo della strada, l'uomo comune; (*Econ*) *Common Market* Mercato comune; *~ measure*: 1 (*Mus*) misura di quattro battute, misura di due battute; 2 (*Metr*) metro di ballata; (*Metr*) *~ metre* metro di ballata; (*Mat*) *~ multiple* multiplo comune; (*Gramm*) *~ name* (o *~ noun*) nome comune; (*Dir*) *~ nuisance* danno pubblico; (*Dir*) *~ of pasturage* diritto di pascolo; (*colloq*) *~ or garden* normale, ordinario, di tutti i giorni; (*Br,rar*) *out of the ~* fuori del comune: *nothing out of the ~* niente di eccezionale, niente di straordinario; *in ~ parlance* nel linguaggio corrente; (*Stor*) *~ pasture* pascolo comune; *~ people* popolo, gente comune; (*Dir*) *~ pleas* cause civili; (*Court of*) *Common Pleas* tribunale delle cause civili; (*Rel.prot*) *Common Prayer* (*Book of Common Prayer*) rituale della chiesa anglicana; *~ property* proprietà comune (*anche fig*); *~ room*: 1 (*Univ*) (*for students*) sala di ritrovo; 2 (*for the teaching staff*) sala (dei) professori; *~ school* scuola pubblica gratuita; *~ sense* senso comune, buonsenso; (*Bot*) *~ sorrel* saleggiola; (*Econ*) *~ stock* titolo ordinario, azione ordinaria; *it is ~ talk*

that è voce diffusa che; (*Mus*) *~ time* misura di quattro battute, misura di due battute; *~ touch* favore popolare, ascendente sulle masse; *in ~ use* nell'uso corrente, nell'uso comune.

commonable /'kɒmənəbl̩/ *a.* (*Br*) **1** (*of land*) di proprietà comune; (*public*) pubblico. **2** (*of animals*) che può pascolare su un terreno di proprietà comune.

commonage /'kɒmənɪdʒ/ *n.* (*Br*) **1** diritto *m.* di pascolo. **2** (*state of being held in common*) comunanza *f.*; (*land*) terreno *m.* di proprietà comune. **3** (*commonality*) l'avere delle caratteristiche in comune.

commonality /ˌkɒmə'nælɪti *Am* ˌkɑːmə'nælət̬i/ *n.* **1** l'avere delle caratteristiche in comune. **2** (*people without special rank*) gente *f.* comune, popolo *m.*, popolino *m.*

commonalty /'kɒmənəlti *Am* 'kɑːmənəlti/ *n.* **1** l'avere delle caratteristiche in comune. **2** (*people without special rank*) gente *f.* comune, popolo *m.*, popolino *m.*

commoner /'kɒmənər *Am* 'kɑːmənər/ *n.* **1** cittadino *m.* (*f.* -a) comune, borghese *m./f.* **2** (*Br, Univ*) studente *m.* (*f.* -tessa) che paga la retta. **3** (*Dir*) persona *f.* che ha diritto a una terra in godimento comune.

common-law /ˌkɒmən'lɔː *Am* ˌkɑːmən'lɔː/ ☐ *~ husband* convivente, *~ marriage* coppia di fatto, matrimonio non legalizzato, convivenza more uxorio; *~ wife* convivente.

commonly /'kɒmənli *Am* 'kɑːmənli/ *avv.* **1** comunemente, generalmente. **2** (*colloq*) (*in a vulgar way*) volgarmente, grossolanamente.

commonness /'kɒmənnəs *Am* 'kɑːmənnəs/ *n.* **1** banalità *f.*, l'essere comune. **2** (*quality of being frequent*) frequenza *f.*, l'essere frequente. **3** (*vulgarity*) volgarità *f.*, grossolanità *f.*

commonplace /'kɒmənpleɪs *Am* 'kɑːmənpleɪs/ **I** *a.* **1** ovvio, trito, banale. **2** (*ordinary*) comune, medio, normale. **II** *n.* **1** luogo *m.* comune, banalità *f.*, frase *f.* fatta. **2** (*common occurence*) fatto *m.* normale, (*colloq*) cosa *f.* di tutti i giorni, cosa *f.* di normale amministrazione. ☐ (*Lett*) *~ book* raccolta di passi scelti.

commonplaceness /'kɒmən,pleɪsnəs *Am* 'kɑːmən,pleɪsnəs/ *n.* banalità *f.*, mancanza *f.* di originalità.

commons /'kɒmənz *Am* 'kɑːmənz/ *n.pl.* **1** (*costr.sing. o pl.*) (*people without rank*) popolo *m.sing.* **2** (*costr.sing. o pl.*) (*provisions for a community*) viveri *m.pl.*; (*costr.sing.*) (*rations*) razioni *f.pl.*, porzioni *f.pl.*

Commons /'kɒmənz *Am* 'kɑːmənz/ *n.pl.* (*GB, Canad,Parl*) **1** (*costr.sing. o pl.*) (*representatives*) membri *m.pl.* del parlamento, deputati *m.pl.* **2** (*house*) Camera *f.sing.* dei comuni: *to sit in the ~* essere un membro della Camera dei comuni.

common-sense /ˌkɒmən'sens *Am* ˌkɑːmən'sens/ *a.* di buonsenso, sensato.

common-sensical /ˌkɒmən'sensɪkəl *Am* ˌkɑːmən'sensɪkəl/ *a.* che ha buon senso, dotato di buon senso.

commonweal /'kɒmənwiːl *Am* 'kɑːmənwiːl/ *n.* (*lett,ant*) bene *m.* pubblico, bene *m.* comune.

commonwealth /'kɒmənwelθ *Am* 'kɑːmənwelθ/ *n.* **1** confederazione *f.*, comunità *f.* indipendente; (*republic*) repubblica *f.* **2** (*fig*) comunità *f.*, complesso *m.*, collettività *f.*: *the world-wide ~ of scientists* la comunità mondiale degli scienziati. **3** (*fig*) (*range of interests*) repubblica *f.*: *the ~ of learning* la repubblica delle lettere.

Commonwealth /'kɒmənwelθ *Am* 'kɑːmənwelθ/ *n.* **1** (*of Britain*) Commonwealth *m.* **2** (*of Australia*) Federazione *f.* australiana. **3** (*of certain American states*) repubblica *f.* **4** (*Stor*) (*under Cromwell*) Repubblica *f.* di Inghilterra. ☐ ~ *of Nations* Commonwealth delle Nazioni.

commotion /kə'məʊʃn/ *n.* **1** agitazione *f.*, confusione *f.*, trambusto *m.* **2** (*popular tumult*) insurrezione *f.*, sommossa *f.*, tumulto *m.*

communal /'kɒmjʊnəl *Am* 'kɑːmjʊnəl/ *a.* **1** (*of a commune*) comunale, municipale. **2** (*of a community*) della comunità, comunitario: ~ *life* la vita della comunità. **3** (*owned in common*) pubblico, comune, comunale: ~ *land* suolo pubblico. **4** (*shared*) (in) comune. **5** (*of rival communities*) di comunità rivali, comunale: ~ *strife* lotta comunale. ☐ (*Etnol*) ~ *marriage* matrimonio di gruppo; ~ *ownership* proprietà comune, bene pubblico.

communalism /'kɒmjʊnəlɪzm *Am* 'kɑːmjʊnəlɪzm/ *n.* **1** (*Pol*) dottrina *f.* delle autonomie locali, sistema *m.* di decentramento amministrativo. **2** (*Econ*) principio *m.* della comunanza di beni.

communalist /'kɒmjʊnəlɪst *Am* 'kɑːmjʊnəlɪst/ *n.* **1** fautore *m.* (*f.* -trice) delle autonomie locali. **2** (*Stor*) comunardo *m.*

communalization /ˌkɒmjʊnəl(a)ɪ'zeɪʃn *Am* ˌkɑːmjʊnəlɪ'zeɪʃn/ *n.* municipalizzazione *f.*

communalize /'kɒmjʊnəlaɪz *Am* 'kɑːmjʊnəlaɪz/ *v.t.* municipalizzare.

Communard /'kɒmjʊnɑːd *Am* 'kɑːmjʊnɑːrd/ *n.* (*Stor*) comunardo *m.*

commune[1] /kə'mjuːn/ *v.i.* **1** essere in comunione, unirsi in spirito (*with con*): *to ~ with nature* essere in comunione con la natura. **2** (*Am,Rel*) comunicarsi. ☐ *to ~ with oneself* raccogliersi.

commune[2] /'kɒmjuːn *Am* 'kɑːmjuːn/ *n.* (*in Italy, France, etc.*) comune *m.*, municipio *m.*

Commune /'kɒmjuːn *Am* 'kɑːmjuːn/ *n.* (*Stor*) (*Commune of Paris*) Comune *f.*

communicability /kəˌmjuːnɪkə'bɪlɪti *Am* kəˌmjuːnɪkə'bɪləti/ *n.* **1** comunicabilità *f.* **2** (*Med*) trasmissibilità *f.*

communicable /kə'mjuːnɪkəbl/ *a.* **1** comunicabile. **2** (*Med*) trasmissibile, comunicabile.

communicant /kə'mjuːnɪkənt/ **I** *n.* **1** (*Rel*) comunicando *m.* (*f.* -a). **2** (*informant*) chi comunica, informatore *m.* (*f.* -trice). **II** *a.* (*Rel*) comunicante.

communicate /kə'mjuːnɪkeɪt/ **I** *v.t.* **1** comunicare, far sapere, far conoscere (*to* a); (*to transmit*) trasmettere. **2** (*rifl.*) ~ *to oneself* (*to transmit*) comunicarsi, trasmettersi: *his joy -d itself to us* la sua gioia si comunicò anche a noi. **3** (*Rel*) comunicare, amministrare la comunione a. **4** (*Med*) trasmettere (malattie) (*to* a). **II** *v.i.* **1** comunicare con qcu. per radio, comunicare con qcu. via radio. **2** (*of two people*) scriversi, essere in corrispondenza. **3** (*of rooms, etc.*) comunicare, essere in comunicazione, essere comunicante. **4** (*Rel*) comunicarsi, ricevere la comunione.

communication /kəˌmjuːnɪ'keɪʃn/ *n.* **1** comunicazione *f.*, trasmissione *f.*, diffusione *f.* **2** (*sth. imparted*) comunicazione *f.*, informazione *f.*: *confidential* ~ informazione segreta. **3** (*message, document*) comunicato *m.*, notizia *f.*, messaggio *m.* **4** (*contact*) contatto *m.*, comunicazione *f.*, collegamento *m.*: *we are in constant* ~ *with them* siamo in costante contatto con loro. **5** (*between places*) comunicazioni *f.pl.*, collegamenti *m.pl.*: *snow blocked* ~ la neve interruppe le comunicazioni. **6** (*Med*) (*of a disease*) trasmissione *f.* **7** *pl.* (*Mil*) collegamenti *m.pl.* ☐ (*Ferr*) ~ *cord* segnale di allarme; *to get into* ~ *with so.* met-

tersi in contatto con qcu.; -*s satellite* satellite per telecomunicazioni; (*Mil*) -*s zone* retrovie.

communicative /kə'mjuːnɪkətɪv *Am* kə'mjuːnɪkətɪv/ *a.* **1** comunicativo, loquace. **2** (*sociable*) socievole, espansivo.

communicatively /kə'mjuːnɪkətɪvli *Am* kə'mjuːnɪkətɪvli/ *avv.* in modo comunicativo.

communicativeness /kə'mjuːnɪkətɪvnəs *Am* kə'mjuːnɪkətɪvnəs/ *n.* comunicativa *f.*

communicator /kə'mjuːnɪkeɪtə *Am* kə'mjuːnɪkeɪtər/ *n.* **1** chi comunica, comunicatore *m.* (*f.* -trice). **2** (*Tel*) trasmettitore *m.*

communicatory /kə'mjuːnɪkeɪtəri *Am* kə'mjuːnɪkətɔːri/ *a.* **1** comunicativo, loquace. **2** (*sociable*) socievole, espansivo.

communion /kə'mjuːniən/ *n.* **1** comunione *f.*, intima unione *f.*: ~ *with nature* comunione con la natura. **2** (*dealings*) rapporti *m.pl.*, contatti *m.pl.* **3** (*Rel*) comunione *f.*, comunità *f.*: *the Anglican* ~ la comunione anglicana; *to belong to the same* ~ appartenere alla stessa confessione. ☐ (*Lit*) ~ *cloth* corporale; (*Lit*) ~ *cup* calice per la comunione; *to be in* ~ *with so.* essere in comunione con qcu., comunicare con qcu.; (*Rel*) *Communion in both kinds* comunione sotto le due specie; (*Rel*) *Communion in one kind* comunione sotto la specie del solo pane; ~ *of goods* comunione dei beni; *to be out of* ~ *with so.* non essere in comunione con qcu., non comunicare con qcu.; (*Lit*) ~ *plate* patena; ~ *rail* balaustra dell'altare della comunione; ~ *table* altare eucaristico.

Communion /kə'mjuːniən/ *n.* (*Rel*) (*Holy Communion*) comunione *f.*: *to take* (*Holy*) *Communion* ricevere la comunione, fare la comunione.

communiqué /kə'mjuːnɪkeɪ/ *n.* comunicato *m.*, bollettino *m.*

communism, Communism /'kɒmjʊnɪzᵊm *Am* 'kɑːmjʊnɪzᵊm/ *n.* (*Pol*) comunismo *m.*

communist, Communist /'kɒmjʊnɪst *Am* 'kɑːmjʊnɪst/ **I** *n.* (*Pol*) comunista *m./f.* **II** *a.* (*Pol*) comunista. ☐ (*Pol*) *Communist Party* partito comunista.

communistic /ˌkɒmjʊ'nɪstɪk *Am* ˌkɑːmjʊ'nɪstɪk/ *a.* (*Pol*) comunistico.

communistically /ˌkɒmjʊ'nɪstɪkᵊli *Am* ˌkɑːmjʊ'nɪstɪkᵊli/ *avv.* (*Pol*) da comunista.

communitarian /kəˌmjuːnɪ'teəriən *Am* kəˌmjuːnɪ'teriən/ **I** *n.* (*Pol*) fautore *m.* (*f.* -trice) di una società comunistica. **II** *a.* (*Pol*) basato su principi comunistici.

communitarianism /kəˌmjuːnɪ'teəriənɪzᵊm *Am* kəˌmjuːnɪ'teriənɪzᵊm/ *n.* comunitarismo *m.*

community /kə'mjuːnɪti *Am* kə'mjuːnəti/ *n.* **1** (*the place*) comunità *f.*: *a rural* ~ una comunità rurale. **2** (*the public*) società *f.*, comunità *f.*, collettività *f.*, pubblico *m.*: *the good of the* ~ il bene della collettività. **3** (*group within society*) comunità *f.*, mondo *m.*, ambienti *m.pl.*: *the business* ~ gli ambienti commerciali; *the Italian communities abroad* le comunità italiane all'estero. **4** (*common possession*) comunanza *f.*, comunione *f.*: ~ *of goods* comunanza dei beni. **5** (*sharing*) comunanza *f.*, concordanza *f.*: ~ *of interests* comunanza di interessi. **6** (*Rel,Zool,Bot*) comunità *f.* ☐ ~ *action* iniziativa civica; ~ *centre* (o *Am* ~ *center*) luogo di ritrovo e di ricreazione (di una comunità); ~ *chest* fondo di beneficenza, fondo della comunità; ~ *college* università pubblica, frequentata soprattutto da studenti adulti e lavoratori; (*Econ*) ~ *preference* preferenza comunitaria; (*Dir*) ~ *property* comunione dei beni; (*Dir*) ~ *service*

lavoro socialmente utile sostitutivo della pena detentiva; ~ *singing* canto corale, canto comunitario; ~ *work* assistenza sociale comunitaria.

communization /ˌkɒmjʊn(a)ɪ'zeɪʃn *Am* ˌkɑːmjʊnɪ'zeɪʃn/ *n.* comunistizzazione *f.*

communize /'kɒmjʊnaɪz *Am* 'kɑːmjʊnaɪz/ *v.t.* **1** rendere di proprietà comune. **2** (*to transfer to state-owned property*) statalizzare, nazionalizzare.

Communize /'kɒmjʊnaɪz *Am* 'kɑːmjʊnaɪz/ *v.t.* (*Pol*) comunistizzare.

commutability /kəˌmjuːtə'bɪlɪti *Am* kəˌmjuːtə'bɪləti/ *n.* commutabilità *f.* (*anche Dir*).

commutable /kə'mjuːtəbl *Am* kə'mjuːtəbl/ *a.* **1** permutabile. **2** (*Dir*) (*of a judicial sentence*) commutabile. **3** (*Econ*) (*of currency*) commutabile.

commutate /'kɒmjʊteɪt *Am* 'kɑːmjʊteɪt/ *v.t.* (*El*) commutare.

commutation /ˌkɒmjʊ'teɪʃn *Am* ˌkɑːmjʊ'teɪʃn/ *n.* **1** commutazione *f.*: ~ *of death sentence to life imprisonment* commutazione della pena di morte in ergastolo. **2** (*Mat*) proprietà *f.* commutativa. ☐ (*Ferr*) ~ *passenger* abbonato, passeggero con abbonamento.

commutative /kə'mjuːtətɪv *Am* kə'mjuːtətɪv/ *a.* commutativo (*anche Mat,Dir*).

commutator /'kɒmjʊteɪtə *Am* 'kɑːmjʊteɪtər/ *n.* (*El*) commutatore *m.*

commute /kə'mjuːt/ **I** *v.t.* commutare (*to, into* in): *to ~ a lump sum into part payments* commutare un pagamento in contanti in versamenti parziali. **II** *v.i.* **1** fare un viaggio di andata e ritorno (per recarsi al lavoro), (*colloq*) fare il pendolare: *to ~ between Brighton and London* fare il pendolare tra Brighton e Londra. **2** (*Mat*) godere della proprietà commutativa. **III** *n.* distanza *f.* percorsa da un pendolare.

commuter /kə'mjuːtə *Am* kə'mjuːtər/ *n.* pendolare *m./f.*

commuting /kə'mjuːtɪŋ *Am* kə'mjuːtɪŋ/ *n.* migrazione *f.* interna.

Comoros /'kɒmərəʊz *Am* 'kɑːmərəʊz/ *n.pr.* (*Geog*) Comore *f.pl.*

comose /'kəʊməʊs/ *a.* (*Bot*) peloso.

comp /kɒmp *Am* kɑːmp/ *n.* **1** (*compensation*) risarcimento *m.*, indennizzo *m.* **2** *pl.* (*Am,Scol*) (*comprehensive examination*) esami *m.pl.* generali. ☐ (*Am*) ~ *time* riposo compensativo (concesso ai dirigenti per il lavoro svolto fuori orario).

compact[1] /kəm'pækt/ **I** *a.* **1** (*close-packed*) fitto, denso, pieno, ricco. **2** (*closely united*) compatto, sodo: ~ *soil* terreno compatto. **3** (*fig*) (*terse*) serrato, conciso. **4** (*Aut*) compatto. **II** *v.t.* **1** rendere compatto, comprimere, pressare. **2** (*to condense*) compendiare, riassumere. **3** (*to compose*) mettere insieme, comporre. **4** (*of waste*) compattare. ☐ (*Fot*) ~ *camera* macchina fotografica compatta, compatta; (*Aut*) ~ *car* vettura compatta, compatta; (*Mus,Inform*) ~ *disc* (o ~ *disk*) compact disc, compact.

compact[2] /'kɒmpækt *Am* 'kɑːmpækt/ *n.* **1** (*formal agreement*) patto *m.*, accordo *m.*, convenzione *f.* **2** (*Cosmet*) cipria *f.* compatta; (*case*) portacipria *m.* (da borsetta). **3** (*Aut*) vettura *f.* compatta, compatta *f.*

compactly /kəm'pæktli/ *avv.* in modo compatto, in modo da occupare poco posto.

compactness /kəm'pæktnəs/ *n.* **1** compattezza *f.* **2** (*of language, etc.*) concisione *f.*

compactor /kəm'pæktər/ *n.* **1** (*Mecc*) compattatore *m.*, costipatore *m.* **2** (*waste compactor*) compattatore *m.* di rifiuti.

compages /kɒm'peɪdʒɪz *Am* kɑːm'peɪdʒɪz/

n.inv. compagine *f.*, struttura *f.*

companion[1] /kəm'pænjən/ **I** *n.* **1** compagno *m.* (*f.* -a), amico *m.* (*f.* -a), camerata *m./f.* **2** (*lady companion*) dama *f.* di compagnia. **3** (*one of a pair of things*) compagno *m.* (*f.* -a), riscontro *m.* **4** (*person with similar tastes, etc.*) compagno *m.* (*f.* -a), compagnia *f.*: *he will be a good ~ for you* sarà una buona compagnia per te. **5** (*handbook*) manuale *m.*, guida *f.*, prontuario *m.*, vademecum *m.*: *the Gardener's Companion* il manuale del giardiniere. **6** (*in an order of knighthood*) compagno *m.*: *Companion of the Bath* compagno dell'ordine di Bath. **II** *a.* compagno: *the ~ shoe* la scarpa compagna. **III** *v.i.* (*rar*) accompagnarsi, stare insieme (*with* con, a); (*to associate with*) frequentare (qcu.). **IV** *v.t.* (*rar*) accompagnare, fare da compagno a. □ (*Lett,Mus*) *~ piece* opera complementare.

companion[2] /kəm'pænjən/ *n.* (*Mar*) corridoio *m.* di accesso alle cabine. □ (*Mar*) *~ hatch* boccaporto; (*Mar*) *~ ladder* scala del boccaporto.

companionable /kəm'pænjənəbl/ *a.* socievole, di (buona) compagnia, gioviale.

companionableness /kəm'pænjənəblnəs/ *n.* socievolezza *f.*, giovialità *f.*

companionably /kəm'pænjənəbli/ *avv.* socievolmente, in modo gioviale.

companion-in-arms /kəm'pænjənɪn,ɑːmz *Am* kəm'pænjənɪn,ɑːrmz/ *n.* compagno *m.* di armi, commilitone *m.*

companionship /kəm'pænjənʃɪp/ *n.* **1** l'essere compagni, cameratismo *m.*, amicizia *f.* **2** (*body of companions*) compagnia *f.*, gruppo *m.* (di compagni). **3** (*Tip*) associazione *f.* di compositori.

companionway /kəm'pænjənweɪ/ *n.* (*Mar*) corridoio *m.* di accesso alle cabine.

company /'kʌmpəni/ *n.* **1** compagnia *f.*: *he is good ~* è una buona compagnia. **2** (*colloq*) (*guest, guests*) ospiti *m.pl.*, visite *f.pl.*: *we are having ~ for dinner* abbiamo ospiti (*o* gente) a pranzo. **3** (*Comm,Econ*) società *f.*, compagnia *f.* **4** (*assemblage*) compagnia *f.*, assemblea *f.*; (*group of people*) compagnia *f.*, brigata *f.*, accolta *f.* di persone. **5** (*Teat,Mil*) compagnia *f.* **6** (*Mar*) (*ship's company*) equipaggio *m.*, ciurma *f.* □ (*colloq*) *and ~* e compagnia bella; *~ car* macchina aziendale, auto aziendale; *I'll go with you for ~* verrò con te per (tenerti) compagnia; *in ~* in compagnia, in mezzo alla gente, in mezzo agli altri; *in ~ with* in compagnia di, assieme a; *to keep so. ~* fare compagnia a qcu., tenere compagnia a qcu.; *you may know a man by the ~ he keeps* dimmi con chi vai e ti dirò chi sei; *to keep ~ with* stare con, stare in compagnia di, frequentare; *~ letterhead* carta intestata (di un'azienda); *~ loyalty* fedeltà all'azienda; *~ meeting* assemblea societaria; (*Mil*) *~ officer* ufficiale di compagnia; *to keep one's own ~* starsene in disparte, starsene da solo; *~ policy* politica aziendale; *~ profile* profilo aziendale; *~ store* spaccio aziendale; *~ union* sindacato di impresa.

comparability /,kɒmpərə'bɪlɪti *Am* ,kɑːmpərə'bɪləti/ *n.* comparabilità *f.*

comparable /'kɒmpərəbl *Am* 'kɑːmpərəbl, kəm'perəbl/ *a.* **1** confrontabile (*with, to* con), comparabile, paragonabile (a). **2** (*worthy of comparison*) paragonabile, degno di paragone, che può essere paragonato (a).

comparably /'kɒmpərəbli *Am* kɑːmpərəbli, kəm'perəbli/ *avv.* in modo paragonabile.

comparative /kəm'pærətɪv *Am* kəm'perətɪv/ **I** *a.* **1** comparativo (*anche Gramm*): *~ study* studio comparativo. **2** (*using comparison*) comparato: *~ anatomy* anatomia comparata.

3 (*relative*) relativo: *to live in ~ comfort* vivere in un relativo benessere. **II** *n.* (*Gramm*) comparativo *m.*, grado *m.* comparativo. □ (*Econ*) *~ advantage* vantaggi relativi, vantaggio comparato; (*Gramm*) *~ degree* comparativo, grado comparativo; (*Ling*) *~ linguistics* linguistica comparativa; *~ method* metodo comparativo; *~ religion* studio comparativo delle religioni.

comparatively /kəm'pærətɪvli *Am* kəm'perətɪvli/ *avv.* **1** comparativamente. **2** (*relatively*) relativamente: *they are ~ wealthy* sono relativamente ricchi.

comparativism /kəm'pærətɪvɪzⁿm *Am* kəm'perətɪvəzⁿm/ *n.* comparativismo *m.*

comparativist /kəm'pærətɪvɪst *Am* kəm'perətɪvɪst/ *n.* comparativista *m./f.*

comparator /kəm'pærətər *Am* kəm'perətər/ *n.* (*Tecn*) comparatore *m.*

compare /kəm'peər *Am* kəm'per/ **I** *v.t.* **1** paragonare, confrontare, mettere a confronto: *to ~ one thing with another* paragonare una cosa a un'altra. **2** (*of documents, etc.*) collazionare. **3** (*to liken*) paragonare, assomigliare: *to ~ death to sleep* paragonare la morte al sonno. **4** (*Gramm*) fare il comparativo di. **II** *v.i.* **1** essere paragonato (*with* a), reggere il confronto (con): *his work cannot ~ with yours* il suo lavoro non può essere paragonato al tuo. **2** (*to be alike, equal*) equivalere, essere pari, non essere inferiore (*with* a). **III** *n.* confronto *m.*, paragone *m.* □ *to ~ favourably with* guadagnarci al confronto con; *not to be ~d with* non paragonabile a; *to ~ notes* scambiarsi le impressioni; *to ~ unfavourably with* perderci nel confronto con; (*as*) *compared with* rispetto a, a paragone di.

comparing /kəm'peərɪŋ *Am* kəm'perɪŋ/ □ *there's no ~ sth. with sth.* non c'è paragone tra qcs. e qcs.

comparison /kəm'pærɪsⁿn *Am* kəm'perɪzⁿn/ *n.* **1** paragone *m.*, confronto *m.*: *to make a ~ between two countries* fare il confronto tra due paesi; *to draw a ~ between two things* fare un paragone tra due cose; *to stand ~ with* (*o to bear ~ with*) reggere al paragone con, reggere al confronto con, sostenere il confronto con. **2** (*Gramm,Statist*) comparazione *f.*, paragone *m.* □ *by ~* al confronto, a paragone; *in ~ with* in confronto a, a paragone di, rispetto a; *out of all ~* senza confronti, senza confronto, senza paragone; *without ~* senza confronto.

compartment /kəm'pɑːtmənt *Am* kəm'pɑːrtmənt/ *n.* **1** ripartizione *f.*, suddivisione *f.* **2** (*Ferr,Mar*) scompartimento *m.*, compartimento *m.*: *a non-smoking ~* uno scompartimento per non fumatori; *a watertight ~ in a ship* un compartimento stagno di una nave. **3** (*fig*) settore *m.*, parte *f.*, sezione *f.* **4** (*Parl*) (*of a bill*) sezione *f.* **5** (*Arch*) scomparto *m.*, partizione *f.*

compartmental /kəm,pɑːt'mentⁿl *Am* kəm,pɑːrt'mentⁿl/ *a.* (*of or by subdivisions*) compartimentale.

compartmentalization /,kɒmpɑːt ,mentəlaɪ'zeɪʃⁿn *Am* ,kɑːmpɑːrt,mentⁿl'zeɪʃⁿn/ *n.* divisione *f.* in compartimenti, compartimentalizzazione *f.*

compartmentalize /,kɒmpɑːt'mentⁿlaɪz *Am* ,kɑːmpɑːrt'mentⁿlaɪz/ *v.t.* dividere in compartimenti, compartimentalizzare.

compartmentally /,kɒm,pɑːt'mentⁿli *Am* kəm,pɑːrt'mentⁿli/ *avv.* a livello compartimentale.

compartmentation /,kɒm,pɑːtmən'teɪʃⁿn *Am* kəm,pɑːrt,mən'teɪʃⁿn/ *n.* (*subdivision*) suddivisione *f.*, frazionamento *m.*, sezione *f.*, sottodivisione *f.*

compass /'kʌmpəs/ **I** *n.* **1** (*Mar*) bussola *f.* **2** *spec.pl.* compasso *m.* **3** (*fig*) (*range, scope*) ambito *m.*, portata *f.*, possibilità *f.pl.*: *the ~ of the human mind* le possibilità della mente umana. **4** (*circuit*) giro *m.*, movimento *m.* circolare: *to fetch a ~* (*o to go a ~*) fare un giro, prenderla alla larga. **II** *v.t.* **1** fare il giro di, girare intorno a: *to ~ the earth* fare il giro del mondo. **2** (*to encompass*) circondare, racchiudere, delimitare. **3** (*to besiege, surround*) circondare, attorniare: *to be -ed about by enemies* essere circondato da nemici. **4** (*fig*) (*to grasp*) afferrare, capire, comprendere. □ (*Mar,Aer*) *~ bearing* rilevamento alla bussola; (*Mar*) *~ bowl* mortaio della bussola; (*Mar*) *~ card* rosa della bussola, rosa dei venti; (*Mar*) *~ dial* quadrante della bussola; (*Mar*) *~ needle* ago della bussola; (*Mar*) *~ north* nord magnetico; (*fig*) *beyond the ~ of one's mind* al di là della propria comprensione; (*Fal*) *~ plane* pialla circolare; (*Mar*) *~ rose* rosa della bussola; (*Fal*) *~ saw* gattuccio; (*Arch*) *~ window* bovindo; (*fig*) *to be within the ~ of sth.* rientrare nell'ambito di qcs.; *within the ~ of my knowledge* entro i limiti delle mie cognizioni (in materia).

compassable /'kʌmpəsəbl/ *a.* **1** (*lett*) circondabile. **2** (*attainable*) conseguibile, raggiungibile.

compassion /kəm'pæʃⁿn/ *n.* compassione *f.*, pietà *f.*: *to have ~ on* (*o to take ~ on*) so. avere pietà (*o* compassione) di qcu.; *out of ~* per pietà.

compassionate /kəm'pæʃⁿnɪt/ **I** *a.* compassionevole, pietoso. **II** *v.t.* (*ant*) compassionare, avere compassione di. □ *~ allowance* sovvenzione concessa a persona bisognosa; *~ leave* congedo per gravi motivi familiari.

compassionately /kəm'pæʃⁿnɪtli/ *avv.* pietosamente.

compassionateness /kəm'pæʃⁿnɪtnəs/ *n.* l'essere pietoso, l'essere compassionevole.

compatibility /kəm,pætə'bɪlɪti *Am* kəm,pætə'bɪləti/ *n.* compatibilità *f.* (*anche Bot,Inform*).

compatible /kəm'pætəbl *Am* kəm'pætəbl/ *a.* **1** compatibile, conciliabile (*with* con). **2** (*consistent, harmonious*) che è in armonia, concordante (*with* con). **3** (*Inform*) compatibile.

compatibly /kəm'pætəbli *Am* kəm'pætəbli/ *avv.* compatibilmente.

compatriot /kəm'pætrɪət *Am* kəm'peɪtrɪət/ *n.* compatriota *m./f.*

compatriotic /,kɒm,pætri'ɒtɪk *Am* kəm,peɪtri 'ɑːtɪk/ *a.* della patria, di compatriota.

compeer /kɒm'pɪər *Am* kɑːm'pɪr/ *n.* **1** (*equal in rank*) pari *m./f.*, eguale *m./f.* **2** (*ant*) (*companion*) amico *m.* (*f.* -a), compagno *m.* (*f.* -a).

compel /kəm'pel/ (*past, p.p.* **compelled** /-d/) *v.t.* **1** costringere, obbligare, forzare: *to ~ so. to do sth.* obbligare qcu. a fare qcs. **2** (*to bring about by force*) imporre, esigere, pretendere: *to ~ obedience from so.* imporre l'obbedienza a qcu., esigere (*o* pretendere) obbedienza da qcu., costringere qcu. all'ubbidienza. **3** (*to cause irresistibly*) incutere: *his courage -s respect* il suo coraggio incute rispetto.

compellable /kəm'peləbl/ *a.* (*Dir*) coercibile, che si può costringere.

compelling /kəm'pelɪŋ/ *a.* **1** che impone rispetto. **2** (*demanding attention*) avvincente, che suscita interesse, che suscita attenzione. **3** (*irresistible*) irresistibile. **4** (*convincing*) convincente: *~ evidence* prova convincente.

compellingly /kəm'pelɪŋli/ *avv.* irresistibilmente, in modo avvincente.

compendious /kəm'pendɪəs/ *a.* compendioso, succinto, conciso, breve: *a ~ history of philosophy* breve storia della filosofia.

compendiously /kəm'pendiəsli/ *avv.* in modo conciso, in un compendio.

compendiousness /kəm'pendiəsnəs/ *n.* concisione *f.*, brevità *f.*, (*rar*) compendiosità *f.*

compendium /kəm'pendiəm/ (*pl.* **-s** /-z/, **-dia** /-diə/) *n.* compendio *m.*, sommario *m.*

compensable /kəm'pensəbl/ *a.* (*Assic*) risarcibile.

compensate /'kɒmpənseit Am 'kɑːmpənseit/ **I** *v.t.* **1** risarcire, indennizzare: *to ~ a worker for an injury* risarcire un lavoratore per un infortunio. **2** (*to counterbalance*) compensare, controbilanciare. **3** (*Tecn,Econ*) compensare. **II** *v.i.* **1** compensare, ripagare (*for* di): *nothing can ~ for the loss of one's health* niente può compensare la perdita della salute. **2** (*Psic*) compensare (qcs.).

compensating /'kɒmpənseitɪŋ Am 'kɑːmpənseitɪŋ/ *a.* (*Tecn*) compensatore, di compensazione. □ *~ errors* errori che si compensano; (*Mecc*) *~ gear* ingranaggio differenziale.

compensation /ˌkɒmpən'seiʃən Am ˌkɑːmpən'seiʃən/ *n.* **1** compensazione *f.* (*anche Tecn, Psic*). **2** (*payment*) risarcimento *m.*, indennizzo *m.*, indennità *f.* **3** (*moral, spiritual reward*) ricompensa *f.*, soddisfazione *f.*: *the -s of academic life* le soddisfazioni della vita accademica. **4** (*Med*) compenso *m.*, compensazione *f.* □ (*Fis*) *~ pendulum* pendolo compensato.

compensational /ˌkɒmpən'seiʃənl Am ˌkɑːmpən'seiʃənl/ *a.* della compensazione, relativo alla compensazione.

compensative /kəm'pensətiv, ˌkɒmpən'seitiv Am kəm'pensətiv, 'kɑːmpənseitiv/ *a.* compensativo, compensatore.

compensator /'kɒmpənseitəʳ Am 'kɑːmpənseitəʳ/ *n.* **1** compensatore *m.* (*f.* -trice). **2** (*El*) compensatore *m.*; (*autotransformer*) autotrasformatore *m.* **3** (*Fot*) diaframma *m.* variabile. **4** (*Mecc,Orol*) compensatore *m.*, bilanciere *m.* **5** (*Ott*) compensatore *m.*, comparatore *m.*

compensatory /kəm'pensətri Am kəm'pensətɔːri/ *a.* compensativo, compensatore. □ *~ time* riposo compensativo (concesso ai dirigenti per il lavoro svolto fuori orario).

compere /'kɒmpeəʳ Am 'kɑːmper/ **I** *n.* (*Teat, Rad,TV*) presentatore *m.* (*f.* -trice). **II** *v.t.* (*Teat, Rad,TV*) presentare. **III** *v.i.* (*Teat,Rad,TV*) fare da presentatore.

compete /kəm'piːt/ *v.i.* **1** (*Sport*) gareggiare. **2** competere (*with* con), concorrere (*in* a), gareggiare, lottare (*for* per; *against* contro). **3** (*to stand comparison*) competere (*with* con), fare concorrenza (a), reggere al confronto (con).

competence /'kɒmpitəns Am 'kɑːmpitəns/ *n.* **1** competenza *f.*, capacità *f.*, abilità *f.*, perizia *f.*: *he shows great ~ as a mechanic* dimostra una grande competenza come meccanico. **2** (*Dir*) competenza *f.*; (*of a witness*) capacità *f.*, idoneità *f.*; (*of evidence*) ammissibilità *f.* **3** (*financial sufficiency*) mezzi *m.pl.* di sussistenza, entrate *f.pl.*, rendita *f.*

competency /'kɒmpitənsi Am 'kɑːmpitənsi/ *n.* **1** competenza *f.*, capacità *f.*, abilità *f.*, perizia *f.* **2** (*Dir*) competenza *f.*; (*of a witness*) capacità *f.*, idoneità *f.*; (*of evidence*) ammissibilità *f.* **3** (*financial sufficiency*) mezzi *m.pl.* di sussistenza, entrate *f.pl.*, rendita *f.*

competent /'kɒmpitənt Am 'kɑːmpitənt/ *a.* **1** competente, capace, esperto, abile: *a ~ worker* un lavoratore capace. **2** (*sufficient*) sufficiente, adeguato: *a ~ knowledge of*

Greek un'adeguata conoscenza del greco. **3** (*Dir*) competente: *the ~ court* il tribunale competente. **4** (*Dir*) (*of a witness*) capace, idoneo; (*of evidence*) ammissibile.

competently /'kɒmpitəntli Am 'kɑːmpitəntli/ *avv.* **1** con competenza, con abilità. **2** (*adequately*) adeguatamente, convenientemente. **3** (*sufficiently*) sufficientemente.

competition /ˌkɒmpi'tiʃən Am ˌkɑːmpi'tiʃən/ *n.* **1** rivalità *f.*, concorrenza *f.*: *~ between the two teams was keen* c'era una forte rivalità tra le due squadre; *to enter into ~ with so.* entrare in concorrenza con qcu. **2** (*contest*) competizione *f.*, gara *f.*, concorso *m.* (*for* per): *to enter a ~* partecipare a una competizione. **3** (*Comm*) concorrenza *f.*: *fair ~* concorrenza leale; *our ~ is cutting prices* la nostra concorrenza riduce i prezzi. □ *not for ~* fuori concorso.

competitive /kəm'petitiv Am kəm'petətiv/ *a.* **1** di competizione, basato sulla competizione, competitivo, agonistico: *a ~ sport* uno sport agonistico. **2** (*showing competition*) combattivo, battagliero: *a ~ player* un giocatore combattivo. **3** (*Comm*) concorrenziale, competitivo: *~ prices* prezzi concorrenziali. □ *~ examination* concorso; *~ spirit* spirito competitivo; *~ sport* sport competitivo.

competitiveness /kəm'petitivnəs Am kəm'petitivnəs/ *n.* competitività *f.*, concorrenzialità *f.*

competitor /kəm'petitəʳ Am kəm'petitəʳ/ *n.* **1** competitore *m.* (*f.* -trice), concorrente *m./f.* **2** (*rival*) rivale *m./f.*, emulo *m.* (*f.* -a), avversario *m.* (*f.* -a). **3** (*Comm*) concorrente *m./f.*

compilation /ˌkɒmpi'leiʃən Am ˌkɑːmpi'leiʃən/ *n.* **1** compilazione *f.* **2** (*Mus,Lett*) compilation *f.*

compile /kəm'pail/ *v.t.* compilare (*anche Inform*): *to ~ a dictionary* compilare un dizionario; *to ~ a list of names* compilare una lista di nomi.

compiler /kəm'pailəʳ/ *n.* **1** compilatore *m.* (*f.* -trice). **2** (*Inform*) compilatore *m.*

complacence /kəm'pleisəns/ *n.* compiacimento *m.* di sé, soddisfazione *f.* di sé.

complacency /kəm'pleisənsi/ *n.* compiacimento *m.* di sé, soddisfazione *f.* di sé.

complacent /kəm'pleisənt/ *a.* compiaciuto, soddisfatto (di sé).

complacently /kəm'pleisəntli/ *avv.* con vanità, con sufficienza.

complain /kəm'plein/ *v.i.* **1** protestare, reclamare (*of, about* di, per; *to* con): *you never stop -ing* non (la) smetti mai di protestare; *to ~ to the authorities about sth.* reclamare presso le autorità per qcs.; *I can't ~* non mi posso lamentare. **2** (*to express grief*) lamentarsi, lagnarsi, dolersi, rammaricarsi (*about* di, per): *the teacher -ed about his pupils* il professore si è lamentato dei suoi alunni; *you have nothing to ~ about* (o *you have nothing to ~ of*) non hai niente di cui lagnarti. **3** (*of an illness, etc.*) lagnarsi, lamentarsi (*of* di, per): *to ~ of an aching back* lamentarsi di un dolore alla schiena.

complainant /kəm'pleinənt/ *n.* (*Dir*) attore *m.* (*f.* -trice), querelante *m./f.*

complainer /kəm'pleinəʳ/ *n.* chi si lamenta.

complaint /kəm'pleint/ *n.* **1** rimostranza *f.*, protesta *f.* **2** (*expression of grief*) lagnanza *f.*, lamentela *f.*: *their -s are justified* le loro lamentele sono giustificate. **3** (*ailment*) disturbo *m.*: *a liver ~* un disturbo epatico. **4** (*sickness*) malattia *f.*: *childish -s* malattie infantili. **5** (*Comm*) reclamo *m.* **6** (*Dir*) querela *f.*, denuncia *f.* □ *to have good cause for ~*

cause (o *ground*) *for ~* non avere motivo di lamentarsi.

complaisance /kəm'pleizəns Am kəm'pleisəns/ *n.* cortesia *f.*, compiacenza *f.*

complaisant /kəm'pleizənt Am kəm'pleisənt/ *a.* cortese, compiacente.

complaisantly /kəm'pleizəntli Am kəm'pleisəntli/ *avv.* cortesemente, con compiacenza.

complement[1] /'kɒmplimənt Am 'kɑːmplimənt/ *n.* **1** (*sth. that completes, perfects*) complemento *m.*, completamento *m.*: *the perfect ~ to our dinner* il modo perfetto per completare la cena. **2** (*full quantity*) serie *f.* completa, insieme *m.* **3** (*counterpart*) complemento *m.* (*to* a, di): *liberty and its ~, democracy* la libertà e ciò che costituisce il suo complemento, la democrazia. **4** (*Gramm, Geom,Mat*) complemento *m.* **5** (*Mar*) effettivi *m.*, effettivi *m.pl.*

complement[2] /'kɒmpliment, ˌkɒmpli'ment Am 'kɑːmpliment/ *v.t.* **1** completare. **2** (*to form a complement to*) fare da complemento a, essere il complemento di.

complemental /ˌkɒmpli'mentl Am ˌkɑːmpli'mentl/ *a.* complementare.

complementarily /ˌkɒmpli'mentʳili Am ˌkɑːmpli'mentʳili, ˌkɑːmplimen'terili/ *avv.* complementarmente.

complementariness /ˌkɒmpli'mentʳrinəs Am ˌkɑːmpli'mentʳrinəs/ *n.* l'essere complementare, complementarità *f.*

complementarity /ˌkɒmplimen'tæriti Am ˌkɑːmplimen'terəti/ *n.* **1** l'essere complementare, complementarità *f.* **2** (*Econ*) rapporto *m.* di complementarità.

complementary /ˌkɒmpli'mentʳri Am ˌkɑːmpli'mentʳri/ *a.* complementare. □ (*Geom*) *~ angle* angolo complementare; (*Fis*) *~ colours* colori complementari; *~ distribution* distribuzione complementare; (*Biol*) *~ DNA* DNA complementare; (*Med*) *~ medicine* medicina complementare.

complementation /ˌkɒmplimen'teiʃən Am ˌkɑːmplimen'teiʃən/ *n.* **1** (*Biol,Mat,Statist*) complementazione *f.* **2** (*Gramm*) complementi *m.pl.*

complete /kəm'pliːt/ **I** *a.* **1** completo, intero, integro, integrale: *the ~ works of Shakespeare* le opere complete di Shakespeare. **2** (*concluded*) completo, finito, compiuto, concluso: *the work is now ~* adesso il lavoro è concluso. **3** (*whole, entire*) completo, intero: *a ~ month* un mese intero, un mese completo; *~ with fittings* completo di accessori. **4** (*of a person*) completo, perfetto, finito, vero: *a ~ gentleman* un perfetto gentiluomo. **5** (*total, fully realized*) completo, totale, pieno, assoluto: *our victory was ~* la nostra vittoria fu completa; *I have ~ faith in you* ho assoluta fiducia in te. **6** (*of staff, etc.*) al completo. **7** (*iron*) (*absolute*) perfetto, assoluto: *he is a ~ fool* è un perfetto stupido. **II** *v.t.* **1** portare a compimento, completare, finire. **2** (*to make perfect or whole*) completare: *to ~ a collection* completare una collezione. **3** (*to mark the end of*) concludere, segnare la fine di: *and that -s our lesson for today* e questo conclude la nostra lezione di oggi; (*fig*) *to ~ the picture* completare il quadro, dare il tocco finale. **4** (*to fill out*) completare, riempire: *to ~ a form* completare un modulo, riempire un modulo. □ (*Zootecn*) *~ feed* mangime completo; *to ~ payment* perfezionare il pagamento; *he is a ~ stranger to me* per me è un perfetto estraneo.

completely /kəm'pliːtli/ *avv.* completamente, del tutto.

completeness /kəm'pliːtnəs/ *n.* completezza *f.*, totalità *f.*, pienezza *f.*, integrità *f.*

completion /kəm'pli:ʃən/ *n.* 1 (*act*) completamento *m.* 2 (*state*) completezza *f.*, compiutezza *f.*, integrità *f.* 3 (*Mar*) allestimento *m.*, approntamento *m.*

complex¹ /kəm'pleks/ *a.* 1 complesso, complicato: *a ~ mechanism* un meccanismo complesso; (*of a problem, etc.*) complesso, difficile, intricato. 2 (*Gramm,Mat,Chim*) complesso. □ (*Mat*) *~ fraction* frazione composta, frazione complessa; (*Mat*) *~ number* numero complesso; (*Gramm*) *~ sentence* proposizione complessa.

complex² /'kɒmpleks *Am* 'kɑ:mpleks/ *n.* 1 complesso *m.*, insieme *m.*: *an industrial ~* un complesso industriale. 2 (*Psic,Mat*) complesso *m.* 3 (*colloq*) (*obsession*) fissazione *f.*, mania *f.* 4 (*Chim*) composto *m.* complesso.

complexion /kəm'plekʃən/ *n.* 1 carnagione *f.*, colorito *m.*: *to have a dark ~* avere la carnagione scura. 2 (*skin of the face*) pelle *f.* del viso, (*colloq*) viso *m.*: *~ cleansing* la pulizia del viso. 3 (*fig*) (*aspect*) aspetto *m.*, apparenza *f.* 4 (*fig*) (*viewpoint*) modo *m.* di vedere, veduta *f.*

complexioned /kəm'plekʃənd/ *a.* (*in compounds*) di carnagione, dalla carnagione...: *fresh-~* dalla carnagione fresca.

complexity /kəm'pleksɪti *Am* kəm'pleksəti/ *n.* 1 complessità *f.*, complicatezza *f.* 2 (*instance*) complicazione *f.*

complexly /kəm'pleksli/ *avv.* in modo complesso, in modo complicato.

complexness /kəm'pleksnəs/ *n.* complessità *f.*

compliance /kəm'plaɪəns/ *n.* 1 condiscendenza *f.*, acquiescenza *f.*, arrendevolezza *f.* 2 (*submission*) remissività *f.*, sottomissione *f.* 3 (*conformity*) adesione *f.*, conformità *f.*: *in ~ with your wishes* in conformità ai tuoi desideri. □ *~ test* prova di conformità.

compliancy /kəm'plaɪənsi/ *n.* 1 condiscendenza *f.*, acquiescenza *f.*, arrendevolezza *f.* 2 (*submission*) remissività *f.*, sottomissione *f.* 3 (*conformity*) adesione *f.*, conformità *f.*

compliant /kəm'plaɪənt/ *a.* 1 compiacente, condiscendente. 2 (*submissive*) remissivo, sottomesso.

compliantly /kəm'plaɪəntli/ *avv.* con compiacenza, con condiscendenza.

complicacy /'kɒmplɪkəsi *Am* 'kɑ:mplɪkəsi/ *n.* complicazione *f.*

complicate /'kɒmplɪkeɪt *Am* 'kɑ:mplɪkeɪt/ I *v.t.* 1 complicare, rendere difficile: *this -s matters* questo complica le cose. 2 (*Med*) complicare, aggravare. II *a.* 1 (*Bot*) conduplicato. 2 (*Entom*) (*of wings*) ripiegato longitudinalmente.

complicated /'kɒmplɪkeɪtɪd *Am* 'kɑ:mplɪkeɪtɪd/ *a.* 1 complicato, complesso. 2 (*involved*) complesso, arduo, di difficile comprensione: *a ~ problem* un problema arduo. 3 (*of people*) complicato, difficile.

complication /,kɒmplɪ'keɪʃən *Am* ,kɑ:mplɪ'keɪʃən/ *n.* complicazione *f.* (*anche Med*): *-s have arisen* (*o set in*) sono sorte (*o sopravvenute*) delle complicazioni.

complicit /kəm'plɪsɪt/ *a.* (*Dir*) (*connected in an illicit way, having complicity*) connivente, che concorre in reato.

complicity /kəm'plɪsɪti *Am* kəm'plɪsəti/ *n.* complicità *f.*

compliment¹ /'kɒmplɪmənt *Am* 'kɑ:m plɪmənt/ *n.* 1 complimento *m.*: *to pay so. a ~* fare un complimento a qcu.; *to return* a *~* ricambiare un complimento; *my -s to the chef* i complimenti allo chef. 2 (*consideration, respect*) cortesia *f.*, riguardo *m.*, considerazione *f.*: *you might at least pay me the ~*

of listening potresti almeno farmi la cortesia di stare a sentire. 3 *pl.* (*good wishes*) omaggi *m.pl.*, ossequi *m.pl.*, rispetti *m.pl.*: *my -s to your wife* i miei ossequi a sua moglie, mi saluti la sua signora. □ *-s of* omaggio di: *-s of the house* omaggio della casa; *with the -s of the management* con i migliori auguri della direzione (nei biglietti che accompagnano un regalo).

compliment² /'kɒmplɪment, ,kɒmplɪ'ment *Am* 'kɑ:mplɪment/ *v.t.* 1 complimentarsi con, complimentare: *to ~ so. on his work* complimentarsi con qcu. per il suo lavoro. 2 (*ant*) (*with a gift*) fare omaggio a. 3 (*to congratulate*) felicitarsi con, congratularsi con, rallegrarsi con: *to ~ a friend on the birth of a son* congratularsi con un amico per la nascita del figlio.

complimentary /,kɒmplɪ'mentəri *Am* ,kɑ:mplɪ'mentəri/ *a.* 1 lusinghiero, favorevole. 2 (*given to paying compliments*) complimentoso. 3 (*presented free*) (*in*) omaggio: *a ~ ticket* un biglietto omaggio; *~ copy of a book* copia in omaggio di un libro. □ (*epist*) *~ close* (*o ~ closing*) chiusa (*di lettera*).

complin /'kɒmplɪn *Am* 'kɑ:mplɪn/ *n.* (*Lit*) compieta *f.*

compline /'kɒmpl(a)ɪn *Am* 'kɑ:mpl(a)ɪn/ *n.* (*Lit*) compieta *f.*

comply /kəm'plaɪ/ *v.i.* 1 aderire, accondiscendere (*with* a), soddisfare (qcs.): *to ~ with a request* soddisfare una richiesta. 2 (*of wishes*) assecondare (qcs.). 3 (*to keep to*) (*of rules*) attenersi (a), osservare (qcs.); (*of an order*) ottemperare (a), eseguire (qcs.).

complying /kəm'plaɪɪŋ/ □ *~ with your directions* in conformità alle vostre direttive.

compo /'kɒmpəʊ *Am* 'kɑ:mpəʊ/ (*pl.* -**s** /-z/) *n.* 1 ingrediente *m.*, componente *m.* 2 (*Edil*) (*mortar*) malta *f.*; (*carver's mixture*) stucco *m.*

component /kəm'pəʊnənt/ I *n.* 1 componente *f.*, parte *f.*, elemento *m.* (*anche fig*). 2 (*Fis, Chim*) componente *m.* II *a.* componente.

comport /kəm'pɔ:t *Am* kəm'pɔ:rt/ I *v.r.* comportarsi, condursi. II *v.i.* accordarsi, essere in armonia (*with* con).

compose /kəm'pəʊz/ *v.t.* 1 comporre, costituire, formare: *the committee was -d of seven lawyers* il comitato era composto da sette avvocati. 2 (*to be a part of*) costituire, formare. 3 (*Mus*) comporre (*anche assol*). 4 (*to write*) comporre, scrivere. 5 (*rifl.*) *to ~ oneself* (*to calm, to bring order to*) calmarsi, ricomporsi. 6 (*of thoughts, ideas, etc.*) riordinare, mettere in ordine. 7 (*Tip*) comporre. 8 (*ant*) (*to settle*) comporre, conciliare, appianare: *to ~ a dispute* comporre una disputa.

composed /kəm'pəʊzd/ *a.* calmo, sereno.

composedly /kəm'pəʊzɪdli/ *avv.* compostamente, serenamente, con calma.

composedness /kəm'pəʊzɪdnəs/ *n.* 1 compostezza *f.* 2 (*self-possession*) padronanza *f.* di sé, sangue *m.* freddo: *to lose one's ~* perdere la padronanza di sé.

composer /kəm'pəʊzər/ *n.* 1 (*Mus*) compositore *m.* (*f.* -trice). 2 (*author*) autore *m.* (*f.* -trice).

composing /kəm'pəʊzɪŋ/ □ (*Tip*) *~ frame* telaio (marginatore).

composite /'kɒmpəz(a)ɪt *Am* kəm'pɑ:zɪt/ I *a.* composito. II *n.* 1 composto *m.*, insieme *m.* 2 (*material*) composito *m.*, materiale *m.* composito. 3 *pl.* (*Bot*) composite *f.pl.* 4 (*Am*) (*image of a suspect*) identikit *m.* □ (*Ferr*) *~ carriage* carrozza mista, vettura mista; *~ material* materiale composito,

composito; (*Mat*) *~ number* numero composto; (*Arch*) *~ order* ordine composito; (*Cin*) *~ photograph* fotomontaggio.

compositely /'kɒmpəz(a)ɪtli *Am* kəm'pɑ:zɪtli/ *avv.* in modo composto, a struttura mista.

compositeness /'kɒmpəz(a)ɪtnəs *Am* kəm'pɑ:zɪtnəs/ *n.* l'essere composito, eterogeneità *f.*

composition /,kɒmpə'zɪʃən *Am* ,kɑ:mpə'zɪʃən/ *n.* 1 composizione *f.*: *a floral ~* una composizione floreale. 2 (*manner of being composed*) composizione *f.*, componenti *m.pl.*: *the ~ of a committee* la composizione di un comitato. 3 (*of a person: nature*) costituzione *f.*, natura *f.*, carattere *m.*: *there is little modesty in his ~* non è molto modesto di natura. 4 (*Mus,Lett*) (*art*) composizione *f.*: *a tune of my own ~* un motivo di mia composizione. 5 (*Mus,Lett*) (*work*) composizione *f.*, componimento *m.* 6 (*settlement*) transazione *f.*, compromesso *m.* 7 (*Dir*) (*agreement, settlement*) composizione *f.*, conciliazione *f.*; (*of a debt*) concordato *m.* 8 (*Scol*) composizione *f.*, componimento *m.*, tema *m.* 9 (*aggregate*) composto *m.*, mescolanza *f.* 10 (*Tip*) *~* comporre, composizione *f.* □ (*Dir*) *~ bankruptcy* concordato preventivo al fallimento; (*Dir*) *to come to a ~* giungere a un'intesa; (*Met*) *~ metal* lega di rame.

compositional /,kɒmpə'zɪʃənəl *Am* ,kɑ:mpə'zɪʃənəl/ *a.* compositivo.

compositionally /,kɒmpə'zɪʃənəli *Am* ,kɑ:mpə'zɪʃənəli/ *avv.* a livello compositivo.

compositive /kəm'pɒzɪtɪv *Am* kəm'pɑ:zɪtɪv/ *a.* compositivo.

compositor /kəm'pɒzɪtər *Am* kəm'pɑ:zɪtər/ *n.* (*Tip,ant*) compositore *m.* (*f.* -trice).

compos mentis /,kɒmpəs'mentɪs *Am* ,kɑ:mpəs'mentəs/ *a.* (*Dir*) sano di mente.

compossible /kəm'pɒsəbl *Am* kəm'pɑ:səbl/ *a.* (*Filos*) compossibile.

compost /'kɒmpɒst *Am* 'kɑ:mpəʊst/ I *n.* (*Agr*) compost *m.*, miscela *f.* fertilizzante ottenuta mediante compostaggio. II *v.t.* (*Agr*) 1 concimare (con compost). 2 (*to convert into manure*) compostare, fare concime con. □ (*Agr*) *~ heap* (*o ~ pile*) cumulo di compost.

composure /kəm'pəʊʒər/ *n.* 1 compostezza *f.* 2 (*self-possession*) padronanza *f.* di sé, sangue *m.* freddo: *to lose one's ~* perdere la padronanza di sé.

compote /'kɒmpəʊt *Am* 'kɑ:mpəʊt/ *n.* (*Alim*) conserva *f.* di frutta, composta *f.*

compound¹ /'kɒmpaʊnd *Am* 'kɑ:mpaʊnd/ I *n.* 1 composto *m.*, miscela *f.*, miscuglio *m.* (*anche fig*). 2 (*Gramm,Chim*) composto *m.* 3 (*Farm*) preparato *m.* II *a.* 1 composto, composito: *a ~ substance* una sostanza composta. 2 (*Gramm,Mus,Bot*) composto. □ *~ engine*: 1 (*Aer*) motore compound; 2 (*steam engine*) macchina a espansione composta; (*Zool*) *~ eye* occhio composto; (*Mat*) *~ fraction* frazione composta; (*Med*) *~ fracture* frattura composta; (*Econ*) *~ interest* interesse composto; (*Mus*) *~ interval* intervallo composto; (*Mus*) *~ meter* tempo composto; (*Ott*) *~ microscope* microscopio composto; (*Gramm*) *~ sentence* proposizione composta; (*Mus*) *~ time* tempo composto.

compound² /kəm'paʊnd/ I *v.t.* 1 comporre, mettere insieme; (*of a drug*) preparare. 2 (*to combine*) combinare, mescolare. 3 (*Dir*) fare una transazione per: *to ~ a debt* fare una transazione per (il regolamento di) un debito. 4 (*Dir*) (*to settle*) conciliare, comporre. 5 (*Dir*) (*of an offence*) astenersi dal denunciare (dietro compenso). 6 (*Econ*) (*of interest*) aumentare in proporzione geometrica. 7 (*to in-*

crease, to make worse) aumentare: *the wind -ed the difficulties of the fire-fighters* il vento aumentava le difficoltà dei vigili del fuoco. **II** *v.i.* **1** accordarsi, venire a un accordo (*with* con). **2** (*to settle a debt, etc. by compromise*) transigere, venire a una transazione.

compound³ /'kɒmpaʊnd *Am* 'kɑːmpaʊnd/ *n.* **1** (*in the East*) cinta *f.* attorno ai quartieri destinati agli stranieri. **2** (*Mil*) campo *m.* di concentramento.

comprehend /ˌkɒmprɪ'hend *Am* ˌkɑːmprɪ'hend/ *v.t.* **1** comprendere, intendere, capire. **2** (*to comprise*) comprendere, abbracciare, includere.

comprehendingly /ˌkɒmprɪ'hendɪŋli *Am* ˌkɑːmprɪ'hendɪŋli/ *avv.* consapevolmente, scientemente.

comprehensibility /ˌkɒmprɪhensə'bɪlɪti *Am* ˌkɑːmprɪhensə'bɪləti/ *n.* intelligibilità *f.*, comprensibilità *f.*

comprehensible /ˌkɒmprɪ'hensəbl̩ *Am* ˌkɑːmprɪ'hensəbl̩/ *a.* comprensibile, intelligibile.

comprehensibly /ˌkɒmprɪ'hensəbli *Am* ˌkɑːmprɪ'hensəbli/ *avv.* comprensibilmente.

comprehension /ˌkɒmprɪ'henʃən *Am* ˌkɑːmprɪ'henʃən/ *n.* **1** comprensione *f.*, intelligenza *f.*, capacità *f.* di intendere: *it passes all ~* trascende ogni capacità di comprensione. **2** (*grasp, reach*) estensione *f.*, portata *f.*: *a term of wide ~* un termine denso di significato. **3** (*sympathetic understanding*) comprensione *f.*, tolleranza *f.*, indulgenza *f.* (*of* di). **4** (*inclusion*) inclusione *f.*, accoglimento *m.* **5** (*Scol*) comprensione *f.*: *~ exercise* esercizio di comprensione; *listening ~* esercizio di comprensione orale; *reading ~* esercizio di comprensione scritta.

comprehensive /ˌkɒmprɪ'hensɪv *Am* ˌkɑːmprɪ'hensɪv/ **I** *a.* **1** esauriente, completo: *a ~ report* un resoconto esauriente; *a ~ list* una lista completa. **2** (*comprehending mentally*) comprensivo. **3** (*of wide mental grasp*) intelligente, aperto. **4** (*Assic*) globale. **II** *n.* **1** scuola *f.* secondaria con diverse specializzazioni. **2** *pl.* (*Am,Scol*) (*comprehensive examination*) esami *m.pl.* generali. □ *~ insurance* assicurazione kasko; (*Br*) *~ school* scuola pubblica di ciclo secondario.

comprehensively /ˌkɒmprɪ'hensɪvli *Am* ˌkɑːmprɪ'hensɪvli/ *avv.* esaurientemente, in modo completo.

comprehensiveness /ˌkɒmprɪ'hensɪvnəs *Am* ˌkɑːmprɪ'hensɪvnəs/ *n.* **1** facoltà *f.* di comprendere, facoltà *f.* di intendere, comprensione *f.* **2** (*inclusiveness*) comprensività *f.*

compress¹ /kəm'pres/ *v.t.* **1** comprimere. **2** (*to make solid by pressing*) pressare: *to ~ cotton into bales* pressare il cotone in balle. **3** (*to press together*) comprimere, stringere, serrare. **4** (*to make smaller*) ridurre comprimendo, schiacciare. **5** (*fig*) (*to condense*) condensare, compendiare, riassumere. **6** (*of waste*) compattare.

compress² /'kɒmpres *Am* 'kɑːmpres/ *n.* **1** (*Mecc*) pressaballe *m.*

compressed /kəm'prest/ *a.* **1** compresso, pressato. **2** (*pressed together*) stretto, serrato, premuto insieme: *~ lips* labbra strette (*o* serrate). **3** (*flattened*) appiattito, schiacciato. **4** (*Biol*) compresso. □ *~ air* aria compressa.

compressed-air /kəmˌpres,t'eə *Am* kəmˌprest'er/ *a.* ad aria compressa.

compressibility /kəmˌpresɪ'bɪlɪti *Am* kəmˌpresɪ'bɪləti/ *n.* (*Fis*) compressibilità *f.*

compressible /kəm'presəbl̩/ *a.* compressibile, comprimibile.

compression /kəm'preʃən/ *n.* **1** compres-

sione *f.* (*anche Inform*). **2** (*fig*) (*condensation*) concentrazione *f.* **3** (*Mot*) rapporto *m.* di compressione. □ (*Mot*) *~ ratio* rapporto di compressione.

compressional /kəm'preʃənəl/ *a.* di compressione.

compressive /kəm'presɪv/ *a.* compressivo. □ (*Edil,Mecc*) *~ strength* resistenza alla compressione; (*Edil*) *~ stress* sollecitazione di compressione.

compressor /kəm'presə*r*/ *n.* (*Anat,Mecc*) compressore *m.* □ *~ operator* compressorista.

comprisable /kəm'praɪzəbl̩/ *a.* che può essere compreso, che può essere incluso.

comprise /kəm'praɪz/ *v.t.* **1** (*to contain, include*) comprendere, includere, contenere. **2** (*to consist of*) comprendere, constare di, essere formato da: *the house -s six rooms* la casa è formata da sei stanze.

compromise /'kɒmprəmaɪz *Am* 'kɑːmprəmaɪz/ **I** *n.* **1** (*settlement*) compromesso *m.*, transazione *f.*, accomodamento *m.*: *to reach a ~, to arrive at a ~* raggiungere un compromesso, giungere a un compromesso. **2** (*middle course*) compromesso *m.* (*anche spreg*). **3** (*exposure to danger*) il compromettersi, il mettere a repentaglio. **II** *v.t.* compromettere: *to ~ oneself* compromettersi. **III** *v.i.* **1** venire a un compromesso. **2** (*to make shameful concessions*) scendere a compromessi, venire a patti. □ *~ agreement* soluzione di compromesso, compromesso; *to negotiate in a spirit of no ~* negoziare deciso all'intransigenza.

compromising /'kɒmprəmaɪzɪŋ *Am* 'kɑːmprəmaɪzɪŋ/ *a.* compromettente: *a ~ situation* una situazione compromettente.

comptometer /ˌkɒmp'tɒmɪtə*r* *Am* ˌkɑːmp'tɑːmətə*r*/ *n.* macchina *f.* calcolatrice.

comptroller /kən'troʊlə*r*/ *n.* (*Econ*) controllore *m.* della gestione.

compulsion /kəm'pʌlʃən/ *n.* **1** costrizione *f.*, coercizione *f.* **2** (*Psic*) compulsione *f.*, coazione *f.* **3** (*fig*) (*compelling force*) capacità *f.* di fare qualcosa, mordente *m.* □ *to act under ~* agire dietro costrizione, agire per costrizione.

compulsive /kəm'pʌlsɪv/ **I** *a.* **1** costrittivo, coercitivo. **2** (*Psic*) compulsivo: *~ neurosis* nevrosi compulsiva; *a ~ TV-viewer* un video dipendente, un teledipendente. **II** *n.* (*Psic*) persona *f.* soggetta a coazione, persona *f.* soggetta a compulsione.

compulsively /kəm'pʌlsɪvli/ *avv.* **1** in modo costrittivo, in modo coercitivo. **2** (*Psic*) in modo compulsivo.

compulsiveness /kəm'pʌlsɪvnəs/ *n.* l'essere coercitivo, l'essere costrittivo.

compulsorily /kəm'pʌlsərɪli/ *avv.* obbligatoriamente, forzatamente.

compulsory /kəm'pʌlsəri/ *a.* **1** obbligatorio: *a ~ examination* un esame obbligatorio. **2** (*using compulsion*) coercitivo, costrittivo, coattivo: *~ measures* misure coercitive. □ *~ education* istruzione obbligatoria, istruzione dell'obbligo; (*Econ*) *~ exchange* cambio forzoso; *~ insurance* assicurazione obbligatoria; (*Dir*) *~ jurisdiction* giurisdizione obbligatoria; (*Econ*) *~ loan* prestito forzoso; (*Dir*) *~ sale* vendita giudiziaria; *~ schooling* scuola dell'obbligo.

compunction /kəm'pʌŋ(k)ʃən/ *n.* **1** compunzione *f.*, pentimento *m.*, rimorso *m.* **2** (*reproach of conscience*) scrupolo *m.*, esitazione *f.*: *to steal without ~* rubare senza (alcuno) scrupolo.

compunctious /kəm'pʌŋ(k)ʃəs/ *a.* **1** che provoca rimorso. **2** (*feeling compunction*)

compunto, contrito, pentito.

compurgation /ˌkɒmpɜː'geɪʃən *Am* ˌkɑːmpər'geɪʃən/ *n.* (*Stor*) compurgazione *f.*

compurgator /'kɒmpɜːˌgeɪtə*r* *Am* 'kɑːmpərˌgeɪtər/ *n.* (*Stor*) compurgatore *m.*

computability /kəmˌpjuːtə'bɪlɪti *Am* kəmˌpjuːtə'bɪləti/ *n.* l'essere calcolabile, l'essere computabile.

computable /kəm'pjuːtəbl̩ *Am* kəm'pjuːtəbl̩/ *a.* computabile, calcolabile.

computation /ˌkɒmpjuː'teɪʃən *Am* ˌkɑːmpjʊ'teɪʃən/ *n.* computo *m.*, calcolo *m.*

computational /ˌkɒmpjuː'teɪʃənl̩ *Am* ˌkɑːmpjʊ'teɪʃənl̩/ *a.* di calcolo, computazionale: *~ errors* errori di calcolo. □ (*Ling*) *~ linguistics* linguistica computazionale.

computationally /ˌkɒmpjuː'teɪʃənli *Am* ˌkɑːmpjʊ'teɪʃənli/ *avv.* dal punto di vista computazionale.

compute /kəm'pjuːt/ **I** *v.t.* calcolare, computare, contare. **II** *v.i.* calcolare, eseguire calcoli.

computer /kəm'pjuːtə*r* *Am* kəm'pjuːtər/ *n.* (*Inform*) computer *m.*, calcolatore *m.* elettronico, elaboratore *m.* elettronico. □ *~ age* era dei computer; *~ analyst* analista; *~ art* computer art; *~ crime* computer crime, crimine informatico; *~ game* gioco al computer; *~ graphics* grafica su computer, computergrafica; *~ industry* industria dei calcolatori elettronici; *~ language* linguaggio di elaborazione; *~ literacy* computer literacy, conoscenza del computer, familiarità con il computer; *~ monitoring* monitoraggio tramite computer; *~ music* musica al calcolatore; *~ network* rete informatica, rete di calcolatori; *~ programme* (*o Am ~ program*) programma di elaborazione; *~ programming* programmazione (del computer); *~ science* informatica; *~ terminal* terminale (di computer).

computer-aided /kəmˌpjuːtər'eɪdɪd *Am* kəmˌpjuːtər'eɪdɪd/ *a.* (*Inform*) assistito da computer. □ (*Inform*) *~ design* progettazione assistita da computer, CAD.

computer-assisted /kəmˌpjuːtərə,sɪstɪd *Am* kəmˌpjuːtərə,sɪstɪd/ *a.* (*Inform*) assistito da computer.

computer-based /kəmˌpjuːtə,beɪst *Am* kəm,pjuːtə,beɪst/ *a.* fatto al calcolatore.

computer-controlled /kəmˌpjuːtəkən,troʊld *Am* kəm'pjuːtərkən,troʊld/ *a.* (*Inform*) controllato da computer.

computerese /kəmˌpjuːtə'riːz *Am* kəmˌpjuːtə'riːz/ *n.* linguaggio *m.* degli informatici, gergo *m.* dell'informatica, computerese *m.*

computerizable /ˌkəmpjuːtə'raɪzəbl̩ *Am* ˌkəmpjuːtə'raɪzəbl̩/ *a.* computerizzabile.

computerization /kəmˌpjuːtər(a)ɪ'zeɪʃən *Am* kəmˌpjuːtər'zeɪʃən/ *n.* computerizzazione *f.*

computerize /kəm'pjuːtəraɪz *Am* kəm'pjuːtəraɪz/ **I** *v.t.* **1** computerizzare. **2** (*of information*) elaborare mediante calcolatori elettronici. **II** *v.i.* computerizzarsi.

computerized /kəm'pjuːtəraɪzd *Am* kəm'pjuːtəraɪzd/ *a.* computerizzato. □ (*Radiol*) *~ axial tomography* tomografia assiale computerizzata, TAC.

comrade /'kɒmr(e)ɪd, 'kʌmr(e)ɪd *Am* 'kɑːmræd/ *n.* **1** compagno *m.* (*f.* -a), camerata *m./f.* **2** (*fellow member*) collega *m./f.*, socio *m.* (*f.* -a). **3** (*colloq*) (*Communist*) compagno *m.* (*f.* -a).

comrade-in-arms /'kɒmr(e)ɪdɪnɑːmz, 'kʌmr(e)ɪdɪnɑːmz *Am* 'kɑːmrædɪnɑːrmz/ *n.* compagno *m.* d'arme, commilitone *m.*

comradely /'kɒmr(e)ɪdli, 'kʌmr(e)ɪdli *Am* 'kɑːmrædli/ *a.* cameratesco, da compagno.

comradeship /'kɒmr(e)ɪdʃɪp, 'kʌmr(e)ɪdʃɪp Am 'kɑːmrædʃɪp/ n. cameratismo m., (rar) colleganza f.

comsat /'kɒmsæt Am 'kɑːmsæt/ n. (colloq) satellite m. per le comunicazioni.

con[1] /kɒn Am kɑːn/ I avv. contro, a sfavore: the arguments pro and ~ gli argomenti pro e contro. II n. contro m., argomento m. a sfavore, argomento m. contrario: the pros and -s of a decision i pro e i contro di una decisione.

con[2] /kɒn Am kɑːn/ I v.t. (past, p.p. **conned** /-d/) 1 (sl) estorcere con l'inganno, estorcere con l'imbroglio: to ~ so. out of his savings estorcere a qcu. i risparmi (con l'inganno). 2 (to persuade by deception) indurre con raggiri: to ~ so. into doing sth. indurre con raggiri qcu. a fare qcs. II n. 1 (Br,colloq) (deception) fregatura f. 2 (sl) (convict) carcerato m. (f. -a), detenuto m. (f. -a), galeotto m. (f. -a): an ex ~ un ex carcerato, un avanzo di galera. ☐ (sl) ~ **man** truffatore; to ~ **over** indurre con raggiri, (sl) estorcere con l'inganno; ~ **trick** truffa all'americana.

con[3] /kɒn Am kɑːn/ I v.t. (past, p.p. **conned** /-d/) (Mar) governare, dare la rotta a, pilotare. II n. (Mar) pilotaggio m.

conation /koʊ'neɪʃən/ n. (Psic,Filos) volizione f.

conative /'koʊnətɪv Am 'koʊnəṭɪv/ a. 1 (Psic) conativo. 2 (Gramm) volitivo.

concatenate /kən'kætəneɪt Am kən'kæṭəneɪt/ I v.t. concatenare. II a. concatenato.

concatenation /kən,kætɪ'neɪʃən Am kən,kæṭə'neɪʃən/ n. concatenazione f., il concatenare, il concatenarsi (anche fig): a ~ of circumstances un concatenarsi di circostanze.

concave /kɒn'keɪv Am kɑːn'keɪv/ I a. concavo (anche Geom). II n. concavo m., superficie f. concava, parte f. concava.

concavely /kɒn'keɪvli Am kɑːn'keɪvli/ avv. in forma concava.

concavity /kɒn'kævɪti Am kɑːn'kævəṭi/ n. concavità f. (anche Geom).

concavo-concave /kɒn'keɪvoʊkɒn,keɪv Am kɑːn,keɪvoʊkɑːn'keɪv/ a. biconcavo.

concavo-convex /kɒn'keɪvoʊkɒn,veks Am kɑːn,keɪvoʊkɑːn'veks/ a. 1 concavo-convesso. 2 (Ott) concavo-convesso, menisco-convergente.

conceal /kən'siːl/ v.t. 1 nascondere, celare: to ~ oneself behind a tree nascondersi dietro un albero. 2 (to keep secret) celare, tenere segreto, mantenere segreto: to ~ the truth from so. celare la verità a qcu.

concealable /kən'siːləbl/ a. che si può nascondere.

concealer /kən'siːlər/ n. 1 chi nasconde, occultatore m. (f. -trice). 2 (Dir) ricettatore m. (f. -trice). 3 (Cosmet) correttore m.: under-eye ~ correttore per le occhiaie.

concealment /kən'siːlmənt/ n. 1 occultamento m. 2 (improper secrecy) dissimulazione f. 3 (state of being concealed) il nascondersi, il celarsi. 4 (hiding place) nascondiglio m. 5 (Dir) ricettazione f.

concede /kən'siːd/ I v.t. 1 concedere, ammettere, riconoscere: to ~ that one is wrong riconoscere di avere sbagliato. 2 (to acknowledge as won) dare (per) vinto. 3 (to grant) concedere, dare: to ~ independence concedere l'indipendenza. II v.i. cedere, arrendersi.

conceit /kən'siːt/ n. 1 presunzione f., boria f., orgoglio m., vanità f. 2 (thought, idea) concetto m., idea f. 3 (whimsical idea) fantasia f., capriccio m. 4 (Lett) (elaborate metaphor) metafora f. ricercata; (use of such metaphors) concettismo m.

conceited /kən'siːtɪd Am kən'siːṭɪd/ a. va-

nitoso, presuntuoso, pieno di sé. 2 (Lett) concettoso.

conceitedly /kən'siːtɪdli Am kən'siːṭɪdli/ avv. presuntuosamente, vanitosamente.

conceitedness /kən'siːtɪdnəs Am kən'siːṭɪdnəs/ n. presunzione f., vanità f.

conceivability /kən,siːvə'bɪlɪti Am kən,siːvə'bɪləṭi/ n. concepibilità f.

conceivable /kən'siːvəbl/ a. concepibile, pensabile, immaginabile: it is hardly ~ that non è concepibile che; by every means ~ con ogni mezzo possibile e immaginabile.

conceivableness /kən'siːvəblnəs/ n. concepibilità f.

conceivably /kən'siːvəbli/ avv. in modo concepibile.

conceive /kən'siːv/ I v.t. 1 (to become pregnant with) concepire, rimanere incinta di: to ~ a child concepire un figlio. 2 concepire, ideare, elaborare: to ~ a plan ideare un piano; to ~ a dislike for so. nutrire antipatia per qcu. 3 (to imagine, to think) concepire, pensare, immaginare: I cannot ~ why you left non riesco a immaginare il perché della tua partenza. II v.i. 1 (to become pregnant) rimanere incinta. 2 farsi un'idea (of di), immaginare, pensare (qcs.).

concelebrant /kən'selɪbrənt/ n. (Lit) concelebrante m.

concelebrate /kən'selɪbreɪt/ v.i. (Lit) concelebrare.

concelebration /kən,selɪ'breɪʃən/ n. (Lit) concelebrazione f.

concentrate /'kɒnsəntreɪt Am 'kɑːnsəntreɪt/ I v.t. 1 concentrare, far convergere. 2 (to gather in one place) concentrare, raccogliere, riunire: to ~ power in a few hands concentrare il potere nelle mani di pochi. 3 (to make denser) concentrare (anche Chim). II v.i. 1 concentrarsi (on in), concentrare l'attenzione (su): to ~ on a job concentrarsi in un lavoro. 2 (to collect) concentrarsi, raccogliersi, riunirsi. 3 (to become dense) concentrarsi, condensarsi. III n. concentrato m. (anche Chim,Min).

concentrated /'kɒnsəntreɪtɪd Am 'kɑːnsəntreɪṭɪd/ a. 1 concentrato, condensato, ristretto: ~ milk latte concentrato. 2 (fig) (intense) intenso, forte: ~ hate odio intenso. 3 (Mil,Min) concentrato: ~ fire tiro concentrato.

concentration /,kɒnsən'treɪʃən Am ,kɑːnsən'treɪʃən/ n. 1 concentramento m. (anche Chim). 2 (fixed attention) concentrarsi, concentrazione f. ☐ (Mil) ~ **camp** campo di concentramento.

concentrative /'kɒnsəntreɪtɪv Am 'kɑːnsəntreɪṭɪv, kən'sentrəṭɪv/ a. che (si) concentra.

concentrator /'kɒnsəntreɪtər Am 'kɑːnsəntreɪṭər/ n. (Tecn) concentratore m.

concentre /kɒn'sentər Am kɑːn'senṭər/ I v.t. concentrare, raccogliere in uno stesso punto. II v.i. concentrarsi.

concentrical /kən'sentrɪkəl/ a. concentrico (anche Geom).

concentrically /kən'sentrɪkli/ avv. concentricamente.

concentricity /,kɒnsen'trɪsɪti Am ,kɑːnsen'trɪsəṭi/ n. concentricità f. (anche Geom).

concept /'kɒnsept Am 'kɑːnsept/ n. 1 concetto m., nozione f., idea f. 2 (Filos,Art) concetto m.: the ~ of good il concetto del bene. ☐ (Mus) ~ **album** concetto m., disco sviluppato intorno a un filo conduttore; (Art) ~ **art** arte concettuale; ~ **test** ricerca motivazionale (su un'idea).

conception /kən'sepʃən/ n. 1 (Fisiol) concezione f., concepimento m. 2 (conceiving of ideas) concezione f., concepimento m., ide-

azione f. 3 (idea, concept) idea f., concetto m., concezione f.: to have a clear ~ of sth. avere un'idea chiara di qcs. 4 (design, plan) concezione f., ideazione f., raffigurazione f.

conceptional /kən'sepʃənəl/ a. concettivo.

conceptionally /kən'sepʃənəli/ avv. a livello concettuale.

conceptive /kən'septɪv/ a. 1 concettivo. 2 (Fisiol) del concepimento.

conceptual /kən'septʃʊəl Br also kən'septjʊəl/ a. (Filos) concettuale. ☐ (Art) ~ **art** arte concettuale.

conceptualism /kən'septʃʊəlɪzəm Br also kən'septjʊəlɪzəm/ n. concettualismo m.

conceptualist /kən'septʃʊəlɪst Br also kən'septjʊəlɪst/ n. concettualista m./f.

conceptualization /kən,septʃʊəl(a)'zeɪʃən Br also kən,septjʊəl'zeɪʃən/ n. concettualizzazione f.: linguistic ~ concettualizzazione linguistica.

conceptualize /kən'septʃʊəlaɪz Br also kən'septjʊəlaɪz/ v.t. concettualizzare.

conceptually /kən'septʃʊəli Br also kən'septjʊəli/ avv. concettualmente.

concern /kən'sɜːn Am kən'sɜːrn/ I v.t. 1 concernere, riguardare, interessare: the matter does not ~ you la faccenda non ti riguarda. 2 (used in the passive) (to interest, to occupy) interessare, occupare: several companies are -ed in the enterprise diverse società si occupano del progetto. 3 (rifl.) to ~ oneself interessare, occupare: you must not ~ yourself with other people's problems non devi occuparti delle faccende altrui. 4 (to relate to) riguardare, essere attinente a, avere attinenza con. 5 (to trouble, to worry) preoccupare, turbare: he was -ed about (o for) his wife's health era preoccupato per la salute di sua moglie. II n. 1 affare m., faccenda f., (colloq) fatto m.: it is none of your ~ non è affar tuo. 2 (occupation, interest) interesse m. (personalc), preoccupazione f., intento m. 3 (Comm) interesse m., partecipazione f., cointeressenza f., partecipazione f.: to have a ~ in a firm avere una partecipazione in un'azienda. 4 (worry, anxiety) preoccupazione f., ansietà f., sollecitudine f. (at, about, for, with per, a causa di). 5 (Comm) impresa f., azienda f., ditta f.: a flourishing ~ un'azienda fiorente. ☐ (burocr) to whom it may ~ a chi di spettanza, a tutti gli interessati; what ~ is it of yours? ma perché ti immischi?

concerned /kən'sɜːnd Am kən'sɜːrnd/ a. 1 interessato: the parties ~ le parti interessate. 2 (troubled) preoccupato (about, at, for per), ansioso (di), turbato (da). 3 (involved) coinvolto, implicato: everyone ~ in the affair tutte le persone coinvolte nel fatto.

concernedly /kən'sɜːnɪdli Am kən'sɜːrnɪdli/ avv. ansiosamente, premurosamente.

concerning /kən'sɜːnɪŋ Am kən'sɜːrnɪŋ/ prep. circa, riguardo a, in merito a.

concernment /kən'sɜːnmənt Am kən'sɜːrnmənt/ n. (ant) (importance) importanza f., interesse m.: a matter of vital ~ una questione di capitale importanza.

concert[1] /'kɒnsət Am 'kɑːnsərt/ n. 1 (Mus) concerto m. 2 (concerted action, agreement) concerto m., accordo m., unione f. ☐ ~ **artist** concertista; (Mus) ~ **grand** pianoforte da concerto, pianoforte a coda; ~ **hall** sala dei concerti; in ~ 1 (of voices) all'unisono; 2 (together, jointly) insieme, di concerto, d'accordo: to act in ~ with so. agire d'accordo con qcu.; ~ **performer** concertista; (Mus) ~ **pitch** diapason da concerto; (fig,colloq) to keep up to ~ pitch mantenersi in forma, tenersi pronto, tenersi su; ~ **season** stagione concertistica.

concert[2] /kən'sɜ:t Am kən'sɜ:rt/ v.t. concertare, concordare, stabilire insieme.

concertante /ˌkɒntʃə'tænti Am ˌkɑ:ntʃər'tɑ:nti/ n. (Mus) composizione f. concertante.

concerted /kən'sɜ:tɪd Am kən'sɜ:rtɪd/ a. 1 concertato, concordato, convenuto: a ~ attack un assalto concertato, a ~ effort uno sforzo congiunto; ~ action azione concertata. 2 (done with effort) intenso, serio, profondo, forte: we made a ~ effort to improve abbiamo fatto uno sforzo intenso per migliorarci. 3 (Mus) concertato, polivocale.

concertgoer /'kɒnsət,gəʊə Am 'kɑ:nsərt ˌgʊər/ n. frequentatore m. (f. -trice) di concerti.

concertina /ˌkɒnsə'ti:nə Am ˌkɑ:nsər'ti:nə/ n. 1 (Mus) concertina f. 2 (Mil) filo m. spinato. □ (Mil) ~ wire filo spinato.

concert-master /'kɒnsərt,mɑ:stər/ n. (Am, Mus) primo violino m.

concerto /kən'tʃeətəʊ, kən'tʃɜ:təʊ Am kən 'tʃɜːtəʊ/ (pl. -ti /-ti Am -ti/, -s /-z/) n. (Mus) concerto m.

concession /kən'seʃən/ n. 1 concessione f. (anche Dir,Pol): the ~ of a loan la concessione di un prestito. 2 (fig) (admission) concessione f., ammissione f., riconoscimento m. □ ~ stand chiosco, bar all'aperto.

concessionaire /kənˌseʃən'eər Am kən ˌseʃən'er/ n. (Comm) concessionario m. (f. -a).

concessional /kən'seʃənl/ a. agevolato: ~ rate tasso agevolato.

concessionary /kən'seʃənri Am kən 'seʃəneri/ I a. di una concessione, concessionario. II n. (Comm) concessionario m. (f. -a).

concessive /kən'sesɪv/ a. 1 concessivo, permissivo, spontaneo. 2 (Gramm) concessivo. □ (Gramm) ~ clause proposizione concessiva, concessiva.

concettism /kən'tʃetɪzəm/ n. (Lett) concettismo m.

conch /kɒnʃ, kɒŋk Am kɑ:ŋk, kɑ:nʃ/ (pl. -s /-s/, **conches** /'kɒnʃɪz Am 'kɑ:nʃɪz/) n. 1 conchiglia f. 2 (Entom) cassida f. 3 (Zool) strombo m. 4 (Anat) conca f.

concha /'kɒŋkə Am 'kɑ:ŋkə/ (pl. -chae /-ki:/) n. 1 (Anat) conca f. 2 (Arch) conca f. absidale.

conchie /'kɒnʃi/ n. (Aus) obiettore m. di coscienza.

conchiferous /kɒŋ'kɪfərəs Am kɑ:ŋ'kɪfərəs/ a. (Zool,Geol) conchifero.

conchiform /'kɒŋkɪfɔ:m Am 'kɑ:ŋkɪfɔ:rm/ a. conchiliforme.

conchoid /'kɒŋkɔɪd Am 'kɑ:ŋkɔɪd/ n. (Geom) concoide f.

conchoidal /kɒŋ'kɔɪdəl Am kɑ:ŋ'kɔɪdəl/ a. concoidale, concoide.

concierge /ˌkɒnsi'eəʒ Am ˌkəʊn'sjerʒ, ˌkɑ:n 'sjerʒ/ n. portiere m. (f. -a) di albergo, receptionist m./f.

conciliar /kən'sɪliər/ a. di un concilio, conciliare.

conciliate /kən'sɪlieɪt/ v.t. 1 placare, blandire. 2 (to win over) conciliarsi, cattivarsi, pacificare. 3 (to make compatible) conciliare, mettere d'accordo.

conciliation /kənˌsɪli'eɪʃən/ n. conciliazione f. □ (Dir) ~ board commissione di conciliazione.

conciliative /kən'sɪliətɪv, kən'sɪlieɪtɪv Am kən'sɪlietɪv/ a. conciliativo.

conciliator /kən'sɪlieɪtər Am kən'sɪlietər/ n. 1 conciliatore m. (f. -trice). 2 (Comm) arbitro m.

conciliatoriness /kən'sɪliətərɪnəs, kənˌsɪli 'eɪtərɪnəs Am kən'sɪliətɔːrɪnəs/ n. l'essere conciliativo.

conciliatory /kən'sɪliətəri, kənˌsɪli'eɪtəri Am

kən'sɪliətɔːri/ a. conciliativo. □ ~ gesture gesto conciliatorio.

concinnity /kən'sɪnɪti Am kən'sɪnəti/ n. (lett) eleganza f. di stile, concinnità f.

concise /kən'saɪs/ a. conciso, stringato, breve, sintetico.

concisely /kən'saɪsli/ avv. concisamente, brevemente. □ to put it ~ per dirla in breve.

conciseness /kən'saɪsnəs/ n. concisione f., brevità f.

concision /kən'sɪʒən/ n. concisione f., brevità f.

conclave /'kɒnkleɪv Am 'kɑ:nkleɪv/ n. 1 riunione f. segreta, riunione f. privata. 2 (Rel.catt) conclave m.

conclavist /'kɒnkleɪvɪst Am 'kɑ:nkleɪvɪst/ n. (Rel.catt) conclavista m.

conclude /kən'klu:d/ I v.t. 1 concludere, terminare. 2 (to deduce, to infer) concludere, dedurre, arguire (from da). 3 (to settle, to reach an agreement on) concludere, condurre a termine: to ~ a bargain concludere un affare. 4 (to decide) decidere, stabilire. II v.i. 1 concludersi, finire (with con). 2 (to decide, to judge) decidere, stabilire, venire a una conclusione.

concluding /kən'klu:dɪŋ/ a. conclusivo, finale.

conclusion /kən'klu:ʒən/ n. 1 conclusione f., termine m., chiusa f.: to bring sth. to a ~ portare qcs. a termine; to draw -s from sth. trarre le conclusioni da qcs. 2 (result) conclusione f., esito m. 3 (inference) conclusione f., deduzione f. □ (Dir) ~ by judgement decisione giudiziaria; in ~ in conclusione.

conclusive /kən'klu:sɪv/ a. 1 conclusivo, decisivo, finale: ~ evidence prova conclusiva. 2 (concluding) conclusivo, concludente.

conclusiveness /kən'klu:sɪvnəs/ n. l'essere conclusivo.

concoct /kən'kɒkt Am kən'kɑ:kt/ v.t. 1 preparare (mettendo insieme), mescolare. 2 (to contrive) architettare, macchinare.

concoction /kən'kɒkʃən Am kən'kɑ:kʃən/ n. 1 miscuglio m., preparato m., miscela f. 2 (fig) (device) stratagemma m., trovata f.; (contrivance) macchinazione f. □ a ~ of lies coacervo di bugie.

concomitance /kən'kɒmɪtəns Am kən 'kɑ:mətəns/ n. concomitanza f.

concomitancy /kən'kɒmɪtənsi Am kən 'kɑ:mətənsi/ n. concomitanza f.

concomitant /kən'kɒmɪtənt Am kən 'kɑ:mətənt/ I a. concomitante. II n. fattore m. concomitante.

concord /'kɒnkɔ:d Am 'kɑ:nkɔ:rd/ n. 1 concordia f., armonia f., accordo m.: to live in ~ vivere in (buona) armonia. 2 (treaty) trattato m., accordo m. 3 (Gramm) concordanza f. 4 (Mus) accordo m.

concordance /kən'kɔ:dəns Am kən'kɔ:rdəns/ n. 1 armonia f., concordia f., accordo m. 2 (Lett,Statist) concordanza f.: -s of the Bible concordanze bibliche.

concordant /kən'kɔ:dənt Am kən'kɔ:rdənt/ a. 1 concorde, concordante, in armonia (with con). 2 (Mus) armonioso.

concordat /kɒn'kɔ:dæt Am kən'kɔ:rdæt/ n. 1 trattato m., accordo m. 2 (Stor) concordato m.

concourse /'kɒnkɔ:s Am 'kɑ:nkɔ:rs/ n. 1 folla f., assembramento m. 2 (confluence) concorso m., affluenza f.: a ~ of circumstances un concorso di circostanze. 3 (Am) (in a station, or airport) sala f., atrio m. 4 (Am) (promenade, boulevard) passeggiata f., viale m. 5 (Dir) concorso m.

concrescence /kɒn'kresəns Am kɑ:n 'kresns/ n. (Biol) concrescenza f.

concrescent /kɒn'kresnt Am kɑ:n'kresnt/ a. (Biol) concrescente.

concrete /'kɒnkri:t Am 'kɑ:nkri:t/ I n. 1 (Edil) calcestruzzo m., conglomerato m. cementizio. 2 (concrete idea, form) concreto m. II a. 1 concreto (anche Gramm); (definite) concreto, reale: ~ proposals proposte concrete. 2 (solid) concreto, solido, compatto. 3 (made of concrete) di calcestruzzo. III v.t. 1 (Edil) rivestire di calcestruzzo. 2 (to form into a solid mass) solidificare. IV v.i. solidificarsi. □ in the ~ in concreto, in realtà; (colloq) ~ jungle giungla di asfalto; (Edil) ~ mixer betoniera; ~ mixer operator betonista; ~ music musica concreta; (Gramm) ~ noun nome concreto; ~ poetry poesia concreta; (Edil) ~ slab soletta di calcestruzzo; (Edil) ~ work betonaggio.

concretely /'kɒnkri:tli Am kɑ:n'kri:tli/ avv. concretamente.

concreteness /'kɒnkri:tnəs Am kɑ:n 'kri:tnəs/ n. concretezza f. (anche fig).

concretion /kən'kri:ʃən/ n. 1 (Med,Geol) concrezione f. 2 (solid mass) sostanza f. concreta, conglomerato m., massa f. compatta.

concretionary /kən'kri:ʃənri Am kən 'kri:ʃəneri/ a. (Geol) concrezionale, concrezionato.

concretism /'kɒnkri:tɪzəm Am kɑ:n 'kri:tɪzəm/ n. (Art) concretismo m.

concretist /'kɒnkri:tɪst Am kɑ:n'kri:tɪst/ n. (Art) concretista m./f.

concretization /ˌkɒnkri:tɪ'zeɪʃən/ n. concretizzazione f.

concretize /'kɒnkri:taɪz Am 'kɑ:nkri:taɪz/ v.t. concretare, concretizzare, rendere concreto.

concubinage /kən'kju:bɪnɪdʒ/ n. concubinato m.

concubinary /kɒn'kju:bɪnəri Am kɑ:n 'kju:bɪneri/ I a. che vive in concubinato. II n. concubino m. (f. -a).

concubine /'kɒnkjubaɪn Am 'kɑ:nkjubaɪn/ n. concubina f.

concupiscence /kən'kju:pɪsəns/ n. concupiscenza f., desiderio m. (carnale).

concupiscent /kən'kju:pɪsənt/ a. concupiscente.

concur /kən'kɜ:r Am kən'kɜ:r/ (past, p.p. concurred /-d/) v.i. 1 concordare, essere d'accordo, convenire (with con): to ~ with so. in doing sth. essere d'accordo con qcu. nel fare qcs. 2 (to coincide) coincidere.

concurrence /kən'kʌrəns/ n. 1 l'essere d'accordo. 2 (agreement) assenso m., accordo m. 3 (cooperation: of persons) collaborazione f.; (of things) concorso m. 4 (coincidence) coincidenza f., simultaneità f., concomitanza f. 5 (Dir) conflitto m.: ~ of jurisdiction conflitto di giurisdizione. □ (Dir) ~ of charges concorso di capi di imputazione; (Dir) ~ of crime concorso di reati.

concurrency /kən'kʌrənsi/ n. 1 l'essere d'accordo. 2 (agreement) assenso m., accordo m. 3 (cooperation: of persons) collaborazione f.; (of things) concorso m. 4 (coincidence) coincidenza f., simultaneità f., concomitanza f. 5 (Dir) conflitto m.

concurrent /kən'kʌrənt/ I a. 1 (occurring together) concomitante; (existing together) coesistente; (in time) simultaneo. 2 (acting in conjunction) coordinato: ~ efforts sforzi coordinati. 3 (agreeing) concordante, coincidente. 4 (Dir) (of a sentence) concorrente; (of rights) in conflitto, opposto. 5 (converging) concorrente, convergente: ~ lines linee concorrenti. II n. causa f. concomitante, circostanza f. concomitante. □ (US,Dir) ~ jurisdiction giurisdizione concorrente; (US, Pol) ~ powers poteri condivisi; (US,Parl) ~

resolution risoluzione comune.

concurrently /kən'kʌrəntli/ *avv.* simultaneamente.

concuss /kən'kʌs/ *v.t.* 1 scuotere violentemente, squassare. 2 (*fig*) (*to intimidate*) intimorire.

concussion /kən'kʌʃən/ *n.* 1 (*Med*) commozione *f.* cerebrale. 2 (*shock from a heavy blow*) sbattimento *m.*, scuotimento *m.*

concussive /kən'kʌsɪv/ *a.* (*Med*) commotivo.

condemn /kən'dem/ *v.t.* 1 condannare, censurare. 2 (*to pronounce guilty*) condannare, rivelare la colpevolezza di: *his very looks -ed him* il suo stesso aspetto lo condannava. 3 (*to force into*) condannare, costringere, obbligare. 4 (*Mar*) (*of a ship*) radiare. 5 (*Dir,Edil*) condannare: *he was -ed to death* fu condannato a morte. 6 (*Am,Dir*) (*of a building*) dichiarare non agibile.

condemnable /kən'dem(n)əbl/ *a.* condannabile.

condemnation /ˌkɒndem'neɪʃən *Am* ˌkɑːdem'neɪʃən/ *n.* 1 condanna *f.*, biasimo *m.*, censura *f.* 2 (*cause for condemning*) condanna *f.*, motivo *m.* di condanna. 3 (*Dir*) condanna *f.* 4 (*Am,Dir*) (*of a building*) confisca *f.*, esproprio *m.*

condemnatory /kən'demnətri, ˌkɒndem'neɪtəri *Am* ˌkɑːdem'neɪtɔːri/ *a.* di condanna.

condensability /kənˌdensə'bɪlɪti *Am* kənˌdensə'bɪləti/ *n.* (*Fis,Chim*) condensabilità *f.*

condensable /kən'densəbl/ *a.* (*Fis,Chim*) condensabile.

condensate /'kɒndənseɪt *Am* 'kɑːndənseɪt/ *n.* (*Chim*) prodotto *m.* di condensazione, condensato *m.*

condensation /ˌkɒndən'seɪʃən *Am* ˌkɑːdən'seɪʃən/ *n.* 1 condensazione *f.*, condensamento *m.* 2 (*condensed mass*) condensato *m.*, prodotto *m.* di condensazione. 3 (*fig*) (*abridgement*) riassunto *m.*: *the ~ of a speech* il riassunto di un discorso.

condense /kən'dens/ I *v.t.* 1 (far) condensare, rendere denso, raddensare. 2 (*fig*) (*to abridge*) condensare, compendiare, riassumere. 3 (*Fis,Chim,Alim*) condensare. II *v.i.* 1 condensarsi (*anche Fis,Chim*). 2 (*to abridge*) fare un compendio, fare un riassunto.

condensed /kən'denst/ *a.* 1 (*fig*) (*abridged*) condensato, compendiato. 2 (*Fis,Chim*) condensato. □ (*Alim*) ~ *milk* latte condensato; (*Tip*) ~ *type* carattere condensato.

condenser /kən'densər/ I *n.* 1 (*person*) condensatore *m.* (*f.* -trice). 2 (*Chim*) condensatore *m.*, refrigerante *m.* 3 (*El,Rad*) condensatore *m.* II *n.* (*Ott*) condensatore *m.* ottico. □ (*Tecn*) ~ *coil* serpentina di raffreddamento; ~ *water* acqua di condensazione, condensa.

condensing /kən'densɪŋ/ I *a.* che condensa. II *n.* condensazione *f.* □ (*Mecc*) ~ *engine* macchina a vapore a condensazione; (*Ott*) ~ *lens* condensatore ottico.

condescend /ˌkɒndɪ'send *Am* ˌkɑːndɪ'send/ *v.i.* 1 condiscendere, accondiscendere, consentire (*to* a), acconsentire (*to* a): *to ~ to do sth.* accondiscendere a fare qcs. 2 (*to behave patronizingly*) mostrarsi condiscendente (verso, con).

condescendence /ˌkɒndɪ'sendəns *Am* ˌkɑːndɪ'sendəns/ *n.* condiscendenza *f.*, accondiscendenza *f.*

condescending /ˌkɒndɪ'sendɪŋ *Am* ˌkɑːndɪ'sendɪŋ/ *a.* condiscendente, accondiscendente.

condescendingly /ˌkɒndɪ'sendɪŋli *Am* ˌkɑːndɪ'sendɪŋli/ *avv.* con condiscendenza.

condescension /ˌkɒndɪ'senʃən *Am* ˌkɑːndɪ'senʃən/ *n.* condiscendenza *f.*, compiacenza *f.*

condign /kən'daɪn/ *a.* (*lett*) proporzionato, adeguato.

condignly /kən'daɪnli/ *avv.* (*lett*) in modo proporzionato, adeguato.

condiment /'kɒndɪmənt *Am* 'kɑːndɪmənt/ *n.* condimento *m.*

condition /kən'dɪʃən/ I *n.* 1 condizioni *f.pl.*, stato *m.*: *the goods were in perfect ~* le merci erano in perfette condizioni. 2 (*state of health*) condizioni *f.pl.* di salute, stato *m.* di salute, salute *f.* 3 (*fit state*) condizione *f.*: *he is in no ~ to go out alone* non è in condizione di uscire da solo. 4 (*for sports competitions*) forma *f.*: *to keep oneself in ~* mantenersi in forma. 5 (*prerequisite*) condizione *f.*, requisito *m.*, presupposto *m.* 6 (*stipulation*) condizione *f.*: *to accept sth. without -s* accettare qcs. senza condizioni. 7 (*Dir*) (*clause*) clausola *f.*, condizione *f.* 8 (*Am,Univ*) obbligo *m.* di riparare un'insufficienza. 9 (*Gramm*) protasi *f.* 10 (*Mat,Filos*) condizione *f.* 11 (*Med*) condizione *f.* patologica, situazione *f.* patologica. 12 (*ant*) (*social position*) condizione *f.* sociale, posizione *f.* sociale; (*rank*) rango *m.*, ceto *m.* 13 *pl.* (*circumstances*) condizioni *f.pl.*, situazioni *f.pl.*: *living -s* condizioni di vita. 14 *pl.* (*Comm*) condizioni *f.pl.*: *terms and -s* condizioni, modalità. II *v.t.* 1 condizionare (*to, for* a), determinare. 2 (*rifl.*) *to ~ oneself* adattarsi, abituarsi: *to ~ oneself to jet lag* adattarsi al jet lag. 3 (*rifl.*) *to ~ oneself to train* allenarsi. 4 (*to stipulate*) pattuire, stipulare. 5 (*Ind,Psic*) condizionare. 6 (*of hair*) trattare: *to ~ one's hair* (*with balsam*) trattare i capelli (con il balsamo). 7 (*Am,Univ*) obbligare a riparare un'insufficienza. □ *to be in ~* essere in buone condizioni, essere in buono stato; *to make it a ~ that* porre come condizione che; *on no ~* a nessuna condizione, a nessun patto; *on ~ that* a condizione che, a patto che; *to be out of ~* essere in cattive condizioni, (*colloq*) essere giù di forma; (*Comm*) *-s of sale* condizioni di vendita.

conditional /kən'dɪʃənl/ I *a.* 1 (*subject to conditions*) condizionale, condizionato: *a ~ surrender* una resa condizionata; *to be ~ on* (o ~ *upon*) *sth.* essere condizionato a qcs. 2 (*Gramm,Mat,Filos*) condizionale. II *n.* (*Gramm*) condizionale *m.* □ (*Inform*) ~ *branch* diramazione condizionata; (*Comm*) ~ *sale* vendita con riserva di proprietà.

conditionality /kənˌdɪʃən'ælɪti *Am* kənˌdɪʃən'æləti/ *n.* l'essere condizionale.

conditionally /kən'dɪʃənəli/ *avv.* condizionalmente, subordinatamente.

conditioned /kən'dɪʃənd/ *a.* 1 condizionato, condizionale. 2 (*in a fit condition*) in buone condizioni, in forma. 3 (*Psic,Ling*) condizionato: *~ by one's environment* condizionato dall'ambiente. □ (*Psic*) ~ *reflex* (o ~ *response*) riflesso condizionato.

conditioner /kən'dɪʃənər/ *n.* 1 (*Cosmet*) balsamo *m.* 2 (*Tess*) ammorbidente *m.*

conditioning /kən'dɪʃənɪŋ/ *n.* 1 (*of air*) condizionamento *m.* 2 (*Tess*) condizionamento *m.*, condizionatura *f.* 3 (*Idr*) (*of water*) potabilizzazione *f.* 4 (*Psic*) condizionamento *m.*: ~ *schedule* programma di condizionamento.

condo /'kɒndoʊ *Am* 'kɑːndoʊ/ *n.* (*Am,colloq*) 1 (*building*) condominio *m.*, palazzo *m.* in condominio. 2 (*apartment*) appartamento *m.* in un condominio.

condolatory /kən'doʊlətri *Am* kən'doʊlətɔːri/ *a.* di condoglianze.

condole /kən'doʊl/ *v.i.* fare le (proprie) condoglianze (*with* a), condolersi (con).

condolence /kən'doʊləns/ *n.* condoglianza *f.*: *to offer so. one's -s* fare (o porgere) le (proprie) condoglianze a qcu.

condom /'kɒndəm *Am* 'kɑːndəm/ *n.* (*Farm*) preservativo *m.*, profilattico *m.*, condom *m.*

condominium /ˌkɒndə'mɪniəm *Am* ˌkɑːndə'mɪniəm/ *n.* 1 (*Am*) (*building*) condominio *m.*, palazzo *m.* in condominio. 2 (*Am*) (*apartment*) appartamento *m.* in un condominio. 3 (*Pol*) condominio *m.* internazionale.

condonation /ˌkɒndoʊ'neɪʃən *Am* ˌkɑːndoʊ'neɪʃən/ *n.* 1 perdono *m.*, condono *m.* 2 (*Dir*) perdono *m.* di un coniuge adultero.

condone /kən'doʊn/ *v.t.* 1 condonare, perdonare: *to ~ bad behaviour* giustificare la cattiva condotta. 2 (*Dir*) condonare.

condor /'kɒndɔːr *Am* 'kɑːndɔːr/ *n.* (*Ornit*) condor *m.*

conduce /kən'djuːs/ *v.i.* 1 (*to contribute*) contribuire, tendere (*to, toward* a). 2 (*to lead*) portare (*to* a), condurre (*to, a* verso).

conducive /kən'djuːsɪv/ *a.* contribuente, tendente (*to* a).

conduct[1] /'kɒndʌkt *Am* 'kɑːndʌkt/ *n.* 1 condotta *f.*, comportamento *m.*, contegno *m.*: *exemplary ~* condotta esemplare; *professional ~* etica professionale, condotta professionale. 2 (*direction*) gestione *f.*, direzione *f.*, condotta *f.*: *the ~ of a business* la gestione di un'azienda; *the ~ of a war* la condotta di una guerra. □ ~ *unbecoming* condotta indecorosa, comportamento disdicevole.

conduct[2] /kən'dʌkt/ I *v.t.* 1 condurre, dirigere, eseguire: *to ~ an experiment* eseguire un esperimento. 2 (*to lead, to guide*) guidare, portare, accompagnare: *to ~ so. round the city* guidare qcu. in giro per la città. 3 (*to carry*) condurre, trasportare, convogliare: *these pipes ~ gas* questi tubi trasportano gas. 4 (*rifl.*) *to ~ oneself* comportarsi, condursi: *to ~ oneself well* comportarsi bene. 5 (*Mus*) dirigere. 6 (*Fis*) condurre, trasmettere: *copper -s electricity* il rame conduce l'elettricità. II *v.i.* (*Mus*) fare il direttore d'orchestra.

conductance /kən'dʌktns/ *n.* (*El*) conduttanza *f.*

conductibility /kənˌdʌktɪ'bɪlɪti *Am* kənˌdʌktɪ'bɪləti/ *n.* (*Fis*) conducibilità *f.*, conduttività *f.* 2 (*Fisiol*) conduttività *f.*

conductible /kən'dʌktəbl/ *a.* conduttivo.

conductimetry /ˌkɒndʌk'tɪmɪtri *Am* ˌkɑːndʌk'tɪmɪtri/ *n.* conduttimetria *f.*

conduction /kən'dʌkʃən/ *n.* 1 (*of water through a pipe*) convogliamento *m.* 2 (*Fis*) conduzione *f.*, trasmissione *f.*; (*conductivity*) conduttività *f.* 3 (*Fisiol*) conduzione *f.*

conductive /kən'dʌktɪv/ *a.* (*Fis*) conduttivo.

conductively /kən'dʌktɪvli/ *avv.* (*Fis*) conduttivamente.

conductivity /ˌkɒndʌk'tɪvɪti *Am* ˌkɑːndʌk'tɪvəti/ *n.* 1 (*Fis*) conducibilità *f.*, conduttività *f.* 2 (*Fisiol*) conduttività *f.*

conductor /kən'dʌktər/ *n.* 1 (*Fis,Fisiol*) conduttore *m.* 2 (*of a bus, tram*) bigliettaio *m.* 3 (*Am,Ferr*) controllore *m.* 4 (*Mus*) direttore *m.* □ (*Ferr*) ~ *rail* terza rotaia, rotaia di contatto.

conductorship /kən'dʌktəʃɪp *Am* kən'dʌktərʃɪp/ *n.* (*Mus*) direzione *f.*

conductress /kən'dʌktrəs/ *n.* (*ant*) (*of a bus, tram*) bigliettaia *f.*

conduit /'kɒnd(j)uɪt *Am* 'kɑːnd(u)ɪt/ *n.* 1 conduttura *f.*, condotto *m.*, tubazione *f.* 2 (*secret passage*) passaggio *m.* segreto. 3 (*El*) tubo *m.* protettivo.

condylar /'kɒndɪlər *Am* 'kɑːndɪlər/ *a.* (*Anat*) condiloideo.

condyle /'kɒnd(a)ɪl *Am* 'kɑːnd(a)ɪl/ *n.* (*Anat*) condilo *m.*

condyloid /'kɒndɪlɔɪd *Am* 'kɑːndɪlɔɪd/ *a.* (*Anat*) condiloideo.

cone /koʊn/ I *n.* 1 cono *m.* (*anche Geom,Geol,*

Meteor). **2** (*ice cream cone*) cono *m.* (gelato). **3** (*Bot*) pigna *f.*, cono *m.* **II** *v.t.* dare forma conica a. **III** *v.i.* (*Bot*) produrre pigne.

cone-in-cone /ˌkoʊnɪn'koʊn/ *a.* (*Geol*) a coni concentrici.

conepulley /'koʊnpʊli/ *n.* (*Mecc*) conopuleggia *f.*

cone-shaped /'koʊnʃeɪpt/ *a.* a forma di cono, conico.

coney /'koʊni/ *n.* **1** (*rabbit*) coniglio *m.* **2** (*rabbit fur*) coniglio *m.*, pelliccia *f.* di coniglio, lapin *m.*

confab /'kɒnfæb, kɒn'fæb *Am* 'kɑ:nfæb/ **I** *n.* (*colloq*) conversazione *f.* (familiare), chiacchierata *f.*, (*scherz*) confabulazione *f.* **II** *v.i.* (*past, p.p.* **confabbed** /-d/) (*colloq*) chiacchierare (familiarmente), conversare.

confabulate /kən'fæbjʊleɪt/ *v.i.* chiacchierare (familiarmente), conversare.

confabulation /kənˌfæbjʊ'leɪʃən/ *n.* conversazione *f.* (familiare), chiacchierata *f.*, (*scherz*) confabulazione *f.*

confabulatory /kən'fæbjʊlətəri *Am* kən'fæbjʊlətɔ:ri/ *a.* confabulatorio.

confect /kən'fekt/ *v.t.* **1** (*lett*) preparare, confezionare, fare. **2** (*of fruit*) confettare.

confection /kən'fekʃən/ *n.* **1** confezione *f.*, preparazione *f.*, fattura *f.* **2** (*Dolc*) (*preserve*) confettura *f.*; (*bonbon*) confetto *m.* **3** (*Farm*) preparato *m.* **4** (*Abbigl*) confezione *f.*, articolo *m.* confezionato.

confectionary /kən'fekʃənəri *Am* kən'fekʃəneri/ **I** *n.* **1** confettiera *f.* **2** (*candy, sweet*) dolciumi *m.pl.* **II** *a.* dolciario, di dolciumi.

confectioner /kən'fekʃənər/ *n.* confettiere *m.* (*f.* -a), pasticciere *m.* (*f.* -a). □ (*Alim*) ~'s *sugar* zucchero a velo.

confectionery /kən'fekʃənəri *Am* kən'fekʃəneri/ *n.* **1** dolciumi *m.pl.* **2** (*confectioner's business*) industria *f.* dolciaria. **3** (*shop*) pasticceria *f.*, confetteria *f.*

confederacy /kən'fedərəsi/ *n.* **1** confederazione *f.*, lega *f.*, alleanza *f.* **2** (*conspiracy*) cospirazione *f.*, congiura *f.* **3** (*Dir*) collusione *f.* **Confederacy** /kən'fedərəsi/ *n.* (*Stor.am*) confederazione *f.* degli Stati Uniti.

confederate[1] /kən'fedərɪt/ **I** *a.* confederato, alleato: *a ~ state* uno stato confederato. **II** *n.* **1** confederato *m.*, alleato *m.* **2** (*accomplice*) complice *m./f.* □ (*Stor.am*) *Confederate States of America* Stati Confederati d'America.

confederate[2] /kən'fedəreɪt/ **I** *v.t.* confederare. **II** *v.i.* **1** confederarsi, allearsi. **2** (*to conspire*) cospirare, complottare.

confederation /kənˌfedə'reɪʃən/ *n.* **1** il confederarsi. **2** (*alliance*) confederazione *f.*, lega *f.*, alleanza *f.* **Confederation** /kənˌfedə'reɪʃən/ *n.* (*Stor.am*) Confederazione *f.* □ (*Stor.am*) ~ *Congress* Congresso della Confederazione.

confederative /kən'fedərətɪv, kən'fedəreɪtɪv *Am* kən'fedərətɪv, kən'fedəreɪtɪv/ *a.* confederativo, confederale.

confer /kən'fɜ:r *Am* kən'fɜ:r/ (*past, p.p.* **conferred** /-d/) **I** *v.t.* conferire, accordare, concedere: *to ~ an honour on so.* conferire un'onorificenza a qcu. **II** *v.i.* conferire, consultarsi (*with* con): *to ~ with so. on a matter* conferire con qcu. su una questione.

conferee /ˌkɒnfə'ri: *Am* ˌkɑ:nfə'ri:/ *n.* **1** persona *f.* consultata. **2** (*person who attends a conference*) convegnista *m./f.* **3** (*recipient*) persona *f.* cui viene conferito qcs.

conference /'kɒnfərəns *Am* 'kɑ:nfərəns/ *n.* **1** consultazione *f.*, colloquio *m.*, abboccamento *m.*: *to be in ~ with so.* avere un colloquio con qcu. **2** (*congress*) conferenza *f.*, convegno *m.*, congresso *m.* **3** (*Pol,Rel*) conferenza *f.*

4 (*Am,Sport*) lega *f.* □ (*Tel*) ~ *call* teleconferenza, conference call; ~ *centre* (o *Am ~ center*) centro congressi; (*US,Pol*) ~ *committe* commissione bicamerale (incaricata di unificare due versioni diverse dello stesso progetto di legge).

conferential /ˌkɒnfə'renʃəl *Am* ˌkɑ:nfə'renʃəl/ *a.* (*of a conference*) relativo a conferenza, di convegno.

conferment /kən'fɜ:mənt *Am* kən'fɜ:rmənt/ *n.* conferimento *m.*

conferrable /kən'fɜ:rəbl/ *a.* conferibile.

conferral /kən'fɜ:rəl/ *n.* (*of a degree*) conferimento *m.*, consegna *f.*

confess /kən'fes/ **I** *v.t.* **1** (*to admit*) confessare, ammettere, riconoscere (*that* che). **2** (*to attest*) confessare, professare: *to ~ Christian faith* professare la fede cristiana. **3** (*Rel*) confessare: *to ~ one's sins* confessare i propri peccati; *to ~ a sinner* confessare un peccatore. **II** *v.i.* **1** dichiararsi colpevole, riconoscersi colpevole (*to* di): *to ~ to a crime* riconoscersi colpevole di un delitto. **2** (*to admit*) ammettere (qcs.): *I ~ to having done it* ammetto di averlo fatto io. **3** (*Rel*) confessarsi; (*of a priest*) confessare, ascoltare la confessione.

confessant /kən'fesənt/ *n.* (*Rel*) chi si confessa, penitente *m./f.*

confessedly /kən'fesɪdli/ *avv.* per confessione propria.

confession /kən'feʃən/ *n.* **1** (*Dir*) confessione *f.*, ammissione *f.* formale. **2** confessione *f.* (*anche Rel*): *to make a full ~* rendere piena confessione. **3** (*admission*) confessione *f.*, ammissione *f.* □ (*Stor,Rel*) *Confession of Augsburg* Confessione di Augusta.

confessional /kən'feʃənl/ **I** *a.* (*Rel*) confessionale. **II** *n.* (*Rel*) confessionale *m.*

confessionary /kən'feʃənəri *Am* kən'feʃəneri/ *a.* (*Rel*) confessionale.

confessionist /kən'feʃənɪst/ *n.* (*Rel,Stor*) confessionista *m./f.*

confessor /kən'fesər/ *n.* **1** chi confessa. **2** (*Rel*) confessore *m.*

confetti /kən'feti *Am* kən'feti/ *n.pl.* (*costr.sing.*) coriandoli *m.pl.*

confidant /ˌkɒnfɪ'dɑ:nt, 'kɒnfɪdænt *Am* 'kɑ:nfɪdænt, ˌkɑ:nfɪ'dɑ:nt/ *n.* confidente *m.*, amico *m.* intimo.

confidante /ˌkɒnfɪ'dɑ:nt, 'kɒnfɪdænt *Am* 'kɑ:nfɪdænt, ˌkɑ:nfɪ'dɑ:nt/ *n.* confidente *f.*, amica *f.* intima.

confide /kən'faɪd/ **I** *v.i.* **1** confidarsi (*in* con). **2** (*to have faith in*) confidare, aver fiducia (in): *to ~ in one's own ability* aver fiducia nelle proprie capacità. **II** *v.t.* (*ant*) confidare, dire in confidenza: *to ~ a secret to so.* confidare un segreto a qcu.

confidence /'kɒnfɪdəns *Am* 'kɑ:nfɪdəns/ *n.* **1** fiducia *f.* (*in* in). **2** (*self-assurance*) sicurezza *f.* di sé, baldanza *f.* **3** (*presumption*) presunzione *f.* **4** (*certitude*) fiducia *f.*, sicurezza *f.*: ~ *of victory* fiducia nella vittoria. **5** (*secret*) confidenza *f.*: *to exchange -s with so.* scambiare confidenze con qcu. □ (*Pol*) ~ *crisis* crisi di fiducia; ~ *crook* truffatore; ~ *game* truffa all'americana; *in* ~ in confidenza, in via confidenziale; (*Statist*) ~ *interval* intervallo di confidenza; (*Statist*) ~ *level* livello di confidenza; ~ *man* truffatore; *to take so. into one's* ~ accordare fiducia a qcu.; ~ *trick* truffa all'americana; ~ *trickster* truffatore.

confidence-building /'kɒnfɪdəns,bɪldɪŋ *Am* 'kɑ:nfɪdəns,bɪldɪŋ/ □ (*Pol*) ~ *measures* misure di fiducia.

confident /'kɒnfɪdnt *Am* 'kɑ:nfɪdnt/ *a.* **1** confidente, fiducioso (*of* in, di; *that* che): *we are ~ of success* siamo fiduciosi nel buon

esito. **2** (*self-assured*) sicuro di sé, baldanzoso; (*presumptuous*) presuntuoso.

confidential /ˌkɒnfɪ'denʃəl *Am* ˌkɑ:nfɪ'denʃəl/ *a.* **1** confidenziale, riservato: ~ *information* informazione riservata. **2** (*Pol,Mil*) segreto, riservato: ~ *agent* agente segreto. □ ~ *secretary* segretario particolare, segretario privato.

confidentiality /ˌkɒnfɪdenʃi'æliti *Am* ˌkɑ:nfɪdenʃi'æləti/ *n.* riservatezza *f.*

confidentially /ˌkɒnfɪ'denʃəli *Am* ˌkɑ:nfɪ'denʃəli/ *avv.* confidenzialmente.

confidently /'kɒnfɪdəntli *Am* 'kɑ:nfɪdəntli/ *avv.* **1** confidentemente, con fiducia. **2** (*boldly*) baldanzosamente.

configurable /kən'fɪgjərəbl/ *a.* configurabile (*anche Inform*).

configuration /kənˌfɪgjə'reɪʃən/ *n.* **1** configurazione *f.*, conformazione *f.* **2** (*Inform,Astr, Chim*) configurazione *f.* **3** (*Geog*) configurazione *f.*, struttura *f.*: *the ~ of the land* la struttura del terreno.

configurational /kənˌfɪgjə'reɪʃənl/ *a.* (*Chim*) configurazionale.

configurationism /kənˌfɪgjə'reɪʃnɪzəm/ *n.* (*Psic*) configurazionismo *m.*

configure /kən'fɪgjər/ *v.t.* configurare (*anche Inform*).

confinable /kən'faɪnəbl/ *a.* limitabile.

confine /kən'faɪn/ **I** *v.t.* **1** limitare, restringere: *to ~ oneself to the facts* limitarsi (*o* attenersi) ai fatti. **2** (*to shut or keep in*) confinare, relegare, rinchiudere; (*to imprison*) imprigionare. **II** *n.pl.* (*fig*) confini *m.pl.*, limiti *m.pl.*

confined /kən'faɪnd/ *a.* **1** limitato, ristretto: *in a ~ space* in uno spazio limitato. **2** (*ant*) (*before giving birth*) in travaglio; (*after giving birth*) in puerperio. □ ~ *to barracks* consegnato (in caserma); *to be ~ to bed* essere costretto a letto.

confinement /kən'faɪnmənt/ *n.* **1** confinamento *m.* **2** (*shutting up*) isolamento *m.*, reclusione *f.*: *solitary ~* reclusione in cella di isolamento; *strict ~* stretta reclusione. **3** (*limitation*) limitazione *f.*, restrizione *f.* **4** (*ant*) (*period before giving birth*) travaglio *m.*; (*period after giving birth*) puerperio *m.*

confirm /kən'fɜ:m *Am* kən'fɜ:rm/ *v.t.* **1** confermare, convalidare, rinforzarsi (*in* in): *to ~ a rumour* confermare una diceria; *the news -ed my fears* la notizia confermò i miei timori. **2** (*Rel.catt*) cresimare, confermare. **3** (*Rel.prot*) confermare.

confirmable /kən'fɜ:məbl *Am* kən'fɜ:rməbl/ *a.* confermabile.

confirmand /'kɒnfəmænd *Am* 'kɑ:nfərmænd/ *n.* **1** (*Rel.catt*) cresimando *m.* (*f.* -a), confermando *m.* (*f.* -a). **2** (*Rel.prot*) confermando *m.* (*f.* -a).

confirmation /ˌkɒnfə'meɪʃən *Am* ˌkɑ:nfər'meɪʃən/ *n.* **1** (*sth. which confirms*) conferma *f.*, prova *f.* **2** (*Rel.catt*) cresima *f.*, confermazione *f.* **3** (*Dir*) omologazione *f.* □ ~ *note* nota di conferma; ~ *number* numero di conferma.

confirmative /kən'fɜ:mətɪv *Am* kən'fɜ:rmətɪv/ *a.* confermativo.

confirmatory /kən'fɜ:mətəri *Am* kən'fɜ:rmətɔ:ri/ *a.* confermativo.

confirmed /kən'fɜ:md *Am* kən'fɜ:rmd/ *a.* **1** confermato, convalidato. **2** (*ratified*) ratificato. **3** (*inveterate*) inveterato, impenitente, incallito; (*of a criminal*) recidivo; (*of a disease*) cronico. **4** (*Rel.catt*) cresimato, confermato. **5** (*Rel.prot*) confermato. □ ~ *bachelor* scapolo impenitente, scapolo incallito; ~ *habit* abitudine incorreggibile; ~ *liar* bugiardo incallito; ~ *sinner* peccatore impenitente; ~ *smoker* fumatore incallito.

confirmee /ˌkɒnfəˈmiː/ *Am* ˌkɑːnfərˈmiː/ *n.* **1** (*Rel.catt*) cresimato (*f.* -a), confermato (*f.* -a). **2** (*Rel.prot*) confermato (*f.* -a).

confiscable /kənˈfɪskəbl/ *a.* confiscabile.

confiscate /ˈkɒnfɪskeɪt *Am* ˈkɑːnfɪskeɪt/ **I** *v.t.* **1** confiscare: *to ~ goods from so.* confiscare i beni a qcu. **2** (*to take away*) confiscare, requisire, sequestrare: *the teacher -d the boy's sweets* il maestro sequestrò le caramelle del bambino. **II** *a.* requisito, sequestrato.

confiscation /ˌkɒnfɪˈskeɪʃən *Am* ˌkɑːnfɪˈskeɪʃən/ *n.* **1** (*Dir*) confisca *f.* **2** (*taking away*) requisizione *f.*, sequestro *m.*

confiscator /ˈkɒnfɪskeɪtər *Am* ˈkɑːnfɪskeɪtər/ *n.* confiscatore *m.* (*f.* -trice).

confiscatory /kənˈfɪskətri, ˌkɒnfɪˈskeɪtəri *Am* kənˈfɪskətɔːri/ *a.* di confisca.

confit /kɒnˈfiː *Am* koʊnˈfiː/ *n.* (*Gastron*) confit *m.* (*spec.* di carne d'oca, cotta lentamente nel proprio grasso).

conflagration /ˌkɒnfləˈɡreɪʃən *Am* ˌkɑːnfləˈɡreɪʃən/ *n.* conflagrazione *f.*

conflate /kənˈfleɪt/ *v.t.* (*of two variant texts*) fondere, combinare (insieme).

conflation /kənˈfleɪʃən/ *n.* fusione *f.*, combinazione *f.*

conflict[1] /ˈkɒnflɪkt/ *v.t.* essere in conflitto, essere in contrasto, essere in disaccordo (*with* con).

conflict[2] /ˈkɒnflɪkt *Am* ˈkɑːnflɪkt/ *n.* conflitto *m.*, scontro *m.*; (*war*) guerra *f.* **2** (*struggle*) conflitto *m.*, controversia *f.*, disputa *f.* ☐ *~ of duties* conflitto di doveri; *~ of interests* conflitto di interessi; *~ of power* conflitto di attribuzioni; *~ resolution* risoluzione dei conflitti.

conflicting /kənˈflɪktɪŋ/ *a.* in conflitto, contraddittorio, contrastante: *~ evidence* prove contraddittorie.

confliction /kənˈflɪkʃən/ *n.* l'essere in conflitto, l'essere in contrasto.

conflictive /kənˈflɪktɪv/ *a.* in conflitto, contraddittorio, contrastante.

conflictory /kənˈflɪktəri/ *a.* in conflitto, contraddittorio, contrastante.

conflictual /kənˈflɪktjuəl *Am* kənˈflɪktʃuəl/ *a.* conflittuale.

confluence /ˈkɒnfluəns *Am* ˈkɑːnfluəns/ *n.* **1** (*Geog*) confluenza *f.*; (*body of water*) fiume *m.* collettore. **2** (*merging*) affluenza *f.*, concorso *m.*, confluenza *f.*, convergenza *f.* **3** (*gathering*) folla *f.*, ressa *f.*, concorso *m.* di folla.

confluent /ˈkɒnfluənt *Am* ˈkɑːnfluənt/ **I** *a.* confluente (*anche Med*): *~ rivers* fiumi confluenti. **II** *n.* confluente *m.*

conform /kənˈfɔːm *Am* kənˈfɔːrm/ **I** *v.i.* **1** conformarsi, uniformarsi, adeguarsi (*to* a): *to ~ to the rules* conformarsi alle regole. **2** (*to be a conformist*) essere conformista. **3** (*to be in agreement*) corrispondere (*to, with* a), essere in armonia (con). **4** (*Rel*) conformarsi (*o* fare atto di sottomissione) alla religione di stato. **5** (*Geol*) conformarsi. **II** *v.t.* conformare, uniformare, adeguare.

conformability /kənˌfɔːməˈbɪlɪti *Am* kənˌfɔːrməˈbɪlɪti/ *n.* **1** conformità *f.* (*anche Geol*). **2** (*compliance*) condiscendenza *f.*, acquiescenza *f.*

conformable /kənˈfɔːməbl *Am* kənˈfɔːrməbl/ *a.* **1** conforme, simile (*to* a). **2** (*compliant*) remissivo, docile. **3** (*Rel*) conformista. **4** (*Geol*) conforme.

conformably /kənˈfɔːməbli *Am* kənˈfɔːrməbli/ *avv.* conformemente.

conformal /kənˈfɔːməl *Am* kənˈfɔːrməl/ *a.* **1** (*of maps*) conforme, isogonico: *~ chart* carta conforme. **2** (*Mat*) conforme: *~ projection* proiezione conforme.

conformance /kənˈfɔːməns *Am* kənˈfɔːrməns/ *n.* **1** conformità *f.* **2** (*compliance*) remissività *f.*, docilità *f.* ☐ *in ~ with* (o *to*) in conformità con, conformemente a.

conformation /ˌkɒnfɔːˈmeɪʃən *Am* ˌkɑːnfɔːrˈmeɪʃən/ *n.* **1** conformazione *f.*, struttura *f.*, forma *f.* **2** (*adaptation*) adattamento *m.*

conformist /kənˈfɔːmɪst *Am* kənˈfɔːrmɪst/ **I** *n.* conformista *m./f.* (*anche Rel*). **II** *a.* conformistico, conformista.

conformity /kənˈfɔːmɪti *Am* kənˈfɔːrmɪti/ *n.* **1** conformità *f.* (*anche Geol*). **2** (*with conventions, rules, laws*) osservanza *f.*, conformità *f.* **3** (*compliance*) condiscendenza *f.*, acquiescenza *f.* **4** (*Rel*) conformismo *m.*

confound /kənˈfaʊnd/ *v.t.* **1** confondere, disorientare, sconcertare: *his stubborness only -ed the situation* la sua testardaggine confuse ulteriormente la situazione. **2** (*to refute*) confutare, ribattere, contraddire: *to ~ so.'s arguments* ribattere gli argomenti di qcu. **3** (*to mistake*) confondere, scambiare: *to ~ the means with the end* confondere i mezzi con il fine. ☐ *~ it!* al diavolo!

confounded /kənˈfaʊndɪd/ *a.* **1** (*eufem*) maledetto, dannato: *a ~ nuisance* una maledetta seccatura. **2** (*bewildered*) confuso, perplesso, disorientato, attonito.

confoundedly /kənˈfaʊndɪdli/ *avv.* (*colloq*) maledettamente, terribilmente.

confraternity /ˌkɒnfrəˈtɜːnɪti *Am* ˌkɑːnfrəˈtɜːrnəti/ *n.* **1** (*Rel*) confraternita *f.* **2** (*fraternal union*) fratellanza *f.*; (*in a profession*) associazione *f.* professionale.

confrère /ˈkɒnfreər *Am* kɑːnˈfrer/ *n.* **1** collega *m.* **2** (*estens*) compagno *m.*

confront /kənˈfrʌnt/ *v.t.* **1** essere di fronte a, stare di fronte a, essere faccia a faccia con. **2** (*to stand in the way of*) presentarsi a: *many problems -ed us* ci si presentavano molti problemi. **3** (*fig*) affrontare, fronteggiare: *to ~ danger* affrontare il pericolo. **4** (*Dir*) mettere a confronto, confrontare: *to ~ two witnesses* mettere due testimoni a confronto.

confrontation /ˌkɒnfrʌnˈteɪʃən *Am* ˌkɑːnfrʌnˈteɪʃən/ *n.* **1** scontro *m.* diretto, confronto *m.* **2** (*Dir*) confronto *m.*

confrontational /ˌkɒnfrʌnˈteɪʃənl *Am* ˌkɑːnfrʌnˈteɪʃənl/ *a.* polemico.

confrontationist /ˌkɒnfrʌnˈteɪʃənɪst *Am* ˌkɑːnfrʌnˈteɪʃənɪst/ *n.* provocatore *m.* (*f.* -trice), chi cerca lo scontro.

confrontive /kənˈfrʌntɪv *Am* kənˈfrʌntɪv/ *a.* polemico, battagliero.

Confucian /kənˈfjuːʃən/ **I** *n.* (*Rel*) seguace *m./f.* del confucianesimo, confuciano *m.* (*f.* -a). **II** *a.* (*Rel*) confuciano.

Confucianism /kənˈfjuːʃənɪzəm/ *n.* (*Rel*) confucianesimo *m.*

Confucianist /kənˈfjuːʃənɪst/ **I** *n.* (*Rel*) seguace *m./f.* del confucianesimo, confuciano *m.* (*f.* -a).

Confucius /kənˈfjuːʃəs/ *n.pr.m.* (*Stor*) Confucio.

confusable /kənˈfjuːzəbl/ *a.* confondibile.

confuse /kənˈfjuːz/ *v.t.* **1** confondere, turbare, disorientare. **2** (*to make unclear*) rendere confuso, rendere indistinto, imbrogliare: *to ~ the issue* imbrogliare la questione, imbrogliare le carte. **3** (*to mistake*) confondere, scambiare: *I always ~ him with his brother* lo scambio sempre per suo fratello. **4** (*to jumble together*) confondere, mettere in disordine, mischiare.

confused /kənˈfjuːzd/ *a.* **1** confuso, disorientato, perplesso. **2** (*disordered*) confuso: *~ shouting* grida confuse. ☐ *to get ~* confondersi; (*Mar,Meteor*) *~ sea* mare tempestoso.

confusedly /kənˈfjuːz(ɪ)dli/ *avv.* confusamente.

confusedness /kənˈfjuːz(ɪ)dnəs/ *n.* confusione *f.*

confusing /kənˈfjuːzɪŋ/ *a.* che confonde, che disorienta.

confusingly /kənˈfjuːzɪŋli/ *avv.* in modo che confonde, in modo che disorienta.

confusion /kənˈfjuːʒən/ *n.* **1** confusione *f.* **2** (*disorder*) confusione *f.*, disordine *m.*: *there was utter ~ in the room* nella stanza regnava il completo disordine. **3** (*bustle*) ressa *f.* **4** (*Br*) (*embarrassment*) confusione *f.*, imbarazzo *m.* **5** (*mistaking*) confusione *f.*, scambio *m.*: *~ of names* confusione di nomi. ☐ *to throw so. into ~* mettere qcu. in imbarazzo.

confusional /kənˈfjuːʒənl/ *a.* (*Psic*) confusionale.

confutable /kənˈfjuːtəbl *Am* kənˈfjuːtəbl/ *a.* confutabile, oppugnabile.

confutation /ˌkɒnfjuːˈteɪʃən *Am* ˌkɑːnfjuːˈteɪʃən/ *n.* confutazione *f.* (*anche Ret*).

confutative /kənˈfjuːtətɪv, ˈkɒnfjuteɪtɪv *Am* kənˈfjuːtətɪv/ *a.* confutativo.

confute /kənˈfjuːt/ *v.t.* **1** confutare, oppugnare. **2** (*of a person*) dimostrare l'errore di, provare l'errore di.

conga /ˈkɒŋɡə *Am* ˈkɑːŋɡə/ *n.* (*dance, music*) conga *f.* ☐ (*Mus*) *~ drum* congas.

congé /ˈkɒnʒeɪ *Am* koʊnˈʒeɪ/ *n.* **1** commiato *m.* **2** (*dismissal*) congedo *m.* ☐ *to give so. his ~* dare (il) congedo a qcu., mandare via qcu.

congeal /kənˈdʒiːl/ **I** *v.i.* **1** (*to coagulate*) coagularsi, rapprendersi. **2** (*fig*) (*to become fixed*) paralizzarsi, irrigidirsi. **II** *v.t.* **1** (*to cause to coagulate*) fare coagulare. **2** (*of a liquid, to make thicken*) cagliare, coagulare.

congealable /kənˈdʒiːləbl/ *a.* (*coagulable*) coagulabile.

congealment /kənˈdʒiːlmənt/ *n.* **1** (*coagulation*) coagulazione *f.* **2** (*congealed matter*) sostanza *f.* coagulata.

congelation /ˌkɒndʒɪˈleɪʃən *Am* ˌkɑːndʒɪˈleɪʃən/ *n.* **1** (*coagulation*) coagulazione *f.* **2** (*congealed matter*) sostanza *f.* coagulata.

congener /kənˈdʒiːnər/ *n.* **1** persona *f.* congenere, cosa *f.* congenere. **2** (*Biol*) congenere *m.*

congeneric /ˌkɒndʒəˈnerɪk *Am* ˌkɑːndʒəˈnerɪk/ *a.* **1** affine, attinente. **2** (*of the same genus*) congenere, consimile.

congenerous /kənˈdʒenərəs/ *a.* **1** affine, attinente. **2** (*of the same genus*) congenere, consimile.

congenial /kənˈdʒiːniəl/ *a.* **1** (*pleasant*) piacevole, amabile, simpatico: *a ~ company* una compagnia piacevole. **2** (*similar*) affine, simile, della stessa natura: *two ~ spirits* due anime affini. **3** (*suited to oneself*) congeniale, consono, adatto (*to* a): *I find this climate very ~* trovo che questo clima mi è molto congeniale.

congeniality /kənˌdʒiːniˈælɪti *Am* kənˌdʒiːniˈæləti/ *n.* **1** congenialità *f.*, affinità *f.* **2** (*mutual agreeableness*) piacevolezza *f.*, amabilità *f.*

congenially /kənˈdʒiːniəli/ *avv.* **1** piacevolmente, amabilmente. **2** (*similarly*) similmente.

congenital /kənˈdʒenɪtl *Am* kənˈdʒenɪtl/ *a.* congenito (*anche Med*). ☐ (*Med*) *~ anomaly* (o *~ defect*) anomalia congenita; (*fig*) *a ~ liar* un bugiardo per natura.

congenitally /kənˈdʒenɪtli *Am* kənˈdʒenɪtli/ *avv.* congenitamente.

conger /ˈkɒŋɡər *Am* ˈkɑːŋɡər/ *n.* (*Itt*) grongo *m.* ☐ (*Itt*) *~ eel* grongo.

congeries /kənˈdʒɪəriːz, ˈkɒndʒəriːz *Am*

'kaːndʒəriːz/ *n.pl.* (*costr.sing. o pl.*) congerie *f.*

congest /kən'dʒest/ *v.i.* 1 congestionarsi, ingorgarsi. 2 (*Med*) congestionarsi.

congested /kən'dʒestɪd/ *a.* congestionato (*anche Med*): ~ *streets* strade congestionate.

congestion /kən'dʒestʃən/ *n.* 1 congestione *f.*, ingorgo *m.* 2 (*Med*) congestione *f.*, congestionamento *m.* ☐ (*Strad*) ~ *charging* tassa per circolare nel centro di una città.

congestive /kən'dʒestɪv/ *a.* (*Med*) congestivo.

conglobate /'kɒŋɡloʊbeɪt Am kən'ɡloʊbeɪt, 'kaːŋɡloʊbeɪt/ I *v.t.* conglobare. II *v.i.* conglobarsi. III *a.* conglobato.

conglobation /ˌkɒŋɡloʊ'beɪʃən Am ˌkaːŋɡloʊ'beɪʃən/ *n.* conglobamento *m.*

conglomerate[1] /kən'ɡlɒmᵊr(e)ɪt Am kən'ɡlaːmᵊr(e)ɪt/ I *n.* 1 conglomerato *m.* (*anche fig, Geol*). 2 (*Econ*) conglomerata *f.*, conglomerato *m.* di aziende. II *a.* 1 conglomerato. 2 (*Geol*) di conglomerazione.

conglomerate[2] /kən'ɡlɒmᵊreɪt Am kən'ɡlaːmᵊreɪt/ I *v.t.* conglomerare, ammassare. II *v.i.* conglomerarsi.

conglomeration /kənˌɡlɒmə'reɪʃən Am kənˌɡlaːmə'reɪʃən/ *n.* 1 conglomerazione *f.* 2 (*mass*) conglomerato *m.*

conglutinate /kən'ɡluːtɪneɪt/ I *v.t.* conglutinare, agglutinare. II *v.i.* conglutinarsi, agglutinarsi.

conglutination /kənˌɡluːtɪ'neɪʃən/ *n.* conglutinazione *f.* (*anche Med*).

Congo /'kɒŋɡoʊ Am 'kaːŋɡoʊ/ *n.pr.* (*Geog*) Congo *m.* ☐ (*Geog*) ~ *Democratic Republic* Repubblica Democratica del Congo; (*Geog*) ~ *Republic* Repubblica del Congo.

Congolese /ˌkɒŋɡoʊ'liːz Am ˌkaːŋɡə'liːz/ I *a.* congolese. II *n.* congolese *m./f.*

congrats /kən'ɡræts/ *intz.* congratulazioni!

congratulant /kən'ɡrætʃʊlənt Br also kən'ɡrætʃʊlənt/ *a.* congratulatorio, (*lett*) gratulatorio.

congratulate /kən'ɡrætʃʊleɪt Br also kən'ɡrætʃʊleɪt/ *v.t.* congratularsi con, felicitarsi con, complimentarsi con: *to* ~ *so. on* (o *upon*) *his marriage* congratularsi con qcu. per il suo matrimonio.

congratulation /kənˌɡrætʃʊ'leɪʃən Br also kənˌɡrætjʊ'leɪʃən/ *n.* 1 (*act*) congratulazione *f.* 2 *pl.* (*expression*) congratulazioni *f.pl.*, felicitazioni *f.pl.*, rallegramenti *m.pl.*: *to offer so. one's* -*s* fare (o presentare) le congratulazioni a qcu., congratularsi con qcu.; -*s on your new baby!* congratulazioni per il neonato!

congratulator /kən'ɡrætʃʊleɪtə Am kən'ɡrætʃʊleɪtər/ *n.* chi si congratula.

congratulatory /kənˌɡrætjʊ'leɪtᵊri, kən'ɡrætʃʊleɪtᵊri Am kən'ɡrætʃʊlətɔːri/ *a.* di congratulazioni, (*lett*) gratulatorio: *a* ~ *letter* una lettera di congratulazioni.

congregate /'kɒŋɡrɪɡeɪt Am 'kaːŋɡrɪɡeɪt/ I *v.i.* congregarsi, adunarsi, raccogliersi. II *a.* congregato, radunato.

congregation /ˌkɒŋɡrɪ'ɡeɪʃən Am ˌkaːŋɡrɪ'ɡeɪʃən/ *n.* 1 congregazione *f.* 2 (*assemblage*) riunione *f.*, adunanza *f.*, assemblea *f.* 3 (*Bibl*) popolo *m.* ebraico. 4 (*Univ*) assemblea *f.*, riunione *f.* 5 (*Rel*) comunità *f.* locale, congregazione *f.* ☐ (*Rel*) ~ *of cardinals* congregazione cardinalizia, sacra congregazione.

congregational /ˌkɒŋɡrɪ'ɡeɪʃᵊnᵊl Am ˌkaːŋɡrɪ'ɡeɪʃᵊnᵊl/ *a.* di congregazione, della congregazione.

Congregational /ˌkɒŋɡrɪ'ɡeɪʃᵊnᵊl Am ˌkaːŋɡrɪ'ɡeɪʃᵊnᵊl/ *a.* (*Rel.prot*) congregazionalista.

Congregationalism /ˌkɒŋɡrɪ'ɡeɪʃᵊnᵊlɪzᵊm Am ˌkaːŋɡrɪ'ɡeɪʃᵊnᵊlɪzᵊm/ *n.* (*Rel.prot*) congre-

gazionalismo *m.*

Congregationalist /ˌkɒŋɡrɪ'ɡeɪʃᵊnᵊlɪst Am ˌkaːŋɡrɪ'ɡeɪʃᵊnᵊlɪst/ I *n.* (*Rel.prot*) congregazionalista *m./f.* II *a.* (*Rel.prot*) congregazionalista.

congress /'kɒŋɡres Am 'kaːŋɡres/ *n.* 1 (*Pol*) congresso *m.*, conferenza *f.* internazionale. 2 (*Stor*) *the Congress of Vienna* il congresso di Vienna. 2 (*meeting*) congresso *m.*, riunione *f.*: *a medical* ~ un congresso medico.

Congress /'kɒŋɡres Am 'kaːŋɡres/ *n.* (*US, Parl*) Congresso *m.*

congressional /kən'ɡreʃᵊnᵊl/ *a.* congressuale, di congresso, del congresso.

Congressional /kən'ɡreʃᵊnᵊl/ *a.* (*US,Parl*) congressionale, congressuale, del Congresso. ☐ (*US,Parl*) ~ *committees* commissioni congressuali; (*US,Parl*) ~ *district* distretto elettorale.

Congressman /'kɒŋɡresmən Am 'kaːŋɡresmən/ *n.* (*US,Parl*) membro *m.* del Congresso.

Congresswoman /'kɒŋɡres,wʊmən Am 'kaːŋɡres,wʊmən/ *n.* (*US,Parl*) (donna) membro *m.* del Congresso.

congruence /'kɒŋɡruəns Am 'kaːŋɡruəns/ *n.* 1 corrispondenza *f.*, proporzionalità *f.*, conformità *f.* 2 (*Mat,Geom*) congruenza *f.* 3 (*Gramm*) concordanza *f.*

congruency /'kɒŋɡruənsi Am 'kaːŋɡruənsi/ *n.* 1 corrispondenza *f.*, proporzionalità *f.*, conformità *f.* 2 (*Mat,Geom*) congruenza *f.* 3 (*Gramm*) concordanza *f.*

congruent /'kɒŋɡruənt Am 'kaːŋɡruənt/ *a.* 1 proporzionale, adeguato, corrispondente: ~ *with the facts* corrispondente ai fatti. 2 (*Mat, Geom*) congruo, congruente. 3 (*Gramm*) concordato, in concordanza.

congruity /kɒŋ'ɡruːɪti Am kaːŋ'ɡruːəti/ *n.* concordanza *f.*, corrispondenza *f.*, armonia *f.*: *the* ~ *of art and nature* la corrispondenza tra arte e natura.

congruous /'kɒŋɡruəs Am 'kaːŋɡruəs/ *a.* 1 corrispondente, proporzionato, adeguato (*with* a). 2 (*suitable*) appropriato, adatto, conveniente.

congruously /'kɒŋɡruəsli Am 'kaːŋɡruəsli/ *avv.* proporzionalmente, adeguatamente.

congruousness /'kɒŋɡruəsnəs Am 'kaːŋɡruəsnəs/ *n.* corrispondenza *f.*, armonia *f.*

conic /'kɒnɪk Am 'kaːnɪk/ *n.* conica *f.*, sezione *f.* conica.

conical /'kɒnɪkᵊl Am 'kaːnɪkᵊl/ *a.* conico: ~ *section* (sezione) conica.

conically /'kɒnɪkᵊli Am 'kaːnɪkᵊli/ *avv.* a cono.

conicalness /'kɒnɪkᵊlnəs Am 'kaːnɪkᵊlnəs/ *n.* conicità *f.*, forma *f.* conica.

conics /'kɒnɪks Am 'kaːnɪks/ *n.pl.* (*costr.sing.*) (*Geom*) teoria *f.* delle (sezioni) coniche.

conidium /kə'nɪdiəm/ (*pl.* -**dia** /-diə/) *n.* (*Bot*) conidio *m.*

conifer /'kɒnɪfər/ *n.* (*Bot*) conifera *f.*

coniferous /koʊ'nɪfᵊrəs/ *a.* (*Bot*) conifero.

coniform /'koʊnɪfɔːm Am 'koʊnɪfɔːrm/ *a.* a cono, conico.

coniine /'koʊniːɪn/ *n.* (*Chim*) conina *f.*

conine /'koʊniːn/ *n.* (*Chim*) conina *f.*

conjecturable /kən'dʒektʃᵊrəbᵊl/ *a.* congetturabile.

conjectural /kən'dʒektʃᵊrᵊl/ *a.* 1 congetturale, ipotetico. 2 (*given to conjecturing*) portato a fare congetture.

conjecturally /kən'dʒektʃᵊrᵊli/ *avv.* presumibilmente.

conjecture /kən'dʒektʃə/ I *n.* 1 congettura *f.* 2 (*opinion*) opinione *f.*, teorie *f.pl.* II *v.t.* congetturare, supporre, ipotizzare. III *v.i.* fare congetture, fare supposizioni.

conjoin /kən'dʒɔɪn/ I *v.t.* congiungere, col-

legare, unire. II *v.i.* congiungersi, unirsi.

conjoint /kən'dʒɔɪnt/ *a.* 1 congiunto, unito. 2 (*joint*) collegato, combinato.

conjointly /kən'dʒɔɪntli/ *avv.* congiuntamente.

conjugable /'kɒndʒʊɡəbᵊl Am 'kaːndʒʊɡəbᵊl/ *a.* (*Gramm*) coniugabile.

conjugal /'kɒndʒʊɡᵊl Am 'kaːndʒʊɡᵊl/ *a.* coniugale: ~ *love* amore coniugale. ☐ (*Dir*) ~ *rights* diritti coniugali; (*Dir*) ~ *visit* visita del coniuge (a un detenuto o a un giurato).

conjugality /ˌkɒndʒʊ'ɡælɪti Am ˌkaːndʒʊ'ɡæləti/ *n.* stato *m.* coniugale.

conjugally /'kɒndʒʊɡᵊli Am 'kaːndʒʊɡᵊli/ *avv.* maritalmente, a livello coniugale.

conjugate[1] /'kɒndʒʊɡeɪt Am 'kaːndʒʊɡeɪt/ *v.t.* (*Gramm,Chim*) coniugare. II *v.i.* 1 (*Biol*) accoppiarsi; (*to fuse*) fondersi. 2 (*Gramm*) coniugarsi.

conjugate[2] /'kɒndʒʊɡ(e)ɪt Am 'kaːŋɡʊɡ(e)ɪt/ I *n.* 1 (*Gramm*) parola *f.* derivata dalla stessa radice (di un'altra). 2 (*Mat*) asse *m.* coniugato. 3 (*Chim*) composto *m.* coniugato. II *a.* 1 accoppiato, coniugato. 2 (*Gramm*) derivato dalla stessa radice. 3 (*Mat,Chim*) coniugato. ☐ (*Mat*) ~ *axis* asse coniugato; (*Geom*) ~ *diameter* diametro coniugato; (*Chim*) ~ *system* sistema coniugato.

conjugation /ˌkɒndʒʊ'ɡeɪʃən Am ˌkaːndʒʊ'ɡeɪʃən/ *n.* 1 (*Gramm,Biol,Chim*) coniugazione *f.* 2 (*union*) congiunzione *f.*, unione *f.*, accoppiamento *m.*

conjugational /ˌkɒndʒʊ'ɡeɪʃᵊnᵊl Am ˌkaːndʒʊ'ɡeɪʃᵊnᵊl/ *a.* della coniugazione.

conjugative /'kɒndʒʊɡeɪtɪv, 'kɒndʒʊɡətɪv Am 'kaːndʒʊɡətɪv/ *a.* della coniugazione.

conjunct[1] /kən'dʒʌŋ(k)t/ *a.* 1 congiunto, unito. 2 (*joint*) congiunto, associato, combinato: ~ *operation* azione combinata.

conjunct[2] /'kɒndʒʌŋ(k)t Am 'kaːndʒʌŋ(k)t/ *n.* 1 (*of persons*) socio *m.* (*f.* -a). 2 (*of things*) cosa *f.* associata a un'altra, cosa *f.* collegata a un'altra.

conjunction /kən'dʒʌŋkʃən/ *n.* 1 (*Gramm, Astr*) congiunzione *f.* 2 (*union*) unione *f.*, associazione *f.*: *to act in* ~ *with so.* agire in unione, agire d'accordo con qcu. 3 (*combination of events*) concomitanza *f.*, coincidenza *f.*

conjunctional /kən'dʒʌŋkʃᵊnᵊl/ *a.* (*Gramm, Astr*) della congiunzione.

conjunctiva /ˌkɒndʒʌŋ(k)'taɪvə Am ˌkaːndʒʌŋ(k)'taɪvə/ (*pl.* -**s** /-z/, -**vae** /-viː/) *n.* (*Anat*) congiuntiva *f.*

conjunctival /ˌkɒndʒʌŋ(k)'taɪvᵊl Am ˌkaːndʒʌŋ(k)'taɪvᵊl/ *a.* (*Anat*) congiuntivale.

conjunctive /ˌkən'dʒʌŋ(k)tɪv/ I *a.* 1 congiuntivo (*anche Gramm*). 2 (*Biol*) connettivo. II *n.* 1 (*Gramm*) 1 (*word*) congiunzione *f.* 2 (*mood*) congiuntivo *m.*

conjunctively /ˌkən'dʒʌŋ(k)tɪvli/ *avv.* congiuntamente, unitamente, insieme.

conjunctivitis /kənˌdʒʌŋ(k)tɪ'vaɪtɪs Am kənˌdʒʌŋ(k)tɪ'vaɪtɪs/ *n.* (*Med*) congiuntivite *f.*

conjunctly /kən'dʒʌŋ(k)tli/ *avv.* congiuntamente, unitamente, insieme.

conjuncture /kən'dʒʌŋ(k)tʃə/ *n.* 1 (*combination of events*) congiuntura *f.*, circostanza *f.*, occasione *f.* 2 (*crisis*) momento *m.* critico.

conjuration /ˌkɒndʒʊ(ə)'reɪʃən Am ˌkaːndʒʊ'reɪʃən/ *n.* 1 scongiuro *m.*, invocazione *f.* solenne. 2 (*incantation*) incantesimo *m.*, magia *f.* 3 (*conjuring up*) evocazione *f.* di spiriti. 4 (*conspiracy*) congiura *f.*

conjure /'kʌndʒə/ I *v.t.* 1 (*to produce as by magic*) fare apparire come per incanto, fare apparire come per magia. 2 (*ant*) (*to implore*) scongiurare. II *v.i.* 1 esercitare la magia, fare incantesimi. 2 (*to practise legerdemain*) fare giochi di prestigio. □ *to ~ up*: 1 fare apparire, evocare: *to ~ up the dead* evocare i morti; 2 (*fig*) (*to recall*) rievocare, evocare: *to ~ up visions of the past* rievocare visioni del passato; (*colloq*) *a name to ~ with* un nome di grande influenza, un nome di grande prestigio.

conjurer, conjuror /ˈkʌndʒərər *Am* ˈkʌndʒərər/ *n.* prestigiatore *m.* (*f.* -trice).

conk[1] /kɒŋk *Am* kɑːŋk/ I *n.* (*sl*) 1 (*Br*) naso *m.* 2 (*Am*) testa *f.*; (*blow*) botta *f.* sulla testa, botta *f.* in testa. II *v.t.* (*sl*) colpire sulla testa, picchiare sulla testa.

conk[2] /kɒŋk *Am* kɑːŋk/ □ (*colloq*) *to ~ out*: 1 rompersi, guastarsi; 2 (*of an engine*) incepparsi.

conker /ˈkɒŋkər/ *n.* (*Br*) 1 (*horse chestnut*) castagna *f.* di ippocastano, castagna *f.* d'India. 2 *pl.* (*infant*) gioco *m.sing.* in cui si cerca di colpire la castagna d'India infilata sul filo dell'avversario con la propria.

conn /kɒn/ I *v.t.* (*Am,Mar*) pilotare. II *n.* (*Am, Mar*) pilotaggio *m.*

connate /ˈkɒneɪt *Am* ˈkɑːneɪt/ *a.* 1 connaturato, innato, congenito. 2 (*Biol*) unito congenitamente, connato. 3 (*Geol*) (*of water*) congenito.

connatural /kəˈnætʃərəl, kəˈnætʃʊrəl *Am* kəˈnætʃərəl/ *a.* 1 innato, congenito, connaturato. 2 (*of the same nature*) connaturale, della stessa natura.

connect /kəˈnekt/ I *v.t.* 1 connettere, collegare, unire, allacciare (*with* con): *the two cities are ~ed* le due città sono collegate; *our telephone hasn't been ~ed yet* il nostro telefono non è stato ancora allacciato. 2 (*to associate mentally*) collegare, associare (mentalmente): *I tend to ~ telegrams with bad news* io tendo ad associare i telegrammi con le cattive notizie. 3 (*usually passive*) (*to be associated*) avere relazioni (*o* rapporti) con, essere in contatto con: *our company is ~ed with that firm* la nostra compagnia ha rapporti (commerciali) con quella ditta. 4 (*Tel*) mettere in comunicazione (*to, with* con). 5 (*El,Elettron*) connettere, collegare: *to ~ to the socket* collegare alla presa. II *v.i.* 1 connettersi, collegarsi, inserirsi: *where does this wire ~?* dove va collegato questo filo? 2 (*of trains, buses, etc.*) essere in coincidenza, fare coincidenza (*with* con): *the twelve o'clock train ~s with the boat for Dover* il treno delle dodici è in coincidenza con il battello per Dover. 3 (*sl*) (*to hit*) colpire. 4 (*sl*) (*to hit it off with so.*) andare subito d'accordo, intendersi, trovarsi, legare. 5 (*sl*) (*to realize*) rendersi conto, realizzare: *I just didn't ~ that you were Jim's sister* non avevo realizzato che tu fossi la sorella di Jim.

connected /kəˈnektɪd/ *a.* 1 collegato, unito: *a ~ series* una serie collegata. 2 (*related to*) imparentato: *he is ~ with the Daniels* è imparentato con i Daniel. 3 (*coherent*) logico, coerente. 4 (*sl*) (*having powerful acquaintances and business ties*) che conosce le persone giuste, introdotto, bene ammanigliato.

connectedly /kəˈnektɪdli/ *avv.* coerentemente, in modo logico.

connectedness /kəˈnektɪdnəs/ *n.* 1 coerenza *f.* 2 (*of ideas*) associazione *f.*, concatenazione *f.*

connecter /kəˈnektər/ *n.* 1 (*El*) morsetto *m.* serrafili. 2 (*Mecc*) connettore *m.*, raccordo *m.*

Connecticut /kəˈnetɪkət *Am* kəˈnetɪkət/ *n.pr.* (*Geog*) Connecticut *m.*

connecting /kəˈnektɪŋ/ *a.* di collegamento, di congiunzione. □ (*El*) ~ *cable* cavo di collegamento; (*Aer*) ~ *flight* coincidenza *f.*; (*Biol*) ~ *link* anello di congiunzione (*anche*

fig); (*El,Mecc*) ~ *rod* asta di collegamento.

connection /kəˈnekʃən/ *n.* 1 connessione *f.*, collegamento *m.*, legame *m.* 2 (*thing connecting*) mezzo *m.* di collegamento, attacco *m.*: *a pipe ~* l'attacco di un tubo. 3 (*relation, link*) connessione *f.*, relazione *f.*, nesso *m.*, rapporto *m.*: *I can see no ~ between the two ideas* non vedo alcuna connessione tra le due idee. 4 (*relationship by marriage, etc.*) parentela *f.*, parente *m.* 5 (*of trains, buses, etc.*) coincidenza *f.* 6 (*context*) caso *m.*, circostanza *f.*: *in this ~* in questo caso. 7 (*Tel*) collegamento *m.* 8 (*El,Elettron*) connessione *f.*, collegamento *m.* 9 (*Mecc*) accoppiamento *m.*, collegamento *m.* 10 *pl.* (*powerful friends, etc.*) conoscenze *f.pl.*, relazioni *f.pl.*: *to have ~s in high places* avere conoscenze nelle alte sfere. 11 (*sl*) (*drug peddler*) fornitore *m.* di droga, spacciatore *m.* di droga. □ *in ~ with* riguardo a, a proposito di, con riferimento a.

connectional /kəˈnekʃənəl/ *a.* di connessione, di collegamento.

connectionism /kəˈnekʃənɪzəm/ *n.* (*Psic*) connessionismo *m.*

connective /kəˈnektɪv/ I *a.* 1 di collegamento. 2 (*Biol*) connettivo: ~ *tissue* tessuto connettivo. II *n.* (*Gramm*) congiunzione *f.*

connectivity /ˌkɒnekˈtɪvɪti *Am* ˌkɑːnekˈtɪvəti/ *n.* (*Inform*) connettività *f.*

connector /kəˈnektər/ *n.* 1 (*El*) morsetto *m.* serrafili. 2 (*Mecc*) connettore *m.*, raccordo *m.*

connexion /kəˈnekʃən/ *n.* → **connection**.

connexional /kəˈnekʃənəl/ *a.* di connessione, di collegamento.

conning /ˈkɒnɪŋ *Am* ˈkɑːnɪŋ/ □ (*Mar.mil*) ~ *tower* torre di comando.

conniption /kəˈnɪpʃən/ *n.* (*Am,sl*) (*of rage, hysteria*) accesso *m.*, attacco *m.* □ (*sl*) ~ *fit* (*of rage, hysteria*) accesso (di rabbia), attacco (di bile).

connivance /kəˈnaɪvəns/ *n.* connivenza *f.* (*anche Dir*).

connive /kəˈnaɪv/ *v.i.* 1 essere connivente (*with, in, at* in, con). 2 (*to be indulgent*) essere indulgente (*at* verso), chiudere gli occhi (su), tollerare (*at* sth. qcs.).

connivent /kəˈnaɪvənt/ *a.* (*Biol*) connivente.

conniver /kəˈnaɪvər/ *n.* connivente *m./f.*

connoisseur /ˌkɒnɪˈsɜːr *Am* ˌkɑːnəˈsɜːr/ *n.* conoscitore *m.* (*f.* -trice), intenditore *m.* (*f.* -trice), esperto *m.* (*f.* -a).

connotation /ˌkɒnoʊˈteɪʃən *Am* ˌkɑːnəˈteɪʃən/ *n.* 1 connotazione *f.* 2 (*implication*) connotato *f.*, implicazione *f.*, significato *m.* implicito.

connotative /kəˈnoʊtətɪv, ˈkɒnoʊteɪtɪv *Am* kəˈnoʊtətɪv, ˈkɑːnəteɪtɪv/ *a.* (*Ling*) connotativo.

connote /kəˈnoʊt/ *v.t.* 1 suggerire il concetto di, implicare l'idea di. 2 (*estens*) (*to mean*) significare. 3 (*Filos,Ling*) connotare.

connubial /kəˈnjuːbɪəl *Am also* kəˈnuːbɪəl/ *a.* (*poet*) coniugale, matrimoniale: ~ *bliss* felicità coniugale.

connubiality /kəˌnjuːbɪˈælɪti *Am* kəˌn(j)uːbɪˈæləti/ *n.* vita coniugale.

conoid /ˈkoʊnɔɪd/ I *n.* (*Geom*) conoide *m.* II *a.* conoidale.

conoidal /koʊˈnɔɪdəl/ *a.* conoidale.

conquer /ˈkɒŋkər *Am* ˈkɑːŋkər/ I *v.t.* 1 conquistare. 2 (*to vanquish*) vincere, sconfiggere: *to ~ an army* sconfiggere un esercito. 3 (*to subdue*) soggiogare. 4 (*to gain mastery over*) conquistare; (*of fear*) vincere; (*of difficulties*) sormontare, superare. II *v.i.* vincere, ottenere la vittoria.

conquerable /ˈkɒŋkərəbl̩ *Am* ˈkɑːŋkərəbl̩/ *a.* conquistabile.

conquering /ˈkɒŋkərɪŋ *Am* ˈkɑːŋkərɪŋ/ *a.* vin-

citore, vittorioso: *the ~ hero* l'eroe vittorioso.

conqueror /ˈkɒŋkərər *Am* ˈkɑːŋkərər/ *n.* conquistatore *m.* (*f.* -trice), vincitore *m.* (*f.* -trice).

Conqueror /ˈkɒŋkərər *Am* ˈkɑːŋkərər/ *n.* (*Stor*) (*William the Conqueror*) (Guglielmo) il Conquistatore.

conquest /ˈkɒŋkwest *Am* ˈkɑːŋkwest/ *n.* conquista *f.* (*anche fig*).

Conquest /ˈkɒŋkwest *Am* ˈkɑːŋkwest/ *n.* (*Stor*) (*Norman Conquest*) conquista *f.* normanna (dell'Inghilterra).

Cons. 1 *Conservative* (conservatore). 2 *Consul* C (console). 3 *Conservatory* (conservatorio).

consanguine /kɒnˈsæŋgwɪn *Am* kɑːnˈsæŋgwɪn/ *a.* consanguineo.

consanguineous /ˌkɒnsæŋˈgwɪnɪəs *Am* ˌkɑːnsæŋˈgwɪnɪəs/ *a.* consanguineo.

consanguinity /ˌkɒnsæŋˈgwɪnɪti *Am* ˌkɑːnsæŋˈgwɪnəti/ *n.* consanguineità *f.*

conscience /ˈkɒnʃəns *Am* ˈkɑːnʃəns/ *n.* 1 coscienza *f.*: *to listen to one's ~* ascoltare la voce della propria coscienza. 2 (*scruple*) coscienza *f.*, scrupolo *m.* □ *to set* (*o to put*) *one's ~ at rest* mettersi la coscienza in pace; (*Dir*) ~ *clause* clausola di coscienza; *in ~* (*o in all ~*): 1 in (tutta) coscienza, onestamente; 2 (*certainly*) certamente, di sicuro; ~ *money* denaro restituito anonimamente per togliersi un peso dalla coscienza; *to have sth. on one's ~* avere qcs. sulla coscienza; *for ~ sake* per obbligo di coscienza, per dovere di coscienza; *to set* (*o to put*) *one's ~ to rest* mettersi la coscienza in pace.

conscienceless /ˈkɒnʃənsləs *Am* ˈkɑːnʃənsləs/ *a.* senza coscienza, privo di scrupoli.

conscience-smitten /ˈkɒnʃənsˌsmɪtən *Am* ˈkɑːnʃənsˌsmɪtən/ *a.* preso dal rimorso.

conscience-stricken /ˈkɒnʃənsˌstrɪkən *Am* ˈkɑːnʃənsˌstrɪkən/ *a.* preso dal rimorso.

conscientious /ˌkɒnʃiˈenʃəs *Am* ˌkɑːnʃiˈenʃəs/ *a.* 1 coscienzioso: *a ~ worker* un lavoratore coscienzioso. 2 (*done carefully*) coscienzioso, scrupoloso, accurato: ~ *work* un lavoro accurato. □ ~ *objection* obiezione di coscienza; ~ *objector* obiettore di coscienza.

conscientiousness /ˌkɒnʃiˈenʃəsnəs *Am* ˌkɑːnʃiˈenʃəsnəs/ *n.* coscienziosità *f.*, scrupolosità *f.*

conscious /ˈkɒnʃəs *Am* ˈkɑːnʃəs/ I *a.* 1 cosciente: *the patient is ~* il paziente è cosciente. 2 (*knowing, aware*) cosciente, conscio, consapevole: *to be ~ of one's deficiencies* essere conscio delle proprie mancanze; *a ~ liar* un bugiardo consapevole (di mentire). 3 (*deliberate*) intenzionale, deliberato: *a ~ lie* una bugia intenzionale. II *n.* (*Psic*) conscio *m.* □ *to become ~ of sth.* prendere coscienza di qcs.

consciously /ˈkɒnʃəsli *Am* ˈkɑːnʃəsli/ *avv.* consciamente, consapevolmente.

consciousness /ˈkɒnʃəsnəs *Am* ˈkɑːnʃəsnəs/ *n.* 1 coscienza *f.*: *to regain ~* (*o to recover ~*) riprendere coscienza, riprendere i sensi; *to lose ~* perdere coscienza, perdere conoscenza. 2 (*awareness*) coscienza *f.*, consapevolezza *f.* 3 (*Psic,Filos*) coscienza *f.*

conscript[1] /kənˈskrɪpt/ *v.t.* (*Mil*) coscrivere, chiamare sotto le armi, arruolare.

conscript[2] /ˈkɒnskrɪpt *Am* ˈkɑːnskrɪpt/ I *n.* coscritto *m.* II *a.* (*Mil*) di leva: ~ *soldiers* soldati di leva.

conscription /kənˈskrɪpʃən/ *n.* (*Mil*) coscrizione *f.*, reclutamento *m.*

consecrate /ˈkɒnsɪkreɪt *Am* ˈkɑːnsɪkreɪt/ *v.t.* 1 (*Rel,fig*) consacrare: *customs ~d by time* usi consacrati dal tempo. 2 (*to devote*) consacrare, dedicare: *to ~ one's life to medicine* consacrare la propria vita alla medicina.

consecration /ˌkɒnsɪ'kreɪʃ°n *Am* ˌkɑːnsɪ'kreɪʃ°n/ *n.* **1** consacrazione *f.* (*anche Rel*). **2** (*fig*) (*devotion*) consacrazione *f.*, dedizione *f.*

consecrator /'kɒnsɪkreɪtə' *Am* 'kɑːnsɪkreɪtə'/ *n.* consacratore *m.* (*f.* -trice).

consecratory /ˌkɒnsɪ'kreɪt°ri, 'kɒnsɪkrət°ri *Am* 'kɑːnsɪkrə,tɔːri/ *a.* (*Rel*) di consacrazione.

consecution /ˌkɒnsɪ'kjuːʃ°n *Am* ˌkɑːnsɪ'kjuːʃ°n/ *n.* **1** successione *f.*, sequenza *f.* **2** (*chain of reasoning*) nesso *m.* logico. **3** (*Gramm*) consecuzione *f.*

consecutive /kən'sekjʊtɪv *Am* kən'sekjʊtɪv/ *a.* **1** consecutivo, di seguito: *four ~ weeks* quattro settimane consecutive. **2** (*in logical sequence*) coerente, conseguente. **3** (*Gramm*) consecutivo.

consecutively /kən'sekjʊtɪvli *Am* kən'sekjʊtvli/ *avv.* consecutivamente, di seguito.

consecutiveness /kən'sekjʊtɪvnəs *Am* kən'sekjʊtɪvnəs/ *n.* l'essere consecutivo.

consensual /kən'senʃʊəl, kən'sensjʊəl/ *a.* (*Dir,Fisiol*) consensuale.

consensually /kən'senʃʊəli, kən'sensjʊəli/ *avv.* (*Dir,Fisiol*) consensualmente.

consensus /kən'sensəs/ *n.* **1** consenso *m.* (generale), unanimità *f.*: *~ of opinion* unanimità di opinioni. **2** (*collective opinion*) opinione *f.* generale.

consent /kən'sent/ **I** *v.i.* acconsentire, consentire (*to* a). **II** *n.* **1** consenso *m.*, permesso *m.*, benestare *m.* (*to* a): *informed ~* consenso consapevole. **2** (*approval*) consenso *m.*, approvazione *f.* **3** (*agreement in opinion*) consenso *m.*, accordo *m.* □ *government by ~* governo fondato sul consenso generale; *to give one's ~ to so.* dare il proprio consenso a qcu.

consentaneity /kən,sentə'niːɪti *Am* kən,sent°n'iːəti/ *n.* **1** conformità *f.* **2** (*unanimity*) unanimità *f.*

consentaneous /ˌkɒnsen'teɪnɪəs/ *a.* **1** corrispondente, conforme (*to, with* a), (*lett*) consentaneo. **2** (*suited*) adatto (a). **3** (*unanimous*) unanime.

consentient /kən'senʃ°nt/ *a.* (*ant*) consenziente, d'accordo.

consenting /kən'sentɪŋ *Am* kən'sentɪŋ/ □ *~ adult* adulto consenziente.

consentingly /kən'sentɪŋli *Am* kən'sentɪŋli/ *avv.* (*implying consent*) d'accordo, consenzientemente.

consequence /'kɒnsɪkwəns *Am* 'kɑːnsɪkwəns/ *n.* **1** conseguenza *f.*, risultato *m.*: *to suffer the -s* (o *to take the ~s*) subire le conseguenze. **2** (*importance*) importanza *f.*, rilievo *m.*, peso *m.* **3** (*Filos*) conseguenza *f.* **4** *pl.* (*costr.sing.*) (*game*) gioco *m.sing.* delle conseguenze. □ *as a ~* in conseguenza, di conseguenza, per conseguenza, perciò; *in ~ of a* a causa di; *people of ~* le persone importanti, le persone di un certo peso; *of no ~* di nessuna importanza: *he is of no ~* non conta niente.

consequent /'kɒnsɪkwənt *Am* 'kɑːnsɪkwənt/ **I** *a.* **1** conseguente, derivante (*on, upon* da): *infirmity ~ on a wound* infermità derivante da una ferita. **2** (*Filos*) conseguente. **II** *n.* **1** conseguente *m.*, risultato *m.* **2** (*Gramm*) apodosi *f.* **3** (*Mat,Filos*) conseguente *m.*

consequential /ˌkɒnsɪ'kwenʃ°l *Am* ˌkɑːnsɪ'kwenʃ°l/ *a.* **1** conseguente, derivante. **2** (*logical*) conseguente, consequenziale. **3** (*central, important*) importante, preminente. **4** (*self-important*) pieno di sé, borioso, presuntuoso. □ (*Dir*) *~ damages* danni indiretti.

consequentialism /ˌkɒnsɪ'kwenʃ°lɪz°m *Am* ˌkɑːnsɪ'kwenʃ°lɪz°m/ *n.* consequenzialismo *m.*

consequentialist /ˌkɒnsɪ'kwenʃ°lɪst *Am* ˌkɑːnsɪ'kwenʃ°lɪst/ **I** *a.* consequenzialista. **II** *n.* consequenzialista *m./f.*, esponente *m./f.* del consequenzialismo.

consequentiality /ˌkɒnsɪ,kwenʃi'ælɪti *Am* ˌkɑːnsɪ,kwenʃi'æləti/ *n.* **1** (*of reasoning*) conseguenza *f.*, coerenza *f.* **2** (*self-importance*) prosopopea *f.*, presunzione *f.*, boria *f.*

consequentially /ˌkɒnsɪ'kwenʃ°li *Am* ˌkɑːnsɪ'kwenʃ°li/ *avv.* conseguentemente.

consequently /'kɒnsɪkwəntli *Am* 'kɑːnsɪkwəntli/ *avv.* di conseguenza, per conseguenza, perciò, conseguentemente.

conservable /kən'sɜːvəbl *Am* kən'sɜːrvəbl/ *a.* conservabile.

conservancy /kən'sɜːv°nsi *Am* kən'sɜːrv°nsi/ *n.* **1** (*of natural resources*) protezione *f.*, tutela *f.* **2** (*board*) commissione *f.* di controllo (di porto, fiume ecc.).

conservation /ˌkɒnsə'veɪʃ°n *Am* ˌkɑːnsər'veɪʃ°n/ *n.* **1** conservazione *f.*, preservazione *f.* **2** (*of rivers, forests, etc.*) protezione *f.*, tutela *f.* **3** (*district*) parco *m.* nazionale. **4** (*Fis*) conservazione *f.*: *~ of energy* conservazione dell'energia. □ *~ of natural resources* conservazione delle risorse naturali; *~ of the species* conservazione della specie.

conservational /ˌkɒnsə'veɪʃ°nəl *Am* ˌkɑːnsər'veɪʃ°nəl/ *a.* conservativo.

conservationism /ˌkɒnsə'veɪʃ°nɪz°m *Am* ˌkɑːnsər'veɪʃ°nɪz°m/ *n.* ambientalismo *m.*

conservationist /ˌkɒnsə'veɪʃ°nɪst *Am* ˌkɑːnsər'veɪʃ°nɪst/ *n.* ambientalista *m./f.*

conservatism /kən'sɜːvətɪz°m *Am* kən'sɜːrvətɪz°m/ *n.* conservatorismo *m.*, tradizionalismo *m.*

Conservatism /kən'sɜːvətɪz°m *Am* kən'sɜːrvətɪz°m/ *n.* (*Pol*) conservatorismo *m.*

conservative /kən'sɜːvətɪv *Am* kən'sɜːrvətɪv/ **I** *a.* **1** conservatore. **2** (*cautious*) prudente, cauto, moderato: *a ~ estimate* una valutazione prudente. **II** *n.* conservatore *m.* (*f.* -trice), tradizionalista *m./f.*

Conservative /kən'sɜːvətɪv *Am* kən'sɜːrvətɪv/ **I** *a.* (*Pol*) conservatore. **II** *n.* conservatore *m.* (*f.* -trice). □ (*GB*) *~ Party* partito conservatore.

conservatoire /kən'sɜːvətwɑː' *Am* kən'sɜːrvətwɑːr, kən,sɜːrvə'twɑːr/ *n.* (*Mus*) conservatorio *m.*

conservator /'kɒnsəveɪtə' *Am* 'kɑːnsəveɪtə', kən'sɜːrvətə'/ *n.* **1** conservatore *m.* (*f.* -trice). **2** (*Dir*) tutore *m.* (*f.* -trice). **3** (*GB*) (*of rivers, fisheries*) conservatore *m.*; (*of a museum*) sovrintendente *m./f.*

conservatory /kən'sɜːvətri *Am* kən'sɜːrvətɔːri/ *n.* **1** (*Mus*) conservatorio *m.* **2** (*Teat*) scuola *f.* di recitazione. **3** (*Art*) scuola *f.* di Belle Arti. **4** (*Arch*) serra *f.*

conserve¹ /kən'sɜːv *Am* kən'sɜːrv/ *v.t.* **1** conservare. **2** (*of fruit*) mettere in conserva.

conserve² /'kɒnsɜːv *Am* 'kɑːnsɜːrv/ *n.spec.pl.* (*Alim*) conserva *f.* di frutta mista.

conshie, conshy /'kɒntʃi/ *n.* (*Br,colloq*) obiettore *m.* di coscienza.

consider /kən'sɪdə' *Am* / *v.t.* **1** considerare, esaminare: *they -ed emigrating* considerarono la prospettiva di emigrare. **2** (*to regard*) considerare, reputare, ritenere. **3** (*to bear in mind*) considerare, tener presente, tener conto di: *you must ~ her youth* devi considerare la sua giovane età. **4** (*to look at steadily*) considerare, guardare attentamente, fissare. **5** (*to think about before accepting, buying, etc.*) prendere in considerazione, valutare. **6** (*Dir*) contemplare, considerare: *the law does not ~ this case* la legge non contempla que-

sto caso. **II** *v.i.* considerare, riflettere, ponderare.

considerable /kən'sɪd°rəbl/ **I** *a.* **1** considerevole, notevole: *a ~ sum* una somma considerevole. **2** (*important*) importante, degno di considerazione. **II** *n.* (*Am,colloq*) molto *m.*, parecchio *m.*

considerably /kən'sɪd°rəbli/ *avv.* considerevolmente, notevolmente.

considerate /kən'sɪd°rɪt/ *a.* premuroso, sollecito, riguardoso, rispettoso (*to, towards* verso, nei confronti di): *a ~ husband* un marito premuroso.

considerately /kən'sɪd°rɪtli/ *avv.* premurosamente, con molto riguardo, con rispetto.

considerateness /kən'sɪd°rɪtnəs/ *n.* premura *f.*, sollecitudine *f.*, riguardo *m.*

consideration /kən,sɪd°'reɪʃ°n/ *n.* **1** considerazione *f.*, esame *m.*: *to give ~ to* prendere in considerazione; *to take into ~* prendere in considerazione; *to leave sth. out of ~* non prendere in considerazione qcs. **2** (*influencing factor*) fattore *m.*, elemento *m.*: *money is the most important ~* il denaro è il fattore più importante; (*reason*) motivo *m.*, ragione *f.* **3** (*thought, reflection*) considerazione *f.*, riflessione *f.* **4** (*thoughtfulness*) premura *f.*, sollecitudine *f.*, riguardo *m.*, rispetto *m.*: *out of ~ for so.* per riguardo verso qcu.; *it's a matter of ~* è una questione di rispetto (per le altre persone). **5** (*esteem, regard*) considerazione *f.*, stima *f.*, riguardo *m.* **6** (*recompense*) ricompensa *f.*, remunerazione *f.*: *for a ~* dietro ricompensa. **7** (*payment*) pagamento *m.* **8** (*Dir*) controprestazione *f.*, corrispettivo *m.* □ (*Comm*) *~ for sale* premio di vendita; *in ~ of* (*in view of*) in vista di, in considerazione di; *to be under ~* essere in esame.

considered /kən'sɪdəd *Am* kən'sɪdərd/ *a.* meditato, ponderato: *a ~ opinion* un'opinione ponderata.

considering /kən'sɪd°rɪŋ/ **I** *prep.* in considerazione di, tenendo conto di, tenuto conto di, considerato, **II** *avv.* (*colloq*) tutto considerato. **III** *congz.* considerato che, visto che: *it's very cheap ~ it's gold* costa molto poco considerato (*o* se si considera) che è d'oro.

consign /kən'saɪn/ *v.t.* **1** consegnare. **2** (*to entrust*) consegnare, affidare, rimettere. **3** (*Comm*) spedire, consegnare, inviare. **4** (*Dir*) (*of money*) depositare. □ (*colloq*) *to ~ so.* (o *sth.*) *to* relegare qcu. (o qcs.) in.

consignable /kən'saɪnəbl/ *a.* consegnabile.

consignation /ˌkɒnsaɪ'neɪʃ°n *Am* ˌkɑːnsɪ(g)'neɪʃ°n/ *n.* **1** (*Comm*) consegna *f.*, spedizione *f.* **2** (*Dir*) (*of money*) deposito *m.* □ (*Comm*) *to the ~ of* all'indirizzo di.

consignee /ˌkɒns(a)ɪ'niː *Am* ˌkɑːns(a)ɪ'niː/ *n.* (*Comm*) consegnatario *m.* (*f.* -a), destinatario *m.* (*f.* -a).

consigner /kən'saɪnə'/ *n.* (*Comm*) mittente *m./f.*

consignment /kən'saɪnmənt/ *n.* **1** spedizione *f.*, invio *m.* **2** (*single shipment*) partita *f.* (in consegna). **3** (*Comm*) consegna *f.* in conto deposito. □ (*Comm*) *~ note* lettera di vettura; *on ~* in deposito.

consignor /kən'saɪnə'/ *n.* (*Comm*) mittente *m./f.*

consist /kən'sɪst/ *v.i.* **1** consistere (*of* in, di), essere composto, constare (di). **2** (*ant*) (*to be harmonious*) accordarsi, essere in accordo (*with* con).

consistence /kən'sɪst°ns/ *n.* **1** consistenza *f.*, compattezza *f.*, densità *f.*: *the ~ of cream* la consistenza di una crema. **2** (*adherence to principles, etc.*) costanza *f.*, fermezza *f.* **3** (*coherence*) coerenza *f.* **4** (*agreement, har-*

mony) concordanza *f.*, accordo *m.*, armonia *f.*: ~ *of style* armonia di stile.

consistency /kən'sɪstənsi/ *n.* **1** consistenza *f.*, compattezza *f.*, densità *f.* **2** (*adherence to principles, etc.*) costanza *f.*, fermezza *f.* **3** (*coherence*) coerenza *f.* **4** (*agreement, harmony*) concordanza *f.*, accordo *m.*, armonia *f.*

consistent /kən'sɪstənt/ *a.* **1** in armonia, coerente (*with* con), corrispondente (a). **2** (*constant*) fermo, costante.

consistorial /ˌkɒnsɪ'stɔːriəl *Am* ˌkɑːnsɪ'stɔːriəl/ *a.* (*Rel*) concistoriale.

consistory /kən'sɪstəri *Am* kən'sɪstəri/ *n.* (*Rel*) concistoro *m.* □ (*GB*) *Consistory Court* corte concistoriale.

consociate¹ /kən'səʊʃieɪt, kən'səʊsieɪt/ **I** *v.t.* consociare, associare. **II** *v.i.* consociarsi, associarsi.

consociate² /kən'səʊʃiət, kən'səʊsiət/ **I** *a.* consociato, associato. **II** *n.* consocio *m.* (*f.* -a), socio *m.* (*f.* -a).

consociation /kənˌsəʊʃi'eɪʃən, kənˌsəʊsi'eɪʃən/ *n.* consociazione *f.*, associazione *f.*

consolable /kən'səʊləbl/ *a.* consolabile.

consolation /ˌkɒnsə'leɪʃən *Am* ˌkɑːnsə'leɪʃən/ *n.* consolazione *f.*, conforto *m.*: *the -s of old age* le consolazioni della vecchiaia; *a poor* ~ una magra consolazione, un'amara consolazione. □ ~ *prize* premio di consolazione.

consolatory /kən'sɒlətəri *Am* kən'sɑːlətɔːri/ *a.* consolatorio.

console¹ /kən'səʊl/ *v.t.* consolare, confortare.

console² /'kɒnsəʊl *Am* 'kɑːnsəʊl/ *n.* **1** (*Mus*) (*of an organ*) consolle *f.* **2** (*Arred*) consolle *f.* **3** (*Arch*) mensola *f.* **4** (*El*) quadro *m.* di comando. **5** (*Inform*) console *f.* □ ~ *operator* operatore di console, consolista; (*Arred*) ~ *table* consolle, tavolo a consolle.

consolidate /kən'sɒlideɪt *Am* kən'sɑːlideɪt/ **I** *v.t.* **1** unificare, unire. **2** (*of business companies*) fondere. **3** (*to strengthen*) consolidare, rafforzare: *to* ~ *one's position* consolidare la propria posizione. **4** (*Econ,Dir,Mil*) consolidare: *to* ~ *debts* consolidare i debiti. **5** (*to compress*) consolidare, solidificare. **II** *v.i.* **1** unificarsi, unirsi. **2** (*of business companies*) fondersi. **3** (*to solidify*) consolidarsi, solidificarsi.

consolidated /kən'sɒlideɪtid *Am* kən'sɑːlideɪtid/ *a.* consolidato. □ (*Br,Econ*) ~ *annuities* titoli del debito pubblico consolidato; ~ *balance sheet* bilancio consolidato; (*Econ*) ~ *debt* debito consolidato; (*Econ*) ~ *fund* fondo consolidato; (*Am*) ~ *school* scuola unificata.

consolidation /kənˌsɒlɪ'deɪʃən *Am* kənˌsɑːlɪ'deɪʃən/ *n.* **1** unificazione *f.* **2** (*of business companies*) fusione *f.* **3** (*strengthening*) consolidamento *m.*, rafforzamento *m.* **4** (*Econ*) consolidamento *m.*, consolidazione *f.*

consolidator /kən'sɒlideɪtə *Am* kən'sɑːlideɪtər/ *n.* consolidatore *m.* (*f.* -trice).

consolingly /kən'səʊlɪŋli/ *avv.* in modo consolatorio.

Consols /kən'sɒlz, 'kɒnsəlz/ *n.pl.* (*Br,Econ*) titoli *m.pl.* del debito pubblico consolidato.

consommé /kən'sɒmeɪ, 'kɒnsəmeɪ *Am* ˌkɑːnsə'meɪ, 'kɑːnsəmeɪ/ *n.* (*Gastron*) consommé *m.*, brodo *m.* ristretto.

consonance /'kɒnsənəns *Am* 'kɑːnsənəns/ *n.* **1** consonanza *f.*, armonia *f.* **2** (*Metr,Fis*) consonanza *f.*, accordo *m.* **3** (*Mus*) consonanza *f.*

consonancy /'kɒnsənsi *Am* 'kɑːnsənsi/ *n.* **1** consonanza *f.*, armonia *f.* **2** (*Mus*) consonanza *f.*, accordo *m.* **3** (*Metr,Fis*) consonanza *f.*

consonant /'kɒnsənənt *Am* 'kɑːnsənənt/ **I** *n.* (*Fon*) consonante *f.* **II** *a.* **1** consono, conforme

(*with* a): ~ *with one's principles* consono ai propri principi. **2** (*of sounds*) armonioso. **3** (*Mus,Metr*) consonante.

consonantal /ˌkɒnsə'næntəl *Am* ˌkɑːnsə'næntəl/ *a.* (*Fon*) consonantico, di consonante.

consonantly /'kɒnsənəntli *Am* 'kɑːnsənəntli/ *avv.* d'accordo, in conformità.

consort¹ /'kɒnsɔːt *Am* 'kɑːnsɔːrt/ *n.* **1** consorte *m./f.*, coniuge *m./f.* **2** (*of a royal person*) consorte *m./f.* **3** (*Mar*) nave *f.* di conserva. **4** (*Mus*) consort *m.* □ *to act in* ~ agire di conserva, agire di comune accordo.

consort² /kən'sɔːt *Am* kən'sɔːrt/ *v.i.* **1** associarsi, unirsi (*with* con), frequentare (qcu.): *to* ~ *with criminals* associarsi con delinquenti. **2** (*ant*) (*to harmonize*) accordarsi (*with* con), adattarsi (a).

consortium /kən'sɔːʃ(i)əm, kən'sɔːtiəm *Am* kən'sɔːrtiəm, kən'sɔːrʃ(i)əm/ (*pl.* **-tia** /-ʃiə/, **-s** /-z/) *n.* (*Econ*) consorzio *m.* □ (*Econ*) ~ *bank* banca consortile.

conspecific /ˌkɒnspə'sɪfɪk *Am* ˌkɑːnspə'sɪfɪk/ *a.* (*Biol*) conspecifico.

conspectus /kən'spektəs/ *n.* **1** (*survey*) rassegna *f.*, panorama *m.* **2** (*summary*) prospetto *m.*, compendio *m.*, sommario *m.*

conspicuity /ˌkɒnspɪ'kjuːiti *Am* ˌkɑːnspɪ'kjuːəti/ *n.* l'essere cospicuo, l'essere ben visibile, evidenza *f.*

conspicuous /kən'spɪkjuəs/ *a.* **1** ben visibile, evidente, manifesto, lampante. **2** (*remarkable*) che si distingue, che spicca, cospicuo, notevole. □ (*colloq*) *to be* ~ *by one's absence* brillare per la propria assenza; *to make oneself* ~ farsi notare, mettersi in vista.

conspicuously /kən'spɪkjuəsli/ *avv.* cospicuamente, in modo ben visibile, in evidenza, spiccatamente.

conspicuousness /kən'spɪkjuəsnəs/ *n.* l'essere cospicuo, l'essere ben visibile, evidenza *f.*

conspiracy /kən'spɪrəsi/ *n.* **1** cospirazione *f.*, congiura *f.*, complotto *m.* **2** (*fig*) intesa *f.* **3** (*Dir*) associazione *f.* a delinquere. □ ~ *of silence* congiura del silenzio, omertà; ~ *theory* teoria della cospirazione.

conspirator /kən'spɪrətə *Am* kən'spɪrətər/ *n.* cospiratore *m.* (*f.* -trice), congiurato *m.* (*f.* -a).

conspiratorial /kənˌspɪrə'tɔːriəl/ *a.* di cospirazione.

conspiratorially /kənˌspɪrə'tɔːriəli/ *avv.* in maniera cospirativa.

conspire /kən'spaɪə/ *v.i.* **1** cospirare, congiurare, complottare (*against* contro). **2** (*of events*) concorrere, contribuire.

constable /'kʌnstəbl/ *n.* **1** poliziotto *m.*, agente *m.* (di polizia), guardia *f.* **2** (*Mediev*) conestabile *m.*, connestabile *m.* **3** (*of a castle*) governatore *m.*

constabulary /kən'stæbjʊləri/ **I** *n.* (*Br*) **1** (*collett.*) poliziotti *m.pl.* (di un distretto). **2** (*police force*) corpo *m.* di polizia, polizia *f.* **II** *a.* (*Br*) che riguarda la polizia, che riguarda i poliziotti, di polizia.

Constance /'kɒnstəns *Am* 'kɑːnstəns/ *n.pr.f.* Costanza.

constancy /'kɒnstənsi *Am* 'kɑːnsənsi/ *n.* **1** costanza *f.*, fermezza *f.*, perseveranza *f.*: ~ *of purpose* fermezza di propositi. **2** (*faithfulness*) fedeltà *f.* **3** (*stability*) regolarità *f.*, stabilità *f.*

constant /'kɒnstənt *Am* 'kɑːnstənt/ **I** *a.* **1** costante, invariabile. **2** (*unceasing*) costante, continuo, incessante: ~ *complaints* continue lagnanze. **3** (*firm*) costante, fermo, perseverante. **4** (*faithful*) fedele. **II** *n.* costante *f.* (*anche Fis,Mat*).

Constantine /'kɒnstəntaɪn, 'kɒnstəntiːn *Am*

'kɑːnstəntiːn, 'kɑːnstəntaɪn/ *n.pr.m.* Costantino.

Constantinople /ˌkɒnstæntɪ'nəʊpl *Am* ˌkɑːnstæntən'əʊpl/ *n.pr.* (*Geog.stor*) Costantinopoli *f.*

constantly /'kɒnstəntli *Am* 'kɑːnstəntli/ *avv.* costantemente, continuamente.

constellate /'kɒnstəleɪt *Am* 'kɑːnstəleɪt/ **I** *v.t.* (*poet*) costellare, cospargere. **II** *v.i.* raggrupparsi.

constellated /'kɒnstəleɪtid *Am* 'kɑːnstəleɪtid/ *a.* (*poet*) fra le costellazioni.

constellation /ˌkɒnstə'leɪʃən *Am* ˌkɑːnstə'leɪʃən/ *n.* (*Astr,fig*) costellazione *f.*

consternate /'kɒnstəneɪt *Am* 'kɑːnstərneɪt/ *v.t.* costernare, sgomentare.

consternation /ˌkɒnstə'neɪʃən *Am* ˌkɑːnstər'neɪʃən/ *n.* **1** costernazione *f.*, sgomento *m.* **2** (*paralysing dismay*) terrore *m.*

constipate /'kɒnstɪpeɪt *Am* 'kɑːnstɪpeɪt/ *v.t.* (*Med*) costipare.

constipated /'kɒnstɪpeɪtid *Am* 'kɑːnstɪpeɪtid/ *a.* (*Med*) stitico, costipato.

constipation /ˌkɒnstɪ'peɪʃən *Am* ˌkɑːnstɪ'peɪʃən/ *n.* (*Med*) stitichezza *f.*, costipazione *f.*

constituency /kən'stɪtʃuənsi *Br also* kən'stɪtjuənsi/ *n.* **1** (*Pol*) collegio *m.* elettorale. **2** (*fig*) sostenitori *m.pl.* (*f.pl.* -trici), fautori *m.pl.* (*f.pl.* -trici). □ (*GB,Pol*) ~ *party* partito circoscrizionale.

constituent /kən'stɪtʃuənt *Br also* kən'stɪtjuənt/ **I** *a.* **1** costituente, che costituisce, che compone: *a* ~ *part* una parte costituente. **2** (*Parl*) costituente: ~ *assembly* assemblea costituente. **3** (*Parl*) (*having power to elect*) che ha diritto di voto. **II** *n.* **1** elemento *m.* costitutivo, elemento *m.* componente, costituente *m.* **2** (*Pol*) elettore *m.* (*f.* -trice), membro *m.* di un collegio elettorale.

constitute /'kɒnstɪtjuːt, 'kɒnstɪtʃuːt *Am* 'kɑːnstɪt(j)uːt/ *v.t.* **1** costituire, formare, comporre: *the jury was -d of twelve men* (o *twelve men -d the jury*) la giuria era costituita da dodici uomini. **2** (*to create, to establish*) costituire, creare: *three instances* ~ *a precedent* tre casi costituiscono un precedente. **3** (*to appoint*) nominare, eleggere, costituire: *-d authorities* autorità costituite.

constitution /ˌkɒnstɪ'tjuːʃən, ˌkɒnstɪ'tʃuːʃən *Am* ˌkɑːnstɪ't(j)uːʃən/ *n.* **1** costituzione *f.*, composizione *f.*, struttura *f.* **2** (*temperament*) carattere *m.*, temperamento *m.*, indole *f.* **3** (*of the body*) costituzione *f.*, fisico *m.*: *a strong* ~ una costituzione robusta. **4** (*setting up*) costituzione *f.*, istituzione *f.*: *the* ~ *of laws* la costituzione delle leggi. **5** (*Parl*) costituzione *f.*: *an unwritten* ~ una costituzione non scritta. **6** (*Parl*) (*document*) costituzione *f.*, carta *f.* costituzionale. **7** *pl.* (*Stor*) (*decrees*) costituzioni *f.pl.*

constitutional /ˌkɒnstɪ'tjuːʃənəl, ˌkɒnstɪ'tʃuːʃənəl *Am* ˌkɑːnstɪ't(j)uːʃənəl/ **I** *a.* **1** costituzionale: ~ *strength* robustezza costituzionale. **2** (*Dir,Pol*) costituzionale: ~ *monarchy* monarchia costituzionale. **II** *n.* (*ant*) passeggiata *f.* (igienica). □ ~ *amendment* emendamento costituzionale; ~ *convention* convenzione costituzionale; *Constitutional Court* corte costituzionale; ~ *law* diritto costituzionale; ~ *practice* prassi costituzionale; ~ *referendum* referendum costituzionale; ~ *reform* riforma costituzionale; ~ *right* diritto costituzionale.

constitutionalism /ˌkɒnstɪ'tjuːʃənəlɪzəm, ˌkɒnstɪ'tʃuːʃənəlɪzəm *Am* ˌkɑːnstɪ't(j)uːʃənəlɪzəm/ *n.* **1** (*Pol*) costituzionalismo *m.* **2** (*constitutional government*) governo *m.* costituzionale.

constitutionalist /ˌkɒnstɪ'tjuːʃənəlɪst, ˌkɒnstɪ'tʃuːʃənəlɪst *Am* ˌkɑːnstɪ't(j)uːʃənəlɪst/ *n.*

costituzionalista *m./f.*

constitutionality /ˌkɒnstɪˌtjuːʃənˈælɪti, ˌkɒnstɪˌtʃuːʃənˈælti *Am* ˌkɑːnstɪˌt(j)uːʃənˈælǝti/ *n.* costituzionalità *f.*

constitutionally /ˌkɒnstɪˈtjuːʃənəli, ˌkɒnstɪ ˈtʃuːʃənli *Am* ˌkɑːnstɪˈt(j)uːʃənˈli/ *avv.* costituzionalmente (*anche Pol*).

constitutive /ˈkɒnstɪtjuːtɪv *Am* ˈkɑːnstɪt(j)uːtɪv/ *a.* 1 (*constituent*) costitutivo. 2 (*essential*) essenziale. 3 (*having power to establish*) costitutivo, istitutivo.

constitutively /ˈkɒnstɪtjuːtɪvli *Am* ˈkɑːnstɪt(j)uːtɪvli/ *avv.* essenzialmente, costitutivamente.

constrain /kənˈstreɪn/ *v.t.* 1 costringere, obbligare, forzare. 2 (*to confine forcibly*) relegare, confinare, imprigionare.

constrained /kənˈstreɪnd/ *a.* 1 costretto, forzato. 2 (*ant*) (*unnatural*) innaturale, forzato: *a ~ smile* un sorriso forzato. 3 (*ant*) (*embarrassed*) impacciato, imbarazzato.

constraint /kənˈstreɪnt/ *n.* 1 relegazione *f.* 2 (*compulsion*) costrizione *f.*, coercizione *f.*: *to act under ~* agire sotto costrizione. 3 (*Dir*) coazione *f.* 4 *pl.* (*limits*) vincoli *m.pl.*, limiti *m.pl.*: *budget -s* vincolo di bilancio, restrizione di bilancio.

constrict /kənˈstrɪkt/ *v.t.* 1 restringere, comprimere. 2 (*of a muscle*) contrarre. 3 (*fig*) (*to inhibit*) inibire, reprimere, soffocare.

constriction /kənˈstrɪkʃən/ *n.* 1 restringimento *m.*, compressione *f.* 2 (*of a muscle*) contrazione *f.* 3 (*sth. blocking*) inibizione *f.*, repressione *f.* 4 (*feeling of tightness*) oppressione *f.*, senso *m.* di oppressione: *a ~ in one's chest* un senso di oppressione al torace. 5 (*in the throat*) nodo *m.* 6 (*Fon*) costrizione *f.*

constrictive /kənˈstrɪktɪv/ *a.* restrittivo, costrittivo.

constrictor /kənˈstrɪktər/ *n.* 1 (*Zool*) boa *m.*, serpente *m.* boa. 2 (*Anat*) muscolo *m.* costrittore.

constringe /kənˈstrɪndʒ/ *v.t.* stringere, comprimere, far contrarre.

constringency /kənˈstrɪndʒənsi/ *n.* capacità *f.* di stringere, capacità *f.* di comprimere.

constringent /kənˈstrɪndʒənt/ *a.* costrittore.

construable /kənˈstruːəbl/ *a.* interpretabile.

construct[1] /kənˈstrʌkt/ *v.t.* 1 (*Edil, Geom*) costruire, fare, fabbricare: *to ~ a bridge* costruire un ponte. 2 (*fig*) costruire, congegnare, formare: *to ~ a sentence* costruire un periodo.

construct[2] /ˈkɒnstrʌkt *Am* ˈkɑːnstrʌkt/ *n.* 1 costruzione *f.* 2 (*intellectual construction*) costruzione *f.* intellettuale, costruzione *f.* mentale.

construction /kənˈstrʌkʃən/ *n.* 1 costruzione *f.* (*anche Geom*). 2 costruzione *f.*, edilizia *f.* 3 (*of literary works*) costruzione *f.*, struttura *f.* 4 (*fig*) (*interpretation*) interpretazione *f.*, spiegazione *f.*, senso *m.*: *to put a wrong ~ on sth.* dare un'interpretazione sbagliata a qcs., interpretare qcs. in maniera sbagliata. 5 (*Gramm*) costruzione *f.*, costrutto *m.* □ (*Edil*) ~ *site* cantiere (di costruzione); *under ~* in costruzione (*anche Inform*); (*Edil*) ~ *worker* (lavoratore) edile.

constructional /kənˈstrʌkʃənl/ *a.* 1 di costruzione, costruttivo. 2 (*structural*) strutturale.

constructionally /kənˈstrʌkʃənli/ *avv.* costruttivamente.

constructionism /kənˈstrʌkʃənɪzm/ *n.* 1 (*Art, Filos*) costruttivismo *m.* 2 (*Sociol, Filos*) costruzionismo *m.*: *social ~* costruzionismo sociale.

constructionist /kənˈstrʌkʃənɪst/ *n.* (*Am*) (*of laws*) giurista *m./f.*, esperto *m.* (*f. -a*) di

interpretazione di leggi.

constructive /kənˈstrʌktɪv/ *a.* 1 costruttivo, positivo: *~ criticism* critica costruttiva. 2 (*Edil*) (*of construction*) di costruzione, costruttivo: *~ technique* tecnica costruttiva. 3 (*structural*) strutturale. 4 (*inferred*) dedotto, presunto, implicito: *~ mathematics* matematica costruttiva. 5 (*Dir*) presunto.

constructively /kənˈstrʌktɪvli/ *avv.* costruttivamente.

constructivism /kənˈstrʌktɪvɪzm/ *n.* (*Art, Filos*) costruttivismo *m.*

constructivist /kənˈstrʌktɪvɪst/ *n.* (*Art, Filos*) costruttivista *m./f.*

constructor /kənˈstrʌktər/ *n.* 1 costruttore *m.* (*f. -trice*). 2 (*Mar*) costruttore *m.* navale.

construe[1] /kənˈstruː/ I *v.t.* 1 interpretare, tradurre: *to ~ so.'s words literally* interpretare alla lettera le parole di qcu.: *her actions could be -d as contempt for her co-workers* le sue azioni potrebbero essere interpretate come noncuranza verso i collaboratori. 2 (*Gramm, ant*) costruire; (*to explain the syntax of*) fare l'analisi grammaticale di; (*to translate literally*) tradurre letteralmente. II *v.i.* (*Gramm*) fare l'analisi grammaticale.

construe[2] /ˈkɒnstruː *Am* ˈkɑːnstruː/ *n.* 1 (*Gramm*) (*of a sentence*) analisi *f.* 2 (*of a translation*) traduzione *f.* letterale.

consubstantial /ˌkɒnsəbˈstænʃəl *Am* ˌkɑːnsəbˈstænʃəl/ *a.* (*Teol*) consustanziale.

consubstantiality /ˌkɒnsəbˌstænʃiˈælti *Am* ˌkɑːnsəbˌstænʃiˈælǝti/ *n.* (*Teol*) consustanzialità *f.*

consubstantiate /ˌkɒnsəbˈstænʃieɪt, ˌkɒnsəbˈstænsieɪt *Am* ˌkɑːnsəbˈstænʃieɪt/ I *v.t.* (*Teol*) consustanziare. II *v.i.* (*Teol*) consustanziarsi.

consubstantiation /ˌkɒnsəbˌstænʃiˈeɪʃən, ˌkɒnsəbˌstænsiˈeɪʃən *Am* ˌkɑːnsəbˌstænʃiˈeɪʃən/ *n.* (*Teol*) consustanziazione *f.*

consuetude /ˈkɒnswɪtjuːd, ˈkɒnswɪtuːd *Am* ˈkɑːnswɪt(j)uːd/ *n.* consuetudine *f.* (*anche Dir*).

consuetudinary /ˌkɒnswɪˈtjuːdɪnəri *Am* ˌkɑːnswɪˈt(j)uːdɪneri/ I *a.* consuetudinario: *~ law* diritto consuetudinario. II *n.* (*Rel*) rituale *m.*, libro *m.* liturgico.

consul /ˈkɒnsəl *Am* ˈkɑːnsəl/ *n.* console *m.* □ *~ general* console generale.

consular /ˈkɒnsjʊlər *Am* ˈkɑːnsjʊlər/ *a.* consolare. □ *~ agent* agente consolare; *~ charges* diritti consolari; *~ fees* diritti consolari.

consulate /ˈkɒnsjʊlɪt *Am* ˈkɑːnsjʊlɪt/ *n.* consolato *m.*

consulship /ˈkɒnsəlʃɪp *Am* ˈkɑːnsəlʃɪp/ *n.* (*Stor. rom*) consolato *m.*

consult /kənˈsʌlt/ I *v.t.* consultare: *to ~ a dictionary* consultare un dizionario; *to ~ a doctor* consultare un medico. II *v.i.* 1 consultarsi (*with* con): *to ~ with a lawyer* consultarsi con un avvocato. 2 (*work as a consultant*) fare consulenza, lavorare come consulente.

consultancy /kənˈsʌltənsi/ *n.* consulenza *f.* (*professionale*).

consultant /kənˈsʌltənt/ *n.* 1 consultatore *m.* (*f. -trice*). 2 (*professional adviser*) consulente *m./f.*, esperto *m.* (*f. -a*): *legal ~* consulente legale; *~ editor* consulente redazionale. 3 (*Med*) medico *m.* consulente.

consultation /ˌkɒnsəlˈteɪʃən *Am* ˌkɑːnsəlˈteɪʃən/ *n.* 1 riunione *f.*: *to be in ~ with so.* essere in riunione con qcu. 2 (*meeting for deliberation*) consultazione *f.* 3 (*Med*) consulto *m.*: *to hold a ~* tenere un consulto.

consultative /kənˈsʌltətɪv *Am* kənˈsʌltətɪv, ˈkɑːnsəlteɪtɪv/ *a.* consultivo, consultorio, di consulenza.

consultatory /kənˈsʌltətəri, ˌkɒnsəlˈteɪtəri *Am* kənˈsʌltətɔːri/ *a.* consultivo, consultorio,

di consulenza.

consulter /kənˈsʌltər/ *n.* consultatore *m.* (*f. -trice*).

consulting /kənˈsʌltɪŋ *Am* kənˈsʌltɪŋ/ *a.* consulente, di consulenza. □ *~ engineer* consulente tecnico; *~ fee* compenso per consulenza, onorario; *~ firm* società di consulenza; *~ physician* medico consulente; *~ room* studio (di consulente).

consultive /kənˈsʌltɪv/ *a.* consultivo, consultorio, di consulenza.

consultor /kənˈsʌltər/ *n.* consultatore *m.* (*f. -trice*).

consumable /kənˈs(j)uːməbl/ I *a.* di consumo, consumabile: *~ goods* articoli di consumo, generi di consumo. II *n.* beni *m.pl.* di consumo, derrate *f.pl.* alimentari.

consume /kənˈs(j)uːm/ I *v.t.* 1 (*to use up*) consumare, esaurire: *to ~ one's energies* consumare le proprie energie. 2 (*fig*) (*often passive*) (*to eat up*) consumare, struggere, divorare, rodere: *to be -d with hatred* essere divorato dall'odio. 3 distruggere: *-d by fire* distrutto dal fuoco. 4 (*to waste*) consumare, dissipare, sprecare. II *v.i.* consumarsi (*anche fig*).

consumer /kənˈs(j)uːmər/ *n.* consumatore *m.* (*f. -trice*) (*anche Econ*). □ *~ advocate* difensore del consumatore, consumerista; *~ affairs* interessi dei consumatori: *Ministry of Domestic Trade and Consumer Affairs* Ministero per il commercio e gli affari dei consumatori; *~ cooperative* cooperativa di consumo; (*GB*) *Consumer Council* ente per la tutela dei consumatori; *~ education* educazione del consumatore; *~ electronics* elettronica di consumo; (*Econ*) *~ goods* beni di consumo; *~ law* legislazione a tutela del consumatore; *~ loan* credito al consumo; *~ market* mercato di consumo; *~ movement* movimento dei consumatori; *~ organization* organizzazione dei consumatori; *~ price* prezzo al consumo; (*Econ*) *~ price index* indice dei prezzi al consumo; *~ protection* tutela del consumatore, difesa del consumatore; *~ protection board* comitato per la difesa del consumatore; *~ rights* diritti del consumatore; *~ society* società dei consumi.

consumerism /kənˈs(j)uːmərɪzm/ *n.* movimento *m.* dei consumatori.

consummate[1] /ˈkɒnsəmeɪt, ˈkɒnsjʊmeɪt *Am* ˈkɑːnsəmeɪt/ *v.t.* 1 completare, compiere, coronare. 2 (*of a marriage*) consumare.

consummate[2] /kənˈsʌmɪt/ *a.* 1 consumato, completo, perfetto: *~ skill* consumata abilità. 2 (*excellent*) eccellente, abile. □ *the ~ gentleman* il perfetto gentiluomo.

consummation /ˌkɒnsəˈmeɪʃən, ˌkɒnsjʊˈmeɪʃən *Am* ˌkɑːnsəˈmeɪʃən/ *n.* 1 compimento *m.*, coronamento *m.* 2 (*of marriage*) consumazione *f.* 3 (*ultimate end*) compimento *m.*, fine *f.*, conclusione *f.* 4 (*goal*) scopo *m.*

consummative /ˈkɒnsəmeɪtɪv, kənˈsʌmətɪv *Am* ˈkɑːnsəmeɪtɪv, kənˈsʌmətɪv/ *a.* finale, che completa.

consummator /ˈkɒnsəmeɪtər, ˈkɒnsjʊmeɪtər *Am* ˈkɑːnsəmeɪtər/ *n.* chi completa.

consumption /kənˈsʌm(p)ʃən/ *n.* 1 consumo *m.* (*anche Econ*): *the daily ~ of milk is diminishing* il consumo giornaliero del latte è in diminuzione. 2 (*Med*) consunzione *f.*; (*tuberculosis*) tubercolosi *f.* □ (*Econ*) *~ tax* imposta sui consumi.

consumptive /kənˈsʌm(p)tɪv/ I *a.* 1 che consuma, che distrugge. 2 (*Econ*) consuntivo, di consumo. 3 (*Med*) tisico, tubercolotico. II *n.* (*Med*) tisico *m.* (*f. -a*), tubercolotico *m.* (*f. -a*).

consumptively /kənˈsʌm(p)tɪvli/ *avv.* come

un tisico, da tubercolotico: *to cough* ~ avere una tosse da tisico.

consumptiveness /kənˈsʌm(p)tɪvnəs/ *n.* (*Med*) predisposizione *f.* alla tubercolosi.

contact /ˈkɒntækt *Am* ˈkɑːntækt/ **I** *n.* **1** contatto *m.*: *in* ~ *with the air* a contatto con l'aria. **2** (*communication*) contatto *m.*, rapporto *m.*, relazione *f.*: *I am in daily* ~ *with him* sono in contatto quotidiano con lui. **3** (*person*) conoscenza *f.*, amicizia *f.*, contatti *m.pl.* **4** (*El*) contatto *m.*: *to break* ~ interrompere il contatto. **5** (*Med*) portatore *m.* (*f.* -trice) di germi. **6** *pl.* (*Ott*) lenti *f.pl.* a contatto. **II** *v.t.* **1** mettere in contatto. **2** (*colloq*) (*to get in touch with*) mettersi in contatto con, contattare. □ (*El*) ~ *breaker* ruttore; (*Aer*) ~ *flight* (o ~ *flying*) volo a vista; *to be in* ~ *with so.* essere in (stretto) contatto con qcu.; *to keep in* ~ *with so.* mantenersi in contatto con qcu.; (*Ott*) ~ *lens* lente a contatto; (*Ott*) ~ *lens specialist* contattologo; (*El*) *to make* ~ stabilire il contatto; *to make* ~ *with the enemy* prendere contatto col nemico; (*El*) ~ *maker* contattore; ~ *man* persona che rappresenta una ditta (nei contatti ad alto livello), intermediario; *to be out of* ~ *with so.* aver perso i contatti con qcu.; (*Fot*) ~ *print* copia per contatto; (*El*) ~ *ring* anello di contatto; ~ *screw* vite di contatto; (*Fot*) ~ *sheet* stampa a contatto; ~ *sport* sport di contatto.

contactable /ˈkɒntæktəbl *Am* ˈkɑːntæktəbl/ *a.* contattabile.

contactor /ˈkɒntæktə *Am* ˈkɑːntæktər/ *n.* (*El*) contattore *m.*

contactual /kɒntækˈtʃʊəl/ *a.* a contattare, di contattare.

contagion /kənˈteɪdʒən/ *n.* **1** (*Med*) contagio *m.*; (*disease*) malattia *f.* contagiosa. **2** (*fig*) (*spread of an idea, emotion, etc.*) contagio *m.*: *a* ~ *of panic* il contagio del panico.

contagious /kənˈteɪdʒəs/ *a.* **1** (*Med*) contagioso, infettivo; (*carrying contagion*) portatore di contagio. **2** (*fig*) contagioso: ~ *enthusiasm* entusiasmo contagioso.

contagiously /kənˈteɪdʒəsli/ *avv.* contagiosamente.

contagiousness /kənˈteɪdʒəsnəs/ *n.* contagiosità *f.*

contain /kənˈteɪn/ *v.t.* **1** contenere. **2** (*to include*) comprendere (*anche Geom*). **3** (*fig*) (*to restrain*) contenere, frenare, trattenere: *he could not* ~ *himself for joy* non riusciva a contenersi dalla gioia. **4** (*to check, to confine the spread of*) contenere, fermare: *to* ~ *the enemy's advance* contenere l'avanzata nemica; *to* ~ *the damage* limitare i danni. **5** (*Mat*) contenere: *twenty* -*s five four times* il cinque nel venti ci sta quattro volte.

containable /kənˈteɪnəbl/ *a.* contenibile.

contained /kənˈteɪnd/ *a.* (*of passions, behaviour*) contenuto, controllato.

container /kənˈteɪnə/ *n.* **1** contenitore *m.*, recipiente *m.* **2** (*Comm,Ferr*) container *m.* □ (*Mar*) ~ *ship* nave portacontainer, portacontainer; (*Comm*) ~ *transport* trasporto containerizzato.

containerization /kənˌteɪnər(a)ɪˈzeɪʃən/ *n.* (*Comm*) containerizzazione *f.*

containerize /kənˈteɪnəraɪz/ *v.t.* (*Comm*) containerizzare.

containment /kənˈteɪnmənt/ *n.* **1** ritegno *m.* **2** (*Pol*) contenimento *m.*

contaminant /kənˈtæmɪnənt/ *n.* (*Chim*) inquinante *m.*

contaminate /kənˈtæmɪneɪt/ *v.t.* **1** contaminare, inquinare; (*to infect*) infettare. **2** (*fig*) contaminare, corrompere.

contamination /kənˌtæmɪˈneɪʃən/ *n.* contaminazione *f.* (*anche Ling,Nucl*).

contaminator /kənˈtæmɪneɪtə *Am* kən ˈtæmɪneɪtər/ *n.* contaminatore *m.*

contango /kənˈtæŋgou/ (*pl.* -**s**/-**es** /-z/) *n.* (*Econ*) interesse *m.* di riporto, premio *m.* di riporto. □ (*Econ*) ~ *day* giorno di riporto.

contd. *continued* (continua).

contemn /kənˈtem/ *v.t.* (*lett*) disprezzare, disdegnare, spregiare.

contemplable /kənˈtempləbl/ *a.* contemplabile.

contemplate /ˈkɒntəmpleɪt *Am* ˈkɑːntəmpleɪt/ **I** *v.t.* **1** contemplare, osservare. **2** (*to meditate on*) meditare su, riflettere su. **3** (*to consider*) prendere in considerazione l'idea di, contemplare, pensare di: *we are contemplating emigrating* stiamo prendendo in considerazione l'idea di emigrare. **II** *v.i.* meditare, riflettere (*on* su).

contemplation /ˌkɒntəmˈpleɪʃən *Am* ˌkɑːntəmˈpleɪʃən/ *n.* **1** contemplazione *f.* **2** (*meditation*) meditazione *f.*, riflessione *f.*

contemplative /kənˈtemplətɪv, ˈkɒntem pleɪtɪv *Am* kənˈtemplətɪv, ˈkɑːntəmpleɪtɪv/ **I** *a.* contemplativo: *the* ~ *life* la vita contemplativa. **II** *n.* contemplativo *m.* (*f.* -a).

contemplatively /kənˈtemplətɪvli, ˈkɒn templeɪtɪvli *Am* kənˈtemplətɪvli, ˈkɑːn templeɪtɪvli/ *avv.* in modo contemplativo.

contemplativeness /kənˈtemplətɪvnəs, ˈkɒntempleɪtɪvnəs *Am* kənˈtemplətɪvnəs, ˈkɑːntəmpleɪtɪvnəs/ *n.* contemplazione *f.*, meditazione *f.*

contemporaneity /kənˌtempərəˈniːɪti *Am* kənˌtempərəˈniːəti/ *n.* contemporaneità *f.*

contemporaneous /kənˌtempəˈreɪniəs/ *a.* contemporaneo.

contemporaneously /kənˌtempəˈreɪniəsli/ *avv.* contemporaneamente.

contemporarily /kənˈtempərərɪli *Am* kən ˈtempərərɪli/ *avv.* attualmente.

contemporariness /kənˈtempərərɪnəs *Am* kənˈtempərərɪnəs/ *n.* contemporaneità *f.*

contemporary /kənˈtempərəri *Am* kən ˈtempəreri/ **I** *a.* **1** contemporaneo, coevo (*with* di). **2** (*of the same age*) coetaneo. **3** (*modern*) contemporaneo, moderno, al passo con i tempi. **II** *n.* **1** contemporaneo *m.* (*f.* -a). **2** (*person of the same age*) coetaneo (*f.* -a).

contemporize /kənˈtempəraɪz/ **I** *v.t.* **1** far accadere contemporaneamente, sincronizzare. **2** (*to modernize*) rimodernare, ammodernare, ristrutturare. **II** *v.i.* **1** accadere contemporaneamente. **2** (*to make oneself modern*) modernizzarsi.

contempt /kənˈtem(p)t/ *n.* **1** disprezzo *m.*, sprezzo *m.*, (*lett*) dispregio *m.*: *in* ~ *of the rules* in disprezzo ai regolamenti. **2** (*state of being despised*) disonore *m.*, infamia *f.*: *to bring into* ~ coprire di disonore. **3** (*Dir*) (*contempt of court*) oltraggio *m.* alla corte. **4** (*US, Parl*) (*contempt of Congress*) offesa *f.* al congresso, oltraggio *m.* al congresso. □ *to be held in* ~ essere disprezzato; *to fall into* ~ cadere nel disprezzo; (*US,Parl*) ~ *of Congress* offesa al congresso, oltraggio al congresso; (*Dir*) ~ *of court* oltraggio alla corte; *in* ~ *of danger* con sprezzo del pericolo.

contemptibility /kənˌtem(p)tɪˈbɪlɪti *Am* kən ˌtem(p)təˈbɪləti/ *n.* spregevolezza *f.*

contemptible /kənˈtem(p)təbl/ *a.* disprezzabile, spregevole.

contemptibleness /kənˈtem(p)təblnəs/ *n.* spregevolezza *f.*

contemptibly /kənˈtem(p)təbli/ *avv.* in modo spregevole.

contemptuous /kənˈtem(p)tʃʊəs *Br also* kən ˈtem(p)tjuəs/ *a.* sprezzante, altezzoso, sdegnoso.

contemptuously /kənˈtem(p)tʃʊəsli *Br also*

kənˈtem(p)tjuəsli/ *avv.* (*showing contempt*) insolentemente, sprezzantemente, sdegnosamente.

contemptuousness /kənˈtem(p)tʃʊəsnəs *Br also* kənˈtem(p)tjuəsnəs/ *n.* disprezzo *m.*, alterigia *f.*

contend /kənˈtend/ **I** *v.i.* **1** contendersi, disputarsi (*for sth.* qcs.): *to* ~ *for a prize* contendersi un premio. **2** (*with a person*) contendere, competere, gareggiare (*with* con). **3** (*to struggle*) lottare, combattere (*with, against* contro): *to* ~ *with difficulties* lottare contro le difficoltà. **4** (*in debate*) battersi, contendere (*for, about* per). **II** *v.t.* sostenere con fermezza, asserire con fermezza.

contender /kənˈtendə/ *n.* contendente *m./f.*, concorrente *m./f.* □ (*colloq*) *he's a* ~ è uno in gamba, è uno che può vincere.

contending /kənˈtendɪŋ/ *a.* contendente, contrastante: ~ *passions* passioni contrastanti.

content¹ /ˈkɒntent *Am* ˈkɑːntent/ *n.* **1** (*subject matter*) contenuto *m.*, concetto *m.* **2** (*amount contained*) contenuto *m.*, quantità *f.*: *alcohol* ~ il contenuto di alcool, contenuto alcolico. **3** (*Met*) tenore *m.*, titolo *m.* **4** (*capacity*) capacità *f.*; (*volume*) volume *m.* **5** *pl.* contenuto *m.sing.*: *the* -*s of a box* il contenuto di una scatola. **6** (*of a book, etc.*): *table of contents* indice *m.* □ (*Inform*) ~ *provider* fornitore di dati, provider di dati.

content² /kənˈtent/ **I** *a.* **1** soddisfatto, pago, contento (*with* di): *to be* ~ *with one's lot* essere contento di ciò che si ha; *well* ~ arcicontento, assai soddisfatto. **2** (*willing*) pronto, disposto. **II** *n.* **1** soddisfazione *f.*, contentezza *f.* **2** (*Parl*) voto *m.* favorevole; (*voter*) votante *m./f.* a favore. **III** *v.t.* **1** accontentare, soddisfare. **2** (*rifl.*) *to* ~ *oneself* accontentarsi, essere soddisfatto (*with* di). □ (*Parl*) *not* ~ sfavorevole, contro.

contented /kənˈtentɪd *Am* kənˈtentɪd/ *a.* soddisfatto, contento (*with* di).

contentedly /kənˈtentɪdli *Am* kənˈtentɪdli/ *avv.* con soddisfazione.

contentedness /kənˈtentɪdnəs *Am* kən ˈtentɪdnəs/ *n.* contentezza *f.*, soddisfazione *f.*

contention /kənˈtenʃən/ *n.* **1** lotta *f.*, conflitto *m.* **2** (*dispute*) contesa *f.*, lite *f.*, disputa *f.*, alterco *m.* **3** (*point contended, claim*) tesi *f.*, assunto *m.*, asserzione *f.* **4** (*competition*) contesa *f.*, gara *f.* □ *in* ~ in corsa per, in gara per, in competizione.

contentious /kənˈtenʃəs/ *a.* **1** litigioso, polemico. **2** (*causing contention*) controverso. **3** (*Dir*) contenzioso.

contentiously /kənˈtenʃəsli/ *avv.* in modo litigioso, polemico.

contentiousness /kənˈtenʃəsnəs/ *n.* litigiosità *f.*, polemicità *f.*

contentment /kənˈtentmənt/ *n.* contentezza *f.*, soddisfazione *f.*

conterminous /kənˈtɜːmɪnəs *Am* kən ˈtɜːrmɪnəs/ *a.* **1** (*sharing or within the same boundries*) confinante, limitrofo, contiguo: *Canada is* ~ *with the United States* il Canada confina con gli Stati Uniti. **2** (*having the same meaning*) di uguale significato, dallo stesso significato. **3** (*having the same duration*) della stessa durata, di uguale durata. **4** (*coextensive*) che ha la stessa estensione.

contest¹ /ˈkɒntest *Am* ˈkɑːntest/ *n.* **1** lotta *f.*, combattimento *m.*, contesa *f.* **2** (*competition*) concorso *m.*, gara *f.*, competizione *f.* (*for* per): *a beauty* ~ un concorso di bellezza.

contest² /kənˈtest/ **I** *v.t.* **1** (*to dispute*) contestare, impugnare: *to* ~ *a will* impugnare un testamento. **2** (*compete in a close competition*) contendere, contendersi, disputarsi: *to* *a seat in Parliament* presentarsi candidato un seggio (in Parlamento). **II** *v.i.* contendere (*with* con).

contestant /kən'testənt/ *n.* competitore *m.* (*f. trice*), concorrente *m./f.*

contestation /ˌkɒntes'teɪʃən *Am* ˌkɑːntes'teɪʃən/ *n.* **1** contestazione *f.*, disputa *f.*, discussione *f.* **2** (*point asserted*) asserzione *f.*, tesi *f.*

context /'kɒntekst *Am* 'kɑːntekst/ *n.* **1** contesto *m.*: *to take out of* ~ staccare dal contesto, togliere dal contesto. **2** (*fig*) (*conditions, environment*) quadro *m.*, contesto *m.*: *within the political* ~ nel contesto politico.

contextual /kən'tekstʃuəl *Br also* kən'tekstjuəl/ *a.* contestuale.

contextualism /kən'tekstʃuəlɪzəm *Br also* kən'tekstjuəlɪzəm/ *n.* (*Filos*) contestualismo *m.*

contextualist /kən'tekstʃuəlɪst *Br also* kən'tekstjuəlɪst/ *n.* (*Filos*) esponente *m./f.* del contestualismo.

contextualization /kənˌtekstʃuəl(a)ɪ'zeɪʃən *Br also* kənˌtekstjuəl(a)ɪ'zeɪʃən/ *n.* contestualizzazione *f.*

contextualize /kən'tekstʃuəlaɪz *Br also* kən'tekstjuəlaɪz/ *v.t.* (*to place or consider in context*) contestualizzare.

contextually /kən'tekstʃuəli *Br also* kən'tekstjuəli/ *avv.* contestualmente.

contexture /kən'tekstʃər/ *n.* **1** (*Lett*) tessitura *f.*, intreccio *m.* **2** (*structure*) struttura *f.*, composizione *f.*; (*of a fabric*) tessitura *f.*, trama *f.*

contiguity /ˌkɒntɪ'gjuːti *Am* ˌkɑːntɪ'gjuːəti/ *n.* contiguità *f.*

contiguous /kən'tɪgjuəs/ *a.* **1** contiguo, confinante, attiguo. **2** (*near*) vicino, prossimo.

contiguously /kən'tɪgjuəsli/ *avv.* contiguamente.

contiguousness /kən'tɪgjuəsnəs/ *n.* contiguità *f.*

continence /'kɒntɪnəns *Am* 'kɑːntənəns/ *n.* continenza *f.* (*anche Med*).

continency /'kɒntɪnənsi *Am* 'kɑːntənənsi/ *n.* continenza *f.* (*anche Med*).

continent[1] /'kɒntɪnənt *Am* 'kɑːntənənt/ *n.* **1** continente *m.*: *the* ~ *of Asia* il continente asiatico. **2** (*mainland*) continente *m.*, terraferma *f.* □ *the Continent* il Continente, l'Europa continentale.

continent[2] /'kɒntɪnənt *Am* 'kɑːntənənt/ *a.* **1** (*Fisiol*) continente. **2** (*chaste*) casto, continente.

continental /ˌkɒntɪ'nentəl *Am* ˌkɑːntə'nentəl/ **I** *a.* (*Geog*) continentale. **II** *n.* continentale *m./f.* □ ~ *breakfast* colazione leggera, prima colazione all'europea; ~ *climate* clima continentale; (*Stor.am*) *Continental Congress* Congresso Continentale; (*Geog*) ~ *divide* spartiacque continentale; (*Geol*) ~ *drift* deriva dei continenti; (*Geol*) ~ *shelf* piattaforma continentale, platea continentale; (*Geol*) ~ *slope* balza marina.

Continental /ˌkɒntɪ'nentəl *Am* ˌkɑːntə'nentəl/ **I** *a.* **1** dell'Europa continentale, del continente europeo. **2** (*Stor.am*) delle colonie americane. **II** *n.* **1** europeo *m.* (*f.* -a). **2** (*Stor.am*) soldato *m.* dell'esercito coloniale.

continentalism /ˌkɒntɪ'nentəlɪzəm *Am* ˌkɑːntə'nentəlɪzəm/ *n.* **1** caratteristica *f.* del continente europeo. **2** (*policy*) politica *f.* continentale.

continentalize /ˌkɒntɪ'nentəlaɪz *Am* ˌkɑːntə'nentəlaɪz/ *v.t.* rendere continentale.

contingence /kən'tɪndʒəns/ *n.* **1** (*Geom*) tangenza *f.* **2** contingenza *f.*, caso *m.*, circostanza *f.* fortuita. **3** (*chance occurrence*) eventualità *f.*, evenienza *f.*, possibilità *f.* **4** (*Filos*) contingenza *f.*

contingency /kən'tɪndʒənsi/ *n.* **1** contingen-

---

za *f.*, caso *m.*, circostanza *f.* fortuita. **2** (*chance occurrence*) eventualità *f.*, evenienza *f.*, possibilità *f.*: *to be prepared for all contingencies* essere preparato a ogni evenienza. **3** (*Filos*) contingenza *f.* □ (*Econ*) ~ *fund* fondo di previdenza; (*Assic*) ~ *insurance* assicurazione contro i mancati utili; ~ *plan* piano di emergenza.

contingent /kən'tɪndʒənt/ **I** *a.* **1** (*dependent*) condizionato (*on, upon* a). **2** (*liable to happen*) eventuale, possibile. **3** (*happening by chance*) casuale, accidentale, fortuito. **4** (*incidental*) incidentale, accessorio. **5** (*Filos*) contingente. **II** *n.* **1** contingente *m.*, quota *f.*, parte *f.* **2** (*representative group*) rappresentativa *f.* **3** (*sth. contingent*) contingenza *f.*, caso *m.*, circostanza *f.* fortuita. **4** (*Mil,Filos*) contingente *m.* □ (*Comm*) ~ *asset* sopravvenienza attiva; (*Comm*) ~ *expenses* spese impreviste; (*Dir*) ~ *fee* patto di quota lite; (*Comm*) ~ *liability* sopravvenienza passiva; ~ *order* ordine vincolato, ordine condizionato; (*Econ*) ~ *profit* utile aleatorio.

contingently /kən'tɪndʒəntli/ *avv.* congiuntamente.

continuable /kən'tɪnjuəbl/ *a.* proseguibile, che può essere continuato.

continual /kən'tɪnjuəl/ *a.* (*very frequent*) continuo, frequente.

continually /kən'tɪnjuəli/ *avv.* molto frequentemente, di continuo.

continuance /kən'tɪnjuəns/ *n.* **1** continuità *f.*, durata *f.* **2** (*remaining in the same place*) permanenza *f.*: ~ *in office* permanenza in carica. **3** (*of conditions*) persistenza *f.* **4** (*sequel*) seguito *m.*, continuazione *f.* **5** (*Dir*) rinvio *m.*, proroga *f.*

continuant /kən'tɪnjuənt/ **I** *n.* (*Fon*) consonante *f.* continua. **II** *a.* (*Fon*) continuo.

continuation /kənˌtɪnju'eɪʃən/ *n.* **1** continuazione *f.*, il perdurare, persistenza *f.* **2** (*resumption*) ripresa *f.*, continuazione *f.* **3** (*sth. continuing*) continuazione *f.*, seguito *m.*: *the* ~ *of the story* il seguito del racconto. **4** (*Econ*) (*contango*) riporto *m.*

continuative /kən'tɪnjuətɪv, kən'tɪnjueɪtɪv *Am* kən'tɪnjueɪtɪv, kən'tɪnjuətɪv/ *a.* continuativo.

continuator /kən'tɪnjueɪtər *Am* kən'tɪnjueɪtər/ *n.* continuatore *m.* (*f.* -trice).

continue /kən'tɪnjuː/ **I** *v.i.* **1** continuare, seguitare. **2** (*to go on*) continuare, proseguire: *the road* -d la strada proseguiva. **3** (*to resume*) continuare, riprendere: *we will* - *after lunch* continueremo dopo pranzo. **4** (*to remain*) rimanere, restare: *to* ~ *in office* rimanere in carica. **II** *v.t.* **1** continuare, proseguire, seguitare: *to* ~ *doing sth.* (*to* ~ *to do sth.*) continuare a fare qcs. **2** (*to resume*) riprendere, continuare. **3** (*to retain*) tenere, mantenere: *the manager was* -d *in office* il direttore fu mantenuto in carica. **4** (*Dir*) rinviare, prorogare. **5** (*to prolong*) prolungare, protrarre, continuare.

continued /kən'tɪnjuːd/ *a.* **1** continuo, inincessante, ininterrotto. **2** (*resumed*) ripreso; (*of a story*) a puntate. □ (*Giorn*) *to be* ~ (*of a story*) continua, il seguito alla prossima puntata; (*Giorn*) *to be* ~ *next* il seguito al prossimo numero.

continuer /kən'tɪnjuər/ *n.* continuatore *m.* (*f.* -trice).

continuing /kən'tɪnjuːɪŋ/ □ ~ *education* educazione permanente.

continuity /ˌkɒntɪ'njuːti *Am* ˌkɑːntən'(j)uːəti/ *n.* **1** continuità *f.*, nesso *m.* logico. **2** (*Cin*) sceneggiatura *f.* **3** (*Rad,TV*) testo *m.*, copione *m.* **4** (*Mat,Filos*) continuità *f.* □ (*Cin*) ~ *girl* segretaria di edizione.

---

continuous /kən'tɪnjuəs/ *a.* **1** continuo, costante, ininterrotto. **2** (*Mat,Fon*) continuo. **3** (*Gramm*) progressivo: *present* ~ presente progressivo. □ ~ *education* educazione permanente; (*Inform*) ~ *form paper* carta a modulo continuo; (*Cin*) ~ *performance* spettacolo continuato; (*Econ*) ~ *process* processo di produzione a ciclo continuo.

continuously /kən'tɪnjuəsli/ *avv.* continuamente, in continuazione, ininterrottamente.

continuousness /kən'tɪnjuəsnəs/ *n.* continuità *f.*

continuum /kən'tɪnjuəm/ (*pl.* -**s** /-z/, -**nua** /-njuə/) *n.* **1** serie *f.* ininterrotta. **2** (*Mat,Filos*) continuum *m.*

contort /kən'tɔːt *Am* kən'tɔːrt/ *v.t.* **1** contorcere. **2** (*of expression*) stravolgere: -ed *with pain* stravolto dal dolore. **3** (*fig*) distorcere, travisare.

contortion /kən'tɔːʃən *Am* kən'tɔːrʃən/ *n.* contorsione *f.*

contortionist /kən'tɔːʃənɪst *Am* kən'tɔːrʃənɪst/ *n.* contorsionista *m./f.*

contour /'kɒntʊər *Am* 'kɑːntʊr/ **I** *n.* **1** contorno *m.*, profilo *m.*, sagoma *f.* **2** (*Topogr*) isoipsa *f.*, curva *f.* di livello. **3** (*Mat*) grafico *m.* **II** *v.t.* **1** segnare il contorno di, disegnare il contorno di. **2** (*Topogr*) segnare con isoipse. **3** (*of roads, etc.*) costruire seguendo i contorni del terreno. **4** (*Agr*) coltivare secondo le isoipse, coltivare secondo le curve di livello. □ ~ *chair* sedia anatomica; (*Topogr*) ~ *interval* equidistanza; (*Topogr*) ~ *line* isoipsa, curva di livello; (*Topogr*) ~ *map* carta a curve di livello.

contra /'kɒntrə *Am* 'kɑːntrə/ **I** *prep.* contro. **II** *avv.* al contrario, per contro. **III** *n.* **1** contro *m.*: *the pros and* -*s* i pro e i contro. **2** (*contrary*) contrario *m.* **3** (*Econ*) contropartita *f.*

contraband /'kɒntrəbænd *Am* 'kɑːntrəbænd/ **I** *n.* **1** contrabbando *m.*: ~ *of war* contrabbando di guerra. **2** (*smuggled goods*) merce *f.* di contrabbando. **II** *a.* di contrabbando, contrabbandiere.

contrabandist /'kɒntrəbændɪst *Am* 'kɑːntrəbændɪst/ *n.* contrabbandiere *m.* (*f.* -a).

contrabass /ˌkɒntrə'beɪs *Am* 'kɑːntrəbeɪs/ *n.* (*Mus*) contrabbasso *m.* **II** *a.* (*Mus*) contrabbasso.

contrabassoon /ˌkɒntrəbə'suːn *Am* ˌkɑːntrəbə'suːn/ *n.* (*Mus*) controfagotto *m.*

contraception /ˌkɒntrə'sepʃən *Am* ˌkɑːntrə'sepʃən/ *n.* contraccezione *f.*

contraceptive /ˌkɒntrə'septɪv *Am* ˌkɑːntrə'septɪv/ **I** *a.* antifecondativo, contraccettivo. **II** *n.* anticoncezionale *m.*, contraccettivo *m.* □ (*Farm*) ~ *gel* gel spermicida.

contract[1] /'kɒntrækt *Am* 'kɑːntrækt/ *n.* **1** (*Dir*) contratto *m.*: *to enter into a* ~ *with so.* (*to make a* ~ *with so.*) stipulare un contratto con qcu. **2** (*estens*) patto *m.*, accordo *m.*, convenzione *f.* **3** (*Comm*) appalto *m.*: ~ *work* lavoro in appalto. **4** (*colloq*) commissione *f.*, incarico *m.* dato a un sicario: ~ *killing* omicidio su commissione. **5** (*in bridge: final bid*) contratto *m.*, dichiarazione *f.* finale; (*number of tricks*) contratto *m.*, numero *m.* di prese. □ ~ *advance* anticipazione su contratti; ~ *award* aggiudicazione d'appalto; ~ *bridge* bridge contratto; *by* ~ contrattualmente; (*Comm*) *to give out by* ~ dare in appalto; (*Comm*) ~ *for sale* contratto di vendita; (*Comm*) ~ *freight* nolo a tariffa ridotta; (*Dir*) ~ *in writing* contratto scritto; ~ *labour* (o *Am* ~ *labor*) manodopera temporanea; (*Comm*) ~ *note* distinta di vendita, distinta di acquisto; (*Comm*) ~ *of sale* contratto di vendita; (*Comm*) *on* ~ a contratto, in appalto, a cottimo; ~ *theory* contrattualismo; ~ *work* lavoro in appalto.

contract² /kənˈtrækt/ **I** *v.t.* **1** contrarre (*anche Gramm*): *to ~ a muscle* contrarre un muscolo. **2** (*of a disease, habit*) contrarre, prendere. **3** (*of a debt, etc.*) contrarre, fare. **4** (*to establish by agreement*) contrarre, stabilire, concludere. **5** (*Comm*) prendere in appalto, appaltare. **II** *v.i.* **1** contrarsi, restringersi. **2** (*to enter into an agreement*) impegnarsi (formalmente) (*to do a fare; for* a), fare un contratto (*with* con). □ (*Br*) (*of a trade-union member*) *to ~ oneself in* impegnarsi a versare una quota per il sindacato; *to ~ sth. out* dare in appalto, appaltare; (*Br*) *to ~ oneself out of*: 1 disimpegnarsi; 2 (*of a trade-union member*) rifiutarsi di pagare una quota per il sindacato.

contractable /kənˈtræktəbl̩/ *a.* (*Med*) che si può contrarre, contagioso.

contracted /kənˈtræktɪd/ *a.* **1** contratto, tirato. **2** (*fig*) (*abridged*) conciso, ridotto.

contractibility /kənˌtræktəˈbɪlɪti *Am* kənˌtræktəˈbɪləti/ *n.* contrattilità *f.*

contractible /kənˈtræktəbl̩/ *a.* contrattile.

contractile /kənˈtræktaɪl *Am also* kənˈtræktəl/ *a.* contrattile. □ (*Anat*) *~ muscle* muscolo contrattile.

contractility /ˌkɒntrækˈtɪlɪti *Am* ˌkaːntræk ˈtɪləti/ *n.* contrattilità *f.*

contracting /kənˈtræktɪŋ/ *a.* **1** (*drawing together*) che si contrae. **2** (*subscribing to a contract*) contraente: *the ~ parties* le parti contraenti.

contraction /kənˈtrækʃən/ *n.* **1** contrazione *f.* **2** (*act of making a contract*) il contrarre. **3** (*Gramm*) contrazione *f.* delle parole.

contractionary /kənˈtrækʃənəri *Am* kənˈtrækʃəneri/ *a.* (*anche Econ*) di contrazione, recessivo: *~ policy* politica di recessione; *~ budget* bilancio recessivo, bilancio di contrazione.

contractive /kənˈtræktɪv/ *a.* che tende a contrarsi.

contractor /kənˈtræktər/ *n.* **1** contraente *m./f.* **2** (*Comm*) appaltatore *m.* (*f.* -trice), imprenditore *m.* (*f.* -trice), impresario *m.* (*f.* -a). **3** (*building contractor*) imprenditore *m.* (*f.* -trice) edile. **4** (*Anat*) muscolo *m.* contrattile. □ *-s to Her Majesty's Government* fornitori del governo di Sua Maestà (Britannica).

contractual /kənˈtræktʃuəl *Br also* kən ˈtræktʃuəl/ *a.* contrattuale. □ *~ obligations* obblighi contrattuali; *~ requirements* richieste contrattuali; (*Dir*) *~ treaty* trattato-contratto.

contractualism /kənˈtræktʃuəlɪzəm *Br also* kənˈtræktʃuəlɪzəm/ *n.* (*Pol*) contrattualismo *m.*

contractually /kənˈtræktʃuəli *Br also* kən ˈtræktʃuəli/ *avv.* contrattualmente.

contractural /kənˈtræktʃərəl/ *a.* **1** (*Med*) di contrattura, contratturale. **2** (*contractual*) contrattuale.

contracture /kənˈtræktʃər *Br also* kən ˈtræktʃuər/ *n.* (*Med*) contrattura *f.*

contradict /ˌkɒntrəˈdɪkt *Am* ˌkaːntrəˈdɪkt/ *v.t.* **1** contraddire, contestare: *to ~ a statement* contraddire un'affermazione. **2** (*to be contrary to*) contraddire, essere in contraddizione con, smentire. **3** (*rifl.*) *to ~ oneself* contraddirsi, cadere in contraddizione.

contradictable /ˌkɒntrəˈdɪktəbl̩ *Am* ˌkaːntrə ˈdɪktəbl̩/ *a.* che si può contraddire, che si può smentire.

contradiction /ˌkɒntrəˈdɪkʃən *Am* ˌkaːntrə ˈdɪkʃən/ *n.* contraddizione *f.* (*anche Filos*). □ *~ in terms* contraddizione in termini; *in ~ with* in contraddizione con.

contradictious /ˌkɒntrəˈdɪkʃəs *Am* ˌkaːntrə ˈdɪkʃəs/ *a.* che ama contraddire, polemico.

contradictor /ˌkɒntrəˈdɪktər *Am* ˌkaːntrə ˈdɪktər/ *n.* contraddittore *m.* (*f.* -trice).

contradictorily /ˌkɒntrəˈdɪktərɪli *Am* ˌkaːntrəˈdɪktərɪli/ *avv.* contraddittoriamente.

contradictoriness /ˌkɒntrəˈdɪktərɪnəs *Am* ˌkaːntrəˈdɪktərɪnəs/ *n.* l'essere contraddittorio.

contradictory /ˌkɒntrəˈdɪktəri *Am* ˌkaːntrə ˈdɪktəri/ *I* *a.* **1** contraddittorio (*anche Filos*): *~ orders* ordini contraddittori. **2** (*given to contradicting*) polemico. **II** *n.* (*Filos*) proposizione *f.* contraddittoria.

contradistinction /ˌkɒntrədɪˈstɪŋ(k)ʃən *Am* ˌkaːntrədɪˈstɪŋ(k)ʃən/ *n.* distinzione *f.* antitetica. □ *in ~ to* in antitesi a.

contradistinguish /ˌkɒntrədɪˈstɪŋgwɪʃ *Am* ˌkaːntrədɪˈstɪŋgwɪʃ/ *v.t.* distinguere.

contrail /ˈkɒntreɪl *Am* ˈkaːntreɪl/ *n.* (*Aer*) scia *f.* di condensazione.

contra-indicate /ˌkɒntrəˈɪndɪkeɪt *Am* ˌkaːntrəˈɪndɪkeɪt/ *v.t.* (*Med*) controindicare.

contra-indication /ˌkɒntrəɪndɪˈkeɪʃən *Am* ˌkaːntrəɪndɪˈkeɪʃən/ *n.* controindicazione *f.*

contralto /kənˈtræltou *Am* kənˈtræltou/ *n.* (*pl.* -s /-z/) (*Mus*) contralto *f./m.*

contraposition /ˌkɒntrəpəˈzɪʃən *Am* ˌkaːntrəpəˈzɪʃən/ *n.* **1** contrapposizione *f.* (*anche Filos*). **2** (*contrast*) contrasto *m.*, antitesi *f.*

contrapositive /ˌkɒntrəˈpɒzɪtɪv *Am* ˌkaːntrə ˈpaːzɪtɪv/ *I* *a.* (*Filos*) della contrapposizione. **II** *n.* asserzione *f.* antitetica.

contrapposto /ˌkɒntrəˈpɒstou *Am* ˌkaːntrə ˈpoustou/ *n.* (*Scult*) contrapposto *m.* classico.

contraption /kənˈtræpʃən/ *n.* (*colloq*) aggeggio *m.*, congegno *m.*

contrapuntal /ˌkɒntrəˈpʌntəl *Am* ˌkaːntrə ˈpʌntəl/ *a.* (*Mus*) contrappuntistico.

contrapuntally /ˌkɒntrəˈpʌntəli *Am* ˌkaːntrə ˈpʌntəli/ *avv.* (*Mus*) contrappuntisticamente.

contrapuntist /ˌkɒntrəˈpʌntɪst *Am* ˌkaːntrə ˈpʌntɪst/ *n.* contrappuntista *m./f.*

contrariety /ˌkɒntrəˈraɪəti *Am* ˌkaːntrəˈraɪəti/ *n.* **1** contrarietà *f.*, opposizione *f.*, antagonismo *m.* **2** (*instance*) contraddizione *f.*, discordanza *f.*, discrepanza *f.*

contrarily /ˈkɒntrərɪli, kənˈtreərɪli *Am* ˈkaːntrərɪli, kənˈtrerɪli/ *avv.* **1** al contrario, viceversa. **2** (*colloq*) (*obstinately*) ostinatamente.

contrariness /ˈkɒntrərɪnəs, kənˈtreərɪnəs *Am* ˈkaːntrərɪnəs, kənˈtrerɪnəs/ *n.* **1** opposizione *f.*, antagonismo *m.* **2** (*colloq*) (*obstinacy*) spirito *m.* di contraddizione, caparbietà *f.*, testardaggine *f.*

contrariwise /ˈkɒntrərɪwaɪz, kənˈtreərɪwaɪz *Am* ˈkaːntrərɪwaɪz, kənˈtrerɪwaɪz/ *avv.* **1** al contrario, invece. **2** (*conversely*) in senso contrario, in senso opposto.

contrary /ˈkɒntrəri, kənˈtreəri *Am* ˈkaːntrəri, kənˈtreri/ *I* *a.* **1** contrario, opposto: *~ opinions* idee opposte. **2** (*conflicting*) contrastante, contrario: *~ to regulations* contrario alle regole. **3** (*colloq*) (*obstinate*) ostinato, testardo, caparbio, cocciuto. **II** *n.* **1** contrario *m.*, opposto *m.* **2** (*Filos*) proposizione *f.* contraria. **III** *avv.* contrariamente, contro, in contrasto con: *to act ~ to orders* agire contrariamente agli ordini; *~ to expectations* contrariamente alle aspettative; *~ to all expectations* contro ogni aspettativa; *~ to popular opinion* contrariamente a quanto si crede comunemente. □ *on the ~* al contrario, invece, viceversa; *unless you hear to the ~* salvo avviso contrario, salvo contrordine.

contrast¹ /ˈkɒntrɑːst *Am* ˈkaːntræst/ *n.* **1** contrasto *m.* (*anche Fot,TV*): *~ of light and shade* contrasto di luce e ombra. **2** (*unlikeness*) contrasto *m.*, contrapposizione *f.*, diversità *f.*,

differenza *f.*: *a striking ~* una sorprendente diversità.

contrast² /kənˈtrɑːst *Am* kənˈtræst/ *I* *v.i.* contrastare, fare contrasto, essere in contrasto (*with* con). **II** *v.t.* **1** mettere in contrasto. **2** (*to compare*) confrontare, paragonare (*with* con). **3** (*of colour*) contrastare, risaltare, spiccare (*with* su, contro). **4** (*to oppose*) contrapporre, opporre. □ *by ~ with* in confronto a; *in ~ to* (o *in ~ with*) in contrasto con, in antitesi con.

contrasting /kənˈtrɑːstɪŋ *Am* kənˈtræstɪŋ/ *a.* contrastante, opposto: *~ opinions* opinioni contrastanti.

contrastingly /kənˈtrɑːstɪŋli *Am* kən ˈtræstɪŋli/ *avv.* in modo contrastante, in modo opposto.

contrastive /kənˈtrɑːstɪv *Am* kənˈtræstɪv/ *a.* (*Ling*) contrastivo: *~ grammar* grammatica contrastiva.

contrasty /ˈkɒntrɑːsti *Am* ˈkaːntræsti/ *a.* (*Fot*) contrastato.

contravallation /ˌkɒntrəvəˈleɪʃən *Am* ˌkaːntrəvəˈleɪʃən/ *n.* (*Mil*) controvallazione *f.*

contravene /ˌkɒntrəˈviːn *Am* ˌkaːntrəˈviːn/ *v.t.* **1** contravvenire, trasgredire a: *to ~ the law* contravvenire alla legge. **2** (*to contradict*) contraddire, contestare.

contravener /ˌkɒntrəˈviːnər *Am* ˌkaːntrə ˈviːnər/ *n.* contravventore *m.* (*f.* -trice).

contravention /ˌkɒntrəˈvenʃən *Am* ˌkaːntrə ˈvenʃən/ *n.* contravvenzione *f.*, trasgressione *f.*, infrazione *f.* □ *in ~ of the rules* trasgredendo ai regolamenti.

contretemps /ˈkɒntrətɑ̃ː(ŋ) *Am* ˈkaːntrətɑ̃ː/ (*pl.* -temps /-z/) *n.* contrattempo *m.*

contribute /kənˈtrɪbjuːt/ **I** *v.t.* **1** contribuire con, dare come contributo. **2** (*Giorn*) scrivere. **II** *v.i.* **1** contribuire, dare il proprio contributo (*to* a): *to ~ to charity* dare un contributo a una raccolta di denaro per beneficenza. **2** (*fig*) (*to have a share in*) contribuire, essere di aiuto (a): *to ~ to the discussion* apportare il proprio contributo alla discussione. **3** (*Giorn*) collaborare (*to* a), scrivere (per): *to ~ to a newspaper* collaborare a un giornale.

contribution /ˌkɒntrɪˈbjuːʃən *Am* ˌkaːntrɪ ˈbjuːʃən/ *n.* **1** contribuzione *f.* **2** (*sth. contributed*) contributo *m.*: *all -s accepted* si accetta qualsiasi contributo. **3** (*Giorn*) collaborazione *f.* **4** (*Econ*) contributo *m.*, imposta *f.*, tassa *f.* □ (*Assic*) *~ rate* aliquota contributiva.

contributive /kənˈtrɪbjutɪv *Am* kənˈtrɪbjutɪv/ *a.* contributivo.

contributor /kənˈtrɪbjutər *Am* kənˈtrɪbjutər/ *n.* **1** contributore *m.* (*f.* -trice). **2** (*Giorn*) collaboratore *m.* (*f.* -trice).

contributory /kənˈtrɪbjutəri *Am* kən ˈtrɪbjutɔːri/ *I* *a.* **1** che contribuisce, contribuente. **2** (*Assic*) basato sui contributi. **II** *n.* **3** chi contribuisce, contributore *m.* (*f.* -trice). **4** (*Econ,Dir*) contribuente *m./f.* □ *~ insurance scheme* piano di assicurazione sociale; (*Econ*) *~ mass* massa passiva, massa debitrice; (*Dir*) *~ negligence* concorso di colpa.

contrite /kənˈtraɪt/ *a.* **1** contrito, pentito. **2** (*of actions*) contrito, mortificato, che esprime pentimento.

contritely /kənˈtraɪtli/ *avv.* contritamente.

contriteness /kənˈtraɪtnəs/ *n.* l'essere contrito.

contrition /kənˈtrɪʃən/ *n.* contrizione *f.* (*anche Rel*).

contrivable /kənˈtraɪvəbl̩/ *a.* escogitabile.

contrivance /kənˈtraɪvəns/ *n.* **1** congegno *m.*, dispositivo *m.*, apparato *m.* **2** (*act of contriving*) invenzione *f.*, trovata *f.* **3** (*scheme*) espediente *m.*, artificio *m.*

contrive /kənˈtraɪv/ *I* *v.t.* **1** escogitare, ideae, trovare. **2** (*to invent*) inventare. **3** (*to fabricate*) costruire, fare. **4** (*to bring about*) fare in modo (*to do* di fare), trovare il sistema di (o per), riuscire a. **II** *v.i.* **1** fare piani, fare progetti. **2** (*to manage*) cavarsela, sbrigarsela.

contrived /kən'traɪvd/ *a.* artificioso, studiato, affettato.

contriver /kən'traɪvər/ *n.* **1** inventore *m.* (*f.* -trice), ideatore *m.* (*f.* -trice). **2** (*good manager*) chi sa cavarsela, chi sa trarsi di impaccio.

control /kən'trəʊl/ **I** *v.t.* (*past, p.p.* **controlled** /-d/) **1** controllare, frenare, dominare: *to ~ one's nerves* controllare i propri nervi. **2** (*to regulate*) controllare, regolare. **3** (*to prevent the spreading of*) tenere sotto controllo, contenere il diffondersi di: *to ~ a fire* tenere un incendio sotto controllo. **4** (*Aer,Mar*) pilotare, governare. **II** *n.* **1** controllo *m.* (*of, over* di, su); (*power*) autorità *f.*, potere *m.*: *to have no ~ over one's children* non avere alcuna autorità sui figli; *to lose ~ over* (o *to lose ~ of*) perdere il controllo di. **2** (*check, restraint*) controllo *m.*, dominio *m.*, padronanza *f.* (*anche fig*). **3** (*self-control*) autocontrollo *m.*, padronanza *f.* di sé. **4** (*check-up*) controllo *m.*, verifica *f.* **5** (*standard of comparison*) termine *m.* di paragone, confronto *m.* **6** (*supervision*) controllo *m.*, sorveglianza *f.*, vigilanza *f.*: *under police ~* sotto il controllo della polizia. **7** (*Mecc*) comando *m.*, dispositivo *m.* di regolazione, dispositivo *m.* di comando. □ (*Mecc*) *to be at the* -*s* essere ai comandi; (*Inform*) ~ *character* carattere di controllo; (*Aer*) ~ *column* barra di controllo, barra di comando, cloche; ~ *experiment* esperimento di verifica, esperimento di controllo; (*colloq*) ~ *freak* persona che deve avere sempre tutto sotto controllo; *to get ~ over so.* tenere a freno qcu.; (*Psic,Med*) ~ *group* gruppo di controllo; *to be in ~* avere la situazione sotto controllo, essere padrone della situazione; *who is in ~ here?* chi comanda qui?; (*Inform*) ~ *key* tasto di controllo; *to be out of ~*: 1 non essere sotto controllo; 2 (*Mecc*) non rispondere più ai comandi; ~ *panel*: 1 (*El*) pannello di comando, pulsantiera; 2 (*Inform*) pannello di controllo; (*Nucl*) ~ *rod* barra di controllo; ~ *room*: 1 (*El*) sala di controllo, cabina di comando; 2 (*Tel,Rad,Cin*) sala di controllo, sala di ascolto; 3 (*Mar*) camera di manovra; 4 (*fig*) stanza dei bottoni; (*Econ*) ~ *scheme* regime vincolistico; (*Aer*) ~ *stick* barra di controllo, barra di comando, cloche; (*Aer*) ~ *surface* superficie di governo; (*Aer*) ~ *tower* torre di controllo; *under* ~ sotto controllo: *to have one's feelings under ~* dominare i propri sentimenti.

controllability /kən,trəʊlə'bɪlɪti Am kən-,trəʊlə'bɪləti/ *n.* **1** controllabilità *f.* **2** (*Aer*) maneggevolezza *f.*, manovrabilità *f.*

controllable /kən'trəʊləbl/ *a.* **1** controllabile, verificabile. **2** (*Mecc*) maneggevole, manovrabile.

controllably /kən'trəʊləbli/ *avv.* in modo controllabile.

controlled /kən'trəʊld/ *a.* controllato. □ (*Comm,Giorn*) ~ *circulation* circolazione controllata; (*Econ*) ~ *company* società controllata; (*Mil*) ~ *response* risposta controllata; ~ *waste disposal* eliminazione controllata dei rifiuti.

controller /kən'trəʊlər/ *n.* **1** controllore *m.*, ispettore *m.* (*f.* -trice), sovrintendente *m./f.* **2** (*of expenditure*) economo *m.* (*f.* -a): *production ~* controllore della produzione. **3** (*Comm*) direttore *m.* (*f.* -trice) amministrativo. **4** (*Mecc,Aer*) regolatore *m.* **5** (*El*) combi-

natore *m.*; (*of a tram*) combinatore *m.* di marcia. **6** (*Inform*) controller *m.*

controllership /kən'trəʊləʃɪp Am kən-'trəʊlərʃɪp/ *n.* ufficio *m.* di economo, ufficio *m.* di direttore amministrativo.

controlling /kən'trəʊlɪŋ/ *a.* **1** (*of a person*) che controlla, che dirige, che domina. **2** (*Econ*) di controllo, controllante: ~ *company* società controllante, holding. □ (*Econ*) ~ *interest* partecipazione di maggioranza, quota di controllo.

controversial /,kɒntrə'vɜːʃəl, ,kɒntrə'vɜːsiəl Am ,kɑːntrə'vɜːʃəl/ *a.* **1** controverso, discutibile: *a ~ decision* una decisione discutibile. **2** (*given to controversy*) polemico.

controversialism /,kɒntrə'vɜːʃəlɪzəm, ,kɒntrə'vɜːsiəlɪzəm Am ,kɑːntrə'vɜːʃəlɪzəm/ *n.* spirito *m.* polemico.

controversialist /,kɒntrə'vɜːʃəlɪst, ,kɒntrə'vɜːsiəlɪst Am ,kɑːntrə'vɜːʃəlɪst/ *n.* controversista *m./f.*

controversially /,kɒntrə'vɜːʃəli, ,kɒntrə'vɜːsiəli Am ,kɑːntrə'vɜːrʃəli/ *avv.* polemicamente.

controversy /'kɒntrəvɜːsi Am 'kɑːntrəvɜːrsi/ *n.* **1** controversia *f.*, polemica *f.*, discussione *f.*, disputa *f.*: *to give rise to ~* suscitare polemiche. **2** (*Dir*) controversia *f.*, vertenza *f.*

controvert /'kɒntrəvɜːt, ,kɒntrə'vɜːt Am 'kɑːntrəvɜːrt, ,kɑːntrə'vɜːrt/ *v.t.* **1** disputare, discutere. **2** (*to confute*) confutare.

controvertible /,kɒntrə'vɜːtəbl Am ,kɑːntrə-'vɜːrtəbl/ *a.* controvertibile, discutibile.

contumacious /,kɒntjʊ'meɪʃəs Am ,kɑːntjuː-'meɪʃəs/ *a.* **1** (*ant*) ribelle, indocile, insubordinato. **2** (*Dir*) contumace.

contumaciously /,kɒntjʊ'meɪʃəsli Am ,kɑːntjuː'meɪʃəsli/ *avv.* **1** con ostinata insubordinazione. **2** (*Dir*) in contumacia.

contumaciousness /,kɒntjʊ'meɪʃəsnəs Am ,kɑːntjuː'meɪʃəsnəs/ *n.* **1** ribellione *f.*, insubordinazione *f.*, indocilità *f.* **2** (*Dir*) contumacia *f.*

contumacy /'kɒntjʊməsi Am 'kɑːntuːməsi/ *n.* **1** ribellione *f.*, insubordinazione *f.*, indocilità *f.* **2** (*Dir*) contumacia *f.*

contumelious /,kɒntjʊ'miːliəs Am ,kɑːntjuː-'miːliəs/ *a.* ingiurioso, insolente, offensivo.

contumely /'kɒntjuːməli, kən'tjuːməli Am 'kɑːnt(j)uːməli, kən'tj(u)uːməli/ *n.* **1** insolenza *f.*, disprezzo *m.* **2** (*abuse*) insulto *m.*, ingiuria *f.*, contumelia *f.* **3** (*disgrace*) onta *f.*, vergogna *f.*

contuse /kən'tjuːz Am also kən'tuːz/ *v.t.* (*Med*) contundere.

contusion /kən'tjuːʒən Am also kən'tuːʒən/ *n.* (*Med*) contusione *f.*

contusive /kən'tjuːzɪv Am also kən'tuːsɪv/ *a.* contundente.

conundrum /kə'nʌndrəm/ *n.* enigma *m.*: *to speak in -s* parlare per enigmi.

conurbation /,kɒnɜː'beɪʃən Am ,kɑːnɜːr-'beɪʃən/ *n.* conurbazione *f.*

convalesce /,kɒnvə'les Am ,kɑːnvə'les/ *v.i.* entrare in convalescenza, rimettersi (in salute).

convalescence /,kɒnvə'lesəns Am ,kɑːnvə-'lesəns/ *n.* convalescenza *f.*

convalescent /,kɒnvə'lesənt Am ,kɑːnvə-'lesənt/ **I** *a.* **1** (*of persons*) convalescente, in convalescenza. **2** (*of convalescence*) di convalescenza: *a ~ ward* un reparto (di) convalescenza. **II** *n.* convalescente *m./f.* □ ~ *home* convalescenziario.

convect /kən'vek/ **I** *v.t.* trasmettere (calore) per convezione. **II** *v.i.* riscaldarsi per convezione.

convection /kən'vekʃən/ *n.* (*Fis,Meteor*) convezione *f.* □ ~ *oven* forno a convezione.

convectional /kən'vekʃənl/ *a.* convettivo.

convective /kən'vektɪv/ *a.* (*Meteor*) convettivo: ~ *cloud* nube convettiva.

convector /kən'vektər/ *n.* (*Fis*) convettore *m.*, termoconvettore *m.*

convenable /kən'viːnəbl/ *a.* **1** convocabile. **2** (*Dir*) citabile.

convene /kən'viːn/ **I** *v.i.* (*Dir*) convenire, radunarsi, riunirsi. **II** *v.t.* (*Dir*) convenire, citare, adunare, riunire, convocare: *to ~ a special session* convocare una riunione straordinaria.

convener /kən'viːnər/ *n.* convocatore *m.* (*f.* -trice).

convenience /kən'viːniəns/ *n.* **1** convenienza *f.*, utilità *f.* **2** (*advantage*) vantaggio *m.* **3** (*convenient time or opportunity*) comodo *m.*, agio *m.* **4** (*ease, efficiency*) convenienza *f.*, praticità *f.*, comodità *f.*: *a washing-machine is a great ~* la lavatrice è una grande comodità. **5** (*Br*) (*toilet*) toilette *f.*, gabinetto *m.*: *public ~* gabinetto pubblico. □ *at your ~* quando sei comodo, quando ti fa comodo; *at your earliest* (*possible*) ~ il più presto possibile, appena potete, con cortese urgenza; ~ *food* alimenti in scatola, surgelati e precotti; ~ *store* piccolo supermercato sempre aperto.

convenient /kən'viːniənt/ *a.* **1** conveniente, adatto, che va bene: *a ~ time and place* l'ora e il luogo adatti. **2** (*easy to use, etc.*) pratico, utile, comodo: *a ~ tool for this job* un arnese utile per questo lavoro. **3** (*near at hand*) vicino, comodo, a portata di mano. □ *would it be ~ if I came earlier?* ti andrebbe bene se venissi prima?

conveniently /kən'viːniəntli/ *avv.* comodamente, in modo vantaggioso. □ ~ *located* in posizione comoda, ben situato, in buona posizione.

convent /'kɒnvənt Am 'kɑːnvənt/ *n.* convento *m.*, monastero *m.* (di suore).

conventicle /kən'ventɪkəl Am kən'ventəkl/ *n.* (*Stor*) conventicola *f.*

convention /kən'venʃən/ *n.* **1** convegno *m.*, riunione *f.*, assemblea *f.*, convention *f.* **2** (*agreement*) patto *m.*, accordo *m.*: *a copyright ~* un accordo per i diritti di autore. **3** (*international agreement*) convenzione *f.* **4** (*agreed usage*) convenzione *f.*, consuetudine *f.*: *social -s* convenzioni sociali. **5** (*in card games*) regola *f.*

Convention /kən'venʃən/ *n.* (*Stor*) Convenzione *f.* (nazionale).

conventional /kən'venʃənl/ *a.* **1** convenzionale, formale, convenzionalista: ~ *behaviour* comportamento formale. **2** (*traditional*) convenzionale, tradizionale: ~ *design* una linea tradizionale. **3** (*spreg*) (*unoriginal*) convenzionale, comune, corrente: ~ *ideas* idee convenzionali. **4** (*Dir*) contrattuale. □ (*Mil*) ~ *weapons* armi convenzionali; ~ *wisdom* opinione prevalente, giudizio prevalente.

conventionalism /kən'venʃənəlɪzəm/ *n.* convenzionalismo *m.*, formalismo *m.*

conventionalist /kən'venʃənəlɪst/ *n.* convenzionalista *m./f.*, formalista *m./f.*

conventionality /kən,venʃə'næliti Am kən-,venʃə'næləti/ *n.* **1** convenzionalità *f.* **2** (*practice, usage, etc.*) convenzionalismo *m.*, formalità *f.* **3** *pl.* convenzioni *f.pl.* sociali.

conventionalize /kən'venʃənəlaɪz/ *v.t.* **1** rendere convenzionale. **2** (*Art*) rappresentare in modo convenzionale, raffigurare in modo convenzionale.

conventionally /kən'venʃənəli/ *avv.* convenzionalmente, tradizionalmente.

conventual /kən'ventʃuəl Br also kən-'ventjuəl/ **I** *a.* conventuale. **II** *n.* (*Rel*) frate *m.* conventuale.

converge /kən'vɜːdʒ Am kən'vɜːrdʒ/ *v.i.* **1**

convergere, dirigersi, confluire (*on, towards* su, verso). **2** (*Geom*) convergere.

convergence /kən'vɜːdʒəns *Am* kən 'vɜːrdʒəns/ *n.* convergenza *f.* (*anche fig*).

convergency /kən'vɜːdʒənsi *Am* kən 'vɜːrdʒənsi/ *n.* convergenza *f.* (*anche fig*).

convergent /kən'vɜːdʒənt *Am* kən'vɜːrdʒənt/ *a.* convergente (*anche fig*).

conversable /kən'vɜːsəbl *Am* kən'vɜːrsəbl/ *a.* **1** di piacevole conversazione, affabile, socievole. **2** (*inclined to conversation*) che ama conversare.

conversance /kən'vɜːsəns *Am* kən'vɜːrsəns/ *n.* familiarità *f.*, dimestichezza *f.*

conversancy /kən'vɜːsənsi *Am* kən'vɜːrsənsi/ *n.* familiarità *f.*, dimestichezza *f.*

conversant /kən'vɜːsənt *Am* kən'vɜːrsənt/ *a.* pratico (*with* di), versato, competente (in); (*well-informed*) al corrente, a conoscenza (di): ~ *with finance* al corrente in materia di finanza.

conversation /ˌkɒnvə'seɪʃən *Am* ˌkɑːnvər 'seɪʃən/ *n.* **1** conversazione *f.*, conversare *m.*: *the art of* ~ l'arte del conversare. **2** (*instance*) conversazione *f.*, discorso *m.*, colloquio *m.*: *to have a* ~ *with* so. avere un colloquio con qcu. □ *to be in* ~ *with* so. essere a colloquio con qcu.; *to keep the* ~ *going* mantenere viva la conversazione; *to make* ~ conversare, fare conversazione, discorrere; (*colloq*) *he is only making* ~ parla tanto per parlare; ~ *piece*: 1 (*Art*) quadro di conversazione; 2 (*sth. arousing comment*) oggetto di conversazione, spunto di conversazione.

conversational /ˌkɒnvə'seɪʃənl *Am* ˌkɑːnvər 'seɪʃənl/ *a.* **1** colloquiale, familiare: *a* ~ *style of writing* una prosa colloquiale. **2** (*Inform*) conversazionale: ~ *mode* modalità conversazionale. □ ~ *analysis* analisi conversazionale.

conversationalist /ˌkɒnvə'seɪʃənlɪst *Am* ˌkɑːnvər'seɪʃənlɪst/ *n.* conversatore *m.* (*f.* -trice).

conversationally /ˌkɒnvə'seɪʃənli *Am* ˌkɑːnvər'seɪʃənli/ *avv.* discorsivamente.

converse[1] /'kɒnvɜːs *Am* 'kɑːnvɜːrs/ **I** *a.* opposto, inverso. **II** *n.* **1** contrario *m.*, opposto *m.* **2** (*Mat*) proporzione *f.* inversa. **3** (*Filos*) conversione *f.*

converse[2] /kən'vɜːs *Am* kən'vɜːrs/ *v.i.* conversare, discorrere (*with* con; *on, about* di).

converse[3] /'kɒnvɜːs *Am* 'kɑːnvɜːrs/ *n.* (*ant*) conversazione *f.*

conversely /'kɒnvɜːsli *Am* 'kɑːnvɜːrsli/ *avv.* al contrario, per contro, invece.

conversion /kən'vɜːʃən *Am* kən'vɜːrʃən/ *n.* **1** conversione *f.*, trasformazione *f.* (*into, to* in). **2** (*change of religion, opinions, etc.*) conversione *f.* (*to* a). **3** (*structural change, etc.*) trasformazione *f.*; (*of buildings*) ristrutturazione *f.*, rinnovo *m.* (*into* in). **4** (*Inform*) conversione *f.*, variazione *f.* di trattamento. **5** (*Econ*) conversione *f.* (*into, to* in): ~ *of euros into pounds* conversione di euro in sterline; *currency* ~ conversione di valuta. **6** (*Sport*) (*in American football, rugby*) trasformazione *f.* □ (*Econ*) ~ *factor* fattore di conversione; (*Comm*) ~ *into cash* realizzo; ~ *of public funds* peculato; (*Econ*) ~ *stock* titolo pubblico di conversione; (*Mat*) ~ *table* tavola di conversione.

convert[1] /kən'vɜːt *Am* kən'vɜːrt/ **I** *v.t.* **1** convertire, trasformare: *to* ~ *lead into gold* trasformare il piombo in oro. **2** (*of religious beliefs, opinions, etc.*) convertire: *to* ~ *so. to Buddhism* convertire qcu. al buddismo. **3** (*Fis,Econ,Inform*) convertire. **II** *v.i.* **1** convertirsi. **2** (*to change*) mutarsi, trasformarsi. **3** (*Sport*) (*in rugby*) trasformare una meta. **3**

convert[2] /'kɒnvɜːt *Am* 'kɑːnvɜːrt/ *n.* convertito *m.* (*f.* -a).

converted /kən'vɜːtɪd *Am* kən'vɜːrtɪd/ *a.* **1** pentito, ravveduto, convertito. **2** (*Rel*) convertito. **3** (*adapted, redesigned*) riadattato, riattato.

converter /kən'vɜːtər *Am* kən'vɜːrtər/ *n.* **1** convertitore *m.* (*f.* -trice), chi converte. **2** (*El, Inform*) convertitore *m.* **3** (*Met*) convertitore *m.*

convertibility /kənˌvɜːtə'bɪlɪti *Am* kənˌvɜːrtə 'bɪləti/ *n.* convertibilità *f.* (*anche Econ*).

convertible /kən'vɜːtəbl *Am* kən'vɜːrtəbl/ **I** *a.* **1** convertibile, trasformabile. **2** (*interchangeable in meaning*) intercambiabile: ~ *terms* termini intercambiabili. **3** (*Econ,Filos*) convertibile. **4** (*Aut*) decappottabile, convertibile, cabriolet. **II** *n.* (*Aut*) decappottabile *f.*, convertibile *f.* □ (*Econ*) ~ *bond* obbligazione convertibile, prestito obbligazionario convertibile; (*Econ*) ~ *loan* prestito convertibile.

convertiplane /kən'vɜːtɪˌpleɪn *Am* kən 'vɜːrtəˌpleɪn/ *n.* (*Aer*) convertiplano *m.*

convertor /kən'vɜːtər *Am* kən'vɜːrtər/ *n.* (*El*) convertitore *m.*

convex /'kɒnveks/ *a.* convesso (*anche Geom*). □ (*Ott*) ~ *lens* lente convessa.

convexity /kən'veksɪti *Am* kən'veksəti/ *n.* convessità *f.*

convexly /kən'veksli/ *avv.* convessamente, in modo convesso.

convexo-concave /kən,veksoʊkɒn'keɪv *Am* kən,veksoʊkɑːn'keɪv/ *a.* convesso-concavo (*anche Ott*).

convexo-convex /kən,veksoʊkən'veks/ *a.* biconvesso.

convexo-plane /kən,veksoʊ'pleɪn/ *a.* pianoconvesso.

convey /kən'veɪ/ *v.t.* **1** condurre, trasportare, portare. **2** (*to communicate*) trasmettere, comunicare, dare. **3** (*to conduct*) convogliare, portare: *pipes -ing hot water* i tubi che portano l'acqua calda. **4** (*of an infection*) trasmettere. **5** (*Dir*) trasferire, cedere.

conveyable /kən'veɪəbl/ *a.* **1** trasportabile, portabile. **2** (*Dir*) trasferibile, cedibile.

conveyance /kən'veɪəns/ *n.* **1** trasporto *m.*, convogliamento *m.* **2** (*communicating*) trasmissione *f.*, comunicazione *f.* **3** (*Dir*) trasferimento *m.*, cessione *f.*, trapasso *m.*; (*instrument*) atto *m.* di cessione. □ ~ *by sea* trasporto marittimo; (*Dir*) ~ *of a patent* cessione di un brevetto.

conveyancer /kən'veɪənsər/ *n.* (*Dir*) notaio *m.*

conveyer, conveyor /kən'veɪər/ *n.* **1** portatore *m.* (*f.* -trice), trasportatore *m.* (*f.* -trice). **2** (*Dir*) cedente *m./f.* **3** (*Tecn*) trasportatore *m.*, convogliatore *m.* □ (*Tecn*) ~ *belt* nastro trasportatore; (*Tecn*) ~ *chain* catena di convogliamento, catena convogliatrice.

conveyorize /kən'veɪəraɪz/ *v.t.* (*Ind*) fornire di nastri trasportatori.

convict[1] /kən'vɪkt/ *v.t.* **1** giudicare colpevole, dichiarare colpevole (*of* di), (*lett*) convincere: *to* ~ *so. of murder* dichiarare qcu. colpevole di omicidio. **2** (*fig*) (*to prove guilty*) condannare (*of* per), accusare: *your blushing has -ed you* il tuo rossore ti ha condannato.

convict[2] /'kɒnvɪkt *Am* 'kɑːnvɪkt/ *n.* **1** reo *m.* (*f.* -a) convinto. **2** (*person in prison*) carcerato *m.* (*f.* -a), detenuto *m.* (*f.* -a): *an escaped* ~ un evaso.

convicted /kən'vɪktɪd/ *a.* (*Dir*) convinto.

conviction /kən'vɪkʃən/ *n.* **1** dichiarazione *f.* di colpevolezza, condanna *f.* **2** (*being convinced*) convinzione *f.*, convincimento *m.*: *to be open to* ~ essere pronto a ricredersi.

convictive /kən'vɪktɪv/ *a.* convincente, persuasivo.

convince /kən'vɪns/ *v.t.* convincere, persuadere (*of* di; *that* che).

convinced /kən'vɪnst/ *a.* convinto, persuaso.

convincer /kən'vɪnsər/ *n.* chi convince.

convincible /kən'vɪnsəbl/ *a.* convincibile.

convincing /kən'vɪnsɪŋ/ *a.* convincente, persuasivo.

convincingly /kən'vɪnsɪŋli/ *avv.* in modo convincente.

convivial /kən'vɪviəl/ *a.* **1** conviviale. **2** (*festive*) festoso, allegro, gioviale: *a* ~ *company* un'allegra compagnia.

conviviality /kənˌvɪvi'ælti *Am* kənˌvɪvi'æləti/ *n.* **1** giovialità *f.*, festosità *f.* **2** (*convivial activities*) festeggiamenti *m.pl.*

convocation /ˌkɒnvə'keɪʃən *Am* ˌkɑːnvə 'keɪʃən/ *n.* **1** convocazione *f.*; (*assembly*) assemblea *f.*, comitato *m.* **2** (*Rel*) sinodo *m.*, concilio *m.* ecclesiastico. **3** (*Univ*) consiglio *m.* accademico.

convocational /ˌkɒnvoʊ'keɪʃənl *Am* ˌkɑːnvə 'keɪʃənl/ *a.* di convocazione.

convoke /kən'voʊk/ *v.t.* convocare.

convolute /'kɒnvəl(j)uːt *Am* 'kɑːnvəluːt/ *a.* (*Bot*) convoluto, accartocciato.

convoluted /'kɒnvəl(j)uːtɪd *Am* 'kɑːnvəluːtɪd/ *a.* **1** attorcigliato, avvolto. **2** (*fig*) (*involved*) contorto, complicato, involuto.

convolution /ˌkɒnvə'l(j)uːʃən *Am* ˌkɑːnvə 'luːʃən/ *n.* **1** attorcigliamento *m.*, avvolgimento *m.* **2** (*coil, whorl*) giro *m.*, spira *f.*, sinuosità *f.* **3** (*Anat*) circonvoluzione *f.*

convolutional /ˌkɒnvə'l(j)uːʃənl *Am* ˌkɑːnvə 'luːʃənl/ *a.* convoluzionale.

convolve /kən'vɒlv *Am* kən'vɑːlv/ **I** *v.t.* arrotolare, avvolgere. **II** *v.i.* arrotolarsi, attorcigliarsi.

convolvulus /kən'vɒlvjʊləs *Am* kən 'vɑːlvjuːləs/ (*pl.* **-luses** /-ləsɪz/, **-li** /-laɪ/) *n.* (*Bot*) convolvolo *m.*

convoy /'kɒnvɔɪ *Am* 'kɑːnvɔɪ/ **I** *n.* **1** (*Mar.mil*) scorta *f.*, convoglio *m.*: *to sail under* ~ navigare in convoglio. **2** (*Mar.mil*) (*protective force*) scorta *f.*; (*force or ship escorted*) convoglio *m.* **3** (*Mil*) autocolonna *f.*; (*motorized column*) autoconvoglio *m.* **II** *v.t.* convogliare, scortare.

convulse /kən'vʌls/ *v.t.* **1** fare venire le convulsioni a. **2** (*fig*) (*to agitate*) agitare, sconvolgere, mettere sottosopra.

convulsed /kən'vʌlst/ *a.* **1** (*affected by convulsions*) scosso da convulsioni. **2** (*fig*) convulso, agitato, sconvolto. □ *to be* ~ *with laughter* contorcersi dalle risa.

convulsion /kən'vʌlʃən/ *n.* **1** *spec.pl.* (*Med*) convulsioni *f.pl.* **2** (*uncontrolled fit*) convulsione *f.*, parossismo *m.*, (*pop*) convulso *m.*: ~ *of crying* convulsione di pianto. **3** *pl.* (*fit of laughter*) accesso *m.sing.* di risa, convulso *m.sing.* di risa: *she went into -s* fu presa da un convulso di risa.

convulsionary /kən'vʌlʃənri *Am* kən 'vʌlʃəneri/ *a.* convulsionario.

convulsive /kən'vʌlsɪv/ *a.* **1** convulsivo. **2** (*fig*) convulso.

convulsively /kən'vʌlsɪvli/ *avv.* convulsamente.

cony /'koʊni/ *n.* **1** (*Zool*) (*rabbit*) coniglio *m.* **2** (*rabbit fur*) coniglio *m.*, pelliccia *f.* di coniglio, lapin *m.*

coo /kuː/ **I** *v.i.* (*of doves*) tubare (*anche fig*). **II** *n.* il tubare. **III** *intz.* (*sl*) ah!, oh!

cooee /'kuːiː/ *intz.* ohè!, ehilà!

cooey /'kuːiː/ *intz.* ohè!, ehilà!

cook[1] /kʊk/ **I** *v.t.* **1** cucinare, cuocere. **2** (*to* *xpose to heat*) cuocere: *to ~ bricks* cuocere mattoni. **3** (*colloq*) (*to falsify*) falsificare, alterare, manipolare: *to ~ the books* falsificare i registri, falsificare i conti. **II** *v.i.* **1** cucinare. *2 (of food)* cuocersi. □ (*colloq*) *to ~ so.'s goose* mandare all'aria i progetti di qcu., rompere le uova nel paniere a qcu.; *to ~ up:* (*to invent*) inventare, improvvisare, mettere insieme, imbastire: *she -ed up an excuse* inventò una scusa; 2 (*to falsify*) falsificare, alterare, manipolare; (*colloq,fig*) *what's -ing?* che cosa bolle in pentola?, che succede?

cook² /kʊk/ *n.* cuoco *m.* (*f.* -a). □ *~ general* domestica tuttofare; (*Am*) *~ stove* cucina economica. *Prov.: too many -s spoil the broth* (o *too many -s spoil the soup*) troppi cuochi guastano la salsa, troppi cuochi guastano il pranzo.

cookbook /'kʊkbʊk/ *n.* (*Am*) libro *m.* di cucina, ricettario *m.*

cook-chill /ˌkʊk'tʃɪl/ *a.* (*Am,Alim*) precotto.

cooked /kʊkt/ *a.* **1** cucinato, cotto: *~ ham* prosciutto cotto. **2** (*fig*) truccato, falsificato: *~ balance sheet* bilancio truccato. **3** (*colloq*) (*of athletes*) sfinito, cotto. □ *~ to rags* cotto e stracotto, ridotto in poltiglia.

cooker /'kʊkər/ *n.* (*Br*) **1** fornello *m.*, cucina *f.* (economica). **2** (*utensil*) pentola *f.*, tegame *m.* **3** (*of apples, etc.*) frutta *f.* da cuocere.

cookery /'kʊkəri/ *n.* gastronomia *f.*, arte *f.* culinaria, cucina *f.* □ *~ book* libro di cucina, ricettario *m.*

cookhouse /'kʊkhaʊs/ *n.* **1** (*Mar*) cucina *f.* di bordo. **2** (*Mil*) cucina *f.* da campo.

cookie /'kʊki/ *n.* **1** (*Am,Dolc*) biscotto *m.* **2** (*Inform*) cookie *m.* □ (*Am*) *~ cutter* formina (per biscotti), stampino (per biscotti); (*Am, Dolc*) *~ dough* pastella, pasta per biscotti; (*Am,fig*) *to get caught with one's hand in the ~ jar* essere colto con le mani nel sacco, essere preso con le mani nel sacco; (*Am*) *~ sheet* teglia per biscotti.

cooking /'kʊkɪŋ/ **I** *n.* cucina *f.*, gastronomia *f.*, arte *f.* culinaria: *Italian ~* cucina italiana. **II** *a.* **1** da cucina, di cucina: *~ utensils* utensili da cucina. **2** (*fit for cooking*) da cuocere: *~ apple* mela da cuocere. □ *~ oil* olio da cucina; (*Br*) *~ plate* piastra, fornello; *~ range* cucina economica; (*Mil*) *~ tent* cucina da campo.

cookout /'kʊkaʊt/ *n.* (*Am*) pasto *m.* (cucinato e preparato) all'aperto.

cooktop /'kʊktɑːp/ *n.* (*Am*) piano *m.* di cottura.

cookware /'kʊkweər *Am* 'kʊkwer/ *n.* pentole *f.pl.* e tegami *m.pl.*

cool¹ /kuːl/ **I** *a.* **1** fresco: *a ~ drink* una bevanda fresca. **2** (*of a dress*) fresco, leggero, arioso. **3** (*chilly*) piuttosto freddo, freddino: *a ~ wind* un vento freddino. **4** (*refreshing*) fresco, che rinfresca, rinfrescante: *a ~ breeze* un venticello fresco. **5** (*fig*) (*calm*) calmo, tranquillo, freddo. **6** (*fig*) (*not hasty, deliberate*) freddo, studiato, calcolato. **7** (*colloq*) (*excellent*) eccezionale, fantastico: *a real ~ comic* un comico veramente eccezionale. **8** (*fig*) (*unresponsive*) freddo, distaccato, indifferente: *a ~ reception* una fredda accoglienza. **9** (*colloq*) (*of a number or sum*) la bellezza di, ben: *a ~ thousand pounds* la bellezza di mille sterline. **II** *n.* **1** fresco *m.*, frescura *f.*: *in the ~ of the evening* nella frescura della sera. **2** (*fig*) (*calmness*) calma *f.*, freddezza *f.*, calma *f.*, fredddezza *f.* **3** (*fig*) (*lack of ardour, etc.*) freddezza *f.*, indifferenza *f.* **4** (*fig*) (*self-assurance*) sicurezza *f.* di sé, disinvoltura *f.* □ (*fig*) *as ~ as a cucumber* imperturbabile, impassibile; *~, calm and collected* calma e sangue freddo, calma e gesso;

(*colloq*) *he is one ~ customer* è proprio uno sfacciato; (*of weather*) *to get ~* rinfrescarsi; *to have* (*o to keep*) *a ~ head* mantenere il sangue freddo; (*colloq*) *~ hunter* cacciatore di tendenze; (*Mus*) *~ jazz* jazz freddo, cool jazz; (*fig*) *to keep ~* conservare la calma, *keep ~!* stai calmo!; (*Caccia*) *~ scent* traccia debole; (*Tess*) *~ wool* lana fredda.

cool² /kuːl/ **I** *v.t.* **1** (*to refresh*) rinfrescare. **2** (*to make less hot*) raffreddare, fare raffreddare. **3** (*fig*) (*of a person*) calmarsi, fare sbollire la rabbia, rilassarsi. **4** (*fig*) (*to calm so. else*) raffreddare, calmare, smorzare. **II** *v.i.* **1** raffreddarsi, freddarsi; (*of people*) rinfrescarsi; (*of weather*) rinfrescare. **2** (*fig*) (*to lose passion*) raffreddarsi, calmarsi: *he soon -ed down* si è calmato presto. **3** (*fig*) (*of anger*) sbollire, placarsi. □ *to ~ down:* 1 (*to make less hot*) raffreddare, far raffreddare; 2 (*to refresh*) rinfrescare; 3 (*fig*) (*to calm*) calmarsi: *~ down!* calmati!, datti una calmata!; (*fig*) *to ~ one's heels* aspettare a lungo, fare (una lunga) anticamera, essere lasciato lì ad aspettare; *~ it!* smettila!, calmati!; *to ~ off:* 1 (*to make less hot*) raffreddare, far raffreddare; 2 (*to refresh*) rinfrescare: *the swim -ed us off* la nuotata ci ha rinfrescato.

coolant /'kuːlənt/ *n.* (*Tecn*) liquido *m.* refrigerante, refrigerante *m.*

cooler /'kuːlər/ *n.* **1** frigorifero *m.* portatile, borsa *f.* frigo. **2** (*water cooler*) refrigeratore *m.* di acqua, distributore *m.* di acqua (con boccione capovolto). **3** (*sl*) (*jail*) prigione *f.*, gattabuia *f.*: *to put so. in the ~* mettere qcu. in prigione, mettere qcu. al fresco.

coolest /'kuːləst/ □ (*colloq*) *you're the ~* sei il massimo, sei il migliore.

cool-headed /ˌkuːl'hedɪd/ *a.* calmo, imperturbabile.

cool-headedness /ˌkuːl'hedɪdnəs/ *n.* calma *f.*, imperturbabilità *f.*, sangue *m.* freddo.

coolie /'kuːli/ *n.* (*in the Far East*) portatore *m.* indigeno, coolie *m.* □ *~ hat* cappello conico, cappello alla cinese.

cooling /'kuːlɪŋ/ *a.* rinfrescante, refrigerante. □ (*Chim*) *~ agent* refrigerante; *~ chamber* cella frigorifera; *~ circuit* circuito di raffreddamento; (*Mot*) *~ system* impianto di raffreddamento; (*Idr*) *~ tower* torre di raffreddamento.

cooling-off /ˌkuːlɪŋ'ɔːf/ □ *~ period* periodo di sospensione (prima di un'agitazione sindacale).

coolish /'kuːlɪʃ/ *a.* piuttosto fresco.

coolly /'kuːli/ *avv.* **1** (*calmly*) con calma, con disinvoltura. **2** (*fig*) freddamente, a sangue freddo.

coolness /'kuːlnəs/ *n.* **1** fresco *m.*, frescura *f.* **2** (*fig*) (*calmness*) calma *f.*, freddezza *f.*, sangue *m.* freddo. **3** (*fig*) (*lack of ardour, etc.*) freddezza *f.*, indifferenza *f.* **4** (*fig*) (*self-assurance*) sicurezza *f.* di sé, disinvoltura *f.*

coomb, coombe /kuːm/ *n.* (*Geog*) comba *f.*

coon /kuːn/ *n.* (*Am*) **1** (*Zool*) (*raccoon*) orsetto *m.* lavatore, procione *m.* lavatore. **2** (*spreg*) negro *m.* □ *I haven't seen him in a ~'s age* non lo vedo da secoli.

coop /kuːp/ **I** *n.* **1** (*Zootecn*) stia *f.* **2** (*Pesc*) nassa *f.* **3** (*sl*) (*prison*) prigione *f.*, galera *f.*, gattabuia *f.*: *to fly the ~* scappare di prigione. **II** *v.t.* **1** (*Zootecn*) rinchiudere nella stia. **2** (*to confine strictly*) rinchiudere, costringere, stipare. □ (*Zootecn*) *to ~ in* (o *to ~ up*) rinchiudere nella stia.

co-op /'kəʊɒp, kəʊ'ɒp *Am* 'kɔʊɑːp/ *n.* (*colloq*) cooperativa *f.*

cooped /kuːpt/ □ (*fig*) *to be ~ up* essere imprigionato.

cooper /'kuːpər/ **I** *n.* **1** bottaio *m.* (*f.* -a). **2**

(*wine retailer*) vinaio *m.* (*f.* -a). **II** *v.t.* **1** (*of casks, barrels, etc.: to make*) fabbricare; (*to repair*) riparare. **2** (*to pack in barrels*) imbottare, imbarilare.

cooperage /'kuːpərɪdʒ/ *n.* **1** mestiere *m.* di bottaio. **2** (*place*) bottega *f.* di bottaio.

co-operant /kəʊ'ɒpərənt *Am* kəʊ'ɑːpərənt/ *a.* che lavora in collaborazione.

co-operate /kəʊ'ɒpəreɪt *Am* kəʊ'ɑːpəreɪt/ *v.i.* **1** cooperare, collaborare (*with con; in* a). **2** (*to act together*) concorrere, contribuire (*to, in* a).

co-operation /kəʊˌɒpə'reɪʃən *Am* kəʊˌɑːpə'reɪʃən/ *n.* **1** cooperazione *f.*, collaborazione *f.* **2** (*willingness to co-operate*) volontà *f.* di cooperare: *to show ~* mostrare volontà di cooperare. **3** (*co-operative movement*) cooperativismo *m.* □ *~ agreement* accordo di cooperazione.

co-operative /kəʊ'ɒpərətɪv *Am* kəʊ'ɑːpərətɪv/ **I** *a.* **1** cooperativo. **2** (*willing to co-operate*) disposto a cooperare, disposto a collaborare. **3** (*Econ*) cooperativistico. **II** *n.* cooperativa *f.* □ (*Agr*) *~ farm* azienda cooperativa; *~ farming* agricoltura cooperativistica; *~ movement* cooperativismo; (*Comm*) *~ society* società cooperativa; (*Comm*) *~ store* spaccio cooperativo, cooperativa.

co-operatively /kəʊ'ɒpərətɪvli *Am* kəʊ'ɑːpərətɪvli/ *avv.* in cooperazione.

co-operator /kəʊ'ɒpəreɪtər *Am* kəʊ'ɑːpəreɪtər/ *n.* **1** cooperatore *m.* (*f.* -trice), collaboratore *m.* (*f.* -trice). **2** (*member of a co-operative*) socio *m.* (*f.* -a) di cooperativa.

co-opt /kəʊ'ɒpt *Am* kəʊ'ɑːpt, 'kəʊɑːpt/ *v.t.* cooptare.

co-optate /kəʊ'ɒpteɪt *Am* kəʊ'ɑːpteɪt/ *v.t.* cooptare.

co-optation /ˌkəʊɒp'teɪʃən *Am* ˌkəʊɑːp'teɪʃən/ *n.* cooptazione *f.*

co-option /kəʊ'ɒpʃən *Am* kəʊ'ɑːpʃən/ *n.* cooptazione *f.*

co-ordinate¹ /kəʊ'ɔːdɪnət *Am* kəʊ'ɔːrdɪnət/ **I** *a.* **1** uguale (*with* a), della stessa condizione (di), della stessa importanza (di). **2** (*Gramm, Chim,Mat*) coordinato. **II** *n.* **1** (*Gramm*) proposizione *f.* coordinata. **2** (*Mat,Geog,Astr*) coordinata *f.* **3** (*Abbigl*) coordinato *m.* □ (*Gramm*) *~ clause* proposizione coordinata; (*Mat*) *~ geometry* geometria analitica; *~ paper* carta millimetrata; (*Mat*) *~ system* sistema di coordinate.

co-ordinate² /kəʊ'ɔːdɪneɪt *Am* kəʊ'ɔːrdɪneɪt/ *v.t.* coordinare.

co-ordination /kəʊˌɔːdɪ'neɪʃən *Am* kəʊˌɔːrdɪ'neɪʃən/ *n.* coordinazione *f.*, coordinamento *m.*: *lack of ~* mancanza di coordinamento, scoordinamento. □ *~ committee* comitato di coordinamento.

co-ordinative /kəʊ'ɔːdɪnətɪv, kəʊ'ɔːrdɪneɪtɪv *Am* kəʊ'ɔːrdɪnətɪv/ *a.* coordinativo.

co-ordinator /kəʊ'ɔːdɪneɪtər *Am* kəʊ'ɔːrdɪneɪtər/ *n.* coordinatore *m.* (*f.* -trice).

coot /kuːt/ *n.* (*Ornit*) folaga *f.* (comune). □ (*colloq*) *old ~* retrogrado, persona non al passo con i tempi.

cootie /'kuːti/ *n.* (*sl*) pidocchio *m.* □ (*Am, colloq,infant*) *girls have -s* le bambine fanno schifo.

co-owner /ˌkəʊ'əʊnər/ *n.* comproprietario *m.* (*f.* -a).

co-ownership /ˌkəʊ'əʊnəʃɪp *Am* kəʊ'əʊnərʃɪp/ *n.* comproprietà *f.*, condominio *m.*

cop¹ /kɒp *Am* kɑːp/ *n.* (*sl*) poliziotto *m.*, guardia *f.*, (*gerg*) piedipiatti *m.*, sbirro *m.* □ *-s and robbers* (*children's game*) guardie e ladri.

cop² /kɒp *Am* kɑːp/ *v.t.* (*past, p.p.* **copped** /-t/)

(*sl*) prendere, beccare (*at* a). ☐ *to ~ out* sottrarsi a ogni responsabilità, defilarsi, squagliarsela, trovare una scappatoia.

cop³ /kɒp *Am* kɑ:p/ *n.* **1** (*Tess*) bobina *f.*, spola *f.* **2** (*dial*) (*crest*) cresta *f.*

copacetic /ˌkoʊpəˈsetɪk *Am* ˌkoʊpəˈsetɪk/ *a.* (*colloq*) perfetto, a posto, come si deve.

copaiba /kɒpˈaɪbə, koʊˈpaɪvə *Am* koʊˈpaɪvə/ *n.* **1** balsamo *m.* di copaive. **2** (*Bot*) copaive *f.*; (*wood*) legno *m.* di copaive. ☐ *~ balsam* balsamo di copaive.

copal /ˈkoʊpəl/ *n.* (*resin*) copale *m./f.*

coparcenary /koʊˈpɑːsənəri/ *n.* (*Br,Dir*) coeredità *f.*

coparcener /ˌkoʊˈpɑːsənər *Am* ˌkoʊˈpɑːrsənər/ *n.* coerede *m./f.*

coparceny /koʊˈpɑːsəni/ *n.* (*Br,Dir*) coeredità *f.*

copartner /ˌkoʊˈpɑːtnər *Am* ˌkoʊˈpɑːrtnər/ *n.* consocio *m.* (*f.* -a), socio *m.* (*f.* -a).

copartnership /ˌkoʊˈpɑːtnəʃɪp *Am* ˌkoʊˈpɑːrtnərʃɪp/ *n.* società *f.*, associazione *f.*

cope¹ /koʊp/ *v.i.* (*to deal with sth. difficult*) far fronte, tener testa (*with* a), fronteggiare (qcs.): *it's hard to ~ with a job and two children* è difficile far fronte agli impegni di lavoro quando hai anche due figli; *I can't ~ with such a heavy work load* non ce la faccio a sbrigare a una tale mole di lavoro; *these tablets help me ~ with pain* queste pastiglie mi aiutano a sopportare il dolore; *she just couldn't ~* non ce la faceva più, non ha retto; *I'm coping very well on my own* me la cavo bene da sola; *to ~ with a problem* affrontare un problema; *we ~ with about 200 phone calls a day* abbiamo a che fare con circa 200 telefonate al giorno.

cope² /koʊp/ **I** *n.* **1** (*Rel*) piviale *m.* **2** (*fig*) (*vault of heaven*) cappa *f.* del cielo, volta *f.* celeste. **3** (*cloak-like covering*) cappa *f.*, copertura *f.* esterna. **4** (*Edil*) cappa *f.*, cimasa *f.*, copertina *f.* **5** (*Met*) staffa *f.* superiore, coperchio *m.* **II** *v.t.* **1** (*Rel*) fornire di piviale. **2** (*Edil*) (*of a wall*) fare la cimasa a.

copeck /ˈkoʊpek *Br also* ˈkɒpek/ *n.* (*Russian coin*) copeco *m.*

Copenhagen /ˌkoʊpənˈheɪgən, ˌkoʊpənˈhɑːgən/ *n.pr.* (*Geog*) Copenaghen *f.*

coper /ˈkoʊpər/ *n.* mercante *m.* di cavalli.

Copernican /koʊˈpɜːnɪkən *Am* koʊˈpɜːrnɪkən/ *a.* copernicano: *~ theory* ipotesi copernicana.

Copernicus /koʊˈpɜːnɪkəs *Am* koʊˈpɜːrnɪkəs/ *n.pr.m.* (*Stor*) Copernico.

copestone /ˈkoʊpstoʊn/ *n.* (*Arch*) chiave *f.* di volta, pietra *f.* di coronamento.

copier /ˈkɒpɪər *Am* ˈkɑːpɪər/ *n.* **1** copista *m./f.*, trascrittore *m.* (*f.* -trice). **2** (*imitator*) imitatore *m.* (*f.* -trice). **3** (*machine*) copiatrice *f.* **4** (*Inform*) copiatrice *f.*

copilot /ˈkoʊˌpaɪlət *Br also* ˌkoʊˈpaɪlət/ *n.* (*Aer*) secondo pilota *m.*, copilota *m.*

copious /ˈkoʊpɪəs/ *a.* **1** copioso, abbondante, ricco. **2** (*in words*) verboso, prolisso; (*in thoughts*) concettoso.

copiously /ˈkoʊpɪəsli/ *avv.* copiosamente: *it's raining ~* piove a dirotto.

copiousness /ˈkoʊpɪəsnəs/ *n.* **1** copiosità *f.*, abbondanza *f.*, profusione *f.* **2** (*of words*) verbosità *f.*, prolissità *f.*

cop-out /ˈkɒpaʊt *Am* ˈkɑːpaʊt/ *n.* (*colloq*) scappatoia *f.*, scusa *f.* (per non fare qualcosa), pretesto *m.*

copper¹ /ˈkɒpər *Am* ˈkɑːpər/ **I** *n.* **1** (*Chim*) rame *m.* **2** (*colour*) color *m.* rame. **3** *pl.* (*colloq*) spiccioli *m.pl.* **4** *pl.* (*Mar*) stoviglie *f.pl.* di rame, rami *m.pl.* **II** *a.* **1** di rame. **2** (*copper-coloured*) color rame, ramato. **III** *v.t.* ramare, rivestire di rame. ☐ (*Bot*) *~ beech* faggio

rosso; (*Tecn*) *~ bit* saldatore; *~ engraver* calcografo; (*Br,sl*) *~ knob* persona dai capelli rossi, rosso, pel di carota; (*Chim*) *~ number* indice del rame; *~ ore* minerale di rame, minerale ramifero; (*Met*) *~ plating* ramatura; *~ red* color rame; *~ smith* ramaio, calderaio; (*Chim*) *~ sulphate* solfato di rame; (*Met*) *~ wire* filo di rame.

copper² /ˈkɒpər/ *n.* (*Br,sl*) poliziotto *m.*, guardia *f.*, (*gerg*) piedipiatti *m.*, sbirro *m.*

copperas /ˈkɒpərəs *Am* ˈkɑːpərəs/ *n.* (*Chim*) solfato *m.* ferroso.

copper-bottomed /ˌkɒpəˈbɒtəmd *Am* ˌkɑːpərˈbɑːtəmd/ *a.* (*Mar*) dal fondo rivestito in rame. ☐ (*fig*) *a ~ excuse* un'ottima scusa.

copperplate /ˈkɒpəpleɪt *Am* ˈkɑːpərpleɪt/ *n.* **1** lastra *f.* di rame per incisione. **2** (*print, engraving*) incisione *f.* su rame, calcografia *f.* **3** (*handwriting*) corsivo *m.* chiaro e regolare.

copperplated /ˈkɒpəˌpleɪtɪd *Am* ˈkɑːpərˌpleɪtɪd/ *a.* (*Met*) ramato.

coppery /ˈkɒpəri *Am* ˈkɑːpəri/ *a.* **1** che contiene rame. **2** (*in colour*) color rame.

coppice /ˈkɒpɪs *Am* ˈkɑːpɪs/ **I** *n.* **1** ceduo *m.*, bosco *m.* ceduo. **2** (*brushwood*) macchia *f.*, sottobosco *m.* **II** *v.t.* (*to prune*) potare (un albero).

coppicing /ˈkɒpɪsɪŋ *Am* ˈkɑːpɪsɪŋ/ *n.* (*Forest*) ceduazione *f.*

copra /ˈkɒprə *Am* ˈkɑːprə/ *n.* (*Ind*) copra *f.*

coprocessor /ˌkoʊˈproʊsesər *Am* ˌkoʊˈprɑːsesər/ *n.* (*Inform*) coprocessore *m.*

co-produce /ˌkoʊprəˈdjuːs *Br also* ˌkoʊprəˈdʒuːs/ *v.t.* coprodurre, produrre in forma associata.

co-producer /ˌkoʊprəˈdjuːsər *Br also* ˌkoʊprəˈdʒuːsər/ *n.* coproduttore *m.* (*f.* -trice).

co-production /ˌkoʊprəˈdʌkʃən/ *n.* coproduzione *f.*

coprolalia /ˌkɒprəˈleɪlɪə *Am* ˌkɑːprəˈleɪlɪə/ *n.* (*Psic*) coprolalia *f.*

coprolite /ˈkɒprəlaɪt *Am* ˈkɑːprəlaɪt/ *n.* (*Paleont*) coprolito *m.*

coprology /kəˈprɒlədʒi *Am* kəˈprɑːlədʒi/ *n.* coprologia *f.*

coprophagy /kəˈprɒfədʒi *Am* kəˈprɑːfədʒi/ *n.* (*Zool*) coprofagia *f.*

coprophilia /ˌkɒprəˈfɪlɪə *Am* ˌkɑːprəˈfɪlɪə/ *n.* (*Psic*) coprofilia *f.*

copse /kɒps *Am* kɑːps/ *n.* **1** ceduo *m.*, bosco *m.* ceduo. **2** (*brushwood*) macchia *f.*, sottobosco *m.*

Copt /kɒpt *Am* kɑːpt/ *n.* (*Rel*) copto *m.* (*f.* -a).

copter /ˈkɒptər *Am* ˈkɑːptər/ *n.* (*colloq*) elicottero *m.*

Coptic /ˈkɒptɪk *Am* ˈkɑːptɪk/ **I** *n.* copto *m.*, lingua *f.* copta. **II** *a.* copto: *~ church* chiesa copta.

co-publish /ˌkoʊˈpʌblɪʃ/ *v.t.* coeditare.

co-publisher /ˈkoʊˌpʌblɪʃər/ *n.* co-editore *m.* (*f.* -trice).

copula /ˈkɒpjʊlə *Am* ˈkɑːpjʊlə/ *n.* (*pl.* **-s** /-z/, **-lae** /-liː/) *n.* **1** (*Anat*) collegamento *m.* **2** (*Gramm, Dir*) copula *f.*

copular /ˈkɒpjʊlər *Am* ˈkɑːpjʊlər/ *a.* (*Gramm*) della copula.

copulate /ˈkɒpjʊˌleɪt *Am* ˈkɑːpjʊˌleɪt/ *v.i.* congiungersi carnalmente, accoppiarsi.

copulation /ˌkɒpjʊˈleɪʃən *Am* ˌkɑːpjʊˈleɪʃən/ *n.* (*sexual union*) copulazione *f.*, accoppiamento *m.*

copulative /ˈkɒpjʊlətɪv, ˈkɒpjʊleɪtɪv *Am* ˈkɑːpjʊlətɪv/ **I** *a.* **1** (*sexual union*) di accoppiamento. **2** (*Gramm*) copulativo. **II** *n.* (*Gramm*) congiunzione *f.* copulativa.

copulatory /ˈkɒpjʊlətəri *Am* ˈkɑːpjʊlətɔːri/ *a.* (*Biol*) copulatore.

copy /ˈkɒpi *Am* ˈkɑːpi/ **I** *n.* **1** copia *f.*: *a fair ~* una bella copia; *a rough ~* una brutta copia.

2 (*reproduction*) copia *f.*, riproduzione *f.*: *~ of a painting* la riproduzione di un quadro. (*one of a series*) copia *f.*, esemplare *m.*: *a ~ of a newspaper* una copia di un giornale. (*text*) testo *m.*; (*in pubblicità*) copy *m.* **5** (*Tip*) copia *f.* (di stampa). **6** (*Inform*) copia *f.* **II** *v.t.* **1** copiare, trascrivere. **2** (*to reproduce*) copiare, riprodurre, fotocopiare. **3** (*to imitate*) copiare, imitare (*off, from* da): *to ~ so.'s style* imitare lo stile di qcu. **III** *v.i.* **1** fare una copia. **2** (*to undergo copying*) essere riprodotto. **3** (*Scol*) (*to crib*) copiare. ☐ (*Giorn*) *~ boy* fattorino; (*Edit*) *~ editor* redattore (che prepara un testo).

copybook /ˈkɒpibʊk *Am* ˈkɑːpibʊk/ **I** *n.* (*Scol*) quaderno *m.* **II** *a.* stereotipato, trito. ☐ *~ maxims* luoghi comuni.

copycat /ˈkɒpikæt *Am* ˈkɑːpikæt/ *n.* (*colloq*) copione *m.* (*f.* -a), imitatore *m.* (*f.* -trice) pedissequo.

copy-edit /ˈkɒpiˌedɪt *Am* ˈkɑːpiˌedɪt/ *v.t.* (*Edit*) fare l'editing del testo, preparare per la stampa.

copy-editor /ˈkɒpiˌedɪtər *Am* ˈkɑːpiˌedɪtər/ *n.* redattore *m.* (*f.* -trice) (*spec.* di giornale).

copyhold /ˈkɒpihoʊld *Am* ˈkɑːpihoʊld/ *n.* (*Dir*) proprietà *f.* di un terreno (basata su copia di documenti di concessione feudale).

copyholder¹ /ˈkɒpihoʊldər *Am* ˈkɑːpihoʊldər/ *n.* proprietario *m.* (*f.* -a) di terreno (per concessione feudale).

copyholder² /ˈkɒpihoʊldər *Am* ˈkɑːpihoʊldər/ *n.* **1** (*Tecn*) raccoglitore *m.* **2** (*proof-reader's assistant*) aiuto correttore *m./f.* di bozze, aiuto revisore *m./f.* di bozze.

copying /ˈkɒpiɪŋ *Am* ˈkɑːpiɪŋ/ *a.* copiativo. ☐ *~ ink* inchiostro copiativo; *~ machine* copiatrice; *~ paper* carta velina; *~ pencil* matita copiativa; *~ press* copialettere.

copyist /ˈkɒpiɪst *Am* ˈkɑːpiɪst/ *n.* **1** copista *m./f.*, scrivano *m.* (*f.* -a). **2** (*Art*) (*imitator*) imitatore *m.* (*f.* -trice), amanuense *m./f.*

copy-read /ˈkɒpiriːd *Am* ˈkɑːpiriːd/ *v.t.* fare la revisione di.

copy-reader /ˈkɒpiriːdər *Am* ˈkɑːpiriːdər/ *n.* **1** revisore *m.* di bozze. **2** (*editor*) redattore *m.* (*f.* -trice).

copyright /ˈkɒpiraɪt *Am* ˈkɑːpiraɪt/ **I** *n.* (*Dir*) diritti *m.pl.* di autore, copyright *m.* **II** *a.* (*Dir*) tutelato dai diritti di autore. **III** *v.t.* (*Dir*) tutelare in base ai diritti di autore. ☐ (*Dir*) *~ matter* opera protetta dai diritti di autore; (*Dir*) *~ notice* avviso relativo al copyright.

copy-writer /ˈkɒpiˌraɪtər *Am* ˈkɑːpiˌraɪtər/ *n.* copywriter *m./f.*, creatore *m.* (*f.* -trice) di testi pubblicitari.

coquetry /ˈkoʊkɪtri/ *n.* **1** civetteria *f.* **2** (*dalliance*) il prendere alla leggera.

coquette /koʊˈket/ *n.* civetta *f.*

coquettish /koʊˈketɪʃ *Am* koʊˈketɪʃ/ *a.* civettuolo, da civetta.

coquettishly /koʊˈketɪʃli *Am* koʊˈketɪʃli/ *avv.* in modo civettuolo.

coquettishness /koʊˈketɪʃnəs *Am* koʊˈketɪʃnəs/ *n.* civetteria *f.*

cor /kɔːr *Am* kɔːr/ ☐ (*Mus*) *~ anglais* corno inglese.

Cor. (*Am*) *Coroner* coroner (funzionario che indaga sulle morti non naturali o violente).

coracle /ˈkɒrəkl *Am* ˈkɔːrəkl/ *n.* (*in Wales, Ireland*) imbarcazione *f.* di vimini coperta (con pelle o tela incerata).

coral /ˈkɒrəl *Am* ˈkɔːrəl/ **I** *n.* **1** corallo *m.* **2** (*colour*) color *m.* corallo, rosso *m.* corallo. **3** (*Zool*) (*lobster roe*) uova *f.pl.* di aragosta. **II** *a.* **1** di corallo, corallino. **2** (*coral-coloured*) corallino, rosso corallo. ☐ *~ bead* grano di corallo, perla di corallo; *~ beads* (*Oref*) collana di coralli; (*Geol*) *~ limestone* calcare corallino, corallina; ~ *red* rosso corallo; ~ *reef* scogliera corallina, barriera corallina; (*in embroidery*) ~ *stitch* punto annodato.

coralliferous /ˌkɒrəˈlɪfərəs Am ˌkɔːrəˈlɪfərəs/ a. corallifero.

coralliform /kəˈrælɪfɔːm Am kɔːˈrælɪfɔːrm/ a. coralloide, a forma di corallo.

coralline /ˈkɒrəlaɪn Am ˈkɔːrəlaɪn/ I a. 1 corallino. 2 (*coral-coloured*) color corallo, rosso corallo, corallino. II n. 1 (*Zool*) animale m. simile al corallo. 2 (*Bot*) corallina f.

corallite /ˈkɒrəlaɪt Am ˈkɔːrəlaɪt/ n. (*Zool*) scheletro m. di corallo, corallo m. fossile.

coralloid /ˈkɒrəlɔɪd Am ˈkɔːrəlɔɪd/ a. coralloide.

corbel[1] /ˈkɔːbəl Am ˈkɔːrbəl/ n. (*Arch*) mensolone m., modiglione m.

corbel[2] /ˈkɔːbəl Am ˈkɔːrbəl/ (*past, p.p.* **corbelled** /*Am* **corbeled** /-d/) I v.t. 1 (*Arch*) (*of bricks*) disporre in modo da formare un modiglione. 2 (*to support*) sostenere mediante mensole, sostenere mediante modiglioni. II v.i. sporgere su mensole.

corbeling /ˈkɔːbəlɪŋ/ n. (*Am*) 1 (*Arch*) costruzione f. di un modiglione. 2 (*system*) sistema m. di mensole.

corbelling /ˈkɔːbəlɪŋ Am ˈkɔːrbəlɪŋ/ n. 1 (*Arch*) costruzione f. di un modiglione. 2 (*system*) sistema m. di mensole.

corbie /ˈkɔːbi Am ˈkɔːrbi/ n. 1 (*Ornit*) corvo m. 2 (*crow*) cornacchia f. □ (*Arch*) ~ *gable* frontone con ornamento a gradini; ~ *step* ornamento a gradini.

cord /kɔːd Am kɔːrd/ I n. 1 corda f., spago m., funicella f. 2 (*El*) filo m. completo di spina, cordone m. elettrico. 3 (*Tess*) (*fabric*) tessuto m. a coste; (*rib*) corda f., costa f. 4 (*Anat*) corda f.: *vocal* ~ corda vocale. 5 (*for fuel wood*) corda f. (unità di volume pari a 3,625 m³). 6 pl. (*Abbigl*) (*trousers*) pantaloni m.pl. (di tessuto) a coste. II v.t. 1 legare con una corda. 2 (*of wood*) accatastare in corde. □ ~ *maker* funaiolo, funaio, cordaio.

cordage /ˈkɔːdɪdʒ Am ˈkɔːrdɪdʒ/ n. 1 cordame m. 2 (*Mar*) sartiame m.

cordate /ˈkɔːdeɪt Am ˈkɔːrdeɪt/ a. (*Bot*) cordato.

corded /ˈkɔːdɪd Am ˈkɔːrdɪd/ a. 1 (*Tess*) cordonato, a coste. 2 (*bound with cords*) legato con corde; (*made of cord*) fatto di corde, di corda.

Cordelia /kɔːˈdiːliə Am kɔːrˈdiːliə/ n.pr.f. Cordelia.

Cordelier /ˌkɔːdɪˈlɪər Am ˌkɔːrdɪˈlɪr/ n. (*Rel.catt*) frate m. francescano.

cordial /ˈkɔːdiəl Am ˈkɔːrdʒəl, ˈkɔːrdjəl/ I a. 1 cordiale, caloroso, gioviale. 2 (*invigorating*) corroborante, stimolante. II n. 1 (*stimulating medicine*) stimolante m. 2 (*liqueur*) liquore m.; (*drink*) cordiale m.: *a glass of* ~ un cordialino, un bicchierino di liquore.

cordiality /ˌkɔːdɪˈæləti Am ˌkɔːrdʒiˈæləti, ˌkɔːr ˈdjæləti/ n. cordialità f.

cordially /ˈkɔːdiəli Am ˈkɔːrdʒəli, ˈkɔːrdjəli/ avv. cordialmente (*anche iron*).

cordillera /ˌkɔːdɪˈljeərə Am ˌkɔːrdəˈljerə/ n. (*Geog*) cordigliera f.

cording /ˈkɔːdɪŋ Am ˈkɔːrdɪŋ/ n. 1 cordoncino m. (per ornamento). 2 (*cordage*) cordame m. 3 (*Mar*) sartiame m.

cordite /ˈkɔːdaɪt Am ˈkɔːrdaɪt/ n. (*Chim*) cordite f.

cordless /ˈkɔːdləs Am ˈkɔːrdləs/ a. senza corda, a batteria, cordless. □ ~ *electric shaver* rasoio elettrico a batteria; (*Inform*) ~ *mouse* mouse senza filo; ~ *phone* (telefono) cordless, cordless.

cordon /ˈkɔːdən Am ˈkɔːrdən/ I n. 1 cordone m. (*anche Arch,Bot*). 2 (*line of troops, police,*

---

etc.) cordone m., cordoni m.pl. II v.t. (*to close by a cordon*) isolare. □ *to* ~ *off* fare cordone intorno a.

cordon bleu /ˌkɔːdɔ̃ː(m)ˈblɜː Am ˌkɔːrdɜːˈbluː/ n. (*chef*) cordon bleu m., cuoco m. di prim'ordine.

Cordova /ˈkɔːdəvə Am ˈkɔːrdəvə/ n.pr. (*Geog*) Cordova f.

Cordovan /ˈkɔːdəvən Am ˈkɔːrdəvən/ I n. 1 (*inhabitant*) cordovano m. (f. -a). 2 (*Pell*) cordovano m. II a. 1 cordovano, di Cordova. 2 (*Pell*) di cordovano.

corduroy /ˈkɔːdjʊrɔɪ, ˈkɔːdʒʊrɔɪ Am ˈkɔːrdərɔɪ/ I n. 1 (*Tess*) velluto m. (di cotone) a coste. 2 pl. (*Abbigl*) (*trousers*) pantaloni m.pl. (di velluto) a coste. II a. di velluto, (di cotone) a coste. □ ~ *road* strada di tronchi di albero.

cordwain /ˈkɔːdweɪn/ n. (*Br,Pell*) cordovano m.

cordwainer /ˈkɔːdˌweɪnər Am ˈkɔːrdˌweɪnr/ n. 1 (*rar,Pell*) chi lavora il cordovano. 2 (*shoemaker*) calzolaio m. (f. -a).

core /kɔː Am kɔːr/ I n. 1 (*of a fruit*) torsolo m. 2 (*fig*) (*heart, central part*) centro m., nucleo m., cuore m. 3 (*fig*) (*essential meaning*) nocciolo m., essenza f.: *the* ~ *of a problem* il nocciolo di un problema. 4 (*of timber*) anima f., cuore m. 5 (*El,Biol*) nucleo m. 6 (*Met*) cuore m., anima f. 7 (*Miner,Geol*) carota f., nucleo m. 8 (*Nucl*) (*reactor core*) nocciolo m. del reattore. II v.t. 1 togliere il torsolo a. 2 (*Minier, Geol*) carotare. 3 (*Met*) svuotare. □ (*Econ*) ~ *business* attività primaria di un'azienda; ~ *city* nucleo urbano, centro cittadino; (*Scol*) ~ *curriculum* materie obbligatorie, pacchetto di base; (*Minier,Geol*) ~ *drill* carotiera; (*Tecn*) ~ *drilling* carotaggio; (*Inform*) ~ *memory* memoria a nuclei magnetici; (*colloq*) *to get to the* ~ *of a matter* andare al nocciolo di una questione; (*fig*) *he's English to the* ~ è inglese fino al midollo; *selfish to the* ~ di un egoismo senza limiti; *to touch so. to the* ~ toccare profondamente qcu.

co-religionist /ˌkɒrɪˈlɪdʒənɪst/ n. correligionario m. (f. -a).

corer /ˈkɔːrər/ n. snocciolatore m., levanoccioli m.

co-respondent /ˌkɒrɪˈspɒndənt Am ˌkɔːrɪ ˈspɑːndənt/ n. (*Dir*) coimputato m. (f. -a), correo m. (f. -a).

co-responsibility /ˌkɒrɪˌspɒnsəˈbɪləti Am ˌkɔːrɪˌspɑːnsəˈbɪləti/ n. (*Dir*) corresponsabilità f. □ (*Econ*) ~ *levy* imposta di corresponsabilità.

co-responsible /ˌkɒrɪˈspɒnsəbl Am ˌkɔːrɪ ˈspɑːnsəbl/ n. (*Dir*) corresponsabile m./f.

corf /kɔːf/ (pl. **corves** /kɔːvz/) n. (*Br*) 1 (*Minier*) carrello m. 2 (*Pesc*) cesto m. per mantenere il pesce vivo nell'acqua.

coriaceous /ˌkɒrɪˈeɪʃəs Am ˌkɒriˈeɪʃəs, ˌkɔːri ˈeɪʃəs/ a. coriaceo, simile a cuoio.

coriander /ˌkɒriˈændər Am ˌkɔːriˈændər/ n. (*Bot*) coriandolo m.

Corinth /ˈkɒrɪnθ Am ˈkɔːrɪnθ/ n.pr. (*Geog*) Corinto f.

Corinthian /kəˈrɪnθiən/ I a. 1 corinzio, corintio, di Corinto. 2 (*fig*) licenzioso, dissoluto. 3 (*fig*) (*of style*) ricercato, ornato. 4 (*Arch*) corinzio, corintio: ~ *column* colonna corinzia. II n. 1 corinzio m. (f. -a), abitante m./f. di Corinto. 2 pl. (*costr.sing. o pl.*) (*Bibl*) Corinti m.pl., Corinzi m.pl.: *1* -s I Corinti; *2* -s II Corinti.

Coriolanus /ˌkɒriouˈleɪnəs Am ˌkɔːriəˈleɪnəs/ n.pr.m. (*Stor.rom*) Coriolano m.

cork /kɔːk Am kɔːrk/ I n. 1 (*Bot*) sughero m. 2 (*stopper*) tappo m., turacciolo m.: *to draw the* ~ togliere il tappo, stappare. 3 (*Bot*) quercia

---

f. da sughero, sughera f. 4 (*Pesc*) (*float*) sughero m. 5 (*Bot*) (*phellem*) fellema m. II v.t. 1 tappare, turare: *to* ~ *a bottle* tappare una bottiglia. 2 (*of nets, fishing lines*) munire di sugheri. 3 (*to blacken with burnt cork*) annerire con sughero bruciato. □ (*Mar*) ~ *jacket* giacca di salvataggio; (*Bot*) ~ *oak* (o ~ *tree*) quercia da sughero, sughera.

Cork /kɔːk Am kɔːrk/ n.pr. (*Geog*) Cork f.

corkage /ˈkɔːkɪdʒ Am ˈkɔːrkɪdʒ/ n. 1 (*corking*) il tappare. 2 (*uncorking*) lo stappare. 3 (*charge*) denaro m. pagato in un'osteria per bere bottiglie acquistate altrove.

corkboard /ˈkɔːkbɔːd Am ˈkɔːrkbɔːrd/ n. lavagnetta f. di sughero.

corked /kɔːkt Am kɔːrkt/ a. 1 tappato. 2 (*blackened with burnt cork*) annerito con sughero bruciato. 3 (*Enol*) che sa di tappo.

corker /ˈkɔːkə Am ˈkɔːrkər/ n. 1 operaio m. (f. -a) che tappa le bottiglie. 2 (*Br,sl*) meraviglia f., fenomeno m.

corking /ˈkɔːkɪŋ Am ˈkɔːrkɪŋ/ avv. (*sl*) (*very*) molto: *a* ~ *good film* un film bellissimo.

corkscrew /ˈkɔːkskruː Am ˈkɔːrkskruː/ I n. cavatappi m., cavataraccioli m. II a. a spirale. III v.i. 1 muoversi a spirale. 2 (*Aer*) avvitarsi. IV v.t. muovere a spirale.

corky /ˈkɔːki Am ˈkɔːrki/ a. sugheroso.

corm /kɔːm Am kɔːrm/ n. (*Bot*) cormo m.

cormoid /ˈkɔːmɔɪd Am ˈkɔːrmɔɪd/ a. (*Bot*) cormoide.

cormorant /ˈkɔːmərənt Am ˈkɔːrmərənt/ n. 1 (*Ornit*) cormorano m. (comune), marangone m. 2 (*fig*) persona f. avida, persona f. rapace, avvoltoio m.

corn[1] /kɔːn Am kɔːrn/ I n. 1 (*Am*) mais m., granoturco m., (*region*) frumentone m. 2 (*Agr*) cereale m.; (*seeds*) granaglie f.pl.; (*wheat*) grano m., frumento m. 3 (*Scott*) (*oats*) avena f. II v.t. (*Gastron*) conservare sotto sale, conservare in salamoia. □ (*Agr*) *Corn Belt* zona (classica) del granturco; ~ *bran* crusca; ~ *bread* pane di granoturco; (*Bot*) ~ *chandler* venditore di granaglie (al minuto); (*Bot*) ~ *cockle* gettaione; ~ *dog* hot dog impanato in farina di granoturco, fritto e servito su un bastoncino; (*Econ*) ~ *exchange* borsa dei cereali; ~ *factor* venditore di granaglie (al minuto); (*Stor.brit*) ~ *laws* leggi protezionistiche sui cereali; (*Econ*) ~ *market* mercato dei cereali, mercato cerealicolo; ~ *meal*: 1 farina (di grano); 2 (*Indian meal*) farina di granturco, farina gialla, farina da polenta; 3 (*Scott*) farina di avena; ~ *oil* olio di mais; (*Gastron*) ~ *on the cob* pannocchia di granoturco cotta; (*Bot*) ~ *poppy* papavero di campo; ~ *silk* barba del granturco; (*Sport*) ~ *snow* neve granulosa; ~ *stalk* stelo del granturco; ~ *starch* amido di mais; ~ *syrup* sciroppo di granoturco; ~ *whiskey* (o ~ *whisky*) whisky di mais.

corn[2] /kɔːn Am kɔːrn/ n. (*callus on feet*) callo m.

cornbrash /ˈkɔːnbræʃ Am ˈkɔːrnbræʃ/ n. (*Geol*) terreno m. calcareo.

corncob /ˈkɔːnkɒb Am ˈkɔːrnkɑːb/ n. pannocchia f., tutolo m. □ ~ *pipe* pipa fatta con un tutolo.

cornea /ˈkɔːniə Am ˈkɔːrniə/ n. (*Anat*) cornea f.

corneal /ˈkɔːniəl Am ˈkɔːrniəl/ a. (*Anat*) corneale.

corned /kɔːnd Am kɔːrnd/ □ (*Gastron*) ~ *beef* manzo sotto sale.

cornel /ˈkɔːnəl Am ˈkɔːrnəl/ n. (*Bot*) corniolo m., corgnolo m.

Cornelia /kɔːˈniːliə Am kɔːrˈniːljə/ n.pr.f. Cornelia.

cornelian /kɔːˈniːliən Am kɔːrˈniːljən/ n. (*Min*) corniola f., cornalina f.

Cornelius /kɔːˈniːliəs *Am* kɔːrˈniːljəs/ *n.pr.m.* Cornelio.

corneous /ˈkɔːniəs *Am* ˈkɔːrniəs/ *a.* corneo.

corner /ˈkɔːnəʳ *Am* ˈkɔːrnəʳ/ **I** *n.* **1** angolo *m.* **2** (*edge*) angolo *m.*, spigolo *m.*: *the ~ of the table* lo spigolo del tavolo. **3** (*of two streets*) angolo *m.*, canto *m.* **4** (*fig*) (*place, part*) angolo *m.*, canto *m.*: *in every ~ of the country* in ogni angolo del paese. **5** (*secret, secluded place*) angolo *m.*, cantuccio *m.*, angoletto *m.* **6** (*Econ*) (*of goods*) accaparramento *m.*, incetta *f.*; (*of the market*) monopolizzazione *f.* **7** (*Sport*) angolo *m.*, corner *m.* **8** (*Sport*) (*kick*) calcio *m.* d'angolo, corner *m.*: *to take a ~* tirare un calcio d'angolo. **II** *a.* **1** d'angolo: *a ~ shop* un negozio d'angolo. **2** (*used, shaped for a corner*) angolare. **III** *v.t.* **1** mettere in un angolo, mettere in un cantuccio. **2** (*fig*) mettere in difficoltà, mettere alle strette, mettere con le spalle al muro. **3** (*Econ*) (*of goods*) accaparrare, fare incetta di; (*of the market*) monopolizzare. **IV** *v.i.* **1** (*Aut*) fare una curva, curvare. **2** (*to meet in a corner*) convergere, fare angolo. ☐ (*colloq*) *just around the ~* dietro l'angolo, vicinissimo, prossimo; *~ cabinet* (o *~ cupboard*) angoliera, cantonale; (*Sport*) *~ kick* calcio d'angolo, corner; *~ man*: 1 accaparratore; 2 (*loafer*) fannullone, perditempo; *out of the ~ of one's eye* con la coda dell'occhio; (*fig*) *the four ~s of the earth* i quattro angoli della terra; *~ piece* rinforzo d'angolo, guarnizione d'angolo; (*Bot*) *~ rocket* ruchetta dei campi; *~ seat* posto d'angolo, posto nell'angolo; (*Arred*) *~ shelf* angoliera; *~ shop* negozietto all'angolo; *~ stone*: 1 (*Arch*) pietra angolare; (*foundation stone*) prima pietra; 2 (*fig*) (*foundation*) pietra angolare, base, fondamento: *the ~ stone of success* la base del successo; (*fig*) *to turn the ~* superare una crisi.

cornered /ˈkɔːnəd *Am* ˈkɔːrnəʳd/ *a.* **1** (*of animals*) intrappolato. **2** (*of people*) messo in difficoltà, messo alle strette, messo con le spalle al muro. **3** (*in compounds*) ...angolare: *three-~* triangolare.

cornerways /ˈkɔːnəweɪz *Am* ˈkɔːrnəʳweɪz/ *avv.* diagonalmente.

cornerwise /ˈkɔːnəwaɪz *Am* ˈkɔːrnəʳwaɪz/ *avv.* diagonalmente.

cornet[1] /ˈkɔːnɪt *Am* kɔːrˈnet/ *n.* **1** (*Mus*) (*cornet-à-pistons*) cornetta *f.* (a pistoni). **2** (*Mus*) (*cornetist*) cornettista *m./f.*, suonatore *m.* (*f.* -trice) di cornetta. **3** (*Br*) (*cone of paper*) cartoccio *m.* (fatto) a cono. **4** (*Br*) (*wafer for ice cream*) cialdone *m.*; (*ice-cream cone*) cono *m.* gelato, cornetto *m.*

cornet[2] /ˈkɔːnɪt/ *n.* (*Br*) **1** (*Rel*) (*headdress*) cornetta *f.*, cuffia *f.* delle suore di carità. **2** (*Stor*) (*officer*) alfiere *m.*, cornetta *m./f.*

cornet-à-pistons /ˌkɔːnɪtɑˈpɪstənz *Am* kɔːrˌnetɑˈpɪstənz/ *n.* (*Mus*) cornetta *f.* (a pistoni).

cornetist, cornettist /ˈkɔːˈnetɪst *Am* kɔːrˈnetɪst/ *n.* (*Mus*) cornettista *m./f.*, suonatore *m.* (*f.* -trice) di cornetta.

cornfield /ˈkɔːnfiːld *Am* ˈkɔːrnfiːld/ *n.* (*Agr*) campo *m.* di grano.

cornflakes /ˈkɔːnfleɪks *Am* ˈkɔːrnfleɪks/ *n.pl.* (*Gastron*) fiocchi *m.pl.* di granturco, cornflakes *m.pl.*

cornflour /ˈkɔːnflaʊəʳ *Am* ˈkɔːrnflaʊəʳ/ *n.* amido *m.* di mais.

cornflower /ˈkɔːnflaʊəʳ *Am* ˈkɔːrnflaʊəʳ/ *n.* **1** (*Bot*) fiordaliso *m.* **2** (*corn cockle*) gettaione *m.*

cornice /ˈkɔːnɪs *Am* ˈkɔːrnɪs/ *n.* **1** (*Arch*) cornicione *m.*; (*of an entablature*) cornice *f.* **2** (*Arred*) mantovana *f.* **3** (*Alp*) cornice *f.*

cornily /ˈkɔːnɪli *Am* ˈkɔːrnɪli/ *avv.* (*colloq*) in modo trito, in modo risaputo.

corniness /ˈkɔːnɪnəs *Am* ˈkɔːrnɪnəs/ *n.* (*colloq*) l'essere trito, l'essere vecchio, l'essere risaputo.

Cornish /ˈkɔːnɪʃ *Am* ˈkɔːrnɪʃ/ **I** *a.* della Cornovaglia. **II** *n.* lingua *f.* della Cornovaglia.

Cornishman /ˈkɔːnɪʃmən *Am* ˈkɔːrnɪʃmən/ *n.irr.* abitante *m.* della Cornovaglia.

Cornishwoman /ˈkɔːnɪʃˌwʊmən *Am* ˈkɔːrnɪʃˌwʊmən/ *n.irr.* abitante *f.* della Cornovaglia.

cornloft /ˈkɔːnlɒft *Am* ˈkɔːrnlɑːft/ *n.* (*Agr*) granaio *m.*

cornpone /ˈkɔːnpoʊn/ *n.* (*Am*) pane *m.* di granturco.

cornrows /ˈkɔːnrəʊz *Am* ˈkɔːrnrəʊz/ *n.pl.* treccine *f.pl.* aderenti al cuoio capelluto.

cornucopia /ˌkɔːnjʊˈkoʊpiə *Am* ˌkɔːrn(j)əˈkoʊpiə/ *n.* **1** (*Mitol*) cornucopia *f.* **2** (*fig*) abbondanza *f.*, prosperità *f.*

cornucopian /ˌkɔːnjʊˈkoʊpiən *Am* ˌkɔːrn(j)əˈkoʊpiən/ *a.* (*fig*) abbondante.

cornuted /ˈkɔːnjuːtɪd *Am* ˈkɔːrnjuːtɪd/ *a.* cornuto, provvisto di corna.

Cornwall /ˈkɔːnwɔːl *Am* ˈkɔːrnwɔːl/ *n.pr.* (*Geog*) Cornovaglia *f.*

corny[1] /ˈkɔːni *Am* ˈkɔːrni/ *a.* **1** del grano; (*abounding in corn*) ricco di grano. **2** (*colloq*) (*trite*) trito, fritto e rifritto, risaputo: *a ~ joke* una barzelletta risaputa; *a ~ rhyme* una rima banale, una rima scontata. **3** (*colloq*) (*mawkish*) sdolcinato, stucchevole, sentimentale.

corny[2] /ˈkɔːni *Am* ˈkɔːrni/ *a.* calloso.

corolla /kəˈrɒlə, kəˈroʊlə *Am* kəˈrɑːlə, kəˈroʊlə/ *n.* (*Bot*) corolla *f.*

corollary /kəˈrɒləri *Am* ˈkɔːrəleri/ **I** *n.* **1** (*Filos, Mat*) corollario *m.* **2** (*natural consequence*) facile deduzione *f.*, conseguenza *f.* logica. **II** *a.* **1** conseguente, risultante. **2** (*supplementary*) supplementare.

corona /kəˈroʊnə/ (*pl.* **-s** /-s/, **-nae** /-niː/) *n.* **1** (*Astr,Arch,Anat,Bot*) corona *f.* **2** (*El*) corona *f.*, scarica *f.* a corona. **3** (*Am*) tipo *m.* di sigaro. ☐ (*El*) *~ discharge* corona, scarica a corona.

coronach /ˈkɒrənæk *Am* ˈkɔːrənək/ *n.* lamento *m.* funebre.

coronal[1] /ˈkɒrənəl *Am* ˈkɔːrənəl/ *n.* **1** corona *f.*, diadema *m.* **2** (*garland*) corona *f.*, ghirlanda *f.*

coronal[2] /ˈkɒrənəl, kəˈroʊnəl *Am* ˈkɔːrənəl, kəˈroʊnəl/ *a.* **1** della corona. **2** (*Astr,Anat*) coronale.

coronary /ˈkɒrənəri *Am* ˈkɔːrəneri/ **I** *a.* **1** (*Anat*) coronario; (*relating to the coronary vessels*) coronarico. **2** (*coronal*) coronale. **II** *n.* **1** (*Anat*) (*coronary artery*) arteria *f.* coronaria. **2** (*Med*) (*coronary thrombosis*) trombosi *f.* coronaria. ☐ (*Anat*) *~ artery* arteria coronaria, coronaria; (*Med*) *~ disease* coronaropatia; (*Med*) *~ insufficiency* insufficienza delle coronarie, insufficienza coronarica; (*Med*) *~ patient* coronaropatico.

coronate /ˈkɒrəneɪt *Am* ˈkɔːrəneɪt/ *a.* coronato.

coronated /ˈkɒrəneɪtɪd *Am* ˈkɔːrəneɪtɪd/ *a.* coronato.

coronation /ˌkɒrəˈneɪʃən *Am* ˌkɔːrəˈneɪʃən/ *n.* incoronazione *f.* ☐ *~ oath* giuramento fatto dal sovrano al momento dell'incoronazione.

coroner /ˈkɒrənəʳ *Am* ˈkɔːrənəʳ/ *n.* (*Dir*) coroner *m.*, funzionario *m.* che indaga sulle morti non naturali o violente. ☐ (*Dir*) *~'s inquest* inchiesta condotta da un coroner; (*Dir*) *~'s jury* giuria che collabora con il coroner.

coronership /ˈkɒrənəʃɪp *Am* ˈkɔːrnəʳʃɪp/ *n.* ufficio *m.* di coroner.

coronet /ˈkɒrənɪt, ˌkɒrəˈnet *Am* ˌkɔːrəˈnet/ *n.* **1** coroncina *f.* **2** (*of a peer*) corona *f.* nobiliare. **3** (*ornamental band*) corona *f.*, diadema *m.* **4** (*of a horse*) corona *f.*

coroneted /ˈkɒrənɪtɪd *Am* ˌkɔːrəˈnetɪd/ *a.* nobile, titolato.

coronetted /ˌkɒrəˈnetɪd *Am* ˌkɔːrəˈnetɪd/ *a.* nobile, titolato.

corp., Corp. **1** (*Mil*) *corporal* cap. (caporale). **2** *corporation* (corporazione).

corporal[1] /ˈkɔːpərəl *Am* ˈkɔːrpərəl/ *a.* **1** corporale, del corpo. **2** (*personal*) personale. ☐ (*Lit*) *~ cloth* corporale; *~ oath* giuramento solenne (sulla Bibbia); *~ punishment*: 1 punizione corporale; 2 (*Dir*) pena corporale.

corporal[2] /ˈkɔːpərəl *Am* ˈkɔːrpərəl/ *n.* **1** (*Mil*) caporale *m.* **2** (*in the police*) aiutosergente *m.* **3** (*Am*) missile *m.* terra-terra.

corporalcy /ˈkɔːpərəlsi *Am* ˈkɔːrpərəlsi/ *n.* (*Mil*) rango *m.* di caporale, grado *m.* di caporale.

corporality /ˌkɔːpəˈræliti *Am* ˌkɔːrpəˈræləti/ *n.* corporalità *f.*

corporate /ˈkɔːpərɪt *Am* ˈkɔːrpərət/ *a.* **1** corporativo, di corporazione. **2** (*Dir*) costituito (in ente giuridico). **3** (*combined, united*) collegato, unito. **4** (*of a united group*) collegiale, collettivo: *the ~ good* il bene collettivo. **5** (*Pol*) corporativo. **6** (*Am,Econ*) aziendale: *~ profit* utile aziendale. ☐ *~ advertising* pubblicità aziendale; *~ adviser* consulente aziendale; (*Dir*) *~ body* ente giuridico; (*Econ*) *~ bond* obbligazione di una società; (*Econ*) *~ capital* capitale sociale; *~ culture* cultura aziendale, filosofia di un'azienda (in cui si identificano i dipendenti); *~ image* immagine aziendale; *~ law* diritto societario; *~ licensing* concessione di licenze aziendali; (*Comm*) *~ name* ragione sociale, nome sociale; *~ pension* pensione aziendale; *~ property* proprietà corporativa; *~ raider* chi dà la scalata a una società; *~ state* regime corporativo; *~ strategy* strategia aziendale.

corporation /ˌkɔːpəˈreɪʃən *Am* ˌkɔːrpəˈreɪʃən/ *n.* **1** (*Dir*) ente *m.* giuridico. **2** (*Am,Econ*) società *f.* per azioni. **3** (*Dir.rom*) corpo (*body corporate*) corporazione *f.*; (*artificial person*) persona *f.* giuridica. **4** (*of a city*) ente *m.* municipale, azienda *f.* municipale. ☐ (*Dir*) *~ law* diritto corporativo; *~ stocks* prestiti municipali; (*Econ*) *~ tax* imposta sugli enti collettivi.

corporatism /ˈkɔːpərətɪzəm *Am* ˈkɔːrpərətɪzəm/ *n.* (*Pol*) corporativismo *m.*

corporatist /ˈkɔːpərətɪst *Am* ˈkɔːrpərətɪst/ *a.* (*Pol*) corporativistico.

corporative /ˈkɔːpərətɪv *Am* ˈkɔːrpərətɪv/ *a.* **1** corporativo. **2** (*Pol*) corporativistico.

corporator /ˈkɔːpəreɪtəʳ *Am* ˈkɔːrpəreɪtəʳ/ *n.* corporato *m.*

corporeal /kɔːˈpɔːriəl *Am* kɔːrˈpɔːriəl/ *a.* **1** corporeo, fisico. **2** (*material*) materiale. ☐ (*Dir*) *~ property* beni corporali.

corporeality /ˌkɔːpɔːriˈæliti *Am* ˌkɔːrpɔːriˈæləti/ *n.* corporalità *f.*, esistenza *f.* corporea.

corporeally /kɔːˈpɔːriəli *Am* kɔːrˈpɔːriəli/ *avv.* materialmente.

corporeity /ˌkɔːpəˈriːəti *Am* ˌkɔːrpəˈriːəti/ *n.* corporeità *f.*

corposant /ˈkɔːpəzænt *Am* ˈkɔːrpəzænt/ *n.* (*Meteor*) fuochi *m.pl.* di sant'Elmo.

corps /kɔːʳ *Am* kɔːr/ *n.inv.* **1** (*Mil*) corpo *m.*; (*tactical unit*) corpo *m.* di armata. **2** (*associated body*) corpo *m.* **3** (*corps de ballet*) corpo *m.* di ballo.

corpse /kɔːps *Am* kɔːrps/ *n.* cadavere *m.*, salma *f.*; (*at a burial*) spoglia *f.*

corpsman /ˈkɔːzmən *Am* ˈkɔːrzmən/ *n.irr.* (*Am,Mil*) soldato *m.* di sanità, portaferiti *m.*

corpulence /ˈkɔːpjʊləns *Am* ˈkɔːrpjʊləns/ *n.* corpulenza *f.*, obesità *f.*

corpulency /ˈkɔːpjʊlənsi *Am* ˈkɔːrpjʊlənsi/ *n.* corpulenza *f.*, obesità *f.*

corpulent /ˈkɔːpjʊlənt *Am* ˈkɔːrpjʊlənt/ *a.* corpulento, obeso.

corpus /'kɔːpəs Am 'kɔːrpəs/ (pl. **-pora** /-pərə Am -pərə/) n. **1** (Lett,Ling) corpus m., corpo m., raccolta f. **2** (Anat,Bot) corpo m. **3** (Econ) capitale m. iniziale. □ (Lit) Corpus **Christi** Corpusdomini; Corpus **Civilis** diritto civile; (Dir) ~ **delicti** corpo del reato, corpo del delitto; (Dir) ~ **juris** corpus iuris; Corpus **juris** Canonici diritto canonico.

corpuscle /'kɔːpʌs/ Am 'kɔːrpʌs/ n. corpuscolo m.

corpuscular /kɔː'pʌskjʊləʳ Am kɔːr 'pʌskjʊləʳ/ a. corpuscolare.

corral /kə'rɑːl Am kə'ræl/ I n. **1** recinto m. per bestiame. **2** (enclosure of wagons) cerchio m. di carri (per proteggere un accampamento). II v.t. (past, p.p. **corralled** /-d/) **1** (of cattle, etc.) chiudere in un recinto. **2** (of wagons) disporre a (forma di) cerchio. **3** (Am,colloq) impadronirsi di.

corrasion /kə'reɪʒən/ n. (Geol) corrasione f.

correct /kə'rekt/ I v.t. **1** correggere: to ~ examination papers correggere (o rivedere) le prove di esame; to ~ the press correggere le bozze. **2** (to rebuke) correggere, rimproverare. **3** (to counteract) correggere, rettificare, controbilanciare: to ~ a tendency correggere una tendenza. **4** (rifl.) to ~ oneself correggersi. **5** (Tecn) (to adjust) correggere, aggiustare, rettificare. II a. **1** corretto, giusto, esatto: the ~ time l'ora esatta. **2** (proper) educato, corretto: ~ behaviour comportamento corretto, retto.

correction /kə'rekʃən/ n. **1** correzione f., rettifica f. (anche Tecn). **2** (reproof) correzione f., rimprovero m. **3** pl. (correctional facility) prigione f.sing., carcere m.sing. □ ~ **fluid** bianchetto, correttore liquido; ~ **key** correttore, tasto correttore (di macchina da scrivere e sim.); ~ **ribbon** nastro correttore; I speak under ~ posso sbagliarmi.

correctional /kə'rekʃənəl/ a. **1** correttivo. **2** (Dir) correzionale. □ ~ **facility** prigione, carcere.

correctitude /kə'rektɪtjuːd Br also kə 'rektɪtʃuːd/ n. correttezza f.

corrective /kə'rektɪv/ I a. correttivo. II n. correttivo m. □ ~ **measure** misura correttiva, correttivo.

correctly /kə'rektli/ avv. correttamente.

correctness /kə'rektnəs/ n. **1** correttezza f., esattezza f., precisione f. **2** (propriety) correttezza f., educazione f.

corrector /kə'rektəʳ/ n. **1** correttore m. (f. -trice). **2** (Tip) (corrector of the press) correttore m. (f. -trice) di bozze.

correlate[1] /'kɒrɪleɪt Am 'kɔːrəleɪt/ I v.t. **1** mettere in correlazione (with con). **2** (to establish a relationship between) stabilire un rapporto tra, stabilire una correlazione tra. II v.i. essere in correlazione (with con).

correlate[2] /'kɒrələt, 'kɒrɪleɪt Am 'kɔːrələrt/ I a. correlato. II n. termine m. di correlazione.

correlated /'kɒrɪleɪtɪd Am 'kɔːrələtɪd/ a. correlato.

correlation /ˌkɒrɪ'leɪʃən Am ˌkɔːrə'leɪʃən/ n. correlazione f. □ (Statist) ~ **coefficient** coefficiente di correlazione.

correlational /ˌkɒrɪ'leɪʃənəl Am ˌkɔːrə 'leɪʃənəl/ a. (Statist) di correlazione.

correlative /kə'relətɪv Am kə'relətɪv/ I a. correlativo (anche Gramm). II n. **1** termine m. di correlazione. **2** (Gramm) termine m. correlativo.

correlativeness /kə'relətɪvnəs Am kə 'relətɪvnəs/ n. l'essere correlativo, correlatività f.

correlativity /kə,relə'tɪvɪti Am kə,relə'tɪvəti/ n. l'essere correlativo, correlatività f.

correligionist /ˌkɒrɪ'lɪdʒənɪst/ n. (Rel,Pol) correligionario m. (f. -a).

correspond /ˌkɒrɪ'spɒnd Am ˌkɔːrə'spɑːnd/ v.t. **1** corrispondere (with, to a), concordare, essere in armonia (con): deeds must ~ with promises i fatti devono corrispondere alle promesse. **2** (to be equivalent) corrispondere, equivalere (to a). **3** (to communicate by letter) essere in corrispondenza, corrispondere (with con). **4** (Mat) corrispondersi.

correspondence /ˌkɒrɪ'spɒndəns Am ˌkɔːrə 'spɑːndəns/ n. **1** corrispondenza f., accordo m., armonia f. **2** (exchange of letters) corrispondenza f., carteggio m.; (mail) corrispondenza f., posta f. □ ~ **by** per corrispondenza; (Giorn) ~ **column** rubrica delle lettere al direttore; ~ **course** corso per corrispondenza.

correspondency /ˌkɒrɪ'spɒndənsi Am ˌkɔːrə 'spɑːndənsi/ n. corrispondenza f.

correspondent /ˌkɒrɪ'spɒndənt Am ˌkɔːrə 'spɑːndənt/ I n. corrispondente m./f.: (Giorn) our Washington ~ il nostro corrispondente da Washington (Giorn) special ~ inviato speciale. II a. corrispondente. □ ~ **bank** banca corrispondente.

corresponding /ˌkɒrɪ'spɒndɪŋ Am ˌkɔːrə 'spɑːndɪŋ/ a. **1** corrispondente; (similar) simile (to a). **2** (Post) corrispondente: ~ **post office** ufficio postale corrispondente.

corridor /'kɒrɪdɔːʳ Am 'kɔːrədɔːr/ n. corridoio m. (anche Pol). □ the ~**s of power** le alte sfere (della politica o della burocrazia), le stanze del potere; ~ **train** treno con carrozze intercomunicanti.

corrigendum /ˌkɒrɪ'dʒendəm Am ˌkɔːrɪ 'dʒendəm/ n. (pl. **-da** /də/) **1** (Tip) errore m. di stampa. **2** pl. (list) errata corrige m., corrigenda m.pl.

corrigibility /ˌkɒrɪdʒə'bɪlɪti Am ˌkɔːrɪdʒə 'bɪləti/ n. correggibilità f.

corrigible /'kɒrɪdʒəbl Am 'kɔːrɪdʒəbl/ a. correggibile.

corroborant /kə'rɒbərənt Am kə'rɑːbərənt/ I a. corroborante, convalidante. II n. convalida f., conferma f.

corroborate /kə'rɒbəreɪt Am kə'rɑːbəreɪt/ v.t. corroborare, confermare, convalidare.

corroboration /kə,rɒbə'reɪʃən Am kə,rɑːbə 'reɪʃən/ n. corroborazione f., convalida f., avvaloramento m.

corroborative /kə'rɒbərətɪv, kə'rɒbəreɪtɪv Am kə'rɑːbərətɪv/ a. corroborativo, convalidante.

corroborator /kə'rɒbəreɪtəʳ Am kə 'rɑːbəreɪtər/ n. corroboratore m. (f. -trice).

corroboratory /kə'rɒbərətri, kə,rɒbə'reɪtri Am kə'rɑːbərətɔːri/ a. corroborativo, convalidante.

corrode /kə'rəʊd/ I v.t. **1** (Chim) corrodere, intaccare. **2** (fig) corrodere, consumare. II v.i. corrodersi, consumarsi.

corrosion /kə'rəʊʒən/ n. corrosione f.

corrosion-resistant /kə,rəʊʒən'rɪstənt/ a. anticorrosione.

corrosive /kə'rəʊsɪv/ I a. (Chim,fig) corrosivo. II n. corrosivo m. □ (Chim) ~ **sublimate** sublimato corrosivo.

corrosively /kə'rəʊsɪvli/ avv. in modo corrosivo.

corrosiveness /kə'rəʊsɪvnəs/ n. corrosività f.

corrugate /'kɒrʊgeɪt Am 'kɔːrʊgeɪt/ I v.t. **1** ondulare, increspare. **2** (of the face, etc.) corrugare, aggrottare. II v.i. corrugarsi, incresparsi. □ (Cart) -**d cardboard** cartone ondulato; (Met) -**d iron** lamiera ondulata; (Cart) -**d paper** carta crespa.

corrugation /ˌkɒrʊ'geɪʃən Am ˌkɔːrʊ'geɪʃən/ n. **1** (act) corrugamento m. **2** (state) incrispa-

tura f., ondulazione f. **3** (groove) scanalatura f., solco m.

corrugator /'kɒrəgeɪtəʳ Am ˌkɔːrə'geɪtər/ n. (Anat) muscolo m. corrugatore.

corrupt /kə'rʌpt/ I a. **1** corrotto. **2** (depraved, evil) corrotto, depravato, guasto. **3** (Filol) corrotto, alterato. II v.t. **1** corrompere, comprare: to ~ a referee corrompere un arbitro. **2** (to deprave) corrompere, traviare, depravare, pervertire. **3** (to make putrid) guastare. **4** (to taint) contaminare. III v.i. **1** corrompersi, depravarsi. **2** (to become putrid) corrompersi, putrefarsi. □ ~**practices** forme di corruzione, metodi di corruzione; (Am,Dir) ~ **practices act** legge contro la corruzione.

corrupter /kə'rʌptəʳ/ n. corruttore m. (f. -trice).

corruptibility /kə,rʌptə'bɪlɪti Am kə,rʌptə 'bɪləti/ n. corruttibilità f.

corruptible /kə'rʌptəbl/ a. corruttibile.

corruption /kə'rʌpʃən/ n. **1** corruzione f. **2** (moral deterioration) corruzione f., depravazione f., pervertimento m. **3** (Filol) corruzione f., alterazione f. **4** (decay) corruzione f., decomposizione f., putrefazione f. □ (Dir) ~ **of blood** proscrizione, morte civile; (Dir) ~ **of witnesses** subornazione di testimoni.

corruptive /kə'rʌptɪv/ a. corruttivo, atto a corrompere.

corruptly /kə'rʌptli/ avv. corrottamente.

corruptness /kə'rʌptnəs/ n. corruzione f.

corsage /kɔː'sɑːʒ Am kɔːr'sɑːʒ/ n. **1** (bouquet) mazzolino m. di fiori (da appuntare al petto). **2** (Abbigl) (bodice) corpetto m., corpino m.

corsair /'kɔːseəʳ Am 'kɔːrser/ n. **1** (Stor) corsaro m. **2** (vessel) nave f. corsara.

corselet /'kɔːslɪt Am 'kɔːrslɪt/ n. **1** (Abbigl) corsetto m., bustino m. **2** (Mil,ant) corsaletto m., corsetto m.

corset /'kɔːsɪt Am 'kɔːrsɪt/ n. **1** (Med) corsetto m., busto m. ortopedico. **2** pl. (Abbigl) corsetto m.sing., busto m.sing. □ ~ **maker** bustaia.

corsetry /'kɔːsɪtri Am 'kɔːrsɪtri/ n. **1** corsetteria f. **2** (art) arte f. della corsetteria.

Corsica /'kɔːsɪkə Am 'kɔːrsɪkə/ n.pr. (Geog) Corsica f.

Corsican /'kɔːsɪkən Am 'kɔːrsɪkən/ I a. corso. II n. **1** corso m. (f. -a). **2** (dialect) dialetto m. corso.

corslet /'kɔːslɪt Am 'kɔːrslɪt/ n. (Mil,ant) corsaletto m., corsetto m.

cortège /kɔː'te(ɪ)ʒ Am kɔːr'teʒ/ n. **1** (retinue) seguito m., corteo m., scorta f. **2** (procession) corteo m., processione f.

cortex /'kɔːteks Am 'kɔːrteks/ (pl. **-tices** /-tɪsiːz/, **-es** /-ɪz/) n. (Biol,Anat) corteccia f.

cortical /'kɔːtɪkl Am 'kɔːrtɪkəl/ a. corticale.

corticate /'kɔːtɪkeɪt Am 'kɔːrtɪkət/ a. provvisto di corteccia, corticato.

corticosteroid /ˌkɔːtɪkoʊ'sterɔɪd Am ˌkɔːrtɪkoʊ'sterɔɪd/ n. (Farm) corticosteroide m.

cortisone /'kɔːtɪzəʊn Am 'kɔːrtəzoʊn/ n. (Farm) cortisone m. □ (Farm) ~ **preparation** cortisonico.

corundum /kə'rʌndəm/ n. (Min) corubino m., corindone m.

coruscant /kə'rʌskənt/ a. corrusco, scintillante, risplendente.

coruscate /'kɒrəskeɪt Am 'kɔːrəskeɪt/ v.i. brillare, scintillare (anche fig).

coruscation /ˌkɒrə'skeɪʃən Am ˌkɔːrə 'skeɪʃən/ n. **1** il brillare, lo scintillare. **2** (sudden gleam) scintillio m. **3** (fig) lampo m. di genio, trovata f. (geniale).

corvée /'kɔːveɪ Am kɔːr'veɪ/ n. **1** (Mediev) corvée f. **2** (Dir) prestazione f. non retribuita. **3**

(fig) corvè *f.*, lavoro *m.* ingrato e gravoso.

corvet, corvette /kɔːˈvet *Am* kɔːrˈvet/ *n.* *(Mar.mil)* corvetta *f.*

corvine /ˈkɔːvaɪn *Am* ˈkɔːrvaɪn/ *a.* corvino.

Corybant /ˈkɒrɪbænt *Am* ˈkɔːrɪbænt/ *(pl.* -s /-s/, -tes /-tiːz/) *n.* *(Mitol)* coribante *m.*

Corybantian /ˌkɒrɪˈbæntɪən *Am* ˌkɔːrɪ ˈbæntɪən/ *a.* coribantico.

Corybantic /ˌkɒrɪˈbæntɪk *Am* ˌkɔːrɪˈbæntɪk/ *a.* coribantico.

Corybantine /ˌkɒrɪˈbæntaɪn *Am* ˌkɔːrɪ ˈbæntaɪn/ *a.* coribantico.

corymb /ˈkɒrɪmb *Am* ˈkɔːrɪmb/ *n.* *(Bot)* corimbo *m.*

corymbiferous /ˌkɒrɪmˈbɪfərəs *Am* ˌkɔːrɪm ˈbɪfərəs/ *a.* che produce corimbi.

corymbose /ˈkɒrɪmbous *Am* ˈkɔːrɪmbous/ *a.* 1 che cresce in corimbi. 2 *(corymblike)* simile a un corimbo.

coryphaeus /ˌkɒrɪˈfiːəs *Am* ˌkɔːrɪˈfiːəs/ *(pl.* -phaei /-fiːaɪ/) *n.* *(Stor.gr,fig)* corifeo *m.*

coryphée /ˌkɒrɪˈfeɪ *Am* ˌkɔːrɪˈfeɪ/ *n.* ballerina *f.* solista, prima ballerina *f.*

coryza /kəˈraɪzə/ *n.* *(Med,Veter)* coriza *f.*, corizza *f.*

cos[1] /kɒs, kɒz *Am* kɑːs, kous/ *n.* *(Bot,Alim)* lattuga *f.* romana. ☐ *(Bot,Alim)* ~ lettuce lattuga romana.

cos[2] *(Mat)* *cosine* cos (coseno).

cosec *(Mat)* *cosecant* cosec (cosecante).

cosecant /ˌkouˈsiːkənt/ *n.* *(Mat)* cosecante *f.*

cosh /kɒʃ/ **I** *n.* *(Br,sl)* manganello *m.*, sfollagente *m.* **II** *v.t.* *(Br,sl)* manganellare.

cosher /ˈkɒʃər/ *v.t.* *(Br)* vezzeggiare, coccolare.

co-sign /ˌkouˈsaɪn/ *v.t.* cofirmare, firmare insieme a.

co-signatory /ˌkouˈsɪɡnətəri *Am* ˌkou ˈsɪɡnətɔːri/ *n.* cofirmatario *m.* *(f.* -a).

co-signer /ˈkousaɪnər/ *n.* cofirmatario *m.* *(f.* -a), firmatario *m.* *(f.* -a) in solido.

cosily /ˈkouzɪli/ *avv.* comodamente, con agio.

cosine /ˈkousaɪn/ *n.* *(Mat)* coseno *m.* ☐ *(Mat)* ~ curve cosinusoide.

cosiness /ˈkouzɪnəs/ *n.* comodità *f.*, agio *m.*

cosmetic /kɒzˈmetɪk *Am* kɑːzˈmeṭɪk/ **I** *n.* cosmetico *m.*, prodotto *m.* di bellezza. **II** *a.* 1 cosmetico. 2 *(Chir)* plastico. 3 *(decorative)* ornamentale, decorativo: ~ fenders on cars parafanghi ornamentali su una macchina. 4 *(superficial)* superficiale: to make a few ~ changes fare qualche cambiamento superficiale.

cosmetician /ˌkɒzməˈtɪʃən *Am* ˌkɑːzməˈtɪʃən/ *n.* 1 cosmetista *m./f.* 2 *(make-up artist)* truccatore *m.* *(f.* -trice).

cosmetological /ˌkɒzmətəˈlɒdʒɪkəl *Am* ˌkɑːzmətəˈlɑːdʒɪkəl/ *a.* cosmetologico.

cosmetologist /ˌkɒzməˈtɒlədʒɪst *Am* ˌkɑːzməˈtɑːlədʒɪst/ *n.* cosmetologo *m.* *(f.* -a).

cosmetology /ˌkɒzməˈtɒlədʒi *Am* ˌkɑːzmə ˈtɑːlədʒi/ *n.* cosmetologia *f.*

cosmic /ˈkɒzmɪk *Am* ˈkɑːzmɪk/ *a.* cosmico *(anche fig).* ☐ *(Astr)* ~ dust polvere cosmica; *(Nucl)* ~ radiation radiazione cosmica; *(Astr)* ~ rays raggi cosmici.

cosmical /ˈkɒzmɪkəl *Am* ˈkɑːzmɪkəl/ *a.* cosmico *(anche fig).*

cosmically /ˈkɒzmɪkəli *Am* ˈkɑːzmɪkəli/ *avv.* in maniera cosmica.

cosmodrome /ˈkɒzmədroum *Am* ˈkɑːzmədroum/ *n.* *(Astron)* cosmodromo *m.*

cosmogonic /ˌkɒzməˈɡɒnɪk *Am* ˌkɑːzmə ˈɡɑːnɪk/ *a.* cosmogonico.

cosmogonical /ˌkɒzmouˈɡɒnɪkəl *Am* ˌkɑːzmouˈɡɑːnɪkəl/ *a.* cosmogonico.

cosmogony /kɒzˈmɒɡəni *Am* kɑːzˈmɑːɡəni/ *n.* cosmogonia *f.*

cosmographer /kɒzˈmɒɡrəfər *Am* kɑːz ˈmɑːɡrəfər/ *n.* cosmografo *m.* *(f.* -a).

cosmographic /ˌkɒzmouˈɡræfɪk *Am* ˌkɑːzməˈɡræfɪk/ *a.* cosmografico.

cosmographical /ˌkɒzmouˈɡræfɪkəl *Am* ˌkɑːzməˈɡræfɪkəl/ *a.* cosmografico.

cosmography /kɒzˈmɒɡrəfi *Am* kɑːz ˈmɑːɡrəfi/ *n.* cosmografia *f.*

cosmologic /ˌkɒzməˈlɒdʒɪk *Am* ˌkɑːzmə ˈlɑːdʒɪk/ *a.* cosmologico.

cosmological /ˌkɒzməˈlɒdʒɪkəl *Am* ˌkɑːzmə ˈlɑːdʒɪkəl/ *a.* cosmologico.

cosmologist /kɒzˈmɒlədʒɪst *Am* kɑːz ˈmɑːlədʒɪst/ *n.* cosmologo *m.* *(f.* -a).

cosmology /kɒzˈmɒlədʒi *Am* kɑːzˈmɑːlədʒi/ *n.* cosmologia *f.*

cosmonaut /ˈkɒzmənɔːt *Am* ˈkɑːzmənəːt/ *n.* cosmonauta *m./f.*, astronauta *m./f.*

cosmonautic /ˌkɒzməˈnɔːtɪk *Am* ˌkɑːzmə ˈnɔːṭɪk/ *a.* cosmonautico, astronautico.

cosmonautical /ˌkɒzməˈnɔːtɪkəl *Am* ˌkɑːzməˈnɔːṭɪkəl/ *a.* cosmonautico, astronautico.

cosmonautics /ˌkɒzməˈnɔːtɪks *Am* ˌkɑːzmə ˈnɔːṭɪks/ *n.pl.* *(costr.sing.)* cosmonautica *f.sing.*, astronautica *f.sing.*

cosmopolis /kɒzˈmɒpəlɪs *Am* kɑːzˈmɑːpəlɪs/ *n.* città *f.* cosmopolita, *(rar)* cosmopoli *f.*

cosmopolitan /ˌkɒzməˈpɒlɪtən *Am* ˌkɑːzmə ˈpɑːlɪtən/ **I** *a.* cosmopolita. **II** *n.* cosmopolita *m./f.*

cosmopolitanism /ˌkɒzməˈpɒlɪtənɪzəm *Am* ˌkɑːzməˈpɑːlɪtənɪzəm/ *n.* cosmopolitismo *m.*

cosmopolitanize /ˌkɒzməˈpɒlɪtənaɪz *Am* ˌkɑːzməˈpɑːlɪtənaɪz/ *v.t.* rendere cosmopolita.

cosmopolite /kɒzˈmɒpəlaɪt *Am* kɑːz ˈmɑːpəlaɪt/ **I** *a.* cosmopolita. **II** *n.* cosmopolita *m./f.*

cosmopolitical /ˌkɒzməpəˈlɪtɪkəl *Am* ˌkɑːzməpouˈlɪtɪkəl/ *a.* della politica internazionale.

cosmorama /ˌkɒzməˈrɑːmə *Am* ˌkɑːzmə ˈrɑːmə, ˌkɑːzməˈræmə/ *n.* cosmorama *m.*

cosmos /ˈkɒzmɒs *Am* ˈkɑːzmous, ˈkɑːzmɑːs/ *n.* 1 cosmo *m.* *(anche Bot).* 2 *(fig)* *(harmonious system)* sistema *m.* armonico, sistema *m.* ordinato, piccolo cosmo *m.*

cosmotron /ˈkɒzmətrɒn *Am* ˈkɑːzmətrɑːn/ *n.* *(Nucl)* cosmotrone *m.*

Cossack /ˈkɒsæk *Am* ˈkɑːsæk/ **I** *n.* cosacco *m.* *(f.* -a). **II** *a.* cosacco.

cosset /ˈkɒsɪt *Am* ˈkɑːsɪt/ **I** *v.t.* vezzeggiare, coccolare. **II** *n.* *(Zool)* agnello *m.*

cost[1] *Am* kɑːst/ *n.* 1 *(Econ)* costo *m.* 2 *(price)* costo *m.*, prezzo *m.* *(anche fig):* at great ~ a caro prezzo. 3 *(fig)* *(sacrifice)* costo *m.*, sacrificio *m.*: at the ~ of one's health a costo della propria salute; *(loss)* perdita *f.* 4 *pl.* *(Dir)* *(paid to a party)* spese *f.pl.*; *(paid to the court)* spese *f.pl.* processuali: to award -s decretare il risarcimento delle spese processuali; to pay -s pagare le spese processuali. ☐ ~ absorption assorbimento dei costi; ~ accountant analizzatore dei costi di produzione; ~ accounting contabilità industriale; *(Econ)* ~ allocation allocazione dei costi; *(Econ)* ~ analysis analisi dei costi; *(Comm)* at ~ a prezzo di costo: to sell at ~ vendere a prezzo di costo; at all -s a tutti i costi, a ogni costo; ~ benefit analysis analisi costi-benefici; ~ centre *(o Am* ~ center) centro di costo; ~ containment contenimento dei costi; ~ cutting riduzione dei costi, taglio ai costi; *(Econ)* ~ distribution allocazione dei costi; ~ effectiveness costo efficacia; ~ estimation valutazione dei costi; *(Econ)* ~ inflation inflazione da costi; *(Comm)* ~ insurance and freight costo, assicurazione e nolo; *(Econ, Sociol)* ~ internalization internalizzazione

dei costi (esterni); at *(a)* great ~ of life con grave perdita di vite umane; ~ of living costo della vita; ~ of living allowance indennità di spese giornaliere; *(Comm)* ~ price prezzo di costo; ~ price calculation calcolo del prezzo di costo; ~ prohibitive proibitivo, eccessivamente caro; ~ unit unità di costo; *(Dir)* with -s condannato alle spese.

cost[2] /kɒst *Am* kɑːst/ *(past, p.p.* cost) *v.t.* 1 costare *(anche fig):* how much does it ~? quanto costa?; the accident ~ him his licence l'incidente gli è costato la patente. 2 *(Comm)* *(to value)* valutare, stabilire il prezzo di. ☐ *(fig,colloq)* to ~ an arm and a leg costare un occhio della testa, costare una follia; *(fig)* it ~ him his head gli è costato la vita, ci ha rimesso la testa; ~ what it may costi quel che costi.

costal /ˈkɒstəl *Am* ˈkɑːstəl/ *a.* costale.

co-star[1] /ˈkoustɑːr *Am* ˈkoustɑːr/ *n.* *(Cin,Teat)* co-protagonista *m./f.*

co-star[2] /ˌkoustɑːr *Am* kouˈstɑːr/ **I** *v.i.* *(Cin, Teat)* avere un ruolo di co-protagonista. **II** *v.t.* *(Cin,Teat)* presentare come co-protagonisti.

costard /ˈkʌstəd, ˈkɒstəd *Am* ˈkɑːstərd/ *n.* *(Bot, Alim)* mela *f.* da cuocere.

Costa Rica /ˌkɒstəˈriːkə *Am* ˌkɑːstəˈriːkə/ *n.pr.* *(Geog)* Costa Rica *m.*

Costa Rican /ˌkɒstəˈriːkən *Am* ˌkɑːstəˈriːkən/ *n.* *(Geog)* costaricano *m.* *(f.* -a).

cost-effective /ˌkɒstɪˈfektɪv *Am* ˈkɑːstɪfektɪv/ *a.* efficiente, redditizio.

cost-effectively /ˌkɒstɪˈfektɪvli *Am* ˈkɑːstɪfektɪvli/ *avv.* in modo redditizio.

coster /ˈkɒstər/ *n.* *(Br,ant)* venditore *m.* *(f.* -trice) ambulante *(spec.* di frutta e verdura).

costermonger /ˈkɒstəˌmʌŋɡər/ *n.* *(Br,ant)* venditore *m.* *(f.* -trice) ambulante *(spec.* di frutta e verdura).

cost-free /ˈkɒstfriː *Am* ˈkɑːstfriː/ *a.* *(Comm)* franco di spese.

costing /ˈkɒstɪŋ *Am* ˈkɑːstɪŋ/ *n.* 1 contabilità *f.* industriale. 2 *(determining of costs)* determinazione *f.* dei costi di produzione. ☐ ~ system sistema di determinazione dei costi; ~ unit unità di costo.

costive /ˈkɒstɪv *Am* ˈkɑːstɪv/ *a.* 1 *(Med)* stitico. 2 *(fig)* *(slow to speak or act)* lento, esitante. 3 *(fig)* *(stingy)* avaro, tirchio, taccagno, spilorcio.

costiveness /ˈkɒstɪvnəs *Am* ˈkɑːstɪvnəs/ *n.* *(Med)* stitichezza *f.*

costliness /ˈkɒstlɪnəs *Am* ˈkɑːstlɪnəs/ *n.* dispendiosità *f.*

costly /ˈkɒstli *Am* ˈkɑːstli/ *a.* 1 costoso, caro. 2 *(fig)* costoso, che costa caro: a ~ mistake un errore che costa caro.

costmary /ˈkɒstmeəri *Am* ˈkɑːstmeri/ *n.* 1 *(Bot)* balsamita *f.* 2 *(tansy)* tanaceto *m.*

cost-of-carry /ˌkɒstə(v)ˈkæri *Am* ˌkɑːstə(v) ˈkæri/ *n.* *(Econ)* cost of carry *m.*, costo *m.* di finanziamento, costo *m.* di trasferimento, costo *m.* di mantenimento.

cost-of-living /ˌkɒstə(v)ˈlɪvɪŋ *Am* ˌkɑːstə(v) ˈlɪvɪŋ/ ☐ ~ bonus indennità di contingenza; *(Statist)* ~ index indice del costo della vita.

cost-plus /ˈkɒstˈplʌs *Am* ˈkɑːstˈplʌs/ *n.* *(Comm)* costo *m.* di produzione e utile. ☐ *(Comm)* ~ contract contratto a rimborso spese e utile; *(Comm)* ~ price prezzo di costo e utile.

cost-push /ˈkɒstpuʃ *Am* ˈkɑːstpuʃ/ *n.* *(Econ)* ~ inflation inflazione da costi.

cost-revenue /ˈkɒstˌrevənjuː *Am* ˈkɑːst ˌrevən(j)uː/ ☐ *(Comm)* ~ balance equilibrio costi-ricavi.

costume /ˈkɒstjuːm *Am* ˈkɑːst(j)uːm/ **I** *n.* 1 *(Folcl,Teat)* costume *m.* 2 *(fancy dress)* costume *m.*, maschera *f.* 3 *(Br,Abbigl)* abito *m.* a due pezzi, tailleur *m.* **II** *v.t.* mettere in costume, vestire in costume. □ ~ **ball** ballo mascherato, ballo in costume; (*Teat*) ~ **designer** costumista; (*Teat*) ~ **drama** commedia (storica) in costume; ~ **jewellery** bigiotteria; (*Teat*) ~ **piece** dramma in costume.

costumer /'kɒstjuːmə^r *Am* 'kaːst(j)uːmə^r/ *n.* **1** (*seller*) venditore *m.* (*f.* -trice) di costumi. **2** (*maker*) costumista *m./f.*

costumier /kɒs'tjuːmiə^r *Am* kaːs't(j)uːmiə^r/ *n.* **1** (*seller*) venditore *m.* (*f.* -trice) di costumi. **2** (*maker*) costumista *m./f.*

cosy /'kəʊzi/ **I** *a.* confortevole, comodo, accogliente, intimo: *a ~ room* una stanza confortevole. **II** *n.* (*tea cosy*) copriteiera *m.*

cot[1] /kɒt *Am* kaːt/ *n.* **1** branda *f.* **2** (*Br*) (*child's bed*) lettino *m.* **3** (*Mar*) cuccetta *f.* □ (*Br, Med*) ~ **death** morte in culla.

cot[2] /kɒt *Am* kaːt/ *n.* **1** (*shelter*) rifugio *m.* **2** (*ant*) (*cottage*) casetta *f.*; (*hut*) capanna *f.*

cot[3] (*Mat*) cotangent cot (cotangente).

cotangent /kəʊ'tændʒənt, 'kəʊ,tændʒənt/ *n.* (*Mat*) cotangente *f.*

cote /kəʊt/ *n.* (*Zootecn*) riparo *m.*, ricovero *m.*

co-tenancy /,kəʊ'tenənsi/ *n.* (*Dir*) locazione *f.* in comune.

co-tenant /,kəʊ'tenənt/ *n.* coaffittuario *m.* (*f.* -a).

co-tenure /,kəʊ'tenjə^r/ *n.* (*Dir*) locazione *f.* in comune.

coterie /'kəʊtəri *Am* 'kəʊtə^ri/ *n.* **1** gruppo *m.* di persone unite da interessi comuni. **2** (*clique*) consorteria *f.*, camarilla *f.*

coterminous /,kəʊ'tɜːmɪnəs *Am* ,kəʊ 'tɜːrmɪnəs/ *a.* **1** (*having the same boundaries*) contiguo, confinante, limitrofo. **2** (*having the same extent*) che ha la stessa estensione.

cothurnus /,kəʊ'θɜːnəs *Am* ,kəʊ'θɜːrnəs/ (*pl.* -**ni** /-naɪ/) *n.* coturno *m.* (*anche fig*).

cotidal /,kəʊ'taɪdəl/ *a.* (*Geog*) cotidale: ~ *line* linea cotidale.

cotillion /kəʊ'tɪliən/ *n.* **1** ballo *m.* figurato, cotillon *m.* **2** (*Mus*) musica *f.* per cotillon. **3** (*dance for many people*) quadriglia *f.* **4** (*formal ball*) ballo *m.* di società.

cotta /'kɒtə *Am* 'kaːtə/ *n.* (*Lit*) (*surplice*) cotta *f.*

cottage /'kɒtɪdʒ *Am* 'kaːtɪdʒ/ *n.* **1** casetta *f.* **2** (*country house*) villetta *f.* □ (*Alim*) ~ *cheese* fiocchi di latte; ~ *garden* giardino (di villetta); ~ *hospital* piccolo ospedale (senza personale medico interno); ~ *industry* industria a domicilio; ~ *loaf* pagnotta di due pani sovrapposti; (*Mus*) ~ *piano* piccolo pianoforte verticale; (*Gastron*) ~ *pie* piatto a base di carne trita e patate cotto in forno.

cottager /'kɒtɪdʒə^r *Am* 'kaːtɪdʒə^r/ *n.* abitante *m./f.* di un cottage.

cottagey /'kɒtɪdʒi *Am* 'kaːtɪdʒi/ *a.* confortevole, comodo, accogliente.

cottar /'kɒtə^r *Am* 'kaːtə^r/ *n.* **1** (*Scott,Ir*) affittuario *m.* (*f.* -a), fittavolo *m.* (*f.* -a). **2** (*rural worker*) contadino *m.* (*f.* -a).

cotter[1] /'kɒtə^r *Am* 'kaːtə^r/ **I** *n.* **1** (*Mecc*) chiavetta *f.* trasversale, bietta *f.* trasversale, spinotto *m.* **2** (*Tecn*) (*cotter pin*) coppiglia *f.* **II** *v.t.* inchiavettare.

cotter[2] /'kɒtə^r *Am* 'kaːtə^r/ *n.* **1** (*Scott,Ir*) affittuario *m.* (*f.* -a), fittavolo *m.* (*f.* -a). **2** (*rural worker*) contadino *m.* (*f.* -a).

cottier /'kɒtiə^r *Am* 'kaːtiə^r/ *n.* **1** (*Ir*) affittuario *m.* (*f.* -a), fittavolo *m.* (*f.* -a). **2** (*cottager*) abitante *m./f.* di un cottage.

cotton[1] /'kɒtən *Am* 'kaːtən/ **I** *n.* **1** (*Tess*) cotone *m.* **2** (*Bot*) cotone *m.*, pianta *f.* del cotone. **II** *a.* di cotone: *a ~ dress* un vestito di cotone. □ ~ *batting* cotone idrofilo; (*in the USA*) *Cotton Belt* zona (di coltivazione) del cotone; (*Entom*) ~ *bollworm* eliotide del cotone, bruco del cotone; ~ *bud* cotone fioc. (*Dolc*) ~

candy zucchero filato; (*Tess*) ~ *gin* sgranatrice per cotone; (*Bot*) ~ *grass* erioforo; ~ *grower* cotonicoltore; ~ *growing* cotonicoltura; (*Tess*) ~ *mill* cotonificio; ~ *picker* (*machine*) raccoglitrice per cotone; ~ *press* pressatrice per imballare il cotone; (*Tess*) ~ *print* cotone stampato; (*Tess*) ~ *staple* fiocco di cotone; ~ *swab* cotton fioc; (*Tess*) ~ *twist* cotone ritorto; ~ *waste* cascame di cotone, bambagia; ~ *wool*: **1** (*raw cotton*) cotone in fiocchi, cotone grezzo; **2** (*absorbent cotton*) cotone idrofilo; **3** (*colloq,fig*) bambagia: *to wrap so. up in ~ wool* tenere qcu. nella bambagia.

cotton[2] /'kɒtən *Am* 'kaːtən/ *v.i.* (*colloq*) andare d'accordo, vivere in buona armonia. □ (*colloq*) *to ~ on* capire, afferrare, comprendere; (*colloq*) *to ~ on to* capire, afferrare, comprendere; (*Am,colloq*) *to ~ to*: **1** affezionarsi a, simpatizzare con, andare subito d'accordo con; **2** (*to agree with*) convenire, approvare; **3** (*to understand*) capire, afferrare, comprendere; (*Am,colloq*) *to ~ up to* (o *to ~ with*): **1** affezionarsi a; **2** (*to agree with*) convenire, approvare.

cottoncake /'kɒtənkeɪk *Am* 'kaːtənkeɪk/ *n.* (*Zootecn*) pane *m.* di semi di cotone pressati.

cottonmouth /'kɒtənmaʊθ *Am* 'kaːtənmaʊθ/ *n.* (*Zool*) mocassino *m.* acquatico (serpente velenoso americano).

cottonocracy /,kɒtən'ɒkrəsi *Am* ,kaːtən 'aːkrəsi/ *n.* (*collett.*) magnati *m.pl.* del cotone.

cottonseed /'kɒtənsiːd *Am* 'kaːtənsiːd/ □ (*Chim*) ~ *oil* olio di semi di cotone.

cottontail /'kɒtənteɪl *Am* 'kaːtənteɪl/ *n.* (*Am,Zool*) specie *f.* di coniglio americano.

cottony /'kɒtəni *Am* 'kaːtəni/ *a.* cotonoso.

cotyledon /,kɒtɪ'liːdən *Am* ,kaːtə'liːdən/ *n.* (*Bot*) cotiledone *m.*

cotyledonal /,kɒtɪ'liːdənəl *Am* ,kaːtə'liːdənəl/ *a.* (*Bot*) cotiledonare.

cotyledonary /,kɒtɪ'liːdənəri *Am* ,kaːtə 'liːdəneri/ *a.* (*Bot*) cotiledonare.

cotyledonous /,kɒtɪ'liːdənəs *Am* ,kaːtə 'liːdənəs/ *a.* (*Bot*) cotiledonare.

cotyloid /'kɒtɪlɔɪd *Am* 'kaːtəlɔɪd/ *a.* (*Anat*) cotiloide.

couch[1] /kaʊtʃ/ **I** *n.* **1** divano *m.*, sofà *m.* **2** (*poet*) (*resting place*) letto *m.*, giaciglio *m.* **3** (*in brewing*) strato *m.* di cereale (messo a germinare). **4** (*Tecn*) (*of paint*) fondo *m.*, strato *m.* di base. **II** *v.t.* **1** (*fig*) (*to phrase*) esprimere. **2** (*fig*) (*to nestle, shrewdly phrase*) velare, sottintendere, nascondere. **3** (*of a lance, etc.*) abbassare, mettere in resta. **4** (*to lower*) abbassare, reclinare. **5** (*Chir*) (*of a cataract*) togliere, abbassare. **6** (*Cart*) porre sulla tavola dei feltri. **III** *v.i.* **1** giacere, essere adagiato. **2** (*of an animal*) giacere, essere accucciato. **3** (*to lie in ambush*) essere in agguato. □ (*colloq*) ~ *hopping* l'essere ospitato a destra e a manca (dormendo sul divano); (*colloq*) ~ *potato* pantofolaio.

couch[2] /kaʊtʃ, kaʊtʃ/ *n.* (*Bot*) (*couch grass*) agropiro *m.*, dente *m.* canino.

couchant /'kaʊtʃənt, 'kuːtʃənt/ *a.* **1** giacente. **2** (*Arald*) coricato.

couchette /kuː'ʃet/ *n.* (*Ferr*) cuccetta *f.*

couching /'kaʊtʃɪŋ/ *n.* (*in sewing*) punto *m.* stuoia. □ ~ *stitch* (*in sewing*) punto stuoia.

cougar /'kuːgə^r/ *n.* (*Zool*) coguaro *m.*, puma *m.*

cough[1] /kɒf *Am* kaːf/ *n.* tosse *f.* (*anche Med*): *to have a bad ~* avere una brutta tosse. □ (*Farm*) ~ *drop* pastiglia per la tosse; (*Br,Farm*) ~ *mixture* sciroppo per la tosse; (*Farm*) ~ *syrup* sciroppo per la tosse.

cough[2] /kɒf *Am* kaːf/ *v.i.* **1** tossire. **2** (*fig*) (*make coughing sound*) scoppiettare, tossire. □ *to ~ up*: **1** espettorare tossendo; **2**

(*fig,sl*) (*to disclose reluctantly*) svelare, sputare (fuori); **3** (*sl*) (*of money*) sborsare, cacciare (fuori).

could /kəd *emphatic* kʊd/ → **can**[1].

couldn't /'kʊdənt/ → **can**[1].

coulee /'kuːli/ *n.* **1** (*Geol*) colata *f.* **2** (*Am*) (*ravine*) burrone *m.*, gola *f.*

coulis /'kuːli/ *n.* (*Gastron*) purea *f.* di frutta.

coulisse /kuː'liːs/ *n.* **1** (*Fal*) telaio *m.* con scanalatura, guida *f.* (di legno), coulisse *f.* **2** (*Teat*) quinta *f.*

couloir /'kuːlwaː^r *Am* ,kuːl'waːr/ *n.* (*gorge*) canalone *m.*

coulomb /'kuːlɒm *Am* 'kuːlaːm/ *n.* (*El*) coulomb *m.*

coulomb-meter /'kuːlɒm,miːtə^r *Am* 'kuːlaːm ,miːtə^r/ *n.* (*Tecn*) coulombometro *m.*

coulometer /kuː'lɒmɪtə^r *Am* kuː'laːmətə^r/ *n.* (*Tecn*) coulombometro *m.*

coulter /'kəʊltə^r *Am* 'kəʊltə^r/ *n.* (*Agr*) coltro *m.*, vomero *m.*

coumarin /'kuːmərɪn/ *n.* (*Chim*) cumarina *f.*

council /'kaʊnsɪl/ *n.* **1** consiglio *m.* **2** (*Rel*) concilio *m.* □ ~ *board*: **1** tavolo del consiglio; **2** (*fig*) (*council in deliberation*) riunione consiliare; (*Dir*) ~ *chamber* sala consiliare; ~ *house* casa popolare (costruita dal comune); *Council of Europe* consiglio d'Europa; (*Parl*) *Council of Ministers* consiglio dei ministri; *Council of state* consiglio di stato; (*Stor*) ~ *of Trent* concilio di Trento; (*Mil*) ~ *of war* consiglio di guerra (*anche fig*); ~ *school* scuola pubblica, scuola comunale.

councillor /'kaʊnsɪlə^r/ *n.* consigliere *m.* (*f.* -a).

councillorship /'kaʊnsɪləʃɪp *Am* 'kaʊn sɪlə^rʃɪp/ *n.* carica *f.* di consigliere.

councilman /'kaʊnsɪlmən/ *n.* (*Am*) **1** consigliere *m.* **2** (*city councillor*) consigliere *m.* municipale.

councilor /'kaʊnsɪlə^r/ *n.* (*Am*) consigliere *m.* (*f.* -a).

councilwoman /'kaʊnsɪl,wʊmən/ *n.* (*Am*) **1** consigliera *f.* **2** (*city councillor*) consigliera *f.* municipale.

counsel /'kaʊnsəl/ **I** *n.* **1** consiglio *m.*, parere *m.*; (*consultation*) consultazione *f.* **2** (*Dir*) (*costr.sing.* o *pl.*) (*legal adviser*) avvocato *m.* (*f.* -essa), consulente *m./f.* legale, patrocinante *m./f.*: (*GB*) *Queen's* (o *King's*) *Counsel* patrocinante della Corona. **3** (*Dir*) (*group*) collegio *m.* di difesa. **II** *v.t.* (*past, p.p.* **counselled** / *Am* **counseled** /-d/) **1** consigliare: *to ~ so. not to do sth.* consigliare a qcu. di non fare qcs. **2** (*to recommend*) consigliare, raccomandare. □ (*Dir*) ~ *for the defence* avvocato difensore; (*Dir*) ~ *for the defendant* avvocato dell'accusato, avvocato del convenuto; (*Dir*) ~ *for the plaintiff* avvocato della parte lesa; (*Dir*) ~ *for the prosecution* pubblico ministero; *to keep one's own* ~ tener segreti i propri piani; (*colloq*) *a ~ of perfection* un consiglio difficile da seguire; *to take ~ together* consultarsi, consigliarsi.

counselling /'kaʊnsəlɪŋ/ *n.* (*Psic*) consulenza *f.* psicologica, counseling *m.*

counsellor /'kaʊnsələ^r/ *n.* **1** consigliere *m.* (*f.* -a), consulente *m./f.* **2** (*GB,Dir*) avvocato *m.* (*f.* -essa) difensore. **3** (*US,Dir*) avvocato *m.* (*f.* -essa). **4** (*Pol*) (*of an embassy*) consigliere *m.* (*f.* -a). □ (*GB*) *Counsellor of State* chi ha prerogative reali in caso di indisposizione o assenza del sovrano.

counsellorship /'kaʊnsələʃɪp *Am* 'kaʊnsələ^rʃɪp/ *n.* carica *f.* di consigliere.

count[1] /kaʊnt/ **I** *v.t.* **1** (*to number*) contare. **2** (*to include in a reckoning*) contare, calcolare, conteggiare. **3** (*to reckon*) contare, annoverare: *to ~ so. among one's friends* annoverare qcu. fra i propri amici. **4** (*to consider*) considerare, reputare, ritenere: *to ~ oneself lucky* considerarsi fortunato. **II** *v.i.* **1** contare: *to learn to ~* imparare a contare. **2** (*to rely*) contare, fare affidamento (*on, upon* su). **3** (*to have importance*) contare, avere importanza, avere valore: *that doesn't ~* questo non conta. **4** (*to intend*) proporsi (qcs.), fare conto, avere intenzione (di): *he -s on leaving tomorrow* ha intenzione di partire domani. **5** (*to expect*) aspettarsi (*on sth.* qcs.). **6** (*to be included*) essere nel numero (*among* di). **7** (*to total*) ammontare (*on* a). □ *to ~ sth. against so.* imputare qcs. a qcu.: *we must not ~ that against him* non dobbiamo fargliene una colpa; (*Rel*) *to ~ one's beads* dire il rosario; *to ~ one's blessings* accontentarsi, essere soddisfatto di quel che si ha; (*Astron*) *to ~ down* fare il conto alla rovescia; *to ~ for little* contare poco; *to ~ for much* avere molta importanza, contare molto; (*fig*) *to ~ heads* contare i presenti; *to ~ so. in* includere, comprendere: *we go to lunch, should we ~ you in?* andiamo a pranzo, sei dei nostri?; *to ~ off*: 1 (*Mil*) fare la conta; 2 (*to select*) selezionare, designare; *to ~ on* (*to rely*) contare, fare affidamento; *to ~ out*: 1 escludere: *you can ~ me out* mi potete escludere; 2 (*Sport*) dichiarare battuto per k.o., dichiarare fuori combattimento; (*GB*) *to ~ out the House* aggiornare la Camera (per mancanza del numero legale); *to ~ over* contare; (*colloq*) *to ~ the beans* preoccuparsi di cose di poca importanza, spaccare un capello in quattro; *to ~ the cost* calcolare i rischi, fare i conti, calcolare il costo (*anche fig*); *to ~ up*: 1 contare; 2 (*to add*) sommare; *to ~ upon* (*to rely*) contare, fare affidamento. *Prov.*: *don't ~ your chickens before they are hatched* non vendere la pelle dell'orso prima di averlo ucciso.

count² /kaʊnt/ *n.* **1** conteggio *m.*, conto *m.*, calcolo *m.*: *to keep ~ of sth.* tenere il conto di qcs., tenere il conteggio di qcs.; *to lose ~ of sth.* perdere il conto di qcs. **2** (*Dir*) capo *m.* d'accusa. **3** (*Tess*) titolo *m.* **4** (*Sport*) (*in boxing*) conteggio *m.*; (*in baseball, bowling*) conta *f.* □ *by my ~* secondo il mio calcolo; (*Sport*) *to go down for the ~* (o *to be down for the ~*) andare al tappeto per il conteggio; *to take no ~ of sth.* non tenere alcun conto di qcs.; (*Sport*) *to take the ~* essere dichiarato fuori combattimento.

count³ /kaʊnt/ *n.* conte *m.* (*f.* -essa). □ (*Stor*) *~ palatine* conte palatino.

countable /'kaʊntəbl/ *Am* 'kaʊntəbl/ *a.* **1** che si può contare, numerabile. **2** (*Gramm*) numerabile.

countdown /'kaʊntdaʊn/ *n.* **1** (*Astron*) conto *m.* alla rovescia. **2** (*fig*) sgoccioli *m.pl.*, conto *m.* alla rovescia. **3** (*digital display*) display *m.* per conto alla rovescia.

countenance /'kaʊntənəns/ *I n.* **1** (*face*) volto *m.*, viso *m.*, faccia *f.* **2** (*expression*) espressione *f.*, aria *f.*: *to change ~* cambiare espressione. **3** (*composure*) compostezza *f.*, contegno *m.* **4** (*approval, support*) appoggio *m.*, approvazione *f.* **II** *v.t.* **1** permettere, tollerare. **2** (*to support, to approve*) approvare, dare il proprio appoggio a. □ *to give ~ to a plan* dare il proprio appoggio a un piano; *to keep one's ~* mantenersi composto, stare in contegno; *to put so. out of ~* mettere qcu. in imbarazzo, sconcertare qcu.

counter¹ /'kaʊntər Am 'kaʊntər/ *n.* **1** (*in a shop, etc.*) banco *m.*, bancone *m.* **2** (*colloq*) (*cashier's desk*) cassa *f.*, banco *m.*: *payable at the ~* pagabile alla cassa. **3** (*token*) contrassegno *m.*, contramarca *f.*, gettone *m.* **4**

(*used in games*) gettone *m.* □ (*Econ*) *~ cheque* (o *Am ~ check*) assegno di banco, assegno di cassa; *~ hand* banconiere, banconista; *over the ~*: 1 (*Econ*) (*of stock*) in un ufficio privato; 2 (*Econ*) (*of merchandise*) al dettaglio; 3 (*Farm*) da banco; 4 (*Comm*) (*of merchandise*) al dettaglio; *under the ~* sottobanco; *~ word* termine generico.

counter² /'kaʊntər Am 'kaʊntər/ *I avv.* **1** in senso contrario. **2** (*fig*) (*in opposition to*) in opposizione, contrariamente. **II** *a.* contrario, opposto. **III** *n.* **1** (*Sport*) (*in boxing*) colpo *m.* di incontro; (*in fencing*) parata *f.* di incontro. **2** (*Calz*) rinforzo *m.* del calcagno. **IV** *v.t.* **1** ricambiare, controbattere: *to ~ a blow* ricambiare un colpo. **2** (*to oppose*) contrastare, opporsi a. **3** (*to offset*) neutralizzare, annullare. **4** (*to say in answer*) replicare, controbattere. **V** *v.i.* **1** opporsi. **2** (*Sport*) colpire di contro, contrare.

counter³ /'kaʊntər Am 'kaʊntər/ *n.* **1** chi conta, chi calcola. **2** (*device*) contatore *m.* (*anche Nucl*). **3** (*of recorder*) contanastro *m.*

counteract /ˌkaʊntər'ækt Am ˌkaʊntər'ækt/ *v.t.* **1** agire contro, contrapporsi a. **2** (*to nullify*) rendere vano, neutralizzare.

counteraction /ˌkaʊntər'ækʃən Am ˌkaʊntər'ækʃən/ *n.* controazione *f.*

counteractive /ˌkaʊntər'æktɪv Am ˌkaʊntər'æktɪv/ *a.* che agisce in opposizione, antagonistico.

counteragent /'kaʊntərˌeɪdʒənt Am 'kaʊntərˌeɪdʒənt/ *n.* oppositore *m.* (*f.* -trice).

counterattack¹ /'kaʊntərəˌtæk Am 'kaʊntərəˌtæk/ *n.* **1** controffensiva *f.*, contrattacco *m.* (*anche Mil*). **2** (*Sport*) contropiede *m.*, controazione *f.*

counterattack² /ˌkaʊntərə'tæk Am ˌkaʊntərə'tæk/ *I v.i.* passare alla controffensiva, contrattaccare. **II** *v.t.* contrattaccare.

counterbalance¹ /'kaʊntəˌbæləns Am 'kaʊntərˌbæləns/ *n.* contrappeso *m.* (*anche fig*).

counterbalance² /ˌkaʊntə'bæləns Am ˌkaʊntər'bæləns/ *v.t.* contrappesare, controbilanciare (*anche fig*).

counterblast /'kaʊntəblɑːst Am 'kaʊntərblæst/ *n.* replica *f.* violenta.

counterbore /'kaʊntəbɔː Am 'kaʊntərbɔːr/ *I n.* **1** (*Fal*) (*hole*) foro *m.* svasato. **2** (*drill*) accecatoio *m.* **II** *v.t.* (*to drill a counterbore*) accecare, allargare l'estremità di un foro.

counterbrace /'kaʊntəbreɪs Am 'kaʊntərbreɪs/ *I n.* (*Mar*) controbraccio *m.* **II** *v.t.* (*Mar*) controbracciare.

counterchange /'kaʊntətʃeɪndʒ Am 'kaʊntərtʃeɪndʒ/ *I n.* **1** scambio *m.* **2** (*pattern*) disegno *m.* con motivi in positivo e in negativo. **II** *v.t.* **1** (*to change parts*) scambiare, scambiarsi. **2** (*to make a chequered pattern*) creare un disegno con motivi in positivo e in negativo.

countercharge¹ /'kaʊntətʃɑːdʒ Am 'kaʊntərtʃɑːrdʒ/ *n.* (*Dir*) contraccusa *f.*

countercharge² /ˌkaʊntə'tʃɑːdʒ Am ˌkaʊntər'tʃɑːrdʒ/ *v.t.* muovere una contraccusa a.

countercheck¹ /'kaʊntətʃek Am 'kaʊntərtʃek/ *n.* **1** contrappeso *m.* **2** (*verification*) controverifica *f.*, riscontro *m.*

countercheck² /ˌkaʊntə'tʃek Am ˌkaʊntər'tʃek/ *v.t.* **1** contrapporsi a. **2** (*to restrain*) frenare. **3** (*to check again*) verificare, riscontrare.

counterclaim /'kaʊntəkleɪm Am 'kaʊntərkleɪm/ *I n.* (*Dir*) controquerela *f.* **II** *v.t.* (*Dir*) controquerelare. **III** *v.i.* (*Dir*) sporgere una controquerela.

counter-clockwise /ˌkaʊntə'klɒkwaɪz Am

,kaʊntər'klɑːkwaɪz/ *I a.* antiorario. **II** *avv.* in senso antiorario.

counter-cultural /ˌkaʊntə'kʌltʃərəl Am ˌkaʊntər'kʌltʃərəl/ *a.* controculturale.

counter-culture /'kaʊntəkʌltʃər Am 'kaʊntərkʌltʃər/ *n.* controcultura *f.*

counter-culturist /'kaʊntəkʌltʃərɪst Am 'kaʊntərkʌltʃərɪst/ *n.* esponente *m./f.* della controcultura.

countercurrent /'kaʊntəkʌrənt Am 'kaʊntərkɜːrənt/ *n.* (*Geog,El*) corrente *f.* contraria, controcorrente *f.*

counterdemonstration /ˌkaʊntəˌdemənˈstreɪʃən Am ˌkaʊntərˌdemən'streɪʃən/ *n.* contromanifestazione *f.*

counter-espionage /ˌkaʊntər'espɪənɑː(d)ʒ Am ˌkaʊntər'espɪənɑː(d)ʒ/ *n.* controspionaggio *m.*

counterfeit /'kaʊntəfiːt Am 'kaʊntərfɪt/ *I a.* **1** falsificato, falso, contraffatto. **2** (*fig*) falso, simulato, finto: *~ sorrow* finto dolore. **II** *n.* falsificazione *f.*, contraffazione *f.* **III** *v.t.* **1** contraffare, falsificare: *to ~ banknotes* falsificare banconote. **2** (*fig*) fingere, simulare. **3** (*fig*) (*to imitate*) imitare.

counterfeiter /'kaʊntəfiːtər Am 'kaʊntərfɪtər/ *n.* **1** contraffattore *m.* (*f.* -trice), falsario *m.* (*f.* -a). **2** (*fig*) contraffattore *m.* (*f.* -trice), imitatore *m.* (*f.* -trice).

counterfeiting /'kaʊntəfiːtɪŋ Am 'kaʊntərfɪtɪŋ/ *n.* falsificazione *f.* valutaria.

counterfoil /'kaʊntəfɔɪl/ *n.* (*Br*) (*of a cheque, money order, etc.*) matrice *f.*

counterfort /'kaʊntəfɔːt Am 'kaʊntərfɔːrt/ *n.* (*Arch*) contrafforte *m.*

counterfugue /'kaʊntəfjuːg Am 'kaʊntərfjuːg/ *n.* (*Mus*) controfuga *f.*

counterinsurgency /ˌkaʊntərɪn'sɜːdʒənsi Am ˌkaʊntərɪn'sɜːrdʒənsi/ *n.* (*Mil*) controrivolta *f.*, controinsurrezione *f.*

counterintelligence /'kaʊntərɪnˌtelɪdʒəns Am 'kaʊntərɪnˌtelɪdʒəns/ *n.* controspionaggio *m.*

counterintuitive /ˌkaʊntərɪn'tjuːɪtɪv Am ˌkaʊntərɪn't(j)uːəţɪv/ *a.* contrario alle aspettative.

counterintuitively /ˌkaʊntərɪn'tjuːɪtɪvli Am ˌkaʊntərɪn't(j)uːəţɪvli/ *avv.* contrariamente alle aspettative.

counter-irritant /ˌkaʊntər'ɪrɪtənt Am ˌkaʊntər'ɪrɪtənt/ *n.* (*Med*) revulsivo *m.*, vescicante *m.*

counter-irritation /ˌkaʊntərˌɪrɪ'teɪʃən Am ˌkaʊntərˌɪrɪ'teɪʃən/ *n.* revulsione *f.*

countermand¹ /ˌkaʊntə'mɑːnd Am ˌkaʊntər'mænd/ *v.t.* **1** (*of an order, etc.*) revocare, annullare. **2** (*to recall by a contrary order*) richiamare (con un contrordine).

countermand² /'kaʊntəmɑːnd Am 'kaʊntərmænd/ *n.* revoca *f.*, contrordine *m.*

countermanoeuvre /ˌkaʊntəmə,nuːvər Am ˌkaʊntərmə,nuːvər/ *n.* (*Mil*) contromanovra *f.*

countermarch¹ /'kaʊntəmɑːtʃ Am 'kaʊntərmɑːrtʃ/ *n.* contromarcia *f.* (*anche Mil*).

countermarch² /ˌkaʊntə'mɑːtʃ Am ˌkaʊntər'mɑːrtʃ/ *v.i.* **1** (*Mil*) fare una contromarcia. **2** (*fig*) fare marcia indietro.

countermark¹ /'kaʊntəmɑːk Am 'kaʊntərmɑːrk/ *n.* **1** contramarca *f.* (*anche Numism*). **2** (*Comm*) contrassegno *m.*

countermark² /ˌkaʊntə'mɑːk Am ˌkaʊntər'mɑːrk/ *v.t.* contrassegnare, contromarcare.

countermeasure /'kaʊntə,meʒər Am 'kaʊntər,meʒər/ *n.* contromisura *f.*

countermine¹ /'kaʊntəmaɪn Am 'kaʊntərmaɪn/ *n.* (*Mil,fig*) contromina *f.*

countermine² /ˌkaʊntə'maɪn Am ˌkaʊntər'maɪn/ *I v.t.* (*Mil,fig*) contraminare. **II** *v.i.* (*Mil*) collocare contromine.

countermove /'kauntəmu:v Am 'kaun təmu:v/ n. 1 contromanovra f. 2 (in chess) contromossa f.

counteroffensive /ˌkauntərə'fensɪv Am 'kauntərəˌfensɪv/ n. (Mil) controffensiva f., contrattacco m.

counteroffer /'kauntərɒfər Am 'kauntərɑːfər/ n. controfferta f., controproposta f.

counterorder /'kauntərɔːdər Am 'kaun təˌrdər/ n. contrordine m.

counterpane /'kauntəp(e)ɪn Am 'kaun təˌp(e)ɪn/ n. (ant) copriletto m.

counterpart /'kauntəpɑːt Am 'kauntəˌpɑːrt/ n. 1 omologo m., equivalente m. (nella funzione), controparte f.: the French ambassador is scheduled to meet with his American ~ this week questa settimana l'ambasciatore francese si incontrerà con il suo omologo americano. 2 (corresponding piece) parte f. corrispondente. 3 (Dir,Teat) controparte f. (to a).

counterplan /'kauntəplæn Am 'kauntərˌplæn/ n. controprogetto m.

counterplea /'kauntəpli: Am 'kauntərˌpli:/ n. 1 (Dir) (counterclaim) controquerela f. 2 (replication) replica f.

counterplot[1] /'kauntəplɒt Am 'kauntərˌplɑːt/ n. 1 controprogetto m., contromanovra f. 2 (Lett) (subplot) trama f. secondaria.

counterplot[2] /ˌkauntə'plɒt Am ˌkauntərˌplɑːt/ I v.i. tramare per sventare un progetto. II v.t. sventare, prevenire.

counterpoint /'kauntəpɔɪnt Am 'kaun təˌpɔɪnt/ I n. (Mus,fig) contrappunto m. II v.t. 1 (Mus) contrappuntare. 2 (fig) mettere in contrasto con.

counterpoise /'kauntəpɔɪz/ I n. (Br) contrappeso m. (anche fig). II v.t. (Br) contrappesare, bilanciare, fare da contrappeso a (anche fig).

counterpose /'kauntəpəuz Am 'kaun təˌpəuz/ v.t. contrapporre.

counterpower /'kauntəpauər Am 'kaun təˌpauər/ n. contropotere m.

counterproductive /ˌkauntəprə'dʌktɪv Am ˌkauntərprə'dʌktɪv/ a. controproducente.

counterprogramming /ˌkauntə'prou græmɪŋ Am ˌkauntər'prougræmɪŋ/ n. (TV) controprogrammazione f.

counter-proposal /'kauntəprəˌpouzəl Am 'kauntərprəˌpouzəl/ n. controproposta f.

Counter-Reformation /ˌkauntəˌrefə 'meɪʃən Am ˌkauntərˌrefər'meɪʃən/ n. (Stor) Controriforma f.

counter-revolution /'kauntərevəˌl(j)u:ʃən Am ˌkauntərrevə'lu:ʃən/ n. controrivoluzione f.

counter-revolutionary /'kauntərevə ˌl(j)u:ʃənri Am ˌkauntərrevə'lu:ʃəneri/ I n. controrivoluzionario m. (f. -a). II a. controrivoluzionario.

counter-revolutionist /'kauntərevəˌl(j)u: ʃənɪst Am ˌkauntərrevə'lu:ʃənɪst/ n. controrivoluzionario m. (f. -a).

counterscarp /'kauntəskɑːp Am 'kaun təˌskɑːrp/ n. (Mil,ant) controscarpa f.

countersecurity /ˌkauntəsɪ'kjuərɪti Am ˌkaun tərsɪ'kjurəti/ n. (Econ) controgaranzia f.

countershading /'kauntəʃeɪdɪŋ Am 'kaun təˌʃeɪdɪŋ/ n. (Zool) colorazione f. protettiva, mimetizzazione f.

countershaft /'kauntəʃɑːft Am 'kauntərˌʃæft/ n. (Mecc) contralbero m.

countersign /'kauntəsaɪn Am 'kauntərˌsaɪn/ I n. (Mil) parola f. d'ordine; (sign in reply) segnale m. di risposta. II v.t. controfirmare. 2 (fig) confermare, avvalorare.

countersignature /ˌkauntə'sɪgnətʃər Am ˌkauntər'sɪgnətʃər/ n. controfirma f.

countersink /'kauntəsɪŋk Am 'kauntərˌsɪŋk/ I

v.t.irr. 1 (Tecn) fresare, svasare. 2 (of a screw head) accecare. II n. 1 accecatoio m., fresa f. 2 (hole) accecatura f., svasatura f.

counterslope /'kauntəsloup Am 'kaun tərˌsloup/ n. (Geog) contropendenza f.

countersteer /'kauntəstɪər Am 'kauntərˌstɪr/ I v.t. (Aut) controsterzare. II n. (Aut) controsterzo m.

countersteering /'kauntəstɪərɪŋ Am 'kaun tərˌstɪrɪŋ/ n. (Aut) controsterzata f.

counterstrategy /'kauntəˌstrætɪdʒi Am 'kauntərˌstrætədʒi/ n. controstrategia f.

countertenor /ˌkauntə'tenər Am 'kauntər ˌtenər/ n. (Mus) tenore m. leggero.

countertop /'kauntətɑːp/ n. (Am) top m., piano m. di lavoro.

countertransference /ˌkauntətræns'fɜːrəns Am ˌkauntərtræns'fərəns/ n. (Psic) controtransfert m.

countertrend /'kauntətrend Am 'kaun tərˌtrend/ n. controtendenza f.

countervail /ˌkauntə'veɪl Am ˌkauntər'veɪl/ I v.t. 1 agire contro, contrapporsi a. 2 (to offset) compensare, bilanciare. II v.i. fare da contrappeso.

countervailing /ˌkauntə'veɪlɪŋ Am ˌkauntər 'veɪlɪŋ/ □ (Comm) ~ duty dazio compensativo; (Mil) ~ strategy strategia bilanciata.

counterweigh /ˌkauntə'weɪ Am ˌkauntər 'weɪ/ v.t. controbilanciare, contrappesare. II v.i. fare da contrappeso.

counterweight /'kauntəweɪt Am 'kaun tərˌweɪt/ n. contrappeso m.

counterwork[1] /'kauntəwɜːk Am 'kauntər wɜːrk/ n. 1 lavoro m. opposto a un altro. 2 pl. (Mil,ant) fortificazioni f.pl.

counterwork[2] /ˌkauntə'wɜːk Am ˌkauntər 'wɜːrk/ I v.i. lavorare in opposizione a. II v.t. agire contro, opporsi a.

countess /'kauntəs Br also ˌkaun'tes/ n. contessa f.

counting /'kauntɪŋ/ □ ~ house (o ~ room) ufficio contabilità.

countless /'kauntləs/ a. innumerevole, infinito.

count-out /'kauntaut/ n. 1 (Parl) aggiornamento m. della seduta (per non raggiunto numero legale). 2 (Sport) (in boxing) conteggio m.

countrified /'kʌntrɪfaɪd/ a. rustico, campagnolo.

country /'kʌntri/ I n. 1 nazione f., stato m., paese m. 2 (people) popolo m., popolazione f. 3 (one's own country) patria f., paese m. natale, terra f. natale: for King and ~ per il re e per la patria. 4 (district, region) regione f., territorio m.: hill ~ regione collinosa. 5 (rural area) campagna f.: to live in the ~ vivere in campagna; to go into the ~ andare in campagna. 6 (fig) (area of interest) campo m. II a. 1 di campagna, campestre, rurale: ~ life vita rurale. 2 (fig) (rude, rustic) rustico, rozzo, zotico. □ ~ bumpkin zoticone; ~ club circolo sportivo, circolo d'élite; (scherz) ~ cousin campagnolo ingenuo, topo di campagna; ~ gentleman gentiluomo di campagna, proprietario terriero; ~ house villa di campagna, ~ music musica country, country; ~ of origin paese di origine; (Parl) to go to the ~ fare appello al paese, indire le elezioni generali.

country-dance /ˌkʌntri'dɑːns Am ˌkʌntri 'dæns/ n. danza f. popolare.

countryfied /'kʌntrɪfaɪd/ a. rustico, campagnolo.

countryfolk /'kʌntrɪfouk/ n.inv. (costr.pl.) gente f.sing. di campagna, contadini m.pl., campagnoli m.pl.

countryman /'kʌntrɪmən/ n.irr. 1 compa-

triota m., connazionale m. 2 (person living in the country) contadino m., campagnolo m.

countryside /'kʌntrɪsaɪd/ n. 1 campagna f.: the English ~ la campagna inglese. 2 (people) popolazione f. agricola.

country-wide /'kʌntrɪwaɪd/ a. generale, esteso a tutto il paese.

countrywoman /'kʌntri,wumən/ n.irr. 1 compatriota f., connazionale f. 2 (woman living in the country) contadina f., campagnola f.

countship /'kauntʃɪp/ n. 1 titolo m. di conte. 2 (territory) contea f.

county /'kaunti Am 'kaunti/ n. 1 (GB) contea f. 2 (US) contea f., provincia f. 3 (GB) (gentry) possidenti m.pl. di campagna, piccola nobiltà f. terriera, piccola nobiltà f. di campagna. □ (US) ~ board consiglio di contea; (GB) ~ borough città-contea, città con amministrazione autonoma; ~ clerk segretario di contea; ~ commissioner amministratore provinciale; (GB) ~ council consiglio (amministrativo) di contea; ~ court: 1 (Dir) tribunale di contea; 2 (Am) consiglio di amministrazione provinciale; (US) ~ manager capo dell'esecutivo di contea; (US) ~ prosecutor procuratore distrettuale; (GB,ant) ~ school scuola finanziata dal consiglio di contea; ~ seat (o ~ town) capoluogo di contea.

coup /ku:/ n. 1 colpo m. (audace). 2 (coup d'état) colpo m. di stato. 3 (fig) colpo m. (da) maestro, mossa f. brillante. 4 (in billiards) messa f. in buca.

coup de foudre /ˌku:də'fu:drə/ n. coup de foudre m., amore m. a prima vista.

coup de grâce /ˌku:də'grɑːs/ n. colpo m. di grazia (anche fig).

coup de main /ˌku:də'mæn/ n. colpo m. di mano.

coup d'état /ˌku:deɪ'tɑː/ n. colpo m. di stato.

coup de théâtre /ˌku:dəteɪr'ɑːtrə/ n. (Teat) colpo m. di scena.

coupé /'ku:peɪ Am ku:'peɪ/ n. 1 coupé m. (anche Aut). 2 (Ferr) scompartimento m. a un solo sedile.

couple /'kʌpl/ I n. 1 paio m., coppia f.: a ~ of days un paio di giorni. 2 (man and wife, pair of dancers) coppia f.: a handsome ~ una bella coppia. 3 (link, coupling) legame m., aggancio m. 4 (Caccia) (two hounds) coppia f. 5 (El) coppia f. voltaica. 6 pl. (Caccia) (double leash) accoppiatoio m.sing. II v.t. 1 agganciare: to ~ a trailer to a car agganciare una roulotte a un'automobile. 2 (fig) (to associate) mettere in relazione, associare, abbinare (with a). 3 (to join in marriage or sexual union) accoppiare. 4 (Mecc,Zootecn) accoppiare (with con). III v.i. accoppiarsi, congiungersi. □ (Edil) ~ close travi accoppiate; in -s a coppie.

coupled /'kʌpld/ a. accoppiato (with con), abbinato (with a). □ (Arch) ~ column colonna binata.

coupledom /'kʌpldəm/ a. il vivere in coppia.

coupler /'kʌplər/ n. 1 (Mus) tirante m. (di accoppiamento). 2 (Rad) accoppiatore m.: acoustic ~ accoppiatore acustico. 3 (Ferr) gancio m. (di trazione).

couplet /'kʌplɪt/ n. 1 (Metr) distico m. 2 (Mus) couplet m.

coupling /'kʌplɪŋ/ n. 1 accoppiamento m. 2 (Mecc) giunto m. (di accoppiamento); (of a hub) calettamento m.; (of a pipe) manicotto m. 3 (Ferr) agganciamento m., attacco m.; (device) accoppiatore m. □ (Ferr) ~ chain catena di agganciamento; (Fis) ~ constant costante di accoppiamento; (Mecc) ~ rod biella di collegamento.

coupon /ˈkuːpɒn *Am* ˈk(j)uːpɑːn/ *n.* **1** coupon *m.*, buono *m.*, scontrino *m.*, tagliando *m.*: *petrol -s* buoni per la benzina. **2** (*Econ*) cedola *f.* **3** (*Parl*) appoggio *m.* del capo di un partito a un candidato. ☐ (*Comm*) *~ in arrears* cedola scaduta; (*Econ*) *~renewal* affogliamento.

coupon-clipper /ˈk(j)uːpəˌnklɪpəʳ/ *n.* (*Am, colloq*) persona *f.* che raccoglie e usa i buoni sconto dei prodotti commerciali.

courage /ˈkʌrɪdʒ/ *n.* coraggio *m.*, ardimento *m.* ☐ *to have the ~ of one's convictions* avere il coraggio delle proprie convinzioni; (*Br*) *the ~of despair* il coraggio della disperazione; *to have the ~ of one's opinions* avere il coraggio delle proprie opinioni; *to take ~* prendere coraggio; *to take one's ~ in both hands* prendere il coraggio a due mani.

courageous /kəˈreɪdʒəs/ *a.* coraggioso, (*ant*) ardimentoso.

courageously /kəˈreɪdʒəsli/ *avv.* coraggiosamente.

courageousness /kəˈreɪdʒəsnɪs/ *n.* coraggio *m.*, (*ant*) ardimento *m.*

courier /ˈkʊrɪəʳ *Am also* ˈkɜːrɪəʳ/ **I** *n.* **1** corriere *m.* **2** (*tourist's guide*) accompagnatore *m.* (*f. -trice*) turistico, guida *f.* (turistica). **II** *v.t.* spedire per corriere: *I'll have it -ed to you today* te lo mando per corriere oggi stesso. ☐ *to send by ~* inviare mediante corriere, inviare tramite fattorino.

course /kɔːs *Am* kɔːrs/ **I** *n.* **1** corso *m.*, il fluire. **2** (*progress*) corso *m.*, svolgimento *m.*: *in the natural ~ of events* nel corso naturale degli eventi. **3** (*of a disease*) corso *m.*, decorso *m.* **4** (*direction*) corso *m.*, direzione *f.* **5** (*customary method of proceeding*) corso *m.*, andamento *m.*: *the ~ of nature* il corso della natura. **6** (*line of action*) linea *f.* (di condotta), via *f.*, strada *f.*: *our best ~ is to do nothing* la miglior linea di condotta per noi è (il) non far nulla. **7** (*part of a meal*) portata *f.*: *the main ~* la portata principale. **8** (*Sport*) percorso *m.*, circuito *m.*; (*golf course*) campo *m.* da golf; (*race course*) pista *f.* **9** (*Scol*) corso *m.*: *an English ~* un corso di inglese: *a semester-long ~* un corso semestrale. **10** (*Med*) cura *f.*, serie *f.*: *a ~ of injections* una cura di iniezioni. **11** (*Arch*) corso *m.* (di mattoni o pietre): *a ~ of bricks* un corso di mattoni. **12** (*Geol*) filone *m.* **13** (*Caccia*) inseguimento *m.* (a vista). **14** *pl.* (*Fisiol*) mestruazioni *f.pl.* **II** *v.t.* **1** rincorrere, inseguire. **2** (*Sport*) (*to race*) far correre, far gareggiare. **3** (*Caccia*) inseguire a vista; (*of dogs*) far inseguire a vista. **III** *v.i.* **1** scorrere: *tears -d down her face* le lacrime scorrevano sul suo viso. **2** (*Sport*) correre, fare gare di corsa. **3** (*Caccia*) essere all'inseguimento. ☐ *in ~ of* in via di, in corso di: *the road is in ~ of construction* la strada è in corso di costruzione; *in the ~ of* nel corso di, durante; *of ~* naturalmente, senza dubbio; *of ~ not* no di certo, naturalmente no; *~ of action* linea di condotta; (*Econ*) *the ~of exchange* il corso dei cambi; *in the ~of nature* nella natura delle cose, naturale; (*Mar,Aer*) *off ~* fuori rotta; *to go off ~*: 1 (*Mar,Aer*) deviare dalla rotta; 2 (*fig*) deviare dalla retta via; (*Mar, Aer*) *to be on ~* mantenere la rotta; *to run one's ~* seguire il proprio corso, avere il proprio corso: *the disease must run its ~* la malattia deve seguire il suo corso; *to take one's ~* seguire il proprio corso, avere il proprio corso.

coursebook /ˈkɔːsbʊk/ *n.* (*Br*) libro *m.* di testo.

courser[1] /ˈkɔːsəʳ *Am* ˈkɔːrsəʳ/ *n.* (*lett*) (*swift horse*) destriero *m.*, (*lett*) corsiero *m.*

courser[2] /ˈkɔːsəʳ *Am* ˈkɔːrsəʳ/ *n.* (*Ornit*) cursorio *m.*

courser[3] /ˈkɔːsəʳ *Am* ˈkɔːrsəʳ/ *n.* **1** (*Caccia*) (*dog*) levriero *m.* **2** (*person*) cacciatore *m.* (*f. -trice*).

courseware /ˈkɔːsweəʳ *Am* ˈkɔːrswer/ *n.* (*Inform*) software *m.* didattico.

coursework /ˈkɔːswɜːk *Am* ˈkɔːrswɜːrk/ *n.* (*Scol,Univ*) compiti *m.pl.* svolti durante un corso.

coursing /ˈkɔːsɪŋ *Am* ˈkɔːrsɪŋ/ *n.* (*Caccia*) caccia *f.* con levrieri.

court /kɔːt *Am* kɔːrt/ **I** *n.* **1** corte *f.* **2** (*enclosed yard*) cortile *m.*, corte *f.* **3** (*short street*) vicolo *m.* **4** (*Dir*) corte *f.*, tribunale *m.*: (*persons*) corte *f.*; (*session*) seduta *f.*: *to adjourn the ~* aggiornare la seduta. **5** (*Sport*) (*in tennis, etc.*) campo *m.* **6** (*sovereign's residence*) reggia *f.*, palazzo *m.* reale; (*sovereign's retinue*) corte *f.*, seguito *m.* **7** (*Pol*) parlamento *m.*, corpo *m.* legislativo. **II** *v.t.* **1** corteggiare, fare la corte a. **2** (*to seek to gain*) cercare (di ottenere), sollecitare: *to ~ favour from so.* cercare di ottenere il favore di qcu. **3** (*to provoke*) andare in cerca di, cercare: *to ~ danger* cercare un pericolo. **III** *v.i.* fare la corte. ☐ (*Br*) *~ card* figura (nel gioco delle carte); (*Br*) *Court Circular* bollettino giornaliero sugli avvenimenti di corte; (*Dir*) *~costs* spese giudiziarie; *~ dress* abito di corte; *to go to ~* adire il tribunale; *~ hand* scrittura a grossi caratteri, *~ house*: 1 palazzo di giustizia; 2 (*Am*) capoluogo di contea; *~ jester* buffone di corte; (*GB,Dir*) *~of appeal* Corte (superiore) di appello; (*US,Dir*) *~ of appeals* Corte (federale o statale) di appello; (*GB*) *Court of Common Council* consiglio municipale della città di Londra; (*US,Dir*) *~ of equity* corte di giustizia; (*GB,Dir*) *Court of First Instance* Corte di Prima Istanza; (*Mil*) *~of inquiry* commissione di inchiesta, corte di inchiesta; *~ of justice* corte di giustizia; *-s of justice* palazzo di giustizia; (*GB*) *the ~ of St. James's* la corte di san Giacomo; (*Dir*) *to settle* (a dispute) *out of ~* comporre una vertenza in via amichevole; (*Calz*) *~shoe* scarpa décolleté a tacco alto; (*Dir*) *~system* sistema giudiziario; (*Sport*) *~tennis* tennis giocato su campo chiuso (e parzialmente coperto).

courteous /ˈkɜːtɪəs *Am* ˈkɜːrtɪəs/ *a.* cortese, gentile, affabile.

courteously /ˈkɜːtɪəsli *Am* ˈkɜːrtɪəsli/ *avv.* cortesemente.

courteousness /ˈkɜːtɪəsnəs *Am* ˈkɜːrtɪəsnəs/ *n.* cortesia *f.*, gentilezza *f.*

courtesan /ˌkɔːtɪˈzæn *Am* ˈkɔːrtəzən, ˈkɔːrtəzæn/ *n.* cortigiana *f.*, prostituta *f.*

courtesy /ˈkɜːtɪsɪ *Am* ˈkɜːrtəsi/ *n.* **1** cortesia *f.*, affabilità *f.*, gentilezza *f.* **2** (*instance*) cortesia *f.*, gentilezza *f.*, favore *m.* **II** *a.* di cortesia: *a ~ visit* una visita di cortesia; *a ~ title* un titolo di cortesia. ☐ *by ~* a titolo di favore, per cortese concessione; *~ call* chiamata di cortesia (*anche fig*); (*Aut*) *~light* luce di cortesia; *~mirror* specchietto di cortesia.

courtier /ˈkɔːtɪəʳ *Am* ˈkɔːrtɪəʳ/ *n.* gentiluomo *m.* di corte, dama *f.* di corte, cortigiano *m.* (*f. -a*).

courtliness /ˈkɔːtlɪnəs *Am* ˈkɔːrtlɪnəs/ *n.* eleganza *f.*, raffinatezza *f.*

courtly /ˈkɔːtli *Am* ˈkɔːrtli/ *a.* **1** elegante, raffinato. **2** (*obsequious*) cortigianesco, adulatore. **3** (*of a sovereign's court*) di corte, regale. **4** (*Lett*) cortese: *~ love* amor cortese.

court-martial /ˌkɔːtˈmɑːʃəl *Am* ˈkɔːrtˌmɑːrʃəl/ **I** *n.* (*pl.* **courts-martial**) corte *f.* marziale. **II** *v.t.* (*past, p.p.* **-martialled** /*Am* **-martialed** /-d/) processare in una corte marziale.

court-plaster /ˈkɔːtˌplɑːstəʳ *Am* ˈkɔːrtˌplæstəʳ/

n. cerotto *m.*

courtroom /ˈkɔːtruːm *Am* ˈkɔːrtruːm/ *n.* sala *f.* di udienza, aula *f.* giudiziaria.

courtship /ˈkɔːtʃɪp *Am* ˈkɔːrtʃɪp/ *n.* corteggiamento *m.*

courtyard /ˈkɔːtjɑːd *Am* ˈkɔːrtjɑːrd/ *n.* cortile *m.*

couscous /ˈkuːskuːs/ *n.* (*Gastron*) cuscus *m.*

co-use /ˈkoʊjuːs/ *n.* couso *m.*

cousin /ˈkʌzˀn/ *n.* **1** cugino *m.* (*f. -a*) (*anche fig*). **2** (*relative*) parente *m./f.*

cousin-german /ˌkʌzˀnˈdʒɜːmən *Am* ˌkʌzˀn ˈdʒɜːrmən/ (*pl.* **cousins-german**) *n.* primo cugino *m.*

cousinhood /ˈkʌzˀnhʊd/ *n.* **1** cuginanza *f.* **2** (*collett.*) parentela *f.*

cousinly /ˈkʌzˀnli/ *avv.* da buon cugino.

cousinship /ˈkʌzˀnʃɪp/ *n.* cuginanza *f.*

couture /kuːˈt(j)ʊəʳ *Am* kuːˈtʊr/ *n.* alta moda *f.*

couturier /kuːˈt(j)ʊərɪeɪ *Am* kuːˈturieɪ/ *n.* stilista *m./f.* di moda, sarto *m.* (*f. -a*) di classe.

couvade /kuːˈvɑːd/ *n.* covata *f.*, accubito *m.*

covalence /ˌkoʊˈveɪləns/ *n.* (*Chim*) covalenza *f.*

covalency /ˌkoʊˈveɪlənsi/ *n.* (*Chim*) covalenza *f.*

covalent /ˌkoʊˈveɪlənt/ *a.* (*Chim*) covalente: *~ bond* legame covalente.

covalently /ˌkoʊˈveɪləntli/ *avv.* (*Chim*) covalentemente.

covariance /ˌkoʊˈveərɪəns *Am* ˌkoʊˈverɪəns/ *n.* (*Mat*) covarianza *f.*

covariant /ˌkoʊˈveərɪənt *Am* ˌkoʊˈverɪənt/ **I** *a.* (*Mat*) covariante. **II** *n.* (*Mat*) covariante *f.*

cove[1] /koʊv/ **I** *n.* **1** baia *f.*, insenatura *f.*, cala *f.* **2** (*sheltered area between hills*) valletta *f.*, avvallamento *m.*; (*ravine*) burrone *m.* **3** (*Arch*) modanatura *f.* concava, guscio *m.*, sguscio *m.* **II** *v.t.* (*Arch*) piegare ad arco. ☐ (*Arch*) *~ceiling* soffitto a volta.

cove[2] /koʊv/ *n.* (*sl,ant*) tipo *m.*, tizio *m.*, individuo *m.*

covenant /ˈkʌvənənt *Am also* ˈkʌvˀnænt/ **I** *n.* **1** patto *m.*, convenzione *f.*, contratto *m.* **2** (*Dir*) clausola *f.*; (*contract under seal*) compromesso *m.* **3** (*Rel,Bibl*) patto *m.*, alleanza *f.* **II** *v.t.* pattuire, convenire, stipulare. **III** *v.i.* impegnarsi. ☐ (*Stor*) *~ of the League of Nations* patto della società delle nazioni.

covenanted /ˈkʌvənəntɪd *Am* ˈkʌvˀnəntɪd, ˈkʌvˀnæntɪd/ *a.* **1** legato da un patto. **2** (*established by covenant*) pattuito.

covenantee /ˌkʌvənənˈtiː *Am also* ˌkʌvˀnæn ˈtiː/ *n.* (*Dir*) creditore *m.* (*f. -trice*).

covenanter /ˈkʌvənəntəʳ *Am* ˈkʌvˀnəntəʳ, ˈkʌvˀnæntəʳ/ *n.* contraente *m./f.*

Covenanter /ˈkʌvˀnəntəʳ *Am* ˈkʌvˀnəntəʳ, ˈkʌvˀnæntəʳ/ *n.* (*Stor*) aderente *m./f.* alla convenzione nazionale.

covenental /ˌkʌvˀnˈentˀl/ *a.* di patto, di alleanza. ☐ (*Teol*) *~ theology* teologia del patto.

covenentally /ˌkʌvˀnˈentˀli/ *avv.* secondo un patto, mediante un patto.

Coventry /ˈkʌvˀntri/ *n.pr.* (*Geog*) Coventry *f.* ☐ (*fig*) *to send so. to ~* mettere qcu. al bando, dare l'ostracismo a qcu.

cover[1] /ˈkʌvəʳ/ *v.t.* **1** coprire (*anche fig*): *to ~ oneself with glory* coprirsi di gloria. **2** (*to place sth. over*) coprire, ricoprire, rivestire: *leaves -ed the grass* le foglie ricoprivano il prato. **3** (*to dress warmly*) coprire, vestire. **4** (*to hide from view*) coprire, nascondere alla vista. **5** (*to fill completely*) coprire, riempire: *to ~ a sheet of paper with figures* riempire un foglio di cifre. **6** (*fig*) (*to load*) coprire, colmare: *he ~ed her with presents* la colmò di regali. **7** (*Mil*) coprire, proteggere. **8** (*Arm*) (*to aim at*) tenere sotto il fuoco, tenere sotto la mira. **9** (*to travel over*) coprire, percorrere. **10** (*fig*) (*to concern*) riguardare, contemplare, prevedere. **11** (*fig*) (*to include*) includere, comprendere, abbracciare: *his report -ed all the main points* il suo resoconto comprendeva tutti i punti essenziali. **12** (*fig*) (*to deal with*) trattare esaurientemente: *he -ed the subject well* ha trattato l'argomento molto esaurientemente. **13** (*of an expense, etc.*) coprire, soddisfare. **14** (*Assic*) assicurare, coprire. **15** (*Giorn*) fare la cronaca di, fare un servizio completo su: *to ~ an event* fare la cronaca di un avvenimento. **16** (*Sport*) (*to guard*) difendere, coprire. **17** (*Zootecn*) (*of a male animal*) coprire, montare; (*of a hen*) covare. □ (*Econ*) *to ~ a cheque* fornire la copertura per un assegno, coprire un assegno; (*fig*) *to ~ a lot of ground*: 1 (*to deal with many subjects*) trattare molti argomenti; 2 (*to make progress*) fare progressi; (*Mus, colloq*) *to ~ a song* fare la cover di una canzone; (*fig*) *to ~ all the bases* (*o to ~ all your bases*) non trascurare nulla, non tralasciare nessun particolare, riuscire a fare tutto, riuscire a controllare tutto; (*fig*) *to ~ one's back* guardarsi le spalle, stare attenti; *to ~ in* ricoprire, colmare, riempire; *to ~ over* (ri)coprire, chiudere; (*fig*) *to ~ one's tracks* nascondere le proprie tracce, tener segreti i propri piani; *to ~ up*: 1 (*to dress warmly*) coprire, vestire: *~ yourself up well before you go out* copriti bene prima di uscire; 2 (*fig*) (*to conceal*) mascherare, dissimulare; *to ~ up for so.* fare da copertura a qcu., coprire qcu.; (*spec. Am*) *to ~ the waterfront* (o *to ~ the whole waterfront*) coprire tutta la zona.

cover[2] /'kʌvəʳ/ *n.* **1** coperchio *m.* **2** (*of an armchair, etc.*) fodera *f.* **3** (*fig*) (*concealment*) copertura *f.*, velo *m.*, manto *m.*; (*guise*) maschera *f.*, schermo *m.* **4** (*blanket*) coperta *f.* **5** (*coverlet*) copriletto *m.* **6** (*in a restaurant, etc.*) coperto *m.*, prezzo *m.* del coperto. **7** (*Legat*) copertina *f.* **8** (*Post*) busta *f.*, plico *m.*: *under separate ~* in plico separato. **9** (*Mil*) copertura *f.*: *to provide air ~* fornire la copertura aerea. **10** (*Caccia*) riparo *m.*, nascondiglio *m.*, protezione *f.* (*from* da). **11** (*Econ*) cauzione *f.*, garanzia *f.*, copertura *f.* **12** (*Aut*) copertone *m.* **13** (*Mus*) cover *f.* **14** (*Mecc,El*) coperchio *m.*, calotta *f.* (di protezione). **15** (*Zootecn*) monta *f.* □ (*in a restaurant, etc.*) *~ charge* prezzo del coperto, coperto; *to read a book from ~ to ~* leggere un libro da cima a fondo, leggere un libro dalla prima all'ultima pagina; *~ girl* cover-girl, ragazza copertina; *~ name* pseudonimo; (*Assic*) *~ note* polizza provvisoria; *to run for ~* (o *to take ~*) mettersi al riparo, cercare un riparo; *under ~* al riparo; *to get under ~* mettersi al riparo; *under ~ of sth.*: 1 nascosto da qcs.; 2 (*fig*) con il pretesto di qcs., con la scusa di qcs.; (*Mus*) *~ version* cover.

coverage /'kʌvərɪdʒ/ *n.* **1** copertura *f.* (*anche Econ,Assic*). **2** (*Rad,TV*) zona *f.* di udibilità, zona *f.* di ricezione; (*people*) utenti *m.pl.* **3** (*report, comment*) cronaca *f.*, servizio *m.*

coveralls /'kʌvərɔ:lz/ *n.pl.* (*Am*) tuta *f.sing.* (da lavoro).

covered /'kʌvəd *Am* 'kʌvəʳd/ *a.* coperto. □ *to be ~ in confusion* essere sopraffatto dalla vergogna; *~ wagon*: 1 (*Am*) carro coperto, 2 (*Ferr*) carro merci coperto; *~ way* passaggio coperto tra due edifici; *to be ~ with* essere coperto di: *he was -ed with blood* era coperto di sangue.

covering /'kʌvərɪŋ/ *n.* **1** copertura *f.*, rivestimento *m.* **2** (*Econ*) copertura *f.* **3** (*Tess*) guarnizione *f.* **4** (*Zootecn*) monta *f.* □ *~ letter* lettera di accompagnamento.

coverlet /'kʌvəlɪt *Am* 'kʌvəʳlɪt/ *n.* copriletto *m.*

covert[1] /'kouvɜ:t *Am* 'kouvɜ:rt/ *a.* **1** nascosto, velato: *~ threats* minacce velate. **2** (*secret*) segreto, furtivo.

covert[2] /'kʌvət *Am* 'kʌvəʳt/ *n.* **1** rifugio *m.*, riparo *m.*, ricovero *m.* **2** (*Caccia*) riparo *m.* **3** (*Ornit*) piuma *f.* **4** (*Tess*) (*covert cloth*) specie *f.* di tweed. □ (*Abbigl*) *~ coat* soprabito leggero, spolverino.

coverture /'kʌvətʃ(ʊ)əʳ, 'kʌvəʳtjuəʳ *Am* 'kʌvəʳtʃəʳ/ *n.* **1** copertura *f.* **2** (*shelter*) rifugio *m.*, riparo *m.* **3** (*fig*) schermo *m.*, paravento *m.* **4** (*Dir*) tutela *f.* maritale.

cover-up /'kʌvərʌp/ *n.* **1** copertura *f.*, schermo *m.* **2** (*Abbigl*) copricostume *m.* **3** (*fig*) copertura *f.*, tentativo *m.* di nascondere la verità.

covet /'kʌvɪt/ *v.t.* desiderare ardentemente, bramare, agognare: (*Bibl*) *thou shalt not ~ thy neighbour's goods* non desiderare la roba d'altri.

covetable /'kʌvɪtəbl *Am* 'kʌvɪt̬əbl/ *a.* bramabile, desiderabile.

covetous /'kʌvɪtəs *Am* 'kʌvɪt̬əs/ *a.* **1** bramoso, avido, cupido. **2** (*desirous*) desideroso (*of* di).

covetously /'kʌvɪtəsli *Am* 'kʌvɪt̬əsli/ *avv.* avidamente, cupidamente.

covetousness /'kʌvɪtəsnəs *Am* 'kʌvɪt̬əsnəs/ *n.* bramosia *f.*, desiderio *m.* ardente.

covey /'kʌvɪ/ *n.* **1** (*brood*) covata *f.* **2** (*flock*) stormo *m.* **3** (*fig*) (*group, crowd*) gruppetto *m.*, comitiva *f.*

covin /'kʌvɪn/ *n.* (*Dir*) intesa *f.* fraudolenta, collusione *f.*

coving /'kouvɪŋ/ *n.* **1** (*Arch*) (*of a roof or ceiling*) parte *f.* ricurva, parte *f.* a volta. **2** (*of a fireplace*) fiancate *f.pl.* inclinate.

cow[1] /kau/ (*pl.* **-s** /-z/) *n.* **1** vacca *f.*, mucca *f.* **2** (*female elephant or cetacean*) femmina *f.* **3** (*volg*) (*coarse woman*) donna *f.* volgare e cattiva, strega *f.* **2** (*colloq*) *till the -s come home* (fino) alle calende greche, per tantissimo tempo; (*Am,region*) *don't have a ~, man!* non te la prendere!; (*Bot*) *~ parsnip* panace; (*Am,spreg*) *~ town* cittadina di provincia.

cow[2] /kau/ *v.t.* intimidire, intimorire, spaventare.

coward /'kauəd *Am* 'kauəʳd/ *n.* vigliacco *m.* (*f.* -a), codardo *m.* (*f.* -a): *to turn ~* intimorirsi.

cowardice /'kauədɪs *Am* 'kauəʳdɪs/ *n.* codardia *f.*, vigliaccheria *f.*, pusillanimità *f.*

cowardliness /'kauədlɪnəs *Am* 'kauəʳdlɪnəs/ *n.* codardia *f.*, vigliaccheria *f.*, pusillanimità *f.*

cowardly /'kauədli *Am* 'kauəʳdli/ **I** *a.* codardo, vigliacco, pusillanime. **II** *avv.* codardamente, vigliaccamente.

cowbane /'kaubeɪn/ *n.* (*Bot*) cicuta *f.* acquatica.

cowbell /'kaubel/ *n.* campanaccio *m.* (da mucca).

cowboy /'kaubɔɪ/ *n.* (*Am*) cowboy *m.*, buttero *m.*, mandriano *m.*

cowcatcher /'kaukætʃəʳ/ *n.* (*Am,Ferr*) cacciapietre *m.*

cower /'kauəʳ/ *v.i.* farsi piccolo (per la paura), rannicchiarsi.

cowfish /'kaufɪʃ/ *n.* **1** (*Itt*) sirena *f.* **2** (*Zool*) grampo *m.* grigio.

cowgirl /'kauɡɜ:rl/ *n.* (*Am*) mandriana *f.*

cowhand /'kauhænd/ *n.* (*Am*) cowboy *m.*, buttero *m.*, mandriano *m.*

cowherd /'kauhɜ:d *Am* 'kauhɜ:rd/ *n.* bovaro *m.*, vaccaro *m.*

cowhide /'kauhaɪd/ *n.* **1** pelle *f.* bovina. **2** (*Pell*) vacchetta *f.* **3** (*whip of rawhide*) frusta *f.* di pelle non conciata.

cowl /kaul/ **I** *n.* **1** cappa *f.*; (*hood*) cappuccio

m. 2 (*Sart*) collo *m.* a cappuccio. **3** (*Edil*) (*chimney covering*) mitra *f.* **4** (*Aer*) cappottatura *f.* **5** (*Ferr*) parascintille *m.* **II** *v.t.* **1** mettere la tonaca a. **2** (*to cover with a cowl*) incappucciare.

cowlick /'kaulɪk/ *n.* rosa *f.* (nei capelli), ciocca *f.* ribelle.

cowling /'kaulɪŋ/ *n.* (*Aer*) cappottatura *f.*

cowman /'kaumən/ *n.irr.* **1** vaccaro *m.* **2** (*Am*) allevatore *m.* di bestiame.

co-worker /ˌkou'wɜ:kəʳ *Am* 'kouˌwɜ:rkəʳ/ *n.* compagno *m.* (*f.* -a) di lavoro, collega *m./f.*

cowpea /'kaupi:/ *n.* (*Bot*) fagiolo *m.* dall'occhio.

cowpox /'kaupɒks *Am* 'kaupɑ:ks/ *n.* (*Veter*) vaiolo *m.* bovino, vaccina *f.*

cowpuncher /'kauˌpʌnʃəʳ/ *n.* (*Am,colloq*) buttero *m.*, cowboy *m.*

cowrie /'kauri/ *n.* **1** (*Zool*) ciprea *f.* **2** (*shell*) conchiglia *f.* di ciprea.

cowshed /'kauʃed/ *n.* stalla *f.* per mucche. □ *~ manure* letame bovino.

cowslip /'kauslɪp/ *n.* (*Bot*) **1** primula *f.* odorosa. **2** (*Am*) (*marsh marigold*) farferugine *f.* di palude, calta *f.* palustris.

cow-tree /'kautri:/ *n.* (*Bot*) albero *m.* del latte.

cox /kɒks *Am* kɑ:ks/ **I** *n.* (*Sport,Mar,colloq*) timoniere *m.* (*f.* -a). **II** *v.t.* (*Sport,Mar,colloq*) guidare come timoniere. **III** *v.i.* (*Sport,Mar,colloq*) stare al timone, fare da timoniere.

coxa /'kɒksə *Am* 'kɑ:ksə/ (*pl.* **-xae** /-ksi:/) *n.* **1** (*Anat*) anca *f.*, coxa *f.* **2** (*Entom*) coxa *f.*

coxal /'kɒksəl *Am* 'kɑ:ksəl/ *a.* (*Anat*) del fianco, dell'anca.

coxcomb /'kɒkskoum *Am* 'kɑ:kskoum/ *n.* **1** bellimbusto *m.*, damerino *m.*, zerbinotto *m.* **2** (*ant*) (*jester's cap*) berretto *m.* da giullare.

coxcombic /kɒks'kɒm(b)ɪk *Am* kɑ:k'skoum(b)ɪk/ *a.* vanitoso, fatuo.

coxcombical /kɒks'kɒm(b)ɪkəl *Am* kɑ:k'skoum(b)ɪkəl/ *a.* vanitoso, fatuo.

coxcombry /'kɒkskoum(b)ri *Am* 'kɑ:kskoum(b)ri/ *n.* fatuità *f.*, vanità *f.*

coxswain /'kɒkswein *Am* 'kɑ:kswein/ **I** *n.* (*Sport,Mar*) timoniere *m.* (*f.* -a). **II** *v.t.* (*Sport, Mar*) timonare. **III** *v.i.* (*Sport,Mar*) stare al timone, fare da timoniere.

coxswainship /'kɒksweinʃip *Am* 'kɑ:ksweinʃip/ *n.* (*Sport,Mar*) abilità *f.* al timone.

coy /kɔɪ/ *a.* **1** riservato, timido, schivo. **2** (*coquettish*) civettuolo, vezzoso.

coyly /'kɔɪli/ *avv.* timidamente, in modo schivo, con ritrosia.

coyness /'kɔɪnəs/ *n.* timidezza *f.*, ritrosia *f.*, riservatezza *f.*

coyote /'kɔɪout, kɔɪ'outi *Am* kaɪ'outi, 'kaɪout/ *n.* (*Zool*) coyote *m.*, lupo *m.* delle praterie.

cozen /'kʌzn/ **I** *v.t.* (*poet*) imbrogliare, raggirare; (*to defraud*) frodare, truffare: *to ~ so. out of sth.* frodare qcs. a qcu. **2** (*to deceive*) ingannare, indurre con l'inganno: *to ~ so. into doing sth.* indurre con l'inganno qcu. a fare qcs. **II** *v.i.* imbrogliare.

cozenage /'kʌzənɪdʒ/ *n.* (*ant*) frode *f.*, inganno *m.*

cozy /'kouzi/ *e der.* → **cosy** *e der.*

CP **1** (*Communist Party*) PC (Partito Comunista). **2** (*Econ*) *commercial paper* (titolo di credito negoziabile). **3** (*Med*) *cerebral palsy* (paralisi cerebrale).

cp. *compare* cfr. (confronta).

CPA /ˌsi:pi:'eɪ/ (*Am*) *Certified Public Accountant* (commercialista abilitato alla professione).

CPI /ˌsi:pi:'aɪ/ (*Am*) *Consumer Price Index* (indice dei prezzi al consumo).

cpl. (*Mil*) *corporal* cap. (caporale).

C.P.O. /ˌsi:pi:'ou/ (*Mar*) *Chief Petty Officer*

(primo sottufficiale).

cps 1 (*El*) *cycles per second* (hertz, cicli al secondo). **2** (*Inform*) *characters per second* cps (caratteri al secondo).

CPU /ˌsiːpiːˈjuː/ (*Inform*) *Central Processing Unit* CPU (unità centrale di elaborazione).

CR *Costa Rica* CR (Costa Rica).

cr. 1 *credit* (credito). **2** *creditor* (creditore).

crab[1] /kræb/ *n.* **1** (*Zool*) granchio *m.* **2** (*Mecc*) (*winch*) argano *m.*, verricello *m.*; (*crane*) gru *f.* a benna. **3** (*Mar*) arganello *m.* **4** (*Aer*) deriva *f.* **5** (*colloq*) brontolone *m.* (*f.* -a), bisbetico *m.* (*f.* -a), piattola *f.* **6** (*Entom*) pidocchio *m.* inguinale, pidocchio *m.* del pube, piattola *f.* **7** (*Bot*) (*wild apple*) mela *f.* selvatica. **8** (*Bot*) (*small, cultivated apple*) mela *f.* cotogna. **9** (*Bot*) melo *m.* selvatico. □ (*Bot*) ~ *apple*: 1 (*Alim*) (*wild apple*) mela selvatica; 2 (*Alim*) (*small, cultivated apple*) mela cotogna; 3 melo selvatico; ~ *grass*: 1 (*Bot*) sanguinella; 2 (*eleusine*) eleusina; (*Entom*) ~ *louse* pidocchio del pube, pidocchio inguinale, piattola; (*Pesc*) ~ *pot* nassa; (*Bot*) ~ *tree* melo selvatico; (*Am*) *to turn out* -s (*of an enterprise, etc.*) fare fiasco, fallire.

crab[2] /kræb/ (*past, p.p.* **crabbed** /-(ɪ)d/) **I** *v.i.* **1** (*of hawks*) azzuffarsi. **2** (*to complain*) brontolare (*at, about* per, su), lamentarsi (di). **3** (*Aer*) compensare la deriva. **4** (*Mar*) andare alla deriva. **5** (*Pesc*) (*to fish for crabs*) pescare granchi. **II** *v.t.* **1** (*of a hawk*) artigliare. **2** (*to complain about*) lamentarsi di, lagnarsi di, trovare da ridire su. **3** (*to spoil*) guastare, rovinare.

Crab /kræb/ *n.pr.* (*Astr*) Cancro *m.*

crabbed /ˈkræb(ɪ)d/ *a.* **1** sgarbato, bisbetico, acido. **2** (*sour-tempered*) scontroso, intrattabile. **3** (*difficult to understand*) oscuro, contorto, intricato. **4** (*of handwriting*) illeggibile, indecifrabile.

crabbedly /ˈkræb(ɪ)dli/ *avv.* sgarbatamente, con acidità. □ ~ *written* scritto in modo incomprensibile, illeggibile.

crabbedness /ˈkræb(ɪ)dnəs/ *n.* acidità *f.*, asprezza *f.*

crabby /ˈkræbi/ *a.* acido, aspro, bisbetico.

crablike /ˈkræblaɪk/ *a.* come un granchio, simile a un granchio.

crabstick /ˈkræbstɪk/ *n.* (*fig*) persona *f.* acida, persona *f.* bisbetica.

crack[1] /kræk/ **I** *v.i.* **1** (*to break*) spaccarsi, spezzarsi, incrinarsi, fendersi. **2** schioccare: *the whip* -*ed* la frusta schioccò. **3** (*to crunch*) scricchiolare. **4** (*of the voice*) incrinarsi, diventare stridula. **5** (*fig*) (*to give way*) cedere, crollare: *he* -*ed under interrogation* crollò durante l'interrogatorio. **II** *v.t.* **1** (*to break into fissures*) incrinare, fendere, spaccare. **2** (*to break with a sudden sound*) schiacciare: *to* ~ *nuts* schiacciare noci. **3** (*of knuckles*) schioccare, far crocchiare, far scrocchiare. **4** (*to strike*) colpire, picchiare: *to* ~ *so. over the head* colpire qcu. sulla testa. **5** (*to solve*) risolvere, decifrare, chiarire: *to* ~ *a code* decifrare un codice. **6** (*colloq*) (*of a joke*) dire, raccontare. **7** (*colloq*) (*of a safe*) scassinare, forzare. **8** (*Chim*) sottoporre a piroscissione. □ *to* ~ *a joke* fare una battuta; *to* ~ *down* dare un giro di vite (*on* a), prendere severe misure (contro); (*colloq*) *to get* -*ing* mettersi all'opera; *to* ~ *up*: 1 (*colloq*) fracassare, schiantare: *to* ~ *up an aeroplane* fracassare un aeroplano; 2 (*colloq*) (*to praise*) lodare, decantare, magnificare: *he is not what it's* -*ed up to be* non è proprio bravo come si sente dire in giro; 3 (*to break down in health*) crollare; 4 (*fig*) (*to give way*) cedere, crollare.

crack[2] /kræk/ **I** *n.* **1** (*fissure*) incrinatura *f.*, spaccatura *f.*, crepa *f.*, fenditura *f.*: *there are* -*s in the ice* ci sono delle crepe nel ghiaccio; *a crack in a glass* un'incrinatura in un bicchiere. **2** (*slight opening*) fessura *f.*: *a ~ in the door* una fessura nella porta. **3** (*noise*) scoppio *m.*, schiocco *m.*, schianto *m.*: *the ~ of a rifle* lo scoppio di un fucile. **4** (*blow*) colpo *m.*, percossa *f.*, botta *f.* **5** (*drug*) crack *m.* **6** (*colloq*) (*witty remark*) battuta *f.*, frizzo *m.*: *a wise* ~ una bella battuta, una battuta pungente. **7** (*colloq*) (*attempt*) tentativo *m.*, prova *f.*: *to take* (o *to have*) *a* ~ *at sth.* tentare di fare qcs. **8** (*sl*) (*burglary*) scasso *m.*, effrazione *f.* **9** (*colloq*) (*one who excels*) asso *m.*, fuoriclasse *m./f.* **10** (*Edil*) crepa *f.*, lesione *f.* **11** (*Met*) cricca *f.* **II** *a.* (*colloq*) eccellente, ottimo, formidabile: *a ~ shot* un tiro formidabile. **III** *avv.* con uno schiocco, con uno schianto. **III** *intz.* crac! □ *at the ~ of dawn* alle prime luci dell'alba.

crack-brained /ˈkrækbreɪnd/ *a.* **1** bizzarro, stravagante, strambo. **2** (*foolish*) stupido, idiota. **3** (*insane*) folle, pazzo, matto.

crack-down /ˈkrækdaʊn/ *n.* severo provvedimento *m.*, giro *m.* di vite.

cracked /krækt/ *a.* **1** incrinato, crepato, fesso. **2** (*broken into pieces*) a pezzi, in pezzi, spezzettato, infranto. **3** (*colloq*) (*crazy*) matto, scemo.

cracker /ˈkrækər/ *n.* **1** (*Gastron*) cracker *m.* **2** (*firecracker*) petardo *m.*, castagnola *f.* **3** (*Am, spreg*) bianco *m.* povero. **4** (*Inform*) cracker *m.*, pirata *m.* delle reti telematiche (che scopre codici e password). □ ~ *of jokes* burlone.

crackerjack /ˈkrækəˈdʒæk/ **I** *n.* (*Am,colloq*) asso *m.*, fuoriclasse *m./f.* **II** *a.* (*Am,colloq*) eccellente, eccezionale.

crackers /ˈkrækəz Am ˈkrækəʳz/ *a.* (*colloq*) pazzo, matto, folle.

cracking /ˈkrækɪŋ/ **I** *n.* **1** (*Chim*) piroscissione *f.*, pirolisi *f.* **2** (*Met*) criccatura *f.* **II** *a.* (*colloq*) straordinario, eccezionale.

crackjaw /ˈkrækdʒɔː/ *a.* (*colloq*) difficile da pronunciare.

crackle /ˈkrækl/ **I** *v.i.* **1** scoppiettare, crepitare, scricchiolare: *the fire* -*d* il fuoco scoppiettava. **2** (*Ceram*) screpolarsi. **II** *v.t.* far scoppiettare, far crepitare. **III** *n.* **1** scricchiolio *m.*, crepitio *m.*, scoppiettio *m.* **2** (*Ceram*) screpolatura *f.*

crackling /ˈkræklɪŋ/ *n.* **1** scricchiolio *m.*, crepitio *m.*, scoppiettio *m.* **2** (*Gastron*) (*of roast pork*) cotenna *f.* croccante. **3** *pl.* (*Gastron*) (*cracknels*) ciccioli *m.pl.*

cracknel /ˈkræknəl/ *n.* (*Gastron*) **1** (*biscuit*) biscotto *m.* croccante. **2** *pl.* (*of pork*) ciccioli *m.pl.*

crackpot /ˈkrækpɒt Am ˈkrækpɑːt/ (*colloq*) **I** *n.* picchiatello *m.* (*f.* -a), tipo *m.* (*f.* -a) strambo, stravagante *m./f.* **II** *a.* stravagante, strambo.

crack-up /ˈkrækʌp/ *n.* **1** (*colloq*) esaurimento *m.* nervoso. **2** (*crash, collision*) collisione *f.*, scontro *m.* **3** (*collapse, breakdown*) rottura *f.*, cessazione *f.*

cracky /ˈkræki/ *a.* **1** pieno di crepe, screpolato. **2** (*foolish*) stupido, idiota. **3** (*insane*) folle, pazzo, matto.

cradle /ˈkreɪdl/ **I** *n.* **1** culla *f.* (*anche fig*): *the ~ of Western civilization* la culla della civiltà occidentale. **2** (*Mecc,Aer,Mar*) culla *f.*, intelaiatura *f.* di sostegno. **3** (*Mar*) (*launching cradle*) invasatura *f.* **4** (*Aut*) sdraio *m.*, carrellino *m.* **5** (*Minier*) crivello *m.*, vaglio *m.* **6** (*Med*) archetto *m.*, gabbia *f.* (per sollevare le coperte). **7** (*Edil*) centina *f.* **8** (*Art*) intelaiatura *f.* **9** (*Tel*) forcella *f.* (portamicrofono). **II** *v.t.* **1** cullare (*anche fig*). **2** (*to nurture*) allevare, educare (*anche fig*). **3** (*Agr*) falciare con una falce dentata. **4** (*Tel*) posare sulla forcella. **5** (*Minier*) passare al crivello, vagliare. □ (*Agr*) ~ *scythe* falce dentata; ~ *song* ninna nanna.

craft /krɑːft Am kræft/ *n.* **1** mestiere *m.*: *school for arts and* -*s* scuola di arti e mestieri. **2** (*skill*) arte *f.*, abilità *f.*, destrezza *f.*, maestria *f.* **3** (*cunning*) astuzia *f.*, furberia *f.*, scaltrezza *f.*; (*deceit*) inganno *m.* **4** (*members of a trade*) corporazione *f.*, categoria *f.* **5** (*Mar*) imbarcazione *f.*, barca *f.*, natante *m.* **6** (*collett., costr.sing. o pl.*) (*ships*) navi *f.pl.* **7** (*Aer*) aeroplano *m.* **8** (*collett., costr.sing. o pl.*) (*aircraft*) aeroplani *m.pl.* □ ~ *show* (*bazaar*) mostra artigianale: *Stitches & Craft show* Salone del cucito e dell'artigianato; ~ *union* corporazione, associazione di categoria.

craftily /ˈkrɑːftɪli Am ˈkræftɪli/ *avv.* astutamente, scaltramente.

craftiness /ˈkrɑːftɪnəs Am ˈkræftɪnəs/ *n.* astuzia *f.*, furberia *f.*, scaltrezza *f.*

craftsman /ˈkrɑːftsmən Am ˈkræftsmən/ *n.irr.* **1** artigiano *m.* **2** (*fig*) artista *m.*, maestro *m.*

craftswoman /ˈkrɑːftsˌwʊmən Am ˈkræftsˌwʊmən/ *n.irr.* **1** artigiana *f.* **2** (*fig*) artista *f.*

craftsmanship /ˈkrɑːftsmənʃɪp Am ˈkræftsmənʃɪp/ *n.* arte *f.*, abilità *f.*, maestria *f.*

crafty /ˈkrɑːfti Am ˈkræfti/ *a.* furbo, astuto, scaltro.

crag /kræg/ *n.* balza *f.*, dirupo *m.*, rupe *f.*, roccia *f.* scoscesa.

cragginess /ˈkrægɪnəs/ *n.* l'essere scosceso, ripidezza *f.*

craggy /ˈkrægi/ *a.* **1** dirupato, scosceso. **2** (*of features*) marcato, aspro.

cragsman /ˈkrægzmən/ *n.irr.* rocciatore *m.*

crake /kreɪk/ **I** *n.* (*Ornit*) rallide *m.* **II** *v.i.* gracchiare.

cram[1] /kræm/ (*past, p.p.* **crammed** /-d/) **I** *v.t.* **1** riempire, colmare, ricolmare, imbottire (*with* con). **2** (*to force, to stuff*) calcare, stipare, ammassare (*into* in): *to* ~ *food into a cupboard* stipare cibo in una credenza. **3** (*colloq*) (*to coach for an examination*) preparare intensivamente; (*of a subject*) studiare affrettatamente. **II** *v.i.* (*colloq*) (*to study intensively*) sgobbare, fare una bella sgobbata. □ (*colloq*) *to ~ for an exam* (*to study intensively*) sgobbare per un esame.

cram[2] /kræm/ *n.* **1** folla *f.*, calca *f.*, ressa *f.* **2** (*colloq*) (*intense studying*) sgobbata *f.*

cram-full /ˌkræmˈfʊl/ *a.* pieno zeppo, strapieno.

crammed /kræmd/ *a.* pieno zeppo, strapieno.

crammer /ˈkræməʳ/ *n.* (*Br*) **1** (*Zootecn*) ingozzatrice *f.* **2** (*Scol*) (*coach*) insegnante *m./f.* che prepara intensivamente; (*student*) studente *m.* (*f.* -essa) che si prepara all'ultimo momento.

cramp[1] /kræmp/ **I** *n.* (*Med*) crampo *m.*, spasmo *m.*: *writer's* ~ crampo m dello scrivano. **II** *v.t.* far venire i crampi a.

cramp[2] /kræmp/ **I** *n.* **1** (*Edil*) grappa *f.*, graffa *f.* **2** (*Tecn*) morsetto *m.*, morsa *f.* **3** (*Calz*) forma *f.* (per tomaia). **4** (*fig*) impedimento *m.*, ostacolo *m.*, freno *m.* **II** *a.* **1** (*restricted in space*) ristretto, limitato, costretto. **2** (*of handwriting*) illeggibile, indecifrabile. **III** *v.t.* **1** (*Tecn*) stringere in, fissare con una morsa. **2** (*fig*) ostacolare, impedire, intralciare: *to* ~ *so.'s style* rendere impacciato lo stile di qcu. □ (*Edil*) ~ *iron* grappa, graffa.

cramped /kræmpt/ *a.* **1** (*restricted in space*) ristretto, limitato. **2** (*of handwriting*) illeggibile, indecifrabile.

crampfish /ˈkræmpfɪʃ/ *n.* (*Itt*) torpedine *f.*

crampon /ˈkræmpɒn Am ˈkræmpɑːn/ *n.* **1** (*Edil*) grappa *f.* a gancio, braga *f.* a gancio. **2** *pl.* (*Alp*) ramponi *m.pl.*, grappette *f.pl.*

cranage /ˈkreɪnɪdʒ/ n. (Mar) **1** uso m. di una gru. **2** (price) tariffa f. per l'uso di una gru.
cranberry /ˈkrænbₑri Am ˈkrænˌberi/ n. (Bot) mirtillo m. rosso, mirtillo m. americano. □ (Gastron) ~ sauce salsa di mirtilli rossi.
crane /kreɪn/ I n. **1** (Ornit,Mecc,Cin,TV) gru f. **2** (Mar) sifone m. **3** (Ferr) (water crane) tubo m. di rifornimento d'acqua. II v.t. **1** (of the neck) allungare. **2** (Mecc) spostare con una gru, sollevare con una gru. III v.i. allungare il collo. □ (Entom) ~ fly tipula maxima.
Crane /kreɪn/ n.pr. (Astr) Gru f.
cranesbill /ˈkreɪnzbɪl/ n. (Bot) geranio m. dei prati.
cranial /ˈkreɪnɪəl/ a. (Anat) cranico, craniale, cefalico. □ (Anat) ~ index indice cranico; (Anat) ~ nerve nervo craniale, nervo cranico.
craniectomy /ˌkreɪniˈektəmi/ n. (Chir) craniectomia f.
craniological /ˌkreɪniəˈlɒdʒɪkəl Am ˌkreɪniəˈlɑːdʒɪkəl/ a. craniologico.
craniologist /ˌkreɪniˈɒlədʒɪst Am ˌkreɪniˈɑːlədʒɪst/ n. craniologo m. (f. -a).
craniology /ˌkreɪniˈɒlədʒi Am ˌkreɪniˈɑːlədʒi/ n. craniologia f.
craniometer /ˌkreɪniˈɒmɪtə Am ˌkreɪniˈɑːmətər/ n. (Tecn) cefalometro m., craniometro m.
craniometrist /ˌkreɪniˈɒmɪtrɪst Am ˌkreɪniˈɑːmɪtrɪst/ n. specialista m./f. in craniometria.
craniometry /ˌkreɪniˈɒmɪtri Am ˌkreɪniˈɑːmɪtri/ n. (Med) craniometria f., cefalometria f.
cranioscopy /ˌkreɪniˈɒskəpi Am ˌkreɪniˈɑːskəpi/ n. (Med) cranioscopia f.
craniotome /ˈkreɪniətoʊm/ n. (Tecn) craniotomo m.
craniotomy /ˌkreɪniˈɒtəmi Am ˌkreɪniˈɑːtəmi/ n. (Chir) craniotomia f.
cranium /ˈkreɪniəm/ (pl. -s /-z/, -nia /-niə/) n. (Anat) **1** (skull) cranio m. **2** (braincase) scatola f. cranica.
crank[1] /kræŋk/ I n. **1** (Mecc) manovella f., gomito m. **2** (fig) (eccentric person) eccentrico m. (f. -a), stravagante m./f., tipo m. (f. -a) bizzarro. **3** (drug) droga f. scadente, anfetamina f., droga f. con effetto stimolante. II a. (Mar) (of machinery) non in ordine, sconquassato. III v.t. **1** (Mot) (to move by a crank) fare partire, mettere in moto. **2** (colloq) gonfiare, pompare; (volume) alzare il volume. **3** (colloq) (to produce quickly) sfornare, produrre in serie. **4** curvare a gomito, piegare a gomito. IV v.i. **1** (Mot) girare la manovella di avviamento. **2** (Cin) girare, riprendere. □ (colloq) ~ call scherzo telefonico; (Mot) ~ case banco del motore, basamento del motore; (colloq) to ~ out sfornare, produrre in serie; to ~ up : **1** (Mot) (to move by a crank) fare partire, mettere in moto; **2** (colloq) gonfiare, pompare; **3** (colloq) (of volume) alzare (il volume).
crank[2] /kræŋk/ a. (Mar) (of a boat, ship) instabile.
crankily /ˈkræŋkɪli/ avv. lamentandosi, di mala voglia.
crankiness /ˈkræŋkɪnəs/ n. **1** irritabilità f. **2** (Mar) instabilità f.
crankle /ˈkræŋkl/ I n. curva f., svolta f. II v.i. curvarsi, avvolgersi.
crankshaft /ˈkræŋkʃɑːft Am ˈkræŋkʃæft/ n. (Mecc) albero m. a gomiti.
cranky /ˈkræŋki/ a. **1** nervoso, irascibile. **2** (eccentric) eccentrico, stravagante, bizzarro. **3** (of machinery) non in ordine, sconquassato. **4** (crooked) storto, curvo.
crannied /ˈkrænid/ a. screpolato, crepato.
crannog /ˈkrænəg/ n. (Archeol) (in Ireland, Scotland) abitazione f. lacustre.

cranny /ˈkræni/ n. **1** fessura f., crepa f. **2** (fig) recesso m.
crap[1] /kræp/ I n. (sl,volg) **1** merda f. **2** (nonsense) balle f.pl., fesserie f.pl. II v.i. (past, p.p. crapped /-t/) (sl,volg) cacare.
crap[2] /kræp/ n. (Am) **1** (in dice) tiro m. sfortunato. **2** pl. (costr.sing.) (game) gioco m.sing. d'azzardo con i dadi: to shoot -s tirare i dadi, gettare i dadi.
crape /kreɪp/ n. → **crêpe**.
crappy /ˈkræpi/ a. (Am,sl) pessimo, schifoso.
crapshooter /ˈkræpˌʃuːtər/ n. (Am) giocatore m. (f. -trice) di dadi.
crapulence /ˈkræpjuləns/ n. baldoria f., bagordo m., gozzoviglia f., bisboccia f.
crapulency /ˈkræpjulənsi/ n. baldoria f., bagordo m., gozzoviglia f., bisboccia f.
crapulent /ˈkræpjulənt/ a. che si dà ai bagordi, che gozzoviglia.
crapulous /ˈkræpjuləs/ a. che si dà ai bagordi, che gozzoviglia.
crash[1] /kræʃ/ I v.t. **1** fare a pezzi, fracassare. **2** (Aer) far precipitare, (far) schiantare al suolo. **3** (colloq) (of a party, etc.) entrare senza invito a (o in), imbucarsi, intrufolarsi in. II v.i. **1** fracassarsi, cadere rumorosamente. **2** (Aer) precipitare, schiantarsi al suolo. **3** (Aut) scontrarsi (con fracasso), cozzare (against, into contro). **4** (to make a loud noise) fare fracasso, provocare un rumore assordante. **5** (fig) (to collapse exhausted) crollare, fallire, andare in rovina. III n. **1** (collision) scontro m.: a car ~ uno scontro automobilistico. **2** (impact) cozzo m., urto m. (violento). **3** (Aer) disastro m. **4** (loud noise) fracasso m., fragore m., frastuono m., schianto m. **5** (fig) (collapse) crollo m., fallimento m. **6** (Inform) crash m. **7** (Econ) crollo m., tracollo m., crac m., fallimento m. IV a. (colloq) accelerato, affrettato: a ~ course in English un corso accelerato di inglese. □ (Strad) ~ barrier barriera; ~ course corso accelerato; ~helmet casco antiurto; ~ programme programma di urgenza; (Aer) ~ recorder recorder, registratore dell'impatto di un aereo; (Aut) ~ test crash test, prova d'urto, prova d'impatto; (Aut) ~ test dummy crash test dummy, manichino per prove d'impatto.
crash[2] /kræʃ/ n. (Tess) tela f. di lino pesante.
crash-dive /ˈkræʃdaɪv/ I n. (Mar.mil) immersione f. rapidissima. II v.i. (Mar.mil) fare un'immersione rapida.
crashland /ˌkræʃˈlænd/ v.i. (Aer) fare un atterraggio di fortuna.
crashlanding /ˈkræʃlændɪŋ/ n. (Aer) atterraggio m. di fortuna.
crashworthiness /ˈkræʃˌwɜːðɪnəs Am ˈkræʃˌwɜːrðɪnəs/ n. (of a car) resistenza f., capacità f. di incassare l'urto di uno scontro.
crashworthy /ˈkræʃwɜːði Am ˈkræʃwɜːrði/ a. (of a car) resistente.
crasis /ˈkreɪsɪs/ (pl. -ses /-siːz/) n. (Gramm, Med) crasi f.
crass /kræs/ a. crasso, grossolano: ~ ignorance ignoranza crassa.
crassitude /ˈkræsɪtjuːd/ n. grossolanità f.
crassly /ˈkræsli/ a. grossolanamente.
crassness /ˈkræsnəs/ n. grossolanità f.
cratch /krætʃ/ n. (ant) mangiatoia f., rastrelliera f.
crate /kreɪt/ I n. **1** cassa f. da imballaggio, gabbia f. da imballaggio. **2** (basket) cesta f. di vimini (per imballaggio). **3** (colloq) (old car, aeroplane) macinino m., caffettiera f. II v.t. imballare in casse.
crater /ˈkreɪtə Am ˈkreɪtər/ n. (Geol,Archeol) cratere m. **2** (bomb hole, etc.) cratere m.
Crater /ˈkreɪtə Am ˈkreɪtər/ n.pr. (Astr) Cratere m.

cratered /ˈkreɪtəd Am ˈkreɪtərd/ a. pieno di crateri.
cravat /krəˈvæt/ n. (Abbigl) cravatta f. larga; (neck cloth) fazzoletto m. da collo.
cravatted /krəˈvætɪd Am krəˈvætɪd/ a. che porta una cravatta larga.
crave /kreɪv/ I v.t. **1** bramare, desiderare intensamente. **2** (to beg) implorare, scongiurare, chiedere con insistenza. II v.i. provare un ardente desiderio (for, after di), bramare (qcs.).
craven /ˈkreɪvən/ I a. codardo, vile, vigliacco, pusillanime. II n. codardo m. (f. -a), vile m./f., vigliacco m. (f. -a). □ a ~coward un terribile vigliacco.
cravenly /ˈkreɪvənli/ avv. vigliaccamente.
cravenness /ˈkreɪvənəs/ n. viltà f., codardia f., vigliaccheria f.
craving /ˈkreɪvɪŋ/ n. desiderio m. ardente, brama f., (colloq) voglia f. matta: a ~ for alcohol un ardente desiderio di alcolici.
craw /krɔː/ n. **1** (Ornit) gozzo m. **2** (Zool) stomaco m.
crawfish /ˈkrɔːfɪʃ/ n. (Am,Zool) **1** gambero m. **2** (spiny lobster) aragosta f.
crawl /krɔːl/ I v.i. **1** strisciare. **2** (of a baby) camminare a quattro zampe, gattonare. **3** (fig) avanzare lentamente, procedere lentamente: to ~ through the traffic procedere lentamente in mezzo al traffico. **4** (fig) (to drag along) trascinarsi, arrancare. **5** (to toady) strisciare (a), adulare: to ~ to one's boss strisciarsi al proprio superiore. **6** (to be alive with) brulicare, formicolare (with di). **7** (of a person) avere la pelle d'oca; (of one's flesh) accapponarsi: spiders make her flesh ~ i ragni le fanno accapponare la pelle, i ragni le fanno venire la pelle d'oca. **8** (Am, Sport) (to do the crawl) nuotare a crawl, nuotare a stile libero. II n. **1** lo strisciare. **2** (fig) progresso m. lento, lento progredire m., traffico m. lentissimo: traffic slowed to a ~ il traffico procedeva a passo d'uomo. **3** (Sport) crawl m., stile m. libero. □ (Sport) ~swimmer crawlista, nuotatore di crawl.
crawler /ˈkrɔːlər/ n. **1** persona f. che striscia; (thing) cosa f. che striscia. **2** (fig) persona f. servile, (colloq) leccapiedi m./f. **3** (Inform) crawler m., motore m. di ricerca. **4** (Mecc) trattore m. cingolato, trattore m. a cingoli.
crawling /ˈkrɔːlɪŋ/ □ ~insects insetti striscianti.
crawly /ˈkrɔːli/ a. (colloq) che fa rabbrividire, che fa accapponare la pelle, che fa venire la pelle d'oca.
crayfish /ˈkreɪfɪʃ/ (pl.inv. o -es /-ɪz/) n. (Zool) **1** gambero m. **2** (spiny lobster) aragosta f.
crayon /ˈkreɪən/ I n. **1** pastello m., matita f. colorata. **2** (of chalk) gessetto m. II v.t. disegnare a pastello.
craze /kreɪz/ I v.t. **1** fare impazzire, far diventare matto. **2** (Ceram) screpolare, incrinare. II v.i. (Ceram) screpolarsi. III n. **1** (fad) mania f., smania f.; (fashion) moda f. del momento, voga f. **2** (Ceram) screpolatura f., imperfezione f., craquelure f.
crazed /kreɪzd/ a. **1** pazzo, matto, folle. **2** (Ceram) screpolato, incrinato.
crazily /ˈkreɪzɪli/ avv. pazzamente, follemente.
craziness /ˈkreɪzɪnəs/ n. pazzia f., follia f.
crazing /ˈkreɪzɪŋ/ n. (Ceram,Geol) screpolatura f.
crazy /ˈkreɪzi/ a. **1** matto, pazzo, folle (with di). **2** (senseless) assurdo, insensato. **3** (colloq) (enthusiastic, infatuated) matto, pazzo, entusiasta (about, over per, di): she's ~ about him è pazza di lui; to drive so. ~ fare impazzire qcu. **4** (bizarre) stravagante,

strampalato. **5** (*ant*) (*of a building*) pericolante, instabile. ☐ (*Am*) ~ **bone** punta del gomito; ~ **glue** attaccatutto; (*colloq*) *to go* ~ impazzire, diventare matto; (*sl*) *like* ~ come un pazzo, da pazzi, da impazzire; (*Br*) ~ **paving** lastricato a mosaico irregolare; ~ **quilt**: 1 trapunta fatta di pezzi di stoffa irregolari; 2 (*hodgepodge*) miscuglio, guazzabuglio.

creak /kriːk/ **I** *v.i.* cigolare, stridere, scricchiolare. **II** *n.* cigolio *m.*, stridio *m.*, scricchiolio *m.*

creaky /ˈkriːki/ *a.* cigolante, stridente.

cream /kriːm/ **I** *n.* **1** panna *f.*, crema *f.* **2** (*purée, soup*) crema *f.*, passato *m.*: ~ *of tomato soup* crema di pomodori. **3** (*fig*) (*best part*) crema *f.*, fior fiore *m.*, crème *f.*: *the* ~ *of society* la crema della società. **4** (*colour*) color *m.* crema, crema *m.* **II** *v.i.* **1** fare la panna. **2** (*fig*) (*to froth, to foam*) fare la spuma, spumeggiare. **III** *v.t.* **1** (*of milk*) scremare. **2** (*to prepare with cream*) cucinare con la panna. **3** (*to mix*) sbattere fino a rendere cremoso: *to* ~ *together butter and sugar* sbattere insieme il burro e lo zucchero fino a ottenere una crema. **4** (*Cosmet*) spalmare la crema su, applicare la crema su. **5** (*colloq*) (*to defeat thoroughly*) battere completamente, stravincere, stracciare, sconfiggere alla grande. ☐ (*Dolc*) ~ *cake* torta alla crema; (*Alim*) ~ *cheese* formaggio morbido e cremoso; (*Cart*) ~ *laid* carta da lettera filigranata; (*Chim*) ~ *of tartar* cremore di tartaro; (*colloq*) *the* ~ *of the crop* la crema della crema, la crème de la crème; ~ *puff*: 1 (*Gastron*) bignè; 2 (*colloq*) smidollato, effeminato; ~ *sherry* sherry alla crema; ~ *soda* bevanda gasata aromatizzata alla vaniglia; (*Br*) ~ *tea* tè (del pomeriggio) con pasticcini, marmellata e panna.

cream-coloured /ˈkriːmˌkʌləd *Am* ˈkriːm ˌkʌlərd/ *a.* color crema.

creamer /ˈkriːmər/ *n.* **1** (*milk substitute*) surrogato *m.* del latte (per macchiare il caffè). **2** (*Am*) (*jug*) bricchetto *m.* per la panna. **3** (*ant*) (*separator*) scrematrice *f.*

creamery /ˈkriːməri/ *n.* **1** caseificio *m.* **2** (*shop*) latteria *f.* ☐ ~ *industry* industria lattiero-casearia.

creaminess /ˈkriːmɪnəs/ *n.* **1** cremosità *f.* **2** (*softness*) morbidezza *f.*

creamy /ˈkriːmi/ *a.* **1** cremoso, ricco di crema, ricco di panna. **2** (*smooth, soft*) morbido, soffice, vellutato.

crease /kriːs/ **I** *n.* **1** piega *f.*, piegatura *f.*, grinza *f.* **2** (*in origami*) piega *f.*: *mountain* ~ piega a monte; *valley* ~ piega a valle. **3** (*of the face*) ruga *f.*, piega *f.*, grinza *f.* **4** (*Sport*) (*popping crease*) linea *f.* del battitore; (*bowling crease*) linea *f.* del lanciatore. **II** *v.t.* **1** spiegazzare, sgualcire. **2** (*of trousers*) fare la piega a. **3** (*of a bullet: to graze*) graffiare. **III** *v.i.* sgualcirsi. ☐ (*Br*) *to* ~ *up with laughter* piegarsi in due dal ridere.

creased /kriːst/ *a.* sgualcito, spiegazzato, (*region*) stropicciato.

crease-resistant /ˈkriːsrɪˌsɪstənt/ *a.* (*Tess*) ingualcibile, antipiega.

creasing /ˈkriːsɪŋ/ *n.* (*Legat*) cordonatura *f.*

creasy /ˈkriːsi/ *a.* sgualcito, spiegazzato, (*region*) stropicciato.

create /kriˈeɪt/ *v.t.* **1** creare, fare, produrre: *God -d the world* Dio creò il mondo. **2** (*to cause*) suscitare, creare, causare, far sorgere: *to* ~ *difficulties* creare difficoltà. **3** (*to appoint*) nominare, eleggere: *to* ~ *a judge* nominare qcu. giudice. **II** *v.i.* **1** creare, inventare, ideare. **2** (*colloq*) (*to make a fuss*) far tragedie, fare storie.

creatine /ˈkriːətiːn/ *n.* (*Chim*) creatina *f.*

creation /kriˈeɪʃn/ *n.* **1** creazione *f.* (*anche fig*). **2** (*the world*) creato *m.*, universo *m.*; (*creatures*) creature *f.pl.*, esseri *m.pl.* creati, creato *m.* **3** (*investiture*) nomina *f.*, elezione *f.* ☐ ~ *science* creazionismo.

creationism /kriˈeɪʃənɪzəm/ *n.* (*Filos,Teol*) creazionismo *m.*

creationist /kriˈeɪʃnɪst/ *n.* seguace *m./f.* del creazionismo *m.*

creative /kriˈeɪtɪv *Am* kriˈeɪtɪv/ *a.* **1** creativo. **2** (*imaginative*) creativo, ricco di inventiva. ☐ (*colloq*) ~ *accounting* contabilità creativa; ~ *director* direttore creativo; (*Filos*) ~ *evolution* evoluzione creatrice.

creatively /kriˈeɪtɪvli *Am* kriˈeɪtɪvli/ *avv.* in modo creativo, creativamente.

creativeness /kriˈeɪtɪvnəs *Am* kriˈeɪtɪvnəs/ *n.* **1** creatività *f.* **2** (*ability*) facoltà *f.* creativa, capacità *f.* creativa.

creativity /ˌkriːeɪˈtɪvɪti *Am* ˌkriːeɪˈtɪvəti/ *n.* **1** creatività *f.* **2** (*ability*) facoltà *f.* creativa, capacità *f.* creativa.

creator /kriˈeɪtər *Am* kriˈeɪtər/ *n.* creatore *m.* (*f.* -trice).

Creator /kriˈeɪtər *Am* kriˈeɪtər/ *n.* Creatore *m.*

creatural /ˈkriːtʃərəl/ *a.* creaturale.

creature /ˈkriːtʃər/ *n.* **1** essere *m.* vivente, creatura *f.* **2** (*animal*) animale *m.* **3** (*human being*) creatura *f.*, essere *m.* umano: *-s have limits* gli esseri umani hanno dei limiti. **4** (*fig*) creatura *f.*, protetto *m.* (*f.* -a): *he is a ~ of the minister's* è una creatura del ministro. **5** (*fig*) (*slave*) schiavo *m.* (*f.* -a): *a ~ of habit* uno schiavo delle abitudini. ☐ ~ *comforts* agi, comodità (materiali), sicurezza materiale.

creaturely /ˈkriːtʃərli/ *a.* umano, delle creature.

crèche /kreɪ(ɪ)ʃ/ *n.* **1** asilo *m.* infantile, nido *m.* (d'infanzia). **2** (*nativity scene*) presepio *m.*

credence /ˈkriːdəns/ *n.* **1** credenza *f.*, fede *f.* **2** (*trustworthiness*) credito *m.*, fiducia *f.* **3** (*Lit*) (*credence table*) credenza *f.*

credential /krɪˈdenʃəl/ *n.* **1** (*Econ*) lettera *f.* di credito. **2** *pl.* (*Dipl*) credenziali *f.pl.*, lettere *f.pl.* credenziali.

credentialism /krɪˈdenʃəlɪzəm/ *n.* eccessivo valore *m.* attribuito ai titoli di studio.

credenza /krɪˈdenzə/ *n.* (*Arred*) credenza *f.*

credibility /ˌkredəˈbɪlɪti *Am* ˌkredəˈbɪləti/ *n.* credibilità *f.*

credible /ˈkredəbl/ *a.* **1** credibile. **2** (*trustworthy*) degno di fede, attendibile.

credibly /ˈkredɪbli/ *avv.* credibilmente, in maniera attendibile.

credit /ˈkredɪt/ **I** *n.* **1** (*Comm*) credito *m.*, fido *m.*: *the firm's* ~ *stands high* la ditta ha molto credito. **2** credito *m.*, fede *f.*: *to give* ~ *to a rumour* (*o to lend* ~ *to a rumour*) dar credito a una voce, prestar fede a una voce. **3** (*honour*) onore *m.*, merito *m.* **4** (*acknowledgement*) riconoscimento *m.* **5** (*standing*) ascendente *m.*, influenza *f.*; (*esteem*) credito *m.*, stima *f.*, reputazione *f.* **6** (*Comm*) (*book keeping*) accreditamento *m.*, somma *f.* a credito; (*creditor side*) colonna *f.* dell'avere. **7** (*Comm*) saldo *m.* creditore. **8** (*Am,Scol,Univ*) credito *m.* **9** *pl.* (*Cin*) titoli *m.pl.*, credits *m.pl.*: *opening -s* titoli di testa; *production -s* crediti di produzione. **10** (*Am,Rad,TV*) annuncio *m.* pubblicitario. **II** *v.t.* **1** dar credito a, prestar fede a, credere a. **2** (*usually passive*) (*to ascribe to*) attribuire a: *many herbs are -ed with healing powers* a molte erbe sono attribuite proprietà curative. **3** (*Comm*) (*in book keeping*) accreditare (*to* a, su): *to* ~ *so.'s account* accreditare una somma a qcu. ☐ ~ *account* conto a credito, conto creditori; (*Comm*) ~ *balance* saldo creditore, saldo at-

tivo; ~ *card* carta di credito; (*Econ*) ~ *circulation* circolazione fiduciaria; ~ *department* ufficio fidi, ufficio crediti; *to do so.* ~ fare onore a qcu.; (*Econ*) ~ *facilities* agevolazioni creditizie; *to get* ~ *for sth.* vedersi attribuire il merito di qcs.; *to give* ~ *where* ~ *is due* riconoscere giustamente un merito; *to give so.* ~ *for* credere a qcu. per (quanto riguarda); (*Econ*) ~ *limit* (o ~ *line*) linea di credito, castelletto, fido; (*Giorn*) ~ *lines* ringraziamenti; ~ *management* gestione del credito; (*Econ*) ~ *money* denaro accettato in conto credito; (*Comm*) *to deal on* ~ trattare a credito; ~ *policy* politica creditizia; (*Econ*) ~ *purchase* acquisto a termine, acquisto a credito; (*Econ*) ~ *rating* posizione creditizia, posizione finanziaria; (*Econ*) ~ *risk* rischio su credito, rischio bancario; ~ *standing* posizione creditizia, posizione finanziaria; ~ *system* sistema creditizio; *to take* ~ (o *to take the* ~) *for sth.* attribuirsi il merito di qcs.; (*Cin*) ~ *titles* titoli di testa; (*Econ*) ~ *union* 1 (*Br*) associazione di consumatori; 2 (*Am*) società cooperativa di credito; ~ *worthiness* capacità di credito, affidabilità; ~ *worthy* degno di credito, affidabile.

creditable /ˈkredɪtəbl *Am* ˈkredɪtəbl/ *a.* lodevole, encomiabile, degno di elogio.

creditably /ˈkredɪtəbli *Am* ˈkredɪtəbli/ *avv.* con onore, in modo encomiabile.

creditor /ˈkredɪtə *Am* ˈkredɪtər/ *n.* creditore *m.* (*f.* -trice). ☐ (*Pol*) ~ *country* paese creditore; ~ *firm* ditta creditrice.

credo /ˈkriːdoʊ, ˈkreɪdoʊ/ (*pl.* **-s** /-z/) *n.* (*fig*) credo *m.*, fede *f.*, convinzioni *f.pl.*

Credo /ˈkriːdoʊ, ˈkreɪdoʊ/ *n.* (*Rel,Lit*) Credo *m.*

credulity /krəˈdjuːlɪti, kredˈjuːlɪti *Am* krəˈd(j)uːləti/ *n.* credulità *f.*

credulous /ˈkredjʊləs *Am also* ˈkredʒələs/ *a.* credulo, credulone.

credulously /ˈkredjʊləsli *Am also* ˈkredʒələsli/ *avv.* con credulità.

credulousness /ˈkredjʊləsnəs *Am also* ˈkredʒələsnəs/ *n.* credulità *f.*

creed /kriːd/ *n.* **1** (*Rel*) credo *m.* **2** (*system of faith*) dottrina *f.* religiosa. **3** (*religion*) religione *f.*, credo *m.* **4** (*fig*) (*beliefs*) credo *m.*, fede *f.*, convinzioni *f.pl.*

Creed /kriːd/ *n.* (*Rel,Lit*) Credo *m.*

creedless /ˈkriːdləs/ *a.* miscredente, senza fede.

creek /kriːk/ *n.* **1** ruscello *m.*, torrente *m.* **2** (*inlet*) piccola baia *f.*, insenatura *f.*, cala *f.* ☐ (*sl*) *to be up the* ~ essere nei guai, essere nei pasticci.

creel /kriːl/ *n.* **1** (*Pesc*) cestino *m.* (usato per la pesca con la lenza); (*for carrying fish*) cesta *f.*; (*trap*) nassa *f.* **2** (*Tess*) rastrelliera *f.*

creep[1] /kriːp/ (*past, p.p.* **crept** /krept/) *v.i.* **1** strisciare. **2** (*fig*) (*to move slowly*) procedere lentamente, avanzare lentamente. **3** (*fig*) (*of time*) scorrere (*o* passare) lentamente. **4** (*to behave servilely*) essere servile, avere un atteggiamento servile, strisciare. **5** (*Bot*) arrampicarsi. **6** (*Mar*) dragare il fondo con un grappino. ☐ (*fig*) *to* ~ *up on so.* avvicinarsi furtivamente alle spalle di qcu.

creep[2] /kriːp/ *n.* **1** strisciamento *m.*; (*slow pace*) andatura *f.* lenta. **2** (*sl*) persona *f.* sgradevole. **3** (*Tecn*) deformazione *f.* permanente. **4** (*Geol,Met*) scorrimento *m.* **5** *pl.* (*sl*) pelle *f.sing.* d'oca: *to give so. the* -s far venire la pelle d'oca a qcu.

creepage /ˈkriːpɪdʒ/ *n.* (*El*) dispersione *f.*

creeper /ˈkriːpər/ *n.* **1** cosa *f.* che striscia; (*person*) persona *f.* che striscia; (*reptile*) rettile *m.* **2** (*Bot*) pianta *f.* rampicante. **3** (*Mar*) grappino *m.*, ancorotto *m.* **4** *pl.* (*Am*) (*baby*

garment) tuta *f.sing.* per bambini piccoli. **5** *pl.* (*Alp*) ramponi *m.pl.* da ghiaccio.

creepiness /'kriːpɪnəs/ *n.* l'essere raccapricciante.

creeping /'kriːpɪŋ/ *a.* strisciante, rampicante. ☐ (*Mil*) ~*barrage* barriera di fuoco (che si sposta con l'avanzare delle truppe); (*Bot*) ~*cinquefoil* potentilla; (*Econ*) ~*inflation* inflazione strisciante; (*Med*) ~ *paralysis* paralisi progressiva (*anche fig*).

creepy /'kriːpi/ *a.* **1** strisciante, che striscia. **2** (*fig*) (*causing horror*) che fa rabbrividire, che fa accapponare la pelle, raccapricciante.

creepy-crawly /ˌkriːpi'krɔːli, 'kriːpi,krɔːli/ *n.* (*infant*) insetto *m.*, verme *m.*

creese /kriːs/ *n.* kris *m.*, pugnale *m.* malese.

cremate /krɪ'meɪt *Am also* 'kriːmeɪt/ *v.t.* cremare, incinerare.

cremation /krɪ'meɪʃ⁰n/ *n.* cremazione *f.*, incinerazione *f.*

cremationist /krɪ'meɪʃ⁰nɪst/ *n.* sostenitore *m.* (*f.* -trice) della cremazione.

cremator /krɪ'meɪtə
 Am krɪ'meɪtə , 'kriːmeɪtə / *n.* **1** chi esegue la cremazione. **2** (*crematorium*) forno *m.* crematorio. **3** (*incinerator*) inceneritore *m.*

crematorium /ˌkremə'tɔːriəm *Am also* ˌkriːmə'tɔːriəm/ (*pl.* **-s** /-z/, **-ria** /-riə/) *n.* forno *m.* crematorio.

crematory /'kremətəri *Am* 'kremətɔːri, 'kriːmətɔːri/ *n.* **1** (*crematorium*) forno *m.* crematorio. **2** (*incinerator*) inceneritore *m.*

crème /krem/ *n.* crema *f.*: ~ *de menthe* crema di menta. ☐ (*fig*) ~*de la* ~ la crema della crema, la crème de la crème.

crème caramel /ˌkrem'kærəmel/ *n.* (*Dolc*) crème caramel *m./f.*

crenate /'kriːneɪt/ *a.* **1** (*Bot*) crenato, merlato. **2** (*Anat*) dentellato.

crenation /krɪ'neɪʃ⁰n/ *n.* **1** (*Bot*) crenatura *f.*, merlatura *f.* **2** (*Anat*) dentellatura *f.*

crenature /'krenətʃə , 'kriːnətʃə / *n.* **1** (*Bot*) crenatura *f.*, merlatura *f.* **2** (*Anat*) dentellatura *f.*

crenel /'kren⁰l/ *n.* (*Arch*) feritoia *f.*

crenellate /'kren⁰leɪt/ *v.t.* (*Arch*) guarnire di merli. **II** *a.* (*Arch*) merlato.

crenellated /'kren⁰leɪtɪd *Am* 'kren⁰leɪtɪd/ *a.* (*Arch*) merlato.

crenellation /ˌkren⁰'leɪʃ⁰n/ *n.* **1** (*Arch*) (*battlement*) merlatura *f.*; (*crenel*) feritoia *f.*

crenelle /krɪ'nel/ *n.* (*Arch*) feritoia *f.*

Creole /'kriːoul *Br also* 'kreɪoul/ **I** *n.* **1** creolo *m.* (*f.* -a). **2** (*language*) creolo *m.*, dialetto *m.* creolo. **II** *a.* creolo.

creolin /'kriːəlɪn/ *n.* (*Chim*) creolina *f.*

creolize /'kriːoʊlaɪz/ *v.t.* creolizzare.

Creon /'kriːɒn *Am* 'kriːɑːn/ *n.pr.m.* (*Mitol*) Creont.

creosote /'kriːəsəʊt/ **I** *n.* (*Chim*) creosoto *m.* **II** *v.t.* (*Tecn*) trattare con creosoto, verniciare (*legname*) con creosoto.

crêpe /kreɪp/ *n.* **1** (*Tess*) crêpe *m.*, crespo *m.* **2** (*Gastron*) (*thin pancake*) crêpe *f.* **3** (*Cart*) carta *f.* crespa. **4** (*crape*) fascia *f.* nera (portata in segno di lutto). ☐ (*Cart*) ~ *paper* carta crespa; (*Calz*) ~ *rubber* crêpe, suola rugosa di para, suola rugosa di gomma.

crêpe de Chine /ˌkreɪpdə'ʃiːn/ *n.* (*Tess*) crespo *m.* di Cina.

crepitant /'krepɪtənt/ *a.* crepitante.

crepitate /'krepɪteɪt/ *v.i.* crepitare.

crepitation /ˌkrepɪ'teɪʃ⁰n/ *n.* **1** crepitio *m.*, scoppiettio *m.* **2** (*Med*) crepitazione *f.*

crept /krept/ → **creep**[1].

crepuscular /krɪ'pʌskjʊlə *Br also* krep 'ʌskjʊlə / *a.* **1** crepuscolare. **2** (*Entom*) che appare al crepuscolo, che vola al crepuscolo. **3** (*fig*) (*dim*) crepuscolare, vago, indistinto.

crepuscule /'krepəskjuːl *Am* krɪ'pʌskjuːl/ *n.* crepuscolo *m.*

crepy /'kreɪpi/ *a.* simile a crespo, crespato, increspato.

cres., cresc. (*Mus*) crescendo cresc. (crescendo).

crescendo /krɪ'ʃendoʊ/ (*pl.* **-s/-es** /-z/) *n.* (*Mus,fig*) crescendo *m.*

crescent /'kres⁰nt/ **I** *n.* **1** (*Astr*) falce *f.* di luna. **2** (*figure*) figura *f.* falciforme. **3** (*emblem of Turkey*) mezzaluna *f.* **4** (*fig*) (*Turkish, Islamic power*) mezzaluna *f.*, islamismo *m.* **5** (*Arch*) crescent *m.*, schiera *f.* di edifici disposti a semicerchio. **6** (*Strad*) strada *f.* a semicerchio. **II** *a.* **1** (*crescent-shaped*) falcato, a mezzaluna. **2** (*fig*) crescente, in aumento. ☐ ~ *moon* luna crescente; (*Dolc*) ~ *roll* cornetto, croissant.

cresol /'kriːsoʊl/ *n.* (*Chim*) cresolo *m.*

cress /kres/ *n.* **1** (*Bot*) crocifera *f.* **2** (*garden cress*) crescione *m.* inglese, crescione *m.* d'orto, agretto *m.* **3** (*water cress*) crescione *m.* (d'acqua).

cresset /'kresɪt/ *n.* (*ant*) lanterna *f.*; (*torch*) torcia *f.*

crest /krest/ **I** *n.* **1** (*Zool*) cresta *f.*; (*of feathers*) cresta *f.*, ciuffo *m.* di piume; (*mane*) criniera *f.* **2** (*of a helmet*) cimiero *m.*, pennacchio *m.*, cresta *f.* **3** (*Arald*) cimiero *m.* **4** (*poet*) (*helmet*) elmo *m.* **5** (*of a mountain*) cresta *f.*, cima *f.*; (*of a wave*) cresta *f.* **6** (*fig*) (*climax*) apice *m.*, culmine *m.*, acme *f.* **7** (*Arch*) linea *f.* di displuvio, linea *f.* di colmo. **8** (*Anat,El*) cresta *f.* **II** *v.t.* **1** munire di cresta, munire di pennacchio. **2** (*to crown*) coronare, sormontare. **3** (*of a mountain, wave, etc.*) raggiungere la sommità di, arrivare in cima a. **III** *v.i.* (*of a wave*) sollevarsi in creste. ☐ (*fig*) *to be on the ~of a wave* essere sulla cresta dell'onda.

crested /'krestɪd/ *a.* (*Zool,Arald*) crestato.

crestfallen /'krest,fɔːlən/ *a.* **1** depresso, abbattuto. **2** (*abashed*) mortificato, umiliato, con la cresta abbassata.

crestless /'krestləs/ *a.* senza cresta.

Cretaceous /krɪ'teɪʃ(i)əs, kret'eɪʃ(i)əs/ **I** *a.* (*Geol*) cretaceo. **II** *n.* (*Geol*) cretaceo *m.*

Cretan /'kriːt⁰n/ **I** *n.* cretese. **II** *n.* cretese *m./f.*

Crete /kriːt/ *n.pr.* (*Geog*) Creta *f.*

cretin /'kretɪn *Am* 'kriːt⁰n/ *n.* (*Med,ant,estens*) cretino *m.* (*f.* -a).

cretinism /'kretɪnɪz⁰m *Am* 'kriːt⁰nɪz⁰m/ *n.* (*Med*) cretinismo *m.*

cretinous /'kretɪnəs *Am* 'kriːt⁰nəs/ *a.* cretino.

cretonne /kre'tɒn, 'kretɒn *Am* 'kriːtɑːn, krɪ 'tɑːn/ *n.* (*Tess*) cretonne *f./m.*, cotonina *f.* stampata.

Creutzfeldt-Jacob /ˌkrɔɪtsfelt'dʒækɒb *Am* ˌkrɔɪtsfelt/ ☐ (*Med*) ~*disease* malattia di Creutzfeldt-Jacob, morbo di Creutzfeldt-Jacob.

crevasse /krə'væs/ *n.* **1** crepaccio *m.* **2** (*Am*) (*in a bank*) falla *f.* in un argine.

crevice /'krevɪs/ *n.* crepa *f.*, fessura *f.*, fenditura *f.*

crew[1] /kruː/ *n.* **1** gruppo *m.*, squadra *f.* **2** (*Mar, Aer,Sport*) equipaggio *m.* **3** (*spreg*) (*gang*) banda *f.*, combriccola *f.*, cricca *f.* ☐ ~*cut* (*hair style*) taglio a spazzola; (*Abbigl*) ~*neck* collo rotondo.

crew[2] /kruː/ → **crow**[2].

crewel /'kruːəl/ *n.* filo *m.* ritorto per ricamo su tela. ☐ ~ *stitch* (*in embroidery*) punto erba; ~ *work* ricamo su tela; ~ *yarn* filo ritorto per ricamo su tela.

crib /krɪb/ **I** *n.* **1** lettino *m.* per bambini; (*cradle*) culla *f.* **2** (*Zootecn*) (*stall*) stalla *f.*, posta *f.*; (*manger*) mangiatoia *f.*, greppia *f.*, rastrelliera *f.* **3** (*Br*) (*crèche*) presepio *m.* **4** (*Am,sl*) appartamento *m.*, casa *f.* **5** (*Edil*) armatura *f.* di sostegno. **6** (*Minier*) catasta *f.* di puntellamento. **7** (*in cribbage*) carte *f.pl.* scartate per il mazziere. **II** *v.t.* **1** fornire di mangiatoie, fornire di rastrelliere. **2** (*colloq*) (*to plagiarize*) plagiare. **3** (*ant*) (*to pilfer*) rubacchiare. **III** *v.i.* (*Scol*) **1** copiare (*off, from* da). **2** (*to cheat*) imbrogliare. **3** (*in translating*) fare uso di un bigino. ☐ (*Am,Med*) ~ *death* morte in culla; (*Scol*) ~ *notes* traduttore, bigino; (*Scol*) ~*sheet* bigliettino, foglietto (per copiare a un esame).

cribbage /'krɪbɪdʒ/ *n.* (*card game*) cribbage *m.* ☐ ~*board* segnapunti (per il cribbage).

cribber /'krɪbə / *n.* studente *m.* (*f.* -essa) che ha l'abitudine di copiare.

cribbing /'krɪbɪŋ/ *n.* (*Minier*) armatura *f.* in legno.

crib-biting /'krɪb,baɪtɪŋ *Am* 'krɪb,baɪtɪŋ/ *n.* (*Veter*) il mordicchiare la mangiatoia.

cribriform /'krɪbrɪfɔːm *Am* 'krɪbrɪfɔːrm/ *a.* (*Biol*) cribriforme, cribroso.

cribwork /'krɪbwɜːk *Am* 'krɪbwɜːrk/ *n.* (*Edil*) armatura *f.* di sostegno.

crick /krɪk/ **I** *n.* **1** (*of the back*) spasmo *m.* muscolare, crampo *m.* **2** (*of the neck*) torcicollo *m.* **II** *v.t.* provocare uno spasmo in (*o* a).

cricket[1] /'krɪkɪt/ *n.* (*Entom*) grillo *m.*

cricket[2] /'krɪkɪt/ *n.* **1** (*Sport*) cricket *m.* **2** (*fig*) correttezza *f.*, lealtà *f.* ☐ (*colloq*) *that's* (*o it's*)*not* ~ non è sportivo, non è leale.

cricketer /'krɪkɪtə *Am* 'krɪkɪtə / *n.* giocatore *m.* (*f.* -trice) di cricket.

cricoid /'kraɪkɔɪd/ **I** *a.* (*Anat*) cricoideo. **II** *n.* (*Anat*) cricoide *f.*

crier /'kraɪə / *n.* **1** (*Dir*) usciere *m.* **2** (*town crier*) banditore *m.* **3** (*person who cries*) chi piange, (*colloq*) piagnone *m.* (*f.* -a). **4** (*hawker*) venditore *m.* (*f.* -trice) ambulante.

crikey /'kra(ɪ)ki/ *intz.* (*Br,sl*) caspita!, perbacco!, per Bacco!

crime /kraɪm/ **I** *n.* **1** delitto *m.*, crimine *m.*, reato *m.*: *to commit a* ~ commettere un delitto; *political* ~ delitto a sfondo politico. **2** (*criminal activity*) criminalità *f.* **3** (*sin*) peccato *m.* (*anche fig*): *it's a* ~ *to waste money* è un peccato (*o* un delitto) sprecare i soldi. **II** *v.t.* (*Mil*) accusare e punire. ☐ (*Dir*) *~ against humanity* crimine contro l'umanità; ~ *fiction* letteratura poliziesca; ~ *novel* romanzo giallo, giallo; ~ *of passion* delitto passionale; ~ *prevention* prevenzione della criminalità; ~*racket* sindacato del crimine; ~*rate* tasso di criminalità; ~*scene* scena del delitto; ~ *statistics* statistica criminale; ~ *wave* ondata di criminalità; ~ *writer* giallista.

Crimea /kraɪ'miːə/ *n.pr.* (*Geog*) Crimea *f.*

Crimean /kraɪ'miːən/ *a.* della Crimea. ☐ (*Stor*) ~*War* guerra di Crimea.

crime-sheet /'kraɪmʃiːt/ *n.* (*Mil*) foglio *m.* delle punizioni.

criminal /'krɪmɪn⁰l/ **I** *a.* **1** (*Dir*) penale. **2** (*involving crime*) criminale, delittuoso, criminoso: ~ *negligence* negligenza delittuosa. **3** (*colloq*) (*senseless*) insensato, assurdo. **4** (*colloq*) (*exorbitant*) esorbitante: ~ *prices* prezzi esorbitanti. **II** *n.* criminale *m./f.*, delinquente *m./f.* ☐ (*Dir*) ~*action* azione penale; (*Dir*) ~ *assault* violenza carnale, stupro; (*Dir*) ~ *association* associazione per delinquere; (*Dir*) ~*attorney* (*o* ~*barrister*) penalista; (*Dir*) ~*code* codice penale; (*Dir*) ~*contempt* oltraggio alla magistratura, oltraggio alla corte; (*GB,Dir*) ~*court* corte penale; (*Dir*) ~*element* elemento criminale; (*Dir*) ~*history* precedenti penali; (*Dir*) ~*injury* lesione personale dolosa; ~ *investigation* indagine criminale; ~ *investigation department* polizia scientifica, scientifica; (*Dir*) ~

criminalist law diritto penale; (*Dir*) ~ *lawyer* penalista; (*Dir*) ~ *libel* diffamazione a mezzo stampa; (*Dir*) ~ *procedure* procedura penale; (*Dir*) ~ *proceedings* procedimento penale; (*Dir*) ~ *trial* processo penale.

criminalist /'krɪmɪnəlɪst/ *n.* penalista *m./f.*

criminalistics /ˌkrɪmɪnə'lɪstɪks/ *n.pl.* indagini *f.pl.* scientifiche.

criminality /ˌkrɪmɪ'næliti Am ˌkrɪmɪ'næləti/ *n.* 1 criminalità *f.*, criminosità *f.* 2 (*act*) azione *f.* criminale.

criminalization /ˌkrɪmɪnəl(a)ɪ'zeɪʃən/ *n.* criminalizzazione *f.*

criminalize /'krɪmɪnəlaɪz/ *v.t.* penalizzare, criminalizzare: *to ~ drug addicts* criminalizzare i tossicodipendenti.

criminally /'krɪmɪnəli/ *avv.* 1 criminalmente, criminosamente. 2 (*Dir*) penalmente. □ ~ *insane*: 1 (*Dir*) non punibile per infermità mentale; 2 (*scherz*) pazzo criminale; (*Dir*) *to become ~ liable* incorrere nella responsabilità penale.

crimination /ˌkrɪmɪ'neɪʃən/ *n.* incriminazione *f.*

criminative /'krɪmɪnətɪv Am 'krɪmɪnətɪv/ *a.* incriminante.

criminatory /'krɪmɪnətəri Am 'krɪmɪnətɔːri/ *a.* accusatorio.

criminogenic /ˌkrɪmɪnə'dʒenɪk/ *a.* criminogeno.

criminologist /ˌkrɪmɪ'nɒlədʒɪst Am ˌkrɪmɪ'nɑːlədʒɪst/ *n.* criminologo *m.* (*f.* -a).

criminology /ˌkrɪmɪ'nɒlədʒi Am ˌkrɪmɪ'nɑːlədʒi/ *n.* criminologia *f.*

crimp /krɪmp/ **I** *v.t.* 1 piegare, pieghettare. 2 (*to crinkle*) increspare, arricciare. 3 (*of the hair*) arricciare, ondulare. 4 (*Pell*) (*of leather*) modellare. 5 (*Met*) curvare il bordo di; (*to corrugate*) ondulare. 6 (*Gastron*) (*of fresh fish*) sventrare. 7 (*to press together*) comprimere, stringere insieme. 8 (*to contract*) ridurre. **II** *n.* 1 (*Tess*) increspatura *f.* 2 (*Met*) piegatura *f.* 3 (*Mil*) ingaggiatore *m.* di militari. 4 *pl.* (*of the hair*) arricciatura *f.sing.*, riccioli *m.pl.* □ (*Am,sl*) *to put a ~ in sth.* ostacolare qcs.

crimping /'krɪmpɪŋ/ □ (*Br*) ~ *iron* arricciacapelli.

crimpy /'krɪmpi/ *a.* (*of the hair*) arricciato, crespo.

crimson /'krɪmzən/ **I** *a.* 1 cremisino, cremisi. 2 (*bloody*) rosso sangue, rosso acceso. 3 (*flushed*) rosso: ~ *with anger* rosso per la rabbia. **II** *n.* 1 cremisi *m.* 2 (*flush*) rossore *m.* **III** *v.t.* tingere di cremisi. **IV** *v.i.* 1 diventare rosso cremisi. 2 (*to blush*) arrossire.

cringe /krɪndʒ/ **I** *v.i.* 1 farsi piccolo per la paura; (*to huddle*) acquattarsi, rannicchiarsi. 2 (*to fawn*) essere servile, strisciare. **II** *n.* servilismo *m.*

cringer /'krɪndʒər/ *n.* chi si comporta servilmente.

cringle /'krɪŋgl/ *n.* (*Mar*) gassa *f.*, radancia *f.*

crinite /'kraɪnaɪt/ *a.* (*Biol*) peloso.

crinkle /'krɪŋkl/ **I** *v.t.* arricciare, increspare. **II** *v.i.* 1 arricciarsi, incresparsi; (*of cloth*) sgualcirsi. 2 (*to turn*) attorcigliarsi, avvolgersi. 3 (*to rustle*) frusciare, crepitare. **III** *n.* crespa *f.*, grinza *f.*, piega *f.*

crinkled /'krɪŋkld/ *a.* 1 arricciato, riccio: ~ *hair* capelli ricci. 2 (*of cloth*) sgualcito, spiegazzato, (*region*) stropiacciato. 3 (*rustling*) frusciante.

crinkly /'krɪŋkli/ *a.* 1 arricciato, riccio. 2 (*of cloth*) sgualcito, spiegazzato, (*region*) stropiacciato. 3 (*rustling*) frusciante.

crinkum-crankum /ˌkrɪŋkəm'kræŋkəm/ *n.* 1 (*rar*) ghirigoro *m.* 2 (*fig*) faccenda *f.* ingarbugliata.

crinoid /'kr(a)ɪnɔɪd/ **I** *a.* (*Zool*) dei crinoidi. **II** *n.* (*Zool*) crinoide *m.*

crinoidal /'kr(a)ɪnɔɪdəl/ *a.* (*Zool*) dei crinoidi.

crinoline /'krɪnəlɪn/ *n.* 1 (*Abbigl,ant*) crinolina *f.*; (*hoopskirt*) gonna *f.* con guardinfante. 2 (*Tess*) crinolino *m.* 3 (*Mar.mil*) rete *f.* parasiluri.

cripes /kraɪps/ *intz.* (*ant*) caspita!, accidenti!

cripple /'krɪpl/ **I** *n.* 1 (*ant*) storpio *m.* (*f.* -a), sciancato *m.* (*f.* -a); (*lame person*) zoppo *m.* (*f.* -a). 2 (*spreg*) (*handicapped*) disabile *m./f.*, portatore *m.* (*f.* -trice) di handicap motorio. 3 (*fig*) inetto *m.* (*f.* -a), incapace *m./f.* 4 (*Fal*) impalcatura *f.* **II** *v.t.* 1 mutilare, storpiare. 2 (*to lame*) azzoppare. 3 (*fig*) paralizzare, rendere inefficiente.

crisis /'kraɪsɪs/ (*pl.* **-ses** /-siːz/) *n.* 1 svolta *f.*: *events have reached a ~* gli avvenimenti sono giunti a una svolta. 2 (*critical moment*) crisi *f.*, punto *m.* critico, momento *m.* critico: *to go through a ~* attraversare una crisi. 3 (*Med*) crisi *f.*, fase *f.* acuta. 4 (*Teat,Lett*) momento *m.* culminante, punto *m.* culminante. □ ~ *center* centro di consulenza (per problemi personali); (*Pol*) ~ *management*: 1 gestione della crisi; 2 (*team*) unità di crisi; *to pass* (o *to go*) *through a ~* attraversare un periodo di crisi.

crisp /krɪsp/ **I** *a.* 1 friabile, croccante: ~ *toast* toast croccante. 2 (*fresh*) fresco: *a ~ leaf of lettuce* una foglia fresca di lattuga. 3 (*fig*) (*of style, manners: clear-cut*) chiaro, nitido, netto, preciso. 4 (*brisk*) vivace, animato, brioso. 5 (*fig*) (*neat*) lindo, azzimato. 6 (*frosty*) freddo, gelido; (*invigorating*) tonificante, frizzante. 7 (*curly*) crespo, ricciuto, riccio: ~ *hair* capelli ricciuti. **II** *n.pl.* (*Br*) patatine *f.pl.* (croccanti). **III** *v.t.* 1 rendere friabile, rendere croccante. 2 (*to curl*) arricciare. 3 (*to wrinkle*) increspare. **IV** *v.i.* 1 diventare friabile, diventare croccante. 2 (*to curl, to wrinkle*) arricciarsi, incresparsi. □ (*of food*) *done to a ~* croccante; *burnt to a ~* carbonizzato.

crispate /'krɪsp(e)ɪt/ *a.* (*Bot*) increspato.

crispated /'krɪspeɪtɪd Am 'krɪspeɪtɪd/ *a.* (*Bot*) increspato.

crispation /krɪs'peɪʃən/ *n.* 1 ondulazione *f.*, arricciatura *f.*, increspatura *f.* 2 (*Med*) (*shrinking, contraction*) contrazione *f.* (involontaria), brivido *m.*

crispbread /'krɪspbred/ *n.* fetta *f.* biscottata.

crisper /'krɪspər/ *n.* scomparto *m.* per frutta e verdura.

crispiness /'krɪspɪnəs/ *n.* friabilità *f.*

crisply /'krɪspli/ *avv.* 1 (*succinctly*) concisamente, sinteticamente. 2 (*sharply*) seccamente, in tono acido.

crispness /'krɪspnəs/ *n.* 1 friabilità *f.* 2 (*briskness*) vivacità *f.*, animazione *f.* 3 (*of style, manners*) chiarezza *f.*, nitidezza *f.* 4 (*frostiness*) freddo *m.* gelido. 5 (*of hair*) l'essere crespo.

crispy /'krɪspi/ *a.* 1 friabile, croccante. 2 (*curly*) crespo, ricciuto.

criss-cross /'krɪskrɒs Am 'krɪskrɑːs/ **I** *a.* incrociato, intersecato. **II** *n.* rete *f.*, incrocio *m.* **III** *v.t.* incrociare, intersecare. **IV** *v.i.* incrociarsi, intersecarsi. **V** *avv.* 1 in direzione opposta. 2 (*fig*) (*awry*) di traverso, a rovescio.

crista /'krɪstə/ *n.* 1 (*Anat,Zool*) (*ridge*) dorso *m.*, spina *f.* dorsale; (*crest*) cresta *f.* 2 (*Biol*) cresta *f.*

cristate /'krɪst(e)ɪt/ *a.* (*Biol*) crestato.

cristated /'krɪsteɪtɪd Am 'krɪsteɪtɪd/ *a.* (*Biol*) crestato.

criterial /kraɪ'tɪəriəl Am kraɪ'tɪriəl/ *a.* criteriale.

criterion /kraɪ'tɪəriən Am kraɪ'tɪriən/ (*pl.* **-ria** /-riə/, **-s** /-z/) *n.* criterio *m.*, principio *m.*

critic /'krɪtɪk Am 'krɪtɪk/ *n.* 1 critico *m.*, recensore *m.*: *an art ~* un critico di arte. 2 (*fault finder*) censuratore *m.* (*f.* -trice), (*spreg*) criticone *m.* (*f.* -a).

critical /'krɪtɪkəl Am 'krɪtɪkəl/ *a.* 1 pronto a criticare, ipercritico. 2 (*of critics or criticism*) critico, di critica, della critica. 3 (*crucial*) critico, cruciale, di importanza vitale (*to per*). □ (*Ott*) ~ *angle* angolo limite; (*Med*) *to be in ~ condition* essere in pericolo di vita, essere grave: *the patient is in a ~ condition* le condizioni del paziente sono gravi; (*Fis*) ~ *constants* costanti critiche; (*Lett*) ~ *essay* saggio critico; (*Fis,estens*) ~ *mass* massa critica; (*Chim,Mat*) ~ *point* 1 punto critico; (*Fis*) ~ *pressure* pressione critica; (*Fis*) ~ *state* stato critico; (*Fis*) ~ *temperature* temperatura critica; ~ *thinking* pensiero critico.

criticality /ˌkrɪtɪ'kæliti Am ˌkrɪtɪ'kæləti/ *n.* 1 (*crucialness*) criticità *f.*, punto *m.* critico, momento *m.* cruciale. 2 (*Fis*) criticità *f.*

critically /'krɪtɪkəli Am 'krɪtɪkəli/ □ ~ *acclaimed* apprezzato dalla critica (specialistica).

criticalness /'krɪtɪkəlnəs Am 'krɪtɪkəlnəs/ *n.* capacità *f.* critica.

criticaster /'krɪtɪˌkæstər Am 'krɪtɪˌkæstər/ *n.* critico *m.* (*f.* -a) da strapazzo, criticastro *m.* (*f.* -a).

criticism /'krɪtɪsɪzəm Am 'krɪtɪsɪzəm/ *n.* 1 critica *f.*: *literary ~* critica letteraria. 2 (*censure*) critica *f.*, biasimo *m.*, censura *f.*: *sensitive to ~* sensibile alle critiche; (*instance*) critica *f.* 3 (*Lett*) esegesi *f.* 4 (*Filos*) criticismo *m.*

criticizable /'krɪtɪsaɪzəbl Am 'krɪtɪsaɪzəbl/ *a.* criticabile.

criticize /'krɪtɪsaɪz Am 'krɪtɪsaɪz/ **I** *v.t.* 1 criticare, fare la critica a, fare la critica di, recensire. 2 (*to find fault with*) criticare, biasimare, censurare. **II** *v.i.* criticare.

critique /krɪ'tiːk/ **I** *n.* 1 (*essay*) saggio *m.* critico; (*article*) recensione *f.* 2 (*act of criticizing*) critica *f.* **II** *v.t.* fare un parere critico su.

critter /'krɪtər/ *n.* (*Am,sl*) creatura *f.*, essere *m.*

croak /krouk/ **I** *v.i.* 1 (*of a frog*) gracidare; (*of a raven*) gracchiare; (*of a person*) parlare con voce rauca, gracchiare. 2 (*fig*) (*to grumble*) lamentarsi, brontolare. 3 (*sl*) (*to die*) morire. 4 (*ant*) (*to talk forebodingly*) presagire mali, presagire disgrazie, fare l'uccello del malaugurio. **II** *v.t.* dire con voce lugubre, annunciare con voce lugubre. **III** *n.* 1 gracidamento *m.*, gracchiamento *m.*, gracidio *m.* 2 (*harsh tone of voice*) tono *m.* di voce rauco.

croaker /'kroukər/ *n.* 1 animale *m.* che gracchia. 2 (*ant*) (*one who forebodes evil*) uccello *m.* del malaugurio.

croaky /'krouki/ *a.* 1 gracchiante, gracidante. 2 (*low and hoarse*) rauco, roco.

Croat /'krouæt, 'krouət/ *n.* 1 croato *m.* (*f.* -a). 2 (*language*) croato *m.*, lingua *f.* croata.

Croatia /krou'eɪʃə/ *n.pr.* (*Geog*) Croazia *f.*

Croatian /krou'eɪʃən/ **I** *a.* croato. **II** *n.* 1 croato *m.* (*f.* -a). 2 (*language*) croato *m.*, lingua *f.* croata.

crochet /'krouʃeɪ Am krou'ʃeɪ/ **I** *n.* lavoro *m.* all'uncinetto. **II** *v.t.* fare all'uncinetto, lavorare all'uncinetto. **III** *v.i.* lavorare all'uncinetto. □ ~ *hook* (o ~ *needle*) uncinetto, crochet.

crocheter /'krouʃeɪər Am krou'ʃeɪər/ *n.* persona *f.* che lavora all'uncinetto.

crock¹ /krɒk Am krɑːk/ *n.* 1 vaso *m.* di terracotta, brocca *f.* di terracotta. 2 (*potsherd*) coccio *m.* di terracotta. 3 (*sl,volg*) (*crock of shit*) idiozia *f.*, fesseria *f.*, balla *f.*

crock² /krɒk/ **I** n. (Br) **1** ronzino m. **2** (colloq) (old car, etc.) macinino m., caffettiera f.; (old person) persona f. vecchia e malandata, rottame m. **II** v.t. (Br,colloq) (to disable) mettere fuori combattimento. **III** v.i. (Br,colloq) crollare, accasciarsi. ☐ (colloq) to ~ up mettere fuori combattimento.

crockery /'krɒkəri Am 'krɑːkəri/ n. terraglia f., terrecotte f.pl.

crocket /'krɒkɪt Am 'krɑːkɪt/ n. (Arch) foglia f. rampante.

crocodile /'krɒkədaɪl Am 'krɑːkədaɪl/ n. **1** (Zool,Pell) coccodrillo m. **2** (Br,Scol) fila f. di scolari a passeggio. ☐ (fig) ~ tears lacrime di coccodrillo.

crocodilian /ˌkrɒkə'dɪliən Am ˌkrɑːkə'dɪliən/ a. **1** (Zool) dei coccodrilli. **2** (fig) (hypocritical) ipocrita, da coccodrillo.

crocus /'krəʊkəs/ n. **1** (Bot) croco m. **2** (colour) giallo m. zafferano.

Croesus /'kriːsəs/ **I** n.pr.m. (Stor) Creso. **II** n. riccone m., creso m.

croft /krɒft/ **I** n. (Br) **1** piccola fattoria f. **2** (field, garden) campicello m., orto m. **II** v.i. (Br) affittare una piccola fattoria.

crofter /'krɒftər/ n. (Br) affittuario m. (f. -a) di una piccola fattoria.

croissant /'kræsɒn(t) Am kwrɑː'sɑːnt/ n. (Dolc) croissant m., cornetto m.

cromlech /'krɒmlek Am 'krɑːmlek/ n. (Archeol) cromlech m.

Cromwellian /krɒm'weliən Am krɑːm'weliən/ a. (Stor.brit) di Cromwell.

crone /krəʊn/ n. **1** vecchiaccia f. **2** (old ewe) vecchia pecora f.

croning /'krəʊnɪŋ/ n. (Am,Aus) cerimonia f. in onore delle donne più anziane.

crony /'krəʊni/ n. amico m. (f. -a) intimo, amico m. (f. -a) per la pelle, amicone m. (f. -a).

cronyism /'krəʊniɪzm/ n. (Pol) clientelismo m.

crook /krʊk/ **I** n. **1** parte f. ricurva, incurvatura f., piegatura f. **2** (sl) (swindler) imbroglione m. (f. -a), truffatore m. (f. -trice); (thief) ladro m. (f. -a). **3** (hook) gancio m., uncino m. **4** (of a shepherd) bastone m. da pastore. **5** (Rel.catt) pastorale m., bastone m. pastorale. **6** (act of crooking) curvatura f., il curvare; (bend, turn) curva f., svolta f. **7** (Mus) (of a brass instrument) coulisse f. **II** v.t. curvare, piegare. **III** v.i. curvarsi, piegarsi.

crook-backed /'krʊkbækt/ a. (ant) gobbo.

crooked /'krʊkɪd/ a. **1** storto, curvo. **2** (twisted) tortuoso (anche fig). **3** (askew) storto, di traverso: your tie is ~ hai la cravatta storta. **4** (dishonesty) disonesto.

crookedly /'krʊkɪdli/ avv. di sghembo, di traverso; disonestamente, con la truffa.

crookedness /'krʊkɪdnəs/ n. **1** tortuosità f. **2** (dishonesty) disonestà f.

croon /kruːn/ **I** v.i. **1** cantilenare, canticchiare. **2** (to sing in half voice) cantare a mezza voce, cantare in tono sommesso. **II** v.t. **1** canticchiare, cantilenare. **2** (to sing as a crooner) cantare in tono sommesso. **III** n. **1** mormorio m., canto m. sommesso. **2** (song) canzone f. sussurrata.

crooner /'kruːnər/ n. crooner m., cantante m./f. confidenziale.

crop¹ /krɒp Am krɑːp/ n. **1** (Agr) raccolto m., messe f.: the wheat ~ il raccolto del frumento. **2** (fig) (collection) raccolta f., gruppo m., quantità f. **3** (earmark on an animal) mozzatura f. **4** (hair style) rapata f. **5** (Pell) pelle f. conciata. **6** (Macell) spalla f. **7** (Ornit) gozzo m. ☐ ~ circle crop circle, cerchio nei campi di grano; ~ dusting disinfestazione; ~ failure cattivo raccolto; (Agr) land in ~ terreno coltivato; ~ insurance assicurazione

del raccolto; (Agr) land out of ~ terreno a maggese; (Agr) ~ rotation avvicendamento delle colture, rotazione delle colture; (Agr) land under ~ terreno coltivato.

crop² /krɒp Am krɑːp/ (past, p.p. **cropped** /-t/) **I** v.t. **1** (Bot,Forest) spuntare, cimare. **2** (of an animal's ears) mozzare. **3** (of the hair) rapare, rasare. **4** (Fot,Legat) rifilare, ritagliare. **5** (Agr) piantare a, seminare a: to ~ a field with barley piantare un campo a orzo. **6** (Agr) (to harvest) raccogliere. **7** (of animals) brucare. **II** v.i. **1** (Agr) dare un raccolto, produrre. **2** (to graze) pascolare. **3** (Minier) (to come to the surface) affiorare. **4** (fig) (to appear suddenly) saltar fuori, sorgere (all'improvviso): a problem has -ped up è sorto un problema. ☐ to ~ out: **1** (Minier) affiorare; **2** (fig) (to appear suddenly) saltare fuori, sorgere (all'improvviso); (fig) to ~ up saltar fuori, sorgere all'improvviso: a problem has -ped up è sorto un problema.

crop-dust /'krɒpdʌst Am 'krɑːpdʌst/ v.t. (Agr) disinfestare.

crop-eared /'krɒpɪəd Am 'krɑːpɪrd/ a. dalle orecchie mozze.

cropped /'krɒpt Am 'krɑːpt/ ☐ (Abbigl) ~ top maglietta che lascia la vita scoperta.

cropper¹ /'krɒpə Am 'krɑːpər/ n. **1** (Agr) coltivatore m. (f. -trice); (share cropper) mezzadro m. (f. -a). **2** (plant) pianta f. che dà un raccolto: a heavy ~ una pianta che dà un buon raccolto. **3** (Agr) cimatore m. **4** (Tess) (worker) cimatore m. (f. -trice); (machine) cimatrice f. ☐ (colloq) to come a ~: **1** fare un capitombolo; **2** (fig) (to fail) fare fiasco.

cropper² /'krɒpər Am 'krɑːpər/ n. (Ornit) piccione m. gozzuto.

croppy /'krɒpi Am 'krɑːpi/ n. **1** persona f. con i capelli rasati. **2** (Stor.brit) ribelle m./f. irlandese.

croquet /'krəʊkeɪ Am krəʊ'keɪ/ **I** n. (Sport) croquet m. **II** v.t. bocciare (una palla). **III** v.i. bocciare.

croquette /krɒk'et, krəʊ'ket Am krəʊ'ket/ n. (Gastron) crocchetta f.

crosier /'krəʊʒər Br also 'krəʊziər/ n. (Rel.catt) pastorale m., bastone m. pastorale.

cross¹ /krɒs Am krɑːs/ n. **1** croce f. **2** (mark) croce f., crocetta f., segno m. di croce: to mark sth. with a ~ tracciare una croce su qcs. **3** (Rel) croce f. **4** (Rel) (sign of the cross) segno m. della croce. **5** (monument) croce f., monumento m. a forma di croce. **6** (fig) (suffering) croce f., tormento m.; (thwarting) contrarietà f., dispiacere m.: a ~ in love un dispiacere di amore. **7** (Arald) croce f. **8** (Biol) incrocio m., ibridazione f.: a ~ between a horse and an ass un incrocio di un cavallo con un'asina. **9** (fig) (mixture) via f. di mezzo, ibrido m., incrocio m. **10** (Tecn) raccordo m. a croce. **11** (Sport) (in boxing) diretto m.: a right ~ un diretto destro. **12** (Sport) (in football) traversone m. **13** (colloq) (fraudulent contest) incontro m. sportivo truccato. **I** a. **1** (annoyed) irritato (with con), seccato, di cattivo umore. **2** (snappish) stizzoso, bisbetico, irritabile. **3** (transverse) trasversale, intersecante: a ~ stroke un fregio trasversale. **4** (moving across) (che si muove in senso) trasversale. **5** (opposing) contrario, opposto, avverso: a ~ wind un vento contrario. **6** (Biol) ibrido, incrociato. ☐ ~ bearer crocifero; (Mar) ~ bearing rilevamento a incrocio; ~ belt cartuccera a tracolla; ~ bench: **1** (Parl) banco dei deputati indipendenti; **2** (fig) (used as an adjective) imparziale, equanime; (Parl) ~ bencher deputato indipendente; (fig) ~ elasticity elasticità incrociata; (Cin,TV) ~ fade dissolvenza incrociata; (Tecn) ~ garnet

banda a T; to get ~ adirarsi, arrabbiarsi; (Tecn) ~ hair croce di collimazione; ~ hatch tratteggio incrociato; ~ light: **1** luce incrociata; **2** (fig) schiarimento, raggio di luce; (Chim) ~ link (o ~ linkage) legame atomico incrociato; to make so. ~ irritare qcu., far arrabbiare qcu.; to make the ~ firmare con una croce, fare una croce; (Comm) ~ merchandising commercializzazione incrociata; (Econ) ~ parity parità indiretta; ~ reference riferimento, rimando; ~ section: **1** sezione trasversale, spaccato; **2** (piece cut off) pezzo sezionato; **3** (Fis) sezione d'urto; **4** (Topogr) sezione verticale; **5** (fig) settore rappresentativo, campione; (Ferr) ~ sill traversina; ~ stitch (in embroidery) punto (a) croce; (Ferr) ~ tie traversina; (Tess) ~ twill tessuto diagonale.

cross² /krɒs Am krɑːs/ **I** v.t. **1** attraversare, traversare: to ~ the road attraversare la strada. **2** (fig) (to oppose) contraddire, contrastare, ostacolare, opporsi a: you wouldn't want to ~ him when he's in a bad mood è meglio non contraddirlo contro quando è di cattivo umore. **3** (of the arms) incrociare; (of the legs) accavallare, incrociare. **4** to make the sign of the cross over) fare il segno della croce su: he ~ed himself si fece il segno della croce. **5** (to mark with a cross) segnare con una croce. **6** (Br,Econ) sbarrare: to ~ a cheque sbarrare un assegno. **7** (Biol) incrociare, ibridare. **8** (to intersect) incrociare, intersecare. **9** (sl) (to double-cross) imbrogliare. **10** (Mar) incrociare. **II** v.i. **1** attraversare. **2** (of a ship) fare una traversata. **3** (to intersect) incrociarsi, intersecarsi. **4** (Biol) incrociarsi, ibridarsi. **5** (to meet in passing) incrociarsi; (of letters) incrociarsi. ☐ to ~ the border passare la frontiera; to ~ one's fingers incrociare le dita (per scaramanzia); to ~ one's heart mettersi una mano sul cuore; (infant) ~ my heart and hope to die giuro sul segno della croce; to ~ one's legs incrociare le gambe; (fig) to ~ one's mind venire in mente, passare per la mente: (fig) an idea ~ed my mind mi venne un'idea; the thought never ~ my mind non mi è mai passato per l'anticamera del cervello, questo pensiero non mi ha mai sfiorato la mente; to ~ off: **1** cancellare, fare (o tirare) una riga su; **2** (to eradicate) depennare: to ~ a name off a list depennare un nome da un elenco; to ~ out cancellare, fare (o tirare) una riga su: the first line had been -ed out la prima riga era stata cancellata; (fig) to ~ so.'s palm dare (del) denaro a qcu.; to ~ so.'s path: **1** trovarsi sulla strada di qcu.; **2** (fig) ostacolare qcu., attraversare la strada a qcu.; (fig) to ~ swords with so. incrociare la spada con qcu.; (fig) to ~ one's t's and dot one's i's essere pignolo. Prov.: don't ~ your bridges till you come to them non bisogna fasciarsi la testa prima di rompersela.

crossbar /'krɒsbɑː Am 'krɑːsbɑːr/ n. **1** traversa f. **2** (of a bicycle) canna f. **3** (Sport) (of a goal) traversa f.; (in the high-jump, etc.) asticella f. **4** (Ginn) sbarra f. **5** (Mar) ceppo m.

crossbeam /'krɒsbiːm Am 'krɑːsbiːm/ n. (Edil) trave f. incrociata.

crossbill /'krɒsbɪl Am 'krɑːsbɪl/ n. (Ornit) crociere m.

cross-bones /'krɒsbəʊnz Am 'krɑːsbəʊnz/ n.pl. tibie f.pl. incrociate.

crossbow /'krɒsbəʊ Am 'krɑːsbəʊ/ n. (Mil, ant) balestra f.

crossbowman /'krɒsbəʊmən Am 'krɑːsbəʊ ˌmən/ n.irr. balestriere m.

cross-bred /'krɒsbred Am 'krɑːsbred/ **I** a. (Biol) ibrido, incrociato. **II** n. (Biol) incrocio m., ibrido m.

cross-breed /'krɒsbriːd Am 'krɑːsbriːd/ I v.t.irr. (Biol) incrociare, ibridare. II v.i.irr. (Biol) fare incroci, produrre ibridi. III n. (Biol) incrocio m., ibrido m.

cross-breeding /'krɒsbriːdɪŋ Am 'krɑːsbriːdɪŋ/ n. (Biol) ibridazione f.

cross-buttock /'krɒsˌbʌtək Am 'krɑːsˌbʌtək/ n. (Sport) colpo m. di anca, ancata f.

cross-channel /ˌkrɒs'tʃænəl Am ˌkrɑːs'tʃænəl/ a. che attraversa la Manica.

cross-check[1] /ˌkrɒs'tʃek Am ˌkrɑːs'tʃek/ v.t. riscontrare l'esattezza di.

cross-check[2] /ˈkrɒstʃek Am 'krɑːstʃek/ n. 1 (act) riscontro m., controllo m. accurato. 2 (means) dato m. di riscontro.

cross-claim /'krɒskleɪm Am 'krɑːskleɪm/ n. (Dir) domanda f. riconvenzionale.

cross-country /ˌkrɒs'kʌntri Am ˌkrɑːs'kʌntri/ I a. 1 che attraversa tutto il paese. 2 (over the countryside) attraverso la campagna, attraverso i campi. 3 (Sport) motocampestre. II n. (Sport) cross m., motocross m., motocampestre f. □ (Sport) ~ cyclist ciclocrossista; (Sport) ~ race corsa campestre; (Sport) ~ skiing sci di fondo.

cross-cultural /ˌkrɒs'kʌltʃərəl Am ˌkrɑːs'kʌltʃərəl/ a. che paragona diverse civiltà.

cross-cut /'krɒskʌt Am 'krɑːskʌt/ I a. 1 usato per tagliare trasversalmente. 2 (cut across) tagliato di traverso. II n. 1 scorciatoia f. 2 (Minier) galleria f. trasversale. 3 (Cin) montaggio m. incrociato. III v.t.irr. 1 tagliare in senso trasversale. 2 (to intersect) intersecare.

cross-dresser /ˌkrɒs'dresəʳ Am ˌkrɑːs'dresəʳ/ n. travestito m.

cross-dressing /ˌkrɒs'dresɪŋ Am ˌkrɑːs'dresɪŋ/ n. travestitismo m.

crosse /krɒs Am krɑːs/ n. (Sport) (in lacrosse) mazza f.

crossed /krɒst Am krɑːst/ □ (Econ) ~ cheque assegno sbarrato.

cross-examination /ˌkrɒsɪgˌzæmɪ'neɪʃən Am ˌkrɑːsɪgˌzæmɪ'neɪʃən/ n. (Dir) interrogatorio m. in contraddittorio, controinterrogatorio m.

cross-examine /ˌkrɒsɪg'zæmɪn Am ˌkrɑːsɪg'zæmɪn/ v.t. 1 esaminare attentamente, interrogare attentamente. 2 (Dir) interrogare in contraddittorio, sottoporre a controinterrogatorio.

cross-eye /'krɒsaɪ Am 'krɑːsaɪ/ n. (Med) strabismo m.

cross-eyed /ˌkrɒs'aɪd Am 'krɑːsaɪd/ a. strabico.

cross-fertilization /ˌkrɒsˌfɜːtɪl(a)ɪ'zeɪʃən Am ˌkrɑːsˌfɜːrtəlɪ'zeɪʃən/ n. 1 (Biol) incrocio m., ibridazione f. 2 (Bot) impollinazione f. incrociata.

cross-fertilize /ˌkrɒs'fɜːtɪlaɪz Am ˌkrɑːs'fɜːrtəlaɪz/ I v.t. (Biol) incrociare, ibridare. II v.i. (Biol) incrociarsi.

cross-fire /'krɒsfaɪəʳ Am 'krɑːsfaɪəʳ/ n. 1 (Mil) tiro m. incrociato, fuoco m. incrociato. 2 (fig) tiro m. incrociato. □ caught in the ~ (che si trova) tra due fuochi (anche fig).

cross-grained /ˌkrɒs'greɪnd Am ˌkrɑːs'greɪnd/ a. 1 (of wood) con venature trasversali, trasversale. 2 (fig) intrattabile, irascibile.

cross-guard /'krɒsgɑːd Am 'krɑːsgɑːrd/ n. (Mil) guardamano m. a croce.

cross-hatch /'krɒshætʃ Am 'krɑːshætʃ/ v.t. ombreggiare con tratteggio incrociato.

cross-head /'krɒshed Am 'krɑːshed/ n. 1 (Mecc) cappello m. 2 (Tip) sottotitolo m.

cross-index /'krɒsˌɪndeks Am 'krɑːsˌɪndeks/ I n. riferimento m., rimando m. II v.t. fornire di rimandi.

crossing /'krɒsɪŋ Am 'krɑːsɪŋ/ n. 1 traversata f. 2 (place where one may cross) attraversamento m.; (street crossing) attraversamento m. pedonale, passaggio m. pedonale. 3 (place where roads, etc. cross) incrocio m., crocicchio m. 4 (Arch) transetto m. 5 (Biol) incrocio m., ibridazione f. □ (Biol) ~ over scambio di geni fra cromosomi omologhi, crossing over.

cross-kick /'krɒskɪk Am 'krɑːskɪk/ n. (Sport) traversone m., cross m.

cross-legged /ˌkrɒs'leg(ɪ)d Am ˌkrɑːs'leg(ɪ)d/ I a. a gambe incrociate, a gambe accavallate. II avv. a gambe incrociate, a gambe accavallate.

crosslet /'krɒslɪt Am 'krɑːslɪt/ n. (Arald) crocetta f., piccola croce f.

crossly /'krɒsli Am 'krɑːsli/ avv. irritabilmente, con irascibilità.

crossmatch /'krɒsmætʃ Am 'krɑːsmætʃ/ v.t. (Med) fare un test di compatibilità.

crossness /'krɒsnəs Am 'krɑːsnəs/ n. irritabilità f., irascibilità f.

crossover /'krɒsˌouvəʳ Am 'krɑːsˌouvəʳ/ n. 1 (Strad) attraversamento m. 2 (Ferr) scambio m. 3 (Biol) scambio m. di geni fra cromosomi omologhi, crossing over m. 4 (El) incrocio m. 5 (colloq) (achieving success in a new field) salto m. nella carriera professionale.

cross-pass /'krɒspɑːs Am 'krɑːspæs/ n. (Sport) traversone m., cross m.

crosspatch /'krɒspætʃ Am 'krɑːspætʃ/ n. (colloq) persona f. acida, bisbetico m. (f. -a).

crosspiece /'krɒspiːs Am 'krɑːspiːs/ n. 1 traversa f. 2 (Mecc) pezzo m. a croce.

cross-ply /'krɒsplaɪ/ □ (Br,Aut) ~ tire pneumatico (a struttura) diagonale.

cross-point /'krɒspɔɪnt/ □ (Am,Mecc) ~ screwdriver cacciavite (con punta) a croce.

cross-pollinate /ˌkrɒs'pɒlɪneɪt Am ˌkrɑːs'pɑːlɪneɪt/ v.t. (Bot) fecondare piante con il metodo dell'impollinazione incrociata.

cross-pollination /ˌkrɒsˌpɒlɪ'neɪʃən Am ˌkrɑːsˌpɑːlɪ'neɪʃən/ n. (Bot) impollinazione f. incrociata.

cross-purpose /ˌkrɒs'pɜːpəs Am ˌkrɑːs'pɜːrpəs/ n. 1 pl. scopi m.pl. contrastanti, fini m.pl. opposti. 2 (costr.sing.) (game) gioco m. delle domande incrociate. □ to be at -s essere in disaccordo (a causa di un malinteso), fraintendersi.

cross-question /ˌkrɒs'kwestʃən Am ˌkrɑːs'kwestʃən/ v.t. 1 esaminare attentamente, interrogare attentamente. 2 (Dir) interrogare in contraddittorio, sottoporre a controinterrogatorio.

cross-reference /ˌkrɒs'refərəns Am ˌkrɑːs'refərəns/ I n. riferimento m., rimando m. II v.t. fornire di rimandi.

crossroad /'krɒsroud Am 'krɑːsroud/ n. 1 traversa f., strada f. trasversale. 2 (by-road) strada f. secondaria. 3 pl. incrocio m.sing., crocevia m.sing., crocicchio m.sing. 4 pl. (costr.sing. o pl.) (fig) bivio m.sing., svolta f.sing., punto m.sing. cruciale: to be at a -s trovarsi a un bivio.

cross-section /'krɒssekʃən Am 'krɑːssekʃən/ v.t. sezionare, tagliare trasversalmente.

cross-shaped /'krɒsʃeɪpt Am 'krɑːsʃeɪpt/ a. cruciforme.

cross-stitch /'krɒsstɪtʃ Am 'krɑːsstɪtʃ/ v.t. ricamare a punto croce.

cross-street /'krɒsstriːt Am 'krɑːsstriːt/ n. (Am) traversa f., strada f. traversa.

crosstalk /'krɒstɔːk Am 'krɑːstɔːk/ n. 1 chiacchierata f., conversazione f. 2 (Teat) (repartee) dialogo m. a botta e risposta. 3 (Tel) interferenza f., diafonia f.

crosstown /ˌkrɑːs'taʊn/ a. (Am) 1 dall'altra parte della città. 2 (crossing the city) che attraversa la città.

cross-training /'krɒsˌtreɪnɪŋ Am 'krɑːsˌtreɪnɪŋ/ n. (Sport) allenamento m. incrociato.

cross-tree /'krɒstriː Am 'krɑːstriː/ n. (Mar) crocetta f., barra f.

crosswalk /'krɒswɔːk Am 'krɑːswɔːk/ n. attraversamento m. pedonale.

crossways /'krɒsweɪz Am 'krɑːsweɪz/ avv. 1 di traverso, trasversalmente. 2 (fig) (contrarily) di traverso, per traverso. 3 (in the form of a cross) a forma di croce, a croce.

cross-wire /'krɒswaɪəʳ Am 'krɑːswaɪəʳ/ n. (Tecn) croce f. di collimazione.

crosswise /'krɒswaɪz Am 'krɑːswaɪz/ avv. 1 di traverso, trasversalmente. 2 (fig) (contrarily) di traverso, per traverso. 3 (in the form of a cross) a forma di croce, a croce.

crossword /'krɒswɜːd Am 'krɑːswɜːrd/ n. cruciverba m., parole f.pl. crociate. □ ~ puzzle cruciverba, parole crociate.

crotch /krɒtʃ Am krɑːtʃ/ n. 1 (of a branch) forca f., biforcazione f. 2 (forked staff) bastone m. biforcuto. 3 (Anat) inforcatura f. 4 (Sart) cavallo m.

crotched /krɒtʃt Am krɑːtʃt/ a. biforcuto, forcuto.

crotchet /'krɒtʃɪt Am 'krɑːtʃət/ n. 1 uncino m., uncinetto m., gancio m. 2 (Mus) semiminima f. 3 (Tip) parentesi f. uncinata. 4 (fig) mania f., ghiribizzo m., capriccio m.

crotchety /'krɒtʃɪti Am 'krɑːtʃəti/ a. irascibile, irritabile.

croton /'kroutən/ n. (Bot) croton m. □ (Farm) ~ oil olio di crotontiglio.

crouch /krautʃ/ I v.i. 1 accoccolarsi, accovacciarsi, rannicchiarsi. 2 (of an animal) acquattarsi, accucciarsi. 3 (to fawn) umiliarsi, strisciare. II n. l'accovacciarsi, il rannicchiarsi.

croup[1] /kruːp/ n. (Med) crup m., laringite f. difterica.

croup[2] /kruːp/ n. (of a horse) groppa f.

croupade /kruː'peɪd/ n. (Equit) groppata f.

croupier /'kruːpɪəʳ 'kruːpɪeɪ/ n. 1 croupier m. 2 (Stor) (at a public dinner) vicepresidente m.

crouton /'kruːton Am 'kruːtɑːn/ n. (Gastron) crostino m. (per minestra o insalata).

crow[1] /krou/ n. 1 (Ornit) corvo m. 2 (carrion crow) cornacchia f. nera. □ (fig) ten miles as the ~ flies dieci miglia in linea d'aria; (Mar) ~'s nest coffa, gabbia; ~ quill penna per esercizi di calligrafia.

crow[2] /krou/ I v.i. (past crowed /-d/, crew /kruː/, p.p. crowed) 1 (of a cock) cantare. 2 (to brag) vantarsi, gloriarsi (over, about di). II n. 1 canto m. del gallo. 2 (sound expressive of pleasure) gridolino m. di gioia.

Crow /krou/ n.pr. (Astr) Corvo m.

crowbar /'kroubɑː Am 'kroubɑːr/ n. (Tecn) palanchino m., piede m. di porco.

crowberry /'kroubəri Am 'krouberi/ n. (Bot) 1 pianta f. delle empetracee. 2 (bearberry) uva f. ursina.

crowd[1] /kraud/ n. 1 folla f., moltitudine f. 2 (press, crush) calca f., ressa f. 3 (common people) masse f.pl., popolo m.: to harangue the ~ arringare il popolo. 4 (multitude) quantità f., massa f., mucchio m., (colloq) sacco m.: a ~ of books una quantità di libri. 5 (colloq) (set, clique) compagnia f., combriccola f., cricca f. □ (fig) to go with the ~ seguire la corrente; (fig) a ~ pleaser chi fa di tutto per ottenere l'approvazione della folla; ~ psychology psicologia della folla, psicologia delle masse; (Mar) under ~ of sails a vele spiegate.

crowd[2] /kraud/ I v.i. 1 affollarsi, accalcarsi, assembrarsi (into in; round attorno). 2 (to *press forward*) fare ressa, spingere, premere. **II** *v.t.* **1** affollare, riempire, gremire: *to ~ the streets* affollare le strade. **2** (*to cram*) stipare, ammassare, ammucchiare. **3** (*to shove*) spingere: *to ~ so. off the pavement* spingere qcu. giù dal marciapiede. **4** (*colloq*) (*to put pressure on*) fare pressione su, sollecitare. ☐ *memories -ed in upon me* i ricordi mi si affollavano nella mente; *many were -ed out* molti restarono fuori (per mancanza di spazio).

crowded /'kraʊdɪd/ *a.* **1** affollato: *a ~ street* una strada affollata. **2** (*with things*) ingombro, pieno (*with* di). **3** (*full of rich events, etc.*) movimentato, avventuroso. **4** (*close together*) stipato, pigiato.

crowfoot /'krəʊfʊt/ *n.irr.* **1** (*Bot*) (*pl.* -s /-s/) ranuncolo *m.* **2** (*Mil,ant*) (*caltrop*) tribolo *m.* **3** (*Mar*) patta *f.* di oca.

crown /kraʊn/ **I** *n.* **1** corona *f.* (*anche Arald, Numism*). **2** (*top of a head or hat*) cocuzzolo *m.*; (*head*) testa *f.*, zucca *f.*: *to break one's ~* rompersi la testa. **3** (*Dent*) corona *f.*; (*substitute*) capsula *f.* **4** (*wreath*) corona *f.*, ghirlanda *f.*, (*poet*) serto *m.*: *the martyr's ~* la corona del martirio. **5** (*fig*) (*culmination*) coronamento *m.*, compimento *m.*: *the ~ of one's efforts* il coronamento dei propri sforzi. **6** (*of a mountain*) cima *f.*, vetta *f.*, sommità *f.* **7** (*Bot*) (*of a tree*) corona *f.*; (*of flowers*) corolla *f.* **8** (*Edil,Idr*) coronamento *m.* **9** (*Ornit*) cresta *f.* **10** (*Strad*) colmo *m.* **II** *v.t.* **1** incoronare: *to ~ so. king* incoronare qcu. re. **2** (*of a wreath*) incoronare, coronare: *the victor was -ed with laurel* il vincitore fu incoronato di alloro. **3** (*fig*) coronare: *success -ed his efforts* i suoi sforzi sono stati coronati dal successo. **4** (*fig*) (*to put a finishing touch to*) completare, dare l'ultimo tocco a. **5** (*Dent*) mettere una corona a. **6** (*Strad*) colmare. ☐ *~ cap* tappo a corona; (*GB*) *~ colony* colonia della corona; *~ cork* tappo a corona; *~ glass*: 1 (*Ott*) vetro corona, crown; 2 (*window glass*) vetro crown; (*Bot*) *~ imperial* corona imperiale; (*colloq*) *to ~ it all* per giunta, per colmo di sventura; *~ jewels* gioielli della corona; *~ land*: 1 proprietà terriera della corona; 2 (*Dir*) (*public land*) terreni demaniali; (*GB, Dir*) *~ law* diritto penale; (*GB,Dir*) *~ lawyer* penalista; (*Ott*) *~ lens* lente di vetro crown; (*Arch*) *~ moulding* cornice, cornicione; *the ~ of the year* l'autunno.

Crown /kraʊn/ *n.* (*GB*) Corona *f.* ☐ (*GB, Dir*) *~ Court* corte di appello per processi penali; (*Ceram*) *~ Derby* porcellana di Derby; *~ prince* principe ereditario; *~ princess*: 1 consorte del principe ereditario; 2 (*female heir*) principessa ereditaria; (*GB*) *~ servant* dipendente della Corona.

crown-cork /'kraʊnkɔːk *Am* 'kraʊnkɔːrk/ ☐ *~ opener* apribottiglie, levacapsule.

crowner /'kraʊnəʳ/ *n.* (*dial*) coroner *m.*

crowning /'kraʊnɪŋ/ **I** *n.* **1** incoronazione *f.* **2** (*Med*) (*stage in labour*) incoronamento *m.* della testa fetale. **3** (*Strad*) bombatura *f.* **II** *a.* perfetto, vero e proprio; (*supreme*) supremo, sommo. ☐ *~ achievement* coronamento: *the discovery was the ~ achievement of his researches* la scoperta coronò le sue ricerche; *~ glory* punto forte, la cosa più bella (che uno ha).

crow's-feet /'krəʊzfiːt/ *n.pl.* (*of the eyes*) zampe *f.pl.* di gallina.

croze /krəʊz/ *n.* (*Fal*) capruggine *f.*

crozier /'krəʊʒəʳ *Br also* 'krəʊziəʳ/ *n.* (*Rel.catt*) pastorale *m.*, bastone *m.* pastorale.

CRT /ˌsiːɑːˈtiː/ (*Elettron*) *Cathode Ray Tube* CRT (tubo a raggi catodici).

crucial /'kruːʃᵊl/ *a.* **1** cruciale, decisivo, cri-

tico (*to, for* per): *the ~ point* il punto cruciale. **2** (*Anat*) crociato.

crucian /'kruːʃᵊn/ ☐ (*Itt*) *~ carp* carassio.

cruciate /'kruːʃieıt/ *a.* (*Bot,Zool*) cruciforme.

crucible /'kruːsɪbl/ *n.* **1** (*Met*) crogiolo *m.* **2** (*fig*) dura prova *f.*, prova *f.* del fuoco. ☐ (*Met*) *~ steel* acciaio al crogiolo.

crucifer /'kruːsɪfəʳ/ *n.* **1** crocifero *m.* **2** (*Bot*) crocifera *f.*

cruciferous /kruːˈsɪfᵊrəs/ *a.* **1** crocifero. **2** (*Bot*) delle crocifere.

crucifier /'kruːsɪfaɪəʳ/ *n.* crocifissore *m.*

crucifix /'kruːsɪfɪks/ *n.* crocifisso *m.*

crucifixion /ˌkruːsɪˈfɪkʃⁿn/ *n.* **1** crocifissione *f.* (*anche Art*). **2** (*fig*) tormento *m.*, martirio *m.*

Crucifixion /ˌkruːsɪˈfɪkʃⁿn/ *n.* (*Rel.catt*) Crocifissione *f.*

cruciform /'kruːsɪfɔːm *Am* 'kruːsɪfɔːrm/ *a.* cruciforme, crociforme.

crucify /'kruːsɪfaɪ/ *v.t.* **1** crocifiggere. **2** (*fig*) mettere in croce, tormentare, torturare.

crude /kruːd/ **I** *a.* **1** grezzo, greggio, non raffinato: *~ sugar* zucchero non raffinato; *~ oil* (o *~ petroleum*) petrolio grezzo. **2** (*fig*) (*rudimentary*) rozzo, grezzo, primitivo. **3** (*fig*) (*blunt, undisguised*) crudo, chiaro, nudo, puro: *the ~ facts* i puri fatti. **4** (*fig*) (*vulgar, obscene*) esplicito, osceno, volgare. **II** *n.* (*crude oil*) petrolio *m.* greggio, greggio *m.*

crudely /'kruːdli/ *avv.* rozzamente, grossolanamente, senza cura, senza riguardi.

crudeness /'kruːdnəs/ *n.* **1** l'essere grezzo. **2** (*fig*) grossolanità *f.*, crudezza *f.*

crudity /'kruːdɪti/ *n.* **1** l'essere grezzo. **2** (*fig*) grossolanità *f.*, crudezza *f.*

cruel /'kruːəl/ **I** *a.* **1** crudele, spietato (*to* con, verso). **2** (*causing pain*) crudele, perfido. **3** (*painful*) crudele, doloroso: *~ fate* destino crudele. **II** *avv.* (*colloq*) terribilmente, spaventosamente. ☐ *to be ~ to be kind* essere severo per il bene di qcu.

cruel-hearted /'kruːəlˌhɑːtɪd *Am* 'kruːəlˌhɑːrtɪd/ *a.* crudele, spietato.

cruelly /'kruːəli/ *avv.* crudelmente.

cruelness /'kruːəlnəs/ *n.* crudeltà *f.* (*anche Dir*): *mental ~* crudeltà mentale.

cruelty /'kruːəlti *Am* 'kruːəlti/ *n.* crudeltà *f.*

cruelty-free /ˌkruːəltiˈfriː *Am* 'kruːəltiˈfriː/ *a.* (*Cosmet*) non sperimentato su animali.

cruet /'kruːɪt/ *n.* **1** ampolla *f.* **2** (*Lit*) ampollina *f.*, ampolla *f.* ☐ *~ stand* ampolliera, oliera.

cruise /kruːz/ **I** *v.i.* **1** (*Mar*) incrociare, crociare; (*to go for a pleasure cruise*) andare in crociera, fare una crociera. **2** (*Aer*) volare a velocità di crociera. **3** (*Aut*) viaggiare a velocità di crociera. **4** (*of a police car*) girare in perlustrazione. **5** (*of a taxi*) girare in cerca di clienti. **6** (*of people*) girare (bar, quartieri ecc.) in cerca di divertimento o di avventure sessuali, andare in battuta. **II** *n.* crociera *f.*: *a Mediterranean ~* una crociera nel Mediterraneo. ☐ *~ control* controllo automatico della velocità di crociera; (*Mil*) *~ missile* missile da crociera; *~ ship* nave da crociera.

cruiser /'kruːzəʳ/ *n.* **1** (*Mar.mil*) incrociatore *m.* **2** (*Mar*) (*cabin cruiser*) imbarcazione *f.* da crociera. **3** (*Am*) automobile *f.* della polizia in giro di ronda.

cruiserweight /'kruːzəweɪt *Am* 'kruːzəʳweɪt/ *n.* (*Sport*) mediomassimo *m.*

cruising /'kruːzɪŋ/ *n.* di crociera. ☐ (*Aer*) *~ altitude* quota di crociera; (*Aer*) *~ ceiling* tangenza di crociera; (*Aer*) *~ radius* raggio di autonomia; (*Aer*) *~ speed* velocità di crociera.

crumb /krʌm/ **I** *n.* **1** briciola *f.*, (*rar*) mollica *f.* **2** (*fig*) briciolo *m.*, minuzzolo *m.*: *~ of hope* un briciolo di speranza. **3** (*soft inner part of bread*) mollica *f.*, midolla *f.* **4** (*Ind*) (*of rub-*

ber) grumo *m.* **II** *v.t.* **1** sbriciolare. **2** (*Gastron*) impanare. ☐ (*Dolc*) *~ cake* torta a pasta friabile; *~ scoop* raccoglibriciole; *~ structure* struttura granulare.

crumble /'krʌmbl/ **I** *v.t.* **1** sbriciolare: *to ~ bread* sbriciolare il pane. **2** (*to break into fragments*) sgretolare, frantumare. **II** *v.i.* **1** sbriciolarsi. **2** (*to disintegrate*) sgretolarsi, frantumarsi. **3** (*fig*) crollare, cadere, andare in rovina: *his hopes -d to dust* le sue speranze crollavano. **III** *n.* (*Gastron*) crumble *m.* (dolce a base di frutta).

crumbliness /'krʌmblɪnəs/ *n.* friabilità *f.*

crumbly /'krʌmbli/ *a.* friabile.

crumbs /krʌmz/ *intz.* (*colloq*) cribbio!, diamine!

crumby /'krʌmi/ *a.* **1** pieno di briciole. **2** (*of bread*) pieno di mollica. **3** (*soft*) soffice, morbido, molle. **4** (*sl*) (*miserable, shifty*) meschino, disprezzabile, smidollato. **5** (*sl*) (*worthless*) scadente, di nessun valore.

crumhorn /'krʌmhɔːn/ *n.* (*Mus,ant*) cromorno *m.*

crummily /'krʌmɪli/ *avv.* (*poorly*) miseramente, malamente, in malo modo.

crummy /'krʌmi/ *a.* (*sl*) **1** (*miserable, shifty*) meschino, disprezzabile, smidollato. **2** (*worthless*) scadente, di nessun valore.

crump /krʌmp/ **I** *v.t.* colpire violentemente. **II** *v.i.* (*Mil*) esplodere, scoppiare. **III** *n.* detonazione *f.*, scoppio *m.*

crumpet /'krʌmpɪt/ *n.* (*Br*) **1** (*Gastron*) specie *f.* di focaccina. **2** (*sl*) (*head*) testa *f.*, (*pop*) zucca *f.* **3** (*sl*) (*women as objects of sexual desire*) donne *f.pl.*, fiche *f.pl.*

crumple /'krʌmpl/ **I** *v.t.* sgualcire, spiegazzare. **II** *v.i.* **1** sgualcirsi, spiegazzarsi, raggrinzirsi: *this material won't ~* questa stoffa non si sgualcisce. **2** (*to collapse*) crollare, abbattersi, accasciarsi. ☐ *to ~ up* crollare, abbattersi, accasciarsi.

crumpled /'krʌmpld/ *a.* **1** spiegazzato, sgualcito. **2** (*bent spirally*) ricurvo: *a ~ horn* un corno ricurvo.

crumply /'krʌmpli/ *a.* che si sgualcisce.

crunch /krʌnʃ/ **I** *v.t.* **1** sgranocchiare, masticare rumorosamente: *to ~ sweets* sgranocchiare caramelle. **2** (*to crush noisily*) far scricchiolare. **3** (*Inform,colloq*) (*to rapidly process data*) macinare. **II** *v.i.* **1** masticare rumorosamente. **2** (*to be crushed noisily*) scricchiolare: *gravel -ed under the wheels* la ghiaia scricchiolava sotto le ruote. **III** *n.* **1** lo sgranocchiare. **2** (*noise*) scricchiolio *m.* **3** (*fig*) crisi *f.*, momento *m.* critico. **4** (*Ginn*) crunch *m.*

crunchy /'krʌntʃi/ *a.* **1** che scricchiola. **2** (*of food*) croccante.

crupper /'krʌpəʳ/ *n.* **1** (*of a harness*) sottocoda *m.*, groppiera *f.* **2** (*horse's rump*) groppa *f.*

crural /'kruərᵊl *Am* 'krurᵊl/ *a.* (*Anat*) crurale.

crusade /kruːˈseɪd/ **I** *n.* crociata *f.* **II** *v.i.* **1** (*Stor*) partecipare a una crociata. **2** (*fig*) battersi, partecipare a una crociata in favore di.

crusader /kruːˈseɪdəʳ/ *n.* **1** (*Stor*) crociato *m.* **2** (*fig*) chi lotta per un ideale.

cruse /kruːz/ *n.* tazza *f.* di terracotta, vaso *m.* di terracotta.

crush /krʌʃ/ **I** *v.t.* **1** schiacciare, strizzare; (*of olives*) torchiare; (*of grapes*) pigiare. **2** (*to cram*) pigiare, stipare. **3** (*to reduce to particles*) frantumare, stritolare. **4** (*fig*) annientare, distruggere (le speranze). **5** (*fig*) (*to subdue*) schiacciare, soffocare. **II** *v.i.* **1** sgualcirsi, schiacciarsi, spiegazzarsi. **2** (*to be reduced to particles*) frantumarsi, stritolarsi. **3** (*to push*) farsi largo (a gomitate), aprirsi un varco (spingendo). **III** *n.* **1** (*colloq*) (*infatua-*

tion) infatuazione *f.*, cotta *f.*: *to have a ~ on so.* avere una cotta per qcu. **2** (*object*) cotta *f.*, (*scherz*) filarino *m.* **3** (*compression*) schiacciamento *m.*; (*reducing to particles*) frantumazione *f.* **4** (*large crowd*) folla *f.*, ressa *f.*, calca *f.* **5** (*colloq*) (*large party*) ricevimento *m.* con molti invitati. **6** (*fruit drink*) spremuta *f.*: *orange ~* spremuta di arancia. □ *~barrier* transenna per contenere la folla; *~ hat* gibus; (*fig*) *to ~ so.'s hopes* far crollare le speranze di qcu.; *to ~ out* spremere, strizzare; *~ room* (*of a theatre, etc.*) foyer, ridotto; *to ~ to a pulp* spappolare; *to be -ed to death* morire stritolato, morire schiacciato; *to ~ up* polverizzare, frantumare; *to ~ one's way through a crowd* aprirsi un varco tra la folla.

crushable /ˈkrʌʃəbl/ *a.* che si può sgualcire.

crushed /krʌʃt/ □ *~ice* ghiaccio tritato.

crusher /ˈkrʌʃəʳ/ *n.* **1** chi schiaccia. **2** (*Met*) frantumatore *m.* meccanico. **3** (*Tess*) frantoio *m.*

crushing /ˈkrʌʃɪŋ/ *a.* schiacciante (*anche fig*): *a ~ victory* una vittoria schiacciante. □ (*Tecn*) *~ mill* frantoio.

crust /krʌst/ **I** *n.* **1** (*of bread, pie*) crosta *f.* **2** (*hard coating*) crosta *f.*, incrostazione *f.*: *a ~ of mud* una crosta di fango. **3** (*fig*) crosta *f.*, apparenza *f.* **4** (*Am,sl*) (*boldness*) sfacciataggine *f.*, faccia *f.* tosta. **5** (*Geol,Med*) crosta *f.* **6** (*Enol*) gromma *f.* **7** (*Strad*) manto *m.* superficiale, manto *m.* di usura. **II** *v.t.* incrostare: *ice -ed the pond* lo stagno era incrostato di ghiaccio. **III** *v.i.* formare una crosta, incrostarsi.

crustacean /krʌsˈteɪʃən/ **I** *a.* (*Zool*) dei crostacei. **II** *n.pl.* (*Zool*) crostacei *m.pl.*

crustaceous /krʌsˈteɪʃ(i)əs/ *a.* **1** simile a crosta, crostoso. **2** (*having a crust*) provvisto di crosta. **3** (*Zool*) dei crostacei.

crusted /ˈkrʌstɪd/ *a.* **1** coperto da una crosta, crostoso. **2** (*Enol*) grommato. **3** (*fig*) antiquato, di vecchia data.

crustily /ˈkrʌstɪli/ *avv.* bruscamente, irosamente, in tono d'ira.

crustiness /ˈkrʌstɪnəs/ *n.* **1** durezza *f.* della crosta. **2** (*fig*) irritabilità *f.*, intrattabilità *f.*

crusty /ˈkrʌsti/ *a.* **1** crostoso. **2** (*fig*) (*surly*) irritabile, intrattabile.

crutch /krʌtʃ/ *n.* **1** gruccia *f.*, stampella *f.*: *to go about on -es* camminare con le grucce. **2** (*fig*) (*prop*) sostegno *m.*, appoggio *m.* **3** (*Anat*) inforcatura *f.* **4** (*Mar*) (*for a boom, spar*) forcaccio *m.*, candeliere *m.* a forca, forcola *f.*; (*of an oar*) scalmiera *f.*

crux /krʌks/ (*pl.* **-es** /-ɪz/, **cruces** /ˈkruːsiːz/) *n.* **1** punto *m.* cruciale, nodo *m.*: *the ~ of the matter* il nodo della questione. **2** (*puzzling problem*) problema *m.* arduo, difficoltà *f.*

Crux /krʌks/ *n.pr.* (*Astr*) Croce *f.* del Sud.

cry /kraɪ/ **I** *v.i.* **1** (*to weep*) piangere (*for* per, di): *to ~ for joy* piangere di gioia; *to give so. sth. to ~ for* dare a qcu. motivo di piangere. **2** (*to complain*) lamentarsi, dolersi. **3** (*to call, to shout*) gridare, strillare, urlare. **4** (*of animals*) emettere un verso. **5** (*Caccia*) guaire. **II** *v.t.* **1** (*to proclaim*) proclamare, annunciare pubblicamente. **2** gridare, strillare, urlare: *to ~ one's wares* strillare (per vendere) la propria merce. **III** *n.* **1** grido *m.*, urlo *m.*, strillo *m.*: *a ~ of pain* un urlo di dolore; *a ~ for help* un grido di aiuto. **2** (*oral proclamation*) annuncio *m.*, proclama *m.* **3** (*entreaty*) invocazione *f.*, preghiera *f.*, appello *m.* **4** (*battle cry*) grido *m.* di battaglia; (*war cry*) grido *m.* di guerra; (*slogan*) slogan *m.* **5** (*fit of weeping*) pianto *m.* **6** (*of an animal*) verso *m.*, grido *m.* **7** (*Caccia*) guaito *m.* □ *~baby*: 1 bambino piagnucoloso; 2 (*adult*) piagnucolone; (*fig*) *to ~ craven* arrendersi; (*Br,ant*)

to ~ down deprezzare, screditare; (*fig*) *to ~ one's eyes out* piangere tutte le proprie lacrime, consumarsi gli occhi dal piangere, piangere a dirotto, piangere come una fontana; *to ~ one's fill* piangere tutte le proprie lacrime; *to ~ for sth.*: 1 chiedere qcs. piangendo: *to ~ for help* gridare aiuto; 2 (*fig*) reclamare qcs., chiedere a gran voce qcs.; (*fig*) *to ~ for the moon* volere la luna; (*fig*) *to ~ one's head off* piangere a dirotto; (*fig*) *to ~ one's heart out* piangere tutte le proprie lacrime, consumarsi gli occhi dal piangere, piangere a dirotto, piangere come una fontana; *to ~ hysterically* piangere disperatamente; *to ~ off*: 1 (*to call off*) disdire, annullare; 2 (*from a promise, etc.*: *to excuse oneself*) ritirarsi, tirarsi indietro; *to ~ out*: 1 (*to proclaim*) proclamare, annunciare pubblicamente; 2 (*of things*: *to need*) richiedere, esigere (*for sth.* qcs.); 3 (*to protest*) protestare vigorosamente; *to ~ poverty* piangere miseria; (*fig*) *to ~ stinking fish* darsi la zappa sui piedi; *to ~ oneself to sleep* addormentarsi per il gran piangere; (*Br,ant*) *to ~ up* esaltare, portare alle stelle; *to ~ wolf* gridare al lupo (*anche fig*). Prov.: *much ~ and little wool* molto fumo e poco arrosto.

crying /ˈkraɪɪŋ/ *a.* **1** urgente: *a ~ need* un bisogno urgente. **2** (*heinous*) odioso, atroce; (*flagrant*) evidente, palese. □ *for ~ out loud!* accidenti!, ma insomma!; *a ~ shame* davvero un peccato, un vero peccato.

cryobiological /ˌkraɪəʊbaɪəˈlɒdʒɪkəl/ *Am* ˌkraɪoʊbaɪəˈlɑːdʒɪkəl/ *a.* (*Biol*) criobiologico.

cryobiologist /ˌkraɪəʊbaɪˈɒlədʒɪst/ *Am* ˌkraɪoʊbaɪˈɑːlədʒɪst/ *n.* (*Biol*) criobiologo *m.* (*f.* -a).

cryobiology /ˌkraɪəʊbaɪˈɒlədʒɪ/ *Am* ˌkraɪoʊbaɪˈɑːlədʒɪ/ *n.* (*Biol*) criobiologia *f.*

cryocautery /ˌkraɪəʊˈkɔːtəri/ *Am* ˌkraɪoʊˈkɔːtəri/ *n.* (*Med*) criocauterio *m.*

cryoextraction /ˌkraɪəʊɪkˈstrækʃən/ *n.* **1** (*Med*) crioestrazione *f.* **2** (*Enol*) estrazione *f.* a freddo.

cryogenic /ˌkraɪəʊˈdʒenɪk/ *a.* **1** criogeno. **2** (*Fis*) criogenico. □ (*Chir*) *~ surgery* criochirurgia, chirurgia del freddo.

cryogenics /ˌkraɪəʊˈdʒenɪks/ *n.pl.* (*costr.sing.*) criogenia *f.sing.*

cryolite /ˈkraɪəʊlaɪt/ *n.* (*Min*) criolite *f.*

cryonics /kraɪˈɒnɪks *Am* kraɪˈɑːnɪks/ *n.* (*costr.pl.*) criotecnica *f.*

cryoprecipitate /ˌkraɪəʊprɪˈsɪpɪteɪt/ *n.* (*Chim*) crioprecipitato *m.*

cryoprobe /ˈkraɪəʊprəʊb/ *n.* (*Chir*) criosonda *f.*

cryoprotectant /ˌkraɪəʊprəˈtektənt/ *n.* (*Fisiol*) crioprotettore *m.*

cryostat /ˈkraɪəʊstæt/ *n.* (*Tecn*) criostato *m.*, camera *f.* criostatica.

cryosurgery /ˌkraɪəˈsɜːdʒəri *Am* ˌkraɪoʊ ˈsɜːrdʒəri/ *n.* (*Chir*) criochirurgia *f.*, chirurgia *f.* del freddo.

crypt /krɪpt/ *n.* cripta *f.* (*anche Anat*).

cryptanalysis /ˌkrɪptəˈnæləsɪs/ *n.* **1** (*cryptanalytics*) scienza *f.* che studia i crittogrammi. **2** (*solving*) risoluzione *f.* di crittogrammi.

cryptanalyst /ˌkrɪpˈtænəlɪst/ *n.* studioso *m.* (*f.* -a) di crittogrammi.

cryptanalytics /ˌkrɪptænəˈlɪtɪks *Am* ˌkrɪptænəˈlɪtɪks/ *n.pl.* (*costr.sing.*) scienza *f.sing.* che studia i crittogrammi.

cryptic /ˈkrɪptɪk/ *a.* **1** segreto, occulto (*anche Med*). **2** (*mysterious*) misterioso, enigmatico: *a ~ remark* un'osservazione enigmatica. **3** (*Zool*) mimetico.

cryptical /ˈkrɪptɪkəl/ *a.* **1** segreto, occulto (*anche Med*). **2** (*mysterious*) misterioso, enig-

matico. **3** (*Zool*) mimetico.

cryptically /ˈkrɪptɪkəli/ *avv.* in modo enigmatico.

Crypto-Communist /ˌkrɪptoʊˈkɒmjʊnɪst *Am* ˌkrɪptoʊˈkɑːmjʊnɪst/ *n.* criptocomunista *m.*/ *f.*

cryptogam /ˈkrɪptoʊgæm/ *n.* (*Bot*) crittogama *f.*

cryptogamic /ˌkrɪptoʊˈgæmɪk/ *a.* crittogamico.

cryptogamous /krɪpˈtɒgəməs *Am* krɪpˈtɑːgəməs/ *a.* crittogamico.

cryptogamy /krɪpˈtɒgəmi *Am* krɪpˈtɑːgəmi/ *n.* crittogamia *f.*, crittogamologia *f.*

cryptogenic /ˌkrɪptoʊˈdʒenɪk/ *a.* (*Med*) (*of a disease*) criptogenetico.

cryptogram /ˈkrɪptoʊgræm/ *n.* crittogramma *m.*

cryptograph /ˈkrɪptoʊgrɑːf *Am* ˈkrɪptəgræf/ *n.* crittogramma *m.*

cryptographer /krɪpˈtɒgrəfəʳ *Am* krɪpˈtɑːgrəfəʳ/ *n.* crittografo *m.* (*f.* -a).

cryptographic /ˌkrɪptoʊˈgræfɪk/ *a.* crittografo.

cryptography /krɪpˈtɒgrəfi *Am* krɪpˈtɑːgrəfi/ *n.* crittografia *f.*

cryptological /ˌkrɪptəˈlɒdʒɪkəl *Am* ˌkrɪptəˈlɑːdʒɪkəl/ *a.* crittologico.

cryptologist /krɪpˈtɒlədʒɪst *Am* krɪpˈtɑːlədʒɪst/ *n.* crittologo *m.* (*f.* -a), criptologo *m.* (*f.* -a).

cryptology /krɪpˈtɒlədʒi *Am* krɪpˈtɑːlədʒi/ *n.* (*study of codes*) crittologia *f.*

cryptonym /ˈkrɪptənɪm/ *n.* (*code name*) criptonimo *m.*

cryptozoology /ˌkrɪptəˌzoʊˈɒlədʒi *Am* ˌkrɪptəˌzoʊˈɑːlədʒi/ *n.* criptozoologia *f.*

crystal /ˈkrɪstəl/ **I** *n.* **1** cristallo *m.*: *a necklace of -s* una collana di cristalli; *snow -s* cristalli di neve. **2** (*objects*) cristalleria *f.*, cristalli *m.pl.* **3** (*Am,Orol*) vetro *m.* **II** *a.* **1** di cristallo, cristallino: *~ ornaments* ninnoli di cristallo. **2** (*fig*) (*clear*) cristallino, limpido, trasparente. **3** (*Rad*) a cristallo, a galena. □ *~ axis* asse cristallino; (*Occult*) *~ ball* sfera di cristallo; (*Rad*) *~ detector* rivelatore a galena, rivelatore a cristallo; (*Occult*) *~ gazing* cristalloscopia; (*Chim*) *~ lattice* reticolo cristallino; (*Rad*) *~ loudspeaker* altoparlante piezoelettrico; *~ pick-up* testina piezoelettrica; (*El*) *~ rectifier* raddrizzatore a cristallo; (*Rad*) *~ set* apparecchio ricevitore a galena; *~ system* sistema cristallino; *~ ware* (o *~ work*) cristalleria, cristalli.

crystal-clear /ˌkrɪstəlˈklɪəʳ *Am* ˌkrɪstəlˈklɪr/ *a.* cristallino.

crystalliferous /ˌkrɪstəˈlɪfərəs/ *a.* cristallifero.

crystalline /ˈkrɪstəlaɪn/ *a.* cristallino (*anche fig*): *~ waters* acque cristalline. □ (*Astr,ant*) *~ heaven* cielo cristallino; (*Anat*) *~ lens* cristallino; (*Astr*) *~ sphere* cielo cristallino.

crystallizable /ˈkrɪstəlaɪzəbl/ *a.* cristallizzabile.

crystallization /ˌkrɪstəl(a)ɪˈzeɪʃən/ *n.* cristallizzazione *f.*

crystallize /ˈkrɪstəlaɪz/ **I** *v.t.* **1** cristallizzare. **2** (*fig*) (*to give definite form to*) fissare, definire, dare una forma precisa a. **3** (*Dolc*) candire. **II** *v.i.* **1** cristallizzarsi. **2** (*fig*) prendere un aspetto ben definito, concretarsi. □ *to ~ out* cristallizzarsi.

crystallized /ˈkrɪstəlaɪzd/ *a.* **1** cristallizzato. **2** (*Dolc*) candito: *~ fruit* frutta candita. **3** (*fig*) ben definito, chiaro.

crystallographer /ˌkrɪstəˈlɒgrəfəʳ *Am* ˌkrɪstəˈlɑːgrəfəʳ/ *n.* cristallografo *m.*

crystallographic /ˌkrɪstələˈgræfɪk/ *a.* cristallografico.

crystallographical /ˌkrɪstələ'græfɪkəl/ *a.* cristallografico.

crystallography /ˌkrɪst'l'ɒgrəfi *Am* ˌkrɪst'l'ɑːgrəfi/ *n.* cristallografia *f.*

crystalloid /'krɪst'lɔɪd/ **I** *a.* cristalloide. **II** *n.* cristalloide *m.*

CS 1 (*Br*) *chartered surveyor* geom. (geometra). **2** *Civil Service* PA (Pubblica Amministrazione). **3** (*Dir*) *Court of Session* (Corte Suprema).

CSE /ˌsiːˈsiː/ *Certificate of Secondary Education* (diploma di istruzione secondaria).

CST (*Am*) *Central Standard Time* CST (ora dell'America centrale).

CT *Connecticut* CT (Connecticut).

ct. 1 *carat* ct (carato). **2** *cent* cent (centesimo).

CTS /ˌsiːtiːˈes/ (*Am,Med*) *Carpal Tunnel Syndrome* CTS (sindrome del tunnel carpale).

CU /ˌsiːˈjuː/ *Cambridge University* (Università di Cambridge).

cu. *cubic* (cubico).

cub /kʌb/ **I** *n.* **1** cucciolo *m.*; (*of a lion*) leoncino *m.*; (*of a bear*) orsacchiotto *m.*; (*of a fox*) volpacchiotto *m.*; (*of a tiger*) tigrotto *m.* **2** (*fig*) giovane *m.* goffo e inesperto, cucciolo *m.*; (*young apprentice*) principiante *m./f.*, novellino *m.* (*f.* -a). **II** *v.i.* (*past, p.p.* **cubbed** /-d/) partorire, figliare. □ (*Caccia*) ~ *hunting* caccia ai volpacchiotti; (*Giorn*) ~ *reporter* cronista alle prime armi; *Cub Scout* (*junior member of the Boy Scouts*) lupetto *m.*

Cuba /'kjuːbə/ *n.pr.* (*Geog*) Cuba *f.*

cubage /'kjuːbɪdʒ/ *n.* cubatura *f.*

Cuban /'kjuːbən/ **I** *a.* cubano. **II** *n.* cubano *m.* (*f.* -a).

cubature /'kjuːbətʃər/ *n.* cubatura *f.*

cubbing /'kʌbɪŋ/ *n.* (*Caccia*) caccia *f.* ai volpacchiotti.

cubbish /'kʌbɪʃ/ *a.* **1** da cucciolo. **2** (*awkward*) goffo, impacciato.

cubby /'kʌbi/ *n.* angolino *m.*, cantuccio *m.* accogliente.

cubby-hole /'kʌbihoʊl/ *n.* angolino *m.*, cantuccio *m.* accogliente.

cube /kjuːb/ **I** *n.* **1** (*Geom,Mat*) cubo *m.* **2** (*cubical piece*) cubetto *m.*: *a ~ of sugar* un cubetto di zucchero. **3** (*for road paving*) blocchetto *m.* **II** *v.t.* **1** tagliare a cubetti: *to ~ carrots* tagliare lc carote a cubetti. **2** (*Mat,Geom*) cubare, fare la cubatura di, calcolare il volume di. **3** (*Mat*) elevare al cubo, elevare alla terza potenza. **4** (*of a road*) pavimentare a blocchetti. □ (*Mat*) ~ *root* radice cubica.

cubic /'kjuːbɪk/ **I** *a.* **1** tridimensionale. **2** (*cubical*) cubico. **3** (*pertaining to measurement*) cubo. **4** (*Mat*) cubico, alla terza potenza. **5** (*Min*) isometrico. **II** *n.* (*Mat*) curva *f.* cubica. **3** (*Aut*) ~ *capacity* cilindrata; (*Mat*) ~ *centimetre* centimetro cubico; ~ *content* (o ~ *contents*) volume; (*Mat*) ~ *equation* equazione di terzo grado, equazione cubica; ~ *foot* piede cubico; ~ *inch* pollice cubico; ~ *measure* misura di capacità; ~ *yard* iarda cubica.

cubical /'kjuːbɪkəl/ *a.* **1** cubico, a forma di cubo. **2** (*Fis*) cubico.

cubicle /'kjuːbɪkl/ *n.* **1** (*in a dormitory, etc.*) scompartimento *m.* separato. **2** (*Bibliot*) cabina *f.* per lettura.

cubiform /'kjuːbɪfɔːm *Am* 'kjuːbɪfɔːrm/ *a.* cubiforme.

cubism /'kjuːbɪzəm/ *n.* (*Art*) cubismo *m.*

cubist /'kjuːbɪst/ **I** *n.* (*Art*) cubista *m./f.* **II** *a.* (*Art*) cubistico.

cubistic /kjuːˈbɪstɪk/ *a.* (*Art*) cubistico.

cubit /'kjuːbɪt/ *n.* cubito *m.* (pari a 18-22 pollici).

cubital /'kjuːbɪtəl *Am* 'kjuːbɪt'l/ *a.* (*Anat*) cubi-

tale, ulnare.

Cubmaster /'kʌbmɑːstər *Am* 'kʌbmæstər/ *n.* capo *m.* di un gruppo di lupetti.

cuboid /'kjuːbɔɪd/ **I** *a.* (*Geom,Anat*) cuboide. **II** *n.* (*Anat*) cuboide *m.*

cuboidal /'kjuːbɔɪd'l/ *a.* (*Geom,Anat*) cubico: ~ *epithelium* epitelio cubico.

cucking-stool /'kʌkɪŋstuːl/ *n.* (*Stor*) sedia *f.* su cui il condannato era messo alla berlina.

cuckold /'kʌkoʊld, 'kʌkəld/ **I** *n.* marito *m.* tradito, cornuto *m.*, (*region*) becco *m.* **II** *v.t.* mettere le corna a, tradire.

cuckoldry /'kʌkoʊldri, 'kʌkəldri/ *n.* adulterio *m.*, tradimento *m.*

cuckoo /'kuku: *Am also* 'kuku:/ **I** *n.* **1** (*Ornit*) cuculo *m.* (comune). **2** (*call*) cucù *m.* **3** (*colloq*) sciocco *m.* (*f.* -a), semplicione *m.* (*f.* -a). **II** *a.* (*colloq*) **1** (*crazy*) matto, pazzo. **2** (*silly*) sciocco, tonto. **III** *v.i.* fare il verso del cuculo. □ ~ *clock* orologio a cucù; (*Bot*) ~ *pint* gigaro, gighero, pan di serpe.

cuckooflower /'kuku:flaʊər *Am also* 'kuku:flaʊər/ *n.* (*Bot*) cardamine *m.* dei prati.

cucullate /'kjuːkəleɪt/ *a.* **1** (*Biol*) a forma di cappuccio. **2** (*Entom*) incappucciato.

cucullated /'kjuːkəletɪd *Am* 'kjuːkəleɪtɪd/ *a.* **1** (*Biol*) a forma di cappuccio. **2** (*Entom*) incappucciato.

cucumber /'kjuːkʌmbər/ *n.* (*Bot,Alim*) cetriolo *m.* □ (*Bot*) ~ *tree* magnolia acuminata.

cucurbit /kjuˈkɜːbɪt *Am* kjuˈkɜːrbɪt/ *n.* **1** (*Bot*) cucurbita *f.* **2** (*Chim*) matraccio *m.*, cucurbita *f.*

cucurbitaceous /kjuˌkɜːbɪˈteɪʃəs *Am* kjuˌkɜːrbɪˈteɪʃəs/ *a.* (*Bot*) delle cucurbitacee.

cud /kʌd/ *n.* (*of a ruminant*) bolo *m.* alimentare.

cuddle /'kʌdl/ **I** *v.t.* **1** stringere a sé teneramente, abbracciare amorevolmente. **2** (*to fondle*) vezzeggiare, coccolare. **II** *v.i.* stringersi (*to, up to* a), rannicchiarsi (vicino a): *to ~ up to so.* rannicchiarsi vicino a qcu. **III** *n.* tenero abbraccio *m.*

cuddlesome /'kʌdlsəm/ *a.* che ispira tenerezza, da coccolare.

cuddly /'kʌdli/ *a.* che ispira tenerezza, da coccolare.

cuddy[1] /'kʌdi/ *n.* **1** (*Mar*) cabina *f.* di poppa; (*galley*) cambusa *f.*, cucina *f.* **2** (*closet*) armadietto *m.*; (*small room*) stanzino *m.*

cuddy[2] /'kʌdi/ *n.* asino *m.*, somaro *m.* (*anche fig*).

cudgel /'kʌdʒl/ **I** *n.* clava *f.*, manganello *m.*, randello *m.* **II** *v.t.* (*past, p.p.* **cudgelled** /*Am* **cudgeled** /-d/) prendere a randellate, manganellare. □ (*fig*) *to ~ one's brain* lambiccarsi il cervello, scervellarsi; ~ *play* lotta coi bastoni; (*fig*) *to take up the -s for so.* difendere qcu. a spada tratta.

cudweed /'kʌdwiːd/ *n.* (*Bot*) gnafalio *m.*

cue[1] /kjuː/ *n.* **1** (*Teat*) battuta *f.* di entrata: *to miss one's ~* non rispondere alla battuta di entrata. **2** (*Cin,Rad*) segnale *m.* di azione. **3** (*fig*) (*suggestion*) imbeccata *f.*, suggerimento *m.*, spunto *m.* □ (*TV*) ~ *card* gobbo, tabellone fuori quadro (con i testi); *to give so. a ~* (o *to give so. the ~*): **1** (*Teat*) suggerire a qcu. la battuta di entrata; **2** (*fig*) dare l'imbeccata a qcu.; (*Teat,Rad,TV*) ~ *sheet* lista completa delle battute di entrata; (*fig*) *to take one's ~ from so.* regolare la propria condotta su quella di qcu., ricevere l'imbeccata da qcu.

cue[2] /kjuː/ *n.* **1** (*in billiards, etc.*) stecca *f.* **2** (*pigtail*) coda *f.*, codino *m.* □ ~ *ball* palla colpita dalla stecca; ~ *stick* (*in billiards, etc.*) stecca.

cueist /'kjuːɪst/ *n.* giocatore *m.* (*f.* -trice) di biliardo.

cuff[1] /kʌf/ *n.* **1** (*Sart*) polsino *m.* **2** (*Am,Sart*) (*of trousers*) risvolto *m.* **3** *pl.* (*handcuffs*) manette *f.pl.* □ ~ *links* (*sleeve-links*) gemelli (per polsini); (*colloq*) *off the ~*: **1** improvvisando: *to give a speech off the ~* improvvisare un discorso, fare un discorso a braccio; **2** (*unofficially*) in via confidenziale.

cuff[2] /kʌf/ **I** *n.* schiaffo *m.*, ceffone *m.*, manrovescio *m.* **II** *v.t.* schiaffeggiare, dare uno schiaffo a, dare un ceffone a.

Cufic /'kjuːfɪk/ **I** *n.* (*Stor*) scrittura *f.* cufica. **II** *a.* cufico.

cuirass /kwɪˈræs/ *n.* (*Mil,ant,Zool*) corazza *f.*

cuirassier /ˌkwɪrəˈsiər *Am* ˌkwɪrəˈsɪr, 'kwɪrəsɪr/ *n.* (*Mil,ant*) corazziere *m.*

cuisine /kwɪˈziːn/ *n.* cucina *f.*, modo *m.* di cucinare.

cuisse /kwɪs/ *n.* (*Mil,ant*) cosciale *m.*

CUL /ˌsiːjuːˈel/ (*colloq*) (*used in e-mail messages, etc.*) *see you later* (ci vediamo dopo, a dopo).

cul-de-sac /ˌkuldəˈsæk, 'kʌldəsæk/ *n.* vicolo *m.* cieco (*anche fig*).

culinarily /ˌkʌlɪˈnerɪli, ˌkjuːlɪˈnerɪli/ *avv.* dal punto di vista culinario, dal punto di vista gastronomico.

culinary /'kʌlɪnəri, 'kjuːlɪnəri *Am* 'kʌləneri/ *a.* culinario, gastronomico. □ ~ *art* arte culinaria, gastronomia; ~ *herbs* erbe aromatiche, erbe culinarie; ~ *utensils* utensili da cucina.

cull /kʌl/ **I** *v.t.* **1** cogliere, raccogliere. **2** (*to select*) scegliere, selezionare. **II** *n.* **1** scelta *f.*, selezione *f.* **2** (*Zootecn*) animale *m.* eliminato da un armento. **3** *pl.* (*Am*) (*rejects*) scarti *m.pl.*, rifiuti *m.pl.*

cullender /'kʌlɪndər/ *n.* (*colander*) colino *m.*, colabrodo *m.*

cullet /'kʌlɪt/ *n.* (*Vetr*) cullet *m.*, vetro *m.* di scarto, rottame *m.* di vetro.

cully /'kʌli/ *n.* **1** (*ant,sl*) (*companion*) amico *m.*, compagno *m.* **2** (*dupe*) babbeo *m.*, semplicione *m.*

culm[1] /kʌlm/ *n.* **1** (*Min*) (*coal dust*) polvere *f.* di carbon fossile; (*anthracite*) antracite *f.* **2** *pl.* (*Geol*) (*culm measures*) calcari *m.pl.* nerastri (del carbonifero inferiore).

culm[2] /kʌlm/ *n.* (*Bot*) culmo *m.*

culminant /'kʌlmɪnənt/ *a.* culminante.

culminate /'kʌlmɪneɪt/ *v.i.* **1** culminare (*anche Astr*). **2** (*fig*) (*to reach a climax*) culminare, raggiungere il culmine (*in con*).

culmination /ˌkʌlmɪˈneɪʃən/ *n.* **1** culmine *m.*, apice *m.*, apogeo *m.* **2** (*Astr*) culminazione *f.*

culottes /k(j)uːˈlɒts *Am* 'k(j)uːlɑːts/ *n.pl.* (*Abbigl*) gonna-pantalone *f.sing.*

culpability /ˌkʌlpəˈbɪlɪti *Am* ˌkʌlpəˈbɪləti/ *n.* colpevolezza *f.*

culpable /'kʌlpəbl/ *a.* **1** colposo. **2** (*guilty*) colpevole.

culpableness /'kʌlpəblnəs/ *n.* colpevolezza *f.*

culpably /'kʌlpəbli/ *avv.* colpevolmente.

culprit /'kʌlprɪt/ *n.* **1** colpevole *m.f.*, reo *m.* (*f.* -a). **2** (*Dir*) (*one arraigned for an offence*) imputato *m.* (*f.* -a), accusato *m.* (*f.* -a).

cult /kʌlt/ *n.* **1** culto *m.* **2** (*group, sect*) setta *f.*, gruppo *m.* di seguaci. **3** (*fig*) culto *m.*, venerazione *f.*: *personality ~* culto della personalità. □ ~ *classic* cult movie, film (assurto a oggetto di) culto; *to make a ~ of sth.* avere un culto per qcs.; ~ *movie* cult movie, film (assurto a oggetto di) culto; ~ *object* oggetto di culto.

cultch /kʌltʃ/ *n.* polvere *f.* di conchiglie formata da un banco di ostriche.

cultic /'kʌltɪk/ *a.* di una setta.

cultish /'kʌltɪʃ/ *a.* di culto.

cultism /'kʌltɪzəm/ *n.* cultismo *m.*

cultist /'kʌltɪst/ n. esponente m./f. del cultismo.

cultivability /ˌkʌltɪvə'bɪlɪti Am ˌkʌltəvə'bɪləti/ n. coltivabilità f.

cultivable /'kʌltɪvəbl̩ Am 'kʌltəvəbl̩/ a. coltivabile.

cultivar /'kʌltɪvɑːr Am 'kʌltəvɑːr, 'kʌltəvær/ n. (Agr) cultivar f.

cultivatable /'kʌltɪveɪtəbl̩ Am 'kʌltəveɪtəbl̩/ a. coltivabile.

cultivate /'kʌltɪveɪt Am 'kʌltəveɪt/ v.t. 1 coltivare. 2 (fig) (to train) coltivare, educare: to ~ one's voice educare la voce. 3 (fig) (of friendship, etc.) coltivare, curare; (of people) coltivare, tenersi amico.

cultivated /'kʌltɪveɪtɪd Am 'kʌltəveɪtɪd/ a. 1 (of land) coltivato. 2 (fig) (cultured) colto, istruito; (refined) raffinato, fine. 3 (of the voice) educato. □ ~ pearl perla coltivata.

cultivation /ˌkʌltɪ'veɪʃən Am ˌkʌltə'veɪʃən/ n. 1 coltivazione f. 2 (fig) (training) educazione f., formazione f. 3 (fig) (of a friendship, etc.) il coltivare. 4 (fig) (refinement) raffinatezza f., cultura f. 5 (Biol) coltura f. di microrganismi. □ to bring land into ~ dissodare un terreno; land out of ~ terreno non coltivato; land under ~ terreno coltivato.

cultivator /'kʌltɪveɪtər Am 'kʌltəveɪtər/ n. 1 coltivatore m. (f. -trice). 2 (of an art, etc.) cultore m. (f. -trice).

cultural /'kʌltʃərəl/ a. 1 culturale: ~ interests interessi culturali. 2 (Biol) ottenuto per mezzo di coltura. 3 (Agr) di orticoltura. □ (Dipl) ~ attaché addetto alla cultura; ~ pluralism pluralismo culturale; ~ relations rapporti culturali.

culturally /'kʌltʃərəli/ avv. 1 culturalmente. 2 (Agr,Biol) secondo le regole della coltura.

culture /'kʌltʃər/ n. 1 cultura f., istruzione f.: a man of ~ un uomo di cultura. 2 (training) educazione f. 3 (Sociol) civiltà f. 4 (Biol) coltura f. 5 (Agr) (tillage) coltura f., coltivazione f. 6 (Biol) coltura f., allevamento m.: the ~ of roses la coltura delle rose. 7 (Topogr) planimetria f. II v.t. coltivare. □ (Am) ~ fair rispettoso delle differenze culturali; (Biol) ~ in glass (o ~ in vitro) coltura in vitro; (Am) ~ jamming guerra al mondo della pubblicità; (Biol) ~ medium terreno di coltura; (Sociol) ~ pattern forma culturale; (Sociol) ~ shock choc culturale; (sl) ~ vulture intellettualoide.

cultured /'kʌltʃəd Am 'kʌltʃərd/ a. 1 colto, istruito; (refined) raffinato: ~ manners modi raffinati. 2 (cultivated) coltivato. 3 (Biol) ottenuto per mezzo di coltura. □ ~ pearl perla coltivata.

culturist /'kʌltʃərɪst/ n. 1 coltivatore m. (f. -trice). 2 (Zootecn) allevatore m. (f. -trice).

culver /'kʌlvər/ n. (Ornit) colombo m., piccione m.

culverin /'kʌlvərɪn/ n. 1 (Mil,ant) colubrina f. 2 (handgun) moschetto m.

culvert /'kʌlvət Am 'kʌlvərt/ n. 1 (Strad) canale m. sotterraneo. 2 (arched sewer) galleria f. di drenaggio, fogna f.

cum /kʌm/ I a. (Econ) col dividendo. II avv. (Econ) col dividendo.

cumber /'kʌmbər/ I v.t. 1 ostacolare, impacciare, ingombrare. 2 (to burden) sovraccaricare, gravare, appesantire. II n. 1 ostacolo m., impaccio m., impedimento m. 2 (burden) carico m., peso m., gravame m.

cumbersome /'kʌmbəsəm Am 'kʌmbərsəm/ a. 1 ingombrante, scomodo. 2 (slow-moving) lento, tardo. 3 (clumsy) goffo, impacciato.

cumbersomeness /'kʌmbəsəmnəs Am 'kʌmbərsəmnəs/ n. ingombro m.

Cumbria /'kʌmbriə/ n.pr. (Geog) Cumbria f.

cumbrous /'kʌmbrəs/ a. (poet) ingombrante, scomodo.

cumbrousness /'kʌmbrəsnəs/ n. ingombro m.

cumin /'kʌmɪn, 'k(j)uːmɪn/ n. (Bot) cumino m.

cummerbund /'kʌməbʌnd Am 'kʌmərbʌnd/ n. (Abbigl) fascia f. di seta (che si annoda alla vita).

cumulate¹ /'kjuːmjʊleɪt/ I v.t. 1 accumulare, ammucchiare, ammassare. 2 (Dir) conglobare. II v.i. accumularsi, ammassarsi.

cumulate² /'kjuːmjʊlət, 'kjuːmjʊleɪt/ I a. ammassato, accumulato. II n. (Geol) cumulo m.

cumulation /ˌkjuːmjʊ'leɪʃən/ n. 1 accumulazione f. 2 (product) accumulo m., ammasso m.

cumulative /'kjuːmjʊlətɪv, 'kjuːmjʊleɪtɪv Am 'kjuːmjʊlətɪv/ a. 1 cumulativo: ~ effect effetto cumulativo. 2 (Dir) aggiuntivo. 3 (Econ) addizionale, composto. □ (Econ) ~ dividend dividendo cumulativo; (Statist) ~ error errore cumulativo; (Dir) ~ evidence prova aggiuntiva; (Econ) ~ stock titoli a dividendo cumulativo; ~ vote voto cumulativo.

cumulatively /'kjuːmjʊlətɪvli, 'kjuːmjʊleɪtɪvli Am 'kjuːmjʊlətɪvli/ avv. in modo cumulativo.

cumulativeness /'kjuːmjʊlətɪvnəs, 'kjuːmjʊleɪtɪvnəs Am 'kjuːmjʊlətɪvnəs/ n. cumulabilità f.

cumuliform /'kjuːmjʊlɪfɔːm Am 'kjuːmjʊlɪfɔːrm/ a. (Meteor) cumuliforme.

cumulocirrus /ˌkjuːmjʊlou'sɪrəs/ n. (Meteor) cirrocumulo m.

cumulonimbus /ˌkjuːmjʊlou'nɪmbəs/ n. (Meteor) cumulonembo m.

cumulostratus /ˌkjuːmjʊlou'streɪtəs Am ˌkjuːmjʊlou'streɪtəs/ n. (Meteor) stratocumulo m.

cumulus /'kjuːmjʊləs/ (pl. -li /-laɪ/) n. cumulo m. (anche Meteor).

cuneate /'kjuːniət, 'kjuːnieɪt/ a. 1 cuneato. 2 (Bot) cuneiforme, cuneato.

cuneated /'kjuːnieɪtɪd Am 'kjuːnieɪtɪd/ a. 1 cuneato. 2 (Bot) cuneiforme, cuneato.

cuneiform /'kjuːn(i)fɔːm Am 'kjuːn(i)əfɔːrm/ I a. cuneiforme. II n. carattere m. cuneiforme.

cunning /'kʌnɪŋ/ I n. astuzia f., furbizia f., scaltrezza f. II a. 1 astuto, furbo, scaltro. 2 (ant) (dexterous) abile, destro. 3 (Am,colloq) (charming) grazioso, attraente, carino.

cunt /kʌnt/ n. (volg) fica f.

cup /kʌp/ n. 1 tazza f.: a ~ of tea una tazza di tè. 2 (bowl of a goblet) coppa f., calice m. 3 (Sport) coppa f., trofeo m. 4 (Rel) (chalice) calice m.; (wine) vino m. eucaristico. 5 (of a brassière) coppa f. 6 (of a barometer) vaschetta f. 7 (Med) coppetta f., ventosa f. 8 (Bot) calice m. 9 (fig) parte f., porzione f. 10 (Mecc) coppa f., scodellino m. II v.t. 1 (fig) dar forma di coppa a, mettere a forma di coppa, foggiare a coppa: to ~ one's hands mettere le mani a forma di coppa, fare coppa con le mani. 2 (Med) applicare ventose a, applicare coppette a. 3 (Tecn) imbutire, rendere convesso. □ (Sport) ~ final finale di coppa; (Br,fig) to be in one's -s essere ubriaco, avere alzato il gomito; (colloq) it's not my ~ of tea non è il mio forte, non è il mio cavallo di battaglia, non è il mio argomento preferito; ~ shake (of timber) cipollatura; (Br,Sport) ~ tie partita di coppa.

Cup /kʌp/ n.pr. (Astr) Coppa f., Cratere m.

cup-and-ball /'kʌpən(d)bɔːl/ □ (Mecc) joint giunto a sfera.

cupbearer /'kʌpˌbeərər Am 'kʌpˌberər/ n. coppiere m. (f. -a).

---

cupboard /'kʌbəd Am 'kʌbərd/ n. 1 armadio m., credenza f. 2 (closet, cabinet) armadietto m., stipo m. □ ~ love amore interessato.

cupcake /'kʌpkeɪk/ n. (Dolc) tortina f. (cotta in una mini-forma).

cupel /'kjuːpəl, kjuː'pel/ I n. (Archeol) coppella f. II v.t. (past,p.p. cupelled /Am cupeled /-d/) coppellare.

cupellation /ˌkjuːpə'leɪʃən, kjuːpe'leɪʃən/ n. (Met) coppellazione f.

cupful /'kʌpfʊl/ n. 1 tazza f. 2 (in cooking) mezza pinta f.

cupid /'kjuːpɪd/ n. (Art) cupido m.

Cupid /'kjuːpɪd/ n.pr.m. (Mitol) Cupido.

cupidity /kjuː'pɪdɪti Am kjuː'pɪdəti/ n. cupidigia f., avidità f., bramosia f.

cupola /'kjuːpələ/ n. 1 (Arch,Anat) cupola f. 2 (Met) (cupola furnace) cubilotto m., forno m. a manica. 3 (Ferr) garitta f. 4 (Mil) torretta f.

cupped /kʌpt/ a. 1 a (forma di) coppa. 2 (concave) concavo, incavato.

cupper /'kʌpər/ n. (Med) salassatore m. (f. -trice).

cupping /'kʌpɪŋ/ n. coppettazione f., salasso m. □ ~ glass coppetta da salasso.

cupreous /'kjuːpriəs/ a. 1 di rame, simile al rame. 2 (copper-coloured) color rame, ramato.

cupric /'kjuːprɪk/ a. (Chim) rameico: ~ oxide ossido rameico, ossido di rame.

cupriferous /kjuː'prɪfərəs/ a. cuprifero.

cuprite /'kjuːpraɪt/ n. (Min) cuprite f.

cupronickel /ˌk(j)uːprou'nɪkl̩/ I n. (Min) cupronichelio m. II a. (Met) al cupronichelio.

cuprous /'kjuːprəs/ a. (Chim) ramoso, rameoso.

cupule /'kjuːpjuːl/ n. (Biol) cupola f.

cur /kɜːr Am kɜːr/ n. 1 cagnaccio m., cane m. bastardo. 2 (fig) (despicable person) persona f. spregevole, persona f. vile.

curability /ˌkjuərə'bɪlɪti Am ˌkjuərə'bɪləti/ n. curabilità f.

curable /'kjuərəbl̩ Am 'kjuərəbl̩/ a. curabile.

curaçao /ˌkjuərə'sou Am 'k(j)uərəsou/ n. curaçao m.

curacy /'kjuərəsi Am 'kjuərəsi/ n. (Rel) curazia f.

curara /kjuː'rɑːrə/ n. (Chim) curaro m.

curare, curari /kjuə'rɑːri Am k(j)uə'rɑːri/ n. (Chim) curaro m.

curarization /ˌkjuərərɑːr(a)ɪ'zeɪʃən Am ˌk(j)uərɑːrɪ'zeɪʃən/ n. (Fisiol) curarizzazione f.

curarize /'kjuːrəraɪz Am k(j)u'rɑːraɪz/ v.t. (Med) trattare col curaro, somministrare curaro a.

curate /'kjuərɪt Am 'kjuərət, 'kjuəreɪt/ n. 1 (Rel) curato m., vicario m. parrocchiale. 2 (assistant clergyman) curato m., coadiutore m.

curate-in-charge /ˌkjuərɪtɪn'tʃɑːdʒ Am 'kjuəretɪnˌtʃɑːrdʒ/ n. vicario m. che funge da parroco.

curative /'kjuərətɪv Am 'kjuərətɪv/ a. (Med) curativo.

curatively /'kjuərətɪvli Am 'kjuərətɪvli/ avv. (Med) in modo curativo.

curator /kjuə'reɪtər Am 'kjuəreɪtər/ n. 1 (of a museum, etc.) conservatore m. 2 (Univ) membro m. del consiglio di amministrazione. 3 (Dir) curatore m.; (of a minor) tutore m.

curatorial /ˌkjuərə'tɔːriəl Am ˌkjuərə'tɔːriəl/ a. di curatore.

curatorship /kjuə'reɪtəʃɪp Am 'kjuəretərˌʃɪp/ n. (Dir) curatela f.; (of a minor) tutela f.

curatrix /'kjuərətrɪks Am 'kjuərətrɪks/ n. (Dir) curatrice f.; (of a minor) tutrice f.

curb /kɜːb Am kɜːrb/ I n. 1 barbazzale m. 2 (fig) (restraint) controllo m., freno m.: a ~ on prices un controllo sui prezzi. 3 (Strad) (kerb) bordo m., orlo m., cordone m. 4 (Econ) mercato *m.* di valori (non quotati in borsa). **5** (*of a well*) parapetto *m.* (circolare). **6** (*Arch*) (*of a mansard roof*) spiovente *m.* inferiore. **7** (*Veter*) corba *f.* **II** *v.t.* **1** mettere il morso a, tenere a freno. **2** (*fig*) frenare, dominare, trattenere: *to ~ one's appetite* frenare i propri desideri. **3** (*Strad*) bordare. □ *~ bit* morso; (*fig*) *to keep a ~ on sth.* tenere a freno qcs., controllare qcs.; (*Econ*) *~ market* mercato di valori (non quotati in borsa); (*fig*) *to put a ~ on sth.* tenere a freno qcs., controllare qcs.; (*Edil*) *~ roof* tetto a mansarda.

curbstone /'kɜːbstoun *Am* 'kɜːrbstoun/ *n.* (*Strad*) paracarro *m.*

curbstoner /'kɜːbstounəʳ/ *n.* (*Am,Econ*) operatore *m.* (*f.* -trice) volante, operatore *m.* (*f.* -trice) non autorizzato.

curcuma /'kɜːkjumə *Am* 'kɜːrkjumə/ *n.* (*Bot*) curcuma *f.*

curd /kɜːd *Am* kɜːrd/ I *n.* **1** *spec.pl.* cagliata *f.sing.* **2** (*of soap*) grumo *m.* **II** *v.t.* far cagliare, coagulare. **III** *v.i.* cagliarsi, coagularsi, rapprendersi. □ (*Alim*) *-s and whey* giuncata; *~ cheese* ricotta.

curdle /'kɜːdl̩ *Am* 'kɜːrdl̩/ I *v.t.* **1** (*of milk*) far cagliare, coagulare. **2** (*to congeal*) congelare, gelare (*anche fig.*) **II** *v.i.* **1** (*of milk*) cagliare, coagularsi. **2** (*to congeal*) gelarsi, raggelarsi (*anche fig*): *his blood -d at the sight* gli si gelò il sangue a quella vista.

curdy /'kɜːdi *Am* 'kɜːrdi/ *a.* cagliato, coagulato.

cure /kjuəʳ *Am* kjur/ I *n.* **1** (*Med*) (*treatment*) cura *f.*, trattamento *m.* (*for* per, contro). **2** (*Med*) (*successful treatment*) guarigione *f.*; (*means of healing*) cura *f.*, medicina *f.*, rimedio *m.* (*anche fig*). **3** (*preserving of meat, fish, etc.*) conservazione *f.* **4** (*of rubber*) vulcanizzazione *f.* **5** (*Rel*) cura *f.* **II** *v.t.* **1** curare, guarire, risanare (*of* da); (*of an illness*) curare. **2** (*of meat, fish*) salare, affumicare; (*of tobacco*) conciare; (*of rubber*) vulcanizzare. **III** *v.i.* conservarsi.

cure-all /'kjuərɔːl *Am* 'kjurɔːl/ *n.* panacea *f.*, toccasana *m.*

cureless /'kjuələs *Am* 'kjurləs/ *a.* (*Med*) incurabile.

curer /'kjuərəʳ *Am* 'kjurəʳ/ *n.* **1** (*healer*) guaritore *m.* (*f.* -trice). **2** (*Tecn*) (*of leather*) conciatore *m.*; (*of meat, fish, etc.*) salatore *m.*

curettage /kjuə'retɪdʒ *Am* kju'retɪdʒ/ *n.* (*Chir*) raschiamento *m.*

curette /kjuə'ret *Am* kju'ret/ I *n.* (*Chir*) raschiatoio *m.* **II** *v.t.* (*Chir*) raschiare.

curfew /'kɜːfjuː *Am* 'kɜːrfjuː/ *n.* **1** coprifuoco *m.*: *to raise* (o *to lift*) *the ~* togliere il coprifuoco. **2** (*bell*) segnale *m.* del coprifuoco.

curia /'k(j)uəriə *Am* 'kjuriə/ *n.* (*pl.* **-riae** /-riːz, -riaɪ/) (*Stor.rom,Rel.catt*) curia *f.*

curial /'k(j)uəriəl *Am* 'kjuriəl/ *a.* curiale.

curialism /'k(j)uəriəlɪzm *Am* 'kjuriəlɪzm/ *n.* curialismo *m.*

curie /'kjuəri(:) *Am* 'kjuri/ *n.* (*Fis*) curie *m.* □ *Curie point* punto di Curie.

curio /'kjuəriou *Am* 'kjuriou/ (*pl.* **-s** /-z/) *n.* rarità *f.*, curiosità *f.*, oggetto *m.* raro. □ *~ cabinet* vetrinetta, teca (per oggettini e soprammobili).

curiosity /ˌkjuəri'ɒsɪti *Am* ˌkjuri'ɑːsəti/ *n.* **1** curiosità *f.* **2** (*curious or rare thing*) curiosità *f.*, rarità *f.* □ *out of ~...* toglimi una curiosità...

curious /'kjuəriəs *Am* 'kjuriəs/ *a.* **1** curioso: *I'm ~ to know what happened to him* sono curioso di sapere che cosa gli è accaduto. **2** (*spreg*) (*prying*) curioso, indiscreto, impiccione, ficcanaso: *~ neighbours* vicini impiccioni. **3** (*odd, strange*) curioso, singolare, strano. **4** (*of books*) pornografico, erotico.

curiously /'kjuəriəsli *Am* 'kjuriəsli/ *avv.* **1** curiosamente, con curiosità. **2** (*oddly*) stranamente.

curium /'kjuəriəm *Am* 'kjuriəm/ *n.* (*Chim*) curio *m.*

curl /kɜːl *Am* kɜːrl/ I *v.t.* **1** (*of the hair*) arricciare. **2** (*to coil*) arrotolare, avvolgere a spirale. **3** (*of the mouth, lips*) piegare, torcere, storcere: *to ~ one's lips in contempt* storcere le labbra in segno di disprezzo. **II** *v.i.* **1** (*of the hair*) arricciarsi, essere riccio. **2** (*to twist*) arrotolarsi, avvolgersi a spirale. **3** (*to move in curves*) muoversi a spirale, salire a spirale: *smoke -ed up* il fumo saliva a spirale. **4** (*Sport*) giocare a curling. **III** *n.* **1** (*of hair*) ricciolo *m.*, boccolo *m.*: *to wear -s* portare i capelli ricci. **2** (*coil, spiral*) spira *f.*, voluta *f.* **3** (*curliness*) arricciatura *f.*, arricciamento *m.* **4** (*of the mouth, lips*) piega *f.*, smorfia *f.* **5** (*Agr*) arricciamento *m.*, arrotolamento *m.*; (*puffing*) bollosità *f.* □ *to ~ up* accoccolarsi, raggomitolarsi (*anche fig*).

curler /'kɜːləʳ *Am* 'kɜːrləʳ/ *n.* **1** bigodino *m.*, diavoletto *m.*: *to put one's hair in -s* mettersi i bigodini. **2** (*Sport*) giocatore *m.* (*f.* -trice) di curling.

curlew /'kɜːljuː *Am* 'kɜːrl(j)uː/ *n.* (*Ornit*) chiurlo *m.* maggiore.

curliness /'kɜːlɪnəs *Am* 'kɜːrlɪnəs/ *n.* arricciatura *f.*

curling /'kɜːlɪŋ *Am* 'kɜːrlɪŋ/ *a.* per arricciatura. □ *~ iron* arricciacapelli, ferro per ondulazione; (*Sport*) *~ stone* piastra per giocare a curling; *~ tongs* arricciacapelli, ferro per ondulazione.

curl-paper /'kɜːlpeɪpəʳ *Am* 'kɜːrlpeɪpəʳ/ *n.* bigodino *m.* di carta.

curly /'kɜːli *Am* 'kɜːrli/ *a.* **1** riccio, ricciuto. **2** (*crinkled*) increspato, arricciato.

curmudgeon /kɜː'mʌdʒən *Am* kəʳ'mʌdʒən/ *n.* burbero *m.* (*f.* -a), musone *m.* (*f.* -a).

currach, curragh /'kʌrə *Am* 'kɜːrə/ *n.* (*coracle*) coracle *m.*

currant /'kʌrənt *Am* 'kɜːrənt/ *n.* (*Bot,Alim*) **1** sultanina *f.*, uva *f.* sultanina. **2** ribes *m.*

currency /'kʌrənsi *Am* 'kɜːrənsi/ *n.* **1** (*Econ*) valuta *f.*, divisa *f.*, moneta *f.* corrente, moneta *f.* legale: *gold ~* valuta aurea. **2** (*Econ*) (*paper money*) moneta *f.* cartacea; (*amount in circulation*) circolazione *f.* (monetaria). **3** (*the fact of being current*) circolazione *f.*, corso *m.* **4** (*prevalence*) diffusione *f.*: *to gain ~* diffondersi, avere diffusione; *to give ~ to* diffondere, propagare (una voce, una diceria ecc.). **5** (*time, period*) periodo *m.* di diffusione, durata *f.* di diffusione, vita *f.*: *to have short ~* avere una breve durata, avere vita breve. □ (*Econ*) *~ adjustment* allineamento valutario, conguaglio monetario; (*Econ*) *~ bonds* obbligazioni valutarie; (*Econ*) *~ convertibility* convertibilità della valuta; (*Econ*) *~ doctrine* teoria metallica (della valuta); (*Econ*) *~ exchange* scambio di valuta; (*Econ*) *~ holdings* disponibilità valutaria; (*Econ*) *~ note* biglietto di banca, banconota; (*Econ*) *~ principle* teoria metallica (della valuta); (*Econ*) *~ regulations* disposizioni valutarie; (*Econ*) *~ unit* unità monetaria.

current /'kʌrənt *Am* 'kɜːrənt/ I *a.* **1** corrente, in corso: *the ~ month* il corrente mese. **2** (*present*) attuale, presente, del momento: *the ~ crisis* l'attuale crisi. **3** (*of a publication*) ultimo: *the ~ number* l'ultimo numero. **4** (*Econ*) corrente. **5** (*in vogue*) attuale, di oggi, in voga: *~ fashions* le mode attuali. **6** (*Inform*) corrente. **II** *n.* **1** corrente *f.*, corso *m.* (*anche fig*): *the ~ of events* il corso degli avvenimenti. **2** (*flow*) corrente *f.*: *a ~ of air* una corrente d'aria. **3** (*speed of flow*) velocità *f.*

4 (*El*) corrente *f.*; (*intensity*) intensità *f.* (di corrente). **5** (*fig*) (*trend*) corrente *f.*, tendenza *f.*: *the ~ of political ideas* le correnti politiche. □ *~ account* conto corrente; *~ affairs* attualità; (*Econ*) *~ assets* attività correnti; (*El*) *~ breaker* interruttore; (*Econ*) *~ costs* costi correnti; (*Econ*) *~ exchange rate* cambio del giorno; *~ meter*: 1 (*El*) misuratore di corrente; 2 (*Idr*) correntometro; (*Econ*) *~ money* moneta in corso, moneta corrente; (*Econ*) *~ rate of exchange* cambio del giorno; *in ~ use* di uso corrente: *a word in current ~* una parola di uso corrente.

currently /'kʌrəntli *Am* 'kɜːrəntli/ *avv.* **1** generalmente, comunemente. **2** (*at present*) attualmente, al momento.

curricle /'kʌrɪkl̩ *Am* 'kɜːrɪkl̩/ *n.* calesse *m.* (a due cavalli).

curricular /kə'rɪkjuləʳ/ *a.* di un corso di studi, curricolare.

curriculum /kə'rɪkjuləm/ (*pl.* **-s** /-z/, **-la** /-lə/) *n.* **1** (*Scol,Univ*) programma *m.* di studi, curriculum *m.* di studi. **2** (*particular course*) corso *m.* di studi. □ *~ vitae* curriculum vitae.

currier /'kʌriəʳ *Am* 'kɜːriəʳ/ *n.* **1** (*Pell*) conciatore *m.* (*f.* -trice). **2** (*of a horse*) addetto *m.* (*f.* -a) alla strigliatura.

curriery /'kʌriəri *Am* 'kɜːriəri/ *n.* conceria *f.*

currish /'kʌrɪʃ/ *a.* **1** da cane bastardo. **2** (*fig*) (*snarling*) ringhioso, intrattabile, irascibile. **3** (*fig*) (*contemptible*) spregevole, abietto, ignobile.

currishly /'kʌrɪʃli/ *avv.* volgarmente, spregevolmente.

currishness /'kʌrɪʃnəs/ *n.* spregevolezza *f.*, abiezione *f.*

curry[1] /'kʌri *Am* 'kɜːri/ I *n.* **1** (*Gastron*) curry *m.* **2** (*Gastron*) (*dish*) pietanza *f.* al curry. **3** (*estens*) (*dinner*) cena *f.* indiana. **II** *v.t.* condire con curry, cucinare con curry.

curry[2] /'kʌri *Am* 'kɜːri/ *v.t.* **1** (*of a horse*) strigliare. **2** (*to thrash*) bastonare, (*colloq*) conciare per le feste. **3** (*Pell*) conciare. □ *to ~ favour with so.* accattivarsi (*o* cattivarsi) il favore di qcu., cercare di ingraziarsi qcu.

curry-comb /'kʌrikoum *Am* 'kɜːrikoum/ *n.* striglia *f.*

curry-powder /'kʌriˌpaudəʳ *Am* 'kɜːriˌpaudəʳ/ *n.* (*Gastron*) curry *m.*

curse /kɜːs *Am* kɜːrs/ I *n.* **1** maledizione *f.* **2** (*fig*) calamità *f.*, sventura *f.*, disgrazia *f.*, sciagura *f.*, flagello *m.* (*to* per): *drink was his ~* il vizio del bere era la sua disgrazia. **3** (*Rel*) maledizione *f.*, anatema *m.*, (*Rel.catt*) scomunica *f.* **4** (*oath*) imprecazione *f.*, bestemmia *f.* **II** *v.t.* **1** maledire. **2** (*to swear at*) imprecare, inveire (*at* contro); (*to blaspheme*) bestemmiare. **3** (*Rel*) maledire, (*Rel.catt*) scomunicare. **4** (*fig*) (*to afflict*) affliggere, tormentare. **III** *v.i.* imprecare, bestemmiare. □ *~ it!* maledizione!; (*colloq*) *the ~ of Scotland* (*in cards*) il nove di quadri; (*sl,ant*) *the ~* le mestruazioni; *to be under a ~* essere sotto il peso di una maledizione. *Prov.: -s come home to roost* le maledizioni ricadono sul capo di chi le pronuncia.

cursed /'kɜːsɪd *Am* 'kɜːrsɪd/ *a.* maledetto, dannato (*anche fig*): *this ~ weather* questo maledetto tempo. □ (*fig*) *he is ~ with a violent temper* per sua disgrazia ha un carattere violento.

cursedness /'kɜːsɪdnəs *Am* 'kɜːrsɪdnəs/ *n.* l'essere maledetto, l'essere odioso.

cursive /'kɜːsɪv *Am* 'kɜːrsɪv/ I *a.* (*Tip*) corsivo. **II** *n.* (*Tip,Giorn*) corsivo *m.*

cursor /'kɜːsəʳ *Am* 'kɜːrsəʳ/ *n.* (*Inform,Mecc*) cursore *m.* □ (*Inform*) *~ key* tasto cursore.

cursorial /kɜː'sɔːriəl *Am* kɜːr'sɔːriəl/ *a.* (*Zool*) corridore, atto a correre.

cursoriness /'kɜːsərɪnəs Am 'kɜːrsərɪnəs/ n. rapidità f., superficialità f.

cursory /'kɜːsəri Am 'kɜːrsəri/ a. 1 frettoloso, rapido: a ~ glance at the newspaper una rapida occhiata al giornale, una scorsa al giornale. 2 (superficial) superficiale.

curst /kɜːst Am kɜːrst/ a. (ant) maledetto, dannato (anche fig).

curt /kɜːt Am kɜːrt/ a. (rudely brief) secco, asciutto.

curtail /kɜː'teɪl Am kər'teɪl/ v.t. 1 accorciare, abbreviare, tagliar corto a: to ~ a visit abbreviare una visita. 2 (to reduce) ridurre, diminuire.

curtailment /kɜː'teɪlmənt Am kər'teɪlmənt/ n. abbreviazione f., riduzione f.

curtain /'kɜːtən Am 'kɜːrtən/ I n. 1 tenda f., tendina f.: to draw the ~s tirare le tende. 2 (Teat) sipario m., telone m., tela f.; (at the beginning of a play) alzata f. del sipario; (at the end) calata f. del sipario; (ending, final line) fine f., finale m.: the play has a weak ~ la commedia ha un finale fiacco. 3 (Arch) muro m. secondario. 4 pl. (sl) fine f.sing., morte f.sing. II v.t. mettere tende a, provvedere di tende. III intz. (Teat) sipario! □ the ~ falls cala il sipario; (Teat) ~ is at nine o'clock la rappresentazione inizia alle nove; (ant) ~ lecture ramanzina fatta in privato dalla moglie al marito; to ~ off dividere con una tenda, separare con una tenda; ~ raiser: 1 avanspettacolo; 2 (fig) preludio; the ~ rises si alza il sipario; (Teat) ~ time orario di inizio dello spettacolo; ~ up! su il sipario!

curtain-call /'kɜːtən,kɔːl Am 'kɜːrtən,kɔːl/ n. (Teat) chiamata f. (alla ribalta). □ (Teat) to take a ~ essere chiamato alla ribalta.

curtain-fire /'kɜːtən,faɪə Am 'kɜːrtən,faɪər/ n. (Mil) fuoco m. di sbarramento.

curtain-line /'kɜːtən,laɪn Am 'kɜːrtən,laɪn/ n. (Teat) battuta f. finale.

curtesy /'kɜːtəsi Am 'kɜːrtəsi/ n. (Dir) (of a husband) usufrutto m. vedovile.

curtilage /'kɜːtəlɪdʒ Am 'kɜːrtəlɪdʒ/ n. cortile m.

curtly /'kɜːtli Am 'kɜːrtli/ avv. seccamente, bruscamente.

curtness /'kɜːtnəs Am 'kɜːrtnəs/ n. 1 brevità f. 2 (abruptness) bruschezza f., tono m. brusco, tono m. secco.

curtsey, curtsy /'kɜːtsi Am 'kɜːrtsi/ I n. inchino m., riverenza f. II v.i. inchinarsi, fare la riverenza.

curule /'kjʊəruːl Am 'kjʊruːl/ a. (Stor.rom) curule: ~ chair sedia curule.

curvaceous /kɜː'veɪʃəs Am kɜːr'veɪʃəs/ a. (colloq) formosa, piena di curve, tutta curve, procace.

curvaceously /kɜː'veɪʃəsli Am kɜːr'veɪʃəsli/ avv. (colloq) procacemente, formosamente.

curvaceousness /kɜː'veɪʃəsnəs Am kɜːr'veɪʃəsnəs/ n. formosità f., procacità f.

curvature /'kɜːvətʃə, 'kɜːvətjuə Am 'kɜːrvətʃər/ n. 1 curvatura f., incurvatura f. 2 (Med,Geom,Ott) curvatura f.: ~ of the spine curvatura della spina dorsale.

curve /kɜːv Am kɜːrv/ I n. 1 curva f., svolta f. 2 (Mat,Geom) curva f.; (graph) curva f.: a price ~ una curva dei prezzi. 3 (Am,Sport) (curve ball) tiro m. deviato (anche fig): to throw so. a ~ prendere qcu. in contropiede, cogliere qcu. di sorpresa, spiazzare qcu. 4 pl. (colloq) (of a woman) curve f.pl., rotondità f.pl. II v.i. curvare, fare una curva. III v.t. curvare, piegare. □ ~ chart diagramma.

curved /kɜːvd Am kɜːrvd/ a. curvato, curvo.

curvedness /'kɜːvdnəs Am 'kɜːrvdnəs/ n. l'essere curvo.

curvet /kɜː'vet Am kɜːr'vet/ I n. (Equit) cor-

vetta f. II v.i. (past, p.p. **curvetted/curveted** /kɜː'vetɪd Am kɜːr'vetɪd/) 1 (Equit) corvettare. 2 (to prance) saltellare.

curvilineal /,kɜːvɪ'lɪnɪəl Am ,kɜːrvɪ'lɪnɪəl/ a. curvilineo.

curvilinear /,kɜːvɪ'lɪnɪə Am ,kɜːrvɪ'lɪnɪər/ a. curvilineo.

curvilinearly /,kɜːvɪ'lɪnɪəli Am ,kɜːrvɪ'lɪnɪərli/ avv. in modo curvilineo.

curvy /'kɜːvi Am 'kɜːrvi/ a. 1 curvato, curvo. 2 (colloq) (of a woman) formosa, piena di curve, tutta curve, procace.

cuscus /'kʌskəs/ n. (Zool) cusco m.

cusec /'kjuːsek/ n. piede m. cubo al secondo.

cushat /'kʌʃət/ n. (Ornit) (wood pigeon) colombaccio m.

cushiness /'kʊʃɪnəs/ n. comodità f., facilità f.

cushion /'kʊʃən/ I n. 1 cuscino m. 2 (on a billiard table) sponda f. elastica. 3 (to absorb shocks, etc.) cuscino m., ammortizzatore m.: a ~ of air un cuscino d'aria. 4 (Calz) imbottitura f. II v.t. 1 provvedere di cuscini, imbottire: to ~ a seat imbottire un sedile. 2 (to prop up with a cushion) sostenere con un cuscino. 3 (Mecc) ammortizzare. 4 (fig,Acus) attutire, attenuare, smorzare. 5 (fig) (of complaints, etc.) soffocare, sedare. □ (Am) ~ craft veicolo a cuscino d'aria; to ~ the blow attenuare il colpo (anche fig); (Aut) ~ tyre (o Am ~ tire) pneumatico a cuscino.

cushiony /'kʊʃəni/ a. soffice, morbido.

cushy /'kʊʃi/ a. (colloq) comodo, facile, piacevole, di tutto riposo: a ~ job un lavoro comodo (o di tutto riposo).

cusp /kʌsp/ n. 1 cuspide f., apice m., punta f. 2 (Dent,Biol,Geom,Arch) cuspide f. 3 (Astr) corno m.; (in astrology) cuspide f.

cuspid /'kʌspɪd/ n. (Dent) canino m.

cuspidal /'kʌspɪdəl/ a. cuspidale.

cuspidate /'kʌspɪdeɪt/ a. cuspidato (anche Bot).

cuspidor /'kʌspɪdɔː/ n. (Am) sputacchiera f.

cuss /kʌs/ I n. (Am) 1 (colloq) maledizione f.; (oath) imprecazione f., bestemmia f. 2 (fellow) individuo m., tipo m. (f. -a). II v.t. (Am) maledire, imprecare contro. III v.i. (Am) imprecare, bestemmiare.

cussedness /'kʌsɪdnəs/ n. (colloq) testardaggine f., caparbietà f.

custard /'kʌstəd Am 'kʌstərd/ n. (Gastron) crema f. (pasticcera), budino m. di crema. □ (Bot) ~ apple (mela) anona.

custard-pie /'kʌstəd,paɪ Am 'kʌstərd,paɪ/ a. grossolano, dozzinale.

custodial /kʌs'toʊdɪəl/ a. relativo a custodia, di custodia, di custode: ~ sentence pena detentiva.

custodian /kʌs'toʊdɪən/ n. 1 custode m./f., guardiano m. (f. -a). 2 (janitor) portiere m. (f. -a), custode m./f.

custodianship /kʌs'toʊdɪənʃɪp/ n. funzione f. di custode.

custody /'kʌstədi/ n. 1 custodia f., vigilanza f., cura f. 2 (Dir) custodia f.; (imprisonment) custodia f.: to be held in ~ essere tenuto sotto custodia. 3 (Dir) (of children) custodia f., tutela f.

custom /'kʌstəm/ I n. 1 costume m., abitudine f., consuetudine f., usanza f.: as was his ~ com'era sua abitudine; every people has its ~s ogni popolo ha i suoi costumi. 2 (conventions) convenzioni f.pl., convenienze f.pl. sociali. 3 (Dir) consuetudine f. 4 (Comm) clientela f. 5 pl. (costr.sing. o pl.) (duties) dogana f.sing., diritti m.pl. doganali, dazi m.pl. doganali; (costr.sing.) (department) dogana f.sing. II a. (Am) su ordinazione, su misura: a ~ tailor un sarto che lavora su ordinazione. □

-s agent agente doganale; Customs and Excise Authority ufficio dazio e dogane; -s and excise duties dazi doganali e di consumo; -s broker agente doganale; -s charges spese di dogana; -s clearance sdoganamento, svincolo doganale; -s collector esattore delle dogane; -s duty dazio doganale; -s entry certificate bollettino doganale; -s examination visita doganale, controllo doganale; ~ file schedario clienti; -s house dogana, ufficio doganale; -s station posto di dogana; -s tariff tariffa doganale; to pass through -s passare la dogana; -s union unione doganale; -s warehouse deposito doganale.

customable /'kʌstəməbl/ a. soggetto a dogana.

customarily /,kʌstə'merɪli/ avv. usualmente, abitualmente.

customariness /'kʌstəmərɪnəs Am 'kʌstəmerɪnəs/ n. consuetudine f., abitudine f.

customary /'kʌstəməri Am 'kʌstəmeri/ I a. 1 consueto, ordinario, usuale, abituale. 2 (usual) usuale, solito: at the ~ time all'ora solita. 3 (Dir) consuetudinario. II n. (Dir) codice m. di leggi fondate sul diritto consuetudinario. □ as is ~ secondo l'usanza; (Dir) ~ clause clausola d'uso; (Dir) ~ law diritto consuetudinario.

custom-built /'kʌstəm,bɪlt/ a. fatto su ordinazione, fatto su misura, (Aut) fuoriserie. □ (Aut) ~ car fuoriserie, auto fuoriserie.

customer /'kʌstəmər/ n. 1 cliente m./f. 2 (colloq) tipo m. (f. -a), individuo m. □ ~ base base clienti; ~'s number codice cliente.

customize /'kʌstəmaɪz/ v.t. produrre secondo le esigenze del cliente, personalizzare, customizzare.

custom-made /'kʌstəm,meɪd/ a. fatto su ordinazione, fatto su misura.

custom-tailored /'kʌstəm,teɪləd Am 'kʌstəm,teɪlərd/ a. fatto su misura (anche fig).

cut[1] /kʌt/ (past, p.p. **cut**) I v.t. 1 tagliare, ferire: to ~ one's hand tagliarsi una mano. 2 (to sever) tagliare: to ~ a slice of bread tagliare una fetta di pane. 3 (to trim) tagliare, accorciare: to have one's hair ~ farsi tagliare i capelli. 4 (to fell, hew) tagliare, spaccare: to ~ timber spaccar legna. 5 (to mow, reap) falciare, mietere: to ~ the grass falciare l'erba. 6 (to intersect) tagliare, intersecare, incrociare. 7 (to strike sharply) colpire forte, colpire a sangue. 8 (fig) (to hurt the feelings of) ferire, urtare. 9 (fig) (to abridge) tagliare, abbreviare: to ~ a speech abbreviare un discorso. 10 (fig) (to reduce) ridurre, diminuire: to ~ prices ridurre i prezzi. 11 (to make or to shape by cutting) tagliare; (of a statue) scolpire, intagliare; (of a jewel) tagliare; (of a key) fare. 12 (to dilute) diluire, annacquare; (of wine) tagliare. 13 (colloq) (to cease) smettere. 14 (fig) (to refuse to recognize) fare finta di non riconoscere, fare finta di non vedere. 15 (colloq) (to absent oneself from) non partecipare a, assentarsi da; (of school) marinare. 16 (colloq) (to split) dividere, spartire: the thieves ~ the booty i ladri si spartirono il bottino. 17 (of an engine: to stop) fermare. 18 (of a pack of cards) tagliare; (of a card) pescare. 19 (to record) registrare, incidere; (to make a recording of) fare una registrazione di. 20 (Inform) tagliare. 21 (Legat) (of book edges) rifilare; (of pages) tagliare. 22 (Cin) (to edit) montare; (to finish photographing) tagliare; (to censor) tagliare. 23 (Sport) (of a ball) tagliare. II v.i. 1 tagliare: this knife doesn't ~ questo coltello non taglia. 2 (that can be cut) tagliarsi: butter -s easily il burro si taglia facilmente. 3 (to take a short cut) tagliare: let's ~ through the fields tagliamo per i campi. **4** (*colloq*) (*to leave quickly*) scappare, filare, tagliare la corda. **5** (*to make a stroke*) colpire (*at so.* qcu.): *to ~ at so. with a sword* colpire qcu. con una spada. **6** (*fig*) (*to wound feelings*) colpire, ferire. **7** (*of cards*) tagliare, alzare: *to ~ for dealer* tagliare per decidere chi fa carte. **8** (*of teeth*) spuntare. **9** (*Cin*) (*to cease photographing*) tagliare. □ (*fig*) *to ~ a dash* fare un figurone, fare una bella figura, fare una gran bella figura; *to ~ across*: 1 (*to transcend*) trascendere, superare, oltrepassare; 2 (*to be the concern of*) interessare, riguardare; *to ~ after so.* correre dietro a qcu.; (*Inform*) *~ and paste* taglia e incolla; (*colloq*) *to ~ and run* tagliare la corda; (*fig*) *to ~ at sth.* (s)troncare qcs., porre fine a qcs.; *to ~ away*: 1 tagliare, troncare, recidere: *to ~ away dead wood from a tree* tagliare i rami secchi da un albero; 2 (*colloq*) (*to run away*) svignarsela, filarsela, tagliare la corda; *to ~ back*: 1 (*to shorten, to prune*) potare, cimare, sfrondare, spuntare; 2 (*fig*) (*to reduce*) ridurre, diminuire, contrarre: *to ~ back on expenses* ridurre le spese; 3 (*of a plot, etc.*) tornare indietro, rifarsi, ritornare; 4 (*Sport*) colpire di taglio; (*fig*) *to ~ both ways* essere a doppio taglio, avere lati positivi e negativi; (*Scol,colloq*) *to ~ classes* marinare la scuola; (*fig*) *to ~ so.'s claws* tagliare gli artigli a qcu., rendere qcu. innocuo; *to ~ corners*: 1 prendere una scorciatoia; 2 (*fig*) risparmiare, fare economia; (*Br,fig*) *to ~ so. dead* fingere di non conoscere qcu., fingere di non vedere qcu.; *to ~ down*: 1 tagliare, abbattere: *to ~ down a tree* abbattere un albero; 2 (*fig*) (*to curtail*) ridurre, diminuire, contrarre; 3 (*to strike down, to destroy*) sgominare, sbaragliare; 4 (*to incapacitate by disease, etc.*) inabilitare, rendere inabile; 5 (*to kill*) uccidere, stroncare; 6 (*fig*) (*to mock*) burlare, canzonare, deridere; *to ~ a fine figure* fare buona figura, fare bella figura, far figura; *to ~ a sorry figure* (o *to ~ a poor figure*) fare cattiva figura, fare brutta figura, (*ant*) fare una figura barbina; *to cut quite a figure* fare un figurone; *to ~ in*: 1 (*Aut*) tagliare la strada (dopo un sorpasso) (*on* a); 2 (*to interpose*) intervenire, intromettersi, frapporsi (*on* in): *to ~ in on a conversation* intervenire in una conversazione; 3 (*Tecn*) inserirsi automaticamente; 4 (*El*) inserire, collegare; *to ~ sth. in half* tagliare qcs. in due, dimezzare qcs.; (*fig*) *to ~ into*: 1 (*to interrupt*) interrompere; 2 (*to diminish*) intaccare; *to ~ it*: 1 (*to fail to impress*) lasciare indifferente (*with so.* qcu.), non far presa (su), non avere influenza, non avere peso, fare poco effetto; 2 (*to have no success*) non aver successo; (*colloq*) *to ~ it close* farcela per un soffio, farcela per un pelo; (*colloq*) *to ~ it fine* farcela per un pelo; (*fig*) *to ~ loose from one's family* rendersi indipendente dalla propria famiglia; *to ~ one's losses* rinunciare in tempo a un cattivo affare; *to ~ off*: 1 (*to sever*) tagliare, mozzare, troncare; 2 (*to intercept*) tagliare (fuori): *to ~ off the enemy* tagliar fuori il nemico; 3 (*to turn off*) spegnere, fermare: *to ~ off the engine* spegnere il motore; (*fig*) *to ~ so. off without a shilling* diseredare qcu.; *to ~ sth. open* spaccare qcs.; *to ~ out*: 1 ritagliare: *to ~ out an article from a newspaper* ritagliare un articolo da un giornale; 2 (*fig*) (*to omit*) eliminare, togliere; 3 (*colloq*) (*to supplant*) soppiantare, prendere il posto di; 4 (*colloq*) (*to desist from*) smettere, cessare, rinunciare a: *to ~ out drinking* smettere di bere; *to ~ out the comedy* smetterla di fare il buffone; (*colloq*) *~ it out!* smettila!, finiscila!, piantala!; 5 (*Tecn*) spegnere, disinnesta-

re, staccare; 6 (*colloq*) (*to leave hastily*) scappare, (*colloq*) svignarsela; 7 (*to make or shape by cutting*) tagliare: *to ~ out a dress* tagliare un abito; *to ~ one's teeth*: 1 mettere i denti; 2 (*fig*) imparare a fare qcs., farsi le ossa; (*Br,fig*) *to ~ the ground from under so.* (*'s feet*) togliere a qcu. il terreno sotto i piedi; (*Sport*) *to ~ the record* battere il primato; *to ~ to pieces*: 1 fare a pezzi; 2 (*fig*) (*to destroy*) annientare, distruggere; (*fig*) *the wind ~ me to the bone* il vento mi penetrava fino all'osso; (*fig*) *to be ~ to the quick* essere ferito nel profondo del cuore; *to ~ two ways* avere lati positivi e negativi, essere a doppio taglio; *to ~ up*: 1 (*to cut into pieces*) tagliare, affettare, tagliare a pezzi, fare a pezzi; 2 (*to destroy*) distruggere, annientare, fare a pezzi; 3 (*fig*) (*to distress*) addolorare, affliggere; 4 (*fig*) (*to criticize*) criticare, stroncare; 5 (*colloq*) (*to joke around*) divertirsi, scherzare; 6 (*colloq*) (*to laugh*) ridere; (*colloq*) *to ~ up fat* morire lasciando un sacco di soldi; (*Br,colloq*) *to ~ up rough* infuriarsi, dare in escandescenze, montare in collera; *the tension was so thick, you could ~ it with a knife* la tensione era così alta che si poteva tagliare con un coltello.

cut² /kʌt/ **I** *n*. **1** taglio *m.* (*anche fig*): *a clean ~* un taglio netto; *to make -s in a film* fare tagli in un film. **2** (*stroke of a weapon*) colpo *m.*, fendente *m.*; (*of a whip*) sferzata *f.*, frustata *f.* **3** (*fig*) (*reduction*) riduzione *f.*, diminuzione *f.*, taglio *m.*: *a ~ in salary* una riduzione di stipendio. **4** (*piece cut off*) taglio *m.*, fetta *f.*, pezzo *m.*, pezza *f.*: *a ~ of cloth* un taglio di stoffa. **5** (*colloq*) (*share*) parte *f.*, quota *f.* (*of*, in di, in): *his ~ was 20%* la sua quota era del 20%. **6** (*fig*) (*act, speech that wounds*) offesa *f.*, affronto *m.* **7** (*colloq*) (*act of refusing to recognize*) il non voler riconoscere, il non voler vedere. **8** (*fig*) (*kind*) tipo *m.*, stampo *m.*: *a man of a different ~* un uomo di stampo diverso. **9** (*Macell*) taglio *m.*: *prime -s* tagli di prima scelta. **10** (*Sart*) taglio *m.*: *the ~ of a suit* il taglio di un abito. **11** (*Tip*) zinco *m.*, matrice *f.*; (*print*) illustrazione *f.*, vignetta *f.* **12** (*Sport*) colpo *m.* secco, colpo *m.* tagliato, colpo *m.* di taglio. **13** (*in cards*) taglio *m.*, alzata *f.* **14** (*canal, channel*) canale *m.*; (*passage cut*) trincea *f.*, scavo *m.*, galleria *f.* **15** (*in drawing lots*) sorteggio *m.* **16** (*Cin*) (*editing*) montaggio *m.* **17** (*El*) interruzione *f.* **18** *pl.* (*Am,Abbigl*) shorts *m.pl.* di jeans. **II** *a.* **1** tagliato. **2** (*of flowers*) reciso. **3** (*fig*) (*reduced*) ridotto: *~ prices* prezzi ridotti. **4** (*of tobacco*) trinciato. **5** (*Zootecn*) castrato. **III** *intz.* (*Cin*) alt! □ (*colloq*) *to be a ~ above so.* essere superiore a qcu.; (*Br*) *~ and come again cake* torta che deve durare molti giorni; (*fig*) *~ and dry*: 1 (*clearly understood*) chiarissimo; 2 (*finished*) bell'e finito; *~ and thrust*: 1 colpo di taglio e di punta; 2 (*fig*) lotta senza esclusione di colpi; *~ glass* vetro tagliato; (*colloq*) *the ~ of one's jib*: 1 l'aspetto esteriore; 2 (*one's manner of dressing*) il modo di vestire; (*colloq*) *he is not ~ out for this job* non è tagliato per questo lavoro; (*Comm*) *~ price* prezzo ridotto.

cutaneous /kjuːˈteɪnɪəs/ *a.* (*Anat,Med*) cutaneo. □ (*Med*) *~ anthrax* antrace cutaneo.

cutaway /ˈkʌtəweɪ Am ˈkʌtəweɪ/ **I** *a.* **1** (*Sart*) a coda di rondine. **2** (*of a drawing, etc.*) in sezione, spaccato. **II** *n.* **1** (*Sart*) (*cutaway coat*) giacca *f.* a coda di rondine. **2** (*of a picture, etc.*) spaccato *m.*

cut-back /ˈkʌtbæk/ *n.* **1** riduzione *f.*, diminuzione *f.*, contrazione *f.*: *a ~ in production* una diminuzione della produzione. **2** (*in a story, film, etc.*) salto *m.* indietro, passo *m.* indietro.

3 (*Sport*) rovesciata *f.*

cute /kjuːt/ *a.* **1** (*Am*) (*pretty*) carino, grazioso. **2** (*Br,colloq*) svelto, acuto, sveglio.

cuteness /ˈkjuːtnəs/ *n.* (*Am*) (*prettiness*) l'essere carino, l'essere grazioso.

cutey /ˈkjuːtɪ/ *n.* (*Am,colloq*) persona *f.* carina, persona *f.* graziosa.

cuticle /ˈkjuːtɪkl Am ˈkjuːtəkl/ *n.* **1** (*Anat*) cuticola *f.*; (*of the nails*) cuticola *f.*, pellicina *f.* **2** (*Biol*) cuticola *f.*, pellicola *f.*

cuticular /kjuːˈtɪkjʊlər/ *a.* cuticolare.

cutie /ˈkjuːtɪ/ *n.* (*Am,colloq*) persona *f.* carina, persona *f.* graziosa.

cut-in /ˈkʌtɪn Am ˈkʌtɪn/ *n.* **1** (*Cin,TV*) scena *f.* di collegamento, inserto *m.* **2** (*Rad,TV*) inserto *m.* **3** (*colloq*) (*share*) compartecipazione *f.* **4** (*Tip*) fotografia *f.* (inserita nel corpo di un articolo).

cutis /ˈkjuːtɪs Am ˈkjuːtɪs/ (*pl.* **-tises** /-tɪsɪz/, **-tes** /-tiːz/) *n.* (*Anat*) cute *f.*

cutlass /ˈkʌtləs/ *n.* coltellaccio *m.* (da marinaio).

cutler /ˈkʌtlər/ *n.* coltellinaio *m.*

cutlery /ˈkʌtlərɪ/ *n.* **1** coltellame *m.*, coltelleria *f.* **2** (*trade*) mestiere *m.* del coltellinaio.

cutlet /ˈkʌtlɪt/ *n.* (*Gastron*) **1** costoletta *f.*, cotoletta *f.*: *veal ~* cotoletta di vitello. **2** (*croquette*) crocchetta *f.*

cut-off /ˈkʌtɔːf Am ˈkʌtɔːf/ *n.* **1** taglio *m.*, mozzatura *f.* **2** (*short cut*) scorciatoia *f.* **3** (*of a river*) scorciatoia *f.*, braccio *m.* diretto. **4** (*Mecc*) otturatore *m.*, chiusura *f.* dell'ammissione. **5** (*Tip*) linea *f.* di separazione. **6** (*Arm*) leva *f.* di arresto, sicura *f.* □ *~ point must be 5 o' clock* dobbiamo finire assolutamente entro le 5; *that's the ~ point* e qui dobbiamo chiudere.

cut-out /ˈkʌtaʊt Am ˈkʌtaʊt/ *n.* **1** ritaglio *m.* **2** (*in advertising*) parte *f.* da ritagliare. **3** (*El*) salvavita *m.* **4** (*Mecc*) valvola *f.* di scappamento libero.

cutpurse /ˈkʌtpɜːs Am ˈkʌtpɜːrs/ *n.* (*ant*) ladro *m.* (*f.* -a), tagliaborse *m./f.*

cut-rate /ˈkʌtreɪt/ *a.* (*Comm*) a prezzo ridotto, a tariffa ridotta.

cutter /ˈkʌtər Am ˈkʌtər/ *n.* **1** tagliatore *m.* (*f.* -trice). **2** (*Mar*) cutter *m.*; (*warship's boat*) lancia *f.* armata; (*ship's boat*) canotto *m.*, lancia *f.* di bordo. **3** (*Am,Mar*) nave *f.* guardacoste. **4** (*Cin*) montatore *m.* **5** (*Am*) (*sleigh*) slitta *f.* leggera. **6** (*Edil*) tagliapietre *m.* **7** (*Cart*) taglierina *f.*, trancia *f.*

cut-throat /ˈkʌtθrəʊt/ **I** *n.* **1** assassino *m.* (*f.* -a); (*hired killer*) sicario *m.* **2** (*in card games*) gioco *m.* senza coppie, gioco *m.* senza compagni. **II** *a.* **1** assassino, omicida. **2** (*fig*) (*merciless*) spietato, accanito, feroce: *~ competition* concorrenza spietata. □ *~ bridge* bridge a tre; (*Br*) *~ razor* rasoio (da barbiere).

cutting /ˈkʌtɪŋ Am ˈkʌtɪŋ/ **I** *n.* **1** taglio *m.*, incisione *f.* **2** (*thing cut off*) pezzo *m.*; (*from a newspaper*) ritaglio *m.* **3** (*fig*) (*reduction*) riduzione *f.*, diminuzione *f.* **4** (*excavation*) trincea *f.*, scavo *m.*: *a railway ~* una trincea ferroviaria. **5** (*Agr*) talea *f.* **6** (*Tess*) cimatura *f.* **7** (*Cin*) montaggio *m.* **8** (*Min*) trincea *f.* **II** *a.* **1** tagliente, affilato. **2** (*fig*) (*wounding*) tagliente, sferzante, pungente: *a ~ remark* un'osservazione tagliente. **3** (*fig*) (*of wind*) tagliente. □ (*Mil*) *~ and thrusting weapons* armi bianche; (*Sport*) *~ blow* polsino; *board* tagliere; *~ edge* (*of a blade, tool*) filo, taglio; (*fig*) *to be on the ~ edge* essere all'ultima moda, essere all'avanguardia; *~ machine* tagliatrice; *~ off machine* troncatrice; *~ pliers* pinze universali; (*Cin*) *~ room* sala di montaggio; *~ tool* utensile da taglio.

cuttle /ˈkʌtl Am ˈkʌtl/ *n.* (*Itt*) seppia *f.* □ *~ bone* osso di seppia; (*Itt*) *~ fish* seppia.

cutty /'kʌti Am 'kʌti/ I a. 1 corto, scorciato. 2 (*irritable*) nervoso, irritabile. II n. 1 cucchiaio m. corto. 2 (*short pipe*) pipa f. corta.

cutwater /'kʌt,wɔːtər Am 'kʌt,wɔːt̬ər/ n. 1 (*Mar*) tagliamare m. 2 (*Idr*) (*of a bridge pier*) sperone m., frangicorrente m.

cutwork /'kʌtwɜːk Am 'kʌtwɜːrk/ n. (*embroidery*) intaglio m.

cutworm /'kʌtwɜːm Am 'kʌtwɜːrm/ n. (*Entom*) agrotide f.

CV /ˌsiːˈviː/ 1 (*Br*) *Curriculum Vitae* CV (curriculum, curriculum vitae). 2 *Capo Verde* CV (Capo Verde).

CVO (*GB*) *Commander of the Royal Victorian Order* (comandante del reale ordine vittoriano).

CVS (*Med*) *Chorionic-Villus Sampling* CVS (villocentesi).

cwt. *hundredweight* (pari a 37,2 kg *GB* o a 45,4 kg *US*).

CY *Cyprus* CY (Cipro).

cyan /'saɪən, 'saɪæn/ n. ciano m., azzurro m.

cyanamid /saɪˈænəmɪd/ n. (*Chim*) cianamide f., cianammide f.

cyanamide /saɪˈænəmaɪd Am also saɪˈænəməd/ n. (*Chim*) cianamide f., cianammide f.

cyanate /'saɪəneɪt/ n. (*Chim*) cianato m.

cyanic /saɪˈænɪk/ a. (*Chim*) cianico.

cyanide /'saɪənaɪd/ I n. (*Chim*) cianuro m. II v.t. (*Chim*) cianurare.

cyanopathy /ˌsaɪəˈnɒpəθi Am ˌsaɪəˈnɑːpəθi/ n. (*Med*) cianosi f.

cyanosis /ˌsaɪəˈnoʊsɪs/ (*pl.* -ses /-siːz/) n. (*Med*) cianosi f.

cyanotic /ˌsaɪəˈnɒtɪk Am ˌsaɪəˈnɑːt̬ɪk/ a. (*Med*) cianotico.

Cybele /'sɪbəli, sɪˈbiːli/ n.pr.f. (*Mitol*) Cibele.

cybernation /ˌsaɪbəˈneɪʃən Am ˌsaɪbərˈneɪʃən/ n. processo m. di cibernetizzazione.

cybernetic /ˌsaɪbəˈnetɪk Am ˌsaɪbərˈnet̬ɪk/ a. cibernetico: ~ *art* arte cibernetica.

cybernetician /ˌsaɪbənəˈtɪʃən Am ˌsaɪbərnəˈtɪʃən/ n. esperto m. (f. -a) di cibernetica.

cyberneticist /ˌsaɪbəˈnetɪsɪst Am ˌsaɪbərˈnetɪsɪst/ n. esperto m. (f. -a) di cibernetica.

cybernetics /ˌsaɪbəˈnetɪks Am ˌsaɪbərˈnet̬ɪks/ n.pl. (*costr.sing. o pl.*) cibernetica f.sing.

cyberphobe /'saɪbəfoʊb Am 'saɪbərfoʊb/ n. cyberfobico m. (f. -a).

cyberphobia /ˌsaɪbəˈfoʊbiə Am ˌsaɪbərˈfoʊbiə/ n. fobia f. per la cibernetica.

cyberphobic /ˌsaɪbəˈfoʊbɪk Am ˌsaɪbərˈfoʊbɪk/ n. chi ha la fobia per la cibernetica.

cyberpunk /'saɪbəpʌŋk Am 'saɪbərpʌŋk/ n. 1 (*Lett*) cyberpunk m. 2 (*person*) cyberpunk m./f.

cyberspace /'saɪbəspeɪs Am 'saɪbərspeɪs/ n. (*Inform*) ciberspazio m.

cyborg /'saɪbɔːg Am 'saɪbɔːrg/ n. cyborg m.

cycad /'saɪkæd, 'saɪkəd/ n. (*Bot*) cicadacea f.

Cyclades /'sɪklədiːz/ n.pr. (*Geog*) Cicladi f.pl.

cyclamen /'saɪkləmən Br also 'sɪkləmen/ n. 1 (*Bot*) ciclamino m. 2 (*colour*) ciclamino m.

cycle /'saɪkl/ I n. 1 ciclo m. (anche Fis,Biol, Astr): the ~ *of the seasons* il ciclo delle stagioni. 2 (*Lett,Teat*) ciclo m., serie f. 3 (*bicycle*) bicicletta f.; (*tricycle*) triciclo m. 4 (*El*) ciclo m., periodo m. II v.i. 1 andare in bicicletta. 2 (*to pass through a cycle*) superare un ciclo. 3 (*to recur in cycles*) ricorrere periodicamente, avere un andamento ciclico. □ ~ *courier* fattorino in bicicletta; ~ *race* gara ciclistica; ~ *shop* negozio di biciclette; (*Sport*) ~ *track* velodromo.

cycle-car /'saɪklkɑːr Am 'saɪklkɑːr/ n. motofurgone m.

cycler /'saɪklər/ n. ciclista m./f.

cyclic /'s(a)ɪklɪk/ a. ciclico (anche Chim).

cyclical /'s(a)ɪklɪkəl/ a. ciclico, periodico. □ ~*policy* politica congiunturale, provvedimenti congiunturali; (*Econ*) ~ *stocks* titoli ciclici.

cycling /'saɪklɪŋ/ n. ciclismo m. □ ~*tourist* cicloturista.

cyclist /'saɪklɪst/ n. ciclista m./f.

cyclograph /'saɪkloʊɡrɑːf Am 'saɪkləɡræf/ n. (*Tecn*) ciclografo m.

cycloid /'saɪklɔɪd/ I a. circolare, cicloidale. II n. 1 (*Itt*) pesce m. cicloide. 2 (*Geom*) cicloide f.

cycloidal /saɪˈklɔɪdəl/ a. cicloidale.

cyclometer /saɪˈklɒmɪtər Am saɪˈklɑːmət̬ər/ n. 1 (*Mat*) misuratore m. di archi di cerchio. 2 (*Tecn*) odometro m.

cyclone /'saɪkloʊn/ n. 1 (*Meteor*) ciclone m. 2 (*pop*) (*tornado*) ciclone m., uragano m. □ ~ *cellar* rifugio anticiclone.

cyclonic /saɪˈklɒnɪk Am saɪˈklɑːnɪk/ a. ciclonico.

cyclonical /saɪˈklɒnɪkəl Am saɪˈklɑːnɪkəl/ a. ciclonico.

cyclopean /ˌsaɪkloʊˈpiːən, saɪˈkloʊpiən/ a. 1 (*fig*) ciclopico, gigantesco, colossale. 2 (*Archeol*) ciclopico.

Cyclopean /ˌsaɪkloʊˈpiːən, saɪˈkloʊpiən/ a. (*Mitol*) ciclopico.

cyclopedia /ˌsaɪkloʊˈpiːdiə/ n. (*ant*) enciclopedia f.

Cyclops /'saɪklɒps Am 'saɪklɑːps/ (*pl.* Cyclopes /saɪˈkloʊpiːz/) n. (*Mitol*) ciclope m.

cyclorama /ˌsaɪkləˈrɑːmə Am also ˌsaɪkloʊˈræmə/ n. 1 panorama m. circolare. 2 (*Teat*) fondale m. curvo.

cyclosporin /ˌsaɪkloʊˈspɔːrɪn/ n. (*Farm*) ciclosporina f.

cyclostyle /'saɪkloʊstaɪl/ I n. ciclostile m. II v.t. ciclostilare.

cyclotron /'saɪkloʊtrɒn Am 'saɪklətrɑːn/ n. (*Nucl*) ciclotrone m.

cyder /'saɪdər/ n. (*cider*) sidro m.

cygnet /'sɪɡnɪt/ n. (*Ornit*) giovane cigno m.

cylinder /'sɪlɪndər/ n. 1 (*Geom,Mecc*) cilindro m. 2 (*of a revolver*) tamburo m. 3 (*Tip*) rullo m., cilindro m. 4 (*gas container*) bombola f. □ (*Am,colloq*) *to run on all -s*: 1 (*to feel well*) sentirsi bene, essere in forma: *I'm not running on all -s today* non sono molto in forma oggi; 2 (*to work perfectly*) funzionare perfettamente; (*Aut*) ~ *barrel* pareti del cilindro, canna del cilindro; (*Mot*) ~ *block* blocco cilindri, monoblocco; (*Mot*) ~ *head* testata, testa cilindri; (*Tip*) ~ *press* rotativa.

cylindered /'sɪlɪndəd Am 'sɪlɪndərd/ a. (*Tecn*) (*in compounds*) a... cilindri: *a six-~ engine* un motore a sei cilindri.

cylindric /sɪˈlɪndrɪk/ a. cilindrico.

cylindrical /sɪˈlɪndrɪkəl/ a. cilindrico.

cylindrically /sɪˈlɪndrɪkəli/ avv. cilindricamente.

cylindroid /'sɪlɪndrɔɪd, sɪˈlɪndrɔɪd/ n. (*Mat*) cilindroide m.

cyma /'saɪmə/ (*pl.* -s /-z/, -mae /-miː/) n. (*Arch*) gola f., onda f.

cymar /sɪˈmɑːr Am sɪˈmɑːr/ n. (*Stor*) zimarra f.

cymbal /'sɪmbəl/ n. (*Mus*) cembalo m., piatto m.

cymbalist /'sɪmbəlɪst/ n. suonatore m. (f. -trice) di piatti.

cyme /saɪm/ n. (*Bot*) racemo m., cima f.

cymose /'saɪmoʊs/ a. cimoso.

Cymric /'kɪmrɪk Br also 'kʌmrɪk/ I a. (*Etnol*) cimrico. II n. (*language*) cimrico m.

cynic /'sɪnɪk/ I n. cinico m. (f. -a). II a. cinico.

cynical /'sɪnɪkəl/ a. 1 cinico. 2 (*sneering*) beffardo, sprezzante.

cynically /'sɪnɪkəli/ avv. cinicamente.

cynicism /'sɪnɪsɪzəm/ n. 1 cinismo m. 2 (*remark*) osservazione f. cinica.

Cynicism /'sɪnɪsɪzəm/ n. (*Filos*) cinismo m.

cynocephalus /ˌsaɪnoʊˈsefələs, ˌsaɪnoʊˈkefələs/ (*pl.* -li /-laɪ/) n. (*Mitol*) cinocefalo m.

cynosure /'s(a)ɪnəsjʊər, 's(a)ɪnəˌʃʊər Am 's(a)ɪnəʃʊr/ n. centro m. dell'attenzione.

Cynosure /'s(a)ɪnəsjʊər, 's(a)ɪnəˌʃʊər Am 's(a)ɪnəʃʊr/ n.pr. (*Astr*) 1 (*Ursa Minor*) Orsa f. minore. 2 (*North Star*) stella f. polare.

Cynthia /'sɪnθiə/ I n.pr.f. Cinzia. II n. (*poet*) luna f.

cypher /'saɪfər/ I n. cifra f. II v.t. cifrare. III v.i. scrivere in cifra.

cypherpunk /'saɪfəpʌŋk Am 'saɪfərpʌŋk/ n. cypherpunk m./f.

cypress /'saɪprəs/ n. (*Bot*) cipresso m.

Cyprian /'sɪpriən/ I a. 1 cipriota. 2 (*fig*) (*lewd*) licenzioso, dissoluto, lascivo. II n. 1 (*Cypriot*) cipriota m./f. 2 (*fig*) (*lewd person*) persona f. licenziosa; (*prostitute*) prostituta f.

cyprinid /'sɪprɪnɪd/ I a. (*Itt*) dei ciprinidi. II n. (*Itt*) ciprinide m.

cyprinoid /'sɪprɪnɔɪd, sɪˈpraɪnɔɪd/ I a. (*Itt*) dei ciprinoidi. II n. (*Itt*) ciprinoide m.

Cypriot /'sɪpriət/ I n. 1 cipriota m./f. 2 (*dialect*) cipriota m. II a. cipriota.

Cypriote /'sɪpriout/ I n. 1 cipriota m./f. 2 (*dialect*) cipriota m. II a. cipriota.

Cyprus /'saɪprəs/ n.pr. (*Geog*) Cipro f.

Cyrenaic /ˌsaɪ(ə)rɪˈneɪɪk Am ˌsaɪrɪˈneɪɪk/ I a. cirenaico. II n. cirenaico m. (f. -a).

Cyril /'sɪrɪl/ n.pr.m. Cirillo.

Cyrillic /səˈrɪlɪk/ I a. cirillico. II n. alfabeto m. cirillico.

Cyrus /'saɪ(ə)rəs Am 'saɪrəs/ n.pr.m. Ciro.

cyst /sɪst/ n. (*Med,Biol*) cisti f., ciste f.

cystectomy /sɪsˈtektəmi/ n. (*Med*) cistectomia f.

cystic /'sɪstɪk/ a. cistico. □ (*Anat*) ~ *duct* dotto cistico; (*Med*) ~ *fibrosis* fibrosi cistica.

cystitis /sɪˈstaɪtɪs Am sɪˈstaɪt̬ɪs/ (*pl.* -tides /-tɪdiːz/) n. (*Med*) cistite f.

cystography /sɪsˈtɒɡrəfi Am sɪsˈtɑːɡrəfi/ n. (*Rad*) cistografia f.

cystoid /'sɪstɔɪd/ I a. cistoide. II n. (*Med*) massa f. cistoidea.

cystoscope /'sɪstəskoʊp/ n. (*Med*) cistoscopio m.

cystoscopic /ˌsɪstəˈskɒpɪk Am ˌsɪstəˈskɑːpɪk/ a. (*Med*) cistoscopico.

cystotomy /sɪsˈtɒtəmi Am sɪsˈtɑːtəmi/ n. (*Chir*) cistotomia f.

Cytherea /ˌsɪθəˈriːə/ n.pr.f. (*Mitol*) Citerea, Venere citerea.

cytodiagnostics /ˌsaɪtoʊˌdaɪəɡˈnɒstɪks Am ˌsaɪtoʊˌdaɪəɡˈnɑːstɪks/ n. (*Med*) citodiagnostica f.

cytogenetic /ˌsaɪtoʊdʒəˈnetɪk Am ˌsaɪtoʊdʒəˈnet̬ɪk/ a. citogenetico.

cytogenetical /ˌsaɪtoʊdʒəˈnetɪkəl Am ˌsaɪtoʊdʒəˈnet̬ɪkəl/ a. citogenetico.

cytogenetics /ˌsaɪtoʊdʒəˈnetɪks Am ˌsaɪtoʊdʒəˈnet̬ɪks/ n.pl. (*costr.sing.*) citogenetica f.sing.

cytolitic /ˌsaɪtəˈlɪtɪk Am ˌsaɪt̬əˈlɪt̬ɪk/ a. (*Biol*) citolitico.

cytologic /ˌsaɪtəˈlɒdʒɪk Am ˌsaɪt̬əˈlɑːdʒɪk/ a. (*Biol*) citologico.

cytological /ˌsaɪtəˈlɒdʒɪkəl Am ˌsaɪt̬əˈlɑːdʒɪkəl/ a. (*Biol*) citologico.

cytologist /saɪˈtɒlədʒɪst Am saɪˈtɑːlədʒɪst/ n. citologo m. (f. -a).

cytology /saɪˈtɒlədʒi Am saɪˈtɑːlədʒi/ n. citologia f.

cytolysis /saɪˈtɒləsɪs Am saɪˈtɑːləsɪs/ n. (*Biol*) citolisi f.

cytomegalic /ˌsaɪtoʊmɪˈɡælɪk Am ˌsaɪt̬oʊmɪˈɡælɪk/ a. (*Med*) citomegalico.

cytopathology /ˌsaɪtoʊpəˈθɒlədʒɪ *Am* ˌsaɪtoʊpəˈθɑːlədʒi/ *n.* citopatologia *f.*

cytoplasm /ˈsaɪtouplæzᵊm *Am* ˈsaɪtəplæzᵊm/ *n.* (*Biol*) citoplasma *m.*

cytoskeleton /ˌsaɪtəˈskelɪtᵊn *Am* ˌsaɪtəˈskelɪtᵊn/ *n.* (*Biol*) citoscheletro *m.*

cytosol /ˈsaɪtousɒl *Am* ˈsaɪtəsɑːl/ *n.* (*Biol*) citosol *m.*

cytosome /ˈsaɪtəsoʊm *Am* ˈsaɪtəsoʊm/ *n.* citosoma *m.*

cytostatic /ˌsaɪtoʊˈstætɪk *Am* ˌsaɪtəˈstætɪk/ *a.* (*Farm*) citostatico. □ ~ *agent* citostatico.

cytostome /ˈsaɪtəstoum *Am* ˈsaɪtəstoʊm/ *n.* (*Zool*) citostoma *m.*

cytotoxic /ˌsaɪtəˈtɒksɪk *Am* ˌsaɪtəˈtɑːksɪk/ *a.*

citotossico.

cytotoxicity /ˌsaɪtoʊtɒkˈsɪsɪti *Am* ˌsaɪtətɑːk ˈsɪsəti/ *n.* citotossicità *f.*

cytotoxix /ˌsaɪtoʊˈtɒksɪk *Am* ˌsaɪtoʊˈtɑːksɪk/ *a.* citotossico.

czar /zɑːr, tsɑːr *Am* zɑːr, tsɑːr/ *n.* zar *m.*

Czar /zɑːr, tsɑːr *Am* zɑːr, tsɑːr/ *n.* (*Stor*) zar *m.*

czardas /ˈtʃɑːdæʃ, ˈzɑːdæs *Am* ˈtʃɑːrdɑːʃ, ˈtʃɑːrdæʃ/ *n.* (*Mus*) ciarda *f.*

czarevitch /ˈzɑːrəvɪtʃ *Am also* ˈtsɑːrəvɪtʃ/ *n.* zarevic *m.*

czarevna /zɑːˈrevnə, tsɑːˈrevnə/ *n.* zarevna *f.*

czarina /zɑːˈriːnə, tsɑːˈriːnə/ *n.* zarina *f.*

czarism /ˈzɑːrɪzᵊm, ˈtsɑːrɪzᵊm/ *n.* zarismo *m.*

czarist /ˈzɑːrɪst, ˈtsɑːrɪst/ *I* *a.* zarista. **II** *n.* zarista *m./f.*

Czech /tʃek/ **I** *n.* **1** ceco *m.* (*f.* -a). **2** (*language*) ceco *m.* **II** *a.* ceco. □ (*Geog*) ~ *Republic* Repubblica Ceca.

Czechoslovak /ˌtʃekoʊˈslouvæk *Am also* ˌtʃekoʊˈslouvɑːk/ **I** *n.* (*Stor*) cecoslovacco *m.* (*f.* -a). **II** *a.* (*Stor*) cecoslovacco.

Czechoslovakia /ˌtʃekoʊslouˈvækiə, ˌtʃekoʊslouˈvɑːkiə/ *n.pr.* (*Geog.stor*) Cecoslovacchia *f.*

Czechoslovakian /ˌtʃekoʊslouˈvækiən, ˌtʃekoʊslouˈvɑːkiən/ **I** *n.* (*Stor*) cecoslovacco *m.* (*f.* -a). **II** *a.* (*Stor*) cecoslovacco.

d , D /diː/ (pl. **d's/ds, D's/Ds** /diːz/) n. (letter of the alphabet) d, D f./m.: a capital D una d maiuscola; a small d una d minuscola; (Tel) D for David (o Am D as in Dog) d come Domodossola.

D /diː/ **I** a. **1** (fourth in order or class) d: ~ Company compagnia D. **2** (D-shaped) a D, a forma di D. **II** n. (Mus) re m.: ~ flat re bemolle.

D /diː/ **1** Germany D (Germania). **2** (Chim) (dextrorotatory) D (destrogiro).

d. 1 died m. (morto). **2** date d. (data). **3** diameter d (diametro). **4** dollar D, $ (dollaro). **5** (in genealogies) daughter (figlia).

D. 1 (Am) Democrat, Democratic (democratico). **2** (depth-dimension) prof. (profondità). **3** (dimension) dim. (dimensione). **4** (dimensional) (dimensionale).

d' accorc. di do, did.

'd accorc. di had, would, should, did.

DA /ˌdiːˈeɪ/ (Am,Dir) District Attorney (procuratore distrettuale).

d/a , D/A 1 (Comm) days after acceptance (giorni dopo l'accettazione). **2** deposit account (conto vincolato). **3** documents against acceptance D/A (documenti contro accettazione). **4** (Elettron) digital to analogue D/A (digitale-analogico).

dab /dæb/ **I** v.t. (past, p.p. **dabbed** /-d/) **1** battere leggermente, picchiettare. **2** (to touch lightly) toccare leggermente, sfiorare. **3** (to apply) dare, applicare: she -bed powder on her cheeks si diede la cipria alle guance. **II** v.i. dare rapidi tocchi (at a). **III** n. **1** (small quantity) piccola quantità f., pochino m. **2** pl. (Br,colloq) (fingerprints) impronte f.pl. digitali.

dab /dæb/ n. (Itt) limanda f.

dab /dæb/ n. (Br,sl) persona f. competente, esperto m. (f. -a). □ to be a ~hand at doing sth. essere bravissimo a fare qcs.

dabber /ˈdæbər/ n. (Tip) tampone m.

dabble /ˈdæbl/ **I** v.t. **1** (to spray) bagnare, spruzzare. **2** (to move in water) agitare nell'acqua: the children were dabbling their feet in the fountain i bambini agitavano i piedi nell'acqua della fontana. **II** v.i. **1** sguazzare, diguazzare. **2** (fig) dilettarsi, occuparsi a tempo perso (in di): he -s in politics si diletta di politica.

dabbler /ˈdæblər/ n. dilettante m./f. (in di), chi si occupa di qcs. a tempo perso.

dabbling /ˈdæblɪŋ/ n. **1** (participating on a superficial level in an activity) dilettantismo m. **2** (placing feet in the water) il mettere i piedi nell'acqua. **3** (of a duck) il mettere il becco nell'acqua.

dabchick /ˈdæbtʃɪk/ n. (Ornit) tuffetto m.

DAC /ˌdiːeɪˈsiː/ (Elettron) Digital to Analogue Converter DAC (convertitore digitale-analogico).

dace /deɪs/ (pl.inv. o **-s** /-ɪz/; il pl. inv. si usa general. con valore collett.) n. (Itt) cavedano m.

dacha /ˈdætʃə Am ˈdɑːtʃə/ n. (Russian country home) dacia.

dachshund /ˈdæksənd, ˈdækshund Am ˈdɑːkshund, ˈdɑːksənd/ n. (Zool) bassotto m., dachshund m.

Dacia /ˈdeɪʃə Br also ˈdeɪʃiə, ˈdeɪsiə/ n.pr. (Geog.stor) Dacia f.

Dacians /ˈdeɪʃənz Br also ˈdeɪʃiənz, ˈdeɪsiənz/ n.pl. (Stor) Daci m.pl.

dacron /ˈdeɪkrɒn, ˈdeɪkrən Am ˈdeɪkrɑːn, ˈdækrɑːn/ n. (Chim,Tess) dacron m.

dactilogram /dækˈtɪləgræm/ n. dattilogramma m.

dactyl /ˈdæktɪl/ n. **1** (Metr) dattilo m. **2** (Zool) (finger) dito m.

dactylic /dækˈtɪlɪk/ **I** a. (Metr) dattilico. **II** n. (Metr) metro m. dattilico. □ (Metr) ~ hexameter esametro dattilico.

dactylography /ˌdæktɪˈlɒgrəfi Am ˌdæktɪˈlɑːgrəfi/ n. dattiloscopia f.

dactylology /ˌdæktɪˈlɒlədʒi Am ˌdæktɪˈlɑːlədʒi/ n. dattilologia f.

dad /dæd/ n. **1** (colloq) babbo m., papà m. **2** (Am,ant) (fellow, friend) amico m., vecchio m. mio.

dada , Dada /ˈdɑːdɑː, ˈdɑːdə/ **I** n. (Art) dadaismo m. **II** a. (Art) dadaistico, dadaista: the ~ movement il movimento dadaista.

Dadaism /ˈdɑːdɑːɪzᵐ, ˈdɑːdəɪzᵐ/ n. (Art) dadaismo m.

Dadaist /ˈdɑːdɑːɪst, ˈdɑːdəɪst/ **I** n. (Art) dadaista. **II** a. (Art) dadaistico, dadaista.

Dadaistic /ˌdɑːdɑːˈɪstɪk, ˌdɑːdəˈɪstɪk/ a. (Art) dadaistico, dadaista.

daddy /ˈdædi/ n. (colloq) babbo m., papà m., paparino m.

daddy-long-legs /ˌdædiˈlɒŋlegz Am ˌdædiˈlɑːŋlegz/ n.pl. (costr.sing. o pl.) **1** (Entom) **1** tipula f., zanzarone m. degli orti. **2** (Am) (harvestman) opilionide m.

dado /ˈdeɪdoʊ/ (pl. **-es/-s** /-z/) n. **1** (Arch) dado m., plinto m. **2** (Arch) (of an interior wall) zoccolo m. decorato. **3** (Fal) scanalatura f.

daedal /ˈdiːdᵊl/ a. **1** ingegnoso, abile. **2** (intricate) complesso, intricato, (lett) dedaleo.

Daedalean /dɪˈdeɪliən/ a. **1** (Mitol) dedaleo, di Dedalo. **2** (estens) (daedal) ingegnoso, abile. **3** (intricate) complesso, intricato, (lett) dedaleo.

Daedalian /dɪˈdeɪliən/ a. ingegnoso, abile.

Daedalus /ˈdiːdələs Am ˈdedᵊləs/ n.pr.m. (Mitol) Dedalo.

daemon /ˈdiːmən, ˈdaɪmən, ˈdeɪmən/ n. →**demon**.

daffiness /ˈdæfɪnəs/ n. (colloq) **1** (silliness) stupidità f. **2** (eccentricity) stranezza f., eccentricità f.

daffodil /ˈdæfədɪl/ n. **1** (Bot) narciso m.; (lent lily) trombone m., giunchiglia f. grande. **2** (colour) color m. giunchiglia.

daffy /ˈdæfi/ a. (colloq) **1** (silly) sciocco m. (f. -a), scemo m. (f. -a), stupido m. (f. -a). **2** (eccentric, quirky) strambo m. (f. -a), matto m. (f. -a), suonato m. (f. -a).

daft /dɑːft Am dæft/ a. (colloq) stupido, scemo. □ (colloq) to go ~ over so. infatuarsi di qcu.

daftness /ˈdɑːftnəs Am ˈdæftnəs/ n. stupidità f., scemenza f.

dagger /ˈdægər/ n. **1** pugnale m., stiletto m. **2** (Tip) obelisco m., obelo m. □ (Br) to be at ~s drawn with so. essere ai ferri corti con qcu.

dago , Dago /ˈdeɪgoʊ/ (pl. **-es/-s** /-z/) n. (spreg) persona f. di origine latina (spec. italiana o spagnola).

daguerreotype /dəˈgerətaɪp/ n. (Fot) **1** (picture) dagherrotipo m. **2** (daguerreotypy) dagherrotipia f.

daguerreotypy /dəˈgerətaɪpi/ n. (Fot) dagherrotipia f.

dahlia /ˈdeɪliə Am also ˈdæljə, ˈdɑːliə/ n. **1** (Bot) dalia f. **2** (colour) violetto m.

Dail Eireann /ˌdɔɪlˈeərən Am ˌdɔɪlˈe(r)rən/ n. (Parl) Camera f. dei deputati (della repubblica di Irlanda).

dailiness /ˈdeɪlɪnəs/ n. quotidianità f.

daily /ˈdeɪli/ **I** a. quotidiano, giornaliero: ~ bread pane quotidiano; ~ wages paga giornaliera. **II** n. **1** quotidiano m., giornale m. quotidiano. **2** (colloq) (woman servant) domestica f. a giornata. **III** avv. quotidianamente, giornalmente, ogni giorno. □ ~allowance diaria; (ant) ~ dozen (daily exercise) ginnastica quotidiana; ~ help domestica a giornata; (Econ) ~ list listino giornaliero di borsa; ~ newspaper quotidiano, giornale quotidiano.

daintily /ˈdeɪntɪli Am ˈdeɪntᵊli/ avv. **1** delicatamente, con signorilità. **2** (elegantly, as a lady) con raffinatezza, con grazia.

daintiness /ˈdeɪntɪnəs Am ˈdeɪntᵊnəs/ n. **1** bellezza f. delicata, finezza f., signorilità f. **2** (fastidiousness) incontentabilità f. **3** (deliciousness) squisitezza f., delicatezza f.

dainty /ˈdeɪnti Am ˈdeɪnti/ **I** a. **1** fine, delicato. **2** (fastidious) esigente, difficile, incontentabile: a ~ eater una persona esigente a tavola. **3** (finicky) schizzinoso, schifiltoso. **4** (delicious) squisito, delizioso, prelibato. **II** n.pl. bocconcini m.pl. prelibati, ghiottonerie f.pl., leccornie f.pl. □ a ~ bit un bocconcino delicato, un ghiotto manicaretto.

daiquiri /ˈdaɪki(ə)ri, ˈdækɪri Am ˈdækᵊri, ˈdaɪkᵊri/ n. daiquiri m. (cocktail a base di rum e succo di cedro).

dairy /ˈdeəri Am ˈderi/ n. **1** caseificio m. **2** (shop) latteria f. **3** (collett.) (Zootecn) (cows on a farm) mucche f.pl. da latte. □ (Zootecn) ~ cattle mucche da latte; (Zootecn) ~ farm fattoria per la produzione lattiero-casearia; (Zootecn) ~ farming allevamento di bestiame da latte; ~industry industria lattiero-casearia; ~lunch ristorante specializzato in latticini; (Alim) ~ products prodotti caseari, latticini.

dairying /ˈdeəriɪŋ Am ˈderiɪŋ/ n. (Agr) industria f. casearia.

dairymaid /ˈdeərimeɪd Am ˈderimeɪd/ n. lavorante f. di un caseificio.

dairyman /ˈdeərimən Am ˈderimən/ n.irr. **1** lavorante m. di un caseificio. **2** (seller) lattaio m., (ant) lattivendolo m.

dairywoman /ˈdeəriˌwumən Am ˈderiˌwumən/ n.irr. **1** (dairymaid) lavorante f. di un caseificio. **2** (seller) lattaia f., (ant) lattivendola f.

dais /ˈdeɪ(ɪ)s Am ˈdeɪɪs, ˈdaɪɪs/ n. predella f., palco m.

daisied /ˈdeɪzɪd/ a. coperto di margherite, cosparso di margherite.

daisy /ˈdeɪzi/ n. **1** (Bot) (English daisy) pratolina f. **2** (Bot) (ox-eye daisy) margherita f. dei campi. **3** (Am,sl) (person or thing of excellent quality) gioiello m., cosa f. eccellente,

cosa *f.* eccezionale, perla *f.*: *she is a ~* è una perla. □ *~ chain* ghirlanda di margherite.
Daisy Duck /'deɪzɪ'dʌk/ *n.pr.f.* Paperina.
daisy-wheel /'deɪzɪ(h)wiːl/ □ (*Inform*) *~ printer* stampante a margherita.
daks /dæks/ *n.pl.* (*Am,Abbigl*) pantaloni *m.pl.* di flanella.
dale /deɪl/ *n.* (*poet*) valletta *f.*, valle *f.*
dalesman /'deɪlzmən/ *n.irr.* abitante *m./f.* dello Yorkshire del nord.
Daliesque /ˌdɑːliˈesk/ *a.* nello stile di (Salvador) Dalí, alla (Salvador) Dalí.
Dallas /'dæləs/ *n.pr.* (*Geog*) Dallas *f.*
dalliance /'dæliəns/ *n.* **1** il baloccarsi, il gingillarsi. **2** (*amorous toying*) l'amoreggiare, amoreggiamento *m.*
dally /'dæli/ *v.i.* **1** amoreggiare (*with one*). **2** (*to play mockingly*) scherzare, giocare (con): *to ~ with danger* scherzare con il pericolo. **3** (*to waste time*) perdere tempo, gingillarsi, baloccarsi, trastullarsi. □ *to ~ away time* sciupare il proprio tempo; *to ~ with an idea* accarezzare un'idea.
Dalmatia /dæl'meɪʃ(i)ə/ *n.pr.* (*Geog*) Dalmazia *f.*
Dalmatian /dæl'meɪʃ(i)ən/ **I** *a.* (*Geog*) dalmata. **II** *n.* **1** dalmata *m./f.* **2** (*language*) lingua *f.* dalmata. **3** (*Zool*) cane *m.* dalmata.
dalmatic /dæl'mætɪk *Am* dæl'mætɪk/ *n.* (*Stor.rom,Lit*) dalmatica *f.*
daltonism /'dɔːltʲnɪzʲm/ *n.* (*Med*) daltonismo *m.*
dam /dæm/ **I** *n.* **1** (*Zool*) genitrice *f.* **2** (*Idr*) diga *f.*; (*embankment*) arginatura *f.*; (*body of water*) bacino *m.* di acqua (di una diga). **3** (*Met*) dama *f.*, piastra *f.* **II** *v.t.* **1** chiudere con una diga, ostruire con una diga. **2** (*fig*) arginare, tenere a freno, dominare. □ *to ~ back* arginare, tenere a freno, dominare; *to ~ up*: **1** chiudere con una diga, ostruire con una diga; **2** (*fig*) arginare, tenere a freno, dominare.
damage /'dæmɪdʒ/ **I** *n.* **1** danno *m.*: *to do great ~* causare gravi danni. **2** (*of engines, ships*) guasto *m.*, avaria *f.* **3** (*colloq*) (*cost*) costo *m.*, spesa *f.* **4** *pl.* (*Dir*) risarcimento *m.sing.* dei danni, indennizzo *m.sing.*, danni *m.pl.*: *to pay -s* risarcire i danni; *to be awarded -s* avere diritto al risarcimento dei danni. **II** *v.t.* **1** danneggiare, portare danno a, recare danno a. **2** (*of goods*) avariare, guastare. **III** *v.i.* rovinarsi, sciuparsi. □ (*Comm*) *~ certificate* certificato di avaria; *~ claim* richiesta di risarcimento; *~ insurance* assicurazione contro i danni; *~ report* certificato di avaria; (*Assic*) *~ survey* perizia dei danni; (*colloq*) *what's the ~?* quanto costa?, quant'è?
damageable /'dæmɪdʒəbl/ *a.* danneggiabile.
damaged /'dæmɪdʒd/ *a.* **1** danneggiato. **2** (*Comm*) avariato: *~ goods* merci avariate. **3** (*of fruit*) guasto. **4** (*of a car*) sinistrato, incidentato. **5** (*fig*) (*emotionally damaged*) ferito (emotivamente), devastato.
damaging /'dæmɪdʒɪŋ/ *a.* lesivo, offensivo.
damascene /'dæməsiːn/ **I** *a.* (*Met*) damaschino, damaschinato. **II** *n.* (*Met*) damaschinatura *f.* **III** *v.t.* (*Met*) damaschinare.
Damascene /'dæməsiːn/ **I** *a.* (*Met*) damasceno. **II** *n.* abitante *m./f.* di Damasco.
damascening /'dæməsiːnɪŋ/ *n.* (*Met*) damaschinatura *f.*
Damascus /dəˈmæskəs *Br also* dəˈmɑːskəs/ *n.pr.* (*Geog*) Damasco *f.* □ *~ blade* spada di Damasco; (*Met*) *~ steel* acciaio damaschino; *~ sword* spada di Damasco.
damask /'dæməsk/ **I** *n.* **1** (*Tess*) damasco *m.* **2** (*Met*) (*pattern*) damaschinatura *f.*, damascatura *f.* **3** (*Met*) acciaio *m.* damaschino. **4**

(*colour*) rosa *m.* intenso. **II** *a.* (*Tess*) di damasco. **III** *v.t.* **1** (*Met*) damaschinare. **2** (*Tess*) damascare. □ (*Bot*) *~ rose* rosa damascena, rosa damaschina; (*Met*) *~ steel* acciaio damaschino.
damaskeen /'dæməskiːn/ **I** *a.* (*Met*) damaschino, damaschinato. **II** *n.* (*Met*) damaschinatura *f.* **III** *v.t.* (*Met*) damaschinare.
dame /deɪm/ *n.* **1** (*rar,poet*) dama *f.*, signora *f.*, gentildonna *f.* **2** (*Scol*) (*at Eton*) signora *f.* che tiene a pensione studenti. **3** (*Am,sl*) (*woman*) donna *f.* □ (*ant*) *~ school* scuola elementare gestita da una signora.
Dame /deɪm/ *n.* **1** (*as a title*) Donna *f.* **2** (*in personifications*) signora *f.*: *~ Fortune* la signora fortuna. **3** (*Teat*) personaggio *m.* femminile impersonato da un attore. **4** (*GB*) (*female member of order of knighthood*) Dama *f.*
damfool /'dæmfuːl/ **I** *a.* (*colloq*) cretino, stupidissimo: *that was a ~ thing to do* hai fatto proprio una cretinata. **II** *n.* (*colloq*) cretino *m.* (*f.* -a).
damn /dæm/ **I** *v.t.* **1** (*to doom to condemnation*) condannare. **2** (*to ruin*) rovinare, mandare in rovina. **3** (*to swear at*) maledire, mandare al diavolo. **II** *intz.* (*colloq*) maledizione!, dannazione!, accidenti! **III** *n.* **1** maledizione *f.*, imprecazione *f.* **2** (*colloq*) (*sth. of no value*) bel niente *m.*, nulla *m.*, (*colloq*) cavolo *m.* **IV** *a.* (*colloq*) maledetto, del cavolo, fottuto. **V** *avv.* (*colloq*) maledettamente, fottutamente. □ (*colloq*) *I don't give a ~* non me ne frega un accidente; *~ it!* al diavolo! all'inferno!; *~ it all to hell!* maledizione!, al diavolo!; (*Am,colloq*) *~ straight* proprio così, caspita!; (*colloq*) *~ well* certamente, sicuramente: *you know ~ well* lo sai benissimo; (*colloq*) *do as you ~ well please* fai come cavolo vuoi; (*fig*) *to ~ with faint praise* esprimere apprezzamento ma senza alcun entusiasmo, criticare implicitamente; *~ you!* maledizione!, (*region*) mannaggia!
damnable /'dæmnəbl/ *a.* **1** dannabile. **2** (*detestable*) detestabile, odioso, dannato: *a ~ lie* un'odiosa bugia.
damnation /dæm'neɪʃ*ə*n/ **I** *n.* dannazione *f.* **II** *intz.* maledizione!, dannazione!, al diavolo!
damnatory /'dæmnətʲri *Am* 'dæmnətɔːri/ *a.* di condanna, di biasimo.
damned /dæmd/ **I** *a.* **1** dannato: *~ souls* anime dannate. **2** (*detestable*) dannato, maledetto: *a ~ nuisance* una maledetta seccatura. **3** (*utter*) assoluto, perfetto, completo: *a ~ fool* un perfetto imbecille. **4** (*in the superlative*) il più straordinario, il più eccezionale: *the -est I've ever seen* la cosa più straordinaria che io abbia mai visto. **II** *avv.* estremamente, terribilmente, maledettamente. **III** *n.* (*costr.pl.*) (*Teol*) dannati *m.pl.* □ *to do one's -est* fare del proprio meglio, fare tutto il possibile; *it's ~ hard* è maledettamente difficile; *it's ~ hot* fa un caldo del diavolo; *~ if I do, ~ if I don't* qualunque cosa faccio non va mai bene; (*colloq*) *well I'll be ~!* mi venisse un colpo!
damnification /ˌdæmnɪfɪ'keɪʃ*ə*n/ *n.* (*Dir*) danneggiamento *m.*
damnify /'dæmnɪfaɪ/ *v.t.* (*Dir*) danneggiare, recare danno a.
damning /'dæmɪŋ/ *a.* **1** incriminante, schiacciante, che porta alla condanna: *a ~ piece of evidence* una prova schiacciante. **2** (*bringing damnation*) che porta a (*o* alla) dannazione. □ (*Dir*) *~ evidence* prove schiaccianti.
Damocles /'dæməkliːz/ *n.pr.m.* (*Stor*) Damocle.

damp /dæmp/ **I** *a.* umido. **II** *n.* **1** umidità *f.*, umido *m.* **2** *spec.pl.* vapori *m.pl.*, gas *m.pl.* di scarico. **3** (*fig*) scoraggiamento *m.*, abbattimento *m.* **III** *v.t.* inumidire. □ (*Edil*) *~ course* strato impermeabile; *~ stain* macchia di umido.
dampen /'dæmpən/ **I** *v.t.* **1** inumidire. **2** (*suffocate*) soffocare, coprire con la cenere. **3** (*fig*) abbattere, scoraggiare, smorzare, mitigare, spegnere: *to ~ so.'s enthusiasm* spegnere l'entusiasmo di qcu. **4** (*Fis,El*) smorzare. **II** *v.i.* inumidirsi. □ *to ~ down* soffocare, coprire con la cenere; *to ~ so.'s hopes* scoraggiare qcu., smorzare le speranze di qcu.; (*Agr*) *to ~ off* (*of seedlings, etc.*) avvizzire, marcire per l'umidità; *to ~ so.'s spirits* scoraggiare qcu., smorzare le speranze di qcu.; (*Econ*) *to ~ stock prices* frenare il mercato.
dampener /'dæmpənə*r*/ □ (*Br,fig*) *to cast a ~ over sth.* gettare un velo di tristezza su qcs.
damper /'dæmpə*r*/ *n.* **1** (*Mecc*) (*in a stove, furnace*) valvola *f.* di tiraggio. **2** (*Mus*) sordina *f.* **3** (*Fis,El*) smorzatore *m.* **4** (*fig*) (*person*) persona *f.* che opprime, persona *f.* che scoraggia, guastafeste *m./f.* **5** (*fig*) (*thing*) cosa *f.* che deprime, cosa *f.* che spegne ogni entusiasmo. □ (*Mus*) *~ pedal* pedale della sordina; (*fig*) *to put a ~ on a party* smorzare l'allegria di una festa.
damping /'dæmpɪŋ/ *n.* **1** inumidimento *m.*, umettazione *f.* **2** (*Fis,fig*) smorzamento *m.*
dampish /'dæmpɪʃ/ *a.* umidiccio.
damply /'dæmpli/ *avv.* **1** in modo umido, con umidità. **2** (*fig*) apaticamente, senza entusiasmo.
dampness /'dæmpnəs/ *n.* umidità *f.*
damp-proof /'dæmp,pruːf/ *a.* impermeabile.
damp-proofing /'dæmp,pruːfɪŋ/ *n.* impermeabilizzazione *f.*
damsel /'dæmz*ə*l/ *n.* **1** (*lett*) damigella *f.*, donzella *f.* **2** (*girl, maiden*) fanciulla *f.*, ragazza *f.* □ (*scherz*) *~ in distress* donna che ha bisogno dell'aiuto di un uomo, donna in difficoltà.
damson /'dæmz*ə*n/ *n.* **1** (*Bot*) susino *m.* damaschino. **2** (*colour*) prugna *m.*, color *m.* prugna. □ (*Gastron*) *~ cheese* marmellata di susine damaschine; (*Bot,Alim*) *~ plum* damaschina, susina damaschina.
Dan /dæn/ *n.pr.m. dim. di* Daniel.
dance /dɑːns *Am* dæns/ **I** *v.i.* **1** ballare, danzare. **2** (*fig*) (*to leap*) ballare, saltare: *to ~ for* (*o with*) *joy* ballare dalla (*o* per la) gioia. **II** *v.t.* **1** ballare, danzare: *to ~ a tango* ballare un tango. **2** (*to cause to dance*) fare ballare, fare danzare. **3** (*fig*) fare saltare, fare ballare, fare sobbalzare: *to ~ a baby on one's knee* fare ballare un bambino sulle ginocchia. **III** *n.* **1** ballo *m.*, danza *f.*: *may I have this ~?* mi concede questo ballo? **2** (*ball*) ballo *m.*, festa *f.* da ballo, festa *f.* danzante. **3** (*piece of music*) ballabile *m.*, musica *f.* da ballo. □ (*Br*) *to ~ attendance upon so.* stare alle costole di qcu., prendersi cura di qcu. in modo eccessivo, soffocare qcu. con eccessive attenzioni; *~ band* orchestra da ballo; (*ant,fig*) *~ card* carnet di ballo: *sorry, my ~ card is full* mi dispiace, ma il mio carnet è già pieno; *~ class* lezione di ballo; *to ~ your feet off* his ballare fino allo stremo, ballare finché non se ne può più; *to go dancing* andare a ballare; *~ hall* sala da ballo; *~ master* maestro di ballo; *~ music* musica da ballo; *~ of death* danza macabra; *~ partner*: **1** (*male partner*) cavaliere; **2** (*spreg*) gigolo; **3** (*female partner*) dama; (*fig*) *to ~ to so.'s tune* seguire i desideri di qcu.

danceable /'dɑːnsəbḷ Am 'dænsəbḷ/ a. ballabile.

dancer /'dɑːnsəʳ Am 'dænsəʳ/ n. ballerino m. (f. -a), danzatore m. (f. -trice).

dancercise /'dɑːnsəsaɪz Am 'dænsəʳsaɪz/ n. esercizio m. di aerobica con coreografia.

dancewear /'dɑːnsweəʳ Am 'dænswer/ n. articoli m.pl. (di vestiario) per il balletto.

dancing /'dɑːnsɪŋ Am 'dænsɪŋ/ I n. (action of dancing) ballo m., danza f. II a. che danza, che balla. □ ~ girl ballerina (spec. televisiva).

dandelion /'dændɪlaɪən/ n. (Bot) dente m. di leone, tarassaco m.

dander /'dændəʳ/ n. (Am,colloq) ira f., collera f., indignazione f. □ (colloq) to get one's ~ up andare in collera, perdere la pazienza.

dandiacal /dæn'daɪəkəl/ a. (ant,scherz) da damerino, di damerino.

dandified /'dændɪfaɪd/ a. vestito con estrema eleganza, simile a un dandy.

dandify /'dændɪfaɪ/ v.t. rendere simile a un dandy.

dandle /'dændḷ/ v.t. 1 (of a baby) cullare, ninnare. 2 (to pet, to pamper) accarezzare, vezzeggiare, coccolare.

dandruff /'dændrʌf Am 'dændrəf/ n. forfora f.

dandruffy /'dændrʌfi Am 'dændrəfi/ a. forforoso, pieno di forfora.

dandy /'dændi/ I n. 1 dandy m., damerino m., elegantone m. 2 (Am,ant) (sth. excellent) cosa f. eccellente, cosa f. di prima qualità, (colloq) cannonata f. 3 (Mar) dandy m. II a. 1 da damerino, da elegantone, da dandy. 2 (Am,ant) (excellent) eccellente, splendido. □ ~ brush (for horses) striglia; (Med) ~ fever dengue; (Cart) ~ roll (o ~ roller) tamburo ballerino.

dandyish /'dændiɪʃ/ a. da dandy, da damerino, dandistico.

dandyism /'dændiːzəm/ n. dandismo m.

Dane /deɪn/ n. 1 danese m./f. 2 (Zool) (Great Dane) cane m. danese.

dang /dæŋ/ intz. (Am,colloq) → damn.

danger /'deɪndʒəʳ/ n. 1 pericolo m., rischio m.: is there any ~ of his refusing? c'è pericolo che rifiuti? 2 (sth. causing peril) pericolo m., minaccia f.: he is a ~ to society è un pericolo per la società. □ to be in ~ essere in pericolo: to be in ~ of losing one's job correre il rischio di perdere il posto; ~ level livello di guardia (anche fig); (Strad) Danger, Men at Work! attenzione, lavori in corso!; ~ money indennità di rischio (o di lavoro); (Med) out of ~ fuori pericolo; ~ signal segnale di allarme, segnale di pericolo.

dangerous /'deɪndʒərəs/ a. 1 pericoloso (to, for per), rischioso: ~ driving guida pericolosa. 2 (able to harm) pericoloso: a ~ lunatic un pazzo pericoloso. □ to be on ~ ground essere su un terreno pericoloso; (fig) to go to ~ lengths passare il segno, calcare troppo la mano.

dangle /'dæŋgḷ/ I v.i. 1 dondolare, ciondolare, penzolare. 2 (fig) ronzare intorno, stare dietro (after a). II v.t. dondolare, penzolare, far dondolare, far ciondolare: to ~ one's arms far ciondolare le braccia.

dangling /'dæŋglɪŋ/ □ (Gramm) ~ participle participio assoluto.

Daniel /'dænjəl/ n.pr.m. Daniele (anche Bibl).

Danish /'deɪnɪʃ/ I a. danese. II n. lingua f. danese, danese m. □ (Dolc) ~ pastry pasticcino ripieno e glassato.

dank /dæŋk/ a. (freddo e) umido, malsano; (wet) fradicio.

dankness /'dæŋknəs/ n. umidità f.

Dantean /'dæntiən Am 'dɑːntiən/ I a. (Lett) dantesco. II n. (Lett) dantista m./f.

Dantesque /,dæn'tesk Am ,dɑːn'tesk/ a. (Lett) nello stile di Dante.

Danube /'dænjuːb/ n.pr. (Geog) Danubio m.

Danubian /dæn'juːbiən/ a. (Geog) danubiano.

Danzig /'dænsɪg/ n.pr. (Geog) Danzica f.

dap /dæp/ (past, p.p. **dapped** /-t/) I v.i. 1 (Pesc) pescare con l'esca a fior d'acqua. 2 (to dip) tuffarsi, immergersi. II v.t. 1 (Pesc) pescare con l'esca a fior d'acqua. 2 (to cause to skip) fare rimbalzare, far saltare. III n. 1 rimbalzo m. 2 (Pesc) esca f. (per pescare a fior d'acqua).

daphne /'dæfni/ n. (Bot) dafne f.

Daphne /'dæfni/ n.pr.f. (Mitol) Dafne.

dapper /'dæpəʳ/ a. 1 elegante, azzimato, agghindato. 2 (brisk) attivo, svelto. 3 (small and lively) piccolo e vivace, (colloq) tutto pepe.

dapperly /'dæpəli Am 'dæpəʳli/ avv. con eleganza, in modo azzimato.

dapperness /'dæpənəs Am 'dæpəʳnəs/ n. l'essere elegante, l'essere azzimato, l'essere agghindato.

dapple /'dæpḷ/ I n. 1 screziatura f., chiazza f. 2 (animal) animale m. screziato. 3 (horse) cavallo m. pezzato, cavallo m. pomellato. II a. screziato, variegato, chiazzato III v.t. screziare, variegare, chiazzare.

dappled /'dæpḷd/ a. 1 screziato, variegato, chiazzato. 2 (of an animal) screziato. 3 (of horses) pomellato.

dapple-grey /,dæpḷ'greɪ/ I a. (grigio) pomellato. II n. cavallo m. (grigio) pomellato.

darbies /'dɑːbɪz/ n.pl. (Br,sl) manette f.pl.

Darby /'dɑːbi Am 'dɑːrbi/ □ (scherz) ~ and Joan Filemone e Bauci, coppia attempata ma felice.

Dardanelles /,dɑːdə'nelz Am ,dɑːrdə'nelz/ n.pr.pl. (Geog) Dardanelli m.pl.

dare /deəʳ Am der/ I v.aus. (past -d /-d/ rar **durst** /dɜːst Am dɜːrst/; manca del p.p.: è usato general. in frasi interrogative, negative, condizionali e dubitative; dare not e durst not si contraggono spesso in **daren't** /'deənt Am 'dernt/ e **durstn't**/'dɜːsnt Am 'dɜːrsnt/): 1 osare, ardire, avere abbastanza coraggio di: ~ you climb that tree? hai il coraggio di arrampicarti su quell'albero?; he ~ not disobey his father non osa disubbidire a suo padre; I don't know if he ~ do it non so se abbia il coraggio di farlo. 2 (to have the impudence to) avere la sfacciataggine di, avere l'impudenza di, osare: how ~ you talk to me like that? come osi parlarmi così? II v.i. (past, p.p. **dared**) osare, ardire, arrischiarsi, avere il coraggio: I did not ~ (to) ask him non ho avuto il coraggio di domandarglielo. III v.t. (past, p.p. **dared**) 1 sfidare, affrontare: he will ~ any danger sfiderà qualsiasi pericolo. 2 (to challenge) sfidare: he -d me to follow him mi sfidò a seguirlo; go on, I ~ you! avanti, ti sfido! 3 (to venture) arrischiare, rischiare, azzardare, tentare. IV n. sfida f., provocazione f. □ I ~ say può darsi, è possibile: I ~ say you're right può darsi che tu abbia ragione.

daredevil /'deə,devəl Am 'der,devəl/ I n. scavezzacollo m./f. II a. audace, temerario.

daredevilry /'deə,devəlri Am 'der,devəlri/ n. temerarietà f., audacia f.

daredeviltry /'deə,devəltri, Am 'der,devəltri/ n. temerarietà f., audacia f.

daresay /deə'seɪ/ □ (Am) I ~: 1 (I think) credo, oso dire, ritengo probabile; 2 (I suppose) suppongo, penso, presumo.

daric /'dærɪk/ n. (Numism) darico m.

daring /'deərɪŋ Am 'derɪŋ/ I n. 1 audace, ardito, coraggioso, intrepido: ~ pioneers intrepidi pionieri. 2 (novel, striking) ardito, nuo-

vo, originale, sorprendente. II n. audacia f., ardire m., coraggio m.

Darius /də'raɪəs, 'dæriəs, Am also 'deriəs/ n.pr.m. Dario.

dark /dɑːk Am dɑːrk/ I a. 1 oscuro, buio, scuro. 2 (of colours) scuro, cupo: ~ blue blu scuro. 3 (of eyes, skin) bruno, scuro; (having brunette hair) bruno. 4 (fig) (gloomy) tetro, nero, buio: ~ days giorni neri. 5 (fig) (hidden, mysterious) oscuro, misterioso: a ~ plot un oscuro complotto. 6 (fig) (wicked) losco, fosco, sinistro: a ~ purpose un losco intento. 7 (fig) (destitute of knowledge) oscuro, oscurantistica: a second ~ age una seconda era oscurantistica. 8 (fig) (not clear to the mind) oscuro, incomprensibile, astruso. II n. 1 oscurità f., buio m., tenebre f.pl.: cats can see in the ~ i gatti riescono a vedere al buio. 2 (nightfall, night) notte f., il calare della notte, buio m.: to wait until ~ aspettare fino al calar della notte. □ after ~ dopo il calar delle tenebre, a notte fatta; Dark Ages alto Medioevo; Dark Blues studenti di Harrow, studenti di Oxford; (Alim) ~ chocolate cioccolato fondente; (Geog) Dark Continent continente nero, Africa; to get ~ farsi buio, farsi scuro; ~ glasses occhiali scuri; ~ haired dai capelli bruni, dai capelli scuri; (Sport) ~ horse outsider (anche fig); in the ~ al buio; (fig) to be in the ~ about sth. essere all'oscuro di qcs., ignorare qcs.; (fig) to keep so. in the ~ about sth. tenere qcu. all'oscuro di qcs.; to work in the ~ procedere alla cieca; (fig) to keep sth. ~ tenere qcs. segreto; (colloq) keep it ~ tientelo per te, (colloq) acqua in bocca; ~ lantern lanterna cieca.

darken /'dɑːkən Am 'dɑːrkən/ I v.t. 1 oscurare, rendere oscuro, fare (il) buio in: to ~ a room fare il buio in una stanza. 2 (to lessen the illumination of) offuscare, oscurare: clouds -ed the sun (delle) nubi offuscavano il sole. 3 (in colour) scurire, annerire: smoke had -ed the ceiling il fumo aveva annerito il soffitto. 4 (fig) (to obscure) confondere, rendere confuso, rendere difficile. 5 (fig) (to make gloomy) deprimere, rattristare. II v.i. 1 oscurarsi, farsi scuro, farsi buio, offuscarsi: the sky -ed il cielo si fece scuro. 2 (of colours) diventare scuro, scurirsi. 3 (fig) farsi cupo, farsi nero, oscurarsi, rabbuiarsi: his face -ed with anger si oscurò in viso dalla rabbia. □ never ~ my door again! non rimettere mai più piede in casa mia!

darkey /'dɑːki Am 'dɑːrki/ n. (spreg) negro m. (f. -a).

darkish /'dɑːkɪʃ Am 'dɑːrkɪʃ/ a. piuttosto scuro, piuttosto buio.

darkle /'dɑːkḷ Am 'dɑːrkḷ/ v.i. 1 (lett,ant) celarsi nel buio. 2 (to grow dark) oscurarsi.

darkling /'dɑːklɪŋ Am 'dɑːrklɪŋ/ I a. 1 (lett) fatto al buio, che avviene al buio. 2 (dark) oscuro, fosco. II avv. al buio, nelle tenebre.

darkly /'dɑːkli Am 'dɑːrkli/ avv. 1 oscuramente. 2 (dimly) indistintamente. 3 (fig) (obscurely) in modo oscuro, in modo vago, confusamente. 4 (fig) (threateningly) minacciosamente.

darkness /'dɑːknəs Am 'dɑːrknəs/ n. 1 oscurità f., buio m., tenebre f.pl.: the room was in ~ la stanza era al buio. 2 (colour) tinta f. carica. 3 (fig) (wickedness) cattiveria f., malvagità f., male m.: the powers of ~ le potenze del male. 4 (fig) (obscurity) oscurità f. 5 (fig) (lack of knowledge) ignoranza f. 6 (fig) (blindness) cecità f.

darkroom /'dɑːkruːm Am 'dɑːrkruːm/ n. (Fot) camera f. oscura.

dark-skinned /'dɑːkskɪnd Am 'dɑːrkskɪnd/ a. dalla pelle scura.

darksome /'dɑːksəm Am 'dɑːrksəm/ a. (poet) cupo, fosco, tetro.

darky /'dɑːki Am 'dɑːrki/ n. (spreg) negro m. (f. -a).

darling /'dɑːlɪŋ Am 'dɑːrlɪŋ/ I n. 1 amato bene m., tesoro m.: my ~ tesoro mio. 2 (favourite) beniamino m. (f. -a), prediletto m. (f. -a), (colloq) cocco m. (f. -a). II a. 1 caro, diletto, prediletto. 2 (colloq) (charming) affascinante, delizioso, incantevole. □ a ~ baby un tesoro di bimbo.

darn /dɑːn Am dɑːrn/ I v.t. 1 rammendare: to ~ socks rammendare calzini. 2 (eufem) maledire. II n. 1 rammendo m., rammendatura f. 2 maledizione f. III a. (eufem) maledetto. IV avv. (eufem) maledettamente. □ (Am,colloq) ~ tootin' è proprio così.

darned /dɑːnd Am dɑːrnd/ I a. (eufem) maledetto. II avv. (eufem) maledettamente.

darnel /'dɑːnəl Am 'dɑːrnəl/ n. (Bot) loglio m.

darner /'dɑːnə Am 'dɑːrnər/ n. 1 rammendatore m. (f. -trice). 2 (needle) ago m. da rammendo. 3 (egg) uovo m. da rammendo.

darning /'dɑːnɪŋ Am 'dɑːrnɪŋ/ n. 1 (act) il rammendare. 2 (result) rammendo m., rammendatura f. □ ~ egg uovo da rammendo; ~ needle ago da rammendo.

darning-stitch /'dɑːnɪŋstɪtʃ Am 'dɑːrnɪŋstɪtʃ/ n. (in sewing) punto m. rammendo.

dart /dɑːt Am dɑːrt/ I n. 1 dardo m. 2 pl. (costr.sing.) (game) tirassegno m. con freccette. 3 (in the dart game) freccetta f. (da tirassegno). 4 (javelin) giavellotto m. 5 (fig) (swift movement) balzo m., guizzo m. 6 (fig) (sth. that wounds) dardo m., freccia f., strale m.: the -s of irony i dardi dell'ironia. 7 (Sart) pince f. 8 (Entom) pungiglione m. II v.i. lanciarsi, balzare, guizzare. III v.t. 1 spingere di colpo. 2 (to move suddenly) muovere repentinamente. 3 (of the eyes, look, etc.) dardeggiare, saettare, lanciare. 4 (to throw suddenly) scagliare di colpo, lanciare di colpo, scagliare all'improvviso, lanciare all'improvviso. 5 (Sart) fare una pince a. □ ~ away uscire a razzo; to ~ by fare un salto: I'm going to ~ by the grocery store on my way home from work faccio un salto in drogheria mentre torno a casa dal lavoro; to ~ in entrare a razzo; he -ed past passò come un lampo.

dartboard /'dɑːtbɔːd Am 'dɑːrtbɔːrd/ n. bersaglio m. del tirassegno.

darter /'dɑːtə Am 'dɑːrtər/ n. 1 (Ornit) aninga f. 2 (Itt) perca f. dorata.

dartre /'dɑːtə Am 'dɑːrtər/ n. (Med) herpes m.

Darwinian /dɑː'wɪnɪən Am dɑːr'wɪnɪən/ 1 a. darwiniano. II n. darwinista m./f., darwiniano m. (f. -a).

Darwinism /'dɑːwɪnɪzəm Am 'dɑːrwɪnɪzəm/ n. darwinismo m.

Darwinist /'dɑːwɪnɪst Am 'dɑːrwɪnɪst/ n. darwinista m./f., darwiniano m. (f. -a).

dash¹ /dæʃ/ I v.t. 1 gettare, buttare, scagliare, sbattere: to ~ sth. to the ground gettare a terra qcs. 2 (fig) (of hopes, etc.) distruggere, infrangere, far svanire, rendere vano. II v.i. (to move suddenly) balzare, scagliarsi, precipitarsi: I must ~ now ora devo scappare. □ (fig) to ~ along (of a car) sfrecciare a tutta velocità; to ~ down the stairs scendere le scale a precipizio; to ~ so.'s hopes fare una doccia fredda a qcu.; (Br,eufem) ~ it! maledizione!, accidenti!; to ~ off: 1 (to hurry away) scappare via; 2 (to execute with haste) buttar giù, scrivere di getto, improvvisare: to ~ off a letter buttare giù una lettera; to ~ sth. to pieces frantumare qcs., fare a pezzi qcs.; to ~ up the stairs salire le scale come un fulmine.

dash² /dæʃ/ I n. 1 (Tip) lineetta f. 2 (small quantity) piccola quantità f., tantino m. 3 (of liquids) goccio m., goccia f.: a ~ of brandy in one's coffee un goccio di brandy nel caffè. 4 (of colours) sfumatura f., macchia f. 5 (fig) (touch) tocco m., pizzico m., briciolo m., po' m. 6 (fig) (stroke of the pen) tratto m., trattino m. 7 (rush) balzo m., salto m.: to make a ~ for the door fare un balzo per raggiungere la porta. 8 (pouring) lo scrosciare, scroscio m.: the ~ of waves lo scrosciare delle onde. 9 (sound, thud) tonfo m., rumore m. 10 (Sport) corsa f. (veloce). 11 (Aut,Aer) (dashboard) cruscotto m. 12 (Br) (style) foga f., ardore m., sicurezza f.: to play with ~ suonare con foga, suonare con ardore. II intz. (Br,eufem) al diavolo! 2 (Br) at a ~ a precipizio, di volata; to make a ~ for slanciarsi in avanti; to make a ~ at sth. precipitarsi su qcs.

dashboard /'dæʃbɔːd Am 'dæʃbɔːrd/ n. 1 (Aut, Aer) (instrument panel) cruscotto m. 2 (ant) (of a carriage) riparo m. anteriore per l'acqua.

dashed /dæʃt/ I a. (Br,eufem) maledetto. II avv. (Br,eufem) maledettamente.

dashing /'dæʃɪŋ/ a. 1 impetuoso, focoso, pieno di slancio. 2 (of horses) focoso. 3 (elegantly showy) vistosamente elegante, sgargiante.

dastard /'dæstəd, 'dɑːstəd Am 'dæstərd/ n. (ant) vile m./f., codardo m. (f. -a).

dastardliness /'dæstədlɪnəs, 'dɑːstədlɪnəs Am 'dæstərdlɪnəs/ n. codardia f., viltà f.

dastardly /'dæstədli, 'dɑːstədli Am 'dæstərdli/ a. vilmente, da codardo.

dasyure /'dæsɪjʊər/ n. (Zool) dasiuro m.

dat. (Gramm) dative dat. (dativo).

data /'deɪtə, 'dɑːtə Am 'deɪtə, 'dɑːtə/ n.pl. (costr.sing. o pl.) 1 (Inform) dati m.pl. 2 (Filos) dati m.pl. (di fatto), premesse f.pl. □ (Inform) ~ bank banca dei dati; (Inform) ~ base database, base dei dati; (Inform) ~ capture cattura dei dati (da parte di un programma); (Inform) ~ collection raccolta dei dati; (Inform) ~ compaction compattamento dei dati; (Inform) ~ compression compressione dei dati; (Inform) ~ entry data entry, inserimento (dei) dati; (Inform) ~ file file dei dati; (Inform) ~ handling trattamento dei dati; (Inform) ~ input input dei dati; (Inform) ~ management gestione dei dati; (Inform) ~ mining data mining; (Inform) ~ processing elaborazione (dei) dati; (Inform) ~ processor elaboratore dati; (Inform) ~ protection protezione dei dati; (Dir) ~ protection bill legge sulla protezione dei dati; (Inform) ~ security sicurezza dei dati; (Inform) ~ storage memorizzazione dei dati.

datable /'deɪtəbļ, 'dɑːtəbļ Am 'deɪtəbļ, 'dɑːtəbļ/ a. databile.

datal /'deɪtļ, 'dɑːtļ Am 'deɪtļ, 'dɑːtļ/ a. cronologico.

datary /'deɪtəri, 'dɑːtəri Am 'deɪtəri, 'dɑːtəri/ n. (Rel.catt) dataria f. apostolica, dataria f.

datcha /'dætʃə/ n. (Russian country home) dacia f.

date /deɪt/ I n. 1 data f.: to fix a ~ for a meeting fissare la data di un incontro. 2 (period of time) tempo m., periodo m., epoca f.: of Roman ~ dell'epoca romana. 3 (colloq) (appointment) appuntamento m. 4 (colloq) (person dated) persona f. con cui si ha un appuntamento. 5 (Comm) (due date) scadenza f. 6 (Bot) dattero m. II v.t. 1 datare, mettere la data su, apporre la data su: to ~ a letter datare una lettera. 2 (to assign a date to) attribuire, datare, fissare la data di: this church is -d to the thirteenth century questa chiesa viene fatta risalire al tredicesimo secolo. 3 (to show the

age of) rivelare l'età, mostrare la propria età. 4 (to show to be old-fashioned) datare. 5 (colloq) (to make a date with) dare un appuntamento a. III v.i. 1 risalire (from, back to a): the manuscripts ~ back to 1750 i manoscritti risalgono al 1750. 2 (to extend) risalire (a), tramandarsi (da). 3 (to become old-fashioned) essere antiquato, essere passato di moda. □ (Comm) to ~ back retrodatare; (Comm) to ~ forward postdatare; to make a ~ with so. fissare un appuntamento con qcu.; ~ of birth data di nascita; (Econ) due ~ of coupon godimento della cedola; (Comm) ~ of maturity data di scadenza; out of ~ antiquato, fuori moda, sorpassato; (Bot) ~ palm palma da datteri; ~ rape violenza carnale inflitta dalla persona con cui si esce per un appuntamento; ~ stamp: 1 datario; 2 (information) timbro (della data); 3 (Post) bollo a data: ~ stamp impression impronta del bollo a data; to ~ fino a oggi, finora; up to ~: 1 moderno; 2 (to include present knowledge, up to the present moment) aggiornato: my diary is up to ~ il mio diario è aggiornato; to bring up to ~ aggiornare; what is the ~ today (o what ~ is it today)? quanti ne abbiamo (oggi)?, che giorno (del mese) è oggi?

date-cancel /'deɪt,kænsəl/ (past, p.p. **date-cancelled** /-d/) v.t. obliterare (con un timbro).

dated /'deɪtɪd Am 'deɪtɪd/ a. 1 datato, con data. 2 (old-fashioned) antiquato, passato di moda, fuori moda.

dateless /'deɪtləs/ a. 1 senza data. 2 (poet) (endless) senza fine, eterno. 3 (immemorial) che esiste da tempo immemorabile. 4 (colloq) senza una persona con cui uscire: I'm still ~ for the prom non ho ancora un accmpagnatore per il ballo.

dateline /'deɪtlaɪn/ n. 1 (Geog) (international dateline) linea f. del cambiamento di data. 2 (Giorn) (of a news story) riga f. che contiene la data e il luogo di origine; (of a publication) indicazione f. della data.

dating /'deɪtɪŋ Am 'deɪtɪŋ/ n. 1 datazione f. 2 (act of going out with so. romantically) l'uscire insieme (con persone del sesso opposto). □ ~ agency agenzia per cuori solitari; (Archeol) ~ by radiocarbon datazione con carbonio 14.

datival /də'taɪvəl, deɪ'taɪvəl/ a. (Gramm) del dativo, dativo.

dative /'deɪtɪv Am 'deɪtɪv/ I a. (Gramm) 1 dativo. 2 (datival) del dativo, dativo. II n. (Gramm) dativo m.

datum /'deɪtəm, 'dɑːtəm Am 'deɪtəm, 'dɑːtəm/ n. 1 (pl. **-ta** /-tə Am -ţə/, **-s** /-z/) → **data**. 2 (Topogr) (pl. **-s**) caposaldo m.

datura /də'tjʊərə Am də'tj)ʊrə/ n. (Bot) datura f.

daub /dɔːb/ I v.t. 1 rivestire, ricoprire: to ~ the walls with paint ricoprire i muri di pittura. 2 (to paint unskilfully) imbrattare, impiastrare. II v.i. dipingere malamente, dipingere alla meglio. III n. 1 sostanza f. spalmabile. 2 (sth. daubed on) imbratto m., imbrattatura f. 3 (crude painting) pittura f. mal fatta.

daube /'doub/ n. (Gastron) manzo m. stufato.

dauber /'dɔːbər/ n. (spreg) imbrattatore m. (f. -trice), imbrattatele m./f.

daubster /'dɔːbstər/ n. (spreg) imbrattatore m. (f. -trice), imbrattatele m./f.

daughter /'dɔːtə Am 'dɔːtər/ n. 1 figlia f. (anche fig): a ~ of Eve una figlia di Eva. 2 (fig) (as a term of address) figlia f., figliola f. □ (Biol) ~ cell cellula figlia.

daughter-in-law /'dɔːtər ɪnlɔː Am 'dɔːtər ɪnlɔː/ n. nuora f.

daughterly /'dɔːtəli Am 'dɔːtərli/ a. filiale, di

figlia.

daunt /dɔːnt/ v.t. **1** scoraggiare. **2** (*to intimidate*) spaventare, intimidire.

daunting /'dɔːntɪŋ Am 'dɔːntɪŋ/ a. scoraggiante.

dauntless /'dɔːntləs/ a. impavido, intrepido.

dauntlessness /'dɔːntləsnəs/ n. ardimento m., coraggio m.

Dauphin /'dɔːfɪn/ n. (Stor) delfino m.

Dave /deɪv/ n.pr.m. dim. di David.

davenport /'dævənpɔːt Am 'dævənpɔːrt/ n. (Arred) **1** (desk) scrittoio m., scrivania f. **2** (Am) (sofa) sofà m., canapè m.; (divan bed) divano-letto m.

David /'deɪvɪd/ n.pr.m. Davide.

davit /'dævɪt,'deɪvɪt/ n. (Mar) gru f. (di imbarcazione).

davy /'deɪvi/ □ (Br,sl) *to take one's ~ that* giurare che.

Davy /'deɪvi/ □ (colloq) *~'s Jones' locker* fondo del mare; (Minier) *~ lamp* lampada (di) Davy, lampada di sicurezza; (colloq) *to go to ~'s locker* morire in mare.

daw /dɔː/ n. (Ornit) (jackdaw) taccola f.

dawdle /'dɔːdl/ I v.i. bighellonare, ciondolare, gingillarsi. II v.t. (of time) sciupare, sprecare. □ *to ~ time away* sprecare il tempo.

dawdler /'dɔːdlər/ n. bighellone m. (f. -a), fannullone m. (f. -a), (colloq) perdigiorno m./f.

dawn /dɔːn/ I n. **1** alba f., aurora f.: *at ~* all'alba. **2** (fig) alba f., albori m.pl., inizio m., principio m.: *the ~ of civilization* gli albori della civiltà. II v.i. **1** albeggiare, farsi giorno; (of the day) spuntare. **2** (fig) (to begin) aver inizio, essere agli albori. **3** (fig) (to become evident) (cominciare a) farsi chiaro, farsi evidente, farsi strada (on, upon in). **4** (fig) (to become understood) venire in mente (a): *it -ed on me that* mi è venuto in mente che. □ *~ chorus* cinguettio di uccelli (all'alba); (colloq) *a ~ of hope* un barlume di speranza; (poet) *~ song* mattinata.

dawning /'dɔːnɪŋ/ n. **1** l'albeggiare, lo spuntar del giorno. **2** (fig) alba f., albori m.pl., inizio m., principio m.

day /deɪ/ n. **1** giorno m., giornata f., (poet) dì m.: *a beautiful ~* una bella giornata. **2** (daylight) giorno m., luce f. del giorno: *I sleep by ~* io dormo durante il giorno, io dormo di giorno. **3** (Astr) giorno m. **4** (period for work) giorno m. (lavorativo), giornata f. (lavorativa): *an eight-hour ~* una giornata di otto ore; *a five ~ week* una settimana di cinque giorni, una settimana corta. **5** (particular day) giorno m., festa f., ricorrenza f.: *the ~ of our marriage* il giorno del nostro matrimonio. **6** (fig) giornata f., battaglia f., combattimento m.: *to lose the ~* perdere la battaglia. **7** pl. (age, period) tempi m.pl., giorni m.pl., tempo m.sing., periodo m.sing.: *in the -s of Queen Victoria* ai tempi della regina Vittoria; *in my ~* ai miei tempi. □ *~ after* un giorno dopo l'altro; (fig) *the ~ after the fair* troppo tardi, quando la festa è finita; *the ~ after tomorrow* dopodomani, domani l'altro; (Arred) *~ bed* divano-letto; *the ~ before* il giorno prima, la vigilia; (fig) *the ~ before the fair* troppo presto, in anticipo; *the ~ before yesterday* ieri l'altro, l'altro ieri, avant'ieri; (Med) *~ blindness* nictalopia; (Br,Scol) *~ boarder* semiconvittore; (Br,Scol) *~ boy* allievo esterno; *at ~ break* all'alba; *~ by ~* di giorno in giorno; *to be paid by the ~* essere pagato a giornata; *~ care* accoglienza diurna per bambini; *~ care centre* (o Am *~ care center*) centro di accoglienza diurna per bambini; *~ centre* (o Am *~ center*) centro diurno; (fig) *your ~ will come* il tuo giorno verrà, verrà il tuo momento; (Br)

this ~ fortnight tra quindici giorni; (Br,Scol) *~ girl* allieva esterna; (fig) *ideas that have had their ~* idee che hanno fatto il loro tempo; *~ hospital* day hospital, ospedale diurno; *~ in ~ out*: **1** da mattina a sera; **2** (without relief) senza tregua; *~ labour*: **1** (day labourers) mano d'opera giornaliera; **2** (work) lavoro a giornata; *~ labourer* lavoratore a giornata, giornaliero; (Bot) *~ lily* emerocallide; (fig) *his -s are numbered* ha i giorni contati; (Br) *~ nursery* asilo infantile; (Econ) *-s of grace* giorni di grazia, periodo di tolleranza; (Rel) *Day of Judgement* giorno del giudizio (universale); *in -s of old* nei tempi andati; *~ of reckoning*: **1** giorno della resa dei conti; **2** (fig) giorno del giudizio; (Rel) *Day of Retribution* giorno del giudizio (universale); *a ~ off* (o *a ~ off work*) un giorno di riposo; *one ~* una volta o l'altra, un giorno o l'altro; *one of these (fine) -s* uno di questi giorni; *~ room* sala comune (anche Mil); (Scol) *~ school*: **1** scuola diurna; **2** (non-boarding) scuola senza convitto; *~ student* studente esterno; (Am,iron) *that'll be the ~* sarà ora!; *these -s* in questi tempi, di questi tempi; *those -s* a quei tempi, allora; (Ferr) *~ ticket* biglietto ferroviario valido per un giorno; *in -s to come* nei giorni che verranno, nei giorni futuri, nel futuro; *from one ~ to the next* da un giorno all'altro; *what ~ is it today?* che giorno è oggi?; *~ work* lavoro a giornata; (fig) *it's all in a ~'s work* è normalissimo, sono cose di ordinaria amministrazione; *~ worker* lavoratore a giornata, giornaliero.

daybook /'deɪbʊk/ n. **1** (Comm) libro m. giornale, giornale m. **2** (Am) (diary) diario m.

daybreak /'deɪbreɪk/ n. lo spuntar del giorno, alba f.

day-date /'deɪdeɪt/ □ *~ watch* orologio con datario, orologio con data.

daydream /'deɪdriːm/ I n. sogno m. a occhi aperti, fantasticheria f. II v.i. sognare a occhi aperti, fantasticare.

daydreamer /'deɪdriːmər/ n. sognatore m. (f. -trice).

daylight /'deɪlaɪt/ n. **1** luce f. del giorno, giorno m.: *by ~* di giorno. **2** (dawn) alba f., l'albeggiare, lo spuntar del giorno: *at ~* all'alba. **3** (fig) (nuova) luce f.: *the discovery throws some ~ on the problem* la scoperta getta nuova luce sul problema. **4** (fig) (space between two parts) apertura f., luce f., spazio m. libero. □ *~ robbery*: **1** rapina in pieno giorno; **2** (fig) (exorbitant price) furto, ladrocinio; *~ saving* (o *~ saving time*) ora legale; (Fot) *~ type* film pellicola per luce diurna.

daylong /'deɪlɒŋ Am 'deɪlɑːŋ/ a. che dura tutta la giornata, che dura una giornata.

daypack /'deɪpæk/ n. zainetto m.

dayshift /'deɪʃɪft/ n. **1** lavoratori m.pl. del turno di giorno, operai m.pl. del turno di giorno. **2** (period) turno m. di giorno.

dayspring /'deɪsprɪŋ/ n. (poet) alba f.

daystar /'deɪstaːr Am 'deɪstɑːr/ n. (Astr) stella f. mattutina.

daytime /'deɪtaɪm/ n. giorno m.: *in the ~* di giorno.

daytimer /'deɪtaɪmər/ n. calendario-agenda m.

day-to-day /,deɪtə'deɪ Am ,deɪtə'deɪ/ a. **1** giornaliero. **2** (from day to day) da un giorno all'altro, di giorno in giorno. □ (Econ) *~ loan* prestito pagabile su domanda; *~ management* gestione ordinaria.

daytrip /'deɪtrɪp/ n. (excursion for a day) escursione f., gita f. di un giorno.

daytripper /'deɪtrɪpər/ n. (one who takes daytrips) chi fa una gita in giornata.

daze /deɪz/ I v.t. **1** stordire, intontire. **2** (fig) (to bewilder) sbalordire, stupefare. **3** (fig) (to dazzle) abbagliare. II n. **1** stordimento m. **2** (fig) (bewilderment) sbalordimento m. □ *to be in a ~* essere sbalordito, essere stupefatto.

dazedly /'deɪzɪdli/ avv. con aria sbalordita.

dazzle /'dæzl/ I v.t. **1** abbagliare, abbacinare. **2** (fig) abbagliare, impressionare, colpire. II n. **1** abbagliamento m., accecamento m. **2** (sth. dazzling) bagliore m.

dazzlement /'dæzlmənt/ n. abbagliamento m.

dazzler /'dæzlər/ n. **1** (person) persona f. che affascina. **2** (thing) cosa f. che abbaglia.

dazzling /'dæzlɪŋ/ a. accecante, abbagliante. □ *a ~ success* un successo travolgente.

db (Fis) decibel db (decibel).

DBE *Dame (Commander of the Order) of the British Empire* (Dama dell'Impero Britannico).

DBMS /,diːbiːem'es/ (Inform) *Data Base Management System* DBMS (sistema di gestione di database).

DBS 1 *Direct Broadcasting Satellite* DBS (satellite per diffusione diretta). **2** *Direct Broadcasting by Satellite* DBS (trasmissione diretta da satellite).

DC /,diː'siː/ **1** (District of Columbia) DC (Distretto di Columbia). **2** (Washington D.C.) (Washington DC). **3** (El) direct current c.c. (corrente continua). **4** (Mus) da capo d.c., DC (da capo).

DCM (Br,Mil) *Distinguished Conduct Medal* (medaglia al merito).

DD 1 *Doctor of Divinity* (dottore in teologia). **2** (burocr) *Day* GG (giorno).

dd. 1 (Comm) *days after date* (giorni dopo la data). **2** (Comm) *delivered* (consegnato). **3** (Econ) *demand draft* (tratta a vista).

D-day /'diːdeɪ/ n. **1** (Stor) D-day m., giorno m. dello sbarco in Normandia. **2** (Mil) giorno m. dell'attacco. **3** (GB,Stor) (decimal day) giorno m. dell'introduzione del sistema decimale. **4** (fig) giorno m. dell'azione.

DDR /,diːdiː'ɑːr/ (Geog.stor) *Deutsche Demokratische Republik* RDT (Repubblica Democratica Tedesca).

DDT /,diːdiː'tiː/ (Chim) *dichlorodiphenyltrichloroethane* DDT (diclorodifeniltricloroetano).

DE 1 *Delaware* DE (Delaware). **2** (GB) *Department of Employment* (ministero del lavoro).

deaccession /,diːæk'seʃən/ I v.t. vendere oggetti (conservati in museo, biblioteca ecc.). II n. vendita f. di oggetti (conservati in museo, biblioteca ecc.).

deacon /'diːkən/ n. (Rel) diacono m.

deaconess /'diːkənəs/ n. (Rel.prot,ant) diaconessa f.

deaconry /'diːkənri/ n. (Rel) diaconato m.

deaconship /'diːkənʃɪp/ n. (Rel) diaconato m.

deactivate /,diːˈæktɪveɪt/ v.t. **1** disattivare, neutralizzare. **2** (Mil) (of a unit) smilitarizzare; (of a bomb) disinnescare. **3** (Chim) deattivare.

deactivation /di,æktɪ'veɪʃən/ n. disattivazione f.

deactivator /di'æktɪveɪtər Am di'æktɪveɪtər/ n. disattivatore m.

dead /ded/ I a. **1** morto (anche fig): *~ branches* rami morti; *~ with fright* morto di paura. **2** (inanimate) inerte, inanimato: *~ matter* materia inanimata. **3** (resembling death) simile alla morte: *a ~ sleep* un sonno simile alla morte. **4** (fig) (insensitive) insensibile, sordo: *she was ~ to my pleas* era sorda alle mie suppliche. **5** (*numb*) intirizzito, intorpidito: (*Br*) *my foot has gone* ~ mi si è intorpidito un piede; *in my left hand is* ~ ho le dita della mano sinistra intorpidite. **6** (*insensible*) insensibile. **7** (*of an emotion*) morto, spento, finito. **8** (*no longer current*) caduto in disuso: *to become* ~ cadere in disuso. **9** (*of a language*) morto. **10** (*colloq*) (*exhausted*) sfinito, esausto, morto. **11** (*not working, uncharged*) scarico, inservibile, fuori uso: *a* ~ *battery* una batteria scarica. **12** (*extinct*) esaurito: *a* ~ *gold mine* una miniera d'oro esaurita. **13** (*of a fire*) spento; (*of a volcano*) spento, inattivo. **14** (*dull*) morto, privo di vita, privo di animazione. **15** (*absolute*) assoluto, completo, totale: ~ *silence* silenzio assoluto, silenzio di tomba. **16** (*abrupt*) brusco, improvviso. **17** (*accurate*) molto preciso, preciso al millimetro: *his imitation of Charlot is* ~ *on* la sua imitazione di Charlot è perfetta. **18** (*exact*) esatto, preciso: *the* ~ *centre of a target* il centro esatto del bersaglio. **19** (*of colours*) smorto, spento. **20** (*barren*) sterile, improduttivo. **21** (*Acus*) smorzato. **22** (*Sport*) (*of a ball*) morto, fuori gioco. **23** (*El*) messo a terra, senza tensione. **24** (*Tel*) (*of a line*) che non dà segnale, interrotto: *the line went* ~ si è interrotta la comunicazione. **II** *n*. **1** (*collett.*) morti *m.pl.*, defunti *m.pl.* **2** (*quietest, darkest time, etc.*) cuore *m.*, profondità *f.*, pieno *m.*: *in the* ~ *of night* nel cuore della notte, in piena notte. **III** *avv.* **1** assolutamente, completamente, profondamente. **2** (*abruptly*) di colpo, bruscamente: *to stop* ~ fermarsi di colpo. **3** (*directly*) nettamente, decisamente. □ (*Econ*) ~ *account* conto fermo, conto inattivo; ~ *and buried* morto e sepolto; (*colloq*) *he's* ~ *and done for* per lui è proprio finita, è spacciato; *to be* ~ *and gone* essere finito, essere morto e sepolto (*anche fig*): *a* ~ *and gone issue* una questione chiusa; (*colloq*) (*as*) ~ *as a doornail* morto stecchito; (*Sport*) ~ *ball* palla fuori gioco; ~ *body* cadavere: *over my* ~ *body you'll do it* dovrai passare sul mio cadavere; (*colloq*) ~ *broke* squattrinato, al verde; (*Mar*) ~ *calm* bonaccia, calma piatta; (*Econ*) ~ *capital* capitale morto, capitale inattivo; ~ *centre*: **1** (*Mot*) punto morto; **2** (*Mecc*) contropunta fissa; (*colloq*) ~ *drunk* ubriaco fradicio; (*colloq*) ~ *duck* persona destinata al fallimento; (*spec. Am*) *in* ~ *earnest* in tutta serietà; ~ *end*: **1** vicolo cieco (*anche fig*); **2** (*Ferr*) binario morto; *from the* ~ dal regno dei morti: *to raise from the* ~ risuscitare; (*sl*) *to be* ~ *from the neck up* essere stupido e insensibile; (*Sport*) ~ *heat* pareggio, gara che si chiude in parità; (*sl*) ~ *house* obitorio, camera mortuaria; *in a* ~ *faint* come morto; (*fig*) *to be* ~ *in the water* essere senza speranza, essere spacciato; ~ *letter*: **1** (*Dir*) lettera morta; **2** (*Post*) lettera non recapitata, lettera giacente; (*Idr*) ~ *level* livello permanente, livello costante; (*Sport*) ~ *lift* (*in weightlifting*) sollevamento da posizione in piedi; (*Edil*) ~ *load* carico fisso; ~ *loss*: **1** (*Comm*) perdita totale; **2** (*colloq*) (*hopeless thing or person*) caso senza speranza, caso disperato, disastro; (*fig*) ~ *man's shoes* posto (*o* eredità) cui aspira un successore impaziente; (*Mus*) ~ *march* marcia funebre; (*sl*) ~ *men* bottiglie vuote; (*Bot*) ~ *nettle* lamio; *in the* ~ *of winter* in pieno inverno; (*Lit*) ~ *office* ufficio funebre; (*Med*) ~ *on arrival* morto all'arrivo (in ospedale); ~ *point*: **1** (*Mot*) punto morto; **2** (*Mecc*) contropunta fissa; (*Sport*) ~ *pull* (*in weightlifting*) sollevamento da posizione in piedi; (*Mar*) ~ *reckoning* stima della posizione; (*Acus*) ~ *room* camera anecoica; (*Geog*) *Dead*

Sea Mar Morto; (*Filol*) *Dead Sea Scrolls* rotoli del mar Morto; ~ *season* bassa stagione; ~ *set*: **1** (*Caccia*) punta; **2** (*Br.fig*) sforzo deciso: *to make a* ~ *set at winning* impiegare tutte le proprie forze per vincere; *she made a* ~ *set at him* ce l'ha messa tutta per conquistarlo; ~ *shot* tiratore infallibile; (*Mar*) ~ *slow* (macchine) al minimo; (*fig*) ~ *spit* ritratto vivente; ~ *stock*: **1** (*Comm*) merce invendibile, giacenze inutilizzabili; **2** (*Econ*) capitale azionario inutilizzato; **3** (*Dir*) scorte morte; *to come to a* ~ *stop* fermarsi bruscamente; *more* ~ *than alive* più morto che vivo; (*Ind*) ~ *time* tempo di inattività, tempo morto; ~ *tired* stanco morto; ~ *to the world*: **1** profondamente addormentato, immerso nel sonno, che dorme come un sasso; **2** (*Am*) (*fast asleep*) ubriaco fradicio; *a* ~ *weight* un peso morto; (*fig*) ~ *wood* rami secchi: *to cut away the* ~ *wood* (o *to remove the* ~ *wood*) tagliare i rami secchi. *Prov.*: ~ *men tell no tales* i morti non parlano.

dead-and-alive /ˌdedən(d)əˈlaɪv/ *a*. **1** (*colloq*) noioso, monotono, tedioso. **2** (*of a person*) privo di vita, privo di vitalità.

deadbeat[1] /ˈdedbiːt/ **I** *a*. (*colloq*) sfinito, esausto, morto. **II** *n*. **1** (*Am*) scroccone *m*. (*f.* -a), parassita *m./f.* **2** (*loafer*) fannullone *m.* (*f.* -a).

deadbeat[2] /ˈdedbiːt/ *a*. **1** (*Orol*) libero, senza rimbalzo. **2** (*El*) smorzato.

deadbolt /ˈdedboʊlt/ *n*. (*on a door*) serratura *f*. di sicurezza.

deaden /ˈdedən/ *v.t.* **1** smorzare, attutire, attenuare: *to* ~ *a blow* attutire un colpo. **2** (*Acus*) isolare acusticamente.

dead-end /ˌdedˈend/ *a*. **1** (*Strad*) cieco, senza uscita. **2** (*fig*) senza sbocco, senza futuro, senza prospettive. **3** (*colloq*) (*living in the slums*) che vive nei bassifondi. □ ~ *kid* giovane delinquente; ~ *situation* vicolo cieco, situazione senza sbocchi, situazione senza via d'uscita.

deadener /ˈdedənər/ *n*. (*Acus*) materiale *m*. isolante.

deadening /ˈdedənɪŋ/ *n*. (*Acus*) isolamento *m*. acustico, insonorizzazione *f*.

deadeye /ˈdedaɪ/ *n*. (*Mar*) bigotta *f*.

deadfall /ˈdedfɔːl/ *n*. (*Caccia*) trappola *f*.

deadfreight /ˈdedfreɪt/ *n*. (*Mar*) nolo *m*. vuoto per pieno.

deadhead /ˈdedhed/ **I** *n*. **1** (*colloq*) chi ha un biglietto omaggio. **2** (*dullard*) stupido *m*. (*f.* -a), tonto *m*. (*f.* -a). **3** (*Br*) fiore *m*. appassito. **II** *v.i.* (*colloq*) viaggiare alla portoghese, entrare senza pagare. **III** *v.t.* (*Br*) togliere i fiori appassiti.

deadlight /ˈdedlaɪt/ *n*. (*Mar*) **1** (*shutter*) oscuratore *m*. di oblò. **2** (*pane of glass*) occhio *m*. di bue.

deadline /ˈdedlaɪn/ *n*. **1** scadenza *f*., data *f*. limite, termine *m*. ultimo: *to be on a* ~ avere una scadenza da rispettare. **2** (*in prison*) confine *m*. invalicabile.

deadliness /ˈdedlɪnəs/ *n*. carattere *m*. mortale, carattere *m*. letale.

deadlock /ˈdedlɒk/ *Am* /ˈdedlɑːk/ **I** *n*. incaglio *m*., punto *m*. morto (*anche fig*): *to reach a* ~ arrivare a un punto morto; (*fig*) *to come out of the* ~ superare il punto morto, uscire dalla situazione di stallo. **II** *v.t.* (*to cause deadlock*) mettere in una situazione di stallo, portare a un punto morto, bloccare, incagliare.

deadly /ˈdedli/ **I** *a*. **1** mortale, letale, micidiale. **2** (*aiming to kill: of a person*) mortale: *a* ~ *enemy* un nemico mortale; (*of a thing*) mortale, micidiale. **3** (*like death*) mortale: *a* ~ *pallor* un pallore mortale. **4** (*accurate*) preciso, esatto: ~ *aim* mira precisa. **5** (*colloq*) (*very boring*) mortalmente noioso, insop-

portabile. **II** *avv.* **1** mortalmente: ~ *pale* mortalmente pallido, d'un pallore mortale. **2** (*extremely*) estremamente, terribilmente. □ *in* ~ *earnest* in tutta serietà; (*Bot*) ~ *nightshade* belladonna.

dead-man /ˈdedmæn/ □ ~*'s float* (*in swimming*) il fare il morto; (*Tecn*) ~*'s handle* leva di arresto automatico, dispositivo di uomo morto.

deadness /ˈdednəs/ *n*. **1** torpore *m*., intorpidimento *m*. **2** (*fig*) insensibilità *f*., indifferenza *f*.

deadpan /ˈdedpæn/ *n*. **1** (*sl*) viso *m*. privo di espressione. **2** (*Teat*) commedia *f*. in cui gli attori rimangono impassibili. **II** *a*. compassato, impassibile, all'inglese: ~ *humour* umorismo all'inglese.

deadweight /ˈdedweɪt/ *n*. **1** peso *m*. morto (*anche fig*). **2** (*Mar*) (*deadweight capacity*) portata *f*. lorda, stazza *f*. lorda.

deadwire /ˈdedwaɪər/ *Am* /ˈdedwaɪr/ *n*. (*El*) filo *m*. a terra.

deadwood /ˈdedwʊd/ *n*. **1** rami *m.pl.* secchi (*anche fig*): *to cut the* ~ eliminare i rami secchi. **2** (*Mar*) massello *m*. del dritto di poppa.

deaf /def/ *a*. sordo (o *a*) (*anche fig*). □ ~ *aid* apparecchio acustico; ~ *and dumb* sordomuto; *as* ~ *as a doorpost* sordo come una campana; *to go* ~ diventare sordo; *to be* ~ *in one ear* essere sordo da un orecchio; *to turn a* ~ *ear* fare orecchi da mercante.

deaf-and-dumb /ˌdefən(d)ˈdʌm/ □ ~ *alphabet* alfabeto dei sordomuti.

deafen /ˈdefən/ *v.t.* **1** assordare, rendere sordo, far diventare sordo. **2** (*Acus*) isolare acusticamente.

deafening /ˈdefənɪŋ/ *a*. assordante, fragoroso.

deaf-mute /ˌdefˈmjuːt, ˈdefmjuːt/ **I** *a*. sordomuto. **II** *n*. sordomuto *m*. (*f.* -a).

deaf-muteness /ˌdefˈmjuːtnəs, ˈdefmjuːtnəs/, **deaf-mutism** /ˌdefˈmjuːtɪzəm, ˈdefmjuːtɪzəm/ *n*. sordomutismo *m*.

deafness /ˈdefnəs/ *n*. sordità *f*.

deal[1] /diːl/ (*past, p.p.* **dealt** /delt/) **I** *v.i.* **1** occuparsi (*with* di), dedicarsi (a): *I shall* ~ *with you later* mi occuperò di te più tardi. **2** (*of things*) trattare (di). **3** (*to take action concerning*) affrontare (qcs.). **4** (*to behave towards*) comportarsi (con, verso), trattare (con). **5** (*to trade*) occuparsi (*in* di), commerciare (in); (*to do business*) fare affari (*with* con): *to* ~ *with a firm* fare affari con una ditta. **6** (*in card games*) dare le carte, fare le carte. **II** *v.t.* **1** (*to distribute*) distribuire, spartire. **2** (*of cards*) fare, dare: *to* ~ *so. an ace* dare un asso a qcu. □ *to* ~ *so. a blow* dare un colpo a qcu.; *to* ~ *out* distribuire, spartire; *to* ~ *well by so.* trattare bene qcu.; *a person difficult to* ~ *with* una persona difficile (da trattare); *a person easy to* ~ *with* persona con cui si tratta facilmente; ~ *with it!* pensaci tu!

deal[2] /diːl/ *n*. **1** affare *m*., accordo *m*.: *to do a* ~ *with so.* fare un affare con qcu. **2** (*treatment received*) trattamento *m*.: *he gave me a raw* ~ mi ha riservato un trattamento ingiusto. **3** (*underhand arrangement*) accordo *m*. segreto, patto *m*. segreto. **4** (*in cards*) il fare le carte, il dare le carte; (*turn to deal*) turno *m*. di fare le carte, l'essere di mazzo; (*set of cards*) mano *f*.: *to pass the* ~ passare la mano. **5** (*amount, quantity*) ammontare *m*., quantità *f*., (*colloq*) sacco *m*. □ (*colloq*) *it's a* ~ siamo d'accordo, affare fatto; (*Econ*) ~ *on the Stock Exchange* colpo in Borsa; *whose* ~ *is it?* a chi tocca fare le carte?

deal[3] /diːl/ **I** *n*. **1** legno *m*. di abete, legno *m*. di pino. **2** (*board*) tavola *f*. di abete, tavola *f*.

di pino. **II** *a.* (*of fir*) di abete; (*of pine*) di pino.

dealer /ˈdiːləʳ/ *n.* **1** commerciante *m./f.*; (*supplier*) fornitore *m.* (*f.* -trice). **2** (*colloq*) (*of drugs*) spacciatore *m.* (*f.* -trice). **3** (*Econ*) (*stockjobber*) operatore *m.* (*f.* -trice) di borsa. **4** (*in card games*) chi fa le carte. □ ~ *in stolen goods* ricettatore.

dealership /ˈdiːləʃɪp *Am* ˈdiːlərˈʃɪp/ *n.* (*Comm*) concessionario *m.*, concessionaria *f.*: *the Mercedes* ~ il concessionario Mercedes.

dealing /ˈdiːlɪŋ/ *n.* **1** (*conduct towards others*) modo *m.* di agire, condotta *f.*, comportamento *m.* **2** (*Comm*) commercio *m.*: ~ *in wines* commercio in vini. **3** *pl.* relazioni *f.pl.*, rapporti *m.pl.*: *business* -*s* relazioni d'affari. □ (*Econ*) ~ *for a fall* operazione al ribasso; (*Econ*) -*s for cash* transazione per contanti; (*Econ*) ~ *for the settlement* negoziazione a termine.

dealmaker /ˈdiːlmeɪkəʳ/ *n.* chi fa affari.

dealmaking /ˈdiːlmeɪkɪŋ/ *n.* il fare affari.

dealt /delt/ → **deal**[1].

deambulation /diˌæmbjʊˈleɪʃən/ *n.* deambulazione *f.*

deambulatory /diˈæmbjʊlətəri *Am* di-ˈæmbjʊlətɔːri/ *a.* ambulatorio, della deambulazione.

dean /diːn/ *n.* **1** (*Univ*) preside *m.* di facoltà; (*official in charge of discipline*) funzionario *m.* addetto alla disciplina. **2** (*Rel*) (*head of a chapter*) decano *m.* **3** (*Rel.catt*) diacono *m.* **4** (*senior member*) decano *m.*

deanery /ˈdiːnəri/ *n.* (*Rel*) decanato *m.*

deanship /ˈdiːnʃɪp/ *n.* (*Rel*) decanato *m.*

dear /dɪəʳ *Am* dɪr/ **I** *a.* **1** caro, amato, diletto: *a* ~ *friend* un caro amico. **2** (*in letters*) caro: *Dear John* caro John. **3** (*precious*) caro, prezioso: *one's* -*est possessions* i beni più preziosi. **4** (*heartfelt*) sentito, sincero: *his* -*est wish* il suo più sentito augurio. **5** (*expensive*) caro, costoso, (*colloq*) salato: *to get* ~*er* rincarare. **II** *n.* **1** tesoro *m.*, amore *m.* **2** (*as a term of address*) caro *m.* (*f.* -a). **III** *avv.* **1** affettuosamente, caramente. **2** (*at a high price*) caro, a caro prezzo. **IV** *intz.* povero me!, mio Dio! □ *be a* ~ *and help me* sii buono e aiutami; *my* ~ *fellow* caro mio; (*lett*) *my* ~ *heart* cuor mio; *to run for* ~ *life* correre a perdifiato, correre a più non posso; (*epist*) *Dear Madam* Gentile Signora; ~*me!* ohimè!; *oh* ~*!* mamma mia!, povero me!; *oh* ~ *no!* oh no!, certamente no!; *one's* ~*ones* i propri cari; (*epist*) *Dear Sir* Egregio Signore; (*colloq*) *there's a* ~ su, da bravo.

dearie /ˈdɪəri *Am* ˈdɪri/ *n.* (*colloq*) tesoro *m.*, tesoruccio *m.*

dearly /ˈdɪəli *Am* ˈdɪrli/ *avv.* **1** caramente, teneramente: *to love so.* ~ amare qcu. teneramente. **2** (*earnestly*) ardentemente, fervidamente. **3** (*at a high price*) a caro prezzo. □ (*Bibl*) ~ *beloved* (o ~ *beloved brethren*) carissimi (fratelli).

dearness /ˈdɪənəs *Am* ˈdɪrnəs/ *n.* **1** amabilità *f.* **2** (*fondness*) affettuosità *f.* **3** (*expensiveness*) costo *m.* elevato, dispendiosità *f.*

dearth /dɜːθ *Am* dɜːrθ/ *n.* **1** scarsità *f.*, mancanza *f.*, penuria *f.* **2** (*famine*) carestia *f.*, scarsità *f.* di viveri.

deary /ˈdɪəri *Am* ˈdɪri/ *n.* (*colloq*) tesoro *m.*, tesoruccio *m.*

death /deθ/ *n.* **1** morte *f.* **2** (*instance*) decesso *m.*: *a* ~ *in the family* un decesso in famiglia. **3** (*fig*) morte *f.*, fine *f.*, distruzione *f.*, crollo *m.*: *the* ~ *of one's hopes* la fine di tutte le speranze. **4** (*cause of death*) causa *f.* di morte. **5** (*capital punishment*) pena *f.* capitale, morte *f.*: *to condemn to* ~ condannare a morte. **6** (*Giorn*) necrologio *m.* **7** (*rar*) (*plague*) peste

f.: *the Black* ~ la peste nera. □ (*Zool*) ~ *adder* vipera della morte; (*fig*) *to be at* ~*'s door* essere in punto di morte, avere un piede nella fossa, essere al lumicino; (*Br*) *to be in at the* ~: **1** (*Caccia*) essere presente all'uccisione della preda; **2** (*fig*) assistere al coronamento di un'impresa, assistere al momento culminante di un evento; ~ *bed*: **1** letto di morte; **2** (*last illness*) malattia mortale; **3** (*point of death*) punto di morte: *to be on one's* ~ *bed* essere in punto di morte; (*Rel*) ~*bed conversion* conversione in punto di morte; (*Assic*) ~*benefit* indennità in caso di morte; ~*blow* colpo mortale (*anche fig*); ~ *camp* (*concentration camp*) campo di sterminio; ~ *certificate* certificato di morte; ~ *chamber* camera mortuaria; ~ *comes to all men* tutti dobbiamo morire, la morte non guarda in faccia nessuno; *to do to* ~ fare morire; (*Dir*) ~ *duty* tassa di successione, imposta di successione; ~ *for natural causes* morte per cause naturali; ~*'s head* teschio, testa di morto; ~ *house* (*of prison*) braccio della morte; (*Psic*) ~ *instinct* istinto di morte; ~ *knell* rintocco funebre, campana a morte; *to look like* ~ essere il ritratto della morte; (*colloq*) *to look like* ~ *warmed over* (o *to look like* ~ *warmed up*) sembrare la morte in vacanza; ~ *mask* maschera (mortuaria); (*Giorn*) ~*notice* necrologio; (*colloq*) *you'll be the* ~ *of me* tu mi farai morire; ~ *penalty* pena di morte; *to put to* ~ uccidere; (*Statist*) ~ *rate* quoziente di mortalità, tasso di mortalità; ~*rattle* rantolo (di agonia); ~ *ray* raggio della morte; ~ *roll* elenco dei caduti in guerra, elenco dei morti in guerra; ~ *row* (*of prison*) braccio della morte; (*Dir*) ~ *tax* tassa di successione, imposta di successione; (*poet*) *Deaththe Reaper* la morte falciatrice; *to the* ~: **1** fino alla morte, all'ultimo sangue; **2** (*to the end*) fino alla fine; ~ *to traitors!* a morte i traditori!; ~ *trap* trappola mortale, tranello mortale; ~*warrant*: **1** (*Dir*) mandato di esecuzione capitale; **2** (*fig*) condanna a morte; ~ *watch*: **1** veglia al capezzale di un moribondo; **2** (*of a criminal*) guardia (fatta) a un condannato a morte; ~ *wish* desiderio di morte.

death-adder /ˈdeθædəʳ/ *n.* (*Zool*) vipera *f.* della morte.

death-defying /ˈdeθdɪˌfaɪɪŋ/ *a.* estremamente pericoloso, pericolosissimo.

deathless /ˈdeθləs/ *a.* **1** immortale, eterno. **2** (*fig*) immortale, imperituro: ~ *fame* fama imperitura.

deathlessness /ˈdeθləsnəs/ *n.* immortalità *f.*

deathlike /ˈdeθlaɪk/ *a.* mortale, simile alla morte, di morte.

deathly /ˈdeθli/ **I** *a.* **1** mortale, letale, fatale. **2** (*like death*) di morte, mortale: *a* ~ *silence* un silenzio di morte. **II** *avv.* **1** mortalmente, come la morte: ~ *pale* pallido come la morte. **2** (*fig*) (*utterly*) mortalmente, estremamente, molto: ~ *tired* stanco morto.

death's-head /ˈdeθshed/ *n.* (*Entom*) ~ *moth* testa di morto, atropo.

death-watch /ˈdeθwɒtʃ *Am* ˈdeθwɑːtʃ/ *n.* (*Entom*) ~ *beetle* orologio della morte.

deb /deb/ *n.* debuttante *m./f.*

debacle, débâcle /deɪˈbɑːkl̩, dɪˈbæːkl̩/ *n.* **1** sconfitta *f.*, disfatta *f.*, disastro *m.*, fiasco *m.*, batosta *f.*: *Vietnam* ~ la sconfitta del Vietnam. **2** (*escape*) fuga *f.* precipitosa, fuggi fuggi *m.* **3** (*collapse*) sfacelo *m.*, disastro *m.*, rovina *f.* **4** (*Geog*) (*breaking up of ice*) débâcle *f.*, disgelo *m.* repentino. **5** (*violent flood*) violenta inondazione *f.*

debag /ˌdiːˈbæg/ (*past, p.p.* **debagged** /-d/) *v.t.*

(*Br,sl*) togliere i pantaloni a.

debar /ˌdiːˈbɑːʳ *Am* ˌdiːˈbɑːr/ (*past, p.p.* **debarred** /-d/) *v.t.* **1** privare, escludere: *to* ~ *so. from a right* privare qcu. di un diritto. **2** (*to prohibit*) impedire a, vietare a: *to* ~ *so. from doing sth.* impedire a qcu. di fare qcs. **3** (*to shut out*) vietare l'accesso a. □ *to* ~ *by time* prescrivere.

debark /ˌdiːˈbɑːk *Am* ˌdiːˈbɑːrk/ **I** *v.t.* **1** scortecciare. **2** (*disembark*) sbarcare. **II** *v.i.* **1** scortecciare, togliere la corteccia a. **2** (*disembark*) sbarcare.

debarkation /ˌdiːbɑːˈkeɪʃən *Am* ˌdiːbɑːrˈkeɪʃən/ *n.* sbarco *m.*

debarred /ˌdiːˈbɑːd *Am* ˌdiːˈbɑːrd/ □ (*Dir*) ~ *from succeeding* indegno a succedere.

debase /dɪˈbeɪs/ *v.t.* **1** abbassare, avvilire, degradare. **2** (*Econ*) (*of coinage*) svilire (la lega); (*estens*) svalutare.

debasement /dɪˈbeɪsmənt/ *n.* **1** avvilimento *m.*, degradazione *f.* **2** (*Econ*) (*of coinage*) svilimento *m.* (della lega); (*estens*) svalutazione *f.*

debaser /dɪˈbeɪsəʳ/ *n.* (*of coinage*) falsificatore *m.* (*f.* -trice) che produce monete di titolo inferiore a quello ufficiale.

debatable /dɪˈbeɪtəbl̩ *Am* dɪˈbeɪtəbl̩/ *a.* **1** discutibile, contestabile. **2** (*questionable*) discutibile, dubbio. □ (*Pol*) ~ *land* territorio conteso.

debate /dɪˈbeɪt/ **I** *n.* **1** (*Parl*) dibattito *m.*, discussione *f.* **2** (*speaking contest*) disputa *f.*, discussione *f.*, dibattimento *m.*, contraddittorio *m.* **3** (*controversy*) controversia *f.*, disputa *f.*, polemica *f.* **II** *v.t.* **1** (*Parl*) discutere (*on, about* su, di), dibattere. **2** (*to argue about, to discuss*) discutere. **3** (*to reflect upon*) ponderare, considerare, riflettere su. **III** *v.i.* **1** partecipare a un dibattito, prendere parte a un dibattito. **2** (*to discuss*) discutere. □ *the question in* ~ (o *the question under* ~) la questione in discussione; *to* ~ *with oneself whether or not to do sth.* essere in dubbio se fare o no qcs.

debater /dɪˈbeɪtəʳ *Am* dɪˈbeɪtər/ *n.* participante *m./f.* a un dibattito.

debating /dɪˈbeɪtɪŋ *Am* dɪˈbeɪtɪŋ/ □ ~ *society* associazione che organizza dibattiti fra i soci.

debauch /dɪˈbɔːtʃ/ **I** *v.t.* **1** corrompere, depravare, pervertire. **2** (*to lead astray*) traviare, sviare. **II** *n.* **1** corruzione *f.*, pervertimento *m.* **2** (*orgy*) gozzoviglia *f.*, orgia *f.*, stravizio *m.*

debauchable /dɪˈbɔːtʃəbl̩/ *a.* corruttibile.

debauchedly /dɪˈbɔːtʃɪdli/ *avv.* in modo corrotto, in modo dissoluto.

debauchedness /dɪˈbɔːtʃɪdnəs/ *n.* intemperanza *f.*, smoderatezza *f.*, sregolatezza *f.*, eccesso *m.*

debauchee /ˌdebɔːˈtʃiː, ˌdɪbɔːˈtʃiː/ *n.* vizioso *m.* (*f.* -a), dissoluto *m.* (*f.* -a), depravato *m.* (*f.* -a).

debauchery /dɪˈbɔːtʃəri/ *n.* **1** dissolutezza *f.*, depravazione *f.* **2** *pl.* (*orgies*) gozzoviglie *f.pl.*, orge *f.pl.*, stravizi *m.pl.*

Debbie /ˈdebi/ *n.pr.f.* dim. di Deborah.

debenture /dɪˈbenʃəʳ/ *n.* **1** (*Econ*) (*bond*) obbligazione *f.*, titolo *m.* obbligazionario. **2** (*Econ*) (*unsecured loan certificate*) obbligazione *f.* non garantita. □ (*Econ*) ~ *at a discount* obbligazione sotto la pari; (*Econ*) ~ *bond* obbligazione non garantita; (*Econ*) ~ *capital* capitale obbligazionario; (*Econ*) ~ *certificate* cartella di obbligazione; (*Econ*) ~ *holder* obbligazionista; (*Econ*) ~ *interest* interessi su obbligazioni; (*Econ*) ~ *loan* prestito obbligazionario; (*Econ*) ~ *stock* capitale obbligazionario; (*Econ*) ~ *to bearer* obbligazione al portatore.

debilitate /dɪ'bɪlɪteɪt/ *v.t.* debilitare, indebolire.

debilitating /dɪ'bɪlɪteɪtɪŋ *Am* dɪ'bɪlɪteɪtɪŋ/ *a.* debilitante, sfibrante.

debilitation /dɪˌbɪlɪ'teɪʃ°n/ *n.* debilitazione *f.*

debilitative /dɪ'bɪlɪteɪtɪv *Am* dɪ'bɪlɪteɪtɪv/ *a.* **1** (*enervating*) che debilita, snervante. **2** (*enfeebling*) debilitante.

debility /dɪ'bɪlɪti *Am* dɪ'bɪləti/ *n.* debolezza *f.* (*anche Med*).

debit /'debɪt/ **I** *n.* **1** (*Comm*) (*item*) addebito *m.*; (*sum of items*) conto *m.* debitore; (*entry*) registrazione *f.* a debito. **2** (*fig*) debito *m.* **II** *v.t.* **1** (*Comm*) addebitare, registrare in dare, registrare a debito: *to ~ a firm with a sum* addebitare una somma a una ditta. **2** (*Comm*) (*to charge as a debt*) registrare come addebito. □ (*Comm*) ~ *account* conto debitore; (*Comm*) ~ *advice* avviso di addebito; (*Comm*) ~ *amount* ammontare a debito; (*Comm*) ~ *and credit* uscite ed entrate, dare e avere; (*Comm*) ~ *balance* saldo a debito, saldo debitore; (*Econ*) ~ *card* carta di addebito, carta di debito; (*Comm*) ~ *column* colonna del dare; (*Comm*) ~ *entry* registrazione a debito; (*Comm*) ~ *interest* interesse debitore; (*Comm*) ~ *item* registrazione a debito, voce passiva; (*Comm*) ~ *ledger* libro mastro delle vendite; (*Comm*) ~ *note* nota di addebito; (*Comm*) ~ *side* (colonna del) dare: *on the ~ side* in dare, in addebito; (*Comm*) *to your* ~ a Vs. debito.

debonair /ˌdebə'neəʳ *Am* ˌdebə'neɪʳ/ *a.* **1** (*charming*) affascinante, affabile. **2** (*stylish*) elegante, distinto. **3** (*confidente*) disinvolto.

Deborah /'debərə/ *n.pr.f.* Debora.

debouch /dɪ'baʊtʃ, diː'buːʃ/ *v.i.* **1** (*Mil*) uscire allo scoperto. **2** (*of a river, etc.*) sboccare (all'aperto), sfociare, emergere.

debouchment /dɪ'baʊtʃmənt, diː'buːʃmənt/ *n.* **1** (*Mil*) l'uscire allo scoperto. **2** (*of a river, etc.*) sbocco *m.*

debrief /ˌdiː'briːf/ *v.t.* chiamare a rapporto.

debriefing /ˌdiː'briːfɪŋ/ *n.* chiamata *f.* a rapporto.

debris /'deɪbriː *Br also* 'debriː/ *n.* avanzi *m.pl.*, rottami *m.pl.*

debt /det/ *n.* **1** debito *m.* **2** (*fig*) debito *m.*, obbligo *m.* (morale), obbligazione *f.*: *to owe a ~ of gratitude to so.* avere un debito di gratitudine nei confronti di qcu. □ (*Econ*) ~ *active* credito esigibile; (*Comm*) ~ *collection* recupero crediti; (*Comm*) ~ *collector* agente per il recupero crediti; (*Econ*) ~ *conversion* conversione del debito (pubblico); *to get into* ~ indebitarsi, contrarre debiti, fare debiti; *to get out of* ~ pagare i debiti; (*Econ*) ~ *management* gestione del debito pubblico; ~ *of honour* debito di onore; (*Econ*) ~ *provision* accantonamento per sopravvenienze passive; (*Econ*) ~ *ratio* indice di indebitamento; (*Econ*) ~ *service* servizio del debito.

debtor /'detəʳ *Am* 'detəʳ/ *n.* debitore *m.* (*f.* -trice). □ (*Econ*) ~ *country* paese debitore.

debug /ˌdiː'bʌg/ *v.t.* **1** disinfestare. **2** (*Inform*) eseguire il debugging, eliminare gli errori di un programma. **3** (*to remove a hidden device*) eliminare un apparecchio di intercettazione da.

debugging /ˌdiː'bʌgɪŋ/ *n.* **1** disinfestazione *f.* **2** (*Inform*) debugging *m.*, eliminazione *f.* di errori di programma.

debunk /ˌdiː'bʌŋk/ *v.t.* (*colloq*) ridurre alle giuste proporzioni, sgonfiare, ridimensionare: *to ~ a myth* sgonfiare un mito.

debus /ˌdiː'bʌs/ **I** *v.i.* scendere dall'autobus. **II** *v.t.* fare scendere dall'autobus.

debut, début /'deɪbjuː *Br also* deɪ'bjuː/ **I** *n.* **1**

(*Teat*) esordio *m.*, debutto *m.* **2** (*entrance into society*) debutto *m.* in società, ingresso *m.* in società. **II** *v.i.* (*colloq*) debuttare: *the singer -s here tonight* il cantante debutta qui stasera. □ (*Teat*) *to make one's* ~ debuttare, esordire.

debutant, débutant /'de(ɪ)buːtɑː(ŋ) *Am* 'debjuːtɑːnt/ *n.* debuttante *m.*, esordiente *m.*, principiante *m.*

debutante, débutante /'de(ɪ)bjuːtɑː(ŋ)t *Am* 'debjuːtɑːnt/ *n.* **1** debuttante *f.* (in società). **2** (*beginner of a career*) esordiente *f.*

dec. 1 *deceased* D (deceduto). **2** *declaration* (dichiarazione).

Dec. *December* dic. (dicembre).

decadal /'dekəd°l/ *a.* **1** di decade. **2** (*of ten years*) di dieci anni.

decade /'dekeɪd, dek'eɪd, dɪ'keɪd/ *n.* **1** (*ten years*) decennio *m.* **2** (*group, set of ten*) decade *f.* **3** (*Mat*) decade *f.*

decadence /'dekəd°ns *Am also* dɪ'keɪd°ns/ *n.* **1** decadenza *f.* **2** (*Art,Lett*) decadenza *f.*, decadentismo *m.*

decadent /'dekəd°nt *Am also* dɪ'keɪd°nt/ **I** *a.* decadente (*anche Lett*): *a ~ society* una società decadente. **II** *n.* decadente *m./f.* (*anche Lett*).

decadentism /'dekəd°ntɪz°m *Am also* dɪ 'keɪd°ntɪz°m/ *n.* (*Lett*) decadentismo *m.*

decaf /'diː'kæf/ *n.* caffe *m.* decaffeinato: *a cup of ~, please* un decaffeinato, per favore.

decaffeinate /di:'kæfɪneɪt/ *v.t.* decaffeinare, decaffeinizzare.

decaffeination /diːˌkæfɪ'neɪʃ°n/ *n.* decaffeinazione *f.*, decaffeinizzazione *f.*

decaffeinization /diːˌkæfɪn(a)ɪ'zeɪʃ°n/ *n.* decaffeinazione *f.*, decaffeinizzazione *f.*

decagon /'dekəgən *Am* 'dekəgɑːn/ *n.* (*Geom*) decagono *m.*

decagonal /dɪ'kægən°l/ *a.* decagonale.

decagram /'dekəgræm/ *n.* (*Am*) decagrammo *m.*

decagramme /'dekəgræm/ *n.* decagrammo *m.*

decahedral /ˌdekə'hiːdrəl *Br also* ˌdekə'hedr°l/ *a.* (*Geom*) decaedrico.

decahedron /ˌdekə'hiːdrən *Br also* ˌdekə'hedrən/ (*pl.* -**s** /-z/, -**dra** /-drə/) *n.* (*Geom*) decaedro *m.*

decalcification /ˌdiːˌkælsɪfɪ'keɪʃ°n/ *n.* (*Chim,Med*) decalcificazione *f.*

decalcifier /ˌdiː'kælsɪfaɪʳ/ *n.* (*Chim*) decalcificatore *m.*

decalcify /ˌdiː'kælsɪfaɪ/ *v.t.* decalcificare.

decalcomania /dɪˌkælkoʊ'meɪniə/ *n.* decalcomania *f.*

decaliter /'dekəˌliːtəʳ/ *n.* (*Am*) decalitro *m.*

decalitre /'dekəˌliːtəʳ/ *n.* decalitro *m.*

Decalog /'dekəlɒg, *Am* 'dekəlɑːg/ *n.* (*Bibl*) decalogo *m.*

Decalogue /'dekəlɒg, *Am* 'dekəlɑːg/ *n.* (*Bibl*) decalogo *m.*

decameter /'dekəˌmiːtəʳ/ *n.* (*Am*) decametro *m.*

decametre /'dekəˌmiːtəʳ/ *n.* decametro *m.*

decametric /ˌdekə'metrɪk/ *a.* decametrico: *~ waves* onde decametriche, onde ad alta frequenza.

decamp /dɪ'kæmp/ *v.i.* **1** (*Mil*) levare il campo, decampare. **2** (*colloq*) (*to leave suddenly*) levare le tende, svignarsela.

decampment /dɪ'kæmpmənt/ *n.* (*Mil*) decampamento *m.*

decanal /dɪ'keɪn°l, 'dekən°l/ *a.* **1** (*of a dean*) del decano, relativo al decano. **2** (*of a deanery*) del decanato, relativo al decanato.

decant /dɪ'kænt/ *v.t.* **1** (*Chim*) decantare. **2** (*to pour from one container into another*) travasare: *to ~ wine* travasare il vino.

decantation /ˌdiːkæn'teɪʃ°n/ *n.* (*Chim*) de-

cantazione *f.*

decanter /dɪ'kæntəʳ *Am* dɪ'kæntəʳ/ *n.* **1** decanter *m.*, caraffa *f.*, boccia *f.* **2** (*Tecn*) decantatore *m.*

decapitate /dɪ'kæpɪteɪt/ *v.t.* decapitare.

decapitation /dɪˌkæpɪ'teɪʃ°n/ *n.* decapitazione *f.*

decapitator /dɪ'kæpɪteɪtəʳ *Am* dɪ'kæpɪteɪtəʳ/ *n.* boia *m.*

decarbonate /ˌdiː'kɑːbəneɪt *Am* ˌdiː'kɑːrbəneɪt/ *v.t.* (*Chim*) decarbonare.

decarbonation /diːˌkɑːbə'neɪʃ°n *Am* diːˌkɑːrbə'neɪʃ°n/ *n.* (*Chim*) decarbonazione *f.*

decarbonise /ˌdiː'kɑːbənaɪz/ *v.t.* (*Br,Met*) decarburare.

decarbonization /diːˌkɑːbɒn(a)ɪ'zeɪʃ°n/ *n.* (*Met*) decarburazione *f.*

decarbonize /ˌdiː'kɑːbənaɪz *Am* ˌdiː'kɑːrbənaɪz/ *v.t.* (*Met*) decarburare.

decarburise /ˌdiː'kɑːbjʊraɪz/ *v.t.* (*Br,Met*) decarburare.

decarburization /diːˌkɑːbjʊr(a)ɪ'zeɪʃ°n *Am* diːˌkɑːrbjʊr'zeɪʃ°n/ *n.* (*Met*) decarburazione *f.*

decarburize /ˌdiː'kɑːbjʊraɪz *Am* ˌdiː'kɑːrbjʊraɪz/ *v.t.* (*Met*) decarburare.

decartelization /ˌdiːˌkɑːtəl(a)ɪ'zeɪʃ°n *Am* ˌdiːˌkɑːrtəl(ʌ)'zeɪʃ°n/ *n.* (*Econ*) decartellizzazione *f.*

decartelize /ˌdiː'kɑːtəlaɪz *Am* ˌdiː'kɑːrtəlaɪz/ *v.t.* (*Econ*) decartellizzare.

decastyle /'dekəstaɪl/ *n.* (*Arch*) portico *m.* decastilo.

decasyllabic /ˌdekəsɪ'læbɪk/ *a.* (*Metr*) decasillabo.

decasyllable /'dekəsɪləbl̩, ˌdekə'sɪləbl̩/ *n.* (*Metr*) decasillabo *m.*

decathlete /dɪ'kæθliːt, dek'æθliːt/ *n.* (*Sport*) decatleta *m./f.*

decathlon /dɪ'kæθlɒn, dek'æθlɒn *Am* dɪ'kæθlɑːn/ *n.* (*Sport*) decathlon *m.*, decatlon *m.*

decatize /'dekətaɪz/ *v.t.* (*Tess,rar*) decatizzare.

decay /dɪ'keɪ/ **I** *v.i.* **1** decomporsi, marcire, guastarsi, imputridire. **2** (*fig*) (*to lose health, etc.*) deperire, indebolirsi. **3** (*fig*) (*to decline in excellence*) decadere, deteriorarsi, declinare. **4** (*fig*) (*to fall into ruin*) andare in rovina. **5** (*Fis*) disintegrarsi. **6** (*Dent*) cariarsi. *v.t.* **1** fare marcire, fare imputridire. **2** (*to impair*) fare deperire, fare indebolire. **III** *n.* **1** decomposizione *f.*, imputridimento *m.*; (*product*) marciume *m.* **2** (*fig*) (*decline*) decadimento *m.*, decadenza *f.*, declino *m.*, rovina *f.*: *to fall into* ~ cadere in rovina. **3** (*fig*) (*loss of health, etc.*) deperimento *m.*, indebolimento *m.*, calo *m.* **4** (*Fis*) disintegrazione *f.* **5** (*Dent*) carie *f.*

decaying /dɪ'keɪɪŋ/ *a.* **1** che si decompone, che marcisce, che si sta guastando: ~ *vegetation* vegetazione che marcisce. **2** (*fig*) (*falling into ruin*) cadente, che sta andando in rovina: ~ *walls* mura in rovina, mura cadenti.

decease /dɪ'siːs/ **I** *n.* decesso *m.*, morte *f.* **II** *v.i.* decedere, morire.

deceased /dɪ'siːst/ **I** *a.* deceduto, defunto, fu: *John Miller* ~ il fu John Miller. **II** *n.* defunto *m.* (*f.* -a), estinto *m.* (*f.* -a), morto *m.* (*f.* -a).

decedent /dɪ'siːd°nt/ *n.* (*Dir*) defunto *m.* (*f.* -a).

deceit /dɪ'siːt/ *n.* **1** inganno *m.*: *by* ~ con l'inganno. **2** (*Dir*) frode *f.*, dolo *m.*

deceitful /dɪ'siːtfʊl/ *a.* **1** (*of a person*) disonesto, falso, menzognero. **2** (*of a thing*) disonesto, ingannevole, fraudolento.

deceitfully /dɪ'siːtfʊli/ *avv.* con falsità, con disonestà, (*ant*) con dolo.

deceitfulness /dɪ'siːtfʊlnəs/ *n.* falsità *f.*, disonestà f.

deceivable /dɪ'siːvəbl̩/ a. ingannabile.

deceive /dɪ'siːv/ v.t. 1 ingannare, raggirare, truffare. 2 (to delude) deludere la fiducia di. 3 (rifl.) to ~ oneself illudersi, ingannarsi: to ~ oneself into believing sth. illudersi su qcs., ingannarsi su qcs.

deceiver /dɪ'siːvər/ n. ingannatore m. (f. -trice).

decelerate /diː'seləreɪt/ I v.t. decelerare, rallentare la velocità di. II v.i. rallentare, decelerare.

deceleration /ˌdiːseləˈreɪʃən/ n. rallentamento m., decelerazione f. □ (Am,Strad) ~ lane corsia di decelerazione.

decelerator /diː'seləreɪtər Am diː'selərɪtər/ n. rallentatore m.

December /dɪ'sembər/ n. dicembre m.: in ~ a dicembre.

decemvir /dɪ'semvər Am diː'semvɪr/ (pl. -s /-z/, -viri /-vəraɪ/) n. (Stor.rom) decemviro m.

decemvirate /dɪ'semvɪrət, dɪ'semvɪreɪt Am diː'semvə(r)ət/ n. (Stor.rom) decemvirato m.

decency /'diːsnsi/ n. 1 decenza f., rispettabilità f., convenienza f., decoro m. 2 (modesty) decenza f., pudore m. 3 pl. (requirements of respectable behaviour) convenienze f.pl., norme f.pl. del vivere civile.

decennary /dɪ'senəri/ n. decennio m.

decenniad /dɪ'seniəd/ n. (ant) decennio m.

decennial /dɪ'seniəl Br also des'eniəl/ I a. decennale. II n. decennale m.

decennially /dɪ'seniəli Br also des'eniəli/ avv. ogni dieci anni.

decennium /dɪ'seniəm/ (pl. -s /-z/, -nia /-niə/) n. decennio m.

decent /'diːsnt/ a. 1 rispettabile, decoroso. 2 (proper) decente, decoroso, conveniente, corretto: ~ language linguaggio corretto. 3 (fairly good) decente, soddisfacente, discreto: a ~ meal un pasto discreto. 4 (colloq) (kind) gentile, generoso: that's very ~ of you è molto gentile da parte tua. 5 (colloq) (not nude) decente. □ a ~-sized flat un appartamento abbastanza grande; a ~-sort of person una brava persona.

decently /'diːsntli/ avv. 1 decentemente. 2 (colloq) (fairly well) abbastanza bene, discretamente.

decentralise /diː'sentrəlaɪz/ v.t. (Br,Pol) decentrare, decentralizzare.

decentralist /diː'sentrəlɪst/ n. (Pol) sostenitore m. (f. -trice) del decentramento, fautore m. (f. -trice) del decentramento.

decentralization /diːˌsentrəl(ə)ɪˈzeɪʃən Am diːˌsentrəlɪ'zeɪʃən/ n. decentralizzazione f., decentramento m. (anche Pol).

decentralize /diː'sentrəlaɪz/ v.t. (Pol) decentrare, decentralizzare.

deception /dɪ'sepʃən/ n. 1 inganno m., l'ingannare: to practise ~ on so. tramare inganni contro qcu., ingannare qcu. 2 (trick, fraud) frode f., raggiro m., inganno m., sotterfugio m.

deceptive /dɪ'septɪv/ a. ingannevole, (ant) fallace, menzognero.

deceptively /dɪ'septɪvli/ avv. in modo ingannevole, (ant) in modo fallace, menzognero.

deceptiveness /dɪ'septɪvnəs/ n. l'essere ingannevole, (ant) fallacia f.

decibar /'desɪbaːr Am 'desɪbaːr/ n. (Fis) decibar m.

decibel /'desɪbel, 'desɪbəl/ n. (Fis) decibel m.

decidable /dɪ'saɪdəbl̩/ a. che si può decidere.

decide /dɪ'saɪd/ I v.t. 1 decidere, risolvere: the judge -d the case il giudice risolse il caso. 2 (to choose as a course of action) decidere, stabilire, prendere la decisione di: I can't ~ what to do non so decidere cosa fare. 3 (to

---

infer) dedurre, inferire, concludere. 4 (to bring to a decision) far prendere una decisione a, (far) decidere: what -d you to leave? che cosa ti ha deciso a, che cosa ti ha fatto decidere di partire? II v.i. 1 decidere, prendere una decisione: the referee -d against him l'arbitro decise in suo sfavore. 2 (to come to a conclusion) decidersi: to ~ on doing sth. decidersi a fare qcs. □ to ~ against sth. pronunciarsi contro qcs.; to ~ against doing sth. risolvere di non fare qcs., decidere di non fare qcs.

decided /dɪ'saɪdɪd/ a. 1 netto, definito, chiaro, deciso. 2 (resolute) deciso, risoluto, fermo: I am quite ~ sono fermamente deciso.

decidedly /dɪ'saɪdɪdli/ avv. 1 (unquestionably) chiaramente, nettamente. 2 (determinedly) decisamente, risolutamente.

decidedness /dɪ'saɪdɪdnəs/ n. 1 chiarezza f. (di idee). 2 (firmness) fermezza f., decisione f.

decider /dɪ'saɪdər/ n. 1 chi decide. 2 (Sport) gara f. decisiva, partita f. decisiva.

deciding /dɪ'saɪdɪŋ/ a. decisivo: ~ factor fattore decisivo.

deciduous /dɪ'sɪdjuəs Am dɪ'sɪdʒuəs/ a. 1 (Bot) a foglie decidue, caducifoglio. 2 (Biol) deciduo, caduco. □ (Anat) ~ tooth dente da latte, dente deciduo.

deciduousness /dɪ'sɪdjuəsnəs Am dɪ'sɪdʒuəsnəs/ n. (Bot,Biol) l'essere deciduo.

decigram /'desɪgræm/ n. (Am) decigrammo m.

decigramme /'desɪgræm/ n. decigrammo m.

deciliter /'desɪˌliːtər/ n. (Am) decilitro m.

decilitre /'desɪˌliːtər/ n. decilitro m.

decimal /'desɪml̩/ I a. (Mat) decimale. II n. (Mat) 1 (number) decimale m. 2 (decimal fraction) frazione f. decimale. 3 pl. aritmetica f.sing. decimale. □ (Econ) ~ coinage sistema monetario decimale; (Mat) ~ fraction frazione decimale; (Mat) ~ place cifra decimale (posizione rispetto alla virgola); (Mat) ~ point virgola decimale; ~ system sistema decimale.

decimalisation /ˌdesɪməl(ə)(r)ˈaɪzeɪʃən/ n. (Br) riduzione f. al sistema decimale, decimalizzazione f.

decimalise /'desɪməlaɪz/ v.t. (Br) ridurre al sistema decimale, decimalizzare.

decimalization /ˌdesɪməl(ə)(r)ɪ'zeɪʃən/ n. riduzione f. al sistema decimale, decimalizzazione f.

decimalize /'desɪməlaɪz/ v.t. ridurre al sistema decimale, decimalizzare.

decimally /'desɪməli/ avv. 1 a decine. 2 (by means of decimals) per mezzo di decimali.

decimate /'desɪmeɪt/ v.t. (Mil) decimare (anche fig).

decimation /ˌdesɪ'meɪʃən/ n. (Mil) decimazione f. (anche fig).

decimator /'desɪmeɪtər Am 'desɪmeɪt̬ər/ n. (Mil) chi decima.

decimeter /'desɪˌmiːtər Am/ n. (Am) decimetro m.

decimetre /'desɪˌmiːtər/ n. decimetro m.

decipher /dɪ'saɪfər/ v.t. 1 (of a code) decifrare. 2 (to make out) decifrare, capire, (riuscire a) leggere.

decipherable /dɪ'saɪfrəbl̩/ a. decifrabile.

decipherment /dɪ'saɪfəmənt Am dɪ'saɪfərmənt/ n. deciframento m., decifrazione f.

decision /dɪ'sɪʒən/ n. 1 (determination of a contest, trial, etc.) decisione f.: to arrive at (o to come to o to reach) a ~ giungere a una decisione. 2 (judgement) giudizio m., sentenza f.: the court's ~ is final il giudizio della corte è definitivo. 3 (act of choosing a course) scelta f., decisione f.: to make a ~

---

prendere una decisione; a difficult ~ una scelta difficile. 4 (resolution) risoluzione f., deliberazione f. 5 (firmness) fermezza f., decisione f., risolutezza f.: to speak with ~ parlare con fermezza; to lack ~ mancare di fermezza. 6 (Sport) (in boxing) vittoria f. ai punti. □ ~ analysis analisi delle decisioni, analisi decisionale; (Dir) ~ on appeal giudizio di appello; the ~ rests with you spetta a te decidere, tocca a te decidere; (Mat) ~ theory teoria delle decisioni.

decision-maker /dɪ'sɪʒənˌmeɪkər/ n. persona f. investita del potere decisionale, responsabile m./f. della decisione.

decision-making /dɪ'sɪʒənˌmeɪkɪŋ/ I a. decisionale. II n. processo m. decisionale. □ ~ body organo decisionale; ~ power potere decisionale.

decisive /dɪ'saɪsɪv/ a. 1 decisivo, determinante: ~ argument argomento decisivo. 2 (resolute) deciso, fermo, risoluto: a ~ character un carattere risoluto.

decisively /dɪ'saɪsɪvli/ avv. in modo deciso, in modo risoluto.

decisiveness /dɪ'saɪsɪvnəs/ n. 1 importanza f. decisiva, carattere m. decisivo. 2 (firmness) fermezza f., risolutezza f.

deck /dek/ I n. 1 (Mar) ponte m., coperta f. 2 (Aer) (flight-deck) ponte m. di volo; (pilot compartment) cabina f. di pilotaggio. 3 (of a bus) piano m. 4 (Ferr) (roof) imperiale m., tetto m.; (floor) pavimento m. 5 (pack of cards) mazzo m. di carte. 6 (terrace of house) pedana f. di ingresso (sul retro o ai lati di una casa). 7 (Acus) piastra f. di registrazione, deck m. 8 (Am,sl) (packet of cigarettes) pacchetto m. di sigarette; (packet of heroin) pacchetto m. di eroina. II v.t. 1 (to attire) rivestire, abbigliare, agghindare, mettersi in ghingheri. 2 (to adorn) adornare, abbellire, addobbare: the streets were -ed with flags le strade erano adorne di bandiere, le strade erano imbandierate. 3 (to knock so. out with a punch) mettere al tappeto, stendere con un pugno. 4 (Mar) munire di ponte, munire di coperta (over, in sth. qcs.). □ (Mar) ~-cargo carico di coperta; ~-chair sedia a sdraio; (fig) to ~ oneself in borrowed feathers coprirsi delle penne del pavone; (Mar) ~-landing appontaggio; (Mar) ~-officer ufficiale di coperta; on ~: 1 (Mar) sul ponte, sopraccoperta; 2 (colloq) (ready) pronto; to ~-out agghindarsi, mettersi in ghingheri: to be all -ed out in one's best clothes essere tutto in ghingheri; (Mar) ~-passenger passeggero di ponte (senza cabina).

deckhand /'dekhænd/ n. (Mar) marinaio m. di coperta.

deckhouse /'dekhaʊs/ n. (Mar) tuga f.

decking /'dekɪŋ/ n. (Mar) materiale m. di rivestimento (di un ponte).

deckle /'dekl̩/ n. 1 (Cart) cascio m., cornice f. 2 (Cart) zazzera f., sbavatura f., riccio m. □ (Cart) ~ edge zazzera, sbavatura, riccio.

deckle-edged /ˌdekl̩'edʒd/ a. (Cart) con zazzera, con riccio, con sbavatura: ~ paper carta con sbavatura.

decl. (Gramm) declension decl. (declinazione).

declaim /dɪ'kleɪm/ I v.i. 1 declamare. 2 (to inveigh) inveire, scagliarsi (against contro). 3 (to speak rhetorically) parlare in modo retorico, parlare in modo enfatico, declamare. 4 (to harangue) arringare. II v.t. declamare.

declaimer /dɪ'kleɪmər/ n. declamatore m. (f. -trice).

declamation /ˌdeklə'meɪʃən/ n. 1 declamazione f. 2 (as an exercise in elocution) esercizio m. retorico, esercizio m. di retorica. 3

(*rhetorical speech*) declamazione f., discorso m. retorico, discorso m. ampolloso.

declamatory /dɪˈklæmətəri Am dɪ ˈklæmətɔːri/ a. 1 declamatorio. 2 (*rhetorical*) retorico, declamatorio, ampolloso.

declarable /dɪˈkleərəbl Am dɪˈklerəbl/ a. 1 dichiarabile. 2 (*Econ*) (*at customs*) che bisogna dichiarare.

declarant /dɪˈkleərənt Am dɪˈklerənt/ n. (*Dir*) dichiarante m./f.

declaration /ˌdekləˈreɪʃən/ n. dichiarazione f.: a ~ of war una dichiarazione di guerra. □ ~ of consent dichiarazione di benestare; ~ of income dichiarazione dei redditi; (*Stor.am*) *Declaration of Independence* dichiarazione di indipendenza; (*Stor.brit*) *Declaration of Indulgence* proclamazione della libertà religiosa; (*Pol*) ~ of intent dichiarazione di intenti; (*Pol*) ~ of rights dichiarazione dei diritti; (*Pol*) ~ of the poll comunicazione dei risultati elettorali.

declarative /dɪˈklærətɪv Am dɪˈklærətɪv/ a. (*Gramm,Dir*) dichiarativo.

declaratively /dɪˈklærətɪvli Am dɪˈklærətɪvli/ avv. dichiaratamente, apertamente.

declaratory /dɪˈklærətəri Am dɪˈklærətɔːri/ a. (*Dir*) dichiaratorio.

declare /dɪˈkleə Am dɪˈkler/ I v.t. 1 dichiarare, rendere noto. 2 (*to proclaim*) annunciare, proclamare: to ~ peace proclamare la pace. 3 (*to state emphatically*) proclamare, affermare, dichiarare (con fermezza): he -d he was innocent proclamò la propria innocenza; (*colloq*) well, I ~! oh, questa poi! 4 (*at customs*) dichiarare: have you anything to ~? ha qualcosa da dichiarare? 5 (*in cricket, card games*) dichiarare. II v.i. 1 dichiararsi: to ~ against a candidate dichiararsi contro un candidato; to ~ for a candidate dichiararsi a favore di un candidato. 2 (*Sport*) (*in cricket*) dichiarare. □ (*Dir*) to ~ bankruptcy dichiarare fallimento; to ~ off ritirarsi da: to ~ off a contract disdire un contratto; to ~ oneself: 1 prendere posizione, dichiarare le proprie intenzioni; 2 (*to declare one's love*) dichiararsi, fare la dichiarazione.

declared /dɪˈkleəd Am dɪˈklerd/ a. dichiarato.

declaredly /dɪˈkleərɪdli Am dɪˈklerɪdli/ avv. dichiaratamente, apertamente.

declarer /dɪˈkleərə Am dɪˈklerə/ n. 1 dichiaratore m. (f. -trice). 2 (*in bridge*) dichiarante m./f.

déclassé /ˈdeɪˈklæseɪ/ I a. 1 declassato, degradato. 2 (*of inferior status*) di condizione sociale inferiore. II n. persona f. declassata.

declassify /diːˈklæsɪfaɪ/ v.t. 1 (*Mil,Pol*) (*of documents, codes, etc.*) togliere la qualifica di segreto di stato a. 2 (*Econ*) (*of costs*) riclassificare.

declension /dɪˈklenʃən/ n. 1 (*Gramm*) declinazione f. 2 (*descent*) declività f., declivio m., pendenza f. 3 (*fig*) (*decline*) decadenza f., declino m.; (*deterioration*) deterioramento m.

declensional /dɪˈklenʃənl/ a. (*Gramm*) della declinazione, delle declinazioni.

declinable /dɪˈklaɪnəbl/ a. (*Gramm*) declinabile.

declination /ˌdeklɪˈneɪʃən/ n. 1 inclinazione f., pendenza f. 2 (*fig*) (*decline*) decadenza f., declino m.; (*deterioration*) deterioramento m. 3 (*fig*) (*polite refusal*) cortese rifiuto m. 4 (*Astr*) declinazione f.

declinational /ˌdeklɪˈneɪʃənl/ a. (*Astr*) declinazionale.

declinatory /dɪˈklaɪnətəri Am dɪˈklaɪnətɔːri/ □ (*Dir*) ~ exception declinatoria.

decline /dɪˈklaɪn/ I v.t. 1 declinare, rifiutare: to ~ an offer declinare un'offerta. 2 (*Gramm*)

declinare. II v.i. 1 rifiutare. 2 (*to slope downward*) scendere, digradare. 3 (*to fail*) declinare, indebolirsi, venir meno, dileguarsi: my health is declining la mia salute declina. 4 (*to turn aside*) declinare, deviare, allontanarsi (*from* da). 5 (*of the sun*) declinare, tramontare. III n. 1 declivio m., pendio m. 2 (*loss of strength, value, etc.*) declino m., decadenza f., decadimento m.: the ~ of the Roman Empire il declino dell'impero romano. 3 (*diminution*) diminuzione f., calo m., ribasso m.: a ~ in prices un calo dei prezzi. 4 (*deterioration of health*) deperimento m. 5 (*wasting disease*) consunzione f., tisi f. 6 (*of the sun*) tramonto m. □ ~ in population regresso demografico; to be on the ~ essere in declino.

decliner /dɪˈklaɪnə/ n. chi rifiuta.

declining /dɪˈklaɪnɪŋ/ a. 1 in declino. 2 (*of the sun*) al tramonto.

declinometer /ˌdeklɪˈnɒmɪtə Am ˌdeklɪ ˈnɑːmətə/ n. (*Fis*) declinometro m.

declivitous /dɪˈklɪvɪtəs Am dɪˈklɪvɪtəs/ a. in pendio, scosceso.

declivity /dɪˈklɪvɪti Am dɪˈklɪvəti/ n. declivio m., pendio m.

declivous /dɪˈklɪvəs/ a. in pendio.

declutch /diːˈklʌtʃ/ v.i. (*Aut*) disinnestare la frizione, staccare la frizione.

declutching /diːˈklʌtʃɪŋ/ n. (*Aut*) disinnesto m. della frizione.

decoction /dɪˈkɒkʃən Am dɪˈkɑːkʃən/ n. 1 decozione f. 2 (*Farm*) (*extract*) decotto m.

decodable /ˌdiːˈkoʊdəbl/ a. decodificabile, decifrabile.

decode /ˌdiːˈkoʊd/ v.t. 1 decifrare, decodificare. 2 (*Inform*) decodificare.

decoder /ˌdiːˈkoʊdə/ n. 1 (*person*) crittografo m. (f. -a). 2 (*Inform*) decodificatore m. 3 (*TV*) decoder m.

decoding /diːˈkoʊdɪŋ/ n. decodificazione f., decodifica f.

decollate /diːˈkɒleɪt Am diːˈkɑːleɪt/ v.t. decapitare, decollare.

decollation /ˌdiːkɒˈleɪʃən Am ˌdiːkɑːˈleɪʃən/ n. decapitazione f., decollazione f.

décolletage /ˌdeɪkɒlˈtɑːʒ Am ˌdeɪkɑːl(ə) ˈtɑːʒ/ n. 1 (*Sart*) scollatura f., scollo m. 2 (*Abbigl*) (*garment*) décolleté m., abito m. scollato.

décolleté /ˌdeɪkɒl(ə)ˈteɪ Am ˌdeɪkɑːl(ə)ˈteɪ/ I a. scollato. II n. (*Sart*) scollatura f., scollo m.

decolonisation /ˌdiːkɒlən(ə)ɪˈzeɪʃən/ n. (*Br*) decolonizzazione f.

decolonise /diːˈkɒlənaɪz/ v.t. (*Br*) decolonizzare.

decolonization /ˌdiːkɒlən(ə)ɪˈzeɪʃən Am ˌdiː ˌkɑːlənɪˈzeɪʃən/ n. decolonizzazione f.

decolonize /diːˈkɒlənaɪz Am diːˈkɑːlənaɪz/ v.t. decolonizzare.

decolorant /diːˈkʌlərənt/ I a. decolorante. II n. decolorante m.

decolorise /diːˈkʌləraɪz/ v.t. (*Br*) decolorare, scolorare.

decolorize /diːˈkʌləraɪz/ v.t. decolorare, scolorare.

decolour /diːˈkʌlə/ v.t. decolorare, scolorare.

decolourisation /ˌdiːkʌlər(ə)ɪˈzeɪʃən/ n. (*Br*) decolorazione f.

decolourization /ˌdiːkʌlər(ə)ɪˈzeɪʃən/ n. decolorazione f.

decolourize /diːˈkʌləraɪz/ v.t. decolorare, scolorare.

decommission /ˌdiːkəˈmɪʃən/ v.t. 1 (*a nuclear power station, machinery*) smantellare. 2 (*a ship*) ritirare dal servizio.

decompensation /ˌdiːkɒmpənˈseɪʃən Am diːˌkɑːmpənˈseɪʃən/ n. (*Med*) scompenso m.

decomposable /ˌdiːkəmˈpoʊzəbl/ a. scomponibile, decomponibile.

decompose /ˌdiːkəmˈpoʊz/ I v.t. 1 scomporre, decomporre. 2 (*Chim*) decomporre. II v.i. decomporsi, putrefarsi.

decomposer /ˌdiːkəmˈpoʊzə/ n. decompositore m., demolitore m.

decomposition /ˌdiːkɒmpəˈzɪʃən Am ˌdiːkɑːmpəˈzɪʃən/ n. decomposizione f. (*anche Chim*).

decompound /ˌdiːkəmˈpaʊnd/ I v.i. scomporre, decomporre. II a. 1 doppiamente composto. 2 (*Bot*) composito. III n. (*Ling*) parola f. doppiamente composta.

decompress /ˌdiːkəmˈpres/ I v.t. decomprimere (*anche Inform*). II v.i. decomprimersi.

decompression /ˌdiːkəmˈpreʃən/ n. decompressione f. (*anche Inform*). □ ~ chamber camera di decompressione (*Med*) ~ sickness malattia dei cassoni, embolismo gassoso, embolia gassosa.

decompressor /ˌdiːkəmˈpresə/ n. (*Inform*) decompressore m. (di dati).

decondition /ˌdiːkənˈdɪʃən/ v.t. decondizionare.

deconditioning /ˌdiːkənˈdɪʃənɪŋ/ n. decondizionamento m.

decongest /ˌdiːkənˈdʒest/ v.t. decongestionare.

decongestant /ˌdiːkənˈdʒestənt/ I a. decongestionante. II n. decongestionante m.

decongestion /ˌdiːkənˈdʒestʃən/ n. decongestionamento m. (*anche Med*).

deconsecrate /diːˈkɒnsɪkreɪt Am ˌdiː ˈkɑːnsɪkreɪt/ v.t. sconsacrare.

deconsecration /diːˌkɒnsɪˈkreɪʃən Am ˌdiː ˌkɑːnsɪˈkreɪʃən/ n. sconsacrazione f.

deconstruction /ˌdiːkənˈstrʌkʃən/ n. (*Lett*) decostruzione f.

deconstructionism /ˌdiːkənˈstrʌkʃənɪzəm/ n. (*Lett*) decostruzionismo m.

deconstructist /ˌdiːkənˈstrʌktɪst/ n. (*Lett*) decostruzionista m./f.

deconstructive /ˌdiːkənˈstrʌktɪv/ n. (*Lett*) decostruttivo.

deconstructivism /ˌdiːkənˈstrʌktɪvɪzəm/ n. (*Lett*) decostruttivismo m.

decontaminate /ˌdiːkənˈtæmɪneɪt/ v.t. decontaminare (*anche Nucl*).

decontamination /ˌdiːkənˌtæmɪˈneɪʃən/ n. decontaminazione f. (*anche Nucl*).

decontextualization /ˌdiːkənˌtekstʃuəl(ə)ɪ ˈzeɪʃən Am diːkənˌtekstjuəl(ə)ɪˈzeɪʃən/ n. decontestualizzazione f.

decontextualize /ˌdiːkənˈtekstʃuəlaɪz Br also ˌdiːkənˈtekstjuəlaɪz/ v.t. decontestualizzare.

decontrol /ˌdiːkənˈtroʊl/ v.t. 1 togliere il controllo da, abolire il controllo da. 2 (*of rents*) sbloccare. 3 (*Econ*) liberalizzare.

décor /ˈdeɪ(ɪ)kɔː, ˈdɪkɔː Am deɪˈkɔːr, ˈdeɪkɔːr/ n. 1 decorazione f. 2 (*Teat*) decorazione f. scenica, decorazione f. di scena, scenografia f.

decorate /ˈdekəreɪt/ v.t. 1 decorare, adornare, addobbare. 2 (*to confer a distinction on*) decorare, insignire di (una) decorazione: to ~ a soldier for bravery decorare un soldato al valore.

decorated /ˈdekəreɪtɪd Am ˈdekəreɪtɪd/ a. 1 decorato, adorno. 2 (*awarded a decoration*) decorato, insignito di (una) decorazione. □ (*Art*) *Decorated style* stile decorato.

decoration /ˌdekəˈreɪʃən/ n. 1 decorazione f., ornamento m., addobbo m.: *Christmas -s* decorazioni natalizie. 2 (*award*) decorazione f., onorificenza f.; (*medal*) medaglia f.: *holders of war -s* decorati di guerra. □ *Decoration Day* giorno commemorativo dei caduti in guerra.

decorative /'dekərətɪv Am 'dekərətɪv/ a. decorativo, ornamentale.

decorator /'dekəreɪtər Am 'dekəreɪtər/ n. 1 decoratore m. (f. -trice). 2 (interior decorator) arredatore m. (f. -trice). 3 (Edil) decoratore m. (f. -trice), pittore m. (f. -trice) decoratore.

decorous /'dekərəs, dɪ'kɔːrəs Am 'dekərəs/ a. decoroso, dignitoso.

decorously /'dekərəsli, dɪ'kɔːrəsli Am 'dekərəsli/ avv. in modo dignitoso, in modo decoroso.

decorousness /'dekərəsnəs, dɪ'kɔːrəsnəs Am 'dekərəsnəs/ n. decoro m., dignità f.

decorum /dɪ'kɔːrəm/ n. 1 decoro m., dignità f. 2 pl. (conventions) convenzioni f.pl., regole f.pl. del vivere civile.

decouple /dɪ'kʌpl/ v.t. spaiare, disaccoppiare (anche Fis).

decoy /dɪ'kɔɪ/ I n. 1 (fig) (person) adescatore m. (f. -trice), allettatore m. (f. -trice), esca f.; (thing) esca f. 2 (Caccia) (artificial bird) richiamo m.; (trained bird) uccello m. da richiamo; (pond) stagno m. dove vengono attirate le anatre selvatiche. 3 (Mil) ordigno m. civetta. II v.t. attirare, adescare, allettare. □ ~duck: 1 (Caccia) richiamo, anatra da richiamo; 2 (fig) esca, persona che fa da esca; ~ship nave civetta.

decrease[1] /dɪ'kriːs/ I v.i. decrescere, diminuire, calare, scemare. II v.t. 1 diminuire, ridurre. 2 (in knitting) calare, diminuire.

decrease[2] /'diːkriːs/ n. 1 decrescenza f., diminuzione f. 2 (amount) riduzione f., calo m., ribasso m. 3 (in knitting) calo m., diminuzione f. □ ~in population regresso demografico; ~in speed rallentamento, diminuzione della velocità; to be on the ~ essere in diminuzione.

decreasing /dɪ'kriːsɪŋ/ a. decrescente. □ (Econ) ~costs costi decrescenti.

decreasingly /dɪ'kriːsɪŋli/ avv. in modo decrescente.

decree /dɪ'kriː/ I n. 1 decreto m., deliberazione f. 2 (edict) editto m. 3 (Dir) decreto m., ordinanza f.; (decision) sentenza f. 4 (Teol) decreto m. II v.t. decretare, deliberare, ordinare. III v.i. emettere un decreto. □ (Dir) ~ absolute sentenza definitiva di divorzio; (Dir) ~ nisi sentenza interlocutoria di divorzio; (Dir) ~ of bankruptcy sentenza dichiarativa di fallimento.

decrement /'dekrɪmənt/ n. 1 decrescenza f., diminuzione f. 2 (amount) perdita f. 3 (Mat, Fis) decremento m.

decrepit /dɪ'krepɪt/ a. decrepito, cadente.

decrepitate /dɪ'krepɪteɪt/ I v.t. (Chim) sottoporre a decrepitazione. II v.i. (Chim) decrepitare.

decrepitation /dɪˌkrepɪ'teɪʃən/ n. (Chim) decrepitazione f.

decrepitude /dɪ'krepɪtjuːd Br also dɪ'krepɪʃuːd/ n. fatiscenza f., decrepitezza f.

decrescendo /ˌdiːkrɪ'ʃendoʊ, ˌdeɪkrə'ʃendoʊ/ (pl. -s /-z/) n. (Mus) decrescendo m.

decrescent /dɪ'kresənt/ a. decrescente, calante.

decrial /dɪ'kraɪəl/ n. deprezzamento m., svalutazione f.

decrier /dɪ'kraɪər/ n. denigratore m. (f. -trice).

decriminalisation /diːˌkrɪmɪnəl(a)ɪ'zeɪʃən/ n. depenalizzazione f.

decriminalise /ˌdiːˈkrɪmɪnəlaɪz/ v.t. (Br) depenalizzare.

decriminalization /diːˌkrɪmɪnəl(a)ɪ'zeɪʃən/ n. depenalizzazione f.

decriminalize /ˌdiːˈkrɪmɪnəlaɪz/ v.t. depenalizzare.

decry /dɪ'kraɪ/ v.t. 1 screditare, sminuire, de-

nigrare. 2 (to denounce) condannare, biasimare.

decubitus /dɪ'kjuːbɪtəs Am dɪ'kjuːbɪtəs/ (pl. -ti /-taɪ/) n. (Med) decubito m.

decuman /'dekjumən/ a. 1 enorme. 2 (Stor.rom) decumano.

decumbent /dɪ'kʌmbənt/ a. 1 disteso. 2 (Biol) reclinato, disteso.

decuple /'dekjupl/ I a. decuplo. II n. decuplo m. III v.t. decuplicare.

decurion /dɪ'kjʊərɪən Am dɪ'kjʊrɪən/ n. (Stor.rom) decurione m.

decury /'dekərɪ/ n. (Stor.rom) decuria f.

decussate /'dekəseɪt/ I v.t. incrociare a forma di x. II a. decussato (anche Bot).

decussation /ˌdekə'seɪʃən/ n. decussazione f.

dedicate /'dedɪkeɪt/ v.t. 1 dedicare, consacrare. 2 (to devote) dedicare, votare, consacrare: to ~ one's life to the theatre dedicare la vita al teatro. 3 (of a book, etc.) dedicare. 4 (Dir) destinare a uso pubblico.

dedicated /'dedɪkeɪtɪd Am 'dedɪkeɪtɪd/ a. 1 devoto, votato. 2 (Inform) dedicato.

dedicatedly /'dedɪkeɪtɪdli Am 'dedɪkeɪtɪdli/ avv. in modo devoto, votato, dedicato.

dedicatee /ˌdedɪkə'tiː/ n. dedicatario m. (f. -a).

dedication /ˌdedɪ'keɪʃən/ n. 1 consacrazione f.: the ~ of a church la consacrazione di una chiesa. 2 (devotion) dedizione f., zelo m. 3 (in a book, etc.) dedica f.

dedicative /'dedɪkətɪv Am 'dedɪkətɪv/ a. dedicante, dedicatorio.

dedicator /'dedɪkeɪtər Am 'dedɪkeɪtər/ n. dedicante m./f.

dedicatory /'dedɪkətri, ˌdedɪ'keɪtəri Am 'dedɪkətɔːri/ a. dedicante, dedicatorio.

deduce /dɪ'djuːs Am also dɪ'duːs/ v.t. 1 dedurre, desumere, argomentare, concludere. 2 (to trace the course of) derivare, trarre, far discendere.

deducible /dɪ'djuːsəbl Am also dɪ'duːsəbl/ a. deducibile, desumibile.

deduct /dɪ'dʌkt/ v.t. dedurre, defalcare, detrarre, sottrarre: to ~ a sum from a salary defalcare un' aliquota da uno stipendio. II v.i. ridurre, diminuire: the state of bad repair -s from the value of the house le cattive condizioni riducono il valore della casa.

deductibility /dɪˌdʌktə'bɪlɪti Am dɪˌdʌktə'bɪləti/ n. (Econ) detraibilità f., deducibilità f.

deductible /dɪ'dʌktəbl/ a. (Econ) (in taxation) detraibile, deducibile, defalcabile. □ (Econ) ~ loss perdita defalcabile, perdita deducibile.

deduction /dɪ'dʌkʃən/ n. 1 deduzione f., detrazione f. 2 (result) deduzione f., trattenuta f.: -s from wages trattenute sullo stipendio. 3 (deducing) deduzione f., conclusione f.

deductive /dɪ'dʌktɪv/ a. deduttivo.

deductively /dɪ'dʌktɪvli/ avv. deduttivamente.

dee /diː/ n. 1 d m./f., lettera f. d. 2 (on a saddle) anello m. a D.

deed /diːd/ n. 1 atto m., azione f.: to do a good ~ compiere una buona azione. 2 (exploit, feat) impresa f., atto m. eroico, atto m. di valore, prodezza f. 3 (performance) fatti m.pl.: to match words with -s fare corrispondere i fatti alle parole. 4 (Dir) atto m., scrittura f. legale, negozio m. giuridico. □ in ~ though not in name non di nome ma di fatto; (Dir) ~ of arrangement concordato preventivo; ~ of assignment atto di cessione; (Dir) ~ of association atto costitutivo (di una società); ~ of chivalry impresa cavalleresca; (Dir) ~ of composition compromesso; (Dir) ~ of gift atto di donazione; (Dir) ~ of part-

nership contratto sociale (di associazione), atto costitutivo di società; (Dir) ~ poll atto unilaterale; (Dir) ~ under private seal scrittura privata.

deejay /'diːdʒeɪ/ n. (colloq) disc-jockey m./f., dee-jay m./f.

deem /diːm/ v.t. credere, giudicare, pensare, stimare: I don't ~ it necessary to go non credo sia necessario andarci.

de-energise /diːˈenədʒaɪz/ v.t. (Br,El) disalimentare.

de-energize /diːˈenədʒaɪz Am diːˈenərdʒaɪz/ v.t. (El) disalimentare.

deep /diːp/ I a. 1 profondo, fondo: the river is ten feet ~ il fiume è profondo dieci piedi. 2 (extending far backwards) largo: a ~ shelf uno scaffale largo. 3 (wide, broad) ampio, largo, esteso. 4 (reaching far down) profondo, alto: a ~ dive un'immersione profonda. 5 (submerged) sommerso (in da), immerso (in): a road ~ in snow una strada sommersa dalla neve. 6 (secluded) sperduto, isolato (in in): his house is ~ in the woods la sua casa è sperduta nel bosco. 7 (fig) (difficult to understand) difficile, recondito, astruso. 8 (fig) (mysterious) misterioso, oscuro: ~ plots misteriosi complotti. 9 (fig) (of persons) sornione, subdolo. 10 (fig) (not superficial) profondo, approfondito: a ~ thinker un pensatore profondo. 11 (of sleep) profondo, pesante: to fall into a ~ sleep cadere in un sonno profondo. 12 (of emotions) intenso, profondo. 13 (fig) (absorbed) sprofondato, immerso (in in): to be ~ in a book essere immerso in un libro. 14 (of a colour) cupo, forte, intenso. 15 (of sound) profondo, basso, grave, cupo: ~ voice voce profonda. II n. 1 profondo m., abissi m.pl., profondità f.: the ~ of the ocean gli abissi dell'oceano. 2 (the middle, most intense part) profondo m., cuore m., mezzo m.: the ~ of winter il cuore dell'inverno. 3 (poet) (sea) mare m.; (ocean) oceano m. III avv. 1 profondamente, in profondità: to dig ~ scavare in profondità. 2 (fig) a fondo. □ ~ below the surface molto al di sotto della superficie; a ~ bow un inchino profondo; to take a ~ breath respirare profondamente; (fig) a crime of the -est dye un crimine dei più neri, un delitto orrendo; (colloq) to go off the ~ end dare in escandescenze, uscire dai gangheri; our differences go ~ tra noi ci sono differenze profonde; to be ~ in debt essere immerso nei debiti, essere carico di debiti; with one's hands ~ in one's pockets con le mani affondate nelle tasche; ~ in thought immerso nei pensieri; ~ mourning lutto stretto; (colloq) a ~ one un dritto, uno che la sa lunga; ~ psychology psicologia del profondo; a ~ sigh un sospiro profondo; Deep South profondo sud, parte sud-orientale degli Stati Uniti; (colloq) that's too ~ for me è troppo difficile per me; (fig) to be in ~ water (o to be in ~ waters) trovarsi in cattive acque, trovarsi in difficoltà, essere in cattive acque, essere in grosse difficoltà.

deep-bodied /ˌdiːp'bɒdɪd Am ˌdiːp'bɑːdɪd/ a. (Zool) dal corpo tozzo.

deep-chested /ˌdiːp't∫estɪd/ a. dal torace ampio.

deep-dish /ˌdiːp'dɪ∫/ a. (Gastron) (of pizza, apple pie) spesso.

deep-drawn /ˌdiːp'drɔːn/ a. (of a sigh) profondo.

deep-dyed /ˌdiːp'daɪd/ a. completo, da cima a fondo, in tutto e per tutto.

deepen /'diːpən/ I v.t. 1 approfondire, scavare più a fondo. 2 (fig) approfondire, accrescere, rendere più intenso. 3 (Mus) rendere più grave, rendere più cupo. II v.i. 1 approfondirsi, divenire più profondo. **2** (*fig*) diventare più intenso, diventare più forte, aumentare di intensità. **3** (*fig*) (*of colours*) farsi più cupo, farsi più intenso. **4** (*fig*) (*of sound*) diventare più grave, diventare più cupo. **5** (*fig*) (*of shadow*) infittirsi.

deep-freeze /ˌdiːpˈfriːz/ **I** *n.* **1** surgelazione *f.* **2** (*colloq*) sospensione *f.* temporanea. **II** *v.t.irr.* surgelare.

deep-freezing /ˌdiːpˈfriːzɪŋ/ *n.* surgelamento *m.*

deep-frozen /ˌdiːpˈfrəʊzᵊn/ *a.* surgelato: ~ *vegetables* ortaggi surgelati.

deepfry /ˌdiːpˈfraɪ/ *v.t.* (*Gastron*) friggere (in friggitrice), friggere nell'olio bollente.

deepish /ˈdiːpɪʃ/ *a.* piuttosto profondo.

deep-laid /ˌdiːpˈleɪd/ *a.* ben elaborato: *a ~ plot* un piano ben elaborato.

deeply /ˈdiːpli/ *avv.* **1** profondamente, in profondità, a fondo. **2** (*fig*) (*intensely*) profondamente, intensamente; (*greatly*) molto. □ *to be ~ in debt* essere pieno di debiti.

deepness /ˈdiːpnəs/ *n.* profondità *f.*

deep-rooted /ˌdiːpˈruːtɪd *Am* ˌdiːpˈruːt̬ɪd/ *a.* (*fig*) radicato: ~ *prejudices* pregiudizi radicati.

deep-sea /ˌdiːpˈsiː/ *a.* (*Mar*) d'alto mare. □ (*Mar*) ~ *captain* capitano di lungo corso; ~ *diving* immersione in alto mare; (*Pesc*) ~ *fishing* pesca d'altura, pesca alturiera.

deep-seated /ˌdiːpˈsiːtɪd *Am* ˌdiːpˈsiːt̬ɪd/ *a.* inveterato, radicato.

deep-set /ˌdiːpˈset/ *a.* incavato, infossato.

deep-six /ˌdiːpˈsɪks/ *v.t.* (*Am,colloq*) sbarazzarsi di, togliere di mezzo, liberarsi di.

deepwater /ˌdiːpˈwɔːtər *Am* ˌdiːpˈwɔːt̬ər/ *a.* **1** di acque profonde. **2** (*Mar*) (*deep-sea*) d'alto mare.

deer /dɪər *Am* dɪr/ (*pl.inv.* o **-s** /-z/; *il pl. inv. si usa general. con valore collett.*) *n.* **1** (*Zool*) cervide *m.* **2** (*small deer*) cervo *m.* **3** (*fallow-deer*) daino *m.* □ (*Caccia*) ~ *forest* riserva di caccia al cervo; ~ *hound* levriero scozzese (per la caccia al cervo); *like a ~ in the headlights* pietrificato (dallo spavento o dallo choc); ~ *lick* rocce salate che attirano i cervi; (*Caccia*) ~ *park* riserva di caccia al cervo; ~ *stalker*: 1 (*Caccia*) cacciatore di cervi; 2 (*hat*) berretto da cacciatore; (*Caccia*) ~ *stalking* caccia al cervo.

deerskin /ˈdɪəskɪn *Am* ˈdɪrskɪn/ *n.* pelle *f.* di daino, daino *m.*

de-escalate /ˌdiːˈeskᵊleɪt/ **I** *v.t.* ridimensionare: *to ~ expectations* ridimensionare le aspettative. **II** *v.i.* ridimensionarsi, diminuire: *the birth rate was de-escalating* il tasso di natalità diminuiva.

de-escalation /diːˌeskəˈleɪʃᵊn/ *n.* riduzione *f.*, ridimensionamento *m.*

deface /dɪˈfeɪs/ *v.t.* **1** deturpare, sfigurare, sciupare, imbruttire. **2** (*to make illegible*) rendere illeggibile. **3** (*to efface*) cancellare. **4** (*to make invalid*) annullare.

defacement /dɪˈfeɪsmənt/ *n.* **1** deturpazione *f.*, imbruttimento *m.* **2** (*Post*) (*of a stamp*) annullo *m.*

de facto /ˌdeɪˈfæktəʊ, ˌdiːˈfæktəʊ/ **I** *avv.* di fatto, irregolare: (*Dir*) ~ *corporation* società di fatto, società irregolare. **II** *a.* di fatto.

defalcate /ˈdiːfælkeɪt *Am* ˌdiːˈfælkeɪt/ *v.i.* (*Dir*) sottrarre beni, stornare fondi.

defalcation /ˌdiːfælˈkeɪʃᵊn/ *n.* **1** (*Dir*) appropriazione *f.* indebita; (*of public money*) concussione *f.* **2** (*sum misappropriated*) deficit *m.* (di cassa), fondi *m.pl.* mancanti.

defalcator /ˈdiːfælkeɪtər *Am* ˌdiːˈfælkeɪt̬ər/ *n.* (*Dir*) chi commette appropriazione indebita; (*of public money*) concussore *m.*, concussionario *m.* (*f.* -a).

defamation /ˌdefəˈmeɪʃᵊn *Br also* ˌdiːfəˈmeɪʃᵊn/ *n.* diffamazione *f.*, calunnie *f.pl.*

defamatory /dɪˈfæmətri *Am* dɪˈfæmətɔːri/ *a.* diffamatorio, diffamante.

defame /dɪˈfeɪm/ *v.t.* diffamare, infamare.

defamer /dɪˈfeɪmər/ *n.* diffamatore *m.* (*f.* -trice).

defang /diːˈfæŋ/ *v.t.* rendere innocuo, rendere inefficace.

defanged /diːˈfæŋd/ *a.* reso innocuo, reso inefficace.

defatted /diːˈfætɪd *Am* diːˈfæt̬ɪd/ *a.* sgrassato.

default /dɪˈfɔːlt/ **I** *n.* **1** mancanza *f.*, omissione *f.*: *in ~ of* in difetto di, in mancanza di. **2** (*Comm*) inadempienza *f.* **3** (*Dir*) contumacia *f.*, mancata comparizione *f.*: *in ~* in contumacia. **4** (*Inform*) default *m.* **5** (*Sport*) abbandono *m.*: *to win a match by ~* vincere un incontro per abbandono; *to lose by ~* perdere per abbandono. **II** *v.i.* **1** venir meno, mancare (*on a*). **2** (*Comm*) essere inadempiente (*in in*). **3** (*Dir*) essere contumace, rendersi contumace. **4** (*Sport*) (*to fail to appear*) non presentarsi, ritirarsi, dare forfait; (*to lose by default*) perdere per abbandono. **III** *v.t.* **1** essere inadempiente in. **2** (*Dir*) condannare in contumacia. **3** (*Sport*) (*to fail to compete in*) abbandonare. □ (*Econ*) ~ *interest* interesse di mora.

defaulter /dɪˈfɔːltər *Am* dɪˈfɔːlt̬ər/ *n.* **1** (*Dir*) imputato *m.* (*f.* -a) contumace. **2** (*Comm*) debitore *m.* (*f.* -trice) moroso. **3** (*Br,Mil*) soldato *m.* colpevole di infrazione disciplinare.

defaulting /dɪˈfɔːltɪŋ *Am* dɪˈfɔːlt̬ɪŋ/ □ (*Dir*) ~ *party* parte inadempiente.

defeasance /dɪˈfiːzᵊns/ *n.* (*Dir*) **1** annullamento *m.*, abrogazione *f.*, risoluzione *f.* **2** (*legal clause*) clausola *f.* risolutoria.

defeasibility /dɪˌfiːzəˈbɪlɪti *Am* dɪˌfiːzəˈbɪlət̬i/ *n.* (*Dir*) annullabilità *f.*, invalidabilità *f.*, risolubilità *f.* (di contratto).

defeasible /dɪˈfiːzəbl/ *a.* (*Dir*) annullabile, risolubile.

defeat /dɪˈfiːt/ **I** *v.t.* **1** sconfiggere, battere, vincere: *to ~ the enemy* sconfiggere il nemico. **2** (*to frustrate*) frustrare, deludere: *our hopes were -ed* le nostre speranze furono deluse. **3** (*Dir*) annullare. **II** *n.* **1** sconfitta *f.*, disfatta *f.* (*anche fig*): *to suffer a ~* subire una sconfitta. **2** (*frustration*) frustrazione *f.*, fallimento *m.*, insuccesso *m.* □ *to ~ one's (own) object* frustrare i propri (stessi) intenti, darsi la zappa sui piedi.

defeatism /dɪˈfiːtɪzᵊm *Am* dɪˈfiːt̬ɪzᵊm/ *n.* disfattismo *m.*

defeatist /dɪˈfiːtɪst *Am* dɪˈfiːt̬ɪst/ **I** *n.* disfattista *m./f.*: *to be a ~* fare il disfattista. **II** *a.* disfattista.

defecate /ˈdefəkeɪt *Br also* ˈdiːfəkeɪt/ **I** *v.i.* (*Fisiol*) defecare. **II** *v.t.* **1** (*Chim*) defecare. **2** (*Ind*) purificare, raffinare.

defecation /ˌdefəˈkeɪʃᵊn *Br also* ˌdiːfəˈkeɪʃᵊn/ *n.* **1** (*Fisiol,Chim*) defecazione *f.* **2** (*Ind*) purificazione *f.*, raffinazione *f.*

defecator /ˈdefəkeɪtər, ˈdiːfəkeɪtər *Am* ˈdefəkeɪt̬ər/ *n.* (*Ind*) chiarificatore *m.*

defecatory /ˌdefəˈkeɪtri *Am* ˈdefəkətɔːri/ *a.* (*Fisiol*) della defecazione, defecatorio.

defect[1] /ˈdiːfekt/ *n.* **1** difetto *m.*, imperfezione *f.*: *birth ~* (o *congenital ~*) difetto congenito. **2** (*lack*) mancanza *f.*, deficienza *f.*

defect[2] /dɪˈfekt/ *v.i.* disertare, defezionare.

defection /dɪˈfekʃᵊn/ *n.* **1** defezione *f.*, diserzione *f.* (*anche fig*). **2** (*Rel*) apostasia *f.*

defective /dɪˈfektɪv/ **I** *a.* **1** imperfetto, difettoso: ~ *eyesight* vista difettosa. **2** (*Psic*) subnormale. **2** (*Gramm*) difettivo. **II** *n.* **1** (*Gramm*) (*noun*) nome *m.* difettivo; (*verb*) verbo *m.* difettivo. **2** (*Med*) subnormale *m./f.* □ *to be*

~ *in sth.* mancare di qcs.

defectively /dɪˈfektɪvli/ *avv.* in modo imperfetto, in modo difettoso.

defectiveness /dɪˈfektɪvnəs/ *n.* **1** imperfezione *f.*, manchevolezza *f.* **2** (*Gramm*) l'essere difettivo.

defector /dɪˈfektər/ *n.* disertore *m.* (*f.* -trice), defezionista *m./f.*

defence /dɪˈfens/ *n.* **1** difesa *f.*, protezione *f.*: *coastal -s* difese costiere; *in ~ of liberty* in difesa della libertà. **2** (*Dir*) difesa *f.*, collegio *m.* di difesa. **3** (*Sport*) difesa *f.* **4** *pl.* (*Mil*) (*defensive works*) difese *f.pl.*, fortificazioni *f.pl.* □ (*Pol*) ~ *agreement* accordo di difesa; *to come to so.'s ~* accorrere in difesa di qcu., venire in difesa di qcu.; (*Mil*) ~ *expenditure* spese per la difesa; *it may be said in his ~ that* si può dire a sua difesa che; (*Dir*) *to make no ~* non difendersi; (*Fisiol,Psic*) ~ *mechanism* meccanismo di difesa; ~ *policy* politica di difesa, politica difensiva.

defenceless /dɪˈfensləs/ *a.* senza difesa, indifeso.

defencelessness /dɪˈfensləsnəs/ *n.* incapacità *f.* di difendersi, impossibilità *f.* di difendersi.

defend /dɪˈfend/ **I** *v.t.* **1** difendere, proteggere. **2** (*to uphold*) difendere, sostenere: *to ~ a theory* sostenere una teoria. **3** (*to justify*) giustificare. **4** (*Dir*) difendere, assumere la difesa di; (*of a suit, claim*) contestare, impugnare. **5** (*Sport*) difendere, giocare in difesa. **II** *v.i.* (*Dir*) pronunciare la difesa.

defendable /dɪˈfendəbl/ *a.* difendibile.

defendant /dɪˈfendənt/ **I** *n.* (*Dir*) imputato *m.* (*f.* -a), accusato *m.* (*f.* -a). **II** *a.* (*Dir*) convenuto, citato in giudizio.

defender /dɪˈfendər/ *n.* **1** difensore *m.* **2** (*Sport*) difensore *m.* del titolo. □ (*Stor.brit*) *Defender of the Faith* difensore della fede.

defenestration /diːˌfenəsˈtreɪʃᵊn/ *n.* (*scherz*) defenestrazione *f.* (*anche Stor*).

defense /dɪˈfens/ *n.* (*Am*) → **defence**.

defensibility /dɪˌfensəˈbɪlɪti *Am* dɪˌfensəˈbɪlət̬i/ *n.* **1** (*Mil*) l'essere difendibile. **2** (*excusability*) l'essere giustificabile.

defensible /dɪˈfensəbl/ *a.* **1** (*Mil*) difendibile. **2** (*excusable*) scusabile, giustificabile.

defensive /dɪˈfensɪv/ **I** *a.* difensivo, di difesa (*anche Mil*): ~ *weapons* armi difensive; - *attitude* atteggiamento di difesa. **II** *n.* difensiva *f.*: *to be on the ~* stare sulla difensiva (*anche fig*).

defer[1] /dɪˈfɜːr *Am* dɪˈfɜːr/ (*past, p.p.* **deferred** /-d/) **I** *v.t.* differire, rimandare, procrastinare, rinviare: *to ~ one's departure* rimandare la partenza; *to ~ payment* differire il pagamento; *to ~ to a later date* rimandare ad altra data. **II** *v.i.* indugiare, temporeggiare.

defer[2] /dɪˈfɜːr *Am* dɪˈfɜːr/ (*past, p.p.* **deferred** /-d/) **I** *v.t.* rimettere, sottomettere, sottoporre: *to ~ a decision to a higher authority* rimettere una decisione a un'autorità superiore. **II** *v.i.* essere deferente (*to* verso).

deference /ˈdefərəns/ *n.* deferenza *f.*, rispetto *m.*, riguardo *m.*, considerazione *f.*: *to show ~ to so.* mostrare rispetto verso qcu. □ *in ~ to* (o *out of ~ to*) per riguardo a.

deferent /ˈdefərᵊnt/ *a.* (*Anat*) deferente.

deferential /ˌdefəˈrenʃᵊl/ *a.* deferente.

deferentially /ˌdefəˈrenʃᵊli/ *avv.* con deferenza.

deferment /dɪˈfɜːmənt *Am* dɪˈfɜːrmənt/ *n.* **1** differimento *m.*, dilazione *f.*, rinvio *m.* **2** (*Mil*) rinvio *m.* del servizio di leva.

deferred /dɪˈfɜːd *Am* dɪˈfɜːrd/ *a.* differito, rimandato, rinviato. □ (*Assic*) ~ *annuity* rendita differita; (*Econ*) ~ *asset* risconto attivo; (*Econ*) ~ *bond* obbligazione postergata;

(*Econ*) ~ *charge* risconto attivo; (*Econ*) ~ *dividend* dividendo differito; (*Comm*) ~ *payment* pagamento differito; (*Econ*) ~ *share* (o ~ *stock*) azione postergata, azione con dividendo differito; (*Econ*) ~ *tax* imposta differita.

defiance /dɪ'faɪəns/ *n.* 1 disprezzo *m.*, sprezzo *m.*, spregio *m.*: ~ *of danger* sprezzo del pericolo. 2 (*challenge*) sfida *f.*, provocazione *f.* □ *in* ~ *of* a dispetto di, senza tener conto di: *to act in* ~ *of orders* agire senza tener conto degli ordini; *to set sth. at* ~ sfidare qcs.

defiant /dɪ'faɪənt/ *a.* provocatorio, di sfida, provocante, sprezzante.

defibrillate /,di:'f(a)ɪbrɪleɪt/ *v.t.* (*Med*) defibrillare.

defibrillation /,di:,f(a)ɪbrɪ'leɪʃ°n/ *n.* (*Med*) defibrillazione *f.*

defibrillator /,di:'f(a)ɪbrɪleɪtər *Am* ,di:'f(a)ɪbrɪleɪtər/ *n.* (*Med*) defibrillatore *m.*

deficiency /dɪ'fɪʃ°nsi/ *n.* 1 deficienza *f.* 2 (*shortcoming, defect*) difetto *m.*, insufficienza *f.*, mancanza *f.* 3 (*amount lacked*) differenza *f.* (in meno): *a* ~ *of ten pounds* una differenza di dieci sterline. 4 (*Econ*) disavanzo *m.*, scoperto *m.*, deficit *m.* 5 (*Med*) carenza *f.*, insufficienza *f.* (*in, of* di): ~ *of vitamins* carenza di vitamine. □ (*Med*) ~ *disease* avitaminosi, malattia da carenza.

deficient /dɪ'fɪʃ°nt/ *a.* 1 deficiente, mancante, che manca: ~ *in courage* che manca di coraggio; ~ *in vitamins* carente di vitamine. 2 (*insufficient*) insufficiente.

deficit /'defɪsɪt/ *n.* (*Econ*) deficit *m.*, disavanzo *m.*: *to make up the* ~ colmare il disavanzo. □ (*Econ*) ~ *cutting* riduzione del deficit; (*Econ*) ~ *financing* (o ~ *spending*) finanziamento del disavanzo.

defier /dɪ'faɪər/ *n.* sfidante *m./f.*, provocatore *m.* (*f.* -trice).

defilade /,defɪ'leɪd, 'defɪleɪd/ I *n.* (*Mil*) defilamento *m.* II *v.t.* (*Mil*) defilare.

defile[1] /dɪ'faɪl/ *v.t.* 1 insozzare, lordare. 2 (*fig*) (*to corrupt*) corrompere, contaminare. 3 (*fig*) (*to profane*) contaminare, profanare. 4 (*fig*) (*to ravish*) violentare. 5 (*fig*) (*to dishonour*) denigrare, rovinare.

defile[2] /dɪ'faɪl, 'di:faɪl/ I *n.* 1 (*Mil*) sfilata *f.* 2 (*narrow pass*) gola *f.*, stretta *f.* II *v.i.* (*Mil*) marciare in fila, sfilare.

defilement /dɪ'faɪlmənt/ *n.* 1 l'insudiciare, l'insozzare. 2 (*fig*) corruzione *f.*; (*pollution*) contaminazione *f.*, profanazione *f.*

defiler /dɪ'faɪlər/ *n.* 1 contaminatore *m.* (*f.* -trice). 2 (*profaner*) profanatore *m.* (*f.* -trice).

definable /dɪ'faɪnəbl/ *a.* definibile, determinabile.

define /dɪ'faɪn/ *v.t.* 1 definire: *to* ~ *a word* definire un vocabolo. 2 (*to describe clearly*) definire, chiarire, precisare, determinare chiaramente: *to* ~ *so.'s duties* determinare chiaramente i doveri di qcu. 3 (*to determine the boundaries of*) delimitare, definire i limiti di, determinare i limiti di. 4 (*to make distinct in outline*) delineare, tracciare il contorno di. 5 (*to characterize*) caratterizzare, distinguere.

definer /dɪ'faɪnər/ *n.* definitore *m.* (*f.* -trice).

definite /'defɪnət/ *a.* 1 preciso, esatto, (ben) definito: *a* ~ *answer* una risposta precisa. 2 (*precisely fixed*) definito, fissato, determinato: *a* ~ *period of time* un determinato periodo di tempo. 3 (*certain*) sicuro, certo: *a* ~ *possibility* una sicura possibilità. □ (*Gramm*) ~ *article* articolo determinativo; (*Mat*) ~ *integral* integrale definito.

definitely /'defɪnətli/ I *avv.* 1 definitivamente, in modo definitivo. 2 (*certainly*) di sicuro, certamente: *I am* ~ *not coming* non verrò

di sicuro. II *intz.* sì!, certo!, certamente!

definiteness /'defɪnətnəs/ *n.* precisione *f.*, determinatezza *f.*

definition /,defɪ'nɪʃ°n/ *n.* 1 definizione *f.* 2 (*Rad,TV*) definizione *f.* 3 (*Rad*) (*precision of a receiver*) fedeltà *f.*

definitive /dɪ'fɪnɪtɪv *Am* dɪ'fɪnətɪv/ *a.* definitivo, decisivo, finale: *a* ~ *edition* un'edizione definitiva; *a* ~ *victory* una vittoria decisiva.

definitively /dɪ'fɪnɪtɪvli *Am* dɪ'fɪnətɪvli/ *avv.* definitivamente, in modo definitivo.

deflagrate /'defləgreɪt *Br also* 'di:fləgreɪt/ I *v.t.* far deflagrare. II *v.i.* deflagrare.

deflagration /,deflə'greɪʃ°n *Br also* ,di:flə'greɪʃ°n/ *n.* deflagrazione *f.*

deflagrator /'di:fləgreɪtər, 'defləgreɪtər *Am* 'defləgreɪtər/ *n.* (*Tecn*) deflagratore *m.*

deflate /dɪ'fleɪt/ I *v.t.* 1 sgonfiare. 2 (*Econ*) deflazionare. 3 (*fig*) reprimere, umiliare: *to* ~ *so.'s ego* reprimere l'io di qcu. II *v.i.* sgonfiarsi.

deflation /dɪ'fleɪʃ°n/ *n.* 1 (*of a tyre, etc.*) sgonfiamento *m.* 2 (*Econ,Geol*) deflazione *f.*

deflationary /dɪ'fleɪʃ°nri *Am* dɪ'fleɪʃ°neri/ *a.* (*Econ*) deflazionistico, deflatorio: ~ *gap* scarto deflatorio.

deflationist /dɪ'fleɪʃ°nɪst/ *n.* (*Econ*) sostenitore *m.* (*f.* -trice) della deflazione.

deflator /dɪ'fleɪtər *Am* dɪ'fleɪtər/ *n.* (*Econ*) deflatore *m.*

deflect /dɪ'flekt/ I *v.t.* (far) deviare, far deflettere (*anche fig*). II *v.i.* deflettere, deviare (*anche fig*).

deflection /dɪ'flekʃ°n/ *n.* 1 deviazione *f.* 2 (*bend*) deformazione *f.*, incurvatura *f.* 3 (*Rad, TV,Fis*) deflessione *f.*

deflector /dɪ'flektər/ *n.* (*Tecn*) deflettore *m.*

deflexion /dɪ'flekʃ°n/ *n.* (*Am*) 1 deviazione *f.* 2 (*bend*) deformazione *f.*, incurvatura *f.* 3 (*Rad,TV,Fis*) deflessione *f.*

defloration /,di:flɔː'reɪʃ°n, ,deflɔː'reɪʃ°n/ *n.* deflorazione *f.*

deflower /dɪ'flaʊər/ *v.t.* 1 deflorare. 2 (*to ravish*) violentare, stuprare. 3 (*fig*) sciupare, devastare. 4 (*to deprive of flowers*) privare dei fiori.

defluent /'defluənt/ *a.* defluente.

defoliant /di:'fəʊliənt/ *n.* 1 (*Agr*) sostanza *f.* defoliante. 2 (*Mil*) defogliante *m.*

defoliate /,di:'fəʊlieɪt/ I *v.t.* sfogliare, togliere le foglie a. II *v.i.* sfogliarsi, perdere le foglie.

defoliation /di:,fəʊli'eɪʃ°n/ *n.* defogliazione *f.*

defoliator /,di:'fəʊlieɪtər *Am* ,di:'fəʊlieɪtər/ *n.* defogliante *m.*

deforest /,di:'fɒrɪst *Am* ,di:'fɔːrɪst/ *v.t.* disboscare, deforestare.

deforestation /di:,fɒrɪ'steɪʃ°n *Am* ,di:,fɔːrɪ'steɪʃ°n/ *n.* deforestazione *f.*, disboscamento *m.*

deform /dɪ'fɔːm *Am* dɪ'fɔːrm/ I *v.t.* 1 deformare. 2 (*to disfigure*) sfigurare, deturpare. 3 (*to mar*) guastare, sciupare. II *v.i.* deformarsi.

deformation /,di:fɔː'meɪʃ°n, ,defə'meɪʃ°n *Am* ,di:fɔːr'meɪʃ°n, ,defər'meɪʃ°n/ *n.* deformazione *f.*

deformed /dɪ'fɔːmd *Am* dɪ'fɔːrmd/ *a.* 1 deforme: *a* ~ *foot* un piede deforme. 2 (*fig*) odioso, detestabile.

deformity /dɪ'fɔːmɪti *Am* dɪ'fɔːrməti/ *n.* 1 deformità *f.* (*anche Med*). 2 (*fig*) (*ugliness*) deformità *f.*, bruttezza *f.*, deforme *m.*

defragment /,di:'fræg'ment/ *v.t.* (*Inform*) deframmentare.

defragmentation /,di:fræɡmən'teɪʃ°n, ,di:fræɡmen'teɪʃ°n/ *n.* (*Inform*) deframmentazione *f.*

defragmenter /,di:fræɡ'mentər *Am* ,di:fræɡ

'mentər/ *n.* (*Inform*) deframmentatore *m.*

defraud /dɪ'frɔːd/ *v.t.* defraudare, frodare: *to* ~ *so. of sth.* defraudare qcu. di qcs.

defraudation /,dɪfrɔː'deɪʃ°n/ *n.* defraudazione *f.*, frode *f.*

defrauder /dɪ'frɔːdər/ *n.* defraudatore *m.* (*f.* -trice).

defray /dɪ'freɪ/ *v.t.* pagare, sostenere: *to* ~ *expenses* pagare le spese.

defrayable /dɪ'freɪəbl/ *a.* a carico (*by* di).

defrayal /dɪ'freɪəl/ *n.* rimborso *m.* (delle) spese.

defrayment /dɪ'freɪmənt/ *n.* rimborso *m.* (delle) spese.

defrock /,di:'frɒk *Am* ,di:'frɑːk/ *v.t.* (*Rel.catt*) (*of a priest*) sospendere a divinis, sospendere dall'ufficio sacerdotale.

defrost /,di:'frɒst *Am* ,di:'frɑːst/ I *v.t.* 1 (*of food*) disgelare, sgelare, scongelare. 2 (*of a refrigerating unit*) disgelare, sbrinare. II *v.i.* disgelare.

defroster /,di:'frɒstər *Am* ,di:'frɑːstər/ *n.* 1 (*Aut*) sbrinatore *m.*, lunotto *m.* termico. 2 (*of a freezer*) sbrinatore *m.*

defrosting /,di:'frɒstɪŋ *Am* ,di:'frɑːstɪŋ/ *n.* 1 sbrinamento *m.* 2 (*Aer*) scongelamento *m.*

deft /deft/ *a.* abile, destro, svelto: ~ *hands* mani abili.

deftness /'deftnəs/ *n.* destrezza *f.*, abilità *f.*

defunct /dɪ'fʌŋ(k)t/ I *a.* 1 defunto, morto. 2 (*fig*) (*caduto*) in disuso, superato. II *n.* defunto *m.* (*f.* -a).

defuse /,di:'fjuːz/ *v.t.* 1 (*Mil*) disinnescare. 2 (*fig*) sdrammatizzare, minimizzare, alleggerire.

defy /dɪ'faɪ/ *v.t.* 1 sfidare (*to do* a fare), provocare: ~ *the law* sfidare la legge. 2 (*to resist openly*) rifiutarsi di ubbidire a. 3 (*to offer resistance*) sfidare, opporre resistenza a, non temere: *goods that* ~ *competition* merci che non temono la concorrenza. 4 (*to challenge*) sfidare: *I* ~ *you to prove me wrong* ti sfido a provare che ho torto. □ *to* ~ *definition* sfuggire a ogni definizione; *to* ~ *description* essere indescrivibile, essere impossibile a descriversi: *the Grand Canyon defies description* non ci sono parole per descrivere il Grand Canyon; *to* ~ *the imagination* essere inimmaginabile.

deg. *degree* ° (grado).

degas /,di:'ɡæs/ *v.t.* 1 degassare. 2 (*Elettron*) degassificare.

degassing /,di:'ɡæsɪŋ/ *n.* (*Tecn*) degassamento *m.*

degeneracy /dɪ'dʒenərəsi/ *n.* degenerazione *f.*, pervertimento *m.*

degenerate[1] /dɪ'dʒenəreɪt/ *v.i.* 1 degenerare. 2 (*to become corrupt*) degenerare, corrompersi. 3 (*to deteriorate*) deteriorarsi: *water pipes* ~ *with age* con il tempo le tubature si deteriorano. 4 (*to go down in quality*) scadere, deteriorarsi.

degenerate[2] /dɪ'dʒenərət/ I *a.* 1 degenere: *a* ~ *race* una razza degenere. 2 (*characterized by degeneracy*) degenerato, depravato, corrotto: ~ *times* tempi degenerati. 3 (*Biol,Fis*) degenerato. II *n.* degenerato *m.* (*f.* -a).

degenerately /dɪ'dʒenərətli/ *avv.* (*unworthily*) indegnamente, in modo vile, in modo meschino.

degeneration /dɪ,dʒenə'reɪʃ°n/ *n.* degenerazione *f.*

degenerative /dɪ'dʒenərətɪv, dɪ'dʒenəreɪtɪv *Am* dɪ'dʒenəˌrətɪv, dɪ'dʒenəreɪtɪv/ *a.* degenerativo: ~ *disease* malattia degenerativa.

deglaze /,di:'ɡleɪz/ *v.t.* (*Gastron*) diluire il fondo di cottura.

deglutition /,di:ɡluː'tɪʃ°n/ *n.* (*Fisiol*) deglutizione *f.*

deglutitive /ˌdiːˈgluːtətɪv Am ˌdiːˈgluːt̬ət̬ɪv/ a. che aiuta la deglutizione.

deglutitory /ˌdiːˈgluːtɪtᵊri, Am ˌdiːˈgluːt̬ɪtɔːri/ a. che aiuta la deglutizione.

degradable /dɪˈgreɪdəbl/ a. (able to be broken down) degradabile: ~ plastics plastica degradabile.

degradation /ˌdegrəˈdeɪʃᵊn/ n. 1 degradazione f., abbrutimento m., decadimento m. 2 (Mil,Rel) (reduction to a lower rank) degradazione f. 3 (Geol,Fis,Chim) degradazione f.

degradative /ˈdegrədeɪtɪv Am ˈdegrədeɪt̬ɪv/ a. (Biol) degradativo.

degrade /dɪˈgreɪd/ I v.t. 1 degradare, disonorare, rendere spregevole, rendere abietto: vice -s man i vizi degradano l'uomo. 2 (Mil, Rel) (to reduce in rank) degradare. 3 (to lower in dignity) degradare, umiliare: to feel oneself -d by a job sentirsi umiliato da un lavoro. 4 (Geol,Fis,Chim) degradare. II v.i. 1 subire una degradazione, venire degradato, essere degradato. 2 (Biol) degenerare.

degraded /dɪˈgreɪdɪd/ a. 1 degradato, declassato. 2 (reduced in quality) scaduto, deteriorato. 3 (depraved) depravato, abietto.

degrading /dɪˈgreɪdɪŋ/ a. degradante, avvilente, umiliante.

degrease /diːˈgriːs/ v.t. sgrassare.

degreaser /dɪˈgriːsər/ n. sgrassatore m.

degree /dɪˈgriː/ n. 1 grado m.: twenty -s centigrade venti gradi centigradi; a cousin of the first ~ un cugino di primo grado. 2 (relative intensity) grado m., livello m., stadio m.: a high ~ of culture un alto grado di cultura. 3 (extent, measure) grado m., misura f.: to some ~ fino a un certo punto, in una certa misura. 4 (rank, station) grado m., rango m., condizione f. sociale: a lady of high ~ una signora di alto rango. 5 (Univ) laurea f., titolo m. □ by -s gradatamente, per gradi, a poco a poco; (Univ) to get one's ~ laurearsi; ~ of accuracy grado di precisione; ~ of alcoholic strength gradazione alcolica; (Gramm) -s of comparison gradi di comparazione; (Tecn, Chim,Statist) ~ of freedom grado di libertà; ~ of latitude grado di latitudine; (Ind) ~ of safety fattore di sicurezza; (Univ) to take one's ~ laurearsi; to a ~: 1 (exceedingly) all'eccesso, terribilmente: stupid to a ~ terribilmente stupido; 2 (somewhat) piuttosto.

degressive /dɪˈgresɪv/ a. (Econ) decrescente, regressivo.

degust /dɪˈgʌst/ v.t. degustare.

degustation /ˌdigʌsˈteɪʃᵊn/ n. degustazione f.

dehisce /dɪˈhɪs/ v.i. (Bot) aprirsi per deiscenza.

dehiscence /dɪˈhɪsᵊns/ n. (Bot) deiscenza f.

dehiscent /dɪˈhɪsᵊnt/ a. (Bot) deiscente.

dehumanise /ˌdiːˈhjuːmənaɪz/ v.t. (Br) rendere disumano, disumanizzare.

dehumanization /ˌdiːhjuːmən(a)ɪˈzeɪʃᵊn/ n. disumanizzazione f.

dehumanize /ˌdiːˈhjuːmənaɪz/ v.t. rendere disumano, disumanizzare.

dehumidifier /ˌdiːhjuːˈmɪdɪfaɪᵊr/ n. deumidificatore m.

dehumidify /ˌdiːhjuːˈmɪdɪfaɪ/ v.t. deumidificare.

dehydrate /ˌdiːhaɪˈdreɪt, ˌdiːˈhaɪdreɪt/ I v.t. 1 (Chim,Alim) disidratare, essiccare. 2 (Med) disidratare. II v.i. 1 (Chim,Alim) disidratarsi, essiccarsi. 2 (Med) disidratarsi.

dehydration /ˌdiːhaɪˈdreɪʃᵊn/ n. 1 (Chim, Alim) disidratazione f., essiccazione f. 2 (Med) disidratazione f.

dehydrator /ˌdiːhaɪˈdreɪtər Am ˌdiːhaɪˈdreɪt̬ər/ n. (Tecn) disidratatore m., essiccatoio m.

dehypnotise /ˌdiːˈhɪpnətaɪz/ v.t. (Br) libera-re da uno stato di ipnosi.

dehypnotize /ˌdiːˈhɪpnətaɪz/ v.t. liberare da uno stato di ipnosi.

de-ice /ˌdiːˈaɪs/ v.t. 1 liberare dal ghiaccio. 2 (Aer) mantenere libero dal ghiaccio. 3 (of a refrigerator) sbrinare.

de-icer /ˌdiːˈaɪsᵊr/ n. 1 (Aer) dispositivo m. antighiaccio. 2 (of refrigerators) sbrinatore m.

deicide /ˈdiːɪsaɪd Am ˈdeɪɪsaɪd/ n. 1 (person) deicida m./f. 2 (act) deicidio m.

deicing /ˌdiːˈaɪsɪŋ/ n. 1 (Aer) sghiacciamento m. 2 (of refrigerators) sbrinamento m.

deictic /ˈdaɪktɪk, ˈdeɪktɪk/ a. (Ling) deittico.

deictically /ˈdaɪktɪkᵊli, ˈdeɪktɪkᵊli/ avv. deitticamente.

deification /ˌdiːɪfɪˈkeɪʃᵊn Br also ˌdeɪɪfɪˈkeɪʃᵊn/ n. deificazione f.

deiform /ˈdiːɪfɔːm, ˈdiːɪfɔːm Am ˈdiːɪfɔːrm/ a. deiforme.

deify /ˈdiːɪfaɪ Br also ˈdeɪɪfaɪ/ v.t. 1 deificare, divinizzare. 2 (to regard as a god) considerare come un dio. 3 (fig) (to exalt, to glorify) esaltare, glorificare.

deign /deɪn/ I v.i. degnarsi: he did not even ~ to say good morning non si è neppure degnato di dire buongiorno. II v.t. degnarsi di dare, accordare, concedere: to ~ a reply degnarsi di dare una risposta.

de-index /dɪˈɪndeks/ v.t. deindicizzare.

deindustrialisation /ˌdiːɪnˌdʌstriˈl(a)ɪˈzeɪʃᵊn/ n. (Br) deindustrializzazione f., disindustrializzazione f.

deindustrialise /ˌdiːɪnˈdʌstriˈlaɪz/ v.t. (Br) deindustrializzare, disindustrializzare.

deindustrialization /ˌdiːɪnˌdʌstriˈl(a)ɪˈzeɪʃᵊn/ n. deindustrializzazione f., disindustrializzazione f.

deindustrialize /ˌdiːɪnˈdʌstriˈlaɪz/ v.t. deindustrializzare, disindustrializzare.

Deirdre /ˈdɪədri Am ˈdɪrdrə/ n.pr.f. Deirdre.

deism /ˈdiːɪzᵊm Br also ˈdeɪɪzᵊm/ n. (Filos) deismo m.

deist /ˈdiːɪst Br also ˈdeɪɪst/ n. (Filos) deista m./f.

deistic /diːˈɪstɪk Br also deɪˈɪstɪk/, **deistical** /diːˈɪstɪkᵊl, Br also deɪˈɪstɪkᵊl/ a. (Filos) deistico.

deity /ˈdiːɪti, ˈdiːəti Am ˈdiːət̬i/ n. 1 divinità f., deità f. 2 (divine nature) divinità f., essenza f. divina, natura f. divina.

Deity /ˈdiːɪti, ˈdiːəti Am ˈdiːət̬i/ n. Dio m.

deject /dɪˈdʒekt/ v.t. abbattere, demoralizzare, deprimere.

dejected /dɪˈdʒektɪd/ a. abbattuto, demoralizzato, scoraggiato, depresso.

dejectedly /dɪˈdʒektɪdli/ avv. in modo demoralizzato, in modo depresso.

dejection /dɪˈdʒekʃᵊn/ n. 1 abbattimento m., depressione f., scoraggiamento m. 2 (Med) (defecation) deiezione f., defecazione f.; (excrement) escremento m.

de jure /deɪˈdʒʊəreɪ, diːˈdʒʊəreɪ Am diːˈdʒʊri, ˌdeɪˈdʒʊri/ avv./a. di diritto, regolare: (Dir) ~ corporation società di diritto, società regolare.

dekko /ˈdekoʊ/ n. (pl. -s /-z/) n. (Br,sl) sguardo m., occhiata f. □ let's have a ~ fammi un po' vedere.

delaine /dəˈleɪn/ n. (Tess) mussolina f. di lana.

delaminate /diːˈlæmɪneɪt/ v.t. delaminarsi.

delate /dɪˈleɪt/ v.t. (ant) denunciare.

delation /dɪˈleɪʃᵊn/ n. delazione f.

delator /dɪˈleɪtᵊr Am dɪˈleɪt̬ᵊr/ n. delatore m. (f. -trice).

Delaware /ˈdeləweᵊr Am ˈdeləwer/ n.pr. (Geog) Delaware m.

delay /dɪˈleɪ/ I v.t. 1 (far) ritardare, causare un ritardo a: bad weather -ed the flight il maltempo ha ritardato il volo. 2 (to put off, to defer) differire, rimandare, rinviare: to ~ one's departure rinviare la partenza; to ~ doing sth. rimandare di fare qcs. II v.i. 1 indugiare, tardare. 2 (to loiter) gingillarsi. III n. 1 ritardo m., indugio m. 2 (instance) ritardo m.: an hour's ~ un ritardo di un'ora. 3 (Comm) proroga f., dilazione f.: to obtain a ~ in payment ottenere una proroga di pagamento. □ to make no ~ in doing sth. non ritardare a fare qcs.; to ~ the traffic intralciare il traffico, ostacolare il traffico; without ~ senza indugio.

delayed /dɪˈleɪd/ a. 1 ritardato, tardivo: a ~ reply una risposta tardiva. 2 (Cin,TV) differito: ~ broadcasting trasmissione in differita.

delayed-action /dɪˈleɪdækʃᵊn/ a. (Arm) a scoppio ritardato.

delaying /dɪˈleɪɪŋ/ □ (Mil) ~ action azione ritardatrice.

del credere /del ˈkredᵊreɪ, del ˈkreɪdᵊri Am ˌdel ˈkredᵊreɪ, del ˈkreɪdᵊri/ n. (Comm) (star) del credere m.: □ (Comm) ~ agent agente del credere; (Comm) ~ agreement contratto del credere; (Comm) ~ commission provvigione dello star del credere.

dele /ˈdiːli/ I v.t. (Tip) cancellare. II n. (Tip) deleatur m.

delectability /dɪˌlektəˈbɪlɪti Am dɪˌlektə ˈbɪləti/ n. piacevolezza f.

delectable /dɪˈlektəbl/ a. delizioso, gradevole, piacevole.

delectably /dɪˈlektəbli/ avv. dilettevolmente, piacevolmente.

delectation /ˌdiːlekˈteɪʃᵊn/ n. diletto m., piacere m.

delegable /ˈdelɪgəbl/ a. delegabile.

delegacy /ˈdelɪgəsi/ n. 1 delega f. 2 (body) delegazione f.

delegant /ˈdelɪgənt/ n. delegante m./f.

delegate[1] /ˈdelɪgət/ n. 1 delegato m. (f. -a), incaricato m. (f. -a); (representative) rappresentante m./f. 2 (Am,Parl) delegato m. (f. -a).

delegate[2] /ˈdelɪgeɪt/ v.t. 1 delegare, autorizzare a rappresentare. 2 (to commit) delegare, rimettere, affidare: to ~ power to so. delegare il potere a qcu.

delegatee /ˌdelɪgəˈtiː/ n. delegatorio m. (f. -a).

delegation /ˌdelɪˈgeɪʃᵊn/ n. 1 delegazione f. 2 (body) delegazione f., commissione f. □ (Comm) ~ for collection delega per l'incasso.

delegator /ˈdelɪgeɪtᵊr Am ˈdelɪgeɪt̬ᵊr/ n. delegante m./f.

delete /dɪˈliːt/ I v.t. cancellare, cassare: to ~ a name from a list cancellare un nome da una lista. II n. (Inform) tasto m. cancellazione, tasto m. Canc. □ ~ where inapplicable cancellare ciò che non interessa.

deleterious /ˌdelɪˈtɪəriəs, dɪlɪˈtɪəriəs Am ˌdelə ˈtɪriəs/ a. deleterio, nocivo, dannoso.

deleteriously /ˌdelɪˈtɪəriəsli, dɪlɪˈtɪəriəsli Am ˌdeləˈtɪriəsli/ avv. in modo deleterio, in modo nocivo, dannoso.

deletion /dɪˈliːʃᵊn/ n. cancellatura f.

delft /delft/ n. (Ceram) ceramica f. di Delft.

delftware /ˈdelftweᵊr Am ˈdelftwer/ n. (Ceram) ceramica f. di Delft.

Delhi /ˈdeli/ n.pr. (Geog) Delhi f.

deli /ˈdeli/ n. (colloq) negozio m. di gastronomia, gastronomia f., negozio m. di specialità gastronomiche.

Delian /ˈdiːliən/ a. (Stor.gr) delio. □ (Stor.gr) ~ league lega delio-attica.

deliberate[1] /dɪˈlɪbᵊrət/ a. 1 intenzionale, calcolato, premeditato, voluto. 2 (careful, cautious) ponderato, guardingo, cauto: a ~ judgement un giudizio ponderato. 3 (slow, *unhurried*) lento, fatto senza fretta. □ *to tell a ~ lie* mentire sapendo di mentire.

deliberate[2] /dɪˈlɪbəreɪt/ **I** *v.t.* ponderare, riflettere su, considerare: *to ~ a decision* ponderare una decisione. **II** *v.i.* riflettere (*on* su), ponderare.

deliberately /dɪˈlɪbərətli/ *avv.* **1** deliberatamente, volutamente. **2** (*carefully*) ponderatamente, cautamente. **3** (*slowly*) lentamente, senza fretta.

deliberateness /dɪˈlɪbərətnəs/ *n.* cautela *f.*, prudenza *f.*, ponderatezza *f.*

deliberation /dɪˌlɪbəˈreɪʃən/ *n.* **1** riflessione *f.*, considerazione *f.*: *after due ~* dopo la dovuta riflessione. **2** (*formal consultation*) deliberazione *f.* **3** (*slowness*) lentezza *f.*: *to speak with ~* parlare con lentezza.

deliberative /dɪˈlɪbərətɪv Am dɪˈlɪbərəṭɪv/ *a.* **1** (*of a legislative body, etc.*) deliberante. **2** (*marked by deliberation*) deliberativo.

deliberator /dɪˈlɪbəreɪtəʳ Am dɪˈlɪbəreɪṭər/ *n.* chi delibera.

delicacy /ˈdelɪkəsi/ *n.* **1** delicatezza *f.*, finezza *f.*: *the ~ of her skin* la finezza della sua pelle. **2** (*choice food*) cibo *m.* squisito, squisitezza *f.* **3** (*fineness of perception, feeling, etc.*) delicatezza *f.*, finezza *f.*, sensibilità *f.*, squisitezza *f.* **4** (*of a mechanism, etc.: sensitivity*) sensibilità *f.* **5** (*sensibility, shrinking from coarseness, etc.*) delicatezza *f.*, sensibilità *f.* **6** (*consideration for others*) delicatezza *f.*, tatto *m.* **7** (*bodily frailty*) gracilità *f.*, delicatezza *f.*

delicate /ˈdelɪkət/ *a.* **1** delicato, fine: *a very ~ lace* un pizzo finissimo. **2** (*fragile*) delicato, fragile. **3** (*of people*) delicato, gracile. **4** (*pleasing to the senses*) delicato, piacevole: *a ~ perfume* un profumo piacevole. **5** (*of colours*) delicato, tenue, leggero. **6** (*sensitive, discriminating*) acuto, sensibile: *a ~ sense of smell* un acuto senso dell'odorato. **7** (*requiring care, precision*) delicato: *a ~ operation* un'operazione delicata. **8** (*requiring tact, etc.*) delicato, difficile, che richiede tatto. **9** (*of food: choice*) scelto, raffinato. □ (*ant*) *in a ~ condition* incinta.

delicately /ˈdelɪkətli/ *avv.* delicatamente.

delicateness /ˈdelɪkətnəs/ *n.* delicatezza *f.*, finezza *f.*

delicatessen /ˌdelɪkəˈtesən/ *n.* negozio *m.* di gastronomia, gastronomia *f.*, negozio *m.* di specialità gastronomiche.

delicious /dɪˈlɪʃəs/ *a.* **1** squisito, prelibato: *a ~ meal* un pasto squisito. **2** (*delightful, pleasing*) delizioso, squisito: *a ~ sense of humour* uno squisito senso dell'umorismo.

deliciously /dɪˈlɪʃəsli/ *avv.* deliziosamente, squisitamente.

deliciousness /dɪˈlɪʃəsnəs/ *n.* delizia *f.*, squisitezza *f.*

delict /dɪˈlɪkt/ *n.* (*Dir*) delitto *m.*

delight /dɪˈlaɪt/ **I** *n.* **1** delizia *f.*, delizie *f.pl.*, diletto *m.*, piacere *m.* **2** (*sth. giving pleasure*) piacere *m.*, gioia *f.*, contentezza *f.*: *to one's great ~* con grande gioia. **II** *v.t.* deliziare, rallegrare, dilettare: *his gift -ed me* il suo dono mi ha rallegrato. **III** *v.i.* dilettarsi (*in* di, a), deliziarsi (di, con), divertirsi (a): *she -s in arranging flowers* si diletta a disporre i fiori; *to ~ to do sth.* divertirsi a fare qcs. □ *to take great ~ in doing sth.* divertirsi molto a fare qcs.

delighted /dɪˈlaɪtɪd Am dɪˈlaɪṭɪd/ *a.* contentissimo, lietissimo, felice: *they were ~ at the news* furono contentissimi nel sentire la notizia.

delightedly /dɪˈlaɪtɪdli Am dɪˈlaɪṭɪdli/ *avv.* con grande gioia, con grande felicità.

delightful /dɪˈlaɪtfʊl/ *a.* **1** delizioso, dilette-

vole, molto piacevole: *a ~ holiday* una deliziosa vacanza. **2** (*of persons*) incantevole, delizioso.

delightfully /dɪˈlaɪtfʊli/ *avv.* (*deliciously*) deliziosamente, squisitamente: *he sings ~* canta che è una delizia.

delightfulness /dɪˈlaɪtfʊlnəs/ *n.* piacevolezza *f.*, delizia *f.*

Delilah /dɪˈlaɪlə/ **I** *n.pr.f.* (*Bibl*) Dalila. **II** *n.* donna *f.* affascinante e infida.

delimit /dɪˈlɪmɪt/ *v.t.* delimitare.

delimitate /dɪˈlɪmɪteɪt/ *v.t.* delimitare.

delimitation /dɪˌlɪmɪˈteɪʃən/ *n.* delimitazione *f.*

delineate /dɪˈlɪnɪeɪt/ *v.t.* delineare, tracciare (*anche fig*).

delineation /dɪˌlɪnɪˈeɪʃən/ *n.* **1** delineazione *f.* (*anche fig*). **2** (*chart or diagram*) traccia *f.*, tracciato *m.*; (*sketch*) abbozzo *m.* **3** (*description*) descrizione *f.* sommaria, abbozzo *m.*

delineator /dɪˈlɪnɪeɪtəʳ Am dɪˈlɪnɪeɪṭər/ *n.* chi delinea.

delinquency /dɪˈlɪŋkwənsi/ *n.* **1** delinquenza *f.* **2** (*juvenile delinquency*) delinquenza *f.* minorile. **3** (*misdeed, offence*) delitto *m.*, misfatto *m.*

delinquent /dɪˈlɪŋkwənt/ **I** *a.* **1** colpevole, che manca ai propri doveri. **2** (*Econ*) (*of a debtor*) moroso; (*of a tax*) (in) arretrato. **II** *n.* **1** delinquente *m./f.*, colpevole *m./f.* **2** (*juvenile delinquent*) delinquente *m./f.* minorenne.

delinquently /dɪˈlɪŋkwəntli/ *avv.* da delinquente.

deliquesce /ˌdelɪˈkwes/ *v.i.* **1** liquefarsi, sciogliersi. **2** (*Chim,Bot*) diventare deliquescente.

deliquescence /ˌdelɪˈkwesəns/ *n.* (*Chim*) deliquescenza *f.*

deliquescent /ˌdelɪˈkwesənt/ *a.* (*Chim,Bot*) deliquescente.

delirious /dɪˈlɪrɪəs Br also dɪˈlɪərɪəs/ *a.* **1** (*Med*) delirante. **2** (*fig*) delirante, ebbro, fuori di sé: *~ with joy* ebbro di gioia. □ *to be ~* delirare; *to become ~* cadere in delirio.

deliriously /dɪˈlɪrɪəsli Br also dɪˈlɪərɪəsli/ *avv.* da impazzire: *~ happy* felice da impazzire, fuori di sè per la felicità.

delirium /dɪˈlɪrɪəm Br also dɪˈlɪərɪəm/ (*pl.* **-s** /-z/, **-ria** /-rɪə/) *n.* **1** (*Med*) delirio *m.* **2** (*fig*) delirio *m.*, frenesia *f.*, esaltazione *f.* □ (*Med*) *~ tremens* delirium tremens.

delist /ˌdiːˈlɪst/ *v.t.* depennare (da una lista), cancellare: *to ~ a company* escludere una società dalla quotazione in borsa.

deliver /dɪˈlɪvəʳ/ *v.t.* **1** consegnare, distribuire: *to ~ goods* consegnare merce. **2** (*to set free*) liberare: *to ~ so. from captivity* liberare qcu. dalla prigionia. **3** (*to save, to rescue*) liberare, salvare: *~ us from evil* liberaci dal male. **4** (*to transfer, to commit*) cedere, trasferire, trasmettere. **5** (*to aim*) assestare, dare, vibrare: *to ~ a blow* assestare un colpo. **6** (*to utter*) tenere, pronunciare, fare: *to ~ a speech* fare un discorso. **7** (*Sport*) (*of a ball, service, etc.*) lanciare, tirare. **8** (*Med*) (*to assist in giving birth*) aiutare a partorire, aiutare a dare alla luce: *to ~ a woman of twins* aiutare una donna a partorire due gemelli; (*to assist the birth of*) aiutare a nascere; (*to give birth to*) mettere al mondo, procreare. **9** (*fig*) (*to come through in a difficult situation*) farcela, essere all'altezza: *her resume's exceptional, but will she ~?* ha un curriculum eccezionale, ma sarà davvero all'altezza? □ *to ~ a message* fare un'ambasciata; *to ~ oneself of an opinion* esprimere un'opinione; *to ~ over* cedere, trasferire, trasmettere: *to ~ over an estate to one's son*

trasmettere un bene al figlio; (*colloq,fig*) *to ~ the goods* fare quel che si deve, fare il proprio dovere, mantenere una promessa; *to ~ up*: 1 cedere, trasferire, trasmettere; 2 (*to surrender*) consegnare: *to ~ up so. to the police* consegnare qcu. alla polizia.

deliverable /dɪˈlɪvərəbl/ *a.* consegnabile.

deliverance /dɪˈlɪvərəns/ *n.* **1** liberazione *f.* **2** (*thought, judgement*) opinione *f.*, giudizio *m.* **3** (*formal pronouncement*) dichiarazione *f.*, asserzione *f.* **4** (*Dir*) (*verdict*) verdetto *m.*; (*acquittal of a prisoner*) proscioglimento *m.*, assoluzione *f.*

delivered /dɪˈlɪvərd Am dɪˈlɪvərd/ □ *to be ~ of a child* partorire.

deliverer /dɪˈlɪvərəʳ Am dɪˈlɪvərər/ *n.* **1** chi consegna, distributore *m.* (*f.* -trice). **2** (*one who transfers*) chi trasmette, chi trasferisce, ceditore *m.* (*f.* -trice). **3** (*one who liberates*) liberatore *m.* (*f.* -trice), salvatore *m.* (*f.* -trice).

delivery /dɪˈlɪvəri/ *n.* **1** consegna *f.*, distribuzione *f.*: *the ~ of letters* la distribuzione della posta. **2** (*sth. delivered*) consegna *f.*: *daily deliveries* consegne giornaliere. **3** (*liberation, rescue*) liberazione *f.* **4** (*transfer*) cessione *f.*, trasferimento *m.* (*anche Econ*). **5** (*Comm*) consegna *f.* **6** (*utterance*) pronuncia *f.*, dizione *f.* **7** (*manner of speaking*) modo *m.* di esprimersi: *to have a good ~* avere un bel modo di esprimersi, esprimersi con proprietà di linguaggio. **8** (*manner of singing*) modo *m.* di cantare. **9** (*Sport*) lancio *m.*, tiro *m.* **10** (*Fisiol*) parto *m.* **11** (*Idr*) (*of a pump*) portata *f.*; (*volume of liquid*) erogazione *f.* □ (*Post*) *~ area* zona di distribuzione; (*Comm*) *~ book* bollettario di consegna; (*Comm*) *~ charges* spese per la consegna, spese di consegna; (*Comm*) *~ date* data di consegna; (*Comm*) *~ ex warehouse* consegna dal magazzino; (*Comm*) *~ note* bolla di consegna, buono di consegna; (*Comm*) *~ notice* avviso di consegna; *~ room* sala parto; *~ terms* condizioni di consegna; (*Comm*) *~ to arrive* consegna all'arrivo della nave; (*Post*) *~ to callers* distribuzione allo sportello; (*ant*) *~ truck* (o *~ van*) furgone.

deliveryman /dɪˈlɪvərɪmən/ *n.irr.* fattorino *m.*

deliverywoman /dɪˈlɪvərɪwʊmən/ *n.irr.* fattorina *f.*

dell /del/ *n.* (*poet*) valletta *f.*, piccola valle *f.*

delocalise /diːˈləʊkəlaɪz/ *v.t.* (*Br*) delocalizzare.

delocalize /diːˈləʊkəlaɪz/ *v.t.* delocalizzare.

delouse /ˌdiːˈlaʊs/ *v.t.* spidocchiare, togliere i pidocchi a.

Delphi /ˈdelfaɪ/ *n.pr.* (*Geog.stor*) Delfi *f.*

Delphic /ˈdelfɪk/ *a.* **1** delfico, di Delfo. **2** (*of Apollo*) di Apollo, relativo ad Apollo. **3** (*fig*) (*oracular, prophetic*) delfico, profetico; (*obscure*) sibillino, ambiguo.

delphinium /delˈfɪnɪəm/ (*pl.* **-s** /-z/, **-nia** /-nɪə/) *n.* (*Bot*) delfinio *m.*

delta /ˈdeltə Am ˈdeltə/ *n.* **1** (*letter of the Greek alphabet*) delta *m./f.* **2** (*Geog,Tel,Mat*) delta *m.*: *the Nile ~* il delta del Nilo. **3** (*El*) triangolo *m.*, delta *m.* □ (*Mus*) *~ blues* delta blues (originario della regione del delta del Mississippi); (*El*) *~ connected* collegato a triangolo, collegato a delta; (*El*) *~ connexion* collegamento a triangolo, collegamento a delta; (*Met*) *~ metal* metallo delta; (*Nucl*) *~ rays* raggi delta; (*Fisiol*) *~ rhythm* ritmo delta; (*colloq*) *~ v* accelerazione; (*Aer*) *~ wing* ala a delta.

deltaic /delˈteɪɪk/ *a.* (*Geog*) deltizio, del delta, a forma di delta.

deltiologist /ˌdeltɪˈɒlədʒɪst Am ˌdeltɪˈɑːlədʒɪst/ *n.* collezionista *m./f.* di cartoline illustrate.

deltiology /ˌdeltɪ'ɒlədʒi Am ˌdeltɪ'ɑːlədʒi/ n. collezione f. di cartoline illustrate.

deltoid /'deltɔɪd/ **I** n. (Anat) muscolo m. deltoide, deltoide m. **II** a. (Anat) deltoide.

delude /dɪ'luːd Br also dɪ'ljuːd/ v.t. ingannare, illudere: to ~ so. with false promises ingannare qcu. con false promesse.

deluded /dɪ'luːdɪd Br also dɪ'ljuːdɪd/ a. illuso, ingannato: poor ~ wretch! povero illuso!

deluder /dɪ'luːdə' Br also dɪ'ljuːdər/ n. ingannatore m. (f. -trice).

deluge /'deljuːdʒ/ **I** n. **1** allagamento m., inondazione f. **2** (heavy downpour) diluvio m., pioggia f. torrenziale. **3** (fig) diluvio m., grande quantità f.: a ~ of protests un diluvio di proteste. **II** v.t. **1** inondare, allagare. **2** (fig) sommergere, tempestare: to be -d with requests essere sommerso dalle richieste.

Deluge /'deljuːdʒ/ n. diluvio m. universale.

delusion /dɪ'luːʒ³n Br also dɪ'ljuːʒ³n/ n. **1** inganno m., illusione f., errore m. **2** (Med) idea f. fissa, fissazione f., mania f.: to suffer from -s soffrire di manie. □ -s of grandeur manie di grandezza.

delusive /dɪ'luːsɪv Br also dɪ'ljuːsɪv/ a. illusorio.

delusiveness /dɪ'luːsɪvnəs Br also dɪ'ljuːsɪvnəs/ n. fallacia f.

delusory /dɪ'luːs³ri Br also dɪ'ljuːs³ri/ a. illusorio.

de luxe, deluxe /də'lʌks, də'lʊks/ a. di lusso, lussuoso, sontuoso.

delve /delv/ **I** v.i. fare ricerche: to ~ into old books fare ricerche su libri antichi. **II** v.t. esplorare a fondo, studiare a fondo, investigare.

demagnetisation /diːˌmægnət(a)ɪ'zeɪʃ³n/ n. (Br,Tecn) smagnetizzazione f.

demagnetise /ˌdiː'mægnətaɪz/ v.t. (Br,Tecn) smagnetizzare.

demagnetization /diːˌmægnət(a)ɪ'zeɪʃ³n Am diːˌmægnəti'zeɪʃ³n/ n. (Tecn) smagnetizzazione f.

demagnetize /ˌdiː'mægnətaɪz/ v.t. (Tecn) smagnetizzare.

demagnetizer /ˌdiː'mægnətaɪzə'/ n. (Tecn) smagnetizzatore m.

demagog /'deməgɑːg/ n. (Am) demagogo m. (f. -a).

demagogic /ˌdemə'gɒdʒɪk Am ˌdemə'gɑːdʒɪk, demagogical /ˌdemə'gɒdʒɪk³l, Am ˌdemə'gɑːdʒɪk³l/ a. demagogico.

demagogue /'deməgɒg Am 'deməgɑːg/ n. demagogo m. (f. -a).

demagoguery /'deməgɒg³ri Am 'demə gɑːgə'ri/, **demagoguism** /'deməgɒgɪz³m Am 'deməgɑːgɪz³m/ n. demagogia f.

demagogy /'deməgɒdʒi Am 'deməgɑːdʒi/ n. **1** demagogia f. **2** (collett.) demagoghi m.pl.

demand /dɪ'mɑːnd Am dɪ'mænd/ **I** v.t. **1** (to ask for peremptorily) chiedere, esigere, pretendere: to ~ obedience esigere obbedienza; to - sth. of so. esigere qcs. da qcu. **2** (to call for, to require) richiedere, esigere: a job which -s great patience un lavoro che richiede una grande pazienza. **II** n. **1** (peremptory request) domanda f., richiesta f., pretesa f.: a ~ for silence una richiesta di far silenzio. **2** (sth. demanded) richiesta f.: we cannot accede to your -s non possiamo accogliere le (o venire incontro alle) vostre richieste. **3** (Econ) domanda f., richiesta f.: the ~ for a product la richiesta di un prodotto; ~ exceeds supply la domanda supera l'offerta; an article in great ~ un articolo molto richiesto. **4** (requirement) esigenza f., necessità f. **5** (need) bisogno m. **6** (Dir) domanda f. □ (Econ) ~ bill cambiale a vista; (Econ) ~ curve

curva della domanda; (Econ) ~ deposit deposito a vista, deposito in conto corrente; (Econ) ~ draft tratta a vista; ~ feeding allattamento a richiesta; in ~ (highly sought after) molto richiesto; ~ increase incremento della domanda, aumento della domanda; (Econ) ~ loan prestito pagabile su domanda; to make great -s upon so.'s patience mettere a dura prova la pazienza di qcu.; the -s of labour le rivendicazioni dei lavoratori; on ~ a richiesta: a cheque payable on ~ un assegno pagabile a richiesta; to have many -s on one's time avere molte cose da fare, essere molto occupato; (Econ) ~ shocks drastiche riduzioni della domanda.

demandant /dɪ'mɑːndənt Am dɪ'mændənt/ n. (Dir) attore m. (f. -trice), parte f. lesa.

demanding /dɪ'mɑːndɪŋ Am dɪ'mændɪŋ/ a. **1** arduo, difficile, impegnativo: a ~ task un arduo compito. **2** (of a person) severo, esigente.

demarcate /'diːmɑːkeɪt Am diː'mɑːrkeɪt, 'diːmɑːrkeɪt/ v.t. demarcare, delimitare.

demarcation /ˌdiːmɑː'keɪʃ³n Am ˌdiːmɑːr 'keɪʃ³n/ n. demarcazione f., delimitazione f.

démarche /'deɪmɑːʃ, ˌdeɪ'mɑːʃ Am ˌdeɪ'mɑːrʃ/ n. **1** (Pol) manovra f. diplomatica. **2** (course of action) piano m. di azione.

demark /dɪ'mɑːk Am dɪ'mɑːrk/ v.t. (to demarcate) demarcare, segnare, tracciare.

dematerialisation /ˌdiːməˌtɪəriəl(a)ɪ 'zeɪʃ³n/ n. (Br) smaterializzazione f.

dematerialise /ˌdiːmə'tɪəriəlaɪz/ **I** v.t. (Br) smaterializzare. **II** v.i. (Br) smaterializzarsi.

dematerialization /ˌdiːməˌtɪəriəl(a)ɪ'zeɪʃ³n Am diːˌməˌtɪəriəli'zeɪʃ³n/ n. smaterializzazione f.

dematerialize /ˌdiːmə'tɪəriəlaɪz Am ˌdiːmə 'tɪriəlaɪz/ **I** v.t. smaterializzare. **II** v.i. smaterializzarsi.

deme /diːm/ n. **1** (Stor.gr) demo m. **2** (Biol) deme m., demo m., unità f. tassonomica.

demean[1] /dɪ'miːn/ v.t. abbassare, avvilire, umiliare: to ~ oneself by doing sth. abbassarsi a fare qcs.

demean[2] /dɪ'miːn/ v.i. comportarsi, condursi: to ~ oneself well comportarsi bene.

demeanor /dɪ'miːnə'/ n. (Am) comportamento m., condotta f.

demeanour /dɪ'miːnə'/ n. comportamento m., condotta f.

demented /dɪ'mentɪd Am dɪ'mentɪd/ a. demente, pazzo.

dementedly /dɪ'mentɪdli Am dɪ'mentɪdli/ avv. (crazely) pazzamente, follemente.

dementedness /dɪ'mentɪdnəs Am dɪ 'mentɪdnəs/ n. (dementia) demenza f.

dementia /dɪ'menʃə/ n. (Med) demenza f. □ (Med) ~ praecox demenza precoce.

demerara /ˌdemə'rɑːrə Br also ˌdemə'reərə/ n. (Alim) demerara m., zucchero m. grezzo di canna.

demerit /ˌdiː'merɪt/ n. **1** (fault) demerito m., colpa f. **2** (mark) nota f. di biasimo. **3** (guilt) colpevolezza f.

demesne /dɪ'meɪn, dɪ'miːn/ n. **1** (Dir) (possession) dominio m. (diretto). **2** (Dir) (estate) proprietà f. terriera. **3** (Dir) (state property) demanio m. **4** (Stor.brit) dominio m. **5** (region, territory) territorio m., regione f. □ ~ of the Crown possedimenti della Corona.

Demeter /dɪ'miːtə' dɪ'miːtə'/ n.pr.f. (Mitol) Demetra f.

demigod /'demigɒd Am 'demigɑːd/ n. (Mitol) semidio m. (anche fig).

demijohn /'demidʒɒn Am 'demidʒɑːn/ n. damigiana f.

demilitarisation /diːˌmɪlɪtə'r(a)ɪ'zeɪʃ³n/ n. (Br) smilitarizzazione f.

curva della domanda; (Econ) ~ deposit deposito a vista, deposito in conto corrente; (Econ) ~ draft tratta a vista; ~ feeding allattamento a richiesta; in ~ (highly sought after) molto richiesto; ~ increase incremento

demilitarise /ˌdiː'mɪlɪtəraɪz/ v.t. (Br) demilitarizzare, smilitarizzare.

demilitarization /diːˌmɪlɪtər(a)ɪ'zeɪʃ³n Am diːˌmɪlɪtər'izeɪʃ³n/ n. smilitarizzazione f.

demilitarize /ˌdiː'mɪlɪt³raɪz Am ˌdiː 'mɪlɪt³raɪz/ v.t. demilitarizzare, smilitarizzare.

demilitarized /ˌdiː'mɪlɪt³raɪzd Am ˌdiː 'mɪlɪt³raɪzd/ a. demilitarizzato: ~ zone zona demilitarizzata.

demineralisation /diːˌmɪn³r³l(a)ɪ'zeɪʃ³n/ n. (Br) demineralizzazione f.

demineralise /ˌdiː'mɪn³r³laɪz/ v.t. (Br) demineralizzare.

demineralization /diːˌmɪn³r³l(a)ɪ'zeɪʃ³n/ n. demineralizzazione f.

demineralize /ˌdiː'mɪn³r³laɪz/ v.t. demineralizzare.

demise /dɪ'maɪz/ **I** n. **1** morte f., decesso m. **2** (fig) (end) fine f. **3** (Dir) trasferimento m., trasmissione f. **4** (Pol) trasmissione f., successione f.: ~ of the crown trasmissione della corona. **II** v.t. **1** (Dir) (of an estate) trasferire, trasmettere; (to lease) cedere in affitto. **2** (Pol) (of sovereignty) trasmettere.

demisemiquaver /ˌdemi'semi,kweɪvə'/ n. (Br,Mus) semibiscroma f.

demission /dɪ'mɪʃ³n/ n. **1** dimissioni f.pl., rinuncia f. **2** (abdication) abdicazione f.

demit /dɪ'mɪt/ (past, p.p. **demitted** /-tɪd Am -tɪd/) v.i. (ant) dimettersi, dare le dimissioni.

demiurge /'demiɜːdʒ Am 'demiɜːrdʒ/ n. demiurgo m.

demiurgic /ˌdemi'ɜːdʒɪk Am ˌdemi'ɜːrdʒɪk/ a. demiurgico.

demiurgical /ˌdemi'ɜːdʒɪk³l Am ˌdemi 'ɜːrdʒɪk³l/ a. demiurgico.

demo /'deməʊ/ n. **1** (Comm) dimostrazione f.; (product) prodotto m. di dimostrazione. **2** (colloq) (record or tape) demo m./f.

demob /ˌdiː'mɒb/ **I** v.t. (Br,Mil) smobilitare. **II** n. (Br,Mil) soldato m. smobilitato.

demobilisation /diːˌməʊbɪl(a)ɪ'zeɪʃ³n/ n. (Br,Mil) smobilitazione f.

demobilise /ˌdiː'məʊbɪlaɪz/ v.t. (Br,Mil) smobilitare, congedare.

demobilization /diːˌməʊbɪl(a)ɪ'zeɪʃ³n/ n. (Mil) smobilitazione f.

demobilize /ˌdiː'məʊbɪlaɪz/ v.t. (Mil) smobilitare, congedare.

democracy /dɪ'mɒkrəsi Am dɪ'mɑːkrəsi/ n. **1** democrazia f. **2** (democratic spirit) democraticità f. **3** (common people) popolo m.

Democracy /dɪ'mɒkrəsi Am dɪ'mɑːkrəsi/ n. (Am) partito m. democratico.

democrat /'deməkræt/ n. democratico m. (f. -a).

Democrat /'deməkræt/ n. (Am) democratico m. (f. -a), membro m. del partito democratico.

democratic /ˌdemə'krætɪk Am ˌdemə'krætɪk/ a. democratico. □ (US) Democratic Party partito democratico.

democratisation /dɪˌmɒkrət(a)ɪ'zeɪʃ³n/ n. (Br) democratizzazione f.

democratise /dɪ'mɒkrətaɪz/ v.t. (Br) democratizzare.

democratism /dɪ'mɒkrətɪz³m Am dɪ 'mɑːkrətɪz³m/ n. democratismo m.

democratization /dɪˌmɒkrət(a)ɪ'zeɪʃ³n Am dɪˌmɑːkrətɪ'zeɪʃ³n/ n. democratizzazione f.

democratize /dɪ'mɒkrətaɪz Am dɪ 'mɑːkrətaɪz/ v.t. democratizzare.

Democritean /dɪˌmə'krɪtiːən Am dɪˌmə 'krɪʃ³n/ a. (Filos) democriteo.

Democritus /dɪ'mɒkrɪtəs Am dɪ'mɑːkrɪtəs/ n.pr.m. (Stor.gr) Democrito.

démodé /deɪ'məʊdeɪ Am ˌdeɪmoʊ'deɪ/ a. démodé, fuori moda.

demoded /ˌdiː'məʊdɪd/ a. démodé, fuori

moda.

demodulate /ˌdiːˈmɒdjʊleɪt, ˌdiːˈmɒdʒʊleɪt *Am* ˌdiːˈmɑːdʒʊleɪt/ *v.t.* (*Elettron*) demodulare.

demodulation /ˌdiːˌmɒdjʊˈleɪʃən, diːˌmɒdʒʊˈleɪʃən *Am* diːˌmɑːdʒʊˈleɪʃən/ *n.* (*Elettron*) demodulazione *f.*

demodulator /ˌdiːˈmɒdjʊleɪtə, ˌdiːˈmɒdʒʊleɪtə *Am* ˌdiːˈmɑːdʒʊleɪtər/ *n.* (*Elettron*) demodulatore *m.*

demographer /dɪˈmɒgrəfə *Am* dɪˈmɑːgrəfər/ *n.* demografo *m.* (*f.* -a).

demographic /ˌdeməˈgræfɪk, ˌdiːməˈgræfɪk/ *a.* demografico.

demographical /ˌdeməˈgræfɪkəl, ˌdiːmə ˈgræfɪkəl/ *a.* demografico.

demographics /ˌdeməˈgræfɪks, ˌdiːmə ˈgræfɪks/ *n.pl.* dati *m.pl.* demografici.

demography /dɪˈmɒgrəfi *Am* dɪˈmɑːgrəfi/ *n.* demografia *f.*

demoiselle /ˌdemwɑːˈzel/ □ (*Ornit*) ~ *crane* damigella di Numidia, vergine di Numidia.

demolish /dɪˈmɒlɪʃ *Am* dɪˈmɑːlɪʃ/ *v.t.* 1 demolire, abbattere, distruggere (*anche fig*). 2 (*colloq*) (*to devour*) divorare.

demolisher /dɪˈmɒlɪʃə *Am* dɪˈmɑːlɪʃər/ *n.* demolitore *m.* (*f.* -trice).

demolishment /dɪˈmɒlɪʃmənt *Am* dɪ ˈmɑːlɪʃmənt/ *n.* demolizione *f.* (*anche fig*).

demolition /ˌdeməˈlɪʃən, ˌdiːməˈlɪʃən/ *n.* demolizione *f.* (*anche fig*). □ (*Mil*) ~ *bomb* bomba dirompente; ~*contractor* impresa di demolizioni; ~ *derby* corsa automobilistica in cui vince l'ultima vettura che resta in condizione di muoversi.

demon /ˈdiːmən/ I *n.* 1 demonio *m.*, diavolo *m.* 2 (*evil trait, passion*) demone *m.*, passione *f.* sfrenata: *the* ~ *of gambling* il demone del gioco. 3 (*attendant spirit, genius*) demone *m.*, genio *m.* (ispiratore). 4 (*colloq*) (*energetic person*) demonio *m.*, diavolo *m.* scatenato: *a* ~ *for work* un demonio nel lavoro. II *a.* 1 demoniaco, del demonio. 2 (*possessed by a demon*) indemoniato.

demoniac /dɪˈmoʊniæk/ I *a.* demoniaco. II *n.* indemoniato *m.* (*f.* -a).

demoniacal /ˌdiːməˈnaɪəkəl/ *a.* 1 demoniaco. 2 (*possessed by a devil*) indemoniato. 3 (*fig*) (*fiendish, devilish*) demoniaco, satanico, diabolico.

demoniacally /ˌdiːmoʊˈnaɪəkəli/ *avv.* in modo demoniaco.

demonic /dɪˈmɒnɪk *Am* diːˈmɑːnɪk/ *a.* 1 demoniaco. 2 (*possessed by a devil*) indemoniato.

demonical /diːˈmɒnɪkəl, *Am* diːˈmɑːnɪkəl/ *a.* 1 demoniaco. 2 (*possessed by a devil*) indemoniato.

demonisation /ˌdiːmən(a)ɪˈzeɪʃən/ *n.* (*Br*) demonizzazione *f.*

demonise /ˈdiːmənaɪz/ *v.t.* (*Br*) demonizzare.

demonism /ˈdiːmənɪzəm/ *n.* 1 (*belief*) demonismo *m.* 2 (*worship*) demonolatria *f.*

demonist /ˈdiːmənɪst/ *n.* chi crede nel demonismo.

demonization /ˌdiːmən(a)ɪˈzeɪʃən/ *n.* demonizzazione *f.*

demonize /ˈdiːmənaɪz/ *v.t.* demonizzare.

demonolater /ˌdiːməˈnɒlətər *Am* ˌdiːmə ˈnɑːlətər/ *n.* demonolatra *m./f.*

demonolatry /ˌdiːməˈnɒlətri *Am* ˌdiːmə ˈnɑːlətri/ *n.* demonolatria *f.*

demonologist /ˌdiːməˈnɒlədʒɪst *Am* ˌdiːmə ˈnɑːlədʒɪst/ *n.* studioso *m.* (*f.* -a) di demonologia.

demonology /ˌdiːməˈnɒlədʒi *Am* ˌdiːmə ˈnɑːlədʒi/ *n.* 1 (*study*) demonologia *f.* 2 (*belief*) demonismo *m.*

demonstrability /dɪˌmɒnstrəˈbɪlɪti *Am* dɪ ˌmɑːnstrəˈbɪləti/ *n.* dimostrabilità *f.*

demonstrable /dɪˈmɒnstrəbl̩ *Am* dɪ ˈmɑːnstrəbl̩/ *a.* dimostrabile.

demonstrably /dɪˈmɒnstrəbli *Am* dɪ ˈmɑːnstrəbli/ *avv.* in modo dimostrabile.

demonstrate /ˈdemənstreɪt/ I *v.t.* 1 dimostrare, provare: *to* ~ *the truth of a theory* dimostrare la verità di una teoria. 2 (*to describe*) descrivere, spiegare. 3 (*to show*) dimostrare, mostrare: *to* ~ *one's courage* mostrare il proprio coraggio. 4 (*of feelings*) manifestare, esternare. 5 (*to show the operation or use of*) mostrare l'uso di, fare una dimostrazione dell'uso di: *to* ~ *a washing machine* mostrare il funzionamento di una lavatrice. II *v.i.* 1 fare una dimostrazione, dimostrare. 2 (*to teach, to explain by demonstration*) spiegare attraverso dimostrazioni. 3 (*Mil*) effettuare una dimostrazione.

demonstration /ˌdemənˈstreɪʃən/ *n.* 1 dimostrazione *f.* (*anche Mat*). 2 (*proof, evidence*) prova *f.*, testimonianza *f.*, dimostrazione *f.* 3 (*public display*) dimostrazione *f.*, manifestazione *f.*: *political* -*s* dimostrazioni politiche. 4 (*explanation with examples, etc.*) dimostrazione *f.*, illustrazione *f.* pratica. 5 (*of feelings*) dimostrazione *f.*, manifestazione *f.* 6 (*Mil*) dimostrazione *f.*, azione *f.* dimostrativa. □ *to teach by* ~ insegnare con il metodo dimostrativo; ~ *effect* effetto dimostrativo; ~ *farm* fattoria modello.

demonstrative /dɪˈmɒnstrətɪv *Am* dɪ ˈmɑːnstrətɪv/ *a.* 1 (*effusive*) espansivo. 2 (*expressed openly*) aperto, sincero: *a* ~ *welcome* un sincero benvenuto. 3 (*serving to explain*) dimostrativo, esplicativo. 4 (*serving to prove*) probante; (*conclusive*) definitivo. 5 (*Gramm*) dimostrativo: ~ *pronoun* pronome dimostrativo.

demonstratively /dɪˈmɒnstrətɪvli *Am* dɪ ˈmɑːnstrətɪvli/ *avv.* in modo dimostrativo, in modo espressivo, in modo espansivo.

demonstrativeness /dɪˈmɒnstrətɪvnəs *Am* dɪˈmɑːnstrətɪvnəs/ *n.* 1 l'essere dimostrativo. 2 (*effusiveness*) carattere *m.* espansivo.

demonstrator /ˈdemənstreɪtər *Am* ˈdemənstreɪtər/ *n.* 1 dimostrante *m./f.*, manifestante *m./f.*: *three* -*s were arrested* tre dimostranti furono arrestati. 2 (*exhibitor*) dimostratore *m.* (*f.* -trice).

demophobia /ˌdiːməˈfoʊbiə/ *n.* (*Psic*) demofobia *f.*

demoralisation /dɪˌmɒrəl(a)ɪˈzeɪʃən/ *n.* (*Br*) demoralizzazione *f.*, scoraggiamento *m.*

demoralise /dɪˈmɒrəlaɪz/ *v.t.* (*Br*) 1 demoralizzare, scoraggiare. 2 (*ant*) (*to corrupt the morals of*) corrompere, depravare.

demoralization /dɪˌmɒrəl(a)ɪˈzeɪʃən *Am* dɪ ˌmɔːrlɪˈzeɪʃən/ *n.* demoralizzazione *f.*, scoraggiamento *m.*

demoralize /dɪˈmɒrəlaɪz *Am* dɪˈmɔːrəlaɪz/ *v.t.* 1 demoralizzare, scoraggiare. 2 (*ant*) (*to corrupt the morals of*) corrompere, depravare.

demoralized /dɪˈmɒrəlaɪzd *Am* dɪ ˈmɔːrəlaɪzd/ *a.* demoralizzato, scoraggiato, sconfortato: *the troops were* ~ le truppe erano demoralizzate.

demoralizing /dɪˈmɒrəlaɪzɪŋ *Am* dɪ ˈmɔːrəlaɪzɪŋ/ *a.* avvilente, demoralizzante.

demoralizingly /dɪˈmɒrəlaɪzɪŋli *Am* dɪ ˈmɔːrəlaɪzɪŋli/ *avv.* in modo avvilente, in modo demoralizzante.

demos /ˈdiːmɒs *Am* ˈdiːmɑːs/ *n.* 1 (*Stor.gr*) demos *m.* 2 (*common people*) gente *f.* comune, popolo *m.*

Demosthenes /dɪˈmɒsθəniːz *Am* dɪ ˈmɑːsθəniːz/ *n.pr.m.* (*Stor.gr*) Demostene.

demote /dɪˈmoʊt/ *v.t.* degradare.

demotic /dɪˈmɒtɪk *Am* dɪˈmɑːtɪk/ *a.* 1 demotico, popolare. 2 (*Paleogr*) demotico.

demotion /dɪˈmoʊʃən/ *n.* degradazione *f.*

demotivate /ˌdiːˈmoʊtɪveɪt *Am* dɪˈmoʊtɪveɪt/ *v.t.* demotivare.

demotivation /ˌdiːmoʊtɪˈveɪʃən *Am* ˌdɪmoʊtɪ ˈveɪʃən/ *n.* demotivazione *f.*

demount /dɪˈmaʊnt/ *v.t.* (*Mecc*) smontare.

demountable /dɪˈmaʊntəbl̩ *Am* dɪˈmaʊntəbl̩/ *a.* smontabile.

demulcent /dɪˈmʌlsənt/ *n.* (*Med*) demulcente *m.*, emolliente *m.*

demur /dɪˈmɜː *Am* dɪˈmɜːr/ I *v.i.* (*past, p.p.* **demurred** -*d*/) 1 fare obiezione (*to, at* a). 2 (*Dir*) sollevare un'obiezione. II *n.* 1 (*act of objecting*) obiezione *f.* 2 (*Dir*) obiezione *f.*, eccezione *f.* 3 (*irresolution*) esitazione *f.* □ *without* ~ senza fare obiezioni, senza muovere obiezioni.

demure /dɪˈmjʊə *Am* dɪˈmjʊr/ *a.* 1 riservato, modesto, schivo. 2 (*affectedly coy*) pudibondo, falsamente pudico.

demurely /dɪˈmjʊəli *Am* dɪˈmjʊrli/ *avv.* pudicamente, in modo riservato.

demureness /dɪˈmjʊənəs *Am* dɪˈmjʊrnəs/ *n.* 1 modestia *f.*, riservatezza *f.* 2 (*affected coyness*) falsa pudicizia *f.*

demurrage /dɪˈmʌrɪdʒ *Am* dɪˈmɜːrɪdʒ/ *n.* (*Mar*) 1 controstallia *f.* 2 (*charge*) spese *f.pl.* di controstallia, diritti *m.pl.* di controstallia.

demurrer /dɪˈmʌrə *Am* dɪˈmɜːrər/ *n.* 1 (*Dir*) eccezione *f.* perentoria. 2 (*objection*) obiezione *f.*

demutualise /diːˈmjuːtʃʊəlaɪz, diː ˈmjuːtjuːəlaɪz/ *v.t.* (*Br,Econ*) trasformare da società mutua a società a capitale diffuso.

demutualization /diːˌmjuːtʃʊəl(a)ɪˈzeɪʃən *Br* diːˌmjuːtjuːəl(a)ɪˈzeɪʃən/ *n.* (*Econ*) trasformazione *f.* da società mutua in società per azioni.

demutualize /diːˈmjuːtʃʊəlaɪz *Br* also diː ˈmjuːtjuːəlaɪz/ *v.t.* (*Econ*) trasformare da società mutua a società a capitale diffuso.

demy /dɪˈmaɪ/ *n.* (*Cart*) (*demy paper*) formato *m.* (56,5 cm x 44,5 cm).

demystification /diːˌmɪstɪfɪˈkeɪʃən/ *n.* demistificazione *f.*

demystify /diːˈmɪstɪfaɪ/ *v.t.* demistificare.

demythicization /ˌdiːmɪθɪsaɪˈzeɪʃən/ *n.* smitizzazione *f.*

demythologise /ˌdiːmɪˈθɒlədʒaɪz/ *v.t.* (*Br*) smitizzare.

demythologize /ˌdiːmɪˈθɒlədʒaɪz *Am* ˌdiːmɪ ˈθɑːlədʒaɪz/ *v.t.* smitizzare.

den /den/ *n.* 1 tana *f.*, covo *m.*: *a lion's* ~ la tana di un leone. 2 (*cave*) antro *m.*, caverna *f.* 3 (*place where people meet secretly for ill purposes*) covo *m.*, nascondiglio *m.*, ricetto *m.*: *a* ~ *of thieves* un covo di ladri. 4 (*Am, colloq*) (*family, comfortable room*) stanza *f.* dove si può stare comodi, stanza *f.* accogliente. 5 (*squalid place*) topaia *f.*, bugigattolo *m.*, tana *f.*

denarius /dɪˈneəriəs, denˈeəriəs *Am* dɪˈneriəs, dɪˈnæriəs/ *n.* (*Stor.rom,Numism*) denario *m.*

denary /ˈdiːnəri, ˈdenəri/ *a.* decimale. □ (*Mat*) ~ *notation* notazione decimale.

denationalisation /diːˌnæʃənəl(a)ɪˈzeɪʃən/ *n.* (*Br*) snazionalizzazione *f.*

denationalise /ˌdiːˈnæʃənəlaɪz/ *v.t.* (*Br*) snazionalizzare, privare della nazionalità.

denationalization /diːˌnæʃənəl(ə)ɪˈzeɪʃən/ n. snazionalizzazione f.

denationalize /ˌdiːˈnæʃənəlaɪz/ v.t. snazionalizzare, privare della nazionalità.

denaturalisation /diːˌnætʃərəl(ə)rˈzeɪʃən/ n. (Br) 1 snaturalizzazione f. 2 (deprivation of citizenship) privazione f. del diritto di cittadinanza.

denaturalise /ˌdiːˈnætʃərəlaɪz/ v.t. (Br) 1 denaturalizzare, snaturare. 2 (to deprive of citizenship) privare del diritto di cittadinanza.

denaturalization /diːˌnætʃərəl(ə)ɪˈzeɪʃən Am diːˌnætʃərəlɪˈzeɪʃən/ n. 1 snaturalizzazione f. 2 (deprivation of citizenship) privazione f. del diritto di cittadinanza.

denaturalize /ˌdiːˈnætʃərəlaɪz/ v.t. 1 denaturalizzare, snaturare. 2 (to deprive of citizenship) privare del diritto di cittadinanza.

denaturant /diːˈneɪtʃərənt/ n. (Chim) denaturante m.

denaturation /diːˌneɪtʃəˈreɪʃən/ n. denaturazione f.

denature /ˌdiːˈneɪtʃər/ v.t. denaturare.

denazification /diːˌnɑːtsɪfɪˈkeɪʃən/ n. denazificazione f.

denazify /diːˈnɑːtsɪfaɪ/ v.t. denazificare.

dendrite /ˈdendraɪt/ n. 1 (Min) dendrite f. 2 (Anat) dendrite m.

dendritic /denˈdrɪtɪk Am denˈdrɪtɪk/, **dendritical** /denˈdrɪtɪkəl, Am denˈdrɪtɪkəl/ a. 1 (Min,Anat) dendritico. 2 (arborescent) arborescente, ramificato.

dendrochronological /ˌdendrəʊˌkrɒnəˈlɒdʒɪkəl Am ˌdendrəʊˌkrɑːnəˈlɑːdʒɪkəl/ a. dendrocronologico.

dendrochronologist /ˌdendrəʊkrəˈnɒlədʒɪst Am ˌdendrəʊkrəˈnɑːlədʒɪst/ n. studioso m. (f. -a) di dendrocronologia.

dendrochronology /ˌdendrəʊkrəˈnɒlədʒi Am ˌdendrəʊkrəˈnɑːlədʒi/ n. dendrocronologia f.

dendrogram /ˈdendrəʊɡræm/ n. albero m. genealogico.

dendroid /ˈdendrɔɪd/ a. 1 (Forest) dendroide. 2 (arborescent) arborescente, ramificato.

dendroidal /ˈdendrɔɪdəl/ a. 1 (Forest) dendroide. 2 (arborescent) arborescente, ramificato.

dendrologist /denˈdrɒlədʒɪst Am denˈdrɑːlədʒɪst/ n. (Forest) esperto m. (f. -a) di dendrologia.

dendrology /denˈdrɒlədʒi Am denˈdrɑːlədʒi/ n. (Forest) dendrologia f.

dendrometry /denˈdrɒmɪtri Am denˈdrɑːmɪtri/ n. (Forest) dendrometria f.

dene[1] /diːn/ n. (Br) (sand hill) duna f.

dene[2] /diːn/ n. (Br) (valley) valle f.

denervate /ˌdiːnɜːˈveɪt Am ˌdiːˈnɜːrveɪt/ v.t. (Med) enervare.

denervation /ˌdiːnɜːˈveɪʃən Am ˌdiːnɜːr'veɪʃən/ n. (Med) enervazione f.

dengue /ˈdeŋɡi, ˈdeŋɡeɪ/ n. (Med) dengue f. □ (Med) ~ fever dengue f.

deniability /dɪˌnaɪəˈbɪlɪti Am dɪˌnaɪəˈbɪləti/ n. negabilità f., l'essere negabile.

deniable /dɪˈnaɪəbl/ a. negabile.

deniably /dɪˈnaɪəbli/ avv. in modo negabile.

denial /dɪˈnaɪəl/ n. 1 smentita f., negazione f. 2 (refusal) rifiuto m., diniego m.: a flat ~ un netto rifiuto. 3 (disavowal) ripudio m., rinnegazione f.: the ~ of one's faith il ripudio della propria fede. 4 (self-denial) abnegazione f. 5 (Dir) diniego m. 6 (Psic) negazione f. □ in ~ in segno di diniego.

denier[1] /dɪˈnaɪər/ n. 1 negatore m. (f. -trice). 2 (disavower) rinnegatore m. (f. -trice).

denier[2] /ˈdenɪər, dəˈnɪər Am dəˈnɪr/ n. (Mediev, Numism) denaro m.

denigrate /ˈdenɪɡreɪt/ v.t. denigrare, diffamare.

denigration /ˌdenɪˈɡreɪʃən/ n. denigrazione f., diffamazione f.

denigrator /ˈdenɪɡreɪtər Am ˈdenɪɡreɪtər/ n. denigratore m. (f. -trice), diffamatore m. (f. -trice).

denigratory /ˌdenɪˈɡreɪtəri Am ˈdenɪɡrətɔːri/ a. denigratorio, diffamatorio.

denim /ˈdenɪm/ n. 1 (Tess) tessuto m. denim, denim m., tela f. jeans. 2 pl. (overalls) tuta f.sing. di jeans.

denitrification /diːˌnaɪtrɪfɪˈkeɪʃən/ n. (Biol) denitrificazione f.

denitrify /diːˈnaɪtrɪfaɪ/ v.t. (Biol) denitrificare.

denizen /ˈdenɪzən/ I n. 1 (poet) (inhabitant) abitante m./f. 2 (Br,Dir) straniero m. (f. -a) naturalizzato. 3 (Biol) (animal) animale m. acclimatato; (plant) pianta f. acclimatata. 4 (naturalized word) neologismo m., parola f. entrata nell'uso. II v.t. (Dir) naturalizzare, concedere la naturalizzazione a.

Denmark /ˈdenmɑːk Am ˈdenmɑːrk/ n.pr. (Geog) Danimarca f.

denominal /dɪˈnɒmɪnəl Am dɪˈnɑːmɪnəl/ a. denominativo (anche Gramm).

denominate /dɪˈnɒmɪneɪt Am dɪˈnɑːmɪneɪt/ v.t. 1 (of sums of money) denominare, esprimere in una data unità monetaria. 2 (to call) denominare, chiamare, nominare.

denomination /dɪˌnɒmɪˈneɪʃən Am dɪˌnɑːmɪˈneɪʃən/ n. 1 (Rel.prot) denominazione f. 2 (unit, size: of coins) denominazione f., valore m. facciale; (of banknotes) taglio m., valore m. facciale: bills of small ~ banconote di piccolo taglio. 3 (of weight, measure) unità f. 4 (of numbers) denominatore m. 5 (rank of a playing card) valore m. 6 (name) denominazione f., nome m., qualifica f. 7 (Econ) (of a draft) valore m. nominale. □ ~s of weights divisioni dei pesi.

denominational /dɪˌnɒmɪˈneɪʃənəl Am dɪˌnɑːmɪˈneɪʃənəl/ a. (Rel.prot) denominazionale.

denominationalism /dɪˌnɒmɪˈneɪʃənəlɪzəm Am dɪˌnɑːmɪˈneɪʃənəlɪzəm/ n. (Rel.prot) denominazionalismo m.

denominationalist /dɪˌnɒmɪˈneɪʃənəlɪst Am dɪˌnɑːmɪˈneɪʃənəlɪst/ n. (Rel.prot) membro m. di una denominazione.

denominative /dɪˈnɒmɪnətɪv Am dɪˈnɑːmɪnətɪv/ I a. denominativo (anche Gramm). II n. (Gramm) denominativo m., verbo m. denominativo.

denominator /dɪˈnɒmɪneɪtər Am dɪˈnɑːmɪneɪtər/ n. (Mat) denominatore m.: common ~ denominatore comune (anche fig).

denotable /dɪˈnəʊtəbl Am dɪˈnəʊtəbl/ a. che può essere indicato.

denotation /ˌdiːnəʊˈteɪʃən/ n. 1 denotazione f., indicazione f. 2 (denoting term, name) nome m., designazione f. 3 (sign, symbol) indicazione f., segno m., simbolo m. 4 (meaning) significato m. 5 (Filos) (of a term) estensione f. 6 (Ling) denotazione f.

denotational /ˌdiːnəʊˈteɪʃənəl/ a. 1 indicativo. 2 (Ling) denotativo.

denotative /dɪˈnəʊtətɪv, ˈdiːnəʊteɪtɪv Am ˈdiːnəʊteɪtɪv, dɪˈnəʊtətɪv/ a. 1 indicativo. 2 (Filos) estensivo. 3 (Ling) denotativo.

denote /dɪˈnəʊt/ v.t. 1 denotare, indicare. 2 (to stand for) indicare, stare per, rappresentare. 3 (to mark) indicare, segnare, contrassegnare: a red flag denoting a danger area una bandierina rossa che indica una zona pericolosa. 4 (to mean) significare, voler dire.

dénouement /deɪˈnuːmɑːŋ Am ˌdeɪnuːˈmɑːŋ/ n. (Lett) scioglimento m. di un intreccio, epilogo m.

denounce /dɪˈnaʊns/ v.t. 1 denunciare, riprovare, biasimare, censurare: to ~ tax evasion denunciare l'evasione fiscale. 2 (to inform against) denunciare (to a). 3 (of a treaty, contract, etc.) denunciare, disdire.

denouncement /dɪˈnaʊnsmənt/ n. 1 denuncia f., riprovazione f., biasimo m. 2 (act of informing against) denuncia f. 3 (of a treaty, etc.) denuncia f., disdetta f.

denouncer /dɪˈnaʊnsər/ n. denunciatore m. (f. -trice).

dense /dens/ a. 1 denso, fitto, folto, spesso: a ~ forest una fitta foresta. 2 (compact) compatto. 3 (fig) (stupid) ottuso, sciocco, stupido. 4 (Ott) scuro, opaco. 5 (Fot) denso.

densely /ˈdensli/ avv. densamente, fittamente: ~ populated densamente popolato.

denseness /ˈdensnəs/ n. 1 densità f. 2 (fig) (stupidity) ottusità f. (di mente), stupidità f.

densifier /ˈdensɪfaɪər/ n. (Min) addensatore m.

densimeter /denˈsɪmɪtər Am denˈsɪmətər/ n. (Fis) densimetro m.

density /ˈdensɪti Am ˈdensəti/ n. 1 densità f., spessore m., fittezza f. 2 (fig) (stupidity) ottusità f., stupidità f. 3 (Fis) densità f. 4 (Fot) oscurità f., opacità f.

dent[1] /dent/ I n. ammaccatura f., incavo m. II v.t. ammaccare: to ~ a mudguard ammaccare un parafango. III v.i. ammaccarsi.

dent[2] /dent/ n. 1 (Mecc) tacca f., dente m. 2 (Tess) dente m. di pettine.

dental /ˈdentəl/ I a. 1 dentario. 2 (Dent) dentistico, odontoiatrico. 3 (Fon) dentale; (alveolar) alveolare. II n. (Fon) dentale f. □ (Anat) ~ arch arcata dentale; (Dent) ~ calculus tartaro dentario; (Dent) ~ caries carie (dentaria); (Med) ~ clinic clinica odontoiatrica; (Dent) ~ decay carie (dentaria); (Dent) ~ hygiene igiene dentale, igiene orale; (Dent) ~ hygienist igienista f; (Dent) ~ laboratory laboratorio di odontotecnica; (Dent) ~ mechanic odontotecnico; (Dent) ~ mirror specchietto (del dentista); ~ office studio dentistico; (Dent) ~ orthopaedics ortodonzia; (Dent) ~ plaque placca dentaria; (Dent) ~ plate dentiera; (Anat) ~ pulp polpa dentaria; (Univ) ~ school facoltà di odontoiatria; (Univ) ~ student studente di odontoiatria; ~ surgeon odontoiatra; (Dent) ~ surgery: 1 chirurgia dentaria; 2 (office) studio dentistico; (Dent) ~ technician odontotecnico.

dentate /ˈdenteɪt/ a. (Biol) dentato.

dentation /ˌdenˈteɪʃən/ n. (Biol) dentellatura f.

dentex /ˈdenteks/ n. (Itt) dentice m. (comune).

denticle /ˈdentɪkl/ n. dentello m. (anche Arch).

denticulate /denˈtɪkjulɪt/ a. (Biol,Arch) dentellato.

denticulated /denˈtɪkjuleɪtɪd, Am denˈtɪkjuleɪtɪd/ a. (Biol,Arch) dentellato.

denticulation /denˌtɪkjuˈleɪʃən/ n. dentellatura f. (anche Arch).

dentiform /ˈdentɪfɔːm Am ˈdentɪfɔːrm/ a. a forma di dente.

dentifrice /ˈdentɪfrɪs Am ˈdentəfrɪs/ n. dentifricio m., pasta f. dentifricia.

dentil /ˈdentɪl/ n. (Arch) dentello m.

dentinal /ˈdentɪnəl/ a. (Anat) della dentina, dentario.

dentine /ˈdentiːn/ n. (Anat) dentina f.

dentist /ˈdentɪst/ n. (Med) dentista m./f., odontoiatra m./f.

dentistry /ˈdentɪstri/ n. (Med) odontoiatria f.

dentition /denˈtɪʃən/ n. 1 (teeth) denti m.pl., dentatura f. 2 (teething) dentizione f. 3 (arrangement of the teeth) dentatura f.

denture /ˈdentʃər/ n. (Dent) dentiera f., protesi

f. dentaria.
denuclearisation /di:ˌnjuːkliər(a)ɪˈzeɪʃən/ *n.* (*Br*) denuclearizzazione *f.*
denuclearise /di:ˈnjuːkliəraɪz/ *v.t.* (*Br*) denuclearizzare.
denuclearization /di:ˌnjuːkliər(a)ɪˈzeɪʃən/ *n.* denuclearizzazione *f.*
denuclearize /di:ˈnjuːkliəraɪz/ *v.t.* denuclearizzare.
denudation /ˌdi:nju:ˈdeɪʃən, ˌdenju:ˈdeɪʃən/ *n.* **1** denudamento *m.* **2** (*Geol*) denudazione *f.*; (*erosion*) erosione *f.*
denude /dɪˈnju:d/ *v.t.* **1** denudare (*anche Geol*). **2** (*colloq*) (*to deprive*) spogliare, privare.
denunciation /dɪˌnʌnsɪˈeɪʃən/ *n.* **1** biasimo *m.*, censura *f.*; (*condemnation*) condanna *f.* **2** (*Dir*) denuncia *f.* **3** (*of a treaty, etc.*) denuncia *f.*, disdetta *f.*
denunciative /dɪˈnʌnsɪətɪv *Am* dɪˈnʌnsieɪtɪv/ *a.* di denuncia.
denunciator /dɪˈnʌnsieɪtər *Am* dɪˈnʌnsieɪtər/ *n.* denunciatore *m.* (*f.* -trice), denunciante *m./f.*
denunciatory /dɪˈnʌnsɪətəri *Am* dɪˈnʌnsɪətɔ:ri/ *a.* di denuncia.
Denver /ˈdenvər/ *n.pr.* (*Geog*) Denver *f.*
deny /dɪˈnaɪ/ *v.t.* **1** negare, smentire: *I cannot ~ it* non posso negarlo; *to ~ a charge* smentire un'accusa. **2** (*to refuse to grant*) negare, rifiutare, ricusare: *to ~ so. permission* rifiutare l'autorizzazione a qcu. **3** (*of a person*) respingere, dire di no a. **4** (*to refuse to recognize*) negare, non riconoscere: *to ~ God* negare l'esistenza di Dio; *to ~ one's signature* non riconoscere una firma come propria. **5** (*to disavow*) rinnegare, ripudiare: *to ~ one's God* rinnegare il proprio Dio. □ *to ~ all knowledge of sth.* dichiarare di essere completamente all'oscuro di qcs.; *to ~ oneself sth.* privarsi di qcs., negarsi qcs.
deodorant /di:ˈoʊdərənt/ **I** *n.* deodorante *m.* **II** *a.* deodorante.
deodorisation /di:ˌoʊdər(a)ɪˈzeɪʃən/ *n.* (*Br*) deodorazione *f.*
deodorise /di:ˈoʊdəraɪz/ *v.t.* (*Br*) deodorare.
deodorization /di:ˌoʊdər(a)ɪˈzeɪʃən/ *n.* deodorazione *f.*
deodorize /di:ˈoʊdəraɪz/ *v.t.* deodorare.
deodorizer /di:ˈoʊdəraɪzər/ *n.* deodorante *m.*
deontic /di:ˈɒntɪk *Am* di:ˈɑ:ntɪk/ *a.* (*Filos*) deontologico.
deontological /di:ˌɒntəˈlɒdʒɪkəl *Am* di:ˌɑ:ntoʊˈlɑ:dʒɪkəl/ *a.* (*Filos*) deontologico.
deontologist /ˌdi:ɒnˈtɒlədʒɪst *Am* ˌdi:ɑ:nˈtɑ:lədʒɪst/ *n.* (*Filos*) studioso *m.* (*f.* -a) di deontologia.
deontology /ˌdi:ɒnˈtɒlədʒi *Am* ˌdi:ɑ:nˈtɑ:lədʒi/ *n.* (*Filos*) deontologia *f.*
deoxidation /di:ˌɒksɪˈdeɪʃən *Am* di:ˌɑ:ksɪˈdeɪʃən/ *n.* (*Chim*) disossidazione *f.*
deoxidization /di:ˌɒksɪd(a)ɪˈzeɪʃən *Am* di:ˌɑ:ksɪdɪˈzeɪʃən/ *n.* (*Chim*) disossidazione *f.*
deoxidise /di:ˈɒksɪdaɪz/ *v.t.* (*Br*) disossidare.
deoxidize /di:ˈɒksɪdaɪz *Am* di:ˈɑ:ksɪdaɪz/ *v.t.* disossidare.
deoxidizer /di:ˈɒksɪdaɪzər *Am* di:ˈɑ:ksɪdaɪzər/ *n.* disossidante *m.*
deoxygenate /di:ˈɒksɪdʒəneɪt *Am* di:ˈɑ:ksɪdʒəneɪt/ *v.t.* (*Chim*) deossigenare.
deoxygenation /di:ˌɒksɪdʒəˈneɪʃən *Am* di:ˌɑ:ksɪdʒəˈneɪʃən/ *n.* deossigenazione *f.*
deoxyribonucleic /di:ˌɒksɪraɪboʊnjuːˈkleɪɪk *Am* di:ˌɑ:ksɪraɪboʊnju:ˈkleɪɪk/ □ (*Chim*) ~ *acid* acido desossiribonucleico, DNA.
depart /dɪˈpɑ:t *Am* dɪˈpɑ:rt/ **I** *v.i.* **1** partire. **2** (*fig*) (*to diverge*) allontanarsi, discostarsi, deviare (*from* da): *to ~ from the truth* allon-

tanarsi dalla verità. **II** *v.t.* lasciare. □ (*eufem*) *to ~ from this life* morire.
departed /dɪˈpɑ:tɪd *Am* dɪˈpɑ:rtɪd/ **I** *a.* **1** passato, trascorso, svanito: ~ *glories* glorie passate. **2** (*eufem*) (*dead*) morto, defunto, estinto. **II** *n.* defunto *m.* (*f.* -a), estinto *m.* (*f.* -a): *the dear* ~ il caro estinto; *the* ~ i morti, i defunti.
department /dɪˈpɑ:tmənt *Am* dɪˈpɑ:rtmənt/ *n.* **1** reparto *m.* **2** (*Comm*) (*division of a business*) ufficio *m.*, reparto *m.*: *the invoicing* ~ il reparto fatture. **3** (*Pol*) dicastero *m.*, ministero *m.* **4** (*administrative division*) dipartimento *m.* **5** (*fig*) (*sphere, province*) campo *m.*, sfera *f.*, ambito *m.* **6** (*Univ*) facoltà *f.* **7** (*Scol*) sezione *f.* □ ~ *budget* bilancio di reparto; ~ *head* caporeparto; (*US*) *Department of Agriculture* ministero dell'agricoltura; (*US*) *Department of Commerce* ministero del commercio; (*GB*) *Department of Customs and Excise* ufficio dogane e imposte indirette; (*US*) *Department of Defense* ministero della difesa; (*GB*) *Department of Education and Science* ministero dell'istruzione e delle scienze; (*GB*) *Department of Employment* ministero del lavoro; (*GB*) *Department of Health and Social Security* ministero della sanità e delle assicurazioni sociali; (*US*) *Department of Health, Education and Welfare* ministero della sanità, dell'istruzione e dell'assistenza sociale; (*US*) *Department of Justice* ministero della giustizia; (*US*) *Department of Labor* ministero del lavoro; (*US*) *Department of State* ministero degli esteri; (*US*) *Department of the Air Force* ministero dell'aeronautica; (*GB*) *Department of the Environment* ministero dell'ambiente; (*US*) *Department of the Interior* ministero dell'interno; (*US*) *Department of the Navy* ministero della marina; (*US*) *Department of the Treasury* ministero del tesoro; (*GB*) *Department of Trade and Industry* ministero del commercio e dell'industria; ~ *store* grande magazzino.
departmental /ˌdi:pɑ:tˈmentəl *Am* ˌdi:pɑ:rtˈmentəl/ *a.* **1** dipartimentale. **2** (*US*) ministeriale. □ (*GB*) ~ *minister* ministro a capo di un dicastero.
departmentalise /ˌdi:pɑ:tˈmentəlaɪz/ *v.t.* (*Br*) dividere in dipartimenti, dividere in reparti.
departmentalism /ˌdi:pɑ:tˈmentəlɪzəm *Am* ˌdi:pɑ:rtˈmentəlɪzəm/ *n.* burocrazia *f.*
departmentalize /ˌdi:pɑ:tˈmentəlaɪz *Am* ˌdi:pɑ:rtˈmentəlaɪz/ *v.t.* dividere in dipartimenti, dividere in reparti.
departure /dɪˈpɑ:tʃə *Am* dɪˈpɑ:rtʃər/ *n.* **1** partenza *f.*: *time of* ~ orario di partenza. **2** (*fig*) (*beginning of a new course of action*) orientamento *m.*, tendenza *f.*, indirizzo *m.*: *a new* ~ un nuovo indirizzo. **3** (*fig*) (*divergence*) divergenza *f.*, deviazione *f.*: ~ *from a rule* deviazione da un regola. □ (*Aer*) ~ *lounge* sala partenze.
depend /dɪˈpend/ *v.i.* **1** contare, fare affidamento (*on, upon* su): *you can ~ on me* puoi contare su di me. **2** (*to rely for support, etc.*) dipendere (da), essere a carico (di), vivere a carico (di). **3** (*to be conditional upon*) dipendere, essere condizionato (da), essere subordinato (a): *our trip -s on the weather* la nostra gita dipende dal tempo. **4** (*to be contingent on*) essere in relazione (con). **5** (*Gramm*) dipendere (*on, upon* da). □ *it -s* (o *it all -s*) dipende; *he is a man to be -ed on* è un uomo su cui si può contare, è un uomo di cui ci si può fidare; *that -s* dipende; ~ *upon it* non dubitare, puoi contarci.
dependability /dɪˌpendəˈbɪlɪti *Am* dɪˌpendəˈbɪləti/ *n.* fidatezza *f.*, lealtà *f.*

dependable /dɪˈpendəbl/ *a.* **1** fidato, sicuro. **2** (*Tecn*) affidabile.
dependably /dɪˈpendəbli/ *avv.* lealmente, in modo affidabile.
dependant /dɪˈpendənt/ *n.* persona *f.* a carico. □ (*Assic*) *-s benefit* indennità per persone a carico.
dependence /dɪˈpendəns/ *n.* **1** il dipendere, dipendenza *f.*: *children's ~ on their parents* la dipendenza dei figli dai genitori. **2** (*confidence, trust*) fiducia *f.*, affidamento *m.*: *to place* (o *put*) ~ *on so.* contare su qcu., fare affidamento su qcu. **3** (*state of being contingent*) dipendenza *f.*, relazione *f.* **4** (*subordination*) dipendenza *f.*, subordinazione *f.* **5** (*Med*) dipendenza *f.*
dependency /dɪˈpendənsi/ *n.* **1** dipendenza *f.* **2** (*sth. dependent, appurtenance*) cosa *f.* dipendente da, cosa *f.* subordinata a un'altra. **3** (*appurtenant building*) dipendenza *f.*, edificio *m.* annesso, dépendance *f.* **4** (*subject territory*) possedimento *m.*, colonia *f.*
dependent /dɪˈpendənt/ **I** *a.* **1** che dipende, dipendente (*on, upon* da): *a country ~ on immigrants for labour* un paese che dipende dalla mano d'opera degli immigrati. **2** (*conditioned*) dipendente, condizionato (da), subordinato (a). **3** (*subject*) dipendente, soggetto: ~ *territories* territori dipendenti. **4** (*relying for support, etc.*) a carico. **5** (*Gramm*) dipendente. **II** *n.* **1** dipendente. **2** (*for tax purposes, etc.*) persona *f.* a carico. □ (*Mat*) ~ *variable* variabile dipendente, grandezza dipendente.
dependently /dɪˈpendəntli/ *avv.* subordinatamente.
depersonalisation /di:ˌpɜ:sənəl(a)ɪˈzeɪʃən/ *n.* (*Br*) spersonalizzazione *f.*
depersonalise /di:ˈpɜ:sənəlaɪz/ *v.t.* (*Br*) spersonalizzare.
depersonalization /di:ˌpɜ:sənəl(a)ɪˈzeɪʃən *Am* di:ˌpɜ:rsənəlɪˈzeɪʃən/ *n.* spersonalizzazione *f.*
depersonalize /di:ˈpɜ:sənəlaɪz *Am* di:ˈpɜ:rsənəlaɪz/ *v.t.* spersonalizzare.
depict /dɪˈpɪkt/ *v.t.* **1** dipingere. **2** (*fig*) (*to describe*) dipingere, presentare, descrivere.
depicter /dɪˈpɪktər/ *n.* (*depictor*) pittore *m.* (*f.* -trice), chi dipinge, chi descrive.
depiction /dɪˈpɪkʃən/ *n.* **1** dipinto *m.*, pittura *f.* **2** (*description*) descrizione *f.*, pittura *f.*
depictive /dɪˈpɪktɪv/ *a.* descrittivo, rappresentativo.
depigmentation /di:ˌpɪgmenˈteɪʃən/ *n.* (*Med*) depigmentazione *f.*
depigmented /di:ˌpɪgˈmentɪd *Am* di:ˈpɪgməntɪd/ *a.* (*Med*) depigmentato.
depilate /ˈdepɪleɪt/ *v.t.* (*Cosmet*) depilare.
depilation /ˌdepɪˈleɪʃən/ *n.* (*Cosmet*) depilazione *f.*
depilatory /dɪˈpɪlətəri *Am* dɪˈpɪlətɔ:ri/ **I** *a.* depilatorio. **II** *n.* (*Cosmet*) **1** depilatorio *m.*, prodotto *m.* depilatorio. **2** (*cream*) crema *f.* depilatoria.
deplane /di:ˈpleɪn/ *v.i.* scendere da un aeroplano.
deplenish /dɪˈplenɪʃ/ *v.t.* vuotare, svuotare, sgombrare.
deplete /dɪˈpli:t/ *v.t.* **1** vuotare, privare, svuotare. **2** (*to lessen in number, etc.*) esaurire: *the holiday -d his savings* le vacanze hanno esaurito i suoi risparmi. **3** (*Med*) decongestionare.
depleted /dɪˈpli:tɪd *Am* dɪˈpli:tɪd/ □ ~ *uranium* uranio impoverito, uranio esaurito.
depletion /dɪˈpli:ʃən/ *n.* **1** svuotamento *m.* **2** (*Econ*) sfruttamento *m.* intensivo. **3** (*Med*) deplezione *f.*, svuotamento *m.*
depletive /dɪˈpli:tɪv *Am* dɪˈpli:tɪv/, **depleto-**

ry /dɪ'pliːtərɪ/ *a.* atto a svuotare.

deplorability /dɪˌplɔːrə'bɪlɪtɪ *Am* dɪˌplɔːrə'bɪlətɪ/ *n.* l'essere deplorabile, l'essere deplorevole.

deplorable /dɪ'plɔːrəbl/ *a.* **1** (*lamentable*) deplorabile, doloroso, da compiangere: *a ~ accident* un doloroso incidente. **2** (*regrettable*) deplorevole, biasimevole: *a ~ mistake* un deplorevole errore. **3** (*wretched, bad*) deplorevole, pessimo, miserevole.

deplorably /dɪ'plɔːrəblɪ/ *avv.* (*lamentedly*) deplorevolmente, penosamente.

deplore /dɪ'plɔːr *Am* dɪ'plɔːr/ *v.t.* **1** deplorare, biasimare, disapprovare: *to ~ so.'s behaviour* biasimare la condotta di qcu. **2** (*to grieve*) deplorare, compiangere. **3** (*to lament over*) lamentarsi di: *he -d his fate* si lamentò della sua sorte. **4** (*to regret*) dispiacersi di.

deploy /dɪ'plɔɪ/ **I** *v.t.* (*Mil*) schierare, spiegare. **II** *v.i.* (*Mil*) schierarsi.

deployment /dɪ'plɔɪmənt/ *n.* **1** (*Mil*) schieramento *m.* **2** (*Aer*) (*of a parachute*) apertura *f.*, spiegamento *m.* □ (*Mil*) *~ area* zona di concentramento.

deplumation /ˌdiːpluː'meɪʃən/ *n.* (*Ornit*) perdita *f.* delle penne, muta *f.*

deplume /diː'pluːm/ *v.t.* spennare.

depolarisation /diːˌpoʊlər(a)ɪ'zeɪʃən/ *n.* (*Br, Fis*) depolarizzazione *f.*

depolarise /diː'poʊləraɪz/ *v.t.* (*Br,Fis*) depolarizzare.

depolarization /diːˌpoʊlər(a)ɪ'zeɪʃən/ *n.* (*Fis*) depolarizzazione *f.*

depolarize /diː'poʊləraɪz/ *v.t.* (*Fis*) depolarizzare.

depolarizer /diː'poʊləraɪzər/ *n.* (*Chim,Fis*) depolarizzatore *m.*

depoliticisation /ˌdiːpəˌlɪtɪs(a)ɪ'zeɪʃən/ *n.* (*Br*) spoliticizzazione *f.*, depoliticizzazione *f.*

depoliticise /ˌdiːpə'lɪtɪsaɪz/ *v.t.* (*Br*) spoliticizzare, depoliticizzare.

depoliticization /ˌdiːpəˌlɪtɪs(a)ɪ'zeɪʃən *Am* ˌdiːpəˌlɪtɪsɪ'zeɪʃən/ *n.* spoliticizzazione *f.*, depoliticizzazione *f.*

depoliticize /ˌdiːpə'lɪtɪsaɪz *Am* ˌdiːpə'lɪtɪsaɪz/ *v.t.* spoliticizzare, depoliticizzare.

depollute /ˌdiːpə'luːt/ *v.t.* disinquinare: *to ~ a river* disinquinare un fiume.

depollution /ˌdiːpə'luːʃən/ *n.* disinquinamento *m.*

depolymerisation /ˌdiːˌpɒlɪmər(a)ɪ'zeɪʃən/ *n.* (*Br,Chim*) depolimerizzazione *f.*

depolymerise /diː'pɒlɪməraɪz/ *v.t.* (*Br,Chim*) depolimerizzare.

depolymerization /ˌdiːˌpɒlɪməraɪ'zeɪʃən *Am* ˌdiːˌpɑːlɪməˈrɪ'zeɪʃən/ *n.* (*Chim*) depolimerizzazione *f.*

depolymerize /diː'pɒlɪməraɪz *Am* diː'pɑːlɪməraɪz/ *v.t.* (*Chim*) depolimerizzare.

deponent /dɪ'poʊnənt/ **I** *a.* (*Gramm*) deponente. **II** *n.* **1** (*Dir*) teste *m./f.*, testimone *m./f.* **2** (*Gramm*) deponente *m.*

depopulate /diː'pɒpjʊleɪt *Am* ˌdiː'pɑːpjʊleɪt/ **I** *v.t.* spopolare. **II** *v.i.* spopolarsi.

depopulation /diːˌpɒpjʊ'leɪʃən *Am* diːˌpɑːpjʊ'leɪʃən/ *n.* spopolamento *m.*

deport /dɪ'pɔːt *Am* dɪ'pɔːrt/ *v.t.* **1** (*Dir*) (*of an alien*) bandire; (*of a criminal*) deportare. **2** (*rifl.*) *to ~ oneself* comportarsi, condursi: *to ~ oneself badly* comportarsi male.

deportable /dɪ'pɔːtəbl *Am* dɪ'pɔːrtəbl/ *a.* deportabile, che può essere deportato, passibile di deportazione.

deportation /ˌdiːpɔː'teɪʃən *Am* ˌdiːpɔːr'teɪʃən/ *n.* **1** (*Dir*) (*of an alien*) espulsione *f.*; (*of a criminal*) deportazione *f.* **2** (*banishment*) bando *m.*, esilio *m.*

deportee /ˌdiːpɔː'tiː *Am* ˌdiːpɔːr'tiː/ *n.* (*Dir*) deportato *m.* (*f.* -a).

deportment /dɪ'pɔːtmənt/ *n.* (*Br*) comportamento *m.*, contegno *m.*

depose /dɪ'poʊz/ **I** *v.t.* **1** deporre: *to ~ a dictator* deporre un dittatore. **2** (*to divest of office or rank*) destituire. **3** (*Dir*) (*to testify*) deporre, testimoniare. **II** *v.i.* (*Dir*) deporre, fare una deposizione.

deposit /dɪ'pɒzɪt *Am* dɪ'pɑːzɪt/ **I** *v.t.* **1** deporre, mettere giù, posare. **2** (*to leave as precipitation*) depositare. **3** (*Econ*) (*of money in a bank*) depositare (*with* presso). **4** (*Econ*) (*to give as security*) pagare come cauzione. **II** *n.* **1** deposito *m.*, sedimento *m.* (*anche Geol, Enol*): *a ~ of mud* un deposito di fango. **2** (*Econ*) (*money placed in a bank*) deposito *m.*, versamento *m.*; (*as security*) cauzione *f.* **3** (*Minier*) giacimento *m.*, deposito *m.*: *-s of tin* giacimenti di stagno. □ (*Br,Econ*) *~ account* conto di deposito; (*Econ*) *~ at call* deposito rimborsabile a vista; (*Br,Econ*) *~ at notice* deposito con clausola di preavviso; (*Br*) *~ bank* banca di deposito; (*Br,ant*) *~ book* libretto di deposito; (*Econ*) *~ of a security* deposito di cauzione, deposito di garanzia; *on ~* in deposito: *to place sth. on ~* depositare qcs.; (*Comm*) *to leave a ~ on goods* versare una somma in acconto per la merce; *~ receipt* ricevuta di deposito, ricevuta di versamento; *~ slip*: 1 (*list*) distinta di versamento; 2 (*receipt*) ricevuta di deposito; (*Br*) *~ warrant* ricevuta di deposito.

depositary /dɪ'pɒzɪtərɪ *Am* dɪ'pɑːzɪterɪ/ *n.* depositario *m.* (*f.* -a).

deposition /ˌdepə'zɪʃən, ˌdiːpə'zɪʃən/ *n.* **1** deposizione *f.*: *the ~ of a tyrant* la deposizione di un tiranno. **2** (*act of depositing*) deposito *m.* **3** (*Geol*) deposito *m.*, sedimento *m.* **4** (*Dir*) (*testifying*) deposizione *f.*; (*testimony*) testimonianza *f.*

Deposition /ˌdepə'zɪʃən, ˌdiːpə'zɪʃən/ *n.* (*Rel, Art*) deposizione *f.* (di Cristo).

depositor /dɪ'pɒzɪtər *Am* dɪ'pɑːzɪtər/ *n.* (*Econ*) depositante *m./f.* □ (*Econ*) *~'s book* libretto di deposito.

depository /dɪ'pɒzɪtərɪ *Am* dɪ'pɑːzɪtɔːrɪ/ *n.* **1** deposito *m.* **2** (*Comm*) (*warehouse*) deposito *m.*, magazzino *m.* **3** (*depositary*) depositario *m.* (*f.* -a).

depot /'depoʊ *Am* 'diːpoʊ/ *n.* **1** (*Mil*) deposito *m.*, magazzino *m.*; (*recruiting station*) posto *m.* di reclutamento. **2** (*warehouse*) deposito *m.*, magazzino *m.* **3** (*Am,Ferr*) scalo *m.* ferroviario. **4** (*Am*) (*bus station*) stazione *f.* degli autobus.

depower /diː'paʊər/ *v.t.* (*Mar*) (*of a sailboat*) sventare.

depravation /ˌdeprə'veɪʃən/ *n.* depravazione *f.*, corruzione *f.*

deprave /dɪ'preɪv/ *v.t.* depravare, corrompere.

depraved /dɪ'preɪvd/ *a.* depravato, corrotto, degenerato.

depravity /dɪ'prævɪtɪ *Am* dɪ'prævətɪ/ *n.* depravazione *f.*, corruzione *f.*

deprecate /'deprəkeɪt/ *v.t.* **1** deprecare, biasimare, disapprovare. **2** (*to condemn*) condannare: *to ~ violence* condannare la violenza.

deprecating /'deprəkeɪtɪŋ *Am* 'deprəkeɪtɪŋ/ *a.* di biasimo, di disapprovazione.

deprecatingly /'deprəkeɪtɪŋlɪ *Am* 'deprəkeɪtɪŋlɪ/ *avv.* con tono di disapprovazione.

deprecation /ˌdeprə'keɪʃən/ *n.* disapprovazione *f.*, biasimo *m.*

deprecative /'deprəkeɪtɪv *Am* 'deprəkeɪtɪv/ *a.* di biasimo, di disapprovazione.

deprecatory /'deprəkətərɪ, ˌdeprə'keɪtərɪ, *Am* 'deprəkətɔːrɪ/ *a.* di biasimo, di disapprovazione.

depreciable /dɪ'priːʃɪəbl *Br also* dɪ'priːsɪəbl/ *a.* (*Econ*) deprezzabile.

depreciate /dɪ'priːʃieɪt *Br also* dɪ'priːsieɪt/ **I** *v.t.* **1** (*Econ*) (*of money*) svalutare, deprezzare; (*to lessen in price, value*) deprezzare: *to ~ an article* deprezzare una merce. **2** (*fig*) (*to disparage*) deprezzare, sottovalutare, togliere merito a, togliere pregio a. **II** *v.i.* (*Econ*) (*of money*) deprezzarsi, svalutarsi; (*of price, value*) deprezzarsi.

depreciation /dɪˌpriːʃi'eɪʃən *Br also* dɪˌpriːsi'eɪʃən/ *n.* **1** (*Econ*) (*of money*) svalutazione *f.*, deprezzamento *m.*; (*decrease in value*) deprezzamento *m.*; (*of property*) ammortamento *m.* **2** (*disparagement*) discredito *m.*, denigrazione *f.* □ (*Econ*) *~ charge* spese di ammortamento; (*Econ*) *~ for wear and tear* ammortamento tecnico; (*Econ*) *~ fund* fondo di ammortamento; (*Econ*) *~ on buildings* ammortamento sugli immobili; (*Econ*) *~ on diminishing value* ammortamento decrescente.

depreciative /dɪ'priːʃətɪv *Am* dɪ'priːʃətɪv/ *a.* **1** spregiativo. **2** (*disparaging*) sprezzante.

depreciatory /dɪ'priːʃ(i)ətərɪ *Am* dɪ'priːʃ(i)ətɔːrɪ/ *a.* **1** spregiativo. **2** (*disparaging*) sprezzante.

depredate /'deprədeɪt/ *v.t.* depredare, saccheggiare.

depredation /ˌdeprə'deɪʃən/ *n.* **1** saccheggio *m.* **2** *pl.* (*fig*) (*ravages*) danni *m.pl.*, offese *f.pl.*

depredator /'deprədeɪtər *Am* 'deprədeɪtər/ *n.* (*ant*) saccheggiatore *m.*, predone *m.*

depress /dɪ'pres/ *v.t.* **1** deprimere, abbattere, avvilire, scoraggiare. **2** (*to weaken*) indebolire, svigorire. **3** (*Comm*) (*to lower in value*) ridurre, (fare) abbassare; (*in marketability*) deprimere. **4** (*to lower*) abbassare. **5** (*to press down*) abbassare, premere: *to ~ a lever* premere una leva; *to ~ a pedal* premere un pedale. **6** (*Mus*) (*of a voice*) calare il tono di, abbassare.

depressant /dɪ'presnt/ **I** *a.* (*Med*) sedativo. **II** *n.* (*Med*) sedativo *m.*

depressed /dɪ'prest/ *a.* **1** depresso, scoraggiato, abbattuto. **2** (*pressed down*) abbassato, premuto. **3** (*economically oppressed, etc.*) depresso: *~ countries* paesi depressi, paesi sottosviluppati. □ (*Arch*) *~ arch* arco ribassato.

depressing /dɪ'presɪŋ/ *a.* deprimente, sconfortante.

depression /dɪ'preʃən/ *n.* **1** depressione *f.*, abbattimento *m.*, scoraggiamento *m.* **2** (*Comm*) (*dullness, inactivity*) crisi *f.*, ristagno *m.*: *a trade ~* una crisi commerciale. **3** (*Econ*) depressione *f.*, recessione *f.* **4** (*sunken place*) depressione *f.*, avvallamento *m.*; (*hollow*) cavità *f.* **5** (*pressing down*) pressione *f.* **6** (*Meteor,Med*) depressione *f.*

depressive /dɪ'presɪv/ *a.* depressivo.

depressor /dɪ'presər/ *n.* **1** (*Anat*) depressore *m.* **2** (*Chim*) catalizzatore *m.* negativo. **3** (*Med*) (*tongue depressor*) abbassalingua *m.*

depressurisation /diːˌpreʃər(a)ɪ'zeɪʃən/ *n.* (*Br,Aer*) depressurizzazione *f.*

depressurise /ˌdiː'preʃəraɪz/ *v.t.* (*Br,Aer*) depressurizzare.

depressurization /diːˌpreʃər(a)ɪ'zeɪʃən *Am* diːˌpreʃərɪ'zeɪʃən/ *n.* (*Aer*) depressurizzazione *f.*

depressurize /diː'preʃəraɪz/ *v.t.* (*Aer*) depressurizzare: *to ~ the cabin* depressurizzare la cabina.

deprival /dɪ'praɪvəl/ *n.* privazione *f.*

deprivation /ˌdeprɪ'veɪʃən, ˌdiːpraɪ'veɪʃən/ *n.*

1 privazione *f.*; (*loss*) perdita *f.* **2** (*ant*) (*removal from office*) destituzione *f.*, rimozione *f.* □ (*Dir*) ~ *of civil rights*: 1 (*temporary*) interdizione dai diritti civili; 2 (*permanent*) morte civile; (*Dir*) ~ *of enjoyment* privazione del godimento.

deprive /dɪ'praɪv/ *v.t.* **1** privare (*of* di). **2** (*to remove from office*) destituire. **3** (*rifl.*) *to ~ oneself* imporsi delle privazioni. □ *to ~ so. of motivation* demotivare qcu.

deprived /dɪ'praɪvd/ *a.* povero, indigente, bisognoso.

dept. *department* rep. (reparto).

depth /depθ/ *n.* **1** profondità *f.* (*anche fig*): *the ~ of the sea* la profondità del mare; *~ of meaning* profondità di significato. **2** (*fig*) (*complexity*) complessità *f.* **3** (*fig*) (*of feelings*) intensità *f.*, profondità *f.*; (*of a colour*) intensità *f.*; (*of sound*) profondità *f.*, gravità *f.* **4** (*Mar*) (*of a submarine*) quota *f.* **5** *pl.* (*deep place*) profondità *f.pl.*, abissi *m.pl.*: *the -s of the sea* gli abissi marini. **6** *pl.* (*innermost part*) cuore *m.sing.*, profondo *m.sing.*: *in the -s of the forest* nel cuore della foresta. **7** *pl.* (*height, most intense part*) cuore *m.sing.*, culmine *m.sing.*, colmo *m.sing.*: *the -s of winter* il cuore dell'inverno; *the -s of despair* il colmo della disperazione. **8** *pl.* (*fig*) (*low intellectual, moral condition*) abbrutimento *m.sing.*, degradazione *f.sing.* (morale). □ (*Mar.mil*) *~ bomb* (o *~ charge*) bomba di profondità, bomba antisommergibile; (*Mar*) *~ finder* scandaglio; (*Mecc*) *~ gauge* calibro di profondità; *in ~*: 1 (*Mil*) in profondità; 2 (*fig*) (*thoroughly*) a fondo, a fondo: *to make a study in ~ of a problem* studiare a fondo un problema; (*Fot*) *~ of field* profondità di campo; *to be out of one's ~*: 1 (*in swimming*) non toccare (il fondo); 2 (*fig*) (*to be beyond one's understanding*) essere al disopra delle proprie capacità; (*Psic*) *~ psychology* psicologia del profondo.

depthless /'depθləs/ *a.* **1** (*shallow*) poco profondo, basso. **2** (*of measureless depth, unfathomable*) insondabile, abissale.

depurant /'depjʊrənt/ **I** *a.* (*Med*) depurativo. **II** *n.* (*Farm*) farmaco *m.* depurativo.

depurate /'depjʊreɪt/ *v.t.* depurare.

depuration /ˌdepjʊ'reɪʃən/ *n.* depurazione *f.*

depurator /'depjʊreɪtər *Am* 'depjʊreɪtər/ *n.* **1** depuratore *m.* (*f.* -trice). **2** (*device*) depuratore *m.*

deputation /ˌdepjʊ'teɪʃən/ *n.* **1** il deputare. **2** (*person, group*) deputazione *f.*, delegazione *f.*

depute /dɪ'pjuːt/ *v.t.* **1** (*of a person*) deputare, designare, delegare. **2** (*of a duty, etc.*) affidare, delegare.

deputize /'depjʊtaɪz/ **I** *v.i.* fungere da delegato, agire come rappresentante (*for* di): *to ~ for so.* fungere da delegato di qcu. **II** *v.t.* delegare, deputare, nominare come delegato.

deputy /'depjʊti *Am* 'depjʊti/ **I** *n.* **1** delegato *m.* (*f.* -a), sostituto *m.* (*f.* -a), supplente *m./f.* **2** (*assistant, second in command*) vice *m./f.*, aggiunto *m.* **3** (*Parl*) deputato *m.* (*f.* -a), rappresentante *m./f.* **II** *a.* che è autorizzato a sostituire, che fa le veci. □ (*Stor, Dir*) *by ~* per procura; *~ chairman* vicepresidente; (*Giorn*) *~ editor* vicaredattore; *~ manager* direttore aggiunto.

deputy governor /ˌdepjʊti'ɡʌvənər *Am* ˌdepjʊti'ɡʌvərnər/ *n.* vicegovernatore *m.* (*f.* -trice).

deputy judge /ˌdepjʊti'dʒʌdʒ *Am* ˌdepjʊti 'dʒʌdʒ/ *n.* (*Dir*) giudice *m./f.* supplente.

deputyship /'depjʊti'ʃɪp *Am* ˌdepjʊti'ʃɪp/ *n.* **1** (*Dir*) luogotenenza *f.*, reggenza *f.* **2** (*anche Mil*) luogotenenza *f.*

deracinate /dɪ'ræsɪneɪt/ *v.t.* **1** sradicare, estirpare. **2** (*to uproot*) sradicare: *to ~ so. from his environment* sradicare qcu. dal suo ambiente.

deracinated /dɪ'ræsɪneɪt *Am* dɪ'ræsɪneɪtɪd/ *a.* sradicato.

deracination /diːˌræsɪ'neɪʃən/ *n.* sradicamento *m.*, estirpazione *f.*

derail /dɪ'reɪl/ **I** *v.t.* (*Ferr*) far deragliare. **II** *v.i.* (*Ferr*) deragliare.

derailment /dɪ'reɪlmənt/ *n.* (*Ferr*) deragliamento *m.*

derange /dɪ'reɪndʒ/ *v.t.* **1** (*to drive insane*) far impazzire, squilibrare, portare alla pazzia. **2** (*to throw into chaotic disorder*) turbare, disturbare, mettere a soqquadro, mettere in subbuglio.

deranged /dɪ'reɪndʒd/ *a.* (*insane*) squilibrato, pazzo, folle: *a ~ criminal* un pazzo criminale.

derangement /dɪ'reɪndʒmənt/ *n.* **1** (*insanity*) pazzia *f.*, squilibrio *m.* mentale. **2** (*disorder*) sconvolgimento *m.*, confusione *f.*, scompiglio *m.*

derby /'dɑːbi *Am* 'dɜːrbi/ □ (*Mod*) *~ hat* bombetta.

Derby[1] /'dɑːbi *Am* 'dɜːrbi/ *n.pr.* (*Sport*) Derby *m.* □ (*GB, Sport*) *~ Day* giorno del derby (primo mercoledì di giugno).

Derby[2] /'dɑːbi *Am* 'dɜːrbi/ *n.* (*Alim*) formaggio *m.* a pasta dura prodotto con latte scremato.

Derbyshire /'dɑːbɪʃ(ɪ)ər *Am* 'dɜːrbɪˌʃɪr/ *n.pr.* (*Geog*) Derbyshire *m.*, contea *f.* di Derby.

derecognise /ˌdiː'rekəɡnaɪz/ *v.t.* (*Br, Pol*) privare del riconoscimento, non riconoscere.

derecognition /ˌdiːrekəɡ'nɪʃən/ *n.* (*Pol*) il privare del riconoscimento, il non riconoscere.

derecognize /ˌdiː'rekəɡnaɪz/ *v.t.* (*Pol*) privare del riconoscimento, non riconoscere.

dereference /ˌdiː'refərəns/ *v.t.* (*Inform*) dereferenziare.

deregister /ˌdiː'redʒɪstər/ *v.t.* depennare, cancellare da un registro.

deregistration /ˌdiːredʒɪ'streɪʃən/ *n.* depennamento *m.* da un registro, cancellazione *f.* da un registro.

deregulate /ˌdiː'reɡjʊleɪt/ *v.t.* deregolamentare.

deregulation /ˌdiːreɡjʊ'leɪʃən/ *n.* deregolamentazione *f.*

deregulatory /ˌdiː'reɡjʊlətri, ˌdiːreɡjʊ'leɪtri *Am* diːreɡ'jʊlətɔːri/ *a.* di deregolamentazione, relativo a deregolamentazione.

derelict /'derəlɪkt/ **I** *a.* **1** abbandonato: *a ~ ship* una nave abbandonata. **2** (*remiss, neglectful*) negligente, trascurato. **II** *n.* **1** (*vagrant, person abandoned*) derelitto *m.* (*f.* -a), relitto *m.* della società. **2** (*thing abandoned*) oggetto *m.* abbandonato, rifiuto *m.* **3** (*Mar*) relitto *m.*

dereliction /ˌderə'lɪkʃən/ *n.* **1** trascuratezza *f.*, incuria *f.*, negligenza *f.*: *~ of duty* omissione di atti di ufficio, inadempienza del proprio dovere. **2** (*state of being abandoned*) abbandono *m.* **3** (*fault, neglect*) manchevolezza *f.* **4** (*land left dry by the sea*) terreno *m.* abbandonato dal mare.

derequisition /diːˌrekwɪ'zɪʃən/ **I** *v.t.* derequisire. **II** *n.* derequisizione *f.*

derestrict /ˌdiːrɪ'strɪkt/ *v.t.* togliere un divieto a. □ *to ~ a road* togliere il limite di velocità a una strada.

derestriction /ˌdiːrɪ'strɪkʃən/ *n.* eliminazione *f.* di limiti, eliminazione *f.* di restrizioni: *~-sign* cartello stradale che indica la fine dei limiti di velocità.

deride /dɪ'raɪd/ *v.t.* deridere, beffare, schernire.

derider /dɪ'raɪdər/ *n.* derisore *m.*, schernitore *m.* (*f.* -trice).

de rigueur /ˌdeɪrɪ'ɡɜːr, ˌdɪrɪ'ɡɜːr *Am* ˌdeɪrɪ 'ɡɜːr, ˌdɪrɪ'ɡɜːr/ *a.* di rigore, prescritto rigorosamente.

derision /dɪ'rɪʒən/ *n.* **1** derisione *f.*, scherno *m.*: *to become an object of ~* diventare oggetto di scherno. **2** (*object of ridicule*) oggetto *m.* di derisione, oggetto *m.* di scherno, zimbello *m.* □ *to be held in ~* essere deriso; *to bring into ~* mettere in ridicolo.

derisive /dɪ'raɪsɪv/ *a.* di derisione, derisorio.

derisively /dɪ'raɪsɪvli/ *avv.* derisoriamente, ironicamente.

derisiveness /dɪ'raɪsɪvnəs/ *n.* l'essere derisorio.

derisory /dɪ'raɪsəri/ *a.* **1** di derisione, derisorio. **2** (*ridiculing*) irrisorio, ridicolo.

derivable /dɪ'raɪvəbl/ *a.* derivabile.

derivation /ˌderɪ'veɪʃən/ *n.* **1** derivazione *f.*, adattamento *m.*, rielaborazione *f.* **2** (*source, origin*) derivazione *f.*, fonte *f.*, origine *f.*: *a word of Latin ~* una parola di derivazione latina. **3** (*origination, descent*) derivazione *f.*, discendenza *f.* **4** (*Ling*) (*formation of words*) derivazione *f.*; (*etymology*) etimologia *f.* **5** (*Mat, El*) derivazione *f.*

derivational /ˌderɪ'veɪʃənl/ *a.* (*Ling*) derivazionale.

derivative /dɪ'rɪvətɪv *Am* dɪ'rɪvətɪv/ **I** *a.* **1** (*Ling*) derivativo, derivato. **2** (*not original, secondary*) derivato (*anche Dir, Psic*). **II** *n.* **1** derivato *m.* **2** (*Ling, Fis, Chim, Econ*) derivato *m.* **3** (*Mat*) derivata *f.* **4** (*Farm*) derivativo *m.*

derivatively /dɪ'rɪvətɪvli *Am* dɪ'rɪvətɪvli/ *avv.* in maniera derivata, indirettamente.

derive /dɪ'raɪv/ **I** *v.t.* **1** derivare. **2** (*to acquire, to get*) ricavare, provare, trarre: *to ~ pleasure from reading* trarre piacere dalla lettura. **3** (*to take, to draw*) derivare, trarre, prendere. **4** (*to trace the origin of*) fare derivare, fare originare. **II** *v.i.* **1** derivare, provenire (*from* da): *the word -s from French* la parola deriva dal francese. **2** (*to spring, to ensue*) derivare, essere causato, essere prodotto (da): *her shyness -s from a complex* la sua timidezza deriva da un complesso.

derm /dɜːm *Am* dɜːrm/, **derma** /'dɜːmə *Am* 'dɜːrmə/ *n.* **1** (*Anat*) derma *m.* **2** (*estens*) (*skin*) cute *f.*, pelle *f.*

dermabrasion /ˌdɜːmə'breɪʒən *Am* ˌdɜːrmə 'breɪʒn/ *n.* (*Chir*) dermoabrasione *f.*

dermal /'dɜːməl *Am* 'dɜːrməl/ *a.* (*Anat*) dermico.

dermatitis /ˌdɜːmə'taɪtɪs *Am* ˌdɜːrmə'taɪtəs/ *n.* (*Med*) dermatite *f.*

dermatological /ˌdɜːmətə'lɒdʒɪkəl *Am* ˌdɜːrmətə'lɑːdʒɪkəl/ *a.* (*Med*) dermatologico.

dermatologically /ˌdɜːmətə'lɒdʒɪkli *Am* ˌdɜːrmətə'lɑːdʒɪkli/ *avv.* (*Med*) dermatologicamente: *~ tested* dermatologicamente testato.

dermatologist /ˌdɜːmə'tɒlədʒɪst *Am* ˌdɜːrmə 'tɑːlədʒɪst/ *n.* (*Med*) dermatologo *m.* (*f.* -a).

dermatology /ˌdɜːmə'tɒlədʒi *Am* ˌdɜːrmə 'tɑːlədʒi/ *n.* (*Med*) dermatologia *f.*

dermatosis /ˌdɜːmə'təʊsɪs *Am* ˌdɜːrmə 'təʊsɪs/ (*pl.* **-ses** /-siːz/) *n.* (*Med*) dermatosi *f.*

dermic /'dɜːmɪk *Am* 'dɜːrmɪk/ *a.* (*Anat*) dermico.

dermis /'dɜːmɪs *Am* 'dɜːrmɪs/ *n.* **1** (*Anat*) derma *m.* **2** (*estens*) (*skin*) cute *f.*, pelle *f.*

derogate /'derəʊɡeɪt *Br also* 'dɪrəʊɡeɪt/ *v.i.* portare detrimento (*from* a), sminuire (qcs.), danneggiare (qcs.): *the accusation did not ~ from his reputation* l'accusa non danneggiò la sua reputazione.

derogation /ˌderəʊ'ɡeɪʃən *Br also* ˌdɪrəʊ 'ɡeɪʃn/ *n.* **1** detrazione *f.*, diminuzione *f.* **2**

(*disparagement*) detrimento *m.*, scredito *m.*
3 (*Dir*) (*partial repeal*) deroga *f.*, derogazione *f.*

derogative /ˌdɪˈrɒgətɪv *Am* ˌdɪˈrɑːgəṭɪv/ *a.* spregiativo, dispregiativo, sprezzante.

derogatorily /dɪˈrɒgətᵊrɪli *Am* dɪˈrɑːgətɔːrɪli/ *avv.* in modo spregiativo, in modo dispregiativo, in modo sprezzante.

derogatory /dɪˈrɒgətᵊri *Am* dɪˈrɑːgətɔːri/ *a.* **1** (*Dir*) derogatorio: ~ *clause* clausola derogatoria. **2** (*disparaging*) spregiativo, dispregiativo, sprezzante. **3** (*detracting*) umiliante. **4** (*Ling*) spregiativo.

derrick /ˈderɪk/ *n.* **1** (*Mecc*) derrick *m.*, falcone *m.*, gru *f.* di sollevamento. **2** (*Minier*) torre *f.* di trivellazione, torre *f.* di sondaggio. **3** (*Mar*) picco *m.* da carico.

derrière /ˈderieᵊ *Am* ˌderiˈer/ *n.* (*colloq,scherz*) (*buttocks*) didietro *m.*, di dietro *m.*, fondoschiena *m.*

derring-do /ˌderɪŋˈduː/ *n.* (*ant,scherz*) audacia *f.*, ardimento *m.*, temerarietà *f.*

derringer /ˈderɪndʒᵊr/ *n.* (*Am,Arm*) pistola *f.* a canna corta, pistola *f.* derringer.

dervish /ˈdɜːvɪʃ *Am* ˈdɜːrvɪʃ/ *n.* (*Rel*) derviscio *m.*, dervis *m.*

desalinate /ˌdiːˈsælɪneɪt/ *v.t.* dissalare.

desalination /diːˌsælɪˈneɪʃᵊn/ *n.* dissalamento *m.*, dissalazione *f.*

desalinator /diːˌsælɪˈneɪtᵊr *Am* diːˌsælɪ ˈneɪṭᵊr/ *n.* dissalatore *m.*, desalatore *m.*

desalinization /diːˌsælɪn(a)ɪˈzeɪʃᵊn/ *n.* dissalamento *m.*, dissalazione *f.* □ ~ *plant* impianto di dissalazione.

desalinize /diːˈsælɪnaɪz/ *v.t.* (*Am*) dissalare.

descale /ˌdiːˈskeɪl/ *v.t.* (*Tecn*) disincrostare.

descaler /ˌdiːˈskeɪlᵊr/ *n.* (*Tecn*) disincrostante *m.*

descant[1] /ˈdeskænt/ *n.* **1** (*Mus*) discanto *m.*; (*upper voice*) soprano *m.*; (*melody*) melodia *f.* **2** (*poet*) (*song*) canto *m.* **3** (*discourse*) disquisizione *f.*, commento *m.*

descant[2] /desˈkænt *Br also* dɪˈskænt/ *v.i.* **1** (*Mus*) discantare. **2** (*fig*) (*to comment at length*) discorrere (*on, upon* di), dissertare (su, di). □ (*Mus*) ~ *recorder* flauto dolce.

descanter /dɪˈskæntᵊr, desˈkæntᵊr *Am* des ˈkæntᵊr/, **descantist** /ˈdeskæntɪst/ *n.* (*Mus*) discantista *m./f.*

descend /dɪˈsend/ **I** *v.i.* **1** discendere, scendere: *to* ~ *from a mountain peak* scendere da una vetta. **2** (*to lead downward*) scendere: *the road -ed steeply* la strada scendeva ripidamente. **3** (*to originate*) discendere, avere origine, trarre origine (*from* da): *to* ~ *from foreign stock* discendere da stirpe straniera. **4** (*to pass by inheritance*) trasmettersi, passare: *the title -s through the female line* il titolo si trasmette per linea femminile. **5** (*to pass by transmission*) derivare, discendere (da): *the song -s from a medieval ballad* il canto deriva da una ballata medievale. **6** (*to swoop down*) calare, piombare (*on, upon* su), attaccare (improvvisamente) (qcs.): *the bandits -ed on the village* i banditi piombarono sul villaggio. **7** (*Astr,Mus*) discendere. **II** *v.t.* **1** scendere, discendere: *to* ~ *the stairs* scendere le scale. **2** (*to extend down along*) scendere lungo, scendere giù per: *the path -ed the hill* il sentiero scendeva lungo la collina. □ *to* ~ *from the general to the particular* passare dal generale al particolare; *to* ~ *to particulars* scendere nei particolari, entrare nei particolari.

descendable /dɪˈsendəbl/ *a.* (*Dir*) (*of property, etc.*) trasmissibile.

descendant /dɪˈsendᵊnt/ *n.* discendente *m./f.*

descended /dɪˈsend/ □ *to be* ~ *from* di-

scendere, aver origine da: *he is* ~ *from the Normans* discende dai Normanni.

descendence /dɪˈsendᵊns/ *n.* discendenza *f.*, discendenti *m.pl.*

descender /dɪˈsendᵊr/ *n.* (*Tip*) **1** (*part of a letter*) parte *f.* discendente di una lettera. **2** (*descending letter*) lettera *f.* discendente.

descendible /dɪˈsendəbl/ *a.* (*Dir*) (*of property, etc.*) trasmissibile.

descending /dɪˈsendɪŋ/ *a.* discendente (*anche Tip*). □ *in* ~ *order of importance* in ordine decrescente di importanza.

descent /dɪˈsent/ *n.* **1** discesa *f.*: *the* ~ *of a mountain* la discesa di (*o* da) una montagna; (*Alp*) ~ *on the rope* discesa in cordata. **2** (*downward slope*) discesa *f.*, china *f.*, pendio *m.*: *a sharp* ~ un ripido pendio. **3** (*lineage, extraction*) discendenza *f.*, lignaggio *m.*, stirpe *f.*, nascita *f.*: *a man of noble* ~ un uomo di nobile discendenza. **4** (*fig*) (*decline*) declino *m.*, decadenza *f.* **5** (*sudden raid*) discesa *f.*, calata *f.*, invasione *f.* **6** (*Dir*) trasmissione *f.* ereditaria, passaggio *m.* in eredità. □ (*Art*) *Descent from the Cross* deposizione (dalla croce).

deschool /ˌdiːˈskuːl/ *v.t.* descolarizzare.

deschooling /ˌdiːˈskuːlɪŋ/ *n.* descolarizzazione *f.*: ~ *of society* descolarizzazione della società.

descramble /ˌdiːˈskræmbl/ *v.t.* decodificare, decriptare.

descrambler /ˌdiːˈskræmblᵊr/ *n.* (*Tecn*) decodificatore *m.*

describable /dɪˈskraɪbəbl/ *a.* descrivibile.

describe /dɪˈskraɪb/ *v.t.* **1** descrivere, rappresentare. **2** (*to label, to pronounce*) classificare, chiamare, definire: *I would* ~ *him as a scoundrel* lo definirei un farabutto. **3** (*Geom*) tracciare, descrivere: *to* ~ *a circle* tracciare un cerchio. □ *he -s himself as an actor* dice di essere un attore, si definisce un attore.

describer /dɪˈskraɪbᵊr/ *n.* descrittore *m.* (*f.* -trice).

description /dɪˈskrɪpʃᵊn/ *n.* **1** descrizione *f.*, rappresentazione *f.* **2** (*for police purposes, etc.*) connotati *m.pl.* **3** (*sort, kind*) genere *m.*, tipo *m.*, specie *f.*: *cars of all -s* auto di tutti i tipi. **4** (*Geom*) descrizione *f.* □ (*Econ*) ~ *of securities* specificazione dei titoli.

descriptive /dɪˈskrɪptɪv/ *a.* **1** descrittivo: ~ *anatomy* anatomia descrittiva. **2** (*Gramm*) qualificativo: ~ *adjective* aggettivo qualificativo. □ (*Bibliot*) ~ *catalogue* catalogo ragionato; (*Ling*) ~ *linguistics* linguistica descrittiva.

descriptor /dɪˈskrɪptᵊr/ *n.* (*Inform*) descrittore *m.*

descry /dɪˈskraɪ/ *v.t.* (*poet,lett*) scorgere, discernere, riuscire a vedere.

desecrate /ˈdesɪkreɪt/ *v.t.* **1** profanare (*anche fig*): *to* ~ *so.'s memory* profanare la memoria di qcu. **2** (*to divest of sacred character*) sconsacrare.

desecration /ˌdesɪˈkreɪʃᵊn/ *n.* **1** profanazione *f.* (*anche fig*). **2** (*divestment from a sacred character*) sconsacrazione *f.*

desecrator /ˈdesɪkreɪtᵊr *Am* ˈdesɪkreɪtᵊr/ *n.* profanatore *m.* (*f.* -trice).

desegregate /ˌdiːˈsegrɪgeɪt/ *v.t.* abolire la segregazione razziale in.

desegregation /diːˌsegrɪˈgeɪʃᵊn/ *n.* abolizione *f.* della segregazione razziale.

desensitisation /diːˌsensɪt(a)ɪˈzeɪʃᵊn/ *n.* (*Br*) desensibilizzazione *f.* (*anche Fot,Med*).

desensitise /diːˈsensɪtaɪz/ *v.t.* (*Br*) desensibilizzare.

desensitization /diːˌsensɪt(a)ɪˈzeɪʃᵊn/ *n.* desensibilizzazione *f.* (*anche Fot,Med*).

desensitize /diːˈsensɪtaɪz/ *v.t.* desensibilizzare.

desensitizer /diːˈsensɪtaɪzᵊr/ *n.* (*Fot*) desensibilizzatore *m.*

desert[1] /ˈdezət *Am* ˈdezᵊrt/ **I** *n.* (*Geog*) deserto *m.* (*anche fig*): *the Sahara* ~ il deserto del Sahara. **II** *a.* **1** deserto, incolto. **2** (*deserted, empty*) deserto, vuoto. **3** (*uninhabited*) deserto, spopolato, disabitato: *a* ~ *island* un'isola deserta. **4** (*peculiar to a desert*) desertico, del deserto: ~ *tribes* tribù del deserto. □ (*Min*) ~ *rose* rosa del deserto; (*Geog*) ~ *zone* regione desertica.

desert[2] /dɪˈzɜːt *Am* dɪˈzɜːrt/ **I** *v.t.* **1** abbandonare, lasciare. **2** (*Mil*) disertare, abbandonare: *to* ~ *one's post* abbandonare il (proprio) posto. **3** (*fig*) (*to fail*) abbandonare, venir meno a: *his courage -ed him* il coraggio gli venne meno. **II** *v.i.* **1** passare: *to* ~ *to the opposition* passare all'opposizione. **2** (*Mil*) disertare. □ (*Mil*) *to* ~ *one's colours* abbandonare la bandiera.

desert[3] /dɪˈzɜːt *Am* dɪˈzɜːrt/ *n.* **1** *spec.pl.* (*what is due*) ciò che è dovuto, ciò che spetta, compenso *m.*, ricompensa *f.*: *to get one's -s* avere ciò che si merita. **2** (*worthiness*) merito *m.*, valore *m.*

deserted /dɪˈzɜːtɪd *Am* dɪˈzɜːrṭɪd/ *a.* **1** abbandonato: *a* ~ *wife* una moglie abbandonata. **2** (*uninhabited*) deserto, disabitato: *a* ~ *village* un villaggio deserto.

deserter /dɪˈzɜːtᵊr *Am* dɪˈzɜːrṭᵊr/ *n.* **1** chi abbandona. **2** (*Mil*) disertore *m.*

desertification /dɪˌzɜːtɪfɪˈkeɪʃᵊn *Am* dɪ ˌzɜːrṭɪfɪˈkeɪʃᵊn/ *n.* (*Geol*) desertificazione *f.*

desertion /dɪˈzɜːʃᵊn *Am* dɪˈzɜːrʃᵊn/ *n.* **1** diserzione *f.* (*anche Mil*). **2** (*Dir*) abbandono *m.*

deserve /dɪˈzɜːv *Am* dɪˈzɜːrv/ **I** *v.t.* **1** meritare, meritarsi: *he -s to be sent to prison* merita di finire in prigione. **2** (*to merit, to be worth*) meritare, essere degno di: *to* ~ *the prize* meritare il premio. **II** *v.i.* (*assol*) meritare: *to reward so. as he -s* ricompensare qcu. come merita, ricompensare qcu. secondo i suoi meriti.

deserved /dɪˈzɜːvd *Am* dɪˈzɜːrvd/ *a.* meritato.

deservedly /dɪˈzɜːvɪdli *Am* dɪˈzɜːrvɪdli/ *avv.* meritatamente, giustamente.

deserving /dɪˈzɜːvɪŋ *Am* dɪˈzɜːrvɪŋ/ *a.* meritevole, degno.

deservingly /dɪˈzɜːvɪŋli *Am* dɪˈzɜːrvɪŋli/ *avv.* in modo meritevole, degno.

deservingness /dɪˈzɜːvɪŋnəs *Am* dɪ ˈzɜːrvɪŋnəs/ *n.* (*worthiness*) merito *m.*, valore *m.*, l'essere meritevole.

desex /ˌdiːˈseks/ *v.t.* desessualizzare.

desexualisation /diːˌseksjʊəl(a)ɪˈzeɪʃᵊn/ *n.* (*Br*) desessualizzazione *f.*

desexualise /diːˈseksjʊəlaɪz/ *v.t.* (*Br*) desessualizzare.

desexualization /diːˌseksjʊəl(a)ɪˈzeɪʃᵊn *Am* diːˌsekʃʊəlɪˈzeɪʃᵊn/ *n.* desessualizzazione *f.*

desexualize /diːˈseksjʊəlaɪz *Am* diː ˈsekʃʊəlaɪz/ *v.t.* desessualizzare.

desiccant /ˈdesɪkənt/ **I** *a.* essiccativo, disseccante. **II** *n.* (*Chim*) disseccante *m.*

desiccate /ˈdesɪkeɪt/ *v.t.* **1** essiccare, disseccare. **2** (*of food*) disidratare. **3** (*Fal*) (*of wood*) stagionare.

desiccation /ˌdesɪˈkeɪʃᵊn/ *n.* **1** disseccazione *f.* **2** (*dehydration*) disidratazione *f.*

desiccative /ˈdesɪkətɪv *Am* ˈdesɪkeɪtɪv/ **I** *a.* essiccativo, dissecante. **II** *n.* (*Chim*) disseccante *m.*

desiccator /ˈdesɪkeɪtᵊr *Am* ˈdesɪkeɪtᵊr/ *n.* (*Tecn*) essiccatoio *m.*

desiderative /dɪˈzɪdᵊrətɪv *Am* dɪˈzɪdᵊrəṭɪv/ *n.* (*Gramm*) desiderativo *m.*, ottativo *m.*

desideratum /dɪˌzɪdᵊˈrɑːtəm, dɪˌzɪdᵊˈreɪtəm

design /dɪˈzaɪn/ **I** v.t. **1** progettare: to ~ a new school progettare una nuova scuola. **2** (to create, to fashion) creare, studiare, disegnare, fare lo schizzo di: to ~ costumes for a play disegnare i costumi per (o di) una commedia. **3** (to intend; generally used in the past tense) intendere: a policy -ed to increase exports una politica intesa (o volta) ad aumentare le esportazioni. **4** (to plan in the mind) progettare, avere in animo. **5** (to propose, to intend) proporsi, mirare a, avere intenzione di. **II** v.i. **1** (to draw designs, plans, etc.) fare progetti, fare disegni, eseguire progetti, eseguire disegni. **2** (to be a costume designer) fare il costumista. **III** n. **1** progetto m.: a ~ for a new airport un progetto per un nuovo aeroporto; a ~ for a machine un progetto di una macchina. **2** (pattern) disegno m., motivo m.: a floral ~ un motivo floreale. **3** (drawing, outline) modello m., disegno m., schizzo m.: a ~ for a dress un modello per un vestito. **4** (art of designing) disegno m.: a school of ~ una scuola di disegno. **5** (outline, draft) disegno m., abbozzo m., canovaccio m.: the ~ of a novel l'abbozzo di un romanzo. **6** (plan, project) piano m., progetto m. **7** (plot, intrigue) complotto m., intrigo m. **8** (purpose, intention) proposito m., intenzione f. **9** pl. (hostile project) mire f.pl., cattive intenzioni f.pl.: to have -s on (o against) sth. avere delle mire su qcs. **IV** a. (Tecn) di progetto. □ by ~ apposta, di proposito, deliberatamente; (Tecn) ~ characteristics caratteristiche di progetto; (Tecn) ~ parameters parametri di progetto.

designate[1] /ˈdezɪgneɪt/ v.t. **1** segnare, indicare: to ~ boundaries segnare i confini. **2** (to denote) denotare, indicare, rivelare: his reply -d uncertainty la sua risposta rivelava un'incertezza. **3** (to name, to give a title to) designare, denominare, chiamare. **4** (to appoint) designare, nominare: to ~ so. for an office designare qcu. a un incarico.

designate[2] /ˈdezɪgneɪt, ˈdezɪgnət/ a. designato: bishop ~ vescovo designato.

designated /ˈdezɪgneɪtɪd, ˈdezɪgnətɪd/ □ (colloq) ~ driver persona scelta per la guida (che si astiene dalle bevande alcoliche); (Sport) ~ hitter battitore designato.

designation /ˌdezɪgˈneɪʃən/ n. **1** designazione f. **2** (name, title) nome m., titolo m. **3** (appointment) designazione f., nomina f.

designedly /dɪˈzaɪnɪdli/ avv. di proposito, deliberatamente.

designer /dɪˈzaɪnər/ n. **1** (of buildings, machines, etc.) progettista m./f., modellista m./f. **2** (commercial artist) designer m./f., disegnatore m. (f. -trice) grafico. **3** (Cin, Teat) costumista m./f.; (stage designer) scenografo m. (f. -a). **4** (Aut, rar) progettista m./f., carrozziere m. **5** (fig) (schemer) intrigante m./f. □ ~ drug droga pesante di sintesi.

designing /dɪˈzaɪnɪŋ/ **I** n. disegno m., studio m., progettazione f., creazione f. **II** a. (scheming) intrigante.

desilver /dɪˈsɪlvər/ v.t. (Chim) disargentare.

desilverize /dɪˈsɪlvəraɪz/ v.t. (Chim) disargentare.

desinence /ˈdesɪnəns/ n. **1** parte f. finale. **2** (Gramm) desinenza f.

desirability /dɪˌzaɪrəˈbɪlɪti Am dɪˌzaɪrəˈbɪləti/ n. desiderabilità f.

desirable /dɪˈzaɪrəbl Am dɪˈzaɪrəbl/ a. **1** bello, piacevole, ameno: a ~ property una bella tenuta. **2** (causing sensual desire) desiderabile, attraente: a ~ woman una donna attraente. **3** (advisable) consigliabile.

desirableness /dɪˈzaɪrəblnəs Am dɪˈzaɪrəblnəs/ n. desiderabilità f.

desirably /dɪˈzaɪrəbli Am dɪˈzaɪrəbli/ avv. in modo desiderabile.

desire /dɪˈzaɪər/ **I** v.t. **1** (to wish) desiderare. **2** (to long for) bramare, anelare. **3** (to request) chiedere, sollecitare: to ~ sth. of so. chiedere qcs. a qcu. **4** (of a person) chiedere a, pregare, invitare: they -d him to come in lo invitarono a entrare. **II** n. **1** desiderio m., brama f., voglia f.: ~ for knowledge brama di sapere. **2** (wish, request) richiesta f., preghiera f., invito m. **3** (sth. desired) desiderio m.: my greatest ~ il mio più grande desiderio. **4** (longing, yearning) desiderio m., rimpianto m., nostalgia f. **5** (sexual appetite) desiderio m. (sessuale). □ at the ~ of so. per invito di qcu.; to have no ~ for sth. non desiderare qcs.

desired /dɪˈzaɪəd/ a. **1** desiderato, bramato: the ~ amount la quantità desiderata. **2** (suitable, right) adeguato, giusto.

desirous /dɪˈzaɪərəs Am dɪˈzaɪrəs/ a. desideroso, voglioso, bramoso: to be ~ of sth. desiderare qcs.

desist /dɪˈsɪst/ v.i. desistere (from da), cessare (from di): to ~ from doing sth. desistere dal fare qcs., rinunciare a fare qcs.

desk /desk/ **I** n. **1** scrivania f., scrittoio m., tavolo m. **2** (fig) (section of a newspaper, office, etc.) sezione f., reparto m., ufficio m. **3** (music stand) leggio m. **4** (Scol) (for pupils) banco m.; (for teachers) cattedra f. **5** (Comm) (cash desk) cassa f.: pay at the ~ pagare alla cassa. **II** a. **1** da scrittoio: ~ lamp lampada da scrittoio, lampada da tavolo. **2** (of a job) sedentario: ~ work lavoro sedentario. □ (Am) ~ clerk receptionist, addetto alla reception; (Inform) ~ computer computer da tavolo; ~ job lavoro sedentario, lavoro di ufficio; ~ research ricerca a tavolino.

desktop /ˈdesktɒp Am ˈdesktɑːp/ □ (Inform) ~ computer computer da tavolo, desktop.

desman /ˈdesmən/ n. (Zool) desman m., miogale m.

desolate[1] /ˈdesələt/ a. **1** desolato, privo di vita, sterile: a ~ waste un deserto desolato. **2** (uninhabited) disabitato, deserto. **3** (lonely) solitario. **4** (devastated, dilapidated) devastato, in rovina. **5** (fig) (forlorn, wretched) desolato, afflitto, sconsolato. **6** (fig) (dreary, dismal) tetro, triste, squallido.

desolate[2] /ˈdesəleɪt/ v.t. **1** devastare. **2** (to depopulate) spopolare. **3** (fig) desolare, affliggere.

desolately /ˈdesələtli/ avv. desolatamente.

desolation /ˌdesəˈleɪʃən/ n. **1** desolazione f., devastazione f. **2** (state) desolazione f., squallore m. **3** (desolate, barren area) zona f. desolata, zona f. squallida. **4** (fig) desolazione f., dolore m., pena f.

despair /dɪsˈpeər Am dɪsˈper/ **I** n. disperazione f. (about, at per): to be seized by ~ essere in preda alla disperazione; he was the ~ of his family era la disperazione della famiglia. **II** v.i. **1** disperare, disperarsi, perdere la speranza. **2** (to give up hope for) disperare, perdere la speranza (of di): the doctors ~ of saving his life i dottori disperano di salvargli la vita.

despairing /dɪsˈpeərɪŋ Am dɪsˈperɪŋ/ a. **1** (hopeless) disperato, senza speranza. **2** (indicating despair) di disperazione, disperato: a ~ look uno sguardo disperato.

despairingly /dɪsˈpeərɪŋli Am dɪsˈperɪŋli/ avv. disperatamente, senza speranza.

despatch /dɪsˈpætʃ/ n./v. → **dispatch**.

desperado /ˌdespəˈrɑːdəʊ, ˌdespəˈreɪdəʊ/ (pl. -es/-s /-z/) n. bandito m., malvivente m. pronto a tutto.

desperate /ˈdespərət/ a. **1** disperato, furioso, accanito: a ~ struggle una lotta disperata. **2** (serious, dangerous) senza speranza, disperato: a ~ illness una malattia senza speranza; a ~ situation una situazione disperata. **3** (of persons: having no hope) disperato, senza speranza, che ha perso ogni speranza. **4** (exerting all one's power) disperato, estremo: a ~ effort uno sforzo disperato. **5** (colloq) (awful) terribile, disastroso, spaventoso. □ to become ~ arrivare alla disperazione. Prov.: ~ cases require ~ remedies a mali estremi, estremi rimedi.

desperately /ˈdespərətli/ avv. **1** disperatamente. **2** (recklessly) disperatamente, accanitamente, con furore. **3** (colloq) (very) terribilmente, spaventosamente, enormemente: ~ tired spaventosamente stanco.

desperation /ˌdespəˈreɪʃən/ n. **1** disperazione f.: (colloq) to drive so. to ~ spingere qcu. alla disperazione. **2** (extreme recklessness) temerarietà f. disperata.

despicable /dɪˈspɪkəbl Br also ˈdespɪkəbl/ a. spregevole, disprezzabile.

despicably /dɪˈspɪkəbli Br also ˈdespɪkəbli/ avv. spregevolmente.

despise /dɪˈspaɪz/ v.t. disprezzare, disdegnare.

despiser /dɪˈspaɪzər/ n. chi disprezza, sprezzatore m. (f. -trice), spregiatore m. (f. -trice).

despisingly /dɪˈspaɪzɪŋli/ avv. con disprezzo.

despite /dɪˈspaɪt/ **I** prep. malgrado, nonostante, a dispetto di: ~ his own suo malgrado. **II** n. malanimo m., malevolenza f. □ ~ of a dispetto di, nonostante.

despiteful /dɪˈspaɪtfʊl/ a. maligno, malevolo, perfido.

despoil /dɪˈspɔɪl/ v.t. depredare, spogliare, saccheggiare: to ~ so. of sth. spogliare qcu. di qcs.

despoiler /dɪˈspɔɪlər/ n. saccheggiatore m.

despoilment /dɪˈspɔɪlmənt/ n. depredazione f., saccheggio m., spoliazione f.

despoliation /dɪˌspəʊliˈeɪʃən, Br also dɪˌspɒli ˈeɪʃən/ n. depredazione f., saccheggio m., spoliazione f.

despond /dɪˈspɒnd Am dɪˈspɑːnd/ v.i. (ant) abbattersi, perdersi d'animo, scoraggiarsi.

despondence /dɪˈspɒndəns Am dɪ ˈspɑːndəns/ n. abbattimento m., scoraggiamento m., sconforto m.

despondency /dɪˈspɒndənsi Am dɪ ˈspɑːndənsi/ n. abbattimento m., scoraggiamento m., sconforto m.

despondent /dɪˈspɒndənt Am dɪˈspɑːndənt/, **desponding** /dɪˈspɒndɪŋ, Am dɪˈspɑːndɪŋ/ a. abbattuto, depresso, scoraggiato, sconfortato.

despot /ˈdespət Br also ˈdespɒt/ n. despota m./f.

despotic /dɪˈspɒtɪk, desˈpɒtɪk Am desˈpɑːtɪk/ a. dispotico.

despotical /dɪˈspɒtɪkəl, desˈpɒtɪkəl Am des ˈpɑːtɪkəl/ a. dispotico.

despotically /dɪˈspɒtɪkli, desˈpɒtɪkli Am desˈpɑːtɪkəli/ avv. dispoticamente.

despotism /ˈdespətɪzəm/ n. dispotismo m.

desquamate /ˈdeskwəmeɪt/ v.i. (Med) desquamarsi, squamarsi.

desquamation /ˌdeskwəˈmeɪʃən/ n. (Med) desquamazione f.

desquamative /desˈkwəmətɪv Am des ˈkwæmətɪv/ a. (Med) desquamativo.

dessert /dɪˈzɜːt Am dɪˈzɜːrt/ n. (Gastron) **1** dessert m. **2** (course of fruit) frutta f. (a fine pasto). □ ~ knife coltellino da dessert; ~

spoon cucchiaino da dessert.

destabilisation /ˌdiːˌsteɪbəl(a)ɪˈzeɪʃən/ n. (*Br,Pol*) destabilizzazione f.

destabilise /ˌdiːˈsteɪbəlaɪz/ v.t. (*Br,Pol*) destabilizzare.

destabilization /ˌdiːˌsteɪbəl(a)ɪˈzeɪʃən/ n. (*Pol*) destabilizzazione f.

destabilize /ˌdiːˈsteɪbəlaɪz/ v.t. (*Pol*) destabilizzare.

destabilizer /ˌdiːˈsteɪbəlaɪzər/ n. destabilizzatore m.

destabilizing /ˌdiːˈsteɪbəlaɪzɪŋ/ a. destabilizzante.

destalinization /diːˌstɑːlɪn(a)ɪˈzeɪʃən/ n. (*Pol,Stor*) destalinizzazione f.

destalinize /diːˈstɑːlɪnaɪz/ v.t. (*Pol,Stor*) destalinizzare.

destination /ˌdestɪˈneɪʃən/ n. destinazione f., meta f.

destine /ˈdestɪn/ v.t. **1** destinare: *to ~ the takings to the poor* destinare l'incasso ai poveri. **2** (*to design, to intend*) destinare, indirizzare: *his parents -d him for the law* i suoi genitori lo avevano destinato alla carriera forense. **3** (*to predetermine; generally passive*) predestinare, destinare: *they were -d never to meet again* erano destinati a non incontrarsi mai più. □ *it was -d that* era scritto che, era destino che.

destined /ˈdestɪnd/ a. diretto (*for* a): *a ship ~ for London* una nave diretta a Londra.

destiny /ˈdestɪni/ n. **1** destino m., fato m., sorte f.: *it was his ~ to die young* era destino che morisse giovane. **2** (*Mitol,poet*) fato m.

destitute /ˈdestɪtjuːt *Am also* ˈdestɪtuːt/ a. **1** bisognoso, indigente. **2** (*deprived, lacking*) privo, mancante (*of* di).

destitution /ˌdestɪˈtjuːʃən *Am also* ˌdestɪˈtuːʃən/ n. povertà f., indigenza f.

de-stress /diːˈstres/ v.t. (*colloq*) rilassarsi.

destroy /dɪˈstrɔɪ/ v.t. **1** distruggere: *-ed by fire* distrutto dal fuoco. **2** (*to extinguish*) annientare, sterminare. **3** (*fig*) (*to bring to ruin*) distruggere, rovinare: *to ~ so.'s reputation* rovinare la reputazione di (*o* a) qcu. **4** (*to kill*) uccidere, ammazzare; (*of an animal*) abbattere.

destroyable /dɪˈstrɔɪəbl/ a. distruttibile.

destroyer /dɪˈstrɔɪər/ n. **1** distruttore m. (f. -trice) (*anche fig*). **2** (*Mar.mil*) cacciatorpediniere m.

destructibility /dɪˌstrʌktəˈbɪlɪti *Am* dɪˌstrʌktəˈbɪləti/ n. l'essere distruttibile, distruttibilità f.

destructible /dɪˈstrʌktəbl/ a. distruttibile.

destruction /dɪˈstrʌkʃən/ n. **1** distruzione f., devastazione f., annientamento m.: *work of ~* opera devastatrice. **2** (*cause of ruin*) distruzione f., rovina f.: *drink was his ~* l'alcol fu la sua rovina.

destructive /dɪˈstrʌktɪv/ a. **1** distruttivo, rovinoso. **2** (*not constructive*) distruttivo, non costruttivo, negativo: *~ criticism* critica distruttiva. **3** (*deleterious*) deleterio, dannoso.

destructively /dɪˈstrʌktɪvli/ avv. in maniera distruttiva.

destructiveness /dɪˈstrʌktɪvnəs/ n. capacità f. distruttiva.

destructor /dɪˈstrʌktər/ n. (*Mil*) dispositivo m. di autodistruzione.

desuetude /dɪˈsjuːɪtjuːd, ˈdeswɪtjuːd *Am* ˈdeswɪt(j)uːd, dɪˈsuːɪt(j)uːd/ n. disuso m.: *to fall into ~* cadere in disuso; *to pass into ~* andare in disuso.

desulfur /diːˈsʌlfər/ e der. (*Am*) → **desulphur** e der.

desulphurise /diːˈsʌlfəraɪz/ v.t. (*Br*) desolforare.

desulphurization /diːˌsʌlfər(a)ɪˈzeɪʃən/ n.

desolforazione f.

desulphurize /diːˈsʌlfəraɪz/ v.t. desolforare.

desultorily /ˈdesəltərɪli *Am* ˈdesəltɔːrɪli/ avv. **1** saltuariamente. **2** (*without method*) senza metodo, senza ordine, a casaccio.

desultoriness /ˈdesəltərɪnəs *Am* ˈdesəltɔːrɪnəs/ n. **1** saltuarietà f., discontinuità f. **2** (*lack of method*) mancanza f. di metodo.

desultory /ˈdesəltəri *Am* ˈdesəltɔːri/ a. **1** saltuario, discontinuo, frammentario, disarticolato. **2** (*disconnected*) instabile, sconnesso.

desynchronise /ˌdiːˈsɪŋkrənaɪz/ v.t. (*Br*) desincronizzare.

desynchronization /ˌdiːˌsɪŋkrən(a)ɪˈzeɪʃən/ n. desincronizzazione f.

desynchronize /ˌdiːˈsɪŋkrənaɪz/ v.t. desincronizzare.

detach /dɪˈtætʃ/ v.t. **1** staccare, distaccare: *to ~ a railway carriage* staccare una carrozza ferroviaria. **2** (*Mil,Mar.mil*) distaccare. **3** (*fig*) (*to withdraw*) allontanare, staccare: *to ~ oneself from a group* allontanarsi da un gruppo.

detachability /dɪˌtætʃəˈbɪlɪti *Am* dɪˌtætʃəˈbɪləti/ n. l'essere staccabile, l'essere separabile.

detachable /dɪˈtætʃəbl/ a. staccabile, separabile.

detached /dɪˈtætʃt/ a. **1** staccato, separato. **2** (*of a house*) isolato. **3** (*fig*) obiettivo, imparziale, spassionato: *a ~ opinion* un parere spassionato. **4** (*fig*) (*aloof, unconcerned*) distaccato, indifferente, disinteressato. □ *~ chain stitch* (*in embroidery*) punto margherita.

detachedly /dɪˈtætʃɪdli/ avv. in modo distaccato.

detachedness /dɪˈtætʃɪdnəs/ n. **1** separazione f., isolamento m. **2** (*objectivity*) obiettività f., imparzialità f.

detachment /dɪˈtætʃmənt/ n. **1** distacco m., separazione f. **2** (*fig*) (*neutrality*) obiettività f., imparzialità f. **3** (*fig*) (*aloofness*) distacco m., indifferenza f., disinteresse m. **4** (*Mil, Mar.mil*) (*act*) il distaccare; (*body*) distaccamento m. **5** (*Med*) distacco m.: *~ of the retina* distacco della retina.

detail /ˈdiːteɪl, dɪˈteɪl/ **I** n. **1** particolare m., dettaglio m., minuzia f.: *in every ~* in ogni particolare; *that's only a ~* è solo una minuzia; *in some ~* più nei particolari. **2** (*attention to every particular*) cura f. dei particolari, cura f. dei dettagli. **3** (*Art,Fot*) dettaglio m. **4** (*Arch,Mecc*) particolare m. **5** (*Arch,Mecc*) disegno m. di particolari. **6** (*Mil*) (*small group*) piccolo distaccamento m., reparto m.: *the patrol ~* il reparto in perlustrazione. **7** (*Mil*) (*list of duties*) ordine m. del giorno. **II** v.t. **1** dettagliare, esporre dettagliatamente. **2** (*to enumerate*) enumerare, elencare. **3** (*Mil*) distaccare, assegnare. □ (*Arch,Mecc*) *~ drawing* disegno di particolari; *in ~* minuziosamente, dettagliatamente; *to go into -s* entrare nei particolari; (*Am*) *~ man* informatore farmaceutico.

detailed /ˈdiːteɪld, dɪˈteɪld/ a. dettagliato, particolareggiato, circostanziato: *a ~ report* un resoconto dettagliato.

detain /dɪˈteɪn/ v.t. **1** trattenere, fare aspettare. **2** (*to delay*) far ritardare. **3** (*Dir*) trattenere, detenere, fermare: *he was -ed for questioning by the police* fu trattenuto dalla polizia per essere interrogato. **4** (*to withhold*) non restituire, trattenere.

detainee /ˌdiːteɪˈniː/ n. detenuto m. (f. -a).

detainer /dɪˈteɪnər/ n. **1** (*Dir*) (*holding*) detenzione f. (illegale). **2** (*detention in custody*) detenzione f., stato m. di arresto. **3** (*writ*) or-

dine m. di detenzione.

detainment /dɪˈteɪnmənt/ n. (*Dir*) **1** detenzione f. **2** (*arrest*) arresto m.

detect /dɪˈtekt/ v.t. **1** scoprire, notare, rilevare: *to ~ a mistake* scoprire (*o* trovare) un errore. **2** (*to bring to light*) scoprire, smascherare: *to ~ a murderer* scoprire un assassino. **3** (*to discover doing*) scoprire, sorprendere: *to ~ so. stealing* sorprendere qcu. mentre sta rubando. **4** (*with a radar*) localizzare, avvistare. **5** (*Fis*) rilevare.

detectable /dɪˈtektəbl/ a. scopribile, avvertibile.

detectably /dɪˈtektəbli/ avv. in modo scopribile, in modo avvertibile.

detection /dɪˈtekʃən/ n. **1** scoperta f.: *the ~ of a crime* la scoperta di un delitto. **2** (*Fis*) rilevamento m. **3** (*with a radar*) localizzazione f., avvistamento m.

detective /dɪˈtektɪv/ **I** n. **1** (*officer*) detective m./f., agente m./f. investigativo. **2** (*private detective*) detective m./f., investigatore m. (f. -trice) privato. **II** a. **1** investigativo, poliziesco, giallo. **2** (*fig*) poliziesco: *~ methods* metodi polizieschi. □ *~ fiction* giallistica; *~ film* film poliziesco, giallo; *~ story* racconto poliziesco, giallo.

detector /dɪˈtektər/ n. **1** scopritore m. (f. -trice). **2** (*Elettron*) rivelatore m., detector m. **3** (*Nucl*) rivelatore m.

detent /dɪˈtent/ n. (*Mecc*) dente m. di arresto, fermo m.

détente /deɪˈtɑːnt/ n. (*Pol*) distensione f.

detention /dɪˈtenʃən/ n. **1** (*Dir*) detenzione f., stato m. di arresto. **2** (*Dir*) (*holding*) detenzione f. (abusiva): *~ of goods* detenzione di beni. **3** (*Scol*) il trattenere per punizione (oltre l'orario scolastico). □ (*Mil*) *~ barrack* prigione militare; *~ centre* (*o Am ~ center* o *~ home*) riformatorio, istituto di rieducazione per minori; (*Dir*) *~ on pending trial* (o *~ on remand*) detenzione preventiva.

deter /dɪˈtɜːr *Am* dɪˈtɜːr/ (*past, p.p.* **deterred** /-d/) v.t. **1** distogliere, dissuadere, trattenere: *to ~ so. from doing sth.* dissuadere qcu. dal fare qcs. **2** (*to discourage*) scoraggiare. **3** (*to prevent*) evitare, impedire.

detergence /dɪˈtɜːdʒəns *Am* dɪˈtɜːrdʒəns/, **detergency** /dɪˈtɜːdʒənsi *Am* dɪˈtɜːrdʒənsi/ n. detergenza f.

detergent /dɪˈtɜːdʒənt *Am* dɪˈtɜːrdʒənt/ **I** a. detergente, detersivo. **II** n. detersivo m., detergente m.: *dish ~* detersivo per i piatti; *laundry ~* detersivo per il bucato.

deteriorate /dɪˈtɪəriəreɪt *Am* dɪˈtɪriəreɪt/ **I** v.i. **1** peggiorare: *your work has -d* il tuo lavoro è peggiorato. **2** (*to become lower in value*) deprezzarsi, diminuire di valore. **3** (*to degenerate*) deteriorarsi, alterarsi. **II** v.t. **1** deteriorare, alterare. **2** (*to reduce in value*) deprezzare, sminuire.

deterioration /dɪˌtɪəriəˈreɪʃən *Am* dɪˌtɪriəˈreɪʃən/ n. deterioramento m. □ *~ of the environment* degrado ambientale.

deteriorative /dɪˈtɪəriəreɪtɪv *Am* dɪˈtɪriəreɪtɪv/ a. deteriorante.

determinable /dɪˈtɜːmɪnəbl *Am* dɪˈtɜːrmɪnəbl/ a. **1** determinabile. **2** (*Dir*) risolvibile: *~ contract* contratto risolvibile.

determinacy /dɪˈtɜːmɪnəsi *Am* dɪˈtɜːrmɪnəsi/ n. esattezza f., determinatezza f.

determinant /dɪˈtɜːmɪnənt *Am* dɪˈtɜːrmɪnənt/ **I** n. **1** fattore m. determinante, fattore m. decisivo. **2** (*Mat,Biol*) determinante m. **II** a. determinante.

determinate /dɪˈtɜːmɪnət *Am* dɪˈtɜːrmɪnət/ a. **1** determinato, definito, preciso. **2** (*fixed*) stabilito, fissato. **3** (*definitive*) definitivo, decisivo. **4** (*Mat,Biol*) determinato.

determinately /dɪˈtɜːmɪnətli *Am* dɪ ˈtɜːrmɪnətli/ *avv.* con precisione, con esattezza, in modo preciso, in modo esatto.

determinateness /dɪˈtɜːmɪnətnəs *Am* dɪ ˈtɜːrmɪnətnəs/ *n.* determinatezza *f.*, esattezza *f.*

determination /dɪˌtɜːmɪˈneɪʃən *Am* dɪˌtɜːrmɪ ˈneɪʃən/ *n.* **1** decisione *f.*, determinazione *f.* **2** (*reckoning, ascertainment*) determinazione *f.*, accertamento *m.*, calcolo *m.*: *the ~ of the area of a figure* la determinazione dell'area di una figura. **3** (*conclusion, decision*) conclusione *f.*, decisione *f.* **4** (*resoluteness*) risolutezza *f.*, decisione *f.*, ferma volontà *f.*: *to act with ~* agire con risolutezza. **5** (*fixed purpose*) fermo proposito *m.* **6** (*Dir*) (*of a contract*) risoluzione *f.* **7** (*Biol, Filos*) determinazione *f.* □ *to come to a ~* decidersi.

determinative /dɪˈtɜːmɪnətɪv *Am* dɪ ˈtɜːrmɪnətɪv, dɪˈtɜːrmɪneɪtɪv/ **I** *a.* determinativo (*anche Gramm*). **II** *n.* **1** fattore *m.* determinante, fattore *m.* decisivo. **2** (*Gramm*) (*article*) articolo *m.* determinativo; (*pronoun*) pronome *m.* determinativo.

determine /dɪˈtɜːmɪn *Am* dɪˈtɜːrmɪn/ **I** *v.t.* **1** determinare, fissare, stabilire: *to ~ a date* stabilire una data. **2** (*to settle*) definire: *to ~ a dispute* definire una controversia. **3** (*to decide*) decidere, determinare, stabilire: *to ~ to do sth.* decidere di fare qcs. **4** (*of a person: to lead to a decision*) convincere, fare decidere: *what -d you?* che cosa ti ha fatto decidere? **5** (*to ascertain*) stabilire, fissare: *to ~ the hour of death* stabilire l'ora della morte. **6** (*Dir*) (*of a contract*) risolvere, sciogliere. **II** *v.i.* (*to resolve*) risolversi, decidersi (*on per*): *to ~ on a career in banking* decidersi per la carriera bancaria.

determined /dɪˈtɜːmɪnd *Am* dɪˈtɜːrmɪnd/ *a.* **1** (*resolute*) deciso, fermo, risoluto: *a ~ opponent* un avversario risoluto. **2** (*decided*) deciso: *I am ~ to succeed* sono deciso a riuscire. □ *to be ~ on sth.* volere assolutamente qcs.

determinedly /dɪˈtɜːmɪndli *Am* dɪˈtɜːrmɪndli/ *avv.* con risolutezza, con decisione, con fermezza.

determinedness /dɪˈtɜːmɪndnəs *Am* dɪ ˈtɜːrmɪndnəs/ *n.* risolutezza *f.*, decisione *f.*, fermezza *f.*

determiner /dɪˈtɜːmɪnə *Am* dɪˈtɜːrmɪnər/ *n.* **1** (*deciding person*) persona *f.* determinante. **2** (*deciding factor*) fattore *m.* determinante. **3** (*Gramm*) determinante *m.*

determinism /dɪˈtɜːmɪnɪzᵊm *Am* dɪ ˈtɜːrmɪnɪzᵊm/ *n.* (*Filos*) determinismo *m.*

determinist /dɪˈtɜːmɪnɪst *Am* dɪˈtɜːrmɪnɪst/ **I** *n.* (*Filos*) determinista *m./f.* **II** *a.* (*Filos*) deterministico.

deterministic /dɪˌtɜːmɪˈnɪstɪk *Am* dɪˌtɜːrmɪ ˈnɪstɪk/ *a.* (*Filos*) deterministico.

deterministically /dɪˌtɜːmɪˈnɪstɪkᵊli *Am* dɪ ˌtɜːrmɪˈnɪstɪkᵊli/ *avv.* (*Filos*) deterministicamente.

deterrence /dɪˈterᵊns/ *n.* deterrenza *f.*

deterrent /dɪˈterᵊnt/ **I** *a.* che distoglie, che dissuade. **2** (*Mil, Pol*) deterrente. **II** *n.* **1** freno *m.*, impedimento *m.*, remora *f.* **2** (*Mil, Pol*) deterrente *m.*

detersive /dɪˈtɜːsɪv *Am* dɪˈtɜːrsɪv/ *n.* (*rar*) detersivo *m.*, detergente *m.*

detest /dɪˈtest/ *v.t.* detestare, aborrire, odiare.

detestable /dɪˈtestəbl/ *a.* detestabile, odioso.

detestably /dɪˈtestəbli/ *avv.* detestabilmente, odiosamente.

detestation /ˌdiːtesˈteɪʃən/ *n.* **1** avversione *f.*, odio *m.* **2** (*ant*) (*object of hatred: thing*) cosa *f.* detestata, orrore *m.*; (*person*) persona *f.* de-

---

**testata.

dethrone /diːˈθrəʊn/ *v.t.* detronizzare.

dethronement /diːˈθrəʊnmənt/ *n.* detronizzazione *f.*

detinue /ˈdetɪnjuː *Am also* ˈdetɪnuː/ *n.* (*Dir*) detenzione *f.* (illegale).

detonate /ˈdetəneɪt/ **I** *v.t.* (*Mil*) far esplodere. **II** *v.i.* esplodere.

detonating /ˈdetəneɪtɪŋ/ □ (*Arm*) ~ *fuse* miccia detonante, spoletta detonante.

detonation /ˌdetəˈneɪʃən/ *n.* **1** detonazione *f.*, esplosione *f.* **2** (*Mot*) detonazione *f.*

detonator /ˌdetəˈneɪtə *Am* ˌdetəˈneɪtər/ *n.* **1** (*device*) detonatore *m.* **2** (*Ferr*) detonatore *m.*, petardo *m.*

detour /ˈdiːtʊə, deɪˈtʊər *Am* ˈdiːtʊr, dɪˈtʊr/ *n.* (*Strad*) deviazione *f.*

detox /ˌdiːˈtɒks, diːˈtɒks *Am* ˈdiːtɑːks, ˈdiːtɑːks/ **I** *v.t.* (*colloq*) disintossicare. **II** *n.* (*colloq*) centro *m.* per la disintossicazione.

detoxicate /ˌdiːˈtɒksɪkeɪt *Am* ˌdiːˈtɑːksɪkeɪt/ *v.t.* disintossicare.

detoxication /ˌdiːˌtɒksɪˈkeɪʃən *Am* ˌdiːˌtɑːksɪ ˈkeɪʃən/, **detoxification** /ˌdiːˌtɒksɪfɪˈkeɪʃən, *Am* ˌdiːˌtɑːksɪfɪˈkeɪʃən/ *n.* disintossicazione *f.*

detoxifier /ˌdiːˈtɒksɪfaɪə *Am* ˌdiːˈtɑːksɪfaɪər/ *n.* disintossicante *m.*

detoxify /ˌdiːˈtɒksɪfaɪ *Am* ˌdiːˈtɑːksɪfaɪ/ *v.t.* disintossicare.

detract /dɪˈtrækt/ **I** *v.t.* distogliere, distrarre. **II** *v.i.* sminuire, diminuire, ridurre (*from sth. qcs.*): *we must not ~ from his merit* non dobbiamo sminuire il suo merito.

detraction /dɪˈtrækʃən/ *n.* **1** detrazione *f.*, denigrazione *f.*, diffamazione *f.* **2** (*taking away*) detrazione *f.*, sottrazione *f.*

detractive /dɪˈtræktɪv/ *a.* **1** che detrae, che tende a detrarre. **2** (*defamatory*) denigratorio, diffamatorio.

detractor /dɪˈtræktə *Am* dɪˈtræktər/ *n.* detrattore *m.* (*f.* -trice), denigratore *m.* (*f.* -trice).

detractory /dɪˈtræktəri *Am* dɪˈtræktəːri/ *a.* **1** che detrae, che tende a detrarre. **2** (*defamatory*) denigratorio, diffamatorio.

detrain /ˌdiːˈtreɪn/ **I** *v.i.* scendere dal treno. **II** *v.t.* far scendere dal treno.

detrainment /ˌdiːˈtreɪnmənt/ *n.* (*Meteor*) estrusione *f.*

detriment /ˈdetrɪmənt/ *n.* detrimento *m.*, danno *m.*, pregiudizio *m.* □ *to the ~ of one's health* a detrimento della salute, a scapito della salute; *I know nothing to his ~* non sono a conoscenza di nulla contro di lui; *without ~* to senza danno per, senza pregiudizio per.

detrimental /ˌdetrɪˈmentᵊl *Am* ˌdetrɪˈmentᵊl/ *a.* dannoso, nocivo, pregiudizievole: *to be ~ to so.* essere dannoso per qcu., essere nocivo per qcu., tornare a detrimento di qcu.

detrimentally /ˌdetrɪˈmentᵊli *Am* ˌdetrɪ ˈmentᵊli/ *avv.* dannosamente, in modo nocivo.

detrital /dɪˈtraɪtᵊl *Am* dɪˈtraɪtᵊl/, **detrited** /dɪ ˈtraɪtɪd, *Am* dɪˈtraɪtɪd/ *a.* (*Geol*) detritico.

detrition /dɪˈtrɪʃən/ *n.* (*rar*) detrizione *f.*, corrosione *f.* per attrito.

detritus /dɪˈtraɪtəs *Am* dɪˈtraɪtəs/ *n.inv.* **1** (*Geol*) detriti *m.pl.* **2** (*debris*) frammenti *m.pl.*

Detroit /dəˈtrɔɪt *Am* /*n.pr.* (*Geog*) Detroit *f.*

detumescence /ˌdiːtjuːˈmesᵊns/ *n.* detumescenza *f.*

detune /ˌdiːˈtjuːn *Am also* diːˈtuːn/ *v.t.* **1** (*Mus*) scordare. **2** (*Rad*) disintonizzare. **3** (*Aut*) (*reduce the performance of a motor by adjustment*) mettere fuori fase.

deuce /djuːs *Br also* dʒuːs/ **I** *n.* **1** (*of cards, dice, dominoes*) due *m.* **2** (*cast of dice*) tiro *m.* dal due, due *m.* **3** (*Sport*) (*in tennis*) parità *f.* (a quaranta punti). **II** *intz.* (*colloq*) diavolo!; *what the ~ are you doing?* che dia-

---

volo stai facendo? □ (*Br*) *where* **in the ~** *is he?* dove diavolo è?; (*Br*) *he is a ~ of a liar* è un bugiardo patentato; (*Br, colloq*) **the ~ I will!** il diavolo mi porti se lo farò!; (*Br, colloq*) *there'll be the ~* **to pay** ci saranno un sacco di guai.

deuced /djuːst, ˈdjuːsɪd, dʒuːst, ˈdʒuːsɪd/ **I** *a.* (*Br, colloq*) maledetto, dannato, tremendo. **II** *avv.* (*Br, colloq*) **1** diabolicamente. **2** (*very, remarkably*) maledettamente, terribilmente.

deucedly /ˈdjuːstli, ˈdjuːsɪdli, dʒuːstli, ˈdʒuːsɪdli/ *avv.* (*Br, colloq*) **1** diabolicamente. **2** (*very, remarkably*) maledettamente, terribilmente.

deuterium /djuːˈtɪəriəm *Am* d(j)uːˈtɪriəm/ *n.* (*Chim*) deuterio *m.*, idrogeno *m.* pesante.

deuterocanonical /ˌdjuːtᵊrəʊkəˈnɒnɪkᵊl *Am* ˌdjuːtᵊrəʊkəˈnɑːnɪkᵊl/ *a.* deuterocanonico.

deuteron /ˈdjuːtᵊrɒn *Am* ˈd(j)uːtᵊrɑːn/ *n.* (*Fis*) deutone *m.*, deuterone *m.*

Deuteronomic /ˌdjuːtᵊrəˈnɒmɪk *Am* ˌd(j)uːtᵊrəˈnɑːmɪk/ *a.* (*Bibl*) deuteronomico.

Deuteronomical /ˌdjuːtᵊrəˈnɒmɪkᵊl *Am* ˌd(j)uːtᵊrəˈnɑːmɪkᵊl/ *a.* (*Bibl*) deuteronomico.

Deuteronomist /ˌdjuːtᵊrəˈrɒnəmɪst *Am* ˌd(j)uːtᵊrəˈrɑːnəmɪst/ *n.* autore *m.* del Deuteronomio.

Deuteronomy /ˌdjuːtᵊrəˈrɒnəmi *Am* ˌd(j)uːtᵊrəˈrɑːnəmi/ *n.* (*Bibl*) Deuteronomio *m.*

devaluate /diːˈvæljuːeɪt/ *v.t.* (*Am, Econ*) svalutare.

devaluation /ˌdiːvæljuˈeɪʃən/ *n.* (*Econ*) svalutazione *f.*, devalutazione *f.*: *~ of currency* svalutazione monetaria.

devaluationist /ˌdiːvæljuˈeɪʃᵊnɪst/ *n.* (*Econ*) svalutazionista *m./f.*

devalue /ˌdiːˈvæljuː/ *v.t.* (*Econ*) svalutare.

devastate /ˈdevəsteɪt/ *v.t.* **1** devastare, distruggere. **2** (*to ruin*) devastare, rovinare.

devastating /ˈdevəsteɪtɪŋ *Am* ˈdevəsteɪtɪŋ/ *a.* **1** devastante, disastroso, devastatore, distruttivo: *~ effects* effetti devastanti; *a ~ fire* un fuoco devastatore. **2** (*fig*) (*overwhelming*) sconvolgente, sconcertante. **3** (*fig*) (*satirically effective*) mordace, pungente, sarcastico: *a ~ remark* un'osservazione pungente. **4** (*Br, colloq*) (*extremely impressive*) fantastico, eccezionale.

devastatingly /ˈdevəsteɪtɪŋli *Am* ˈdevə steɪtɪŋli/ *avv.* (*extremely*) incredibilmente, eccezionalmente: *she was ~ attractive* era incredibilmente attraente.

devastation /ˌdevəˈsteɪʃən/ *n.* **1** devastazione *f.*, distruzione *f.*: *work of ~* opera devastatrice. **2** (*ruin*) distruzione *f.*, rovina *f.*

devastator /ˈdevəsteɪtə *Am* ˈdevəsteɪtər/ *n.* devastatore *m.* (*f.* -trice), distruttore *m.* (*f.* -trice).

develop /dɪˈveləp/ **I** *v.t.* **1** sviluppare, valorizzare, far progredire, incrementare: *to ~ natural resources* valorizzare le risorse naturali. **2** (*to cause to grow*) sviluppare: *to ~ one's muscles* sviluppare i muscoli. **3** (*of an argument, etc.: to elaborate in detail*) sviluppare, ampliare. **4** (*to acquire gradually*) acquisire gradualmente: *to ~ a habit* acquisire gradualmente un'abitudine. **5** (*to bring to light*) manifestare, rivelare: *to ~ a tendency* manifestare una tendenza. **6** (*of land: to build on*) usare come terreno da costruzione, usare come area fabbricabile. **7** (*Fot, Mat, Biol*) sviluppare. **8** (*Tecn, Ind*) mettere a punto. **9** (*Mus*) (*of a theme*) sviluppare, elaborare. **II** *v.i.* **1** svilupparsi. **2** (*of a person*) farsi, rivelarsi: *he is developing into a fine painter* si sta rivelando un bravo pittore. **3** (*to evolve, to grow*) diventare, svilupparsi, trasformarsi. **4** (*to become evident*) svilupparsi: *the plot -s slowly* l'intreccio si sviluppa lentamente.

5 (*Med*) (*of a disease*) manifestarsi.

developable /dɪ'veləpəbl/ *a.* sviluppabile.

developer /dɪ'veləpəʳ/ *n.* **1** sviluppatore *m.* (*f.* -trice). **2** (*Fot,Chim*) rivelatore *m.*, sviluppatore *m.* **3** (*one who develops land, etc.*) persona *f.* che apporta migliorie, persona *f.* che valorizza.

developing /dɪ'veləpɪŋ/ *a.* di sviluppo (*anche Fot*). □ (*Fot,Chim*) ~ *bath* bagno di sviluppo, bagno rivelatore; ~ *countries* paesi in via di sviluppo.

development /dɪ'veləpmənt/ *n.* **1** sviluppo *m.*, potenziamento *m.*, incremento *m.* **2** (*result*) sviluppi *m.pl.*, eventi *m.pl.*: *the latest -s in the crisis* gli ultimi sviluppi della crisi. **3** (*evolution, growth*) sviluppo *m.*, crescita *f.* **4** (*of land: act of developing*) valorizzazione *f.*; (*developed area*) area *f.* valorizzata; (*group of buildings, etc.*) immobile *m.* **5** (*Fot, Biol*) sviluppo *m.* **6** (*Mus*) sviluppo *m.*, elaborazione *f.* **7** (*in chess*) mossa *f.* □ (*Pol*) ~ *aid* aiuti allo sviluppo; ~ *area* area di sviluppo industriale; ~ *bank* banca di sviluppo; (*Econ*) ~ *fund* fondo di sviluppo; (*Econ*) ~ *plan* piano di sviluppo; ~ *planning* pianificazione dello sviluppo; ~ *pole* polo di sviluppo.

developmental /dɪ,veləp'mentəl *Am* dɪ ,veləp'mentəl/ *a.* **1** dello sviluppo, inerente allo sviluppo. **2** (*Pedag*) che favorisce lo sviluppo mentale. □ ~ *age* età evolutiva; ~ *biology* biologia dello sviluppo; ~ *genetics* genetica dello sviluppo.

deverbal /dɪ'vɜːbəl *Am* dɪ'vɜːrbəl/ **I** *a.* (*Gramm*) deverbale, deverbativo. **II** *n.* (*Gramm*) deverbale *m.*, deverbativo *m.*

deviance /'diːvɪəns/ *n.* (*Sociol,Psic*) devianza *f.*

deviancy /'diːvɪənsi/ *n.* (*Sociol,Psic*) devianza *f.*

deviant /'diːvɪənt/ **I** *a.* (*Sociol,Psic*) deviante. **II** *n.* (*Sociol,Psic*) deviante *m./f.*

deviate[1] /'diːvɪeɪt/ *v.i.* **1** deviare. **2** (*fig*) derogare (*from* a), deviare, allontanarsi, scostarsi (da): *to ~ from one's principles* derogare ai propri principi; *to ~ from the truth* scostarsi dalla verità.

deviate[2] /'diːvɪət/ **I** *a.* deviante, anormale: ~ *behaviour* comportamento anormale. **II** *n.* **1** anormale *m./f.*, deviante *m./f.* **2** (*sexual pervert*) pervertito *m.* (*f.* -a) (sessuale).

deviation /,diːvɪ'eɪʃən/ *n.* **1** deviazione *f.* **2** (*Statist*) deviazione *f.*, scostamento *m.*, scarto *m.*

deviationism /,diːvɪ'eɪʃənɪzəm/ *n.* (*Pol*) deviazionismo *m.*

deviationist /,diːvɪ'eɪʃənɪst/ *n.* (*Pol*) deviazionista *m./f.*

device /dɪ'vaɪs/ *n.* **1** congegno *m.*, dispositivo *m.*, meccanismo *m.*, (*colloq*) aggeggio *m.*, arnese *m.* **2** (*plan, scheme*) piano *m.*, schema *m.*; (*crafty scheme*) stratagemma *m.*, espediente *m.* **3** (*Arald*) divisa *f.*, emblema *m.*, stemma *m.* □ *to leave so. to his own -s* lasciare qcu. libero di agire come vuole.

devil[1] /'devəl/ *n.* **1** (*Satan*) diavolo *m.*, satana *m.*, demonio *m.* **2** (*fig,scherz*) (*wicked person*) essere *m.* diabolico, demonio *m.*; (*energetic, reckless person*) diavolo *m.*, demonio *m.*; (*mischievous child*) diavoletto *m.* **3** (*colloq*) (*wretch*) diavolo *m.* (*f.* -a), disgraziato *m.* (*f.* -a): *the poor ~ has lost his job again* quel povero diavolo ha di nuovo perso il posto. **4** (*Gastron*) pietanza *f.* molto piccante. □ ~ *'s advocate* avvocato del diavolo (*anche fig*); (*colloq*) *between the ~ and the deep blue sea* tra l'incudine e il martello, tra Scilla e Cariddi; (*Br,sl*) ~ *'s bones* (*dice*) dadi; (*Br,colloq*) *to be a ~ for* essere un diavolo in fatto di, essere una belva in fatto di: *he's a ~ for the*

women è un drago con le donne; (*Br,colloq*) *to do sth. for the ~ of it* fare qcs. per puro capriccio; (*fig*) *to give the ~ his due* riconoscere i meriti di qualcuno (nonostante tutti i suoi difetti), rendere giustizia a qcu.; (*Br, colloq*) *to go to the ~* (*to be ruined*) andare in rovina, andare in malora; (*colloq*) *go to the ~!* vai al diavolo!; *to run like the ~* correre come il vento; *to work like the ~* lavorare per quattro; (*colloq*) *the ~ made me do it* non ho resistito alla tentazione (di fare uno scherzo o di dire una cosa); (*Br,colloq*) *a ~ of* d'inferno, da non dire, spaventoso: *a ~ of a row* un baccano infernale; *I'm in a ~ of a mess* sono in un casino terribile; (*colloq*) *to have the ~'s own luck* avere una fortuna sfacciata; (*fig*) *the ~ take the hindmost* si salvi chi può; (*Br,colloq*) *the ~!* ma no!, ma va là!; (*Br,colloq*) *how the ~ did he find out?* come diavolo ha fatto a scoprirlo?; (*Br,colloq*) *who the ~ do you think you are?* chi diavolo credi di essere? *Prov.*: (*Br*) *the ~ is not so black as he is painted* il diavolo non è poi così brutto come lo si dipinge.

devil[2] /'devəl/ (*past, p.p.* **devilled** /*Am* **deviled** /-d/) *v.t.* (*Gastron*) cucinare alla diavola, cuocere con molte spezie.

devilfish /'devəlfɪʃ/ *n.* (*Itt*) diavolo *m.* di mare.

devilish /'devəlɪʃ/ **I** *a.* **1** diabolico, demoniaco. **2** (*colloq*) (*extreme*) infernale, del diavolo, maledetto: *to be in a ~ hurry* avere una fretta del diavolo. **II** *avv.* (*colloq*) (*extremely*) maledettamente, tremendamente.

devilishly /'devəlɪʃli/ *avv.* (*colloq*) diabolicamente.

devilishness /'devəlɪʃnəs/ *n.* natura *f.* diabolica.

devilism /'devəlɪzəm/ *n.* (*rar*) satanismo *m.*

devilled /'devəld/ *a.* (*Gastron*) condito con salsa piccante. □ (*Gastron*) ~ *eggs* uova sode ripiene di salsa piccante.

devil-may-care /,devəlmeɪ'keəʳ *Am* ,devəlmeɪ'ker/ *a.* (*colloq*) (*attitude*) atteggiamento da menefreghista, atteggiamento avventato.

devilment /'devəlmənt/ *n.* diavoleria *f.*, azione *f.* diabolica: *to be full of ~* avere il diavolo in corpo.

devilry /'devəlri/ *n.* **1** diavoleria *f.*, azione *f.* diabolica. **2** (*extreme wickedness*) malvagità *f.* **3** (*works of the devil*) diavolerie *f.pl.* **4** (*witchcraft*) magia *f.* nera.

devious /'diːvɪəs/ *a.* **1** (*not straightforward*) indiretto, tortuoso, traverso (*anche fig*). **2** (*fig*) (*tricky, deceptive*) ambiguo, subdolo, infido.

deviously /'diːvɪəsli/ *avv.* indirettamente.

deviousness /'diːvɪəsnəs/ *n.* **1** tortuosità *f.* (*anche fig*). **2** (*fig*) (*trickiness, dishonesty*) ambiguità *f.*, modi *m.pl.* subdoli.

devisable /dɪ'vaɪzəbl/ *a.* **1** concepibile, immaginabile. **2** (*Dir*) trasmissibile (in eredità).

devise /dɪ'vaɪz/ **I** *v.t.* **1** concepire, escogitare, ideare: *to ~ a plan* escogitare un piano. **2** (*Dir*) lasciare in eredità, legare. **II** *n.* (*Dir*) **1** disposizione *f.* testamentaria. **2** (*property*) beni *m.pl.* immobili lasciati in eredità.

devisee /dɪ,vaɪ'ziː,, devə'ziː/ *n.* (*Dir*) legatario *m.* (*f.* -a), erede *m./f.*

devisor /dɪ'vaɪzəʳ/ *n.* (*Dir*) testatore *m.* (*f.* -trice).

devitalise /,diː'vaɪtəlaɪz/ *v.t.* (*Br*) **1** (*Dent*) devitalizzare. **2** (*to weaken*) indebolire.

devitalization /,diː,vaɪtəl'aɪ'zeɪʃən *Am* diː ,vaɪtlɪ'zeɪʃən/ *n.* (*Dent*) devitalizzazione *f.*

devitalize /,diː'vaɪtəlaɪz *Am* ,diː'vaɪtlaɪz/ *v.t.* **1** (*Dent*) devitalizzare. **2** (*to weaken*) indebolire.

devoice /,diː'vɔɪs/ *v.t.* (*Fon*) desonorizzare.

devoid /dɪ'vɔɪd/ *a.* privo, mancante, sprovvisto, destituito (*of* di): *a person ~ of shame* una persona priva di pudore.

devoir /də'vwaːʳ/ *n.* **1** (*ant*) dovere *m.* **2** *pl.* ossequi *m.pl.*, omaggi *m.pl.*: *to pay one's -s to so.* porgere i propri omaggi a qcu.

devolution /,diːvə'luːʃən, ,devə'luːʃən/ *n.* **1** (*Dir*) (*of property*) devoluzione *f.*, trapasso *m.*; (*of authority, power*) delega *f.* **2** (*Biol*) involuzione *f.* **3** (*Pol*) devolution *f.*, devoluzione *f.*, decentramento *m.* amministrativo. □ (*Stor*) *Devolution War* guerra di devoluzione.

devolve /dɪ'vɒlv *Am* dɪ'vaːlv/ *v.t.* devolvere, trasmettere, trasferire (*anche Dir*): *to ~ a right on* (*o to*) *so.* devolvere un diritto a qcu. **II** *v.i.* devolversi, essere trasmesso (*on, upon* a).

devolvement /dɪ'vɒlvmənt *Am* dɪ'vaːlvmənt/ *n.* (*Pol*) devolution *f.*, decentramento *m.* amministrativo.

Devon /'devən/ *n.pr.* (*Geog*) Devon *m.*, Devonshire *m.*, contea *f.* del Devon.

Devonian /dɪ'vəʊnɪən *Br also* dev'əʊnɪən/ **I** *a.* **1** del Devonshire, relativo al Devonshire. **2** (*Geol*) devoniano. **II** *n.* **1** abitante *m./f.* del Devonshire. **2** (*Geol*) devoniano *m.*

Devonshire /'devənʃ(ɪ)əʳ *Am* 'devənʃɪr/ *n.pr.* (*Geog*) Devon *m.*, Devonshire *m.*, contea *f.* del Devon.

devote /dɪ'vəʊt/ *v.t.* dedicare, consacrare: *to ~ one's life to study* consacrare la propria vita allo studio; *to ~ oneself to doing good works* dedicarsi alle opere di bene.

devoted /dɪ'vəʊtɪd *Am* dɪ'vəʊtɪd/ *a.* **1** devoto, affezionato, fedele: *a ~ mother* una madre affezionata. **2** (*dedicated, consecrated*) dedicato, consacrato, dedito.

devotedly /dɪ'vəʊtɪdli *Am* dɪ'vəʊtɪdli/ *avv.* devotamente, con dedizione.

devotedness /dɪ'vəʊtɪdnəs *Am* dɪ 'vəʊtɪdnəs/ *n.* devozione *f.*, dedizione *f.*

devotee /,devəʊ'tiː/ *Am also* ,devəʊ'teɪ/ *n.* **1** devoto *m.* (*f.* -a), fedele *m./f.* **2** (*person devoted to religion*) devoto *m.* (*f.* -a), persona *f.* pia. **3** (*colloq,estens*) patito *m.* (*f.* -a), fanatico *m.* (*f.* -a).

devotion /dɪ'vəʊʃən/ *n.* **1** devozione *f.*, dedizione *f.*, attaccamento *m.*: ~ *to duty* attaccamento al dovere. **2** (*love, affection*) attaccamento *m.*, affetto *m.* **3** (*assignment*) il consacrare. **4** *pl.* (*Rel*) (*prayers*) preghiere *f.pl.*, devozioni *f.pl.*: *to be at one's -s* dire le preghiere.

devotional /dɪ'vəʊʃənəl/ *a.* **1** religioso: ~ *exercises* pratiche religiose. **2** (*of literature, etc.*) devozionale.

devotionally /dɪ'vəʊʃənəli/ *avv.* con devozione.

devour /dɪ'vaʊəʳ/ *v.t.* **1** divorare (*anche fig*): *to ~ a book* divorare un libro. **2** (*fig*) (*to consume*) divorare, distruggere, consumare: *fire -ed the building* il fuoco distrusse l'edificio; *to ~ a fortune* divorare una fortuna, dilapidare una fortuna. **3** (*fig*) (*to absorb*) divorare, struggere, rodere: *-ed by hatred* divorato dall'odio.

devouring /dɪ'vaʊərɪŋ/ *a.* **1** vorace, che divora, (*ant*) edace. **2** (*fig*) divoratore, consuma: *a ~ passion* una passione divoratrice.

devouringly /dɪ'vaʊərɪŋli/ *avv.* voracemente, avidamente, ingordamente.

devout /dɪ'vaʊt/ *a.* **1** devoto, pio, religioso, osservante: *a ~ Catholic* un cattolico osservante. **2** (*expressing devotion*) devoto, religioso: ~ *prayer* preghiera devota. **3** (*hearty, sincere*) sincero, sentito, di cuore, fervente: ~ *wishes* sinceri auguri.

devoutly /dɪ'vaʊtli/ *avv.* devotamente, piamente.

devoutness /dɪ'vaʊtnəs/ n. devozione f., pietà f., religiosità f.

dew /djuː, dʒuː Am d(j)uː/ **I** n. **1** rugiada f. **2** (fig) (sth. pure, fresh) ristoro m., refrigerio m. **II** v.t. **1** bagnare di rugiada. **2** (to wet as with dew) imperlare, inumidire. □ (Chim, Meteor) ~ point punto di rugiada.

dewclaw /'djuːklɔː, 'dʒuːklɔː Am 'd(j)uːklɔː/ n. (Zool) sperone m. (del cane o del gallo).

dewdrop /'djuːdrɒp, 'dʒuːdrɒp Am 'd(j)uːdrɑːp/ n. goccia f. di rugiada.

dewfall /'djuːfɔːl, 'dʒuːfɔːl Am 'd(j)uːfɔːl/ n. (poet,lett) **1** formazione f. di rugiada. **2** (time) ora f. in cui comincia a formarsi la rugiada.

dewiness /'djuːnəs, 'dʒuːnəs Am 'd(j)uːnəs/ n. l'essere rugiadoso.

dewlap /'djuːlæp, 'dʒuːlæp Am 'd(j)uːlæp/ n. **1** (Zool) giogaia f. **2** (pop,estens) doppio mento m., pappagorgia f.

deworm /dɪ'wɜːm Am dɪ'wɜːrm/ v.t. liberare dai vermi, sverminare.

dewy /'djuːi, 'dʒuːi Am 'd(j)uːi/ a. **1** (rar) rugiadoso. **2** (fig) (like dew) simile a (gocce di) rugiada. **3** (fig) (fresh, pure) ristoratore, che dà refrigerio.

dewy-eyed /'djuːiaɪd, 'dʒuːiaɪd Am 'd(j)uːiaɪd/ a. dagli occhi umidi, con i lucciconi agli occhi.

dexter /'dekstə'/ a. destro (anche Arald).

dexterity /dek'sterɪti Am dek'sterəti/ n. **1** destrezza f., abilità f. **2** (fig) (mental skill) destrezza f., accortezza f. **3** (righthandedness) destrismo m.

dexterous /'dekstərəs/ a. **1** destro, abile. **2** (fig) (mentally quick) destro, accorto. **3** (righthanded) che usa la destra.

dexterously /'dekstərəsli/ avv. destramente, abilmente.

dexterousness /'dekstərəsnəs/ n. destrezza f., abilità f.

dextral /'dekstrəl/ a. **1** destro (anche Geol). **2** (righthanded) che si serve della destra. **3** (Zool) destrorso.

dextrality /deks'trælɪti Am deks'træləti/ n. destrismo m.

dextrally /'dekstrəli/ avv. in modo destrorso, in senso orario: the hands of the watch rotate ~ le lancette dell'orologio si muovono in senso orario.

dextrin, dextrine /'dekstrɪn/ n. destrina f.

dextrorotatory /,dekstrou'routətə'ri Am ,dekstrou'routətɔːri/ a. (Chim,Fis) destrorotatorio, destrogiro.

dextrorsal /dek'strɔːsəl Am dek'strɔːrsəl/, **dextrorse** /'dekstrɔːs Am 'dekstrɔːrs/ a. destrorso.

dextrose /'dekstrous/ n. (Chim) destrosio m.

dextrous /'dekstrəs/ a. **1** destro, abile. **2** (fig) (mentally quick) destro, accorto. **3** (righthanded) che usa la destra.

dextrously /'dekstrəsli/ avv. destramente, abilmente.

D.G. Director-General DG (direttore generale).

dhow /daʊ/ n. (Mar) sambuco m.

diabase /'daɪəbeɪs/ n. (Geol) diabase m.

diabetes /,daɪə'biːtɪz Am ,daɪə'biːtəs/ n.inv. (Med) diabete m.

diabetic /,daɪə'betɪk Am ,daɪə'betɪk/ **I** a. (Med) diabetico. **II** n. (Med) diabetico m. (f. -a).

diablerie, diablery /dɪ'ɑːblərɪ Am also dɪ'æblərɪ/ n. **1** diavoleria f., stregoneria f. **2** (demon lore) demonologia f.

diabolic /,daɪə'bɒlɪk Am ,daɪə'bɑːlɪk/ a. diabolico: a ~ plan un piano diabolico.

diabolical /,daɪə'bɒlɪkəl Am ,daɪə'bɑːlɪkəl/ a. diabolico.

diabolically /,daɪə'bɒlɪkəli Am ,daɪə'bɑːlɪkəli/ avv. diabolicamente.

diabolism /daɪ'æbəlɪzəm/ n. **1** (sorcery) magia f. nera, arte f. diabolica; (action, practice) diavoleria f. **2** (worship of the devil) culto m. dei demoni. **3** (fig) (evil) azione f. diabolica, perfidia f.

diabolize /daɪ'æbəlaɪz/ v.t. **1** rendere diabolico. **2** (to represent as diabolical) raffigurare come un demonio.

diabolo /daɪ'æbəlou Br also di'æbəlou, di 'aːbəlou/ (pl. -s /-z/) n. (game) diabolo m.

diachroneity /,daɪəkrə'niːɪti Am ,daɪəkrə 'niːəti/ n. (Ling) diacronia f.

diachronic /,daɪə'krɒnɪk Am ,daɪə'krɑːnɪk/ a. (Ling) diacronico.

diachronically /,daɪə'krɒnɪkəli Am ,daɪə 'krɑːnɪkəli/ avv. (Ling) diacronicamente, dal punto di vista diacronico.

diachronism /,daɪ'ækrənɪzəm/ n. (Geol) diacronismo m.

diachronous /daɪ'ækrənəs/ a. (Geol) diacronico.

diachronously /,daɪ'ækrənəsli/ avv. (Geol) in modo diacronico.

diaconal /daɪ'ækənəl, di'ækənəl/ a. (Rel) di diacono, diaconale.

diaconate /daɪ'ækəneɪt, di'ækənət/ n. **1** diaconato m. **2** (collett.) (body of deacons) diaconato m., diaconi m.pl.

diacritic /,daɪə'krɪtɪk Am ,daɪə'krɪtɪk/ **I** n. (Ling) segno m. diacritico. **II** a. (Ling) diacritico.

diacritical /,daɪə'krɪtɪkəl Am ,daɪə'krɪtɪkəl/ a. (Ling,Med) diacritico: ~ mark segno diacritico.

diadem /'daɪədem, 'daɪədəm/ n. diadema f.

diademed /'daɪədemd, 'daɪədəmd/ a. cinto di diadema, diademato (anche Arald).

diaeresis /daɪ'erəsɪs, daɪ'ɪrəsɪs/ (pl. -ses /-siːz/) n. dieresi f.

diagenesis /daɪə'dʒenəsɪs/ n. (Geol) diagenesi f.

diagenetic /,daɪədʒə'netɪk Am ,daɪədʒə 'netɪk/ a. (Geol) diagenetico.

diagenetically /,daɪədʒə'netɪkəli Am ,daɪədʒə'netɪkəli/ avv. (Geol) diageneticamente.

diagnosable /'daɪəgnouzəbl, ,daɪəg'nouzəbl/ a. diagnosticabile.

diagnose /'daɪəgnouz, ,daɪəg'nouz/ v.t. diagnosticare: to ~ so. as having cancer (o to ~ so. with cancer) diagnosticare il cancro a qcu.

diagnosis /,daɪəg'nousɪs/ (pl. -ses /-siːz/) n. diagnosi f.

diagnostic /,daɪəg'nɒstɪk Am ,daɪəg'nɑːstɪk/ **I** a. diagnostico. **II** n. **1** (Med) (diagnosis) diagnosi f.; (symptom) sintomo m. **2** pl. (costr.sing.) (art, practice) diagnostica f. **3** (Inform) programma m. diagnostico. □ (Med) ~ centre (o Am ~ center) centro diagnostico; ~ laboratory laboratorio diagnostico; (Aut) ~ test centre (o Am ~ test center) centro di diagnosi, centro diagnostico.

diagnostically /,daɪəg'nɒstɪkəli Am ,daɪəg 'nɑːstɪkəli/ avv. diagnosticamente.

diagnostician /,daɪəgnɒs'tɪʃən Am ,daɪəgnɑːs'tɪʃən/ n. (Med) diagnosta m./f., diagnostico m. (f. -a).

diagonal /daɪ'ægənəl/ **I** a. **1** diagonale. **2** (oblique) diagonale, obliquo, trasversale. **II** n. **1** (Geom) diagonale f. **2** (Tess) diagonale m.: tessuto m. in diagonale. □ (Tess) ~ cloth diagonale, tessuto in diagonale.

diagonally /daɪ'ægənəli/ avv. diagonalmente, in diagonale.

diagram /'daɪəgræm/ n. **1** diagramma m., grafico m. **2** (chart, plan) grafico m., schema m. □ (Tecn) ~ factor coefficiente di utilizzazione; (Fis) ~ of stresses poligono delle forze.

diagrammatic /,daɪəgrə'mætɪk Am ,daɪəgrə 'mætɪk/, **diagrammatical** /,daɪəgrə'mætɪkəl, Am ,daɪəgrə'mætɪkəl/ a. diagrammatico.

diagrammatically /,daɪəgrə'mætɪkli Am ,daɪəgrə'mætɪkli/ avv. in forma di diagramma, schematicamente.

dial /'daɪəl/ **I** n. **1** (on a clock, on a measuring instrument) quadrante m. **2** (Rad) scala f. parlante, quadrante m. **3** (Tel) disco m. combinatore. **4** (Minier) bussola f. **5** (sundial) meridiana f. **6** (Br,sl) (face) faccia f., muso m. **II** v.t. (past, p.p. **dialled** /Am **dialed** /-d/) **1** (Tel) (of a number) fare, comporre, formare. **2** (Tel) (of a person) chiamare (al telefono): to ~ the police chiamare la polizia. **3** (Rad) (of a station) cercare; (of a programme) sintonizzare. **4** (Tecn) misurare per mezzo di un quadrante. □ ~ lock serratura a combinazione; (Rad) ~ pointer indice della scala; (Am,Tel) ~ tone segnale di libero.

dialect /'daɪəlekt/ n. **1** (Ling) (local, regional language) dialetto m.; (cognate language) lingua f.: Indo-European -s lingue indoeuropee. **2** (jargon) gergo m. □ (Ling) ~ word dialettalismo, dialettismo.

dialectal /,daɪə'lektəl/ a. dialettale.

dialectic /,daɪə'lektɪk/ **I** a. (Filos) dialettico. **II** n. (Filos) **1** dialettica f. **2** pl. (costr.sing.) dialettica f.

dialectical /,daɪə'lektɪkəl/ a. (Filos) dialettico: ~ materialism materialismo dialettico.

dialectician /,daɪəlek'tɪʃən/ n. (Filos) dialettico m. (f. -a).

dialectological /,daɪəlektə'lɒdʒɪkəl Am ,daɪəlektə'lɑːdʒɪkəl/ a. (Ling) dialettologico.

dialectologist /,daɪəlek'tɒlədʒɪst Am ,daɪəlek'tɑːlədʒɪst/ n. (Ling) dialettologo m. (f. -a).

dialectology /,daɪəlek'tɒlədʒi Am ,daɪəlek 'tɑːlədʒi/ n. (Ling) dialettologia f.

dialer /'daɪələ'/ n. (Tel) dispositivo m. di chiamata automatica.

dialler /'daɪələ'/ n. (Tel) dispositivo m. di chiamata automatica.

dialling /'daɪəlɪŋ/ □ (Br,Tel) ~ code prefisso; (Br,Tel) ~ tone segnale di libero.

dialog /'daɪələːg/ n./v. (Am) → **dialogue**.

dialogic /,daɪə'lɒdʒɪk Am ,daɪə'lɑːdʒɪk/, **dialogical** /,daɪə'lɒdʒɪkəl Am ,daɪə'lɑːdʒɪkəl/ a. dialogico.

dialogise /daɪ'ælədʒaɪz/ v.i. (Br) dialogare.

dialogism /daɪ'ælədʒɪzəm/ n. dialogismo m.

dialogist /daɪ'ælədʒɪst/ n. **1** (speaker) chi partecipa a un dialogo. **2** (writer) dialogista m./f.

dialogistic /,daɪælə'dʒɪstɪk/ a. dialogico.

dialogize /daɪ'ælədʒaɪz/ v.i. dialogare.

dialogue /'daɪələg Am 'daɪələːg/ **I** n. dialogo m. (anche Lett,Pol): Plato's -s i dialoghi di Platone. **II** v.i. sostenere un dialogo, conversare. **III** v.t. dialogare, scrivere i dialoghi di. □ (Inform) ~ box finestra di dialogo.

dialyse /'daɪəlaɪz/ v.t. (Br) dializzare (anche Med).

dialysis /daɪ'æləsɪs/ (pl. -ses /-siːz/) n. **1** (Chim) dialisi f. **2** (Med) dialisi f.: renal ~ dialisi renale. □ (Med) ~ unit centro dialisi.

dialytic /daɪə'lɪtɪk Am daɪə'lɪtɪk/ a. (Chim, Med) dialitico.

dialyze /'daɪəlaɪz/ v.t. (Am) dializzare (anche Med).

dialyzer /'daɪəlaɪzə'/ n. (Med) dializzatore m.

diamagnet /,daɪə'mægnət/ n. (Fis) sostanza f. diamagnetica.

diamagnetic /,daɪəmæg'netɪk Am ,daɪəmæg 'netɪk/ a. (Fis) diamagnetico.

diamagnetically /,daɪəmæg'netɪkəli Am

,daɪə'mæg'netɪkəli/ *avv.* (*Fis*) diamagneticamente.

diamagnetism /,daɪə'mægnətɪzəm *Am* ,daɪə'mægnətɪzəm/ *n.* (*Fis*) diamagnetismo *m.*

diamantiferous /,daɪəmən'tɪfərəs/ *a.* diamantifero.

diamantine /,daɪə'mæntɪn/ *a.* diamantino.

diameter /daɪ'æmɪtər *Am* daɪ'æmətər/ *n.* diametro *m.*: *three inches in* ~ di tre pollici di diametro.

diametral /daɪ'æmɪtrəl/ *a.* diametrale, del diametro.

diametric /,daɪə'metrɪk/ *a.* **1** diametrale, del diametro. **2** (*fig*) diametrale, in completa opposizione.

diametrical /,daɪə'metrɪkəl/ *a.* **1** diametrale, del diametro. **2** (*fig*) diametrale, in completa opposizione: *to be the ~ opposite of so.* essere diametralmente opposto a qcu.

diametrically /,daɪə'metrɪkəli/ *avv.* diametralmente (*anche fig*).

diamond /'daɪəmənd *Am also* 'daɪmənd/ **I** *n.* **1** (*Min*) diamante *m.* **2** (*Tecn*) diamante *m.*; (*tool*) tagliavetri *m.*, punta *f.* di diamante. **3** (*Geom*) rombo *m.*, losanga *f.* **4** (*playing card*) carta *f.* di quadri; (*in the plural; costr.sing. o pl.*) quadri *m.pl.*: *-s are trumps* la briscola è quadri. **5** (*Tip*) diamante *m.* **6** (*Sport*) (*in baseball: infield*) diamante *m.*; (*entire field*) campo *m.* di baseball. **II** *a.* **1** di diamanti: *a ~ necklace* una collana di diamanti. **2** (*diamond-shaped*) a rombo, a losanga. **3** (*sparkling*) splendente, scintillante. **III** *v.t.* ornare di diamanti. □ ~ *anniversary* anniversario di diamante; (*Tecn*) ~ *cement* cemento per incastonare diamanti; (*Minier*) ~ *drill* trapano con punta di diamante; (*Am,fig*) ~ *in the rough* diamante grezzo, persona migliore di quel che sembra; ~ *jubilee* anniversario di diamante; (*Tecn*) ~ *point* diamante, scalpello a punta di diamante, punta di diamante; ~ *spar* corindone; ~ *wedding* nozze di diamante.

diamondback /'daɪəməndbæk *Am also* 'daɪməndbæk/ *n.* **1** (*Zool*) (*diamondback rattlesnake*) crotalo *m.* adamantino occidentale. **2** (*Entom*) (*diamondback moth*) tignola *f.* dei cavoli.

diamond-edged /'daɪəməndedʒd *Am also* 'daɪməndedʒd/ *a.* (*Mecc*) diamantato.

diamond-field /'daɪəməndfiːld *Am also* 'daɪməndfiːld/ *n.* campo *m.* diamantifero.

diamondiferous /,daɪəmən'dɪfərəs *Am also* ,daɪmən'dɪfərəs/ *a.* diamantifero.

Diana /daɪ'ænə/ **I** *n.pr.f.* Diana (*anche Mitol*). **II** *n.* (*poet*) luna *f.*

Dianetics /daɪə'netɪks *Am* daɪə'netɪks/ *n.* dianetica *f.*

dianthus /daɪ'ænθəs/ *n.* (*Bot*) dianto *m.*

diapason /,daɪə'peɪzən/ *n.* (*Mus*) diapason *m.*

diaper /'daɪ(ə)pər/ **I** *n.* **1** (*Tess*) tela *f.* operata a rombi, tela *f.* con disegno a rombi. **2** (*diamond-shaped figure*) disegno *m.* a rombi, disegno *m.* romboidale. **3** (*Arch*) decorazione *f.* a rombi. **4** (*Am*) (*for a baby*) pannolino *m.* **II** *v.t.* **1** (*Tess*) tessere con disegni a rombi. **2** (*Arch*) decorare con motivi a rombi, decorare con motivi romboidali. **3** (*Am*) (*of a baby*) mettere un pannolino a.

diaphanous /daɪ'æfənəs/ *a.* diafano, trasparente.

diaphoresis /,daɪəfə'riːsɪs/ (*pl.* **-ses** /-siːz/) *n.* (*Med*) diaforesi *f.*

diaphoretic /,daɪəfə'retɪk *Am* ,daɪəfə'reţɪk/ **I** *a.* (*Farm*) diaforetico. **II** *n.* (*Farm*) diaforetico *m.*

diaphragm /'daɪəfræm/ *n.* **1** diaframma *m.* **2** (*Rad*) membrana *f.* **3** (*Med*) (*pessary*) diaframma *m.* □ (*Ott,Fot*) ~ *opening* diafram-

matura; ~ *pump* pompa a membrana; (*Fot*) ~ *shutter* otturatore a diaframma.

diaphragmatic /,daɪəfræg'mætɪk *Am* ,daɪəfræg'mætɪk/ *a.* diaframmatico.

diarchy /'daɪɑːki *Am* 'daɪɑːrki/ *n.* (*Pol*) diarchia *f.*

diarist /'daɪərɪst/ *n.* diarista *m./f.*

diaristic /,daɪə'rɪstɪk/ *a.* diarista *m./f.*, chi tiene un diario.

diarize /'daɪəraɪz/ **I** *v.t.* fare il diario di. **II** *v.i.* tenere un diario.

diarrhea /,daɪə'riːə/ *n.* (*Am, Med*) diarrea *f.*

diarrheal /,daɪə'riːəl/, **diarrheic** /,daɪə'riːɪk/ *a.* (*Am,Med*) diarroico.

diarrhoea /,daɪə'rɪə/ *n.* (*Br,Med*) diarrea *f.*

diarrhoeal /,daɪə'rɪəl/, **diarrhoeic** /,daɪə'rɪɪk/ *a.* (*Br,Med*) diarroico.

diarthrosis /,daɪɑː'θrəʊsɪs *Am* ,daɪɑːr'θrəʊsɪs/ *n.* (*Med*) diartrosi *f.*

diary /'daɪəri/ *n.* **1** diario *m.*: *to keep a ~* tenere un diario. **2** (*memorandum book*) diario *m.*, agenda *f.*

Diaspora /daɪ'æspərə/ *n.* (*Rel*) diaspora *f.*

diastase /'daɪəsteɪs/ *n.* (*Biol*) diastasi *f.*

diastasic /daɪə'stæsɪk/ *a.* (*Biol*) diastatico.

diastatic /daɪə'stætɪk, *Am* daɪə'stæţɪk/ *a.* (*Biol*) diastatico.

diastole /daɪ'æstəli/ *n.* (*Fisiol,Metr*) diastole *f.*

diastolic /,daɪə'stɒlɪk *Am* ,daɪə'stɑːlɪk/ *a.* (*Fisiol*) diastolico.

diathermancy /,daɪə'θɜːmənsi *Am* ,daɪə'θɜːrmənsi/ *n.* (*Fis*) diatermanità *f.*

diathermic /,daɪə'θɜːmɪk *Am* ,daɪə'θɜːrmɪk/ *a.* **1** (*Fis*) diatermano. **2** (*Med*) diatermico.

diathermy /'daɪəθɜːmi *Am* 'daɪəθɜːrmi/ *n.* (*Med*) diatermia *f.*

diathesis /daɪ'æθəsɪs/ (*pl.* **-ses** /-siːz/) *n.* (*Med,Gramm*) diatesi *f.*

diatom /'daɪətəm, 'daɪətɒm *Am* 'daɪətɑːm/ *n.* (*Bot*) diatomea *f.*

diatomaceous /,daɪətə'meɪʃəs/ *a.* (*Bot*) di diatomee, contenente diatomee.

diatomic /,daɪə'tɒmɪk *Am* ,daɪə'tɑːmɪk/ *a.* (*Chim*) diatomico, biatomico.

diatomite /daɪ'ætəmaɪt *Am* daɪ'æţəmaɪt/ *n.* (*Tecn*) diatomite *f.*, farina *f.* fossile.

diatonic /,daɪə'tɒnɪk *Am* ,daɪə'tɑːnɪk/ *a.* (*Mus*) diatonico.

diatribe /'daɪətraɪb/ *n.* diatriba *f.*, discorso *m.* polemico.

dib /dɪb/ (*past, p.p.* **dibbed** /-d/) *v.i.* (*Pesc*) pescare facendo saltare l'esca sull'acqua.

dibasic /daɪ'beɪsɪk/ *a.* (*Chim*) dibasico.

dibber /'dɪbər/ *n.* (*Br,Agr*) piantatoio *m.*, foraterra *m.*

dibble /'dɪbl/ **I** *n.* (*Br,Agr*) piantatoio *m.*, foraterra *m.* **II** *v.t.* **1** forare con il piantatoio. **2** (*of plants*) piantare.

dibranchiate /daɪ'bræŋkiət/ *n.* (*Zool*) dibranchiato *m.*

dibs /dɪbz/ *n.pl.* (*costr.sing.*) **1** (*Br*) gioco *m.* con ossetti di pecora; (*knucklebones*) ossetti *m.pl.* di pecora. **2** (*Br*) (*in card games: counters*) gettoni *m.pl.* **3** (*Br,sl*) (*money*) quattrini *m.pl.*, grana *f.* □ (*colloq*) *to have (first) ~ on sth.* avere diritto per primo a qcs., essersi prenotato per qcs.

dice /daɪs/ **I** *n.pl.* **1** i dadi *m.pl.* **2** (*game*) gioco *m.sing.* dei dadi, dadi *m.pl.*: *to play at ~* giocare a(i) dadi. **3** (*small cubes*) dadini *m.pl.*, cubetti *m.pl.*, quadratini *m.pl.* **II** *v.t.* **1** tagliare a dadini, tagliare a cubetti: *to ~ carrots* tagliare a dadini le carote. **2** (*to chequer*) disegnare a scacchi, disegnare a quadri. **3** (*to lose by dicing*) perdere ai dadi. **III** *v.i.* **1** giocare ai dadi. **2** (*fig*) giocare (*with* con), rischiare (qcs.): *to ~ with death* giocare con la morte, scherzare col fuoco. □ *to ~ away* perdere ai dadi; ~ *box* bussolotto dei dadi,

bossolo dei dadi; (*sl*) *no ~!* niente da fare!, niente affatto!, proprio per niente!

dicephalous /daɪ'sefələs/ *a.* dicefalo, bicefalo.

dicer /'daɪsər/ *n.* giocatore *m.* (*f.* -trice) di dadi. □ (*colloq*) ~*'s oath* promessa di marinaio.

dicey /'daɪsi/ *a.* (*sl*) rischioso, azzardato.

dichotic /daɪ'kɒtɪk *Am* daɪ'kɑːtɪk/ *a.* (*Acus*) dicotico.

dichotomise /daɪ'kɒtəmaɪz *v.i.* (*Br*) dicotomizzare.

dichotomize /daɪ'kɒtəmaɪz *Am* daɪ'kɑːtəmaɪz/ *v.i.* dicotomizzare.

dichotomous /d(a)ɪ'kɒtəməs *Am* d(a)ɪ'kɑːtəməs/ *a.* dicotomico.

dichotomously /d(a)ɪ'kɒtəməsli *Am* d(a)ɪ'kɑːtəməsli/ *avv.* dicotomicamente.

dichotomy /d(a)ɪ'kɒtəmi *Am* d(a)ɪ'kɑːtəmi/ *n.* dicotomia *f.* (*anche Astr,Bot*).

dichroic /daɪ'krəʊɪk/ *a.* (*Fis*) dicroico.

dichroism /'daɪkrəʊɪzəm/ *n.* (*Fis*) dicroismo *m.*

dichromatic /,daɪkrəʊ'mætɪk *Am* ,daɪkrəʊ'mæţɪk/ *a.* **1** bicromatico, a due colori. **2** (*Med*) dicromatico.

dichromatism /,daɪ'krəʊmətɪzəm *Am* ,daɪ'krəʊmətɪzəm/ *n.* **1** (*Ott*) dicromia *f.* **2** (*Med*) dicromatismo *m.*, daltonismo *m.*

dichromic /daɪ'krəʊmɪk *Am* daɪ'krəʊmɪk/ *a.* **1** (*Med*) dicromatico. **2** (*Chim*) dicromico. □ (*Med*) ~ *vision* visione dicromatica, dicromatopsia.

dick[1] /dɪk/ **I** *n.* **1** (*volg*) (*penis*) pisello *m.*, cazzo *m.* **2** (*sl,ant*) sbirro *m.* **II** *v.i.* □ (*volg*) *to ~ around* cazzeggiare; (*volg*) ~ *head* testa di cazzo, coglione.

dick[2] /dɪk/ *n.* (*Br,sl*) dichiarazione *f.* □ (*sl*) *to take one's ~ that* giurare che.

Dick /dɪk/ *n.pr.m. dim.* di Richard.

dickens /'dɪkɪnz/ *n.* (*eufem*) diavolo *m.* □ *what the ~ are you doing?* che diamine stai facendo?

Dickensian /dɪ'kenzɪən/ **I** *a.* dickensiano, (caratteristico) di Dickens. **II** *n.* ammiratore *m.* (*f.* -trice) di Dickens.

dicker /'dɪkər/ **I** *v.i.* (*Am*) mercanteggiare, discutere sul prezzo. **II** *n.* (*Am*) **1** (*bargain*) affare *m.* **2** (*barter*) baratto *m.*, scambio *m.*

dickering /'dɪkərɪŋ/ *n.* (*Am*) mercanteggiamento *m.*

dickey /'dɪki/ *n.* **1** (*Abbigl*) (*men's shirt front*) sparato *m.*, pettino *m.*; (*for a woman's dress, etc.*) pettino *m.*, davantino *m.*, pettorina *f.*; (*for a child: bib*) bavaglino *m.* **2** (*Aut*) sedile *m.* posteriore. **3** (*on a carriage*) sedile *m.* posteriore (per servitori).

dickeybox /'dɪkibɒks/ *n.* (*Br,ant*) (*on a carriage*) cassetta *f.*; (*on a car*) sedile *m.* dell'autista.

dickeyseat /'dɪkisiːt/ *n.* (*Br,Aut*) sedile *m.* ribaltabile.

dicky[1] /'dɪki/ *n.* **1** (*Abbigl*) (*men's shirt front*) sparato *m.*, pettino *m.*; (*for a woman's dress, etc.*) pettino *m.*, davantino *m.*, pettorina *f.*; (*for a child: bib*) bavaglino *m.* **2** (*Aut*) sedile *m.* posteriore. **3** (*on a carriage*) sedile *m.* posteriore (per servitori).

dicky[2] /'dɪki/ *a.* (*Br,colloq*) malandato, debole, in cattivo stato. □ (*Br,colloq*) *to have a ~ ticker* avere dei problemi di cuore, soffrire di cuore.

dickybird /'dɪkibɜːd *Am* 'dɪkibɜːrd/ *n.* (*infant*) uccellino *m.*

dicot /'daɪkɒt *Am* 'daɪkɑːt/, **dicotyledon** /,daɪkɒtɪ'liːdən *Am* ,daɪkɑːţəl'iːdən/ *n.* (*Bot*) dicotiledone *m.*

dicotyledonous /,daɪkɒtɪ'liːdənəs *Am* ,daɪkɑːţəl'iːdənəs/ *a.* (*Bot*) dicotiledone.

dict. 1 *dictation* (dettato). **2** *dictionary* diz.

(dizionario).

dictaphone /'dɪktəfoun/ n. dittafono m.

dictate[1] /dɪk'teɪt Am also 'dɪkteɪt/ I v.t. **1** dettare. **2** (fig) (to lay down) dettare, imporre: to ~ the peace terms dettare le condizioni di pace. **3** (fig) (to require) dettare, richiedere: a policy -d by necessity una politica dettata dalla necessità. **II** v.i. **1** dettare. **2** (to give orders) ordinare, dare ordini: I won't be -d to non accetto imposizioni, non accetto ordini. ☐ (Mil) to ~ terms stabilire le condizioni, dettare le condizioni (anche estens).

dictate[2] /'dɪkteɪt/ n. **1** ordine m., dettato m. **2** (fig) dettame m., legge f.: the -s of fashion i dettami della moda. ☐ to obey the -s of conscience agire secondo coscienza, operare secondo coscienza.

dictating /dɪk'teɪtɪŋ Am 'dɪkteɪtɪŋ, dɪk'teɪtɪŋ/ ☐ (ant) ~ machine dittafono.

dictation /dɪk'teɪʃən/ n. **1** dettatura f. **2** (passage dictated) dettato m., brano m. dettato. **3** (order) ordine m., comando m. ☐ to take ~ scrivere sotto dettatura.

dictator /dɪk'teɪtər Am 'dɪkteɪtər, dɪk'teɪtər/ n. **1** (Pol,fig) dittatore m. **2** (one who dictates letters, etc.) chi detta.

dictatorial /ˌdɪktə'tɔːrɪəl/ a. **1** (Pol) dittatoriale, dittatorio. **2** (fig) dittatoriale, autoritario.

dictatorially /ˌdɪktə'tɔːrɪəli/ avv. da dittatore, in modo dittatoriale.

dictatorialness /ˌdɪktə'tɔːrɪəlnəs/ n. autoritarismo m.

dictatorship /dɪk'teɪtəʃɪp Am dɪk'teɪtərʃɪp/ n. dittatura f.

dictatress /dɪk'teɪtrəs Am also 'dɪkteɪtrəs/ n. dittatrice f.

dictatrix /dɪk'teɪtrɪks Am also 'dɪkteɪtrɪks/ n. dittatrice f.

diction /'dɪkʃən/ n. **1** dizione f., modo m. di esprimersi. **2** (enunciation) dizione f.: he has good ~ ha una buona dizione.

dictionary /'dɪkʃənri Am 'dɪkʃəneri/ n. dizionario m., vocabolario m.: a French-English ~ un dizionario francese-inglese. ☐ ~ maker ~ making lessicografo; ~ making lessicografia.

dictograph /'dɪktəgrɑːf Am 'dɪktəgræf/ n. dittografo m.

dictum /'dɪktəm/ (pl. **-cta** /-tə/, **-s** /-z/) n. **1** dichiarazione f., asserzione f., affermazione f. **2** (maxim) detto m., massima f. **3** (Dir) sentenza f. non definitiva.

did /dɪd/ → do[1].

didactic /dɪ'dæktɪk/ a. **1** didattico, istruttivo: a ~ film un film didattico. **2** (giving unwanted instruction) didascalico, pedante.

didactical /d(a)ɪ'dæktɪkəl/ a. **1** didattico, istruttivo. **2** (giving unwanted instruction) didascalico, pedante.

didactically /d(a)ɪ'dæktɪkli/ avv. didatticamente, dal punto di vista didattico.

didacticism /d(a)ɪ'dæktɪsɪzəm/ n. didattismo m.

didactics /d(a)ɪ'dæktɪks/ n.pl. (costr.sing.) didattica f.

diddle /'dɪdl/ v.t. (colloq) imbrogliare, truffare, ingannare, gabbare. ☐ (Am,colloq) to ~ away time sprecare il tempo; to ~ so. into believing sth. far credere qcs. a qcu. con l'inganno.

diddler /'dɪdlər/ n. (colloq) imbroglione m. (f. -a), truffatore m. (f. -trice).

diddly-squat /ˌdɪdli'skwɑːt/ n. (Am,colloq) un bel niente, un fico secco: this contract isn't worth ~ questo contratto non vale un bel niente.

dideoxycytidine /ˌdaɪdɪɒksi'sɪtɪˌdaɪn Am ˌdaɪdɪɑːksi'sɪtɪˌdaɪn/ n. (Farm) dideossicitidina f.

didn't /'dɪdənt/ → do[1].

dido /'daɪdou/ (pl. **-es/-s** /-z/) n. (Am) **1** (colloq) stranezza f., stravaganza f. **2** (trick) tiro m. mancino: to cut -es giocare tiri mancini.

Dido /'daɪdou/ n.pr.f. (Mitol) Didone.

didymous /'dɪdɪməs/ a. (Biol) didimo.

die[1] /daɪ/ (p.pres. **dying** /'daɪɪŋ/) v.i. **1** morire (anche fig): to ~ of hunger morire di fame; the laughter -d on her lips la risata le morì sulle labbra; to ~ of boredom morire di noia. **2** (fig) (to become extinct) morire, estinguersi, tramontare, scomparire. **3** (of light, sound) affievolirsi, attenuarsi, smorzarsi. **4** (of the wind) placarsi, calmarsi, diminuire, calare. **5** (fig) (to stop) fermarsi, smettere di funzionare: the engine -d il motore si fermò. **6** (colloq) (to long for) morire dalla voglia, avere una voglia matta, avere una voglia da morire (di): I'm dying for a cigarette ho una voglia matta di una sigaretta; we are dying to see you again moriamo dalla voglia di rivederti. ☐ to ~ a beggar morire in miseria; (fig) to ~ a dog's death morire come un cane; to ~ away: **1** (of wind) placarsi, calmarsi, diminuire, calare; **2** (of light, sound) affievolirsi, attenuarsi, smorzarsi; to ~ before one's time morire prematuramente; to ~ by one's own hand morire di propria mano, suicidarsi; to ~ down: **1** (of a fire) spegnersi; **2** (Bot) avvizzire, appassire; **3** (of wind) placarsi, calmarsi, diminuire, calare; **4** (of light, sound) affievolirsi, attenuarsi, smorzarsi; those are to ~ for sono buoni da morire; (fig) to ~ in bed (o to ~ in one's bed) morire di morte naturale, morire nel proprio letto; (fig) to ~ like a dog morire come un cane; to ~ like flie morire in gran numero, morire come mosche; to ~ of exposure morire per assideramento; to ~ of poison morire avvelenato; to ~ off morire uno dopo l'altro; to ~ off like flies morire in gran numero, morire come mosche; to ~ out morire, estinguersi, tramontare, scomparire: the family has -d out la famiglia si è estinta; the custom -d out l'usanza tramontò; (scherz) to ~ the death morire ammazzato; (Br,fig) to ~ with one's boots on: **1** (in battle) morire combattendo; **2** (colloq) (working) morire in piena attività, morire in piedi, morire di morte improvvisa, morire con le scarpe.

die[2] /daɪ/ (pl. **dice** /daɪs/) n. dado m. ☐ (fig) the ~ is cast il dado è tratto.

die[3] /daɪ/ n. **1** (Tecn) matrice f.; (in press forging) stampo m.; (for cutting screws, threads, etc.) filiera f., trafila f. **2** (Numism) conio m. **3** (Arch) dado m., plinto m. ☐ (Mecc) ~ sinker: 1 stampista, costruttore di stampi; 2 (machine) (macchina) fresatrice per stampi; (Mecc) ~ sinking lavorazione degli stampi; (Tecn) ~ stamping impressione a secco; (Mecc) ~ stock giurautensili.

die-away /'daɪəweɪ/ a. languente, languido.

dieback /'daɪbæk/ n. (Bot) avvizzamento m. apicale, seccume m. apicale.

die-cast /'daɪˌkɑːst Am 'daɪˌkæst/ v.t. (Met) pressofondere, fondere sotto pressione.

diecasting /'daɪˌkɑːstɪŋ Am 'daɪˌkæstɪŋ/ n. (Met) **1** pressofusione f., fusione f. sotto pressione, colata f. sotto pressione. **2** (article) pressogetto m., pezzo m. ottenuto mediante pressofusione.

diehard /'daɪhɑːd Am 'daɪhɑːrd/ I n. **1** persona f. ostinata, persona f. tenace, irriducibile m./f. **2** (Pol) conservatore m. (f. -trice) intransigente e tradizionalista, passatista m./f. II a. **1** tenace, ostinato, irriducibile, passatistico: a ~ sceptic uno scettico irriducibile. **2** (Pol) conservatore intransigente, tradizionalistico. ☐ (Pol) ~ policy immobilismo.

dielectric /ˌdaɪɪ'lektrɪk/ I n. (Fis) dielettrico m. II a. (Fis) dielettrico.

dieresis /daɪ'erəsɪs/ (pl. **-ses** /-siːz/) n. (Am) dieresi f.

diesel /'diːzəl/ I n. (Mot) **1** motore m. (a ciclo) diesel, diesel m. **2** (vehicle powered by a diesel engine) diesel m., autovettura f. diesel. II a. diesel. ☐ ~ engine motore (a ciclo) diesel, diesel; ~ fuel gasolio (per motori diesel); (Ferr) ~ locomotive locomotiva (a trazione) diesel; ~ oil nafta (per motori diesel).

diesel-electric /ˌdiːzəlɪ'lektrɪk/ a. diesel-elettrico, dieselelettrico.

diesel-hydraulic /ˌdiːzəlhaɪ'drɔːlɪk/ a. diesel-idraulico.

diet[1] /'daɪət/ I n. **1** (usual food) alimentazione f., cibo m., vitto m., nutrimento m. **2** (prescribed food) dieta f., regime m. (dietetico): to be on a ~ stare a dieta, essere a dieta; to stick to a strict ~ attenersi a una dieta rigorosa. **3** (fig) dose f. consueta, razione f. consueta. II v.t. mettere a dieta, prescrivere una dieta a. III v.i. stare a dieta, seguire una dieta, fare una dieta): to be -ing stare a dieta, essere a dieta. ☐ to go on a ~ mettersi a dieta; to keep to one's ~ seguire la dieta; to live on a ~ of rice vivere cibandosi soltanto di riso; (Farm) ~ pill pillola dimagrante; ~ shake beverone (dimagrante).

diet[2] /'daɪət/ n. **1** (Stor) dieta f.: the Diet of Worms la dieta di Worms. **2** (Pol) dieta f., assemblea f.

dietarian /ˌdaɪə'teərɪən Am ˌdaɪə'terɪən/ n. persona f. a dieta, chi segue una dieta.

dietary /'daɪətri Am 'daɪəteri/ I a. dietetico, di dieta. II n. **1** vitto m. quotidiano, cibo m. quotidiano. **2** (system of diet) regime m. dietetico. ☐ ~ fibre (o Am ~ fiber) fibra alimentare; ~ habits abitudini alimentari; ~ product prodotto dietetico; ~ recommendations consigli dietetici.

dieter /'daɪətər Am 'daɪətər/ n. persona f. a dieta, chi segue una dieta.

dietetic /ˌdaɪə'tetɪk Am ˌdaɪə'tetɪk/, **dietetical** /ˌdaɪə'tetɪkəl Am ˌdaɪə'tetɪkəl/ a. dietetico.

dietetics /ˌdaɪə'tetɪks Am ˌdaɪə'tetɪks/ n.pl. (costr.sing.) dietetica f.

dietician /ˌdaɪə'tɪʃən/ n. dietista m./f., dietologo m. (f. -a).

diff. **1** difference diff. (differenza). **2** different (differente).

differ /'dɪfər/ v.i. **1** differire, essere diverso, essere differente (from da): his account -ed from mine la sua descrizione differiva dalla mia. **2** (to be unlike) differire, scostarsi, divergere (da). **3** (to disagree) dissentire (with, from da), non essere d'accordo (on, about, over con, su).

difference /'dɪfərəns/ n. **1** differenza f., diversità f., divario m.: there is a great ~ between the two countries tra i due paesi c'è una grande diversità. **2** (instance, amount) differenza f.: there was ten shillings ~ c'era una differenza di dieci scellini; (Ferr) to pay the ~ pagare la differenza, pagare il supplemento. **3** (disagreement) disaccordo m., dissapore m., controversia f.; (quarrel) lite f. ☐ to make a ~ fare differenza, trattare diversamente: your presence made all the ~ la tua presenza è stata decisiva, la tua presenza ha reso tutto diverso; will my absence make any ~? che differenza fa se non ci sono io?; it makes a great ~ c'è una bella differenza; it makes no ~ non fa nessuna differenza, non cambia niente; a ~ of opinion una divergenza di opinioni, opinioni diverse.

different /'dɪfərənt/ a. **1** differente, dissimile, diverso: his ideas are very ~ from (o to) mine le sue idee sono molto diverse dalle mie. **2** (*separate, distinct*) diverso, distinto: *on three ~ occasions* in tre occasioni diverse. **3** (*various*) differente, vario, diverso: *they come in ~ colours* sono disponibili in vari colori. **4** (*not ordinary*) insolito, fuori dell'ordinario, originale. **5** (*strange*) strano. □ (*fig*) *to put a ~ complexion on sth.* presentare qcs. sotto un aspetto nuovo.

differentiability /ˌdɪfərenʃɪəˈbɪlɪti Am ˌdɪfərenʃɪəˈbɪləti/ n. (*Mat*) differenziabilità f.

differentiable /ˌdɪfəˈrenʃɪəbl/ a. differenziabile (*anche Mat*).

differential /ˌdɪfəˈrenʃəl/ **I** a. differenziale. **II** n. **1** (*Mecc*) differenziale m., gruppo m. (del) differenziale. **2** (*Mat*) differenziale m. **3** (*Comm*) tariffa f. differenziale. □ (*Mat*) ~ *calculus* calcolo differenziale, analisi differenziale; (*Mat*) ~ *coefficient* derivata, coefficiente differenziale; (*Med*) ~ *diagnosis* diagnosi differenziale; (*Econ*) ~ *duty* dazio differenziale; (*Mat*) ~ *equation* equazione differenziale; (*Fis*) ~ *field* campo differenziale; (*Mecc*) ~ *gear* differenziale, gruppo (del) differenziale; (*Comm*) ~ *rate* (o ~ *tariff*) tariffa differenziale.

differentially /ˌdɪfəˈrenʃəli/ avv. in modo differenziale.

differentiate /ˌdɪfəˈrenʃɪeɪt/ **I** v.t. **1** differenziare, distinguere, rendere differente. **2** (*Biol, Mat*) differenziare. **II** v.i. **1** fare differenza, distinguere. **2** (*to become different*) differenziarsi (*from* da) (*anche Biol*).

differentiation /ˌdɪfərenʃɪˈeɪʃən, ˌdɪfərensɪˈeɪʃən/ n. differenziazione f.

differentiatior /ˌdɪfəˈrenʃɪeɪtə Am ˌdɪfəˈrenʃɪeɪtər/ n. (*Elettron*) differenziatore m.

differently /ˈdɪfərəntli/ avv. diversamente, differentemente.

differently-abled /ˈdɪfərəntliˌeɪbld/ a. disabile.

differentness /ˈdɪfərəntnəs/ n. (*quality of being different or unique*) unicità f., singolarità f.

difficult /ˈdɪfɪkəlt/ a. **1** difficile, arduo, difficoltoso: *a ~ task* un compito arduo. **2** (*hard to please*) difficile, esigente. **3** (*hard to get on with*) difficile, scontroso: *to be ~ to get on with* avere un carattere difficile. **4** (*attended by hardship*) difficile, duro, penoso: *the ~ years* gli anni difficili. □ *to be ~ to approach*: 1 (*of a place*) essere di difficile accesso, essere difficilmente raggiungibile; 2 (*of a person*) essere poco avvicinabile.

difficultly /ˈdɪfɪkəltli/ avv. con difficoltà, difficilmente, a fatica, a stento.

difficultness /ˈdɪfɪkəltnəs/ n. (*difficulty*) difficoltà f.

difficulty /ˈdɪfɪkəlti Am ˈdɪfɪkəlti/ n. **1** difficoltà f.: *to be in ~* essere in difficoltà. **2** (*disagreement*) contrasto m., disaccordo m. **3** pl. (*financial troubles*) difficoltà f.pl., ristrettezze f.pl. economiche: *to be in difficulties* trovarsi in difficoltà. □ *to have ~ (in) doing sth.* fare qcs. con difficoltà, avere difficoltà a fare qcs., trovare difficile fare qcs.; *to work under difficulties* lavorare in mezzo alle difficoltà; *with* ~ faticosamente, a fatica, con difficoltà.

diffidence /ˈdɪfɪdəns/ n. **1** mancanza f. di fiducia in se stesso. **2** (*shyness, modesty*) timidezza f. eccessiva, modestia f.

diffident /ˈdɪfɪdənt/ a. **1** timido, che non ha fiducia in se stesso, insicuro. **2** (*restrained*) riservato, schivo. □ *to be ~ about doing sth.* esitare a fare qcs.

diffidently /ˈdɪfɪdəntli/ avv. timidamente, con qualche esitazione.

diffract /dɪˈfrækt/ v.t. (*Fis*) diffrangere.

diffraction /dɪˈfrækʃən/ n. (*Fis*) diffrazione f.

diffractive /dɪˈfræktɪv/ a. (*Fis*) relativo a diffrazione, che produce diffrazione.

diffuse¹ /dɪˈfjuːz/ **I** v.t. **1** diffondere, emanare. **2** (*fig*) diffondere, divulgare, propagare. **II** v.i. **1** diffondersi, spargersi. **2** (*Fis*) diffondersi, propagarsi.

diffuse² /dɪˈfjuːs/ a. **1** diffuso (*anche Fis*). **2** (*fig*) (*prolix*) diffuso, prolisso, verboso.

diffused /dɪˈfjuːzt/ □ ~ *lighting* illuminazione diffusa.

diffuser /dɪˈfjuːzə/ n. diffusore m. (*anche Mecc,Acus*).

diffusibility /dɪˌfjuːzəˈbɪlɪti Am dɪˌfjuːzə ˈbɪləti/ n. diffusibilità f.

diffusible /dɪˈfjuːzəbl/ a. diffusibile, propagabile.

diffusion /dɪˈfjuːʒən/ n. **1** diffusione f., propagazione f., divulgazione f. **2** (*fig*) (*verbosity*) prolissità f., verbosità f. **3** (*Fis,Ott*) diffusione f.

diffusionism /dɪˈfjuːʒənɪzm/ n. diffusionismo m.

diffusionist /dɪˈfjuːʒənɪst/ n. diffusionista m./f.

diffusive /dɪˈfjuːsɪv/ a. **1** diffusivo, che tende a diffondersi. **2** (*characterized by diffusion*) diffusorio. **3** (*fig*) (*verbose*) prolisso, verboso.

diffusivity /ˌdɪfjuːˈsɪvɪti Am ˌdɪfjuːˈsɪvəti/ n. (*Chim,Fis*) diffusività f.

dig¹ /dɪg/ (*past, p.p.* dug /dʌg/) **I** v.t. **1** zappare, vangare: *to ~ the garden* zappare il giardino. **2** (*to obtain by digging*) scavare: *to ~ a trench* scavare una trincea. **3** (*to turn up by digging*) estrarre, riportare alla luce, cavare. **4** (*of land: to break up*) dissodare, lavorare, rompere. **5** (*to poke, to thrust*) conficcare, ficcare, piantare: *she dug her elbow into my ribs* mi piantò un gomito nelle costole. **6** (*ant, sl*) (*to appreciate*) capire, apprezzare, piacere (*costr.impers.*): *to ~ modern jazz* apprezzare il jazz moderno. **II** v.i. **1** scavare, fare uno scavo. **2** (*fig*) fare ricerche (*for* di), cercare (qcs.). □ *to ~ for treasure* cercare un tesoro sotterra; *to ~ your own grave* scavarsi la fossa con le proprie mani; *to ~ in*: 1 (*Mil*) scavare trincee; 2 (*fig*) rimanere ancorato alle proprie posizioni, trincerarsi nelle proprie posizioni; 3 (*to begin eating*) mettersi a mangiare con avidità; 4 (*Am,colloq*) (*for the exams*) sgobbare; (*fig*) *to ~ oneself into a hole* darsi la zappa sui piedi, scavarsi la fossa, mettersi nei guai; *to ~ into one's pocket* affondare la mano nella tasca; *to ~ out*: 1 tirare fuori scavando, liberare scavando; 2 (*to bring out of hiding*) stanare, scovare: *they dug out the fox* stanarono la volpe; 3 (*to make hollow by digging*) scavare: *to ~ out a tunnel* scavare un tunnel; *to ~ up*: 1 (*to turn up by digging*) estrarre, riportare alla luce, cavare: *to ~ up an ancient vase* riportare alla luce un vaso antico; *to ~ up potatoes* cavare le patate. 2 (*of land: to break up*) dissodare, lavorare, rompere; 3 (*fig*) scovare, portare a galla; (*fig*) *to ~ up dirt* (o *to ~ up the dirt*) *on so.* scovare delle informazioni (compromettenti) su qcu.; *to ~ up the hatchet* riprendere le ostilità, dissotterrare l'ascia di guerra.

dig² /dɪg/ n. **1** (*Archeol*) scavo m., sterro m. **2** (*thrust, poke*) colpo m., urto m., spinta f.: *~ in the ribs* una gomitata nelle costole, un colpo nelle costole. **3** (*colloq*) (*verbal thrust*) frecciata f., stoccata f., osservazione f. sarcastica, allusione f. maligna: *that was a ~ at you* (quella) era una frecciata per te. **4** pl. (*colloq*) (*lodgings*) camera f.sing. ammobiliata.

digamous /ˈdɪgəməs/ a. passato a seconde nozze.

digamy /ˈdɪgəmi/ n. seconde nozze f.pl.

digastric /daɪˈgæstrɪk/ **I** a. (*Anat*) digastrico: *~ muscle* muscolo digastrico, digastrico. **II** n. (*Anat*) digastrico m.

digest¹ /d(a)ɪˈdʒest/ **I** v.t. **1** (*Fisiol*) digerire: *to ~ food* digerire il cibo. **2** (*fig*) assimilare, smaltire: *to ~ what one reads* assimilare ciò che si legge. **3** (*to condense*) condensare, riassumere, compendiare. **4** (*to classify*) classificare, ordinare, codificare: *to ~ laws* codificare le leggi. **II** v.i. (*Fisiol*) essere digerito, digerirsi, assimilarsi.

digest² /ˈdaɪdʒest/ n. **1** compendio m., riassunto m., sommario m. **2** (*Giorn*) digest m., selezione f. **3** (*Dir*) digesto m.

Digest /ˈdaɪdʒest/ n. (*Stor.rom*) digesto m., pandette f.pl.

digester /d(a)ɪˈdʒestə/ n. **1** compilatore m. (f. -trice) di un sommario, compilatore m. (f. -trice) di un compendio. **2** (*Chim*) digestore m.

digestibility /d(a)ɪˌdʒestəˈbɪlɪti Am d(a)ɪ ˌdʒestəˈbɪləti/ n. digeribilità f.

digestible /d(a)ɪˈdʒestəbl/ a. digeribile.

digestif /ˌdiːdʒesˈtɪf/ n. digestivo m., amaro m. digestivo.

digestion /d(a)ɪˈdʒestʃən/ n. digestione f. (*anche Chim*): *to have good ~* avere una buona digestione.

digestive /d(a)ɪˈdʒestɪv/ **I** a. **1** digerente. **2** (*promoting digestion*) digestivo. **II** n. **1** (*Farm*) digestivo m. **2** (*Br,Alim*) biscotto m. digestive. □ (*Fisiol*) ~ *juices* succhi digerenti, succhi gastrici; (*Anat*) ~ *system* (o ~ *tract*) apparato digerente.

digestively /d(a)ɪˈdʒestɪvli/ avv. dal punto di vista digestivo.

digger /ˈdɪgə/ n. **1** zappatore m. (f. -trice), scavatore m. (f. -trice), sterratore m. (f. -trice). **2** (*animal*) animale m. scavatore. **3** (*miner*) minatore m. (f. -trice). **4** (*gold digger*) cercatore m. (f. -trice) d'oro. **5** (*Tecn*) (*tool*) escavatore m., scavatrice f. **6** (*sl*) soldato m. australiano, soldato m. neozelandese (della prima guerra mondiale). □ (*Entom*) ~ *wasps* sfecidi, sfegidi.

digging /ˈdɪgɪŋ/ n. **1** scavo m., sterro m. **2** pl. (*costr.pl.*) (*materials*) materiali m.pl. di sterro. **3** pl. (*goldfield*) giacimento m.sing. aurifero, miniera f.sing. d'oro. **4** pl. (*Br,colloq*) (*lodgings*) camera f.sing. ammobiliata.

digit /ˈdɪdʒɪt/ n. **1** (*Anat*) dito m. **2** (*unit of length*) dito m. (pari a 3/4 di pollice). **3** (*Mat*) (*number*) cifra f. **4** (*Astr,ant*) digito m.

digital /ˈdɪdʒɪt Am ˈdɪdʒɪtəl/ a. **1** (*Anat*) digitale, delle dita. **2** (*Inform*) digitale, numerico. □ (*Elettron*) ~ *audiotape* audiocassetta digitale, DAT; (*Fot*) ~ *camera* macchina fotografica digitale; (*Inform*) ~ *circuit* circuito digitale; (*Inform*) ~ *computer* elaboratore digitale, calcolatore digitale; (*Inform*) ~ *disk* disco digitale; (*Elettron*) ~ *display* display digitale, visualizzatore digitale; (*Inform*) ~ *keyboard* tastiera digitale; (*Elettron*) ~ *recording* registrazione digitale; ~ *watch* orologio digitale.

digitalis /ˌdɪdʒɪˈteɪlɪs, ˌdɪdʒɪˈtɑːlɪs Am ˌdɪdʒɪ ˈtælɪs, ˌdɪdʒɪˈteɪlɪs/ n. **1** (*Bot*) digitale f. **2** (*Farm*) digitalina f.

digitalisation /ˌdɪdʒɪtl(a)ɪˈzeɪʃən/ n. (*Br, Inform*) digitalizzazione f.

digitalise /ˈdɪdʒɪtəlaɪz Am ˈdɪdʒɪtəlaɪz/ v.t. (*Br,Inform*) digitalizzare.

digitalization /ˌdɪdʒɪtəl(a)ɪˈzeɪʃən Am ˌdɪdʒɪtəlɪˈzeɪʃən/ n. (*Inform*) digitalizzazione f.

digitalize /ˈdɪdʒɪtəlaɪz Am ˈdɪdʒɪtəlaɪz/ v.t. (*Inform*) digitalizzare.

digitate /ˈdɪdʒɪteɪt/ a. (*Anat,Biol*) digitato.

digitation /ˌdɪdʒɪˈteɪʃən/ n. **1** (*Anat,Biol*) digi-

digitigrade

tazione f. **2** (*Inform*) digitalizzazione f.

digitigrade /'dɪdʒɪtɪgreɪd/ **I** a. (*Zool*) digitigrado. **II** n. (*Zool*) digitigrado m.

digitise /'dɪdʒɪtaɪz/ v.t. (*Br,Inform*) digitalizzare.

digitize /'dɪdʒɪtaɪz/ v.t. (*Inform*) digitalizzare.

digitizer /'dɪdʒɪtaɪzəʳ/ n. (*Inform*) digitalizzatore m.

diglossia /ˌdaɪ'glɒsiə Am ˌdaɪ'glɑ:siə/ n. (*Ling*) diglossia f.

diglossic /ˌdaɪ'glɒsɪk Am ˌdaɪ'glɑ:sɪk/ a. (*Ling*) diglossico.

dignified /'dɪgnɪfaɪd/ a. dignitoso, solenne, maestoso.

dignify /'dɪgnɪfaɪ/ v.t. **1** conferire dignità a, nobilitare, onorare. **2** (*to invest with dignity*) chiamare pomposamente, fregiare di un titolo. □ *I won't ~ that comment with a response* una tale affermazione non merita neppure una risposta.

dignitary /'dɪgnɪtᵊri Am 'dɪgnəteri/ n. dignitario m. (f. -a).

dignity /'dɪgnɪti Am 'dɪgnəti/ n. **1** dignità f., decoro m. **2** (*excellence, worthiness*) dignità f.: *the ~ of labour* la dignità del lavoro. **3** (*elevated rank*) dignità f., alto ufficio m., carica f. elevata. **4** (*particular rank, office*) dignità f., grado m. **5** (*rar*) (*dignitary*) dignitario m.

digram /'daɪgræm/ n. (*Ling*) digramma m.

digraph /'daɪgrɑ:f Am 'daɪgræf/ n. (*Ling*) digramma m.

digraphic /daɪ'græfɪk/ a. (*Ling*) di un digramma.

digress /daɪ'gres/ v.i. divagare, fare una digressione.

digression /daɪ'greʃᵊn/ n. digressione f., divagazione f.: *to make a ~* fare una digressione; *by way of ~* per inciso.

digressive /daɪ'gresɪv/ a. digressivo.

digressively /daɪ'gresɪvli/ avv. in modo digressivo, digressivamente.

dihedral /daɪ'hi:drᵊl/ **I** a. (*Geom,Aer*) diedro: *~ angle* angolo diedro. **II** n. (*Geom*) diedro m.

dike /daɪk/ **I** n. **1** argine m., terrapieno m. **2** (*dam*) diga f. **3** (*ditch*) fosso m., fossato m., canale m. **4** (*causeway*) strada f. sopraelevata (su paludi ecc.). **5** (*fig*) barriera f., argine m., diga f. **6** (*Miner*) roccia f. intrusiva. **7** (*Geol*) dicco m., filone m. eruttivo. **II** v.t. proteggere con una diga, proteggere con un argine, arginare.

diktat /'dɪktɑ:t, 'dɪktæt Am dɪk'tɑ:t/ n. (*Pol*) diktat m.

dilacerate /dɪ'læsəreɪt/ v.t. (*rar*) lacerare, dilaniare.

dilaceration /dɪˌlæsə'reɪʃᵊn/ n. (*rar*) lacerazione f.

dilapidate /dɪ'læpɪdeɪt/ **I** v.t. (*ant*) rovinare, ridurre in cattivo stato, mandare in rovina. **II** v.i. (*ant*) andare in sfacelo, andare in rovina.

dilapidated /dɪ'læpɪdeɪtɪd Am dɪ'læpɪdeɪˌtɪd/ a. in rovina, in sfacelo, cadente.

dilapidation /dɪˌlæpɪ'deɪʃᵊn/ n. **1** l'andare in rovina. **2** (*state*) rovina f., sfacelo m. **3** (*Dir*) danni m.pl. **4** (*Geol*) disgregazione f.; (*debris*) detriti m.pl.

dilatability /dɪˌleɪtə'bɪlɪti Am d(a)ɪˌleɪtə'bɪləti/ n. dilatabilità f.

dilatable /d(a)ɪ'leɪtəbl̩ Am d(a)ɪ'leɪtəbl̩/ a. dilatabile.

dilatation /ˌdɪlə'teɪʃᵊn Am also ˌdaɪlətəˈʃᵊn/ n. (*Fisiol,Med*) dilatazione f. □ (*Med*) *~ and curettage* raschiamento (dell'utero).

dilate /d(a)ɪ'leɪt Am also ˈdaɪleɪt/ **I** v.t. dilatare. **II** v.i. **1** dilatarsi, espandersi. **2** (*to speak at length*) diffondersi, dilungarsi (*on, upon* su).

dilated /d(a)ɪ'leɪtɪd Am 'daɪleɪˌtɪd/ a. dilatato.

dilation /d(a)ɪ'leɪʃᵊn/ n. dilatazione f.

dilator /d(a)ɪ'leɪtəʳ Am d(a)ɪ'leɪʈəʳ/ n. **1** (*Anat*) (*dilator muscle*) dilatatore m., muscolo m. dilatatore. **2** (*Chir*) dilatatore m., divaricatore m., divulsore m.

dilatoriness /'dɪlətᵊrɪnəs Am 'dɪlətɔːrɪnəs/ n. lentezza f., ritardo m.

dilatory /'dɪlətᵊri Am 'dɪlətɔːri/ a. **1** lento, tardivo, tardo. **2** (*intending to cause delay*) dilatorio.

dildo /'dɪldoʊ/ n. **1** (*volg*) pene m. artificiale. **2** (*spreg*) uomo m. stupido, effeminato m.

dilemma /d(a)ɪ'lemə/ n. dilemma m. (*anche Filos*): *to be in a ~* trovarsi di fronte a un dilemma.

dilettante /ˌdɪlə'tænti Am also ˌdɪlə'tɑːnt/ (*pl.* **-s** /-z/, **-ti** /-ti/) n. **1** dilettante m./f. **2** (*lover of an art*) dilettante m./f., amatore m. (f. -tricc).

dilettantish /ˌdɪlə'tæntɪʃ Am also ˌdɪlə'tɑːntɪʃ/ a. dilettantesco, da dilettante.

dilettantism /ˌdɪlə'tæntɪzᵊm Am also ˌdɪlə'tɑːntɪzᵊm/ n. dilettantismo m.

diligence[1] /'dɪlɪdʒᵊns/ n. diligenza f., cura f., accuratezza f.

diligence[2] /'dɪlɪdʒᵊns/ n. (*stage-coach*) diligenza f.

diligent /'dɪlɪdʒᵊnt/ a. **1** diligente, coscienzioso: *a ~ student* uno scolaro diligente. **2** (*done with diligence*) accurato, diligente.

diligently /'dɪlɪdʒᵊntli/ avv. diligentemente, coscienziosamente, accuratamente.

dill /dɪl/ n. **1** (*Bot*) aneto m. **2** (*Gastron*) semi m.pl. di aneto. □ (*Gastron*) *~ pickle* cetriolo aromatizzato con semi di aneto.

dilly-dally /'dɪli,dæli, 'dɪli'dæli/ v.i. tentennare, esitare, indugiare: *don't ~!* non perdere tempo!

diluent /'dɪljuənt/ **I** a. diluente. **II** n. diluente m.

dilute /d(a)ɪ'luːt Br also d(a)ɪ'ljuːt/ **I** v.t. **1** diluire, allungare. **2** (*of a colour*) diluire. **3** (*fig*) attenuare, affievolire, indebolire. **II** a. diluito.

diluted /d(a)ɪ'l(j)uːtɪd Am d(a)ɪ'luːtɪd/ a. **1** diluito. **2** (*fig*) attenuato, indebolito.

diluter /d(a)ɪ'l(j)uːtəʳ Am d(a)ɪ'luːʈəʳ/ n. diluitore m.

dilution /d(a)ɪ'luːʃᵊn Br also d(a)ɪ'ljuːʃᵊn/ n. diluizione f. (*anche Econ*).

dilutive /d(a)ɪ'l(j)uːtɪv Am d(a)ɪ'luːʈɪv/ a. dilutivo.

diluvial /d(a)ɪ'luːvɪəl Br also d(a)ɪ'ljuːvɪəl/, **diluvian** /d(a)ɪ'luːvɪən, Br also d(a)ɪ'ljuːvɪən/ a. (*Geol*) diluviale.

diluvium /d(a)ɪ'luːvɪəm Br also d(a)ɪ'ljuːvɪəm/ (*pl.* **-s** /-z/, **-via** /-viə/) n. (*Geol*) diluvium m., pleistocene m.

dim[1] /dɪm/ a. **1** fioco, debole, incerto, tenue, fievole: *a ~ light* una luce fioca. **2** (*dark*) oscuro, buio: *to grow ~* oscurarsi, rabbuiarsi. **3** (*indistinct*) indistinto, confuso. **4** (*fig*) (*vague*) vago, confuso, indistinto: *a ~ notion* una nozione vaga. **5** (*fig*) oscuro: *~ future* avvenire oscuro. **6** (*of the eyes*) offuscato, velato. **7** (*colloq*) (*stupid*) stupido, ottuso. □ (*colloq*) *to take a ~ view of sth.* guardare qcs. senza troppo entusiasmo.

dim[2] /dɪm/ (*past, p.p.* **dimmed** /-d/) **I** v.t. **1** attenuare, abbassare, affievolire: *to ~ a light* attenuare una luce. **2** (*Am,Aut*) (*of headlights*) abbassare, commutare. **II** v.i. attenuarsi, offuscarsi.

dim. 1 (*Mus*) diminuendo dim. (diminuendo). **2** (*Gramm*) diminutive dim. (diminutivo).

dime /daɪm/ n. (*Am*) (*silver coin*) moneta f. da dieci centesimi, decino m. □ (*colloq*) *a ~ a dozen* da quattro soldi, che vale poco; *~ novel* romanzo scadente, romanzo da quattro soldi; (*colloq*) *on a ~* all'istante; (*Am*) *to*

turn on a ~ riuscire a girare in uno spazio piccolissimo; *~ store* negozio che vende articoli a buon mercato.

dimension /ˌd(a)ɪ'menʃᵊn/ **I** n. **1** dimensione f. **2** (*Tecn*) (*of a drawing*) quota f. **3** pl. (*size*) dimensioni f.pl., grandezza f.sing., misura f.sing.: *a house of small ~s* una casa di piccole dimensioni. **4** pl. (*fig*) dimensione f.sing., importanza f.sing., portata f.sing. **II** v.t. **1** dimensionare. **2** (*Tecn*) (*a drawing*) quotare. □ *~ analysis* analisi dimensionale.

dimensional /ˌd(a)ɪ'menʃᵊnᵊl/ a. dimensionale.

dimensioning /ˌd(a)ɪ'menʃᵊnɪŋ/ n. dimensionamento m.

dimensionless /ˌd(a)ɪ'menʃᵊnləs/ a. **1** senza dimensioni, illimitato. **2** (*Fis*) adimensionale.

dimerous /'dɪmərəs/ a. **1** costituito da due parti. **2** (*Biol*) dimero.

dimeter /'dɪmɪtəʳ Am 'dɪmətəʳ/ n. (*Metr*) dimetro m.

dimidiate /dɪ'mɪdɪeɪt/ a. **1** (*Biol*) bilobato, dimidiato. **2** (*Arald*) dimezzato.

dimin. (*Gramm*) *diminutive* dim. (diminutivo).

diminish /dɪ'mɪnɪʃ/ **I** v.t. **1** diminuire, ridurre, sminuire. **2** (*to disparage*) svilire, sminuire. **3** (*Arch*) rastremare, assottigliare. **4** (*Mus*) diminuire. **II** v.i. **1** diminuire, decrescere. **2** (*Arch*) rastremarsi, assottigliarsi.

diminishable /dɪ'mɪnɪʃəbl̩/ a. riducibile.

diminished /dɪ'mɪnɪʃt/ a. **1** diminuito, scemato, ridotto. **2** (*Mus*) diminuito: *~ fifth* quinta diminuita. □ (*Arch*) *~ arch* arco scemo; (*Br,Dir*) *~ responsibility* seminfermità mentale, diminuita capacità di intendere e di volere.

diminishing /dɪ'mɪnɪʃɪŋ/ a. decrescente (*anche Econ*): *~ returns* ricavi decrescenti.

diminuendo /dɪˌmɪnju'endoʊ/ (*pl.* **-s** /-z/) n. (*Mus*) diminuendo m.

diminution /ˌdɪmɪ'njuːʃᵊn Am also ˌdɪmɪ'nuːʃᵊn/ n. diminuzione f. (*anche Mus*).

diminutival /dɪˌmɪnju'taɪvᵊl/ a. (*Gramm*) diminutivo.

diminutive /dɪ'mɪnjʊtɪv Am dɪ'mɪnjʊ̞tɪv/ **I** a. **1** minuscolo, piccolissimo. **2** (*Gramm*) diminutivo. **II** n. (*Gramm*) diminutivo m.

diminutiveness /dɪ'mɪnjʊtɪvəs Am dɪ'mɪnjʊ̞tɪvnəs/ n. l'essere minuscolo, estrema piccolezza f.

dimissory /'dɪmɪsᵊri/ a. (*Rel*) dimissorio: *~ letter* lettera dimissoria.

dimity /'dɪmɪti Am 'dɪməti/ n. (*Tess*) tessuto m. di cotone con disegni in rilievo.

dimly /'dɪmli/ avv. **1** (*not clearly*) debolmente, vagamente. **2** (*not brightly*) oscuramente, indistintamente. □ *a ~ lit room* un locale semibuio.

dimmer /'dɪməʳ/ n. **1** (*El*) varialuce m., dimmer m. **2** pl. (*Am,Aut*) anabbaglianti m.pl.; (*parking lights*) luci f.pl. di posizione. □ (*El*) *~ switch* varialuce, dimmer.

dimming /'dɪmɪŋ/ n. **1** oscuramento m. **2** (*of light*) attenuazione f. **3** (*of the eyes*) offuscamento m. **4** (*Am,Aut*) passaggio m. agli anabbaglianti.

dimmish /'dɪmɪʃ/ a. **1** piuttosto fioco, piuttosto debole, piuttosto fievole. **2** (*quite dark*) piuttosto oscuro.

dimness /'dɪmnəs/ n. **1** (*of light, sight*) debolezza f. **2** (*of a room*) oscurità f. **3** (*of intelligence*) stupidità f.

dimorphic /daɪ'mɔːfɪk Am daɪ'mɔːrfɪk/ a. (*Biol,Min*) dimorfo.

dimorphism /daɪ'mɔːfɪzᵊm Am daɪ'mɔːrfɪzᵊm/ n. (*Biol,Min*) dimorfismo m.

dimorphous /daɪ'mɔːfəs Am daɪ'mɔːrfəs/ a.

(*Biol,Min*) dimorfo.

dim-out /'dɪmaʊt/ *n.* (*Am,Mil*) oscuramento *m.* parziale.

dimple /'dɪmpl/ **I** *n.* **1** fossetta *f.* **2** (*on the ground*) cavità *f.*, piccola ondulazione *f.* **3** (*on water*) increspatura *f.* **II** *v.t.* **1** (*of a smile*) formare delle fossette su (*o* in). **2** (*of wind*) increspare. **III** *v.i.* **1** fare le fossette. **2** (*to ripple*) incresparsi.

dimpled /'dɪmpld/ *a.* con le fossette.

dimply /'dɪmpli/ *a.* con le fossette.

dimwit /'dɪmwɪt/ *n.* (*colloq*) scemo *m.* (*f.* -a), stupido *m.* (*f.* -a), sciocco *m.* (*f.* -a).

dim-witted /ˌdɪm'wɪtɪd *Am* ˌdɪm'wɪṭɪd/ *a.* (*colloq*) scemo, stupido, sciocco.

dim-wittedness /ˌdɪm'wɪtɪdnəs *Am* ˌdɪm 'wɪṭɪdnəs/ *n.* scemenza *f.*, stupidità *f.*

din[1] /dɪn/ *n.* chiasso *m.*, baccano *m.*, strepito *m.*, frastuono *m.*: *what a ~!* che chiasso!

din[2] /dɪn/ (*past, p.p.* **dinned** /-d/) **I** *v.t.* **1** intronare, rintronare, stordire. **2** (*to repeat persistently*) ripetere con insistenza, ripetere incessantemente. **II** *v.i.* fare baccano, strepitare.

din-din /'dɪndɪn/ *n.* (*sl*) pappa *f.*, pasto *m.*: *would you like some ~?* vuoi fare la pappa?

dine /daɪn/ **I** *v.i.* pranzare. **II** *v.t.* offrire un pranzo a, invitare a pranzo. ☐ *to ~ in* pranzare in casa; *to ~ off sth.* (*o to ~ on sth.*) fare un pranzo a base di qcs.; *to ~ out:* 1 pranzare fuori; 2 (*sl*) (*to go dinnerless*) rimanere senza mangiare.

diner /'daɪnər/ *n.* **1** commensale *m./f.* **2** (*Ferr*) vagone *m.* ristorante. **3** (*Am*) (*informal roadside restaurant*) ristorante *m.* economico (lungo una strada o autostrada).

dinette /daɪ'net *Br also* dɪ'net/ *n.* **1** (*small room*) saletta *f.* da pranzo (adiacente alla cucina), tinello *m.* **2** (*Am,Arred*) (*dinette set*) tavolo *m.* e sedie di un tinello, mobili *m.pl.* da tinello.

ding /dɪŋ/ **I** *v.t.* **1** suonare. **2** (*colloq*) (*to keep repeating*) ripetere continuamente. **II** *v.i.* (*of a bell*) suonare, risuonare. **III** *n.* suono *m.* del campanello.

ding-a-ling /'dɪŋəlɪŋ/ *n.* **1** drindrin *m.* **2** (*sl*) tipo *m.* strambo, svitato *m.* (*f.* -a).

dingbat /'dɪŋbæt/ *n.* (*sl*) tipo *m.* strambo, svitato *m.* (*f.* -a).

ding-dong /'dɪŋdɒŋ *Am* 'dɪŋdɑːŋ/ **I** *n.* **1** dindon *m.*, scampanio *m.* **2** (*sl*) scemo *m.* (*f.* -a), svitato *m.* (*f.* -a). **II** *a.* **1** oscillante. **2** (*Br,colloq*) (*of a struggle, battle, etc.*) ad alterne vicende, con alterne vicende. **III** *avv.* (*colloq*) con impegno, con lena.

dinghy /'dɪŋ(g)i/ *n.* **1** (*Mar*) dinghy *m.* **2** (*Mar,mil*) lancia *f.*

dinginess /'dɪŋ(g)inəs/ *n.* squallore *m.*, tetraggine *f.*

dingle /'dɪŋgl/ *n.* (*Br*) valletta *f.* boscosa.

dingle-dangle /'dɪŋgl,dæŋgl/ **I** *a.* penzolante. **II** *avv.* penzoloni.

dingo /'dɪŋgoʊ/ (*pl.* **-es** /-z/) *n.* (*Zool*) dingo *m.*

dingy /'dɪndʒi/ *a.* **1** sporco, sudicio, lercio. **2** (*of a dusky colour*) scuro, tetro. **3** (*drab*) squallido, misero, povero.

dining /'daɪnɪŋ/ ☐ (*Ferr*) *~ car* vagone ristorante; *~ hall* mensa, refettorio; *~ room* sala da pranzo.

dinky /'dɪŋki/ *a.* (*colloq*) piccolo, minuscolo, insignificante. **2** (*Br*) (*neat*) grazioso, civettuolo.

dinner /'dɪnər/ *n.* **1** (*main meal*) pranzo *m.*, (*ant*) desinare *m.* **2** (*evening meal*) cena *f.* **3** (*formal meal*) pranzo *m.* (ufficiale). **4** (*feast*) banchetto *m.* ☐ *~ bell* campanello che annuncia il pranzo; (*Abbigl*) *~ clothes* vestito da sera; *~ dance* pranzo seguito da un ballo; *to have ~:* 1 (*around midday*) pranzare; 2 (*in*

the evening) cenare; (*Abbigl*) *~ jacket* smoking; *~ party* pranzo (con ospiti); *~ salad* insalatona; *~ service* servizio (di posate) da tavola; *~ table*: 1 tavola da pranzo; 2 (*fig*) (*dinner*) pranzo; *~ theatre* spettacolo teatrale con cena inclusa; *~ time*: 1 (*in the evening*) ora di cena; 2 (*around midday*) ora di pranzo.

dinosaur /'daɪnəsɔːr *Am* 'daɪnəsɔːr/ *n.* (*Paleont*) dinosauro *m.*

dinosaurian /ˌdaɪnə'sɔːriən/ **I** *a.* (*Paleont*) di dinosauro, relativo a dinosauro. **II** *n.* (*Paleont*) dinosauro *m.*

dint /dɪnt/ **I** *n.* **1** (*dent*) tacca *f.*, dentello *m.* **2** (*rar*) (*force*) forza *f.* **II** *v.t.* fare una tacca su. ☐ *by ~ of hard work* a forza di duro lavoro, lavorando duramente.

diocesan /daɪ'ɒsɪsən *Am* daɪ'ɑːsɪsən/ **I** *a.* (*Rel*) diocesano. **II** *n.* (*Rel*) vescovo *m.* diocesano.

diocese /'daɪəsɪs, 'daɪəsiːs/ *n.* (*Rel*) diocesi *f.*

Diocletian /ˌdaɪə'kliːʃən, ˌdaɪə'kliːʃiən/ *n.pr.m.* (*Stor.rom*) Diocleziano.

diode /'daɪoʊd/ *n.* (*Elettron*) diodo *m.*

Dionysiac /ˌdaɪə'nɪsiæk/ *a.* (*Stor.gr*) dionisiaco (*anche fig*).

Dionysian /ˌdaɪə'nɪsɪən, *Am also* ˌdaɪə 'nɪʃ(i)ən/ *a.* (*Stor.gr*) dionisiaco (*anche fig*).

Dionysus /ˌdaɪə'naɪsəs *Am also* ˌdaɪə'niːsəs/ *n.pr.m.* (*Mitol*) Dioniso.

diopside /daɪ'ɒpsaɪd *Am* daɪ'ɑːpsaɪd/ *n.* (*Min*) diopside *f.*

diopter /daɪ'ɑːptər/ *n.* (*Am,Ott*) diottria *f.*

dioptre /daɪ'ɒptər/ *n.* (*Ott*) diottria *f.*

dioptric /daɪ'ɒptrɪk *Am* daɪ'ɑːptrɪk/ *a.* (*Ott*) diottrico.

dioptrics /daɪ'ɒptrɪks *Am* daɪ'ɑːptrɪks/ *n.pl.* (*costr.sing.*) (*Ott*) diottrica *f.*

diorama /ˌdaɪə'rɑːmə *Am also* ˌdaɪə'ræmə/ *n.* (*Fot,Cin*) diorama *m.*

Dioscuri /ˌdaɪə'skjʊəri, ˌdaɪɒs'kjuri *Am* ˌdaɪɑː 'skjʊraɪ/ *n.pr.pl.* (*Mitol*) Dioscuri *m.pl.*

dioxide /daɪ'ɒksaɪd *Am* daɪ'ɑːksaɪd/ *n.* (*Chim*) diossido *m.*, biossido *m.*

dioxin /daɪ'ɒksɪn *Am* daɪ'ɑːksɪn/ *n.* (*Chim*) diossina *f.*

dip[1] /dɪp/ (*past, p.p.* **dipped** /-t/) **I** *v.t.* **1** immergere, bagnare, tuffare: *to ~ one's hand into a stream* immergere la mano in un ruscello. **2** (*to lower*) abbassare. **3** (*of a flag*) ammainare (in segno di saluto). **4** (*Mot*) abbassare, attenuare: *to ~ the headlights* abbassare le luci. **II** *v.i.* **1** immergersi, tuffarsi, calarsi. **2** (*to sink, to drop down*) scendere, abbassarsi: *the plane -ped behind the mountains* l'aereo si abbassò dietro le montagne. **3** (*to incline downward*) declinare, digradare, scendere, essere in pendio, essere in declivio: *the road -ped* la strada prese a digradare. **4** (*fig*) (*to decrease slightly*) subire un leggero calo, subire un leggero ribasso. **5** (*fig*) (*to make inroads into*) attingere (*into* da), intaccare (qcs.): *to ~ into one's savings* intaccare i propri risparmi. **6** (*fig*) (*to engage slightly*) interessarsi superficialmente (a), farsi un'infarinatura (di). **7** (*fig*) (*of a book*) leggere qua e là, scorrere. **8** (*Aer*) scendere in picchiata (prima di risalire). ☐ (*Aut*) *to ~ and switch* rientrare nella corsia, mettersi in coda; *to ~ candles* fabbricare candele immergendo lo stoppino nel sego fuso; (*Am*) *to ~ icecream* prendere il gelato con una paletta; (*fig*) *to ~ into one's pockets* (*o to ~ into one's purse*) spendere e spandere; (*fig*) *to ~ into your savings* spendere denaro, mettere mano alla borsa; (*fig*) *to ~ one's pen in gall* intingere la penna nel fiele; (*sl,volg*) *to ~ one's wick* bagnare il biscottino.

dip[2] /dɪp/ *n.* **1** immersione *f.*, tuffo *m.* **2** (*downward slope*) pendenza *f.*, pendio *m.*, di-

scesa *f.*, declivio *m.*: *a ~ in the road* una pendenza della strada. **3** (*hollow in the land*) depressione *f.*, avvallamento *m.* **4** (*colloq*) (*brief swim*) breve nuotata *f.*, tuffo *m.*, immersione *f.*: *to take a ~ in the ocean* fare una nuotatina. **5** (*fig*) (*moderate decrease*) leggera flessione *f.*: *a ~ in prices* una leggera flessione dei prezzi. **6** (*Minier,Geol*) pendenza *f.* **7** (*Gastron*) crema *f.*, salsa *f.* (in cui intingere). **8** (*Zootecn*) bagno *m.* disinfettante. **9** (*of a magnetic needle*) inclinazione *f.* magnetica. **10** (*Aer*) picchiata *f.*, tuffo *m.* **11** (*Am,colloq*) (*scoop*) pallina *f.* di gelato: *I'd like a double ~ of chocolate and pistachio, please* un cono cioccolato e pistacchio, per favore.

diphase /'daɪfeɪz/ *a.* (*El*) bifase.

diphasic /ˌdaɪ'feɪzɪk/ *a.* (*El*) bifase.

diphtheria /dɪf'θɪəriə *Am* ˌdɪf'θɪriə/ *n.* (*Med*) difterite *f.*

diphtherial /ˌdɪf'θɪəriəl *Am* ˌdɪf'θɪriəl/ *a.* (*Med*) difterico.

diphtheritic /ˌdɪfθə'rɪtɪk *Am* ˌdɪfθə'rɪṭɪk/ *a.* (*Med*) difterico.

diphtheroid /'dɪfθərɔɪd/ *a.* (*Med*) difterico.

diphthong /'dɪfθɒŋ *Am* 'dɪfθɑːŋ/ *n.* **1** (*Fon*) dittongo *m.* **2** (*Ling*) (*digraph*) digramma *m.*

diphthongal /dɪf'θɒŋ(g)əl *Am* 'dɪfθɑːŋ(g)əl/ *a.* (*Fon*) di dittongo, formante dittongo.

diphthongisation /ˌdɪfθɒŋ(g)aɪ'zeɪʃən/ *n.* (*Br,Fon*) dittongazione *f.*

diphthongise /'dɪfθɒŋ(g)aɪz/ **I** *v.t.* (*Br,Fon*) dittongare. **II** *v.i.* (*Br,Fon*) dittongare.

diphthongization /ˌdɪfθɒŋ(g)aɪ'zeɪʃən *Am* ˌdɪfθɑːŋ(g)ɪ'zeɪʃən/ *n.* (*Fon*) dittongazione *f.*

diphthongize /'dɪfθɒŋ(g)aɪz *Am* 'dɪfθɑːŋ(g)aɪz/ **I** *v.t.* (*Fon*) dittongare. **II** *v.i.* (*Fon*) dittongare.

diplex /'daɪpleks/ *a.* (*Rad*) duplex.

diploma /dɪ'ploʊmə/ (*pl.* **-s** /-z/, **-mata** /-mətə *Am* -məṭə/) *n.* diploma *m.*

diplomacy /dɪ'ploʊməsi/ *n.* **1** (*Dipl*) diplomazia *f.* **2** (*fig*) (*tact*) diplomazia *f.*, tatto *m.*

diplomat /'dɪpləmæt/ *n.* **1** (*Dipl*) diplomatico *m.* (*f.* -a). **2** (*fig*) diplomatico *m.* (*f.* -a), persona *f.* piena di tatto.

diplomate /'dɪpləmeɪt/ *n.* (*Am*) laureato *m.* (*f.* -a) che ha superato l'esame di stato.

diplomatic /ˌdɪplə'mætɪk *Am* ˌdɪplə'mæṭɪk/ *a.* **1** (*Dipl*) diplomatico. **2** (*fig*) diplomatico, pieno di tatto. ☐ (*Dipl*) *~ body* corpo diplomatico; (*Dipl*) *~ channel* via diplomatica; (*Dipl*) *~ corps* corpo diplomatico; (*Dipl*) *~ courier* corriere diplomatico; (*Dipl*) *~ immunity* immunità diplomatica.

diplomatically /ˌdɪplə'mætɪkəli *Am* ˌdɪplə 'mæṭɪkəli/ *avv.* **1** diplomaticamente. **2** (*fig*) con diplomazia, con tatto.

diplomatics /ˌdɪplə'mætɪks *Am* ˌdɪplə 'mæṭɪks/ *n.pl.* (*costr.sing.*) diplomatica *f.*

diplomatist /dɪ'ploʊmətɪst/ *n.* (*ant*) → **diplomat**.

dipody /'dɪpədi/ *n.* (*Metr*) dipodia *f.*

dipolar /'daɪpoʊlər, daɪ'poʊlər/ *a.* (*El*) bipolare.

dipole /'daɪpoʊl/ *n.* (*El*) dipolo *m.*

dipped /dɪpt/ ☐ (*Aut*) *~ headlamp* faro a luce anabbagliante.

dipper /'dɪpər/ *n.* **1** (*container*) mestolo *m.*, (*ant*) ramaiolo *m.* **2** (*person who dips*) chi immerge, chi bagna. **3** (*Ornit*) (*water ouzel*) merlo *m.* acquaiolo.

Dipper /'dɪpər/ *n.pr.* (*Astr*) **1** (*Big Dipper*) Orsa *f.* maggiore, Gran Carro *m.* **2** (*Little Dipper*) Orsa *f.* minore, Piccolo Carro *m.*

dippy /'dɪpi/ *a.* (*colloq*) un po' matto, tocco, picchiato.

dipshit /'dɪpʃɪt/ *n.* (*Am,volg*) stronzo *m.* (*f.* -a), testa *f.* di cazzo.

dipsomania /ˌdɪpsoʊ'meɪniə/ *n.* (*Med*) dipsomania *f.*

dipsomaniac /ˌdɪpsoʊˈmeɪniæk/ *n.* (*Med*) dipsomane *m./f.*, alcolizzato *m.* (*f.* -a).

dipsomaniacal /ˌdɪpsoʊməˈnaɪəkəl/ *a.* (*Med*) dipsomane.

dipstick /ˈdɪpstɪk/ *n.* (*Mot*) asta *f.* di livello.

DIP switch /ˈdɪpswɪtʃ/ *n.* (*Elettron*) DIP switch *m.*, microinterruttore *m.*

dipteral /ˈdɪptərəl/ *a.* **1** (*Arch*) dittero. **2** (*Entom*) dei ditteri.

dipteran /ˈdɪptərən/ **I** *a.* (*Entom*) dei ditteri. **II** *n.* (*Entom*) dittero *m.*

dipterous /ˈdɪptərəs/ *a.* (*Entom*) dei ditteri.

diptych /ˈdɪptɪk/ *n.* (*Archeol,Art*) dittico *m.*

dir. *director* dir. (direttore).

dire /daɪər/ *a.* **1** terribile, tremendo, atroce. **2** (*ominous*) sinistro, infausto. **3** (*urgent*) urgente, pressante, estremo: *~ need* urgente bisogno.

direct /d(a)ɪˈrekt/ **I** *v.t.* **1** dirigere, comandare: *to ~ a company* dirigere una società. **2** (*to guide*) dirigere, guidare. **3** (*to order*) ordinare: *the judge -ed him to pay costs* il giudice gli ordinò di pagare le spese. **4** (*Am,Cin,Teat*) dirigere, curare la regia di: *to ~ a play* curare la regia di un'opera teatrale; *to - a film* dirigere un film. **5** (*Mus*) dirigere. **6** (*to show the way*) indirizzare, indicare la strada a: *can you ~ me to the consulate?* mi può indicare la strada per il consolato? **7** (*to point, to aim*) dirigere, rivolgere, destinare: *my criticism was not -ed at you* la mia critica non era diretta contro di te. **8** (*of one's energies, attentions, etc.*) rivolgere, dedicare: *to ~ one's attention* to rivolgere l'attenzione verso. **9** (*of words, etc.*) rivolgere: *please ~ your remarks to the chair* per cortesia, rivolgere le osservazioni al presidente. **10** (*of a letter, etc.*) indirizzare. **II** *v.i.* **1** fare da guida. **2** (*to prescribe*) dare ordini, comandare. **3** (*Am, Cin,Teat*) curare la regia, dirigere. **4** (*Mus*) dirigere. **III** *a.* **1** diretto: *the ~ rays of the sun* i raggi diretti del sole. **2** (*by the shortest course*) diretto, diritto, breve: *a ~ route* una strada diretta. **3** (*without an intermediary*) diretto, immediato: *in ~ contact* in contatto diretto; *~ descendant* discendente diretto. **4** (*straightforward*) chiaro, franco, schietto: *a ~ answer* una chiara risposta. **5** (*exact*) esatto, preciso. **6** (*Gramm*) diretto: *~ speech* discorso diretto. **7** (*El*) continuo. **8** (*Mat*) diretto. **IV** *avv.* **1** direttamente, diretto. **2** (*TV*) in diretta. □ (*Pol*) *~ action* azione diretta; (*Tecn*) *~ broadcasting satellite* satellite a diffusione diretta; (*Mecc*) *~ control* comando diretto; (*Econ*) *~ costing* sistema a costi diretti; (*El*) *~ current* corrente continua; (*Econ*) *~ deposit* accreditamento diretto in acconto bancario; (*Tel*) *~ dialling* teleselezione; (*Mecc*) *~ drive* presa diretta; (*Pol*) *~ election* elezione diretta; (*colloq*) *to give so. the ~ cut* fingere di non riconoscere qcu.; (*Ind*) *~ labour* (o *Am ~ labor*) manodopera diretta; (*El*) *~ lighting* illuminazione diretta; *in a ~ line* (*of a descendant*) in linea diretta; (*Inform*) *~ memory access* accesso diretto alla memoria; (*Pedag*) *~ method* metodo diretto; (*Gramm*) *~ object* complemento oggetto; *the ~ opposite* esattamente il contrario; (*TV*) *~ pick-up* ripresa diretta, trasmissione diretta; *-ing power* potere direttivo; (*US,Pol*) *~ primary* elezione primaria a votazione diretta; *in ~ proportion to* direttamente proporzionale a; (*Gramm*) *~ question* interrogativa diretta; (*Tecn*) *~ reading* lettura diretta; (*Econ*) *~ tax* imposta diretta; (*Econ*) *~ taxation* tassazione diretta; (*Ott*) *~ vision finder* mirino traguardo, mirino a visione diretta; (*El*) *~ voltage* corrente continua.

direct-current /d(a)ɪˌrektˈkʌrənt *Am* d(a)ɪ ˌrektˈkɜːrənt/ *a.* (*El*) a corrente continua.

direct-dial /d(a)ɪˈrekt,daɪəl/ *v.t.* (*Tel*) chiamare in teleselezione, telefonare in teleselezione. □ (*Tel*) *~ call* telefonata in teleselezione.

direct-injection /d(a)ɪˌrektɪnˈdʒekʃən/ □ (*Mot*) *~ engine* motore a iniezione diretta.

direction /d(a)ɪˈrekʃən/ *n.* **1** direzione *f.*, senso *m.*: *in the opposite ~* nella direzione opposta. **2** (*fig*) direzione *f.*, indirizzo *m.*, corso *m.*, tendenza *f.* **3** (*management*) direzione *f.* **4** (*order, command*) direzione *f.*, guida *f.*: *he did the work under my ~* ha fatto il lavoro sotto la mia direzione. **5** *spec.pl.* (*address on a letter, etc.*) indirizzo *m.* **6** (*Cin,Teat*) regia *f.*, direzione *f.* **7** (*Mus*) (*directing*) direzione *f.*; (*sign, phrase*) indicazione *f.*, didascalia *f.* **8** *pl.* (*instructions*) direttive *f.pl.*, istruzioni *f.pl.*, indicazioni *f.pl.*: *read the -s carefully* leggere attentamente le istruzioni. □ *in all -s* in tutte le direzioni; *from all -s* da ogni direzione; (*Strad*) *~ board* indicatore stradale; (*Rad*) *~ finder* radiogoniometro; (*Rad*) *~ finding* radiorilevamento; *in the ~ of* in direzione di, alla volta di, verso; (*Aer*) *~ indicator* indicatore di direzione; (*Strad*) *~ to be followed* senso obbligatorio.

directional /d(a)ɪˈrekʃənl/ *a.* direzionale (*anche Rad*). □ (*Rad*) *~ aerial* (o *~ antenna*) antenna direzionale.

directionality /d(a)ɪˌrekʃəˈnæliti *Am* d(a)ɪ ˌrekʃəˈnæləti/ *n.* direzionalità *f.* (*anche Rad*).

directionless /d(a)ɪˈrekʃənləs/ *a.* senza direzione (*anche fig*).

directive /d(a)ɪˈrektɪv/ **I** *a.* **1** direttivo. **2** (*indicating direction*) che indica la direzione. **II** *n.* direttive *f.pl.*, istruzioni *f.pl.*

directly /d(a)ɪˈrektli/ **I** *avv.* **1** direttamente. **2** (*immediately*) immediatamente, subito. **3** (*very soon*) ben presto, tra breve: *he'll be here* ~ sarà qui tra breve. **4** (*absolutely*) completamente, del tutto: *~ opposed opinions* opinioni diametralmente opposte. **5** (*without intervening space*) esattamente, proprio: *~ opposite the cinema* proprio di fronte al cinema. **II** *congz.* (*Br,colloq*) (non) appena.

directness /d(a)ɪˈrektnəs/ *n.* **1** l'essere diretto, l'essere immediato. **2** (*frankness*) chiarezza *f.*, franchezza *f.*, schiettezza *f.* □ *~ of manner* maniere spontanee; *~ of speech* modo di parlare esplicito.

director /d(a)ɪˈrektər/ *n.* **1** direttore *m.* (*f.* -trice), dirigente *m./f.* **2** (*Comm*) direttore *m.* (*f.* -trice) (amministrativo), amministratore *m.* (*f.* -trice); (*of a board*) consigliere *m.* di amministrazione. **3** (*Cin,Teat*) regista *m./f.* **4** (*Rel*) direttore *m.* spirituale. **5** (*Mus*) (*conductor*) direttore *m.* (*f.* -trice) di orchestra. □ *~'s chair* sedia da regista; *~ general* direttore generale.

directorate /d(a)ɪˈrektərət/ *n.* **1** direzione *f.*, attività *f.* di direttore. **2** (*body*) consiglio *m.* di amministrazione.

directorial /d(a)ɪˌrekˈtɔːriəl/ *a.* **1** direttoriale. **2** (*serving to direct*) direttivo.

directorship /d(a)ɪˈrektəʃɪp *Am* d(a)ɪ ˈrektərʃɪp/ *n.* **1** carica *f.* di direttore, carica *f.* di amministratore. **2** (*office*) amministrazione *f.*

directory /d(a)ɪˈrektəri/ *n.* **1** annuario *m.*, elenco *m.* nominativo. **2** (*telephone directory*) elenco *m.* telefonico. **3** (*street directory*) guida *f.* stradale. **4** (*book of directions*) libro *m.* di istruzioni, manuale *f.* di istruzioni. **5** (*Rel*) direttorio *m.* □ (*Tel*) *~ enquiries* servizio informazioni telefoniche.

Directory /d(a)ɪˈrektəri/ *n.* (*Stor*) direttorio *m.*

directress /d(a)ɪˈrektrəs/ *n.* direttrice *f.*

directrix /d(a)ɪˈrektrɪks/ (*pl.* **-trices** /-ˈtraɪsiːz/) *n.* **1** (*Mat*) direttrice *f.* **2** (*rar*) → **directress.**

direful /ˈdaɪəfʊl *Am* ˈdaɪərfʊl/ *a.* (*lett*) spaventoso, terribile.

direfully /ˈdaɪəfʊli *Am* ˈdaɪərfʊli/ *avv.* (*lett*) in modo spaventoso, terribilmente, spaventosamente: *seeing himself trapped, he cried our ~* trovatosi in trappola, urlò in modo spaventoso.

direfulness /ˈdaɪəfʊlnəs *Am* ˈdaɪərfʊlnəs/ *n.* orrore *m.*

direly /ˈdaɪəli/ *avv.* terribilmente, tremendamente.

direness /ˈdaɪənəs *Am* ˈdaɪərnəs/ *n.* atrocità *f.*, orrore *m.*, mostruosità *f.*

dirge /dɜːdʒ *Am* dɜːrdʒ/ *n.* **1** canto *m.* funebre, inno *m.* funebre. **2** (*Lett*) lamento *m.* **3** (*fig*) canto *m.* lamentoso, lamento *m.*

dirgeful /ˈdɜːdʒfʊl *Am* ˈdɜːrdʒfʊl/ *a.* (*moaning*) da funerale, lamentoso.

dirigible /ˈdɪrɪdʒəbl, dɪˈrɪdʒəbl/ **I** *n.* (*Aer*) dirigibile *m.*, aerostato *m.*, aeronave *f.* **II** *a.* dirigibile: *~ balloon* pallone dirigibile.

dirigisme /ˌdɪrɪˈʒiːzm *Br also* ˈdɪrɪʒɪzm/ *n.* (*Econ*) dirigismo *m.*

dirigiste /ˌdɪrɪˈʒiːst, ˈdɪrɪʒɪst/ *a.* dirigistico.

dirigistic /ˌdɪrɪˈʒiːstɪk, ˈdɪrɪʒɪstɪk/ *a.* dirigistico.

dirk /dɜːk *Am* dɜːrk/ **I** *n.* dirk *m.*, pugnale *m.* (scozzese). **II** *v.t.* pugnalare.

dirndl /ˈdɜːndl *Am* ˈdɜːrndl/ *n.* (*Abbigl*) dirndl *m.*, vestito *m.* alla tirolese.

dirt /dɜːt *Am* dɜːrt/ *n.* **1** sporcizia *f.*, sudiciume *m.*, (*colloq*) porcheria *f.* **2** (*earth, soil*) fango *m.*, terriccio *m.* **3** (*fig*) (*moral filth*) sozzura *f.*, bruttura *f.*, lordura *f.* **4** (*fig*) (*obscene language*) linguaggio *m.* osceno. **5** (*fig,colloq*) (*malicious gossip*) maldicenza *f.*, pettegolezzo *m.*; (*scandalous information*) fango *m.*: *to fling ~ at so.* gettare fango su qcu. □ (*Geol*) *~ bed* strato di torba; *~ bike* motocicletta fuoristrada; (*sl*) *~ cheap* a bassissimo prezzo, da quattro soldi; (*Am,colloq*) *~ farmer* coltivatore diretto; (*fig*) *to treat so. like ~* trattare qcu. come spazzatura; (*sl*) *~ poor* poverissimo, povero in canna; *~ road* strada non asfaltata, strada in terra battuta; (*Sport*) *~ track* pista di terra battuta (per corse motociclistiche).

dirt-cheap /ˈdɜːtˌtʃiːp *Am* ˈdɜːrtˌtʃiːp/ **I** *a.* (*sl*) da due soldi, da quattro soldi, di poco prezzo. **II** *avv.* (*sl*) a bassissimo prezzo, per pochi soldi.

dirtiness /ˈdɜːtɪnəs *Am* ˈdɜːrtɪnəs/ *n.* **1** sporcizia *f.*, sudiciume *m.*, lordura *f.*, sozzura *f.* **2** (*fig*) (*moral filthiness*) bassezza *f.*, viltà *f.* **3** (*fig*) (*obscenity*) oscenità *f.*, sconcezza *f.*

dirty /ˈdɜːti *Am* ˈdɜːrti/ **I** *a.* **1** sporco, sudicio, lordo, sozzo. **2** (*fig*) (*vile, mean*) basso, vile, meschino. **3** (*fig*) (*obscene*) osceno, sconcio, sporco: *~ jokes* barzellette sporche. **4** (*fig*) (*not fair*) brutto, scorretto, sleale: *a ~ football player* un calciatore scorretto; *a ~ trick* un brutto tiro. **5** (*of the weather*) orribile, (*colloq*) da cani, da lupi. **6** (*Nucl*) sporco: *a ~ bomb* una (bomba) atomica sporca. **II** *v.t.* sporcare, insudiciare, lordare, insozzare. **III** *v.i.* sporcarsi, insudiciarsi, insozzarsi. □ (*Br,colloq*) *to do the ~ on so.* giocare un brutto tiro a qcu., giocare un brutto scherzo a qcu.; (*fig*) *to ~ one's hands* sporcarsi le mani; *to give so. a ~ look* guardare qcu. in cagnesco; *~ money* denaro sporco, denaro di dubbia provenienza, guadagno illecito; (*colloq*) *~ old man* vecchio sporcaccione; (*Br,colloq*) *~ weekend* weekend trascorso (segretamente) con l'amante; *~ word*: **1** (*swear word*) parolaccia, parola sconcia; **2** (*sth. disapproved* ⁿ) brutta parola; (*colloq*) ~ **work** azione sporca, azione disonesta, (*colloq*) porcheria: *ig*) *to leave the* ~ *work to someone else* lasciare tutte le gatte da pelare a qualcun altro, lasciare tutte le rogne a qualcun altro; *to do ⱶ's* ~ **work** fare lo sporco lavoro di qcu., ⱶgliere le castagne dal fuoco a qcu., beccarⱶ le rogne di qcu.

isability /,dɪsə'bɪlɪti Am ,dɪsə'bɪləţi/ *n*. 1 inⱶapacità *f*. 2 (*physical impairment, loss*) ⱶandicap *m*., menomazione *f*. 3 (*handicap*) ⱶvantaggio *m*. 4 (*Dir*) incapacità *f*., inabilità *f*. ⱶ (*Assic*) ~ *benefit* indennità per invalidità ʰemporanea) al lavoro; (*Assic*) ~ *clause* ⱶlausola di invalidità; (*Assic*) ~ *insurance* asⱶicurazione contro l'invalidità; ~ *pension* ⱶensione di invalidità; ~ *pensioner* pensioⱶato di invalidità; ~ *percentage* percentuale ⱶi invalidità.

ⱶisable /dɪ'seɪbⱶ/ *v.t.* 1 mutilare. 2 (*to incaⱶacitate*) rendere inabile, rendere invalido. ⱶ (*Dir*) inabilitare, dichiarare giuridicamente ⱶncapace (ad agire). 4 (*Elettron*) disattivare.

ⱶisabled /dɪ'seɪbⱶd/ *a*. handicappato, disabiⱶe, minorato: *mentally* ~ disabile psichico; ⱶhysically ~ disabile fisico; ~ *people* i disaⱶili. ◻ (*Mil*) ~ *ex serviceman* mutilato di ⱶuerra; (*Am*) ~ *workers benefit* pensione di ⱶnvalidità.

ⱶisablement /dɪ'seɪbⱶmənt/ *n*. 1 il rendere ⱶnabile, il rendere invalido. 2 (*Dir*) inabilitaⱶione *f*.

ⱶisabuse /,dɪsə'bjuːz/ *v.t.* disingannare, diⱶilludere (*of* su).

ⱶisaccord /,dɪsə'kɔːd Am ,dɪsə'kɔːrd/ I *n*. diⱶaccordo *m*., dissenso *m*., divergenza *f*. II *v.i.* ⱶiscordare, dissentire (*with* da).

ⱶisaccustom /,dɪsə'kʌstəm/ *v.t.* disabituare.

ⱶisadvantage /,dɪsəd'vɑːntɪdʒ Am ,dɪsəd væntɪdʒ/ I *n*. 1 svantaggio *m*. (*to* per), condiⱶione *f*. sfavorevole: *to our great* ~ con noⱶtro grande svantaggio. 2 (*loss, injury*) svanⱶaggio *m*., danno *m*., detrimento *m*., discapito ⱶm. II *v.t.* danneggiare, recare detrimento a. ◻ *to be at a* ~ essere in (condizioni di) ⱶvantaggio, essere in condizioni sfavorevoli.

ⱶisadvantageous /,dɪsædvən'teɪdʒəs/ *a*. svantaggioso, sfavorevole.

ⱶisadvantageously /,dɪsædvən'teɪdʒəsli/ *avv*. svantaggiosamente, sfavorevolmente.

ⱶisaffect /,dɪsə'fekt/ *v.t.* 1 disaffezionare, diⱶamorare. 2 (*to raise discontent in*) suscitare malcontento in.

ⱶisaffected /,dɪsə'fektɪd/ *a*. 1 disamorato. 2 (*rebellious*) ostile, ribelle.

ⱶisaffectedness /,dɪsə'fektɪdnəs/ *n*. 1 diⱶsaffezione *f*. 2 (*hostility*) ostilità *f*.

ⱶisaffection /,dɪsə'fekʃən/ *n*. 1 disaffezione *f*. 2 (*hostility*) ostilità *f*.

ⱶisaffiliate /,dɪsə'fɪlieɪt/ *v.i.* disaffiliarsi.

ⱶisaffiliation /,dɪsəfɪli'eɪʃən/ *n*. disaffiliazione *f*.

ⱶisaffirm /,dɪsə'fɜːm Am ,dɪsə'fɜːrm/ *v.t.* 1 confutare, contraddire, contestare. 2 (*Dir*) annullare, revocare, cassare; (*of a contract*) risolvere.

ⱶisaffirmation /,dɪs,æfɜː'meɪʃən Am dɪs ,æfɜːr'meɪʃən/ *n*. 1 confutazione *f*. 2 (*Dir*) anⱶnullamento *m*., revoca *f*.; (*of a contract*) risoluzione *f*.

ⱶisafforest /,dɪsə'fɒrɪst Am ,dɪsə'fɔːrɪst/ *v.t.* disboscare, (*rar*) diboscare.

ⱶisafforestation /,dɪsə,fɒrɪ'steɪʃən Am ,dɪsə ,fɔːrɪ'steɪʃən/ *n*. disboscamento *m*., (*rar*) diboscamento *m*.

ⱶisaforestment /,dɪsə'fɒrɪstmənt Am ,dɪsə 'fɔːrɪstmənt/ *n*. disboscamento *m*., (*rar*) diboscamento *m*.

disaggregate /,dɪs'ægrɪgeɪt/ *v.t.* disaggre-

gare, frazionare, disarticolare.

disaggregation /,dɪs,ægrɪ'geɪʃən/ *n*. disaggregazione *f*., frazionamento *m*.

disagree /,dɪsə'griː/ *v.i.* 1 non essere d'accordo (*with* con): *I* ~ *with you* non sono d'accordo con te. 2 (*to dissent*) non essere d'accordo, discordare, dissentire (*with, on* su). 3 (*to cause discomfort*) fare male, non confarsi, non essere adatto (*with* a): *sea air -s with her* l'aria di mare non le si confà.

disagreeable /,dɪsə'griːəbⱶ/ *a*. 1 sgradevole, antipatico, spiacevole. 2 (*ill-tempered*) di carattere difficile, antipatico, scontroso.

disagreeableness /,dɪsə'griːəbⱶnəs/ *n*. sgradevolezza *f*., spiacevolezza *f*.

disagreement /,dɪsə'griːmənt/ *n*. 1 disaccordo *m*., dissenso *m*.: *to be in* ~ *with so. about sth.* essere in disaccordo con qcu. su qcs. 2 (*difference of opinion*) dissenso *m*., divergenza *f*. 3 (*dispute*) discordia *f*., dissapore *m*. (*over, on* su). 4 (*discrepancy*) discrepanza *f*., diversità *f*.

disallow /,dɪsə'laʊ/ *v.t.* 1 non permettere, respingere. 2 (*to veto*) porre il veto a. 3 (*to refuse assent to*) non ammettere, non riconoscere.

disallowance /,dɪsə'laʊəns/ *n*. rigetto *m*., rifiuto *m*., divieto *m*.

disambiguate /,dɪsæm'bɪgjueɪt/ *v.t.* (*Ling*) disambiguare.

disambiguation /,dɪsæm,bɪgju'eɪʃən/ *n*. (*Ling*) disambiguazione *f*.

disamenity /,dɪsə'meniti Am ,dɪsə'menəţi/ *n*. (*rar*) (*unpleasant characteristics*) disamenità *f*.

disannul /,dɪsə'nʌl/ *v.t.* (*Dir*) annullare, revocare.

disappear /,dɪsə'pɪər Am ,dɪsə'pɪr/ *v.t.* 1 scomparire, sparire, svanire. 2 (*to cease to be*) finire.

disappearance /,dɪsə'pɪərəns Am ,dɪsə 'pɪrəns/ *n*. scomparsa *f*., sparizione *f*.

disappoint /,dɪsə'pɔɪnt/ *v.t.* 1 deludere, lasciar deluso. 2 (*to fail to meet expectations*) deludere, disattendere, disilludere.

disappointed /,dɪsə'pɔɪntɪd Am ,dɪsə 'pɔɪntɪd/ *a*. deluso (*in, with* da): *he was* ~ *at not winning* ci è rimasto male perché non ha vinto (*o* per non aver vinto); *to feel* ~ *about sth*. restare male per qcs., restare deluso di qcs.; *to look* ~ avere l'aria delusa. ◻ *to be* ~ *in love* avere delle delusioni amorose; *a* ~ *man* un uomo insoddisfatto, un uomo scontento.

disappointing /,dɪsə'pɔɪntɪŋ Am ,dɪsə 'pɔɪntɪŋ/ *a*. deludente, scoraggiante, spiacevole. ◻ *how* ~! che contrattempo!, che scocciatura!

disappointingly /,dɪsə'pɔɪntɪŋli Am ,dɪsə 'pɔɪntɪŋli/ *avv*. in modo deludente, purtroppo: *progress was* ~ *slow* purtroppo i progressi erano lenti.

disappointment /,dɪsə'pɔɪntmənt/ *n*. 1 delusione *f*., disappunto *m*.: *to meet with a* ~ avere una delusione, subire una delusione; *to suffer a* ~ avere una delusione, subire una delusione; *to my great* ~ con mio grande disappunto. 2 (*person, thing*) delusione *f*.: *he was a great* ~ *to me* è stato una grande delusione per me.

disapprobation /,dɪs,æproʊ'beɪʃən Am ,dɪs ,æproʊ'beɪʃən/ *n*. disapprovazione *f*.

disapprobative /,dɪs,æproʊ'beɪtɪv Am ,dɪs ,æprə'beɪtɪv/ *a*. di disapprovazione.

disapprobatory /,dɪs,æproʊ'beɪtri, Am ,dɪs 'proʊbətɔːri/ *a*. di disapprovazione.

disapproval /,dɪsə'pruːvⱶ/ *n*. (*of* di), riprovazione *f*.: *in* ~ (*o with* ~) disapprovando.

disapprove /,dɪsə'pruːv/ I *v.t.* 1 disapprovare, riprovare. 2 (*to decline to sanction*) rigettare, respingere. II *v.i.* disapprovare (*of sth.* qcs.).

disapproving /,dɪsə'pruːvɪŋ/ *a*. con disapprovazione, critico, di disapprovazione.

disapprovingly /,dɪsə'pruːvɪŋli/ *avv*. con disapprovazione, in modo critico.

disarm /dɪ'sɑːm Am dɪ'sɑːrm/ I *v.t.* 1 disarmare. 2 (*to make harmless*) rendere innocuo. 3 (*fig*) disarmare: *to* ~ *so. with a smile* disarmare qcu. con un sorriso. 4 (*fig*) (*to win over*) disarmare, averla vinta su, parare: *to* ~ *criticism* parare una critica. II *v.i.* disarmare (*anche Pol*).

disarmament /dɪ'sɑːməmənt Am dɪ 'sɑːrməmənt/ *n*. disarmo *m*. (*anche Pol*).

disarmer /dɪ'sɑːmə Am dɪ'sɑːrmər/ *n*. (*Pol*) fautore *m*. (*f*. -trice) del disarmo.

disarming /dɪ'sɑːmɪŋ Am dɪ'sɑːrmɪŋ/ *a*. disarmante: ~ *honesty* sincerità disarmante.

disarmingly /dɪ'sɑːmɪŋli Am dɪ'sɑːrmɪŋli/ *avv*. (in modo) disarmante: *he is* ~ *honest* è di un'onestà disarmante.

disarrange /,dɪsə'reɪndʒ/ *v.t.* mettere in disordine, scompigliare, scompigliare.

disarrangement /,dɪsə'reɪndʒmənt/ *n*. disordine *m*., scompiglio *m*., confusione *f*.

disarray /,dɪsə'reɪ/ I *v.t.* mettere in disordine, buttare all'aria, scompigliare. II *n*. 1 disordine *m*., scompiglio *m*., confusione *f*. 2 (*disorderly dress*) abbigliamento *m*. trasandato.

disarticulate /,dɪsɑː'tɪkjuleɪt Am ,dɪsɑːr 'tɪkjuleɪt/ I *v.t.* 1 disarticolare, disgiungere. 2 (*Chir*) disarticolare. II *v.i.* disarticolarsi.

disarticulation /,dɪsɑː,tɪkju'leɪʃən Am ,dɪsɑːr ,tɪkju'leɪʃən/ *n*. disarticolazione *f*. (*anche Chir*).

disassemble /,dɪsə'sembⱶ/ *v.t.* 1 smontare. 2 (*Inform*) disassemblare.

disassembler /,dɪsə'semblər/ *n*. (*Inform*) disassemblatore *m*.

disassembly /,dɪsə'sembli/ *n*. (*of engines, etc*.) smontaggio *m*.

disassociate /,dɪsə'soʊsieɪt, ,dɪsə'soʊʃieɪt/ *v*. → **dissociate**.

disassociation /,dɪsəsoʊsi'eɪʃən, ,dɪsəsoʊʃi 'eɪʃən/ *n*. → **dissociation**.

disaster /dɪ'zɑːstə Am dɪ'zæstər/ *n*. 1 disastro *m*., calamità *f*., sinistro *m*.: *natural* ~ calamità naturale. 2 (*fiasco*) (completo) fallimento *m*., disastro *m*., (*colloq*) fiasco *m*. 3 (*Mil*) disastro *m*. ◻ ~ *area* zona del disastro, zona sinistrata.

disastrous /dɪ'zɑːstrəs Am dɪ'zæstrəs/ *a*. disastroso.

disastrously /dɪ'zɑːstrəsli Am dɪ'zæstrəsli/ *avv*. disastrosamente: *the trip ended* ~ la gita si risolse in un disastro.

disavow /,dɪsə'vaʊ/ *v.t.* disconoscere, ripudiare, sconfessare, rinnegare: *to* ~ *the paternity of a child* disconoscere la paternità di un figlio.

disavowal /,dɪsə'vaʊⱶ/ *n*. disconoscimento *m*., sconfessione *f*.

disband /dɪs'bænd/ I *v.t.* 1 sciogliere: *to* ~ *a corporation* sciogliere una società. 2 (*Mil*) congedare. II *v.i.* 1 sciogliersi, disperdersi, sparpagliarsi. 2 (*Mil*) (*to break ranks*) sbandarsi.

disbandment /dɪs'bændmənt/ *n*. scioglimento *m*., dispersione *f*.

disbar /dɪs'bɑː Am dɪs'bɑːr/ *v.t.* (*Dir*) radiare dall'albo (degli avvocati).

disbarment /dɪs'bɑːmənt Am dɪs'bɑːrmənt/ *n*. (*Dir*) radiazione *f*. dall'albo (degli avvocati).

disbelief /,dɪsbɪ'liːf/ *n*. incredulità *f*.

disbelieve /,dɪsbɪ'liːv/ I *v.t.* non credere a, rifiutarsi di credere a. II *v.i.* non credere (*in* a).

disbeliever /ˌdɪsbɪˈliːvəʳ/ n. incredulo m. (f. -a).

disbranch /dɪsˈbrɑːnʃ Am dɪsˈbrænʃ/ v.t. (Agr, Giard) privare dei rami, potare.

disbud /dɪsˈbʌd/ v.t. (Agr) scacchiare, togliere i germogli (inutili) a.

disburden /dɪsˈbɜːdən Am dɪsˈbɜːrdən/ v.t. **1** scaricare, liberare da un peso. **2** (fig) sgravare, alleggerire, alleviare.

disbursal /dɪsˈbɜːsəl Am dɪsˈbɜːrsəl/ n. esborso m., sborsamento m.

disburse /dɪsˈbɜːs Am dɪsˈbɜːrs/ v.t. sborsare.

disbursement /dɪsˈbɜːsmənt Am dɪsˈbɜːrsmənt/ n. **1** sborso m., pagamento m., spesa f., esborso m. **2** (money paid out) disborso m.

disc /dɪsk/ n. → **disk**.

disc. **1** discount sc. (sconto). **2** discovered (scoperto).

discalced /dɪsˈkælst/ a. (Rel.catt) scalzo.

discard /dɪˈskɑːd Am dɪˈskɑːrd/ I v.t. **1** scartare, eliminare. **2** (of a garment) smettere. **3** (to give up) rinunciare a, abbandonare: to ~ a habit abbandonare un'usanza. **4** (in cards) scartare. II v.i. (in cards) scartare, fare uno scarto. III n. **1** (in cards) scarto m. **2** (cast-off) scarto m., rifiuto m.

discardable /dɪˈskɑːdəbl̩ Am dɪˈskɑːrdəbl̩/ a. scartabile, eliminabile.

discarnate /dɪsˈkɑːnɪt Am dɪsˈkɑːrnɪt/ a. disincarnato, incorporeo.

discern /dɪˈsɜːn Am dɪˈsɜːrn/ I v.t. **1** discernere, scorgere, percepire: to ~ a ship on the horizon scorgere una nave all'orizzonte. **2** (mentally) discernere, capire. **3** (to distinguish) discernere, distinguere. II v.i. discernere, distinguere: to ~ between good and bad distinguere tra il bene e il male.

discernible /dɪˈsɜːnəbl̩ Am dɪˈsɜːrnəbl̩/ a. distinguibile, discernibile, visibile, percepibile.

discerning /dɪˈsɜːnɪŋ Am dɪˈsɜːrnɪŋ/ a. **1** dotato di discernimento, acuto, perspicace: a ~ critic un critico acuto. **2** (of intelligence) penetrante, sottile, acuto.

discerningly /dɪˈsɜːnɪŋli Am dɪˈsɜːrnɪŋli/ avv. (judiciously) sensatamente, acutamente, perspicacemente.

discernment /dɪˈsɜːnmənt Am dɪˈsɜːrnmənt/ n. discernimento m., acume m., sagacia f.

discerptibility /dɪˌsɜːptəˈbɪlɪti Am dɪˌsɜːrptə ˈbɪləti/ n. l'essere divisibile, l'essere separabile.

discerptible /dɪˈsɜːptəbl̩ Am dɪˈsɜːrptəbl̩/ a. **1** divisibile, separabile. **2** (capable of being torn apart) che si può strappare.

discharge¹ /dɪsˈtʃɑːdʒ Am dɪsˈtʃɑːrdʒ/ I v.t. **1** scaricare: to ~ a ship scaricare una nave. **2** (of a load, cargo) scaricare, sbarcare. **3** (Arm) (of a firearm) scaricare; (of a projectile) sparare, far esplodere. **4** (to pour forth, to emit) mandar fuori, versare, gettare. **5** (to release) rilasciare, liberare: to ~ a criminal rilasciare un criminale. **6** (from a hospital) dimettere. **7** (to relieve of office, etc.) licenziare, dimettere. **8** (Mil) congedare. **9** (to carry out) assolvere, adempiere, compiere: to ~ one's duties assolvere i propri doveri. **10** (of a debt) far fronte a, pagare; (of a liability) adempiere. **11** (rifl.) to ~ oneself (of a river) gettarsi. **12** (Med) secernere, emettere. **13** (Dir) (to release) assolvere; (of a bankrupt) riabilitare; (to annul) annullare, revocare. **14** (El) scaricare. **15** (Tecn) (in dyeing) stingere, decolorare. II v.i. **1** scaricare. **2** (Arm) (of a firearm) scaricarsi, sparare. **3** (Tecn) (of dyes) stingere. **4** (to emit liquid) mandar fuori, buttare, versare. **5** (Med) (of an abscess) emettere pus; (of wounds) suppurare. **6** (El)

scaricarsi. ☐ (Dir) to ~ a debt estinguere un debito; (Dir) to ~ a jury congedare i membri di una giuria, sciogliere una giuria; (Dir) to ~ a person from an obligation liberare qcu. da un obbligo.

discharge² /ˈdɪstʃɑːdʒ Am ˈdɪstʃɑːrdʒ/ n. **1** scarico m., scaricamento m. **2** (Arm) scarica f., sparo m. **3** (of arrows) scarica f. **4** (release, emission) emissione f., efflusso m., scarico m.; (sth. emitted) scarico m. **5** (rate of flow) flusso m. **6** (Med) fuoruscita f. (di pus), scolo m. (purulento). **7** (release) rilascio m., liberazione f.: the ~ of a prisoner il rilascio di un prigioniero. **8** (from hospital) dimissione f. **9** (dismissal) licenziamento m. **10** (Mil) congedo m.; (certificate) congedo m., foglio m. di congedo. **11** (Dir) (acquittal) proscioglimento m., esonero m.; (liberation) liberazione f.; (of a bankrupt) riabilitazione f.; (annulment) annullamento m., abrogazione f. **12** (fulfilment) adempimento m., assolvimento m., compimento m.: the ~ of one's duties l'adempimento dei propri doveri. **13** (payment of a debt) pagamento m.; (certification) quietanza f. **14** (El) scarica f. ☐ (Dir) ~ in bankruptcy revoca di fallimento; ~ into the sea scarico in mare; (El) ~ lamp lampada a luminescenza, lampada a scarica; ~ manifold collettore di scarico; (Comm) ~ note ordine di sbarco; (Mar) ~ of cargo sbarco del carico; in the ~ of his duties nell'esercizio delle sue funzioni; ~ signature firma per quietanza.

discharger /dɪsˈtʃɑːdʒəʳ Am dɪsˈtʃɑːrdʒəʳ/ n. (El,Mecc) scaricatore m.

disciple /dɪˈsaɪpl̩/ I n. discepolo m. (f. -a), seguace m./f. II v.t. fare un discepolo di, discepolare.

Disciple /dɪˈsaɪpl̩/ n. (Rel.catt) discepolo m.

discipleship /dɪˈsaɪpl̩ʃɪp/ n. discepolato m., stato m. di discepolo.

disciplinable /ˈdɪsɪplɪnəbl̩, ˌdɪsɪˈplɪnəbl̩/ a. **1** disciplinabile. **2** (subject to punishment) punibile: a ~ offence un reato punibile.

disciplinal /ˈdɪsɪplɪnəl/ a. disciplinare, di disciplina.

disciplinarian /ˌdɪsɪplɪˈneərɪən Am ˌdɪsɪplɪ ˈnerɪən/ I n. chi impone la disciplina, chi crede nella disciplina. II a. disciplinare, di disciplina.

disciplinary /ˌdɪsəˈplɪnəri, ˈdɪsəplɪnəri Am ˈdɪsəplɪneri/ a. disciplinare, di disciplina.

discipline /ˈdɪsɪplɪn/ I n. **1** disciplina f. (anche Rel). **2** (behaviour in accordance with rules) disciplina f., comportamento m. disciplinato. **3** (punishment) disciplina f., castigo m. **4** (branch of learning) disciplina f., materia f. di studio. II v.t. **1** disciplinare, educare alla disciplina. **2** (to train, to drill) addestrare. **3** (to punish) punire, castigare.

discipular /dɪˈsɪpjʊləʳ/ a. di discepolo.

disclaim /dɪsˈkleɪm/ v.t. **1** (to deny) negare, smentire. **2** (to disavow) disconoscere, ripudiare, rinnegare. **3** (Dir) rinunciare al diritto di.

disclaimer /dɪsˈkleɪməʳ/ n. **1** chi nega, chi smentisce. **2** (Dir) rinuncia f. **3** (repudiation) disconoscimento m., ripudio m.

disclose /dɪsˈkləʊz/ v.t. **1** svelare, rendere noto, divulgare: to ~ a secret svelare un segreto. **2** (to cause to be seen) scoprire, offrire alla vista.

disclosure /dɪsˈkləʊʒəʳ/ n. **1** rivelazione f., divulgazione f. **2** (Dir) (in a patent application) descrizione f.

disco /ˈdɪskəʊ/ I n. discoteca f. II a. da discoteca.

discobolus /dɪsˈkɒbələs Am dɪsˈkɑːbələs/ (pl. -li /-laɪ/) n. (Stor.gr,Art) discobolo m.

discographer /dɪsˈkɒɡrəfəʳ Am dɪ ˈkɑːɡrəfəʳ/ n. discografico m. (f. -a).

discography /dɪsˈkɒɡrəfi Am dɪsˈkɑːɡrəfi/ n. discografia f.

discoid /ˈdɪskɔɪd/, **discoidal** /dɪsˈkɔɪdəl/ a. discoidale, discoideo, discoide.

discolor /dɪˈskʌləʳ/ v. (Am) → **discolour**.

discoloration /dɪˌskʌləˈreɪʃən/ n. (Am) → **discolouration**.

discolour /dɪˈskʌləʳ/ I v.t. **1** scolorare, sbiadire, scolorire. **2** (to fade) appannare, offuscare. II v.i. **1** scolorirsi, scolorire. **2** (to become faded) appannarsi, offuscarsi. **3** (to become stained) macchiarsi, chiazzarsi.

discolouration /dɪˌskʌləˈreɪʃən/ n. **1** scoloramento m. **2** (fading) appannamento m., offuscamento m. **3** (stain) chiazza f., macchia f.

discoloured /dɪˈskʌləd Am dɪˈskʌlərd/ a. scolorito, stinto, sbiadito.

discomfit /dɪˈskʌm(p)fɪt/ v.t. **1** (to disconcert) sconcertare, sconvolgere. **2** (ant) (to thwart) frustrare, rendere vano, mandare a vuoto; (to defeat) sconfiggere, sgominare.

discomfiture /dɪˈskʌm(p)fɪtʃəʳ/ n. **1** (frustration) frustrazione f. **2** (confusion) confusione f., imbarazzo m. **3** (ant) (defeat) sconfitta f., disfatta f., insuccesso m.

discomfort /dɪˈskʌm(p)fət Am dɪ ˈskʌm(p)fərt/ I n. **1** mancanza f. di comodità, scomodità f., disagio m. **2** (slight, physical pain) afflizione f., pena f., sofferenza f., malessere m. (in a). **3** (sth. causing lack of comfort) incomodo m., disturbo m., fastidio m. II v.t. causare disagio a, causare disturbo a.

discommode /ˌdɪskəˈməʊd/ v.t. (rar) scomodare, incomodare, disturbare.

discommodious /ˌdɪskəˈməʊdjəs/ a. (rar) scomodo, fastidioso.

discompose /ˌdɪskəmˈpəʊz/ v.t. **1** scomporre, agitare, sconcertare, turbare. **2** (to disarrange) scomporre, scompigliare, disordinare.

discomposedly /ˌdɪskəmˈpəʊzɪdli/ avv. scompostamente, in modo agitato.

discomposure /ˌdɪskəmˈpəʊʒəʳ/ n. **1** turbamento m., agitazione f. **2** (disarrangement) disordine m., scompiglio m.

disconcert /ˌdɪskənˈsɜːt Am ˌdɪskənˈsɜːrt/ v.t. **1** sconcertare, turbare, imbarazzare. **2** (of plans, etc.: to upset) sconvolgere, scombinare, scombussolare.

disconcerted /ˌdɪskənˈsɜːtɪd Am ˌdɪskən ˈsɜːrtɪd/ a. sconcertato, turbato.

disconcerting /ˌdɪskənˈsɜːtɪŋ Am ˌdɪskən ˈsɜːrtɪŋ/ a. sconcertante, imbarazzante.

disconcertion /ˌdɪskənˈsɜːʃən Am ˌdɪskən ˈsɜːrʃən/ n. turbamento m., imbarazzo m., sconcerto m.

disconcertment /ˌdɪskənˈsɜːtmənt Am ˌdɪskənˈsɜːrtmənt/ n. (rar) turbamento m., imbarazzo m., sconcerto m.

disconfirm /ˌdɪskənˈfɜːm Am ˌdɪskənˈfɜːrm/ v.t. falsificare, dimostrare la falsità di (anche Filos).

disconfirmation /ˌdɪskɒnfəˈmeɪʃən Am ˌdɪskənfɜːrˈmeɪʃən/ n. falsificazione f., dimostrazione f. della falsità (anche Filos).

disconnect /ˌdɪskəˈnekt/ v.t. **1** staccare, sconnettere. **2** (Mecc) disinserire, disinnestare. **3** (El) (of a circuit) interrompere. **4** (Mot) disinnestare, distaccare.

disconnected /ˌdɪskəˈnektɪd/ a. **1** staccato, separato. **2** (disjointed) sconnesso, incoerente: ~ remarks osservazioni incoerenti.

disconnection, disconnexion /ˌdɪskə ˈnekʃən/ n. **1** separazione f., disgiunzione f., sconnessione f. **2** (Mecc,El) disinnesto m.

disconsolate /dɪsˈkɒnsələt Am dɪsˈkɑːnsələt/ a. sconsolato, sconfortato, desolato.

disconsolately /dɪ'skɒnsələtli *Am* dɪ skɑːnsələtli/ *avv.* sconsolatamente, desolatamente.

disconsolateness /dɪ'skɒnsələtnəs *Am* dɪ kɑːnsələtnəs/ *n.* sconsolatezza *f.*, (*rar*) sconolazione *f.*

disconsolation /ˌdɪskɒnsə'leɪʃən *Am* dɪskɑːnsə'leɪʃən/ *n.* sconsolatezza *f.*, (*rar*) consolazione *f.*

discontent /ˌdɪskən'tent/ I *v.t.* scontentare, rendere scontento. II *a.* (*rar*) scontento, insoddisfatto, malcontento (*with* di). III *n.* contento *m.*, malcontento *m.*, insoddisfazione *f.*

discontented /ˌdɪskən'tentɪd *Am* ˌdɪskən tentɪd/ *a.* scontento, insoddisfatto (*with* di).

discontentedly /ˌdɪskən'tentɪdli *Am* ˌdɪskən tentɪdli/ *avv.* con aria insoddisfatta, in tono di scontento.

discontentment /ˌdɪskən'tentmənt/ *n.* scontento *m.*, malcontento *m.*, insoddisfazione *f.*

discontiguous /ˌdɪskən'tɪgjuəs/ *a.* disgiunto, separato.

discontinuance /ˌdɪskən'tɪnjuəns/, **discontinuation** /ˌdɪskənˌtɪnjuˈeɪʃən/ *n.* 1 sospensione *f.*, interruzione *f.* 2 (*cessation*) cessazione *f.* 3 (*Dir*) abbandono *m.*

discontinue /ˌdɪskən'tɪnjuː/ I *v.t.* 1 cessare, sospendere, smettere, interrompere: *to ~ doing sth.* smettere di fare qcs. 2 (*to cease to produce*) sospendere la produzione di, cessare la produzione di: *my favorite lipstick has been -d* è stata sospesa la produzione del mio rossetto preferito. 3 (*to cease to publish or produce*) sospendere le pubblicazioni di. 4 (*to cease to subscribe to*) disdire l'abbonamento a, sospendere l'abbonamento a. 5 (*Dir*) desistere da, abbandonare: *to ~ a lawsuit* desistere da un'azione legale. II *v.i.* cessare, aver termine, finire.

discontinuity /ˌdɪsˌkɒntɪ'njuːɪti *Am* ˌdɪskɑːntən(j)uːəti/ *n.* 1 discontinuità *f.*, intermittenza *f.* 2 (*break, gap*) interruzione *f.*, soluzione *f.* di continuità. 3 (*fig*) discontinuità *f.*, incoerenza *f.*: *~ of style* discontinuità di stile.

discontinuous /ˌdɪskən'tɪnjuəs/ *a.* 1 discontinuo, intermittente, interrotto. 2 (*fig*) discontinuo, irregolare, incoerente. 3 (*Mat*) discontinuo.

discontinuously /ˌdɪskən'tɪnjuəsli/ *avv.* con discontinuità, in modo intermittente, saltuariamente.

discophile /'dɪskəfaɪl/ *n.* discofilo *m.* (*f.* -a).

discord[1] /'dɪskɔːd *Am* 'dɪskɔːrd/ *n.* 1 disaccordo *m.*, discordanza *f.*, disarmonia *f.* 2 (*strife, dispute*) discordia *f.*, disaccordo *m.*, dissenso *m.* 3 (*Mus*) dissonanza *f.* 4 (*discordant noise*) frastuono *m.*, fragore *m.*

discord[2] /dɪs'kɔːd *Am* dɪs'kɔːrd/ *v.i.* 1 essere in disaccordo (*with* con), dissentire (da). 2 (*Mus*) dissonare.

discordance /dɪs'kɔːdəns *Am* dɪs'kɔːrdəns/ *n.* 1 discordanza *f.*, disarmonia *f.*, disaccordo *m.*, discordia *f.* 2 (*Mus*) dissonanza *f.*

discordancy /dɪs'kɔːdənsi *Am* dɪs'kɔːrdənsi/ *n.* 1 discordanza *f.*, disarmonia *f.*, disaccordo *m.*, discordia *f.* 2 (*Mus*) dissonanza *f.*

discordant /dɪs'kɔːdənt *Am* dɪs'kɔːrdənt/ *a.* 1 divergente, discordante, contrastante: *~ opinions* opinioni discordanti. 2 (*of sound*) dissonante, discordante.

discordantly /dɪs'kɔːdəntli *Am* dɪs'kɔːrdəntli/ *avv.* in modo discordante, in modo contrastante.

discothèque /'dɪskətek/ *n.* (*club*) discoteca *f.*

discount[1] /'dɪskaʊnt/ *v.t.* 1 (*Econ*) scontare.

2 (*Comm*) (*to sell at a reduced price*) ribassare, vendere a prezzo ribassato, vendere a prezzo ridotto. 3 (*to leave out of account*) non tenere conto di, non dare credito a: *his objections were -ed* le sue obiezioni non furono tenute in alcun conto. 4 (*fig*) (*to allow for exaggeration in*) fare la tara a.

discount[2] /'dɪskaʊnt/ *n.* 1 (*Comm*) sconto *m.*, ribasso *m.*, riduzione *f.* (*on* su): *a ten per cent ~ for large orders* uno sconto del dieci per cento su grosse ordinazioni. 2 (*Econ*) sconto *m.*; (*discount rate*) tasso *m.* di sconto. 3 (*fig*) (*allowance for exaggeration*) tara *f.* 4 (*drawback*) restituzione *f.* di dazio, rimborso *m.* di dazio. □ *at a ~*: 1 (*Comm*) con uno sconto, sottoprezzo; 2 (*fig*) (*in low esteem*) in scarsa considerazione; 3 (*fig*) (*unwanted, of little value*) poco richiesto, di scarso valore; (*Br, Econ*) *~ bank* banca di sconto; (*Comm*) *~ broker* scontatario, intermediario di sconto; (*Br, Econ*) *~ business* operazioni di sconto; *~ house*: 1 (*Comm*) ditta che vende la merce sottoprezzo; 2 (*Econ*) istituto di sconto; (*Econ*) *~ market* mercato dello sconto; (*Econ*) *~ rate* tasso di sconto.

discountable /dɪ'skaʊntəbl̩ *Am* dɪ 'skaʊnt̬əbl̩/ *a.* (*Econ*) scontabile.

discountenance /dɪ'skaʊntɪnəns *Am* dɪ 'skaʊnt̬ənəns/ I *v.t.* 1 sconcertare, imbarazzare, turbare. 2 (*to disapprove of*) disapprovare, scoraggiare. II *n.* disapprovazione *f.*

discounter /dɪ'skaʊntə* *Am* dɪ'skaʊnt̬ər/ *n.* (*Comm*) scontista *m./f.*, scontatario *m.* (*f.* -a).

discourage /dɪs'kʌrɪdʒ *Am* dɪs'kɜːrɪdʒ/ *v.t.* 1 scoraggiare, abbattere, demoralizzare. 2 (*to dissuade*) dissuadere, distogliere: *to ~ so. from doing sth.* dissuadere qcu. dal fare qcs.

discouragement /dɪs'kʌrɪdʒmənt *Am* dɪs'kɜːrɪdʒmənt/ *n.* 1 scoraggiamento *m.*, sconforto *m.* 2 (*deterrent*) impedimento *m.*, freno *m.*

discouraging /dɪs'kʌrɪdʒɪŋ *Am* dɪs 'kɜːrɪdʒɪŋ/ *a.* scoraggiante.

discouragingly /dɪs'kʌrɪdʒɪŋli *Am* dɪs 'skɜːrɪdʒɪŋli/ *avv.* in modo scoraggiante.

discourse[1] /'dɪskɔːs *Am* 'dɪskɔːrs/ *n.* 1 (*lett*) (*formal discussion: in writing*) discorso *m.*, trattazione *f.* 2 (*lett*) (*in speech*) discorso *m.*, orazione *f.*; (*conversation*) discorso *m.*, conversazione *f.* 3 (*Ling*) discorso *m.* □ (*Ling*) *~ analysis* analisi del discorso.

discourse[2] /dɪ'skɔːs *Am* dɪ'skɔːrs/ *v.i.* (*lett*) 1 discorrere, conversare. 2 (*to talk formally*) dissertare (*upon, on* su), trattare (di).

discourteous /dɪs'kɜːtiəs *Am* dɪs'kɜːrtiəs/ *a.* scortese, sgarbato.

discourteously /dɪs'kɜːtiəsli *Am* dɪs 'kɜːrtiəsli/ *avv.* in modo scortese, in modo sgarbato.

discourteousness /dɪs'kɜːtiəsnəs *Am* dɪs 'kɜːrtiəsnəs/ *n.* scortesia *f.*, sgarbatezza *f.*

discourtesy /dɪs'kɜːtəsi *Am* dɪs'kɜːrtəsi/ *n.* 1 scortesia *f.*, sgarbatezza *f.* 2 (*discourteous act*) scortesia *f.*, sgarbo *m.*

discover /dɪs'kʌvə* /*v.t.* scoprire, trovare: *to ~ a new drug* scoprire un nuovo farmaco. 2 (*to realize*) scoprire, accorgersi di, rendersi conto di. 3 (*a talented person*) scoprire: *she was -ed by a record producer* è stata scoperta da un produttore discografico. 4 (*rar*) (*to make known*) rivelare, render noto; (*to disclose to view*) scoprire, rendere visibile.

discoverable /dɪs'kʌvərəbl̩/ *a.* scopribile.

discoverer /dɪs'kʌvərə* /*n.* scopritore *m.* (*f.* -trice).

discovert /dɪs'kʌvət *Am* dɪs'kʌvərt/ *a.* (*Dir*) (*of a woman*) senza tutela maritale.

discovery /dɪs'kʌvəri/ *n.* 1 scoperta *f.*: *the ~ of America* la scoperta dell'America. 2 (*sth.*

discovered) scoperta *f.*, invenzione *f.*, ritrovato *m.* 3 (*fig*) (*of documents, etc.*) esibizione *f.*, presentazione *f.* □ (*US*) *Discovery Day* (*Columbus Day*) anniversario della scoperta dell'America.

discredit /dɪs'kredɪt/ I *v.t.* 1 screditare, tornare a discredito di: *this act -ed him in everybody's eyes* questa azione lo ha screditato agli occhi di tutti. 2 (*to destroy confidence in*) screditare, gettare il discredito su: *the theory has been -ed* la teoria è (stata) screditata. 3 (*to disbelieve*) non credere a, non prestare fede a. II *n.* 1 discredito *m.*, scredito *m.*, (*rar*) disistima *f.* 2 (*disbelief*) incredulità *f.*, dubbio *m.* 3 (*cause of disrepute*) vergogna *f.*, disonore *m.*, onta *f.* □ *to bring so. into ~* screditare qcu., gettare il discredito su qcu.; *to fall into ~* cadere in discredito, screditarsi; *to meet with ~* non trovare credito.

discreditable /dɪs'kredɪtəbl̩ *Am* dɪs 'skredɪt̬əbl̩/ *a.* vergognoso, disonorevole, ignominioso.

discreditably /dɪs'kredɪtəbli *Am* dɪs 'skredɪt̬əbli/ *avv.* in modo vergognoso, in modo disonorevole, in modo ignominioso.

discreet /dɪs'kriːt/ *a.* 1 discreto, prudente, riservato. 2 (*tactful*) discreto, non importuno: *a ~ silence* un silenzio discreto.

discreetly /dɪs'kriːtli/ *avv.* con discrezione, con tatto.

discreetness /dɪs'kriːtnəs/ *n.* discrezione *f.*, arbitrio *m.*

discrepancy /dɪs'krepənsi/ *n.* 1 discrepanza *f.*, disaccordo *m.*, divario *m.* 2 (*instance*) discrepanza *f.*, divergenza *f.*

discrepant /dɪs'krepənt/ *a.* 1 discrepante, contrastante, discordante. 2 (*differing*) diverso.

discrete /dɪs'kriːt/ *a.* 1 separato, distinto, diviso. 2 (*not continuous*) discontinuo. 3 (*Filos*) astratto. 4 (*Mat*) discreto: *~ variable* variabile discreta.

discretion /dɪs'kreʃən/ *n.* 1 discrezione *f.*, arbitrio *m.* 2 (*judgement*) saggezza *f.*, giudizio *m.*, prudenza *f.*: *use ~!* sii prudente!; *to use one's own ~* fare come meglio si crede. 3 (*quality of being discreet*) discrezione *f.*, riservatezza *f.* □ *at ~* a discrezione, a volontà; *at the ~ of so.* a discrezione di qcu.; *at one's own ~* a propria discrezione, secondo il proprio arbitrio; (*Mil*) *to surrender at ~* arrendersi a discrezione; *age of ~* (*o years of ~*) età della ragione, età del discernimento. *Prov.*: *~ is the better part of valour* la prudenza è la parte migliore del coraggio.

discretional /dɪs'kreʃənl̩/ *a.* discrezionale.

discretionary /dɪs'kreʃənri *Am* dɪs 'skreʃəneri/ *a.* discrezionale. □ (*Econ*) *~ income* reddito disponibile; (*Dir*) *~ power* facoltà discrezionale, potere discrezionale, discrezionalità.

discriminant /dɪs'krɪmɪnənt/ *n.* (*Mat*) discriminante *f.*: *~ function* funzione discriminante.

discriminate[1] /dɪs'krɪmɪneɪt/ I *v.i.* 1 discriminare: *to ~ against minorities* discriminare le minoranze. 2 (*to distinguish*) distinguere, far differenza: *to ~ between good and bad* distinguere tra (il) bene e (il) male. II *v.t.* 1 differenziare, caratterizzare. 2 (*to distinguish*) distinguere, far differenza tra: *to ~ good from bad* distinguere il bene dal male.

discriminate[2] /dɪs'krɪmɪnət/ *a.* giudizioso.

discriminately /dɪs'krɪmɪnətli/ *avv.* (*distinctly*) in modo discriminante.

discriminating /dɪs'krɪmɪneɪtɪŋ *Am* dɪ 'skrɪmɪneɪt̬ɪŋ/ *a.* 1 dotato di discernimento, acuto, penetrante, perspicace: *a ~ judge of paintings* un acuto intenditore di pittura. 2

(*distinctive*) distintivo, caratteristico. **3** (*Econ*) (*of tariffs, duties*) differenziale.

discrimination /dɪˌskrɪmɪˈneɪʃən/ *n.* **1** discriminazione *f.*: *racial* ~ discriminazione razziale. **2** (*differentiation*) discriminazione *f.*, differenziazione *f.* (*anche Econ*). **3** (*acute judgement*) discernimento *m.*, acume *m.*, perspicacia *f.* **4** (*Tecn*) discriminazione *f.*

discriminative /dɪsˈkrɪmɪnətɪv Am dɪsˈkrɪmɪnətɪv/ *a.* → **discriminating**.

discriminator /dɪˈskrɪmɪneɪtər Am dɪˈskrɪmɪneɪtər/ *n.* (*Tecn*) discriminatore *m.*

discriminatory /dɪˈskrɪmɪnətri, dɪˌskrɪmɪˈneɪtəri Am dɪˈskrɪmɪnətɔːri/ *a.* discriminatorio.

discrown /dɪˈskraʊn/ *v.t.* detronizzare, deporre.

discursive /dɪˈskɜːsɪv Am dɪˈskɜːrsɪv/ *a.* **1** digressivo, che divaga. **2** (*Filos*) deduttivo.

discursively /dɪˈskɜːsɪvli Am dɪˈskɜːrsɪvli/ *avv.* **1** in modo digressivo, in modo sconnesso. **2** (*Filos*) per deduzione.

discursiveness /dɪˈskɜːsɪvnəs Am dɪˈskɜːrsɪvnəs/ *n.* **1** l'essere digressivo, l'essere sconnesso. **2** (*Filos*) l'essere deduttivo.

discus /ˈdɪskəs/ (*pl.* **-cuses** /-kəsɪz/, **disci** /ˈdɪskaɪ/) *n.* (*Sport*) disco *m.* □ (*Sport*) ~ *thrower* discobolo, lanciatore di disco; (*Sport*) ~ *throwing* lancio del disco.

discuss /dɪˈskʌs/ *v.t.* **1** discutere (su), dibattere (su): *to* ~ *a matter* discutere una questione. **2** (*to talk*) discutere su, discutere di, parlare di: *to* ~ *the weather* parlare del tempo.

discussable /dɪˈskʌsəbl/, **discussant** /dɪˈskʌsənt/ *a.* discutibile.

discusser /dɪˈskʌsər/ *n.* chi discute.

discussion /dɪˈskʌʃən/ *n.* discussione *f.*, dibattito *m.* □ *after much* ~ dopo molto discutere; *a matter for* ~ un argomento di discussione; *to come up for* ~ venire discusso, essere oggetto di discussione; ~ *group* gruppo di discussione; *to enter into a* ~ entrare in discussione; *under* ~ in discussione; *to enter upon a* ~ entrare in discussione.

disdain /dɪsˈdeɪn/ **I** *v.t.* **1** sdegnare, disdegnare, disprezzare. **2** (*to think it beneath one*) non degnarsi di. **II** *n.* sdegno *m.*, disdegno *m.*, disprezzo *m.*

disdainful /dɪsˈdeɪnfʊl/ *a.* sdegnoso, sprezzante.

disdainfully /dɪsˈdeɪnfʊli/ *avv.* sdegnosamente, superbamente.

disdainfulness /dɪsˈdeɪnfʊlnəs/ *n.* sdegnosità *f.*, alterigia *f.*, superbia *f.*

disease /dɪˈziːz/ *n.* **1** (*Med, Biol*) malattia *f.*, morbo *m.*, affezione *f.* **2** (*fig*) malattia *f.*, male *m.*

diseased /dɪˈziːzd/ *a.* malato (*anche fig*): *a* ~ *mind* una mente malata.

diseconomy /ˌdɪsəˈkɒnəmi Am ˌdɪsəˈkɑːnəmi/ *n.* (*Econ*) diseconomia *f.*, squilibrio *m.* economico.

disembark /ˌdɪsɪmˈbɑːk Am ˌdɪsɪmˈbɑːrk/ **I** *v.t.* sbarcare. **II** *v.i.* sbarcare.

disembarkation /ˌdɪsɪmbɑːˈkeɪʃən Am ˌdɪsɪmbɑːrˈkeɪʃən/ *n.* sbarco *m.*

disembarkment /ˌdɪsɪmˈbɑːkmənt Am ˌdɪsɪmˈbɑːrkmənt/ *n.* sbarco *m.*

disembarrass /ˌdɪsɪmˈbærəs Am also ˌdɪsɪmˈberəs/ *v.t.* **1** togliere d'imbarazzo, trarre d'impaccio. **2** (*to relieve, to rid*) liberare, sbarazzare, disimpegnare.

disembodied /ˌdɪsɪmˈbɒdɪd Am ˌdɪsɪmˈbɑːdɪd/ *a.* **1** incorporeo, immateriale. **2** (*of a sound*) incorporeo, dell'aldilà.

disembodiment /ˌdɪsɪmˈbɒdɪmənt Am ˌdɪsɪmˈbɑːdɪmənt/ *n.* **1** il rendere incorporeo. **2** (*state*) incorporeità *f.*

disembody /ˌdɪsɪmˈbɒdi Am ˌdɪsɪmˈbɑːdi/ *v.t.* **1** disincarnare, liberare dal corpo, rendere incorporeo. **2** (*Mil, ant*) congedare.

disembogue /ˌdɪsɪmˈbəʊɡ/ **I** *v.i.* **1** riversarsi, versarsi. **2** (*of a body of water*) sboccare, sfociare. **II** *v.t.* (*ant*) riversare, scaricare.

disembosom /ˌdɪsɪmˈbuːzəm/ *v.t.* (*ant*) rivelare, svelare. □ *to* ~ *oneself* aprirsi, confidarsi.

disembowel /ˌdɪsɪmˈbaʊəl/ *v.t.* **1** sventrare, sbudellare. **2** (*fig*) svuotare.

disembowelment /ˌdɪsɪmˈbaʊəlmənt/ *n.* sventramento *m.*

disembroil /ˌdɪsɪmˈbrɔɪl/ *v.t.* sbrogliare, districare, risolvere.

disempower /ˌdɪsɪmˈpaʊər/ *v.t.* togliere la forza a, privare della potenza.

disempowerment /ˌdɪsɪmˈpaʊəmənt Am ˌdɪsɪmˈpaʊərmənt/ *n.* il togliere la forza, il privare della potenza.

disenchant /ˌdɪsɪnˈtʃɑːnt Am ˌdɪsɪnˈtʃænt/ *v.t.* disincantare, disilludere.

disenchanted /ˌdɪsɪnˈtʃɑːntɪd Am ˌdɪsɪnˈtʃæntɪd/ *a.* disincantato, disilluso.

disenchanting /ˌdɪsɪnˈtʃɑːntɪŋ Am ˌdɪsɪnˈtʃæntɪŋ/ *a.* spoetizzante, deludente.

disenchantment /ˌdɪsɪnˈtʃɑːntmənt Am ˌdɪsɪnˈtʃæntmənt/ *n.* disincanto *m.*, disillusione *f.*

disencumber /ˌdɪsɪnˈkʌmbər/ *v.t.* **1** liberare, sbarazzare, sgravare. **2** (*Dir*) sgravare, liberare da un'ipoteca.

disencumbrance /ˌdɪsɪnˈkʌmbrəns/ *n.* **1** il liberare. **2** (*Dir*) sgravio *m.* (da un'ipoteca).

disendow /ˌdɪsɪnˈdaʊ/ *v.t.* (*of a church, etc.*) privare delle dotazioni.

disendowment /ˌdɪsɪnˈdaʊmənt/ *n.* espropriazione *f.* di beni in dotazione, sottrazione *f.* delle dotazioni.

disenfranchise /ˌdɪsɪnˈfræntʃaɪz/ *v.t.* **1** (*of civil rights*) privare dei diritti civili. **2** (*of electoral privileges*) privare del diritto di voto. **3** (*of a corporation*) privare di una franchigia, privare di un privilegio.

disenfranchisement /ˌdɪsɪnˈfræntʃ(a)ɪzmənt/ *n.* privazione *f.* dei diritti civili.

disengage /ˌdɪsɪnˈɡeɪdʒ/ **I** *v.t.* **1** districare, sbrogliare, liberare. **2** (*to free from obligation*) liberare, disimpegnare. **3** (*Mil, Sport*) disimpegnare. **4** (*Mecc*) disinnescare, disinserire. **II** *v.i.* **1** disimpegnarsi, liberarsi. **2** (*Sport*) (*in fencing*) fare una cavazione. **3** (*Mil*) disimpegnarsi, sganciarsi. □ (*Mot*) *to* ~ *the clutch* disinnestare la frizione; (*Mecc*) *disengaging gear* ingranaggio di disinnesto; (*Mil*) *disengaging movement* manovra di sganciamento, manovra di disimpegno.

disengaged /ˌdɪsɪnˈɡeɪdʒd/ *a.* **1** libero, disimpegnato, disponibile. **2** (*Mecc*) disinnestato.

disengagement /ˌdɪsɪnˈɡeɪdʒmənt/ *n.* **1** sganciamento *m.*, disimpegno *m.*, svincolamento *m.*, liberazione *f.* **2** (*freedom from ties*) libertà *f.*, disponibilità *f.* **3** (*cancellation of promise to marry*) rottura *f.* di fidanzamento. **4** (*Pol*) disimpegno *m.* **5** (*Mecc*) disinnesto *m.* **6** (*Sport*) cavazione *f.*

disentail /ˌdɪsɪnˈteɪl/ *v.t.* (*Dir*) svincolare, liberare da vincoli.

disentangle /ˌdɪsɪnˈtæŋɡl/ **I** *v.t.* sbrogliare, districare, liberare (*anche fig*). **II** *v.i.* sbrogliarsi, districarsi, liberarsi (*anche fig*).

disentanglement /ˌdɪsɪnˈtæŋɡlmənt/ *n.* districamento *m.*

disenthral, disenthrall /ˌdɪsɪnˈθrɔːl/ *v.t.* affrancare, emancipare, liberare.

disenthrallment, disenthralment /ˌdɪsɪnˈθrɔːlmənt/ *n.* affrancamento *m.*, emancipazione *f.*

disentitle /ˌdɪsɪnˈtaɪtl Am ˌdɪsɪnˈtaɪtl/ *v.t.* **1** (*to deprive of a title*) privare di un titolo. **2** (*to deprive of a claim*) privare di una pretesa.

disentitlement /ˌdɪsɪnˈtaɪtlmənt Am ˌdɪsɪnˈtaɪtlmənt/ *n.* **1** (*deprival of a title*) il privare di un titolo. **2** (*deprival of a claim*) il privare di una pretesa.

disentomb /ˌdɪsɪnˈtuːm/ *v.t.* **1** dissotterrare, esumare, riesumare. **2** (*fig*) riesumare, portare alla luce.

disentombment /ˌdɪsɪnˈtuːmənt/ *n.* riesumazione *f.*, esumazione *f.* (*anche fig*).

disequilibrium /ˌdɪsekwɪˈlɪbriəm, ˌdɪsiːkwɪˈlɪbriəm/ *n.* mancanza *f.* di equilibrio, squilibrio *m.*

disestablish /ˌdɪsɪˈstæblɪʃ, ˌdɪsesˈtæblɪʃ/ *v.t.* **1** annullare, abolire. **2** (*Rel*) privare del riconoscimento (da parte dello stato).

disestablishment /ˌdɪsɪˈstæblɪʃmənt, ˌdɪsesˈtæblɪʃmənt/ *n.* (*Rel*) separazione *f.* fra chiesa e stato.

disesteem /ˌdɪsɪˈstiːm/ **I** *v.t.* disistimare. **II** *n.* disistima *f.*

disfavor /dɪsˈfeɪvər/ *n./v.* (*Am*) → **disfavour**.

disfavour /dɪsˈfeɪvər/ **I** *n.* **1** sfavore *m.*, disapprovazione *f.*: *to incur so.'s* ~ incorrere nella disapprovazione di qcu. **2** (*lack of favour*) sfavore *m.*, disgrazia *f.*: *to be in* ~ essere in disgrazia; *to fall into* ~ cadere in disgrazia. **II** *v.t.* disapprovare.

disfeature /dɪsˈfiːtʃər/ *v.t.* sfigurare, deturpare.

disfeaturement /dɪsˈfiːtʃəmənt Am dɪsˈfiːtʃərmənt/ *n.* deturpazione *f.*

disfiguration /dɪsˌfɪɡjʊˈreɪʃən/ *n.* deturpazione *f.*, deformazione *f.*, sfregio *m.*

disfigure /dɪsˈfɪɡər Am dɪsˈfɪɡjər/ *v.t.* sfigurare, deturpare, rovinare: *to* ~ *the landscape* deturpare il paesaggio.

disfigurement /dɪsˈfɪɡəmənt Am dɪsˈfɪɡjərmənt/ *n.* deturpazione *f.*, deformazione *f.*, sfregio *m.*

disforest /dɪsˈfɒrɪst Am dɪsˈfɔːrɪst/ *v.t.* → **disafforest**.

disfranchise /dɪsˈfræntʃaɪz/ *e der.* → **disenfranchise** *e der.*

disfrock /dɪsˈfrɒk Am dɪsˈfrɑːk/ *v.t.* (*Rel. catt*) sospendere a divinis.

disgorge /dɪsˈɡɔːdʒ Am dɪsˈɡɔːrdʒ/ **I** *v.t.* **1** vomitare, rigettare. **2** (*to discharge*) scaricare, riversare. **3** (*of illicit gains, etc.*) restituire, rendere. **II** *v.i.* scaricarsi, riversarsi.

disgrace /dɪsˈɡreɪs/ **I** *n.* **1** disonore *m.*, onta *f.*, vergogna *f.*, ignominia *f.*: *to bring* ~ *on one's name* recare onta al proprio nome, disonorare il proprio nome. **2** (*cause of shame*) vergogna *f.*, disonore *m.*, ignominia *f.*: *he is a* ~ *to his family* è il disonore della famiglia; *it's a* ~*!* è una vergogna!; *there is no* ~ *in being poor* non è un disonore essere poveri. **3** (*disfavour*) disgrazia *f.*, sfavore *m.* **II** *v.t.* **1** disonorare, recare onta a. **2** (*to dismiss from favour*) far cadere in disgrazia, privare della protezione. □ *in* ~: **1** in disgrazia: *he is in* ~ *at court* è in disgrazia a corte; **2** (*of a child*) in castigo; *to fall into* ~ *with so.* cadere in disgrazia presso qcu.

disgraceful /dɪsˈɡreɪsfʊl/ *a.* disonorevole, vergognoso, ignobile.

disgracefully /dɪsˈɡreɪsfʊli/ *avv.* in modo disonorevole, in modo vergognoso, in modo ignobile.

disgracefulness /dɪsˈɡreɪsfʊlnəs/ *n.* vergogna *f.*, infamia *f.*, obbrobrio *m.*

disgruntled /dɪsˈɡrʌntld Am dɪsˈɡrʌntld/ *a.* contrariato, scontento, di cattivo umore.

disgruntlement /dɪsˈɡrʌntlmənt Am dɪs

ᴅʀʌntl̩mənt/ n. insoddisfazione f., malconten- ‌ m.

‌isguise /dɪs'gaɪz/ **I** v.t. **1** travestire, ma-‌herare, camuffare: *she -d herself as a gyp-‌y* si è mascherata da zingara. **2** (fig) masche-‌are, dissimulare, nascondere: *to ~ one's in-‌entions* mascherare le proprie intenzioni. **3** ‌of the voice) contraffare, alterare. **II** n. **1** tra-‌estimento m., maschera f. **2** (fig) maschera ‌, pretesto m., finzione f.: *under the ~ of char-‌y* sotto la maschera della carità. ☐ *to be ‌ ~* essere mascherato; (fig) *to make no ~ of ‌on* fare mistero di; *there is no disguising ‌he fact that...* bisogna ammettere che...

‌isgust /dɪs'gʌst/ **I** v.t. **1** disgustare, rivolta-‌e, indignare: *we were disgusted with* (o *at*) ‌is callousness* siamo rimasti disgustati dal-‌a sua insensibilità. **2** (to nauseate) disgusta-‌e, nauseare. **II** n. **1** disgusto m., ripugnanza ‌(at, for per). **2** (nausea) disgusto m., nausea ‌ ☐ *to turn away in ~* voltare le spalle ‌isgustato; *much to my ~* con mio grande ‌isappunto.

‌isgusted /dɪs'gʌstɪd/ a. **1** disgustato, indi-‌nato. **2** (nauseated) disgustato, nauseato.

‌isgustedly /dɪs'gʌstɪdli/ avv. con disgusto.

‌isgusting /dɪs'gʌstɪŋ/ a. disgustoso, nau-‌eante, ripugnante.

‌isgustingly /dɪs'gʌstɪŋli/ avv. **1** in maniera ‌isgustosa, in maniera nauseante. **2** (colloq) ‌normemente, schifosamente, disgustosa-‌ente: *~ rich* disgustosamente ricco.

‌dish /dɪʃ/ **I** n. **1** piatto m. **2** (food served) ‌iatto m., pietanza f. **3** (dishful) piatto m., ‌ontenuto m. di un piatto. **4** (anything like a ‌dish) oggetto m. a forma di piatto, piatto m. **5** (concavity) concavità f. **6** (hollow in land) ‌unetta f. **7** (Rad) riflettore m. parabolico. **8** ‌(Fot) bacinella f. **9** (Chim) capsula f. **10** (sl) ‌(attractive girl) ragazza f. attraente, boccon-‌cino m. **11** pl. (table utensils) piatti m.pl.: *to ‌wash the -es* lavare i piatti. **II** v.t. **1** (of food: ‌to put into a dish) mettere nel piatto, scodel-‌lare; (to serve from a dish) servire, fare le ‌porzioni. **2** (colloq) (to present) presentare, ‌servire. **3** (Tecn) imbutire. **4** (sl) (to defeat) ‌sconfiggere, battere. ☐ (TV) *~ aerial* (o *~ ‌antenna*) antenna parabolica; *to ~ out* servi-‌re, fare le porzioni; *~ towel* strofinaccio per ‌i piatti; *to ~ up:* **1** (to put into a dish) mettere ‌nel piatto, scodellare; **2** (to serve from a ‌dish) servire, fare le porzioni; **3** (colloq) (to ‌present) presentare, servire.

dishabille /ˌdɪsæb'iːl Br also ˌdɪsæb'iːl/ n. **1** ab-‌bigliamento m. succinto. **2** (garment) désha-‌billé m., veste f. da camera.

dishabituate /ˌdɪshə'bɪtʃueɪt Br also ˌdɪshə'‌bɪtʃueɪt/ v.t. (rar) disabituare.

disharmonious /ˌdɪshɑː'mouːniəs Am ˌdɪshɑːr'mouːniəs/ a. disarmonico.

disharmony /dɪs'hɑːməni Am dɪs'hɑːrməni/ n. disarmonia f.

dishcloth /'dɪʃklɒθ Am 'dɪʃklɑːθ/ n. strofi-‌naccio m. per i piatti.

dishcover /'dɪʃkʌvər/ n. coprivivande m.

dishearten /dɪs'hɑːtən Am dɪs'hɑːrtən/ v.t. ‌scoraggiare, demoralizzare.

disheartening /dɪs'hɑːtənɪŋ Am dɪs 'hɑːrtənɪŋ/ a. scoraggiante, demoralizzante, ‌deprimente.

dishearteningly /dɪs'hɑːtənɪŋli Am dɪs 'hɑːrtənɪŋli/ avv. (discouragingly) in modo ‌scoraggiante, in un modo che demoralizza.

disheartenment /dɪs'hɑːtənmənt Am dɪs 'hɑːrtənmənt/ n. scoraggiamento m., abbatti-‌mento m.

dished /dɪʃt/ a. **1** (Br) concavo, cavo. **2** (Br, ‌Tecn) (of a wheel) a disco. **3** (Br,Aut) (of ‌wheels) a ruote convergenti. **4** (Am,colloq)

---

spacciato.

dishevel /dɪ'ʃevəl/ (past, p.p. **dishevelled** / ‌Am **disheveled** /-d/) v.t. **1** (of hair) scompi-‌gliare, arruffare, scarmigliare. **2** (of cloth-‌ing) mettere in disordine, scompigliare.

disheveled /dɪ'ʃevəld/ a. (Am) **1** scompi-‌gliato, arruffato, scarmigliato: *~ hair* capelli ‌arruffati. **2** (untidy) in disordine.

dishevelled /dɪ'ʃevəld/ a. **1** scompigliato, ‌arruffato, scarmigliato: *~ hair* capelli arruf-‌fati. **2** (untidy) in disordine.

dishevelment /dɪ'ʃevəlmənt/ n. disordine ‌m., scompiglio m.

dishful /'dɪʃful/ n. piatto m., contenuto m. di ‌un piatto.

dishonest /dɪs'ɒnɪst Am dɪs'ɑːnɪst/ a. disone-‌sto, sleale. ☐ *~ gains* guadagni illeciti.

dishonestly /dɪs'ɒnɪstli Am dɪs'ɑːnɪstli/ avv. ‌in modo disonesto, in modo sleale.

dishonesty /dɪs'ɒnɪsti Am dɪs'ɑːnɪsti/ n. **1** di-‌sonestà f., slealtà f. **2** (act) disonestà f.

dishonor /dɪs'ɑːnər/ e der. (Am) → **dishon-‌our** e der.

dishonour /dɪs'ɒnər/ **I** n. (Br) **1** disonore m., ‌infamia f. **2** (shame, disgrace) disonore m., ‌vergogna f., onta f., ignominia f. **3** (insult) ‌affronto m., insulto m. **4** (cause of shame) ‌vergogna f., disonore m.: *he is a ~ to the fam-‌ily* è il disonore della famiglia. **5** (Comm) ‌mancato pagamento m., mancata accettazio-‌ne f. **II** v.t. (Br) **1** disonorare, infamare. **2** (to ‌disgrace) far disonore a, essere il disonore ‌di. **3** (to violate) disonorare, sedurre. **4** ‌(Comm) rifiutare di pagare: *to ~ a cheque* ri-‌fiutare di pagare un assegno. ☐ *to bring ‌~ on so.* disonorare qcu.

dishonourable /dɪs'ɒnərəbl/ a. (Br) disono-‌rante, disonorevole, vergognoso. ☐ (Mil) ‌*~ discharge* radiazione f.

dishonourableness /dɪs'ɒnərəblnəs/ n. ‌(Br) l'essere disonorevole, l'essere vergo-‌gnoso.

dishonoured /dɪs'ɒnərd/ ☐ (Br,Comm) *~ ‌bill* cambiale insoluta, effetto respinto; (Br, ‌Econ) *~ cheque* assegno non pagato, assegno ‌insoluto.

dishouse /dɪs'hauz/ v.t. (rar) sloggiare, ‌sfrattare.

dishpan /'dɪʃpæn/ n. (Am) catino m. (per la-‌vare i piatti). ☐ *~ hands* mani rovinate, ‌mani screpolate (dal lavaggio dei piatti).

dishrack /'dɪʃræk/ n. scolapiatti m.

dishrag /'dɪʃræg/ n. (Am) strofinaccio m. per ‌i piatti.

dishwasher /'dɪʃˌwɒʃər Am 'dɪʃˌwɑːʃər/ n. **1** ‌(person) sguattero m. (f. -a), lavapiatti m./f. **2** ‌(machine) lavastoviglie f. ☐ *~ safe* lava-‌bile in lavastoviglie.

dishwashing /'dɪʃˌwɒʃɪŋ Am 'dɪʃˌwɑːʃɪŋ/ n. ‌(Am) l'azione di lavare i piatti. ☐ (Am) *~ ‌liquid* detersivo (liquido) per piatti.

dishwater /'dɪʃˌwɒtər Am 'dɪʃˌwɔːtər/ n. ac-‌qua f. per lavare i piatti, (rar) rigovernatura f.

dishy /'dɪʃi/ a. (Br,sl) (sexually attractive) ‌sexy, attraente.

disillusion /ˌdɪsɪ'luːʒən Br also ˌdɪsɪ'ljuːʒən/ **I** ‌v.t. disilludere, disingannare. **II** n. disillusio-‌ne f., disinganno m.

disillusioned /ˌdɪsɪ'luːʒənd Br also ˌdɪsɪ 'ljuːʒənd/ a. deluso, disilluso, insoddisfatto.

disillusionment /ˌdɪsɪ'luːʒənmənt Br also ˌdɪsɪ'ljuːʒənmənt/ n. disillusione f., disinganno ‌m.

disincentive /ˌdɪsɪn'sentɪv Am ˌdɪsɪn'sentɪv/ ‌n. **1** (Econ) disincentivo m. **2** (fig) freno m., ‌remora f.

disinclination /ˌdɪsɪnklɪ'neɪʃən/ n. ripu-‌gnanza f., avversione f., antipatia f.: *a ~ for ‌work* un'avversione per il lavoro.

---

disinclined /ˌdɪsɪn'klaɪnd/ a. poco disposto, ‌poco incline, riluttante, restio: *to be ~ to do ‌sth.* essere restio a fare qcs.

disincorporate /ˌdɪsɪn'kɔːpəreɪt Am ˌdɪsɪn 'kɔːrpəreɪt/ v.t. (of a company, etc.) sciogliere.

disinfect /ˌdɪsɪn'fekt/ v.t. disinfettare.

disinfectant /ˌdɪsɪn'fektənt/ **I** n. disinfettan-‌te m. **II** a. disinfettante.

disinfection /ˌdɪsɪn'fekʃən/ n. disinfezione f.

disinfest /ˌdɪsɪn'fest/ v.t. (Chim) disinfestare.

disinfestant /ˌdɪsɪn'festənt/ n. (rar) disinfe-‌stante m.

disinfestation /ˌdɪsɪnfes'teɪʃən/ n. disinfe-‌stazione f.

disinflation /ˌdɪsɪn'fleɪʃən/ n. (Econ) disin-‌flazione f.

disinflationary /ˌdɪsɪn'fleɪʃənəri Am ˌdɪsɪn 'fleɪʃəneri/ a. (Econ) disinflazionistico.

disinformation /ˌdɪsɪnfə'meɪʃən, ˌdɪsɪnfɔː'‌meɪʃən Am ˌdɪsɪnfər'meɪʃən/ n. disinformazio-‌ne f.

disingenuous /ˌdɪsɪn'dʒenjuəs/ a. falso, in-‌sincero, in malafede.

disingenuously /ˌdɪsɪn'dʒenjuəsli/ avv. fal-‌samente, disonestamente, in malafede.

disingenuousness /ˌdɪsɪn'dʒenjuəsnəs/ n. ‌insincerità f., falsità f.

disinherit /ˌdɪsɪn'herɪt/ v.t. diseredare.

disinheritance /ˌdɪsɪn'herɪtəns Am ˌdɪsɪn 'herɪtəns/ n. il diseredare, (rar) diseredazione ‌f.

disinhibit /ˌdɪsɪn'hɪbɪt/ v.t. disinibire.

disinhibition /ˌdɪsɪnhɪ'bɪʃən/ n. disinibizio-‌ne f.

disintegrate /dɪ'sɪntɪgreɪt Am dɪ'sɪntəgreɪt/ **I** ‌v.i. disintegrarsi, disgregarsi (anche fig). **II** v.t. ‌disintegrare.

disintegration /dɪˌsɪntɪ'greɪʃən Am ˌdɪsɪntə 'greɪʃən/ n. **1** disintegrazione f., disgregazione ‌f. (anche fig). **2** (Geol) decomposizione f., di-‌sgregazione f. **3** (Nucl) disintegrazione f.

disintegrative /dɪ'sɪntɪgreɪtɪv Am dɪ 'sɪntəgreɪtɪv/ a. disintegrante, che tende a di-‌sintegrare.

disintegrator /dɪ'sɪntɪgreɪtər Am dɪ 'sɪntəgreɪtər/ n. (Tecn) disintegratore m.

disinter /ˌdɪsɪn'tɜːr Am ˌdɪsɪn'tɜːr/ v.t. **1** dissot-‌terrare, esumare, riesumare. **2** (fig) (to bring ‌to light) riportare alla luce, riesumare, esu-‌mare.

disinterest /dɪ'sɪntrəst, dɪ'sɪntrest Am also dɪ ‌'sɪntərɪst, dɪ'sɪntərest/ **I** v.t. togliere interesse a, ‌privare di (ogni) interesse. **II** n. disinteresse ‌m., indifferenza f.

disinterested /dɪ'sɪntrəstɪd, dɪ'sɪntrestɪd Am ‌also dɪ'sɪntərɪstɪd, dɪ'sɪntərestɪd/ a. **1** indiffe-‌rente. **2** (unselfish) disinteressato, altruisti-‌co. **3** (impartial) imparziale.

disinterestedly /dɪ'sɪntrəstɪdli, dɪ 'sɪntrestɪdli Am also dɪ'sɪntərɪstɪdli, dɪ 'sɪntərestɪdli/ avv. disinteressatamente.

disinterestedness /dɪ'sɪntrəstɪdnəs, dɪ 'sɪntrestɪdnəs Am also dɪ'sɪntərɪstɪdnəs, dɪ 'sɪntərestɪdnəs/ n. disinteresse m.

disintermediation /ˌdɪsɪntəmiːdɪ'eɪʃən Am ‌ˌdɪsɪntərˌmiːdɪ'eɪʃən/ n. (Econ) disinterm edia-‌zione f.

disinterment /ˌdɪsɪn'tɜːmənt Am ˌdɪsɪn 'tɜːrmənt/ n. dissotterramento m., esumazione ‌f.

disinvent /ˌdɪsɪn'vent/ v.t. fare finta che non ‌sia stato inventato (qcs.): *the atomic bomb ‌cannot be -ed* non si può pensare che la bom-‌ba atomica non esista.

disinvest /ˌdɪsɪn'vest/ v.t. (Econ) disinvestire, ‌smobilizzare.

disinvestment /ˌdɪsɪn'vestmənt/ n. (Econ) ‌disinvestimento m.

disjoin /dɪs'dʒɔɪn/ **I** v.t. disgiungere, separare, staccare. **II** *v.i.* disgiungersi, separarsi, staccarsi.

disjoint /dɪs'dʒɔɪnt/ *v.t.* **1** disgiungere, sconnettere, scomporre. **2** (*fig*) smembrare, disgregare.

disjointed /dɪs'dʒɔɪntɪd *Am* dɪs'dʒɔɪntɪd/ *a.* **1** disarticolato. **2** (*fig*) (*incoherent*) sconnesso, incoerente, slegato.

disjointedly /dɪs'dʒɔɪntɪdli *Am* dɪs 'dʒɔɪntɪdli/ *avv.* in modo sconnesso.

disjunction /dɪs'dʒʌŋ(k)ʃən/ *n.* **1** disgiunzione *f.*, separazione *f.* **2** (*fig*) disunione *f.*

disjunctive /dɪs'dʒʌŋ(k)tɪv/ **I** *a.* disgiuntivo. **II** *n.* **1** (*Gramm*) (*disjunctive conjunction*) congiunzione *f.* disgiuntiva. **2** (*Filos*) (*disjunctive proposition*) proposizione *f.* disgiuntiva, giudizio *m.* disgiuntivo.

disjunctively /dɪs'dʒʌŋ(k)tɪvli/ *avv.* (*separately*) disgiuntamente, separatamente.

disk /dɪsk/ *n.* **1** disco *m.* **2** (*Mus*) (*record*) disco *m.* (fonografico). **3** (*Anat*) disco *m.* intervertebrale. **4** (*Tel*) disco *m.* combinatore. □ (*Mecc*) ~ *brake* freno a disco; (*Inform*) ~ *capacity* capacità del disco; (*Tecn*) ~ *coupling* accoppiamento a dischi; (*Inform*) ~ *drive* unità disco; (*Agr*) ~ *harrow* erpice a dischi; (*Inform*) ~ *jacket* bustina; (*Rad,TV*) ~ *jockey* disk jockey, deejay; (*Inform*) ~ *memory* memoria su disco; (*Inform*) ~ *operating system* sistema operativo su disco; (*Fal,Tecn*) ~ *saw* sega circolare; (*Inform*) ~ *storage unit* unità disco; (*Mot*) ~ *wheel* ruota a disco.

diskette /dɪ'sket/ *n.* (*Inform*) dischetto *m.*, floppy disk *m.*

diskless /'dɪskləs/ *a.* (*Inform*) senza disco.

dislikable /dɪs'laɪkəbl/ *a.* antipatico.

dislike /dɪs'laɪk/ **I** *v.t.* **1** non piacere (*costr.impers.*), non gradire: *I* ~ *getting up early* non mi piace alzarmi presto. **2** (*to regard with aversion*) provare avversione per, nutrire antipatia verso, non poter soffrire: *she* -*s him* non lo può soffrire. **II** *n.* avversione *f.*, antipatia *f.* (*of, for* per). □ *to get oneself* -*d* rendersi antipatico; *to take a* ~ *to so.* prendere in antipatia qcu.

dislikeable /dɪs'laɪkəbl/ *a.* antipatico.

dislocate /'dɪsloʊkeɪt/ *v.t.* **1** dislocare, spostare. **2** (*Med*) slogare, lussare. **3** (*fig*) disturbare, intralciare, ostacolare.

dislocation /ˌdɪsloʊ'keɪʃən/ *n.* **1** dislocazione *f.*, spostamento *m.* **2** (*fig*) disturbo *m.*, intralcio *m.* **3** (*Med*) slogatura *f.*, lussazione *f.* **4** (*Geol*) dislocazione *f.*

dislodge /dɪs'lɒdʒ *Am* dɪs'lɑːdʒ/ *v.t.* **1** rimuovere, smuovere, staccare: *to* ~ *a stone* smuovere una pietra. **2** (*to drive out*) sloggiare, scacciare.

dislodgement, dislodgment /dɪs 'lɒdʒmənt *Am* dɪs'lɑːdʒmənt/ *n.* sloggiamento *m.*

disloyal /ˌdɪs'lɔɪəl/ *a.* sleale, infedele.

disloyalist /ˌdɪs'lɔɪəlɪst/ *n.* (*Pol*) ribelle *m./f.*

disloyally /ˌdɪs'lɔɪəli/ *avv.* in modo sleale, slealmente.

disloyalty /ˌdɪs'lɔɪəlti *Am* ˌdɪs'lɔɪəlˌti/ *n.* **1** slealtà *f.*, infedeltà *f.* **2** (*act*) slealtà *f.*, perfidia *f.* **3** (*violation of allegiance*) ribellione *f.*

dismal /'dɪzməl/ **I** *a.* **1** triste, lugubre, deprimente: *in a* ~ *tone of voice* in tono lugubre. **2** (*marked by ineptness, etc.*) misero, scarso, inadeguato: *a* ~ *attempt* un misero tentativo. **II** *n.pl.* malinconia *f.sing.*, depressione *f.sing.* □ (*scherz*) ~ *science* economia.

dismally /'dɪzməli/ *avv.* tristemente, lugubremente, tetramente, squallidamente.

dismalness /'dɪzmələs/ *n.* tristezza *f.*, malinconia *f.*

dismantle /dɪs'mæntl *Am* dɪs'mæntl/ *v.t.* **1** smontare: *to* ~ *house* smontare una casa. **2**

(*Mar*) disarmare. **3** (*Mil*) smantellare, demolire.

dismantlement /dɪs'mæntlmənt *Am* dɪs 'mæntlmənt/ *n.* **1** smantellamento *m.*, demolizione *f.* **2** (*Mar*) disarmo *m.* **3** (*Mil*) smantellamento *m.*

dismantler /dɪs'mæntlər/ *n.* demolitore *m.*, smontatore *m.*: *vehicle* ~ demolitore di autoveicoli, sfasciacarrozze.

dismast /dɪs'mɑːst *Am* ˌdɪs'mæst/ *v.t.* (*Mar*) disalberare.

dismay /dɪs'meɪ/ **I** *v.t.* **1** sgomentare, costernare. **2** (*to alarm*) allarmare. **II** *n.* **1** costernazione *f.*, sgomento *m.*, sbigottimento *m.* **2** (*alarm*) allarme *m.* □ *in* (*blank*) ~ costernato; *to be filled with* ~ essere costernato; *to strike so. with* ~ gettare qcu. nella costernazione.

dismember /dɪs'membər/ *v.t.* **1** smembrare, squartare. **2** (*fig*) smembrare.

dismemberment /dɪs'membəmənt *Am* dɪs 'membərmənt/ *n.* smembramento *m.* (*anche fig*).

dismiss /dɪs'mɪs/ **I** *v.t.* **1** sciogliere, congedare: *to* ~ *a class* congedare una classe. **2** (*of a person*) congedare. **3** (*Mil*) (*of a unit*) congedare, mandare in congedo; (*of an officer, etc.*) destituire. **4** (*to sack*) licenziare, congedare, destituire (*from* da). **5** (*to reject*) respingere, allontanare: *to* ~ *a suitor* respingere un corteggiatore. **6** (*to put out of one's mind*) abbandonare, accantonare: *to* ~ *an idea as impractical* accantonare un'idea perché poco pratica. **7** (*Dir*) rigettare, respingere. **II** *intz.* (*Mil*) rompere le righe!

dismissal /dɪs'mɪsl/ *n.* **1** scioglimento *m.* **2** (*Mil*) destituzione *f.* **3** (*discharge*) licenziamento *m.*, destituzione *f.* **4** (*Dir*) rigetto *m.* **5** (*putting out of mind*) abbandono *m.* (di un'idea ecc.).

dismount /dɪs'maʊnt/ **I** *v.i.* smontare: *to* ~ *from a horse* smontare da cavallo. **II** *v.t.* **1** smontare: *to* ~ *a gun* smontare un'arma; *to* ~ *an engine* smontare un motore. **2** (*to unhorse*) disarcionare.

disnature /dɪs'neɪtʃər/ *v.t.* snaturare.

disnatured /dɪs'neɪtʃəd *Am* dɪs'neɪtʃərd/ *a.* snaturato.

disobedience /ˌdɪsoʊ'biːdɪəns/ *n.* disobbedienza *f.* (*to* nei confronti di), disubbidienza *f.*

disobedient /ˌdɪsoʊ'biːdɪənt/ *a.* disobbediente, disubbidiente (*to* nei confronti di).

disobediently /ˌdɪsoʊ'biːdɪəntli/ *avv.* disubbidientemente, da disubbidiente, con disubbidienza.

disobey /ˌdɪsoʊ'beɪ/ *v.t.* **1** disobbedire a, disubbidire a. **2** (*assol*) disobbedire, disubbidire.

disoblige /ˌdɪsə'blaɪdʒ/ *v.t.* **1** essere scortese verso. **2** (*to incommode*) incomodare, disturbare.

disobliging /ˌdɪsə'blaɪdʒɪŋ/ *a.* scortese, poco compiacente.

disorder /dɪs'ɔːdər *Am* dɪs'ɔːrdər/ **I** *n.* **1** disordine *m.*, confusione *f.*: *the room was in* ~ la stanza era in disordine. **2** (*public disturbance*) disordine *m.*; (*instance*) disordini *m.pl.*, tumulti *m.pl.* **3** (*Med*) disturbo *m.*, male *m.*, malattia *f.*, indisposizione *f.*: *mental* -*s* disturbi mentali; *panic attack* ~ disturbo da attacchi di panico. **II** *v.t.* **1** disordinare, mettere in disordine. **2** (*Med*) alterare, turbare. □ *to throw into* ~ mettere disordine in.

disordered /dɪs'ɔːdəd *Am* dɪs'ɔːrdərəd/ *a.* **1** disordinato, in disordine. **2** (*Med*) in disordine, malato.

disorderliness /dɪs'ɔːdəlɪnəs *Am* dɪs 'ɔːrdərlɪnəs/ *n.* **1** disordine *m.*, confusione *f.* **2**

(*quarrelsomeness*) riottosità *f.*

disorderly /dɪs'ɔːdəli *Am* dɪs'ɔːrdərli/ *a.* **1** disordine, disordinato, sottosopra, a soqquadro. **2** (*disorganized*) disordinato, mal organizzato: ~ *administration* amministrazione disordinata. **3** (*unruly*) riottoso, turbolento. **4** (*Dir*) che turba l'ordine pubblico. □ (*Dir*) ~ *conduct* condotta contraria all'ordine pubblico; (*Br,ant*) ~ *house*: (*brothel*) bordello, casa di malaffare; (*gambling house*) bisca clandestina; (*Dir*) ~ *person* perturbatore dell'ordine pubblico.

disorganisation /dɪˌsɔːgən(a)ɪ'zeɪʃən/ *n.* (*Br*) disorganizzazione *f.*

disorganise /dɪs'ɔːgənaɪz/ *v.t.* (*Br*) disorganizzare.

disorganization /dɪˌsɔːgən(a)ɪ'zeɪʃən *Am* dɪˌsɔːrgənɪ'zeɪʃən/ *n.* disorganizzazione *f.*

disorganize /dɪs'ɔːgənaɪz *Am* dɪs'ɔːrgənaɪz/ *v.t.* disorganizzare.

disorganized /dɪs'ɔːgənaɪzd *Am* dɪs 'ɔːrgənaɪzd/ *a.* disorganizzato.

disorientate /dɪs'ɔːrɪənteɪt/ *v.t.* disorientare (*anche fig*).

disorientated /dɪs'ɔːrɪənteɪtɪd *Am* dɪs 'ɔːrɪənteɪtɪd/ *a.* disorientato.

disorientation /dɪsˌɔːrɪen'teɪʃən/ *n.* disorientamento *m.*

disoriented /dɪs'ɔːrɪəntɪd *Am* dɪs'ɔːrɪəntɪd/ *a.* disorientato.

disown /dɪs'oʊn/ *v.t.* **1** ripudiare, sconfessare, rinnegare: *to* ~ *one's son* ripudiare il proprio figlio. **2** (*to disclaim*) disconoscere.

disownment /dɪs'oʊnmənt/ *n.* disconoscimento *m.*, ripudio *m.*: ~ *of paternity* disconoscimento di paternità.

disparage /dɪs'pærɪdʒ/ *v.t.* **1** denigrare, screditare. **2** (*to belittle*) sminuire, deprezzare, sottovalutare, svilire: *to* ~ *so.'s achievements* sminuire le imprese di qcu.

disparagement /dɪs'pærɪdʒmənt/ *n.* **1** denigrazione *f.* **2** (*belittlement*) svalutazione *f.*, svilimento *m.*

disparaging /dɪs'pærɪdʒɪŋ/ *a.* **1** denigratorio, dispregiativo: *a* ~ *remark* un commento dispregiativo. **2** (*contemptuous*) sprezzante, di disprezzo.

disparate /'dɪspərət, 'dɪspəreɪt *Am also* dɪs 'pærət/ **I** *a.* disparato. **II** *n.pl.* cose *f.pl.* più disparate.

disparately /'dɪspərətli, 'dɪspəreɪtli *Am also* dɪs'pærətli/ *avv.* disparatamente, nel modo più disparato.

disparity /dɪs'pæriti *Am* dɪ'spærəti/ *n.* disparità *f.*, diversità *f.* □ ~ *in position* differenza di classe (sociale), disparità di condizioni.

dispart /dɪ'spɑːt *Am* dɪ'spɑːrt/ **I** *v.t.* (*rar*) separare, dividere, fendere. **II** *v.i.* (*rar*) separarsi, dividersi, fendersi.

dispassionate /dɪs'pæʃənət/ *a.* **1** spassionato, imparziale, equo. **2** (*calm*) calmo, padrone di sé.

dispassionately /dɪs'pæʃənətli/ *avv.* spassionatamente.

dispassionateness /dɪs'pæʃənətnəs/ *n.* **1** spassionatezza *f.*, imparzialità *f.* **2** (*calmness*) calma *f.*

dispatch[1] /dɪ'spætʃ/ *v.t.* **1** spedire, inviare, far partire, mandare: *to* ~ *a telegram* spedire un telegramma; *to* ~ *troops to the front* inviare truppe al fronte. **2** (*fig*) (*to kill*) uccidere, spacciare. **3** (*fig*) (*to dispose of*) sbrigare, liquidare: *to* ~ *a matter* liquidare una faccenda. **4** (*of food*) smaltire in fretta, consumare in fretta.

dispatch[2] /dɪ'spætʃ, 'dɪspætʃ/ *n.* **1** invio *m.*, spedizione *f.* **2** (*official communication*) dispaccio *m.* (*anche Giorn*). **3** (*Mil*) bollettino *m.*, rdine *m*. del giorno: *to be mentioned in -es* ssere citato nell'ordine del giorno. **4** (*fig*) *rompt settlement*) rapido disbrigo *m*., ese- uzione *f*. rapida. **5** (*promptness*) prontezza , celerità *f*., sollecitudine *f*. **6** (*Comm*) (*ship- ent*) spedizione *f*.; (*agency*) agenzia *f*. di pedizioni. □ ~ *box* (o ~ *case*): 1 valigia iplomatica; 2 (*envelope*) busta per dispac- i; (*Comm*) ~ *note* bollettino di spedizione; *Mil*) ~ *rider* motociclista portaordini, staf- etta.

dispatcher /dɪ'spætʃəʳ/ *n*. **1** chi spedisce, ittente *m./f.* **2** (*Comm*) spedizioniere *m*. (*f*. a). **3** (*Ferr,Mar*) chi dirige il traffico.

dispatching /dɪ'spætʃɪŋ/ *n*. invio *m*., spedi- zione *f*.

dispel /dɪ'spel/ *. (past, p.p.* **dispelled** /-d/) *v.t.* isperdere, dissipare, dileguare, scacciare: *he wind -led the fog* il vento disperse la neb- ia; *to ~ a rumour* (o *to ~ a myth*) sfatare un mito.

dispensability /dɪ,spensə'bɪlɪtɪ *Am* dɪ,spensə bɪləti/ *n*. superfluità, non essenzialità.

dispensable /dɪ'spensəbl/ *a*. **1** superfluo, on essenziale, di cui si può fare a meno. **2** (*distribuibile*) distribuibile. **3** (*Rel.catt*) remis- sibile, perdonabile.

dispensary /dɪ'spensəʳi/ *n*. (*Med*) dispensa- rio *m*.

dispensation /,dɪspen'seɪʃən/ *n*. **1** distribu- zione *f*., (*rar*) dispensa *f*. **2** (*administration*) amministrazione *f*., governo *m*. **3** (*Teol*) (*di- vine ordering*) ordine *m*., ordinamento *m*.: *the ~ of the world by Providence* l'ordine delle cose voluto dalla provvidenza. **4** (*Teol*) (*divine provision*) dono *m*. divino. **5** (*Teol*) (*religious system*) religione *f*., legge *f*. reli- giosa. **6** (*Teol*) (*in dispensationalism*) di- spensazione *f*. **7** (*exemption*) dispensa *f*., esenzione *f*. **8** (*Dir.can*) dispensa *f*. (*from* da).

dispensational /,dɪspen'seɪʃənəl/ *a*. (*Teol*) dispensazionale.

dispensationalism /,dɪspen'seɪʃənəlɪzəm/ *n*. (*Teol*) dispensazionalismo *m*.

dispensationalist /,dɪspen'seɪʃənəlɪst/ *n*. (*Teol*) dispensazionalista *m./f.*

dispensatory /dɪ'spensətəri *Am* dɪ 'spensətɔːri/ **I** *n*. (*Med*) ricettario *m*., farmaco- pea *f*. **II** *a*. di dispensa, che concede una di- spensa, che concede un'esenzione.

dispense /dɪ'spens/ **I** *v.t.* **1** dispensare, elar- gire, distribuire: *to ~ alms* dispensare elemo- sine. **2** (*to administer*) amministrare: *to ~ justice* amministrare la giustizia. **3** (*Farm*) (*of medicines*) preparare e distribuire. **4** (*to ex- empt*) dispensare, esonerare: *to ~ so. from doing sth.* dispensare qcu. dal fare qcs. **5** (*Dir.can*) dispensare. **II** *v.i.* **1** fare a meno (*with* di), tralasciare (qcs.): *we can ~ with the preliminaries* possiamo tralasciare i preli- minari; *let's ~ with formalities* facciamo a meno delle formalità. **2** (*to do away with*) sopprimere, eliminare (qcs.). **3** (*to exempt from*) dispensare, esentare, esonerare (da).

dispenser /dɪ'spensəʳ/ *n*. **1** chi distribuisce, dispensatore *m*. (*f*. -trice). **2** (*administrator*) amministratore *m*. (*f*. -trice). **3** (*container*) recipiente *m*., contenitore *m*. **4** (*automatic machine*) dispenser *m*., erogatore *m*.: *a soap ~* un dispenser per il sapone. **5** (*chemist*) far- macista *m./f.*

dispeople /dɪ'spiːpl/ *v.t.* spopolare.

dispersal /dɪ'spɜːsəl *Am* dɪ'spɜːrsəl/ *n*. disper- sione *f*.

dispersant /dɪ'spɜːsənt *Am* dɪ'spɜːrsənt/ *n*. (additivo) disperdente *m*., solvente *m*. (per petrolio galleggiante): *chemical -s* solventi chimici.

disperse /dɪ'spɜːs *Am* dɪ'spɜːrs/ **I** *v.t.* **1** disper-

dere (*anche Ott,Mil*): *to ~ a crowd* disperdere la folla. **2** (*to dispel*) disperdere, dileguare, dissipare: *the wind -d the clouds* il vento di- sperse le nuvole. **II** *v.i.* **1** disperdersi, dile- guarsi. **2** (*to be dissipated*) disperdersi, dis- siparsi.

dispersed /dɪ'spɜːst *Am* dɪ'spɜːrst/ *a*. disper- so.

dispersedly /dɪ'spɜːsɪdli *Am* dɪ'spɜːrsɪdli/ *avv*. in ordine sparso.

disperser /dɪ'spɜːsəʳ *Am* dɪ'spɜːrsəʳ/ *n*. chi di- sperde.

dispersion /dɪ'spɜːʃən *Am* dɪ'spɜːrʒən, dɪ 'spɜːrʃən/ *n*. dispersione *f*.

Dispersion /dɪ'spɜːʃən *Am* dɪ'spɜːrʒən, dɪ 'spɜːrʃən/ *n*. (*Rel.ebr*) diaspora *f*.

dispersive /dɪ'spɜːsɪv *Am* dɪ'spɜːrsɪv/ *a*. di- spersivo (*anche Ott*).

dispirit /dɪ'spɪrɪt/ *v.t.* scoraggiare, abbattere.

dispirited /dɪ'spɪrɪtɪd *Am* dɪ'spɪrɪtɪd/ *a*. sco- raggiato, abbattuto.

dispiritedly /dɪ'spɪrɪtɪdli *Am* dɪ'spɪrɪtɪdli/ *avv*. in tono depresso, con aria abbattuta.

dispiriting /dɪ'spɪrɪtɪŋ *Am* dɪ'spɪrɪtɪŋ/ *a*. sco- raggiante.

displace /dɪs'pleɪs/ *v.t.* **1** spostare, rimuove- re. **2** (*to supplant*) soppiantare, subentrare a, prendere il posto di. **3** (*to replace*) rimpiaz- zare, sostituire. **4** (*to remove from an office*) destituire, deporre. **5** (*Mar*) dislocare. □ *-d person* profugo, perseguitato politico, de- portato.

displaceable /dɪs'pleɪsəbl/ *a*. spostabile.

displacement /dɪs'pleɪsmənt/ *n*. **1** sposta- mento *m*., rimozione *f*. **2** (*deposition*) desti- tuzione *f*. **3** (*substitution*) sostituzione *f*., rimpiazzo *m*. **4** (*Mar*) dislocamento *m*. **5** (*Mot*) cilindrata *f*. **6** (*Fis*) spostamento *m*. **7** (*Geol*) dislocazione *f*. **8** (*Psic*) transfert *m*. □ (*Geol*) ~ *theory* teoria della deriva dei continenti.

display /dɪs'pleɪ/ **I** *v.t.* **1** esporre, mettere in mostra, esibire: *to ~ goods in a shop window* esporre la merce in vetrina; *to ~ a notice* af- figgere un avviso. **2** (*to manifest*) manifesta- re, mostrare, rivelare: *to ~ emotion* manife- stare emozione; *to ~ one's ignorance* rivela- re la propria ignoranza. **3** (*to exhibit osten- tatiously*) ostentare, fare sfoggio di, fare mo- stra di. **4** (*to unfold*) spiegare. **5** (*Tip*) stam- pare a caratteri ben visibili. **6** (*Inform*) visua- lizzare. **II** *n*. **1** esposizione *f*., mostra *f*. (*anche Comm*). **2** (*manifestation*) manifestazione *f*., dimostrazione *f*.: *a ~ of courage* una dimo- strazione di coraggio. **3** (*ostentatious show*) sfoggio *m*., ostentazione *f*., esibizione *f*., mo- stra *f*.: *to make a great ~ of one's wealth* fare grande sfoggio della propria ricchezza. **4** (*Tip*) risalto *m*. dei caratteri; (*printed matter*) stampa *f*. in risalto. **5** (*Inform*) visore *m*., di- splay *m*. □ ~ *ad* (o ~ *advertisement* o ~ *advertising*) annuncio a caratteri ben visibi- li; ~ *case* vetrina, bacheca; ~ *packaging* con- fezione da esposizione; (*Comm*) ~ *stand* ban- co di mostra; (*Inform*) ~ *unit* unità video, vi- sualizzatore; ~ *window* vetrina.

displease /dɪs'pliːz/ *v.t.* **1** dispiacere a, far dispiacere a. **2** (*to offend, to annoy*) seccare, contrariare. **3** (*assol*) essere spiacevole.

displeased /dɪs'pliːzd/ *a*. scontento (*at*, *with* di).

displeasing /dɪs'pliːzɪŋ/ *a*. sgradevole, spiacevole.

displeasure /dɪs'pleʒəʳ/ *n*. scontento *m*., di- spiacere *m*., malcontento *m*.

displume /dɪs'pluːm/ *v.t.* **1** (*poet*) spennare. **2** (*fig*) privare degli onori.

disport /dɪs'pɔːt *Am* dɪs'pɔːrt/ **I** *v.r.* **1** divertir- si. **2** (*to conduct*) comportarsi. **3** (*assol*) di- vertirsi, spassarsela. **II** *n*. (*ant*) divertimento

m., passatempo *m*.

disposability /,dɪspoʊzə'bɪlɪti *Am* ,dɪspoʊzə 'bɪləti/ *n*. **1** l'essere eliminabile. **2** (*colloq*) (*availability of financial assets*) disponibili- tà *f*. **3** (*Dir*) godibilità *f*.

disposable /dɪs'poʊzəbl/ *a*. **1** monouso, usa e getta: ~ *paper handkerchiefs* fazzoletti di carta usa e getta (*o* monouso); ~ *needle* si- ringa monouso; ~ *razor* rasoio monouso. **2** (*available*) disponibile (*anche Econ*): ~ *in- come* reddito disponibile.

disposal /dɪs'poʊzəl/ *n*. **1** disposizione *f*., si- stemazione *f*., collocamento *m*., collocazio- ne *f*.: *the ~ of furniture* la disposizione dei mobili. **2** (*settlement*) sistemazione *f*.: ~ *of business affairs* sistemazione di affari. **3** (*act of disposing*) eliminazione *f*.: *the ~ of rub- bish* l'eliminazione dei rifiuti. **4** (*power to dispose*) disposizione *f*.: *to put sth. at so.'s ~* mettere qcs. a disposizione di qcu. **5** (*Dir*) (*by will*) trasferimento *m*., assegnazione *f*.; (*by sale*) vendita *f*., cessione *f*. **6** (*Mil*) dispo- sizione *f*.: *the ~ of troops* la disposizione del- le truppe. **7** (*Am,Mil*) (*disposal unit*) gruppo *m*. addetto al disinnesco delle bombe. □ ~ *area* (o ~ *ground* o ~ *site*) discarica (di rifiu- ti).

dispose /dɪs'poʊz/ **I** *v.t.* **1** disporre, colloca- re, sistemare. **2** (*fig*) (*to be inclined*) disporre, indurre, rendere incline. **3** (*Mil,Mar.mil*) di- sporre, preparare. **II** *v.i.* disporre: *I can ~ of my time* posso disporre del mio tempo. □ *to ~ of*: 1 (*to get rid of*) disfarsi, sbarazzarsi, liberarsi (di); 2 (*to kill*) uccidere, liquidare (qcu.); 3 (*to settle*) sistemare, regolare, risol- vere, sbrigare: *we have -d of the question* abbiamo sistemato la questione; 4 (*to trans- fer*) cedere, trasferire; 5 (*Comm*) (*to sell*) smerciare, collocare, vendere: *an article dif- ficult to ~ of* articolo di difficile smercio.

disposed /dɪs'poʊzd/ *a*. **1** disposto, incline: *to be ~ to pity* essere incline alla pietà; *ill ~ toward so.* mal disposto verso qcu.; *well ~ toward so.* ben disposto verso qcu. **2** (*will- ing*) disposto, pronto (a): *I did not feel ~ to help him* non mi sentivo disposto ad aiutarlo.

disposition /,dɪspə'zɪʃən/ *n*. **1** carattere *m*., indole *f*., temperamento *m*.: *a cheerful ~* un temperamento allegro. **2** (*inclination*) incli- nazione *f*., tendenza *f*. **3** (*arrangement*) di- sposizione *f*., sistemazione *f*., collocamento *m*., collocazione *f*. **4** (*willingness*) disposi- zione *f*., volontà *f*. **5** (*settlement*) sistemazio- ne *f*., definizione *f*. **6** (*Dir*) cessione *f*., trasfe- rimento *m*. **7** (*Mil*) (*of troops*) disposizione *f*., schieramento *m*. **8** *pl*. (*Mil*) (*plans*) disposi- zioni *f.pl*. □ (*Dir*) ~ *by testament* disposi- zione testamentaria.

dispossess /,dɪspə'zes/ *v.t.* **1** spogliare, spossessare, spodestare. **2** (*Dir*) espropriare.

dispossession /,dɪspə'zeʃən/ *n*. **1** spolia- zione *f*. **2** (*Dir*) espropriazione *f*., esproprio *m*.

dispossessor /,dɪspə'zesəʳ/ *n*. espropriante *m./f.*, espropriatore *m*. (*f*. -trice).

dispraise /dɪs'preɪz/ **I** *v.t.* (*rar*) denigrare, criticare, biasimare. **II** *n*. (*rar*) denigrazione *f*., critica *f*., biasimo *m*.

disproof /dɪs'pruːf/ *n*. confutazione *f*.

disproportion /,dɪsprə'pɔːʃən *Am* ,dɪsprə 'pɔːrʃən/ *n*. sproporzione *f*., divario *m*.: ~ *in age* divario di età.

disproportional /,dɪsprə'pɔːʃənəl *Am* ,dɪsprə 'pɔːrʃənəl/ *a*. sproporzionale.

disproportionality /,dɪsprəpɔːʃən'ælɪti *Am* ,dɪsprəpɔːrʃən'æləti/ *n*. sproporzionalità *f*.

disproportionally /,dɪsprə'pɔːʃənəli *Am* ,dɪsprə'pɔːrʃənəli/ *avv*. sproporzionalmente, senza proporzione.

disproportionate /,dɪsprə'pɔːʃənət *Am*

,dɪsprə'pɔːrʃənət/ *a.* sproporzionato.

disproportionately /,dɪsprə'pɔːʃəntli *Am* ,dɪsprə'pɔːrʃənətli/ *avv.* sproporzionalmente, senza proporzione.

disproportionateness /,dɪsprə'pɔːʃənət nəs *Am* ,dɪsprə'pɔːrʃənətnəs/ *n.* incongruità *f.*, sproporzione *f.*

disprovable /dɪs'pruːvəbl̩/ *a.* confutabile.

disprove /dɪs'pruːv/ *v.t.* **1** confutare, dimostrare la falsità di. **2** (*to invalidate*) invalidare.

disputable /dɪs'pjuːtəbl̩ *Am* dɪs'pjuːt̬əbl̩/ *a.* discutibile, contestabile.

disputably /dɪs'pjuːtəbli *Am* dɪs'pjuːt̬əbli/ *avv.* discutibilmente.

disputant /dɪs'pjuːtənt, 'dɪspjutənt/ I *n.* disputante *m./f.* II *a.* che disputa, contendente.

disputation /,dɪspjuː'teɪʃən *Am* ,dɪspjuː'teɪʃən/ *n.* disputa *f.*, discussione *f.*

disputatious /,dɪspjuː'teɪʃəs *Am* ,dɪspjuː'teɪʃəs/ *a.* polemico, battagliero.

disputatiously /,dɪspjuː'teɪʃəsli *Am* ,dɪspjuː'teɪʃəsli/ *avv.* in modo polemico, in modo battagliero.

disputatiousness /,dɪspjuː'teɪʃəsnəs *Am* ,dɪspjuː'teɪʃəsnəs/ *n.* cavillosità *f.*

disputative /dɪs'pjuːtətɪv *Am* dɪs'pjuːt̬ət̬ɪv/ *a.* polemico, cavilloso.

dispute /dɪs'pjuːt/ I *v.i.* **1** disputare, discutere (*on, about* di). **2** (*to argue*) disputare, litigare, altercare. II *v.t.* **1** discutere, dibattere, trattare. **2** (*to argue against*) mettere in discussione, mettere in dubbio. **3** (*to contest*) contestare, impugnare: *to ~ a will* impugnare un testamento; *to ~ a claim* contestare un reclamo. **4** (*fig*) contrastare, contendere, disputare: *to ~ the enemy's advance* contendere l'avanzata al nemico. III *n.* **1** controversia *f.*, disputa *f.*, discussione *f.*: *to settle a ~* comporre una controversia. **2** (*quarrel*) lite *f.*, alterco *m.*, contesa *f.*, vertenza *f.* □ *~ at law* vertenza giudiziaria, lite; *the matter in ~* l'argomento in discussione; *to be a matter of ~* essere messo in discussione; *I don't ~ that* non lo discuto, non lo metto in dubbio; (*Dir*) *case under ~* causa in giudizio; *without ~* indiscutibilmente, incontestabilmente.

disputer /dɪs'pjuːtəʳ *Am* dɪs'pjuːt̬əʳ/ *n.* disputante *m./f.*

disqualification /dɪs,kwɒlɪfɪ'keɪʃən *Am* dɪs ,kwɑːlɪfɪ'keɪʃən/ *n.* **1** squalifica *f.* (*anche Sport*). **2** (*state*) incapacità *f.*, inabilità *f.* **3** (*that which disqualifies*) causa *f.* di incapacità, causa *f.* di inabilità. **4** (*Dir*) interdizione *f.* □ (*Br,Dir*) *~ from holding a driving licence* revoca della patente di guida; *~ from holding public offices* interdizione dai pubblici uffici.

disqualify /dɪs'kwɒlɪfaɪ *Am* dɪs'kwɑːlɪfaɪ/ *v.t.* **1** rendere incapace, inabilitare. **2** (*Dir*) interdire, dichiarare incapace. **3** (*Sport*) squalificare.

disquiet /dɪs'kwaɪət/ *v.t.* inquietare, turbare. II *n.* inquietudine *f.*, turbamento *m.*, agitazione *f.*

disquieting /dɪs'kwaɪətɪŋ *Am* dɪs'kwaɪət̬ɪŋ/ *a.* inquietante, preoccupante.

disquietingly /dɪs'kwaɪətɪŋli *Am* dɪs 'kwaɪət̬ɪŋli/ *avv.* in modo inquietante, in modo preoccupante.

disquietude /dɪs'kwaɪətjuːd *Am also* dɪs 'kwaɪətuːd/ *n.* inquietudine *f.*, turbamento *m.*, agitazione *f.*

disquisition /,dɪskwɪ'zɪʃən/ *n.* **1** disquisizione *f.*, dissertazione *f.* **2** (*inquiry*) ricerca *f.* minuziosa.

disquisitional /,dɪskwɪ'zɪʃənl̩/ *a.* di disquisizione, relativo a disquisizione.

disquisitive /dɪs'kwɪzətɪv *Am* dɪs'kwɪzət̬ɪv/ *a.* dissertativo.

disrate /dɪs'reɪt/ *v.t.* (*Mar,rar*) (*of an officer*) degradare.

disregard /,dɪsrɪ'gɑːd *Am* ,dɪsrɪ'gɑːrd/ I *v.t.* **1** non far caso a, non badare a, trascurare, non curarsi di. **2** (*to show no respect for*) disprezzare, non rispettare: *to ~ conventions* non rispettare le convenzioni. II *n.* **1** noncuranza *f.*, indifferenza *f.* (*of, for* di, per). **2** (*slight*) disprezzo *m.*, inosservanza *f.*

disregardful /,dɪsrɪ'gɑːdful *Am*,dɪsrɪ 'gɑːrdful/ *a.* noncurante, indifferente; (*careless*) negligente.

disrelish /dɪs'relɪʃ/ I *v.t.* (*rar*) provare ripugnanza per, provare avversione per, detestare, non poter soffrire. II *n.* (*rar*) disgusto *m.*, ripugnanza *f.*

disremember /,dɪsrɪ'membəʳ/ *v.t.* (*Am,dial*) dimenticare, non ricordare.

disrepair /,dɪsrɪ'peəʳ *Am* ,dɪsrɪ'per/ *n.* cattivo stato *m.*, rovina *f.*, sfacelo *m.*: *to fall into ~* cadere in rovina.

disreputable /dɪs'repjutəbl̩ *Am* dɪs'repjut̬əbl̩/ *a.* **1** malfamato, dalla cattiva reputazione, dalla cattiva fama. **2** (*discreditable*) sconveniente, disdicevole. **3** (*dishonourable*) disonorevole. **4** (*in bad condition*) sciupato, logoro, rovinato, stracciato.

disreputableness /dɪs'repjutəbl̩nəs *Am* dɪs 'repjut̬əbl̩nəs/ *n.* cattiva reputazione *f.*, cattiva fama *f.*

disrepute /,dɪsrɪ'pjuːt/ *n.* discredito *m.*, disistima *f.*, cattiva reputazione *f.*, cattiva fama *f.*: *to fall into ~* cadere in discredito.

disrespect /,dɪsrɪ'spekt/ I *n.* **1** mancanza *f.* di rispetto, irriverenza *f.*: *to treat so. with ~* mancare di rispetto a qcu.; *to show ~ for so.* mostrarsi irriguardoso verso qcu. **2** (*discourtesy*) scortesia *f.*, sgarbo *m.* II *v.t.* mancare di rispetto a, essere irriverente verso. □ *I mean no ~* non intendo mancare di rispetto.

disrespectful /,dɪsrɪ'spektful/ *a.* **1** irrispettoso, irriverente, irriguardoso. **2** (*rude*) scortese, sgarbato.

disrespectfully /,dɪsrɪ'spektfuli/ *avv.* senza rispetto, in modo irrispettoso.

disrespectfulness /,dɪsrɪ'spektfulnəs/ *n.* mancanza *f.* di rispetto, irriverenza *f.*

disrobe /dɪs'rəʊb/ I *v.t.* svestire, spogliare (*anche fig*). II *v.i.* svestirsi.

disroot /dɪs'ruːt/ *v.t.* **1** sradicare, estirpare. **2** (*to dislodge*) sloggiare.

disrupt /dɪs'rʌpt/ *v.t.* **1** scombussolare, scompigliare, mandare in tilt. **2** (*to disturb*) disturbare, turbare: *to ~ a debate* disturbare un dibattito. **3** (*to interrupt*) interrompere: *communications were -ed* le comunicazioni furono interrotte. **4** (*to obstruct*) intralciare, ostacolare. **5** (*to upset*) sovvertire. **6** (*to destroy the unity of*) rompere, infrangere, distruggere: *to ~ an alliance* rompere un'alleanza. **7** (*of an empire, party, etc.*) smembrare, disgregare, dissestare.

disrupter /dɪs'rʌptəʳ/ *n.* sovvertitore *m.* (*f.* -trice), perturbatore *m.* (*f.* -trice), disturbatore *m.* (*f.* -trice).

disruption /dɪs'rʌpʃən/ *n.* **1** scissione *f.*, rottura *f.*, scioglimento *m.*: *the ~ of a coalition* lo scioglimento di una coalizione. **2** (*interruption*) interruzione *f.* **3** (*hardship, uncomfortableness*) disagio *m.*: *widespread ~* gravi disagi. **4** (*of an empire, party, etc.*) sfacelo *m.*, smembramento *m.*, disgregazione *f.* **5** (*wild confusion*) disordine *m.*, scompiglio *m.* **6** (*upheaval*) sconvolgimento *m.*, sovvertimento *m.*

disruptive /dɪs'rʌptɪv/ *a.* **1** (*disturbing*) perturbatore, disturbatore, di disturbo. **2** (*disintegrating*) disgregativo, dirompente. **3** (*Mil*) dirompente. **4** (*El*) disruptivo. □ *~ technologies* tecnologie di rottura, tecnologie dirompenti (rispetto al passato).

disruptively /dɪs'rʌptɪvli/ *avv.* **1** (*disturbingly*) in modo perturbatore, in modo che disturba. **2** (*disintegratingly*) in modo disgregativo, in modo dirompente.

disruptiveness /dɪs'rʌptɪvnəs/ *n.* **1** dirompenza *f.* **2** (*fact of being disturbing*) l'essere perturbatore, il disturbare.

diss /dɪs/ I *v.t.* (*Am,sl*) disprezzare, mancare di rispetto a, criticare, insultare: *I wasn't trying to ~ you last night; I honestly forgot about our plans* non volevo mancarti di rispetto ieri sera, semplicemente mi sono dimenticata dei nostri progetti. II *n.* (*Am,sl*) (*remark*) insulto *m.*, sfacciataggine *f.* **2** (*action*) azione *f.* sfacciata, mancanza *f.* di rispetto.

dissatisfaction /,dɪsætɪs'fækʃən *Am* ,dɪsæt̬əs'fækʃən/ *n.* insoddisfazione *f.*, malcontento *m.*, scontentezza *f.*, malumore *m.*

dissatisfied /dɪs'sætɪsfaɪd *Am* dɪs'sæt̬əsfaɪd/ *a.* insoddisfatto, non soddisfatto, scontento (*at, with* di).

dissatisfy /dɪs'sætɪsfaɪ *Am* dɪs'sæt̬əsfaɪ/ *v.t.* non soddisfare, scontentare.

disseat /dɪs'siːt/ *v.t.* (*rar*) **1** rimuovere da una carica. **2** (*Parl*) privare del seggio.

dissect /d(a)ɪ'sekt *Am also* 'daɪsekt/ *v.t.* **1** dividere, sezionare. **2** (*Chir,Biol*) sezionare, anatomizzare, dissecare. **3** (*fig*) analizzare, esaminare minutamente, anatomizzare. **4** (*Econ*) analizzare.

dissected /d(a)ɪ'sektɪd *Am also* 'daɪsektɪd/ *a.* (*Geol*) (*of a plateau or upland*) dissezionato: *~ topography* topografia dissezionata.

dissectible /d(a)ɪ'sektəbl̩ *Am also* 'daɪsektəbl̩/ *a.* sezionabile.

dissection /d(a)ɪ'sekʃən *Am also* 'daɪsekʃən/ *n.* **1** sezionamento *m.* **2** (*Chir,Biol*) dissezione *f.*; (*specimen*) sezione *f.*, parte *f.* sezionata. **3** (*Econ*) analisi *f.* (*anche fig*).

dissector /d(a)ɪ'sektəʳ *Am also* 'daɪsektəʳ/ *n.* (*Chir*) dissettore *m.*

disseise /dɪs'siːz/ *v.t.* (*Dir*) espropriare illegalmente, spossessare.

disseisin /dɪs'siːzɪn/ *n.* (*Dir*) espropriazione *f.* (illegale).

disseize /dɪs'siːz/ *v.t.* (*Dir*) espropriare illegalmente, spossessare.

disseizin /dɪs'siːzən/ *n.* (*Dir*) espropriazione *f.* (illegale).

dissemblance /dɪ'sembləns/ *n.* dissimulazione *f.*

dissemble /dɪ'sembl̩/ I *v.t.* **1** dissimulare, celare, nascondere. **2** (*to feign*) simulare, fingere. II *v.i.* dissimulare, fingere.

dissembler /dɪ'sembləʳ/ *n.* simulatore *m.* (*f.* -trice), dissimulatore *m.* (*f.* -trice).

dissembling /dɪ'semblɪŋ/ I *a.* che dissimula, che finge. II *n.* dissimulazione *f.*, finzione *f.*

disseminate /dɪ'semɪneɪt/ *v.t.* (*Bot*) disseminare (*anche fig*).

dissemination /dɪ,semɪ'neɪʃən/ *n.* **1** (*Bot*) disseminazione *f.* **2** (*fig*) diffusione *f.*

disseminator /dɪ'semɪneɪtəʳ *Am* dɪ 'semɪneɪt̬əʳ/ *n.* divulgatore *m.* (*f.* -trice).

dissension /dɪ'senʃən/ *n.* **1** divergenza *f.* (di opinioni). **2** (*quarrel*) dissenso *m.*, discordia *f.*, dissidio *m.*: *to sow ~* seminare discordia, seminare zizzania.

dissent /dɪ'sent/ I *v.i.* **1** dissentire (*from* da), discordare (da), non essere d'accordo (con). **2** (*Rel*) essere dissidente. II *n.* **1** dissenso *m.*, dissidio *m.* **2** (*Rel*) scisma *m.* **3** (*Rel*) (*collett.*)

dissidenti *m.pl.*, nonconformisti *m.pl.*

dissenter /dɪ'sentər Am dɪ'sentər/ *n.* dissenziente *m./f.*, dissidente *m./f.*

Dissenter /dɪ'sentər Am dɪ'sentər/ *n.* (*Rel*) dissidente *m./f.*, nonconformista *m./f.*

dissentient /dɪ'senʃənt Br also dɪ'senʃiənt/ I *a.* dissenziente, dissidente. II *n.* dissenziente *m./f.*, dissidente *m./f.* ☐ with one ~ vote con un solo voto contrario.

dissepiment /dɪ'sepimənt/ *n.* (*Biol*) setto *m.*

dissert /dɪ'sɜːt Am dɪ'sɜːrt/ *v.i.* (*rar*) dissertare.

dissertation /ˌdɪsə'teɪʃən Am ˌdɪsər'teɪʃən/ *n.* 1 dissertazione *f.* 2 (*Univ*) dissertazione *f.* di laurea, tesi *f.* di laurea.

dissertational /ˌdɪsə'teɪʃənəl Am ˌdɪsər'teɪʃənəl/ *a.* dissertatorio, dissertativo.

dissertator /dɪsɜː'teɪtə Am 'dɪsɜːrteɪtər/ *n.* (*lett*) dissertatore *m.* (*f.* -trice).

disservice /ˌdɪs'sɜːvɪs Am ˌdɪs'sɜːrvɪs/ *n.* cattivo servizio *m.*, danno *m.*: to do a ~ to so. fare un cattivo servizio a qcu.

dissever /dɪs'sevər/ I *v.t.* dividere, separare, staccare. II *v.i.* separarsi, dividersi.

disseverance /dɪs'sevərəns/ *n.* separazione *f.*, divisione *f.*

disseverment /dɪs'sevəmənt Am dɪs'sevərmənt/ *n.* separazione *f.*, divisione *f.*

dissidence /'dɪsɪdəns/ *n.* dissidenza *f.*, dissidio *m.*

dissident /'dɪsɪdənt/ I *a.* dissidente, dissenziente, discorde. II *n.* 1 dissidente *m./f.*, dissenziente *m./f.* 2 (*Rel*) dissidente *m./f.*, nonconformista *m./f.*

dissimilar /dɪ'sɪmɪlər/ *a.* dissimile, diverso, differente.

dissimilarity /ˌdɪsɪmɪ'lærɪti Am ˌdɪsɪmɪ'lærəti/ *n.* differenza *f.*, diversità *f.*

dissimilarly /ˌdɪ'sɪmɪlərli/ *avv.* diversamente, differentemente, in modo dissimile.

dissimilate /dɪ'sɪmɪleɪt/ *v.t.* 1 rendere dissimile, rendere differente, rendere diverso. 2 (*Fon*) dissimilare.

dissimilation /ˌdɪsɪmɪ'leɪʃən/ *n.* 1 diversificazione *f.* 2 (*Fon*) dissimilazione *f.*

dissimilitude /ˌdɪsɪ'mɪlɪtjuːd Am also ˌdɪsɪ'mɪlɪtuːd/ *n.* differenza *f.*, diversità *f.*

dissimulate /dɪ'sɪmjʊleɪt/ I *v.i.* dissimulare, fingere. II *v.t.* dissimulare.

dissimulation /ˌdɪsɪmjʊ'leɪʃən/ *n.* dissimulazione *f.*, mascheramento *m.*

dissimulator /dɪ'sɪmjʊleɪtər Am dɪ'sɪmjʊleɪtər/ *n.* dissimulatore *m.* (*f.* -trice).

dissipate /'dɪsɪpeɪt/ I *v.t.* 1 dissipare, disperdere, dileguare, dissolvere (*anche fig*): the sun -d the mist il sole dissipò la nebbia. 2 (to squander) dissipare, sperperare. II *v.i.* 1 dissiparsi, dissolversi, dileguare, svanire (*anche fig*). 2 (to engage in dissolute pleasures) condurre una vita dissipata.

dissipated /'dɪsɪpeɪtɪd Am 'dɪsɪpeɪtɪd/ *a.* 1 dissipato, dissoluto. 2 (dispersed) dissipato, dissolto, dileguato. 3 (wasted) dissipato, sperperato.

dissipation /ˌdɪsɪ'peɪʃən/ *n.* 1 dissipazione *f.*, dispersione *f.* 2 (wasting) dissipazione *f.*, sperpero *m.* 3 (dissolute living) dissipazione *f.*, dissipatezza *f.*, vita *f.* dissoluta. 4 (excessive drinking) bagordi *m.pl.*, stravizi *m.pl.*

dissipative /'dɪsɪpeɪtɪv Am 'dɪsɪpeɪtɪv/ *a.* che tende a dissipare, che tende a dissiparsi.

dissipator /'dɪsɪpeɪtə Am 'dɪsɪpeɪtər/ *n.* (*El*) dissipatore *m.*

dissociable /dɪ'souʃiəbl Am also dɪ'souʃəbl/ *a.* dissociabile, separabile.

dissociate /dɪ'souʃieɪt/ I *v.t.* 1 dissociare, separare, disgiungere, scindere. 2 (*Chim*) dissociare, scindere. 3 (*Psic*) dissociare. II *v.i.* 1 dissociarsi, separarsi, disgiungersi. 2

(*Chim*) dissociarsi, scindersi. 3 (*Psic*) dissociarsi.

dissociated /dɪ'souʃieɪtɪd Am dɪ'souʃieɪtɪd/ *a.* dissociato (anche *Psic*): ~ personality personalità dissociata.

dissociation /ˌdɪ'souʃi'eɪʃən, dɪˌsousi'eɪʃən/ *n.* 1 dissociazione *f.*, separazione *f.* 2 (*Chim*) dissociazione *f.*, scissione *f.* 3 (*Psic*) dissociazione *f.*

dissociative /dɪ'souʃiətɪv, dɪ'sousiətɪv/ *a.* dissociativo.

dissolubility /dɪˌsɒljʊ'bɪlɪti Am dɪˌsɑːljʊ'bɪləti/ *n.* dissolubilità *f.*, solubilità *f.*

dissoluble /dɪ'sɒljʊbl Am dɪ'sɑːljʊbl/ *a.* dissolubile.

dissolute /'dɪsəluːt Br also 'dɪsəljuːt/ *a.* dissoluto, licenzioso, vizioso.

dissoluteness /'dɪsəluːtnəs Br also 'dɪsəljuːtnəs/ *n.* dissolutezza *f.*, vizio *m.*

dissolution /ˌdɪsə'luːʃən Br also ˌdɪsə'ljuːʃən/ *n.* 1 dissoluzione *f.*, lo sciogliersi. 2 (decay) decomposizione *f.*, dissoluzione *f.*, disfacimento *m.* 3 (fig) crollo *m.*, rovina *f.*, sfacelo *m.*, disfacimento *m.*; (of a marriage, bond, etc.) scioglimento *m.* 4 (fig) (death) fine *f.*, scomparsa *f.*, morte *f.* 5 (Parl,Comm) scioglimento *m.* 6 (*Chim*) dissoluzione *f.* ☐ (Stor.brit) Dissolution of the Monasteries soppressione dei monasteri.

dissolvable /dɪ'zɒlvəbl Am dɪ'zɑːlvəbl/ *a.* 1 dissolubile, solubile. 2 (fig) dissolubile.

dissolve /dɪ'zɒlv Am dɪ'zɑːlv/ I *v.t.* 1 sciogliere, disciogliere, dissolvere: to ~ sugar in water sciogliere lo zucchero nell'acqua. 2 (to melt) sciogliere, fondere, liquefare. 3 (fig) (to end) sciogliere, annullare, porre fine a: to ~ a marriage annullare un matrimonio. 4 (Parl,Comm) sciogliere: to ~ a company sciogliere una società. 5 (fig) (to cause to disappear) far scomparire, eliminare, cancellare. 6 (Cin) dissolvere. 7 (Dir) annullare, abrogare. II *v.i.* 1 sciogliersi. 2 (to melt) fondersi, liquefarsi. 3 (fig) (to disperse, to disappear) dissolversi, dileguarsi, svanire: the mist -d in the sun la nebbia si dileguò al sole. 4 (Parl) sciogliersi. 5 (fig) fondersi, sciogliersi, struggersi: to ~ in(to) tears sciogliersi in lacrime. 6 (Cin) dissolversi, svanire. III *n.* (Cin) dissolvenza *f.*

dissolve-in /dɪ'zɒlvɪn Am dɪ'zɑːlvɪn/ *n.* (Cin) dissolvenza *f.* in chiusura.

dissolvent /dɪ'zɒlvənt Am dɪ'zɑːlvənt/ I *a.* 1 (*Chim*) dissolvente, solvente. 2 (fig) che dissolve, che dissipa. II *n.* (*Chim*) solvente *m.*

dissolve-out /dɪ'zɒlvaʊt Am dɪ'zɑːlvaʊt/ *n.* (Cin) dissolvenza *f.* in chiusura.

dissonance /'dɪsənəns/ *n.* 1 dissonanza *f.*, discordanza *f.* (anche fig). 2 (Mus) dissonanza *f.*

dissonancy /'dɪsənənsi/ *n.* 1 dissonanza *f.*, discordanza *f.* (anche fig). 2 (Mus) dissonanza *f.*

dissonant /'dɪsənənt/ *a.* 1 dissonante, discordante (anche fig). 2 (Mus) dissonante.

dissonantly /'dɪsənəntli/ *avv.* 1 in modo dissonante, in modo discordante (anche fig). 2 (Mus) in modo dissonante, con una dissonanza.

dissuade /dɪ'sweɪd/ *v.t.* dissuadere, distogliere: to ~ so. from doing sth. dissuadere qcu. dal fare qcs.

dissuader /dɪ'sweɪdər/ *n.* dissuasore *m.*

dissuasion /dɪ'sweɪʒən/ *n.* il dissuadere, dissuasione *f.*

dissuasive /dɪ'sweɪsɪv/ *a.* dissuasivo.

dissyllabic /ˌdɪsɪ'læbɪk/ *a.* bisillabo, bisillabico, di due sillabe, disillabico.

dissyllable /dɪ'sɪləbl/ *n.* bisillabo *m.*, (rar) disillabo *m.*

dissymmetric /ˌdɪsɪ'metrɪk/ *a.* asimmetrico.

dissymmetrical /ˌdɪsɪ'metrɪkəl/ *a.* asimmetrico.

dissymmetry /dɪ'sɪmɪtri/ *n.* asimmetria *f.*

dist. 1 distance d (distanza). 2 district (distretto).

distaff /'dɪstɑːf Am 'dɪstæf/ I *n.* 1 (in spinning) rocca *f.* 2 (fig) lavori *m.pl.* femminili. II *a.* femminile, della donna: ~ side linea femminile, ramo femminile; on the ~ side per parte di madre.

distal /'dɪstəl/ *a.* (Anat) distale.

distally /'dɪstəli/ *avv.* (Anat) distalmente.

distance /'dɪstəns/ I *n.* 1 distanza *f.*: to see from a great ~ vedere da una grande distanza. 2 (extent of space) distanza *f.*, tratto *m.*: we walked for a ~ of two miles abbiamo camminato per (una distanza di) due miglia. 3 (length travelled) percorso *m.*, tragitto *m.*: we went part of the ~ on foot abbiamo fatto parte del tragitto a piedi. 4 (expanse) distesa *f.*, estensione *f.* 5 (remoteness) distanza *f.*, lontananza *f.* 6 (of time) distanza *f.*, intervallo *m.* 7 (fig) (difference) distanza *f.*, differenza *f.*, disparità *f.* 8 (fig) (reserve) distanza *f.*, riserbo *m.* 9 (Sport) distanza *f.*, percorso *m.*; (in horse racing) distanza *f.* 10 (Mus) intervallo *m.* 11 (Art) prospettiva *f.* II *v.t.* distanziare, lasciare indietro, superare, prendere le distanze (from da). ☐ it is no ~ away è proprio a quattro passi, è proprio qui vicino; (fig) to ~ oneself from prendere le distanze da; it looks better from a ~ ci guadagna visto da lontano; to go the ~: 1 (fig) reggere fino in fondo; 2 (Sport) compiere l'intero percorso; in the ~ in lontananza; (fig) to keep one's ~ mantenere le distanze; (fig) to keep so. at a ~ tenere qcu. a distanza; ~ learning formazione a distanza; it is some ~ to my house c'è un po' di strada (da fare) fino a casa mia, casa mia è un po' distante.

distant /'dɪstənt/ *a.* 1 (in space) distante, lontano: a ~ country un paese lontano; the town is three miles ~ from the coast la città è lontana, la città dista tre miglia dalla costa. 2 (in time) lontano, remoto: ~ ages epoche remote. 3 (in consanguinity) lontano: a ~ cousin un lontano cugino. 4 (fig) (reserved) distante, riservato: a ~ manner modi riservati. 5 (fig) (cool, aloof) freddo. 6 (fig) (different) differente, diverso. 7 (fig) (slight) lontano, vago, leggero: a ~ resemblance una lontana somiglianza. 8 (coming from or going to a distance) lontano, a distanza, in lontananza: a ~ sound un suono lontano. ☐ (Ferr) ~ signal segnale a distanza; to have a ~ view of sth. vedere qcs. da lontano.

distantly /'dɪstəntli/ *avv.* 1 alla lontana: ~ related imparentato alla lontana. 2 (fig) freddamente, con distacco.

distaste /dɪs'teɪst/ *n.* antipatia *f.*, avversione *f.*, ripugnanza *f.*

distasteful /dɪs'teɪstful/ *a.* 1 (tactless, crude) spiacevole, antipatico, sgradevole: a ~ remark un commento poco carino. 2 (unpleasant to the taste) disgustoso, nauseante.

distastefully /dɪs'teɪstfʊli/ *avv.* (disgustingly) disgustosamente.

distastefulness /dɪs'teɪstfʊlnəs/ *n.* l'essere disgustoso, l'essere sgradevole.

distemper[1] /dɪs'tempər/ I *n.* 1 (Pitt) tempera *f.* 2 (Edil) tinteggiatura *f.* a tempera. II *v.t.* 1 dipingere a tempera, tinteggiare a tempera. 2 (of colours: to dilute) stemperare.

distemper[2] /dɪs'tempər/ I *n.* 1 (Veter) cimurro *m.* 2 (fig,ant) rivolta *f.*, disordine *m.*, tumulto *m.* II *v.t.* disordinare, turbare, far ammalare.

distend /dɪ'stend/ I v.t. 1 gonfiare, dilatare. 2 (to stretch out) distendere, allargare. II v.i. 1 gonfiarsi, dilatarsi. 2 (to stretch out) distendersi, allargarsi.

distended /dɪ'stendɪd/ a. 1 disteso, spiegato, allargato. 2 (dilated) dilatato: ~ nostrils narici dilatate. 3 (swollen) gonfio.

distensibility /dɪ,stensə'bɪlɪti Am dɪ,stensə'bɪləti/ n. dilatabilità f.

distensible /dɪ'stensəbl/ a. dilatabile.

distension, distention /dɪ'stenʃən/ n. 1 dilatazione f. 2 (Med) gonfiore m., dilatazione f.

distich /'dɪstɪk/ n. (Metr) distico m.

distichous /'dɪstɪkəs/ a. 1 (Bot) distico. 2 (Entom) bipartito, bifido.

distil /dɪ'stɪl/ (past, p.p. **distilled** /-d/) I v.t. 1 (Chim,Ind) distillare (from da); (to obtain by distillation) distillare, ottenere dalla (o per) distillazione; (to transform by distillation) distillare, convertire per distillazione. 2 (fig) (to extract the essence out of) distillare, estrarre, ricavare. 3 (to let fall in drops) distillare, versare goccia a goccia. II v.i. 1 stillare, gocciolare. 2 (Chim,Ind) venire distillato.

distillable /dɪ'stɪləbl/ a. (Chim) distillabile.

distillate /'dɪstɪlət, 'dɪstɪleɪt/ n. distillato m.

distillation /,dɪstɪ'leɪʃən/ n. 1 (Chim) distillazione f. 2 (fig) distillato m., essenza f., quintessenza f.

distillatory /dɪ'stɪlətəri Am dɪ'stɪlətɔːri/ a. relativo a distillazione, distillatorio.

distilled /dɪ'stɪld/ ☐ ~ water acqua distillata.

distiller /dɪ'stɪlər/ n. 1 (Chim) distillatore m. 2 (person) distillatore m. (f. -trice).

distillery /dɪ'stɪləri/ n. distilleria f.

distilling /dɪ'stɪlɪŋ/ ☐ (Chim) ~flask alambicco, storta.

distinct /dɪ'stɪŋ(k)t/ a. 1 distinto, diviso, separato (from da): the two problems are quite ~ i due problemi sono del tutto distinti. 2 (different in nature) diverso, distinto, differente (from da). 3 (clear) distinto, chiaro, netto: a ~ sound un suono distinto. 4 (unmistakable) evidente, inconfondibile. 5 (notable) notevole, considerevole: a ~ achievement un successo notevole. ☐ as ~from (in quanto) diverso da; on the ~understanding alla precisa condizione.

distinction /dɪ'stɪŋ(k)ʃən/ n. 1 distinzione f.: to make (o to draw) no ~ non fare alcuna distinzione; without ~ senza distinzione, indifferentemente. 2 (difference) differenza f., diversità f. 3 (distinguishing mark) caratteristica f., particolarità f. 4 (eminence) eminenza f., importanza f. 5 (distinguished appearance) distinzione f., aspetto m. distinto. 6 (refinement) raffinatezza f. 7 (mark of honour) distinzione f., onorificenza f. ☐ an artist of ~ un artista insigne, un artista di fama; a career without ~ una carriera poco brillante.

distinctive /dɪ'stɪŋ(k)tɪv/ a. 1 distintivo. 2 (special, particular) caratteristico, particolare (of di). 3 (important) importante: ~ contribution importante contributo.

distinctiveness /dɪ'stɪŋ(k)tɪvnəs/ n. caratteristica f.

distinctly /dɪ'stɪŋ(k)tli/ avv. 1 distintamente, chiaramente, nettamente. 2 (decidedly) decisamente.

distinctness /dɪ'stɪŋ(k)tnəs/ n. chiarezza f.

distingué /dɪ'stæŋeɪ/ a. distinto, di classe.

distinguish /dɪ'stɪŋgwɪʃ/ I v.t 1 distinguere, differenziare: to ~ the original from the copy distinguere l'originale dalla copia. 2 (to discern) distinguere, discernere, individuare. 3 (to characterize) distinguere, caratterizzare, contraddistinguere. 4 (to make prominent)

distinguere, segnalare: to ~ oneself in an examination distinguersi in un esame. II v.i. fare una distinzione (between tra).

distinguishable /dɪ'stɪŋgwɪʃəbl/ a. distinguibile.

distinguished /dɪ'stɪŋgwɪʃt/ a. 1 eminente, illustre, esimio: a ~ scientist un illustre scienziato; to be ~ as a scholar essere uno studioso illustre. 2 (of things) brillante, splendido: a ~ career una carriera brillante. 3 (having an air of distinction) distinto, raffinato: a ~ professor un illustre professore. ☐ as ~ from (in quanto) distinto da; (Mil) Distinguished Conduct Medal medaglia al valor militare; (Aer.mil) Distinguished Flying Cross croce di guerra al valore aeronautico; (US,Mil) Distinguished Service Cross croce al valore militare; (Mil) Distinguished Service Order decorazione al merito; (Parl) ~strangers' gallery tribuna delle rappresentanze diplomatiche.

distinguishing /dɪ'stɪŋgwɪʃɪŋ/ a. distintivo, caratteristico, proprio, peculiare. ☐ ~trait caratteristica, peculiarità, tratto distintivo.

distort /dɪ'stɔːt Am dɪ'stɔːrt/ v.i. 1 distorcere, contorcere, stravolgere: his face was -ed with rage aveva il volto stravolto dall'ira. 2 (to make deformed) deformare, sformare. 3 (fig) storcere, distorcere, alterare, travisare, svisare: to ~ the facts travisare i fatti. 4 (Mecc) deformare. 5 (El,Fis) distorcere.

distorted /dɪ'stɔːtɪd Am dɪ'stɔːrtɪd/ a. stravolto, travisato, distorto: ~ sounds suoni distorti.

distortedly /dɪ'stɔːtɪdli Am dɪ'stɔːrtɪdli/ avv. in modo distorto, in modo alterato.

distorting /dɪ'stɔːtɪŋ Am dɪ'stɔːrtɪŋ/ a. deformante: ~ mirror specchio deformante.

distortion /dɪ'stɔːʃən Am dɪ'stɔːrʃən/ n. 1 (act) distorsione f., torsione f. 2 (state) deformazione f., alterazione f. 3 (fig) deformazione f., travisamento m., alterazione f. 4 (Ott,Mecc) deformazione f. 5 (TV,El,Rad) distorsione f. ☐ (Econ) ~ of competition distorsione della concorrenza.

distortionist /dɪ'stɔːʃənɪst Am dɪ'stɔːrʃənɪst/ n. 1 contorsionista m./f. 2 (Pitt) caricaturista m./f.

distract /dɪ'strækt/ v.t. 1 distrarre, distogliere, sviare: to ~ so. (to ~ so.'s attention) distrarre qcu.; the noise -ed me il rumore mi ha distratto. 2 (to trouble) turbare, infastidire. 3 (to madden) far impazzire. 4 (to provide amusement for) distrarre, svagare, divertire. 5 (to disrupt) confondere, sconvolgere.

distracted /dɪ'stræktɪd/ a. 1 distratto, disattento. 2 (harassed) preoccupato, inquieto, turbato. 3 (maddened) impazzito, fuori di sé (with, by per). ☐ ~between hope and fear diviso tra la speranza e il timore, tormentato tra la speranza e il timore.

distractedly /dɪ'stræktɪdli/ avv. 1 distrattamente. 2 (distraughtly) in modo turbato, con inquietudine, con agitazione.

distraction /dɪ'strækʃən/ n. 1 distrazione f., disattenzione f. 2 (madness) pazzia f., follia f. 3 (bewilderment) confusione f., perplessità f., turbamento m. 4 (amusement) svago m., divertimento m. 5 (disorder) scompiglio m., confusione f. ☐ to drive so. to ~ far impazzire qcu.; to love so. to ~ amare qcu. alla follia, amare qcu. follemente.

distrain /dɪ'streɪn/ I v.t. (Dir) sequestrare, pignorare, mettere sotto sequestro. II v.i. (Dir) sequestrare (upon, on sth. qcs.).

distrainable /dɪ'streɪnəbl/ a. (Dir) sequestrabile.

distrainee /,dɪstreɪ'niː/ n. (Dir) chi subisce

un sequestro.

distrainer /dɪ'streɪnər/ n. (Dir) sequestratore m. (f. -trice).

distrainment /dɪ'streɪnment/, **distraint** /d'streɪnt/ n. (Dir) sequestro m., pignoramento m.

distrainor /,dɪstreɪ'nɔːr Am ,dɪstreɪ'nɔːr/ n. (Dir) sequestratore m. (f. -trice).

distraught /dɪ'strɔːt/ a. 1 sconvolto, turbato. 2 (crazed) impazzito, folle, fuori di sé: ~ with grief pazzo di dolore.

distress /dɪ'stres/ I n. 1 dolore m., sofferenza f., afflizione f., angoscia f.: psychological ~ sofferenza psicologica. 2 (peril) pericolo m., difficoltà f., emergenza f. 3 (want, poverty) miseria f., indigenza f., bisogno m., difficoltà f. 4 (exhaustion) esaurimento m., spossatezza f. 5 (Dir) sequestro m.; (property seized) beni m.pl. sequestrati. 6 (wear and tear) logorio m., deperimento m. materiale. II v.t. 1 addolorare, affliggere, angosciare. 2 (to exhaust) stremare, estenuare, spossare. 3 (rifl.) to ~ oneself affliggersi, addolorarsi. ☐ (Rad) ~call segnale di richiesta di aiuto, S.O.S; ~committee comitato di beneficienza; (Mar) in ~ (of a ship) in pericolo; companions in ~ compagni di sventura; (Mar) rocket razzo di segnalazione; ~ sale asta (pubblica) di beni sequestrati; (Rad) ~signal segnale di richiesta di aiuto, S.O.S; (Dir) ~warrant mandato di sequestro.

distressed /dɪ'strest/ a. 1 afflitto, angosciato, angustiato. 2 (in great poverty) indigente, bisognoso. 3 (exhausted) esausto, spossato, stremato. ☐ ~ area zona depressa; (Mar) ~ship nave in pericolo.

distressful /dɪ'stresful/ a. 1 doloroso, angoscioso, penoso. 2 (sorrowful) afflitto.

distressing /dɪ'stresɪŋ/ a. penoso, angoscioso, doloroso.

distressingly /dɪ'stresɪŋli/ avv. penosamente, dolorosamente.

distributable /dɪ'strɪbjutəbl Am dɪ'strɪbjutəbl/ a. distribuibile, ripartibile.

distributary /dɪ'strɪbjutəri Am dɪ'strɪbjuteri/ I n. 1 (Geog) emissario m. 2 (Idr) emissario m., canale m. di distribuzione. II a. (Geog,Idr) di distribuzione.

distribute /dɪ'strɪbjuːt Br also 'dɪstrɪbjuːt/ v.t. 1 distribuire, ripartire, dividere: he -d the money among his sons distribuì il denaro ai figli; to ~ dividends ripartire i dividendi. 2 (to allot) assegnare. 3 (to spread) spargere, spandere. 4 (to classify) classificare, ordinare. 5 (to dispense) amministrare: to ~ justice amministrare la giustizia. 6 (Tip) scomporre.

distributed /dɪ'strɪbjuːtɪd, 'dɪstrɪbjuːtɪd Am dɪ'strɪbjuːtɪd/ ☐ (Inform) ~ system sistema distribuito.

distribution /,dɪstrɪ'bjuːʃən/ n. 1 distribuzione f.: the ~ of a nation's wealth la distribuzione della ricchezza nazionale; ~ of population distribuzione della popolazione. 2 (spreading out) diffusione f., propagazione f. 3 (classification) classificazione f. 4 (delivery) distribuzione f., consegna f., recapito m.: the ~ of the post la distribuzione della posta. 5 (Biol) area f. di diffusione, zona f. di diffusione. 6 (Econ) (of commodities, dividends, profits) distribuzione f., ripartizione f. 7 (Statist,Ling) distribuzione f. 8 (Filos) uso m. di un termine in senso distributivo. 9 (Tip,ant) scomposizione f. ☐ (Comm) ~ channel canale di distribuzione; ~ of an estate divisione di un'eredità; ~of load ripartizione del carico, distribuzione del carico; (El) ~panel pannello di distribuzione.

distributional /,dɪstrɪ'bjuːʃənl/ a. (Ling) distribuzionale.

distributism /dɪ'strɪbjʊtɪzᵊm *Am* dɪ'strɪbjʊtɪzᵊm/ *n.* (*Pol*) distributismo *m.*

distributist /dɪ'strɪbjʊtɪst *Am* dɪ'strɪbjʊtɪst/ *n.* (*Pol*) fautore *m.* (*f.* -trice) del distributismo.

distributive /dɪ'strɪbjʊtɪv *Am* dɪ'strɪbjʊtɪv/ I *a.* distributivo (*anche Mat*). II *n.* (*Gramm*) aggettivo *m.* distributivo. □ ~*education* formazione professionale teorica e pratica; (*Dir*) ~*share* legittima.

distributor /dɪ'strɪbjʊtəʳ *Am* dɪ'strɪbjʊtəʳ/ *n.* 1 distributore *m.* (*f.* -trice). 2 (*Mot*) distributore *m.* (di accensione), spinterogeno *m.* 3 (*Comm,El*) distributore *m.* 4 (*vending machine*) distributore *m.* automatico. □ (*Mot*) ~*shaft* alberino del distributore.

district /'dɪstrɪkt/ I *n.* 1 (*administrative division: of a country*) distretto *m.*, circoscrizione *f.*; (*of a state*) regione *f.*; (*of a city*) quartiere *m.* 2 (*part of a country*) regione *f.*, zona *f.*, territorio *m.*: *a mountainous* ~ una regione montuosa. 3 (*part of a city*) zona *f.*, quartiere *m.*: *a residential* ~ un quartiere residenziale. 4 (*Comm*) zona *f.*: ~ *representative* rappresentante di zona. II *a.* distrettuale. III *v.t.* suddividere in distretti. □ (*US*) ~*attorney* procuratore distrettuale; (*GB*) *District Commissioner* commissario distrettuale; ~ *council* consiglio distrettuale; (*US*) ~ *court* tribunale federale di prima istanza; ~ *heating* teleriscaldamento; (*US*) ~*judge* giudice distrettuale; ~ *nurse* infermiere sul territorio; (*Geog*) *District of Columbia* District of Columbia (Washington, D.C.); (*Comm*) ~ *sales office* ufficio vendite territoriale; ~*visitor* dama di carità.

distrust /dɪ'strʌst/ I *v.t.* diffidare di, non avere fiducia in, sospettare di. II *n.* sfiducia *f.*, diffidenza *f.*, sospetto *m.* (*of* nei confronti di).

distrustful /dɪ'strʌstfʊl/ *a.* diffidente, sospettoso: *to be* ~ *of so.* diffidare di qcu.

distrustfully /dɪ'strʌstfʊli/ *avv.* in modo diffidente, sospettosamente: *he stared at me* ~ mi fissava con sguardo diffidente.

disturb /dɪ'stɜːb *Am* dɪ'stɜːrb/ *v.t.* 1 disturbare, turbare la quiete di. 2 (*to interfere with*) disturbare, interrompere, intralciare: *don't* ~ *me while I am working* non disturbatemi mentre lavoro. 3 (*to move out of place*) scompigliare, mettere in disordine, mettere sottosopra. 4 (*to trouble*) agitare, turbare, mettere in agitazione. 5 (*to put to inconvenience*) disturbare, incomodare: *don't* ~ *yourself by getting up* non ti disturbare ad alzarti. 6 (*Rad*) disturbare.

disturbance /dɪ'stɜːbᵊns *Am* dɪ'stɜːrbᵊns/ *n.* 1 disturbo *m.*, turbamento *m.* 2 (*sth. which disturbs*) disturbo *m.*, fastidio *m.*, molestia *f.* 3 (*commotion*) agitazione *f.*, disordine *m.*: *political* -*s* disordini politici. 4 (*anxiety*) ansia *f.*, preoccupazione *f.*, inquietudine *f.* 5 (*Meteor*) perturbazione *f.* 6 (*Rad*) disturbo *m.* 7 (*Psic*) turba *f.*: *emotional* ~ turba emotiva.

disturbed /dɪ'stɜːbd *Am* dɪ'stɜːrbd/ *a.* (*Psic*) affetto da turbe psichiche.

disturber /dɪ'stɜːbəʳ *Am* dɪ'stɜːrbəʳ/ *n.* disturbatore *m.* (*f.* -trice): ~ *of the peace* disturbatore della quiete pubblica.

disturbing /dɪ'stɜːbɪŋ *Am* dɪ'stɜːrbɪŋ/ *a.* 1 che disturba, molesto. 2 (*alarming, worrying*) preoccupante, allarmante, inquietante: ~ *behaviour* comportamento preoccupante; ~ *news* notizie allarmanti, notizie inquietanti; *it is* ~ *that...* preoccupa che il fatto che...

disturbingly /dɪ'stɜːbɪŋli *Am* dɪ'stɜːrbɪŋli/ *avv.* in modo preoccupante, in modo allarmante in modo inquietante: *to reach* ~ *high levels* raggiungere livelli preoccupanti; *it is* ~ *evident that...* è evidente e inquietante che...

disunion /dɪ'sjuːnjən/ *n.* 1 separazione *f.*, disunione *f.* 2 (*dissension*) disunione *f.*, discordia *f.*

disunite /ˌdɪsjuː'naɪt/ I *v.t.* 1 disunire, separare. 2 (*to alienate, to divide*) disunire, dividere: *a* -*d family* una famiglia disunita. II *v.i.* separarsi, dividersi.

disunited /ˌdɪsjuː'naɪtɪd *Am* ˌdɪsjuː'naɪt̬ɪd/ *a.* disunito (*anche fig*).

disuse /dɪ'sjuːs/ *n.* disuso *m.*

disused /dɪ'sjuːzd/ *a.* 1 caduto in disuso, disusato. 2 (*of a building, etc.*) abbandonato.

disyllabic /ˌdɪsɪ'læbɪk/ *a.* bisillabo, bisillabico, di due sillabe, dissillabico.

disyllable /dɪ'sɪləbl/ *n.* bisillabo *m.*, (*rar*) disillabo *m.*

ditch /dɪtʃ/ I *n.* 1 (*for drainage, irrigation*) canale *m.* di irrigazione, canale *m.* di scolo, fossato *m.*, fosso *m.* 2 (*natural channel*) canale *m.*, fosso *m.* 3 (*Strad*) fossato *m.*, fosso *m.* 4 (*Mil*) fosso *m.*, trincea *f.* II *v.t.* 1 scavare un fosso in, scavare un fosso attorno a. 2 (*of a car*) mandare in un fosso. 3 (*Aer*) far fare un ammaraggio di fortuna a. 4 (*Am*) (*of a train*) far deragliare. 5 (*colloq*) (*to get rid of*) liberarsi di, disfarsi di, mollare, scaricare: *I* -*ed my plans* ho abbandonato i miei progetti; *she* -*ed her boyfriend* ha mollato il fidanzato. III *v.i.* 1 scavare un fosso. 2 (*Aer*) compiere un ammaraggio di fortuna. □ ~ *water* acqua stagnante, acqua di fosso.

ditcher /'dɪtʃəʳ/ *n.* 1 (*person*) scavatore *m.* (*f.* -trice), sterratore *m.* (*f.* -trice). 2 (*Tecn*) scavatrice *f.* per fossi.

dither /'dɪðəʳ/ I *n.* (*colloq*) (*state of agitation*) eccitazione *f.*, agitazione *f.*; (*indecision*) incertezza *f.* II *v.i.* 1 (*colloq*) (*to act indecisively, nervously*) agitarsi, eccitarsi; (*to hesitate*) esitare, titubare, vacillare. 2 (*Br,dial*) tremare, rabbrividire. □ (*colloq,fig*) *to be in a* ~ essere agitato, essere incerto, titubare, esitare.

ditherer /'dɪðərəʳ/ *n.* (*colloq*) persona *f.* esitante, tentenna *m./f.*, cacadubbi *m./f.*

dithery /'dɪðri/ *a.* (*colloq*) agitato, nervoso, nel pallone.

dithyramb /'dɪθɪræm(b)/ *n.* 1 (*Metr*) ditirambo *m.* 2 (*fig*) elogio *m.*, ditirambo *m.*

dithyrambic /ˌdɪθɪ'ræm(b)ɪk/ *a.* (*Metr,fig*) ditirambico.

dittany /'dɪtᵊni *Am* 'dɪt̬ᵊni/ *n.* (*Bot*) 1 dittamo *m.* cretico. 2 (*fraxinella*) dittamo *m.*, frassinella *f.*, frassinello *m.*

ditto /'dɪtoʊ *Am* 'dɪt̬oʊ/ I *n.* (*pl.* -**s/-es** /-z/) 1 lo stesso, il medesimo, la cosa suddetta, la persona suddetta. 2 *pl.* (*Tip*) virgolette *f.pl.*, segni *m.pl.* di ripetizione. II *avv.* idem, come sopra. III *intz.* (*colloq*) (sono) d'accordo!, anch'io! □ (*Tip*) ~ *marks* virgolette, segni di ripetizione; (*colloq*) *to say* ~ *to so.* dichiararsi d'accordo con qcu.

ditty /'dɪti *Am* 'dɪt̬i/ *n.* canzonetta *f.* (*anche Lett*). □ (*Mar*) ~ *bag* (o ~ *box*) nécessaire di un marinaio.

ditz /dɪts/ *n.* (*colloq*) (*of a woman*) oca *f.*, donna *f.* sciocca, donna *f.* frivola, sciocchina *f.*, svampita *f.*

ditziness /'dɪtsɪnəs/ *n.* (*colloq*) l'essere sciocca, l'essere frivola, l'essere svampita.

ditzy /'dɪtsi/ *a.* (*colloq*) 1 (*of things*) intricato, confuso, incasinato. 2 (*of women*) snob, piena di sé, vanitosa.

diuresis /ˌdaɪjʊ'riːsɪs *Am* ˌdaɪjʊr'iːsɪs/ (*pl.* -**ses** /-siːz/) *n.* (*Med*) diuresi *f.*

diuretic /ˌdaɪjʊ(ə)'retɪk *Am* ˌdaɪjʊ'ret̬ɪk/ *a.* diuretico. II *n.* diuretico *m.*

diurnal /daɪ'ɜːnᵊl *Am* daɪ'ɜːrnᵊl/ I *a.* 1 giornaliero, quotidiano. 2 (*of the daytime*) diurno (*anche Zool,Ornit,Astr*). II *n.* (*Lit*) diurno *m.*,

diurnale *m.*

div. 1 *dividend* (dividendo). 2 (*Mil*) *division* div. (divisione).

divagate /'d(a)ɪvəgeɪt/ *v.i.* 1 vagare, errare. 2 (*fig*) divagare.

divagation /ˌd(a)ɪvə'geɪʃᵊn/ *n.* digressione *f.*, divagazione *f.*

divalent /ˌdaɪ'veɪlənt, 'daɪveɪlənt/ *a.* (*Chim*) bivalente.

divan /d(a)ɪ'væn, 'daɪvæn/ *n.* 1 (*Arred*) (*kind of bed*) divano *m.* letto. 2 (*Arred*) (*backless sofa*) divano *m.* (senza schienale), canapè *m.* 3 (*ant,lett*) divano *m.* 4 (*smoking room*) sala *f.* per fumatori, fumoir *m.* □ (*Arred*) ~ *bed* divano letto.

divaricate /d(a)ɪ'værɪkeɪt/ *v.i.* 1 divergere, discostarsi. 2 (*to branch*) diramarsi, ramificarsi. II *v.t.* divaricare, allargare. III *a.* (*Biol*) divaricato, divergente.

divarication /d(a)ɪˌværɪ'keɪʃᵊn/ *n.* 1 diramazione *f.*, ramificazione *f.* 2 (*stretching apart*) divaricamento *m.*

dive /daɪv/ I *n.* 1 tuffo *m.*: *to take a* ~ fare un tuffo. 2 (*Aer*) picchiata *f.*, tuffo *m.* 3 (*Mar*) immersione *f.* 4 (*dash, plunge*) balzo *m.*: *he made a* ~ *for the gun* fece un balzo per afferrare la pistola. 5 (*sharp decline*) crollo *m.* 6 (*Am*) (*disreputable bar*) bettola *f.*, taverna *f.* malfamata, locale *m.* squallido; (*gambling den*) bisca *f.* II *v.i.* (*past* **dived** /-d/ *Am* **dove** /doʊv/, *p.p.* **dived**) 1 tuffarsi (*into* in): *to* ~ *for pearls* tuffarsi per pescare perle. 2 (*Mar*) (*to submerge*) immergersi, effettuare un'immersione (*for* in cerca di). 3 (*Aer*) scendere in picchiata. 4 (*to plunge one's hands into sth.*) affondare la mano (in), cacciare la mano (in). 5 (*to dart, to dash*) balzare, lanciarsi, slanciarsi, gettarsi. 6 (*Sport*) (*of goalkeeper*) tuffarsi (*for* verso). 7 (*fig*) penetrare: *to* ~ *into the heart of the matter* penetrare nel vivo della questione. □ (*Aer.mil*) ~*bomber* bombardiere in picchiata; (*Aer.mil*) ~*bombing* bombardamento in picchiata; (*Dir*) -*s costs* spese processuali ordinarie.

dive-bomb /'daɪvbɒm *Am* 'daɪvbɑːm/ I *v.t.* (*Aer.mil*) bombardare in picchiata. II *v.i.* (*Aer.mil*) effettuare un bombardamento in picchiata.

diver /'daɪvəʳ *Am* 'daɪvəʳz/ *n.* 1 tuffatore *m.* (*f.* -trice), (*rar*) tuffista *m./f.* 2 (*in salvage work, etc.*) sommozzatore *m.* (*f.* -trice), palombaro *m.* (*f.* -a). 3 (*Ornit*) strolaga *f.*, colimbo *m.*

diverge /d(a)ɪ'vɜːdʒ *Am* d(a)ɪ'vɜːrdʒ/ *v.i.* 1 divergere, scostarsi, allontanarsi. 2 (*to turn aside*) deviare. 3 (*fig*) divergere, differenziarsi, distinguersi.

divergence /d(a)ɪ'vɜːdʒəns *Am* d(a)ɪ'vɜːrdʒəns/ *n.* 1 divergenza *f.* (*anche Mat,Fis*). 2 (*fig*) divergenza *f.*, differenza *f.* di opinioni, disparità *f.* di opinioni.

divergency /d(a)ɪ'vɜːrdʒənsi *Am* d(a)ɪ'vɜːrdʒənsi/ *n.* 1 divergenza *f.* (*anche Mat,Fis*). 2 (*fig*) divergenza *f.*, differenza *f.* di opinioni, disparità *f.* di opinioni.

divergent /d(a)ɪ'vɜːdʒənt *Am* d(a)ɪ'vɜːrdʒənt/ *a.* divergente.

divers /'daɪvəz *Am* 'daɪvəʳz/ I *a.* (*lett*) più di uno, diversi, vari. II *pron.pl.* (*lett*) diversi, parecchi, vari.

diverse /daɪ'vɜːs, 'daɪvɜːs *Am* d(a)ɪ'vɜːrs, 'daɪvɜːrs/ *a.* 1 diverso, dissimile, differente. 2 (*various*) svariato, vario.

diversely /daɪ'vɜːsli, 'daɪvɜːsli *Am* d(a)ɪ'vɜːrsli, 'daɪvɜːrsli/ *avv.* variamente, in modo diverso.

diversification /d(a)ɪˌvɜːsɪfɪ'keɪʃᵊn *Am* d(a)ɪˌvɜːrsɪfɪ'keɪʃᵊn/ *n.* 1 il rendere diverso, il rendere vario. 2 (*variety*) varietà *f.*, diversità *f.* 3 (*Econ*) (*of capital*) investimento *m.* diversificato; (*of business activities*) diversificazione *f.* 4 (*Comm*) differenziazione *f.*

diversify /d(a)ɪ'vɜːsɪfaɪ *Am* d(a)ɪ'vɜːrsɪfaɪ/ *v.i.* 1 rendere diverso, rendere differente. 2 (*Econ*) (*of securities, etc.*) investire in diversi tipi di; (*of business activities*) diversificare: *to ~ exports* diversificare le esportazioni. 3 (*Comm*) differenziare.

diversion /d(a)ɪ'vɜːʃən *Am* d(a)ɪ'vɜːrʃən/ *n.* 1 diversione *f.*, deviazione *f.* 2 (*Strad*) deviazione *f.* 3 (*distraction*) passatempo *m.*, svago *m.*, diversivo *m.*, distrazione *f.* 4 (*Mil*) diversione *f.* (tattica). □ (*Econ*) ~ *of funds* storno di fondi; (*Econ*) ~ *of profits* distrazione di utili.

diversionary /d(a)ɪ'vɜːʃənrɪ *Am* d(a)ɪ'vɜːrʃəneri/ *a.* (*Mil*) di diversione: ~ *tactics* tattica diversiva.

diversity /d(a)ɪ'vɜːsɪtɪ *Am* d(a)ɪ'vɜːrsəti/ *n.* 1 diversità *f.*, differenza *f.* 2 (*variety*) diversità *f.*, varietà *f.*

divert /d(a)ɪ'vɜːt *Am* d(a)ɪ'vɜːrt/ *v.t.* 1 (*far*) deviare, sviare (*to* su, verso): *to ~ a river from its course* deviare il corso di un fiume. 2 (*to turn to a new purpose*) distogliere, stornare, distrarre: *to ~ funds to one's own use* stornare fondi per uso personale. 3 (*Strad*) (far) deviare, dirottare (*to* su, verso): *to ~ traffic* far deviare il traffico. 4 (*to entertain*) divertire, svagare, distrarre.

diverting /d(a)ɪ'vɜːtɪŋ *Am* d(a)ɪ'vɜːrtɪŋ/ *a.* divertente, ricreativo, che fa ridere.

divertingly /d(a)ɪ'vɜːtɪŋlɪ *Am* d(a)ɪ'vɜːrtɪŋli/ *avv.* in modo divertente, che fa ridere.

divertissement /dɪ'vɜːtɪsmənt *Am* dɪ'vɜːrtɪsmənt/ *n.* 1 divertimento *m.*, svago *m.* 2 (*short ballet*) divertimento *m.*, intermezzo *m.* 3 (*Mus*) divertimento *m.*

Dives /'daːviːz/ I *n.pr.m.* (*Bibl*) Epulone. II *n.* ricco *m.*, riccone *m.*

divest /d(a)ɪ'vest/ *v.t.* 1 spogliare, svestire. 2 (*to deprive*) spogliare, privare: *to ~ an official of his position* privare un funzionario della sua carica. 3 (*to rid*) liberare. 4 (*Dir*) (*of a property*) spossessare; (*of a right*) privare.

divestiture /d(a)ɪ'vestɪtʃər/ *n.* 1 privazione *f.* 2 (*Dir*) spoliazione *f.*; (*alienation*) alienazione *f.*

divestment /d(a)ɪ'vestmənt/ *n.* 1 privazione *f.* 2 (*Dir*) spoliazione *f.*; (*alienation*) alienazione *f.*

dividable /dɪ'vaɪdəbl/ *a.* divisibile.

divide /dɪ'vaɪd/ I *v.t.* 1 dividere, spartire: *to ~ one's time between house and work* spartire il proprio tempo tra casa e lavoro. 2 (*to share*) dividere, ripartire, spartire, distribuire: *they -d the profits between them* si spartirono i profitti. 3 (*to separate*) dividere, separare: *a fence -s the garden from the road* uno steccato separa il giardino dalla strada. 4 (*fig*) dividere, disunire: *to ~ the country* dividere il paese; (*of opinions, etc.*) dividere: *opinions are -d* le opinioni sono divise. 5 (*to subdivide*) dividere, suddividere. 6 (*Mat*) dividere: *to ~ 50 by 10* dividere 50 per 10. 7 (*Mat*) (*of a number*) essere divisore di. 8 (*Tecn*) dividere in gradi, graduare. 9 (*Parl*) dividere: *to ~ the House* dividere la Camera. II *v.i.* 1 dividersi, diramarsi: *the river -s at its mouth* il fiume si divide alla foce. 2 (*to separate*) dividersi, separarsi; (*of political parties*) scindersi. 3 (*of roads*) biforcarsi. 4 (*fig*) (*to diverge in opinion*) dissentire, essere in disaccordo. 5 (*Mat*) essere divisibile: *12 -s by 3* il 12 è divisibile per 3. 6 (*Parl*) dividersi (in due gruppi per votare). III *n.* (*Geog*) spartiacque *m.*, linea *f.* di displuvio. □ *to ~ out* dividere, ripartire, spartire, distribuire; *to ~ up* dividere, suddividere.

divided /dɪ'vaɪdɪd/ □ (*Strad*) ~ *highway*

autostrada con spartitraffico; (*Abbigl*) ~ *skirt* gonna-pantalone.

dividend /'dɪvɪdend/ *n.* (*Mat,Econ*) dividendo *m.* □ (*Econ*) ~ *coupon* cedola di dividendo; (*Econ*) ~ *tax* imposta sui dividendi, imposta cedolare.

dividend-bearing /'dɪvɪdend,beərɪŋ *Am* 'dɪvɪdend,berɪŋ/ □ (*Econ*) ~ *share* azione di godimento.

divider /dɪ'vaɪdər/ *n.* 1 chi divide, chi distribuisce, divisore *m.* 2 *pl.* (*Tecn*) compasso *m.sing.* a punte fisse.

dividing /dɪ'vaɪdɪŋ/ *a.* divisorio, di separazione: *a ~ wall* una parete divisoria. □ ~ *line* linea di demarcazione.

dividual /dɪ'vɪdjʊəl/ *a.* (*ant*) 1 divisibile, separabile. 2 (*separate*) separato, distinto. 3 (*divided*) diviso.

divination /ˌdɪvɪ'neɪʃən/ *n.* 1 divinazione *f.* 2 (*fig*) intuizione *f.*

divinatory /dɪ'vɪnətrɪ *Am* dɪ'vɪnətɔːri/ *a.* divinatorio.

divine /dɪ'vaɪn/ I *a.* 1 divino: ~ *worship* culto divino. 2 (*fig*) divino, sublime, celeste: ~ *music* musica divina. 3 (*colloq*) (*excellent*) divino, superbo, eccellente, splendido: ~ *weather* tempo splendido. II *n.* 1 teologo *m.* 2 (*priest, clergyman*) ecclesiastico *m.*, sacerdote *m.* III *v.t.* 1 (*to guess*) indovinare, intuire, presagire: *to ~ so.'s intentions* intuire le intenzioni di qcu. 2 (*to prophesy*) profetizzare. 3 (*of water, metal, etc.*) scoprire mediante rabdomanzia. IV *v.i.* 1 profetizzare, praticare la divinazione. 2 (*fig*) fare congetture, fare supposizioni. □ *king by ~ right* re per diritto divino; *to ~ rightly* avere avuto la giusta intuizione.

divinely /dɪ'vaɪnlɪ/ *avv.* divinamente (*anche fig*).

divineness /dɪ'vaɪnəs/ *n.* divinità *f.*, essenza *f.* divina.

diviner /dɪ'vaɪnər/ *n.* 1 indovino *m.* (*f.* -a). 2 (*of water, minerals, etc.*) rabdomante *m./f.*

diving /'daɪvɪŋ/ I *n.* 1 il tuffarsi, tuffi *m.pl.* 2 (*Mar*) immersione *f.*: *deep-sea ~* immersione a grande profondità. 3 (*Aer*) picchiata *f.* II *a.* 1 per i tuffi, dei tuffi. 2 (*Mar*) di immersione. □ (*Mar*) ~ *bell* campana subacquea; (*Sport*) ~ *board* trampolino; (*Mar,Mil*) ~ *compartment* cassa di compenso; (*Mar*) ~ *dress* scafandro; (*Mar*) ~ *helmet* casco da palombaro; (*Sport*) ~ *mask* maschera subacquea; (*Mar*) ~ *suit* scafandro.

divining /dɪ'vaɪnɪŋ/ □ ~ *rod* bacchetta da rabdomante.

divinise /'dɪvɪnaɪz/ *v.t.* (*Br*) divinizzare, deificare.

divinity /dɪ'vɪnɪtɪ *Am* dɪ'vɪnəti/ *n.* 1 divinità *f.*, natura *f.* divina. 2 (*deity*) divinità *f.*, dio *m.* 3 (*theology*) teologia *f.* □ (*Legat*) ~ *calf* rilegatura in vitello scuro.

Divinity /dɪ'vɪnɪtɪ *Am* dɪ'vɪnəti/ *n.* Dio *m.*

divinization /ˌdɪvɪnɪ'zeɪʃən/ *n.* divinizzazione *f.*, deificazione *f.*

divinize /'dɪvɪnaɪz/ *v.t.* divinizzare, deificare.

divisibility /dɪˌvɪzə'bɪlɪtɪ *Am* dɪˌvɪzə'bɪləti/ *n.* divisibilità *f.*

divisible /dɪ'vɪzəbl/ *a.* divisibile. □ (*Econ*) ~ *profits* utili ripartibili.

divisibly /dɪ'vɪzəblɪ/ *avv.* in modo divisibile.

division /dɪ'vɪʒən/ *n.* 1 divisione *f.* (*anche Mat,Mil*). 2 (*distribution*) divisione *f.*, distribuzione *f.*, ripartizione *f.* 3 (*partition*) divisione *f.*, parete *f.* divisoria, tramezzo *m.* 4 (*dividing line*) linea *f.* di divisione. 5 (*of a scale*) graduazione *f.* 6 (*fig*) (*dissension*) divisione *f.*, discordia *f.* 7 (*Parl*) votazione *f.* per divisione: *to come to a ~* fare una votazione. 8 (*Am*)

autostrada con spartitraffico; (*Abbigl*) ~ *skirt* gonna-pantalone.

(*administrative unit of a country*) settore *m.* amministrativo. 9 (*Comm*) servizio *m.*: *the sales ~* il servizio vendite. 10 (*Filol*) classificazione *f.*, distinzione *f.* 11 (*Sport*) divisione *f.*; (*in boxing*) categoria *f.* 12 (*Bot*) divisione *f.*, suddivisione *f.* □ (*Parl*) ~ *bell* campanello che annuncia una votazione; ~ *of labour* divisione del lavoro; (*Mat*) ~ *sign* segno di divisione.

divisional /dɪ'vɪʒənl/ *a.* 1 che divide, di visione, divisorio. 2 (*Mil*) divisionale. □ (*Econ*) ~ *coin* moneta divisionale, moneta divisionaria.

divisionally /dɪ'vɪʒənlɪ/ *avv.* (*Am*) a livello divisionale, all'interno della divisione: *staff meetings are now held ~* gli incontri del personale si tengono ora a livello divisionale.

divisionism /dɪ'vɪʒənɪzəm/ *n.* (*Art*) divisionismo *m.*

divisionist /dɪ'vɪʒənɪst/ I *a.* (*Art*) divisionista. II *n.* (*Art*) divisionista *m./f.*

divisor /dɪ'vaɪzər/ *n.* (*Mat*) divisore *m.*: *common ~* comune divisore.

divorce /dɪ'vɔːs *Am* dɪ'vɔːrs/ I *n.* 1 (*Dir*) divorzio *m.*: ~ *decree* sentenza di divorzio; *to file a petition for ~* chiedere il divorzio. 2 (*fig*) separazione *f.*, divorzio *m.* II *v.t.* 1 divorziare da. 2 (*to separate by divorce*) concedere il divorzio a. 3 (*fig*) separarsi da, divorziare da. III *v.i.* divorziare. □ (*Dir*) ~ *court* tribunale per cause di divorzio; *to start ~ proceedings* iniziare un'azione di divorzio.

divorcé /dɪˌvɔː'siː, dɪ,vɔː'seɪ *Am* dɪˌvɔːr'seɪ, ˌvɔːr'siː/ *n.* divorziato *m.*

divorcée, divorcee /dɪˌvɔː'siː, dɪˌvɔː'seɪ *Am* dɪˌvɔːr'seɪ, dɪˌvɔːr'siː/ *n.* divorziata *f.*

divorcement /dɪ'vɔːsmənt *Am* dɪ'vɔːrsmənt/ *n.* divorzio *m.*, separazione *f.*

divulgation /ˌd(a)ɪvʌl'geɪʃən/ *n.* divulgazione *f.*, diffusione *f.*

divulge /d(a)ɪ'vʌldʒ/ *v.t.* divulgare, diffondere, rivelare.

divulgement /d(a)ɪ'vʌldʒmənt/ *n.* divulgazione *f.*, diffusione *f.*

divulgence /d(a)ɪ'vʌldʒəns/ *n.* divulgazione *f.*, diffusione *f.*

divulsion /d(a)ɪ'vʌlʃən/ *n.* (*Chir*) divulsione *f.*

divvy[1] /'dɪvɪ/ I *v.t.* (*sl*) distribuire, spartire, dividere. II *v.i.* (*sl*) fare le parti. □ (*sl*) *to ~ up* distribuire, spartire, dividere, fare le parti.

divvy[2] /'dɪvɪ/ *n.* (*Br*) 1 (*sl*) spartizione *f.*, divisione *f.*, distribuzione *f.* 2 (*share*) quota *f.*, parte *f.* 3 (*dividend*) dividendo *m.*

dixie /'dɪksɪ/ *n.* marmitta *f.*

Dixie /'dɪksɪ/ I *n.* (*Am*) sud *m.* (degli Stati Uniti), stati *m.pl.* del sud. II *a.* (*Am*) del sud (degli Stati Uniti).

Dixiecrat /'dɪksɪkræt/ *n.* (*Am,Pol*) membro *m.* di un partito secessionista del sud.

Dixieland /'dɪksɪlænd/ *n.* 1 (*Am*) sud *m.* (degli Stati Uniti), stati *m.pl.* del sud. 2 (*Mus*) dixieland *m.*

dizziness /'dɪzɪnəs/ *n.* stordimento *m.*, capogiro *m.*, vertigini *f.pl.*

dizzy /'dɪzɪ/ I *a.* 1 stordito, in preda alle vertigini. 2 (*fig*) confuso, sconcertato. 3 (*causing dizziness*) vertiginoso: ~ *heights* altezze vertiginose. 4 (*colloq*) (*foolish*) sciocco. II *v.t.* 1 stordire, fare venire le vertigini a, fare venire il capogiro a. 2 (*fig*) confondere, disorientare.

DJ /ˌdiː'dʒeɪ *Am* 'diːdʒeɪ/ 1 (*colloq*) *disc jockey* DJ (disc jockey, dee jay). 2 (*Abbigl*) *dinner jacket* (smoking).

Djakarta /dʒə'kɑːtə *Am* dʒə'kɑːrtə/ *n.pr.* (*Geog*) Giacarta *f.*

DJI *Djibouti* DJI (Gibuti).

Djibouti /dʒɪˈbuːti *Am* dʒɪˈbuːʈi/ *n.pr.* (*Geog*) Gibuti *m.*

DK *Denmark* DK (Danimarca).

D.Lit. *Doctor of Literature* (dottore in lettere).

D/N. (*Comm*) *debit note* (nota di debito).

DNA /ˌdiːenˈeɪ/ **I** (*Biol*) *Deoxyribonucleic Acid* DNA (acido desossiribonucleico). **II** *n.* (*Biol*) Dna *m.*, DNA *m.* □ ~ *fingerprinting* tipizzazione del DNA, impronta genetica.

do¹ /duː/ (*pres. ind. 1ª pers.* do /*rar* **doest** /ˈduːɪst/, **dost** /dʌst/, *3ª pers.* /*rar* **doeth** /ˈduːɪθ/, **doth** /dʌθ/, *pl.* do; *past 1ª pers.* **did** /dɪd/, *2ª pers.* **did** /*rar* **didst** /dɪdst/, *3ª pers.* **did**, *pl.* **did**; *p.p.* **done** /dʌn/) **I** *v.t.* **1** fare: *what are you -ing?* che cosa fai?, che cosa stai facendo?; *what can I ~ for you?* cosa posso fare per te? **2** (*to perform*) fare, compiere, adempiere: *to ~ one's duty* fare il proprio dovere. **3** (*to execute*) fare, eseguire: *to ~ an important job* fare un lavoro importante. **4** (*to finish*) fare, finire, concludere: *it's -ne at last* finalmente è fatta. **5** (*with gerunds*) finire: *when you have -ne working* quando avrai finito di lavorare. **6** (*to produce, to make*) fare: *to ~ a translation* fare una traduzione. **7** (*to study*) fare, studiare: *what did you ~ at university?* che cosa hai studiato, che studi hai fatto all'università?; *to ~ one's lessons* fare i compiti. **8** (*to prepare*) preparare, approntare: *who's going to ~ the lunch?* chi prepara il pranzo? **9** (*to cook*) cuocere: *the meat isn't -ne enough* la carne non è abbastanza cotta. **10** (*to solve*) fare, risolvere: *I can't ~ this equation* non riesco a fare questa equazione. **11** (*to wash*) lavare, (*colloq*) fare: *to ~ the dishes* fare i piatti. **12** (*to decorate*) fare, decorare. **13** (*of hair*) fare, acconciare: *to get one's hair -ne* farsi fare i capelli, andare dal parrucchiere. **14** (*to deal with*) fare, occuparsi di, pensare a: *I'll ~ it* me ne occupo io, ci penso io. **15** (*of a journey*) fare, compiere: *we did the journey in three hours* abbiamo fatto il viaggio in tre ore. **16** (*of a distance*) fare, coprire, percorrere: *this car -es twenty miles to the gallon* questa macchina fa venti miglia con un gallone. **17** (*of speed*) fare, andare a: *we did ninety miles an hour on the highway* andavamo a novanta miglia all'ora sull'autostrada. **18** (*to render*) fare, rendere: *to ~ so. a favour* fare un piacere a qcu.; *to ~ honour to so.* rendere onore a qcu. **19** (*to play the part of*) fare, fare la parte di. **20** (*to suffice*) bastare a, essere sufficiente a: *ten pounds will ~ (me)* dieci sterline (mi) bastano. **21** (*to cause*) fare, avere come effetto, produrre: *this will ~ you good* questo ti farà bene; *to ~ a lot of damage* fare un sacco di danni. **22** (*colloq*) (*to exhaust*) spossare, stremare, sfinire. **23** (*colloq*) (*participating in an activity*) visitare, (*colloq*) fare: *we'll be -ing Spain next year* l'anno prossimo visiteremo la Spagna; *let's ~ lunch* andiamo a pranzo! **24** (*colloq*) (*to cheat, to swindle*) imbrogliare, ingannare, farla a: *you've been -ne (in)* te l'hanno fatta; (*Br, colloq*) *I'm afraid you've been -ne* temo che ti abbiano menato per il naso. **25** (*colloq*) (*to treat*) trattare: *you did him wrong* gli hai fatto un torto. **26** (*colloq*) (*of a prison sentence*) essere condannato a, fare, scontare: *to ~ seven years for armed robbery* fare sette anni (di carcere) per rapina a mano armata. **II** *v.i.* **1** fare, agire, comportarsi: *~ as I tell you* fai come ti dico. **2** (*to finish*) finire, terminare: *are you -ne with the brush?* hai finito di usare la spazzola?, hai finito con la spazzola? **3** (*to get along*) andare, (*colloq*) cavarsela: *how is he -ing at school?* come va a scuola?; *are you -ing in your new job?* come te la cavi col tuo nuovo lavoro? **4** (*to fare as to health*) stare (in salute): *mother and baby are -ing splendidly* mamma e bambino stanno benissimo. **5** (*to suffice, to be suitable*) andar bene, essere adatto, fare al caso: *any clothes will ~* qualunque abito andrà bene. **6** (*to be enough*) bastare, essere sufficiente: *that will ~, thank you* basta così, grazie. **7** (*to serve*) fare, servire (*for* da), venire usato (per, come). **8** (*colloq*) (*to be proper*) addirsi, essere conveniente, (*colloq*) star bene: *it doesn't ~ to speak with your mouth full* non sta bene parlare con la bocca piena. **9** (*sl*) (*to happen*) succedere: *what's -ing at the club tonight?* cosa succede al circolo questa sera? **III** *v.aus.* **1** (*to form negatives and interrogatives*) *not translated:* I ~ *not believe you* non ti credo; ~ *you like it?* ti piace?; *he didn't come* non è venuto. **2** (*to invert constructions*) *not translated: not only ~ I refuse to help him, but...* non solo mi rifiuto di aiutarlo, ma...; *little did I know that* certo non mi aspettavo che. **3** (*used in affirmative phrases for emphasis*) sì che, davvero, veramente, sul serio: *you're wrong, he -es work hard* ti sbagli, lui lavora sodo davvero; *I ~ love you* ti amo sul serio, quanto ti amo. **4** (*to emphasize positive imperatives*) *not translated:* ~ *hurry up!* sbrigati! **5** (*in negative imperatives*) *not translated: -n't talk* non parlare. **6** (*to replace a verb already used*) *not translated: he earns more than I ~* guadagna più di me; *I understand less now than I did before* capisco meno ora di prima; *may I come in? - please ~!* posso entrare? - prego! **7** (*in question tags*) vero?, non è vero?: *you want it, -n't you?* lo vuoi, vero?; *you didn't hit him, did you?* non l'hai colpito, vero? **8** (*in agreements, disagreements*) è vero, non è vero: *you talk too much - yes, I ~* tu parli troppo - sì, è vero, lo so; *she sang well - no, she didn't* ha cantato bene - no, non è vero. **9** (*in short answers*) *not translated: did you ask him? - no, I didn't* glielo hai chiesto?- no; *who made the coffee? - I did* chi ha fatto il caffè? - io. **10** (*in comments*) davvero?, vero?: *they live in Paris - ~ they?* vivono a Parigi - davvero? **11** (*in correlative phrases*) *not translated: she doesn't talk much - neither -es her husband* lei non parla molto - nemmeno suo marito; *you know it and so ~ I* tu lo sai e lo so anch'io; *my wife went but I didn't* mia moglie è andata ma io no. **12** (*in ecclesiastical, legal language*) *not translated: the charge is that you did cause a breach of the peace* l'accusa è che avete disturbato la quiete pubblica. □ *what are you going to ~ about it?* riguardo a questo, che intenzioni hai?; *to ~ again* fare di nuovo, rifare; *to ~ all one can* fare tutto il possibile; *to ~ away with:* 1 (*to abolish*) abolire, sopprimere, eliminare; 2 (*to kill*) uccidere, sopprimere, (*colloq*) far fuori: *to ~ away with oneself* uccidersi, suicidarsi; 3 (*to get rid of*) disfarsi di, liberarsi di: *to ~ badly:* 1 eseguire male, fare male, abborracciare; 2 (*to lose money, etc.*) rimetterci; *to ~ badly by so.* trattare male qcu.; *to ~ well by so.* trattare bene qcu.; (*Br,colloq*) *to ~ down* (*to cheat*) imbrogliare, mettere nel sacco; *to ~ for:* 1 fare con, fare per: *what will we ~ for money if you lose the job?* come faremo per i soldi se perdi il posto?; 2 (*to act as caregiver for*) prendersi cura di, badare a; 3 (*colloq*) (*to ruin*) rovinare, distruggere; 4 (*colloq*) (*to kill*) far fuori; *how ~ you ~?* (*in introductions*) piacere (di conoscerla)!; *to ~ in:* 1 (*colloq*) (*to ruin*) rovinare, mandare in rovina; 2 (*sl*) (*to kill*) uccidere, far fuori: *he did his wife in* ha ucciso la moglie; 3 (*colloq*) (*to exhaust*) spossare, sfinire, esaurire; *the race really did me in* la corsa mi ha proprio distrutto; 4 (*colloq*) (*to cheat*) raggirare, imbrogliare; *to make ~ with sth.* accontentarsi di qcs.: *it isn't much, but I'll make it ~* non è molto, ma lo farò bastare; *that hat -es much for her* quel cappello le dona molto; *to ~ no more than* limitarsi a; (*colloq*) ~ *or die* o la va o la spacca; (*Br*) *to ~ out* ripulire, pulire, riordinare; (*colloq*) *to ~ so. out of sth.* togliere qcs. a qcu. con l'inganno, portar via qcs. a qcu. con l'inganno, fregare qcs. a qcu.; *to ~ over:* 1 (*to redecorate*) riverniciare, ridipingere; 2 (*to do again*) rifare; *to ~ up:* 1 (*to tie up*) avvolgere, legare; 2 (*to wrap up*) avvolgere, incartare; 3 (*to fasten*) abbottonare, allacciare, chiudere, agganciare; 4 (*of the hair, to tidy*) acconciare, aggiustare; 5 (*to renovate, to clean up*) pulire, ripulire; 6 (*colloq*) (*to exhaust*) stremare, spossare; *to ~ well:* 1 fare bene; 2 (*to be wise*) fare bene, agire bene: *you did well to refuse* hai fatto bene a rifiutare; 3 (*to make progress*) essere bravo, andar bene: *my son is -ing very well at school* mio figlio va molto bene a scuola; 4 (*to make money*) guadagnare, arricchirsi: *he did well out of the war* si è arricchito con la guerra; *what -es he ~ (for a living)?* che (mestiere) fa?, come si guadagna da vivere?; *what's -ing?* che succede?, che c'è?; *to ~ with:* 1 farne di: *what have you -ne with the shoe polish?* che cosa ne hai fatto del lucido da scarpe?; 2 (*to behave as regards*) fare, comportarsi; 3 (*used with can, could, to express a wish*) volere, desiderare, avere voglia di: *I could ~ with a cup of coffee* vorrei una tazza di caffè, mi andrebbe un caffè; 4 (*to express a need*) aver bisogno, necessitare: *the car could ~ with a clean* la macchina avrebbe bisogno di una bella pulita; *to ~ with oneself* (*to occupy oneself*) fare, impegnarsi, impiegare il tempo; *to ~ without* privarsi di, fare a meno di, rinunciare a: *there's none left, you'll have to ~ without* non ce n'è più, devi farne senza. *Prov.:* ~ *as I say, not as I ~* segui il mio consiglio, non il mio esempio; ~ *it now* chi ha tempo non aspetti tempo; (*Bibl*) ~ *unto others as you would have them ~ unto you* fai agli altri quello che vorresti fosse fatto a te.

do² /duː/ (*pl.* **dos/do's** /duːz/) *n.* **1** ciò che si deve fare: *a list of ~'s and don'ts* un elenco di cose permesse e non (permesse). **2** (*Br, colloq*) (*party*) festa *f.*, ricevimento *m.*: *to have a ~* dare una festa, fare una festa.

do³ /dou/ (*pl.* **-s** /-z/) *n.* (*Mus*) do *m.*

do. *ditto* id. (idem).

DOA **1** (*Med*) *dead on arrival* (deceduto all'arrivo in ospedale). **2** (*Comm,Inform*) *dead on arrival* DOA (macchine difettose).

doable /ˈduːəbl/ *a.* realizzabile, attuabile, fattibile.

do-all /ˈduːɒl/ *n.* (*Br*) factotum *m./f.*, tuttofare *m./f.*

dobbin /ˈdɒbɪn *Am* ˈdɑːbɪn/ *n.* cavallo *m.* da tiro.

doc /dɒk/ *n.* (*Am,colloq*) dottore *m.*, medico *m.*

docent /ˈdousənt, ˈdousent/ *n.* (*Am,Univ*) (libero) docente *m./f.*

docentship /ˈdousəntʃɪp, ˈdousentʃɪp/ *n.* (*Am,Univ*) libera docenza *f.*

docile /ˈdousaɪl, ˈdɒsaɪl *Am* ˈdɑːsəl, ˈdɑːsaɪl/ *a.* **1** (*of animals*) docile, mansueto. **2** (*of people*) docile, arrendevole. **3** (*teachable*) disposto a imparare, ricettivo.

docilely /ˈdousaɪli, ˈdɒsaɪli *Am* ˈdɑːsəli,

'dɑːsaɪlɪ/ *avv.* docilmente.

docility /dou'sɪlɪtɪ *Am* dou'sɪləṭɪ/ *n.* **1** (*of animals*) docilità *f.*, mansuetudine *f.* **2** (*of people*) docilità *f.*, arrendevolezza *f.*

docimology /ˌdɒsɪ'mɒlədʒɪ *Am* ˌdɑːsɪ'mɑːlədʒɪ/ *n.* (*Pedag*) docimologia *f.*

dock[1] /dɒk *Am* dɑːk/ **I** *n.* **1** (*Mar*) (*basin*) dock *m.*, bacino *m.*; (*wharf*) banchina *f.* **2** (*Ferr*) piano *m.* caricatore. **3** (*Aer*) hangar *m.* **4** *pl.* (*Mar*) (*complex of docks, wharfs, etc.*) docks *m.pl.* **II** *v.t.* **1** (*Mar*) mettere in bacino: *to ~ a ship* mettere una nave in bacino. **2** (*to provide with docks*) munire di bacini. **3** (*Astron*) attraccare, agganciare. **III** *v.i.* **1** (*Mar*) entrare in bacino. **2** (*Mar*) (*to tie up at a wharf*) attraccare. **3** (*Astron*) attraccare. ☐ (*Dir*) ~ *brief* diritto alla difesa di ufficio; (*Mar*) ~ *dues* diritti di banchina, diritti di bacino; (*Mar*) ~*gate* chiusa; (*colloq*) *to be in* ~ essere in riparazione; (*Mar*) ~ *master* comandante di bacino, direttore di bacino; (*Mar*) ~*yard* cantiere navale; (*Mar*) ~*yard worker* operaio di cantiere navale.

dock[2] /dɒk *Am* dɑːk/ **I** *n.* **1** (*of an animal's tail*) parte *f.* solida, parte *f.* carnosa. **2** (*part left after docking*) mozzicone *m.*, troncone *m.* **3** (*piece of harness*) sottocoda *m.* **II** *v.t.* **1** (*of an animal's tail or ears*) tagliare, mozzare. **2** (*fig*) (*to deduct a part from*) ridurre, diminuire, decurtare: *to ~ so.'s pay* diminuire il salario a qcu. **3** (*fig*) (*to deduct*) trattenere, detrarre: *they -ed ten pounds from his pay* gli hanno trattenuto dieci sterline sullo stipendio.

dock[3] /dɒk *Am* dɑːk/ *n.* (*in a court room*) banco *m.* degli imputati. ☐ (*Dir*) *to sit in the* ~ essere sul banco degli imputati.

dock[4] /dɒk *Am* dɑːk/ *n.* (*Bot*) **1** romice *f.* **2** (*sour dock*) acetosa *f.* **3** (*bitter dock*) romice *f.* dei tetti, lapazio *m.* dei tetti.

dockage /'dɒkɪdʒ *Am* 'dɑːkɪdʒ/ *n.* (*Mar*) **1** diritti *m.pl.* di bacino, diritti *m.pl.* di banchina. **2** (*docking facilities*) attrezzature *f.pl.* di bacino. **3** (*docking*) immissione *f.* in (un) bacino.

docker /'dɒkər *Am* 'dɑːkər/ *n.* scaricatore *m.* di porto, portuale *m.*

docket /'dɒkɪt *Am* 'dɑːkɪt/ **I** *n.* **1** (*Dir*) (*list of cases*) elenco *m.* delle cause a ruolo; (*register of judgements*) registro *m.* delle sentenze. **2** (*memorandum attached to a document*) sommario *m.* **3** (*Comm*) (*label, ticket*) etichetta *f.*, cartellino *m.*; (*for customs duty*) ricevuta *f.* del dazio doganale, scontrino *m.* del dazio doganale. **II** *v.t.* **1** (*Dir*) registrare. **2** (*to make a summary of*) fare un sommario di; (*to fix a memorandum to*) accludere un sommario a.

docking /'dɒkɪŋ *Am* 'dɑːkɪŋ/ *n.* **1** (*Astron*) attracco *m.*, aggancio *m.* **2** (*Inform*) docking *m.* ☐ (*Inform*) ~ *station* docking station, base di supporto.

dockland /'dɒklænd *Am* 'dɑːklænd/ *n.* (*Mar*) bacini *m.pl.* portuali.

docksman /'dɒksmən *Am* 'dɑːksmən/ *n.irr.* portuale *m.*

doctor /'dɒktər *Am* 'dɑːktər/ **I** *n.* **1** dottore *m.* (*f.* -essa), medico *m.* **2** (*Univ*) dottore *m.* (*f.* -essa) di ricerca (in possesso di PhD); *a ~ of medicine* un dottore in medicina. **3** (*sl*) (*ship's cook*) cuoco *m.* di bordo. **4** (*Mecc*) strumento *m.* di emergenza, apparecchio *m.* di emergenza. **5** (*Pesc*) mosca *f.* artificiale. **II** *v.t.* **1** (*Univ*) conferire il dottorato a. **2** (*to treat medically*) curare, avere in cura; (*of an ailment*) curare. **3** (*fig*) (*to repair*) aggiustare, accomodare. **4** (*colloq*) (*of food, drink*) adulterare, sofisticare, (*rar*) fatturare. **5** (*colloq*) (*to falsify*) falsificare; (*to adapt*) adattare,

modificare, alterare. ☐ ~ *of Divinity* dottore in teologia; ~ *of Laws* dottore in legge; (*Rel*) *Doctor of the Church* dottore della chiesa; *that's just what the ~ ordered* è proprio quello di cui avevo bisogno.

doctoral /'dɒktərəl *Am* 'dɑːktərəl/ *a.* dottorale. ☐ ~ *degree* dottorato; ~ *program* programma di dottorato.

doctor-assisted /'dɒktərəˌsɪstɪd *Am* 'dɑːktərəˌsɪstɪd/ ☐ ~ *suicide* suicidio assistito.

doctorate /'dɒktərət *Am* 'dɑːktərət/, **doctorship** /'dɒktərʃɪp *Am* 'dɑːktərʃɪp/ *n.* dottorato *m.*, laurea *f.* di terzo livello.

doctrinaire /ˌdɒktrɪ'neər *Am* ˌdɑːktrɪ'ner/ **I** *a.* dottrinario, dogmatico, astratto, teorico. **II** *n.* dottrinario *m.*

doctrinairism /ˌdɒktrɪ'neərɪzəm *Am* ˌdɑːktrɪ'nerɪzəm/ *n.* dottrinarismo *m.*

doctrinal /dɒk'traɪnəl, 'dɒktrɪnəl *Am* 'dɑːktrɪnəl/ *a.* dottrinale. ☐ ~ *theology* teologia dottrinale, dogmatica.

doctrinally /dɒk'traɪnəlɪ, 'dɒktrɪnəlɪ *Am* 'dɑːktrɪnəlɪ/ *avv.* dottrinalmente, dal punto di vista dottrinale.

doctrine /'dɒktrɪn *Am* 'dɑːktrɪn/ *n.* dottrina *f.*

docudrama /'dɒkjuˌdrɑːmə *Am* 'dɑːkjuˌdrɑːmə, ˌdɑːkjuˌdræmə/ *n.* film-documentario *m.*

document /'dɒkjumənt *Am* 'dɑːkjumənt/ **I** *n.* **1** documento *m.*, carta *f.* **2** (*certificate*) certificato *m.*, attestato *m.* **II** *v.t.* **1** documentare: *to ~ a claim* documentare una richiesta. **2** (*Mar*) provvedere dei documenti, provvedere delle carte di bordo. ☐ (*Comm*) -*s against acceptance* documenti contro accettazione; (*Comm*) -*s against cash* documenti contro contanti; (*Comm*) -*s against payment* documenti contro pagamento; -*sin support* pezze d'appoggio; (*Dir*) ~ *of title* titolo di proprietà, atto di proprietà.

documentable /'dɒkjumentəbl *Am* 'dɑːkjumentəbl/ *a.* documentabile.

documentalist /ˌdɒkju'mentəlɪst *Am* ˌdɑːkju'mentəlɪst/ *n.* documentalista *m./f.*, documentatore *m.* (*f.* -trice).

documentarist /ˌdɒkju'mentərɪst *Am* ˌdɑːkju'mentərɪst/ *n.* documentarista *m./f.*

documentarian /ˌdɒkjumen'teərɪən *Am* ˌdɑːkjumen'terɪən/ *n.* documentarista *m./f.*

documentary /ˌdɒkju'mentəri *Am* ˌdɑːkju'mentəri/ **I** *a.* documentario. **II** *n.* (*Cin,TV*) (*documentary film*) documentario *m.* ☐ ~ *basis* base documentaria; (*Comm*) ~*bill* tratta documentaria; (*Econ*) ~*credit* credito documentario; (*Comm*) ~*draft* tratta documentaria.

documentation /ˌdɒkjumen'teɪʃən *Am* ˌdɑːkjumen'teɪʃən/ *n.* documentazione *f.*

DOD (*US*) *Department of Defence* (ministero della difesa).

dodder[1] /'dɒdər *Am* 'dɑːdər/ **I** *n.* (*sl*) omino *m.*: *an old ~* un vecchietto. **II** *v.i.* **1** tremare, tremolare. **2** (*to be feeble*) essere fiacco, essere debole. **3** (*to progress tremblingly*) barcollare, vacillare.

dodder[2] /'dɒdər *Am* 'dɑːdər/ *n.* (*Bot*) cuscuta *f.*

doddered /'dɒdəd *Am* 'dɑːdərd/ *a.* (*of a tree*) privo dei rami superiori.

dodderer /'dɒdərər *Am* 'dɑːdərər/ *n.* (*sl*) omino *m.*: *an old ~* un vecchietto.

doddering /'dɒdərɪŋ *Am* 'dɑːdərɪŋ/, **doddery** /'dɒdəri *Am* 'dɑːdəri/ *a.* **1** tremante, tremolante. **2** (*feeble*) debole, fiacco; (*tottering*) vacillante, malfermo.

dodecagon /ˌdou'dekəgən/ *n.* (*Geom*) dodecagono *m.*

dodecahedron /ˌdoudekə'hiːdrən/ (*pl.* -s /-z/, -**dra** /-drə/) *n.* (*Geom*) dodecaedro *m.*

Dodecanese /ˌdoudɪkə'niːz *Am* ˌdoudekə'niːs/ *n.pr.* (*Geog*) Dodecaneso *m.*

dodecaphonic /ˌdoudekə'fɒnɪk *Am* ˌdoudekə'fɑːnɪk/ *a.* (*Mus*) dodecafonico.

dodecasyllable /ˌdoudekə'sɪləbl/ *n.* (*Metr*) dodecasillabo *m.*

dodge /dɒdʒ *Am* dɑːdʒ/ **I** *v.t.* **1** evitare, schivare, scansare: *to ~ a blow* schivare un colpo. **2** (*fig*) eludere, sottrarsi a: *to ~ the issue* eludere la questione. **II** *v.i.* **1** spostarsi rapidamente, scansarsi. **2** (*to move back and forth*) spostarsi avanti e indietro, muoversi. **3** (*fig*) (*to evade responsibility, etc.*) sfuggire. **4** (*to quibble*) cavillare, sottilizzare, cercare scappatoie. **III** *n.* **1** schivata *f.* **2** (*colloq*) (*trick*) inganno *m.*, sotterfugio *m.*, trucco *m.*; (*expedient*) espediente *m.*, stratagemma *m.* ☐ (*colloq*) *to be up to all the -s* conoscere tutti i trucchi, saperle tutte; (*Am*) ~*ball* (*children's game*) palla prigioniera; (*fig*) *to be on the* ~ vivere alla macchia; (*Am*) *to ~ the draft* essere renitente alla leva.

dodgem /'dɒdʒəm *Am* 'dɑːdʒəm/ *n.* autoscontro *m.* ☐ ~ *car* autoscontro.

dodger /'dɒdʒər *Am* 'dɑːdʒər/ *n.* **1** evasore *m.*: *a tax ~* un evasore fiscale. **2** (*Am*) (*handbill*) volantino *m.* pubblicitario. **3** (*Mar*) guardacorpo *m.* **4** (*Am*) (*corn dodger*) dolce *m.* di mais.

dodgy /'dɒdʒɪ *Am* 'dɑːdʒɪ/ *a.* **1** sfuggente, evasivo, elusivo. **2** (*colloq*) (*dishonest, tricky*) equivoco, dubbio, sospetto. **3** (*colloq*) (*risky, dangerous, of poor reputation*) poco sicuro, rischioso.

doe /dou/ (*pl.inv.* o -**s** /-z/; *il pl. inv. si usa general. con valore collett.*) *n.* (*Zool*) **1** (*female deer*) daina *f.* **2** (*of other animals*) femmina *f.*

DOE (*GB*) *Department of Environment* (ministero dell'ambiente).

doe-eyed /'douaɪd/ *a.* con gli occhi da cerbiatto.

doer /'duːər/ *n.* chi fa, chi agisce, persona *f.* di azione: *he is a ~, not a talker* è uno parla poco ma fa tanto.

doeskin /'douskɪn/ *n.* **1** pelle *f.* di daino. **2** (*Tess*) daino *m.*

doesn't /'dʌzənt/ *contraz.* di does not.

doest /'duːɪst/ → **do**[1].

doeth /'duːɪθ/ (*ant*) → **do**[1].

doff /dɒf *Am* dɑːf/ *v.t.* **1** (*of clothing, a hat, etc.*) togliersi, levarsi: *to ~ one's hat to a lady* levarsi il cappello davanti a una signora. **2** (*fig,ant,lett*) abbandonare, smettere.

dog /dɒg *Am* dɑːg/ **I** *n.* **1** (*Zool*) cane *m.* **2** (*Zool*) (*male of a fox*) maschio *m.* della volpe; (*male of a wolf*) lupo *m.* (maschio). **3** (*fig,spreg*) individuo *m.* spregevole, cane *m.* **4** (*Br,colloq*) (*fellow*) tipo *m.*, ragazzo *m.*, uomo *m.*: *a gay ~* un tipo galante. **5** (*Mecc*) (*gripping device*) gancio *m.*, rampone *m.*; (*catch, pawl*) dente *m.* di arresto. **6** (*Fal*) grappa *f.* **7** *pl.* (*Zool*) canidi *m.pl.* **8** *pl.* (*firedogs*) alari *m.pl.* **9** *pl.* (*Sport*) (*greyhound racing*) corse *f.pl.* di cani. **II** *v.t.* (*past, p.p.* **dogged** /-d/) **1** dare la caccia a, inseguire, incalzare. **2** (*fig*) perseguitare, accanirsi contro, assillare: *to be -ged by misfortune* essere perseguitato dalla sfortuna. **3** (*Mecc*) assicurare con un rampone, assicurare con una briglia. ☐ (*fig, colloq*) ~ *and pony show* presentazione pubblicitaria estremamente minuziosa; (*Bot*) ~*berry* sanguinella; ~*biscuit* biscotto per cani; ~*catcher* accalappiacani; (*Br,colloq*) *not to have (even) a ~'s chance* non avere la minima possibilità di successo, non avere nessuna possibilità di successo; ~ *collar*: **1** collare per cani; **2** (*colloq*) (*clergyman's collar*) collare; ~ *days* canicola, giornate canicolari;

(Br,sl) to be dressed up like a ~'s dinner essere vestito a festa; *~ ear* (o *~'s ear*) *(in a book)* orecchia; *(fig) ~ eat* ~ accanita rivalità; *(Mil) ~ face* soldato semplice; *(Br) ~ fancier*: 1 cinofilo; 2 *(breeder)* allevatore di cani; *~ fight*: 1 combattimento di cani; 2 *(Aer.mil)* combattimento ravvicinato; *(Itt) ~ fish* piccolo squalo; *to ~ so.'s footsteps* stare alle calcagna di qcu.; *(colloq) to go to the -s*: 1 *(to degenerate morally)* degenerare, tralignare; 2 *(to go to ruin)* andare in rovina, andare in malora; *(sl) ~ house* canile; *(fig) to be in the ~ house* essere in disgrazia; *(fig) he is a ~ in the manger* è come il cane nella mangiatoia, è uno che non permette agli altri di godere di ciò che a lui non interessa; *to ~ it*: 1 *(sl)* andare a piedi; 2 *(to run away)* fuggire, scappare; *~ kennel* canile; *(Sport) ~ leg (in golf)* dog leg, buca con curva molto angolata; *(fig) to lead a ~'s life* fare una vita da cani; *(fig) to give so. a ~'s life* far fare a qcu. una vita da cani; *~ lover* cinofilo; *(colloq) ~ paddle* nuoto a cagnolino; *~ racing* corsa dei cani; *(Bot) ~ rose* rosa di macchia, rosa canina; *(Itt) ~ salmon* salmone cane; *~ sled* (o *~ sledge)* slitta tirata da cani; *~ team* tiro di cani; *(fig) to throw sth. to the -s* buttar via qcs.; *(colloq) ~ tired* stanco morto, esausto; *(Bot) ~'s tongue* cinoglosso; *(Bot) ~'s tooth violet* dente di cane; *(Sport) ~ track* cinodromo. Prov.: *~ does not eat* ~ cane non mangia cane; *give a ~ a bad name and hang him* niente uccide più della calunnia.

Dog /dɒg *Am* dɑːg/ *n.pr.* *(Astr)* **1** *(Greater Dog)* Cane *m.* maggiore. **2** *(Lesser Dog)* Cane *m.* minore. **3** *(Astr) ~ Star* Sirio.

dogate /ˈdoʊgeɪt/ *n.* *(Stor)* dogato *m.*, dogado *m.*

Dogberry, dogberry /ˈdɑːgberi/ *n.* *(Am,sl)* **1** funzionario *m.* (f. -a) ottuso. **2** *(policeman)* piedipiatti *m./f.*, poliziotto *m.* (f. -a).

dogcart /ˈdɒgkɑːt *Am* ˈdɑːgkɑːrt/ *n.* **1** carrettino *m.* tirato da cani. **2** *(high carriage)* calesse *m.*

dogcatcher /ˈdɒgkætʃər *Am* ˈdɑːgkætʃər/ *n.* accalappiacani *m./f.*

doge /doʊdʒ/ *n.* *(Stor)* doge *m.*

dog-ear /ˈdɒgɪər *Am* ˈdɑːgɪr/ *v.t.* fare le orecchie a (un libro).

dog-eared /ˈdɒgɪəd *Am* ˈdɑːgɪrd/ *a.* *(of a book)* con le orecchie.

dog-eat-dog /ˌdɒgiːtˈdɒg *Am* ˌdɑːgiːtˈdɑːg/ *a.* competitivo: *a ~ society* una società competitiva.

dogfight /ˈdɒgfaɪt *Am* ˈdɑːgfaɪt/ *n.* *(Mil)* combattimento *m.* (tra caccia) a distanza ravvicinata.

dogged /ˈdɒgɪd *Am* ˈdɑːgɪd/ *a.* **1** caparbio, ostinato, accanito. **2** *(determined)* tenace, risoluto.

doggedness /ˈdɒgɪdnəs *Am* ˈdɑːgɪdnəs/ *n.* **1** caparbietà *f.*, accanimento *m.* **2** *(tenaciousness)* tenacia *f.*

dogger /ˈdɒgər *Am* ˈdɑːgər/ *n.* *(Mar)* dogre *m.*

doggerel /ˈdɒgərəl *Am* ˈdɑːgərəl/ **I** *a.* *(of verse: comic)* burlesco; *(bad)* scadente, zoppicante. **II** *n.* poesia *f.* burlesca.

doggie /ˈdɒgi *Am* ˈdɑːgi/ *n.* *(infant)* cagnolino *m.*

doggish /ˈdɒgɪʃ *Am* ˈdɑːgɪʃ/ *a.* **1** da cane, di cane, *(rar)* canino. **2** *(fig)* ringhioso, iracondo.

doggo /ˈdɒgoʊ/ *avv.* *(Br,colloq)* in disparte. □ *(sl) to lie ~* restare nascosto e immobile, fare il morto.

doggone /ˈdɒgɒn *Am* ˈdɑːgɑːn/ *a.* *(colloq)* dannato, maledetto: *~ it!* maledizione!

doggy /ˈdɒgi *Am* ˈdɑːgi/ **I** *n.* *(infant)* cagnolino *m.* **II** *a.* **1** di cane, canino: *~ smell* odore di

cane. **2** *(resembling a dog)* da cane. □ *(colloq) ~ bag* sacchetto (dato al ristorante) per gli avanzi da portare a casa; *(colloq) ~ paddle* nuoto a cagnolino.

dog-iron /ˈdɒgaɪən *Am* ˈdɑːgaɪərn/ *n.* *(Edil,Fal)* grappa *f.*

dog-Latin /ˈdɒglætɪn *Am* ˈdɑːglætən/ *n.* latino *m.* maccheronico.

dogleg /ˈdɒgleg *Am* ˈdɑːgleg/ *n.* doppia curvatura *f.*

dog-legged /ˈdɒgleg(ɪ)d *Am* ˈdɑːgleg(ɪ)d/ *a.* *(of stairs)* elicoidale.

doglike /ˈdɒglaɪk *Am* ˈdɑːglaɪk/ *a.* **1** simile a un cane. **2** *(fig)* da cane, *(rar)* canino.

dogma /ˈdɒgmə *Am* ˈdɑːgmə/ *n.* *(pl.* **-s** */-z/,* **ta** /-tə/ *Am* -tə/ *n.* dogma *m.*

dogmatic /dɒgˈmætɪk *Am* dɒgˈmætɪk/, **dogmatical** /dɒgˈmætɪkəl *Am* dɒgˈmætɪkəl/ *a.* **1** dogmatico. **2** *(of people)* dogmatico, assolutista.

dogmatically /dɒgˈmætɪkəli *Am* dɑːg-ˈmætɪkəli/ *avv.* in modo dogmatico, ex cathedra.

dogmatics /dɒgˈmætɪks *Am* dɑːgˈmætɪks/ *n.pl.* *(costr.sing.)* *(Rel)* dogmatica *f.*

dogmatise /ˈdɒgmətaɪz/ *v.i.* *(Br)* dogmatizzare.

dogmatism /ˈdɒgmətɪz(ə)m *Am* ˈdɑːgmətɪz(ə)m/ *n.* dogmatismo *m.* *(anche estens).*

dogmatist /ˈdɒgmətɪst *Am* ˈdɑːgmətɪst/ *n.* **1** enunciatore *m.* (f. -trice) di dogmi. **2** *(opinionated person)* dogmatico *m.* (f. -a).

dogmatize /ˈdɒgmətaɪz *Am* ˈdɑːgmətaɪz/ *v.i.* dogmatizzare.

do-gooder /ˈduːˌgʊdər/ *n.* pietista *m./f.*

dogsbody /ˈdɒgzbɒdi *Am* /ˈ(Br,colloq)* chi fa lavori umili, bestia *f.* da soma.

dogshow /ˈdɒgʃoʊ *Am* ˈdɑːgʃoʊ/ *n.* mostra *f.* canina.

dogskin /ˈdɒgskɪn *Am* ˈdɑːgskɪn/ *n.* pelle *f.* di cane.

dog's-tooth /ˈdɒgztuːθ *Am* ˈdɑːgztuːθ/ □ *(Bot) ~ grass* erba canina.

dog-tag /ˈdɒgtæg *Am* ˈdɑːgtæg/ *n.* **1** medaglietta *f.* di riconoscimento (per il collare). **2** *(Am,Mil)* piastrino *m.* di riconoscimento, piastrina *f.* di riconoscimento.

dog-tired /ˈdɒgˈtaɪəd *Am* ˌdɑːgˈtaɪərd/ *a.* *(colloq)* stanco morto, a pezzi.

dogtooth /ˈdɒgtuːθ *Am* ˈdɑːgtuːθ/ *n.irr.* *(Dent)* canino *m.*, dente *m.* canino. □ *~ check (pattern)* fantasia a quadri; *(Bot) ~ violet* dente di cane.

doh /doʊ/ *n.* → **do³**.

do-hickey /duːˈhɪki/ *n.* *(Am,colloq)* *(gadget)* aggeggio *m.*, affarino *m.*

doily /ˈdɔɪli/ *n.* centrino *m.*, sottocoppa *m.*

doing /ˈduːɪŋ/ *n.* **1** il fare: *talking is one thing, ~ is another* parlare è una cosa, fare un'altra; *un conto sono le parole, un conto i fatti.* **2** *pl.* *(activities)* ciò che si fa, vita *f.sing.*: *the -s of high society* la vita dell'alta società. **3** *pl.* *(costr.sing.)* *(sl)* *(thrashing)* bastonatura *f.*, suonata *f.* *pl.(costr.sing.)* *(colloq)* *(used when the speaker cannot remember the name)* affare *m.*, aggeggio *m.*, coso *m.* □ *this is all your ~* è tutta colpa tua; *(colloq) it will take some ~* ci vorrà un bel po', non sarà una cosa facile, sarà una fatica non da poco.

doit /dɔɪt/ *n.* **1** *(Stor)* antica moneta *f.* di scarso valore. **2** *(fig)* inezia *f.*, nonnulla *m.*

do-it-yourself /ˌduːɪtjɔːˈself, ˌduːɪtʃəˈself *Am* ˌduːɪtʃər,self, ˌduːɪtʃərˈself/ **I** *a.* da fare da soli. **II** *n.* fai da te *m.*, bricolage *m.* □ *a ~ boat-building kit* scatola di montaggio, modellismo navale.

do-it-yourselfer /ˌduːɪtjɔːˈselfər, ˌduːɪtʃə-ˈselfər *Am* ˌduːɪtjərˈselfər, ˌduːɪtʃərˈselfər/ *n.* chi fa piccole riparazioni (in casa ecc.), appas-

sionato *m.* (f. -a) di bricolage.

dojo /ˈdoʊdʒoʊ/ *n.* *(Sport)* dojo *m.*

doldrums /ˈdɒldrəmz *Am* ˈdɑːldrəmz/ *n.pl.* **1** *(Geog,Meteor)* zona *f.sing.* delle calme equatoriali. **2** *(fig)* depressione *f.sing.*, malinconia *f.sing.*, tristezza *f.sing.*

dole /doʊl/ **I** *n.* **1** elemosina *f.*, carità *f.* **2** *(colloq)* *(unemployment pay)* sussidio *m.* di disoccupazione. **II** *v.t.* **1** dare come elemosina. **2** *(to distribute sparingly)* distribuire con parsimonia. □ *(colloq) to be on the ~* essere disoccupato, percepire il sussidio di disoccupazione; *to ~ out* distribuire con parsimonia.

doleful /ˈdoʊlfʊl/ *a.* addolorato, dolente, triste.

dolefulness /ˈdoʊlfʊlnəs/ *n.* dolore *m.*, tristezza *f.*, malinconia *f.*

dolerite /ˈdɒləraɪt *Am* ˈdɑːləraɪt/ *n.* *(Geol)* **1** dolerite *f.* **2** *(diabase)* diabase *m.*

dolichocephalic /ˌdɒlɪkoʊsəˈfælɪk *Am* ˌdɑːlɪkoʊseˈfælɪk/ *a.* *(Anat)* dolicocefalo.

dolina /dɒˈliːnə *Am* dɑːˈliːnə/ *n.* *(Geol)* dolina *f.*

doline /dɒˈliːn *Am* dɑːˈliːn/ *n.* *(Geol)* dolina *f.*

doll /dɒl *Am* dɑːl/ **I** *n.* **1** bambola *f.* *(anche fig).* **2** *(sl)* *(any girl)* ragazza *f.*; *(attractive girl)* bambola *f.*, pupa *f.* □ *(scherz) ~ hospital* ospedale delle bambole; *~ house* (o *~'s house)* casa delle bambole; *to ~ up (colloq)* vestire con eleganza, vestire alla moda.

dollar /ˈdɒlər *Am* ˈdɑːlər/ *n.* **1** *(Econ)* dollaro *m.* **2** *(ant,sl)* *(five shillings)* corona *f.*: *half a ~* mezza corona. □ *(Econ) ~ area* area del dollaro; *(colloq) ten -s Canadian* dieci dollari canadesi; *(Pol) ~ diplomacy* politica di penetrazione economica, diplomazia del dollaro; *(Econ) ~ earner* esportatore nell'area del dollaro; *(Econ) ~ gap* disavanzo nella copertura in dollari; *(Tip) ~ mark* simbolo del dollaro; *(Tip) ~ sign* simbolo del dollaro; *ten -s US* dieci dollari statunitensi.

doll-like /ˈdɒlˌlaɪk *Am* ˈdɑːlˌlaɪk/ *a.* simile a una bambola, che sembra una bambola, da bambola.

dollop /ˈdɒləp *Am* ˈdɑːləp/ *n.* *(colloq)* grumo *m.*, fiocco *m.*, bioccolo *m.*

dolly /ˈdɒli *Am* ˈdɑːli/ **I** *n.* **1** *(infant)* *(doll)* bambola *f.*, bambolotto *m.* **2** *(Mecc, Cin,TV)* carrello *m.* **3** *(Minier)* locomotiva *f.* a scartamento ridotto. **4** *(in laundering)* pala *f.* da bucato. **5** *(Mecc)* *(for a rivet)* controstampo *m.* **II** *a.* *(Sport)* *(of a catch, shot)* facile. **III** *v.i.* *(Cin,TV)* carrellare, fare una carrellata. □ *(Cin,TV) ~ shot* carrellata.

Dolly /ˈdɒli *Am* ˈdɑːli/ *n.pr.f.* *dim.* di Dorothea.

dollyman /ˈdɒlimən *Am* ˈdɑːlimən/ *n.irr.* *(Cin, TV)* carrellista *m.*

dolmen /ˈdɒlmen *Am* ˈdoʊlmen/ *n.* *(Archeol)* dolmen *m.*

dolomite /ˈdɒləmaɪt *Am* ˈdɑːləmaɪt/ *n.* **1** *(Min)* dolomite *f.* **2** *(Geol)* *(dolomite rock)* dolomia *f.*, roccia *f.* dolomitica.

Dolomites /ˈdɒləmaɪts *Am* ˈdɑːləmaɪts/ *n.pr.pl.* *(Geog)* Dolomiti *f.pl.*

dolomitic /ˌdɒləˈmɪtɪk *Am* ˌdɑːləˈmɪtɪk/ *a.* *(Min)* dolomitico.

dolomitization /ˌdɒləm(a)ɪtɪˈzeɪʃ(ə)n *Am* ˌdɑːləm(ə)ɪtɪˈzeɪʃ(ə)n/ *n.* *(Geol)* dolomitizzazione *f.*

dolor /ˈdoʊlər, ˈdɑːlər/ *n.* *(Am)* dolore *m.*, pena *f.*

dolorous /ˈdɒlərəs *Am* ˈdɑːlərəs/ *a.* *(poet)* **1** penoso, doloroso. **2** *(distressed)* addolorato, dolente.

dolour /ˈdoʊlər, ˈdɒlər/ *n.* *(Br)* dolore *m.*, pena *f.*

dolphin /ˈdɒlfɪn *Am* ˈdɑːlfɪn/ *n.* **1** *(Zool)* delfino *m.* **2** *(Itt)* *(dorado)* corifena *f.* **3** *(Zool)* *(porpoise)* marsuino *m.* comune. **4** *(Mar)* *(buoy)* boa *f.* di ormeggio; (*fender*) colonna *f.* di alaggio. **5** (*Sport*) (*swimming stroke*) bracciata *f.* a delfino. □ (*Sport*) ~ *swimmer* delfinista.

dolphinstroke /'dɒlfɪnstrouk *Am* 'dɑːlfɪnstrouk/ *n.* (*Sport*) delfino *m.*

dolt /doult/ *n.* stupido *m.*, zuccone *m.*

doltish /'doultɪʃ/ *a.* stupido, da zuccone.

doltishly /'doultɪʃli/ *avv.* in modo stupido, da zuccone.

doltishness /'doultɪʃnəs/ *n.* stupidità *f.*, zucconaggine *f.*

Dom /dɒm/ *n.* (*Rel,Stor*) Don *m.*

DOM *Dominican Republic* DOM (Repubblica Domenicana).

domain /dou'meɪn/ *n.* **1** (*Dir*) dominio *m.*, proprietà *f.* **2** (*territory under control*) dominio *m.*, possedimento *m.* **3** (*fig*) campo *m.*, dominio *m.*, sfera *f.* **4** (*Mat,Inform*) dominio *m.*

domainial /dou'meɪnɪəl/ *a.* di un dominio, di una proprietà.

dome /doum/ **I** *n.* **1** (*Arch*) cupola *f.*; (*domic roof*) cupola *f.*, volta *f.* a cupola. **2** (*anything dome-shaped*) cupola *f.*, volta *f.* **3** (*Mecc*) (*of a boiler, etc.*) duomo *m.* **4** (*colloq*) (*head*) testa *f.*, zucca *f.* **5** (*poet*) (*stately building*) magione *f.*, palazzo *m.* **II** *v.t.* **1** (*Arch*) coprire con una (volta) a cupola. **2** (*to shape like a dome*) dare forma di cupola a. **III** *v.i.* ergersi come una cupola, profilarsi come una cupola. □ (*Ferr*) ~ *car* carrozza panoramica.

domed /doumd/ *a.* **1** (*Arch*) fornito di cupola, a cupola: *a ~ roof* un tetto a cupola. **2** (*shaped like a dome*) fatto a cupola, prominente.

domelike /'doumlaɪk/ *a.* a cupola, simile a una cupola.

Domesday /'duːmzdeɪ/ *n.* giorno *m.* del giudizio (universale). □ (*Stor.brit*) ~ *Book* libro del catasto.

domestic /də'mestɪk/ **I** *a.* **1** domestico, di casa, di famiglia: ~ *problems* problemi domestici. **2** (*devoted to home life*) di casa, dedito alla casa, casalingo. **3** (*of an animal*) domestico, addomesticato. **4** (*occurring within a country*) interno, nazionale: ~ *flights* voli nazionali. **II** *n.* domestico *m.* (*f.* -a). □ (*scherz*) ~ *engineer* (*housewife*) regina delle pentole; ~ *fuel* combustibile per uso domestico; ~ *science* economia domestica; ~ *waste* rifiuti domestici.

domestically /də'mestɪkəli/ *avv.* **1** in modo semplice, in modo familiare. **2** (*Econ,Pol*) sul piano nazionale, entro i confini nazionali, internamente.

domesticate /də'mestɪkeɪt/ *v.t.* **1** (*Zootecn*) addomesticare, domesticare. **2** (*to accustom to home life*) rendere esperto nelle faccende domestiche, abituare alla vita di casa.

domesticated /də'mestɪkeɪtɪd *Am* də'mestɪkeɪtɪd/ *a.* **1** (*Zootecn*) addomesticato. **2** (*of people*) civilizzato, incivilito. **3** (*colloq*) (*fond of home life*) che ama la vita domestica, casalingo, pantofolaio.

domestication /də,mestɪ'keɪʃən/ *n.* **1** (*Zootecn*) addomesticazione *f.*, domesticazione *f.* **2** (*attachment to home life*) amore *m.* per la casa, amore *m.* per la vita domestica.

domesticity /,doumes'tɪsɪti *Am* ,doumes'tɪsəti/ *n.* **1** vita *f.* domestica, vita *f.* familiare. **2** (*devotion to home life*) amore *m.* per la casa. **3** *pl.* faccende *f.pl.* di casa.

domical /'doumɪkəl/ *a.* **1** (*Arch*) provvisto di cupola, provvisto di cupole. **2** (*domelike*) a cupola, simile a una cupola.

domicile /'dɒmɪs(a)ɪl *Am* 'dɑːmɪs(a)ɪl/ **I** *n.* **1** domicilio *m.*, abitazione *f.*, casa *f.* **2** (*Dir, Comm*) domicilio *m.* **II** *v.t.* **1** fornire di domicilio. **2** (*Comm*) (*of bills*) domiciliare. **III** *v.i.*

prendere domicilio, fissare il proprio domicilio, domiciliarsi. □ (*Dir*) ~ *of choice* domicilio elettivo, domicilio eletto.

domiciled /'dɒmɪs(a)ɪld *Am* 'dɑːmɪs(a)ɪld/ *a.* (*Comm*) domiciliato: ~ *bill* cambiale domiciliata.

domiciliary /,dɒmɪ'sɪlɪəri *Am* ,dɑːmɪ'sɪlieri/ *a.* domiciliare. □ (*Dir*) ~ *visit* visita domiciliare.

domiciliate /,dɒmɪ'sɪlieɪt *Am* ,dɑːmɪ'sɪlieɪt/ *v.* → **domicile**.

domiciliation /,dɒmɪsɪli'eɪʃən *Am* ,dɑːmɪsɪli'eɪʃən/ *n.* **1** elezione *f.* di domicilio. **2** (*Comm*) domiciliazione *f.*

dominance /'dɒmɪnəns *Am* 'dɑːmɪnəns/, **dominancy** /'dɒmɪnənsi *Am* 'dɑːmɪnənsi/ *n.* **1** ascendente *m.*, influenza *f.* **2** (*commanding position*) dominio *m.* **3** (*preponderance*) predominio *m.*, prevalenza *f.*

dominant /'dɒmɪnənt *Am* 'dɑːmɪnənt/ **I** *a.* **1** più importante, più autorevole. **2** (*predominant*) dominante, predominante, prevalente; (*main*) principale, primo. **3** (*of places*) dominante, sovrastante. **4** (*Mus,Biol*) dominante. **II** *n.* **1** (*Biol*) carattere *m.* dominante. **2** (*Mus*) dominante *f.*, nota *f.* dominante. **3** (*Psic*) pensiero *m.* dominante. □ (*Biol*) ~ *character* carattere dominante.

dominate /'dɒmɪneɪt *Am* 'dɑːmɪneɪt/ **I** *v.t.* **1** (*of places*) dominare, sovrastare. **2** (*to rule over*) dominare, tenere sottomesso: *a people -d by foreign invaders* un popolo dominato dagli invasori. **3** (*to predominate*) dominare, predominare su, imporsi su. **4** (*to hold, to grip*) dominare: *his mother completely -s him* la madre lo domina completamente. **II** *v.i.* **1** dominare, prevalere (*over* su). **2** (*to occupy a commanding position*) dominare, sovrastare (qcs.).

domination /,dɒmɪ'neɪʃən *Am* ,dɑːmɪ'neɪʃən/ *n.* **1** dominazione *f.*, dominio *m.* **2** *pl.* (*Rel*) Dominazioni *f.pl.*

dominator /'dɒmɪneɪtə *Am* 'dɑːmɪneɪtər/ *n.* dominatore *m.* (*f.* -trice).

domineer /,dɒmɪ'nɪə *Am* ,dɑːmə'nɪr/ *v.i.* tiranneggiare, spadroneggiare.

domineering /,dɒmɪ'nɪərɪŋ *Am* ,dɑːmə'nɪrɪŋ/ *a.* dispotico, autoritario, imperioso, prepotente.

domineeringly /,dɒmɪ'nɪərɪŋli *Am* ,dɑːmə'nɪrɪŋli/ *avv.* in modo dispotico, in modo autoritario, in modo imperioso, con prepotenza.

Dominica /,dɒmɪ'niːkə *Am* ,dɑːmɪ'niːkə/ *n.pr.* (*Geog*) Dominica *f.*

dominical /dou'mɪnɪkəl/ *a.* **1** (*of Jesus Christ*) del Signore, divino. **2** (*of the Lord's Day*) domenicale, della domenica. □ ~ *day* domenica, giorno del Signore; (*Lit*) ~ *letter* lettera domenicale; ~ *year* anno del Signore.

Dominican[1] /dou'mɪnɪkən/ **I** *n.* (*Rel.catt*) frate *m.* domenicano, domenicano *m.* **II** *a.* (*Rel.catt*) domenicano.

Dominican[2] /,dɒmɪ'niːkən *Am* ,dɑːmɪ'niːkən/ **I** *n.* dominicano *m.* (*f.* -a). **II** *a.* dominicano. □ (*Geog*) ~ *Republic* Repubblica Dominicana.

dominie /'dɒmɪni *Am* 'dɑːmɪni/ *n.* **1** (*Scott*) (*schoolmaster*) maestro *m.* di scuola. **2** (*Am, Rel.prot*) pastore *m.* della chiesa olandese riformata.

dominion /də'mɪnjən/ *n.* **1** dominio *m.*, sovranità *f.*, potere *m.* **2** (*territory ruled*) dominio *m.* **3** (*Pol*) (*of the British Commonwealth*) dominion *m.* **4** *pl.* (*Rel*) Dominazioni *f.pl.* □ (*Canad*) *Dominion Day* anniversario della proclamazione del dominion; *Dominion of Gibraltar* Gibilterra; *to hold ~ over* so. do-

minare qcu.

domino /'dɒmɪnou *Am* 'dɑːmɪnou/ *n.* (*pl.* **-es/ -s** /-z/) **1** domino *m.* **2** (*in the game of dominoes*) tessera *f.* del domino. **3** *pl.* (*costr.sing.*) (*game*) domino *m.*, gioco *m.* del domino. □ (*fig*) ~ *effect* effetto domino; (*colloq*) *it's -es for him* per lui è finita; (*Pol*) ~ *theory* teoria dell'effetto domino; (*Chir*) ~ *transplant* trapianto domino.

Domitian /dou'mɪʃiən/ *n.pr.m.* (*Stor.rom*) Domiziano.

don[1] /dɒn *Am* dɑːn/ *n.* **1** (*Univ*) professore *m.*, docente *m.*; (*tutor*) assistente *m.* di un gruppo di studenti. **2** (*Spanish lord*) gentiluomo *m.* spagnolo. **3** (*colloq*) (*ace, wizard*) asso *m.*, campione *m.* **4** (*colloq*) (*head, of a mafia family*) boss *m.*, mafioso, capomafia *m.*, padrino *m.*

don[2] /dɒn *Am* dɑːn/ *v.t.* (*past, p.p.* **donned** /-d/) **1** indossare, vestire, mettersi. **2** (*fig*) (*to assume*) assumere, addossarsi.

Don /dɒn *Am* dɑːn/ **I** *n.pr.* (*Geog*) Don *m.* **II** *n.pr.m. dim. di* Donald. □ ~ *Juan*: **1** (*Lett*) Don Giovanni, Don Giovanni; **2** (*estens*) dongiovanni, donnaiolo; ~ *Quixote*: **1** (*Lett*) Don Chisciotte; **2** (*estens*) donchisciotte.

Donald /'dɒnəld *Am* 'dɑːnəld/ *n.pr.m.* Donald. □ ~ *Duck* Paperino.

donate /dou'neɪt *Am* dou'neɪt/ *v.t.* donare, regalare, fare dono di.

donation /dou'neɪʃən *Am* dou'neɪʃən/ *n.* **1** donazione *f.*, dono *m.*, elargizione *f.* **2** (*Dir*) donazione *f.*

donative /'dounətɪv *Am* 'dounətɪv/ **I** *n.* **1** (*Dir*) donativo *m.* **2** (*Rel*) beneficio *m.* conferito per donazione. **II** *a.* (*Dir*) in dono, in donazione.

donator /dou'neɪtə *Am* dou'neɪtər/ *n.* donatore *m.* (*f.* -trice) (*anche Dir*).

done[1] /dʌn/ → **do**[1].

done[2] /dʌn/ *a.* **1** fatto, compiuto, finito: *the job is* ~ il lavoro è fatto; *the day is* ~ la giornata volge al termine, la giornata è finita; *consider it* ~ consideralo (già) fatto. **2** (*colloq*) (*worn-out*) stremato, spossato, sfinito, stanco morto. **3** (*cooked*) cotto: *is the meat ~?* è cotta la carne? **4** (*acceptable in society*) conveniente, che sta bene: *it just isn't* ~ non è socialmente accettabile; *it isn't ~ to sing at table* non sta bene cantare a tavola; (*colloq*) *the ~ thing* (*the socially correct thing*) ciò che sta bene (fare). **5** (*esclam.*) d'accordo!, affare fatto! □ (*colloq*) ~ *deal* affare fatto, cosa fatta, operazione conclusa; (*colloq*) *to be ~for*: **1** (*to be tired*) essere stanco morto; **2** (*to be ruined*) essere completamente rovinato, essere inservibile; **3** (*to be in a hopeless situation*) essere finito, essere rovinato, essere spacciato, essere andato: *help doesn't come soon we're ~ for* se non arrivano presto gli aiuti siamo finiti; **4** (*to be close to death*) essere spacciato; (*colloq*) *to get ~ with sth.* farla finita con qcs.; (*colloq*) *to be ~ in* essere stanco morto; *I feel -ne in* mi sento esausto; (*Br*) ~ *to a turn* cotto a puntino, cotto a perfezione; (*colloq*) *to be ~ up*: **1** essere elegante; **2** (*to wear make-up*) essere truccato; **3** (*to have a nice hair-do*) essere pettinato; **4** (*of hair*) essere tirati su; (*colloq*) ~ *with* fatto, compiuto, finito: *that's another job ~ with* anche questo lavoro è fatto; *to have ~ with* smettere, farla finita, piantarla: *I have ~ with him* ho chiuso con lui.

donee /dou'niː *Am* ,dou'niː/ *n.* **1** persona *f.* a cui è stato fatto un dono. **2** (*Dir*) donatario *m.* (*f.* -a). **3** (*Med*) ricevente *m./f.*

Donegal /'dɒnɪgɔːl, ,dʌnɪ'gɔːl *Am* dɑːnɪ'gɔːl/ *n.pr.* (*Geog*) Donegal *m.* (contea dell'Irlanda).

donjon /'dɒn(d)ʒən, 'dʌn(d)ʒən *Am* 'dɑːn(d)ʒən/ *n.* (*of a castle*) torrione *m.*

donkey /'dɒŋki *Am* 'dɑːŋki/ *n.* (*Zool*) asino *m.*, somaro *m.*, ciuco *m.* (*anche fig.*) ☐ (*Tecn*) ~ **boiler** caldaia ausiliaria, calderina; ~ **driver** asinaio; ~ **engine**: 1 (*Mecc*) motore ausiliario; 2 (*Ferr*) locomotiva da manovra; (*Br*, *colloq*) ~ **work** lavoro massacrante, lavoro ingrato, (*colloq*) sfacchinata; (*Br*,*colloq*) ~ **'s years** molto tempo, (*colloq*) secoli.

donnish /'dɒnɪʃ *Am* 'dɑːnɪʃ/ *a.* meticoloso, preciso, pedante.

donnishness /'dɒnɪʃnəs *Am* 'dɑːnɪʃnəs/ *n.* meticolosità *f.*, precisione *f.*, pedanteria *f.*

donnybrook /'dɒnɪbrʊk *Am* 'dɑːnɪbrʊk/ *n.* parapiglia *m.*, scompiglio *m.*; (*free-for-all*) mischia *f.*, zuffa *f.*

donor /'dəʊnər/ *n.* 1 donatore *m.* (*f.* -trice). 2 (*Med*) donatore *m.* (*f.* -trice) di sangue. 3 (*Dir*) donante *m./f.*, donatore *m.* (*f.* -trice). ☐ ~ **card** carta del donatore (di sangue o organi); (*Pol*) ~ **country** paese donatore.

do-nothing /'duːnʌθɪŋ/ *n.* fannullone *m.* (*f.* -a), ozioso *m.* (*f.* -a).

don't[1] /dəʊnt/ (*contraz. di do not*) → **do**[1].

don't[2] /dəʊnt/ *npl.* (*colloq*) divieto *m.*, proibizione *f.*, cosa *f.* da non fare.

doo-da /'duːdɑː/ *n.* (*sl*) coso *m.*, aggeggio *m.*

doo-dad /'duːdæd/ *n.* (*sl*) coso *m.*, aggeggio *m.*

doodle /'duːdl/ **I** *v.i.* fare scarabocchi, fare ghirigori, scarabocchiare. **II** *n.* scarabocchio *m.*, ghirigoro *m.*, disegnino *m.* ☐ ~ **bug**: 1 (*Mil*) bomba volante; 2 (*Am*) (*divining rod*) pendolo, pendolino; 3 (*Am*,*Entom*) larva di formicaleone.

doo-doo /'duːduː/ *n.* (*infant*,*pop*) cacca *f.*

doofus /'duːfəs/ *n.* (*Am*,*sl*) persona *f.* sciocca, stupido *m.* (*f.* -a).

doo-hickey /'duːˌhɪki/ *n.* (*Am*,*colloq*) coso *m.*, affare *m.*, aggeggio *m.*

doom /duːm/ **I** *n.* 1 destino *m.*, fato *m.*: *his* ~ *is sealed* la sua sorte è segnata. 2 (*adverse fate*) destino *m.* avverso, sorte *f.* avversa. 3 (*ruin*) distruzione *f.*, rovina *f.* 4 (*death*) morte *f.* 5 (*Last Judgement*) giudizio *m.* universale. 6 (*ant*) statuto *m.*, decreto *m.* **II** *v.t.* 1 (*usato general. al p.p.*) predestinare, destinare: *he was -ed to fail* era destinato all'insuccesso. 2 (*to condemn*) condannare.

doomed /duːmd/ *a.* predestinato, destinato: *he was* ~ *to fail* era destinato all'insuccesso. ☐ *a* ~ *man* un condannato.

doomsayer /'duːmˌseɪər/ *n.* profeta *m.* di sciagure, cassandra *f.*

doomsday /'duːmzdeɪ/ *n.* giorno *m.* del giudizio (universale). ☐ (*scherz*) *from now till* ~ per sempre, fino alla fine del mondo.

doomwatcher /'duːmwɒtʃər *Am* 'duːmwɑːtʃər/ *n.* profeta *m.* di sciagure, cassandra *f.*

doomwriting /'duːmraɪtɪŋ *Am* 'duːmraɪtɪŋ/ *n.* (*Lett*) rovinografia *f.*, doomwriting *m.*

door /dɔːr *Am* dɔːr/ *n.* 1 porta *f.*, uscio *m.* 2 (*doorway*) vano *m.* della porta, arco *m.* della porta. 3 (*of furniture*) sportello *m.*, anta *f.* 4 (*of a vehicle*) sportello *m.*, portiera *f.* 5 (*house or building with a door*) casa *f.*, porta *f.*, portone *m.*: *he lives three -s down the street* abita tre case più in là. 6 (*fig*) via *f.*, porta *f.* 7 (*Mar*) portello *m.* 8 (*Met*) (*of a furnace*) bocca *f.*, porta *f.* ☐ (*fig*) *to lay sth.at so.'s* ~ imputare qcs. a qcu.; ~ *frame* intelaiatura della porta, telaio della porta; ~ *handle* maniglia della porta; ~ *knocker* battente di porta; (*Br*) ~ *money* prezzo del biglietto di ingresso, ingresso; *out of* -*s* fuori, all'aperto; ~ *prize* premio dato agli invitati di una festa quando si presentano alla porta; ~*scraper* raschietto per togliere il fango (dalle scarpe).

doorbell /'dɔːbel *Am* 'dɔːrbel/ *n.* campanello *m.* della porta.

do-or-die /ˌduːɔːˈdaɪ *Am* ˌduːɔːrˈdaɪ/ *a.* estremo: *a* ~ *attempt* un estremo tentativo.

doorjamb /'dɔːdʒæm *Am* 'dɔːrdʒæm/ *n.* stipite *m.*, montante *m.* della porta.

doorkeeper /'dɔːˌkiːpər *Am* 'dɔːrˌkiːpər/ *n.* portinaio *m.* (*f.* -a).

doorknob /'dɔːnɒb *Am* 'dɔːrnɑːb/ *n.* pomello *m.*

doorman /'dɔːmən *Am* 'dɔːrmən/ *n.irr.* portiere *m.*

doormat /'dɔːmæt *Am* 'dɔːrmæt/ *n.* stuoino *m.*, zerbino *m.* ☐ (*colloq*) *to treat so. like a* ~ trattare qcu. come una pezza da piedi.

doornail /'dɔːneil *Am* 'dɔːrneil/ *n.* borchia *f.* sulla porta.

doorpost /'dɔːpoust *Am* 'dɔːrpoust/ *n.* stipite *m.*, montante *m.* della porta.

doorstep /'dɔːstep *Am* 'dɔːrstep/ *n.* 1 gradino *m.* davanti alla porta. 2 (*colloq*) spessa fetta *f.* di pane. ☐ (*fig*) *right on one's* ~ a un tiro di schioppo da casa (propria), a due passi da casa.

doorstop /'dɔːstɒp *Am* 'dɔːrstɑːp/ *n.* fermaporta *m.*

doorstrip /'dɔːstrɪp *Am* 'dɔːrstrɪp/ *n.* parafreddo *m.*

door-to-door /ˌdɔːtəˈdɔː *Am* ˌdɔːrtəˈdɔːr/ *a.* 1 di porta in porta, di casa in casa: *to sell encyclopaedias* ~ andare di casa in casa a vendere enciclopedie. 2 (*Comm*) a domicilio: ~ *selling* vendita a domicilio.

doorway /'dɔːweɪ *Am* 'dɔːrweɪ/ *n.* 1 vano *m.* della porta, entrata *f.* 2 (*fig*) via *f.*, porta *f.*

dooryard /'dɔːjɑːd/ *n.* (*Am*) cortile *m.* davanti alla casa.

doo-wop /'duːwɑːp/ *n.* (*Am*,*Mus*) jazz *m.* cantato in strada da un gruppo di neri (tipico degli anni Cinquanta).

doozy /'duːzi/ *n.* (*Am*,*colloq*) cosa *f.* eccezionale, chicca *f.*, bijou *m.*, meraviglia *f.*

dopamine /'doupəmiːn/ *n.* (*Biol*) dopamina *f.*

dopant /'doupənt/ *n.* (*Elettron*) elemento *m.* di drogaggio, drogante *m.*

dope /doup/ **I** *n.* 1 (*sl*) (*narcotic*) narcotico *m.*; (*drug*) stupefacente *m.*, droga *f.* 2 (*colloq*) (*stupid person*) zuccone *m.* (*f.* -a), tonto *m.* (*f.* -a). 3 (*sl*) (*information*) notizie *f.pl.*, rivelazioni *f.pl.* 4 (*lubricant*) lubrificante *m.*, liquido *m.* lubrificante. 5 (*Aer*) vernice *f.* tenditela, vernice *f.* impermeabilizzante. 6 (*Tecn*) materiale *m.* assorbente (per esplosivi). 7 (*Fot*) vernice *f.* per ritocchi. 8 (*Aut*) (*fuel dope*) correttivo *m.* 9 (*Sport*) sostanza *f.* eccitante, stimolante *m.*; (*gerg*) bomba *f.* **II** *v.t.* 1 (*sl*) (*drug*) narcotizzare, drogare. 2 (*fig*) placare, calmare. 3 (*Tecn*) trattare con materiale assorbente. 4 (*Aer*) verniciare, laccare. 5 (*Aut*) miscelare. 6 (*Sport*) dopare, dare sostanze eccitanti a, dare stimolanti a. **III** *a.* (*Am*,*sl*) ganzo, stupendo. ☐ (*sl*) ~ *addict* tossicomane, drogato; ~ *dealer* trafficante di stupefacenti, trafficante di droga; (*sl*) ~ *fiend* tossicomane, drogato; (*ant*,*sl*) *to* ~ *out* dedurre, (*sapere*) indovinare, scoprire; ~ *pedlar* (o ~ *pusher*) trafficante di stupefacenti, trafficante di droga; ~ *ring* giro della droga; (*El*) *to* ~ *semiconductors* drogare i semiconduttori.

dopehead /'douphed/ *n.* (*Am*,*sl*) oppiomane *m./f.*

dopesheet /'doupʃiːt/ *n.* (*Sport*) (*in horse races*) bollettino *m.* di informazioni.

dopester /'doupstər/ *n.* chi prevede risultati (politici, sportivi).

dopey /'doupi/ *a.* 1 (*colloq*) (*half-asleep*, *feeling fuzzy due to sleep or drugs*) addormentato, assonnato. 2 (*slow-witted*) (*colloq*) tonto, tardo, ottuso.

dopiness /'doupinəs/ *n.* sonnolenza *f.*, tor-

pore *m.*

doping /'doupɪŋ/ *n.* 1 (*Sport*) doping *m.* 2 (*El*) drogaggio *m.*

doppelganger /'dɒpəlˌgæŋər *Am* 'dɑːpəlˌgæŋər/ *n.* alter ego *m.*

doppelgänger /'dɒpəlˌgeŋər *Am* 'dɑːpəlˌgeŋər/ *n.* alter ego *m.*

Doppler /'dɒplər *Am* 'dɑːplər/ ☐ (*Fis*) ~ *effect* effetto Doppler; (*Tecn*) ~ *radar* radar Doppler.

dopy /'doupi/ *a.* 1 (*colloq*) (*half-asleep*, *feeling fuzzy due to sleep or drugs*) addormentato, assonnato. 2 (*slow-witted*) (*colloq*) tonto, tardo, ottuso.

dor /dɔː *Am* dɔːr/ *n.* (*Entom*) 1 calabrone *m.* 2 (*dorbeetle*) scarabeo *m.* stercorario.

dorado /dəˈrɑːdou *Am* douˈrɑːdou/ (*pl.inv.* o -**s** /-z/; *il pl. inv. si usa general. con valore collett.*) *n.* (*Itt*) corifena *f.*, lampuga *f.*

Dorian /'dɔːriən/ **I** *a.* (*Stor*,*Mus*) dorico. **II** *n.* abitante *m./f.* della Doride. **III** *n.pr.m.* Dorian, Doriano. ☐ (*Mus*) ~ *mode* modo dorico, dorio.

Doric /'dɒrɪk *Am* 'dɔːrɪk/ **I** *a.* 1 (*Stor*,*Mus*) (*Dorian*) dorico. 2 (*of a dialect*, *manners*) rozzo, rustico. 3 (*Arch*) dorico. **II** *n.* dorico *m.*, dialetto *m.* dorico. ☐ (*Arch*) ~ *capital* capitello dorico; (*Arch*) ~ *order* ordine dorico.

dork /dɔːk *Am* dɔːrk/ *n.* (*colloq*) coglione *m.* (*f.* -a), stupido *m.* (*f.* -a), (*region*) pirla *m./f.*

dorm /dɔːm *Am* dɔːrm/ *n.* (*colloq*) (*dormitory*) dormitorio *m.*, camerata *f.*

dormancy /'dɔːmənsi *Am* 'dɔːrmənsi/ *n.* 1 (*Geol*) (*of a volcano*) inattività *f.* 2 (*Biol*) letargo *m.* 3 (*Bot*) dormienza *f.*, diapausa *f.* 4 (*rar*) (*sleep*) sonno *m.*

dormant /'dɔːmənt *Am* 'dɔːrmənt/ *a.* 1 addormentato, dormiente. 2 (*fig*) (*inactive*) inattivo, inoperoso; 3 (*Geol*) (*of a volcano*) inattivo. 4 (*fig*) (*of feelings*) assopito. 5 (*fig*) (*undisclosed*) nascosto, latente: ~ *talents* attitudini nascoste. 6 (*of a title*, *law*) (caduto) in disuso. 7 (*Biol*) in letargo. 8 (*Bot*) dormiente. 9 (*Arald*) disteso, sdraiato.

dormer /'dɔːmər *Am* 'dɔːrmər/ *n.* (*Arch*) abbaino *m.* ☐ (*Arch*) ~ *window* abbaino.

dormitory /'dɔːmɪtəri *Am* 'dɔːrmɪtɔːri/ *n.* 1 dormitorio *m.*, camerata *f.* 2 (*Am*,*Univ*) casa *f.* dello studente. 3 (*residential district*) città *f.* dormitorio. ☐ ~ *suburb* città dormitorio.

dormouse /'dɔːmaus *Am* 'dɔːrmaus/ *n.irr.* (*Zool*) ghiro *m.*

Dorothea /ˌdɒrəˈθiə *Am* ˌdɔːrəˈθiə/ *n.pr.f.* Dorotea.

Dorothy /'dɒrəθi *Am* 'dɔːrəθi/ *n.pr.f.* Dorotea. ☐ ~ *bag* borsetta chiusa da un cordone.

dorsal /'dɔːsəl *Am* 'dɔːrsəl/ *a.* 1 (*Anat*) dorsale, del dorso. 2 (*Bot*,*Fon*) dorsale. ☐ (*Itt*) ~ *fin* pinna dorsale.

Dorset /'dɔːsɪt *Am* 'dɔːrsɪt/ *n.pr.* (*Geog*) Dorset *m.*, Dorsetshire *m.*, contea *f.* del Dorset.

Dorsetshire /'dɔːsɪtʃ(ɪ)ər *Am* 'dɔːsɪtˌʃɪr/ *n.pr.* (*Geog*) Dorset *m.*, Dorsetshire *m.*, contea *f.* del Dorset.

DOS /dɒs *Am* daɪs/ (*Inform*) *Disk Operating System* DOS (sistema operativo su disco).

dosage /'dousɪdʒ/ *n.* (*Med*) dosaggio *m.*; (*amount*) dose *f.*

dose /dous/ **I** *n.* 1 (*Med*) dose *f.* 2 (*fig*) dose *f.*, parte *f.*, razione *f.* 3 (*Enol*) aggiunta *f.* di zucchero. **II** *v.t.* 1 (*of a person*) curare. 2 (*of a medicine*) somministrare una dose di. 3 (*Enol*) aggiungere zucchero a. ☐ (*colloq*) *to give so. a* ~ *of his own medicine* ripagare qcu. con la stessa moneta.

do-si-do /ˌdousiˈdou/ *n.* figura *f.* della quadriglia.

dosimeter /douˈsimɪtər *Am* douˈsimətər/ *n.* dosimetro *m.*

dosimetry /dou'sımıtri/ *n.* dosimetria *f.*

doss /dɒs/ **I** *n.* (*Br,sl*) **1** letto *m.* (di un dormitorio pubblico). **2** (*sleep*) sonno *m.*, dormita *f.* **II** *v.i.* (*Br,sl*) dormire in un dormitorio pubblico. ☐ ~ *house* dormitorio pubblico.

dossal /'dɒsəl, Am 'dɑ:səl/ *n.* (*of an altar*) dossale *m.*, paliotto *m.*

dossel /'dɒsəl, Am 'dɑ:sl/ *n.* (*of an altar*) dossale *m.*, paliotto *m.*

dossier /'dɒsıeı Am 'dɑ:sıeı/ *n.* dossier *m.*, incartamento *m.*, pratica *f.*

dost /dʌst/ (*ant*) → **do**[1].

dot /dɒt Am dɑ:t/ **I** *n.* **1** segno *m.*, punto *m.*, puntino *m.* **2** (*spot, speck*) macchiolina *f.* **3** (*fig*) puntino *m.*, macchiolina *f.*: *a* ~ *on the horizon* un puntino all'orizzonte. **4** (*Gramm, Tip,Mus*) punto *m.* **5** (*Mat*) (*in decimals*) virgola *f.*; (*sign of multiplication*) punto *m.* **II** *v.t.* (*past, p.p.* **dotted** /'dɒtıd Am 'dɑ:tıd/) **1** segnare con un punto; (*to put a dot over*) mettere il puntino su. **2** (*to form or cover with dots*) punteggiare (*anche Mus*): *to* ~ *a line* punteggiare una linea. **3** (*fig*) punteggiare, cospargere, costellare (*with* di): *a landscape -ted with houses* un paesaggio costellato di case. ☐ (*Br,Mat*) *to* ~ *and carry one* riportare una cifra; (*Tel*) *-s and dashes* punti e linee; (*fig*) *to* ~ *one's i's* (*and cross one's t's*) mettere i puntini sulle i; (*Inform*) ~ *matrix printer* stampante a matrice di punti; (*colloq*) *a* ~ *of a child* un bambino bassissimo, un bambino alto quanto un soldo di cacio; (*colloq*) *to arrive on the* ~ arrivare all'ora precisa, arrivare puntuale; *right on the* ~ in perfetto orario; (*Mat*) ~ *product* prodotto interno, prodotto scalare.

dotage /'doutıdʒ Am 'doutıdʒ/ *n.* **1** rimbambimento *m.*: *to be in one's* ~ essere rimbambito. **2** (*blind love*) amore *m.* sviscerato, infatuazione *f.*

dotal /'doutəl Am 'doutəl/ *a.* dotale. ☐ ~ *property* beni dotali.

dotard /'doutəd, 'doutɑ:d Am'doutɑ:rd/ *n.* vecchio *m.* (*f.* -a) rimbambito, vecchio *m.* (*f.* -a) rammollito.

dotcom /'dɒtkəm Am 'dɑ:tkəm/ *n.* azienda *f.* legata a Internet.

dote /dout/ *v.i.* **1** stravedere, avere una passione (*on, upon* per), amare svisceratamente (qcu.). **2** (*to be senile*) essere rimbambito dall'età. **3** (*to be foolish*) essere rincretinito.

doth /dʌθ/ (*ant*) → **do**[1].

doting /'doutıŋ Am 'doutıŋ/ *a.* **1** che ama cecamente, che stravede, infatuato: ~ *parents* genitori che stravedono per i figli. **2** (*senile*) rimbambito, rammollito. **3** (*foolish, silly*) rincretinito, rimbecillito.

dotted /'dɒtıd Am 'dɑ:tıd/ *a.* **1** punteggiato. **2** (*fig*) punteggiato, costellato, cosparso. **3** (*Mus*) puntato: *a* ~ *note* una nota puntata. ☐ ~ *line*: **1** linea punteggiata; **2** (*fig*) linea di condotta tratteggiata, linea di condotta tracciata; *to sign on the* ~ *line*: **1** firmare nello spazio apposito; **2** (*fig*) accettare senza riserve le condizioni di un impegno.

dotterel /'dɒtrəl Am 'dɑ:trəl/ *n.* (*Ornit*) piviere *m.* tortolino.

dottle /'dɒtl Am 'dɑ:tl/ *n.* (*in a pipe*) residuo *m.* di tabacco non bruciato.

dotty /'dɒti Am 'dɑ:ti/ *a.* **1** punteggiato. **2** (*colloq*) (*crazy*) matto, tocco, picchiato. **3** (*colloq*) (*feeble in gait*) traballante, malfermo. ☐ *to be* ~ *on one's legs* traballare, essere incerto sulle gambe.

double[1] /'dʌbl/ **I** *a.* **1** doppio: *a* ~ *whisky* un doppio whisky. **2** (*twofold, dual*) duplice, doppio: *a* ~ *advantage* un doppio vantaggio; *to serve a* ~ *purpose* servire a un duplice scopo. **3** (*folded in two*) doppio, piegato in

due. **4** (*fig*) doppio, ingannevole, falso, ambiguo. **5** (*of an instrument*) che suona un'ottava più bassa; (*duple*) doppio. **II** *n.* **1** doppio *m.*, due volte *f.pl.* tanto: *to pay* ~ pagare il doppio. **2** (*duplicate*) copia *f.*, duplicato *m.* **3** (*of a person*) sosia *m./f.*, ritratto *m.* **4** (*Teat*) (*understudy*) doppio *m.*, sostituto *m.*; (*dual role*) doppio *m.*, doppione *m.* **5** (*Cin*) controfigura *f.* **6** (*reversal*) dietrofront *m.*, inversione *f.* di marcia. **7** (*in bridge*) raddoppio *m.* **8** *pl.* (*Sport*) (*in tennis, etc.*) doppio *m.sing.*: *mixed -s* doppio misto. **III** *avv.* **1** doppiamente, due volte tanto, il doppio: *it costs* ~ *the price* costa il doppio. **2** (*in a pair*) in due, a coppia, in coppia: *to ride* ~ cavalcare in due (sullo stesso cavallo). ☐ ~ *agent* spia che fa il doppio gioco; *at the* ~: **1** (*Mil*) a passo di corsa; **2** (*scherz*) di gran corsa; **3** (*Mil, esclam.*) di corsa!; (*Mus*) ~ *bar* doppia sbarretta, doppia sbarra; (*Mus*) ~ *bass* contrabbasso; ~ *bed* letto matrimoniale, letto a due piazze; ~ *boiler* bagnomaria; ~ *bottom* doppio fondo (*anche Mar*); ~ *chin* doppio mento, pappagorgia; (*Mus*) ~ *concerto* concerto doppio; (*Alim*) ~ *cream* panna da montare; (*Tip*) ~ *dagger* doppia croce; (*colloq*) ~ *date* appuntamento a quattro (rif. a due coppie); (*Inform*) ~ *density* doppia densità; (*Edil*) ~ *door* porta a due battenti, porta doppia; (*Mus*) ~ *dot* punto doppio; (*colloq*) ~ *Dutch* linguaggio incomprensibile, (*estens*) turco, cinese; (*Comm*) ~ *entry* partita doppia; (*Mus*) ~ *escapement* doppio scappamento; (*Fot*) ~ *exposure* doppia esposizione; (*Sport*) ~ *fault* doppio fallo; (*Cin*) ~ *feature* doppio programma; (*Univ*) ~ *first* studente che ha conseguito il massimo dei voti in due lauree; (*Mus*) ~ *flat* doppio bemolle; (*fig*) *to play a* ~ *game* fare il doppio gioco; ~ *glazing* doppiovetro, vetrocamera; (*Equit*) ~ *harness* finimenti per una pariglia; (*scherz*) *to be in* ~ *harness* essere sposati; ~ *hem stitch* (*in embroidery*) punto quadro; (*Am,Assic*) ~ *indemnity* doppio indennizzo sulla vita (in seguito a morte per sinistro ferroviario); (*Am,Dir*) ~ *jeopardy* secondo giudizio per uno stesso reato da cui si è già stati assolti; (*Gramm*) ~ *negative* doppia negazione; *on the* ~: **1** (*Mil*) a passo di corsa; **2** (*scherz*) di gran corsa; **3** (*Mil,esclam.*) di corsa!; (*Econ*) ~ *option* doppio premio, stellage; ~ *or nothing* (o ~ *or quits*) lascia o raddoppia; ~ *parking* parcheggio in doppia fila; (*Sport*) ~ *play* (*of baseball*) doppio gioco; (*Tip*) ~ *quotes* virgolette; (*Mus*) ~ *reed* ancia doppia; ~ *running stitch* (*in embroidery*) punto scritto fatto con una filza di andata e una di ritorno; (*Mus*) ~ *sharp* doppio diesis; (*Astr*) ~ *star* stella doppia, stella binaria; (*Mus*) ~ *stop* bicordo; (*Mus*) ~ *stopping* esecuzione di un bicordo; ~ *take*: **1** (*second look*) seconda occhiata; **2** (*Teat*) reazione a scoppio ritardato, reazione ritardata; (*Econ*) ~ *taxation* doppia imposizione; *to do* ~ *the work* fare il doppio del lavoro; ~ *time*: **1** (*Mil*) passo di corsa; **2** (*Ind*) tariffa doppia per lavoro straordinario; (*Mus*) ~ *tonguing* frullato; (*sl*) ~ *whammy* doppia dose di qcs. (*spec.* di seccature).

double[2] /'dʌbl/ **I** *v.t.* **1** raddoppiare, moltiplicare (per due): *to* ~ *one's income* raddoppiare le proprie entrate. **2** (*to be twice as much as*) essere il doppio di, essere due volte (più di). **3** (*to fold*) piegare in doppio, piegare in due. **4** (*of the hand or fist*) stringere, serrare. **5** (*to cause to bend*) far (ri)piegare in due, far (ri)piegare su se stesso: *the blow doubled him up* il colpo lo fece piegare in due. **6** (*Mar*) (*to sail round*) doppiare. **7** (*Teat,Cin*) sostituire, prendere il posto di; (*to play by dou-*

bling) fare la controfigura di. **8** (*Mus*) fare il raddoppio. **9** (*in card games, billiards*) raddoppiare. **10** (*Cin,TV*) (*to dub*) doppiare. **II** *v.i.* **1** raddoppiare, raddoppiarsi. **2** (*to bend*) (ri)piegarsi su se stesso, piegarsi in due. **3** (*to turn back*) tornare indietro, fare dietro front, tornare sui propri passi. **4** (*to serve in two capacities*) fungere anche da, servire anche da: *the couch -s as a bed* il divano serve anche da letto. **5** (*Mil*) andare a passo di corsa, marciare a passo di corsa. **6** (*Teat*) sostenere due parti (in una commedia). **7** (*Mus*) suonare anche (*on sth.* qcs.). **8** (*in card games*) raddoppiare. **9** (*in billiards*) fare il raddoppio. ☐ *to* ~ *back* tornare indietro, tornare sui propri passi, fare dietrofront; *to* ~ *over* far (ri)piegare in due, far (ri)piegare su se stesso; *to* ~ *up*: **1** dividere una stanza da letto (*with* con); **2** (*in betting*) raddoppiare la puntata; **3** (*of the hand or fist*) stringere, serrare; **4** (*to cause to bend*) far (ri)piegare in due, far (ri)piegare su se stesso: *the blow -d him up* il colpo lo fece piegare in due.

double-acting /,dʌbl'æktıŋ/ *a.* (*Mecc*) a doppio effetto.

double-action /,dʌbl'ækʃən/ *a.* **1** (*Mecc*) a doppio effetto. **2** (*Mil*) (*of a firearm*) automatico.

double-banked /,dʌbl'bæŋkt/ *a.* (*Mar*) (*of a boat*) a doppio ordine di remi; (*of an oar*) con due uomini.

double-barrelled /,dʌbl'bærəld Am also ,dʌbl'berəld/ *a.* **1** (*Arm*) (*of firearms*) a due canne. **2** (*fig*) che serve a due scopi; (*ambiguous*) ambiguo. **3** (*of a surname*) doppio. ☐ (*Arm*) ~ *gun* doppietta.

double-bedded /,dʌbl'bedıd/ *a.* **1** con un letto a due piazze. **2** (*twin-bedded*) a due letti.

double-blind /,dʌbl'blaınd/ *a.* (*of a test*) in doppio cieco.

double-breasted /,dʌbl'brestıd/ *a.* (*Sart*) a doppio petto: *a* ~ *suit* un abito a doppio petto, un doppiopetto.

double-check /,dʌbl'tʃek/ **I** *v.t.* controllare due volte. **II** *v.i.* fare un doppio controllo.

double-click /,dʌbl'klık/ **I** *v.i.* (*Inform*) fare doppio clic: ~ *on the icon* fare doppio clic sull'icona. **II** *v.t.* (*Inform*) fare doppio clic su, cliccare due volte su.

double-cross /,dʌbl'krɒs Am ,dʌbl'krɑ:s/ **I** *v.t.* (*colloq*) tradire, fare il doppio gioco con. **II** *n.* (*colloq*) inganno *m.*, tradimento *m.*

double-crosser /,dʌbl'krɒsər Am ,dʌbl'krɑ:sər/ *n.* (*colloq*) doppiogiochista *m./f.*

double-dealer /,dʌbl'di:lər/ *n.* ipocrita *m./f.*, fariseo *m.* (*f.* -a).

double-dealing /,dʌbl'di:lıŋ/ **I** *n.* doppiezza *f.*, falsità *f.*, ipocrisia *f.* **II** *a.* doppio, falso.

double-decker /,dʌbl'dekər Am also 'dʌbl ,dekər/ *n.* **1** (*bus*) autobus *m.* a due piani, autobus *m.* con imperiale. **2** (*Mar*) nave *f.* a due ponti. **3** (*Aer*) biplano *m.* **4** (*of beds*) letto *m.* a castello. **5** (*Gastron*) (*sandwich*) tramezzino *m.* doppio.

double-digit /,dʌbl'dıdʒıt/ ☐ (*Econ*) ~ *inflation* inflazione a due zeri.

double-dyed /,dʌbl'daıd/ *a.* **1** tinto due volte, ritinto. **2** (*fig*) matricolato, di tre cotte, patentato: ~ *villain* un furfante matricolato.

double-edged /,dʌbl'edʒd/ *a.* a doppio taglio (*anche fig*).

double-entendre /,dʌbl,ɑ:n'tɑ:ndr(ə)/ *n.* parola *f.* a doppio senso, espressione *f.* a doppio senso.

double-faced /,dʌbl'feıst/ *a.* **1** a due facce, bifronte. **2** (*fig*) finto, falso, sleale. **3** (*Tess*) double-face.

doubleganger /,dʌbl'gæŋər/ *n.* (*Occult*) doppio etereo *m*.

double-headed /ˌdʌbl̩'hedɪd/ *a*. (*Tecn*) a testa doppia.

double-header /ˌdʌbl̩'hedər/ *n*. (*Am*) **1** (*Ferr*) treno *m*. a due locomotive. **2** (*sl*) doppiogiochista *m./f.* **3** (*Sport*) due partite *f.pl.* di seguito.

double-insurance /ˌdʌbl̩ɪn'ʃʊərəns *Am* ˌdʌbl̩ɪn'ʃʊrəns/ *n*. (*Assic*) sovrassicurazione *f.*

double-jointed /ˌdʌbl̩'dʒɔɪntɪd *Am* ˌdʌbl̩ 'dʒɔɪntɪd/ *a*. snodato (di articolazioni).

double-lock /ˌdʌbl̩'lɒk *Am* ˌdʌbl̩'lɑ:k/ *v.t.* chiudere a doppia mandata.

doubleness /'dʌbl̩nəs/ *n*. **1** doppiezza *f.*, duplicità *f.* **2** (*fig*) doppiezza *f.*, falsità *f.*, ipocrisia *f.*

double-park /ˌdʌbl̩'pɑ:k *Am* ˌdʌbl̩'pɑːrk/ *v.t.* parcheggiare in doppia fila. **II** *v.i.* parcheggiare in doppia fila.

double-quick /ˌdʌbl̩'kwɪk/ **I** *a*. velocissimo. **II** *n*. (*Mil*) passo *m*. di corsa. **III** *avv.* velocemente, a passo di corsa.

doubler /'dʌblər/ *n*. (*Tess*) binatrice *f.*

double-sided /ˌdʌbl̩'saɪdɪd/ *a*. a doppia faccia.

double-space /ˌdʌbl̩'speɪs/ **I** *v.t.* battere (a macchina) a doppio spazio. **II** *v.i.* battere (a macchina) a doppio spazio.

doublespeak /'dʌbl̩spi:k/ **I** *v.t.* usare un linguaggio ambiguo. **II** *n*. (*double talk*) discorsi *m.pl.* confusi, acrobazie *f.pl.* verbali, parole *f.pl.* poco chiare.

doubles-player /ˌdʌbl̩z'pleɪər/ *n*. (*Sport*) doppista *m./f.*

double-standard /ˌdʌbl̩'stændəd *Am* ˌdʌbl̩ 'stændərd/ *n*. (*Econ*) bimetallismo *m*.

doublet /'dʌblɪt/ *n*. **1** (*Abbigl,ant*) farsetto *m*., giubba *f.* **2** (*duplicate*) duplicato *m*., doppione *m*. **3** (*Ling*) doppione *m*. **4** (*Rad*) dipolo *m*.

doubletalk /'dʌbl̩tɔːk/ **I** *n*. **1** linguaggio *m*. incomprensibile, frasi *f.pl.* senza senso, parole *f.pl.* senza senso. **2** (*ambiguous language*) linguaggio *m*. involuto e ambiguo. **II** *v.i.* usare un linguaggio ambiguo.

doublethink /'dʌbl̩θɪŋk/ *n*. bispensiero *m*.

double-tongued /ˌdʌbl̩'tʌŋd/ *a*. falso, infido.

doubling /'dʌblɪŋ/ *n*. **1** raddoppio *m*., duplicazione *f.* **2** (*darting back*) brusca inversione *f.* di marcia. **3** (*fold*) piega *f.* **4** (*of a robe*) fodera *f.* **5** (*Tess*) binatura *f.* ☐ (*Tess*) ~ *machine* binatrice.

doubloon /dʌb'lu:n/ *n*. (*Numism*) doblone *m*., doppia *f.*

doubly /'dʌbli/ *avv.* doppiamente, due volte.

doubt /daʊt/ **I** *n*. **1** dubbio *m*., dubbi *m.pl.*, incertezza *f.*: *there can be no* ~ non ci sono dubbi; *I have no* ~ *of* (o *about*) *his guilt* non ho dubbi circa la sua colpevolezza. **2** (*distrust*) dubbio *m*., sospetto *m*.: *my -s have been dispelled* i miei sospetti sono stati dissipati. **II** *v.t.* **1** dubitare di, mettere in dubbio, nutrire dubbi su, nutrire dubbi circa. **2** (*to distrust*) dubitare di, diffidare di: *to* ~ *so.'s word* dubitare della parola di qcu. **III** *v.i.* dubitare (*of* di): *to* ~ *of success* dubitare del successo; *I* ~ *that it is true* dubito che sia vero. ☐ *to set so.'s -s at rest* dissipare i dubbi di qcu.; *there is no room for* ~ *about it* non è assolutamente il caso di dubitarne; *to be in* ~ essere in dubbio, essere incerto, avere (dei) dubbi: *his recovery is still in* ~ la sua guarigione è ancora incerta; *to call sth. into* ~ mettere in dubbio qcs.; *make no* ~ *about it* stanne pur certo; *no* ~: **1** nessun dubbio: *I have no* ~ *about it* non ne dubito (affatto). **2** (*doubtless*) indubbiamente, certamente, senza dubbio; **3** (*in all probability*) con ogni probabilità, presumibilmente; *to leave so. in no* ~ *that* togliere a qcu. ogni dubbio sul fatto

che; *without* ~ (o *without a* ~) senza dubbio. *Prov.*: *when in* ~, *don't* nel dubbio, meglio astenersi.

doubtable /'daʊtəbl̩ *Am* 'daʊtəbl̩/ *a*. dubitabile, dubbio.

doubter /'daʊtər *Am* 'daʊtər/ *n*. chi dubita.

doubtful /'daʊtful/ *a*. **1** dubbioso, in dubbio, indeciso, incerto: *to be* ~ *about what to do* essere in dubbio sul da farsi. **2** (*causing uncertainty*) dubbioso, dubbio, incerto: *his future is* ~ il suo avvenire è incerto; ~ *issue* esito incerto. **3** (*equivocal*) di dubbia fama, ambiguo, equivoco: *a* ~ *character* una persona di dubbia fama. **4** (*Econ*) di dubbia esigibilità. ☐ *to be* ~ *of success* dubitare del successo.

doubtfulness /'daʊtfulnəs/ *n*. l'essere dubbio, incertezza *f.*, dubbiosità *f.*

doubting /'daʊtɪŋ *Am* 'daʊtɪŋ/ ☐ ~ *Thomas* san Tommaso, persona incredula, scettico.

doubtingly /'daʊtɪŋli *Am* 'daʊtɪŋli/ *avv.* dubbiosamente, con aria dubbiosa.

doubtless /'daʊtləs/ *avv.* **1** indubbiamente, certamente, senza dubbio. **2** (*in all probability*) con ogni probabilità, presumibilmente.

doubtlessly /'daʊtləsli/ *avv.* **1** indubbiamente, certamente, senza dubbio. **2** (*in all probability*) con ogni probabilità, presumibilmente.

douche /du:ʃ/ **I** *n*. **1** irrigazione *f.*, doccia *f.* **2** (*instrument*) siringa *f.* per irrigazioni. **3** (*shower bath*) doccia *f.* **II** *v.t.* fare un'irrigazione a, fare una doccia a. **III** *v.i.* fare irrigazioni.

Doug /dʌg/ *n.pr.m. dim. di* Douglas.

dough /doʊ/ *n*. **1** pasta *f.*, impasto *m*. per il pane. **2** (*sl*) (*money*) denaro *m*., quattrini *m.pl.*, grana *f.* ☐ ~ *maker* macchina per fare la pasta.

doughboy /'doʊbɔɪ/ *n*. **1** (*Gastron*) specie *f.* di gnocco bollito. **2** (*Am,Mil*) fante *m*., fantaccino *m*.

doughnut /'doʊnʌt/ *n*. (*Dolc*) krapfen *m*.

doughtily /'daʊtɪli *Am* 'daʊtɪli/ *avv.* (*poet*) da prode, valorosamente.

doughty /'daʊti *Am* 'daʊti/ *a*. (*ant,scherz*) valoroso, prode.

doughy /'doʊi/ *a*. **1** pastoso, molle, soffice. **2** (*fig*) (*of a person*) dal colorito terreo. **3** (*fig*) (*soft, mellow*) pastoso.

Douglas /'dʌgləs/ *n.pr.m.* Douglas. ☐ (*Bot*) ~ *fir* abete di Douglas, abete americano.

dour /daʊər/ *a*. (*Scott*) **1** cupo, tetro, arcigno, accigliato. **2** (*severe*) severo, austero, rigido, aspro. **3** (*unyielding*) ostinato, duro, caparbio.

dourness /'daʊərnəs/ *n*. severità *f.*, rigidezza *f.*

douse /daʊs/ *v.t.* **1** bagnare, gettare acqua su. **2** (*to immerse*) immergere, tuffare. **3** (*colloq*) (*of a light*) spegnere. **4** (*Mar*) (*of sails*) ammainare.

dove[1] /dʌv/ *n*. **1** (*Ornit*) colomba *f.* (*anche fig*). **2** (*term of endearment*) colomba *f.*, colombella *f.*, piccioncino *m*.

dove[2] /doʊv/ → **dive**.

Dove /dʌv/ *n*. (*Rel*) Spirito Santo *m*. (sotto forma di colomba).

dove-colour /'dʌvˌkʌlər/ *n*. color *m*. tortora.

dove-coloured /'dʌvˌkʌləd *Am* 'dʌvˌkʌlərd/ *a*. color tortora.

dovecot /'dʌvkɒt, *Am* 'dʌvkɑːt/ *n*. colombaia *f.*, piccionaia *f.*

dovecote /'dʌvkɒt, *Am* 'dʌvkɑːt/ *n*. colombaia *f.*, piccionaia *f.*

dove-eyed /'dʌvaɪd/ *a*. dagli occhi di colomba, dagli occhi dolci.

dovelike /'dʌvlaɪk/ *a*. mite, gentile, dolce.

Dover /'doʊvər/ *n.pr.* (*Geog*) Dover *f.*

dovetail /'dʌvteɪl/ **I** *n*. (*Fal*) **1** (*tenon*) coda *f.*, di rondine. **2** (*joint*) incastro *m*. a coda di rondine. **II** *v.t.* **1** (*Fal*) congiungere a coda di rondine, incastrare a coda di rondine. **2** (*fig*) far combaciare, connettere. **III** *v.i.* combaciare, combaciarsi: *his plans -ed into* (o *with*) *mine* i suoi piani combaciavano con i miei. ☐ (*Fal*) ~ *joint* incastro a coda di rondine.

dowager /'daʊədʒər/ *n*. **1** vedova *f.* titolata, vedova *f.* nobile; (*added to a title*) madre *f.*: *the* ~ *duchess* la duchessa madre. **2** (*colloq*) (*dignified elderly lady*) vecchia signora *f.*, vecchia matrona *f.*, badessa *f.*

dowdiness /'daʊdɪnəs/ *n*. sciatteria *f.*, trascuratezza *f.* nel vestire.

dowdy /'daʊdi/ **I** *a*. **1** sciatto, trasandato, trascurato. **2** (*not elegant*) inelegante. **II** *n*. sciattona *f.*

dowdyish /'daʊdiɪʃ/ *a*. piuttosto sciatto.

dowel /'daʊəl/ **I** *n*. **1** caviglia *f.* **2** (*Mecc*) chiodo *m*. senza testa. **II** *v.t.* (*past, p.p.* **dowelled** / *Am* **doweled** /-d/) (*Fal*) incavigliare.

dower /'daʊər/ **I** *n*. **1** (*Dir*) doario *m*., dovario *m*. **2** (*dowry*) dote *f.* **3** (*fig*) dote *f.*, dono *m*. naturale, talento *m*. **II** *v.t.* **1** assegnare una dote a. **2** (*fig*) dotare.

dowlas /'daʊləs/ *n*. (*Tess*) tela *f.* comune, calicò *m*. pesante.

down[1] /daʊn/ **I** *prep.* **1** giù per, lungo: *the tears ran* ~ *her cheeks* le lacrime le scendevano lungo le guance; ~ *the hill* giù per la collina. **2** (*along*) per, lungo: *he walked* ~ *the road* camminava per la strada. **3** (*at a lower part of*) in fondo a. **4** (*of time*) attraverso, lungo: ~ *the ages* attraverso i secoli. **II** *avv.* **1** giù, in giù, in basso, di sotto: *put it* ~ mettilo giù. **2** (*below*) giù, (*region*) abbasso, sotto: *what are you doing* ~ *there?* che fai là sotto? **3** (*onto the ground, floor*) giù, a terra, per terra: *to fall* ~ cadere giù. **4** (*downstairs*) di sotto, giù, (*region*) dabbasso. **5** (*to the south*) giù, verso il sud, *often not translated*. **6** (*away from a centre of activity*) *not translated*: *to go* ~ *to the country* recarsi in campagna. **7** (*to or at a lower rate, value, intensity, strength*) *not translated*: *to mark* ~ *prices* abbassare i prezzi; *to water* ~ *whisky* allungare il whisky. **8** (*of time*) giù giù, *often not translated*: *from the Middle Ages* ~ *to modern times* dal medioevo (giù giù) fino ai nostri tempi. **9** (*Comm*) subito, (*colloq*) sull'unghia, come anticipo: *to pay fifty pounds* ~ pagare cinquanta sterline di anticipo. **10** (*at a loss*) in perdita: *he was fifty dollars* ~ era in perdita di cinquanta dollari. **11** (*of writing*) giù, *often not translated*: *write* ~ *the address* scrivi l'indirizzo. **12** (*on a list*) in lista, in nota: *I have put you* ~ *for one pound* ti ho messo in lista per una sterlina. **13** (*Mar*) sottovento. **14** (*south of the speaker's position*) *often not translated*: *he is* ~ *in London* è (giù) a Londra. **III** *a*. **1** che va giù, in discesa, (*diretto*) verso il basso. **2** (*lowered*) giù, abbassato: *the blinds are* ~ le persiane sono abbassate. **3** (*of prices*) ribassato. **4** (*of a tyre*) sgonfio, a terra. **5** (*fig*) depresso, avvilito, abbattuto. **6** (*Econ*) (*of a payment*) immediato. ☐ (*Am,sl*) ~ *and dirty* spietato, cattivo, senza esclusione di colpi; (*fig*) *to be* ~ *and out* essere in difficoltà, essere senza un soldo, essere al verde: *nobody loves you when you're* ~ *and out* nessuno ti ama quando sei squattrinato; (*Br*) *to be* ~ *at heel* essere male in arnese, essere scalcagnato; (*Mus*) ~ *bow* movimento discendente dell'archetto; (*Mar*) *to be* ~ *by the stern* essere appoppato; (*Minier,Tecn*) ~ *draught* corrente d'aria discendente; ~

Easter abitante del Maine, abitante della nuova Inghilterra; *(fig) to be ~ in spirits* (o *to be ~ in the mouth*) essere scoraggiato, essere abbattuto, essere giù (di corda); *(colloq) to be ~ on so.* avercela con qcu.; *to be ~ on one's luck* trovarsi in un momento di sfortuna, avere un periodo di sfortuna, essere scalognato; *~ on paper* messo per iscritto, nero su bianco; *(Econ) ~ payment* anticipo in contanti; *(fig) don't kick* (o *hit) a man when he's ~* non infierire contro chi è già a terra; *~ with*: 1 *(esclam.)* abbasso!: *~ with tyranny!* abbasso la tirannia!; 2 *(esclam.)* (*on, to the ground)* giù!, a terra!; 3 *(in bed)* a letto con: *he's ~ with flu* è a letto con l'influenza.

down² /daʊn/ **I** *n.* **1** basso *m.*, rovescio *m.* di fortuna: *the ups and -s of life* gli alti e bassi della vita. **2** *(firm dislike)* (forte) antipatia *f.*, avversione *f.*: *to have a ~ on so.* provare avversione per qcu., avercela con qcu. **3** *(Sport)* *(in American football)* down *m.*: *1st ~* primo down. **II** *v.t.* **1** mettere giù, posare. **2** *(to knock down)* gettare a terra, mettere a terra, atterrare. **3** *(to defeat)* battere, sconfiggere. **4** *(to drink down)* mandare giù, buttare giù, scolare. **5** *(Aer.mil)* *(to shoot down)* abbattere.

down³ /daʊn/ *n.* **1** *(of birds)* piumino *m.*, piuma *f.*, piume *f.pl.* **2** *(of people)* peluria *f.*, lanugine *f.* **3** *(Bot)* lanugine *f.*, pubescenza *f.*

down⁴ /daʊn/ *n.* *(rar)* *(hill)* collina *f.*; *(dune)* down *m.*, duna *f.*

Down /daʊn/ *n.* *(Med)* sindrome *f.* di Down, mongolismo *m.*

down-at-heel /ˌdaʊnət'hiːl/ *a.* *(Br,colloq)* **1** *(of shoes)* scalcagnato. **2** *(of persons)* male in arnese, scalcinato.

downbeat /'daʊnbiːt/ **I** *n.* *(Mus)* *(of a conductor's baton)* attacco *m.* **2** *(first beat of a bar)* prima battuta *f.* **II** *a.* pessimistico, triste.

downcast /'daʊnkɑːst Am 'daʊnkæst/ **I** *a.* **1** abbattuto, depresso, scoraggiato. **2** *(of the eyes)* (rivolto in) basso. **II** *n.* *(Minier)* foro *m.* di ventilazione.

downer /'daʊnər/ *n.* *(Am)* **1** *(colloq)* sedativo *m.* **2** *(decrease)* diminuzione *f.*, riduzione *f.* **3** *(fig)* persona *f.* noiosa, situazione *f.* deprimente: *I'm on a ~ today* oggi sono giù di corda.

downfall /'daʊnfɔːl/ *n.* **1** rovesciamento *m.*, caduta *f.* **2** *(cause of ruin)* rovina *f.*: *pride was his ~* l'orgoglio è stato la sua rovina. **3** *(fall of rain, snow, etc.)* precipitazione *f.* (atmosferica).

downgrade /ˌdaʊn'greɪd Am 'daʊngreɪd/ **I** *n.* **1** *(Strad)* discesa *f.*, pendenza *f.* **2** *(fig)* decadenza *f.*, declino *m.*: *to be on the ~* essere in declino, essere in decadenza. **II** *a.* in discesa, in pendenza. **III** *avv.* **1** in discesa, in pendenza. **2** *(Fis)* nella direzione negativa del campo. **IV** *v.t.* **1** retrocedere, declassare. **2** *(to minimize)* minimizzare, sminuire.

downgrading /ˌdaʊn'greɪdɪŋ Am 'daʊngreɪdɪŋ/ *n.* **1** retrocessione *f.* **2** *(of a thing)* declassamento *m.*

downhearted /ˌdaʊn'hɑːtɪd Am ˌdaʊn'hɑːrtɪd/ *a.* scoraggiato, abbattuto, depresso.

downheartedness /ˌdaʊn'hɑːtɪdnəs Am ˌdaʊn'hɑːrtɪdnəs/ *n.* scoraggiamento *m.*, abbattimento *m.*

downhill /ˌdaʊn'hɪl/ **I** *avv.* a valle, in basso, giù. **II** *a.* discendente, in discesa, in declivio: *~ stretch* tratto in discesa. **III** *n.* **1** *(Sport)* *(ski event)* discesa *f.* **2** *(fig)* decadenza *f.*, declino *m.* **3** *(rar)* *(slope)* pendio *m.*, declivio *m.* ☐ *(fig) to go ~* essere in decadenza, essere in declino.

Downing /'daʊnɪŋ/ ☐ *(fig) ~ Street* governo inglese (dal nome della via in cui risiede

il primo ministro britannico).

downland /'daʊnlænd/ *n.* **1** pascolo *m.* in collina. **2** *pl.* *(Aus)* *(grasslands)* praterie *f.pl.*

downlead /'daʊnliːd/ *n.* *(Rad)* discesa *f.* di antenna.

downlink /'daʊnlɪŋk/ **I** *n.* trasferimento *m.* dati da satellite a Terra. **II** *v.t.* trasmettere da satellite a Terra.

download /'daʊnloʊd/ **I** *n.* *(Inform)* trasferimento *m.* di dati (sul computer). **II** *v.t.* *(Inform)* scaricare dati (sul computer).

downloadable /'daʊnloʊdəbl/ *n.* *(Inform)* scaricabile.

downmost /'daʊnmoʊst/ **I** *a.* il più in basso possibile. **II** *avv.* verso la parte più bassa.

downpipe /'daʊnpaɪp/ *n.* *(Edil)* pluviale *m.*

downplay /'daʊnpleɪ/ *v.t.* minimizzare.

downpour /'daʊnpɔːr Am 'daʊnpɔːr/ *n.* rovescio *m.*, acquazzone *m.*

downright /'daʊnraɪt/ **I** *a.* assoluto, vero e proprio, perfetto: *~ rudeness* vera e propria scortesia. **II** *avv.* assolutamente, veramente, proprio. ☐ *a ~ scoundrel* un furfante matricolato.

downrightness /'daʊnraɪtnəs/ *n.* franchezza *f.*, schiettezza *f.*

downriver /ˌdaʊn'rɪvər/ **I** *avv.* *(downstream)* lungo la corrente. **II** *a.* *(downstream)* lungo la corrente: *a ~ canoa race* una gara di canoa lungo la corrente.

downshifting /ˌdaʊn'ʃɪftɪŋ/ *n.* passaggio *m.* a uno stile di vita meno stressante.

downsize /'daʊnsaɪz/ *v.t.* ridurre le dimensioni di.

downsizing /'daʊnsaɪzɪŋ/ *n.* riduzione *f.* delle dimensioni.

downstage /ˌdaʊn'steɪdʒ Am 'daʊnsteɪdʒ/ **I** *a.* *(Teat)* della ribalta. **II** *n.* *(Teat)* ribalta *f.*, proscenio *m.* **III** *avv.* alla ribalta, verso la ribalta.

downstairs /ˌdaʊn'steəz Am ˌdaʊn'sterz/ **I** *avv.* **1** *(to a lower floor)* giù, verso il piano inferiore, al piano inferiore, (di) sotto. **2** *(on a lower floor)* giù, al piano inferiore, di sotto, *(region)* dabbasso. **II** *a.* del piano inferiore, del pian terreno. **III** *n.pl.* *(costr.sing. o pl.)* piano *m.* inferiore. ☐ *to go ~* scendere le scale, andare di sotto.

downstate /'daʊnsteɪt/ **I** *n.* *(Am)* parte *f.* meridionale (di uno stato). **II** *a.* *(Am)* nel sud (di uno stato). **III** *avv.* nel sud (di uno stato).

downstream /ˌdaʊn'striːm/ **I** *a.* **1** a valle, giù. **2** *(Idr,Fis)* lungo la corrente. **II** *avv.* **1** a valle, giù. **2** *(Idr,Fis)* lungo la corrente.

downstroke /'daʊnstroʊk/ *n.* *(Mecc)* corsa *f.* discendente. **2** *(in handwriting)* asta *f.* discendente, tratto *m.* discendente.

downswing /'daʊnswɪŋ/ *n.* **1** *(Econ)* contrazione *f.* **2** *(Sport)* *(in golf)* downswing *m.*

downtime /'daʊntaɪm/ *n.* *(Ind)* periodo *m.* morto, periodo *m.* di inattività.

down-to-earth /ˌdaʊntu'ɜː Am ˌdaʊntu'ɜːrθ/ *a.* realistico, coi piedi per terra.

downtown /ˌdaʊn'taʊn, 'daʊn,taʊn/ **I** *avv.* *(Am)* **1** *(in the central part of a city)* in centro, nel centro della città, in città. **2** *(towards the central part of a city)* verso il centro, verso il centro della città, in città. **II** *a.* *(Am)* del centro (della città). **III** *n.* *(Am)* centro *m.* città, centro *m.*: *to go ~* andare in centro.

downtrend /'daʊntrend/ *n.* *(Econ)* contrazione *f.*, fase *f.* discendente.

downtrodden /'daʊnˌtrɒdən Am 'daʊnˌtrɑːdən/ *a.* **1** *(oppressed)* oppresso, tiranneggiato. **2** *(trampled)* calpestato.

downturn /'daʊntɜːn Am 'daʊntɜːrn/ *n.* *(Econ)* (fase di) contrazione *f.*

down under /ˌdaʊn'ʌndər/ **I** *avv.* *(colloq)* in Australia o in Nuova Zelanda. **II** *n* *(colloq)*

Australia e Nuova Zelanda.

downward /'daʊnwəd Am 'daʊnwərd/ **I** *avv.* verso il basso, all'ingiù, in giù. **II** *a.* **1** all'ingiù, verso il basso. **2** *(descending)* in discesa, degradante. **3** *(fig)* che trascina in basso, che porta alla rovina. ☐ *(Econ) ~ swing* contrazione; *(Econ) ~ trend* tendenza al ribasso.

downwards /'daʊnwədz Am 'daʊnwərdz/ *avv.* **1** verso il basso, all'ingiù, in giù: *head ~* a testa in giù. **2** *(of time)* verso tempi più recenti. **3** *(fig)* in basso, verso lo sfacelo, verso la rovina.

downwind /ˌdaʊn'wɪnd/ *a.* *(Mar)* sottovento.

downy¹ /'daʊni/ *a.* **1** *(of a bird)* coperto di lanugine, coperto di peluria. **2** *(of a person's cheek, etc.)* lanuginoso, coperto di peluria. **3** *(Bot)* lanuginoso. **4** *(made of down)* di piume. **5** *(soft, fluffy)* soffice, morbido. **6** *(sl)* *(sharp, knowing)* sveglio, accorto.

downy² /'daʊni/ *a.* *(of land)* ondulato, caratterizzato da dune.

dowry /'daʊri/ *n.* **1** dote *f.* **2** *(fig)* dote *f.*, dono *m.* naturale, talento *m.* ☐ *to give a ~* costituire una dote.

dowse¹ /daʊs/ *v.t.* → **douse**.

dowse² /daʊs/ *v.i.* **1** *(to search for water)* cercare acqua con la bacchetta da rabdomante. **2** *(to search for minerals)* cercare minerali con la bacchetta da rabdomante.

dowser /'daʊsər/ *n.* rabdomante *m./f.*

dowsing /'daʊsɪŋ/ *n.* rabdomanzia *f.* ☐ *~ rod* bacchetta da rabdomante.

doxological /ˌdɒksə'lɒdʒɪkəl Am ˌdɑːksə'lɑːdʒɪkəl/ *a.* *(Lit)* dossologico.

doxology /dɒk'sɒlədʒi Am dɑːk'sɑːlədʒi/ *n.* *(Lit)* dossologia *f.*

doxy¹ /'dɒksi Am 'dɑːksi/ *n.* **1** opinione *f.* **2** *(religious opinion)* credo *m.*, fede *f.*

doxy² /'dɒksi Am 'dɑːksi/ *n.* *(sl)* **1** battona *f.*, puttana *f.* **2** *(mistress)* amante *f.*

doyen /'dɔɪən/ *n.* decano *m.*: *~ of the Diplomatic Corps* decano del corpo diplomatico.

doyenne /dɔɪ'en/ *n.* decana *f.*

doz. *dozen* dozz. (dozzina).

doze /doʊz/ *v.i.* **1** fare un pisolino. **2** *(to fall into a light sleep)* appisolarsi, assopirsi. **3** *(to be half-asleep)* essere assopito, essere mezzo addormentato. **II** *v.t.* trascorrere sonnecchiando, passare sonnecchiando: *to ~ away an afternoon* passare un pomeriggio sonnecchiando, sonnecchiare (per) tutto un pomeriggio. **III** *n.* sonnellino *m.*, pisolino *m.* ☐ *to ~ away* trascorrere sonnecchiando, passare sonnecchiando: *to ~ away a morning* passare una mattina sonnecchiando, sonnecchiare (per) tutta una mattina; *to ~ off* appisolarsi, assopirsi.

dozen /'dʌzən/ *n.* *(pl.inv.* o *-s* /-z/; *il pl. inv. si usa in posizione attributiva o preceduto da numerale)* **1** dozzina *f.*: *two ~ apples* due dozzine di mele: *by -s* (o *-s*) a dozzine. **2** *pl.* *(colloq)* *(a large number)* quantità *f.sing.*, sacco *m.sing.*, mucchio *m.sing.*: *I have -s of things to do* ho un sacco di cose da fare.

dozenth /'dʌzənθ/ *a.* dodicesimo. ☐ *(colloq) for the ~ time* per l'ennesima volta.

doziness /'doʊzɪnəs/ *n.* sonnolenza *f.*, torpore *m.*

dozy /'doʊzi/ *a.* sonnolento, sonnacchioso.

DP **1** *(Inform) Data Processing* ED (elaborazione dati). **2** *displaced person* (profugo).

DPH *Department of Public Health* (ministero della sanità).

D.Ph. *Doctor of Philosophy* (dottore in filosofia).

D.Phil. *Doctor of Philosophy* (dottore in filosofia).

DPW *Department of Public Works* (ministero dei lavori pubblici).

dr. 1 *debtor* (debitore). **2** *dram* GRD (dracma). **3** (*Comm*) *drawer* (traente).

Dr. *Doctor* Dott., Dr. (Dottore).

D/R (*Aer*) *dead reckoning* (stima della posizione).

drab[1] /dræb/ **I** *n.* (*Tess*) saglia *f.* grigia, tessuto *m.* grezzo. **II** *a.* **1** grigio, grigiastro, grezzo. **2** (*fig*) monotono, grigio, incolore.

drab[2] /dræb/ **I** *n.* **1** sciattona *f.* **2** (*prostitute*) donna *f.* di malaffare, prostituta *f.* **II** *v.i.* (*past, p.p.* **drabbed** /-d/) frequentare donne di malaffare.

drabble /'dræbl/ **I** *v.t.* infangare, imbrattare. **II** *v.i.* **1** infangarsi, imbrattarsi. **2** (*Pesc*) pescare strisciando la lenza sul fondo.

drabness /'dræbnəs/ *n.* **1** l'essere smorto, l'essere scialbo. **2** (*fig*) monotonia *f.*, grigiore *m.*

dracaena /drə'si:nə/ *n.* (*Bot*) dracena *f.* □ (*Bot*) ~ *palm* dracena.

drachma /'drækmə/ (*pl.* **-s** /-z/, **-mae** /-mi:/, **-mai** /-maɪ/) *n.* **1** (*Stor.gr*) (*coin*) dracma *f.*; (*weight*) dracma *f.*, dramma *f.* **2** (*dram*) dramma *f.*

Draco /'dreɪkoʊ/ *n.pr.* (*Astr*) Drago *m.*, Dragone *m.*

Draconian /drə'koʊnɪən/ *a.* (*Stor.gr*) draconiano (*anche fig*): ~ *laws* leggi draconiane.

Dracula /'drækjʊlə/ *n.pr.m.* (*Lett*) Dracula.

draff /dræf/ *n.* **1** (*Tecn*) feccia *f.*, fondo *m.*, deposito *m.*, sedimento *m.* **2** (*fig*) feccia *f.*, rifiuto *m.*, scoria *f.*

draft /drɑ:ft *Am* dræft/ **I** *n.* **1** disegno *m.*, abbozzo *m.*, schizzo *m.* **2** (*first outline of sth. written*) abbozzo *m.*, (*prima*) stesura *f.*, piano *m.*: *the first ~ of a novel* la prima stesura di un romanzo. **3** (*Comm*) tratta *f.*, cambiale *f.*, effetto *m.*: *to make a ~ on so.* spiccare una tratta su qcu. **4** (*Comm*) (*allowance*) abbuono *m.* per calo peso, abbuono *m.* per corpi estranei. **5** (*Econ*) bonifico *m.* **6** (*Mil*) (*detachment*) distaccamento *m.*, reparto *m.* **7** (*Am,Mil*) (*levy*) coscrizione *f.*, chiamata *f.* alle armi; (*men drafted*) contingente *m.* di leva. **8** (*Met*) spoglia *f.*, sformo *m.* **9** (*Am*) → **draught**. **10** (*Am,Sport*) (*process for choosing players*) selezione *f.* **II** *a.* **1** in prima stesura, a grandi linee, in abbozzo. **2** (*Am*) → **draught**. **III** *v.t.* **1** abbozzare, disegnare, fare la prima stesura di: *to ~ a plan* abbozzare un progetto. **2** (*to compose, to write*) scrivere, redigere. **3** (*Mil*) distaccare, mandare in missione. **4** (*Am,Mil*) chiamare alle armi, arruolare. □ ~ *articles* progetto di statuto; (*Mil*) ~ *board* commissione di leva; (*Mil*) ~ *card* cartolina precetto; (*Mil*) ~ *dodger* renitente alla leva; (*Am,Sport*) ~ *pick* giocatore selezionato: *he's our number one ~ pick* è la nostra prima scelta; ~ *programme* programma di massima.

draftee /ˌdræf'ti:/ *n.* (*Am,Mil*) coscritto *m.*, soldato *m.* di leva.

drafter /'drɑ:ftər *Am* 'dræftər/ *n.* compilatore *m.* (*f.* -trice), estensore *m.*

drafting /'drɑ:ftɪŋ *Am* 'dræftɪŋ/ *n.* **1** stesura *f.*, redazione *f.*, formulazione *f.* **2** (*Comm*) lo spiccare una tratta. □ (*Tecn*) ~ *board* tavolo da disegno.

draftsman /'drɑ:fsmən/ *n.* (*Am*) → **draughtsman**

drag[1] /dræg/ (*past, p.p.* **dragged** /-d/) **I** *v.t.* **1** trascinare, strascinare, strascicare. **2** (*fig*) trascinare: *to ~ oneself up a hill* trascinarsi su per la collina. **3** (*to search with a drag*) dragare: *to ~ a lake for a drowned person* dragare un lago in cerca di un annegato. **4** (*fig*) (*to introduce irrelevantly*) tirare in ballo, far entrare nel discorso. **5** (*fig*) (*to protract tediously*) protrarre, tirare per le lunghe. **6**

(*Agr*) erpicare. **7** (*Inform*) trascinare. **II** *v.i.* **1** strascicare, strisciare per terra. **2** (*fig*) (*to move heavily*) trascinarsi, arrancare. **3** (*fig*) (*to proceed with tedious slowness*) andare per le lunghe, trascinarsi stancamente: *the last act drags* l'ultimo atto si trascina stancamente. **4** (*to lag behind*) trascinarsi dietro. **5** (*in singing, playing*) andare dietro, seguire. **6** (*in smoking*) tirare una boccata (*on* da). **7** (*Tecn*) (*of brakes*) aderire, strisciare. **8** (*Mar*) (*of an anchor*) arare; (*of a ship*) trascinare l'ancora. **9** (*Pesc*) pescare a strascico. □ (*Mar*) *to ~ anchor* arare con l'ancora; *to ~ one's feet*: **1** strascicare i piedi; **2** (*fig*) andare a rilento; (*fig*) *to ~ on*: **1** (*to protract tediously*) protrarre, tirare per le lunghe; **2** (*to proceed with tedious slowness*) andare per le lunghe, trascinarsi stancamente; (*fig*) *to ~ out* protrarre, tirare per le lunghe; (*colloq*) *to ~ up a child* tirare su alla meglio un bambino.

drag[2] /dræg/ *n.* **1** (*sl*) (*boring person*) persona *f.* noiosa, lagna *f.* **2** (*sl*) (*boring thing*) seccatura *f.*, noia *f.*, barba *f.*: *to be a ~* essere una palla al piede per qcu., essere di peso a qcu., essere di ostacolo. **3** (*colloq*) (*puff on a cigarette, etc.*) tirata *f.*, boccata *f.* **4** (*sl*) (*transvestite attire*) abbigliamento *m.* da travestito. **5** (*fig*) freno *m.* ostacolo *m.*, impedimento *m.*: *it is a ~ on his career* è un ostacolo alla sua carriera. **6** (*Agr*) erpice *m.* pesante. **7** (*Mar*) draga *f.* **8** (*Mar*) ancora *f.* galleggiante, ancora *f.* di deriva, draga *f.* **9** (*heavy sledge*) treggia *f.*, rozza slitta *f.* **10** (*coach*) carrozza *f.* chiusa, diligenza *f.*, tiro *m.* a quattro. **11** (*Tecn*) (*for a carriage wheel*) freno *m.* a martinicca. **12** (*Aer*) resistenza *f.* aerodinamica. **13** (*Caccia*) (*fox's scent*) odore *m.* di selvaggina (*sparso artificialmente sul terreno*); (*object dragged*) preda *f.* fittizia. **14** (*Caccia*) (*kind of hunt*) caccia *f.* con lo strascico. **15** (*Pesc*) rete *f.* a strascico. □ (*Mar*) ~ *anchor* ancora di deriva, ancora galleggiante, draga; (*Aer*) ~ *coefficient* coefficiente di resistenza; (*Caccia*) ~ *hunt* caccia con lo strascico; (*colloq*) ~ *in* travestito; (*Mecc*) ~ *link* biella di accoppiamento, asta di accoppiamento; (*Aer*) ~ *parachute* paracadute frenante; (*colloq*) ~ *queen* travestito; (*Sport*) ~ *race* corsa automobilistica di accelerazione.

dragger /'drægər/ *n.* (*Am,Pesc*) peschereccio *m.* a strascico.

draggle /'drægl/ **I** *v.t.* infangare facendo strascicare per terra. **II** *v.i.* **1** infangarsi, inzaccherarsi. **2** (*to straggle*) trascinarsi. □ ~ *tail* sciattona *f.*

dragnet /'drægnet/ *n.* **1** (*Pesc*) rete *f.* radiante, rete *f.* a strascico. **2** (*fig*) retata *f.*

dragoman /'drægoʊmən/ (*pl.* **-s** /-z/, **-men** /-men/) *n.* dragomanno *m.*

dragon /'drægən/ *n.* **1** (*Mitol*) drago *m.*, dragone *m.* **2** (*Arald*) drago *m.* **3** (*colloq*) (*severe watchman*) custode *m.* severo; (*severe chaperon*) governante *f.* molto severa, dragonessa *f.* **4** (*Zool*) (*flying dragon*) drago *m.* volante. **5** (*Arm*) trattore *m.* □ (*Ind*) ~ '*s blood* sangue di drago; (*Mil*) ~ '*s teeth* difese anticarro.

Dragon /'drægən/ *n.pr.* (*Astr*) Drago *m.*, Dragone *m.*

dragonfly /'drægənflaɪ/ *n.* (*Entom*) libellula *f.*

dragoon /drə'gu:n/ **I** *n.* **1** (*Mil,ant*) specie *f.* di moschetto. **2** (*Mil*) dragone *m.* **II** *v.t.* **1** perseguitare con l'impiego di truppe. **2** (*fig*) costringere (con la forza): *to ~ so. into doing sth.* costringere qcu. a fare qcs.

dragrope /'drægroʊp/ *n.* **1** (*Arm*) fune *f.* da traino, fune *f.* di arresto. **2** (*Aer*) cavo *m.* moderatore, cavo *m.* guida.

dragster /'drægstər/ *n.* (*Aut*) auto *f.* per corsa

da accelerazione, dragster *m.*

drain /dreɪn/ **I** *v.t.* **1** far defluire, togliere, scaricare: *to ~ oil from an engine* togliere l'olio da un motore. **2** (*to empty*) prosciugare, vuotare: *to ~ a tank* vuotare un serbatoio. **3** (*to drink the contents of*) scolare, scolarsi, vuotare: *to ~ a glass* scolarsi un bicchiere. **4** (*of land*) prosciugare, bonificare: *to ~ a swamp* prosciugare una palude. **5** (*fig*) esaurire, dare fondo a, dissanguare. **6** (*Chir*) drenare. **II** *v.i.* **1** (*to flow off gradually*) defluire, scorrere via lentamente. **2** (*to become dry gradually*) scolare, sgocciolare: *leave the dishes to ~* lascia scolare i piatti. **3** (*of land*) riversare le proprie acque, scaricare le proprie acque. **4** (*of a river*) sfociare, riversarsi, gettarsi. **5** (*fig*) venir meno, declinare: *his strength -ed away* le forze gli vennero meno. **III** *n.* **1** (*Idr*) canale *m.* di scolo, canale *m.* di drenaggio. **2** (*Idr*) (*liquid drained*) scolo *m.*, scarico *m.* **3** (*sewer*) fogna *f.*, tubo *m.* di scarico. **4** (*fig*) salasso *m.*, dissanguamento *m.*: *the greatest ~ on the country's resources* il maggior salasso per le risorse del paese. **5** (*fig*) (*gradual outflow*) fuga *f.*, fuoriuscita *f.*: *a ~ of dollars* una fuga di dollari. **6** (*Med*) tubo *m.* di drenaggio. **7** (*small quantity of liquid*) goccia *f.*, goccio *m.*; (*drink*) bevanda *f.* **8** *pl.* (*Idr*) (*sewage system*) fognature *f.pl.* **9** *pl.* (*dregs*) feccia *f.sing.*, posatura *f.sing.* □ *to ~ away* (*to flow off gradually*) defluire, scorrere via lentamente; (*colloq*) *to go down the ~*: **1** andare all'aria, andare a monte, fallire; **2** (*to be wasted*) essere perduto, essere sprecato; *to ~ to the dregs* bere fino in fondo, scolare, bere fino alla feccia (*anche fig*).

drainage /'dreɪnɪdʒ/ *n.* **1** (*of land*) prosciugamento *m.*, bonifica *f.* **2** (*Edil*) rete *f.* di fognature. **3** (*sth. drained off*) scarico *m.*, scolo *m.*, spurgo *m.*; (*sewage*) acque *f.pl.* di scarico acque *f.pl.* di scolo; (*sewage system*) fognature *f.pl.* **4** (*Med,Geog*) drenaggio *m.* □ (*Geog*) ~ *basin* bacino imbrifero, bacino idrografico; (*Agr*) ~ *channel* canale di scolo, canale di drenaggio; (*Geog*) ~ *ditch* canale di scolo; (*Edil*) ~ *system* rete di fognature; (*Med*) ~ *tube* tubo di drenaggio.

drainer /'dreɪnər/ *n.* **1** scolatoio *m.* **2** (*for dishes*) scolapiatti *m.*, rastrelliera *f.*

draining /'dreɪnɪŋ/ *n.* **1** scolatura *f.*, drenaggio *m.* **2** (*of land*) prosciugamento *m.*, bonifica *f.* □ ~ *board* scolatoio.

drainpipe /'dreɪnpaɪp/ *n.* **1** (*Tecn*) tubo *m.* di scarico, tubo *m.* di scolo. **2** (*Abbigl,colloq*) ~ *trousers* pantaloni a sigaretta.

drake[1] /dreɪk/ *n.* (*Zool*) maschio *m.* dell'anitra.

drake[2] /dreɪk/ *n.* **1** (*Mil,ant*) dragonetto *m.*, drago *m.* **2** (*ant*) (*dragon*) drago *m.*, dragone *m.* **3** (*Pesc*) (*drake fly*) mosca *f.* usata come esca.

dram /dræm/ *n.* **1** (*avoirdupois weight*) dramma *f.* (pari a 1,771 grammi). **2** (*apothecaries' weight*) dramma *f.* (pari a 3,889 grammi). **3** (*small drink*) sorso *m.*, goccio *m.*: *a ~ of whisky* un sorso di whisky. **4** (*fig*) briciolo *m.*, granello *m.*, oncia *f.*

drama /'drɑ:mə *Am* 'dræmə/ *n.* **1** dramma *m.* (*anche fig*). **2** (*dramatic art*) arte *f.* drammatica. **3** (*collett*) (*group of plays*) teatro *m.*: *Elizabethan ~* il teatro elisabettiano.

dramatic /drə'mætɪk *Am* drə'mætɪk/ *a.* **1** drammatico, teatrale (*anche fig*): *a ~ performance* uno spettacolo drammatico; ~ *criticism* critica teatrale. **2** (*fig*) emozionante, sensazionale, eccezionale, drammatico: *a ~ rescue* un drammatico salvataggio; *a ~ feature* un evento eccezionale. □ (*Teat*) ~ *irony* ironia tragica.

dramatically /drə'mætɪkəli *Am* drə'mætɪkəli/ *avv.* **1** drammaticamente, in modo drammatico. **2** (*estens*) vertiginosamente.

dramatics /drə'mætɪks *Am* drə'mætɪks/ *n.pl.* **1** (*costr.sing o pl.*) (*art*) arte *f.* drammatica, drammatica *f.* **2** (*costr.pl.*) (*productions*) spettacoli *m.pl.* teatrali. **3** (*costr.pl.*) (*fig*) atteggiamenti *m.pl.* teatrali.

dramatis /'drɑːmətɪs *Am* 'dræmətɪs/ □ (*Teat*) ~ *personae*: **1** (*costr.pl.*) (*characters*) personaggi di un dramma; **2** (*costr.pl.*) (*list*) elenco dei personaggi (di un dramma).

dramatise /'drɑːmətaɪz/ *v.t.* (*Br*) **1** dare forma drammatica a, adattare per le scene. **2** (*fig*) drammatizzare.

dramatist /'drɑːmətɪst *Am* 'dræmətɪst/ *n.* (*Lett*) drammaturgo *m.* (*f.* -a).

dramatization /ˌdrɑːmətaɪ'zeɪʃən *Am* ˌdræmətɪ'zeɪʃən/ *n.* **1** drammatizzazione *f.* **2** (*dramatized version*) versione *f.* drammatica. **3** (*fig*) esagerazione *f.*

dramatize /'drɑːmətaɪz *Am* 'dræmətaɪz/ *v.t.* **1** dare forma drammatica a, adattare per le scene. **2** (*fig*) drammatizzare.

dramaturge /'drɑːmətɜːdʒ *Am* 'dræmətɜːrdʒ/ *n.* drammaturgo *m.* (*f.* -a).

dramaturgic /ˌdrɑːmə'tɜːdʒɪk *Am* ˌdræmə'tɜːrdʒɪk/ *n.* drammaturgico, relativo alla drammaturgia.

dramaturgical /ˌdrɑːmə'tɜːdʒɪkəl *Am* ˌdræmə'tɜːrdʒɪkəl/ *n.* drammaturgico, relativo alla drammaturgia.

dramaturgist /'drɑːmətɜːdʒɪst *Am* 'dræmətɜːrdʒɪst/ *n.* drammaturgo *m.* (*f.* -a).

dramaturgy /'drɑːmətɜːdʒi *Am* 'dræmətɜːrdʒi/ *n.* drammaturgia *f.*

drank /dræŋk/ → **drink**[1].

drape /dreɪp/ **I** *v.t.* **1** adornare, ornare, coprire: *to ~ walls with tapestries* ornare le pareti di arazzi. **2** (*to arrange in graceful folds*) drappeggiare: *he -d a cloak around his shoulders* si drappeggiò un mantello attorno alle spalle. **3** (*fig*) abbandonare, lasciare cadere, lasciare andare: *to ~ oneself in an armchair* lasciarsi andare su una poltrona. **II** *n.* **1** taglio *m.*, linea *f.*: *the ~ of a suit* il taglio di un abito. **2** (*Am*) (*curtain*) tendina *f.* **3** *pl.* (*hangings, drapery*) tendaggi *m.pl.*, drappeggi *m.pl.*

draper /'dreɪpər/ *n.* negoziante *m./f.* di tessuti.

drapery /'dreɪpəri/ *n.* **1** (*hangings*) tendaggi *m.pl.*, drappeggi *m.pl.* **2** (*long curtains*) tende *f.pl.* **3** (*draper's business*) drapperia *f.*, commercio *m.* di tessuti; (*wares*) drapperia *f.*, tessuti *m.pl.*, stoffe *f.pl.*; (*shop*) negozio *m.* di tessuti. **4** (*Art,Sart*) drappeggio *m.*

drastic /'dræstɪk, 'drɑːstɪk/ *a.* **1** drastico, severo, energico: ~ *measures* misure drastiche. **2** (*extreme*) radicale, profondo: ~ *alterations* profonde modifiche. **3** (*Farm*) drastico.

drastically /'dræstɪkəli, 'drɑːstɪkəli/ *avv.* in modo drastico.

drat /dræt/ *intz.* (*colloq*) accidenti!, maledizione!: ~ *you!* accidenti a te!; - *it!* maledizione!, accidenti!

dratted /'drætɪd *Am* 'drætɪd/ *a.* (*colloq*) maledetto.

draught /drɑːft *Am* dræft/ **I** *n.* **1** tiro *m.*, traino *m.*, trazione *f.* **2** (*team of animals*) tiro *m.* **3** (*act of drawing liquid*) spillatura *f.*; (*quantity*) quantità *f.* di liquido spillato, misura *f.* **4** (*act of drinking*) tirata *f.*, fiato *m.*: *he drank the beer at one ~* ha bevuto la birra tutto d'un fiato. **5** (*quantity drunk*) sorso *m.*, sorsata *f.* **6** (*current of air*) corrente *f.* d'aria: *I'm feeling a bit of a ~* sento un po' di corrente. **7** (*in a chimney, etc.*) tiraggio *m.*; (*regulation de-*

vice) valvola *f.* del tiraggio. **8** (*Farm*) pozione *f.* **9** (*Mar*) pescaggio *m.*, profondità *f.* della chiglia: *a ship with a ~ of twenty feet* una nave che pesca venti piedi. **10** (*Pesc*) (*act of drawing a net*) tirata *f.*; (*quantity of fish*) retata *f.* **11** *pl.* (*costr.sing.*) (*game*) gioco *m.* della dama, dama *f.* **II** *a.* (*of animals*) da tiro. □ ~ *beer* birra alla spina; ~ *board* scacchiera; ~ *horse* cavallo da tiro; (*Mar*) ~ *marks* quote di immersione, quote di pescaggio; ~ *ox* bue da lavoro.

draughtiness /'drɑːftɪnəs *Am* 'dræftɪnəs/ *n.* esposizione *f.* alle correnti d'aria.

draughtsman /'drɑːfsmən *Am* 'dræfsmən/ *n.irr.* **1** progettista *m.*, disegnatore *m.* **2** (*Art*) disegnatore *m.* **3** (*of documents*) compilatore *m.*, estensore *m.* **4** (*in the game of draughts*) pedina *f.* (della dama).

draughtsmanship /'drɑːfsmənʃɪp *Am* 'dræfsmənʃɪp/ *n.* arte *f.* del disegnatore.

draughtsplayer /'drɑːfspleɪər *Am* 'dræfspleɪər/ *n.* damista *m./f.*

draughtswoman /'drɑːfsˌwʊmən *Am* 'dræfsˌwʊmən/ *n.irr.* **1** disegnatrice *f.*, progettista *f.* **2** (*Art*) disegnatrice *f.* **3** (*of documents*) compilatrice *f.*

draughty /'drɑːfti *Am* 'dræfti/ *a.* esposto alle correnti d'aria, con correnti d'aria.

Dravidian /drə'vɪdiən/ **I** *n.* **1** (*Etnol*) dravida *m./f.* **2** (*language*) lingua *f.* dravidica. **II** *a.* dravidico.

Dravidic /drə'vɪdɪk/ *a.* dravidico.

draw[1] /drɔː/ (*past* **drew** /druː/, *p.p.* **drawn** /drɔːn/) **I** *v.t.* **1** (*to sketch, to depict*) disegnare, ritrarre: *to ~ a house* disegnare una casa. **2** (*to delineate*) tracciare, tirare: *to ~ a line* tracciare una riga (*anche fig*). **3** (*to write out in legal form*) stendere, redigere. **4** (*to pull*) tirare, attirare a sé. **5** (*to haul*) tirare, trainare, trascinare: *the cart was -n by a donkey* il carro era tirato da un asino. **6** (*fig*) (*to attract*) attirare, attrarre, allettare: *the show drew a large crowd* lo spettacolo attirò una gran folla; *to ~ so.'s attention* attirare l'attenzione di qcu.; *to feel -n to so.* sentirsi attratto verso qcu. **7** (*fig*) (*to bring forth*) strappare, scatenare, suscitare: *to ~ tears* strappare le lacrime; *to ~ applause* scatenare gli applausi. **8** (*to inhale*) inspirare, inalare: *to ~ one's first breath* nascere; *to ~ one's last breath* morire. **9** (*to extract*) estrarre, tirar fuori, (*of teeth*) estrarre, cavare, togliere. **10** (*to stretch*) tendere, tirare: *to ~ a rubber band* tirare un elastico. **11** (*to contract*) contrarre: *his face was -n with pain* aveva il viso contratto per il dolore. **12** (*to receive*) riscuotere, ricevere: *~ one's pension* riscuotere la pensione. **13** (*in cards*) prendere (dal mazzo); (*of a suit*) affrancare (le proprie carte). **14** (*in a lottery*) tirare a sorte. **15** (*of a sword*) sguainare, sfoderare; (*of a gun*) estrarre; (*of a bow*) tendere. **16** (*of liquids*) spillare: *to ~ beer from a barrel* spillare birra da un barile. **17** (*fig*) (*to infer*) trarre, ricavare, dedurre: *to ~ a conclusion* trarre una conclusione. **18** (*fig*) (*to elicit*) ricavare, ottenere, strappare: *my question drew no response* la mia domanda non ottenne risposta. **19** (*Econ*) (*of money*) prelevare; (*of a bill, cheque*) emettere, spiccare; (*of interest*: *to bring in*) ricavare. **20** (*Mar*) pescare: *the ship -s twenty feet of water* la nave pesca venti piedi. **21** (*Am,Mil*) ritirare, prelevare: *to ~ rations* ritirare le razioni. **22** (*Med*) drenare, far spurgare. **23** (*to disembowel*) togliere le interiora a, sventrare: *to ~ a chicken* togliere le interiora a un pollo. **24** (*Caccia*) stanare: *to ~ a fox* stanare una volpe. **25** (*Caccia*) (*of a covert, area*) battere in cerca di selvaggina. **26** (*Met*) trafilare. **II** *v.i.* **1** tira-

re, trascinare. **2** (*to sketch*) disegnare. **3** (*fig*) (*to attract an audience, etc.*) fare presa, esercitare un richiamo sul pubblico, riscuotere consensi: *the play drew well* la commedia ha fatto presa sul pubblico. **4** (*to move*) avviarsi, dirigersi, volgere: *to ~ to a close* volgere al termine. **5** (*fig*) (*to make demands*) fare ricorso, fare appello, rivolgersi (*on* a); (*of money*) attingere (a): *to ~ on one's savings* attingere ai propri risparmi. **6** (*of a chimney, pipe*) tirare. **7** (*to take out*: *a gun, etc.*) estrarre un'arma; (*a sword*) sguainare una spada. **8** (*of a bow*) tendere un arco. **9** (*of tea*) essere in infusione. **10** (*to wrinkle, to contract*) incresparsi, corrugarsi, contrarsi. **11** (*Sport*) pareggiare. □ (*fig*) *to ~ a blank* fare cilecca, fare fiasco, fallire; (*fig*) *to ~ a bow at a venture* rischiare, azzardare; *to ~ so.* **aside** tirare qcu. in disparte; *to ~* **aside** scostarsi; (*Comm*) *to ~* **at sight** emettere tratte a vista; *to ~* **away** allontanare, allontanarsi; *to ~* **back** tirarsi indietro (*anche fig*); (*Comm*) *to ~ a bill* firmare un effetto, sottoscrivere un effetto; *to ~* **blood** far sanguinare; *to ~ a breath* (o *to ~ a breath*) prendere fiato; *to ~ a deep breath* tirare un respiro profondo; *to ~ a cheque* emettere un assegno; (*fig*) *to ~ a comparison* fare un confronto; *to ~ a cork* togliere un turacciolo, stappare; (*fig*) *to ~ a distinction* fare una distinzione, fare un distinguo; *to ~* **down**: **1** attirare; **2** (*to deplete*) esaurire, consumare: *to ~ down oil reserves* esaurire le riserve petrolifere; *to ~* **first blood** ferire per primo, colpire per primo (*anche fig*); *to ~* **in**: **1** (*to entice*) adescare, attirare; **2** (*to sketch*) abbozzare, schizzare, disegnare a grandi linee; **3** (*of a day*) volgere al termine; **4** (*of daylight*) accorciarsi: *the days are -ing in* le giornate si accorciano; **5** (*to arrive*) arrivare, giungere; **6** (*to involve*) tirare qcu. dentro qcs. (*anche fig*); **7** (*of claws*) ritirare: *the cat drew in its claws* il gatto ritirò gli artigli; (*fig*) *to ~ in one's horns* abbassare le corna; *to ~* **inspiration** *from* ispirarsi a, trarre ispirazione da; *to ~* **level** *with so.*: **1** raggiungere qcu.; **2** (*Sport*) pareggiare; *he drew a line through the address* tirò una riga sull'indirizzo; (*Am,colloq*) *to ~ it* **mild** non esagerare; *to ~ a* **moral** *from sth.* ricavare una morale da qcs., trarre una morale da qcs.; *to ~* **near**: **1** (*of place*) avvicinarsi; **2** (*of time*) avvicinarsi, approssimarsi: *the holidays are -ing near* si avvicinano le vacanze; *to ~ one's chair near the fire* avvicinare la sedia al fuoco; (*rar,poet*) *to ~* **nigh** avvicinarsi; *to ~* **off**: **1** (*of liquids*) spillare; **2** (*to withdraw*) ritirare, trattenere: ~ *off the dogs!* trattieni i cani!; *to ~* **on**: **1** (*to make use of*) attingere a, fare uso di; **2** (*to approach*) avvicinarsi, essere alle porte, essere vicino: *winter is -ing on* l'inverno è alle porte; *to ~* **on one's imagination** giocare di fantasia, ricorrere all'immaginazione; *to ~* **out**: **1** tirare fuori, estrarre, fare uscire: *to ~ so. out of their shell* fare uscire qcu. dal proprio guscio; **2** (*fig*) (*to prolong*) prolungare, protrarre, portare in lungo, tirare in lungo: *to ~ out an interview* protrarre un colloquio; **3** (*fig*) (*to become longer*) allungarsi, diventare più lungo: *the days are -ing out* le giornate si allungano; *the train drew out of the station* il treno uscì dalla stazione, il treno lasciò la stazione; (*fig*) *to ~ a* **parallel** tracciare un parallelo; *to ~ one's* **pay** riscuotere lo stipendio, riscuotere la paga, riscuotere il salario; *to ~* **rein** fermare un cavallo tirando le redini; *to ~* **round** disporsi in circolo; *to ~* **straws** tirare a sorte; (*Sport*) *to ~* **stumps** smettere di giocare; *to ~ one's* **sword**: **1** sguainare la spada, trarre la spada; 2 (*fig*) dare inizio alle ostilità; (*fig*) *to ~ so.'s teeth* rendere qcu. innocuo, rendere qcu. inoffensivo; *to ~ the bow* tendere l'arco; (*fig*) *to ~ the curtain* over (o *on*) *sth.* calare il sipario su qcs.; *to ~ the curtains* tirare le tende; (*fig*) *to ~ the line* fissare il limite, dire basta; *to ~ the line at sth.*: 1 rifiutarsi di fare qcs., porre un limite a qcs; 2 (*fig*) non tollerare più qcs., porre un limite a qcs., stabilire un limite invalicabile a qcs.; *to ~ the line between* separare nettamente, tirare una linea tra; (*fig*) *to ~ the long bow* esagerare, tirare troppo la corda; *to ~ together* accostarsi; *to ~ up*: 1 compilare, stendere, redigere: *to ~ up a contract* redigere un contratto; 2 (*Mil*) allineare, schierare; 3 (*to bring or to come to a halt*) fermare, fermarsi, arrestare, arrestarsi: *the taxi drew up* il taxi si fermò; 4 (*to pull*) accostare: *to ~ up one's chair* accostare la sedia; *to ~ oneself up* alzarsi, ergersi; *to ~ up with so.* raggiungere qcu.; (*fig*) *to ~ a veil over sth.* stendere un velo (pietoso) su qcs.

draw[2] /drɔː/ *n.* 1 tiro *m.*, tirata *f.*, strappo *m.*, strattone *m.* 2 (*fig*) attrazione *f.*, richiamo *m.*: *his name will be a great ~* il suo nome sarà di grande richiamo. 3 (*of a lottery*) estrazione *f.*, sorteggio *m.*; (*lottery, raffle*) tombola *f.* 4 (*act of drawing: a gun*) l'estrarre; (*a sword*) lo sguainare. 5 (*Sport*) (*tie*) pareggio *m.*, punteggio *m.* pari, parità *f.*: *the game ended in a ~* la partita finì in parità. 6 (*in poker*) carta *f.* servita. □ *~ cord* cordone di chiusura; *~ poker* draw poker (tipo di poker); *~ sheet* traversa (per letto); *~ string* cordone di chiusura; *~ well* pozzo.

drawback /'drɔːbæk/ *n.* 1 svantaggio *m.*, lato *m.* negativo, difetto *m.*, inconveniente *m.*: *this is the only ~ to his plan* questo è l'unico difetto del suo progetto. 2 (*Comm*) rimborso *m.*, indennizzo *m.*; (*of a tariff, tax*) drawback *m.*, dazio *m.* doganale di ritorno.

drawbar /'drɔːbɑːʳ *Am* 'drɔːbɑːr/ *n.* 1 (*Mecc*) barra *f.* di trazione; 2 (*Ferr*) asta *f.* di trazione; (*coupler*) gancio *m.* di trazione.

draw-bench /'drɔːbentʃ/ *n.* (*Tecn*) trafilatrice *f.*

drawbridge /'drɔːbrɪdʒ/ *n.* ponte *m.* mobile, ponte *m.* levatoio.

drawcard /'drɔːkɑːd *Am* 'drɔːkɑːrd/ *n.* (*appealing feature*) attrattiva *f.*: *a major ~ for tourists* una delle principali attrattive per il turismo.

drawee /ˌdrɔːˈiː/ *n.* (*Econ*) trassato *m.* (*f.* -a).

drawer[1] /'drɔːʳ *Am* 'drɔːr/ *n.* 1 cassetto *m.* 2 *pl.* (*colloq*) mutande *f.pl.* lunghe, mutandoni *m.pl.*

drawer[2] /'drɔːəʳ/ *n.* 1 (*sketcher*) disegnatore *m.* (*f.* -trice). 2 (*Comm*) traente *m./f.* 3 (*Met*) trafilatore *m.* □ (*Br*) *~'s signature* firma di traenza.

drawing /'drɔːɪŋ/ *n.* 1 (*Art*) disegno *m.* 2 (*picture*) disegno *m.*, schizzo *m.* 3 (*art or skill of drawing*) disegno *m.*, arte *f.* del disegno. □ (*Br*) *~ office* sala disegnatori, sala di progettazione; (*Br*) *~ pin* puntina da disegno; *~ room*: 1 salotto; 2 (*court reception*) ricevimento a corte; (*Tecn*) *~ table* tavolo da architetto, tavolo da disegno.

drawing-board /'drɔːɪŋbɔːd *Am* 'drɔːɪŋbɔːrd/ *n.* tavoletta *f.* da disegno. □ (*fig*) *back to the ~* ricominciare daccapo, essere tutto da rifare; (*fig*) *to be on the ~* essere in fase di progettazione.

drawl /drɔːl/ **I** *v.i.* strascicare le parole, parlare lentamente, parlare con tono affettato. **II** *v.t.* strascicare, pronunciare con lentezza, pronunciare con affettazione. **III** *n.* pronuncia *f.* strascicata.

drawn[1] /drɔːn/ → **draw**[1]. □ *~ work* (*in*

---

embroidery) ricamo sfilato, sfilato.

drawn[2] /drɔːn/ *a.* 1 (*of appearance*) teso, contratto. 2 (*of a weapon*) sguainato. 3 (*Sport*) in pareggio. 4 (*eviscerated*) sventrato, sbudellato. □ (*Am*) *~ butter* burro sciolto.

drawnet /'drɔːnet/ *n.* (*Caccia*) rete *f.* per l'uccellagione.

drawn-out /ˌdrɔːnˈaʊt/ *a.* prolisso, che si protrae, tirato per le lunghe.

drawn-thread /'drɔːnθred/ □ *~ work* (*in embroidery*) ricamo sfilato, sfilato.

drawtop /'drɔːtɒp *Am* 'drɔːtɑːp/ □ (*Arred*) *~ desk* tavolo allungabile.

dray /dreɪ/ *n.* carro *m.* pesante. □ *~ horse* cavallo da tiro.

drayman /'dreɪmən/ *n.irr.* barrocciaio *m.*

dread /dred/ **I** *n.* 1 terrore *m.* 2 (*person, thing dreaded*) terrore *m.*, spauracchio *m.* 3 (*rar*) (*awe*) timore *m.* (reverenziale), sacro orrore *m.* **II** *v.t.* 1 temere (grandemente), aver il terrore di. 2 (*fig*) tremare: *to ~ doing sth.* tremare all'idea di (dover) fare qcs. □ *to be in ~ of sth.* vivere nel terrore di qcs., avere terrore di qcs.; *to ~ the thought of doing sth.* tremare all'idea di (dovere) fare qcs.

dreadful /'dredfʊl/ *a.* 1 (*colloq*) (*very bad*) orribile, orrendo, pessimo: *~ weather* tempo orribile, tempo da cani. 2 (*frightening*) tremendo, spaventoso, terribile: *a ~ accident* un incidente spaventoso. 3 (*inspiring awe*) maestoso, solenne, augusto.

dreadfully /'dredfʊli/ *avv.* (*colloq*) 1 (*very badly*) orribilmente, orrendamente, pessimamente. 2 (*to a ridiculous extent*) terribilmente, tremendamente, moltissimo.

dreadfulness /'dredfʊlnəs/ *n.* orrore *m.*, (*rar*) spaventosità *f.*

dreadlocks /'dredlɒks *Am* 'dredlɑːks/ *n.pl.* acconciatura *f.sing.* rasta, treccine *f.pl.*

dreadnaught, dreadnought /'drednɔːt/ *n.* 1 (*Mar.mil*) dreadnought *f.* 2 (*Tess*) pesante tessuto *m.* di lana. 3 (*Abbigl*) pesante mantello *m.* di lana.

dream[1] /driːm/ **I** *n.* 1 sogno *m.*: *to have a ~* fare un sogno. 2 (*daydream, reverie*) fantasticheria *f.*, fantasia *f.*, sogno *m.* (a occhi aperti): *to live in a ~* vivere in un sogno. 3 (*fig*) (*goal*) sogno *m.*, aspirazione *f.*; (*impractical plan, etc.*) sogno *m.*, chimera *f.* 4 (*colloq*) (*sth. beautiful, enjoyable*) sogno *m.*, meraviglia *f.*: *a ~ of a hat* un cappello che è un sogno. **II** *a.* 1 in sogno, dei sogni. 2 (*colloq*) (*ideal*) di sogno, da sogno, ideale, perfetto: *a ~ house* una casa di sogno. □ (*colloq,fig*) *~ boat* uomo dei sogni; (*lett*) *~ vision* sogno, visione nel sonno.

dream[2] /driːm/ (*past, p.p.* **-ed** /-d/, **dreamt** /dremt/) **I** *v.i.* 1 sognare (*of*), sognare di: *to ~ about so.* sognare (di) qcu. 2 (*to have daydreams*) fantasticare (su): *he sat -ing of his future* se ne stava a fantasticare sul suo futuro. 3 (*fig*) (*to long*) sognare (*of sth.* qcs.): *to ~ of glory* sognare la gloria. 4 (*fig*) sognare, immaginare (*of* di): *I wouldn't ~ of doing such a thing* non mi sognerei (mai) di fare una cosa simile. **II** *v.t.* 1 sognare. 2 (*fig*) sognare, immaginare, supporre. □ *to ~ away the hours* passare le ore fantasticando; (*colloq*) *to ~ up* immaginare, escogitare, ideare.

dream-catcher /'driːmˌkætʃəʳ/ *n.* (*Etnol*) acchiappasogni *m.*, catturasogni *m.*, rete *f.* dei sogni (diffusa originariamente in uso presso gli indiani d'America, da appendere sopra il letto con la funzione di catturare gli incubi).

dreamer /'driːməʳ/ *n.* 1 sognatore *m.* (*f.* -trice). 2 (*fig*) sognatore *m.* (*f.* -trice), utopista *m./*

---

f., visionario *m.* (*f.* -a).

dreamily /'driːmɪli/ *avv.* come in un sogno.

dreaminess /'driːmɪnəs/ *n.* l'essere sognatore, tendenza *f.* a fantasticare.

dreamland /'driːmlænd/ *n.* paese *m.* dei sogni.

dreamless /'driːmləs/ *a.* (*of sleep*) senza sogni.

dreamlike /'driːmlaɪk/ *a.* 1 simile a un sogno, fantastico. 2 (*vague*) indeterminato, vago, indistinto.

dreamscape /'driːmskeɪp/ *n.* paesaggio *m.* irreale.

dreamt /dremt/ → **dream**[2].

dreamworld /'driːmwɜːld *Am* 'driːmwɜːrld/ *n.* 1 paese *m.* dei sogni. 2 (*world of fantasy*) mondo *m.* della fantasia, mondo *m.* dei sogni.

dreamy /'driːmi/ *a.* 1 (*colloq*) (*delightful*) di sogno, da sogno. 2 (*dreaming*) immerso in fantasticherie, sognante.

drear /drɪəʳ *Am* 'drɪr/ *a.* (*poet*) 1 (*depressing*) deprimente. 2 (*boring*) noioso, tedioso. 3 (*desolate*) desolato, squallido, malinconico.

dreariness /'drɪərɪnəs *Am* 'drɪrɪnəs/ *n.* 1 desolazione *f.*, tristezza *f.*, squallore *m.* 2 (*boredom*) tediosità *f.*

dreary /'drɪəri *Am* 'drɪri/ *a.* 1 (*depressing*) deprimente. 2 (*boring*) noioso, tedioso. 3 (*desolate*) desolato, squallido, malinconico.

dreck /drek/ *n.* (*Am,sl*) porcheria *f.*, spazzatura *f.*

dreckish /'drekɪʃ/ *a.* (*Am,sl*) orrendo, schifoso.

drecky /'dreki/ *a.* (*Am,sl*) orrendo, schifoso.

dredge[1] /dredʒ/ **I** *n.* (*Mar,Idr*) draga *f.* **II** *v.t.* (*Mar,Idr*) dragare: *to ~ a river* dragare un fiume. **III** *v.i.* (*Mar,Idr*) usare la draga, scavare con la draga. □ *to ~ up* tirar fuori, rivangare: *to ~ up painful private events* rivangare penosi episodi del passato.

dredge[2] /dredʒ/ *v.t.* (*Gastron*) cospargere, spruzzare, spolverizzare.

dredger[1] /'dredʒəʳ/ *n.* 1 (*Mar,Idr*) draga *f.* 2 (*person*) draghista *m.*, dragatore *m.*

dredger[2] /'dredʒəʳ/ *n.* (*Gastron*) spolverino *m.*

dredging /'dredʒɪŋ/ *n.* (*Mar,Idr*) dragaggio *m.*

dreggy /'dregi/ *a.* torbido, impuro.

dregs /dregz/ *n.pl.* 1 feccia *f.sing.*, sedimento *m.sing.* 2 (*last part*) residuo *m.sing.* 3 (*fig*) feccia *f.sing.*, rifiuti *m.pl.*: *the ~ of society* la feccia della società. □ (*fig*) *to drink to the ~* bere fino alla feccia.

drench /drenʃ/ **I** *v.t.* 1 inzuppare, infradiciare: *the downpour -ed us* con il temporale ci siamo inzuppati d'acqua. 2 (*Veter*) somministrare un beverone a. **II** *n.* 1 infradiciatura *f.* 2 (*Veter*) beverone *m.*

Dresden /'drezdən/ *n.pr.* (*Geog*) Dresda *f.*

dress[1] /dres/ **I** *n.* 1 (*woman's garment*) abito *m.*, vestito *m.* 2 (*clothing*) abbigliamento *m.*, vestiti *m.pl.*, abiti *m.pl.* 3 (*style of clothing*) foggia *f.*, moda *f.*: *seventeenth century ~* la moda del diciassettesimo secolo. 4 (*formal attire*) abito *m.* da cerimonia. 5 (*manner of dressing*) abbigliamento *m.*, modo *m.* di vestire: *to be careless about one's ~* non curarsi del proprio abbigliamento, essere trascurato nel proprio abbigliamento. 6 (*Ornit*) piumaggio *m.* 7 (*fig*) veste *f.*, forma *f.* 8 (*Mil*) divisa *f.*, uniforme *f.*, tenuta *f.*: *battle ~* tenuta da combattimento. **II** *a.* 1 (*for a formal occasion*) da cerimonia: *~ shoes* scarpe da cerimonia. 2 (*requiring formal dress*) di gala. □ (*Teat*) *~ circle* prima galleria; (*Abbigl*) *~ coat* frac, marsina; *~ designer* stilista; (*Arred*) *~ hanger* appendiabiti; (*Mil*) *~ parade* parata in alta uniforme; (*Teat*) *~ rehearsal* prova generale (in costume di scena); (*Sart*) ~ *shield* sottoascella; (*Abbigl*) ~ *shirt* camicia da sera, camicia per il frac; (*Abbigl*) ~ *suit* completo da sera, completo per cerimonia; (*Mil*) ~ *uniform* alta uniforme.

dress[2] /dres/ **I** *v.t.* **1** vestire: *to ~ a child* vestire un bambino; *this tailor -es all the best people* questo sarto veste le persone più in vista. **2** (*to adorn*) addobbare, ornare, decorare. **3** (*of the hair*) pettinare, acconciare. **4** (*Med*) medicare, bendare, fasciare. **5** (*of meat, poultry, etc.*) preparare (per la cottura), pulire. **6** (*Gastron*) condire: *to ~ the salad* condire l'insalata. **7** (*Mil*) mettere in riga, allineare: *to ~ ranks* allineare le truppe. **8** (*Agr*) (*to cultivate*) coltivare; (*to manure*) concimare. **9** (*Pell*) conciare, lavorare. **10** (*Tess*) dare l'appretto a, apprettare. **11** (*Fal,Edil*) levigare: *to ~ timber* levigare il legno. **12** (*Mar*) pavesare. **II** *v.i.* **1** vestirsi. **2** (*to wear formal dress*) vestirsi, cambiarsi: *to ~ for dinner* cambiarsi per la cena. **3** (*Mil*) allinearsi. ☐ (*colloq*) *to ~ down* rimproverare, dare una lavata di capo a; *to get -ed* vestirsi; (*Mar*) *to ~ ship* issare il pavese; *to ~ a shopwindow* allestire una vetrina, fare una vetrina; (*Edil*) *to ~ a stone* squadrare una pietra; (*colloq*) *to be -ed to kill* essere vestito per fare colpo, essere uno schianto, stare benissimo; (*colloq*) *to be -ed to the nines* essere in ghingheri; *to ~ up*: **1** (*to wear formal dress*) vestire a festa, mettere l'abito migliore; vestirsi, cambiarsi: *to ~ up for dinner* cambiarsi per la cena; **2** (*to wear a fancy dress*) mascherarsi, vestirsi in costume; **3** (*to adorn*) addobbare, ornare, decorare; (*colloq*) *to be -ed up to kill* essere vestito in modo da far colpo, essere uno schianto, stare benissimo; (*colloq*) *to be -ed up to the nines* essere in ghingheri; *to ~ well* vestire bene; *to ~ a window* addobbare una vetrina, allestire una vetrina.

dressage /'dresɑːʒ *Am also* dres'ɑːʒ/ *n.* (*Equit*) dressage *m.*, (*rar*) dressaggio *m.*

dress-down /ˌdres'daʊn/ ☐ ~ *day* giorno in cui si va in ufficio in abbigliamento sportivo; ~ *Friday* venerdì in cui si va in ufficio in abbigliamento sportivo.

dresser[1] /'dresər/ *n.* **1** chi veste qcu., cameriere *m.* (*f.* -a) personale. **2** (*Teat,Cin,TV*) (*of an actor*) costumista *m./f.*, vestiarista *m./f.* **3** (*one who dresses in a specific way*) persona *f.* che (si) veste in un certo modo. **4** (*one who dresses stylishly*) persona *f.* elegante. **5** (*surgeon's assistant*) assistente *m./f.* **6** (*Pell*) conciatore *m.*

dresser[2] /'dresər/ *n.* (*Arred*) **1** credenza *f.* (di cucina). **2** (*Am*) (*dressing table*) toilette *f.*, (*ant*) toletta *f.* **3** (*Am*) (*bureau*) cassettone *m.*

dressiness /'dresɪnəs/ *n.* raffinatezza *f.*, ricercatezza *f.*, eleganza *f.*

dressing /'dresɪŋ/ *n.* **1** il vestire, il vestirsi. **2** (*preparing*) allestimento *m.*, preparazione *f.* **3** (*Gastron*) (*sauce*) condimento *m.*, salsa *f.*: *salad ~* condimento per insalata. **4** (*Gastron*) (*stuffing*) ripieno *m.* **5** (*Med*) medicazione *f.*, fasce *f.pl.*, bende *f.pl.* **6** (*Agr*) concime *m.*, fertilizzante *m.* **7** (*Fal,Edil*) levigatura *f.* **8** (*Minier*) (*of ores*) trattamento *m.* **9** (*Tess*) finissaggio *m.*, apprettatura *f.* ☐ ~ *case* borsa da viaggio, nécessaire da viaggio; (*colloq*) ~ *down* rimprovero, sgridata, lavata di capo; (*Abbigl*) ~ *gown* vestaglia, veste da camera; ~ *room*: **1** spogliatoio; **2** (*Teat*) camerino; (*Mil*) ~ *station* posto di medicazione; ~ *table*: **1** toilette, (*ant*) toletta; **2** (*for babies*) fasciatoio.

dressmaker /'dresˌmeɪkər/ **I** *n.* sarto *m.* (*f.* -a) da donna. **II** *a.* fatto su misura: *a ~ suit* un abito fatto su misura.

dressmaking /'dresˌmeɪkɪŋ/ *n.* confezione *f.* di abiti (da donna).

dressy /'dresi/ *a.* **1** (*colloq*) che veste con ricercatezza, che veste in modo elegante. **2** (*of an event*) mondano. **3** (*of clothes*) elegante.

drew /druː/ → **draw**[1].

drib /drɪb/ ☐ *in -s and drabs* poco per volta, alla spicciolata.

dribble /'drɪbl/ **I** *v.i.* **1** gocciolare, stillare. **2** (*to drivel*) sbavare, fare le bave: *the baby is dribbling* il bambino sbava. **3** (*Sport*) dribblare, scartare. **II** *v.t.* **1** (far) sgocciolare. **2** (*Sport*) dribblare, scartare. **III** *n.* **1** goccia *f.*, gocciolina *f.* **2** (*fig*) piccola quantità *f.*, goccia *f.* **3** (*Sport*) dribbling *m.* ☐ *in -s* poco per volta, alla spicciolata.

dribbler /'drɪblər/ *n.* (*Sport*) dribblatore *m.* (*f.* -trice).

dribblet /'drɪblɪt/ *n.* piccola quantità *f.*, piccola dose *f.*, goccio *m.*

dribbling /'drɪblɪŋ/ *n.* (*Sport*) dribbling *m.*, dribblaggio *m.*

driblet /'drɪblɪt/ *n.* piccola quantità *f.*, piccola dose *f.*, goccio *m.* ☐ *in -s* a poco a poco, col contagocce.

dried /draɪd/ *a.* essiccato, secco (*anche Alim*). ☐ (*Alim*) ~ *beef* carne di manzo essiccata; (*Alim*) ~ *eggs* uova in polvere; (*Alim*) ~ *fruit* frutta secca; (*Alim*) ~ *milk* latte in polvere.

drier /'draɪər/ *n.* **1** (*worker*) essiccatore *m.* (*f.* -trice). **2** (*Ind*) essiccatoio *m.* **3** (*Tecn*) pasta *f.* essiccante. **4** (*hair drier*) asciugacapelli *m.*

drift /drɪft/ **I** *n.* **1** movimento *m.* (progressivo), moto *m.*: *the ~ of the tide* il movimento della marea. **2** (*impulse, pressure*) spinta *f.*, impulso *m.* **3** (*fig*) (*meaning*) significato *m.*, senso *m.*, portata *f.*: *I did not catch the ~ of his argument* non ho colto il significato della sua argomentazione. **4** (*slow movement*) il fluire, lento spostamento *m.*: *the ~ to the industrial areas* il lento spostamento verso le zone industriali. **5** (*Mar,Aer*) deriva *f.* **6** (*Geog*) corrente *f.*: *the North Atlantic ~* la corrente dell'Atlantico settentrionale. **7** (*Mar*) portata *f.* di una corrente, velocità *f.* di una corrente. **8** (*mass of smoke, rain, etc.*) turbine *m.*, vortice *m.* **9** (*bank of snow, sand*) cumulo *m.*, banco *m.*, ammasso *m.* **10** (*debris carried by currents*) materiale *m.* trascinato dalle correnti. **11** (*fig*) (*trend*) tendenza *f.*, inclinazione *f.*: *the ~ of the economy is towards inflation* la situazione economica presenta una tendenza inflazionistica. **12** (*fig*) (*abdication of control*) immobilismo *m.*: *policy of ~* politica dell'immobilismo. **13** (*Geol*) drift *m.*, deposito *m.* alluvionale. **14** (*Minier*) galleria *f.* di livello. **15** (*Fis*) (*of ions*) spostamento *m.* **16** (*Mecc*) punteruolo *m.*, punzone *m.* **17** (*Arch*) spinta *f.* orizzontale. **II** *v.i.* **1** essere trascinato dalla corrente, andare alla deriva (*anche fig*): *to let things ~* lasciar correre, lasciare che le cose vadano per il loro verso. **2** (*to wander aimlessly*) vagare, vagabondare, girovagare: *to ~ from town to town* girovagare da una città all'altra. **3** (*to move slowly, gradually*) spostarsi lentamente: *the nomads -ed south* i nomadi si spostavano lentamente verso il sud. **4** (*to be driven into masses*) ammucchiarsi, accumularsi, ammassarsi: *the snow is -ing* la neve si accumula. **5** (*Aer,Mar*) andare alla deriva. **6** (*Rad,TV*) deviare. **III** *v.t.* **1** trascinare, trasportare. **2** (*to drive into heaps*) accumulare, ammassare. ☐ (*Mar*) ~ *anchor* ancora di deriva, ancora galleggiante; (*Aer,Mar*) ~ *angle* angolo di deriva; (*fig*) *to ~ apart* (*of persons*) perdersi di vista; (*Mecc*) ~ *bolt* spina (conica); ~ *ice* ghiacci galleggianti, ghiaccio alla deriva; (*Aer,Mar*) ~ *indicator* derivometro; (*Pesc*) ~

net rete a deriva; (*Mecc*) ~ *pin* spina (conica); (*Mar*) ~ *sail* vela a sacco; ~ *sand* duna; ~ *wood* legname trasportato dalla corrente.

driftage /'drɪftɪdʒ/ *n.* **1** l'andare alla deriva, l'essere trasportato alla deriva. **2** (*Geol*) detriti *m.pl.* **3** (*Mar,Aer*) deriva *f.*

drifter /'drɪftər/ *n.* **1** (*person*) persona *f.* che va alla deriva; (*thing*) cosa *f.* che va alla deriva. **2** (*person without aim*) incostante *m./f.*, indeciso *m.* (*f.* -a). **3** (*Mar*) peschereccio *m.* con rete a deriva. **4** (*Minier*) perforatrice *f.*

drill[1] /drɪl/ **I** *n.* **1** (*Mecc*) (*drill bit*) punta *f.* da trapano; (*apparatus*) trapano *m.* **2** (*Minier*) sonda *f.*, trivella *f.* **3** (*Mil*) addestramento *m.*, esercitazioni *f.pl.* **4** (*physical training*) addestramento *m.*, allenamento *m.* **5** (*Scol*) esercizio *m.* (orale), esercitazione *f.* (di tipo ripetitivo): *a pronunciation ~* un esercizio di pronuncia. **6** (*fig*) (*routine*) sistema *m.*, maniera *f.* di procedere, modo *m.* di procedere: *what's the ~ for getting the tickets?* come si fa ad avere i biglietti?; *it's easy if you know the ~* è facile se sai come si fa. **II** *v.t.* **1** trapanare; (*to perforate*) forare, perforare; (*of a hole*) fare, praticare: *to ~ a hole in sth.* praticare un foro in qcs. **2** (*Minier*) trivellare, sondare. **3** (*Mil*) esercitare, addestrare. **4** (*Scol*) far fare esercizio a, esercitare. **III** *v.i.* **1** (*Minier*) fare perforazioni, fare trivellazioni, fare sondaggi: *to ~ for oil* fare trivellazioni per ricerche petrolifere. **2** (*Mil*) fare esercitazioni. ☐ ~ *ground* piazza d'armi; ~ *master* istruttore; (*Mecc*) ~ *press* trapano verticale; (*Mil*) ~ *sergeant* sergente istruttore.

drill[2] /drɪl/ **I** *n.* (*Agr*) **1** solco *m.* **2** (*machine*) seminatrice *f.* (a righe). **3** (*row of seeds*) fila *f.* di semi deposti nel solco. **4** (*sowing*) semina *f.* a righe. **II** *v.t.* (*Agr*) **1** (*of seeds*) seminare a righe. **2** (*of ground*) coltivare seminando a righe.

drill[3] /drɪl/ *n.* (*Tess*) tessuto *m.* diagonale (pesante).

drilling /'drɪlɪŋ/ *n.* **1** (*Mecc*) foratura *f.*, trapanatura *f.* **2** (*Minier*) trivellazione *f.*, perforazione *f.* **3** (*Mil,Scol*) esercitazioni *f.pl.* ☐ (*Mecc*) ~ *machine* trapano, trapanatrice; (*Minier*) ~ *rig* piattaforma di perforazione.

drily /'draɪli/ *avv.* → **dryly**.

drink[1] /drɪŋk/ (*past* **drank** /dræŋk/, *p.p.* **drunk** /drʌŋk/) **I** *v.t.* **1** bere. **2** (*to absorb*) bere, assorbire. **II** *v.i.* **1** bere: *no thanks, I don't ~* no grazie, non bevo (alcolici). **2** (*to toast*) bere alla salute (*to* di), brindare (a): *to ~ to so.* (o *to ~ to so.'s health*) bere alla salute di qcu. ☐ *to ~ a toast to so.* fare un brindisi a qcu.; *I don't ~ and drive* quando bevo (alcol) non guido; *to ~ away* bersi, spendere in alcolici: *he has drunk all his salary away* si è bevuto tutto lo stipendio; *to ~ deeply*: **1** bere a grandi sorsi; **2** (*fig*) abbeverarsi; *to ~ in* (*to absorb*) bere, assorbire: *the dry ground drank in the rain* la terra arida assorbiva velocemente la pioggia; *the child drank in every word of the story* il bambino beveva ogni parola del racconto; *to ~ so. in with one's eyes* bersi qcu. con gli occhi; (*colloq*) *to ~ like a fish* bere come un una spugna; *to ~ off* bere tutto d'un fiato, bere in un sorso solo, tracannare; *to ~ oneself stupid* istupidirsi a forza di bere; *to ~ the health of so.* brindare alla salute di qcu., bere alla salute di qcu.; *to ~ oneself to death* uccidersi a furia di bere, bere a tal punto da morire per alcolismo; (*intz*) *I'll ~ to that!* bell'idea!, ben detto!; *to ~ to the health of so.* brindare alla salute di qcu., bere alla salute di qcu.; *to ~ so. under the table* bere più di un altro, battere qcu. a chi beve di più; *to ~ up* bere, assorbire.

drink[2] /drɪŋk/ *n.* **1** bevanda *f.*; (*soft drink*) bibita *f.*; (*alcoholic drink*) alcolico *m.*, bevanda *f.* alcolica. **2** (*excessive use of alcohol*) il bere alcol, vizio *m.* del bere, alcolismo *m.*: *to drive so. to ~* spingere qcu. a bere. **3** (*draught of liquid*) sorso *m.*, sorsata *f.*: *to take a ~ of water* bere un sorso d'acqua. **4** (*sl*) (*sea*) mare *m.*, oceano *m.* □ *to have a ~ with so.* bere un bicchiere con qcu., bere qcs. con qcu.

drinkable /'drɪŋkəbl/ *a.* potabile, bevibile.

drinker /'drɪŋkər/ *n.* **1** chi beve. **2** (*of alcoholic drinks*) bevitore *m.* (*f.* -trice): *a hard ~* un forte bevitore, un accanito bevitore.

drinking /'drɪŋkɪŋ/ **I** *n.* **1** il bere. **2** (*excessive consumption of alcohol*) alcolismo *m.*, ubriachezza *f.* **II** *a.* per bere. □ *~ bout* baldoria, bella bevuta; *~ cup* calice, coppa; *~ fountain* fontanella, fontana a colonnina; *~ horn* corno per bere; *~ song* canto bacchico; (*Zootecn*) *~ trough* abbeveratoio; *~ water* acqua potabile.

drip[1] /drɪp/ (*past, p.p.* **dripped** -t) **I** *v.i.* **1** gocciolare, sgocciolare: *the tap -ped* il rubinetto gocciolava. **2** (*to overflow in drops*) grondare, stillare (*with sth.* qcs.): *his clothes were -ping with water* i suoi abiti grondavano acqua. **II** *v.t.* far gocciolare.

drip[2] /drɪp/ *n.* **1** sgocciolatura *f.*, stillicidio *m.*; (*sound*) sgocciolio *m.* **2** (*sl*) (*colourless person*) persona *f.* scialba, persona *f.* insignificante. **3** (*Edil*) gocciolatoio *m.* **4** (*Med*) fleboclisi *f.* □ *~ coffee-maker* caffettiera elettrica.

drip-dry /'drɪpdraɪ/ **I** *a.* che asciuga rapidamente e non si stira. **II** *v.i.* asciugare rapidamente. **III** *v.t.* asciugare rapidamente.

drip-feed /'drɪpfiːd/ *v.t.irr.* (*Med*) nutrire con fleboclisi.

dripper /'drɪpər/ *n.* scolafritto *m.*

dripping /'drɪpɪŋ/ **I** *n.* **1** (*sound*) sgocciolio *m.* **2** *pl.* (*Gastron*) sugo *m.sing.* di arrosto; (*fat exuded*) grasso *m.sing.*, unto *m.sing.* **3** (*Art*) dripping *m.* **II** *a.* che gocciola, gocciolante. □ *~ pan* leccarda; (*colloq*) *~ wet* fradicio, zuppo.

drippy /'drɪpi/ *a.* **1** (*drizzly*) piovigginoso. **2** (*sl*) (*mawkish*) sentimentale, sdolcinato.

dripstone /'drɪpstoʊn/ *n.* (*Edil*) gocciolatoio *m.* di pietra.

drive[1] /draɪv/ (*past* **drove** /droʊv/, *p.p.* **driven** /'drɪvən/) **I** *v.t.* **1** (*of a vehicle*) guidare, condurre: *to ~ a car* guidare una macchina. **2** (*to convey in a vehicle*) portare (in macchina), accompagnare: *can you ~ me to the station?* puoi portarmi fino alla stazione? **3** (*to spur*) spingere, sospingere: *to ~ sheep to pasture* spingere il gregge al pascolo. **4** (*to cause to penetrate*) conficcare, piantare, far entrare: *to ~ a nail into the wall* conficcare un chiodo nel muro. **5** (*Mecc*) (*usually in the passive*) azionare, far funzionare: *the machinery is -n by vapour* il macchinario è azionato dal vapore. **6** (*to force to work*) far lavorare, spingere al lavoro: *he -s me too hard* mi fa lavorare troppo. **7** (*fig*) costringere, forzare, spingere: *to ~ so. to suicide* spingere qcu. al suicidio. **8** (*fig*) (*to make*) fare diventare: *you ~ me crazy* tu mi fai impazzire; *to ~ so. wild* mandare qcu. su tutte le furie, far uscire dai gangheri qcu. **9** (*Minier,Edil*) scavare, tagliare: *to ~ a tunnel through a mountain* scavare una galleria attraverso una montagna. **10** (*Sport*) (*of a ball: to hit*) battere, colpire; (*to propel swiftly*) scagliare. **11** (*Caccia*) (*of game*) scovare; (*of an area*) battere. **II** *v.i.* **1** spingersi, avanzare: *the clouds drove across the sky* le nubi avanzavano nel cielo. **2** (*to dash, to plunge*) irrompere, gettarsi, precipi-

tarsi. **3** (*to control a vehicle*) guidare: *let me ~* fammi guidare. **4** (*to go in a vehicle*) andare in macchina: *we drove home* siamo andati a casa in macchina. **5** (*fig*) mirare (*at* a), sforzarsi di raggiungere (qcs.), tendere (a), prefiggersi (qcs.): *to ~ at perfection* mirare alla perfezione; *I have no idea what he is driving at* non capisco a che cosa stia mirando. □ (*colloq,fig*) *a hole you can ~ a truck through* un buco grosso come una casa; *to ~ at sth.* mirare a qcs.; *to ~ away* allontanarsi (in macchina); *to ~ away at sth.* lavorare assiduamente a qcs.; *to ~ so. back* riaccompagnare qcu. in macchina; *the enemy was -n back* il nemico fu respinto; *to be -n by necessity* essere spinto dalla necessità; *to ~ so. distracted* far impazzire qcu.; *to ~ a hard bargain* imporre condizioni onerose, tentare di ottenere le migliori condizioni, tirare acqua al proprio mulino; *to ~ in* entrare (in macchina); *to ~ into the garage* mettere la macchina in garage; (*fig*) *to ~ so. into a corner* mettere qcu. in difficoltà, mettere qcu. alle corde, mettere qcu. con le spalle al muro; *to ~ so. mad* far impazzire qcu., far uscire qcu. dai gangheri; *it's enough to ~ you mad!* c'è da diventare matti!, c'è da impazzire!; (*fig*) *to ~ a nail into so.'s coffin* essere un brutto colpo per qcu., essere una tegola in testa per qcu.; *to ~ off* allontanarsi in macchina; *to ~ out:* 1 uscire (in macchina); 2 (*to expel*) cacciare, scacciare; *to ~ so. potty* fare impazzire qcu.; *to ~ a roaring trade* fare affari d'oro; (*colloq*) *to ~ the nail home* portare l'affare a buon fine; *to ~ so. to despair* spingere qcu. alla disperazione; (*fig*) *to ~ so. to the wall* mettere qcu. con le spalle al muro; *to ~ up* (*in a vehicle*) accostarsi, avvicinarsi.

drive[2] /draɪv/ **I** *n.* **1** scampagnata *f.*, giro *m.* (in macchina), gita *f.*: *to go for a ~* fare una gita in auto. **2** (*in a coach*) giro *m.* in carrozza. **3** (*vigorous movement forward*) propulsione *f.*, spinta *f.* **4** (*Psic*) impulso *m.*: *the sex ~* l'impulso sessuale. **5** (*Mil*) attacco *m.*, offensiva *f.* **6** (*fig*) energia *f.*, iniziativa *f.*, spirito *m.* di iniziativa: *he lacks ~* manca di spirito di iniziativa. **7** (*Mecc*) trasmissione *f.*, comando *m.* **8** (*Aut*) (*for propelling*) trazione *f.*: *front wheel ~* trazione anteriore. **9** (*Aut*) (*for steering*) guida *f.* **10** (*Strad*) (*private road to a house*) viale *m.* (di accesso), strada *f.* privata; (*road for vehicles*) strada *f.* rotabile, strada *f.* carrozzabile. **11** (*united effort for some purpose*) campagna *f.* (di propaganda). **12** (*Sport*) colpo *m.* alla palla; (*in tennis*) drive *m.*, diritto *m.*; (*in golf*) drive *m.*, colpo *m.* lungo. **13** (*Caccia*) battuta *f.*, inseguimento *m.* **14** (*Inform*) drive *m.* **II** *a.* (*Mecc*) di trasmissione, di comando. □ *it's an hour's ~ away* è a un'ora di macchina da qui; (*Mecc*) *~ shaft* albero motore.

drive-by /'draɪvbaɪ/ *a.* (*Am*) **1** (*passing by in a car and not stopping*) dall'auto, senza scendere: *~ shooting* sparatoria da un'auto. **2** (*colloq,fig*) mordi-e-fuggi, veloce e superficiale.

drive-in /'draɪvɪn/ *n.* **1** (*cinema*) drive-in *m.* **2** (*bank*) banca *f.* per automobilisti, banca *f.* drive-in. **3** (*restaurant*) ristorante *m.* in cui si è serviti senza scendere dall'auto. □ *~ bank* banca per automobilisti, banca drive-in; *~ movie* (cinema) drive-in.

drivel[1] /'drɪvl/ (*past, p.p.* **drivelled** /Am **driveled** /-d/) **I** *v.i.* **1** sbavare. **2** (*from the nose*) avere la goccia al naso. **3** (*to talk foolishly*) parlare a vanvera, dire sciocchezze. **II** *v.t.* dire in modo sciocco.

drivel[2] /'drɪvl/ *n.* (*nonsense*) sciocchezze *f.pl.*, stupidaggini *f.pl.*

driveler /'drɪvələr/ *n.* (*Am*) chiacchierone *m.* (*f.* -a).

driveller /'drɪvələr/ *n.* chiacchierone *m.* (*f.* -a).

driven /'drɪvən/ → **drive**[1].

driver /'draɪvər/ *n.* **1** (*of a vehicle*) conducente *m./f.*, guidatore *m.* (*f.* -trice), autista *m./f.* **2** (*of a coach*) cocchiere *m.*, postiglione *m.*; (*of a cab*) vetturino *m.* **3** (*Ferr*) macchinista *m./f.* **4** (*of cattle, etc.*) mandriano *m.* **5** (*Sport*) (*in golf*) driver *m.* **6** (*Mecc*) elemento *m.* motore. □ (*Ferr*) *~'s cab* cabina (del macchinista); (*fig*) *in the ~'s seat* al posto di comando; (*Aut*) *~'s license* patente (di guida).

drive-through /'draɪvθruː/ *n.* (*Am*) **1** ristorante *m.* in cui si è serviti senza scendere dall'auto. **2** (*store*) negozio *m.* in cui si è serviti senza scendere dall'auto. □ *~ window* sportello di negozio (*o* ristorante) in cui si è serviti senza scendere dall'auto.

driveway /'draɪvweɪ/ *n.* **1** (*drive*) viale *m.* (di accesso). **2** (*Am*) (*road for vehicles*) strada *f.* rotabile, strada *f.* carrozzabile.

driving /'draɪvɪŋ/ **I** *n.* (*Aut*) guida *f.*, modo *m.* di guidare: *dangerous ~* guida pericolosa. **II** *a.* **1** di guida: *~ lessons* lezioni di guida. **2** (*Mecc*) di trasmissione. □ *~ axle:* 1 (*Mecc*) assale motore; 2 (*Aut*) asse motore; (*Mecc*) *~ belt* cinghia di trasmissione; *~ force:* (*Mecc*) 1 forza motrice; 2 (*fig*) motore, animatore; (*Mecc*) *~ gear* ingranaggio conduttore; *~ gloves* guanti da guida; (*Aut*) *~ licence* patente (di guida); (*Aut*) *~ mirror* specchietto retrovisore; *~ rain* pioggia sferzante; *~ school* scuola guida; *~ test* esame di guida, esame di idoneità per la patente; (*Mecc*) *~ wheel* ruota motrice.

drizzle /'drɪzl/ **I** *v.i.* piovigginare (*costr. impers.*), cadere a goccioline. **II** *n.* **1** pioggerella *f.*, (*lett*) acquerugiola *f.* **2** (*Meteor*) pioggia *f.* fine, pioviggine *f.*

drizzly /'drɪzli/ *a.* piovigginoso.

Drogheda /'drɔːɪdə/ *n.pr.* (*Geog*) Drogheda *f.*

drogue /droʊg/ *n.* **1** (*Mar*) ancora *f.* galleggiante. **2** (*Aer*) (*drogue parachute*) paracadute *m.* frenante.

droid /drɔɪd/ *n.* (*in science fiction*) androide *m.*, droide *m.*

droit /drɔt, drwɑ:/ *n.* (*Dir*) diritto *m.*

droll /droʊl/ **I** *a.* buffo, comico, faceto, ameno. **II** *n.* (*ant*) tipo *m.* buffo.

drollery /'droʊləri/ *n.* **1** cosa *f.* divertente. **2** (*droll quality*) buffoneria *f.*, comicità *f.* **3** (*jesting*) scherzo *m.*, facezia *f.*

drollness /'droʊlnəs/ *n.* comicità *f.*, amenità *f.*

drome /droʊm/ *n.* (*colloq*) aerodromo *m.*

dromedary /'drɒmədəri, 'drʌmədəri Am 'drɑːmədəri, 'drʌməderi/ *n.* (*Zool*) dromedario *m.*

drone[1] /droʊn/ *n.* **1** (*Entom*) fuco *m.*, pecchione *m.* **2** (*Aer*) aeroplano *m.* radiocomandato. **3** (*Mar*) nave *f.* radiocomandata. **4** (*fig*) (*idler*) fannullone *m.* (*f.* -a), poltrone *m.* (*f.* -a); (*parasite*) scroccone *m.* (*f.* -a), parassita *m./f.* **II** *v.i.* vivere nell'ozio, bighellonare.

drone[2] /droʊn/ **I** *v.i.* **1** ronzare. **2** (*to speak monotonously*) parlare a lungo e in modo monotono, (*rar*) salmodiare. **II** *v.t.* dire con voce monotona. **III** *n.* **1** ronzio *m.* **2** (*Mus*) suono *m.* di cornamusa; (*pipe*) bordone *m.*; (*drone bass*) basso *m.* tenuto. □ *to ~ on* parlare a lungo e in modo monotono, (*rar*) salmodiare.

drool /druːl/ **I** *v.i.* **1** aver l'acquolina in bocca. **2** (*to slaver*) sbavare. **3** (*fig*) (*to enthuse*) mostrare entusiasmo (*over* per). **II** *n.* saliva *f.*

droop /druːp/ **I** *v.i.* **1** chinarsi, piegarsi, abbassarsi, curvarsi: *his head -ed with tiredness* chinò la testa stancamente. **2** (*of flowers*) appassire. **3** (*fig*) abbattersi, scoraggiarsi, avvilirsi; (*to flag*) languire. **II** *n.* **1** abbassamento *m.* **2** (*fig*) accasciamento *m.*, sconforto *m.*, scoraggiamento *m.*

droopy /'druːpiː/ *a.* **1** abbassato, chino. **2** (*fig*) abbattuto, scoraggiato, giù di morale.

drop[1] /drɒp *Am* drɑːp/ *n.* **1** goccia *f.*, (*ant*) stilla *f.*: *a ~ of blood* una goccia di sangue; *to the last ~* fino all'ultima goccia. **2** (*small quantity of liquid*) sorso *m.*, goccio *m.*, goccia *f.*: *a ~ of whisky* un sorso di whisky. **3** (*fig*) bricciolo *m.*, filo *m.*: *not a ~ of* neppure un bricciolo di. **4** (*fall*) caduta *f.*; (*distance to which anything drops*) salto *m.*, dislivello *m.*: *a ~ of twenty metres* un salto di venti metri. **5** (*steep slope*) discesa *f.* ripida. **6** (*sudden decline*) caduta *f.*, ribasso *m.*: *a ~ in prices* un ribasso dei prezzi. **7** (*collapse*) crollo *m.* **8** (*of temperature*) abbassamento *m.* **9** (*pendant of an earring, chandelier, etc.*) goccia *f.*, gocciola *f.* **10** (*Oref*) orecchino *m.* a goccia. **11** (*Aer.mil*) lancio *m.* di paracadutisti; (*parachute descent*) discesa *f.* col paracadute; (*dropping of supplies*) lancio *m.* **12** (*Teat*) siparietto *m.* **13** (*Sport*) calcio *m.* (di rimbalzo). **14** (*Sport*) (*in golf*) drop *m.* **15** *pl.* (*Farm*) gocce *f.pl.*; (*for the eyes*) gocce *f.pl.* (oculari), collirio *m.sing.* **16** *pl.* (*Arch*) gocce *f.pl.* □ (*fig*) *at the ~ of a hat* immediatamente, senza indugio, subito, al minimo pretesto; *by ~s* (o ~ *by* ~) a gocce, goccia a goccia; (*Teat*) ~ *curtain* siparietto; (*Oref*) ~ *earring* orecchino a goccia; (*Met*) ~ *forge*: 1 (*used as a noun*) maglio meccanico; 2 (*used as a verb*) stampare a caldo (con maglio meccanico); (*Met*) ~ *forging* fucinatura a stampo; (*Am,sl*) *to get the ~ on so.*: 1 essere il primo a sparare; 2 (*to get the advantage over*) cogliere qcu. in contropiede; (*Met*) ~ *hammer* maglio a caduta libera, berta; ~ *handlebar* manubrio da corsa; (*Am,sl*) *to have the ~ on so.*: 1 essere il primo a sparare; 2 (*to get the advantage over*) cogliere qcu. in contropiede; *in ~s* a gocce, goccia a goccia; *a ~ in*: 1 un visitatore casuale; 2 (*informal social event*) una riunione informale; (*fig*) *a ~ in the bucket* (o *a ~ in the ocean*) una goccia nel mare; (*El*) *~ in voltage* caduta di tensione; (*Sport*) ~ *kick*: 1 (*used as a noun*) calcio di rimbalzo; 2 (*used as a verb*) calciare di rimbalzo; ~ *scene*: 1 (*Teat*) siparietto; 2 (*final scene*) scena finale; ~ *table* tavolo ribaltabile.

drop[2] /drɒp *Am* drɑːp/ **I** *v.i.* (*past, p.p.* **dropped** /-t/) **1** sgocciolare, gocciolare, cadere a gocce. **2** (*to fall*) cadere: *the plate -ped from her hand* il piatto le cadde di mano. **3** (*to descend abruptly*) scendere bruscamente, scendere ripidamente: *the road -ped into the valley* la strada scendeva ripidamente nella valle. **4** (*to let oneself fall*) lasciarsi cadere, abbandonarsi: *to ~ into a chair* lasciarsi cadere su una sedia. **5** (*to fall wounded, dead, etc.*) stramazzare. **6** (*of a habit*) smettere, lasciare: *to ~ a habit* smettere un'abitudine. **7** (*to diminish*) calare, abbassarsi, diminuire, ridursi: *the temperature -ped suddenly* la temperatura si abbassò improvvisamente. **8** (*of prices*) diminuire. **9** (*of the wind*) calare. **10** (*Sport*) calciare di rimbalzo. **11** (*of animals*) partorire. **12** (*Aer.mil*) (*to parachute*) paracadutare; (*of bombs*) sganciare. **13** (*Fon*) non pronunciare: *to ~ one's aitches* (o *one's h's*) non pronunciare la h. **14** (*to omit in writing, typing, etc.*) omettere, tralasciare. **15** (*Mar*) distanziare. **II** *v.t.* (*past, p.p.* **dropped** /-t/) **1** far cadere a gocce, lasciare cadere a gocce, gocciolare. **2** (*to let fall*) fare cadere, lasciare

cadere: *to ~ a vase* far cadere un vaso. **3** (*to lower*) diminuire, ridurre; (*of the voice*) abbassare (il tono di). **4** (*to set down from a vehicle*) fare scendere, portare, lasciare giù: *the bus will ~ you at the corner* l'autobus ti porterà fino all'angolo. **5** (*to bring down with a shot or blow*) abbattere. **6** (*to give up*) abbandonare, lasciar cadere: *the project has been -ped* il progetto è stato abbandonato; *to ~ the subject* lasciar cadere un argomento. **7** (*to break off with*) rompere con, tagliare i ponti con: *his friends -ped him* i suoi amici hanno tagliato i ponti con lui. **8** (*to mention casually*) lasciar cadere, buttar là, buttare lì: *he -ped a remark* ha buttato là un'osservazione. **9** (*colloq*) (*to lose*) perdere: *to ~ money* perdere denaro. **10** (*Sport*) tagliare fuori, escludere: *he was -ped from the team* fu escluso dalla squadra. **11** (*Sport*) (*of a ball*) mandare in rete. □ *to ~ across so.* imbattersi in qcu., incontrare qcu. per caso; (*Mar*) *to ~ anchor* dar fondo all'ancora, gettare l'ancora; *to ~ asleep* addormentarsi di colpo; (*Mar*) *to ~ astern* rimanere indietro; *to ~ away* calare, diminuire; (*Mil*) *to ~ back* ritirarsi; *to ~ behind* rimanere indietro (*anche fig*); (*Br,colloq*) *to ~ a brick* fare una gaffe; (*Aus*) *to ~ one's bundle* lasciarsi prendere dal panico; *to ~ dead* rimanere stecchito; (*sl*) ~ *dead!* crepa!; *to ~ in on so.* fare un salto da qcu., passare da qcu.; *to ~ a letter in the mail* imbucare una lettera; (*colloq*) ~ *it!* cambiamo discorso, lascia perdere, non parliamone più; *to let ~* dire incidentalmente, accennare (come per caso); *to let a matter ~* lasciar cadere un argomento; *let it ~* lasciamo perdere, cambiamo argomento; *to ~ a line* scrivere due righe a qcu.; *to ~ off*: 1 far scendere: *I'll ~ you off at the corner* ti farò scendere all'angolo; 2 (*deliver*) passare a portare, lasciare: *I'll ~ off the package on my way home* lascerò il pacchetto tornando a casa; 3 (*to fall asleep*) cadere addormentato: *to ~ off to sleep* addormentarsi, cadere addormentato; 4 (*to decrease*) diminuire, calare, abbassarsi, ridursi; 5 (*eufem*) (*to die*) morire; *to ~ out*: 1 (*to cease to compete*) ritirarsi (*of* da), rinunciare (*of* a); *to ~ out of a race* ritirarsi da una gara; 2 (*sl*) (*to opt out*) respingere le convenzioni, rifiutare la vita convenzionale; 3 (*to cease to go to school*) abbandonare (scuola o università), non completare un corso di studi: *to ~ out of school* abbandonare la scuola; (*fig*) *to ~ the pilot* abbandonare un consigliere fidato.

drop-dead /'drɒpdɛd *Am* 'drɑːpded/ □ *~ gorgeous* bella da morire.

droplet /'drɒplɪt *Am* 'drɑːplɪt/ *n.* gocciolina *f.*

drop-off /'drɒpɔːf *Am* 'drɑːpɔːf/ *n.* **1** (*steep slope*) pendio *m.* ripido. **2** (*decrease*) diminuzione *f.*, calo *m.*: *a ~ in attendance* una diminuzione delle presenze.

dropout[1] /'drɒpaʊt *Am* 'drɑːpaʊt/ *n.* emarginato *m.* (*f.* -a).

dropout[2] /'drɒpaʊt *Am* 'drɑːpaʊt/ *n.* **1** (*Acus*) caduta *f.* di suono. **2** (*Inform*) perdita *f.* di informazioni.

dropper /'drɒpər *Am* 'drɑːpər/ *n.* **1** contagocce *m.* **2** (*Caccia*) cane *m.* da punta.

dropping /'drɒpɪŋ *Am* 'drɑːpɪŋ/ *n.* **1** gocciolamento *m.* **2** *pl.* (*dung*) sterco *m.sing.*

dropsical /'drɒpsɪkəl *Am* 'drɑːpsɪkəl/ *a.* **1** (*Med*) idropico. **2** (*puffy*) gonfio, turgido.

dropsied /'drɒpsɪd *Am* 'drɑːpsɪd/ *a.* (*Med*) idropico.

dropsy /'drɒpsi *Am* 'drɑːpsi/ *n.* (*Med,Veter*) idropisia *f.*

dropwort /'drɒpwɜːt *Am* 'drɑːpwɜːrt/ *n.* (*Bot*) filipendola *f.*

drosera /'drɒsərə *Am* 'drɑːsərə/ *n.* (*Bot*) drosera *f.*

drosophila /drə'sɒfɪlə *Am* droʊ'sɑːfələ/ *n.* (*Entom*) drosofila *f.*

dross /drɒs *Am* drɑːs/ *n.* **1** (*Met*) scoria *f.* **2** (*waste matter*) materiale *m.* di scarto, rifiuto *m.* **3** (*fig*) cosa *f.* senza valore, ciarpame *m.*

drossy /'drɒsi *Am* 'drɑːsi/ *a.* **1** pieno di scorie. **2** (*fig*) senza valore, privo di valore.

drought /draʊt/ *n.* **1** siccità *f.*, mancanza *f.* di acqua. **2** (*fig*) scarsità *f.*, penuria *f.* **3** (*dial*) (*thirst*) sete *f.*

droughty /'draʊti *Am* 'draʊti/ *a.* **1** arido, secco. **2** (*of drought*) di siccità. **3** (*dial*) (*thirsty*) assetato.

drouth /draʊθ/ *e der.* → **drought** *e der.*

drove[1] /droʊv/ → **drive**[1].

drove[2] /droʊv/ **I** *n.* **1** branco *m.*, mandria *f.*; (*flock*) gregge *m.* **2** (*fig*) sciame *m.*, folla *f.*, moltitudine *f.*: *tourists arrived in -s* i turisti arrivavano a sciami. **3** (*Edil*) (*chisel*) scalpello *m.* da sbozzo. **II** *v.t.* **1** (*of cattle*) condurre, spingere. **2** (*Edil*) lavorare con uno scalpello da sbozzo. **III** *v.i.* fare il mandriano.

drover /'droʊvər/ *n.* **1** mandriano *m.* **2** (*dealer*) mercante *m.* da bestiame.

drown /draʊn/ **I** *v.i.* affogare, annegare. **II** *v.t.* **1** affogare, annegare (*anche fig*): *he was -ed in the lake* annegò nel lago; (*fig*) *to ~ one's sorrow in drink* annegare (o affogare) i dispiaceri nel vino. **2** (*to flood*) allagare, inondare, sommergere. **3** (*fig*) sprofondare, sommergere: *to be -ed in sleep* essere sprofondato nel sonno. **4** (*of sounds*) soffocare, coprire: *the din -ed his cries* il frastuono coprì le sue grida. **5** (*scherz*) (*of an alcoholic drink*) annacquare, mettere troppa acqua in, diluire troppo.

drowned /draʊnd/ *a.* affogato, annegato. □ *to be ~ out* esser costretto ad abbandonare la casa a causa di un'alluvione o di un'inondazione; *as wet as a ~ rat* bagnato come un pulcino, *to look like a ~ rat* essere bagnato fradicio.

drowning /'draʊnɪŋ/ *a.* che sta affogando, che sta annegando. □ *Prov.: a ~ man will clutch at a straw* un uomo che affoga si attacca a uno stelo, chi sta per affogare si afferra anche a una paglia.

drowse /draʊz/ **I** *v.i.* **1** sonnecchiare, essere assopito. **2** (*to be sluggish*) esser pigro, essere indolente. **II** *v.t.* far assopire, rendere sonnolento. **III** *n.* assopimento *m.*, sonnolenza *f.* □ *to ~ away time* passare il tempo sonnecchiando; *to ~ off* sonnecchiare, essere assopito.

drowsily /'draʊzɪli/ *avv.* con aria sonnolenta.

drowsiness /'draʊzɪnəs/ *n.* sonnolenza *f.*, assopimento *m.*

drowsy /'draʊzi/ *a.* **1** assonnato, assopito, sonnolento. **2** (*fig*) (*lethargic*) pigro, indolente. **3** (*inducing sleep*) sonnolento: *a ~ afternoon* un pomeriggio sonnolento.

drub /drʌb/ (*past, p.p.* **drubbed** /-d/) *v.t.* **1** battere, bastonare, picchiare. **2** (*to defeat utterly*) battere, sconfiggere. □ *to ~ sense into so.* far ragionare qcu. a furia di botte.

drubbing /'drʌbɪŋ/ *n.* **1** botte *f.pl.*, legnate *f.pl.*, (*rar*) batoste *f.pl.*: *to give so. a ~* prendere qcu. a legnate. **2** (*decisive defeat*) sconfitta *f.*, disfatta *f.*

drudge /drʌdʒ/ **I** *n.* chi fa un lavoro duro, chi fa un lavoro ingrato, uomo *m.* (o donna *f.*) di fatica, (*colloq*) bestia *f.* da soma. **II** *v.i.* fare un lavoro duro, fare un lavoro ingrato, (*colloq*) sgobbare, sfacchinare, lavorare come un mulo.

drudgery /'drʌdʒəri/ *n.* lavoro *m.* duro, lavoro *m.* ingrato, (*colloq*) sgobbata *f.*, sfacchinata *f.*

drug[1] /drʌg/ n. 1 (Farm) farmaco m., prodotto m. farmaceutico, sostanza f. medicinale. 2 (narcotic) droga f., narcotico m. □ ~ abuse abuso di sostanze stupefacenti; ~ abuser (o ~ addict) drogato, tossicodipendente; ~ addiction tossicodipendenza; ~ company società farmaceutica; ~ dealing traffico di stupefacenti; ~ dependence dipendenza dalla droga, tossicodipendenza; ~ dependent tossicodipendente; ~ habit vizio della droga; (fig) ~ on the market merce difficilmente vendibile, articolo poco richiesto; ~ pedlar spacciatore di droga; ~ pusher spacciatore di droga; ~ ring giro della droga; ~ therapy terapia antidroga; (Med) ~ tolerance assuefazione alla droga; (colloq) ~ trafficking traffico di droga.

drug[2] /drʌg/ (past, p.p. **drugged** /-d/) I v.t. 1 (of food, drink) drogare, mettere un narcotico in. 2 (of people) drogare, narcotizzare. 3 (fig) intontire, inebetire. II v.i. drogarsi, fare uso di stupefacenti.

drugget /'drʌgɪt/ n. tappeto m. ruvido, tappeto m. grezzo.

druggist /'drʌgɪst/ n. farmacista m./f.

drugster /'drʌgstər/ n. drogato m. (f. -a), tossicodipendente m./f.

drugstore /'drʌgstɔːr/ n. (Am) 1 drugstore m. (negozio a orario continuato dove si vendono riviste, cosmetici e alimentari). 2 (pharmacy) farmacia f.

druid, Druid /'druːɪd/ n. (Rel) druido m., druida m.

Druidess /'druːɪdəs/ n. druida f., druidessa f.

druidic /druˈɪdɪk/ a. druidico.

druidical /druˈɪdɪkəl/ a. druidico.

druidism /'druːɪdɪzəm/ n. druidismo m.

druidess /'druːɪdəs/ n. (rar) druidessa f.

drum[1] /drʌm/ n. 1 (Mus) tamburo m., tamburino m.; (sound) rullio m. del tamburo. 2 (any cylindrical object) rullo m., cilindro m.; (tin) barattolo m.; (can) bidone m., fusto m. 3 (Mecc,Arch) tamburo m. 4 (Tecn) tamburo m. da cavi, cilindro m. da cavi. 5 (Anat) timpano m., membrana f. timpanica. □ ~ beat colpo di tamburo; ~ kit batteria; (Mil) ~ major tamburo maggiore; ~ majorette majorette; (Edil) ~ mixer betoniera a tamburo; ~ roll rullo di tamburo (anche fig); (Am,Mus) ~ set batteria.

drum[2] /drʌm/ (past, p.p. **drummed** /-d/) I v.i. 1 suonare il tamburo, tambureggiare. 2 (to beat rhythmically) tamburellare. II v.t. 1 tamburellare con: to ~ one's fingers on the table tamburellare con le dita sul tavolo. 2 (to summon by drumming) radunare a rullo di tamburo. □ to ~ a lesson into so.'s head far entrare una lezione in testa a qcu. a furia di battere e ribattere; to ~ out 1 (Mil) espellere con infamia; 2 (fig) cacciare, espellere; (Mil) to ~ up radunare a rullo di tamburo; (fig) to ~ up trade incrementare il commercio.

drumfire /'drʌmfaɪər/ n. (Arm) fuoco m. tambureggiante.

drumhead /'drʌmhed/ n. 1 membrana f. di tamburo. 2 (Anat) membrana f. del timpano. 3 (Mar) testa f. di argano. □ (Mil) ~ court martial corte marziale straordinaria.

drummer /'drʌmər/ n. tamburino m.

drum'n'bass /ˌdrʌmənˈbeɪs/ n. (Mus) drum'n'bass m. (musica elettronica essenziale basata su basso e percussione).

drumstick /'drʌmstɪk/ n. 1 bacchetta f. del tamburo. 2 (colloq) (of a chicken) coscia f. (di pollo).

drunk[1] /drʌŋk/ → **drink**[1].

drunk[2] /drʌŋk/ I a. 1 ubriaco, ebbro, (colloq) sbronzo. 2 (fig) ebbro, ubriaco: ~ with power ebbro di potere. II n. 1 ubriaco m. (f. -a). 2 (spree) baldoria f., bisboccia f. □ (Dir) ~

and disorderly in stato di ubriachezza molesta; as ~ as a lord (o as ~ as a sow) ubriaco fradicio; ~ driving guida in stato di ebbrezza; to get ~ ubriacarsi; ~ to the world ubriaco fradicio.

drunkard /'drʌŋkəd Am 'drʌŋkərd/ n. ubriacone m. (f. -a), (ant) beone m. (f. -a).

drunken[1] /'drʌŋkən/ → **drink**[1].

drunken[2] /'drʌŋkən/ a. 1 ubriaco, ebbro, (colloq) sbronzo. 2 (addicted to drink) dedito al bere, dedito all'alcol. 3 (caused by intoxication) da ubriaco, di ubriaco: a ~ brawl una rissa di ubriachi. 4 (fig) pendente, inclinato.

drunkenly /'drʌŋkənli/ avv. da ubriaco.

drunkenness /'drʌŋkənnəs/ n. ubriachezza f., sbornia f.

drupaceous /druːˈpeɪʃəs/ a. (Bot) drupaceo.

drupe /druːp/ n. (Bot) drupa f.

druse /druːz/ n. (Min) drusa f.

Druse /druːz/ n. (Rel) druso m.

druthers /'drʌθərz/ n.pl. (Am,colloq) scelta f.sing., preferenza f.sing. □ if I had my ~ se potessi scegliere.

dry[1] /draɪ/ a. 1 asciutto: ~ clothes vestiti asciutti. 2 (not rainy) asciutto, secco, arido: ~ weather tempo asciutto; a ~ climate un clima secco. 3 (not containing water) secco, asciutto: a ~ well un pozzo secco. 4 (colloq) (thirsty) assetato: to feel ~ avere sete. 5 (of bread) asciutto. 6 (fig) (of humour) caustico, pungente: a ~ sense of humour un amaro senso dell'umorismo. 7 (fig) (plain) (puro e) semplice, nudo: ~ facts nudi fatti. 8 (fig) (dull) arido, noioso. 9 (of wine) secco, asciutto; (of a cocktail) secco. 10 (Edil) a secco. 11 (Met) (brittle) fragile; (coarse-grained) a grana grossa; (impure) impuro. 12 (Br,Comm) solido: ~ groceries generi solidi di drogheria. 13 (Am,colloq) proibizionista: a ~ state uno stato proibizionista. □ (fig) as ~ as a chip privo di interesse, arido; (fig) as ~ as dust noioso da morire; (El) ~ battery pila a secco, batteria a secco; (El) ~ cell elemento a secco; ~ cleaner lavasecco, tintoria; ~ cleaning lavaggio a secco; (Am, colloq) to come up ~ (to be unsuccessful) rimanere a bocca asciutta, fare fiasco; ~ cough tosse secca; (Zootecn) ~ cow vacca asciutta; ~ dandruff forfora secca; (Mar) ~ dock: 1 bacino di carenaggio; 2 (used as a verb) mettere in un bacino di carenaggio; (Agr) ~ farmer aridicoltore; (Agr) ~ farming aridocoltura; ~ goods tessuti, mercerie; ~ hair capelli secchi; ~ heave conato di vomito; (Am,fig) in ~ disoccupato; (Ind) ~ kiln essiccatoio; ~ land: 1 terra arida; 2 (terra firma) terraferma, terra; ~ law legge proibizionistica; ~ martini martini secco; ~ measure misura per cereali (pari a 2 pinte); ~ nurse: 1 balia asciutta, 2 (fig) balia; 3 (used as a verb) fare da balia (asciutta) a (anche fig); (Fot) ~ plate lastra; ~ point: 1 (Art) (tool) puntasecca; 2 (process of engraving) incisione a puntasecca, puntasecca; 3 (used as a verb) incidere a puntasecca, eseguire a puntasecca; ~ rot: 1 (of timber) putrefazione secca; 2 (fig) cancrena; ~ run: 1 (Mil) esercitazioni a salve; 2 (rehearsal) prova; to run ~: 1 prosciugarsi, seccarsi; 2 (fig) restare a corto di argomenti; (Post) ~ seal bollo a secco; (Cosmet) ~ shampoo shampoo secco; (Meteor) ~ spell periodo di tempo secco; (Edil) ~ wall muro a secco; (Am) ~ wash biancheria non stirata; ~ wit arguzia cinica; (colloq) a ~ work un lavoro che mette sete.

dry[2] /draɪ/ I v.t. 1 asciugare (on con): to ~ one's hands asciugarsi le mani. 2 (to desiccate) essiccare, far seccare. II v.i. asciugarsi,

asciugare: to hang out the clothes to ~ stendere i panni ad asciugare. □ to ~ one's eyes asciugarsi le lacrime, asciugarsi gli occhi; to ~ off (o to ~ out) asciugare, asciugarsi: he dried out (o off) before the fire si asciugò davanti al fuoco; to ~ up: 1 asciugare; 2 (to parch) seccarsi, inaridirsi: the river dried up il torrente si seccò; 3 (fig) (of imagination, etc.) inaridirsi, esaurirsi; 4 (colloq) (to stop talking) smettere di parlare: ~ up! smettila!, piantala!; 5 (Teat) non ricordare la battuta; 6 (to make completely dry) essiccare, asciugare completamente, prosciugare.

dryad /'draɪæd,'draɪəd/ (pl. -s /-z/, -des /-diːz/) n. (Mitol) driade f.

dryasdust /'draɪəsdʌst/ I n. pedante m./f. II a. noioso, pedantesco.

dry-clean /ˌdraɪˈkliːn Am draɪˈkliːn/ v.t. pulire a secco.

dry-cleaners /ˌdraɪˈkliːnəz Am ˌdraɪˌkliːnərz/ n.pl. lavasecco m./f.sing., lavanderia f.sing.

dry-cleaning /ˌdraɪˈkliːnɪŋ Am ˌdraɪˌkliːnɪŋ/ n. lavaggio m. a secco.

dry-cure /ˌdraɪˈkjʊər/ v.t. conservare sotto sale.

dryer /'draɪər/ n. → **drier**.

dry-eyed /'draɪaɪd/ a. con occhi asciutti, senza lacrime.

dry-farm /ˌdraɪˈfɑːm Am ˌdraɪˈfɑːrm/ v.t. (Agr) coltivare senza irrigazione.

drying /'draɪɪŋ/ I a. 1 essiccante. 2 (Chim) essiccativo. II n. (Ind) essiccazione f., essiccamento m. □ (Ind) ~ chamber essiccatoio.

drying-out /'draɪɪŋaʊt/ n. 1 prosciugamento m. 2 (colloq) (disintoxication) disintossicazione f. (dall'alcol).

dryish /'draɪɪʃ/ a. piuttosto arido, piuttosto secco.

dryly /'draɪli/ avv. 1 seccamente. 2 (sarcastically) sarcasticamente. 3 (without emotion) in modo distaccato, freddamente.

dryness /'draɪnəs/ n. 1 aridità f., secchezza f. 2 (sardonic humour) sarcasmo m., ironia f. pungente. 3 (monotony) monotonia f., noiosità f.

dry-salt /'draɪsɔːlt/ v.t. mettere sotto sale.

drysalter /'draɪsɔːltər/ n. (Br) 1 (Comm) droghiere m. (f. -a). 2 (dealer in chemicals, etc.) commerciante m./f. in prodotti chimici.

drysaltery /'draɪsɔːltəri/ n. (Br) 1 mestiere m. di droghiere. 2 (articles) generi m.pl. di drogheria. 3 (shop) drogheria f.

dry-shod /'draɪʃɒd Am 'draɪʃɑːd/ a. a piedi asciutti.

D.S. (Mus) dal segno D.S., d.S. (dal segno).

DSB (Cin) Double-Side Band BLD (doppia banda laterale).

DST Daylight Saving Time (ora legale).

D.Th., D.Theol. Doctor of Theology (dottore in teologia).

DTP (Edit) Desktop publishing DTP (editoria da tavolo).

dual /'djuːəl, 'dʒʊəl Am 'd(j)uːəl/ I a. duplice, doppio. II n. (Gramm) duale m. □ (Stor) Dual Alliance duplice alleanza; (Br,Strad) ~ carriage-way strada a doppia corsia, strada a doppia carreggiata; ~ citizenship doppia cittadinanza; (Psic) ~ personality doppia personalità.

dualism /'djuːəlɪzəm, 'dʒʊəlɪzəm Am 'd(j)uːəlɪzəm/ n. dualismo m. (anche Stor,Filos).

dualist /'djuːəlɪst, 'dʒʊəlɪst Am 'd(j)uːəlɪst/ n. dualista m./f.

dualistic /ˌdjuːəˈlɪstɪk, ˌdʒʊəˈlɪstɪk Am ˌd(j)uːəˈlɪstɪk/ a. dualistico.

dualistically /ˌdjuːəˈlɪstɪkəli, ˌdʒʊəˈlɪstɪkəli Am ˌd(j)uːəˈlɪstɪkəli/ avv. dualisticamente.

duality /djuːˈæliti, dʒuˈæliti Am d(j)uˈæləti/ n.

dualità f.

dualize /'dju:əlaiz, 'dʒu:əlaiz Am 'd(j)u:əlaiz/ v.t. suddividere in due parti.

dual-purpose /ˌdju:əl'pɜːpəs, ˌdʒu:əl'pɜːpəs Am ˌd(j)u:əl'pɜːrpəs/ a. a doppio uso, bivalente.

dub[1] /dʌb/ (past, p.p. **dubbed** /-d/) v.t. 1 creare, nominare, conferire un titolo a. 2 (of style, to name) chiamare, soprannominare: he -bed me a coward mi ha chiamato vigliacco. 3 (Pell) (of leather) patinare, dare la patina a. 4 (Pesc) (of an artificial fly) preparare. 5 (Tecn) (of timber) sgrossare con l'ascia, (rar) asciare. □ (colloq) to ~ up saldare un debito.

dub[2] /dʌb/ (past, p.p. **dubbed** /-d/) v.t. 1 (to make a copy of a recording) registrare, masterizzare. 2 (Cin) doppiare: an Italian film -bed into English un film italiano doppiato in inglese. 3 (of sounds: to add to) sonorizzare. II n. 1 (Cin) doppiaggio m., (rar) doppiatura f. 2 (of a recording) registrazione f. □ to ~ in sonorizzare.

dub[3] /dʌb/ n. 1 stagno m. fangoso. 2 (puddle) pozzanghera f.

dubbin /'dʌbin/ n. (Pell) patina f.

dubbing[1] /'dʌbiŋ/ n. 1 conferimento m. di un titolo. 2 (Pell) patina f. □ (Cin) ~ mixers tecnici del suono; (Cin) ~ theatre sala (di) doppiaggio.

dubbing[2] /'dʌbiŋ/ n. 1 (Cin) doppiaggio m., (rar) doppiatura f. 2 (of a recording) registrazione f.

dubiety /dju:'baɪəti, dʒu:'baɪəti Am d(j)u:'baɪəti/ n. 1 incertezza f. 2 (doubt) dubbio m.

dubious /'dju:biəs, 'dʒu:biəs Am 'd(j)u:biəs/ a. 1 dubbioso, incerto, indeciso, esitante. 2 (of doubtful reputation, character) di dubbia fama, di dubbia reputazione, discutibile, equivoco: a ~ character una persona di dubbia fama. 3 (causing doubt) equivoco, incerto, ambiguo. 4 (of uncertain outcome) dubbio, di esito dubbio, di esito incerto.

dubiously /'dju:biəsli, 'dʒu:biəsli Am 'd(j)u:biəsli/ avv. dubbiosamente, in modo indeciso, con esitazione.

dubiousness /'dju:biəsnəs, 'dʒu:biəsnəs Am 'd(j)u:biəsnəs/ n. 1 incertezza f. 2 (ambiguity) ambiguità f., equivocità f.

dubitable /'dju:bitəbl, 'dʒu:bitəbl Am 'd(j)u:bitəbl/ a. dubitabile.

dubitation /ˌdju:bɪ'teɪʃən, ˌdʒu:bɪ'teɪʃən Am ˌd(j)u:bɪ'teɪʃən/ n. dubbio m., incertezza f.

dubitative /'dju:bitətiv, 'dʒu:bitətiv Am 'd(j)u:bitətiv/ a. dubitativo, dubbioso.

Dublin /'dʌblin/ n.pr. (Geog) Dublino f.

Dubliner /'dʌblinər/ n. (Geog) dublinese m./f.

ducal /'dju:kəl, 'dʒu:kəl Am 'd(j)u:kəl/ a. ducale, di duca: ~ coronet corona ducale.

ducat /'dʌkət/ n. 1 (Numism) ducato m. 2 pl. (Am,sl) quattrini m.pl.

duchess /'dʌtʃis Br also dʌtʃ'es/ n. duchessa f.

duchy /'dʌtʃi/ n. ducato m.

duck[1] /dʌk/ (pl.inv. o -s /-s/; il pl. inv. si usa general. con valore collett.) n. 1 (Ornit) anatra f. 2 (Br,colloq) (dear) amore m., tesoro m. 3 (in cricket) zero m. 4 (colloq) (species of person) individuo m., tipo m.: a weird ~ (o an odd ~) un tipo strano. 5 (Mil) autocarro m. anfibio. □ (Br) -s and drakes (game) rimbalzello; (fig) he played -s and drakes with his money ha scialacquato tutto i soldi, ha sperperato tutto il suo denaro; (Zool) ~ bill ornitorinco; ~ egg 1 (in cricket) zero; 2 (greenish-blue colour) verde-azzurro; ~ shot pallini per la caccia all'anatra; (sl) ~ soup cosa facile, bazzecola; (fig) to take to sth. like a ~ to water mettersi a far qcs. con estrema naturalezza.

duck[2] /dʌk/ I v.i. 1 immergersi, tuffarsi. 2 (to stoop suddenly) chinarsi improvvisamente, piegarsi improvvisamente. 3 (to disappear suddenly) sparire di colpo. II v.t. 1 immergere, tuffare, cacciare sott'acqua. 2 (to lower suddenly) abbassare di colpo, chinare di colpo: to ~ one's head abbassare di colpo la testa. 3 (to avoid) evitare, schivare: to ~ a blow schivare un colpo. 4 (to shirk) eludere, sottrarsi a. III n. 1 rapida immersione f., tuffo m. 2 (of the head) schivata f. 3 (sudden stooping) il chinarsi di colpo.

duck[3] /dʌk/ n. 1 (Tess) tela f. olona, tela f. da vela. 2 pl. (Br,colloq) (trousers) calzoni m.pl. di tela (bianchi). □ (Calz) ~ boots stivali di gomma.

duckboard /'dʌkbɔːd Am 'dʌkbɔːrd/ n. passerella f. (per terreni umidi o fangosi).

ducker /'dʌkər/ n. 1 (Br) tuffatore m. (f. -trice). 2 (Ornit) podilimbo m.

ducking /'dʌkiŋ/ n. (Br) 1 tuffo m., immersione f. 2 (thorough wetting) infradiciatura f.

duckling /'dʌkliŋ/ n. anatroccolo m.

duckweed /'dʌkwiːd/ n. (Bot) lemna f.

ducky /'dʌki/ I n. (colloq) tesoro m., amore m. II a. (sl) (charming, adorable) eccellente, eccezionale, (colloq) fantastico, delizioso, carinissimo.

duct /dʌkt/ n. 1 (for air, liquids) condotto m., tubo m., tubatura f. 2 (Anat) canale m., dotto m. 3 (Bot) canale m. 4 (El) condotto m. □ ~ tape nastro adesivo per sigillare tubi.

ductile /'dʌktail Am 'dʌkt(a)il/ a. 1 (Met) duttile. 2 (fig) duttile, arrendevole, docile.

ductility /dʌk'tiliti Am dʌk'tiləti/ n. (Met) duttilità f. (anche fig).

ductless /'dʌktləs/ a. (Anat) a secrezione interna, endocrino.

dud /dʌd/ I n. 1 (colloq) (failure) fallimento m., bolla f. di sapone. 2 (colloq) (useless person) schiappa f., persona f. incapace. 3 (Mil) proiettile m. che fa cilecca, bomba f. che fa cilecca. 4 pl. (Am,colloq) (clothes) vestiti m.pl. 5 pl. (Am,sl) (personal belongings) roba f.sing., (proprie) cose f.pl. II a. 1 (colloq) incapace, inutile. 2 (of a cheque) a vuoto.

dude /du:d/ n. (Am) 1 (sl) (boy or man) individuo m., tizio m.: I was sitting in the bus, just me and these other three -s me ne stavo seduto sull'autobus, io e altri tre tizi. 2 (stylish man) uomo m. ben vestito, uomo m. elegante. □ ~ ranch ranch per turisti.

dudgeon /'dʌdʒən/ n. risentimento m., sdegno m., indignazione f.: he left in high ~ se ne andò pieno di sdegno.

due /dju:/ I a. 1 dovuto: to be ~ to esser dovuto a. 2 (expired) scaduto, maturato: this bill is ~ questa cambiale è scaduta. 3 (owing) pagabile, che scade, con scadenza: your rent is ~ next month il tuo affitto scade il mese prossimo. 4 (merited) dovuto, doveroso, debito: to pay ~ respect tributare il dovuto rispetto. 5 (rightful, fitting) dovuto, debito, adatto, conveniente: with ~ care con la dovuta cura; to arrive in ~ time (o to arrive in ~ course) arrivare a tempo debito. 6 (adequate) giusto, adeguato, sufficiente. 7 (scheduled) che è in arrivo, che deve arrivare: the train is ~ at noon il treno deve arrivare a mezzogiorno. 8 (appointed) che è designato, che deve: I am ~ to speak at the meeting devo parlare alla riunione: her baby is ~ in early June il bambino dovrebbe nascere all'inizio di giugno. II n. 1 ciò che è dovuto, ciò che spetta, il dovuto, il debito, il giusto. 2 pl. (fees, charges) quota f.sing., tassa f.sing., diritti m.pl. III avv. verso, in direzione: the ship sailed ~ west la nave salpò in direzione ovest. □ ~ allowance being made that...

tenuto in debito conto che...; (Econ) ~ bill riconoscimento di debito; after ~ consideration dopo attento esame; ~ date: 1 (date a pregnant mother is expected to deliver) data del parto; 2 (Econ) scadenza, data di scadenza; (Dir) ~ diligence debita diligenza; this room is ~ for painting è ora di pitturare questa stanza; to give so. his ~ dare a qcu. quanto gli è dovuto, riconoscere i meriti di qcu.; in ~ course a suo tempo, a tempo debito; (Dir) by ~ process of law con regolare processo; with all ~ respect con tutto il dovuto rispetto; ~ to a causa di.

duel /'dju:əl, 'dʒu:əl Am 'd(j)u:əl/ I n. 1 duello m. 2 (fig) lotta f., scontro m., conflitto m. II v.i. (past, p.p. **duelled** /Am **dueled** /-d/) battersi in duello, duellare.

dueller /'dju:ələr, 'dʒu:ələr Am 'd(j)u:ələr/ n. duellante m./f.

duelling /'dju:əliŋ, 'dʒu:əliŋ Am 'd(j)u:əliŋ/ n. il duellare.

duellist /'dju:əlist, 'dʒu:əlist Am 'd(j)u:əlist/ n. duellante m./f.

duet /dju:'et, dʒu:'et Am d(j)u:'et/ n. (Mus) duetto m. (anche fig).

duettist /dju:'etist, dʒu:'etist Am d(j)u:'etist/ n. (Mus) chi esegue un duetto.

duff[1] /dʌf/ n. 1 polvere f. di carbone. 2 (Gastron) budino m. di farina.

duff[2] /dʌf/ v.t. 1 (sl) contraffare, camuffare. 2 (Sport) (in golf: of a ball) mancare; (of a strike) sbagliare, mancare. 3 (Aus,sl) (of cattle: to steal) rubare; (to alter the brand on) contraffare il marchio di.

duffel /'dʌfəl/ n. 1 (Tess) tessuto m. di lana grezza. 2 (Am) equipaggiamento m. per campeggio, equipaggiamento m. da campeggiatore. □ ~ bag sacca da viaggio; (Abbigl) ~ coat montgomery.

duffer /'dʌfər/ n. 1 (colloq) schiappa f., ebete m./f., persona f. incapace, persona f. incompetente. 2 (colloq) (stupid person) stupido m. (f. -a). 3 (sl) (pedlar) venditore m. (f. -trice) ambulante.

duffle /'dʌfəl/ n. → **duffel**.

dug[1] /dʌg/ → **dig**[1].

dug[2] /dʌg/ n. (Zool) (nipple) capezzolo m.; (teat) mammella f.

dugong /'d(j)u:gɒŋ Am 'du:gɑːŋ/ n. (Zool) dugongo m.

dugout /'dʌgaut/ n. 1 (shelter) riparo m., rifugio m. 2 (Sport) panchina f. 3 (canoe) canoa f. 4 (Mil) trincea f. coperta, ricovero m. sotterraneo. 5 (Mil) ufficiale m. della riserva richiamato in servizio.

duh /dʌ/ n. (intz) (sarcastic response to sth. already known) che scemo!, che volpe!

DUI /ˌdi:ju:'aɪ/ (Dir) driving under the influence (guida in stato di ebbrezza).

duiker /'daikər/ (pl.inv. o -s /-z/; il pl. inv. si usa general. con valore collett.) n. (Zool) cefalofo m.

duke /dju:k, dʒu:k Am d(j)u:k/ n. duca m.

dukedom /'dju:kdəm, 'dʒu:kdəm Am 'd(h)u:kdəm/ n. ducato m.

dulcet /'dʌlsit/ a. dolce, melodioso, soave.

Dulcie /'dʌlsi/ n.pr.f. Dulcinea.

dulcification /ˌdʌlsifɪ'keɪʃən/ n. dolcificazione f.

dulcify /'dʌlsifai/ v.t. 1 dolcificare. 2 (fig) addolcire, calmare, placare.

Dulcinea /ˌdʌlsɪ'niːə, ˌdʌl'sɪniə Br also ˌdʌlsɪ'neɪ/ n.pr.f. Dulcinea.

dull /dʌl/ I a. 1 (boring) noioso, tedioso, monotono. 2 (slow) ottuso, tardo, lento. 3 (unfeeling) insensibile. 4 (blunt: of an edge) smussato, che ha perso il filo; (of a point) spuntato. 5 (listless) fiacco, pigro, svogliato. 6 (torpid) intorpidito, torpido: a ~ mind una mente intorpidita. **7** (*disheartened*) depresso, scoraggiato. **8** (*of the weather: overcast*) coperto, fosco; (*of the sky*) bigio, grigio. **9** (*of a light*) debole, smorto. **10** (*of a sound*) sordo, soffocato, ottuso. **11** (*of a colour*) smorto, opaco, spento. **12** (*of a pain*) sordo. **13** (*Comm,Econ*) fiacco, fermo: ~ *market* mercato fiacco. **II** *v.t.* **1** ottundere, intorpidire, istupidire: *drugs -ed his mind* le droghe gli hanno intorpidito il cervello. **2** (*to make less bright*) appannare, smorzare, offuscare. **3** (*to blunt*) smussare; (*of a point*) spuntare. **4** (*of the sense*) indebolire, affievolire. **5** (*to deaden*) attutire, lenire, mitigare: *time -s sorrow* il tempo lenisce il dolore. □ *as ~ as dishwater* noioso, mortalmente noioso, noioso come una giornata di pioggia; ~ *of hearing* duro di orecchio.

dullard /'dʌləd, 'dʌlɑːd *Am* 'dʌləʳd/ *n.* persona *f.* ottusa, stupido *m.* (*f.* -a).

dullish /'dʌlɪʃ/ *a.* piuttosto ottuso.

dullness /'dʌlnəs/ *n.* **1** (*monotony*) monotonia *f.*; (*tediousness*) tediosità *f.* **2** (*stupidity*) ottusità *f.*, stupidità *f.* **3** (*apathy*) apatia *f.*, indifferenza *f.* **4** (*bluntness*) l'essere smussato, l'essere spuntato. **5** (*Comm*) fiacchezza *f.*

dull-witted /'dʌlwɪtɪd *Am* 'dʌlwɪṭɪd/ *a.* ottuso, tardo.

dully /'dʌli/ *avv.* ottusamente, stupidamente.

duly /'djuːli, dʒuːli *Am* 'd(j)uːli/ *avv.* **1** debitamente, come si conviene: ~ *signed* debitamente firmato. **2** (*in due time*) a tempo debito, puntualmente. □ (*Dir*) ~ *certified copy* copia autenticata conforme all'originale; *your objection has been* ~ *noted* abbiamo preso buona nota delle vostre obiezioni.

dumb /dʌm/ *a.* **1** muto; (*of animals*) senza favella. **2** (*Am,colloq*) (*stupid*) stupido, sciocco, da stupido. **3** (*speechless*) ammutolito, incapace di parlare, incapace di proferire parola: ~ *with amazement* ammutolito per la meraviglia. **4** (*silent*) silenzioso, taciturno. **5** (*of feelings, ideas*) muto, senza parole: ~ *horror* un muto orrore. □ ~ *bell* **1** (*Ginn*) manubrio; **2** (*sl*) stupido; (*colloq*) ~ *blonde* ragazza bionda carina ma stupida, oca (bionda); ~ *creatures* animali; (*scherz*) *our* ~ *friends* i nostri amici animali; *the* ~ *millions* la maggioranza silenziosa; (*Mus*) ~ *piano* tastiera muta (per fare esercizio); (*Econ*) ~ *shareholder* azionista prestanome; ~ *show*: **1** (*Teat*) scena muta; **2** (*pantomime*) pantomima; (*Econ*) ~ *stockholder* azionista prestanome; (*Inform*) ~ *terminal* terminale passivo, terminale muto; ~ *waiter*: **1** (*Arred*) servo muto; **2** (*food service lift*) montavivande, calapranzi.

dumbfound /,dʌm'faʊnd, 'dʌmfaʊnd/ *v.t.* far ammutolire, sorprendere, stupire.

dumbness /'dʌmnəs/ *n.* **1** mutismo *m.* **2** (*colloq*) stupidità *f.*

dumbstruck /'dʌmstrʌk/ *a.* allibito, esterrefatto.

dumdum /'dʌmdʌm/ *n.* (*Mil*) proiettile *m.* dumdum. □ (*Mil*) ~ *bullet* proiettile dumdum.

dummy /'dʌmi/ *I n.* **1** oggetto *m.* finto, oggetto *m.* falso. **2** (*layfigure: for displaying, dresses, etc.*) manichino *m.* **3** (*for a ventriloquist*) pupazzo *m.* **4** (*in shooting practice, etc.*) sagoma *f.* di uomo, fantoccio *m.* **5** (*colloq*) (*fool*) stupido *m.* (*f.* -a). **6** (*fig*) uomo *m.* di paglia, prestanome *m.* **7** (*rubber teat*) tettarella *f.*, succhiotto *m.* **8** (*colloq*) (*mute*) muto *m.* (*f.* -a). **9** (*in cards*) morto *m.*: *to be the* ~ fare il morto. **10** (*Sport*) finto passaggio *m.*, finta *f.*: *to sell so. a* ~ fare un finto passaggio a qcu. **11** (*Ferr*) locomotiva *f.* con condensatore. **12** (*Tip*) menabò *m.* **II** *a.* **1** finto,

falso. **2** (*in cards*) giocato col morto. □ ~ *corporation* società fittizia; ~ *hand* (*in cards*) mano del morto; (*Mil*) ~ *run* esercitazione.

dump¹ /dʌmp/ *I v.t.* **1** buttare, gettare. **2** (*to unload, to tip out*) scaricare, rovesciare, gettare. **3** (*colloq*) (*to get rid of*) disfarsi di, liberarsi di. **4** (*Comm*) vendere sottocosto: *to* ~ *goods on a foreign market* vendere merce sottocosto in un mercato straniero. **II** *v.i.* **1** cadere con un tonfo. **2** (*to throw away refuse*) scaricare rifiuti. **3** (*Comm*) vendere merce sottocosto. **III** *n.* **1** scarico *m.* **2** (*rubbish tip*) cumulo *m.* di rifiuti, mucchio di rifiuti; (*site*) discarica *f.* **3** (*Mil*) deposito *m.* (di munizioni, viveri ecc.). **4** (*colloq*) (*dirty, ugly place*) luogo *m.* sudicio, luogo *m.* sporco, porcile *m.* □ (*Aut*) ~ *truck* autocarro con cassone ribaltabile, autoribaltabile.

dump² /dʌmp/ *n.* (*colloq*) depressione *f.* □ (*colloq*) *down in the -s* (o *in the -s*) depresso, giù di corda.

dump³ /dʌmp/ *n.* **1** oggetto *m.* tozzo, pezzo *m.* informe. **2** (*in games*) gettone *m.* (di piombo). **3** (*thick coin*) moneta *f.* pesante.

dumper /'dʌmpəʳ/ *n.* **1** (*Mecc*) autoribaltabile *m.*, tombarello *m.*, dumper *m.* **2** (*Ferr*) rovesciatore *m.*

dumpiness /'dʌmpinəs/ *n.* aspetto *m.* tozzo, aspetto *m.* tarchiato.

dumping /'dʌmpiŋ/ *n.* **1** (*Econ*) dumping *m.* **2** (*of waste*) discarica *f.*: *public* ~ discarica pubblica. □ ~ *area* (o ~ *ground*) zona di scarico dei rifiuti, discarica; (*Agr*) ~ *price* prezzo (di produzione) sottocosto.

dumpling /'dʌmpliŋ/ *n.* **1** (*Gastron*) gnocco *m.*; (*dessert*) dolce *m.* di frutta (al forno). **2** (*colloq*) persona *f.* rotondetta, tombolo *m.*

dumpy¹ /'dʌmpi/ *a.* (*colloq*) depresso, malinconico, giù di corda.

dumpy² /'dʌmpi/ *I a.* tozzo, (basso e) tarchiato. **II** *n.* (*Ornit*) gallina *f.* dalle gambe corte.

dun¹ /dʌn/ *I v.i.* (*past, p.p.* **dunned** /-d/) sollecitare, pressare: *to* ~ *a customer for payment of a bill* sollecitare un cliente a pagare un conto, sollecitare il pagamento di un conto da parte di un cliente. **II** *n.* **1** creditore *m.* (*f.* -trice) insistente. **2** (*demand for payment*) sollecitazione *f.* di pagamento, richiesta *f.* pressante di pagamento.

dun² /dʌn/ *I a.* **1** bigio, grigio spento. **2** (*of a horse*) lupino. **II** *n.* **1** bigio *m.*, grigio *m.* spento. **2** (*horse*) baio *m.* lupino. **3** (*Pesc*) mosca *f.* artificiale.

dunce /dʌns/ □ (*Scol*) ~'*s cap* berretto a cono (usato un tempo come punizione), berretto da somaro.

Dundee /dʌn'diː/ *n.pr.* (*Geog*) Dundee *f.*

dunderhead /'dʌndəhed *Am* 'dʌndəʳhed/ *n.* stupido *m.* (*f.* -a), testone *m.* (*f.* -a), testa *f.* di legno.

dunderheaded /'dʌndəhedɪd *Am* 'dʌndəʳhedɪd/ *a.* stupido, tonto.

dune /djuːn, dʒuːn *Am* d(j)uːn/ *n.* (*Geol*) duna *f.* □ (*Aut*) ~ *buggy* dune-buggy, fuoristrada leggero.

dung /dʌŋ/ *I n.* (*manure*) letame *m.*, concime *m.* (animale); (*excrement*) sterco *m.* **II** *v.t.* (*Agr*) concimare con letame, fertilizzare. □ ~ *fork* forca da letame.

dungaree /,dʌŋgə'riː, 'dʌŋgəriː/ *n.* **1** (*Tess*) tela *f.* grezza di cotone. **2** *pl.* (*Abbigl*) (*trousers*) calzoni *m.pl.* di tela grezza; (*overalls*) tuta *f.sing.* (da lavoro).

dungeon /'dʌndʒən/ *n.* **1** prigione *f.* sotterranea. **2** (*keep of a castle*) torrione *m.*

dunghill /'dʌŋhɪl/ *n.* **1** letamaio *m.* **2** (*fig*) stato *m.* di abiezione, fango *m.* □ (*Ornit*) ~

cock gallo domestico.

dunging /'dʌŋgɪŋ/ *n.* (*Agr*) letamazione *f.*

dunk /dʌŋk/ *v.t.* inzuppare: *to* ~ *bread in coffee* inzuppare il pane nel caffè.

dunlin /'dʌnlɪn/ *n.* (*Ornit*) piovanello *m.* pancianera.

dunnage /'dʌnɪdʒ/ *n.* **1** bagaglio *m.*, effetti *m.pl.* personali. **2** (*Mar*) pagliolo *m.*, pagliolato *m.*

dunt /dʌnt/ *n.* (*Ceram*) incrinatura *f.* per uno sbalzo di temperatura.

duo /'djuːoʊ *Am* 'd(j)uːoʊ/ (*pl.* **-s** /-z/) *n.* **1** (*Mus*) duetto *m.*, duo *m.* **2** (*Teat*) duo *m.*

duodecennial /,djuːoʊdɪ'seniəl *Am* ,d(j)uːoʊd'seniəl/ *a.* duodecennale.

duodecimal /,djuːoʊ'desiməl *Am* ,d(j)uːoʊ'desiməl/ *I a.* duodecimale. **II** *n.* dodicesimo *m.*, (*ant*) duodecimo *m.*

duodecimo /,djuːoʊ'desiməʊ *Am* ,d(j)uːoʊ'desiməʊ/ *n.* (*Edit*) dodicesimo *m.*; (*book*) volume *m.* in dodicesimo.

duodenal /,djuːoʊ'diːnəl *Am* ,d(j)uːə'diːnəl/ *a.* (*Anat*) duodenale.

duodenary /,djuːoʊ'diːnəri *Am* ,d(j)uːə'diːnəri/ *a.* (*Mat*) duodecimale.

duodenum /,djuːoʊ'diːnəm *Am* ,d(j)uːə'diːnəm/ (*pl.* **-na** /-nə/, **-s** /-z/) *n.* (*Anat*) duodeno *m.*

duologue /'djuːəlɒg *Am* 'd(j)uːələːg/ *n.* **1** dialogo *m.* **2** (*Teat*) scena *f.* a due.

duopoly /dju'ɒpəli *Am* d(j)u'ɑːpəli/ *n.* (*Econ*) duopolio *m.*

dupability /,djuːpə'bɪliti *Am* ,d(j)uːpə'bɪləti/ *n.* credulità *f.*, dabbenaggine *f.*

dupable /'djuːpəbl *Am* 'd(j)uːpəbl/ *a.* credulone, sempliciotto, baggiano.

dupe /djuːp *Am* d(j)uːp/ *I n.* credulone *m.* (*f.* -a), boccalone *m.* (*f.* -a). **II** *v.t.* imbrogliare, ingannare, gabbare, abbindolare. □ (*Cin*) ~ *negative* controtipo.

duper /djuːpəʳ *Am* d(j)uːpəʳ/ *n.* imbroglione *m.* (*f.* -a), gabbatore *m.* (*f.* -trice).

dupery /'djuːpəri *Am* d(j)uːpəri/ *n.* imbroglio *m.*, inganno *m.*

duple /'djuːpl *Am* 'd(j)uːpl/ *a.* doppio, duplice. □ (*Mus*) ~ *time* tempo binario.

duplet /'djuːplɪt *Am* 'd(j)uːplɪt/ *n.* (*Mus*) duina *f.*

duplex /djuːpleks *Am* 'd(j)uːpleks/ *I a.* **1** doppio, duplice. **2** (*Tecn*) duplex. **II** *n.* (*Am*) casa *f.* bifamiliare, villetta *f.* bifamiliare. □ ~ *apartment* appartamento su due piani; (*El*) ~ *cable* doppino; (*Rad*) ~ *diode* bidiodo, diodo doppio; (*Am*) ~ *house* villetta bifamiliare, casa bifamiliare.

duplicable /'djuːplɪkəbl *Am* 'd(j)uːplɪkəbl/ *a.* duplicabile.

duplicate¹ /'djuːplɪkət *Am* 'd(j)uːplɪkət/ *I a.* **1** duplice, doppio: ~ *copies of an invoice* doppia copia di una fattura. **2** (*exactly corresponding*) esattamente uguale, gemello: *a* ~ *key* una chiave gemella. **II** *n.* **1** copia *f.*, duplicato *m.* **2** (*counterpart*) copia *f.* esatta, doppione *m.* **3** (*Cin,Bibliot*) duplicato *m.* □ (*burocr*) *in* ~ in duplice copia; (*ant*) *duplicating machine* duplicatore, ciclostile; (*Cin*) ~ *negative film* controtipo.

duplicate² /'djuːplɪkeɪt *Am* 'd(j)uːplɪkeɪt/ *v.t.* **1** fare in duplice copia, fare un duplicato di. **2** (*to repeat*) ripetere, replicare. **3** (*to double*) raddoppiare.

duplication /,djuːplɪ'keɪʃən *Am* ,d(j)uːplɪ'keɪʃən/ *n.* **1** duplicazione *f.*, raddoppiamento *m.* **2** (*duplicate*) duplicato *m.*

duplicator /'djuːplɪkeɪtəʳ *Am* 'd(j)uːplɪkeɪtəʳ/ *n.* duplicatore *m.*, ciclostile *m.*

duplicitous /dju'plɪsɪtəs *Am* d(j)u'plɪsɪtəs/ *a.* ambiguo, falso.

duplicity /dju'plɪsɪti *Am* d(j)u'plɪsəti/ *n.* **1**

dura (*deceitfulness*) doppiezza *f.*, falsità *f.* 2 (*twofold quality*) duplicità *f.*

dura /'djʊərə *Am also* 'dʊrə/ ☐ (*Anat*) ~*mater* dura madre, duramadre.

durability /,djuərə'bɪlɪti *Am* ,d(j)ʊrə'bɪləti/ *n.* durevolezza *f.*

durable /'djʊərəbl̩ *Am* 'd(j)ʊrəbl̩/ *a.* durevole, durabile, duraturo.

durableness /'djʊərəblnəs *Am* 'd(j)ʊrəblnəs/ *n.* durevolezza *f.*

durables /'djʊərəblz *Am* 'd(j)ʊrəblz/ *n.pl.* (*Econ*) beni *m.pl.* durevoli.

duralumin /djuə'ræljumɪn *Am* d(j)u: 'ræljumɪn/ *n.* (*Met*) duralluminio *m.*

duramen /dju(ə)'reɪmen *Am* d(j)u'reɪmen/ *n.* (*Bot*) durame *m.*

durance /'djuərəns *Am* 'd(j)ʊrəns/ *n.* prigionia *f.*: *in ~ vile* in dura prigionia.

duration /dju(ə)'reɪʃən *Am* d(j)u'reɪʃən/ *n.* durata *f.*: *of short ~* di breve durata. ☐ *for the ~* per un lungo periodo di tempo; (*Tel*) ~ *of call* durata della conversazione.

durational /dju(ə)'reɪʃənəl *Am* d(j)u'reɪʃənəl/ *a.* di durata, relativo alla durata: ~ *contrast* contrasto di durata.

durative /'djʊərətɪv *Am* 'd(j)ʊrətɪv/ *a.* (*Gramm*) durativo, continuo.

duress /dju'res, dʒu'res/ *n.* 1 costrizione *f.*, coercizione *f.*: *under ~* sotto coercizione. 2 (*imprisonment*) prigionia *f.* 3 (*Dir*) violenza *f.*, coazione *f.*

Durham /'dʌrəm *Am* 'dɜːrəm/ *n.pr.* (*Geog*) Durham *f.*

durian /'dʊrɪən *Br also* 'djʊərɪən/ *n.* (*Bot,Alim*) durian *m.*

during /'djʊərɪŋ, 'dʒʊərɪŋ *Am* 'd(j)ʊrɪŋ/ *prep.* durante, nel corso di: ~ *the winter* durante l'inverno. ☐ ~ *one's lifetime* vita natural durante; ~ *so.'s lifetime* durante la vita di qcu.

durmast /'dɜːmɑːst *Am* 'dɜːrmæst/ *n.* (*Bot*) rovere *m.* ☐ (*Bot*) ~*oak* rovere *m.*

durra /'dʊrə/ *n.* (*Bot*) sorgo *m.*

durst /dɜːst *Am* dɜːrst/ → **dare**.

dusk /dʌsk/ I *n.* 1 crepuscolo *m.* 2 (*partial darkness*) semioscurità *f.* II *a.* (*poet*) oscuro, buio, scuro. III *v.t.* oscurare, offuscare. IV *v.i.* imbrunire, oscurarsi.

duskiness /'dʌskɪnəs/ *n.* scuro *m.*, oscurità *f.*

dusky /'dʌski/ *a.* 1 oscuro, buio, scuro. 2 (*blackish*) scuro, bruno: ~ *brown* marrone scuro. 3 (*having dark skin*) bruno, di carnagione scura. 4 (*fig*) triste, tetro, malinconico.

dust¹ /dʌst/ *n.* 1 polvere *f.* 2 (*cloud of dust*) polverone *m.*, nube *f.* di polvere: *what a lot of ~!* che polverone!; *to raise a ~* (o *to make a ~*) sollevare un polverone (*anche fig*). 3 (*fig*) (*earthly remains*) ceneri *f.pl.*, spoglie *f.pl.* mortali, (*lett*) polvere *f.* 4 (*fig*) (*confusion, turmoil*) confusione *f.*, strepito *m.*, tumulto *m.* ☐ (*fig*) *in ~ and ashes* col capo cosparso di cenere; (*fig*) *in the ~ and heat of the day* nel pieno della lotta; ~ *bowl* regione devastata dalle tempeste di polvere, bacino desertico; (*Am,colloq*) ~ *bunny* laniccio; ~ *cart* autocarro della nettezza urbana; ~ *cover*: 1 (*for furniture*) copertura contro la polvere; 2 (*Legat*) copertina, foderina; ~ *devil* turbine di sabbia, turbine di polvere; ~ *emission* emissione di polveri; (*fig*) *to make the ~ fly*: 1 (*to work hard*) lavorare per due; 2 (*colloq*) (*to sow discord*) seminare zizzania; (*fig*) *when the ~ has settled* quando le acque si saranno calmate, a bocce ferme; (*Legat*) ~ *jacket* copertina, foderina; ~ *removal* depolverizzazione; ~ *remover* depolverizzatore; ~ *ruffle* fascia di tessuto decorativo arricciato che va dal materasso al pavimento; (*Br*) ~ *sheet* (*for furniture*) copertura contro la polvere;

dust² /dʌst/ I *v.t.* 1 spolverare. 2 (*to sprinkle with powder*) cospargere, spolverare. 3 (*to make dusty*) impolverare. II *v.i.* spolverare. ☐ (*fig*) *to ~ so.'s coat* picchiare qcu., spolverare le spalle a qcu.; *to ~ so.'s jacket*: 1 spolverare la giacca a qcu.; 2 (*fig*) picchiare qcu., spolverare le spalle a qcu.; 3 (*to caress so.'s shoulders*) accarezzare le spalle a qcu.; *to ~ off*: 1 spolverare; 2 (*fig*) rispolverare: *I'll have to ~ off my German* dovrò rispolverare il mio tedesco.

dustbin /'dʌsbɪn/ *n.* pattumiera *f.*, portaimmondizie *m.*

duster /'dʌstər/ *n.* 1 chi spolvera. 2 (*cloth*) straccio *m.* per la polvere. 3 (*sprinkler for sugar, etc.*) spolverino *m.* 4 (*Agr*) polverizzatore *m.* 5 (*Abbigl*) (*over-garment*) grembiule *m.* (da casa); (*housecoat*) vestaglietta *f.*; (*woman's summer coat*) spolverino *m.*

Dustin /'dʌstɪn/ *n.p.r.m.* Dustin.

dustiness /'dʌstɪnəs/ *n.* polverosità *f.*

dusting /'dʌstɪŋ/ *n.* 1 spolverata *f.* 2 (*colloq*) (*beating*) bastonata *f.*, botte *f.pl.* ☐ (*Cosmet*) ~ *powder* cipria in polvere.

dustman /'dʌsmən/ *n.irr.* 1 spazzino *m.* 2 (*infant*) (*sandman*) omino *m.* del sonno.

dustpan /'dʌspæn/ *n.* paletta *f.* per la spazzatura.

dust-proof /'dʌspruːf/ *a.* tenuta di polvere.

dust-up /'dʌstʌp/ *n.* (*colloq*) lite *f.*, disputa *f.*

dusty /'dʌsti/ *a.* 1 polveroso, coperto di polvere, pieno di polvere. 2 (*powdery*) polveroso, friabile. 3 (*grey*) grigio. 4 (*dull*) monotono, privo di interesse. ☐ (*colloq*) *not so ~* mica male, discreto.

dutch /dʌtʃ/ *n.* (*Br,sl*) moglie *f.*

Dutch /dʌtʃ/ I *a.* 1 olandese. 2 (*Pitt*) fiammingo. II *n.* 1 (*language*) olandese *m.* 2 (*people*) olandese *m./f.*: *the ~* gli olandesi. 3 (*Am, sl,ant*) (*German language*) tedesco *m.* ☐ ~ *auction* asta in cui il prezzo base è superiore al valore reale; (*Alim*) ~ *cheese* ricotta; (*Bot*) ~ *clover* trifoglio bianco, badino; (*colloq*) ~ *courage* coraggio dato dagli alcolici; (*colloq*) *to go ~* pagare ciascuno per sé, fare alla romana; (*Am,sl*) *to be in ~*: 1 (*in trouble*) essere nei guai, essere in difficoltà; 2 (*in disfavour*) essere in disgrazia; (*Met*) ~ *metal* similoro, oro di Bologna; ~ *oven*: 1 tipo di pentola a pressione; 2 (*oven*) forno di campagna; ~ *treat* trattenimento in cui ogni invitato paga la sua parte; (*fig*) *to talk to so. like a ~ uncle* fare la predica a qcu., fare la paternale a qcu.

Dutchman /'dʌtʃmən/ *n.irr.* 1 olandese *m.* 2 (*Mar*) nave *f.* olandese. ☐ (*Br,colloq*) *I'm a ~ if...* mi venga un colpo se...; *well, I'm a ~!* non è possibile!, è assurdo!, mia nonna!

Dutchwoman /'dʌtʃ,wʊmən/ *n.irr.* olandese *f.*

duteous /'djuːtɪəs *Am* 'd(j)uːtɪəs/ *a.* obbediente, ligio al dovere.

duteously /'djuːtɪəsli *Am* 'd(j)uːtɪəsli/ *avv.* con ubbidienza.

duteousness /'djuːtɪəsnəs *Am* 'd(j)uːtɪəsnəs/ *n.* ubbidienza *f.*

dutiable /'djuːtɪəbl̩ *Am* 'd(j)uːtɪəbl̩/ *a.* (*Econ*) soggetto a dazio, soggetto a dogana, tassabile.

dutiful /'djuːtɪfʊl *Am* 'd(j)uːtɪfʊl/ *a.* 1 (*duteous*) obbediente, ligio al dovere. 2 (*deferential*) rispettoso, deferente.

dutifully /'djuːtɪfʊli *Am* 'd(j)uːtɪfʊli/ *avv.* disciplinatamente.

dutifulness /'djuːtɪfʊlnəs *Am* 'd(j)uːtɪfʊlnəs/ *n.* rispettosità *f.*

duty /'djuːti *Am* 'd(j)uːti/ *n.* 1 dovere *m.*: *to do one's ~* fare il (o adempiere al) proprio dovere. 2 (*moral obligation*) dovere *m.*, obbligo *m.* morale. 3 (*task*) dovere *m.*, compito *m.*, mansione *f.*: *the duties of the new clerk* le mansioni del nuovo impiegato. 4 (*respect*) rispetto *m.*, deferenza *f.*; (*expression of respect*) doveri *m.pl.*, ossequi *m.pl.* 5 (*Comm, Econ*) dazio *m.*, imposta *f.*: *export ~* dazio di esportazione. 6 (*Mecc*) rendimento *m.* di lavoro. ☐ *to be ~ bound* to do sth. essere moralmente impegnato a fare qcs., sentirsi in dovere di fare qcs.; *as in ~ bound* come si deve, come di dovere; ~ *call* visita di dovere; (*Ind*) ~ *cycle* ciclo di lavoro; *to do one's ~* fare il proprio dovere; *to do ~ as* servire da: *the sofa does ~ as a bed* il divano serve da letto; *to do ~ for* servire da; *to be in ~ bound to do sth.* essere moralmente impegnato a fare qcs., sentirsi in dovere di fare qcs.; *to be off ~* essere in libertà, essere fuori servizio; *to go off ~* (o *to come off ~*) smontare dal servizio; (*Mil*) ~ *officer* ufficiale di servizio; *to be on ~* essere in servizio; *to go on ~* (o *to come on ~*) entrare in servizio; *to be on sentry ~* montare la guardia; ~ *paid* dazio pagato.

duty-free /,djuːti'friː, ,dʒuːti'friː *Am* ,d(j)uːti 'friː/ I *a.* esente da dazio, duty-free. II *avv.* esente da dazio, duty-free. ☐ (*Comm*) ~ *entry* ingresso in franchigia doganale; ~ *shop* duty-free, negozio in cui sono vendute merci non gravate da tasse.

duvet /'d(j)uːveɪ/ *n.* piumino *m.*, piumone *m.*: ~ *cover* copripiumino, copripiumone.

duvetyn, duvetyne /'d(j)uːvətiːn/ *n.* (*Tess*) duvetina *f.*, duvetine *f.*

D.V. *deo volente* DV (Dio volendo).

DVD /,di:vi:'di:/ I (*Elettron*) *digital video disc* DVD (videodisco digitale). II *n.* (*Elettron*) DVD *m.* ☐ (*Elettron*) ~ *reader* lettore di DVD.

DVRK *North Korea* DVRK (Corea del Nord).

dwale /dweɪl/ *n.* (*Bot*) belladonna *f.*

dwarf /dwɔːf *Am* dwɔːrf/ I *n.* (pl. **-s** /-s/, **dwarves** /dwɔːvz *Am* dwɔːrvz/) 1 nano *m.* (*f.* -a). 2 (*animal*) animale *m.* nano. 3 (*plant*) pianta *f.* nana. 4 (*Mitol*) gnomo *m.* 5 (*Astr*) (*dwarf star*) stella *f.* nana. II *a.* 1 (*Biol*) nano. 2 (*diminutive*) minuscolo, ridotto. III *v.t.* 1 fare sembrare piccolo, fare apparire piccolo. 2 (*fig*) rendere insignificante, sminuire. 3 (*to stunt the growth of*) arrestare la crescita di, arrestare lo sviluppo di.

dwarfish /'dwɔːfɪʃ *Am* 'dwɔːrfɪʃ/ *a.* 1 di nano, da nano. 2 (*very small*) piccolissimo.

dwarfism /'dwɔːfɪzəm *Am* 'dwɔːrfɪzəm/ *n.* (*Med*) nanismo *m.*

dwell /dwel/ I *v.i.* (*past, p.p.* **dwelt** /-t/, **-ed** /-d/) 1 abitare, risiedere, (*lett*) dimorare. 2 (*to linger*) indugiare, soffermarsi, attardarsi (*on, upon* su): *to ~ on a point* soffermarsi su un particolare. 3 (*to speak, to write at length*) trattare esaurientemente (di), diffondersi (su). 4 (*to reflect*) riflettere (*on* su). II *n.* (*Mecc*) rotazione *f.* sul pezzo ad avanzamento fermo.

dweller /'dwelər/ *n.* abitante *m./f.*, abitatore *m.* (*f.* -trice).

dwelling /'dwelɪŋ/ *n.* abitazione *f.*, residenza *f.*, dimora *f.*: *to take up one's ~* fissare la (propria) residenza. ☐ ~ *house* casa di abitazione; ~ *place* residenza, luogo di residenza.

dwelt /dwelt/ → **dwell**.

DWI /,di:,dʌbljuː'aɪ/ (*Dir*) *driving while intoxicated* (guida in stato di ebbrezza).

dwindle /'dwɪndl̩/ *v.i.* 1 diminuire, decrescere, scemare, ridursi. 2 (*to decline*) declinare, decadere, degenerare. ☐ *to ~ away* diminuire, decrescere, scemare, ridursi.

dwt. *pennyweight* pennyweight (pari a 1, 555 g).

DY *Benin* DY (Benin).

dyad /'daɪæd,'daɪəd/ *n.* **1** coppia *f.* (*anche Mat*). **2** (*Biol,Mus*) diade *f.* **3** (*Chim*) elemento *m.* bivalente.

dyadic /daɪ'ædɪk/ *a.* **1** diadico. **2** (*Chim*) bivalente.

dye /daɪ/ **I** *n.* **1** tintura *f.*, materia *f.* colorante, tinta *f.* **2** (*colour*) colore *m.*, tinta *f.* **II** *v.t.* **1** tingere: *to ~ a dress red* tingere un vestito in rosso; *to ~ one's hair* tingersi i capelli. **2** (*fig*) colorare, tingere: *a blush -d her cheeks* un rossore le colorò le guance. **III** *v.i.* tingersi, prendere il colore, prendere la tinta.

dyed-in-the-wool /,daɪdɪnðə'wʊl/ *a.* **1** (*Tess*) tinto in filo. **2** (*fig*) (*total*) totale, completo, dalla testa ai piedi. **3** (*fig*) (*inflexible*) inflessibile, deciso, intransigente. **4** (*fig*) (*of a bachelor*) impenitente. **5** (*fig*) (*of a thing*) connaturato, radicato.

dyeing /'daɪɪŋ/ *n.* tintura *f.*

dyer /'daɪər/ *n.* tintore *m.* (*f.* -a).

dyestuff /'daɪstʌf/ *n.* materia *f.* colorante, sostanza *f.* colorante.

dyewood /'daɪwʊd/ *n.* legno *m.* tintorio.

dyeworks /'daɪwɜːks *Am* 'daɪwɜːrks/ *n.pl.* tintoria *f.sing.*

Dyfed /'dʌvɪd, 'dʌved/ *n.pr.* (*Geog*) Dyfed *m.* (contea del Galles).

dying /'daɪɪŋ/ **I** *a.* **1** morente, moribondo, agonizzante: *a ~ man* un uomo morente. **2** (*fig*) in via di estinzione: *a ~ tradition* una tradizione in via di estinzione. **3** (*of death*) ultimo, estremo: *~ breath* l'ultimo respiro. **II** *n.* morte *f.*, agonia *f.* ☐ *a ~ breed* una razza in via di estinzione (*anche fig*); *until one's ~ day* fino al giorno della (propria) morte; (*Br,colloq*) *to look like a ~ duck in a thunderstorm* avere un'aria smarrita.

dyke¹ /daɪk/ *n./v.* → **dike**.

dyke² /daɪk/ *n.* (*sl*) lesbica *f.*

dynamic /d(a)ɪ'næmɪk/ *a.* **1** dinamico. **2** (*Med*) funzionale. ☐ (*Fis*) *~ balance* equilibrio dinamico; (*colloq*) *~ duo* accoppiata vincente.

dynamical /d(a)ɪ'næmɪkəl/ *a.* **1** dinamico. **2** (*Med*) funzionale.

dynamics /d(a)ɪ'næmɪks/ *n.pl.* (*costr.sing. o pl.*) **1** (*Fis,Mus*) dinamica *f.* **2** (*driving forces*) forze *f.pl.* motrici.

dynamism /'daɪnəmɪzəm/ *n.* (*Filos*) dinamismo *m.* (*anche fig*).

dynamist /'daɪnəmɪst/ *n.* (*Filos*) dinamista *m./f.*

dynamistic /,daɪnə'mɪstɪk/ *a.* (*Filos*) dinamistico.

dynamitard /'daɪnəmɪtɑːd *Am* 'daɪnəmɪtɑːrd/ *n.* dinamitardo *m.* (*f.* -a).

dynamite /'daɪnəmaɪt/ **I** *n.* **1** dinamite *f.* **2** (*fig*) carica *f.* di dinamite. **II** *v.t.* far saltare con la dinamite.

dynamiter /'daɪnəmaɪtər *Am* 'daɪnəmaɪtər/ *n.* dinamitardo *m.* (*f.* -a).

dynamitic /,daɪnə'mɪtɪk *Am* ,daɪnə'mɪtɪk/, **dynamitical** /,daɪnə'mɪtɪkəl, *Am* ,daɪnə'mɪtɪkəl/ *a.* dinamitico, dinamitardo, che fa uso della dinamite.

dynamo /'daɪnəmoʊ/ (*pl.* **-s** /-z/) *n.* **1** (*El*) dinamo *f.* **2** (*colloq*) (*forceful person*) persona *f.* energica, persona *f.* dinamica.

dynamoelectric /,daɪnəmoʊɪ'lektrɪk/ *a.* (*Fis*) dinamoelettrico.

dynamoelectrical /,daɪnəmoʊɪ'lektrɪkəl/ *a.* (*Fis*) dinamoelettrico.

dynamometer /,daɪnə'mɒmɪtər *Am* ,daɪnə'mɑːmətər/ *n.* (*Mecc*) dinamometro *m.*

dynast /'daɪnæst, 'daɪnəst/ *n.* dinasta *m.*

dynastic /daɪ'næstɪk *Br also* dɪ'næstɪk/, **dynastical** /daɪ'næstɪkəl, *Br also* dɪ'næstɪkəl/ *a.* dinastico.

dynastically /daɪ'næstɪkəli *Br also* dɪ'næstɪkəli/ *avv.* dinasticamente, dal punto di vista dinastico.

dynasty /'daɪnəsti *Br also* 'dɪnəsti/ *n.* dinastia *f.*: *the Ming ~* la dinastia Ming.

dyne /daɪn/ *n.* (*Fis*) dina *f.*

dysenteric /,dɪsen'terɪk/ *a.* (*Med*) dissenterico.

dysentery /'dɪsəntri *Am* 'dɪsənteri/ *n.* (*Med*) dissenteria *f.*

dysfunction /dɪs'fʌŋ(k)ʃən/ *n.* (*Med*) disfunzione *f.*

dysfunctional /dɪs'fʌŋ(k)ʃənl/ *a.* **1** (*not functioning in a proper or normal way*) che non funziona normalmente, non perfettamente funzionante. **2** (*unable to deal with normal social functions*) disfunzionale. ☐ *~ family* famiglia in cui esistono problemi relazionali, famiglia disfunzionale.

dysgenic /dɪs'dʒenɪk/ *a.* (*Biol*) disgenetico.

dysgenics /dɪs'dʒenɪks/ *n.pl.* (*costr.sing.*) studio *m.* delle degenerazioni delle razze.

dyslexia /dɪs'leksɪə/ *n.* (*Med*) dislessia *f.*

dyslexic /dɪs'leksɪk/ *a.* (*Med*) dislessico.

dysmenorrhea /,dɪsmenə'riːə/ *n.* (*Am,Med*) dismenorrea *f.*

dysmenorrheal /,dɪsmenə'riːəl/ *a.* (*Am,Med*) dismenorroico.

dysmenorrheic /,dɪsmenə'riːɪk/ *a.* (*Am,Med*) dismenorroico.

dysmenorrhoea /,dɪsmenə'rɪə/ *n.* (*Br,Med*) dismenorrea *f.*

dysmenorrhoeal /,dɪsmenə'rɪəl/ *a.* (*Br,Med*) dismenorroico.

dysmenorrhoeic /,dɪsmenə'rɪɪk/ *a.* (*Br, Med*) dismenorroico.

dysmetria /dɪs'metrɪə/ *n.* (*Med*) dismetria *f.*

dyspepsia /dɪs'pepsɪə/ *n.* (*Med*) dispepsia *f.*

dyspeptic /dɪs'peptɪk/ **I** *a.* **1** (*Med*) dispeptico. **2** (*fig*) irritabile, depresso. **II** *n.* (*Med*) dispeptico *m.* (*f.* -a).

dysphasia /dɪs'feɪʒ(i)ə *Br also* dɪs'feɪzɪə/ *n.* (*Med*) disfasia *f.*

dysplasia /dɪs'pleɪʒ(i)ə *Br also* dɪs'pleɪzɪə/ *n.* (*Med*) displasia *f.*

dysplastic /dɪs'plæstɪk/ *a.* (*Med*) displasico.

dyspnea /'dɪs(p)niːə/ *n.* (*Am,Med*) dispnea *f.*

dyspneal /'dɪs(p)niːəl/ *a.* (*Am,Med*) dispnoico.

dyspneic /'dɪs(p)niːɪk/ *a.* (*Am,Med*) dispnoico.

dyspnoea /dɪs(p)'niːə/ *n.* (*Br,Med*) dispnea *f.*

dyspnoeal /dɪs(p)'niːəl/ *a.* (*Br,Med*) dispnoico.

dyspnoeic /dɪs(p)'niːk/ *a.* (*Br,Med*) dispnoico.

dysprosium /dɪs'prouzɪəm/ *n.* (*Chim*) disprosio *m.*

dystrophic /dɪs'trɒfɪk *Am* dɪs'trɑːfɪk/ *a.* (*Med*) distrofico.

dystrophy /'dɪstrəfi/ *n.* (*Med*) distrofia *f.*

dysuria /dɪs'jʊərɪə *Am* dɪs'jʊrɪə/ *n.* (*Med*) disuria *f.*

DZ *Algeria* DZ (Algeria).

E

e¹, E¹ /iː/ (pl. **e's/es, E's/Es** /iːz/) n. (*letter of the alphabet*) e, E *f./m.*: (*Tel*) *E for Edward* (o *Am E as in Easy*) e come Empoli.

e² **1** (*Fis*) *electron* e (elettrone). **2** (*Mat*) *Napier's number* e (numero di Nepero).

E² /iː/ **I** *a.* (*fifth in order or class*) E, quinto. **II** *n.* **1** (*Mus*) mi *m.* **2** (*Scol*) cinque *m.* **3** (*colloq*) (*the drug Ecstasy*) ecstasy *m.* **4** (*colloq*) (*tablet of Ecstasy*) pastiglia *f.* di ecstasy.

E³ **1** *East* E (Est). **2** (*Fis*) *Energy* E (Energia). **3** *Eastern* (orientale). **4** *English* (inglese). **5** *Spain* E (Spagna).

ea. *each* (ciascuno).

each /iːtʃ/ **I** *a.* ogni, ciascuno: *we paid for ~ item separately* abbiamo pagato ogni articolo a parte. **II** *pron.* ognuno, ciascuno: *he gave one to ~ of us* ce ne ha dato uno ciascuno; *~ of the children* ciascun bambino, ciascuno dei bambini; *~ went his own way* ognuno andò per la sua strada. **III** *avv.* **1** l'uno, per uno, ciascuno, a persona, a testa: *they cost a pound ~* costano una sterlina l'uno; *a room ~* una camera per ciascuno. **2** (*both*) sia... sia...: *John and Mary ~ refused* sia Giovanni che Maria rifiutarono. □ *~ and every* tutti, ciascuno; *~ and everyone of you* tutti voi; *~ one* ognuno; *~ other* l'un l'altro, reciprocamente, a vicenda: *they are afraid of ~ other* hanno paura l'uno dell'altro; *they love ~ other* si amano; *to ~ his own* i gusti sono gusti, ognuno ha i suoi gusti; (*Br*) *~ way* (*of a bet*) vincente o piazzato: *to put money on a horse ~ way* puntare su un cavallo vincente o piazzato.

eager /ˈiːgəʳ/ *a.* **1** desideroso, bramoso, avido: *~ to learn* avido di imparare; *to be ~ for success* essere avido di successo. **2** (*impatient*) impaziente, ansioso: *I am ~ to see you* sono impaziente di vederti. **3** (*keen*) zelante, diligente. □ (*scherz*) *~ beaver* stacanovista, entusiasta del lavoro, lavoratore indefesso; *~ to please* estremamente gentile, che fa di tutto per compiacere gli altri, che non vuole scontentare nessuno.

eagerness /ˈiːgənəs/ *n.* **1** ansia *f.*, forte desiderio *m.*, impazienza *f.* **2** (*enthusiasm*) entusiasmo *m.*, ardore *m.*, zelo *m.*

eagle /ˈiːgl/ **I** *n.* **1** (*Ornit*) aquila *f.* **2** leggio *m.* a forma di aquila. **3** (*Sport*) (*in golf*) eagle *m.* **4** (*Numism*) aquila *f.*, moneta *f.* d'oro da dieci dollari (degli Stati Uniti). **II** *v.i.* (*Sport*) (*in golf*) realizzare un eagle. □ *~ eye* sguardo *m.* d'aquila; *~ lectern* leggio a forma di aquila; (*Ornit*) *~ owl* gufo reale; (*Itt*) *~ ray* aquila di mare.

Eagle /ˈiːgl/ *n.pr.* (*Astr*) Aquila *f.*

eagle-eyed /ˈiːglˈaɪd, ˈiːglaɪd/ *a.* dagli occhi di lince, con la vista d'aquila.

eaglet /ˈiːglɪt/ *n.* aquilotto *m.*

eagre /ˈiːgəʳ, ˈeɪgəʳ/ *n.* (*dial*) ondata *f.* di marea (in un estuario).

EAK *Kenya* EAK (Kenya).

E.&O.E. *errors and omissions excepted* S.E. e O. (salvo errori e omissioni).

ear¹ /ɪəʳ *Am* ɪr/ *n.* **1** orecchio *m.* (*anche fig*): *to whisper in so.'s ~* sussurrare all'orecchio di qcu.; *to be hard on the ~* essere sgradevole all'orecchio; (*fig*) *to have a good ~* avere molto orecchio. **2** (*handle of a pitcher, cup, etc.*) manico *m.* ricurvo, ansa *f.* □

(*colloq*) *to be all ~s* essere tutto orecchi; (*colloq*) *my ~s are burning* mi fischiano le orecchie; *your ~s must have been burning yesterday* sicuramente ieri ti saranno fischiate le orecchie; *to play music by ~* suonare a orecchio; (*fig*) *to play it by ~* regolarsi secondo le circostanze, improvvisare; *~ candy* musica soft, musica leggera suadente; *~ clip* orecchino a clip; (*Br*) *it has come to my ~s* mi è giunto all'orecchio; (*Br,fig*) *to bring sth. down around one's ~s* andare in cerca di guai; (*fig*) *to give an ~ to so.* prestare orecchio a qcu.; (*fig*) *to have so.'s ~* trovare ascolto presso qcu.; (*Anat*) *~ lobe* lobo dell'orecchio; (*Med*) *~, nose and throat specialist* otorinolaringoiatra; (*colloq*) *he was thrown out on his ~* l'hanno buttato fuori, l'hanno sbattuto fuori; (*Med*) *~ specialist* otoiatra; (*fig*) *to keep one's ~ to the ground* stare sul chi vive, stare all'erta; (*fig*) *to be up to one's ~s in work* essere oberato di lavoro; (*Br,colloq*) *to be up to one's ~s in debt* essere indebitato fino agli occhi, essere indebitato fino al collo.

ear² /ɪəʳ *Am* ɪr/ **I** *n.* (*Bot*) **1** spiga *f.*: *an ~ of corn* una spiga di grano. **2** (*of Indian corn*) pannocchia *f.* **II** *v.i.* (*Bot*) mettere la spiga, spigare.

earache /ˈɪəreɪk *Am* ˈɪreɪk/ *n.* mal *m.* di orecchi.

earbashing /ˈɪəbæʃɪŋ *Am* ˈɪrbæʃɪŋ/ *n.* (*colloq*) cazziatone *m.*

earcon /ˈɪəkɒn *Am* ˈɪrkɑːn/ *n.* (*Inform*) segnale *m.* acustico emesso dal computer.

eardrops /ˈɪədrɒps *Am* ˈɪrdrɑːps/ *n.pl.* **1** orecchini *m.pl.* pendenti, orecchini *m.pl.* a goccia. **2** (*Med*) gocce *f.pl.* per l'orecchio, gocce *f.pl.* otologiche.

eardrum /ˈɪədrʌm *Am* ˈɪrdrʌm/ *n.* (*Anat*) timpano *m.*

eared /ɪəd *Am* ɪrd/ **I** *a.* **1** fornito di orecchie. **2** (*in compounds*) dalle orecchie: *long-~* dalle orecchie lunghe, orecchiuto. **II** *a.* **1** (*Bot*) con spiga. **2** (*in compounds*) dalle spighe.

earflap /ˈɪəflæp *Am* ˈɪrflæp/ *n.* **1** (*of a cap*) paraorecchie *m.* **2** (*Anat*) lobo *m.* dell'orecchio.

earful /ˈɪəful *Am* ˈɪrful/ *n.* (*colloq*) sgridata *f.*, strigliata *f.*, tirata *f.* di orecchi.

earhole /ˈɪəhəʊl *Am* ˈɪrhoʊl/ *n.* (*colloq*) buco *m.* delle orecchie.

earing /ˈɪərɪŋ *Am* ˈɪrɪŋ/ *n.* (*Mar*) matafione *m.*

earl /ɜːl *Am* ɜːrl/ *n.* (*GB*) conte *m.*

earldom /ˈɜːldəm *Am* ˈɜːrldəm/ *n.* (*GB*) contea *f.*

earless /ˈɪələs *Am* ˈɪrləs/ *a.* privo di orecchi.

earliness /ˈɜːlɪnəs *Am* ˈɜːrlɪnəs/ *n.* precocità *f.*

earlobe /ˈɪələʊb *Am* ˈɪrloʊb/ *n.* (*Anat*) lobo *m.* dell'orecchio.

early /ˈɜːli *Am* ˈɜːrli/ **I** *avv.* **1** (*of the morning*) presto, di buon'ora, di buon mattino: *to get up ~* alzarsi presto. **2** (*in the beginning*) all'inizio, al principio: *~ in the year* all'inizio dell'anno. **3** (*ahead of time*) in anticipo: *the train arrived ~* il treno è arrivato in anticipo. **4** (*in the distant past*) in tempi remoti. **II** *a.* **1** iniziale, primo: *an ~ stage* una fase iniziale; *in the ~ morning* di primo mattino. **2** (*of the morning*) mattutino, del mattino: *an ~ train* un treno del mattino. **3** (*before the*

expected time) in anticipo, prematuro, precoce: *I'm ~* sono in anticipo; *an ~ death* una morte prematura. **4** (*in the near future*) prossimo, imminente, vicino. **5** (*distant in time*) remoto, antico, lontano. **6** (*primitive*) primitivo, primordiale. **7** (*of fruit, flowers, etc.*) primaticcio, precoce. □ (*Arch,Arred*) *Early American* in stile coloniale; *as ~ as possible* al più presto, il più presto possibile; *at the earliest* al più presto; (*Br,fig*) *to have an ~ bath* smettere (prima di finire), uscire in anticipo; *to be an ~ bird*: **1** essere in anticipo, arrivare in anticipo; **2** (*to get up early*) essere mattiniero, alzarsi presto la mattina; *~ childhood* prima infanzia; *~ childhood education* pedagogia dell'età infantile; (*Arch*) *Early Christian* paleocristiano; (*Comm*) *at your earliest convenience* con cortese sollecitudine, non appena potete, al più presto possibile; *at an ~ date*: **1** (*in the near future*) prossimamente; **2** (*in the distant past*) in un'epoca primitiva; (*Med*) *~ diagnosis* diagnosi precoce; *to have an ~ dinner* cenare presto; (*Pol*) *~ elections* elezioni anticipate; (*Arch*) *Early English* gotico inglese del primo periodo; (*Agr*) *~ fruit* primizia; *to be brought to an ~ grave* morire prematuramente; *at an ~ hour* di buon'ora, di buon mattino presto; *to keep ~ hours* andare a letto presto e alzarsi anche presto; *~ in life* nei primi anni di vita, in giovanissima età; *~ in the morning* la mattina presto; *~ in the week* nei primi giorni della settimana; *my ~ life* la mia gioventù; (*Mus*) *Early Music* musica antica; *~ on*: **1** (*at first*) inizialmente, in un primo tempo; **2** (*soon*) presto; *earlier on* precedentemente, prima; *~ retirement* pensionamento anticipato, prepensionamento: *to take* (o *go*) *into ~ retirement* andare in pensionamento anticipato; *to be an ~ riser* essere mattiniero; *to make an ~ start* partire di buon'ora; *to be an ~ stirrer* essere mattiniero; *in ~ summer* all'inizio dell'estate; *~ warning* preallarme. *Prov.: the ~ bird gets the worm* chi tardi arriva male alloggia, chi prima arriva macina.

early-closing /ˌɜːlɪˈkləʊzɪŋ *Am* ˌɜːrlɪˈkloʊzɪŋ/ □ (*Comm*) *~ day* giorno di chiusura pomeridiana dei negozi.

early-warning /ˌɜːlɪˈwɔːnɪŋ *Am* ˌɜːrlɪˈwɔːrnɪŋ/ □ (*Mil*) *~ radar* radar di avvistamento a distanza.

earmark /ˈɪəmɑːk *Am* ˈɪrmɑːrk/ **I** *n.* **1** (*fig*) caratteristica *f.*, marchio *m.*, impronta *f.* **2** (*Zootecn*) marchio *m.* (di proprietà) sull'orecchio. **3** (*Comm*) contrassegno *m.* **II** *v.t.* **1** (*Zootecn*) marchiare l'orecchio di, marcare l'orecchio di. **2** (*Comm*) contrassegnare. **3** (*fig*) mettere da parte, mettere in serbo; (*of money*) accantonare, stanziare: *to ~ funds for development* stanziare dei fondi per lo sviluppo.

earmuffs /ˈɪəmʌfs *Am* ˈɪrmʌfs/ *n.pl.* (*Am*) paraorecchie *m.sing.*

earn /ɜːn *Am* ɜːrn/ *v.t.* **1** guadagnare: *to ~ one's living* guadagnarsi da vivere. **2** (*to deserve*) meritare, meritarsi. **3** (*to acquire*) guadagnarsi, procurarsi: *to ~ a reputation for honesty* guadagnarsi la fama di persona onesta. **4** (*of a degree*) conseguire. **5** (*Econ*) (*of interest*) fruttare, rendere.

earned /ɜːnd, ɜːnt *Am* ɜːrnt/ ☐ (*Econ*) ~ **income** redditi da lavoro; (*Econ*) ~ *surplus* utili non distribuiti.

earner /'ɜːnər *Am* 'ɜːrnər/ *n.* 1 chi guadagna. 2 (*thing*) cosa *f.* che rende, cosa *f.* che frutta.

earnest[1] /'ɜːnɪst *Am* 'ɜːrnɪst/ I *a.* 1 serio, coscienzioso, scrupoloso. 2 (*zealous*) zelante. 3 (*sincere*) sincero. 4 (*grave*) serio, importante, grave. 5 (*pressing*) urgente, incalzante, pressante: *an ~ request for help* una pressante richiesta di aiuto. II *n.* (massima) serietà *f.* ☐ *in ~* sul serio.

earnest[2] /'ɜːnɪst *Am* 'ɜːrnɪst/ *n.* 1 (*spec. Am*) garanzia *f.*, pegno *m.* 2 (*spec. Am,Dir*) (*earnest money*) caparra *f.* 3 (*fig*) prova *f.*, segno *m.* ☐ (*spec. Am,Dir*) ~ *money* caparra.

earnestness /'ɜːnɪstnəs *Am* 'ɜːrnɪstnəs/ *n.* serietà *f.*

earning /'ɜːnɪŋ *Am* 'ɜːrnɪŋ/ ☐ (*Econ*) ~ *capacity* (o ~ *power*) redditività (aziendale), capacità di reddito (*o* di guadagno).

earnings /'ɜːnɪŋz *Am* 'ɜːrnɪŋz/ *n.pl.* 1 guadagni *m.pl.*, guadagno *m.sing.* 2 (*wages*) stipendio *m.sing.*, salario *m.sing.* 3 (*profit*) profitto *m.sing.*, utile *m.sing.* ☐ (*Econ*) ~ *season* stagione degli utili; (*Econ*) ~ *yield* rendimento azionario.

earphone /'ɪəfoʊn *Am* 'ɪrfoʊn/ *n.* 1 (*Tel*) ricevitore *m.* telefonico. 2 (*Rad*) cuffia *f.*

earpiece /'ɪəpiːs *Am* 'ɪrpiːs/ *n.* 1 stanghetta *f.* (degli occhiali). 2 (*Tel*) ricevitore *m.* telefonico.

ear-piercing /'ɪəpɪəsɪŋ *Am* 'ɪrpɪrsɪŋ/ I *a.* (*of sounds*) penetrante, acuto. II *n.* il farsi fare i buchi nelle (o alle) orecchie.

earplugs /'ɪəplʌgz *Am* 'ɪrplʌgz/ *n.pl.* tappi *m.pl.* per le orecchie.

earring /'ɪərɪŋ *Am* 'ɪrɪŋ/ *n.* orecchino *m.*

earshot /'ɪəʃɒt *Am* 'ɪrʃɑːt/ *n.* portata *f.* d'orecchio. ☐ *to be out of* ~ non essere a portata d'orecchio; *to be within* ~ essere a portata d'orecchio.

ear-splitting /'ɪəˌsplɪtɪŋ *Am* 'ɪrˌsplɪtɪŋ/ *a.* (*of sounds*) assordante.

earth /ɜːθ *Am* ɜːrθ/ I *n.* 1 terra *f.*, globo *m.* terrestre. 2 (*ground*) terra *f.*, suolo *m.*, terreno *m.*: *to fall to* ~ cadere al suolo, cadere a terra. 3 (*lair, burrow*) tana *f.*, covo *m.*: *a fox's* ~ una tana di volpe. 4 (*fig*) cose *f.pl.* materiali, cose *f.pl.* terrene. 5 (*Chim*) terra *f.* 6 (*El*) massa *f.*, terra *f.* 7 (*Pitt*) (*earth colour*) terra *f.* colorata. II *v.t.* 1 (*Br,El*) mettere a massa, collegare a terra. 2 (*to cover with earth*) coprire di terra, interrare. 3 (*Caccia*) spingere nella tana. III *v.i.* (*Caccia*) rintanarsi. ☐ (*Art*) ~ *art* earth art, arte ecologica; (*fig*) *to come back to* ~ scendere dalle nuvole, tornare con i piedi per terra; *to be down to* ~: 1 essere realistico, essere pratico, (*colloq*) stare con i piedi per terra; 2 (*easy to talk to*) essere alla mano; (*Mitol*) ~ *mother* dea della terra, madre terra; *on* ~: 1 sulla Terra, del mondo: *the strongest man on* ~ l'uomo più forte del mondo; 2 (*for emphasis*) cavolo, diavolo: *what on* ~ *are you doing?* cosa diavolo stai facendo?; *where on* ~ *are you going?* dove cavolo stai andando?; (*Astr,Astron*) ~ *satellite* satellite terrestre; (*collog*) ~ *science* scienze della terra; (*fig*) ~ *shaking* di importanza capitale; (*collog*) incredibile, fantastico, (*Astr*) ~ *shine* luce cinerea; *to* ~ *up* coprire di terra, interrare.

Earth /ɜːθ *Am* ɜːrθ/ *n.* (*Astr*) Terra *f.*

earth-born /'ɜːθbɔːn *Am* 'ɜːrθbɔːrn/ *a.* 1 (*Mitol*) nato dalla terra. 2 (*fig*) umano, mortale.

earth-bound /'ɜːθbaʊnd *Am* 'ɜːrθbaʊnd/ *a.* 1 terrestre. 2 (*fig*) materialistico, terreno, mondano. 3 (*moving towards the earth*) diretto

verso la terra.

earthed /ɜːθt/ *a.* (*Br,El*) collegato a terra, collegato a massa.

earthen /'ɜːθən *Am* 'ɜːrθən/ *a.* 1 di terra. 2 (*of baked clay*) di terracotta, di coccio. 3 (*fig*) terreno, mondano.

earthenware /'ɜːθənweər *Am* 'ɜːrθənwer/ *n.* terraglie *f.pl.*

earthfall /'ɜːθfɔːl *Am* 'ɜːrθfɔːl/ *n.* (*landslide*) frana *f.*

earthiness /'ɜːθɪnəs *Am* 'ɜːrθɪnəs/ *n.* 1 l'essere terroso. 2 (*fig*) (*being in touch with the earth*) concretezza *f.* 3 (*fig*) (*of a woman: not made up or trendy*) naturalezza *f.*

earthlight /'ɜːθlaɪt *Am* 'ɜːrθlaɪt/ *n.* (*Astr*) luce *f.* cinerea.

earthliness /'ɜːθlɪnəs *Am* 'ɜːrθlɪnəs/ *n.* 1 (*quality of being earthly*) l'essere terreno. 2 (*attachment to wordly things*) attaccamento ai beni terreni, mondanità.

earthling /'ɜːθlɪŋ *Am* 'ɜːrθlɪŋ/ *n.* 1 abitante *m./ f.* della terra, terrestre *m./f.* 2 (*wordly-minded person*) persona *f.* attaccata alle cose terrene, materialista *m./f.*

earthly /'ɜːθli *Am* 'ɜːrθli/ *a.* 1 terreno: ~ *possessions* beni terreni. 2 (*fig*) terreno, mondano, materiale. 3 (*conceivable*) concepibile, possibile. ☐ (*colloq*) *not to have an* ~ *chance* non avere la minima probabilità, non avere la minima speranza; *I have no* ~ *idea* non ne ho la più pallida idea; *there is no* ~ *reason* non c'è nessuna ragione al mondo; *it is no* ~ *use* non serve assolutamente a nulla.

earthman /'ɜːθmən *Am* 'ɜːrθmən/ *n.irr.* terrestre *m./f.*

earthnut /'ɜːθnʌt *Am* 'ɜːrθnʌt/ *n.* (*Bot*) 1 bulbocastano *m.* 2 (*peanut*) arachide *f.*

earthquake /'ɜːθkweɪk *Am* 'ɜːrθkweɪk/ *n.* terremoto *m.*, sisma *m.* ☐ ~ *victim* terremotato.

earthquake-proof /'ɜːθkweɪkˌpruːf *Am* 'ɜːrθkweɪkˌpruːf/ *a.* antisismico, asismico.

earth-shaking /'ɜːθˌʃeɪkɪŋ *Am* 'ɜːrθˌʃeɪkɪŋ/ *a.* 1 (*fig*) di importanza capitale. 2 (*colloq*) incredibile, fantastico.

earth-shattering /'ɜːθˌʃætərɪŋ *Am* 'ɜːrθˌʃætərɪŋ/ *a.* 1 clamoroso, sconvolgente. 2 (*very important*) capitale: *it's of no* ~ *importance* non ha molta importanza.

earth-shatteringly /'ɜːθˌʃætərɪŋli *Am* 'ɜːrθˌʃætərɪŋli/ *avv.* (*fig*) incredibilmente, clamorosamente.

earthshine /'ɜːθʃaɪn *Am* 'ɜːrθʃaɪn/ *n.* (*Astr*) luce *f.* cinerea.

earthward /'ɜːθwəd *Am* 'ɜːrθwərd/ I *avv.* verso terra, in giù. II *a.* diretto verso (la) terra.

earthwards /'ɜːθwədz *Am* 'ɜːrθwərdz/ *avv.* verso terra, in giù.

earthwork /'ɜːθwɜːk *Am* 'ɜːrθwɜːrk/ *n.* 1 lavori *m.pl.* di sterro, sterro *m.* 2 (*Mil*) terrapieno *m.*

earthworm /'ɜːθwɜːm *Am* 'ɜːrθwɜːrm/ *n.* (*Zool*) lombrico *m.* ☐ ~ *breeding* lombricoltura; ~ *grower* lombricoltore; ~ *growing* lombricoltura.

earthy /'ɜːθi *Am* 'ɜːrθi/ *a.* 1 terroso. 2 (*like earth*) di terra: *an* ~ *smell* un odore di terra. 3 (*gross*) rozzo, grossolano: ~ *humour* un umorismo grossolano. 4 (*fig*) (*being in touch with the earth*) concreto. 5 (*of a woman: not made up or trendy*) naturale, acqua e sapone.

earwax /'ɪəwæks *Am* 'ɪrwæks/ *n.* cerume *m.*

earwig /'ɪəwɪg *Am* 'ɪrwɪg/ *n.* (*Entom*) dermattero *m.*

ease[1] /iːz/ *n.* 1 sollievo *m.* 2 (*tranquillity*) tranquillità *f.*, serenità *f.*: ~ *of body and mind* tranquillità del corpo e della mente. 3 (*facility*) facilità *f.*, agevolezza *f.*: *with* ~ facilmen-

te, senza fatica. 4 (*freedom from want*) agiatezza *f.*, benessere *m.*, agi *m.pl.* 5 (*freedom from constraint*) disinvoltura *f.*, naturalezza *f.* ☐ (*Mil,Ginn*) *at* ~! riposo!; *to be* (*o feel*) *at one's* ~ trovarsi a proprio agio; trovarsi bene; *to put* (*o set*) *so. at* ~ mettere qcu. a proprio agio; *a life of* ~ una vita di agi, una vita agiata.

ease[2] /iːz/ I *v.t.* 1 alleviare, lenire, calmare: ~ *so.'s pain* alleviare il dolore di qcu. 2 (*to lessen*) attenuare, ridurre: ~ *trade restrictions* ridurre le restrizioni al commercio; *to* ~ *tensions* ridurre (*o* allentare) la tensione. 3 (*to free from worry*) tranquillizzare, rassicurare: *to* ~ *so.'s mind* tranquillizzare qcu. 4 (*to move carefully*) muovere attentamente, muovere con cautela: *they -d the wardrobe through the door* fecero passare con cautela l'armadio attraverso la porta. 5 (*to facilitate*) facilitare, semplificare. 6 (*to slacken*) allentare: *to* ~ *a rope* allentare una fune. 7 (*to slow down*) ridurre, rallentare. 8 (*Mar*) (*of a helm, rudder*) mollare, allentare. 9 (*Mar*) (*of a vessel*) portare sottovento. 10 (*colloq*) (*to rob*) derubare, (*scherz*) alleggerire: *to* ~ *so. of his wallet* alleggerire qcu. del portafoglio. II *v.i.* attenuarsi, calmarsi. ☐ (*Mar*) *to* ~ *away* (*a rope*) filare un cavo, mollare un cavo; (*eufem*) *to* ~ *nature* fare i propri bisogni; *to* ~ *off*: 1 diminuire (*di intensità*), scemare: *the rain has -d off* la pioggia è diminuita; 2 (*to slacken*) allentare; 3 (*colloq*) (*to relax gradually*) rilassarsi, distendersi; 4 (*fig*) (*to relax harsh treatment of so.*) essere più indulgente con, essere meno severo con: ~ *off on him, he's trying* non essere così duro con lui, ci sta provando; *to* ~ *up*: 1 diminuire (*di intensità*), scemare: *the rain has -d up* la pioggia è diminuita; 2 (*fig*) (*to relax harsh treatment of so.*) essere più indulgente con, essere meno severo con: ~ *up on him, he's trying* non essere così severo con lui, ci sta provando.

easeful /'iːzfʊl/ *a.* (*poet*) 1 riposante, calmante, che lenisce. 2 (*peaceful*) tranquillo, quieto. ☐ ~ *death* dolce morte, eutanasia.

easel /'iːzəl/ *n.* cavalletto *m.* da pittore. ☐ ~ *pad* grande blocco di fogli di carta posto su un cavalletto (*spec.* per riunioni).

easement /'iːzmənt/ *n.* 1 (*Dir*) servitù *f.* 2 (*lett*) (*comfort*) sollievo *m.*, conforto *m.*

easily /'iːzɪli/ *avv.* 1 facilmente, con facilità, agevolmente, senza fatica. 2 (*beyond question*) senza dubbio, di gran lunga. 3 (*likely*) con tutta probabilità: *you may - be right* con tutta probabilità hai ragione tu, è facile che tu abbia ragione. ☐ *to come* ~ risultare facile, essere un giochetto (*o* per): *chemistry always came very* ~ *to him* la chimica è sempre stata un gioco da ragazzi per lui.

easiness /'iːzɪnəs/ *n.* 1 facilità *f.*, semplicità *f.* 2 (*slowing down*) calo *m.*, rallentamento *m.*

easing /'iːzɪŋ/ *n.* 1 mitigazione *f.* 2 (*fig*) allentamento *m.*, rilassamento *m.*: ~ *of tension* allentamento della tensione.

east /iːst/ *n.* est *m.*, levante *m.*, oriente *m.*, parte *f.* orientale: *the sun rises in the* ~ il sole sorge a levante. II *a.* 1 orientale. 2 (*of winds*) di levante. III *avv.* a est, verso est, a oriente, a levante: *to face* ~ guardare a oriente; ~ *of sth.* a est di qcs.

East /iːst/ *n.* (*Geog*) 1 Est *m.*, Oriente *m.*, Levante *m.* 2 (*in the United States*) stati *m.pl.* della costa atlantica, stati *m.pl.* orientali. ☐ ~ *Coast* costa orientale degli Stati Uniti; ~ *End* (*of London*) quartiere orientale, East End; (*Stor*) ~ *Germany* Germania orientale; (*Stor*) ~ *India Company* compagnia delle Indie Orientali; (*Am*) ~ *Side* parte orientale di Manhattan. *Prov.*: ~, *West, home's best* nessun posto è bello come casa propria.

eastbound /ˈiːstbaʊnd/ *a.* diretto a oriente, diretto a est.

East-Ender /ˌiːstˈendər/ *n.* abitante *m./f.* del quartiere orientale (di Londra), abitante *m./f.* dell'East End.

Easter /ˈiːstər/ *n.* **1** (*Rel*) Pasqua *f.*: *at ~ a* Pasqua; *Happy ~!* buona Pasqua! **2** (*Rel*) (*Easter Day*) giorno *m.* di Pasqua. □ (*Rel*) ~ *Day* giorno di Pasqua; ~ *egg*: 1 uovo di Pasqua: ~ *egg hunt* caccia alle uova di pasqua nascoste; 2 (*Inform*) easter egg, breve animazione nascosta in un programma; (*Bot*) ~ *lily* lilium longiflorum; (*Rel*) ~ *Monday* lunedì di Pasqua, (*colloq*) pasquetta; (*Rel*) ~ *Sunday* domenica di Pasqua; (*Rel*) ~ *week* settimana santa.

easterly /ˈiːstəli Am ˈiːstərli/ **I** *a.* **1** orientale. **2** (*of the wind*) che soffia da levante, che soffia da est, di levante. **II** *n.* vento *m.* dell'est, levante *m.* **III** *avv.* **1** verso est, verso levante. **2** (*from the east*) dall'est, da levante. □ *the ship sailed in an ~ direction* la nave fece rotta verso est.

eastern /ˈiːstən Am ˈiːstərn/ **I** *a.* **1** orientale: *the ~ bank* la riva orientale. **2** (*from the east*) di levante. **II** *n.* **1** orientale *m./f.* **2** (*Rel*) ortodosso *m.* (*f.* -a).

Eastern /ˈiːstən Am ˈiːstərn/ *a.* **1** (*Oriental*) orientale. **2** (*Rel*) della Chiesa Orientale. □ (*Stor*) ~ *Bloc* blocco orientale; ~ *Church* chiesa orientale ortodossa; (*Stor.rom*) ~ *Empire* impero romano d'Oriente.

Easterner /ˈiːstənər Am ˈiːstərnər/ *n.* abitante *m./f.* dell'est (degli Stati Uniti).

easternmost /ˈiːstənmoʊst Am ˈiːstərnmoʊst/ *a.* dell'estremo est, della parte più orientale.

Eastertide /ˈiːstətaɪd Am ˈiːstərtaɪd/ *n.* (*Rel*) (*period between Easter and Pentecost*) periodo *m.* tra Pasqua e Pentecoste.

Eastertime /ˈiːstətaɪm Am ˈiːstərtaɪm/ *n.* **1** (*Rel*) periodo *m.* pasquale, tempo *m.* di Pasqua. **2** (*Holy Week*) settimana *f.* santa.

easting /ˈiːstɪŋ/ *n.* **1** (*Mar*) distanza *f.* percorsa verso oriente. **2** (*going eastward*) spostamento *m.* verso oriente.

eastside /ˈiːstsaɪd/ *a.* della parte orientale di una città, che si trova nella parte orientale della città.

East-sider /ˈiːstˌsaɪdər/ *n.* (*Am*) abitante *m./f.* della zona orientale di Manhattan.

eastward /ˈiːstwəd Am ˈiːstwərd/ **I** *a.* a est, a levante, verso est, rivolto a est. **II** *avv.* verso est, verso oriente, verso levante.

eastwards /ˈiːstwədz Am ˈiːstwərdz/ *avv.* verso est, verso oriente, verso levante.

easy /ˈiːzi/ **I** *a.* **1** facile, semplice: *an ~ task* un compito facile. **2** (*comfortable*) confortevole, comodo: *an ~ life* una vita comoda. **3** (*free from pain, distress*) tranquillo, calmo: *the patient is ~* il paziente è tranquillo. **4** (*relaxed*) disinvolto, spigliato: *an ~ manner* un modo di fare spigliato. **5** (*of style*) scorrevole. **6** (*of a garment*) comodo, lento. **7** (*not strict*) indulgente, compiacente: *an ~ master* un padrone indulgente. **8** (*calm*) sereno, tranquillo. **9** (*Comm*) (*of a commodity*) in grande abbondanza; (*of a market*) moderato, poco attivo; (*of payments*) a rate. **10** (*colloq*) (*no less than*) non meno di: *an ~ two hundred pounds* non meno di duecento sterline. **11** (*sl,spreg*) (*sexually available*) facile, che ci sta. **II** *avv.* **1** facilmente. **2** (*slowly*) piano, con calma. **III** *intz.* piano! □ *as ~ as ABC* facile come bere un bicchiere d'acqua; (*scherz*) *as ~ as falling off a log* facilissimo, semplicissimo; (*colloq*) *as ~ as pie* o *as ~ as shelling peas* o *as ~ as winking* facilissimo, facile come bere un bicchiere d'acqua; ~

chair poltrona; (*Br*) *to be in ~ circumstances* essere in agiate (o buone) condizioni finanziarie, essere di condizione agiata; ~ *come*, ~ *go* tanti presi, tanti spesi; (*colloq*) ~ *does it!* fai piano!; *that's ~ for you to say!* tu fai presto a dire!; ~ *game* sempliciotto; *she is ~ to get along with* (o *she is ~ to get on with*) con lei è facile andare d'accordo; (*colloq*) *go ~!* adagio!, calma!, vacci piano!: *go ~ on the sugar!* vacci piano con lo zucchero!; (*Mus*) ~ *listening music* easy listening, musica di facile ascolto; (*colloq*) *he is an ~ mark*: 1 (*easily cheated*) è un semplicciotto; 2 (*easily persuaded*) è un credulone; ~ *money*: 1 denaro guadagnato senza (tanta) fatica, denaro facile; 2 (*obtained dishonestly*) denaro poco pulito; (*Am*) *to be on ~* vivere nell'agiatezza; (*colloq*) ~ *on the eyes* piacevole a guardarsi; *to walk at an ~ pace* camminare lentamente; *within ~ reach* poco distante, vicino, a breve distanza, a portata di mano; *that's easier said than done!* è più facile a dirsi che a farsi!, è una parola!; (*Br*) *to travel by ~ stages* viaggiare facendo piccole tappe; (*colloq*) ~ *street* agiatezza, bambagia, condizione di benessere: *to be on ~ street* essere in una posizione finanziariamente sicura, essere a posto, essere sistemato; *to take things ~* prendersela con calma, prendersela comoda; (*colloq*) *take it ~!* non te la prendere!, fai con calma!; (*Comm*) *on ~ terms* con facilitazioni di pagamento: *a loan on ~ terms* un mutuo agevolato; ~ *to handle* maneggevole; *it's ~ to talk!* si fa presto a parlare!; (*Br*) *a woman of ~ virtue* una donna di facili costumi; *to take the ~ way out* scegliere la strada più facile.

easy-care /ˈiːziˌkeər Am ˈiːziˌker/ *a.* (*Tess*) pratico.

easy-going /ˌiːziˈɡoʊɪŋ/ *a.* **1** di buon carattere, piacevole, simpatico. **2** (*indolent*) indolente. **3** (*tolerant*) tollerante. **4** (*of a horse*) dall'andatura sciolta.

eat /iːt/ (*past* **ate** /e(ɪ)t/, *p.p.* **eaten** /ˈiːtən Am ˈiːtən/) **I** *v.t.* **1** mangiare. **2** (*of meals*) consumare, prendere. **3** (*to consume*) mangiare, consumare. **4** (*to corrode*) corrodere, intaccare. **5** (*to destroy, to ravage*) distruggere, devastare. **6** (*to gnaw*) rodere, rosicchiare. **II** *v.i.* **1** mangiare. **2** (*to corrode*) corrodere (*into sth. qcs.*): *acid has -en into the metal* l'acido ha corroso il metallo. □ *to ~ so. alive*: 1 (*iperb*) (*of insects*) mangiare vivo qcu.; 2 (*fig*) (*to destroy*) distruggere qcu.; *to ~ away* consumare, esaurire, mangiare; (*Am,fig,colloq*) *to ~ crow* subire un'umiliazione, ingoiare un rospo, andare a Canossa; *to ~ one's dinner* pranzare, consumare il pranzo; (*Br,fig*) *to ~ one's dinners* studiare da avvocato, studiare legge; (*colloq*) *to ~ dirt* ingoiare un rospo; *to ~ one's fill* mangiare a sazietà; (*fig*) *to ~ one's heart out* mangiarsi il fegato; (*colloq*) *to ~ so. out of house and home* mangiare a qcu. la casa e la camicia; *to ~ into* mangiare, consumare; (*Am,volg*) ~ *it!* vaffanculo!; *to ~ lightly* mangiare poco, tenersi leggero; (*colloq*) *to ~ like a horse* mangiare per quattro; (*fig*) *to ~ like a sparrow* mangiare come un uccellino; (*colloq*) *I'll ~ my hat if it's true* mi mangio il cappello se è vero; (*fig*) *to ~ out of so.'s hand* pendere dalle labbra di qcu.; (*Br,fig*) *to ~ so.'s salt* ricevere l'ospitalità di qcu.; (*fig*) *to ~ salt with so.* essere ospite di qcu., pranzare con qcu.; *to ~ oneself sick* mangiare tanto da star male; *to ~ the bread of idleness* vivere nell'ozio; *to ~ up*: 1 finire di mangiare; 2 (*to consume*) consumare, esaurire, mangiare; *what's -ing you?* che cosa ti tor-

menta?; (*colloq*) *to ~ one's words* rimangiarsi le parole, rimangiarsi ciò che si è detto: *to make someone ~ their words* fare rimangiare a qcu. quello che ha detto.

EAT *Tanzania* EAT (Tanzania).

eatable /ˈiːtəbl̩ Am ˈiːtəbl̩/ *a.* mangiabile, commestibile.

eatables /ˈiːtəbl̩z Am ˈiːtəbl̩z/ *n.pl.* viveri *m.pl.*, vivande *f.pl.*, cibo *m.sing.*, commestibili *m.pl.*

eaten /ˈiːtən Am ˈiːtən/ → **eat**.

eater /ˈiːtər Am ˈiːtər/ *n.* **1** mangiatore *m.* (*f.* -trice): *a big ~* un mangione, una buona forchetta; *a poor ~* una persona che mangia poco. **2** (*eating apple*) mela *f.* da mangiare cruda.

eatery /ˈiːtəri Am ˈiːtəri/ *n.* (*colloq*) ristorante *m.* (economico).

eating /ˈiːtɪŋ Am ˈiːtɪŋ/ **I** *n.* **1** (*colloq*) il mangiare. **2** (*food*) cibo *m.*: *truffles are delicious ~* i tartufi sono un cibo delizioso. **II** *a.* da mangiare (crudo). □ ~ *habits* abitudini alimentari; ~ *house* trattoria.

eats /iːts/ *n.pl.* (*colloq*) cibo *m.inv.*, roba *f.inv.* da mangiare.

EAU *Uganda* EAU (Uganda).

eau-de-Cologne /ˌoʊdəkəˈloʊn/ *n.* acqua *f.* di colonia.

eaves /iːvz/ *n.pl.* (*Edil*) gronda *f.sing.*, grondaia *f.sing.*

eavesdrop /ˈiːvzdrɒp Am ˈiːvzdrɑːp/ *v.i.* origliare, ascoltare di nascosto (*on so.* qcu.).

eavesdropper /ˈiːvzdrɒpər Am ˈiːvzdrɑːpər/ *n.* ascoltatore *m.* (*f.* -trice) indiscreto.

EB /ˌiːˈbiː/ *Encyclopaedia Britannica* (Enciclopedia Britannica).

ebb /eb/ **I** *n.* **1** riflusso *m.* **2** (*fig*) declino *m.*, tramonto *m.*, decadenza *f.* **II** *v.i.* **1** rifluire, abbassarsi, decrescere. **2** (*fig*) declinare, venir meno, essere in declino. □ *the ~ and flow of the sea* il flusso e riflusso del mare; *to ~ away* declinare, venir meno, essere in declino; *the tide is on the ~* la marea si sta abbassando, la marea decresce; ~ *tide*: 1 marea discendente, riflusso della marea; 2 (*fig*) decadenza, declino.

E-boat /ˈiːboʊt/ *n.* (*Mar.mil*) torpediniera *f.*

Ebola /iːˈboʊlə/ *n.* (*Med*) Ebola *m.*

ebon /ˈebən/ *a.* (*poet*) → **ebony**.

ebonics /iːˈbɒnɪks Am eˈbɑːnɪks/ *n.pl.* (*costr.sing.*) (*Ling*) inglese *m.* degli afroamericani.

ebonise /ˈebənaɪz/ *v.t.* (*Br,Fal*) rendere color ebano.

ebonist /ˈebənɪst/ *n.* (*Fal*) ebanista *m./f.*

ebonite /ˈebənaɪt/ *n.* (*Ind*) ebanite *f.*

ebonize /ˈebənaɪz/ *v.t.* (*Fal*) rendere color ebano.

ebony /ˈebəni/ **I** *n.* **1** ebano *m.* **2** (*colour*) color *m.* ebano. **II** *a.* **1** di ebano. **2** (*deep black*) nero come l'ebano, ebano.

EBRD /ˌiːbiːɑːˈdiː Am ˌiːbiːɑːrˈdiː/ (*Econ*) *European Bank for Reconstruction and Development* BERS (Banca Europea per la ricostruzione e lo sviluppo).

ebullience /ɪˈbʌliəns, ɪˈbʊliəns/ *n.* **1** entusiasmo *m.*, esuberanza *f.* **2** (*ant*) ebollizione *f.*

ebulliency /ɪˈbʌliənsi, ɪˈbʊliənsi/ *n.* **1** entusiasmo *m.*, esuberanza *f.* **2** (*ant*) ebollizione *f.*

ebullient /ɪˈbʌliənt, ɪˈbʊliənt/ *a.* **1** entusiasta, esuberante. **2** (*ant*) in ebollizione, bollente.

ebullition /ˌebəˈlɪʃən/ *n.* **1** scoppio *m.* improvviso. **2** (*ant*) ebollizione *f.*

EBV /ˌiːbiːˈviː/ (*Med*) *Epstein-Barr Virus* EBV (virus di Epstein-Barr).

EC /ˌiːˈsiː/ **1** *European Comunity* CE (Comunità Europea). **2** *Europe Commission* CE (Commissione Europea). **3** *executive committee* CE (Comitato Esecutivo). **4** *Ecuador*

EC (Ecuador).

e-cash /ˈiːkæʃ/ *n.* moneta *f.* elettronica.

ECB /ˌiːsiːˈbiː/ *European Central Bank* BCE (Banca centrale europea).

eccentric /ɪkˈsentrɪk, ekˈsentrɪk/ **I** *a.* **1** eccentrico, stravagante, bizzarro. **2** (*Geom,Mecc*) eccentrico. **II** *n.* **1** eccentrico *m.* (*f.* -a), stravagante *m./f.* **2** (*Mecc*) eccentrico *m.*

eccentricity /ˌeksenˈtrɪsiti Am ˌeksenˈtrɪsəti/ *n.* eccentricità *f.*

ecchymosis /ˌekɪˈmoʊsɪs/ (*pl.* -ses /-siːz/) *n.* (*Med*) ecchimosi *f.*

ecchymotic /ˌekɪˈmɒtɪk Am ˌekɪˈmɑːtɪk/ *a.* ecchimotico.

eccl., eccles. *ecclesiastical* eccl. (ecclesiastico).

ecclesia /ɪˈkliːziːə Am also ekˈliːziə/ *n.* (*Stor.gr*) ecclesia *f.*

ecclesiast /ɪˈkliːziæst Am also ekˈliːziæst/ *n.* (*Stor.gr*) ecclesiaste *m.*

Ecclesiastes /ɪˌkliːziˈæstiːz Am also ekˌliːzi ˈæstiːz/ *n.* (*Bibl*) Ecclesiaste *m.*

ecclesiastic /ɪˌkliːziˈæstɪk Am also ekˌliːzi ˈæstɪk/ *n.* (*Rel*) ecclesiastico *m.*

ecclesiastical /ɪˌkliːziˈæstɪkəl Am also ekˌliːziˈæstɪkəl/ *a.* ecclesiastico: ~ *court* tribunale ecclesiastico; ~ *law* diritto ecclesiastico.

ecclesiasticism /ɪˌkliːziˈæstɪsɪzəm Am also ekˌliːziˈæstɪsɪzəm/ *n.* clericalismo *m.*

ecclesiologist /ɪˌkliːziˈɒlədʒɪst Am also ekˌliːziɑːlədʒɪst/ *n.* studioso *m.* (*f.* -a) di ecclesiologia.

ecclesiology /ɪˌkliːziˈɒlədʒi Am also ekˌliːziˈɑːlədʒi/ *n.* ecclesiologia *f.*

ECG /ˌiːsiːˈdʒiː/ *electrocardiogram* ECG (elettrocardiogramma).

echelon /ˈeɪʃəlɒn Am ˈeʃəlɑːn/ **I** *n.* **1** (*Mil*) scaglione *m.* **2** (*Mar,Aer*) formazione *f.* in linea. **3** (*fig*) grado *m.*, scalino *m.*, gradino *m.*: *the upper -s* i gradi più alti, l'élite. **II** *v.t.* (*Mil*) scaglionare. **III** *v.i.* (*Mil*) muovere a scaglioni.

echidna /ekˈɪdnə Am iːˈkɪdnə/ *n.* (*Zool*) echidna *f.*

echinacea /ˌekɪˈneɪsiə/ *n.* (*Bot*) echinacea *f.*

echinoderm /ɪˈkaɪnoʊdɜːm Am rˈkaɪnədɜːrm/ *n.* (*Zool*) **1** echinoderma *m.* **2** *pl.* echinodermi *m.pl.*

echinus /ɪˈkaɪnəs Br also ˈekɪnəs/ (*pl.* -ni /-naɪ/) *n.* **1** (*Zool*) echino *m.*, riccio *m.* di mare. **2** (*Arch*) echino *m.*

echo /ˈekoʊ/ **I** *n.* (*pl.* -es /-z/) **1** eco *f./m.* (*anche Mus,Rad*). **2** (*fig*) (*repetition, imitation*) reminiscenza *f.*, imitazione *f.*: *his poetry contains -es of Eliot* nella sua poesia vi sono delle reminiscenze di Eliot. **3** (*fig*) (*imitator*) chi fa eco, imitatore *m.* (*f.* -trice). **4** (*Metr*) (*echo verse*) verso *m.* ecoico. **II** *v.i.* echeggiare, risuonare (*with* di). **III** *v.t.* **1** rimandare l'eco di. **2** (*fig*) fare eco a, ripetere: *they -ed his words* fecero eco alle sue parole. ☐ (*Mar*) ~ *sounder* ecosonda, ecoscandaglio; (*Mar*) ~ *sounding* ecogoniometria.

Echo /ˈekoʊ/ *n.pr.f.* (*Mitol*) Eco.

echocardiogram /ˌekoʊˈkɑːdioʊgræm Am ˌekoʊˈkɑːrdioʊgræm/ *n.* (*Radiol*) ecocardiogramma *m.*

echocardiograph /ˌekoʊˈkɑːdioʊgrɑːf Am ˌekoʊˈkɑːrdioʊgræf/ *n.* (*Radiol*) ecocardiografia *f.*

echocardiography /ˌekoʊˌkɑːdiˈɒgrəfi Am ˌekoʊˌkɑːrdiˈɑːgrəfi/ *n.* (*Radiol*) ecocardiografia *f.*

echogenicity /ˌekoʊdʒəˈnɪsɪti Am ˌekoʊdʒəˈnɪsəti/ *n.* (*Biol*) ecogenicità *f.*

echogram /ˈekoʊgræm/ *n.* (*Radiol*) ecogramma *m.*, ecografia *f.*

echograph /ˈekoʊgrɑːf Am ˈekoʊgræf/ *n.* (*Radiol,Mar*) ecografo *m.*

echography /eˈkɒgrəfi Am eˈkɑːgrəfi/ *n.* **1** (*Radiol*) ecografia *f.* **2** (*Mar*) ecometria *f.*

echoic /ekˈoʊɪk Br also ɪˈkoʊɪk/ *a.* onomatopeico.

echoism /ˈekoʊɪzəm Br also ɪˈkoʊɪzəm/ *n.* onomatopea *f.*

echolalia /ˌekoʊˈleɪliə/ *n.* (*Psic*) ecolalia *f.*

echolalic /ˌekoʊˈlælɪk/ *n.* (*Psic*) ecolalico.

echolocation /ˌekoʊloʊˈkeɪʃən/ *n.* ecolocazione *f.*

echomail /ˈekoʊmeɪl/ *n.* (*Inform*) echomail *f.*

echopraxia /ˌekoʊˈpræksiə/ *n.* (*Psic*) ecoprassia. *f.*

éclair /eɪˈkleər Am eɪˈkler/ *n.* (*Dolc*) bignè *m.*

éclat /eɪˈklɑː/ *n.* **1** splendore *m.* **2** (*applause*) applauso *m.*

eclectic /ekˈlektɪk Br also ɪˈklektɪk/ **I** *a.* eclettico (*anche Filos*). **II** *n.* eclettico *m.* (*f.* -a).

eclectically /ekˈlektɪkəli Br also ɪˈklektɪkəli/ *avv.* in modo eclettico, ecletticamente.

eclecticism /ekˈlektɪsɪzəm Br also ˌɪ ˈklektɪsɪzəm/ *n.* eclettismo *m.*, ecletticismo *m.*

eclipse /ɪˈklɪps, iːˈklɪps/ **I** *n.* **1** (*Astr*) eclissi *f.*, (*colloq*) eclisse *f.*: ~ *of the sun* eclissi di sole, eclissi solare; ~ *of the moon* eclissi di luna, eclissi lunare. **2** (*fig*) declino *m.* **II** *v.t.* **1** eclissare. **2** (*fig*) eclissare, offuscare, mettere in ombra. **III** *v.i.* subire un'eclissi.

ecliptic /ɪˈklɪptɪk, iːˈklɪptɪk/ **I** *n.* (*Astr*) eclittica *f.* **II** *a.* (*Astr*) eclittico.

ecliptical /ɪˈklɪptɪkəl, iːˈklɪptɪkəl/ *a.* (*Astr*) eclittico.

eclogue /ˈeklɒg Am ˈeklɑːg/ *n.* (*Lett*) egloga *f.*, ecloga *f.*

ECM /ˌiːsiːˈem/ *European Common Market* MEC (Mercato Comune Europeo).

ecocatastrophe /ˌiːkoʊkəˈtæstrəfi, ˌekoʊkə ˈtæstrəfi/ *n.* ecocatastrofe *f.*

ecocide /ˈiːkoʊsaɪd, ˈekoʊsaɪd/ *n.* ecocidio *m.*, distruzione *f.* ecologica.

ecoclimate /ˈiːkoʊˌklaɪmət/ *n.* ecoclima *m.*

ecofreak /ˈiːkoʊfriːk, ˈekoʊfriːk/ *n.* (*spreg*) ecologista *m./f.* fanatico.

ecofriendly /ˈiːkoʊˌfrendli Am also ˈekoʊ ˌfrendli/ *a.* ecologico, che rispetta l'ambiente.

ecokid /ˈiːkoʊˌkɪd/ *n.* ragazzo *m.* (*f.* -a) ecologista *m.*

E coli /iːˈkoʊlaɪ/ *n.* (*Med*) escherichia *f.* coli.

ecologic /ˌiːkəˈlɒdʒɪk Am ˌiːkəˈlɑːdʒɪk/ *a.* ecologico.

ecological /ˌiːkəˈlɒdʒɪkəl Am ˌiːkəˈlɑːdʒɪkəl/ *a.* ecologico. ☐ ~ *area* zona ecologica; ~ *balance* equilibrio ecologico.

ecologically /ˌiːkəˈlɒdʒɪkəli Am ˌiːkə ˈlɑːdʒɪkəliːkəli/ *avv.* ecologicamente. ☐ ~ *minded* sensibile alle questioni ecologiche, che ha coscienza ecologica; ~ *sound* buono dal punto di vista ecologico.

ecologist /iːˈkɒlədʒɪst Am iːˈkɑːlədʒɪst/ *n.* ecologo *m.* (*f.* -a).

ecology /iːˈkɒlədʒi Am iːˈkɑːlədʒi/ *n.* ecologia *f.* ☐ (*Pol*) ~ *party* partito ecologista.

e-commerce, ecommerce /ˈiːkɒmɜːs Am ˈiːkɑːmɜːrs/ *n.* commercio *m.* elettronico, e-commerce *m.*

econ. 1 *economic* econ. (economico). **2** *economy* econ. (economia).

econometric /ɪˌkɒnəˈmetrɪk Am ɪˌkɑːnə ˈmetrɪk/ *a.* econometrico: ~ *model* modello econometrico.

econometrician /ɪˌkɒnəmetˈrɪʃən Am ɪˌkɑːnəmətˈrɪʃən/ *n.* econometrista *m./f.*

econometrics /ɪˌkɒnəˈmetrɪks Am ɪˌkɑːnə ˈmetrɪks/ *n.pl.* (*costr.sing.*) econometria *f.sing.*

econometrist /ɪˌkɒnəˈmetrɪst Am ɪˌkɑːnə ˈmetrɪst/ *n.* econometrista *m./f.*

economic /ˌiːkəˈnɒmɪk, ˌekəˈnɑːmɪk/ *a.* **1** economico, finanziario: ~ *doctrines* dottrine

economiche; ~ *geography* geografia economica. **2** (*giving a profit*) redditizio, remunerativo, vantaggioso. ☐ ~ *blockade* blocco economico; ~ *cycle* ciclo economico; ~ *development* sviluppo economico; ~ *growth* crescita economica; ~ *history* storia economica; ~ *indicator* indicatore economico; (*Dir*) ~ *offence* reato economico; ~ *policy* politica economica; ~ *projection* proiezione economica; ~ *sanctions* sanzioni economiche.

economical /ˌiːkəˈnɒmɪkəl Am ˌekəˈnɑːmɪkəl/ *a.* **1** (*of a car, of heating*) economico, che consuma poco. **2** (*of a person*) economo, parsimonioso. **3** (*cheap*) economico, poco costoso, a buon mercato. **4** (*giving a profit*) redditizio, remunerativo, vantaggioso.

economically /ˌiːkəˈnɒmɪkli Am ˌekə ˈnɑːmɪkli/ *avv.* **1** economicamente, dal punto di vista economico. **2** (*profitably*) con profitto. **3** (*frugally*) in modo economico, con parsimonia.

economics /ˌiːkəˈnɒmɪks Am ˌekəˈnɑːmɪks/ *n.pl.* (*costr.sing.*) **1** economia *f.*, dottrina *f.* economica. **2** (*economic aspect*) lato *m.* economico, aspetto *m.* economico: *the ~ of a project* il lato economico di un progetto.

economise /ɪˈkɒnəmaɪz/ **I** *v.i.* (*Br*) **1** fare economia (*on* di, su). **2** (*assol*) economizzare, fare economia. **II** *v.t.* (*Br*) risparmiare, economizzare, fare economia di.

economism /ɪˈkɒnəmɪzəm Am ɪˈkɑːnəmɪzəm/ *n.* economicismo *m.*

economist /ɪˈkɒnəmɪst Am ɪˈkɑːnəmɪst/ *n.* **1** economista *m./f.* **2** (*rar*) (*thrifty person*) persona *f.* economa.

economization /ɪˌkɒnəm(a)ɪˈzeɪʃən Am ɪˌkɑːnəmɪˈzeɪʃən/ *n.* economizzazione *f.*, risparmio *m.*

economize /ɪˈkɒnəmaɪz Am ɪˈkɑːnəmaɪz/ **I** *v.i.* **1** fare economia (*on* di, su). **2** (*assol*) economizzare, fare economia. **II** *v.t.* risparmiare, economizzare, fare economia di.

economizer /ɪˈkɒnəmaɪzər Am ɪˈkɑːnəmaɪzər/ *n.* **1** chi fa economia, risparmiatore *m.* (*f.* -trice). **2** (*Tecn*) economizzatore *m.*

economy /ɪˈkɒnəmi Am ɪˈkɑːnəmi/ *n.* **1** economia *f.* (*anche estens*): ~ *of language* economia di linguaggio. **2** (*thrift*) economia *f.*, risparmio *m.*, parsimonia *f.*: *to make economies* fare economia, risparmiare. **3** (*Pol*) economia *f.*; (*particular system*) sistema *m.* economico, economia *f.*: *a totalitarian* ~ un sistema economico totalitario. ☐ (*Aer*) ~ *class* classe economica; (*Econ*) ~ *of scale* economia di scala; (*Comm*) ~ *pack* confezione risparmio.

ECOSOC /ˈiːkoʊsɒk Am ˌiːkoʊˈsɑːk/ *Economic and Social Council of the United Nations* ECOSOC (Consiglio economico e sociale delle Nazioni Unite).

ecosystem /ˈiːkoʊˌsɪstəm, ˈekoʊˌsɪstəm/ *n.* ecosistema *m.*

ecotage /ˈekoʊtɑːʒ/ *n.* sabotaggio *m.* per la tutela ecologica dell'ambiente.

ecoterrorist /ˌiːkoʊˈterərɪst, ˌekoʊˈterərɪst/ *n.* ecoterrorista *m./f.*

ecotourism /ˈiːkoʊˈtʊərɪzəm Am ˌiːkoʊ ˈtʊrɪzəm/ *n.* ecoturismo *m.*, turismo *m.* ecologico.

ecotoxicology /ˈiːkoʊˌtɒksɪˈkɒlədʒi Am ˈiːkoʊˌtɑːksɪˈkɑːlədʒi/ *n.* ecotossicologia *f.*

ecotype /ˈiːkətaɪp, ˈekətaɪp/ *n.* (*Biol*) ecotipo *m.*

ecru, écru /ˈeɪ(ɪ)kruː/ **I** *a.* (*Tess*) écru, bianco sporco. **II** *n.* color *m.* écru, color *m.* greggio.

ECSC /ˌiːsiːesˈsiː/ *European Coal and Steel Community* CECA (Comunità europea del carbone e dell'acciaio).

ecstasize /ˈekstəsaɪz/ **I** *v.t.* estasiare, man-

dare in estasi. II *v.i.* estasiarsi, andare in estasi, andare in visibilio.

ecstasy /'ekstəsi/ *n.* **1** estasi *f.* *(anche fig)*: *(colloq)* **to be in ecstasies** essere in estasi; *(colloq)* **to go into ecstasies over sth.** andare in estasi per qcs., estasiarsi davanti a qcs. **2** *(rapture)* estasi *f.*, rapimento *m.*, trasporto *m.*: **in an ~ of delight** in un trasporto di gioia. **3** *(drug)* ecstasy *f.*

ecstatic /ɪk'stætɪk *Am* ɪk'stætɪk/ *a.* estatico.

ecstatically /ɪk'stætɪkəli *Am* ɪk'stætɪkəli/ *avv.* in modo estatico, estaticamente, in estasi: *she threw her arms around his neck ~* gli gettò le braccia al collo piena di gioia.

ectoderm /'ektoʊdɜːm *Am* 'ektoʊdɜːrm/ *n.* *(Biol)* ectoderma *m.*

ectodermal /ˌektoʊ'dɜːməl *Am* ˌektoʊ'dɜːrməl/ *a.* *(Biol)* ectodermico.

ectopic /ek'tɒpɪk *Am* ek'tɑːpɪk/ *a.* *(Med)* ectopico. □ *(Med)* **~ pregnancy** gravidanza ectopica, gravidanza extrauterina.

ectoplasm /'ektoʊplæzəm/ *n.* *(Biol,Occult)* ectoplasma *m.*

ECU /'e(ɪ)kjuː, ˌiːsiː'juː *Am* 'eɪkuː, ˌiːsiː'juː/ **1** *European Currency Unit* ECU (unità valutaria europea). **2** *(Cin)* *Extreme Close Up* (dettaglio).

Ecuador /'ekwədɔːr *Am* 'ekwədɔːr/ *n.pr.* *(Geog)* Ecuador *m.*

Ecuadorean, Ecuadorian /ˌekwə'dɔːriən/ **I** *a.* ecuadoriano, equadoregno. **II** *n.* ecuadoriano *m.* *(f.* -a), equadoregno *m.* *(f.* -a).

ecumenic /ˌiːkjuː'menɪk *Br also* ˌiːkjuː'menɪk/ *a.* ecumenico *(anche Rel)*: **~ council** concilio ecumenico.

ecumenical /ˌiːkjuː'menɪkəl *Br also* ˌiːkjuː'menɪkəl/ *a.* ecumenico *(anche Rel)*.

ecumenically /ˌiːkjuː'menɪkəli *Br also* ˌiːkjuː'menɪkəli/ *avv.* ecumenicamente, con uno spirito ecumenico.

ecumenism /iː'kjuːmənɪzəm, 'ekjuː mənɪzəm/ *n.* ecumenismo *m.*

eczema /'eksɪmə *Am* ɪg'ziːmə/ *n.* *(Med)* eczema *m.*

eczematous /ek'semətəs *Am* eg'zemətəs/ *a.* *(Med)* eczematoso.

Ed /ed/ *n.pr.m.* *dim. di* Edgar, Edward.

ed. *(Edit)* **1** *edited* (a cura di). **2** *edition* ed. (edizione). **3** *editor* (curatore).

edacious /ɪ'deɪʃəs *Br also* ed'eɪʃəs/ *a.* *(rar)* vorace, goloso.

edacity /ɪ'dæsɪti, ed'æsɪti *Am* ɪ'dæsəti/ *n.* *(rar)* voracità *f.*

Edam /iː'dæm *Am also* 'iːdəm/ *n.* *(Alim)* edam *m.* □ *(Alim)* **~ cheese** edam.

edaphic /ɪ'dæfɪk/ *a.* *(Biol)* edafico.

edaphon /'edəfən/ *n.* *(Bot)* edafon *m.*

EDC /ˌiːdiː'siː/ *European Defence Community* CED (Comunità europea di difesa).

Eddie /'edi/ *n.pr.m.* *dim. di* Edgar, Edward.

eddy /'edi/ **I** *n.* **1** gorgo *m.*, vortice *m.*, mulinello *m.* **2** *(of air, dust)* mulinello *m.*, vortice *m.*, turbine *m.* **II** *v.i.* mulinare, turbinare, girare vorticosamente. **III** *v.t.* far turbinare.

edelweiss /'eɪdlvaɪs/ *n.* *(Bot)* stella *f.* alpina, edelweiss *m.*

edema /ɪ'diːmə/ *(pl.* **-ta** /-tə *Am* -tə/*)* *n.* *(Med)* edema *m.*

edematose /ɪ'diːmətoʊs/ *a.* *(Med)* edematico, edematoso.

edematous /ɪ'diːmətəs *Am* ɪ'diːmətəs/ *a.* *(Med)* edematico, edematoso.

Eden /'iːdn/ **I** *n.pr.* *(Bibl)* Eden *m.*: *the Garden of ~* il giardino dell'Eden. **II** *n.* eden *m.*, paradiso *m.* terrestre.

edentate /iː'denteɪt/ **I** *a.* *(Zool)* dei maldentati. **II** *n.* *(Zool)* *(mammal)* maldentato *m.*, sdentato *m.*

Edgar /'edgər/ *n.pr.m.* Edgardo.

edge¹ /edʒ/ *n.* **1** taglio *m.*, filo *m.*, parte *f.* tagliente: *the ~ of a knife* il filo di un coltello; *the knife has lost its ~* il coltello ha perso il taglio. **2** *(border)* bordo *m.*, orlo *m.* **3** *(margin)* margine *m.*, estremità *f.*, limitare *m.*: *the ~ of a forest* il limitare di una foresta. **4** *(brink)* orlo *m.*, ciglio *m.*: *the ~ of a cliff* l'orlo di una scogliera. **5** *(of a solid object)* spigolo *m.*; *(of a thin, flat object)* bordo *m.*, contorno *m.*: *the ~ of a book* il bordo di un libro. **6** *(fig)* incisività *f.*, mordente *m.*: *his prose lacks ~* la sua prosa manca di incisività. **7** *(of appetite, desire)* intensità *f.* **8** *(acrimony)* acredine *f.*, acrimonia *f.* **9** *(colloq)* *(advantage)* vantaggio *m.* □ **to have the ~ on so.** essere in vantaggio su qcu., avere il coltello dalla parte del manico; *(Cin)* **~ number** numero di bordo; **to take the ~ off:** 1 smussare, spuntare, ottundere; 2 *(fig)* *(to reduce the intensity of)* calmare; *(fig)* **to be on ~** avere i nervi a fior di pelle, essere nervoso; **to live on the ~** vivere sul filo del rasoio; *(Mecc)* **~ tool** utensile da taglio.

edge² /edʒ/ **I** *v.t.* **1** affilare, arrotare. **2** *(to make a border on)* bordare, orlare: *to ~ a handkerchief with lace* bordare di pizzo un fazzoletto. **3** *(to be a border to)* costeggiare, fiancheggiare. **II** *v.i.* **1** procedere lateralmente, costeggiare: *he -d along the wall* costeggiò il muro. **2** *(to move gradually)* muoversi lentamente, avanzare piano piano. □ *(fig)* **to ~ out** vincere di stretta misura, avere la meglio su; **to ~ so. out** escludere progressivamente qcu. *(of da)*, estromettere gradualmente qcu. *(of da)*; **to ~ a road with trees** bordare una strada di alberi, piantare alberi lungo una strada; **to ~ one's way through a crowd** farsi largo lentamente tra la folla.

edgebone /'edʒboʊn/ *n.* *(Anat)* osso *m.* sacro.

edged /edʒd/ *a.* **1** tagliente *(anche fig)*. **2** *(in compounds)* affilato, tagliente: *a double-~ sword* una spada a doppio taglio, una spada a due tagli.

edgeless /'edʒləs/ *a.* smussato, senza filo.

edgeways /'edʒweɪz/ *avv.* di taglio, di fianco, lateralmente, di traverso. □ *(colloq)* **not to be able to get a word in ~** non riuscire a infilare una parola in una conversazione, non riuscire a inserirsi in una conversazione, non avere l'opportunità di parlare.

edgewise /'edʒwaɪz/ *avv.* di taglio, di fianco, lateralmente, di traverso.

edginess /'edʒɪnəs/ *n.* irritabilità *f.*

edging /'edʒɪŋ/ *n.* **1** *(Sart)* orlatura *f.*, bordo *m.*, orlo *m.*, bordura *f.* **2** *(Giard)* bordura *f.*

edgy /'edʒi/ *a.* **1** *(angular)* angoloso, rigido. **2** *(sharp)* tagliente, affilato. **3** *(fig)* teso, irritabile, nervoso.

edibility /ˌedɪ'bɪlɪti *Am* ˌedɪ'bɪləti/ *n.* commestibilità *f.*

edible /'edɪbl/ **I** *a.* commestibile, mangereccio. **II** *n.spec.pl.* commestibili *m.pl.*

edict /'iːdɪkt/ *n.* **1** editto *m.*: *to issue an ~* emanare un editto. **2** *(order)* ordine *m.*, comando *m.*

edictal /ɪ'dɪktəl/ *a.* edittale.

edification /ˌedɪfɪ'keɪʃən/ *n.* edificazione *f.*, buon esempio *m.*: *for the ~ of* a edificazione di.

edifice /'edɪfɪs/ *n.* **1** edificio *m.*, costruzione *f.* **2** *(fig)* edificio *m.*

edify /'edɪfaɪ/ *v.t.* edificare.

edifying /'edɪfaɪɪŋ/ *a.* edificante.

Edinburgh /'edɪnbrə *Am also* 'edɪnbʌroʊ/ *n.pr.* *(Geog)* Edimburgo *f.*

edit /'edɪt/ *v.t.* **1** *(Giorn)* dirigere, essere il direttore di: *to ~ a newspaper* dirigere un giornale. **2** *(to prepare for publication)* redigere, compilare. **3** *(to correct, to revise)* revisio-

nare, fare la revisione di, curare l'edizione di, rivedere (per la stampa). **4** *(to omit, to eliminate)* eliminare. **5** *(Cin)* montare. □ **to ~ out** eliminare.

edit. *(Edit)* **1** *edited* (a cura di). **2** *edition* ediz. (edizione). **3** *editor* (curatore).

edited /'edɪtɪd/ □ *(Edit)* **~ by** a cura di; *(Edit)* **Oxford ~ texts** edizioni di Oxford.

Edith /'iːdɪθ/ *n.pr.f.* Edith.

editing /'edɪtɪŋ *Am* 'edɪtɪŋ/ *n.* **1** *(Cin)* montaggio *m.*, editing *m.* **2** *(Edit)* editing *m.* **3** *(Inform)* editing *m.* □ *(Cin)* **~ room** sala di montaggio.

edition /ɪ'dɪʃən/ *n.* **1** edizione *f.*: *second ~* seconda edizione. **2** *(total number of copies)* edizione *f.*, tiratura *f.*: *the book appeared in a limited ~* il libro ha avuto una tiratura limitata. **3** *(fig)* edizione *f.*, versione *f.*, copia *f.*

editor /'edɪtər/ *n.* **1** *(Giorn)* direttore *m.* *(f.* -trice) (di redazione); *(of a department)* redattore *m.* *(f.* -trice): *literary ~* redattore letterario. **2** *(one who revises, etc.)* curatore *m.* *(f.* -trice) di un'edizione, editor *m./f.* **3** *(Cin)* tecnico *m.* del montaggio. **4** *(Inform)* editor *m.*

editorial /ˌedɪ'tɔːriəl/ **I** *n.* *(Giorn)* editoriale *m.*, articolo *m.* di fondo. **II** *a.* **1** editoriale. **2** *(Giorn)* editoriale, redazionale. □ *(Edit, Giorn)* **~ board** comitato di redazione; *(Edit, Giorn)* **~ director** direttore editoriale; *(Edit, Giorn)* **~ manager** responsabile editoriale; *(Edit,Giorn)* **~ staff** redazione.

editorialist /ˌedɪ'tɔːriəlɪst/ *n.* *(Giorn)* editorialista *m./f.*

editorially /ˌedɪ'tɔːriəli/ *avv.* in qualità di redattore.

editor-in-chief /ˌedɪtərɪn'tʃiːf *Am* ˌedɪtərɪn'tʃiːf/ *n.* redattore *m.* *(f.* -trice) capo, caporedattore *m.* *(f.* -trice).

editorship /'edɪtəʃɪp *Am* 'edɪtərʃɪp/ *n.* *(Giorn)* direzione *f.*

editress /'edɪtrəs/ *n.* *(scherz,ant)* direttrice *f.* (di redazione); *(of a department)* redattrice *f.*

Edmund /'edmənd/ *n.pr.m.* Edmondo.

EDP /ˌiːdiː'piː/ *(Inform)* *Electronic Data Processing* EDP (elaborazione elettronica dei dati).

edu /ˌiːdiː'juː/ *(in web site addresses)* *educational institution* edu (dominio di università e centri di ricerca).

educability /ˌedjʊkə'bɪlɪti *Am* ˌedʒʊkə'bɪləti/ *n.* educabilità *f.*

educable /'edʒʊkəbl *Br also* 'edjʊkəbl/ *a.* educabile.

educate /'edʒʊkeɪt *Am* 'edjʊkeɪt/ *v.t.* **1** istruire, educare, dare un'istruzione a. **2** *(for a particular purpose)* educare, avviare: *he was -d for the ministry* fu avviato al sacerdozio. **3** *(to provide education for)* far studiare, mantenere agli studi. **4** *(fig)* educare, sviluppare, affinare, coltivare: *to ~ one's taste* educare il gusto.

educated /'edʒʊkeɪtɪd *Am* 'edʒʊkeɪtɪd/ *a.* **1** istruito, colto. **2** *(characteristic of educated people)* colto: *~ conversation* conversazione colta. □ **to make an ~ guess** avanzare un'ipotesi fondata.

education /ˌedʒʊ'keɪʃən *Br also* ˌedjʊ'keɪʃən/ *n.* **1** istruzione *f.*, educazione *f.*, preparazione *f.* culturale: *a university ~* un'istruzione universitaria. **2** *(product)* cultura *f.*, istruzione *f.*: *he has a good ~* ha una buona cultura. **3** *(pedagogics)* pedagogia *f.*, didattica *f.* **4** *(fig)* educazione *f.*, affinamento *m.*

educational /ˌedʒʊ'keɪʃənl *Br also* ˌedjʊ 'keɪʃənl/ *a.* **1** didattico, pedagogico. **2** *(serving to educate)* educativo, istruttivo: *an ~ film* un film istruttivo. □ **~ loan** assegno di studio.

educationalist /ˌedʒʊ'keɪʃənlɪst *Br also*

ˌedjʊˈkeɪʃənəlɪst/ n. pedagogista m./f.

educationally /ˌedʒʊˈkeɪʃənəli Br also ˌedjʊ 'keɪʃənəli/ avv. dal punto di vista dell'istruzione, dal punto di vista educativo.

educationist /ˌedʒʊˈkeɪʃənɪst Br also ˌedjʊ 'keɪʃənɪst/ n. pedagogista m./f.

educative /ˈedjʊkətɪv Am ˈedʒʊkeɪt̬ɪv/ a. 1 didattico, pedagogico. 2 (serving to educate) educativo, istruttivo.

educator /ˈedʒʊkeɪtər Am ˈedʒʊkeɪt̬ər/ n. 1 (teacher) educatore m. (f. -trice), insegnante m./f., docente m./f. 2 (Am) (educationalist) pedagogista m./f.

educe /ɪˈdjuːs Am ɪˈd(j)uːs/ v.t. 1 far affiorare, estrarre. 2 (rar) (to deduce) dedurre, trarre. 3 (Chim) liberare, isolare.

educible /ɪˈdjuːsəbl Am ɪˈd(j)uːsəbl/ a. 1 estraibile. 2 (deducible) deducibile, desumibile.

educt /ˈiːdʌkt/ n. 1 (Chim) elemento m. liberato. 2 (inference) deduzione f.

eduction /ɪˈdʌkʃən/ n. 1 l'estrarre; (process) estrazione f. 2 (inference) deduzione f.

edulcorate /ɪˈdʌlkəreɪt/ v.t. 1 (rar) dolcificare. 2 (Chim) purificare.

edulcoration /ɪˌdʌlkəreɪʃən/ n. 1 dolcificazione f. 2 (Chim) purificazione f.

edutainment /ˌedʒʊˈteɪnmənt Br also ˌedjʊ 'teɪnmənt/ n. (Inform, Edit) edutainment m., software m. per imparare divertendosi.

Edward /ˈedwəd Am ˈedwərd/ n.pr.m. Edoardo.

Edwardian /edˈwɔːdiən Am edˈwɔːrdiən/ I a. (Stor.brit) edoardiano. II n. 1 artista m./f. del periodo edoardiano. 2 (writer) scrittore m. (f. -trice) del periodo edoardiano.

Edwin /ˈedwɪn/ n.pr.m. Edwin.

EE 1 (Ling) Early English (inglese antico). 2 Electrical Engineer (ingegnere elettrotecnico). 3 errors excepted S.E. (salvo errori).

EEA /ˌiːiːˈeɪ/ European Economic Area SEE (Spazio economico europeo).

EEC /ˌiːiːˈsiː/ European Economic Community CEE (Comunità economica europea). □ ~ countries paesi della Comunità europea.

eel /iːl/ n. (pl.inv. o -s /-z/; il pl.inv. si usa general. con valore collett.) n. (Itt) anguilla f. □ (Pesc) ~ basket (o ~ buck) nassa da anguille; (Bot) ~ grass alga marina; (Pesc) ~ spear fiocina per anguille; (Zool) ~ worm anguillula.

e'en /iːn/ I n. (poet) (even, evening) sera f. II avv. (poet) (even) anche, perfino.

e'er /eər Am er/ avv. (poet) → **ever**.

eerie /ˈɪəri Am ˈɪri/ a. 1 pauroso. 2 (uncanny) misterioso, strano, che ha del soprannaturale.

eeriness /ˈɪərinəs Am ˈɪrinəs/ n. 1 misteriosa paura f., vago senso m. di timore. 2 (weirdness) aspetto m. misterioso.

EET East European Time EET (ora dell'Europa orientale).

eff /ef/ v.i. (Br,volg) scopare, fare sesso.

efface /ɪˈfeɪs Br also efˈeɪs/ v.t. 1 cancellare. 2 (fig) cancellare, far scomparire. □ to ~ oneself tenersi in disparte, eclissarsi.

effacement /ɪˈfeɪsmənt Br also efˈeɪsmənt/ n. cancellatura f.

effect /ɪˈfekt/ I n. 1 effetto m., conseguenza f., risultato m.: cause and ~ causa ed effetto; to the same ~ con lo stesso risultato. 2 (influence) effetto m., efficacia f.: his pleas had no ~ on me le sue implorazioni non ebbero alcun effetto su di me; to have a great ~ on essere di grande effetto su, avere grande effetto su. 3 (accomplishment) effetto m., compimento m.: to carry sth. into ~ dare effetto a qcs., porre in effetto qcs. 4 (mental impression) effetto m., impressione f. 5 (Teat, Cin) ef-

fetto m.: special -s effetti speciali. 6 pl. (goods, property) effetti m.pl., beni m.pl. (personali): personal -s effetti personali. II v.t. 1 effettuare, compiere, fare, attuare. 2 (to produce) causare, produrre. □ for ~ per fare impressione, per maggiore effetto; to give ~ to attuare; in ~ in effetti, infatti, in pratica, in realtà; the law is still in ~ la legge è ancora in vigore; to put into ~ attuare; (Dir) to come into ~ entrare in vigore, avere effetto; (Econ) no -s (of a cheque) insolvibile; to be of no ~ essere inutile; to ~ a payment eseguire un pagamento, effettuare un pagamento; to take ~: 1 avere effetto; 2 (Farm) fare effetto; 3 (Dir) entrare in vigore; to no ~ invano, inutilmente; or something to that ~ o qualcosa del genere, più o meno.

effective /ɪˈfektɪv/ I a. 1 efficace, che produce l'effetto voluto: an ~ treatment una cura efficace; a very ~ speaker un oratore di grande efficacia. 2 (operative) valido, efficace, operativo (anche Dir): the order is ~ from midnight l'ordine è valido dalla mezzanotte, l'ordine entra in vigore dalla mezzanotte. 3 (actual) effettivo, reale: ~ rate tasso effettivo; ~ yield rendimento effettivo. 4 (Mil) effettivo. II n. (Mil) effettivo m. □ (Teat) ~ acting recitazione d'effetto.

effectively /ɪˈfektɪvli/ avv. 1 (achieving the desired result) efficacemente. 2 (in effect) in effetti.

effectiveness /ɪˈfektɪvnəs/ n. efficacia f.

effector /ɪˈfektər/ n. (Anat) effettore m.

effectual /ɪˈfektʃuəl Am ɪˈfektʃuːəl/ a. 1 efficace. 2 (valid) valido.

effectuality /ɪˌfektʃuˈælɪti Am ɪˌfektʃuːˈælət̬i/ n. efficacia f.

effectualness /ɪˈfektʃuəlnəs Br also ɪˈfektʃuːəlnəs/ n. efficacia f.

effectuate /ɪˈfektʃueɪt Am ɪˈfektʃuːeɪt/ v.t. effettuare, mandare a effetto.

effectuation /ɪˌfektʃuˈeɪʃən Am ɪˌfektʃuː 'eɪʃən/ n. effettuazione f., esecuzione f.

effeminacy /ɪˈfemɪnəsi, efˈemɪnəsi/ n. effeminatezza f.

effeminate /ɪˈfemɪnət, efˈemɪnət/ I a. effeminato. II n. persona f. effeminata.

effeminately /ɪˈfemɪnətli, efˈemɪnətli/ avv. con effeminatezza.

efferent /ˈefərənt Br also ˈiːfərənt/ I a. (Anat) efferente. II n. (Anat) dotto m. efferente, condotto m. efferente.

effervesce /ˌefəˈves Am ˌefərˈves/ v.i. 1 sprigionare bollicine, essere effervescente. 2 (fig) essere euforico.

effervescence /ˌefəˈvesəns Am ˌefərˈvesəns/ n. effervescenza f. (anche fig).

effervescent /ˌefəˈvesənt Am ˌefərˈvesənt/ a. effervescente (anche fig).

effete /ɪˈfiːt, efˈiːt/ a. 1 logoro, sorpassato. 2 (exhausted) logorato, esausto. 3 (barren) arido, sterile.

effeteness /ɪˈfiːtnəs, efˈiːtnəs/ n. 1 mancanza f. di vigore. 2 (exhaustion) spossatezza f. 3 (barrenness) sterilità f.

efficacious /ˌefɪˈkeɪʃəs/ a. efficace: an ~ remedy un rimedio efficace.

efficaciously /ˌefɪˈkeɪʃəsli/ avv. efficacemente, con efficacia.

efficaciousness /ˌefɪˈkeɪʃəsnəs/ n. efficacia f.

efficacy /ˈefɪkəsi/ n. efficacia f.

efficiency /ɪˈfɪʃnsi/ n. 1 efficienza f. 2 (Mecc) rendimento m., resa f. □ (Am) ~ apartment appartamento monolocale; ~ expert esperto di problemi di efficienza.

efficient /ɪˈfɪʃnt/ a. 1 efficiente, abile, competente. 2 (of a thing) efficiente, che ha un buon rendimento. □ (Filos) ~ cause causa

efficiente.

effigy /ˈefɪdʒi/ n. effigie f. □ to burn so. in ~ bruciare qcu. in effigie.

effloresce /ˌefləˈres, ˌefləˈres/ v.i. 1 fiorire, sbocciare (anche fig). 2 (Chim) fare efflorescenza.

efflorescence /ˌefləˈresəns Am also ˌeflə 'resəns/ n. 1 fioritura f. (anche fig). 2 (Chim, Mecc) efflorescenza f. 3 (Med) efflorescenza f., eruzione f. cutanea.

efflorescent /ˌefləˈresənt Am also ˌeflə 'resənt/ a. 1 in fiore, fiorito. 2 (Chim) efflorescente.

effluence /ˈefluəns/ n. 1 emanazione f. 2 (that which flows out) efflusso m.

effluent /ˈefluənt/ I a. effluente, defluente. II n. 1 efflusso m., deflusso m. 2 (Geog) fiume m. defluente. 3 (waste liquid) effluente m. □ ~ channel canale di scolo; ~ water acqua di scolo, acqua di scarico.

effluvium /ɪˈfluːviəm, efˈluːviəm/ (pl. -via /-viə/, -s /-z/) n. effluvio m.

efflux /ˈeflʌks/ n. 1 emanazione f. 2 (effusion) effusione f.

effluxion /eˈflʌkʃən, ɪˈflʌkʃən/ n. 1 emanazione f. 2 (effusion) effusione f. 3 (fig) (of time) decorso m.

effort /ˈefət Am ˈefərt/ n. 1 sforzo m., fatica f.: it takes great ~ richiede una grossa fatica. 2 (attempt) sforzo m., tentativo m.: my -s to persuade him failed i miei sforzi per persuaderlo sono stati vani. 3 (achievement) realizzazione f. (letteraria o artistica), creazione f., opera f.: one of his best ~s una delle sue migliori creazioni. 4 (Mecc) sforzo m. □ to make an ~ to do sth. sforzarsi di fare qcs., fare il possibile per fare qcs.; I will make every ~ to be on time farò di tutto per essere puntuale; without ~ senza fatica, senza sforzi.

effortless /ˈefətləs Am ˈefərtləs/ a. 1 che non richiede sforzo, facile, agevole. 2 (showing no effort) naturale, sciolto, disinvolto, spontaneo. 3 (of writing) scorrevole. □ with ~ ease con estrema facilità.

effortlessly /ˈefətləsli Am ˈefərtləsli/ avv. senza sforzo, facilmente.

effortlessness /ˈefətləsnəs Am ˈefərtləsnəs/ n. 1 facilità f. 2 (fig) (gracefulness in doing sth.) grazia f., ammirevole facilità f.

effrontery /ɪˈfrʌntəri, efˈrʌntəri/ n. sfacciataggine f., sfrontatezza f., impudenza f., (colloq) faccia f. tosta.

effulgence /ɪˈfʌldʒəns, efˈʌldʒəns/ n. fulgore m., splendore m.

effulgent /ɪˈfʌldʒənt, efˈʌldʒənt/ a. fulgente, fulgido, risplendente.

effuse[1] /ɪˈfjuːz, efˈjuːz/ I v.t. 1 effondere, spargere. 2 (fig) emanare, diffondere, irradiare. II v.i. effondersi, spargersi.

effuse[2] /ɪˈfjuːs, efˈjuːs/ a. (Bot) senza una forma definita.

effusion /ɪˈfjuːʒən, efˈjuːʒən/ n. 1 effusione f. (anche fig). 2 (Med) versamento m., travaso m. 3 (Med) (fluid) versamento m.

effusive /ɪˈfjuːsɪv, efˈjuːsɪv/ a. 1 effusivo, affettuoso, espansivo. 2 (Geol) effusivo.

effusively /ɪˈfjuːsɪvli, efˈjuːsɪvli/ avv. con effusione.

effusiveness /ɪˈfjuːsɪvnəs, efˈjuːsɪvnəs/ n. effusione f., espansività f.

EFL /ˌiːefˈel/ (Ling) English as a Foreign Language (inglese come lingua straniera).

eft /eft/ n. (Zool) 1 (dial, ant) tritone m. 2 tritone m. verdognolo.

EFT /ˌiːefˈtiː/ (Econ) Electronic Fund Transfer ETF (trasferimento elettronico di fondi).

EFTA /ˈeftə Am ˈeftə/ (Stor) European Free Trade Association EFTA (Associazione europea di libero scambio).

eft/pos (*Econ*) *Electronic Fund Transfer at Point of Sale* EFT-POS, EFT/POS (trasferimento elettronico di fondi nel punto di vendita).

e.g. /ˌiː'dʒiː/ *exempli gratia* p.es., per es. (per esempio).

egad /iː'gæd/ *intz.* (*rar*) perbacco!

egalitarian /ɪˌgælɪ'teərɪən *Am* ɪˌgælɪ'terɪən/ I *a.* (*Pol*) egualitario. II *n.* (*Pol*) egualitario *m.* (*f.* -a).

egalitarianism /ɪˌgælɪ'teərɪənɪzᵊm *Am* ɪˌgælɪ 'terɪənɪzᵊm/ *n.* (*Pol*) egualitarismo *m.*

egg[1] /eg/ *n.* 1 uovo *m.* (*anche Gastron*): *fried -s* uova al tegamino; *scrambled -s* uova strapazzate. 2 (*Biol*) cellula *f.*, uovo, ovulo *m.* 3 (*sl*) (*fellow*) individuo *m.*, tipo *m.*: *a good ~* un brav'uomo, un buon diavolo; *a bad ~* un tipaccio. 4 (*Mil*) bomba *f.* □ (*Gastron*) *-s Benedict* uova Benedict, uova in camicia servite con salsa olandese su focaccina tostata; (*Zool*) *~ capsule* (o *~ case*) ooteca; (*Biol*) *~ cell* cellula uovo, ovulo; *~ cream* bevanda a base di latte, sciroppo e soda; (*Gastron*) *~ custard* crema inglese; *~ flip* (o *~ nog*) bevanda a base di uova, panna, zucchero, noce moscata e liquore; (*fig,colloq*) *with ~ on one's face* facendo una brutta figura; (*Am*) *-s over easy* (o *-s over medium*) uova con il tuorlo non completamente rappreso; (*spec. Am,Bot,Alim*) *~ plant* melanzana; (*Gastron*) *~ roll* involtino primavera con ripieno all'uovo; *~ salad* insalata con uova sode e maionese; *~ slicer* affettauova, apparecchio per affettare le uova; (*colloq*) *-s sunny-side-up* uova fritte senza rivoltarle, uova all'occhio di bue; *~ timer* contaminuti, timer da cucina; (*fig*) *on an ~ timer* che dura poco, di breve durata; (*Zool*) *~ tooth* dente che rompe l'uovo; *~ white* albume, bianco d'uovo, chiara; *~ yolk* tuorlo, rosso d'uovo. *Prov.*: *do not put all your -s in one basket* non bisogna puntare tutto su una sola carta.

egg[2] /eg/ □ *to ~ on* incitare, stimolare, spingere, istigare.

egg-and-spoon /ˌegᵊn'spuːn/ □ *~ race* corsa con l'uovo.

eggar, egger /'egər/ *n.* (*Entom*) lasiocampa *f.*

egg-beater /'egbiːtər *Am* 'egbiːtər/ *n.* 1 frullino *m.* per le uova. 2 (*Am,Mil*) elicottero *m.*

eggcup /'egkʌp/ *n.* portauovo *m.*

egg-grader /'eggreɪdər/ *n.* (*Agr*) selezionatore *m.* di uova.

egghead /'eghed/ *n.* (*spreg*) intellettuale *m./f.*, testa *f.* d'uovo.

eggplant /'egplænt/ *n.* (*spec. Am,Bot,Alim*) melanzana *f.*

egg-shaped /'egʃeɪpt/ *a.* ovale, ovoidale.

eggshell /'egʃel/ I *n.* guscio *m.* d'uovo. II *a.* 1 fragilissimo. 2 (*of paint*) semiopaco. □ *~ china* porcellana finissima; (*fig*) *to walk on -s* camminare sulle uova.

egg-whisk /'eg(h)wɪsk/ *n.* frullino *m.* per le uova.

egis /'iːdʒɪs/ *n.* (*aegis*) egida *f.* (*anche fig*).

ego /'iːgou, 'egou/ *n.* 1 (*Psic,Filos*) ego *m.*, io *m.* 2 (*colloq*) (*self-esteem*) io *m.*, amor *m.* proprio. 3 (*colloq*) (*self-importance*) boria *f.*, presunzione *f.* □ (*colloq*) *~ trip* (attività volta tutta all') esaltazione del proprio ego, esaltazione egocentrica.

egocentric /ˌegou'sentrɪk *Am* ˌiːgou'sentrɪk/ I *a.* 1 basato sull'io, imperniato sull'io. 2 (*self-centred*) egocentrico. II *n.* egocentrico *m.* (*f.* -a).

egocentricity /ˌegousen'trɪsɪti *Am* ˌiːgousen 'trɪsɪti/ *n.* egocentricità *f.*, egocentrismo *m.*

egocentrism /ˌegou'sentrɪzᵊm *Am* ˌiːgou 'sentrɪzᵊm/ *n.* egocentrismo *m.* (*anche Psic*).

egoism /'iːgouɪzᵊm, 'egouɪzᵊm/ *n.* 1 (*egotism*) egotismo *m.* 2 (*Filos*) egoismo *m.* etico, solipsismo *m.*

egoist /'iːgouɪst, 'egouɪst/ *n.* 1 (*self-centred person*) egotista *m./f.*, egocentrico *m.* (*f.* -a). 2 (*Filos*) solipsista *m./f.*

egoistic /ˌiːgou'ɪstɪk, ˌegou'ɪstɪk/ *a.* egotistico, egocentrico.

egoistical /ˌiːgou'ɪstɪkᵊl, ˌegou'ɪstɪkᵊl/ *a.* egotistico, egocentrico.

egomania /ˌiːgou'meɪnɪə, ˌegou'meɪnɪə/ *n.* egomania *f.*

egomaniac /ˌiːgou'meɪnɪæk, ˌegou'meɪnɪæk/ *n.* egomaniaco *m.* (*f.* -a).

egotise /'egoutaɪz/ *v.i.* (*Br*) essere egocentrico.

egotism /'iːgoutɪzᵊm, 'egoutɪzᵊm/ *n.* 1 (*Psic*) egotismo *m.* 2 (*selfishness*) egoismo *m.*

egotist /'iːgoutɪst, 'egoutɪst/ *n.* 1 egotista *m./f.*, egocentrico *m.* (*f.* -a). 2 (*selfish person*) egoista *m./f.*

egotistic /ˌiːgou'tɪstɪk, ˌegou'tɪstɪk/ *a.* 1 egotistico, egocentrico. 2 (*selfish*) egoista, egoistico.

egotistical /ˌiːgou'tɪstɪkᵊl, ˌegou'tɪstɪkᵊl/ *a.* 1 egotistico, egocentrico. 2 (*selfish*) egoista, egoistico.

egotize /'egətaɪz *Am* 'iːgətaɪz/ *v.i.* essere egocentrico.

egregious /ɪ'griːdʒ(i)əs/ *a.* 1 enorme, madornale, spropositato: *an ~ error* un errore madornale. 2 (*iron*) emerito, perfetto: *to make an ~ ass of oneself* fare la figura di un emerito somaro. 3 (*ant*) (*eminent*) egregio, esimio.

egregiously /ɪ'griːdʒ(i)əsli/ *avv.* enormemente, in modo madornale, in modo spropositato.

egregiousness /ɪ'griːdʒ(i)əsnəs/ *n.* enormità *f.*, madornalità *f.*

egress /'iːgres/ *n.* 1 uscita *f.* 2 (*right to go out*) diritto *m.* di uscita. 3 (*fig*) via *f.* di uscita, scappatoia *f.* 4 (*Astr*) uscita *f.*, egresso *m.*

egression /ɪ'greʃᵊn/ *n.* uscita *f.*

egret /'iːgret/ *n.* 1 (*Ornit*) egretta *f.*, airone *m.* bianco. 2 (*Ornit*) (*little egret*) garzetta *f.* 3 (*Bot*) lanugine *f.* 4 (*Ornit,Mod*) aigrette *f.*

Egypt /'iːdʒɪpt/ *n.pr.* (*Geog*) Egitto *m.*

Egyptian /ɪ'dʒɪpʃən/ I *a.* egiziano. II *n.* 1 egiziano *m.* (*f.* -a). 2 (*language*) egiziano *m.* 3 (*Tip*) egiziano *m.*

Egyptologist /ˌiːdʒɪp'tɒlədʒɪst *Am* ˌiːdʒɪp 'tɑːlədʒɪst/ *n.* egittologo *m.* (*f.* -a).

Egyptology /ˌiːdʒɪp'tɒlədʒi *Am* ˌiːdʒɪp 'tɑːlədʒi/ *n.* egittologia *f.*

eh /eɪ/ *intz.* 1 (*spec. Canad*) (*to seek confirmation*) eh?, vero?, no? 2 (*to express surprise, doubt*) eh!, eh?, (che) cosa?!

EHF /ˌiːeɪtʃ'ef/ (*Fis*) *Extremely High Frequency* EHF (frequenza estremamente elevata).

E.I. *East Indies* Indie orientali.

EIB /ˌiːaɪ'biː/ *European Investment Bank* BEI (Banca europea per gli investimenti).

eider /'aɪdər/ *n.* 1 (*Ornit*) (*eider duck*) edredone *m.* 2 (*eiderdown*) piuma *f.* di edredone.

eiderdown /'aɪdədaun *Am* 'aɪdərdaun/ *n.* 1 piuma *f.* di edredone. 2 (*quilt*) piumino *m.*, trapunta *f.*

eidetic /aɪ'detɪk *Am* aɪ'detɪk/ *a.* (*Filos,Psic*) eidetico.

eidolon /aɪ'doulən/ *n.* (*pl.* *-s* /-z/, *-la* /-lə/) 1 fantasma *m.*, apparizione *f.* 2 (*idealized person or thing*) idolo *m.*

eight /eɪt/ I *a.* otto: *page ~* pagina otto. II *n.* (*pl.inv.* o *-s* /-s/; *il pl. in -s si usa general. con valore collett.*) otto *m.* (*anche Sport*). □ *~ ball*: 1 (*in pool*) palla nera che porta il numero otto; (*game*) gioco simile al biliardo; 2

(*Am,spreg*) (*Negro*) negro; 3 (*El*) tipo di microfono; *to cut -s* (*in skating*) fare degli otto; *an ~ hour day* una giornata di otto ore (lavorative); (*Edit*) *printed in -s* stampato in ottavo; *it's ~ o'clock* sono le otto; *a boy of ~* un ragazzo di otto anni; (*Br,colloq*) *to have one over the ~* prendere una sbornia.

eighteen /eɪ'tiːn/ I *a.* diciotto. II *n.* (*pl.inv.* o *-s* /-s/; *il pl. in -s si usa general. con valore collett.*) diciotto *m.* □ *~ wheeler* autotreno, camion con rimorchio.

eighteenmo /eɪ'tiːnmou/ I *n.* (*pl.* *-s* /-z/) (*Edit*) diciottesimo *m.* II *a.* diciottesimo.

eighteenth /eɪ'tiːnθ/ I *a.* diciottesimo. II *n.* diciottesimo *m.*

eightfold /'eɪtfould/ I *a.* (che è) otto volte maggiore. II *avv.* otto volte tanto.

eighth /eɪtθ/ I *a.* ottavo. II *n.* 1 ottavo *m.* 2 (*Mus*) ottava *f.* □ (*Mus*) *~ note* croma; *the ~ of April* l'otto aprile; (*Mus*) *~ rest* pausa di un ottavo; (*Stor.brit*) *Henry the Eighth* Enrico ottavo.

eightieth /'eɪtiəθ *Am* 'eɪtiəθ/ I *a.* ottantesimo. II *n.* ottantesimo *m.*

eighty /'eɪti *Am* 'eɪti/ I *a.* ottanta. II *n.* (*pl.inv.* o *-ties* /-tiz *Am* -ṭiz/; *il pl. in -ties si usa general. con valore collett.*) ottanta *m.* □ *to be in one's eighties* essere fra gli ottanta e i novanta anni; *in the eighties of the century* tra gli anni '80 e '90 del secolo.

Eileen /'aɪliːn *Am* aɪ'liːn/ *n.pr.f.* Eileen.

Einstein /'aɪnstaɪn/ *n.pr.* (*colloq*) Einstein *m.*, genio *m.*

einsteinium /ˌaɪn'staɪnɪəm/ *n.* (*Chim*) einsteinio *m.*

Eire /'eərə *Am* 'eriː, 'aɪriː/ *n.pr.* (*Geog*) Repubblica *f.* di Irlanda, Eire *f.*

eisteddfod /aɪ'steðvɒd *Am* aɪ'steðvɑːd/ (*pl.* *-s* /-z/) *n.* (*in Wales*) festival *m.* di canto e poesia.

either /'aɪðər, 'iːðər/ I *a.* 1 (*one or the other of two*) uno dei due, l'uno o l'altro, sia l'uno che l'altro, tutti e due: *~ end of the table* l'una o l'altra estremità del tavolo. 2 (*each of two*) entrambi, ambo, ciascuno, tutti e due: *on ~ side of the road* su entrambi i lati della strada; *in ~ case* in entrambi i casi; *~ view is right* tutt'e due le opinioni sono giuste. II *pron.* 1 l'uno o l'altro: *~ of you can go* può andare l'uno o l'altro di voi. 2 (*after negatives*) né l'uno né l'altro: *I don't know ~ one* non conosco né l'uno né l'altro. III *avv.* 1 (*after negatives*) neanche, nemmeno, neppure: *I didn't go, and she didn't ~* io non ci sono andato e lei neppure, io non ci sono andato e neppure lei; *haven't you seen him ~?* neanche tu l'hai visto? 2 (*after a negative phrase: moreover*) per di più, inoltre: *it's pretty, and it doesn't cost much ~* è carino e per di più non costa molto. □ *in ~ event* in entrambi i casi; *~... or...*: 1 (*in positives*)... o...: *~ you go or I go* o ci vai tu o ci vado io; 2 (*in negatives*) né... né...: *I shall not come ~ today or tomorrow* non verrò né oggi né domani; *~ way it's the same* in un modo o nell'altro è uguale; (*US,Dir*) *~ way offences* reati che possono ricadere sia nella categoria soggetta a pene minori che in quella soggetta a pene maggiori.

ejaculate /ɪ'dʒækjuleɪt/ *v.t.* 1 (*Fisiol*) (*of sperm*) eiaculare. 2 (*ant*) (*to shout*) gridare, prorompere in.

ejaculation /ɪˌdʒækju'leɪʃᵊn/ *n.* 1 (*Fisiol*) eiaculazione *f.*; (*fluid*) eiaculato *m.* spermatico. 2 (*ant*) (*shout*) esclamazione *f.* improvvisa, grido *m.* 3 (*Lit*) giaculatoria *f.*

ejaculative /ɪ'dʒækjulətɪv *Am* ɪ'dʒækjulətɪv/ *a.* 1 prorompente, veemente. 2 (*Fisiol*) eiaculatorio, eiaculatore.

ejaculatory /ı'dʒækjʊlətəri Am ı'dʒæ kjʊlətɔːri/ a. **1** prorompente, veemente. **2** (Fisiol) eiaculatorio, eiaculatore.

eject /ı'dʒekt/ v.t. **1** espellere, scacciare, buttare fuori, cacciare fuori, estromettere. **2** (Dir) (to evict: from property) espropriare; (from a house) sfrattare. **3** (to throw out) espellere, emettere: to ~ smoke emettere fumo. □ ~ button tasto di espulsione.

ejection /ı'dʒekʃən/ n. **1** espulsione f. **2** (sth. ejected) materia f. espulsa. **3** (dismissal) destituzione f. **4** (Dir) (from property) esproprio m.; (from a house) sfratto m. □ (Aer) ~ handle meccanismo di espulsione; (Aer) ~ seat seggiolino eiettabile.

ejective /ı'dʒektɪv/ a. (Fon) eiettivo.

ejectment /ı'dʒektmənt/ n. (Dir) **1** esproprio m., espropriazione f. **2** (eviction) procedura f. di evizione.

ejector /ı'dʒektər/ n. **1** chi emette, chi espelle. **2** (Arm) espulsore m. **3** (Mecc) (jet pump) eiettore m. **4** (Met) espulsore m., estrattore m. □ (Aer) ~ seat seggiolino eiettabile.

eke /iːk/ avv. (rar) (also) anche, pure. □ to ~ out: **1** integrare, supplire all'insufficienza di; **2** (to make last) far durare, far bastare: to ~ out provisions far durare le provviste; to ~ out a living sbarcare il lunario.

El /el/ n. (Am) (elevated railroad) ferrovia f. soprelevata.

elaborate¹ /ı'læbərət/ a. **1** elaborato, minuzioso, dettagliato, particolareggiato: to take ~ precautions prendere minuziose precauzioni; ~ instructions istruzioni dettagliate. **2** (complicated) complicato, intricato.

elaborate² /ı'læbəreıt/ **I** v.t. **1** elaborare, studiare con cura. **2** (to detail) approfondire, sviluppare. **3** (Biol,Fisiol) elaborare. **II** v.i. approfondire, sviluppare (on sth. qcs.), andare in fondo (a).

elaborately /ı'læbərətli/ avv. **1** minuziosamente, con cura. **2** (intricately) in modo elaborato.

elaborateness /ı'læbərətnəs/ n. **1** elaboratezza f., complessità f. **2** (minuteness) minuziosità f.

elaboration /ı,læbə'reıʃən/ n. **1** elaborazione f. **2** (state) elaboratezza f.

elaborator /ı'læbəreıtər Am ı'læbəreıtər/ n. elaboratore m. (f. -trice).

élan /(e)ı'lɑːn/ n. slancio m., fervore m.

elapse /ı'læps/ v.i. (of time) passare, trascorrere, scorrere.

elastic /ı'læstık Br also ı'lɑːstık/ **I** a. **1** elastico. **2** (fig) elastico, flessibile: ~ step passo elastico; an ~ conscience una coscienza elastica. **II** n. **1** tessuto m. elastico, elastico m. **2** (rubber band) elastico m. □ ~ band elastico; (US,Dir) ~ clause clausola che permette al Congresso di emanare le leggi necessarie per l'esecuzione di poteri specifici o l'amministrazione del paese; (Fis,Tecn) ~ limit limite di elasticità; ~ sided boots (o ~ sides) stivaletti con elastici ai lati.

elastically /ı'læstıkəli Br also ı'lɑːstıkəli/ avv. elasticamente, in modo elastico.

elasticity /,ılæs'tısıti, ,ılaː'stısıti Am ı,læs 'tısəti/ n. **1** elasticità f. (anche Fis,Econ). **2** (fig) elasticità f.; (adaptability) elasticità f., flessibilità f., adattabilità f. **3** (fig) (buoyancy) capacità f. di recupero, capacità f. di ripresa.

elasticized /ı'læstısaızd Br also ı'lɑːstısaızd/ a. elasticizzato.

elate /ı'leıt/ v.t. **1** esaltare, inebriare, eccitare: -d by success inebriato dal successo. **2** (to raise the spirits of) rendere euforico.

elated /ı'leıtıd Am ı'leıtıd/ a. **1** esultante, giubilante. **2** (very proud) imbaldanzito, inorgoglito. **3** (in high spirits) euforico, eccitato,

esaltato.

elation /ı'leıʃən/ n. **1** esaltazione f., ebbrezza f., giubilo m. **2** (high spirits) euforia f., eccitazione f., esaltazione f.

Elba /'elbə/ n.pr. (Geog) Elba f., isola f. d'Elba.

elbow /'elbəʊ/ **I** n. **1** (Anat,Tecn) gomito m. **2** (curve, bend) gomito m., curva f.; (of a river) ansa f., gomito m. **3** (of a sleeve) gomito m. **II** v.t. spingere a gomitate, scostare a gomitate, dare gomitate a. **III** v.i. farsi largo a gomitate: to ~ through the crowd farsi largo tra la folla a gomitate. □ (fig) at one's ~ vicino, a fianco; to be at so.'s ~: **1** stare gomito a gomito con qcu., stare a fianco di qcu.; **2** (to be close) essere a portata di mano di qcu.; (fig) to give so. the ~: **1** (to dismiss) rifiutare qcu., respingere qcu.; **2** (to get rid of) sbarazzarsi di qcu.; ~ grease: **1** (colloq) olio di gomito f.; (sl) (sweat) sudore; to be out at -s (o to be out at the -s): **1** (of a garment) essere sdrucito, essere logoro; **2** (to be poorly dressed) essere scalcagnato; **3** (to be in financial straits) trovarsi in cattive acque; ~ room: **1** spazio per muoversi liberamente; **2** (fig) libertà di movimento, libertà di azione; (colloq) up to the -s in work immerso fino al collo nel lavoro.

elder¹ /'eldər/ (compar. di old) **I** a. **1** maggiore, più grande: my ~ brother mio fratello maggiore. **2** (senior) anziano, di grado più elevato. **II** n. **1** persona f. più anziana, maggiore m.: to respect one's -s rispettare le persone più anziane. **2** (of a tribe, community) membro m. anziano, anziano m.; (chief) capo m. **3** (ancestor) antenato m. **4** (Stor,Rel) anziano m. □ he is my ~ by two years è (di) due anni più vecchio di me; (Pol) ~ statesman illustre statista in ritiro, veterano della politica.

elder² /'eldər/ n. (Bot) sambuco m. □ ~ water infuso di sambuco; ~ wine vino di sambuco.

elderberry /'eldəbəri Am 'eldər,beri/ n. **1** bacca f. di sambuco. **2** (Bot) sambuco m.

eldercare /'eldəkeər Am 'eldərker/ n. programma f. per l'assistenza degli anziani.

elderly /'eldəli Am 'eldərli/ **I** a. anziano, attempato, di una certa età. **II** n. (costr.pl., collett.) anziani m.pl.: the ~ gli anziani.

eldership /'eldəʃıp Am 'eldərʃıp/ n. (Rel) dignità f. di anziano.

eldest /'eldəst/ a. (sup. di old) il maggiore, il più vecchio, il più grande, il primogenito. □ ~ child figlio maggiore, primogenito; (colloq) ~ hand (in a card game) primo di mano.

El Dorado, Eldorado /,eldə'rɑːdəʊ Am also ,eldə'reıdəʊ/ (pl. -s /-z/) n. eldorado m.

Eleanor /'elınər Am also 'elınɔːr/ n.pr.f. Eleonora.

Eleanora /,eliə'nɔːrə/ n.pr.f. Eleonora.

elecampane /,elıkæm'peın/ n. (Bot) enula f. campana.

elect /ı'lekt/ **I** v.t. **1** eleggere: to ~ so. president eleggere qcu. presidente. **2** (to choose) scegliere. **3** (to decide) decidere, scegliere: to ~ to do sth. decidere di fare qcs. **II** a. **1** eletto, nominato, scelto (ma non ancora in carica). **2** (Teol) eletto, predestinato. **3** (chosen for office) designato: president-~ presidente designato. **4** (chosen for marriage) promesso: bride-~ promessa sposa. **III** n. (costr.pl.,collett.) eletti m.pl. (f.pl. -e) (anche Teol). □ (Dir) to ~ domicile eleggere il domicilio.

elect. 1 electric el., elettr. (elettrico). **2** electricity el., elettr. (elettricità).

election /ı'lekʃən/ n. **1** elezione f. (anche Teol). **2** (choice) scelta f. □ ~ campaign campagna elettorale; ~ committee comita-

to elettorale; Election Day giorno delle elezioni, giorno del voto popolare; ~ district circoscrizione elettorale; (Dir) ~ offence reato elettorale; ~ poster manifesto elettorale.

electioneer /ı,lekʃə'nıər Am ı,lekʃə'nır/ **I** v.i. (Pol) fare propaganda elettorale, condurre una campagna elettorale. **II** n. (Pol) agente m. elettorale.

electioneering /ı,lekʃə'nıərıŋ Am ı,lekʃə 'nırıŋ/ **I** a. della propaganda elettorale. **II** n. propaganda f. elettorale, campagna f. elettorale.

elective /ı'lektıv/ **I** a. **1** elettivo. **2** (of an election) elettorale. **3** (Am,Scol) facoltativo, opzionale. **II** n. (Am,Scol) materia f. facoltativa. □ ~ affinity affinità elettiva.

elector /ı'lektər/ n. **1** elettore m. **2** (US,Pol) grande elettore m.

Elector /ı'lektər/ n. (Stor) elettore m., principe m. elettore.

electoral /ı'lektərəl/ a. elettorale (anche Stor). □ ~ college collegio elettorale; ~ malpractice frode elettorale; ~ quotient quoziente elettorale; (GB) ~ region circoscrizione elettorale; (GB) ~ register registro elettorale; ~ roll lista elettorale; ~ system sistema elettorale; ~ vote voto elettorale; (GB) ~ ward collegio elettorale (per elezioni amministrative).

electoralism /ı'lektərəlızəm/ n. (Pol) elettoralismo m.

electoralist /ı'lektərəlıst/ a. (Pol) elettoralistico.

electorate /ı'lektərət/ n. **1** (collett.) elettorato m., elettori m.pl. (f.pl. -trici). **2** (Stor) elettorato m.

electorship /ı'lektəʃıp Am ı'lektərʃıp/ n. elettorato m. (anche Stor).

Electra /ı'lektrə/ n.pr.f. (Mitol) Elettra.

electress /ı'lektrəs/ n. **1** elettrice f. **2** (Stor) consorte f. di principe elettore.

electric /ı'lektrık/ a. **1** elettrico. **2** (fig) (tense) elettrico, teso; (excited) elettrizzato, eccitato. □ ~ appliances elettrodomestici; (El) ~ arc arco voltaico; ~ blanket termocoperta; ~ blue blu elettrico; ~ car automobile elettrica; ~ chair sedia elettrica; (Itt) ~ eel gimnoto, anguilla elettrica; ~ energy energia elettrica; ~ eye: cellula fotoelettrica; ~ fan elettroventilatore; ~ fence recinzione percorsa da corrente elettrica; (Fis) ~ field campo elettrostatico; (Tecn) ~ furnace forno elettrico, elettroforno; (El) ~ generator gruppo elettrogeno; ~ guitar chitarra elettrica; ~ household appliances elettrodomestici; ~ knife coltello elettrico; ~ power energia elettrica; ~ railway ferrovia a trazione elettrica; ~ shock scossa elettrica, (Met) ~ steel acciaio al forno elettrico; (Ferr) ~ traction trazione elettrica, elettrotrazione; (Ferr) ~ train treno elettrico.

electrical /ı'lektrıkəl/ a. elettrico. □ ~ engineer ingegnere elettrotecnico; ~ engineering elettrotecnica; ~ storm tempesta elettromagnetica.

electrician /ı,lek'trıʃən Br also ,elek'trıʃən/ n. elettricista m./f.

electricity /ı,lek'trısıti Am ı,lek'trısəti/ n. **1** elettricità f. (anche fig). **2** (science) elettrologia f. **3** (electric current) corrente f. elettrica.

electrification /ı,lektrıfı'keıʃən/ n. **1** elettrificazione f. **2** (fig) l'elettrizzare.

electrified /ı'lektrıfaıd/ a. **1** elettrificato. **2** (fig) elettrizzato, eccitato.

electrify /ı'lektrıfaı/ v.t. **1** elettrizzare (anche fig). **2** (to supply with electricity) elettrificare: to ~ a railway line elettrificare una linea ferroviaria.

electroacoustics /ɪˌlektrouəˈkuːstɪks/ *n.pl.* (*costr.sing.*) (*Fis*) elettroacustica *f.*

electroanalysis /ɪˌlektrouəˈnælɪsɪs/ *n.* (*Chim*) elettroanalisi *f.*

electrobiology /ɪˌlektroubaɪˈɒlədʒi Am* ɪˌlektroubaɪˈɑːlədʒi/ *n.* elettrobiologia *f.*

electrocardiogram /ɪˌlektrouˈkɑːdiou græm Am* ɪˌlektrouˈkɑːrdiəgræm/ *n.* (*Med*) elettrocardiogramma *m.*

electrocardiograph /ɪˌlektrouˈkɑːdiou grɑːf Am* ɪˌlektrouˈkɑːrdiəgræf/ *n.* (*Med*) elettrocardiografo *m.*

electrocardiography /ɪˌlektrouˌkɑːdi ˈɒgrəfi Am* ɪˌlektrouˌkɑːrdiˈɑːgrəfi/ *n.* (*Med*) elettrocardiografia *f.*

electrochemical /ɪˌlektrouˈkemɪkəl Am* ɪˌlektrouˈkemɪkəl/ *a.* elettrochimico.

electrochemistry /ɪˌlektrouˈkemɪstri Am* ɪˌlektrouˈkemɪstri/ *n.* elettrochimica *f.*

electroconvulsive /ɪˌlektroukənˈvʌlsɪv Am* ɪˌlektroukənˈvʌlsɪv/ *a.* (*Med*) elettroconvulsivo. □ (*Med*) ~ *therapy* elettroshockterapia.

electrocute /ɪˈlektrəkjuːt/ *v.t.* **1** fulminare (con la corrente elettrica). **2** (*to execute*) giustiziare sulla sedia elettrica.

electrocution /ɪˌlektrəˈkjuːʃən/ *n.* elettrosecuzione *f.*, elettrocuzione *f.*

electrode /ɪˈlektroud/ *n.* (*Fis,Mot,Mecc*) elettrodo *m.*

electrodynamic /ɪˌlektroud(a)ɪˈnæmɪk Am* ɪˌlektroudaɪˈnæmɪk/ *a.* elettrodinamico.

electrodynamical /ɪˌlektroud(a)ɪˈnæmɪkəl Am* ɪˌlektroudaɪˈnæmɪkəl/ *a.* elettrodinamico.

electrodynamics /ɪˌlektroud(a)ɪˈnæmɪks Am* ɪˌlektroudaɪˈnæmɪks/ *n.pl.* (*costr.sing.*) (*Fis*) elettrodinamica *f.*

electroencephalogram /ɪˌlektrouen ˈsefəlougræm/ *n.* (*Med*) elettroencefalogramma *m.*

electroencephalograph /ɪˌlektrouen ˈsefəlougrɑːf Am* ɪˌlektrouenˈsefəlougræf/ *n.* (*Med*) elettroencefalografo *m.*

electroencephalography /ɪˌlektrouen ˌsefəlɒgrəfi Am* ɪˌlektrouenˌsefəlɑːgrəfi/ *n.* (*Med*) elettroencefalografia *f.*

electrokinetics /ɪˌlektrouk(a)ɪˈnetɪks Am* ɪˌlektroukɪˈnetɪks/ *n.pl.* (*costr.sing.*) (*Fis*) elettrocinetica *f.*

electrolysis /ɪˌlekˈtrɒləsɪs Am* ɪˌlekˈtrɑːləsɪs/ *n.* **1** (*Chim*) elettrolisi *f.* **2** (*Med*) (*of hair roots*) elettrocoagulazione *f.*

electrolyte /ɪˈlektrəlaɪt/ *n.* (*Chim,Tecn*) elettrolito *m.*, elettrolita *m.*

electrolytic /ɪˌlektrəˈlɪtɪk Am* ɪˌlektrəˈlɪtɪk/ *a.* (*Chim,Tecn*) elettrolitico: ~ *cell* cella elettrolitica.

electrolyze /ɪˈlektrəlaɪz Am* ɪˈlektrəlaɪz/ *v.t.* (*Chim*) elettrolizzare, sottoporre a elettrolisi.

electrolyzer /ɪˈlektrəlaɪzər Am* ɪˈlektrəlaɪzər/ *n.* (*El*) (*of electrolisi*, elettrolizzatore *m.*

electromagnet /ɪˌlektrouˈmægnɪt/ *n.* (*Fis*) elettrocalamita *f.*, elettromagnete *m.*

electromagnetic /ɪˌlektrouˈmægˈnetɪk Am* ɪˌlektrouˈmægˈnetɪk/ *a.* (*Fis*) elettromagnetico: ~ *radiation* radiazione elettromagnetica.

electromagnetically /ɪˌlektrouˈmæg ˈnetɪkəli Am* ɪˌlektrouˈmægˈnetɪkəli/ *avv.* elettromagneticamente.

electromagnetics /ɪˌlektrouˈmægˈnetɪks Am* ɪˌlektrouˈmægˈnetɪks/ *n.pl.* (*costr.sing.*) (*Fis*) elettromagnetismo *m.*

electromagnetism /ɪˌlektrouˈmægnətɪzəm Am* ɪˌlektrouˈmægnətɪzəm/ *n.* (*Fis*) elettromagnetismo *m.*

electromassage /ɪˌlektrouˈmæsɑː(d)ʒ Am* ɪˌlektrouˈsɑː(d)ʒ/ *n.* elettromassaggio *m.*, massaggio *m.* elettrico.

electromechanic /ɪˌlektroumɪˈkænɪk/ *a.* elettromeccanico.

electromechanical /ɪˌlektroumɪˈkænɪk(ə)l/ *a.* elettromeccanico.

electromechanics /ɪˌlektroumɪˈkænɪks/ *n.pl.* (*costr.sing.*) elettromeccanica *f.*

electrometallurgy /ɪˌlektrouməˈtælədʒi Am* ɪˌlektrouˈmetəlɜːrdʒi/ *n.* elettrometallurgia *f.*

electrometer /ˌelɪkˈtrɒmɪtər Am* ɪlekˈtrɑːmətər/ *n.* elettrometro *m.*

electrometric /ɪˌlektrouˈmetrɪk/ *a.* (*Fis*) elettrometrico.

electrometry /ɪˌlekˈtrɒmɪtri Am* ɪˌlekˈtrɑːmətri/ *n.* (*Fis*) elettrometria *f.*

electromotive /ɪˌlektrouˈmoutɪv Am* ɪˌlektrouˈmoutɪv/ *a.* elettromotore. □ (*Fis*) ~ *force* forza elettromotrice.

electromotor /ɪˌlektrouˈmoutər Am* ɪˌlektrouˈmoutər/ *n.* elettromotore *m.*

electron /ɪˈlektrɒn Am* ɪˈlektrɑːn/ *n.* (*Fis*) elettrone *m.* □ (*Fis*) ~ *affinity* affinità elettronica; (*Fis*) ~ *beam* pennello di elettroni, fascio di elettroni; (*Fis*) ~ *diffraction* diffrazione elettronica; ~ *gun*: 1 (*TV*) cannone elettronico; 2 (*Mil*) cannone elettronico; 3 (*Elettron*) proiettore elettronico; ~ *lens* lente elettronica; ~ *microscope* microscopio elettronico; ~ *microscopy* microscopia elettronica; ~ *spectroscopy* spettroscopia elettronica; (*Nucl*) ~ *synchrotron* elettrosincrotrone; ~ *tube* tubo elettronico, valvola elettronica; (*Fis*) ~ *volt* elettronvolt.

electronegative /ɪˌlektrouˈnegətɪv Am* ɪˌlektrouˈnegətɪv/ *a.* (*Fis*) elettronegativo.

electronegativity /ɪˌlektrouˌnegəˈtɪvɪti Am* ɪˌlektrouˌnegəˈtɪvəti/ *n.* (*Fis*) elettronegatività *f.*

electronic /ˌɪˌlekˈtrɒnɪk Am* ɪˌlekˈtrɑːnɪk/ *a.* elettronico. □ ~ *aids* sussidi elettronici; (*Inform*) ~ *brain* cervello elettronico; (*Elettron*) ~ *circuit* circuito elettronico; (*Elettron*) ~ *component* componente elettronico; (*Inform*) ~ *computer* elaboratore elettronico; ~ *cottage* cottage elettronico, casa dotata di apparecchiature elettroniche per il telelavoro; (*Inform*) ~ *data processing* elaborazione elettronica dei dati; ~ *engineer* ingegnere elettronico; ~ *engineering* ingegneria elettronica; (*Fot*) ~ *flash* flash elettronico; (*Econ*) ~ *funds transfer* trasferimento elettronico di fondi; ~ *game* gioco elettronico; ~ *industry* industria elettronica; (*Inform*) ~ *kiosk* chiosco elettronico, terminale per acquisti tramite computer; (*Inform*) ~ *mail* posta elettronica, e-mail; ~ *media* mezzi di comunicazione elettronici; (*Inform*) ~ *money* moneta elettronica; ~ *music* musica elettronica; (*Mar*) ~ *navigation* navigazione elettronica; (*Mus*) ~ *organ* organo elettronico; (*Inform*) ~ *pen* penna elettronica; ~ *surveillance* sorveglianza elettronica; ~ *warfare* guerra elettronica.

electronics /ˌɪˌlekˈtrɒnɪks Am* ɪˌlekˈtrɑːnɪks/ *n.pl.* (*costr.sing.*) elettronica *f.* □ ~ *group* gruppo che opera nel settore dell'elettronica; ~ *store* negozio di articoli elettronici.

electro-optical /ɪˌlektrouˈɒptɪkəl Am* ɪˌlektrouˈɑːptɪkəl/ *a.* elettroottico.

electro-optics /ɪˌlektrouˈɒptɪks Am* ɪˌlektrou ˈɑːptɪks/ *n.pl.* (*costr.sing.*) elettroottica *f.*

electrophorus /ˌiːlekˈtrɒfərəs Am* ˌiːlek ˈtrɑːfərəs/ (*pl.* -**ri** -raɪ/) *n.* (*Fis*) elettroforo *m.*

electrophrenic /ɪˌlektrouˈfrenɪk, ɪˌlektrou ˈfriːnɪk/ *a.* (*Med*) elettrofrenico.

electroplate /ɪˈlektroupleɪt Br also* ɪˌlektrou ˈpleɪt/ **I** *n.* oggetti *m.pl.* placcati (mediante galvanostegia). **II** *v.t.* trattare con galvanostegia.

electropositive /ɪˌlektrouˈpɒzɪtɪv Am* ɪˌlektrouˈpɑːzətɪv/ *a.* (*Fis*) elettropositivo.

electropositivity /ɪˌlektroupɒziˈtɪvɪti Am*

electropositivity /ɪˌlektroupɑːzəˈtɪvəti/ *n.* (*Fis*) elettropositività *f.*

electroreception /ɪˌlektrouriˈsepʃən/ *n.* (*Zool*) elettroricezione *f.*

electroscope /ɪˈlektrouskoup/ *n.* (*Fis*) elettroscopio *m.*

electroshock /ɪˈlektrouʃɒk Am* ɪˈlektrou ʃɑːk/ *n.* (*Med*) elettroshock *m.* □ (*Med*) ~ *therapy* elettroshockterapia.

electrostatic /ɪˌlektrouˈstætɪk Am* ɪˌlektrou ˈstætɪk/ *a.* (*Fis*) elettrostatico.

electrostatics /ɪˌlektrouˈstætɪks Am* ɪˌlektrou ˈstætɪks/ *n.pl.* (*costr.sing.*) elettrostatica *f.*

electrosurgery /ɪˌlektrouˈsɜːdʒəri Am* ɪˌlektrouˈsɜːrdʒəri/ *n.* (*Med*) elettrochirurgia *f.*

electrosurgical /ɪˌlektrouˈsɜːdʒɪkəl Am* ɪˌlektrouˈsɜːrdʒɪkəl/ *a.* (*Med*) elettrochirurgico.

electrotechnical /ɪˌlektrouˈteknɪkəl/ *a.* elettrotecnico.

electrotechnics /ɪˌlektrouˈteknɪks/ *n.pl.* (*costr.sing.*) elettrotecnica *f.*

electrotechnology /ɪˌlektroutekˈnɒlədʒi Am* ɪˌlektroutekˈnɑːlədʒi/ *n.* elettrotecnica *f.*

electrotherapeutic /ɪˌlektrouˌθerəˈpjuːtɪk Am* ɪˌlektrouˌθerəˈpjuːtɪk/ *a.* (*Med*) elettroterapico.

electrotherapeutical /ɪˌlektrouˌθerə ˈpjuːtɪkəl Am* ɪˌlektrouˌθerəˈpjuːtɪkəl/ *a.* (*Med*) elettroterapico.

electrotherapeutics /ɪˌlektrouˌθerə ˈpjuːtɪks Am* ɪˌlektrouˌθerəˈpjuːtɪks/ *n.pl.* (*costr.sing.*) (*Med*) elettroterapia *f.*

electrotherapy /ɪˌlektrouˈθerəpi Am* ɪˌlektrouˈθerəpi/ *n.* (*Med*) elettroterapia *f.*

electrothermal /ɪˌlektrouˈθɜːməl Am* ɪˌlektrouˈθɜːrməl/ *a.* (*Fis*) elettrotermico.

electrothermic /ɪˌlektrouˈθɜːmɪk Am* ɪˌlektrouˈθɜːrmɪk/ *a.* (*Fis*) elettrotermico.

electrothermy /ɪˈlektrouˌθɜːmi Am* ɪˈlektrou ˌθɜːrmi/ *n.* (*Fis*) elettrotermia *f.*

electrotonus /ɪˌlekˈtrɒtənəs Am* ɪˌlek ˈtrɑːtənəs/ *n.* (*Fisiol*) elettrotono *m.*

electrotype /ɪˈlektroutaɪp Am* ɪˈlektroutaɪp/ **I** *n.* (*Tip*) copia *f.* galvanica. **II** *v.t.* riprodurre mediante galvanotipia.

electrotypy /ɪˈlektroutaɪpi/ *n.* (*Tip*) galvanotipia *f.*

electrovalent /ɪˌlektrouˈveɪlənt/ *a.* (*Chim*) ionico.

electrum /ɪˈlektrəm/ *n.* **1** lega *f.* di oro e argento. **2** (*German silver*) argentone *m.*, argentana *f.*

electuary /ɪˈlektjuəri Am* ɪˈlektʃuːeri/ *n.* (*Farm, Veter*) elettuario *m.*

eleemosynary /ˌeliiˈmɒsɪnəri Am* ˌelɪ ˈmɑːsəneri/ *a.* **1** caritatevole, benefico. **2** (*supported by charity*) che vive di elemosina, che vive di carità.

elegance /ˈelɪgəns/ *n.* **1** eleganza *f.* **2** (*refinement*) raffinatezza *f.*, grazia *f.*, finezza *f.*

elegant /ˈelɪgənt/ *a.* **1** elegante. **2** (*refined*) elegante, raffinato, fine. **3** (*Am,sl*) (*excellent*) eccellente, ottimo, di prim'ordine.

elegantly /ˈelɪgəntli/ *avv.* elegantemente, con eleganza.

elegiac /ɪˈelɪˈdʒaɪək Am also* ɪˈliːdʒiːæk/ *a.* elegiaco (*anche fig.*). **II** *n.* **1** (*Metr*) elegiaco *m.*, verso *m.* elegiaco. **2** *pl.* (*verses*) versi *m.pl.* elegiaci.

elegiacal /ˌelɪˈdʒaɪəkəl Am also* ɪˈliːdʒiːækəl/ *a.* elegiaco (*anche fig*).

elegise /ˈelɪdʒaɪz/ **I** *v.t.* (*Br*) commemorare in versi elegiaci. **II** *v.i.* (*Br*) scrivere versi elegiaci.

elegist /ˈelɪdʒɪst/ *n.* elegiaco *m.*, poeta *m.* (*f.* -tessa) elegiaco.

elegize /ˈelɪdʒaɪz/ **I** *v.t.* commemorare in versi elegiaci. **II** *v.i.* scrivere versi elegiaci.

elegy /ˈelɪdʒi/ *n.* (*Lett,Mus*) elegia *f.*

element /ˈeləmənt/ *n.* **1** elemento *m.* (*anche*

Filos,Chim): *the four -s* i quattro elementi. **2** (*fig*) elemento *m.*, requisito *m.*, fattore *m.* **3** (*environment*) elemento *m.*, ambiente *m.* (*anche fig*): *natural ~ ambiente naturale.* **4** (*Biol*) cellula *f.* **5** *pl.* (*rudiments*) elementi *m.pl.*, primi rudimenti *m.pl.*, nozioni *f.pl.* fondamentali: *the -s of grammar* i primi rudimenti della grammatica. **6** *pl.* (*atmospheric forces*) elementi *m.pl.*: *the fury of the -s* la furia degli elementi. □ (*fig*) *to be in one's ~* essere nel proprio elemento, sentirsi perfettamente a proprio agio; (*fig*) *to be out of one's ~* essere fuori del proprio elemento, non sentirsi a proprio agio.

elemental /ˌeləˈmentəl *Am* ˌeləˈmentᵊl/ I *a.* **1** elementare (*anche Filos,Chim*). **2** (*basic*) elementare, fondamentale. **3** (*primitive*) rozzo, primordiale. **4** (*of nature*) naturale, della natura. **5** (*of the forces of nature*) degli elementi. II *n.* **1** (*Occult,rar*) elementale *m.* **2** *pl.* rudimenti *m.pl.*

elementalism /ˌeləˈmentᵊlɪzᵊm *Am* ˌelə ˈmentᵊlɪzᵊm/ *n.* (*Occult,rar*) elementalismo *m.*

elementariness /ˌeləˈmentᵊrɪnəs *Am* ˌelə ˈmentᵊrɪnəs/ *n.* elementarità *f.*

elementary /ˌeləˈmentᵊri *Am* ˌeləˈmentᵊri/ *a.* elementare, rudimentale: *~ algebra* algebra elementare. □ *~ mistake* errore grossolano; (*Nucl*) *~ particle* particella elementare; (*Am,Scol*) *~ school* scuola primaria, scuola elementare.

elephant /ˈelɪfənt/ *n.* **1** (*Zool*) elefante *m.* **2** (*Am,Cart*) formato *m.* di carta (23 x 28 pollici). □ (*Zool*) *~ seal* elefante marino; (*Zool*) *~ shrew* macroscelide.

elephantiasis /ˌelɪfənˈtaɪəsɪs, ˌelɪfænˈtaɪəsɪs/ (*pl.* *-ses* /-siːz/) *n.* (*Med*) elefantiasi *f.*

elephantine /ˌelɪˈfæntaɪn *Am also* ˌelɪˈfæntiːn, ˈeləfæntiːn/ *a.* **1** elefantesco, di elefante. **2** (*fig*) (*huge*) elefantesco, enorme, mastodontico; (*clumsy*) pesante, sgraziato.

Eleusinian /ˌeljuːˈsɪniən/ *a.* eleusino: *~ mysteries* misteri eleusini.

Eleusis /elˈjuːsɪs *Am* ɪˈl(j)uːsɪs/ *n.pr.* (*Geog.stor*) Eleusi *f.*

elevate /ˈelɪveɪt/ *v.t.* **1** elevare, sollevare, alzare. **2** (*fig*) (*to promote in rank*) elevare, innalzare: *to ~ so. to the nobility* elevare qcu. alla dignità nobiliare. **3** (*fig*) (*to improve*) elevare, migliorare, nobilitare.

elevated /ˈelɪveɪtɪd *Am* ˈelɪveɪtɪd/ *a.* **1** elevato, soprelevato. **2** (*fig*) (*edifying*) elevato, nobile; (*lofty*) elevato, sublime. □ (*Ferr*) *~ railroad* (o *~ railway*) ferrovia sopraelevata.

elevation /ˌelɪˈveɪʃən/ *n.* **1** elevazione *f.* (*anche fig*). **2** (*height*) altezza *f.* (sul livello del mare): *at an ~ of three thousand feet* a tremila piedi di altezza. **3** (*high place, hill*) elevazione *f.*, altura *f.* **4** (*promotion*) elevazione *f.*, innalzamento *m.*: *~ to the throne* elevazione al trono. **5** (*fig*) (*nobleness*) elevatezza *f.*, nobiltà *f.* **6** (*Arch*) prospetto *m.* **7** (*Topogr*) quota *f.* **8** (*Astr*) elevazione *f.*, altezza *f.* **9** (*Mat, Arm*) angolo *m.* di elevazione. **10** (*in ballet*) elevazione *f.*

Elevation /ˌelɪˈveɪʃən/ *n.* (*Rel.catt*) Elevazione *f.*

elevator /ˈelɪveɪtəʳ *Am* ˈelɪveɪtᵊʳ/ *n.* **1** (*Am*) (*lift*) ascensore *m.* **2** (*Mecc*) elevatore *m.*, montacarichi *m.* **3** (*Agr*) silos *m.* **4** (*Aer*) equilibratore *m.* □ (*Am*) *~ boy* ascensorista; (*Am*) *~ shaft* pozzo dell'ascensore, tromba dell'ascensore.

eleven /ɪˈlevən/ I *a.* undici. II *n.* (*pl.inv.* o *-s* /-z/; *il pl. in -s si usa general. con valore collett.*) **1** undici *m.* **2** (*Sport*) undici *m.*, squadra *f.*

elevenses /ɪˈlevənzɪz/ *n.pl.* (*Br,colloq*) spuntino *m.sing.* (delle undici).

eleventh /ɪˈlevənθ/ I *a.* undicesimo. II *n.* un-

dicesimo *m.* □ (*fig*) *at the ~ hour* all'ultimo momento, in extremis.

elf /elf/ (*pl.* **elves** /elvz/) *n.* (*Mitol*) **1** elfo *m.*, folletto *m.* **2** (*fairy*) fata *f.*, fatina *f.*

ELF /ˌiːelˈef/ (*Fis*) Extremely Low Frequency ELF (banda di frequenza estremamente bassa).

elfin /ˈelfɪn/ *a.* **1** di elfo, di folletto. **2** (*fig*) (*small*) piccolo, minuto. **3** (*fig*) (*playful*) scherzoso, vivace.

elfish /ˈelfɪʃ/ *a.* **1** di elfo, di folletto. **2** (*fig*) (*mischievous*) birichino, malizioso.

elflock /ˈelflɒk *Am* ˈeflɑːk/ *n.spec.pl.* massa *f.* di capelli arruffati.

Elias /ˈiːlaɪəs, elˈaɪəs/ *n.pr.m.* Elia.

elicit /ɪˈlɪsɪt/ *v.t.* **1** tirare fuori, cavare, strappare: *to ~ a reply from so.* strappare una risposta a qcu. **2** (*to cause*) provocare, suscitare. **3** (*to deduce*) dedurre, ricavare. **4** (*Psic*) elicitare.

elicitation /ɪˌlɪsɪˈteɪʃən/ *n.* **1** il tirar fuori. **2** (*Psic*) elicitazione *f.*

elide /ɪˈlaɪd/ *v.t.* **1** (*Gramm,Fon*) elidere. **2** (*to omit*) sopprimere.

eligibility /ˌelɪdʒəˈbɪlɪti *Am* ˌelɪdʒɪˈbɪləti/ *n.* **1** eleggibilità *f.* **2** (*fitness*) idoneità *f.*

eligible /ˈelɪdʒəbl/ *a.* **1** eleggibile: *~ for an office* eleggibile a una carica. **2** (*worthy of choice*) che ha i requisiti necessari (*for* per), idoneo, adatto (a). **3** (*advantageous*) vantaggioso. **4** (*Econ*) bancabile: *~ bills* titoli bancabili. □ *an ~ bachelor* un buon partito, uno scapolo d'oro; (*Am,Econ*) *~ paper* titoli scontabili, effetti scontabili.

Elijah /ɪˈlaɪdʒə/ *n.pr.m.* (*Bibl*) Elia.

eliminable /ɪˈlɪmɪnəbl/ *a.* eliminabile.

eliminate /ɪˈlɪmɪneɪt/ *v.t.* **1** eliminare, togliere, rimuovere. **2** (*to omit*) scartare. **3** (*scherz, gerg*) eliminare, far fuori, uccidere. **4** (*Sport, Mat, Fisiol*) eliminare.

elimination /ɪˌlɪmɪˈneɪʃən/ *n.* eliminazione *f.*

eliminator /ɪˈlɪmɪneɪtəʳ *Am* ɪˈlɪmɪneɪtᵊʳ/ *n.* **1** persona *f.* che elimina; (*thing*) cosa *f.* che elimina. **2** (*El*) dispositivo *m.* di alimentazione diretta.

ELISA /ɪˈlaɪzə/ (*Biol,Med*) Enzyme-Linked Immunosorbent Assay ELISA (prova di immunoassorbente legata all'enzima).

Elisabeth /ɪˈlɪzəbəθ/ *n.pr.f.* Elisabetta.

Elisha /ɪˈlaɪʃə/ *n.pr.m.* (*Bibl*) Eliseo.

elision /ɪˈlɪʒən/ *n.* (*Fon,Metr*) elisione *f.*

elite, élite /(e)ɪˈliːt/ *n.* élite *f.*, fior fiore *m.*

elitism, élitism /(e)ɪˈliːtɪzᵊm/ *n.* elitismo *m.*

elitist /(e)ɪˈliːtɪst/ *a.* elitario.

elixir /ɪˈlɪksəʳ, elˈɪksəʳ/ *n.* elisir *m.*: *the ~ of life* l'elisir di lunga vita.

Eliza /ɪˈlaɪzə/ *n.pr.f.* Elisa.

Elizabeth /ɪˈlɪzəbəθ/ *n.pr.f.* Elisabetta.

Elizabethan /ɪˌlɪzəˈbiːθən/ I *a.* (*Stor.brit*) elisabettiano: *~ Age* età elisabettiana. II *n.* elisabettiano *m.* (*f.* *-a*).

elk /elk/ (*pl.inv.* o *-s* /-s/; *il pl.inv. si usa general. con valore collett.*) *n.* (*Zool*) alce *m.* **2** (*wapiti*) vapiti *m.*, wapiti *m.*

ell /el/ *n.* **1** (*Arch*) ala *f.* **2** (*Tecn*) gomito *m.* **3** misura di lunghezza (pari a 114,3 cm.).

ellipse /ɪˈlɪps/ *n.* (*Geom*) ellisse *f.*

ellipsis /ɪˈlɪpsɪs/ (*pl.* *-ses* /-siːz/) *n.* **1** (*Gramm*) ellissi *f.* **2** (*Tip*) segno *m.* di omissione.

ellipsoid /ɪˈlɪpsɔɪd/ *n.* (*Geom*) ellissoide *m.*

ellipsoidal /ˌelɪpˈsɔɪdəl, ɪˌlɪpˈsɔɪdəl/ *a.* (*Geom*) ellissoidale.

elliptic /ɪˈlɪptɪk/ *a.* ellittico.

elliptical /ɪˈlɪptɪkəl/ *a.* ellittico.

elliptically /ɪˈlɪptɪkli/ *avv.* ellitticamente.

ellipticity /ˌelɪpˈtɪsɪti *Am* ˌelɪpˈtɪsəti/ *n.* ellitticità *f.*

elm /elm/ *n.* **1** (*Bot*) olmo *m.* **2** (*wood*) legno *m.* di olmo. □ *~ grove* olmeto.

elmy /ˈelmi/ *a.* ricco di olmi.

elocution /ˌeləˈkjuːʃən/ *n.* **1** dizione *f.* **2** (*art, study*) elocuzione *f.*

elocutionary /ˌeləˈkjuːʃᵊnᵊri *Am* ˌelə ˈkjuːʃᵊneri/ *a.* elocutorio, oratorio.

elocutionist /ˌeləˈkjuːʃᵊnɪst/ *n.* **1** (*teacher*) maestro *m.* (*f.* *-a*) di dizione. **2** (*professional reciter*) declamatore *m.* (*f.* *-trice*), dicitore *m.* (*f.* *-trice*).

elongate /ˈiːlɒŋɡeɪt *Am* ɪˈlɑːŋɡeɪt/ I *v.t.* allungare. II *v.i.* **1** allungarsi. **2** (*Bot*) allungarsi, estendersi.

elongated /ˈiːlɒŋɡeɪtɪd *Am* ɪˈlɑːŋɡeɪtɪd/ *a.* allungato, oblungo.

elongation /ˌiːlɒŋˈɡeɪʃən *Am* ɪˌlɑːŋˈɡeɪʃən/ *n.* **1** allungamento *m.* **2** (*prolongation*) prolungamento *m.* **3** (*Astr,Geom*) elongazione *f.* **4** (*Met*) allungamento *m.*

elope /ɪˈloʊp/ *v.i.* fuggire (con l'amante), scappare (con l'amante): *the lovers -d* gli amanti sono fuggiti.

elopement /ɪˈloʊpmənt/ *n.* fuga *f.* (con l'amante), (*region*) fuitina *f.*

eloquence /ˈeləkwəns/ *n.* eloquenza *f.* (*anche fig*).

eloquent /ˈeləkwənt/ *a.* eloquente (*anche fig*).

eloquently /ˈeləkwəntli/ *avv.* eloquentemente.

El Salvador /ˌelˈsælvədɔːʳ *Am* ˌelˈsælvədɔːr/ *n.pr.* (*Geog*) El Salvador *m.*

else /els/ I *a.* **1** (*usato dopo un pron. interr. e dopo i composti di* some, any, no, every) (*other*) altro: *give it to someone ~* dallo a qualcun altro; *what ~ can I do?* che altro posso fare?; *you won't find it anywhere ~* non lo troverai in nessun altro posto; *let us speak of something ~* parliamo d'altro, parliamo di qualcos'altro, cambiamo argomento; *who ~ was there?* chi altro c'era? **2** (*in addition*) altro: *have you anything ~ to say?* hai qualcos'altro da dire?; *we can do little ~* c'è poco altro da fare; non possiamo fare molto di più. II *avv.* **1** (*if not; general. preceduto da* or) altrimenti, se no, oppure: *come early, (or) ~ you won't find a seat* vieni presto, altrimenti non troverai posto; (*colloq*) *pay me what you owe me, or ~!* pagami quel che mi devi, o vedrai! **2** (*otherwise*) altrimenti, in altro modo: *how ~ could I have acted?* come avrei potuto agire altrimenti?

elsewhere /ˌels'(h)weəʳ, ˈels(h)weəʳ *Am* ˈels(h)wer/ *avv.* altrove, in qualche altro posto.

Elsie /ˈelsi/ *n.pr.f.* Elsa.

ELT /ˌiːelˈtiː/ English Language Teaching (insegnamento della lingua inglese).

eluant /ˈeljuənt/ *n.* (*Chim*) eluente *m.*

eluate /ˈeljuət, ˈeljueɪt/ *n.* (*Chim*) eluito *m.*, eluato *m.*

elucidate /ɪˈluːsɪdeɪt *Br also* ɪˈljuːsɪdeɪt/ *v.t.* delucidare, spiegare.

elucidation /ɪˌluːsɪˈdeɪʃᵊn *Br also* ɪˌljuːsɪ ˈdeɪʃᵊn/ *n.* delucidazione *f.*, spiegazione *f.*, chiarimento *m.*

elucidative /ɪˈljuːsɪdeɪtɪv *Am* ɪˈluːsɪdeɪtɪv/ *a.* esplicativo, chiarificatore.

elucidator /ɪˈluːsɪdeɪtəʳ *Am* ɪˈluːsɪdeɪtᵊʳ/ *n.* chi spiega, chi chiarisce, chi delucida.

elucidatory /ɪˈl(j)uːsɪdeɪtᵊri *Am* ɪˈluː sɪdeɪtɔːri/ *a.* esplicativo, chiarificatore.

elude /ɪˈluːd *Br also* ɪˈljuːd/ *v.t.* **1** eludere, schivare, sfuggire a, sottrarsi a: *to ~ one's pursuers* sfuggire ai propri inseguitori. **2** (*to escape the mind*) sfuggire (di mente). **3** (*to evade, to dodge*) eludere, evadere: *to ~ the law* eludere la legge.

elusion /ɪˈluːʒᵊn *Br also* ɪˈljuːʒᵊn/ *n.* **1** lo schivare, l'evitare. **2** (*evasion*) evasione *f.* **3** (*escape*) lo sfuggire.

elusive /ɪˈluːsɪv *Br also* ɪˈljuːsɪv/ *a.* **1** inafferrabile: *an ~ animal* un animale inafferrabile. **2** (*hard to comprehend, define*) sfuggente, vago, inafferrabile: *an ~ concept* un concetto inafferrabile. **3** (*of a person*) evasivo, sfuggente. **4** (*hard to pin down*) sfuggevole, inafferrabile: *an ~ memory* un ricordo sfuggevole.

elusiveness /ɪ'luːsɪvnəs *Br also* ɪ'ljuːsɪvnəs/ *n.* **1** elusività *f.* **2** (*quality of being hard to comprehend*) l'essere inafferrabile.

elusory /ɪ'luːsəri *Br also* ɪ'ljuːsəri/ *a.* → **elusive**.

elute /ɪ'luːt *Br also* ɪ'ljuːt/ *v.t.* (*Chim*) eluire.

elution /ɪ'luːʃən *Br also* ɪ'ljuːʃən/ *n.* (*Chim*) eluzione *f.*, eluizione *f.*

eluvial /ɪ'luːvɪəl *Br also* ɪ'ljuːvɪəl/ *a.* (*Geol*) eluviale.

eluvium /ɪ'luːvɪəm *Br also* ɪ'ljuːvɪəm/ *n.* (*Geol*) eluvio *m.*

elver /'elvər/ *n.* (*Itt*) ceca *f.*, giovane anguilla *f.*

elvish /'elvɪʃ/ *a.* → **elfish**.

Elysian /ɪ'lɪzɪən *Am* ɪ'lɪʒən/ *a.* **1** (*Mitol*) dell'eliso. **2** (*blissful*) felice, beato. □ (*Mitol*) *~ fields* campi elisi.

Elysium /ɪ'lɪzɪəm *Am* ɪ'lɪʒɪəm/ **I** *n.pr.* (*Mitol*) eliso *m.*, eliso *m.*, campi *m.pl.* elisi. **II** *n.* (*pl.* **-s** /-z/, **-sia** /-zɪə *Am* -ʒɪə/) (*fig*) luogo *m.* di delizie, paradiso *m.*

elytron /'elɪtron *Am* 'elɪtraːn/ *n.* (*Entom*) elitra *f.*

elytrum /'elɪtrəm/ (*pl.* **-tra** /-trə/) *n.* (*Entom*) elitra *f.*

Elzevir /'elzɪvɪər *Am* 'elzɪvɪr/ **I** *n.* (*Tip*) elzeviro *m.* **II** *a.* elzeviro.

em /em, ɪm/ *n.* (*Tip*) **1** quadratone *m.* **2** (*twelve points*) corpo *m.* 12.

'em /əm, m/ *accorc. di* them.

EMA /,iːem'eɪ/ *European Monetary Agreement* AME (Accordo monetario europeo).

emaciate /ɪ'meɪʃɪeɪt/ **I** *v.t.* emaciare, rendere smunto. **II** *v.i.* emaciarsi.

emaciated /ɪ'meɪʃɪeɪtɪd *Am* ɪ'meɪʃɪeɪtɪd/ *a.* emaciato, magro, smunto.

emaciation /ɪ,meɪʃɪ'eɪʃən/ *n.* emaciamento *m.*, dimagrimento *m.*, deperimento *m.*

e-mail, email /'iːmeɪl/ *n.* (*Inform*) **1** posta *f.* elettronica, e-mail *f.* **2** (*message*) messaggio *m.* di posta elettronica, e-mail *f.* **II** *v.t.* (*Inform*) mandare un'e-mail a. □ (*Inform*) *~ address* indirizzo di posta elettronica; (*Inform*) *~ box* casella di posta elettronica; (*Inform*) *~ filter* filtro per la posta elettronica.

emanate /'emaneɪt/ *v.i.* emanare, provenire, derivare, scaturire (*from* da).

emanation /,emə'neɪʃən/ *n.* emanazione *f.*

emancipate /ɪ'mænsɪpeɪt/ *v.t.* emancipare (*anche Dir.rom*).

emancipated /ɪ'mænsɪpeɪtɪd *Am* ɪ'mænsɪpeɪtɪd/ *a.* emancipato (*anche fig*).

emancipation /ɪ,mænsɪ'peɪʃən/ *n.* emancipazione *f.* (*anche fig*). □ *Emancipation of Women* emancipazione della donna; (*Stor.am*) *Emancipation Proclamation* proclamazione dell'emancipazione degli schiavi.

emancipationist /ɪ,mænsɪ'peɪʃənɪst/ *n.* fautore *m.* (*f.* -trice) dell'emancipazione.

emancipator /ɪ'mænsɪpeɪtər *Am* ɪ'mænsɪpeɪtər/ *n.* emancipatore *m.* (*f.* -trice).

Emanuel /ɪ'mænjuəl, ɪ'mænjuel/ *n.pr.m.* Emanuele.

emasculate[1] /ɪ'mæskjuleɪt/ *v.t.* **1** evirare, castrare. **2** (*fig*) effeminare, indebolire, snervare, infiacchire. **3** (*of a language*) rendere fiacco.

emasculate[2] /ɪ'mæskjulɪt/ *a.* **1** evirato, castrato. **2** (*effeminate*) effeminato. **3** (*fig*) debole, fiacco.

emasculation /ɪ,mæskju'leɪʃən/ *n.* **1** evira-

---

zione *f.* **2** (*fig*) indebolimento *m.*

emasculative /ɪ'mæskjuleɪtɪv *Am* ɪ'mæskjuleɪtɪv/ *a.* **1** che rende effeminato. **2** (*fig*) che rende fiacco.

emasculator /ɪ'mæskjuleɪtər *Am* ɪ'mæskjuleɪtər/ *n.* **1** chi rende effeminato. **2** (*fig*) chi rende fiacco.

emasculatory /ɪ'mæskjulətri *Am* ɪ'mæskjulətɔːri/ *a.* **1** che rende effeminato. **2** (*fig*) che rende fiacco.

emb. *embassy* (ambasciata).

embalm /ɪm'bɑːm, em'bɑːm/ *v.t.* **1** imbalsamare. **2** (*ant*) (*to imbue with scents*) profumare, rendere balsamico.

embalmer /ɪm'bɑːmər, em'bɑːmər/ *n.* imbalsamatore *m.* (*f.* -trice).

embalmment /ɪm'bɑːmənt, em'bɑːmənt/ *n.* imbalsamazione *f.*

embank /ɪm'bæŋk, em'bæŋk/ *v.t.* arginare.

embankment /ɪm'bæŋkmənt, em'bæŋkmənt/ *n.* **1** arginamento *m.* **2** (*Strad,Ferr*) terrapieno *m.*, argine *m.*

embargo /em'bɑːgou *Am* em'bɑːrgou/ **I** *n.* (*pl.* **-es** /-z/) **1** (*Mar*) embargo *m.* **2** (*Econ*) embargo *m.*, divieto *m.*: *~ on exports* divieto di esportazione; *~ on imports* embargo sulle importazioni, divieto di importazione **3** (*fig*) veto *m.*, divieto *m.* **II** *v.t.* mettere l'embargo su. □ *arms ~* embargo sulle armi; *to lay an ~ on ships* mettere l'embargo sulle navi; *to lift an ~* togliere l'embargo; *to put an ~ on ships* mettere l'embargo sulle navi; *to raise an ~* togliere l'embargo.

embark /ɪm'bɑːk *Am* ɪm'bɑːrk/ **I** *v.t.* (*Mar*) barcare. **II** *v.i.* **1** (*Mar*) imbarcarsi. **2** (*fig*) iniziare, intraprendere (*on, upon sth.* qcs.): *to ~ upon a research programme* intraprendere un programma di ricerche. **3** (*fig*) (*of a difficult enterprise*) imbarcarsi, impegnarsi (in).

embarkation /,embɑː'keɪʃən *Am*,embɑːr'keɪʃən/ *n.* imbarco *m.*, imbarcamento *m.*

embarrass /ɪm'bærəs *Am also* ɪm'berəs/ *v.t.* **1** imbarazzare, mettere in imbarazzo, mettere a disagio. **2** (*ant*) (*to hamper*) ostacolare, intralciare. **3** (*fig*) mettere in difficoltà (finanziarie).

embarrassed /ɪm'bærəst *Am also* ɪm'berəst/ *a.* imbarazzato, in imbarazzo, a disagio.

embarrassing /ɪm'bærəsɪŋ *Am* ɪm'berəsɪŋ/ *a.* imbarazzante, che mette in imbarazzo, che mette a disagio: *an ~ question* una domanda imbarazzante.

embarrassment /ɪm'bærəsmənt *Am also* ɪm'berəsmənt/ *n.* **1** imbarazzo *m.*, disagio *m.* **2** (*impediment*) impaccio *m.*, impedimento *m.* **3** (*fig*) difficoltà *f.pl.* finanziarie, difficoltà *f.pl.* economiche.

embassy /'embəsi/ *n.* **1** ambasciata *f.* **2** (*mission*) ambasceria *f.*: *to go on an ~* recarsi in ambasceria. □ *~ personnel* personale di ambasciata.

embattle /ɪm'bætl *Am* ɪm'bætl̩/ *v.t.* **1** (*Mil*) (*of an army*) schierare in ordine di battaglia; (*to arm*) armare; (*of a town, etc.*) fortificare. **2** (*Arch*) guarnire di merli, guarnire di bastioni.

embattled /ɪm'bætld *Am* ɪm'bætl̩d/ *a.* (*Arald*) merlato.

embay /ɪm'beɪ, em'beɪ/ *v.t.* **1** chiudere in una baia. **2** (*fig*) rinchiudere; (*to encircle*) circondare.

embayment /ɪm'beɪmənt, em'beɪmənt/ *n.* baia *f.*, insenatura *f.*

embed /ɪm'bed, em'bed/ *v.t.* **1** (*general. al pass.*) incastrare, incassare. **2** (*fig*) imprimere, incidere: *facts -ded in one's memory* fatti impressi nella memoria. **3** (*in microscopy*) includere.

embedment /ɪm'bedmənt, em'bedmənt/ *n.* incastro *m.*, incassatura *f.*

---

embellish /ɪm'belɪʃ, em'belɪʃ/ *v.t.* **1** abbellire, ornare. **2** (*fig*) infiorare, abbellire, colorire. **3** (*Mus*) fiorettare.

embellishment /ɪm'belɪʃmənt, em'belɪʃmənt/ *n.* **1** abbellimento *m.* (*anche Mus*). **2** (*fig*) fiorettatura *f.*, fioritura *f.* **3** (*fig*) (*of an exaggeration of the truth*) esagerazione *f.* dei fatti, aggiunta *f.* (a un racconto).

ember /'embər/ *n.* **1** tizzo *m.*, tizzone *m.* **2** *pl.* (*remains of a fire*) brace *f.sing.*, cenere *f.sing.* ardente. **3** *pl.* (*fig*) ultima scintilla *f.sing.* **4** (*Ornit*) (*ember goose*) strolaga *f.* minore. □ (*Rel*) *Ember day* giorno delle quattro tempora; (*Rel*) *Ember week* settimana delle quattro tempora.

embezzle /ɪm'bezl, em'bezl̩/ *v.t.* appropriarsi indebitamente di, sottrarre, malversare.

embezzlement /ɪm'bezlmənt, em'bezlmənt/ *n.* (*Dir*) appropriazione *f.* indebita, malversazione *f.*

embezzler /ɪm'bezlər, em'bezlər/ *n.* malversatore *m.* (*f.* -trice).

embitter /ɪm'bɪtər *Am* ɪm'bɪtər/ *v.t.* **1** rendere (più) amaro. **2** (*fig*) amareggiare, avvelenare. **3** (*fig*) (*to cause to feel hostile*) inasprire, esacerbare.

embitterment /ɪm'bɪtəmənt *Am* ɪm'bɪtərmənt/ *n.* **1** il rendere (più) amaro. **2** (*bitterness*) amarezza *f.* **3** (*exacerbation*) inasprimento *n.*

emblazon /ɪm'bleɪzən, em'bleɪzən/ *v.t.* **1** (*Arald*) blasonare. **2** (*to adorn*) decorare, ornare. **3** (*fig*) celebrare, esaltare.

emblazonment /ɪm'bleɪzənmənt, em'bleɪzənmənt/ *n.* (*Arald*) pezze *f.pl.* onorevoli.

emblem /'embləm *Br also* 'emblem/ *n.* **1** emblema *m.*, simbolo *m.* **2** (*Arald*) emblema *m.*, stemma *m.*

emblematic /,emblə'mætɪk *Am* ,emblə'mætɪk/ *a.* emblematico, simbolico.

emblematical /,emblə'mætɪkəl *Am* ,emblə'mætɪkˀl/ *a.* emblematico, simbolico.

emblematise /em'blemətaɪz/ *v.t.* (*Br*) essere emblematico di, simboleggiare, rappresentare.

emblematist /em'blemətɪst/ *n.* creatore *m.* (*f.* -trice) di emblemi (*o* simboli), disegnatore *m.* (*f.* -trice) di emblemi (*o* simboli).

emblematize /em'blemətaɪz/ *v.t.* essere emblematico di, simboleggiare, rappresentare.

emblements /'embləmənts/ *n.pl.* (*Dir*) frutti *m.pl.* pendenti.

embodiment /ɪm'bodimənt *Am* ɪm'bɑːdimənt/ *n.* **1** personificazione *f.*, incarnazione *f.* **2** (*incorporation*) incorporamento *m.*, inclusione *f.*

embody /ɪm'bodi *Am* ɪm'bɑːdi/ *v.t.* **1** incarnare, concretare, dar corpo a. **2** (*to express, to personify*) incarnare, esprimere, personificare. **3** (*to include*) comprendere, incorporare, racchiudere.

embolden /ɪm'bouldən *Am* ɪm'bouldən/ *v.t.* incoraggiare, incitare.

embolectomy /,embə'lektəmi/ *n.* (*Med*) embolectomia *f.*

embolic /em'bolɪk *Am* em'bɑːlɪk/ *a.* (*Med*) embolico.

embolism /'embəlɪzəm/ *n.* **1** embolismo *m.* **2** (*Med*) embolismo *m.*, embolia *f.*

embolization /,embəl(a)ɪ'zeɪʃən/ *n.* (*Med*) embolizzazione *f.*

embolus /'embələs/ (*pl.* **-li** /-laɪ/) *n.* (*Med*) embolo *m.*

embosom /ɪm'buzəm *Am* ɪm'buːzəm/ *v.t.* **1** stringere al cuore, abbracciare. **2** (*fig*) circondare, cingere, racchiudere.

emboss /ɪm'bos *Am* ɪm'bɑːs/ *v.t.* **1** imprimere in rilievo. **2** (*Tecn*) goffrare. **3** (*Met*) sbalzare, lavorare a sbalzo.

embossed /ɪmˈbɒst *Am* ɪmˈbɑːst/ *a.* **1** in rilievo. **2** (*Tecn*) goffrato. **3** (*Met*) sbalzato, lavorato a sbalzo.

embosser /ɪmˈbɒsəʳ *Am* ɪmˈbɑːsəʳ/ *n.* **1** (*worker*) goffratore *m.* **2** (*machine*) goffratrice *f.*

embossing /ɪmˈbɒsɪŋ *Am* ɪmˈbɑːsɪŋ/ *n.* **1** (*Tecn*) goffratura *f.* **2** (*Met*) lavoro *m.* a sbalzo. **3** (*Tip*) impressione *f.* a secco.

embossment /ɪmˈbɒsmənt *Am* ɪmˈbɑːsmənt/ *n.* **1** rilievo *m.*, sbalzo *m.* **2** (*figure*) figura *f.* in rilievo, figura *f.* sbalzata. **3** (*protuberance*) protuberanza *f.*, rilievo *m.*

embouchure /ˌɑː(m)buːˈʃʊəʳ *Am* ˌɑːmbuːˈʃʊr/ *n.* **1** (*Geog*) (*of a river*) foce *f.*; (*of a valley*) sbocco *m.* **2** (*Mus*) imboccatura *f.*

embowel /ɪmˈbaʊəl, emˈbaʊəl/ *v.t.* sbudellare, sventrare.

embower /ɪmˈbaʊəʳ, emˈbaʊəʳ/ *v.t.* **1** (*lett*) (*to cover*) coprire; (*to surround*) circondare di fogliame. **2** (*to shelter*) offrire riparo a.

embrace /ɪmˈbreɪs, emˈbreɪs/ **I** *v.t.* **1** abbracciare, stringere al petto. **2** (*fig*) (*to accept*) accettare, seguire; (*of a religion, etc.*) abbracciare. **3** (*fig*) (*to include*) abbracciare, comprendere. **II** *v.i.* abbracciarsi. **III** *n.* abbraccio *m.*

embraceable /ɪmˈbreɪsəbl̩, emˈbreɪsəbl̩/ *a.* abbracciabile.

embracement /ɪmˈbreɪsmənt, emˈbreɪsmənt/ *n.* **1** abbraccio *m.* **2** (*fig*) accettazione *f.*

embracer /ɪmˈbreɪsəʳ, emˈbreɪsəʳ/ *n.* (*fig*) chi abbraccia.

embranchment /ɪmˈbrɑːnʃmənt *Am* ɪmˈbrænʃmənt/ *n.* **1** diramazione *f.* **2** (*branch*) ramo *m.*

embrangle /ɪmˈbræŋgl̩, emˈbræŋgl̩/ *v.t.* **1** (*colloq*) confondere, rendere perplesso. **2** (*to entangle*) ingarbugliare, complicare.

embranglement /ɪmˈbræŋglmənt, emˈbræŋglmənt/ *n.* **1** (*colloq*) perplessità *f.* **2** (*entanglement*) garbuglio *m.*

embrasure /ɪmˈbreɪʒəʳ, ɪmˈbreɪʒəʳ/ *n.* **1** (*Mil*) cannoniera *f.*, feritoia *f.* per cannone. **2** (*Arch*) strombatura *f.*, svasatura *f.*

embrittle /emˈbrɪtl̩ *Am* ɪmˈbrɪtl̩/ *v.t.* rendere fragile, rendere friabile.

embrocate /ˈembroʊkeɪt *Am* ˈembroʊkeɪt/ *v.t.* (*Med*) embrocare, frizionare con un linimento.

embrocation /ˌembroʊˈkeɪʃən/ *n.* **1** il frizionare. **2** (*lotion*) embrocazione *f.*, linimento *m.*

embroider /ɪmˈbrɔɪdəʳ, emˈbrɔɪdəʳ/ *v.t.* **1** ricamare. **2** (*fig*) abbellire, infiorare. **3** (*fig*) (*to exaggerate*) esagerare, ricamare su.

embroiderer /ɪmˈbrɔɪdərəʳ, emˈbrɔɪdərəʳ/ *n.* ricamatore *m.* (*f.* -trice).

embroidery /ɪmˈbrɔɪdəri, emˈbrɔɪdəri/ *n.* **1** ricamo *m.* **2** (*fig*) ricamo *m.*, abbellimento *m.* □ ~ *frame* telaio da ricamo.

embroil /ɪmˈbrɔɪl, emˈbrɔɪl/ *v.t.* **1** coinvolgere, immischiare. **2** (*to confuse*) confondere, imbrogliare, ingarbugliare. □ (*fig*) *to* ~ *matters* imbrogliare le carte.

embroilment /ɪmˈbrɔɪlmənt, emˈbrɔɪlmənt/ *n.* **1** tumulto *m.*, parapiglia *m.* **2** (*confusion*) imbroglio *m.*, garbuglio *m.*, confusione *f.*

embrown /ɪmˈbraʊn, emˈbraʊn/ *v.t.* (*ant*) scurire, abbrunire.

embryo /ˈembrioʊ/ **I** *n.* (*Biol,Bot,fig*) embrione *m.* **II** *a.* embrionale. □ (*fig*) *in* ~ in embrione; (*Biol*) ~ *sac* sacco embrionale; (*Biol,Med*) ~ *transfer* trasferimento di embrione.

embryogenesis /ˌembrioʊˈdʒenəsɪs/ *n.* (*Biol*) embriogenesi *f.*

embryogenic /ˌembrioʊˈdʒenɪk/ *a.* (*Biol*)

embriogenico.

embryogeny /ˌembriˈɒdʒəni *Am* ˌembriˈɑːdʒəni/ *n.* (*Biol*) embriogenesi *f.*

embryologic /ˌembriˈlɒdʒɪk *Am* ˌembriəˈlɑːdʒɪk/ *a.* embriologico.

embryological /ˌembriəˈlɒdʒɪkəl *Am* ˌembriəˈlɑːdʒɪkəl/ *a.* embriologico.

embryologist /ˌembriˈɒlədʒɪst *Am* ˌembriˈɑːlədʒɪst/ *n.* embriologo *m.* (*f.* -a).

embryology /ˌembriˈɒlədʒi *Am* ˌembriˈɑːlədʒi/ *n.* embriologia *f.*

embryonary /ˈembriənəri *Am* ˈembriəneri/ *a.* (*rar*) embrionario.

embryonic /ˌembriˈɒnɪk *Am* ˌembriˈɑːnɪk/ *a.* **1** (*Biol*) embrionale. **2** (*fig*) embrionale, allo stato embrionale. □ (*Biol*) ~ *membranes* membrane embrionali.

embryonically /ˌembriˈɒnɪkəli *Am* ˌembriˈɑːnɪkəli/ *avv.* embrionalmente, allo stato embrionale (*anche fig*).

embus /emˈbʌs/ **I** *v.t.* (*Mil*) far salire su un autobus. **II** *v.i.* salire su un autobus.

emcee /ˌemˈsiː/ **I** *n.* (*Am*) **1** maestro *m.* delle cerimonie. **2** (*Rad,TV,Teat*) presentatore *m.* (*f.* -trice). **II** *v.t.* (*Am*) presentare.

emend /ɪˈmend/ *v.t.* **1** (*Filol*) emendare. **2** (*to correct*) correggere.

emendate /ˈiːmendeɪt/ *v.t.* (*Filol*) emendare.

emendation /ˌiːmenˈdeɪʃən/ *n.* **1** emendamento *m.* **2** (*correction*) correzione *f.* **3** (*Filol*) emendamento *m.*, emendazione *f.*

emendator /ˈiːmendeɪtəʳ *Am* ˈiːmendeɪtəʳ/ *n.* (*Filol*) emendatore *m.* (*f.* -trice).

emendatory /ɪˈmendətəri *Am* ɪˈmendətɔːri/ *a.* emendativo.

emerald /ˈemərəld/ **I** *n.* **1** (*Min*) smeraldo *m.* **2** (*emerald green*) verde *m.* smeraldo. **3** (*ant, Tip*) corpo *m.* minore. **II** *a.* **1** di smeraldi: ~ *ring* anello di smeraldi. **2** (*emerald green*) (*color*) verde smeraldo. □ (*Min*) ~ *cut* taglio a smeraldo; ~ *green* (*color*) verde smeraldo; (*Geog*) *Emerald Isle* (*Ireland*) isola verde, isola di smeraldo, Irlanda.

emerge /ɪˈmɜːdʒ *Am* ɪˈmɜːrdʒ/ *v.i.* **1** emergere, affiorare, apparire, sorgere. **2** (*to crop up*) manifestarsi, sorgere, affiorare: *a difficulty has -d* è sorta una difficoltà. **3** (*of people*) emergere, sorgere, staccarsi: *a new leader has -d* è sorto un nuovo capo. **4** (*to come into existence*) formarsi, comparire. □ *to* ~ *from hiding* venir fuori da un nascondiglio.

emergence /ɪˈmɜːdʒəns *Am* ɪˈmɜːrdʒəns/ *n.* **1** (*act of appearing*) l'emergere, comparsa *f.*: *the* ~ *of a new disease* la comparsa di una nuova malattia. **2** (*of a monarch*) ascesa *f.* **3** (*Biol*) emergenza *f.*

emergency /ɪˈmɜːdʒənsi *Am* ɪˈmɜːrdʒənsi/ *n.* **1** emergenza *f.*, circostanza *f.* imprevista, situazione *f.* critica. **2** (*Med*) urgenza *f.* □ (*Med*) ~ *admission* ricovero d'urgenza; (*Aut*) ~ *brake* freno di emergenza, freno di sicurezza; ~ *door* porta di sicurezza, uscita di sicurezza; ~ *exit* uscita di sicurezza; (*Econ*) ~ *fund* fondo di riserva, riserva di emergenza; *to be used only in an* ~ da usarsi solo in caso di emergenza; (*Aer*) ~ *landing* atterraggio di emergenza; ~ *plan* piano di emergenza; ~ *powers* poteri di emergenza; (*Med*) ~ *room* pronto soccorso; (*Med*) ~ *ward* reparto di pronto soccorso.

emergent /ɪˈmɜːdʒənt *Am* ɪˈmɜːrdʒənt/ *a.* **1** emergente, che affiora, che viene fuori. **2** (*coming into existence*) nuovo, giovane, di nuova formazione: ~ *African countries* giovani nazioni africane. **3** (*arising unexpectedly*) imprevisto, inaspettato. □ (*Filos*) ~ *evolution* evoluzione emergente.

emeritus /ɪˈmerɪtəs *Am* ɪˈmerɪtəs/ *a.* (*Univ*) emerito.

emersion /ɪˈmɜːʃən *Am* ɪˈmɜːrʒən/ *n.* emersione *f.* (*anche Astr*).

emery /ˈeməri/ *n.* (*Tecn*) smeriglio *m.* □ ~ *board* limetta di cartone smerigliato; ~ *cloth* tela smerigliata, tela smeriglio; ~ *dust* (o ~ *flour*) polvere di smeriglio; ~ *paper* carta smerigliata, carta smeriglio; ~ *powder* polvere di smeriglio; ~ *rubbing* smerigliatura; ~ *wheel* mola a smeriglio.

emesis /ˈemɪsɪs, ˈemɪsɪs/ *n.* (*Med*) emesi *f.*

emetic /ɪˈmetɪk *Am* ɪˈmet̬ɪk/ **I** *a.* (*Farm*) emetico. **II** *n.* (*Farm*) emetico *m.*

emetine /ˈemɪtiːn/ *n.* (*Chim*) emetina *f.*

EMF /ˌiːemˈef/ (*Econ*) *European Monetary Fund* FME (Fondo monetario europeo).

e.m.f. (*Fis*) *electromotive force* f.e.m. (forza elettromotrice).

emic /ˈiːmɪk/ *a.* emico (*anche Ling*).

emiction /ɪˈmɪkʃən/ *n.* (*Fisiol*) minzione *f.*

emigrant /ˈemɪgrənt/ **I** *n.* **1** emigrante *m./f.* **2** (*Zool*) animale *m.* migratore. **3** (*Bot*) pianta *f.* migratrice. **II** *a.* emigrante, migrante.

emigrate /ˈemɪgreɪt/ **I** *v.i.* emigrare. **II** *v.t.* far emigrare.

emigration /ˌemɪˈgreɪʃən/ *n.* **1** emigrazione *f.* **2** (*collett.*) emigranti *m./f.pl.* □ ~ *officer* commissario per l'emigrazione.

emigratory /ˈemɪgrətəri, ˌemɪˈgreɪtəri *Am* ˈemɪgrətɔːri/ *a.* migratorio, emigratorio.

émigré /ˈemɪgreɪ/ *n.* **1** emigrato *m.* politico. **2** (*Stor*) emigrato *m.*

Emil /ˈeɪmiːl/ *n.pr.m.* Emilio.

Emily /ˈemɪli/ *n.pr.f.* Emilia.

eminence /ˈemɪnəns/ *n.* **1** altura *f.*, luogo *m.* elevato, (*rar*) eminenza *f.* **2** (*fig*) (*superiority*) eminenza *f.*, eccellenza *f.*, posizione *f.* di rilievo. **3** (*fig*) (*person*) persona *f.* eminente, persona *f.* illustre. **4** (*Rel.catt*) (*title of honour*) eminenza *f.*

eminence grise /ˌemɪnənsˈgriːz/ *n.* eminenza *f.* grigia.

eminent /ˈemɪnənt/ *a.* **1** (*fig*) eminente, illustre, insigne: *an* ~ *scholar* un insigne studioso. **2** (*fig*) (*noteworthy*) prezioso, notevole. □ (*Dir*) ~ *domain* esproprio per pubblica utilità.

eminently /ˈemɪnəntli/ *avv.* **1** (*noteworthily*) estremamente, assai: *it is* ~ *clear that* è assai chiaro che. **2** (*highly*) altamente: ~ *qualified* altamente qualificato.

emir /eˈmɪəʳ *Am* eˈmɪr/ *n.* emiro *m.*

emirate /ˈemɪrət *Am* emˈɪreɪt/ *n.* emirato *m.*

emissary /ˈemɪsəri *Am* ˈemɪseri/ *n.* **1** inviato *m.* (*f.* -a). **2** (*spy*) emissario *m.* (*f.* -a), spia *f.* □ (*Anat*) ~ *vein* emissario, vena emissaria.

emission /ɪˈmɪʃən/ *n.* **1** emissione *f.* (*anche Econ,Elettron*). **2** (*of light, heat*) emanazione *f.*, emissione *f.* **3** (*Fisiol*) emissione *f.*; (*of semen*) eiaculazione *f.*; (*fluid*) eiaculato *m.*, spermatico. **4** (*substance discharged into the air*) emissione *f.*, fuoriuscita *f.*

emissive /ɪˈmɪsɪv/ *a.* emissivo (*anche Fis*).

emissivity /ˌemɪˈsɪvɪti *Am* ˌemɪˈsɪvət̬i/ *n.* (*Fis*) emissività *f.*

emit /ɪˈmɪt/ (*past, p.p.* **emitted** /-tɪd *Am* -t̬ɪd/) *v.t.* **1** emettere, mandar fuori; (*of light, heat*) emanare, emettere; (*of a smell*) esalare, emanare. **2** (*of a cry*) emettere, lanciare. **3** (*to issue*) emettere, emanare: *to* ~ *a decree* emanare un decreto. **4** (*Econ*) emettere. **5** (*to give voice to*) esprimere, pronunciare, emettere. **6** (*Rad*) trasmettere.

emitter /ɪˈmɪtəʳ *Am* ɪˈmɪt̬əʳ/ *n.* **1** chi emette. **2** (*Nucl*) emettitore *m.*

Emma /ˈemə/ *n.pr.f.* Emma.

Emmanuel /ɪˈmænjuəl, emˈænjuel/ *n.pr.m.* Emanuele, Emmanuele.

emmenagogic /eˌmenəˈgɒdʒɪk *Am* eˌmenəˈgɑːdʒɪk/ *a.* (*Farm*) emmenagogo.

emmenagogue /e'menəgɒg *Am* e'menəgɑːg/ **I** *n.* (*Farm*) emmenagogo *m.* **II** *a.* (*Farm*) emmenagogo.

emmet /'emɪt/ *n.* (*dial*) formica *f.*

Emmy /'emi/ □ ~ *Awards* premi Emmy, premi televisivi.

emollience /ɪ'mɒliəns *Am* ɪ'mɑːljəns/ *n.* (*Farm*) emollienza *f.*

emollient /ɪ'mɒliənt *Am* ɪ'mɑːljənt/ **I** *a.* (*Farm*) emolliente. **II** *n.* (*Farm*) emolliente *m.*

emolument /ɪ'mɒljumənt *Am* ɪ'mɑːljuːmənt/ *n.* retribuzione *f.*, remunerazione *f.*, emolumento *m.*

emote /ɪ'məʊt/ *v.i.* (*Teat*) recitare in modo emotivo.

emoticon /ɪ'məʊtɪkɒn *Am* 'məʊtɪkɑːn/ *n.* (*Inform*) emoticon *m.*, faccina *f.*, smiley *m.*

emotion /ɪ'məʊʃən/ *n.* **1** sentimento *m.*: *to appeal to* ~*s* fare appello ai sentimenti. **2** (*state of excited feeling*) emozione *f.*, turbamento *m.*, commozione *f.*: *he showed no* ~ *at the news* non ha manifestato alcun turbamento alla notizia.

emotional /ɪ'məʊʃənl/ *a.* **1** emozionale. **2** (*of persons*) emotivo, sensibile. **3** (*appealing to the emotions*) commovente, toccante: *an* ~ *speech* un discorso commovente. **4** (*showing emotion*) che si abbandona ai sentimenti.

emotionalise /ɪ'məʊʃənlaɪz/ *v.t.* (*Br*) vedere in modo emotivo, conferire un carattere emotivo a.

emotionalism /ɪ'məʊʃənlɪzm/ *n.* **1** emotività *f.*, impressionabilità *f.* **2** (*appeal to the emotions*) appello *m.* ai sentimenti. **3** (*emotional character*) temperamento *m.* emotivo.

emotionalist /ɪ'məʊʃənlɪst/ *n.* **1** chi fa appello ai sentimenti. **2** (*one easily affected*) emotivo *m.* (*f.* -a).

emotionalize /ɪ'məʊʃənlaɪz/ *v.t.* vedere in modo emotivo, conferire un carattere emotivo a.

emotionally /ɪ'məʊʃənli/ *avv.* emotivamente, con emozione.

emotionless /ɪ'məʊʃnləs/ *a.* privo di emozioni.

emotive /ɪ'məʊtɪv *Am* ɪ'məʊtɪv/ *a.* **1** emotivo, impressionabile. **2** (*appealing to the emotions*) commovente, toccante.

emotively /ɪ'məʊtɪvli *Am* ɪ'məʊtɪvli/ *avv.* emotivamente, in modo emotivo.

emotiveness /ɪ'məʊtɪvnəs *Am* ɪ'məʊtɪvnəs/ *n.* carica *f.* emotiva.

emotivity /ɪˌməʊ'tɪvɪti *Am* ɪˌməʊ'tɪvəti/ *n.* carica *f.* emotiva.

Emp. **1** *Emperor* (imperatore). **2** *Empire* (impero). **3** *Empress* (imperatrice).

empanel /ɪm'pænl, em'pænl/ (*past, p.p.* **empanelled** /*Am* **empaneled** /-d/) *v.t.* (*Dir*) iscrivere nella lista dei giurati.

empaneling /ɪm'pænlɪŋ, em'pænlɪŋ/ *n.* (*Am, Dir*) formazione *f.* della giuria.

empanelling /ɪm'pænlɪŋ, em'pænlɪŋ/ *n.* (*Dir*) formazione *f.* della giuria.

empathise /'empəθaɪz/ *v.i.* (*Br*) identificarsi (*with* con), capire: *I can* ~ *with you, I am in the same situation* posso capirti benissimo, io sono nella stessa situazione.

empathize /'empəθaɪz/ *v.i.* identificarsi (*with* con), capire: *I can* ~ *with you, I am in the same situation* posso capirti benissimo, io sono nella stessa situazione.

empathy /'empəθi/ *n.* (*Psic*) empatia *f.*

emperor /'empərər *Am* 'empərə(r)/ *n.* **1** imperatore *m.* **2** (*Entom*) specie di apatura. **1** (*Entom*) ~ *moth* pavonia minore; (*Zool*) ~ *penguin* pinguino imperatore.

emphasis /'em(p)fəsɪs/ (*pl.* -**ses** /-siːz/) *n.* **1** enfasi *f.*, risalto *m.*, evidenza *f.*, rilievo *m.*, ri-

lievo *m.* posto: *to lay* ~ *on sth.* mettere in evidenza qcs., sottolineare qcs., accentuare qcs. **2** (*importance*) importanza *f.*, risalto *m.* **3** (*Fon*) accento *m.*, tono *m.*, inflessione *f.* della voce. **4** (*force of expression*) enfasi *f.*, vigore *m.*, veemenza *f.* **5** (*El*) preaccentuazione *f.*

emphasise /'em(p)fəsaɪz/ *v.t.* (*Br*) **1** dare risalto a, mettere in evidenza, accentuare, sottolineare, porre l'accento su, dare rilievo a, mettere in risalto, dare importanza, dare spicco, calcare. **2** (*Fon*) enfatizzare, accentuare, mettere l'accento su.

emphasize /'em(p)fəsaɪz/ *v.t.* **1** dare risalto a, mettere in evidenza, accentuare, sottolineare, porre l'accento su, dare rilievo a, mettere in risalto, dare importanza, dare spicco, calcare. **2** (*Fon*) enfatizzare, accentuare, mettere l'accento su.

emphatic /ɪm'fætɪk *Am* ɪm'fætɪk/ *a.* **1** enfatico, pieno di enfasi: *an* ~ *speech* un discorso enfatico. **2** (*forceful*) vigoroso, energico: *an* ~ *gesture* un gesto energico. **3** (*striking*) straordinario. **4** (*Fon*) enfatico.

emphatically /ɪm'fætɪkli *Am* ɪm'fætɪkəli/ *avv.* enfaticamente, con enfasi.

emphysema /ˌem(p)fɪ'siːmə *Am also* ˌem(p)fə'ziːmə/ *n.* (*Med*) enfisema *m.*

emphyteusis /ˌem(p)fɪ'tjuːsɪs/ (*pl.* -**ses** /-siːz/) *n.* (*Dir*) enfiteusi *f.*

emphyteutic /ˌem(p)fɪ'tjuːtɪk/ *a.* (*Dir*) enfiteutico.

empire /'empaɪər/ *n.* impero *m.* (*anche fig*). □ ~ *builder* fondatore di un impero (*anche fig*); *Empire City* New York; (*Stor.brit*) *Empire Day* il 24 maggio; (*vezz*) *Empire State* stato di New York; (*Art*) *Empire Style* stile impero; (*Abbigl*) ~ *waisted gown* abito impero.

empiric /ɪm'pɪrɪk, em'pɪrɪk/ **I** *n.* **1** empirista *m./f.* **2** (*quack*) empirico *m.* (*f.* -a), praticone *m.* (*f.* -a). **II** *a.* empirico (*anche Filos*). □ (*Filos*) ~ *criticism* empiriocriticismo.

empirical /ɪm'pɪrɪkl, em'pɪrɪkl/ *a.* empirico (*anche Filos*). □ ~ *evidence* prove empiriche; (*Chim*) ~ *formula* formula empirica.

empirically /ɪm'pɪrɪkli, em'pɪrɪkəli/ *avv.* empiricamente, in modo empirico.

empiricism /ɪm'pɪrɪsɪzm, em'pɪrɪsɪzm/ *n.* **1** (*Filos*) empirismo *m.* **2** (*quackery*) ciarlataneria *f.*, empirismo *m.*

empiricist /ɪm'pɪrɪsɪst, em'pɪrɪsɪst/ *n.* (*Filos*) empirista *m./f.*

emplacement /ɪm'pleɪsmənt, em'pleɪsmənt/ *n.* **1** ubicazione *f.*, (*Arm*) piazzola *f.*, postazione *f.* **3** (*setting in position*) collocazione *f.*

employ /ɪm'plɔɪ, em'plɔɪ/ **I** *v.t.* **1** dar lavoro a, occupare, impiegare. **2** (*to hire*) assumere (stabilmente). **3** (*to use*) impiegare, usare, utilizzare, adoperare, servirsi di: *to* ~ *all of one's resources* impiegare tutte le proprie risorse. **II** *n.* occupazione *f.*, impiego *m.* □ *to be in so.'s* ~ essere al servizio di qcu., essere alle dipendenze di qcu.

employability /ɪmˌplɔɪə'bɪlɪti *Am* ɪmˌplɔɪə'bɪləti/ *n.* **1** l'essere atto al lavoro, l'essere idoneo al lavoro. **2** (*ability to be used*) utilizzabilità *f.*

employable /ɪm'plɔɪəbl/ *a.* **1** atto al lavoro, idoneo al lavoro. **2** (*able to be used*) impiegabile, utilizzabile, adoperabile.

employee /ɪm'plɔɪ:, ˌemplɔr'iː/ *n.* dipendente *m./f.*, impiegato *m.* (*f.* -a); (*worker*) operaio *m.* (*f.* -a). □ ~ *association* sindacato dei lavoratori; ~ *benefit plan* piano previdenziale aziendale; ~ *recruitement* reclutamento del personale; ~ *training* addestramento del personale.

employer /ɪm'plɔɪər, em'plɔɪər/ *n.* **1** datore *m.*

(*f.* -trice) di lavoro, principale *m./f.* **2** (*user*) chi impiega, chi fa uso. □ -*s' association* associazione imprenditoriale, associazione padronale; -*s' liability insurance* assicurazione contro gli infortuni sul lavoro (da parte dei datori di lavoro).

employment /ɪm'plɔɪmənt, em'plɔɪmənt/ *n.* **1** impiego *m.*, lavoro *m.*, occupazione *f.*: *to find* ~ *with a company* trovare lavoro in una società. **2** (*activity*) occupazione *f.*, attività *f.* **3** (*use*) impiego *m.*, uso *m.* □ ~ *agency* (o ~ *bureau*) agenzia di collocamento; (*GB*) ~ *exchange* ufficio di collocamento; *to be in so.'s* ~ essere alle dipendenze di qcu.; ~ *of capital* investimento di capitali, impiego di capitali; ~ *rate* tasso di attività, percentuale di occupati; (*GB,Dir*) ~ *tribunal* tribunale per le controversie nei rapporti di lavoro.

empoison /em'pɔɪzn, ɪm'pɔɪzn/ *v.t.* (*rar*) **1** avvelenare, amareggiare. **2** (*to corrupt*) corrompere, rovinare. **3** (*to poison*) avvelenare.

emporium /em'pɔːriəm, ɪm'pɔːriəm/ *n.* (*pl.* -**s** /-z/, -**ria** /-riə/) **1** emporio *m.*, bazar *m.* **2** (*centre of trade*) centro *m.* di commercio, emporio *m.*

empower /ɪm'paʊər/ *v.t.* **1** autorizzare, dare pieni poteri a. **2** (*to enable*) mettere in grado. **3** (*Dir*) dare la procura a, conferire la procura a.

empowerment /ɪm'paʊəmənt *Am* ɪm'paʊərmənt/ *n.* **1** conferimento *m.* di poteri. **2** (*Dir*) conferimento *m.* della procura.

empress /'emprəs/ *n.* imperatrice *f.*

emptiness /'em(p)tɪnəs/ *n.* **1** vuoto *m.* (*anche fig*): *the* ~ *he felt was only magnified in the silence of the house* il silenzio della casa non faceva che ampliare il vuoto che sentiva. **2** (*fig*) (*lack of substance*) vacuità *f.*, vuotaggine *f.* **3** (*fig*) (*lack of sincerity*) mancanza *f.* di sincerità.

emption /'em(p)ʃən/ *n.* (*Dir*) acquisto *m.*

empty /'em(p)ti/ **I** *a.* **1** vuoto: *an* ~ *bottle* una bottiglia vuota. **2** (*unoccupied*) vuoto, disabitato. **3** (*devoid of people*) vuoto, deserto: ~ *streets* strade deserte. **4** (*fig*) (*destitute*) privo, vuoto (*of* di): *to feel* ~ sentirsi vuoto; ~ *of meaning* privo di significato. **5** (*fig*) (*meaningless*) vuoto, vano, vacuo: ~ *promises* vane promesse; ~ *pleasures* piaceri vani. **6** (*fig*) (*foolish*) stolto, stupido, sciocco. **7** (*fig*) (*lacking sincerity*) poco sincero. **8** (*idle*) vuoto, ozioso. **9** (*colloq*) (*hungry*) affamato, a stomaco vuoto. **10** (*Mat,Filos*) nullo. **II** *n.* vuoto *m.*: *please return empties* si prega di restituire i vuoti. **III** *v.t.* **1** vuotare, svuotare. **2** (*of contents*) far uscire, far andar via: *he emptied the water out of his shoes* ha fatto uscire l'acqua dalle scarpe. **3** (*of a room, etc.*) sgombrare, evacuare, svuotare, liberare. **4** (*rifl.*) *to* ~ *oneself* (*to discharge itself*) versarsi. **5** (*fig*) (*to divest*) svuotare, privare. **IV** *v.i.* **1** vuotarsi, svuotarsi: *the streets emptied* le strade si (s)vuotarono. **2** (*to discharge its contents*) versarsi, scaricarsi (*into* in). □ *an* ~ *house* una casa disabitata; (*Teat*) *to play to an* ~ *house* recitare di fronte a una platea deserta; (*colloq*) ~ *nest syndrome* sindrome del nido vuoto (di genitori rimasti soli perché i figli si sono trasferiti altrove); (*Aut*) *on* ~ (*di serbatoio*) a secco, vuoto, a zero; (*fig*) *to be running on* ~ andare avanti per inerzia; *on an* ~ *stomach* a stomaco vuoto, a digiuno.

empty-handed /ˌem(p)ti'hændɪd/ *a.* a mani vuote: *to send so. away* ~ mandare via qcu. a mani vuote.

empty-headed /ˌem(p)ti'hedɪd/ *a.* dalla testa vuota, sciocco, scervellato.

empty-nesters /ˌem(p)ti'nestəz *Am* ˌem(p)ti'nestərz/ *n.pl.* (*colloq*) genitori *m.pl.* rimasti soli (perché i figli si sono trasferiti altrove).

empurple /em'pɜːpl̩ *Am* em'pɜːrpl̩/ *v.t.* (*ant*) imporporare.

empyema /ˌempaɪ'iːmə *Am also* ˌempi'iːmə/ (*pl.* **-s** /-z/, **-ta** /-tə *Am* -tə/) *n.* (*Med*) empiema *m.*

empyreal /ˌemp(a)ɪ'riːəl/ *a.* **1** empireo. **2** (*fig*) sublime, celeste, paradisiaco.

empyrean /ˌemp(a)ɪ'riːən/ **I** *n.* empireo *m.* **II** *a.* empireo.

EMS /ˌiːem'es/ *European Monetary System* SME (Sistema Monetario Europeo).

emu /'iːmju: *Am also* 'iːmu:/ *n.* (*Ornit*) emù *m.*

EMU /ˌiːem'ju:, 'iːmju:/ **1** *electromagnetic unit* uem (unità elettromagnetica). **2** *European Monetary Union* UME (Unione monetaria europea).

emulate /'emjuleɪt/ *v.t.* emulare, imitare.

emulation /ˌemju'leɪʃən/ *n.* emulazione *f.* (*anche Inform*).

emulative /'emjulətɪv *Am* 'emjuleɪt̬ɪv/ *a.* dell'emulazione, emulativo.

emulator /'emjuleɪtəʳ *Am* 'emjuleɪt̬əʳ/ *n.* **1** emulo *m.* (*f.* -a), emulatore *m.* (*f.* -trice), imitatore *m.* (*f.* -trice). **2** (*Inform*) emulatore *m.*

emulous /'emjuləs/ *a.* **1** desideroso di emulare, bramoso di emulare. **2** (*deriving from a desire to equal*) emulo.

emulously /'emjuləsli/ *avv.* con emulazione.

emulsifiable /ɪ'mʌlsɪfaɪəbl̩/ *a.* emulsionabile.

emulsification /ɪˌmʌlsɪfɪ'keɪʃən/ *n.* l'emulsionare.

emulsifier /ɪ'mʌlsɪfaɪəʳ/ *n.* (*Chim*) emulsionante *m.*

emulsify /ɪ'mʌlsɪfaɪ/ *v.t.* emulsionare.

emulsion /ɪ'mʌlʃən/ *n.* emulsione *f.*

emulsive /ɪ'mʌlsɪv/ *a.* emulsivo.

emunctory /ɪ'mʌŋ(k)təri/ **I** *n.* (*Anat*) emuntorio *m.*, apparato *m.* emuntore. **II** *a.* emuntore.

enable /ɪ'neɪbl̩, en'eɪbl̩/ *v.t.* **1** permettere a, consentire a, dare la possibilità a, rendere possibile a: *this will* ~ *us to start* questo ci permetterà di iniziare. **2** (*to give power, authority to*) conferire poteri a, autorizzare, dare facoltà a. **3** (*to give the opportunity to*) mettere in condizione, mettere in grado, permettere a: ~ *so. to do sth.* mettere qualcuno in condizione di fare qcs., permettere a qcu. di fare qcs. **4** (*to help so. in sth. from which they ought to be discouraged*) indurre involontariamente. **5** (*Inform*) abilitare.

enablement /ɪ'neɪbl̩mənt, en'eɪblmənt/ *n.* il permettere, il rendere possibile.

enabler /ɪ'neɪbləʳ, en'eɪbləʳ/ *n.* **1** chi conferisce il potere (di fare qcs.). **2** (*one who helps so. in sth. from which they ought to be discouraged*) persona *f.* che involontariamente incoraggia (a fare qcs.), persona *f.* che involontariamente favorisce qcs.: *I didn't realize that by giving my son money I was becoming an* ~ *to his drug habit* non mi sono reso conto che, dando dei soldi a mio figlio, involontariamente incoraggiavo la sua tossicodipendenza.

enabling /ɪ'neɪblɪŋ, en'eɪblɪŋ/ *a.* (*Dir*) che conferisce il potere di. □ (*Dir*) ~ *act* legge delega; (*US,Dir*) ~ *statute* legge delega.

enact /ɪ'nækt, en'ækt/ *v.t.* **1** (*Parl*) emanare, emettere, promulgare: *to* ~ *a law* emanare una legge. **2** (*Parl*) (*of a bill*) convertire in legge. **3** (*Teat*) recitare, rappresentare. **4** (*to take place; general. al pass.*) avvenire, aver luogo, svolgersi: *many a drama has been -ed here* qui si sono svolte molte vicende drammatich.

enaction /ɪ'nækʃən, en'ækʃən/ *n.* **1** promulgazione *f.*, emanazione *f.*; (*of a bill*) conversione *f.* in legge. **2** (*law, statute*) legge *f.*, decreto *m.*

enactment /ɪ'næktmənt, en'æktmənt/ *n.* **1** promulgazione *f.*, emanazione *f.*; (*of a bill*) conversione *f.* in legge. **2** (*law, statute*) legge *f.*, decreto *m.*

enactory /en'æktəri *Am* en'æktɔːri/ *a.* promulgativo.

enamel /ɪ'næml̩/ **I** *n.* **1** smalto *m.* (*anche Dent, Cosmet*): *nail* ~ smalto per le unghie. **2** (*glossy paint, varnish*) pittura *f.* a smalto, smalto *m.* **II** *v.t.* (*past, p.p.* **enamelled** /*Am* **enameled** /-d/) **1** smaltare. **2** (*to paint with enamel*) verniciare a smalto. **3** (*fig*) decorare a (*o* con) colori vivaci. **4** (*Cosmet*) dare lo smalto a. □ ~ *painting* pittura a smalto.

enameled /ɪ'næml̩d/ *a.* (*Am*) **1** smaltato. **2** (*painted with enamel*) (verniciato) a smalto. □ ~ *leather* cuoio verniciato.

enameling /ɪ'næml̩ɪŋ/ *n.* (*Am*) **1** smaltatura *f.* **2** (*ornamentation*) decorazione *f.* a smalto, smalto *m.*

enamelist /ɪ'næml̩ɪst/ *n.* (*Am*) smaltatore *m.* (*f.* -trice), smaltista *m./f.*

enamelled /ɪ'næml̩d/ *a.* **1** smaltato. **2** (*painted with enamel*) (verniciato) a smalto. □ ~ *leather* cuoio verniciato.

enamelling /ɪ'næml̩ɪŋ/ *n.* **1** smaltatura *f.* **2** (*ornamentation*) decorazione *f.* a smalto, smalto *m.*

enamellist /ɪ'næml̩ɪst/ *n.* smaltatore *m.* (*f.* -trice), smaltista *m./f.*

enamelware /ɪ'næml̩weəʳ *Am* ɪ'næml̩wer/ *n.* stoviglie *f.pl.* smaltate.

enamelwork /ɪ'næml̩wɜːk *Am* ɪ'næml̩wɜːrk/ *n.* **1** (*technique*) smaltatura *f.* **2** (*object*) oggetto *m.* smaltato, articolo *m.* smaltato.

enamor /ɪ'næməʳ, en'æməʳ/ *v.t.* (*Am*) (*general. al pass.*) innamorare.

enamored /ɪ'næmərd, en'æməʳd/ *a.* (*Am*) innamorato.

enamour /ɪ'næməʳ, en'æməʳ/ *v.t.* (*spec. Br*) (*general. al pass.*) innamorare.

enamoured /ɪ'næməd, en'æməd/ *a.* (*spec. Br*) innamorato: *to be* ~ *of so.* essere innamorato di qcu.; (*scherz*) *I'm not exactly* ~ *with* (*o of*) *the idea* l'idea non mi fa proprio andare in visibilio, l'idea non mi entusiasma particolarmente.

enantiomer /ɪ'næntioʊməʳ/ *n.* (*Chim*) enantiomero *m.*

enantiomorph /ɪ'næntioʊmɔːf *Am* ɪ'næntioʊmɔːrf/ *n.* (*Chim*) enantiomorfo *m.*

enarthrosis /ˌenɑː'θroʊsɪs *Am* ˌenɑːr'θroʊsɪs/ (*pl.* **-ses** /-siːz/) *n.* (*Anat*) enartrosi *f.*

enate /ɪ'neɪt/ **I** *n.* parente *m./f.* da parte di madre. **II** *a.* parente da parte di madre.

enation /ɪ'neɪʃən/ *n.* (*Bot*) enazione *f.*

en banc /ɑ̃ː(m)'bɑ̃ː(ŋ)k *Am* ɑ̃n'bɑ̃ːŋ/ *avv.* (*Dir*) collegialmente.

en bloc /ˌɑ:(m)'blɒk *Am* ˌɑːn'blɑːk, en'blɑːk/ *a./avv.* in blocco.

enc. 1 *enclosed* all. (allegato). **2** *encyclopedia* enc. (enciclopedia).

encaenia /en'siːniə/ *n.pl.* (*costr.sing. o pl.*) **1** (*of a city, university*) festa *f.* commemorativa della fondazione. **2** (*of a church*) festa *f.* commemorativa della consacrazione.

encage /ɪn'keɪdʒ, en'keɪdʒ/ *v.t.* ingabbiare, chiudere in gabbia.

encamp /ɪn'kæmp, en'kæmp/ **I** *v.i.* accamparsi. **II** *v.t.* accampare.

encampment /ɪn'kæmpmənt, en'kæmp mənt/ *n.* accampamento *m.* (*anche Mil*).

encapsulate /ɪn'kæpsjuleɪt, en'kæpsjuleɪt/ **I** *v.t.* incapsulare. **II** *v.i.* incapsularsi.

encapsulation /ɪnˌkæpsju'leɪʃən, enˌkæpsju 'leɪʃən/ *n.* incapsulamento *m.*

encase /ɪn'keɪs, en'keɪs/ *v.t.* **1** incassare, chiudere in casse, mettere in casse. **2** (*to cov-*

er) ricoprire, rivestire. **3** (*to surround*) circondare, cingere.

encasement /ɪn'keɪsmənt, en'keɪsmənt/ *n.* cassa *f.*, rivestimento *m.*

encash /ɪn'kæʃ, en'kæʃ/ *v.t.* (*Br,Econ*) incassare, riscuotere; (*of a credit*) realizzare.

encashment /ɪn'kæʃmənt, en'kæʃmənt/ *n.* (*Br,Econ*) incasso *m.*

encaustic /ɪn'kɔːstɪk, en'kɔːstɪk/ **I** *n.* (*Pitt*) **1** (*technique*) encaustica *f.* **2** (*paint, picture*) encausto *m.*, encaustico *m.* **II** *a.* (*Pitt*) encaustico, a encausto. □ ~ *tile* piastrella decorata a fuoco.

enceinte /ɑ̃ː(n)'sæ(n)t *Am also* en'seɪnt/ **I** *a.* (*ant*) incinta, gravida. **II** *n.* (*Mil,ant*) **1** cinta *f.* fortificata. **2** (*area*) zona *f.* fortificata.

encephalic /ˌensə'fælɪk/ *a.* (*Anat*) encefalico.

encephalitic /enˌsefə'lɪtɪk *Am* enˌsəfə'lɪtɪk/ *a.* (*Anat*) encefalitico.

encephalitis /ˌensefə'laɪtɪs *Am* ˌensəfə'laɪtɪs/ (*pl.* **-tides** /-'lɪtɪdiːz *Am* -'lɪtɪdiːz/) *n.* (*Med*) encefalite *f.*

encephalogram /en'sefələgræm *Am* en 'sefəloʊgræm/ *n.* (*Med*) encefalogramma *m.*

encephalograph /en'sefələgrɑːf *Am* en 'sefəloʊgræf/ *n.* (*Med*) **1** encefalogramma *m.* **2** (*electroencephalogram*) elettroencefalogramma *m.*

encephalon /en'sefəlɒn *Am* en'sefəlɑːn/ (*pl.* **-la** /-lə/) *n.* (*Anat*) encefalo *m.*

enchain /ɪn'tʃeɪn, en'tʃeɪn/ *v.t.* incatenare (*anche fig*).

enchainment /ɪn'tʃeɪnmənt, en'tʃeɪnmənt/ *n.* incatenamento *m.* (*anche fig*).

enchant /ɪn'tʃɑːnt *Am* ɪn'tʃænt/ *v.t.* **1** stregare, incantare, ammaliare. **2** (*fig*) incantare, affascinare, ammaliare.

enchanted /ɪn'tʃɑːntɪd *Am* ɪn'tʃæntɪd/ *a.* **1** (*delighted*) ammaliato, affascinato. **2** (*filled with spirits*) incantato: *the* ~ *forest* la foresta incantata.

enchanter /ɪn'tʃɑːntəʳ *Am* ɪn'tʃæntəʳ/ *n.* **1** incantatore *m.*, mago *m.*, stregone *m.* **2** (*fig*) incantatore *m.*, ammaliatore *m.*

enchanting /ɪn'tʃɑːntɪŋ *Am* ɪn'tʃæntɪŋ/ *a.* incantevole, affascinante.

enchantment /ɪn'tʃɑːntmənt *Am* ɪn 'tʃæntmənt/ *n.* **1** incantesimo *m.*, maleficio *m.* **2** (*spell*) incanto *m.*, malia *f.* **3** (*fig*) (*fascination*) fascino *m.*

enchantress /ɪn'tʃɑːntrəs *Am* ɪn'tʃæntrəs/ *n.* **1** incantatrice *f.*, maga *f.*, strega *f.* **2** (*fig*) incantatrice *f.*, ammaliatrice *f.*, donna *f.* affascinante.

enchase /ɪn'tʃeɪs, en'tʃeɪs/ *v.t.* **1** (*of gems*) incastonare. **2** (*to engrave*) scolpire, incidere; (*of wood*) intagliare. **3** (*to inlay*) intarsiare.

enchilada /ˌentʃɪ'lɑːdə/ *n.* (*Gastron*) focaccina *f.* messicana farcita con carne o formaggio e servita con salsa piccante.

encipher /ɪn'saɪfəʳ, en'saɪfəʳ/ *v.t.* cifrare.

encircle /ɪn'sɜːkl̩ *Am* ɪn'sɜːrkl̩/ *v.t.* **1** circondare, cingere, attorniare: *-d by* (*o with*) *sth.* circondato da qcs. **2** (*Mil*) accerchiare, aggirare. **3** (*to make a circuit around*) descrivere un cerchio intorno a.

encirclement /ɪn'sɜːkl̩mənt *Am* ɪn 'sɜːrkl̩mənt/ *n.* **1** circondamento *m.* **2** (*Pol,Mil*) accerchiamento *m.*, aggiramento *m.*

encl. 1 *enclosed* all. (allegato). **2** *enclosure* all. (allegato).

en clair /ɑ̃ːn'kleəʳ *Am* ɑ̃ːn'kler, en'kler/ *a./avv.* (*Dipl*) in chiaro.

enclasp /ɪn'klɑːsp *Am* ɪn'klæsp/ *v.t.* **1** abbracciare, stringere. **2** (*to seize*) afferrare.

enclave /'enkleɪv *Am also* 'ɑːnkleɪv/ *n.* (*Pol, Ling*) enclave *f.*

enclitic /ɪnˈklɪtɪk Am ɪnˈklɪṭɪk/ **I** a. (Gramm) enclitico. **II** n. (Gramm) enclitica f.

enclitically /ɪnˈklɪtɪkəli Am ɪnˈklɪṭɪkəli/ avv. (Gramm) encliticamente.

enclose /ɪnˈkloʊz, enˈkloʊz/ v.t. **1** chiudere, rinchiudere, racchiudere. **2** (to surround) circondare, recintare, recingere, cintare: to ~ a garden with a fence recintare un giardino con una palizzata. **3** (to place in a letter, etc.) allegare, unire, accludere: (Comm) please find -d troverete qui accluso, in allegato troverete. **4** (Rel.catt) chiudere in clausura.

enclosure /ɪnˈkloʊʒər, enˈkloʊʒər/ n. **1** chiusura f., recinzione f. **2** (that which encloses) recinto m., recinzione f.; (fence) siepe f.; (wall) muro m. **3** (enclosed land) recinto m., terreno m. recintato, zona f. cintata. **4** (in a letter) allegato m. **5** (Stor.brit) enclosure f., recinzione f. del pascolo comune (a favore dei grandi proprietari terrieri). **6** (Rel.catt) clausura f.

encode /ɪnˈkoʊd, enˈkoʊd/ v.t. (Inform,Ling) codificare.

encoder /ɪnˈkoʊdər, enˈkoʊdər/ n. codificatore m. (anche Inform).

encoding /ɪnˈkoʊdɪŋ, enˈkoʊdɪŋ/ n. **1** (Inform) codifica f. **2** (Ling) codificazione f.

encomiast /ɪnˈkoʊmiæst, enˈkoʊmiæst/ n. encomiatore m. (f. -trice).

encomiastic /ɪnˌkoʊmiˈæstɪk, enˌkoʊmiˈæstɪk/ a. encomiastico.

encomiastical /ɪnˌkoʊmiˈæstɪkəl, enˌkoʊmiˈæstɪkəl/ a. encomiastico.

encomium /enˈkoʊmiəm/ (pl. -s /-z/, -mia /-miə/) n. encomio m., panegirico m.

encompass /ɪnˈkʌmpəs, enˈkʌmpəs/ v.t. **1** circondare, attorniare, cingere. **2** (to envelop) avvolgere, avviluppare. **3** (to include) comprendere, includere, racchiudere.

encompassment /ɪnˈkʌmpəsmənt, enˈkʌmpəsmənt/ n. **1** aggiramento m., circondamento m. **2** (state) l'essere circondato, l'essere attorniato.

encore /ɒŋˈkɔː Am ɑːnˈkɔːr/ **I** intz. bis! **II** n. bis m.: to give an ~ concedere il bis. **III** v.t. **1** (of a piece) chiedere il bis di, bissare. **2** (of a person) chiedere il bis a.

encounter /ɪnˈkaʊntər Am ɪnˈkaʊntər/ **I** v.t. **1** incontrare. **2** (unexpectedly) incontrare (per caso), imbattersi in. **3** (to meet with) incontrare: to ~ difficulties incontrare delle difficoltà. **4** (to engage in conflict with) scontrarsi con. **II** n. **1** incontro m.: a chance ~ un incontro casuale. **2** (fight) scontro m., combattimento m., conflitto m. (with con). □ group gruppo di autocoscienza; (Am,sl) ~ parlor salotto dove un cliente può intavolare una conversazione con una ragazza nuda (separata da un vetro).

encourage /ɪnˈkʌrɪdʒ Am ɪnˈkɜːrɪdʒ/ v.t. **1** incoraggiare. **2** (to spur on) incoraggiare, incitare, stimolare. **3** (to foster) incoraggiare, favorire, promuovere: measures to ~ exports misure prese per favorire l'esportazione.

encouragement /ɪnˈkʌrɪdʒmənt Am ɪnˈkɜːrɪdʒmənt/ n. **1** incoraggiamento m., incitamento m., stimolo m. **2** (promotion) accrescimento m., incremento m.

encourager /ɪnˈkʌrɪdʒər Am ɪnˈkɜːrɪdʒər/ n. persona f. che incoraggia, persona f. che appoggia.

encouraging /ɪnˈkʌrɪdʒɪŋ Am ɪnˈkɜːrɪdʒɪŋ/ a. incoraggiante, di incoraggiamento.

encouragingly /ɪnˈkʌrɪdʒɪŋli Am ɪnˈkɜːrɪdʒɪŋli/ avv. in maniera incoraggiante.

encrimson /enˈkrɪmzən, ɪnˈkrɪmzən/ v.t. (ant) imporporare, rendere color cremisi.

encroach /ɪnˈkroʊtʃ, enˈkroʊtʃ/ v.i. **1** usurpare, invadere (on, upon sth. qcs.). **2** (to tres-

pass) violare, invadere (illegalmente) (qcs.): to ~ on a country's territory invadere il territorio di uno stato. **3** (Dir) ledere (qcs.): to ~ upon so.'s rights ledere i diritti di qcu. □ to ~ upon so.'s time abusare del tempo di qcu.

encroachment /ɪnˈkroʊtʃmənt, enˈkroʊtʃmənt/ n. **1** usurpazione f., invasione f. **2** (territory, rights won) violazione f.

encrust /ɪnˈkrʌst, enˈkrʌst/ **I** v.t. **1** incrostare. **2** (to cover, to overlay) incrostare, rivestire, ricoprire. **3** (of jewels) incrostare. **II** v.i. incrostarsi.

encrustation /ˌenkrʌˈsteɪʃən/ n. incrostazione f.

encrypt /ɪnˈkrɪpt, enˈkrɪpt/ v.t. **1** cifrare. **2** (Inform) criptare, crittare, criptografare.

encryption /ɪnˈkrɪpʃən, enˈkrɪpʃən/ n. **1** cifratura f. **2** (Inform) criptaggio m., crittaggio m.

enculturation /ˌenkʌltʃəˈreɪʃən, ˌɪnkʌltʃərˈeɪʃən/ n. (Sociol) inculturazione f.

encumber /ɪnˈkʌmbər, enˈkʌmbər/ v.t. **1** ostacolare, impacciare, intralciare. **2** (to burden) caricare: to ~ oneself with luggage caricarsi di bagagli. **3** (to overburden) ingombrare, sovraccaricare (anche fig): a room -ed with furniture una stanza ingombra di mobili. **4** (with debts, etc.) gravare: to be -ed with mortgage essere gravato di ipoteca.

encumbrance /ɪnˈkʌmbrəns, enˈkʌmbrəns/ n. **1** ingombro m. **2** (hindrance) impaccio m., impedimento m.: to be an ~ essere un impaccio, essere di impaccio. **3** (burden) gravame m., carico m. **4** (Dir) carichi m.pl. ipotecari. **5** (Dir) (dependent person) persona f. a carico; (child) figlio m. a carico.

encumbrancer /ɪnˈkʌmbrənsər, enˈkʌmbrənsər/ n. (Dir) creditore m. ipotecario.

ency., encyc., encycl. encyclopedia Enc. (enciclopedia).

encyclic /ɪnˈs(a)ɪklɪk, enˈs(a)ɪklɪk/ **I** n. (Rel.catt) enciclica f. **II** a. (Rel.catt) enciclico.

encyclical /ɪnˈs(a)ɪklɪkəl, enˈs(a)ɪklɪkəl/ **I** n. (Rel.catt) enciclica f. **II** a. (Rel.catt) enciclico.

encyclopaedia /ɪnˌsaɪkləˈpiːdiə, enˌsaɪkləˈpiːdiə/ n. enciclopedia f.

encyclopaedic /ɪnˌsaɪkləˈpiːdɪk, enˌsaɪkləˈpiːdɪk/ a. enciclopedico: an ~ knowledge una conoscenza enciclopedica.

encyclopaedical /ɪnˌsaɪkləˈpiːdɪkəl, enˌsaɪkləˈpiːdɪkəl/ a. enciclopedico.

encyclopaedism /ɪnˌsaɪkləˈpiːdɪzəm, enˌsaɪkləˈpiːdɪzəm/ n. cultura f. enciclopedica.

Encyclopaedism /ɪnˌsaɪkləˈpiːdɪzəm, enˌsaɪkləˈpiːdɪzəm/ n. (Stor) enciclopedismo m.

encyclopaedist /ɪnˌsaɪkləˈpiːdɪst, enˌsaɪkləˈpiːdɪst/ n. collaboratore m. (f. -trice) di un'enciclopedia.

encyclopedia /ɪnˌsaɪkləˈpiːdiə, enˌsaɪkləˈpiːdiə/ n. enciclopedia f.

encyclopedic /ɪnˌsaɪkləˈpiːdɪk, enˌsaɪkləˈpiːdɪk/ a. enciclopedico: an ~ knowledge una conoscenza enciclopedica.

encyclopedical /ɪnˌsaɪkləˈpiːdɪkəl, enˌsaɪkləˈpiːdɪkəl/ a. enciclopedico.

encyclopedism /ɪnˌsaɪkləˈpiːdɪzəm, enˌsaɪkləˈpiːdɪzəm/ n. cultura f. enciclopedica.

Encyclopedism /ɪnˌsaɪkləˈpiːdɪzəm, enˌsaɪkləˈpiːdɪzəm/ n. (Stor) enciclopedismo m.

encyclopedist /ɪnˌsaɪkləˈpiːdɪst, enˌsaɪkləˈpiːdɪst/ n. collaboratore m. (f. -trice) di un'enciclopedia.

encyst /enˈsɪst, enˈsɪst/ **I** v.t. (Biol,Zool) chiudere in una cisti. **II** v.i. **1** (Biol) incistidarsi. **2** (Med) incistarsi.

encystation /ˌensɪsˈteɪʃən, enˌsɪsˈteɪʃən/ n. (Biol,Med) incistamento m.

encystment /enˈsɪstmənt, enˈsɪstmənt/ n. (Biol,

Med) incistamento m.

end[1] /end/ n. **1** fine f., fondo m., estremità f., parte f. terminale: at the ~ of the street in fondo alla strada. **2** (termination) fine f.: at the ~ of July alla fine di luglio. **3** (with uncountable nouns) ultimo m.: that's the ~ of the candy questa è l'ultima caramella; (colloq) is that the ~ of the milk? dopo questo non c'è altro latte? **4** (conclusion) fine f., conclusione f., termine m.: the ~ of the day la fine della giornata. **5** (purpose, aim) fine m., scopo m., intento m., mira f.: to gain one's -s raggiungere i propri fini; to this ~ a questo scopo. **6** (reason for existence) fine m.: happiness is an ~ in itself la felicità è fine a se stessa. **7** (result) risultato m.: the ~ of it all was that he agreed il risultato di tutto ciò fu che acconsentì. **8** (remnant) resto m., residuo m., avanzo m. **9** (of a rope) capo m. **10** (of a barrel) fondo m. **11** (sharp, pointed part) estremità f., punta f. **12** (limit) fine f., limite m. **13** (fig) (death) fine f., morte f.: (colloq) you'll be the ~ of me! tu sarai la mia fine! **14** (fig) (destruction) fine f., distruzione f. **15** (sl) colmo m., limite m.: her face is bad enough, but her clothes are the ~ di viso è già brutta, ma il suo modo di vestire è senza confronti. **16** (sl) (peak of quality) non plus ultra m., fine f. del mondo. □ (fig) to be at an ~ essere finito; to be at the ~ of one's resources non saper più che pesci pigliare; non avere più risorse; to be at the ~ of one's rope (o to be at the ~ of one's tether) non poterne più, raggiungere il limite della sopportazione; to come to an ~ finire, concludersi, volgere al termine; to come to one's ~ morire, (eufem) finire; to draw to an ~ finire, concludersi, volgere al termine; in the ~ alla fine, infine; to make -s meet far quadrare il bilancio (familiare), sbarcare il lunario; (colloq) no ~ moltissimo, enormemente; no ~ of un'infinità di, moltissimo, un sacco di; (Br,colloq) to think no ~ of so. tenere qcu. in grandissima considerazione, avere un'altissima stima (o un'altissima opinione) di qcu.; (Am,fig) to reach the ~ of one's rope essere allo stremo, essere disperato; (Mecc) ~ of stroke finecorsa; to keep one's ~ of the bargain fare la propria parte; (fig) to the ~ of the chapter per sempre, fino alla fine; (fig) at the ~ of the day in fin dei conti; the ~ of the line (o the ~ of the road) il punto limite; to the ~ of the world: **1** (time) fino alla fine del mondo, finché durerà il mondo; **2** (space) in capo al mondo; 'til the ~ of time fino alla fine dei tempi, fino alla consumazione dei secoli; on ~: **1** (upright) ritto, in posizione verticale, in piedi, diritto: (fig) his hair stood on ~ gli si sono rizzati i capelli; **2** (continuously) di seguito, senza interruzione: he reads for hours on ~ legge senza interruzione per ore e ore; ~ on di fronte, verso chi guarda; (Br) ~ over ~ capovolto; ~ product: **1** (Comm,Ind) prodotto finito; **2** (fig) risultato definitivo, risultato ultimo; to put an ~ to sth. porre fine a qcs.; to put an ~ to oneself (o to put an ~ to one's life) mettere fine alla propria vita; this ~ up (of a package) alto (su un imballaggio); to no ~ invano, inutilmente; to the ~ fino alla fine, fino al fondo; (Br) to the ~ that affinché, allo scopo di; to what ~? a qual fine?, a quale scopo? Prov.: the ~ justifies the means il fine giustifica i mezzi.

end[2] /end/ **I** v.t. **1** finire, terminare, concludere, porre fine a, porre termine a. **2** (to complete) completare, chiudere: this scene -s the play questa scena chiude la commedia. **II** v.i. **1** finire, terminare: the road -s here la strada termina qui; to ~ by doing sth. finire per fare qcs., finire con fare qcs. **2** (*to result*) concludersi (*in* in, con), risolversi (in): *the negotiations -ed in failure* i negoziati si sono conclusi con un fallimento. ☐ *to ~ badly* finire male, fare una brutta fine; *to ~ off* concludere, finire, terminare: *I ~ off where I started* sono tornato al punto di partenza; *the film to ~ all* films il film per eccellenza; *to ~ up* andare a (finire), finire per, finire: *I -ed up going to Greece instead of Turkey* alla fine sono andato in Grecia invece che in Turchia; *he -ed up in jail* è finito in prigione; *if you continue spending money like that, you'll ~ up broke* se continui a spendere così tanti soldi finirai sul lastrico.

end-all /ˈendɔːl/ *n.* fine *m.* supremo.

endanger /ɪnˈdeɪndʒəʳ, enˈdeɪndʒəʳ/ *v.t.* **1** mettere in pericolo, mettere a repentaglio, rischiare: *to ~ one's life* mettere in pericolo la propria vita. **2** (*of things*) mettere in pericolo, compromettere.

endangered /ɪnˈdeɪndʒəʳd, enˈdeɪndʒəʳd/ *a.* (*Zool,Bot*) in via di estinzione.

endear /ɪnˈdɪəʳ Am ɪnˈdɪr/ *v.t.* rendere caro. ☐ *to ~ oneself to* accattivarsi le simpatie di, accattivarsi la stima di.

endearing /ɪnˈdɪərɪŋ Am ɪnˈdɪrɪŋ/ *a.* tenero, dolce, affettuoso.

endearment /ɪnˈdɪəmənt Am ɪnˈdɪrmənt/ *n.* **1** affettuosità *f.*, tenerezza *f.* **2** (*that which endears*) gesto *m.* affettuoso. **3** (*utterance*) parola *f.* gentile, parola *f.* affettuosa. **4** (*caress*) carezza *f.* **5** (*term of address*) vezzeggiativo *m.*

endeavor /ɪnˈdevəʳ, enˈdevəʳ/ **I** *v.i.* (*Am*) sforzarsi, cercare, tentare: *to ~ to do sth.* tentare di fare qcs. **II** *n.* (*Am*) impresa *f.*, iniziativa *f.*: *an impressive ~* un'impresa memorabile.

endeavour /ɪnˈdevəʳ, enˈdevəʳ/ **I** *v.i.* sforzarsi, cercare, tentare: *to ~ to do sth.* tentare di fare qcs. **II** *n.* sforzo *m.*, tentativo *m.*: *to make every ~ to* fare ogni sforzo per, fare l'impossibile per.

endemic /enˈdemɪk/ **I** *a.* endemico. **II** *n.* (*Med*) endemia *f.*, malattia *f.* endemica.

endemically /enˈdemɪkəli/ *avv.* endemicamente.

endemicity /ˌendɪˈmɪsɪti Am ˌendɪˈmɪsəti/ *n.* **1** (*Med*) endemicità *f.* **2** (*Biol*) endemismo *m.*

endemism /ˈendɪmɪzəm/ *n.* **1** (*Med*) endemicità *f.* **2** (*Biol*) endemismo *m.*

endermic /enˈdɜːmɪk Am enˈdɜːrmɪk/ *a.* (*Med*) endermico, intradermico.

endgame /ˈen(d)geɪm/ *n.* chiusura *f.* (di un gioco).

ending /ˈendɪŋ/ *n.* **1** fine *f.*, termine *m.*, conclusione *f.* **2** (*conclusion*) finale *m.*, fine *m.*: *the film has a happy ~* il film ha un finale allegro, il film è a lieto fine. **3** (*Gramm*) desinenza *f.*

endive /ˈend(a)ɪv Am also aːnˈdeɪv/ *n.* (*Bot*) indivia *f.*

endless /ˈendləs/ *a.* **1** infinito, interminabile, senza fine. **2** (*boundless*) sterminato, sconfinato, immenso. **3** (*incessant*) incessante, continuo: *~ complaints* lamentele continue. **4** (*interminable*) interminabile: *an ~ speech* un discorso interminabile. **5** (*Mecc*) perpetuo, senza fine: *~ chain* catena senza fine. ☐ (*Inform*) *~ loop* loop senza fine, ciclo infinito.

endlessly /ˈendləsli/ *avv.* **1** infinitamente, senza fine. **2** (*incessantly*) incessantemente, senza posa.

endlessness /ˈendləsnəs/ *n.* interminabilità *f.*, perpetuità *f.*

endmost /ˈen(d)moust/ *a.* il più remoto.

endocarditis /ˌendoukɑːˈdaɪtɪs Am ˌendoukɑːrˈdaɪtɪs/ *n.* (*Med*) endocardite *f.*

endocardium /ˌendouˈkɑːdiəm Am ˌendouˈkɑːrdiəm/ (*pl.* **-dia** /-diə/) *n.* (*Anat*) endocardio *m.*

endocarp /ˈendoukɑːp Am ˈendəkɑːrp/ *n.* (*Bot*) endocarpo *m.*

endocrane /ˈendouˌkreɪn/ *n.* (*Anat*) endocranio *m.*

endocranial /ˌendouˈkreɪniəl/ *a.* (*Anat*) endocranico.

endocranium /ˌendouˈkreɪniəm/ *n.* (*Anat*) endocranio *m.*

endocrine /ˈendəkr(a)ɪn, ˈendəkriːn/ **I** *a.* (*Anat,Fisiol*) endocrino. **II** *n.* **1** (*Fisiol*) ormone *m.* **2** (*Anat*) (*endocrine gland*) ghiandola *f.* endocrina.

endocrinologist /ˌendoukr(a)ɪˈnɒlədʒɪst Am ˌendoukrɪˈnɑːlədʒɪst/ *n.* (*Med*) endocrinologo *m.* (*f.* -a).

endocrinology /ˌendoukr(a)ɪˈnɒlədʒi Am ˌendoukrɪˈnɑːlədʒi/ *n.* (*Med*) endocrinologia *f.*

endoderm /ˈendouˌdɜːm Am ˈendouˌdɜːrm/ *n.* (*Biol*) ipoblasto *m.*

endogamic /ˌendouˈgæmɪk/ *a.* (*Etnol,Biol*) endogamico.

endogamous /enˈdɒgəməs Am enˈdɑːgəməs/ *a.* (*Etnol,Biol*) endogamico.

endogamy /enˈdɒgəmi Am enˈdɑːgəmi/ *n.* (*Etnol,Biol*) endogamia *f.*

endogen /ˈendədʒən/ *n.* (*Bot*) pianta *f.* endogena.

endogenous /enˈdɒdʒənəs Am en ˈdɑːdʒənəs/ *a.* (*Biol,Geol*) endogeno.

endogeny /enˈdɒdʒəni Am enˈdɑːdʒəni/ *n.* (*Biol,Geol*) endogenesi *f.*

endolymph /ˈendouˌlɪm(p)f/ *n.* (*Anat*) endolinfa *f.*

endometrial /ˌendouˈmiːtriəl/ *a.* (*Anat*) endometriale.

endometriosis /ˌendouˌmiːtriˈousɪs/ *n.* (*Med*) endometriosi *f.*

endometrium /ˌendouˈmiːtriəm/ *n.* (*Anat*) endometrio *m.*

endomorph /ˈendouˌmɔːf Am ˈendouˌmɔːrf/ *n.* **1** (*Min*) minerale *m.* endomorfo. **2** (*Psic*) tipo *m.* endomorfo.

endomorphic /ˌendouˈmɔːfɪk Am ˌendouˈmɔːrfɪk/ *a.* (*Min,Psic*) endomorfo.

endomorphism /ˌendouˈmɔːfɪzəm Am ˌendouˈmɔːrfɪzəm/ *n.* (*Geol*) endomorfismo *m.*

endoparasite /ˌendouˈpærəsaɪt Am also ˌendouˈperəsaɪt/ *n.* (*Biol*) endoparassita *m.*

endoplasm /ˈendouplæzəm/ *n.* (*Biol*) endoplasma *m.*

endorphins /enˈdɔːfɪnz Am enˈdɔːrfɪnz/ *n.pl.* (*Fisiol*) endorfine *f.pl.*

endorsable /ɪnˈdɔːsəbḷ Am ɪnˈdɔːrsəbḷ/ *a.* (*Econ*) girabile.

endorse /ɪnˈdɔːs Am ɪnˈdɔːrs/ *v.t.* **1** firmare (a tergo). **2** (*of a document*) attergare, scrivere a tergo di. **3** (*of one's name, signature*) apporre. **4** (*Econ*) (*to make payable to another*) girare, trasferire: *to ~ a bill* girare una cambiale. **5** (*Comm*) (*to advertize*) promuovere. **6** (*fig*) (*to approve*) approvare; (*to support*) appoggiare, sostenere, sottoscrivere. ☐ (*Br,Comm*) *to ~ a cheque* girare un assegno; (*Econ*) *to ~ in blank* girare in bianco; *to ~ a motorist's licence* annotare le infrazioni sulla patente automobilistica.

endorsee /ˌendɔːˈsiː Am ˌendɔːrˈsiː/ *n.* (*Econ*) giratario *m.* (*f.* -a).

endorsement /ɪnˈdɔːsmənt Am ɪnˈdɔːrsmənt/ *n.* **1** (*Econ*) girata *f.* **2** (*signature*) firma *f.*; (*instructions*) attergato *m.* **3** (*Assic*) clausola *f.* aggiunta. **4** (*fig*) (*approval*) approvazione *f.*, sanzione *f.* **5** (*fig*) (*support*) appoggio *m.*, sostegno *m.*, adesione *f.* **6** (*on a driving-licence*) annotazione *f.* delle infrazioni commesse. **7** (*Comm*) (*advertisement*) promozio-

ne *f.*, pubblicità *f.* (mediante un personaggio famoso).

endorser /ɪnˈdɔːsəʳ Am ɪnˈdɔːrsəʳ/ *n.* (*Econ*) girante *m./f.*

endosarc /ˈendousaːk Am ˈendousaːrk/ *n.* (*Biol*) endosarco *m.*

endoscope /ˈendouskoup/ *n.* (*Med*) endoscopio *m.*

endoscopic /ˌendəˈskɒpɪk Am ˌendəˈskaːpɪk/ *a.* (*Med*) endoscopico.

endoscopically /ˌendəˈskɒpɪkəli Am ˌendəˈskaːpɪkli/ *avv.* (*Med*) endoscopicamente.

endoscopy /enˈdɒskəpi Am enˈdɑːskəpi/ *n.* (*Med*) endoscopia *f.*

endoskeleton /ˌendouˈskelɪtən/ *n.* (*Zool*) endoscheletro *m.*

endosmometer /ˌendɒsˈmɒmɪtəʳ Am ˌendaːsˈmɑːmətəʳ/ *n.* (*Chim,Fis*) endosmometro *m.*

endosmosis /ˌendɒsˈmousɪs Am ˌendaːsˈmousɪs/ (*pl.* **-ses** /-siːz/) *n.* (*Fis*) endosmosi *f.*

endosperm /ˈendouspɜːm Am ˈendouspɜːrm/ *n.* (*Bot*) endosperma *m.*

endospore /ˈendouspɔːʳ Am ˈendouspɔːr/ *n.* **1** (*Bot*) endospora *f.* **2** (*endosporium*) intina *f.*

endothermal /ˌendouˈθɜːməl Am ˌendouˈθɜːrməl/ *a.* (*Chim,Fis*) endotermico.

endothermic /ˌendouˈθɜːmɪk Am ˌendouˈθɜːrmɪk/ *a.* (*Chim,Fis*) endotermico.

endow /ɪnˈdau, enˈdau/ *v.t.* **1** dotare, sussidiare, sovvenzionare, finanziare: *to ~ a hospital* sovvenzionare un ospedale. **2** (*fig*) dotare, fornire di, provvedere di: *-ed with great talent* dotato di un grande talento.

endowment /ɪnˈdaumənt, enˈdaumənt/ *n.* **1** sovvenzionamento *m.*, finanziamento *m.* (*for* di). **2** (*property, money endowed*) dotazione *f.*, donazione *f.*, sovvenzione *f.*, sussidio *m.* **3** (*bequest*) lascito *m.* (*privato*). **4** (*fig*) dono *m.* naturale, dote *f.* ☐ (*Am,Econ*) *~ assurance* assicurazione in caso di sopravvivenza; (*Econ*) *~ fund* fondo *m.* di dotazione; (*Br,Econ*) *~ mortgage* mutuo ripagato a termine mediante una polizza previdenziale.

endpaper /ˈendˌpeɪpəʳ/ *n.* (*Legat*) risguardo *m.*

endpin /ˈendpɪn/ *n.* (*Mus*) (*of a cello*) puntale *m.*

endpoint /ˈendpɔɪnt/ *n.* **1** (*Inform*) uscita *f.* dal ciclo. **2** (*Chim*) punto *m.* terminale (di titolazione).

endrhyme /ˈendraɪm/ *n.* (*in poetry*) rima *f.* finale.

endstop /ˈendstɒp Am ˈendstaːp/ *n.* (*Mecc*) finecorsa *m.*

end-to-end /ˌendtuˈend Am ˌendtəˈend/ *a./avv.* uno accanto all'altro: *the tables were arranged ~* i tavoli sono stati disposti uno accanto all'altro, i tavoli sono stati disposti in fila.

endue /ɪnˈd(j)uː, enˈd(j)uː/ *v.t.* **1** dotare, fornire, provvedere. **2** (*to invest*) conferire a, investire.

endurable /ɪnˈdjuərəbḷ Am ɪnˈd(j)urəbḷ/ *a.* sopportabile, tollerabile.

endurance /ɪnˈdjuərəns Am ɪnˈd(j)urəns/ *n.* **1** resistenza *f.*: *a test of ~* una prova di resistenza; *he has great powers of ~* ha grandi capacità di resistenza. **2** (*bearing*) sopportazione *f.*, tolleranza *f.*, pazienza *f.* **3** (*Tecn*) resistenza *f.*, durata *f.* **4** (*Aer*) autonomia *f.* di durata, durata *f.* di volo. ☐ (*Tecn*) *~ limit* limite di fatica; (*Mecc*) *~ test* prova di durata.

endure /ɪnˈdjuəʳ, enˈd(j)uəʳ/ **I** *v.t.* **1** resistere a: *to ~ pain* resistere al dolore. **2** (*to bear*) sopportare, soffrire, tollerare: *I can't ~ her* non la posso soffrire. **II** *v.i.* **1** resistere, tener duro. **2** (*to last*) durare, permanere, vivere, perdurare, persistere: *his name will ~ forever* il suo nome vivrà (per) sempre.

enduring /ɪn'djʊərɪŋ *Am* ɪn'd(j)ʊrɪŋ/ *a.* **1** duraturo, durevole, stabile: ~ *fame* fama duratura. **2** (*long-suffering*) paziente, tollerante.

enduringly /ɪn'djʊərɪŋli *Am* ɪn'd(j)ʊrɪŋli/ *avv.* durevolmente, stabilmente, per sempre.

end-user /'end,juːzəʳ/ *n.* utente *m./f.* finale.

endways /'endweɪz/ *avv.* **1** (*end on*) di faccia. **2** (*end to end*) uno accanto all'altro. **3** (*upright*) in posizione verticale, in posizione eretta.

endwise /'endwaɪz/ *avv.* **1** (*end on*) di faccia. **2** (*end to end*) uno accanto all'altro. **3** (*upright*) in posizione verticale, in posizione eretta.

Endymion /en'dɪmɪən, ɪn'dɪmɪən/ *n.pr.m.* (*Mitol*) Endimione.

endzone /'endzoʊn/ *n.* (*Sport*) (*American football*) zona d'azione *f.*, zona *f.* finale.

ENE (*Geog*) *east-north-east* ENE (est-nord-est).

enema /'enɪmə/ (*pl.* **-s** /-z/, **-ta** /-tə *Am* -ţə/) *n.* (*Med*) clistere *m.*

enemy /'enəmi/ **I** *n.* **1** nemico *m.* (*f.* -a), avversario *m.* (*f.* -a). **2** (*costr.sing. o pl.,collett.*) (*armed foe*) nemico *m.*: *the ~ was* (o *were*) *driven back* il nemico fu ricacciato. **3** (*fig*) nemico *m.*: *drink is his worst* ~ il bere è il suo peggiore nemico. **II** *a.* (del) nemico. □ ~ *alien* straniero di nazionalità nemica (in tempo di guerra); *to make an ~ of so.* inimicarsi qcu., farsi nemico qcu.; *to make enemies* farsi dei nemici.

Enemy /'enəmi/ *n.* (*Rel*) nemico *m.*, avversario *m.*, diavolo *m.*

energetic /,enə'dʒetɪk *Am* ,enəʳ'dʒetɪk/ *a.* **1** energico, di polso, deciso: *an ~ leader* un capo energico. **2** (*done with energy*) energico, pieno di energia, forte, vigoroso. **3** (*drastic*) radicale, drastico. **4** (*Fis*) energetico.

energetics /,enə'dʒetɪks *Am* ,enəʳ'dʒetɪks/ *n.pl.* (*costr.sing.*) (*Fis*) energetica *f.*

energize /'enədʒaɪz *Am* 'enəʳdʒaɪz/ **I** *v.t.* **1** stimolare, infondere energia in. **2** (*El*) eccitare. **II** *v.i.* consumare energie.

energizing /'enədʒaɪzɪŋ *Am* 'enəʳdʒaɪzɪŋ/ *a.* energetico, energizzante.

energumen /,enə'gjuːmən *Am* ,enəʳ'gjuːmən/ *n.* (*ant*) energumeno *m.* (*f.* -a), invasato *m.* (*f.* -a), indemoniato *m.* (*f.* -a).

energy /'enədʒi *Am* 'enəʳdʒi/ **I** *n.* **1** energia *f.*, polso *m.*, forza *f.* **2** (*of language, style*) energia *f.*, vigore *m.*, incisività *f.* **3** (*Fis,Nucl*) energia *f.*: *solar ~* energia solare. **4** *pl.* energie *f.pl.*: *to waste one's energies* sprecare le proprie energie; *to throw all one's energies into sth.* impiegare tutte le proprie energie in qcs. □ ~ *balance* bilancio energetico; ~ *conservation* conservazione dell'energia; ~ *consumption* consumo di energia, consumo energetico; ~ *crisis* crisi energetica; ~ *efficiency* efficienza energetica; (*Fisiol*) ~ *metabolism* metabolismo energetico; ~ *research* ricerca energetica; ~ *saving* risparmio energetico; ~ *tax* tassa energetica, tassa sulle fonti energetiche.

energy-exporting /,enədʒi'ekspɔːtɪŋ *Am* ,enəʳdʒi'ekspɔːtɪŋ/ □ ~ *countries* paesi esportatori di energia.

energy-producing /,enədʒiprə'djuːsɪŋ *Am* ,enəʳdʒiprə'd(j)uːsɪŋ/ *a.* energetico, che produce enrgia: ~ *food* cibo energetico.

enervate /'enəveɪt *Am* 'enəʳveɪt/ **I** *v.t.* svigorire, indebolire, snervare, fiaccare (*anche fig*). **II** *a.* snervato, senza forza.

enervation /,enə'veɪʃ⁽ə⁾n *Am* ,enəʳ'veɪʃ⁽ə⁾n/ *n.* **1** infiacchimento *m.*, indebolimento *m.* **2** (*state*) mollezza *f.*

enface /ɪn'feɪs, en'feɪs/ *v.t.* **1** (*of draft, bill*)

scrivere su, stampare su. **2** (*of a memorandum*) provvedere di una dicitura a mano (*o a* stampa).

enfeeble /ɪn'fiːb⁑, en'fiːb⁑/ *v.t.* indebolire, debilitare, infiacchire.

enfeeblement /ɪn'fiːb⁑mənt, en'fiːb⁑mənt/ *n.* indebolimento *m.*, debilitazione *f.*

enfeoff /ɪn'fiːf *Br also* en'fef/ *v.t.* infeudare, investire di un feudo.

enfeoffment /ɪn'fiːfmənt *Br also* en'fefmənt/ *n.* **1** infeudamento *m.*, infeudazione *f.* **2** (*deed, instrument*) atto *m.* di investitura.

enfilade /'enfɪleɪd *Br also* ,enfɪ'leɪd/ **I** *n.* (*Mil*) (*position*) infilata *f.*; (*fire*) tiro *m.* di infilata. **II** *v.t.* (*Mil*) battere di infilata, colpire di infilata, infilare.

enfold /ɪn'foʊld, en'foʊld/ *v.t.* **1** avvolgere, avviluppare. **2** (*fig*) avvolgere, circondare: *-ed in mystery* avvolto nel mistero. **3** (*to embrace*) abbracciare, stringere tra le braccia. **4** (*to make into folds*) piegare.

enforce /ɪn'fɔːs *Am* ɪn'fɔːrs/ *v.t.* **1** far rispettare, far osservare. **2** (*of a law*) mettere in vigore, applicare, rendere esecutivo. **3** (*to obtain by compulsion*) obbligare, costringere: *to ~ obedience* costringere all'obbedienza. **4** (*of a demand, claim, right*) far valere, far rispettare. **5** (*to impose*) imporre: *to ~ by law* imporre per legge. **6** (*to reinforce*) rafforzare, dare vigore a, rinforzare: *she -d her argument by new elements* rafforzò la sua tesi con nuovi elementi. □ *to ~ one's claims* far valere i propri diritti.

enforceability /ɪn,fɔːsə'bɪliti *Am* ɪn,fɔːrsə'bɪləti/ *n.* **1** applicabilità *f.* **2** (*Dir*) esecutorietà *f.*, esecutività *f.*

enforceable /ɪn'fɔːsəb⁑ *Am* ɪn'fɔːrsəb⁑/ *a.* **1** applicabile, che si può far valere. **2** (*Dir*) esecutorio, esecutivo: ~ *judgement* sentenza esecutiva.

enforced /ɪn'fɔːst *Am* ɪn'fɔːrst/ *a.* forzato, imposto.

enforcement /ɪn'fɔːsmənt *Am* ɪn'fɔːrsmənt/ *n.* **1** (*of a law*) applicazione *f.* **2** (*compulsion*) costrizione *f.*, imposizione *f.* **3** (*of a claim, etc.*) il far valere. □ (*Dir*) ~ *action* azione coercitiva; (*Dir*) ~ *of a judgement* esecuzione di una sentenza; (*Dir*) ~ *powers* poteri sanzionatori.

enforcer /ɪn'fɔːsəʳ *Am* ɪn'fɔːrsəʳ/ *n.* persona *f.* che fa rispettare la legge, persona *f.* che fa rispettare le regole.

enfranchise /ɪn'fræntʃaɪz/ *v.t.* **1** (*to give vote to*) concedere il diritto di voto a. **2** (*of a city, etc.*) concedere un privilegio a. **3** (*of land*) affrancare. **4** (*to free from slavery, etc.*) affrancare, emancipare.

enfranchisement /ɪn'fræntʃɪzmənt *Am* ɪn'fræntʃaɪzmənt/ *n.* **1** concessione *f.* del diritto di voto. **2** (*of a city, etc.*) concessione *f.* di un privilegio. **3** (*Stor*) (*of a slave, etc.*) affrancamento *m.*

eng. **1** *engine* mot. (motore). **2** *engineer* ing. (ingegnere). **3** *engineering* ing. (ingegneria). **4** *engraved* (inciso). **5** *engraver* (incisore).

Eng. **1** *England* (Inghilterra). **2** *English* (inglese).

engage /ɪn'geɪdʒ, en'geɪdʒ/ **I** *v.t.* **1** ingaggiare, valersi dell'opera di, assumere (alle proprie dipendenze). **2** (*to employ*) assumere, impiegare: *to ~ a secretary* assumere una segretaria. **3** (*an artist*) ingaggiare, scritturare. **4** (*to reserve*) prenotare, fissare: *to ~ a room* prenotare una camera. **5** (*to hire*) noleggiare. **6** (*to bind by a promise, contract, etc.*) impegnare: *he -d himself to pay his debts* si è

impegnato a pagare i debiti. **7** (*to hold the attention of*) tenere occupato, assorbire, impegnare: *to ~ so. in conversation* impegnare qcu. in una conversazione. **8** (*to attract*) attrarre, affascinare. **9** (*Mil*) impegnare, impiegare: *the enemy -d all his forces* il nemico impegnò tutte le sue forze. **10** (*Mil*) (*to attack*) impegnarsi con: *to ~ the enemy* impegnarsi con il nemico. **11** (*Mecc*) innestare, ingranare: *to ~ the clutch* innestare la frizione. **II** *v.i.* **1** occuparsi (*in di*): *to ~ in politics* occuparsi di politica. **2** (*to become involved*) impegnarsi, cacciarsi, impegolarsi (in). **3** (*to take part in*) partecipare (a). **4** (*to pledge oneself*) impegnarsi (a), promettere (di). **5** (*to guarantee*) garantire (*for sth.* qcs.), rendersi garante (di). **6** (*Mil*) iniziare la lotta, ingaggiare battaglia. **7** (*Mecc*) innestarsi, ingranare. □ *to ~ so.'s attention to sth.* mantenere desta l'attenzione di qcu. su qcs.

engaged /ɪn'geɪdʒd, en'geɪdʒd/ *a.* **1** (*betrothed*) fidanzato (*to* con). **2** (*busy, occupied*) impegnato, occupato (*in, on* con, a): *to be ~ in doing sth.* essere impegnato a fare qcs. **3** (*reserved*) riservato, occupato: *this seat is ~* questo posto è occupato. **4** (*Tel*) occupato: *the number is ~* il numero è occupato. **5** (*Mil*) impegnato in combattimento. **6** (*Arch*) incassato. **7** (*Mecc*) innestato, ingranato. □ ~ *couple* coppia di fidanzati, fidanzati; *to get ~* fidanzarsi; ~ *to be married* fidanzato (ufficialmente); (*Tel*) ~ *tone* segnale di linea occupata, segnale di occupato.

engagement /ɪn'geɪdʒmənt, en'geɪdʒmənt/ *n.* **1** impegno *m.*, promessa *f.*: *to enter into an ~* prendere un impegno; *to keep one's -s* rispettare i propri impegni. **2** (*obligation*) obbligo *m.*, dovere *m.*: *to meet one's -s* far fronte ai propri obblighi. **3** (*betrothal*) fidanzamento *m.* **4** (*of an artist*) ingaggio *m.*, scrittura *f.* **5** (*appointment*) impegno *m.*, appuntamento *m.*: *a previous ~* un impegno precedente. **6** (*Mil*) scontro *m.*, combattimento *m.* **7** (*Mecc*) ingranamento *m.* □ ~ *book* agenda (degli appuntamenti); ~ *ring* anello di fidanzamento.

engaging /ɪn'geɪdʒɪŋ, en'geɪdʒɪŋ/ *a.* attraente, affascinante, seducente; (*pleasant*) simpatico: *an ~ smile* un sorriso affascinante.

engagingly /ɪn'geɪdʒɪŋli, en'geɪdʒɪŋli/ *avv.* con fascino, con seduzione, in modo attraente; (*pleasantly*) simpaticamente, con simpatia.

engarland /ɪn'gɑːlənd *Am* ɪn'gɑːrlənd/ *v.t.* (*ant*) inghirlandare.

engender /ɪn'dʒendəʳ, en'dʒendəʳ/ *v.t.* **1** (*fig*) provocare, causare, generare, ingenerare, produrre, essere causa di. **2** (*ant*) (*to beget*) generare, procreare.

engine /'endʒɪn/ **I** *n.* **1** motore *m.* **2** (*Ferr*) locomotiva *f.*, macchina *f.* **3** (*Mecc*) (*any mechanical contrivance*) macchina *f.* **4** (*Mil,ant*) macchina *f.* bellica. **5** (*rar*) (*means*) strumento *m.*, mezzo *m.* **II** *v.t.* motorizzare. □ (*Mot*) ~ *block* blocco cilindri; (*Mot*) ~ *oil* olio lubrificante; (*Mar*) ~ *room* sala macchine.

engineer /,endʒɪ'nɪəʳ *Am* ,endʒɪ'nɪr/ **I** *n.* **1** ingegnere *m.*: *civil ~* ingegnere civile; *mining ~* ingegnere minerario. **2** (*person who supervises engines, etc.*) tecnico *m.*, perito *m.*: *sound ~* tecnico del suono. **3** (*Aer,Mar*) motorista *m.* **4** (*Mil*) geniere *m.* **5** (*Am,Ferr*) macchinista *m.*, locomotorista *m.* **6** (*fig*) ideatore *m.* (*f.* -trice), mente *f.* **II** *v.t.* **1** dirigere i lavori di, costruire. **2** (*to design*) progettare. **3** (*fig*) (*to contrive*) escogitare, architettare, ideare; (*to contrive dishonestly*) macchinare, ordire. **4** (*fig*) (*to plan*) preparare, organizzare, combinare. **III** *v.i.* fare l'ingegnere.

engineering /ˌendʒɪ'nɪərɪŋ *Am* ˌendʒɪ'nɪrɪŋ/ *n.* **1** ingegneria *f*.: *civil ~* ingegneria civile; *chemical ~* ingegneria chimica; *electronical ~* ingegneria elettronica; *environmental ~* ingegneria ambientale; *mechanical ~* ingegneria meccanica. **2** *(fig)* macchinazione *f*., manovra *f*. ☐ *~ and design* progettazioni tecniche; *(Ind) ~ department* ufficio tecnico; *~ house* società di consulenza tecnologica.

engird /ɪn'gɜːd/ *(past, p.p.* **engirt** /ɪn'gɜːt *Am* ɪn'gɜːrt/ o **-ed** /-ɪd/), **engirdle** /ɪn'gɜːdl *Am* ɪn'gɜːrdl/ *v.t.* *(lett)* cingere, circondare.

England /'ɪŋɡlənd/ *n.pr. (Geog)* Inghilterra *f*.

Englander /'ɪŋɡləndər/ *n.* *(rar)* inglese *m./f.*

English /'ɪŋɡlɪʃ/ **I** *a.* **1** inglese. **2** *(British)* inglese, britannico. **II** *n.* **1** *(language)* inglese *m*., lingua *f*. inglese: *in ~* in inglese. **2** *(costr.pl.,collett.) (the people of England)* inglesi *m./f.pl.* ☐ *(Edil) ~ bond* disposizione a tipo inglese; *~ breakfast* colazione all'inglese; *(Bot) ~ Channel* Manica; *(Bot) ~ daisy* margheritina, pratolina; *(Mus) ~ horn* corno inglese; *(Am,Gastron) ~ muffin* focaccina tostata e imburrata; *(Zool) ~ setter* setter inglese; *(Bot) ~ yew* tasso.

English-born /'ɪŋɡlɪʃ,bɔːn *Am* 'ɪŋɡlɪʃ,bɔːrn/ *a.* inglese di nascita.

Englishman /'ɪŋɡlɪʃmən/ *n.irr.* **1** inglese *m*. **2** *(Mar)* nave *f*. inglese. ☐ *Prov.: an ~'s home is his castle* in casa propria ciascuno è re, la casa di un inglese è il suo castello.

English-speaking /'ɪŋɡlɪʃ,spiːkɪŋ/ *a.* anglofono, di lingua inglese.

Englishwoman /'ɪŋɡlɪʃ,wʊmən/ *n.irr.* inglese *f*.

engorge /ɪn'gɔːdʒ *Am* ɪn'gɔːrdʒ/ *v.t.* **1** ingozzare, inghiottire avidamente, divorare. **2** *(to feed to excess)* ingozzare. **3** *(Med)* congestionare.

engorgement /ɪn'gɔːdʒmənt *Am* ɪn'gɔːrdʒmənt/ *n.* **1** l'ingozzarsi. **2** *(Med)* congestione *f*.

engraft /ɪn'grɑːft *Am* ɪn'græft/ *v.t.* **1** *(Agr)* innestare. **2** *(fig)* inculcare, instillare, infondere.

engraftment /ɪn'grɑːftmənt *Am* ɪn'græftmənt/ *n.* **1** *(Agr)* innesto *m*. **2** *(fig)* l'inculcare, l'instillare, l'infondere.

engrailment /ɪn'greɪlmənt, en'greɪlmənt/ *n.* granitura *f*.

engrain /ɪn'greɪn, en'greɪn/ *v.t.* **1** tingere a colori forti. **2** *(fig)* inculcare, infondere.

engrained /ɪn'greɪnd, en'greɪnd/ *a.* **1** tinto a colori forti. **2** *(fig)* radicato.

engrave /ɪn'greɪv, en'greɪv/ *v.t.* **1** incidere, intagliare, scolpire (intagliando): *to ~ an inscription on a stone* incidere un'iscrizione su una pietra. **2** *(to chase)* cesellare. **3** *(Art)* incidere. **4** *(Tip)* riprodurre mediante incisione. **5** *(to photoengrave)* ottenere mediante fotoincisione. **6** *(fig)* incidere, imprimere, scolpire: *to ~ a face upon one's memory* incidere un volto nella memoria.

engraved /ɪn'greɪvd, en'greɪvd/ ☐ *~ invitation* partecipazione (di nozze) stampata in rilievo; *(Tip) ~ printing* stampa a rilievo.

engraver /ɪn'greɪvər, en'greɪvər/ *n.* **1** incisore *m*., intagliatore *m*. (*f*. -trice). **2** *(chaser)* cesellatore *m*. (*f*. -trice). **3** *(photoengraver)* fotoincisore *m*.

engraving /ɪn'greɪvɪŋ, en'greɪvɪŋ/ *n.* **1** incisione *f*. *(anche Tip)*. **2** *(engraved plate, block)* piastra *f*. incisa, incisione *f*.

engross /ɪn'grous, en'grous/ *v.t.* **1** assorbire, impegnare: *this work -es all my attention* questo lavoro assorbe tutta la mia attenzione. **2** *(Dir) (to copy in a clear hand)* copiare in modo chiaro; *(to write out formally)* redi-

gere, stendere. **3** *(Comm) (to buy up)* accaparrare, fare incetta di; *(to monopolize)* monopolizzare.

engrossed /ɪn'groust, en'groust/ *a.* assorto, immerso *(in* in). ☐ *(US,Pol) ~ bill* progetto approvato da una Camera.

engrossing /ɪn'grousɪŋ, en'grousɪŋ/ *a.* avvincente, affascinante.

engrossment /ɪn'grousmənt, en'grousmənt/ *n.* **1** l'essere assorto. **2** *(Dir)* stesura *f*. (definitiva); *(document)* rogito *m*. **3** *(Comm)* accaparramento *m*.

engulf /ɪn'gʌlf, en'gʌlf/ *v.t.* **1** inghiottire, ingoiare. **2** *(of water)* sommergere. **3** *(fig)* immergere, sprofondare.

engulfment /ɪn'gʌlfmənt, en'gʌlfmənt/ *n.* **1** inghiottimento *m*., l'ingoiare. **2** *(of water)* sommersione *f*. **3** *(fig)* immersione *f*., sprofondamento *f*.

enhance /ɪn'hɑːns *Am* ɪn'hæns/ *v.t.* **1** aumentare, accrescere, intensificare, esaltare: *his courage was -d by his success* il successo ha accresciuto il suo coraggio. **2** *(to raise the value or price of)* aumentare, rincarare, alzare. **3** *(to make more beautiful, etc.)* abbellire, adornare. **4** *(to exaggerate)* esagerare. **5** *(to make better)* migliorare: *exercise ~ posture* la ginnastica migliora la postura.

enhancement /ɪn'hɑːnsmənt *Am* ɪn'hænsmənt/ *n.* **1** aumento *m*., intensificazione *f*., accrescimento *m*. **2** *(that which intensifies)* ciò che intensifica, ciò che accresce. **3** *(in price, value)* aumento *m*., rincaro *m*. **4** *(beautification)* abbellimento *m*. **5** *(exaggeration)* esagerazione *f*.

enhancer /ɪn'hɑːnsər *Am* ɪn'hænsər/ *n.* esaltatore *m*.: *(Alim) flavour ~* esaltatore di sapidità.

enharmonic /ˌenhɑː'mɒnɪk *Am* ˌenhɑːr'mɑːnɪk/ *a.* *(Mus)* enarmonico.

enigma /ɪ'nɪgmə, en'ɪgmə/ *(pl.* **-s** /-z/, **-ta** /-tə *Am* -ʈə/) *n.* **1** enigma *m*. **2** *(person)* enigma *m*., mistero *m*.

enigmatic /ˌenɪg'mætɪk *Am* ˌenɪg'mæɾɪk/ *a.* enigmatico, misterioso.

enigmatical /ˌenɪg'mætɪkᵊl *Am* ˌenɪg'mæɾɪkᵊl/ *a.* enigmatico, misterioso.

enigmatically /ˌenɪg'mætɪkᵊli *Am* ˌenɪg'mæɾɪkᵊli/ *avv.* in modo enigmatico, enigmaticamente.

enigmatise /ɪ'nɪgmətaɪz, en'ɪgmətaɪz/ *v.t.* *(Br)* rendere enigmatico.

enigmatize /ɪ'nɪgmətaɪz, en'ɪgmətaɪz/ *v.t.* rendere enigmatico.

enisle /ɪ'naɪl, e'naɪl/ *v.t.* **1** trasformare in isola. **2** *(to set upon an island)* relegare su un'isola. **3** *(fig)* isolare, segregare.

enjambement /ɪn'dʒæm(b)mənt, en 'dʒæm(b)mənt/ *n.* *(Metr)* enjambement *m*.

enjambment /ɪn'dʒæm(b)mənt, en 'dʒæm(b)mənt/ *n.* *(Metr)* enjambement *m*.

enjoin /ɪn'dʒɔɪn, en'dʒɔɪn/ *v.t.* **1** ingiungere, comandare: *he was -ed to pay his debts* gli fu ingiunto di pagare i suoi debiti. **2** *(of a course of action)* prescrivere, imporre. **3** *(Dir)* diffidare, ammonire.

enjoinment /ɪn'dʒɔɪnmənt, en'dʒɔɪnmənt/ *n.* *(Dir)* ingiunzione *f*., prescrizione *f*., divieto *m*.

enjoy /ɪn'dʒɔɪ, en'dʒɔɪ/ *v.t.* **1** provare gioia in, provare piacere in, divertirsi a: *I don't ~ parties, but I ~ talking to friends* non mi diverto ai ricevimenti, ma mi fa piacere chiacchierare con gli amici; *I ~ singing* mi piace cantare; *did you ~ the film?* ti è piaciuto il film?; *I -ed it* mi è piaciuto. **2** *(rifl.) to ~ oneself* divertirsi, spassarsela, godersela: *~ yourself!* divertiti!, buon divertimento! **3** *(to have the use of)* godere di, disporre di: *to ~ a good*

income godere di una buona rendita. **4** *(to have the benefit of)* fruire di, godere di: *to ~ a right* godere di un diritto; *to ~ a good reputation* godere di una buona reputazione. ☐ *~ your meal!* buon appetito!

enjoyable /ɪn'dʒɔɪəbl, en'dʒɔɪəbl/ *a.* divertente, piacevole.

enjoyment /ɪn'dʒɔɪmənt, en'dʒɔɪmənt/ *n.* **1** godimento *m*., diletto *m*., piacere *m*. **2** *(that which gives pleasure)* piacere *m*., divertimento *m*.: *hunting is his greatest ~* la caccia è il suo più grande divertimento. **3** *(Dir)* godimento *m*.

enlarge /ɪn'lɑːdʒ *Am* ɪn'lɑːrdʒ/ **I** *v.t.* **1** ingrandire, ampliare, allargare: *to ~ a house* ampliare una casa; *to ~ one's circle of acquaintances* allargare la cerchia delle proprie conoscenze. **2** *(to expand)* ampliare, estendere. **3** *(Fot)* ingrandire. **II** *v.i.* **1** allargarsi, ampliarsi, estendersi, espandersi. **2** *(to speak, to write at length)* dilungarsi, soffermarsi a lungo *(on, upon* su).

enlargement /ɪn'lɑːdʒmənt *Am* ɪn'lɑːrdʒmənt/ *n.* **1** allargamento *m*., ampliamento *m*., espansione *f*. **2** *(sth. added)* aggiunta *f*. **3** *(Fot)* ingrandimento *m*.

enlarger /ɪn'lɑːdʒər *Am* ɪn'lɑːrdʒər/ *n.* *(Fot)* ingranditore *m*.

enlighten /ɪn'laɪtᵊn, en'laɪtᵊn/ *v.t.* **1** chiarire a, dare chiarimenti a, spiegare a: *can you ~ me on this point?* puoi chiarirmi questo punto? **2** *(to inform)* informare, illuminare. **3** *(to free from prejudice, etc.)* illuminare, mostrare la verità a.

enlightened /ɪn'laɪtᵊnd, en'laɪtᵊnd/ *a.* **1** illuminato: *~ legislation* legislazione illuminata. **2** *(free from ignorance)* illuminato, di larghe vedute, privo di pregiudizi.

enlightening /ɪn'laɪtᵊnɪŋ, en'laɪtᵊnɪŋ/ *a.* illuminante, istruttivo.

enlightenment /ɪn'laɪtᵊnmənt, en'laɪtᵊnmənt/ *n.* chiarimento *m*., spiegazione *f*.

Enlightenment /ɪn'laɪtᵊnmənt, en'laɪtᵊnmənt/ *n.* *(Stor)* Illuminismo *m*.: *the Age of ~* l'Illuminismo, l'Età dei Lumi.

enlist /ɪn'lɪst, en'lɪst/ **I** *v.t.* **1** *(Mil)* arruolare. **2** *(to secure the support of)* ottenere l'appoggio di, procurarsi l'appoggio di. **3** *(to utilize)* impiegare, utilizzare. **II** *v.i.* **1** *(Mil)* arruolarsi: *to ~ in the navy* arruolarsi in marina. **2** *(to participate heartily)* offrirsi, aderire *(in* a).

enlisted /ɪn'lɪstɪd, en'lɪstɪd/ ☐ *(US,Mil) ~ man* soldato semplice.

enlister /ɪn'lɪstər, en'lɪstər/ *n.* *(Mil)* volontario *m*., soldato *m*. volontario.

enlistment /ɪn'lɪstmənt, en'lɪstmənt/ *n.* *(Mil)* **1** arruolamento *m*., leva *f*. **2** *(state)* servizio *m*. di leva. **3** *(period)* ferma *f*.

enliven /ɪn'laɪvᵊn, en'laɪvᵊn/ *v.t.* **1** invigorire, rafforzare. **2** *(to make cheerful, gay)* ravvivare, animare, rallegrare: *his presence -ed the party* la sua presenza ha ravvivato la festa.

en masse /ɒn'mæs *Am* ɑːn'mæs/ *avv.* in massa, in blocco.

enmesh /ɪn'meʃ, en'meʃ/ *v.t.* irretire, avviluppare.

enmeshed /ɪn'meʃt, en'meʃt/ *a.* impelagato, invischiato, impegolato *(in* in).

enmeshment /ɪn'meʃmənt, en'meʃmənt/ *n.* l'irretire, irretimento *m*.

enmity /'enmɪti *Am* 'enməʈi/ *n.* **1** inimicizia *f*., ostilità *f*. **2** *(hatred)* odio *m*. ☐ *to be at ~ with so.* essere in cattivi rapporti con qcu.

ennead /'eniæd/ *n.* *(rar)* raggruppamento *m*. di nove, enneade *f*.

ennoble /ɪ'noubl, en'noubl/ *v.t.* **1** dotare di un titolo nobiliare, conferire un titolo nobiliare a. **2** *(fig)* nobilitare, elevare, conferire dignità a.

ennoblement /ɪ'noʊblmənt, en'noʊblmənt/ *n.* nobilitazione *f.* (*anche fig*).

ennui /ɒn'wi: *Am* ,ɑːn'wiː/ *n.* noia *f.*, tedio *m.*

enology /iː'nɒlədʒi *Am* iː'nɑːlədʒi/ *n.* enologia. *f.*

enormity /ɪ'nɔːrmɪti *Am* ɪ'nɔːrməti/ *n.* **1** (*tremendous size*) enormità *f.*, immensità *f.* **2** (*fig*) enormità *f.*, atrocità *f.*: *the ~ of a crime* l'atrocità di un delitto. **3** (*atrocious crime*) delitto *m.* mostruoso.

enormous /ɪ'nɔːməs *Am* ɪ'nɔːrməs/ *a.* **1** enorme, immenso, smisurato. **2** (*fig*) enorme, di portata enorme.

enormously /ɪ'nɔːməsli *Am* ɪ'nɔːrməsli/ *avv.* enormemente, estremamente: *~ popular* estremamente popolare.

enormousness /ɪ'nɔːməsnəs *Am* ɪ'nɔːrməsnəs/ *n.* enormità *f.*, immensità *f.*, smisuratezza *f.*

enough /ɪ'nʌf/ **I** *a.* abbastanza, sufficiente, bastante: *do we have ~ food for everyone?* abbiamo abbastanza cibo per tutti? **II** *n.* sufficienza *f.*: *I've had ~* ne ho avuto abbastanza, ne ho avuto a sufficienza. **III** *avv.* **1** abbastanza, a sufficienza, sufficientemente: *it's not wide ~* non è sufficientemente largo, non è largo abbastanza; *my office is near ~ - for me to walk* il mio ufficio è abbastanza vicino perché io possa raggiungerlo a piedi. **2** (*fully, quite*) molto, assai, così: *you know well ~ what I mean* sai molto bene quello che voglio dire; *would you be kind ~ to help me?* vuol essere così gentile da aiutarmi? **3** (*tolerably*) abbastanza, discretamente: *he speaks English well ~* parla abbastanza bene l'inglese. **IV** *intz.* basta! □ *~ is* = il troppo stroppia; *that's more than ~* è più che sufficiente; *~ of your nonsense!* basta con le tue sciocchezze!; *~ said* ti dico solo questo; il che è tutto dire; *that's ~!* basta!; *that's ~ already!* ora basta!

enounce /ɪ'naʊns/ *v.t.* **1** annunciare, proclamare. **2** (*to set forth*) enunciare, esporre. **3** (*to enunciate*) enunciare, formulare.

enplane /ɪn'pleɪn, en'pleɪn/ *v.i.* salire a bordo di un aeroplano, imbarcarsi.

en quad /en'kwɒd *Am* en'kwɑːd/ *n.* (*Tip*) quadratino *m.*

enquire /ɪn'kwaɪəʳ, en'kwaɪəʳ/ *e der.* → **inquire** *e der.*

enrage /ɪn'reɪdʒ, en'reɪdʒ/ *v.t.* far infuriare, fare arrabbiare, far andare in collera.

enraged /ɪn'reɪdʒd, en'reɪdʒd/ *a.* arrabbiato, adirato, in collera.

enrapture /ɪn'ræptʃəʳ, en'ræptʃəʳ/ *v.t.* rapire, estasiare, incantare, mandare in estasi: *I was -d by her smile* sono rimasto estasiato dal suo sorriso.

enrich /ɪn'rɪtʃ, en'rɪtʃ/ *v.t.* **1** arricchire (*anche fig*). **2** (*fig*) (*to make more splendid*) arricchire, ornare, adornare, abbellire. **3** (*Agr*) fertilizzare, arricchire. **4** (*Fis,Mot*) arricchire. **5** (*of food*) rendere più nutriente. □ (*Nucl*) *-ed uranium* uranio arricchito.

enrichment /ɪn'rɪtʃmənt, en'rɪtʃmənt/ *n.* **1** arricchimento *m.* (*anche Fis*). **2** (*fig*) arricchimento *m.*, miglioramento *m.*; (*embellishment*) abbellimento *m.* **3** (*Agr*) fertilizzazione *f.*

enrobe /ɪn'roʊb, en'roʊb/ *v.t.* abbigliare.

enrol /ɪn'roʊl, en'roʊl/ (*past, p.p.* **enrolled** /-d/) **I** *v.t.* **1** iscrivere. **2** (*Mil*) arruolare. **3** (*to register*) registrare. **4** (*to roll up*) arrotolare, avvolgere. **II** *v.i.* **1** iscriversi: *to ~ in a school* iscriversi a una scuola. **2** (*Mil*) arruolarsi: *~ in the army* arruolarsi nell'esercito.

enroll /ɪn'roʊl, en'roʊl/ (*past, p.p.* **enrolled** /-d/) **I** *v.t.* (*Am*) **1** iscrivere. **2** (*Mil*) arruolare. **3** (*to register*) registrare. **4** (*to roll up*) arroto-

---

lare, avvolgere. **II** *v.i.* (*Am*) **1** iscriversi: *to ~ in a school* iscriversi a una scuola. **2** (*Mil*) arruolarsi: *to ~ in the army* arruolarsi nell'esercito.

enrolled /ɪn'roʊld, en'roʊld/ □ (*US,Pol*) *~ bill* progetto approvato da entrambe le Camere.

enrollee /,ɪnroʊ'liː, ,enroʊ'liː/ *n.* **1** iscritto *m.* (*f.* -a). **2** (*Mil*) arruolato *m.*

enrollment /ɪn'roʊlmənt, en'roʊlmənt/ *n.* (*Am*) **1** iscrizione *f.* (*at, in* a). **2** (*number enrolled*) numero *m.* degli iscritti, iscritti *m.pl.* (*f.pl.* -e). **3** (*Mil*) arruolamento *m.*; (*number*) numero *m.* degli arruolati, arruolati *m.pl.* **4** (*registration*) registrazione *f.* □ (*Scol*) *~ percentage* tasso di scolarità.

enrolment /ɪn'roʊlmənt, en'roʊlmənt/ *n.* **1** iscrizione *f.* (*at, in* a). **2** (*number enrolled*) numero *m.* degli iscritti, iscritti *m.pl.* (*f.pl.* -e). **3** (*Mil*) arruolamento *m.*; (*number*) numero *m.* degli arruolati, arruolati *m.pl.* **4** (*registration*) registrazione *f.* □ (*Scol*) *~ percentage* tasso di scolarità.

en route /ɒn'ruːt *Am* ,ɑːn'ruːt/ *avv.* in viaggio, lungo il viaggio, lungo la strada: *~ from Paris to Rome* lungo il viaggio da Parigi a Roma; *~ for New York* in viaggio per New York.

ens /enz/ *n.* (*pl.* **entia** /'enʃɪə, 'entiə/) *n.* (*Filos*) ente *m.*

ensanguine /ɪn'sæŋgwɪn, en'sæŋgwɪn/ *v.t.* (*lett*) insanguinare.

ensconce /ɪn'skɒns, en'skɒns *Am* ɪn'skɑːns, en'skɑːns/ *v.t.* **1** sistemare comodamente: *to ~ oneself in an armchair* sprofondarsi in una poltrona. **2** (*to hide securely*) nascondere, riparare, dare rifugio a.

ensemble /ɒn'sɒmbəl *Am* ,ɑːn'sɑːmbəl/ *n.* **1** insieme *m.*, complesso *m.* **2** (*total effect*) effetto *m.* di insieme. **3** (*concerted performance*) esecuzione *f.* di insieme, ensemble *m.* **4** (*Mus*) (*group of musicians*) ensemble *m.*, complesso *m.*: *a string ~* un complesso di archi. **5** (*Mod*) insieme *m.*, completo *m.* **6** (*Teat*) corpo *m.* di ballo.

enshrine /ɪn'ʃraɪn, en'ʃraɪn/ *v.t.* **1** mettere in un reliquario, deporre in un reliquario. **2** (*fig*) conservare come una reliquia, custodire gelosamente.

enshroud /ɪn'ʃraʊd, en'ʃraʊd/ *v.t.* **1** coprire con un velo, nascondere con un velo. **2** (*fig*) (*to shroud*) avvolgere.

ensiform /'ensɪfɔːm *Am* 'ensɪfɔːrm/ *a.* (*Biol*) ensiforme.

ensign /'ensaɪn *Am* 'ensɪn/ *n.* **1** bandiera *f.*, vessillo *m.*, stendardo *m.* **2** (*emblem*) emblema *m.*, simbolo *m.* **3** (*badge of office*) decorazione *f.*, insegne *f.pl.* **4** (*heraldic arms*) insegna *f.*, stemma *m.* **5** (*US,Mar.mil*) guardiamarina *m.* **6** (*Mil,ant*) portabandiera *m.*, alfiere *m.*

ensilage /'ensɪlɪdʒ/ *n.* (*Agr*) **1** insilamento *m.* **2** (*fodder*) foraggio *m.* insilato, insilato *m.* □ (*Agr*) *~ blower* insilatrice.

ensile /en'saɪl, 'ensaɪl/ *v.t.* (*Agr*) **1** insilare. **2** (*to make into ensilage*) trasformare in (foraggio) insilato.

enslave /ɪn'sleɪv, en'sleɪv/ *v.t.* rendere schiavo, assoggettare, asservire (*anche fig*).

enslavement /ɪn'sleɪvmənt, en'sleɪvmənt/ *n.* schiavitù *f.*, asservimento *m.* (*anche fig*).

enslaver /ɪn'sleɪvəʳ, en'sleɪvəʳ/ *n.* **1** chi rende schiavo, chi assoggetta. **2** (*of a woman*) incantatrice *f.*, maliarda *f.*

ensnare /ɪn'sneəʳ *Am* ɪn'sner/ *v.t.* intrappolare, prendere in trappola (*anche fig*).

ensnarement /en'sneəmənt *Am* en'snermənt/ *n.* intrappolamento *m.*

ensorcel /en'sɔːrsəl/ *v.t.* (*Am,lett*) incantare, affascinare.

---

ensorcell /ɪn'sɔːrsəl *Am* en'sɔːrsəl/ *v.t.* (*lett*) in cantare, affascinare.

ensoul /ɪn'soʊl, en'soʊl/ *v.t.* (*rar*) animare, in fondere l'anima in.

ensphere /ɪn'sfɪəʳ *Am* ɪn'sfɪr/ *v.t.* (*rar*) rac chiudere (in una sfera).

ensue /ɪn'sju:, en's(j)uː/ *v.i.* **1** seguire, suc cedere, susseguire, susseguirsi. **2** (*to result*) derivare, conseguire, risultare, susseguire.

en suite /ˌɒn'swiːt *Am* ,ɑːn'swiːt/ *a.* bagno *m.* collegato alla camera da letto. □ *room with an ~ bathroom* (*in hotels*) camera con bagno.

ensure /ɪn'ʃʊəʳ *Am* ɪn'ʃʊr/ *v.t.* **1** assicurare, rendere sicuro: *to ~ success* assicurare i successo. **2** (*to secure*) assicurare, garantire, dare per sicuro: *I cannot ~ you he will agree* non posso garantirvi che lui sarà d'accordo. **3** (*to make safe*) assicurare. **4** (*Comm*) (*to insure*) assicurare. □ *~ against* proteggere da, prendere delle precauzioni contro.

enswathe /ɪn'sweɪð, en'sweɪð/ *v.t.* (*lett*) avvolgere, fasciare.

entablature /en'tæblətʃəʳ *Br also* 'tæblətjuəʳ/ *n.* (*Arch*) trabeazione *f.*

entablement /en'teɪblmənt/ *n.* (*Arch*) basamento *m.* di statua.

entail /ɪn'teɪl, en'teɪl/ **I** *v.t.* **1** comportare, implicare, richiedere, esigere: *this will ~ great expense* questo comporterà una grossa spesa. **2** (*to impose as a burden*) richiedere, imporre: *success -s sacrifices* il successo richiede sacrifici. **3** (*Dir*) lasciare in eredità col vincolo dell'inalienabilità. **II** *n.* **1** conseguenza *f.* logica, conseguenza *f.* inevitabile. **2** (*Dir*) (*entailment*) il lasciare in eredità con il vincolo dell'inalienabilità. **3** (*Dir*) (*estate*) lascito *m.* inalienabile. **4** (*fig*) trasmissione *f.*; (*inheritance*) eredità *f.*

entailment /ɪn'teɪlmənt, en'teɪlmənt/ *n.* (*Dir*) il lasciare in eredità con il vincolo dell'inalienabilità.

entangle /ɪn'tæŋgl, en'tæŋgl/ *v.t.* **1** impigliare, intricare, imbrogliare. **2** (*fig*) intrappolare, prendere in trappola. □ *to get -d* **1** rimanere impigliato; **2** (*fig*) impegolarsi, invischiarsi.

entanglement /ɪn'tæŋglmənt, en'tæŋglmənt/ *n.* **1** intrico *m.*, groviglio *m.*, viluppo *m.* **2** (*fig*) (*confusion*) confusione *f.*; (*complication*) complicazione *f.* **3** (*Mil*) reticolato *m.*

entasis /'entəsɪs/ (*pl.* **-ses** /-siːz/) *n.* (*Arch*) entasi *f.*

entelechy /en'teləki, ɪn'teləki/ *n.* (*Filos*) entelechia *f.*, entelecheia *f.*

entellus /ɪn'teləs/ *n.* (*Zool*) entello *m.* □ (*Zool*) *~ monkey* entello.

entente /ɑːn'tɒnt *Am* ,ɑːn'tɑːnt/ *n.* (*Pol*) intesa *f.*, entente *f.*

enter /'entəʳ *Am* 'entʲʳ/ **I** *v.i.* **1** entrare. **2** (*to begin, to come in*) iniziare, intraprendere: *~ into a business relationship* intraprendere una relazione d'affari. **II** *v.t.* **1** entrare in: *to -ed the room* entrò nella stanza; *to ~ politics* entrare in politica. **2** (*to enrol for sth.*) iscriversi a: *to ~ a competition* iscriversi a una gara. **3** (*to enrol*) iscrivere: *to ~ a horse in a race* iscrivere un cavallo a una corsa. **4** (*to record*) registrare, inserire: *your name has been -ed on our files* il vostro nome è stato registrato nei nostri schedari. **5** (*to penetrate*) entrare in, penetrare in. **6** (*to become a member of*) entrare a far parte di: *to ~ a firm* entrare a far parte di una ditta. **7** (*to put down in writing*) annotare, registrare, segnare: *to ~ a date in one's diary* segnare una data sull'agenda; (*Econ*) *to ~ on the credit side* registrare a credito, segnare in entrata. **8** (*to make a beginning in*) cominciare, iniziare, intraprendere: *to ~ the medical profession* ntraprendere la professione medica. **9** (*Inform*) inserire, immettere (dati). **10** (*Dir*) mettere a verbale, verbalizzare: *to ~ a plea of not guilty* mettere a verbale una dichiarazione di non colpevolezza, dichiararsi innocente. **11** (*Dir*) (*of land*) entrare in possesso di. **12** (*to put forward*) avanzare, presentare: *to ~ an objection* avanzare un'obiezione. **13** (*fig*) (*to identify with*) entrare in, penetrare: *to ~ the spirit of a work* entrare nello spirito di un'opera. **14** (*of a horse*) domare. **III** *n.* (*Inform*) invio *m.*, tasto *m.* di invio. □ (*Dir*) *to ~ an action* promuovere causa, intentare causa; (*Dir*) *to ~ one's appearance* comparire (in tribunale); (*Br,Dir*) *to ~ evidence* presentare prove; *to ~ into an agreement* concludere un accordo, giungere a un accordo (*anche Comm*); *to ~ into business connections with so.* stringere rapporti d'affari con qcu., entrare in rapporti d'affari con qcu.; *it did not ~ into my calculations* non rientrava nei miei calcoli; *that doesn't ~ into it* questo non c'entra; *to ~ into negotiations* entrare in trattative; *to ~ into partnership with so.* mettersi in società con qcu.; *to ~ into peace* intavolare trattative per la pace; *to ~ into possession of sth.* entrare in possesso di qcs., venire in possesso di qcs.; (*Inform*) *~ key* tasto di invio; *the thought never -ed my mind* non mi era passato neanche per l'anticamera del cervello; (*Parl*) *to ~ the House* entrare alla Camera, essere eletto deputato.

enteric /en'terɪk/ *a.* (*Med*) enterico: *~ fever* febbre enterica. □ (*Farm*) *~ coated* gastroresistente.

enteritis /ˌentə'raɪtɪs *Am* ˌentə'raɪtɪs/ (*pl.* **-tides** /-tɪdiːz *Am* -tɪdiːz/, **-es** /-iːz/) *n.* (*Med*) enterite *f.*

enterocolitis /ˌentərookə'laɪtɪs *Am* ˌentərou kə'laɪtɪs/ *n.* (*Med*) enterocolite *f.*

enterology /ˌentə'rɒlədʒi *Am* ˌentə'rɑːlədʒi/ *n.* (*Med*) enterologia *f.*

enteron /'entərɒn *Am* 'entərɑːn/ *n.* (*Anat*) intestino *m.*

enterotomy /ˌentə'rɒtəmi *Am* ˌentə'rɑːtəmi/ *n.* (*Chir*) enterotomia *f.*

enterprise /'entəpraɪz *Am* 'entəˌpraɪz/ *n.* **1** impresa *f.*, iniziativa *f.* **2** (*adventurousness*) intraprendenza *f.*, iniziativa *f.*: *spirit of ~* spirito di iniziativa. **3** (*Comm*) impresa *f.*, azienda *f.* □ (*Am*) *~ zone* zona di risanamento e sviluppo.

enterprising /'entəpraɪzɪŋ *Am* 'entəˌpraɪzɪŋ/ *a.* intraprendente, pieno di iniziativa.

enterprisingly /'entəpraɪzɪŋli *Am* 'entər praɪzɪŋli/ *avv.* con intraprendenza, con spirito di iniziativa.

entertain /ˌentə'teɪn *Am* ˌentə'teɪn/ **I** *v.t.* **1** intrattenere, divertire: *we were greatly -ed by his stories* i suoi racconti ci hanno divertiti moltissimo. **2** (*to treat as a guest*) ospitare; (*to receive as a guest*) ricevere: *to ~ so. at dinner* avere qcu. a cena. **3** (*to consider*) prendere in considerazione, considerare, valutare: *to ~ a proposal* prendere in considerazione una proposta; *to ~ an idea* accarezzare un'idea. **4** (*to harbour*) nutrire, accarezzare, covare: *to ~ thoughts of revenge* covare propositi di vendetta; *to ~ doubts* nutrire dubbi. **II** *v.i.* ricevere, dare ricevimenti, avere ospiti: *they often ~ in the evening* ricevono spesso la sera.

entertainer /ˌentə'teɪnər *Am* ˌentər'teɪnər/ *n.* **1** (*professional*) intrattenitore *m.* (*f.* -trice), uomo *m.* (*f.* donna) di spettacolo. **2** (*singer*) cantante *m./f.*

entertaining /ˌentə'teɪnɪŋ *Am* ˌentər'teɪnɪŋ/ *a.* divertente, piacevole.

entertainingly /ˌentə'teɪnɪŋli *Am* ˌentər

'teɪnɪŋli/ *avv.* in modo divertente, in modo piacevole.

entertainment /ˌentə'teɪnmənt *Am* ˌentər 'teɪnmənt/ *n.* **1** intrattenimento *m.*, divertimento *m.* **2** (*public performance*) spettacolo *m.*: *the world of ~* il mondo dello spettacolo. **3** (*act of considering*) il prendere in considerazione, il considerare, valutazione *f.* □ *~ business* (o *~ industry*) industria dello spettacolo; *~ tax* tassa sugli spettacoli.

enthalpy /en'θælpi, 'enθəlpi/ *n.* (*Fis*) entalpia *f.*

enthral /ɪn'θrɔːl, en'θrɔːl/ (*past, p.p.* **enthralled** /-d/) *v.t.* **1** affascinare, incantare. **2** (*ant*) (*to enslave*) soggiogare, rendere schiavo, asservire.

enthrall /ɪn'θrɔːl, en'θrɔːl/ (*past, p.p.* **enthralled** /-d/) *v.t.* (*Am*) **1** affascinare, incantare. **2** (*ant*) (*to enslave*) soggiogare, rendere schiavo, asservire.

enthralling /ɪn'θrɔːlɪŋ, en'θrɔːlɪŋ/ *a.* affascinante, coinvolgente.

enthrallment /ɪn'θrɔːlmənt, en'θrɔːlmənt/ *n.* (*Am*) **1** fascino *m.*, incanto *m.* **2** (*ant*) (*enslavement*) asservimento *m.*, schiavitù *f.*

enthralment /ɪn'θrɔːlmənt, en'θrɔːlmənt/ *n.* **1** fascino *m.*, incanto *m.* **2** (*ant*) (*enslavement*) asservimento *m.*, schiavitù *f.*

enthrone /ɪn'θroun, en'θroun/ *v.t.* **1** mettere sul trono, elevare al trono. **2** (*Rel*) investire di dignità ecclesiastica. **3** (*fig*) (*to exalt*) esaltare, mettere su un piedistallo.

enthronement /ɪn'θrounmənt, en'θroun mənt/ *n.* insediamento *m.* sul trono.

enthuse /ɪn'θjuːz, en'θjuːz/ *v.i.* (*colloq*) **1** (*to be enthusiastic*) entusiasmarsi, mostrare entusiasmo (*over* per). **2** (*to make enthusiastic*) entusiasmare, suscitare entusiasmo in (*over* per).

enthused /ɪn'θjuːzd, en'θjuːzd/ *a.* (*colloq*) entusiasta, pieno di entusiasmo.

enthusiasm /ɪn'θjuːziæzəm, en'θjuːziæzəm/ *n.* entusiasmo *m.*: *to show ~ for* (o *about*) *sth.* mostrare entusiasmo per qcs.

enthusiast /ɪn'θjuːziæst, en'θjuːziæst/ *n.* **1** entusiasta *m./f.*, appassionato *m.* (*f.* -a), fanatico *m.* (*f.* -a): *a football ~* un appassionato di calcio. **2** (*ant*) (*religious fanatic*) fanatico *m.* (*f.* -a).

enthusiastic /ɪnˌθjuːzi'æstɪk, en'θjuːziˌæstɪk/ *a.* **1** entusiastico, fervido, caloroso: *an ~ welcome* un'accoglienza entusiastica. **2** (*of people*) entusiasta (*about* per, di).

enthusiastically /ɪnˌθjuːzi'æstɪkəli, en 'θjuːziæstɪkəli/ *avv.* entusiasticamente, con entusiasmo.

entice /ɪn'taɪs, en'taɪs/ *v.t.* **1** attirare, allettare, attrarre. **2** (*to instigate*) istigare, incitare: *to ~ so. into doing sth.* istigare qcu. a fare qcs. **3** (*to lure into evil ways*) adescare, sedurre; (*to tempt*) tentare.

enticement /ɪn'taɪsmənt, en'taɪsmənt/ *n.* **1** allettamento *m.*, attrazione *f.* **2** (*that which entices*) allettamento *m.*, seduzione *f.* **3** (*allurement*) fascino *m.*, attrattiva *f.*, incanto *m.*

enticer /ɪn'taɪsər, en'taɪsər/ *n.* adescatore *m.* (*f.* -trice), allettatore *m.* (*f.* -trice).

enticing /ɪn'taɪsɪŋ, en'taɪsɪŋ/ *a.* allettante, attraente, seducente.

entire /ɪn'taɪər/ **I** *a.* **1** intero: *he read the ~ book* ha letto l'intero libro. **2** (*unbroken*) intatto, sano, intero. **3** (*complete*) totale, completo, perfetto: *an ~ stranger* un perfetto estraneo: *to enjoy so.'s ~ confidence* godere della completa fiducia di qcu. **4** (*full*) pieno assoluto. **5** (*undivided*) intero, indiviso, integro, intatto. **6** (*Bot*) (*of a leaf*) intero. **7** (*Zootecn*) intero, non castrato. **II** *n.* **1** (*Zootecn*) stallone *m.* **2** (*porter*) birra *f.* scura. **3** (*rar*)

(*the whole*) intero *m.*, tutto *m.* □ (*Dir*) *~ contract* contratto indivisibile; *in the ~ country* in tutto il paese.

entirely /ɪn'taɪəli *Am* ɪn'taɪərli/ *avv.* **1** completamente, interamente, del tutto, pienamente: *an ~ different matter* una questione completamente diversa; *this is not ~ true* questo non è del tutto vero; *we don't ~ agree* non siamo del tutto d'accordo; *I ~ forgot* me ne sono completamente dimenticato. **2** (*solely*) solamente, esclusivamente: *it is your fault ~* la colpa è solamente tua.

entirety /ɪn'taɪə(r)əti *Am* ɪn'taɪrəti/ *n.* **1** interezza *f.*, completezza *f.*, integrità *f.* **2** (*total, whole*) totalità *f.*, complesso *m.*, insieme *m.*: *to examine a matter in its ~* esaminare una questione nel suo complesso. **3** (*Dir*) indivisibilità *f.*

entitle /ɪn'taɪtl *Am* ɪn'taɪtl/ *v.t.* **1** dare il diritto a, concedere la facoltà a, autorizzare: *freedom of speech does not ~ you to say that* la libertà di parola non ti dà il diritto di dire questo; *to be -d to do sth.* avere la facoltà di fare qcs., avere il diritto di fare qcs.; *to be -d sth.* (o *to be -d to sth.*) avere diritto a qcs.: *he is -d to a commission* gli spetta una provvigione, ha il diritto a una provvigione; *to be -d to damages* avere diritto al risarcimento. **2** (*to give a title to*) conferire un titolo a, concedere un titolo a: *to ~ so. an earl* conferire il titolo di conte a qcu. **3** (*of a book*) intitolare.

entitlement /ɪn'taɪtlmənt *Am* ɪn'taɪtlmənt/ *n.* **1** diritto *m.*, titolo *m.* **2** *pl.* (*Am*) diritto *m.sing.* all'assistenza sociale.

entity /'entɪti *Am* 'entəti/ *n.* **1** entità *f.* a sé stante, persona *f.* a sé, individuo *m.* distinto. **2** (*Filos*) entità *f.*

entomb /ɪn'tuːm, en'tuːm/ *v.t.* **1** seppellire, deporre nella tomba. **2** (*to serve as a tomb for*) servire da tomba a, fare da tomba a.

entombment /ɪn'tuːmənt, en'tuːmənt/ *n.* seppellimento *m.*, inumazione *f.*

entomic /en'tɒmɪk *Am* en'tɑːmɪk/ *a.* (*Entom*) degli insetti, relativo agli insetti.

entomological /ˌentəmə'lɒdʒɪkəl *Am* ˌentəmə'lɑːdʒɪkəl/ *a.* entomologico.

entomologist /ˌentə'mɒlədʒɪst *Am* ˌentə 'mɑːlədʒɪst/ *n.* entomologo *m.* (*f.* -a).

entomology /ˌentə'mɒlədʒi *Am* ˌentə 'mɑːlədʒi/ *n.* entomologia *f.*

entourage /'ɒntuːrɑːʒ *Am* ˌɑːntu'rɑːʒ/ *n.* **1** (*circle*) entourage *m.*, cerchia *f.* **2** (*retinue*) entourage *m.*, seguito *m.*

entozoan /ˌentə'zouən/ **I** *a.* (*Biol*) entozoico. **II** *n.* (*Zool*) entozoo *m.*

entr'acte /'ɒntrækt *Am* 'ɑːntrækt/ *n.* (*Teat, Mus*) **1** (*interval*) intervallo *m.*, intermezzo *m.*, entracte *m.* **2** (*music*) intermezzo *m.* musicale, entracte *m.*

entrails /'entreɪlz *n.pl.* **1** (*Anat*) visceri *m.pl.*, interiora *f.pl.* **2** (*fig*) viscere *f.pl.*

entrain /ɪn'treɪn, en'treɪn/ **I** *v.i.* prendere il treno, salire sul treno. **II** *v.t.* **1** (*make people get on a train*) far salire su un treno. **2** (*to bring sth. into the flow of sth. else*) trasportare, trascinare. **3** (*fig*) (*to require as a natural consequence*) richiedere (naturalmente): *running a marathon will ~ much discipline* partecipare a una maratona richiede ovviamente una grossa disciplina. **4** (*cause to fall into sync*) sincronizzare.

entrammel /ɪn'træməl, en'træməl/ *v.t.* impedire, ostacolare, intralciare.

entrance[1] /'entrəns/ *n.* **1** entrata *f.*, ingresso *m.* **2** (*place*) entrata *f.*, ingresso *m.*, accesso *m.*: *the ~ to a tunnel* l'entrata di una galleria. **3** (*right to enter*) entrata *f.*, accesso *m.*: *he was refused ~ to the restaurant* gli è stato vietato l'accesso al ristorante. **4** (*act of entering upon*) entrata *f.*: ~ *into* (o *upon*) *office* entrata in carica. **5** (*admission*) ammissione *f.* **6** (*Teat,Mus*) entrata *f.* **7** (*Mar*) stellato *m.* di prua. □ ~ *examination* esame di ammissione; ~ *fee* quota di ammissione; ~ *for members only* ingresso riservato ai soli soci; ~ *hall* vestibolo, atrio; *make an* ~ fare un'entrata teatrale; (*Pol*) ~ *poll* entrance poll, sondaggio all'entrata di un seggio; (*Dir*) ~ *upon an inheritance* assunzione di un'eredità.

entrance² /ɪn'trɑːns *Am* ɪn'træns/ *v.t.* **1** estasiare, mandare in estasi, rapire, incantare. **2** (*to put into a trance*) fare cadere in trance.

entrancement /ɪn'trɑːnsmənt *Am* ɪn'trænsmənt/ *n.* **1** il mandare in estasi, il far cadere in trance. **2** (*state*) rapimento *m.*, estasi *f.*, trance *f.*

entrancing /ɪn'trɑːnsɪŋ *Am* ɪn'trænsɪŋ/ *a.* incantevole.

entrancingly /ɪn'trɑːnsɪŋli *Am* ɪn'trænsɪŋli/ *avv.* incantevolmente.

entrant /'entrənt/ *n.* **1** chi entra. **2** (*Univ,Scol*) nuovo studente *m.* (*f.* -essa), nuovo allievo *m.*, (*f.* -a), matricola *f.* **3** (*competitor*) concorrente *m./f.*, partecipante *m./f.*, competitore *m.* (*f.* -trice).

entrap /ɪn'træp, en'træp/ *v.t.* prendere in trappola, intrappolare (*anche fig*).

entrapment /ɪn'træpmənt, en'træpmənt/ *n.* **1** intrappolamento *m.* **2** (*intentional deception by a police officer*) trappola *f.*, tranello *m.*

entreat /ɪn'triːt/ *v.t.* implorare, supplicare, pregare: *to* ~ *sth. of so.* implorare qcs. da qcu.

entreatingly /ɪn'triːtɪŋli *Am* ɪn'triːtɪŋli/ *avv.* insistentemente, supplichevolmente.

entreaty /ɪn'triːti *Am* ɪn'triːti/ *n.* supplica *f.*, preghiera *f.*

entrée, entree /'ɒntreɪ *Am* 'ɑːntreɪ/ *n.* **1** entrata *f.*, accesso *m.* **2** (*Gastron*) entrée *f.*, prima portata *f.* **3** (*Gastron*) (*main course*) piatto *m.* principale.

entrench /ɪn'trenʃ, en'trenʃ/ **I** *v.t.* **1** (*Mil*) trincerare; (*to surround with trenches*) munire di trincee, fortificare. **2** (*fig*) rafforzare, consolidare. **II** *v.i.* **1** (*Mil*) trincerarsi. **2** (*to infringe*) violare, usurpare (*on, upon sth.* qcs.).

entrenched /ɪn'trenʃt, en'trenʃt/ *a.* radicato, inveterato: ~ *attitude* atteggiamento radicato. □ (*GB,Pol*) ~ *legislation* legislazione speciale.

entrenchment /ɪn'trenʃmənt, en'trenʃmənt/ *n.* **1** (*Mil*) trinceramento *m.*, trincea *f.* **2** (*fig*) riparo *m.*, difesa *f.*

entrepôt /'ɒntrəpou *Am* 'ɑːntrəpou/ *n.* **1** (*Comm*) (*warehouse*) magazzino *m.* **2** (*trade centre*) centro *m.* commerciale.

entrepreneur /ˌɒntrəprə'nɜːr *Am* ˌɑːntrəprə'nɜːr/ *n.* imprenditore *m.*

entrepreneurial /ˌɒntrəprə'nɜːriəl *Am* ˌɑːntrəprə'nɜːriəl/ *a.* imprenditoriale.

entrepreneurialism /ˌɒntrəprə'nɜːriəlɪzəm *Am* ˌɑːntrəprə'nɜːriəlɪzəm/ *n.* imprenditorialismo *m.*

entrepreneurship /ˌɒntrəprə'nɜːʃɪp *Am* ˌɑːntrəprə'nɜːʃɪp/ *n.* imprenditorialità *f.*

entresol /'ɒntrəsɒl *Am* 'ɑːntrəsɑːl/ *n.* (*Edil*) mezzanino *m.*

entrust /ɪn'trʌst, en'trʌst/ *v.t.* affidare a: *to* ~ *so. with responsibility* affidare una responsabilità a qcu., *to* ~ *money to so.* affidare (del) denaro a qcu.

entry /'entri/ *n.* **1** entrata *f.*, ingresso *m.* **2** (*right of entering*) accesso *m.*, ammissione *f.*: *to gain* ~ *into a club* ottenere l'accesso a un circolo. **3** (*passage, gate, etc.*) entrata *f.*, ingresso *m.* **4** (*entrance hall*) vestibolo *m.*, atrio *m.* **5** (*recording*) registrazione *f.* **6** (*no-*

tation) annotazione *f.*, appunto *m.* **7** (*in a competition, etc.*) concorrente *m./f.*, partecipante *m./f.*, iscritto *m.* (*f.* -a): *a large* ~ un gran numero di concorrenti. **8** (*in a dictionary*) voce *f.*, entrata *f.*, lemma *m.*; (*in an encyclopaedia*) voce *f.*, entrata *f.*; (*in a telephone book*) nominativo *m.* **9** (*Comm,Econ*) partita *f.* **10** (*Dir*) presa *f.* di possesso, insediamento *m.* **11** (*Econ*) (*at customs*) dichiarazione *f.* di entrata. **12** (*Geog*) (*mouth of a river*) foce *f.* **13** (*Inform*) introduzione *f.*, immissione *f.* (di dati). **14** (*Teat*) entrata *f.*, comparsa *f.* in scena. □ ~ *forbidden* vietato l'ingresso; (*Comm*) ~ *inwards* bolletta di entrata; ~ *level* livello di entrata; ~ *level position* posto di lavoro al livello più basso; (*Comm*) *to make an* ~ *of a transaction* registrare un'operazione; *to make one's* ~: **1** (*Teat*) entrare in scena; **2** (*fig*) debuttare; *no* ~ divieto di accesso; (*Dir*) ~ *of mortgage* iscrizione di ipoteca; (*Dir*) ~ *of satisfaction* cancellazione di ipoteca; (*Comm*) ~ *outwards* bolletta di uscita; (*Econ*) ~ *under bond* bolletta doganale di transito sotto cauzione; ~ *visa* visto di ingresso; ~ *way* ingresso, entrata; ~ *word* lemma, entrata.

entryphone /'entrifoun/ *n.* citofono *m.*

entwine /ɪn'twaɪn, en'twaɪn/ **I** *v.t.* **1** intrecciare. **2** (*to twist around*) attorcigliare. **II** *v.i.* **1** intrecciarsi. **2** (*to become twisted*) attorcigliarsi.

entwist /ɪn'twɪst, en'twɪst/ *v.t.* attorcigliare.

enucleate /ɪ'njuːklɪeɪt *Am also* ɪ'nuːklɪeɪt/ *v.t.* **1** (*Biol*) privare del nucleo. **2** (*Chir*) enucleare. **3** (*to clarify*) chiarire, spiegare.

enucleation /ɪˌnjuːklɪ'eɪʃən *Am also* ɪˌnuːkli'eɪʃən/ *n.* **1** (*Biol*) asportazione *f.* del nucleo. **2** (*Chir*) enucleazione *f.*

E-number /'iːnʌmbər/ *n.* (*Br*) codice *m.* di conservante (secondo le norme UE).

enumerate /ɪ'njuːmreɪt *Am also* ɪ'nuːməreɪt/ *v.t.* **1** enumerare, elencare. **2** (*to count*) contare.

enumeration /ɪˌnjuːmə'reɪʃən *Am also* ɪˌnuːmə'reɪʃən/ *n.* **1** enumerazione *f.* **2** (*list*) elenco *m.*, lista *f.*

enumerative /ɪ'njuːmərətɪv *Am* ɪ'n(j)uːmərətɪv/ *a.* enumerativo.

enumerator /ɪ'njuːməreɪtər *Am* ɪ'n(j)uːməreɪtər/ *n.* **1** enumeratore *m.* (*f.* -trice). **2** (*census taker*) rilevatore *m.* (*f.* -trice) di dati per il censimento.

enunciate /ɪ'nʌnsieɪt, ɪ'nʌnʃieɪt/ **I** *v.t.* **1** pronunciare: *to* ~ *one's words clearly* pronunciare le parole in modo chiaro. **2** (*to formulate*) enunciare, formulare. **II** *v.i.* pronunciare.

enunciation /ɪˌnʌnsi'eɪʃən/ *n.* **1** enunciazione *f.*, formulazione *f.*, enunciato *m.* **2** (*pronunciation*) pronuncia *f.* **3** (*announcement*) proclamazione *f.*, dichiarazione *f.*, annuncio *m.*

enunciative /ɪ'nʌnsɪətɪv *Am* ɪ'nʌnʃɪətɪv/ *a.* **1** enunciativo. **2** (*declarative*) che annuncia, che proclama.

enure /ɪn'jʊər *Am* en'jʊr/ **I** *v.t.* (*to inure*) abituare, avvezzare. **II** *v.i.* entrare in vigore, avere effetto.

enuresis /ˌenjʊ(ə)'riːsɪs *Am* ˌenjuː'riːsɪs/ *n.* (*Med*) enuresi *f.*

envelop /ɪn'veləp, en'veləp/ *v.t.* **1** avvolgere, avviluppare: *-ed in a cloak* avvolto in un mantello. **2** (*to surround*) avvolgere, circondare. **3** (*fig*) avvolgere, nascondere: *the affair is -ed in mystery* la vicenda è avvolta nel mistero. **4** (*Mil*) accerchiare, circondare.

envelope /'envəloup/ *n.* **1** (*Post*) busta *f.* **2** (*wrapper, covering*) involucro *m.*, involto *m.* **3** (*Geom*) inviluppo *m.* **4** (*Bot*) involucro *m.* **5**

(*Aer*) (*of an aerostat*) involucro *m.*; (*gas bag*) pallone *m.*

envelopment /ɪn'veləpmənt, en'veləpmənt/ *n.* **1** l'avviluppare, avvolgimento *m.* **2** (*wrapping, covering*) involucro *m.*, involto *m.*

envenom /ɪn'venəm, en'venəm/ *v.t.* **1** avvelenare. **2** (*fig*) avvelenare, amareggiare.

enviable /'enviəbl/ *a.* invidiabile, da fare invidia.

envious /'enviəs/ *a.* **1** invidioso. **2** (*expressing envy*) invidioso, di invidia: *an* ~ *look* uno sguardo invidioso.

enviously /'enviəsli/ *avv.* con invidia.

environ /ɪn'vaɪ(ə)rən/ *v.t.* (*lett*) circondare, attorniare (*anche fig*).

environment /ɪn'vaɪ(ə)rənmənt *Am* ɪn'vaɪrənmənt/ *n.* **1** (*Biol,Sociol*) ambiente *m.*, condizioni *f.pl.* ambientali, fattori *m.pl.* ambientali. **2** (*surroundings*) dintorni *m.pl.*

environmental /ɪnˌvaɪ(ə)rən'mentl *Am* ɪnˌvaɪrən'mentl/ *a.* ambientale. □ ~ *agency* agenzia per l'ambiente; (*Art*) ~ *art* arte ambientale; ~ *audit* audit ambientale; ~ *awareness* coscienza ambientale; ~ *compatibility* compatibilità ambientale, ecocompatibilità; ~ *conditions* condizioni ambientali; ~ *consciousness* coscienza ambientale; ~ *conservation* protezione dell'ambiente; ~ *contaminant* inquinante per l'ambiente, contaminante per l'ambiente; ~ *control* controllo ambientale; ~ *damage* danno all'ambiente; ~ *deterioration* degrado ambientale; ~ *engineering* ingegneria ambientale; ~ *factor* fattore ambientale; ~ *group* gruppo ambientalista; ~ *hazard* pericolo per l'ambiente, rischio per l'ambiente; ~ *health* igiene ambientale; ~ *impact* impatto ambientale; ~ *law* diritto dell'ambiente; ~ *monitoring* monitoraggio ambientale; ~ *policy* politica ambientale; ~ *pollution* inquinamento ambientale; ~ *protection* tutela dell'ambiente, protezione dell'ambiente; ~ *quality* qualità dell'ambiente; ~ *research* ricerca ambientale; ~ *science* scienza dell'ambiente; ~ *studies* studi ambientali; ~ *terrorism* terrorismo ambientale; ~ *theatre* teatro ambientale (in cui gli spettatori partecipano alla recitazione in un ambiente molto vasto).

environmentalism /ɪnˌvaɪ(ə)rən'mentlɪzəm *Am* ɪnˌvaɪrən'mentlɪzəm/ *n.* difesa *f.* dell'ambiente, ambientalismo *m.*, ecologismo *m.*

environmentalist /ɪnˌvaɪ(ə)rən'mentlɪst *Am* ɪnˌvaɪrən'mentlɪst/ *n.* ambientalista *m./f.*, ecologista *m./f.*

environmentally /ɪnˌvaɪ(ə)rən'mentli *Am* ɪnˌvaɪrən'mentli/ *avv.* dal punto di vista ambientale. □ ~ *aware* conscio dei problemi ambientali, con una coscienza ambientale; ~ *compatible* compatibile con l'ambiente, ecocompatibile; ~ *correct* ecologico, rispettoso dell'ambiente; ~ *friendly* ecologico, amico dell'ambiente; ~ *hazardous* rischioso per l'ambiente, pericoloso per l'ambiente; ~ *sensitive* sensibile all'ambiente, sensibile alla tutela ambientale.

environs /ɪn'vaɪ(ə)rənz *Am* ɪn'vaɪrənz/ *n.pl.* **1** dintorni *m.pl.*, vicinanze *f.pl.* **2** (*suburbs of a city*) sobborghi *m.pl.*, periferia *f.sing.*

envisage /ɪn'vɪzɪdʒ, en'vɪzɪdʒ/ *v.t.* **1** (*regard as a possibility*) prevedere, avere in vista, avere in mente: *we do not* ~ *any change* non prevediamo alcun cambiamento. **2** (*to form a mental picture of*) figurarsi, immaginare.

envision /ɪn'vɪʒən, en'vɪʒən/ *v.t.* (*to imagine, to foresee*) immaginare, figurarsi: *I -ed her as a person much older than she actually is* me l'immaginavo molto più vecchia di quanto non sia.

envoy /'envɔɪ *Am also* 'ɑːnvɔɪ/ *n.* **1** (*lett*) commiato *m.*, congedo *m.* **2** (*Dipl*) inviato *m.* (*f.* -a): *~ extraordinary and minister plenipotentiary* inviato straordinario e ministro plenipoenziario. **3** (*messenger*) messo *m.*, inviato *m.* *f.* -a). **4** (*representative*) rappresentante *m./f.*

envy /'envɪ/ **I** *n.* invidia *f.*: *it's just ~* (è) tutta invidia. **II** *v.t.* invidiare, avere invidia di: *I don't ~ you* non ti invidio; *I don't ~ you that ask* non ti invidio questa incombenza. □ *t's the ~ of the world* tutto il mondo ce lo nvidia; *to do sth. out of ~* fare qcs. per invidia.

enwind /ɪn'waɪnd, en'waɪnd/ (*past, p.p.* **enwound** /ɪn'waʊnd, en'waʊnd/) *v.t.irr.* (*lett*) avvolgere, avviluppare.

enwomb /ɪn'wuːm, en'wuːm/ *v.t.irr.* (*lett*) racchiudere in seno.

enwrap /ɪn'ræp, en'ræp/ *v.t.* **1** (*fig*) avvolgere, avviluppare. **2** (*to absorb the attention of*) assorbire totalmente, occupare totalmente.

enwreathe /ɪn'riːð, en'riːð/ *v.t.* (*lett*) inghirlandare, incoronare (*anche fig*).

Enzed /en'zed/ *n.* (*Aus,NZ,colloq*) **1** neozelandese *m./f.* **2** (*New Zealand*) Nuova Zelanda *f.*

Enzedder /en'zedər/ *n.* (*Aus,NZ,colloq*) neozelandese *m./f.*

enzootic /,enzoʊ'ɒtɪk *Am* ,enzoʊ'ɑːtɪk/ **I** *a.* (*Veter*) enzootico. **II** *n.* (*Veter*) enzoozia *f.*

enzymatic /,enzə'mætɪk *Am* ,enzə'mætɪk/ *a.* enzimatico. □ (*Ott*) ~ *cleaner* compresse enzimatiche.

enzyme /'enzaɪm/ *n.* (*Biol,Chim*) enzima *m.* □ (*Med*) ~ *reaction* enzimoreazione.

enzymic /en'zaɪmɪk/ *a.* enzimatico.

enzymological /,enzaɪmə'lɒdʒɪkəl *Am* ,enzɪmə'lɑːdʒɪkəl/ *a.* (*Med*) enzimologico.

enzymologist /,enzaɪ'mɒlədʒɪst *Am* ,enzɪ'mɑːlədʒɪst/ *n.* (*Med*) enzimologo *m.* (*f.* -a).

enzymology /,enzaɪ'mɒlədʒɪ *Am* ,enzɪ'mɑːlədʒɪ/ *n.* (*Med*) enzimologia *f.*

EO (*Dir*) *executive order* (disposizione esecutiva).

e.o. *ex officio* (d'ufficio).

EOC /,iːoʊ'siː/ *Equal Opportunities Commission* CPO (Commissione per le pari opportunità).

Eocene /'iːoʊsiːn/ **I** *a.* (*Geol*) eocenico. **II** *n.* (*Geol*) eocene *m.*

eolithic /,iːoʊ'lɪθɪk/ *a.* (*Geol*) protolitico.

eoliths /'iːoʊlɪθs/ *n.pl.* (*Paleont*) eoliti *m.pl.*

eon /'iːən, 'iːɑːn/ *n.* (*Am*) **1** lunghissimo periodo *m.* **2** (*Geol,Filos*) eone *m.*

eonian /'iːənɪən, 'iːɑːnɪən/ *a.* (*Am*) dell'eone.

Eozoic /,iːoʊ'zoʊɪk/ **I** *a.* (*Geol*) eozoico. **II** *n.* (*Geol*) eozoico *m.*

EP /,iː'piː/ **1** *European Parliament* PE (Parlamento europeo). **2** (*Mus*) *extended play* EP (album breve).

EPA /,iːpiː'eɪ/ (*US*) *Environmental Protection Agency* (ente per la tutela dell'ambiente).

epact /'iːpækt, 'epækt/ *n.* (*Astr*) epatta *f.*

eparch /'epɑːk *Am* 'epɑːrk/ *n.* (*Stor,Rel*) eparca *m.*

eparchy /'epɑːkɪ *Am* 'epɑːrkɪ/ *n.* (*Stor,Rel*) eparchia *f.*

epaulet, epaulette /,epə'let/ *n.* (*Mil*) spallina *f.*

epaxial /e'pæksɪəl/ *a.* (*Anat,Zool*) epiassiale.

epenthesis /ɪp'enθəsɪs *Br also* ep'enθəsɪs/ (*pl.* **-ses** /-siːz/) *n.* (*Ling*) epentesi *f.*

epergne /ɪ'pɜːn *Am* iː'pɜːrn/ *n.* centrotavola *m.*

epexegesis /ɪ,peksə'dʒiːsɪs, ep,eksə'dʒiːsɪs/ *n.* (*Ret*) epesegesi *f.*

ephebe /e'fiːb/ *n.* (*Stor.gr*) efebo *m.*

ephebus /'efiːbəs/ (*pl.* **-bi** /-baɪ/) *n.* (*Stor.gr*) efebo *m.*

ephemera /ɪ'femərə/ (*pl.inv.* o **-s** /-z/, **-rae** /-riː/) *n.* **1** cosa *f.* effimera. **2** *pl.* (*Entom*) efe-

mera *f.sing.* **3** *pl.* (*collectible items*) oggetti *m.pl.* (di scarsa importanza e/o a uso limitato nel tempo).

ephemeral /ɪ'femərəl/ *a.* **1** effimero, passeggero, fugace: *an ~ success* un successo effimero. **2** (*Biol*) effimero.

ephemerality /ɪ,femə'rælɪtɪ *Am* ɪ,femə'ræləti/ *n.* caducità *f.*, fugacità *f.*

ephemeralness /ɪ'femərəlnəs/ *n.* caducità *f.*, fugacità *f.*

ephemerid /ɪ'femərɪd, ef'emərɪd/ **I** *a.* (*Entom*) degli efemerotteri. **II** *n.* (*Entom*) efemerottero *m.*

ephemeris /ɪ'femərɪs, ef'emərɪs/ (*pl.* **-rides** /-rɪdiːz/) *n.* **1** (*Astr*) effemeride *f.* **2** (*ant*) (*almanac*) almanacco *m.*, lunario *m.*

Ephesian /ef'iːʒən, ɪ'fiːzɪən/ **I** *a.* (*Stor*) efesino, efesio. **II** *n.* efesino *m.* (*f.* -a).

Ephesians /ef'iːʒənz, ɪ'fiːzɪənz/ *n.pl.* (*costr.sing.*) (*Bibl*) Efesini *m.pl.*, lettera *f.* agli efesini.

Ephesus /'efəsəs/ *n.* (*Geog.stor*) Efeso *f.*

ephod /'iːfɒd *Am* 'iːfɑːd/ *n.* (*Stor,Rel.ebr*) efod *m.*

ephor /'efɔːr, 'efər/ *n.* (*Stor.gr*) eforo *m.*

ephorate /'efəreɪt/ *n.* (*Stor.gr*) eforato *m.*

epic /'epɪk/ **I** *a.* **1** (*Lett*) epico. **2** (*fig*) epico, eroico. **II** *n.* **1** (*Lett*) (*poem*) poema *m.* epico, epopea *f.*; (*poetry*) epica *f.* **2** (*fig*) avvenimenti *m.pl.* epici. **3** (*colloq*) (*film*) film *m.* epico.

epical /'epɪkəl/ *a.* epico.

epically /'epɪkəli/ *avv.* epicamente.

epicene /'episiːn/ **I** *a.* **1** (*Gramm*) epiceno, promiscuo. **2** (*sexless*) asessuato, senza sesso. **3** (*effeminate*) effeminato. **II** *n.* ermafrodito *m.*

epicenter /'episentər/ *n.* (*Am,Geol*) epicentro *m.*

epicentre /'episentər *Am* 'episentər/ *n.* (*Geol*) epicentro *m.*

epicentrum /,epi'sentrəm/ (*pl.* **-s** /-z/, **-tra** /-trə/) *n.* (*Geol*) epicentro *m.*

epicure /'epikjʊər *Am* 'epikjʊr/ *n.* **1** (*Filos*) epicureo *m.* (*f.* -a). **2** (*estens*) epicureo *m.* (*f.* -a), intenditore *m.* (*f.* -trice); buongustaio *m.* (*f.* -a).

epicurean /,epikjʊə'riːən *Am* ,epikjur'iːən/ *a.* **1** (*Filos*) epicureo. **2** (*of an epicure*) da epicureo. **3** (*of things*) voluttuoso, lussurioso. **II** *n.* epicureo *m.* (*f.* -a).

Epicurean /,epikjʊə'riːən *Am* ,epikjur'iːən/ **I** *n.* (*Filos*) epicureo *m.* **II** *a.* (*Filos*) epicureo.

Epicureanism /,epikjʊə'riːənɪzəm *Am* ,epikjur'iːənɪzəm/ *n.* (*Filos*) epicureismo *m.*

epicurism /'epikjʊərɪzəm *Am* 'epikjurɪzəm/ *n.* (*Filos*) epicureismo *m.*

Epicurus /,epi'kjʊərəs *Am* ,epi'kjurəs/ *n.pr.m.* (*Stor.gr*) Epicuro.

epicycle /'episaɪkl/ *n.* (*Astr*) epiciclo *m.*

epicyclic /,epi's(a)ɪklɪk/ *a.* (*Astr,Geom*) epicicloidale. □ (*Mecc*) ~ *train* rotismo epicicloidale.

epicyclical /,epi's(a)ɪklɪkəl/ *a.* (*Astr,Geom*) epicicloidale.

epicycloid /,epi'saɪklɔɪd/ *n.* (*Geom*) epiciclóide *f.*, curva *f.* epicicloide.

epicycloidal /,epi'saɪklɔɪdəl/ *a.* (*Geom*) epicicloide.

epideictic /,epi'daɪktɪk/ *a.* (*Ret*) epidittico.

epidemic /,epi'demɪk/ **I** *n.* (*Med*) epidemia *f.* (*anche fig*). **II** *a.* **1** (*Med*) epidemico. **2** (*fig*) (*common*) epidemico, comune, diffuso; (*contagious*) contagioso.

epidemical /,epi'demɪkəl/ *a.* epidemico.

epidemiological /,epi,diːmiə'lɒdʒɪkəl *Am* ,epi,demiə'lɑːdʒɪkəl/ *a.* (*Med*) epidemiologico.

epidemiologist /,epi,diːmi'ɒlədʒɪst *Am* ,epi,demiː'ɑːlədʒɪst/ *n.* (*Med*) epidemiologo *m.* (*f.* -a).

epidemiology /,epi,diːmi'ɒlədʒɪ *Am* ,epi,demiː'ɑːlədʒɪ/ *n.* (*Med*) epidemiologia *f.*

epidermal /,epi'dɜːməl *Am* ,epi'dɜːrməl/ *a.* (*Anat,Biol*) epidermico.

epidermic /,epi'dɜːmɪk *Am* ,epi'dɜːrmɪk/ *a.* (*Anat,Biol*) epidermico.

epidermical /,epi'dɜːmɪkəl *Am* ,epi'dɜːrmɪkəl/ *a.* (*Anat,Biol*) epidermico.

epidermis /,epi'dɜːmɪs *Am* ,epi'dɜːrmɪs/ *n.* (*Anat,Biol*) epidermide *f.*

epidermoid /,epi'dɜːmɔɪd *Am* ,epi'dɜːrmɔɪd/, **epidermoidal** /,epi'dɜːmɔɪdəl *Am* ,epi'dɜːrmɔɪdəl/ *a.* (*Anat,Biol*) epidermoide.

epidiascope /,epi'daɪəskoʊp/ *n.* (*Fis*) epidiascopio *m.*

epidural /,epi'djʊərəl *Am* ,epi'd(j)ʊrəl/ **I** *n.* (*Med*) epidurale *f.*, anestesia *f.* epidurale. **II** *a.* (*Anat*) epidurale.

epifauna /,epi'fɔːnə/ *n.* epifauna *f.*

epigastric /,epi'gæstrɪk/ *a.* (*Anat*) epigastrico.

epigastrium /,epi'gæstrɪəm/ (*pl.* **-tria** /-trɪə/) *n.* (*Anat*) epigastrio *m.*

epigenesis /,epi'dʒenəsɪs/ *n.* (*Biol*) epigenesi *f.*

epigenetic /,epidʒə'netɪk *Am* ,epidʒə'netɪk/ *a.* (*Biol*) epigenetico.

epiglottal /,epi'glɒtəl *Am* ,epə'glɑːtəl/ *a.* (*Anat*) epiglottico.

epiglottic /,epi'glɒtɪk *Am* ,epə'glɑːtɪk/ *a.* (*Anat*) epiglottico.

epiglottis /,epi'glɒtɪs *Am* ,epə'glɑːtɪs/ (*pl.* **-es** /-ɪz/, **-tides** /-tɪdiːz *Am* -ṭɪdiːz/) *n.* (*Anat*) epiglottide *f.*

epigone /'epigoʊn/ *n.* epigono *m.*

epigram /'epigræm/ *n.* **1** (*Lett*) epigramma *m.* **2** (*fig*) frase *f.* epigrammatica.

epigrammatic /,epigrə'mætɪk *Am* ,epigrə'mætɪk/ *a.* epigrammatico.

epigrammatical /,epigrə'mætɪkəl *Am* ,epigrə'mætɪkəl/ *a.* epigrammatico.

epigrammatise /,epi'græmətaɪz/ **I** *v.t.* (*Br*) **1** esprimere sotto forma di epigramma. **2** (*to make epigrams about*) comporre epigrammi su, scrivere epigrammi su. **II** *v.i.* (*Br*) comporre epigrammi, scrivere epigrammi.

epigrammatist /,epi'græmətɪst *Am* ,epi'græmətɪst/ *n.* epigrammista *m./f.*

epigrammatize /,epi'græmətaɪz/ **I** *v.t.* **1** esprimere sotto forma di epigramma. **2** (*to make epigrams about*) comporre epigrammi su, scrivere epigrammi su. **II** *v.i.* comporre epigrammi, scrivere epigrammi.

epigraph /'epigrɑːf *Am* 'epigræf/ *n.* **1** epigrafe *f.*, iscrizione *f.* **2** (*at the beginning of a book, etc.*) epigrafe *f.*

epigrapher /ep'ɪgrəfər, ɪ'pɪgrəfər/ *n.* epigrafista *m./f.*

epigraphic /,epi'græfɪk/ *a.* epigrafico.

epigraphical /,epi'græfɪkəl/ *a.* epigrafico.

epigraphist /ep'ɪgrəfɪst, ɪ'pɪgrəfɪst/ *n.* epigrafista *m./f.*

epigraphy /ep'ɪgrəfi, ɪ'pɪgrəfi/ *n.* epigrafia *f.*

epilepsy /'epilepsi/ *n.* (*Med*) epilessia *f.*

epileptic /,epi'leptɪk/ **I** *a.* (*Med*) epilettico. **II** *n.* (*Med*) epilettico *m.* (*f.* -a).

epilog /'epilɑːg/ *n.* (*Am*) epilogo *m.* (*anche Teat*).

epilogist /e'pɪlədʒɪst/ *n.* scrittore *m.* (*f.* -trice) di epiloghi.

epilogue /'epilɒg *Am* 'epilɑːg/ *n.* epilogo *m.* (*anche Teat*).

epiphany /ɪ'pɪfəni/ *n.* apparizione *f.*, manifestazione *f.*, (*lett*) epifania *f.*

Epiphany /ɪ'pɪfəni/ *n.pr.* (*Rel*) epifania *f.*

epiphysis /ɪ'pɪfɪsɪs, e'pɪfɪsɪs/ (*pl.* **-ses** /-siːs/) *n.* (*Anat*) epifisi *f.*

Epirus /ep'aɪ(ə)rəs *Am* ɪ'paɪrəs/ *n.pr.* (*Geog*) Epiro *m.*

Episc. 1 *Episcopal* (episcopale). 2 *Episco-palian* (episcopaliano).

episcopacy /ɪ'pɪskəpəsi, ep'ɪskəpəsi/ *n.* (*Rel*) episcopato *m.*

episcopal /ɪ'pɪskəpᵊl, ep'ɪskəpᵊl/ *a.* (*Rel*) vescovile, episcopale.

Episcopal /ɪ'pɪskəpᵊl, ep'ɪskəpᵊl/ *a.* (*Rel.prot*) episcopalista.

episcopalian /ɪ,pɪskə'peɪliən, ep,ɪskə 'peɪliən/ **I** *a.* (*Rel.prot*) episcopalista. **II** *n.* (*Rel.prot*) episcopalista *m./f.*

Episcopalian /ɪ,pɪskə'peɪliən, ep,ɪskə 'peɪliən/ **I** *a.* (*Rel.prot*) (*of the Protestant Epis-copal Church*) episcopaliano. **II** *n.* (*Rel.prot*) episcopaliano *m.* (*f.* -a).

Episcopalianism /ɪ,pɪskə'peɪlianɪzᵊm, ep ,ɪskə'peɪlianɪzᵊm/ *n.* (*Rel.prot*) episcopalismo *m.* anglosassone.

episcopalism /ɪ'pɪskəpᵊlɪzᵊm, ep 'ɪskəpᵊlɪzᵊm/ *n.* (*Rel.prot*) episcopalismo *m.*

episcopate /ɪ'pɪskəpət, ep'ɪskəpeɪt/ *n.* 1 (*Rel*) episcopato *m.*, dignità *f.* episcopale, dignità *f.* vescovile. 2 (*diocese*) diocesi *f.* 3 (*collett.*) episcopato *m.*

episode /'epɪsoud/ *n.* episodio *m.*, puntata *f.*

episodic /,epɪ'sɒdɪk Am ,epɪ'sɑːdɪk/ *a.* 1 episodico. 2 (*of books, films, etc.*) a puntate, a episodi.

episodical /,epɪ'sɒdɪkᵊl Am ,epɪ'sɑːdɪkᵊl/ *a.* 1 episodico. 2 (*of books, films, etc.*) a puntate, a episodi.

episodically /,epɪ'sɒdɪkᵊli Am ,epɪ'sɑːdɪkᵊli/ *avv.* episodicamente, a episodi.

epispastic /,epɪ'spæstɪk/ **I** *a.* (*Farm*) epispastico, revulsivo. **II** *n.* (*Farm*) epispastico *m.*, revulsivo *m.*

epistaxis /,epɪ'stæksɪs/ *n.* (*Med*) epistassi *f.*

epistemic /,epɪ'stiːmɪk, epɪ'stemɪk/ *a.* episte-mico.

epistemically /,epɪ'stiːmɪkᵊli, ,epɪ'stemɪkᵊli/ *a.* epistemicamente.

epistemologist /ep,ɪstə'mɒlədʒɪst Am ep ,ɪstə'mɑːlədʒɪst/ *n.* (*Filos*) epistemologo *m.* (*f.* -a).

epistemology /ep,ɪstə'mɒlədʒi Am ep,ɪstə 'mɑːlədʒi/ *n.* (*Filos*) epistemologia *f.*

epistle /ɪ'pɪsl̩ Br also ep'ɪsl̩/ *n.* 1 lettera *f.*, mis-siva *f.* 2 (*Stor,Lett*) epistola *f.* □ (*Lit*) ~ side (*in a church*) lato dell'epistola.

Epistle /ɪ'pɪsl̩ Br also ep'ɪsl̩/ *n.* (*Bibl,Lit*) epi-stola *f.*

epistolary /ɪ'pɪstᵊl̩ri Am ɪ'pɪstᵊleri/ *a.* epistola-lare.

epistoler /ɪ'pɪstᵊlᵊr Br also ep'ɪstᵊlᵊr/ *n.* (*Rel*) chi legge l'epistola.

epistrophe /ɪ'pɪstrəfi, e'pɪstrəfi/ *n.* (*Ret*) epi-strofe *f.*

epistyle /'epɪstaɪl/ *n.* (*Arch*) epistilio *m.*, archi-trave *m.*

epitaph /'epɪtɑːf Am 'epɪtæf/ *n.* 1 epitaffio *m.*, iscrizione *f.* tombale. 2 (*poem*) epitaffio *m.*

epithalamial /,epɪθə'leɪmiəl/ *a.* (*Lett*) epita-lamico.

epithalamic /,epɪθə'læmɪk/ *a.* (*Lett*) epitala-mico.

epithalamion /,epɪθə'leɪmiən/ *n.* (*pl.* **-mia** /-miə/) *n.* (*Lett*) epitalamio *m.*

epithalamium /,epɪθə'leɪmiəm/ *n.* (*pl.* **-s** /-z/, **-mia** /-miə/) *n.* (*Lett*) epitalamio *m.*

epithelial /,epɪ'θiːliəl/ *a.* (*Biol*) epiteliale.

epithelium /,epɪ'θiːliəm/ *n.* (*pl.* **-s** /-z/, **-lia** /-liə/) *n.* (*Biol*) epitelio *m.*

epithet /'epɪθet/ *n.* epiteto *m.*

epithetic /,epɪ'θetɪk Am epɪ'θetɪk/ *a.* di epite-to.

epithetical /,epɪ'θetɪkᵊl Am ,epɪ'θetɪkᵊl/ *a.* di epiteto.

epitome /ɪ'pɪtəmi Am ɪ'pɪtəmi/ *n.* 1 (*Lett*) epi-tome *f.*, riassunto *m.*, compendio *m.* 2 (*fig*)

---

simbolo *m.*, personificazione *f.*, incarnazio-ne *f.*: *he is the ~ of wisdom* è la personifica-zione della saggezza; è la saggezza fatta per-sona.

epitomise /ɪ'pɪtəmaɪz/ *v.t.* (*Br*) 1 compen-diare, riassumere. 2 (*fig*) simboleggiare, im-personare, incarnare.

epitomist /ɪ'pɪtəmɪst Am ɪ'pɪtəmɪst/ *n.* epito-matore *m.* (*f.* -trice).

epitomize /ɪ'pɪtəmaɪz Am ɪ'pɪtəmaɪz/ *v.t.* 1 compendiare, riassumere. 2 (*fig*) simboleg-giare, impersonare, incarnare.

epizoon /,epɪ'zouən/ (*pl.* **-zoa** /-'zouə/) *n.* (*Biol*) epizoo *m.*

epizootic /,epɪzou'ɒtɪk Am ,epɪzou'ɑːtɪk/ **I** *a.* (*Veter*) epizootico. **II** *n.* (*Veter*) epizootia *f.*, epizoozia *f.*

epizooty /,epɪ'zouəti Am ,epɪ'zouəti/ *n.* (*Veter*) epizoozia *f.*, epizootia *f.*

epoch /'iːpɒk Am 'epɑːk/ *n.* 1 epoca *f.*, era *f.*, età *f.*: *the Renaissance ~* l'epoca del Rinasci-mento. 2 (*turning point*) svolta *f.* (decisiva). 3 (*Geol,Astr*) epoca *f.* □ *to mark a new ~* segnare una nuova epoca, fare epoca.

epochal /'iːpɒkᵊl Am 'epɑːkᵊl/ *a.* 1 dell'epoca, caratteristico di un'epoca, epocale. 2 (*ep-och-making*) che fa epoca, storico, epocale.

epoch-making /'iːpɒk,meɪkɪŋ Am 'epɑːk ,meɪkɪŋ/ *a.* che fa epoca, storico, epocale.

epode /'epoud/ *n.* (*Metr,Lett*) epodo *m.*

epodic /e'pɒdɪk Am e'pɑːdɪk/ *a.* (*Metr,Lett*) epodico.

eponym /'epənɪm/ *n.* eponimo *m.* (*f.* -a).

eponymous /ɪ'pɒnɪməs Am ɪ'pɑːnəməs/ *a.* eponimo.

epopee /'epoupiː/ *n.* 1 (*epic*) epopea *f.*, poe-ma *m.* epico. 2 (*epic poetry*) epopea *f.*, genere *m.* epico.

epos /'epɒs Am 'epɑːs/ *n.* 1 epos *m.* 2 (*epic*) epopea *f.*

EPOS /'iːpɒs Am 'iːpɑːs/ (*Comm*) *electronic point of sale* EPOS (punto di vendita elettro-nico).

epoxy /ɪ'pɒksi Am ɪ'pɑːksi/ □ (*Chim*) ~ res-in resina epossidica.

EPROM /'iːprɒm Am 'iːprɑːm/ (*Inform*) *erasa-ble programmable read only memory* EPROM (memoria a sola lettura program-mabile e cancellabile).

epsilon /'epsaɪlən, 'epsɪlən/ *n.* (*letter of the Greek alphabet*) epsilon *f./m.*

Epsom /'epsəm/ □ (*Chim,Farm*) ~ salts sale inglese.

Epstein-Barr /,epstaɪn'bɑːr Am ,epstaɪn'bɑːr/ □ (*Med*) ~ virus virus di Epstein Barr.

EPU /,iːpiː'juː/ *European Payments Union* EPU (Unione europea dei pagamenti).

eq. 1 *equal* (uguale). 2 *equation* eq. (equa-zione). 3 *equivalent* equiv. (equivalente).

equability /,ekwə'bɪlɪti Am ,ekwə'bɪləti/ *n.* 1 uniformità *f.* 2 (*tranquillity*) calma *f.*, sereni-tà *f.*

equable /'ekwəbl̩/ *a.* 1 uniforme, costante: *an ~ climate* un clima costante. 2 (*tranquil*) calmo, tranquillo, (di animo) sereno.

equably /'ekwəbli/ *avv.* equamente: *to dis-tribute sth.* ~ distribuire equamente qcs.

equal /'iːkwəl/ **I** *a.* 1 uguale, pari, equivalen-te: ~ *parts* parti uguali; *all men are* ~ tutti gli uomini sono uguali; *to be* ~ *to sth.* essere uguale a qcs., equivalere a qcs. 2 (*same*) stes-so, medesimo. 3 (*evenly balanced*) in parti uguali: *an* ~ *mixture* una mistura in parti uguali. 4 (*adequate, sufficient*) adeguato, proporzionato (*to* a). 5 (*having adequate ability, strength, etc.*) all'altezza (*to* di): *he is not* ~ *to the job* non è all'altezza del lavoro; *to feel* ~ *to the task* sentirsi all'altezza (del compito). 6 (*Mat*) uguale: *let x be* ~ *to y* sia x

---

uguale a y. 7 (*equable*) calmo, sereno, tran-quillo. 8 (*impartial, fair*) giusto, equo, im-parziale, equanime: ~ *justice for all* giustizia uguale per tutti. 9 (*of a match, contest*) ad armi pari, equilibrato. **II** *n.* simile *m.*, pari *m.* uguale *m.*: *my -s* i miei pari; *we are all -s in the sight of the law* siamo tutti uguali di fron-te alla legge. **III** *v.t.* (*past, p.p.* **equalled** /*Am* **equaled** /-d/) 1 essere uguale a, essere pari a uguagliare, eguagliare. 2 (*Mat*) essere uguale a: *three times three -s nine* tre per tre fa nove. 3 (*to match*) uguagliare, pareggiare: *no one can* ~ *his learning* nessuno può eguagliarlo in cultura; *I know nothing to* ~ *a good glass of beer* non c'è niente come un buon bicchie-re di birra. □ *all things being* ~ a parità di condizioni; *to be an* ~ *footing with so.* trat-tare qcu. su un piano di parità; ~ *in size* altret-tanto grande, grande uguale; *to be of an* ~ *mind with so.* essere imparziale con qcu.; *to have no* ~ non aver uguale, non avere pari; ~ *opportunities* pari opportunità; *Equal Op-portunities Commission* Commissione per le pari opportunità; *an* ~ *opportunity employer* datore di lavoro che garantisce le pari oppor-tunità; ~ *pay* parità di retribuzione; ~ *pay for* ~ *work* parità salariale; ~ *rights for so.* parità di diritti per qcu.; (*Mat*) ~ *sign* segno di ugua-glianza, uguale; (*Mus*) ~ *temperament* tem-peramento equabile; *on* ~ *terms* alla pari, in condizioni di parità; (*Br*) *he was* ~ *to the oc-casion* fu all'altezza della situazione.

equalise /'iːkwᵊlaɪz/ *v.t./i.* (*Br*) → **equalize**.

equalitarian /ɪ,kwɒlɪ'teəriən Am ɪ,kwɑːlɪ 'teriən/ **I** *a.* (*Pol*) egualitario. **II** *n.* (*Pol*) egua-litario *m.* (*f.* -a).

equalitarianism /ɪ,kwɒlɪ'teəriənɪzm Am ɪ,kwɑːlɪ'teriənɪzm/ *n.* (*Pol*) egualitarismo *m.*

equality /ɪ'kwɒlɪti Am ɪ'kwɑːləti/ *n.* ugua-glianza *f.*, eguaglianza *f.*, parità *f.*: ~ *of rights* eguaglianza di diritti; *to be on a footing of* ~ *with so.* essere su un piano di uguaglianza (*o* di parità) con qcu.; ~ *before the law* ugua-glianza di fronte alla legge. □ (*Br*) ~ *of taxation* equità fiscale.

equalization /,iːkwᵊlaɪ'zeɪʃᵊn Br also ,iːkwᵊlaɪ 'zeɪʃᵊn/ *n.* 1 uguagliamento *m.*, pareggiamen-to *m.* 2 (*Econ,Tel,Rad,Elettron*) equalizzazione *f.* □ (*Econ*) ~ *fund* fondo di equalizzazione (dei cambi); ~ *of taxes* perequazione fiscale.

equalize /'iːkwᵊlaɪz/ **I** *v.t.* 1 livellare, equi-parare, pareggiare, uguagliare: *to* ~ *salaries* equiparare gli stipendi. 2 (*to make uniform*) rendere uniforme, rendere costante, stabi-lizzare. 3 (*to compensate for*) compensare. 4 (*Fis,Econ,Elettron*) equalizzare. **II** *v.i.* (*Sport*) pareggiare.

equalizer /'iːkwᵊlaɪzᵊr/ *n.* 1 chi pareggia, chi livella. 2 (*Mecc*) equilibratore *m.* 3 (*Elettron*) equalizzatore *m.* 4 (*Sport*) pareggio *m.*, rete *f.* del pareggio. □ *Prov.: death is the great* ~ davanti alla morte siamo tutti uguali.

equally /'iːkwᵊli/ *avv.* 1 ugualmente, allo stesso modo, altrettanto: ~ *effective* ugual-mente efficace, altrettanto efficace. 2 (*im-partially*) imparzialmente. 3 (*to an equal de-gree*) ugualmente, egualmente, equamente, nella stessa misura. 4 (*in equal amounts*) in parti uguali. 5 (*likewise*) similmente, allo stesso modo. 6 (*uniformly*) uniformemente.

equals /'iːkwᵊlz/ □ (*Mat*) ~ *sign* segno di uguaglianza, uguale.

equanimity /,ekwə'nɪmɪti Am ,ekwə'nɪməti/ *n.* calma *f.*, serenità *f.* (d'animo), equanimità *f.*

equanimous /ɪ'kwænɪməs/ *a.* calmo, sere-no.

equate /ɪ'kweɪt/ *v.t.* 1 identificare: *to* ~ *free-dom struggle with terrorism* identificare la lotta per la libertà con il terrorismo. **2** (*to regard as necessarily associated*) considerare inscindibile. **3** (*Mat*) esprimere in forma di equazione.

equation /ɪ'kweɪʒən/ *n.* **1** identificazione *f.* **2** (*balance*) equilibrio *m.*, proporzione *f.: the ~ of demand and supply* equilibrio tra domanda e offerta. **3** (*equalization*) pareggiamento *m.*, uguagliamento *m.* **4** (*Mat,Chim,Astr*) equazione *f.*

equational /ɪ'kweɪʒənl/ *a.* **1** (*Mat*) di equazione. **2** (*Biol*) equazionale.

equator /ɪ'kweɪtər/ *n.* **1** (*Geog,Biol*) equatore *m.: ~ of heat* equatore termico. **2** (*Astr*) (*celestial equator*) equatore *m.* celeste.

equatorial /ˌekwə'tɔːrɪəl, ˌiːkwə'tɔːrɪəl/ **I** *a.* (*Geog, Astr, Biol*) equatoriale. **II** *n.* equatoriale *m.*, cannocchiale *m.* astronomico. □ (*Geog*) *Equatorial Guinea* Guinea Equatoriale; (*Astr*) ~ *mount* montatura equatoriale; (*Astr*) ~ *telescope* equatoriale, cannocchiale astronomico.

equatorially /ˌekwə'tɔːrɪəli, ˌiːkwə'tɔːrɪəli/ *avv.* (*Geog, Astr, Biol*) equatorialmente.

equerry /ɪ'kweri/ *n.* **1** scudiero *m.* **2** (*GB*) dignitario *m.* di corte.

equestrian /ɪ'kwestrɪən *Br also* ek'westrɪən/ **I** *a.* **1** equestre, ippico. **2** (*Stor.rom*) equestre: ~ *order* ordine equestre. **II** *n.* **1** cavaliere *m.* **2** (*circus rider*) cavallerizzo *m.*

equestrianism /ɪ'kwestrɪənɪzəm *Br also* ek'westrɪənɪzəm/ *n.* sport *m.* equestre.

equestrienne /ɪˌkwestri'en *Br also* ekˌwestri'en/ *n.* **1** amazzone *f.* **2** (*circus rider*) cavallerizza *f.*

equiangular /ˌiːkwi'æŋgjʊlər/ *a.* (*Geom*) equiangolo.

equidistant /ˌiːkwɪ'dɪstənt/ *a.* equidistante.

equidistantly /ˌiːkwɪ'dɪstəntli/ *avv.* alla stessa distanza.

equilateral /ˌiːkwɪ'lætərəl *Am* ɪˌkwɪ'lætərəl/ **I** *a.* **1** (*Geom*) equilatero. **2** (*Biol*) equilaterale. **II** *n.* (*Geom*) poligono *m.* equilatero.

equilibrate /iːˈkwɪlɪbreɪt *Br also* ˌiːkwɪ'l(a)ɪbreɪt/ **I** *v.t.* equilibrare, bilanciare, mettere in equilibrio, tenere in equilibrio. **II** *v.i.* equilibrarsi, bilanciarsi.

equilibration /iːˌkwɪl(a)ɪ'breɪʃən/ *n.* **1** il mettere in equilibrio. **2** (*state*) equilibrio *m.*

equilibrist /iːˈkwɪlɪbrɪst *Am* -ʌf/ *n.* equilibrista *m./f.*

equilibrium /ˌiːkwɪ'lɪbrɪəm/ (*pl.* **-s** /-z/, **-bria** /-brɪə/) *n.* equilibrio *m.* (*anche fig*): *to lose one's* ~ perdere l'equilibrio.

equimolecular /ˌiːkwɪmou'lekjʊlər *Am* ˌiːkwɪmou'lekjuːlər/ *a.* (*Fis,Chim*) equimolecolare.

equine /'ekwaɪn, 'iːkwaɪn/ **I** *a.* (*Zool*) equino. **II** *n.* equino *m.*

equinoctial /ˌiːkwɪ'nɒkʃəl *Am* ˌiːkwɪ'nɑːkʃəl/ **I** *a.* **1** equinoziale, dell'equinozio. **2** (*occurring at an equinox*) equinoziale. **3** (*of the celestial equator*) equatoriale. **II** *n.* **1** (*Astr*) circolo *m.* equinoziale, linea *f.* equinoziale. **2** (*storm*) burrasca *f.* equinoziale. □ (*Astr*) ~ *circle* circolo equinoziale; (*Astr*) ~ *line* linea equinoziale; ~ *point* punto equinoziale, equinozio; ~ *storm* burrasca equinoziale; ~ *year* anno solare, anno tropico.

equinox /'iːkwɪnɒks *Am* 'iːkwɪnɑːks/ *n.* **1** equinozio *m.* **2** (*equinoctial point*) punto *m.* equinoziale, equinozio *m.*

equip /ɪ'kwɪp/ (*past, p.p.* **equipped** /-t/) *v.t.* **1** attrezzare, fornire, corredare, dotare. **2** (*Mar, Mil*) armare: *to ~ a ship* armare una nave. **3** (*to provide with equipment for an enterprise*) equipaggiare: *to ~ an army* equipaggiare un esercito. **4** (*fig*) (*to endow*) dotare. **5** (*fig*) (*to train*) preparare, addestrare, avviare: *he -ped his son for a banking career* ha av-

viato il figlio alla carriera bancaria. □ *-ped with accessories* accessoriato.

equipage /'ekwɪpɪdʒ/ *n.* **1** (*carriage and retinue*) equipaggio *m.* **2** (*carriage*) carrozza *f.* **3** (*equipment*) equipaggiamento *m.*, attrezzatura *f.* **4** (*ant*) (*retinue of attendants*) seguito *m.* di servi in livrea.

equipment /ɪ'kwɪpmənt/ *n.* **1** attrezzatura *f.*, apparecchiatura *f.: electrical ~* apparecchiatura elettrica. **2** (*act, state*) equipaggiamento *m.*, attrezzatura *f.* **3** (*Mil,Mar*) armamento *m.* **4** (*fig*) (*mental resources*) bagaglio *m.* intellettuale, preparazione *f.* **5** (*fig*) (*endowment*) dote *f.*, qualità *f.* **6** (*Ferr*) materiale *m.* mobile, materiale *m.* rotabile.

equipoise /'ekwɪpɔɪz, 'iːkwɪpɔɪz/ **I** *n.* **1** equilibrio *m.* (*anche fig*). **2** (*fig*) (*counterpoise*) contrappeso *m.* **II** *v.t.* controbilanciare (*anche fig*).

equipollence /ˌiːkwɪ'pɒləns *Am* ˌiːkwɪ'paːləns/ *n.* equipollenza *f.*, equivalenza *f.*

equipollency /ˌiːkwɪ'pɒlənsi *Am* ˌiːkwɪ'paːlənsi/ *n.* equipollenza *f.*, equivalenza *f.*

equipollent /ˌiːkwɪ'pɒlənt *Am* ˌiːkwɪ'paːlənt/ **I** *a.* **1** di uguale forza. **2** (*equal in effect*) equipollente. **3** (*Filos*) equipollente, equivalente. **II** *n.* equivalente *m.*

equiponderance /ˌiːkwɪ'pɒndərəns *Am* ˌiːkwɪ'paːndərəns/ *n.* equilibrio *m.*

equiponderant /ˌiːkwɪ'pɒndərənt *Am* ˌiːkwɪ'paːndərənt/ *a.* **1** dello stesso peso. **2** (*evenly balanced*) (ben) bilanciato.

equiponderate /ˌiːkwɪ'pɒndəreɪt *Am* ˌiːkwɪ'paːndərət/ **I** *v.t.* controbilanciare. **II** *v.i.* controbilanciarsi.

equipotent /ˌiːkwɪ'poʊtənt, ˌekwɪ'poʊtənt/ *a.* (*Fis*) equipotente.

equipotential /ˌiːkwɪpoʊ'tenʃəl, ˌekwɪpoʊ'tenʃəl/ *a.* (*Fis*) equipotenziale.

equisetum /ˌekwɪ'siːtəm *Am* ˌekwɪ'siːtəm/ (*pl.* **-s** /-z/, **-ta** /-tə *Am* -tə/) *n.* (*Bot*) equiseto *m.*

equitable /'ekwɪtəbl *Am* 'ekwɪtəbl/ *a.* **1** equo, giusto: *an ~ settlement* un'equa soluzione. **2** (*reasonable*) ragionevole. **3** (*Dir*) fondato su principi di equità.

equitation /ˌekwɪ'teɪʃən/ *n.* equitazione *f.*

equity /'ekwɪti *Am* 'ekwɪti/ *n.* **1** equità *f.*, giustizia *f.* **2** (*Dir*) corpo *m.* di norme basate sul principio di equità. **3** (*Econ*) capitale *m.* netto. **4** *pl.* (*Econ*) azioni *f.pl.* ordinarie. □ (*Econ*) ~ *market* mercato *m.* azionario; (*Econ*) ~ *of redemption* diritto di riscatto (di un'ipoteca). **Equity** /'ekwɪti *Am* 'ekwɪti/ *n.* sindacato *m.* degli attori.

equiv. *equivalent* equiv. (equivalente).

equivalence /ɪ'kwɪvələns/ *n.* equivalenza *f.*

equivalency /ɪ'kwɪvələnsi/ *n.* equivalenza *f.*

equivalent /ɪ'kwɪvələnt/ **I** *a.* equivalente. **II** *n.* equivalente *m.* (*anche Chim*): *what is the ~ of ten dollars in euros?* qual è l'equivalente di dieci dollari in euro?

equivalently /ɪ'kwɪvələntli/ *avv.* in modo equivalente.

equivocal /ɪ'kwɪvəkəl/ *a.* **1** equivoco, ambiguo: *an ~ answer* una risposta equivoca. **2** (*indeterminate*) incerto, poco chiaro. **3** (*evasive*) evasivo, elusivo. **4** (*dubious*) equivoco, sospetto, dubbio.

equivocality /ɪˌkwɪvə'kæliti *Am* ɪˌkwɪvə'kæləti/ *n.* equivocità *f.*, ambiguità *f.*

equivocally /ɪ'kwɪvəkəli/ *a.* equivocamente, in modo ambiguo.

equivocalness /ɪ'kwɪvəkəlnəs/ *n.* equivocità *f.*, ambiguità *f.*

equivocate /ɪ'kwɪvəkeɪt/ *v.i.* parlare in modo ambiguo, giocare sull'equivoco.

equivocation /ɪˌkwɪvə'keɪʃən/ *n.* **1** il parlare in modo ambiguo, l'usare un linguaggio equivoco. **2** (*equivocal expression*) espres-

sione *f.* ambigua.

equivocator /ɪ'kwɪvəkeɪtər *Am* ɪ'kwɪvəkeɪtər/ *n.* chi gioca sull'equivoco.

equivocatory /ɪ'kwɪvəkeɪtəri *Am* ɪ'kwɪvəkətɔːri/ *a.* basato sull'equivoco.

equivoke, equivoque /'ekwɪvoʊk/ *n.* **1** termine *m.* ambiguo. **2** (*pun*) equivoco *m.*, gioco *m.* di parole. **3** (*double meaning*) doppio senso *m.*

er /ɜːr *Am* ɜːr/ *intz.* (*when hesitating in speech*) ehm...

ER /ˌiːˈɑːr *Am* ˌiːˈɑːr/ **1** (*Med*) *Emergency Room* (pronto soccorso). **2** *Elizabeth Regina* (Elisabetta Regina). **3** *Eritrea* ER (Eritrea).

era /'ɪərə *Am* 'ɪrə, 'erə/ *n.* **1** era *f.*, epoca *f.*, età *f.: the Elizabethan ~* l'epoca elisabettiana. **2** (*important date*) data *f.* memorabile, data *f.* storica. **3** (*system of dating*) era *f.* (*anche Geol*): *the Christian ~* l'era cristiana.

eradiate /ɪ'reɪdieɪt/ **I** *v.i.* irradiarsi. **II** *v.t.* irradiare, irraggiare.

eradiation /ɪˌreɪdi'eɪʃən/ *n.* radiazione *f.*, irradiazione *f.*

eradicable /ɪ'rædɪkəbl/ *a.* sradicabile, estirpabile.

eradicate /ɪ'rædɪkeɪt/ *v.t.* **1** sradicare, estirpare, eliminare, cancellare: *to ~ crime* estirpare la delinquenza. **2** (*to root up*) sradicare, estirpare.

eradication /ɪˌrædɪ'keɪʃən/ *n.* sradicamento *m.*, estirpazione *f.* (*anche fig*).

erasable /ɪ'reɪzəbl *Am* ɪ'reɪsəbl/ *a.* cancellabile. □ (*Inform*) ~ *storage* memoria modificabile.

erase /ɪ'reɪz *Am* ɪ'reɪs/ *v.t.* **1** cancellare (*anche fig*). **2** (*of a tape recording*) cancellare. **3** (*sl*) (*to kill*) uccidere, far fuori. **4** (*Inform*) cancellare. □ (*Acus*) ~ *head* testina di cancellazione.

eraser /ɪ'reɪzər *Am* ɪ'reɪsər/ *n.* **1** gomma *f.* per cancellare. **2** (*for a blackboard*) cancellino *m.* **3** (*steel eraser*) raschino *m.* **4** (*person*) chi cancella.

erasion /ɪ'reɪʒən/ *n.* **1** il cancellare, cancellazione *f.* **2** (*Chir*) raschiamento *m.*

Erasmian /ɪ'ræzmɪən, er'æzmɪən/ *a.* (*Filos*) erasmiano.

Erasmus /ɪ'ræzməs, er'æzməs/ *n.pr.m.* (*Stor*) Erasmo (da Rotterdam).

erasure /ɪ'reɪʒər *Am* ɪ'reɪʃər/ *n.* **1** il cancellare, cancellazione *f.* (*mark left*) cancellatura *f.* **3** (*word erased*) cancellatura *f.*, parola *f.* cancellata.

erbium /'ɜːbɪəm *Am* 'ɜːrbɪəm/ *n.* (*Chim*) erbio *m.*

ere /eər *Am* er/ **I** *prep.* (*poet*) prima (di). **II** *congz.* (*poet*) **1** prima che. **2** (*rather than*) piuttosto che.

Erebus /'erɪbəs/ *n.* (*Mitol*) erebo *m.*

erect /ɪ'rekt/ **I** *a.* **1** eretto, diritto, dritto: *to sit ~* sedere eretto. **2** (*standing up*) in piedi. **3** (*of the hair*) irto, ispido. **4** (*Fisiol,Biol*) eretto. **II** *v.t.* **1** erigere, costruire, edificare, fabbricare. *to ~ a monument to so.* erigere un monumento a qcu. **2** (*to set upright*) innalzare: *to ~ a pole* innalzare un palo. **3** (*a tent*) montare, piantare. **4** (*fig*) (*to bring into existence*) erigere, creare, suscitare, causare: *to ~ barriers in the way of progress* creare ostacoli al progresso. **5** (*fig*) (*to establish*) erigere, istituire, fondare. **6** (*Geom*) tracciare. **7** (*Ott*) raddrizzare. **8** (*Mecc*) montare.

erectile /ɪ'rektaɪl *Am also* ɪ'rektəl/ *a.* (*Fisiol, Biol*) erettile: ~ *tissue* tessuto erettile.

erection /ɪ'rekʃən/ *n.* **1** costruzione *f.*, edificazione *f.*, erezione *f.* **2** (*building*) costruzione *f.*, edificio *m.* **3** (*Fisiol*) erezione *f.* **4** (*fig*) istituzione *f.*, fondazione *f.* **5** (*Tecn*) montaggio *m.*

erectly /ɪ'rektli/ *avv.* in modo eretto.

erectness /ɪ'rektnəs/ *n.* l'essere eretto.

erector /ɪ'rektər/ *n.* **1** chi erige, costruttore *m.* (*f.* -trice), edificatore *m.* (*f.* -trice). **2** (*Anat*) muscolo *m.* erettore.

eremite /'erɪmaɪt/ *n.* eremita *m.*

eremitic /ˌerɪ'mɪtɪk *Am* ˌerə'mɪt̬ɪk/ *a.* eremitico.

eremitical /ˌerɪ'mɪtɪkəl *Am* ˌerə'mɪt̬ɪkəl/ *a.* eremitico.

erethism /'erɪθɪzəm/ *n.* (*Med*) eretismo *m.*

erethismic /ˌerɪ'θɪzmɪk/ *a.* (*Med*) eretistico.

erg /ɜːg *Am* ɜːrg/ *n.* (*Fis*) erg *m.*

ergo /'ɜːgəʊ *Am* 'ɜːrgoʊ/ *congz.* ergo, quindi, perciò.

ergomania /ˌɜːgə'meɪnɪə *Am* ˌɜːrgə'meɪnɪə/ *n.* (*Psic*) ergomania *f.*

ergometer /ɜː'gɒmɪtər *Am* ɜːr'gɑːmət̬ər/ *n.* ergometro.

ergometric /ˌɜːgə'metrɪk *Am* ˌɜːrgə'metrɪk/ *a.* ergometrico.

ergometrics /ˌɜːgə'metrɪks *Am* ˌɜːrgə'metrɪks/ *n.pl.* (*costr.sing.*) ergometria *f.*

ergonometrics /ˌɜːgənə'metrɪks *Am* ɜːrgənə'metrɪks/ *n.pl.* (*costr.sing.*) ergonometria *f.*

ergonomic /ˌɜːgə'nɒmɪk *Am* ˌɜːrgə'nɑːmɪk/ *a.* ergonomico.

ergonomical /ˌɜːgə'nɒmɪkəl *Am* ˌɜːrgə'nɑːmɪkəl/ *a.* ergonomico.

ergonomics /ˌɜːgə'nɒmɪks *Am* ˌɜːrgə'nɑːmɪks/ *n.pl.* (*costr.sing.*) ergonomia *f.*

ergonomist /ɜː'gɒnəmɪst *Am* ɜːr'gɑːnəmɪst/ *n.* ergonomo *m.* (*f.* -a).

ergot /'ɜːgət *Am* 'ɜːrgət/ *n.* **1** (*Bot*) segale *f.* cornuta. **2** (*Agr*) chiodo *m.* segalino. **3** (*Farm*) ergotina *f.*

ergotism /'ɜːgətɪzəm *Am* 'ɜːrgətɪzəm/ *n.* (*Med*) ergotismo *m.*

Erin /'erɪn/ I *n.pr.* (*Geog,poet*) Irlanda *f.* II *n.pr.f.* Erin.

Erinnys /ɪ'r(a)ɪnəs/ (*pl.* -nyes / niiɪz/) *n.* (*Mitol*) erinni *f.*

eristic /er'ɪstɪk *Am also* ɪ'rɪstɪk/ I *a.* **1** (*Filos*) eristico. **2** (*estens*) eristico, capzioso. II *n.* **1** (*Filos*) filosofo *m.* eristico. **2** (*art*) eristica *f.*

eristically /er'ɪstɪk·li *Am also* ɪ'rɪstɪkəli/ *avv.* eristicamente.

Eritrea /ˌerɪ'trɪːə *Br also* ˌerɪ'treɪə/ *n.pr.* (*Geog*) Eritrea *f.*

Eritrean /ˌerɪ'trɪːən *Br also* ˌerɪ'treɪən/ I *a.* eritreo. II *n.* eritreo *m.* (*f.* -a).

erk /ɜːk/ *n.* (*Br,sl*) (*aircraftsman*) aviere *m.*

erl-king /'ɜːlkɪŋ *Am* 'ɜːrlkɪŋ/ *n.* (*Mitol.nord*) re *m.* degli elfi.

erm /ɜːm/ *intz.* (*Br*) (*when hesitating in speech*) ehm...

ERM /ˌiːɑːr'em *Am* ˌiːɑːr'em/ (*Econ*) *Exchange Rate Mechanism* ERM (meccanismo di cambio, meccanismo dei tassi dei cambi).

ermine /'ɜːmɪn *Am* 'ɜːrmɪn/ I *n.* (*pl.inv.* o -**s** /-z/; *il pl.inv. si usa general. con valore collett.*) **1** (*Zool*) ermellino *m.* **2** (*fur*) ermellino *m.*, pelliccia *f.* di ermellino. **3** (*fig*) (*of a judge*) carica *f.* di giudice; (*of a peer*) dignità *f.* di pari. **4** (*Arald*) ermellino *m.*, armellino *m.* II *a.* orlato di ermellino, bordato di ermellino.

ermined /'ɜːmɪnd *Am* 'ɜːrmɪnd/ *a.* **1** guarnito di ermellino. **2** (*Arald*) ermellinato, armellinato.

erne /ɜːn *Am* ɜːrn/ *n.* (*Ornit*) aquila *f.* di mare.

Ernest /'ɜːnɪst *Am* 'ɜːrnɪst/ *n.pr.m.* Ernesto.

erode /ɪ'rəʊd/ I *v.t.* **1** erodere (*anche Geol*). **2** (*to corrode*) corrodere. **3** (*fig*) corrodere, rodere, consumare. II *v.i.* **1** essere soggetto a processo erosivo. **2** (*fig*) consumarsi.

erogenous /ɪ'rɒdʒɪnəs *Am* ɪ'rɑːdʒɪnəs/ *a.* (*Fisiol*) erogeno, erotogeno.

Eros /'ɪərɒs *Am* 'erɑːs/ I *n.pr.m.* (*Mitol*) Eros. II *n.* (*Psic*) eros *m.*, libido *f.*

erosion /ɪ'rəʊʒ·n/ *n.* **1** (*Geol,Med*) erosione *f.* **2** (*corrosion*) corrosione *f.* **3** (*fig*) erosione *f.*: *the ~ of real earnings* l'erosione dei salari reali.

erosional /ɪ'rəʊʒ·nəl/ *a.* erosivo, corrosivo.

erosive /ɪ'rəʊsɪv, ɪ'rəʊzɪv/ *a.* erosivo, corrosivo.

erotic /ɪ'rɒtɪk *Am* ɪ'rɑːtɪk/ I *a.* erotico. II *n.* poesia *f.* erotica.

erotica /ɪ'rɒtɪkə *Am* ɪ'rɑːtɪkə/ *n.pl.* (*costr.sing.*) letteratura *f.* erotica, arte *f.* erotica.

eroticism /ɪ'rɒtɪsɪzəm *Am* ɪ'rɑːt̬əsɪzəm/ *n.* **1** erotismo *m.* **2** (*sexual impulse*) impulso *m.* sessuale.

eroticization /ɪˌrɒtɪs(a)ɪ'zeɪʃən *Am* ɪˌrɑːt̬əsɪ'zeɪʃən/ *n.* erotizzazione *f.*

erotism /'erətɪzəm/ *n.* **1** erotismo *m.* **2** (*sexual impulse*) impulso *m.* sessuale.

erotology /ˌɪrə'tɒlədʒi *Am* ɪˌrə'tɑːlədʒi/ *n.* erotologia *f.*

erotomania /ɪˌrɒtoʊ'meɪnɪə *Am* ɪˌrɑːt̬ə'meɪnɪə/ *n.* (*Med*) erotomania *f.*

ERP /ˌiːɑːr'piː/ (*Stor*) *European Recovery Program* ERP (Piano di ricostruzione europea).

err /ɜːr *Am* ɜːr, er/ *v.i.* **1** errare, sbagliare. **2** (*to sin*) peccare, errare. **3** (*ant*) (*to stray*) deviare, allontanarsi: *to ~ from the straight path* deviare dalla retta via. ☐ *to ~ on the side of modesty* peccare di immodestia. *Prov.*: *to ~ is human, to forgive is divine* errare è umano, perdonare è divino.

errancy /'erənsi/ *n.* l'errare, errore *m.*

errand /'erənd/ *n.* **1** commissione *f.*, incarico *m.*: *to run* (*o go on*) *an ~ for so.* fare una commissione per qcu. **2** (*object of such a trip*) commissione *f.* **3** (*message*) messaggio *m.* ☐ ~ *boy* fattorino, commesso, (*collog*) galoppino; ~ *of mercy* operà di carità, opera buona.

errant /'erənt/ *a.* **1** errante. **2** (*erring*) che si allontana dalla retta via, che sbaglia.

errantry /'erəntri/ *n.* **1** vagabondaggio *m.* **2** (*Mediev*) modo *m.* di vivere di un cavaliere errante.

erratic /ɪ'rætɪk *Am* ɪ'ræt̬ɪk/ I *a.* **1** (*of people*) eccentrico, strano, strambo, stravagante, bizzarro. **2** (*of things: irregular*) irregolare, ineguale: *an ~ heartbeat* un battito del cuore irregolare. **3** (*uncertain*) vago, non ben definito. **4** (*Geol*) erratico: ~ *block* masso erratico. II *n.* (*Geol*) masso *m.* erratico.

erratically /ɪ'rætɪk·li *Am* ɪ'ræt̬ɪkəli/ *avv.* senza metodo, senza regola: *to work ~* lavorare senza metodo.

erratum /er'ɑːtəm *Am* er'ɑːt̬əm/ (*pl.* -**ta** /-tə *Am* -t̬ə/) *n.* **1** errore *m.* di stampa. **2** *pl.* (*corrigendum*) errata corrige *m.sing.*

erroneous /ɪ'rəʊnɪəs, er'əʊnɪəs/ *a.* erroneo, sbagliato.

erroneously /ɪ'rəʊnɪəsli, er'əʊnɪəsli/ *avv.* erroneamente, per sbaglio.

erroneousness /ɪ'rəʊnɪəsnəs, er'əʊnɪəsnəs/ *n.* erroneità *f.*

error /'erər/ *n.* **1** (*mistake*) errore *m.*, sbaglio *m.*: *a grammatical ~* un errore di grammatica. **2** (*mistaken belief*) errore *m.* **3** (*fault*) errore *m.*, colpa *f.*, fallo *m.*: *a youthful ~* un errore di gioventù. **4** (*sin*) peccato *m.* ☐ (*Inform*) ~ *analysis* analisi degli errori; ~*s and omissions excepted* salvo errori e omissioni; *in ~* per errore: *goods sent in ~* merce spedita per errore; *you are in ~* (o *you stand in ~*) sei in errore, ti sbagli; *to do sth. in ~* fare qcs. per errore, fare qcs. per sbaglio; (*Dir*) ~ *in fact* errore di fatto; (*Dir*) ~ *in law* errore di diritto; *to lead so. into ~* indurre qcu. in errore; *to make an ~* commettere un errore, fare un errore; ~ *of judgement*: **1**

(*Dir*) errore giudiziario; **2** (*fig*) errore di valutazione, errore di giudizio; *to see the ~ of one's ways* riconoscere i propri errori; ~ *rate* tasso di errore.

error-correcting /'erəkəˌrektɪŋ *Am* 'erərkə ˌrektɪŋ/ ☐ (*Inform*) ~ *program* programma di correzione (degli errori).

ersatz /'ɜːsæts *Am* 'erzɑːts/ I *a.* surrogato, succedaneo. II *n.* surrogato *m.*, succedaneo *m.*

Erse /ɜːs *Am* ɜːrs/ *n.* (*Ling*) **1** (*Irish Gaelic*) gaelico *m.* di Irlanda. **2** (*Scottish Gaelic*) gaelico *m.* di Scozia. II *a.* gaelico (di Irlanda, di Scozia).

erst /ɜːst *Am* ɜːrst/ *avv.* (*rar*) un tempo, tempo addietro.

erstwhile /'ɜːst(h)waɪl *Am* 'ɜːrst(h)waɪl/ I *a.* di un tempo, del passato. II *avv.* (*rar*) un tempo, tempo addietro.

erubescence /ˌeru'besəns/ *n.* (*rar*) rossore *m.*, erubescenza *f.*

erubescent /ˌeru'besənt/ *a.* (*rar*) (*reddening*) che diventa rosso; (*blushing*) che arrossisce.

eruct /ɪ'rʌkt/ I *v.t.* eruttare (*anche Geol*). II *v.i.* eruttare, ruttare.

eructate /ɪ'rʌkteɪt/ I *v.t.* eruttare (*anche Geol*). II *v.i.* eruttare, ruttare.

eructation /ɪˌrʌk'teɪʃ·n *Br also* ˌerʌk'teɪʃ·n/ *n.* **1** eruttazione *f.*, rutto *m.* **2** (*Geol*) eruzione *f.* **3** (*Geol*) (*eructed matter*) materiale *m.* eruttato.

erudite /'er(j)ʊdaɪt *Am* 'er(j)uːdaɪt/ *a.* erudito, dotto.

eruditely /'er(j)ʊdaɪtli *Am* 'er(j)uːdaɪtli/ *avv.* eruditamente, dottamente.

erudition /ˌer(j)ʊ'dɪʃ·n *Am* ˌer(j)uː'dɪʃ·n/ *n.* erudizione *f.*

erupt /ɪ'rʌpt/ *v.i.* **1** erompere, uscire con impeto. **2** (*Geol*) (*of a volcano, etc.*) essere in eruzione. **3** (*fig*) erompere, esplodere, scoppiare: *to ~ in anger* esplodere, dare in escandescenze. **4** (*of teeth*) spuntare; (*of spots, etc.*) comparire. II *v.t.* eruttare (*anche Geol*).

eruption /ɪ'rʌpʃ·n/ *n.* **1** l'erompere. **2** (*Geol*) eruzione *f.*; (*erupted matter*) materiale *m.* eruttato. **3** (*fig*) scoppio *m.*, esplosione *f.* **4** (*Med*) eruzione *f.*; (*exanthema*) esantema *m.*

eruptive /ɪ'rʌptɪv/ *a.* **1** erompente. **2** (*Geol, Med*) eruttivo.

erysipelas /ˌerɪ'sɪpələs/ *n.* (*Med*) erisipela *f.*

erythema /ˌerɪ'θiːmə/ *n.* (*Med*) eritema *m.*

ES *El Salvador* ES (El Salvador).

ESA /ˌiːes'eɪ/ *European Space Agency* ESA (Agenzia spaziale europea).

Esau /'iːsɔː/ *n.pr.m.* (*Bibl*) Esaù.

escalade /ˌeskə'leɪd, 'eskəleɪd/ I *n.* (*Mil,Stor*) scalata *f.* (a una fortezza). II *v.t.* scalare, dare la scalata a.

escalate /'eskəleɪt/ *v.i.* intensificarsi, aumentare, inasprirsi. II *v.t.* intensificare, inasprire.

escalation /ˌeskə'leɪʃ·n/ *n.* intensificazione *f.*, escalation *f.* (*anche fig*).

escalator /'eskəleɪtər *Am* 'eskəleɪt̬ər/ *n.* **1** scala *f.* mobile. **2** (*Am,Econ*) (*escalator clause*) clausola *f.* di scala mobile. ☐ (*Econ*) ~ *clause* clausola di scala mobile.

escallop /ɪ'skɒləp *Am* es'kɑːləp/ *n.* **1** (*Zool*) pettine *m.* **2** (*Arald*) conchiglia *f.* di san Michele.

escalope /'eskələp, 'ɪskələp *Am* ˌeskə'loʊp/ *n.* (*Alim*) scaloppina *f.*

escapade /ˌeskə'peɪd, 'eskəpeɪd/ *n.* (*wild adventure*) avventura *f.* (pericolosa), bravata *f.*

escape /ɪ'skeɪp, es'keɪp/ I *v.t.* **1** sfuggire a, sottrarsi a: *to ~ one's pursuers* sfuggire agli inseguitori. **2** (*to evade, to elude*) scampare a, sfuggire a, scansare, schivare, evitare: *to ~ punishment* sfuggire alla punizione. **3** (*fig*) (*to be unnoticed by*) sfuggire a, passare inosservato a: *his reply -d me* la sua risposta mi è sfuggita; *it had -d my notice* era sfuggito alla mia attenzione, mi era sfuggito; *to ~ observation* passare inosservato; *to ~ recognition* (o *to ~ identification*) sfuggire all'identificazione, sfuggire al riconoscimento. **4** (*fig*) (*to be uttered by*) sfuggire a (*o* da), uscire inavvertitamente a (*o* da): *a cry -d him* gli sfuggì un grido. **II** *v.i.* **1** scappare, fuggire, evadere: *to ~ from prison* fuggire di prigione. **2** (*to avoid an evil*) scamparla, cavarsela, salvarsi: *all but the pilot -d* si sono salvati tutti tranne il pilota. **3** (*of liquids, etc.*) fuoriuscire, sgorgare, traboccare. **4** (*Fis,Astron*) acquistare la velocità di fuga. **5** (*Inform*) uscire (*from* da): *to ~ from a program* uscire da un programma. **III** *n.* **1** lo scappare, il fuggire, l'evadere. **2** (*state, fact*) fuga *f.*, evasione *f.* **3** (*fig*) evasione *f.*, fuga *f.*: *~ from everyday life* evasione dalla vita quotidiana; *~ from reality* fuga dalla realtà. **4** (*of water*) fuoriuscita *f.*, perdita *f.*; (*of gas*) fuga *f.* **5** (*Inform*) escape *m.*, tasto *m.* di escape. **IV** *a.* **1** di evasione (*anche fig*). **2** (*Dir,Comm*) relativo alla possibilità di evadere una norma giuridica (*o* un accordo). □ (*Mar*) *~ chamber* (*of a submarine*) camera di salvataggio, garitta di salvataggio; (*Dir*) *~ clause* clausola scappatoia; *~ gas* gas di scappamento; (*Inform*) *~ key* tasto di escape; *to make one's ~* evadere; (*Psic*) *~ mechanism* meccanismo di difesa; *~ pipe* tubo di scappamento; *~ valve* valvola di scarico, valvola di sicurezza; (*Fis,Astron*) *~ velocity* velocità di fuga.

escapee /ˌɪsker'piː, ˌesker'piː/ *n.* **1** fuggiasco *m.* (*f.* -a). **2** (*escaped prisoner*) evaso *m.* (*f.* -a).

escapement /ɪs'keɪpmənt, es'keɪpmənt/ *n.* (*Orol*) scappamento *m.*

escapism /ɪs'keɪpɪzm, es'keɪpɪzᵊm/ *n.* **1** (*Psic*) escapismo *m.* **2** (*estens*) evasione *f.* dalla realtà.

escapist /ɪs'keɪpɪst, es'keɪpɪst/ **I** *a.* di evasione. **II** *n.* chi cerca di evadere dalla realtà.

escarp /ɪ'skɑːp *Am* es'kɑːrp/ **I** *n.* scarpata *f.* (*anche Mil,mil*). **II** *v.t.* dare una forte pendenza a, rendere erto.

escarpment /ɪs'kɑːpmənt *Am* es'kɑːrpmənt/ *n.* (*Geol*) scarpata *f.*

eschatological /ˌeskətə'lɒdʒɪkᵊl *Am* ˌeskətə'lɑːdʒɪkᵊl/ *a.* escatologico.

eschatology /ˌeskə'tɒlədʒi *Am* ˌeskə'tɑːlədʒi/ *n.* (*Teol*) escatologia *f.*

eschaton /ˌeskə'tɒn *Am* ˌeskə'tɑːn/ *n.* (*Teol*) eschaton *m.*, realtà *f.* ultima.

escheat /ɪs'tʃiːt, es'tʃiːt/ **I** *n.* (*Stor,Dir*) **1** devoluzione *f.* di eredità allo stato (per mancanza di eredi). **2** (*property*) proprietà *f.* devoluta (allo stato). **II** *v.i.* (*Stor,Dir*) passare allo stato.

eschew /ɪs'tʃuː, es'tʃuː/ *v.t.* evitare, rifuggire da, astenersi da: *to ~ violence* rifuggire dalla violenza.

eschewal /ɪs'tʃuːəl, es'tʃuːəl/ *n.* astensione *f.*

escort[1] /'eskɔːt *Am* 'eskɔːrt/ *n.* **1** scorta *f.*, accompagnamento *m.* **2** (*person*) accompagnatore *m.* (*f.* -trice); (*of a woman*) cavaliere *m.* **3** (*armed guard*) scorta *f.* **4** (*Mil*) scorta *f.*: *to sail under ~* navigare sotto scorta.

escort[2] /ɪs'kɔːt *Am* es'kɔːrt/ *v.i.* **1** (*Mil*) scortare. **2** (*to accompany*) accompagnare, scortare: *to ~ a girl home* accompagnare una ragazza a casa. □ (*Mar,mil*) *~ carrier* portaerei di scorta; (*Aer,mil*) *~ fighter* caccia di scorta; *~ service*: **1** agenzia di contatti personali; **2** (*in a college*) servizio di scorta (per accompagnare a casa le ragazze sole); (*Mar,mil*) *~ vessel* avviso scorta.

escritoire /ˌeskriː'twɑːr, 'eskriːtwɑːr *Am* ˌeskriː'twɑːr/ *n.* scrivania *f.*

escrow /'eskrou, es'krou/ *n.* (*Dir*) deposito *m.* in garanzia, conto *m.* presso terzi. □ *money placed in ~* denaro versato in deposito a garanzia presso una terza persona.

escudo /es'kuːdou, ɪ'skuːdou/ *n.* (*Econ, Numism*) escudo *m.*

esculent /'eskjulənt/ **I** *a.* commestibile. **II** *n.* commestibili *m.pl.*

escutcheon /ɪ'skʌtʃᵊn, es'kʌtʃᵊn/ *n.* **1** (*Arald*) scudo *m.*, stemma *m.* gentilizio, blasone *m.* **2** (*around a keyhole*) bocchetta *f.* **3** (*Mar*) quadro *m.* di poppa. □ *~ plate* (*around a keyhole*) bocchetta.

escutcheoned /ɪ'skʌtʃᵊnd, es'kʌtʃᵊnd/ *a.* blasonato.

Eskimo /'eskɪmou/ **I** *n.* **1** (*pl.inv.* o **-s** /-z/) (*spreg*) (*person*) eschimese *m./f.*, esquimese *m./f.* **2** (*pl.inv.*) (*spreg*) (*language*) eschimese *m.*, lingua *f.* eschimese. **II** *a.* (*spreg*) eschimese, esquimese. □ *~ roll* (*in canoeing*) eskimo (giro sott'acqua di 360°).

Eskimoan /ˌeskɪ'mouən/ *a.* (*spreg*) eschimese, esquimese.

ESL /ˌiːes'el/ (*Ling*) *English as a Second Language* (inglese come seconda lingua).

esophageal /ˌɪsɒfə'dʒiːəl *Am* ˌiːsɑːfə'dʒiːəl/ *a.* (*Anat*) esofageo.

esophagus /ɪ'sɒfəgəs *Am* ɪ'sɑːfəgəs/ (*pl.* **-gi** /-gaɪ, -dʒaɪ/) *n.* (*Anat*) esofago *m.*

esoteric /ˌesou'terɪk, ˌesə'terɪk/, **esoterical** /ˌesou'terɪkᵊl *Am* ˌesə'terɪkᵊl/ *a.* **1** esoterico, riservato a pochi eletti. **2** (*private, secret*) segreto, misterioso, esoterico.

esotericism /ˌesou'terɪsɪzᵊm *Am* ˌesə'terɪsɪzᵊm/ *n.* esoterismo *m.* (*anche Filos,Rel*).

ESP /ˌiːes'piː/ *Extra Sensory Perception* (percezione extrasensoriale).

esp. *especially* spec. (specialmente).

espadrille /'espədrɪl *Br also* ˌespə'drɪl/ *n.* (*Calz*) espadrilla *f.*, espadrille *f.*

espalier /ɪ'spæliei, es'pæliər/ **I** *n.* (*Agr*) **1** intelaiatura *f.*, graticciato *m.* **2** (*plant*) pianta *f.* che cresce a spalliera. **II** *v.t.* (*Agr*) **1** far crescere a spalliera. **2** (*to furnish with an espalier*) provvedere di intelaiatura.

esparto /ɪ'spɑːtou *Am* es'pɑːrtou/ (*pl.* **-s** /-z/) *n.* (*Bot*) sparto *m.* □ (*Bot*) *~ grass* sparto.

espec. *especially* spec. (specialmente).

especial /ɪ'speʃᵊl, es'peʃᵊl/ *a.* **1** speciale, particolare; (*exceptional*) eccezionale. **2** (*close*) intimo, caro: *an ~ friend* un amico intimo. **3** (*particular*) particolare: *for your ~ benefit* per tuo particolare vantaggio.

especially /ɪ'speʃᵊli, es'peʃᵊli/ *avv.* specialmente, particolarmente.

Esperantist /ˌespər'æntɪst *Am also* ˌespə'rɑːntɪst/ *n.* (*Ling*) esperantista *m./f.*

Esperanto /ˌespər'æntou *Am also* ˌespə'rɑːntou/ *n.* esperanto *m.*

espial /ɪ'spaɪᵊl, es'paɪᵊl/ *n.* **1** (*lett*) (*spying*) lo spiare. **2** (*espying*) lo scoprire.

espionage /'espiənɪdʒ, ˌespiə'nɑː(d)ʒ/ *n.* spionaggio *m.*

esplanade /'esplənerd, esplə'neɪd/ *n.* **1** spianata *f.*, spiazzo *m.*, spiano *m.*; (*by the sea*) lungomare *m.* (*Mil,ant*) spianata *f.*

espousal /ɪ'spauzᵊl, es'pauzᵊl/ *n.* **1** (*of ideas, principles*) adozione *f.*, lo sposare, l'abbracciare. **2** (*ant*) (*betrothal*) promessa *f.* di matrimonio; (*marriage*) matrimonio *m.* **3** *pl.* (*marriage ceremony*) sposalizio *m.sing.*, nozze *f.pl.*

espouse /ɪ'spauz, es'pauz/ *v.t.* **1** (*to put forth as your own ideas*) sposare, adottare, abbracciare. **2** (*to marry*) sposare; (*to give in marriage*) sposare, dare in matrimonio. □ *to ~ so.'s quarrel* scendere in campo a fianco di qcu., sposare la causa di qcu.

espresso /es'presou, ɪ'spresou/ (*pl.* **-s** /-z/) *n.*

1 espresso *m.*, caffè *m.* espresso. **2** (*device*) macchina *f.* (per caffè) espresso. □ *~ bar* bar dove si beve il caffè espresso; *~ coffee* espresso, caffè espresso.

esprit /'espriː *Br also* 'espriː/ *n.* spirito *m.*, brio *m.*, arguzia *f.*

espy /ɪ'spaɪ, es'paɪ/ *v.t.* (*lett*) **1** scorgere, intravedere. **2** (*to see and recognize*) scoprire.

Esq. (*epist*) *Esquire* Egr. Sig. (egregio signore).

Esquiline /'eskwɪlaɪn/ *n.pr.* (*Stor.rom*) Esquilino *m.*

esquire /ɪ'skwaɪᵊr *Am also* 'eskwaɪᵊr/ *n.* **1** (*Mediev*) scudiero *m.* **2** (*of the English gentry*) nobile *m.* di campagna.

Esquire /ɪ'skwaɪᵊr *Am also* 'eskwaɪᵊr/ *n.* (*epist*) egregio signor: *John Smith ~* egregio signor John Smith.

ess /es/ *n.* **1** esse *f.*, lettera *f.* esse. **2** (*sth. shaped like an S*) oggetto *m.* a forma di esse.

essay[1] /'eseɪ/ *n.* **1** (*Lett*) saggio *m.* **2** (*Scol*) componimento *m.*, tema *m.* **3** (*attempt*) tentativo *m.*, prova *f.*; (*effort*) sforzo *m.* **4** (*trial, test*) saggio *m.*, prova *f.*, esperimento *m.* **5** (*Filat*) prova *f.* di stampa.

essay[2] /es'eɪ/ *v.t.* **1** tentare, provare. **2** (*to make an attempt to do, to perform, etc.*) cimentarsi in. □ (*Scol,Univ*) *~ question* domanda (a risposta) aperta.

essayist /'eseɪɪst/ *n.* (*Lett*) saggista *m./f.*

essayistic /ˌeseɪ'ɪstɪk/ *a.* saggistico.

essence /'esᵊns/ *n.* **1** essenza *f.*, sostanza *f.*, intima natura *f.* **2** (*Filos*) essenza *f.* **3** (*concentrated extract*) estratto *m.* **4** (*alcoholic solution, scent*) essenza *f.* **5** (*Chim*) olio *m.* essenziale, essenza *f.* □ *in ~*: **1** essenzialmente, fondamentalmente; **2** (*at bottom*) in sostanza, in fondo; *time is of the ~* c'è poco tempo.

essential /ɪ'senʃᵊl, es'enʃᵊl/ **I** *a.* **1** essenziale, indispensabile. **2** (*of the essence of sth.*) essenziale, sostanziale. **3** (*basic*) fondamentale, basilare. **4** (*Chim,Filos*) essenziale. **II** *n.* **1** *spec.pl.* elemento *m.* essenziale. **2** (*sth. indispensable*) cosa *f.* indispensabile, cosa *f.* essenziale: *air is an ~ to life* l'aria è indispensabile alla vita. □ *~ foodstuffs* generi alimentari di prima necessità; (*Econ*) *~ goods* beni essenziali; *~ ingredient* ingrediente essenziale; (*Chim*) *~ oil* olio essenziale, essenza; *the ~ thing is to be honest* l'essenziale è essere onesti.

essentiality /ɪˌsenʃi'æliti *Am* ɪˌsenʃi'æləti/, **essentialness** /ɪ'senʃᵊlnəs *Am also* es 'enʃᵊlnəs *Am also* es 'enʃᵊlnəs/ *n.* **1** essenzialità *f.* **2** (*essential feature, etc.*) elemento *m.* essenziale, aspetto *m.* essenziale.

essentially /ɪ'senʃᵊli *Am also* es'enʃᵊli/ *a.* essenzialmente.

Essex /'esɪks/ *n.pr.* (*Geog*) Essex *m.*

EST 1 *Eastern Standard Time* EST (ora solare della costa orientale degli USA). **2** *Estonia* EST (Estonia).

est. **1** *established* (istituito). **2** *estate* (tenuta). **3** *estimated* (valutato).

establish /ɪ'stæblɪʃ/ *v.t.* **1** stabilire: *to ~ criteria for sth.* stabilire dei criteri per qcs.; *to ~ a record* stabilire un record. **2** (*to found*) fondare, istituire: *to ~ a school* fondare una scuola. **3** (*to set up, to institute*) istituire, instaurare, costituire: *to ~ a republic* instaurare una repubblica. **4** (*to settle*) stabilire, installare. **5** (*to cause to be accepted, recognized*) far riconoscere, rendere accetto. **6** (*ascertain*) stabilire: *to ~ the cause of sth.* stabilire la causa di qcs. **7** (*to prove the truth of*) dimostrare, provare: *to ~ a theory* dimostrare una teoria. **8** (*to fix*) fissare, stabilire, determinare. **9** (*to appoint*) nominare. **10** (*of a church*) istituire come religione di stato. **11**

(*rifl.*) *to ~ oneself* stabilirsi, installarsi: *to ~ oneself in a new home* stabilirsi in una nuova casa. **12** (*rifl.*) *to ~ oneself* (*to assert oneself*) affermarsi. ☐ *to ~ a credit* aprire un credito; *to ~ a habit* creare un'abitudine; *to ~ oneself in business* mettersi in affari; (*Br,Dir*) *to ~ a precedent* creare un precedente; *to ~ one's reputation* crearsi una reputazione.

established /ɪ'stæblɪʃt/ *a.* **1** istituito, instaurato. **2** (*firmly based*) radicato. **3** (*firmly settled*) ambientato. **4** (*officially recognized*) affermato. **5** (*beyond question*) indubitabile, certo: ~ *fact* realtà indubitabile; *his honesty is well ~* la sua onestà è ben nota. **6** (*of a church*) ufficiale, nazionale. **7** (*of a post in the civil service*) di ruolo. ☐ *~ church* chiesa nazionale; (*GB*) *Established Church* chiesa anglicana, chiesa nazionale inglese; *~ institutions* poteri costituiti; *~ order* ordine costituito; *experts of ~ reputation* esperti di chiara fama.

establishment /ɪ'stæblɪʃmənt/ *n.* **1** istituzione *f.*, instaurazione *f.*, costituzione *f.*: *the ~ of law and order* l'instaurazione della legge e dell'ordine. **2** (*founding*) fondazione *f.*, istituzione *f.* **3** (*household*) famiglia *f.* e servitù. **4** (*place of business and employees, etc.*) stabilimento *m.*, azienda *f.*, fabbrica *f.* **5** (*military, civil force*) personale *m.* effettivo, effettivi *m.pl.* **6** (*institution*) istituto *m.*, fondazione *f.*: *an educational ~* un istituto di istruzione. ☐ *~ of identity* accertamento di identità; *to be on the ~* essere in organico, fare parte del personale.

Establishment /ɪ'stæblɪʃmənt/ *n.* **1** classe *f.* dirigente, establishment *m.*, gruppo *m.* sociale che detiene il potere. **2** (*colloq*) (*ruling class*) classe *f.* dirigente, gruppo *m.* dirigente, dirigenza *f.*

establishmentarian /ɪ,stæblɪʃmən'teəriən Am ɪ,stæblɪʃmən'teriən/ **I** *a.* della religione di stato. **II** *n.* sostenitore *m.* (*f.* -trice) della religione di stato.

establishmentarianism /ɪ,stæblɪʃmən 'teəriənz³m Am ɪ,stæblɪʃmən'teriənɪz³m/ *n.* il sostenere la religione di stato.

estate /ɪ'steɪt, es'teɪt/ *n.* **1** proprietà *f.*, tenuta *f.*, possedimento *m.* **2** (*Dir*) proprietà *f.pl.*, sostanze *f.pl.*, beni *m.pl.* **3** (*Dir*) (*aggregate of property*) asse *m.* patrimoniale, patrimonio *m.*: *the dead man's ~* il patrimonio del defunto. **4** (*condition*) stato *m.*, condizione *f.* **5** (*social rank*) classe *f.* sociale, ceto *m.*, rango *m.* **6** (*political, social class*) stato *m.*, ceto *m.* **7** (*housing estate*) complesso *m.* residenziale. **8** (*Comm*) situazione *f.* contabile. ☐ *~ agency* agenzia immobiliare; *~ agent*: 1 agente immobiliare; 2 (*manager of an estate*) fattore; (*Br,Aut*) *~ car* familiare, station wagon; *~ jewellery* gioielli patrimoniali.

esteem /ɪ'stiːm, es'tiːm/ **I** *v.t.* **1** stimare, apprezzare: *he is -ed by all* è stimato da tutti. **2** (*to consider*) reputare, considerare, stimare, ritenere: *I ~ it an honour to be nominated* considero un onore l'essere eletto. **II** *n.* stima *f.*, considerazione *f.*, apprezzamento *m.*: *to hold so. in high ~* avere in grande considerazione qcu. ☐ *I would ~ it a favour if* sarebbe molto gentile da parte vostra se.

esteemed /ɪ'stiːmd, es'tiːmd/ ☐ (*Comm*) *your ~ letter* la Vostra pregiata lettera.

ester /'estə'/ *n.* (*Chim*) estere *m.*

esterase /'estəreɪs/ *n.* (*Biol*) esterasi *f.*

esterification /e,sterɪfɪ'keɪʃ³n/ *n.* (*Chim*) esterificazione *f.*

esterify /e'sterɪfaɪ/ **I** *v.t.* (*Chim*) esterificare. **II** *v.i.* (*Chim*) trasformarsi in estere.

Esther /'estə'/ *Br also* 'esθə'/ *n.pr.f.* Ester.

esthete /'esθiːt/ *e der.* (*Am*) → **aesthete** *e der.*

estimable /'estɪməbl/ *a.* **1** stimabile, degno di stima. **2** (*capable of being estimated*) valutabile, calcolabile.

estimably /'estɪməbli/ *avv.* a quanto si stima, secondo quanto si ritiene: *he is ~ the wealthiest man in the area* si ritiene che sia l'uomo più abbiente della zona, è ritenuto l'uomo più abbiente della zona.

estimate[1] /'estɪmeɪt/ **I** *v.t.* **1** (*to assess*) stimare, calcolare, valutare: *to ~ the value of sth. at ten dollars* valutare qcs. dieci dollari. **2** (*to calculate the value of*) stimare, valutare, fare la stima di: *to ~ a work of art* stimare un'opera d'arte. **3** (*of a job*) preventivare, fare il preventivo di. **II** *v.i.* fare un preventivo: *to ~ for a job* fare il preventivo per un lavoro. ☐ (*Assic*) *to ~ the damages* valutare i danni.

estimate[2] /'estɪmət *Br also* 'estɪmeɪt/ *n.* **1** stima *f.*, valutazione *f.*: *at an optimistic ~* secondo una stima ottimistica; *a rough ~* una stima approssimativa. **2** (*judgement*) giudizio *m.*; (*opinion*) opinione *f.*, idea *f.*: *to form an ~ of so.'s abilities* farsi un'idea delle capacità di qcu. **3** (*Comm*) preventivo *m.*: *to make an ~* fare un preventivo; *~ of costs* preventivo, calcolo preventivo dei costi. **4** *pl.* (*Parl*) bilancio *m.sing.* preventivo dello stato.

estimated /'estɪmeɪtɪd Am 'estɪmeɪtɪd/ *a.* **1** (*assessed*) stimato: *~ value* valore stimato. **2** (*budgeted*) preventivato: *~ expenditure* spesa preventivata. **3** (*foreseen*) previsto: *~ time of arrival* orario previsto di arrivo. ☐ *an ~ 40,000 people* circa 40000 persone.

estimation /,estɪ'meɪʃ³n/ *n.* **1** giudizio *m.*, parere *m.*, avviso *m.*: *in my ~* a mio avviso. **2** (*esteem*) stima *f.*, considerazione *f.*, rispetto *m.*: *to hold so. in high ~* tenere qcu. in grande considerazione. **3** (*calculation*) stima *f.*, valutazione *f.*, calcolo *m.* **4** (*estimate*) preventivo *m.*

estimative /'estɪmətɪv Am 'estɪmeɪtɪv/ *a.* **1** capace di giudicare. **2** (*estimated*) stimato, valutato.

estimator /'estɪmeɪtə' Am 'estɪmeɪtə'/ *n.* **1** estimatore *m.* (*f.* -trice). **2** (*Comm,Ind*) stimatore *m.* (*f.* -trice), preventivista *m./f.*

estival /es'taɪvəl, es'təvəl/ *e der.* (*Am*) → **aestival** *e der.*

Estonia /es'tounɪə *Br also* ɪ'stounɪə/ *n.pr.* (*Geog*) Estonia *f.*

Estonian /es'tounɪən *Br also* ɪ'stounɪən/ **I** *a.* estone. **II** *n.* **1** estone *m./f.* **2** (*language*) estone *m.*

estop /ɪ'stɒp Am es'tɑːp/ *v.t.* (*Dir*) precludere.

estoppel /ɪ'stɒp³l Am es'tɑːp³l/ *n.* (*Dir*) preclusione *f.*

estovers /ɪ'stouvəz, es'touvəz/ *n.pl.* (*Br,Stor, Dir*) **1** legnatico *m.sing.* **2** (*alimony*) alimenti *m.pl.*

estrange /ɪ'streɪndʒ, es'treɪndʒ/ *v.t.* estraniare, allontanare, alienare.

estrangement /ɪ'streɪndʒmənt, es'treɪndʒ mənt/ *n.* alienazione *f.*, allontanamento *m.*

estreat /es'triːt *Br also* ɪ'striːt/ **I** *n.* (*Dir,Stor*) (*of an original writing: extract*) estratto *m.*; (*true copy*) copia *f.* autentica. **II** *v.t.* fare un estratto di.

estrogen /'estrədʒ³n/ *n.* (*spec. Am*) estrogeno *m.*

estuarial /,estʃu'æriəl *Br also* ,estju'æriəl/ *a.* di estuario.

estuarine /'estjuəraɪn Am 'estʃuːəraɪn/ *a.* di estuario.

estuary /'estjuəri, 'estʃuəri Am 'estʃuːeri/ *n.* (*Geog*) estuario *m.* ☐ *Estuary English* Estuary English (accento inglese, misto dell'inflessione londinese e del sudest dell'Inghilterra).

esurience /ɪ'sjuəriəns Am iː's(j)uriəns/ *n.* avidità *f.*, voracità *f.*

esuriency /ɪ'sjuəriənsi Am iː's(j)uriənsi/ *n.* avidità *f.*, voracità *f.*

esurient /ɪ'sjuəriənt Am iː's(j)uriənt/ *a.* avido, vorace, famelico.

ET *Egypt* ET (Egitto).

etacism /'iːtəsɪz³m Am 'eɪtəsɪz³m/ *n.* (*Ling*) etacismo *m.*

et al. /et'æl, Am also et'ɑːl/ **1** *et alibi* (e altrove). **2** *et alii* et al. (e altri). **3** *et alia* et al. (e altre cose).

etc. *et cetera* ecc. (eccetera).

etcetera /ɪt'setərə Am et'setərə/ **I** *avv.* eccetera. **II** *n.* **1** sfilza *f.*, sequela *f.* **2** *pl.* (*sundries*) cose *f.pl.* varie, oggetti *m.pl.* disparati.

etch /etʃ/ **I** *v.t.* **1** incidere all'acquaforte: *to ~ a plate* incidere una lastra all'acquaforte. **2** (*to produce by etching*) riprodurre all'acquaforte: *to ~ a picture* riprodurre un disegno all'acquaforte. **3** (*fig*) (*to fix permanently*) imprimere: *the scene is -ed in my memory* la scena è impressa nella mia mente. **4** (*fig*) (*to delineate*) delineare. **II** *v.i.* incidere all'acquaforte, eseguire incisioni all'acquaforte.

etcher /'etʃə'/ *n.* acquafortista *m./f.*, incisore *m.* all'acquaforte.

etching /'etʃɪŋ/ *n.* **1** (*art*) acquaforte *f.* **2** (*design*) acquaforte *f.*, incisione *f.* all'acquaforte. **3** (*plate*) lastra *f.* incisa all'acquaforte. ☐ (*Tip*) *~ ground* vernice all'asfalto; (*Tecn*) *~ needle* bulino, punta per incidere.

eternal /ɪ'tɜːn³l Am ɪ'tɜːrn³l/ *a.* **1** eterno, senza fine: *~ love* amore eterno. **2** (*ceaseless*) incessante, continuo. **3** (*never-ending*) eterno, interminabile. ☐ (*Teol*) *the ~ life* la vita eterna; (*fig*) *the ~ triangle* l'eterno triangolo.

Eternal /ɪ'tɜːn³l Am ɪ'tɜːrn³l/ *n.* Eterno *m.*, Dio *m.* ☐ *~ City* città eterna, Roma.

eternalise /ɪ'tɜːn³laɪz/ *v.t.* (*Br*) eternare, rendere eterno.

eternalize /ɪ'tɜːn³laɪz Am ɪ'tɜːrn³laɪz/ *v.t.* eternare, rendere eterno.

eternally /ɪ'tɜːn³li Am ɪ'tɜːrn³li/ *avv.* eternamente: *I would be ~ grateful* te ne sarei eternamente grato.

eternise /ɪ'tɜːnaɪz/ *v.t.* (*Br*) eternare, rendere eterno.

eternity /ɪ'tɜːniti Am ɪ'tɜːrn³ti/ *n.* **1** eternità *f.* (*anche fig*). **2** *pl.* verità *f.pl.* eterne.

eternize /ɪ'tɜːnaɪz Am ɪ'tɜːrnaɪz/ *v.t.* eternare, rendere eterno.

etesian /ɪ'tiːʒiən, ɪ'tiːziən/ **I** *a.* (*Meteor*) (*of winds*) etesio. **II** *n.spec.pl.* (*Meteor*) etesii *m.pl.*, venti *m.pl.* etesii.

ETH *Ethiopia* ETH (Etiopia).

ethane /'eθeɪn *Br also* 'iːθeɪn/ *n.* (*Chim*) etano *m.*

ether /'iːθə'/ *n.* **1** (*Chim*) etere *m.* **2** (*Fis*) etere *m.* (cosmico). **3** (*poet*) (*upper sky, heavens*) etere *m.*, cielo *m.*; (*air*) aria *f.*

ethereal /ɪ'θɪəriəl Am ɪ'θɪriəl/ *a.* **1** etereo, immateriale. **2** (*delicate*) etereo, delicato, evanescente. **3** (*heavenly*) etereo, celeste. **4** (*Chim*) etereo.

etherealise /ɪ'θɪəriəlaɪz/ *v.t.* (*Br*) **1** rendere etereo. **2** (*to spiritualize*) spiritualizzare.

ethereality /ɪ,θɪəri'æliti Am ɪ,θɪri'æləti/ *n.* l'essere etereo, l'essere immateriale.

etherealization /ɪ,θɪəriəl(a)ɪ'zeɪʃ³n Am ɪ,θɪriəl'zeɪʃ³n/ *n.* **1** il rendere etereo. **2** (*spiritualization*) spiritualizzazione *f.*

etherealize /ɪ'θɪəriəlaɪz Am ɪ'θɪriəlaɪz/ *v.t.* **1** rendere etereo. **2** (*to spiritualize*) spiritualizzare.

ethereally /ɪ'θɪəriəli Am ɪ'θɪriəli/ *avv.* in modo etereo.

etherify /ɪ'θerɪfaɪ/ *v.t.* (*Chim*) eterificare.

etherise /'i:θǝraɪz/ v.t. (Br,Med) eterizzare.

etherization /,i:θǝraɪ'zeɪʃǝn Am ,i:θǝrɪ'zeɪʃǝn/ n. (Med) eterizzazione f., narcosi f. eterea.

etherize /'i:θǝraɪz/ v.t. (Med) eterizzare.

Ethernet /'i:θǝrnet/ v.t. (Elettron) ethernet m. □ (Elettron) ~ cable cavo ethernet.

etheromania /,i:θǝroʊ'meɪnɪǝ/ n. eteromania f.

ethic /'eθɪk/ I n. 1 etica f.: work ~ etica del lavoro. 2 pl. → ethics. II a. → ethical.

ethical /'eθɪkǝl/ a. 1 etico, morale. 2 (Gramm) etico: ~ dative dativo etico. 3 (Farm) (of a drug) con obbligo di ricetta medica.

ethicise /'eθɪsaɪz/ v.t. (Br) rendere etico, moralizzare.

ethicize /'eθɪsaɪz/ v.t. rendere etico, moralizzare.

ethics /'eθɪks/ n.pl. 1 (costr.sing. o pl.) (moral system) morale f. 2 (costr.sing. o pl.) (for professionals) etica f.: professional ~ etica professionale; medical ~ etica medica. 3 (costr.sing.) (Filos) etica f., filosofia f. morale.

Ethiopia /,i:θi'oʊpɪǝ/ n.pr. (Geog) Etiopia f.

Ethiopian /,i:θi'oʊpɪǝn/ I a. etiopico, etiope. II n. etiope m./f.

Ethiopic /,i:θi'ɒpɪk Am ,i:θi'ɑ:pɪk/ I a. etiopico, etiope. II n. (language) etiopico m.

ethmoid /'eθmɔɪd/ I a. (Anat) etmoideo, etmoidale. II n. (Anat) (ethmoid bone) etmoide m.

ethmoidal /eθ'mɔɪdǝl/ a. (Anat) etmoideo, etmoidale.

ethnic /'eθnɪk/ a. 1 etnico (anche Ling). 2 (Teol) (non Jewish, non Christian) etnico, gentile. □ ~ cleansing pulizia etnica; ~ food cibo etnico; (Sociol) ~ group gruppo etnico, etnia; (Sociol) ~ minority minoranza etnica; (Sociol) ~ monitoring monitoraggio delle quote etniche in enti pubblici, scuole ecc.).

ethnical /'eθnɪkǝl/ a. 1 etnico (anche Ling). 2 (Teol) (non Jewish, non Christian) etnico, gentile.

ethnicity /eθ'nɪsɪti Am eθ'nɪsǝti/ n. etnicità f.

ethnobotany /,eθnoʊ'bɒtǝni Am ,eθnoʊ'bɑ:tǝni/ n. etnobotanica f.

ethnocentrism /,eθnoʊ'sentrɪzǝm/ n. (Sociol) etnocentrismo m.

ethnocultural /,eθnoʊ'kʌltʃǝrǝl/ a. (Sociol) etnoculturale.

ethnographer /eθ'nɒɡrǝfǝr Am eθ'nɑːɡrǝfǝr/ n. etnografo m. (f. -a).

ethnographic /,eθnoʊ'ɡræfɪk/ a. etnografico.

ethnographical /,eθnoʊ'ɡræfɪkǝl/ a. etnografico.

ethnographically /,eθnoʊ'ɡræfɪkǝli/ avv. etnograficamente.

ethnography /eθ'nɒɡrǝfi Am eθ'nɑːɡrǝfi/ n. etnografia f.

ethnologic /,eθnoʊ'lɒdʒɪk Am ,eθnoʊ'lɑːdʒɪk/ a. etnologico.

ethnological /,eθnoʊ'lɒdʒɪkǝl Am ,eθnoʊ'lɑːdʒɪkǝl/ a. etnologico.

ethnologically /,eθnoʊ'lɒdʒɪkǝli Am ,eθnoʊ'lɑːdʒɪkǝli/ avv. etnologicamente.

ethnologist /eθ'nɒlǝdʒɪst Am eθ'nɑːlǝdʒɪst/ n. etnologo m. (f. -a).

ethnology /eθ'nɒlǝdʒi Am eθ'nɑːlǝdʒi/ n. etnologia f.

ethnomedicine /,eθnoʊ'medɪsɪn/ n. etnomedicina f.

ethological /,i:θǝ'lɒdʒɪkǝl Am ,i:θǝ'lɑːdʒɪkǝl/ a. etologico.

ethologist /i:'θɒlǝdʒɪst Am i:'θɑːlǝdʒɪst/ n. etologo m. (f. -a).

ethology /i:'θɒlǝdʒi Am i:'θɑːlǝdʒi/ n. etologia f.

ethos /'i:θɒs Am 'i:θɑːs, 'eθoʊs/ n. 1 (Sociol)

ethos m., costume m., moralità f. 2 (lett) senso m. morale, componente f. etica.

ethyl /'eθǝl Br also 'eθɪl/ n. 1 (Chim) etile m. 2 (Mot) antidetonante m. □ (Chim) ~ acetate etilacetato; (Chim) ~ alcohol alcol etilico.

ethylene /'eθǝli:n Br also 'eθli:n/ n. (Chim) etilene m.

ethylic /e'θɪlɪk/ a. (Chim) etilico.

etiolate /'i:tioʊleɪt Am 'i:tɪǝleɪt/ v.t. 1 (Bot) far scolorire tenendo al buio. 2 (Med) sbiancare, far impallidire. 3 (fig) svigorire, infiacchire, indebolire.

etiolation /,i:tioʊ'leɪʃǝn Am ,i:tɪǝ'leɪʃǝn/ n. (Bot) eziolamento m., scolorimento m.

etiology /,i:ti'ɒlǝdʒi Am ,i:ti'ɑːlǝdʒi/ e der. → **aetiology** e der.

etiquette /'etɪket, 'etɪkǝt Am 'etɪkɪt, 'etɪket/ n. 1 etichetta f., galateo m. 2 (of a profession) etica f. professionale, deontologia f. 3 (ceremonial usage) etichetta f., protocollo m., cerimoniale m.

Eton /'i:tǝn/ n.pr. (Geog) Eton. □ (Abbigl) ~ coat giacchetta nera a vita; ~ collar ampio colletto inamidato; ~ College Eton College (famosa scuola privata di Eton); ~ crop taglio (di capelli) alla maschietta; (Abbigl) ~ jacket giacchetta nera a vita.

Etonian /i:'toʊnɪǝn/ I a. di Eton. II n. 1 studente m. di Eton. 2 (former student) ex studente m. di Eton.

Etruria /ɪ'truǝrɪǝ Am ɪ'truriǝ/ n.pr. (Geog) Etruria f.

Etrurian /ɪ'truǝrɪǝn Am ɪ'truriǝn/ I a. etrusco. II n. 1 etrusco m. (f. -a). 2 (language) etrusco m.

Etruscan /ɪ'trʌskǝn/ I a. etrusco. II n. 1 etrusco m. (f. -a). 2 (language) etrusco m.

ETS /,i:ti:'es/ Environmental Tobacco Smoke (fumo ambientale).

et seq. et sequens e seg. (e seguente).

et seqq. et sequentes, et sequentia e segg.(e seguenti).

etymologic /,etɪmǝ'lɒdʒɪk Am ,etɪmǝ'lɑːdʒɪk/ a. etimologico.

etymological /,etɪmǝ'lɒdʒɪkǝl Am ,etɪmǝ'lɑːdʒɪkǝl/ a. etimologico.

etymologically /,etɪmǝ'lɒdʒɪkǝli Am ,etɪmǝ'lɑːdʒɪkǝli/ avv. etimologicamente.

etymologise /,etɪ'mɒlǝdʒaɪz/ I v.t. (Br) etimologizzare. II v.i. (Br) occuparsi di etimologia.

etymologist /,etɪ'mɒlǝdʒɪst Am ,etɪ'mɑːlǝdʒɪst/ n. etimologista m./f., etimologo m. (f. -a).

etymologize /,etɪ'mɒlǝdʒaɪz Am ,etɪ'mɑːlǝdʒaɪz/ I v.t. etimologizzare. II v.i. occuparsi di etimologia.

etymology /,etɪ'mɒlǝdʒi Am ,etɪ'mɑːlǝdʒi/ n. etimologia f.

etymon /'etɪmɒn Am 'etɪmɑːn/ (pl. -s /-z/, -ma /-mǝ/) n. (Ling) etimo m.

EU /,i:'ju:/ European Union UE (Unione europea).

EUA /,i:ju:'eɪ/ European unit of account UCE (unità di conto europea).

eubiotics /,ju:baɪ'ɒtɪks Am ,ju:baɪ'ɑːtɪks/ n.pl. (costr.sing.) eubiotica f.

Euboea /ju:'bi:ǝ/ n.pr. (Geog) Eubea f.

eucalyptus /,ju:kǝ'lɪptǝs/ (pl. -es /-ɪz/, -ti /-taɪ/) n. (Bot) eucalipto m. □ (Chim) ~ oil olio di eucalipto.

Eucharist /'ju:kǝrɪst/ n. (Rel) eucarestia f., eucaristia f.

Eucharistic /,ju:kǝr'ɪstɪk/ a. (Rel) eucaristico.

Eucharistical /,ju:kǝr'ɪstɪkǝl/ a. (Rel) eucaristico.

euchre /'ju:kǝr/ I n. gioco m. di carte (americano). II v.t. 1 (in a hand of euchre) vincere,

battere. 2 (Am,sl) (to outwit) raggirare. □ (Am,sl) to ~ out raggirare.

Euclid /'ju:klɪd/ I n.pr.m. (Stor.gr) Euclide. II n. (Euclidean geometry) geometria f. euclidea.

Euclidean, Euclidian /ju:'klɪdɪǝn/ a. euclideo, di Euclide.

eudaemonism /ju:'di:mǝnɪzǝm/ n. (Filos) eudemonismo m.

eudaemonist /ju:'di:mǝnɪst/ n. (Filos) eudemonista m./f.

eudemonism /ju:'di:mǝnɪzǝm/ n. (Filos) eudemonismo m.

eudemonist /ju:'di:mǝnɪst/ n. (Filos) eudemonista m./f.

eudiometer /,ju:di'ɒmɪtǝr Am ,ju:di'ɑːmǝtǝr/ n. (Fis) eudiometro m.

eudiometric /,ju:dioʊ'metrɪk/ a. (Fis) eudiometrico.

eudiometrical /,ju:dioʊ'metrɪkǝl/ a. (Fis) eudiometrico.

eudiometry /,ju:di'ɒmɪtri Am ,ju:di'ɑːmɪtri/ n. (Fis) eudiometria f.

Eugene /'ju:dʒi:n, 'ju:dʒi:n Br also ju:'dʒeɪn/ n.pr.m. Eugenio.

eugenic /ju:'dʒenɪk/ a. eugenico, eugenetico.

eugenical /ju:'dʒenɪkǝl/ a. eugenico, eugenetico.

eugenically /ju:'dʒenɪkǝli/ avv. eugeneticamente.

eugenicist /ju:'dʒenɪsɪst/ n. eugenista m./f.

eugenics /ju:'dʒenɪks/ n.pl. (costr.sing.) eugenica f., eugenetica f.

eugenist /'ju:dʒǝnɪst/ n. eugenista m./f.

eulogise /'ju:lǝdʒaɪz/ v.t. (Br) elogiare, encomiare.

eulogist /'ju:lǝdʒɪst/ n. elogiatore m. (f. -trice), panegirista m./f.

eulogistic /,ju:lǝ'dʒɪstɪk/ a. elogiativo, encomiastico, laudativo.

eulogistical /,ju:lǝ'dʒɪstɪkǝl/ a. elogiativo, encomiastico, laudativo.

eulogize /'ju:lǝdʒaɪz/ v.t. elogiare, encomiare.

eulogy /'ju:lǝdʒi/ n. 1 elogio m., panegirico m. 2 (funeral oration) elogio m. funebre.

Eumenides /ju:'menidi:z/ n.pr.pl. (Mitol) Eumenidi f.pl.

eunuch /'ju:nǝk/ n. eunuco m.

eunuchoid /'ju:nǝkɔɪd/ a. (Med) eunucoide.

eunuchoidism /'ju:nǝkɔɪdɪzǝm/ n. (Med) eunucoidismo m.

euonymus /ju:'ɒnɪmǝs Am ju:'ɑːnɪmǝs/ n. (Bot) evonimo m.

eupepsia /ju:'pepsiǝ/ n. (Med) eupepsia f.

eupepsy /ju:'pepsi/ n. (Med) eupepsia f.

eupeptic /ju:'peptɪk/ a. 1 eupeptico, digestivo. 2 (easy to digest) di facile digestione.

euphemism /'ju:fǝmɪzǝm/ n. eufemismo m.

euphemistic /,ju:fǝ'mɪstɪk/ a. eufemistico.

euphemistical /,ju:fǝ'mɪstɪkǝl/ a. eufemistico.

euphemistically /,ju:fǝ'mɪstɪkǝli/ avv. eufemisticamente, per eufemismo.

euphemize /'ju:fǝmaɪz/ I v.t. esprimere mediante eufemismi. II v.i. usare eufemismi, ricorrere a eufemismi.

euphonious /ju:'foʊnɪǝs/ a. (Fon) eufonico.

euphonium /ju:'foʊnɪǝm/ n. (Mus) eufonio m.

euphonize /'ju:fǝnaɪz/ v.t. rendere eufonico.

euphony /'ju:fǝni/ n. eufonia f.

euphorbia /ju:'fɔːbɪǝ Am ju:'fɔːrbɪǝ/ n. (Bot) euforbia f.

euphorbium /ju:'fɔːbɪǝm Am ju:'fɔːrbɪǝm/ n. (Farm) euforbio m.

euphoria /ju:'fɔːrɪǝ/ n. euforia f. (anche Psic).

euphoriant /ju:'fɔːrɪǝnt/ I a. euforizzante.

II n. (drug) euforizzante m.
euphoric /juːˈfɒrɪk Am juːˈfɔːrɪk/ a. euforico.
□ (Farm) ~ agent euforizzante.
euphorically /juːˈfɒrɪkəli Am juːˈfɔːrɪkəli/ avv. euforicamente.
Euphrates /juːˈfreɪtiːz Am juːˈfreɪtiːz/ n.pr. (Geog) Eufrate m.
euphuism /ˈjuːfjuɪzəm/ n. **1** (Lett) eufuismo m. **2** (ornate, highflown style) stile m. ridondante, stile m. ampolloso; (instance) eufuismo m.
euphuist /ˈjuːfjuɪst/ n. (Lett) scrittore m. (f. -trice) eufuistico.
euphuistic /ˌjuːfjuˈɪstɪk/ a. (Lett) eufuistico.
euphuistical /ˌjuːfjuˈɪstɪkəl/ a. (Lett) eufuistico.
Eur. 1 Europe (Europa). **2** European (europeo).
Eurailpass /ˈju(ə)reɪlpɑːs Am ˈjureɪlpæs/ n. tessera f. ferroviaria valida per tutta l'Europa.
Eurasia /ju(ə)ˈreɪʒ(i)ə Am juˈreɪʒə/ n.pr. (Geog) Eurasia f.
Eurasian /ju(ə)ˈreɪʒ(i)ən Am juˈreɪʒən/ **I** a. **1** eurasiatico. **2** (of a person) eurasiano. **II** n. eurasiano m. (f. -a).
EURATOM /ju(ə)ˈrætəm Am juˈrætəm/ European Atomic Energy Community EURATOM (Comunità europea dell'energia atomica).
eurhythmic /ju(ə)ˈrɪðmɪk Am juˈrɪðmɪk/ a. euritmico, armonioso.
eurhythmical /ju(ə)ˈrɪðmɪkəl Am juˈrɪðmɪkəl/ a. euritmico, armonioso.
eurhythmics /ju(ə)ˈrɪðmɪks Am juˈrɪðmɪks/ n.pl. (costr.sing. o pl.) **1** ginnastica f. ritmica. **2** (dancing) danza f. ritmica.
eurhythmy /ju(ə)ˈrɪðmi Am juˈrɪðmi/ n. euritmia f.
euro /ˈjuərou Am ˈjurou/ n. (Econ,Numism) euro m.
Eurobank /ˈjuərouˌbæŋk Am ˈjurouˌbæŋk/ n. eurobanca f.
Eurobin /ˈjuərəubɪn Am ˈjurəubɪn/ n. cassonetto m. per spazzatura (usato nei paesi dell'UE).
Eurobond /ˈjuərəubɒnd Am ˈjurəubɑːnd/ n. (Econ) euroobbligazione f.
Eurocheque, eurocheque /ˈjuərəutʃek Am ˈjurəutʃek/ n. eurochèque m. □ ~ card carta Eurocheque.
Eurocommunism /ˌjuərəuˈkɒmjʊnɪzəm Am ˌjurouˈkɑːmjʊnɪzəm/ n. (Pol) eurocomunismo m.
Eurocommunist /ˌjuərəuˈkɒmjʊnɪst Am ˌjurouˈkɑːmjʊnɪst/ n. (Pol) eurocomunista m./f.
Eurocracy /ˌjuəˈrɒkrəsi Am juˈrɑːkrəsi/ n. eurocrazia f.
Eurocrat /ˈjuərəukræt Am ˈjurəkræt/ n. eurocrate m./f.
Eurocredit /ˈjuərəuˌkredɪt Am ˈjurouˌkredɪt/ n. (Econ) eurocredito m.
Eurocurrency /ˈjuərəuˌkʌrənsi Am ˈjurouˌkʌrənsi/ n. (Econ) eurovaluta f.
Eurodollars /ˈjuərəuˌdɒləz Am ˈjurouˌdɑːlərz/ n.pl. (Econ) eurodollari m.pl.
Euroelections /ˈjuərəuɪˌlekʃənz Am ˈjuəruɪˌlekʃənz/ n.pl. (Pol) elezioni f.pl. europee.
Eurogroup /ˈjuərəuˌgruːp Am ˈjurouˌgruːp/ n. (Pol) eurogruppo m.
euroisation /ˈjuərəu(ə)ˌzeɪʃən Am ˈjurou‚ɪˈzeɪʃən/ n. (Econ) sostituzione dell'euro alla moneta nazionale.
Euromarket /ˈjuərəuˌmɑːkɪt Am ˈjurouˌmɑːrkɪt/ n. (Econ) euromercato m.
Euro-MP /ˌjuərəuemˈpiː Am ˌjurouemˈpiː/ n. (Pol) eurodeputato m.
Europa /ju(ə)ˈrɒupə Am juˈroupə/ n.pr.f. (Mitol, Astr) Europa.

Europe /ˈjuərəp Am ˈjurəp/ n.pr. **1** (Geog) Europa f. **2** (Mitol, Astr) Europa f.
European /ˌjuərəˈpiːən Am ˌjurəˈpiːən/ **I** a. europeo. **II** n. europeo m. (f. -a). □ ~ American: **1** (used as a noun) americano di origine europea; **2** (used as an adjective) euroamericano; ~ Atomic Energy Community Comunità europea dell'energia atomica; ~ Central Bank Banca Centrale Europea; (Sport) ~ champion campione europeo; ~ Coal and Steel Community Comunità europea del carbone e dell'acciaio; ~ Commission Commissione Europea; ~ Community Comunità Europea; ~ Convention on Human Rights Convenzione europea dei diritti dell'uomo; ~ Court of Justice Corte di giustizia europea; ~ Court of First Instance tribunale (europeo) di primo grado; (Econ) ~ currency unit ecu, scudo, euroscudo; ~ Defence Community Comunità europea di difesa; ~ development fund Fondo di sviluppo europeo; ~ Economic Community Comunità economica europea; (Stor) ~ Free Trade Association Associazione europea di libero scambio; ~ law diritto europeo; ~ monetary agreement Accordo monetario europeo; ~ monetary fund Fondo Monetario Europeo; ~ monetary system Sistema monetario europeo; ~ Parliament Parlamento Europeo, europarlamento; ~ Peoples Party Partito popolare europeo; ~ plan (in hotels) piano europeo, tariffa per il solo pernottamento; ~ Political Community Comunità politica europea; ~ Recovery Programme Piano di ricostruzione europea; ~ rocket razzo europeo; (Zool) ~ snake serpente europeo; ~ social fund Fondo Sociale Europeo; (Univ) ~ studies studi europei; ~ Union Unione Europea; ~ Union Convention convenzione per le riforme istituzionali (nell'Unione Europea); ~ unit of account unità di conto europea.
Europeanism /ˌjuərəˈpiːənɪzəm Am ˌjurəˈpiːənɪzəm/ n. **1** usi e costumi m.pl. europei. **2** (European trait) caratteristica f. europea. **3** (Pol) europeismo m.
Europeanization /ˌjuərəˌpiːən(ə)(r)ˈzeɪʃən Am ˌjurəˌpiːənɪˈzeɪʃən/ n. europeizzazione f.
Europeanize /ˌjuərəˈpiːənaɪz Am ˌjurəˈpiːənaɪz/ v.t. europeizzare.
europium /ju(ə)ˈrəupiəm Am juˈroupiəm/ n. (Chim) europio m.
Eurosceptic /ˈjuərəuˌskeptɪk Am ˈjurouˌskeptɪk/ n. euroscettico m. (f. -a).
Euroscepticism /ˈjuərəuˈskeptɪsɪzəm Am ˈjurouˈskeptɪsɪzəm/ n. euroscetticismo m.
Eurus /ˈjuərəs Am ˈjurəs/ n.pr. (Mitol) Euro m.
Eurydice /ju(ə)ˈrɪdɪsi Am juˈrɪdɪsi/ n.pr.f. (Mitol) Euridice.
eurythmic /ju(ə)ˈrɪðmɪk Am juˈrɪðmɪk/ a e der.
→ **eurhythmic** e der.
Eusebius /juːˈsiːbiəs/ n.pr.m. Eusebio.
Eustachian /juːˈsteɪʃ(i)ən, juːˈsteɪkiən/ a. di Eustachio. □ (Anat) ~ tube tromba di Eustachio.
eustasy /ˈjuːstəsi/ n. eustatismo m.
eustatic /juːˈstætɪk Am juːˈstætɪk/ a. eustatico.
eutectic /juːˈtektɪk/ **I** a. (Fis,Chim) eutettico. **II** n. (Fis,Chim) eutettico m.
Euterpe /juːˈtɜːpi Am juːˈtɜːrpi/ n.pr.f. (Mitol) Euterpe.
euthanasia /ˌjuːθəˈneɪziə, ˌjuːθəˈneɪʒə/ n. eutanasia f.
euthanize /ˈjuːθənaɪz/ v.t. **1** provocare una morte indolore a. **2** (an animal) sottoporre a eutanasia.
euthenics /juːˈθenɪks/ n.pl. (costr.sing.) eutenica f.
euthenist /ˈjuːθənɪst/ n. esperto m. (f. -a) di

eutenica.
eutrophic /ˌjuːˈtrɒfɪk Am juːˈtrɑːfɪk/ a. (Biol) eutrofico.
eutrophicating /ˌjuːˈtrɒfɪˈkeɪtɪŋ Am juːˈtrəfɪˈkeɪtɪŋ/ a. (Biol) eutrofizzante: ~ agent sostanza eutrofizzante.
eutrophication /ˌjuːˈtrɒfɪˈkeɪʃən/ n. (Biol) eutrofizzazione f.
evacuant /ɪˈvækjuənt/ **I** a. (Farm) purgante, lassativo. **II** n. (Farm) purgante m., lassativo m.
evacuate /ɪˈvækjueɪt/ v.t. **1** fare sgomberare, fare sfollare: to ~ the inhabitants of a town fare sgomberare gli abitanti di una città. **2** (of an area) evacuare, sfollare: the city was -d la città è stata evacuata. **3** (Mil) (of troops) evacuare, ritirare; (of a fort, region) evacuare, sgomberare, ritirarsi da. **4** (Fisiol) evacuare.
evacuation /ɪˌvækjuˈeɪʃən/ n. **1** evacuamento m., sfollamento m. **2** (Mil) evacuazione f.; (of troops) ritiro m. **3** (Fisiol) evacuazione f., defecazione f.
evacuative /ɪˈvækjuətɪv Am ɪˈvækjuətɪv/ a. (Farm) evacuativo.
evacuee /ɪˌvækjuˈiː/ n. sfollato m. (f. -a).
evadable /ɪˈveɪdəbl/ a. eludibile, evitabile, che si può eludere, che si può evitare.
evade /ɪˈveɪd/ **I** v.t. **1** evitare, schivare: to ~ a blow schivare un colpo. **2** (to escape) sfuggire a: to ~ a pursuer sfuggire a un inseguitore. **3** (to elude) eludere: to ~ the law eludere la legge. **4** (of taxes) evadere. **5** (to shirk) sottrarsi a, sfuggire, evitare: to ~ responsibility sottrarsi a una responsabilità. **II** v.i. rifugiarsi nell'evasione, evadere dalla realtà.
evader /ɪˈveɪdər/ n. evasore m.: tax ~ evasore fiscale.
evaginate /ɪˈvædʒɪneɪt/ v.t. (Biol,Fisiol) evaginare.
evagination /ɪˌvædʒɪˈneɪʃən/ n. (Biol,Fisiol) evaginazione f.
evaluate /ɪˈvæljueɪt/ v.t. **1** valutare, stimare. **2** (fig) (to appraise) valutare, stimare, apprezzare: to ~ a proposal valutare una proposta. **3** (to figure; in mathematics) esprimere numericamente; (in logics) esprimere con un valore logico. **4** (Mat) calcolare.
evaluation /ɪˌvæljuˈeɪʃən/ n. **1** valutazione f., perizia f., stima f. **2** (Mat,fig) valutazione f.
evaluator /ɪˈvæljueɪtər Am ɪˈvæljueɪtər/ n. valutatore m. (f. -trice), stimatore m. (f. -trice).
evanesce /ˌevəˈnes Br also ˌiːvəˈnes/ v.i. svanire, sparire.
evanescence /ˌevəˈnesəns Br also ˌiːvəˈnesns/ n. **1** (process) sparizione f., scomparsa f. **2** (quality) evanescenza f.
evanescent /ˌevəˈnesnt Br also ˌiːvəˈnesnt/ a. **1** evanescente, fugace. **2** (Mat) infinitesimale.
evangelic /ˌiːvænˈdʒelɪk, ˌevænˈdʒelɪk/ **I** a. (Rel.prot) evangelico, evangelicale. **II** n. (Rel.prot) evangelico m. (f. -a), evangelicale m./f.
evangelical /ˌiːvænˈdʒelɪkəl, ˌevænˈdʒelɪkəl/ **I** a. (Rel.prot) evangelico, evangelicale: Evangelical Church chiesa evangelica. **II** n. (Rel.prot) evangelico m. (f. -a), evangelicale m./f.
evangelicalism /ˌiːvænˈdʒelɪkəlɪzəm, ˌevænˈdʒelɪkəlɪzəm/ n. (Rel.prot) evangelicalismo m.
evangelise /ɪˈvændʒəlaɪz/ v.t./i. (Br) evangelizzare.
evangelism /ɪˈvændʒəlɪzəm/ n. (Rel) predicazione f. evangelica.
evangelist /ɪˈvændʒəlɪst/ n. **1** (Rel) evangelista m. **2** (Rel.prot) evangelista m., predicatore m.
Evangelist /ɪˈvændʒəlɪst/ n. (Bibl) evangelista m.

evangelistic /ɪˌvændʒə'lɪstɪk/ *a.* **1** della predicazione del vangelo. **2** (*relating to an evangelist*) degli evangelisti. **3** (*seeking to evangelize*) evangelistico, volto a evangelizzare. **4** (*evangelical*) evangelico.

Evangelistic /ɪˌvændʒə'lɪstɪk/ *a.* (*Bibl*) dei quattro evangelisti.

evangelization /ɪˌvændʒəl(a)ɪ'zeɪʃən Am ɪˌvændʒəlɪ'zeɪʃən/ *n.* evangelizzazione *f.*

evangelize /ɪ'vændʒəlaɪz/ *v.t./i.* evangelizzare.

evangelizer /ɪ'vændʒəlaɪzər/ *n.* evangelizzatore *m.* (*f.* -trice).

evaporable /ɪ'væpərəbl/ *a.* evaporabile.

evaporate /ɪ'væpəreɪt Am ɪ'væpəreɪt/ **I** *v.i.* **1** evaporare. **2** (*to give off vapour*) emettere vapore. **3** (*fig*) sfumare, volatilizzarsi, dissolversi, svanire. **II** *v.t.* **1** far evaporare. **2** (*to drive the moisture from*) evaporare.

evaporated /ɪ'væpəreɪtɪd Am ɪ'væpəreɪtɪd/ □ (*Alim*) ~ *milk* latte evaporato, latte condensato non zuccherato.

evaporating /ɪ'væpəreɪtɪŋ Am ɪ'væpəreɪtɪŋ/ □ (*Chim*) ~ *dish* piatto di evaporatore.

evaporation /ɪˌvæpə'reɪʃən/ *n.* **1** evaporazione *f.* **2** (*expulsion of moisture*) evaporamento *m.* **3** (*fig*) scomparsa *f.*, sparizione *f.*

evaporative /ɪ'væpərətɪv Am ɪ'væpəreɪtɪv/ *a.* evaporativo.

evaporator /ɪ'væpəreɪtər Am ɪ'væpəreɪtər/ *n.* (*Tecn*) evaporatore *m.*

evasion /ɪ'veɪʒən/ *n.* **1** evasione *f.* **2** (*avoiding, shirking*) il sottrarsi, lo sfuggire: ~ *of duty* il sottrarsi (*o* il venir meno) al (proprio) dovere. **3** (*of taxes*) evasione *f.*: *tax* ~ evasione fiscale. **4** (*equivocating*) l'essere evasivo, il giocare sull'equivoco. **5** (*instance*) scusa *f.*, pretesto *m.*, scappatoia *f.*, sotterfugio *m.*: *your answers are all -s* le tue risposte sono tutte scuse.

evasive /ɪ'veɪsɪv/ *a.* **1** evasivo, elusivo, ambiguo: *an* ~ *answer* una risposta evasiva. **2** (*not easily caught*) sfuggente, inafferrabile. □ *to take* ~ *action* evitare il combattimento.

evasively /ɪ'veɪsɪvli/ *avv.* evasivamente, in modo evasivo.

evasiveness /ɪ'veɪsɪvnəs/ *n.* l'essere evasivo, elusività *f.*

eve /iːv/ *n.* **1** vigilia *f.*: *on the* ~ *of her wedding* alla vigilia delle sue nozze; (*Br*) *on the* ~ *of the poll* alla vigilia delle elezioni; *Christmas Eve* vigilia di Natale; *New Year's Eve* ultimo dell'anno, San Silvestro. **2** (*poet*) (*evening*) sera *f.*

Eve /iːv/ *n.pr.f.* Eva (*anche Bibl*): *the daughters of* ~ le figlie di Eva, le donne.

evection /ɪ'vekʃən/ *n.* (*Astr*) evezione *f.*

Evelina /ˌevɪ'liːnə, ˌevə'liːnə/ *n.pr.f.* Evelina.

Eveline, Evelyn /'iːvlɪn, 'evlən/ *n.pr.f.* Evelina.

even[1] /'iːvən/ **I** *a.* **1** uniforme, piano, piatto, pari: ~ *ground* terreno piano. **2** (*smooth*) regolare, liscio: *an* ~ *surface* una superficie regolare. **3** (*on the same plane*) pari, allo stesso livello. **4** (*regular*) regolare, uniforme, costante: ~ *breathing* respiro regolare. **5** (*uniform*) uniforme, uguale: *an* ~ *colour* un colore uniforme. **6** (*equal*) uguale, pari, stesso: ~ *quantities* quantità uguali. **7** (*up*) (*calm*) calmo, sereno, placido, tranquillo: *to have an* ~ *temper* avere un carattere sereno. **8** (*fig*) (*fair*) giusto, imparziale, equo. **9** (*fig*) (*quits*) pari, pari e patta: *now we're* ~ adesso siamo pari. **10** (*Mat*) pari: *odd and* ~ *numbers* numeri dispari e pari. **11** (*equally balanced*) in equilibrio, pari. **12** (*exact*) esatto, preciso: *an* ~ *mile* un miglio esatto. **II** *avv.* **1** perfino, persino, anche, addirittura: ~ *you can under-*

stand this perfino tu puoi capirlo; *he smokes continually,* ~ *in bed* fuma continuamente, anche a letto. **2** (*in negatives*) neanche, nemmeno, neppure: *he didn't* ~ *warn me* non mi ha nemmeno avvertito. **3** (*with comparatives*) anche, ancora: *it's* ~ *colder today than it was yesterday* oggi fa ancora più freddo di ieri; ~ *better* ancora meglio. **4** (*as an intensive*) anzi, proprio: *I am willing,* ~ *eager, to help you* sono desideroso, anzi ansioso, di aiutarti. **5** (*rar*) (*exactly*) proprio, esattamente: *it was* ~ *so* era proprio così. □ ~ *as* proprio quando, proprio mentre; (*spec. Am*) *an* ~ *break* un'opportunità, una chance (nella vita); *I can't get an* ~ *break* non mi danno la possibilità di farlo; *never give a sucker an* ~ *break* non dare mai un'opportunità a chi non lo merita; *to have an* ~ *chance of winning* avere una discreta (*o* una buona) probabilità di vincere; (*Br*) *they have* ~ *chances* hanno uguali probabilità, hanno le stesse probabilità; *an* ~ *contest* una battaglia ad armi pari; (*Dir*) *of* ~ *date* della stessa data, di pari data; (*colloq*) *to get* ~ *with so.* farla pagare a qcu.; ~ *if:* **1** anche se: ~ *if it's late* anche se è tardi; **2** (*in negatives*) nemmeno se, neppure se: *I won't help you* ~ *if you ask me* non ti aiuterò nemmeno se me lo chiedi; ~ *if I* (*do*) *say so myself* (o ~ *if I* (*do*) *say it myself*) per quanto non spetti a me dirlo; *I'm a good driver* ~ *if I say it myself* modestia a parte, sono un buon guidatore; *on an* ~ *keel:* **1** (*Mar*) di pescaggio uniforme; **2** (*fig*) in stato di equilibrio; ~ *less* tanto meno, ancora meno; (*Br*) ~ *money* denaro scommesso alla pari; ~ *now* perfino ora; (*in negatives*) neppure ora; ~ *so:* **1** (*nevertheless*) nondimeno, tuttavia; **2** (*rar*) (*exactly so*) proprio così; *on* ~ *terms* alla pari, in condizioni di parità; ~ *then* già allora; ~ *though* sebbene, anche se, benché: *the president isn't quitting* ~ *though he's 75* sebbene abbia 75 anni, il presidente non lascia il posto; *to be* ~ *with:* **1** essere allo stesso livello di; **2** (*fig*) essere pari (e patta) con.

even[2] /'iːvən/ **I** *v.t.* **1** (*to make smooth or even*) pareggiare, appianare, livellare, spianare. **2** (*to make balance*) bilanciare, controbilanciare, compensare. **II** *v.i.* **1** uguagliarsi. **2** (*to balance*) bilanciarsi, compensarsi, essere in pareggio. □ *to* ~ *out:* **1** (*to make smooth or even*) pareggiare, appianare, livellare, spianare; **2** (*to make balance*) bilanciare, controbilanciare, compensare; **3** (*to balance*) bilanciarsi, compensarsi, essere in pareggio; **4** (*to distribute*) distribuire equamente; *to* ~ *up* bilanciare, controbilanciare, compensare.

even[3] /'iːvən/ *n.* (*rar,poet*) (*evening*) sera *f.*

evenfall /'iːvənfɔːl/ *n.* (*lett*) crepuscolo *m.*

even-handed /ˌiːvən'hændɪd/ *a.* imparziale, equo.

even-handedness /ˌiːvən'hændɪdnəs/ *n.* imparzialità *f.*, equità *f.*

evening /'iːvnɪŋ/ **I** *n.* **1** sera *f.*: *in the* ~ di sera, la sera. **2** (*period from sunset to bedtime*) serata *f.*, sera *f.* **3** (*evening's entertainment*) serata *f.*: *an* ~ *at the theatre* una serata a teatro; *a musical* ~ una serata musicale. **4** (*reception*) serata *f.*, ricevimento *m.* (serale), soirée *f.* **II** *a.* serale, della sera. □ *all* ~ tutta la sera; ~ *bag* borsetta da sera; ~ *classes* lezioni serali; ~ *dress:* **1** vestito da sera, abito da sera, abito lungo; **2** (*man's garment*) abito da sera, marsina, frac; ~ *gown* vestito da sera, abito da sera, abito lungo; *to make an* ~ *of it* passare una bella serata; (*Giorn*) ~ *paper* giornale della sera; (*Bot*) ~ *primrose* enagra; (*Br*) ~ *school* scuola serale; (*Astr*) ~ *star*

Venere, stella della sera; *this* ~ questa sera, stasera.

evenings /'iːvnɪŋz/ *avv.* (*Am*) di sera.

evenly /'iːvənli/ *avv.* **1** uniformemente, regolarmente. **2** (*without raising the voice*) con voce pacata, con voce calma. **3** (*impartially*) imparzialmente, equamente. **4** (*in equal parts*) in parti uguali.

even-minded /ˌiːvən'maɪndɪd/ *a.* imparziale, equanime.

evenness /'iːvənnəs/ *n.* **1** uniformità *f.*, regolarità *f.*, uguaglianza *f.* **2** (*equanimity*) calma *f.*, serenità *f.* **3** (*lack of expression*) piattezza *f.*, monotonia *f.* **4** (*rar*) (*fairness*) equità *f.*, imparzialità *f.*

even-numbered /'iːvən,nʌmbəd Am 'iːvən,nʌmbərd/ *a.* con numeri pari.

evens /'iːvənz/ *n.pl.* (*costr.sing.*) (*Br*) denaro *m.* scommesso alla pari.

evensong /'iːvənsɒŋ Am 'iːvənsɑːŋ/ *n.* **1** (*Rel.prot*) preghiera *f.* della sera, canto *m.* della sera. **2** (*Rel.catt*) vespro *m.*

even-steven /ˌiːvən'stiːvən/ *a.* (*colloq*) a posto: *I paid you back so now we're* ~ i soldi te li ho dati, adesso siamo a posto.

event /ɪ'vent/ *n.* **1** avvenimento *m.*, evento *m.*, fatto *m.*: *an important* ~ un avvenimento importante; *happy* ~ lieto evento; *before the* ~ prima del fatto. **2** (*case*) caso *m.*, eventualità *f.*, evenienza *f.* **3** (*Sport*) gara *f.*, prova *f.*, competizione *f.*: *track and field* -*s* gare di atletica leggera. **4** (*outcome*) risultato *m.*, esito *m.* □ *at all* -*s* in ogni caso, qualsiasi cosa accada; *in any* ~ in ogni caso, qualsiasi cosa accada; *in the* ~ *of* in caso di; *in the* ~ *that* nel caso in cui, nel caso che; ~ *management* gestione di eventi.

even-tempered /ˌiːvən'tempəd Am ˌiːvən'tempərd/ *a.* calmo, sereno, imperturbabile.

eventer /ɪ'ventər/ *n.* (*Br*) cavallo *m.* che partecipa a tutte le prove di un concorso ippico.

eventful /ɪ'ventfʊl/ *a.* **1** denso di avvenimenti, ricco di avvenimenti, movimentato: *an* ~ *week* una settimana densa di avvenimenti. **2** (*momentous*) di grande importanza, estremamente importante; (*serious*) grave.

eventide /'iːvəntaɪd/ *n.* (*poet*) sera *f.*, vespro *m.*

eventing /ɪ'ventɪŋ/ *n.* (*Br*) partecipazione *f.* a tutte le prove di un concorso ippico.

eventless /ɪ'ventləs/ *a.* non movimentato, privo di avvenimenti importanti, tranquillo.

eventlessness /ɪ'ventləsnəs/ *n.* mancanza *f.* di avvenimenti importanti.

eventual /ɪ'ventʃʊəl/ *a.* **1** finale, conclusivo: *the* ~ *outcome* il risultato finale; *the* ~ *goal* il fine ultimo. **2** (*consequent*) conseguente. **3** (*rar*) (*depending on events*) eventuale, possibile.

eventuality /ɪˌventʃu'ælɪti Am ɪˌventʃu'æləti/ *n.* eventualità *f.*, evenienza *f.*, caso *m.*

eventually /ɪ'ventʃʊəli/ *avv.* **1** (*ultimately*) alla fine, infine. **2** (*finally*) finalmente: *the goal is to* ~ *eliminate all personnel land mines* lo scopo è di eliminare finalmente tutte le mine antiuomo. **3** (*one day*) prima o poi, un giorno; ~ *he's going to have to answer the question* prima o poi dovrà rispondere a questa domanda.

eventuate /ɪ'ventʃueɪt/ *v.i.* **1** andare a finire, risolversi. **2** (*Am*) (*to come about*) accadere, succedere.

ever /'evər/ *avv.* **1** mai: *have you* ~ *eaten snails?* hai mai mangiato (le) lumache?; *nothing* ~ *happens* non accade mai nulla. **2** (*after comparatives, superlatives*) mai: *harder than* ~ più forte che mai; *it was worse than* ~ era peggio che mai; *the best food I have* ~ *eaten* il cibo migliore che io abbia mai mangiato; *yesterday I had the best cappuccino* ~ ieri ho bevuto il miglior cappuccino della mia vita. **3** (*after interrogatives, as an intensifier*) mai, (*colloq*) diamine, diavolo: *what* ~ *were you thinking of?* a cosa mai stavi pensando? **4** (*as an intensifier*) *often not translated*: (*Am*) *boy, does he* ~ *speak well!* mamma mia come parla bene! **5** (*rar*) (*always*) sempre. ☐ ~ *after* da allora (in poi): *and they lived happily* ~ *after* e da allora vissero felici e contenti; ~ *and again* di tanto in tanto, di quando in quando; *for* ~ (o *for* ~ *and* ~ o *for* ~ *and a day*) per sempre; ~ *since*: **1** fin da (quando): ~ *since she was a child* fin da bambina, fin da quando era bambina; **2** da allora (in poi): *he's been afraid of driving* ~ *since* da allora ha sempre avuto paura di guidare; (*Br,colloq*) ~ *so* molto, estremamente: *I like it* ~ *so much* mi piace moltissimo; ~ *so many sweets* talmente tante caramelle; *thank you* ~ *so much* grazie mille; ~ *so often* molto spesso, spessissimo, spesso e volentieri. *Prov.*: *be it* ~ *so humble, there's no place like home* casa mia, casa mia, per piccina che tu sia, tu mi sembri una badia.

Everest /'evərest/ *n.pr.* (*Geog*) Everest *m.*

everglade /'evəgleid/ *n.* (*Am*) terreno *m.* paludoso.

evergreen /'evəgriːn/ *Am* 'evəgriːn/ **I** *a.* **1** (*Bot*) sempreverde. **2** (*fig*) sempre di attualità, che non tramonta mai. **II** *n.* **1** (*Bot*) sempreverde *m./f.*, pianta *f.* sempreverde. **2** *pl.* (*for decoration*) tralci *m.pl.* di sempreverde.

ever-increasing /,evərɪn'kriːsɪŋ/ *a.* in continuo aumento.

everlasting /,evə'lɑːstɪŋ *Am* ,evə'læstɪŋ/ **I** *a.* **1** eterno, perpetuo, perenne. **2** (*continual*) continuo, incessante: ~ *complaints* continue lamentele. **3** (*durable*) resistente, durevole, (*colloq*) eterno. **II** *n.* **1** eternità *f.* **2** (*Bot*) (*everlasting flower*) semprevivo *m.*

Everlasting /,evə'lɑːstɪŋ *Am* ,evə'læstɪŋ/ *n.* (*Rel*) Eterno *m.*, Dio *m.*

everlastingly /,evə'lɑːstɪŋli *Am* ,evə'læstɪŋli/ *avv.* eternamente, in perpetuo.

everlastingness /,evə'lɑːstɪŋnəs *Am* ,evə'læstɪŋnəs/ *n.* eternità *f.*, immortalità *f.*

evermore /,evə'mɔːr *Am* ,evə'mɔːr/ *a.* sempre, per sempre. ☐ *for* ~ per sempre.

eversible /ɪ'vɜːsəbḷ *Am* ɪ'vɜːsəbḷ/ *a.* (*Fisiol*) rovesciabile.

eversion /ɪ'vɜːʃən *Am* ɪ'vɜːrʃən/ *n.* (*Fisiol*) rovesciamento *m.*: ~ *of the eyelid* ectropion, rovesciamento della palpebra.

evert /ɪ'vɜːt *Am* ɪ'vɜːrt/ *v.t.* (*Fisiol*) rovesciare.

every /'evri/ *a.* **1** ogni, ciascuno, tutti: ~ *day* tutti i giorni; ~ *bottle* ciascuna bottiglia; *his* ~ *word* ogni sua parola. **2** (*with numbers*) ogni: ~ *ten minutes* ogni dieci minuti. **3** (*all possible*) ogni, tutti: *with* ~ *chance of success* con ogni probabilità di successo. **4** (*complete*) ogni, completo, pieno, massimo: *I have* ~ *confidence in you* ho piena fiducia in te. ☐ *he ate* ~ *bit of his dinner* ha spazzato via la cena; ~ *bit as* proprio, esattamente: *my car is* ~ *bit as fast as yours* la mia macchina è veloce esattamente quanto la tua; ~ *bit as intelligent as he* non meno intelligente di lui; ~ *bit as much* altrettanto, esattamente tanto uguale; (*fig*) ~ *inch* in tutto e per tutto, dalla testa ai piedi: ~ *inch a lady* una vera signora; *I know* ~ *inch of the neighbourhood* conosco i dintorni come le mie tasche; ~ *last one* tutti, fino all'ultimo; (*colloq*) ~ *little bit helps* tutto serve, tutto fa brodo; ~ *man* ciascuno, ognuno; ~ *man for himself* ognuno per sé; **2** (*in danger*) si salvi chi può; (*colloq*) ~ *man Jack* tutti quan-

ti, tutti senza eccezione: ~ *man Jack of them* chiunque di loro, uno qualunque di loro (senza particolari capacità); (*colloq*) ~ *mother's son* tutti quanti, tutti senza eccezione; ~ *now and again* (o ~ *now and then* o ~ *once in a while*) di quando in quando, di tanto in tanto; ~ *one of them* ciascuno di loro, tutti; ~ *other*: **1** ogni altro, tutti gli altri; **2** (*alternate*) alterno, uno sì e uno no: ~ *other day* a giorni alterni, un giorno sì e uno no, ogni due giorni; *at* ~ *point* sotto tutti gli aspetti, da ogni punto di vista, sotto tutti i punti di vista; ~ *so often* di quando in quando, di tanto in tanto, ogni tanto, a volte; *at* ~ *step* a ogni passo (*anche fig*); ~ *third* uno su tre: ~ *third tree was chopped down* un albero su tre fu abbattuto; ~ *time*: **1** sempre; **2** (*whenever*) ogni volta; (*fig*) *at* ~ *turn* costantemente, ogni volta, sempre, in ogni occasione; *in* ~ *way* sotto ogni aspetto, in tutto e per tutto; ~ *which way* da tutte le parti, in ogni direzione: *how can I braid your hair if you wiggle* ~ *which way?* come faccio a farti le trecce se continui a muoverti? *Prov.*: ~ *cloud has a silver lining* non tutto il male vien per nuocere; ~ *dog has its day* ognuno ha il suo raggio di sole.

everybody /'evri,bɒdi *Am* 'evri,bɑːdi/ *pron.* ognuno, ciascuno, tutti. ☐ ~ *else* tutti gli altri; *not* ~ *can do this* non è da tutti; non tutti riescono a farlo. *Prov.*: ~ *'s business is nobody's business* affare di tutti, affare di nessuno.

everyday /'evrɪdeɪ, ,evrɪ'deɪ/ *a.* **1** di tutti i giorni, di ogni giorno, quotidiano: ~ *life* la vita quotidiana, la vita di tutti i giorni; *an* ~ *occurrence* un fatto di tutti i giorni. **2** (*of clothes*) di tutti i giorni. **3** (*ordinary*) ordinario, usuale, di tutti i giorni.

Everyman /'evrɪmæn/ *n.* (*Lett*) uomo *m.* qualunque, uomo *m.* comune.

everyone /'evrɪwʌn/ *pron.* ognuno, ciascuno, tutti. ☐ ~ *else* tutti gli altri; *not* ~ *can do this* non è da tutti; non tutti possono farlo. *Prov.*: ~ *knows best where his own shoe pinches* dove stringe la scarpa, lo sa solo chi ce l'ha al piede.

everyplace /'evrɪpleɪs/ *avv.* (*colloq*) dovunque.

everything /'evrɪθɪŋ/ *pron.* **1** tutto, ogni cosa: *I told him* ~ *he wanted to know* gli ho detto tutto quello che voleva sapere. **2** (*sth. important*) tutto: *money isn't* ~ i soldi non sono tutto. **3** (*followed by an adjective*) tutto il: *we did* ~ *necessary* abbiamo fatto tutto il necessario; ~ *possible* tutto il possibile. ☐ ~ *else* tutto il resto, ogni altra cosa; *you are my* ~ tu sei la mia vita, tu sei tutto per me.

everywhere /'evri(h)weə *Am* 'evri(h)wer/ *avv.* **1** in ogni luogo, dappertutto. **2** (*wherever*) dovunque, ovunque.

evict /ɪ'vɪkt/ *v.t.* (*Dir*) **1** sfrattare, dare lo sfratto a: *to* ~ *a tenant* sfrattare un inquilino. **2** (*of a farmer*) escomiare, dare l'escomio a. **3** (*of property*) evincere, rivendicare in giudizio.

evictee /ɪvɪk'tiː/ *n.* **1** sfrattato *m.* (*f.* -a). **2** (*farmer*) colono *m.* escomiato.

eviction /ɪ'vɪkʃən/ *n.* (*Dir*) **1** sfratto *m.* **2** (*of a farmer*) escomio *m.* **3** (*recovery of property*) evizione *f.*

evictor /ɪ'vɪktər/ *n.* **1** chi dà lo sfratto. **2** (*to a farmer*) chi dà l'escomio.

evidence /'evɪdəns/ **I** *n.* **1** prova *f.*, prove *f.pl.*: *lack of* ~ mancanza di prove; *there is a lot of* ~ *that...* esistono molte prove del fatto che...; *there is no firm* ~ *to support this theory* non vi sono prove sostanziali a sostegno di questa teoria. **2** (*indication*) prova *f.*, testimo-

nianza *f.*, dimostrazione *f.*: *the offer is* ~ *of their desire to co-operate* l'offerta è una prova del loro desiderio di collaborare. **3** (*token*) segno *m.*, pegno *m.* **4** (*sign*) segno *m.*, traccia *f.* **5** (*Dir*) prova *f.*: *the* ~ *is too slight* le prove non sono sufficienti. **6** (*Dir*) (*testimony*) testimonianza *f.*, deposizione *f.* **7** (*Dir*) (*witness*) testimone *m./f.* **II** *v.t.* **1** mostrare chiaramente, manifestare, dar prova di. **2** (*to support with evidence*) suffragare con prove, provare. ☐ (*Dir*) ~ *for the accused* prova a discarico; (*Dir*) ~ *for the prosecution* prova a carico; *to give* ~ *of* mostrare segni di; (*Dir*) *to give* ~ deporre, rendere testimonianza; *to be in* ~ essere in evidenza, essere in vista; *they were nowhere in* ~ non si vedevano da nessuna parte.

evident /'evɪdənt/ *a.* evidente, chiaro, manifesto, ovvio: *it is* ~ *that* si vede chiaramente che; *it is* ~ *to me* per me è chiaro; mi sembra chiaro.

evidential /,evɪ'denʃəl *Am* ,evɪ'denʃəl/ *a.* **1** (*of evidence*) probatorio, delle prove. **2** (*providing evidence*) probativo, che fornisce prove.

evidentially /,evɪ'denʃəli *Am* ,evɪ'denʃəli/ *avv.* **1** (*through evidence*) mediante prove, con prove: *to* ~ *determine whether sth. is true* determinare mediante prove se qcs. è vero. **2** (*from the evidential point of view*) dal punto di vista delle prove, a livello di prove: ~ *relevant* significativo come prova. **3** (*as evidence*) come prova, come prove: *to use sth.* ~ usare qcs. come prova.

evidentiary /,evɪ'denʃəri/ *a.* **1** (*Am*) (*of evidence*) probatorio, delle prove. **2** (*Am*) (*providing evidence*) probativo, che fornisce prove. **3** (*Dir*) probatorio.

evidently /'evɪdəntli/ *avv.* evidentemente: *they must have gone on without us* evidentemente se ne sono andati senza di noi, è evidente che se ne sono andati senza di noi.

evil /'iːvəl/ **I** *a.* **1** cattivo, malvagio, maligno, perverso; (*devilish*) diabolico. **2** (*sinful*) peccaminoso, immorale. **3** (*wicked*) dannoso. **4** (*Br*) (*foul*) cattivo, disgustoso: *an* ~ *smell* un cattivo odore. **5** (*malignant*) maligno, cattivo, malevolo. **6** (*wretched*) sventurato, sciagurato, disgraziato, funesto. **II** *n.* **1** male *m.*: *the problem of good and* ~ il problema del bene e del male. **2** (*wickedness*) malvagità *f.*, cattiveria *f.* **3** (*sin*) peccato *m.*, male *m.* **4** (*evil thing, act*) male *m.*, cattiva azione *f.* **5** (*misfortune*) disgrazia *f.*, sventura *f.*, male *m.* **6** (*harmful thing*) cosa *f.* dannosa, danno *m.*, male *m.* **III** *avv.* male, malamente. ☐ (*Br,fig*) *to fall on* ~ *days* cadere in miseria, passare brutti giorni; *to do* ~ *to so.* fare del male a qcu.; ~ *eye* malocchio; *with* ~ *intentions* a fin di male, con cattive intenzioni; *the Evil one* il maligno, il diavolo; (*Br,fig*) *to fall on* ~ *times* cadere in miseria, passare brutti giorni; *he has an* ~ *tongue* è una malalingua, ha una lingua velenosa.

evildoer /'iːvəl,duːər, ,iːvəl'duːər/ *n.* malfattore *m.* (*f.* -trice), persona *f.* malvagia.

evildoing /'iːvəl,duːɪŋ, ,iːvəl'duːɪŋ/ *n.* il fare del male.

evilly /'iːvəli/ *avv.* in modo cattivo, in modo malvagio.

evil-minded /,iːvəl'maɪndɪd, 'iːvəl,maɪndɪd/ *a.* **1** maligno, malvagio. **2** (*dirty-minded*) lascivo, osceno.

evilness /'iːvəlnəs/ *n.* cattiveria *f.*, malignità *f.*, malvagità *f.*

evince /ɪ'vɪns/ *v.t.* **1** mostrare, manifestare, dimostrare. **2** (*to prove*) provare. **3** (*to denote*) denotare, rivelare: *his works* ~ *his intelligence* le sue opere rivelano la sua intelligenza.

evincible /ɪ'vɪnsəbl̩/ *a.* dimostrabile, provabile.

evincive /ɪ'vɪnsɪv/ *a.* dimostrativo, indicativo.

evirate/'iːvɪreɪt,'evɪreɪt/ *v.t.* evirare, castrare.

eviration /ˌiːvɪ'reɪʃən, ˌevɪ'reɪʃən/ *n.* evirazione *f.*, castrazione *f.*

eviscerate /ɪ'vɪsəreɪt/ *v.t.* **1** sventrare. **2** (*Chir*) eviscerare. **3** (*fig*) svuotare del contenuto; (*to weaken*) indebolire.

evisceration /ɪˌvɪsə'reɪʃən/ *n.* **1** sventramento *m.* **2** (*Chir*) eviscerazione *f.*

evocable /'evəkəbl̩, ɪ'voukəbl̩/ *a.* evocabile.

evocation /ˌevou'keɪʃən, ˌiːvou'keɪʃən/ *n.* evocazione *f.*

evocative /ɪ'vɒkətɪv *Am* ɪ'vaːkətɪv/ *a.* **1** (*Art, Lett*) evocativo. **2** (*Occult*) evocatorio, evocativo.

evocatively /ɪ'vɒkətɪvli *Am* ɪ'vaːkətɪvli/ *avv.* in modo (fortemente) evocativo.

evocativeness /ɪ'vɒkətɪvnəs *Am* ɪ'vaːkətɪvnəs/ *n.* evocatività *f.*, capacità *f.* evocatoria.

evoke /ɪ'vouk/ *v.t.* **1** evocare, rievocare: *the music -d happy memories* la musica evocava ricordi felici. **2** (*to elicit*) suscitare, provocare. **3** (*Occult,Lett,Art*) evocare.

evoker /ɪ'voukər/ *n.* evocatore *m.* (*f.* -trice).

evolute /'evəˈluːt *Br also* ˌevəˈljuːt/ **I** *n.* (*Geom*) evoluta *f.* **II** *a.* (*Bot,Zool*) dischiuso.

evolution /ˌevəˈluːʃən *Br also* ˌevəˈljuːʃən/ *n.* **1** (*Biol*) evoluzione *f.*: *the theory of* ~ la teoria dell'evoluzione. **2** (*development*) evoluzione *f.*, sviluppo *m.*: *the* ~ *of an idea* l'evoluzione di un'idea. **3** (*fig*) evoluzione *f.*: *the -s of a skater* le evoluzioni di un pattinatore. **4** (*Mat*) estrazione *f.* di radice. **5** *pl.* (*Mil*) manovre *f.pl.* ☐ (*Chim*) ~ *of hydrogen* sviluppo di idrogeno.

evolutional /ˌevəˈluːʃənl̩ *Br also* ˌevəˈljuːʃənl̩/ *a.* di evoluzione, evolutivo.

evolutionarily /ˌevəˈl(j)uːʃənˈrɪli *Am* ˌevəˈluːʃənerɪli/ *avv.* evolutivamente, in modo evolutivo, per evoluzione.

evolutionary /ˌevəˈl(j)uːʃənˈri *Am* ˌevəˈluːʃəneri/ *a.* di evoluzione, evolutivo.

evolutionism /ˌevəˈluːʃənɪzəm *Br also* ˌevəˈljuːʃənɪzəm/ *n.* evoluzionismo *m.*

evolutionist /ˌevəˈluːʃənɪst *Br also* ˌevəˈljuːʃənɪst/ **I** *a.* evoluzionistico. **II** *n.* evoluzionista *m./f.*

evolutive /'iːvəljutɪv *Am* ˌiːvəˈluːtɪv/ *a.* evolutivo.

evolvable /ɪ'vɒlvəbl̩ *Am* ɪ'vaːlvəbl̩/ *a.* che può evolversi.

evolve /ɪ'vɒlv *Am* ɪ'vaːlv/ **I** *v.t.* **1** elaborare, sviluppare, svolgere: *to* ~ *a plan* elaborare un piano. **2** (*Biol,Mat*) evolvere. **3** (*Chim*) (*to emit*) emettere, esalare, sprigionare. **II** *v.i.* evolversi, svilupparsi.

evolvement /ɪ'vɒlvmənt *Am* ɪ'vaːlvmənt/ *n.* evoluzione *f.*, sviluppo *m.*

evolvent /ɪ'vɒlvənt *Am* ɪ'vaːlvənt/ *n.* (*Mat*) evolvente *f.*

evulsion /ɪ'vʌlʃən/ *n.* evulsione *f.*

ewe /juː/ *n.* (*Zool*) pecora *f.* ☐ (*Alim*) ~ *cheese* pecorino *m.*; ~ *lamb*: **1** (*Zool*) agnella; **2** (*fig*) cosa più cara, tesoro: *one's* ~ *lamb* la pupilla dei propri occhi.

ewer /'juːər *Br also* 'juər/ *n.* **1** brocca *f.*, caraffa *f.* **2** (*Stor*) acquamanile *m.*

ex¹ /eks/ *prep.* **1** (*Econ*) senza. **2** (*Comm*) (fuori) da, franco. ☐ (*Comm*) ~ *dividend* ex dividendo; (*Comm*) ~ *refinery* franco raffineria; (*Comm*) ~ *ship* franco allo sbarco, franco sottobordo; (*Comm*) ~ *store* franco magazzino: *goods delivered* ~ *store* merce consegnata franco magazzino; (*Comm*) ~ *warehouse* franco deposito, franco magazzino; (*Comm*)

~ *wharf* franco banchina.

ex² /eks/ *n.* x *f./m.*, lettera *f.* x.

ex³ /eks/ **I** *a.* ex: ~ *husband* ex marito; ~ *wife* ex moglie; ~ *boyfriend* ex fidanzato. **II** *n.* (*colloq*) (*former love interest*) ex *m./f.*: *my* ~ *has a new girlfriend* il mio ex ha una nuova ragazza.

ex. **1** *examined* (esaminato). **2** *exchange* (cambio).

exacerbate /ek'sæsəbeɪt *Am* ek'sæsərbeɪt/ *v.t.* **1** esacerbare, aggravare, inasprire: *to* ~ *a disease* aggravare una malattia; *to* ~ *a quarrel* inasprire una lite. **2** (*of a person: to irritate*) esacerbare, esasperare, inasprire.

exacerbation /ek,sæsə'beɪʃən *Am* ek,sæsər'beɪʃən/ *n.* esacerbazione *f.*, inasprimento *m.*

exact /ɪk'sækt, ek'sækt/ **I** *a.* **1** preciso, minuzioso, rigoroso: ~ *instructions* precise disposizioni. **2** (*precise*) esatto, preciso: *the* ~ *time* l'ora esatta. **3** (*of a person*) rigoroso, severo, rigido. **II** *v.t.* **1** esigere: *to* ~ *payment* esigere il pagamento. **2** (*to insist on*) esigere, pretendere. **3** (*to require*) richiedere, esigere. **4** (*to extort*) estorcere (*anche fig*). ☐ *to* ~ *revenge* vendicarsi, compiere la propria vendetta; ~ *science* scienza esatta.

exactable /ɪk'sæktəbl̩, ek'sæktəbl̩/ *a.* esigibile.

exacting /ɪk'sæktɪŋ, ek'sæktɪŋ/ *a.* **1** impegnativo, arduo, gravoso: *an* ~ *task* un compito impegnativo. **2** (*of a person*) esigente, rigoroso, che pretende molto.

exactingness /ɪk'sæktɪŋnəs, ek'sæktɪŋnəs/ *n.* carattere *m.* impegnativo, carattere *m.* gravoso.

exaction /ɪk'sækʃən, ek'sækʃən/ *n.* **1** esazione *f.*, riscossione *f.* **2** (*extortion*) estorsione *f.*

exactitude /ɪk'sæktɪtjuːd, ek'sæktɪtjuːd/ *n.* esattezza *f.*, precisione *f.*

exactly /ɪk'sæktli, ek'sæktli/ **I** *avv.* **1** esattamente, precisamente, con esattezza, con precisione: *where* ~ *do you live?* dove abiti esattamente? **2** (*entirely*) esattamente, proprio: *he did* ~ *as I told him* ha fatto esattamente come gli ho detto; *it's* ~ *the same* è esattamente lo stesso. **II** *intz.* proprio così!, esattamente!

exactness /ɪk'sæktnəs, ek'sæktnəs/ *n.* esattezza *f.*, precisione *f.*

exactor /ɪk'sæktər, ek'sæktər/ *n.* esattore *m.* (*f.* -trice).

exaggerate /ɪk'sædʒəreɪt/ *v.t.* **1** esagerare: *to* ~ *the difficulties* esagerare le difficoltà. **2** (*to enlarge beyond normal*) aumentare, ingrandire, ingigantire. **II** *v.i.* esagerare, caricare le tinte.

exaggerated /ɪk'sædʒəreɪtɪd *Am* ɪk'sædʒəreɪtɪd/ *a.* esagerato, spropositato.

exaggeratedly /ɪk'sædʒəreɪtɪdli *Am* ɪk'sædʒəreɪtɪdli/ *avv.* in modo esagerato, in modo spropositato.

exaggeration /ɪk,sædʒə'reɪʃən/ *n.* esagerazione *f.*

exaggerative /ɪk'sædʒərətɪv *Am* ɪk'sædʒərəṭɪv/ *a.* tendente all'esagerazione.

exaggerator /ɪk'sædʒəreɪtər *Am* ɪk'sædʒəreɪṭər/ *n.* esagerato *m.* (*f.* -a).

exalt /ɪk'sɔːlt, ek'sɔːlt/ *v.t.* **1** innalzare, elevare, esaltare: *to be -ed to a peerage* essere innalzato alla dignità di pari. **2** (*to extol*) esaltare, magnificare. **3** (*of colours*) rendere più intenso, ravvivare.

exaltation /ˌeksɔːl'teɪʃən/ *n.* **1** esaltazione *f.* **2** (*elevation in rank*) innalzamento *m.*, elevazione *f.* **3** (*elation*) esaltazione *f.*, eccitazione *f.*

exalted /ɪk'sɔːltɪd *Am* ɪk'sɔːltɪd/ *a.* **1** elevato, eminente, altolocato: *an* ~ *personage* un personaggio eminente; *an* ~ *position* una po-

sizione elevata. **2** (*of style*) elevato. **3** (*elated*) esaltato, eccitato.

exaltedly /ɪk'sɔːltɪdli *Am* ɪk'sɔːltɪdli/ *avv.* con esaltazione, con eccitazione.

exaltedness /ɪk'sɔːltɪdnəs *Am* ɪk'sɔːltɪdnəs/ *n.* (*state of being exalted*) esaltazione *f.*

exam /ɪg'zæm, eg'zæm/ *n.* (*Scol*) esame *m.*

examen /eg'zeɪmen, ɪg'zeɪmen/ *n.* (*formal and thorough examination*) esame *m.*: ~ *of conscience* esame di coscienza.

examination /ɪg,zæmɪ'neɪʃən, eg,zæmɪ'neɪʃən/ *n.* **1** esame *m.*, inchiesta *f.*, investigazione *f.* **2** (*inspection*) esame *m.*, ispezione *f.*, verifica *f.*: *after closer* ~ dopo un esame più attento. **3** (*Scol,Univ*) esame *m.*, prova *f.*: *to sit for an* ~ (o *to sit an* ~ o *to take an* ~) dare un esame, sostenere un esame; *to pass an* ~ superare un esame; *to fail an* ~ non superare un esame, essere bocciato a un esame. **4** (*Med*) visita *f.*, esame *m.*: *to undergo a medical* ~ sottoporsi a una visita medica. **5** (*Dir*) interrogatorio *m.*, escussione *f.* ☐ (*Med*) ~ *couch* lettino clinico; *on* ~ all'esame, in seguito a esame; (*Dir*) *to be under* ~ essere sotto interrogatorio.

examinational /ɪg,zæmɪ'neɪʃənl̩, eg,zæmɪ'neɪʃənl̩/ *a.* di esame, relativo a un esame.

examinator /ɪg,zæmɪ'neɪtər, eg,zæmɪ'neɪtər *Am* ɪg,zæmɪ'neɪṭər, eg,zæmɪ'neɪṭər/ *n.* esaminatore *m.* (*f.* -trice).

examinatorial /ɪg,zæmɪnəˈtɔːrɪəl, eg,zæmɪnəˈtɔːrɪəl/ *a.* di esaminatore, relativo a un esaminatore.

examine /ɪg'zæmɪn, eg'zæmɪn/ *v.t.* **1** esaminare, ispezionare, verificare: *to* ~ *the records* esaminare i registri. **2** (*to investigate*) indagare, investigare. **3** (*fig*) esaminare, interrogare: ~ *your conscience* interroga la tua coscienza. **4** (*Scol,Univ*) esaminare, interrogare. **5** (*Med*) visitare, (*colloq*) vedere. **6** (*Dir*) interrogare, escutere: *to* ~ *a witness* interrogare un testimone.

examinee /ɪg,zæmɪ'niː, eg,zæmɪ'niː/ *n.* esaminando *m.* (*f.* -a).

examiner /ɪg'zæmɪnər, eg'zæmɪnər/ *n.* **1** ispettore *m.* (*f.* -trice). **2** (*Scol,Univ*) esaminatore *m.* (*f.* -trice), commissario *m.* (*f.* -a) d'esame. **3** (*Dir*) giudice *m.* istruttore.

examining /ɪg'zæmɪnɪŋ, eg'zæmɪnɪŋ/ ☐ (*Scol*) ~ *board* commissione esaminatrice.

example /ɪg'zɑːmpl̩ *Am* ɪg'zæmpl̩/ *n.* **1** esempio *m.* **2** (*specimen*) esempio *m.*, esemplare *m.*, campione *m.* **3** (*model*) esempio *m.*, modello *m.*: *to follow so.'s* ~ seguire l'esempio di qcu. **4** (*warning*) esempio *m.*, avvertimento *m.*, ammonimento *m.*, lezione *f.*: *let this be an* ~ *to you* che ti serva di lezione. **5** (*Mat*) esercizio *m.* ☐ *by* ~ a mo' d'esempio; *for* ~ ad esempio, per esempio; *to make an* ~ *of so.* dare un esempio punendo qcu., infliggere una punizione esemplare a qcu.; *to set an* ~ *for so.* (o *to set a good* ~ *for so.*) dare il buon esempio a qcu. *Prov.*: ~ *is better than precept* contano più gli esempi che le parole.

exanimate /eg'zænɪmət, eg'zænɪmət/ *a.* (*lett*) esanime, senza vita.

exanthema /ˌeksæn'θiːmə/ (*pl.* **-ta** /-tə *Am* -ṭə/, **-s** /-z/) *n.* (*Med*) esantema *m.*

exarch /'eksaːk *Am* 'eksaːrk/ *n.* (*Stor*) esarca *m.*

exarchate /'eksaːkeɪt *Am* 'eksaːrkeɪt/ *n.* (*Stor*) esarcato *m.*

exasperate /ɪg'zæspəreɪt/ *v.t.* **1** esasperare, irritare. **2** (*to aggravate*) aggravare, peggiorare, inasprire.

exasperated /ɪg'zæspəreɪtɪd *Am* ɪg'zæspəreɪtɪd/ *a.* esasperato.

exasperating /ɪg'zæspəreɪtɪŋ *Am* ɪg

'zæspəreɪtɪŋ/ a. esasperante.

exasperatingly /ɪg'zæspəreɪtɪŋli *Am* ɪg 'zæspəreɪtɪŋli/ *avv.* in modo esasperante, esasperatamente.

exasperation /ɪg,zæspə'reɪʃən/ *n.* 1 esasperazione *f.*, irritazione *f.* 2 (*of a disease, pain*) aggravamento *m.*, peggioramento *m.*, inasprimento *m.*

exc. 1 *excellent* (eccellente). 2 *excepted* (eccetto).

Exc. *Excellency* Ecc. (Eccellenza).

excavate /'ekskəveɪt/ I *v.t.* 1 scavare: *to ~ a tunnel* scavare una galleria. 2 (*to dig out*) scavare, estrarre: *to ~ mineral matter* estrarre minerale. 3 (*Archeol*) dissotterrare, (ri)portare alla luce, scavare: *to ~ a lost city* scavare una città sepolta. II *v.i.* fare scavi.

excavation /,ekskə'veɪʃən/ *n.* 1 lo scavare, scavo *m.* 2 (*hole*) scavo *m.*, fossa *f.*, buca *f.* 3 (*Archeol*) scavo *m.*

excavator /'ekskəveɪtər *Am* 'ekskəveɪtər/ *n.* 1 (*worker*) scavatore *m.* 2 (*Mecc*) escavatrice *f.*, escavatore *m.*

exceed /ɪk'siːd, ek'siːd/ I *v.t.* 1 eccedere, superare, oltrepassare, sorpassare: *to ~ the speed limit* superare il limite di velocità. 2 (*of powers, authority, rights*) eccedere, esorbitare da. 3 (*to be superior to*) superare, essere superiore a, eccedere: *the show -ed our expectations* lo spettacolo fu superiore alle nostre aspettative. II *v.i.* 1 eccedere, esagerare, passare i limiti, oltrepassare i limiti. 2 (*to excel*) eccellere.

exceedingly /ɪk'siːdɪŋli, ek'siːdɪŋli/ *avv.* estremamente, straordinariamente.

excel /ɪk'sel, ek'sel/ (*past, p.p.* **excelled** /-d/) I *v.t.* superare, sorpassare, essere superiore a. II *v.i.* eccellere, primeggiare: *to ~ at* (o *in*) *sports* eccellere nello sport.

excellence /'eksələns/ *n.* 1 eccellenza *f.*, perfezione *f.* 2 (*superiority*) superiorità *f.* 3 (*merit*) merito *m.*, pregio *m.*

Excellency /'eksələnsi/ *n.* Eccellenza *f.*: *His ~ the Governor* Sua Eccellenza il Governatore.

excellent /'eksələnt/ *a.* 1 eccellente, ottimo. 2 (*delicious*) prelibato, squisito.

excelsior /ek'selsiər, ɪk'selsiər/ *n.* (*Am*) trucioli *m.pl.* sottili (per imbottiture).

except /ɪk'sept/ I *prep.* eccetto, escluso, salvo, tranne, all'infuori di: *every day ~ Sunday* tutti i giorni eccetto la domenica; *I've looked everywhere ~ in here* ho guardato dappertutto meno che qui. II *congz.* (*rar*) a meno che, salvo che, eccetto che. III *v.t.* eccettuare, escludere (*from* da). IV *v.i.* (*Am*) obiettare, eccepire, sollevare obiezioni, fare obiezioni (*against, to* contro, a). ☐ (*burocr*) *~ by agreement between the parties* salvo accordo tra le parti; *~ for* a eccezione di, fatta eccezione per, salvo; *~ that* a parte quello, a parte questo.

excepting /ɪk'septɪŋ/ I *prep.* eccetto, tranne, salvo. II *congz.* (*rar*) a meno che. ☐ *not ~* compreso, senza escludere: *not ~ me* me compreso.

exception /ɪk'sepʃən/ *n.* 1 eccezione *f.*: *you are an ~* tu sei un'eccezione, tu costituisci un'eccezione; *I can make an ~ in your case* posso fare un'eccezione per te. 2 (*adverse criticism*) obiezione *f.* 3 (*Dir*) eccezione *f.* ☐ (*Assic*) *~ clause* clausola di deroga; *to take ~ with sth.*: 1 fare obiezione a qcs., obiettare a qcs; 2 (*to be offended by*) offendersi per qcs; 3 (*to find fault with*) trovare da ridire su qcs.; *with the ~ of* a eccezione di; *without ~* senza eccezione. *Prov.*: *there is an ~ to every rule* ogni regola ha la sua eccezione; *the ~ proves the rule* l'eccezione confer-

ma la regola.

exceptionable /ɪk'sepʃənəbl/ *a.* criticabile, eccepibile.

exceptional /ɪk'sepʃənəl/ *a.* 1 eccezionale, straordinario. 2 (*unusual*) insolito.

exceptionality /ɪk,sepʃə'næliti *Am* ɪk,sepʃə 'næləti/ *n.* eccezionalità *f.*

exceptionally /ɪk'sepʃənəli/ *avv.* eccezionalmente.

exceptionalness /ɪk'sepʃənəlnəs/ *n.* eccezionalità *f.*

exceptive /ɪk'septɪv, ek'septɪv/ *a.* 1 eccezionale. 2 (*objecting*) pronto a sollevare obiezioni. 3 (*captious*) capzioso. 4 (*Gramm, Filos*) eccettuativo.

excerpt[1] /'eksɜːpt *Am* 'eksɜːrpt/ *n.* stralcio *m.*, estratto *m.*, brano *m.*, passo *m.* scelto.

excerpt[2] /ek'sɜːpt *Am* ek'sɜːrpt/ *v.t.* 1 stralciare. 2 (*to select passages from*) fare una scelta di brani da.

excerption /ek'sɜːpʃən *Am* ek'sɜːrpʃən/ *n.* 1 lo stralciare. 2 (*excerpt*) stralcio *m.*, estratto *m.*, brano *m.*, passo *m.* scelto.

excerptor /ek'sɜːptər *Am* ek'sɜːrptər/ *n.* antologista *m./f.*, (*rar*) escertore *m.*

excess /ɪk'ses, ek'ses/ I *n.* 1 eccesso *m.*, l'eccedere: *~ of liabilities over assets* eccesso del passivo sull'attivo. 2 (*amount*) eccesso *m.*, eccedenza *f.*, soprappiù *m.* 3 (*immoderation; spesso al pl.*) eccesso *m.*, intemperanza *f.*, smoderatezza *f.* 4 *pl.* (*outrages*) eccessi *m.pl.* II *a.* eccedente, in eccedenza, in eccesso. ☐ *~ baggage* eccedenza di bagaglio, bagaglio in eccedenza; (*Econ*) *~ capacity* sovraccapacità; *in ~* in eccesso, troppo; *~ luggage* eccedenza di bagaglio, bagaglio in eccedenza; (*Dir*) *~ of authority* eccesso di potere; (*Post*) *~ postage* soprattassa; *to carry sth. to ~* spingere qcs. all'eccesso; *to drink to ~* essere smodato nel bere.

excessive /ɪk'sesɪv, ek'sesɪv/ *a.* 1 eccessivo, esagerato. 2 (*intemperate*) eccessivo, intemperante, smodato.

excessively /ɪk'sesɪvli, ek'sesɪvli/ *avv.* eccessivamente, in modo esagerato.

excessiveness /ɪk'sesɪvnəs, ek'sesɪvnəs/ *n.* eccessività *f.*

exchange /ɪks'tʃeɪndʒ/ I *v.t.* 1 cambiare: *to ~ dollars for euros* cambiare dollari in euro. 2 (*to interchange*) scambiare: *to ~ gifts with so.* scambiare regali con qcu. 3 (*fig*) barattare, cambiare: *to ~ one's honour for wealth* barattare l'onore con la ricchezza. II *v.i.* 1 (*of currency*) cambiarsi (*for* contro). 2 (*to make an exchange*) fare uno scambio, fare cambio. III *n.* 1 cambio *m.*, scambio *m.*: *an ~ of greetings* uno scambio di saluti; *information ~* scambio di informazioni; *in ~ for* in cambio di, in sostituzione di. 2 (*sth. given or received in exchange*) cambio *m.*, baratto *m.*, scambio *m.*, permuta *f.* 3 (*brief communication*) scambio *m.* di parole, scambio *m.* di battute: *a friendly ~* un amichevole scambio di battute. 4 (*Econ*) (*place for transaction business*) borsa *f.*; (*organized centre*) mercato *m.* 5 (*Econ*) cambio *m.*; (*discharge of obligations*) compensazione *f.* 6 (*Econ*) tasso *m.* di cambio, cambio *m.* ☐ (*Econ*) *~ at par* cambio alla pari; (*Econ*) *~ broker* cambista, intermediario del mercato dei cambi; (*Econ*) *~ equalization fund* fondo per la stabilizzazione dei cambi; (*Econ*) *~ for forward delivery* cambio a termine, cambio per consegna differita; (*Econ*) *~ list* listino dei cambi, bollettino dei cambi; (*Econ*) *~ market* mercato dei cambi, mercato delle valute; *~ of views* scambio di opinioni; scambio di idee; (*Scol*) *~ office* ufficio (di) cambio, agenzia di cambio; (*Econ*) *~ profit* utile di cambio; (*Scol*)

~ programme (o *Am ~ program*) programma di scambio; (*Econ*) *~ rate* tasso di cambio, cambio; (*Econ*) *~ rate risk* rischio di cambio; (*Econ*) *~ rate stability* stabilità dei tassi di cambio; (*Econ*) *~ reserves* riserve valutarie; (*Econ*) *~ restrictions* restrizioni valutarie; (*Scol*) *~ student* studente che usufruisce di un programma di scambio; *to ~ words* avere un diverbio. *Prov.*: *~ is no robbery* il baratto non è furto.

exchangeability /ɪks,tʃeɪndʒə'bɪlɪti *Am* ɪks ,tʃeɪndʒə'bɪləti/ *n.* possibilità *f.* di scambio, l'essere cambiabile.

exchangeable /ɪks'tʃeɪndʒəbl/ *a.* cambiabile, che si può scambiare.

exchanger /ɪks'tʃeɪndʒər/ *n.* 1 chi cambia, chi scambia. 2 (*of money*) cambiavalute *m./f.*

exchequer /ɪks'tʃekər, eks'tʃekər/ *n.* 1 (*GB*) scacchiere *m.* 2 (*treasury*) erario *m.*, tesoro *m.*, finanze *f.pl.* 3 (*colloq*) (*finances*) fondi *m.pl.*, finanze *f.pl.* ☐ (*Econ*) *~ bond* buono del tesoro.

Exchequer /ɪks'tʃekər, eks'tʃekər/ *n.* 1 (*GB*) ministero *m.* delle finanze e del tesoro. 2 (*Stor.brit*) scacchiere *m.*

excipient /ɪk'sɪpiənt, ek'sɪpiənt/ *n.* (*Farm*) eccipiente *m.*

excisable /ek'saɪzəbl *Am also* 'eksaɪzəbl/ *a.* (*Econ*) soggetto a imposte indirette.

excise[1] /'eksaɪz *Br also* ek'saɪz/ I *n.* 1 (*Econ*) dazio *m.* di consumo. 2 (*on manufacture*) imposta *f.* di fabbricazione. 3 (*indirect tax*) imposta *f.* indiretta. 4 (*licensing tax*) tassa *f.* sulle licenze. 5 (*GB*) (*branch of the Inland Revenue*) dazio *m.* II *v.t.* far pagare il dazio su, gravare di imposta, tassare. ☐ *~ and revenue police* polizia tributaria; (*Econ*) *~ duty* imposta di fabbricazione, accisa; (*on consumption*) imposta sui consumi; (*Econ*) *~ tax* imposta di consumo.

excise[2] /ek'saɪz/ *v.t.* 1 (*Chir*) asportare, recidere: *to ~ a tumour* asportare un tumore. 2 (*fig*) espungere, sopprimere.

exciseman /ek'saɪzmən/ *n.irr.* (*Br*) agente *m.* delle imposte indirette.

excision /ek'sɪʒən/ *n.* 1 il tagliar via. 2 (*Chir*) escissione *f.*, asportazione *f.* 3 (*expunction*) espunzione *f.*, eliminazione *f.*, soppressione *f.*

excitability /ɪk,saɪtə'bɪlɪti *Am* ɪk,saɪtə'bɪləti/ *n.* eccitabilità *f.*, irritabilità *f.*

excitable /ɪk'saɪtəbl *Am* ɪk'saɪtəbl/ *a.* 1 eccitabile, irritabile. 2 (*Biol*) eccitabile.

excitably /ɪk'saɪtəbli *Am* ɪk'saɪtəbli/ *avv.* in modo eccitabile, in modo irritabile: *~ boyish* infantile ed eccitabile.

excitant /ɪk'saɪtənt *Br also* 'eksaɪtənt/ I *a.* eccitante. II *n.* (*Fisiol*) eccitante *m.*, stimolante *m.*

excitation /,eksaɪ'teɪʃən *Br also* ,eksɪ'teɪʃən/ *n.* eccitazione *f.*

excitative /ek'saɪtɪv *Am* ek'saɪtɪv/ *a.* (*rar*) eccitativo, eccitante.

excitatory /ek'saɪtətri *Am* ek'saɪtətɔːri/ *a.* (*rar*) eccitatorio, eccitante.

excite /ɪk'saɪt/ *v.t.* 1 eccitare, agitare. 2 (*to arouse*) suscitare, provocare, sollevare: *to ~ jealousy in so.* suscitare gelosia in qcu. 3 (*to stir up*) provocare, far nascere: *to ~ suspicion* far nascere dei sospetti. 4 (*Fisiol, El, Nucl*) eccitare. ☐ *to ~ so. to anger* far arrabbiare qcu.

excited /ɪk'saɪtɪd *Am* ɪk'saɪtɪd/ *a.* 1 agitato, eccitato, pieno di entusiasmo: *an ~ crowd* una folla eccitata. 2 (*enthusiast*) entusiasta. 3 (*Fis*) eccitato. ☐ *to get ~ over sth.* agitarsi per qcs.; *don't get ~!* non agitarti!

excitedly /ɪk'saɪtɪdli *Am* ɪk'saɪtɪdli/ *avv.* in modo eccitato, con eccitazione, concitatamente.

excitement /ɪk'saɪtmənt/ n. 1 agitazione f., eccitamento m., eccitazione f. 2 (*enthusiasm*) entusiasmo m.

exciter /ɪk'saɪtər Am ɪk'saɪtər/ n. 1 eccitatore m. (f. -trice). 2 (*El*) eccitatrice f., eccitatore m. 3 (*Med*) stimolante m., eccitante m.

exciting /ɪk'saɪtɪŋ Am ɪk'saɪtɪŋ/ a. emozionante, entusiasmante, eccitante: an ~ story un racconto emozionante; an ~ match una partita entusiasmante.

exclaim /ɪks'kleɪm, eks'kleɪm/ I v.i. 1 esclamare, gridare, prorompere. 2 (*to protest loudly*) inveire (*at, against* contro). II v.t. proclamare.

exclam. (*Gramm*) exclamation escl. (esclamazione).

exclamation /ˌeksklə'meɪʃən/ n. 1 esclamazione f., grido m.: an ~ of pain un'esclamazione di dolore. 2 (*loud protest*) protesta f. violenta. 3 (*Gramm*) esclamazione f. □ (*Gramm*) ~ mark (o ~ point) punto esclamativo.

exclamatory /eks'klæmətəri Am eks'klæmətɔːri/ a. esclamativo (*anche Gramm*).

exclave /'ekskleɪv/ n. (*Geog*) exclave f.

exclosure /ek'skloʊʒər, ɪk'skloʊʒər/ n. area f. recintata (per impedire il pascolo degli animali e proteggere la vegetazione).

excludability /ɪks,kluːdə'bɪlɪti Am ɪks,kluːdə'bɪləti/ n. escludibilità f.

exclude /ɪks'kluːd/ v.t. 1 vietare l'ingresso a, non ammettere. 2 (*to leave out*) escludere, scartare: to ~ a possibility scartare una possibilità; the policy -s sea risks la polizza esclude i rischi marittimi. □ (*Filos*) law (o principle) of the -d middle principio del terzo escluso.

exclusion /ɪks'kluːʒən/ n. 1 esclusione f. 2 (*debarring rejection*) estromissione f., preclusione f., interdizione f. 3 (*Assic*) esclusione f., delimitazione f. □ (*Edil*) ~ area zona di rispetto; (*Am*) ~ law: 1 (*Stor*) legge che vieta l'immigrazione; 2 (*estens*) legge discriminatoria; (*Br,Dir*) ~ order ordine di espulsione; (*Fis*) ~ principle principio di esclusione; to the ~ of in modo da escludere, escludendo; with the ~ of a esclusione di, fatta eccezione per, eccetto.

exclusionary /ɪks'kluːʒənəri Am ɪks'kluːʒəneri/ a. esclusorio. □ (*Dir*) ~ rule norma applicata dal giudice per escludere l'uso in giudizio di una prova ottenuta illegalmente.

exclusionism /ɪks'kluːʒənɪzəm/ n. l'essere esclusivo.

exclusionist /ɪks'kluːʒənɪst/ n. chi esclude.

exclusive /ɪks'kluːsɪv, eks'kluːsɪv/ I n. (*Giorn*) (*of a news item*) esclusiva f.: to give an ~ concere un'esclusiva. II a. 1 esclusivo. 2 (*reserved for a privileged group*) esclusivo, chiuso, ristretto, selettivo, elitario, di élite: an ~ club un circolo esclusivo. 3 (*haughty*) altezzoso, altero. 4 (*single, sole*) solo, unico, esclusivo. 5 (*undivided*) intero, indiviso, totale, tutto: one's ~ attention (tutta) la propria attenzione. 6 (*Giorn*) (*of a news item*) in esclusiva. 7 (*colloq*) (*of high quality*) di lusso, lussuoso: an ~ hotel un albergo di lusso. 8 (*colloq*) (*expensive*) caro, costoso. □ (*Comm*) ~ agent agente esclusivo; (*Comm*) ~ contract contratto (in) esclusiva; ~ interview intervista (in) esclusiva; ~ licence licenza esclusiva; ~ of escluso, eccetto: ~ of VAT IVA esclusa; (*Pol*) ~ powers poteri esclusivi; an ~ profession una professione chiusa; ~ rights diritti esclusivi.

exclusively /ɪks'kluːsɪvli, eks'kluːsɪvli/ avv. esclusivamente, soltanto, unicamente.

exclusiveness /ɪks'kluːsɪvnəs, eks-

exclusivism /ɪks'kluːsɪvɪzəm, eks'kluːsɪvɪzəm/ n. esclusivismo m.

exclusivist /ɪks'kluːsɪvɪst, eks'kluːsɪvɪst/ n. esclusivista m./f.

exclusivity /ˌeksklu:'sɪvɪti Am ˌeksklu:'sɪvəti/ n. esclusività f.

excogitate /ek'skɒdʒɪteɪt Am ek'ska:dʒɪteɪt/ v.t. 1 escogitare, ideare. 2 (*to invent*) inventare.

excogitation /ek,skɒdʒɪ'teɪʃən Am ek,ska:dʒɪ'teɪʃən/ n. 1 l'escogitare. 2 (*product*) trovata f. 3 (*invention*) invenzione f.

excogitative /ek'skɒdʒɪtətɪv Am ek'ska:dʒɪteɪtɪv/ a. escogitativo.

excommunicable /ˌekskə'mju:nɪkəbl/ a. (*Rel*) 1 (*of a person*) scomunicabile. 2 (*of an offence*) punibile con la scomunica.

excommunicate[1] /ˌekskə'mju:nɪkeɪt/ v.t. (*Rel*) scomunicare.

excommunicate[2] /ˌekskə'mju:nɪkeɪt, ˌekskə'mju:nɪkət/ a. scomunicato.

excommunicate[3] /ˌekskə'mju:nɪkət/ n. scomunicato m. (f. -a).

excommunication /ˌekskə,mju:nɪ'keɪʃən/ n. (*Rel*) scomunica f.

excommunicative /ˌekskə'mju:nɪkeɪtɪv Am ˌekskə'mju:nɪkətɪv/ a. di scomunica.

excommunicator /ˌekskə'mju:nɪkeɪtər Am ˌekskə'mju:nɪkeɪtər/ n. chi scomunica.

ex-con /eks'kɒn Am eks'ka:n/ n. (*colloq*) ex-detenuto m. (f. -a), ex-carcerato m. (f. -a).

exconvict /eks'kɒnvɪkt Am eks'ka:nvɪkt/ n. ex-detenuto m. (f. -a), ex-carcerato m. (f. -a).

excoriate /ek'skɔːrieɪt, ɪk'skɔːrieɪt/ v.t. 1 escoriare, scorticare. 2 (*fig*) criticare aspramente, stroncare.

excoriation /ek,skɔːri'eɪʃən, ɪk,skɔːri'eɪʃən/ n. 1 escoriazione f., scorticatura f. 2 (*fig*) aspra critica f., stroncatura f.

excrement /'ekskrəmənt/ n.spec.pl. escremento m.

excremental /ˌekskrə'mentəl Am ˌekskrə'mentəl/ a. escrementizio.

excrementitious /ˌekskrəmen'tɪʃəs/ a. escrementizio.

excrescence /ɪk'skresəns, ek'skresəns/ n. 1 escrescenza f., protuberanza f., sporgenza f. 2 (*Med*) escrescenza f. 3 (*fig*) brutta aggiunta f.

excrescency /ɪk'skresənsi, ek'skresənsi/ n. 1 escrescenza f., protuberanza f., sporgenza f. 2 (*Med*) escrescenza f. 3 (*fig*) brutta aggiunta f.

excrescent /ɪk'skresənt, ek'skresənt/ a. 1 protuberante, sporgente. 2 (*superfluous*) superfluo, inutile. 3 (*Ling*) epentetico.

excreta /ek'skri:tə Am ek'skri:tə/ n.pl. (*Biol*) escrezioni f.pl.; (*faeces*) escrementi m.pl., feci f.pl.

excrete /ek'skri:t/ v.t. espellere: to ~ sweat espellere il sudore.

excretion /ek'skri:ʃən/ n. 1 escrezione f. 2 (*substance*) escreto m., secrezione f.

excretive /ek'skri:tɪv Am ek'skri:tɪv/ I a. 1 escretivo. 2 (*serving for excretion*) escretorio, escretore. II n. (*Anat*) organo m. escretorio.

excretory /ek'skri:təri Am ek'skri:tərɪ/ I a. 1 escretivo. 2 (*serving for excretion*) escretorio, escretore. II n. (*Anat*) organo m. escretorio.

excruciate /ɪk'skru:ʃieɪt/ v.t. 1 torturare. 2 (*to inflict mental pain upon*) tormentare, affliggere.

excruciating /ɪk'skru:ʃieɪtɪŋ Am ɪk'skru:ʃieɪtɪŋ/ a. 1 straziante, atroce. 2 (*inflicting mental pain*) tormentoso, angoscioso. 3 (*colloq*) (*intense*) fortissimo, acuto: an ~ pain un dolore fortissimo.

excruciatingly /ɪk'skru:ʃieɪtɪŋli Am ɪk-

'skru:ʃieɪtɪŋli/ avv. (*colloq*) (*very*) molto, terribilmente: ~ embarrassing terribilmente imbarazzante.

excruciation /ɪk,skru:ʃi'eɪʃən/ n. tortura f., tormento m.

exculpate /'ekskʌlpeɪt, ɪk'skʌlpeɪt/ v.t. 1 discolpare, scolpare, scagionare. 2 (*Dir*) assolvere.

exculpation /ˌekskʌl'peɪʃən/ n. discolpa f.

exculpatory /ek'skʌlpətəri Am ek'skʌlpətɔːri/ a. che discolpa, che scagiona.

excurrent /ek'skʌrənt Am ,ek'ska:rənt/ a. 1 che scorre in fuori, defluente. 2 (*Biol*) (*of blood*) arterioso. 3 (*Bot*) sporgente.

excursion /ɪk'skɜːʒən Am ɪk'skɜːrʒən/ n. 1 escursione f., gita f.: to go on an ~ fare una gita. 2 (*fig*) digressione f., divagazione f., excursus m. 3 (*Fis,Mecc*) escursione f., ampiezza f. 4 (*Mil,ant*) incursione f., scorreria f. □ ~ cruise crociera di piacere, crociera turistica; ~ ticket biglietto turistico; ~ train treno per gitanti.

excursional /ek'skɜːʃənl Am ek'skɜːrʒənl/ a. di un'escursione.

excursionary /ek'skɜːʃənəri Am ek'skɜːrʒəneri/ a. di un'escursione.

excursionist /ɪk'skɜːʃənɪst Am ɪk'skɜːrʒənɪst/ n. escursionista m./f., gitante m./f.

excursive /ek'skɜːsɪv Am ek'skɜːrsɪv/ a. 1 digressivo. 2 (*desultory*) sconnesso.

excursively /ek'skɜːsɪvli Am ek'skɜːrsɪvli/ avv. in modo digressivo.

excursiveness /ek'skɜːsɪvnəs Am ek'skɜːrsɪvnəs/ n. l'essere digressivo.

excursus /ek'skɜːsəs Am ek'skɜːrsəs/ (*pl.inv.* o -es /-ɪz/) n. 1 dissertazione f. 2 (*digression*) excursus m., digressione f.

excusable /ɪk'skju:zəbl, ek'skju:zəbl/ a. scusabile, perdonabile; (*understandable*) comprensibile.

excusableness /ɪk'skju:zəblnəs, ek'skju:zəblnəs/ n. l'essere scusabile, l'essere giustificabile.

excusably /ɪks'kju:zəbli, ek'skju:zəbli/ avv. scusabilmente; (*understandably*) comprensibilmente.

excusatory /ɪk'skju:zətəri Am ɪk'skju:zətɔːri/ a. giustificativo.

excuse /ɪk'skju:z, ek'skju:z/ I v.t. 1 scusare, perdonare: you must ~ his rudeness dovete scusare la sua maleducazione. 2 (*to apologize for*) scusare, scagionare, scolpare. 3 (*to justify*) giustificare (*anche Scol*): to ~ an absence giustificare un'assenza. 4 (*to release from an obligation, from*) scusare, dispensare, esonerare (*from* da). 5 (*rifl.*) to ~ oneself scusarsi: to ~ oneself from the table scusarsi perché ci si alza dal tavolo. 6 (*to permit to leave*) dare il permesso di andarsene a: you are -d può uscire. II n. 1 scusa f., scusante f., giustificazione f.: he gave no ~ non ha fornito alcuna giustificazione. 2 (*pretext*) scusa f., pretesto m.: a good ~ una buona scusa. 3 (*exemption*) dispensa f., esenzione f., esonero m. 4 (*colloq*) (*inferior example*) brutta copia f., surrogato m.: a poor ~ for a human being una sottospecie di essere umano. 5 pl. (*apologies*) scuse f.pl.: to make (one's) -s scusarsi. □ (*Mil*) -d from duty esonerato dal servizio; in ~ of sth. a giustificazione di qcs.; ~ me (mi) scusi; (*when passing so.*) (con) permesso, scusi; (*Am*) ~ me? come ha detto?

ex d., ex div. (*Econ*) ex dividend (ex dividendo).

exeat /'eksiæt, 'eksieæt/ n. (*Scol,Univ*) permesso m. di assentarsi.

execrable /'eksɪkrəbl/ a. 1 esecrabile, abominevole, detestabile. 2 (*colloq*) (*very bad*) pessimo: ~ taste pessimo gusto.

execrably /'eksɪkrəbli/ avv. pessimamente, in modo orrendo.

execrate /'eksɪkreɪt/ I v.t. esecrare, aborrire, detestare. II v.i. lanciare imprecazioni, lanciare maledizioni, imprecare.

execration /,eksɪ'kreɪʃən/ n. 1 esecrazione f. 2 (curse) imprecazione f., maledizione f.

execrative /'eksɪkreɪtɪv Am 'eksɪkreɪṭɪv/ a. esecratorio.

execratory /'eksɪkreɪtəri Am 'eksɪkreɪtɔːri/ a. esecratorio.

executable /'eksɪkjuːtəbḷ Am 'eksɪkjuːtəbḷ/ a. 1 eseguibile, fattibile. 2 (Inform) eseguibile.

executant /ɪg'zekjutənt, eg'zekjutənt/ n. esecutore. (f. -trice) (anche Mus).

execute /'eksɪkjuːt/ v.t. 1 eseguire, compiere, attuare, mettere in atto, realizzare: to ~ a plan mettere in atto un piano. 2 (to perform, to do) eseguire, fare, effettuare: ~ a difficult dive eseguire un tuffo difficile. 3 (to inflict capital punishment on) giustiziare. 4 (Dir) (of a law, decree) eseguire, rendere esecutivo; (of a mortgage) convalidare; (of a deed, contract) firmare, rendere esecutivo; (of a will) dare esecuzione a. 5 (Art) eseguire, fare, creare. 6 (Inform) eseguire: ~ a program eseguire un programma.

execution /,eksɪ'kjuːʃən/ n. 1 esecuzione f. 2 (the carrying out) esecuzione f., compimento m. 3 (accomplishment) realizzazione f., attuazione f., adempimento m. 4 (capital punishment) esecuzione f. (capitale): the ~ of a murderer l'esecuzione di un assassino. 5 (Dir) esecuzione f., processo m. esecutivo; (judicial writ) disposto m. esecutivo: the ~ of a will l'esecuzione di un testamento. 6 (Art) esecuzione f., fattura f. ☐ in the ~ of one's duty nell'adempimento del proprio dovere; to carry (o to put) sth. into ~ mettere in esecuzione qcs., dare esecuzione a qcs.

executioner /,eksɪ'kjuːʃənər/ n. boia m., carnefice m.

executive /ɪg'zekjutɪv Am ɪg'zekjuṭɪv/ I a. 1 esecutivo (anche Pol): ~ power potere esecutivo. 2 (designed for executives) per dirigenti, per alti funzionari: ~ hotel suite suite d'albergo per dirigenti. 3 (suited for managing, performing) direttivo: ~ ability capacità direttiva; ~ personnel personale direttivo. II n. 1 dirigente m./f. 2 (collett.) (directing body) esecutivo m., comitato m. esecutivo. 3 (Pol) esecutivo m., potere m. esecutivo. ☐ (GB) ~ agency agenzia esecutiva; (US) ~ agreements accordi internazionali; ~ board comitato esecutivo; (Pol) ~ branch potere esecutivo, esecutivo; ~ committee comitato esecutivo; (Pol) ~ council: 1 consiglio esecutivo; 2 (advising a government) comitato consultivo; (US) ~ department dipartimento dell'esecutivo; ~ director direttore esecutivo (anche Cin); ~ duties mansioni direttive; (US) Executive Mansion Casa Bianca; (US) Executive Office (of the President) Ufficio esecutivo (del Presidente); ~ order: 1 disposizione esecutiva; 2 (US) provvedimento esecutivo; ~ president presidente effettivo; (US) ~ privilege diritto (del Presidente) di non comparire di fronte alle commissioni congressuali o alle corti; ~ producer produttore esecutivo (anche Cin); ~ search ricerca di risorse manageriali; ~ secretary: 1 segretario con mansioni direttive; 2 (Cin) segretario di produzione; (US,Pol) ~ session sessione a porte chiuse.

executor /ɪg'zekjutər Am ɪg'zekjuṭər/ n. 1 esecutore m. (f. -trice). 2 (Dir) esecutore m. testamentario.

executorial /ɪg,zekju'tɔːriəl/ a. (Dir) esecutorio.

executorship /ɪg'zekjutəʃɪp Am ɪg'zekjuṭərʃɪp/ n. funzione f. di esecutore.

executory /ɪg'zekjutəri Am ɪg'zekjuṭɔːri/ a. 1 esecutivo. 2 (Dir) esecutorio.

executrix /ɪg'zekjutrɪks, eg'zekjutrɪks/ (pl. -trices -'traɪsiːz/, -trixes /-ɪz/) n. (Dir) esecutrice f. testamentaria.

exedra /'eksɪdrə, ek'siːdrə/ (pl. -drae /-driː/) n. (Archeol,Arch) esedra f.

exegesis /,eksɪ'dʒiːsɪs/ (pl. -ses /-siːz/) n. esegesi f.

exegete /'eksɪdʒiːt/ n. esegeta m./f.

exegetic /,eksɪ'dʒetɪk Am ,eksɪ'dʒeṭɪk/ a. esegetico.

exegetical /,eksɪ'dʒetɪkəl Am ,eksɪ'dʒeṭɪkḷ/ a. esegetico.

exegetics /,eksɪ'dʒetɪks Am ,eksɪ'dʒeṭɪks/ n.pl. (costr.sing.) esegetica f.

exemplar /ɪg'zemplər/ n. 1 esemplare m., modello m. 2 (typical specimen) prototipo m. 3 (copy of a book) esemplare m., copia f.

exemplarily /ɪg'zemplərɪli, eg'zemplərɪli/ avv. in modo esemplare.

exemplariness /ɪg'zemplərɪnəs, eg'zemplərɪnəs/ n. esemplarità f., l'essere esemplare.

exemplary /ɪg'zempləri, eg'zempləri/ a. 1 esemplare: ~ behaviour condotta esemplare. 2 (serving as a warning) esemplare, che serve da esempio, che serve da ammonimento: ~ punishment punizione esemplare. 3 (serving as a model or pattern) che serve da modello. 4 (serving as an example) illustrativo. 5 (typical) tipico. ☐ (Dir) ~ damages penalità, ammenda.

exemplification /ɪg,zemplɪfɪ'keɪʃən, eg,zemplɪfɪ'keɪʃən/ n. 1 esemplificazione f. 2 (Dir) copia f. autentica, copia f. conforme.

exemplify /ɪg'zemplɪfaɪ, eg'zemplɪfaɪ/ v.t. 1 esemplificare, spiegare con esempi. 2 (to serve as an example of) essere un esempio di. 3 (Dir) fare una copia autentica di, fare una copia conforme di.

exempt /ɪg'zempt, eg'zempt/ I v.t. esentare, esonerare, dispensare. II a. esente (from da). III n. 1 persona f. esentata (da tasse ecc.). 2 (GB) (exon) ufficiale m. delle guardie della Torre di Londra.

exemption /ɪg'zempʃən, eg'zempʃən/ n. 1 esenzione f., esonero m. 2 (Econ,Comm) (immunity) franchigia f., esenzione f. da un pagamento: tax ~ immunità fiscale, esenzione fiscale. 3 (Am,Dir) persona f. a carico. ☐ (Dir) ~ clause clausola esoneratrice.

exequatur /,eksɪ'kweɪtər Am ,eksɪ'kweɪṭər/ n. (Dir) exequatur m.

exequies /'eksɪkwɪz Am 'eksɪkwiːz/ n.pl. esequie f.pl.

exercisable /'eksəsaɪzəbḷ Am 'eksər'saɪzəbḷ/ a. esercitabile.

exercise /'eksəsaɪz Am 'eksər'saɪz/ I n. 1 esercizio m. fisico, moto m., movimento m.: to take ~ fare del moto. 2 (instance) esercizio m.: breathing -s esercizi di respirazione. 3 (use) esercizio m., uso m.: the ~ of power l'esercizio del potere. 4 (discharge) adempimento m., esercizio m.: the ~ of one's duties l'esercizio delle proprie funzioni. 5 (Scol) esercizio m.: to do an ~ svolgere un esercizio. 6 (Lett,Art,Mus) esercitazione f. 7 (Rel) pratica f. religiosa. 8 pl. (gymnastics) ginnastica f.sing. 9 pl. (Mil) esercitazioni f.pl., manovre f.pl. 10 pl. (Am) (ceremony) cerimonie f.pl. II v.t. 1 esercitare, tenere in esercizio, allenare: to ~ one's mind esercitare la mente. 2 (to put into use) esercitare, usare, adoperare: to ~ one's rights esercitare i propri diritti. 3 (to exert) esercitare: to ~ influence over so. esercitare un'influenza su qcu. 4 (to

worry; general. al pass.) preoccupare, turbare: to be much -d by sth. essere molto turbato da qcs. 5 (to perplex) rendere perplesso. 6 (Mil,Scol) esercitare. ☐ (colloq) ~ bicycle (o ~ bike) cyclette; ~ book quaderno; (Ginn) ~ class lezione di ginnastica; (Econ) ~ price prezzo di esercizio dell'opzione.

exerciser /'eksəsaɪzər Am 'eksər'saɪzər/ n. 1 chi esercita. 2 (Sport) attrezzo m. ginnico (per esercizi).

exergonic /,eksə'gɒnɪk Am ,eksər'gɑːnɪk/ a. (Chim) esoergonico.

exergue /ek'sɜːg Am 'eksɜːrg/ n. (Numism) esergo m. ☐ (Numism) in ~ in esergo; (Numism) ~ line linea di esergo.

exert /ɪg'zɜːt Am ɪg'zɜːrt/ v.t. 1 esercitare, impiegare, far uso di: to ~ all one's strength impiegare tutta la (propria) forza. 2 (to bring to bear) esercitare: to ~ influence on so. esercitare un'influenza su qcu. 3 (rifl.) to ~ oneself sforzarsi, darsi da fare.

exertion /ɪg'zɜːʃən Am ɪg'zɜːrʃən/ n. 1 sforzo m. 2 (exercise) esercizio m., applicazione f., uso m.: the ~ of authority l'uso delle maniere forti.

exeunt /'eksiʌnt Br also 'eksiunt/ v.i. (terza pers. pl. del pres. ind.) (Teat) escono, partono.

exfoliate /eks'fəulieɪt/ I v.t. 1 ridurre in lamine sottili. 2 (to take off in scales) sfaldare. 3 (Med,Cosmet) esfoliare. II v.i. 1 sfogliarsi. 2 (Med) squamarsi. 3 (Geol) sfaldarsi.

exfoliation /eks,fəuli'eɪʃən/ n. 1 lo staccarsi in lamine sottili. 2 (Med,Cosmet) esfoliazione f. 3 (Geol) desquamazione f.

exhalant /eks'heɪlənt Br also ɪks'heɪlənt/ a. esalante.

exhalation /,eks(h)ə'leɪʃən/ n. 1 esalamento m. 2 (that which is exhaled) esalazione f., emanazione f., effluvio m. 3 (vapour) vapore m.

exhale /eks'heɪl Br also ɪks'heɪl/ I v.i. 1 espirare. 2 (to be given off as vapour) esalare, emanare. 3 (fig) svanire. II v.t. 1 emettere, espirare. 2 (to give off as vapour) emanare, emettere, esalare.

exhaust /ɪg'zɔːst/ I v.t. 1 esaurire, consumare (completamente): to ~ one's patience esaurire la propria pazienza. 2 (to tire out) esaurire, spossare, sfinire, stremare. 3 (to treat, to study thoroughly) sviscerare, studiare a fondo, svolgere a fondo, esaurire: to ~ a subject sviscerare un argomento. 4 (to drain off) scaricare (completamente); (to empty by draining off) vuotare, svuotare. 5 (Agr) (of soil) impoverire, sfruttare. 6 (rifl.) to ~ oneself esaurirsi. II v.i. (Mecc) scaricarsi. III n. 1 (Mecc) (apparatus for discharging) scarico m., scappamento m.; (for withdrawing vitiated air, etc.) apparato m. aspiratore. 2 (gas) gas m. di scarico; (steam) vapore m. di scarico. ☐ (Mot) ~ fan aspiratore; ~ fumes fumi di scarico; ~ gases gas di scarico; (Mot) ~ pipe tubo di scappamento, tubo di scarico; (Aut) ~ silencer silenziatore; (Mot) ~ valve valvola di scarico.

exhausted /ɪg'zɔːstɪd/ a. 1 esausto, sfinito, spossato, stremato, sfibrato. 2 (used up) consumato, esaurito.

exhaustibility /ɪg,zɔːstə'bɪlɪti Am ɪg,zɔːstə'bɪləṭi/ n. esauribilità f.

exhaustible /ɪg'zɔːstəbḷ/ a. esauribile.

exhausting /ɪg'zɔːstɪŋ/ a. che esaurisce, sfibrante, spossante, estenuante, molto faticoso.

exhaustingly /ɪg'zɔːstɪŋli/ avv. in modo spossante, in modo estenuante.

exhaustion /ɪg'zɔːstʃən/ n. 1 esaurimento m. 2 (extreme tiredness) spossatezza f., sfinimento m.

exhaustive /ɪgˈzɔːstɪv/ a. 1 esauriente, completo, approfondito, esaustivo. 2 (*exhausting*) spossante, sfibrante.

exhaustively /ɪgˈzɔːstɪvli/ avv. esaurientemente, completamente, a fondo.

exhaustiveness /ɪgˈzɔːstɪvnəs/ n. l'essere esauriente, esaustività f.

exhibit /ɪgˈzɪbɪt, egˈzɪbɪt/ I v.t. 1 esibire, mostrare. 2 (*of feelings, qualities*) mostrare, dimostrare, rivelare, dare prova di: *to ~ interest* dimostrare interesse; *to ~ courage* dare prova di coraggio. 3 (*to show publicly*) esporre, mettere in mostra: *to ~ a painting* esporre un quadro. 4 (*Dir*) esibire, produrre. 5 (*Med*) somministrare. II v.i. 1 organizzare una mostra, organizzare un'esposizione. 2 (*of artists*) esporre. III n. 1 mostra f., esposizione f. 2 (*sth. which is exhibited*) oggetto m. in esposizione, oggetto m. esposto. 3 (*Dir*) documento m. prodotto in giudizio, oggetto m. prodotto in giudizio.

exhibition /ˌeksɪˈbɪʃən/ n. 1 esibizione f., presentazione f. 2 (*show, exposition*) mostra f., esposizione f.: *an art ~* una mostra d'arte. 3 (*industrial, etc.*) fiera f. 4 (*public display of skill*) dimostrazione f., esibizione f. 5 (*Br, Univ*) (*bursary*) borsa f. di studio. 6 (*Dir*) esibizione f., produzione f. □ *~ hall* sala di esposizione, padiglione di fiera; (*colloq*) *to make an ~ of oneself* dare spettacolo di sé, rendersi ridicolo; *to be on ~* essere esposto, essere in mostra.

exhibitioner /ˌeksɪˈbɪʃənə/ n. (*Br,Univ*) borsista m./f.

exhibitionism /ˌeksɪˈbɪʃənɪzəm/ n. esibizionismo m. (*anche Psic*).

exhibitionist /ˌeksɪˈbɪʃənɪst/ n. esibizionista m./f. (*anche Psic*).

exhibitionistic /ˌeksɪbɪʃəˈnɪstɪk/ a. esibizionistico (*anche Psic*).

exhibitor /ɪgˈzɪbɪtə/ Am ɪgˈzɪbɪtər/ n. 1 espositore m. (f. -trice). 2 (*Cin*) gestore m. (f. -trice) di sala cinematografica.

exhibitory /ɪgˈzɪbɪtəri Am ɪgˈzɪbɪtɔːri/ a. da esposizione.

exhilarate /ɪgˈzɪləreɪt/ v.t. 1 euforizzare, rendere euforico, eccitare. 2 (*to invigorate*) rinvigorire, stimolare.

exhilarating /ɪgˈzɪləreɪtɪŋ Am ɪgˈzɪləreɪtɪŋ/ a. 1 euforizzante, eccitante. 2 (*invigorating*) tonificante, stimolante.

exhilaratingly /ɪgˈzɪləreɪtɪŋli Am ɪgˈzɪləreɪtɪŋli/ avv. in modo euforizzante, in modo eccitante.

exhilaration /ɪgˌzɪləˈreɪʃən/ n. euforia f., eccitazione f.

exhort /ɪgˈzɔːt Am ɪgˈzɔːrt/ v.t. 1 esortare: *to ~ so. to do sth.* esortare qcu. a fare qcs. 2 (*to caution*) ammonire, mettere in guardia.

exhortation /ˌegzɔːˈteɪʃən Am ˌegzɔːrˈteɪʃən/ n. 1 esortazione f. 2 (*admonition*) ammonimento m.

exhortative /ɪgˈzɔːtətɪv Am ɪgˈzɔːrtətɪv/ a. esortativo.

exhortatory /ɪgˈzɔːtətəri Am ɪgˈzɔːrtətɔːri/ a. esortatorio.

exhorter /ɪgˈzɔːtə Am ɪgˈzɔːrtər/ n. esortatore m. (f. -trice).

exhumation /ˌeks(h)juːˈmeɪʃən Am ˌɪgzjuːˈmeɪʃən/ n. esumazione f.

exhume /eks(h)juːm Am ɪgˈz(j)uːm/ v.t. 1 esumare, riesumare, disseppellire. 2 (*fig*) esumare, riesumare.

exigence /ˈeksɪdʒəns/ n. 1 urgenza f. 2 (*emergency*) situazione f. difficile, situazione f. critica, emergenza f. 3 pl. (*requirements*) esigenze f.pl., necessità f.pl.

exigency /ˈeksɪdʒənsi, ɪgˈzɪdʒənsi/ n. 1 ur-

genza f. 2 (*emergency*) situazione f. difficile, situazione f. critica, emergenza f. 3 pl. (*requirements*) esigenze f.pl., necessità f.pl.: *the exigencies of diplomacy* le esigenze della diplomazia.

exigent /ˈeksɪdʒənt/ a. 1 urgente, pressante, impellente: *an ~ need* una necessità impellente. 2 (*serios*) grave: *an ~ situation* una situazione grave. 3 (*demanding*) esigente.

exigible /ˈeksɪdʒəbl̩/ a. esigibile.

exiguity /ˌeksɪˈgjuːɪti Am ˌeksɪˈgjuːəti/ n. esiguità f.

exiguous /egˈzɪgjuəs, ɪgˈzɪgjuəs/ a. esiguo, piccolo, irrilevante.

exiguously /egˈzɪgjuəsli, ɪgˈzɪgjuəsli/ avv. esiguamente, in modo irrilevante.

exiguousness /egˈzɪgjuəsnəs, ɪgˈzɪgjuəsnəs/ n. esiguità f.

exile /ˈeksaɪl/ I n. 1 esilio m., bando m., proscrizione f.: *to be in ~* essere in esilio; *to go into ~* andare in esilio. 2 (*voluntary*) esilio m. volontario. 3 (*person banished*) esule m./f., esiliato m. (f. -a). II v.t. esiliare, mandare in esilio, bandire.

Exile /ˈeksaɪl/ n. (*Stor*) esilio m. babilonese, cattività f. babilonese.

exilian /egˈzɪliən/ a. (*Stor*) dell'esilio babilonese.

exilic /egˈzɪlɪk/ a. (*Stor*) dell'esilio babilonese.

exist /ɪgˈzɪst, egˈzɪst/ v.i. 1 esistere, essere. 2 (*to live*) esistere, vivere: *man cannot ~ without air* l'uomo non può vivere senza l'aria. 3 (*to continue to be*) perdurare, sopravvivere: *witchcraft still ~s* la stregoneria sopravvive ancora. 4 (*to occur*) esserci, trovarsi, essere presente. 5 (*colloq*) vivere poveramente, vivere miseramente, campare. □ *to ~ as* esistere in forma di.

existence /ɪgˈzɪstəns, egˈzɪstəns/ n. 1 esistenza f. 2 (*life*) esistenza f., vita f.: *a miserable ~* una vita triste. 3 (*Filos*) essere m., entità f. □ *in ~* che esiste, esistente; *to be in ~* esistere; *to call sth. into ~* dare vita a qcs.; (*fig*) *to come into ~* avere origine, nascere.

existent /ɪgˈzɪstənt, egˈzɪstənt/ a. 1 esistente. 2 (*existing now*) attuale, presente.

existential /ˌegzɪˈstenʃəl/ a. esistenziale (*anche Filos*).

existentialism /ˌegzɪˈstenʃəlɪzəm/ n. (*Filos*) esistenzialismo m.

existentialist /ˌegzɪˈstenʃəlɪst/ I a. (*Filos*) esistenzialista. II n. esistenzialista m./f.

existentially /ˌegzɪˈstenʃəli/ avv. esistenzialmente (*anche Filos*).

existing /ɪgˈzɪstɪŋ/ a. esistente, attuale: *under ~ conditions* nelle attuali condizioni.

exit /ˈeksɪt/ I n. 1 uscita f. 2 (*Teat*) uscita f. (di scena). 3 (*fig*) morte f., fine f. II v.i. 1 uscire, andar via. 2 (*fig*) morire. 3 (*Inform*) uscire. III v.i. (*solo terza pers. sing. dell'ind. pres.*) (*Teat*) esce, parte: *~ Archie* esce Archie. IV v.t. 1 uscire da, lasciare, andare via da. 2 (*Inform*) uscire da: *to ~ a programme* uscire da un programma. □ *to make one's ~* uscire, andarsene; (*Pol*) *~poll* exit poll, sondaggio all'uscita da un seggio; *~ visa* visto di uscita.

exobiology /ˌeksoubaɪˈɒlədʒi Am ˌeksoubaɪˈɑːlədʒi/ n. (*Biol*) esobiologia f.

exoderm /ˈeksədɜːm Am ˈeksədɜːrm/ n. (*Bot*) esoderma m., esodermide f.

exodus /ˈeksədəs/ n. 1 esodo m. 2 (*estens*) (*mass departure*) esodo m., partenza f. in massa.

Exodus /ˈeksədəs/ n. (*Bibl*) esodo f.

ex officio /ˌeksəˈfɪʃiou, ˌeksəˈfɪsiou/ a./avv. d'ufficio, di diritto: *an ~ member of a com-*

mittee un membro di diritto di un comitato.

exogamic /ˌeksəˈgæmɪk/ a. (*Etnol,Biol*) esogamo.

exogamous /ekˈsɒgəməs Am ekˈsɑːgəməs/ a. (*Etnol,Biol*) esogamo.

exogamy /ekˈsɒgəmi Am ekˈsɑːgəmi/ n. (*Etnol, Biol*) esogamia f.

exogen /ˈeksədʒən/ n. (*Bot*) pianta f. esogena.

exogenous /ekˈsɒdʒənəs Am ekˈsɑːdʒənəs/ a. (*Geol, Biol*) esogeno.

exon[1] /ˈeksɒn/ n. (*Biol*) exon m., exone m.

exon[2] /ˈeksɒn/ n. (*GB*) ufficiale m. delle guardie della Torre di Londra.

exonerate /ɪgˈzɒnəreɪt Am ɪgˈzɑːnəreɪt/ v.t. 1 (*Dir*) discolpare, prosciogliere, scagionare (*from* da): *to ~ so. from a charge* prosciogliere qcu. da un'accusa. 2 (*to relieve*) esonerare, dispensare (*from* da).

exoneration /ɪgˌzɒnəˈreɪʃən Am ɪgˌzɑːnəˈreɪʃən/ n. 1 (*from a charge*) discolpa f., proscioglimento m. 2 (*from an obligation*) esonero m., dispensa f., esenzione f.

exonerative /ɪgˈzɒnərətɪv Am ɪgˈzɑːnəreɪtɪv/ a. 1 che discolpa, giustificativo. 2 (*relieving*) che esonera, che dispensa.

exorbitance /ɪgˈzɔːbɪtəns Am ɪgˈzɔːrbətəns/ n. esorbitanza f., eccessività f., esagerazione f.

exorbitant /ɪgˈzɔːbɪtənt Am ɪgˈzɔːrbətənt/ a. 1 (*of a price, charge, etc.*) esorbitante, spropositato, astronomico, esoso. 2 (*excessive*) esorbitante, eccessivo, esagerato. 3 (*Dir*) illegittimo, arbitrario.

exorcise /ˈeksɔːsaɪz/ v.t. (*Br*) esorcizzare.

exorcism /ˈeksɔːsɪzəm Am ˈeksɔːrsɪzəm/ n. 1 (*act*) esorcizzazione f. 2 (*ceremony, formula*) esorcismo m.

exorcist /ˈeksɔːsɪst Am ˈeksɔːrsɪst/ n. 1 esorcizzatore m. (f. -trice). 2 (*Rel.catt*) (*member*) esorcista m./f. 3 (*Rel.catt*) (*order*) esorcistato m.

exorcize /ˈeksɔːsaɪz Am ˈeksɔːrsaɪz/ v.t. esorcizzare.

exordial /ekˈsɔːdiəl Am egˈzɔːrdiəl/ a. dell'esordio.

exordium /ekˈsɔːdiəm Am egˈzɔːrdiəm/ (pl. -s /-z/, -dia /-diə/) n. 1 esordio m., inizio m. 2 (*Ret*) esordio m.

exoteric /ˌeksouˈterɪk/ a. 1 essoterico. 2 (*fig*) (*popular*) popolare, comune.

exoterical /ˌeksouˈterɪkəl/ a. 1 essoterico. 2 (*fig*) (*popular*) popolare, comune.

exoterics /ˌeksouˈterɪks/ n.pl. (*costr.sing.*) dottrine f.pl. essoteriche.

exothermal /ˌeksouˈθɜːməl Am ˌeksouˈθɜːrməl/ a. (*Chim*) esotermico.

exothermic /ˌeksouˈθɜːmɪk Am ˌeksouˈθɜːrmɪk/ a. (*Chim*) esotermico.

exothermically /ˌeksouˈθɜːmɪkəli Am ˌeksouˈθɜːrmɪkəli/ avv. (*Chim*) esotermicamente.

exotic /ɪgˈzɒtɪk Am ɪgˈzɑːtɪk/ I a. 1 esotico: *~ food* cibo esotico. 2 (*foreign*) forestiero, straniero, esotico: *~ customs* usi forestieri. II n. 1 (*Bot*) pianta f. esotica. 2 (*Zool*) animale m. esotico. 3 (*Ling*) parola f. esotica, esotismo m., forestierismo m. □ *~ dancer* (*strip teaser*) spogliarellista.

exotica /ɪgˈzɒtɪkə Am ɪgˈzɑːtɪkə/ n. oggetti m.pl. (considerati) esotici.

exotically /ɪgˈzɒtɪkli Am ɪgˈzɑːtɪkəli/ avv. esoticamente, in modo esotico.

exoticism /ɪgˈzɒtɪsɪzəm Am ɪgˈzɑːtəsɪzəm/ n. esoticità f., esotismo m.

exotoxin /ˌeksouˈtɒksɪn Am ˌeksouˈtɑːksɪn/ n. (*Biol*) esotossina f.

expand /ɪkˈspænd/ I v.t. 1 dilatare, far aumentare di volume: *heat ~s metal* il calore dilata i metalli. 2 (*to enlarge*) espandere, ampliare, estendere, allargare, ingrandire: *to ~ one's business* ampliare la propria azienda. **3** (*to open wide, to unfold*) spiegare, distendere, aprire: *the eagle -ed its wings* l'aquila spiegò le ali. **4** (*to develop*) sviluppare: *to ~ a topic* sviluppare un argomento. **5** (*Mat*) sviluppare. **6** (*Inform*) espandere. **II** *v.i.* **1** dilatarsi, aumentare di volume; (*of gases*) espandersi. **2** (*to enlarge*) espandersi, ampliarsi, estendersi, allargarsi, ingrandirsi: *our business has -ed greatly* la nostra azienda si è molto ingrandita. **3** (*to spread out*) spiegarsi, distendersi; (*to open out*) aprirsi, schiudersi. **4** (*to expatiate*) dilungarsi, diffondersi (*on, upon* su). **5** (*fig*) (*of a person*) aprirsi, diventare espansivo.

expandability /ɪkˌspændəˈbɪlɪtɪ *Am* ɪkˌspændəˈbɪlətɪ/ *n.* (*Inform*) espandibilità *f.*

expandable /ɪkˈspændəbl̩/ *a.* espansibile, dilatabile.

expanded /ɪkˈspændɪd/ *a.* **1** ampliato, esteso, allargato, ingrandito. **2** (*of gases*) espanso, dilatato. **3** (*spread out*) spiegato, disteso. **4** (*Gramm*) perifrastico. **5** (*Tip*) largo. □ *~ clay* argilla espansa; *~ metal* metallo espanso; *~ plastic* materia plastica espansa.

expander /ɪkˈspændər/ *n.* **1** chi espande. **2** (*Mecc*) allargatubi *m.*, mandrino *m.* **3** (*Sport*) estensore *m.*: *chest ~* estensore per il torace.

expanding /ɪkˈspændɪŋ/ *a.* in espansione, in sviluppo.

expanse /ɪkˈspæns/ *n.* **1** distesa *f.*: *an ~ of water* una distesa di acqua. **2** (*expansion*) espansione *f.*, allargamento *m.*

expansibility /ɪkˌspænsəˈbɪlɪtɪ *Am* ɪkˌspænsəˈbɪlətɪ/ *n.* espansibilità *f.*, dilatabilità *f.*

expansible /ɪkˈspænsəbl̩/ *a.* espansibile, dilatabile.

expansile /ɪkˈspænsaɪl *Am* ɪkˈspænsɪl/ *a.* **1** espansibile, dilatabile. **2** (*relating to expansion*) di espansione.

expansion /ɪkˈspænʃn̩/ *n.* **1** espansione *f.*, dilatazione *f.*, allargamento *m.*: *~ of a gas* espansione di un gas. **2** (*development*) ampliamento *m.*, sviluppo *m.* **3** (*increase*) aumento *m.*, espansione *f.*: *~ of currency* aumento della circolazione monetaria. □ (*Inform*) *~ board* scheda di espansione.

expansionary /ɪkˈspænʃn̩rɪ *Am* ɪkˈspænʃn̩eri/ *a.* espansivo, di espansione.

expansionism /ɪkˈspænʃn̩ɪzəm/ *n.* (*Pol, Econ*) espansionismo *m.*

expansionist /ɪkˈspænʃn̩ɪst/ **I** *a.* (*Pol,Econ*) espansionista, espansionistico. **II** *n.* (*Pol, Econ*) espansionista *m./f.*

expansive /ɪkˈspænsɪv/ *a.* **1** espansivo, dilatabile. **2** (*extensive*) esteso, ampio. **3** (*fig*) (*of a person*) espansivo, aperto. **4** (*Mot*) a espansione.

expansiveness /ɪkˈspænsɪvnəs, ɪkˈspænsɪvnəs/ *n.* espansività *f.*

expatiate /ekˈspeɪʃɪeɪt, ɪkˈspeɪʃɪeɪt/ *v.i.* dilungarsi, diffondersi (*on, upon* su): *to ~ on a subject* dilungarsi su un argomento.

expatiation /ekˌspeɪʃɪˈeɪʃn̩, ɪkˌspeɪʃɪˈeɪʃn̩/ *n.* **1** il dilungarsi. **2** (*instance*) dissertazione *f.*, lungo discorso *m.*

expatiative /ekˈspeɪʃɪətɪv *Am* ekˈspeɪʃɪeɪtɪv/ *a.* che si dilunga.

expatiatory /ekˈspeɪʃɪətərɪ *Am* ekˈspeɪʃɪeɪtɔːrɪ/ *a.* che si dilunga.

expatriate[1] /ɪkˈspeɪtrɪeɪt, ekˈspeɪtrɪeɪt/ **I** *v.t.* esiliare, bandire. **II** *v.i.* espatriare.

expatriate[2] /ɪkˈspeɪtrɪət, ekˈspeɪtrɪət/ **I** *n.* persona *f.* espatriata. **II** *a.* espatriato.

expatriation /ekˌspeɪtrɪˈeɪʃn̩, ɪkˌspeɪtrɪˈeɪʃn̩/ *n.* espatrio *m.*

expect /ɪkˈspekt/ **I** *v.t.* **1** aspettare, attendere: *we ~ them at any moment* li aspettiamo da un momento all'altro; *we ~ them back at eight o'clock* li attendiamo per le ot-

to. **2** (*to consider probable*) aspettarsi, pensare, credere, prevedere (*anche assol*): *it was more expensive than I -ed* era più caro di quanto pensassi; *you can't ~ me to believe you* non puoi aspettarti che io ti creda; *I ~ to be* (o *that I will be*) *home late* prevedo di fare tardi; *as everyone -ed* come tutti si aspettavano, secondo l'aspettativa generale. **3** (*to require*) esigere, pretendere, richiedere (*from* da): *I ~ you to be punctual* esigo che tu sia puntuale; *you must not ~ too much of him* non devi pretendere troppo da lui, non devi chiedergli troppo. **4** (*to suppose*) supporre; (*to assume*) ritenere: *we ~ it was only an accident* riteniamo che sia stato solo un incidente. **5** (*to be pregnant with*) aspettare, essere in attesa di: *to ~ a child* aspettare un bambino. **II** *v.i.* aspettare un bambino, essere incinta: *to be -ing* aspettare un bambino, essere in attesa di un bambino, essere in dolce attesa. □ *I -ed as much* me l'aspettavo; (*colloq*) *I ~ so* credo di sì; (*colloq*) *I don't ~ so* credo di no.

expectance /ɪkˈspektəns, ekˈspektəns/ *n.* **1** aspettativa *f.*; (*state*) aspettazione *f.*; (*waiting*) attesa *f.* **2** (*Statist,Assic*) probabilità *f.*

expectancy /ɪkˈspektənsɪ, ekˈspektənsɪ/ *n.* **1** aspettativa *f.*; (*state*) aspettazione *f.*; (*waiting*) attesa *f.* **2** (*Statist,Assic*) probabilità *f.*

expectant /ɪkˈspektənt, ekˈspektənt/ **I** *a.* **1** in grande aspettativa, in grande aspettazione. **2** (*waiting*) che aspetta, in attesa. **3** (*pregnant*) in attesa, incinta: *an ~ mother* una madre in attesa. **4** (*of a father*) futuro. **5** (*prospective*) probabile, eventuale. **II** *n.* **1** chi aspetta, chi attende. **2** (*candidate*) candidato *m.* (*f.* -a).

expectantly /ɪkˈspektəntlɪ, ekˈspektəntlɪ/ *avv.* con aspettazione.

expectation /ˌekspekˈteɪʃn̩/ *n.* **1** aspettativa *f.*, attesa *f.*, aspettazione *f.*: *his ~ is...* lui si aspetta che... **2** (*degree of probability*) probabilità *f.* (*anche Statist*): *~ of life* (*at birth*) speranza di vita (alla nascita), aspettativa di vita (alla nascita). **3** *pl.* (*prospects*) prospettive *f.pl.*: *to have great -s* avere grandi prospettive. **4** *pl.* (*hopes*) speranze *f.pl.*, aspettative *f.pl.* □ *in ~ of* in previsione di.

expectative /ɪkˈspektətɪv, ekˈspektətɪv *Am* ɪkˈspektətɪv, ekˈspektətɪv/ *a.* di aspettativa, di attesa.

expectorant /ɪkˈspektərənt, ekˈspektərənt/ **I** *a.* (*Med*) espettorante. **II** *n.* (*Med*) espettorante *m.*

expectorate /ɪkˈspektəreɪt, ekˈspektəreɪt/ *v.t./i.* (*Med*) espettorare.

expectoration /ɪkˌspektərˈeɪʃn̩, ekˌspektərˈeɪʃn̩/ *n.* (*Med*) **1** espettorazione *f.* **2** (*expectorated matter*) espettorato *m.*

expedience /ɪkˈspiːdɪəns, ekˈspiːdɪəns/ *n.* **1** opportunità *f.*, convenienza *f.*, utilità *f.* **2** (*self-interest*) interesse *m.* personale, vantaggio *m.* personale.

expediency /ɪkˈspiːdɪənsɪ, ekˈspiːdɪənsɪ/ *n.* **1** opportunità *f.*, convenienza *f.*, utilità *f.* **2** (*self-interest*) interesse *m.* personale, vantaggio *m.* personale.

expedient /ɪkˈspiːdɪənt, ekˈspiːdɪənt/ **I** *a.* **1** conveniente, opportuno, utile. **2** (*advantageous*) vantaggioso. **II** *n.* **1** espediente *m.*, accorgimento *m.* **2** (*makeshift*) ripiego *m.*, espediente *m.* □ *an ~ plan* un piano opportunamente studiato.

expediential /ɪkˌspiːdɪˈenʃl̩, ekˌspiːdɪˈenʃl̩/ *a.* opportunistico, basato sulla convenienza.

expediently /ɪkˈspiːdɪəntlɪ, ekˈspiːdɪəntlɪ/ *avv.* **1** (*in an efficient way*) convenientemente, in modo opportuno. **2** (*in a timely way*) rapidamente, prontamente.

expedite /ˈekspɪdaɪt/ *v.t.* **1** accelerare, affret-

tare. **2** (*to execute promptly*) sbrigare, compiere celermente. **3** (*to dispatch*) spedire: *to ~ a letter* spedire una lettera.

expedition /ˌekspɪˈdɪʃn̩/ *n.* **1** spedizione *f.*: *on an ~ to the South Pole* in una spedizione al Polo Sud. **2** (*promptness*) celerità *f.*, prontezza *f.*, speditezza *f.* **3** (*trip*) gita *f.*, escursione *f.*

expeditionary /ˌekspɪˈdɪʃn̩rɪ *Am* ˌekspɪˈdɪʃn̩eri/ *a.* di spedizione (*anche Mil*): *~ force* corpo di spedizione.

expeditionist /ˌekspɪˈdɪʃn̩ɪst/ *n.* membro *m.* di una spedizione.

expeditious /ˌekspɪˈdɪʃəs/ *a.* rapido, sollecito, veloce, pronto, svelto.

expeditiousness /ˌekspɪˈdɪʃəsnəs/ *n.* prontezza *f.*, rapidità *f.*, celerità *f.*

expel /ɪkˈspel, ekˈspel/ (*past, p.p.* **expelled** /-d/) *v.t.* **1** espellere, emettere: *to ~ air from the lungs* espellere aria dai polmoni. **2** (*to drive out or away*) espellere, cacciare, scacciare. **3** (*Scol,Univ*) espellere, mandar via: *to be -led from school* essere espulso da scuola.

expellable /ɪkˈspeləbl̩, ekˈspeləbl̩/ *a.* che può essere espulso.

expellant /ɪkˈspelənt, ekˈspelənt/ **I** *a.* espulsivo, espulsorio. **II** *n.* (*Farm*) farmaco *m.* espulsivo.

expellee /ˌɪkspeˈliː, ˌekspeˈliː/ *n.* espulso *m.* (*f.* -a).

expend /ɪkˈspend, ekˈspend/ *v.t.* **1** consumare, esaurire: *to ~ time and money on sth.* consumare tempo e denaro in qcs. **2** (*to pay out*) spendere, impiegare, usare.

expendable /ɪkˈspendəbl̩, ekˈspendəbl̩/ **I** *a.* **1** spendibile, usabile, consumabile. **2** (*Mil*) che si può sacrificare (in caso di necessità). **3** (*fig*) di poco valore, di poco conto. **II** *n.spec.pl.* (*Mil*) (*of a person*) soldato *m.* che viene sacrificato (in un'azione). **2** (*of things*) materiale *m.* di consumo.

expenditure /ɪkˈspendɪtʃər, ekˈspendɪtʃər/ *n.* **1** dispendio *m.*, consumo *m.* **2** (*amount expended*) spesa *f.*, somma *f.* spesa, uscita *f.*; (*disbursement*) sborso *m.*

expense /ɪkˈspens, ekˈspens/ *n.* **1** spesa *f.*: *to put oneself to great ~* sobbarcarsi a una spesa ingente. **2** (*cost*) costo *m.* **3** *pl.* (*Comm*) (*charges incurred*) spese *f.pl.*; (*reimbursement*) rimborso *m.sing.* spese. □ (*Comm*) *~ account* conto spese; *~ allowance* rimborso spese; (*fig*) *at so.'s ~* alle spese di qcu., alle spalle di qcu.; *at any ~* a qualunque prezzo, a qualunque costo; *at one's own ~* a proprie spese; *at the ~ of*: **1** a costo di, a prezzo di: *at the ~ of his life* a prezzo della (sua) vita; **2** (*to the detriment of*) a danno di, a detrimento di; *to go to ~* affrontare delle spese.

expensive /ɪkˈspensɪv, ekˈspensɪv/ *a.* costoso, caro, dispendioso: *an ~ dress* un vestito costoso; *travelling is ~* viaggiare costa; *to have ~ tastes* avere gusti dispendiosi.

expensively /ɪkˈspensɪvlɪ, ekˈspensɪvlɪ/ *avv.* a caro prezzo.

expensiveness /ɪkˈspensɪvnəs, ekˈspensɪvnəs/ *n.* dispendiosità *f.*, l'essere costoso.

experience /ɪkˈspɪərɪəns *Am* ɪkˈspɪriəns/ **I** *n.* **1** esperienza *f.*: *to learn from ~* imparare per (o dall') esperienza; *in my ~* in base alla mia esperienza. **2** (*skill gained by practice*) esperienza *f.*, pratica *f.*: *have you any previous teaching ~?* ha precedenti esperienze di insegnamento?; *business ~* esperienza commerciale, pratica d'affari. **3** (*event*) esperienza *f.*: *an amusing ~* un'esperienza divertente. **4** (*stimulating event*) esperienza *f.* emozionante. **II** *v.t.* **1** sperimentare, esperimentare. **2** (*to undergo*) subire. **3** (*to meet* *with*) incontrare: *to ~ difficulty* incontrare difficoltà. **4** (*to feel, to suffer*) provare, sentire, sperimentare: *to ~ pleasure* provare piacere. □ *to know sth. by ~* (o *to know sth. from ~*) sapere qcs. per esperienza; *to ~ a crisis* attraversare una crisi; *to ~ religion* (ri)acquistare fede in Dio; *facts within my ~* fatti di cui ho conoscenza diretta.

experienced /ɪkˈspɪərɪənst *Am* ɪkˈspɪrɪənst/ *a.* esperto, pratico (*in* di), abile, competente (*in* in), con esperienza.

experiential /ɪkˌspɪərɪˈenʃəl *Am* ɪkˌspɪrɪˈenʃəl/ *a.* basato sull'esperienza, empirico.

experientialism /ɪkˌspɪərɪˈenʃəlɪzəm *Am* ɪkˌspɪrɪˈenʃəlɪzəm/ *n.* (*Filos*) empirismo *m.*

experientialist /ɪkˌspɪərɪˈenʃəlɪst *Am* ɪkˌspɪrɪˈenʃəlɪst/ *n.* (*Filos*) empirista *m./f.*

experientially /ɪkˌspɪərɪˈenʃəlɪ *Am* ɪkˌspɪrɪˈenʃəli/ *avv.* per esperienza, in base alla propria esperienza.

experiment[1] /ɪkˈsperɪmənt/ *n.* **1** esperimento *m.*, esperienza *f.*: *a chemistry ~* un esperimento di chimica; *to do an ~* fare un esperimento. **2** (*process of experimenting*) sperimentazione *f.*, esperimenti *m.pl.*: *the result of long ~* il risultato di una lunga sperimentazione. **3** (*test, trial*) prova *f.* □ *~ station* centro sperimentale.

experiment[2] /ɪkˈsperɪment/ *v.i.* fare esperimenti (*on, with* su, con), sperimentare (qcs.): *to ~ with new methods* sperimentare nuovi metodi; *to ~ on animals* fare esperimenti su animali.

experimental /ek,sperɪˈmentəl *Am* ek,sperɪˈmentəl/ *a.* **1** sperimentale: *at an ~ stage* a uno stadio sperimentale. **2** (*empirical*) sperimentale, empirico: *~ methods* metodi sperimentali. □ *~ animal* animale da laboratorio, animale da esperimento; *~ physics* fisica sperimentale; *~ psychology* psicologia sperimentale; *~ research* ricerca sperimentale.

experimentalise /ek,sperɪˈmentəlaɪz/ *v.i.* (*Br*) fare esperimenti (*on, with* su, con), sperimentare (qcs.).

experimentalism /ek,sperɪˈmentəlɪzəm *Am* ek,sperɪˈmentəlɪzəm/ *n.* (*Filos*) sperimentalismo *m.*

experimentalist /ek,sperɪˈmentəlɪst *Am* ek,sperɪˈmentəlɪst/ *n.* **1** (*Filos*) sperimentalista *m./ f.* **2** (*person conducting scientific experiments*) sperimentatore *m.* (*f.* -trice).

experimentalize /ek,sperɪˈmentəlaɪz *Am* ek,sperɪˈmentəlaɪz/ *v.i.* fare esperimenti (*on, with* su, con), sperimentare (qcs.).

experimenter /ɪkˈsperɪməntə*/ *n.* sperimentatore *m.* (*f.* -trice).

expert /ˈekspɜːt *Am* ˈekspɜːrt/ **I** *n.* esperto *m.* (*f.* -a), perito *m.* (*f.* -a); (*specialist*) specialista *m./f.* (*in, at, on* di). **II** *a.* **1** esperto (*at, in* in). **2** (*masterly, proficient*) esperto, provetto, abile: *~ driver* guidatore esperto; *~ skier* sciatore provetto. □ *~ advice* perizia, parere di un esperto; (*Dir*) *~ opinion* perizia; (*Inform*) *~ system* sistema esperto.

expertise /,ekspɜːˈtiːz *Am* ,ekspɜːrˈtiːz/ *n.* expertise *f.*, perizia *f.*

expertly /ˈekspɜːtli *Am* ˈekspɜːrtli/ *avv.* con perizia, con destrezza, abilmente, espertamente.

expertness /ˈekspɜːtnəs *Am* ˈekspɜːrtnəs/ *n.* perizia *f.*, destrezza *f.*, competenza *f.*

expiable /ˈekspɪəbl/ *a.* espiabile.

expiate /ˈekspɪeɪt/ *v.t.* espiare, scontare.

expiation /,ekspɪˈeɪʃən/ *n.* espiazione *f.* □ *in ~ of* in espiazione di; *to make ~ for a crime* espiare un crimine.

expiator /ˈekspɪeɪtə*/ *Am* ˈekspɪeɪtər/ *n.* chi espia.

expiatory /ˈekspɪətrɪ, ,ekspɪˈeɪtəri *Am* ˈekspɪətɔːri/ *a.* espiatorio, propiziatorio.

expiration /,ekspɪˈreɪʃən *Br also* ,ekspaɪ(ə) ˈreɪʃən/ *n.* **1** espirazione *f.* **2** (*fig*) scadenza *f.*, termine *m.*, fine *f.*: *~ of a contract* scadenza di un contratto. □ *~ date* data di scadenza.

expiratory /ɪkˈspɪrətrɪ, ɪkˈspaɪ(ə)rətri *Am* ɪk ˈspaɪrətɔːri/ *a.* **1** espiratorio (*anche Ling*). **2** (*Anat*) espiratore.

expire /ɪkˈspaɪə* *I* *v.i.* **1** (*to breathe out*) espirare. **2** (*fig*) (*to die*) spirare, morire. **3** (*fig*) (*die out*) estinguersi, spegnersi. **4** (*fig*) (*to come to an end*) scadere, finire, terminare: *the bill -s at the end of the month* la cambiale scade alla fine del mese. **II** *v.t.* espirare, esalare.

expiry /ɪkˈspaɪ(ə)rɪ *Am* ɪkˈspaɪri/ *n.* **1** espirazione *f.* **2** (*fig*) (*death*) morte *f.* **3** (*fig*) (*termination*) fine *f.*, termine *m.*; (*of a contract, etc.*) scadenza *f.* □ *~ date* data di scadenza.

explain /ɪkˈspleɪn, ekˈspleɪn/ **I** *v.t.* **1** spiegare: *can you ~ this sentence to me?* puoi spiegarmi questa frase? **2** (*to clarify*) chiarire. **3** (*to make known in detail*) spiegare minuziosamente, delucidare: *he -ed the situation to me* mi ha spiegato per bene come stavano le cose. **4** (*to account for*) spiegare, giustificare. **5** (*rifl.*) *to ~ oneself* spiegarsi. **II** *v.i.* spiegare, dare chiarimenti: *let me ~* lasciami spiegare. □ *to ~ away*: 1 giustificare; 2 (*to dispel by explanation*) dissipare mediante spiegazioni.

explainable /ɪkˈspleɪnəbl, ekˈspleɪnəbl/ *a.* spiegabile.

explainer /ɪkˈspleɪnə*, ekˈspleɪnər/ *n.* chi spiega.

explanation /,ekspləˈneɪʃən/ *n.* **1** spiegazione *f.*, chiarimento *m.*, delucidazione *f.* **2** (*justification*) giustificazione *f.*, spiegazione *f.* **3** (*cause*) causa *f.*, motivo *m.* **4** (*reconciliation*) spiegazione *f.*: *to come to an ~ with so.* venire a una spiegazione con qcu. □ *to say sth. by way of ~* dire qcs. a giustificazione di; *to say sth. in ~ of* dire qcs. a giustificazione di.

explanatory /ɪkˈsplænətrɪ *Am* ɪkˈsplæn ətɔːri/ *a.* esplicativo.

expletive /ekˈspliːtɪv *Am* ˈeksplətɪv/ **I** *a.* **1** espletivo, riempitivo. **2** (*Gramm*) espletivo. **II** *n.* **1** esclamazione *f.* **2** (*oath*) imprecazione *f.*; parolaccia *f.* **3** (*Gramm*) riempitivo *m.*

expletory /ekˈspliːtərɪ *Am* ekˈspliːtɔːri/ *a.* **1** espletivo, riempitivo. **2** (*Gramm*) espletivo.

explicable /ɪkˈsplɪkəbl, ˈeksplɪkəbl/ *a.* spiegabile, esplicabile.

explicate /ˈeksplɪkeɪt/ *v.t.* **1** sviluppare. **2** (*to explain*) spiegare, chiarire: *to ~ a text* spiegare un testo. **3** (*to unravel*) districare, sbrogliare.

explication /,eksplɪˈkeɪʃən/ *n.* **1** spiegazione *f.*, chiarimento *m.* **2** (*interpretation*) interpretazione *f.*

explicative /ekˈsplɪkətɪv *Am* ekˈsplɪkətɪv/ *a.* esplicativo.

explicatory /ekˈsplɪkətrɪ *Am* ekˈsplɪkətɔːri/ *a.* esplicativo.

explicit /ɪkˈsplɪsɪt, ekˈsplɪsɪt/ *a.* **1** (*specific*) esplicito, preciso, specifico: *~ instructions* istruzioni precise. **2** (*clear*) esplicito, chiaro. **3** (*definite*) netto, categorico, esplicito: *an ~ refusal* un netto rifiuto. **4** (*outspoken*) esplicito, chiaro, franco: *he was quite ~ about the matter* è stato molto esplicito sull'argomento. **5** (*fig*) (*containing graphic or openly sexual material*) esplicito: *sexually ~* sessualmente esplicito; *~ images* immagini esplicite. **6** (*Mat*) esplicito.

explicitly /ɪkˈsplɪsɪtlɪ, ekˈsplɪsɪtli/ *avv.* **1** (*clearly*) esplicitamente, chiaramente: *I ~ told you not to leave this house* ti avevo detto

esplicitamente di non uscire da questa casa; *to ~ mention sth.* menzionare esplicitamente qcs. **2** (*specifically*) esplicitamente, specificamente. **3** (*openly*) dichiaratamente, apertamente, schiettamente: *an ~ Christian view* una visione dichiaratamente cristiana. **4** (*containing sexually explicit material*) in modo esplicito.

explicitness /ɪkˈsplɪsɪtnəs, ekˈsplɪsɪtnəs/ *n.* **1** inequivocabilità *f.*, chiarezza, carattere *m.* esplicito. **2** (*specificity*) specificità *f.* **3** (*quality of containing graphic, or sexual material*) natura *f.* oscena, esplicità *f.*

explode /ɪkˈspləʊd, ekˈspləʊd/ **I** *v.i.* **1** esplodere, scoppiare (*anche fig*): *the bomb -d* la bomba esplose; *to ~ with anger* scoppiare dalla (o di) rabbia; *to ~ with laughter* scoppiare a ridere; *I ate so much I'm about to ~* ho mangiato così tanto che tra un po' scoppio. **2** (*to burst into pieces*) esplodere, saltare in aria: *the powder magazine -d* la polveriera saltò in aria. **3** (*to increase or expand suddenly and rapidly*) esplodere, aumentare rapidamente: *in the 50's the birth rate -d* negli anni '50 vi fu un'esplosione nel tasso di natalità; *the software industry -d in the 80's* l'industria del software ha visto un'esplosione negli anni '80. **II** *v.t.* **1** fare esplodere, fare scoppiare: *to ~ a bomb* fare esplodere una bomba. **2** (*fig*) distruggere, demolire, abbattere: *to ~ a myth* distruggere un mito. **3** (*a technical drawing*) esplodere. □ (*Tecn*) *-d diagram* diagramma esploso.

explodent /ɪkˈspləʊdənt, ekˈspləʊdənt/ *n.* (*Mil*) esplosivo *m.*

exploder /ɪkˈspləʊdə*, ekˈspləʊdər/ *n.* **1** (*detonator*) detonatore *m.* **2** (*blasting machine*) esploditore *m.*

exploit[1] /ˈeksplɔɪt/ *n.* (*daring act or achievement*) impresa *f.*, exploit *m.*

exploit[2] /ɪkˈsplɔɪt/ *v.t.* **1** sfruttare: *to ~ the working classes* sfruttare le classi operaie; *to ~ a mine* sfruttare una miniera. **2** (*to make use of*) utilizzare, servirsi di, sfruttare, approfittare di.

exploitable /ɪkˈsplɔɪtəbl *Am* ɪkˈsplɔɪtəbl/ *a.* sfruttabile, utilizzabile.

exploitation /,eksplɔɪˈteɪʃən/ *n.* **1** sfruttamento *m.* **2** (*publicity*) pubblicità *f.* □ *~ of mineral deposits* coltivazione mineraria.

exploiter /ɪkˈsplɔɪtə* *Am* ɪkˈsplɔɪtər/ *n.* sfruttatore *m.* (*f.* -trice).

exploration /,ekspləˈreɪʃən *Am* ,eksplɔːr ˈeɪʃən/ *n.* esplorazione *f.*

explorative /ɪkˈsplɒrətɪv *Am* ekˈsplɔːrətɪv/ *a.* **1** esplorativo, di esplorazione (*anche Chir*). **2** (*preliminary*) esplorativo, preliminare: *~ talk* colloquio esplorativo.

exploratory /ɪkˈsplɒrətrɪ *Am* ekˈsplɔːrətɔːri/ *a.* esplorativo, di esplorazione (*anche Chir*). □ *~ mission* missione esplorativa; (*Chir*) *~ surgery* chirurgia esplorativa.

explore /ɪkˈsplɔː* *Am* ɪkˈsplɔːr/ **I** *v.t.* **1** esplorare (*anche Med*). **2** (*to investigate*) esaminare, investigare, indagare: *to ~ the possibilities for an agreement* esaminare le possibilità di un accordo. **II** *v.i.* fare ricerche.

explorer /ɪkˈsplɔːrə*/ *n.* **1** esploratore *m.* (*f.* -trice). **2** (*Chir,Dent*) specillo *m.*

explosion /ɪkˈspləʊʒən *Am* ɪkˈspləʊʒən/ *n.* **1** esplosione *f.*, detonazione *f.* **2** (*noise*) esplosione *f.*, scoppio *m.* **3** (*fig*) (*outburst of laughter, etc.*) esplosione *f.*, scoppio *m.* **4** (*fig*) (*sudden increase*) esplosione *f.*: *population ~* esplosione demografica; *the ~ of punk culture in the 70's* l'esplosione della cultura punk negli anni '70. **5** (*fig*) (*of a theory, etc.*) demolizione *f.*, distruzione *f.* **6** (*Mot*) scoppio *m.* **7** (*Fon*) esplosione *f.*

explosion-proof /ɪk'splouʒ³n,pruːf, ek 'splouʒ³n,pruːf/ a. a prova di esplosione, anti-deflagrante.

explosive /ɪk'splousɪv, ek'splousɪv/ I a. 1 esplosivo (anche fig): an ~ situation una situazione esplosiva. 2 (fig) (hot-tempered) collerico, irascibile: an ~ temper un temperamento collerico. 3 (Fon) esplosivo, occlusivo. II n. 1 (Mil) esplosivo m. 2 (Fon) esplosiva f., occlusiva f., consonante f. esplosiva.

explosively /ɪk'splousɪvli, ek'splousɪvli/ avv. in modo esplosivo, con un'esplosione.

exponent /ɪk'spounənt, ek'spounənt/ n. 1 (Mat) esponente m., indice m. 2 (advocate) esponente m./f., sostenitore m. (f. -trice): a well-known ~ of feminism una nota esponente del movimento femminista. 3 (skilled practicioner) esponente m./f.: Andy Warhol is the best known ~ of pop art Andy Warhol è il più noto esponente della pop art. 4 (Ling) esponente m.

exponential /,ekspə'nenʃəl/ a. (Mat) esponenziale. □ an ~ function funzione esponenziale; ~ growth crescita esponenziale; ~ notation notazione esponenziale.

exponentially /,ekspə'nenʃəli/ avv. (Mat) in modo esponenziale: to increase ~ crescere in modo esponenziale.

export[1] /ek'spɔːt Am ek'spɔːrt/ v.t. 1 esportare. 2 (fig) esportare, diffondere (oltre i confini). 3 (Inform) esportare (dati).

export[2] /'ekspɔːt Am 'ekspɔːrt/ n. 1 esportazione f. 2 (article) articolo m. di esportazione, merce f. di esportazione. □ (Comm) ~ bill tratta sull'estero; (Econ) ~ bond cauzione per l'esportazione; ~ bounty premio all'esportazione; (Econ) ~ credit credito all'esportazione; ~ duty dazio di esportazione; ~ licence licenza di esportazione; ~ quota quota di esportazione; ~ trade commercio con l'estero, commercio di esportazione.

exportability /ek,spɔːtə'bɪlti Am ek,spɔːrtə 'bɪləti/ n. esportabilità f.

exportable /ek'spɔːtəbļ Am ek'spɔːrtəbļ/ a. esportabile, da esportazione.

exportation /,ekspɔː'teɪʃən Am ,ekspɔːr 'teɪʃən/ n. esportazione f.

exporter /ek'spɔːtər Am ek'spɔːrtər/ n. 1 (person) esportatore m. (f. -trice). 2 (firm) ditta f. esportatrice. 3 (country) paese m. esportatore.

exporting /ek'spɔːtɪŋ Am ek'spɔːrtɪŋ/ a. esportatore, che esporta.

expose /ɪk'spouz/ v.t. 1 esporre: to ~ oneself to the sun esporsi al sole. 2 (put in touch with) fare vivere a contatto con: a child should not be ~ -d to bad language un bambino piccolo non dovrebbe vivere in un ambiente dove si usa un linguaggio volgare. 3 (to exhibit) esporre, esibire, mettere in mostra: to ~ a painting esporre un quadro. 4 (fig) (to reveal) svelare, rivelare; (to unmask) smascherare: to ~ a traitor smascherare un traditore. 5 (Stor) (of an infant) esporre, abbandonare. 6 (Fot) esporre, impressionare. 7 (Lit) esporre: to ~ the Host esporre il Santissimo. 8 (rifl.) to ~ oneself properly (Psic) fare dell'esibizionismo, mostrare i genitali: to ~ oneself to ridicule rendersi ridicolo.

exposé /ek'spouzeɪ Am ,ekspou'zeɪ/ n. 1 denuncia f. 2 (burocr) esposto m.

exposed /ɪk'spouzd/ a. 1 esposto, soggetto (to a), non riparato (da): ~ to the air esposto all'aria. 2 (open to view) in vista, bello scoperto. 3 (open to attack) esposto: ~ to criticism esposto alle critiche. 4 (of a card: discovered) scoperto. 5 (Fot) esposto, impressionato. □ (Fot) to be ~ to the light prendere luce; ~ to view esposto alla vista, visibile.

exposition /,ekspə'zɪʃən/ n. 1 esposizione f.: ~ of the facts esposizione dei fatti. 2 (explanation) spiegazione f.: Bible ~ spiegazione del testo biblico. 3 (interpretation) interpretazione f. 4 (Am) (exhibition) esposizione f., mostra f. 5 (Stor) (of an infant) esposizione f., abbandono m. 6 (Lett,Mus) esposizione f. 7 (Lit) esposizione f., quarantore f.pl.

expositive /ek'spɒzɪtɪv Am ek'spɑːzətɪv/ a. 1 espositivo, esplicativo. 2 (descriptive) descrittivo.

expositor /ek'spɒzɪtər Am ek'spɑːzətər/ n. espositore m. (f. -trice), commentatore m. (f. -trice).

expository /ek'spɒzɪtəri Am ek'spɑːzətɔːri/ a. 1 espositivo, esplicativo. 2 (descriptive) descrittivo.

expostulate /ɪk'spɒstjuleɪt Am ɪk 'spɑːstʃuleɪt/ v.i. rimostrare, fare rimostranze (with a), protestare (con).

expostulation /ɪk,spɒstju'leɪʃən Am ɪk ,spɑːstʃu'leɪʃən/ n. 1 rimostranza f., lagnanza f. 2 (speech, writing) esposto m.

expostulative /ɪk'spɒstjulətɪv Am ek 'spɑːstʃuleɪtɪv/ a. di rimostranza, di lagnanza.

expostulator /ɪk'spɒstjuleɪtər Am ɪk 'spɑːstʃuleɪtər/ n. chi fa rimostranze, chi protesta.

expostulatory /ɪk'spɒstjulət³ri Am ɪk 'spɑːstʃulətɔːri/ a. di rimostranza, di lagnanza.

exposure /ɪk'spouʒər, ek'spouʒər/ n. 1 esposizione f.: ~ to the sun esposizione al sole. 2 (revealing) rivelazione f., denuncia f.; (of people) smascheramento m. 3 (exhibiting) esposizione f., mostra f. 4 (to language, music, culture) l'essere a contatto con: these children have had very limited ~ to classical music questi bambini hanno vissuto in un ambiente dove si ascoltava pochissimo la musica classica; the course offers ~ to French language and culture for a month il corso permette di stare a contatto con la lingua e la cultura francese per un mese. 5 (state of being exposed) esposizione f., posizione f.: house with a western ~ casa con esposizione a ponente. 6 (Fot) esposizione f.; (photo) posa f., foto f.: a film with thirty six -s un rullino da trentasei pose. 7 (Fot) (section of film) posa f.; (time) tempo m. di esposizione, tempo m. di posa, posa f., esposizione f. 8 (Stor) (of a child) esposizione f., abbandono m. 9 (Nucl) irradiazione f. □ (Fot) ~ counter contafotogrammi; (Fot) ~ meter esposimetro; to die of ~ morire per assideramento.

expound /ɪk'spaund, ek'spaund/ v.t. 1 esporre: to ~ a theory esporre una teoria. 2 (to explain) esporre, spiegare: to ~ a text spiegare un testo. 3 (to interpret) interpretare.

expounder /ɪk'spaundər, ek'spaundər/ n. espositore m. (f. -trice), chi espone, chi illustra.

express /ɪk'spres, ek'spres/ I v.t. 1 esprimere, esternare, esporre, rendere esplicito: to ~ an opinion esprimere un'opinione; I would like to ~ my gratitude vorrei esprimere la mia gratitudine. 2 (to show) esprimere, manifestare, rivelare: her face -ed her disgust il suo viso esprimeva disgusto. 3 (rifl.) to ~ oneself esprimersi: he -ed himself strongly si espresse con molta fermezza. 4 (Am,Post) spedire per espresso. 5 (rar) (to press out) spremere. II a. 1 esplicito, chiaro, formale: to give so. ~ instructions dare chiare istruzioni a qcu.; ~ agreement accordo esplicito. 2 (distinctly stated) espresso, manifesto: at your ~ wish per tuo espresso desiderio; to give ~ permission to do sth. dare espressamente il permes-

so di fare qcs. 3 (specific) specifico, preciso: for an ~ purpose per uno scopo preciso. 4 (well-defined) esatto, preciso: there was one ~ reason that I chose you above the others ti ho scelto tra tutti per una ragione precisa; to be for the ~ purpose of avere lo specifico scopo di. 5 (Post) espresso. 6 (of a train, bus, etc.) espresso, rapido. 7 (Arm) a espansione. III n. 1 autobus m. espresso. 2 (Ferr) treno m. espresso, espresso m. 3 (Post) espresso m.: to send a parcel by ~ spedire un pacco per espresso. 4 (Post) (message) espresso m.; (messenger) corriere m. speciale. 5 (express courier) servizio m. corriere, agenzia f. di spedizioni per espresso. IV avv. per espresso: to send a letter ~ mandare una lettera per espresso. □ (Arm) ~ bullet proiettile a espansione; ~ company corriere espresso, agenzia di spedizioni per espresso; ~ delivery consegna per espresso, distribuzione per espresso; ~ delivery agency agenzia di recapito espressi; (Am,Strad) ~ lane corsia di sorpasso; (Post) ~ letter espresso, lettera espresso; (Post) ~ messenger fattorino degli espressi; (Mil) ~ rifle fucile a tiro rapido; (Ferr) ~ train treno espresso, espresso.

expressible /ɪk'spresəbļ, ek'spresəbļ/ a. esprimibile.

expression /ɪk'spreʃən, ek'spreʃən/ n. 1 espressione f. (anche Mus, Mat): the ~ of one's gratitude l'espressione della propria gratitudine; to read without ~ leggere senza espressione; an ~ of disgust un'espressione di disgusto; to find ~ in sth. trovare espressione in qcs., manifestarsi in qcs. 2 (phrase) espressione f., locuzione f. 3 (pressing out) lo spremere. □ to give ~ to an idea esprimere un'idea; ~ lines rughe di espressione.

expressional /ɪk'spreʃ³nəl, ek'spreʃ³nəl/ a. relativo all'espressione.

expressionism /ɪk'spreʃ³nɪz³m, ek 'spreʃ³nɪz³m/ n. (Art,Lett) espressionismo m.

expressionist /ɪk'spreʃ³nɪst, ek'spreʃ³nɪst/ I a. (Art,Lett) espressionista. II n. (Art,Lett) espressionista m./f.

expressionistic /ɪk,spreʃə'nɪstɪk, ek,spreʃə 'nɪstɪk/ a. (Art,Lett) espressionista.

expressionistically /ɪk,spreʃə'nɪstɪk³li, ek ,spreʃə'nɪstɪk³li/ avv. da espressionista, in modo espressionista.

expressionless /ɪk'spreʃ³nləs, ek 'spreʃ³nləs/ a. inespressivo, senza espressione.

expressive /ɪk'spresɪv, ek'spresɪv/ a. 1 espressivo: an ~ face un volto espressivo. 2 (significant) espressivo, eloquente, significativo: an ~ silence un silenzio eloquente. 3 (serving to express) che esprime (of sth. qcs.): a look ~ of gratitude uno sguardo che esprime gratitudine.

expressively /ɪk'spresɪvli, ek'spresɪvli/ avv. con espressione, con espressività.

expressivity /ek,spre'sɪvɪti Am ek,spre 'sɪvəti/ n. espressività f., capacità f. espressiva.

expressly /ɪk'spresli, ek'spresli/ avv. 1 espressamente, esplicitamente, chiaramente. 2 (specially) espressamente, appositamente, apposta.

expressway /ɪk'spresweɪ, ek'spresweɪ/ n. (Am,Strad) superstrada f.

expropriate /ek'sprouprieɪt/ v.t. 1 espropriare: to ~ a farm espropriare una fattoria. 2 (to dispossess) privare, spossessare: to ~ so. from sth. privare qcu. di qcs.

expropriation /ek,sproupri'eɪʃən/ n. espropriazione f., esproprio m.

expropriator /ek'sprouprieɪtər Am ek 'sprouprieɪtər/ n. espropriatore m. (f. -trice).

expropriatory /ek'sprouprieɪtᵊri *Am* ek'sprouprɪətɔːri/ *a.* espropriatorio.

expulsion /ɪk'spʌlʃᵊn, ek'spʌlʃᵊn/ *n.* espulsione *f.* (*from* da) (*anche Scol*).

expulsive /ɪk'spʌlsɪv, ek'spʌlsɪv/ *a.* espulsivo.

expunction /ɪk'spʌŋ(k)ʃᵊn, ek'spʌŋ(k)ʃᵊn/ *n.* (*Filol*) espunzione *f.*

expunge /ɪk'spʌn(d)ʒ, ek'spʌn(d)ʒ/ *v.t.* 1 (*Filol*) espungere. 2 (*to delete*) cancellare; (*to omit*) omettere.

expunger /ɪk'spʌn(d)ʒᵊr, ek'spʌn(d)ʒᵊr/ *n.* (*Filol*) espuntore *m.*

expurgate /'ekspᵊgeɪt *Am* 'ekspᵊrgeɪt/ *v.t.* espurgare.

expurgation /ˌekspᵊ'geɪʃᵊn *Am* ˌekspᵊr'geɪʃᵊn/ *n.* espurgazione *f.*

expurgator /'ekspᵊgeɪtᵊr *Am* 'ekspᵊrgeɪtᵊr/ *n.* espurgatore *m.* (*f.* -trice).

expurgatorial /ekˌspɜːgə'tɔːriᵊl *Am* ekˌspɜːrgə'tɔːriᵊl/ *a.* espurgatorio.

expurgatory /ek'spɜːgətᵊri *Am* ɪk'spɜːrgətɔːri/ *a.* espurgatorio.

exquisite /ek'skwɪzɪt, 'ekskwɪzɪt/ **I** *a.* 1 di rara bellezza, mirabile, splendido, stupendo: ~ *poetry* splendidi versi. 2 (*beautifully made*) di squisita fattura, di delicatissima fattura, eseguito ad arte. 3 (*of pleasure, etc.*) vivo, intenso, forte. 4 (*of pain, etc.*) acuto, intenso. 5 (*keenly sensitive*) squisito, fine, raffinato: ~ *taste* un gusto squisito. 6 (*of a person*) squisito, raffinato. **II** *n.* (*ant*) gagà *m.*, damerino *m.*, elegantone *m.*, bellimbusto *m.*

exquisitely /ek'skwɪzɪtli, 'ekskwɪzɪtli/ *avv.* 1 (*beautifully*) magnificamente, splendidamente, meravigliosamente: ~ *furnished* arredato magnificamente. 2 (*extremely*) squisitamente, estremamente: ~ *European in taste* di gusto squisitamente europeo.

exquisiteness /ek'skwɪzɪtnᵊs, 'ekskwɪzɪtnᵊs/ *n.* 1 squisitezza *f.*, delicatezza *f.*, raffinatezza *f.* 2 (*of pleasure, pain*) acutezza *f.*, intensità *f.*

exsanguinate /ek'sæŋgwɪneɪt, ɪk'sæŋgwɪneɪt/ *v.t.* dissanguare.

exsanguine /ɪk'sæŋgwɪn, ek'sæŋgwɪn/ *a.* 1 esangue. 2 (*Med*) anemico.

exsanguinous /ɪk'sæŋgwɪnᵊs, ek'sæŋgwɪnᵊs/ *a.* 1 esangue. 2 (*Med*) anemico.

exscind /ek'sɪnd, ɪk'sɪnd/ *v.t.* 1 recidere, tagliar via. 2 (*fig*) omettere.

exsect /ek'sekt, ɪk'sekt/ *v.t.* (*Chir*) asportare, recidere.

exsection /ek'sekʃᵊn, ɪk'sekʃᵊn/ *n.* (*Chir, Etnol*) escissione *f.*

exsert /ek'sɜːt *Am* ek'sɜːrt/ *v.t.* (*Biol*) far sporgere.

exserted /ek'sɜːtɪd *Am* ek'sɜːrtɪd/ *a.* sporgente.

ex-service /ˌeks'sɜːvɪs *Am* ˌeks'sɜːrvɪs/ *a.* (*Mil*) già appartenente alle forze armate.

ex-serviceman /ˌeks'sɜːvɪsmən *Am* ˌeks'sɜːrvɪsmən/ *n.irr.* 1 ex combattente *m.* 2 (*veteran*) veterano *m.*

exsiccate /'eksɪkeɪt/ *v.t.* 1 essiccare, asciugare. 2 (*to dry up*) prosciugare.

exsiccation /ˌeksɪ'keɪʃᵊn/ *n.* essiccazione *f.*, prosciugamento *m.*

extant /ek'stænt, ek'stᵊnt/ *a.* ancora esistente.

extemporaneous /ekˌstempᵊ'reɪniᵊs/ *a.* 1 estemporaneo, improvvisato. 2 (*of a person*) estemporaneo, che improvvisa: *an ~ speaker* un oratore estemporaneo. 3 (*makeshift*) di fortuna, improvvisato.

extemporaneously /ekˌstempᵊ'reɪniᵊsli/ *avv.* improvvisando, estemporaneamente.

extemporaneousness /ekˌstempᵊ'reɪniᵊsnᵊs/ *n.* estemporaneità *f.*, improvvisazione *f.*

extemporarily /ɪk'stempᵊrᵊrɪli *Am* ɪk'stempᵊrerɪli/ *avv.* improvvisando, estemporaneamente.

extempore /ek'stempᵊri/ **I** *a.* → **extemporaneous**. **II** *avv.* ex tempore, senza preparazione: *to speak* ~ parlare improvvisando, improvvisare un discorso.

extemporise /ɪk'stempᵊraɪz/ **I** *v.t.* (*Br*) improvvisare (*anche Mus*). **II** *v.i.* (*Br*) 1 parlare estemporaneamente, parlare improvvisando. 2 (*to get along without planning, etc.*) improvvisare (*anche Mus*).

extemporization /ekˌstempᵊr(a)ɪ'zeɪʃᵊn/ *n.* improvvisazione *f.*

extemporize /ɪk'stempᵊraɪz/ **I** *v.t.* improvvisare (*anche Mus*). **II** *v.i.* 1 parlare estemporaneamente, parlare improvvisando. 2 (*to get along without planning, etc.*) improvvisare (*anche Mus*).

extemporizer /ɪk'stempᵊraɪzᵊr/ *n.* improvvisatore *m.* (*f.* -trice).

extend /ɪk'stend/ *v.t.* 1 estendere, tendere, distendere: *to ~ a limb* tendere un arto. 2 (*to make larger in space*) estendere, prolungare: *to ~ a railway line* prolungare una linea ferroviaria. 3 (*to stretch out*) stendere, distendere, allungare: *he -ed himself on the couch* si stese sul divano. 4 (*to prolong*) prolungare, protrarre: *to ~ a visit* prolungare una visita. 5 (*to enlarge, to expand*) estendere, ampliare, allargare: *he has -ed his activities down into the South* ha allargato la sua attività anche nel meridione. 6 (*to proffer*) offrire, porgere: *to ~ a welcome to so.* porgere il benvenuto a qcu. 7 (*to grant, to give*) accordare, concedere, dare: *to ~ aid* concedere aiuti. 8 (*to tax to the utmost; general. al pass.*) mettere a dura prova, impegnare al massimo. 9 (*Econ*) (*of a debt*) prorogare, dilazionare. 10 (*Mil*) spiegare, schierare: *to ~ forces* spiegare le truppe. 11 (*Comm*) (*of figures*) riportare. 12 (*Dir*) (*to assess*) valutare, stimare; (*to take possession of*) confiscare, sequestrare. **II** *v.i.* 1 stendersi, estendersi: *the valley -ed before us* la valle si stendeva davanti a noi. 2 (*of a period of time*) prolungarsi, estendersi, allungarsi. 3 (*to spread*) estendersi, ampliarsi. 4 (*to reach*) estendersi, arrivare: *our garden -s down to the river* il nostro giardino si estende fino al fiume. □ ~ *shorthand notes* trascrivere delle note stenografiche.

extended /ɪk'stendɪd/ *a.* 1 steso, teso, disteso. 2 (*prolonged*) prolungato, protratto: *an ~ visit* una visita prolungata. 3 (*spread out*) spiegato, disteso. 4 (*outstretched*) steso, allungato: ~ *arms* braccia stese. 5 (*extensive*) esteso, ampio. 6 (*of great scope*) vasto, ampio, largo. 7 (*taxed to the utmost*) impegnato al massimo. 8 (*Tip*) espanso. 9 (*Mil*) spiegato, schierato. □ ~ *family* famiglia allargata; (*Mil*) ~ *order* ordine sparso; ~ *play* disco microsolco (a 45 giri); (*Ott*) ~ *wear* (*contact*) *lenses* lenti a contatto a uso prolungato.

extender /ɪk'stendᵊr/ *n.* (*Chim*) carica *f.*, riempitivo *m.*

extendible /ɪk'stendəbḷ/ *a.* estensibile, estendibile.

extensibility /ɪkˌstensə'bɪlɪti *Am* ɪkˌstensə'bɪləti/ *n.* estensibilità *f.*, estendibilità *f.*

extensible /ɪk'stensəbḷ/ *a.* estensibile, estendibile.

extensile /ɪk'stensaɪl *Am* ɪk'stensɪl/ *a.* estensibile, estendibile.

extension /ɪk'stenʃᵊn/ *n.* 1 estensione *f.*, ampliamento *m.*, allargamento *m.* 2 (*addition*) aggiunta *f.*, prolungamento *m.* 3 (*to a building*) ampliamento *m.* 4 (*in time*) prolungamento *m.*, differimento *m.*, protrazione *f.* 5

(*range*) estensione *f.*, raggio *m.* 6 (*expansion*) espansione *f.* 7 (*telephone*) derivazione *f.* 8 (*phone number*) interno *m.*, numero *m.* interno. 9 (*Comm,Dir*) dilazione *f.*, proroga *f.*: ~ *of credit* proroga di credito, rinnovo di credito; ~ *to a visa* proroga di un visto; *to get an* ~ ottenere una proroga. 10 (*Gramm*) apposizione *f.* 11 (*Anat,Fis,Filos*) estensione *f.* 12 (*Chir*) estensione *f.*, trazione *f.* 13 (*Mecc,El*) prolunga *f.* 14 (*Inform*) estensione *f.* □ (*El*) ~ *cord* prolunga; (*GB*) ~ *courses* corsi universitari per studenti lavoratori; ~ *ladder* scala allungabile; (*El*) ~ *lead* prolunga; (*Comm*) ~ *of demand* ampliamento della domanda; (*Tecn*) ~ *spring* molla per trazione.

extensive /ɪk'stensɪv/ *a.* 1 esteso, vasto, grande, ampio: ~ *estates* vaste tenute. 2 (*lengthy*) lungo. 3 (*far-reaching*) vasto, approfondito: ~ *knowledge* una conoscenza approfondita. 4 (*great in scope*) su vasta scala, su grande scala: ~ *business connections* relazioni d'affari su vasta scala. 5 (*Agr*) estensivo.

extensively /ɪk'stensɪvli/ *avv.* 1 (*largely*) ampiamente, largamente: *it's been ~ documented* è stato ampiamente documentato; *the castle was ~ rebuilt* il castello è stato in gran parte ricostruito. 2 (*in detail*) a fondo, approfonditamente, in modo approfondito, dettagliatamente: *this subject has been ~ studied* questo argomento è stato studiato a fondo. 3 (*very much*) molto, parecchio: *foam is used ~ in the building industry* la gommapiuma è molto usata nell'edilizia. 4 (*for a long time*) a lungo. 5 (*over a wide area*) in lungo e in largo: *to travel ~* viaggiare molto, viaggiare in lungo e in largo.

extensiveness /ɪk'stensɪvnᵊs/ *n.* ampiezza *f.*, larghezza *f.*, vastità *f.*

extensor /ɪk'stensᵊr/ *n.* (*Anat*) estensore *m.*, muscolo *m.* estensore.

extent /ɪk'stent/ *n.* 1 estensione *f.*, dimensioni *f.pl.*: *an estate of great ~* una tenuta di vaste dimensioni. 2 (*expanse*) distesa *f.*, estensione *f.*: *a park three miles in ~* un parco che si estende per tre miglia. 3 (*compass, scope*) ambito *m.*, sfera *f.*: *within the ~ of my powers* nell'ambito delle mie possibilità. 4 (*limit*) grado *m.*, limite *m.*, misura *f.*; punto *m.*: *to the full ~ of his power* fino all'estremo limite delle sue possibilità. 5 (*Dir*) (*writ of extent*) ordine *m.* di confisca; (*seizure*) confisca *f.* □ ~ *to a great* ~ (o *to a large* ~) in larga misura; *the ~ of the damage* l'entità dei danni; *to some* ~ fino a un certo punto, in certa misura; *to such an* ~ *that* a tal punto che; *to the ~ that* fino al punto che; *to what* ~? fin dove?, fino a che punto?, in che misura?

extenuate /ek'stenjueɪt/ *v.t.* 1 attenuare, mitigare. 2 (*to minimize*) attenuare, sminuire, minimizzare. 3 (*to try to justify*) cercare di giustificare, cercare di scusare.

extenuating /ek'stenjueɪtɪŋ *Am* ek'stenjueɪtɪŋ/ □ (*Dir*) ~ *circumstances* circostanze attenuanti, attenuanti.

extenuation /ekˌstenju'eɪʃᵊn/ *n.* 1 attenuazione *f.*, diminuzione *f.*, riduzione *f.* 2 (*partial excuse*) attenuante *f.*, circostanza *f.* attenuante. 3 (*justification*) giustificazione *f.*

extenuative /ek'stenjuᵊtɪv *Am* ek'stenjueɪtɪv/ *a.* attenuante, che tende a giustificare.

extenuatory /ek'stenjuᵊtᵊri *Am* ek'stenjuᵊtɔːri/ *a.* attenuante, che tende a giustificare.

exterior /ek'stɪᵊriᵊr *Am* ek'stɪriᵊr/ **I** *a.* 1 esterno, esteriore. 2 (*suitable for outside*) esterno, per esterni. **II** *n.* 1 esterno *m.*, parte *f.* esterna. 2 (*of a person*) aspetto *m.* (esteriore). **3** (*Cin,Fot*) esterno *m.* □ (*Geom*) ~ *angle* angolo esterno.

exteriorise /ek'stɪərɪəraɪz/ *v.t.* (*Br*) **1** manifestare, estrinsecare. **2** (*to externalize*) concretare, dar forma a, estrinsecare, manifestare. **3** (*Chir*) portare all'esterno.

exteriority /ek,stɪəri'ɒrɪti *Am* ek,stɪri'ɔːrəti/ *n.* esteriorità *f.*

exteriorization /ek,stɪəriər(a)ɪ'zeɪʃən *Am* ek ,stɪrɪər'zeɪʃən/ *n.* **1** (*Psic,Chir*) esteriorizzazione *f.* **2** (*manifestation*) manifestazione *f.*, estrinsecazione *f.*

exteriorize /ek'stɪərɪəraɪz *Am* ek'stɪriəraɪz/ *v.t.* **1** manifestare, estrinsecare. **2** (*to externalize*) concretare, dar forma a, estrinsecare, manifestare. **3** (*Chir*) portare all'esterno.

exterminate /ek'stɜːmɪneɪt *Am* ek 'stɜːrmɪneɪt/ *v.t.* **1** sterminare, distruggere, annientare. **2** (*fig*) sradicare, estirpare.

extermination /ek,stɜːmɪ'neɪʃən *Am* ek ,stɜːrmɪ'neɪʃən/ *n.* **1** sterminio *m.*, distruzione *f.* **2** (*fig*) sradicamento *m.*

exterminator /ek'stɜːmɪneɪtər *Am* ek 'stɜːrmɪneɪtər *n.* **1** sterminatore *m.* (*f.* -trice). **2** (*Chim*) disinfestante *m.*

exterminatory /ek'stɜːmɪneɪtəri *Am* ek 'stɜːrmɪnətɔːri/ *a.* di sterminio, distruttivo.

extern /'ekstɜːrn/ *n.* (*Am*) **1** medico *m.* esterno. **2** (*Scol,Univ*) studente *m.* (*f.* -essa) esterno, esterno *m.* (*f.* -a).

external /ek'stɜːnəl *Am* ek'stɜːrnl/ **I** *a.* **1** esterno, esteriore: ~ *wall* muro esterno; ~ *influences* influenze esterne. **2** (*superficial*) esteriore, superficiale. **3** (*foreign*) straniero. **4** (*Econ*) estero: ~ *debt* debito estero. **II** *n.* **1** (*sth. external*) esteriore *m.* **2** *pl.* aspetto *m.sing.* esteriore. **3** *pl.* (*appearances*) esteriorità *f.pl.*, apparenze *f.pl.*: *to judge by -s* giudicare dalle apparenze. □ (*Mot*) ~ *combustion engine* motore a combustione esterna; (*Dir*) ~ *evidence* prova estrinseca; (*Inform*) ~ *modem* modem esterno; (*Pol*) ~ *policy* politica estera; (*Dir*) ~ *sovereignty* sovranità esterna; (*Tel,Aut*) ~ *speaker* microfono vivavoce, vivavoce; (*Farm*) *for ~ use only* solo per uso esterno.

externalise /ek'stɜːnəlaɪz/ *v.t.* (*Br*) **1** concretare, dar forma a, estrinsecare, manifestare. **2** (*Psic*) esteriorizzare.

externalism /ek'stɜːnəlɪzəm *Am* ek 'stɜːrnəlɪzəm/ *n.* **1** (*excessive regard for appearances*) attenzione *f.* eccessiva per l'esteriorità. **2** (*Filos*) esternalismo *m.*

externalist /ek'stɜːnəlɪst *Am* ek'stɜːrnəlɪst/ *n.* (*Filos*) esternalista *m./f.*

externalities /,ekstɜː'nælɪtɪz *Am* ,ekstɜːr 'næləʔɪz/ *n.pl.* (*Econ*) economie *f.pl.* esterne.

externality /,ekstɜː'nælɪti *Am* ,ekstɜːr'næləʔi/ *n.* **1** esteriorità *f.* **2** (*external feature*) aspetto *m.* esteriore.

externalization /ek,stɜːnəl(a)ɪ'zeɪʃən *Am* ek ,stɜːrnəlɪ'zeɪʃən/ *n.* esteriorizzazione *f.* (*anche Psic*).

externalize /ek'stɜːnəlaɪz *Am* ek'stɜːrnəlaɪz/ *v.t.* **1** concretare, dar forma a, estrinsecare, manifestare. **2** (*Psic*) esteriorizzare.

exterritorial /,eksterɪ'tɔːriəl/ *a.* extraterritoriale.

extinct /ɪk'stɪŋkt, ek'stɪŋkt/ *a.* **1** estinto, scomparso: *an ~ species* una specie estinta. **2** (*deceased*) estinto, morto. **3** (*obsolete*) caduto in disuso, disusato: *an ~ law* una legge caduta in disuso. **4** (*of a volcano*) spento, inattivo; (*of a fire, light, etc.*) spento. **5** (*fig*) (*of feelings, passions*) spento, morto. □ *to become ~* estinguersi.

extinction /ɪk'stɪŋkʃən, ek'stɪŋkʃən/ *n.* **1** estinzione *f.* (*anche Biol,Econ*). **2** (*fig*) crollo *m.*, fine *f.*

extinctive /ɪk'stɪŋktɪv, ek'stɪŋktɪv/ *a.* **1** che estingue, che spegne. **2** (*Dir*) estintivo.

extinguish /ɪk'stɪŋgwɪʃ, ek'stɪŋgwɪʃ/ *v.t.* **1** estinguere, spegnere: *to ~ a fire* spegnere un incendio; *to ~ a light* spegnere una luce. **2** (*fig*) (*to destroy*) distruggere, porre fine a: *the news -ed our hopes* la notizia ha posto fine alle nostre speranze. **3** (*fig*) (*to eclipse*) eclissare, oscurare. **4** (*Econ*) estinguere: *to ~ a mortgage* estinguere un'ipoteca.

extinguishable /ɪk'stɪŋgwɪʃəbḷ, ek 'stɪŋgwɪʃəbḷ/ *a.* estinguibile, spegnibile.

extinguisher /ɪk'stɪŋgwɪʃər, ek'stɪŋgwɪʃər/ *n.* **1** (*fire extinguisher*) estintore *m.* **2** (*for a candle*) spegnitoio *m.*

extinguishment /ɪk'stɪŋgwɪʃmənt, ek 'stɪŋgwɪʃmənt/ *n.* **1** estinzione *f.* **2** (*Econ*) (*of a debt*) estinzione; (*nullification*) annullamento *m.*

extirpate /'ekstɜːpeɪt *Am* 'ekstərpeɪt/ *v.t.* **1** estirpare, sradicare (*anche fig*). **2** (*to destroy*) distruggere, sterminare. **3** (*Chir*) estirpare.

extirpation /,ekstɜː'peɪʃən *Am* ,ekstər'peɪʃən/ *n.* estirpazione *f.*, sradicamento *m.*, estirpamento *m.* (*anche fig*).

extirpator /'ekstɜːpeɪtər *Am* 'ekstərpeɪtər/ *n.* estirpatore *m.* (*f.* -trice) (*anche fig*).

extol /ɪk'stoʊl, ek'stoʊl/ (*past, p.p.* **extolled** /-d/) *v.t.* esaltare, magnificare, celebrare. □ *to ~ so. to the skies* portare qcu. alle stelle; *to ~ the virtues of* celebrare le virtù di.

extort /ek'stɔːt *Am* ek'stɔːrt/ *v.t.* **1** estorcere: *to ~ money from so.* estorcere denaro a qcu.; *to ~ a confession* estorcere una confessione. **2** (*to elicit*) strappare, carpire.

extortion /ek'stɔːʃən *Am* ek'stɔːrʃən/ *n.* **1** estorsione *f.* (*anche Dir*). **2** (*thing extorted*) denaro *m.* estorto, cosa *f.* estorta.

extortionate /ek'stɔːʃənət *Am* ek'stɔːrʃənət/ *a.* (*of prices, demands*) eccessivo, esorbitante.

extortionately /ek'stɔːʃənətli *Am* ek 'stɔːrʃənətli/ *avv.* (*of prices, demands*) eccessivamente, in modo esorbitante.

extortioner /ek'stɔːʃənər *Am* ek'stɔːrʃənər/, **extortionist** /ek'stɔːʃənɪst *Am* ek'stɔːrʃənɪst/ *n.* estorsore *m.* (*f.* estorcitrice).

extra /'ekstrə/ **I** *a.* **1** supplementare, addizionale, aggiuntivo, extra: *an ~ charge* una spesa supplementare; *we need an ~ chair* abbiamo bisogno di un'altra sedia; *it may cost you an ~ twenty dollars* potrebbe costarti altri venti dollari. **2** (*special*) straordinario: *to do ~ work* fare del lavoro straordinario. **3** (*subject to an extra charge*) non compreso nel prezzo, da pagarsi a parte. **4** (*superior*) extra, eccellente, superiore. **II** *n.* **1** soprappiù *m.*, extra *m.*, supplemento *m.*, aggiunta *f.* **2** (*added charge*) spesa *f.* extra, extra *m.* **3** (*Giorn*) edizione *f.* straordinaria. **4** (*Cin,Teat*) comparsa *f.*, extra *m.* **5** (*Aut*) optional *m.*, accessorio *m.* **III** *avv.* **1** più del normale, più del solito: ~ *large* più grande del normale. **2** (*specially*) eccezionalmente, straordinariamente: *he has done ~ well* ha fatto straordinariamente bene. □ (*Abbigl*) ~ *large* extra-large; *no -s* tutto compreso; (*Post*) ~ *postage* soprattassa postale; *~! ~! Read all about it!* edizione speciale! Compratela tutti!; (*Sport*) ~ *time* tempo supplementare: *to go into ~ time* andare ai tempi supplementari.

extrabold /'ekstrəbould/ **I** *n.* (*Tip*) extrabold *m.*, nerissimo *m.* **II** *a.* (*Tip*) extrabold, nerissimo.

extracorporeal /,ekstrəkɔː'pɔːriəl *Am* ,ekstrəkɔːr'pɔːriəl/ *a.* (*Med*) extracorporeo: ~ *circulation* circolazione extracorporea.

extract[1] /ɪk'strækt, ek'strækt/ *v.t.* **1** estrarre, cavare, tirar fuori (*from* da): *to ~ a tooth* estrarre un dente. **2** (*to derive*) trarre, deriva-

re, ricavare. **3** (*to select from a book*) stralciare; (*to make excerpts from*) citare. **4** (*to draw out by force or persuasion*) estorcere, strappare: *to ~ a promise from so.* strappare una promessa a qcu. **5** (*of money*) spremere, spillare. **6** (*of juices, oil*) estrarre, ricavare. **7** (*Mat*) estrarre.

extract[2] /'ekstrækt/ *n.* **1** estratto *m.* **2** (*excerpt, quotation*) brano *m.* scelto, stralcio *m.*, estratto *m.* **3** (*from a plant, etc.*) estratto *m.*, essenza *f.* **4** *pl.* (*Lett*) passi *m.pl.* scelti.

extractability /ɪk,stræktəbɪlɪti *Am* ɪk,stræktə 'bɪləʔi/ *n.* estraibilità *f.*

extractable /ɪk'stræktəbḷ, ek'stræktəbḷ/ *a.* estraibile.

extraction /ɪk'strækʃən, ek'strækʃən/ *n.* **1** estrazione *f.* **2** (*descent, lineage*) estrazione *f.*, origine *f.*, condizione *f.* sociale: *to be of low ~* essere di bassa estrazione.

extractive /ɪk'stræktɪv, ek'stræktɪv/ **I** *a.* **1** (*Ind*) estrattivo: ~ *industries* industrie estrattive. **2** (*capable of being extracted*) estraibile. **3** (*of an extract*) di un estratto. **II** *n.* sostanza *f.* estratta.

extractor /ɪk'stræktər, ek'stræktər/ *n.* estrattore *m.* (*anche fig*).

extra-curricular /,ekstrəkə'rɪkjulər/ *a.* (*Scol*) parascolastico.

extraditable /'ekstrədaɪtəbḷ *Am* 'ekstrədaɪtəbḷ/ *a.* (*Dir*) **1** (*of a crime*) che rende passibile di estradizione. **2** (*of a person*) passibile di estradizione.

extradite /'ekstrədaɪt/ *v.t.* (*Dir*) **1** estradare. **2** (*to obtain the extradition of*) ottenere l'estradizione di.

extradition /,ekstrə'dɪʃən/ *n.* (*Dir*) estradizione *f.* □ ~ *treaty* trattato di estradizione.

extragalactic /,ekstrəgə'læktɪk/ *a.* (*Astr*) extragalattico.

extrajudicial /,ekstrədʒuː'dɪʃəl/ *a.* (*Dir*) extragiudiziale, estragiudiziale, stragiudiziale.

extrajudicially /,ekstrədʒuː'dɪʃəli/ *avv.* extragiudizialmente.

extralinguistic /,ekstrəlɪŋ'gwɪstɪk/ *a.* extralinguistico.

extramarital /,ekstrə'mærɪtəl *Am* ,ekstrə 'merəʔəl/ *a.* extraconiugale: ~ *affair* relazione extraconiugale.

extramundane /,ekstrəmʌn'deɪn/ *a.* ultraterreno.

extramural /,ekstrə'mjuərəl *Am* ,ekstrə 'mjurəl/ *a.* **1** (*Univ*) fuori dell'università. **2** (*outside the city walls*) fuori delle mura, fuori le mura. □ (*Univ*) ~ *courses* corsi aperti, corsi liberi.

extraneous /ɪk'streɪniəs, ek'streɪniəs/ *a.* **1** estraneo. **2** (*not intrinsic*) estraneo, senza rapporto. **3** (*irrelevant*) non pertinente, fuori luogo.

extraordinariness /ɪk'strɔːdənərɪnəs *Am* ɪk 'strɔːrdənerɪnəs/ *n.* straordinarietà *f.*, eccezionalità *f.*

extraordinary /ɪk'strɔːdənri *Am* ɪk 'strɔːrdəneri/ *a.* **1** straordinario: ~ *powers* poteri straordinari. **2** (*exceptional*) straordinario, eccezionale: ~ *beauty* straordinaria bellezza. **3** (*strange*) strano, curioso: *what an ~ idea!* che strana idea! **4** (*surprising*) sorprendente.

extraparliamentary /,ekstrə,pɑːlə'mentəri *Am* ,ekstrə,pɑːlə'mentəri/ *a.* (*Pol*) extraparlamentare; ~ *opposition* opposizione extraparlamentare.

extraphysical /,ekstrə'fɪzɪkəl/ *a.* extrafisico, non soggetto a leggi fisiche.

extrapolate /ɪk'stræpəleɪt/ **I** *v.t.* **1** (*Statist, Mat*) estrapolare, extrapolare. **2** (*to infer*) arguire, dedurre. **II** *v.i.* fare un'estrapolazione.

extrapolation /ɪkˌstræpə'leɪʃn/ n. (Mat) estrapolazione f.

extrapolator /ɪk'stræpəleɪtəʳ Am ɪk 'stræpəleɪtəʳ/ n. (Mat,Statist) estrapolatore m.

extraprofessional /ˌekstrəprə'feʃnᵊl/ a. extraprofessionale.

extrasensory /ˌekstrə'sensᵊri/ a. extrasensoriale: ~ perception percezione extrasensoriale.

extra-special /ˌekstrə'speʃᵊl/ a. specialissimo.

extraterrestrial /ˌekstrətə'restrɪəl Br also ˌekstrəter'estrɪəl/ a. extraterrestre: ~ civilization civiltà extraterrestre.

extraterritorial /ˌekstrəˌterɪ'tɔːrɪəl/ a. extraterritoriale.

extraterritoriality /ˌekstrəˌterɪtɔːri'æliti Am ˌekstrəˌterɪtɔːri'æləti/ n. extraterritorialità f.

extrauterine /ˌekstrə'juːtᵊraɪn Am ˌekstrə 'juːtər(ə)n/ a. (Med) extrauterino.

extravagance /ɪk'strævəgəns, ek 'strævəgəns/ n. 1 prodigalità f., dispendio m. esagerato, sperpero m. 2 (extravagant conduct) stravaganza f., bizzarria f.

extravagant /ɪk'strævəgənt, ek'strævəgənt/ a. 1 che non bada a spese, prodigo, spendereccio, che ama le spese folli. 2 (of prices, etc.) esorbitante, esoso, esagerato. 3 (exaggerated) eccessivo, esagerato, smodato: ~ praises elogi sperticati. 4 (excessive, absurd) eccessivo, assurdo: ~ demands richieste assurde. 5 (flamboyant) stravagante, bizzarro.

extravagantly /ɪk'strævəgəntli, ek 'strævəgəntli/ avv. senza badare a spese, prodigamente.

extravaganza /ɪkˌstrævə'gænzə, ekˌstrævə 'gænzə/ n. 1 (Teat) produzione f. spettacolare, esibizione f. dai costi esorbitanti. 2 (Mus,Lett) composizione f. fantastica; (parody) composizione f. farsesca.

extravasate /ek'strævəseɪt, ɪk'strævəseɪt/ I v.t. 1 (Med) far travasare. 2 (Geol) far eruttare. II v.i. 1 (Med) travasarsi. 2 (Geol) eruttare.

extravasation /ekˌstrævə'seɪʃᵊn, ɪkˌstrævə 'zeɪʃᵊn/ n. 1 (Med) (act) extravasazione f.; (matter) travaso m. 2 (Geol) (act) eruttazione f.; (matter) materiale m. eruttato.

extravascular /ˌekstrə'væskjuləʳ/ a. (Med) extravascolare.

extravert /'ekstrəvɜːt Am 'ekstrəvɜːrt/ n. (Psic) estroverso m. (f. -a).

extra-virgin /ˌekstrə'vɜːdʒɪn Am ˌekstrə 'vɜːrdʒɪn/ n. (Alim) extravergine: ~ olive oil olio di oliva extravergine.

extreme /ɪk'striːm, ek'striːm/ I a. 1 estremo, grandissimo, sommo: ~ danger estremo pericolo. 2 (drastic) estremo, drastico, senza mezzi termini, draconiano: ~ measures misure drastiche. 3 (farthest, utmost) estremo: ~ old age estrema vecchiaia; the ~ edge of the woods il margine estremo del bosco. 4 (of persons, opinions) da estremista, estremistico. 5 (Pol) estremo, estremistico. 6 (excessive) eccessivo. II n. 1 estremo m., eccesso m. 2 (greatest intensity) estremo m., punta f. estrema: -s of heat and cold le punte estreme del caldo e del freddo. 3 (Mat,Filos) estremo m. 4 pl. (excesses) estremi m.pl., eccessi m.pl. □ to go from one ~ to the other andare da un estremo all'altro, passare da un estremo all'altro; in the ~ estremamente; the ~ opposite l'esatto contrario; ~ pain dolore acuto; (Dir) ~ penalty pena capitale; ~ sport sport estremo; to carry sth. to -s spingere qcs. all'estremo; to go to -s arrivare agli estremi, ricorrere a rimedi estremi; (Rel) Extreme Unction estrema unzione; to hold ~ views essere di idee estremiste, avere idee

estremiste. Prov.: -s meet gli estremi si toccano.

extremely /ɪk'striːmli, ek'striːmli/ avv. estremamente, all'estremo, in sommo grado: ~ quick estremamente veloce; in ~ bad taste di pessimo gusto.

extremism /ɪk'striːmɪzᵊm, ek'striːmɪzᵊm/ n. (Pol) estremismo m.

extremist /ɪk'striːmɪst, ek'striːmɪst/ I a. estremista, estremistico: ~ group gruppo estremistico. II n. estremista m./f.

extremity /ɪk'stremɪti Am ɪk'streməti/ n. 1 estremità f. 2 (arm or leg) arto m. 3 (utmost degree) estremo m., estremo m. 4 (condition of urgency or necessity) estremo bisogno m.; (extreme adversity) situazione f. difficile: I ask your help in my ~ chiedo il tuo aiuto in questa difficile situazione. 5 (extreme measure) misura f. estrema, provvedimento m. estremo, rimedio m. estremo: to resort to extremities ricorrere a rimedi estremi. 6 pl. (hands or feet) estremità f.pl. □ in extremities in punto di morte.

extricable /ek'strɪkəbᵊl, 'ekstrɪkəbᵊl/ a. districabile.

extricate /'ekstrɪkeɪt/ v.t. 1 districare, sbrogliare. 2 (to free from difficulty, etc.) districare, sbrogliare, togliere d'impaccio, liberare. 3 (Chim) (of a gas) liberare.

extrication /ˌekstrɪ'keɪʃᵊn/ n. 1 il districare, lo sbrogliare. 2 (Chim) liberazione f.

extrinsic /ek'strɪnsɪk, ɪk'strɪnsɪk/ a. 1 estrinseco (anche Anat). 2 (external) esterno: ~ influences influenze esterne.

extrinsical /ek'strɪnsɪkᵊl, ɪk'strɪnsɪkᵊl/ a. 1 estrinseco (anche Anat). 2 (external) esterno.

extroversion /ˌekstrə'vɜːʃᵊn Am 'ekstrouvɜːrʒᵊn/ n. (Psic) estroversione f.

extrovert /'ekstrəvɜːt Am 'ekstrouvɜːrt/ I n. (Psic) estroverso m. (f. -a). II a. (Psic) estroverso. III v.i. (Biol,Med) estrovertersi.

extrude /ɪk'struːd, ek'struːd/ I v.t. 1 cacciare fuori. 2 (Tecn) estrudere. 3 (fig) espellere, scacciare. II v.i. sporgersi.

extruder /ɪk'struːdəʳ, ek'struːdəʳ/ n. (Tecn) estrusore m.

extrusion /ɪk'struːʒᵊn, ek'struːʒᵊn/ n. 1 espulsione f. 2 (Tecn,Geol) estrusione f.

extrusive /ɪk'struːsɪv, ek'struːsɪv/ a. (Geol) estrusivo.

exuberance /ɪg'z(j)uːbᵊrᵊns, eg'z(j)uːbᵊrᵊns/ n. 1 esuberanza f. 2 (luxuriance) esuberanza f., rigoglio m. 3 (superabundance) esuberanza f., sovrabbondanza f.

exuberancy /ɪg'z(j)uːbᵊrᵊnsi, eg 'z(j)uːbᵊrᵊnsi/ n. 1 esuberanza f. 2 (luxuriance) esuberanza f., rigoglio m. 3 (superabundance) esuberanza f., sovrabbondanza f.

exuberant /ɪg'z(j)uːbᵊrᵊnt, eg'z(j)uːbᵊrᵊnt/ a. 1 esuberante, vivace, pieno di vita: ~ youth gioventù esuberante. 2 (luxuriant) lussureggiante, rigoglioso, esuberante. 3 (richly productive) fertile, fecondo, ricco: ~ imagination immaginazione fertile. 4 (overflowing) esuberante, sovrabbondante. 5 (great) grandissimo, eccezionale: ~ good health salute eccezionale. 6 (flamboyant, profuse) ridondante, esuberante: ~ style stile ridondante.

exuberate /ɪg'z(j)uːbᵊreɪt, eg'z(j)uːbᵊreɪt/ v.i. 1 essere esuberante. 2 (to superabound) sovrabbondare.

exudate /'egzjuːdeɪt Am 'eks(j)uːdeɪt/ n. (Med) essudato m.

exudation /ˌegzju'deɪʃᵊn Am ˌeks(j)u'deɪʃᵊn/ n. (Med) 1 (act) essudazione f. 2 (exudate) essudato m.

exudative /eg'zjuːdətɪv Am 'eks(j)uːdeɪtɪv/ a. (Med) essudativo.

exude /ɪg'z(j)uːd Br also eg'z(j)uːd/ I v.t. 1 stil-

exult /ɪg'zʌlt, eg'zʌlt/ v.i. 1 esultare, gioire, giubilare (in, at per): to ~ in a success esultare per un successo. 2 (to triumph) trionfare (over su).

exultancy /ɪg'zʌltᵊnsi, eg'zʌltᵊnsi/ n. esultanza f., gioia f., giubilo m.

exultant /ɪg'zʌltᵊnt, eg'zʌltᵊnt/ a. esultante, giubilante.

exultantly /ɪg'zʌltᵊntli, eg'zʌltᵊntli/ avv. con esultanza, con giubilo.

exultation /ˌegzʌl'teɪʃᵊn, ˌegzᵊl'teɪʃᵊn/ n. esultanza f., gioia f., giubilo m.

eye /aɪ/ I n. 1 occhio m.: blue -s occhi azzurri. 2 (sight) vista f.: to have a keen ~ avere la vista acuta. 3 (look, glance) occhio m., sguardo m., occhiata f.: to cast an ~ on sth. dare uno sguardo a qcs., dare un'occhiata a qcs.; her -s fell abbassò lo sguardo. 4 (watch) occhi m.pl., occhio m.: under the ~ of tenuto d'occhio da, sotto l'occhio di. 5 (fig) (point of view) punto m. di vista, opinione f.: in the -s of the law dal punto di vista legale. 6 (of a needle) cruna f. 7 (on a peacock's tail) occhio m., macchia f. 8 (Meteor) occhio m., centro m.: the ~ of a cyclone l'occhio di un ciclone. 9 (El) cellula f. fotoelettrica. 10 (Mar) (of a rope) gassa f. 11 (Sart) (buttonhole) asola f., occhiello m. 12 (Bot) occhio m., gemma f. 13 (for) fissare. II v.t. 1 guardare. 2 (to stare at) fissare. 3 (to ogle) occhieggiare. 4 (to watch carefully) osservare, squadrare, guardare attentamente. □ (colloq) to be all -s essere attentissimo, essere tutt'occhi; (Med) ~ bank banca degli occhi; your -s are bigger than your tummy hai gli occhi più grandi dello stomaco (o della bocca); ~ clinic clinica oftalmica; (Med) ~ drops gocce per gli occhi, collirio; to have an ~ for avere occhio per; (Mil) -s front! fissi!; (sl) to give so. the ~ fare gli occhi di triglia a qcu., fare gli occhi dolci a qcu.; ~ glass: 1 lente; 2 (monocle) monocolo; 3 pl. (spectacles) occhiali; 4 (Ott) (eyepiece) oculare, lente oculare; to have an ~ to: 1 aver come mira, mirare a; 2 (to look after) stare attento a; to have an ~ to the main chance essere pronto a cogliere la grande occasione; to keep an ~ on tenere d'occhio, sorvegliare, badare a; (colloq,fig) to keep one's ~ on the ball seguire tutto con attenzione, non lasciarsi sfuggire nulla; to keep one's -s open (o to keep an ~ open) essere vigile, tenere gli occhi ben aperti, tenere gli occhi aperti (anche fig); to keep an ~ out stare all'erta; (colloq) to keep one's -s peeled (o to keep one's -s skinned) aguzzare gli occhi, tenere gli occhi ben aperti, stare in guardia, stare attento; at ~ level all'altezza degli occhi; to have -s like a hawk avere occhi di falco; (sl) to make -s at so. fare gli occhi di triglia a qcu., fare gli occhi dolci a qcu.; in the ~ of the beholder dal punto di vista di chi guarda; to have one's ~ on sth. aver messo gli occhi su qcs., avere qcs. sott'occhio; (fig) his -s are popping with rage ha gli occhi fuori delle orbite (per l'ira); to put so.'s ~ out cavare un occhio a qcu.; (fig) to see with one's own ~ vedere con i propri occhi; to see ~ to ~ with so. essere pienamente d'accordo con qcu., avere le stesse idee di qcu.; (colloq) with one's -s shut a occhi chiusi; (Anat) ~ socket orbita; (Med) ~ strain fatica oculare; to take one's -s off togliere gli occhi da, distogliere lo sguardo da: I couldn't take my -s off her non riuscivo a staccarle gli occhi di dosso; (Br) up to the -s fino agli occhi (anche fig); (colloq) to be up to one's -s in debt essere indebitato fino agli occhi, essere indebitato fino al collo; **with an** ~ **to** con l'idea di: *he left with an* ~ *to coming back* se n'è andato con l'idea di tornare (prima o poi). *Prov.: an* ~ *for an* ~ *and a tooth for a tooth* occhio per occhio, dente per dente; *what the* ~ *doesn't see, the heart doesn't grieve over* occhio non vede, cuore non duole.

eyeball /'aɪbɔːl/ *n.* (*Anat*) bulbo *m.* oculare, globo *m.* oculare. ☐ (*colloq*) ~ *to* ~ a quattr'occhi, faccia a faccia.

eyebath /'aɪbɑːθ *Am* 'aɪbæθ/ *n.* (*Med*) occhino *m.*, occhiera *f.*

eyebright /'aɪbraɪt/ *n.* (*Bot*) eufrasia *f.*

eyebrow /'aɪbraʊ/ *n.* sopracciglio *m.* ☐ (*Cosmet*) ~ *pencil* matita per le sopracciglia.

eye-catcher /'aɪˌkætʃər/ *n.* (*colloq*) cosa *f.* che attira lo sguardo.

eye-catching /'aɪˌkætʃɪŋ/ *a.* (*colloq*) che colpisce, che salta agli occhi.

eyecup /'aɪkʌp/ *n.* (*Am,Med*) occhino *m.*, occhiera *f.*

eyed /aɪd/ *a.* **1** occhiato, occhiuto, a macchie oculiformi. **2** (*in compounds*) dagli occhi: *a black-*~ *girl* una ragazza dagli occhi neri.

eyeful /'aɪfʊl/ *n.* **1** lunga occhiata *f.*: *to get an* ~ *of sth.* dare una lunga occhiata a qcs.; (*colloq*) *get an* ~ *of that!* guarda un po' là!, dai un'occhiata! **2** (*colloq*) (*thing*) cosa *f.* che attira lo sguardo; (*woman*) donna *f.* bellissima.

eyehole /'aɪhoʊl/ *n.* **1** foro *m.* per gli occhi, occhio *m.*: -*s in a mask* occhi della maschera. **2** (*on a door*) spioncino *m.* **3** (*Anat*) orbita *f.* **4** (*eyelet*) occhiello *m.*, asola *f.*

eyelash /'aɪlæʃ/ *n.* ciglio *m.* ☐ (*Cosmet*) ~ *curler* piegaciglia.

eyeless /'aɪləs/ *a.* **1** senza occhi. **2** (*blind*) cieco.

eyelet /'aɪlɪt/ *n.* **1** occhiello *m.*, asola *f.* **2** (*metal ring*) occhiello *m.* metallico. **3** (*eyehole*) spioncino *m.*; (*lophole*) feritoia *f.*

eyelid /'aɪlɪd/ *n.* palpebra *f.* ☐ (*colloq*) *to hang on by one's -s* essere sospeso a un filo, essere in continuo pericolo.

eyeliner /'aɪˌlaɪnər/ *n.* (*Cosmet*) eyeliner *m.*

eye-opener /'aɪˌoʊpənər/ *n.* **1** esperienza *f.* che fa aprire gli occhi, esperienza *f.* che fa capire le cose, rivelazione *f.*: *it was an* ~ *for him* questa esperienza gli ha aperto gli occhi. **2** (*Am,colloq*) bicchiere *m.* di liquore bevuto al risveglio.

eye-opening /'aɪˌoʊpənɪŋ/ *a.* che apre gli occhi, che fa capire le cose, rivelatore.

eyepiece /'aɪpiːs/ *n.* (*Ott*) oculare *m.*, lente *f.* oculare.

eyeprint /'aɪprɪnt/ *n.* impronta *f.* oculare.

eyeshadow /'aɪˌʃædoʊ/ *n.* (*Cosmet*) ombretto *m.*

eyeshot /'aɪʃɒt *Am* 'aɪʃɑːt/ ☐ (*Am*) *beyond* ~ a perdita d'occhio; (*Am*) *within* ~ a portata d'occhio.

eyesight /'aɪsaɪt/ *n.* **1** vista *f.*: *to have good* ~ avere la vista buona. **2** (*rar*) (*range of sight*) portata *f.* visiva.

eyesore /'aɪsɔːr *Am* 'aɪsɔːr/ *n.* cosa *f.* che offende la vista, pugno *m.* in un occhio.

eyetooth /'aɪtuːθ/ *n.irr.* (*Dent*) dente *m.* canino superiore. ☐ (*fig*) *to cut one's eyeteeth* diventare adulto; (*fig*) *to give one's eyeteeth for sth.* dare un occhio della testa per qcs.

eyewash /'aɪwɒʃ *Am* 'aɪwɑːʃ/ *n.* **1** (*Med*) gocce *f.pl.* per gli occhi, collirio *m.* **2** (*colloq*) (*nonsense*) sciocchezza *f.* **3** (*colloq*) (*pretence*) polvere *f.* negli occhi. **4** (*colloq*) (*flattery*) adulazione *f.*

eyewear /'aɪweər *Am* 'aɪwer/ *n.* occhiali *m.pl.*

eye-witness /ˌaɪˈwɪtnəs, 'aɪwɪtnəs/ *n.* testimone *m.* oculare. ☐ (*TV*) ~ *news* intervista televisiva svolta sul luogo del fatto.

eyot /eɪt, eɪət, aɪt/ *n.* (*Geog*) isolotto *m.*

eyre /eər *Am* er/ *n.* (*Stor.brit*) **1** giro *m.* di una corte di giustizia ambulante. **2** (*court*) corte *f.* di giustizia ambulante. ☐ *justices in* ~ giudici ambulanti.

eyrie, eyry /'aɪ(ə)ri, 'eəri *Am* 'eri, 'iri/ *n.* **1** nido *m.* di aquila, nido *m.* di falco. **2** (*fig*) nido *m.* d'aquila.

Ezekiel /ɪ'ziːkɪəl, ez'iːkɪəl/ *n.pr.m.* (*Bibl*) Ezechiele.

e-zine /iː'ziːn/ *n.* (*Inform*) e-zine *f.*, rivista *f.* elettronica.

Ezra /'ezrə/ *n.pr.m.* (*Bibl*) Esdra.

F

f¹, F¹ /ef/ (*pl.* **f's/fs, F's/Fs** /efs/) *n.* (*letter of the alphabet*) f, F *f./m.*: (*Tel*) F for Frederick (o *Am* F *as in* Fox) f come Firenze.
f² (*Ott*) *focal length* distanza focale.
F² /ef/ **I** *a.* **1** F: *room* F stanza F. **2** (*F-shaped*) a (forma di) F. **II** *n.* (*Mus*) fa *m.*
F³ **1** *France* F (Francia). **2** *Female* F (femmina). **3** (*El*) *Farad* F (Farad). **4** (*Econ*) *franc* F (franco). **5** (*Fis*) *force* F (forza). **6** (*Univ*) *Fellow* (borsista).
f. **1** *father* (padre). **2** *following* s. (seguente). **3** (*Mar*) *fathom* fathom, braccio (pari a 1,8 m). **4** *feminine* f. (femminile). **5** (*Mus*) *forte* f. (forte). **6** *from* (da). **7** (*Numism*) *farthing* farthing.
°F *degree Fahrenheit* °F (grado Fahrenheit).
fa /fɑː/ *n.* (*Mus*) fa *m.*
FA (*GB*) *Football Association* (associazione calcistica).
FAA /ˌefer'eɪ/ **1** (*Comm*) *Free of All Average* FAA (franco avaria). **2** (*Am*) *Federal Aviation Administration* (ammistrazione federale dell'aviazione).
fab /fæb/ *a.* (*sl*) meraviglioso, favoloso.
Fabian /'feɪbɪən/ **I** *a.* **1** da temporeggiatore, di temporeggiamento. **2** (*Pol*) fabiano: ~ *Society* società fabiana. **II** *n.* (*Pol*) fabiano *m.*
Fabianism /'feɪbɪanɪz°m/ *n.* (*Pol*) fabianismo *m.*, fabianesimo *m.*
Fabius /'feɪbɪəs/ *n.pr.m.* (*Stor.rom*) Fabio.
fable /'feɪbl/ **I** *n.* **1** favola *f.*: *Aesop's* -s le favole di Esopo. **2** (*legend, myth*) mito *m.*, leggenda *f.* **3** (*collett.*) leggende *f.pl.* **4** (*fig*) (*fictitious story*) invenzione *f.*; (*falsehood*) favola *f.*, frottola *f.*, fandonia *f.* **II** *v.t./i.* favoleggiare.
fabled /'feɪbl̩d/ *a.* **1** di cui si favoleggia. **2** (*legendary*) favoloso, mitico, leggendario. **3** (*fig*) inventato, immaginario, fittizio.
fabler /'feɪblə'/ *n.* scrittore *m.* (*f.* -trice) di favole, favolista *m./f.*
fabric /'fæbrik/ *n.* **1** (*Tess*) stoffa *f.*, tessuto *m.*: ~ *gloves* guanti di stoffa. **2** (*structure*) struttura *f.*, composizione *f.* (*anche fig*): *the ~ of society* la struttura della società. **3** (*building*) edificio *m.*, fabbricato *m.*
fabricate /'fæbrɪkeɪt/ *v.t.* **1** fabbricare, produrre, costruire. **2** (*by assembling parts*) montare. **3** (*fig*) (*to make up*) fabbricare, architettare, ideare; (*to invent*) inventare. **4** (*fig*) (*to forge*) falsificare: *to ~ a document* falsificare un documento.
fabrication /ˌfæbrɪ'keɪʃ°n/ *n.* **1** fabbricazione *f.*, produzione *f.*, costruzione *f.* **2** (*fabricated structure*) struttura *f.* **3** (*fig*) (*untruthful statement*) menzogna *f.*, invenzione *f.*, montatura *f.* **4** (*fig*) (*forgery*) falsificazione *f.*, falso *m.*
fabricator /'fæbrɪkeɪtə' Am* 'fæbrɪkeɪtə'/ *n.* **1** fabbricante *m./f.*, costruttore *m.* (*f.* -trice). **2** (*liar*) mentitore *m.* (*f.* -trice), bugiardo *m.* (*f.* -a). **3** (*forger*) falsificatore *m.* (*f.* -trice), contraffattore *m.* (*f.* -trice).
fabulist /'fæbjʊlɪst/ *n.* **1** favolista *m./f.* **2** (*liar*) bugiardo *m.* (*f.* -a).
fabulous /'fæbjʊləs/ *a.* **1** favoloso, leggendario, mitico. **2** (*incredible*) favoloso, fantastico, straordinario, incredibile: ~ *wealth* ricchezza favolosa. **3** (*colloq*) (*marvellous*) meraviglioso, favoloso.

fabulousness /'fæbjʊləsnəs/ *n.* l'essere favoloso.
facade, façade /fə'sɑːd *Br also* fæs'ɑːd/ *n.* **1** (*Arch*) facciata *f.*, prospetto *m.* **2** (*fig*) facciata *f.*, apparenza *f.*: *a ~ of respectability* un'apparenza di rispettabilità.
face¹ /feɪs/ *n.* **1** faccia *f.*, viso *m.*, volto *m.*: *to have a pale ~* avere un viso smunto. **2** (*of an animal*) muso *m.* **3** (*expression*) espressione *f.*, faccia *f.*: *his ~ fell* ha fatto la faccia lunga. **4** (*look*) aspetto *m.* **5** (*grimace*) smorfia *f.*, boccaccia *f.*: *to make a ~* (o *to pull a ~*) fare una smorfia, fare una boccaccia. **6** (*colloq*) (*impudence*) sfacciataggine *f.*, faccia *f.* tosta, impudenza *f.*: *he had the ~ to ask for a raise* ha avuto la sfacciataggine di chiedere un aumento. **7** (*fig*) (*external appearance*) aspetto *m.* esteriore, facciata *f.*, apparenza *f.* **8** (*fig*) (*good reputation*) reputazione *f.*, faccia *f.*: *to lose ~* perdere la faccia. **9** (*of a building*) facciata *f.*, fronte *f.* **10** (*of a watch*) quadrante *m.* **11** (*of a document*) recto *m.* **12** (*Numism*) (*of a coin*) faccia *f.* **13** (*Tess*) (*of cloth*) diritto *m.* **14** (*surface*) superficie *f.*, faccia *f.*, lato *m.*: *the ~ of the earth* la faccia della terra. **15** (*Alp*) parete *f.*: *to climb a cliff ~* scalare la parete di una rupe. **16** (*Minier*) fronte *f.* **17** (*Econ*) valore *m.* (nominale). **18** (*Mecc*) (*of a tool*) taglio *m.* **19** (*Geom*) faccia *f.* **20** (*Tip*) (*of a type, plate*: *working surface*) superficie *f.* stampante. **21** (*Tip*) (*typeface*) occhio *m.*, tipo *m.* **22** (*Min*) (*of a crystal*) faccia *f.* **23** (*fig*) persona *f.* famosa, celebrità *f.* ☐ (*Med*) ~ *ache* nevralgia facciale; (*colloq*) *to have a ~ as long as a boot* avere una faccia da funerale; (*Am*) ~ *card* figura (nel gioco delle carte); ~ *cloth*: 1 (*for a corpse*) sudario, telo per coprire il volto; 2 (*towelling cloth*) pezzuola per lavarsi; 3 (*Tess*) tessuto (di lana) rasato; (*Cosmet*) ~ *cream* crema per il viso; ~ *down*: 1 (*used as a noun*) confronto (tra due avversari); 2 (*used as an adverb*) a faccia in giù, capovolto: *to lay the cards ~ down on the table* mettere sul tavolo le carte coperte; *to lie ~ down* sdraiarsi bocconi, sdraiarsi a pancia in giù; (*Br*) ~ *flannel* pezzuola per lavarsi; ~ *guard* maschera di protezione; *in one's ~*: 1 in faccia, sul viso: *the sun was shining in my ~* il sole mi batteva in faccia; 2 (*fig*) in faccia, sul muso: *he laughed in my ~* mi rise in faccia; (*fig*) *in ~ of*: 1 di fronte a, davanti a; 2 (*in spite of*) a dispetto di, nonostante; (*fig*) *in the ~ of*: 1 di fronte a, davanti a: *in the ~ of such difficulties* di fronte a tali difficoltà; 2 (*in spite of*) a dispetto di, nonostante; (*Chir*) ~ *lift* lifting (facciale); ~ *massage* massaggio facciale; *off the ~ of the earth* dalla faccia della terra; *on the ~ of it* a giudicare dalle apparenze; (*Am,colloq*) *get out of my ~!* mollami, vattene!; (*Cosmet*) ~ *pack* maschera di bellezza; (*Cosmet*) ~ *powder* cipria; (*colloq*) *to put one's ~ on* truccarsi, rifarsi il viso; *to put on a ~ to suit the occasion* fare un viso di circostanza; ~ *tissue* salviettina rinfrescante; *to say sth. to so.'s ~* dire qcs. in faccia a qcu., dire qcs. apertamente a qcu.; ~ *to ~ with* faccia a faccia con; ~ *up* faccia in su; ~ *value*: 1 (*Econ*) valore nominale, valore facciale; 2 (*fig*) valore apparente; (*fig*) *to take sth. at* (*their*) ~ *value* prendere

alla lettera qcs.
face² /feɪs/ **I** *v.t.* **1** essere di fronte a, stare di fronte a. **2** (*to front on to*) guardare verso, fronteggiare, dare su, essere rivolto verso: *our house -s the park* la nostra casa guarda verso il parco. **3** (*fig*) (*to confront courageously*) affrontare (con coraggio), esporsi a: *to ~ danger* affrontare con coraggio il pericolo. **4** (*fig*) (*to oppose*) fronteggiare, far fronte a: *to ~ the enemy* fronteggiare il nemico. **5** (*fig*) (*to threaten*) minacciare: *-d with ruin* minacciato dalla rovina. **6** (*Edil*) (*of a building*) rivestire, ricoprire; (*of stone, etc.*) levigare, spianare, lisciare. **7** (*Sart*) guarnire. **8** (*of a playing card*) voltare a faccia in su, scoprire. **9** (*Mil*) far volgere (verso la parte indicata). **10** (*Oref*) faccettare. **II** *v.i.* **1** volgersi, girarsi (*to, towards* a, verso). **2** (*to be positioned*) essere rivolto, guardare (*on, to, towards* a, verso, su): *the palace -s south* il palazzo guarda a sud. **3** (*Mil*) volgersi, girarsi (*to* a). ☐ ~ *to ~ down* domare, sopraffare; *let's ~ it* diciamocelo chiaramente, parliamoci chiaro; *to ~ off*: 1 (*Sport*) fare una rimessa, fare un ingaggio; 2 (*Edil*) levigare, spianare, lisciare; *to ~ it out* resistere, tener duro; (*fig*) *to ~ the music* affrontare coraggiosamente una situazione difficile; *to ~ up to*: 1 affrontare, far fronte a, guardare in faccia; 2 (*to admit*) riconoscere, ammettere: *to ~ up to the facts* ammettere i fatti; *to be -d with* essere messo a confronto con, affrontare.
facecloth /'feɪsklɒθ/ *n.* (*Br*) guanto *m.* di spugna (per lavarsi).
faced /feɪst/ *a.* (*in compounds*) **1** dalla faccia, dal viso: *a red-~ boy* un ragazzo dal viso rosso. **2** (*Arch*) rivestito, ricoperto: *brick-~* ricoperto di mattoni. **3** (*Sart*) rivestito: *satin-~* rivestito di satin. **4** (*Fal*) nobilitato.
faceless /'feɪsləs/ *a.* **1** senza volto. **2** (*fig*) senza volto, anonimo.
face-lift /'feɪslɪft/ *n.* **1** (*Chir*) lifting *m.* **2** (*fig*) restauro *m.*: *to give a building a ~* restaurare un edificio.
face-off /'feɪsɑːf/ *n.* (*Am*) **1** (*Sport*) inizio *m.* del gioco. **2** (*sl*) scontro *m.* diretto.
faceplate /'feɪspleɪt/ *n.* **1** (*Mecc*) disco *m.* portapezzo. **2** (*Elettron*) schermo *m.*
facer /'feɪsə'/ *n.* **1** (*colloq*) pugno *m.* in faccia. **2** (*colloq*) (*difficulty*) duro colpo *m.*, batosta *f.* **3** (*Tecn*) utensile *m.* per sfacciare.
face-saver /'feɪs,seɪvə'/ *n.* caso *m.* che salva la faccia.
face-saving /'feɪs,seɪvɪŋ/ *a.* che salva la faccia.
facet /'fæsɪt *Br also* 'fæset/ **I** *n.* **1** sfaccettatura *f.*, faccetta *f.* **2** (*fig*) aspetto *m.*, faccia *f.* **II** *v.t.* (*past, p.p.* **facetted** /-tɪd/, *Am* **faceted** /-tɪd/) sfaccettare.
facetiae /fə'siːʃiː *Br also* fə'siːʃiː/ *n.pl.* (*rar, ant*) 1 (*sayings*) facezie *f.pl.* 2 (*coarsely witty books*) libri *m.pl.* licenziosi.
facetious /fə'siːʃəs/ *a.* **1** faceto, scherzoso, arguto. **2** (*spreg*) spiritoso.
facetiousness /fə'siːʃəsnəs/ *n.* l'essere faceto.
facia /'feɪʃə/ *n.* (*Br*) → **fascia**.
facial /'feɪʃəl/ **I** *a.* **1** facciale, del viso. **2** (*Cosmet*) per il viso. **II** *n.* (*Cosmet*) trattamento

m. per il viso. ☐ (*Anat*) ~ *angle* angolo facciale; ~ *index* (*in anthropology*) indice facciale; (*Anat*) ~ *nerve* nervo facciale.

facile /'fæsaɪl *Am* 'fæsɪl/ *a.* **1** facile, ottenuto facilmente: *a* ~ *victory* una facile vittoria. **2** (*superficial*) superficiale. **3** (*glib*) facile, pronto: *he has a* ~ *tongue* ha la parola facile. **4** (*acting or proceeding with ease*) pronto, svelto. **5** (*docile*) docile, remissivo, arrendevole.

facilitate /fə'sɪlɪteɪt/ *v.t.* **1** facilitare, agevolare. **2** (*of a person*) agevolare.

facilitation /fə,sɪlɪ'teɪʃən/ *n.* facilitazione *f.*, agevolazione *f.*

facility /fə'sɪlɪti *Am* fə'sɪləti/ *n.* **1** facilità *f.* **2** (*dexterity*) abilità *f.*, destrezza *f.* **3** (*talent, bent*) facilità *f.*, propensione *f.*, attitudine *f.* **4** (*sth. which helps*) facilitazione *f.*, agevolazione *f.: we shall give you every* ~ vi offriremo ogni facilitazione. **5** (*of style, etc.*) facilità *f.*, fluidità *f.* **6** (*compliance*) condiscendenza *f.*, arrendevolezza *f.* **7** (*of a machine*) funzione *f.* **8** *pl.* (*opportunities, etc.*) opportunità *f.pl.*, agevolazioni *f.pl.*, mezzi *m.pl.: facilities for study* agevolazioni per lo studio. **9** *pl.* (*building, installations, etc.*) attrezzature *f.pl.*, impianti *m.pl.*, servizi *m.pl.: educational facilities* attrezzature didattiche.

facing /'feɪsɪŋ/ *n.* **1** rivestimento *m.* (*anche Edil*). **2** (*Sart*) paramontura *f.* **3** (*Mil*) il volgersi a un comando. **4** (*Tecn*) (*of a dike*) rivestimento *m.*; (*on a clutch, brake, etc.*) guarnizione *f.* **5** *pl.* (*for a military coat*) mostrine *f.pl.* ☐ (*Edil*) ~ *panel* pannello di rivestimento; (*Met*) ~ *sand* sabbia fine, sabbia da modello; (*fig*) *to go through one's* -*s* essere messo alla prova; (*fig*) *to put so. through his* -*s* mettere qcu. alla prova.

facsimile /fæk'sɪməli, fæk'sɪmɪli/ **I** *n.* **1** facsimile *m.*, copia *f.* esatta. **2** (*Tel*) facsimile *m.* **II** *v.t.* riprodurre in facsimile.

fact /fækt/ *n.* **1** fatto *m.*, dato *m.*, elemento *m.*: *to gather all the available* -*s* cogliere tutti i dati a disposizione. **2** (*sth. said or supposed to be true*) versione *f.* dei fatti: *your* -*s are wrong* la tua versione dei fatti è sbagliata. **3** (*reality, truth*) realtà *f.*, verità *f.: to distinguish* ~ *from fiction* distinguere la realtà dalla fantasia; *a story based on* ~ una storia basata sulla realtà. **4** (*sth. known to exist, to have happened*) realtà *f.* di fatto, dato *m.* di fatto: *an established* ~ una realtà di fatto, un fatto assodato. **5** (*Dir*) (*spesso al pl.*) fatto *m.*, atto *m.* ☐ (*Edit,Giorn*) ~ *checker* addetto al controllo redazionale di nomi, date e fatti; *to know sth. for a* ~ sapere qcs. per certo; *in* ~ in realtà, di fatto; *it is a* ~ *that* è un dato di fatto che; (*colloq*) *the* -*s of life* come nascono i bambini, i fatti riguardanti la vita sessuale; *a* ~ *of life* una realtà della vita; *the* ~ *of the matter is that* la realtà delle cose è che; *the* ~ *remains that* rimane il fatto che.

fact-finder /'fækt,faɪndər/ *n.* chi indaga sui fatti, inquirente *m./f.*

fact-finding /'fækt,faɪndɪŋ/ *a.* che indaga sui fatti. ☐ ~ *committee* commissione d'inchiesta; ~ *mission* missione conoscitiva; ~ *session* riunione informativa.

faction /'fækʃən/ *n.* **1** fazione *f.*, setta *f.* **2** (*party strife*) discordia *f.*, lotta *f.* intestina, dissenso *m.* **3** (*Cin*) fiction *f.* basata su fatti reali.

factional /'fækʃənl/ *a.* di una fazione, caratteristico di una fazione.

factionalize /'fækʃənlaɪz/ **I** *v.t.* (*of a group*) dividere in fazioni. **II** *v.i.* (*of a group*) dividersi in fazioni.

factionary /'fækʃənri *Am* 'fækʃəneri/ **I** *n.* partigiano *m.* (*f.* -a). **II** *a.* fazioso.

factious /'fækʃəs/ *a.* **1** fazioso, partigiano, settario. **2** (*seditious*) sedizioso, fazioso.

factiousness /'fækʃəsnəs/ *n.* faziosità *f.*, spirito *m.* di parte.

factitious /fæk'tɪʃəs/ *a.* **1** artificiale, artificioso. **2** (*man-made*) prodotto artificialmente.

factitiousness /fæk'tɪʃəsnəs/ *n.* artificiosità *f.*

factitive /'fæktɪtɪv *Am* 'fæktətɪv/ *a.* (*Gramm*) fattitivo, causativo.

factoid /'fæktɔɪd/ *n.* fatto *m.* accettato ma basato su congetture o supposizioni.

factor /'fæktər/ *n.* **1** fattore *m.*, elemento *m.*, agente *m.*, coefficiente *m.: an unknown* ~ un fattore sconosciuto; *the deciding* ~ l'elemento determinante. **2** (*Biol*) fattore *m.* **3** (*Mat*) divisione *f.*, fattore *m.* **4** (*Fis*) fattore *m.*, coefficiente *m.* **5** (*agent*) delegato *m.* (*f.* -a), mandatario *m.* (*f.* -a). **6** (*Comm*) (*consignee*) agente *m./f.* di vendite, commissionario *m.* (*f.* -a). **7** (*Scott*) (*steward*) amministratore *m.* (*f.* -trice), fattore *m.* (*f.* -trice). ☐ (*Statist*) ~ *analysis* analisi fattoriale; ~ *cost* costo di produzione; (*Tecn*) ~ *of safety* coefficiente di sicurezza.

factorage /'fæktərɪdʒ/ *n.* (*Comm*) commissione *f.*, provvigione *f.*

factorial /fæk'tɔːriəl/ **I** *n.* (*Mat*) fattoriale *m.* **II** *a.* **1** (*Mat,Biol*) fattoriale. **2** (*pertaining to a factor*) di un fattore.

factoring /'fæktərɪŋ/ *n.* (*Comm*) factoring *m.* ☐ (*Comm*) ~ *agent* agente di vendita; (*Comm*) ~ *company* società di factoring.

factorise /'fæktəraɪz/ *v.t.* (*Br,Mat*) scomporre in fattori, fattorizzare.

factorization /,fæktər(ə)raɪ'zeɪʃən *Am* ,fæktərɪ'zeɪʃən/ *n.* (*Mat*) scomposizione *f.* in fattori, fattorizzazione *f.*

factorize /'fæktəraɪz/ *v.t.* (*Mat*) scomporre in fattori, fattorizzare.

factory /'fæktəri/ *n.* **1** fabbrica *f.*, stabilimento *m.*, (*ant*) opificio *m.* **2** (*workshop*) officina *f.* **3** (*trading post*) stazione *f.* commerciale. ☐ *Factory Acts* leggi sul lavoro industriale; ~ *farming* allevamento (di animali a livello) industriale; ~ *hand* operaio; ~ *inspection* visita aziendale; (*Am*) ~ *outlet* spaccio, vendita diretta dal produttore al consumatore; ~ *price* prezzo di fabbrica; ~ *ship* nave base per la pesca.

factotum /fæk'toʊtəm *Am* fæk'toʊtəm/ *n.* factotum *m./f.*, tuttofare *m./f.*

factual /'fæktʃʊəl, 'fæktjuəl *Am* 'fæktʃuːəl/ *a.* **1** che riguarda i fatti, effettivo, reale. **2** (*restricted to facts*) che si limita ai fatti, che si attiene ai fatti: *a* ~ *account* un resoconto che si limita ai fatti.

facultative /'fækəltətɪv, 'fækəlteɪtɪv *Am* 'fækəlteɪtɪv/ *a.* **1** facoltativo (*anche Biol*). **2** (*optional*) facoltativo, opzionale (*anche Scol, Univ*). **3** (*probable*) eventuale, possibile. **4** (*pertaining to a faculty*) di una facoltà.

faculty /'fækəlti *Am* 'fækəlti/ *n.* **1** facoltà *f.*, capacità *f.*, abilità *f.: the* ~ *of understanding* la facoltà d'intendere; *mental faculties* facoltà mentali. **2** (*Univ*) facoltà *f.: the Faculty of Law* la facoltà di giurisprudenza. **3** (*Am, Univ*) (*teaching body*) corpo *m.* insegnante. **4** (*Am,Univ*) (*teaching and administrative force*) senato *m.* accademico. **5** (*members of a profession*) classe *f.*, corpo *m.: the* (*medical*) ~ la classe medica. **6** (*Rel*) dispensa *f.*

fad /fæd/ *n.* **1** moda *f.* (*passeggera*), capriccio *m.* (*della moda*). **2** (*whim*) capriccio *m.*, ghiribizzo *m.*, grillo *m.* **3** (*fixed notion*) fisima *f.*, fissazione *f.*, (*colloq*) pallino *m.*, mania *f.*

faddish /'fædɪʃ/ *a.* **1** bizzarro, capriccioso. **2** (*fussy*) fissato.

faddism /'fædɪzəm/ *n.* moda *f.* (passeggera).

faddist /'fædɪst/ *n.* (*ant*) persona *f.* bizzarra, persona *f.* capricciosa.

faddy /'fædi/ *a.* (*Br*) **1** bizzarro, capriccioso. **2** (*fussy*) fissato.

fade[1] /feɪd/ **I** *v.i.* **1** scolorarsi, sbiadirsi, scolorire. **2** (*to become dim*) affievolirsi, attenuarsi: *the light* -*d* la luce si affievoliva. **3** (*to lose strength, etc.*) deperire, indebolirsi. **4** (*of flowers*) avvizzire, appassire. **5** (*to die gradually*) spegnersi. **6** (*to disappear gradually*) scomparire, svanire: *memories* ~ i ricordi svaniscono. **7** (*of sound*) affievolirsi, attutirsi, svanire. **8** (*to change gradually*) trasformarsi gradualmente (*into* in). **II** *v.t.* **1** scolorare, sbiadire, stingere. **2** (*to cause to lose freshness*) far perdere freschezza a, far perdere vitalità a. **3** (*Sport*) (*of a golf ball or other*) deviare. ☐ *to* ~ *away*: 1 indebolirsi; 2 (*to disappear gradually*) scomparire, svanire, spegnersi; 3 (*Cin,TV*) aprire in dissolvenza; *to* ~ *in*: 1 (*Cin,TV*) aprire in dissolvenza; 2 (*Rad,TV*) aumentare gradualmente l'intensità di, aumentare gradualmente d'intensità; (*fig*) *to* ~ *into the background* passare in secondo piano; *to* ~ *into nothing* svanire nel nulla; *to* ~ *out*: 1 (*Cin,TV*) chiudere in dissolvenza; 2 (*to disappear gradually*) scomparire, svanire, spegnersi; 3 (*Rad,TV*) diminuire gradualmente l'intensità di, diminuire gradualmente d'intensità.

fade[2] /feɪd/ *n.* (*Cin,TV*) dissolvenza *f.*

fade-in /'feɪdɪn/ *n.* **1** (*Cin,TV*) dissolvenza *f.* in apertura. **2** (*Rad,TV*) aumento *m.* graduale del suono.

fadeless /'feɪdləs/ *a.* **1** durevole, resistente. **2** (*fig*) che non svanisce.

fade-out /'feɪdaʊt/ *n.* **1** (*Cin,TV*) dissolvenza *f.* in chiusura. **2** (*Rad,TV*) diminuzione *f.* graduale del suono.

fading /'feɪdɪŋ/ *n.* **1** (*Rad,TV*) evanescenza *f.*, fading *m.* **2** (*Cin,TV*) dissolvenza *f.* ☐ (*Tecn*) ~ *test* (*of colours*) prova di solidità alla luce.

faecal /'fiːkəl/ *a.* fecale.

faeces /'fiːsiːz/ *n.pl.* feci *f.pl.*, escrementi *m.pl.*

faerie, faery /'feəri, 'feəri *Am* 'feri/ *n.* (*ant, poet*) → **fair**.

faëry /'feəri *Am* 'feri/ **I** *n.* (*ant,poet*) **1** paese *m.* delle fate, regno *m.* delle fate. **2** (*fairy*) fata *f.* **II** *a.* → **fair**.

fag /fæg/ **I** *v.t.* (*past, p.p.* **fagged** /-d/) far sfacchinare, esaurire, stancare. **II** *v.i.* **1** affaticarsi, sfacchinare per qcs. **2** (*Br,colloq*) (*in a public school*) fare (piccoli servizi for a). **III** *n.* (*Br,colloq*) **1** lavoro *m.* pesante, lavoro *m.* ingrato, faticata *f.*, sgobbata *f.*, sfacchinata *f.* **2** (*junior in a public school*) studente *m.* di corso inferiore che fa (piccoli) servizi a un anziano. **3** (*Br,colloq*) sigaretta *f.*, cicca *f.* **4** (*Am,colloq,spreg*) frocio *m.*, checca *f.* ☐ (*Br*) *to* ~ *away at* (*doing*) *something* affaticarsi per (fare) qcs.; (*Am,colloq,spreg*) ~ *hag* donna che preferisce la compagnia degli omosessuali; (*Br,colloq*) *to* ~ *out* affaticare, stancare.

fag-end /'fægend/ *n.* (*Br*) **1** (*of a rope*) estremità *f.* sfilacciata. **2** (*colloq*) (*cigarette-end*) mozzicone *m.*, cicca *f.* **3** (*colloq*) (*last part*) ultimi residui *m.pl.*, sgoccioli *m.pl.*

fagged /fægd/ ☐ (*Br,colloq*) *to be* ~ *out* essere affaticato, essere stanco.

faggot /'fægət/ **I** *n.* **1** fascina *f.*, fastello *m.* **2** (*Met*) fascina *f.*, pacchetto *m.* **3** (*Gastron*) involtino *m.* di fegato. **4** (*Am,sl,spreg*) frocio *m.*, checca *f.* **II** *v.t.* legare in fascine, affastellare.

faggotting /'fægətɪŋ *Am* 'fægətɪn/ *n.* (*in embroidery*) ricamo *m.* a giorno, à jour *m.*

fagot /'fægət/ *e der.* (*Am*) → **faggot** *e der.*

Fahrenheit /'færənhaɪt, 'fɑːrənhaɪt *Am*

'fer∂nhaɪt, 'fær∂nhaɪt/ I n. **1** (scale) scala f. **Fahrenheit. 2** (thermometer) termometro m. **Fahrenheit. II** a. (di) Fahrenheit. □ ~scale scala Fahrenheit.

faience /faɪ'ɑːns, fer'ɑːns/ n. (Ceram) faenza f.

fail /feɪl/ **I** v.i. **1** fallire, andar male, non riuscire, (colloq) fare fiasco: the attempt -ed il tentativo è fallito; if all else -s se dovesse andar male, male che vada. **2** (in an examination) essere respinto, essere bocciato. **3** (to neglect, to omit) trascurare, tralasciare, non preoccuparsi (di): he -ed to ask permission first non si è preoccupato di chiedere prima il permesso. **4** (not to succeed) non riuscire (a), (colloq) non farcela (a): to ~ to remember sth. non riuscire a ricordare qcs.; the athlete -ed to finish the race l'atleta non ce la fece a portare a termine la corsa. **5** (to run short) venir meno, (venire a) mancare: our supplies -ed ci sono venute a mancare le provviste. **6** (to be inadequate) essere insufficiente, essere inadeguato: crops have -ed i raccolti sono stati insufficienti. **7** (to lose strength, vitality) deperire, indebolirsi. **8** (to stop functioning) non funzionare più, smettere di funzionare, guastarsi, fermarsi: the engine has -ed il motore non funziona più. **9** (to become bankrupt) fallire, fare bancarotta. **II** v.t. **1** esser bocciato in, non superare: to ~ one's driving test non superare l'esame di guida. **2** (to judge deficient) giudicare insufficiente: the examiner -ed him on his oral l'esaminatore lo ha giudicato insufficiente all'orale. **3** (to give less than a passing mark to) bocciare, respingere, riprovare. **4** (to abandon) abbandonare: his usual good humour -ed him il suo buon umore abituale lo ha abbandonato. **5** (to prove inadequate for) (venire a) mancare a, venir meno a: words ~ me mi mancano le parole; her courage -ed her il coraggio le venne meno. **III** n. (Scol) insufficienza f., brutto voto m. □ to ~ in one's object fallire l'obiettivo, non raggiungere lo scopo; I ~ to see how non riesco a vedere come; I ~ to see why non vedo (il) perché; without ~ senz'altro, certamente, (ant) senza fallo.

failing /'feɪlɪŋ/ **I** n. debolezza f., difetto m., punto m. debole. **II** prep. in mancanza di, venendo meno. □ ~ contrary instructions salvo istruzioni contrarie; ~payment in caso di mancato pagamento.

faille /feɪəl Am faɪl, feɪl/ n. (Tess) faille f., faglia f.

fail-safe /'feɪlseɪf Br also feɪl'seɪf/ a. (Tecn) a sicurezza intrinseca.

failure /'feɪljə∂/ n. **1** fallimento m., insuccesso m., (colloq) fiasco m.: the plan was a ~ il piano è stato un fallimento. **2** (person that fails) fallito m. (f. -a), fallimento m.: as a writer he is a ~ come scrittore è un fallimento. **3** (omission of performance) omissione f., il non fare, il trascurare, il mancare a: ~ to do one's duty il non fare il proprio dovere. **4** (deficiency) mancanza f., insufficienza f., scarsità f.: the ~ of crops la scarsità dei raccolti. **5** (deterioration) deterioramento m., indebolimento m., deperimento m. **6** (Med) collasso m. **7** (bankruptcy) fallimento m., bancarotta f. **8** (Mecc) guasto m., avaria f. □ to end in ~ fallire; (Econ) ~ to make a return mancata denuncia fiscale.

fain /feɪn/ **I** a.pred. (rar) **1** pronto, disposto. **2** (obliged) costretto. **3** (pleased) felice, contento. **II** avv. (rar) (ben) volentieri, di buon grado.

fainéant /,feɪneɪ'ɑːn/ **I** n. fannullone m. (f. -a). **II** a. pigro, ozioso.

faint /feɪnt/ **I** a. **1** fiacco, debole, languido,

che sta per svenire: to be ~ with hunger stare per svenire per la fame. **2** (dim) fievole, debole, tenue, pallido: ~ light fievole luce. **3** (of sounds) fievole, indistinto. **4** (slight) vago, incerto, lontano: a ~ hope una vaga speranza. **5** (hesitant) timido, debole: he made a ~ attempt fece un timido tentativo. **II** n. svenimento m., deliquio m. **III** v.i. **1** svenire, perdere i sensi, venir meno. **2** (to grow weak) indebolirsi. **3** (to lose heart) perdersi d'animo. □ ~ heart persona timida, persona riservata; I haven't the -est idea non ne ho la più pallida idea, non ne ho la benché minima idea; in a ~ svenuto; to have a ~recollection of sth. ricordarsi vagamente di qcs. Prov.: heart never won fair lady chi vuol aver fortuna in amore deve avere coraggio, chi non risica non rosica.

faint-hearted /,feɪnt'hɑːtɪd Am ,feɪnt'hɑːrtɪd/ a. pusillanime, vile.

faint-heartedness /,feɪnt'hɑːtɪdnəs Am ,feɪnt'hɑːrtɪdnəs/ n. vigliaccheria f., viltà f.

fainting /'feɪntɪŋ Am 'feɪntɪŋ/ n. svenimento m., mancamento m., deliquio m. □ ~fit svenimento, mancamento, deliquio.

faintly /'feɪntli/ **I** a. alquanto debole. **II** avv. **1** debolmente, fiaccamente: she answered ~ ha risposto debolmente. **2** (slightly) vagamente.

faintness /'feɪntnəs/ n. debolezza f.

fair /feə∂ Am fer/ **I** a. **1** giusto, onesto, equo: a ~ decision una decisione giusta. **2** (conforming to the rules) leale, corretto: a ~ fight un combattimento leale. **3** (reasonable) giusto, ragionevole, equo: a ~ price un prezzo ragionevole. **4** (beautiful) bello. **5** (quite good) discreto, abbastanza buono: a ~ knowledge of English una discreta conoscenza dell'inglese. **6** (moderately large) discreto, sufficiente: he has a ~ amount of money ha un discreto capitale. **7** (Meteor) (of the sky) sereno, bello; (of the weather) buono, bello. **8** (light in colour) chiaro. **9** (of hair) biondo, chiaro; (of the complexion) chiaro. **10** (favourable) che promette bene. **11** (likely) probabile, possibile. **12** (specious) bello, convincente: ~ promises belle promesse. **13** (fig) (unsullied) puro, senza macchia: a ~ reputation una reputazione senza macchia. **14** (Mar) (of the wind, tide) favorevole: the wind sits ~ il vento è favorevole. **II** n. **1** (Comm,Ind,Agr) fiera f. **2** (for charity, etc.) fiera f. di beneficenza, pesca f. di beneficenza. **3** (rar) bella donna f. **III** avv. **1** lealmente, correttamente: to play ~ giocare in modo corretto, rispettare le regole del gioco. **2** (squarely, evenly) proprio, esattamente: the blow landed ~ on his chin il colpo lo raggiunse proprio al mento. **3** (favourably) favorevolmente. **4** (Mar) in senso favorevole: the wind blew ~ il vento soffiava in senso favorevole. **5** (colloq) (utterly) completamente, del tutto: the news ~ took my breath away la notizia mi ha lasciato completamente senza fiato. **IV** v.t. **1** (Mar) lisciare, spianare. **2** (Aer) carenare. **V** v.i. (of the weather) schiarirsi, rasserenarsi. □ ~ (fig) after the ~ troppo tardi; through ~ and foul nel bene e nel male; ~ and square: **1** retto, leale, onesto; **2** (directly) in pieno: to hit so. ~ and square on the chin colpire qcu. in pieno mento; ~ comment critica oggettiva, critica equanime: your objection is ~ comment la tua obiezione è legittima; ~ copy: **1** bella copia; **2** (exact copy) copia fedele; ~ enough mi sta bene, mi sembra giusto; (Mil,fig) a ~ field and no favour ad armi pari; (fig) ~ game facile bersaglio; ~ ground (o ~ grounds): **1** (for fairs) zona usata per luna park; **2** (for

exhibitions) zona fieristica; to give so. a ~ hearing ascoltare qcu. senza parzialità; by ~ means or foul con mezzi leciti o illeciti, (colloq) di riffa o di raffa; it's not ~! non è giusto!, è sleale!; to ~ off: **1** (Mar) lisciare, spianare; **2** (of the weather) schiarirsi, rasserenarsi; ~ play: **1** (Sport) gioco leale, fair play; **2** (fig) gioco leale, correttezza, lealtà; set ~ (of a barometer) al bello; ~ sex gentil sesso, sesso debole; (Am,colloq) a ~shake accordo leale, trattamento equo; give him a ~ show dategli modo di mostrare quello che vale, dategli modo di mostrare quello che sa fare; (colloq) ~to middling così così, appena discreto; (Comm) ~ trade commercio basato su condizioni di reciprocità, commercio equo; to ~ up: **1** (Mar) lisciare, spianare; **2** (of the weather) schiarirsi, rasserenarsi; to give so. a ~warning avvertire in tempo qcu.; to be in a ~ way to succeed essere ben avviato verso il successo, avere buone probabilità di riuscire. Prov.: all's ~ in love and war in amore e in guerra tutto è lecito; what's ~ is ~ quel che è giusto è giusto.

Fair /feə∂ Am fer/ □ ~ Isle (in knitting) motivo ornamentale.

fair-faced /,feə'feɪst Am ,fer'feɪst/ a. **1** di carnagione chiara. **2** (beautiful) bello.

fairground /'feəgraund Am 'fergraund/ n. **1** (for fairs) zona usata per luna park. **2** (for exhibitions) zona fieristica.

fair-haired /,feə'heəd Am ,fer'herd/ a. **1** dai capelli biondi. **2** (Am) (favourite) favorito, preferito: the ~ boy of the family il cocco della famiglia.

fairing /'feərɪŋ Am 'ferɪŋ/ n. (Aer) carenatura f.

fairish /'feərɪʃ Am 'ferɪʃ/ a. **1** passabile, discreto. **2** (lightish in colour) piuttosto chiaro. **3** (of hair) biondiccio.

fairly /'feəli Am 'ferli/ avv. **1** in modo imparziale, giustamente, equamente, lealmente, onestamente. **2** (tolerably) abbastanza, piuttosto, discretamente: it's raining ~ heavily sta piovendo abbastanza forte. **3** (utterly) completamente, del tutto. **4** (as an intensifier: so to speak) nel vero senso della parola. **5** (justifiably) legittimamente, giustamente, a ragion veduta. □ ~ good discreto, abbastanza buono.

fair-minded /,feə'maɪndɪd Am ,fer'maɪndɪd/ a. equanime.

fair-mindedness /,feə'maɪndɪdnəs Am ,fer'maɪndɪdnəs/ n. equanimità f.

fairness /'feənəs Am 'fernəs/ n. **1** imparzialità f., equità f., correttezza f. **2** (light colour) tonalità f. chiara. **3** (of hair) color m. biondo, biondo m. **4** (beauty) bellezza f.

fair-spoken /,feə'spoʊk∂n Am ,fer'spoʊk∂n/ a. gentile nel parlare, cortese nel parlare.

fairway /'feəweɪ Am 'ferweɪ/ n. **1** zona f. navigabile, tratto m. navigabile. **2** (Sport) (in golf) fairway m., percorso m. normale.

fair-weather /'feə,weð∂r Am 'fer,weð∂r/ □ ~friend amico presente solo quando le cose vanno bene, persona inaffidabile.

fairy /'feəri Am 'feri/ **I** n. **1** fata f. **2** (sl,spreg) (homosexual) frocio m., checca f. **II** a. **1** delle fate. **2** (fig) di fata, da fata, leggiadro, delicato. □ (fig) ~godmother fata buona; ~lamp (o ~light) lanternina colorata; ~ring cerchio fatato, cerchio delle fate; (Bot) ~ring champignon (o ~ring mushroom) gambesecche; ~story: **1** fiaba; **2** (fig) storia, frottola; ~tale: **1** fiaba; **2** (fig) storia, frottola.

fairyland /'feərilænd Am 'ferilænd/ n. paese m. delle fate (anche fig).

fairy-like /'feərilaɪk Am 'ferilaɪk/ a. **1** simile a fata. **2** (fig) delicato, leggiadro.

fait accompli /,fe(ɪ)tə'kɒmpli Am ,fe(ɪ)t

əkɑːmˈpliː/ n. fatto m. compiuto: *to present so. with the* ~ mettere qcu. davanti al fatto compiuto.

faith /feɪθ/ n. **1** fede f., fiducia f.: *I have no* ~ *in his promises* non ho fiducia nelle sue promesse; *to lose* ~ *in so.* perdere la fiducia in qcu. **2** (*religious belief*) fede f., credenza f. religiosa: *to lose one's* ~ perdere la fede. **3** (*system of religious belief*) fede f., credo m. religioso. **4** (*estens*) (*beliefs, tenets*) fede f., credenza f., opinione f. ☐ ~ *cure* guarigione ottenuta per mezzo delle preghiere; *to give one's* ~ dare la propria parola; ~ *healer* chi guarisce i malati per mezzo delle preghiere; ~ *healing* guarigione ottenuta per mezzo delle preghiere; (*rar*) *in* ~ per la verità; *to keep* ~ (*to keep one's word*) mantenere la parola (data) (*with con*); *keep the* ~! tieni duro!, non mollare!; *to put* ~ *in* riporre la propria fiducia in.

faithful /ˈfeɪθfʊl/ I a. **1** fedele, leale: *a* ~ *friend* un amico fedele; *to remain* ~ rimanere fedele. **2** (*true*) fedele, ligio: ~ *to one's duty* ligio al dovere. **3** (*true to fact*) fedele, conforme a verità: *a* ~ *account* un resoconto fedele. **4** (*exact*) accurato, preciso, esatto. II n. **1** fedele m./f. **2** (*collett.*) fedeli m./f.pl., credenti m./f.pl. ☐ *the* ~ *few* il rimanente fedele (*anche Bibl*).

faithfully /ˈfeɪθfʊlɪ/ avv. **1** fedelmente, lealmente. **2** (*colloq*) (*accurately*) con precisione. ☐ (*Br,epist*) *Yours* ~ distinti saluti.

faithfulness /ˈfeɪθfʊlnəs/ n. **1** fedeltà f., lealtà f. **2** (*accuracy*) accuratezza f., precisione f.

faithless /ˈfeɪθləs/ a. **1** che non ha fede, senza fede. **2** (*disloyal*) sleale. **3** (*perfidious*) perfido, infido. **4** (*unreliable*) che non dà affidamento.

faithlessness /ˈfeɪθləsnəs/ n. **1** mancanza f. di fede. **2** (*disloyalty*) slealtà f.

fake /feɪk/ I v.t. **1** falsare, alterare: *to* ~ *accounts* alterare i conti. **2** (*to counterfeit*) falsificare, contraffare. **3** (*to simulate*) simulare, fingere: *to* ~ *illness* simulare una malattia. **4** (*to improvise, esp. in music*) improvvisare. II v.i. simulare, fingere. III n. **1** falsificazione f., falso m., contraffazione f.: *your painting is a* ~ il tuo quadro è un falso. **2** (*spurious report, story*) falsità f. **3** (*trick*) imbroglio m., raggiro m. **4** (*impostor*) impostore m. (f. -a), imbroglione m. (f. -a). IV a. falso, contraffatto: ~ *diamonds* diamanti falsi. ☐ *to* ~ *up* simulare, fingere.

faker /ˈfeɪkər/ n. **1** falsificatore m. (f. -trice). **2** (*swindler*) truffatore m. (f. -trice). **3** (*impostor*) impostore m. (f. -a).

fakir /ˈfeɪkɪər, ˈfɑːkɪər, ˈfækɪər Am fɑːˈkɪr, fæk ˈɪr/ n. fachiro m.

falbala /ˈfælbələ/ n. (*Sart*) falpalà m., balza f.

falcate /ˈfælkeɪt/ a. falcato, a forma di falce.

falcated /ˈfælkeɪtɪd Am ˈfælkeɪtɪd/ a. falcato, a forma di falce.

falchion /ˈfɔːlʃ ən/ n. (*Mil,ant*) scimitarra f.

falciform /ˈfælsɪfɔːm Am ˈfælsɪfɔːrm/ a. falciforme.

falcon /ˈfɔː(l)kən, ˈfælkən/ n. **1** (*Ornit*) falco m., falcone m. **2** (*Caccia,Mil,ant*) falcone m.

falconer /ˈfɔː(l)kənər, ˈfælkənər/ n. (*Caccia*) **1** (*hunter*) cacciatore m. (f. -trice) col falcone. **2** (*trainer*) falconiere m.

falconet /ˌfɔː(l)kəˈnet, ˌfælkəˈnet/ n. (*Mil,ant*) falconetto m.

falconry /ˈfɔːkənrɪ, ˈfælkənrɪ/ n. (*Caccia*) falconeria f.

falderal /ˈfældəræl Am also ˈfɑːldərɑːl/, **falderol** /ˈfældərɒl Am ˈfɑːldərɑːl/ n. **1** (*Mus*) ritornello m. **2** (*fig*) (*trifle*) nonnulla m., inezia f.; (*gimcrack*) gingillo m., fronzolo m.

faldstool /ˈfɔːl(d)stuːl/ n. (*Lit*) **1** (*for a bishop*) faldistoro m., faldistorio m. **2** (*for praying*) inginocchiatoio m.

Falernian /fəˈlɜːnɪən Am fəˈlɜːrnɪən/ a. (*Enol*) falerno. ☐ (*Enol*) ~ *wine* falerno.

Falkland /ˈfɔːklənd/ ☐ (*Geog*) ~ *Islands* isole Falkland.

fall¹ /fɔːl/ n. (*past* **fell** /fel/, *p.p.* **fallen** /ˈfɔːlən/) v.i. **1** cadere, cascare (*anche fig*): *to let* ~ *a remark* lasciar cadere un'osservazione. **2** (*to plunge*) cadere, precipitare: *to* ~ *from a window* cadere da una finestra. **3** (*to become less, lower*) abbassarsi, diminuire, calare: *the temperature fell rapidly* la temperatura si è abbassata rapidamente. **4** (*to abate*) calare, diminuire, calmarsi: *the wind has* -en il vento è calato. **5** (*to hang down*) cadere, ricadere, pendere: *her hair fell to her shoulders* i capelli le ricadevano sulle spalle. **6** (*fig*) cedere alla tentazione. **7** (*to lose office, power*) cadere: *the government has* -en il governo è caduto. **8** (*to be captured*) cadere, capitolare. **9** (*to die*) cadere, morire: *to* ~ *fighting* cadere combattendo. **10** (*to occur*) cadere, ricorrere, capitare: *my birthday* -s *on a Sunday* il mio compleanno cade di domenica. **11** (*fig*) (*to become*) cadere, diventare: *to* ~ *ill* ammalarsi; *to* ~ *silent* diventare silenzioso, tacere. **12** (*of speech: to be uttered*) uscire, venire (*from* da). **13** (*to come by chance, lot*) cadere, capitare, toccare (*costr.impers.*): *our choice has* -en *on you* la nostra scelta è caduta su di te; *it fell on me to break the news* è toccato a me dare la notizia. **14** (*to come by right*) toccare, andare, spettare (di diritto) (*to* a): *the inheritance fell to the eldest son* l'eredità toccò al figlio maggiore. **15** (*to be divisible*) dividersi, suddividersi (*into* in): *the story* -s *into two parts* il racconto si divide in due parti. **16** (*of night, silence, etc.*) cadere, scendere. **17** (*of a structure*) cadere, crollare. **18** (*of ground*) inclinarsi, scendere, discendere. **19** (*of a river*) gettarsi, sfociare (*into* in). **20** (*Zool*) nascere. ☐ *to* ~ *about laughing* (mettersi a) ridere a crepapelle; (*Am,colloq,*) *to* ~ *all over oneself* essere troppo disponibile, essere troppo entusiasta; *to* ~ *apart* cadere a pezzi; *to* ~ *asleep* addormentarsi, prendere sonno; *to* ~ *asleep at the wheel* addormentarsi al volante; *to* ~ *astern* rimanere indietro (in un convoglio); *to* ~ *away* **1** ritirarsi, tirarsi indietro, fare marcia indietro; **2** (*to disappear*) scomparire, svanire; *to* ~ *back* indietreggiare, ripiegare; *to* ~ *back on* (*to* ~ *back upon*): **1** (*to retreat to*) ritirarsi in; **2** (*to have recourse to*) ricorrere a, far ricorso; *to* ~ *backwards* cadere riverso; *to* ~ *behind* rimanere indietro: *to* ~ *behind in one's work* rimanere indietro col lavoro; *to* ~ *behind with one's rent* essere in arretrato con l'affitto; (*Br,fig*) *to* ~ *between two stools* avere due occasioni e lasciarsele scappare entrambe per indecisione, fare come l'asino di Buridano; *to* ~ *dead* cadere morto stecchito; (*fig*) *to* ~ *on deaf ears* non trovare ascolto; *to* ~ *down* **1** (*in worship*) prostrarsi; **2** (*to collapse*) cadere, crollare; **3** (*colloq*) (*to fail*) cadere, non riuscire (*on* in); *to* ~ *due* maturare, scadere; (*colloq*) *to* ~ *flat* fare fiasco, non avere successo; *to* ~ *flat on one's face* finire con la faccia a terra; *to* ~ *for*: **1** (*colloq*) cascarci; **2** (*colloq*) (*to fall in love with*) innamorarsi di, prendersi una cotta per; *to* ~ *foul of*: **1** (*Mar*) entrare in collisione con; **2** (*fig*) (*to quarrel*) litigare con, essere in conflitto con, scontrarsi con; (*Rel.catt*) *to* ~ *from grace* perdere la grazia di Dio, peccare, sbagliare; *to* ~ *headlong* cadere a testa in giù, precipi-

tare; *to* ~ *heir to sth.* ereditare qcs.; *to* ~ *ill* ammalarsi, avere un malore; *to* ~ *in*: **1** sprofondare, crollare; **2** (*Mil*) allinearsi; (*of a single soldier*) mettersi in riga; **3** (*of a lease, annuity, etc.*) scadere; **4** (*to agree with*) trovarsi d'accordo (*with* con); **5** (*to meet by chance*) imbattersi in (*with so.* qcu.); *to* ~ *in love* innamorarsi (*with* di); (*Mus*) *to* ~ *in pitch* calare di tono, abbassarsi; *to* ~ *in with*, incontrare per caso e poi impegnarsi con, ritrovarsi impegnato con; *to* ~ *in with so.'s views* trovarsi d'accordo con qcu.; *to* ~ *into* cadere in: *to* ~ *into debt* indebitarsi, fare dei debiti; *to* ~ *into disgrace* cadere in disgrazia; *to* ~ *into disuse* cadere in disuso; *to* ~ *into bad habits* prendere delle cattive abitudini; *to* ~ *into conversation with so.* mettersi a conversare con qcu.; *to* ~ *into arrears* essere in ritardo coi pagamenti, accumulare arretrati; (*Mil*) *to* ~ *into line* mettersi in riga, allinearsi; (*fig*) *to* ~ *into place* trovare la propria collocazione; (*fig*) *to* ~ *low* cadere in basso; *to* ~ *off*: **1** diminuire; **2** (*to deteriorate*) calare di tono, cadere; **3** (*Mar*) deviare la rotta sottovento; *to* ~ *on*: **1** attaccare, gettarsi su; **2** (*to be the duty of*) ricadere su, toccare a (*costr.impers.*); **3** (*to experience*) passare, vedere, vivere: *to* ~ *on hard times* passare tempi duri; (*fig*) *to* ~ *on deaf ears* cadere nel vuoto; *to* ~ *on one's feet* cadere in piedi (*anche fig*); *to* ~ *on one's knees* cadere in ginocchio; *to* ~ *out*: **1** litigare (*with* con); **2** (*to turn out*) andare a finire, risultare; **3** (*Mil*) rompere le righe; *to* ~ *out of favour* cadere in disgrazia; (*fig*) *to* ~ *over oneself to do sth.* sforzarsi, fare di tutto, fare l'impossibile per fare qcs.; (*Am,colloq,*) *to* ~ *over oneself* essere troppo disponibile, essere troppo entusiasta; (*colloq*) *to* ~ *over backwards to do sth.* sforzarsi, fare di tutto, fare l'impossibile per fare qcs.; (*Mar*) *to* ~ *overboard* cadere in mare; (*fig*) *to* ~ *prey to* rimanere vittima di, essere vittima, cadere vittima, essere in balia: *I don't want to* ~ *prey to his usually excuses and apologies* non voglio essere vittima delle sue solite scuse; *to* ~ *short*: **1** venir meno, mancare; **2** (*fig*) essere inferiore (*a*): *to* ~ *short of expectations* essere inferiore alle aspettative, non corrispondere alle aspettative; *it* -s *short of full conviction* non arriva a essere del tutto convincente; *to* ~ *through* fallire, andare in fumo; *to* ~ *to*: **1** (*to begin to eat*) mettersi a mangiare; **2** (*to begin to fight*) dare inizio al combattimento; (*fig*) *to* ~ *to bits* andare in pezzi, disfarsi; *to* ~ *to one's death* fare una caduta mortale, morire per una caduta mortale; *to* ~ *to so.'s lot* essere compito di qcu., toccare a qcu.; *to* ~ *to pieces* cadere in pezzi, frantumarsi, andare in pezzi, cedere, crollare (*anche fig*); *to* ~ *under*: **1** essere sotto la responsabilità di; **2** (*to be classified as*) rientrare sotto la voce di, essere classificato come; **3** (*to be charmed*) essere ammaliato, essere affascinato; *to* ~ *upon*: **1** attaccare, gettarsi su; **2** (*to be the duty of*) ricadere su, toccare a (*costr.impers.*); *to* ~ *within* essere sotto la responsabilità di.

fall² /fɔːl/ n. **1** caduta f.: *a* ~ *from a horse* una caduta da cavallo. **2** (*distance*) dislivello m., salto m. **3** (*dropping*) il cadere, caduta f.: *the* ~ *of leaves* la caduta delle foglie. **4** (*Am*) (*autumn*) autunno m.: *in the* ~ in autunno. **5** (*decrease*) ribasso m., diminuzione f., calo m., abbassamento m.: *a* ~ *in prices* un ribasso dei prezzi. **6** (*downward slope*) discesa f., pendio m., declivio m. **7** (*fig*) (*into temptation*) caduta f., il cadere in tentazione. **8** (*fig*) (*sin*) peccato m. **9** (*capitulation*) caduta f., capitolazione f.: *the* ~ *of Troy* la caduta di Troia.

(*downfall*) caduta *f.*, rovina *f.*, crollo *m.*, tracollo *m.*: *the* ~ *of the Roman Empire* la caduta dell'impero romano. **11** (*Sport*) (*in wrestling*) caduta *f.*; (*bout*) incontro *m.*, partita *f.* **12** (*Mod*) (*for a hat*) veletta *f.* **13** (*Zool*) (*birth*) nascita *f.*; (*number born*) figliata *f.* **14** (*Mecc*) cavo *m.* di manovra, cavo *m.* di comando. **15** *pl.* (*waterfalls*) cascate *f.pl.* ☐ ~ *line*: 1 (*Geog*) linea di displuvio; 2 (*Sport*) (*in skiing*) massima pendenza; *a* ~ *of snow* una nevicata; (*Econ*) *to buy on a* ~ comprare al ribasso; (*Am,colloq*) *to take a* ~ *out of so.* spuntarla su qcu., avere la meglio su qcu.

Fall /fɔːl/ ☐ (*Teol*) ~ *from grace* caduta del primo uomo, peccato originale.

fallacious /fəˈleɪʃəs/ *a.* **1** basato su un falso ragionamento. **2** (*misleading*) fallace, ingannevole: ~ *hope* speranza fallace.

fallaciousness /fəˈleɪʃəsnəs/ *n.* **1** fallacia *f.*, inganno *m.* **2** (*deception*) falsità *f.*

fallacy /ˈfæləsi/ *n.* **1** credenza *f.* errata. **2** (*unsound argument*) falso ragionamento *m.*, ragionamento *m.* errato. **3** (*erroneous character*) fallacia *f.*, inganno *m.*, falsità *f.* **4** (*Filos*) sofisma *m.*

fallback /ˈfɔːlbæk/ *n.* riserva *f.* su cui si può contare in caso di necessità.

fallen /ˈfɔːlən/ → **fall.** **I** *a.* **1** immorale. **2** (*sinful*) colpevole. **3** (*of a woman*) caduta (nella colpa), perduta. **II** *n.* (*collett.*) caduti *m.pl.*: *monument to the* ~ monumento ai caduti. ☐ ~ *angel* angelo caduto; (*Am,colloq*) ~ *guy* capro espiatorio; ~ *woman* prostituta, donna perduta.

fallibility /ˌfæləˈbɪlɪti Am ˌfæləˈbɪləti/ *n.* tendenza *f.* a sbagliare, (*lett*) fallibilità *f.*

fallible /ˈfæləbl/ *a.* **1** (*of a person*) soggetto a errore, fallibile. **2** (*unreliable*) inattendibile.

falling /ˈfɔːlɪŋ/ *a.* cadente (*anche fig*). ☐ (*Med*) ~ *sickness* epilessia, mal caduco; (*Astr*) ~ *star* stella cadente.

falling-out /ˌfɔːlɪŋˈaʊt/ *n.* (*rar*) litigio *m.*

fall-off /ˈfɔːlɔːf/ *n.* diminuzione *f.*, calo *m.*

Fallopian /fəˈloʊpiən Br also fælˈoʊpiən/ ☐ (*Anat*) ~ *tube* tromba di Fallopio.

fall-out /ˈfɔːlaʊt/ *n.* **1** (*Nucl*) pioggia *f.* radioattiva, ricaduta *f.* radioattiva. **2** (*fig*) ricaduta *f.*, effetto *m.* collaterale.

fallow /ˈfæloʊ/ **I** *a.* **1** (*Agr*) incolto, a maggese: *to lie* ~ essere a maggese. **2** (*Zootecn*) non pregno. **3** (*fig*) incolto, rozzo. **4** fulvo, rossastro. **II** *n.* (*Agr*) maggese *m.* **III** *v.t.* (*Agr*) tenere a maggese. ☐ (*Zool*) ~ *deer* daino.

Falmouth /ˈfælməθ/ *n.* (*Geog*) Falmouth.

false /fɔːls/ **I** *a.* **1** falso: *a* ~ *statement* un'affermazione falsa. **2** (*erroneous*) erroneo, falso, errato. **3** (*of a person: lying*) falso, mendace. **4** (*treacherous*) infido, falso. **5** (*misleading*) ingannevole, falso. **6** (*double-dealing*) falso, ipocrita. **7** (*sham*) falso, finto, simulato: ~ *modesty* falsa modestia. **8** (*counterfeit*) falso, falsificato, contraffatto: *a* ~ *diamond* un diamante falso. **9** (*artificial*) falso, finto, posticcio: *a* ~ *tooth* un dente falso; ~ *hair* capelli finti. **10** (*Edil*) finto. **11** (*Bot*) pseudo. **12** (*Mus*) stonato, falso: *a* ~ *note* una nota falsa. **II** *avv.* falsamente. ☐ (*Bot*) ~ *acacia* robinia, pseudacacia, gaggia; (*Comm*) ~ *accounting* falsificazione di scritture contabili, falso contabile; ~ *alarm* falso allarme (*anche fig*); (*Am,Dir*) ~ *arrest* arresto illegale; ~ *bottom* doppio fondo; (*Edil,Acus*) ~ *ceiling* controsoffitto; *to sail under* ~ *colours*: 1 (*Mar*) navigare sotto falsa bandiera; 2 (*fig*) agire sotto mentite spoglie, agire sotto falso nome; ~ *dawn* luce zodiacale; (*Comm*) ~ *entry* falso in scritture contabili; (*Ling*) ~ *friend* falso amico; (*Dir*) ~ *imprisonment* arresto illegale, arresto abusivo, detenzione abusi-

va; (*Mar*) ~ *keel* controchiglia, falsachiglia; (*Psic*) ~ *memory* falso ricordo; ~ *move* mossa falsa, mossa sbagliata; (*Dir*) ~ *pretences* millantato credito; *to obtain money on* (o *under*) ~ *pretences* (o *Am* ~ *pretenses*) ottenere denaro con la frode; (*Anat*) ~ *rib* costola spuria, costola fluttuante; (*Sport*) ~ *start* falsa partenza (*anche fig*); ~ *step* passo falso: *to make a* ~ *step* 1 inciampare, incespicare; *to take a* ~ *step*: 1 inciampare, incespicare; 2 (*fig*) fare un passo falso; ~ *tears* lacrime finte, lacrime false; ~ *teeth* dentiera; *to be* ~ *to one's word* mancare alla parola (data); (*Bibl*) *to bear* ~ *witness* rendere falsa testimonianza.

false-faced /ˈfɔːlsfeɪst/ *a.* ipocrita.

false-hearted /ˈfɔːlsˌhɑːtɪd Am ˈfɔːlsˌhɑːrtɪd/ *a.* falso, perfido, infido.

falsehood /ˈfɔːls(h)ʊd Am ˈfɔːlshʊd/ *n.* **1** menzogna *f.*, bugia *f.*, falsità *f.* **2** (*falsity*) falsità *f.*, ipocrisia *f.* **3** (*untrue idea, belief*) idea *f.* falsa, credenza *f.* falsa.

falseness /ˈfɔːlsnəs/ *n.* **1** falsità *f.* **2** (*perfidy*) perfidia *f.*

falsetto /fɔːlˈsetoʊ Am fɔːlˈsetoʊ/ **I** *n.* (*pl.* -s /-z/) falsetto *m.* **II** *a.* di falsetto. **III** *avv.* in falsetto.

falsies /ˈfɔːlsɪz/ *n.pl.* (*colloq*) imbottitura *f.sing.* per il seno, seno *m.sing.* finto.

falsifiable /ˈfɔːlsɪfaɪəbl/ *a.* falsificabile.

falsification /ˌfɔːlsɪfɪˈkeɪʃən/ *n.* **1** falsificazione *f.*, contraffazione *f.*: (*Dir*) ~ *of accounts* falsificazione di scritture contabili, falso contabile. **2** (*distortion*) distorsione *f.*, alterazione *f.*

falsifier /ˈfɔːlsɪfaɪər/ *n.* falsario *m.* (*f.* -a), falsificatore *m.* (*f.* -trice).

falsify /ˈfɔːlsɪfaɪ/ *v.t.* **1** falsificare, contraffare: *to* ~ *a balance sheet* falsificare un bilancio. **2** (*to distort*) alterare, falsare. **3** (*to prove false*) dimostrare la falsità di, dimostrare l'infondatezza di. **4** (*to disappoint*) deludere, sconcertare.

falsity /ˈfɔːlsɪti Am ˈfɔːlsəti/ *n.* **1** falsità *f.*, doppiezza *f.* **2** (*lie*) falsità *f.*, menzogna *f.* **3** (*deceitfulness*) disonestà *f.*, slealtà *f.*

falter /ˈfɔːltər Am ˈfɔːltər/ *v.i.* **1** esitare, vacillare, tentennare, titubare: *he scaled the cliff without -ing* scalò la rupe senza esitare. **2** (*to move unsteadily*) incespicare, inciampare. **3** (*to stammer*) balbettare, parlare con difficoltà, esprimersi con difficoltà. **II** *v.t.* balbettare, borbottare.

faltering /ˈfɔːltərɪŋ Am ˈfɔːltərɪŋ/ **I** *a.* incerto, vacillante, esitante. **II** *n.* esitazione *f.*, incertezza *f.*, vacillamento *m.*

fame /feɪm/ **I** *n.* **1** fama *f.*, celebrità *f.*, gloria *f.*, rinomanza *f.* **2** (*reputation*) reputazione *f.* **3** (*rar*) (*rumour*) notizia *f.*, voce *f.* **II** *v.t.* (*used in the passive*) (*ant*) rendere famoso.

famed /feɪmd/ *a.* famoso, celebre, rinomato.

familiar /fəˈmɪliər/ **I** *a.* **1** consueto, familiare, ben noto, conosciuto. **2** (*conversant*) pratico, che ha dimestichezza (*with* con), che conosce: *I am not* ~ *with scientific terms* non ho dimestichezza con i termini scientifici; *are you* ~ *with these theories?* hai mai sentito parlare di queste teorie?, conosci queste teorie? **3** (*confidential*) confidenziale; (*intimate*) intimo, in intimità (*with* con): *a* ~ *friend* un amico intimo. **4** (*unduly intimate*) che si prende troppa confidenza, che si prende eccessiva familiarità, indiscreto, invadente. **5** (*of an animal*) domestico. **II** *n.* **1** amico *m.* (*f.* -a) intimo. **2** (*servant of a bishop, etc.*) cameriere *m.* (*f.* -a), (*ant*) famiglio *m.* **3** (*Occult*) (*demon*) demone *m.* al servizio di una strega (o un mago). ☐ *to make oneself* ~ *with so.* prendere confidenza con qcu., familiarizzare con qcu.: *to make oneself* ~ *with*

a subject acquistare familiarità con una materia, acquistare dimestichezza con una materia; (*Occult*) ~ *spirit* demone al servizio di un mago, demone al servizio di una strega; *to be on* ~ *terms with so.* essere in confidenza con qcu.

familiarity /fəˌmɪliˈærɪti Am fəˌmɪliˈerəti, ˌmɪliˈærəti/ *n.* **1** familiarità *f.*, intimità *f.* (di rapporti), dimestichezza *f.* **2** (*undue intimacy*) eccessiva confidenza *f.*, eccessiva familiarità *f.* **3** (*thorough knowledge*) familiarità *f.*, esperienza *f.*, pratica *f.* **4** *pl.* (*gestures of affection*) confidenze *f.pl.* ☐ *Prov.*: ~ *breeds contempt* confidenza toglie riverenza, la troppa confidenza fa perdere la riverenza.

familiarization /fəˌmɪliˌ(a)rˈzeɪʃən Am ˌmɪliərɪˈzeɪʃən/ *n.* il familiarizzare, l'entrare in rapporti familiari.

familiarize /fəˈmɪliəraɪz/ *v.t.* **1** (*of a person*) far prendere dimestichezza con. **2** (*of a thing*) render noto, far conoscere. **3** (*rifl.*) to ~ *oneself* familiarizzare (*with* con).

familism /ˈfæməlɪzəm, ˈfæmɪlɪzəm/ *n.* (*Sociol*) familismo *m.*

family /ˈfæməli, ˈfæmɪli/ **I** *n.* **1** famiglia *f.*, nucleo *m.* familiare: *a* ~ *of five* una famiglia composta da cinque persone. **2** (*children*) figli *m.pl.* **3** (*kindred*) famiglia *f.*, parenti *m.pl.*, parentado *m.* **4** (*group of common ancestry*) discendenza *f.*: *the Stuart* ~ la discendenza degli Stuart. **5** (*lineage*) famiglia *f.*, stirpe *f.*, casato *m.* **6** (*Biol,Chim,Ling*) famiglia *f.* **II** *a.* **1** di famiglia: *the* ~ *jewels* i gioielli di famiglia. **2** (*suitable for a family*) (di tipo) familiare: *a* ~ *hotel* un albergo di tipo familiare. ☐ ~ *allowance* assegno familiare; ~ *business* azienda a conduzione familiare; ~ *car* familiare, station wagon; (*GB*) ~ *credit* sovvenzione per famiglie a basso reddito con figli; ~ *doctor* medico di fiducia, medico di famiglia; ~ *friend* amico di famiglia; ~ *hotel* pensione familiare; *to run in the* ~: 1 essere una caratteristica familiare: *red hair runs in the* ~ i capelli rossi sono una caratteristica familiare; 2 (*to be hereditary*) essere ereditario; ~ *income* reddito familiare; (*sl,volg*) ~ *jewels* attributi, zebedei, palle; ~ *law* diritto di famiglia; ~ *likeness* aria di famiglia; ~ *man*: 1 padre di famiglia; 2 (*man fond of domestic life*) uomo tutto casa e famiglia; ~ *name* cognome; ~ *party* festa in famiglia; ~ *planning* pianificazione familiare; (*colloq*) ~ *skeleton* segreto di famiglia, scheletro nell'armadio; (*Med*) ~ *therapy* terapia familiare; ~ *tree* albero genealogico; ~ *values* valori familiari, valori tradizionali; (*colloq*) *to be in the* ~ *way* essere incinta, aspettare un bambino.

family-run /ˈfæməliˌrʌn, ˈfæmɪliˌrʌn/ *a.* (*Comm*) a conduzione familiare, a gestione familiare.

family-sensitive /ˌfæməliˈsensɪtɪv, ˌfæmɪliˈsensɪtɪv Am ˌfæməliˈsensətɪv, ˌfæmɪliˈsensətɪv/ *a.* adatto a (una visione) in famiglia, che evita le immagini esplicite.

family-size /ˈfæməliˌsaɪz, ˈfæmɪliˌsaɪz/ *a.* formato *m.* famiglia.

famine /ˈfæmɪn/ *n.* **1** carestia *f.*, fame *f.* **2** (*fig*) grande scarsità *f.* **3** (*ant*) (*starvation*) fame *f.*, inedia *f.*: *to die of* ~ morire di fame.

famish /ˈfæmɪʃ/ **I** *v.t.* affamare, far patire la fame a. **II** *v.i.* patire la fame.

famished /ˈfæmɪʃt/ ☐ (*colloq*) *to be* ~ avere una fame da lupi.

famishing /ˈfæmɪʃɪŋ/ ☐ (*colloq*) *to be* ~ avere una fame da lupi.

famous /ˈfeɪməs/ *a.* **1** famoso, celebre, rinomato. **2** (*colloq*) (*excellent*) ottimo, eccellente. **3** (*rar*) (*notorious*) famigerato. ☐ ~ *last words* le ultime parole famose.

famously /'feɪməsli/ avv. 1 notoriamente, (rar) famosamente. 2 (colloq) (very well) molto bene, ottimamente.

famulus /'fæmjʊləs/ (pl. -li /-laɪ/) n. (Stor) famulo m.

fan[1] /fæn/ n. 1 ventaglio m. 2 (Mecc) ventola f. 3 (El) ventilatore m. 4 (Ornit) coda f. a ventaglio. 5 (Zool) (of a whale) pinna f. (caudale). 6 (Agr) vaglio m. 7 (Mar) (propeller) pala f. dell'elica. 8 (Aut) ventola f. 9 (of a windmill) pala f. □ ~ belt cinghia del ventilatore; ~blower termoventilatore; ~ heater termoventilatore; (Bot) ~palm palma a ventaglio, palma flabelliforme; ~ tail: 1 (Ornit) coda a ventaglio, ruota; 2 (Ornit) (pigeon) piccione con la coda a ventaglio; 3 (Ornit) (flycatcher) rhipidura; 4 (gas burner) becco a gas con fiamma a ventaglio.

fan[2] /fæn/ I v.t. (past, p.p. fanned /-d/) 1 far vento a, sventolare: to ~ one's face farsi vento al viso. 2 (to blow upon) soffiare. 3 (to stir to activity) attizzare, soffiare su (anche fig): to ~ the fire attizzare il fuoco. 4 (to spread like a fan) aprire a ventaglio, distendere a ventaglio: to ~ cards aprire le carte a ventaglio. 5 (rifl.) to ~ oneself farsi vento, sventagliarsi, sventolarsi. 6 (Agr) vagliare. II v.i. aprirsi a ventaglio. □ to ~ out: 1 (used transitively) aprire a ventaglio, distendere a ventaglio; 2 (used intransitively) aprirsi a ventaglio; (colloq) to ~the breeze chiacchierare a vuoto, spettegolare; (fig) to ~ the flames soffiare sul fuoco: to ~ the flames of hatred attizzare l'odio.

fan[3] /fæn/ n. 1 fan m./f., ammiratore m. (f. -trice). 2 (Sport) tifoso m. (f. -a). □ ~club club di ammiratori, fan club; ~ mail posta degli ammiratori.

fanatic /fə'nætɪk Am fə'nætɪk/ I n. fanatico m. (f. -a). II a. fanatico.

fanatical /fə'nætɪkəl Am fə'nætɪkl/ a. fanatico.

fanaticism /fə'nætɪsɪzəm Am fə'nætɪsɪzəm/ n. fanatismo m.

fanaticize /fə'nætɪsaɪz Am fə'nætɪsaɪz/ I v.t. fanatizzare, rendere fanatico. II v.i. comportarsi da fanatico, agire da fanatico.

fancied /'fænsɪd/ a. 1 immaginario, fantastico. 2 (Sport) (of a horse) favorito.

fancier /'fænsɪər/ n. amatore m. (f. -trice), appassionato m. (f. -a).

fanciful /'fænsɪfʊl/ a. 1 fantasioso, dalla fantasia fervida. 2 (of fancy design, etc.) (di) fantasia. 3 (unreal) fantastico, immaginario, di fantasia.

fancifulness /'fænsɪfʊlnəs/ n. fantasia f., immaginazione f.

fancy /'fænsi/ I n. 1 immaginazione f., fantasia f.: a product of ~ il frutto dell'immaginazione. 2 (fondness, liking) passione f., voglia f.: he has no ~ for work non ha voglia di lavorare. 3 (amorous liking) simpatia f., cotta f. 4 (whim) capriccio m., ghiribizzo m.: a passing ~ un capriccio passeggero. 5 (unfounded idea) fantasia f., fantasticheria f. 6 (illusion) illusione f. 7 (Art) opera f. d'immaginazione. 8 (vague intuition) impressione f.: I have a ~ that ho l'impressione che. II a. 1 (di) fantasia, decorato, elaborato: a ~ sweater un maglione fantasia. 2 (capricious) capriccioso, estroso. 3 (extravagant, fantastic) stravagante, fantastico, bizzarro. 4 (of an animal) di razza scelta, di razza selezionata: ~ dog cane di razza selezionata, cane di razza scelta. 5 (of a shop, etc.) di lusso. 6 (of prices, etc.) salato, eccessivo, esorbitante. 7 (Sport) appassionato. 8 (Am) (of foodstuffs, etc.) extra, di qualità superiore. III v.t. 1 immaginare, immaginarsi, figu-

rarsi, vedere: I can't ~ her as an actress non riesco a immaginarla come attrice, non me la vedo come attrice. 2 (to be inclined to think) (propendere a) credere, sembrare (costr.impers.): I rather ~ you are wrong credo proprio che tu abbia torto. 3 (to suppose) supporre, immaginare: I ~ he will object immagino che si opporrà. 4 (rifl.,colloq) to ~ oneself avere un'alta opinione di sé. 5 (Br, colloq) (to like) gradire, piacere (costr.impers.), andare (costr.impers.): do you ~ chicken for dinner? ti piacerebbe mangiare pollo a cena? 6 (Br,colloq) (to wish for) avere voglia di, andare (costr.impers.): I don't ~ going out now non mi va di uscire ora. 7 (Br, colloq) (to find attractive) piacere (costr.impers.): she really fancies her boss il suo capo le piace tantissimo. 8 (of animals) selezionare. IV intz. figurati!, immaginati! □ (Sport) ~ dive tuffo acrobatico; ~dress costume, maschera; ~ dress ball (o ~ dress party) ballo in maschera, ballo in costume; ~goods oggettistica; (colloq) ~ man: 1 (lover) amante; 2 (pimp) sfruttatore, (eufem) protettore; ~ meeting you! che combinazione (incontrarti)!; (colloq) ~pants: 1 ragazzo che veste in modo troppo vistoso; 2 (effeminate man) tipo effeminato; to take so.'s ~ colpire la fantasia di qcu., piacere a qcu.; to take a ~to: 1 (of things) incapricciarsi di; 2 (of people) provare simpatia per, affezionarsi a; (just) ~ that! pensa un po'!, chi lo avrebbe mai detto!; (colloq) ~ woman: 1 (lover) amante; 2 (prostitute) prostituta; ~work ricamo.

fancy-free /ˌfænsi'fri/ a. non innamorato.

fandangle /fæn'dæŋgl/ n. (colloq) ornamento m. fantasioso.

fanfare /'fænfeər Am 'fænfer/ n. 1 (Mus) fanfara f. 2 (fig) ostentazione f.

fanfaronade /ˌfænfærə'nɑːd, ˌfænfərə'neɪd/ n. fanfaronata f., spacconata f., millanteria f.

fang /fæŋ/ I n. 1 (Zool) (of a wolf, dog, etc.) zanna f.; (of a snake) dente m. (velenifero). 2 (colloq) dente m. 3 (Mecc) (of a tool) dente m. II v.t. 1 addentare, azzannare. 2 (Tecn) (of a pump) adescare.

fanged /fæŋd/ a. (Zool) fornito di zanne.

fanlight /'fænlaɪt/ n. (Arch) lunetta f. (a ventaglio).

fanny /'fæni/ n. 1 (Am,sl,volg) (buttocks) chiappe f.pl., culo m. 2 (Br,sl,volg) (female genitals) fica f., passera f. □ (Br,colloq) Fanny Adams assolutamente nulla: he knows sweet Fanny Adams non sa un bel niente; (Am) ~pack marsupio, borsetta legata in vita.

fanon /'fænən/ n. (Lit) 1 (maniple) manipolo m. 2 (orale) fanone m.

fan-shaped /'fænʃeɪpt/ a. a (forma di) ventaglio.

fantabulous /fæn'tæbjʊləs/ a. (colloq) meraviglioso, stupendo.

fantail /'fænteɪl/ n. 1 (tail) coda f. a ventaglio; (end) parte f. finale a ventaglio. 2 (Ornit) (pigeon) piccione m. con la coda a ventaglio. 3 (Ornit) (flycatcher) rhipidura m.

fantasia /fæn'teɪzɪə, fæn'tɑːzɪə, ˌfæntə'siːə Am fæn'teɪʒ(i)ə, ˌfæntə'ziːə/ n. 1 (Mus) fantasia f. 2 (Lett) opera f. di fantasia. 3 (sth. strange) fantasticheria f., fantasia f.

fantast /'fæntæst/ n. (Am,ant) sognatore m. (f. -trice), visionario m. (f. -a).

fantastic /fæn'tæstɪk/ a. 1 (great, exorbitant) fantastico, favoloso: a ~ sum of money una fantastica somma di denaro. 2 (wonderful) straordinario, bellissimo, fantastico: it was a ~ party è stata una bellissima festa. 3 (extravagant) fantastico, bizzarro, strava-

gante: ~ shapes forme fantastiche. 4 (eccentric, capricious) bizzarro, eccentrico, strano, stravagante. 5 (fanciful, strange) fantasioso, estroso, bizzarro. 6 (unrealistic, impractical) non realistico, non pratico.

fantastical /fæn'tæstɪkəl/ a. 1 (great, exorbitant) fantastico, favoloso. 2 (wonderful) straordinario, bellissimo, fantastico. 3 (extravagant) fantastico, bizzarro, stravagante. 4 (eccentric, capricious) bizzarro, eccentrico, strano, stravagante. 5 (fanciful, strange) fantasioso, estroso, bizzarro. 6 (unrealistic, impractical) non realistico, non pratico.

fantasticality /fæn,tæstɪ'kælɪti Am fæn,tæsti'kæləti/, **fantasticalness** /fæn'tæstɪkəlnəs/ n. fantasticheria f., bizzarria f., stravaganza f.

fantasy /'fæntəsi, 'fæntəzi Am 'fænṭəsi, 'fænṭəzi/ n. 1 fantasia f., immaginazione f. 2 (grotesque mental image) fantasticheria f., fantasia f., idea f. fantastica. 3 (dream) visione f., sogno m., fantasia f. 4 (Psic) fantasia f., fantasma m. 5 (whim, fancy) capriccio m., fantasia f. 6 (Mus) fantasia f. 7 (Lett) fantasy f., letteratura f. di fantasia.

fantods /'fæntɒdz/ n.pl. (Am,colloq,ant) agitazione f.sing., nervosismo m.sing.

fanzine /'fænziːn/ n. fanzine f., rivista f. specializzata (per i fan di un genere o di un artista particolare).

FAO /ˌefeɪ'oʊ/ Food and Agriculture Organization (of the United Nations) FAO (Organizzazione delle Nazioni Unite per l'alimentazione e l'agricoltura).

FAQ /ˌefeɪ'kjuː/ (Inform) frequently asked questions FAQ (domande più frequenti).

faquir /'feɪkɪər, 'fɑːkɪər, 'fækɪər Am fɑː'kɪr, fæk'ɪr/ n. fachiro m.

far /fɑːr/ (compar. **farther** /'fɑːðər Am 'fɑːrðər/ o **further** /'fɜːðər Am 'fɜːrðər/, sup. **farthest** /'fɑːðɪst Am 'fɑːrðɪst/ o **furthest** /'fɜːðɪst Am 'fɜːrðɪst/) I avv. 1 lontano, distante: they didn't ~ go non andarono lontano; is it ~ to the station? è lontana la stazione? 2 (of time) lontano, a distanza di tempo. 3 (to a great degree, extent; followed by a comparative) di gran lunga, (di) molto, assai (followed by a superlative): he is ~ the cleverest è di gran lunga il più bravo. 4 (to an advanced point) a fondo, fino in fondo: he drove the stake ~ into the ground ha piantato il palo a fondo nel terreno. II a. 1 lontano, distante, remoto: a ~ away country un paese lontano. 2 (of time) lontano, remoto. 3 (more distant of the two) più lontano (o distante), opposto: the ~ side of the lake la parte più distante del lago. □ ~above molto (al di) sopra, a una grande altezza sopra; (fig) ~ afield fuori tema, fuori strada; ~ and away di gran lunga: ~ and away the best di gran lunga il migliore, ~ and near in lungo e in largo; ~ and wide in lungo e in largo; as ~ as: 1 fino a: we went as ~ as the river siamo andati fino al fiume; 2 (to the extent) per quello che, per quanto: as ~ as I know per quello che ne so, per quanto ne so; (Br) as ~ as it goes fin qui, fino a questo punto: that's all very well as far as it -es fin qui va tutto bene; as ~ as that goes quanto a questo; ~ away (molto) lontano, (molto) distante: a ~ away country un paese lontano; as ~back as I can remember per quanto posso ricordare, per quello che mi ricordo; events as ~ back as 1850 avvenimenti che risalgono al lontano 1850; ~be it from me to criticize lungi da me l'intenzione di criticare; ~beyond molto al di là di, molto oltre; by ~ di gran lunga, di molto; it is by ~ the largest è di gran lunga il più grosso; it's a ~ cry from c'è una bella differenza con, è tutto diverso da; (Geog) Far

East Estremo Oriente; *~from* : 1 lontano da; 2 (*not at all*) per niente, affatto: *I am ~ from pleased* non sono per niente contento; *~ from it!* proprio il contrario, tutt'al contrario!; 3 (*instead of*) lungi da, invece di; (*fig*) *togo ~ towards* andare lontano, far molta strada; (*fig*) *togo ~ towards sth.* contribuire grandemente a qcs., essere di grande aiuto a qcs.; *to be ~ gone* : 1 essere ormai coinvolto (*in* in), essere ormai implicato (*in* in); 2 (*to be doomed, dying*) essere condannato, essere più di là che di qua; *how ~*: 1 fin dove: *how ~ did you go?* fin dove sei andato?; *how ~ is it from here to the station?* quanto c'è da qui alla stazione?; 2 (*to what extent*) fino a che punto; *in so ~ as* per quello che, per quanto; *~into the night* fino a tarda notte, fino a notte inoltrata; (*molto*) lontano, (molto) distante; *so ~*: 1 (*up to now*) finora; 2 (*up to this point, extent*) a questo punto, fin qui: *now we've come so ~ we might as well continue* arrivati a questo punto tanto varrebbe continuare; *so ~ so good* fin qui niente da dire, fin qui tutto bene; *that's going too ~* questo è troppo, qui si esagera, questo è oltrepassare i limiti.

farad /'færæd *Am also* 'ferəd/ *n.* (*El*) farad *m.*

faradaic /,færə'deɪɪk *Am also* ,ferə'deɪɪk/ *a.* (*El*) di Faraday: *~ current* corrente di Faraday.

faraday /'færədeɪ *Am also* 'ferədeɪ/ *n.* (*El*) faraday *m.* □ (*Fis*) *Faraday cage* gabbia di Faraday; (*Chim*) *Faraday's constant* costante di Faraday. (*Fis*) *Faraday effect* effetto Faraday.

faradic /fə'rædɪk/ *a.* (*El*) di Faraday: *~ current* corrente di Faraday.

faraway /,færə'weɪ/ *a.* 1 lontano, distante, remoto. 2 (*fig*) assente, sognante: *a ~ look* uno sguardo assente.

farce[1] /fɑːs *Am* fɑːrs/ *n.* 1 (*Teat*) farsa *f.* 2 (*fig*) farsa *f.*, buffonata *f.*, burla *f.*

farce[2] /fɑːs *Am* fɑːrs/ *v.t.* (*Gastron*) farcire.

farce-meat /'fɑːsmiːt/ *n.* (*Br,Gastron*) farcia *f.*

farcical /'fɑːsɪkəl *Am* 'fɑːrsɪkəl/ *a.* farsesco, burlesco, ridicolo.

farcicality /,fɑːsɪ'kælɪti *Am* ,fɑːrsə'kæləti/ *n.* carattere *m.* farsesco.

farcically /'fɑːsɪkəli *Am* 'fɑːrsɪkəli/ *avv.* in modo farsesco.

fare /feər *Am* fer/ **I** *n.* 1 prezzo *m.* del biglietto, prezzo *m.* della corsa, tariffa *f.* 2 (*paying passenger*) passeggero *m.* (*f.* -a). 3 (*food*) cibo *m.*, vitto *m.* **II** *v.i.* 1 mangiare, nutrirsi. 2 (*to get on*) passarsela, andare: *we -d well on our journey* ce la siamo passata bene durante il viaggio; *to ~ ill* passarsela male. 3 (*costr.impers.*) (*to turn out*) andare a finire, andare (*costr.impers.*): *it -d ill with us* ci andò male. □ *anymore -s please?* (*on a bus or train*) altri biglietti, prego?

fare-thee-well /'feəðiːwel *Am* 'ferθiːrwel/ *n.* 1 (*poet*) (*goodbye*) addio. 2 (*Am*) alla perfezione.

farewell /,feə'wel *Am* ,fer'wel/ **I** *intz.* addio! **II** *n.* addio *m.*, congedo *m.*, commiato *m.*: *to bid so. ~* dare l'addio a qcu., salutare qcu. **III** *a.* d'addio: *a ~ performance* una rappresentazione d'addio; *a ~ gift* un regalo d'addio. □ *tomake one's ~* congedarsi, fare gli addii.

far-fetched /,fɑː'fetʃt *Am* ,fɑːr'fetʃt/ *a.* 1 (*of an example, comparison, etc.*) forzato, stiracchiato, tirato per i capelli. 2 (*improbable*) inverosimile.

far-flung /,fɑː'flʌŋ *Am* ,fɑːr'flʌŋ/ *a.* 1 esteso, vasto: *a ~ empire* un impero esteso. 2 (*widely distributed*) assai diffuso.

far-gone /'fɑːɡɒn *Am* 'fɑːrɡɑːn/ *a.* 1 con un piede nella fossa, più di là che di qua. 2 (*very*

drunk) ubriaco fradicio.

farina /fə'riːnə *Br also* fə'raɪnə/ *n.* 1 farina *f.* 2 (*starch*) amido *m.* 3 (*Bot*) polline *m.*

farinaceous /,færɪ'neɪʃəs *Am also* ,ferɪ'neɪʃəs/ *a.* 1 farinaceo. 2 (*starchy*) amidaceo.

farinose /'færɪnoʊs *Am also* 'ferɪnoʊs/ *a.* farinoso.

farl /fɑːl/ *n.* (*Scott,Gastron*) focaccia *f.* di farina d'avena, focaccia *f.* di farina di grano.

farm /fɑːm *Am* fɑːrm/ **I** *n.* 1 podere *m.*, tenuta *f.* 2 (*building*) fattoria *f.*, cascina *f.*, casa *f.* colonica. 3 (*business*) impresa *f.* agricola. 4 (*land used for raising domestic animals*) allevamento *m.* 5 (*for fish, oysters, etc.*) vivaio *m.* 6 (*colloq*) (*baby farm*) nido *m.* d'infanzia. **II** *v.t.* 1 (*of land*) coltivare. 2 (*of taxes, revenues, etc.*) dare in appalto, appaltare. **III** *v.i.* fare l'agricoltore. □ (*Br*) *~account* spesa agricola; (*Pol*) *~ bloc* congressisti che sostengono gli interessi dell'agricoltura; *~effluent* scarichi agricoli; *~equipment* materiale agricolo; *~hand* bracciante agricolo; *~holiday* agriturismo; *~holidaymaker* agriturista; *~ labourer* bracciante agricolo; *~machinery* macchinario agricolo; *to ~ out* dare in appalto, appaltare; *~price support* sostegno dei prezzi agricoli; (*Am*) *~spending* spesa agricola; (*Sport*) *~team* (*in baseball*) squadra di una lega minore.

farmable /'fɑːməbl *Am* 'fɑːrməbl/ *a.* coltivabile.

farmer /'fɑːmər *Am* 'fɑːrmər/ *n.* 1 contadino *m.* (*f.* -a), agricoltore *m.* (*f.* -trice). 2 (*breeder*) allevatore *m.* (*f.* -trice). 3 (*of taxes, etc.*) appaltatore *m.* (*f.* -trice).

farmhouse /'fɑːmhaʊs *Am* 'fɑːrmhaʊs/ *n.* fattoria *f.*, cascina *f.*, casa *f.* colonica.

farming /'fɑːmɪŋ *Am* 'fɑːrmɪŋ/ *n.* 1 agricoltura *f.* 2 (*of taxes, etc.*) appalto *m.* 3 (*of animals*) allevamento *m.* □ *~activity* attività agricola; *Farming Belt* zona in cui viene praticata l'agricoltura su scala commerciale; (*Econ*) *~ credit* credito agrario; *~method* metodo di coltivazione, metodo colturale.

farmland /'fɑːmlænd *Am* 'fɑːrmlænd/ *n.* (*Agr*) 1 (*under cultivation*) terreno *m.* coltivato. 2 (*that can be cultivated*) terreno *m.* coltivabile.

farmstead /'fɑːmsted/ *n.* (*Am*) fattoria *f.*

farmyard /'fɑːmjɑːd *Am* 'fɑːrmjɑːrd/ *n.* aia *f.* □ *~animal* animale da cortile.

faro /'feəroʊ *Am* 'feroʊ, 'færoʊ/ *n.* (*card game*) faraone *m.*

far-off /,fɑːr'ɒf *Am* ,fɑːr'ɔːf/ *a.* 1 lontano, remoto, distante. 2 (*in time*) lontano, remoto.

farraginous /fə'rædʒɪnəs *Br also* fə'reɪdʒɪnəs/ *a.* farraginoso.

farrago /fə'rɑːɡoʊ, fə'reɪɡoʊ/ (*pl.* **-si/-es** /-z/) *n.* farragine *f.*, congerie *f.*, miscuglio *m.*

far-reaching /,fɑː'riːtʃɪŋ *Am* ,fɑːr'riːtʃɪŋ/ *a.* 1 di grande estensione. 2 (*fig*) di vasta portata, di larga portata.

farrier /'færɪər *Am* 'ferɪər/ *n.* (*blacksmith*) maniscalco *m.*

farriery /'færɪəri *Am also* 'ferɪəri/ *n.* 1 arte *f.* del maniscalco, mascalcia *f.* 2 (*smithy*) mascalcia *f.*, bottega *f.* del maniscalco.

farrow /'færoʊ *Am also* 'feroʊ/ **I** *n.* (*Zootecn*) (*of pigs*) figliata *f.* **II** *v.t.* (*Zootecn*) (*of a sow*) figliare, partorire. **III** *v.i.* (*Zootecn*) (*of a sow*) figliare, partorire.

far-seeing /,fɑː'siːɪŋ *Am* ,fɑːr'siːɪŋ/ *a.* 1 che vede lontano. 2 (*fig*) lungimirante, previdente.

far-sighted /,fɑː'saɪtɪd *Am* ,fɑːr'saɪtɪd/ *a.* 1 che vede lontano. 2 (*fig*) lungimirante, previdente. 3 (*Med*) (*long-sighted*) presbite.

far-sightedness /,fɑː'saɪtɪdnəs *Am* ,fɑːr'saɪtɪdnəs/ *n.* 1 lungimiranza *f.* 2 (*Med*) pre-

sbiopia *f.*

fart /fɑːt *Am* fɑːrt/ **I** *n.* (*volg*) scoreggia *f.* **II** *v.i.* (*volg*) scoreggiare. □ (*volg,fig*) *to ~about* (*o to ~around*) cazzeggiare.

farther /'fɑːðər *Am* 'fɑːrðər/ (*compar. di far*) **I** *avv.* 1 più lontano, (più) oltre: *I can go no ~* non posso andare oltre. 2 (*to a greater degree*) ancora. 3 (*moreover*) inoltre. **II** *a.* 1 più lontano, più distante. 2 (*longer*) più lungo. 3 (*further*) ulteriore.

farthermost /'fɑːðəmoʊst *Am* 'fɑːrðərˌmoʊst/ *a.* più lontano, più distante, più remoto.

farthest /'fɑːðɪst *Am* 'fɑːrðɪst/ (*sup. di far*) **I** *a.* 1 il più lontano. 2 (*longest*) il più lungo. **II** *avv.* 1 il più lontano possibile. 2 (*to or at the greatest degree*) al massimo (grado).

farthing /'fɑːðɪŋ *Am* 'fɑːrðɪŋ/ *n.* (*Numism*) farthing *m.* □ (*Br,colloq*) *I don't give a ~ for your opinions* non me ne importa un fico secco delle tue idee.

farthingale /'fɑːðɪŋɡeɪl *Am* 'fɑːrðɪŋɡeɪl/ *n.* (*Abbigl,ant*) guardinfante *m.*, crinolina *f.*

FAS (*Med*) *Fetal Alcohol Syndrome* (sindrome alcol-fetale).

fas. , **f.a.s.** (*Comm*) *free alongside ship* FAS (franco banchina nave).

fasces /'fæsiːz/ *n.pl.* (*costr.sing. o pl.*) (*Stor*) fascio *m.*

fascia /'fæʃ(i)ə, 'feɪʃ(i)ə/ *n.* (*pl.* **fasciae** /'fæʃiiː/) 1 fascia *f.* (*anche Arch, Anat*). 2 (*Aut*) cruscotto *m.*

fasciate /'fæʃieɪt/ *a.* 1 (*coalescing*) fasciato. 2 (*fascicled*) fascicolato, affastellato. 3 (*Zool*) striato.

fasciated /'fæʃieɪtɪd *Am* 'fæʃieɪtɪd/ *a.* 1 (*coalescing*) fasciato. 2 (*fascicled*) fascicolato, affastellato. 3 (*Zool*) striato.

fascicle /'fæsɪkl/ *n.* 1 (*Edit*) fascicolo *m.*, dispensa *f.* 2 (*Bot*) fascetto *m.*, cespo *m.*, ciuffo *m.* 3 (*Anat*) fascicolo *m.*

fasciculation /fə,sɪkjʊ'leɪʃən, fæ,sɪkjʊ'leɪʃən/ *n.* 1 (*Bot*) l'essere riunito in fascetti. 2 (*Anat*) contrazione *f.* fascicolare.

fascicule /'fæsɪkjuːl/ *n.* (*Edit*) fascicolo *m.*, dispensa *f.*

fascinate /'fæsɪneɪt/ *v.t.* 1 affascinare, ammaliare, incantare. 2 (*to paralyse by ocular hypnosis*) paralizzare con lo sguardo.

fascinating /'fæsɪneɪtɪŋ *Am* 'fæsɪneɪtɪŋ/ *a.* affascinante, incantevole, seducente.

fascination /,fæsɪ'neɪʃən/ *n.* fascino *m.*, incanto *m.*, malia *f.*

fascinator /'fæsɪneɪtər *Am* 'fæsɪneɪtər/ *n.* 1 affascinatore *m.* (*f.* -trice). 2 (*Abbigl*) scialle *m.* leggero (di trina ecc.).

fascine /fæ'siːn, fə'siːn/ *n.* fascina *f.* (*anche Mil,Tecn*).

fascism , **Fascism** /'fæʃɪzəm/ *n.* (*Pol*) fascismo *m.*

fascist , **Fascist** /'fæʃɪst/ **I** *n.* fascista *m./f.* **II** *a.* fascista.

fashion /'fæʃən/ **I** *n.* 1 moda *f.*, voga *f.*: *the latest ~ in hairstyles* l'ultima moda in fatto di acconciature; *to set a ~* lanciare una moda. 2 (*Sart*) moda *f.* 3 (*fashionable people*) gente *f.* alla moda. 4 (*manner*) modo *m.*, maniera *f.*: *to behave in a strange ~* comportarsi in un modo strano; *in a logical and concise ~* in modo logico e sintetico. 5 (*style*) modo *m.*, stile *m.*, foggia *f.* **II** *v.t.* 1 modellare, foggiare. 2 (*to make*) fare, costruire. □ *after a ~* in qualche modo, alla meglio: *he can draw after a ~* sa disegnare alla meglio; *after the ~ of* secondo la moda di; *to come back into ~* tornare d'attualità; *tocome into ~* diventare di moda; *~conscious* alla moda, che segue la moda; *~designer* stilista, disegnatore di moda; *~house* casa di moda; *in ~* alla moda: *to keep in ~* (*o to be in ~*) seguire la moda; ~ *magazine* rivista di moda; *a man of* ~ un uomo di mondo; *out of* ~ fuori moda: *to go out of* ~ passare di moda; ~ *parade* sfilata di moda, défilé; ~ *plate*: 1 modello, figurino; 2 (*fig*) (*person*) figurino; ~ *show* sfilata di moda, défilé; ~ *stylist* stilista, disegnatore di moda; *to be the* ~ essere molto di moda, (*colloq*) essere l'ultimo grido; (*sl*) ~ *victim* modaiolo, schiavo della moda.

fashionable /'fæʃənəbl/ **I** *a.* **1** alla moda, di moda: ~ *circles* ambienti alla moda, circoli alla moda. **2** (*of a person*) alla moda. **II** *n.* persona *f.* alla moda. □ *the* ~ *world* il bel mondo.

fashionably /'fæʃənəbli/ *avv.* alla moda.

fast[1] /fɑːst *Am* fæst/ **I** *a.* **1** fermo, fisso, solido, sicuro, saldo: *a* ~ *knot* un nodo sicuro. **2** (*quick*) rapido, veloce, (*rar*) celere: *a* ~ *trip* un viaggio rapido. **3** (*dissipated*) dissoluto, libertino, gaudente; (*of a woman*) dissoluta. **4** (*loyal*) fedele, leale, devoto. **5** (*of dyes, colours*) solido, che non stinge, resistente. **6** (*of sleep*) profondo. **7** (*of a watch, clock*) che è avanti, che va avanti. **8** (*Fot*) (*of a film*) rapido, ad alta sensibilità. **9** (*Tecn*) (*in compounds*) resistente: *acid-* ~ resistente agli acidi. **II** *n.* (*Mar*) trozza *f.* **III** *avv.* **1** fermamente, solidamente, saldamente, bene: *the rope held* ~ la corda reggeva bene. **2** (*quickly*) in fretta, velocemente, presto: *to run* ~ correre velocemente. **3** (*in quick succession*) rapidamente, in rapida successione. **4** (*soundly*) profondamente: *to be* ~ *asleep* essere profondamente addormentato, dormire sodo, dormire come un sasso. **5** (*in a dissipated way*) in modo dissoluto. □ ~ *and furious* smodato, sfrenato; *he fled as* ~ *as his legs could carry him* scappò a gambe levate; (*Nucl*) ~ *breeder reactor* reattore autofertilizzante; *to make a* ~ *buck* arricchirsi velocemente; (*lett*) ~ *by* vicino (a), presso; *to take* ~ *hold of sth.* afferrare saldamente qcs.; (*Strad*) ~ *lane* corsia di scorrimento, corsia di sorpasso; (*fig*) *life in the* ~ *lane* vita spericolata; *to make* ~: 1 assicurare, fermare, legare bene; 2 (*to close securely*) chiudere (per) bene; (*colloq*) *to pull a* ~ *one on so.* giocare un brutto tiro a qcu.; *to be a* ~ *reader* leggere velocemente; ~ *rewind* (*of a tape recorder*) riavvolgimento veloce; (*Teat*) *a* ~ *study* chi impara presto la parte; (*Ferr*) ~ *train* treno direttissimo, direttissimo.

fast[2] /fɑːst *Am* fæst/ **I** *v.i.* **1** digiunare. **2** (*Rel*) osservare il digiuno, fare astinenza, digiunare. **II** *n.* digiuno *m.*: *to break one's* ~ rompere il digiuno, interrompere il digiuno. □ ~ *day* giorno di astinenza, giorno di digiuno.

fast-acting /fɑːstˌæktɪŋ *Am* fæstˌæktɪŋ/ *a.* ad azione rapida.

fasten /'fɑːsⁿn *Am* 'fæsⁿn/ **I** *v.t.* **1** attaccare, fissare: *to* ~ *a button on a coat* attaccare un bottone a una giacca. **2** (*of seatbelts*) allacciare: ~ *your seatbelts, please* si prega di allacciare le cinture di sicurezza. **3** (*to make secure*) chiudere, assicurare, fermare: *to* ~ *the door with a bolt* chiudere la porta con un catenaccio. **4** (*of an article of dress*) affibbiare, allacciare: *to* ~ *one's shoes* allacciarsi le scarpe. **5** (*to button*) abbottonare. **6** (*to attribute*) attribuire, imputare: *to* ~ *the blame on so.* attribuire la colpa a qcu. **7** (*to focus*) fissare, concentrare: *to* ~ *one's eyes on so.* fissare gli occhi su qcu.; *to* ~ *one's attention upon a subject* concentrare l'attenzione su un argomento. **II** *v.i.* **1** allacciarsi: *the dress* -*s down the back* il vestito si allaccia di dietro, il vestito si allaccia sulla schiena. **2** (*to close, to lock*) chiudersi. **3** (*to take*

firm hold) attaccarsi, aggrapparsi (*on, on to* a). **4** (*fig*) concentrarsi (*on, upon* su).

fastener /'fɑːsⁿnər *Am* 'fæsⁿnər/ *n.* **1** chiusura *f.*, serratura *f.* **2** (*device for joining together*) fermaglio *m.*, fibbia *f.*

fastening /'fɑːsⁿnɪŋ *Am* 'fæsⁿnɪŋ/ *n.* **1** legatura *f.*, fissaggio *m.* **2** (*lock*) chiavistello *m.* **3** (*clasp*) chiusura *f.*, fermaglio *m.*

fast-food /ˌfɑːstˈfuːd *Am* ˌfæstˈfuːd/ *n.* fast food *m.*, cibo *m.* veloce. □ ~ *shop* fast food, locale di ristorazione veloce.

fast-forward /ˌfɑːstˈfɔːwəd *Am* ˌfæstˈfɔːrwərd/ □ ~ *wind* (*of tape recorder, VCR, etc.*) avvolgimento veloce.

fastidious /fæˈstɪdiəs, fəˈstɪdiəs/ *a.* **1** incontentabile, difficile, esigente. **2** (*fussily particular*) schizzinoso, schifiltoso. **3** (*meticulous*) meticoloso, pignolo.

fastidiousness /fæˈstɪdiəsnəs, fəˈstɪdiəsnəs/ *n.* meticolosità *f.*, pignoleria *f.*

fastigiate /fæˈstɪdʒ(i)ət, fæˈstɪdʒiɛɪt/ *a.* (*Arch, Biol*) fastigiato.

fasting /'fɑːstɪŋ *Am* 'fæstɪŋ/ *n.* digiuno *m.* □ ~ *therapy* terapia del digiuno, digiunoterapia.

fast-moving /ˌfɑːstˈmuːvɪŋ *Am* ˌfæstˈmuːvɪŋ/ *a.* **1** veloce, rapido. **2** (*of a novel, etc.*) avvincente, che tiene desta l'attenzione.

fastness /'fɑːstnəs *Am* 'fæstnəs/ *n.* **1** forte *m.*, fortezza *f.* **2** (*fixedness*) saldezza *f.*, solidità *f.* **3** (*ant*) (*swiftness*) velocità *f.*, rapidità *f.* **4** (*of dyes*) solidità *f.*

fastpaced /'fæstpeɪst/ *a.* (*Am*) rapido, veloce, stressante.

fast-talk /'fæstˈtɔːk/ *v.t.* (*spec. Am, colloq*) convincere (con la parlantina), raggirare.

fat[1] /fæt/ *a.* (*compar.* **fatter** /'fætər *Am* 'fætər/, *sup.* **fattest** /'fætɪst *Am* 'fætɪst/) **1** grasso, pingue, corpulento: *a* ~ *man* un uomo grasso. **2** (*of tissue*) adiposo. **3** (*of food*) grasso, contenente grassi: *a* ~ *cheese* un formaggio grasso. **4** (*oily, greasy*) grasso, untuoso, oleoso. **5** (*well-filled*) ben fornito, pieno, ricco: *a* ~ *wallet* un portafoglio pieno; *a* ~ *bank account* un ricco conto in banca. **6** (*Am*) (*profitable, rich*) lucroso, ben pagato, redditizio: *a* ~ *job* un lavoro redditizio. **7** (*prosperous*) ricco, abbondante, grasso: ~ *profits* guadagni grassi. **8** (*Agr*) grasso, fertile: ~ *land* terreno fertile. **9** (*Minier*) grasso, ricco di bitume. **II** *n.* **1** grasso *m.*, adipe *m.* **2** (*fatness*) grassezza *f.*, pinguedine *f.*, corpulenza *f.*: *to be inclined to* ~ avere la tendenza a ingrassare. **3** (*Chim, Alim*) grasso *m.*: *20% less* ~ 20% di grassi in meno. **4** (*fig*) parte *f.* migliore, meglio *m.* **5** (*Teat*) pezzo *m.* forte, pezzo *m.* di bravura. □ ~ *cat*: 1 (*sl*) persona ricca, riccone (da cui si aspettano fondi per una campagna elettorale); 2 (*scherz*) (*important person*) pesce grosso; (*Anat*) ~ *cell* cellula adiposa; (*Am, colloq*) ~ *chance* poche probabilità; *a* ~ *churchyard* un cimitero con molte tombe; *a* ~ *diet* una dieta senza grassi; (*Am, colloq*) ~ *farm* clinica per dimagrire; ~ *free* privo di grassi; *to get* ~ ingrassare; (*Bot*) ~ *hen* chenopodio; (*fig*) *the* ~ *is in the fire* ci sono guai in vista; (*iron*) *a* ~ *lot* assai, molto: (*iron*) *a* ~ *lot you care!* te ne importa assai!; (*iron*) *a* ~ *lot of use that is!* bell'aiuto!; (*iron*) *a* ~ *lot of good that will do you* ti servirà molto!; (*Fisiol*) ~ *metabolism* metabolismo lipidico, metabolismo dei grassi.

fat[2] /fæt/ (*past, p.p.* **fatted** /'fætɪd *Am* 'fætɪd/) **I** *v.t.* (*fare*) ingrassare. **II** *v.i.* ingrassare, ingrassarsi.

fatal /'feɪtⁿl *Am* 'feɪtⁿl/ *a.* **1** mortale, fatale: *a* ~ *accident* un incidente mortale; *a* ~ *disease* una malattia fatale. **2** (*disastrous, destructive*) fatale, funesto, disastroso: *the journey*

was ~ *to him* il viaggio gli fu fatale; *a* ~ *mistake* un errore fatale. **3** (*fateful*) fatidico, decisivo, risolutivo. □ (*Inform*) ~ *error* errore fatale; (*Mitol*) *the* ~ *sisters* le sorelle fatali, le Parche.

fatalism /'feɪtⁿlɪzⁿm *Am* 'feɪtⁿlɪzⁿm/ *n.* fatalismo *m.*

fatalist /'feɪtⁿlɪst *Am* 'feɪtⁿlɪst/ *n.* fatalista *m./f.*

fatalistic /ˌfeɪtⁿlˈɪstɪk *Am* ˌfeɪtⁿlˈɪstɪk/ *a.* fatalistico.

fatality /fəˈtæliti *Am* fəˈtæləti/ *n.* **1** morte *f.* violenta, incidente *m.* mortale. **2** (*victim*) morto *m.*, vittima *f.* **3** (*quality of causing death*) carattere *m.* mortale, esito *m.* mortale, effetto *m.* funesto: *the* ~ *of a disease* il carattere mortale di una malattia. **4** (*disaster*) disastro *m.*, calamità *f.* **5** (*being fated*) fatalità *f.*; (*sth. fated*) fatalità *f.*, avvenimento *m.* fatale. **6** (*inevitable course*) fatalità *f.*, destino *m.*, corso *m.* inevitabile (delle cose).

fatally /'feɪtⁿli *Am* 'feɪtⁿli/ *avv.* **1** mortalmente, a morte: ~ *wounded* ferito a morte, ferito mortalmente. **2** (*inevitably*) fatalmente, inevitabilmente.

fata morgana /ˌfɑːtəmɔːrˈɡɑːnə *Am* ˌfɑːtəmɔːrˈɡɑːnə/ *n.* (*Ott*) fata morgana.

fate /feɪt/ *n.* **1** fato *m.*, destino *m.*: ~ *has decided otherwise* il fato ha deciso altrimenti. **2** (*lot, fortune*) fato *m.*, sorte *f.*, destino *m.*, fortuna *f.*: *to decide so.'s* ~ decidere della sorte di qcu.; *to go to one's* ~ andare incontro al proprio destino. **3** (*bad fortune*) fato *m.*, sfortuna *f.*, fatalità *f.*, triste sorte *f.*: *it was her* ~ *to be widowed twice* ebbe la sfortuna di rimanere vedova due volte. **4** (*death, destruction*) morte *f.*, distruzione *f.* **II** *v.t.* (*used in the passive*) destinare: *he was* -*d to die young* era destinato a morire giovane. □ *a* ~ *worse than death* un destino peggiore della morte.

fated /'feɪtɪd *Am* 'feɪtɪd/ *a.* **1** destinato. **2** (*doomed*) condannato. **3** (*controlled by destiny*) voluto dal fato, voluto dal destino, fatale.

fateful /'feɪtfʊl/ *a.* **1** fatidico, decisivo, risolutivo: *a* ~ *decision* una decisione fatidica. **2** (*fatal*) fatale, disastroso, mortale. **3** (*prophetic*) fatidico, profetico.

Fates /feɪts/ *n.pr.pl.* (*Mitol*) Parche *f.pl.*

fat-head /'fæthed/ *n.* (*Br, colloq*) stupido *m.* (*f.* -a), deficiente *m./f.*

fat-headed /ˌfætˈhedɪd/ *a.* (*colloq*) zuccone, dalla testa dura.

father /'fɑːðər/ *n.* **1** padre *m.* (*anche fig*): *he has been* (*like*) *a* ~ *to me* è stato un padre per me. **2** (*male ancestor*) padre *m.*, progenitore *m.*, antenato *m.* **3** (*fig*) (*originator*) padre *m.*, inventore *m.*, creatore *m.*: *the* ~ *of the atom bomb* il padre della bomba atomica. **4** (*fig*) (*precursor*) padre *m.*, precursore *m.*: *the* ~ *of English poetry* il padre della poesia inglese. **5** (*Rel*) padre *m.* **6** (*fig*) (*oldest of a group*) anziano *m.* **7** (*Bibl*) padre *m.*, patriarca *m.* **II** *v.t.* **1** generare, mettere al mondo, procreare. **2** (*fig*) (*to originate*) creare, dare origine a, dare vita a. **3** (*to acknowledge paternity of*) riconoscere la paternità di. **4** (*fig*) (*to assume responsibility for*) assumere la responsabilità di. **5** (*to place responsibility for*) fare carico (*o* attribuire) la responsabilità di: *to* ~ *sth. on so.* dare la responsabilità di qcs. a qcu. □ (*Rel*) ~ *confessor* padre spirituale; (*Psic*) ~ *figure* figura paterna; *he is his* ~ '*s son* è tutto suo padre.

Father /'fɑːðər/ *n.* **1** (*Teol*) Padre *m.*: *Our* ~ *which art in heaven* Padre nostro che sei nei cieli. **2** *pl.* (*Fathers of the Church*) padri *m.pl.* della chiesa. □ (*Br*) ~ *Christmas* Babbo Natale; ~ '*s Day* festa del papà; (*Br*)

Thames il (caro) Tamigi; *~Time* il Tempo.
fatherhood /ˈfɑːðəhud *Am* ˈfɑːðərhud/ *n.* paternità *f.*
father-in-law /ˈfɑːðəˈɪnlɔː/ *n.* suocero *m.*
fatherland /ˈfɑːðəlænd *Am* ˈfɑːðərlænd/ *n.* paese *m.* d'origine, patria *f.*, madrepatria *f.*
fatherless /ˈfɑːðələs *Am* ˈfɑːðərləs/ *a.* 1 orfano di padre, senza padre. 2 (*illegitimate*) illegittimo, di padre ignoto.
fatherlike /ˈfɑːðəlaɪk *Am* ˈfɑːðərlaɪk/ *a.* paterno.
fatherliness /ˈfɑːðəlɪnəs *Am* ˈfɑːðərlɪnəs/ *n.* affetto *m.* paterno.
fatherly /ˈfɑːðəli *Am* ˈfɑːðərli/ *a.* paterno.
fathom /ˈfæðəm/ **I** *n.* (*Mar*) braccio *m.*, fathom *m.* (pari a 1,8 m): *four -s deep* a quattro braccia di profondità. **II** *v.t.* 1 scandagliare, misurare la profondità di. 2 (*fig*) penetrare, capire bene: *I cannot ~ his intentions* non riesco a capire bene le sue intenzioni.
fathometer /fæˈðɒmɪtə *Am* fæˈðɑːmətər/ *n.* (*Mar*) scandaglio *m.* acustico.
fathomless /ˈfæðəmləs/ *a.* 1 incommensurabile. 2 (*fig*) impenetrabile, incomprensibile.
fatidic /feɪˈtɪdɪk, fəˈtɪdɪk/ *a.* fatidico, profetico.
fatidical /feɪˈtɪdɪkəl, fəˈtɪdɪkəl/ *a.* fatidico, profetico.
fatigue /fəˈtiːg/ **I** *n.* 1 stanchezza *f.*, fatica *f.* 2 (*tiring task*) fatica *f.*, lavoro *m.* faticoso, lavoro *m.* pesante. 3 (*Met,Edil*) fatica *f.* 4 (*Mil*) corvè *f.*: *to be on* ~ essere in corvè. 5 *pl.* (*Mil*) tenuta *f.sing.* di corvé, tenuta *f.sing.* di fatica. **II** *v.t.* affaticare, stancare. □ (*Mil*) *~duty* corvè; (*Mil*) *~party* squadra di corvè; (*Mecc*) *~strength* resistenza alla fatica.
fatigued /fəˈtiːgd/ *a.* affaticato, stanco.
fatiguing /fəˈtiːgɪŋ/ *a.* faticoso, che affatica.
fatling /ˈfætlɪŋ/ *n.* (*Zootecn*) animale *m.* giovane da ingrasso.
fatness /ˈfætnəs/ *n.* 1 grassezza *f.*, pinguedine *f.* 2 (*fig*) fertilità *f.*
fat-reducing /ˈfætrɪˌdjuːsɪŋ *Am also* ˈfætrɪˌduːsɪŋ/ *a.* (*of a diet*) dimagrante.
fatso /ˈfætsoʊ/ (*pl.* **-es** /-z/) *n.* (*spreg*) ciccione *m.* (*f.* -a).
fat-soluble /ˌfætˈsɒljʊbļ *Am* ˈfætsɑːljubļ/ *a.* (*Chim*) solubile in grassi, liposolubile.
fatstock /ˈfætstɒk/ *n.* (*Br,Zootecn*) bestiame *m.* da ingrasso, animali *m.pl.* da ingrasso.
fatten /ˈfætən/ **I** *v.t.* 1 (fare) ingrassare. 2 (*Zootecn*) ingrassare. 3 (*Agr*) ingrassare, concimare. **II** *v.i.* ingrassarsi, ingrassare. □ *to ~up* (fare) ingrassare.
fattening /ˈfætənɪŋ/ *a.* che fa ingrassare.
fattiness /ˈfætɪnəs *Am* ˈfætɪɪnəs/ *n.* 1 grassezza *f.*, pinguedine *f.* 2 (*greasiness*) untuosità *f.*, oleosità *f.*
fattism /ˈfætɪzəm *Am* ˈfætɪzəm/ *n.* pregiudizi *m.pl.* verso le persone sovrappeso.
fatty /ˈfæti *Am* ˈfæti/ **I** *a.* 1 grasso: *~ meat* carne grassa. 2 (*greasy*) grasso, untuoso, oleoso. 3 (*Med*) grasso, adiposo. 4 (*Chim*) alifatico. **II** *n.* (*colloq*) grassone *m.* (*f.* -a), ciccione *m.* (*f.* -a). □ (*Chim*) *~acid* acido grasso; (*Chim*) *~compounds* composti alifatici; (*Agr*) *~soil* terreno grasso.
fatuitous /fəˈtjuːɪtəs, fætˈjuːɪtəs *Am* fəˈtjuːɪtəs/ *a.* fatuo, sciocco.
fatuity /fəˈtjuːɪti, fætˈjuːɪti *Am* fəˈt(j)uːəti/ *n.* 1 fatuità *f.* 2 (*sth. foolish*) sciocchezza *f.*
fatuous /ˈfætjuəs *Am* ˈfætʃuəs/ *a.* fatuo, sciocco.
fatuousness /ˈfætjuəsnəs *Am* ˈfætʃuəsnəs/ *n.* 1 fatuità *f.* 2 (*sth. foolish*) sciocchezza *f.*
faucal /ˈfɔːkəl/ *a.* 1 (*Anat*) delle fauci. 2 (*Fon*) faucale, faringale.
fauces /ˈfɔːsiːz/ *n.pl.* (*costr.sing.*) (*Anat*) fauci *f.pl.*

faucet /ˈfɔːsɪt/ *n.* (*Am*) rubinetto *m.*
faugh /fɔː/ *intz.* (*to express disgust*) puh!, puah!
fault /fɔːlt/ **I** *n.* 1 (*of character*) pecca *f.*, difetto *m.* 2 (*mistake*) errore *m.*, sbaglio *m.*, fallo *m.* 3 (*defect*) difetto *m.*, imperfezione *f.*, fallo *m.* 4 (*sin, misdeed*) colpa *f.*, mancanza *f.* 5 (*culpability*) responsabilità *f.*, colpa *f.*: *whose ~ is it?* di chi è la colpa?; *it's my ~* è colpa mia. 6 (*Geol*) faglia *f.*, paraclasi *f.* 7 (*El*) dispersione *f.* 8 (*Sport*) (*in tennis, etc.*) tiro *m.* mancato, colpo *m.* a vuoto, tiro *m.* a vuoto; (*failure*) fallo *m.* 9 (*Equit*) fallo *m.* **II** *v.t.* 1 criticare, biasimare. 2 (*used in the passive*) (*Geol*) provocare una faglia in. **III** *v.i.* 1 sbagliare, commettere un errore. 2 (*Geol*) fagliare. 3 (*Sport*) commettere un fallo. □ *to be at ~*: 1 avere torto, essere colpevole; 2 (*to be puzzled*) essere titubante, essere incerto, essere perplesso; 3 (*Caccia*) aver perso la la traccia, aver perso la pista; *the ~ lies with you* sei tu il colpevole; *to a ~* eccessivamente, (fin) troppo: *he is generous to a ~* è (fin) troppo generoso; (*Tecn*) *~tolerance* tolleranza ai guasti.
fault-finder /ˈfɔːltˌfaɪndər/ *n.* criticone *m.* (*f.* -a).
fault-finding /ˈfɔːltˌfaɪndɪŋ/ *n.* il trovare da ridire su tutto, critica *f.* pedante.
faultily /ˈfɔːltɪli *Am* ˈfɔːltəli/ *avv.* imperfettamente, in modo difettoso, in modo imperfetto, male.
faultiness /ˈfɔːltɪnəs *Am* ˈfɔːltɪnəs/ *n.* imperfezione *f.*, difettosità *f.*
faultless /ˈfɔːltləs/ *a.* senza difetti, inappuntabile, impeccabile, irreprensibile.
faultlessness /ˈfɔːltləsnəs/ *n.* impeccabilità *f.*, inappuntabilità *f.*
faulty /ˈfɔːlti *Am* ˈfɔːlti/ *a.* 1 difettoso, imperfetto: *~ workmanship* esecuzione difettosa. 2 (*unreliable*) di cui non ci si può fidare: *a ~ memory* una memoria di cui non ci si può fidare. 3 (*full of faults*) scorretto: *~ pronunciation* pronuncia scorretta. 4 (*of reasoning, etc.*) erroneo, fallace.
faun /fɔːn/ *n.* (*Mitol*) fauno *m.*
fauna /ˈfɔːnə/ (*pl.* **-s** /-z/, **-nae** /-niː/) *n.* fauna *f.*
faunal /ˈfɔːnəl/ *a.* della fauna, faunistico.
faunist /ˈfɔːnɪst/ *n.* faunista *m./f.*, esperto *m.* (*f.* -a) faunista.
faunistic /fɔːˈnɪstɪk/ *a.* faunistico.
Fauvism /ˈfoʊvɪzəm/ *n.* (*Art*) fauvismo *m.*
Fauvist /ˈfoʊvɪst/ *n.* (*Art*) fauvista *m./f.*
faux pas /ˌfoʊˈpɑː/ *n.* gaffe *f.*, mossa *f.* sbagliata, (*ant*) topica *f.*
faveolate /fəˈviːəleɪt/ *a.* (*Biol*) alveolato.
favor /ˈfeɪvər/ *e der.* (*Am*) → **favour** *e der.*
favour /ˈfeɪvər/ **I** *n.* 1 favore *m.*, benevolenza *f.*: *to win so.'s* ~ guadagnarsi il favore di qcu. 2 (*friendly act*) favore *m.*, cortesia *f.*, piacere *m.*: *to do so. a* ~ fare un piacere a qcu. 3 (*approval*) favore *m.*, approvazione *f.*: *the new product has found ~ with the public* il nuovo prodotto ha incontrato il favore del pubblico. 4 (*partiality, bias*) parzialità *f.*, favoritismo *m.* 5 (*excessive kindness*) indulgenza *f.* 6 (*gift as token of regard, love, etc.*) dono *m.*, regalo *m.*; (*gift at a party*) omaggio *m.* 7 (*emblem, badge for an organization, team, etc.*) distintivo *m.*, emblema *m.*; (*rosette*) coccarda *f.* 8 (*Comm,ant*) (*letter*) lettera *f.*: *your ~ of the 15th inst.* la stimata Vostra del 15 corr. 9 *pl.* (*ant*) (*of women*) favori *m.pl.*, grazie *f.pl.* **II** *v.t.* 1 favorire, aiutare, agevolare, avvantaggiare: *fortune has not -ed him* la fortuna non lo ha assistito, la fortuna non gli è stata amica. 2 (*to show partiality towards*) favorire, preferire, prediligere, mostrarsi parziale verso. 3 (*to oblige, to honour*) favo-

rire, fare l'onore a: *she -ed me with a copy of her book* mi fece l'onore d'inviarmi una copia del suo libro. 4 (*to facilitate*) favorire, tornare a vantaggio di. 5 (*to be propitious for*) essere propizio a, essere favorevole a: *the wind -ed our voyage* il vento fu propizio al nostro viaggio. 6 (*to aid, to support*) aiutare, sostenere. 7 (*to foster*) favorire, incoraggiare, promuovere: *to ~ the arts* favorire le arti. 8 (*colloq*) (*to resemble*) assomigliare a. □ *to be in* ~ essere ben visto; *in one's* ~ a proprio vantaggio, a proprio favore, favorevole; *in so.'s* ~ favorevole a qcu., in favore di qcu.: *the wind is in our* ~ il vento ci è favorevole; *the case went in his* ~ la causa si risolse in suo favore; (*Comm*) *balance in your* ~ saldo a vostro credito, saldo a vostro favore; *in* ~ *of*: 1 favorevole a; 2 (*to the advantage of*) a vantaggio di, a favore di; 3 (*Comm*) (*payable to*) a favore di; *to be out of* ~ essere in disgrazia; *to look with* ~ *on* favorire, approvare.
favourable /ˈfeɪvərəbļ/ *a.* 1 favorevole, in favore, a favore: *a ~ report* un rapporto favorevole. 2 (*advantageous*) vantaggioso, favorevole, propizio: *~ circumstances* circostanze favorevoli. 3 (*winning approval*) positivo, favorevole: *my first impression was ~* la mia prima impressione è stata favorevole (o buona).
favourably /ˈfeɪvərəbli/ *avv.* favorevolmente, in modo favorevole. □ *to be ~inclined to so.* essere ben disposto verso qcu.
favoured /ˈfeɪvəd *Am* ˈfeɪvərd/ *a.* 1 favorito, privilegiato. 2 (*treated with partiality*) favorito, prediletto, preferito. 3 (*of specified appearance; general. in compounds*) favorito dalla natura, dotato.
favourite /ˈfeɪvərɪt/ **I** *n.* 1 favorito *m.* (*f.* -a), beniamino *m.* (*f.* -a), prediletto *m.* (*f.* -a), preferito *m.* (*f.* -a): *this is my ~* il favorito del re; *it is one of my -s* è tra i miei preferiti. 2 (*Sport*) favorito *m.* (*f.* -a). **II** *a.* favorito, prediletto, preferito: *my ~ author* il mio autore preferito. □ *~son*: 1 figlio prediletto; 2 (*of a city or place*) persona famosa, persona di cui la città va fiera; 3 (*Am,Pol*) candidato di uno Stato a una carica federale.
favouritism /ˈfeɪvərɪtɪzəm/ *n.* favoritismo *m.*
fawn /fɔːn/ **I** *n.* 1 (*Zool*) cerbiatto *m.* 2 (*colour*) color *m.* fulvo chiaro. **II** *a.* (di) color fulvo chiaro. **III** *v.i.* 1 (*Zootecn*) (*of deer*) figliare. 2 (*of dogs, etc.*) fare festa, fare le feste (*on, upon, over* a). 3 (*to treat with servility*) adulare (servilmente), blandire, (*spreg*) leccare.
fawner /ˈfɔːnər/ *n.* adulatore *m.* (*f.* -trice) servile, (*spreg*) leccapiedi *m./f.*
fawning /ˈfɔːnɪŋ/ *a.* servile, adulatore.
fax /fæks/ **I** *n.* fax *m.*, telefax *m.* **II** *v.t.* faxare, mandare via fax, inviare per fax. □ (*Inform*) *~card* scheda fax; (*Tel*) *~machine* fax, telefax; (*Tel*) *~number* numero di fax.
fay /feɪ/ **I** *n.* (*poet*) fata *f.* **II** *v.t.* (*Tecn*) commettere, congiungere. **III** *v.i.* (*Tecn*) commettere, combaciare.
faze /feɪz/ *v.t.* (*Am,colloq*) sconcertare, turbare: *that doesn't ~ me in the least*: questo non mi disturba affatto.
FBI /ˌefbiːˈaɪ/ 1 (*US*) *Federal Bureau of Investigation* FBI (ufficio federale investigativo). 2 (*GB*) *Federation of British Industries* (federazione delle industrie britanniche).
FC *Football Club* AC, FC (associazione calcistica).
FCC /ˌefsiːˈsiː/ (*US*) *Federal Communications Commission* (commissione federale per le comunicazioni).
FDA /ˌefdiːˈeɪ/ (*US*) *Food and Drug Adminis-*

tration (ministero della sanità).

FDC (*Filat*) *First Day Cover* FDC (busta primo giorno).

fealty /'fi:lti/ *n.* 1 (*Mediev*) fedeltà *f.* (al proprio signore), vassallaggio *m.* 2 (*faithfulness*) fedeltà *f.*, lealtà *f.*

fear /fɪəʳ Am fɪr/ I *n.* 1 paura *f.*, timore *m.* 2 (*anxiety*) ansia *f.*, paura *f.* 3 (*worry*) timore *m.*, paura *f.*, preoccupazione *f.* 4 (*ant*) (*awe*) timore *m.* (reverenziale): *the ~ of the Lord* il timor di Dio. 5 (*ant*) (*reverence*) riverenza *f.*, rispetto *m.* 6 (*ground for fear*) pericolo *m.*, rischio *m.*: *~ of infection* pericolo d'infezione. 7 (*likelihood*) probabilità *f.*, (*scherz*) pericolo *m.*: *there's no ~ of his being early* non c'è pericolo che arrivi presto. II *v.t.* 1 temere, aver paura di: *to ~ death* temere la morte. 2 (*ant*) (*to be in awe of*) avere un timore reverenziale di. 3 (*to suspect*) temere, avere il dubbio di, avere il sospetto di: *I ~ I have made too many mistakes* temo di avere fatto troppi errori. III *v.i.* 1 aver paura, essere spaventato, provare timore. 2 (*to hesitate*) esitare, trattenersi (per timore): *to ~ doing* (o *to do*) *sth.* trattenersi dal fare qcs., esitare a fare qcs. 3 (*to be anxious*) temere, stare in ansia (*for* per): *we ~ for his life* temiamo per la sua vita. □ *in ~ and trembling* tremante di paura; *for ~ lest* per paura che, per timore che; *for ~ of doing sth.* per paura di fare qcs., per non fare qcs., per evitare di fare qcs.; *for ~ that* per paura che, per timore che; *to be in ~ for* (o *of*) *one's life* temere per la propria vita; (*colloq*) *no ~!* non c'è pericolo!, nemmeno per sogno!; *I ~ not* temo di no; (*colloq*) *to put the ~ of God into so.* terrorizzare qcu.; *I ~* temo di sì; *to ~ the worst* temere il peggio; *without ~ or favour* imparzialmente.

fearful /'fɪəful Am 'fɪrful/ *a.* 1 pauroso, spaventoso: *a ~ cry* un grido spaventoso. 2 (*filled with fear*) impaurito, spaventato, spaurito. 3 (*feeling anxiety*) pauroso, trepidante. 4 (*terrible*) terribile, terrificante, spaventoso: *a ~ disaster* un disastro spaventoso. 5 (*colloq*) (*extreme*) straordinario, incredibile: *a ~ amount of money* una somma incredibile. 6 (*estens*) (*extremely bad*) spaventoso, tremendo. □ *to be ~ for* temere per, essere in ansia per; *to be ~ lest sth. should happen* aver paura che accada qcs.

fearfully /'fɪəfuli Am 'fɪrfuli/ *avv.* (*colloq*) terribilmente, spaventosamente, da far paura.

fearfulness /'fɪəfulnəs Am 'fɪrfulnəs/ *n.* 1 l'aver paura. 2 (*dreadfulness*) l'essere spaventoso.

fearless /'fɪələs Am 'fɪrləs/ *a.* senza paura, impavido, intrepido.

fearlessness /'fɪələsnəs Am 'fɪrləsnəs/ *n.* intrepidezza *f.*, audacia *f.*

fearsome /'fɪəsəm Am 'fɪrsəm/ *a.* 1 terribile, orrendo, tremendo. 2 (*afraid*) pauroso, timoroso.

feasibility /ˌfi:zə'bɪlɪti Am ˌfi:zə'bɪləti/ *n.* fattibilità *f.*, attuabilità *f.* □ (*Tecn*) *~ study* studio di fattibilità.

feasible /'fi:zəbl/ *a.* 1 fattibile, attuabile, possibile, realizzabile: *a ~ plan* un piano realizzabile. 2 (*colloq*) (*likely*) verosimile, probabile, credibile.

feast /fi:st/ I *n.* 1 (*Rel*) festa *f.*, festività *f.* 2 (*banquet*) banchetto *m.*, convito *m.*, festino *m.* 3 (*fig*) piacere *m.*, diletto *m.*, gioia *f.*: *a ~ for the eyes* un piacere per gli occhi. II *v.i.* 1 banchettare, fare un banchetto. 2 (*fig*) pascersi, appagarsi, dilettarsi (*on* di). III *v.t.* 1 festeggiare, fare un banchetto in onore di. 2 (*fig*) rallegrare, deliziare. □ *to ~ one's eyes* rifarsi gli occhi.

feast-day /'fi:stdeɪ/ *n.* (*Rel*) festa *f.*, festività *f.*

feat /fi:t/ I *n.* atto *m.* (di coraggio, di valore), prodezza *f.*, impresa *f.* II *a.* 1 (*dial*) abile, destro. 2 (*ant*) (*suitable*) adatto, atto. 3 (*ant*) (*neat*) lindo.

feather /'feðəʳ/ I *n.* 1 (*Ornit*) penna *f.*, piuma *f.* 2 (*Zool*) (*of horse's hair*) fiocco *m.* 3 (*fig*) (*kind*) genere *m.*, natura *f.*, specie *f.* 4 (*fig*) (*light or insignificant thing*) piuma *f.*, fuscello *m.*, nonnulla *m.*, inezia *f.* 5 (*Mod,Sport*) penna *f.* 6 (*Mecc*) risalto *m.*, flangia *f.* in aggetto, aletta *f.* in aggetto; (*rib*) nervatura *f.* 7 (*Mar*) (*of an oar, periscope*) scia *f.* 8 *pl.* (*Ornit*) piumaggio *m.sing.*, piume *f.pl.* II *v.t.* 1 mettere le penne a. 2 (*to adorn with feathers*) ornare di piume. 3 (*Mar*) (*in rowing*) spalare. 4 (*Aer*) (*of a propeller*) mettere in bandiera; (*of a helicopter*) variare periodicamente l'incidenza. 5 (*Caccia*) colpire le piume di. III *v.i.* 1 mettere le penne. 2 (*to be feathery*) sembrare una piuma. 3 (*to move like feathers*) ondeggiare come piume, volare come piume. □ *~ bed*: 1 (*mattress*) materasso di piume; 2 (*bed*) letto (con materasso) di piume; 3 (*fig*) letto di piume, lusso; *~ duster* piumino (per spolverare); (*colloq*) *to make the ~s fly* seminare zizzania; (*fig*) *a ~ in one's cap* un motivo d'orgoglio, un segno di distinzione; (*fig*) *to ~ one's nest* arricchirsi con mezzi poco onesti; (*Zool*) *~ star* comatula; *~ stitch*: 1 (*used as a noun: in sewing*) punto spiga; 2 (*used as a verb*) ricamare a punto spiga.

featherbed /'feðəbed Am 'feðəʳbed/ I *v.t.* tenere nella bambagia. II *v.i.* (*Ind*) ridurre la produzione (per eccesso di manodopera).

feather-bed /ˌfeðə'bed Am ˌfeðəʳ'bed/ □ *~ industry* industria sovvenzionata dallo stato.

featherbedding /'feðəbedɪŋ Am 'feðəʳbedɪŋ/ *n.* (*Ind*) riduzione *f.* della produzione (per eccesso di manodopera).

feather-brain /'feðəbreɪn Am 'feðəʳbreɪn/ *n.* (*colloq*) sciocco *m.* (*f.* -a), cervello *m.* di gallina.

feather-brained /'feðəbreɪnd Am 'feðəʳbreɪnd/ *a.* (*colloq*) sciocco, stupido.

feathered /'feðəd Am 'feðəʳd/ *a.* 1 (*Ornit*) piumato, pennuto. 2 (*of an arrow*) munito di penna. 3 (*shaped like a feather*) a forma di penna. 4 (*fig*) (*swift*) alato, veloce. □ (*scherz*) *our ~ friends* i nostri amici pennuti.

feather-edge /'feðəredʒ, ˌfeðəʳ'edʒ/ *n.* 1 (*thin edge*) spigolo *m.* acuto. 2 (*Met*) bava *f.* 3 (*Mecc*) filo *m.* tagliente frangiato. 4 (*Strad*) manto *m.* stradale.

featheriness /'feðərɪnəs/ *n.* 1 l'essere pennuto, l'essere piumato. 2 (*fig*) (*estrema*) leggerezza *f.*

feathering /'feðrɪŋ/ *n.* 1 (*Ornit*) piumaggio *m.* 2 (*hair cutting*) scalatura *f.* 3 (*Mus*) arcata *f.* molto leggera. 4 (*Arch*) ornamento *m.* a fogliami.

featherweight /'feðəweɪt Am 'feðəʳweɪt/ I *n.* 1 (*Sport*) piuma *m.*, peso *m.* piuma. 2 (*fig*) persona *f.* insignificante, persona *f.* scialba. II *a.* 1 (*Sport*) peso piuma. 2 (*fig*) insignificante, scialbo.

feathery /'feðri/ *a.* 1 pennuto, piumato. 2 (*fig*) leggero, lieve, soffice.

feature /'fi:tʃəʳ/ I *n.* 1 (*distinctive part*) caratteristica *f.*, tipico aspetto *m.*, tratto *m.* distintivo: *a ~ of English life* un tipico aspetto della vita inglese. 2 *pl.* (*of the face*) lineamenti *m.pl.*, fattezze *f.pl.*, tratti *m.pl.* (del viso); (*face*) faccia *f.*, viso *m.*, fisionomia *f.sing.* 3 (*Teat,Cin,TV*) numero *m.* principale. 4 (*Giorn*) servizio *m.* speciale. 5 (*Cin*) lungometraggio

m.; (*in a cinema program*) film *m.* principale. II *v.t.* 1 caratterizzare, distinguere. 2 (*Giorn*) mettere in evidenza, dare risalto a, dare spicco a. 3 (*Cin,Teat*) avere come protagonista, dare una parte di primo piano a, presentare: *it's a film featuring Harrison Ford* è un film con Harrison Ford nel ruolo di protagonista. 4 (*to portray*) ritrarre, rappresentare. 5 (*of an exhibition*) presentare, esporre. □ (*Cin*) *~ film*: 1 lungometraggio; 2 (*in a cinema program*) film principale; (*Am,Giorn*) *~ section* sezione (di giornale) con cruciverba, fumetti ecc.

featured /'fi:tʃəd Am 'fi:tʃəʳd/ *a.* 1 messo in evidenza, messo in risalto. 2 (*having facial features; in compounds*) dai lineamenti, dalle fattezze: *hard--* dai lineamenti duri.

feature-length /'fi:tʃə,leŋ(k)θ Am 'fi:tʃəʳ,leŋ(k)θ/ *a.* (*Cin,Giorn*) di lunghezza standard.

featureless /'fi:tʃələs Am 'fi:tʃəʳləs/ *a.* 1 privo di carattere, privo di tratti distintivi. 2 (*dull*) privo di interesse, monotono, noioso.

Feb. *February* feb. (febbraio).

febrifugal /ˌfeb'rɪfjʊgəl, ˌfebrɪ'fju:gəl/ *a.* (*Farm*) febbrifugo, antipiretico.

febrifuge /'febrɪfju:dʒ/ I *a.* (*Farm*) antipiretico. II *n.* (*Farm*) antipiretico *m.*, febbrifugo *m.*

febrile /'fi:braɪl Am 'fi:brɪl, 'febrɪl/ *a.* febbrile (*anche fig*).

February /'febr(j)uəri, 'febrjəri Am 'febr(j)ueri, 'febrjəweri/ *n.* febbraio *m.*: *in ~ a* febbraio.

fec. *fecit* (fece).

feckless /'fekləs/ *a.* 1 irresponsabile, incosciente. 2 (*inefficient*) inefficiente, incapace. 3 (*helpless*) debole, indifeso.

fecklessness /'fekləsnəs/ *n.* 1 irresponsabilità *f.* 2 (*inefficiency*) incapacità *f.*

fecula /'fekjulə/ (*pl.* -lae /-li:/) *n.* 1 (*Entom*) materia *f.* fecale. 2 (*dregs*) feccia *f.*, sedimento *m.*

feculence /'fekjuləns Am 'fekju:ləns/ *n.* 1 sudiciume *m.*, sporcizia *f.* 2 (*faeces*) feci *f.pl.*, escrementi *m.pl.* 3 (*dregs*) sedimento *m.*, feccia *f.*

feculent /'fekjulənt/ *a.* 1 che presenta sedimenti. 2 (*foul*) sudicio, sporco.

fecund /'fekənd, 'fi:kʌnd/ *a.* 1 fecondo, fertile, prolifico. 2 (*fig*) fecondo, fertile, produttivo.

fecundate /'fekəndeɪt, 'fi:kʌndeɪt/ *v.t.* (*ant*) fecondare.

fecundation /ˌfekən'deɪʃən, ˌfi:kʌn'deɪʃən/ *n.* (*ant*) fecondazione *f.*

fecundity /fi:'kʌndɪti, fek'ʌndɪti Am fi:'kʌndəti, fek'ʌndəti/ *n.* fecondità *f.*, fertilità *f.* (*anche fig*).

fed¹ /fed/ → **feed¹**.

fed² /fed/ □ (*colloq*) *~ up* stufo, scocciato, seccato, che non ne può più: *I am ~ up with you* sono stufo di te, ne ho fin sopra i capelli; *to be thoroughly ~ with sth.* essere pieno fino agli occhi di qcs.

Fed /fed/ *n.* (*Am,colloq*) membro *m.* dell'FBI, funzionario *m.* del governo federale: *the ~s* quelli dell'FBI, i federali.

Fed. *Federal* (federale).

fedayee /fɪ,dæ'ji:/ *n.* (*Pol*) fedain *m./f.*

fedayeen /fɪ,dæ'ji:n/ *n.* (*Pol*) fedain *m./f.*

federal /'fedərəl/ I *a.* 1 federale, confederale. 2 (*Pol*) federale. 3 (*Am,Pol*) federalista. II *n.* (*Am,Pol*) federalista *m./f.* □ (*US,Dir*) *~ act* legge federale; (*US*) *Federal Bureau of Investigation* ufficio federale investigativo; (*US,Dir*) *~ court* corte federale; (*US,Dir*) *~ crime* reato di rilevanza federale; (*US*) *~ government* governo federale; (*US,Dir*) *~ judge* giudice federale; (*US,Dir*) *~ judiciary* magistratura federale; (*US,Dir*) ~*law* diritto federale; (*US,Dir*) ~*offense* reato di rilevanza federale; (*US,Dir*) ~ *question* questione federale; (*US*) *FederalReserve* Riserva Federale; (*US,Pol*) ~*state* stato federale; (*Geog*) *FederalStates of Micronesia* Stati Federati di Micronesia; (*US,Dir*) ~*statute* legge federale.

Federal /'fedərəl/ *n.* (*Stor.am*) **1** sostenitore *m.* (*f.* -trice) del governo federale, nordista *m./f.* **2** (*soldier*) soldato *m.* del governo federale, nordista *m.*

federalism /'fedərəlɪzəm/ *n.* (*Pol*) federalismo *m.*

federalist /'fedərəlɪst/ **I** *n.* (*Pol*) federalista *m./f.* **II** *a.* (*Pol*) federalista, federalistico.

Federalist /'fedərəlɪst/ *n.* (*Stor.am*) sostenitore *m.* (*f.* -trice) del governo federale.

federalization /ˌfedərəl(a)ɪ'zeɪʃən *Am* ˌfedərəlɪ'zeɪʃən/ *n.* l'unire in federazione.

federalize /'fedərəlaɪz *Am* 'fedərəlaɪz/ *v.t.* (*Pol*) confederare.

federally /'fedərəli/ *avv.* secondo il sistema federale.

federate [1] /'fedəreɪt/ **I** *v.t.* **1** unire in una confederazione, unire in una lega. **2** (*to organize on a federal basis*) organizzare su basi federalistiche. **II** *v.i.* confederarsi.

federate [2] /'fedərət, 'fedəreɪt/ *a.* federato, confederato.

federation /ˌfedər'eɪʃən/ *n.* **1** federazione *f.*, confederazione *f.* **2** (*federated body, state*) stato *m.* confederato, stato *m.* federale, confederazione *f.* **3** (*union of societies, etc.*) federazione *f.*, lega *f.*, associazione *f.* □ ~ *of Trade Unions* confederazione dei sindacati.

federative /'fedərətɪv, 'fedəreɪtɪv *Am* 'fedərətɪv, 'fedəreɪtɪv/ *a.* federativo, confederativo.

fedora /fə'dɔːrə/ *n.* (*Am,Mod*) cappello *m.* floscio di feltro.

fee /fiː/ **I** *n.* **1** onorario *m.*, parcella *f.*, emolumento *m.*; (*of a public officer*) diritti *m.pl.* **2** (*of an actor, artist*) cachet *m.*, compenso *m.* **3** (*Am,Scol,Univ*) tassa *f.*: *tuition -s* tasse scolastiche. **4** (*money paid to a private school*) retta *f.* **5** (*entrance money*) tassa *f.* d'iscrizione, quota *f.* **6** (*Dir*) proprietà *f.* ereditaria. **7** (*Mediev*) feudo *m.*, territorio *m.* in feudo. **8** (*rar*) (*tip*) mancia *f.* **II** *v.t.* **1** pagare l'onorario a. **2** (*to hire*) assumere, assicurarsi le prestazioni di. □ (*Dir*) ~*simple* possesso assoluto di un bene: *to hold in* ~ *simple* detenere in proprietà assoluta; (*Dir*) ~ *tail* possesso condizionato di un bene: *to hold in* ~ *tail* detenere in proprietà limitata e condizionata.

feeble /'fiːbl/ *a.* **1** debole, fiacco. **2** (*lacking in effectiveness*) debole, fiacco, poco efficace: *a* ~ *attempt* un debole tentativo; ~*arguments* argomenti poco efficaci. **3** (*of light, sound*) debole, fioco.

feeble-minded /ˌfiːbl'maɪndɪd *Am also* 'fiːbl ˌmaɪndɪd/ *a.* **1** (*ant*) debole di mente, deficiente. **2** (*foolish*) stupido, sciocco.

feeble-mindedness /ˌfiːbl'maɪndɪdnəs *Am also* 'fiːblˌmaɪndɪdnəs/ *n.* **1** (*ant*) debolezza *f.* di mente, frenastenia *f.* **2** (*foolishness*) scemenza *f.*

feebleness /'fiːblnəs/ *n.* debolezza *f.*, fiacchezza *f.* (*anche fig*).

feed [1] /fiːd/ *(past, p.p.* **fed** /fed/) **I** *v.t.* **1** alimentare, nutrire, dar da mangiare a, cibare. **2** (*of a baby*) allattare. **3** (*of birds*) imbeccare. **4** (*to put food into the mouth of*) imboccare. **5** (*to provide with food*) fornire di cibo, nutrire. **6** (*fig*) (*to satisfy*) soddisfare, appagare. **7** (*fig*) (*to keep alive*) alimentare, tener vivo: *to* ~ *so.'s hopes* alimentare le speranze di qcu. **8** (*Tecn*) fornire, rifornire: *to* ~ *coal into a*

machine fornire carbone a una macchina. **9** (*Tecn*) (*to provide with material*) alimentare. **10** (*Teat*) (*of a comedian*) dare la battuta a, dare l'imbeccata a; (*to prompt*) suggerire. **11** (*Zootecn*) (*of cattle*) pascolare. **12** (*Geol*) alimentare: *the lake is fed by a mountain stream* il lago è alimentato da un ruscello montano. **II** *v.i.* **1** mangiare. **2** (*to be nourished, to subsist*) nutrirsi, alimentarsi, cibarsi (*on, upon, off* di): *spiders* ~ *on flies* i ragni si nutrono di mosche. **3** (*fig*) essere alimentato (*on, upon* da), nutrirsi (di): *prejudice -s on ignorance* i pregiudizi sono alimentati dall'ignoranza. **4** (*Mecc*) alimentarsi (*on* di). □ (*Am,colloq*) *to* ~*the fishes* : **1** soffrire il (mal di) mare; **2** (*to drown*) finire in pasto ai pesci; *to* ~ *up* : **1** (*of people*) nutrire bene, sottoporre a superalimentazione; **2** (*of animals*) ingrassare.

feed [2] /fiːd/ *n.* **1** (*Zootecn*) foraggio *m.*, mangime *m.*; (*amount given*) razione *f.*; (*meal*) pasto *m.* **2** (*colloq*) (*sumptuous meal*) scorpacciata *f.* **3** (*Tecn*) alimentazione *f.*; (*feeding mechanism*) alimentatore *m.*; (*operation of a tool*) avanzamento *m.*, alimentazione *f.* **4** (*Teat*) (*line*) battuta *f.*; (*actor*) spalla *f.* □ (*colloq*) *to be* **off** *one's* ~ avere perso l'appetito; ~ *pipe* tubo d'alimentazione, tubo di mandata; ~*pump* pompa d'alimentazione.

feedback /'fiːdbæk/ *n.* **1** (*Tecn*) feed-back *m.*, reazione *f.* **2** (*estens*) riscontro *m.*, feed-back *m.* **3** (*in control systems*) ritorno *m.* di segnale. **4** (*Inform*) feed-back *m.*, retroazione *f.*

feedbag /'fiːdbæg/ *n.* (*Am*) musetta *f.*, sacchetta *f.*

feeder /'fiːdər/ *n.* **1** chi alimenta, alimentatore *m.* (*f.* -trice) (*anche fig*). **2** (*one that takes food*) chi si nutre. **3** (*Mecc,El*) alimentatore *m.* **4** (*Geog*) (*of a river*) affluente *m.*; (*of a lake*) immissario *m.* **5** (*Ferr*) raccordo *m.* ferroviario. **6** (*Aer,Ferr*) linea *f.* secondaria, linea *f.* sussidiaria. **7** (*Strad*) strada *f.* secondaria, strada *f.* sussidiaria. **8** (*feeding bottle*) biberon *m.*, poppatoio *m.* **9** (*Br*) (*baby's bib*) bavaglino *m.* **10** (*Teat*) spalla *f.* □ (*Aer,Ferr*) ~ *line* linea sussidiaria, linea secondaria; (*Strad*) ~*road* strada sussidiaria, strada secondaria.

feedforward /'fiːdfɔːwəd *Am* 'fiːdfɔːrwəd/ *n.* controllo *m.* in base alle previsioni.

feeding /'fiːdɪŋ/ **I** *n.* **1** il nutrire. **2** (*instance*) nutrimento *m.*, alimento *m.* **3** (*Mecc*) alimentazione *f.* **II** *a.* **1** che alimenta, nutriente. **2** (*supplying material*) d'alimentazione. **3** (*of a storm*) che cresce (continuamente) d'intensità. **4** (*colloq*) (*annoying*) irritante, fastidioso. □ ~*bottle* biberon, poppatoio; ~ *cup* bicchiere con beccuccio (per ammalati); ~*frenzy* : **1** (*Giorn, colloq*) fame di notizie sensazionali; **2** (*estens*) ricerca concitata; ~ *ground* terreno da pascolo.

feedstock /'fiːdstɒk *Am* 'fiːdstɑːk/ *n.* stock *m.* di alimentazione.

feedstuff /'fiːdstʌf/ *n.* (*Zootecn*) foraggio *m.*, mangime *m.*

feel [1] /fiːl/ *(past, p.p.* **felt** /felt/) **I** *v.t.* **1** (*by touch*) sentire, tastare, palpare. **2** (*to be physically aware of*) sentire, avvertire, percepire: *he felt her hand on his shoulder* sentì la mano di lei sulla sua spalla. **3** (*to experience*) sentire, provare: *to* ~ *pleasure and pain* provare piacere e dolore; *to* ~ *cold* avere freddo, sentire freddo. **4** (*to be sensitive to*) sentire, avvertire, esser sensibile a: *I don't* ~ *the cold* non sento (o soffro) il freddo. **5** (*to be mentally aware of*) sentire, rendersi conto di, accorgersi di, avvertire: *he felt the presence of an intruder in the room* sentiva la presenza di un estraneo nella stanza. **6** (*to believe*)

credere, pensare, ritenere: *I* ~ *you are mistaken* penso che hai torto. **II** *v.i.* **1** sentire (con il tatto). **2** (*to search for by touch*) cercare a tastoni, cercare a tentoni (*for sth.* qcs.): *to* ~ *for sth. in the dark* cercare a tastoni qcs. al buio. **3** (*to perceive oneself to be*) sentirsi: *to* ~ *happy* sentirsi felice. **4** (*to be capable of sensation*) essere sensibile. **5** (*to have compassion*) provare compassione (*for* per). **6** (*to have sympathy*). essere partecipe (*with* di), condividere (qcs.). **7** (*to seem*) dare l'impressione di, sembrare: *the air -s cold* l'aria sembra fredda. □ *how do you* ~*about* *it?* che ne dici?, che ne pensi?; *to* ~*as if* (o *to* ~ *as though*) sembrare, dare l'impressione di essere; (*colloq*) *to* ~*bad* : **1** sentirsi male; **2** (*to feel sorry*) rammaricarsi, essere spiacente, sentirsi in colpa (*about* di, per); *to* ~*better* sentirsi meglio; *to* ~*bound* *to do sth.* farsi un dovere di fare qcs., sentirsi obbligato a fare qcs.; *to* ~*equal* *to* sentirsi (in grado) di; *to* ~*faint* sentirsi svenire; ~*free* ! sentiti libero!, fai pure!; *to* ~*funny* non sentirsi bene, sentirsi strano; (*colloq*) *I* ~*grand* mi sento magnificamente, mi sento benissimo; *to* ~*ill* sentirsi male; *to* ~ *sth. in* one's *bones* presagire qcs., sentire qcs. dentro; *to* ~*funny* non sentirsi bene, *pockets* *for sth.* frugarsi le tasche per trovare qcs.; *to* ~*inclined* *to do sth.* avere voglia di fare qcs., sentirsi propenso a fare qcs.: *if you feel inclined* se ti va, se hai voglia, se ne hai voglia; *to* ~*it* one's *duty to do sth.* sentirsi in dovere di fare qcs.; (*fig*) *to* ~ *one's* *legs* : **1** (*of a baby*) cominciare a camminare, muovere i primi passi; **2** (*to become confident*) acquistare sicurezza; *to* ~ *like* : **1** sembrare: *this material -s like silk* questa stoffa sembra seta; *it -s like rain* sembra che voglia piovere; **2** (*in questions, to have a desire*) sentirsi (*costr.impers.*): *what does it* ~ *like to be home again?* come ci si sente a essere di nuovo a casa?; **3** (*to be inclined*) avere voglia di, sentirsela (di): *I don't* ~ *like going out* non ho voglia di uscire; *if you* ~ *like it* se te la senti, se ti va, se hai voglia; **4** (*to want*) volere, andare (*costr.impers.*), desiderare: *do you* ~ *like a cup of tea?* desideri una tazza di tè?, ti va una tazza di tè?; **5** *to* ~ *more like oneself* sentirsi meglio; *not to* ~ (*quite*) oneself non sentirsi bene; *to* ~*mean* : **1** (*to feel ashamed*) vergognarsi, avere vergogna; **2** (*Am,colloq*) (*to feel ill*) sentirsi male; (*colloq*) *to* ~ one's *oats* : **1** (*Am*) essere in forma, sentirsi un leone; **2** (*to be in a good mood*) essere di buon umore; **3** (*Am*) (*to put on airs*) darsi delle arie; **4** (*to be confident*) essere sicuro di sé; **5** (*Am*) (*to want sex*) avere voglia di fare l'amore; (*Am,colloq*) *to* ~ *so.* *out* cercare di conoscere l'opinione di; *to* ~ *so.'s* *pulse* : **1** tastare il polso a qcu.; **2** (*fig*) saggiare qcu., sondare qcu., tastare il polso a qcu.; *to* ~*right* : **1** stare bene, sembrare giusto: *it doesn't* ~ *right to be working on Sunday* non sta bene lavorare la domenica; **2** (*to feel well*) sentirsi bene; (*colloq*) *to* ~*rotten* sentirsi malissimo, stare da cani; *to* ~*sick* avere nausea, avere la nausea; *velvet -s smooth* il velluto è liscio al tatto; *to* ~*sorry* *for so.* rammaricarsi per qcu., dolersi per qcu.; *don't* ~ *sorry about it* non rammaricarti per questo, non prendertela; *to* ~*strange* : **1** essere come un pesce fuor d'acqua, sentirsi sperduto: *it -s strange to be at home again* è una strana sensazione essere di nuovo a casa; **2** (*not to feel well*) sentirsi strano, sentirsi male; *to* ~*strongly about sth.* avere molto a cuore qcs.; *to* ~ *the heat* soffrire il caldo; (*Mar*) *to* ~*the helm* : **1** (*of a helmsman*) sentire il timone; **2** (*of a boat*) rispondere al timone; (*volg*) *to ~ up* palpare (una donna), smanacciare, mettere le mani addosso a; *to ~ up to* sentirsi (in grado) di: *I don't ~ up to going to work today* non mi sento di andare a lavorare oggi; *to ~ one's way*: 1 camminare a tastoni, andare a tastoni, camminare a tentoni, andare a tentoni; 2 (*fig*) tastare il terreno.

feel² /fiːl/ *n.* **1** tatto *m.*: *soft to the ~* soffice al tatto. **2** (*sensation*) sensazione *f.* (tattile), sensazione *f.* al tatto: *the cold ~ of iron* la fredda sensazione del ferro. **3** (*atmosphere*) aria *f.*, atmosfera *f.*: *the room had the ~ of an office* la stanza aveva l'aria di un ufficio. **4** (*facility, ability*) facilità *f.*, abilità *f.*: *to have a ~ for sth.* aver facilità per qcs. **5** (*feeling, touching*) tastata *f.*, toccata *f.*: *let me have a ~* fammi sentire, fammi toccare.

feeler /ˈfiːlər/ *n.* **1** chi sente, chi percepisce. **2** (*Zool*) (*antenna*) antenna *f.*; (*tentacle*) tentacolo *m.*; (*cat's whiskers*) baffi *m.pl.* **3** (*fig*) tentativo *m.*, sondaggio *m.*: *to put out -s* fare (dei) sondaggi. **4** (*Mecc*) sonda *f.* **5** (*Mar*) esploratore *m.* □ (*Tecn*) *~ gauge* calibro a spessori, spessimetro.

feel-good /ˈfiːlɡʊd/ *a.* (*colloq*) che causa un senso di benessere, positivo, ottimista: *a ~ film* un film ottimista.

feeling /ˈfiːlɪŋ/ **I** *n.* **1** sensibilità *f.*, senso *m.* del tatto: *to lose ~ in one's fingers* perdere la sensibilità nelle dita. **2** (*sensation*) sensazione *f.*, senso *m.*: *a ~ of warmth* un senso di calore. **3** (*vague awareness*) senso *m.*: *to have a ~ of inferiority* provare un senso d'inferiorità. **4** (*emotion*) emozione *f.*, sentimento *m.*: *to speak with ~* parlare con sentimento. **5** (*sympathy*) simpatia *f.* umana, comprensione *f.* **6** (*opinion*) opinione *f.*: *the general ~* l'opinione generale, l'opinione pubblica. **7** (*intuitive belief*) sensazione *f.*, impressione *f.*, presentimento *m.*: *I have a ~ sth. is wrong* ho la sensazione che qcs. non vada. **8** (*sensitivity*) sensibilità *f.*: *he has a ~ for music* ha sensibilità per la musica; *to hurt so.'s -s* urtare la sensibilità di qcu., urtare i sentimenti di qcu. **II** *a.* sensibile, che si commuove facilmente: *a ~ heart* un animo sensibile. □ *~ ran high over the proposal* l'eccitazione per la proposta era grande.

feelingly /ˈfiːlɪŋli/ *avv.* con sentimento, con commozione, in modo sentito.

feet /fiːt/ → **foot¹**.

feign /feɪn/ **I** *v.t.* **1** simulare, fingere, affettare, ostentare: *to ~ sickness* simulare una malattia; *to ~ surprise* ostentare sorpresa. **2** (*to invent*) inventare. **3** (*to falsify*) falsificare, contraffare. **II** *v.i.* fingere, mentire.

feigned /feɪnd/ *a.* **1** finto, simulato. **2** (*rar*) (*fictitious*) immaginario, inventato. **3** (*counterfeit*) falsificato, contraffatto.

feint /feɪnt/ **I** *n.* **1** finta *f.* (*anche Sport*). **2** (*Mil*) attacco *m.* simulato. **II** *v.i.* **1** (*Sport*) fare una finta. **2** (*Mil*) fare un finto attacco.

feisty /ˈfaɪsti/ *a.* **1** pieno di energia, pieno di coraggio. **2** (*aggressive*) irascibile, aggressivo.

Feldenkrais /ˈfeldənkraɪs/ □ (*Ginn*) *method* metodo Feldenkrais.

feldspar /ˈfeldspɑːr/ *Am* ˈfeldspɑːr/ *n.* (*Min*) feldspato *m.*

feldspathic /feldˈspæθɪk/ *a.* (*Min*) feldspatico.

felicitate /fəˈlɪsɪteɪt/ *Br also* felˈɪsɪteɪt/ *v.t.* (*lett*) congratularsi con, felicitarsi con.

felicitations /fəˌlɪsɪˈteɪʃənz/ *Br also* felˌɪsɪˈteɪʃənz/ *n.* felicitazioni *f.pl.*

felicitous /fəˈlɪsɪtəs, felˈɪsɪtəs *Am* fəˈlɪsɪtəs/ *a.* indovinato, felice.

felicitously /fəˈlɪsɪtəsli, felˈɪsɪtəsli *Am* fə-

ˈlɪsɪtəsli/ *avv.* felicemente, in modo appropriato.

felicity /fəˈlɪsɪti, felˈɪsɪti *Am* fəˈlɪsəti/ *n.* **1** felicità *f.* **2** (*aptness*) felicità *f.*, opportunità *f.*: *~ of expression* felicità d'espressione. **3** (*apt expression*) espressione *f.* felice, espressione *f.* appropriata.

felid /ˈfiːlɪd/ **I** *a.* (*Zool*) dei felidi. **II** *n.* (*Zool*) felide *m.*

feline /ˈfiːlaɪn/ **I** *a.* **1** (*Zool*) felino. **2** (*fig*) (*catlike*) felino, da gatto, di gatto. **3** (*fig*) (*sly*) astuto, ingannevole; (*spiteful*) malvagio, vendicativo. **II** *n.* felino *m.*

felinity /fiːˈlɪnɪti *Am* fiːˈlɪnəti/ *n.* l'essere felino.

Felix /ˈfiːlɪks/ *n.pr.m.* Felice.

fell¹ /fel/ → **fall¹**.

fell² /fel/ *I v.t.* **1** abbattere, atterrare, gettare a terra. **2** (*of trees*) abbattere: *to ~ timber* abbattere alberi. **3** (*in sewing*) ribattere. **II** *n.* **1** legname *m.* (relativo a un taglio) stagionale. **2** (*in sewing*) ribattitura *f.* **A** *a.* (*poet*) fiero, crudele, feroce. **3** (*deadly*) mortale. □ *at one ~ swoop* d'un sol colpo, in una volta sola.

fell³ /fel/ *n.* (*ant*) **1** (*animal skin*) pelle *f.* (con pelo). **2** (*fleece*) vello *m.*

fell⁴ /fel/ *n.* (*Geog*) **1** (*in place names*) monte *m.* brullo. **2** (*moor*) brughiera *f.*

fella /ˈfelə/ *n.* (*sl*) tipo *m.*, tizio *m.*

fellatio /fəˈleɪʃiou, felˈeɪʃiou *Am* fəˈleɪʃ(i)ou, fəˈlaːtiou/ *n.* fellatio *f.*

feller /ˈfelər/ *n.* **1** taglialegna *m.*, tagliaboschi *m.* **2** (*in sewing*) (*worker*) chi fa una ribattitura; (*machine*) macchina *f.* per ribattitura. **3** (*dial*) (*fellow*) individuo *m.*, tipo *m.*

fellmonger /ˈfelmʌŋɡər *Am also* ˈfelmɑːŋɡər/ *n.* commerciante *m./f.* di pelli.

felloe /ˈfelou/ *n.* (*Tecn*) (*rim of a wheel*) cerchione *m.*

fellow /ˈfelou/ *n.* **1** (*colloq*) uomo *m.*, tipo *m.*, individuo *m.*, persona *f.* **2** (*companion, comrade*) compagno *m.*, camerata *m.* **3** (*contemporary*) coetaneo *m.* (*f.* -a). **4** (*equal*) simile *m.*, pari *m.*, uguale *m.*: *one's -s* i propri simili. **5** (*one of a pair*) compagno *m.* (*f.* -a): *~ of a glove* il compagno di un guanto. **6** (*Univ*) (*scholar*) laureato *m.* (*f.* -a) con contratto di ricerca. **7** (*Univ*) (*lecturer*) docente *m./f.* universitario a contratto. **8** (*Univ*) (*incorporated member of a college*) membro *m.* (interno) di un college; (*member of the governing body*) membro *m.* del consiglio di amministrazione. **9** (*member of a learned society*) membro *m.*: *a ~ of the British Academy* un membro dell'accademia britannica. □ (*Pol*) *~ candidate* compagno di lista; *~ citizen* concittadino; *~ countryman* compatriota; *our ~ creatures* i nostri simili; *~ feeling*: 1 cameratismo; 2 (*sympathy*) simpatia, comprensione; *-s in crime* complici, correi; *~ passenger* compagno di viaggio; *~ soldier* commilitone; *~ traveller*: 1 compagno di viaggio; 2 (*sympathizer of the Communist party*) compagno di strada, filocomunista; *~ worker* compagno di lavoro.

fellow-being /ˌfelouˈbiːɪŋ/ *n.* simile *m.*

fellowship /ˈfelouʃɪp *Am* ˈfelouʃɪp/ *n.* **1** comunanza *f.*, fraternità *f.* **2** (*companionship*) amicizia *f.*, cameratismo *m.*, fratellanza *f.* **3** (*association*) associazione *f.*, società *f.* **4** (*Univ*) associazione *f.* dei membri (interni) di un college; (*position of a fellow*) grado *m.* (o titolo) di membro interno. **5** (*Univ*) (*grant*) borsa *f.* di studio (per laureati).

felly /ˈfeli/ *n.* (*Tecn*) (*rim of a wheel*) cerchione *m.*

felon /ˈfelən/ **I** *n.* **1** (*Dir*) criminale *m./f.* **2** (*Med*) patereccio *m.* **II** *a.* (*poet*) perfido, mal-

vagio.

felonious /fəˈlouniəs *Br also* felˈouniəs/ *a.* **1** (*Dir*) criminoso. **2** (*wicked*) crudele, malvagio.

feloniousness /fəˈlouniəsnəs *Br also* felˈouniəsnəs/ *n.* criminalità *f.*

felonry /ˈfelənri/ *n.* (*collett.*) criminali *m.pl.*

felony /ˈfeləni/ *n.* **1** (*Dir*) crimine *m.* **2** (*Mediev*) fellonia *f.*

felspar /ˈfelspɑːr *Am* ˈfelspɑːr/ *n.* (*Min*) feldspato *m.*

felstone /ˈfelstoun/ *n.* felsite *f.*

felt¹ /felt/ → **feel¹**.

felt² /felt/ **I** *n.* **1** (*Tess,Cart*) feltro *m.* **2** (*Acus*) materiale *m.* fonoassorbente. **II** *a.* di feltro. **III** *v.t.* feltrare (*anche Tess*). **IV** *v.i.* infeltrirsi.

□ *~ board* lavagna di panno, flanellografo; (*Mod*) *~ hat* cappello di feltro, feltro; *~ pen* pennarello, penna a feltro; *to ~ up* infeltrirsi.

felter /ˈfeltər/ *n.* feltraio *m.*

felting /ˈfeltɪŋ/ *n.* **1** tessuto *m.* feltrato. **2** (*making of felt*) feltratura *f.*

felt-tip /ˌfeltˈtɪp/ □ *~ pen* pennarello a punta fine.

felucca /feˈlʌkə, fəˈlʌkə *Am* fəˈlʌkə, fəˈluːkə/ *n.* (*Mar*) feluca *f.*

Fem /fem/ □ *~ lib* (o *~ Lib*) movimento di liberazione della donna.

fem. **1** *female* F (femmina). **2** *feminine* f., femm. (femminile).

female /ˈfiːmeɪl/ **I** *n.* **1** femmina *f.* (*anche Biol, Zool,Mecc*). **2** (*spreg*) (*woman*) femmina *f.*, donna *f.* **II** *a.* **1** femmina: *a ~ hare* una lepre femmina. **2** (*womanly, feminine*) femminile, di donna: *a ~ voice* una voce femminile; *~ emancipation* emancipazione delle donne. **3** (*consisting of women*) femminile. □ *~ child* bambina; *~ circumcise* circoncisione femminile; (*Bot*) *~ fern*: 1 felce femmina; 2 (*brake*) felce aquilina, felce imperiale; (*Tecn*) *~ gauge* calibro femmina; *~ genital mutilation* mutilazione dei genitali femminili, (*estens*) circoncisione femminile; *~ labour* manodopera femminile; (*Mecc*) *~ screw* madrevite; *~ sex* sesso femminile; *~ slave* schiava; (*Pol*) *~ suffrage* suffragio femminile, diritto di voto esteso alle donne.

femineity /ˌfemɪˈniːɪti *Am* ˌfemɪˈniːəti/ *n.* (*ant*) **1** femminilità *f.* **2** (*effeminacy*) effeminatezza *f.*

feminine /ˈfemɪnɪn/ **I** *a.* **1** femminile, da donna, di donna: *~ wiles* astuzie femminili. **2** (*female*) femminile, pieno di femminilità. **3** (*Gramm*) femminile. **4** (*effeminate*) effeminato. **II** *n.* (*Gramm*) femminile *m.* □ (*Lett*) *~ rhyme* rima piana, rima femminile.

femininity /ˌfemɪˈnɪnɪti *Am* ˌfemɪˈnɪnəti/ *n.* femminilità *f.*

feminism /ˈfemɪnɪzᵊm/ *n.* femminismo *m.*

feminist /ˈfemɪnɪst/ **I** *n.* femminista *m./f.* **II** *a.* femministico, femminista.

feminization /ˌfemɪnaˈzeɪʃᵊn *Am* ˌfemɪˈzeɪʃᵊn/ *n.* (*Biol*) femminilizzazione *f.*

feminize /ˈfemɪnaɪz/ **I** *v.t.* (*Biol*) femminilizzare. **II** *v.i.* **1** acquisire caratteri femminili. **2** (*to become effeminate*) diventare effeminato.

femme fatale /ˌfæmfəˈtɑːl *Am* ˌfemfəˈtæl/ *n.* femme *f.* fatale, donna *f.* fatale.

femoral /ˈfemᵊrᵊl, ˈfiːmᵊrᵊl/ *a.* (*Anat*) femorale.

femur /ˈfiːmər/ (*pl.* **-s** /-z/, **femora** /ˈfemᵊrə *Br also* ˈfiːmᵊrə/) *n.* (*Anat*) femore *m.*

fen /fen/ *n.* (*Geog*) palude *f.*, terreno *m.* paludoso. □ *~ fire* fuoco fatuo; (*Geog*) *the Fens* terre paludose del Cambridgeshire, Lincolnshire e Norfolk, oggi bonificate.

fence /fens/ **I** *n.* **1** recinto *m.*, palizzata *f.*, staccionata *f.*, steccato *m.* 2 (*Sport*) scherma *f.* 3 (*fig*) schermaglia *f.* 4 (*collog*) (*receiver of stolen goods*) ricettatore *m.* (*f.* -trice); (*place of business*) magazzino *m.* di ricettatore. 5 (*Mecc*) guida *f.* d' appoggio. II *v.t.* 1 recingere, cintare: to ~ a garden recingere un giardino. 2 (*to separate by a fence*) recintare, chiudere con un recinto. 3 (*fig*) eludere, evitare. III *v.i.* 1 (*Sport*) tirare di scherma. 2 (*fig*) (cercare di) eludere (*with sth.* qcs.), schermirsi (da): he -d with all my questions si schermiva da tutte le mie domande. 3 (*Equit*) saltare uno stecca-to. 4 (*to receive stolen goods*) fare il ricetta-tore. □ to ~in recintare, chiudere con un recinto; (*Caccia*) ~ month stagione di chiu-sura della caccia al cervo; to ~off recintare, chiudere con un recinto: to ~ off a corner of a field recintare un angolo di un campo; to ~ round recingere, cintare; (*Caccia*) ~ season (o ~ time) stagione di chiusura della caccia al cervo.

fenceless /'fensləs/ *a.* aperto, non recintato.

fencer /'fensər/ *n.* (*Sport*) schermitore *m.* (*f.* -trice).

fencible /'fensəbļ/ *n.* (*Stor*) soldato *m.* della milizia territoriale.

fencing /'fensɪŋ/ *n.* 1 (*Sport*) scherma *f.*, arte *f.* della scherma. 2 (*material for fences*) ma-teriale *m.* per cintare, materiale *m.* per recin-tare. 3 *pl.* (*collett.*) (*fences*) recinti *m.pl.*, paliz-zate *f.pl.*, staccionate *f.pl.*, steccati *m.pl.* □ (*Stor*) ~master maestro di scherma.

fend /fend/ I *v.t.* 1 parare, schivare. 2 (*to de-fend*) difendere, proteggere. II *v.i.* provvede-re, badare (*for* a): to ~ for oneself provvede-re a se stesso, arrangiarsi. □ to ~off parare, schivare: to ~ off blows parare i colpi.

fender /'fendər/ *n.* 1 (*Mar*) parabordo *m.* 2 (*for a fireplace*) paracenere *m.* 3 (*Ferr*) para-urti *m.* 4 (*Am,Aut*) parafango *m.* □ (*Am,sl*) ~ bender piccolo incidente automobilistico.

fenestra /fɪ'nestrə/ (*pl.* -strae /-striː/) *n.* 1 (*Anat*) finestra *f.* 2 (*Entom*) (*in the wings*) area *f.* trasparente.

fenestrate /fə'nestreɪt, 'fenɪstreɪt/ *a.* (*Biol*) perforato.

fenestrated /fə'nestreɪtɪd *Am* fə'nestreɪtɪd/ *a.* (*Biol*) perforato.

fenestration /,fenɪ'streɪʃən/ *n.* 1 (*Arch*) fine-stratura *f.*, disposizione *f.* delle finestre. 2 (*Chir*) (*fenestration operation*) fenestrazio-ne *f.* 3 (*Biol*) l' essere perforato.

feng shui /,feŋ'ʃuːi/ *n.* feng shui *m.*

Fenian /'fiːniən/ I *n.* (*Ir,Stor*) feniano *m.* II *a.* (*Ir,Stor*) feniano.

Fenianism /'fiːniənɪzəm/ *n.* (*Stor.irl*) feniani-smo *m.*

fenland /'fenlænd/ *n.spec.pl.* zona *f.* bassa e paludosa.

fenman /'fenmən/ *n.irr.* abitante *m./f.* delle paludi (del Cambridgeshire).

fennec /'fenek/ *n.* (*Zool*) fennec *m.*, volpe *f.* del deserto.

fennel /'fenəl/ *n.* 1 (*Bot*) finocchio *m.* 2 (*seed*) seme *m.* di finocchio. □ (*Bot*) ~ flower cominella.

fenny /'feni/ *a.* 1 paludoso, pantanoso. 2 (*found in fens*) palustre.

feoff /fiːf, fef/ *v.t.* infeudare, con-cedere in feudo. II *n.* (*Dir,Stor*) feudo *m.*

feoffee /fiː'fiː, fef'iː/ *n.* (*Dir,Stor*) feudatario *m.* (*f.* -a).

feoffer /'fiːfər, 'fefər/ *n.* (*Dir,Stor*) chi concede terre in feudo.

feoffment /'fiːfmənt, 'fefmənt/ *n.* (*Dir,Stor*) infeudamento *m.*

feoffor /'fiːfɔːr, ,fef'ɔːr *Am* fiː'fɔːr, fef'ɔːr/ *n.* (*Dir,Stor*) chi concede terre in feudo.

feracious /fə'reɪʃəs/ *a.* (*lett*) fertile, ferace.

feracity /fə'ræsɪti *Am* fə'ræsəti/ *n.* (*lett*) ferti-lità *f.*, feracità *f.*

feral[1] /'ferəl, 'fɪərəl *Am* 'ferəl, 'fɪrəl/ *a.* 1 (*Zool*) selvaggio, selvatico. 2 (*Bot*) selvatico, non coltivato. 3 (*fig*) brutale, crudele, spietato.

feral[2] /'ferəl, 'fɪərəl *Am* 'ferəl, 'fɪrəl/ *a.* (*ant*) 1 funereo, tetro. 2 (*rar*) (*deadly*) mortale.

Ferdinand /'fɜːdɪnænd, 'fɜːdənənd *Am* 'fɜːrdənænd/ *n.pr.m.* Ferdinando.

feretory /'ferɪtəri *Am* 'ferɪtɔːri/ *n.* (*Rel.catt*) 1 reliquiario *m.* 2 (*chapel for keeping such a shrine*) cappella *f.* con reliquario. 3 (*bier*) bara *f.*

ferial /'ferɪəl, 'fɪərɪəl *Am* 'fɪrɪəl, 'ferɪəl/ *a.* (*Rel*) feriale.

ferment[1] /'fɜːmənt *Am* 'fɜːrmənt/ *n.* 1 (*Biol*) (*organized*) fermento *m.*; (*unorganized*) en-zima *m.* 2 (*fermentation*) fermentazione *f.* 3 (*fig*) fermento *m.*, agitazione *f.*, eccitazione *f.*, tumulto *m.*: to be in a ~ essere in fermento.

ferment[2] /fə'ment, fɜː'ment *Am* fər'ment/ I *v.t.* 1 (*Biol*) far fermentare. 2 (*fig*) eccitare, fo-mentare. II *v.i.* 1 (*Biol*) fermentare. 2 (*fig*) es-sere in fermento.

fermentable /fə'mentəbļ, fɜː'mentəbļ *Am* fər'mentəbļ/ *a.* fermentabile.

fermentation /,fɜːmen'teɪʃən *Am* ,fɜːrmen'teɪʃən/ *n.* 1 (*Biol,Chim*) fermentazione *f.* 2 (*ant, fig*) fermento *m.*, agitazione *f.*

fermentative /fə'mentətɪv *Am* fə'mentətɪv/ *a.* fermentativo.

fermion /'fɜːmɪɒn *Am* 'fɜːrmiɑːn, 'fermiɑːn/ *n.* (*Fis*) fermione.

fermium /'fɜːmiəm *Am* 'fɜːrmiəm/ *n.* (*Chim*) fermio *m.*

fern /fɜːn *Am* fɜːrn/ *n.* (*Bot*) 1 felce *f.* 2 *pl.* felci *f.pl.*, filicine *f.pl.*, filicali *f.pl.* □ (*Ornit*) ~owl succiacapre.

fernery /'fɜːnəri *Am* 'fɜːrnəri/ *n.* 1 (*collett.*) fel-ci *f.pl.* 2 (*place where ferns grow*) felceto *m.*

ferny /'fɜːni *Am* 'fɜːrni/ *a.* 1 ricco di felci. 2 (*fernlike*) simile a felce.

ferocious /fə'rəuʃəs/ *a.* 1 (*of a wild beast*) feroce. 2 (*cruel*) feroce, crudele. 3 (*colloq*) (*extreme*) enorme, spaventoso.

ferociousness /fə'rəuʃəsnəs/ *n.* 1 ferocia *f.*, crudeltà *f.* 2 (*instance*) ferocia *f.*, atto *m.* di crudeltà.

ferocity /fə'rɒsɪti *Am* fə'rɑːsəti/ *n.* 1 ferocia *f.*, crudeltà *f.* 2 (*instance*) ferocia *f.*, atto *m.* di crudeltà.

ferrate /'fereɪt/ *n.* (*Chim*) ferrato *m.*

ferreous /'ferɪəs/ *a.* (*Chim,Met*) ferroso: a ~ alloy una lega ferrosa.

ferret[1] /'ferɪt/ I *n.* 1 (*Zool*) furetto *m.* 2 (*fig*) (*spy*) spia *f.*; (*detective*) investigatore *m.* (*f.* -trice). II *v.t.* (*Caccia*) cacciare con il furetto, stanare con il furetto. III *v.i.* 1 (*Caccia*) cac-ciare con il furetto. 2 (*fig*) rovistare, frugare (*among, into* fra, in). □ to ~out : 1 (*to drive out*) snidare, stanare: to ~ out a criminal sta-nare un delinquente; 2 (*fig*) (*a secret*) scopri-re.

ferret[2] /'ferɪt/ *n.* (*band*) nastro *m.*, fettuccia *f.*

ferrety /'ferəti *Am* 'ferəti/ *a.* 1 del furetto. 2 (*like a ferret*) da furetto, sfuggente.

ferriage /'ferɪdʒ/ *n.* (*ant*) 1 trasporto *m.* me-diante traghetto. 2 (*fare, price*) prezzo *m.* del trasporto mediante traghetto.

ferric /'ferɪk/ *a.* (*Chim*) ferrico.

ferriferous /fə'rɪfərəs/ *a.* (*Geol,Min*) ferrife-ro.

Ferris /'ferɪs/ □ ~Wheel ruota panorami-ca.

ferrite /'feraɪt/ *n.* (*Met,Min*) ferrite *f.*

ferritin ,ferritine /'ferətən/ *n.* (*Biol*) ferritina *f.*

ferroalloy /,ferəu'ælɔɪ *Am* ,ferəu'ælɔːɪ/ *n.* (*Met*) ferrolega *f.*

ferro-concrete /,ferəu'kɒŋkriːt *Am* ,ferəu'kɑːnkriːt/ *n.* (*Edil,ant*) cemento *m.* armato.

ferroelectric /,ferəuɪ'lektrɪk *Am* ,ferəuɪ'lektrɪk/ *a.* (*Fis*) ferroelectrico.

ferrofluid /'ferəu,fluːɪd *Am* 'ferəu,fluːɪd/ *n.* (*Chim,Fis*) ferrofluido *m.*

ferromagnetic /,ferəumæg'netɪk *Am* ,ferəumæg'netɪk/ *a.* (*Fis*) ferromagnetico.

ferromagnetism /,ferəu'mægnətɪzəm *Am* ,ferəu'mægnətɪzəm/ *n.* (*Fis*) ferromagnetismo *m.*

ferrotype /'ferəutaɪp *Am* 'ferəutaɪp/ *n.* (*Fot*) 1 (*process*) ferrotipia *f.* 2 (*copy*) ferrotipo *m.* □ (*Fot*) ~plate (o ~tin) lastra per ferroti-pia.

ferrous /'ferəs/ *a.* (*Chim,Met*) ferroso.

ferruginous /fe'ruːdʒɪnəs, fə'ruːdʒɪnəs/ *a.* 1 (*Chim,Min*) ferruginoso, ferrifero. 2 (*colour*) ferrigno.

ferrule /'feruːl, 'ferəl *Br also* 'ferjuːl/ *n.* 1 pun-tale *m.* 2 (*Mecc*) (*bushing*) bussola *f.*; (*metal ring*) ghiera *f.*, boccola *f.*, virola *f.*

ferry /'feri/ I *n.* 1 (*Mar*) traghetto *m.*; (*boat*) nave *f.* traghetto, traghetto *m.* 2 (*Aer*) traspor-to *m.* per via aerea. 3 (*Dir*) diritto *m.* di tra-ghetto. II *v.t.* 1 traghettare: to ~ passengers over a river traghettare gente di là da un fiu-me. 2 (*to transport*) trasportare. 3 (*Aer*) tra-sportare per via aerea. □ (*Mar*) ~bridge trasbordatore; (*Mar*) ~pilot pilota di traghet-to.

ferryboat /'feribəut/ *n.* (*Mar*) nave *f.* traghet-to, traghetto *m.*

ferryman /'ferimən/ *n.irr.* (*Mar*) traghettatore *m.*

fertile /'fɜːtaɪl *Am* 'fɜːrtəl/ *a.* 1 fertile, fecon-do: ~ land terra fertile. 2 (*fig*) fertile, fecon-do, ricco: a ~ imagination un'immaginazio-ne fertile. 3 (*fertilizing*) fertilizzante. 4 (*Biol*) (*fertilized*) fecondato: ~ eggs uova feconda-te. □ (*Fis,Nucl*) ~material materiale ferti-le.

fertility /fə'tɪlɪti, fɜː'tɪlɪti *Am* fər'tɪləti/ *n.* ferti-lità *f.*, fecondità *f.* □ (*Farm*) ~drugs farma-ci per (favorire) la fertilità.

fertilization /,fɜːtɪl(a)ɪ'zeɪʃən, ,fɜːtɪl(a)ɪ'zeɪʃən *Am* ,fɜːrtəlɪ'zeɪʃən/ *n.* 1 fertilizzazione *f.* (*anche Agr,Bot*). 2 (*Biol*) fecondazione *f.*

fertilize /'fɜːtɪlaɪz, 'fɜːtɪlaɪz *Am* 'fɜːrtəlaɪz/ *v.t.* 1 (*Biol*) fecondare. 2 (*Agr*) fertilizzare, con-cimare. 3 (*Bot*) fertilizzare, fecondare.

fertilizer /'fɜːtɪlaɪzər, 'fɜːtɪlaɪzər *Am* 'fɜːrtəlaɪzər/ *n.* 1 fertilizzatore *m.* (*f.* -trice). 2 (*Agr*) fertilizzante *m.*, concime *m.* □ (*Agr*) ~distributor spandiconcime.

ferula /'ferjulə/ (*pl.* -s /-z/, -lae /-liː/) *n.* (*Bot*) ferula *f.*

ferule /'feruːl, 'ferəl *Br also* 'ferjuːl/ *n.* canna *f.*, bacchetta *f.*, (*lett*) ferula *f.*

fervency /'fɜːvənsi *Am* 'fɜːrvənsi/ *n.* fervore *m.*, ardore *m.*, calore *m.*

fervent /'fɜːvənt *Am* 'fɜːrvənt/ *a.* 1 infuocato, ardente, cocente. 2 (*fig*) (*passionate*) fervi-do, ardente, fervente. 3 (*fig*) (*eager*) fervente, pieno di zelo: a ~ Catholic un cattolico fervente.

fervently /'fɜːvəntli *Am* 'fɜːrvəntli/ *avv.* con fervore, ferventemente.

fervid /'fɜːvɪd *Am* 'fɜːrvɪd/ *a.* 1 infuocato, co-cente. 2 (*fig*) fervido, appassionato, ardente.

fervidness /'fɜːvɪdnəs *Am* 'fɜːrvɪdnəs/ *n.* 1 fervore *m.*, calore *m.*, ardore *m.* 2 (*zeal*) fer-vore *m.*, zelo *m.* 3 (*intense heat*) calore *m.* intenso.

fervor /'fɜːvər/ *n.* (*Am*) 1 fervore *m.*, calore *m.*, ardore *m.* 2 (*zeal*) fervore *m.*, zelo *m.* 3 (*intense heat*) calore *m.* intenso.

fervour /'fɜːvər/ *n.* 1 fervore *m.*, calore *m.*, ardore *m.* 2 (*zeal*) fervore *m.*, zelo *m.* 3 (*in-*

tense heat) calore *m.* intenso.

fescue /'feskju:/ *n.* **1** (*Bot*) festuca *f.* **2** (*Scol*) bacchetta *f.*, canna *f.* (per indicare le lettere ecc.). ☐ (*Bot*) ~ *grass* festuca.

fess, fesse /fes/ *n.* (*Arald*) fascia *f.* ☐ (*Arald*) ~ *point* cuore.

fesswise /'feswaɪz/ *avv.* (*Arald*) orizzontalmente, a fascia.

festal /'festəl/ *a.* **1** festivo. **2** (*festive*) di festa.

fester /'festər/ I *v.i.* **1** (*Med*) suppurare, andare in suppurazione. **2** (*to putrefy*) putrefarsi, imputridire. **3** (*fig*) farsi più aspro. II *v.t.* **1** far suppurare. **2** (*fig*) avvelenare, amareggiare. III *n.* **1** ulcera *f.*, piaga *f.* **2** (*suppurating sore*) suppurazione *f.*

festival /'festɪvəl/ I *n.* **1** festa *f.*, festività *f.* **2** (*anniversary*) anniversario *m.*, commemorazione *f.* **3** (*Teat,Cin,Art*) festival *m.*: *the ~ of Spoleto* il festival di Spoleto. **4** (*gaiety*) gaiezza *f.*, festosità *f.* II *a.* di festa, festivo. ☐ (*Rel.ebr*) ~ *of lights* festa delle luci, Hannukah.

festive /'festɪv/ *a.* **1** festivo, di festa. **2** (*merry*) festoso, gioioso, allegro: *to be in a ~ mood* essere di umore allegro.

festiveness /'festɪvnəs/ *n.* festosità *f.*, giocondità *f.*

festivity /fes'tɪvɪtɪ Am fes'tɪvəti/ *n.* **1** (*gaiety*) gaiezza *f.*, festosità *f.* **2** *pl.* celebrazioni *f.pl.* (*festive*), festeggiamenti *m.pl.*

festoon /fes'tuːn Am also fə'stuːn/ I *n.* festone *m.* II *v.t.* **1** ornare di festoni. **2** (*to form into festoons*) dare forma di festone a.

festoonery /fes'tuːnərɪ Am also fə'stuːnərɪ/ *n.* **1** ornamento *m.* di festoni. **2** (*collett.*) festoni *m.pl.*

FET (*Elettron*) *Field Effect Transistor* FET (transistor a effetto di campo).

feta /'fetə Am 'feɪtə/ *n.* (*Alim*) feta *f.* (formaggio greco).

fetal /'fiːtəl Am 'fiːtəl/ *a.* (*Biol*) fetale.

fetch[1] /fetʃ/ *v.t.* **1** andare a prendere: *will you ~ my glasses?* mi vai a prendere gli occhiali? **2** (*to cause to come*) far venire, portare: *I'll* (*go and*) ~ *the doctor immediately* farò venire subito il dottore. **3** (*to sell for*) rendere, fruttare, valere, essere venduto per: *the painting will ~ a good price* il quadro renderà un buon prezzo. **4** (*to draw forth*) strappare, far venire: *the scene -ed tears to her eyes* la scena le fece venire le lacrime. **5** (*to utter*) emettere, gettare: *to ~ a groan* emettere un lamento. **6** (*to heave*) mandare, fare: *to ~ a sigh* mandare un sospiro. **7** (*colloq*) (*to attract*) affascinare, attrarre. **8** (*Caccia*) (*stanare e*) riportare. **9** (*colloq*) (*of a blow: to deal, give*) assestare, appioppare, dare, mollare. ☐ (*fig*) *to ~ and carry* fare il tirapiedi, fare da servitore (*for* a); *to ~ round* convincere, persuadere; *to ~ up*: **1** arrestarsi, fermarsi; **2** (*Mar*) giungere in porto, arrivare in porto; **3** (*colloq*) (*to vomit*) vomitare, (*region*) tirare su.

fetch[2] /fetʃ/ *n.* **1** l'andare a prendere. **2** (*Meteor*) fetch *m.* (percorso del vento in mare aperto). **3** (*of a gulf*) profondità *f.* **4** (*colloq*) (*trick*) trucco *m.*, stratagemma *m.*

fetch[3] /fetʃ/ *n.* (*ant*) (*double*) apparizione *f.*; (*ghost*) fantasma *m.*, spettro *m.*

fetching /'fetʃɪŋ/ *a.* (*colloq*) attraente, seducente.

fete, fête /feɪt Am also fet/ I *n.* **1** festa *f.* **2** (*name day*) onomastico *m.*, festa *f.* **3** (*Br*) (*outdoor sale for charity*) festa *f.* di beneficenza. **4** (*Am*) gala *m.*, festival *m.* II *v.t.* **1** festeggiare, fare festa a, accogliere festosamente. **2** (*to celebrate*) festeggiare, celebrare. ☐ (*colloq*) ~ *day* onomastico, festa.

feticidal /ˌfiːtɪ'saɪdəl Am 'fiːtɪsaɪdəl/ *a.* di feticidio.

feticide /'fiːtɪsaɪd Am 'fiːtɪsaɪd/ *n.* feticidio *m.*

fetid /'fetɪd, 'fiːtɪd Am 'fetɪd, 'fiːtɪd/ *a.* fetido.

fetidity /'fetɪdɪtɪ Am 'fetɪdɪtɪ/, **fetidness** /'fetɪdnəs Am 'fetɪdnəs/ *n.* fetidume *m.*, fetore *m.*

fetish /'fetɪʃ Am 'fetɪʃ/ *n.* **1** (*Rel,Psic*) feticcio *m.* **2** (*fig*) feticcio *m.*, idolo *m.* **3** (*fig*) (*fixation*) fissazione *f.*, mania *f.*

fetishism /'fetɪʃɪzəm Am 'fetɪʃɪzəm/ *n.* **1** (*Rel, Psic*) feticismo *m.* **2** (*fig*) feticismo *m.*, fanatismo *m.*

fetishist /'fetɪʃɪst Am 'fetɪʃɪst/ *n.* feticista *m./f.*

fetishistic /ˌfetɪ'ʃɪstɪk Am ˌfetɪ'ʃɪstɪk/ *a.* feticista (*anche fig*), feticistico.

fetlock /'fetlɒk Am 'fetlɑːk/ *n.* **1** (*Zool*) nocca *f.*, nodello *m.* **2** (*tuft of hair*) barbetta *f.*

fetologist /fiː'tɒlədʒɪst Am fiː'tɑːlədʒɪst/ *n.* (*Med*) fetologo *m.*

fetology /fiː'tɒlədʒɪ Am fiː'tɑːlədʒɪ/ *n.* (*Med*) fetologia *f.*

fetor /'fiːtə Am 'fiːtər/ *n.* fetore *m.*, puzzo *m.*

fetoscopy /fiː'tɒskəpɪ Am fiː'tɑːskəpi/ *n.* (*Med*) fetoscopia *f.*

fetter /'fetə Am 'fetər/ I *n.* **1** *spec.pl.* ferri *m.pl.*, ceppi *f.pl.* **2** (*Zool*) pastoia *f.* **3** *pl.* (*fig*) pastoia *f.sing.*, impedimento *m.sing.* II *v.t.* **1** mettere in ceppi, mettere in catene, mettere ai ferri, incatenare. **2** (*Zool*) impastoiare. **3** (*fig*) impastoiare, impacciare, inceppare, ostacolare.

fetterless /'fetələs Am 'fetərləs/ *a.* **1** libero, senza catene. **2** (*fig*) libero, senza legami, senza vincoli.

fettle /'fetl Am 'fetl/ I *n.* condizione *f.* (fisica o mentale): *to be in fine ~* (o *to be in good ~*) essere in gran forma. II *v.t.* **1** (*Br,dial*) sistemare, mettere in ordine. **2** (*Met*) (*to clean*) sbavare; (*of the heart of a furnace*) rivestire con materiale (sciolto) di protezione.

fetus /'fiːtəs Am 'fiːtəs/ *n.* (*Biol*) feto *m.*

feud[1] /fjuːd/ I *n.* **1** antagonismo *m.*, ostilità *f.* **2** (*contention*) contesa *f.*, lite *f.* II *v.i.* essere in lotta, essere in contrasto (*with* con).

feud[2] /fjuːd/ *n.* (*Mediev*) feudo *m.*

feudal /'fjuːdəl/ *a.* (*Mediev*) feudale. ☐ (*Mediev*) ~ *system* ordinamento feudale, sistema feudale, feudalesimo.

feudalism /'fjuːdəlɪzəm/ *n.* (*Mediev*) sistema *m.* feudale, ordinamento *m.* feudale, feudalesimo *m.*

feudalist /'fjuːdəlɪst *n.* sostenitore *m.* (*f.* -trice) del feudalismo.

feudalistic /ˌfjuːdə'lɪstɪk/ *a.* feudale.

feudality /fjuː'dælɪtɪ Am fjuː'dæləti/ *n.* (*ant*) **1** feudalità *f.* **2** (*feudalism*) feudalesimo *m.*, feudalismo *m.*

feudalization /ˌfjuːdə'l(a)ɪ'zeɪʃən Am ˌfjuːdəlɪ'zeɪʃən/ *n.* il ridurre al regime feudale.

feudalize /'fjuːdəlaɪz/ *v.t.* ridurre al regime feudale.

feudatory /'fjuːdətərɪ Am 'fjuːdətɔːri/ I *n.* feudatario *m.* (*f.* -a). II *a.* feudatario, feudale.

fever /'fiːvər/ I *n.* **1** febbre *f.*: *typhoid ~* febbre tifoidea; *to have a high ~* avere la febbre alta. **2** (*fig*) sovreccitazione *f.* **3** (*fig*) (*craze*) frenesia *f.*, smania *f.* II *v.t.* dare la febbre a. ☐ (*Med*) ~ *blister* herpes labiale, erpete febbrile; ~ *heat*: **1** calore febbrile; **2** (*fig*) eccitazione febbrile, sovreccitazione; (*fig*) *to be in a ~* essere agitato, avere la febbre addosso; *~ of anticipation* un'attesa febbrile; *to work at ~ pitch* lavorare febbrilmente.

fevered /'fiːvəd Am 'fiːvərd/ *a.* **1** febbricitante, febbricitante. **2** (*fig*) febbrile, agitato.

feverfew /'fiːvəfjuː Am 'fiːvərfjuː/ *n.* (*Bot*) partenio *m.*

feverish /'fiːvərɪʃ/ *a.* **1** (*having fever*) febbricitante. **2** (*marked by fever*) febbrile, di febbre: ~ *state* stato febbrile. **3** (*caused by fever*) dovuto alla febbre, causato dalla febbre. **4**

(*fig*) (*excited*) febbrile, agitato: ~ *wait* attesa febbrile. **5** (*fig*) (*hectic*) febbrile, intenso, frenetico: ~ *activity* intensa attività. **6** (*causing fever*) piretico.

feverishness /'fiːvərɪʃnəs/ *n.* stato *m.* febbrile.

few /fjuː/ *a.* **1** pochi: *he has ~ friends* ha pochi amici. **2** (*not many but some; preceded by the article* a) alcuni, qualche: *he caught a ~ fish* ha preso alcuni pesci; *in a ~ days* fra qualche giorno. II *pron.* (*costr.pl.*) **1** pochi: ~ *heard him* pochi l'hanno sentito. **2** (*small number; preceded by the article* a) alcuni: *a ~ of them came* alcuni di loro sono venuti. III *n.* (*collett.*) minoranza *f.*, pochi *m.pl.* ☐ ~ *and far between*: **1** raro, scarso: *good jobs are ~ and far between* i buoni posti di lavoro sono rari; **2** (*at wide intervals*) ben distanziato; *every ~ days* a intervalli di pochi giorni; *in the last ~ days* negli ultimi giorni; *in a ~ days' time* entro qualche giorno; *a ~ hundred people* qualche centinaio di persone; *a ~ more* un altro po' di, ancora qualche; *not a ~* non pochi, parecchi; *a ~ thousand people* qualche migliaio di persone; *he's a man of ~ words* è un uomo di poche parole.

fewer /'fjuːər/ (*compar. di* few) I *a.* (*of a smaller number; followed by a plural noun*) meno: *there are ~ advantages than disadvantages* ci sono meno vantaggi che svantaggi. II *pron.* (*costr.pl.*) (*smaller number*) meno: *I have ~ than you* ne ho meno di te. ☐ *no ~ than* non meno di, ben.

fewness /'fjuːnəs/ *n.* (*ant*) scarsità *f.*, numero *m.* ristretto.

fey /feɪ/ *a.* **1** (*Scott*) condannato a morire; (*dying*) morente. **2** (*colloq*) (*slightly mad*) stravagante, strambo, eccentrico. **3** (*elfin*) di elfo, da elfo, da fata.

fez /fez/ (*pl.* **fezzes** /'fezɪz/) *n.* fez *m.*

ff. **1** *folios* (volumi in-folio). **2** *following pages* segg. (pagine seguenti). **3** (*Mus*) *fortissimo* ff. (fortissimo).

FGM *female genital mutilation* (mutilazione dei genitali femminili).

FH *fire hydrant* (idrante antincendio).

FHA /ˌefeɪtʃ'eɪ/ (*Am*) *Federal Housing Administration* (amministrazione edilizia federale).

f-hole /'efhəʊl/ *n.* (*Mus*) (*in a violin, etc.*) effe *f.*, foro *m.* di risonanza.

fiancé /fi'ɒnseɪ Am ˌfiɑːn'seɪ, fi'ɑːnseɪ/ *n.* fidanzato *m.* (con matrimonio in vista).

fiancée /fi'ɒnseɪ Am ˌfiɑːn'seɪ, fi'ɒnseɪ/ *n.* fidanzata *f.* (con matrimonio in vista).

fiasco /fi'æskəʊ/ (*pl.* **-s** /-z/) *n.* fiasco *m.*, fallimento *m.*

fiat /'faɪæt Am 'fiːət, 'fiːæt, 'fiːɑːt/ *n.* **1** decreto *m.*, ordinanza *f.* **2** (*authorization, sanction*) autorizzazione *f.*, sanzione *f.* ☐ (*Econ*) ~ *money* denaro a corso forzoso.

fib /fɪb/ I *n.* (*trivial lie*) bugia *f.* (innocente), piccola bugia. II *v.i.* (*past, p.p.* **fibbed** /-d/) (*to lie*) dire una bugia.

fibber /'fɪbər/ *n.* bugiardello *m.* (*f.* -a).

fiber /'faɪbər/ *e der.* (*Am*) → **fibre** *e der.*

fibre /'faɪbər/ *n.* **1** (*Biol*) fibra *f.*: *muscle ~* fibra muscolare. **2** (*Ind*) (*vulcanized fibre*) fibra *f.* (vulcanizzata), cartone *m.* fibra. **3** (*Bot*) radice *f.* fibrosa. **4** (*fig*) fibra *f.*, tempra *f.*, costituzione *f.* ☐ ~ *optics* ottica a fibre.

fibreboard /'faɪbəbɔːd Am 'faɪbərbɔːrd/ *n.* cartone *m.* di fibra.

fibreglass /'faɪbəglɑːs Am 'faɪbərglæs/ *n.* lana *f.* di vetro.

fibreless /'faɪbələs Am 'faɪbərləs/ *a.* senza fibre, privo di fibre.

fibre-optic /ˌfaɪbər'ɒptɪk Am ˌfaɪbər'ɑːptɪk/ *a.* a fibre ottiche. ☐ ~ *cable* cavo a fibre ottiche.

fibriform /'f(a)ɪbrɪfɔːm Am 'f(a)ɪbrɪfɔːrm/ a. fibriforme.

fibril /'faɪbrɪl Am 'f(a)ɪbrɪl/ n. (Biol) fibrilla f.

fibrillar /'faɪbrɪlər Am 'f(a)ɪbrɪlər/, **fibrillary** /'faɪbrɪləri Am 'f(a)ɪbrɪleri/ a. (Biol,Med) fibrillare.

fibrillate /'f(a)ɪbrɪleɪt/ v.i. (Med) fibrillare.

fibrillation /ˌf(a)ɪbrɪ'leɪʃən/ n. (Med) fibrillazione f.

fibrillose /'f(a)ɪbrɪloʊs/ a. fibroso, filamentoso.

fibrin /'faɪbrɪn Br also 'fɪbrɪn/ n. (Biol,Chim) fibrina f.

fibrinogen /f(a)ɪ'brɪnoʊdʒən Am faɪ 'brɪnədʒən/ n. (Biol,Chim) fibrinogeno m.

fibrinolysis /ˌf(a)ɪbrɪ'nɒlɪsɪs Am ˌfaɪbrɪ 'nɑːlɪsɪs/ n. (Fisiol) fibrinolisi f.

fibrinous /'faɪbrɪnəs Br also 'fɪbrɪnəs/ a. (Med) fibrinoso.

fibroblast /'faɪbrəblɑːst Am 'faɪbrəblæst/ n. (Fisiol) fibroblasto m.

fibroid /'faɪbrɔɪd/ I a. 1 (resembling fibre) fibroide. 2 (composed of fibres) fibroso. II n. (Med) fibroma m.

fibroma /faɪ'broʊmə/ n. (pl. **-ta** /-tə Am -tə/, **-s** /-z/) n. (Med) fibroma m.

fibrosis /faɪ'broʊsɪs/ n. (Med) fibrosi f.

fibrositis /ˌfaɪbroʊ'saɪtɪs Am ˌfaɪbroʊ'saɪtɪs/ n. (Med) fibrosite f.

fibrous /'faɪbrəs/ a. fibroso.

fibrousness /'faɪbrəsnəs/ n. fibrosità f.

fibula /'fɪbjulə/ (pl. **-lae** /-liː/, **-s** /-z/) n. 1 (Anat) fibula f., perone m. 2 (Archeol) fibula f., fibbia f.

fibular /'fɪbjulər/ a. (Anat) fibulare, peroneo.

fichu /'fɪʃu: Am also fiː'ʃu:/ n. (Abbigl) fichu m., fisciù m.

fickle /'fɪkl/ a. incostante, instabile, volubile, mutevole: a ~ woman una donna volubile; ~ weather tempo instabile.

fickleness /'fɪklnəs/ n. volubilità f., incostanza f., instabilità f.

fictile /'fɪkt(a)ɪl/ a. 1 plasmabile; (moulded) plasmato. 2 (Ceram) fittile, di terracotta, di argilla; (relating to pottery) dell'arte della ceramica.

fiction /'fɪkʃən/ n. 1 (Lett) narrativa f. 2 (Lett) (work of fiction) romanzo m., novella f. 3 (invented story, statement) romanzo m., storia f. inventata, fantasticheria f.: is this fact or ~? è una storia vera o inventata? 4 (Dir) finzione f. giuridica, finzione f. legale.

fictional /'fɪkʃənl/ a. 1 (not restricted to fact) romanzo. 2 (Lett) romanzesco.

fictionalize /'fɪkʃənəlaɪz/ v.t. romanzare.

fictioneer /ˌfɪkʃəniər Am 'fɪkʃənɪr/ n. (spreg) scrittorucolo m. (f. -a).

fictionist /'fɪkʃənɪst/ n. romanziere m. (f. -a), novellista m./f.

fictitious /fɪk'tɪʃəs/ a. 1 fittizio, immaginario, fantastico: ~ character personaggio immaginario. 2 (of a name) falso, fittizio. 3 (feigned, imaginary) fittizio, immaginario, apparente: ~ needs bisogni fittizi. 4 (Dir) fittizio.

fictitiousness /fɪk'tɪʃəsnəs/ n. l'essere fittizio.

fictive /'fɪktɪv/ a. 1 dotato di inventiva, dotato di immaginazione. 2 (imaginary) immaginario, fittizio.

fid /fɪd/ n. 1 (Mar) chiave f. (d'albero). 2 (splicing wood pin) caviglia f. (per impiombare). 3 (thick wedge) grosso cuneo m.

fiddle /'fɪdl/ I n. 1 (Mus) strumento m. ad arco. 2 (Mus,colloq) (violin) violino m. 3 (Mar) bordo m. antirollio. 4 (colloq) (swindle) imbroglio m., raggiro m., truffa f. II v.i. 1 (colloq) suonare il violino. 2 (to play aimlessly) gio-

cherellare, gingillarsi (with con): to ~ with a pen giocherellare con una penna. 3 (to waste time) perdere tempo, (ant) baloccarsi. 4 (to meddle, to tamper) manomettere (with sth. qcs.). III v.t. 1 (colloq) (of a tune) suonare sul violino. 2 (to swindle) truffare, imbrogliare, raggirare. 3 (Br) (to falsify) falsificare, alterare, contraffare. □ to ~ away perdere tempo, (ant) baloccarsi: to ~ time away perdere tempo in sciocchezze; (Mus) ~ bow archetto (di violino); to ~ while Rome burns perdere il tempo in sciocchezze ignorando le cose importanti.

fiddle-back /'fɪdl|bæk/ a. a forma di violino.

fiddle-faddle /'fɪdlfædl/ I n. (colloq) sciocchezze f.pl., banalità f.pl., stupidaggini f.pl. II v.i. gingillarsi, perdere tempo. III intz. sciocchezze!

fiddler /'fɪdlər/ n. 1 (colloq) violinista m./f., strimpellatore m. (f. -trice) di violino. 2 (colloq) (swindler) imbroglione m. (f. -a). □ (Zool) ~ crab uca, granchio violinista; (Itt) ~ fish pesce violino; ~'s Green paradiso dei marinai.

fiddlestick /'fɪdlstɪk/ n. 1 (Mus,colloq) archetto m. (di violino). 2 (colloq) (mere nothing) (bel) niente m., fico m. secco: I don't care a ~ non m'importa un bel niente.

fiddlesticks /'fɪdlstɪks/ intz. (colloq,ant) sciocchezze!, stupidaggini!

fiddling /'fɪdlɪŋ/ a. piccolo, insignificante, da nulla.

fidelity /fɪ'delɪti Am fɪ'deləti/ n. 1 fedeltà f. (anche Acus). 2 (exactness) esattezza f., fedeltà f., conformità f. all'originale: the ~ of a translation la fedeltà di una traduzione. 3 (accuracy) accuratezza f., precisione f. □ (Assic) ~ bond polizza cauzionale.

fidget /'fɪdʒɪt/ I v.i. 1 muoversi con irrequietezza, dimenarsi. 2 (to worry) preoccuparsi, stare in ansia. 3 (to play nervously) giocherellare nervosamente (with con). II v.t. recare fastidio, recare molestia a, infastidire. III n. 1 persona f. irrequieta. 2 pl. (restlessness) agitazione f.sing., irrequietezza f.sing., inquietudine f.sing.: to have the -s essere irrequieto, essere agitato.

fidgetiness /'fɪdʒɪtnəs/ n. irrequietezza f., agitazione f., nervosismo m.

fidgety /'fɪdʒɪti Am 'fɪdʒəti/ a. nervoso, irrequieto, agitato.

fiducial /f(a)ɪ'dju:ʃɪəl Am f(a)ɪ'd(j)u:ʃəl/ a. 1 fiduciario. 2 (Geom) di riferimento: ~ marks indici di riferimento.

fiduciary /f(a)ɪ'dju:ʃɪəri, f(a)ɪ'dju:ʃəri Am fɪ 'd(j)u:ʃɪri/ I n. (Dir) fiduciario m. (f. -a). II a. (Dir,Econ) fiduciario: ~ currency moneta fiduciaria. □ (Econ) ~ assets massa fiduciaria.

fie /faɪ/ intz. vergogna! □ ~ upon you! vergognati!

fief /fiːf/ n. (Dir,Stor) feudo m.

field /fiːld/ I n. 1 campo m.: a ~ of wheat un campo di frumento. 2 (Minier) campo m., giacimento m.: oil ~ giacimento petrolifero. 3 (Sport) campo m. (da gioco): a soccer ~ un campo di calcio. 4 (Sport) (in hockey) prato m. 5 (Sport) (players) concorrenti m./f.pl. in campo. 6 (Sport) (competing horses) cavalli m.pl. iscritti a una corsa. 7 (Mil) campo m.; (battlefield) campo m. di battaglia; (battle) battaglia f. 8 (fig) campo m., settore m.: this problem is not in my ~ questo problema non rientra nel mio campo. 9 (wide expanse) campo m., distesa f.: a ~ of snow un campo di neve. 10 (of ice) banco m. 11 (of a flag, canvas, etc.) campo m.: a red cross on a ~ of blue una croce rossa in campo azzurro. 12 (Caccia) (in fox hunting) gruppo m. dei cac-

ciatori. 13 (Arald,Fis,Inform,TV,Fot) campo m. 14 pl. (countryside) campi m.pl., campagna f.sing. II v.t. (Sport) (of the ball) prendere e rilanciare; (of a player, team) fare scendere in campo. III v.i. (Sport) prendere e rilanciare la palla. III v.i. (Sport) prendere e rilanciare la palla. □ (Mil) ~ allowance soprassoldo, indennità di campagna, indennità di campo; (Mil) ~ ambulance ambulanza da campo; (Mil) ~ artillery artiglieria da campo; (Mil) ~ battery batteria campale, batteria da campo; ~ book taccuino da agrimensore; ~ day: 1 (Mil) giornata campale; 2 (fig) numerosi successi; 3 (spec. Am,Sport) riunione di atletica; (Sport) ~ events atletica leggera; ~ glasses binocolo (da campo); (Sport) ~ goal: 1 (in American football) field goal; 2 (in basketball) canestro su azione; (Arm) ~ gun pezzo da campo, cannone da campo; (Agr) ~ hand bracciante agricolo; (Am,Sport) ~ hockey hockey su prato; (Am) ~ holler canto degli schiavi; (Mil) ~ hospital ospedale da campo; (Sport) ~ house spogliatoio; ~ ice banchisa; (Mil) in the ~ in servizio (attivo); (Fis) ~ intensity intensità di campo; to keep the ~: 1 (Mil) continuare a combattere; 2 (fig) resistere, tener duro; (Mil) ~ kitchen cucina da campo; (El) ~ magnet magnete di campo; (Mil) ~ marshal feldmaresciallo; (Caccia) ~ master (in foxhunting) maestro di caccia; (Zool) ~ mouse arvicola, topo di campagna; ~ of battle campo di battaglia; (Mil,Caccia) ~ of fire campo di tiro; (Fis) ~ of force campo di forza; (Mil) ~ of honour: 1 (of a battle) campo; 2 (of a duel) terreno; (Dir) ~ of operations sfera d'influenza; ~ of vision campo visivo; (Mil) ~ officer ufficiale di stato maggiore, ufficiale superiore; (Comm) ~ organization organizzazione periferica; the ~ is ours: 1 (Mil) il campo è nostro, abbiamo vinto; 2 (fig) abbiamo avuto la meglio, abbiamo vinto; (Mecc) ~ overhaul riparazione di fortuna; (Aer) ~ personnel personale di terra; ~ research ricerca sul campo; ~ sports: 1 sport all'aria aperta; 2 (hunting and fishing) caccia e pesca; ~ supervisor ispettore di zona; ~ test prova sul campo; (Scol) ~ trip gita istruttiva; ~ work: 1 osservazione diretta della natura; 2 (Sociol) lavoro sul campo; 3 (Mil) fortificazione provvisoria, fortificazione campale; 4 (research work) lavoro sul campo, osservazione partecipata.

field-effect /'fiːld,fekt/ □ (Elettron) ~ transistor transistor a effetto di campo.

fielder /'fiːldər/ n. (Sport) giocatore m. (f. -trice).

fieldfare /'fiːldfeər Am 'fiːldfer/ n. (Ornit) cesena f.

field-grey /'fiːldgreɪ/ n. grigio m. scuro.

fieldsman /'fiːldzmən/ n.irr. 1 (Sport) giocatore m. 2 (Comm) commerciale m.

fiend /fiːnd/ n. 1 diavolo m., demonio m. 2 (evil spirit) spirito m. maligno. 3 (fig) persona f. cattiva, persona f. malvagia, diavolo m., demonio m. 4 (colloq) (addict) maniaco m. (f. -a), persona f. ossessionata (da qcu. o qcs.): he is a sex ~ è fissato col sesso. 5 (colloq) (fan, enthusiast) entusiasta m./f., fanatico m. (f. -a): a chess ~ un fanatico degli scacchi. 6 (colloq) (expert) esperto m. (f. -a), diavolo m. (at in).

fiendish /'fiːndɪʃ/ a. 1 diabolico, demoniaco. 2 (wicked, cruel) diabolico, malvagio. 3 (colloq) (very bad) pessimo, orribile, da cani.

fiendishly /'fiːndɪʃli/ avv. 1 diabolicamente, malvagiamente. 2 (colloq) moltissimo, tremendamente.

fiendishness /'fiːndɪʃnəs/ n. malvagità f. diabolica.

fierce /fɪəs Am fɪrs/ a. 1 feroce, selvaggio: a ~ animal un animale feroce. 2 (merciless) feroce, crudele, spietato. **3** (*fig*) (*intense*) feroce, ardente, violento; ~ *wish* desiderio ardente. **4** (*fig*) (*sharp*) feroce, aspro. □ *a ~ wind* un vento furioso.

fierceness /ˈfɪəsnəs *Am* ˈfɪrsnəs/ *n.* ferocia *f.*, crudeltà *f.*

fieri facias /ˌfaɪəraɪˈfeɪʃəs/ *n.* (*Dir*) precetto *m.* di pignoramento.

fieriness /ˈfaɪərɪnəs *Am* ˈfaɪrɪnəs/ *n.* calore *m.*, ardore *m.* (*anche fig*).

fiery /ˈfaɪəri *Am* ˈfaɪri/ *a.* **1** infuocato, di fuoco. **2** (*very hot*) ardente, infuocato. **3** (*blazing red*) fiammeggiante, di fiamma: *a ~ sunset* un tramonto fiammeggiante. **4** (*fig*) (*impassioned*) infuocato, ardente, appassionato: *a ~ speech* un discorso infuocato. **5** (*fig*) (*easily angered*) irascibile, infiammabile. **6** (*fig*) (*passionate*) focoso: *a ~ temper* un carattere focoso. □ ~ *cross* croce di fuoco.

fife /faɪf/ **I** *n.* (*Mus*) piffero *m.* **II** *v.t.* suonare sul piffero. **III** *v.i.* suonare il piffero.

Fife /faɪf/ *n.* (*Geog*) Fife *m.* (regione scozzese).

fifer /ˈfaɪfər/ *n.* pifferaio *m.* (*f.* -a), piffero *m.*

FIFO /ˈfaɪfoʊ/ (*Comm*) *first in first out* fifo, FIFO (primo a entrare, primo a uscire, sistema di immagazzinamento a tunnel).

fifteen /fɪfˈtiːn/ **I** *a.* quindici. **II** *n.* (*pl.inv.* o **-s** /-z/; *il pl. in* -s *si usa con valore collett.*) **1** quindici *m.* **2** (*Sport*) squadra *f.* (di rugby).

fifteenth /fɪfˈtiːnθ/ **I** *a.* quindicesimo. **II** *n.* **1** quindicesimo *m.*, quindicesima parte *f.* **2** (*fifteenth member*) quindicesimo *m.* (*f.* -a).

fifth /fɪfθ/ **I** *a.* quinto. **II** *n.* **1** quinto *m.* **2** (*Mus*) quinta *f.* **3** (*Aut*) quinta *f.*: *to change into* ~ ingranare la quinta. **4** (*fifth member*) quinto *m.* (*f.* -a). □ (*Pol,Stor*) ~ *column* quinta colonna; (*Stor*) ~ *columnist* quinta colonna, spia; (*Inform*) ~ *generation* quinta generazione; (*Bibl*) ~ *monarchy* quinto impero; ~ *position*: 1 (*in ballet*) quinta; 2 (*Mus*) quinta posizione, quinta; (*Am,Dir*) *to take the* ~ appellarsi al quinto emendamento; ~ *wheel*: 1 (*Mecc*) ralla; 2 (*Am*) (*spare wheel*) ruota di scorta; 3 (*fig*) (*superfluous person*) ultima ruota (del carro); (*superfluous thing*) cosa inutile, cosa di troppo.

fifth-grader /ˈfɪfθˌɡreɪdər/ *n.* alunno *m.* (*f.* -a) di quinta.

fifthly /ˈfɪfθli/ *avv.* in quinto luogo, quinto.

fiftieth /ˈfɪftiəθ/ **I** *a.* cinquantesimo. **II** *n.* **1** cinquantesimo *m.*, cinquantesima parte *f.* **2** (*fiftieth member*) cinquantesimo *m.* (*f.* -a).

fifty /ˈfɪfti/ **I** *a.* cinquanta. **II** *n.* (*pl.inv.* o **-ties** /-tiz/; *il pl. in* -ties *si usa con valore collett.*) **1** cinquanta *m.* **2** *pl.* (*of age*) cinquant'anni *m.pl.*, cinquantina *f.sing.*: *to be in one's fifties* aver passato la cinquantina; *to be in one's late fifties* essere sulla sessantina. **3** *pl.* (*of time*) anni *m.pl.* cinquanta.

fifty-fifty /ˌfɪftiˈfɪfti/ **I** *a.* diviso in parti uguali, diviso a metà. **II** *avv.* a metà, al cinquanta per cento. □ *on a ~ basis* su una base di parità; *you have a ~ chance* hai il cinquanta per cento di probabilità; *to go ~ with so.* (o *in sth.*) fare a metà con qcu. (o qcs.), fare fifty-fifty con qcu. (o qcs.).

fig[1] /fɪg/ *n.* **1** fico *m.* **2** (*Bot*) fico *m.* (domestico). **3** (*colloq*) niente *m.*, belniente *m.*, fico *m.* (secco): *he doesn't give* (o *care*) *a ~* non gli importa niente. □ ~ *leaf* foglia di fico (*anche Scult*); (*Ornit*) ~ *pecker* beccafico; (*Bot*) ~ *tree* albero di fico, fico.

fig[2] /fɪg/ (*colloq*) **I** *v.t.* (*past, p.p.* **figged** /-d/) **1** (*to dress*) vestire, abbigliare. **2** (*sl*) (*of a horse*) stimolare con droghe. **II** *n.* **1** vestito *m.*, abito *m.* **2** (*condition, form*) condizione *f.*, forma *f.*: *to be in fine ~* essere in gran forma; (*colloq*) *in full ~* in pompa magna, in ghin-

gheri.

fig. **1** *figurative* fig. (figurato). **2** *figure* fig. (figura).

figeater /ˈfiːɡiːtər *Am* ˈfiɡiːtər/ *n.* (*Ornit*) beccafico *m.*

fight[1] /faɪt/ *n.* **1** (*Mil*) combattimento *m.* **2** (*fig*) lotta *f.*, combattimento *m.*: *the ~ for life* la lotta per l'esistenza. **3** (*quarrel*) litigata *f.*, lite *f.*, litigio *m.*, bisticcio *m.* (*over* per): *to have a ~* litigare, bisticciare. **4** (*fighting spirit*) spirito *m.* combattivo, combattività *f.*: *to show ~* mostrare spirito combattivo; *he had no ~ left in him* aveva perduto tutta la sua combattività. **5** (*Sport*) (*in boxing*) incontro *m.* □ *a ~ to the finish* una lotta all'ultimo sangue.

fight[2] /faɪt/ (*past, p.p.* **fought** /fɔːt/) **I** *v.i.* **1** combattere. **2** (*to strive*) lottare, combattere, battersi. **3** (*to quarrel*) litigare, bisticciare. **4** (*to scuffle*) picchiarsi, azzuffarsi, fare a pugni, venire alle mani, battersi: *the boys are -ing again* i ragazzi si stanno di nuovo picchiando. **5** (*Sport*) boxare. **II** *v.t.* **1** combattere: *to ~ the enemy* combattere il nemico. **2** (*to oppose*) combattere, contrastare: *to ~ racism* combattere il razzismo. **3** (*Sport*) combattere contro; (*of a match*) disputare. **4** (*of animals*) spingere al combattimento, aizzare al combattimento. □ (*Dir*) *to ~ an action* opporsi a un'azione legale; *to ~ so.'s battles* sostenere le cause altrui; *to ~ one's own battles* combattere le proprie battaglie; *to ~ down one's fear* vincere le paure; (*fig*) *to ~ fire with fire* combattere con le stesse armi (del nemico), rendere pan per focaccia; *to ~ hand to hand* combattere corpo a corpo; (*fig*) *to ~ it out*: 1 combattere fino in fondo, battersi fino all'ultimo; 2 (*to settle by fighting*) risolvere combattendo, decidere combattendo; (*colloq*) *to ~ like cats and dogs* essere come cane e gatto; *to ~ so. off* scacciare qcu.; *to ~ off a cold* stroncare un raffreddore; *to ~ so.'s quarrel for him* dare man forte a qcu.; *to ~ shy of* stare lontano da, evitare, sfuggire a, scansare; *to ~ the good fight* combattere una giusta battaglia; *to ~ to the bitter end* battersi fino all'ultimo, battersi fino in fondo; *to ~ to the finish* combattere fino in fondo.

fighter /ˈfaɪtər *Am* ˈfaɪtər/ *n.* **1** combattente *m./f.* **2** (*Sport*) fighter *m.*, pugile *m.* duro. **3** (*Aer.mil*) caccia *m.* **4** (*indomitable person*) combattente *m./f.*, lottatore *m.* (*f.* -trice). □ (*Aer.mil*) ~ *bomber* cacciabombardiere.

fighting /ˈfaɪtɪŋ *Am* ˈfaɪtɪŋ/ **I** *a.* **1** combattivo, battagliero, aggressivo: ~ *spirit* spirito combattivo. **2** (*designed to fight*) da combattimento. **II** *n.* combattimento *m.*, lotta *f.* □ (*Am,Pesc*) ~ *chair* poltrona da combattimento; ~ *chance* probabilità (di riuscita): *to have a ~ chance of success* avere una certa probabilità di successo; ~ *cock* gallo da combattimento; (*Mil*) ~ *efficiency* valore tattico; ~ *sports* sport di combattimento; *to be on ~ terms with so.* essere ai ferri corti con qcu.; (*colloq*) ~ *words* parole provocatorie, parole di provocazione.

figment /ˈfɪɡmənt/ *n.* finzione *f.*, invenzione *f.* □ *a ~ of the imagination* un parto della fantasia, invenzione.

figuline /ˈfɪɡjʊlɪn/ **I** *n.* **1** (*Ceram*) oggetto *m.* di terracotta, statuetta *f.* di terracotta. **2** (*potter's clay*) terracotta *f.* **II** *a.* di terracotta.

figurability /ˌfɪɡjʊrəˈbɪlɪti *Am* ˌfɪɡjʊrəˈbɪləti/ *n.* l'essere figurabile, l'essere rappresentabile.

figurable /ˈfɪɡjʊrəbl *Am* ˈfɪɡjʊrəbl/ *a.* figurabile, rappresentabile.

figural /ˈfɪɡjʊrəl/ *a.* di figure.

figurant /ˈfɪɡjʊrənt/ *n.* **1** (*dancer*) ballerino *m.* di fila. **2** (*walker-on*) figurante *m.*, comparsa *f.*

figurante /ˌfɪɡjʊˈrænti/ *n.* **1** (*dancer*) ballerina *f.* di fila. **2** (*walker-on*) figurante *f.*, comparsa *f.*

figuration /ˌfɪɡəˈreɪʃən *Am* ˌfɪɡjʊˈreɪʃən/ *n.* **1** (*shaping*) figurazione *f.*, rappresentazione *f.*; (*result*) figura *f.* **2** (*representing figuratively*) raffigurazione *f.* simbolica; (*result*) allegoria *f.* **3** (*decorating with figures*) ornamentazione *f.* **4** (*Mus*) contrappunto *m.* fiorito.

figurative /ˈfɪɡjʊrətɪv *Am* ˈfɪɡjʊrətɪv/ *a.* **1** figurato, traslato, metaforico: ~ *use of a word* uso figurato di una parola; ~ *poetry* poesia metaforica. **2** (*Art,Scult*) figurativo. **3** (*abounding in figures of speech*) ornato, fiorito: ~ *style* stile fiorito.

figurativeness /ˈfɪɡjʊrətɪvnəs *Am* ˈfɪɡjʊrətɪvnəs/ *n.* figuratività *f.*

figure[1] /ˈfɪɡər *Am* ˈfɪɡjər/ *n.* **1** figura *f.*, forma *f.* **2** (*person*) figura *f.*, sembianza *f.*, sagoma *f.* (umana). **3** (*bodily form*) fisico *m.*, corpo *m.*, figura *f.*, personale *m.*: *she has a slender ~* ha un fisico snello; *to have a good ~* avere un bel corpo, avere un bel fisico. **4** (*slim body*) linea *f.*: *to lose one's ~* perdere la linea; *to keep one's ~* mantenere la linea. **5** (*personage*) personaggio *m.*, personalità *f.*; (*literary or historical*) figura *f.* **6** (*emblem, symbol*) figura *f.*, simbolo *m.* **7** (*appearance*) figura *f.*, apparenza *f.* **8** (*illustration*) illustrazione *f.*, figura *f.* **9** (*numerical symbol*) cifra *f.*, numero *m.* **10** (*amount, sum*) ammontare *m.*, somma *f.*: *a large ~* una grossa somma. **11** *pl.* (*arithmetic*) aritmetica *f.sing.* □ *a six-income* un reddito da milionario, un reddito con sei zeri; ~ (*of*) *eight*: 1 otto, movimento a forma di otto; 2 (*knot*) nodo sabaudo; 3 (*Sport*) (*in skating*) otto; *a ~ of fun* una caricatura, un personaggio ridicolo; *she was a ~ of sadness* era l'immagine della tristezza; (*Ret*) ~ *of speech* figura retorica; (*Sport*) ~ *skating* pattinaggio artistico (su ghiaccio).

figure[2] /ˈfɪɡər *Am* ˈfɪɡjər/ **I** *v.t.* **1** raffigurare, figurare, rappresentare, ritrarre. **2** (*to adorn with a pattern*) adornare di disegni, ornare con figure. **3** (*Am*) (*to reckon*) calcolare. **4** (*Am,colloq*) (*to decide*) concludere, decidere: *he -d it was time to act* decise che era il tempo d'agire. **5** (*Am,colloq*) (*to think about*) immaginare, pensare. **II** *v.i.* **1** figurare: *his name -d twice* il suo nome figurava due volte. **2** (*to compute*) calcolare. **3** (*Am,colloq*) (*to be rational*) essere logico: *it -s* è logico. □ *to ~ as* passare per, figurare come; *to ~ on*: 1 (*Am,colloq*) contare su, fare assegnamento su; 2 (*to take into consideration*) considerare, prendere in considerazione; *to ~ out*: 1 ammontare (*at* a); 2 (*Am,colloq*) (*to understand*) capire, afferrare: *I can't ~ out what happened* non riesco a capire che cosa sia successo; 3 (*Am*) (*to calculate*) calcolare; (*Am*) *to ~ up* calcolare l'importo di: *to ~ up a total* calcolare il totale.

figured /ˈfɪɡəd *Am* ˈfɪɡjərd/ *a.* **1** ornato con figure, decorato: *a ~ vase* un vaso decorato. **2** (*figurative*) figurato. **3** (*Tess*) stampato: ~ *silk* seta stampata. **4** (*Mus*) figurato. □ (*Mus*) ~ *bass* basso cifrato, basso numerato.

figurehead /ˈfɪɡəhed *Am* ˈfɪɡjərhed/ *n.* **1** (*Mar*) polena *f.* **2** (*fig*) figura *f.* rappresentativa; (*dummy*) prestanome *m./f.*, uomo *m.* di paglia.

figurine /ˈfɪɡjʊriːn, ˌfɪɡjʊˈriːn *Am* ˌfɪɡjuˈriːn/ *n.* (*Scult*) figurina *f.*, statuetta *f.*, statuina *f.*

fig-wort, figwort /ˈfɪɡwɜːt *Am* ˈfɪɡwɜːrt/ *n.* (*Bot*) scrofularia *f.*

Fiji /ˈfiːdʒi: *Br also* fiːˈdʒiː/ *n.pr.* (*Geog*) Figi *f.pl.*,

Fiji *f.pl.*, isole *f.pl.* Figi.

Fijian /fiː'dʒiːən *Am also* 'fiːdʒiːən/ **I** *a.* delle Figi, delle Fiji. **II** *n.* (*Geog*) abitante *m./f.* delle Figi, abitante *m./f.* delle Fiji.

filament /'fɪləmənt/ *n.* **1** (*thread*) filamento *m.*; (*fibre*) fibra *f.* **2** (*El,Biol,Astr*) filamento *m.*

filamentary /ˌfɪlə'mentᵊri/ *a.* filamentoso. □ (*El*) ~ ***cathode*** catodo a riscaldamento diretto.

filamentous /ˌfɪlə'mentəs/ *a.* filamentoso.

filaria /fɪ'leərɪə *Am* fɪ'leriə/ *n.* (*Zool*) filaria *f.*

filature /'fɪlətʃəʳ *Br also* 'fɪlətjəʳ/ *n.* (*Tess*) **1** (*act of reeling silk*) filatura *f.* **2** (*reel*) filatoio *m.* **3** (*place*) filanda *f.*

filbert /'fɪlbət *Am* 'fɪlbəʳt/ *n.* **1** (*Bot*) nocciolo *m.*, avellano *m.* **2** (*nut*) nocciola *f.*

filch /fɪltʃ/ *v.t.* (*colloq*) rubacchiare, fregare.

filcher /'fɪltʃəʳ/ *n.* ladruncolo *m.* (*f.* -a).

file[1] /faɪl/ **I** *n.* **1** archivio *m.* (*anche Comm*): *government -s* gli archivi del governo; *secret -s* archivi segreti. **2** (*Inform*) file *m.*, archivio *m.*, documento *m.*: *to copy a ~* copiare un file. **3** (*folder, box*) schedario *m.*, raccoglitore *m.*, dossier *m.* **4** (*cabinet*) casellario *m.* **5** (*collection of documents*) incartamento *m.*, pratica *f.* **6** (*of newspapers, etc.*) raccolta *f.*, collezione *f.* **7** (*dossier*) dossier *m.*, fascicolo *m.* **8** (*fact-finding inquiry*) indagine *f.* conoscitiva, dossier *m.* **II** *v.t.* **1** archiviare, mettere in archivio. **2** (*to arrange for presentation*) archiviare, schedare: *to ~ newspaper clippings* schedare ritagli di giornali; *we ~ these articles under subject* archiviamo gli articoli per argomento. **3** (*Giorn*) (*of copy*) mandare, trasmettere (per telefono). **4** (*Dir*) (*of a claim, petition, etc.*) presentare; (*of a document*) passare agli atti; (*of a signature*) depositare. **III** *v.i.* (*to apply*) fare domanda, richiedere (*for* per, di): (*Dir*) *to ~ for bankruptcy* presentare istanza di fallimento. □ ~ ***cabinet*** schedario; ~ ***card*** scheda (di archivio); ~ ***clerk*** schedarista; (*Dir*) *to ~ a* ***complaint*** presentare un reclamo; *to ~ a complaint with so.* reclamare con (*o* presso) qcu.; (*Inform*) ~ ***compression*** compressione di file; (*Inform*) *-s* ***computer*** *matching* confronto degli archivi mediante computer; (*Inform*) ~ ***conversion*** conversione di file; ~ ***copy*** copia di archivio; (*Inform*) ~ ***extension*** estensione di file; (*Inform*) ~ ***format*** formato di file; ~ ***holder*** raccoglitore; ~ ***material*** materiale d'archivio; (*Inform*) ~ ***name*** nome del file; ***on*** ~ in archivio, agli atti: *to keep on ~* tenere in archivio; *to place on ~* schedare; (*Inform*) ~ ***protection*** protezione di file; ~ ***security*** sicurezza degli archivi; (*Inform*) ~ ***sharing*** condivisione di file; (*Inform*) ~ ***size*** dimensione del file; (*Dir*) *to ~* ***suit*** sporgere querela; (*Inform*) ~ ***transfer*** trasferimento di file; (*Inform*) ~ ***type*** tipo di file; (*Inform*) ~ ***updating*** aggiornamento dei file.

file[2] /faɪl/ **I** *n.* **1** (*Tecn*) lima *f.* **2** (*nail file*) lima *f.* per unghie, limetta *f.* **3** (*Br,sl*) (*shrewd person*) persona *f.* astuta, volpone *m.* (*f.* -a), (*region*) filone *m.* **II** *v.t.* **1** (*Tecn*) limare. **2** (*fig*) limare, rifinire. □ ~ ***dust*** limatura; *to ~ one's* ***nails*** limarsi le unghie; *to ~* ***over*** *sth.* ripassare qcs. con la lima; *to ~ a* ***saw*** affilare una sega; *to ~ sth.* ***smooth*** limare perfettamente qcs.

file[3] /faɪl/ **I** *n.* **1** (*line of persons*) fila *f.* (*anche Mil*). **2** (*on a chessboard*) fila *f.*, colonna *f.* **II** *v.i.* **1** sfilare, marciare in fila, camminare in fila. **2** (*Mil*) sfilare. □ ***in*** ~ in fila (*anche Mil*): *to walk in ~* camminare in fila indiana; *to stand in ~ for tickets* far la fila per i biglietti; ~ ***leader*** capofila; (*Mil*) *to ~* ***out*** fare sfilare; *to ~* ***through*** *the entrance* entrare in fila.

filer /'faɪləʳ/ *n.* limatore *m.* (*f.* -trice).

filet /'fɪleɪ *Am also* fɪ'leɪ/ *n.* (*Macell*) filetto *m.* □ (*Macell*) ~ ***mignon*** filetto, filet mignon.

filial /'fɪliəl/ *a.* filiale: ~ *obedience* obbedienza filiale.

filiation /ˌfɪli'eɪʃᵊn/ *n.* filiazione *f.* (*anche Dir*).

filibuster /'fɪlɪbʌstəʳ/ **I** *n.* **1** filibustiere *m.* **2** (*Parl*) ostruzionismo *m.*; (*person*) ostruzionista *m./f.* **II** *v.i.* **1** agire da filibustieri, comportarsi da filibustieri. **2** (*Parl*) fare ostruzionismo.

filibusterer /'fɪlɪbʌstᵊrəʳ *Am* 'fɪlɪbʌstᵊrᵊr/ *n.* (*Parl*) ostruzionista *m./f.*

filibustering /'fɪlɪbʌstᵊrɪŋ/ *n.* (*Parl*) ostruzionismo *m.* tecnico.

filicide /'fɪlɪsaɪd/ *n.* **1** (*murder*) omicidio *m.* del figlio (*o* della figlia). **2** (*parent*) uccisore *m.* del figlio (*o* della figlia).

filiform /'faɪlɪfɔːm *Am* 'faɪlɪfɔːrm/ *a.* **1** filiforme. **2** (*filamentous*) filamentoso.

filigrain, **filigrane** /'fɪlɪgreɪn/ (*rar*), **filigree** /'fɪlɪgriː/ **I** *n.* (*Oref*) filigrana *f.* (*anche fig*). **II** *a.* a filigrana, filigranato.

filing[1] /'faɪlɪŋ/ **I** *n.* **1** archiviazione *f.*, schedatura *f.* **2** (*Mil*) sfilata *f.* **II** *a.* da archivio, di archivio. □ ~ ***cabinet*** schedario, casellario; ~ ***clerk*** schedarista; ~ ***room*** archivio; ~ ***system*** sistema di raccolta a schede.

filing[2] /'faɪlɪŋ/ *n.* **1** (*Tecn*) limatura *f.* **2** *pl.* (*concr*) (*particles*) limatura *f.sing.*

Filipino /ˌfɪlɪ'piːnoʊ/ **I** *a.* (*Geog*) filippino. **II** *n.* filippino *m.* (*f.* -a).

fill[1] /fɪl/ **I** *v.t.* **1** riempire, colmare: *to ~ a jug with milk* riempire un boccale di latte. **2** (*to occupy fully*) riempire, gremire, affollare: *the crowd -ed the hall* la folla gremiva la sala. **3** (*to stop up*) chiudere, otturare, turare: *to ~ a tooth* otturare un dente; *to ~ a hole with cement* chiudere un buco con il cemento. **4** (*to pervade*) riempire, invadere: *the odour -ed the room* l'odore riempì la stanza. **5** (*of a post, etc.*) occupare, coprire: *we have -ed all vacancies* abbiamo coperto tutti i posti liberi. **6** (*Am*) (*of a prescription, order*) consegnare. **7** (*Mar*) (*of sails*) gonfiare. **8** (*Mar*) (*of a yard*) bracciare. **9** (*Comm*) (*of an order*) evadere, eseguire. **10** (*of a blank space*: *to complete*) riempire, compilare. **11** (*of needs, requirements*: *to meet*) soddisfare, rispondere a. **12** (*Edil*) colmare. **13** (*to feed fully*) saziare, (*ant*) satollare. **II** *v.i.* **1** riempirsi, colmarsi: *her eyes -ed with tears* i suoi occhi si riempirono di lacrime. **2** (*to become blocked*) ostruirsi, intasarsi. **3** (*of buildings, etc.*) riempirsi, gremirsi. **4** (*Mar*) (*of sails*) gonfiarsi. □ (*Br*) *to ~ one's* ***boots*** riempirsi le tasche; *to ~ so.'s boots* prendere (degnamente) il posto di qcu.; *to be -ed with* ***despair*** esser preso dalla disperazione, essere disperato, essere in preda alla disperazione; *to ~* ***in***: 1 (*to enrich with detail*) completare, rifinire; 2 (*to add information*) compilare, riempire: *please ~ in the form* si prega di compilare il modulo; *~ in the blank* compilare lo spazio (vuoto); *to ~ in one's name* dare le proprie generalità (in un modulo); 3 (*to stop up*) chiudere, otturare, turare; 4 (*Am, colloq*) (*of a person, to bring up-to-date*) mettere al corrente (*on* di); 5 (*Am,colloq*) (*to substitute*) sostituire, rimpiazzare; *to ~* ***out***: 1 (*spec. Am*) (*to add information*) compilare, riempire: *please ~ out the form* si prega di compilare il modulo; *~ out a blank* compilare lo spazio (vuoto); 2 (*to expand*) ampliare; 3 (*to become fatter*) ingrassare, ingrassarsi; 4 (*Mar*) (*of sails*) gonfiarsi; (*Br*) *to ~ so.'s* ***shoes*** prendere (degnamente) il posto di qcu.; (*fig*) *to ~* ***the bill*** rispondere ai requisiti richiesti, andare bene; *to ~* ***up***: 1 riempire; 2 (*to the brim*) colmare, riempire fino all'orlo; 3 (*to become completely full*) riempirsi, colmarsi; 4 (*Aut*) (*to tank up*) fare il pieno: *~ her up, please* mi faccia il pieno; *to ~ up with petrol* (o *Am to ~ up with gas*) fare il pieno di benzina; 5 (*to become blocked*) ostruirsi, intasarsi.

fill[2] /fɪl/ *n.* **1** abbondanza *f.* **2** (*as much as is needed*) sufficienza *f.*, sazietà *f.* **3** (*enough to fill sth.*) quantità *f.* sufficiente (per riempire qcs.). **4** (*charge*) carica *f.* **5** (*Edil*) colmata *f.* **6** (*Strad*) riporto *m.*, rinterro *m.*

filler /'fɪləʳ/ *n.* **1** chi riempie. **2** (*device for filling*) dispositivo *m.* di riempimento. **3** (*of a fountain pen*) pompetta *f.*, stantuffo *m.* **4** (*Giorn*) tappabuco *m.*, zeppa *f.* **5** (*Tecn*) (*in painting*) fondo *m.*; (*in wood painting*) turapori *m.*, stucco *m.* **6** (*Chim*) carica *f.* **7** (*Tecn*) filler *m.*, riempitivo *m.* **8** (*Aut*) bocchettone *m.* (di riempimento). □ (*Aut*) ~ ***cap*** tappo del serbatoio.

fillet /'fɪlɪt/ **I** *n.* **1** (*Gastron,Macell,Legat*) filetto *m.*: ~ *of beef* filetto di manzo. **2** (*narrow strip*) filetto *m.* **3** (*narrow band, ribbon*) fascia *f.* **4** (*Arch*) pianetto *m.* **5** (*Mecc*) raccordo *m.* concavo. **6** (*Aer*) carenatura *f.* **II** *v.t.* **1** (*Gastron*) filettare; (*to cut into fillets*) tagliare a fette, tagliare a filetti. **2** (*to bind with a fillet*) filettare, bordare. **3** (*Legat*) filettare. **4** (*Mecc*) raccordare (con raccordo concavo). □ (*Gastron*) ~ ***steak*** bistecca di filetto.

fill-in /'fɪlɪn/ *n.* **1** (*person*) sostituto *m.* (*f.* -a). **2** (*informative summary*) sommario *m.*, riassunto *m.*

filling /'fɪlɪŋ/ **I** *n.* **1** riempimento *m.*, riempitura *f.* **2** (*material*) materiale *m.* da otturazione. **3** (*Gastron*) farcia *f.*, ripieno *m.* **4** (*Dent*) otturazione *f.* **5** (*Edil*) materiale *m.* di riporto. **6** (*Tess*) trama *f.* **II** *a.* (*of food*) che riempie, che sazia. □ (*Am,Aut*) ~ ***station*** distributore di benzina, stazione di rifornimento, posto di rifornimento; (*Am,Aut*) ~ ***station attendant*** benzinaio, addetto al distributore.

fillip /'fɪlɪp/ **I** *n.* **1** (*of the thumb and finger*) schiocco *m.* **2** (*slight blow*) buffetto *m.* **3** (*fig*) stimolo *m.*, incoraggiamento *m.*, incentivo *m.* **4** (*fig*) (*trifle*) inezia *f.*, bazzecola *f.*: *it isn't worth a ~* non vale un fico (secco). **II** *v.t.* **1** schioccare (le dita). **2** (*to tap*) dare un buffetto a. **3** (*fig*) stimolare, incoraggiare, incentivare.

fillister /'fɪlɪstəʳ/ *n.* (*Fal*) **1** (*on a window sash*) incassatura *f.*, scanalatura *f.* **2** (*fillister plane*) incorsatoio *m.*, pialletto *m.* per scanalature.

filly /'fɪli/ *n.* **1** puledra *f.* **2** (*colloq*) ragazza *f.* vivace, puledra *f.*

film /fɪlm/ **I** *n.* **1** pellicola *f.*, strato *m.* sottile: *a ~ of dust* un sottile strato di polvere. **2** (*Fot*) pellicola *f.*; (*strip, roll*) pellicola *f.*, rullino *m.*, rotolo *m.* **3** (*Cin*) film *m.*, pellicola *f.*: *to shoot a ~* girare un film; *a book made into a ~* un racconto filmato. **4** (*Mecc*) membrana *f.* **5** (*filament*) filamento *m.* **6** (*haze, mist*) velo *m.*, patina *f.* **7** *pl.* (*Cin*) (*cinema*) film *m.sing.*, cinema *m.sing.* **II** *v.t.* **1** coprire con una patina, velare. **2** (*Cin*) filmare, girare; (*to make a film of*) filmare, adattare per lo schermo, ridurre in edizione cinematografica: *to ~ a novel* filmare un romanzo. **III** *v.i.* **1** coprirsi di una patina, velarsi. **2** (*Cin*) (*to shoot*) girare (un film). **3** (*Cin*) (*to be suitable for filming*) essere filmabile, prestarsi a un adattamento cinematografico. □ ~ ***actor*** attore cinematografico; ~ ***actress*** attrice cinematografica; ~ ***artist*** cineasta; ~ ***camera*** cinepresa, macchina da presa cinematografica; ~ ***can*** scatola di pellicola; ~ ***career*** carriera cinematografica; ~ ***clip*** spezzone di pellicola; ~ ***crew*** troupe cinematografica; ~ ***critic*** critico cinematografico; ~ *criticism* critica cinematografica; ~ *director* regista cinematografico; ~ *distribution* distribuzione cinematografica; ~ *editing* montaggio cinematografico; ~ *fan* cinefilo, appassionato di cinema; ~ *festival* festival cinematografico; ~ *file* schedario su microfilm; ~ *gauge* formato della pellicola; *to go to the -s* andare al cinema; ~ *industry* industria cinematografica; ~ *laboratory* laboratorio di sviluppo e stampa; ~ *land* mondo del cinema; ~ *library* cineteca, archivio cinematografico; (*Fot*) ~ *magazine* pellicola a cassetta; ~ *maker* produttore cinematografico, cineasta; ~ *making* realizzazione di un film; ~ *noir* film noir, noir; (*Fot*) ~ *pack* pellicola in pacco; ~ *première* prima cinematografica; ~ *printing* stampa della pellicola; ~ *producer* produttore cinematografico; ~ *production* produzione cinematografica; ~ *rental* noleggio di un film; ~ *review* rassegna cinematografica, recensione di un film; ~ *script* copione cinematografico, sceneggiatura cinematografica; ~ *show* (o ~ *showing*) proiezione cinematografica, spettacolo (cinematografico); ~ *slide* diapositiva; (*Cin*) ~ *speed* cadenza di ripresa; ~ *splice* giunta; ~ *star* stella del cinema, star del cinema; ~ *studio* teatro di posa, stabilimento cinematografico; (*Cin*) ~ *test* provino (per la pellicola); ~ *track* corridoio di guida della pellicola; ~ *trade* industria cinematografica; ~ *viewer* moviola; ~ *writer* sceneggiatore, autore del film.

filmable /'fɪlməbl̩/ *a.* (*Cin*) filmabile, cinematografabile.

film-goer /'fɪlm,gouəʳ/ *n.* frequentatore *m.* (*f.* -trice) di cinematografi, spettatore *m.* (*f.* -trice).

filmic /'fɪlmɪk/ *a.* filmico.

filmily /'fɪlmɪli/ *avv.* in modo trasparente.

filminess /'fɪlmɪnəs/ *n.* trasparenza *f.*, leggerezza *f.*

filming /'fɪlmɪŋ/ *n.* (*Cin*) ripresa *f.*, il filmare.
□ ~ *permit* autorizzazione alle riprese.

filmography /fɪl'mɒgrəfi *Am* fɪl'mɑːgrəfi/ *n.* filmografia *f.*

filmsetter /'fɪlmsetəʳ/ *n.* (*Tip*) fotocompositrice *f.*

filmsetting /'fɪlmsetɪŋ/ *n.* (*Tip*) fotocomposizione *f.*

filmstrip /'fɪlmstrɪp/ *n.* filmina *f.*

filmy /'fɪlmi/ *a.* 1 trasparente, leggero. 2 (*hazy*) annebbiato, velato.

Filofax /'faɪloufæks/ *n.* agenda *f.* filofax, organizer *m.*

filopodium /ˌfaɪlou'poudiəm/ *n.* (*Biol*) filopodio *m.*

filoselle /'fɪlousel/ *n.* (*Tess*) (*floss silk*) bavella *f.*

filovirus /'fiːlou̯vaɪ(ə)rəs *Am* 'faɪlou̯vaɪrəs/ *n.* (*Med*) filovirus *m.*

filter /'fɪltəʳ *Am* 'fɪltəʳ/ I *n.* 1 filtro *m.* 2 (*for purifying water*) depuratore *m.* 3 (*cigarette*) sigaretta *f.* con filtro. 4 (*Fot,Rad,Inform*) filtro *m.* II *a.* con filtro. III *v.t.* filtrare, passare al filtro. IV *v.i.* 1 filtrare. 2 (*fig*) (*to pass through*) filtrare, infiltrarsi: *sunlight -ed through the trees* la luce del sole filtrava attraverso gli alberi. 3 (*fig*) (*to become known*) filtrare, trapelare. □ (*Ind*) ~ *bed* letto filtrante, percolatore; *to* ~ *out* filtrare, trapelare: *the news soon -ed out* la notizia trapelò presto; (*Chim*) ~ *paper* carta filtrante; ~ *press* filtropressa; *to* ~ *through* filtrare, trapelare; ~ *tip* sigaretta con filtro.

filterable /'fɪltərəbl̩ *Am* 'fɪltəʳəbl̩/ *a.* filtrabile.

filter-feeding /'fɪltəʳˌfiːdɪŋ *Am* 'fɪltəʳˌfiːdɪŋ/ *n.* (*Zool*) alimentazione per filtrazione.

filter-tipped /ˌfɪltə'tɪpt *Am* ˌfɪltəʳ'tɪpt/ □ ~

cigarette sigaretta con filtro.

filth /fɪlθ/ *n.* 1 sporcizia *f.*, immondizia *f.*, sudiciume *m.*, lordura *f.* 2 (*fig*) (*foulness*) lordura *f.*, sporcizia *f.*, sozzura *f.* 3 (*fig*) (*obscene language*) linguaggio *m.* osceno, turpiloquio *m.*

filthiness /'fɪlθɪnəs/ *n.* sporcizia *f.*, sozzura *f.*, lordura *f.* (*anche fig*).

filthy /'fɪlθi/ *a.* 1 sporco, sudicio, sordido, sozzo (*anche fig*). 2 (*obscene*) osceno, indecente. 3 (*colloq*) (*very unpleasant*) molto sgradevole, ripugnante, schifoso. □ (*spreg*) ~ *lucre* sporco denaro, vile denaro; (*colloq*) *to be* ~ *rich* essere schifosamente ricco, essere pieno di grana; (*Br*) ~ *weather* un tempo schifoso.

filtrate /'fɪltreɪt/ *n.* filtrato *m.*

filtration /fɪl'treɪʃ³n/ *n.* filtrazione *f.*, filtraggio *m.*

fin /fɪn/ I *n.* 1 (*Itt*) pinna *f.* 2 (*Mar*) deriva *f.*, chiglia *f.* a pinna, pinna *f.* di deriva. 3 (*Aer*) (*of an aeroplane*) piano *m.* di deriva; (*of an airship*) piano *m.* stabilizzatore. 4 (*Mecc*) aletta *f.* 5 (*Met*) bava *f.*, bavatura *f.* 6 (*Aut*) pinna *f.*, alettone *m.* 7 (*sl*) (*hand*) mano *f.*, zampa *f.* 8 (*Am,sl*) biglietto *m.* da cinque dollari. II *v.i.* (*past, p.p.* **finned** /fɪnd/) 1 (*of a fish*) tagliare le pinne a. 2 (*Mecc*) alettare. □ (*Zool*) ~ *whale* balenottera comune.

FIN *Finland* FIN (Finlandia).

fin. *financial* fin. (finanziario).

Fin. *Finnish* (finlandese).

finable /'faɪnəbl̩/ *a.* multabile.

finagle /fɪ'neɪgl̩/ I *v.t.* (*Am,colloq*) darsi da fare per avere, ottenere brigando, scroccare: *he -d his way into the concert* è riuscito a intrufolarsi e sentire il concerto. II *v.i.* (*Am, colloq*) brigare, intrallazzare.

final /'faɪnl̩/ I *a.* 1 ultimo, finale. 2 (*conclusive*) finale, conclusivo, decisivo, definitivo: *the* ~ *decision* la decisione finale. 3 (*Dir*) definitivo, inappellabile: *the judge's decision is* ~ la decisione del giudice è inappellabile. 4 (*Gramm,Fon*) finale. II *n.* 1 finale *f.* 2 (*Giorn*) ultima edizione *f.* 3 (*Mus*) finale *m.* 4 *pl.* (*Sport*) finali *f.pl.* 5 *pl.* (*Am,Scol, Univ*) esame *m.sing.* finale. □ *in the* ~ *analysis* in ultima analisi; (*Econ*) ~ *balance* bilancio consuntivo; (*Filos*) ~ *cause* fine ultimo; (*Gramm*) ~ *clause* proposizione finale; (*Teat*) *the* ~ *curtain* l'ultimo spettacolo, l'ultima rappresentazione; *as the* ~ *curtain falls on sth.* mentre cala il sipario su qcs.; (*Econ*) ~ *demand* richiesta ultimativa; (*Bibl*) ~ *judgement* giudizio finale; ~ *product* prodotto finale; (*fig*) *to go to one's* ~ *rest* morire; ~ *sitting* seduta di chiusura; (*Stor*) ~ *solution* soluzione finale; *I'm not going and that's the* ~! non ci vado, punto e basta!; *to put the* ~ *touches to sth.* dare il tocco finale a qcs.; ~ *whistle* fischio finale.

finale /fɪ'nɑːli *Am* fɪ'nɑːleɪ/ *n.* (*anche Mus,Teat*) finale *m.*

finalism /'faɪn³lɪz³m/ *n.* (*Filos*) finalismo *m.*, teleologia *f.*

finalist /'faɪnl̩ɪst *n.* (*Sport,Filos*) finalista *m./f.*

finality /faɪ'næliti *Am* faɪ'næləti/ *n.* 1 carattere *m.* definitivo. 2 (*decisiveness*) risolutezza *f.*, decisione *f.* 3 (*final act, etc.*) atto *m.* conclusivo, atto *m.* definitivo. 4 (*Filos*) finalità *f.*

finalize /'faɪnəlaɪz/ *v.t.* completare, ultimare, finire: *to* ~ *a plan* ultimare un progetto.

finally /'faɪnli/ *avv.* 1 alla fine, infine, finalmente: *he* ~ *agreed* alla fine acconsentì. 2 (*decisively*) definitivamente.

finance /'faɪnæns, f,a)ɪ'næns/ I *n.* 1 finanza *f.*, attività *f.* finanziaria. 2 (*science*) finanza *f.*, scienza *f.* delle finanze. 3 *pl.* (*means*) finanze *f.pl.*, mezzi *m.pl.*, possibilità *f.pl.* economiche; (*public revenue*) finanze *f.pl.* II *v.t.* 1 finan-

ziare. 2 (*to furnish credit for*) fare credito a. □ ~ *act* legge finanziaria; (*Parl*) ~ *bill* progetto di legge fiscale; ~ *committee* commissione di finanza; ~ *company* finanziaria, società finanziaria; ~ *manager* direttore finanziario.

financial /f(a)ɪ'nænʃl̩/ *a.* 1 finanziario. 2 (*pecuniary*) finanziario, economico: *to be in* ~ *difficulties* trovarsi in difficoltà finanziarie. □ ~ *adviser* consulente finanziario; ~ *aid* assistenza finanziaria; ~ *analysis* analisi finanziaria; ~ *analyst* analista finanziario; ~ *assistance* assistenza finanziaria; ~ *backer* finanziatore; ~ *books* libri contabili; ~ *centre* (o *Am* ~ *center*) centro finanziario; ~ *consultant* consulente finanziario; ~ *institution* finanziaria, società finanziaria; ~ *paper* giornale finanziario; ~ *planning* pianificazione finanziaria; ~ *scheme* piano finanziario; ~ *set* mondo della finanza; ~ *trust* finanziaria, società finanziaria; (*Econ*) ~ *year* esercizio finanziario, anno finanziario.

financially /f(a)ɪ'nænʃ³li/ *avv.* finanziariamente, economicamente: *the company is* ~ *sound* la società è finanziariamente solida.

financier /f(a)ɪ'nænsɪəʳ *Am* fɪ'nænsɪəʳ, ˌfaɪnæn'sɪr/ *n.* 1 finanziere *m.* 2 finanziatore *m.* (*f.* -trice).

finch /fɪnʃ/ *n.* (*Ornit*) fringillide *m.*

find¹ /faɪnd/ (*past, p.p.* **found** /faʊnd/) I *v.t.* 1 trovare, ritrovare, rinvenire: *to* ~ *a wallet in the street* trovare un portafoglio per strada. 2 (*by experiment or study*) trovare, scoprire: *to* ~ *the answer to a problem* trovare la risposta a un problema. 3 (*by effort, search*) trovare: *to* ~ *happiness* trovare la felicità. 4 (*to perceive*) capire, scoprire, accorgersi, rendersi conto: *I* ~ *I was mistaken* capisco di aver sbagliato. 5 (*to consider*) trovare, giudicare, reputare. 6 (*to come across*) trovare, incontrare, avere in sorte, capitare. 7 (*rifl.*) *to* ~ *oneself* ritrovarsi, trovarsi: *to* ~ *oneself in a dilemma* trovarsi di fronte a un dilemma. 8 (*Dir*) trovare, riconoscere: *the jury found him guilty* la giuria lo ha riconosciuto colpevole. 9 (*Dir*) (*of a verdict, etc.*) pronunziare, emettere. 10 (*to supply*) procurare, fornire, provvedere: *to* ~ *the money for a trip* fornire il denaro per un viaggetto. II *v.i.* 1 (*Dir*) emettere un verdetto, emettere una sentenza (*for* favorevole a): *the jury found for the defendant* la giuria emise un verdetto favorevole all'imputato. 2 (*Caccia*) scoprire la traccia. □ ~ *acceptance* trovare accoglienza; *I* ~ *it difficult to understand him* per me è difficile capirlo, faccio fatica a capirlo; *to* ~ *fault with* trovare da ridire sul conto di, trovare da eccepire su; *to* ~ *favour with* so. incontrare il favore di qcu., entrare nelle buone grazie di qcu.; *to* ~ *one's feet*: 1 (*of a baby, etc.*) reggersi in piedi; 2 (*fig*) essere indipendente; 3 (*fig*) sbrogliarsela, cavarsela; *to* ~ *one's feet again* (*after a setback*) tornare a galla; *to* ~ *oneself in clothes* provvedere al (proprio) vestiario; (*fig*) *to* ~ *it in one's heart to do sth.* sentirsi di fare qcs., trovare il coraggio di fare qcs.; (*fig*) *to* ~ *one's legs*: 1 (*of a baby*) cominciare a camminare, muovere i primi passi; 2 (*to become confident*) acquistare sicurezza; *to* ~ *one's own level*: (*of liquids*) livellarsi; 2 (*fig*) raggiungere una posizione adeguata; *to* ~ *out*: 1 scoprire, accorgersi; 2 (*to get information*) informarsi, venire a sapere; 3 (*to catch in a crime, etc.*) cogliere in flagrante; 4 (*of a person, to discover the true nature of*) scoprire la vera natura di; *to* ~ *out how one stands* rendersi conto della propria situazione; 5 (*to find not at home*) *to* ~ so. *out* non trovare qcu. in casa, non trovare qcu. a casa; *to ~ pleasure in sth.* provare piacere in qcs.; *you must take me as you ~ me* devi prendermi (*o* accettarmi) come sono; (*fig*) *to ~ one's tongue* ritrovare la lingua, ritrovare la voce, ritrovare la parola; (*fig*) *to ~ one's voice* ritrovare la lingua, ritrovare la voce.

find[2] /faɪnd/ *n.* 1 scoperta *f.*, ritrovamento *m.* 2 (*sth. found*) ritrovamento *m.*, reperto *m.*; (*valuable discovery*) scoperta *f.* 3 (*Caccia*) scoperta *f.* (della preda).

finder /'faɪndər/ *n.* 1 chi trova. 2 (*Fot*) mirino *m.*, traguardo *m.* 3 (*Astr*) cannocchiale *m.* cercatore. □ (*colloq*) -*s keepers* (*losers weepers*)! chi trova una cosa la può tenere!, è di chi lo trova!

finding /'faɪndɪŋ/ I *n.* 1 scoperta *f.*, reperto *m.*, ritrovamento *m.* 2 (*Dir*) sentenza *f.*, verdetto *m.* 3 *pl.* (*result of an investigation, etc.*) risultati *m.pl.*, risultanze *f.pl.*, conclusioni *f.pl.* 4 (*Am*) (*of an artisan*) strumenti *m.pl.*, attrezzi *m.pl.*

fine[1] /faɪn/ I *a.* 1 (*molto*) buono, fine, eccellente, di qualità superiore: *a ~ performance* un'ottima esecuzione. 2 (*pleasant, beautiful*) bello, piacevole: *a ~ view* una bella veduta. 3 (*of the weather*) bello: *is it ~ out?* fa bello? è bello il tempo? 4 (*accomplished*) valente, abile, esperto: *a ~ artist* un abile artista. 5 (*consisting of small particles*) fine, minuto, impalpabile: *~ sand* sabbia fine. 6 (*thin*) fine, sottile, fino: *a ~ thread* un filo sottile; *this fibre is -r than silk* questa fibra ha una finezza superiore alla seta. 7 (*sharp, keen*) tagliente, ben affilato: *a ~ edge* un filo tagliente. 8 (*delicately made*) fine, delicato: *~ lace* pizzo delicato. 9 (*refined*) raffinato, fine, squisito. 10 (*sensitive, discriminating*) fine, acuto: *a ~ sense of justice* un fine senso della giustizia. 11 (*subtle*) fine, sottile, acuto: *a ~ distinction* una sottile distinzione. 12 (*of gold, silver*) fino, purissimo. 13 (*Sport*) (*of an athlete*) allenato, in forma. II *avv.* 1 (*colloq*) benissimo, ottimamente: *she's feeling ~* si sente benissimo. 2 (*colloq*) (*elegantly*) elegantemente. III *v.t.* 1 (*to make fine*) raffinare. 2 (*to make finer*) polverizzare. 3 (*to reduce the size of*) assottigliare, ridurre. 4 (*to taper*) affusolare. 5 (*Enol*) schiarire, chiarificare. IV *v.i.* 1 (*Enol*) schiarirsi, diventare limpido. 2 (*to dwindle*) assottigliarsi, ridursi. □ *get something to a ~ art* fare qualcosa a regola d'arte; *~ arts* belle arti; *to ~ away*: 1 (*to reduce the size of*) assottigliare, ridurre; 2 (*to dwindle*) assottigliarsi, ridursi; (*Ind*) ~ *chemicals* prodotti purificati; *one ~ day* (*in story-telling*) un bel giorno; *one of these ~ days* uno di questi giorni, un giorno o l'altro; *to ~ down*: 1 (*to make fine*) raffinare; 2 (*to reduce the size of*) assottigliare, ridurre; 3 (*to dwindle*) assottigliarsi, ridursi; (*fig*) *to be in ~ feather*: 1 godere buona salute; 2 (*to be in high spirits*) essere su di morale, essere di ottimo umore; *a ~ figure of a man* un bel tipo d'uomo; (*Oref*) ~ *gold* oro fino; *a ~ margin of profit* un buon margine di guadagno; (*iron*) *a ~ mess* un bel pasticcio; (*Enol*) *to ~ off* schiarirsi, diventare limpido; (*colloq*) *not to put too ~ a point on it* per dire le cose come stanno; (*colloq*) *to run it ~* farcela per un pelo; (*fig*) *with a ~ toothcomb* al setaccio, molto accuratamente; *~ work* lavoro di fino.

fine[2] /faɪn/ I *n.* 1 multa *f.*, ammenda *f.*, contravvenzione *f.*: *a parking ~* una multa per divieto di sosta; *to issue a ~* emettere una contravvenzione; *he was -d ten pounds* ha avuto una multa di dieci sterline. 2 (*Dir*) (*paying off*) indennità *f.*, tacitazione *f.* II *v.t.*

multare, fare una contravvenzione a.

fine[3] /faɪn/ □ (*Dir*) *in ~*: 1 (*in brief*) in breve; 2 (*in conclusion*) in conclusione, infine.

fine-drawn /ˌfaɪn'drɔːn/ *a.* 1 (*in sewing*) rammendato con rammendo invisibile. 2 (*Tecn*) (*of wire*) teso al massimo. 3 (*fig*) (*subtle*) sottile, ingegnoso: ~ *arguments* sottili argomentazioni. 4 (*fig*) (*of the features*) minuto, fine.

fine-grain /ˌfaɪn'greɪn/ *a.* a grana fine (*anche Fot*).

fine-grained /ˌfaɪn'greɪnd/ *a.* a grana fine (*anche Fot*).

fine-looking /'faɪnˌlʊkɪŋ/ *a.* bello, di bell'aspetto.

finely /'faɪnli/ *avv.* 1 bene, magnificamente, eccellentemente. 2 (*in small particles*) finemente.

fineness /'faɪnnəs/ *n.* 1 eccellenza *f.*, perfezione *f.* 2 (*delicacy*) finezza *f.*, raffinatezza *f.*, distinzione *f.* 3 (*elegance*) eleganza *f.* 4 (*thinness*) finezza *f.*, sottigliezza *f.* 5 (*subtlety, sensitivity*) sensibilità *f.*, delicatezza *f.* 6 (*Met*) (*in an alloy*) titolo *m.*

finery[1] /'faɪnri/ *n.* 1 abbigliamento *m.* vistoso, abbigliamento *m.* elegante. 2 *pl.* (*ornaments, etc.*) fronzoli *m.pl.*, ornamenti *m.pl.* □ *to be dressed in all one's ~* essere tutto in ghingheri.

finery[2] /'faɪnri/ *n.* (*Met,ant*) forno *m.* di affinazione.

fine-spoken /'faɪnˌspoʊkən/ *a.* che parla bene.

fine-spun /ˌfaɪn'spʌn Am 'faɪnspʌn/ *a.* 1 (*Tess*) (*of yarn*) sottile, fine. 2 (*fig*) sottile, raffinato.

finesse /fɪ'nes/ I *n.* 1 finezza *f.*, acume *m.*, sagacia *f.*, astuzia *f.* 2 (*delicacy*) finezza *f.*, squisitezza *f.*, delicatezza *f.* 3 (*in bridge, etc.*) impasse *f.* II *v.i.* 1 (*in cards*) fare l'impasse a. 2 (*to bring about by manoeuvering*) manovrare, brigare.

fine-tooth /ˌfaɪn'tuːθ/ □ ~ *comb* pettine a denti fitti; (*fig*) *to go through sth. with a ~ comb* vagliare qcs., setacciare qcs., esaminare qcs. a fondo, passare qcs. al setaccio.

fine-toothed /ˌfaɪn'tuːθt/ □ ~ *comb* pettine a denti fitti: (*fig*) *to go through sth. with a ~ comb* vagliare qcs., setacciare qcs., esaminare qcs. a fondo, passare qcs. al setaccio.

fine-tune /ˌfaɪn'tuːn Br also /ˌfaɪn'tʃuːn/ *v.t.* 1 (*Mecc*) mettere a punto, registrare. 2 (*estens*) perfezionare, mettere a punto.

finger /'fɪŋgər/ I *n.* 1 dito *m.* (della mano). 2 (*of a glove*) dito *m.* 3 (*measure*) dito *m.*: *-s of whisky* tre dita di whisky. 4 (*Mecc*) (*pointer*) lancetta *f.*; (*pawl*) dente *m.*, nottolino *m.* 5 (*Met*) maschio *m.*, pistone *m.* 6 (*Mus*) (*skill in fingering*) tocco *m.* II *v.t.* 1 toccare con le dita, palpare, tastare: *to ~ a piece of cloth* tastare una pezza di stoffa; *please do not ~ the articles on display* si prega di non toccare la merce esposta. 2 (*to toy with*) giocherellare con, gingillarsi con. 3 (*Mus*) (*to mark with fingering*) diteggiare, indicare la diteggiatura di. 4 (*Mus*) (*of an instrument*) toccare, far vibrare col tocco. 5 (*colloq*) (*to pilfer*) sgraffignare. □ (*colloq*) *his -s are all thumbs* è maldestro, è molto goffo; ~ *alphabet* linguaggio dei sordomuti; (*Dolc*) ~ *biscuits* lingue di gatto; ~ *bowl* sciacquadita, coppetta lavadita, bacinella lavadita; (*fig*) *to keep one's -s crossed* incrociare le dita; (*Bot*) ~ *fern* cedracca; ~ *food* cibo che non richiede l'uso di posate, cibo che si può mangiare con le mani; (*Am,volg*) *give so. the ~* mostrare il dito medio (gesto osceno); ~ *hole*: 1 (*Tel*) foro di disco combinatore; 2 (*Sport*) (*on a bowling ball*) foro per le dita; 3 (*Mus*) foro

per modulare le note; (*colloq*) *to have a ~ in the pie* avere le mani in pasta; (*sl*) *to put the ~ on*: 1 (*to inform against*) denunciare; 2 (*to designate as a victim*) designare come vittima; (*fig*) *to put one's ~ on it*: 1 (*to identify*) identificare precisamente, capire precisamente; 2 (*on the sore point*) mettere il dito sulla piaga; *to run one's -s through one's hair* ravviarsi i capelli con le mani; (*fig*) *to work one's -s to the bone* ammazzarsi di lavoro; ~ *wave* (*in the hair*) ondulazione fatta con le dita.

finger-board /'fɪŋgəbɔːd Am 'fɪŋgərbɔːrd/ *n.* (*Mus*) tastiera *f.* (di strumento a corda).

fingered /'fɪŋgəd Am 'fɪŋgərd/ *a.* 1 (*in compounds*) dalle dita, dalle mani: *light-~* dalle mani leggere. 2 (*spoiled by handling*) segnato da, pieno di ditate. 3 (*Biol*) digitato. 4 (*Mus*) diteggiato.

finger-glass /'fɪŋgəglɑːs Am 'fɪŋgərglæs/ *n.* sciacquadita *m.*, coppetta *f.* lavadita, bacinella *f.* lavadita.

fingering[1] /'fɪŋgərɪŋ/ *n.* (*Mus*) diteggiatura *f.*

fingering[2] /'fɪŋgərɪŋ/ *n.* (*ant,Tess*) filato *m.* grosso (per calze).

fingerling /'fɪŋgəlɪŋ Am 'fɪŋgərlɪŋ/ *n.* 1 (*Itt*) pesciolino *m.*; (*very small salmon*) piccolo salmone *m.* 2 (*very small object*) oggetto *m.* minuscolo.

finger-mark /'fɪŋgəmɑːk Am 'fɪŋgərmɑːrk/ *n.* ditata *f.*, impronta *f.* lasciata da un dito.

fingernail /'fɪŋgəneɪl Am 'fɪŋgərneɪl/ *n.* unghia *f.* (della mano).

fingerpaint /'fɪŋgəpeɪnt Am 'fɪŋgərpeɪnt/ *n.* colore *m.* a dita.

finger-painting /'fɪŋgəˌpeɪntɪŋ Am 'fɪŋgərˌpeɪntɪŋ/ *n.* pittura *f.* con le dita.

fingerpick /'fɪŋgəpɪk Am 'fɪŋgərpɪk/ *v.t.* (*of a guitar or similar*) suonare con le unghie.

finger-plate /'fɪŋgəpleɪt Am 'fɪŋgərpleɪt/ *n.* (*on a door*) placca *f.* protettiva.

finger-post /'fɪŋgəpoʊst/ *n.* (*Br,Strad*) indicatore *m.* stradale.

fingerprint /'fɪŋgəprɪnt Am 'fɪŋgərprɪnt/ I *n.* impronta *f.* digitale: *to take so.'s -s* prendere le impronte digitali a qcu. II *v.t.* prendere le impronte digitali a. □ ~ *identification* identificazione delle impronte digitali, dattiloscopia.

fingerstall /'fɪŋgəstɔːl Am 'fɪŋgərstɔːl/ *n.* copridito *m.* (di gomma).

fingertip /'fɪŋgətɪp Am 'fɪŋgərtɪp/ *n.* 1 punta *f.* delle dita, punta *f.* del dito. 2 (*covering*) ditale *m.* □ (*fig*) *to have sth. at one's -s*: 1 avere qcs. sottomano; 2 (*to know thoroughly*) sapere qcs. sulla punta delle dita; *to one's -s* completamente, interamente.

finial /'fɪnɪəl Br also 'faɪnɪəl/ *n.* (*in Gothic architecture*) fiore *m.* crociforme.

finical /'fɪnɪkl/ *a.* 1 meticoloso, pignolo, pedante. 2 (*hard to please*) schizzinoso, schifiltoso, sofistico.

finicality /ˌfɪnɪ'kælɪti Am ˌfɪnɪ'kæləti/ *n.* 1 meticolosità *f.*, pignoleria *f.* 2 (*fastidiousness*) sofisticheria *f.*

finicalness /'fɪnɪklnəs/ *n.* 1 meticolosità *f.*, pignoleria *f.* 2 (*fastidiousness*) sofisticheria *f.*

finicking /'fɪnɪkɪŋ/ *a.* 1 meticoloso, pignolo, pedante. 2 (*hard to please*) schizzinoso, schifiltoso, sofistico.

finicky /'fɪnɪki/ *a.* 1 meticoloso, pignolo, pedante. 2 (*hard to please*) schizzinoso, schifiltoso, sofistico.

finis /'fɪnɪs Am 'f(a)ɪnɪs, fiː'niː/ *n.* (*ant*) fine *f.*, finis *m.*, conclusione *f.*

finish /'fɪnɪʃ/ I *v.t.* 1 finire, terminare, completare: *to ~ doing sth.* finire di fare qcs. 2 (*to come to the end of*) finire, portare a termine, condurre a termine, terminare. **3** (*to use completely*) finire, dar fondo a, esaurire, consumare. **4** (*to cause the death of*) finire, uccidere, dare il colpo di grazia a. **5** (*to put the last touches to*) rifinire, dare il tocco finale a: *to ~ a portrait* rifinire un ritratto. **6** (*to put a finish on*) rifinire. **7** (*to complete the education of*) perfezionare. **8** (*colloq*) (*to ruin*) finire, rovinare, distruggere: *the trial will ~ him as a politician* il processo lo rovinerà come uomo politico. **II** *v.i.* **1** finire, terminare: *I have not -ed yet* non ho ancora finito. **2** (*to come to an end*) finire, terminare, concludersi: *school -ed on Thursday* la scuola è finita giovedì. **3** (*in a race*) finire, arrivare: *I -ed last* sono arrivato ultimo. **III** *n.* **1** fine *f.*, compimento *m.*, termine *m.*, conclusione *f.* **2** (*end of race, etc.*) finale *f.* **3** (*completeness, perfection*) finitezza *f.*, compiutezza *f.*, perfezione *f.*: *~ of style* finitezza di stile. **4** (*social polish*) finezza *f.*, raffinatezza *f.* **5** (*result of a finishing process*) rifinitura *f.*: *a table with a glassy ~* un tavolo con una rifinitura a lucido. **6** (*product used for a finishing process*) prodotto *m.* a finire. **7** (*final coat of paint*) finitura *f.*, mano *f.* di finitura. **8** (*Ind*) finissaggio *m.*, rifinitura *f.* **9** (*Tess*) mano *f.*, finissaggio *m.* □ (*Caccia*) *to be in at the ~* essere presente all'uccisione (della preda); *to ~ off*: **1** (*to use completely*) finire, dar fondo a, esaurire, consumare; **2** (*to cause the death of*) finire, uccidere, dare il colpo di grazia a; **3** (*to put the last touches to*) rifinire, dare il tocco finale a; *to ~ up* (*to use completely*) finire, dar fondo a, esaurire, consumare; *to ~ up with* concludere con: *let's have a glass of brandy to ~ up with* concludiamo con un bicchiere di brandy; *to ~ with*: **1** finire con, finire (di usare); **2** (*of a person*) non avere più rapporti con, chiudere con.

finished /ˈfɪnɪʃt/ *a.* **1** finito, completato. **2** (*perfected*) finito, rifinito, perfetto: *a ~ gentleman* un perfetto gentiluomo. **3** (*ready*) pronto, che ha finito: *I am not ~ yet* non ho ancora finito. □ (*Ind*) *~ products* prodotti lavorati, prodotti finiti.

finisher /ˈfɪnɪʃər/ *n.* **1** (*Ind*) (*worker*) finitore *m.* (*f.* -trice), rifinitore *m.* (*f.* -trice). **2** (*Mecc*) (*machine*) finitrice *f.*, rifinitrice *f.* **3** (*colloq*) (*knock-out blow*) colpo *m.* di grazia.

finishing /ˈfɪnɪʃ/ **I** *n.* **1** finitura *f.*, rifinitura *f.* **2** (*Tess*) finissaggio *m.*, rifinitura *f.* **II** *a.* ultimo. □ (*Tecn*) *~ material* elementi di finitura; *~ school* scuola di belle maniere (collegio privato per ragazze); *~ touch* tocco finale; *to put the ~ touches to sth.* dare gli ultimi ritocchi a qcs.

finite /ˈfaɪnaɪt/ *a.* **1** limitato, circoscritto. **2** (*subject to limitations*) finito, limitato: *man is ~, God is infinite* l'uomo è finito, Dio è infinito. **3** (*Filos,Mat,Gramm*) finito.

finiteness /ˈfaɪnaɪtnəs/ *n.* l'essere limitato, l'essere circoscritto.

finitism /ˈfaɪnaɪtɪzᵊm Am ˈfaɪnaɪtɪzᵊm/ *n.* (*Filos*) finitismo *m.*

finitude /ˈfɪnɪtjuːd Br also ˈf(a)ɪnɪtʃuːd/ *n.* l'essere limitato, l'essere circoscritto.

fink /fɪŋk/ **I** *n.* (*Am*) **1** (*sl*) informatore *m.* (*f.* -trice) (della polizia), canarino *m.* **2** (*strike-breaker*) crumiro *m.* **3** (*contemptible person*) persona *f.* spregevole, carogna *f.* **II** *v.i.* (*Am*) **1** fare la spia, fare una soffiata. **2** (*to act as a strike-breaker*) fare il crumiro.

fin-keel /ˈfɪŋkiːl/ *n.* (*Mar*) deriva *f.*, pinna *f.* di deriva.

Finland /ˈfɪnlənd/ *n.pr.* (*Geog*) Finlandia *f.*

Finlandization /ˌfɪnləndˌ(a)ɪˈzeɪʃᵊn Am ˌfɪnləndɪˈzeɪʃᵊn/ *n.* (*Pol*) finlandizzazione *f.*

Finn /fɪn/ *n.* **1** finlandese *m./f.*, finnico *m.* (*f.*

-a). **2** (*Stor*) Finno *m.* (*f.* -a).

finnan /ˈfɪnən/ □ (*Alim*) *~ haddie* (o *~ haddock*) eglefino affumicato.

finned /fɪnd/ *a.* fornito di pinne.

finner /ˈfɪnər/ *n.* (*Itt*) balenottera *f.*

Finnic /ˈfɪnɪk/ **I** *a.* (*Stor*) finnico, dei Finni. **II** *n.* **1** (*Finnic branch of Uralic*) finnico *m.* **2** (*language of Finland*) finlandese *m.*

Finnish /ˈfɪnɪʃ/ **I** *n.* finlandese *m./f.* **II** *a.* finlandese.

finny /ˈfɪni/ *a.* (*Lett,poet*) **1** provvisto di pinne. **2** (*fin-like*) a forma di pinna. **3** (*of fish*) ittico.

Fiona /fiˈoʊnə/ *n.pr.f.* Fiona.

fiord /fiˈɔːd, ˈfjɔːd Am fiˈɔːrd/ *n.* (*Geog*) fiordo *m.*

fiorin /ˈfaɪərɪn Am ˈfaɪərɪn/ *n.* (*Bot*) agrostide *f.*

fir /fɜːr Am fɜːr/ *n.* (*Bot*) abete *m.* □ (*Br*) *~ cone* pigna; (*Bot*) *~ tree* abete; *~ wood* abetaia.

fire[1] /ˈfaɪər/ **I** *n.* **1** fuoco *m.*: *a wood ~* un fuoco di legna. **2** (*destructive burning*) fuoco *m.*, incendio *m.*: *to insure one's house against ~* assicurare la casa contro gli incendi. **3** (*instance*) incendio *m.*: *a forest ~* l'incendio di una foresta. **4** (*Mil*) fuoco *m.*, sparo *m.*: *to open ~* aprire il fuoco. **5** (*fig*) (*passion*) fuoco *m.*, ardore *m.*, passione *f.* **6** (*fig*) (*vivacity*) fuoco *m.*, vivacità *f.*, impeto *m.*, estro *m.* **7** (*Med*) febbre *f.* **8** (*light*) splendore *m.*, luminosità *f.*, fulgore *m.* **II** *intz.* **1** al fuoco! **2** (*Mil*) fuoco! □ *~ alarm*: **1** allarme antincendio; **2** (*apparatus*) (sistema di) allarme antincendio, avvisatore antincendio; (*fig*) *~ and brimstone* fuoco e fiamme; *to take by ~ and sword* mettere a ferro e fuoco; (*fig*) *to go through ~ and water* affrontare qualsiasi cosa, buttarsi nel fuoco; (*Entom*) *~ ant* solenopsis invicta, formica la cui puntura provoca severe ustioni; (*Mil*) *~ arm* arma da fuoco; *~ arms licence* porto d'armi; (*Aer*) *~ balloon* mongolfiera (ad aria calda); (*Ornit*) *~ bird* uccello di fuoco; *~ blanket* coperta ignifuga; (*Mil*) *~ bomb* bomba incendiaria; *~ box*: **1** (*Tecn*) fornello, focolare; **2** (*Ferr*) forno; *~ brigade*: **1** (*Br*) corpo dei vigili del fuoco, vigili del fuoco, pompieri; **2** (*Am*) vigili del fuoco volontari; *~ clay* argilla refrattaria; (*Am*) *~ company* vigili del fuoco volontari; *~ control*: **1** (*Mil*) controllo del tiro; **2** (*fire fighting*) lotta contro gli incendi; (*Am*) *~ department* corpo dei vigili del fuoco, vigili del fuoco, pompieri; *~ door*: **1** (*fire-resistant door*) porta tagliafuoco; **2** (*emergency exit*) porta antincendio; (*Mitol*) *~ dragon* (o *~ drake*) drago che sputa fuoco; *~ drill* esercitazione antincendio; *~ engine* autopompa, carro pompa; *~ escape*: **1** scala di sicurezza; **2** (*ladder*) scala antincendio; *~ exit* uscita antincendio; *~ extinguisher* estintore; *~ fighter* vigile del fuoco, pompiere; (*Tecn*) *~ hose* manichetta; (*Am*) *~ hydrant* idrante, pompa antincendio; (*Assic*) *~ insurance* assicurazione contro gli incendi; *~ irons* ferri per il caminetto; (*Assic*) *~ office* sezione incendi; *to be on ~*: **1** andare a fuoco, incendiarsi: *the house is on ~* la casa va a fuoco; **2** (*to be eager*) essere impaziente, essere ansioso, friggere, stare sulle spine; *~ pan* braciere; *~ plug* idrante antincendio; (*Assic*) *~ policy* polizza antincendio; (*Br*) *~ practice* esercitazione antincendio; *~ protection* protezione antincendio; *~ raising* incendio doloso; (*Assic*) *~ risk* rischio di incendio; (*Mar*) *~ room* locale macchine, sala macchine; *~ screen* parafuoco, paracaminetto; *to set sth. on ~* (o *to set ~ to sth.*) appiccare il fuoco a qcs., dare fuoco a qcs., incendiare qcs.; (*Am*) *~ starter* esca per il fuoco; *~ station* caserma dei pompieri; (*Mil*) *~ step* banchina di tiro; (*Mil*)

stick bastoncino per accendere il fuoco; *~ tongs* molle per il camino; *~ trap* edificio ad alto rischio di incendi; *to be under ~*: **1** (*Mil*) essere sotto il fuoco nemico, tiro nemico; **2** (*fig*) essere attaccato, finire sotto tiro; (*Mediev*) *~ walking* prova del fuoco; (*Am*) *~ warden* addetto allo spegnimento di incendi. *Prov.*: *~ is a good servant but a bad master* il fuoco è un buon servo ma un cattivo padrone.

fire[2] /ˈfaɪər/ **I** *v.t.* **1** appiccare il fuoco a, dare fuoco a, incendiare. **2** (*to supply fuel to*) alimentare, rifornire: *to ~ a boiler* alimentare una caldaia. **3** (*Tecn*) cuocere: *to ~ bricks* cuocere mattoni. **4** (*Mil*) (*of a gun*) sparare, scaricare; (*of a bullet, etc.*) sparare; (*of a rocket, missile, etc.*) lanciare. **5** (*fig*) accendere, infiammare, eccitare: *to ~ so.'s imagination* eccitare la fantasia di qcu. **6** (*colloq*) (*to dismiss*) licenziare. **7** (*fig*) (*to hurl*) lanciare, scagliare. **8** (*Veter*) cauterizzare. **II** *v.i.* **1** prender fuoco, incendiarsi. **2** (*fig*) infiammarsi, eccitarsi. **3** (*Mil*) fare fuoco, sparare. **4** (*Ceram*) cuocere. **5** (*Mot*) accendersi. **6** (*Bot*) seccarsi. □ *to ~ away*: **1** continuare a fare fuoco (*at* su), continuare a sparare (*at* su); **2** (*fig*) sottoporre a un fuoco di fila (*at so.* qcu.); **3** (*colloq*) *~ away!* sputa l'osso!; *to ~ up* infiammarsi, adirarsi.

firearm /ˈfaɪərɑːm Am ˈfaɪərɑːrm/ *n.* arma *f.* da fuoco.

fireball /ˈfaɪəbɔːl Am ˈfaɪərbɔːl/ *n.* **1** (*Mil,ant*) palla *f.* infuocata. **2** (*Astr*) bolide *m.*, meteora *f.* **3** (*type of lightning*) fulmine *m.* globulare. **4** (*colloq*) vulcano *m.*, persona *f.* piena di energia.

fireballer /ˈfaɪəbɔːlər Am ˈfaɪərbɔːlər/ *n.* (*Sport*) (*in baseball*) lanciatore *m.* (*f.* -trice) potente.

fireballing /ˈfaɪəbɔːlɪŋ Am ˈfaɪərbɔːlɪŋ/ *n.* (*Sport*) (*in baseball*) lancio *m.* molto veloce.

firebomb /ˈfaɪəbɒm Am ˈfaɪərbɑːmb/ *n.* bomba *f.* incendiaria.

firebrand /ˈfaɪəbrænd Am ˈfaɪərbrænd/ *n.* **1** tizzone *m.* **2** (*fig*) agitatore *m.* (*f.* -trice).

firebreak /ˈfaɪəbreɪk Am ˈfaɪərbreɪk/ *n.* cessa *f.*

firebrick /ˈfaɪəbrɪk Am ˈfaɪərbrɪk/ *n.* mattone *m.* refrattario.

firebug /ˈfaɪəbʌɡ Am ˈfaɪərbʌɡ/ *n.* piromane *m./f.*, incendiario *m.* (*f.* -a).

firecracker /ˈfaɪəˌkrækər/ *n.* (*Am*) bomba *f.* di carta, petardo *m.*

firedamp /ˈfaɪədæmp Am ˈfaɪərdæmp/ *n.* (*Minier*) grisou *m.*, grisù *m.*

firedog /ˈfaɪədɒɡ Am ˈfaɪərdɑːɡ/ *n.* alare *m.*

fire-eater /ˈfaɪərˌiːtər Am ˈfaɪərˌiːtər/ *n.* **1** mangiatore *m.* (*f.* -trice) di fuoco. **2** (*fig*) attaccabrighe *m./f.* **3** (*Stor.am*) sudista *m./f.*

firefight /ˈfaɪəfaɪt Am ˈfaɪərfaɪt/ *n.* (*Mil*) scontro *m.* a fuoco.

firefighter /ˈfaɪəfaɪtər Am ˈfaɪərfaɪtər/ *n.* pompiere *m.*

firefighting /ˈfaɪəfaɪtɪŋ Am ˈfaɪərfaɪtɪŋ/ *a.* antincendio: *~ equipement* materiale antincendio.

firefly /ˈfaɪəflaɪ Am ˈfaɪərflaɪ/ *n.* (*Entom*) lucciola *f.*

fireguard /ˈfaɪəɡɑːd Am ˈfaɪərɡɑːrd/ *n.* parafuoco *m.*, paracaminetto *m.*

firehouse /ˈfaɪərhaʊs/ *n.* (*Am*) caserma *f.* dei pompieri.

fireless /ˈfaɪələs Am ˈfaɪərləs/ *a.* senza fuoco, spento.

firelight /ˈfaɪəlaɪt Am ˈfaɪərlaɪt/ *n.* luce *f.* del focolare.

firelighter /ˈfaɪəˌlaɪtər/ *n.* (*Br*) esca *f.* per il fuoco.

firelock /ˈfaɪəlɒk Am ˈfaɪərlɑːk/ *n.* (*Mil,ant*) fucile *m.* con carica ad acciarino.

fireman /'faɪəmən/ *n.irr.* (*Br*) **1** vigile *m.* del fuoco, pompiere *m.* **2** (*Ferr,Ind*) fuochista *m.*

fireplace /'faɪəpleɪs *Am* 'faɪərpleɪs/ *n.* focolare *m.*, caminetto *m.*

fireplug /'faɪərplʌg/ *n.* (*Am*) idrante *m.*

firepower /'faɪə,paʊər *Am* 'faɪər,paʊər/ *n.* (*Mil*) potenza *f.* di fuoco.

fireproof /'faɪəpru:f *Am* 'faɪərpru:f/ I *a.* ignifugo, resistente al fuoco. II *v.t.* ignifugare: *to make ~* ignifugare.

fireproofing /'faɪəpru:fɪŋ *Am* 'faɪərpru:fɪŋ/ *n.* ignifugazione *f.*

firer /'faɪərər/ *n.* **1** incendiario *m.* (*f.* -a). **2** (*Mil*) (*in compounds*) arma *f.* (da fuoco): *rapid-~* arma a tiro rapido.

fire-raiser /'faɪə,reɪzər/ *n.* (*Br*) (*arsonist*) incendiario *m.* (*f.* -a), piromane *m./f.*

fire-resistant /'faɪərɪ,zɪstənt/ *a.* **1** ignifugo. **2** (*Ceram*) refrattario.

fire-resisting /,faɪərɪ'zɪstɪŋ/ *a.* **1** ignifugo. **2** (*Ceram*) refrattario.

fireship /'faɪəʃɪp. *Am* 'faɪərʃɪp/ *n.* (*Mar.mil*) brulotto *m.*

fireside /'faɪəsaɪd *Am* 'faɪərsaɪd/ I *n.* **1** angolo *m.* del focolare. **2** (*fig*) (*home*) focolare *m.*, casa *f.*; (*home life*) vita *f.* domestica. II *a.* intimo, familiare: *~ chat* conversazione intima.

firestone /'faɪəstoʊn *Am* 'faɪərstoʊn/ *n.* pietra *f.* refrattaria.

firewalking /'faɪəwɔ:kɪŋ *Am* 'faɪərwɔ:kɪŋ/ *n.* il camminare sui carboni ardenti.

firewall /'faɪəwɔ:l *Am* 'faɪərwɔ:l/ **1** (*Edil*) parafiamma *m.* **2** (*Inform*) firewall *m.* (protezione di un sistema dalle intrusioni).

firewatcher /'faɪəwɒtʃər *Am* 'faɪərwɑ:tʃər/ *n.* vigile *m.* del servizio antincendi.

firewatching /'faɪəwɒtʃɪŋ *Am* 'faɪərwɑ:tʃɪŋ/ *n.* servizio *m.* antincendi.

firewater /'faɪər,wɔ:tər/ *n.* (*Am,colloq*) liquore *m.* forte, acquavite *f.*

firewood /'faɪəwʊd *Am* 'faɪərwʊd/ *n.* legna *f.* da ardere.

firework /'faɪəwɜ:k *Am* 'faɪərwɜ:rk/ *n.* **1** fuoco *m.* d'artificio. **2** *pl.* (*display*) spettacolo *m.sing.* pirotecnico, fuochi *m.pl.* d'artificio. **3** *pl.* (*fig*) manifestazione *f.sing.* d'ira, escandescenze *f.pl.*

firing /'faɪərɪŋ *Am* 'faɪərɪŋ/ *n.* **1** l'incendiare. **2** (*material*) combustibile *m.* **3** (*stoking*) il rifornire di combustibile, alimentazione *f.* **4** (*Mil*) il far fuoco, lo sparare, sparatoria *f.*, tiri *m.pl.* **5** (*Ceram,Vetr*) cottura *f.* **6** (*Minier*) (*of a mine*) esplosione *f.*, brillamento *m.* **7** (*colloq*) licenziamento *m.* ☐ *~ charge* innesco; (*Veter*) *~ iron* ferro per cauterizzare; *~ line*: **1** linea di tiro: *to be in the firing ~* essere sotto tiro; **2** (*fig*) prima linea; (*Mil*) *~ party*: **1** plotone d'esecuzione; **2** (*at a funeral*) picchetto d'onore; (*Arm*) *~ pin* percussore; (*Mil*) *~ squad*: **1** plotone d'esecuzione; **2** (*at a funeral*) picchetto d'onore.

firkin /'fɜ:kɪn *Am* 'fɜ:rkɪn/ *n.* (*ant*) **1** (*measure of capacity*) firkin *m.* (pari a circa 41 litri). **2** (*small barrel, tub*) barilotto *m.*

firm[1] /fɜ:m *Am* fɜ:rm/ I *a.* **1** sodo, solido, compatto: *~ flesh* carne soda; *~ ground* terreno compatto. **2** (*fixed in place*) saldo, fermo, (ben) fisso, stabile. **3** (*not trembling*) fermo, saldo: *a ~ voice* una voce ferma. **4** (*unalterable*) saldo, incrollabile: *a ~ belief* una fede incrollabile. **5** (*steadfast*) fermo, saldo, perseverante, tenace. **6** (*secure*) stabile, fisso, sicuro: *a ~ job* un impiego fisso. **7** (*resolute*) fermo, risoluto, deciso. **8** (*Econ*) fermo, stabile: *the market is ~* il mercato è fermo. **9** (*Econ*) (*of prices*) stabile. II *avv.* fermamente. ☐ (*fig*) *to be on ~ ground* andare

sul sicuro, camminare sul sicuro; *to rule with a ~ hand* governare con mano ferma; *he needs ~ handling* deve essere trattato con fermezza; *to be ~ of mind* essere fermo nelle proprie idee.

firm[2] /fɜ:m *Am* fɜ:rm/ I *v.t.* **1** consolidare. **2** (*of the soil*) rassodare. **3** (*to set firmly*) stabilizzare, fermare, fissare. II *v.i.* **1** consolidarsi. **2** (*of the soil*) rassodarsi. **3** (*Econ*) stabilizzarsi. ☐ *to ~ up*: **1** consolidare; **2** (*of a part of the body*) rassodare.

firm[3] /fɜ:m *Am* fɜ:rm/ *n.* **1** (*Comm*) azienda *f.*, società *f.*, ditta *f.*, impresa *f.* **2** (*name, title*) ditta *f.* ☐ *a ~ of lawyers* uno studio legale.

firmament /'fɜ:məmənt *Am* 'fɜ:rməmənt/ *n.* (*poet,lett*) firmamento *m.*, cielo *m.*

firmamental /,fɜ:mə'mentl *Am* ,fɜ:rmə'mentl/ *a.* del firmamento, celeste.

firming /'fɜ:mɪŋ *Am* 'fɜ:rmɪŋ/ *a.* (*Cosmet*) rassodante.

firmly /'fɜ:mli *Am* 'fɜ:rmli/ *avv.* **1** fermamente: *I ~ believe it* ci credo fermamente. **2** (*solidly*) fermamente, stabilmente.

firmness /'fɜ:mnəs *Am* 'fɜ:rmnəs/ *n.* **1** solidità *f.*, compattezza *f.* **2** (*steadfastness*) stabilità *f.*, fermezza *f.*, saldezza *f.*, costanza *f.*, risolutezza *f.*

firmware /'fɜ:mweər *Am* 'fɜ:rmwer/ *n.* (*Inform*) firmware *m.* (software cablato o residente nella ROM di un computer).

firn /fɜ:n *Am* fɜ:rn/ *n.* (*Geol*) firn *m.*, nevato *m.*

fir-needle /'fɜ:r,ni:dl *Am* 'fɜ:r,ni:dl/ *n.* ago *m.* di abete.

firry /'fɜ:ri/ *a.* **1** (*made of fir*) di abete. **2** (*rich in firs*) ricco di abeti.

first /fɜ:st *Am* 'fɜ:rst/ I *a.* **1** primo: *for the ~ time* per la prima volta; *it's the ~ time (that)...* è la prima volta che... **2** (*most important*) primo, più importante, più in vista, principale: *the ~ men in the country* gli uomini più importanti del paese. **3** (*earliest*) primo, iniziale: *the ~ light of dawn* le prime luci dell'alba. **4** (*next*) primo, prossimo: *I'm leaving on the ~ train* partirò col primo treno. **5** (*eldest*) primo, più anziano, primogenito: *my ~ son* il primo dei miei figli. **6** (*basic*) primo, elementare, basilare. **7** (*Mus*) primo: *~ violin* primo violino. II *n.* **1** primo *m.*: *he was the ~ to arrive* è stato il primo ad arrivare; *the ~ of April* (o *April the ~*) il primo (di) aprile. **2** (*beginning*) inizio *m.*, principio *m.* **3** (*Aut*) prima *f.*, prima marcia *f.* **4** (*Univ*) massimo *m.* dei voti. **5** (*Br,Univ*) (*first-class degree*) laurea *f.* a pieni voti. **6** *pl.* (*Comm*) merce *f.sing.* di prima qualità, articoli *m.pl.* di prima qualità. **7** (*of Kings, Popes, etc.*) primo: *George the First* Giorgio I, Giorgio primo. III *avv.* **1** prima: *he spoke to me ~* ha parlato prima con me. **2** (*firstly*) in primo luogo, prima (di tutto), per prima cosa, innanzitutto: *~, may I say* innanzitutto voglio dire. **3** (*for the first time*) per la prima volta: *I ~ met him in 1980* l'ho incontrato per la prima volta nel 1980. **5** (*sooner*) piuttosto: *I would die ~* piuttosto morirei. **5** (*in the first class*) in prima classe: *to travel ~* viaggiare in prima classe. ☐ *~ aid* pronto soccorso; *~ aider* infermiere del pronto soccorso; (*Am, colloq*) *not to get to ~ aider* non fare passi avanti; *~ among equals* primus inter pares; *~ and last* tutto sommato; *at ~* dapprima, all'inizio, in principio, inizialmente; (*Am*) *base*: **1** (*Sport*) prima base; **2** (*fig*) primo passo: (*colloq*) *to get to ~ base* ottenere un successo iniziale; (*lett*) *at ~ blush* a prima vista; (*Filos*) *the First Cause* la Causa Prima; *~ class*: **1** prima classe (anche *Ferr,Aer*); **2** (*Br, Scol*) massimo dei voti, (*students*) studenti che hanno ottenuto il massimo dei voti; **3**

(*used as an adjective*) di prima qualità, di prima classe, di prim'ordine; (*Tecn*) *~ coat* (*of paint*) prima mano (di vernice); *~ come, first served* (che viene preso in considerazione) secondo l'ordine di arrivo; (*GB,Parl*) *First Commoner* Presidente della Camera dei comuni; *~ cost* costo di produzione; *~ cousin* cugino di primo grado, cugino primo; *~ cousin once removed* cugino di secondo grado, secondo cugino; *~ cousin twice removed* cugino di terzo grado, terzo cugino; *~ edition* prima edizione, edizione principe; *~ finger* (dito) indice; *~ flight* battesimo dell'aria; (*fig*) *in the ~ flight* di primo ordine, di primo piano; *~ floor*: **1** (*Br*) primo piano, **2** (*Am*) (*ground floor*) pianterreno, piano terra; *in the ~ flush of sth.* nel rigoglio di qcs., nel pieno vigore di qcs.; *~ and foremost* prima di tutto, innanzitutto; (*Br,Scol*) *~ form* (*in secondary schools*) prima, prima classe; *from the very ~* (fin) dall'inizio, dal principio, dal primo momento; *~ fruits*: **1** primizie; **2** (*fig*) primi frutti; (*Aut*) *~ gear* prima, prima marcia; *you go ~* vai avanti tu; (*Scol*) *~ grade* prima, prima classe; (*Scol*) *~ grader* allievo della prima classe; *to be right at the ~ guess* indovinare alla prima; *to know sth. at ~ hand* saper qcs. di prima mano; (*Comm*) *~ in ~ out* FIFO (primo a entrare, primo a uscire, sistema di immagazzinamento a tunnel); (*Br*) *in the ~ instance* innanzitutto, in primo luogo; *~ lady*: **1** (*Pol*) first lady, consorte del Presidente; **2** (*estens*) signora: *the ~ lady of jazz* la signora del jazz; (*Ling*) *~ language* prima lingua; (*Sport*) *~ leg* partita di andata; *~ lieutenant*: **1** (*US,Mil*) tenente; **2** (*Mar.mil*) capitano di corvetta, tenente di vascello; *~ light* prime luci, alba; (*Mar*) *~ mate* primo ufficiale; *~ mortgage* ipoteca di primo grado; *to make the ~ move* prendere l'iniziativa, fare la prima mossa; *to have ~ move* (*in games*) fare la prima mossa; *~ name* nome di battesimo; *to be on ~ name terms with so.* avere grande familiarità con qcu., dare del tu a qcu.; (*Teat,Cin*) *~ night* prima; *I haven't the ~ notion* non (ne) ho la più vaga idea; *~ of all* prima di tutto, innanzitutto; (*Econ*) *~ of exchange* prima di cambio; (*Dir*) *~ offender* (accusato) incensurato, non pregiudicato; *~ officer*: **1** (*Mar*) primo ufficiale; **2** (*Aer*) primo ufficiale di bordo; *~ or last* prima o poi; (*Gramm*) *~ person* prima persona; *in the ~ place* innanzitutto, in primo luogo; *~ position* (*in dancing*) prima; (*Mil*) *~ post* primo suono di tromba della ritirata; *~ principles* principi fondamentali; (*colloq*) *~ rater* asso, campione; (*Parl*) *~ reading* prima lettura (di un progetto di legge); (*Mil*) *~ sergeant* sergente maggiore; *at ~ sight* a prima vista; (*Zool*) *~ stomach* rumine; *~ thing* per prima cosa, subito: *do it ~ thing after lunch* fallo subito dopo pranzo; *~ thing in the morning* la mattina per prima cosa; *~ things ~* prima le cose più importanti, la precedenza alle cose più importanti; *from ~ to last* dal principio alla fine; (*rar*) *at ~ view* a prima vista; *~ water*: **1** (*of gems*) prima qualità: *a diamond of the ~ water* un diamante della più bell'acqua; **2** (*fig*) (*of a person*) gran classe; *First World* primo mondo, paesi capitalisti industrializzati; (*Scol*) *~ year* (*in secondary schools*) prima, prima classe. *Prov.*: *~ catch your hare* (then cook him) non dire quattro se non l'hai nel sacco; *the ~ step is the hardest* il passo più difficile è quello dell'uscio, tutto sta nel cominciare.

first-aid /,fɜ:st'eɪd *Am* ,fɜ:rst'eɪd/ *a.* di pronto soccorso. ☐ *~ chest* (o *~ kit*) cassetta del pronto soccorso; *~ post* (o *~ station*) posto di medicazione; ~ *worker* infermiere del pronto soccorso.

first-aider /ˌfɜːstˈeɪdəʳ Am ˌfɜːrstˈeɪdəʳ/ *n.* infermiere *m.* (*f.* -a) del pronto soccorso.

firstborn /ˈfɜːsbɔːn Am ˈfɜːrsbɔːrn/ I *a.* primogenito. II *n.* primogenito *m.* (*f.* -a).

first-class /ˌfɜːstˈklɑːs Am ˌfɜːrstˈklæs/ I *a.* 1 di prima qualità, di prima classe, di prim'ordine, eccellente: *a ~ meal* un pasto eccellente. 2 (*Ferr,Aer*) di prima classe, in prima classe. II *avv.* (*Ferr,Aer*) in prima classe: *to travel ~* viaggiare in prima classe.

first-degree /ˌfɜːsdɪˈɡriː Am ˌfɜːrsdɪˈɡriː/ *a.* di primo grado. □ (*Med*) ~ *burn* ustione di primo grado; (*Am,Dir*) ~ *murder* omicidio di primo grado, omicidio doloso.

first-hand /ˌfɜːstˈhænd Am ˌfɜːrstˈhænd/ I *a.* di prima mano, diretto: ~ *knowledge* conoscenza diretta. II *avv.* di prima mano, da fonte originale, da fonte diretta: *to learn sth. at ~* apprendere qcs. da fonte diretta, avere notizie di prima mano su qcs.

firstling /ˈfɜːslɪŋ Am ˈfɜːrslɪŋ/ *n.* (*ant*) 1 (*of an animal*) primo nato *m.* 2 (*fig*) primi frutti *m.pl.*, primo risultato *m.* 3 *pl.* (*of fruits*) primizie *f.pl.*

firstly /ˈfɜːsli Am ˈfɜːrsli/ *avv.* per prima cosa, in primo luogo, innanzitutto.

firstnighter /ˌfɜːstˈnaɪtəʳ Am ˌfɜːrstˈnaɪtəʳ/ *n.* frequentatore *m.* (*f.* -trice) di prime teatrali, frequentatore *m.* (*f.* -trice) di prime cinematografiche.

first-order /ˈfɜːstɔːdəʳ Am ˈfɜːrstɔːrdəʳ/ *a.* 1 del primo ordine. 2 (*Mat*) di primo grado.

first-past-the post /ˌfɜːs,pɑːstðəˈpəust/ □ (*Br,Pol*) ~ *system* sistema elettorale uninominale secco.

first-rate /ˌfɜːsˈreɪt Am ˌfɜːrstˈreɪt/ I *a.* 1 di prim'ordine, della migliore qualità, di prima qualità. 2 (*excellent*) eccellente, ottimo. II *avv.* in maniera eccellente, molto bene.

first-run /ˈfɜːrstrʌn/ *a.* (*Am,Cin*) di prima visione.

first-strike /ˌfɜːsˈtraɪk Am ˌfɜːrstˈtraɪk/ *a.* (*Mil*) di primo colpo.

first-string /ˌfɜːsˈtrɪŋ Am ˌfɜːrstˈstrɪŋ/ *a.* 1 (*Sport*) titolare. 2 (*colloq*) di primo piano, importante.

firth /fɜːθ Am fɜːrθ/ *n.* 1 braccio *m.* di mare. 2 (*estuary*) estuario *m.* 3 (*fiord*) fiordo *m.*

fisc /fɪsk/ *n.* (*rar*) fisco *m.*, erario *m.*

fiscal /ˈfɪskəl/ I *a.* 1 fiscale, del fisco. 2 (*financial*) finanziario. II *n.* (*Dir*) avvocato *m.* (*f.* -essa) fiscale, procuratore *m.* fiscale. □ ~ *adviser* fiscalista; (*Econ*) ~ *drag* drenaggio fiscale; (*Am,Econ*) ~ *year* anno finanziario, anno fiscale, anno contabile.

fish[1] /fɪʃ/ (*pl.inv.* o **fishes** *-ɪz*/; *il pl. inv. si usa general. con valore collett.*) *n.* 1 pesce *m.*: *some large ~ live in this lake* in questo lago vivono dei pesci molto grossi; *freshwater ~* (o *freshwater -es*) pesci di acqua dolce. 2 (*as food*) pesce *m.*, carne *f.* di pesce. 3 (*colloq*) (*person*) tipo *m.*, persona *f.*: *a queer ~* un tipo strano. 4 (*colloq*) (*sucker*) merlo *m.*, pollo *m.* 5 (*Am*) lapazza *f.* 6 (*Tecn*) (*fishplate*) coprigiunto *m.* 7 (*counter used in games*) gettone *m.*, fish *f.* □ (*Br,Gastron*) ~ *and chips* pesce fritto con patatine; ~ *basket* cestino da pesca; ~ *bowl* vaschetta sferica per pesci; (*Rel.catt*) ~ *day* giorno di magro; (*Fot*) ~ *eye lens* obiettivo a occhio di pesce; ~ *farmer* piscicoltore; ~ *farming* piscicoltura; (*Br,Gastron*) ~ *finger* bastoncino di pesce; ~ *flour* farina di pesce; (*Am*) ~ *fry*: 1 picnic in cui si frigge il pesce, cena in cui si frigge il pesce; 2 (*fried fish*) pesce fritto; ~ *glue* colla di pesce, ittiocolla; (*Tecn*) ~ *joint* giunto a ganasce; ~ *kettle* pesciaiola, pesciera; ~ *kill*

moria di pesci; ~ *knife* coltello da pesce; ~ *meal* farina di pesce; (*colloq*) *to feel like a ~ out of water* sentirsi come un pesce fuor d'acqua; ~ *pond* (o ~ *pool*) peschiera; (*Pesc*) ~ *pot* nassa; ~ *preserve* riserva di pesca; ~ *shop* pescheria; ~ *slice*: 1 palettina per il pesce; 2 (*at table*) posata per servire il pesce; (*Am,Gastron*) ~ *sticks* bastoncini di pesce; (*Mar*) ~ *tackle* pescatore; ~ *tail*: 1 (*Aer*) (*used as a noun*) manovra di rallentamento; 2 (*Aer*) (*used as a verb*) rallentare; 3 (*used as an adjective*) a coda di pesce: (*Tecn*) ~ *tail burner* becco a coda di pesce.

fish[2] /fɪʃ/ (*past, p.p.* **fished** /-t/) I *v.t.* 1 pescare. 2 (*to try to catch fish in*) pescare in: *to ~ in a river* pescare in un fiume. 3 (*to draw out of water*) pescare, tirare fuori, recuperare dall'acqua. 4 (*fig*) tirar fuori, cavare. 5 (*Mar*) (*a mast*) lapazzare. II *v.i.* 1 pescare, andare a pesca (di): *to ~ for sardines* pescare sardine. 2 (*colloq*) cercare di ottenere indirettamente (qcs.), andare in cerca di: *to ~ for compliments* andare in cerca di complimenti. 3 (*Mar*) (*of an anchor*) traversare. □ *to go -ing* andare a pescare, andare a pesca; (*fig*) *to ~ in troubled waters* pescare nel torbido; (*Am,colloq*) *now it's time to ~ or cut bait* o fai le cose seriamente o lasci perdere; *to ~ out*: 1 pescare, tirare fuori, recuperare dall'acqua; 2 (*fig*) tirare fuori, cavare; 3 (*Pesc*) esaurire: *to ~ out a stream* esaurire le risorse ittiche di un torrente; *to ~ up*: 1 pescare, tirare fuori, recuperare dall'acqua; 2 (*fig*) tirare fuori, cavare.

fishable /ˈfɪʃəbl/ *a.* in cui si può pescare.

fishball /ˈfɪʃbɔːl/ *n.* (*Gastron*) polpetta *f.* di pesce, crocchetta *f.* di pesce.

fishbolt /ˈfɪʃbəult/ *n.* (*Tecn*) chiavarda *f.*

fishbone /ˈfɪʃbəun/ *n.* lisca *f.*, spina *f.* (di pesce).

fishbowl /ˈfɪʃbəul/ *n.* vaschetta *f.* sferica per pesci, boccia *f.* per pesci.

fishcake /ˈfɪʃkeɪk/ *n.* (*Gastron*) polpetta *f.* di pesce, crocchetta *f.* di pesce.

fish-eating /ˈfɪʃˌiːtɪŋ Am ˈfɪʃˌiːtɪŋ/ *a.* (*Ornit*) piscivoro.

fisher /ˈfɪʃəʳ/ *n.* 1 (*ant*) pescatore *m.* (*f.* -trice). 2 (*animal*) animale *m.* piscivoro. 3 (*Mar*) peschereccio *m.*

fisherfolk /ˈfɪʃəfəuk Am ˈfɪʃəʳfouk/ *n.* (*costr.pl.*) pescatori *m.pl.* (*f.pl.* -trici).

fisherman /ˈfɪʃəmən Am ˈfɪʃəʳmən/ *n.irr.* pescatore *m.* □ (*Mar*) ~'s *knot* nodo del pescatore; (*Rel.catt*) *Fisherman's Ring* anello piscatorio.

fishery /ˈfɪʃəri/ *n.* 1 pesca *f.*, industria *f.* della pesca. 2 (*place*) zona *f.* di pesca. 3 (*fish farm*) peschiera *f.*, vivaio *m.* 4 (*Dir*) diritto *m.* di pesca.

fisheye /ˈfɪʃaɪ/ □ (*Fot*) ~ *lens* occhio di pesce, fish eye.

fish-hawk /ˈfɪʃhɔːk/ *n.* (*Ornit*) falco *m.* pescatore.

fishhook /ˈfɪʃ(h)uk Am ˈfɪʃhuk/ *n.* (*Pesc*) amo *m.*

fishiness /ˈfɪʃɪnəs/ *n.* 1 pescosità *f.* 2 (*sl*) (*ambiguity*) ambiguità *f.*

fishing /ˈfɪʃɪŋ/ I *n.* pesca *f.* II *a.* da pesca, per la pesca. □ (*Mar*) ~ *banks* secche pescose; (*Mar*) ~ *boat* peschereccio; (*Pesc*) ~ *fly* mosca, esca artificiale; (*Pesc*) ~ *gear* attrezzi da pesca; (*Pesc*) ~ *ground* peschiera, vivaio; (*Pesc*) ~ *licence* licenza di pesca; (*Pesc*) ~ *line* lenza; (*Pesc*) ~ *net* rete da pesca; (*Am*) ~ *pole* canna da pesca (senza mulinello); (*Pesc*) ~ *rights* diritti di pesca; (*Pesc*) ~ *rod* canna da pesca; (*Mar*) ~ *smack* peschereccio; (*Pesc*) ~ *tackle* arnesi da pesca.

fishline /ˈfɪʃlaɪn/ *n.* (*Am,Pesc*) lenza *f.*

fishmeal /ˈfɪʃmiːl/ *n.* farina *f.* di pesce.

fishmonger /ˈfɪʃˌmʌŋɡəʳ Am also ˈfɪʃˌmɑːŋɡəʳ/ *n.* pescivendolo *m.* (*f.* -a).

fishnet /ˈfɪʃnet/ I *n.* rete *f.* da pesca. II *a.* a rete: ~ *stockings* calze a rete.

fishplate /ˈfɪʃpleɪt/ *n.* (*Tecn*) coprigiunto *m.*

fishwife /ˈfɪʃwaɪf/ *n.irr.* pescivendola *f.* (*anche fig*).

fishy /ˈfɪʃi/ *a.* 1 di pesce. 2 (*full of fish*) pescoso, ricco di pesce. 3 (*colloq*) (*suspicious*) equivoco, dubbio, che puzza: *a ~ story* una storia che puzza, un storia inverosimile. 4 (*fig*) (*of eyes*) vitreo, fisso.

fissile /ˈfɪsaɪl Am ˈfɪsɪl/ *a.* 1 fissile. 2 (*Nucl*) fissile.

fissility /fɪˈsɪlɪti Am fɪˈsɪləti/ *n.* fissilità *f.*

fission /ˈfɪʃən Am also ˈfɪʒən/ I *n.* 1 scissione *f.* (*anche Biol*). 2 (*Nucl*) fissione *f.* (nucleare): ~ *bomb* bomba atomica. II *v.t.* fissionare.

fissionable /ˈfɪʃənəbl Am also ˈfɪʒənəbl/ *a.* (*Nucl*) fissile.

fissure /ˈfɪʃəʳ Br also ˈfɪʃuəʳ/ I *n.* 1 fessura *f.*, fenditura *f.*, spaccatura *f.*: *a ~ in a rock* una fessura in una roccia. 2 (*crack*) fessura *f.*, crepa *f.* 3 (*Anat*) fessura *f.*, solco *m.* II *v.t.* fendere, spaccare. III *v.i.* fendersi.

fist /fɪst/ I *n.* 1 pugno *m.* 2 (*colloq*) (*hand*) mano *f.* 3 (*fig*) (*handwriting*) scrittura *f.*, calligrafia *f.* II *v.t.* 1 afferrare stringendo. 2 (*to strike with one's fist*) tirare un pugno a.

fistful /ˈfɪstful/ *n.* pugno *m.*, manciata *f.*

fistic /ˈfɪstɪk/ *a.* (*Sport*) pugilistico, del pugilato.

fisticuffs /ˈfɪstɪkʌfs/ *n.pl.* (*costr.sing.* o *pl.*) (*colloq*) scambio *m.* di pugni, cazzottata *f.*

fistula /ˈfɪstjulə, ˈfɪstʃʊlə Am ˈfɪstjələ, ˈfɪstʃuːlə/ (*pl.* **-lae** /-liː/, **-s** /-z/) *n.* 1 (*Med*) fistola *f.* 2 (*Veter*) guidalesco *m.*

fistular /ˈfɪstjuləʳ Am ˈfɪstʃələʳ/, **fistulous** /ˈfɪstjuləs Am ˈfɪstʃələs/ *a.* (*Med,Bot*) fistoloso.

fit[1] /fɪt/ (*past, p.p.* **fitted** /ˈfɪtɪd Am ˈfɪtɪd/ *rar* **fit**) I *v.t.* 1 adattarsi a: *this key doesn't ~ the lock* questa chiave non si adatta alla serratura. 2 (*of clothes*) andare bene a, essere della giusta misura per, calzare a. 3 (*to be suitable for*) corrispondere a, adeguarsi. 4 (*to adapt*) adattare: *to ~ the music to the lines* adattare la musica ai versi. 5 (*to insert, to introduce*) inserire, introdurre. 6 (*to put in place*) mettere a posto: *to ~ a plank in the floor* mettere a posto un'asse nel pavimento. 7 (*to be in agreement with*) concordare, essere d'accordo con: *the theory does not ~ the facts* la teoria non concorda con i fatti. 8 (*to qualify*) rendere idoneo, qualificare. 9 (*to prepare*) preparare: *to ~ oneself for one's new duties* prepararsi ai nuovi compiti. 10 (*to provide, to equip*) dotare, fornire, provvedere: *the car is -ted with safety belts* la vettura è dotata di cinture di sicurezza. 11 (*Sart*) mettere in prova. 12 (*Tecn*) (*to install*) installare, montare; (*to embed*) incastrare. II *v.i.* 1 andare, stare: *these shoes ~ badly* queste scarpe mi vanno strette. 2 (*ant*) (*to be suitable, conform*) adattarsi, essere adatto. □ *to ~ in*: 1 (*with other people*) trovarsi bene, riuscire a inserirsi: *I just don't ~ in here* io qui non mi trovo bene, io qui non riesco ad ambientarmi; 2 (*to be concerned*) entrarci, averci a che fare; 3 (*used transitively: to find room*) inserire, trovare un posto per: *to ~ so. in* inserire qcu. in un lista, trovare un posto per qcu.; 4 (*used transitively: to find time*) trovare il tempo per, far entrare; *to ~ in with* accordarsi con, andare d'accordo con: *my plans do not ~ in with yours* i miei progetti non si accordano con i tuoi; (*colloq*) *he didn't ~ in with my friends* non è riuscito a legare con i miei amici; *to ~ into*: 1 accordarsi con, andare d'accordo con: *my plans do not ~ into your schedule* i miei progetti non si accordano con il tuo programma; **2** (*to be concerned*) entrarci, averci a che fare; **3** (*to find time or room for*) trovare il tempo per, trovare posto per, far entrare; *it -s you like a glove* ti sta a pennello, ti va a pennello, non fa una piega; *to ~ out*; **1** dotare, fornire, provvedere; **2** (*of a person*) fornire: *to ~ so. out with new clothes* fornire qcu. di abiti nuovi; **3** (*Mar*) allestire, armare: *to ~ out a ship* armare una nave; (*fig*) *to ~ the bill* rispondere ai requisiti richiesti, andare bene; *to ~ up* attrezzare.

fit² /fɪt/ **I** *a.* (*compar.* **fitter** /ˈfɪtəʳ/ *Am* ˈfɪtəʳ/, *sup.* **fittest** /ˈfɪtɪst/ *Am* ˈfɪtɪst/) **1** adatto, appropriato: *~ for children* adatto ai bambini. **2** (*proper*) adatto, conveniente, opportuno: *a ~ time and place* il luogo adatto e il momento opportuno. **3** (*worthy*) atto, idoneo. **4** (*ready*) pronto: *~ for action* pronto all'azione. **5** (*in good physical condition*) in forma, in buone condizioni. **6** (*healthy*) sano. **II** *n.* **1** (*of clothes*) misura *f.*: *it is a tight ~* mi va stretto, mi sta stretto; *it was a perfect ~* mi andava a pennello. **2** (*sth. which fits*) cosa *f.* che va, cosa *f.* che si adatta. **3** (*Mecc*) accoppiamento *m.* **III** *avv.* (*colloq*) fino a, sino a: *he laughed ~ to burst* rise fino a scoppiare. □ *to be as ~ as a fiddle* essere sano come un pesce, essere in ottima forma; (*scherz*) *a dinner ~ for a king* un pranzo da re; *~ for duty* idoneo al servizio; (*colloq*) *~ for nothing* buono a nulla; (*fig*) *~ for the gallows* patibolare; *~ for the job* adatto allo scopo; *~ for one's job* essere all'altezza del proprio compito; *~ for work* idoneo al lavoro; *~ state* condizioni adatte: *the patient is not in a ~ state to undergo an operation* il paziente non è in condizione di subire un intervento; *~ to be eaten* mangiabile, buono da mangiare, commestibile; *not ~ to be seen* impresentabile; (*Am, colloq*) *~ to be tied* furibondo, fuori di sé; *~ to drink* potabile, bevibile; *I worked till I was ~ to drop* ho lavorato fino a cadere dalla stanchezza; *~ to travel* in grado di viaggiare.

fit³ /fɪt/ *n.* **1** (*Med, Psic*) accesso *m.*, attacco *m.*: *a ~ of madness* un accesso di pazzia; *~ of coughing* attacco di tosse. **2** (*short spell*) scoppio *m.*, accesso *m.*: *~ of anger* accesso d'ira. **3** (*colloq*) (*mood*) capriccio *m.*, grillo *m.*, ticchio *m.*: *when the ~ takes him* quando gli salta il ticchio. **4** *pl.* (*Med*) (*convulsions*) convulsioni *f.pl.* □ *by -s and starts* a sbalzi; (*colloq*) *to give so. a ~* far venire un colpo a qcu.; (*colloq*) *to have a ~* andare su tutte le furie, uscire dai gangheri; (*fig*) *you send me into -s* mi fai venire il convulso; *a ~ of depression* una crisi depressiva; *a ~ of generosity* uno slancio di generosità; *to be in -s of laughter* scoppiare dalle risa; *in a ~ of pique* per ripicca, (*ant*) per picca; *a ~ of the blues* un momento di malinconia.

fitch /fɪtʃ/ *n.* **1** (*Zool*) puzzola *f.* **2** (*fur*) pelliccia *f.* di puzzola, puzzola *f.* **3** (*fitch brush*) pennello *m.* (di pelo) di puzzola.

fitchet /ˈfɪtʃɪt/ *n.* (*Zool*) puzzola *f.*

fitchew /ˈfɪtʃuː/ *n.* (*Zool*) puzzola *f.*

fitful /ˈfɪtfʊl/ *a.* **1** intermittente, irregolare, discontinuo: *~ sleep* sonno irregolare. **2** (*inconstant, erratic*) discontinuo, incostante.

fitly /ˈfɪtlɪ/ *avv.* **1** opportunamente. **2** (*at a fit time*) a tempo debito.

fitment /ˈfɪtmənt/ *n.* (*Br*) **1** equipaggiamento *m.*, attrezzatura *f.* **2** (*Arred*) mobile *m.*, articolo *m.* d'arredamento. **3** *pl.* (*fittings*) apparecchiature *f.pl.*, impianti *m.pl.*, infissi *m.pl.*; (*accessories*) accessori *m.pl.*

fitness /ˈfɪtnəs/ *n.* **1** buona forma *f.* fisica, (buona) salute *f.* **2** (*suitability*) idoneità *f.* (*for*

---

a). **3** (*propriety*) convenienza *f.*, opportunità *f.*

fit-out /ˈfɪtaʊt *Am* ˈfɪtaʊt/ *n.* (*colloq*) attrezzatura *f.*

fitted /ˈfɪtɪd *Am* ˈfɪtɪd/ *a.* **1** (*Abbigl, Sart*) attillato, aderente: *a ~ jacket* una giacca attillata. **2** (*estens*) fatto su misura, tagliato su misura. □ (*Br*) *~ carpet* moquette; (*Br*) *~ kitchen* cucina componibile.

fitter /ˈfɪtəʳ *Am* ˈfɪtəʳ/ *n.* **1** (*Sart*) sarto *m.* (*f.* -a) addetto alla prova. **2** (*Tecn*) installatore *m.* (*f.* -trice), operaio *m.* (*f.* -a) montatore.

fitting /ˈfɪtɪŋ *Am* ˈfɪtɪŋ/ **I** *a.* **1** adatto, appropriato. **2** (*becoming*) conveniente, opportuno. **II** *n.* **1** (*Sart*) prova *f.* **2** (*apparatus*) impianto *m.*, installazione *f.* **3** (*Mecc*) (*accessory*) accessorio *m.* **4** (*Abbigl*) (*size*) taglia *f.*, misura *f.* **5** (*furnishing or equipment*) accessori *m.pl.*, apparecchiature *f.pl.* **6** *pl.* (*Edil*) arredi *m.pl.* □ (*Abbigl*) *~ room* cabina di prova, camerino; (*Mecc*) *~ shop* reparto di montaggio, officina di montaggio.

fit-up /ˈfɪtʌp *Am* ˈfɪtʌp/ *n.* (*Teat*) **1** scenario *m.* mobile. **2** (*touring company*) compagnia *f.* di prosa ambulante.

five /faɪv/ **I** *n.* **1** cinque *m.* **2** (*five o'clock*) cinque *f.pl.* **3** (*Sport*) squadra *f.* di pallacanestro. **II** *a.* cinque. □ (*colloq*) *~ and dime* negozio che vende articoli di poco prezzo; (*colloq*) *~ o'clock shadow* ombra di barba sul viso di un uomo; *~ pence* (valore di) cinque penny; (*Am, colloq*) *~ spot* banconota da cinque dollari.

five-alarm /ˈfaɪvəlɑːrm/ *a.* (*Am, colloq*) **1** (*of a fire*) di grandi dimensioni, pericoloso. **2** (*Gastron*) molto piccante.

five-and-dime /ˌfaɪvən(d)ˈdaɪm/ *n.* (*Am, ant*) drogheria *f.*, negozio *m.* che vende di tutto a basso prezzo.

five-day /ˈfaɪvdeɪ/ □ *~ week* settimana corta, settimana di cinque giorni lavorativi.

five-dollar /ˈfaɪvˌdɒləʳ *Am* ˈfaɪvˌdɑːləʳ/ □ *~ bill* banconota da cinque dollari.

five-finger /ˈfaɪvˌfɪŋɡəʳ/ *n.* (*Bot*) cinquefoglie *m.*

fivefold /ˈfaɪvfəʊld/ **I** *a.* **1** (*five times as much*) quintuplo. **2** (*comprising five parts*) quintuplice. **II** *avv.* cinque volte.

five-party /ˈfaɪvˌpɑːtɪ *Am* ˈfaɪvˌpɑːrtɪ/ □ (*Pol*) *~ government* pentapartito.

five-penny /ˈfaɪvpəni/ *a.* da cinque penny, del costo di cinque penny.

five-pound /ˈfaɪvpaʊnd/ □ *~ note* biglietto da cinque sterline.

fiver /ˈfaɪvəʳ/ *n.* **1** (*Br, colloq*) biglietto *m.* da cinque sterline. **2** (*Am, colloq*) banconota *f.* da cinque dollari.

fives /faɪvz/ *n.pl.* (*costr. sing.*) (*Sport*) palla *f.* a muro, pallamuro *f.*

fivescore /ˈfaɪvskɔːʳ *Am* ˈfaɪvskɔːr/ *n.* cento *m.*

fivesome /ˈfaɪvsəm/ *n.* quintetto *m.*

five-speed /ˈfaɪvspiːd/ □ (*Aut*) *~ gear* cambio a cinque marce.

five-year /ˈfaɪvjɪəʳ *Am* ˈfaɪvjɪr/ □ (*Econ, Pol*) *~ plan* piano quinquennale.

fix¹ /fɪks/ **I** *v.t.* **1** (*to fasten*) fissare, fermare. **2** (*to settle*) fissare, pattuire: *to ~ prices* fissare i prezzi. **3** (*of the eyes, attention, etc.*) fissare, fermare: *to ~ one's gaze on so.* fermare lo sguardo su qcu. **4** (*to gaze at*) fissare, guardare fisso. **5** (*to commit to one's mind*) imprimersi nella mente. **6** (*to attract and hold*) tenere: *to ~ so.'s attention* tenere fissa l'attenzione di qcu. **7** (*to determine*) fissare, stabilire, determinare: *to ~ a date* fissare una data. **8** (*of blame, guilt*) attribuire. **9** (*colloq*) (*to repair*) aggiustare, riparare. **10** (*colloq*) (*to arrange*) sistemare, mettere in

---

ordine: *to ~ one's hair* mettersi in ordine i capelli. **11** (*colloq*) (*of a meal, food*) preparare: *I'll ~ you a drink* ti preparo qualcosa da bere. **12** (*colloq*) (*to get even with, do for*) sistemare, mettere a posto: *I'll ~ you* ora ti sistemo io, ora ti faccio vedere io, ora ti aggiusto io. **13** (*colloq*) (*to arrange dishonestly*) truccare, alterare: *to ~ an election* truccare (i risultati di) un'elezione. **14** (*colloq*) (*to bribe*) comprare, corrompere. **15** (*Biol, Fot, Pitt*) fissare. **II** *v.i.* **1** fissarsi. **2** (*to become set, solid*) consolidarsi, diventare solido. **3** (*to settle down*) stabilirsi, fissarsi. **4** (*Am, colloq*) (*to prepare, to plan*) progettare, avere intenzione. **5** (*Am, colloq*) (*to get ready*) prepararsi (*to* a). □ (*volg*) *to ~ someone's ass* fare il culo a qcu., fare un culo così a qcu.; (*Mil, ant*) *~ bayonets* inastare le baionette; (*colloq*) *to ~ one's face* rifarsi il trucco; *to ~ one's mind on a thought* concentrarsi su un pensiero; *to ~ on* scegliere, far cadere la propria scelta su; (*colloq*) *to ~ up*: **1** fissare, stabilire, decidere; **2** (*to provide with*) fornire, procurare: *can you ~ me up with a room for the night?* puoi sistemarmi per questa notte?; **3** (*to settle, to smooth over*) comporre, appianare; **4** (*to repair*) aggiustare, riparare; *to ~ upon* decidere per, far cadere la propria scelta su; (*colloq*) *to ~ so.'s wagon* sistemare qcu., aggiustare qcu., rendere pan per focaccia a qcu.

fix² /fɪks/ *n.* **1** (*colloq*) pasticcio *m.*, imbroglio *m.*, guai *m.pl.*: *to be in a ~* essere nei pasticci, essere nei guai. **2** (*Mar, Aer*) (*position*) posizione *f.*, punto *m.*; (*determining of position*) rilevamento *m.* **3** (*sl*) (*injection of a drug*) iniezione *f.* di droga, buco *m.*, pera *f.* **4** (*estens*) dose *f.* (necessaria per appagare un bisogno): *I need my daily ~ of chocolate* ho bisogno della mia dose quotidiana di cioccolato. **5** (*Inform*) messa *f.* a punto di programma. □ (*colloq*) *to get so. into a ~* mettere qcu. nei guai; (*colloq*) *to get oneself into a ~* mettersi nei pasticci, cacciarsi in un ginepraio.

fixate /fɪkˈseɪt *Am* ˈfɪkseɪt/ **I** *v.t.* fissare. **II** *v.i.* **1** fissarsi, concentrarsi (*on, upon* su). **2** (*Psic*) fissarsi, fermarsi a un certa fase dello sviluppo psicosessuale.

fixation /fɪkˈseɪʃən/ *n.* **1** fissazione *f.* (*anche Psic, Biol*). **2** (*obsession*) fissazione *f.*, ossessione *f.*, idea *f.* fissa.

fixative /ˈfɪksətɪv *Am* ˈfɪksətɪv/ **I** *a.* fissativo, che serve a fissare. **II** *n.* **1** (*Chim, Pitt, Biol*) fissativo *m.* **2** (*Cosmet*) fissatore *m.*

fixed /fɪkst/ *a.* **1** fissato, fisso, fermo. **2** (*settled*) fissato, stabilito. **3** (*definite*) fisso, costante, stabile: *a ~ income* un reddito fisso; *~ prices* prezzi fissi. **4** (*colloq*) (*arranged dishonestly*) truccato, alterato. **5** (*Chim*) non volatile; (*of oil*) fisso. **6** (*Fot*) fissato. □ (*Dir*) *of no ~ abode* (o *of no ~ address*) senza fissa dimora; (*Econ*) *~ assets* attività *f.* fisse, immobilizzazioni; (*Econ*) *~ capital* capitale fisso; *~ charge*: **1** spesa fissa; **2** *pl.* (*depreciation, rent, etc.*) spese fisse, spese generali; (*Comm*) *~ costs* costi fissi, spese fisse; *~ deposit* deposito a scadenza fissa, deposito a termine; (*Inform*) *~ disk* disco fisso; *to be ~ for* essere provvisto di: *how are we ~ for money?* come stiamo a soldi?; *~ idea* idea fissa; *~ income* reddito fisso; (*Econ*) *~ interest securities* titoli a reddito fisso; *~ point*: **1** (*Fis*) punto fisso; **2** (*Inform*) virgola fissa, punto decimale fisso; (*Econ, Comm*) *at a ~ price* a prezzo fisso, a prezzo non trattabile; *~ price menu* menù a prezzo fisso; *~ property* immobili; (*Dir*) *~ sentence* pena determinata; (*Astr*) *~ star* stella fissa.

fixed-focus /ˈfɪkstˌfəʊkəs/ *a.* (*Fot*) a fuoco

fisso.

fixedly /'fɪksɪdli/ *avv.* fissamente.

fixedness /'fɪksɪdnəs/ *n.* fissità *f.*

fixed-rate /'fɪkst,reɪt/ □ (*Econ*) ~ *loan* mutuo a tasso (d'interesse) fisso.

fixed-size /'fɪkst,saɪz/ *a.* a misura fissa.

fixed-wing /'fɪkst,wɪŋ/ *a.* (*Aer*) ad ala fissa.

fixer /'fɪksəʳ/ *n.* 1 (*person*) persona *f.* che fissa; (*thing*) cosa *f.* che fissa. 2 (*Fot*) fissatore *m.* 3 (*Am,colloq*) intrallazzatore *m.* (*f.* -trice). 4 (*sl*) spacciatore *m.* (*f.* -trice) di droga.

fixing /'fɪksɪŋ/ *n.* 1 fissaggio *m.* (*anche Fot*). 2 *pl.* (*Am,colloq*) (*trimmings*) guarnizioni *f.pl.* 3 *pl.* (*Am,colloq,Gastron*) (*of a meal*) contorni *m.pl.*, guarnizioni *f.pl.* □ (*Chim*) ~ *agent* fissatore; (*Fot*) ~*bath* bagno fissatore, bagno di fissaggio; (*Mecc*) ~*screw* vite di collegamento.

fixity /'fɪksɪti Am* 'fɪksəti/ *n.* 1 fissità *f.*, stabilità *f.* 2 (*sth. fixed*) cosa *f.* fissa.

fixture /'fɪkstʃəʳ/ *n.* 1 apparecchiatura *f.*, attrezzatura *f.*: *bathroom* -*s* attrezzatura completa per bagno. 2 (*colloq*) (*person*) chi ha messo radici in un posto. 3 (*Br,Sport*) gara *f.* con data fissata in precedenza, incontro *m.* con data fissata in precedenza. 4 *pl.* (*Dir*) pertinenze *f.pl.*

fix-up /'fɪksʌp/ *n.* (*sl*) iniezione *f.* di droga, buco *m.*, pera *f.*

fizgig /'fɪzgɪg/ *n.* 1 (*Aus,colloq*) informatore *m.* della polizia. 2 (*colloq,ant*) (*flirting, gadding girl*) farfallina *f.*, ragazza *f.* leggera, ragazza *f.* volubile.

fizz /fɪz/ *v.i.* 1 sibilare. 2 (*to effervesce*) spumeggiare, frizzare. II *n.* 1 sibilo *m.* 2 (*effervescence*) effervescenza *f.* 3 (*drink*) bevanda *f.* frizzante.

fizzle /'fɪzl/ *v.i.* 1 sibilare. 2 (*colloq*) (*to end in failure*) concludersi con un nulla di fatto. II *n.* 1 sibilo *m.* 2 (*colloq*) (*fiasco*) fallimento *m.*, fiasco *m.* □ *to* ~*out* concludersi con un nulla di fatto.

fizzy /'fɪzi/ *a.* frizzante, effervescente, gassato: *a* ~ *drink* una bevanda frizzante.

FJI *Fiji* FJI (Figi).

fjord /fjɔːd, fiˈɔːd Am* fjɔːrd/ *n.* → **fiord**.

FL 1 *Florida* FL (Florida). 2 *Lichtenstein* FL (Lichtenstein).

fl. 1 (*Numism,Econ*) *florin* fl. (fiorino). 2 *fluid* fluido: ~ *oz.* (*fluid ounce*) oncia fluida.

flabbergast /'flæbəgɑːst Am* 'flæbərgæst/ *v.t.* (*colloq*) sbalordire, lasciare a bocca aperta.

flabbergasted /'flæbəgɑːstɪd Am* 'flæbərgæstɪd/ *a.* a bocca aperta, sbalordito, rimasto di stucco: *to stare at so.* ~ guardare qcu. a bocca aperta.

flabbiness /'flæbɪnəs/ *n.* 1 flaccidezza *f.*, flaccidità *f.*, mollezza *f.* 2 (*fig*) fiacchezza *f.*, mollezza *f.*

flabby /'flæbi/ *a.* 1 (*of flesh, muscles, etc.*) flaccido, cascante, floscio, moscio, molliccio. 2 (*of a person*) flaccido. 3 (*fig*) molle, fiacco, debole, floscio.

flabellate /fləˈbelɪt Am also* 'flæbəleɪt/ *a.* (*Biol*) flabellato.

flabelliform /fləˈbelɪfɔːm Am* fləˈbelɪfɔːrm/ *a.* (*Biol*) flabelliforme.

flaccid /'flæ(k)sɪd/ *a.* 1 flaccido, floscio. 2 (*fig*) debole, fiacco, molle.

flaccidity /flæ(k)'sɪdɪti Am* flæ(k)'sɪdəti/, **flaccidness** /'flæ(k)sɪdnəs/ *n.* flaccidità *f.*, flaccidezza *f.*

flack /flæk/ *n.* (*Am,sl*) 1 (*criticism*) critica *f.* aspra. 2 (*opposition*) opposizione *f.*, profondo disaccordo *m.* 3 (*publicity*) pubblicità *f.* 4 (*publicity agent*) agente *m./f.* pubblicitario.

flackery /'flækəri/ *n.* (*Am,sl*) attività *f.* pubblicitaria, attività *f.* promozionale.

flacon /'flækən/ *n.* flacone *m.*

flag 1 /flæg/ I *n.* 1 bandiera *f.*, stendardo *m.* 2 (*Caccia*) coda *f.* di cane da caccia. 3 (*Mar.mil*) (*flagship*) nave *f.* ammiraglia. 4 (*of a taxi*) bandierina *f.* 5 (*Giorn*) testata *f.* 6 (*Inform*) flag *m.*, indicatore *m.*, segnalatore *m.* 7 *pl.* (*Ornit*) penne *f.pl.* dell'ala. II *v.t.* (*past, p.p.* **flagged** /-d/) 1 imbandierare, pavesare. 2 (*to signal, to warn*) fare un cenno a, richiamare l'attenzione di. 3 (*to signal to stop*) far cenno di fermarsi a, fermare. 4 (*inform by flag signals*) fare segnalazioni con bandierine. □ (*Mar*) ~*boat* boa (di regata); (*Mar.mil*) ~*captain* capitano di bandiera, capitano di nave ammiraglia; (*Aer,Mar*) ~*carrier* compagnia di bandiera; (*Am*) *Flag Day* anniversario dell'adozione della bandiera nazionale (14 giugno); (*Br*) ~ *day* giornata in cui si vendono bandierine a scopo di beneficenza; ~*discrimination* discriminazione di bandiera; ~*display* sbandierata; *to* ~*down* : 1 (*to signal, to warn*) fare un cenno a, richiamare l'attenzione di; 2 (*to signal to stop*) far cenno di fermarsi a, fermare (un veicolo in corsa); (*Mil*) ~*lieutenant* aiutante di bandiera; ~*of convenience* bandiera di comodo, bandiera ombra; ~*of truce* bandiera bianca; (*Mar.mil*) ~ *officer* ammiraglio in comando; (*Dir*) ~ *state* stato di bandiera.

flag 2 /flæg/ (*past, p.p.* **flagged** /-d/) *v.i.* 1 pendere, penzolare. 2 (*fig*) (*of interest, enthusiasm*) affievolirsi, scemare, attenuarsi, venire meno.

flag 3 /flæg/ I *n.* 1 (*flagstone*) pietra *f.* per lastricare, pietra *f.* da lastrico. 2 *pl.* (*pavement*) lastrico *m.sing.*, lastricato *m.sing.* II *v.t.* (*past, p.p.* **flagged** /-d/) lastricare.

flag 4 /flæg/ *n.* 1 (*plant*) pianta *f.* con foglie eusiformi. 2 (*leaf*) foglia *f.* eusiforme. 3 (*Bot*) iris *m.* 4 (*Bot*) (*yellow iris*) acoro *m.* falso. 5 (*Bot*) (*cattail*) stiancia *f.*

flagellant /'flædʒələnt, fləˈdʒelənt/ I *n.* 1 flagellatore *m.* (*f.* -trice). 2 (*Rel*) flagellante *m./f.* II *a.* che flagella.

flagellate 1 /'flædʒəleɪt/ *v.t.* flagellare.

flagellate 2 /'flædʒəl(e)ɪt Am also* fləˈdʒelɪt/ *n.* (*Zool*) flagellato *m.*

flagellated /'flædʒəleɪtɪd Am* 'flædʒəleɪtɪd/ *a.* (*Biol*) flagellato.

flagellation /ˌflædʒəˈleɪʃən/ *n.* flagellazione *f.*

flagellator /'flædʒəleɪtəʳ Am* 'flædʒəleɪtəʳ/ *n.* flagellatore *m.* (*f.* -trice).

flagelliform /fləˈdʒelɪfɔːm Am* fləˈdʒelɪfɔːrm/ *a.* (*Biol*) flagelliforme.

flagellum /fləˈdʒeləm Br also* flædʒˈeləm/ (*pl.* -*lla* /-lə/, -*s* /-z/) *n.* (*Biol*) flagello *m.*

flageolet /ˌflædʒoʊˈlet, 'flædʒoʊleɪ Am* ˌflædʒə'let, 'flædʒə'leɪ/ *n.* (*Mus*) zufolo *m.*

flagging /'flægɪŋ/ *a.* 1 debole, fiacco, cadente. 2 (*fig*) che si attenua, che viene meno, in diminuzione.

flagitious /fləˈdʒɪʃəs/ *a.* 1 infame, scellerato. 2 (*of crimes*) nefando, abominevole.

flagitiousness /fləˈdʒɪʃəsnəs/ *n.* nefandezza *f.*, scelleratezza *f.*

flagman /'flægmən/ *n.irr.* 1 segnalatore *m.* (con le bandierine). 2 (*Sport*) starter *m.*

flagon /'flægən/ *n.* 1 caraffa *f.*, bricco *m.*: *a* ~ *of wine* una caraffa di vino. 2 (*large bottle*) boccione *m.*, bottiglione *m.* 3 (*Lit*) calice *m.*

flagpole /'flægpoʊl/ *n.* pennone *m.* (di bandiera), asta *f.* di bandiera.

flag-raising /'flæg,reɪzɪŋ/ *n.* alzabandiera *m.*

flagrance /'fleɪgrəns/ *n.* flagranza *f.*, evidenza *f.*

flagrancy /'fleɪgrənsi/ *n.* flagranza *f.*, evidenza *f.*

flagrant /'fleɪgrənt/ *a.* 1 flagrante, evidente, manifesto. 2 (*scandalous*) scandaloso. 3

(*notorious*) famigerato, malfamato.

flagship /'flægʃɪp/ *n.* (*Mar.mil*) nave *f.* ammiraglia.

flagstaff /'flægstɑːf Am* 'flægstæf/ *n.* pennone *m.* (di bandiera), asta *f.* di bandiera.

flagstone /'flægstoʊn/ *n.* pietra *f.* per lastricare, pietra *f.* da lastrico.

flag-wagging /'flæg,wægɪŋ/ *n.* 1 (*colloq*) segnalazione *f.* con bandiere a mano. 2 (*flag-waving*) sbandieramento *m.* 3 (*fig*) ostentazione *f.* di patriottismo.

flag-waving /'flæg,weɪvɪŋ/ *n.* 1 sbandieramento *m.* 2 (*fig*) ostentazione *f.* di patriottismo.

flail /fleɪl/ I *n.* (*Agr*) correggiato *m.* II *v.t.* 1 (*Agr*) battere con il correggiato. 2 (*to scourge*) flagellare; (*to beat*) battere. □ *to* ~ *one's* **arms** agitare le braccia.

flair /fleəʳ Am* fler/ *n.* 1 disposizione *f.*, attitudine *f.*: *to have a* ~ *for languages* essere portato per le lingue, avere attitudine per le lingue. 2 (*intuitive discernment*) intuito *m.*, acume *m.*, naso *m.*, fiuto *m.*, senso *m.*: *to have a* ~ *for business* avere il senso degli affari. 3 (*smartness*) gusto *m.*, sensibilità *f.*

flak /flæk/ *n.* 1 (*Mil*) fuoco *m.* contraereo. 2 (*anti-aircraft guns*) artiglieria *f.* antiaerea. 3 (*colloq*) fuoco *m.* di fila.

flake /fleɪk/ I *n.* 1 (*of snow, etc.*) fiocco *m.*, falda *f.* 2 (*thin layer, scale*) lamella *f.*, scaglia *f.* 3 (*spark*) favilla *f.* 4 (*Bot*) garofano *m.* screziato. 5 (*Am,colloq*) persona *f.* inaffidabile, persona *f.* svitata. II *v.i.* 1 sfaldarsi, squamarsi. 2 (*to fall in flakes*) cadere a fiocchi. 3 (*Tecn*) sfaldarsi in lamine. 4 (*Am,sl*) cadere dalla stanchezza, crollare. III *v.t.* 1 cospargere di fiocchi. 2 (*to break into flakes*) sfaldare, squamare. 3 (*Tecn*) rendere lamellare. □ (*colloq*) *to* ~*off* sfaldarsi, squamarsi; (*Br, colloq*) *to* ~*out* cadere dalla stanchezza, crollare.

flaky /'fleɪki/ *a.* 1 a falde, a fiocchi: ~ *snow* neve a fiocchi. 2 (*Geol*) lamellare. 3 (*of paint, plastering*) che si scrosta. □ (*Gastron*) ~ *pastry* pasta sfoglia.

flam 1 /flæm/ I *n.* 1 (*colloq*) falsità *f.*, frode *f.*, inganno *m.* 2 (*nonsense*) sciocchezze *f.pl.* II *v.t.* (*past, p.p.* **flammed** /-d/) ingannare, imbrogliare.

flam 2 /flæm/ *n.* (*Mus*) rullo *m.* di tamburo.

flambé /'flɒmbeɪ Am* flɑːm'beɪ/ I *v.t.* (*Gastron*) flambare, fiammeggiare. II *a.* (*Gastron*) flambé.

flambeau /'flæmboʊ/ (*pl.* -*x*/-*s* /-z/) *n.* fiaccola *f.*

flamboyance /flæm'bɔɪəns/ *n.* l'essere sgargiante.

flamboyant /flæm'bɔɪənt/ *a.* 1 sgargiante, vistoso. 2 (*colourful*) colorito. 3 (*ornate*) elaborato, fiorito, ornato. 4 (*Arch*) flamboyant, fiammeggiante, fiorito.

flame /fleɪm/ I *n.* 1 fiamma *f.* 2 (*fig*) fuoco *m.*, fiamma *f.*, ardore *m.* 3 (*brilliant light*) splendore *m.* 4 (*sweetheart*) fiamma *f.*: *an old* ~ una vecchia fiamma. 5 *pl.* (*burning*) fiamme *f.pl.*, fuoco *m.sing.*: *the house was in* -*s* la casa era in fiamme. II *v.i.* 1 ardere, fiammeggiare. 2 (*to shine brilliantly*) fiammeggiare, risplendere. 3 (*fig*) (*to turn red with passion*) avvampare, farsi di fiamma. III *v.t.* 1 esporre alla fiamma. 2 (*Alim*) (*of poultry*) fiammeggiare. □ ~*arrester* frangifiamma; *to burst into* -*s* andare in fiamme, incendiarsi; (*fig*) *to* ~ *out* avvampare, farsi di fiamma; (*Mil*) ~*projector* lanciafiamme; ~*proof* : 1 non infiammabile; 2 (*Nucl*) antideflagrante; (*Mil*) ~*thrower* lanciafiamme; *to commit sth. to the* -*s* dare qcs. alle fiamme; ~*trap* frangifiamma; (*fig*) *to* ~*up* : 1 (*to break out in passion*) avvampare, divampare, ardere; 2 (*to turn red with passion*) avvampare, farsi di fiamma: *he -d up at the insult* si fece di fiamma a quell'insulto; (*Tecn*) ~ *welding* saldatura autogena.

flame-coloured /'fleɪm,kʌləd *Am* 'fleɪm ,kʌlərd/ *a.* (di) color fiamma, di fuoco, (di) color rosso acceso.

flame-out /'fleɪmaʊt/ *n.* **1** (*Aer*) arresto *m.* della combustione. **2** (*Am,colloq*) fallimento *m.* totale.

flame-resistant /'fleɪmrɪ,zɪstənt/ *a.* **1** non infiammabile. **2** (*Nucl*) antideflagrante.

flaming /'fleɪmɪŋ/ *a.* **1** fiammeggiante, ardente. **2** (*bright*) (di colore) acceso, sgargiante. **3** (*of the colour of flame*) rosso acceso, di (color rosso) fiamma. **4** (*fig*) ardente, appassionato, focoso. **5** (*colloq,eufem*) (*bloody*) maledetto, dannato. **6** (*Gastron*) alla fiamma.

flamingo /flə'mɪŋgoʊ/ (*pl.* **-s/-es** /-z/) *n.* (*Ornit*) fenicottero *m.*

flammable /'flæməbl̩/ *a.* infiammabile, combustibile.

flamy /'fleɪmi/ *a.* **1** di fiamma, simile a fiamma. **2** (*flaming*) fiammeggiante.

flan /flæn/ *n.* **1** (*Gastron*) torta *f.* ripiena (salata o dolce). **2** (*Numism*) tondello *m.*

Flanders /'flɑːndəz *Am* 'flændərz/ *n.pr.* (*Geog*) Fiandre *f.pl.*

flânerie /flɑːnə'riː/ *n.* ozio *m.*, il bighellonare.

flâneur /flɑː'nɜːr/ *n.* bighellone *m.* (*f.* -a), perdigiorno *m./f.*

flange /flændʒ/ **I** *n.* **1** (*Mecc*) flangia *f.*; (*external rib*) bordo *m.* **2** (*Ferr*) base *f.*, suola *f.* **3** (*Met*) (*of a girder*) ala *f.*, lato *m.*; (*tool*) utensile *m.* per formare flange. **4** (*Ferr*) bordino *m.* (di ruota). **II** *v.t.* (*Tecn*) flangiare, munire di flangia.

flanger /'flændʒər/ *n.* (*Elettron*) flanger *m.*

flank /flæŋk/ **I** *n.* **1** lato *m.*, fianco *m.* **2** (*Mil, Anat*) fianco *m.* **3** (*Macell*) soccoscio *m.*, sottocoscio *m.* **II** *v.t.* **1** fiancheggiare: *a road -ed by trees* una strada fiancheggiata da alberi. **2** (*Mil*) proteggere il fianco di, fiancheggiare; (*to attack the flank of*) attaccare il fianco di; (*to turn the flank of*) aggirare il fianco di. **III** *v.i.* fiancheggiare (on qcs.). □ (*Mil*) ~ *attack* attacco di fianco, attacco laterale.

flanker /'flæŋkər/ *n.* **1** (*Mil*) fiancheggiatore *m.* **2** (*Mil,ant*) fortificazione *f.* dei fianchi.

flannel /'flænl̩/ *n.* **1** (*Tess*) flanella *f.* **2** (*polishing cloth*) flanella *f.*, panno *m.* di flanella. **3** (*Br*) (*face cloth*) pezzuola *f.* per lavarsi. **4** *pl.* (*Abbigl*) (*trousers*) pantaloni *m.pl.* di flanella; (*undergarment*) maglieria *f.sing.* intima. **II** *a.* di flanella. **III** *v.t.* (*past, p.p.* **flannelled** /*Am* **flanneled** /-d/) **1** rivestire di flanella, coprire di flanella. **2** (*to rub with flannel*) strofinare con un panno di flanella. □ ~ *board* lavagna di panno, flanellografo.

flannelette /,flænə'let/ *n.* (*Tess*) flanella *f.* di cotone.

flannelly /'flænəli/ *a.* simile alla flanella.

flap¹ /flæp/ (*past, p.p.* **flapped** /-t/) **I** *v.i.* **1** sbattere: *the sails -ped in the wind* le vele sbattevano al vento. **2** (*of a bird*) battere le ali, agitare le ali. **3** (*ant*) (*to give a quick blow*) dare un colpetto (*at* a). **4** (*to panic*) farsi prendere dal panico, agitarsi. **II** *v.t.* **1** (*of wings, arms*) agitare, sbattere. **2** (*to cause to flutter, to swing loosely*) far sbattere. **3** (*to slap lightly*) dare un colpetto a.

flap² /flæp/ *n.* **1** lo sbattere, battito *m.*: *the ~ of wings* il battito delle ali. **2** (*light, quick blow*) colpo *m.* leggero, colpetto *m.* **3** (*sth. hanging loosely down*) lembo *m.*, falda *f.*: *the ~ of a tent* il lembo di una tenda. **4** (*Sart*) (*of*

a pocket) pattina *f.*, patta *f.* **5** (*Mod*) (*of a hat*) tesa *f.*, falda *f.* **6** (*of an envelope*) lembo *m.*, linguetta *f.* **7** (*of a table*) ribalta *f.* **8** (*Legat*) (*of a book jacket*) ribaltina *f.* **9** (*Chir*) lembo *m.* di pelle (per trapianti). **10** (*Aer*) flap *m.*, ipersostentatore *m.* posteriore. **11** (*colloq*) (*panic*) panico *m.*, eccitazione *f.*, agitazione *f.* **12** (*Mecc*) piano *m.* cernierato. □ (*colloq*) *to be in a ~* essere colto dal panico, essere agitato; (*colloq*) *to get into a ~* agitarsi, lasciarsi prendere dal panico, essere agitato.

flapdoodle /'flæp,duːdl/ *n.* (*Am,colloq*) sciocchezze *f.pl.*, stupidaggini *f.pl.*

flapjack /'flæpdʒæk/ *n.* **1** (*Am,Gastron*) frittella *f.* **2** (*Br,Gastron*) biscotto *m.* a base di avena e burro. **3** (*Cosmet*) portacipria *m.*

flapper /'flæpər/ *n.* **1** lembo *m.*, falda *f.* **2** (*fly swatter*) scacciamosche *m.* **3** (*for scaring birds*) raganella *f.* **4** (*Br,Ornit*) uccello *m.* che non ha ancora imparato a volare; (*young duck*) anatroccolo *m.* **5** (*ant,colloq*) (*young girl*) ragazza *f.*, ragazzina *f.*; (*emancipated young woman*) ragazza *f.* emancipata (tipica degli anni Venti). **6** (*sl*) (*hand*) mano *f.* **7** (*Mecc*) valvola *f.* a cerniera.

flare¹ /fleər *Am* fler/ *I* *v.i.* **1** bruciare con fiamma irregolare. **2** (*to blaze suddenly*) sfolgorare, brillare, scintillare. **3** (*to spread outwards*) allargarsi, svasarsi: *her skirt -d at the bottom* la gonna si allargava in fondo. **II** *v.t.* **1** far brillare, fare sfolgorare. **2** (*Mil*) segnalare con razzi. **3** (*to cause to spread*) svasare. □ *to ~ up*: **1** (*to burn suddenly*) divampare, infiammarsi, fare una fiammata; **2** (*to blaze suddenly*) sfolgorare, brillare, scintillare; **3** (*fig*) andare in bestia, esplodere, prendere fuoco.

flare² /fleər *Am* fler/ *n.* **1** chiarore *m.* (tremolante), baluginio *m.* **2** (*sudden blaze*) bagliore *m.*, fiammata *f.* improvvisa, vampata *f.*, vampa *f.* **3** (*Mar,Aer*) razzo *m.*, segnale *m.* luminoso. **4** (*spreading outwards*) svasatura *f.* **5** (*fig*) scoppio *m.*, esplosione *f.* **6** *pl.* (*Abbigl*) pantaloni *m.pl.* a zampa di elefante. □ (*Arm*) ~ *back* ritorno di vampa, fiamma di culatta; (*Astr*) ~ *star* stella a brillamento.

flared /fleərd *Am* flerd/ *a.* svasato (*anche Abbigl*): ~ *skirt* gonna svasata.

flare-path /'fleərpɑːθ *Am* 'flerpæθ/ *n.* (*Aer*) pista *f.* illuminata da segnali luminosi.

flare-up /'fleərʌp *Am* 'flerʌp/ *n.* **1** vampa *f.*, fiammata *f.* **2** (*fig*) scoppio *m.*; (*of anger*) scoppio *m.* d'ira.

flaring /'fleərɪŋ *Am* 'flerɪŋ/ *a.* **1** brillante, scintillante. **2** (*fig*) (*gaudy, glaring*) sgargiante, vistoso. **3** (*spreading outwards*) svasato.

flash /flæʃ/ **I** *n.* **1** lampo *m.*, baleno *m.*, sprazzo *m.*: *a ~ of light* uno sprazzo di luce. **2** (*fig*) lampo *m.*, sprazzo *m.*: *a ~ of hope* un lampo di speranza. **3** (*fig*) (*instant*) lampo *m.*, attimo *m.*, istante *m.*, baleno *m.*: *in a ~* in un baleno. **4** (*colloq*) (*showiness*) vistosità *f.*, sfoggio *m.*, ostentazione *f.* **5** (*Giorn*) (*news flash*) flash *m.*, notizia *f.* urgente. **6** (*Fot*) flash *m.*; (*flashlight*) lampo *m.* di flash. **7** (*Mil*) (*of a bomb, etc.*) fiammata *f.* **8** (*Idr*) (*lock, sluice*) chiusa *f.*, cateratta *f.*; (*rapids*) rapida *f.* **9** (*Met*) bava *f.*, bavatura *f.*, sfrido *m.* **10** (*on a uniform*) mostrina *f.* **11** (*colloq*) (*idea*) idea *f.* improvvisa, ricordo *m.* fulmineo. **12** (*Am,colloq*) (*genius*) persona *f.* che eccelle in qcs., genio *m.*, mago *m.*; *he's a ~ at math* è un genio in matematica. **II** *a.* **1** (*colloq*) (*showy*) vistoso, appariscente. **2** (*colloq*) (*counterfeit*) falso, contraffatto. **3** (*sl*) (*of thieves, tramps, etc.*) della malavita, dei vagabondi. **III** *v.i.* **1** brillare, balenare, lampeggiare. **2** (*of lightning*) guizzare, balenare. **3** (*of the eyes: to sparkle*) brillare, scintillare. **4** (*to blaze*) lampeggia-

re, mandare fiamme. **5** (*fig*) balenare: *an idea -ed through my mind* mi è balenata un'idea. **6** (*to move fast*) sfrecciare, saettare, passare come un lampo. **IV** *v.t.* **1** proiettare, gettare, lanciare: *to ~ a beam of light on sth.* proiettare un fascio di luce su qcs. **2** (*to cause to flash*) fare lampeggiare, fare brillare: *to ~ a sword* far lampeggiare una spada. **3** (*to signal by flashes of light*) segnalare mediante lampeggiamenti. **4** (*Tel,Rad*) diffondere. **5** (*fig*) (*of a smile, glance, etc.*) lanciare. **6** (*to expose to view*) mostrare, far vedere. **7** (*ostentatiously*) mostrare con ostentazione, mettere in mostra con ostentazione: *she -ed her jewels in my face* ostentava davanti a me i suoi gioielli. **8** (*colloq*) (*to show one's sexual organs*) mostrare (per un attimo) i genitali. **9** (*Idr*) inondare, aumentare il flusso dell'acqua in. □ (*Fot*) ~ *bulb* lampada del flash; *to ~ by* passare come un lampo; (*Scol*) ~ *card* scheda di alfabetario; (*colloq*) ~ *check* assegno a vuoto; (*Fot*) ~ *cube* cuboflash; (*fig*) *his eyes -ed fire* i suoi occhi schizzavano fuoco; ~ *flood* violenta inondazione; (*Fot*) ~ *gun* lampeggiatore; ~ *in the pan*: **1** fuoco di paglia; **2** (*person*) chi delude le aspettative (dopo un brillante inizio); (*Fot*) ~ *lamp* lampada del flash; (*Inform*) ~ *memory* memoria flash; *a ~ of genius* (o *a ~ of inspiration*) un lampo di genio; ~ *of lightning* lampo, fulmine; *a ~ of wit* un lampo di genio; *to ~ on*: **1** accendersi improvvisamente; **2** (*Am,sl*) (*to remember*) avere un ricordo chiaro e improvviso; *to ~ past* passare sfrecciando; (*Fot*) ~ *photography* fotografia a luce artificiale; (*Fis*) ~ *point* punto di infiammabilità.

flashback /'flæʃbæk/ *n.* **1** (*Cin*) flashback *m.*, scena *f.* retrospettiva. **2** (*Mot*) ritorno *m.* di fiamma. **3** (*sl*) (*drug-induced*) allucinazione *f.* che si ripresenta anche quando si è esaurito l'effetto della droga.

flasher /'flæʃər/ *n.* **1** (*Fot*) lampo *m.* di magnesio. **2** (*El*) luce *f.* intermittente. **3** (*colloq*) (*exhibitionist*) esibizionista *m./f.* □ ~ *lamp* lampeggiatore.

flashgun /'flæʃgʌn/ *n.* (*Fot*) lampeggiatore *m.*

flashiness /'flæʃɪnəs/ *n.* vistosità *f.*, appariscenza *f.*

flashing /'flæʃɪŋ/ **I** *n.* **1** luce *f.* scintillante, splendore *m.*, luccichio *m.* **2** (*in brickmaking*) cottura *f.* di mattoni (con interruzioni periodiche d'aria). **3** (*Edil*) scossalina *f.* **4** (*El*) scintillio *m.* **5** (*Am,Aut*) lampeggiamento *m.* **II** *a.* lampeggiante, sfavillante, risplendente.

flashlight /'flæʃlaɪt/ *n.* **1** (*Fot*) lampo *m.* di flash *m.*, flash *m.* **2** (*electric torch*) torcia *f.* elettrica, pila *f.* tascabile. **3** (*signalling lamp*) lampeggiatore *m.* **4** (*flashing light*) luce *f.* intermittente, lampeggiamento *m.* □ ~ *battery* batteria a torcia.

flashover /'flæʃoʊvər/ *n.* (*El*) scarica *f.* (elettrica).

flashy /'flæʃi/ *a.* sgargiante, vistoso, appariscente: ~ *clothes* abiti sgargianti.

flask /flɑːsk *Am* flæsk/ *n.* **1** (*for the pocket*) fiaschetta *f.*, borraccia *f.* **2** (*narrow-necked bottle*) fiasco *m.* **3** (*Chim*) pallone *m.*, beuta *f.* **4** (*Met*) staffa *f.*

flasket /'flɑːskɪt *Am* 'flæskɪt/ *n.* **1** fiaschetto *m.* **2** (*basket*) cesta *f.* bassa e allungata.

flat¹ /flæt/ **I** *a.* (*compar.* **flatter** /'flætər *Am* 'flætər/, *sup.* **flattest** /'flætɪst *Am* 'flætɪst/) **1** piatto, piano, pianeggiante: ~ *region* regione piana. **2** (*with a smooth surface*) liscio, piano. **3** (*lying horizontally*) disteso, sdraiato, allungato. **4** (*fig*) (*absolute*) netto, reciso, secco: *a ~ denial* un netto rifiuto. **5** (*fig*) (*not varying*) fisso. **6** (*colloq*) (*broke*) in bolletta, al verde, senza il becco di un quattrino. **7** (*of a tyre*) a terra, sgonfio. **8** (*fig*) (*dull*) piatto, monotono, uniforme, scialbo. **9** (*of wine*) piatto; (*of a beverage*) che ha perso l'effervescenza, sgasato. **10** (*of food: stale*) stantio, vecchio. **11** (*fig*) (*of sounds*) confuso, incerto. **12** (*Comm*) (*of trade, etc.*) inattivo, in ristagno. **13** (*Mus*) (*of a note*) calante; (*of a tone*) bemolle. **14** (*Pitt*) uniforme. **15** (*Art*) senza rilievo. **16** (*Tecn*) (*of paint*) opaco. **17** (*Calz*) basso, col tacco basso. **18** (*Arch*) ribassato, piatto. **II** *n*. **1** piatto *m*., parte *f*. piatta: *the ~ of a sword* la parte piatta di una spada. **2** (*Br*) (*apartment*) appartamento *m*. **3** (*of the hand*) palmo *m*. **4** *pl*. (*Geol*) piano *m.sing.*, pianura *f.sing.*, terreno *m.sing.* basso (*spec.* vicino all'acqua). **5** (*Mus*) (*in notation*) bemolle *m.*; (*tone*) mezzo tono *m*. (più basso). **6** (*Teat*) fondale *m*. **7** (*Am*) gomma *f*. a terra, pneumatico *m*. sgonfio. **8** (*Mar*) (*shoal, shallow water*) secca *f*., bassofondo *m*. **9** (*Mar*) chiatta *f*. **10** (*Edil*) tetto *m*. a terrazza. **11** (*Am,Giard,Agr*) cassetta *f*. bassa (per piantine). **12** *pl.* (*Am, Calz*) scarpe *f.pl.* basse, scarpe *f.pl.* col tacco basso. **III** *avv.* **1** recisamente, nettamente, seccamente: *to deny sth.* ~ smentire seccamente qcs. **2** (*colloq*) (*completely*) completamente, del tutto. **3** (*colloq*) (*exactly*) esattamente, in maniera precisa, in maniera esatta: *in ten seconds* ~ esattamente in dieci secondi. **4** (*Mus*) mezzo tono più basso. □ (*colloq*) *to go* ~*against orders* disobbedire apertamente; (*Arch*) ~*arch* arco (a sesto) ribassato, arco scemo; (*scherz*) *as* ~*as a pancake* piatto come una tavola; (*colloq,fig*) *to fall* ~ *as a pancake* fare un enorme fiasco; *to be* ~ *on one's back* : 1 stare supino, stare coricato sulla schiena; 2 (*to be confined to bed*) essere costretto a letto; 3 (*fig*) essere ridotto male; (*Am,colloq*) ~*broke* in bolletta, al verde, squattrinato; (*Comm*) ~*cost* prezzo di costo, costo di produzione; (*Inform*) ~*display* display piatto; (*Inform*) ~*file* file piatto; (*Med*) ~ *foot* : 1 (*condition*) piedi piatti; 2 (*foot*) piede piatto; ~ *glass* vetro piano; ~ *nose* naso schiacciato; ~*out* : 1 (*colloq*) a tutta velocità, a tavoletta, a manetta; 2 (*colloq*) (*totally*) totalmente, a più non posso; (*Sport*) ~ *race* corsa piana; ~ *rate* : 1 tariffa fissa, importo fisso, tariffa unica; 2 (*Tel*) tariffa flat; (*Agr*) ~ *roller* rullo compressore; (*Edil*) ~ *roof* tetto a terrazza, tetto piatto; (*Inform*) ~ *screen* flat screen, schermo piatto; ~ *silver* argenteria, posate posateria d'argento, d'argento; ~*spin* : 1 (*Aer*) vite piatta; 2 (*fig*) confusione, (stato di) agitazione, panico: *to be in a* ~ *spin* essere in preda al panico; *to go into a* ~ *spin* essere colto dal panico, lasciarsi prendere dal panico; (*colloq*) *I'm not coming, and that's* ~ non vengo e basta; ~*trowel* (*tool*) spatola; (*Tess*) ~*yarn* fibra piatta.

flat² /flæt/ (*past, p.p.* **flatted** /ˈflætɪd Am ˈflætɪd/) **I** *v.t.* **1** (*Mus*) diminuire di un semitono, abbassare di un semitono. **2** (*Mecc*) spianare, appiattire. **3** (*Tecn*) (*of paint*) ricoprire con uno strato uniforme. **4** (*Agr,Giard*) piantare in piano, trapiantare in piano. **II** *v.i.* (*Mus*) diminuire di un semitono.

flatbed /ˈflætbed/ *n*. **1** (*area*) area *f*. lunga e piatta. **2** (*structure*) struttura *f*. lunga e piatta. **3** (*vehicle*) pianale *m*. **4** (*Ferr*) pianale *m*., carro *m*. senza sponde. □ (*Inform*) ~*plotter* plotter piano; (*Inform*) ~ *scanner* scanner piano.

flatboat /ˈflætbout/ *n*. barca *f*. a fondo piatto, chiatta *f*.

flat-bottom /ˌflætˈbɒtəm Am ˌflætˈbɑːtəm/ □ (*Mar*) ~*boat* barca a fondo piatto, chiatta.

flat-bottomed /ˌflætˈbɒtəmd Am ˌflæt ˈbɑːtəmd/ *a*. a fondo piatto.

flatcar /ˈflætkɑːr/ *n*. (*Am,Ferr*) pianale *m*., carro *m*. senza sponde.

flatfish /ˈflætfɪʃ/ *n*. (*Itt*) pleuronettiforme *m*.

flatfoot /ˈflætfʊt/ *n.irr.* **1** (*Med*) (*condition*) piedi *m.pl.* piatti; (*foot*) piede *m*. piatto. **2** (*pl.* **-s**) (*sl,ant*) (*policeman*) piedipiatti *m*.

flat-footed /ˌflætˈfʊtɪd Am ˌflætˈfʊtɪd, ˈflætfʊtɪd/ *a*. **1** (*Med*) che ha i piedi piatti. **2** (*colloq*) (*shambling*) dall'andatura strascicata; (*clumsy*) goffo, sgraziato. **3** (*colloq*) (*determined*) deciso, risoluto.

flathead /ˈflæthed/ *n*. **1** (*Itt*) neoceratodo *m*., barramunda *f*. **2** (*Am,Tecn*) chiodo *m*. a testa piana. **3** (*colloq*) (*simpleton*) sciocco *m*. (*f.* -a), semplicione *m*. (*f.* -a).

flat-iron /ˈflætˌaɪən Am ˈflætˌaɪərn/ *n*. (*ant*) ferro *m*. da stiro.

flatlet /ˈflætlɪt/ *n*. (*Br*) appartamentino *m*.

flatline /ˈflætlaɪn/ *v.i.* (*sl*) crepare, morire.

flatly /ˈflætli/ *avv.* **1** recisamente, categoricamente, nettamente: *he ~ refused* si rifiutò categoricamente. **2** (*dully*) in modo piatto, in modo scialbo.

flatmate /ˈflætmeɪt/ *n*. (*Br*) coinquilino *m*. (*f.* -a).

flatness /ˈflætnəs/ *n*. **1** l'essere piano, l'essere piatto. **2** (*banality*) mancanza *f*. d'originalità. **3** (*monotony*) monotonia *f*.

flat-pack /ˈflætpæk/ *n*. **1** (*furniture*) mobili *m.pl.* componibili, mobili *m.pl.* che l'acquirente deve montare da sé. **2** (*Elettron*) flat-pack *m*.

flat-rate /ˈflætreɪt/ *a*. forfettario. □ (*Econ*) ~*amount* importo forfettario.

flat-screen /ˈflætˌskriːn/ *a*. (*TV,Inform*) a schermo piatto. □ (*TV*) ~*TV* televisore a schermo piatto.

flatten /ˈflætən/ **I** *v.t.* **1** appiattire, spianare, rendere piatto. **2** (*to knock down*) mettere a terra, (*colloq*) mettere k.o. **3** (*fig*) (*to depress*) abbattere, prostrare, deprimere. **II** *v.i.* **1** appiattirsi, spianarsi, schiacciarsi. **2** (*to lack in spirit*) abbattersi, deprimersi. **3** (*to become uniform*) livellarsi. □ *to ~out* livellarsi.

flattening /ˈflætənɪŋ/ *n*. appiattimento *m*., schiacciamento *m*.

flattening-out /ˈflætənɪŋaʊt/ *n*. (*Aer*) ripresa *f*., richiamata *f*.

flatter /ˈflætər Am ˈflætər/ *v.t.* **1** adulare, lisciare, blandire, lusingare. **2** (*to portray favourably*) far apparire più bello, abbellire: *the photograph -s you* in questa fotografia sembri più bello. **3** (*to show to advantage*) donare: *the soft light -ed her* la luce tenue le donava. **4** (*to please, to gratify*) lusingare, compiacere: *to feel -ed* sentirsi lusingato. **5** (*rifl.*) *to ~ oneself* lusingarsi, sperare, osare sperare: *I ~ myself that I know my job* credo di conoscere il mio mestiere.

flatterer /ˈflætərər Am ˈflætərər/ *n*. adulatore *m*. (*f.* -trice), lusingatore *m*. (*f.* -trice).

flattering /ˈflætərɪŋ Am ˈflætərɪŋ/ *a*. **1** adulatorio, lusinghiero. **2** (*which makes one appear more attractive*) che dona, che sta bene. **3** (*of a picture*) che fa sembrare più bello.

flattery /ˈflætəri Am ˈflætəri/ *n*. adulazione *f*., lusinga *f*., complimenti *m.pl.*

flatting /ˈflætɪŋ Am ˈflætɪŋ/ *n*. **1** appiattimento *m*., spianamento *m*. **2** (*Met*) laminazione *f*. **3** (*Tecn*) (*paint*) opacizzazione *f*., verniciatura *f*. opaca.

flattish /ˈflætɪʃ Am ˈflætɪʃ/ *a*. pianeggiante, piuttosto piano.

flat-top /ˈflættɒp Am ˈflættɑːp/ *n*. **1** (*Am, Mar.mil*) portaerei *f*. **2** (*hairstyle*) taglio *m*. a spazzola.

flatulence /ˈflætʃələns Br also ˈflætjʊləns/,

flatulency /ˈflætʃələnsi, Br also ˈflætjʊlənsi/ *n*. **1** (*Med*) flatulenza *f*. **2** (*fig*) l'essere tronfio, presunzione *f*., boria *f*.

flatulent /ˈflætʃələnt Br also ˈflætjʊlənt/ *a*. **1** (*Med*) flatulento. **2** (*fig*) tronfio, presuntuoso, borioso.

flatus /ˈfleɪtəs Am ˈfleɪtəs/ *n*. (*Med*) flato *m*.

flatware /ˈflætweər/ *n*. (*Am*) **1** posate *f.pl.*, posateria *f*. **2** (*plates, saucers, etc.*) piatti *m.pl.* da portata.

flatwork /ˈflætwɜːk Am ˈflætwɜːrk/ *n*. (*in laundering*) capi *m.pl.* che non richiedono la stiratura a mano.

flatworm /ˈflætwɜːm Am ˈflætwɜːrm/ *n*. (*Zool*) platelminto *m*.

flaunt /flɔːnt/ **I** *v.t.* **1** ostentare, sfoggiare, fare mostra di, fare sfoggio di: *to ~ one's knowledge* fare sfoggio di sapere. **2** (*colloq*) (*to flout*) non curarsi di, infischiarsene di. **II** *v.i.* **1** pavoneggiarsi, gloriarsi, compiacersi. **2** (*to wave, to flutter in the wind*) ondeggiare, sventolare. **III** *n*. sfoggio *m*., ostentazione *f*., vanteria *f*.

flaunting /ˈflɔːntɪŋ Am ˈflɔːntɪŋ/ **I** *a*. pomposo. **II** *n*. ostentazione *f*., sfoggio *m*.

flautist /ˈflɔːtɪst Am ˈflɔːtɪst, ˈflaʊtɪst/ *n*. (*Mus*) flautista *m./f.*

flavescent /fləˈvesənt/ *a*. biondeggiante, tendente al giallo.

Flavian /ˈfleɪviːən/ *a*. (*Stor.rom*) flavio: *the -s* i Flavi(i). □ (*Stor.rom*) ~ *amphitheatre* anfiteatro flavio.

flavin, flavine /ˈfleɪviːn, Br also ˈflævɪːn/ *n*. (*Biol*) flavina *f*.

flavor /ˈfleɪvər/ *e der.* (*Am*) → **flavour** *e der.*

flavour /ˈfleɪvər/ **I** *n*. **1** sapore *m*., gusto *m*. (*anche fig*). **2** (*substance, extract*) essenza *f*., aroma *m*., estratto *m*. **3** (*fig*) (*characteristic quality*) atmosfera *f*., aria *f*. **4** (*Am,Gastron*) aroma *m*., aromatizzante *m*. **5** (*Fis*) flavor *m*., sapore *m*. **II** *v.t.* **1** condire, insaporire: *to ~ meat with garlic* condire la carne con l'aglio. **2** (*fig*) condire, rendere più gradevole.

flavourful /ˈfleɪvəfʊl Am ˈfleɪvərfʊl/ *a*. gustoso.

flavouring /ˈfleɪvərɪŋ/ **I** *a*. aromatizzante. **II** *n*. aromatizzante *m*.

flavourless /ˈfleɪvələs Am ˈfleɪvərləs/ *a*. **1** senza aroma. **2** (*tasteless*) insipido, scipito, senza sapore.

flavourous /ˈfleɪvərəs Am ˈfleɪvərəs/ *a*. gustoso, saporito, sapido (*anche fig*).

flavoursome /ˈfleɪvəsəm Am ˈfleɪvərsəm/ *a*. gustoso, saporito, sapido (*anche fig*).

flaw¹ /flɔː/ **I** *n*. **1** difetto *m*., imperfezione *f*. **2** (*of a person*) pecca *f*., difetto *m*., debolezza *f*. **3** (*Dir*) vizio *m*. (di forma). **4** (*concr*) (*crack, break*) incrinatura *f*., crepa *f*., screpolatura *f*. **5** (*Geol,Edil*) crepa *f*., fessura *f*. **II** *v.t.* **1** produrre una crepa in (*o* su), incrinare. **2** (*Dir*) invalidare. **III** *v.i.* incrinarsi, screpolarsi.

flaw² /flɔː/ *n*. (*poet*) **1** (*gust of wind*) folata *f*. di vento. **2** (*spell of bad weather*) ondata *f*. di maltempo.

flawless /ˈflɔːləs/ *a*. perfetto, impeccabile, irreprensibile, che non fa una piega.

flawlessness /ˈflɔːləsnəs/ *n*. impeccabilità *f*., perfezione *f*.

flax /flæks/ *n*. **1** (*Bot*) lino *m*. **2** (*Tess*) lino *m*., fibra *f*. di lino. □ (*Bot*) ~ *lily* lino della Nuova Zelanda, formio (tenace); ~*mill* linificio; ~*tow* stoppa (di lino).

flaxen /ˈflæksən/ *a*. **1** (*Tess*) di lino. **2** (*straw-coloured*) color (della) stoppa, biondissimo: ~ *hair* capelli biondissimi. **3** (*resembling flax*) simile al lino.

flaxseed /ˈflækˌsiːd/ *n*. seme *m*. di lino.

flaxyarn /ˈflæksjɑːn Am ˈflæksjɑːrn/ *n*. (*Tess*)

filato *m.* di lino.

flay /fleɪ/ *v.t.* **1** scoiare, scorticare. **2** (*to bark*) scortecciare. **3** (*fig*) (*to rebuke severely*) levare la pelle a. **4** (*fig*) (*to strip of possessions*) spogliare, depredare. **5** (*fig*) (*to criticize severely*) criticare aspramente, stroncare.

F-layer /ˈefleɪərˈ Br also ˈefleəˈ/ *n.* (*Geol*) strato *m.* F.

flea /fliː/ *n.* (*Entom*) pulce *f.* □ ~ *bite*: 1 morso di pulce; **2** (*fig*) (*petty annoyance*) piccola contrarietà; **3** (*trifling pain*) lieve dolore; **4** (*fig*) (*minute amount*) importo minimo; ~ *bitten*: 1 morso dalle pulci; 2 (*infested by fleas*) infestato dalle pulci; **3** (*fig*) (*of a grey horse*) chiazzato, macchiato; ~ *collar* collare antipulci; (*fig,colloq*) ~ *in one's ear* rimprovero, rabbuffo: *to send so. away with a* ~ *in his ear* mandar via qcu. in malo modo; ~ *market* mercato delle pulci; (Br,colloq) ~ *pit* pulciaio.

fleabag /ˈfliːbæg/ **I** *n.* **1** (*colloq*) sacco *m.* a pelo. **2** (*Mil*) cuccetta *f.*, branda *f.* **3** (*sl*) alberghetto *m.* d'infimo ordine. **II** *a.* (*sl*) lurido, sordido.

fleam /fliːm/ *n.* (*Veter*) lancetta *f.* (per salassi).

fleawort /ˈfliːwɜːt Am ˈfliːwɜːrt/ *n.* (*Bot*) senecio *m.* (integrifolius).

flèche /fleɪ(t)ʃ/ *n.* **1** (*Arch*) guglia *f.*, pinnacolo *m.* **2** (*Sport*) flèche *f.*

fleck /flek/ **I** *n.* **1** granello *m.*, corpuscolo *m.*, particella *f.*: *a* ~ *of dirt* un granello di sporco. **2** (*flake*) fiocco *m.* **3** (*spot of colour*) macchia *f.*, chiazza *f.* **II** *v.t.* **1** screziare, chiazzare, variegare. **2** (*to dapple*) picchiettare.

flection /ˈflekʃən/ *e der.* → **flexion** *e der.*

fled /fled/ → **flee.**

fledge /fledʒ/ **I** *v.t.* **1** (*of a young bird*) allevare (finché sia in grado di volare), aver cura di. **2** (*of an arrow*) dotare d'impennaggio. **II** *v.i.* (*of a bird*) coprirsi di penne, impiumarsi.

fledgeling, fledgling /ˈfledʒlɪŋ/ *n.* **1** uccellino *m.* (che ha appena messo le penne). **2** (*fig*) novellino *m.* (*f.* -a), pivello *m.* (*f.* -a).

flee /fliː/ (*past, p.p.* **fled** /fled/) **I** *v.i.* **1** fuggire, scappare, darsi alla fuga: *to* ~ *before the enemy* fuggire davanti al nemico; *to* ~ *in panic* fuggire in preda al panico. **2** (*to move quickly, to fly*) scappare, correre, volare. **3** (*lett*) (*to vanish swiftly*) svanire, dileguarsi, scomparire. **II** *v.t.* **1** abbandonare, fuggire da: *to* ~ *the country* abbandonare il paese. **2** (*lett*) (*to shun*) fuggire, sfuggire, evitare.

fleece /fliːs/ **I** *n.* **1** vello *m.* **2** (*amount of wool shorn*) lana *f.* ricavata in una tosatura. **3** (*fig*) (*soft, woolly mass*) coltre *f.*, massa *f.* soffice: *a* ~ *of clouds* una coltre di nuvole. **4** (*fig*) (*woolly hair*) chioma *f.* lanosa: *a* ~ *of snow* un fiocco di neve. **II** *v.t.* **1** tosare. **2** (*collog*) (*to rob, to swindle*) derubare, imbrogliare, pelare.

fleeced /fliːst/ *a.* **1** lanoso, villoso. **2** (*Tess*) soffice.

fleeciness /ˈfliːsɪnəs/ *n.* villosità *f.*, lanosità *f.*

fleecy /ˈfliːsi/ *a.* **1** villoso, lanoso. **2** (*resembling fleece*) fioccoso, soffice. **3** (*of hair*) lanoso. ~ *clouds* cielo a pecorelle.

fleer /flɪər Am flɪr/ **I** *v.i.* (*poet*) sogghignare, ghignare. **II** *v.t.* (*poet*) deridere, schernire. **III** *n.* (*jeer*) **1** sogghigno *m.*, ghigno *m.* **2** (*jeer*) scherno *m.*, irrisione *f.*

fleet¹ /fliːt/ *n.* **1** (*Mar.mil*) flotta *f.* **2** (*Mar,Aer*) flottiglia *f.*: *a* ~ *of fishing boats* una flottiglia di pescherecci. **3** (*fig*) (*group of vehicles*) parco *m.*: ~ *of cars* parco macchine, parco vetture, autoparco. □ (*Mar.mil*) *Fleet Admiral* capo di stato maggiore della Marina;

Fleet Street: **1** Fleet Street (via di Londra sede di numerosi giornali); **2** (*fig*) stampa londinese.

fleet² /fliːt/ **I** *a.* lesto, svelto, agile. **II** *v.i.* scorrere, muoversi rapidamente. **III** *v.t.* **1** (*of time*) fare trascorrere, fare passare. **2** (*Mar*) spostare; (*of a tackle*) sartiare; (*of a rope*) riprendere.

fleet³ /fliːt/ *n.* (*dial*) **1** (*inlet*) braccio *m.* di mare, piccola insenatura *f.* **2** (*water course*) torrentello *m.*

fleet-footed /ˌfliːtˈfutɪd Am ˈfliːtˌfutɪd/ *a.* che corre velocemente, lesto di gambe.

fleeting /ˈfliːtɪŋ Am ˈfliːtɪŋ/ *a.* **1** fuggevole, rapido: *a* ~ *glimpse* uno sguardo fuggevole. **2** (*transient*) fugace, effimero, passeggero, transitorio.

Fleming /ˈflemɪŋ/ *n.* fiammingo *m.* (*f.* -a).

Flemish /ˈflemɪʃ/ **I** *a.* **1** fiammingo, delle Fiandre. **2** (*Pitt*) fiammingo; *the* ~ *school* la scuola fiamminga. **II** *n.* (*language*) fiammingo *m.*

flench /flenʃ/ *v.t.* **1** (*of a whale, seal*) scuoiare, togliere la pelle a. **2** (*to strip the blubber from*) togliere il grasso a.

flense /flens, Br also flenz/ *v.t.* **1** (*of a whale, seal*) scuoiare, togliere la pelle a. **2** (*to strip the blubber from*) togliere il grasso a.

flesh /fleʃ/ **I** *n.* **1** carne *f.* (*anche Gastron*). **2** (*of fruits, vegetables, etc.*) carne *f.*, polpa *f.* **3** (*fig*) (*physical nature*) carne *f.*, corpo *m.*; (*sensual nature*) carne *f.*, sensi *m.pl.*: *to mortify the* ~ mortificare la carne. **4** (*fig*) (*mankind*) genere *m.* umano, umanità *f.* **5** (*surface of the body*) carni *f.pl.*: *firm* ~ carni sode. **6** (*colour*) color *m.* carne. **7** (*fatness, weight*) carne *f.*, (*colloq, scherz*) ciccia *f.* **II** *v.t.* **1** (*of a weapon*) affondare nella carne. **2** (*Caccia*) aizzare (dando da mangiare pezzi di carne di cacciagione). **3** (*fig*) incitare allo spargimento di sangue. **4** (*fig*) (*to harden*) temprare, fortificare. **5** (*to remove the flesh from*) scarnire, scarnificare. □ (*fig*) ~ *and blood* natura umana, essere umano: *it's more than* ~ *and blood can stand* è più di quanto un essere umano possa sopportare; ~ *below the skin* carne viva; ~ *colour* color carne, (*rar*) carnicino; (*fig*) *to make so.'s* ~ *creep* far venire la pelle d'oca a qcu., fare accapponare la pelle a qcu.; (*Entom*) ~ *fly* mosca carnaria, mosca della carne; *to be in* ~ essere in carne; *in the* ~ in carne e ossa, di persona; (*Bibl*) *to be one* ~ essere una sola carne; (*fig*) *to* ~ *out* rendere sostanzioso, aggiungere informazione o dettagli; (*fig*) *one's own* ~ *and blood* carne della propria carne, sangue del proprio sangue; *to put on* ~ ingrassare, mettere su carne; ~ *wound* ferita superficiale, ferita leggera.

flesh-coloured /ˈfleʃ,kʌləd Am ˈfleʃ,kʌlərd/ *a.* color carne, (*rar*) carnicino.

flesher /ˈfleʃər/ *n.* **1** (*Am*) scarnatore *m.* (*f.* -trice). **2** (*Scott*) (*butcher*) macellaio *m.* (*f.* -a).

flesh-hook /ˈfleʃ,huk/ *n.* **1** forchettone *m.* (per tirar su la carne da una pentola). **2** (*Macell*) gancio *m.* (per appendere la carne).

fleshiness /ˈfleʃɪnəs/ *n.* carnosità *f.*

fleshing /ˈfleʃɪŋ/ *n.* **1** (*Pell*) carnicci *m.pl.* **2** *pl.* (*Abbigl*) calzamaglia *f.sing.* color carne.

fleshliness /ˈfleʃlɪnəs/ *n.* carnalità *f.*, sensualità *f.*

fleshly /ˈfleʃli/ *a.* **1** carnale, corporeo. **2** (*fig*) (*sensual*) carnale, della carne, dei sensi. **3** (*fig*) (*worldly*) terreno, mortale.

flesh-pink /ˈfleʃpɪŋk/ *n.* rosa *m.* carne, color *m.* rosa carne.

fleshpots /ˈfleʃpɒts Am ˈfleʃpɑːts/ *n.pl.* (*ant*) luoghi *m.pl.* dove si possono soddisfare i desideri carnali: *to visit the* ~ *of London* andare a divertirsi nei nightclub di Londra.

flesh-pressing /ˈfleʃpresɪŋ/ *n.* (*spreg,sl*) strette *f.pl.* di mano e pacche sulla schiena che i politici danno per accaparrarsi le simpatie della gente.

fleshy /ˈfleʃi/ *a.* **1** carnoso: *the* ~ *part of the leg* la parte carnosa della gamba. **2** (*plump*) carnoso, bene in carne. **3** (*Bot*) polposo, carnoso.

fletch /fletʃ/ *v.t.* (*of an arrow*) dotare d'impennaggio.

fletcher /ˈfletʃər/ *n.* chi fabbrica frecce.

fleur-de-lis /ˌflɜːdəˈliː(s) Am ˌflɜːrdəˈliː(s)/ (*pl.* **fleurs-de-lis**) *n.* **1** (*Arald*) giglio *m.*, fiordaliso *m.* **2** (*Stor*) giglio *m.* **3** (*Bot*) iride *f.* fiorentina.

fleuret, fleurette /ˈflʊərɪt/ *n.* (*Arch*) ornamento *m.* a forma di fiore.

fleuron /ˈflʊərɒn, ˈflɜːrən Am ˈflɜːrɑːn/ *n.* (*Arch*) fiorone *m.*, rosone *m.*

flew /fluː/ → **fly¹.**

flews /fluːz/ *n.pl.* (*of bloodhounds*) labbro *m.sing.* superiore pendente.

flex¹ /fleks/ **I** *v.t.* flettere, piegare. **II** *v.i.* piegarsi, flettersi.

flex² /fleks/ *n.* **1** (*Br,El*) cordoncino *m.*, filo *m.* (flessibile). **2** (*Mat*) flesso *m.*

flexibility /ˌfleksəˈbɪlɪti Am ˌfleksəˈbɪləti/ *n.* **1** flessibilità *f.*, pieghevolezza *f.* **2** (*fig*) (*adaptability*) flessibilità *f.*, adattabilità *f.*, versatilità *f.* **3** (*fig*) (*pliability*) docilità *f.*, arrendevolezza *f.*

flexible /ˈfleksəbl/ *a.* **1** flessibile, pieghevole (*anche fig*). **2** (*fig*) (*compliant*) flessibile, docile, arrendevole. □ ~ *hours* orario di lavoro flessibile; (*Pol*) ~ *response* risposta flessibile; ~ *time* orario di lavoro flessibile; ~ *working hours* orario di lavoro flessibile.

flexion /ˈflekʃən/ *n.* **1** flessione *f.*, piegamento *m.* **2** (*bent part*) piega *f.* **3** (*Gramm,Edil*) flessione *f.*

flexitime /ˈfleksitaɪm/ *n.* orario *m.* di lavoro flessibile.

flexographic /ˌfleksəˈgræfɪk/ *a.* flessografico.

flexography /flekˈsɒgrəfi Am flekˈsɑːgrəfi/ *n.* flessografia *f.*

flexor /ˈfleksər Am also ˈfleksɔːr/ *n.* (*Anat*) flessore *m.*, muscolo *m.* flessore.

flextime /ˈflekstaɪm/ *n.* (*Am*) orario *m.* di lavoro flessibile.

flexuosity /ˌfleksjʊˈɒsɪti Am ˌfleksjʊˈɑːsəti/ *n.* flessuosità *f.*

flexuous /ˈfleksjʊəs Am ˈflekʃʊəs/ *a.* flessuoso.

flexure /ˈflekʃər/ *n.* **1** flessione *f.*, piegamento *m.*, curvatura *f.* **2** (*bent part*) piega *f.* **3** (*Geol*) flessura *f.*, piega *f.* monoclinale. **4** (*Mat*) curvatura *f.*

flibbertigibbet /ˌflɪbətiˈdʒɪbɪt Am ˈflɪbərˌti ˌdʒɪbɪt/ *n.* persona *f.* frivola, persona *f.* poco seria, pulcinella *m.*

flick /flɪk/ **I** *n.* **1** (*with a whip*) colpo *m.* di frusta, frustata *f.* **2** (*with a finger*) buffetto *m.*, colpetto *m.* **3** (*sudden jerk*) scatto *m.*, movimento *m.* improvviso, strappo *m.* **4** (*sharp sound*) schiocco *m.*, rumore *m.* secco. **5** (*sth. flicked, slap*) schizzo *m.*, spruzzo *m.* **6** (*colloq, ant*) film *m.* **7** *pl.* cinema *m.sing.*: *to go to the* -s andare al cinema. **II** *v.t.* **1** (*with a whip*) dare una frustatina a, colpire leggermente. **2** (*with a finger*) dare un colpetto a, dare un buffetto a. **3** (*to throw with a sudden jerk*) lanciare di scatto. **4** (*to remove with a flick*) scuotere, mandar via (con un colpetto): *to* ~ *ashes from one's coat* scuotere la cenere dalla giacca. **III** *v.i.* muoversi a scatti.

flicker /ˈflɪkər/ **I** *v.i.* **1** tremolare, vacillare: *a light -ed in the distance* una luce tremolava in lontananza. **2** (*to quiver*) guizzare. **3** (*to flutter*) svolazzare, sventolare. **4** (*Elettron*) sfarfallare, tremolare. **II** n. **1** tremolio m., il tremolare: *the ~ of a candle* il tremolio di una candela. **2** (*unsteady flame, light*) guizzo m. **3** (*fig*) barlume m., parvenza f.: *a ~ of hope* un barlume di speranza. **4** (*Ott*) sfarfallamento m.

flickering /'flɪkərɪŋ/ **I** a. **1** tremolante, tremulo. **2** (*quivering*) guizzante. **II** n. (*Cin*) tremolio m., sfarfallio m.

flick-knife /'flɪknaɪf/ n.irr. (*Br*) coltello m. a serramanico.

flier /'flaɪər/ n. → **flyer**.

flight /flaɪt/ **I** n. **1** volo m.: *the ~ of a bee* il volo di un' ape. **2** (*journey in an aeroplane*) volo m., viaggio m. (in aereo); (*scheduled journey*) volo m.: *a night ~* un volo notturno. **3** (*ability to fly*) volo m., il volare. **4** (*distance flown*) volo m., tragitto m. (in linea d'aria). **5** (*trajectory*) traiettoria f., volo m.: *the ~ of an arrow* la traiettoria di una freccia. **6** (*action of fleeing*) fuga f.: *to put to ~* mettere in fuga; *to take ~* darsi alla fuga. **7** (*sudden hastening away*) esodo m.: *~ from the cities* esodo dalle città; *~ from the land* esodo dalle campagne. **8** (*of birds: migration*) migrazione f. **9** (*fig*) volo m., lo spaziare: *-s of fancy* voli di fantasia. **10** (*of steps, stairs*) rampa f. **11** (*flock of birds*) stormo m., volo m.; (*of insects*) sciame m. **12** (*volley of missiles*) scarica f. **13** (*Aer.mil*) (*unit*) stormo m. **II** v.t. (*Caccia*) (*of wild fowls*) sparare in volo, sparare al volo. **III** v.i. (*of migrating birds*) migrare; (*of wild fowl*) alzarsi a stormo. ☐ (*Aer*) *~attendant* assistente di volo; (*Aer*) *~board* tabellone degli arrivi e delle partenze; (*Econ*) *~capital* capitale in fuga; *~clearance* autorizzazione al decollo; *~control*: 1 (*Aer*) controllo di volo; 2 (*office*) base di controllo; 3 (*system*) strumenti di controllo; (*Aer*) *~crew* personale di bordo; (*Mar.mil*) *~deck* ponte di decollo, ponte di volo; (*Aer*) *~engineer* motorista di bordo; (*Aer*) *~envelope* inviluppo di volo; (*Ornit*) *~feather* penna maestra; (*Aer.mil*) *~formation* formazione di volo; *in ~* in volo; (*Aer.mil*) *~leader* comandante di squadriglia; (*GB,Aer.mil*) *~lieutenant* capitano d'aviazione; *the ~of time* lo scorrere veloce del tempo; (*Aer*) *~path* traiettoria di volo; (*Aer*) *~recorder* registratore di volo, scatola nera; (*Aer*) *~schedule* orario dei voli; (*Aer*) *~simulator* simulatore di volo.

flightiness /'flaɪtɪnəs Am 'flaɪtɪnəs/ n. leggerezza f., volubilità f.

flightless /'flaɪtləs/ a. incapace di volare.

flight-lieutenant /ˌflaɪtleftˈenənt Am ˌflaɪtluːˈtenənt/ n. (*Aer.mil*) capitano m.

flight-path /'flaɪtpɑːθ Am 'flaɪtpæθ/ n. (*Aer*) traiettoria f. di volo.

flight-recorder /'flaɪtrɪˌkɔːdər Am 'flaɪtrɪˌkɔːrdər/ n. (*Aer*) registratore m. di volo, scatola f. nera.

flight-sergeant /'flaɪtˌsɑːdʒənt Am 'flaɪtˌsɑːrdʒənt/ n. (*Aer.mil*) sergente m. pilota.

flighty /'flaɪti Am 'flaɪti/ a. **1** capriccioso, mutevole, volubile, incostante. **2** (*irresponsible*) irresponsabile, leggero.

flimflam /'flɪmflæm/ n. (*colloq*) **1** sciocchezze f.pl., chiacchiere f.pl., stupidaggini f.pl. **2** (*trick*) imbroglio m., inganno m., truffa f.

flimsiness /'flɪmzɪnəs/ n. **1** mancanza f. di consistenza. **2** (*fig*) fragilità f., inconsistenza f.

flimsy /'flɪmzi/ **I** a. **1** fragile, inconsistente, senza consistenza: *a ~ structure* una struttura fragile. **2** (*fig*) fragile, inconsistente, tenue, debole: *~ hopes* fragili speranze; *a ~ excuse* una scusa debole, una scusa che non regge. **II** n. (*Br*) **1** (*Cart*) carta f. velina.

2 (*colloq*) (*copy*) velina f., copia f. **3** (*Giorn*) velina f. **4** (*colloq*) (*telegram*) telegramma m. **5** (*colloq*) (*banknote*) banconota f., biglietto m. di banca. **6** pl. (*colloq*) biancheria f.sing. femminile, biancheria f.sing. da donna.

flinch /flɪntʃ/ v.i. **1** indietreggiare, tirarsi indietro, arretrare (*anche fig*). **2** (*to start, to wince*) trasalire, sussultare.

flinders /'flɪndəz Am 'flɪndərz/ n.pl. frantumi m.pl., schegge f.pl.

fling [1] /flɪŋ/ (*past, p.p.* **flung** /flʌŋ/) **I** v.t. **1** scagliare, buttare, lanciare (con forza): *to ~ a stone at so.* scagliare una pietra a qcu. **2** (*to put suddenly or violently*) gettare, scaraventare: *to ~ so. into prison* scaraventare qcu. in prigione. **3** (*of troops, etc.*) mandare all'attacco. **4** (*of a rider*) gettare a terra, sbalzare di sella. **5** (*in wrestling*) gettare a terra, mettere a terra. **6** (*fig,ant*) (*to utter*) gettare, lanciare, tirare: *to ~ a curse* tirare una bestemmia. **7** (*rifl.*) *to ~ oneself* buttarsi, gettarsi: *to ~ oneself into an armchair* buttarsi su una poltrona, lasciarsi cadere su una poltrona; (*Br,fig*) *to ~ oneself into the breach* gettarsi nella mischia; (*fig*) *to ~ oneself into an enterprise* gettarsi a capofitto in un'impresa. **II** v.i. **1** precipitarsi, lanciarsi: *she flung out of the room* si precipitò fuori della stanza. **2** (*fig*) (*to speak harshly*) inveire, prorompere in invettive, scagliarsi. **3** (*of an animal*) scalciare, sgroppare. ☐ *to ~ so. a look of contempt* lanciare un'occhiata di disprezzo a qcu.; *to ~ one's arms round so.'s neck* gettarsi al collo di qcu., abbracciare qcu. con trasporto; (*fig*) *he flung away in a rage* se ne andò infuriato; (*fig*) *to ~ caution to the winds* abbandonare ogni cautela, smettere di essere prudente; *to ~ one's clothes on* vestirsi in fretta e furia, mettersi addosso qualcosa; (*fig*) *to ~ down the gauntlet* gettare il guanto, sfidare; (*fig*) *to ~ sth.in so.'s teeth* rinfacciare qcs. a qcu.; *to ~ off*: 1 togliersi in fretta e furia, strapparsi di dosso; 2 (*to discard*) abbandonare, lasciar da parte; 3 (*to utter casually*) buttare lì, lasciar cadere; 4 (*to depart hastily*) andarsene infuriato, andarsene precipitosamente; *to ~ open a door* spalancare una porta; *to ~ out*: 1 (*of an animal*) scalciare, sgroppare; 2 (*fig*) (*to speak harshly*) inveire, prorompere in invettive, scagliarsi; 3 (*one's arms*) allargare, spalancare.

fling [2] /flɪŋ/ n. **1** lancio m., getto m., tiro m. **2** (*sudden violent movement*) balzo m., scatto m., slancio m. **3** (*of a horse*) impennata f. **4** (*fig*) frecciata f., scoccata f. **5** (*sl*) avventura f., scappatella f. **6** (*colloq*) breve periodo m. di piacere (*o gioia*). ☐ *to have one's ~* fare la bella vita, godersela; *to have a ~ at*: 1 fare un tentativo di, fare un tentativo con, tentare (con); 2 (*to jeer at*) lanciare una frecciata a, lanciare una frecciata contro.

flint /flɪnt/ **I** n. **1** (*Min*) silice f. **2** (*piece of flint*) pietra f. focaia, flint m. **3** (*for a cigarette lighter*) pietrina f. **4** (*fig*) pietra f., sasso m.: *heart of ~* cuore di pietra. **5** (*colloq*) (*miser*) taccagno m. (f. -a), tirchio m. (f. -a), spilorcio m. (f. -a). **6** (*Ott*) flint m. **7** (*Archeol*) utensile m. di pietra, arma f. di pietra. **II** a. di silice. ☐ *~and steel* pietra focaia e acciarino; (*Bot*) *~corn* mais (ad albume vitreo); (*Ott*) *~glass* flint; (*fig*) *to set one's face like a ~* fare il muso duro.

flint-hearted /flɪntˈhɑːtɪd Am 'flɪntˌhɑːrtɪd/ a. dal cuore di pietra.

flintiness /'flɪntɪnəs Am 'flɪntɪnəs/ n. **1** durezza f. **2** (*fig*) durezza f. di cuore.

flintlock /'flɪntlɒk Am 'flɪntlɑːk/ n. (*Mil,ant*) **1** otturatore m. di fucile a pietra focaia. **2** (*gun*)

fucile m. a pietra focaia.

flinty /'flɪnti Am 'flɪnti/ a. **1** siliceo, di silice, di pietra. **2** (*very hard*) duro come una pietra. **3** (*fig*) rigido, duro, severo, inflessibile.

flip [1] /flɪp/ (*past, p.p.* **flipped** /-t/) **I** v.t. **1** lanciare (con un rapido movimento delle dita). **2** (*to touch with a flip*) dare un buffetto a. **3** (*to remove with a flick*) mandare via con un colpetto, scuotere. **II** v.i. **1** dare un buffetto, colpire leggermente. **2** (*to move with jerks*) procedere a scatti, muoversi a scatti. **3** (*Br,sl*) perdere il controllo, andare in tilt. ☐ *to ~ a pancake* voltare una frittella (facendola saltare in aria); (*Am,sl*) *to ~ one's lid* uscire di testa, dare i numeri; (*fig*) *to ~out* perdere le staffe, perdere la testa; (*Am,volg*) *to ~the bird* fare un gesto osceno (alzando il dito medio a pugno chiuso); (*colloq*) *to ~through* sfogliare, dare una scorsa a; (*Br,sl*) *to ~ one's wig* uscire di testa, dare i numeri.

flip [2] /flɪp/ n. **1** buffetto m., colpetto m. **2** (*sudden jerk*) scatto m., movimento m. brusco, movimento m. improvviso. **3** (*Sport*) (*somersault*) capriola f., salto m. mortale. **4** (*Tecn*) (*of a gun barrel*) vibrazione f. (dovuta all'accensione della polvere). **5** (*kind of drink*) bevanda f. calda alcolica. **6** (*colloq*) (*short aeroplane trip*) breve volo m. in aereo. ☐ (*sl*) *the ~side* (*of a record*) il retro di un disco.

flip [3] /flɪp/ (*compar.* **flipper** /'flɪpər/, *sup.* **flippest** /'flɪpɪst/) a. (*Am,sl*) impertinente, insolente, sfacciato.

flip-flop /'flɪpflɒp Am 'flɪpflɑːp/ n. **1** lo sbattere, lo sbatacchiare. **2** (*backward somersault*) capriola f. all'indietro. **3** (*Am,colloq*) (*thong*) infradito m. **4** (*Am,sl*) (*abrupt reversal*) capovolgimento m. improvviso; voltafaccia m. **5** (*Elettron*) flip-flop m. **II** avv. avanti e indietro rumorosamente. **III** v.i. (*Am,sl*) cambiare opinione, fare un voltafaccia.

flippancy /'flɪpənsi/ n. impertinenza f., insolenza f.

flippant /'flɪpənt/ a. impertinente, insolente, sfacciato.

flipper /'flɪpər/ n. **1** (*Zool*) natatoia f., pinna f. **2** (*Sport*) pinna f. **3** (*sl*) (*hand*) mano f., zampa f.

flipperty-flopperty /'flɪpətiflɒpəti Am 'flɪpətiflɑːpərti/ a. (*colloq*) ciondolante, dondolante.

flipping /'flɪpɪŋ/ a. (*spec. Br,colloq*) dannato, maledetto.

flirt /flɜːt Am flɜːrt/ **I** v.i. **1** flirtare, amoreggiare, civettare. **2** (*to toy*) trastullarsi (*with* con), accarezzare: *he -ed with the idea of moving to the country* accarezzava l'idea di trasferirsi in campagna. **3** (*to move jerkily*) muoversi a scatti, procedere a sbalzi. **II** v.t. **1** lanciare, gettare. **2** (*of a fan*) agitare rapidamente. **III** n. **1** flirt m., amore m. superficiale, amoreggiamento m. **2** (*woman*) civetta f. **3** (*man*) cascamorto m. **4** (*quick movement*) scatto m., mossa f. improvvisa.

flirtation /flɜːˈteɪʃən Am flɜːrˈteɪʃən/ n. **1** reggiamento m. **2** (*love affair*) flirt m., amore m. superficiale, amoreggiamento m.

flirtatious /flɜːˈteɪʃəs Am flɜːrˈteɪʃəs/ a. civettuolo, incline al flirt, poco serio.

flirtatiously /flɜːˈteɪʃəsli Am flɜːrˈteɪʃəsli/ avv. con civetteria.

flirtatiousness /flɜːˈteɪʃəsnəs Am flɜːr'teɪʃəsnəs/ n. civetteria f.

flirty /'flɜːti Am 'flɜːrti/ a. civettuolo, incline al flirt, poco serio.

flit /flɪt/ **I** v.i. (*past, p.p.* **flitted** /'flɪtɪd/) **1** volteggiare, svolazzare: *butterflies -ted from flower to flower* le farfalle svolazzavano di fiore in fiore. **2** (*to move quickly*) passare veloce, passare velocemente: *clouds -ted across the sky* le nuvole passavano veloci nel cielo. **3** (*Br,colloq*) (*to change house secretely*) andarsene segretamente dalla casa, traslocare di nascosto. **II** *n.* **1** movimento *m.* rapido e leggero, battito *m.* **2** (*colloq*) trasloco *m.* fatto di nascosto.

flitch /flɪtʃ/ **I** *n.* **1** (*Macell*) striscia *f.* di lardo. **2** (*piece of fish for smoking*) fetta *f.* di pesce da affumicare, trancio *m.* di pesce da affumicare. **3** (*Fal*) elemento *m.* di trave composta; (*veneer*) foglio *m.* per impiallacciatura. **II** *v.t.* **1** tagliare a fette, tagliare in tranci. **2** (*Fal*) (*of logs*) ricavare pezzi di legno da.

flitter /ˈflɪtəʳ Am ˈflɪtəʳ/ *v./n.* (*rar*) → **flutter**.

flittermouse /ˈflɪtəmaʊs Am ˈflɪtəʳmaʊs/ *n.irr.* (*ant*) pipistrello *m.*

flitting /ˈflɪtɪŋ Am ˈflɪtɪŋ/ *a.* breve, transitorio, fugace.

flivver /ˈflɪvəʳ/ *n.* (*Am,sl,ant*) utilitaria *f.*, macinino *m.*

float /fləʊt/ **I** *v.i.* **1** galleggiare, stare a galla. **2** (*in swimming*) fare il morto. **3** (*to move on the surface of a liquid*) lasciarsi portare dalla corrente, lasciarsi trascinare dalla corrente, fluitare. **4** (*to be suspended in air*) librarsi in aria. **5** (*fig*) (*to wander aimlessly*) vagare, errare. **6** (*Econ*) essere in circolazione. **II** *v.t.* **1** fare galleggiare, fare stare a galla. **2** (*of timber*) flottare, fare fluitare, fare scendere lungo la corrente. **3** (*of a surface: to cover with liquid*) coprire d'acqua, inondare. **4** (*Econ*) (*of rates*) fluttuare; (*of a business*) istituire, creare; (*of a loan*) lanciare. **5** (*Econ*) (*of currency*) fare fluttuare, lasciare fluttuare. **6** (*Edil*) (*of plaster*) spianare, lisciare. **7** (*Agr*) irrigare. **III** *n.* **1** galleggiante *m.* (*anche Idr, Aer*). **2** (*life preserver*) salvagente *m.* **3** (*Pesc*) galleggiante *m.*, sughero *m.* **4** (*Mar*) piattaforma *f.* galleggiante; (*flat-bottomed boat*) pontone *m.*, chiatta *f.*; (*raft*) zattera *f.* **5** (*Mecc*) (*in a carburettor*) galleggiante *m.* **6** (*Zool*) vescica *f.* natatoria. **7** (*float board*) pala *f.* **8** (*cart*) carro *m.* basso senza sponde; (*in a pageant*) carro *m.* da corteo. **9** (*Econ,Comm*) fondo *m.* cassa. **10** *pl.* (*Teat*) (*footlights*) luci *f.pl.* della ribalta. **11** *pl.* (*costr.sing. o pl.*) (*Geol*) frammenti *m.pl.* portati a valle dalle acque, frammenti *m.pl.* portati a valle dal vento. □ *to ~ an idea* lanciare un'idea, proporre un'idea; ~ *board* pala; (*Aut*) ~ *chamber* vaschetta del carburatore; ~ *glass* vetro float; (*fig*) *to ~ on air* essere al settimo cielo; (*Aer*) ~ *plane* (o ~ *seaplane*) idrovolante; ~ *stone* pietra pomice.

floatable /ˈfləʊtəbl Am ˈfləʊtəbl/ *a.* **1** che può galleggiare, che sta a galla. **2** (*of a waterway*) navigabile.

floatage /ˈfləʊtɪdʒ Am ˈfləʊtɪdʒ/ *n.* **1** galleggiamento *m.* **2** (*buoyancy*) galleggiabilità *f.* **3** (*Dir*) relitti *m.pl.* galleggianti; (*right*) diritto *m.* di appropriarsi di un relitto. **4** (*Mar*) (*deadworks*) opera *f.* morta. **5** (*Mar*) (*ships*) imbarcazioni *f.pl.*, natanti *m.pl.* **6** (*floating masses*) masse *f.pl.* galleggianti.

floater /ˈfləʊtəʳ Am ˈfləʊtəʳ/ *n.* **1** (*person*) persona *f.* che galleggia; (*thing*) galleggiante *m.* **2** (*Am,colloq*) (*drifter*) vagabondo *m.* (*f.* -a). **3** (*Am,colloq*) (*boomer*) lavoratore *m.* (*f.* -trice) stagionale. **4** (*Pol*) elettore *m.* (*f.* -trice) indeciso. **5** (*colloq,Econ*) (*bearer security*) titolo *m.* al portatore. **6** (*Br,sl*) (*blunder*) gaffe *f.*, sproposito *m.*

floating /ˈfləʊtɪŋ Am ˈfləʊtɪŋ/ **I** *a.* **1** galleggiante. **2** (*Med*) mobile. **3** (*Econ*) fluttuante. **4** (*fig*) fluttuante, variabile: *a ~ population* una popolazione fluttuante. **5** (*Mecc*) flottante, oscillante. **II** *n.* **1** galleggiamento *m.* **2** (*Econ*) (*of rates*) fluttuazione *f.*; (*of a business*) isti-

tuzione *f.*, creazione *f.*; (*of a loan*) lancio *m.*, emissione *f.* **3** (*of timber*) fluitazione *f.* □ (*Econ*) ~ *assets* capitale circolante; ~ *bridge* ponte di barche, ponte galleggiante; (*Econ*) ~ *capital* capitale circolante; (*Mar*) ~ *craft* galleggiante; ~ *crane* gru galleggiante; (*Econ*) ~ *debt* debito fluttuante (a breve termine); (*Mar*) ~ *dock* bacino galleggiante; (*Med*) ~ *kidney* rene mobile; (*Mar*) ~ *light* boa luminosa; (*Inform*) ~ *point* virgola fluttuante, virgola mobile; (*Mar*) ~ *rate* tariffa per i trasporti marittimi; (*Econ*) ~ *rate loan* mutuo a tasso (d'interesse) variabile; (*Anat*) ~ *rib* costola fluttuante; (*Pol*) ~ *vote* voto oscillante; (*Pol*) ~ *voter* elettore indeciso.

floaty /ˈfləʊti Am ˈfləʊti/ *a.* svolazzante.

floc /flɒk Am flɑːk/ *n.* (*Chim*) fiocco *m.*

floccose /ˈflɒkəʊs Am ˈflɑːkəʊs/ *a.* (*Bot*) fioccoso.

flocculant /ˈflɒkjʊlənt Am ˈflɑːkjuːlənt/ *n.* (*Chim*) flocculante *m.*

flocculate /ˈflɒkjʊleɪt Am ˈflɑːkjuːleɪt/ *v.i.* (*Chim*) flocculare.

floccule /ˈflɒkjʊːl Am ˈflɑːkjuːl/ *n.* fiocco *m.*, flocculo *m.*

flocculence /ˈflɒkjʊləns Am ˈflɑːkjuːləns/ *n.* l'essere fioccoso.

flocculent /ˈflɒkjʊlənt Am ˈflɑːkjuːlənt/ *a.* fioccoso, flocculoso.

flocculus /ˈflɒkjʊləs Am ˈflɑːkjuːləs/ *n.* (*Anat, Astr*) flocculo *m.*

floccus /ˈflɒkəs Am ˈflɑːkəs/ *n.* fiocco *m.*, bioccolo *m.*

flock[1] /flɒk Am flɑːk/ **I** *n.* **1** (*of sheep, goats*) gregge *m.* **2** (*of birds*) stormo *m.* **3** (*fig*) folla *f.*, turba *f.*, stuolo *m.* **4** (*Rel*) gregge *m.* **II** *v.i.* affollarsi, ammassarsi, accalcarsi, arrivare a frotte. □ *in -s* in gran numero, a frotte.

flock[2] /flɒk Am flɑːk/ **I** *n.* **1** (*tuft of wool, cotton, etc.*) fiocco *m.*, bioccolo *m.* **2** (*of hair*) ciuffo *m.*, ciocca *f.* **3** (*powdered wool*) polvere *f.* di lana. **4** (*floc*) flocculo *m.* **5** *pl.* (*waste fibres*) cascame *m.sing.* **II** *v.t.* **1** (*of a mattress, etc.*) riempire di cascame. **2** (*of wallpaper*) rendere ruvido.

flock-bed /ˈflɒkbed Am ˈflɑːkbed/ *n.* letto *m.* con materasso di cascame.

flock-lined /ˈflɒk,laɪnd Am ˈflɑːk,laɪnd/ *a.* (*of a plastic glove*) felpato (internamente).

flock-master /ˈflɒk,mɑːstəʳ Am ˈflɑːk,mæstəʳ/ *n.* pastore *m.*

flock-paper /ˈflɒk,peɪpəʳ Am ˈflɑːk,peɪpəʳ/ *n.* carta *f.* da parati ruvida.

flocky /ˈflɒki Am ˈflɑːki/ *a.* fioccoso, a fiocchi, simile a fiocchi.

floe /fləʊ/ *n.* (*Geol*) **1** (*ice floe*) banchisa *f.* **2** (*detached portion*) banco *m.* di ghiaccio galleggiante.

flog /flɒg Am flɑːg/ (*past, p.p.* **flogged** /-d/) *v.t.* **1** frustare, sferzare, fustigare. **2** (*fig*) (*to drive*) sforzare. **3** (*Br,colloq*) (*to sell*) vendere. **4** (*sl*) (*to defeat*) battere, vincere. □ (*fig*) *to ~ a dead horse* fare sforzi inutili, pestare l'acqua nel mortaio; (*colloq*) *to ~ oneself to death* ammazzarsi di fatica.

flogging /ˈflɒgɪŋ Am ˈflɑːgɪŋ/ *n.* fustigazione *f.*

flong /flɒŋ Am flɑːŋ/ *n.* (*Tip*) flan *m.*

flood[1] /flʌd/ *n.* **1** inondazione *f.*, alluvione *f.*, allagamento *m.* **2** (*of a river*) piena *f.*: *to be in ~* essere in piena. **3** (*of the tide*) flusso *m.*, alta marea *f.* **4** (*fig*) diluvio *m.*, fiume *m.*, (*rar*) profluvio *m.*: *a ~ of tears* un fiume di lacrime. □ (*fig*) *at the ~* al momento giusto; *the tide is at the ~* la marea è alta; (*Geog*) ~ *plain* pianura alluvionale; (*Bibl*) *the Flood* il diluvio universale; ~ *tide*: **1** marea montante, marea crescente; **2** (*fig*) ondata.

flood[2] /flʌd/ **I** *v.t.* **1** inondare, allagare, som-

mergere: *the river -ed the valley* il fiume inondò la valle; (*fig*) *to ~ the market* inondare il mercato. **2** (*of water*) far strairipare: *rain -ed the river* la pioggia ha fatto strairipare il fiume. **3** (*fig*) (*to overwhelm*) sommergere, inondare: *to be -ed with requests* essere sommersi dalle richieste. **4** (*to floodlight*) illuminare con proiettori, illuminare a giorno: *to ~ a room with light* inondare una stanza di luce. **5** (*Mar*) (*of a submarine*) allagare. **6** (*Mot*) ingolfare: *to ~ the engine* ingolfare il motore. **7** (*Agr*) irrigare. **II** *v.i.* **1** irrompere allagando, irrompere inondando: *water -ed into the room* l'acqua irruppe nella stanza allagandola. **2** (*to overflow*) traboccare; (*of a river*) strairipare. **3** (*to become flooded*) allagarsi. **4** (*of the tide*) montare, salire, crescere. **5** (*Med*) avere un'emorragia uterina. □ (*fig*) *to ~ in* affluire copiosamente, (*scherz*) fioccare; *to ~ out* sfollare (a causa di un'alluvione).

floodgate /ˈflʌdgeɪt/ *n.* porta *f.* della chiusa.

floodlight /ˈflʌdlaɪt/ **I** *n.* **1** (*projector*) proiettore *m.*, riflettore *m.* **2** (*beam*) luce *f.* a largo fascio luminoso, luce *f.* da proiettore: *by ~* alla luce dei riflettori. **II** *v.t.irr.* illuminare con proiettori, illuminare a giorno. □ ~ *projector* proiettore, riflettore; (*Sport*) *under ~* in notturna.

floodlighting /ˈflʌdlaɪtɪŋ Am ˈflʌdlaɪtɪŋ/ *n.* illuminazione *f.* mediante riflettori.

floodlit /ˈflʌdlɪt/ *a.* illuminato con proiettori, illuminato a giorno. □ (*Sport*) *a ~ football match* una partita in notturna.

floor /flɔːʳ Am flɔːr/ **I** *n.* **1** pavimento *m.*: *to sit on the ~* sedere sul pavimento, sedere per terra. **2** (*of a bridge*) base *f.* **3** (*storey*) piano *m.* **4** (*Parl*) aula *f.* **5** (*Econ*) (*of a Stock Exchange*) sala *f.* delle negoziazioni. **6** (*Mar*) (*of a dock*) platea *f.*; (*of a hold*) pagliolo *m.*; (*of a keel*) madiere *m.* **7** (*flat bottom*) fondo *m.*: *the ~ of a valley* il fondo di una valle. **8** (*Comm*) livello *m.* minimo. **9** (*Minier*) suola *f.*, piede *m.*; (*stratum*) strato *m.* (di minerale). **10** (*ant*) (*on the Stock Exchange*) recinto *m.* delle grida. **II** *v.t.* **1** pavimentare. **2** (*colloq*) (*to knock down*) gettare a terra, atterrare, abbattere. **3** (*fig*) (*to defeat*) battere, sconfiggere. **4** (*colloq*) (*to astound*) sorprendere, scandalizzare, scioccare, sconvolgere: *his aggressiveness -ed me*: la sua aggressività mi ha scioccato. **5** (*colloq*) (*to answer correctly*) rispondere correttamente. **6** (*colloq*) guidare a tutta velocità, guidare a tavoletta: *~ it!* schiaccia l'acceleratore! □ (*Econ*) ~ *broker* intermediario di borsa; (*Edil*) ~ *joist* travetto, travicello; ~ *lamp* lampada a stelo; ~ *layer* pavimentatore, pavimentista, piastrellista; (*Am,Pol*) ~ *leader* capogruppo parlamentare; ~ *manager*: **1** (*TV*) direttore di scena; **2** (*Comm*) capo del personale di vendita, capocommesso; (*Edil*) ~ *plan* piantina (di casa o appartamento); ~ *polisher* lucidatrice (elettrica) per pavimenti; (*Comm*) ~ *price* prezzo base; ~ *show* (*in a night-club, cabaret, etc.*) spettacolo di varietà sulla pista; ~ *space* superficie di ingombro; (*fig*) *to take the ~*: **1** cominciare a ballare; **2** (*Parl*) prendere la parola; (*Scol*) *to ~ the paper* rispondere a tutte le domande di un questionario; (*Tecn*) *to ~ time* tempo di lavorazione pezzo, tempo ciclo; ~ *waiter* cameriere del piano.

floorage /ˈflɔːrɪdʒ/ *n.* area *f.* pavimentata, pavimentazione *f.*

floor-board /ˈflɔːbɔːd Am ˈflɔːrbɔːrd/ *n.* **1** tavola *f.* di pavimento. **2** (*Mar*) madiere *m.*

floor-cloth /ˈflɔːrklɑːθ/ *n.* (*Am*) straccio *m.* per pulire i pavimenti.

floorer /'flɔːrəʳ/ n. 1 colpo m. che mette a terra. 2 (colloq) (unanswerable question) domanda f. impossibile.

flooring /'flɔːrɪŋ/ n. 1 pavimento m. 2 (Edil) pavimentazione f. 3 (material) materiale m. per pavimentazione.

floorwalker /'flɔːˌwɔːkəʳ/ n. (Am,Comm) capo m. del personale di vendita, capocommesso m. (f. -a).

floozie ,floozy /'fluːzi/ n. (sl) donna f. di facili costumi.

flop[1] /flɒp Am flɑːp/ (past, p.p. **flopped** /-t/) I v.i. 1 buttarsi, lasciarsi cadere: he -ped into a chair si lasciò cadere su una sedia. 2 (to move clumsily, heavily) muoversi goffamente, muoversi pesantemente, muoversi in modo sgraziato. 3 (Am,colloq) (to fail dismally) fallire, fare fiasco. 4 (Am,sl) (to go to bed) andare a dormire. 5 (to flap) sbattere. II v.t. 1 lasciare cadere, gettare, buttare. 2 (to flap) sbattere.

flop[2] /flɒp Am flɑːp/ I n. 1 il piombare giù. 2 (sound) tonfo m. 3 (colloq) (utter failure) insuccesso m., fallimento m., fiasco m. 4 (Am,sl) (place to sleep) posto m. per dormire. II avv. con un tonfo. ☐ (Am,colloq) a ~in the hay una sveltina.

flophouse /'flɒphaʊs/ n. (Am,sl) albergo m. d'infimo ordine, albergaccio m.

floppy /'flɒpi Am 'flɑːpi/ a. floscio, moscio, cascante: a ~ hat un cappello floscio. ☐ (Inform) ~disk floppy disk, dischetto.

flora /'flɔːrə Am also 'floʊrə/ (pl. -s /-z/, -rae /-riː/) n. flora f.

floral /'flɔːrl Am also 'floʊrᵊl/ a. 1 floreale: a ~ tribute un omaggio floreale. 2 (of floras) della flora. 3 (of a flower) fiorale, floreale. 4 (Tess) a fiori, a fiorami.

florally /'flɔːrᵊli Am also 'floʊrᵊli/ avv. a fiori, con fiori.

Florence /'flɒrəns Am 'flɔːrᵊns/ I n.pr. (Geog) Firenze f. II n.pr.f. Florence, Fiorenza.

Florentine /'flɒrᵊntaɪn, 'flɒrᵊntiːn Am 'flɔːrᵊntaɪn, 'flɔːrᵊntiːn/ I a. 1 fiorentino (anche Art). 2 pred. (Gastron) con spinaci: eggs ~ uova con spinaci. II n. fiorentino m. (f. -a). ☐ (Bot) ~iris giglio fiorentino.

florescence /flɔːˈresns, fləˈresᵊns/ n. (Bot) fioritura f.

florescent /flɔːˈresᵊnt, fləˈresᵊnt/ a. in fiore.

floret /'flɒrɪt Am also 'floʊrɪt/ n. 1 fiorellino m. 2 (Bot) flosculo m.

floriated /'flɔːrieɪtɪd Am 'floʊrieɪtɪd, 'floʊrieɪtɪd/ a. decorato con motivi floreali.

floribunda /ˌflɒrɪˈbʌndə Am also ˌfloʊrɪˈbʌndə/ n. (Bot) infiorescenza f. racemosa.

floricultural /ˌflɒrɪˈkʌltʃᵊrəl Am also ˌfloʊrɪˈkʌltʃᵊrᵊl/ a. della floricoltura.

floriculturalist /ˌflɒrɪˈkʌltʃᵊrᵊlɪst Am also ˌfloʊrɪˈkʌltʃᵊrᵊlɪst/ n. floricoltore m. (f. -trice).

floriculture /'flɒrɪkʌltʃᵊʳ Am also 'floʊrɪkʌltʃᵊʳ/ n. floricoltura f.

floriculturist /'flɒrɪkʌltʃᵊrɪst Am also 'floʊrɪkʌltʃᵊrɪst/ n. floricoltore m. (f. -trice).

florid /'flɒrɪd Am 'flɔːrɪd/ a. 1 florido, vivo. 2 (showy) vistoso, sgargiante. 3 (elaborate) fiorito, ornato: ~ language linguaggio fiorito. 4 (Mus) fiorito, figurato: ~ counterpoint contrappunto fiorito.

Florida /'flɒrɪdə Am 'flɔːrɪdə/ n.pr. (Geog) Florida f.

floridity /flɒrˈɪdɪti Am flɔːˈrɪdᵊti/ n. 1 floridezza f. 2 (showiness) vistosità f. 3 (fig) fioritura f., ornamento m.: ~ of style fioritura di stile.

floridness /'flɒrɪdnəs Am 'flɔːrɪdnəs/ n. 1 floridezza f. 2 (showiness) vistosità f. 3 (fig) fioritura f., ornamento m.

floriferous /flɒˈrɪfᵊrəs Am also floʊˈrɪfᵊrəs/ a.

(Bot) fiorifero.

florilegium /ˌflɒrɪˈliːdʒiəm Am also ˌfloʊrɪˈliːdʒiəm/ (pl. -gia /-dʒiə/, -s /-z/) n. florilegio m.

florin /'flɒrɪn Am 'floʊrɪn/ n. (Econ,Numism) 1 fiorino m. 2 (in Holland) fiorino m. olandese.

florist /'flɒrɪst Am also 'floʊrɪst/ n. 1 fiorista m./f., floricoltore m. (f. -trice). 2 (retailer) fioraio m. (f. -a), fiorista m./f.

floristic /flɒˈrɪstɪk Am also floʊˈrɪstɪk/ a. (Bot) floristico.

floristics /flɒˈrɪstɪks Am also floʊˈrɪstɪks/ n. (Bot) floristica f.

floss /flɒs Am flɑːs/ n. 1 bava f. (serica). 2 (silk filaments) seta f. da ricamo. 3 (waste silk fibres) cascame m. di seta. 4 (Bot) lanugine f. 5 (dental floss) filo m. interdentale. ☐ ~silk filaticcio, bavella.

flossy /'flɒsi Am 'flɑːsi/ a. 1 fatto di cascami di seta. 2 (light and soft) serico, leggero. 3 (Am,colloq) (showy) vistoso, eccessivo.

flotage /'floʊtɪdʒ Am 'floʊtᵻdʒ/ n. → **floatage**.

flotation /floʊˈteɪʃᵊn/ n. 1 galleggiamento m. 2 (Econ) (of a company) costituzione f.; (of a loan) lancio m. 3 (Minier) flottazione f. ☐ (Aer) ~gear dispositivo di galleggiamento; (Mar) ~tank cassa di galleggiamento.

flotilla /floʊˈtɪlə Am floʊˈtɪlə/ n. (Mar.mil,Aer) flottiglia f.

flotsam /'flɒtsəm Am 'flɑːtsəm/ n. (Dir) relitti m.pl. galleggianti, rottami m.pl. galleggianti. ☐ ~and jetsam : 1 relitti galleggianti, rottami galleggianti, relitti portati a riva; 2 (fig, colloq) (drifters) vagabondi, derelitti; 3 (fig) (useless trifles) cianfrusaglie.

flounce[1] /flaʊns/ I v.i. 1 muoversi a scatti. 2 (to struggle) dimenarsi, dibattersi, agitarsi. II n. scatto m., balzo m., gesto m. improvviso. ☐ she -dout of the room si precipitò fuori della stanza; to ~up and down andare su e giù nervosamente, andare su e giù con impazienza.

flounce[2] /flaʊns/ I n. (Sart) balza f., gala f., (rar) falpalà m. II v.t. (Sart) guarnire con balze.

flounder[1] /'flaʊndəʳ/ I v.i. 1 (in water, snow, etc.) dibattersi, agitarsi: he -ed about in the mud si dibatteva nel fango. 2 (fig) esitare e sbagliare; (in speaking) impappinarsi. II n. il dibattersi, dimenamento m.

flounder[2] /'flaʊndəʳ/ (pl.inv. o -s /-z/; il pl. inv. si usa con valore collett.) n. 1 (Itt) passera f. 2 (Am,Itt) specie f. di sogliola.

flour /flaʊəʳ/ I n. 1 (of wheat) farina f. 2 (of potatoes, etc.) fecola f. 3 (fine powder) farina f., polvere f. (finissima). II v.t. 1 (Am) (of grain) macinare. 2 (to sprinkle with flour) infarinare. ☐ ~bin madia; ~mill mulino da grano; (Gastron) ~tortilla focaccia di farina di grano, tortilla di farina di grano.

flourish /'flʌrɪʃ Am 'flɜːrɪʃ/ I v.i. 1 essere fiorente, fiorire, prosperare. 2 (to be healthy) stare bene, godere buona salute. 3 (Agr) crescere rigogliosamente, crescere bene, prosperare. 4 (to make sweeping gestures) fare larghi gesti. 5 (fig) usare un linguaggio fiorito. 6 (in handwriting) fare svolazzi scrivendo. 7 (Mus) eseguire una fioritura; (to play a fanfare) suonare una fanfara. II v.t. 1 brandire, agitare: to ~ a sword brandire una spada. 2 (to flaunt) ostentare: to ~ one's wealth ostentare le proprie ricchezze. 3 (to decorate with flowers, etc.) adornare, decorare. III n. 1 il brandire, l'agitare. 2 (of a sword, etc.) mulinello m. 3 (fig) ostentazione f. 4 (in handwriting) svolazzo m., ghirigoro m. 5 (Ret) fiorettatura f., fioretto m. 6 (Mus) fioritura f., (fanfare) fanfara f. 7 (prosperity) prosperità f., rigoglio m.: in full ~ in pieno

rigoglio.

flourishing /'flʌrɪʃɪŋ Am 'flɜːrɪʃɪŋ/ a. 1 fiorente, prosperoso, rigoglioso: a ~ economy un'economia fiorente. 2 (in good health) fiorente, florido.

floury /'flaʊəri Am 'flaʊri/ a. 1 infarinato, coperto di farina: ~ hands mani infarinate. 2 (resembling flour) farinoso. 3 (of potatoes) farinoso.

flout /flaʊt/ I v.t. dileggiare, beffare, deridere, schernire: to ~ conventions dileggiare le convenzioni. II v.i. beffarsi, farsi scherno (at di). III n. dileggio m., derisione f., scherno m.

flow /floʊ/ I v.i. 1 fluire, scorrere (anche fig): the waters -ed slowly along le acque fluivano lentamente. 2 (of rivers, etc.: to flow together) confluire, versarsi (into in). 3 (of blood) circolare, scorrere. 4 (to gush) sgorgare, fluire, scorrere: blood -ed from the wound il sangue sgorgava dalla ferita. 5 (fig) (of words, thoughts) fluire, scorrere; (of literary style) essere scorrevole, essere fluido. 6 (of the tide) salire, montare. 7 (fig) (to issue) provenire, derivare, procedere: his authority -s from his office l'autorità gli deriva dalla sua carica. 8 (fig) (to hang loosely) scendere, ricadere (morbidamente): her hair -ed down her back i capelli le scendevano lungo la schiena. 9 (to abound) abbondare (with di). II v.t. inondare, allagare. III n. 1 lo scorrere, il fluire. 2 (that which flows) flusso m.: the ~ of the waters il flusso delle acque; ~ of information flusso di informazioni. 3 (stream) fiume m. 4 (fig) flusso m., corrente f.: a ~ of traffic flusso del traffico, circolazione. 5 (fig) (of speech) fiume m., flusso m. 6 (Idr) portata f., getto m. 7 (of the tide) flusso m. 8 (Fis,Met) flusso m. ☐ (Inform,estens) ~chart diagramma di flusso; (Inform,estens) ~diagram diagramma di flusso; to ~freely scorrere a fiumi; ~line linea di flusso; the tide is on the ~ la marea sta salendo.

flower /'flaʊəʳ/ I n. 1 fiore m.: a bunch of -s un mazzo di fiori. 2 (bloom) fiore m., fioritura f.: our roses are in ~ le nostre rose sono in fiore, le nostre rose sono in piena fioritura. 3 (fig) (fior) fiore m., parte f. migliore, crema f.: the ~ of the country's youth il fior fiore della gioventù del paese. 4 (fig) (prime) fiore m., pieno rigoglio m., pieno vigore m., massimo fulgore m.: the ~ of life il fiore della vita. 5 (fig) (cause of pride) fiore m. all'occhiello: the ~ of our generation il fiore all'occhiello della nostra generazione. 6 (Tip) (fleuron) ornamento m. floreale, fregio m. floreale. 7 (fig) (literary ornament) fioretto m., fiorettatura f. 8 (Ret) (figure of speech) figura f. retorica. 9 (Chim,Enol) fiori m.pl. 10 pl. (Tess) fiori m.pl., fiorami m.pl. II v.i. 1 fiorire. 2 (fig) fiorire, sbocciare. III v.t. 1 fare fiorire. 2 (to decorate: with flowers) ornare di fiori, infiorare; (with floral designs) ornare di disegni floreali. ☐ ~box fioriera; (Agr) ~bud gemma florale; Flower Children figli dei fiori; ~girl : 1 fioraia; 2 (in a wedding) bambina che porta i fiori in un matrimonio; ~grower floricoltore; ~growing floricoltura; (Bot) ~head capolino; no ~s by request si prega di non inviare fiori; ~s of speech fiori retorici; (Chim) ~s of sulfur fiori di zolfo, zolfo fiori; (Chim) ~s of zinc ossido di zinco; (Pitt) ~piece quadro con fiori, quadro di fiori; ~power l'ideologia dei figli dei fiori; ~show esposizione di fiori; (Bot) ~stalk peduncolo (florale); ~stand giardiniera, fioriera.

flowerage /'flaʊərɪdʒ/ n. 1 (collett.) fiori m.pl. 2 (flowering) fioritura f.

flowerbed /'flauəbed *Am* 'flauərbed/ *n.* aiuola *f.*

flowered /'flauəd/ *a.* **1** fiorito, in fiore. **2** (*decorated with flowers*) fiorato, ornato di fiori. **3** (*covered with floral patterns*) a fiori, fiorato, a fiorami: *a ~ dress* un vestito a fiori.

flowerer /'flauərər/ *n.* pianta *f.* che fiorisce: *abundant ~* pianta che dà molti fiori; *late ~* pianta che fiorisce tardi, pianta tardiva.

floweret /'flauərɪt/ *n.* fiorellino *m.*

floweriness /'flauərɪnəs/ *n.* l'essere fiorito, l'essere ornato (*anche fig*).

flowering /'flauərɪŋ/ *a.* in fiore, fiorito.

flowerless /'flauələs *Am* 'flauərləs/ *a.* senza fiori.

flowerpot /'flauəpɒt *Am* 'flauərpɑːt/ *n.* vaso *m.* da fiori, fioriera *f.*

flowery /'flauəri/ *a.* **1** fiorito, in fiore. **2** (*of cloth, paper, etc.*) a fiori, a fiorami, fiorato. **3** (*fig*) (*of language, style*) fiorito, ornato, infiorato.

flowing /'fləuɪŋ/ *a.* **1** fluente, che scorre: *~ waters* acque fluenti. **2** (*fig*) (*fluent*) scorrevole, fluente: *a ~ speech* un discorso fluente. **3** (*fig*) (*smooth, easy*) scorrevole, fluido: *~ style* stile scorrevole. **4** (*fig*) (*graceful*) aggraziato, armonioso. **5** (*fig*) (*falling or hanging loosely*) di linea morbida, non aderente: *a ~ robe* un abito di linea morbida. **6** (*of hair*) fluente. **7** (*fig*) (*abounding*) che abbonda (*with* di). □ *~ tide* marea crescente, alta marea.

flown¹ /fləun/ → **fly¹**.

flown² /fləun/ *a.* (*rar*) gonfio (*with* di).

Flt Lt (*GB,Aer.mil*) *Flight-Lieutenant* (capitano d'aviazione).

Flt Sgt (*Aer.mil*) *Flight-Sergeant* (sergente pilota).

flu /fluː/ *n.* (*colloq*) (*influenza*) influenza *f.*: *I got (the) ~* ho preso l'influenza.

flub /flʌb/ **I** *v.i.* (*Am,colloq*) pasticciare, incasinare. **II** *n.* (*Am,colloq*) pasticcio *m.*, svarione *m.*

fluctuant /'flʌktʃuənt *Br also* 'flʌktjuənt/ *a.* (*poet*) fluttuante, oscillante.

fluctuate /'flʌktʃueɪt *Br also* 'flʌktjueɪt/ *v.i.* **1** essere incerto, ondeggiare, tentennare. **2** (*to vary*) oscillare, fluttuare, variare. **3** (*to move like a wave*) ondeggiare, fluttuare.

fluctuation /ˌflʌktʃu'eɪʃən *Br also* ˌflʌktju'eɪʃən/ *n.* fluttuazione *f.*, oscillazione *f.*

flue¹ /fluː/ *n.* **1** (*in a chimney*) canna *f.* fumaria. **2** (*passage, duct*) condotto *m.*, tubo *m.* **3** (*Tecn*) (*in a steam boiler*) condotto *m.* del fumo. **4** (*Mus*) (*windway*) fessura *f.* della canna. □ (*Mus*) *~ pipe* canna labiale.

flue² /fluː/ *n.* (*fluff*) laniccio *m.*; (*down*) peluria *f.*, lanugine *f.*

flue³ /fluː/ *n.* (*Pesc*) **1** (*fishing net*) rete *f.* da pesca. **2** (*drag net*) rete *f.* a strascico.

flue⁴ /fluː/ **I** *v.t.* (*Edil*) svasare, allargare. **II** *v.i.* (*Edil*) svasarsi, allargarsi.

fluency /'fluːənsi/ *n.* **1** fluidità *f.*, scorrevolezza *f.*, scioltezza *f.*: *~ of style* fluidità di stile. **2** (*in speaking a foreign language*) scioltezza *f.*, il parlare bene, il parlare correntemente.

fluent /'fluːənt/ *a.* **1** (*of language*) scorrevole, fluente, fluido. **2** (*of a person*) facondo, dalla parola facile. **3** (*easy, graceful*) aggraziato, armonioso. □ *to speak ~ English* (o *to be ~ in English*) parlare inglese correntemente, parlare inglese con scioltezza, parlare un ottimo inglese.

fluently /'fluːəntli/ *avv.* (*of a language*) con scioltezza, correntemente: *to speak English ~* parlare bene l'inglese, parlare inglese con scioltezza, parlare inglese correntemente, parlare un ottimo inglese.

fluff /flʌf/ **I** *n.* **1** (*soft down*) peluria *f.* **2** (*fluffy mass*) massa *f.* soffice, massa *f.* vaporosa, batuffolo *m.* **3** (*trivial talk*) fuffa *f.*, discorso *m.* vuoto. **4** (*fig*) (*first growth of beard*) peluria *f.*, lanugine *f.* **5** (*colloq*) (*blunder*) gaffe *f.*, cantonata *f.*, granchio *m.* **6** (*Teat*) papera *f.* **II** *v.t.* **1** rendere soffice, rendere vaporoso. **2** (*of pillows, mattresses*) sprimacciare. **3** (*of feathers*) arruffare. **4** (*colloq*) (*to bungle*) abborracciare, pasticciare. **5** (*Teat*) dimenticare: *to ~ a line* dimenticarsi una battuta. **III** *v.i.* **1** diventare soffice, diventare vaporoso, gonfiarsi. **2** (*of feathers*) arruffarsi. **3** (*colloq*) (*to blunder*) prendere una cantonata, prendere un granchio. **4** (*Teat*) impaperarsi, prendere una papera. □ *to ~ up* sprimacciare.

fluffiness /'flʌfɪnəs/ *n.* l'essere soffice.

fluffy /'flʌfi/ *a.* **1** coperto di peluria, lanuginoso. **2** (*light, airy*) leggero, soffice: *a ~ cake* una torta soffice. **3** (*of hair*) vaporoso.

fluid /'fluːɪd/ **I** *n.* fluido *m.* (*anche Occult*). **II** *a.* **1** fluido. **2** (*fig*) fluido, instabile, variabile, mutevole, incostante. □ *~ dram* dracma fluida (pari a 3,55 cm³); (*Mot*) *~ drive* trasmissione idrodinamica; (*Mot*) *~ gear* cambio idraulico; (*Fis*) *~ mechanics* meccanica dei fluidi; *~ ounce* oncia fluida.

fluidics /flu'ɪdɪks/ *n.pl.* (*costr.sing.*) fluidica *f.*

fluidify /flu'ɪdɪfaɪ/ **I** *v.t.* fluidificare. **II** *v.i.* fluidificarsi.

fluidity /flu'ɪdɪti *Am* fluː'ɪdəti/ *n.* **1** fluidità *f.* **2** (*fig*) fluidità *f.*, instabilità *f.*

fluidize /'fluːɪdaɪz/ *v.t.* (*Chim*) fluidizzare.

fluke¹ /fluːk/ **I** *n.* **1** colpo *m.* di fortuna: *to win by a ~* vincere per (puro) caso. **2** (*accidentally successful stroke*) tiro *m.* fortunato, colpo *m.* fortunato. **II** *v.t.* ottenere con un colpo di fortuna. **III** *v.i.* avere un colpo di fortuna.

fluke² /fluːk/ *n.* (*Mar*) (*of an anchor*) patta *f.*, palma *f.* **2** (*of a harpoon arrow, etc.*) punta *f.* **3** *pl.* (*Zool*) (*of a whale*) coda *f.sing.*

flukey, fluky /'fluːki/ *a.* **1** (*colloq*) fortunato; (*chance*) fortuito, casuale. **2** (*of the wind*) incostante, variabile.

flume /fluːm/ **I** *n.* **1** canale *m.* artificiale. **2** (*Am*) (*ravine*) burrone *m.* scavato da un torrente, gola *f.* scavata da un torrente. **II** *v.t.* trasportare per mezzo di un canale artificiale.

flummery /'flʌməri/ *n.* **1** (*Gastron*) farinata *f.* **2** (*Dolc*) biancomangiare *m.* **3** (*colloq*) (*humbug*) frottole *f.pl.*, fandonie *f.pl.*; (*empty compliments*) complimenti *m.pl.* sciocchi.

flummox /'flʌməks/ *v.t.* (*colloq*) sconcertare, confondere, imbarazzare.

flump /flʌmp/ **I** *v.i.* **1** cadere con un tonfo. **2** (*to move heavily*) muoversi pesantemente. **II** *v.t.* fare cadere con un tonfo. **III** *n.* tonfo *m.*

flung /flʌŋ/ → **fling¹**.

flunk /flʌŋk/ **I** *v.t.* (*Am,colloq*) **1** essere bocciato in, essere respinto in. **2** (*of a teacher*) bocciare, respingere. **3** (*to shirk*) sottrarsi a. **II** *v.i.* (*Am,colloq*) **1** essere bocciato, essere respinto. **2** (*to back out*) ritirarsi, tirarsi indietro. **III** *n.* (*Am,colloq*) **1** fiasco *m.* **2** (*in an exam*) bocciatura *f.* □ (*Am,colloq*) *to ~ out*: **1** (*to leave school*) abbandonare gli studi; **2** (*to be dismissed*) essere espulso da scuola per scarso profitto.

flunkey, flunky /'flʌŋki/ *n.* **1** (*spreg*) lacchè *m.*, servo *m.* in livrea. **2** (*spreg*) (*toady*) persona *f.* servile, lacchè *m.*, leccapiedi *m./f.* **3** (*Am*) (*menial assistant*) tirapiedi *m./f.*

fluoresce /flɔː'res/ *v.i.* essere fluorescente.

fluorescein /flɔː'rəsiːn/ *n.* (*Chim*) fluoresceina *f.*

fluorescence /flɔː'resəns/ *n.* (*Fis,Chim*) fluorescenza *f.*

fluorescent /flɔː'resənt/ *a.* fluorescente. □

~ lamp lampada fluorescente; *~ lighting* illuminazione fluorescente; *~ screen* schermo fluorescente.

fluoridate /'flɔːrɪdeɪt/ *v.t.* (*Chim*) fluorurare, sottoporre a fluorurazione.

fluoride /'flɔːraɪd/ *n.* (*Chim*) fluoruro *m.*

fluorinate /'flɔːrɪneɪt/ *v.t.* (*Chim*) fluorurare, sottoporre a fluorurazione.

fluorine /'flɔːriːn/ *n.* (*Chim*) fluoro *m.*

fluorite /'flɔːraɪt/ *n.* (*Min*) fluorite *f.*

fluorocarbon /ˌflɔːrou'kɑːbən *Am* ˌflɔːrou'kɑːrbən/ *n.* (*Chim*) fluorocarburo *m.*

fluorochrome /'flɔːrou,kroum/ *n.* (*Chim*) fluorocromo *m.*

fluorography /flɔː'rɒgrəfi *Am* flɔː'rɑːgrəfi/ *n.* (*Med*) fluorografia *f.*

fluorometer /flɔː'rɒmɪtər *Am* flɔː'rɑːmətər/ *n.* (*Tecn*) fluorometro *m.*

fluoroscope /'flɔːrouskoup *Am* 'flɔːrəskoup/ *n.* (*Fis*) fluoroscopio *m.*

fluorosis /flɔː'rousɪs/ *n.* (*Med*) fluorosi *f.*

fluorspar /'flɔːspɑːr *Am* 'flɔːrspɑːr/ *n.* (*Min*) fluorite *f.*

fluoxetine /flu'ɒksətiːn *Am* flu'ɑːksətiːn/ *n.* (*Farm*) fluoxetina *f.*

flurried /'flʌrid *Am* 'flɜːrid/ *a.* (*perturbed*) agitato, nervoso, ansioso.

flurry /'flʌri *Am* 'flɜːri/ **I** *n.* **1** turbine *m.* di neve, tempesta *f.* improvvisa di neve. **2** (*gust of wind*) folata *f.*, raffica *f.*, ventata *f.* improvvisa. **3** (*fig*) agitazione *f.*, nervosismo *m.*, eccitazione *f.* **4** (*of a dying whale*) ultimi sussulti *m.pl.* **II** *v.t.* mettere in agitazione, innervosire. □ *in a ~* agitato.

flush¹ /flʌʃ/ **I** *n.* **1** flusso *m.* d'acqua, getto *m.* d'acqua. **2** (*cleaning by flushing*) sciacquata *f.* **3** (*rush of blood*) afflusso *m.* di sangue al viso, caldana *f.*; (*blush*) rossore *m.*, vampa *f.* **4** (*fig*) (*rush of emotion*) accesso *m.*, scoppio *m.*, impeto *m.*: *he felt a ~ of rage* ebbe uno scoppio d'ira. **5** (*fig*) (*elation*) esaltazione *f.*, ebbrezza *f.* **6** (*fig*) (*vigour*) rigoglio *m.*, pieno vigore *m.*: *in the ~ of youth* nel rigoglio della giovinezza. **7** (*fig*) (*sudden increase*) boom *m.*, aumento *m.* improvviso. **II** *v.t.* **1** (*of water*) far scorrere. **2** (*of a meadow*) irrigare. **3** (*to cleanse with water*) pulire con un getto d'acqua, lavare abbondantemente. **4** (*to cause to blush*) far arrossire. **5** (*used in the passive*) (*fig*) (*to excite, to inflame*) eccitare, infiammare, infervorare: *to be -ed with success* essere eccitato per il successo. **III** *v.i.* **1** (*to blush*) arrossire, diventare rosso. **2** (*to flow suddenly*) scorrere impetuosamente; (*of blood*) affluire al viso. **3** (*fig*) (*to glow red*) accendersi, diventare infuocato. **4** (*Bot*) germogliare, gemmare. □ *to ~ sth. down the toilet* buttare qcs. nel gabinetto (e tirare l'acqua); *to ~ out* pulire con un getto d'acqua, lavare abbondantemente; *~ tank* cassetta di cacciata, cassetta per cacciata; *to ~ the toilet* tirare l'acqua del gabinetto), tirare lo sciacquone; *~ valve* flussometro.

flush² /flʌʃ/ **I** *a.* **1** a livello (*with* di): *windows ~ with the walls* finestre a livello delle pareti. **2** (*directly abutting, contiguous*) rasente (*with sth.* qcs.). **3** (*colloq*) (*well supplied with money*) ben fornito di denaro, che sta bene a soldi. **4** (*colloq*) (*prodigal*) generoso, prodigo. **5** (*flushed*) colorito, arrossato. **6** (*fig*) (*full of vigour*) vigoroso; (*full of life*) pieno di vita. **7** (*filled to overflowing*) traboccante, rigurgitante, pieno fino all'orlo; (*of a river*) in piena. **8** (*Tip*) senza ritorni a capo. **II** *avv.* **1** a livello, in piano. **2** (*in direct contact*) a diretto contatto. **3** (*straight*) direttamente, in pieno. **III** *v.t.* **1** livellare, pareggiare. **2** (*Edil*) livellare, spianare. □ (*Legat*) *to cut ~* tagliare a filo.

flush³ /flʌʃ/ **I** *v.t.* (Caccia) fare alzare in volo, fare volare via. **II** *v.i.* levarsi in volo, alzarsi in volo. **III** *n.* **1** (act) il fare alzare in volo. **2** (flock of birds) stormo *m.* di uccelli (levatisi) in volo.

flush⁴ /flʌʃ/ **I** *n.* (in poker) colore *m.*: to get a ~ fare colore. **II** *a.* **1** (in card games) dello stesso seme. **2** (in poker) di colore: a ~ hand una mano di colore.

flushing¹ /ˈflʌʃɪŋ/ **I** *n.* rossore *m.*, vampa *f.* **II** *a.* che arrossisce.

flushing² /ˈflʌʃɪŋ/ *n.* **1** sciacquata *f.* **2** (Idr) flusso *m.* **3** (in a water closet) sciacquone *m.*

fluster /ˈflʌstər/ **I** *v.t.* **1** innervosire, mettere in agitazione, agitare. **2** (to upset) turbare. **II** *v.i.* agitarsi, turbarsi. **III** *n.* agitazione *f.*, nervosismo *m.*, eccitazione *f.*, turbamento *m.* □ to be all in a ~ essere tutto agitato; to get -ed agitarsi.

flute /fluːt/ **I** *n.* **1** (Mus) flauto *m.* **2** (Mus) (player) flautista *m./f.* **3** (Arch,Mecc,Met) scanalatura *f.* **II** *v.t.* **1** (Mus,poet) suonare sul flauto. **2** (to sing in flutelike tones) cantare con voce flautata. **3** (to make flutes in) scanalare, fare scanalature in. **III** *v.i.* (Mus) suonare il flauto.

fluted /ˈfluːtɪd Am ˈfluːtɪd/ *a.* **1** (of sounds) flautato, melodioso. **2** (grooved) scanalato (anche Arch).

fluting /ˈfluːtɪŋ Am ˈfluːtɪŋ/ *n.* **1** il suonare il flauto. **2** (flute, groove) scanalatura *f.*, solco *m.*; (series) scanalature *f.pl.* **3** (Geol) pieghettatura *f.*

flutist /ˈfluːtɪst/ *n.* (Am,Mus) flautista *m./f.*

flutter /ˈflʌtər Am ˈflʌtər/ **I** *v.i.* **1** (of birds) sbattere le ali, svolazzare. **2** (to wave) fluttuare, ondeggiare: a flag -ed in the wind una bandiera fluttuava al vento. **3** (fig) (to be agitated) agitarsi, eccitarsi; (to be tremulous) tremare, tremolare, palpitare. **4** (Med) (of the heart) battere irregolarmente. **5** (to move about aimlessly) andare su e giù nervosamente. **II** *v.t.* **1** battere, sbattere: to ~ one's eyelids battere le palpebre. **2** (of flags, etc.) sventolare. **3** (fig) turbare, agitare, sconvolgere. **III** *n.* **1** tremito *m.*, vibrazione *f.* **2** (of wings) battito *m.*, frullio *m.* **3** (of a flame) tremolio *m.* **4** (of flags) sventolio *m.* **5** (fig) agitazione *f.*, eccitazione *f.* **6** (Br,colloq) (bet) scommessa *f.*: to have a ~ fare una scommessa. **7** (Med) pulsazione *f.* rapida. **8** (Aer) flutter *m.*, sbattimento *m.* **9** (Elettron) onda *f.*, ondeggiamento *m.* □ (colloq) to be all in a ~ essere in uno stato di grande agitazione; to make a ~ fare colpo; (fig) to ~ the dovecots portare lo scompiglio.

fluty /ˈfluːti Am ˈfluːti/ *a.* flautato.

fluvial /ˈfluːvɪəl/ *a.* fluviale.

fluviatile /ˈfluːvɪətəl/ *a.* (Biol) fluviatile.

fluvioglacial /ˌfluːvɪoʊˈɡleɪsɪəl Am ˌfluːvɪoʊˈɡleɪʃəl/ *a.* fluvioglaciale.

fluvoxamine /fluːˈvɒksəmiːn Am fluːˈvɑːksəmiːn/ *n.* (Farm) fluvoxamina *f.*

flux /flʌks/ **I** *n.* **1** flusso *m.* (anche Med,Fis). **2** (fig) cambiamento *m.* continuo, mutamento *m.* frequente: the situation is in a state of ~ la situazione è soggetta a frequenti mutamenti. **3** (fig) (state of uncertainty) instabilità *f.*, stato *m.* d'incertezza. **4** (Chim,Vetr) fondente *m.* **5** (Met) fondente *m.*, calcare *m.* fondente. **6** (Tecn) (in soldering) fondente *m.* per saldare. **7** (of the tide) flusso *m.* **II** *v.t.* **1** (Tecn) flussare, fondere. **2** (to fuse with flux) trattare con fondente. **III** *v.i.* **1** fluire, scorrere. **2** (to melt) fondersi. **3** (to become fluid) liquefarsi.

fluxion /ˈflʌkʃən/ *n.* **1** il fluire, flusso *m.* **2** (fig) mutamento *m.* continuo, cambiamento *m.* continuo. **3** (Med,Mat,ant) flussione *f.*

fluxional /ˈflʌkʃənl/ *a.* **1** (variable) variabile, incostante. **2** (Med,Mat,ant) di flussione.

fluxionary /ˈflʌkʃənri Am ˈflʌkʃəneri/ *a.* **1** (variable) variabile, incostante. **2** (Med,Mat, ant) di flussione.

fly¹ /flaɪ/ (past **flew** /fluː/, p.p. **flown** /floʊn/) **I** *v.i.* **1** volare. **2** (to travel in an aircraft) andare in aereo, viaggiare in aereo, volare: we flew to Greece siamo andati in Grecia in aereo. **3** (to be carried through the air) volare, librarsi nell'aria. **4** (to pilot an aeroplane) pilotare un aereo, fare il pilota. **5** (fig) (to rush) volare, precipitarsi: to ~ to so.'s aid volare in aiuto di qcu. **6** (fig) (of time) volare, passare rapidamente: time flies il tempo vola. **7** (to flee) fuggire, scappare: I must ~ devo scappare; (colloq) the bird has flown il tipo se l'è squagliata. **8** (to float in the air) sventolare, svolazzare: to ~ in the wind svolazzare al vento. **9** (to wave) ondeggiare. **II** *v.t.* **1** pilotare: to ~ an aeroplane pilotare un aeroplano. **2** (to cause to fly) far volare. **3** (to transport in an aircraft) trasportare in aereo, trasportare in volo. **4** (to cross in an aircraft) trasvolare, sorvolare: to ~ the Atlantic sorvolare l'Atlantico. **5** (to choose as one's airline) volare con: I always ~ Delta io viaggio sempre con la Delta. **6** (of a flag) battere, issare. **7** (to escape from) fuggire da, scappare da, abbandonare: to ~ the country fuggire dal paese. **8** (to avoid) sfuggire, sottrarsi a. **9** (Mar) (of a flag) battere: a ship -ing the Italian flag nave che batte bandiera italiana. □ to ~ a kite : **1** fare volare un aquilone; **2** (colloq) (to test public opinion) sondare l'opinione pubblica; **3** (fig) vedere da che parte tira il vento; **4** (Comm) procurarsi denaro con cambiali di comodo; to ~ about volare qua e là, svolazzare; (fig) to ~ apart volare in pezzi, andare in pezzi; (fig) to ~ at so. lanciarsi su qcu., avventarsi su qcu.; (fig) to ~ at high game mirare in alto; to ~ away : **1** (of birds) volare via; **2** (of people) prendere il volo, involarsi; to ~ for one's life cercare la salvezza nella fuga; (Am,colloq) go ~ a kite ! togliti dai piedi!; (fig) to ~ high volare alto, mirare in alto, essere ambizioso; to ~ high as a kite essere eccitatissimo (anche per effetto della droga); (fig) to ~ in the face of disprezzare, disdegnare; to ~ in the teeth of disprezzare, disdegnare; to ~ into Malpensa atterrare alla Malpensa; (fig) to ~ into a rage incollerirsi, infuriarsi; (fig) to ~ into a temper incollerirsi, infuriarsi, adirarsi, montare in collera; to let ~ : **1** (of a missile, etc.) lanciare; **2** (fig) (to attack) coprire di insulti, aggredire con parolacce (at so. qcu.); **3** (fig) (to give rein to an emotion) lasciarsi andare, sfogarsi; (colloq) to ~ off the handle perdere le staffe; the door flew open la porta si spalancò; to ~ out at so. coprire qcu. d'insulti; I flew out of New York sono partito (in aereo) da New York; (Aer) to ~ over sorvolare; to ~ past sorvolare in formazione, sorvolare in parata; to ~ solo : **1** (Aer) volare in solitaria; **2** (estens) (to fly unaccompanied) andare in aereo da soli: children under the age of six are prohibited from -ing solo ai bambini sotto i sei anni è vietato viaggiare da soli in aereo; **3** (fig) (to be single) vivere da soli: -ing solo is difficult after 23 years of marriage è difficile ritrovarsi a vivere da soli dopo 23 anni di matrimonio; **4** (fig) (to do a task without aid) voler fare tutto da solo, sbrigarsela da solo; (Aer) to ~ the beam seguire l'allineamento del VOR; (colloq) to ~ the coop battersela, squagliarsela; (Br) to ~ the high pitch : **1** (of a hawk) volare al punto più alto (prima di calare sulla preda); **2** (fig)

mirare in alto; to ~ to the head : **1** (of wine) dare alla testa; **2** (of blood) montare alla testa.

fly² /flaɪ/ *n.* **1** (rar) volo *m.* **2** (Sart) patta *f.*, pattina *f.*, finta *f.* **3** (of a tent) lembo *m.* per chiudere l'entrata di una tenda. **4** (of a flag: width) lunghezza *f.*; (edge furthest from the pole) lembo *m.* estremo. **5** (Stor.brit) (hackney carriage) carrozza *f.* da nolo. □ (Bot) ~ agaric amanita muscaria, ovolaccio; ~ ash cenere volatile, cenerino; (Sport) ~ ball (in baseball) palla al volo; (Am,Mil,colloq) ~ boy pilota d'aereo (spec. spericolato); ~ flap scacciamosche, acchiappamosche; (Teat) ~ loft paiolo, ballatoio; (Aer) ~ past parata aerea; (Aer) ~ speed velocità di crociera; (Aer) ~ staff personale di volo; (Mecc) ~ wheel volano.

fly³ /flaɪ/ *n.* **1** (Entom,Agr) mosca *f.* **2** (Pesc) mosca *f.* artificiale. **3** (Tip) stampatore *m.* □ ~ blow : **1** uovo di mosca, larva di mosca; **2** (used as a verb) depositare uova su, depositare larve su; **3** (fig) (of a reputation) macchiare, offuscare; ~ blown : **1** infestato di uova di mosca; **2** (fig) macchiato, offuscato; (fig) a ~ in the ointment un piccolo difetto che sciupa tutto; ~ net paramosche; (colloq) there are no flies on him è un tipo in gamba; ~ paper carta moschicida; ~ swatter paletta per le mosche; (Bot) ~ trap pigliamosche; ~ whisk scacciamosche.

fly⁴ /flaɪ/ *a.* **1** (Br,sl) sveglio, furbo, astuto, che tiene gli occhi aperti. **2** (Am,sl) (stylish, fashionable) moderno, elegante, giusto. ~ (Am,sl) ~ chick ragazza attraente, bonazza; (Am,sl) ~ guy ragazzo attraente, fico.

fly-away /ˈflaɪəweɪ/ *a.* **1** (of garment) svolazzante. **2** (fig) (of person) scervellato. **3** (fig) (of ideas) fantastico, bizzarro. **4** (of hair) ribelli, difficili.

flybill /ˈflaɪbɪl/ *n.* volantino *m.*

fly-by-night /ˈflaɪbaɪnaɪt/ **I** *a.* **1** (Comm) che non merita credito. **2** (unreliable) incerto, non saldo. **II** *n.* **1** chi va in giro di notte. **2** (so. who flees his creditors) chi sfugge i (propri) creditori. **3** (one regarded as a poor credit risk) persona *f.* che non merita credito.

fly-by-wire /ˈflaɪbaɪwaɪər/ *n.* (Aer) telecomando *m.* a filo.

fly-drive /ˈflaɪdraɪv, ˌflaɪˈdraɪv/ □ ~ programme programma fly and drive, programma (turistico) aereo più auto.

flyer /ˈflaɪər/ *n.* **1** (Am) (handbill) volantino *m.* **2** (bird, insect) volatore *m.*: a high ~ un buon volatore. **3** (Aer) (airman) aviatore *m.*; (aeroplane) aeroplano *m.* **4** (fast coach, train) treno *m.* rapido, rapido *m.* **5** (Mecc) aletta *f.* **6** (Arch) gradino *m.*, scalino *m.* **7** (Am, colloq) investimento *m.* speculativo.

fly-fish /ˈflaɪfɪʃ/ *v.i.* (Pesc) pescare con mosche artificiali.

flying /ˈflaɪɪŋ/ **I** *a.* **1** volante, che vola. **2** (moving in the air) sventolante, al vento, ondeggiante. **3** (brief) breve; (hasty) affrettato, frettoloso: a ~ visit una visita frettolosa. **4** (fleeting) fugace, passeggero. **5** (Aer) d'aviazione, di volo. **6** (Arch) (of stairs) a rampa unica. **7** (Mar) (of a sail) volante, libero. **II** *n.* volo *m.*, il volare. □ (Aer) ~ boat idrovolante a scafo; (Aer.mil) ~ bomb bomba volante; (Mar) ~ bridge flying bridge; (Arch) ~ buttress arco rampante; ~ club club aeronautico, aeroclub; ~ colours : **1** (o Am ~ colors) : **1** grande successo, trionfo; **2** (Scol) pieni voti: to pass with ~ colours superare un esame brillantemente, superare un esame a pieni voti; (Mil) ~ column colonna volante; (Aus) ~ doctor medico che si sposta in aereo, flying doctor; (Zool) ~ dragon drago volante; *Flying Dutchman*: 1 (*Mar*) Flying Dutchman; 2 (*Mus*) Olandese volante; (*Aer*) ~ *field* campo d'aviazione; (*Itt*) ~ *fish* pesce volante, rondinella di mare; (*Aer.mil*) ~ *fortress* fortezza volante; (*Zool*) ~ *fox* pteropo; (*Am, volg*) *I don't give a ~ fuck* non me ne frega un cazzo; (*Aer*) ~ *hours* ore di volo; (*Aer*) ~ *instructor* istruttore di volo; (*Mar*) ~ *jib* controfiocco; ~ *jump* balzo; (*Mar*) ~ *junior* flying junior, imbarcazione da regata per due persone; (*Zool*) ~ *lemur* galeopiteco, cynocephalus volans; (*Zool*) ~ *lizard* drago volante; (*Aer.mil*) ~ *officer* capitano pilota; ~ *saucer* disco volante; ~ *school* scuola di volo; (*Br*) ~ *squad* (*division of a police force*) squadra volante, volante; (*Zool*) ~ *squirrel* scoiattolo volante; ~ *start*: 1 (*Sport*) partenza lanciata; 2 (*fig*) inizio entusiastico; (*colloq*) *to get* (o *be*) *off to a ~ start* partire in quarta; ~ *suit* tuta da pilota; ~ *visit* visita lampo, salto; (*Aer*) ~ *wing* tuttala.

flyleaf /'flaɪliːf/ *n.irr.* (*Tip*) risguardo *m.*

fly-over /'flaɪˌouvər/ *n.* 1 (*Aer*) parata *f.* aerea. 2 (*Strad*) cavalcavia *m.*

fly-past /'flaɪpɑːst/ *n.* (*Br,Aer*) parata *f.* aerea.

fly-pitcher /'flaɪpɪtʃər/ *n.* (*Br,colloq*) venditore *m.* (*f.* -trice) ambulante, ambulante *m./f.*

fly-post /'flaɪˌpoust/ *v.i.* (*Br*) affiggere abusivamente manifesti pubblicitari.

fly-poster /'flaɪˌpoustər/ *n.* (*Br*) affissione *f.* abusiva.

flyrod /'flaɪrɒd *Am* 'flaɪrɑːd/ *n.* (*Pesc*) canna *f.* da mosca.

flysch /flɪʃ/ *n.* (*Geol*) flysch *m.*

flysheet /'flaɪʃiːt/ *n.* volantino *m.*

flyspeck /'flaɪspek/ *n.* 1 caccola *f.*, escremento *m.* di insetto. 2 (*fig*) cosa *f.* insignificante, bazzecola *f.*

flytipping /'flaɪˌtɪpɪŋ/ *n.* (*Br*) discarica *f.* illegale.

flyweight /'flaɪweɪt/ *n.* (*Sport*) peso *m.* mosca.

flywheel /'flaɪ(h)wiːl/ *n.* (*Mecc*) volano *m.*

fm *fathom* fm (fathom, braccio).

FM /ˌef'em/ 1 (*Mil*) *field manual* (manuale da campo). 2 (*Rad*) *frequency modulation* FM (modulazione di frequenza).

f-number /'ef.nʌmbər/ *n.* (*Fot*) apertura *f.* (di un obiettivo).

FO (*GB*) *Foreign Office* (ministero degli esteri).

fo. (*Tip*) *folio* (foglio, pagina in folio).

foal /foul/ I *n.* (*Zool*) puledro *m.* II *v.t.* (*Zootecn*) partorire, figliare. III *v.i.* figliare. □ *to be in ~* (o *to be with ~*) (*of a mare*) essere pregna.

foam /foum/ I *n.* 1 schiuma *f.*, spuma *f.* 2 (*on an animal*) bava *f.*, schiuma *f.* 3 (*Chim*) schiuma *f.* 4 (*poet*) (*sea*) mare *m.* II *v.i.* schiumare, spumare. III *v.t.* far fare la schiuma a, fare schiumare. □ (*fig*) *to ~ at the mouth* avere la bava alla bocca, spumare dalla rabbia; ~ *bath* bagnoschiuma; ~ *glass* vetro multicellulare; (*Chim*) ~ *polystyrene* polistirolo espanso; ~ *rubber* gommapiuma, gomma espansa; ~ *sprayer* estintore a schiuma.

foaminess /'foumɪnəs/ *n.* spumosità *f.*

foamy /'foumi/ *a.* spumoso, schiumoso.

fob[1] /fɒb *Am* fɑːb/ *n.* 1 (*pocket*) taschino *m.* per l'orologio. 2 (*chain*) catena *f.* dell'orologio. □ ~ *chain* catena dell'orologio; ~ *pocket* taschino per l'orologio.

fob[2] /fɒb *Am* fɑːb/ *v.t.* (*past, p.p.* **fobbed** /-d/) *v.t.* (*rar*) imbrogliare, ingannare. □ *to ~ off*: 1 tenere a bada, tener buono; 2 (*to pass off as genuine*) appioppare, rifilare.

f.o.b. (*Comm*) *free on board* fob, FOB (franco a bordo).

f.o.c. /ˌefou'siː/ (*Comm*) *free of charge* p.f.

(porto franco).

focal /'foukəl/ *a.* (*Fis,Geom,Med*) focale. □ (*Ott*) ~ *length* focale, distanza focale; (*Ott*) ~ *plane* piano focale; ~ *point*: 1 (*Fot,Ott*) punto focale; 2 (*fig*) punto centrale, centro.

focalisation /ˌfoukəl(a)ɪˈzeɪʃən/ *n.* (*Br,Fot*) focalizzazione *f.*, messa *f.* a fuoco.

focalise /'foukəlaɪz/ *v.t.* (*Br*) 1 (*Fot*) mettere a fuoco, focalizzare. 2 (*Med*) localizzare, circoscrivere.

focalization /ˌfoukəl(a)ɪˈzeɪʃən/ *n.* (*Fot*) focalizzazione *f.*, messa *f.* a fuoco.

focalize /'foukəlaɪz/ *v.t.* 1 (*Fot*) mettere a fuoco, focalizzare. 2 (*Med*) localizzare, circoscrivere.

focal-plane /'foukəlˌpleɪn/ □ (*Fot*) ~ *shutter* otturatore a tendina.

fo'c'sle /'fouksl/ *n.* (*colloq*) → **forecastle**.

focus[1] /'foukəs/ (*pl.* **-es** /-ɪz/, **-ci** /-saɪ/) *n.* 1 (*Ott,Fot,Geom*) fuoco *m.* 2 (*fig*) punto *m.* centrale, centro *m.*, fulcro *m.*: *the ~ of attention* il centro dell'attenzione. 3 (*of an earthquake*) epicentro *m.* 4 (*Med*) focolaio *m.*, focus *m.* □ (*Comm*) ~ *group* focus group, gruppo per la messa a fuoco di una problematica; (*Ott,Fot*) *in ~* a fuoco; *to bring into ~* mettere a fuoco (*anche fig*); (*Ott,Fot*) *out of ~* sfocato.

focus[2] /'foukəs/ (*past, p.p.* **focused/focussed** /-t/) I *v.t.* 1 mettere a fuoco (*anche Fot*). 2 (*fig*) concentrare, far convergere: *to ~ attention on sth.* concentrare l'attenzione su qcs. II *v.i.* essere a fuoco, convergere.

focusing, focussing /'foukəsɪŋ/ *n.* 1 (*Ott, Elettron*) messa *f.* a fuoco, focalizzazione *f.* 2 (*TV*) focalizzazione *f.* □ (*Elettron*) ~ *electrode* elettrodo focalizzatore; (*Elettron*) ~ *magnet* magnete di focalizzazione; (*Ott*) ~ *point* punto focale.

fodder /'fɒdər *Am* 'fɑːdər/ I *n.* (*Zootecn*) foraggio *m.* (secco), biada *f.* II *v.t.* foraggiare, fornire di foraggio. □ (*Zootecn*) ~ *stock* riserve alimentari; (*Zootecn*) ~ *trough* mangiatoia.

foe /fou/ *n.* (*poet,lett*) 1 nemico *m.* (*f.* -a), avversario *m.* (*f.* -a) (*anche fig*). 2 (*fig*) (*sth. harmful*) nemico *m.* (*f.* -a), cosa *f.* dannosa.

foeman /'foumən/ *n.irr.* (*poet*) nemico *m.* in guerra), avversario *m.*

foetal /'fiːtəl *Am* 'fiːtəl/ *a.* (*Br,Biol*) fetale, del feto.

foeticide /'fiːtɪsaɪd/ *n.* (*Br,Dir*) feticidio *m.*

foetid /'fiːtɪd, 'fetɪd/ *a.* (*Br*) fetido, puzzolente.

foetus /'fiːtəs/ *n.* (*Br,Biol*) feto *m.*

fog[1] /fɒg *Am* fɑːg/ *n.* 1 nebbia *f.* 2 (*fig*) nebbia *f.*, confusione *f.*; (*bewilderment*) perplessità *f.* 3 (*Fot*) velo *m.*, velatura *f.* □ (*fig*) *to be in a ~*: 1 avere la mente annebbiata; 2 (*to be puzzled*) essere perplesso.

fog[2] /fɒg *Am* fɑːg/ (*past, p.p.* **fogged** /-d/) I *v.t.* 1 coprire di nebbia, velare di nebbia, annebbiare. 2 (*to make blurred*) appannare, annebbiare, offuscare. 3 (*fig*) confondere, rendere confuso, rendere oscuro; (*to bewilder*) rendere perplesso, sconcertare. 4 (*Fot*) velare. II *v.i.* 1 coprirsi di nebbia, annebbiarsi. 2 (*to become blurred*) annebbiarsi, appannarsi, offuscarsi. 3 (*Fot*) velarsi. □ *to ~ up*: 1 coprirsi di nebbia, annebbiarsi; 2 (*to become blurred*) annebbiarsi, appannarsi, offuscarsi.

fog[3] /fɒg *Am* fɑːg/ *n.* 1 (*Agr*) guaime *m.* 2 (*grass left for the winter*) erba *f.* invernale.

fog-bank /'fɒgbæŋk *Am* 'fɑːgbæŋk/ *n.* banco *m.* di nebbia.

fog-bound /'fɒgbaund *Am* 'fɑːgbaund/ *a.* 1 avvolto nella nebbia, coperto di nebbia. 2 (*Mar,Aer*) fermo a causa della nebbia.

fog-bow /'fɒgbou *Am* 'fɑːgbou/ *n.* (*Meteor*) arcobaleno *m.* nella nebbia.

fogey /'fougi/ *n.* persona *f.* all'antica, vecchio barbogio *m.*: *an old ~* un parrucone, un matusa, un nostalgico del passato.

fogeyish /'fougiɪʃ/ *a.* all'antica, antiquato.

fogginess /'fɒginəs *Am* 'fɑːginəs/ *n.* 1 nebbiosità *f.* 2 (*fig*) nebbiosità *f.*, nebulosità *f.*, confusione *f.*

foggy /'fɒgi *Am* 'fɑːgi/ *a.* 1 nebbioso: *a ~ day* una giornata di nebbia. 2 (*blurred*) annebbiato, appannato. 3 (*fig*) nebbioso, confuso, nebuloso. 4 (*Fot*) velato. □ (*colloq*) *I haven't the foggiest* (*idea*) non ne ho la più pallida idea.

fog-horn /'fɒghɔːn *Am* 'fɑːghɔːrn/ *n.* 1 (*Mar*) sirena *f.* da nebbia, corno *m.* da nebbia. 2 (*colloq*) vocione *m.*

fog-lamp /'fɒglæmp *Am* 'fɑːglæmp/ *n.* (*Aut*) faro *m.* antinebbia, proiettore *m.* antinebbia, fendinebbia *m.*

fogle /'fougl/ *n.* (*ant,colloq*) fazzoletto *m.* di seta.

fog-light /'fɒglaɪt *Am* 'fɑːglaɪt/ *n.* (*Aut*) faro *m.* antinebbia, proiettore *m.* antinebbia, fendinebbia *m.*

fog-signal /'fɒgˌsɪgnəl *Am* 'fɑːgˌsɪgnəl/ *n.* (*Ferr*) segnale *m.* da nebbia.

fogy /'fougi/ *e der.* → **fogey** *e der.*

foh /fɔː/ *intz.* puh!, puah!

foible /'fɔɪbl/ *n.* 1 debolezza *f.*, debole *m.*, lato *m.* debole, punto *m.* debole. 2 (*fad*) fissazione *f.*, mania *f.* 3 (*of a sword*) centro *m.* della lama, debole *m.*

foil[1] /fɔɪl/ I *v.t.* 1 sventare, mandare a monte, fare fallire, rendere vano: *to ~ an attempt* far fallire un tentativo. 2 (*of a person: to baffle*) ostacolare, impedire; (*to defeat*) battere, sconfiggere. 3 (*Caccia*) (*of a trail, scent*) confondere, disperdere. II *n.* (*Caccia*) pista *f.*, traccia *f.*

foil[2] /fɔɪl/ I *n.* 1 (*thin sheet of metal*) lamina *f.*, foglio *m.*, foglia *f.* (di metallo): *aluminium ~* foglio di alluminio (da cucina). 2 (*of a mirror*) foglia *f.* 3 (*Cart*) carta *f.* metallizzata. 4 (*fig*) cosa *f.* che fa da contrasto, cosa *f.* che mette in rilievo, cosa *f.* che mette in risalto. 5 (*Arch*) foglia *f.* (fra cuspidi). II *v.t.* 1 rivestire con una foglia, rivestire con una lamina. 2 (*fig*) far da contrasto a, fare risaltare. 3 (*Arch*) decorare con foglie. □ ~ *wallpaper* carta da parati con decorazioni a bassorilievo.

foil[3] /fɔɪl/ *n.* (*Sport*) 1 (*sword*) fioretto *m.* 2 *pl.* (*art, practice*) fioretto *m.sing.*, scherma *f.sing.* (con fioretto).

foilsman /'fɔɪlzmən/ *n.irr.* (*Sport*) fiorettista *m./f.*

foist /fɔɪst/ *v.t.* 1 appioppare, rifilare: *to ~ sth. on so.* rifilare qcs. a qcu. 2 (*to attribute wrongly*) attribuire erroneamente. 3 (*to introduce surreptitiously*) introdurre con l'inganno.

fol. 1 (*Tip*) *folio* (foglio, pagina in folio). 2 *following* seg. (seguente).

fold[1] /fould/ I *v.t.* 1 piegare. 2 (*to bend, to double up*) piegare, ripiegare: *to ~ one's legs under oneself* ripiegare le gambe. 3 (*of the arms*) incrociare. 4 (*of the hands*) giungere, congiungere. 5 (*of the fingers*) intrecciare. 6 (*of wings*) chiudere, piegare, ripiegare. 7 (*to embrace*) abbracciare, stringere: *he -ed her to his breast* la strinse al cuore. 8 (*to wrap*) avvolgere, avviluppare; (*in paper*) incartare. 9 (*Gastron*) unire (amalgamando, senza rimescolare): ~ *the eggs into the mixture* unite le uova all'impasto. II *v.i.* (*Am,colloq*) fallire, chiudere. □ *to ~ up*: 1 (*to bend*) piegare, ripiegare; 2 (*to be foldable*) piegarsi, essere pieghevole: *does this bed ~ up?* questo letto

fold

è pieghevole?; 3 (*colloq*) (*to collapse*) piegarsi, crollare; 4 (*colloq*) (*to go out of business, end*) fallire, chiudere.

fold[2] /fəʊld/ *n.* **1** piega *f.* **2** (*crease*) piega *f.*, ruga *f.* **3** (*act of folding*) piegatura *f.*, il piegare. **4** (*hollow between hills, etc.*) cavità *f.* **5** (*Geol*) piega *f.* **6** (*Anat*) piega *f.*, plica *f.* **7** (*of a snake*) spira *f.*

fold[3] /fəʊld/ **I** *n.* **1** (*Zootecn*) ovile *m.*: (*fig*) *to return to the* ~ ritornare all'ovile. **2** (*Zootecn*) (*flock of sheep*) gregge *m.* **3** (*fig*) fedeli *m./f.pl.*, gregge *m.*; (*church*) chiesa *f.* **II** *v.t.* **1** chiudere nell'ovile. **2** (*Agr*) stabbiare.

foldaway /ˈfəʊldəweɪ/ *a.* (*Am*) pieghevole: ~ *cot* brandina pieghevole.

folded /ˈfəʊldɪd/ □ *with* ~*arms* a braccia conserte.

folder /ˈfəʊldər/ *n.* **1** (*container*) cartella *f.* (di cartone), cartellina *f.* **2** (*printed sheet*) pieghevole *m.*, dépliant *m.* **3** (*eyeglasses*) pince-nez *m.* **4** (*Tecn*) piegatrice *f.* (meccanica), piegafogli *f.* **5** (*Inform*) cartella *f.*

folderol /ˈfɒldɪrɒl *Am* ˈfɑːldɪrɑːl/ *n.* nonnulla *m.*, sciocchezza *f.*

folding /ˈfəʊldɪŋ/ **I** *a.* pieghevole, a soffietto. **II** *n.* (*Geol*) piega *f.*, piegatura *f.*, corrugamento *m.* □ ~ *bed* branda pieghevole, letto pieghevole; (*Fot*) ~*camera* macchina fotografica a soffietto; ~*chair* sedia pieghevole; ~ *door* porta a fisarmonica, porta a libro; (*Tecn*) ~ *machine* piegatrice (meccanica), piegafogli; (*Am,colloq*) ~*money* banconote; ~*rule* metro snodato; ~*screen* paravento; (*Aut*) ~*seat* sedile ribaltabile; ~*table* tavolo pieghevole.

foliaceous /ˌfəʊliˈeɪʃəs/ *a.* fogliaceo.

foliage /ˈfəʊliɪdʒ/ *n.* **1** (*collett.*) foglie *f.pl.*, fogliame *m.* **2** (*Arch,Art*) fogliame *m.* □ (*Giard*) ~*plant* pianta da fogliame.

foliaged /ˈfəʊliɪdʒd/ *a.* **1** fornito di foglie. **2** (*decorated with foliage*) ornato di foglie.

foliar /ˈfəʊliər/ *a.* (*Bot*) fogliare, delle foglie.

foliate[1] /ˈfəʊliət, ˈfəʊliett/ *a.* **1** (*Bot*) fogliato, foglioso. **2** (*leaf-shaped*) a forma di foglia.

foliate[2] /ˈfəʊliett/ **I** *v.t.* **1** ridurre in lamine. **2** (*to cover with foil*) rivestire con una lamina, rivestire con una foglia. **3** (*Tip*) (*of a book*) numerare le pagine di. **4** (*Arch*) ornare di foglie, decorare con foglie. **II** *v.i.* **1** mettere le foglie. **2** (*to divide into laminae*) dividersi in lamine, sfaldarsi.

foliated /ˈfəʊliettɪd *Am* ˈfəʊliettɪd/ *a.* **1** a forma di foglia. **2** (*Min*) fogliettato, stratificato. **3** (*Arch*) ornato di foglie.

foliation /ˌfəʊliˈeɪʃən/ *n.* **1** (*Bot,Geol*) fogliazione *f.* **2** (*Bot*) (*arrangement of leaves*) disposizione *f.* delle foglie. **3** (*Tip*) numerazione *f.* delle pagine. **4** (*Arch*) decorazione *f.* con (*o a*) foglie. **5** (*Min*) laminazione *f.*

folic /ˈfəʊlɪk, *Br also* ˈfɒlɪk/ □ (*Biol,Chim*) ~ *acid* acido folico.

folio /ˈfəʊliəʊ/ **I** *n.* (*pl.* **-s** /-z/) **1** (*Tip*) foglio *m.*, pagina *f.* in folio. **2** (*Tip*) (*sheet of paper*) foglio *m.* **3** (*Tip*) (*page number*) numero *m.* di pagina. **4** (*Cart*) formato *m.* di carta (17 × 22 pollici). **5** (*Comm*) foglio *m.* intero (di registro contabile). **6** (*Dir*) numero *m.* di parole preso come unità di misura per stabilire la lunghezza di un documento (pari a 72 in Gran Bretagna e 100 negli Stati Uniti). **II** *a.* (*Tip*) in folio: *a* ~ *edition* un'edizione in folio. □ (*Cart*) ~*post* formato di carta (17 × 22 pollici).

foliole /ˈfəʊliəʊl/ *n.* (*Bot*) fogliolina *f.*

foliose /ˈfəʊliəʊs/ *a.* (*Bot*) foglioso.

folium /ˈfəʊliəm/ *n.* (*Tecn*) foglia *f.*

folivore /ˈfəʊlivɔːr *Am* ˈfəʊlivɔːr/ *n.* (*Zool*) foglivoro *m.*

folk /fəʊk/ **I** *n.* **1** *spec.pl.* (*pl.inv.* o **-s** /-s/) (*peo-*

ple of a specified class) gente *f.*: *town* ~ gente di città. **2** (*pl.inv.*) (*people as the carriers of culture, etc.*) popolo *m.* **3** *pl.* (*people in general*) gente *f.sing.*, *often not translated*: -*s say that* dicono che. **4** *pl.* (*colloq*) (*family, relatives*) parenti *m./f.pl.*, familiari *m.pl.*, famiglia *f.sing.*: *my* -*s* la mia famiglia, i miei. **5** *pl.* (*colloq*) (*parents*) genitori *m.pl.* **6** *pl.* (*colloq*) (*friends*) gente *f.sing.*, ragazzi *m.pl.*: *it's a question of money*, -*s!* ragazzi, è una questione di soldi! **II** *a.* popolare, folcloristico. □ ~ *dance* danza folcloristica; ~ *etymology* etimologia popolare; ~ *memory* memoria collettiva; ~*music* musica folcloristica, musica popolare, musica folk; ~ *psychology* demopsicologia, psicologia etnica; ~*singer* cantante di canti popolari, cantante folk; ~ *song* canto folcloristico, canto popolare; ~ *tale* racconto popolare; ~*wisdom* saggezza popolare.

folkie /ˈfəʊki/ *n.* (*Am,colloq*) **1** (*fan*) appassionato *m.* (*f.* -a) di musica folk. **2** (*singer*) cantante *m./f.* di musica folk. **3** (*player*) musicista *m./f.* di musica folk.

folklore /ˈfəʊklɔːr *Am* ˈfəʊklɔːr/ *n.* **1** folclore *m.* **2** (*science*) folclore *m.*, demologia *f.*

folklorist /ˈfəʊklɔːrɪst/ *n.* folclorista *m./f.*

folksy /ˈfəʊksi/ *a.* (*Am*) **1** (*colloq*) (*friendly*) socievole, affabile, cordiale. **2** (*spreg*) rozzo. **3** (*of, like the common people*) popolaresco, del popolo.

folkweave /ˈfəʊkwiːv/ *n.* (*Br*) stoffa *f.* a tessitura larga.

foll. *following* seg. (seguente).

follicle /ˈfɒlɪkl *Am* ˈfɑːlɪkl/ *n.* (*Bot,Anat*) follicolo *m.*

follicle-stimulating /ˈfɒlɪklˌstɪmjʊleɪtɪŋ *Am* ˈfɑːlɪklˌstɪmjəleɪtɪŋ/ □ (*Biol*) ~ *hormone* ormone follicolo-stimolante.

follicular /fəˈlɪkjʊl *a.* (*Anat,Med*) follicolare.

folliculin /fəˈlɪkjʊlɪn/ *n.* (*Biol*) follicolina *f.*, estrone *m.*

folliculitis /fəˌlɪkjʊˈlaɪtɪs *Am* fəˌlɪkjʊˈlaɪtəs/ *n.* (*Med*) follicolite *f.*

follow[1] /ˈfɒləʊ *Am* ˈfɑːləʊ/ **I** *v.t.* **1** seguire, andare dietro a. **2** (*to pursue*) inseguire. **3** (*to come after*) seguire, venir dopo: *thunder* -*s lightning* il tuono segue il lampo. **4** (*to succeed in a position*) succedere a, subentrare a: *he will* ~ *his father as chairman* succederà a suo padre nella presidenza. **5** (*to conform to*) seguire, attenersi a, conformarsi a: *to* ~ *instructions* seguire le istruzioni. **6** (*to obey*) obbedire a: *to* ~ *orders* obbedire agli ordini. **7** (*of a road*) seguire, andare lungo. **8** (*to result from*) essere la conseguenza di, derivare da, procedere da: *famine often* -*s war* la carestia è spesso una conseguenza della guerra. **9** (*to watch the movement of*) seguire (con lo sguardo), accompagnare (con gli occhi). **10** (*to keep abreast of*) seguire, tenersi informato su, tenersi al corrente su. **11** (*to understand*) seguire, capire, comprendere: *do you* ~ *me?* mi segui? **12** (*to seek to attain*) inseguire, perseguire. **II** *v.i.* **1** seguire, venir dopo: *go on ahead and I'll* ~ andate avanti, io seguirò; *listen to what* -*s* ascolta quanto segue; (*Comm*) *letter to* ~ (o *letter* -*ing*) segue lettera. **2** (*to occur as a consequence*) conseguire, derivare, risultare: *it therefore* -*s that* ne consegue perciò che. □ *to* ~*after so.* seguire qcu.; *as* -*s* come segue; (*fig*) *to* ~ *so.'s banner* mettersi sotto la bandiera di qcu.; *to* ~*behind so.* seguire qcu.; *to* ~*hard on the heels of* venire immediatamente dopo; (*fig*) *to* ~*in so.'sfootsteps* seguire le orme di qcu.; (*fig*) *to* ~*in so.'swake* calcare le orme di qcu., seguire le orme di qcu.; (*scherz*) *to* ~ *one's nose*: **1** andare sempre dritto, **2** (*to*

obey one's instinct) andare a (lume di) naso, fidarsi del proprio intuito, seguire il proprio istinto; *to* ~*on*: **1** susseguirsi, succedersi; **2** (*to continue*) continuare, proseguire; **3** (*Br, Sport*) battere di nuovo; *to* ~*on the heels of* venire immediatamente dopo; *to* ~*out*: **1** (*to execute*) eseguire; **2** (*to follow to a conclusion*) portare a termine, portare a compimento; *to* ~*suit*: **1** (*in cards*) rispondere a colore; **2** (*fig*) seguire l'esempio (di un altro), fare altrettanto, fare lo stesso, comportarsi allo stesso modo; (*Mar*) *to* ~*the coast* costeggiare; (*fig*) *to* ~*the crowd* seguire la corrente; *to* ~ *the fashion* seguire la moda; (*Caccia*) *to* ~*the hounds* cacciare a cavallo con una muta di cani, andare a caccia (con i cani); (*colloq,fig*) *to* ~*the plough* coltivare la terra, fare il contadino; (*colloq,fig*) *to* ~*the sea* fare il marinaio; *to* ~*through*: **1** (*Sport*) (*to continue a stroke to the end*) accompagnare; **2** (*to see through*) portare a termine (*with sth.* qcs.); *to* ~ *so. to the ends of the earth* seguire qcu. in capo al mondo; *to* ~*up*: **1** portare a termine, portare a compimento; **2** (*to investigate to the end*) andare a fondo di, esaminare a fondo; **3** (*to increase the effect of*) rafforzare; *to* ~ *up on* sth. andare a fondo di qcs., esaminare qcs. a fondo; *what* -*s?* che cosa ne consegue? *to* ~ *with* so. curare qcu., seguire qcu.

follow[2] /ˈfɒləʊ *Am* ˈfɑːləʊ/ *n.* **1** il seguire. **2** (*Giorn*) articolo *m.* che dà ulteriori informazioni, seguito *m.*

follower /ˈfɒləʊər *Am* ˈfɑːləʊər/ *n.* **1** seguace *m./f.* **2** (*disciple*) seguace *m./f.*, discepolo *m.* (*f.* -a). **3** (*attendant*) servitore *m.* (*f.* -trice). **4** (*Mecc*) organo *m.* cedente; (*of a stuffing box*) anello *m.* premistoppa. **5** (*Mil*) (*of a fire-arm*) elevatore *m.* **6** (*colloq*) (*suitor*) spasimante *m./f.*, innamorato *m.* (*f.* -a).

following /ˈfɒləʊɪŋ *Am* ˈfɑːləʊɪŋ/ **I** *n.* **1** seguito *m.*, seguaci *m.pl.*: *to have a large* ~ avere un grande seguito. **2** (*patrons, fans*) sostenitori *m.pl.* (*f.pl.* -trici), tifosi *m.pl.* (*f.pl.* -e). **3** (*regular readers*) lettori *m.pl.* (*f.pl.* -trici), pubblico *m.* **II** *a.* seguente, successivo: *the* ~ *week* la settimana successiva. **2** (*that follows now*) seguente, questo: *at the* ~ *times* nei seguenti orari. **3** (*Mar*) (*of wind, of sea*) in poppa, di poppa.

follow-on /ˈfɒləʊɒn *Am* ˈfɑːləʊɑːn/ *n.* continuazione *f.*, seguito *m.*

follow-the-leader /ˌfɒləʊðəˈliːdər *Am* ˌfɑːləʊðəˈliːdər/ *n.* gioco *m.* in cui si imita tutto quello che fa un giocatore scelto.

follow-through /ˌfɒləʊˈθruː *Am* ˌfɑːləʊˈθruː/ *n.* **1** (*Sport*) follow-through *m.*, accompagnamento *m.* (del colpo). **2** (*carrying out*) esecuzione *f.*, (*burocr*) evasione *f.*

follow-up /ˈfɒləʊʌp *Am* ˈfɑːləʊʌp/ **I** *n.* **1** azione *f.* che fa seguito a un'altra, seguito *m.* **2** (*reminder*) sollecitazione *f.*, sollecito *m.* **3** (*continuation*) continuazione *f.*, proseguimento *m.*, seguito *m.*, prosieguo *m.*: *the course was a* ~ *to the conference* il corso era una (sorta di) continuazione della conferenza, il corso faceva seguito alla conferenza; *this is a* ~ *to the previous question* questo è un'aggiunta alla domanda precedente. **4** (*care*) assistenza *f.* (tecnica). **5** (*Giorn*) articolo *m.* che dà ulteriori informazioni, seguito *m.* **6** (*Med*) controllo *m.* (periodico del paziente), follow-up *m.* **II** *a.* **1** ulteriore, che fa seguito. **2** (*reminding*) di sollecitazione, di sollecito. □ ~*letter*: **1** (*following another one*) lettera che fa seguito a un'altra; **2** (*urging sth.*) lettera di sollecitazione, lettera di sollecito; (*Med*) ~*visit* visita di controllo.

folly /ˈfɒli *Am* ˈfɑːli/ *n.* **1** follia *f.*, pazzia *f.*, (*lett,*

Bibl) stoltezza *f.* **2** (*foolish idea*) idea *f.* pazza, idea *f.* folle. **3** (*absurdity*) assurdità *f.* **4** (*costly, foolish undertaking*) impresa *f.* pazza, impresa *f.* folle. **5** *pl.* (*Teat*) rivista *f.sing.* **6** (*Arch*) capriccio *m.* architettonico.

foment /fou'ment/ *v.t.* **1** fomentare, incitare, istigare. **2** (*Med,ant*) applicare fomenti, applicare impacchi caldi.

fomentation /ˌfoumən'teiʃən/ *n.* **1** fomentazione *f.*, istigazione *f.*, incitazione *f.* **2** (*Med*) fomentazione *f.*; (*poultice, lotion*) fomento *m.*, impacco *m.* caldo.

fomites /'foumitiːz/ *n.* (*Med*) fomite *m.*

fond /fɒnd *Am* fɑːnd/ *a.* **1** amorevole, affettuoso, tenero: *a ~ glance* uno sguardo affettuoso. **2** (*doting*) che stravede, che ama ciecamente. **3** (*over-indulgent*) troppo indulgente. **4** (*cherished unreasonably*) ardente, grande, vivo: *my -est wish* il mio più vivo desiderio. **5** (*credulous*) credulo, ingenuo. **6** (*dial*) (*foolish*) sciocco, stolto. □ *to be ~ of*: **1** (*of things*) piacere (*costr.pers.*): *I am ~ of chocolates* mi piacciono i cioccolatini; **2** (*to take pleasure in*) piacere (*costr.pers.*), essere appassionato di, fare volentieri qcs.: *I'm ~ of fishing* mi piace (andare a) pescare; **3** (*of people*) voler bene a, essere affezionato a.

fondant /'fɒndənt *Am* 'fɑːndənt/ *n.* (*Dolc*) fondente *m.*

fondle /'fɒndl *Am* 'fɑːndl̩/ *v.t.* **1** vezzeggiare, coccolare. **2** (*to caress*) accarezzare.

fondness /'fɒndnəs *Am* 'fɑːndnəs/ *n.* **1** amorevolezza *f.*, affettuosità *f.*, tenerezza *f.* **2** (*inclination*) propensione *f.*, inclinazione *f.*, disposizione *f.* **3** (*weakness*) debole *m.*: *she has a ~ for sweets* ha un debole per i dolci.

fondue /'fɒnd(j)u: *Am* fɑːn'd(j)u:/ *n.* (*Gastron*) fonduta *f.*

font¹ /fɒnt *Am* fɑːnt/ *n.* **1** (*Lit*) fonte *m.* battesimale; (*vessel*) acquasantiera *f.* **2** (*of a lamp*) serbatoio *m.* dell'olio. **3** (*fig*) fonte *f.*, origine *f.*

font² /fɒnt *Am* fɑːnt/ *n.* **1** (*Tip*) font *m.*, (tipo di) carattere *m.* **2** (*Met*) colata *f.*

fontal /'fɒntəl *Am* 'fɑːntəl/ *a.* **1** (*Lit*) battesimale. **2** (*fig*) che dà origine.

fontanel, fontanelle /ˌfɒntə'nel *Am* ˌfɑːtən 'el/ *n.* (*Anat*) fontanella *f.*

food /fuːd/ *n.* **1** cibo *m.*, alimento *m.* **2** (*provisions*) provviste *f.pl.*, viveri *m.pl.* **3** (*solid nourishment*) mangiare *m.*, cibo *m.*, cose *f.pl.* da mangiare, (*ant*) vivande *f.pl.* **4** (*meal*) pasto *m.* **5** (*for animals*) mangime *m.* **6** (*fig*) cibo *m.*, nutrimento *m.*, alimento *m.* □ *~ additive* additivo alimentare; (*Pol*) *~ aid* aiuti alimentari; (*Med*) *~ allergy* allergia alimentare; *Food and Agriculture Organization* organizzazione per l'alimentazione e l'agricoltura; *~ and drink* il mangiare e il bere; *~ chain* catena alimentare; *~ chemistry* chimica alimentare; *~ colouring* colorante alimentare; *without ~ colouring* senza coloranti; *~ conscious* che cura molto l'alimentazione; *~ department* reparto alimentari; (*Mil,fig*) *~ for powder* carne da cannone; (*fig*) *~ for thought* argomento di meditazione; *~ hygiene* igiene alimentare; *~ industry* industria alimentare; (*colloq*) *to be off one's ~* non avere appetito; *~ poisoning* intossicazione alimentare; *~ preservation* conservazione (di generi alimentari); *~ processing* lavorazione alimentare; *~ products* prodotti alimentari; *~ rationing* razionamento dei viveri; *~ shortage* crisi alimentare; *~ stamp* buono alimentare; *~ technology* tecnologia alimentare; *~ value* valore nutrizionale.

foodie /'fuːdi/ *n.* buongustaio *m.* (*f.* -a), buona forchetta *f.*

foodstuff /'fuːdstʌf/ *n.* generi *m.pl.* alimentari, cibarie *f.pl.*, derrate *f.pl.* alimentari.

fool¹ /fuːl/ **I** *n.* **1** sciocco *m.* (*f.* -a), stupido *m.* (*f.* -a), allocco *m.* (*f.* -a): *to act the ~* fare lo stupido. **2** (*dupe, gull*) zimbello *m.* **3** (*idiotic person*) idiota *m./f.*, imbecille *m./f.* **4** (*Stor*) (*jester*) buffone *m.*, giullare *m.* **5** (*lett,Bibl*) stolto *m.* (*f.* -a). **II** *a.* (*Am,colloq*) → **foolish**. □ *any ~ could see that* chiunque lo capirebbe; *~'s cap*: **1** berretto da giullare, berretto da buffone; **2** (*Scol*) berretto d'asino; *~'s errand* impresa inutile; *she's a ~ for chocolates* va matta per i cioccolatini; (*Min*) *~'s gold*: **1** pirite; **2** (*fig*) fregatura; *to make a ~ of so.*: **1** prendere in giro qcu., farsi gioco di qcu.; (*colloq*) *to make a ~ of oneself* rendersi ridicolo; **2** (*to deceive*) imbrogliare qcu.; *to be no ~* non essere uno stupido; *~'s paradise* felicità immaginaria; *to live in a ~'s paradise* vivere di sciocche illusioni; (*Bot*) *~'s parsley* cicuta minore; *~ that he is!* pazzo che è altro!; (*Br*) *more ~ you!* che sciocco che sei! *Prov.: -s rush in where angels fear to tread* gli sciocchi sono imprudenti; *there is no ~ like an old ~* a testa bianca spesso cervello manca; *give a ~ enough rope and he will hang himself* non mettere il rasoio in mano a un pazzo.

fool² /fuːl/ **I** *v.t.* **1** imbrogliare, ingannare, raggirare. **2** (*to make fun of*) prendere in giro, farsi gioco di. **II** *v.i.* **1** fare lo stupido *m.* (*f.* -a). **2** (*to joke*) scherzare, fare per finta: *I'm only -ing* sto scherzando. □ (*colloq*) *to ~ about* (o *to ~ around*): **1** passare il tempo oziosamente, gingillarsi; **2** (*to trifle*) scherzare (con), prendere alla leggera (qcs.); **3** (*Am,sl*) (*to engage in extramarital sexual activity*) fare la corna al partner; (*to engage in casual sexual activity*) fare sesso con chi capita, avere rapporti sessuali occasionali; *to ~ around with so.'s affections* scherzare con i sentimenti di qcu.; *to ~ away* (*of time, money*) sprecare, sciupare; *to ~ so. out of a sum* frodare una somma a qcu.

foolery /'fuːləri/ *n.* **1** stupidità *f.*, idiozia *f.*, stoltezza *f.* **2** (*foolish action*) sciocchezza *f.*, scempiaggine *f.*

foolhardiness /'fuːlˌhɑːdinəs *Am* 'fuːlˌhɑːrdinəs/ *n.* temerarietà *f.*, sconsideratezza *f.*

foolhardy /'fuːlhɑːdi *Am* 'fuːlhɑːrdi/ *a.* temerario, sconsiderato.

foolish /'fuːliʃ/ *a.* **1** sciocco, stupido, (*ant, Bibl*) stolto. **2** (*senseless*) insensato: *a ~ answer* una risposta insensata. **3** (*trifling*) sciocco, banale. **4** (*feeble-minded*) idiota, stupido, scemo. **5** (*ridiculous*) ridicolo, assurdo.

foolishness /'fuːliʃnəs/ *n.* **1** stupidità *f.*, (*ant, Bibl*) stoltezza *f.* **2** (*senselessness*) insensatezza *f.*

foolproof /'fuːlpruːf/ *a.* **1** (*colloq*) di uso semplicissimo, semplicissimo da usare, (*iron*) a prova di idiota. **2** (*that cannot be misunderstood*) chiarissimo, comprensibilissimo; *instructions* istruzioni chiarissime. **3** (*infallible*) infallibile, sicuro, sicurissimo: *a ~ method* un metodo infallibile.

foolscap /'fuːlskæp/ *n.* (*Br,Cart*) carta *f.* protocollo.

foosball /'fuːsbɔːl/ *n.* (*Am*) biliardino *m.*, calcetto *m.*

foot¹ /fʊt/ **I** *n.* (*pl.* **feet** /fiːt/) **1** piede *m.* **2** (*of an animal*) piede *m.*, zampa *f.* **3** (*bottom*) piede *m.pl.*, base *f.*: *at the ~ of the mountain* ai piedi della montagna; *the ~ of the page* il piè di pagina, il fondo della pagina. **4** (*of a sock*) piede *m.* **5** (*Arch*) zoccolo *m.*, base *f.* **6** (*Arred*) piede *m.*, base *f.*, sostegno *m.* **7** (*step, tread*) passo *m.*, andatura *f.*: *heavy ~* passo pesante. **8** (*pl.inv.*) (*Mil*) (*infantry*) fanteria *f.* **9** (*Metr,*

Tip) piede *m.*: *I am five ~* (o *feet*) *two inches tall* sono alto cinque piedi e due pollici. **10** (*pl.* **-s**) (*costr.sing.* o *pl.*) (*sediment, dregs*) residuo *m.*, sedimento *m.* **II** *intz.* caspita!, diamine! □ (*fig*) *at so.'s feet* ai piedi di qcu.; *~ bath* pediluvio; (*Sport*) *~ bindings* attacchi per sci; (*Aut*) *~ brake* freno (a pedale); *~ bridge* passerella; (*spec. Am*) *by ~* a piedi; (*Metr*) *~ candle* candela inglese; (*Sport*) *~ fault* fallo di piede; *feet first*: **1** con i piedi in avanti; **2** (*colloq*) morto; (*fig*) *to put one's best ~ forward*: **1** affrettare il passo; **2** (*to do one's best*) fare del proprio meglio; *~ gear* calzature; (*GB*) *Foot Guards* guardie a piedi; (*fig*) *to have one ~ in each camp* tenere il piede in due staffe; (*fig*) *to have* (o *get*) *one* (o *a*) *~ in the door* riuscire a infilarsi, riuscire a mettere un piede dentro; (*fig*) *to have one ~ in the grave* avere un piede nella fossa; (*colloq*) *my feet are killing me* ho un male ai piedi da morire; *~ massage* massaggio dei piedi, massaggio podalico; (*colloq,iron*) *my ~!* un corno!; (*Mar*) *~ of a mast* piede d'albero; (*fig*) *feet of clay* piedi di argilla; (*fig*) *to take one's ~ off the throttle* togliere il piede dall'acceleratore; *on ~*: **1** a piedi: *person on ~* pedone; **2** (*fig*) (*in progress*) in corso, in azione; *to be on one's feet*: **1** stare in piedi; **2** (*fig*) (*to be well again*) essere in piedi, essersi rimesso; **3** (*fig*) (*financially*) essere economicamente indipendente; (*fig*) *to keep one's feet on the ground* tenere i piedi per terra; *~ pace*: **1** passo d'uomo; **2** (*raised platform*) predella, palco; (*fig*) *to put one's ~ down* insistere, farsi valere; (*Aut*) *put your ~ down!* dai con l'acceleratore!; (*colloq*) *to put one's ~ in it* fare una gaffe, fare una figuraccia; *to put one's feet up*: **1** tirare su i piedi, appoggiare i piedi in alto; **2** (*fig*) non darsi da fare, essere pigro; *~ race* corsa a piedi, corsa podistica; *~ reflexology* riflessologia plantare; (*Veter*) *~ rot* zoppina; *~ rule* regolo della lunghezza di un piede; *to set ~ in* (*to enter*) mettere piede in; *to set ~ on* (*to step upon*) entrare, mettere piede in; *to set so. on his feet*: **1** (*to make independent*) rendere indipendente qcu.; **2** (*to restore*) rimettere in piedi; (*fig*) *to set sth. on ~* dare inizio a qcs., avviare qcs.; *~ slogger* (o *~ soldier*): **1** fante, soldato di fanteria; **2** (*scherz*) fantaccino; *~ specialist* podologo; *he's always under ~* è sempre fra i piedi; (*Mecc*) *~ valve* valvola di fondo; *to put a ~ wrong* mettere un piede in fallo.

foot² /fʊt/ *v.t.* **1** camminare su. **2** (*to dance*) ballare, danzare. **3** (*to dance on*) ballare su. **4** (*of a stocking*) rifare il piede a. □ *to ~ it* camminare, andare a piedi; (*colloq*) *to ~ the bill* pagare il conto, sostenere le spese; *to ~ up*: **1** sommare, addizionare; **2** (*to amount to*) ammontare (to) a.

footage /'fʊtidʒ *Am* 'fʊtidʒ/ *n.* **1** lunghezza *f.* (espressa) in piedi. **2** (*Cin*) (*filmed sequence*) filmato *m.*, filmati *m.pl.* **3** (*Cin*) (*length of piece of film*) metraggio *m.* (espresso in piedi). □ (*Fot*) *~ indicator* contatore di esposizione.

foot-and-mouth /ˌfʊtən(d)'mauθ/ □ (*Veter*) *~ disease* afta epizootica.

football /'fʊtbɔːl/ *n.* **1** (*Sport*) (*association football*) gioco *m.* del calcio, calcio *m.*; (*colloq*) gioco *m.* del pallone. **2** (*Sport*) (*rugby football*) rugby *m.*, palla *f.* ovale. **3** (*Am,Sport*) (*American football*) football *m.* (americano). **4** (*Sport*) (*ball*) pallone *m.* (da calcio); (*for rugby football*) pallone *m.* ovale; (*for American football*) pallone *m.* ovale (da football americano). □ (*Br*) *~ pools* totocalcio.

footballer /'futbɔːləʳ/ n. (Sport) **1** giocatore m. (f. -trice) di calcio, calciatore m. (f. -trice). **2** (rugby player) giocatore m. (f. -trice) di rugby, rugbista m./f.

footbed /'futbed/ n. (Calz) soletta f. (interna).

footboard /'futbɔːd Am 'futbɔːrd/ n. **1** pedana f. **2** (of vehicles) predellino m.

footboy /'futbɔɪ/ n. paggio m., valletto m.

footed /'futɪd Am 'futɪd/ a. (in compounds) a (o con i) piedi..., dai piedi...: bare-~ a piedi nudi.

footer /'futəʳ Am 'futəʳ/ n. **1** (sl) (soccer) gioco m. del calcio, gioco m. del pallone. **2** (Tip) riga a piè di pagina. **3** (in compounds) alto... piedi: he is a six-~ è alto sei piedi.

footfall /'futfɔːl/ n. passo m., rumore m. di un passo.

foothill /'futhɪl/ n. collina f. ai piedi di una montagna.

foothold /'futhoʊld/ n. **1** appiglio m. per il piede, punto m. di appoggio per il piede. **2** (Alp) gradino m. **3** (fig) posizione f. solida, posizione f. sicura.

footie /'futi Am 'futi/ □ (colloq) to play ~ with so. fare piedino a qcu.

footing /'futɪŋ Am 'futɪŋ/ n. **1** equilibrio m., stabilità f.: to lose one's ~ perdere l'equilibrio. **2** (foothold) appiglio m. per il piede, punto m. di appoggio per il piede. **3** (fig) (status) posizione f.: a good ~ in society una buona posizione sociale. **4** (fig) (basis) base f.: to put a business on a firm ~ porre un'azienda su solide basi. **5** (fig) (relationship) rapporto m., relazione f.: on a friendly ~ in rapporti amichevoli. **6** (Edil) basamento m.

foot-in-mouth /ˌfutɪn'maʊθ/ □ (Am,sl) disease capacità di dire sempre la cosa sbagliata al momento sbagliato.

footle /'fuːtl/ **I** v.t. (Br,sl) **1** fare lo sciocco, fare lo stupido; (to talk foolishly) dire sciocchezze. **2** (to potter about) perdere tempo, gingillarsi. **II** n. (Br,sl) sciocchezza f., stupidaggine f.

footless /'futləs/ a. **1** senza piedi, privo di piedi. **2** (fig) infondato, privo di fondamento. **3** (colloq) (inept) inetto, incapace.

footlights /'futlaɪts/ n.pl. **1** (Teat) luci f.pl. della ribalta. **2** (fig) professione f.sing. dell'attore, ribalta f.sing.

footling /'fuːtlɪŋ/ a. (sl) **1** sciocco, stupido. **2** (trivial, insignificant) di poca importanza, insignificante.

footlocker /'futˌlɑːkəʳ/ n. (Am) piccolo baule m. (generalmente tenuto ai piedi del letto).

foot-loose /'futluːs/ a. **1** nomade, errante. **2** (fig) libero, senza legami (sentimentali): I'm ~ and fancy free sono libero come l'aria.

footman /'futmən/ n.irr. lacchè m., servo m. in livrea.

footmark /'futmɑːk Am 'futmɑːrk/ n. orma f., pedata f.

footnote /'futnoʊt/ **I** n. (Edit) nota f. in calce, nota f. a piè di pagina. **II** v.i. (Edit) annotare, corredare di note.

footpad /'futpæd/ n. (ant) grassatore m.

footpath /'futpɑːθ Am 'futpæθ/ n. sentiero m. (per pedoni).

footplate /'futpleɪt/ n. (Br,Ferr) piattaforma f. del macchinista.

foot-pound /'futpaʊnd/ n. (Metr) piede m. libbra.

footprint /'futprɪnt/ n. **1** orma f., pedata f. **2** (Inform) ingombro m. (dell'hardware). **3** (TV) impronta f., area f. coperta da un satellite.

footrest /'futrest/ n. poggiapiedi m.

footsie /'futsi/ n. (colloq) amoreggiamento m. □ (colloq) to play ~ fare piedino; to play ~ with flirtare di nascosto con, amoreggiare di nascosto con.

footslog /'futslɒg Am 'futslɑːg/ v.i. (colloq) marciare faticosamente.

footsore /'futsɔːʳ Am 'futsɔːr/ a. con i piedi doloranti, che ha male ai piedi.

footstalk /'futstɔːk/ n. (Bot) peduncolo m.

footstep /'futstep/ n. **1** (footfall) passo m., rumore m. di un passo. **2** (footprint) orma f., pedata f. **3** (step) predellino m.

footstool /'futstuːl/ n. poggiapiedi m.

footsure /'futʃʊəʳ, 'futʃɔːr Am 'futʃʊr, 'futʃɜːr/ a. dal passo sicuro.

foot-ton /'futˌtʌn/ n. (Metr) tonnellata f. inglese.

footwall /'futwɔːl/ n. (Geol) muro m. di faglia.

footwarmer /'futˌwɔːməʳ Am 'futˌwɔːrməʳ/ n. scaldapiedi m.

footway /'futweɪ/ n. sentiero m. (per pedoni).

footwear /'futweəʳ Am 'futwer/ n. calzature f.pl.

footwork /'futwɜːk Am 'futwɜːrk/ n. (Sport) lavoro m. di gambe.

foozle /'fuːzl/ **I** v.t. (Sport) mancare, fallire. **II** n. (Sport) colpo m. mancato.

fop /fɒp Am faːp/ n. (ant) damerino m., zerbinotto m., gagà m., dandy m.

foppery /'fɒpəri Am 'faːpəri/ n. **1** affettazione f., posa f. **2** (foolish character) fatuità f., frivolezza f.

foppish /'fɒpɪʃ Am 'faːpɪʃ/ a. da damerino.

foppishness /'fɒpɪʃnəs Am 'faːpɪʃnəs/ n. fatuità f.

for /fəʳ emphatic fɔː Am fɔːr/ **I** prep. **1** per: this is ~ you questo è per te. **2** (to indicate preparation) per, a, in vista di: to get ready ~ work prepararsi al lavoro; to dress ~ dinner vestirsi per la cena. **3** (to indicate purpose) per: to hunt ~ exercise andare a caccia per fare del moto. **4** (in order that) in modo che, affinché, perché: he shouted ~ all to hear gridò in modo che tutti (lo) sentissero; I have brought it ~ you to see l'ho portato perché tu lo veda. **5** (as a reward, penalty for) per: to be jailed ~ stealing essere imprigionato per furto. **6** (to indicate direction) per, alla volta di: to leave ~ Paris partire alla volta di Parigi; the train ~ London il treno per Londra. **7** (to indicate extent in space) per: ~ ten miles per dieci miglia. **8** (because of) per, da, di: to shout ~ joy gridare dalla gioia; ~ this reason per questo motivo. **9** (after comparatives) dopo, in seguito a: to feel better ~ a rest sentirsi meglio dopo aver riposato. **10** (indicating duration) da: I've been waiting ~ ten minutes aspetto da dieci minuti; the first rain ~ a month la prima pioggia da un mese a questa parte. **11** (to indicate extent in time) per, often not translated: we shall be away ~ two weeks staremo via (per) due settimane. **12** (to indicate suitability) per, a, adatto a, adatto per: the man ~ the job l'uomo adatto a quel lavoro. **13** (to the amount of) per, di: a bill ~ ten pounds un conto di dieci sterline. **14** (at the price of) per, al prezzo di: I bought it ~ ten shillings l'ho comprato per dieci scellini. **15** (in the place of) per, con: to exchange sth. ~ sth. else scambiare qcs. con qcs. altro. **16** (in favour of) per, a favore di: I'm ~ freedom of speech io sono per la libertà di parola. **17** (on behalf of) per, nell'interesse di, per conto di: to act ~ so. agire per conto di qcu.; he died ~ us è morto per noi. **18** (as being) per, come (se fosse): to take so. ~ a fool prendere qcu. per (uno) scemo. **19** (as regards) per, in quanto a, riguardo a: ~ all I know per quello che ne so io. **20** (considering) per, tenuto conto che, tenendo conto che: he is tall ~ his age è alto per la sua età. **21** (notwithstanding) nonostante, malgrado: he's unhappy ~ all his

money nonostante tutti i soldi che ha, non è felice. **22** (to introduce an infinitive clause) translated with a subjunctive: it's time ~ me to go è ora che me ne vada; it is ~ you to decide sta a te decidere, tocca a te decidere. **23** (Tel) come: A ~ Andrew a come Ancona. **II** congz. **1** dato che, dal momento che, visto che: he will go far, ~ he has talent andrà lontano dato che ha talento. **2** (because) perché, poiché, in quanto. □ ~ ages: **1** per secoli; **2** (for a long time) da secoli, da un secolo: I haven't seen him ~ ages non lo vedo da un secolo; ~ all that malgrado tutto, ciò nonostante, nonostante tutto, con tutto ciò, ciononostante; ~ all the good it does per quello che serve, se può servire a qualcosa; I have coffee ~ breakfast prendo il caffè a colazione; ~ ever: **1** per sempre, eternamente; **2** (continually) sempre, di continuo; (colloq) ~ good (o ~ good and all) una buona volta, una volta per tutte, per sempre, definitivamente; he couldn't speak ~ laughing non riusciva a parlare per il gran ridere, non riusciva a parlare dal gran ridere; ~ my part per parte mia, per quel che mi riguarda, per quanto mi riguarda; ~ my sake per me, per amor mio; oh, ~ a nice hot bath! potessi fare un bel bagno caldo!; I ~ one do not believe it io, per esempio, non ci credo; ~ oneself per conto proprio, da sé, da solo; what is this tool ~? a cosa serve questo arnese?

for. **1** foreign (straniero). **2** forestry silv. (silvicoltura).

f.o.r., F.O.R. (Comm) free on rail f.co vagone (franco vagone).

forage /'fɒrɪdʒ Am 'fɔːrɪdʒ/ **I** n. (Zootecn) foraggio m. **II** v.i. **1** andare in cerca di foraggio. **2** (to secure forage) provvedere al foraggiamento, fare provviste di foraggio. **3** (fig) frugare, rovistare (for in cerca di). **III** v.t. **1** foraggiare, fornire di foraggio. **2** (to plunder) predare, saccheggiare. □ (Mil) ~ cap bustina, berretto a busta; (Agr) ~ harvester raccoglitrice-trinciatrice; ~ silo silo da foraggio.

forager /'fɒrɪdʒəʳ Am 'fɔːrɪdʒəʳ/ n. (Stor) foraggiere m.

foramen /fə'reɪmən/ (pl. -ramina /-'ræmɪnə/, -s /-z/) n. (Anat,Biol) forame m., orifizio m.

foraminifer /ˌfɒrə'mɪnɪfəʳ Am ˌfɔːrə'mɪnɪfəʳ/ n. (Zool) foraminifero m.

forasmuch /fərəz'mʌtʃ, fɔːrəz'mʌtʃ Am ˌfɔːræz'mʌtʃ, fəræz'mʌtʃ/ □ (lett) ~ as giacché, visto che, poiché.

foray /'fɒreɪ Am 'fɔːreɪ/ **I** n. **1** (Mil) scorreria f., incursione f. **2** (fig) attacco m., assalto m. **II** v.i. (Mil) fare una scorreria, fare un'incursione.

forb /'fɔːb Am 'fɔːrb/ n. (Bot) erbaccia f.

forbad, forbade /fə'bæd, fɔː'bæd Am fərˈbæd, fɔː'bæd/ → forbid.

forbear[1] /fɔː'beəʳ Am fɔːr'ber/ (past forbore /fɔː'bɔː Am fɔːr'bɔːr/, p.p. forborne /fɔː'bɔːn Am fɔːr'bɔːrn/) **I** v.t. trattenersi da, astenersi da, evitare di: ~ to ~ to do (o doing) sth. trattenersi dal fare qcs. **II** v.i. **1** astenersi (from da), fare a meno (di). **2** (to be patient) pazientare, mantenersi calmo.

forbear[2] /'fɔːbeəʳ Am 'fɔːrber/ n.spec.pl. progenitore m. (f. -trice), antenato m. (f. -a), avo m. (f. -a).

forbearance /fɔː'beərəns Am fɔːr'berəns/ n. **1** il trattenersi. **2** (long-suffering) pazienza f., sopportazione f., tolleranza f. **3** (Dir) acquiescenza f., omissione f.

forbearing /fɔː'beərɪŋ Am fɔːr'berɪŋ/ a. paziente, tollerante, indulgente.

forbid /fə'bɪd, fɔː'bɪd Am fər'bɪd, fɔːr'bɪd/ (past **forbad, forbade** /-'bæd/, p.p. **forbid-**

den /-'bɪdən/) *v.t.* **1** proibire a, impedire a, vietare a: *to ~ so. to do sth.* impedire a qcu. di fare qcs., proibire qcs. a qcu.; *to ~ smoking* proibire di fumare. **2** (*to prevent, to hinder*) impedire, trattenere: *my health -s my coming* la mia salute mi impedisce di venire. **3** (*to refuse entry to*) vietare l'accesso a.

forbiddance /fə'bɪdəns, fɔː'bɪdəns *Am* fər'bɪdəns, fɔːr'bɪdəns/ *n.* divieto *m.*, proibizione *f.*

forbidden[1] /fə'bɪdən, fɔː'bɪdən *Am* fər'bɪdən, fɔːr'bɪdən/ → **forbid**.

forbidden[2] /fə'bɪdən, fɔː'bɪdən *Am* fər'bɪdən, fɔːr'bɪdən/ *a.* proibito, vietato: *~ fruit* frutto proibito.

forbidding /fə'bɪdɪŋ, fɔː'bɪdɪŋ *Am* fər'bɪdɪŋ, fɔːr'bɪdɪŋ/ *a.* **1** ostile. **2** (*sinister*) bieco, torvo: *a ~ look* uno sguardo bieco. **3** (*of weather*) minaccioso. **4** (*inaccessible*) inaccessibile, impervio. **5** (*disagreeable*) sgradevole, spiacevole.

forbore /fɔː'bɔːr *Am* fɔːr'bɔːr/ → **forbear**[1].

forborne /fɔː'bɔːn *Am* fɔːr'bɔːrn/ → **forbear**[1].

force[1] /fɔːs *Am* fɔːrs/ *n.* **1** forza *f.*, potenza *f.* **2** (*physical*) forza *f.*, vigore *m.* **3** (*moral*) forza *f.*: *~ of character* forza di carattere. **4** (*persuasive power*) forza *f.*, efficacia *f.* (*persuasiva*), validità *f.*: *your argument has great ~* il tuo argomento è di grande efficacia, il tuo argomento è assai valido. **5** (*violence*) forza *f.*, violenza *f.*, furia *f.*, impeto *m.*: *the ~ of a storm* la furia di un temporale. **6** (*coercion*) forza *f.*, costrizione *f.*, violenza *f.*: *to resort to ~* ricorrere alla forza. **7** (*person, thing*) forza *f.*: *a political ~* una forza politica. **8** (*agent, factor*) forza *f.*, causa *f.*, fattore *m.* **9** (*meaning, significance*) forza *f.*, valore *m.*, significato *m.* **10** (*fig*) (*organized body*) gruppo *m.*, associazione *f.*, organizzazione *f.* **11** (*Dir*) forza *f.*, vigore *m.*: *the decree has legal ~* il decreto ha forza di legge. **12** (*Mil*) reparto *m.* **13** (*Fis*) forza *f.* **14** *pl.* (*Mil*) forze *f.pl.*: *to join the Forces* arruolarsi, andare sotto le armi. □ *by ~* a (viva) forza, con la forza; *by ~ of* in virtù di, in forza di, mediante; *by ~ of circumstances* per forza di cose; *in ~*: 1 in vigore, valido: *the law is still in ~* la legge è ancora in vigore; 2 (*in large numbers*) in forze, in gran numero, in massa; (*Dir*) *to bring into ~* far entrare in vigore; (*Dir*) *to come into ~* andare in vigore, entrare in vigore; (*Dir*) ~ *majeure* forza maggiore; (*Mil*) ~ *multiplier* moltiplicatore di forza; (*Fis*) ~ *of attraction* forza d'attrazione; *the -s of evil* le forze del male; (*Fis*) ~ *of gravity* forza di gravità; *the ~ of habit* la forza dell'abitudine; *by pure ~ of habit* per la forza dell'abitudine; *the -s of nature* le forze della natura; (*Tecn*) ~ *pump* pompa a pressione, pompa premente; (*Dir*) *to put into ~* far entrare in vigore; *a ~ to be reckoned with* una potenza con cui bisogna fare i conti.

force[2] /fɔːs *Am* fɔːrs/ *v.t.* **1** costringere, forzare, obbligare: *to ~ so. to do sth.* costringere qcu. a fare qcs. **2** (*rifl.*) *to ~ oneself* sforzarsi. **3** (*to press*) forzare, sforzare, premere con forza. **4** (*to drive against resistance*) far entrare a forza, fare passare a forza: *to ~ clothes into a suitcase* far entrare a forza gli abiti in una valigia. **5** (*to bring about by force, effort*) forzare, provocare (con la forza): *to ~ a decision* provocare una decisione. **6** (*to extort*) strappare, estorcere: *to ~ a confession* strappare una confessione. **7** (*to impose*) imporre, costringere ad accettare: *they -d the gifts on him* lo costrinsero ad accettare i regali. **8** (*of a door, lock*) forzare, scassinare. **9** (*to rape*) usare violenza a, violentare. **10** (*Mil*) conquistare, prendere con la forza.

11 (*Agr*) forzare: *to ~ a plant* forzare una pianta. □ *to ~ a smile* fare un sorriso forzato; *to ~ an entry* entrare con la forza; *to ~ back* respingere; *to ~ back one's tears* ricacciare indietro le lacrime; *to ~ down*: 1 (*of prices*) ridurre, fare scendere, far calare; 2 (*Aer*) costringere all'atterraggio; (*fig*) *to ~ so.'s hand* forzare la mano a qcu.; *to ~ one's ideas on so.* imporre le proprie opinioni a qcu.; *to ~ sth. open* aprire qcs. con la forza; *to ~ prices up* far salire i prezzi; *to ~ the issue* stringere i tempi; *to ~ the pace*: 1 forzare il passo, accelerare l'andatura (*anche Sport*); 2 (*fig*) accelerare il ritmo; (*fig*) *to ~ so. to their knees* mettere qcu. in ginocchio; *to ~ to the rails*: 1 (*Sport*) (*of a horse*) stringere verso lo steccato; 2 (*fig*) ostacolare slealmente; *to ~ oneself upon so.* imporsi su qcu.; *to ~ a way in* aprirsi un varco: *he ~ his way into the room* penetrò a forza nella stanza; *to ~ one's way through a crowd* farsi largo in mezzo alla folla, farsi strada in mezzo alla folla.

force[3] /fɔːs *Am* fɔːrs/ *n.* (*Br,dial*) (*waterfall*) cascata *f.*

Force /fɔːs *Am* fɔːrs/ *n.* (*police*) forza *f.* (pubblica).

forced /fɔːst *Am* fɔːrst/ *a.* **1** forzato, obbligato. **2** (*strained, unnatural*) forzato, innaturale, artificioso: *a ~ smile* un sorriso forzato; *a ~ style* uno stile artificioso. **3** (*Agr*) forzato. **4** (*Econ*) forzoso. □ (*Econ*) ~ *exchange* cambio forzoso; ~ *feeding* alimentazione forzata; (*Aer*) ~ *landing* atterraggio forzato; (*Econ*) ~ *loan* prestito forzoso; (*Mil*) ~ *march* marcia forzata; (*Dir*) ~ *sale* vendita coatta; ~ *saving* risparmio forzoso.

forcedly /'fɔːsɪdli *Am* 'fɔːrsɪdli/ *avv.* forzatamente, con sforzo, a fatica.

force-feed /ˌfɔːs'fiːd *Am* ˌfɔːrs'fiːd/ *v.t.irr.* (*of an animal*) sottoporre ad alimentazione forzata.

forceful /'fɔːsful *Am* 'fɔːrsful/ *a.* forte, valido, vigoroso, energico: *a ~ personality* una forte personalità.

forcefulness /'fɔːsfulnəs *Am* 'fɔːrsfulnəs/ *n.* energia *f.*, polso *m.*

forcemeat /'fɔːsmiːt *Am* 'fɔːrsmiːt/ *n.* (*Gastron*) ripieno *m.*, farcia *f.*

forceout /'fɔːsaut *Am* 'fɔːrsaut/ *n.* (*Sport*) (*in baseball*) out *m.* forzato.

forceps /'fɔːseps, 'fɔːsɪps *Am* 'fɔːrseps, 'fɔːrsɪps/ (*pl.inv.* o *-es* /-ɪz/) *n.* **1** (*Chir*) forcipe *m.* **2** (*Med*) pinza *f.* **3** (*Entom*) forbici *f.pl.*

forcible /'fɔːsəbl *Am* 'fɔːrsəbl/ *a.* **1** fatto con la forza. **2** (*forceful*) forte, vigoroso, energico. **3** (*convincing*) convincente, efficace. □ (*Dir*) ~ *detainer* detenzione illegale; (*Dir*) ~ *entry* presa di possesso illegale; *by ~ means* con la forza.

forcibleness /'fɔːsəblnəs *Am* 'fɔːrsəblnəs/ *n.* **1** forza *f.*, violenza *f.* **2** (*vigour*) vigore *m.*

forcibly /'fɔːsəbli *Am* 'fɔːrsəbli/ *avv.* con forza.

forcing /'fɔːsɪŋ *Am* 'fɔːrsɪŋ/ *n.* **1** forzatura *f.* **2** (*Dir*) effrazione *f.*, scasso *m.* □ (*Agr*) ~ *bed* letto caldo; (*Agr*) ~ *house* serra.

ford /fɔːd *Am* fɔːrd/ **I** *n.* guado *m.* **II** *v.t.* guadare, passare a guado: *to ~ a river* guadare un fiume.

fordable /'fɔːdəbl *Am* 'fɔːrdəbl/ *a.* guadabile.

fore /fɔːr *Am* fɔːr/ **I** *a.* **1** anteriore, davanti. **2** (*Mar*) anteriore, di prua, prodiero. **II** *n.* **1** davanti *m.*, parte *f.* anteriore. **2** (*Mar*) prua *f.* **III** *avv.* (*Mar*) a prua, verso prua. **IV** *intz.* (*Sport*) (*in golf*) attenzione davanti! □ (*Mar*) ~ *and aft*: 1 da poppa a prua, per chiglia; 2 (*lengthwise*) longitudinale, di taglio; (*fig*) *to come to the ~* mettersi in luce, mettersi in evidenza, venire alla ribalta; (*Mar*) ~ *mast* albero di trinchetto; ~ *part*: 1 parte anteriore; 2 (*Aut*)

avancorpo, parte anteriore; (*Mar*) ~ *peak* gavone di prua; ~ *time* passato, tempi andati; *to the ~*: 1 in rilievo, in prima linea; 2 (*at hand*) disponibile, a portata di mano.

fore-and-aft /ˌfɔːrən(d)'ɑːft *Am* ˌfɔːrən(d)'æft/ □ (*Mar,ant*) ~ *rig* attrezzatura di taglio; (*Mar,ant*) ~ *sail* vela di taglio.

forearm[1] /'fɔːrɑːm *Am* 'fɔːrɑːrm/ *n.* (*Anat*) avambraccio *m.*

forearm[2] /fɔːr'ɑːm *Am* fɔːr'ɑːrm/ *v.t.* **1** premunire, provvedere alla difesa di. **2** (*fig*) premunire.

forebear /'fɔːbeər *Am* 'fɔːrber/ *n.spec.pl.* progenitore *m.* (*f.* -trice), antenato *m.* (*f.* -a), avo *m.* (*f.* -a).

forebode /fɔː'boud *Am* fɔːr'boud/ *v.t.* (*ant,lett, poet*) **1** preannunciare, far prevedere, essere presagio di, essere indizio di. **2** (*to have a presentiment of*) presagire, presentire.

foreboding /fɔː'boudɪŋ *Am* fɔːr'boudɪŋ/ *n.* **1** il presagire. **2** (*presentiment*) presentimento *m.*, presagio *m.*

forebodingly /fɔː'boudɪŋli *Am* fɔːr'boudɪŋli/ *avv.* in modo presago.

forebrain /'fɔːbreɪn *Am* 'fɔːrbreɪn/ *n.* (*Anat*) prosencefalo *m.*

forebridge /'fɔːbrɪdʒ *Am* 'fɔːrbrɪdʒ/ *n.* (*Mar*) ponte *m.* di prua.

forecabin /'fɔːkæbɪn *Am* 'fɔːrkæbɪn/ *n.* (*Mar*) cabina *f.* di prua.

forecast /'fɔːkɑːst *Am* 'fɔːrkæst/ **I** *v.i.* (*past,p.p.* **forecast/forecasted** /-ɪd/) **1** prevedere. **2** (*to serve as a forecast of*) predire, pronosticare. **II** *n.* **1** previsione *f.*, pronostico *m.* **2** (*of the weather*) previsioni *f.pl.*

forecaster /'fɔːkɑːstər *Am* 'fɔːrkæstər/ *n.* specialista *m./f.* in previsioni (economiche, politiche).

forecastle /'fouksəl/ *n.* **1** (*Mar*) castello *m.* di prua. **2** (*seamen's quarters*) alloggi *m.pl.* dei marinai.

forecited /'fɔːsaɪtɪd *Am* 'fɔːrsaɪtɪd/ *a.* summenzionato, anzidetto, succitato.

foreclose /fɔː'klouz *Am* fɔːr'klouz/ *v.t.* **1** (*Dir*) (*of a mortgager*) precludere il diritto di riscatto a; (*of a mortgage*) precludere il riscatto di. **2** (*Dir*) (*assol*) precludere il diritto ipotecario. **3** (*to shut out*) precludere, escludere. **4** (*to deal with beforehand*) concludere in anticipo, definire in anticipo.

foreclosure /fɔː'klouʒər *Am* fɔːr'klouʒər/ *n.* (*Dir*) preclusione *f.* del diritto ipotecario.

forecourt /'fɔːkɔːt *Am* 'fɔːrkɔːrt/ *n.* **1** cortile *m.* esterno, cortile *m.* anteriore. **2** (*Sport*) (*in tennis*) zona *f.* di battuta, zona *f.* di servizio.

foredeck /'fɔːdek *Am* 'fɔːrdek/ *n.* (*Mar*) ponte *m.* di prua.

foredoom /fɔː'duːm *Am* fɔːr'duːm/ *v.t.* destinare, predestinare.

forefather /'fɔːfɑːðər *Am* 'fɔːrfɑːðər/ *n.* progenitore *m.*, antenato *m.*, padre *m.*

forefinger /'fɔːfɪŋɡər *Am* 'fɔːrfɪŋɡər/ *n.* (*Anat*) indice *m.*

forefoot /'fɔːfut *Am* 'fɔːrfut/ *n.irr.* **1** (*Zool*) zampa *f.* anteriore, piede *m.* anteriore. **2** (*Mar*) piede *m.* di prua.

forefront /'fɔːfrʌnt *Am* 'fɔːrfrʌnt/ *n.* **1** (*Mil*) prima linea *f.* **2** (*fig*) (*vanguard*) avanguardia *f.*

foregather /fɔː'gæðər *Am* fɔːr'gæðər/ *v.i.* **1** adunarsi, riunirsi. **2** (*to associate socially*) associarsi (*with* a). **3** (*to meet accidentally*) incontrare per caso (qcu.).

foregift /'fɔːgɪft *Am* 'fɔːrgɪft/ *n.* (*Dir*) buonuscita *f.*

forego[1] /fɔː'gou *Am* fɔːr'gou/ *v.t.irr.* (*ant*) precedere, venir prima di.

forego[2] /fɔː'gou *Am* fɔːr'gou/ *v.t.irr.* astenersi da, rinunciare a, fare a meno di.

foregoer /fɔːˈgouə Am fɔːrˈgouə / n. 1 predecessore m. (f. -a). 2 (forerunner) precursore m. (f. -corritrice).

foregoing /fɔːˈgouŋ Am fɔːrˈgouŋ/ a. precedente, antecedente: in the ~ paragraph nel paragrafo precedente.

foregone /fɔːˈgɒn Am fɔːrˈgɑːn/ a. 1 precedente, anteriore. 2 (past) passato. □ ~ conclusion: 1 esito previsto, risultato scontato, conclusione scontata; 2 (fig) fatto scontato, cosa certa, certezza: his success is a ~ il suo successo è un fatto scontato.

foreground /ˈfɔːgraund Am ˈfɔːrgraund/ n. 1 (in perspective) primo piano m. 2 (fig) posizione f. di primo piano, posizione f. preminente.

foregut /ˈfɔːgʌt Am ˈfɔːrgʌt/ n. (Anat,Zool) porzione f. cefalica dell'intestino primitivo.

forehand /ˈfɔːhænd Am ˈfɔːrhænd/ I a. (Sport) (in tennis, etc.) diritto, di diritto: a ~ volley una volée di diritto. II n. 1 (Sport) diritto m. 2 (of a horse) treno m. anteriore. III avv. (Sport) con un diritto. □ (Sport) ~ drive colpo diritto.

forehanded /fɔːˈhændɪd Am fɔːrˈhændɪd/ a. 1 (Sport) diritto, di diritto. 2 (Am) (mindful of the future) previdente, provvido, lungimirante. 3 (Am) (thrifty) risparmiatore, parsimonioso.

forehandedness /fɔːˈhændɪdnəs/ n. (Am) previdenza f., lungimiranza f.

forehead /ˈfɔːhed Am ˈfɔːr(h)ed/ n. (Anat) fronte f.

foreign /ˈfɒrɪn Am ˈfɔːrɪn/ a. 1 straniero: ~ languages lingue straniere; a ~ country un paese straniero. 2 (alien) forestiero. 3 (Pol, Comm) estero. 4 (unrelated) estraneo (to a), che non ha relazione (con): digression ~ to the topic digressione estranea all'argomento. □ (Pol) ~affairs affari esteri; (Pol) ~ agency rappresentanza all'estero; (Pol) ~ aid aiuti economici internazionali; (Econ) ~assets attività estere; (Econ) ~bank banca estera; (Econ) ~ bill effetto sull'estero, cambiale estera; ~ body corpo estraneo; (Econ) ~bond obbligazione estera; (Econ) ~capital capitale estero; (Econ) ~ company società estera; ~ correspondent: 1 corrispondente in lingue estere; 2 (Giorn) corrispondente dall'estero; (Econ) ~currency valuta estera; (Econ) ~debt debito estero; (Br,Econ) ~ direct investments investimenti stranieri diretti; (Econ) ~ draft tratta sull'estero; ~exchange: 1 (Econ) cambio estero: ~ exchange broker cambiavalute, intermediario di cambio; ~ exchange business operazioni di cambio; ~ exchange transaction operazione di cambio; 2 (currency) divisa estera, valuta estera: ~ exchange allocation assegnazione di valuta; ~ exchange market mercato valutario; ~ exchange control controllo delle divise estere; (Econ) ~ investment investimento estero; ~ language lingua estera, lingua straniera; (Mil) ~legion legione straniera; ~manpower manodopera straniera; (Econ) ~ market mercato estero; (GB,Parl) ForeignOffice ministero degli esteri; (Econ) ~operations operazioni con l'estero; ~policy politica estera; (Pol) ~relations relazioni con l'estero; (GB, Parl) ForeignSecretary ministro degli Esteri; ~ service corpo diplomatico; (Econ) ~ trade commercio con l'estero; ~ trade zone zona franca, zona di libero scambio; (Econ) ~transactions operazioni con l'estero.

foreign-built /ˈfɒrɪnˌbɪlt Am ˈfɔːrɪnˌbɪlt/ a. di fabbricazione estera.

foreigner /ˈfɒrɪnə Am ˈfɔːrɪnə / n. 1 straniero m. (f. -a). 2 (alien) forestiero m. (f. -a). 3 (Mar) nave f. straniera.

forejudge /fɔːˈdʒʌdʒ Am fɔːrˈdʒʌdʒ/ v.t. giudicare anzitempo.

foreknow /fɔːˈnou Am fɔːrˈnou/ v.t.irr. conoscere in anticipo, prevedere.

foreknowledge /fɔːˈnɒlɪdʒ Am fɔːrˈnɑːlɪdʒ/ n. preveggenza f.

forel /ˈfɒrəl Am ˈfɑːrəl/ n. (Legat) pergamena f. di pelle di montone.

foreland /ˈfɔːlənd Am ˈfɔːrlənd/ n. 1 (Geog) promontorio m., capo m. 2 (in front of an embankment, etc.) terreno m. antistante.

foreleg /ˈfɔːleg Am ˈfɔːrleg/ n. (Zool) zampa f. anteriore.

forell /ˈfɒrəl Am ˈfɑːrəl/ n. (Legat) pergamena f. di pelle di montone.

forelock[1] /ˈfɔːlɒk Am ˈfɔːrlɑːk/ n. ciocca f. di capelli sulla fronte, ciuffo m. □ (fig) to take time by the ~ cogliere la prima occasione.

forelock[2] /ˈfɔːlɒk Am ˈfɔːrlɑːk/ I n. (Tecn) copiglia f., coppiglia f. II v.t. (Tecn) assicurare con una copiglia, fermare con una copiglia.

foreman /ˈfɔːmən Am ˈfɔːrmən/ n.irr. 1 (Ind) caposquadra m., capo m.; (in charge of a department) caporeparto m. 2 (Dir) capo m. dei giurati, capo m. della giuria, primo giurato m., portavoce m. della giuria.

foremast /ˈfɔːmɑːst Am ˈfɔːrmæst/ n. (Mar) albero m. prodiero, albero m. di trinchetto.

forementioned /ˈfɔːmenʃənd Am ˈfɔːr menʃənd/ a. summenzionato, suddetto.

foremost /ˈfɔːmoust Am ˈfɔːrmoust/ I a. primo, più importante, principale: the ~ families in the country le prime famiglie della nazione. II avv. in primo luogo. □ firstand ~ anzitutto, prima di tutto, principalmente.

forename /ˈfɔːneɪm Am ˈfɔːrneɪm/ n. nome m. di battesimo.

forenamed /ˈfɔːneɪmd Am ˈfɔːrneɪmd/ a. sunnominato, summenzionato.

forenoon /ˈfɔːnuːn, ˌfɔːˈnuːn/ n. (Am,Mar) mattinata f.

forensic /fəˈrensɪk, fəˈrenzɪk/ a. (Dir) forense, legale, giudiziario. □ ~chemistry chimica legale; ~medicine medicina legale.

forensics /fəˈrensɪks, fəˈrenzɪks/ n.pl. (costr.sing.) arte f. della discussione, arte f. del dibattito.

foreordain /ˌfɔːrɔːˈdeɪn Am ˌfɔːrɔːrˈdeɪn/ v.t. 1 preordinare. 2 (to predestine) predestinare.

foreordination /ˌfɔːrɔːdɪˈneɪʃən Am ˌfɔːrɔːrdənˈeɪʃən/ n. 1 preordinazione f. 2 (predestination) predestinazione f.

forepaw /ˈfɔːpɔː Am ˈfɔːrpɔː/ n. (Zool) zampa f. anteriore.

foreplay /ˈfɔːpleɪ Am ˈfɔːrpleɪ/ n. preliminari m.pl. (sessuali).

forequarter /ˈfɔːˌkwɔːtə Am ˈfɔːrˌkwɔːrtə / n. (Macell) quarto m. anteriore.

forereach /fɔːˈriːtʃ Am fɔːrˈriːtʃ/ I v.i. (Mar) guadagnare il sopravvento. II v.t. (Mar) raggiungere.

forerun /fɔːˈrʌn Am fɔːrˈrʌn/ v.t.irr. 1 precedere. 2 (to foretell) predire, pronosticare.

forerunner /ˈfɔːrʌnə Am fɔːrˈrʌnə / n. 1 precursore m. (f. -corritrice), antesignano m. (f. -a). 2 (predecessor) predecessore m. (f. -a), antenato m. (f. -a). 3 (omen, sign) presagio m., indizio m. 4 (Sport) apripista m./f.

Forerunner /fɔːˈrʌnə Am fɔːrˈrʌnə / n.pr. (Bibl) Precursore m., Giovanni Battista m.

foresail /ˈfɔːseɪl Am ˈfɔːrseɪl/ n. (Mar) 1 vela f. di prua. 2 (on a foremast) vela f. di trinchetto. 3 (staysail) trinchettina f., vela f. di straglio.

foresee /fɔːˈsiː Am fɔːrˈsiː/ v.t.irr. prevedere, aspettarsi.

foreseeable /fɔːˈsiːəbl Am fɔːrˈsiːəbl/ a. 1 prevedibile. 2 (immediate) immediato, prossimo: in the ~future nell'immediato futuro.

foreshadow /fɔːˈʃædou Am fɔːrˈʃædou/ v.t.

presagire, prevedere.

foreshock /ˈfɔːʃɒk Am ˈfɔːrʃɑːk/ n. (Geol) scossa f. premonitrice.

foreshore /ˈfɔːʃɔː Am ˈfɔːrʃɔː/ n. riviera f., litorale m.

foreshorten /fɔːˈʃɔːtən Am fɔːrˈʃɔːrtən/ v.t. (Art) rappresentare di scorcio, ritrarre in prospettiva.

foreshortening /fɔːˈʃɔːtənɪŋ Am fɔːr ˈʃɔːrtənɪŋ/ n. (Art) scorcio m.

foreshow /fɔːˈʃou Am fɔːrˈʃou/ v.t.irr. preannunziare, predire.

foresight /ˈfɔːsaɪt Am ˈfɔːrsaɪt/ n. 1 prudenza f., previdenza f., lungimiranza f. 2 (prophetic capacity) preveggenza f., prescienza f. 3 (prevision) previsione f. 4 (Topogr) lettura f. altimetrica. 5 (Arm) mirino m. anteriore.

foresighted /ˈfɔːsaɪtɪd Am ˈfɔːrˌsaɪtɪd/ a. previdente, prudente.

foreskin /ˈfɔːskɪn Am ˈfɔːrskɪn/ n. (Anat) prepuzio m.

forest /ˈfɒrɪst Am ˈfɔːrɪst/ I n. 1 foresta f., bosco m., (rar) selva f. 2 (fig) selva f., bosco m., foresta f. II v.t. imboschire. □ ~death (o ~die-off) moria dei boschi; ~fire incendio di una foresta; (Entom) ~fly mosca cavallina; (Am,fig) he can't see the ~ for the trees si perde nei particolari; ~ ranger guardaboschi, guardia forestale; (Forest) ~reserve riserva; ~school istituto forestale.

forestal /ˈfɒrɪstəl Am ˈfɔːrɪstəl/ a. forestale.

forestall /fɔːˈstɔːl Am fɔːrˈstɔːl/ v.t. prevenire, anticipare.

forestay /ˈfɔːsteɪ Am ˈfɔːrsteɪ/ n. (Mar) straglio m. di trinchetto.

forested /ˈfɒrɪstɪd Am ˈfɔːrɪstɪd/ a. boscoso, coperto di boschi.

forester /ˈfɒrɪstə Am ˈfɔːrɪstə / n. 1 (expert in forestry) silvicoltore m. (f. -trice). 2 (officer in charge of a forest) guardia f. forestale, guardaboschi m./f. 3 (inhabitant) abitante m./f. della foresta. 4 (Zool) animale m. della foresta.

forestry /ˈfɒrɪstri Am ˈfɔːrɪstri/ n. 1 (Forest) silvicoltura f. 2 (forestation) imboschimento m.

foretaste[1] /ˈfɔːteɪst Am ˈfɔːrteɪst/ n. 1 pregustazione f. 2 (fig) anticipazione f., assaggio m.

foretaste[2] /fɔːˈteɪst Am fɔːrˈteɪst/ v.t. 1 pregustare. 2 (to sample beforehand) sperimentare in anticipo.

foretell /fɔːˈtel Am fɔːrˈtel/ v.t.irr. predire, pronosticare.

forethought /ˈfɔːθɔːt Am ˈfɔːrθɔːt/ n. 1 previdenza f. 2 (previous consideration) premeditazione f. □ to actwith ~ essere previdente.

foretoken[1] /ˈfɔːˌtoukən Am ˈfɔːrˌtoukən/ n. presagio m., premonizione f.

foretoken[2] /fɔːˈtoukən Am fɔːrˈtoukən/ v.t. presagire, preannunciare.

foretop /ˈfɔːtɒp Am ˈfɔːrtɑːp/ n. (Mar) coffa f. di trinchetto.

forever /fəˈrevə Am fɔːrˈevə, fərˈevə / avv. 1 per sempre, eternamente: to love so. ~ amare qcu. per sempre. 2 (continually) sempre, di continuo. □ (lett) ~and a day eternamente, per sempre; (lett) ~and aye eternamente, per sempre; (Bibl,Lit) ~and ever, amen per tutti i secoli dei secoli, amen.

forevermore /fəˌrevəˈmɔː Am fɔːrˌevərˈmɔːr, fərˌevərˈmɔːr/ avv. (lett) per sempre, eternamente.

forewarn /fɔːˈwɔːn Am fɔːrˈwɔːrn/ v.t. preavvertire, preavvisare, prevenire. □ Prov.: ~ed is forearmed uomo avvisato mezzo salvato.

forewoman /ˈfɔːˌwumən Am ˈfɔːrˌwumən/ n.irr. 1 (Ind) caposquadra f.; (in charge of a department) caporeparto f. 2 (Dir) prima giuata f., capo m. di una giuria femminile.

oreword /'fɔːwɜːd Am 'fɔːrwɜːrd/ n. prefazione f., introduzione f., (rar) proemio m.

oreyard /'fɔːjɑːd Am 'fɔːrjɑːrd/ n. (Mar) penone m. di trinchetto.

orfeit /'fɔːfɪt Am 'fɔːrfɪt/ I n. 1 penalità f. 2 (fine) multa f. 3 (Dir) confisca f. (dei beni); (thing forfeited) cosa f. confiscata. 4 pl. (costr.sing.) (game) gioco m.sing. delle penienze. II a. confiscato. III v.t. 1 perdere, essere privato di: ~ to ~ one's life perdere la vita. 2 (Dir) perdere per confisca. □ to ~ one's ail non presentarsi al processo dopo aver ottenuto la libertà provvisoria.

orfeitable /'fɔːfɪtəbḷ Am 'fɔːrfɪtəbḷ/ a. confiscabile.

orfeiter /'fɔːfɪtəʳ Am 'fɔːrfɪtəʳ/ n. chi perde per confisca.

orfeiting /'fɔːfɪtɪŋ Am 'fɔːrfɪtɪŋ/ n. (Econ) forfetizzazione f.

orfeiture /'fɔːfɪtʃəʳ Am 'fɔːrfətʃəʳ/ n. (Dir) 1 confisca f. (dei beni); (thing forfeited) cosa f. confiscata. 2 (penalty) penalità f.; (fine) multa f. □ (Dir) ~of the charter revoca della personalità giuridica di una società.

orfend /fɔː'fend Am fɔːr'fend/ v.t. 1 difendere, proteggere. 2 (to prevent, to avert) impedire, stornare, allontanare. □ God ~! Dio ce ne scampi e liberi!

orgather /fɔː'gæðəʳ Am fɔːr'gæðəʳ/ v.i. 1 adunarsi, riunirsi. 2 (to associate socially) associarsi (with a). 3 (to meet accidentally) incontrare per caso (qcu.).

orgave /fə'geɪv Am fəʳ'geɪv, fɔːr'geɪv/ → **forgive**.

forge[1] /fɔːdʒ Am fɔːrdʒ/ I n. 1 (furnace) fornace f. 2 (smithy) fucina f., forgia f. 3 (wrought iron workshop) ferriera f. II v.t. 1 (Met) (of metal) fucinare; (to produce by forging) forgiare. 2 (fig) fare, formare, creare: to ~ an agreement creare un accordo. 3 (to imitate fraudulently) falsificare, falsare, contraffare: to ~ a signature falsificare una firma. 4 (of a story, lie) inventare, foggiare, preparare. III v.i. 1 lavorare in una fucina. 2 (to commit a forgery) fare un falso.

forge[2] /fɔːdʒ Am fɔːrdʒ/ v.i. 1 avanzare gradatamente, avanzare per gradi. 2 (to move with a sudden increase of speed) scattare: the runner -d into the lead il corridore scattò al comando. □ to ~ ahead: 1 procedere a tutta velocità, avanzare a tutta velocità; 2 (fig) andare a gonfie vele.

forged /fɔːdʒd Am fɔːrdʒd/ a. 1 (Met) fucinato, forgiato. 2 (counterfeited, false) contraffatto, falsificato, falso: a ~ signature una firma falsa.

forger /'fɔːdʒəʳ Am 'fɔːrdʒəʳ/ n. 1 (Met) fucinatore m., forgiatore m. 2 (counterfeiter) falsario m. (f. -a), contraffattore m. (f. -trice), falsificatore m. (f. -trice).

forgery /'fɔːdʒəri Am 'fɔːrdʒəri/ n. (Dir) 1 falso m.; (document) documento m. contraffatto, documento m. falso. 2 (signature) firma f. falsa. 3 (counterfeiting) falsificazione f.: ~ of a will falsificazione di testamento.

forgery-proof /'fɔːdʒəripruːf Am 'fɔːrdʒəripruːf/ a. non falsificabile.

forget /fə'get Am fəʳ'get, fɔːr'get/ (past **forgot** /-'gɒt Am -'gɑːt/, p.p. **forgotten** /-'gɒtən Am -'gɑːtən/, poet **forgot**) I v.t. 1 dimenticare, dimenticarsi, scordare, scordarsi: I forgot you were coming avevo (o mi ero) dimenticato che dovevi arrivare; I ~ her name non riesco a ricordarmi il suo nome. 2 (to leave out) dimenticare, dimenticarsi, omettere. 3 (to leave behind) dimenticare: I have forgotten my umbrella ho dimenticato l'ombrello. 4 (to neglect) trascurare, dimenticare. 5 (rifl.)

to ~ oneself perdere il controllo di sé. 6 (rifl.) to ~ oneself (to act unselfishly) comportarsi con altruismo, agire con altruismo. II v.i. dimenticare, dimenticarsi. □ ~ about it! scordatelo!; I forgot all about it me ne sono completamente dimenticato; (colloq) ~it! lascia perdere!, lasciamo perdere!

forgetful /fə'getful Am fəʳ'getful, fɔːr'getful/ a. 1 smemorato, di poca memoria. 2 (neglectful) che tralascia, dimentico, immemore, noncurante (of di): ~ of one's duties dimentico dei propri doveri. 3 (poet) che dà l'oblio, oblioso: ~ sleep sonno che dà l'oblio.

forgetfulness /fə'getfulnəs Am fəʳ'getfulnəs, fɔːr'getfulnəs/ n. 1 smemoratezza f. 2 (neglectfulness) negligenza f., noncuranza f., dimenticanza f.

forget-me-not /fə'getmɪnɒt Am fəʳ'getmɪnɑːt, fɔːr'getmɪnɑːt/ n. (Bot) miosotide f., nontiscordardimé m.

forgettable /fə'getəbḷ Am fəʳ'getəbḷ, fɔːr'getəbḷ/ a. che si può dimenticare.

forging /'fɔːdʒɪŋ Am 'fɔːrdʒɪŋ/ n. (Mecc) forgiatura f., fucinatura f. □ (Mecc) ~machine forgiatrice.

forgivable /fə'gɪvəbḷ Am fəʳ'gɪvəbḷ, fɔːr'gɪvəbḷ/ a. perdonabile.

forgive /fə'gɪv Am fəʳ'gɪv, fɔːr'gɪv/ (past **forgave** /-'geɪv/, p.p. **forgiven** /-'gɪvən/) I v.t. 1 perdonare, scusare: I ~ you ti perdono; to ~ so. for doing sth. perdonare qcs. a qcu., perdonare qcu. di (o per) qcs. 2 (of an offence, etc.) perdonare, a, rimettere a: to ~ so. his sins perdonare i suoi peccati. 3 (a debt, etc.) condonare, rimettere. II v.i. concedere il perdono. □ to ~ and forget metterci una pietra sopra; (Bibl,Lit) ~ us our trespasses rimetti a noi i nostri debiti.

forgiveable /fə'gɪvəbḷ Am fəʳ'gɪvəbḷ, fɔːr'gɪvəbḷ/ a. perdonabile.

forgiven /fə'gɪvən Am fəʳ'gɪvən, fɔːr'gɪvən/ → **forgive**.

forgiveness /fə'gɪvnəs Am fəʳ'gɪvnəs, fɔːr'gɪvnəs/ n. 1 perdono m.: to ask so.'s ~ chiedere perdono a qcu. 2 (remission) remissione f., perdono m.: the ~ of sins la remissione dei peccati. 3 (willingness to forgive) clemenza f., indulgenza f.

forgiving /fə'gɪvɪŋ Am fəʳ'gɪvɪŋ, fɔːr'gɪvɪŋ/ a. indulgente, clemente, disposto al perdono.

forgivingly /fə'gɪvɪŋli Am fəʳ'gɪvɪŋli, fɔːr'gɪvɪŋli/ avv. indulgentemente, con clemenza.

forgivingness /fə'gɪvɪŋnəs Am fəʳ'gɪvɪŋnəs, fɔːr'gɪvɪŋnəs/ n. indulgenza f., clemenza f.

forgo /fɔː'gou Am fɔːr'gou/ v.t.ir. astenersi da, rinunciare a, fare a meno di.

forgot /fə'gɒt Am fəʳ'gɑːt, fɔːr'gɑːt/ → **forget**.

forgotten /fə'gɒtən Am fəʳ'gɑːtən, fɔːr'gɑːtən/ → **forget**.

fork /fɔːk Am fɔːrk/ I n. 1 forchetta f. 2 (Agr) (for digging) bidente m.; (for lifting) forca f., forcale m.; (hay-fork) forcone m. 3 (of a road) biforcazione f., bivio m.; (of a river) biforcazione f. 4 (Anat) inforcatura f., biforcazione f. 5 (Mus) (tuning fork) diapason m. 6 (of a bicycle) forcella f. II v.t. 1 inforcare: to ~ hay inforcare il fieno. 2 (to raise with a fork) rimuovere con la forca. 3 (to dig with a fork) piantare con la forca, interrare con il bidente. 4 (to divide into two) biforcare. III v.i. 1 (of a road, river, etc.) biforcarsi. 2 (of people, cars, etc.) deviare, svoltare. 3 (of lightning) serpeggiare. □ (Agr) to ~in manure interrare concime (con il bidente); ~lunch-eon colazione alla forchetta; (colloq) to ~out tirar fuori, sborsare, sganciare (denaro); (Am,sl) to ~ sth. over dare qcs., passare qcs., mollare qcs.; (Mecc) ~spanner chiave fissa;

(colloq) to ~up tirar fuori, sborsare, sganciare (denaro); (Mecc) ~wrench chiave a forcella.

forked /fɔːkt Am fɔːrkt/ a. 1 biforcuto, che si biforca. 2 (of lightning) a zigzag. 3 (Mecc) a forcella.

forkful /'fɔːkful Am 'fɔːrkful/ n. 1 forchettata f. 2 (Agr) forcata f.

forklift /'fɔːklɪft Am 'fɔːrklɪft/ n. (Mecc) carrello m. elevatore a forca, muletto m. □ (Mecc) ~truck carrello elevatore a forca, muletto.

forlorn /fə'lɔːn, fɔː'lɔːn Am fɔːr'lɔːrn, fəʳ'lɔːrn/ a. 1 abbandonato, derelitto, sperduto. 2 (wretched) misero, sconsolato. 3 (bereft) privo, privato, destituito (of di). 4 (hopeless) disperato: a ~ attempt un tentativo disperato. □ ~hope: 1 speranza vana; 2 (dangerous enterprise) impresa disperata; 3 (Mil) pattuglia inviata in missione pericolosa.

form /fɔːm Am fɔːrm/ I n. 1 (shape) forma f., foggia f. 2 (appearance) forma f., aspetto m., apparenza f. 3 (body) forma f., figura f. umana, sagoma f. 4 (type) forma f., tipo m.: ~ of government forma di governo. 5 (style) forma f., stile m.: in a clear ~ in forma chiara. 6 (long bench) banco m., sedile m., panca f. 7 (document) modulo m., formulario m.: an income tax ~ un modulo per la denuncia delle tasse; to fill in a ~ compilare un modulo. 8 (Inform) modulo m.: interactive ~ modulo interattivo. 9 (set order of words) formula f.: ~ of oath formula di giuramento. 10 (conventional method of behaviour) forma f., convenzioni f.pl. (sociali), formalità f.pl.: to respect the ~ rispettare la forma. 11 (of a person: manners) contegno m., forma f.: to have bad ~ mancare di contegno. 12 (mould) forma f., stampo m. 13 (Br,Scol) classe f., anno m. 14 (fitness) forma f., condizioni f.pl. fisiche e psichiche: to be in ~ essere in forma; (Sport) to be out of ~ non essere in forma, essere fuori forma; (Sport) to lose ~ andar giù di forma. 15 (Gramm,Ling,Filos) forma f. 16 (Biol) forma f., specie f., individuo m. 17 (of a hare) covo m., tana f. II v.t. 1 foggiare, formare, plasmare. 2 (to put together) formare, comporre: to ~ a sentence formare un periodo. 3 (to constitute) formare, costituire, comporre: to ~ a committee formare un comitato. 4 (to become arranged as) disporsi in, formare: the children -ed a ring i bambini si disposero in cerchio. 5 (to fashion) foggiare, formare; (to mould by influence) plasmare, formare: to ~ a child's character formare il carattere di un bambino. 6 (of ideas, etc.) formarsi, farsi: to ~ an opinion of so. farsi un'opinione su (o di) qcu., formarsi un'opinione su (o di) qcu. 7 (of a habit) contrarre, prendere. 8 (of friendship) sviluppare. 9 (to make up, to compose) formare, costituire, essere: to ~ part of essere parte di. 10 (Mil) mettere in riga. III v.i. 1 formarsi: ice has -ed on the roads sulle strade si è formato il ghiaccio. 2 (to take form) formarsi, prendere forma: an idea -ed in his mind un'idea prese forma nella sua mente. 3 (Mil) disporsi, ordinarsi: to ~ into ranks disporsi in fila; to ~ fours disporsi per quattro. □ (Inform) ~feed avanzamento di pagina; in the ~ of in forma di, sotto forma di; (Mil) to ~into columns incolonnarsi; ~letter lettera prestampata; a ~of speech un modo di dire.

formal /'fɔːməl Am 'fɔːrməl/ a. 1 formale, convenzionale. 2 (marked by form, ceremony) formale, protocollare: a ~ reception un ricevimento formale. 3 (ceremonious) cerimonioso, formale. 4 (of persons) formalista. 5 (perfunctory) formale, esteriore, apparente. 6 (of or pertaining to form) formale, di forma: *a ~ problem* un problema formale. **7** (*explicit*) formale, esplicito. **8** (*regular*) regolare, uniforme. **9** (*symmetrical*) simmetrico. **10** (*Art,Filos*) formale: ~ *cause* causa formale. □ *to pay a ~ call on so.* fare una visita di circostanza a qcu.; ~ *dress* abito da cerimonia; ~ *education* educazione formale; ~ *garden* giardino all'italiana, giardino classico; *a ~ question* una questione formale, una questione di procedura.

formaldehyde /fɔːˈmældɪhaɪd *Am* fɔːr ˈmældɪhaɪd, fəˈmældɪhaɪd/ *n.* (*Chim*) formaldeide *f.*

formalin /ˈfɔːməlɪn *Am* ˈfɔːrməlɪn/ *n.* (*Chim*) formalina *f.*, formolo *m.*

formalism /ˈfɔːməlɪzəm *Am* ˈfɔːrməlɪzəm/ *n.* formalismo *m.*

formalist /ˈfɔːməlɪst *Am* ˈfɔːrməlɪst/ *n.* formalista *m./f.*

formalistic /ˌfɔːməˈlɪstɪk *Am* ˌfɔːrməˈlɪstɪk/ *a.* formalistico.

formality /fɔːˈmælɪti *Am* fɔːrˈmælətɪ/ *n.* **1** formalità *f.*, convenzionalità *f.* **2** (*formal act*) formalità *f.*, questione *f.* di forma: *a mere ~* una pura formalità. **3** (*ceremoniousness*) cerimoniosità *f.* **4** (*Dir*) formalità *f.*, modalità *f.*: *legal formalities* formalità di legge; *to comply with all the necessary formalities* assolvere a tutte le formalità necessarie. **5** *pl.* (*ceremony*) formalità *f.pl.*, cerimonie *f.pl.*

formalization /ˌfɔːməl(a)ɪˈzeɪʃən *Am* ˌfɔːrməlɪ ˈzeɪʃən/ *n.* (*Filos*) formalizzazione *f.*

formalize /ˈfɔːməlaɪz *Am* ˈfɔːrməlaɪz/ **I** *v.t.* **1** rendere formale. **2** (*to give form to*) formare, foggiare, dare forma a. **II** *v.i.* essere cerimonioso, comportarsi in maniera formale.

formally /ˈfɔːməli *Am* ˈfɔːrməli/ *avv.* **1** in maniera formale, formalmente, ufficialmente. **2** (*explicitly*) formalmente, esplicitamente.

formant /ˈfɔːmənt *Am* ˈfɔːrmənt/ *n.* (*Fon*) formante *f.*

format /ˈfɔːmæt *Am* ˈfɔːrmæt/ **I** *n.* **1** (*Edit, Inform*) formato *m.* **2** (*Giorn*) presentazione *f.*, confezione *f.*, veste *f.* tipografica. **II** *v.t.* (*Inform*) formattare: *to ~ a disk* formattare un dischetto.

formate[1] /ˈfɔːmeɪt *Am* ˈfɔːrmeɪt/ *n.* (*Chim*) formiato *m.*

formate[2] /ˈfɔːmeɪt *Am* ˈfɔːrmeɪt/ *v.i.* (*Aer*) volare in formazione.

formation /fɔːˈmeɪʃən *Am* fɔːrˈmeɪʃən/ *n.* **1** formazione *f.* (*anche Geol*). **2** (*manner in which a thing is formed*) composizione *f.*, formazione *f.*: *in process of ~* in (processo di) formazione. **3** (*setting up*) costituzione *f.*, formazione *f.* **4** (*Mil,Aer*) formazione *f.*, disposizione *f.*; (*unit*) unità *f.*, formazione *f.* □ (*Aer*) *to fly in* ~ volare in formazione.

formative /ˈfɔːmətɪv *Am* ˈfɔːrmətɪv/ **I** *a.* **1** formativo, che forma. **2** (*relating to formation*) della formazione: *a child at a ~ age* un bambino all'età della formazione. **3** (*Ling*) formativo. **II** *n.* (*Ling*) (*formative element*) elemento *m.* formativo, affisso *m.* □ ~ *art* arte plastica.

formatting /ˈfɔːmætɪŋ *Am* ˈfɔːrmætɪŋ/ *n.* (*Inform*) formattazione *f.*

forme /fɔːm *Am* ˈfɔːrm/ *n.* (*Tip*) forma *f.*

former[1] /ˈfɔːmər *Am* ˈfɔːrmər/ **I** *a.* **1** precedente: *on a ~ occasion* in un'occasione precedente. **2** (*previous*) di prima, primitivo: *it went back to its ~ shape* ha ripreso la forma primitiva. **3** (*long past*) passato, andato: *in ~ times* nei tempi andati, in passato. **4** (*first mentioned of two*) primo (di due): *the ~ candidate was preferred to the latter* il primo candidato è stato preferito al secondo. **5** (*sometime*) ex, già, un tempo: *the ~ Prime Minister* l'ex primo ministro. **II** *pron.* il primo, quello là. □ *the ~ ... the latter* (*used*

only in reference to persons) l'uno... l'altro, quello... questo, il primo... l'altro, il primo... il secondo, quegli... questi; *he is a mere shadow of his ~ self* non è che l'ombra di se stesso.

former[2] /ˈfɔːmər *Am* ˈfɔːrmər/ *n.* **1** chi forma, formatore *m.* (*f.* -trice). **2** (*Ind*) operaio *m.* (*f.* -a) formatore, formatore *m.* (*f.* -trice). **3** (*Tecn*) (*mould*) stampo *m.*, forma *f.* **4** (*Br,Scol*) (*in compounds*) alunno della... classe: *a fourth ~* un alunno di quarta, un alunno della quarta classe.

formerly /ˈfɔːməli *Am* ˈfɔːrmərli/ *avv.* **1** in passato, tempo addietro, un tempo. **2** (*previously*) un tempo, già, precedentemente.

formic /ˈfɔːmɪk *Am* ˈfɔːrmɪk/ *a.* (*Chim*) formico.

formica /fɔːˈmaɪkə, fəˈmaɪkə *Am* fɔːrˈmaɪkə, fəˈmaɪkə/ *n.* (*Ind*) formica *f.*

formication /ˌfɔːmɪˈkeɪʃən *Am* ˌfɔːrmɪˈkeɪʃən/ *n.* (*Med*) formicolio *m.*

formidability /ˌfɔːmɪdəˈbɪlɪti *Am* ˌfɔːrmɪdə ˈbɪləti/ *n.* l'essere formidabile, l'essere spaventoso.

formidable /ˈfɔːmɪdəbl̩, fɔːˈmɪdəbl̩ *Am* ˈfɔːrmɪdəbl̩, fɔːrˈmɪdəbl̩/ *a.* **1** temibile, spaventoso, terribile, (*lett*) formidabile: *a ~ opponent* un temibile avversario. **2** (*of intimidating size*) arduo, duro: *a ~ task* un compito arduo. **3** (*exceptional*) formidabile, straordinario, eccezionale: ~ *knowledge* una conoscenza formidabile.

formidableness /ˈfɔːmɪdəblnəs, fɔː ˈmɪdəblnəs *Am* ˈfɔːrmɪdəblnəs, fɔːrˈmɪdəblnəs/ *n.* l'essere formidabile, l'essere spaventoso.

forming /ˈfɔːmɪŋ *Am* ˈfɔːrmɪŋ/ *n.* (*Mecc*) foggiatura *f.*, formatura *f.* □ (*Mecc*) ~ *machine* profilatrice.

formless /ˈfɔːmləs *Am* ˈfɔːrmləs/ *a.* informe, senza forma.

formlessly /ˈfɔːmləsli *Am* ˈfɔːrmləsli/ *avv.* in modo informe.

formlessness /ˈfɔːmləsnəs *Am* ˈfɔːrmləsnəs/ *n.* assenza *f.* di forma.

Formosa /fɔːˈmousə *Am* fɔːrˈmousə/ *n.pr.* (*Geog.stor*) Formosa *f.*

Formosan /fɔːˈmousən *Am* fɔːrˈmousən/ **I** *a.* (dell'isola) di Formosa. **II** *n.* abitante *m./f.* di Formosa.

formula /ˈfɔːmjələ *Am* ˈfɔːrmjʊlə/ (*pl.* -s /-z/, -lae /-liː/) *n.* **1** formula *f.* (*anche fig,Chim,Mat*): *a collection of -s* un formulario. **2** (*conventional phrase*) formula *f.*, frase *f.* rituale, frase *f.* consuetudinaria. **3** (*prescription*) formula *f.*, ricetta *f.* **4** (*Sport*) formula *f.*: *~-1 race* gara automobilistica di formula 1.

formularization /ˌfɔːmjələr(a)ɪˈzeɪʃən *Am* ˌfɔːrmjələrɪˈzeɪʃən/ *n.* formulazione *f.*

formularize /ˈfɔːmjələraɪz *Am* ˈfɔːrmjʊləraɪz/ *v.t.* esprimere in formule, esprimere mediante formule.

formulary /ˈfɔːmjələri *Am* ˈfɔːrmjʊleri/ **I** *n.* **1** modulo *m.*, formulario *m.* **2** (*Farm*) farmacopea *f.* **3** (*Lit*) rituale *m.* **II** *a.* **1** di formule. **2** (*consisting of a formula*) (espresso) in formula. **3** (*Lit*) rituale.

formulate /ˈfɔːmjʊleɪt *Am* ˈfɔːrmjʊleɪt/ *v.t.* **1** esprimere in formula, ridurre a formula. **2** (*to express precisely*) formulare: *to ~ a theory* formulare una teoria. **3** (*to devise*) ideare, formulare, concepire.

formulation /ˌfɔːmjʊˈleɪʃən *Am* ˌfɔːrmjʊ ˈleɪʃən/ *n.* formulazione *f.*

formwork /ˈfɔːmwɜːk *Am* ˈfɔːrmwɜːrk/ *n.* (*Edil*) cassaforma *f.*

formyl /ˈfɔːm(a)ɪl *Am* ˈfɔːrmɪl/ *n.* (*Chim*) formile *m.*

fornicate /ˈfɔːnɪkeɪt *Am* ˈfɔːrnɪkeɪt/ *v.i.* fornicare.

fornication /ˌfɔːnɪˈkeɪʃən *Am* ˌfɔːrnɪˈkeɪʃən/ *n.* fornicazione *f.*

fornicator /ˈfɔːnɪkeɪtər *Am* ˈfɔːrnɪkeɪtər/ *n.* fornicatore *m.*

fornicatress /ˈfɔːnɪkətrəs *Am* ˈfɔːrnɪkətrəs/, **fornicatrix** /ˈfɔːnɪkətrɪks *Am* ˈfɔːrnɪkətrɪks/ *n.* fornicatrice *f.*

fornix /ˈfɔːnɪks *Am* ˈfɔːrnɪks/ (*pl.* -**nices** /-nɪsiːz/) *n.* (*Anat*) fornice *m.*

forsake /fəˈseɪk, fɔːˈseɪk *Am* fɔːrˈseɪk, fərˈseɪk/ (*past* **forsook** /-ˈsʊk/, *p.p.* **forsaken** /-ˈseɪkən/) *v.t.* **1** abbandonare, rinunciare a: *to ~ one's faith* abbandonare la fede. **2** (*to leave*) abbandonare, lasciare: *to ~ one's wife* abbandonare la moglie.

forsaken[1] /fəˈseɪkən, fɔːˈseɪkən *Am* fɔːr ˈseɪkən, fərˈseɪkən/ → **forsake**.

forsaken[2] /fəˈseɪkən, fɔːˈseɪkən *Am* fɔːr ˈseɪkən, fərˈseɪkən/ *a.* abbandonato, deserto, desolato.

forsook /fəˈsʊk, fɔːˈsʊk *Am* fɔːrˈsʊk, fərˈsʊk/ → **forsake**.

forsooth /fəˈsuːθ, fɔːˈsuːθ *Am* fɔːrˈsuːθ, fər ˈsuːθ/ *avv.* (*rar*) invero, in verità.

forswear /fɔːˈsweər *Am* fɔːrˈswer/ *v.t.irr.* **1** rinunciare a, giurare di rinunciare a. **2** (*to deny upon oath*) rinnegare. **3** (*rifl.*) *to ~ oneself* spergiurare, giurare il falso.

forsworn /fɔːˈswɔːn *Am* fɔːrˈswɔːrn/ *a.* spergiuro.

forsythia /fɔːˈs(a)ɪθɪə, fəˈs(a)ɪθɪə *Am* fɔːr ˈs(a)ɪθɪə/ *n.* (*Bot*) forsythia *f.*

fort /fɔːt *Am* fɔːrt/ *n.* **1** (*Mil*) forte *m.*, fortezza *f.*; (*fortification*) fortificazione *f.*, luogo *m.* fortificato. **2** (*Stor*) stazione *f.* commerciale fortificata.

fortalice /ˈfɔːtəlɪs *Am* ˈfɔːrtəlɪs/ *n.* **1** (*Mil*) fortilizio *m.* **2** (*ant*) (*fortress*) fortezza *f.*

forte[1] /ˈfɔːteɪ, ˈfɔːti *Am* ˈfɔːrt, ˈfɔːrteɪ/ *n.* **1** forte *m.*, punto *m.* forte, specialità *f.*: *spelling is not his ~* l'ortografia non è il suo forte. **2** (*of a sword*) forte *m.* (della lama).

forte[2] /ˈfɔːteɪ, ˈfɔːti *Am* ˈfɔːrteɪ, ˈfɔːrti/ **I** *a.* (*Mus*) forte. **II** *avv.* (*Mus*) forte.

forth /fɔːθ *Am* fɔːrθ/ *avv.* **1** (*lett,poet*) avanti, innanzi: *to run back and ~* correre avanti e indietro. **2** (*ant*) (*forward in time*) in avanti, innanzi: *from this day ~* da oggi in avanti. **3** (*out*) fuori. **II** *prep.* (*rar*) fuori di, fuori da. □ *and so ~* e così via, eccetera, e via dicendo; (*ant,lett*) *to go ~* uscire, essere pubblicato.

forthcoming /ˌfɔːθˈkʌmɪŋ *Am* ˌfɔːrθˈkʌmɪŋ/ *a.* **1** prossimo, che sta per uscire, imminente. **2** (*approaching*) vicino, prossimo: *in the ~ weeks* nelle prossime settimane. **3** (*available*) disponibile, pronto. **4** (*fig*) (*of people*) cordiale, affabile, socievole. **5** (*of an article, book*) in (corso di) stampa. □ *a ~ attraction* un'attrazione in programma; *a ~ edition* un'edizione di prossima pubblicazione.

forthright[1] /ˈfɔːθraɪt, ˌfɔːθˈraɪt *Am* ˈfɔːrθraɪt, ˌfɔːrθˈraɪt/ *a.* **1** franco, schietto, sincero. **2** (*straightforward*) diretto, immediato.

forthright[2] /ˈfɔːθraɪt, ˌfɔːθˈraɪt *Am* ˈfɔːrθraɪt, ˌfɔːrθˈraɪt/ *avv.* **1** francamente. **2** (*directly*) direttamente. **3** (*rar*) (*immediately*) immediatamente, subito.

forthwith /ˌfɔːθˈwɪð *Am* ˌfɔːrθˈwɪð/ *avv.* **1** immediatamente, subito. **2** (*thereupon*) al che, e allora.

fortieth /ˈfɔːtiəθ *Am* ˈfɔːrtɪəθ/ **I** *a.* quarantesimo. **II** *n.* quarantesimo *m.* (*f.* -a).

fortifiable /ˈfɔːtɪfaɪəbl̩ *Am* ˈfɔːrtəfaɪəbl̩/ *a.* fortificabile.

fortification /ˌfɔːtɪfɪˈkeɪʃən *Am* ˌfɔːrtəfɪ ˈkeɪʃən/ *n.* **1** fortificazione *f.*, rafforzamento *m.* **2** (*Enol*) alcolizzazione *f.* **3** *pl.* (*Mil*) fortificazioni *f.pl.*, difese *f.pl.*, opere *f.pl.* di fortificazione. 4 (*Alim*) vitaminizzazione *f.*

ortify /'fɔːtɪfaɪ *Am* 'fɔːrtəfaɪ/ **I** *v.t.* **1** (*Mil*) fortificare. **2** (*to strengthen*) rafforzare, rinforzare. **3** (*to invigorate*) fortificare, rendere forte, rendere robusto, irrobustire: *sport fortifies the body* lo sport fortifica il corpo. **4** (*to encourage*) fortificare, rafforzare, rendere più forte, rendere più saldo. **5** (*Alim*) arricchire, vitaminizzare. **II** *v.i.* (*Mil*) fortificarsi, ripararsi con opere di fortificazione.

fortitude /'fɔːtɪtjuːd, 'fɔːtɪtʃuːd *Am* 'fɔːrtət(j)uːd/ *n.* **1** fortezza *f.*, fermezza *f.*, forza *f.* morale, forza *f.* spirituale. **2** (*firmness of mind*) forza *f.* d'animo.

fortnight /'fɔːtnaɪt/ *n.* (*Br*) quindici giorni *m.pl.*, due settimane *f.pl.*: *today* ~ (o a ~ *today*) tra quindici giorni, tra due settimane, oggi a quindici.

fortnightly /'fɔːtnaɪtli/ **I** *a.* quindicinale, bimensile. **II** *n.* (*Giorn*) quindicinale *m.* **III** *avv.* ogni quindici giorni, ogni due settimane.

FORTRAN /'fɔːtræn *Am* 'fɔːrtræn/ (*Inform*) *Formula Translation* FORTRAN.

fortress /'fɔːtrəs *Am* 'fɔːrtrəs/ **I** *n.* **1** (*Mil*) fortezza *f.*, piazzaforte *f.* **2** (*fig*) roccaforte *f.*, baluardo *m.* **II** *v.t.* (*Mil*) fortificare.

fortuitism /fɔː'tjuːɪtɪzəm, fɔː'tʃuːɪtɪzəm *Am* fɔːr'tuːɪtɪzəm/ *n.* (*Filos*) casualismo *m.*

fortuitist /fɔː'tjuːɪtɪst, fɔː'tʃuːɪtɪst *Am* fɔːr'tuːɪtɪst/ *n.* (*Filos*) sostenitore *m.* (*f.* -trice) del casualismo.

fortuitous /fɔː'tjuːɪtəs, fɔː'tʃuːɪtəs *Am* fɔːr'tuːɪtəs/ *a.* fortuito, casuale, accidentale.

fortuitously /fɔː'tjuːɪtəsli, fɔː'tʃuːɪtəsli *Am* fɔːr'tuːɪtəsli/ *avv.* fortuitamente, per caso.

fortuitousness /fɔː'tjuːɪtəsnəs *Am* fɔːr'tuːɪtəsnəs/, **fortuity** /fɔː'tjuːɪti, fɔː'tʃuːɪti *Am* fɔːr'tuːəti/ *n.* **1** casualità *f.*, accidentalità *f.* **2** (*fortuitous event*) avvenimento *m.* fortuito.

fortunate /'fɔːtʃənət *Am* 'fɔːrtʃənət/ *a.* **1** fortunato, che ha fortuna: *to be* ~ *in having a good job* avere la fortuna di avere un buon posto. **2** (*bringing good fortune*) fortunato, favorevole, felice, (*ant*) fausto: *a* ~ *coincidence* una fortunata coincidenza.

fortunately /'fɔːtʃənətli *Am* 'fɔːrtʃənətli/ *avv.* fortunatamente, per fortuna: ~, *our plane was on time* per fortuna il nostro aereo era in orario.

fortune /'fɔːtʃuːn, 'fɔːtjuːn *Am* 'fɔːrtʃən/ **I** *n.* **1** fortuna *f.* **2** (*good luck*) fortuna *f.*, ventura *f.*, buona sorte *f.*: *to try one's* ~ tentare la fortuna, tentare la sorte. **3** (*destiny*) sorte *f.*, caso *m.*, destino *m.*, fato *m.*: *to tell so.'s* ~ predire il futuro a qcu. **4** (*wealth*) fortuna *f.*, ricchezze *f.pl.*, patrimonio *m.*: *to make a* ~ *in oil* fare una fortuna con il petrolio; *the family* ~ il patrimonio di famiglia; *to come into a* ~ ereditare una fortuna, (*colloq*) *it will cost you a* ~ ti costerà un capitale, ti costerà una fortuna. **5** (*wealthy, successful position*) beni *m.pl.* di fortuna, mezzi *m.pl.* (di fortuna), ricchezze *f.pl.* **6** *pl.* casi *m.pl.*, vicende *f.pl.*, eventi *m.pl.*: *the -s of war* le vicende della guerra. **II** *v.i.* (*rar*) capitare, accadere. □ (*Am*) ~*cookie* biscotto cinese della fortuna; (*fig*) ~ *hunter* cacciatore di dote; *to be in* ~*'s lap* essere il beniamino della fortuna; *to make a* ~ accumulare un capitale, accumulare una fortuna; *to make one's* ~ fare fortuna; ~*smiled on him* la fortuna gli è stata favorevole, la fortuna gli ha arriso; ~*teller* indovino, ~*telling* predizione. *Prov.*: ~ *knocks once at everyone's door* la fortuna bussa una volta sola; ~ *favours the brave* la fortuna aiuta gli audaci; ~ *is capricious* la fortuna è donna.

Fortune /'fɔːtʃuːn, 'fɔːtjuːn *Am* 'fɔːrtʃən/ *n.pr.f.* (*Mitol*) Fortuna.

forty /'fɔːti *Am* 'fɔːrti/ **I** *a.* quaranta. **II** *n.* (*pl.inv.* o -**ties** /-tiz/; *il pl. in* -ties *si usa general. con valore collett.*) **1** quaranta *m.* **2** *pl.* (*of age*) quarantina *f.sing.*: *in one's forties* sulla quarantina; *to be in the late forties* essere sulla cinquantina. **3** *pl.* (*of time*) anni *m.pl.* quaranta. **4** *pl.* (*of temperature*) quaranta gradi *m.pl.*: *the temperature was in the forties* la temperatura era tra i quaranta e i cinquanta gradi. □ (*colloq*) ~*winks* sonnellino, pisolino.

forty-five /ˌfɔːti'faɪv *Am* ˌfɔːrti'faɪv/ **I** *a.* quarantacinque. **II** *n.* **1** quarantacinque *m.* **2** (*Am, colloq*) (*gun*) pistola *f.* calibro 45. **3** (*Am, colloq*) (*record*) disco *m.* a 45 giri, 45 giri *m.*

fortyish /'fɔːtiɪʃ *Am* 'fɔːrtiɪʃ/ *a.* **1** circa quaranta. **2** (*of a person*) sulla quarantina.

fortyniner /ˌfɔːti'naɪnər *Am* ˌfɔːrti'naɪnər/ *n.* (*Stor.am*) cercatore *m.* (*f.* -trice) d'oro.

forum /'fɔːrəm/ *n.* (*pl.* -**s** /-z/, **fora** /'fɔːrə/) **1** (*Stor.rom*) foro *m.* **2** (*Am*) (*court*) foro *m.*, tribunale *m.* **3** (*fig*) (*place for debate*) tribuna *f.* □ (*Am,Dir*) ~ *shopping* scelta della sede dove agire in giudizio.

forward /'fɔːwəd *Am* 'fɔːrwərd/ **I** *avv.* **1** (*in*) avanti: *to step* ~ fare un passo avanti. **2** (*of time*) in poi, in avanti, innanzi: *from that day* ~ da quel giorno in poi. **3** (*into prominence*) in evidenza, in rilievo: *to push oneself* ~ mettersi in evidenza. **4** (*Mar*) verso prua. **II** *a.* **1** in avanti, avanzato: ~ *motion* movimento in avanti. **2** (*situated in front*) sul davanti, davanti. **3** (*fig*) (*eager*) sollecito, premuroso, pronto. **4** (*fig*) (*impertinent*) impertinente, insolente, sfacciato. **5** (*of plants, etc.*) precoce, primaticcio; (*of seasons*) precoce, in anticipo; (*of children*) precoce. **6** (*fig*) (*progressive*) avanzato, progressista, d'avanguardia. **7** (*Comm*) futuro, a termine. **8** (*Mar*) prodiero, di prua: ~ *deck* ponte prodiero. **III** *n.* **1** (*Sport*) attaccante *m./f.*, attacco *m.* **2** (*Inform*) inoltro *m.* **IV** *v.t.* **1** spedire, inviare. **2** (*Post*) (*to send to a further address*) inoltrare: *to* ~ *a letter* inoltrare una lettera; *please* ~ si prega di inoltrare, con preghiera di inoltro. **3** (*Inform*) forwardare, inoltrare. **4** (*to promote*) favorire, promuovere, appoggiare, agevolare. □ (*Comm*) ~*buying* acquisto a termine; (*Comm*) ~*contract* contratto a termine; (*Comm*) ~*delivery* consegna a termine; (*Econ*) ~ *exchange* valute a termine; *togo* ~: 1 avanzare, procedere; 2 (*fig*) progredire, procedere; (*Sport*) ~*line* linea di attacco; (*Econ*) ~*market* mercato a termine; (*Sport*) ~*pass* passaggio in avanti; (*Econ*) ~*price* prezzo a termine; (*Econ*) ~*purchase* acquisto a termine; (*Econ*) ~*rate* cambio a termine.

forwarder /'fɔːwədər *Am* 'fɔːrwərdər/ *n.* (*Comm*) (*freight forwarder*) spedizioniere *m.* (*f.* -a).

forwarding /'fɔːwədɪŋ *Am* 'fɔːrwərdɪŋ/ *n.* (*Post,Comm*) invio *m.*, spedizione *f.* □ ~ *agent* spedizioniere; ~*charges* spese di spedizione.

forward-looking /'fɔːwədˌlʊkɪŋ *Am* 'fɔːrwərdˌlʊkɪŋ/ *a.* **1** lungimirante, previdente. **2** (*progressive*) d'avanguardia, progressista.

forwardness /'fɔːwədnəs *Am* 'fɔːrwərdnəs/ *n.* **1** premura *f.*, sollecitudine *f.* **2** (*precocity*) precocità *f.* **3** (*boldness*) impertinenza *f.*, insolenza *f.*, sfacciataggine *f.*

forwards /'fɔːwədz *Am* 'fɔːrwərdz/ *avv.* **1** (*in*) avanti: *to step* ~ fare un passo avanti. **2** (*of time*) in poi, in avanti, innanzi: *from that day* ~ da quel giorno in poi. **3** (*into prominence*) in evidenza, in rilievo: *to push oneself* ~ mettersi in evidenza.

fossa /'fɒsə *Am* 'fɑːsə/ *n.* (*pl.* **fossae** /-siː/) (*Anat*) fossa *f.*

fosse /fɒs *Am* 'fɑːs/ *n.* **1** (*Mil,ant*) fossato *m.*, fosso *m.*, trincea *f.* **2** (*Anat*) fossa *f.*

fossick /'fɒsɪk *Am* 'fɑːsɪk/ *v.i.* (*Aus*) **1** (*colloq*) cercare qua e là, rovistare. **2** (*to search for gold*) cercare l'oro.

fossil /'fɒsəl *Am* 'fɑːsəl/ **I** *n.* **1** (*Geol*) fossile *m.* **2** (*colloq*) (*old-fashioned person*) fossile *m.*, persona *f.* antiquata. **II** *a.* **1** fossile: ~ *remains* resti fossili. **2** (*fig*) fossilizzato, fossile, antiquato. □ ~*fuel* combustibile fossile; ~*oil* petrolio grezzo.

fossiliferous /ˌfɒsə'lɪfərəs *Am* ˌfɑːsə'lɪfərəs/ *a.* (*Geol*) fossilifero.

fossilise /'fɒsəlaɪz/ **I** *v.t.* (*Br*) fossilizzare (*anche fig*). **II** *v.i.* (*Br*) fossilizzarsi (*anche fig*).

fossilization /ˌfɒsəl(a)ɪ'zeɪʃən *Am* ˌfɑːsəlɪ'zeɪʃən/ *n.* fossilizzazione *f.* (*anche fig*).

fossilize /'fɒsəlaɪz *Am* 'fɑːsəlaɪz/ **I** *v.t.* fossilizzare (*anche fig*). **II** *v.i.* fossilizzarsi (*anche fig*).

fossorial /fɒ'sɔːriəl *Am* fɑː'sɔːriəl/ *a.* (*Zool*) scavatore.

foster /'fɒstər *Am* 'fɑːstər/ *v.t.* **1** allevare, tirare su. **2** (*to nurse, to cherish*) nutrire, accarezzare: *he -ed hopes of becoming a famous writer* accarezzava la speranza di diventare uno scrittore famoso. **3** (*to encourage*) incoraggiare, favorire, promuovere, incrementare. □ ~*brother* fratello di latte; ~*child* figlio adottivo; ~*daughter* figlia adottiva; ~*father* padre adottivo; ~*mother*: 1 madre adottiva; 2 (*fostress*) balia, nutrice; ~*parent* genitore adottivo; ~*sister* sorella di latte; ~*son* figlio adottivo.

fosterage /'fɒstərɪdʒ *Am* 'fɑːstərɪdʒ/ *n.* **1** allevamento *m.* **2** (*state of being a foster child*) l'essere figlio *m.* (*f.* -a) adottivo. **3** (*fig*) (*encouraging*) il promuovere, il favorire.

fosterer /'fɒstərər *Am* 'fɑːstərər/ *n.* promotore *m.* (*f.* -trice), fautore *m.* (*f.* -trice).

fosterling /'fɒstəlɪŋ *Am* 'fɑːstərlɪŋ/ *n.* figlio *m.* (*f.* -a) adottivo.

FOT (*Comm*) *free on truck* FOT (franco vagone partenza).

fought[1] /fɔːt/ → **fight**[2].

foul[1] /faʊl/ **I** *a.* **1** ripugnante, schifoso, nauseante, nauseabondo. **2** (*filthy*) sporco, sudicio, lurido. **3** (*polluted*) inquinato: ~ *water* acqua inquinata. **4** (*of air: stale*) viziato. **5** (*clogged with dirt*) ostruito, ostruito, intasato. **6** (*fig*) (*wicked*) odioso, infame, esecrabile: *a* ~ *murder* un delitto infame. **7** (*fig*) (*obscene*) osceno, indecente, sconcio: ~ *language* linguaggio osceno. **8** (*of the weather*) brutto, cattivo. **9** (*of wind*) contrario, sfavorevole. **10** (*colloq*) (*ugly*) brutto. **11** (*unfair, treacherous*) disonesto, losco, sleale. **12** (*jammed, entangled*) aggrovigliato, inceppato: *a* ~ *anchor* un'ancora impigliata. **13** (*Sport*) falloso; (*unfair*) scorretto, sleale: *a* ~ *shot* un tiro scorretto. **14** (*Mar*) (*of a hull*) incrostato, sporco. **15** (*Tip*) (*of a proof*) con molte correzioni, pieno di correzioni. **II** *n.* **1** (*Mar*) collisione *f.* **2** (*entanglement*) groviglio *m.* **3** (*Sport*) fallo *m.*, infrazione *f.* **III** *avv.* → **foully**. □ (*Sport*) ~*line* (*in baseball*) linea di foul; *by* ~*means* con mezzi disonesti, con mezzi illeciti; ~*mouth* sboccataggine, scurrilità; ~ *play*: 1 (*unfair game*) disonestà, slealtà; 2 (*violence*) violenza, 3 (*murder*) assassinio; 4 (*Sport*) gioco falloso, gioco sleale; (*Sport*) ~ *shot* tiro libero (di punizione); ~ *water* acque refluе.

foul[2] /faʊl/ **I** *v.t.* **1** sporcare, insudiciare, imbrattare, insozzare. **2** (*to pollute*) inquinare; (*of air*) viziare. **3** (*to clog*) ostruire, otturare, intasare. **4** (*Mar*) (*to collide with*) entrare in collisione con, venire a collisione con. **5** (*of a rope: to entangle*) impigliare. **6** (*fig*) (*to* *defile, to dishonour*) macchiare, infamare. **7** (*Mar*) (*of a hull*) incrostare, sporcare. **II** *v.i.* **1** imbrattarsi, insudiciarsi, sporcarsi. **2** (*Mar*) (*to collide*) entrare in collisione. **3** (*to become entangled*) impigliarsi. **4** (*Mar*) (*of a hull*) incrostarsi, sporcarsi. **5** (*Sport*) battere in fallo; (*to commit a foul*) commettere un fallo. □ (*Br,fig*) *to ~ one's own nest* tirare sassi in colombaia; *to ~ up*: 1 inquinare, contaminare; 2 (*to block*) otturare, ostruire; 3 (*colloq*) (*to bungle*) rovinare, sciupare; 4 (*colloq*) (*to make mistakes*) fare confusione.

foully /'faʊli/ *avv.* **1** vilmente, spregevolmente: *~ betrayed* tradito vilmente. **2** (*obscenely*) oscenamente, sconciamente.

foul-mouthed /ˌfaʊl'maʊðd, ˌfaʊl'maʊθt/ *a.* (*of persons*) sboccato, scurrile, triviale.

foulness /'faʊlnəs/ *n.* **1** infamità *f.*, scelleraggine *f.* **2** (*filth*) sporcizia *f.*, sudiciume *m.* **3** (*obscenity*) oscenità *f.*, sconcezza *f.*

foul-spoken /ˌfaʊl'spoʊkən/ *a.* (*of persons*) sboccato, scurrile, triviale.

foul-up /'faʊlʌp/ *n.* **1** (*Mecc*) problemi *m.pl.* meccanici. **2** (*colloq*) pasticcio *m.*, casino *m.*

foumart /'fuːmɑːt *Am* 'fuːmɑːrt/ *n.* (*Zool,ant*) puzzola *f.*

found[1] /faʊnd/ → **find**[1].

found[2] /faʊnd/ **I** *a.* (*colloq*) (*provided*) incluso, compreso (nel prezzo): *food and lodging ~* vitto e alloggio compresi. **II** *n.* vitto *m.* e alloggio gratuiti. □ (*Br,ant*) *all ~* tutto compreso.

found[3] /faʊnd/ *v.t.* **1** fondare, istituire: *to ~ a colony* fondare una colonia. **2** (*to build*) erigere, fondare: *to ~ a city* fondare una città. **3** (*fig*) fondare, basare: *to ~ the charge on evidence* basare l'accusa su prove.

found[4] /faʊnd/ *v.t.* (*Met*) **1** (*of metal*) fondere, colare. **2** (*of an object*) fondere, gettare nella forma.

foundation /faʊn'deɪʃən/ *n.* **1** fondazione *f.*, istituzione *f.* **2** (*endowment*) dotazione *f.* **3** (*Dir*) (*endowed institution or charity*) fondazione *f.*; (*legacy*) legato *m.*, lascito *m.* **4** (*Univ, Scol*) (*scholarship*) borsa *f.* di studio. **5** (*Edil*) fondamenta *f.pl.*: *to mark out the -s* tracciare le fondamenta. **6** (*Edil*) (*groundwork*) fondazioni *f.pl.* **7** (*fig*) (*basis*) fondamento *m.*, base *f.*: *the -s of social order* le basi dell'ordine sociale. **8** (*fig*) (*bed rock*) fondamento *m.*, principio *m.* fondamentale. **9** (*Cosmet*) fondotinta *m.* **10** (*Abbigl*) busto *m.*, guaina *f.* □ (*Br, Scol*) ~ *course* corso preparatorio; (*Cosmet*) ~ *cream* fondotinta; (*Abbigl*) ~ *garment* busto, guaina; ~ *member* socio fondatore; (*fig*) *to have no ~* essere infondato, essere privo di fondamento, essere senza fondamento; ~ *stone*: 1 (*Edil*) prima pietra; 2 (*fig*) fondamento, base; *to lay the ~ stone*: 1 (*Edil*) posare la prima pietra; 2 (*fig*) gettare le fondamenta, porre le fondamenta, gettare le basi, porre le basi, creare i presupposti, preparare il terreno; (*fig*) *to be without ~* essere infondato, essere privo di fondamento, senza fondamento.

foundationer /faʊn'deɪʃənər/ *n.* (*Univ,Scol*) borsista *m./f.*

founder[1] /'faʊndər/ *n.* fondatore *m.* (*f.* -trice), istitutore *m.* (*f.* -trice).

founder[2] /'faʊndər/ **I** *v.i.* **1** (*Mar*) affondare, colare a picco, andare a picco. **2** (*of buildings, etc.: to collapse*) crollare; (*to sink down*) sprofondare. **3** (*Am*) (*of a horse: to fall lame*) azzopparsi; (*to suffer from laminitis*) arrembare, arrembarsi. **4** (*fig*) fallire, naufragare. **II** *v.t.* (*Mar*) affondare, mandare a picco. **III** *n.* (*Veter*) arrembatura *f.*

founder[3] /'faʊndər/ *n.* (*Met*) fonditore *m.*

foundering /'faʊndərɪŋ/ □ (*Comm*) ~

member socio fondatore.

founding /'faʊndɪŋ/ □ (*Stor.am*) *Founding Fathers* Padri fondatori (della Costituzione).

foundling /'faʊndlɪŋ/ *n.* trovatello *m.* (*f.* -a). □ ~ *hospital* brefotrofio.

foundress /'faʊndrəs/ *n.* fondatrice *f.*, istitutrice *f.*

foundry /'faʊndri/ *n.* (*Met*) **1** fusione *f.* **2** (*establishment*) fonderia *f.*

fount[1] /faʊnt/ *n.* **1** (*poet*) fontana *f.*, fonte *f.*; (*spring*) sorgente *f.* **2** (*fig*) fonte *f.*, sorgente *f.*, origine *f.*: ~ *of wealth* fonte di ricchezza.

fount[2] /faʊnt, fɒnt/ *n.* (*Br,Tip,ant*) font *m.*, tipo *m.* di carattere, carattere *m.*

fountain /'faʊntən *Am* 'faʊntən/ *n.* **1** (*spring*) sorgente *f.*, fonte *f.* **2** (*fig*) fonte *f.*, sorgente *f.*, origine *f.* **3** (*artificial structure*) fontana *f.* **4** (*jet of water*) zampillo *m.* d'acqua. **5** (*drinking fountain*) fontanella *f.* a spillo. **6** (*of a pen, etc.*) serbatoio *m.* □ ~ *head*: 1 sorgente; 2 (*fig*) fonte, origine, sorgente; *a ~ of ideas* un vulcano di idee; ~ *pen* penna stilografica.

four /fɔː *Am* fɔːr/ **I** *a.* quattro. **II** *n.* (*pl.inv.* o -s /-s/; *il pl. in* -s *si usa general. con valore collett.*) **1** quattro *m.* **2** (*playing card*) quattro *m.* **3** (*four o' clock*) quattro *f.pl.* **4** (*four years*) quattro anni *m.pl.*: *a child of ~* un bimbo di quattro anni. **5** (*Sport*) (*boat*) quattro *m.*; (*crew*) armo *m.* a quattro (rematori). **6** *pl.* (*Sport*) (*races*) regate *f.pl.* di quattro. □ (*Filat*) ~ *block* quartina di francobolli; ~ *of a kind* (*in cards*) quartetto; *on all* -s: 1 a quattro zampe, carponi; 2 (*fig*) che quadra, che corrisponde: *to be on all* -s quadrare (*with*), corrispondere (a); *the ~ seas* i quattro mari (che circondano l'Inghilterra); *between the ~ seas* in Inghilterra; (*fig*) *to scatter sth. to the ~ winds* spargere qcs. ai quattro venti.

fourchette /fʊər'ʃet *Am* fʊr'ʃet/ *n.* (*Anat*) forchetta *f.* vulvare.

four-colour /ˌfɔː'kʌlər *Am* ˌfɔːr'kʌlər/ □ (*Tip*) ~ *process* quadricromia.

four-cornered /ˌfɔː'kɔːnəd *Am* ˌfɔːr'kɔːrnərd/ *a.* quadrangolare.

four-course /ˌfɔː'kɔːs *Am* ˌfɔːr'kɔːrs/ *a.* (*Agr*) a rotazione quadriennale.

four-cycle /'fɔːsaɪkəl *Am* 'fɔːrsaɪkəl/ *a.* (*Mot*) a quattro tempi.

four-dimensional /ˌfɔːd(a)ɪ'menʃənəl *Am* ˌfɔːrdə'menʃənəl/ *a.* (*Mat,Fis*) quadridimensionale.

four-door /'fɔːdɔː *Am* 'fɔːrˌdɔːr/ □ (*Aut*) ~ *car* quattroporte.

four-engined /ˌfɔːr'endʒɪnd *Am* ˌfɔːr'endʒɪnd/ *a.* (*Aer*) quadrimotore. □ (*Aer*) ~ *jet* quadrireattore, quadrigetto.

four-eyes /'fɔːraɪz *Am* 'fɔːraɪz/ *n.* (*colloq, spreg*) quattrocchi *m./f.*

four-flush /'fɔːrflʌʃ/ *v.i.* (*Am,colloq*) bluffare.

fourfold /'fɔːfoʊld *Am* 'fɔːrfoʊld/ **I** *a.* **1** (*comprising four parts*) quadruplice. **2** (*quadruple*) quadruplo. **II** *avv.* quattro volte tanto, quattro volte tanti.

four-footed /ˌfɔː'fʊtɪd *Am* ˌfɔːr'fʊtɪd/ *a.* quadrupede.

four-handed /ˌfɔː'hændɪd *Am* ˌfɔːr'hændɪd/ *a.* **1** (*of certain games*) che si gioca in quattro. **2** (*Mus*) a quattro mani. **3** (*Zool*) quadrumane.

Fourier /'f(o)ʊriːə *Am* 'f(o)ʊriːeɪ *Am* 'furieɪ/ □ (*Mat*) ~ *series* serie di Fourier; (*Mat*) ~ *transform* trasformata di Fourier.

four-in-hand /ˌfɔːrɪn'hænd *Am* 'fɔːrɪnˌhænd/ *n.* **1** (*vehicle with four horses*) tiro *m.* a quattro. **2** (*Am,Abbigl*) tipo *m.* di cravatta.

four-leaf /'fɔːliːf *Am* 'fɔːrliːf/ □ (*Bot*) ~ *clover* quadrifoglio.

four-leaved /'fɔːˌliːvd *Am* 'fɔːrˌliːvd/ □ (*Bot*) ~ *clover* quadrifoglio.

four-legged /ˌfɔː'leg(ɪ)d *Am* ˌfɔːr'leg(ɪ)d/ *a.* a quattro zampe.

four-letter /ˌfɔː'letər *Am* ˌfɔːr'letər/ □ (*colloq*) ~ *word* parolaccia, parola sconcia.

four-light /'fɔːˌlaɪt *Am* 'fɔːrˌlaɪt/ □ (*Arch*) ~ *window* quadrifora.

four-master /'fɔːmɑːstər *Am* 'fɔːrmæstər/ *n.* (*Mar*) quattro alberi *m.*

four-oared /'fɔːɔːd *Am* 'fɔːrɔːrd/ *a.* (*Mar*) quattro remi.

four-party /'fɔːˌpɑːti *Am* ˌfɔːr'pɑːrti/ □ (*Pol*) ~ *agreement* accordo quadripartito.

fourpence /'fɔːpəns *Am* 'fɔːrpəns/ *n.* quattro penny *m.pl.*

fourpenny /'fɔːpəni *Am* 'fɔːrpəni/ *a.* di quattro penny, da quattro penny.

four-poster /ˌfɔː'poʊstər *Am* ˌfɔːr'poʊstər/ *n.* letto *m.* a (quattro) colonne.

four-pounder /'fɔːˌpaʊndər *Am* 'fɔːrˌpaʊndər/ *n.* (*Arm*) cannone *m.* con proiettili da quattro libbre.

fourscore /ˌfɔː'skɔː *Am* ˌfɔːr'skɔːr/ *a.* (*ant,lett*) ottanta.

four-seat /'fɔːˌsiːt *Am* 'fɔːrˌsiːt/ □ (*Aer*) ~ *aircraft* velivolo quadriposto.

four-seater /'fɔːˌsiːtər *Am* 'fɔːrˌsiːtər/ □ (*Aut*) ~ *car* vettura a quattro posti, auto a quattro posti.

foursome /'fɔːsəm *Am* 'fɔːrsəm/ *n.* **1** (*Sport*) (*in golf*) foursome *m.*, partita *f.* giocata in quattro. **2** (*group of four persons*) gruppo *m.* di quattro persone, quartetto *m.*

four-square /ˌfɔː'skweər, 'fɔːskweər *Am* ˌfɔːr'skwer, 'fɔːrskwer/ **I** *a.* **1** quadrato. **2** (*fig*) fermo, solido. **II** *avv.* **1** solidamente. **2** (*forthrightly*) chiaramente, (*colloq*) chiaro e tondo.

four-stroke /'fɔːstroʊk *Am* 'fɔːrstroʊk/ *a.* (*Mot*) a quattro tempi.

fourteen /ˌfɔː'tiːn *Am* ˌfɔːr'tiːn/ **I** *a.* quattordici. **II** *n.* (*pl.inv.* o -s /-s/; *il pl. in* -s *si usa general. con valore collett.*) quattordici *m.*

fourteenth /ˌfɔː'tiːnθ *Am* ˌfɔːr'tiːnθ/ **I** *a.* quattordicesimo. **II** *n.* quattordicesimo *m.* (*f.* -a).

fourth /fɔːθ *Am* fɔːrθ/ **I** *a.* quarto. **II** *n.* **1** quarto *m.*, quarta parte *f.* **2** (*fourth member*) quarto *m.* (*f.* -a). **3** (*Mus*) quarta *f.*, intervallo *m.* di quarta: *perfect ~* quarta perfetta. **4** (*Aut*) quarta *f.* (velocità). □ ~ *dimension* quarta dimensione; ~ *estate*: 1 quarto potere, stampa; 2 (*Stor*) quarto stato; (*Stor.am*) *the Fourth of July* il quattro luglio (festa dell'indipendenza); *to make a ~* (*in card games*) fare il quarto; ~ *position*: 1 (*in ballet*) quarta; 2 (*Mus*) quarta posizione, quarta; (*Aut*) ~ *speed* quarta (velocità); (*Zool,Anat*) ~ *stomach* abomaso; *Fourth World* quarto mondo.

fourth-generation /ˌfɔːθdʒenəˌreɪʃən *Am* ˌfɔːrθdʒenəˌreɪʃən/ □ (*Inform*) ~ *computer* computer di quarta generazione.

fourthly /'fɔːθli *Am* 'fɔːrθli/ *avv.* in quarto luogo.

four-way /'fɔːweɪ *Am* 'fɔːrweɪ/ *a.* **1** a quattro vie (*anche El*). **2** (*having four participants*) quadrangolare.

four-wheel /'fɔːˌ(h)wiːl *Am* 'fɔːrˌ(h)wiːl/ *a.* a quattro ruote. □ (*Aut*) ~ *drive* trazione integrale, trazione a quattro ruote motrici.

four-wheeler /ˌfɔː'(h)wiːlər *Am* ˌfɔːr'(h)wiːlər/ *n.* carrozza *f.* a quattro ruote.

fovea /'foʊviːə *Br also* 'foʊviə *Am* (*Anat*) fovea *f.*

fowl /faʊl/ *n.* (*pl.inv.* o -s /-z/; *il pl. inv. si usa general. con valore collett.*) **1** (*domestic hen, chicken*) pollo *m.* **2** (*meat*) carne *f.* di pollo, pollo *m.* **3** (*any bird*) volatile *m.*, uccello *m.* **II** *v.i.* (*Caccia*) andare a caccia di uccelli, (*ant*) uccellare. □ ~ *plague* peste dei polli; ~ *run* pollaio.

owler /faʊləʳ/ n. (Caccia) cacciatore m. (f. trice) di uccelli, uccellatore m. (f. -trice).

owling /faʊlɪŋ/ n. (Caccia) uccellagione f. ❑ ~piece fucile da caccia.

ox /fɒks Am faːks/ I n. (pl.inv. o foxes /-ɪz/; il pl. inv. si usa general. con valore collett.) 1 (Zool) volpe f. 2 (fur) volpe f., pelliccia f. di volpe. 3 (fig) volpe f., volpone m. (f. -a), furbacchione m. (f. -a). 4 (Am,sl) bonazza f., bel pezzo m. di ragazza. II v.t. 1 ingannare, imbrogliare. 2 (Calz) riparare rifacendo la tomaia. 3 (of book leaves, etc.) scolorire (formando macchie giallastre). III v.i. 1 agire con astuzia, (rar) volpeggiare. 2 (of papers, book leaves, etc.) scolorire. ❑ ~ brush coda di volpe; ~cub volpacchiotto; ~earth tana di volpe; ~ hunting caccia alla volpe; (Zool) ~terrier fox terrier.

foxglove /fɒksglʌv Am ˈfaːksglʌv/ n. (Bot) digitale f.

foxhole /fɒkshoʊl Am ˈfaːkshoʊl/ n. (Mil) buca f., ricovero m.

foxhound /fɒkshaʊnd Am ˈfaːkshaʊnd/ n. (Zool) foxhound m.

fox-hunt /fɒkshʌnt Am ˈfaːkshʌnt/ n. caccia f. alla volpe.

fox-hunter /fɒkshʌntəʳ Am ˈfaːkshʌntəʳ/ n. cacciatore m. di volpi.

foxiness /fɒksɪnəs Am faːksɪnəs/ n. astuzia f. volpina.

foxtail /fɒksteɪl Am ˈfaːksteɪl/ n. 1 coda f. di volpe. 2 (Bot) codolina f., coda f. di topo.

foxtrot /fɒkstrɒt Am ˈfaːkstraːt/ I n. fox-trot m. II v.i. ballare il fox-trot.

foxy /fɒksi Am ˈfaːksi/ a. 1 astuto, scaltro. 2 (of papers, etc.) scolorito (con macchie giallastre). 3 (colour) (giallo) rossiccio. 4 (Enol) acido. 5 (Am,sl) (of a woman) arrapante, sexy.

foyer /fɔɪeɪ, ˈfɔɪəʳ/ n. (of a theatre, cinema, etc.) ridotto m., foyer m.

fp 1 foot-pound (piede-libbra). 2 (Mus) forte-piano fp (fortepiano). 3 freezing point (punto di congelamento).

FPA (Br) Family Planning Association (associazione per la pianificazione delle nascite).

fpm feet per minute ft/min (piedi al minuto).

fps 1 feet per second ft/s (piedi al secondo). 2 foot-pound-second sistema britannico fps (piede-libbra-secondo). 3 (Cin) frames per second (fotogrammi al secondo).

FR 1 (Aer) fighter reconnaissance (ricognizione di caccia). 2 (Comm) freight release (quietanza per nolo).

fr. 1 franc fr. (franco). 2 from (da).

Fr. 1 (Rel) Father P. (Padre). 2 France Fr. (Francia). 3 French fr. (francese).

frabjous /fræbdʒəs/ a. (iron) meraviglioso, splendido.

fracas /fræka: Am ˈfreɪkəs, ˈfrækəs/ (pl.inv., Am -es /-ɪz/) n. rissa f., alterco m., lite f.

fractal /fræktəl/ I n. (Mat) frattale m. II a. (Mat) frattale.

fraction /frækʃən/ I n. 1 (Mat) frazione f. 2 (part, portion) frazione f., (piccola) parte f. 3 (piece broken off) frammento m., pezzetto m. 4 (little bit) pochino m., tantino m.: he moved a ~ to the left si spostò un tantino a sinistra. 5 (Chim) frazione f. II v.t. frazionare. ❑ for every fifty pounds or ~ per ogni cinquanta sterline e rotti.

fractional /frækʃənl/ a. 1 (Mat) frazionario. 2 (very small) esiguo, piccolo, insignificante. 3 (Chim) frazionato. ❑ (Econ) ~currency moneta divisionale, moneta frazionaria.

fractionary /frækʃənri Am ˈfrækʃəneri/ a. 1 (Mat) frazionario. 2 (very small) pic-

colo, insignificante. 3 (Chim) frazionato. ❑ (Econ) ~currency moneta divisionale, moneta frazionale.

fractionate /frækʃəneɪt/ v.t. 1 frazionare. 2 (Chim) sottoporre a distillazione frazionata.

fractionation /ˌfrækʃəˈneɪʃən/ n. (Chim) frazionamento m.

fractionize /frækʃənaɪz/ v.t. (Mat) frazionare.

fractious /frækʃəs/ a. 1 indocile, ribelle. 2 (irritable) irritabile, stizzoso.

fractiousness /frækʃəsnəs/ n. 1 indocilità f. 2 (irritableness) irritabilità f.

fracture /fræktʃəʳ/ I n. 1 (Med,Geol,Fon) frattura f. 2 (breaking) frattura f., rottura f. 3 (break) frattura f., spacco m. II v.t. 1 (Med) fratturare: to ~ one's arm fratturarsi un braccio. 2 (to break) rompere, spezzare. III v.i. 1 fratturarsi. 2 (to break) rompersi, spezzarsi.

fraenum /friːnəm/ (pl. -na /-nə/) n. (Anat) frenulo m., filetto m.

frag /fræg/ v.t. (Am,Mil) uccidere con una bomba a mano.

fragile /frædʒaɪl Am ˈfrædʒəl/ a. 1 fragile. 2 (fig) (of health) delicato, fragile, debole, gracile, cagionevole. 3 (fig) (unsubstantial) debole, fragile, tenue, caduco. ❑ (Med) ~X syndrome sindrome del cromosoma X fragile.

fragility /frədʒɪlɪti Am frəˈdʒɪləti/ n. 1 fragilità f. 2 (fig) fragilità f., delicatezza f., gracilità f.

fragment[1] /frægmənt/ n. 1 frammento m., pezzo m., pezzetto m.: a ~ of a vase un frammento m., brano m.

fragment[2] /fræg'ment/ v.t. frammentare.

fragmentariness /ˈfrægmətˈrɪnəs, ˌfræg ˈmentˈərɪnəs Am ˈfrægmentərɪnəs/ n. frammentarietà f.

fragmentary /frægmətri, ˌfrægˈmentəri Am ˈfrægmənteri/ a. 1 frammentario, in frammenti. 2 (incomplete) frammentario, incompleto.

fragmentation /ˌfrægmənˈteɪʃən, ˌfrægmen ˈteɪʃən/ n. frammentazione f. ❑ (Arm) ~bomb bomba a frammentazione, bomba dirompente.

fragrance /freɪgrəns/ n. fragranza f., profumo m., aroma m.

fragrant /freɪgrənt/ a. 1 fragrante, profumato. 2 (fig) gradito, piacevole.

fragrantly /freɪgrəntli/ avv. con fragranza.

frail[1] /freɪl/ a. 1 delicato, fragile, debole, gracile. 2 (easily broken) fragile. 3 (unsubstantial) debole, inconsistente, fragile, tenue: a ~ excuse una debole scusa. 4 (morally weak) fragile.

frail[2] /freɪl/ n. 1 cesto m. di giunco. 2 (quantity) cesto m. 3 (Am,colloq,ant) donna f. giovane.

frailty /freɪlti Am ˈfreɪlti/ n. 1 fragilità f., delicatezza f., gracilità f. 2 (moral weakness) fragilità f., debolezza f. 3 (fault) debolezza f.

fraise /freɪz/ n. 1 (Mil,ant) palizzata f. inclinata. 2 (Abbigl,ant) gorgiera f. 3 (Mecc) fresa f. 4 (Gastron) (in cooking) fragola f.

frambesia, **framboesia** /fræmˈbiːʒ(i)ə Br also fræmˈbiːziə/ n. (Med) framboesia f.

frame /freɪm/ I n. 1 cornice f. 2 (structure, skeleton) struttura f., ossatura f., intelaiatura f.: the ~ of a building la struttura di un edificio. 3 (of furniture) telaio m., fusto m. 4 (human body) corporatura f., ossatura f., struttura f., costituzione f.: a man with a large ~ un uomo di corporatura robusta. 5 (body) corpo m. 6 (fig) (disposition) stato m. d'animo, umore m. 7 (fig) (system, order) struttura f., forma f., composizione f.: the ~ of society la

struttura della società. 8 (Tess) macchina f. tessile. 9 (Giorn) cornice f. 10 (Inform) frame m. 11 (handloom) telaio m. 12 (Cin,Fot) fotogramma m. 13 (TV) quadro m. 14 (Mar) ordinata f., costa f., costola f. 15 (Giard) miniserra f. 16 pl. (of a pair of spectacles) montatura f.sing. II v.t. 1 incorniciare, mettere in cornice: to ~ a painting incorniciare un dipinto. 2 (to put together) costruire. 3 (to shape) modellare, dar forma a. 4 (to devise) escogitare, ideare, formare, creare: to ~ a plan escogitare un piano. 5 (to work out) elaborare. 6 (to formulate) formulare, esprimere: to ~ a reply formulare una risposta. 7 (to serve as a frame for) incorniciare, circondare: the window -d a view of the lake la finestra incorniciava una veduta del lago. 8 (colloq) (to fabricate evidence against) calunniare. 9 (sl) (to incriminate falsely) incastrare, accusare ingiustamente. 10 (sl) (of a contest, etc.) truccare. 11 (Cin) mettere in quadro. ❑ (Rad) ~aerial antenna a quadro; (Am,Edil) ~house casa con strutture in legno; in a happy ~of mind di buon umore; to be in the ~ of mind to do sth. essere nello stato d'animo (adatto) per fare qcs.; ~of reference : 1 (Tecn) sistema di riferimento; 2 (estens) (viewpoint) punto di vista; ~ saw: 1 (Mecc) sega alternativa, sega multipla; 2 (Fal) sega a telaio; (TV) ~stop arresto di inquadratura; to ~ up well promettere bene.

framed /freɪmd/ a. 1 incorniciato, in cornice. 2 (estens) strutturato. 3 (sl) accusato ingiustamente, incastrato.

framer /freɪməʳ/ n. 1 chi incornicia. 2 (frame maker) corniciaio m. (f. -a), fabbricante m./f. di cornici. 3 (fig) ideatore m. (f. -trice), artefice m./f.

frame-up /freɪmʌp/ n. (colloq) complotto m. (ai danni di un innocente).

framework /freɪmwɜːk Am ˈfreɪmwɜːrk/ n. 1 struttura f., armatura f., ossatura f.: the ~ of a play la struttura di una commedia. 2 (fig) struttura f., ordinamento m., impalcatura f.: the ~ of society la struttura della società. 3 (Aer) ossatura f. 4 (Edil) struttura f. (portante), impalcatura f. 5 (Mar) ossatura f., intelaiatura f. 6 (of a tree) rami m.pl. principali. ❑ (Pol) ~directive direttiva quadro.

framing /freɪmɪŋ/ n. 1 incorniciatura f. 2 (frame) cornice f. 3 (Edil) struttura f. (portante), intelaiatura f.

franc /fræŋk/ n. (Numism,Econ) franco m.

France /fraːns Am fræns/ n.pr. (Geog) Francia f.

Frances /fraːnsis Am ˈfrænsis/ n.pr.f. Francesca.

franchise /fræntʃaɪz/ I n. 1 diritto m. di voto. 2 (privilege conferred by a government) franchigia f., privilegio m., esenzione f., immunità f. 3 (Comm) (permission to sell) rappresentanza f. esclusiva, esclusiva f.; (territory) zona f. di rappresentanza. 4 (Dir,Assic) franchigia f. II v.t. (Comm) concedere in esclusiva.

franchising /fræntʃaɪzɪŋ/ n. (Comm) franchising m., affiliazione f. commerciale, contratto m. di concessione.

Francis /fraːnsis Am ˈfrænsis/ n.pr.m. Francesco.

Franciscan /frænˈsɪskən/ I a. (Rel.catt) francescano. II n. (Rel.catt) francescano m. (f. -a).

francium /frænsiəm/ n. (Chim) francio m.

Franco-Canadian /ˌfræŋkoʊkəˈneɪdiən/ a. franco-canadese.

Franco-German /ˌfræŋkoʊˈdʒɜːmən Am ˌfræŋkoʊˈdʒɜːrmən/ a. franco-tedesco.

Francoism /fræŋkoʊɪzəm/ n. (Pol) franchismo m.

Francoist /'fræŋkouɪst/ n. (Pol) franchista m./f.

francolin /'fræŋkoulɪn/ n. (Ornit) francolino m.

Francophile /'fræŋkoufaɪl/ I a. francofilo. II n. francofilo m. (f. -a).

Francophobe /'fræŋkoufoub/ I a. francofobo. II n. francofobo m. (f. -a).

Francophone /'fræŋkoufoun/ I a. francofono, di lingua francese. II n. francofono m. (f. -a).

Franco-Prussian /'fræŋkou‚prʌʃən/ a. franco-prussiano.

frangibility /‚fændʒɪ'bɪlɪti Am ‚fændʒɪ'bɪləti/ n. 1 l'essere frangibile. 2 (fragility) fragilità f.

frangible /'fændʒɪbl/ a. 1 frangibile. 2 (fragile) fragile.

frangipane /'fændʒɪpeɪn/ n. (Dolc) crema f. al gusto di mandorle.

frangipani /‚fændʒɪ'pɑːni, ‚fændʒɪ'pæni/ (pl.inv. o -s /-z/) n. 1 (Cosmet) profumo m. di gelsomino. 2 (Bot) frangipani m., gelsomino m. rosso.

franglais /'frɒŋleɪ Am frɑ̃:n'gleɪ/ n. (Ling) anglicismi m.pl. (di uso corrente) nella lingua francese.

frank /fræŋk/ I a. 1 franco, sincero, schietto: a ~ reply una risposta schietta. 2 (undisguised) aperto, chiaro, esplicito. 3 (Med) inconfondibile, conclamato. II n. 1 (Post) firma f. di franchigia; (mark) bollo m. di franchigia, timbro m. di franchigia. 2 (right of franking mail) franchigia f. (postale). 3 (franked letter) lettera f. che gode di franchigia. 4 (Am, colloq) würstel m. III v.t. 1 (Post) spedire in franchigia. 2 (Post) (to stamp) affrancare. 3 (to exempt) esentare da un pagamento.

Frank¹ /fræŋk/ n. 1 (Stor) franco m. (f. -a). 2 (in the Levant) europeo m. (f. -a) d'occidente.

Frank² /fræŋk/ n.pr.m. Franco.

Frankfort /'fræŋkfət Am 'fræŋkfərt/ n.pr. (Geog) Francoforte f.

frankfurt /'fræŋkfɜːt Am 'fræŋkfɜːrt/, **frankfurter** /'fræŋkfɜːtər Am 'fræŋkfɜːrtər/ n. (Gastron) würstel m.

frankincense /'fræŋkɪnsens, 'fræŋkənsens/ n. incenso m.

franking /'fræŋkɪŋ/ □ ~ machine affrancatrice, macchina affrancatrice.

Frankish /'fræŋkɪʃ/ I a. (Stor) franco, dei franchi. II n. (Stor) lingua f. franca.

franklin /'fræŋklɪn/ n. (Stor.brit) piccolo proprietario m. terriero.

Franklin /'fræŋklɪn/ □ (Am) ~ stove stufa Franklin.

frankly /'fræŋkli/ avv. 1 francamente, detto francamente, sinceramente: to speak ~ parlare francamente; quite ~ molto francamente. 2 (honestly) onestamente. □ to put it ~ per parlare senza mezzi termini, per parlare chiaro, a essere franchi.

frankness /'fræŋknəs/ n. franchezza f., sincerità f., schiettezza f.

frantic /'fræntɪk/ a. 1 frenetico, delirante, pazzo: ~ with grief pazzo di dolore, sconvolto dal dolore; to drive so. ~ far impazzire qcu. 2 (colloq) (hurried, desperate) frenetico, affannoso, convulso: ~ search affannosa ricerca.

frap /fræp/ (past, p.p. **frapped** /-t/) v.t. (Mar) legare strettamente, imbrigliare.

frappé /'fræpeɪ Am ‚fræp'eɪ/ I a. semifreddo, gelato. II n. frappè m.

frat /fræt/ n. (Am,Univ,colloq) 1 (association) associazione f. studentesca maschile, club m. studentesco maschile. 2 (member) membro m. di un'associazione studentesca maschile.

frater /'fræter Am 'fræter/ n. (ant) refettorio m.

---

di monastero.

fraternal /frə'tɜːnəl Am frə'tɜːrnəl/ a. 1 fraterno. 2 (relating to a fraternity) di confraternita. 3 (Biol) (of twins) dizigotico, fraterno.

fraternity /frə'tɜːnɪti Am frə'tɜːrnəti/ n. 1 fraternità f., affetto m. fraterno. 2 (Am,Univ) associazione f. studentesca maschile, club m. studentesco maschile. 3 (Rel) confraternita f. 4 (group of persons of the same profession) ordine m., classe f., categoria f.: the medical ~ l'ordine dei medici.

fraternization /‚frætən(a)ɪ'zeɪʃən Am ‚frætərnɪ'zeɪʃən/ n. fraternizzazione f.

fraternize /'frætənaɪz Am 'frætərnaɪz/ v.i. 1 fraternizzare, fare amicizia (with con). 2 (colloq) (with enemy troops, etc.) fraternizzare (con). 3 (colloq) (sexually) avere rapporti sessuali (con).

fratricidal /‚frætrə'saɪdəl Br also ‚freɪtrɪ'saɪdəl/ a. fratricida (anche estens).

fratricide /'frætrəsaɪd Br also 'freɪtrɪsaɪd/ n. 1 (person) fratricida m./f. 2 (act) fratricidio m.

fraud /frɔːd/ n. 1 frode f., inganno m. 2 (instance) truffa f., raggiro m., impostura f. 3 (colloq) (person) imbroglione m. (f. -a), impostore m. (f. -a). 4 (Dir) frode f., dolo m.

fraudster /'frɔːdstər/ n. (colloq) (person) imbroglione m. (f. -a), impostore m. (f. -a).

fraudulence /'frɔːdʒələns Am 'frɔːdjuləns/, **fraudulency** /'frɔːdʒələnsi Br also 'frɔːdjulənsi/ n. fraudolenza f.

fraudulent /'frɔːdʒələnt Br also 'frɔːdjulənt/ a. 1 (of people) disonesto. 2 (of things) fraudolento, doloso. □ (Dir) ~ bankruptcy bancarotta fraudolenta; ~ gains guadagni illeciti.

fraudulently /'frɔːdʒələntli Br also 'frɔːdjuləntli/ avv. con la frode, (rar) fraudolentemente.

fraught /frɔːt/ a. 1 pieno, denso, carico (with di): a journey ~ with danger un viaggio pieno di pericoli. 2 (affected by anxiety) ansioso, teso, angosciante.

fraxinella /‚fræksɪ'nelə/ n. (Bot) frassinella f.

fray¹ /freɪ/ n. lite f.; (brawl) rissa f., zuffa f.; (fight) lotta f., mischia f.

fray² /freɪ/ I v.t. 1 consumare (per sfregamento), logorare: to ~ the cuffs of a shirt logorare i polsini di una camicia. 2 (to cause to become unravelled) sfilacciare. 3 (fig) logorare: to ~ so.'s nerves logorare i nervi di qcu. II v.i. 1 consumarsi, logorarsi. 2 (to ravel out) sfilacciarsi. □ (Zool) to ~ heads (of deer) sfregarsi le corna (per toglierne la peluria).

frazzle /'fræzl/ I v.t. 1 logorare, consumare. 2 (colloq) (to exhaust) sfinire, spossare. II v.i. 1 logorarsi, consumarsi. 2 (to become tired out) sfinirsi, spossarsi. III n. 1 spossatezza f. 2 (shred) brandello m. 3 (rag) cencio m., straccio m. □ (colloq) worn to a ~ ridotto a uno straccio.

frazzled /'fræzld/ a. esausto, esaurito.

freak¹ /friːk/ I n. 1 capriccio m., ghiribizzo m., grillo m.: a ~ of fortune un capriccio della sorte. 2 (oddity) stramberia f., capriccio m., bizzarria f.: the -s of fashion le stramberie della moda. 3 (living curiosity) essere m. ripugnante, scherzo m. della natura; (in a circus, etc.) fenomeno m. 4 (colloq) (eccentric person) eccentrico m. (f. -a), fricchettone m. (f. -a). 5 (colloq) (enthusiast) fanatico m. (f. -a), fissato m. (f. -a): a bike ~ un fanatico della bicicletta, uno con il pallino della bicicletta. II a. strano, singolare, curioso: a ~ show uno spettacolo singolare. □ (Mar) ~ wave onda anomala.

freak² /friːk/ I v.t. screziare, variegare. II v.i. (colloq) sclerare, perdere la testa. III n. scre-

---

ziatura f., variegatura f. □ (colloq) to ~ out sclerare, perdere la testa.

freakish /'friːkɪʃ/ a. 1 capriccioso, bizzarro. 2 (odd) strano, singolare, bizzarro, curioso.

freakishness /'friːkɪʃnəs/ n. bizzarria f.

freak-out /'friːkaut/ n. 1 (sl) (drug-takers' party) riunione f. durante la quale si consuma droga. 2 (bad trip) brutto viaggio m.

freaky /'friːki/ a. 1 capriccioso, bizzarro. 2 (odd) strano, singolare, bizzarro, curioso.

freckle /'frekl/ I n. lentiggine f., efelide f. II v.t. coprire di lentiggini. III v.i. coprirsi di lentiggini.

freckled /'frekld/ a. lentigginoso.

Fred /fred/ n.pr.m. dim. di Frederick.

Freddy /'fredi/ n.pr.m. dim. di Frederick.

Frederick /'fredrɪk/ n.pr.m. Federico.

free /friː/ I a. 1 libero: we are ~ men siamo uomini liberi. 2 (not in prison) libero, in libertà. 3 (Pol) libero, indipendente: this is a ~ country questo è un paese libero. 4 (not under compulsion or restraint) libero: a ~ choice una libera scelta. 5 (costing nothing) gratuito, gratis: ~ tickets biglietti gratuiti. 6 (clear of obstructions) libero, sgombro (of da): the pass is ~ of snow il valico è sgombro dalla neve. 7 (of entrance) libero, non vietato. 8 (not occupied) libero, non occupato: is there a room ~? c'è una stanza libera? 9 (of time, people) libero, non impegnato. 10 (released, relieved) libero (from, of da), privo (di), esente (da): ~ from prejudices libero da pregiudizi. 11 (uninhibited) disinvolto, spigliato. 12 (familiar) confidenziale, familiare. 13 (lavish) prodigo, liberale (with di): to be ~ with one's advice essere prodigo di consigli. 14 (abundant) abbondante, copioso. 15 (unrestrained) libero, ardito, impudente: you are too ~ in your talk sei troppo ardito nel parlare. 16 (licentious) libero, licenzioso. 17 (loose, not tied) libero, sciolto: the ~ end of a rope il capo libero di una fune. 18 (of style, etc.) sciolto, disinvolto. 19 (lacking) senza, privo di. 20 (Dir) (exempt) esente, libero (from, of da): ~ of taxes esente da tasse; ~ from mortgage libero da ipoteche. 21 (Chim) libero, allo stato libero. 22 (Mar) (of the wind) favorevole. 23 (Ginn,Econ) libero: a ~ market un mercato libero. 24 (Mecc) folle, libero. 25 (Comm) franco. II avv. 1 → **freely**. 2 (without expense) gratis, gratuitamente. 3 (Mar) con vento favorevole. III v.t. 1 liberare, mettere in libertà. 2 (to emancipate) affrancare, emancipare, liberare. 3 (to rid of) liberare: to ~ the country of the invaders liberare il paese dagli invasori. 4 (to relieve) liberare, esimere. 5 (from debt) sgravare. 6 (to disentangle) sbrogliare, districare, liberare. 7 (to release) sciogliere, lasciare libero: to ~ so. from a promise sciogliere qcu. da una promessa. 8 (to exempt) esentare, esonerare. □ you are a ~ agent puoi fare ciò che vuoi; (Comm) ~ and bonded warehouse magazzino generale; (Dir) ~ and clear senza carichi ipotecari; (Psic) ~ association associazione libera; (Rel.prot) Free Church chiesa libera; (Dir) ~ city città libera; (Sport) ~ climbing free climbing, arrampicata libera; ~ country paese libero; (Comm) ~ delivery franco consegna; (Fis) ~ energy energia libera; (Econ,Pol) ~ enterprise libera impresa, liberalismo economico; (Am,Dir) ~ exercise libertà di culto; (Fis,Aer) ~ fall caduta libera; ~ fight mischia generale; (colloq) for ~ gratis, gratuitamente; ~ from blame esente da biasimo, esente da critica; ~ from sin senza peccato; to get ~ 1 liberarsi; 2 (in case of disentangling) sbrogliarsi, districarsi; to get a ~ tangled) sbrogliarsi, districarsi; to get a ~ avere carta bianca; ~ hand pieni poteri, carta bianca; *to have a* ~ avere carta bianca; ~ *house* birreria che vende diverse marche di birra; (*Comm*) ~*in and out* da bordo a bordo; (*Sport*) ~*kick* calcio di punizione, punizione; (*Ind*) ~*labour* manodopera non sindacalizzata; (*Comm*) ~*list* lista degli articoli esenti da dazio doganale; ~ *love* amore libero; ~ *luggage* bagaglio in franchigia; (*Am,sl*) ~ *lunch*: 1 (*gift*) cosa regalata; 2 (*freebie*) cosa gratuita; (*Inform*) ~*mail* posta gratuita; *to make so.* ~ *of sth.* mettere qcs. a disposizione di qcu.; *to make* ~*with*: 1 far libero uso di; 2 (*to treat too familiarly*) prendersi delle libertà con; *to be* ~ *with one's money* essere spendaccione; *to be* ~ *of so.* liberarsi di qcu.; (*Comm*) ~*of all average* franco avaria; ~ *of charge*: 1 gratuito, gratis; 2 (*Comm*) franco spese; (*Comm*) ~*of commission* franco provvigione; (*Comm*) ~ *of customs duty* franco dogana, in franchigia; (*Comm*) ~*of duty* franco dogana, in franchigia; *the ship was soon* ~*of the harbour* la nave fu presto fuori dal porto; (*Comm*) ~ *on application* gratis a richiesta; (*Comm*) ~*on board*: 1 franco a bordo; 2 (*Am*) franco vagone partenza; (*Comm*) ~*on quay* franco banchina; (*Comm*) ~*on rail* franco vagone; ~ *pass*: 1 lasciapassare; 2 (*Ferr*) biglietto di libera circolazione; (*Comm*) ~*port* porto franco; (*Chim*) ~*radical* radicale libero; (*fig*) *to give* ~*rein to*: 1 sbrigliare, dare libero sfogo a; 2 (*of people*) dare piena libertà di azione a; (*Am,sl*) *it's a* ~*ride* è tutto grasso che cola, è tanto di guadagnato; ~ *rider* lavoratore non sindacalizzato (che però trae vantaggio dall'azione del sindacato); ~*sample* campione gratuito; *to set* ~ rilasciare, liberare; ~*space*: 1 (*Fis*) spazio vuoto; 2 (*Tel*) spazio libero, spazio vuoto; ~ *speech* libertà di parola; (*Stor.am*) *Free State* stato in cui era proibita la schiavitù, stato antischiavista; ~*stone*: 1 (*Tecn*) pietra da taglio; 2 (*Bot*) frutto spiccace; 3 (*Bot*) (*used as an adjective*) spiccace, spiccagnolo, spiccatoio, spicco; (*Sport*) ~ *style* (*in swimming*) stile libero; (*Mar*) ~*surface* specchio libero; (*fig*) *to have* ~*swing* avere carta bianca; ~ *thinker* libero pensatore; ~ *thinking* (o ~ *thought*) libero pensiero; (*Am,Sport*) ~*throw* tiro libero; (*Econ*) ~ *trade* liberoscambismo; (*Econ*) ~*trade area* zona di libero scambio; (*Econ*) ~ *trader* liberoscambista; ~*translation* traduzione libera; (*Metr*) ~*verse* verso libero; (*Mecc*) ~*wheel* ruota libera; ~*will*: 1 spontanea volontà: *of one's own* ~ *will* di propria volontà, volontariamente, (*lett*) di propria sponte; *he insisted he had done it of his own* ~ *will* insisteva a dire che l'aveva fatto di sua spontanea volontà; 2 (*Filos*) libero arbitrio; (*Comm*) ~*zone* zona franca.

free-and-easy /ˌfriːən(d)ˈiːzi/ *a.* **1** senza cerimonie, senza formalità, alla buona. **2** (*of style*) disinvolto, sciolto.

freebase /ˈfriːbeɪs/ **I** *n.* cocaina *f.* purificata chimicamente. **II** *v.i.* fumare cocaina.

freebie /ˈfriːbi/ *n.* (*colloq*) omaggio *m.*, oggetto *m.* gratuito.

freeboard /ˈfriːbɔːd/ *Am* /ˈfriːbɔːrd/ *n.* (*Mar*) bordo *m.* libero.

freebooter /ˈfriːˌbuːtər/ *Am* /ˈfriːˌbuːtər/ *n.* pirata *m.*, filibustiere *m.*, corsaro *m.*

free-born /ˌfriːˈbɔːn/ *Am* /ˌfriːˈbɔːrn/ *a.* nato libero (non in schiavitù).

freedman /ˈfriːdmən/ *n.irr.* (*Stor*) liberto *m.*, schiavo *m.* emancipato.

freedom /ˈfriːdəm/ *n.* **1** libertà *f.*: ~ *of the press* libertà di stampa. **2** (*Pol*) libertà *f.*, indipendenza *f.* **3** (*exemption*) esenzione *f.*, dispensa *f.*, esonero *m.*: ~ *from taxes* esenzione

dalle tasse. **4** (*release*) liberazione *f.*, libertà *f.*: ~ *from want* liberazione dal bisogno. **5** (*ease*) libertà *f.*, facilità *f.*: ~ *of movement* libertà di movimento. **6** (*fluency*) scioltezza *f.*, spigliatezza *f.* **7** (*frankness*) franchezza *f.*, schiettezza *f.* **8** (*familiarity*) confidenza *f.*, familiarità *f.* **9** (*excessive familiarity*) libertà *f.*, licenza *f.* **10** (*of a city, corporation*) privilegio *m.* ☐ ~*fighter* combattente per la libertà; ~*from hunger campaign* campagna contro la fame; *togive so. his* ~ dare la libertà a qcu.; *to give so. the* ~ *of one's house* mettere la propria casa a disposizione di qcu.; ~ *of a city* cittadinanza onoraria; (*fig*) *to have* ~*of action* avere campo libero; ~*of assembly* libertà di riunione; ~*of association* libertà di associazione; ~*of choice* libertà di scelta; ~*of contract* autonomia contrattuale; ~*of enterprise* libertà d'iniziativa economica; ~ *of information* libertà d'informazione; ~*of manoeuvre* libertà di manovra (*anche fig*); ~*of opinion* libertà d'opinione; ~*of speech* libertà di parola; ~ *of speech and of the press* libertà d'informazione; (*Dir,Mar*) ~ *of the seas* libertà dei mari; ~*of trade* libertà di scambio, libertà di commercio; ~*of worship* libertà di culto; ~*to strike* diritto di sciopero.

freedwoman /ˈfriːdˌwumən/ *n.irr.* (*Stor*) liberta *f.*, schiava *f.* emancipata.

free-for-all /ˈfriːfərˌɔːl/ *Br also* /ˌfriːfərˈɔːl/ *n.* **1** mischia *f.* generale. **2** (*unrestricted discussion*) dibattito *m.* aperto.

free-hand /ˈfriːhænd/ *a.* (*Art*) a mano libera.

free-handed /ˈfriːhændɪd, friːˈhændɪd/ *a.* generoso, prodigo, munifico.

free-hanging /ˌfriːˈhæŋɪŋ/ *a.* (*El*) (*of a wire*) volante.

freehold /ˈfriːhoʊld/ **I** *n.* (*Br*) **1** (*Dir*) proprietà *f.* allodiale, allodio *m.* **2** (*estate*) beni *m.pl.* allodiali. **II** *a.* (*Br,Dir*) allodiale.

freelance /ˈfriːlɑːns, ˌfriːˈlɑːns/ *Am* /ˈfriːlæns/ **I** *n.* **1** (*worker*) collaboratore *m.* (*f.* -trice) esterno, collaboratore *m.* (*f.* -trice) freelance, freelance *m./f.* **2** (*politician*) uomo *m.* politico indipendente. **3** (*Giorn*) giornalista *m./f.* indipendente. **4** (*Stor*) soldato *m.* di ventura, cavaliere *m.* di ventura. **II** *v.i.* **1** (*worker*) essere un collaboratore esterno, lavorare freelance. **2** (*Giorn*) essere un giornalista indipendente. **III** *a.* **1** (*of a worker*) esterno, freelance. **2** (*Giorn*) indipendente. **IV** *avv.* (*of a worker*) da esterno, freelance.

free-load /ˈfriːloʊd/ *v.t.* (*Am,colloq*) scroccare.

free-loader /ˈfriːloʊdər/ *n.* (*Am,colloq*) scroccone *m.* (*f.* -a).

freely /ˈfriːli/ *avv.* **1** liberamente, spontaneamente. **2** (*plentifully*) generosamente, senza riserve: *to give* ~ dare generosamente. **3** (*frankly*) apertamente, francamente, sinceramente. **4** (*without payment*) gratis, gratuitamente. **5** (*unceremoniously*) senza cerimonie, alla buona.

freeman /ˈfriːmən/ *n.irr.* **1** uomo *m.* libero. **2** (*of a city*) cittadino *m.* onorario.

Freemason /ˈfriːˌmeɪsən/ *n.* massone *m.*, frammassone *m.*

Freemasonry /ˈfriːˌmeɪsənri, friːˈmeɪsənri/ *n.* massoneria *f.*, frammassoneria *f.*

freephone /ˈfriːfoʊn/ *n.* (*Br,Tel*) numero *m.* verde.

freepost /ˈfriːpoʊst/ *n.* (*Post*) affrancatura *f.* a carico del destinatario.

freesia /ˈfriːʒ(i)ə *Br also* /ˈfriːziə/ *n.* (*Bot*) fresia *f.*

free-spoken /ˌfriːˈspoʊkən *Am also* /ˈfriːˌspoʊkən/ *a.* franco, schietto, sincero.

freestanding /ˌfriːˈstændɪŋ *Am also* /ˈfriː-

ˌstændɪŋ/ *a.* autonomo.

freeware /ˈfriːweər *Am* /ˈfriːwer/ *n.* (*Inform*) freeware *m.*

freeway /ˈfriːweɪ/ *n.* (*Am*) **1** superstrada *f.* **2** (*highway without tolls*) autostrada *f.* senza pedaggio.

free-wheel /ˌfriː(h)wiːl *Am* /ˈfriː(h)wiːl/ *v.i.* **1** andare a ruota libera. **2** (*Aut*) guidare in folle. **3** (*fig*) agire sconsideratamente.

free-wheeling /ˌfriː(h)wiːlɪŋ *Am* /ˈfriː(h)wiːlɪŋ/ *a.* **1** (*Mecc*) dotato di ruota libera. **2** (*free of restraints*) indipendente, libero. **3** (*careless*) sconsiderato, sventato.

free-will /ˌfriːˈwɪl, ˈfriːwɪl/ *a.* volontario, spontaneo.

freeze1 /friːz/ (*past* **froze** /froʊz/, *p.p.* **frozen** /ˈfroʊzən/) **I** *v.i.* **1** ghiacciare: *the fountains have frozen* le fontane sono ghiacciate. **2** (*to become blocked with ice*) congelarsi: *the car radiator froze* l'acqua del radiatore si è congelata. **3** (*to become attached to by frost*) attaccarsi per il gelo, rimanere attaccato per il gelo: *the tyres froze to the ground* i pneumatici si sono attaccati al terreno per il gelo. **4** (*to be cold enough for water to freeze*) gelare (*costr.impers.*): *it is freezing outside* fuori gela. **5** (*of persons*) congelarsi, gelare, morire dal freddo, morire di freddo: *I am freezing* mi sto congelando. **6** (*fig*) (*with fear, etc.*) agghiacciarsi, raggelarsi: *my blood froze at that sight* a quella vista mi si agghiacciò il sangue. **7** (*fig*) (*to become motionless*) restare immobile. **8** (*Mecc*) (*to seize*) grippare. **II** *v.t.* **1** congelare, (*fare*) gelare, ghiacciare. **2** (*Alim*) congelare. **3** (*to become fixed by freezing*) attaccarsi per il gelo: *the ropes were frozen together* le corde si erano attaccate per il gelo. **4** (*fig*) (*to chill with fear, etc.*) agghiacciare, raggelare. **5** (*Pol*) bloccare: *to* ~ *wages* bloccare i salari. **6** (*Econ*) congelare: *to* ~ *a credit* congelare un credito. **7** (*Chir*) anestetizzare. **8** (*Inform*) bloccare, fissare: *to* ~ *a frame* fermare un'immagine (su video). ☐ (*colloq*) *to* ~*on to* aggrapparsi a, afferrare strettamente; (*colloq*) *to* ~*out* escludere, boicottare, eliminare; *to* ~*over* (*of a pond, etc.*) coprirsi di ghiaccio, gelare, ghiacciare; *to* ~*to death* morire di assideramento, morire assiderato; *to* ~*up*: 1 (*of a pond, etc.*) coprirsi di ghiaccio, gelare, ghiacciare; 2 (*fig*) (*through fear, etc.*) restare paralizzato.

freeze2 /friːz/ *n.* **1** (*Meteor*) gelata *f.*, gelo *m.* **2** (*congealment*) congelamento *m.* **3** (*Pol*) blocco *m.* **4** (*Econ*) congelamento *m.*

freeze-dried /ˈfriːzdraɪd/ *a.* liofilizzato. ☐ ~*food* (*cibi*) liofilizzati.

freeze-dry /ˈfriːzˌdraɪ/ *v.t.* liofilizzare.

freeze-drying /ˈfriːzˌdraɪɪŋ/ *n.* liofilizzazione *f.*

freeze-frame /ˈfriːzˌfreɪm, ˌfriːzˈfreɪm/ *n.* **1** (*frame*) fotogramma *m.* **2** (*facility, process*) fermo *m.* immagine.

freezer /ˈfriːzər/ *n.* **1** (*for food*) cella *f.* frigorifera. **2** (*for ice cream*) congelatore *m.* **3** (*of a home refrigerator*) freezer *m.*, congelatore *m.*

freeze-up /ˈfriːzˌʌp/ *n.* **1** gelata *f.*, gelo *m.* **2** (*Aut*) congelamento *m.*

freezing /ˈfriːzɪŋ/ *n.* **1** (*of temperature*) intorno allo zero. **2** (*below freezing point*) sotto zero. **3** (*very cold*) gelido, gelato. **4** (*of manners*) gelido, glaciale. **II** *n.* **1** congelamento *m.* (*anche Alim,Pol*). **2** (*Econ*) blocco *m.* ☐ ~*compartment* congelatore *m.*; (*Chim*) ~ *mixture* miscela frigorifera; (*Fis*) ~ *point* punto di solidificazione; ~ *temperature* temperatura di congelamento.

freight /freɪt/ **I** *n.* **1** trasporto *m.* (per via mare). **2** (*hire of a vessel*) nolo *m.*; (*freightage*) noleggio *m.*, nolo *m.* 3 (*ship's cargo*) carico *m.* 4 (*transportation*) trasporto *m.* di merci. 5 (*merchandise transported*) merce *f.* trasportata. 6 (*Am*) (*charges, fees*) porto *m.*, prezzo *m.* del trasporto. 7 (*Am,Ferr*) treno *m.* merci. **II** *v.t.* 1 (*of a vessel: to load*) caricare; (*to hire out*) noleggiare. 2 (*to ship by freight*) spedire via mare. 3 (*Am*) (*to transport*) trasportare. □ (*Am,Ferr*) ~ *car* carro merci; ~ *charges* spese di trasporto; ~ *charter* noleggio; (*Comm*) ~ *collect* nolo assegnato; ~ *depot* deposito merci; ~ *elevator* montacarichi; (*Comm*) ~ *forward* nolo assegnato; (*Am,Ferr*) ~ *house* deposito merci; ~ *insurance* assicurazione del nolo; (*Ferr*) ~ *train* treno merci; ~ *transport* trasporto di merci.

freightage /ˈfreɪtɪdʒ *Am* ˈfreɪtɪdʒ/ *n.* 1 trasporto *m.* (per) via mare. 2 (*freight*) nolo *m.*, noleggio *m.* 3 (*charge*) porto *m.*, prezzo *m.* del trasporto. 4 (*cargo*) carico *m.*

freighter /ˈfreɪtə *Am* ˈfreɪtər/ *n.* 1 (*Mar*) (*vessel*) piroscafo *m.* da carico. 2 (*Aer*) (*aeroplane*) aeroplano *m.* per trasporto merci. 3 (*person whose business is freighting*) noleggiatore *m.* (*f.* -trice) marittimo. 4 (*shipper*) spedizioniere *m.*

freighting /ˈfreɪtɪŋ *Am* ˈfreɪtɪŋ/ *n.* noleggio *m.*

fremitus /ˈfremɪtəs *Am* ˈfremɪtəs/ *n.* (*Med*) fremito *m.*

French /frentʃ/ **I** *a.* francese. **II** *n.* 1 (*language*) francese *m.* 2 (*costr.pl.,collett.*) (*French people*) francesi *m./f.pl.* popolo *m.* francese. □ (*Bot,Alim*) ~ *bean* fagiolino; (*Alim*) ~ *bread* filoncino, baguette; ~ *Canadian*: 1 (*used as an adjective*) franco-canadese; 2 (*used as a noun, language*) francese parlato nel Canada; (*Min*) ~ *chalk* polvere di mica, pietra da sarto; (*Sart*) ~ *cuff* polsino doppio; (*Fis*) ~ *degrees* gradi francesi; (*Gastron*) ~ *dressing* condimento per insalata; (*Gastron*) ~ *fries* patatine fritte; ~ *grey* tonalità di grigio-verde; (*Mus*) ~ *horn* corno da caccia; ~ *kiss* bacio profondo, bacio con la lingua; *to take ~ leave* andarsene all'inglese, filare all'inglese; (*Br,colloq,ant*) ~ *letter* (*condom*) preservativo; ~ *manicure* manicure alla francese; ~ *polish* gommalacca; ~ *roll* panino francese; (*Arch*) ~ *roof* tetto a mansarda; (*Sart*) ~ *seam* cucitura inglese; (*colloq*) ~ *tickler* profilattico stimolante; (*Gastron*) ~ *toast* fetta di pane fritto; ~ *twist* (*coiffure*) banana; (*Edil*) ~ *window* porta-finestra.

Frenchify /ˈfrentʃɪfaɪ/ **I** *v.t.* (*colloq*) francesizzare. **II** *v.i.* (*colloq*) francesizzarsi.

Frenchman /ˈfrentʃmən/ *n.irr.* francese *m.*

Frenchness /ˈfrentʃnəs/ *n.* l'essere francese.

French-polish /ˌfrentʃˈpɒlɪʃ *Am* ˌfrentʃ ˈpɑːlɪʃ/ *v.t.* (*of woodwork*) verniciare con gommalacca.

French-speaking /ˌfrentʃˈspiːkɪŋ/ *a.* francofono, di lingua francese. □ ~ *Switzerland* Svizzera francese.

Frenchwoman /ˈfrentʃˌwʊmən/ *n.irr.* francese *f.*

Frenchy /ˈfrentʃɪ/ **I** *a.* 1 (*spreg*) franceseggiante. 2 (*characteristic of the French*) (caratteristico) dei francesi. **II** *n.* (*spreg*) francese *m./f.*

frenetic /frəˈnetɪk, frenˈetɪk *Am* frəˈnetɪk/ *a.* 1 forsennato, pazzo. 2 (*hectic*) frenetico.

frenum /ˈfriːnəm/ (*pl.* -**na** /-nə/) *n.* (*Anat*) frenulo *m.*, filetto *m.*

frenzied /ˈfrenzɪd/ *a.* 1 frenetico, convulso, delirante. 2 (*frantic*) frenetico, pazzo.

frenzy /ˈfrenzɪ/ *n.* 1 frenesia *f.*, pazzia *f.*, esaltazione *f.* 2 (*emotional agitation*) smania *f.*, frenesia *f.* □ ~ *of joy* trasporto di gioia; *to be seized with a* ~ avere la smania addosso.

Freon /ˈfriːɒn *Am* ˈfriːɑːn/ *n.* (*Chim*) freon *m.*

frequency /ˈfriːkwənsɪ/ *n.* frequenza *f.* (*anche Fis*). □ ~ *curve* curva di frequenza; (*Statist*) ~ *distribution* distribuzione di frequenza; ~ *divider* demoltiplicatore di frequenza; (*El*) ~ *meter* frequenzimetro; (*Rad*) ~ *modulation* modulazione di frequenza; ~ *modulation set* apparecchio a modulazione di frequenza; (*Acus*) ~ *range* gamma di frequenza; (*Elettron*) ~ *response* risposta in frequenza.

frequent[1] /ˈfriːkwənt/ *a.* 1 frequente: ~ *calls* visite frequenti. 2 (*habitual*) abituale, regolare: *a* ~ *visitor* un visitatore abituale. 3 (*common*) comune. 4 (*in close proximity*) frequente. 5 (*numerous*) numeroso. □ ~ *pulse* polso celere.

frequent[2] /frɪˈkwent *Am also* ˈfriːkwent/ *v.t.* frequentare.

frequentation /ˌfriːkwenˈteɪʃən/ *n.* il frequentare.

frequentative /frɪˈkwentətɪv *Am* friːˈkwentətɪv/ **I** *a.* (*Gramm*) frequentativo. **II** *n.* (*Gramm*) frequentativo *m.*, verbo *m.* frequentativo.

frequenter /frɪˈkwentər *Am* friːˈkwentər, ˈfriːkwentər/ *n.* frequentatore *m.* (*f.* -trice).

fresco /ˈfreskoʊ/ **I** *n.* (*pl.* -**es**/-**s** /-z/) (*Pitt*) affresco *m.* **II** *v.t.* (*Pitt*) affrescare, dipingere a fresco. □ (*Pitt*) ~ *painter* affreschista.

fresh /freʃ/ **I** *a.* 1 fresco: ~ *flowers* fiori freschi. 2 (*newly arrived*) fresco (*from* di). 3 (*recent*) fresco, recente: ~ *news* notizia fresca. 4 (*not previously known*) nuovo: ~ *facts* fatti nuovi. 5 (*of food*) fresco. 6 (*of clothes, linen*) fresco, pulito. 7 (*additional*) altro, ulteriore: *to make a* ~ *attempt* fare un altro tentativo. 8 (*of water: not salty*) dolce. 9 (*not tired*) fresco, ristorato, riposato: ~ *troops* truppe fresche. 10 (*of air*) fresco, puro. 11 (*Meteor*) (*of wind*) forte. 12 (*inexperienced*) inesperto: *a* ~ *recruit* una recluta inesperta. 13 (*colloq*) (*impertinent*) impertinente, impudente, sfacciato. 14 (*Am,sl*) sessualmente aggressivo, che ci prova. 15 (*Am,sl*) (*fantastic*) bellissimo, fantastico. 16 (*Am,colloq*) (*slightly drunk*) alticcio, brillo. 17 (*of colours*) brillante, vivace. **II** *n.* 1 piena *f.*; (*flood*) inondazione *f.* 2 (*fresh water stream*) corso *m.* d'acqua dolce che si getta in mare. **III** *avv.* (*newly, recently; often in compounds*) di fresco, di recente, da poco, appena: ~*-killed game* selvaggina appena uccisa; ~*-baked bread* pane appena sfornato. □ ~ *air* aria fresca: *a breath of* ~ *air* una boccata d'aria fresca (*anche fig*); (*fig*) *from a* ~ *angle* da un punto di vista nuovo; ~ *as a daisy* (o ~ *as a rose*) fresco come una rosa; (*fig*) *to bring* ~ *blood in sth.* dare nuova energia a qcs., dare nuovo impulso a qcs.; (*Meteor*) ~ *breeze* vento teso; ~ *from college* appena laureato; ~ *from wash* appena lavato, di bucato; (*Meteor*) ~ *gale* burrasca moderata; (*colloq*) *to get* ~ *with so.* prendersi delle libertà con qcu.; *don't get* ~ *with me* non ci provare; (*fig*) *to break* ~ *ground* fare qcs. di originale, fare qcs. di nuovo; *to put* ~ *heart into so.* rincuorare qcu., incoraggiare qcu.; (*fig*) *to throw* ~ *light on sth.* gettare nuova luce su qcs.; ~ *milk* latte fresco; (*Rel.catt*) ~ *Preacher* frate domenicano; *to make a* ~ *start* cominciare di nuovo, ricominciare da capo.

freshen /ˈfreʃən/ **I** *v.t.* 1 rinfrescare. 2 (*to make brighter*) ravvivare. 3 (*Am*) (*of water, salted fish, etc.*) dissalare. **II** *v.i.* 1 rinfrescare: *the air is* ~*ing* l'aria rinfresca. 2 (*to become brighter*) ravvivarsi. 3 (*to wash, to take a shower, etc.*) rinfrescarsi, darsi una rinfre-

scata. 4 (*of wind*) rinforzare. □ (*Am*) *to* ~ *up*: 1 (*to wash, to take a shower, etc.*) rinfrescarsi, darsi una rinfrescata; 2 (*to refill*) riempire (un bicchiere) di nuovo.

freshener /ˈfreʃnər/ *n.* 1 bevanda *f.* rinfrescante. 2 (*Cosmet*) tonico *m.*

fresher /ˈfreʃər/ *n.* (*Br,Univ,colloq*) (*freshman*) matricola *f.*

freshet /ˈfreʃɪt/ *n.* 1 piena *f.*; (*flood*) inondazione *f.* 2 (*fresh water stream*) corso *m.* d'acqua dolce che si getta in mare.

freshly /ˈfreʃlɪ/ *avv.* di fresco, di recente, appena: *a* ~ *minted coin* una moneta appena coniata.

freshman /ˈfreʃmən/ *n.irr.* 1 (*Scol,Univ*) studente *m.* del primo anno, matricola *f.* 2 (*novice*) novellino *m.*, principiante *m.*, pivello *m.* 3 (*Univ*) ~ *year* primo anno di università.

freshness /ˈfreʃnəs/ *n.* 1 freschezza *f.* 2 (*bloom*) freschezza *f.*, vigore *m.* 3 (*brightness*) freschezza *f.*, vivacità *f.*

fresh-run /ˈfreʃˌrʌn/ *a.* (*of a salmon*) che ha appena risalito il fiume.

fresh-water /ˈfreʃˌwɔːtər, ˌfreʃˈwɔːtər *Am* ˈfreʃˌwɔːtər/ *a.* 1 d'acqua dolce. 2 (*Am*) (*inland and provincial*) provinciale. □ (*Am, spreg*) ~ *college* università di provincia.

fresnel /ˈfreznəl, freɪˈnel/ □ (*Fot*) ~ *lens* lente fresnel.

fret[1] /fret/ (*past, p.p.* **fretted** /ˈfretɪd *Am* ˈfretɪd/) **I** *v.i.* 1 corrodere, intaccare (*at sth.* qcs.). 2 (*to become eaten, corroded*) corrodersi, consumarsi. 3 (*to chafe*) logorarsi. 4 (*fig*) (*to become worried*) preoccuparsi, affliggersi, crucciarsi (*over, about* di, per). 5 (*fig*) (*to feel impatience*) impazientirsi, innervosirsi, inquietarsi (*over* per). **II** *v.t.* 1 corrodere, intaccare. 2 (*to form, to make by wearing away*) scavare. 3 (*to rub, to chafe*) logorare. 4 (*fig*) (*to worry*) preoccupare, affliggere, crucciare. 5 (*to cause to ripple*) increspare. 6 (*of life, health, etc.*) logorare, consumare. □ (*fig*) *to* ~ *and fume* mangiarsi il fegato, rodersi il fegato; *to* ~ *away*: 1 (*to become eaten, corroded*) corrodersi, consumarsi; 2 (*of life, health, etc.*) logorare, consumare; *to* ~ *out* (*of life, health, etc.*) logorare, consumare.

fret[2] /fret/ *n.* 1 corrosione *f.* 2 (*fig*) inquietudine *f.*, preoccupazione *f.* 3 (*fig*) (*vexation*) irritazione *f.*, nervosismo *m.* □ *to be in a* ~ essere irritato.

fret[3] /fret/ **I** *n.* 1 (*decorative pattern*) greca *f.* (*anche Arch*). 2 (*fretwork*) lavoro *m.* di traforo. **II** *v.t.* (*past, p.p.* **fretted** /ˈfretɪd *Am* ˈfretɪd/) 1 ornare con una greca. 2 (*of a ceiling*) lavorare di traforo, traforare.

fret[4] /fret/ *n.* (*Mus*) (*of a string instrument*) traversina *f.*, tasto *m.*

fretful /ˈfretfʊl/ *a.* irritabile, nervoso, stizzoso.

fretfulness /ˈfretfʊlnəs/ *n.* irritabilità *f.*, nervosismo *m.*

fretsaw /ˈfretsɔː/ *n.* (*Fal*) sega *f.* da traforo.

fretted /ˈfretɪd *Am* ˈfretɪd/ *a.* 1 ornato a greca. 2 (*Mus*) (*of a string bass, etc.*) fretted, con (i) tasti.

fretwork /ˈfretwɜːk *Am* ˈfretwɜːrk/ *n.* 1 (*Fal*) lavoro *m.* di traforo. 2 (*pattern of dark and light*) traforo *m.* 3 (*Arch*) ornamento *m.* a greca.

Freudian /ˈfrɔɪdiən/ **I** *a.* (*Psic*) freudiano. **II** *n.* seguace *m./f.* di Freud. □ (*Psic*) ~ *slip* lapsus freudiano.

Freudianism /ˈfrɔɪdiənɪzm/ *n.* (*Psic*) freudismo *m.*

Fri. *Friday* ven. (venerdì).

friability /ˌfraɪəˈbɪlɪtɪ *Am* ˌfraɪəˈbɪləti/ *n.* friabilità *f.*

friable /'fraɪəbl/ *a.* friabile.

friar /'fraɪər/ *n.* (*Rel,Tip*) frate *m.* □ (*Farm*) ~*'sbalsam* tintura di benzoino; *Friar Minor* frate minore.

friary /'fraɪəri/ *n.* 1 convento *m.* di frati. 2 (*brotherhood*) frateria *f.*

fribble /'frɪbl/ I *v.i.* (*ant*) comportarsi in modo frivolo, frivoleggiare. II *n.* (*ant*) 1 (*trifler*) persona *f.* frivola. 2 (*idler*) perditempo *m./f.*

fricandeau /'frɪkəndou Am also ˌfrɪkən'dou/ (*pl.* -**x** /-z/) *n.* (*Gastron*) fricandò *m.*

fricassee /ˌfrɪkə'siː, ˌfrɪkə'seɪ/ I *n.* (*Gastron*) fricassea *f.* II *v.t.* cucinare in fricassea.

fricative /'frɪkətɪv Am 'frɪkətɪv/ I *a.* (*Fon*) fricativo. II *n.* (*Fon*) fricativa *f.*

friction /'frɪkʃən/ *n.* 1 frizione *f.* 2 (*Mecc,Fis, fig*) attrito *m.*, frizione *f.* □ ~*brake* freno ad attrito; (*Mecc*) ~*clutch* (o ~*coupling*) innesto a frizione; (*Inform*) ~ *feed* trascinamento a frizione, alimentazione a frizione; (*Fis*) ~ *force* forza di attrito; (*Mecc*) ~ *gearing* trasmissione a ruote di frizione; (*Fis*) ~*loss* perdita per attrito; ~*tape* nastro isolante.

frictional /'frɪkʃənəl/ *a.* 1 frizionale. 2 (*Mecc*) di attrito. □ (*Econ*) ~ *unemployment* disoccupazione frizionale.

frictionless /'frɪkʃənləs/ *a.* privo di attrito.

Friday /'fraɪdi/ *n.* venerdì *m.*: *on* ~ venerdì; *on* -*s* (o *Am* -*s*) di venerdì, il venerdì, tutti i venerdì.

fridge /frɪdʒ/ *n.* (*colloq*) (*refrigerator*) frigorifero *m.*, frigo *m.* □ ~*magnet* calamita da frigo, oggetto calamitato da attaccare al frigo.

fridge-freezer /ˌfrɪdʒ'friːzər/ *n.* (*Br*) frigocongelatore *m.*

fried /fraɪd/ *a.* 1 fritto. 2 (*sl*) ubriaco, sbronzo.

friend /frend/ *n.* 1 amico *m.* (*f.* -a): *a* ~ *of the family* un amico di famiglia; *we are great* -*s* siamo ottimi amici, siamo grandi amici; *a doctor* ~ *of mine* un mio amico medico; *we're just* (*good*) -*s* siamo solo amici; *that's what -s are for* a questo servono gli amici. 2 (*supporter*) sostenitore *m.* (*f.* -trice), amico *m.* (*f.* -a). 3 (*ally*) alleato *m.* (*f.* -a). 4 (*acquaintance*) conoscenza *f.*, conoscente *m./f.* 5 (*Dir,Parl*) collega *m./f.*: (*Dir*) *my learned* ~ (mio) dotto collega; (*Parl*) *my right honourable* ~ (mio) onorevole collega. □ (*fig*) *a* ~ *at court* un protettore influente; *to be* -*s with so.* essere amico di qcu.; -*s in high places* amici importanti; *to make* -*s again* riallacciare l'amicizia, ritornare amici; *to make* -*s with so.* fare amicizia con qcu.; (*ant, iron*) *well, my* -*s* bene, miei cari; *a* ~ *of the family* un amico di famiglia. *Prov.: a* ~ *in need is a* ~ *indeed* gli amici si conoscono nelle avversità, nelle sventure si conosce l'amico; *a* ~ *to all is a* ~ *to none* amico di tutti, amico di nessuno; *with* -*s like you, who needs enemies?* ma che razza di amico sei?, dai nemici mi guardi Dio, dagli amici mi guardo io.

Friend /frend/ *n.* (*Rel*) quacchero *m.* (*f.* -a).

friendless /'frendləs/ *a.* senza amici.

friendliness /'frendlɪnəs/ *n.* 1 amichevolezza *f.* 2 (*kindness*) cordialità *f.*, affabilità *f.*, cortesia *f.*

friendly /'frendli/ I *a.* 1 amichevole, da amico, amico: *to be* ~ *with so.* essere amico di qcu. 2 (*showing kindness*) cordiale, affabile, cortese: *a* ~ *reception* un'accoglienza cordiale. 3 (*helpful, favourably disposed*) bendisposto, favorevole. 4 (*not hostile*) amico: *a* ~ *nation* una nazione amica. 5 (*Sport*) amichevole: *a* ~ *match* una partita amichevole.

6 (*in compounds: that will not cause damage*) non dannoso per..., che non danneggia...: *ozone-*~ non dannoso per l'ozono, che non danneggia l'ozono. **7** (*in compounds: easy to understand*) semplice da comprendere per...: *a user-*~ *interface* un'interfaccia amichevole. **8** (*in compounds: suitable*) idoneo a..., adatto a...: *a player-*~ *tennis racket* una racchetta adatta al giocatore. II *avv.* amichevolmente. □ (*Mil*) ~ *fire* fuoco amico; *Friendly Society* società di mutuo soccorso; *to be on* ~ *terms with so.* essere in rapporti amichevoli con qcu.; *to settle a matter in a* ~ *way* definire una questione in via amichevole, definire una questione amichevolmente.

friendship /'frendʃɪp/ *n.* 1 amicizia *f.* 2 (*friendliness*) amichevolezza *f.*

frieze[1] /friːz/ *n.* (*Arch*) fregio *m.*; (*decorative band*) fascia *f.* (ornamentale).

frieze[2] /friːz/ *n.* (*Tess*) bigello *m.*

frigate /'frɪgət/ *n.* (*Mar*) fregata *f.* □ (*Ornit*) ~ *bird* fregata.

fright /fraɪt/ I *n.* 1 spavento *m.*, paura *f.* (improvvisa). 2 (*colloq*) (*thing*) cosa *f.* spaventosa, cosa *f.* orrenda, spavento *m.*: *your hair is a* ~ i tuoi capelli sono spaventosi. 3 (*colloq*) (*person*) spavento *m.*, spauracchio *m.* II *v.t.* spaventare. □ *to get a* ~ spaventarsi, prendere uno spavento; *to take* ~ *at sth.* spaventarsi per qcs., spaventarsi di qcs.

frighten /'fraɪtən/ *v.t.* spaventare, impaurire, intimidire, far paura a. □ *to* ~ *so. away* spaventare qcu. fino a farlo fuggire; (*colloq*) *to* ~ *the daylights out of so.* spaventare a morte qcu.; *to* ~ *so. to death* far morire qcu. dallo spavento; *to* ~ *so. into doing sth.* indurre qcu. a fare qcs. per paura; *to* ~*the life out of so.* spaventare qcu. a morte; (*colloq*) *to* ~ *the living daylights out of so.* spaventare a morte qcu.

frightened /'fraɪtənd/ *a.* spaventato, impaurito: *to be* ~ *of* aver paura di.

frightening /'fraɪtənɪŋ Am 'fraɪtənɪŋ/ *a.* spaventoso, terribile.

frighteningly /'fraɪtənɪŋli Am 'fraɪtənɪŋli/ *avv.* spaventosamente, terribilmente.

frightful /'fraɪtful/ *a.* 1 spaventoso, spaventevole. 2 (*shocking*) spaventoso, terribile: *a* ~ *waste of money* un terribile spreco di denaro. 3 (*colloq*) (*very unpleasant*) orribile, orrendo, pessimo, bruttissimo, tremendo. 4 (*colloq*) (*very great*) tremendo, spaventoso.

frightfully /'fraɪtfuli/ *avv.* 1 spaventosamente. 2 (*colloq*) (*exceedingly*) terribilmente, spaventosamente, tremendamente, da fare spavento.

frightfulness /'fraɪtfulnəs/ *n.* l'essere spaventoso.

frigid /'frɪdʒɪd/ *a.* 1 freddissimo, glaciale. 2 (*fig*) apatico, frigido. 3 (*fig*) (*stiff and formal*) freddo, formale, algido. 4 (*Psic,Fisiol*) frigido. □ (*Geog*) ~*zone* zona glaciale.

frigidity /frɪ'dʒɪdɪti Am frɪ'dʒɪdəti/, **frigidness** /'frɪdʒɪdnəs/ *n.* 1 freddezza *f.* 2 (*Psic, Fisiol*) frigidità *f.*

frill /frɪl/ I *n.* 1 (*Sart*) gala *f.* (increspata), ruche *f.* 2 (*Zool*) collare *m.* 3 (*Fot*) (*of an emulsion*) distacco *m.*; (*wrinkling*) arricciamento *m.* 4 *pl.* (*fig*) (*airs*) arie *f.pl.*: *to put on* -*s* darsi delle arie. 5 *pl.* (*sth. unnecessary*) frangia *f.sing.*, fronzolo *m.sing.*: *without* -*s* senza fronzoli. II *v.t.* 1 (*Sart*) ornare con gale, guarnire di gale. 2 (*to form into frills*) increspare, arricciare. III *v.i.* (*Fot*) (*of an emulsion*) distaccarsi.

frillies /'frɪliz/ *n.pl.* (*colloq*) biancheria *f.sing.* intima da donna con pizzo, biancheria *f.sing.* intima da donna frivola.

frilling /'frɪlɪŋ/ *n.* (*Sart*) gale *f.pl.* increspate.

frilly /'frɪli/ *a.* (*Sart*) con (le) gale, con (le) ruches.

fringe /frɪn(d)ʒ/ I *n.* 1 frangia *f.* 2 (*Tess*) penero *m.*, frangia *f.* ornamentale. 3 (*of hair*) frangia *f.*, frangetta *f.* 4 (*border, edge*) orlo *m.*, bordo *m.*, margine *m.*: *on the* ~ *of the forest* al margine della foresta. 5 (*fig*) aspetto *m.* marginale, aspetto *m.* secondario. 6 (*fig*) (*marginal group*) frangia *f.*, settore *m.* periferico, gruppo *m.* periferico: *the anarchist* ~ la frangia anarchica. 7 (*Ott*) frangia *f.* 8 (*Fot*) iridescenza *f.* II *v.t.* 1 guarnire di frange, ornare di frange. 2 (*to form a border for*) orlare, bordare, contornare: *trees -d the lake* degli alberi orlavano il lago. □ (*Econ*) ~*benefits* fringe benefits, benefici accessori; (*Sociol*) ~*groups* gruppi marginali; (*Econ*) ~ *market* mercato marginale; *on the* ~ *of society* ai margini della società.

fringy /'frɪn(d)ʒi/ *a.* frangiato, ornato di frange.

frippery /'frɪpəri/ *n.* 1 (*finery in dress*) fronzoli *m.pl.* 2 (*fig*) (*affected elegance*) ostentazione *f.*, affettazione *f.*; (*of style*) paludamenti *m.pl.* 3 (*fig*) (*unnecessary ornaments*) fronzoli *m.pl.*, cianfrusaglie *f.pl.*

frisbee, frisby /'frɪzbi/ *n.* frisbee *m.*

Frisco /'frɪskou/ *n.* (*Am,colloq*) San Francisco *f.*

Frisian /'friːʒən Br also 'friːziən, 'friːʒiən/ I *a.* frisone. II *n.* 1 (*person*) frisone *m.* (*f.* -a). 2 (*language*) frisone *m.* □ (*Geog*) ~*Islands* Isole Frisone.

frisk /frɪsk/ I *v.i.* saltellare, sgambettare, ruzzare. II *v.t.* (*sl*) (*to search for weapon, etc.*) perquisire. III *n.* 1 salto *m.*, saltello *m.*, capriola *f.* 2 (*sl*) perquisizione *f.*

frisket /'frɪskɪt/ *n.* (*Tip*) fraschetta *f.*

friskily /'frɪskɪli/ *avv.* 1 a saltelli. 2 (*happily, playfully*) vivacemente, giocosamente.

friskiness /'frɪskɪnəs/ *n.* gaiezza *f.*, vivacità *f.*, allegria *f.*

frisky /'frɪski/ *a.* 1 saltellante, sgambettante. 2 (*happy, playful*) gaio, vivace, giocoso.

frit /frɪt/ I *n.* 1 (*Ceram*) fritta *f.* 2 (*Vetr*) vetro *m.* poroso. II *v.t.* (*past, p.p.* **fritted** /'frɪtɪd Am 'frɪtɪd/) 1 (*Vetr*) calcinare. 2 (*to agglomerate*) agglomerare.

frith[1] /frɪθ/ *n.* (*Geog*) (*firth*) estuario *m.*

frith[2] /frɪθ/ *n.* 1 (*rar*) terreno *m.* boscoso. 2 (*brushwood*) macchia *f.*

fritillary /frɪ'tɪləri Am 'frɪtəleri/ *n.* (*Bot*) fritillaria *f.*

fritter[1] /'frɪtər Am 'frɪtər/ *v.t.* 1 (*to waste*) sprecare, sciupare. 2 (*of money*) scialacquare, sperperare. 3 (*rar*) frantumare, spezzettare, sminuzzare. □ *to* ~ *away* : 1 (*to waste*) sprecare, sciupare; ~ *away an afternoon* sciupare un pomeriggio; 2 (*of money*) scialacquare, sperperare.

fritter[2] /'frɪtər Am 'frɪtər/ *n.* (*Gastron*) frittella *f.* ripiena.

fritz /frɪts/ □ (*Am,colloq*) *on the* ~ scassato, rotto, fuori uso.

frivol /'frɪvl/ (*past, p.p.* **frivolled** /Am **frivoled** /-d/) *v.i.* frivoleggiare, essere frivolo. □ *to* ~*away* sprecare, sciupare.

frivolity /frɪ'vɒlɪti Am frɪ'vɑːləti/ *n.* 1 frivolezza *f.*, leggerezza *f.* 2 (*frivolous act or thing*) frivolezza *f.*, futilità *f.*

frivolous /'frɪvələs/ *a.* 1 frivolo, futile, superficiale, vacuo: ~ *words* parole frivole. 2 (*of a person*) frivolo, leggero.

frivolousness /'frɪvələsnəs/ *n.* frivolezza *f.*

frizz[1] /frɪz/ I *v.t.* 1 (*of hair: to curl*) increspare. 2 (*Pell*) pulire con la pomice. II *v.i.* (*of hair*) incresparsi. III *n.* 1 (*curl*) riccio *m.*, ricciolo *m.* 2 (*frizzed hair*) capelli *m.pl.* crespi, capelli *m.pl.* ricci. ☐ *to ~ up* increspare.

frizz[2] /frɪz/ *v.i.* sfrigolare, sfriggere.

frizzle[1] /'frɪzl/ *v.t.* **1** friggere (fino a far diventare croccante). **2** (*to scorch*) bruciare, scottare.

frizzle[2] /'frɪzl/ **I** *v.t.* increspare. **II** *v.i.* incresparsi. **III** *n.* capelli *m.pl.* crespi, capelli *m.pl.* ricci. ☐ *to ~ up* increspare.

frizzly /'frɪzli/ *a.* (*of hair*) crespo.

frizzy /'frɪzi/ *a.* (*of hair*) crespo.

fro /frou/ ☐ *to and ~* avanti e indietro.

frock /frɒk *Am* fraːk/ **I** *n.* **1** (*Abbigl*) (*for a woman*) abito *m.*, vestito *m.* **2** (*Abbigl*) (*for a little girl*) vestitino *m.* **3** (*Abbigl*) (*overall*) grembiule *m.*, sopravveste *f.* **4** (*Abbigl*) (*smock*) blusa *f.*, camiciotto *m.* da lavoro. **5** (*Abbigl*) (*sailor's jersey*) maglia *f.* (da marinaio). **6** (*Abbigl*) (*riding coat*) finanziera *f.*, redingote *f.* **7** (*Rel*) (*monk's habit*) abito *m.* **8** (*fig*) (*priesthood*) ufficio *m.* sacerdotale. **II** *v.t.* **1** vestire. **2** (*Rel*) rivestire dell'abito talare. ☐ (*Abbigl*) ~ *coat* finanziera, redingote.

Froebelian /frei'beliən, friː'beliən/ *a.* (*Pedag*) froebeliano, fröbeliano.

frog[1] /frɒg *Am* fraːg/ *n.* **1** (*Zool*) rana *f.* **2** (*Mil*) (*loop of a scabbard*) pendaglio *m.*, cinghia *f.* ☐ (*colloq*) *to have a ~ in one's throat* avere la voce rauca, essere rauco.

frog[2] /frɒg *Am* fraːg/ *n.* **1** (*Sart*) alamaro *m.* **2** (*Ferr*) cuore *m.* **3** (*El*) incrocio *m.* aereo.

frog[3] /frɒg *Am* fraːg/ *n.* (*Zool*) (*of a horse's hoof*) fettone *m.*, forchetta *f.*

Frog /frɒg *Am* fraːg/ *n.* (*spreg*) (*Frenchman*) francese *m./f.*

froggy /'frɒgi *Am* 'fraːgi/ *a.* **1** simile a una rana, da rana. **2** (*full of frogs*) pieno di rane.

frogman /'frɒgmən *Am* 'fraːgmən/ *n.irr.* uomo *m.* rana, sommozzatore *m.*

frog-march /'frɒgmaːtʃ *Am* 'fraːgmaːrtʃ/ **I** *v.t.* trascinare via in quattro a faccia in giù (tenendo la persona per le gambe e le braccia). **II** *n.* il trascinare via a faccia in giù.

frolic /'frɒlɪk *Am* 'fraːlɪk/ **I** *n.* **1** scherzo *m.*, burla *f.* **2** (*of children*) birichinata *f.*, monelleria *f.* **3** (*merry making*) divertimento *m.*, svago *m.*, spasso *m.* **4** (*gaiety*) allegria *f.*, gaiezza *f.* **II** *v.i.* (*past, p.p.* **frolicked** /-t/) **1** divertirsi, scherzare, stare in allegria. **2** (*to gambol, to caper*) saltellare, sgambettare, ruzzare.

frolicsome /'frɒlɪksəm *Am* 'fraːlɪksəm/ *a.* giocoso, allegro, gaio.

frolicsomeness /'frɒlɪksəmnəs *Am* 'fraːlɪksəmnəs/ *n.* allegria *f.*, gaiezza *f.*, giocosità *f.*

from /frəm *emphatic* frɒm *Am* fraːm/ *prep.* **1** da: *to go ~ London to Brighton* andare da Londra a Brighton; *read ~ page ten* leggete da pagina dieci. **2** (*of time*) (fin) da, a partire da: *~ next month* (a partire) dal mese prossimo. **3** (*to indicate a lower limit*) da: *~ ten pounds upwards* da dieci sterline in su. **4** (*to express distance, absence*) da: *two miles ~ the town* a due miglia dalla città; *away ~ home* lontano da casa. **5** (*to express removal, separation*) a: *to take sth. away ~ so.* portare via qcs. a qcu.; *to conceal the truth ~ so.* nascondere la verità a qcu. **6** (*to express distinction, difference*) da: *to know one thing ~ another* distinguere una cosa dall'altra. **7** (*to indicate reason, cause*) da, per, a causa di, a motivo di: *~ what I heard* da quanto ho sentito. **8** (*to express agency*) da, da, per: *to suffer ~ the cold* soffrire per il freddo. **9** (*to indicate source, origin*) di, da, proveniente da, da parte di: *water ~ a well* acqua di un pozzo; *to receive a parcel ~ a friend* ricevere un pacco da parte di un amico, ricevere un pacco inviato da un amico. **10** (*made from a ma-*

terial) con, di: *wine is made ~ grapes* il vino si fa con l'uva. **11** (*in imitation of*) da: *to paint ~ life* dipingere dal vero. ☐ *~ above*: **1** dall'alto, dal di sopra, da sopra; **2** (*from heaven*) dall'alto, dal cielo; *to go ~ bad to worse* andare di male in peggio; *~ below* dal di sotto, da sotto; *~ day to day* di giorno in giorno, continuamente, giorno dopo giorno; *to speak ~ experience* parlare per esperienza; *~ far* da lontano; *to carve a statue ~ marble* scolpire una statua nel marmo; *~ on high* dall'alto; *~ outside* dal di fuori, dall'esterno; *~ time to time* di quando in quando; *~ under* di sotto, da sotto.

frond /frɒnd *Am* fraːnd/ *n.* (*Bot*) (*of lichen, etc.*) fronda *f.*; (*of a palm, etc.*) foglia *f.*

frondage /'frɒndɪdʒ *Am* fraːndɪdʒ/ *n.* fronde *f.pl.*

fronde /frɒnd *Am* fraːnd/ *n.* ribellione *f.*, aria *f.* di fronda, vento *m.* di fronda.

Fronde /frɒnd *Am* fraːnd/ *n.* (*Stor*) Fronda *f.*

frondeur /frɒn'dər *Am* fraːn'dər/ *n.* ribelle *m./f.*, oppositore *m.* (*f.* -trice).

Frondeur /'frɒndər *Am* 'fraːndər/ *n.* (*Stor*) frondista *m./f.*

frondose /frɒn'dous *Am* 'fraːndous/ *a.* frondoso.

frons /'frɒnz *Am* 'fraːnz/ *n.* (*Zool*) fronte *f.*

front /frʌnt/ **I** *n.* **1** facciata *f.*, davanti *m.*, fronte *f.*: *the ~ of a cupboard* il davanti di una credenza. **2** (*most advanced part or position*) parte *f.* anteriore, davanti *m.*: *to sit in the ~ of a bus* sedere nella parte anteriore di un autobus. **3** (*Arch*) facciata *f.*, fronte *f.* **4** (*land facing a road, etc.*) fronte *f.* stradale. **5** (*sea front, promenade*) lungomare *m.*; (*lake front*) lungolago *m.* **6** (*Mil*) fronte *m.*: *to be sent to the ~* essere mandato al fronte. **7** (*Pol*) fronte *m.*, coalizione *f.*: *the popular ~* il fronte popolare. **8** (*colloq*) (*figurehead*) prestanome *m./f.*, uomo *m.* di paglia. **9** (*colloq*) (*cover-up*) copertura *f.*, paravento *m.*: *the shop was a ~ for a gambling saloon* il negozio serviva da copertura a una sala da gioco. **10** (*fig*) (*outward demeanour*) atteggiamento *m.*, comportamento *m.* **11** (*colloq*) (*impudence*) sfrontatezza *f.*, faccia *f.* tosta. **12** (*poet*) (*forehead*) fronte *f.*; (*face*) faccia *f.* **13** (*fringe of false hair*) frontino *m.* **14** (*Sart*) (*shirt front*) sparato *m.*; (*dickey*) pettino *m.* **15** (*Meteor*) fronte *m.*: *a warm ~* un fronte caldo. **16** (*Teat*) sala *f.* (per gli spettatori). **II** *a.* **1** anteriore, frontale, davanti. **2** (*situated at a front*) anteriore, sul davanti. **3** (*Fon*) frontale, anteriore. **III** *avv.* davanti, di fronte. **IV** *v.t.* **1** guardare verso, fronteggiare: *the house ~s the lake* la casa fronteggia il lago. **2** (*fig*) (*to confront*) affrontare; (*to oppose*) tener testa a, fronteggiare. **3** (*to be in front of*) essere di fronte, essere dirimpetto, essere prospiciente a. **V** *v.i.* essere esposto, essere volto (*towards, upon* a). ☐ (*Aut*) ~ *axle* assale anteriore; (*Parl*) ~ *bencher*: **1** (*minister*) ministro (del governo); **2** (*leader of the opposition*) capo dell'opposizione; (*Parl*) ~ *benches*: **1** (*of ministers*) banchi dei ministri; **2** (*leader of the opposition*) banchi dei capi dell'opposizione; (*fig*) *on the ~ burner* in prima linea, in prima fila; (*fig*) *to come to the ~* diventare importante, diventare famoso; (*Giorn*) ~ *cover* prima pagina di copertina; ~ *door* ingresso principale; (*Inform*) ~ *end* front end; ~ *garden* giardino davanti alla casa; *in ~* davanti, di fronte: *to sit in ~* sedere davanti; *in ~ of*: **1** davanti a, di fronte a: *in ~ of the fire* davanti al fuoco; **2** (*in the presence of*) davanti a, alla presenza di, in presenza di; (*Mil*) ~ *line* prima linea; (*sl*) ~ *man* prestanome, uomo di paglia; (*colloq*) ~ *money* somma

di denaro pagata in anticipo; (*Mil*) ~ *of attack* settore d'attacco; ~ *office*: **1** uffici amministrativi, amministrazione (di azienda); **2** (*managers*) dirigenti di un'azienda; (*Teat*) *out ~* in sala: *they're very noisy out ~ tonight* stasera il pubblico è molto rumoroso; ~ *room* salotto; ~ *row* prima fila; (*fig*) *to the ~* in evidenza, in risalto; (*Ferr*) ~ *to the engine* fronte marcia; (*Mil*) *up ~* in prima linea; ~ *view*: **1** vista frontale; **2** (*Arch*) alzata; (*Aut*) ~ *wheel* ruota anteriore; (*Am*) ~ *yard* giardino anteriore, giardino di fronte alla casa.

frontage /'frʌntɪdʒ *Am* 'frʌntɪdʒ/ *n.* **1** (*of a building*) prospetto *m.*, facciata *f.* **2** (*space between a building and the road*) spazio *m.* compreso tra la facciata e la strada. **3** (*direction faced*) esposizione *f.*, orientamento *m.*: *the building has a western ~* l'edificio è esposto a ovest. ☐ *a garden with a lake ~* un giardino prospiciente il lago.

frontal /'frʌntəl *Am* 'frʌntəl/ **I** *a.* **1** frontale, di fronte. **2** (*Mil,Art,Anat*) frontale: *a ~ attack* un attacco frontale. **II** *n.* **1** (*of an altar*) paliotto *m.* **2** (*Stor*) (*band for the forehead*) frontale *m.* **3** (*Arch*) facciata *f.* **4** (*Anat*) (*frontal bone*) osso *m.* frontale, frontale *m.*

front-drive /'frʌnt,draɪv/ ☐ (*Am,Aut,colloq*) ~ *car* vettura a trazione anteriore.

front-fanged /'frʌntfæŋd/ *a.* (*Zool*) proteroglifo.

frontier /'frʌntɪə, 'frʌntɪər *Am* frʌn'tɪr/ **I** *n.* **1** frontiera *f.*, linea *f.* di confine. **2** (*land forming limit of settled regions*) zona *f.* di frontiera. **3** (*fig*) (*spesso al pl.*) confine *m.*, frontiera *f.*: *the ~s of science* i confini della scienza, le frontiere della scienza. **4** (*Stor.am*) frontiera *f.* dell'Ovest. **II** *a.* di frontiera, di confine, confinario: *a ~ town* una città di frontiera; ~ *crossing* valico di frontiera.

frontiersman /frʌn'tɪəzmən, 'frʌntɪəzmən *Am* frʌn'tɪrzmən/ *n.irr.* **1** abitante *m.* di una zona di frontiera, abitante *m.* frontaliero. **2** (*pioneer*) pioniere *m.*

frontispiece /'frʌntɪspiːs *Am* 'frʌntɪspiːs/ *n.* **1** (*Edit*) frontespizio *m.* **2** (*Arch*) (*façade*) facciata *f.*; (*pediment*) frontone *m.* **3** (*Teat*) proscenio *m.* **4** (*estens*) (*opening*) apertura *f.*

frontlet /'frʌntlɪt/ *n.* **1** (*Zool*) fronte *f.* **2** (*Stor*) (*band for the forehead*) frontale *m.* **3** (*Rel.ebr*) filatterio *m.*, filatteria *f.*

front-line /'frʌntlaɪn/ ☐ (*Pol*) ~ *states* stati della linea del fronte.

front-loading /'frʌnt,loudɪŋ/ ☐ ~ *washing machine* lavatrice a caricamento frontale.

fronton /'frʌntən/ *n.* (*Arch*) frontone *m.*

front-page /,frʌnt'peɪdʒ/ **I** *a.* **1** (*Giorn*) di prima pagina. **2** (*fig*) sensazionale. **II** *v.t.* (*Giorn*) riportare in prima pagina: *to ~ a news item* riportare una notizia in prima pagina.

front-rank /'frʌntræŋk/ *a.* di prim'ordine, di primaria importanza. ☐ (*fig*) *to be in the ~* essere molto importante.

front-runner /'frʌnt,rʌnər *Br also* ,frʌnt 'rʌnər/ *n.* **1** vincitore *m.* (*f.* -trice) probabile, favorito *m.* (*f.* -a). **2** (*competitor running best when in front*) concorrente *m./f.* che corre meglio se si trova in testa.

front-running /'frʌnt,rʌnɪŋ *Br also* ,frʌnt 'rʌnɪŋ/ *n.* **1** (*Econ*) front running *m.* **2** (*Am,Econ*) il dare sostegno a un concorrente perché è in vantaggio.

frontward /'frʌntwəd *Am* 'frʌntwərd/, **frontwards** /'frʌntwədz *Am* 'frʌntwərdz/ *avv.* avanti, verso la parte anteriore.

front-wheel drive /,frʌnt,(h)wiːl'draɪv/ *n.* (*Aut*) trazione *f.* anteriore. ☐ (*Br,Aut*) ~ *car* vettura a trazione anteriore.

frore /frɔːr *Am* frɔːr/ *a.* (*rar*) gelato, ghiacciato.

frost /frɒst Am frɑːst/ I n. 1 gelo m., freddo m. intenso, gelata f. 2 (*white frost*) brina f., brinata f. 3 (*ice*) ghiaccio m. 4 (*act of freezing*) congelamento m. 5 (*fig*) freddezza f. 6 (*colloq*) (*failure*) insuccesso m., fallimento m., fiasco m. II v.t. 1 (ri)coprire di ghiaccio, (ri)coprire di gelo. 2 (*Met,Vetr*) smerigliare. 3 (*to damage by frost*) danneggiare col gelo, distruggere col gelo. 4 (*Am,Dolc*) glassare. 5 (*Alim*) (*to quick-freeze*) congelare. III v.i. coprirsi di ghiaccio, ghiacciarsi, gelarsi. □ (*Am, Geog*) *FrostBelt* gli Stati settentrionali degli Stati Uniti; (*Agr*) ~ *hardiness* resistenza al gelo; (*Br*) *ten degrees of* ~ dieci (gradi) sotto zero; *to* ~ *over* (o *to* ~ *up*) coprirsi di ghiaccio, ghiacciarsi, gelarsi; (*Bot*) ~ *weed* eliantemo.

frostbite /'frɒsbaɪt Am 'frɑːsbaɪt/ I n. (*Med*) congelamento m. II v.t.irr. (*Med*) congelare, danneggiare col gelo.

frost-bitten /'frɒst,bɪtən Am 'frɑːst,bɪtən/ a. 1 (*Med*) congelato. 2 (*injured by frost*) danneggiato dal gelo, bruciato dal gelo.

frost-bound /'frɒst,baʊnd Am 'frɑːst,baʊnd/ a. (*of the ground*) indurito dal gelo.

frosted /'frɒstɪd Am 'frɑːstɪd/ a. 1 coperto di ghiaccio, coperto di gelo, ghiacciato, gelato. 2 (*covered with hoar-frost*) brinato. 3 (*Am, Dolc*) glassato. 4 (*Med*) congelato. 5 (*injured by frost*) danneggiato dal gelo, bruciato dal gelo. 6 (*of glass, etc.*) smerigliato. 7 (*quick-frozen*) congelato.

frostily /'frɒstɪli Am 'frɑːstɪli/ avv. freddamente, gelidamente.

frostiness /'frɒstɪnəs Am 'frɑːstɪnəs/ n. 1 gelo m., freddo m. gelido. 2 (*fig*) freddezza f., gelo m.

frosting /'frɒstɪŋ Am 'frɑːstɪŋ/ n. 1 (*Vetr,Met*) smerigliatura f. 2 (*Am,Dolc*) (*icing*) glassa f.

frost-resistant /'frɒstrɪ,zɪstənt Am 'frɑːstrɪ,zɪstənt/ a. (*of plants*) resistente al gelo.

frostwork /'frɒstwɜːk Am 'frɑːstwɜːrk/ n. arabeschi m.pl. di ghiaccio.

frosty /'frɒsti Am 'frɑːsti/ a. 1 freddissimo, gelido. 2 (*covered with frost*) gelato, ghiacciato, coperto di ghiaccio. 3 (*covered with hoar-frost*) brinato, coperto di brina. 4 (*of hair*) bianco. 5 (*fig*) gelido, glaciale, freddo: *a* ~ *reception* un'accoglienza glaciale.

froth /frɒθ Am frɔːθ/ I n. 1 schiuma f., spuma f. 2 (*Med,Zool*) bava f. 3 (*fig*) frivolezze f.pl.; (*idle talk*) ciance f.pl., insulsaggini f.pl. II v.t. 1 fare spumare, fare spumeggiare. 2 (*to cover with froth*) coprire di schiuma, ricoprire di schiuma. III v.i. 1 schiumare, spumare. 2 (*colloq*) parlare di cose futili, cianciare. □ *to* ~ *at the mouth* avere la schiuma alla bocca (*anche fig*); (*scherz*) ~ *blower* bevitore di birra.

frothiness /'frɒθɪnəs Am 'frɔːθɪnəs/ n. 1 spumosità f., schiumosità f. 2 (*fig*) frivolezza f., futilità f.

frothy /'frɒθi Am 'frɔːθi/ a. 1 schiumoso, spumoso. 2 (*fig*) frivolo, superficiale, vuoto. 3 (*of clothes*) vaporoso, spumeggiante.

frottage /'frɒtɪdʒ, frɒt'ɑːʒ Am frɒ'tɑːʒ/ n. 1 (*Art*) frottage m. 2 (*practice of rubbing against a body*) strusciamento m., strusciarsi addosso uno sconosciuto.

frou-frou /'fruːfruː/ I n. fruscio m., fru-fru m. II a. fru-fru, frou-frou.

froward /'frouəd Am 'frouərd/ a. (*ant*) ostinato, caparbio.

frowardness /'frouədnəs Am 'frouərdnəs/ n. ostinatezza f.

frown /fraʊn/ I v.i. 1 aggrottare le sopracciglia, acciagliarsi, aggrondarsi, avere uno sguardo torvo. 2 (*to disapprove*) non vedere

di buon occhio (*on, upon, at sth.* qcs.), essere contrario (a), disapprovare (qcs.). II v.t. esprimere (aggrottando le sopracciglia). III n. 1 cipiglio m., espressione f. corrucciata. 2 (*fig*) disapprovazione f. □ *to* ~ *at* so. guardare qcu. con cipiglio.

frowning /'fraʊnɪŋ/ a. 1 aggrottato, cupo, accigliato. 2 (*threatening*) minaccioso, incombente.

frowst /fraʊst/ I n. (*Br,colloq*) aria f. viziata; (*unwholesome smell*) puzzo m. (odore) di chiuso, tanfo m. II v.i. (*Br,colloq*) stare in un ambiente che sa di chiuso.

frowsty /'fraʊsti/ a. che puzza di chiuso.

frowziness /'fraʊzɪnəs/ n. (*colloq*) 1 (*slovenliness*) sciatteria f., trasandatezza f. 2 (*dirtiness*) sporcizia f. 3 (*mustiness*) odore m. di chiuso, tanfo m.

frowzy /'fraʊzi/ a. 1 (*slovenly*) sciatto, trasandato. 2 (*dirty*) sporco, sudicio. 3 (*musty*) rinchiuso, viziato.

froze /frouz/ → **freeze**[1].

frozen[1] /'frouzən/ → **freeze**[1].

frozen[2] /'frouzən/ a. 1 ghiacciato, coperto di ghiaccio. 2 (*very cold*) freddissimo, gelido: *the* ~ *north* il gelido nord. 3 (*injured, killed by cold*) bruciato dal gelo. 4 (*fig*) (*cold in manner*) gelido, glaciale. 5 (*fig*) (*rigid, immobile*) irrigidito, pietrificato. 6 (*Gastron*) ghiacciato. 7 (*Alim*) (*quick-frozen*) congelato, surgelato: ~ *fish* pesce congelato. 8 (*Econ*) congelato: ~ *credit* credito congelato. □ (*Econ*) ~ *assets* attività congelate; (*Alim*) ~ *foods* surgelati; (*Med*) ~ *shoulder* spalla congelata; (*Med*) ~ *sleep* ibernazione (artificiale); ~ *with fear* agghiacciato dalla paura.

fructiferous /frʌk'tɪfərəs Am also frʊk-'tɪfərəs/ a. fruttifero.

fructification /ˌfrʌktɪfɪ'keɪʃən Am also ˌfrʊktɪfɪ'keɪʃən/ n. 1 (*Bot*) fruttificazione f. 2 (*fruit*) frutto m. 3 (*organs*) organi m.pl. riproduttivi.

fructify /'frʌktɪfaɪ Am also 'frʊktɪfaɪ/ I v.i. fruttificare, dare frutti (*anche fig*). II v.t. 1 rendere fruttifero. 2 (*to fertilize*) fertilizzare.

fructose /'frʌktəʊs, 'frʊktəʊs/ n. (*Chim*) fruttosio m.

fructuous /'frʌktjʊəs Am 'frʌktʃʊəs/ a. 1 fruttuoso. 2 (*fig*) fruttuoso, redditizio.

frugal /'fruːgəl/ a. 1 parsimonioso, parco, economo, frugale. 2 (*scanty*) frugale, parco, sobrio: *a* ~ *meal* un pasto frugale.

frugality /fruː'gælɪti Am fruː'gæləti/ n. 1 parsimonia f., economia f., frugalità f. 2 (*scantiness*) frugalità f., sobrietà f.

frugivore /'fruːdʒɪvɔːr Am 'fruːdʒɪvɔːr/ n. (*Zool*) animale m. frugivoro.

frugivorous /fruː'dʒɪvərəs/ a. (*Zool*) fruttivoro, frugivoro.

fruit /fruːt/ I n. (*pl.inv.* o -s /-s/; *il pl. inv. si usa general. con valore collett.*) 1 frutta f.: *we had* ~ *for dessert* abbiamo finito il pranzo con la frutta. 2 (*any product of plant growth*) frutto m., prodotto m. (della terra). 3 (*Bot*) frutto m.; (*reproductive body*) frutto m., ovario m. 4 (*fig*) (*offspring*) frutto m., figlio m. (f. -a), prole f. 5 (*fig*) (*result*) frutto m., risultato m., prodotto m.: *the* ~ *of one's labours* i frutti del (proprio) lavoro. 6 pl. (*fig*) (*earnings*) frutto m.sing., guadagno m.sing. 7 (*spec. Am, colloq,spreg*) frocio m., checca f. II v.i. fruttificare, fruttare. III v.t. far fruttificare, far fruttare, rendere fruttifero. □ (*Zool*) ~ *bat* pteropo m.; (*Bot*) ~ *body* corpo fruttifero; ~ *bowl* fruttiera f.; (*Bot*) ~ *bud* gemma fruttifera; (*Gastron*) ~ *cocktail* macedonia (di frutta); (*Gastron*) ~ *cup*: 1 (*Br*) (*drink*) bevanda a base di vari succhi di frutta; 2 (*Am*) (*fruit salad*) macedonia (di frutta); (*Agr*) ~ *farmer* frutti-

coltore; (*Agr*) ~ *farming* frutticoltura; ~ *fly*: 1 (*Entom*) drosofila; 2 (*Am,volg*) donna eterosessuale che frequenta omosessuali; (*Agr*) ~ *grove* frutteto; (*Agr*) ~ *grower* frutticoltore; (*Alim*) ~ *juice* succo di frutta; ~ *knife* coltello da frutta; (*Br*) ~ *machine* fruit machine (tipo di slot-machine); (*Gastron*) ~ *salad* macedonia (di frutta); ~ *stoner* levanoccioli, snocciolatore; ~ *sugar* fruttosio; (*Agr*) ~ *tree* albero da frutto. *Prov.*: (*Bibl*) *by their* -*s you shall know them* li riconoscerete dai loro frutti.

fruitarian /fruː'teəriən Am fruː'teriən/ n. fruttariano m. (f. -a), chi si nutre di frutta.

fruitcake /'fruːtkeɪk/ n. 1 (*Dolc*) torta f. di frutta. 2 (*sl*) persona f. bizzarra, svitato m. 3 (*Am,volg,spreg*) omosessuale m. maschio, finocchio m.

fruit-dish /'fruːt,dɪʃ/ n. piattino m. da frutta.

fruiter /'fruːtər Am 'fruːtər/ n. 1 (*Mar*) nave f. per il trasporto di frutta. 2 (*Bot*) pianta f. da frutto. 3 (*fruit grower*) frutticoltore m. (f. -trice).

fruiterer /'fruːtərər Am 'fruːtərər/ n. fruttivendolo m. (f. -a).

fruitful /'fruːtfʊl/ a. 1 fruttuoso, fruttifero. 2 (*producing growth*) fruttuoso, fecondo, fertile. 3 (*fig*) fecondo, fruttuoso, vantaggioso, proficuo.

fruitfulness /'fruːtfʊlnəs/ n. fertilità f., fecondità f. (*anche fig*).

fruitiness /'fruːtɪnəs Am 'fruːtɪnəs/ n. sapidità f., saporosità f.

fruiting /'fruːtɪŋ Am 'fruːtɪŋ/ □ (*Bot*) ~ *body* corpo fruttifero.

fruition /fruː'ɪʃən/ n. 1 godimento m., uso m. 2 (*accomplishment*) risultato m. (ottenuto), realizzazione f. 3 (*Bot*) fruttificazione f. □ *to bring sth. to* ~ (o *carry sth. to* ~) portare a frutto qcs., portare a compimento qcs.; *to come to* ~ giungere a buon fine.

fruitless /'fruːtləs/ a. 1 infruttifero. 2 (*fig*) infruttuoso, vano: *a* ~ *attempt* un tentativo inutile.

fruitlessness /'fruːtləsnəs/ n. infruttuosità f.

fruity /'fruːti/ a. 1 che ha il sapore della frutta, che sa di frutta. 2 (*resembling fruit*) simile a frutta. 3 (*Enol*) fruttato. 4 (*Br,colloq*) (*salacious*) spinto, salace, piccante: ~ *jokes* barzellette spinte. 5 (*colloq*) (*of a voice*) morbido, pastoso. 6 (*Am,sl*) (*eccentric*) eccentrico, matto. 7 (*Am,sl,spreg*) da frocio, da checca.

frumentaceous /ˌfruːmən'teɪʃəs, ˌfruːmen'teɪʃəs/ a. frumentaceo.

frumenty /'fruːmənti Am 'fruːmənti/ n. (*Gastron*) frumento m. bollito nel latte (con zucchero e spezie).

frump /frʌmp/ n. sciattona f.

frumpish /'frʌmpɪʃ/ a. sciatto, trasandato.

frumpishness /'frʌmpɪʃnəs/ n. sciatteria f.

frumpy /'frʌmpi/ a. sciatto, trasandato.

frusemide /'fruːsəmaɪd/ n. (*Farm*) furosemide f.

frustrate /frʌs'treɪt/ v.t. frustrare, rendere vano, deludere: *to* ~ *so.'s hopes* frustrare le speranze di qcu.

frustrated /frʌs'treɪtɪd Am 'frʌstreɪtɪd/ a. 1 frustrato, deluso, insoddisfatto. 2 (*useless*) inutile, vano: *a* ~ *plan* un piano inutile.

frustratingly /'frʌstreɪtɪŋli Am 'frʌstreɪtɪŋli/ avv. in maniera deludente.

frustration /frʌs'treɪʃən/ n. frustrazione f., delusione f.

frustule /'frʌstjuːl/ n. (*Bot*) frustolo m.

frustum /'frʌstəm/ n. (*pl.* -s /-z/, -sta /-stə/) (*Geom*) tronco m. (di solido).

frutescent /fruː'tesənt/ a. (*Bot*) frutescente.

frutex /'fruːteks/ n. (*Bot*) arbusto m., frutice m.

fruticose /'fruːtɪkoʊs *Am* 'fruːtɪkoʊs/ *a.* (*Bot*) fruticoso.

fry[1] /fraɪ/ **I** *v.t.* (fare) friggere. **II** *v.i.* friggere. **III** *n.* **1** (*fried dish*) fritto *m.*, frittura *f.* **2** (*Am*) festa *f.* in cui si preparano specialità fritte.

fry[2] /fraɪ/ *n.inv.* (*Itt*) **1** (*young fishes*) avannotti *m.pl.* **2** (*small adult fishes*) pesci *m.pl.* minuti. **3** (*young of other animals*) piccoli *m.pl.*

fryer /'fraɪə[r]/ *n.* **1** friggitore *m.* (*f.* -tora). **2** (*pan*) padella *f.* (per friggere). **3** (*young chicken*) pollo *m.* novello.

frying-pan /'fraɪɪŋ,pæn/ *n.* padella *f.* per friggere. □ (*fig*) *to jump out of the ~ into the fire* cadere dalla padella nella brace.

frypan /'fraɪpæn/ *n.* (*Am*) padella *f.* per friggere.

fry-up /'fraɪʌp/ *n.* (*Br,Gastron*) frittura *f.*, fritto *m.*

FSH (*Biol*) *follicle-stimulating hormone* FSH (ormone follicolo-stimolante).

FSM *Federal States of Micronesia* FSM (Stati Federati di Micronesia).

f-stop /'efstɒp *Am* 'efstɑːp/ *n.* (*Fot*) posizionatore *m.* di apertura.

FT /ˌef'tiː/ (*Br,Giorn*) *Financial Times* Financial Times. □ (*Br,Econ*) ~ *index* Indice borsistico a cura del Financial Times.

ft. **1** *foot* ft. (piede). **2** *feet* ft. (piedi). **3** (*Mil*) *fort* (forte).

FTC /ˌeftiːˈsiː/ (*Am*) *Federal Trade Commission* (commissione federale sul commercio).

FTSE /'fʊtsi/ (*Br,Econ*) *Financial Times Stock Exchange* (indice borsistico a cura del Financial Times). □ (*Br,Econ*) ~ *index* Indice borsistico a cura del Financial Times.

fuchsia /'fjuːʃə/ *n.* **1** (*Bot*) fucsia *f.* **2** (*colour*) color *m.* fucsia.

fuchsine /'fuːksiːn, 'fuːksɪn/ *n.* (*Chim*) fucsina *f.*

fuck /fʌk/ **I** *v.t.* (*volg*) **1** (*to have sex*) scopare, fottere. **2** (*estens*) (*to ruin*) mandare a puttane, rovinare. **II** *n.* (*volg*) **1** (*act*) scopata *f.*, trombata *f.* **2** (*partner*) persona *f.* con cui scopare. **III** *intz.* (*volg*) merda!, cazzo! □ (*Br, volg*) ~ *all* un cazzo di niente; (*volg*) *to ~ around*: **1** (*to waste time*) menarsela, cazzeggiare; **2** (*to tease*) sfottere, prendere per il culo; (*Am,volg*) *I don't give a* ~ non me ne frega un cazzo; (*volg*) ~ *it!* al diavolo!, vaffanculo!; (*volg*) ~ *off!* vaffanculo!, va' a farti fottere!; *to* ~ *so. off* fare incazzare qcu.; (*Am, volg*) ~ *over*: **1** (*to abuse*) maltrattare; **2** (*to cheat on*) ingannare; **3** (*to rob*) derubare; (*volg*) *for* ~*'s sake* per la miseria!, vaffanculo!; (*volg*) *who the* ~ *does he think he is?* chi cazzo crede di essere?; (*volg*) *what the* ~*!* chi se ne frega!; (*volg*) *to* ~ *up*: **1** (*to make a mistake*) fare una cazzata; **2** (*to do sth. badly*) fare un casino, incasinare.

fuckable /'fʌkəbl/ *a.* (*volg*) sessualmente attraente, arrapante.

fucked /fʌkt/ *a.* (*volg*) fottuto.

fucked-over /fʌkt'oʊvə[r]/ *a.* (*Am,volg*) fottuto.

fucked-up /fʌkt'ʌp/ *a.* (*volg*) **1** (*done for*) rovinato, fottuto. **2** (*intoxicated*) fatto, fuori di testa. **3** (*messy*) pasticciato, incasinato.

fucking /'fʌkɪŋ/ **I** *a.* (*volg*) maledetto, fottuto: *that is a ~ waste of time!* è una gran perdita di tempo, cazzo! **II** *avv.* (*volg*) maledettamente: *this job is ~ difficult* questo lavoro è maledettamente difficile; ~ *awful food* cibo di merda. **III** *n.* (*volg*) lo scopare, scopata *f.*

fucus /'fjuːkəs/ (*pl.* **-cuses** /-kəsɪz/, **-ci** /-saɪ/) *n.* (*Bot*) fuco *m.*

fuddle /'fʌdl/ **I** *v.t.* **1** ubriacare, stordire (con l'alcol). **2** (*to muddle, to confuse*) annebbia-

---

re, confondere. **II** *v.i.* ubriacarsi. **III** *n.* **1** ubriacatura *f.*, sbornia *f.* **2** (*fig*) annebbiamento *m.*, stordimento *m.*

fuddy-duddy /'fʌdɪ,dʌdɪ/ **I** *n.* (*colloq*) **1** pallone *m.* gonfiato. **2** (*old fogey*) parruccone *m.* (*f.* -a), matusa *m./f.* **3** (*fussy person*) pignolo *m.* (*f.* -a). **II** *a.* **1** retrogrado, codino. **2** (*fussy*) pignolo.

fudge /fʌdʒ/ **I** *n.* **1** (*Dolc*) caramella *f.* mou. **2** (*Giorn*) ultime notizie *f.pl.* **II** *v.t.* **1** falsificare. **2** (*to contrive clumsily*) abborracciare, raffazzonare. **3** (*Am,sl*) ingannare. **III** *v.i.* **1** truffare. **2** (*to evade*) sottrarsi, venir meno (on a). **IV** *intz.* (*colloq,ant*) frottole!, sciocchezze!, balle!

fuel[1] /'fjuːəl, 'fjʊəl *Am* 'fjuː(ə)l/ *n.* **1** combustibile *m.* **2** (*Mot*) carburante *m.*, benzina *f.* **3** (*Nucl*) materiale *m.* fissile. **4** (*fig*) incitamento *m.*, esca *f.*: *to add ~ to the flames* soffiare sul fuoco, versare olio sul fuoco. □ (*Nucl*) ~ *cell* pila a combustibile; ~ *consumption* consumo di combustibile; (*Nucl*) ~ *element* elemento combustibile; (*Mot*) ~ *injection* iniezione diretta; ~ *oil* olio combustibile; ~ *oil boiler* caldaia a nafta; ~ *tank* serbatoio del carburante.

fuel[2] /'fjuːəl, 'fjʊəl *Am* 'fjuː(ə)l/ (*past, p.p.* **fuelled** /*Am* **fueled** /-d/) **I** *v.t.* alimentare, rifornire di carburante. **II** *v.i.* fare rifornimento, rifornirsi di combustibile, rifornirsi di carburante. □ *to ~ up* fare rifornimento, rifornirsi di combustibile, rifornirsi di carburante.

fuelling /'fjuːəlɪŋ, 'fjʊəlɪŋ *Am* 'fjuː(ə)lɪŋ/ *n.* **1** (*act*) rifornimento *m.* **2** (*fuel*) carburante *m.*

fug /fʌg/ **I** *n.* (*Br,colloq*) **1** aria *f.* viziata. **2** (*fluff*) laniccio *m.* **II** *v.i.* (*Br,colloq*) stare in un ambiente dall'aria viziata.

fugacious /fjuːˈɡeɪʃəs/ *a.* (*lett,poet*) fugace, transitorio, caduco. **2** (*Bot*) caduco.

fugacity /fjuːˈɡæsɪti *Am* fjuːˈɡæsəti/ *n.* **1** fugacità *f.*, fuggevolezza *f.* **2** (*Fis*) fugacità *f.*

fuggy /'fʌgi/ *a.* (*Br,colloq*) (*stuffy*) che sa di chiuso, viziato.

fugitive /'fjuːdʒɪtɪv *Am* 'fjuːdʒətɪv/ **I** *n.* **1** fuggiasco *m.* (*f.* -a), fuggitivo *m.* (*f.* -a). **2** (*refugee*) fuggiasco *m.* (*f.* -a), profugo *m.* (*f.* -a). **II** *a.* **1** fuggiasco, fuggitivo. **2** (*transitory*) fugace, fuggevole, passeggero. **3** (*elusive*) sfuggente. **4** (*of transient interest*) d'interesse passeggero. **5** (*ephemeral*) effimero, caduco. □ (*Dir*) ~ *from justice* contumace; *a ~ prisoner* un evaso.

fugleman /'fjuːglmən/ *n.irr.* **1** (*Mil,ant*) capofila *m.* **2** (*fig*) capo *m.*, guida *f.*

fugue /fjuːg/ **I** *n.* **1** (*Mus*) fuga *f.* **2** (*Med*) fuga *f.*: ~ *epileptic* fuga epilettica. **II** *v.i.* (*Mus*) **1** (*to compose*) comporre una fuga. **2** (*to execute*) eseguire una fuga.

fuguist /'fjuːgɪst/ *n.* (*Mus*) compositore *m.* (*f.* -trice) di fughe.

fulcrum /'fʊlkrəm, 'fʌlkrəm/ (*pl.* **-cra** /-krə/, **-s** /-z/) *n.* **1** (*Fis*) fulcro *m.*, punto *m.* d'appoggio. **2** (*Bot*) fulcro *m.* **3** (*fig*) appoggio *m.*

fulfil /fʊlˈfɪl/ *v.t.* **1** adempiere, compiere, eseguire: *to ~ one's duty* compiere il proprio dovere. **2** (*to meet, to satisfy*) soddisfare, esaudire, appagare: *to ~ a need* soddisfare una necessità; *to ~ so.'s hopes* appagare le speranze di qcu.; *to ~ a promise* mantenere una promessa. **3** (*to answer*) rispondere a: *to ~ a purpose* rispondere a uno scopo. **4** (*to comply with*) attenersi a: *to ~ the conditions of a contract* attenersi alle condizioni di un contratto. **5** (*rifl.*) *to ~ oneself* realizzarsi, sfruttare appieno le proprie capacità. **6** (*to bring to an end*) portare a termine, completare, compiere.

fulfill /fʊlˈfɪl/ *v.t.* (*Am*) → **fulfil**.

---

fulfillment /fʊlˈfɪlmənt/ *n.* (*Am*) **1** adempimento *m.*, esecuzione *f.*, compimento *m.* **2** (*accomplishment*) realizzazione *f.*

fulfilment /fʊlˈfɪlmənt/ *n.* **1** adempimento *m.*, esecuzione *f.*, compimento *m.* **2** (*accomplishment*) realizzazione *f.*

fulgent /'fʌldʒənt/ *a.* (*poet*) fulgente, splendente.

fulgurant /'fʌlgjʊrənt/ *a.* folgorante.

fulgurate /'fʌlgjʊreɪt/ *v.t.* **1** mandare lampi di. **2** (*Med*) elettrocoagulare.

fulgurating /'fʌlgjʊreɪtɪŋ *Am* 'fʌlgjʊreɪtɪŋ/ *a.* (*Med*) (*of pains*) folgorante, trafittivo.

fulguration /ˌfʌlgjʊˈreɪʃ[ə]n/ *n.* **1** (*Med*) folgorazione *f.* **2** (*poet,lett*) lampeggiamento *m.*

fulgurite /'fʌlgjʊraɪt/ *n.* (*Min*) folgurite *f.*

fuliginous /fjuːˈlɪdʒɪnəs/ *a.* **1** (*sooty*) fuliginoso. **2** (*soot-coloured*) scuro, nero, caliginoso.

full[1] /fʊl/ **I** *a.* **1** pieno, colmo, ripieno (*of* di); ~ *of mistakes* pieno di errori. **2** (*maximum, complete*) completo, pieno, massimo, intero, a tutti gli effetti: *a ~ month's pay* lo stipendio di un mese intero; *a ~ agreement* un accordo completo. **3** (*of clothes, drapery, etc.: wide*) ampio, abbondante, largo; (*having folds*) a pieghe. **4** (*rounded, plump*) pienotto, tondo, paffuto: *to have a ~ figure* avere una figura pienotta; ~ *hips* fianchi pieni. **5** (*fig*) (*ample, complete*) ampio, completo: *to give ~ details* dare ampi ragguagli, fornire tutti i particolari. **6** (*fig*) (*preoccupied*) preso (da); (*engrossed*) assorbito, impiegato (da). **7** (*of sounds*) sonoro. **8** (*of colours*) puro. **9** (*colloq*) (*replete*) pieno, sazio, rimpinzato. **10** (*colloq*) (*expert in*) esperto, competente (in). **11** (*of brothers, sisters*) germano. **12** (*of wines*) corposo. **13** (*Mar*) (*of sails*) gonfio; (*of ships*) a gonfie vele, a piene vele. **II** *n.* pieno *m.*, colmo *m.*, pienezza *f.* **III** *avv.* **1** direttamente, esattamente, in pieno: ~ *in the face* in pieno viso. **2** (*rar*) (*very*) molto: *you know ~ well* sai molto bene. **3** (*rar*) (*quite*) ben, proprio: ~ *ten miles* ben dieci miglia. **IV** *v.i.* (*Am*) (*of the moon*) diventare piena. *v.t.* (*Sart*) drappeggiare, raccogliere in ampie pieghe. □ (*epist*) ~ *address* indirizzo completo; ~ *age* maggiore età; (*Br,Dir*) ~ *aid* piena assistenza legale; *in ~ armour* completamente armato;(*colloq*) ~ *as a tick* pieno come un uovo; (*Mar*) ~ *astern* indietro a tutta forza; *the moon is at the* ~ c'è la luna piena; (*Aut*) ~ *beam* luci abbaglianti; *a tree in ~ bearing* un albero carico di frutti; (*Legat*) ~ *binding* rilegatura in tutta pelle; (*colloq*) *to go ~ blast* andare a tutta velocità, andare a tutta forza; *in ~ bloom* (*of a flower*) completamente sbocciato; (*Br*) ~ *board* pensione completa; ~ *capacity* piena capacità; *in ~ career* di gran carriera; (*fig*) *to come ~ circle* tornare al punto di partenza; *at ~ cock* (*of firearms*) col cane in posizione di sparo; ~ *cousin* cugino carnale; (*Caccia*) ~ *cry* (*of hounds*) inseguimento fitto; *to give so.* ~ *directions* dare a qcu. istruzioni complete; (*Comm*) *in ~ discharge* per quietanza; ~ *dress* abito da cerimonia; ~ *employment* piena occupazione; ~ *face*: **1** (*facing directly*) di fronte; **2** (*with all the face visible*) a viso scoperto; **3** (*Tip*) neretto; *in ~ fling* a pieno ritmo, a tutto vapore; *in ~ force*: **1** al gran completo; **2** (*Mil*) con gli effettivi al completo; (*fig*) *to have a ~ heart* avere il cuore gonfio; (*Teat*) *there was a ~ house* il teatro era pieno, c'era un pienone al teatro; ~ *house* (*in poker*) full; ~ *immersion* immersione totale, full immersion; *the ~ implication of his words* la portata delle sue parole; *in* ~: **1** per intero, per esteso: *please write your name in*

~ si prega di scrivere il nome per esteso; 2 (*unabridged*) in edizione integrale; 3 (*of payment*) a saldo; *to speak with ~knowledge* (*of the facts*) parlare con cognizione di causa; *to lie* (*at*) *~length on the ground* giacere a terra lungo disteso; (*colloq*) *at ~lick* a tutta velocità; *to live a ~life* vivere una vita intensa, avere una vita piena; *~ marks* : 1 (*Scol*) pieni voti; 2 (*fig*) dovuto elogio; *to give ~ measure* dare una buona misura, dare la misura giusta; (*Br,sl*) *~monty* servizio completo, tutto quanto, tutto: *we sell books, magazines, newspapers - the ~ monty* vendiamo libri, riviste, giornali - tutto quanto; *~moon* luna piena; *~ name* nome e cognome; *the team now has the ~ number of players* la squadra ora è al completo; (*colloq*) *to be ~of beans* : 1 (*Br*) (*to be lively*) essere vivace, essere pieno di energia, essere in piena forma; 2 (*Am*) (*to make a mistake*) sbagliarsi, fare un errore; (*volg*) *~ of crap* falso, bugiardo, stronzo; *~of holes* pieno di buchi, tutto buchi, tutto un buco; *~of hot air* che è in errore, che esagera; *~of meaning* espressivo, significativo, eloquente; *to be ~of mischief* essere birichino; (*colloq*) *to be ~of oneself* essere pieno di sé; *a child ~of promise* un bambino molto promettente; (*volg*) *~of shit* falso, bugiardo, stronzo; *~of suggestion* suggestivo; (*ant*) *~of years* sazio di giorni; (*Mus*) *~orchestra* orchestra al completo; *~ pay* paga intera; *~payment* pagamento a saldo, saldo; *to allow one's imagination ~play* dare libero sfogo alla fantasia, lasciare galoppare la fantasia; (*Dir*) *~ power of attorney* procura generale; (*Univ*) *~professor* (professore) ordinario; (*fig*) *to give ~ rein to*: 1 sbrigliare, dare libero sfogo a: *to give full rein to one's imagination* sbrigliare la fantasia; 2 (*of people*) dare piena libertà di azione a; *to make ~ requital* ricompensare a usura, ricambiare a usura; *to be in ~ retreat* essere in rotta; (*colloq*) *to be in ~rig* essere in ghingheri; *in ~ sail* a vele spiegate; (*Econ*) *~ settlement* pagamento a saldo; (*colloq*) *in ~ spate* (*of a river*) in piena; (*fig*) *to be in ~ spate* sprologuiare, parlare a ruota libera; *~ speed* velocità massima, massima velocità; *at ~ speed* alla massima velocità, a tutta velocità, di gran carriera, di volata; (*Mar*) *~speed ahead* avanti tutta, avanti a tutto vapore; (*Mar*) *~ speed astern* indietro a tutta forza; (*Gramm*) *~stop* punto, punto fermo; *in ~ strength* : 1 al gran completo; 2 (*Mil*) con gli effettivi al completo; *in ~swing* : 1 in piena attività, in pieno fervore; 2 (*fig*) in pieno svolgimento; (*fig*) *to give ~ swing to so.* dare piena libertà di azione a qcu.; *at ~ tear* a precipizio, a spron battuto, di gran carriera; (*Fisiol*) *~term* termine (della gestazione); (*Inform*) *~ text search* ricerca a tutto testo; *~throttle* a tutto gas, a ritmo pieno; (*colloq*) *~tilt* al massimo; *at ~ tilt* come un fulmine, come un razzo, come una scheggia; *~ to bursting* (o *~ to overflowing*) pieno da scoppiare, pieno zeppo, strapieno; *to the ~* fino in fondo, al massimo; *~ to the brim* colmo, raso, pieno fino all'orlo; (*colloq*) *the ~ treatment* il trattamento completo; (*colloq*) *to be ~ up* : 1 (*of people*) essere sazio; 2 (*of things*) essere pieno, essere al completo; *in ~view* ben visibile, ben in vista.

full[2] /fʊl/ *v.t.* (*Tess*) follare.
full-aged /ˌfʊlˈeɪdʒd/ *a.* (*Dir*) maggiorenne.
full-back /fʊlbæk/ *n.* (*Sport*) 1 (*in football*) terzino *m.* 2 (*in rugby*) estremo *m.*
full-blooded /ˌfʊlˈblʌdɪd/ *a.* 1 purosangue, di razza pura. 2 (*fig*) (*vigorous*) virile, energico: *a ~ style* uno stile virile. 3 (*fig*) (*com-*

plete, genuine) vero, autentico, genuino.
full-blown /ˌfʊlˈbloʊn/ *a.* 1 (*of a flower*) completamente sbocciato: (*estens*) *a ~ empire* un impero nel pieno del suo splendore. 2 (*fig*) completo, pieno: *~ political crisis* piena crisi politica. 3 (*Med*) conclamato: *~ AIDS* AIDS conclamato.
full-bodied /ˌfʊlˈbɒdɪd Am ˌfʊlˈbɑːdɪd/ *a.* 1 (*of wine*) corposo. 2 (*of people*) corpulento. 3 (*fig*) sostanzioso, robusto.
full-bottomed /ˌfʊlˈbɒtəmd Am ˌfʊlˈbɑːtʃəmd/ *a.* (*Mar*) (*of a ship*) panciuto.
full-bound /fʊlbaʊnd/ *a.* (*Legat*) (rilegato) in tutta pelle.
full-cream /fʊlkriːm/ □ (*Alim*) *~ milk* latte intero.
full-dress /ˌfʊlˈdres/ *a.* (*complete, exhaustive*) completo, esauriente. □ (*Teat*) *~rehearsal* prova generale.
full-employment /ˈfʊlmˌplɔɪmənt/ □ (*Econ*) *~policy* politica del pieno impiego.
fuller[1] /ˈfʊlər/ *n.* (*Tess*) follone *m.*, follatore *m.*
□ *~'s earth* terra da follone.
fuller[2] /ˈfʊlər/ *n.* 1 scanalatura *f.* 2 (*Mecc*) (*tool*) presella *f.* (per fucinatura).
fullerene /ˈfʊləriːn/ *n.* (*Chim*) fullerene *m.*
full-faced /ˌfʊlˈfeɪst/ *a.* paffuto, rotondo.
full-grown /ˌfʊlˈɡroʊn/ *a.* maturo, fatto.
full-hearted /ˌfʊlˈhɑːtɪd Am ˌfʊlˈhɑːrtɪd/ *a.* con grande entusiasmo e impegno.
full-length /ˌfʊlˈleŋ(k)θ/ I *a.* 1 di lunghezza normale, di lunghezza standard. 2 (*of a portrait*) intero, in piedi. 3 (*unabridged*) in edizione integrale, completo. 4 (*of a mirror*) che specchia tutta la persona. II *avv.* lungo disteso: *to fall ~* cadere lungo disteso. □ (*Cin*) *~film* lungometraggio.
full-mouthed /ˌfʊlˈmaʊðd/ *a.* 1 (*of animals*) che ha messo tutti i denti. 2 (*loud, noisy*) sonoro, risonante.
fullness /ˈfʊlnəs/ *n.* 1 pienezza *f.*, pieno *m.* (*anche fig*). 2 (*abundance*) abbondanza *f.* 3 (*roundness, plumpness*) rotondità *f.*, carnosità *f.* 4 (*of sounds*) ampiezza *f.*, volume *m.*
□ *in the ~ of time* : 1 a tempo debito; 2 (*Teol*) nella pienezza dei tempi.
full-page /ˌfʊlˈpeɪdʒ/ *a.* (*Giorn*) a tutta pagina.
full-rigged /fʊlrɪɡd/ *a.* (*Mar*) a tre (o più) alberi con vele quadre.
full-scale /ˌfʊlˈskeɪl/ *a.* 1 in scala al naturale: *a ~ model* un modello in scala al naturale. 2 (*fig*) completo.
full-size /ˌfʊlˈsaɪz/ *a.* al naturale, a grandezza naturale.
full-swing /ˌfʊlˈswɪŋ/ I *a.* pieno di attività, attivissimo. II *avv.* in piena attività.
full-term /ˈfʊltɜːm Am ˈfʊltɜːrm/ *a.* (*Med*) (*of pregnancy*) a termine.
full-throated /ˌfʊlˈθrəʊtɪd Am ˌfʊlˈθrəʊtɪd/ *a.* (*of a shout, etc.*) a piena gola.
full-time /ˌfʊlˈtaɪm/ I *a.* a tempo pieno: *a ~ job* un lavoro a tempo pieno, un lavoro full-time. II *avv.* a tempo pieno: *to work ~* lavorare a tempo pieno. □ *~employment* occupazione a tempo pieno, occupazione full-time.
full-timer /ˌfʊlˈtaɪmər/ *n.* 1 chi lavora a tempo pieno. 2 (*Scol*) studente *m.* (*f. -essa*) a tempo pieno.
full-voiced /ˌfʊlˈvɔɪst/ *a.* dalla voce risonante.
fully /ˈfʊli/ *avv.* 1 pienamente, completamente, del tutto, interamente: *~ satisfied* pienamente soddisfatto. 2 (*abundantly*) abbondantemente. 3 (*colloq*) (*quite*) non meno di, almeno: *~ two hours* almeno due ore. □ *to ~expect to do sth.* essere assolutamente sicuro che qcu. farà qcs.

fully-achieved /ˈfʊliəˌtʃiːvd/ □ *a ~work* un'opera pienamente compiuta.
fully-automatic /ˈfʊliˌɔːtəˌmætɪk Am ˈfʊliˌɔːtəˌmætɪk/ *a.* interamente automatico.
fully-equipped /ˈfʊliːˌkwɪpt/ *a.* in pieno assetto.
fully-fashioned /ˌfʊliˈfæʃənd/ *a.* che aderisce perfettamente.
fully-fledged /ˌfʊliˈfledʒd/ *a.* (*Br*) 1 (*of a bird*) che ha messo tutte le penne. 2 (*fig*) (*mature*) maturo, fatto. 3 (*fig*) (*fully qualified, etc.*) esperto, qualificato, competente.
fully-licensed /ˌfʊliˈlaɪsnst/ *a.* (*Br*) autorizzato alla vendita di alcolici.
fully-priced /ˈfʊliˌpraɪst/ □ (*Comm*) *~invoice* fattura dettagliata.
fulmar /ˈfʊlmər, ˈfʊlmɑːr Am ˈfʊlmər, ˈfʊlmɑːr/ *n.* (*Ornit*) fulmaro *m.*
fulminant /ˈfʊlmɪnənt/ *a.* fulminante (*anche Med*).
fulminate /ˈfʊlmɪneɪt/ I *v.t.* 1 fare esplodere, fare detonare. 2 (*fig*) scagliare: *to ~ an accusation at so.* scagliare un'accusa contro qcu. II *v.i.* 1 esplodere. 2 (*fig,poet*) inveire, scagliare fulmini, tuonare (*against* contro). III *n.* (*Chim*) fulminato *m.*
fulminating /ˈfʊlmɪneɪtɪŋ Am ˈfʊlmɪneɪtɪŋ/ *a.* 1 fulminante (*anche Med*). 2 (*fig*) tonante. □ *~ mercury* fulminato di mercurio; *~ oil* nitroglicerina; *~ powder* polvere esplosiva, polvere detonante.
fulmination /ˌfʊlmɪˈneɪʃən/ *n.* 1 esplosione *f.* 2 (*fig*) denuncia *f.* violenta.
fulminic /fʊlˈmɪnɪk/ *a.* (*Chim*) fulminico: *~ acid* acido fulminico.
fulminous /ˈfʊlmɪnəs/ *a.* fulmineo.
fulsome /ˈfʊlsəm/ *a.* 1 smaccato, esagerato, eccessivo: *~ praise* lodi smaccate. 2 (*ant*) (*nauseating*) disgustoso, nauseante.
fulvous /ˈfʌlvəs, ˈfʊlvəs/ *a.* fulvo.
fumade /ˈfjuːmeɪd/ *n.* (*Gastron*) aringa *f.* affumicata.
fumaric /fjuːˈmærɪk/ □ (*Chim*) *~acid* acido fumarico.
fumarole /ˈfjuːmərəʊl/ *n.* (*Geol*) fumarola *f.*
fumble /ˈfʌmbl/ I *v.i.* 1 brancolare, annaspare, andare a tentoni, andare alla cieca: *to ~ in the dark* brancolare nel buio. 2 (*to make attempts to do or find sth.*) cercare a tentoni, cercare a tastoni (*for sth.* qcs.). 3 (*to handle sth. clumsily*) maneggiare in modo maldestro (*with sth.* qcs.). 4 (*Sport*) (*to fail to catch a ball*) mancare la palla; (*to lose hold of a ball*) perdere la palla. II *v.t.* 1 maneggiare in modo maldestro. 2 (*to bungle*) sciupare: *to ~ an opportunity* sciupare un'occasione. 3 (*Sport*) (*to misplay*) mancare; (*to lose hold of*) perdere. 4 (*to utter mumblingly*) balbettare. III *n.* 1 l'andare a tastoni, il brancolare. 2 (*instance*) tentativo *m.* maldestro. □ (*fig*) *to ~for words* cercare le parole adatte; (*fig*) *to ~out* balbettare: *to ~ out an apology* balbettare una scusa.
fumbler /ˈfʌmblər/ *n.* persona *f.* maldestra, persona *f.* goffa.
fumbling /ˈfʌmblɪŋ/ *a.* goffo, maldestro.
fume /fjuːm/ I *n.* 1 (*smoke*) fumo *m.*; (*vapour*) vapore *m.* 2 (*fig,rar*) (*excitement*) eccitazione *f.*; (*anger*) collera *f.*, ira *f.* 3 *spec.pl.* (*fig*) (*wine fumes*) fumi *m.pl.*, annebbiamento *m.* 4 *pl.* (*noxious vapour, etc.*) esalazione *f.sing.*, vapori *m.pl.* II *v.t.* 1 (*of vapour, fumes, etc.*) emettere, esalare. 2 (*to cause to give off fumes*) far fumare. 3 (*to expose to fumes*) esporre ai vapori. III *v.i.* 1 fumare, emettere fumo, emettere vapore. 2 (*to rise as fumes*) fumare, far fumo. 3 (*fig*) adirarsi, arrabbiarsi, andare in collera, essere in collera.
fumed /fjuːmd/ *a.* (*of wood*) dall'aspetto sta-

gionato.

fumet /fju:'met, fju:'meɪ/ n. (Gastron) fumetto m.

fumigate /'fju:mɪgeɪt/ v.t. 1 sottoporre a fumigazione. 2 (to treat with smoke, etc.) trattare con fumo, trattare con vapore.

fumigation /ˌfju:mɪ'geɪʃ°n/ n. fumigazione f.

fumigator /'fju:mɪgeɪtə' Am 'fju:mɪgeɪtɚ/ n. 1 (person) disinfestatore m. (f. -trice). 2 (device) fumigatore m. 3 (Tecn) affumigatore m.

fuming /'fju:mɪŋ/ a. (colloq) arrabbiatissimo, fumante di rabbia.

fumitory /'fju:mɪt°ri Am 'fju:mɪtɔ:ri/ n. (Bot) fumaria f.

fumy /'fju:mi/ a. fumante.

fun /fʌn/ I n. 1 divertimento m., spasso m.: to be (great) ~ essere (molto) divertente. 2 (playfulness) allegria f., voglia f. di scherzare. 3 (joke) scherzo m., celia f.: to say sth. in ~ dire qcs. per scherzo. 4 (colloq) (person) persona f. divertente, persona f. spassosa, spasso m. II a. (Am,colloq) divertente. III v.i. (past, p.p. **funned** /-d/) (Am,colloq) scherzare, divertirsi. □ (colloq) ~ and games: 1 baldoria, festa; 2 (dishonest behaviour) comportamento disonesto; ~ fair parco dei divertimenti, luna park, giostre; for ~ per divertirsi, per passatempo, per gioco; to do sth. just for the ~ of it fare qcs. per il solo gusto di farla; to get no ~ out of sth. non trovare affatto divertente qcs.; to have ~ divertirsi; have ~! buon divertimento!; now the ~ is beginning! adesso viene il bello!; (Am,sl) like ~: 1 (esclam.) niente affatto!, ma va!, scherzi?; 2 (very quickly) rapidamente; to make ~ at so. beffarsi di qcu., prendersi gioco di qcu., prendere in giro qcu.; she is ~ to talk to è divertente parlare con lei; what ~! che spasso!, che divertimento!

funambulism /fju:'næmbjəlɪz°m/ n. funambolismo m.

funambulist /fju:'næmbjəlɪst/ n. funambolo m. (f. -a).

function /'fʌŋ(k)ʃ°n/ I n. 1 funzione f., scopo m.: it performs its ~ adequately serve bene allo scopo (per cui è stato fatto). 2 (occupation) funzione f., incombenza f., compito m. 3 (duty) mansione f., dovere m. 4 (public ceremony) funzione f., cerimonia f. 5 (colloq) (large social gathering) ricevimento m., riunione f. 6 (Biol,Gramm,Mat) funzione f. II v.i. 1 funzionare; (to be in operation) funzionare, essere in funzione. 2 (to serve) funzionare, funzionare (as da). □ (Inform) ~ key tasto di funzione; (Ling) ~ word particella funzionale, parola funzionale.

functional /'fʌŋ(k)ʃ°n°l/ a. 1 funzionale, di uso: ~ difficulties difficoltà funzionali. 2 (utilitarian) funzionale, pratico: a ~ room una stanza funzionale. 3 (Med,Mat,Ind) funzionale. □ (Mat) ~ analysis analisi funzionale; ~ diagram diagramma funzionale; (Chim) ~ group gruppo funzionale; (Parl) ~ representation rappresentanza corporativa.

functionalism /'fʌŋ(k)ʃ°n°lɪz°m/ n. funzionalismo m.

functionalist /'fʌŋ(k)ʃ°n°lɪst/ I n. seguace m./f. del funzionalismo. II a. funzionalistico.

functionalistic /ˌfʌŋ(k)ʃ°n°'lɪstɪk/ a. funzionale.

functionally /'fʌŋ(k)ʃ°n°li/ avv. dal punto di vista funzionale.

functionary /'fʌŋ(k)ʃ°n°ri Am 'fʌŋ(k)ʃ°neri/ I n. funzionario m. II a. funzionale.

functor /'fʌŋ(k)tə'/ n. (Mat) funtore m.

fund /fʌnd/ I n. 1 fondo m. 2 (fig) (store) riserva f., provvista f.: a ~ of funny stories una riserva di storielle. 3 pl. (money) fondi m.pl., denaro m.sing., capitali m.pl.: to raise -s rac-

cogliere fondi. 4 pl. (Econ) fondi m.pl., titoli m.pl.; (public funds) titoli m.pl. di stato, fondi m.pl. pubblici; (national debt) debito m.sing. pubblico. II v.t. 1 costituire un fondo per. 2 (fig) accumulare. 3 (Econ) (of debt) consolidare; (of money) investire in titoli di stato. □ (Econ) ~ account acconto di stanziamento; (Econ) -s flow flusso di cassa; (Econ) ~ holder possessore di titoli di stato; (Br) to be in -s essere (ben) provvisto di denaro; (fig) ~ of knowledge bagaglio di cognizioni.

fundament /'fʌndəmənt/ n. 1 fondamenti m.pl., base f. 2 (Anat) (buttocks) natiche f.pl.

fundamental /ˌfʌndə'ment°l Am ˌfʌndə'ment°l/ I a. 1 fondamentale, basilare, basale, essenziale: ~ principles principi fondamentali. 2 (vital) vitale. 3 (principal) principale, fondamentale, di grande importanza. 4 (Mus) fondamentale. II n. 1 (spesso al pl.) fondamento m., principio m. fondamentale, nozione f. fondamentale. 2 (Mus) nota f. fondamentale, fondamentale f. □ (Fis) ~ frequency frequenza fondamentale; of ~ importance di capitale importanza; (Mus) ~ note nota fondamentale, fondamentale; (Fis) ~ particle particella elementare; (US,Pol) ~ rights diritti fondamentali; (Fis) ~ unit unità fondamentale.

fundamentalism /ˌfʌndə'ment°lɪz°m Am ˌfʌndə'ment°lɪz°m/ n. (Rel,Pol) fondamentalismo m.

fundamentalist /ˌfʌndə'ment°lɪst Am ˌfʌndə'ment°lɪst/ I n. (Rel,Pol) fondamentalista m./f. II a. (Rel,Pol) fondamentalista.

fundamentality /ˌfʌndəmen'tælɪti Am ˌfʌndəmen'tæləti/ n. l'essere fondamentale, l'essere basilare.

funded /'fʌndɪd/ a. (Econ) 1 consolidato. 2 (invested in state securities) investito in titoli di stato. □ (Econ) ~ debt debito consolidato; (Econ) ~ income reddito del capitale; (Econ) ~ property proprietà in titoli di stato.

fundie /'fʌndi/ n. (colloq) fondamentalista m./f.

funeral /'fju:n°rəl/ I n. 1 funerale m., esequie f.pl. 2 (procession) funerale m., corteo m. funebre. II a. 1 funebre, funerario. 2 → **funereal**. □ (Am) ~ director impresario di pompe funebri; ~ home (o ~ parlour) (impresa di) pompe funebri; ~ pyre pira funeraria; ~ rites riti funebri; ~ service servizio funebre; (colloq,fig) that's your ~ sono affari tuoi; ~ urn urna funeraria.

funerary /'fju:n°rəri Am 'fju:n°reri/ a. funerario: a ~ urn un'urna funeraria.

funereal /fju:'nɪəriəl Am fju:'nɪriəl/ a. 1 funereo, funerario. 2 (fig) (gloomy) funereo, tetro, triste, lugubre. 3 (fig) (of voice) sepolcrale. 4 (fig) (black) nero, cupo. 5 (fig) (suggesting a funeral) da funerale.

funfair /'fʌnfeə'/ n. (spec. Br) luna park m.

fungal /'fʌŋg°l/ a. fungino.

fungible /'fʌndʒɪbl/ I a. (Dir) fungibile. II n. (Dir) bene m. fungibile.

fungicide /'fʌŋgɪsaɪd, 'fʌndʒɪsaɪd/ n. fungicida m., sostanza f. fungicida.

fungiform /'fʌŋgɪfɔ:m, 'fʌndʒɪfɔ:m Am 'fʌŋgɪfɔ:rm, 'fʌndʒɪfɔ:rm/ a. che ha forma di fungo, a fungo.

fungo /'fʌŋgoʊ/ (pl. -es /-z/) n. (Sport) (in baseball) fungo m.

fungoid /'fʌŋgɔɪd/ a. 1 fungoso (anche Med). 2 (fig) che cresce rapidamente, che si sviluppa rapidamente.

fungous /'fʌŋgəs/ a. fungoso (anche Med).

fungus /'fʌŋgəs/ (pl. -gi /-dʒaɪ/, -es /-ɪz/) n. (Bot,Med) fungo m.

funicle /'fju:nɪkl/ n. (Bot,Anat) funicolo m.

funicular /fju:'nɪkjʊlə' Am fju:'nɪkjʊlɚ/ I a.

1 funiforme. 2 (Ferr) funicolare. II n. (funicular railway) ferrovia f. funicolare, funicolare f.

funiculus /fju:'nɪkjʊləs Am fju:'nɪkju:ləs/ (pl. -li /-laɪ/) n. (Anat,Bot) funicolo m.

funk /fʌŋk/ I n. 1 (colloq,ant) paura f., fifa f. 2 (ant) (person) vigliacco m. (f. -a), fifone m. (f. -a). 3 (Am,sl) stato m. di depressione. 4 (Mus) funk m. 5 (Am,ant) (stench) puzza f., cattivo odore m. II v.i. aver paura, avere fifa. III v.t. 1 aver paura di, temere. 2 (to shirk) evitare, sottrarsi a. □ (Mil) ~ hole trincea coperta, ricovero sotterraneo; to be in a ~ avere una gran paura, (colloq) avere una fifa blu.

funky /'fʌŋki/ a. 1 (Am,sl) (bizarre) piacevolmente eccentrico e anticonvenzionale, bizzarro. 2 (Am,sl) (great) eccellente, giusto, da sballo. 3 (Mus) relativo alla musica funk. 4 (Am,sl) (smelly) puzzolente.

funnel¹ /'fʌn°l/ n. 1 imbuto m. 2 (Mar,Ferr) fumaiolo m., ciminiera f. 3 (Tecn) tubo m. d'aerazione; (of a chimney) canna f., gola f. □ (Am,Dolc) ~ cake frittella (preparata versando la pastella attraverso un imbuto nell'olio caldo); (Meteor) ~ cloud nube a proboscide, nube a imbuto.

funnel² /'fʌn°l/ (past, p.p. **funnelled** /Am **funneled** /-d/) I v.t. 1 versare con l'imbuto, introdurre con l'imbuto. 2 (fig) incanalare. II v.i. incanalarsi.

funnily /'fʌnɪli/ avv. 1 in modo buffo, in modo divertente. 2 (oddly) stranamente. □ ~ enough: 1 strano a dirsi; 2 (by a strange coincidence) per una strana coincidenza.

funniness /'fʌnɪnəs/ n. comicità f.

funny¹ /'fʌni/ I a. 1 divertente, comico, buffo: a ~ story una storia buffa. 2 (facetious) faceto, scherzoso, che scherza: are you being ~? stai scherzando? 3 (odd) strano, bizzarro, singolare. II n. (Am) 1 (comic strips) fumetti m.pl. 2 (comic section) pagina f. dei fumetti. 3 pl. (funny papers) giornalini m.pl. a fumetti. III avv. in modo strano. □ (Anat) ~ bone osso cubitale, punta del gomito; ~ business: 1 (fooling) presa in giro; 2 (shady transaction) affare poco pulito, affare dubbio; (spreg) ~ farm ospedale psichiatrico, manicomio; ~ money denaro falso; (Am) ~ papers giornalini a fumetti; the ~ thing is... la cosa buffa è che...

funny² /'fʌni/ n. (Sport) barchetta f. da regata.

funnyman /'fʌnimæn/ n.irr. (Am) comico m., attore m. comico.

funster /'fʌnstə'/ n. (Am) 1 umorista m./f. (comedian) comico m. (f. -a).

fur¹ /fɜ:' Am fɜ:r/ I n. 1 (Zool) (of a mammal) pelo m., pelame m.; (of certain animals) pelliccia f. 2 (collett.) animali m.pl. da pelliccia. 3 (Abbigl) pelliccia f. 4 (on the tongue) patina f. (linguale). 5 (Br) (in pipes) gromma f., incrostazione f.; (in wine bottles) gromma f., gruma f., tartaro m. 6 pl. (peltry) pellicceria f.sing. II a. di pelliccia. □ ~ and feather selvaggina di pelo e di penna, animali da pelliccia e pennuti; ~ breeder allevatore di animali da pelliccia; (Abbigl) ~ coat pelliccia; ~ dresser pellicciaio; ~ farming allevamento di animali da pelliccia; (Zool) ~ seal artocefalo; (colloq) the ~ will fly scoppierà un pandemonio.

fur² /fɜ:' Am fɜ:r/ (past, p.p. **furred** /-d/) I v.t. 1 foderare di pelliccia, guarnire di pelliccia, bordare di pelliccia. 2 (to dress in fur) impellicciare. 3 (Br) (to coat with a deposit) incrostare, ingrommare. 4 (Edil) rivestire (in legno). II v.i. grommare, incrostarsi di gromma. □ (Edil) to ~ down (o to ~ out) rivestire (in legno); to ~ up: 1 grommare, incrostarsi di gromma; 2 (Edil) rivestire (in legno).

fur. *furlong* fur (furlong).

furbelow /'fɜːbɪloʊ *Am* 'fɜːrbɪloʊ/ I *n.* 1 falpalà *m.*, balza *f.*, gala *f.* 2 (*trimmings*) gale *f.pl.*, ornamenti *m.pl.*, orpelli *m.pl.* II *v.t.* ornare con falpalà.

furbish /'fɜːbɪʃ *Am* 'fɜːrbɪʃ/ *v.t.* 1 (*fig*) (*to renovate*) rinfrescare, ravvivare. 2 (*ant*) forbire, lucidare, lustrare. ☐ (*fig*) *to ~ up* rinfrescare, ravvivare.

furcate[1] /'fɜːk(e)ɪt *Am* 'fɜːrk(e)ɪt/ *a.* forcuto, biforcuto.

furcate[2] /'fɜːkeɪt, fɜː'keɪt *Am* 'fɜːrkeɪt/ *v.i.* biforcarsi.

furcation /fɜː'keɪʃən *Am* fɜːr'keɪʃən/ *n.* biforcazione *f.*, biforcamento *m.*, bivio *m.*

furfur /'fɜːfə *Am* 'fɜːrfər/ *n.* (*pl.* -es /-fəˌriːz/) 1 forfora *f.* 2 *pl.* (*particles*) squame *f.pl.*, squamette *f.pl.*

furfuraceous /ˌfɜːf(j)ə'reɪʃəs *Am* ˌfɜːrf(j)ə'reɪʃəs/ *a.* forforoso.

furfural /'fɜːf(j)əræl *Am* 'fɜːrf(j)əræl/ *n.* (*Chim*) furfurolo *m.*

furious /'fjʊərɪəs *Am* 'fjʊrɪəs/ *a.* 1 furioso, infuriato, furibondo. 2 (*of wind, storm*) furioso. 3 (*violent*) furioso, violento: *a ~ quarrel* un litigio violento. 4 (*unrestrained*) sfrenato. ☐ *to be ~ about* (o *at*) *sth.* essere infuriato per qcs.; *to become ~* (o *to get ~*) infuriarsi; *to make so. ~* mandare in bestia qcu.; *at a ~pace* : a tutta velocità, a rotta di collo; 2 (*of a horseman*) a briglia sciolta.

furiously /'fjʊərɪəslɪ *Am* 'fjʊrɪəslɪ/ *avv.* furiosamente.

furiousness /'fjʊərɪəsnəs *Am* 'fjʊrɪəsnəs/ *n.* furia *f.*, rabbia *f.*

furl /fɜːl *Am* fɜːrl/ I *v.t.* 1 (*Mar*) (*of a sail*) serrare, raccogliere, ammainare. 2 (*to roll up*) arrotolare. II *v.i.* chiudersi, ripiegarsi.

furlong /'fɜːlɒŋ *Am* 'fɜːrlɑːŋ/ *n.* furlong *m.* (pari a 201 metri).

furlough /'fɜːloʊ *Am* 'fɜːrloʊ/ I *n.* 1 licenza *f.*, permesso *m.*, congedo *m.* (*anche Mil*). 2 (*Mar*) franchigia *f.* II *v.t.* accordare una licenza a, mandare in licenza. III *v.i.* andare in licenza.

furmety /'fɜːmɪtɪ *Am* 'fɜːrməti̯/ *n.* (*Gastron*) frumento *m.* bollito nel latte (con zucchero e spezie).

furnace /'fɜːnəs *Am* 'fɜːrnəs/ I *n.* 1 fornace *f.*, forno *m.* 2 (*Am*) (*of a heating system*) caldaia *f.* 3 (*of a boiler*) focolare *m.*, camera *f.* di combustione. 4 (*fig*) fornace *f.*, forno *m.* II *v.t.* (*Met*) scaldare in fornace, scaldare in forno.

furnish /'fɜːnɪʃ *Am* 'fɜːrnɪʃ/ *v.t.* 1 arredare, ammobiliare. 2 (*to provide*) fornire, rifornire: *to ~ so. with goods* rifornire qcu. di merci. 3 (*to yield*) dare, produrre.

furnished /'fɜːnɪʃt *Am* 'fɜːrnɪʃt/ *a.* 1 arredato, ammobiliato: *~ flat* appartamento ammobiliato. 2 (*equipped*) fornito.

furnisher /'fɜːnɪʃə *Am* 'fɜːrnɪʃər/ *n.* (*supplier*) fornitore *m.* (*f.* -trice).

furnishings /'fɜːnɪʃɪŋz *Am* 'fɜːrnɪʃɪŋz/ *n.pl.* 1 (*furniture*) mobilia *f.sing.*, mobili *m.pl.*, arredamento *m.sing.* 2 (*Am*) (*haberdashery*) articoli *m.pl.* di moda (*spec.* maschile).

furniture /'fɜːnɪtʃə *Am* 'fɜːrnɪtʃər/ *n.inv.* 1 mobilia *f.*, mobili *m.pl.*, arredo *m.*: *a piece of ~* un mobile. 2 (*fig*) (*contents*) contenuto *m.* 3 (*Tip*) marginatura *f.* 4 (*Mar*) attrezzatura *f.* ☐ *~ and fittings* mobili e arredamento; *~ factory* mobilificio; *~ manufacturer* mobiliere; *~ seller* mobiliere, venditore di mobili.

furore /fjʊ(ə)'rɔːri, fjʊ(ə)'rɔːreɪ, fjʊə'rɔːr *Am* 'fjʊrɔːr/ I *n.* 1 scalpore *m.*, chiasso *m.* 2 (*fashionable craze*) entusiasmo *m.* 3 (*fit of rage*) furore *m.*, ira *f.*

furred /fɜːd *Am* fɜːrd/ *a.* 1 (*Zool*) coperto di pelo, (*wearing fur*) impellicciato. 3 (*lined with fur*) bordato di pelliccia. 4 (*Br*) (*of*

pipes) incrostato, grommato. 5 (*of the tongue*) impastato, (*colloq*) sporco.

furrier /'fʌrɪə *Am* 'fɜːrɪər/ *n.* 1 pellicciaio *m.* (*f.* -a). 2 (*dresser of furs*) conciatore *m.* (*f.* -trice). 3 (*dealer in furs*) commerciante *m./f.* di (*o* in) pellicce.

furriery /'fʌrɪərɪ *Am* 'fɜːrɪ·ərɪ/ *n.* pellicceria *f.*, arte *f.* del pellicciaio.

furriness /'fɜːrɪnəs/ *n.* pelosità *f.*

furring /'fɜːrɪŋ/ *n.* 1 (*Sart*) guarnizione *f.* di pelliccia; (*fur used*) pelliccia *f.* per guarnizione. 2 (*fouling*) incrostazione *f.* 3 (*of the tongue*) patina *f.* 4 (*Edil*) rivestimento *m.*

furrow /'fʌroʊ *Am* 'fɜːroʊ/ I *n.* 1 (*Agr*) solco *m.* 2 (*groove*) scanalatura *f.*, solco *m.* 3 (*fig*) ruga *f.* profonda, solco *m.* 4 (*Mar*) scia *f.*, solco *m.* 5 (*Anat*) solco *m.*, piega *f.* II *v.t.* 1 (*Agr*) arare, solcare. 2 (*to make a groove in*) scanalare, solcare. 3 (*to make wrinkles in*) segnare di rughe. III *v.i.* corrugarsi. ☐ (*Agr*) *~drilling* semina in solco; (*Agr*) *~slice* zolla.

furrowed /'fʌroʊd *Am* 'fɜːroʊd/ *a.* corrugato.

furry /'fɜːrɪ/ *a.* 1 simile a pelliccia. 2 (*of fur*) (*fatto*) di pelliccia. 3 (*of the tongue*) impastato, (*colloq*) sporco. 4 (*Br*) (*of pipes*) incrostato, grommoso.

further /'fɜːðə *Am* 'fɜːrðər/ (*compar.* di *far*) I *avv.* 1 oltre, più (in) avanti: *I can go no ~* non posso andare oltre. 2 (*at or to a greater extent*) di più: *I can't help you any ~* non posso aiutarti di più. 3 (*moreover*) inoltre, per di più. 4 (*also*) anche. II *a.* 1 (*more distant*) più lontano. 2 (*other*) altro: *on the ~ side of the river* sull'altra sponda del fiume. 3 (*additional*) ulteriore, supplementare, nuovo: *~ news* ulteriori notizie; *till ~ notice* fino a nuovo avviso, fino a nuovo ordine. III *v.t.* appoggiare, favorire, secondare: *to ~ a cause* appoggiare una causa. ☐ *~ afield* più distante; *on ~consideration* dopo un più attento esame; (*Br*) *~ education* istruzione continuata (per chi è in possesso di un diploma di scuola secondaria e vuole proseguire gli studi ma non a livello universitario); *to go ~ into sth.* approfondire qcs., andare più addentro in qcs.; *to ~ one's own interests* fare i propri interessi; *on* (o *upon*) *~investigation* in base a (ulteriori) indagini, in seguito a un'analisi più accurata; *~on* più avanti; *until ~orders* fino a nuovo ordine, salvo avviso contrario; *to take no ~interest in sth.* disinteressarsi di qcs.; (*colloq*) *to see no ~ than one'snose* non vedere più in là del proprio naso; (*epist*) *~to your letter* facendo seguito alla vostra lettera, con riferimento alla vostra lettera; *~up* più su; *to have no ~use for sth.* non sapere più che fare di qcs.

furtherance /'fɜːðərəns *Am* 'fɜːrðərəns/ *n.* 1 progresso *m.*, avanzamento *m.* 2 (*help*) appoggio *m.*, aiuto *m.*, favore *m.*, protezione *f.* ☐ *for the ~ of* a favore di.

furthermore /ˌfɜːðə'mɔːr, 'fɜːðəmɔːr *Am* 'fɜːrðərmɔːr/ *avv.* inoltre, in aggiunta, per di più.

furthermost /'fɜːðəmoʊst *Am* 'fɜːrðərmoʊst/ *a.* il più lontano.

furthest (*sup.* di far) /'fɜːðɪst *Am* 'fɜːrðɪst/ I *a.* il più lontano, il più distante, estremo. II *avv.* alla più grande distanza.

furtive /'fɜːtɪv *Am* 'fɜːrtɪv/ *a.* 1 furtivo, circospetto: *a ~ glance* un'occhiata furtiva. 2 (*secret*) clandestino, segreto. 3 (*sly, shifty*) sfuggente. 4 (*stolen*) rubato, furtivo.

furtiveness /'fɜːtɪvnəs *Am* 'fɜːrtɪvnəs/ *n.* clandestinità *f.*

furuncle /'fjʊərʌŋkəl *Am* 'fjʊrʌŋkəl/ *n.* (*Med*) foruncolo *m.*

furuncular /'fjʊərʌŋkələr *Am* 'fjʊrʌŋkələr/

furunculous /'fjʊərʌŋkələs *Am* 'fjʊrʌŋkələs/

a. (*Med*) foruncoloso.

fury /'fjʊəri *Am* 'fjʊri/ *n.* 1 furia *f.*, collera *f.*, furore *m.* 2 (*fit of anger*) accesso *m.* d'ira. 3 (*violence*) furia *f.*, violenza *f.*: *the ~ of a storm* la furia d'una tempesta. 4 (*fig*) persona *f.* furibonda, furia *f.* ☐ *to be in a ~* essere infuriato; *to fly into a ~* andare su tutte le furie, montare in furia, andare in furia; (*colloq,ant*) *like ~* come una furia, furiosamente: *to work like ~* lavorare con accanimento; *in the ~ of the battle* nell'infuriare della battaglia.

Fury /'fjʊəri *Am* 'fjʊri/ *n.pr.* (*Mitol*) Furia *f.*

furze /fɜːz *Am* fɜːrz/ *n.* (*Bot*) ginestrone *m.*

furzy /'fɜːzɪ *Am* 'fɜːrzɪ/ *a.* coperto di ginestroni.

fuscous /'fʌskəs/ *a.* fosco, scuro.

fuse /fjuːz/ I *n.* 1 (*El*) valvola *f.* fusibile, fusibile *m.* 2 (*Arm*) spoletta *f.* 3 (*for mining*) miccia *f.* II *v.i.* 1 (*Met*) fondere, fondersi. 2 (*El*) fondersi. 3 (*fig*) fondersi, amalgamarsi, unirsi. III *v.t.* 1 fondere. 2 (*fig*) fondere, unire. 3 (*to equip with a fuse*) munire di spoletta, munire di miccia. ☐ (*El*) *~box* scatola delle valvole; *~carrier* portafusibili.

fusee /fjuː'ziː/ *n.* 1 fiammifero *m.* antivento. 2 (*Orol*) piramide *f.* 3 (*Veter*) tumefazione *f.* callosa ossea. 4 (*Arm*) spoletta *f.*

fusel /'fjuːzəl/ ☐ (*Chim*) *~oil* fuselolo, olio di flemma.

fuselage /'fjuːzəlɑːʒ *Am* 'fjuːsələ(d)ʒ/ *n.* (*Aer*) fusoliera *f.*

fusibility /ˌfjuːzə'bɪlɪti *Am* ˌfjuːzə'bɪləti̯/ *n.* (*Fis*) fusibilità *f.*

fusible /'fjuːzəbl/ *a.* fusibile. ☐ (*Met*) *~alloy* (o *~metal*) lega fusibile.

fusiform /'fjuːzɪfɔːm *Am* 'fjuːzɪfɔːrm/ *a.* fusiforme.

fusil /'fjuːzɪl/ *n.* 1 (*ant*) schioppo *m.* 2 (*Arald*) fuso *m.*

fusileer, fusilier /ˌfjuːzɪ'lɪər *Am* ˌfjuːzɪ'lɪr/ *n.* (*Mil*) fuciliere *m.*

fusillade /ˌfjuːzɪ'leɪd *Am also* ˌfjuːsɪ'lɑːd/ I *n.* 1 (*Mil*) fuoco *m.* di fucileria, scarica *f.* di fucileria, fuoco *m.* di fila. 2 (*fig*) fuoco *m.* di fila, serie *f.* incalzante. II *v.t.* 1 (*Mil*) attaccare con fuoco di fucileria. 2 (*to shoot down*) fucilare.

fusion /'fjuːʒən/ *n.* 1 fusione *f.* 2 (*Met*) massa *f.* fusa. 3 (*fig*) sintesi *f.* 4 (*Nucl*) fusione *f.* nucleare: *cold ~* fusione fredda. 5 (*Pol*) fusione *f.*, unione *f.*; (*coalition*) coalizione *f.* 6 (*Mus*) fusion *m.*, jazz-rock *m.* ☐ (*Nucl*) *~bomb* bomba all'idrogeno; (*Fis*) *~point* punto di fusione.

fusionism /'fjuːʒənɪzəm/ *n.* (*Pol*) fusionismo *m.*

fusionist /'fjuːʒənɪst/ *n.* (*Pol*) fusionista *m./f.*

fuss /fʌs/ I *n.* 1 (*arguments, dispute*) lite *f.*, litigio *m.* 2 (*protest, complaint*) clamore *m.*, chiasso *m.*, protesta *f.*, (*colloq*) storie *f.pl.* 3 (*effusive praise*) cerimonie *f.pl.*, smancerie *f.pl.*, complimenti *m.pl.* 4 (*fuss-pot*) (*colloq*) pignolo *m.* (*f.* -a). II *v.i.* 1 agitarsi, affannarsi, preoccuparsi. 2 (*to pay excessive attention to*) affaccendarsi (*over* attorno), avere (o dimostrare) eccessive attenzioni (per): *to ~ over a visitor* affaccendarsi attorno a un ospite. 3 (*to complain, to protest*) protestare, far storie. III *v.t.* infastidire, innervosire, irritare, (*colloq*) scocciare. ☐ *to get in a ~ about* (o *over*) *sth.* preoccuparsi inutilmente per qcs.; *to make a ~ over* (o *of*) *so.* avere eccessive premure per qcu., avere eccessive attenzioni per qcu.; *to make a ~* fare storie; *to make a great ~ about nothing* fare (un) gran chiasso per nulla; *to do sth. without ~* fare qcs. senza (tanto) chiasso.

fuss-budget /'fʌsˌbʌdʒɪt/ *n.* (*Am,colloq*) pignolo *m.* (*f.* -a).

fussiness /'fʌsɪnəs/ n. 1 meticolosità f., puntiglio m., pignoleria f. 2 (*nervousness*) nervosismo m., irritabilità f.

fusspot /'fʌspɒt Am 'fʌspɑːt/ n. (*colloq*) pignolo m. (f. -a).

fussy /'fʌsɪ/ a. 1 meticoloso, esigente, pignolo. 2 (*nervous*) nervoso, irritabile. 3 (*bustling*) pieno di trambusto, pieno di confusione. 4 (*of clothes*) carico di fronzoli. 5 (*Am*) (*about food*) schizzinoso. □ (*Am*) ~ *time* periodo (della giornata) in cui un neonato piange, capricci.

fustian /'fʌstɪən Am 'fʌstʃən/ I n. 1 (*Tess*) fustagno m. 2 (*fig*) ampollosità f., magniloquenza f. II a. 1 (*Tess*) di fustagno. 2 (*fig*) (*of language*) ampolloso, tronfio. 3 (*fig*) (*worthless*) scadente, inferiore.

fustigate /'fʌstɪgeɪt/ v.t. 1 (*rar,scherz*) battere, picchiare. 2 (*fig*) fustigare, criticare.

fustigation /ˌfʌstɪ'geɪʃən/ n. fustigazione f.

fustiness /'fʌstɪnəs/ n. 1 odore m. di muffa, tanfo m. 2 (*fig*) l'essere antiquato.

fusty /'fʌstɪ/ a. 1 stantio, ammuffito, che sa di muffa. 2 (*stuffy*) che sa di chiuso: *to smell* ~ avere odore di chiuso. 3 (*fig*) antiquato, sorpassato.

fut. *future* fut. (futuro).

futhark /'fuːθɑːk Am 'fuːθɑːrk/ n. alfabeto m. runico.

futhorc, futhork /'fuːθɔːk Am 'fuːθɔːrk/ n. alfabeto m. runico.

futile /'fjuːtaɪl Am also 'fjuːtəl/ a. 1 futile, vano, inutile, frivolo, inconsistente: *a ~ attempt* un tentativo inutile. 2 (*trifling*) futile, frivolo, superficiale, vacuo.

futility /fjuː'tɪlɪtɪ Am fjuː'tɪləti/ n. 1 futilità f., inutilità f., vanità f. 2 (*trifling character*) frivolezza f.

futon /'f(j)uːtɒn, 'futᵊn, ˌfuː'tɒn Am 'fuːtɑːn/ n. futon m., materasso m. alla giapponese.

futtock /'fʌtək Am 'fʌtᵊk/ n. (*Mar*) scalmo m. □ (*Mar*) ~ *shroud* riggia.

future /'fjuːtʃər/ I n. 1 futuro m., avvenire m. 2 (*later prospects*) prospettive f.pl. 3 (*Gramm*) futuro m. 4 pl. (*Econ*) operazioni f.pl. a termine. II a. 1 venturo, futuro, a venire: ~ *years* anni venturi; *the ~ King* il futuro re. 2 (*Gramm*) futuro. □ *for the* ~ per il futuro, in futuro, per l'avvenire, in avvenire; *who knows what the ~ holds for us* chissà che cosa ci riserva il futuro; *in the* ~ per il futuro, in futuro, per l'avvenire, in avvenire; (*Econ*) *-s market* mercato a termine; *there is no ~ in his scheme* il suo è un piano senza possibilità di sviluppi; (*Gramm*) ~ *perfect* futuro anteriore; (*Gramm*) ~ *tense* tempo futuro, futuro.

futureless /'fjuːtʃələs Am 'fjuːtʃᵊrləs/ a. senza futuro, senza avvenire.

future-proof /'fjuːtʃəˌpruːf Am 'fjuːtʃᵊrˌpruːf/ a. (*Ind,Comm*) (*of a product*) che non invecchia mai, che non passa mai di moda.

futurism /'fjuːtʃᵊrɪzᵊm/ n. (*Art,Lett*) futurismo m.

futurist /'fjuːtʃᵊrɪst/ I n. (*Art,Lett*) futurista m./f. II a. (*Art,Lett*) futurista, futuristico.

futuristic /ˌfjuːtʃə'rɪstɪk/ a. 1 (*Art,Lett*) futurista, futuristico. 2 (*colloq*) futuristico, ultramoderno.

futuristics /ˌfjuːtʃə'rɪstɪks/ n.pl. (*costr.sing.*) futuribile m.

futurity /fjuː'tjʊərɪti, fjuː'tʃʊərɪti Am fjuː't(j)ʊrəti, fjuː'tʃʊrəti/ n. 1 futuro m., avvenire m. 2 (*Teol*) vita f. futura. 3 (*future state*) stato m. futuro. □ (*Sport*) ~ *race* corsa (di cavalli) in cui i concorrenti vengono selezionati molto tempo prima.

futurologic /ˌfjuːtʃərə'lɒdʒɪk Am ˌfjuːtʃərə'lɑːdʒɪk/ a. futurologico.

futurologist /ˌfjuːtʃə'rɒlədʒɪst Am ˌfjuːtʃə'rɑːlədʒɪst/ n. futurologo m. (f. -a).

futurology /ˌfjuːtʃə'rɒlədʒɪ Am ˌfjuːtʃə'rɑːlədʒɪ/ n. futurologia f.

futz /fʌts/ v.i. (*Am,colloq*) cazzeggiare, perdere tempo.

fuze /fjuːz/ I n. 1 (*Arm*) spoletta f. 2 (*for mining*) miccia f. II v.t. munire di miccia, munire di spoletta.

fuzee /fjuː'zi: Am also 'fjuːziː/ n. 1 fiammifero m. antivento. 2 (*Orol*) piramide f. 3 (*Veter*) tumefazione f. callosa ossea. 4 (*Arm*) spoletta f.

fuzz /fʌz/ n. 1 lanugine f., peluria f. 2 (*frizzy hair*) capelli m.pl. crespi. 3 (*Am,sl,ant*) (*policeman*) poliziotto m., piedipiatti m. 4 (*Am,sl,ant*) (*police*) polizia f., madama f.

fuzziness /'fʌzɪnəs/ n. 1 (*of hair*) l'essere crespo. 2 (*fig*) confusione f. 3 (*Fot*) sfocatura f.

fuzzy /'fʌzɪ/ a. 1 coperto di peluria, coperto di lanugine. 2 (*of hair*) crespo, riccio, ricciuto. 3 (*fig*) confuso, incoerente. 4 (*Fot*) sfocato, flou. 5 (*fig*) vago, insicuro. □ (*Inform*) ~ *logic* fuzzy logic, logica fuzzy.

fuzzy-headed /ˌfʌzɪˌhedɪd/ a. 1 dalle idee confuse. 2 (*having fuzzy hair*) dai capelli crespi, dai capelli ricci.

fwd *forward* (avanti, in avanti).

f.w.d. (*Aut*) 1 *four-wheel drive* 4 × 4 (trazione integrale). 2 *front-wheel drive* (trazione anteriore).

F-word /'ef,wɜːd Am 'ef,wɜːrd/ n. (*fuckword*) parolaccia f.

FY 1 (*Br*) *financial year* (anno finanziario). 2 (*Am*) *fiscal year* (anno fiscale).

FYI /ˌefwaɪ'eɪ/ *for your information* (per tua informazione, per conoscenza).

fyke /faɪk/ n. (*Am,Pesc*) rete f. a forma di sacco.

fylfot /'fɪlfɒt Am 'fɪlfɑːt/ n. svastica f., croce f. uncinata.

G

g¹, G¹ /dʒiː/ (pl. **g's/gs, G's/Gs** /dʒiːz/) n. (letter of the alphabet) g, G f./m.: (Tel) G for George (o Am G as in George) g come Genova.

g² **1** good (buono). **2** gram g (grammo). **3** (Fis) gravity g (accelerazione di gravità).

G² /dʒiː/ n. **1** (Mus) sol m. **2** (Am,sl) mille dollari m.pl. ☐ (Mus) ~ clef chiave di sol.

G³ Gabon G (Gabon).

g.1 (Gramm) gender gen. (genere). **2** guinea (ghinea). **3** (Geog) gulf (golfo).

GA Georgia GA (Georgia).

G.A. /dʒiː'eiː/ **1** General Assembly (assemblea generale). **2** (Assic) general average (avaria generale).

gab/gæb/ **I** n. **1** (colloq) (ability to speak with eloquence) parlantina f. **2** (colloq) (idle talk) chiacchiere f.pl., ciancie f.pl., ciarle f.pl. **3** (sl) (mouth) bocca f., becco m.: cut the ~ chiudi il becco. **II** v.i. (past, p.p. **gabbed** /-d/) (colloq) chiacchierare, ciarlare, cianciare.

gabardine /ˌgæbəˈdiːn, ˈgæbədiːn Am ˈgæbərdiːn/ n. (Tess) gabardine f./m.

gabble/ˈgæbl/ **I** v.i. **1** farfugliare, borbottare, balbettare, barbugliare. **2** (of geese, etc.) schiamazzare, starnazzare. **II** v.t. farfugliare, borbottare. **III** n. borbottio m., balbettio m., barbugliamento m.

gabbler /ˈgæblər/ n. chi farfuglia.

gabbro /ˈgæbrou/ (pl. **-s** /-z/) n. (Min) gabbro m., eufotide f.

gabby /ˈgæbi/ a. (colloq) loquace, chiacchierone, ciarliero.

gabelle /gəˈbel/ n. **1** gabella f., dazio m. **2** (Stor) imposta f. sul sale.

gaberdine /ˌgæbəˈdiːn, ˈgæbədiːn Am ˈgæbərdiːn/ n. **1** (Tess) gabardine f./m. **2** (Abbigl) palandrana f., gabbana f.

gabfest /ˈgæbˌfest/ n. (Am,colloq) riunione f. informale per socializzare.

gabion /ˈgeibiən/ n. (Mil,Idr) gabbione m.

gabionade /ˈgeibiəneid/ n. (Mil,Idr) gabbionata f.

gable /ˈgeibl/ n. (Arch) **1** timpano m. **2** (gable end) fastigio m. **3** (gable wall) muro m. sormontato da un timpano. ☐ (Arch) ~ end fastigio, (Arch) ~ roof tetto a falde, tetto a due spioventi, (Arch) ~ wall muro sormontato da un timpano, (Arch) ~ window finestra del timpano.

gabled /ˈgeibld/ a. (Arch) **1** a timpano. **2** (of a roof) a due spioventi, a due falde.

Gabon /gæbˈɒn Am gæbˈoun/ n.pr. (Geog) Gabon m.

Gabonese /ˌgæbɒnˈiːz Am gæbəˈniːz/ **I** a. gabonese, del Gabon. **II** n. gabonese m./f., abitante m./f. del Gabon.

Gabriel /ˈgeibriəl/ n.pr.m. Gabriele.

gaby /ˈgeibi/ n. (dial) sempliciotto m. (f. -a), sciocco m. (f. -a).

gad¹ /gæd/ (past, p.p. **gadded** /ˈgædid/) v.i. (rar) vagare, vagabondare, bighellonare (in cerca di divertimento). ☐ to ~ about vagare, vagabondare, bighellonare (in cerca di divertimento); to be on the ~ essere sempre in giro.

gad² /gæd/ **I** n. **1** bastone m. da pastore, verga f. da pastore. **2** (Minier) barra f. a cuneo, scalpello m. **II** v.t. (Minier) rompere con una barra a cuneo.

gad³ /gæd/ intz. (eufem,ant) perbacco!, perdiana! ☐ by ~ perbacco!, perdiana!

gadabout/ˈgædəbaut/ **I** n. vagabondo m. (f. -a), bighellone m. (f. -a), girandolone m. (f. -a) (sempre in cerca di divertimento). **II** a. vagabondo.

gadfly/ˈgædflai/ n. **1** (Entom) tafano m. **2** (fig) persona f. fastidiosa, persona f. assillante.

gadget /ˈgædʒit, ˈgædʒət/ n. (colloq) congegno m., dispositivo m., aggeggio m., arnese m.

gadgetry /ˈgædʒitri, ˈgædʒətri/ n. (colloq) congegni m.pl., dispositivi m.pl.

gadid /ˈgeidid/ **I** a. (Itt) dei gadidi. **II** n. (Itt) **1** gado m. **2** pl. gadidi m.pl.

gadoid/ˈgeidɔid/ **I** a. (Itt) dei gadidi. **II** n. (Itt) **1** gado m. **2** pl. gadidi m.pl.

gadolinite/ˈgædəlinait/ n. (Min) gadolinite f.

gadolinium /ˌgædouˈliniəm/ n. (Chim) gadolinio m.

gadroon /gəˈdruːn/ n. **1** (Arch) ovolo m. **2** (Arred,Ceram,Vetr) orlatura f.

Gael /geil/ n. **1** (Scottish Celt) celta m./f. scozzese. **2** (Irish Celt) celta m./f. irlandese.

Gaelic /ˈgeilik/ **I** n. (language) gaelico m. **II** a. gaelico. ☐ ~ coffee caffè con whisky irlandese; (Sport) ~ football calcio gaelico.

gaff¹ /gæf/ **I** n. **1** (Pesc) raffio m., uncino m., rampino m.; (spear) fiocina f., arpione m. **2** (Mar) picco m. **II** v.t. (Pesc) tirare su col raffio; (to harpoon) arpionare, fiocinare. ☐ (Mar) ~ rig armamento aurico.

gaff² /gæf/ n. (colloq) fandonia f., chiacchiera f.

gaff³ /gæf/ n. (sl) (low-class music hall) teatro m. di varietà d'infimo ordine.

gaffe/gæf/ n. (Br) gaffe f.: to commit a ~ fare una gaffe.

gaffer/ˈgæfər/ n. **1** (colloq) (old man) vecchio m. **2** (colloq) (foreman) caposquadra m. **3** (Am, sl) (father) padre m. ☐ ~ tape nastro adesivo telato.

gag¹ /gæg/ (past, p.p. **gagged** /-d/) **I** v.t. **1** imbavagliare. **2** (fig) imbavagliare, mettere il bavaglio a: to ~ the press imbavagliare la stampa. **3** (fig) (to silence) zittire. **4** (Chir) tenere aperto mediante un apribocca. **5** (to apply a gagbit) mettere il morso a. **6** (to obstruct) ostruire, intasare. **7** (sl) (to deceive) imbrogliare, fare uno scherzo. **II** v.i. **1** avere conati di vomito. **2** (Teat) improvvisare battute. ☐ (Am,colloq) ~ me with a spoon! che schifo!

gag² /gæg/ n. **1** bavaglio m. (anche fig). **2** (Chir) apribocca m. **3** (Teat) gag f., trovata f. comica, battuta f. di spirito. **4** (colloq) (joke) facezia f., frizzo m. **5** (sl) (hoax) imbroglio m. (spiritoso), scherzo m. ☐ (Pol) ~ law legge che limita la libertà di stampa e di parola; (Am,Dir) ~ order ordine di non divulgare i dettagli relativi a un processo; (Parl) ~ rule norma che limita il dibattito, norma che limita la discussione.

gaga /ˈgaːgaː Br also ˈgægaː/ a. (colloq) tocco, rimbambito, suonato. ☐ (fig) to go ~ over sth. impazzire per qcs.

gagbit /ˈgægbit/ n. morso m. (per domare i cavalli).

gage¹ /geidʒ/ n. **1** pegno m., garanzia f. **2** (fig)

(challenge to fight) sfida f. **3** (fig) (glove) guanto m. (di sfida): to throw down the ~ gettare il guanto, lanciare una sfida.

gage² /geidʒ/ n./v. → **gauge**.

gage³ /geidʒ/ n. (Bot) susino m.

gaggle /ˈgægl/ **I** v.i. (of geese: to cackle) schiamazzare. **II** n. **1** branco m. di oche. **2** (fig) gruppo m., (spreg) branco m.

gagman/ˈgægmæn/ n.irr. **1** (Teat) scrittore m. di battute comiche. **2** (comedian) attore m. che improvvisa gag.

Gaia /ˈgaiə, ˈgeiə/ n. Gaia f. (la Terra vista come organismo vivente autonomo).

gaiety /ˈgeiti Am ˈgeiəti/ n. **1** gaiezza f., allegria f. **2** (finery, elegance) eleganza f. **3** pl. (merry-making) divertimenti m.pl., feste f.pl.

gaily /ˈgeili/ avv. **1** gaiamente. **2** (showily) elegantemente.

gain¹ /gein/ **I** v.t. **1** ottenere, guadagnare. **2** (to win in competition) vincere, aggiudicarsi. **3** (to get more of) acquistare, guadagnare: to ~ speed acquistare velocità. **4** (of weight) aumentare: to ~ weight aumentare di peso; she -ed 5 kilos è aumentata di 5 chili. **5** (to obtain as profit) guadagnare. **6** (to reach) raggiungere, guadagnare: to ~ the summit of a mountain raggiungere la vetta di un monte. **7** (of a clock, watch) andare avanti. **II** v.i. **1** progredire, migliorare, fare progressi. **2** (to increase) aumentare, crescere (in di): to ~ (in) weight aumentare di peso, ingrassare; yoga is -ing (in) popularity lo yoga sta diventando sempre più popolare. **3** (of a watch, clock) andare avanti. **4** (to acquire gain) guadagnarci: he has nothing to ~ by it non ha niente da guadagnarci. **5** (to show profit) aumentare, salire: these shares will ~ queste azioni saliranno. ☐ to ~ a point segnare un punto; to ~ an advantage over so. avvantaggiarsi su qcu.; to ~ control of sth. ottenere il controllo di qcs.; to ~ control over so. tenere a freno qcu.; to ~ distincion distinguersi; to ~ one's end raggiungere il proprio scopo; to ~ a footing prender piede, rafforzarsi; to ~ ground guadagnare terreno (anche fig); (Aer) to ~ height prendere quota; to ~ one's living guadagnarsi da vivere; to ~ momentum: **1** acquistare velocità; **2** (fig) rafforzarsi: opposition to the bill -ed momentum l'opposizione al disegno di legge si rafforzò; to ~ on: **1** (to get close to) raggiungere, guadagnare terreno su; **2** (to leave further behind) distanziare, lasciare dietro di sé; **3** (of the sea) erodere; (Econ) to ~ on exchange guadagnare al cambio; to ~ so. over convincere qcu. a passare dalla propria parte; (Econ) to ~ sharing partecipazione agli utili; to ~ strength riacquistare le forze; (fig) to ~ the upper hand avere la meglio; to ~ time guadagnare tempo.

gain² /gein/ n. **1** guadagno m., lucro m., profitto m., vantaggio m. **2** (increase) aumento m. (in di): a ~ in weight un aumento di peso. **3** (improvement) miglioramento m., progresso m. **4** (act of obtaining) acquisizione f., conquista f. **5** (El,Rad) guadagno m. **6** pl. (profits) guadagni m.pl., profitti m.pl.: ill-gotten -s guadagni illeciti. **7** pl. (winnings) vincite f.pl.

gain³ /gein/ n. **1** (Fal) intaccatura f., tacca f. **2**

(*Edil*) incavo *m*.

gainful /'geɪnfʊl/ *a*. 1 lucroso, rimunerativo: ~ *employment* impiego rimunerativo. 2 (*profitable*) vantaggioso.

gainfully /'geɪnfʊli/ *avv*. 1 in modo lucroso, in modo rimunerativo. 2 (*profitably*) vantaggiosamente, in modo vantaggioso. □ ~ *occupied* con un'occupazione redditizia.

gainings /'geɪnɪŋz/ *n.pl*. 1 guadagni *m.pl*. 2 (*profits*) profitti *m.pl*.

gainsay /ˌgeɪn'seɪ/ *v.t.irr*. (*lett*) 1 negare, rifiutare. 2 (*to contradict*) contraddire. 3 (*to oppose*) contrastare, opporsi a.

gainst, '**gainst** /'genst/ *prep*. (*poet*) (*against*) contro.

gait /geɪt/ I *n*. passo *m*., andatura *f*. (*anche Equit*). II *v.t*. (*Equit*) addestrare (un cavallo) a un passo.

gaiter /'geɪtər Am 'geɪtər/ *n*. 1 ghetta *f*., uosa *f*. 2 (*Am,Calz*) stivaletto *m*. (con elastico ai lati).

gal¹ /gæl/ *n*. (*colloq*) (*girl*) ragazza *f*.

gal² /gæl/ *n*. (*Fis*) gal *m*.

gala /'gɑːlə, 'geɪlə/ I *n*. 1 galà *m*., gala *f*., festa *f*. 2 (*Br,Sport*) kermesse *f*. II *a*. di gala: ~ *dress* abito di gala.

galactagogue /gə'læktəgɒg Am gə'læktəgɑːg/ I *a*. (*Farm*) galattagogo. II *n*. galattagogo *m*.

galactic /gə'læktɪk/ *a*. (*Astr*) galattico. □ (*Astr*) ~ *equator* equatore galattico.

galactin /gə'læktɪn/ *n*. (*Biol*) galattina *f*.

galactometer /ˌgælək'tɒmɪtər Am ˌgælək'tɑːmɪtər/ *n*. galattometro *m*.

galactorrhoea /gəˌlæktə'riːə/ *n*. (*Med*) galattorrea *f*.

galactosaemia /gəˌlæktə'simiə/ *n*. (*Med*) galattosemia *f*.

galactose /gə'læktoʊs/ *n*. (*Chim*) galattosio *m*.

Galahad /'gæləhæd/ I *n.pr.m*. Galahad (cavaliere della Tavola Rotonda). II *n*. persona *f*. integerrima e di animo nobile.

galalith /'gæləlɪθ/ *n*. (*Ind*) galalite *f*., osso *m*. artificiale.

galantine /'gæləntiːn/ *n*. (*Gastron*) galantina *f*.

Galapagos /gə'læpəgəs Am gə'lɑːpəgoʊs/ □ (*Geog*) ~ *Islands* isole Galapagos.

galatea /ˌgælə'tiə/ *n*. (*Tess*) stoffa *f*. di cotone a righe bianche e blu.

Galatians /gə'leɪʃənz/ *n.pr.pl*. (*Bibl*) Galati *m.pl*.

galaxy /'gæləksi/ *n*. (*Astr,fig*) galassia *f*.

Galaxy /'gæləksi/ *n*. (*Astr*) Galassia *f*., Via *f*. lattea.

galbanum /'gælbənəm/ *n*. (*Ind*) galbano *m*.

gale¹ /geɪl/ *n*. 1 vento *m*. fortissimo. 2 (*Meteor,Mar*) burrasca *f*. (vento forza 8); *severe* ~ burrasca forte (vento forza 9). 3 (*fig*) scoppio *m*., scroscio *m*.: *a* ~ *of laughter* uno scoppio di risa. 4 (*poet*) (*gentle breeze*) brezza *f*., zefiro *m*.

gale² /geɪl/ *n*. (*Bot*) mortella *f*.

gale³ /geɪl/ *n*. (*rar*) (*rent*) affitto *m*., pigione *f*.

galea /'geɪliə/ *n*. (*pl*. -**leae** /-liːiː/) *n*. (*Biol,Anat*) galea *f*.

Galen /'geɪlən/ *n.pr.m*. (*Stor*) Galeno.

galena /gə'liːnə/ *n*. (*Min*) galena *f*.

Galenic /gə'lenɪk, geɪ'liːnɪk/ *a*. 1 galenico, di Galeno. 2 (*Farm*) galenico.

galenical /gə'lenɪkəl, geɪ'liːnɪkəl/ I *n*. (*Farm*) preparato *m*. galenico. II *a*. 1 che contiene galena. 2 (*Farm*) galenico.

Galicia /gə'lɪsiə Am gə'lɪʃə/ *n.pr*. (*Geog*) (*in Spain and Poland*) Galizia *f*.

Galician /gə'lɪsiən Am gə'lɪʃən/ I *a*. gallego. II *n*. 1 abitante *m./f*. della Galizia. 2 (*language*) gallego *m*.

Galilean¹ /ˌgælɪ'liːən/ I *a*. galileo, della Galilea. II *n*. galileo *m*. (*f*. -a).

Galilean² /ˌgælɪ'liːən/ *a*. galileiano, di Galileo: ~ *telescope* telescopio galileiano.

Galilee /'gælɪliː/ *n.pr*. (*Geog*) Galilea *f*. □ *High* ~ Alta Galilea; *Sea of* ~ mare di Galilea.

galipot /'gælɪpɒt Am 'gælɪpɑːt/ *n*. resina *f*. (di pino).

gall¹ /gɔːl/ *n*. 1 fiele *m*., malanimo *m*., livore *m*. 2 (*fig*) (*effrontery*) sfrontatezza *f*., sfacciataggine *f*. 3 (*Veter*) fiele *m*. 4 (*ant*) (*bile*) bile *f*., fiele *m*. □ (*Bibl*) ~ *and wormwood* fiele e assenzio, amarezze e afflizioni; (*Anat*) ~ *bladder* cistifellea, colecisti; (*Entom*) ~ *gnat* (o ~ *midge*) cecidomiide.

gall² /gɔːl/ I *v.t*. 1 (*to chafe by rubbing*) scorticare, irritare. 2 (*fig*) irritare, infastidire. II *v.i*. scorticarsi, irritarsi. III *n*. 1 scorticatura *f*., escoriazione *f*. 2 (*Veter*) galla *f*., molletta *f*. 3 (*fig*) molestia *f*., irritazione *f*.

gall³ /gɔːl/ *n*. (*Bot*) galla *f*., cecidio *m*.

gallant¹ /'gælənt/ I *a*. 1 prode, coraggioso, valoroso: *a* ~ *knight* un prode cavaliere. 2 (*attentive to women*) galante, cortese; (*amorous*) galante, amoroso. II *n*. 1 vagheggino *m*. 2 (*suitor*) corteggiatore *m*.; (*lover*) innamorato *m*. 3 (*man of fashion*) uomo *m*. di mondo.

gallant² /'gælənt, gə'lænt/ I *v.t*. (*rar*) 1 fare il galante con. 2 (*to escort*) fare da cavaliere a, scortare, accompagnare. II *v.i*. (*rar*) fare il galante (*with* con).

gallantly /'gæləntli/ *avv*. 1 da prode. 2 (*courteously*) galantemente.

gallantry /'gæləntri/ *n*. 1 coraggio *m*., valore *m*., prodezza *f*. 2 (*to women*) galanteria *f*.

gall-berry /'gɔːlbəri Am 'gɔːlberi/ *n*. (*Bot*) specie di leccio.

gall-bladder /'gɔːlˌblædər/ *n*. (*Anat*) cistifellea *f*., colecisti *f*.

galleass /'gæliæs/ *n*. (*Mar,ant*) galeazza *f*.

galleon /'gæliən/ *n*. (*Mar,ant*) galeone *m*.

gallery /'gæləri/ *n*. 1 (*Arch*) galleria *f*.; (*long porch*) portico *m*.; (*long balcony*) ballatoio *m*. 2 (*long, narrow room*) galleria *f*. 3 (*raised platform*) galleria *f*., balconata *f*. 4 (*Teat*) loggione *m*., (*scherz*) piccionaia *f*.; (*occupants*) pubblico *m*. del loggione. 5 (*exhibition room*) galleria *f*., sala *f*. d'esposizione, salone *m*. d'esposizione: *art* ~ galleria d'arte, pinacoteca. 6 (*exhibition building*) palazzo *m*. dell'esposizione. 7 (*Minier*) galleria *f*. 8 (*fig*) spettatori *m.pl*. (*f.pl*. -trici), pubblico *m*. 9 (*shooting-gallery*) poligono *m*. □ ~ *director* gallerista; (*fig*) *to play to the* ~ recitare per il loggione, recitare per il grande pubblico (per ottenere approvazione).

galleryite /'gæləriaɪt/ *n*. spettatore *m*. (*f*. -trice) di loggione, loggionista *m./f*.

galley /'gæli/ *n*. 1 (*Mar,ant*) galera *f*., galea *f*. 2 (*Mar*) (*large rowing-boat*) lancia *f*. 3 (*Mar*) (*ship's kitchen*) cambusa *f*. 4 (*Tip*) vantaggio *m*., balestra *f*. 5 (*Tip*) (*galley-proof*) bozza *f*. in colonna. 6 (*fig*) galera *f*.

galley-proof /'gæliˌpruːf/ *n*. (*Tip*) bozza *f*. in colonna.

galley-slave /'gæliˌsleɪv/ *n*. 1 (*Mar,ant*) galeotto *m*. 2 (*fig*) (*drudge*) sgobbone *m*. (*f*. -a), chi fa un lavoro pesante.

gall-fly /'gɔːlflaɪ/ *n*. (*Entom*) cinipe *f*.

gallic /'gælɪk/ *a*. (*Chim*) gallico: ~ *acid* acido gallico.

Gallic /'gælɪk/ *a*. 1 gallico. 2 (*poet*) (*French*) francese, gallico.

Gallican /'gælɪkən/ *a*. (*Stor*) gallicano.

Gallicanism /'gælɪkənɪzəm/ *n*. (*Stor*) gallicanesimo *m*., gallicanismo *m*.

Gallicism /'gælɪsɪzəm/ *n*. (*Ling*) gallicismo *m*., francesismo *m*.

Gallicize /'gælɪsaɪz/ I *v.t*. gallicizzare, francesizzare. II *v.i*. gallicizzare, usare gallicismi.

galligaskins /ˌgælɪ'gæskɪnz/ *n.pl*. (*ant*) brache *f.pl*., calzoni *m.pl*.

gallimaufry /ˌgælɪ'mɔːfri/ *n*. (*Am*) guazzabuglio *m*., miscuglio *m*. confuso.

gallinacean /ˌgælɪ'neɪʃən/ *n*. (*Ornit*) 1 gallinaceo *m*. 2 *pl*. gallinacei *m.pl*., galliformi *m.pl*.

gallinaceous /ˌgælɪ'neɪʃəs/ *a*. (*Ornit*) dei gallinacei.

galling /'gɔːlɪŋ/ *a*. 1 irritante, seccante. 2 (*chafing*) cocente, bruciante, scottante: *a* ~ *defeat* una bruciante sconfitta.

gallingly /'gɔːlɪŋli/ *avv*. 1 in modo irritante, in modo seccante. 2 (*chafingly*) in modo cocente, in modo bruciante.

galliot /'gæliət/ *n*. (*Mar,ant*) galeotta *f*.

gallipot /'gælɪpɒt Am 'gælɪpɑːt/ *n*. vaso *m*. unguentario.

gallium /'gæliəm/ *n*. (*Chim*) gallio *m*. □ (*Chim*) ~ *arsenide* arseniuro di gallio.

gallivant /'gælɪvænt/ *v.i*. 1 gironzolare, bighellonare. 2 (*to act as a gallant*) fare il galante (*with* con).

gall-nut /'gɔːlnʌt/ *n*. (*Bot*) noce *f*. di galla.

Gallomania /ˌgæloʊ'meɪniə/ *n*. gallomania *f*.

Gallomaniac /ˌgæloʊ'meɪniæk/ *n*. gallomane *m./f*.

gallon /'gælən/ *n*. 1 (*imperial gallon*) gallone *m*. imperiale (pari a litri 4,54). 2 (*Am*) (*wine gallon*) gallone *m*. di vino (pari a litri 3,78). 3 (*dry measure*) gallone *m*. (pari a litri 4,5). 4 *pl*. (*fig*) abbondanza *f.sing*., fiume *m.sing*.

galloon /gə'luːn/ *n*. (*Sart*) gallone *m*.

gallooned /gə'luːnd/ *a*. gallonato.

gallop¹ /'gæləp/ I *v.i*. 1 (*of a horse*) galoppare, andare al galoppo, andare di galoppo. 2 (*of a rider*) galoppare. 3 (*fig*) galoppare. II *v.t*. far galoppare, mettere al galoppo. □ *to* ~ *off* partire al galoppo; (*fig*) *to* ~ *over* (o *to* ~ *through*) *one's work* fare il proprio lavoro in gran fretta.

gallop² /'gæləp/ *n*. 1 galoppo *m*.: *at a* ~ al galoppo, di galoppo. 2 (*ride*) galoppata *f*.: *to go for a* ~ fare una galoppata. 3 (*fig*) andatura *f*. veloce, galoppo *m*. □ *to break into a* ~ prendere il galoppo.

galloper /'gæləpər/ *n*. 1 (*horse*) galoppatore *m*. 2 (*rider*) galoppatore *m*. (*f*. -trice). 3 (*Mil, ant*) cannone *m*. leggero da campo. 4 (*Mil*) aiutante *m*. di campo.

Gallophile /'gæloufaɪl/ *n*. gallofilo *m*. (*f*. -a), francofilo *m*. (*f*. -a).

Gallophobe /'gæloufoʊb/ *n*. gallofobo *m*. (*f*. -a), francofobo *m*. (*f*. -a).

Gallophobia /ˌgæloʊ'foʊbiə/ *n*. gallofobia *f*., francofobia *f*.

galloping /'gæləpɪŋ/ *a*. 1 galoppante, al galoppo. 2 (*fig,Econ,Med*) galoppante.

gallowglass /'gæloʊˌglɑːs Am 'gæləˌglæs/ *n*. (*Stor*) soldato *m*. irlandese.

gallows /'gæloʊz/ (*pl.inv*. o -**lowses** /-loʊzɪz/) *n*. 1 forca *f*., patibolo *m*. 2 (*execution by hanging*) impiccagione *f*. □ (*colloq*) ~ *bird* pendaglio da forca, avanzo di forca; ~ *humour* umorismo macabro; ~ *tree* forca.

gallows-ripe /'gæloʊzˌraɪp/ *a*. (*colloq*) buono per la forca.

gall-stone /'gɔːlstoʊn/ *n*. (*Med*) calcolo *m*. biliare.

Gallup-poll /'gæləpˌpoʊl/ *n*. sondaggio *m*. dell'opinione pubblica.

gall-wasp /'gɔːlˌwɒsp Am 'gɔːlˌwɑːsp/ *n*. (*Entom*) cinipide *m*.

galoot /gə'luːt/ *n*. (*Scott,Am,colloq*) persona *f*. goffa.

galop /'gæləp/ I *n*. galop *m*. II *v.i*. ballare un galop.

galore /gə'lɔːr Am gə'lɔːr/ avv. a fiumi, in abbondanza, a profusione, a bizzeffe: whisky ~ whisky a fiumi.

galosh /gə'lɒʃ Am gə'lɑːʃ/ n. (Calz) caloscia f., galoscia f., galoche f.

galoshe /gə'lɒʃ Am gə'lɑːʃ/ n. (Calz) caloscia f., galoscia f., galoche f.

galumph /gə'lʌmf/ v.i. camminare in modo goffo, procedere con passo goffo e pesante.

galvanic /gæl'vænɪk/ a. 1 (El) galvanico. 2 (fig) galvanizzante, elettrizzante. □ (Fisiol) ~ skin response riflesso psicogalvanico.

galvanically /gæl'vænɪkəli/ avv. (El) galvanicamente.

galvanise /'gælvənaɪz/ v.t. (Br) 1 (El) sottoporre a corrente, elettrizzare. 2 (Med,Met) galvanizzare. 3 (fig) galvanizzare, elettrizzare, eccitare: to ~ so. into action spronare qcu. all'azione.

galvanism /'gælvənɪzʰm/ n. (El,Med) galvanismo m.

galvanization /ˌgælvənaɪ'zeɪʃʰn/ n. (Med, Met) galvanizzazione f.

galvanize /'gælvənaɪz/ v.t. 1 (El) sottoporre a corrente, elettrizzare. 2 (Med,Met) galvanizzare. 3 (fig) galvanizzare, elettrizzare, eccitare: to ~ so. into action spronare qcu. all'azione.

galvanizer /'gælvənaɪzʰr/ n. (El,fig) galvanizzatore m.

galvanography /ˌgælvə'nɒgrəfi Am ˌgælvə'nɑːgrəfi/ n. (Tip) galvanotipia f.

galvanometer /ˌgælvə'nɒmɪtʰr Am ˌgælvə'nɑːmətʰr/ n. (Fis) galvanometro m.

galvanometric /ˌgælvənou'metrɪk/ a. (Fis) galvanometrico.

galvanometry /ˌgælvə'nɒmɪtri Am ˌgælvə'nɑːmɪtri/ n. (Fis) galvanometria f.

galvanoplastic /ˌgælvənou'plæstɪk/ a. galvanoplastico.

galvanoplastics /ˌgælvənou'plæstɪks/ n.pl. (costr.sing.) galvanoplastica f.

galvanoplasty /ˌgælvənou'plæsti/ n. galvanoplastica f.

galvanoscope /'gælvənouskoup/ n. (Fis) galvanoscopio m.

gam¹ /gæm/ I n. (Am) 1 (Mar) scambio m. di visite (da nave a nave). 2 (school of whales) branco m. di balene. II v.i. (Am) (past, p.p. **gammed** /-d/) I (Mar) scambiarsi visite. 2 (of whales) raggrupparsi in branco.

gam² /gæm/ n. (Am,colloq) gamba f. (spec. di donna).

gamba /'gæmbə/ n. (Mus) 1 (organ stop) gamba f. 2 (viola da gamba) viola f. da gamba.

gambade /gæm'beɪd/ n. 1 (of a horse) salto m., balzo m. 2 (caper) capriola f. 3 (sudden move) movimento m. bizzarro.

gambado /gæm'beɪdou/ n. (pl. **-s/-es** /-z/) n. 1 (of a horse) salto m., balzo m. 2 (caper) capriola f. 3 (sudden move) movimento m. bizzarro.

Gambia /'gæmbiə/ n.pr. (Geog) Gambia m.

gambit /'gæmbɪt/ n. 1 (in chess) gambetto m. 2 (fig) mossa f. iniziale, prima mossa. 3 (manoeuver) stratagemma m.

gamble /'gæmbl/ I v.i. 1 giocare d'azzardo. 2 (to stake money) puntare, scommettere (on su): to ~ on a horse puntare su un cavallo. 3 (fig) mettere a repentaglio, mettere a rischio, rischiare (with sth. qcs.). II v.t. (to wager) scommettere. III n. 1 gioco m. d'azzardo. 2 (risk) rischio m., azzardo m.: we took a ~ abbiamo rischiato, abbiamo corso il rischio.
□ to ~ away perdere al gioco; to ~ on the Stock Exchange giocare in borsa.

gambler /'gæmblʰr/ n. 1 giocatore m. (f. -trice) d'azzardo. 2 (speculator) speculatore m.

(f. -trice).

gambling /'gæmblɪŋ/ n. gioco m. d'azzardo. □ ~ debt debito di gioco; ~ den (o ~ house) bisca, casa da gioco; ~ joint bisca clandestina.

gamboge /gæm'boudʒ/ n. gommagutta f.

gambol /'gæmbʰl/ I v.i. (past, p.p. **gambolled** /Am **gamboled** /-d/) saltellare, sgambettare (giocosamente). II n. salto m., capriola f.

gambrel /'gæmbrəl/ n. 1 (of a horse) garretto m. 2 (Macell) gancio m.

game¹ /geɪm/ I n. 1 gioco m. (anche fig): children's -s i giochi dei bambini; the ~ of chess il gioco degli scacchi. 2 (Sport) gioco m.; (manner of playing) gioco m., modo m. di giocare: his ~ is improving il suo gioco sta migliorando. 3 (Sport) (in tennis) game m., gioco m. 4 (Sport) (single round) partita f., round m., giro m.: who won the ~? chi ha vinto la partita? 5 (Sport) (number of points required to win) punteggio m. per vincere: nine points is ~ il punteggio per vincere è (di) nove. 6 (Sport) (score) punteggio m. 7 (fig) (strategy) piano m., disegno m., progetto m., schema m.: what is his ~? qual è il suo piano? 8 (fig) (trick) gioco m., tiro m., inganno m., tranello m. 9 (object of ridicule) gioco m., zimbello m. 10 (fig) (joke, prank) gioco m., scherzo m., burla f., celia f. 11 (Caccia) cacciagione f., selvaggina f. 12 (Gastron) cacciagione f. 13 pl. (Sport) giochi m.pl., gare f.pl., attività f.pl. agonistiche. 14 pl. (Br,Scol) educazione f.sing. fisica: -s teacher insegnante di educazione fisica. II a. 1 (Caccia) della caccia, venatorio. 2 (courageous) combattivo, ardimentoso, coraggioso. 3 (ready) pronto, disposto (for a): ~ for anything pronto a tutto; are you ~? ci stai?, sei d'accordo?; (are you ready?) sei pronto? III v.t. 1 sperperare al gioco. 2 (assol) (to gamble) giocare d'azzardo. □ to ~ away sperperare al gioco; (Caccia) ~ bag carniere; (Sport) ~ ball (in tennis) palla decisiva; (Caccia) ~ bird selvaggina da penna; (Am, colloq) to have a ~ with so. tentare di farsi gioco di qcu.; to have the ~ in one's hands avere la vittoria in pugno; ~ laws leggi sulla caccia, leggi venatorie; (fig) to make ~ of so. prendersi gioco di qcu.; (Scol) -s master insegnante di educazione fisica; (Scol) -s mistress insegnante di educazione fisica; ~ of chance gioco d'azzardo, gioco di fortuna; ~ of skill gioco di destrezza; ~ of swans o un branco di cigni; (Sport) to be off one's ~ non essere in forma; (Inform) ~ port porta per videogiochi; ~ preserve riserva di caccia; -s room stanza dei giochi; (TV) ~ show spettacolo con giochi; (Econ) ~ theory teoria dei giochi; (fig) the ~ is up non c'è più nulla da fare; ~ warden guardacaccia.

game² /geɪm/ a. (colloq) zoppo, storpio: a ~ leg una gamba zoppa.

gamecock /'geɪmkɒk Am geɪm'kɑːk/ n. gallo m. da combattimento.

gamekeeper /'geɪmˌkiːpʰr/ n. guardacaccia m./f.

gameness /'geɪmnəs/ n. coraggio m., ardimento m.

gamesmanship /'geɪmzmənʃɪp/ n. (Sport) capacità f. di usare stratagemmi al limite della correttezza per vincere.

gamesome /'geɪmsəm/ a. 1 scherzoso, giocoso. 2 (happy) allegro, gaio.

gamester /'geɪmstʰr/ n. giocatore m. (f. -trice) d'azzardo.

gamete /'gæmiːt/ n. (Biol) gamete m.

gametogenesis /gəˌmiːtə'dʒenəsɪs/ n. (Biol) gametogenesi f.

gametophore /gə'miːtəˌfɔːr Am gə'miːtəˌfɔːr/

n. (Bot) gametoforo m.

gametophyte /gə'miːtəˌfaɪt/ n. (Bot) gametofito m.

gametophytic /gəˌmiːtəˌfɪtɪk Am gə'miːtə ˌfɪtɪk/ a. (Bot) gametofitico.

gaminess /'geɪmɪnəs/ n. (colloq) 1 (courage) coraggio m. 2 (Am) l'essere osé, l'essere spinto.

gaming /'geɪmɪŋ/ n. il giocare d'azzardo. □ ~ debt debito di gioco; ~ room sala da gioco; ~ table tavolo verde, tavolo da gioco.

gaming-house /'geɪmɪŋˌhaus/ n. bisca f.

gamma /'gæmə/ I n. 1 gamma m. 2 (Mat,Biol) gamma m. 3 (unit of weight) microgrammo m. II a. (Chim,Nucl,Fis) gamma. □ (Biol) ~ globulin gammaglobulina; (Fis) ~ rays raggi gamma.

gammadion /gæ'meɪdiən/ n. (pl. **-dia** /-diə/) n. croce f. gammata, croce f. uncinata, svastica f.

gammer /'gæmʰr/ n. (rar,colloq) vecchia f., nonnetta f.

gammon¹ /'gæmən/ I n. vittoria f. che conta per due partite vinte (al gioco della tavola reale). II v.t. vincere con un "gammon".

gammon² /'gæmən/ n. 1 (Macell) parte f. più bassa del lardo. 2 (smoked ham) prosciutto m. affumicato.

gammon³ /'gæmən/ I n. 1 sciocchezze f.pl., chiacchiere f.pl. 2 (humbug) inganno m., imbroglio m. II v.i. dire sciocchezze. III v.t. imbrogliare.

gammon⁴ /'gæmən/ I n. (Mar) trinca f. II v.t. (Mar) (of a bowsprit) trincare.

gammy /'gæmi/ a. (colloq) zoppo, storpio.

gamp /gæmp/ n. (scherz) ombrello m. grande e ridotto male.

gamut /'gæmət/ n. 1 gamma f., successione f., serie f., scala f.: the whole ~ of emotions l'intera gamma delle emozioni. 2 (Mus) gamma f., scala f. (musicale). 3 (Mus) (great scale) scala f. esacordale; (lowest note) nota f. più bassa (della scala esacordale).

gamy /'geɪmi/ a. (of food) che sa di selvaggina frollata. 2 (abounding in game) ricco di selvaggina. 3 (colloq) (plucky) coraggioso. 4 (Am,colloq) osé, spinto.

gander /'gændʰr/ n. 1 oca f. maschio, papero m. 2 (colloq) (fool) sciocco m., sempliciotto m. □ (sl) to take a ~ at sth. dare un'occhiata a qcs., sbirciare qcs.

gang¹ /gæŋ/ I n. 1 combriccola f., compagnia f., cricca f. 2 (of criminals, etc.) gang f., banda f., combriccola f., (ant) masnada f. 3 (Ind) squadra f.: a ~ of workers una squadra di operai. 4 (Tecn) (of machines) batteria f., serie f.; (of tools) gruppo m. II v.t. (Tecn) mettere in serie, accoppiare, collegare. III v.i. (to form a gang) coalizzarsi, riunirsi in una combriccola; (to act as a gang) agire in gruppo. □ (volg) ~ bang: 1 stupro di gruppo; 2 (orgy) orgia sessuale; (Pol) the Gang of Four la banda dei quattro; ~ rape stupro di gruppo; to ~ up: 1 (to combine for a purpose) coalizzarsi; 2 (to band together) far lega, unirsi (on, against contro); 3 (to take sides) allearsi (with a, con).

gang² /gæŋ/ v.i. (Scott) (to go) andare, camminare.

gang³ /gæŋ/ n. (Minier) ganga f.

gangboard /'gæŋˌbɔːd Am 'gæŋˌbɔːrd/ n. (Mar) plancia f., passerella f. (di legno).

gangbuster /'gæŋˌbʌstʰr/ I n. (colloq) gruppo m. organizzato per la lotta contro le gang. II a. (Am,colloq) sensazionale, strepitoso: the new disco is doing ~ business la nuova discoteca sta avendo un successo strepitoso. □ like -s a gonfie vele, con grande successo.

ganger /'gæŋər/ n. (Br,Ind) caposquadra m./f.

Ganges /'gændʒiːz/ n.pr. (Geog) Gange m.

Gangetic /ˌgænˈdʒetɪk Am ˌgænˈdʒetɪk/ a. (Geog) gangetico.

gangliform /'gæŋglɪfɔːm Am 'gæŋglɪfɔːrm/ a. gangliforme.

gangling /'gæŋglɪŋ/ a. (lanky) allampanato.

ganglion /'gæŋgliən/ (pl. **-glia** /-gliə/, **-s** /-z/) n. 1 (Anat,Med) ganglio m. 2 (fig) ganglio m., centro m. di importanza vitale.

ganglionic /ˌgæŋglɪˈɒnɪk Am ˌgæŋglɪˈɑːnɪk/ a. (Anat) gangliare, ganglionare.

ganglioside /'gæŋgliəsaɪd/ n. (Anat) ganglioside m.

gangplank /'gæŋplæŋk/ n. (Mar) plancia f., passerella f. (di legno).

gang-rape /'gæŋˌreɪp/ v.t. commettere uno stupro di gruppo su.

gangrene /'gæŋgriːn/ I n. 1 (Med,fig) cancrena f. 2 (Bot) gangrena f. II v.t. (Med) ridurre in cancrena, gangrenare. III v.i. (Med) incancrenire, gangrenare.

gangrenous /'gæŋgrɪnəs Am 'gæŋgrɪnəs/ a. (Med) cancrenoso.

gangsta /'gaŋ(k)stə/ n. (Am,sl) membro m. di una banda. □ (Mus) **~ rap** gangsta rap (genere della musica nera con frequenti riferimenti alla delinquenza).

gangster /'gæŋ(k)stər/ n. gangster m., bandito m.

gangsterism /'gæŋ(k)stərɪzəm/ n. gangsterismo m., banditismo m.

gangue /gæŋ/ n. (Minier) ganga f.

gangway /'gæŋweɪ/ I n. 1 (passage between rows of seats) corridoio m., corsia f., passaggio m. 2 (Mar) barcarizzo m. 3 (Mar) (gangplank) plancia f., passerella f. (di legno). 4 (Parl) (in the House of Commons) corridoio m. trasversale. 5 (Ferr) (between coaches) passaggio m. intercomunicante. 6 (Aer) passerella f., ponticello m. di servizio. II intz. largo!, fate largo!

ganister /'gænɪstər/ n. roccia f. silicea (usata per rivestimento).

ganja /'gændʒə, 'gɑːndʒə/ n. (colloq) marijuana f.

gannet /'gænɪt/ n. (Ornit) sula f.

ganoid /'gænɔɪd/ I a. (Itt) dei ganoidi. II n. ganoide m.

gantlet /'gɔːntlɪt, 'gɑːntlɪt/ n. (Am) → **gauntlet**[1], **gauntlet**[2].

gantry /'gæntri/ n. 1 (Ferr,Mecc) incastellatura f. a cavalletto. 2 (for barrels) cavalletto m. 3 (Astron) incastellatura f. di lancio. □ (Tecn) **~ crane** gru a cavalletto.

Ganymede /'gænɪmiːd/ I n.pr.m. (Mitol) Ganimede. II n.pr. (Astr) Ganimede m. III n. (scherz) cameriere m. (f. -a) che versa da bere.

GAO /ˌdʒiːeɪˈoʊ/ (US) General Accounting Office (organo mediante cui il Congresso sovrintende all'amministrazione degli enti del governo federale).

gaol /dʒeɪl/ I n. (Br) prigione f., carcere m. II v.t. (Br) imprigionare, mettere in prigione, incarcerare. □ **~ break** evasione; (Med) **~ fever** tifo; **~ house** prigione, galera.

gaol-bird /'dʒeɪlˌbɜːd/ n. (Br,colloq) avanzo m. di galera.

gaoler /'dʒeɪlər/ n. (Br) carceriere m., secondino m.

gap /gæp/ n. 1 apertura f., spacco m., spazio m. aperto: a **~ in a hedge** un'apertura in una siepe. 2 (Mil) (breach) breccia f., varco m. 3 (pause) pausa f., intervallo m., interruzione f. 4 (disparity, divergence) gap m., divario m., scarto m.: the technological **~** il gap tecnologico. 5 (wide difference in views, etc.) abisso m. 6 (fig) (blank) lacuna f., vuoto m., mancanza f., carenza f.: a **~ in one's knowledge** una

lacuna culturale; **to fill** (o to supply) **a ~** colmare una lacuna; **his death has left a ~** la sua morte ha lasciato un (gran) vuoto. 7 (Geog) (ravine) burrone m.; (deep cleft) gola f.; (mountain pass) passo m., valico m. □ **~ year** anno di interruzione degli studi.

gape /geɪp/ I v.i. 1 guardare a bocca aperta (at so. qcu.). 2 (assol) restare a bocca aperta. 3 (to open the mouth wide) spalancare la bocca. 4 (to yawn) sbadigliare. 5 (to be wide open) aprirsi, spalancarsi: a deep crevasse **-d before them** un profondo crepaccio si apriva davanti a loro. 6 (to have a gap) avere un'apertura, avere uno spacco. II n. 1 il restare a bocca aperta. 2 (yawn) sbadiglio m. 3 (stare) sguardo m. stupito. 4 (opening) apertura f., spacco m. 5 (Zool) apertura f. della bocca. 6 pl. (Veter) ingiamosi f.sing. 7 pl. (scherz) attacco m.sing. di sbadigli.

gapeworm /'geɪpwɜːm Am 'geɪpwɜːrm/ n. (Zool) singamo m.

gaping /'geɪpɪŋ/ a. 1 a bocca aperta, sbigottito. 2 (of a chasm) profondo. □ **~ wound** ferita aperta.

gap-toothed /ˌgæpˈtuːθt/ a. dai denti radi.

garage /'gæraˌʒ Am gəˈrɑː/ I n. 1 garage m., autorimessa f. 2 (for repairing vehicles) officina f. 3 (petrol station) distributore m., stazione f. di rifornimento. 4 (Mus) musica f. garage (genere proveniente da New York con influenza di musica soul). II v.t. mettere in rimessa. □ **~ sale** mercatino delle pulci tenuto nel garage di una casa privata.

garageman /'gæraˌʒˌmæn/ n.irr. garagista m.

garaging /'gæraˌʒɪŋ Am gəˈrɑːʒɪŋ/ n. rimessaggio m.

garb /gɑːb Am gɑːrb/ I n. 1 abito m., modo m. di vestire, foggia f. 2 (clothes) abito m., costume m. 3 (fig) aspetto m., (ant) abito m. II v.t. abbigliare, (ri)vestire.

garbage /'gɑːbɪdʒ Am 'gɑːrbɪdʒ/ n. 1 (Am) spazzatura f., immondizie f.pl., rifiuti m.pl. 2 (Am,colloq) (anything worthless) ciarpame m. 3 (Inform) spazzatura f. □ (Am) **~ can** bidone della spazzatura, pattumiera; **~ collection**: 1 (Am) raccolta dei rifiuti; 2 (Inform) garbage collection; **~ collector**: 1 (Am) netturbino; 2 (Inform) garbage collector, spazzino informatico; (Am) **~ disposal** (o **~ disposal unit**) tritarifiuti; (Am) **~ dump** discarica; (Inform) **~ in, garbage out** garbage in, garbage out; spazzatura in ingresso, spazzatura in uscita; (Am,colloq) **~ mouth** persona sboccata; (Am) **~ pickup day** giorno della raccolta dei rifiuti; (Am) **~ truck** camion per la raccolta dei rifiuti.

garbageman /'gɑːbɪdʒˌmæn Am 'gɑːrbɪdʒˌmæn/ n.irr. netturbino m.

garbanzo /gɑːˈbænzoʊ Am gɑːrˈbɑːnzoʊ/ n. (Am) cece m.

garble /'gɑːbl̩ Am 'gɑːrbl̩/ v.t. 1 distorcere, alterare, travisare. 2 (to confuse) confondere, imbrogliare, ingarbugliare.

garboard /'gɑːbɔːd Am 'gɑːrbɔːrd/ n. (Mar) torello m.

garbologist /gɑːrˈbɑːlədʒɪst/ n. (Am) studioso m. dello smaltimento dei rifiuti.

garbology /gɑːrˈbɑːlədʒi/ n. (Am) studio m. scientifico dello smaltimento dei rifiuti.

garda /'gɑːdə Am 'gɑːrdə/ n. 1 (Irish police) polizia f. irlandese. 2 (pl. **Gardai** /-diː/) (Irish policeman) poliziotto m. irlandese.

garden /'gɑːdən Am 'gɑːrdən/ I n. 1 giardino m. (anche estens). 2 (vegetable garden) orto m. 3 (public park) giardino m. (pubblico), parco m. II a. di giardino, da giardino. III v.i. lavorare in giardino, fare giardinaggio, praticare il giardinaggio. □ **~ centre** grande emporio-vivaio; (Br) **~ city** città giardino; (Bot) **~**

cress agretto, crescione d'orto, crescione inglese; **~ furniture** mobili da giardino; **~ party** garden party, festa all'aperto, ricevimento all'aperto; (Bot) **~ pea** pisello; (Zool) **~ spider** ragno comune; **Garden State** New Jersey; **~ stuff** verdura, ortaggi; (Zool) **~ warbler** beccafico.

gardener /'gɑːdənər Am 'gɑːrdənər/ n. 1 giardiniere m. (f. -a). 2 (estens) chi pratica il giardinaggio.

gardenframe /'gɑːdənˌfreɪm Am 'gɑːrdənˌfreɪm/ n. (Agr) serra f.

gardenia /gɑːˈdiːniə Am gɑːrˈdiːniə/ n. (Bot) gardenia f.

gardening /'gɑːdənɪŋ Am 'gɑːrdənɪŋ/ n. lavori m.pl. di giardinaggio, giardinaggio m.

garden-variety /'gɑːdənˌvɑːˌraɪəti/ a. (Am) comune, ordinario.

garfish /'gɑːfɪʃ Am 'gɑːrfɪʃ/ n. (Itt) aguglia f.

garganey /'gɑːgəni Am 'gɑːrgəni/ n. (Zool) marzaiola f.

Gargantua /gɑːˈgæntjuə Am gɑːrˈgæntʃuə/ n.pr.m. (Lett) Gargantua.

gargantuan /gɑːˈgæntjuən Am gɑːrˈgæn tʃuən/ a. gargantuesco, enorme, gigantesco.

garget /'gɑːgɪt Am 'gɑːrgɪt/ n. (Zootecn) mastite f. cronica (bovina).

gargle /'gɑːgl̩ Am 'gɑːrgl̩/ I v.i. fare i gargarismi, gargarizzare. II v.t. fare gargarismi con. III n. 1 (Farm) collutorio m., gargarismo m. 2 (Br,colloq) bibita f.: what's your **~**? che cosa bevi?

gargoyle /'gɑːgɔɪl Am 'gɑːrgɔɪl/ n. (Arch) gargouille f., gargolla f., doccione m.

garibaldi /ˌgæriˈbɔːldi Am also ˌgæriˈbɑːldi/ n. 1 (Abbigl) blusa f. rossa. 2 (Br,Gastron) biscotto m. con uvetta.

garish /'geərɪʃ, 'gɑːrɪʃ Am 'gerɪʃ/ a. 1 abbagliante, acceso, brillante: **~ colours** colori accesi. 2 (showy) vistoso, appariscente, sgargiante.

garishness /'geərɪʃnəs, 'gɑːrɪʃnəs Am 'gerɪʃnəs/ n. appariscenza f., vistosità f.

garland /'gɑːlənd Am 'gɑːrlənd/ I n. 1 ghirlanda f., serto m., corona f. 2 (of gold, jewels, etc.) cerchietto m. 3 (fig) serto m., corona f., palma f. 4 (Lett) antologia f., florilegio m. 5 (Mar) (of a rope) canestrello m. II v.t. inghirlandare.

garlic /'gɑːlɪk Am 'gɑːrlɪk/ n. (Bot,Gastron) aglio m.: **clove of ~** spicchio d'aglio. □ (Gastron) **~ bread** pane spalmato con burro e pasta di aglio.

garlicky /'gɑːlɪki Am 'gɑːrlɪki/ a. che sa di aglio, agliaceo.

garment /'gɑːmənt Am 'gɑːrmənt/ n. 1 capo m. di vestiario, indumento m. 2 (fig) copertura f., rivestimento m. 3 pl. (clothes) abiti m.pl., vestiti m.pl. □ (Am) **~ bag** valigia appendibito; (Am) **~ district** zona dove c'è la maggior concentrazione di sartorie, showroom e negozi di abbigliamento.

garner /'gɑːnər Am 'gɑːrnər/ I v.t. 1 (Agr) ammassare nel granaio, mettere nel granaio. 2 (fig) (to acquire) acquistare, guadagnare. 3 (fig) (to gather) raccogliere, riunire, radunare. II n. (ant) 1 granaio m. 2 (fig) raccolta f.

garnet /'gɑːnɪt Am 'gɑːrnɪt/ n. 1 (Min) granato m. 2 (colour) rosso m. granato.

garnett /'gɑːnɪt Am 'gɑːrnɪt/ I n. (Tess) garnettatrice f. II v.t. garnettare.

garnetting /'gɑːnɪtɪŋ Am 'gɑːrnɪtɪŋ/ n. (Tess) garnettatura f.

garnish /'gɑːnɪʃ Am 'gɑːrnɪʃ/ v.t. 1 (Gastron) guarnire, decorare. 2 (to decorate) decorare, ornare, guarnire. 3 (Dir) citare (come teste). II n. 1 (Gastron) guarnizione f., decorazione f. 2 (decoration) decorazione f., ornamento m.

garnishee /ˌgɑːnɪˈʃiː; *Am* ˌgɑːrnɪˈʃiː/ I *v.t.* (*Dir*) 1 (*of money, property*) sequestrare (presso un terzo). 2 (*of a person*) diffidare dal disporre dei beni di un terzo in attesa di giudizio. II *n.* (*Dir*) terzo *m.* sequestrato.

garnishment /ˈgɑːnɪʃmənt *Am* ˈgɑːrnɪʃmənt/ *n.* 1 (*Gastron*) guarnizione *f.*, decorazione *f.* 2 (*Dir*) citazione *f.* (come teste). 3 (*Dir*) sequestro *m.* presso terzi.

garniture /ˈgɑːnɪtʃər *Am* ˈgɑːrnɪtʃər/ *n.* guarnizione *f.*, ornamento *m.*, decorazione *f.*

garotte /gəˈrɒt *Am* gəˈrɑːt/ I *n.* 1 (*method of execution*) garrottamento *m.* 2 (*instrument*) garrotta *f.* 3 (*wire, cord*) laccio *m.* per strangolare. 4 (*estens*) strangolamento *m.* II *v.t.* 1 garrottare. 2 (*to strangle*) strangolare.

garret /ˈgærət/ *n.* 1 (*Arch*) soffitta *f.* 2 (*sl*) (*head*) testa *f.*

garrison /ˈgærɪsən/ I *n.* (*Mil*) 1 (*troops*) guarnigione *f.* 2 (*place*) guarnigione *f.*, presidio *m.* II *v.t.* (*Mil*) 1 presidiare, munire di guarnigione. 2 (*of troops*) porre di guarnigione. □ ~ *town* città sede di presidio.

garron /ˈgærən/ *n.* (*Zool*) cavallino *m.* originario dell'Irlanda e della Scozia.

garrotte /gəˈrɒt *Am* gəˈrɑːt/ I *n.* 1 (*method of execution*) garrottamento *m.* 2 (*instrument*) garrotta *f.* 3 (*wire, cord*) laccio *m.* per strangolare. 4 (*estens*) strangolamento *m.* II *v.t.* 1 garrottare. 2 (*to strangle*) strangolare.

garrulity /gæˈruːlɪti *Am* gerˈuːləti/ *n.* 1 garrulità *f.*, loquacità *f.* 2 (*of speech, etc.*) verbosità *f.*

garrulous /ˈgærələs *Am* ˈgerələs/ *a.* 1 garrulo, loquace, ciarliero. 2 (*wordy*) verboso: *a ~ speech* un discorso verboso.

garrulously /ˈgærələsli *Am* ˈgerələsli/ *avv.* 1 loquacemente. 2 (*wordily*) verbosamente.

garrulousness /ˈgærələsnəs *Am* ˈgerələsnəs/ *n.* garrulità *f.*, loquacità *f.*

garter /ˈgɑːtər *Am* ˈgɑːrtər/ *n.* giarrettiera *f.* II *v.t.* reggere con una giarrettiera, fermare con una giarrettiera. □ (*Am*) ~ *belt* reggicalze; (*GB*) *Garter King of Arms* re d'armi, araldo; (*Am*) ~ *snake* serpente rigato non velenoso, thamnophis sirtalis; ~ *stitch* (*in knitting*) punto legaccio.

Garter /ˈgɑːtər *Am* ˈgɑːrtər/ *n.* (*GB*) 1 (*Order of the Garter*) ordine *m.* della Giarrettiera. 2 (*membership*) appartenenza *f.* all'ordine della Giarrettiera. 3 (*badge*) insegne *f.pl.* dell'ordine della Giarrettiera.

garth /gɑːθ/ *n.* (*Br*) 1 (*Arch*) (*cloister garth*) chiostro *m.* 2 (*rar*) (*yard, enclosure*) recinto *m.*, cortile *m.*

gas[1] /gæs/ *n.* 1 (*Fis*) gas *m.* 2 (*Am,colloq*) (*petrol*) benzina *f.* 3 (*laughing gas*) gas *m.* esilarante. 4 (*Aut*) gas *m.*, miscela *f.* 5 (*Am,colloq*) (*flatulence*) flatulenza *f.*, gas *m.*, aria *f.* 6 (*Minier*) metano *m.* 7 (*Mil*) (*war gas*) gas *m.* di guerra; (*tear gas*) gas *m.* lacrimogeno. 8 (*colloq*) (*stupid talk*) ciance *f.pl.*, chiacchiere *f.pl.* (inutili), ciarle *f.pl.* □ ~ *bag*: 1 (*of a rigid airship*) pallonetto; 2 (*colloq*) (*talkative person*) chiacchierone; ~ *bottle* bombola del gas, bombola di gas; ~ *bracket* braccio per lampada a gas; (*Tecn*) ~ *burner* bruciatore a gas, becco a gas; ~ *chamber* camera a gas; (*Fis*) ~ *chromatography* gascromatografia; (*Min*) ~ *coal* carbone di storta, carbone da gas; (*Min*) ~ *coke* coke di gas, coke di storta; (*Fis*) ~ *constant* costante universale dei gas; ~ *cooker* cucina a gas, fornello a gas; ~ *cylinder* bombola del gas, bombola di gas; (*Fis*) ~ *equation* equazione dei gas perfetti; (*Fisiol*) ~ *exchange* scambio gassoso; ~ *fire* stufa a gas; ~ *fitter* gasista; ~ *fittings* apparecchi per riscaldamento a gas, apparecchi per illuminazione a gas; ~ *fixture* impianto

per il gas; (*Med*) ~ *gangrene* cancrena gassosa; (*Am,colloq*) ~ *guzzler* auto che consuma molta benzina; ~ *heating* riscaldamento a gas; ~ *helmet* elmetto (da muratore ecc.); ~ *holder* gassometro; ~ *jet*: 1 (*Tecn*) becco a gas, bruciatore a gas; 2 (*flame*) fiamma di gas; ~ *lamp* lampada a gas; (*Fis*) ~ *laws* leggi dei gas; ~ *leak* fuga di gas; ~ *lighter*: 1 (*for gas*) accendigas; 2 (*for cigarettes*) accendino a gas, accendisigari a gas; ~ *main* tubo principale del gas, conduttura del gas; ~ *mantle* reticella per lampada a gas; ~ *mask* maschera antigas; ~ *meter* contatore del gas; (*Chim*) ~ *oil* gasolio, nafta; ~ *oven*: 1 forno a gas; 2 (*gas chamber*) camera a gas; ~ *pipe* conduttura per il gas, tubo del gas; ~ *pipeline* gasdotto; (*Bot*) ~ *plant* dittamo; (*Tecn*) ~ *producer* gassogeno; ~ *range* cucina a gas; ~ *ring* fornello a gas; (*Aut*) ~ *station* distributore di benzina, posto di rifornimento, stazione di rifornimento; ~ *station attendant* benzinaio; ~ *stove*: 1 (*cooker*) cucina a gas; 2 (*heater*) stufa a gas; ~ *tank*: 1 serbatoio del gas; 2 (*Am,Aut*) serbatoio della benzina; (*Tecn*) ~ *tar* catrame di gas; ~ *turbine* turbina a gas; (*Tecn*) ~ *welding* saldatura autogena; (*Minier*) ~ *well* pozzo di gas naturale.

gas[2] /gæs/ (*past, p.p.* **gassed** /-t/) I *v.t.* 1 fornire di gas. 2 (*to poison with gas*) asfissiare con il gas, avvelenare con il gas. 3 (*Chim*) sottoporre all'azione di gas. 4 (*Tess*) gassare, gazare. 5 (*Mil*) gassare. II *v.i.* 1 (*Tecn*) emettere gas. 2 (*colloq*) (*to talk idly*) cianciare, blaterare. □ (*Am,colloq*) *to ~ up* far benzina.

Gascon /ˈgæskən/ I *n.* 1 guascone *m.* (*f.* -a). 2 (*fig*) spaccone *m.* (*f.* -a), millantatore *m.* (*f.* -trice). II *a.* 1 guascone, della Guascogna. 2 (*fig*) da spaccone, millantatore.

gasconade /ˌgæskəˈneɪd/ I *n.* guasconata *f.*, spacconata *f.* II *v.i.* fare lo spaccone.

Gascony /ˈgæskəni/ *n.pr.* (*Geog*) Guascogna *f.*

gas-cooled /ˈgæsˌkuːld/ *a.* raffreddato a gas. □ (*Nucl*) ~ *reactor* reattore raffreddato a gas.

gaseity /gæˈsiːəti *Am* gæˈsiːəti/ *n.* stato *m.* gassoso.

gaseous /ˈgæsiəs, ˈgæʃəs/ *a.* gassoso.

gas-fired /ˈgæsˌfaɪəd *Am* ˈgæsˌfaɪərd/ *a.* (*Tecn*) a gas.

gash /gæʃ/ I *n.* sfregio *m.*, taglio *m.* II *v.t.* sfregiare, fare tagli su.

gashouse /ˈgæshaʊs/ *n.* officina *f.* (di produzione) del gas.

gasifiable /ˈgæsɪfaɪəbl̩/ *a.* gassificabile.

gasification /ˌgæsɪfɪˈkeɪʃən/ *n.* gassificazione *f.*

gasiform /ˈgæsɪfɔːm *Am* ˈgæsɪfɔːrm/ *a.* gassoso, aeriforme.

gasify /ˈgæsɪfaɪ/ I *v.t.* gassificare. II *v.i.* passare allo stato gassoso.

gasket /ˈgæskɪt/ *n.* 1 (*Mecc*) guarnizione *f.* di tenuta. 2 (*Mar*) gerlo *m.*

gaslight /ˈgæslaɪt/ *n.* luce *f.* a gas.

gaslit /ˈgæslɪt/ *a.* illuminato a gas.

gasman /ˈgæsmæn/ *n.irr.* 1 letturista *m.* del gas, (*colloq*) omino *m.* del gas. 2 (*technician*) gasista *m.*, gassista *m.*

gasogene /ˈgæsədʒiːn/ *n.* (*Tecn*) gasogeno *m.*, gassogeno *m.*

gasohol /ˈgæsəhɒl *Am* ˈgæsəhɑːl/ *n.* miscela *f.* benzina-alcol.

gasolene /ˈgæsəliːn, ˌgæsəˈliːn/ *n.* → **gasoline**.

gasolier /ˈgæsəlɪər *Am* ˈgæsəlɪr/ *n.* lampadario *m.* con lampade a gas.

gasoline /ˈgæsəliːn, ˌgæsəˈliːn/ *n.* 1 (*Am*) (*petrol*) benzina *f.* 2 (*Chim*) gasolina *f.* □ ~ *engine* motore a benzina; (*Aut*) ~ *pump* co-

lonnina, distributore di carburante, pompa.

gasometer /gæsˈɒmɪtər *Am* gæsˈɑːmətər/ *n.* gassometro *m.*

gasp /gɑːsp *Am* gæsp/ I *n.* 1 respiro *m.* affannoso e ansante. 2 (*convulsive effort to breathe*) rantolo *m.*: *the last* ~ l'ultimo fiato, il rantolo dell'agonia. II *v.i.* 1 restare senza fiato, rimanere senza fiato: *to ~ with surprise* restare senza fiato per la sorpresa. 2 (*to breathe laboriously*) respirare affannosamente, ansare, ansimare. 3 (*to struggle for breath*) boccheggiare. 4 (*to breathe convulsively*) rantolare. 5 (*fig*) (*to long for*) desiderare ardentemente, morire dal desiderio di. III *v.t.* dire affannosamente, raccontare affannosamente, dire a fatica. □ *to ~ after sth.* desiderare ardentemente qcs., morire dal desiderio di qcs.; *to ~ for sth.* desiderare ardentemente qcs., morire dal desiderio di qcs.; *to ~ for breath* (o *to ~ for life*) respirare a fatica, boccheggiare; *to ~ out* dire affannosamente, raccontare affannosamente, dire a fatica: *to ~ out a few words* dire a fatica poche parole.

gasper /ˈgɑːspər/ *n.* (*Br,colloq*) sigaretta *f.* scadente, (*scherz*) zampirone *m.*

gas-permeable /ˌgæsˈpɜːmiəbl̩ *Am* ˌgæsˈpɜːrmiəbl̩/ *a.* (*of contact lens*) gas-permeabile.

gassed /gæst/ *a.* (*Am,colloq*) ubriaco.

gassiness /ˈgæsinəs/ *n.* stato *m.* gassoso.

gassing /ˈgæsɪŋ/ *n.* 1 intossicazione *f.* da gas. 2 (*El*) ebollizione *f.* 3 (*Tess*) gassatura *f.*, gazatura *f.*

gassy /ˈgæsi/ *a.* 1 che contiene gas; (*effervescent*) gasato, gassato, effervescente. 2 (*resembling gas*) gassoso. 3 (*colloq*) (*talkative*) chiacchierone.

gasteropod /ˈgæstərəpɒd *Am* ˈgæstərəpɑːd/ I *a.* (*Zool*) dei gasteropodi. II *n.* (*Zool*) gasteropodo *m.*

gastight /ˈgæstaɪt/ *a.* impermeabile ai gas, a tenuta di gas.

gastralgia /gæsˈtrældʒiə/ *n.* (*Med*) gastralgia *f.*

gastrectomy /gæˈstrektəmi/ *n.* (*Med*) gastrectomia *f.*

gastric /ˈgæstrɪk/ *a.* gastrico. □ (*Med*) ~ *flu* influenza con sintomi gastrointestinali; (*Fisiol*) ~ *juice* succo gastrico; (*Med*) ~ *ulcer* ulcera gastrica.

gastrin /ˈgæstrɪn/ *n.* (*Biol*) gastrina *f.*

gastritis /gæsˈtraɪtəs *Am* gæsˈtraɪtəs/ (*pl.* **-tides** /-tɪdiːz/) *n.* (*Med*) gastrite *f.*

gastroenteric /ˌgæstrəʊenˈterɪk *Am* ˌgæstroʊenˈterɪk/ *a.* gastroenterico, gastrointestinale.

gastroenteritis /ˌgæstrəʊˌentəˈraɪtɪs *Am* ˌgæstroʊˌentəˈraɪtɪs/ *n.* (*Med*) gastroenterite *f.*

gastroenterological /ˌgæstrəʊˌentərəˈlɒdʒɪkl̩ *Am* ˌgæstroʊˌentərəˈlɑːdʒɪkl̩/ *a.* (*Med*) gastroenterologico.

gastroenterologist /ˌgæstrəʊˌentəˈrɒlədʒɪst *Am* ˌgæstroʊˌentəˈrɑːlədʒɪst/ *n.* (*Med*) gastroenterologo *m.* (*f.* -a).

gastroenterology /ˌgæstrəʊˌentəˈrɒlədʒi *Am* ˌgæstroʊˌentəˈrɑːlədʒi/ *n.* (*Med*) gastroenterologia *f.*

gastrohepatic /ˌgæstrəʊhɪˈpætɪk *Am* ˌgæstroʊhɪˈpætɪk/ *a.* gastroepatico.

gastrohepatitis /ˌgæstrəʊhepəˈtaɪtɪs *Am* ˌgæstroʊhepəˈtaɪtɪs/ *n.* (*Med*) gastroepatite *f.*

gastrointestinal /ˌgæstrəʊɪnˈtestɪnl̩ *Am* ˌgæstroʊɪnˈtestɪnl̩/ *a.* gastrointestinale.

gastrology /gæsˈtrɒlədʒi *Am* gæsˈtrɑːlədʒi/ *n.* (*Med*) gastrologia *f.*

gastronome /ˈgæstrənəʊm *Am* ˈgæstrənoʊm/ *n.* gastronomo *m.* (*f.* -a).

gastronomer /gæˈstrɒnəmər *Am* gæˈstrɑː-

nəmə/ *n.* gastronomo *m.* (*f.* -a).

gastronomic /ˌgæstrə'nɒmɪk *Am* ˌgæstrə 'nɑːmɪk/ *a.* gastronomico.

gastronomical /ˌgæstrə'nɒmɪkəl *Am* ˌgæstrə 'nɑːmɪkəl/ *a.* gastronomico.

gastronomist /gæ'strɒnəmɪst *Am* gæ 'strɑːnəmɪst/ *n.* gastronomo *m.* (*f.* -a).

gastronomy /gæs'trɒnəmi *Am* gæs'trɑːnəmi/ *n.* gastronomia *f.*

gastropod /'gæstrɒupɒd *Am* 'gæstrəpɑːd/ I *a.* (*Zool*) dei gasteropodi. II *n.* (*Zool*) gasteropodo *m.*

gastroscope /'gæstrə,skoup/ *n.* (*Med*) gastroscopio *m.*

gastroscopic /ˌgæstrə'skɒpɪk *Am* ˌgæstrə 'skɑːpɪk/ *a.* (*Med*) gastroscopico.

gastroscopy /gæs'trɒskəpi *Am* gæs 'trɑːskəpi/ *n.* (*Med*) gastroscopia *f.*

gastrula /'gæstrʊlə/ *n.* (*Biol*) gastrula *f.*

gastrulation /ˌgæstrə'leɪʃən/ *n.* (*Biol*) gastrulazione *f.*

gasworks /'gæswɜːks *Am* 'gæswɜːrks/ *n.pl.* (*costr.sing.*) officina *f.* (di produzione) del gas.

gat /gæt/ *n.* (*Am,sl*) (*revolver*) rivoltella *f.*, pistola *f.*

gate /geɪt/ I *n.* 1 cancello *m.*, portone *m.*: the garden ~ il cancello del giardino. 2 (*of a city, etc.*) porta *f.* 3 (*means of access*) entrata *f.*, passaggio *m.*, accesso *m.* (*anche fig*). 4 (*movable barrier*) barriera *f.*, sbarra *f.* 5 (*in airports*) gate *m.*, cancello *m.* 6 (*Geog*) passo *m.*, porta *f.*, varco *m.* 7 (*Idr*) porta *f.* (della chiusa). 8 (*number of people attending a contest, exhibition*) affluenza *f.* di pubblico, numero *m.* di spettatori. 9 (*at a contest, performance, etc.*) incasso *m.* 10 (*Inform*) gate *m.*, porta *f.*, griglia *f.* II *v.t.* 1 (*at Oxford, Cambridge*) togliere la libera uscita a. 2 (*El*) selezionare. □ (*Am,sl*) to give so. the ~ mettere qcu. alla porta; ~ money (*at a contest, performance, etc.*) incasso; (*Tecn*) ~ valve valvola a saracinesca.

gatecrash /'geɪtkræʃ/ I *v.t.* (*colloq*) partecipare senza essere invitato a, imbucarsi in. II *v.i.* (*colloq*) intrufolarsi, imbucarsi.

gatecrasher /'geɪt,kræʃə/ *n.* (*colloq*) ospite *m./f.* non invitato, intruso *m.* (*f.* -a), imbucato *m.* (*f.* -a).

gatefold /'geɪtfould/ *n.* (*Tip*) pagina *f.* con lembo ripiegato.

gatehouse /'geɪthaʊs/ *n.* 1 portineria *f.* (di parco, tenuta ecc.). 2 (*room over an old city gate*) stanza *f.* sovrastante una porta di città; (*guardroom*) corpo *m.* di guardia. 3 (*Idr*) posto *m.* di comando delle chiuse.

gatekeeper /'geɪt,kiːpə/ *n.* 1 portiere *m.* (di un ingresso con cancello). 2 (*Ferr*) custode *m.* di passaggio a livello.

gate-leg /'geɪtleg/ *a.* (*Arred*) a gambe pieghevoli.

gate-legged /'geɪtlegɪd/ *a.* (*Arred*) a gambe pieghevoli.

gateman /'geɪtmæn/ *n.irr.* 1 portiere *m.* (di un ingresso con cancello). 2 (*Ferr*) custode *m.* di passaggio a livello.

gatepost /'geɪtpoust/ *n.* pilastro *m.* di cancello, montante *m.* di cancello. □ (*scherz*) between you, me and the ~ detto fra noi, detto in confidenza, a quattr'occhi.

gateway /'geɪtweɪ/ *n.* 1 entrata *f.*, ingresso *m.* 2 (*structure*) passaggio *m.* 3 (*fig*) porta *f.*, strada *f.*, via *f.*: the ~ to success la via del successo. 4 (*Inform*) gateway *m.* □ ~ drug droga leggera che porta all'uso di stupefacenti più pesanti.

gather /'gæðə/ I *v.t.* 1 raccogliere: to ~ wood raccogliere legna. 2 (*of people*) radunare, riunire, raccogliere. 3 (*Agr,Giard*) raccogliere, cogliere: to ~ flowers cogliere fiori. 4 (*fig*)

(*to infer*) arguire, dedurre, desumere: as far as I can ~ per quanto posso capire. 5 (*to hear, to learn*) venire a sapere, apprendere. 6 (*fig*) (*to summon up*) raccogliere, concentrare: to ~ one's strength raccogliere le forze. 7 (*to accumulate*) raccogliere, mettere insieme, accumulare: to ~ information raccogliere informazioni. 8 (*to gain gradually*) acquistare gradualmente, assumere gradualmente: to ~ speed acquistare (gradualmente) velocità, prendere velocità. 9 (*to collect*) mettere insieme, raccogliere. 10 (*to wrap or to draw around*) avvolgere: to ~ a cloak around oneself avvolgersi in un mantello. 11 (*to wrinkle*) corrugare, increspare, aggrondare: to ~ one's brow corrugare la fronte. 12 (*Sart*) increspare. 13 (*Legat*) (*of printed sheets*) raccogliere. II *v.i.* 1 radunarsi, raccogliersi, assembrarsi: to ~ round the fire radunarsi attorno al fuoco. 2 (*to mass*) addensarsi, raccogliersi, ammassarsi. 3 (*fig*) (*to increase*) crescere, aumentare. 4 (*Med*) (*of a sore*) suppurare; (*of an abscess*) maturare. III *n.pl.* (*Sart*) increspature *f.pl.*, crespe *f.pl.* □ to ~ one's breath prendere fiato; to ~ dust essere un ricettacolo di polvere; to ~ itself (*of an animal*) raccogliersi per fare un balzo; (*fig*) to ~ life's roses godersi la vita; to be -ed to one's fathers morire, andare al Creatore; (*fig*) to ~ oneself together raccogliersi, comporsi; to ~ up raccogliere, radunare, mettere insieme: he -ed up his books and left raccolse i suoi libri e se ne andò; (*Mar*) to ~ way aumentare la velocità, acquistare velocità; to ~ one's wits riprendersi, riacquistare il controllo.

gatherer /'gæðərə *Am* 'gæðərə/ *n.* raccoglitore *m.* (*f.* -trice).

gathering /'gæðərɪŋ/ *n.* 1 (*collection of people*) assembramento *m.*; (*crowd*) folla *f.* 2 (*assembly, meeting*) riunione *f.*, assemblea *f.*, raduno *m.* 3 (*action*) il raccogliere. 4 (*Med*) ascesso *m.* 5 (*Legat*) fascicolo *m.* 6 (*collection of money*) colletta *f.*

gator /'geɪtə/ *n.* (*Am,colloq*) alligatore *m.*

GATT /gæt/ General Agreement on Tariffs and Trade GATT (Accordo generale sulle tariffe doganali e il commercio).

gauche /gouʃ/ *a.* 1 goffo, maldestro. 2 (*tactless*) privo di tatto.

Gaucher /'gouʃeɪ/ □ (*Med*) ~'s disease malattia di Gaucher.

gaucherie /'gouʃəri *Am* ˌgouʃə'riː/ *n.* 1 goffaggine *f.* 2 (*tactlessness*) mancanza *f.* di tatto.

gaud /gɔːd *Am also* gɑːd/ *n.* fronzolo *m.*

gaudily /'gɔːdɪli, 'gɔːdəli/ *avv.* in modo vistoso (e pacchiano), in modo sgargiante.

gaudiness /'gɔːdɪnəs/ *n.* l'essere vistoso (e pacchiano), l'essere sgargiante.

gaudy[1] /gɔːdi *Am also* 'gɑːdi/ *a.* 1 sgargiante, vistoso, (*colloq*) pimpante. 2 (*flashy*) vistoso e volgare, privo di (buon) gusto, pacchiano.

gaudy[2] /'gɔːdi *Am also* 'gɑːdi/ *n.* (*Br,Scol,Univ*) festa *f.* (annuale).

gauffer /'gɔːfə/ *n./v.* → **goffer**.

gauge /geɪdʒ/ I *n.* 1 (*standard of measure*) misura *f.* campione, misura *f.* normale. 2 (*Ferr*) scartamento *m.* 3 (*Aut*) (*distance between wheels*) carreggiata *f.* 4 (*Tecn*) (*device for measuring*) misuratore *m.*; (*tool for checking dimensions*) calibro *m.* 5 (*Arm*) calibro *m.* 6 (*Tecn*) (*indicator*) indicatore *m.*: fuel level ~ indicatore di livello del carburante. 7 (*fig*) (*criterion*) misura *f.*, criterio *m.* (di valutazione). 8 (*fig*) (*extent, scope*) portata *f.*, calibro *m.*, capacità *f.*, potenza *f.* 9 (*Tecn*) (*thickness of sheet metal*) spessore *m.*; (*of a screw, wire*) calibro *m.*, diametro *m.* 10 (*Mar*)

sopravvento *m.* 11 (*Nucl*) gauge *m.*: ~ boson bosone di gauge; ~ theory teoria di gauge. II *v.t.* 1 misurare (con esattezza), calibrare. 2 (*fig*) valutare, misurare, giudicare. 3 (*Tecn*) calibrare, tarare. 4 (*Edil*) (*of plasters*) mescolare (per ottenere una rapida presa). 5 (*Edil*) (*of bricks, stones*) ridurre a dimensioni uniformi. □ (*Tecn*) ~ pressure pressione manometrica.

gaugeable /'geɪdʒəbl/ *a.* misurabile.

gauger /'geɪdʒə/ *n.* 1 misuratore *m.* (*f.* -trice). 2 (*Br*) (*exciseman*) daziere *m.*, guardia *f.* daziaria.

gauging /'geɪdʒɪŋ/ *n.* 1 (*Tecn*) calibratura *f.*, calibrazione *f.* 2 (*Edil*) intonaco *m.* di gesso e calce. □ (*Edil*) ~ plaster intonaco di gesso e calce; (*Edil*) ~ rod stazza.

Gaul /gɔːl/ I *n.pr.* (*Geog.stor*) Gallia *f.* II *n.* 1 (*Stor*) gallo *m.* 2 (*scherz*) (*Frenchman*) francese *m./f.*

Gaulish /'gɔːlɪʃ/ I *n.* gallico *m.* (*f.* -a). II *a.* 1 (*Stor*) gallico, gallo. 2 (*scherz*) (*French*) francese.

gaunt /gɔːnt *Am also* gɑːnt/ *a.* 1 (*of a person*) magro, scarno, macilento, sparuto. 2 (*desolate, bleak*) arido, brullo, desolato, squallido.

gauntlet[1] /'gɔːntlət *Am also* 'gɑːntlət/ *n.* 1 (*Mil, ant*) manopola *f.*, guanto *m.* di ferro. 2 (*Mod*) guanto *m.* lungo. □ (*fig*) to fling (o to throw) down the ~ gettare il guanto, sfidare; (*fig*) to pick (o to take) up the ~ raccogliere il guanto, accettare la sfida.

gauntlet[2] /'gɔːntlət *Am also* 'gɑːntlət/ *n.* 1 (*Stor*) pena *f.* delle bacchette. 2 (*fig*) fuoco *m.* incrociato. □ to run the ~: 1 (*Stor*) passare per le bacchette; 2 (*fig*) essere sottoposto a dure prove.

gauntness /'gɔːntnəs/ *n.* 1 estrema magrezza *f.* 2 (*bleakness*) desolazione *f.*

gauss /gaʊs/ *n.* (*Fis*) gauss *m.*

Gaussian /'gaʊsiən/ *a.* (*Mat*) gaussiano, di Gauss: ~ curve curva gaussiana; ~ distribution distribuzione di Gauss.

gauze /gɔːz *Am also* gɑːz/ *n.* 1 (*Tess,Med*) garza *f.* 2 (*wire gauze*) reticella *f.* metallica. 3 (*Cin*) velatino *m.* 4 (*haze, mist*) foschia *f.*

gauzy /'gɔːzi *Am also* gɑːzi/ *a.* 1 simile a garza. 2 (*thin and light*) diafano, trasparente.

gavage /'gəvaːʒ *Am* gævədʒ/ *n.* ingozzamento *m.*, ingrasso *m.*

gave /geɪv/ → **give**[1].

gavel /'gævəl/ *n.* (*mallet of a presiding officer*) martelletto *m.*

gavelkind /'gævəl,kaɪnd, 'gævəl,kɪnd/ *n.* (*Stor.brit*) (*system of land tenure*) proprietà *f.* terriera di cui sono eredi i figli in parti uguali.

gavial /'geɪviəl/ *n.* (*Zool*) gaviale *m.* del Gange.

gavotte /gə'vɒt *Am* gə'vɑːt/ *n.* (*Mus*) gavotta *f.*

Gawain /'gaːweɪn/ *n.pr.m.* (*Lett*) Galvano.

gawk /gɔːk *Am also* gɑːk/ I *v.i.* (*colloq*) guardare con aria sciocca (*at so.* qcu.). II *n.* (*colloq*) allocco *m.* (*f.* -a).

gawkiness /'gɔːkɪnəs *Am also* 'gɑːkɪnəs/ *n.* balordaggine *f.*, stupidità *f.*

gawky /'gɔːki *Am also* 'gɑːki/ *a.* goffo, sgraziato.

gawp /gɔːp *Am* gɑːp/ *v.i.* (*Br,colloq*) guardare con aria sciocca.

gay /geɪ/ I *a.* 1 (*homosexual*) gay, omosessuale. 2 (*ant*) (*happy*) allegro, vivace, brioso: a ~ tune un motivo allegro; a gay ~ un buontempone. 3 (*ant*) (*light-hearted*) allegro, lieto, giocondo. 4 (*ant*) (*bright*) luminoso, vivace, brillante: ~ colours colori vivaci. 5 (*ant*) (*pleasure-loving*) godereccio, gaudente; (*licentious*) dissoluto; (*immoral*) di facili costumi. **II** *n.* gay *m.*, omosessuale *m.* □ ~ *lib* attivismo gay; ~ *libber* attivista gay; (*ant*) *to lead a ~ life* darsi alla bella vita; ~ *pride* orgoglio omosessuale; *Gay Rights Movement* Movimento per i diritti degli omosessuali.

gay-bashing /'geɪˌbæʃɪŋ/ *a.* offensivo per i gay.

gayety /'geɪti *Am* 'geɪəti/ *n.* **1** gaiezza *f.*, allegria *f.* **2** (*finery, elegance*) eleganza *f.* **3** *pl.* (*merry-making*) divertimenti *m.pl.*, feste *f.pl.*

Gay-Lussac /ˌgeɪ'luːsæk *Am* ˌgeɪlə'sæk/ □ (*Chim*) ~'*s law* legge di Gay-Lussac.

gayly /'geɪli/ *avv.* **1** gaiamente. **2** (*showily*) elegantemente.

gayness /'geɪnəs/ *n.* gaiezza *f.*

gaz. 1 *gazette* gazz. (gazzetta). **2** *gazetteer* (dizionario geografico).

Gaza /'gɑːzə/ *n.pr.* (*Geog*) Gaza *f.* □ (*Geog*) ~ *Strip* striscia di Gaza.

gazania /gə'zeɪniə/ *n.* (*Bot*) gazania *f.*

gaze /geɪz/ **I** *v.i.* guardare fisso, guardare insistentemente, fissare (*at, on, upon so.* qcu.). **II** *n.* sguardo *m.* fisso, sguardo *m.* insistente.

gazebo /gə'ziːbəʊ/ (*pl.* **-s/-es** /-z/) *n.* (*Arch*) belvedere *m.*

gazelle /gə'zel/ (*pl.inv.* o **-s** /-z/; *il pl. inv. si usa general. con valore collett.*) *n.* (*Zool*) gazzella *f.*

gazer /'geɪzəʳ/ *n.* contemplatore *m.* (*f.* -trice).

gazette /gə'zet/ **I** *n.* **1** (*Giorn*) gazzetta *f.*, giornale *m.* **2** (*Parl*) gazzetta *f.* ufficiale. **II** *v.t.* (*Parl*) pubblicare sulla gazzetta ufficiale.

gazetteer /ˌgæzə'tɪəʳ *Am* ˌgæzə'tɪr/ *n.* dizionario *m.* geografico.

gazogene /'gæzəʊdʒiːn *Am* 'gæzədʒiːn/ *n.* (*Tecn*) gasogeno *m.*, gassogeno *m.*

gazump /gə'zʌmp/ *v.t.* (*Br,colloq*) fare un'offerta più alta (di quella stabilita e riuscire ad acquistare).

GB /ˌdʒiː'biː/ **1** (*Geog*) *Great Britain* GB (Gran Bretagna). **2** (*Inform*) *gigabyte* GB (gigabyte).

GCA *Guatemala* GCA (Guatemala).

GCB /ˌdʒiːsiː'biː/ (*GB*) *Knight Grand Cross of the Bath* (cavaliere dell'ordine del Bagno).

gcd, GCD /ˌdʒiːsiː'diː/ (*Mat*) *greatest common divisor* M.C.D. (massimo comun divisore).

GCE A level /ˌdʒiːsiːiː'eɪˌlevl/ (*GB*) *General Certificate of Education at Advanced Level* (titolo di istruzione secondaria superiore a livello avanzato, rilasciato intorno ai 18 anni).

gcf, GCF /ˌdʒiːsiː'ef/ (*Mat*) *greatest common factor* M.C.D. (massimo comun divisore).

GCM /ˌdʒiːsiː'em/ (*US,Mil*) *general court-martial* (suprema corte marziale).

g.c.m., G.C.M. /ˌdʒiːsiː'em/ (*Mat*) *greatest common measure* M.C.D. (massimo comun divisore).

GCSE /ˌdʒiːsiːes'iː/ (*GB*) *General Certificate of Secondary Education* (titolo di istruzione secondaria superiore, rilasciato intorno ai 16 anni).

GCT /ˌdʒiːsiː'tiː/ *Greenwich Civil Time* (ora legale di Greenwich).

GDP /ˌdʒiːdiː'piː/ *Gross Domestic Product* PIL (prodotto interno lordo).

GDR /ˌdʒiːdiː'ɑːr *Am* ˌdʒiːdiː'ɑːr/ (*Stor*) *German Democratic Republic* RDT (Repubblica Democratica Tedesca).

gean /giːn/ *n.* **1** (*Bot*) ciliegio *m.* **2** (*fruit*) ciliegia *f.*

gear[1] /gɪəʳ *Am* gɪr/ *n.* **1** (*Mecc*) (*toothed wheel*) ingranaggio *m.* **2** (*Mecc*) (*mechanism*) dispositivo *m.*, congegno *m.*, meccanismo *m.* **3** (*Aut*) marcia *f.*: *to change* ~ cambiare mar-

cia. **4** (*implements, tools*) arnesi *m.pl.*, attrezzi *m.pl.*: *fishing* ~ attrezzi per la pesca. **5** (*harness*) bardatura *f.* **6** (*Mar*) (*rigging*) attrezzatura *f.* **7** (*personal belongings*) effetti *m.pl.* (personali), (*colloq*) cose *f.pl.*; (*household stuff*) masserizie *f.pl.* **8** (*colloq*) (*clothes*) abiti *m.pl.* □ (*Aut*) ~ *change* cambio; (*Mecc*) ~ *cutter* dentatrice; *to be in* ~: **1** (*Aut*) avere la marcia ingranata; **2** (*fig*) funzionare; (*Aut*) ~ *lever* leva del cambio; *to be out of* ~: **1** (*Aut*) essere in folle; **2** (*fig*) non funzionare, essere guasto; (*Aut*) *to put into* ~ ingranare la marcia; (*Mecc*) ~ *ratio* rapporto di trasmissione; (*spec. Am,Aut*) ~ *shift* leva del cambio; (*Mecc*) ~ *train* rotismo, treno di ingranaggi; (*Mecc*) ~ *wheel* ruota dentata.

gear[2] /gɪəʳ *Am* gɪr/ **I** *v.t.* **1** (*Mecc*) ingranare, innestare. **2** (*to provide with gearing*) provvedere di ingranaggi. **3** (*to equip, to fit*) attrezzare, fornire di attrezzi. **4** (*to harness*) bardare. **5** (*fig*) adeguare, adattare: *to* ~ *production to exports* adeguare la produzione alle esportazioni. **II** *v.i.* **1** (*Mecc*) ingranare. **2** (*fig*) adeguarsi, adattarsi (*to, with* a). □ (*Mecc*) *to* ~ *down* rallentare, ridurre i giri; *to* ~ *up*: **1** (*Mecc*) accelerare, moltiplicare i giri; **2** (*fig*) accelerare; **3** (*to harness*) bardare.

gearbox /'gɪəbɒks *Am* 'gɪrbɑːks/ *n.* **1** (*Aut*) cambio *m.* di velocità. **2** (*Mecc*) (*gearcase*) scatola *f.* degli ingranaggi.

gearcase /'gɪəkeɪs *Am* 'gɪrkeɪs/ *n.* (*Mecc*) scatola *f.* degli ingranaggi.

gearing /'gɪərɪŋ *Am* 'gɪrɪŋ/ *n.* (*Mecc*) sistema *m.* di ingranaggi.

gearing-down /ˌgɪərɪŋ'daʊn/ *n.* (*Mecc*) riduzione *f.* di giri.

gearing-up /ˌgɪərɪŋ'ʌp/ *n.* (*Mecc*) moltiplicazione *f.* di giri.

gearshift /'gɪəʃɪft *Am* 'gɪrʃɪft/ *n.* (*spec. Am, Aut*) cambio *m.*

gecko /'gekəʊ/ (*pl.* **-s/-es** /-z/) *n.* (*Zool*) geco *m.*

gee[1] /dʒiː/ **I** *intz.* (*to a horse, draught animal*) arri!, hop! **II** *v.i.* **1** incitare un cavallo con grida. **2** (*of a horse*) voltare a destra.

gee[2] /dʒiː/ *n.* (*infant*) (*gee-gee*) cavalluccio *m.*, cavallino *m.*

gee[3] /dʒiː/ *intz.* (*Am,colloq*) diamine!, accidenti!, perbacco!

gee[4] /dʒiː/ *n.* (*Am,sl*) mille dollari *m.pl.*

gee-gee /'dʒiːˌdʒiː/ *n.* (*infant*) cavalluccio *m.*, cavallino *m.*

geek /giːk/ *n.* (*Am,colloq*) **1** imbranato *m.* (*f.* -a). **2** (*computer addict*) appassionato *m.* (*f.* -a) di informatica e di Internet.

geese /giːs/ → **goose**.

gee-up /ˌdʒiː'ʌp, 'dʒiːˌʌp/ *intz.* (*to a horse*) arri!, hop!

gee-whiz /ˌdʒiː'wɪz/ *intz.* (*Am,colloq*) diamine!, accidenti!, perbacco!

Geez /dʒiːz/ *intz.* (*colloq*) caspita!

geezer /'giːzəʳ/ *n.* (*sl*) vecchio *m.* bislacco.

gehenna /gɪ'henə, gə'henə/ *n.* (*hell*) inferno *m.*, geenna *f.* (*anche fig*).

Gehenna /gɪ'henə, gə'henə/ *n.pr.* (*Bibl*) Geenna *f.*, Gehenna *f.*

Geiger counter /'gaɪgəʳˌkaʊntəʳ/ *n.* (*Fis*) contatore *m.* Geiger.

geisha /'geɪʃə/ *n.* geisha *f.*

Geissler /'gaɪslə/ □ (*Elettron*) ~ *tube* tubo di Geissler.

geitonogamy /ˌgaɪtə'nɒgəmi/ *n.* (*Bot*) geitonogamia *f.*

gel /dʒel/ **I** *n.* (*Chim,Fis*) gel *m.* **II** *v.i.* (*past, p.p.* **gelled** /-d/) **1** gelificarsi. **2** (*fig*) (*to take definite shape*) prendere forma.

gelatin /dʒel'ætin *Am* 'dʒelətin/ *n.* (*Chim,Gastron,Teat*) gelatina *f.* □ (*Br,Fot*) ~ *paper* carta alla gelatina.

gelatine /'dʒelətin, ˌdʒelə'tiːn/ *n.* (*Chim,*

Gastron,Teat) gelatina *f.*

gelatinisation /ˌdʒelætin(ə)ɪ'zeɪʃən/ *n.* (*Br, Chim,Fis*) gelatinizzazione *f.*

gelatinise /dʒə'lætɪnaɪz, dʒə'lætənaɪz/ **I** *v.t.* (*Br*) **1** gelatinizzare, ridurre allo stato gelatinoso. **2** (*Fot*) coprire con uno strato di gelatina, gelificare. **II** *v.i.* (*Br*) gelatinizzarsi.

gelatinization /ˌdʒəlætin(ə)ɪ'zeɪʃən/ *n.* (*Chim,Fis*) gelatinizzazione *f.*

gelatinize /dʒə'lætɪnaɪz, dʒə'lætənaɪz/ **I** *v.t.* **1** gelatinizzare, ridurre allo stato gelatinoso. **2** (*Fot*) coprire con uno strato di gelatina, gelificare. **II** *v.i.* gelatinizzarsi.

gelatinoid /dʒe'lætɪnɔɪd/ **I** *a.* gelatinoso, simile alla gelatina. **II** *n.* sostanza *f.* gelatinosa.

gelatinous /dʒə'lætɪnəs, dʒə'lætənəs/ *a.* gelatinoso.

gelation[1] /dʒə'leɪʃən/ *n.* congelamento *m.*

gelation[2] /dʒə'leɪʃən/ *n.* (*Chim*) gelificazione *f.*, gelatinizzazione *f.*

gelcap /'dʒelkæp/ *n.* (*Farm*) capsula *f.* gelatinosa, opercolo *m.*

gelcoat /'dʒelkəʊt/ *n.* (*Tecn*) gel-coat *m.*

geld[1] /geld/ (*past, p.p.* **-ed** /'geldɪd/ o **gelt** /gelt/) *v.t.* **1** (*Zootecn*) (*of a horse*) castrare. **2** (*fig*) castrare, togliere vitalità a.

geld[2] /geld/ *n.* (*Stor.brit*) tributo *m.* (dovuto) alla corona.

gelding /'geldɪŋ/ *n.* (*Zootecn*) cavallo *m.* castrato.

gelid /'dʒelɪd/ *a.* gelido.

gelidity /dʒə'lɪdɪti *Am* dʒə'lɪdɪti/, **gelidness** /'dʒelɪdnəs/ *n.* gelidità *f.*, l'essere gelido.

gelignite /'dʒelɪgnaɪt/ *n.* (*Chim*) gelatina *f.* esplosiva.

gem /dʒem/ **I** *n.* **1** gemma *f.*, pietra *f.* preziosa. **2** (*fig*) gioiello *m.*, gemma *f.*; (*person*) perla *f.*, gioiello *m.* **II** *v.t.* (*past, p.p.* **gemmed** /-d/) ingemmare.

geminal /'dʒemɪnəl/ *a.* (*Chim*) geminale.

geminate /'dʒemɪneɪt/ **I** *v.t.* **1** raddoppiare, duplicare. **2** (*Ling*) geminare. **II** *v.i.* raddoppiare. **III** *a.* **1** doppio, duplice. **2** (*Bot*) (*binate*) geminato, appaiato. **3** (*Min,Ling*) geminato. **IV** *n.* (*Ling*) geminata *f.*; (*consonant*) consonante *f.*; (*vowel*) vocale *f.* geminata.

gemination /dʒemɪ'neɪʃən/ *n.* **1** duplicazione *f.*, raddoppiamento *m.* **2** (*Ling,Min*) geminazione *f.*

Gemini /'dʒemɪnaɪ/ *n.pr.pl.* **1** (*Astr*) Gemelli *m.pl.*, Gemini *m.pl.* **2** (*person*) Gemelli *m.*, persona *f.* nata sotto il segno dei Gemelli.

gemma /'dʒemə/ (*pl.* **-mae** /-miː/) *n.* (*Biol*) gemma *f.*

gemmaceous /dʒe'meɪʃəs/ *a.* gemmario.

gemmate[1] /'dʒemət/ *a.* (*Biol*) che si riproduce per gemmazione.

gemmate[2] /ˌdʒe'meɪt/ *v.i.* (*Biol*) gemmare, mettere le gemme.

gemmation /dʒe'meɪʃən/ *n.* (*Biol*) gemmazione *f.*

gemmiferous /dʒe'mɪfərəs/ *a.* **1** che produce pietre preziose. **2** (*Biol*) che produce gemme, che porta gemme.

gemmiparous /dʒe'mɪpərəs/ *a.* (*Biol*) gemmiparo.

gemmology /dʒem'ɒlədʒi *Am* dʒem'ɑːlədʒi/ *n.* gemmologia *f.*

gemmule /'dʒemjuːl/ *n.* (*Biol*) gemmula *f.*

gemmy /'dʒemi/ *a.* **1** ingemmato. **2** (*like a gem*) simile a una gemma. **3** (*glittering*) splendente, scintillante.

gemologist /dʒe'mɒlədʒɪst *Am* dʒem'ɑːlədʒɪst/ *n.* gemmologo *m.* (*f.* -a).

gemology /dʒem'ɒlədʒi *Am* dʒem'ɑːlədʒi/ *n.* gemmologia *f.*

gemsbok /'gemzbɒk *Am* 'gemzbɑːk/ *n.* (*Zool*) antilope *f.* camoscio.

gemsbuck /'gemzbʌk/ (*pl.inv.* o **-s** /-s/; *il pl.*

inv. si usa general. con valore collett.) *n.* (*Zool*) antilope *f.* camoscio.

gemstone /'dʒemstoʊn/ *n.* gemma *f.* grezza.

gen /dʒen/ **I** *n.* (*colloq*) informazioni *f.pl.* **II** *v.i.* (*colloq*) informarsi, assumere informazioni (*on, about* su, circa). ☐ (*colloq*) *to ~up* informarsi, assumere informazioni (*on, about* su, circa).

gen. 1 (*Gramm*) *gender* gen. (genere). 2 (*Gramm*) *genitive* gen. (genitivo). 3 (*Biol*) *genus* gen. (genere).

Gen. (*Mil*) *General* Gen. (generale).

gendarme /'ʒɒndɑːm *Am* 'ʒɑːndɑːrm/ *n.* 1 gendarme *m.* (*anche Stor*). 2 (*policeman*) poliziotto *m.*

gendarmerie /'ʒɒndɑːməri *Am* 'ʒɑːn dɑːrməri/ *n.* gendarmeria *f.*

gender /'dʒendər/ *n.* 1 (*Gramm*) genere *m.* 2 (*colloq*) (*sex*) sesso *m.* ☐ *~bender* persona che si veste e si comporta come il sesso opposto, persona dal look ambiguo.

gene /dʒiːn/ *n.* (*Biol*) gene *m.* ☐ *~ bank* banca dei geni; (*Biol*) *~pool* pool genico.

genealogic /ˌdʒiːniə'lɒdʒɪk *Am* ˌdʒiːniə 'lɑːdʒɪk/ *a.* genealogico.

genealogical /ˌdʒiːniːə'lɒdʒɪkᵊl *Am* ˌdʒiːniə 'lɑːdʒɪkᵊl/ *a.* genealogico; *~ tree* albero genealogico.

genealogically /ˌdʒiːniə'lɒdʒɪkᵊli *Am* ˌdʒiːniə'lɑːdʒɪkᵊli/ *avv.* genealogicamente.

genealogist /ˌdʒiːni'ælədʒɪst/ *n.* genealogista *m./f.*

genealogy /ˌdʒiːni'ælədʒi/ *n.* genealogia *f.*

generable /'dʒenərəbl/ *a.* generabile.

general /'dʒenərᵊl/ **I** *a.* 1 generale: *a matter of ~ interest* un argomento d'interesse generale. 2 (*prevalent*) generale, comune: *the ~ opinion* l'opinione generale. 3 (*usual*) abituale, consueto. 4 (*universal*) generale, universale. 5 (*not specific*) generico, generale: *~ remarks* discorsi generici. 6 (*vague*) vago, impreciso, indefinito: *only a ~ idea* soltanto una vaga idea. **II** *n.* 1 (*Mil*) generale *m.* 2 (*Rel*) generale *m.*, superiore *m.* generale. 3 (*collett.*) (*fig*) generale *m.* 4 (*colloq*) (*servant*) domestico *m.* (*f.* -a) tuttofare. ☐ (*US*) *General Accounting Office* organo mediante cui il Congresso sovrintende all'amministrazione degli enti del governo federale; *~admission* aperto al pubblico; (*Fon*) *General American* pronuncia della lingua inglese comune nella maggior parte degli USA; (*Med*) *~anaesthesia* anestesia totale; (*Parl*) *General Assembly* Assemblea generale; (*Dir*) *~average* avaria comune, avaria generale; (*Comm*) *~ bill of loading* polizza di carico collettiva; *~business* (*in an order of the day*) varie ed eventuali; *General Council* Consiglio Generale; (*Mil*) *~ court-martial* suprema corte marziale; *~dealer* negoziante di articoli vari; (*Am,Post*) *~delivery* fermoposta; *~ disposition* una tendenza generale; *~education* istruzione di carattere generale, cultura generale; (*Pol*) *~ election* elezioni politiche; (*Comm*) *~ endorsement* girata in bianco; (*Mil*) *~headquarters* quartier generale; *~hospital* policlinico; *in ~*: 1 (*usually*) in genere, generalmente, di solito; 2 (*as a whole*) in generale, nell'insieme; (*US,Dir*) *~jurisdiction* giurisdizione ordinaria; (*Comm*) *~ ledger* libro mastro generale; *~ management* direzione generale; *~ manager* direttore generale; *~medicine* medicina generale; *~meeting* assemblea generale; (*Comm*) *~ partner* socio accomandatario; *~ partnership* società in nome collettivo; (*Post*) *~post office* posta centrale; (*Dir*) *~power* procura generale; (*Med*) *~practice* medicina generica: *he is in ~ practice* è un medico generico;

(*Med*) *~ practitioner* medico generico, medico di base; *the ~public* il pubblico; (*Fis*) *~ relativity* relatività generale; *as a ~ rule* come regola generale, in genere, di regola, di norma, normalmente; (*Mil*) *~ staff* stato maggiore; *~store* negozio di generi diversi; *~strike* sciopero generale; (*Rel.prot*) *General Synod* Sinodo generale; *in ~ terms* per sommi capi, in generale; *as a ~ thing* generalmente, di solito; (*Dir*) *~ verdict* verdetto generale.

generalise /'dʒenərᵊlaɪz/ *v.* (*Br*) → **generalize**.

generalissimo /ˌdʒenərə'lɪsɪmoʊ/ (*pl.* -s /-z/) *n.* (*Mil*) generalissimo *m.*

generality /ˌdʒenə'ræləti *Am* ˌdʒenə'ræləṭi/ *n.* 1 generalità *f.* 2 (*general point*) generico *m.* 3 (*vague statement*) generalità *f.*, concetto *m.* generico: *to keep to generalities* (o *to stick to generalities*) mantenersi sulle generali, stare sulle generali, restare nel generico. 4 (*greater part*) generalità *f.*, maggioranza *f.*

generalizable /ˌdʒenərᵊlaɪ'zəbl/ *a.* generalizzabile.

generalization /ˌdʒenərᵊlaɪ'zeɪʃᵊn/ *n.* generalizzazione *f.*

generalize /'dʒenərᵊlaɪz/ **I** *v.t.* 1 generalizzare, diffondere, rendere generale, rendere comune. 2 (*to infer from particulars*) dedurre da casi particolari. **II** *v.i.* 1 generalizzare. 2 (*to use generalities*) stare sulle generali, mantenersi sulle generali.

generalized /'dʒenərᵊlaɪzd/ *a.* generalizzato, diffuso.

generally /'dʒenərᵊli/ *avv.* 1 generalmente, in genere, di solito. 2 (*widely*) generalmente, universalmente. 3 (*without particulars*) genericamente, in modo generico. ☐ *it is ~ agreed* tutti sono d'accordo; *~speaking* generalmente parlando, in generale.

general-purpose /ˌdʒenərᵊl'pɔːpəs/ *a.* per tutti gli usi, polivalente.

generalship /'dʒenərᵊlʃɪp/ *n.* 1 generalato *m.* 2 (*military skill*) capacità *f.* militare, abilità *f.* militare, strategia *f.* 3 (*fig*) direzione *f.*, guida *f.*

generate /'dʒenəreɪt/ *v.t.* 1 generare, produrre (*anche Chim,El*): *to ~ employment* produrre occupazione. 2 (*to procreate*) generare, procreare. 3 (*fig*) generare, cagionare, provocare. ☐ *to ~ heat*: 1 produrre calore; 2 (*fig*) provocare animazione.

generating /'dʒenəreɪtɪŋ/ ☐ (*El*) *~plant* centrale elettrica; (*El*) *~set* gruppo elettrogeno, gruppo generatore; (*El*) *~station* centrale elettrica.

generation /ˌdʒenə'reɪʃᵊn/ *n.* 1 generazione *f.*: *the prewar ~* la generazione d'anteguerra. 2 (*fig*) tipo *m.*, genere *m.* 3 (*procreating*) generazione *f.*, procreazione *f.* 4 (*Chim,El*) generazione *f.*, produzione *f.* ☐ *~ for -s* per intere generazioni; *~gap* gap generazionale, conflitto generazionale; (*Bibl*) *~ of vipers* razza di vipere.

generational /ˌdʒenə'reɪʃᵊnᵊl/ *a.* generazionale.

generative /'dʒenərᵊtɪv *Am* 'dʒenərᵊṭɪv/ *a.* generativo, produttivo, generatore. ☐ (*Ling*) *~grammar* grammatica generativa.

generator /'dʒenəreɪtə *Am* 'dʒenəreɪtər/ *n.* 1 generatore *m.* 2 (*El*) generatore *m.*; (*dynamo*) dinamo *f.* 3 (*Chim*) generatore *m.* ☐ (*Elettron*) *~lock* genlock.

generatrix /'dʒenəreɪtrɪks *Am* ˌdʒenə'reɪtrɪks/ (*pl.* -trices /-trɪsiːz/) *n.* (*Mat*) generatrice *f.*

generic /dʒə'nerɪk/ *a.* 1 (*Biol*) generico, del genere. 2 (*general*) generico, generale. 3 (*Comm*) no brand, senza marchio. 4 (*Farm*) generico.

generical /dʒə'nerɪkᵊl/ *a.* 1 (*Biol*) generico, del genere. 2 (*general*) generico, generale. 3 (*Comm*) no brand, senza marchio. 4 (*Farm*) generico.

generically /dʒə'nerɪkᵊli/ *avv.* genericamente. ☐ (*Farm*) *~equivalent medicine* farmaco generico.

generosity /ˌdʒenə'rɒsəti *Am* ˌdʒenə'rɑːsəṭi/ *n.* 1 generosità *f.*, liberalità *f.* 2 (*generous act*) generosità *f.*, atto *m.* generoso.

generous /'dʒenərəs/ *a.* 1 generoso, liberale, munifico. 2 (*magnanimous*) generoso, magnanimo. 3 (*large, plentiful*) abbondante: *a ~ salary* un generoso stipendio. 4 (*Enol*) generoso, gagliardo. 5 (*of land*) generoso, fertile.

generously /'dʒenərəsli/ *avv.* generosamente, con generosità.

genesis /'dʒenəsɪs/ (*pl.* -ses /-siːz/) *n.* genesi *f.*, origine *f.* (*anche Lett,Art*).

Genesis /'dʒenəsɪs/ *n.pr.* (*Bibl*) Genesi *f.*

genet /'dʒenɪt/ *n.* 1 (*Zool*) genetta *f.* 2 (*fur*) pelliccia *f.* di genetta.

genetic /dʒə'netɪk *Am* dʒə'neṭɪk/ *a.* genetico. ☐ *~ code* codice genetico; *~ drift* deriva genetica; *~ engineer* ingegnere genetico; *~ engineering* ingegneria genetica; *~ factor* fattore ereditario; *~ fingerprint* impronta genetica; *~ profiling* profilo genetico.

genetical /dʒə'netɪkᵊl *Am* dʒə'neṭɪkᵊl/ *a.* genetico.

genetically /dʒə'netɪkᵊli *Am* dʒə'neṭɪkᵊli/ *avv.* in modo genetico, geneticamente.

geneticist /dʒə'netɪsɪst *Am* dʒə'neṭəsɪst/ *n.* genetista *m./f.*

genetics /dʒə'netɪks *Am* dʒə'neṭɪks/ *n.pl.* (*costr.sing.*) genetica *f.*

Geneva /dʒə'niːvə/ *n.pr.* (*Geog*) Ginevra *f.* ☐ *~ bands* collare (di abito talare); (*Mil, Pol*) *~ Convention* convenzione di Ginevra; *~cross* croce rossa (internazionale); *~gown* veste nera (dei predicatori calvinisti).

Genevan /dʒə'niːvən/ **I** *a.* 1 ginevrino. 2 (*estens*) calvinista. **II** *n.* 1 ginevrino *m.* (*f.* -a) 2 (*estens*) calvinista *m./f.*

Genevese /ˌdʒeni'viːz/ **I** *a.* 1 ginevrino. 2 (*estens*) calvinista. **II** *n.* 1 ginevrino *m.* (*f.* -a). 2 (*estens*) calvinista *m./f.*

Genevieve /'dʒenəviːv/ *n.pr.f.* Genoveffa.

genial /'dʒiːniəl/ *a.* 1 gioviale, allegro, giocondo. 2 (*cheerful*) cordiale, socievole, affabile, simpatico. 3 (*of the climate, etc.*) mite, salubre, clemente.

geniality /ˌdʒiːni'æləti *Am* ˌdʒiːni'æləṭi/ *n.* 1 giovialità *f.*, allegria *f.*, cordialità *f.*, socievolezza *f.*, affabilità *f.* 2 (*of climate, etc.*) mitezza *f.*, clemenza *f.*

genially /'dʒiːniəli/ *avv.* 1 gioialmente, con giovialità, allegramente. 2 (*cheerfully*) cordialmente, affabilmente, simpaticamente.

genic /'dʒenɪk/ *a.* (*Biol*) genico. ☐ (*Med*) *~therapy* terapia genica.

geniculate /dʒɪ'nɪkjuˌlətɪd *Am* dʒə'nɪkjə ˌleɪtɪd/ *a.* (*Bot,Anat*) genicolato.

genie /'dʒiːni/ *n.* genio *m.*, spiritello *m.*, folletto *m.*

genista /dʒə'nɪstə/ *n.* (*Bot*) genista *f.*

genital /'dʒenɪtᵊl *Am* 'dʒenəṭᵊl/ *a.* (*Anat*) genitale.

genitalia /ˌdʒeni'teɪliə/ *n.pl.* genitali *m.pl.*, organi *m.pl.* genitali.

genitals /'dʒenɪtᵊlz/ *n.pl.* genitali *m.pl.*, organi *m.pl.* genitali.

genitival /ˌdʒeni'taɪvᵊl/ *a.* (*Gramm*) (del) genitivo.

genitive /'dʒenɪtɪv *Am* 'dʒenətɪv/ **I** *a.* (*Gramm*) genitivo. **II** *n.* (*Gramm*) genitivo *m.* ☐ (*Gramm*) *~ absolute* genitivo assoluto; (*Gramm*) *~ case* caso genitivo.

genitor /'dʒenɪtəʳ Am 'dʒenɪtər/ n. (in anthropology) genitore m.

genito-urinary /ˌdʒenɪtou'juərɪnəri Am ˌdʒenətou'juərəneri/ a. (Anat) genito-urinario.

genius /'dʒiːniəs/ (pl. -nii /-niaɪ/) n. 1 genio m., ricchezza f. d'ingegno, ingegno m., talento m. 2 (person) genio m., persona f. geniale, persona di ingegno. 3 (natural ability) attitudine f., genio m., talento m., disposizione f. (naturale): to have a ~ for sth. avere talento per qcs., essere tagliato per qcs. 4 (distinctive character) genio m., carattere m. distintivo: the ~ of a nation il genio di una nazione. 5 (Mitol) genio m., divinità f. tutelare. □ ~ loci; 1 (Mitol) nume tutelare, genio tutelare; 2 (fig) atmosfera di un luogo, spirito di luogo; (scherz) he is no ~ non è certo un'aquila, non è certo un genio; a man of ~ un uomo di genio.

genlock /'dʒenlɒk Am 'dʒenlɑːk/ n. (Elettron) genlock m.

genoa /'dʒenouə, dʒen'ouə/ n. (Mar) genoa m. □ (Mar) ~ jib genoa.

Genoa /'dʒenouə, dʒen'ouə/ n.pr. (Geog) Genova f.

genocidal /'dʒenəˌsaɪdl/ a. di genocidio, relativo a genocidio.

genocide /'dʒenəˌsaɪd/ n. genocidio m.

Genoese /ˌdʒenou'iːz/ I a. genovese. II n. genovese m./f.

genome /'dʒiːnoum/ n. (Biol) genoma m. □ ~ map mappa del genoma.

genomic /'dʒiːnoumɪk/ a. (Biol) genomico.

genotype /'dʒenoutaɪp Am 'dʒenoutaɪp/ n. (Biol) genotipo m.

genotypic /'dʒenoutaɪpɪk Am 'dʒenoutaɪpɪk/ a. (Biol) genotipico.

genre /'ʒɑːnr(ə)/ n. 1 genere m., specie f., tipo m. 2 (Lett,Mus) genere m. 3 (Art) (genre painting) pittura f. di genere.

gent /dʒent/ (accorc. di gentleman) n. (colloq) 1 signore m. 2 pl. (men's toilet) gabinetto m.sing. degli uomini.

gent. 1 gentleman sig. (signore). 2 gentlemen sigg. (signori).

genteel /dʒen'tiːl/ a. 1 (refined) distinto, signorile. 2 (elegant) elegante, raffinato. 3 (high born) nobile, signorile, aristocratico: ~ families famiglie bene. 4 (polite) estremamente educato. 5 (iron) snob.

genteelism /dʒen'tiːlɪzəm/ n. eufemismo m. (di maniera).

genteelly /dʒen'tiːli/ avv. 1 in modo manieroso, in modo affettato. 2 (snobbishly) da snob.

gentian /'dʒenʃən, 'dʒenʃiən/ n. 1 (Bot) genziana f. 2 (Farm) radice f. di genziana. □ (Farm) ~ bitter amaro di genziana; (Farm) ~ root radice di genziana; (Chim) ~ violet violetto di genziana.

gentianella /ˌdʒenʃiə'nelə/ n. (Bot) genzianella f.

Gentile /'dʒentaɪl/ I a. 1 (non Jewish) gentile; (Christian) cristiano. 2 (estens) (heathen) pagano. 3 (Ling) di nazionalità. II n. 1 (non-Jew) gentile m./f.; (Christian) cristiano m. (f. -a). 2 (estens) (pagan) pagano m. (f. -a). 3 (in Mormonism) non mormone m./f.

gentilism /'dʒentaɪlɪzəm/ n. (ant) 1 (being non Jewish) l'essere gentile. 2 (estens) (being heathen) paganesimo m.

gentility /ˌdʒen'tɪləti Am ˌdʒen'tɪləti/ n. 1 (affectation) affettazione f. 2 (refinement) raffinatezza f., finezza f., signorilità f. 3 (ant) (gentle birth) nobiltà f. d'origine.

gentle /'dʒentl/ I a. 1 (mild) delicato, lieve, leggero, mite, gentile, garbato: a ~ touch un tocco delicato. 2 (of a sound, voice) delicato. 3 (of a slope, hill) lieve, dolce. 4 (moderate)

---

moderato, bonario: a ~ rebuke un rimprovero bonario. 5 (of an animal) docile. 6 (refined, polite) gentile, ben educato, cortese, garbato. 7 (Arald) gentilizio. 8 (lett) (noble) nobile: of ~ birth di nobile origine. II n. (Pesc) larva f. (usata come esca). III v.t. 1 domare, addomesticare. 2 (to make gentle) ingentilire, affinare. □ (Meteor) ~ breeze brezza tesa; (Pesc) ~ craft pesca con la lenza; ~ sex gentil sesso.

gentlefolk /'dʒentlfouk Am 'dʒentlfouk/ n. (costr.pl.) persone f.pl. perbene.

gentleman /'dʒentlmən Am 'dʒentlmən/ n.irr. 1 (well-mannered man) gentiluomo m., gentleman m. 2 (man) signore m., uomo m.: that ~ there quel signore là. 3 (man of noble birth) gentiluomo m. 4 (valet) valletto m. 5 (royal attendant) gentiluomo m. di corte. 6 (Dir) uomo m. che vive di rendita. 7 (Am,Parl) deputato m. 8 pl. (as a form of address) signori m.pl.: ladies and gentlemen signore e signori. □ ~'s agreement accordo sulla parola, accordo verbale, gentleman's agreement; ~ driver pilota dilettante; ~'s gentleman valletto; ~ of fortune avventuriero; ~ of the road grassatore, bandito.

gentleman-at-arms /ˌdʒentlmənət'ɑːmz Am ˌdʒentlmənət'ɑːrmz/ n. gentiluomo m. della guardia del corpo del re.

gentleman-commoner /ˌdʒentlmən'kɒmənəʳ Am ˌdʒentlmən'kɑːmənər/ n. (Stor.brit) (at Oxford and Cambridge) studente m. che godeva di speciali privilegi.

gentlemanlike /'dʒentlmənlaɪk Am 'dʒentlmənlaɪk/ a. signorile, distinto.

gentlemanliness /'dʒentlmənlinəs/ n. signorilità f.

gentlemanly /'dʒentlmənli/ a. signorile, distinto.

gentleness /'dʒentlnəs/ n. 1 (mildness) dolcezza f., mitezza f. 2 (softness) lievità f. 3 (tameness) docilità f. 4 (politeness) cortesia f., gentilezza f.

gentlewoman /'dʒentlˌwumən Am 'dʒentlˌwumən/ n.irr. 1 gentildonna f. 2 (lady) signora f. 3 (attendant) dama f. del seguito. 4 (Am, Parl) deputata f.

gently /'dʒentli/ avv. 1 con delicatezza, con garbo. 2 (mildly) dolcemente. 3 (courteously) gentilmente, cortesemente. 4 (slowly, gradually) lievemente, dolcemente. 5 (softly) a bassa voce.

gently-born /'dʒentliˌbɔːn/ a. di nobili origini.

gentrification /ˌdʒentrɪfɪ'keɪʃən/ n. ristrutturazione f. di vecchi quartieri urbani.

gentrify /'dʒentrɪfaɪ/ v.t. cambiare il carattere di vecchi quartieri urbani da proletario a borghese.

gentry /'dʒentri/ n. 1 persone f.pl. di buona famiglia. 2 (GB) (class below the nobility) gentry f., piccola nobiltà f., nobiltà f. minore. 3 (costr.pl.) (colloq) (people of a specific kind) gente f., individui m.pl.

genuflect /'dʒenjuflekt/ v.i. inginocchiarsi, genuflettersi.

genuflection, genuflexion /ˌdʒenju'flekʃən/ n. genuflessione f.

genuine /'dʒenjuɪn/ a. 1 genuino, autentico: ~ signature firma autentica. 2 (sincere) sincero, genuino, schietto. 3 (unadulterated) genuino, naturale. □ (Pell) ~ leather vero cuoio.

genuinely /'dʒenjuɪnli/ avv. 1 genuinamente, autenticamente. 2 (sincerely) sinceramente, schiettamente.

genuineness /'dʒenjuɪnnəs/ n. genuinità f., autenticità f.

genus /'dʒiːnəs/ (pl. **genera** /'dʒenərə/, **-es**

/-ɪz/) n. 1 (Biol,Filos) genere m. 2 (kind, class) genere m., specie f.

GEO Georgia GEO (Georgia).

geobotanic /ˌdʒiːo(u)'bətænɪk/ a. geobotanico.

geobotany /ˌdʒiːo(u)'bɒtəni Am ˌdʒiːo(u)'bɑːtəni/ n. geobotanica f.

geocentric /ˌdʒiːou'sentrɪk/ a. (Astr) geocentrico. □ (Astr) ~ latitude latitudine geocentrica.

geocentrical /ˌdʒiːou'sentrɪkəl/ a. (Astr) geocentrico.

geochemical /ˌdʒiːou'kemɪkəl/ a. geochimico.

geochemistry /ˌdʒiːou'kemɪstri/ n. geochimica f.

geochronological /ˌdʒiːoukrɒnə'lɒdʒɪkəl Am ˌdʒiːoukrɑːnə'lɑːdʒɪkəl/ a. geocronologico.

geochronology /ˌdʒiːoukrə'nɒlədʒi Am ˌdʒiːoukrə'nɑːlədʒi/ n. geocronologia f.

geochronometrical /ˌdʒiːoukrɒnə'metrɪkəl Am ˌdʒiːoukrɑːnə'metrɪkəl/ a. geocronometrico.

geode /'dʒiːoud/ n. (Min) geode m.

geodesic /ˌdʒiːou'desɪk/ I a. geodetico. II n. (Geom) geodetica f. □ (Arch) ~ dome volta geodetica; (Geom) ~ line (linea) geodetica.

geodesist /dʒiː'ɒdɪsɪst Am dʒiː'ɑːdɪsɪst/ n. geodeta m./f.

geodesy /dʒiː'ɒdɪsi Am dʒiː'ɑːdəsi/ n. geodesia f.

geodetic /ˌdʒiːou'detɪk/ a. geodetico.

geodetical /ˌdʒiːou'detɪkəl/ a. geodetico.

geo-ecology /ˌdʒiːo(u)ɪ'kɒlədʒi/ n. geoecologia f., ecologia f. del paesaggio.

Geoff /dʒef/ n.pr.m. dim. di Geoffrey.

Geoffrey /'dʒefri/ n.pr.m. Goffredo. □ (Lett) ~ of Monmouth Goffredo di Monmouth.

geographer /dʒiː'ɒɡrəfəʳ/ n. geografo m. (f. -a).

geographic /ˌdʒiːou'ɡræfɪk/ a. geografico. □ ~ latitude latitudine geografica; ~ mile miglio marino britannico, miglio geografico.

geographical /ˌdʒiːou'ɡræfɪkəl/ a. geografico.

geography /dʒiː'ɒɡrəfi Am dʒiː'ɑːɡrəfi/ n. 1 (science) geografia f. 2 (geographic features) struttura f. geografica. 3 (treatise) trattato m. di geografia, testo m. di geografia. 4 (fig) configurazione f.

geoid /'dʒiːɔɪd/ n. (Geol) geoide m.

geoidal /'dʒiːɔɪdəl/ a. (Geol) geoidico.

geologic /ˌdʒiːou'lɒdʒɪk Am ˌdʒiːə'lɑːdʒɪk/ a. geologico. □ Geologic Time Scale scala dei tempi geologici.

geological /ˌdʒiːou'lɒdʒɪkəl Am ˌdʒiːə'lɑːdʒɪkəl/ a. geologico.

geologise /dʒiː'ɒlədʒaɪz/ I v.i. (Br) 1 studiare geologia. 2 (to make geological investigations) fare ricerche geologiche. II v.t. (Br) studiare dal punto di vista geologico.

geologist /dʒiː'ɒlədʒɪst Am dʒiː'ɑːlədʒɪst/ n. geologo m. (f. -a).

geologize /dʒiː'ɒlədʒaɪz Am dʒiː'ɑːlədʒaɪz/ I v.i. 1 studiare geologia. 2 (to make geological investigations) fare ricerche geologiche. II v.t. studiare dal punto di vista geologico.

geology /dʒiː'ɒlədʒi Am dʒiː'ɑːlədʒi/ n. 1 (science) geologia f. 2 (geological features) struttura f. geologica. 3 (treatise) trattato m. di geologia, testo m. di geologia.

geomagnetic /ˌdʒiːoumæɡ'netɪk Am ˌdʒiːoumæɡ'netɪk/ a. geomagnetico.

geomagnetism /ˌdʒiːou'mæɡnɪtɪzəm Am ˌdʒiːou'mæɡnɪtɪzəm/ n. geomagnetismo m., magnetismo m.

geomancer /'dʒiːoumænsəʳ/ n. (Occult) geomante *m./f.*

geomancy /'dʒiːoʊmænsi/ *n.* (*Occult*) geomanzia *f.*

geometer /dʒiˈɒmɪtə Am dʒiˈɑːmətər/ *n.* 1 esperto *m.* (*f. -a*) di geometria. 2 (*Entom*) geometride *m.*

geometric /ˌdʒiːoʊˈmetrɪk/ *a.* geometrico. ☐ (*Mat*) ~ *mean* media geometrica; (*Archeol*) ~ *period* periodo geometrico; (*Mat*) ~ *progression* progressione geometrica; (*Mat*) ~ *series* serie geometrica.

geometrical /ˌdʒiːoʊˈmetrɪkəl/ *a.* geometrico.

geometrician /ˌdʒiːoʊməˈtrɪʃən/ *n.* esperto *m.* (*f. -a*) di geometria.

geometrize /dʒiˈɒmɪtraɪz Am dʒiˈɑːmətraɪz/ I *v.i.* seguire un metodo geometrico. II *v.t.* dare forma geometrica a.

geometry /dʒiˈɒmɪtri Am dʒiˈɑːmətri/ *n.* 1 geometria *f.* 2 (*treatise*) trattato *m.*, testo *m.* di geometria. 3 (*fig*) forma *f.*

geomorphic /ˌdʒiːoʊˈmɔːfɪk Am ˌdʒiːə'mɔːrfɪk/ *a.* geomorfico.

geomorphological /ˌdʒiːoʊˌmɔːfəˈlɒdʒɪkəl Am ˌdʒiːoʊˌmɔːrfəˈlɑːdʒɪkəl/ *a.* geomorfologico.

geomorphology /ˌdʒiːoʊmɔːˈfɒlədʒi Am ˌdʒiːoʊmɔːrˈfɑːlədʒi/ *n.* geomorfologia *f.*

geophagy /dʒiˈɒfədʒi Am dʒiˈɑːfədʒi/ *n.* (*Med*) geofagia *f.*

geophysical /ˌdʒiːoʊˈfɪzɪkəl/ *a.* geofisico.

geophysicist /ˌdʒiːoʊˈfɪzɪsɪst/ *n.* geofisico *m.* (*f. -a*).

geophysics /ˌdʒiːoʊˈfɪzɪks/ *n.pl.* (*costr.sing.*) geofisica *f.*

geopolitical /ˌdʒiːoʊpəˈlɪtɪkəl Am ˌdʒiːoʊpə'lɪtɪkəl/ *a.* geopolitico.

geopolitics /ˌdʒiːoʊˈpɒlɪtɪks Am ˌdʒiːoʊ'pɑːlətɪks/ *n.pl.* (*costr.sing.*) geopolitica *f.*

Geordie /'dʒɔːdi Am 'dʒɔːrdi/ *n.* (*Br,colloq*) 1 persona *f.* proveniente dalla zona di Newcastle-upon-Tyne. 2 (*dialect*) dialetto *m.* parlato nella zona di Newcastle-upon-Tyne.

George /dʒɔːdʒ Am 'dʒɔːrdʒ/ I *n.pr.m.* Giorgio. II *n.* (*Aer,sl*) pilota *m.* automatico. ☐ (*colloq*) *by* ~! perbacco!; (*GB*) ~ *Cross* croce di san Giorgio; (*GB*) ~ *Medal* medaglia di san Giorgio.

georgette /dʒɔːˈdʒet Am 'dʒɔːrdʒet/ *n.* (*Tess*) georgette *m./f.* ☐ (*Tess*) ~ *crepe* georgette.

Georgia /'dʒɔːdʒiə Am 'dʒɔːrdʒiə/ I *n.pr.f.* Giorgia. II *n.pr.* (*Geog*) Georgia *f.*

Georgian /'dʒɔːdʒiən Am 'dʒɔːrdʒiən/ I *a.* 1 (*Stor.brit,Art,Arch*) georgiano, giorgiano. 2 (*Geog*) georgiano, della Georgia. II *n.* 1 (*inhabitant of Georgia*) georgiano *m.* (*f. -a*). 2 (*language*) georgiano *m.*

georgic /'dʒɔːdʒɪk Am 'dʒɔːrdʒɪk/ I *a.* georgico. II *n.* (*Lett*) poema *m.* georgico.

geoscience /ˌdʒiːoʊˈsaɪəns/ *n.* scienza *f.* geologica.

geostatics /ˌdʒiːoʊˈstætɪks/ *n.pl.* (*costr.sing.*) geostatica *f.*

geostationary /ˌdʒiːoʊˈsteɪʃənəri/ *a.* (*Astron*) geostazionario.

geosynchronous /ˌdʒiːoʊˈsɪŋkrənəs/ *a.* (*Astron*) geosincrono.

geosystem /ˌdʒiːoʊˈsɪstəm/ *n.* geosistema *m.*

geotechnics /ˌdʒiːoʊˈtekniks/ *n.pl.* (*costr. sing.*) geotecnica *f.*

geothermal /ˌdʒiːoʊˈθɜːməl Am ˌdʒiːoʊ'θɜːrməl/ *a.* geotermico. ~ *energy* energia geotermica.

geothermic /ˌdʒiːoʊˈθɜːmɪk Am ˌdʒiːoʊ'θɜːrmɪk/ *a.* geotermico.

geotropic /ˌdʒiːoʊˈtrɒpɪk Am ˌdʒiːəˈtrɑːpɪk/ *a.* (*Biol*) geotropico.

geotropism /dʒiˈɒtrəpɪzəm Am dʒi'ɑːtrəpɪzəm/ *n.* (*Biol*) geotropismo *m.*

ger. (*Gramm*) *gerund* ger. (gerundio).

Ger. 1 *German* ted. (tedesco). 2 (*Geog*) *Germany* (Germania).

Gerald /'dʒerəld/ *n.pr.m.* Gerardo.

Geraldine /'dʒerəldiːn/ *n.pr.f.* Geraldina.

geraniol /dʒəˈreɪniəl/ *n.* (*Chim*) geraniolo *m.*

geranium /dʒɪˈreɪniəm/ *n.* 1 (*Bot*) geranio *m.* 2 (*colour*) color *m.* geranio, rosso *m.* vivo.

Gerard /'dʒerɑːd Am dʒə'rɑːrd/ *n.pr.m.* Gerardo.

gerbera /'dʒɜːb(ə)rə Am 'dʒɜːrb(ə)rə/ *n.* (*Bot*) gerbera *f.*

gerbil, **gerbille** /'dʒɜːbəl Am 'dʒɜːrbəl/ *n.* (*Zool*) gerbillo *m.*

gerfalcon /'dʒɜːˌfɔːlkən Am 'dʒɜːr,fɑːlkən/ *n.* (*Ornit*) girifalco *m.* (d'Islanda).

geriatric /ˌdʒeriˈætrɪk/ *a.* geriatrico. ☐ (*Med*) ~ *disease* malattia senile; ~ *home* istituto geriatrico; ~ *hospital* ospedale geriatrico.

geriatrician /ˌdʒeriəˈtrɪʃən/ *n.* geriatra *m./f.*

geriatrics /ˌdʒeriˈætrɪks/ *n.pl.* (*costr.sing.*) geriatria *f.*, gerontoiatria *f.*

geriatrist /ˌdʒeriˈætrɪst/ *n.* geriatra *m./f.*

germ /dʒɜːm Am dʒɜːrm/ *n.* 1 germe *m.* (*anche Biol*). 2 (*Biol*) cellula *f.* germinale, gamete *m.* 3 (*fig*) germe *m.*, principio *m.*, origine *f.* ☐ (*Med*) ~ *carrier* portatore di germi; (*Biol*) ~ *cell* cellula germinale; (*Biol*) ~ *disk* disco embrionale; (*Biol*) ~ *gland* gonade; (*Biol*) ~ *layer* foglietto germinativo; (*Biol*) ~ *line* linea germinale; (*Biol*) ~ *plasm* plasma germinale; ~ *warfare* guerra batteriologica.

german /'dʒɜːmən Am 'dʒɜːrmən/ *a.* germano.

German /'dʒɜːmən Am 'dʒɜːrmən/ I *n.* 1 (*native*) tedesco *m.* (*f. -a*). 2 (*language*) tedesco *m.* II *a.* 1 tedesco. 2 (*Ling*) germanico. ☐ (*Geog.stor*) ~ *Democratic Republic* Repubblica democratica tedesca; (*Med*) ~ *measles* rosolia, rubeola; (*Zool*) ~ *shepherd* pastore tedesco, pastore alsaziano; (*Met*) ~ *silver* alpacca, argentone; (*Univ*) ~ *studies* germanistica.

germander /dʒəˈmændə Am dʒərˈmændər/ *n.* (*Bot*) 1 teucrio *m.* 2 (*wall germander*) erba *f.* querciola. ☐ (*Bot*) ~ *speedwell* veronica maggiore.

germane /dʒəˈmeɪn Am dʒərˈmeɪn/ *a.* pertinente, attinente (*to* a), riguardante (*qcs.*).

Germanic /dʒəˈmænɪk Am dʒərˈmænɪk/ I *a.* 1 (*Stor*) (*Teutonic*) germanico, teutonico, dei germani. 2 (*Ling*) germanico. II *n.* (*Ling*) lingua *f.* germanica.

Germanism /'dʒɜːmənɪzəm Am 'dʒɜːrmənɪzəm/ *n.* germanismo *m.*, germanesimo *m.* (*anche Ling*).

Germanist /'dʒɜːmənɪst Am 'dʒɜːrmənɪst/ *n.* germanista *m./f.*

germanium /dʒəˈmeɪniəm Am dʒərˈmeɪniəm/ *n.* (*Chim*) germanio *m.*

Germanization /ˌdʒɜːmənaɪˈzeɪʃən Am ˌdʒɜːrmənɪˈzeɪʃən/ *n.* germanizzazione *f.*

Germanize /'dʒɜːmənaɪz Am 'dʒɜːrmənaɪz/ *v.t./i.* germanizzare.

Germanophil /dʒɜːˈmænəfɪl Am dʒər'mænəfɪl/ I *a.* germanofilo, tedescofilo. II *n.* germanofilo *m.* (*f. -a*), tedescofilo *m.* (*f. -a*).

Germanophile /dʒɜːˈmænəfaɪl Am dʒər'mænəfaɪl/ I *a.* germanofilo, tedescofilo. II *n.* germanofilo *m.* (*f. -a*), tedescofilo *m.* (*f. -a*).

Germanophobe /dʒɜːˈmænəfoʊb Am dʒər'mænəfoʊb/ *n.* germanofobo *m.* (*f. -a*), tedescofobo *m.* (*f. -a*).

Germanophobia /ˌdʒɜːˌmænəˈfoʊbɪə Am dʒərˌmænəˈfoʊbɪə/ *n.* germanofobia *f.*, tedescofobia *f.*

German-speaking /'dʒɜːmənˈspiːkɪŋ/ *a.* di lingua tedesca, germanofono. ☐ ~ *Switzerland* Svizzera tedesca.

Germany /'dʒɜːməni Am 'dʒɜːrməni/ *n.pr.* (*Geog*) Germania *f.*

germen /'dʒɜːmən/ (*pl.* -**s** /-z/, -**mina** /-mɪnə/) *n.* (*fig*) germe *m.*, embrione *m.*

germ-free /ˌdʒɜːm'friː Am ˌdʒɜːrmfriː/ *a.* (*Med*) asettico, sterilizzato.

germicidal /ˌdʒɜːmɪˈsaɪdəl Am ˌdʒɜːrmə'saɪdəl/ *a.* germicida, antisettico, sterilizzante.

germicide /'dʒɜːmɪsaɪd Am 'dʒɜːrməsaɪd/ *n.* germicida *m.*, battericida *m.*, antisettico *m.*

germinal /'dʒɜːmɪnəl Am 'dʒɜːrmənəl/ *a.* 1 (*Biol*) germinale. 2 (*fig*) embrionale, in germe.

germinant /'dʒɜːmɪnənt/ *a.* germogliante, che germoglia.

germinate /'dʒɜːmɪneɪt Am 'dʒɜːrməneɪt/ I *v.i.* 1 (*Bot*) germinare, germogliare. 2 (*fig*) nascere, svilupparsi. II *v.t.* 1 (*Bot*) fare germinare, fare germogliare. 2 (*fig*) produrre, far nascere, generare. ☐ (*Bot*) *germinating power* germinabilità.

germination /ˌdʒɜːmɪˈneɪʃən Am ˌdʒɜːrmə'neɪʃən/ *n.* 1 (*Bot*) germinazione *f.* 2 (*fig*) sviluppo *m.*, evoluzione *f.*

germinative /'dʒɜːmɪˌneɪtɪv/ *a.* (*Bot*) germinativo.

germinator /'dʒɜːmɪneɪtər/ *n.* (*Agr*) germinatoio *m.*

gerontocracy /ˌdʒerɒnˈtɒkrəsi Am ˌdʒerən'tɑːkrəsi/ *n.* (*Pol*) gerontocrazia *f.*

gerontocratic /dʒeˌrɒntəˈkrætɪk Am dʒeˌrɑːntəˈkrætɪk/ *a.* (*Pol*) gerontocratico.

gerontological /dʒeˌrɒntəˈlɒdʒɪkəl Am dʒeˌrɑːntəˈlɑːdʒɪkəl/ *a.* (*Med*) gerontologico.

gerontologist /ˌdʒerɒnˈtɒlədʒɪst Am ˌdʒerən'tɑːlədʒɪst/ *n.* (*Med*) gerontologo *m.* (*f. -a*).

gerontology /ˌdʒerɒnˈtɒlədʒi Am ˌdʒerən'tɑːlədʒi/ *n.* (*Med*) gerontologia *f.*

gerontophilia /dʒeˌrɒntoʊˈfɪlɪə Am dʒeˌrɑːntə'fɪlɪə/ *n.* (*Psic*) gerontofilia *f.*

gerrymander /'dʒerɪmændə, ˌdʒeri'mændər/ I *v.t.* (*Am*) 1 (*Pol*) dividere in distretti elettorali (per avvantaggiare un partito). 2 (*fig*) manipolare. II *n.* (*Am*) 1 (*Pol*) manipolazione *f.* dei distretti elettorali (per avvantaggiare un partito). 2 (*fig*) broglio *m.*

gerrymandering /'dʒerɪmændərɪŋ, ˌdʒeri'mændərɪŋ/ *n.* (*Pol*) manipolazione *f.* dei distretti elettorali (per avvantaggiare un partito).

Gertrude /'gɜːtruːd Am 'gɜːrtruːd/ *n.pr.f.* Geltrude, Gertrude.

gerund /'dʒerənd, 'dʒerʌnd/ *n.* (*Gramm*) gerundio *m.*

gerundial /dʒɪˈrʌndiəl/ *a.* (*Gramm*) del gerundio.

gerundival /ˌdʒerənˈdaɪvəl/ *a.* (*Gramm*) gerundivo.

gerundive /dʒəˈrʌndɪv, dʒerˈʌndɪv/ *n.* (*Gramm*) gerundivo *m.*

gesso /'dʒesoʊ/ (*pl.* -**es** /-z/) *n.* (*Art*) 1 gesso *m.* (per calchi). 2 (*prepared surface*) calco *m.* in gesso.

gestalt /gəˈʃtælt Am gə'ʃtɑːlt/ *n.* (*Psic*) gestalt *f.*, forma *f.* ☐ (*Psic*) ~ *psychology* psicologia della gestalt, gestaltismo; (*Psic*) ~ *therapy* terapia gestaltica.

gestaltic /gəˈʃtæltɪk Am gə'ʃtɑːltɪk/ *a.* (*Psic*) gestaltico.

gestaltism /gəˈʃtæltɪzəm/ *n.* (*Psic*) gestaltismo *m.*

gestation /dʒeˈsteɪʃən/ *n.* 1 (*Fisiol*) gestazione *f.*, gravidanza *f.* 2 (*fig*) gestazione *f.*, preparazione *f.*

gesticulate /dʒesˈtɪkjəleɪt/ I *v.i.* gesticolare, fare gesti, gestire. II *v.t.* esprimere a gesti.

gesticulation /dʒesˌtɪkjəˈleɪʃən/ *n.* 1 gesticolamento *m.*, gesticolazione *f.* 2 (*gesture*)

gesto m.

gesticulatory /dʒes'tɪkjʊleɪtəri/ a. caratterizzato da gesti.

gestural /'dʒestʃərəl/ a. gesturale.

gesture /'dʒestʃər/ n. 1 gesto m.: a ~ of impatience un gesto di impazienza. 2 (action indicative of sth.) gesto m., segno m., atto m.: as a ~ of friendship in segno d'amicizia. 3 (use of expressive movements) il gestire, mimica f.: the art of ~ l'arte del gestire.

get¹ /get/ (past **got** /gɒt Am gɑːt/, p.p. **got** /Am gotten/ /'gɑːtⁿ/) **I** v.t. **1** ricevere: I got two letters this morning ho ricevuto due lettere stamattina. **2** (to obtain, to acquire) ottenere: to ~ a good job ottenere un buon impiego. **3** (to buy) acquistare, comprare. **4** (to earn) guadagnare, prendere. **5** (to fetch) andare a prendere, prendere: will you ~ me my glasses please? mi vai a prendere gli occhiali, per favore? **6** (to procure) procurarsi, avere, ottenere: I couldn't ~ tickets for the show non sono riuscito a procurarmi i biglietti per lo spettacolo. **7** (with the verb to have: to be in possession of) avere, possedere: have you got a car? avete una macchina; he's got three children ha tre figli; he has got a lot of money possiede molto denaro. **8** (to cause to do) fare, far fare: I'll ~ the mechanic to repair the car farò riparare l'automobile dal meccanico. **9** (to have done) farsi: to ~ one's hair cut farsi tagliare i capelli. **10** (to persuade) convincere, indurre, persuadere: we'll ~ him to come with us lo convinceremo a venire con noi; I got him to admit he was wrong l'ho indotto ad ammettere che aveva torto. **11** (of blows, etc.) prendere, buscare, (colloq) beccare. **12** (of an illness: to catch) prendere, prendersi, buscarsi: to ~ a cold prendersi un raffreddore. **13** (to seize, to take hold of) afferrare, trattenere: he got me by an arm mi ha afferrato per un braccio. **14** (to hit, to strike) colpire, cogliere: the bullet got him in the leg il proiettile lo colpì alla gamba. **15** (to cause to arrive, to carry) portare, fare arrivare: we've got to ~ this piano upstairs dobbiamo portare questo pianoforte di sopra; we'll ~ you there in time ti (ci) faremo arrivare in tempo. **16** (to prepare) preparare, approntare: I'll ~ dinner preparerò la cena. **17** (colloq) (to understand) (riuscire a) capire, afferrare: I don't ~ you non ti capisco; didn't you ~ the joke? non hai capito la barzelletta? **18** (to hear) udire, sentire: I didn't ~ your last remark non ho sentito la tua ultima osservazione. **19** (Am) (to learn) imparare. **20** (colloq) (to affect emotionally) colpire, commuovere; (to irritate) irritare, dare sui nervi a; (to puzzle) rendere perplesso. **21** (colloq) (to punish) castigare, punire; (to take vengeance on) vendicarsi di. **22** (colloq) (to catch, to outwit) cogliere in fallo, sorprendere: I've got you there ti ho colto in fallo. **23** (to receive as punishment) essere condannato a, avere: to ~ twenty years (in jail) essere condannato a vent'anni di carcere. **24** (sl) (to kill) uccidere, accoppare, fare fuori. **25** (Zootecn) generare. **II** v.i. **1** arrivare, giungere: we got home late siamo arrivati a casa tardi. **2** (to become) diventare, farsi, often translated with a specific verb: to ~ rich diventare ricco, arricchirsi; it's ~ting dark si sta facendo buio; to ~ married sposarsi. **3** (to be; usato come aus.) essere, venire: to ~ promoted essere promosso; his arm got broken si è rotto un braccio. **4** (colloq) (to contrive, to manage; seguito dall'inf.) fare in modo di, riuscire a: did you ~ to see the film? sei riuscito a vedere il film? **5** (to come to be; seguito dal p.pres.) cominciare, mettersi a, ini-

ziare a: once he ~s talking there's no stopping him quando comincia a parlare, non c'è modo di fermarlo. **6** (to reach the stage of; seguito dall'inf.) finire per, arrivare a: you will soon ~ to like it finirà per piacerti. **7** (colloq) (to leave at once) andarsene, togliersi dai piedi. □ to ~ about: 1 andare in giro, muoversi; 2 (to become known) diffondersi, circolare, propagarsi; 3 (to lead a social life) fare vita di società; 4 (to travel) spostarsi, viaggiare; to ~ above oneself montarsi la testa, insuperbirsi; to ~ across: 1 attraversare, passare dall'altra parte di; 2 (colloq) (to make understandable) fare capire: to ~ an idea across to so. fare capire un concetto a qcu.; 3 (to annoy, to vex) infastidire, irritare, seccare; 4 (colloq) (to become clear) diventare chiaro (to a), diventare comprensibile (to a); to ~ along: 1 (to manage) tirare avanti, farcela; 2 (to progress) fare progressi, progredire (with in): he is ~ting along nicely with his studies sta facendo buoni progressi negli studi; 3 (to be on good terms) andare d'accordo: to ~ along badly with so. essere in cattivi rapporti con qcu.; (colloq) ~ along with you! 1 (keep away) vattene!, fila via!, alla larga!; 2 (nonsense) ma va'!; to ~ around: 1 (to move) andare in giro, muoversi; 2 (to become known) diffondersi, circolare, propagarsi; 3 (to find time) trovare il tempo (to di, per): he never got around to thanking them non ha mai trovato il tempo di ringraziarli; 4 (to outwit) raggirare, rigirare, circuire, ingannare; 5 (to elude) eludere, sottrarsi a; 6 (to coax) persuadere con (le) lusinghe; to ~ at: 1 (to reach) raggiungere; 2 (to discover) scoprire: to ~ at the truth scoprire la verità; 3 (to attack) attaccare, colpire; 4 (colloq) (to imply, to hint at) insinuare, far credere: what are you ~ting at? che cosa vuoi insinuare?; 5 (colloq) (to make fun of) punzecchiare, prendersi gioco di; 6 (colloq) (to bribe) corrompere, comprare; to ~ away: 1 (colloq) fuggire, scappare, darsi alla fuga, filare; to ~ away with it farla franca, passarla liscia, cavarsela; (fig) there's no ~ting away from the fact that non si può negare che, non c'è dubbio che; 2 (to go away) andar fuori, andar via; to ~ away for the week-end andar fuori per il fine settimana; 3 (to send, to take away) allontanare, mandar via, portar via; ~ away with you! 1 (keep away) vattene!, fila via!, alla larga!; 2 (nonsense) ma va'!; to ~ back: 1 (to return) (ri)tornare: to ~ back to so. (o sth.) tornare a qcu. (o qcs.); to ~ back into bed tornare a letto; 2 (colloq) (to revenge oneself on) vendicarsi (at di); 3 (to recover) riottenere, riavere, recuperare: he got his money back ha riottenuto il suo denaro; 4 (to cause to return) riportare indietro: the train will ~ you back by nine o'clock il treno ti riporterà a casa (o indietro) per le nove; (colloq) to ~ one's own back on so. rendere la pariglia a qcu., rendere pan per focaccia a qcu., prendersi la rivincita su qcu.; to ~ by: 1 (to pass) passare: let me ~ by fammi passare; 2 (to succeed in going past) riuscire a passare; 3 (to evade the notice of) sfuggire a: nothing ~s by him non gli sfugge nulla; 4 (to pass unnoticed) passare inosservato; 5 (to manage) tirare avanti, farcela, arrangiarsi: it's difficult to ~ by on ten pounds a week è difficile tirare avanti con dieci sterline la settimana; to ~ down: 1 scendere; 2 (to attend) applicarsi (to a), occuparsi (di): let's ~ down to the matter occupiamoci della questione; 3 (to pull down) tirare giù: ~ my suitcase down tirami giù la valigia; 4 (to swallow) inghiottire, mandar giù; 5 (colloq) (to

depress) deprimere, abbattere; 6 (to put down in writing) scrivere, appuntare, prendere nota di; 7 (to settle down) mettersi, cominciare (to a): to ~ down to work mettersi a lavorare; to ~ going muoversi, mettersi in moto; to have got to dovere, avere da: have I got to ask permission? devo chiedere il permesso?; we've got to go now dobbiamo andare, ora; to ~ in: 1 entrare: to ~ in through the window entrare dalla finestra; 2 (to arrive) arrivare: the train ~s in at nine il treno arriva alle nove; 3 (of vehicles: to enter, to board) salire in, salire su, entrare in; 4 (to become associated) unirsi (with a), mescolarsi (con): to ~ in with a bad crowd unirsi a una cattiva compagnia; 5 (to become involved) essere implicato, essere coinvolto; 6 (to be elected) essere eletto; 7 (to insert) introdurre, inserire; 8 (to collect a harvest) raccogliere; 9 (to bring in) portare dentro, fare entrare; 10 (to call in) far venire, chiamare; to ~ into: 1 (to enter) entrare; 2 (of a vehicle) entrare in, salire in, salire su: to ~ into a car salire su un'automobile; 3 (of clothes) indossare, mettersi: I can't ~ into last year's jacket la giacca dell'anno scorso non mi entra più, la giacca dell'anno scorso non mi va più bene; 4 (to be involved in) impegolarsi, impelagarsi: to ~ (oneself) into trouble mettersi nei guai; (colloq) what's got into you this morning? che cosa ti prende stamattina?, che cosa ti salta in mente stamattina?; (colloq) to ~ it: 1 venire punito, essere punito; 2 (to understand) capire: ~ it? capito?; to ~ off: 1 (from a vehicle) scendere; 2 (to start) partire; 3 (to escape punishment) cavarsela, farla franca, passarla liscia: he got off with a fine se l'è cavata con una multa; 4 (colloq) (to start a sexual relationship) iniziare un flirt (with con); 5 (to stop work) finire di lavorare; 6 (to remove) togliere, levare: I can't ~ the lid off non riesco a togliere il coperchio; 7 (from a vehicle, a horse) scendere da, smontare da; 8 (to procure the acquittal of) fare assolvere: the lawyer got him off l'avvocato lo fece assolvere; 9 (of mail: to send) mandare, spedire; (colloq) to tell so. where he ~s (o to get) off rispondere per le rime a qcu.; 10 (Am, colloq) godere, provare piacere: he ~s off when he manipulates others prova piacere nel manipolare gli altri; to ~ on: 1 (to mount) montare su, salire su; 2 (to proceed) procedere, proseguire, andare avanti; 3 (to make progress) far progressi, progredire: he's ~ting on quite fast sta facendo buoni progressi; 4 (to succeed) aver successo, riuscire: to ~ on in life aver successo nella vita, riuscire nella vita; 5 (to be on friendly terms) andare d'accordo, essere in buoni rapporti (with con); 6 (to get in touch with) mettersi in contatto, prendere contatto (to con); 7 (to manage) andare avanti, tirare avanti, farcela; 8 (colloq) (to catch on) capire, comprendere, afferrare (to sth. qcs.); 9 (of clothes) indossare, mettersi; 10 (to cause to make progress) far progredire, far fare progressi; he's ~ting on è abbastanza avanti con gli anni; (colloq) it's ~ting on for midnight si avvicina la mezzanotte; to ~ out: 1 (to leave a vehicle) scendere, smontare; 2 (to go, to come out) uscire (of da): (colloq) let's ~ out of here andiamocene di qui; 3 (to escape) salvarsi da, sfuggire a; 4 (to become known) diventar noto, esser conosciuto: the news soon got out la notizia fu ben presto nota; 5 (to move about socially) fare vita di società; 6 (to retire, to leave an enterprise) ritirarsi; 7 (to avoid) sottrarsi (of a), evitare (qcs.), esimersi (da): to ~ out of an unpleas-

ant job sottrarsi a un lavoro spiacevole; 8 (*to abandon*) liberarsi (*of* di), abbandonare (qcs.), perdere (qcs.): *to* ~ *out of a habit* perdere un'abitudine; 9 (*of a book: to borrow*) prendere in prestito (da biblioteca); 10 (*to utter*) pronunciare, dire (con difficoltà); 11 (*to publish*) pubblicare, far uscire; 12 (*to withdraw*) finire, dar fondo a: *he got all his savings out* diede fondo a tutti i suoi risparmi; *to* ~ *out of the way* levarsi dai piedi, levarsi di mezzo; *to* ~ *sth. out of the way*: 1 levare qcs. di mezzo; 2 finire (un lavoro); ~ *out of here!* levati dai piedi, levati di mezzo!; *there is nothing to be got out of it* non se ne ricava nulla; *to* ~*over*: 1 (*to climb over*) scavalcare, superare; 2 (*to recover from*) riprendersi da, riaversi da: *to* ~ *over an illness* riprendersi da una malattia; 3 (*colloq*) (*to believe, usually in negative*) credere a, prestar fede a: *I can't* ~ *over the news* non riesco a credere alla notizia; 4 (*to overcome*) superare, vincere; 5 (*to make clear*) spiegare, chiarire, far capire; 6 (*to get to the end of*) togliersi il pensiero di, liberarsi di, non pensare più a: *let's do it and* ~ *it over* (*with*) facciamolo subito e non pensiamoci più; *let's hurry up and* ~ *the thing over with* sbrighiamoci e facciamola finita; *to* ~ *the answer right* trovare la risposta giusta; *to* ~*round*: 1 (*to outwit*) raggirare, rigirare, circuire, ingannare; 2 (*to elude*) eludere, sottrarsi a; 3 (*to coax*) persuadere con (le) lusinghe;*that's what you* ~ *for not looking where you're going* questo è quel che capita a chi non guarda dove mette i piedi; (*colloq*) *to* ~*there*: 1 (*to succeed*) riuscire; 2 (*to understand*) capire, comprendere; *to* ~*through*: 1 (*to pass or to go through*) attraversare, passare attraverso; 2 (*to cause to go through*) far attraversare, far passare attraverso: *to* ~ *so. through to* far passare, portare in; 3 (*to reach the end of*) finire, esaurire, dar fondo a: *to* ~ *through with sth.* finire qcs., portare a termine qcs; 4 (*colloq*) (*to consume, to drink*) consumare, bere, scolarsi; 5 (*to complete, to finish*) terminare, finire; 6 (*to communicate*) comunicare; 7 (*to make oneself understood*) farsi capire (*to* da); 8 (*to pass an examination*) superare un esame; 9 (*Parl*) ottenere l'approvazione di, essere approvato da: *the bill got through Parliament* il disegno di legge ha ottenuto l'approvazione del parlamento; 10 (*Tel*) mettersi in contatto telefonico, ottenere la comunicazione (*to* con); 11 (*Sport*) entrare in, passare in, passare (il turno); *to* ~*to*: 1 giungere, arrivare: *what time do you* ~ *to London?* a che ora arriverai a Londra?; 2 (*to cause to reach, to take*) far arrivare, portare, condurre; (*colloq*) *where's my hat got to?* dove si è cacciato il mio cappello?; *to* ~*together*: 1 (*to meet*) riunirsi, radunarsi; 2 (*to assemble*) radunare, riunire; *to* ~*under*: 1 (*to go under*) infilarsi sotto; 2 (*to subdue*) domare, dominare; *to* ~*up*: 1 (*from bed*) alzarsi (dal letto): *to* ~ *up early* alzarsi presto; 2 (*to stand up*) alzarsi (in piedi); 3 (*to mount*) salire, arrampicarsi (*on* su); 4 (*of the sea*) ingrossarsi; 5 (*of the wind*) alzarsi; 6 (*to draw near*) avvicinarsi, accostarsi (*to* a); 7 (*to reach*) giungere, arrivare (*to* a): *we got up to page twenty* siamo arrivati a pagina venti; 8 (*to cause to rise*) far alzare; 9 (*to lift*) sollevare; 10 (*to organize*) organizzare, preparare; 11 (*colloq*) (*to study*) studiare; 12 (*colloq*) (*to dress elaborately*) agghindarsi; 13 (*to disguise oneself as*) vestirsi, mascherarsi: *he is got up as a clown* è vestito da pagliaccio; 14 (*to rouse*) suscitare, stimolare; ~ *up!* (*to a horse*) forza!; *to* ~*up speed*

acquistare velocità; *to* ~*up steam*: 1 (*Tecn*) mettere sotto pressione; 2 (*colloq*) (*to collect one's strength*) raccogliere le (proprie) forze; 3 (*colloq*) (*to get angry*) arrabbiarsi, infuriarsi; 4 (*colloq*) (*to get excited*) bollire, fremere; (*ant*) *to* ~ *a woman with child* mettere incinta una donna.

get² /get/ *n.* 1 (*Zootecn*) piccolo *m.*, cucciolo *m.* 2 (*Sport*) (*in tennis*) rinvio *m.* difficile.

get-at-able /getˈætəbl̩/ *Am* getˈæt̬əbl̩/ *a.* (*colloq*) accessibile, raggiungibile.

getaway /ˈgetəweɪ *Am* ˈget̬əweɪ/ *n.* 1 (*escape*) fuga *f.*: *to make one's* ~ darsi alla fuga. 2 (*Sport*) (*start*) partenza *f.* 3 (*Aut*) avviamento *m.*

Gethsemane /geθˈsemənɪ/ *n.pr.* (*Bibl*) Getsemani *m.*

get-out /ˈgetaʊt/ *n.* (*colloq*) scappatoia *f.*, espediente *m.* □ (*Am,colloq*) *as* ...*as all* ~ in modo inverosimile, a più non posso: *that film was as boring as all* ~ quel film era noioso da morire.

gettable /ˈgetəbl̩/ *a.* ottenibile, conseguibile.

getter /ˈgetər/ *n.* 1 chi ottiene. 2 (*Elettron*) getter *m.*, assorbente *m.* metallico.

get-together /ˈgetəˌgeðər/ *n.* (*colloq*) riunione *f.* (di carattere familiare, tra amici).

get-tough /ˈgetˌtʌf/ *a.* fermo, deciso.

get-up /ˈgetʌp *Am* ˈget̬ʌp/ *n.* 1 (*colloq*) abbigliamento *m.*, tenuta *f.* 2 (*of a book*) veste *f.*

get-up-and-go /ˌgetʌpənˈgoʊ *Am* ˌget̬ʌpənˈgoʊ/ *n.* (*colloq*) energia *f.*, decisione *f.*

get-well /ˈgetˈwel *Am* ˈget̬ˈwel/ □ ~*card* cartoncino con auguri di pronta guarigione.

gewgaw /ˈgjuːɡɔː *Am* ˈɡuːɡɑː/ *n.* fronzolo *m.*, gingillo *m.*, ninnolo *m.*

geyser /ˈgaɪzər/ *n.* (*Geol*) geyser *m.*

geyser² /ˈgiːzər/ *n.* (*Tecn*) (*water heater*) scaldaacqua *m.*, scaldabagno *m.*, boiler *m.*

geyserite /ˈgaɪzəraɪt/ *n.* (*Geol*) geyserite *f.*

GH 1 (*Biol*) *growth hormone* GH (ormone della crescita). 2 *Ghana* GH (Ghana).

Ghana /ˈɡɑːnə/ *n.pr.* (*Geog*) Ghana *m.*

Ghanaian /ɡɑːˈneɪən/ I *a.* ghanese, del Ghana. II *n.* ghanese *m./f.*

Ghanian /ˈɡɑːnɪən/ I *a.* ghanese, del Ghana. II *n.* ghanese *m./f.*

ghastliness /ˈɡɑːstlɪnəs *Am* ˈɡæstlɪnəs/ *n.* 1 aspetto *m.* spaventoso, aspetto *m.* sinistro. 2 (*extreme pallor*) pallore *m.* spettrale.

ghastly /ˈɡɑːstlɪ *Am* ˈɡæstlɪ/ I *a.* 1 orrendo, spaventoso, terrificante, agghiacciante. 2 (*very pale*) spettrale, pallidissimo. 3 (*very bad*) pessimo, spaventoso. ~ *weather* tempo pessimo. II *avv.* 1 orrendamente, spaventosamente. 2 (*deathly*) mortalmente, come uno spettro: ~ *pale* pallido come un fantasma.

ghee /ɡiː/ *n.* (*Alim*) (*in India*) burro *m.* bollito, ghi *m.*

Ghent /ɡent/ *n.pr.* (*Geog*) Gand *f.*

gherkin /ˈɡɜːkɪn/ *n.* cetriolino *m.*

ghetto /ˈɡetoʊ *Am* ˈget̬oʊ/ (*pl.* -**s**/-**es** /-z/) *n.* ghetto *m.*

ghetto blaster /ˈɡetoʊˌblæstər/ *n.* (*Am,colloq*) grosso radioregistratore *m.* portatile usato all'aperto nelle zone urbane.

ghettoisation /ˌɡetoʊaɪˈzeɪʃən/ *n.* (*Br*) ghettizzazione *f.*

ghettoise /ˈɡetoʊaɪz/ *v.t.* (*Br*) ghettizzare.

ghettoization /ˌɡetoʊaɪˈzeɪʃən *Am* ˌɡet̬oʊ ˈzeɪʃən/ *n.* ghettizzazione *f.*

ghettoize /ˈɡetoʊaɪz *Am* ˈget̬oʊaɪz/ *v.t.* ghettizzare.

Ghibelline /ˈɡɪbəlaɪn, ˈɡɪbəliːn/ I *n.* (*Stor*) ghibellino *m.* (*f.* -a). II *a.* ghibellino.

ghibli /ˈɡɪblɪ/ *n.* (*Meteor*) ghibli *m.*

ghost /ɡoʊst/ I *n.* 1 fantasma *m.*, spettro *m.*,

spirito *m.*: *to believe in* -*s* credere ai fantasmi. 2 (*fig*) ombra *f.*, traccia *f.* 3 (*soul, spirit*) anima *f.*, spirito *m.* 4 (*writer*) scrittore *m.* (*f.* -trice) fantasma. 5 (*Ott*) filatura *f.*, falsa immagine *f.* 6 (*Elettron,Tel*) circuito *m.* virtuale. II *v.t./i.* scrivere per conto d'altri. □ (*Elettron*) ~ *image* immagine secondaria; (*colloq*) *not to have a* ~*of a chance* non avere la minima probabilità, non avere un briciolo di probabilità; ~*story* storia di spettri; ~*town* città abbandonata, città fantasma, città morta; (*Ling*) ~*word* parola fantasma; ~*writer* scrittore fantasma.

ghosting /ˈɡoʊstɪŋ/ *n.* (*Ott*) ghosting *m.*, comparsa *f.* di immagine secondaria.

ghostlike /ˈɡoʊstlaɪk/ *a.* spettrale.

ghostliness /ˈɡoʊstlɪnəs/ *n.* 1 l'essere spettrale. 2 (*faintness*) evanescenza *f.*

ghostly /ˈɡoʊstlɪ/ *a.* 1 spettrale. 2 (*insubstantial, faint*) evanescente. 3 (*spiritual*) spirituale. □ ~*comfort* conforto religioso; ~ *father* padre spirituale.

ghoul /ɡuːl/ *n.* 1 spirito *m.* malefico, essere *m.* demoniaco che divora i cadaveri. 2 (*graverobber*) predatore *m.* di tombe, sciacallo *m.* 3 (*fig*) persona *f.* amante dell'orrido.

ghoulish /ˈɡuːlɪʃ/ *a.* orrido, mostruoso, macabro.

GHQ (*Mil*) *General Headquarters* QG (quartier generale).

ghyll /ɡɪl/ *n.* → **gill**¹.

GI /ˌdʒiːˈaɪ/ I *n.* (*pl.* **GI's/GIs** /ˈdʒiːˈaɪz/) (*Am, Mil*) appartenente *m.* alle forze armate americane; (*enlisted man*) soldato *m.* semplice. II *a.* (*Am*) delle forze armate americane. □ ~*Jane* ausiliaria delle forze armate americane; ~*Joe* soldato delle forze armate americane.

giant /ˈdʒaɪənt/ I *n.* gigante *m.* (*anche fig*). II *a.* 1 gigantesco, gigante. 2 (*Biol*) gigante. □ (*Sport*) ~*slalom* slalom gigante.

giantess /ˈdʒaɪəntes *Am* ˈdʒaɪənt̬əs/ *n.* gigantessa *f.* (*anche fig*).

giantism /ˈdʒaɪəntɪzəm/ *n.* gigantismo *m.* (*anche Med*).

giant-killer /ˈdʒaɪəntˌkɪlər/ *n.* vincitore *m.* (*f.* -trice) a sorpresa, castigatore *m.* (*f.* -trice), chi sconfigge qcu. o qcs. che almeno all'apparenza è superiore.

gib¹ /ɡɪb/ *n.* (*Mecc*) lardone *m.*

gib² /ɡɪb/ *n.* 1 (*male cat*) gatto *m.* 2 (*castrated cat*) gatto *m.* castrato.

gibber /ˈdʒɪbər/ I *v.i.* borbottare, parlare in modo inintelligibile, farfugliare. II *n.* borbottio *m.*, farfuglio *m.*, parole *f.pl.* confuse.

gibberish /ˈdʒɪbərɪʃ/ *n.* discorso *m.* senza senso, linguaggio *m.* incomprensibile.

gibbet /ˈdʒɪbɪt/ I *n.* forca *f.*, patibolo *m.* II *v.t.* 1 esporre sulla forca. 2 (*to hang*) impiccare. 3 (*fig*) mettere alla berlina.

gibbon /ˈɡɪbən/ *n.* (*Zool*) gibbone *m.*

gibbose /ɡɪˈboʊs/ *a.* 1 gobbo. 2 (*Astr*) biconvesso.

gibbosity /ɡɪˈbɒsətɪ, dʒɪˈbɒsətɪ *Am* ɡɪˈbɑːsətɪ/ *n.* gibbosità *f.*

gibbous /ˈɡɪbəs, ˈdʒɪbəs/ *a.* 1 gobbo. 2 (*Astr*) biconvesso.

Gibbs /ɡɪbz/ □ (*Chim*) ~*free energy* energia libera di Gibbs.

gibe /dʒaɪb/ I *v.i.* lanciare frecciate (*at* a), punzecchiare (*at so.* qcu.). II *v.t.* punzecchiare, pizzicare. III *n.* frecciata *f.*, allusione *f.* maligna.

giblets /ˈdʒɪbləts/ *n.pl.* (*Macell*) rigaglie *f.pl.*, interiora *f.pl.* (di pollame).

Gibraltar /dʒɪˈbrɔːltər *Am* dʒɪˈbrɑːltər/ *n.pr.* (*Geog*) Gibilterra *f.*

Gibraltarian /ˌdʒɪbrɔːlˈteərɪən *Am* ˌdʒɪbrɑːlˈteərɪən/ I *a.* (*Geog*) di Gibilterra. II *n.* abitante *m./f.* di Gibilterra.

gibus /'dʒaɪbəs/ *n.* (*Mod*) gibus *m.* □ ~ *hat* gibus.

giddiness /'gɪdɪnəs/ *n.* **1** vertigini *f.pl.*, capogiro *m.* **2** (*fig*) leggerezza *f.*, frivolezza *f.*, volubilità *f.*

giddy /'gɪdɪ/ *a.* **1** in preda alle vertigini, in preda al capogiro, stordito: *to feel* ~ avere le vertigini, avere il capogiro. **2** (*causing giddiness*) vertiginoso, che dà le vertigini: ~ *heights* altezze vertiginose. **3** (*whirling*) vorticoso. **4** (*fig*) leggero, frivolo, volubile. □ (*sl*) *to play the* ~ *goat* fare lo stupido; *it makes me* ~ mi fa girare la testa; (*scherz*) *a* ~ *young thing* una persona senza giudizio.

giddy-up /'gɪdɪʌp/ *intz.* (*said to induce a horse to start moving or go faster*) su!, forza!

Gideon /'gɪdɪən/ *n.pr.m.* (*Bibl*) Gedeone.

gie /giː/ (*Scott*) → *give*[1].

gift /gɪft/ **I** *n.* **1** regalo *m.*, dono *m.*: *to make so. a* ~ *of sth.* fare dono di qcs. a qcu. **2** (*natural ability*) dono *m.*, dote *f.* naturale, disposizione *f.*, talento *m.*: *to have a* ~ *for languages* essere portato per le lingue. **3** (*power, right of giving*) facoltà *f.* di dare, facoltà *f.* di concedere, diritto *m.* di dare, diritto *m.* di concedere: *the job is not in his* ~ non rientra nei suoi poteri dare quell'impiego. **4** (*Dir*) donazione *f.* **II** *v.t.* **1** donare, regalare: *to* ~ *so. with sth.* regalare qcs. a qcu. **2** (*to make a gift of*) fare dono di. **3** (*to endow*) dotare, provvedere, fornire. □ ~ *certificate* (o ~ *coupon*) buono premio, buono acquisto; ~ *duty* imposta sulle donazioni; ~ *of nature* dono della natura; (*colloq*) *to have the* ~ *of the gab* avere una buona parlantina, avere la lingua sciolta; (*Bibl,Rel*) ~ *of tongues* dono delle lingue; ~ *shop* negozio di articoli da regalo; ~ *stamp* bollino premio; ~ *tax* imposta sulle donazioni; (*Br*) ~ *token* (o ~ *voucher*) buono premio, buono acquisto; ~ *wrap* carta per confezione regalo.

gifted /'gɪftɪd/ *a.* **1** di gran talento. **2** (*endowed by nature*) dotato, provvisto, fornito (*with* di). **3** (*very intelligent*) (molto) intelligente.

giftware /'gɪftweər/ *n.* merce *f.* da regalo.

gift-wrap /'gɪftræp/ *v.t.* avvolgere in carta da regalo.

gig[1] /gɪg/ *n.* **1** calesse *m.* **2** (*Sport*) iole *f.* **3** (*Mar*) lancia *f.* □ ~ *lamp*: 1 fanale di calesse; **2** (*colloq*) (*spectacles*) occhiali.

gig[2] /gɪg/ (*past, p.p.* **gigged** /-d/) **I** *v.t.* **1** (*Pesc*) arpionare, fiocinare. **2** (*Tess*) garzare. **II** *v.i.* (*Pesc*) pescare con la fiocina. **III** *n.* (*Pesc*) arpione *m.*; (*spear-like device*) fiocina *f.*, rampone *m.*

gig[3] /gɪg/ **I** *n.* (*colloq*) esibizione *f.* di musica dal vivo, concerto *m.*, serata *f.* **II** *v.i.* (*past, p.p.* **gigged** /-d/) lavorare suonando musica dal vivo, fare concerti.

gigabyte /'dʒɪgəbaɪt, 'gaɪgəbaɪt/ *n.* (*Inform*) gigabyte *m.*

gigaflop /'dʒɪgə,flɒp, 'gaɪgə,flɒp Am 'dʒɪgə ,flɑːp/ *n.* (*Inform*) gigaflop *m.*

gigahertz /'dʒɪgəhɜːts, 'gɪgəhɜːts Am 'dʒɪgə ,hɜːrts/ *n.* gigahertz *m.*

gigantic /dʒaɪ'gæntɪk Am dʒaɪ'gæntɪk/ *a.* gigantesco.

gigantically /dʒaɪ'gæntɪkəli Am dʒaɪ'gæn tɪkli/ *avv.* in maniera gigantesca, enormemente.

gigantism /dʒaɪ'gæntɪzəm Am dʒaɪ'gæn tɪzəm/ *n.* (*Med,Bot*) gigantismo *m.*

gigantomachy /,dʒaɪgən'tɒməki/ *n.* (*Mitol*) gigantomachia *f.*

giggle /'gɪgl/ **I** *v.i.* ridere scioccamente, ridacchiare. **II** *n.* risatina *f.* (sciocca). □ *to*

have the -*s* avere la ridarella.

giggler /'gɪglər/ *n.* chi fa risatine (sciocche).

giggly /'gɪgli/ *a.* che ride scioccamente, dalla risatina sciocca.

giglet /'gɪglɪt/, **giglot** /'gɪglət/ *n.* ragazza *f.* leggera, farfalla *f.*

GIGO /'gaɪgoʊ, 'dʒaɪgoʊ Am 'gigoʊ/ (*Inform*) *garbage in, garbage out* GIGO (spazzatura in entrata, spazzatura in uscita).

gigolo /'dʒɪgəloʊ, 'ʒigəloʊ/ (*pl.* **-s** /-z/) *n.* **1** (*colloq*) gigolo *m.*, mantenuto *m.* **2** (*professional escort*) accompagnatore *m.* di professione; (*hired dancing partner*) ballerino *m.* a pagamento.

gigot /'dʒɪgət, 'ʒigət Am zi:'goʊt/ *n.* **1** (*Sart*) (*gigot sleeve*) manica *f.* a gigot. **2** (*Macell*) (*of lamb, mutton*) gigot *m.*, cosciotto *m.*

gigue /ʒi:g/ *n.* (*Mus*) giga *f.*

Gilbert /'gɪlbət Am 'gɪlbərt/ *n.pr.m.* Gilberto.

gild[1] /gɪld/ (*past, p.p.* **-ed** /'gɪldɪd/ o **gilt** /gɪlt/) *v.t.* **1** dorare, indorare. **2** (*to paint with gold paint*) dorare. **3** (*fig*) (*to make golden*) indorare, tingere d'oro, (*poet*) dorare. **4** (*fig*) (*to embellish*) abbellire, fiorire, ornare, arricchire. □ (*fig*) *to* ~ *the lily* sciupare la perfezione con ornamenti inutili; (*fig*) *to* ~ *the pill* indorare la pillola.

gild[2] /gɪld/ *n.* (*Mediev*) (*guild*) gilda *f.*, corporazione *f.*

gilded /'gɪldɪd/ *a.* **1** indorato. **2** (*of a golden colour*) dorato. □ ~ *cage* prigione dorata; (*GB*) *Gilded Chamber* Camera dei Lord; ~ *spurs* (*symbol of knighthood*) speroni d'oro; ~ *youth* gioventù dorata.

gilder /'gɪldər/ *n.* doratore *m.* (*f.* -trice), indoratore *m.* (*f.* -trice).

gilding /'gɪldɪŋ/ *n.* **1** doratura *f.*, indoratura *f.* **2** (*gilded surface*) superficie *f.* dorata. **3** (*material used*) doratura *f.* **4** (*fig*) abbellimento *m.*

Giles /dʒaɪlz/ *n.pr.m.* Egidio.

gilgai /'gɪlgaɪ/ *n.* (*Aus*) fossa *f.* di raccolta dell'acqua piovana.

gill[1] /gɪl/ *n.* **1** (*Itt*) branchia *f.* **2** (*Ornit*) (*of a fowl*) bargiglio *m.* **3** (*Bot*) lamella *f.* **4** (*Mecc*) alettatura *f.* **5** *pl.* (*scherz*) pappagorgia *f.sing.* □ (*Itt*) ~ *cover* opercolo branchiale; (*Pesc*) ~ *net* tramaglio; *to the* -*s* completamente.

gill[2] /dʒɪl/ *n.* (*unit of measure*) gill *m.* (pari a 0,142 l).

gill[3] /gɪl/ *n.* **1** (*dial*) burrone *m.*, gola *f.* **2** (*brook*) torrente *m.*, ruscello *m.*

Gill /gɪl, dʒɪl/ *n.pr.f.* Gill.

Gillian /'dʒɪlɪən, 'gɪlɪən/ *n.pr.f.* Giuliana.

gillie /'gɪli/ *n.* (*Scott*) **1** persona *f.* che accompagna (*o* aiuta) un cacciatore (*o* pescatore). **2** (*male attendant*) servitore *m.* (d'un capo scozzese).

gillyflower /'dʒɪli,flaʊər/ *n.* **1** (*Bot*) (*wallflower*) violacciocca *f.* gialla. **2** (*stock*) violacciocca *f.* **3** (*clove pink*) garofano *m.*

gilt[1] /gɪlt/ **I** *n.* **1** (*gilding*) doratura *f.* **2** (*fig*) (*attractiveness*) attrattiva *f.*, fascino *m.* **3** (*sl*) (*money*) denaro *m.* **II** *a.* **1** indorato. **2** (*of a golden colour*) dorato. □ (*fig*) *to take the* ~ *off the gingerbread* spogliare qcs. di ogni attrattiva.

gilt[2] /gɪlt/ *n.* (*Zootecn*) scrofa *f.* giovane.

gilt-edge /'gɪlt,edʒ/ *a.* **1** (*of paper, etc.*) dal taglio dorato. **2** (*fig*) di prim'ordine, di prima qualità.

gilt-edged /,gɪlt'edʒd/ *a.* di prim'ordine. □ (*Econ*) ~ *securities* titoli di tutto riposo, titoli di piena garanzia, titoli di massima sicurezza.

gilthead /'gɪlt,hed/ *n.* (*Itt*) aurata *f.*, dorata *f.*

gimballed /'gɪmbəld, 'gɪmbəld/ *a.* (*Tecn*) su sospensione cardanica.

gimbals /'gɪmbəlz, 'gɪmbəlz/ *n.pl.* (*costr. sing.*) (*Tecn*) sospensione *f.* cardanica.

gimcrack /'dʒɪmkræk/ **I** *n.* oggetto *m.* visto-

so e di nessun valore. **II** *a.* dozzinale.

gimcrackery /'dʒɪm,krækəri/ *n.* ciarpame *m.*, paccottiglia *f.*

gimlet /'gɪmlət/ **I** *n.* (*Fal*) succhiello *m.* **II** *a.* (*fig*) penetrante: ~ *eye* sguardo penetrante. **III** *v.t.* (*Fal*) succhiellare, forare col succhiello.

gimlet-eyed /'gɪmlət,aɪd/ *a.* dallo sguardo penetrante.

gimme /'gɪmi/ **I** (*Am,colloq*) *contraz.* di *give me.* **II** *n.* (*Am,colloq*) cosa *f.* ottenuta facilmente.

gimmick /'gɪmɪk/ *n.* **1** (*colloq*) trovata *f.* (ingegnosa), espediente *m.* **2** (*trick*) trucco *m.*, inganno *m.* **3** (*gadget*) arnese *m.*, aggeggio *m.*

gimp[1] /gɪmp/ *n.* **1** (*trimming*) spighetta *f.*, passamano *m.*; (*thread*) cordoncino *m.* **2** (*Pesc*) lenza *f.* di seta (rinforzata con filo metallico).

gimp[2] /gɪmp/ **I** *n.* (*Am,colloq,spreg*) persona *f.* zoppa. **II** *v.i.* (*Am,colloq*) zoppicare.

gin[1] /dʒɪn/ *n.* (*drink*) gin *m.* □ (*sl*) ~ *mill* bar; ~ *palace* bar arredato in modo vistoso.

gin[2] /dʒɪn/ **I** *n.* **1** (*Tess*) ginnatrice *f.* **2** (*Caccia*) trappola *f.* **3** (*Mecc*) argano *m.*, paranco *m.*; (*tripod*) capra *f.* **II** *v.t.* (*past, p.p.* **ginned** /-d/) **1** (*Tess*) ginnare. **2** (*Caccia*) prendere in trappola, intrappolare.

ginger /'dʒɪndʒər/ **I** *n.* **1** (*Bot,Gastron,Farm*) zenzero *m.* **2** (*colloq*) (*spirit, liveliness*) animazione *f.*, vivacità *f.*, brio *m.* **3** (*colour*) color *m.* fulvo, rossiccio *m.* **II** *a.* fulvo, rossiccio: ~ *hair* capelli rossicci. **III** *v.t.* **1** aromatizzare con zenzero. **2** (*fig*) ravvivare, animare; (*to stir up*) spronare, incitare. □ ~ *ale* bibita allo zenzero; ~ *beer* bibita allo zenzero fermentato; (*colloq*) *by* ~*!* perbacco!; (*Br, Pol*) ~ *group* gruppo di punta; (*Dolc*) ~ *nut* biscotto allo zenzero; ~ *pop* bibita allo zenzero; (*Dolc*) ~ *snaps* biscotti (tondi e duri) allo zenzero e spolverati con zucchero; *to* ~ *up* ravvivare, animare; (*to stir up*) spronare, incitare; ~ *wine* bevanda fermentata allo zenzero.

gingerbread /'dʒɪndʒəbred Am 'dʒɪndʒər bred/ **I** *n.* **1** (*Dolc*) pan *m.* di zenzero, pan *m.* pepato. **2** (*fig*) ornamento *m.* vistoso. **II** *a.* vistoso, appariscente.

gingerly /'dʒɪndʒəli Am 'dʒɪndʒərli/ **I** *a.* cauto, circospetto, guardingo. **II** *avv.* cautamente, con cautela, con circospezione.

gingery /'dʒɪndʒəri/ *a.* **1** aromatizzato con zenzero. **2** (*spicy*) pungente, pepato. **3** (*in colour*) fulvo, rossiccio. **4** (*fig*) vivace, energico.

gingham /'gɪŋəm/ *n.* (*Tess*) percalle *m.*

gingili /'dʒɪndʒɪli/ *n.* **1** (*Bot*) sesamo *m.* **2** (*oil*) olio *m.* di sesamo.

gingival /dʒɪn'dʒaɪvəl, 'dʒɪndʒɪvəl/ *a.* **1** (*Anat*) gengivale. **2** (*Fon*) alveolare. □ (*Dent*) ~ *pocket* tasca gengivale.

gingivectomy /,dʒɪndʒɪ'vektəmi/ *n.* (*Dent*) gengivectomia *f.*

gingivitis /,dʒɪndʒɪ'vaɪtɪs Am ,dʒɪndʒə'vaɪtəs/ *n.* (*Med*) gengivite *f.*

gingivoplasty /,dʒɪndʒɪvo'plæsti/ *n.* (*Dent*) gengivoplastica *f.*

gingko /'gɪŋkoʊ/ (*pl.* **-s/-es** /-z/) *n.* (*Bot*) gingko *m.* □ (*Bot,Farm*) ~ *biloba* gingko biloba.

gink /gɪŋk/ *n.* (*Am,colloq,spreg*) **1** (*guy*) individuo *m.*, tipo *m.* **2** (*foolish person*) tipo *m.* strano.

ginnery /'dʒɪnəri/ *n.* (*Tess*) ginnatoio *m.*

ginormous /dʒaɪ'nɔːməs/ *a.* (*Br,sl*) enorme, incredibilmente grande.

ginseng /'dʒɪnseŋ/ *n.* (*Bot*) ginseng *m.*

ginzo /'gɪnzoʊ/ *n.* (*Am,sl,spreg*) persona *f.* di origine italiana.

gip /gɪp/ (*past, p.p.* **gipped** /-t/) *v.t.* (*of fish*) sventrare, sbuzzare.

gipsy /'dʒɪpsi/ I *n.* **1** zingaro *m.* (*f.* -a). **2** (*language*) zingaresco *m.* **3** (*fig*) vagabondo *m.* (*f.* -a). **4** (*colloq*) (*girl*) ragazza *f.* dal colorito bruno. II *a.* zingaresco, di (*o* da) zingaro, gitano: *a ~ caravan* una carovana di zingari. □ *~cab* taxi abusivo; *~cabdriver* taxista abusivo.

gipsydom /'dʒɪpsɪdəm/ *n.* **1** ambiente *m.* degli zingari, mondo *m.* degli zingari. **2** (*collett.*) zingari *m.pl.*

gipsyhood /'dʒɪpsɪˌhʊd/ *n.* natura *f.* zingaresca.

gipsyish /'dʒɪpsɪɪʃ/ *a.* simile a uno zingaro.

gipsyism /'dʒɪpsɪɪzəm/ *n.* vita *f.* degli zingari.

giraffe /dʒɪ'rɑːf *Am* dʒə'ræf/ *n.* (*Zool*) giraffa *f.*

Giraffe /dʒɪ'rɑːf *Am* dʒə'ræf/ *n.pr.* (*Astr*) Giraffa *f.*

girandola /dʒɪ'rændələ/ *n.* **1** (*firework, chandelier*) girandola *f.* **2** (*pendant*) orecchino *m.* a pendaglio (con pietre incastonate).

girandole /'dʒɪrəndoʊl/ *n.* **1** (*firework, chandelier*) girandola *f.* **2** (*pendant*) orecchino *m.* a pendaglio (con pietre incastonate).

girasol /'dʒɪrəˌsɒl/, **girasole** /'dʒɪrəsoʊl/ *n.* (*Min,Bot*) girasole *m.*

gird[1] /dʒɜːd *Am* gɜːrd/ (*past, p.p.* **-ed** *Am* 'gɜːrdɪd/ *o* **girt** /gɜːt *Am* gɜːrt/) *v.t.* **1** (*with a belt*) cingere, fasciare. **2** (*to surround*) cingere, circondare. **3** (*fig*) investire di un potere. □ (*fig*) *to ~ oneselffor sth.* prepararsi a fare qcs.; (*fig*) *to ~up one's loins* prepararsi a fare qcs., prepararsi per le difficoltà, rimboccarsi le maniche.

gird[2] /dʒɜːd *Am* gɜːrd/ I *v.i.* beffarsi (*at* di), schernire (qcu.). II *n.* frecciata *f.*

girder /'dʒɜːdə *Am* 'gɜːrdər/ *n.* **1** (*Edil,Aer*) trave *f.* (di acciaio). **2** (*Mar*) paramezzale *m.* □ (*Edil*) *~bridge* ponte a travata; (*Mecc*) *~rail* rotaia a canale.

girdle[1] /'gɜːdl *Am* 'gɜːrdl/ I *n.* **1** (*Abbigl*) guaina *f.*, busto *m.* **2** (*Abbigl*) (*belt, cord around the waist*) cintura *f.*, cintola *f.* **3** (*fig*) cintura *f.*, fascia *f.* **4** (*of a gem*) orlo *m.* esterno. **5** (*Anat*) cintura *f.*, cingolo *m.*, cinto *m.* **6** (*Arch*) listello *m.* II *v.t.* **1** cingere, avvolgere. **2** (*to surround*) cingere, circondare, attorniare. **3** (*fig*) girare intorno a, ruotare intorno a: *the satellite -d the earth* il satellite ruotava intorno alla Terra. **4** (*Forest*) cercinare.

girdle[2] /'gɜːdl/ *n.* (*Scott*) (*griddle*) piastra *f.* per cuocere focacce.

girl /gɜːl *Am* gɜːrl/ *n.* **1** ragazza *f.*, fanciulla *f.* **2** (*young unmarried woman*) donna *f.* nubile, signorina *f.* **3** (*female servant*) donna *f.* di servizio, domestica *f.*, (*colloq*) ragazza *f.* **4** (*colloq*) (*sweetheart*) fidanzata *f.*, ragazza *f.* **5** (*daughter*) figlia *f.* **6** (*sl*) (*cocaine*) cocaina *f.* □ (*Br*) *a big ~'s blouse* un impiastro, un rammollito, una pappamolla; *~ Friday* segretaria efficiente (con incarichi vari); *~ guide* (giovane) esploratrice, guida; *Girl Guides* (*o GirlScouts*) associazione scoutistica femminile.

girlfriend /'gɜːlfrend *Am* 'gɜːrlfrend/ *n.* **1** (*sweetheart*) ragazza *f.*, fidanzata *f.* **2** (*friend*) amica *f.*

girlhood /'gɜːlhʊd *Am* 'gɜːrlhʊd/ *n.* adolescenza *f.*, giovinezza *f.* (di ragazza).

girlie /'gɜːli *Am* 'gɜːrli/ I *n.* (*colloq*) ragazzina *f.* II *a.* (*colloq*) che presenta ragazze nude (*o* poco vestite), con (*o* di) donne nude: *a ~ magazine* una rivista con donne nude.

girlish /'gɜːlɪʃ *Am* 'gɜːrlɪʃ/ *a.* di ragazza, da ragazza.

girlishly /'gɜːlɪʃli *Am* 'gɜːrlɪʃli/ *avv.* da ragazza.

girlishness /'gɜːlɪʃnəs *Am* 'gɜːrlɪʃnəs/ *n.* maniere *f.pl.* da ragazza.

girly /'gɜːli *Am* 'gɜːrli/ *a.* (*colloq*) che presenta ragazze nude (*o* poco vestite), con (*o* di) donne nude: *a ~ magazine* una rivista con donne nude.

giro /'dʒaɪ(ə)roʊ/ *n.* giroconto *m.* □ *~account* conto corrente postale; *~cheque* assegno postale.

Girondist /dʒɪ'rɒndɪst, ʒɪ'rɒndɪst *Am* dʒə'rɑːndɪst/ I *a.* (*Stor*) girondino. II *n.* (*Stor*) girondino *m.* (*f.* -a).

girt[1] /gɜːt *Am* gɜːrt/ → **gird**[1].

girt[2] /gɜːt *Am* gɜːrt/ *a.* pronto, preparato (*for* a): *~ for action* pronto all'azione.

girt[3] /gɜːt *Am* gɜːrt/ I *v.t.* **1** cingere, circondare. **2** (*to measure the girth of*) misurare la circonferenza di. II *n.* circonferenza *f.*, giro *m.*

girth /gɜːθ *Am* gɜːrθ/ I *n.* **1** circonferenza *f.*, giro *m.* **2** (*of a horse*) sottopancia *m.* **3** (*colloq*) (*corpulence*) corpulenza *f.* II *v.t.* **1** mettere il sottopancia a; (*of a saddle*) assicurare. **2** (*to measure the girth of*) misurare la circonferenza di. **3** (*to encircle*) cingere, circondare.

GIS /ˌdʒiːaɪ'es/ *Geographic Information System* GIS (sistema di informazione geografica).

gist /dʒɪst/ *n.* **1** sostanza *f.*, essenza *f.*, succo *m.*, nocciolo *m.* **2** (*Dir*) (*of a legal action*) fondamento *m.*, base *f.*

git /gɪt/ (*dial*) → **get**[1].

git-go /'gɪtgoʊ/ *n.* (*Am,colloq*) inizio *m.*, primo momento *m.*: *from the ~* dal primo momento.

gittern /'gɪtɜːn *Am* 'gɪtərn/ *n.* (*Mus*) specie di liuto.

give[1] /gɪv/ (*past* **gave** /geɪv/, *p.p.* **given** /'gɪv(ə)n/) I *v.t.* **1** dare: *~ it to me* dammelo. **2** (*as a present*) regalare, donare, dare: *my parents gave it to me* me l'hanno regalato i miei genitori. **3** (*to pay*) dare, pagare: *how much will you ~ me for this ring?* quanto mi dai per questo anello? **4** (*to donate*) dare, donare: *to ~ money to charity* dare denaro in elemosina, fare l'elemosina. **5** (*to award, to assign*) dare, assegnare; (*to attribute, to attach*) dare, attribuire: *to ~ no importance to sth.* non dare importanza a qcs. **6** (*to proffer*) dare, porgere, offrire: *to ~ one's hand to so.* dare la mano a qcu. **7** (*to imbue with*) dare, infondere, ispirare: *to ~ so. courage* infondere coraggio in qcu. **8** (*to utter*) dare, emettere: *to ~ a cry* emettere un grido. **9** (*to express*) dare, esprimere, pronunciare: *to ~ an opinion* dare un giudizio. **10** (*to state*) enunciare, dare. **11** (*to convey*) portare, trasmettere, porgere: *~ him my regards* portagli i miei saluti. **12** (*to impart*) dare, impartire: *~ an order* dare un ordine. **13** (*to make known*) dare, partecipare, comunicare: *to ~ the news* comunicare la notizia. **14** (*to entrust*) dare, affidare: *I'll ~ you the job* ti affiderò l'incarico. **15** (*to make, to come to*) fare, avere (*o* dare) come risultato: *four times four -s sixteen* quattro per quattro fa sedici. **16** (*to bring in, to yield*) dare, fruttare, rendere; (*to produce, to afford*) dare, produrre: *this tree -s good fruit* questo albero dà buoni frutti. **17** (*to allot, to assign*) destinare, assegnare. **18** (*to perform*) dare, eseguire: *to ~ a concert* dare un concerto. **19** (*to dedicate*) dare, consacrare, dedicare: *to ~ one's life to a cause* dedicare la (propria) vita a una causa. **20** (*to sacrifice*) dare, sacrificare, immolare, offrire: *to ~ one's life for the good of mankind* sacrificare la vita per il bene dell'umanità. **21** (*to concede*) dare, concedere, accordare: *to ~ permission* dare il permesso. **22** (*to impose as punishment*) dare, infliggere, con-

dannare: *he has been -n six months* gli hanno dato sei mesi. **23** (*to administer*) dare, somministrare; (*to prescribe*) prescrivere, dare. **24** (*to make involuntarily*) dare, fare: *the car gave a lurch* la macchina ha fatto uno scarto improvviso. **25** (*of a party, dinner, etc.*) dare, organizzare. **26** (*of an illness*) attaccare, trasmettere: *don't ~ me your cold* non attaccarmi il raffreddore. **27** (*to present to an audience*) presentare. **28** (*in toasts*) proporre di brindare, proporre un brindisi a: *gentlemen, I ~ you the Queen* signori, propongo di brindare alla regina. **29** (*Tel*) mettere in comunicazione con, (*colloq*) passare: *~ me the police* passatemi la polizia. II *v.i.* **1** donare, dare (*o* fare) doni. **2** (*to yield to pressure*) cedere: *the door gave as he leant against it* la porta ha ceduto quando vi si è appoggiato. **3** (*to collapse*) cedere, sprofondare, piegarsi. **4** (*to face*) dare, affacciarsi, guardare (*on, onto* su): *the window -s onto the garden* la finestra dà sul giardino. **5** (*of a door, etc.: to lead*) dare, aprirsi (*on, onto* su). **6** (*colloq*) (*to recount*) parlare, dire, raccontare. □ *~!* dillo!, sputa il rospo! *to ~and take* : **1** fare reciproche concessioni, giungere a un compromesso; **2** (*to exchange ideas*) avere uno scambio di idee; *to ~away* : **1** dare (via), regalare; **2** (*to reveal*) rivelare, svelare: *to ~ away a secret* rivelare un segreto; **3** (*to betray*) tradire, smascherare: *his accent gave him away* l'accento lo ha tradito; *to ~ oneself away* tradirsi, farsi scoprire; **4** (*of a bride*) portare all'altare, accompagnare all'altare; **5** (*to sacrifice, to lose*) perdere, lasciarsi sfuggire; *to ~back* : **1** restituire, rendere, ridare; **2** (*of an echo*) rimandare, mandare indietro; **3** (*of an image*) riflettere; *to ~forth* : **1** annunciare pubblicamente, rendere pubblico; **2** (*to give off*) mandare, emanare; *to ~ in* : **1** (*to surrender*) arrendersi, cedere (*to* a): *I ~ in!* mi arrendo!; **2** (*to deliver*) consegnare, dare; (*colloq*) *to ~it to so.* fare una lavata di capo a qcu., fare una paternale a qcu.; *~ her my love* salutala da parte mia, salutamela; *to ~of one's best* dare il meglio di sé; *to ~off* mandare, emanare: *the roses gave off a beautiful scent* le rose emanavano un delizioso profumo; (*colloq*) *to ~ so. one on the head* dare una botta in testa a qcu.; *to ~out* : **1** distribuire; **2** (*to make known*) annunciare, divulgare; **3** (*to emit*) mandare (fuori), emettere; **4** (*to come to an end*) esaurirsi, finire, venire a mancare: *supplies soon gave out* le provviste finirono presto; **5** (*to collapse physically*) cedere, soccombere, essere esausto; **6** (*Sport*) mettere fuori gioco; **7** (*rifl.*) *to ~ oneself out to be a doctor* spacciarsi per medico; *to ~over* : **1** consegnare, affidare; **2** (*to cease from*) smettere di, rinunciare a; **3** (*used in the passive*) (*to devote*) dedicare: *the evening was -n over to celebration* la serata fu dedicata ai festeggiamenti; **4** (*rifl.*) *~ oneself over* darsi, abbandonarsi; **5** (*to stop*) smettere, cessare: *the rain has -n over* la pioggia è cessata; *to be -n over to sth.* (*of a person*) indulgere a qcs.; *to ~ oneself to a man* (*of a woman*) concedersi a un uomo, darsi a un uomo; *they gave me to understand that you would be there* mi hanno fatto capire che saresti stato là; *to ~up* : **1** cedere, arrendersi, capitolare; **2** (*to abandon*) abbandonare, lasciare: *to ~ up one's job* abbandonare l'impiego; **3** (*to stop*) smettere di, rinunciare a, cessare di: *you must ~ up smoking* devi smettere di fumare; **4** (*to hand over*) consegnare: *to ~ oneself up* costituirsi; **5** (*rifl.*) *to ~ oneself up* dedicarsi, darsi; **6** (*to declare hopeless*) dare per spacciato: *the* *doctors have -n him up* i medici lo hanno dato per spacciato; (*fig*) *to ~ up the ghost* esalare l'anima, rendere l'anima (*o* lo spirito) a Dio; (*Am,colloq*) *what -s?* che succede?; (*colloq*) *to ~ so. what for*: 1 darle a qcu.; 2 (*to scold*) rimproverare qcu. *Prov.: ~ every man his due* a ciascuno il suo.

give[2] /gɪv/ *n.* (*resilience, elasticity*) elasticità *f.*, cedevolezza *f.*

give-and-take /ˌgɪvən(d)'teɪk/ I *n.* 1 concessioni *f.pl.* reciproche, compromesso *m.*, dare *m.* e avere. 2 (*exchange of ideas*) scambio *m.* di idee. II *a.* di compromesso.

giveaway /'gɪvəweɪ/ *n.* 1 rivelazione *f.* involontaria. 2 (*betrayal*) tradimento *m.* 3 (*Comm*) premio *m.* spettante all'acquirente di determinati articoli. 4 (*gift*) omaggio *m.*, oggetto *m.* promozionale. 5 (*Am,TV,Rad*) trasmissione *f.* a premi. 6 (*examination question*) domanda *f.* facilissima. ☐ (*Comm*) *~ price* prezzo promozionale.

given[1] /'gɪvən/ → **give**[1].

given[2] /'gɪvən/ *a.* 1 dato, determinato, convenuto, stabilito: *at a ~ time* a un dato momento. 2 (*in reasoning*) dato, ammesso, supposto: *~ A and B, C follows* dati A e B, ne consegue C. 3 (*presented as a gift*) dato, regalato. 4 (*prone*) incline, propenso, soggetto (*to* a). 5 (*addicted*) dedito, dato (a): *~ to drink* dedito al bere. 6 (*burocr*) (*of a document*) reso esecutivo. ☐ *~ name* nome (di battesimo); *~ that...*, dato che..., tenuto conto che...; *~ time* avendo tempo.

giver /'gɪvər/ *n.* datore *m.* (*f.* -trice), donatore *m.* (*f.* -trice).

gizmo /'gɪzmoʊ/ *n.* (*Am*) congegno *m.*, aggeggio *m.*

gizzard /'gɪzəd Am 'gɪzərd/ *n.* 1 (*Ornit*) ventriglio *m.* 2 (*colloq*) (*stomach*) stomaco *m.*; (*throat*) gola *f.* ☐ (*colloq*) *to stick in one's ~* non andare giù, rimanere in gola.

gl. 1 *gill* (gill). 2 *glass* vetro. 3 *gloss* glossa.

glabella /glaˈbela/ *n.* (*Anat*) glabella *f.*

glabrous /'gleɪbrəs/ *a.* (*Biol*) glabro, senza peluria, liscio.

glacé /'glæseɪ Am glæs'eɪ/ I *a.* 1 (*Dolc*) (*of cakes*) glassato; (*of fruit*) candito, glassato, glacé. 2 (*Tess,Pell*) glacé, lucido. II *v.t.* (*of cakes*) glassare; (*of fruit*) candire.

glacial /'gleɪsɪəl Am 'gleɪʃəl/ *a.* 1 glaciale (*anche Geol,Chim*). 2 (*icy*) glaciale, gelido (*anche fig*). ☐ (*Geol*) *~ threshold* soglia glaciale.

glacially /'gleɪsɪəli Am 'gleɪʃəli/ *avv.* dalla glaciazione: *~ eroded rock* roccia erosa dalla glaciazione.

glaciate /'gleɪsɪeɪt Am 'gleɪʃɪeɪt/ I *v.i.* 1 (*to become covered with glaciers*) coprirsi di ghiaccio. 2 (*to freeze*) ghiacciare, congelarsi. II *v.t.* 1 coprire di ghiaccio, coprire di ghiacciai. 2 (*Geol*) corrodere per azione del ghiaccio.

glaciation /ˌgleɪsɪ'eɪʃən Am ˌgleɪʃi'eɪʃən/ *n.* (*Geol*) glaciazione *f.*, glacialismo *m.*

glacier /'glæsɪə Am 'gleɪʃər/ *n.* (*Geol*) ghiacciaio *m.*

glaciological /ˌgleɪsɪoʊ'lɒdʒɪkəl, ˌglæsɪoʊ'lɒdʒɪkəl/ *a.* (*Geol*) glaciologico.

glaciologist /ˌgleɪsɪoʊlə'dʒɪst/ *n.* (*Geol*) glaciologo *m.* (*f.* -a).

glaciology /ˌglæsɪ'ɒlədʒi Am ˌgleɪʃi'ɒːlədʒi/ *n.* (*Geol*) glaciologia *f.*

glacis /'glæsɪs/ *n.* (*pl.inv.* o **-cises** /-sɪsɪz/) *n.* 1 terreno *m.* in pendio, pendenza *f.*, scarpata *f.* 2 (*Mil*) glacis *m.*, spalto *m.*, terrapieno *m.*

glad /glæd/ I *a.* (*compar.* **gladder** /'glædər/, *sup.* **gladdest** /'glædɪst/) 1 felice, contento, lieto: *I'm ~ to see you again* sono contento di rivederti; *to be ~ about sth.* essere conten-

to di qcs. 2 (*causing joy*) lieto, gioioso: *a ~ occasion* una lieta occasione. 3 (*marked by joy*) gioioso, di gioia: *a ~ shout* un grido di gioia. II *v.t.* (*past, p.p.* **gladded** /'glædɪd/) (*rar*) allietare, rallegrare. ☐ (*colloq*) *to give so. the ~ eye* fare gli occhi dolci a qcu.; *~ hand*: 1 (*colloq*) stretta di mano calorosa; 2 (*effusive welcome*) accoglienza calorosa: *to give so. the ~ hand* accogliere calorosamente qcu.; (*colloq*) *~ rags* vestito della festa, abiti da festa.

gladden /'glædn/ *v.t.* allietare, rallegrare.

glade /gleɪd/ *n.* 1 radura *f.* 2 (*Am*) (*everglade*) terreno *m.* paludoso.

gladiator /'glædɪeɪtər Am 'glædiˌeɪtˌər/ *n.* 1 (*Stor*) gladiatore *m.* 2 (*fig*) contendente *m.*

gladiatorial /ˌglædɪəˈtɔːrɪəl/ *a.* 1 dei gladiatori, gladiatorio. 2 (*fig*) litigioso.

gladiolus /ˌglædi'oʊləs/ (*pl.inv.* o **-es** /-ɪz/, **-li** /-laɪ/) *n.* (*Bot*) gladiolo *m.*

gladly /'glædli/ *avv.* 1 lietamente. 2 (*willingly*) volentieri, con piacere, di buon grado.

gladness /'glædnəs/ *n.* contentezza *f.*, gioia *f.*, allegria *f.*

gladsome /'glædsəm/ *a.* (*ant*) contento, lieto.

Gladstone /'glædstən/ *n.* valigetta *f.* da viaggio. ☐ *~ bag* valigetta da viaggio.

glair /gleər Am gler/ I *n.* 1 albume *m.*, bianco *m.* d'uovo, chiara *f.* d'uovo. 2 (*glaze, size*) colla *f.* albuminoide. 3 (*any viscous liquid*) liquido *m.* vischioso. II *v.t.* ricoprire di albume, spalmare di albume.

glairy /'gleəri Am gleri/ *a.* 1 viscido, vischioso. 2 (*covered with glair*) coperto di albume, spalmato di albume.

glamor /'glæmər/ *n.* (*Am*) → **glamour**.

glamorization /ˌglæməraɪ'zeɪʃən/ *n.* esaltazione *f.*, glorificazione *f.*

glamorize /'glæməˌraɪz/ *v.t.* 1 rendere affascinante, rendere attraente. 2 (*fig*) far vedere il lato affascinante di.

glamorous /'glæmərəs/ *a.* incantevole, affascinante, attraente, seducente.

glamour /'glæmər/ *n.* 1 (*beauty, sex-appeal*) fascino *m.*, seduzione *f.*, attrattiva *f.* 2 (*romantic attractiveness*) fascino *m.*, incanto *m.* ☐ (*colloq*) *~ girl* ragazza affascinante, ragazza seducente.

glance[1] /glɑːns/ I *v.i.* 1 dare uno sguardo, lanciare (*o* dare) un'occhiata: *to ~ at the clock* dare un'occhiata all'orologio. 2 (*to be deflected obliquely*) essere deviato (*off* da). 3 (*to ricochet*) rimbalzare (su): *the bullet -d off the wall* il proiettile rimbalzò sul muro. 4 (*to refer to briefly*) accennare di sfuggita (*at* a). 5 (*to flash, to gleam*) balenare, brillare, luccicare. II *n.* 1 scorsa *f.*, rapido sguardo *m.*, occhiata *f.*: *he took a ~ at a newspaper* ha dato una scorsa al giornale. 2 (*flash, gleam*) lampo *m.*, bagliore *m.*, balenio *m.* 3 (*oblique blow*) colpo *m.* deviato. 4 (*rebound*) rimbalzo *m.* 5 (*brief reference*) accenno *m.*, cenno *m.* ☐ *to see sth. at a ~* vedere qcs. al primo sguardo.

glance[2] /glɑːns/ *n.* (*Min*) minerale *m.* luccicante.

glancing /'glɑːnsɪŋ/ *a.* 1 casuale, incidentale. 2 (*unstudied*) spontaneo, naturale.

glancingly /'glɑːnsɪŋli/ *avv.* di sfuggita.

gland[1] /glænd/ *n.* (*Biol*) ghiandola *f.*

gland[2] /glænd/ *n.* (*Mecc*) premistoppa *m.*, pressatrecce *m.*

glandered /'glændəd Am 'glændərd/ *a.* (*Veter*) (*of horses*) affetto da morva (*o* da cimurro).

glanders /'glændəz Am 'glændərz/ *n.pl.* (*costr.sing.*) (*Veter*) morva *f.*, cimurro *m.*

glandular /'glændjulə Am 'glændʒələr/ *a.* (*Biol*) ghiandolare, delle ghiandole.

glandule /'glændjuːl Am 'glændʒuːl/ *n.* (*Anat*) ghiandoletta *f.*

glandulose /'glændjuləs Am 'glændʒələs/, **glandulous** /'glændjuləs Am 'glændʒələs/ *a.* (*Biol*) ghiandolare, delle ghiandole.

glare /gleər Am gler/ I *n.* 1 luce *f.* vivida, bagliore *m.*, baleno *m.* 2 (*fierce look*) sguardo *m.* furioso, occhiataccia *f.* 3 (*fig*) vistosità *f.*, appariscenza *f.* II *v.i.* 1 mandare bagliori, abbagliare. 2 (*to look fiercely*) guardare con occhio furioso, fulminare con lo sguardo (*at so.* qcu.). III *v.t.* esprimere con lo sguardo. ☐ *to ~ defiance at so.* guardare qcu. con aria di sfida.

glaring /'gleərɪŋ Am 'glerɪŋ/ *a.* 1 abbagliante, accecante. 2 (*garish*) sgargiante, vistoso, appariscente. 3 (*fig*) evidente, chiaro, flagrante, manifesto: *a ~ error* un errore clamoroso. 4 (*staring angrily*) furioso, irato.

glaringly /'gleərɪŋli Am 'glerɪŋli/ *avv.* con evidenza, chiaramente.

glass /glɑːs Am glæs/ I *n.* 1 vetro *m.*: *a piece of ~* un pezzo di vetro. 2 (*drinking vessel*) bicchiere *m.*: *a wine-~* un bicchiere da vino. 3 (*contents*) bicchiere *m.* 4 (*looking glass*) specchio *m.* 5 (*glass articles*) cristalleria *f.*, cristalli *m.pl.* 6 (*optical lens*) lente *f.*; (*telescope*) cannocchiale *m.* 7 (*barometer*) barometro *m.*: *the ~ is falling* il barometro scende. 8 (*thermometer*) termometro *m.* 9 (*plate glass*) cristallo *m.*, lastra *f.* di vetro. 10 (*window pane*) vetro *m.* (di finestra). 11 (*Orol*) clessidra *f.* 12 *pl.* (*spectacles*) occhiali *m.pl.*: *a pair of -es* un paio di occhiali. 13 *pl.* (*binoculars*) binocolo *m.sing.* II *a.* 1 di vetro, di cristallo: *a ~ bowl* una coppa di cristallo. 2 (*having walls, etc. of glass*) a vetri, a vetrate: *a ~ porch* una loggia a vetrate. III *v.t.* dotare di vetri, invetriare, chiudere con vetri. 2 (*lett*) (*to reflect*) riflettere, rispecchiare. 3 (*Pell*) lucidare. 4 (*Alim*) confezionare in vasi (*o* recipienti) di vetro. ☐ *~ booth* cabina di vetro; (*fig*) *~ ceiling* soffitto di vetro (barriera nell'avanzamento professionale per donne e minoranze); *~ cloth* tessuto di fibra di vetro; *~ dust* polvere di vetro; *~ fibre* (*o Am ~ fiber*) fibra di vetro; (*Mus*) *~ harmonica* armonica a cristalli rotanti; *~ house*: 1 (*Agr*) serra di vetro; 2 (*Mil*) prigione militare; 3 (*glassworks*) vetreria, fabbrica di vetri; *to ~ in* chiudere con vetri, invetriare; *the ~ of a mirror* la luce di uno specchio; *~ painting* pittura su vetro, pittura vetraria, vetrocromia; (*Tecn*) *~ paper* carta vetrata, cartavetro; (*Min, Ind*) *~ soap* pirolusite; (*Agr*) *grown under ~* coltivato (*o* cresciuto) in serre di vetro; *~ wool* lana di vetro.

glassblower /'glɑːsˌbloʊə Am 'glæsˌbloʊər/ *n.* (*Vetr*) soffiatore *m.* (*f.* -trice) di vetro.

glassblowing /'glɑːsˌbloʊɪŋ Am 'glæsˌbloʊɪŋ/ *n.* (*Vetr*) soffiatura *f.* del vetro.

glass-bottomed /'glɑːsˌbɒtəmd Am 'glæsˌbɑːtəmd/ ☐ *a ~ boat* una barca con il fondo di vetro.

glasscutter /'glɑːsˌkʌtə Am 'glæsˌkʌtər/ *n.* 1 (*tool*) diamante *m.* tagliavetro, rotella *f.* tagliavetro. 2 (*person*) tagliatore *m.* (*f.* -trice) di vetro.

glassful /'glɑːsfʊl Am 'glæsfʊl/ *n.* (contenuto di un) bicchiere *m.*

glassine /'glɑːsiːn Am 'glæsiːn/ *n.* (*Cart*) supporto *m.* patinato trasparente.

glassiness /'glɑːsɪnəs Am 'glæsɪnəs/ *n.* 1 trasparenza *f.* 2 (*vitreousness*) l'essere vitreo.

glassless /'glɑːsləs Am 'glæsləs/ *a.* senza vetro.

glasslike /'glɑːslaɪk Am 'glæslaɪk/ *a.* similvetro.

glassmaker /'glɑːsˌmeɪkə Am 'glæsˌmeɪkər/

n. vetraio *m.* (*f.* -a).

glassmaking /'glɑːs,meɪkɪŋ *Am* 'glæs ,meɪkɪŋ/ *n.* arte *f.* vetraria, ialurgia *f.*

glassman /'glɑːsmən *Am* 'glæsmən/ *n.irr.* vetraio *m.*

glasspaper /'glɑːs,peɪpər *Am* 'glæs,peɪpər/ *n.* carta *f.* vetrata, cartavetro *f.*

glass-reinforced /'glɑːs,riːɪn,fɔːst *Am* 'glæs ,riːɪn,fɔːrst/ □ ~*plastic* plastica rinforzata con fibre di vetro.

glassware /'glɑːsweər *Am* 'glæswer/ *n.* 1 articoli *m.pl.* di vetro, vetrerie *f.pl.* 2 (*table ware*) cristalleria *f.*, cristalli *m.pl.*

glasswork /'glɑːswɜːk *Am* 'glæswɜːrk/ *n.* 1 fabbricazione *f.* del vetro. 2 (*glassware*) articoli *m.pl.* di vetro, vetrerie *f.pl.*

glassworks /'glɑːswɜːks *Am* 'glæswɜːrks/ *n.pl.* (*costr.sing.*) vetreria *f.*, fabbrica *f.* di vetri.

glassy /'glɑːsi *Am* 'glæsi/ *a.* 1 cristallino, trasparente, limpido, terso: *a ~ lake* un lago dalle acque cristalline. 2 (*dull*) vitreo, inespressivo: *~ eyes* occhi vitrei; *a ~ stare* uno sguardo inespressivo. 3 (*vitreous*) simile al vetro, vetroso, vitreo.

glassy-eyed /'glɑːsi,aɪd *Am* 'glæsi,aɪd/ *a.* dallo sguardo inespressivo.

Glaswegian /glæz'wiːdʒən/ I *n.* abitante *m./f.* di Glasgow. II *a.* di Glasgow.

Glauber /'glaʊbə *Am* 'glaʊbər/ □ (*Farm*) ~*'s salt* sale di Glauber.

glaucoma /glɔː'kəʊmə *Am also* glɑː'kəʊmə/ *n.* (*Med*) glaucoma *m.*

glaucomatous /glɔː'kəʊmətəs *Am also* glɑː'kəʊmətəs/ *a.* (*Med*) affetto da glaucoma.

glauconite /'glɔːkənaɪt/ *n.* (*Min*) glauconite *f.*

glaucophane /'glɔːkəfeɪn/ *n.* (*Min*) glaucofane *m.*

glaucous /'glɔːkəs *Am also* 'glɑːkəs/ *a.* 1 glauco, verde azzurro. 2 (*Bot*) glauco.

glaze /gleɪz/ I *v.t.* 1 invetriare, dotare di vetri, chiudere con vetri: *to ~ a window* invetriare una finestra. 2 (*Ceram*) vetrinare, invetriare, smaltare a vetro. 3 (*Dolc*) glassare. 4 (*in painting*) velare. 5 (*Tecn*) (*to coat*) patinare; (*to polish*) lustrare, lucidare. II *v.i.* appannarsi, diventare vitreo. III *v.t.* n. 1 (*smooth surface*) superficie *f.* vetrosa; (*substance used*) vernice *f.* vetrosa. 2 (*Ceram*) vetrina *f.*, vetrino *m.* 3 (*in painting*) mano *f.* di vernice trasparente. 4 (*Dolc*) glassa *f.* 5 (*Gastron*) (*stock cooked down*) gelatina *f.* 6 (*Am,Meteor*) gelicidio *m.*, vetrone *m.*

glazed /gleɪzd/ *a.* 1 invetriato. 2 (*glossy*) lucido. 3 (*Ceram*) smaltato a vetro, vetrinato, (in)vetriato. □ ~*frost* vetrone, ghiaccio vetroso.

glazer /'gleɪzər/ *n.* 1 (*Ceram*) smaltatore *m.* (*f.* -trice). 2 (*Pell*) lucidatore *m.* (*f.* -trice).

glazier /'gleɪziər, 'gleɪʒər/ *n.* vetraio *m.* (*f.* -a).

glaziery /'gleɪziəri, 'gleɪʒəri/ *n.* messa *f.* in opera dei vetri.

glaziness /'gleɪzɪnəs/ *n.* l'essere vetreo, l'essere vetroso.

glazing /'gleɪzɪŋ/ *n.* 1 lavoro *m.* del vetraio. 2 (*sheets of glass*) lastre *f.pl.* di vetro, vetrate *f.pl.*, vetri *m.pl.* 3 (*applying a glaze*) verniciatura *f.* a smalto, smaltatura *f.* 4 (*Fot*) lucidatura *f.*, smaltatura *f.* 5 (*Edil*) vetrata *f.*; (*fitting glass into frames*) messa *f.* in opera dei vetri. 6 (*Ceram*) vetrinatura *f.*, invetriatura *f.* 7 (*in painting*) velatura *f.*

glazy /'gleɪzi/ *a.* vetroso, vitreo.

GLC 1 (*Chim*) *gas-liquid chromatography* GLC (cromatografia di partizione gas-liquido). 2 (*GB*) *Greater London Council* (ente locale per la zona amministrativa di Londra e dintorni).

GLCM /,dʒiːelsiː'em/ (*Mil*) *Ground Launched*

Cruise Missile GLCM (missile da crociera lanciato da terra).

gleam /gliːm/ I *n.* 1 barbaglio *m.*, bagliore *m.*, baleno *m.* 2 (*faint light*) barlume *m.*, lucichio *m.* 3 (*fig*) barlume *m.*, parvenza *f.*: *a ~ of hope* un barlume di speranza. II *v.i.* 1 balenare, brillare, luccicare. 2 (*to shine dimly*) brillare di luce debole (*o incerta*). 3 (*fig*) balenare, lampeggiare.

gleamy /'gliːmi/ *a.* luccicante, brillante.

glean /gliːn/ I *v.t.* 1 (*Agr*) spigolare. 2 (*fig*) racimolare, raggranellare, spigolare: *to ~ information* racimolare informazioni. II *v.i.* (*Agr*) spigolare (*anche fig*).

gleaner /'gliːnər/ *n.* (*Agr*) spigolatore *m.* (*f.* -trice).

gleaning /'gliːnɪŋ/ *n.* 1 spigolatura *f.* 2 *pl.* (*corn, etc., gleaned*) spigolatura *f.sing.* 3 *pl.* (*fig*) spigolature *f.pl.*, notizie *f.pl.*, curiosità *f.pl.*

glebe /gliːb/ *n.* 1 (*poet*) terra *f.*, terreno *m.* 2 (*Rel*) (*glebe land*) terreno *m.* che fa parte di un beneficio ecclesiastico.

glee /gliː/ *n.* 1 allegria *f.*, gioia *f.*, gaiezza *f.* 2 (*Mus*) canone *m.* a più voci. □ (*Mus*) ~*club* società corale.

gleeful /'gliːfʊl/ *a.* allegro, gaio, gioioso.

gleeman /'gliːmən/ *n.irr.* (*Mediev*) menestrello *m.*

gleesome /'gliːsəm/ *a.* (*ant*) allegro, gaio, gioioso.

gleet /gliːt/ *n.* (*Med*) uretrite *f.* cronica.

glen /glen/ *n.* (*Geog*) valle *f.* stretta e lunga.

glenoid /'gliːnɔɪd/ *a.* (*Anat*) glenoideo. □ (*Anat*) ~*cavity* (*o* ~*fossa*) fossa glenoidea.

glenoidal /gliː'nɔɪdəl/ *a.* (*Anat*) glenoideo.

glib /glɪb/ *a.* 1 loquace, dalla parola pronta, con la lingua sciolta. 2 (*free and easy*) disinvolto, spigliato. □ *to be a ~talker* avere una buona parlantina; *to have a ~tongue* avere la lingua sciolta.

glibness /'glɪbnəs/ *n.* 1 facondia *f.*, loquacità *f.* 2 (*easiness*) disinvoltura *f.*, spigliatezza *f.*

glide /glaɪd/ I *v.i.* 1 scivolare, scorrere: *the boat -d over the waves* la barca scivolava sulle onde. 2 (*to pass imperceptibly*) fluire, scorrere. 3 (*to move stealthily*) muoversi furtivamente. 4 (*to move silently*) muoversi silenziosamente. 5 (*Aer*) planare, librarsi. 6 (*Mus*) eseguire note scivolate. 7 (*Fon*) passare da un suono vocalico a un altro. II *v.t.* 1 far scivolare, far scorrere. 2 (*Aer*) far planare. III *n.* 1 scivolata *f.*, scivolamento *m.* 2 (*in dancing*) passo *m.* strisciato. 3 (*Aer*) planata *f.* 4 (*Mus*) legamento *m.*, legatura *f.* 5 (*Fon*) suono *m.* intermedio, suono *m.* transitorio. □ (*Arm*) ~*bomb* bomba planante; (*Aer*) ~*path* sentiero di planata.

glider /'glaɪdər/ *n.* 1 (*Aer*) aliante *m.* 2 (*person*) volovelista *m./f.*

gliding /'glaɪdɪŋ/ *n.* (*Aer*) volo *m.* librato, volo *m.* planato.

glim /glɪm/ *n.* (*colloq*) luce *f.*, lampada *f.*, lanterna *f.*

glimmer /'glɪmər/ I *n.* 1 luce *f.* debole, luce *f.* incerta, barlume *m.*, baluginio *m.* 2 (*fig*) barlume *m.*, parvenza *f.*: *~ of hope* barlume di speranza. II *v.i.* 1 luccicare debolmente. 2 (*to appear faintly*) baluginare.

glimmering /'glɪmərɪŋ/ I *n.* 1 luce *f.* debole, luce *f.* incerta, barlume *m.*, baluginio *m.* 2 (*fig*) barlume *m.*, idea *f.* confusa, idea *f.* vaga. II *a.* luccicante.

glimpse /glɪm(p)s/ I *n.* rapido sguardo *m.*, occhiata *f.* II *v.t.* vedere di sfuggita, intravedere. III *v.i.* guardare di sfuggita (*at so.* qcu.). □ *to catch a ~* (*o to get a ~*) *of sth.* vedere qcs. di sfuggita, intravedere qcs.

glint /glɪnt/ I *n.* 1 baleno *m.*, barbaglio *m.*,

Cruise Missile GLCM (missile da crociera lanciato da terra).

bagliore *m.* 2 (*sparkle*) scintillio *m.*, lucchichio *m.* 3 (*fig*) scintilla *f.*, sprazzo *m.* II *v.i.* 1 scintillare, brillare, rifulgere. 2 (*to appear briefly*) baluginare, balenare. III *v.t.* far scintillare, fare brillare.

gliobastoma /,glaɪəʊblæ'stəʊmə/ *n.* (*Med*) gliobastoma *m.*

glioma /glaɪ'əʊmə/ *n.* (*Med*) glioma *m.*

glissade /glɪ'sɑːd, glɪ'seɪd/ I *n.* 1 (*Sport*) scivolata *f.* 2 (*in dancing*) passo *m.* strisciato, glissade *f.* II *v.i.* 1 (*Sport*) scivolare. 2 (*in dancing*) fare una glissade.

glisten /'glɪsən/ I *v.i.* brillare, luccicare, scintillare. II *n.* brillìo *m.*, luccichio *m.*, scintillio *m.*

glitch /glɪtʃ/ *n.* (*Am,Tecn*) guasto *m.*; (*malfunction*) difetto *m.* di funzionamento; (*technical problem*) problema *m.* tecnico.

glitter /'glɪtər *Am* 'glɪtər/ I *v.i.* 1 brillare, luccicare, scintillare. 2 (*fig*) splendere, risplendere, rilucere. II *n.* 1 scintillio *m.*, luccichio *m.*, sfolgorio *m.* 2 (*fig*) splendore *m.*, sfarzo *m.* 3 (*glittering objects*) ornamenti *m.pl.* luccicanti; (*on dresses*) lustrini *m.pl.* □ *Prov.*: *all that -s is not gold* non è tutto oro quel che luccica.

glitterati /,glɪtə'rɑːti/ *n.pl.* (*Am,colloq*) bel mondo *m.sing.* (letterati salottieri e divi dello spettacolo).

glittering /'glɪtərɪŋ *Am* 'glɪtərɪŋ/ *a.* brillante, scintillante, splendente.

glitz /glɪts/ *n.* (*Am,colloq*) mondanità *f.*, sfarzo *m.*

glitzy /'glɪtsi/ *a.* (*Am,colloq*) pacchiano, vistoso.

gloaming /'gləʊmɪŋ/ *n.* (*Scott*) crepuscolo *m.*, imbrunire *m.*

gloat /gləʊt/ *v.i.* 1 provare un gusto maligno, gongolare (*malignamente*), godere (*over, at* per): *to ~ over so.'s failure* gongolare per l'insuccesso di qcu. 2 (*to gaze at with greedy pleasure*) covare con gli occhi, guardare con avidità (*over, on, upon* qcs.).

gloatingly /'gləʊtɪŋli *Am* 'gləʊtɪŋli/ *avv.* 1 con gioia maligna. 2 (*greedily*) avidamente.

glob /glɒb *Am* glɑːb/ *n.* pezzo *m.* (*o goccia f.*) di materiale denso e fluido.

global /'gləʊbəl/ *a.* 1 globale, mondiale, universale: *~ war* guerra mondiale. 2 (*fig*) globale, complessivo, totale: *~ view* visione globale. 3 (*spherical*) sferico. □ ~*banking* attività bancaria globale; ~*company* impresa globale; ~*marketing* marketing globale; (*Inform*) ~*search* ricerca globale; ~*village* villaggio globale; ~*warming* riscaldamento del globo terrestre, riscaldamento del pianeta.

globalise /'gləʊbəlaɪz/ *v.t.* (*Br*) globalizzare.

globalism /'gləʊbəlɪzəm/ *n.* globalismo *m.*

globalist /'gləʊbəlɪst/ *a.* globalista.

globalization /,gləʊbəlaɪ'zeɪʃən, ,gləʊbəlɪ'zeɪʃən/ *n.* globalizzazione *f.*: *economy ~* globalizzazione dell'economia.

globalize /'gləʊbəlaɪz/ *v.t.* globalizzare.

globally /'gləʊbəli/ *avv.* globalmente, mondialmente, universalmente.

globate /'gləʊbeɪt/ *a.* globulare, a forma di globo.

globated /'gləʊbeɪtɪd/ *a.* globulare, a forma di globo.

globe /gləʊb/ *n.* 1 globo *m.*, mappamondo *m.* 2 (*sphere*) globo *m.*, sfera *f.*, (*ant*) orbe *m.* 3 (*celestial body*) globo *m.* celeste; (*planet*) pianeta *m.* 4 (*earth*) globo *m.* terrestre. 5 (*Anat*) (*eyeball*) globo *m.* (oculare). □ *all over the ~* in ogni parte del globo; (*Bot*) ~*flower* luparia; (*Meteor*) ~*lightning* lampo globulare, fulmine globulare; *the ~ of this* il globo, la terra, il mondo.

globefish /'gloubfɪʃ/ n. (Itt) 1 (puffer) pesce m. palla. 2 (ocean sunfish) pesce m. luna.

globelike /'gloub,laɪk/ a. sferico, a sfera.

globetrotter /'gloub,trɒtər Am 'gloub,traːtər/ n. giramondo m./f.

globetrotting /'gloub,trɒtɪŋ Am 'gloub,traːtɪŋ/ n. il viaggiare abitualmente per il mondo.

globoid /'glouboɪd/ I a. sferico, a sfera. II n. (Bot) globoide m.

globose /'gloubous/ a. globoso, sferico.

globosity /glou'bɒsəti Am glou'baːsəti/ n. globosità f., sfericità f.

globular /'glɒbjulər Am 'glaːbjələr/ a. 1 globulare, a forma di globo, sferico. 2 (Biol) che contiene globuli. □ (Astr) ~ cluster ammasso globulare.

globule /'glɒbjuːl Am 'glaːbjuːl/ n. 1 goccia f., gocciolina f. 2 (Biol) globulo m.

globulin /'glɒbjulɪn Am 'glaːbjələn/ n. (Biol) globulina f.

glockenspiel /'glɒkənʃpiːl Am 'glaːkənspiːl/ n. (Mus) carillon m.

glom /glɒm Am glaːm/ v.t. (Am,colloq) 1 (to catch) afferrare, acchiappare. 2 (to steal) rubare.

glomerate /'glɒmərɪt Am 'glaːmərɪt/ a. agglomerato.

glomerule /'glɒməruːl Am 'glaːməruːl/ n. (Biol,Med) glomerulo m.

glomerulitis /,glɒmərʊ'laɪtɪs Am ,glaːmərʊ'laɪtɪs/ n. (Med) glomerulite f.

glomerulonephritis /glɒ,mərjʊloʊnɪ'fraɪtɪs/ n. (Med) glomerulonefrite f.

glomerulus /glɒ'mər(j)ʊləs/ n. (Med) glomerulo m.

gloom /gluːm/ I n. 1 buio m., tenebre f.pl., oscurità f. 2 (fig) tristezza f., malinconia f., tetraggine f., depressione f.: the news cast a ~ over the company la notizia gettò nella tristezza la compagnia. II v.i. 1 avere l'aria triste (o malinconica). 2 (to look dejected) avere l'aria depressa. 3 (to become dark) oscurarsi, offuscarsi, rabbuiarsi. III v.t. 1 oscurare, offuscare. 2 (rar) (to sadden) rattristare, immalinconire.

gloomily /'gluːmɪli/ avv. malinconicamente, con cupezza.

gloominess /'gluːmɪnəs/ n. 1 oscurità f., buio m., tenebre f.pl. 2 (fig) tristezza f., malinconia f., depressione f.

gloomy /'gluːmi/ a. 1 oscuro, buio, tenebroso. 2 (causing despondency) deprimente; (filled with despondency) depresso, abbattuto. 3 (melancholy) cupo, malinconico, triste, tetro. 4 (pessimistic) pessimista, sfiduciato. 5 (sombre) fosco, lugubre.

glop /glɒp Am glaːp/ n. (Am,colloq) materia f. semi-liquida, appiccicosa e senza forma.

Gloria /'glɔːriə/ n.pr.f. Gloria.

glorification /,glɔːrɪfɪ'keɪʃən/ n. 1 glorificazione f. 2 (colloq) (spree) festeggiamenti m.pl., festa f.

glorifier /'glɔːrɪfaɪər/ n. glorificatore m. (f. -trice).

glorify /'glɔːrɪfaɪ/ v.t. 1 glorificare, rendere lode a: to ~ God glorificare Dio. 2 (to make glorious) glorificare, celebrare. 3 (to extol) esaltare, magnificare. 4 (fig) fare apparire più importante.

gloriole /'glɔːrioʊl/ n. aureola f., alone m.

glorious /'glɔːriəs/ a. 1 glorioso: a ~ victory una gloriosa vittoria. 2 (splendid) splendido, stupendo, meraviglioso, magnifico. 3 (colloq) (delightful) piacevolissimo, delizioso. □ (Stor.brit) Glorious Revolution Gloriosa Rivoluzione (1688).

gloriousness /'glɔːriəsnəs/ n. l'essere glorioso.

glory /'glɔːri/ I n. 1 (renown) gloria f., fama

f., onore m.: to be covered with ~ coprirsi di gloria. 2 (splendour) splendore m., magnificenza f. 3 (resplendent beauty) bellezza f. risplendente. 4 (particular distinction) gloria f., orgoglio m., vanto m.: to be the ~ of the family essere l'orgoglio della famiglia. 5 (worshipful praise) gloria f., lode f. 6 (heavenly bliss) gloria f. (celeste), beatitudine f. (eterna). 7 (halo) aureola f. (di gloria). II v.i. 1 gloriarsi, compiacersi (in di). 2 (ant) (to boast) vantarsi, gloriarsi (di). □ (colloq) ~ be! Dio buono!; (colloq) to be in one's ~ essere al settimo cielo; to go to ~ salire alla gloria di Dio, morire; (colloq) to send so. to ~ mandare qcu. al creatore, uccidere qcu.

gloryhole /'glɔːri,hoʊl/ n. 1 (colloq) ripostiglio m. (per cianfrusaglie). 2 (Mar) cambusa f. 3 (Vetr) apertura f. di riscaldo; (furnace) forno m. di riscaldo.

gloss[1] /glɒs Am glaːs/ I n. 1 lucentezza f., brillantezza f. 2 (fig) vernice f., apparenza f. (esteriore). II v.t. 1 lucidare, lustrare. 2 (to give a deceptive appearance to) mascherare, coprire, dissimulare. □ to ~ over mascherare, coprire, dissimulare; (Pitt) ~ paint vernice lucida.

gloss[2] /glɒs Am glaːs/ I n. 1 glossa f., chiosa f., postilla f. 2 (glossary) glossario m. 3 (explanatory insertion) glossa f., spiegazione f.; (interlinear gloss) glossa f. interlineare. II v.t. 1 glossare, chiosare, postillare. 2 (to interpret falsely) interpretare male (con l'intenzione di nascondere qcs.). □ to ~ over interpretare male (con l'intenzione di nascondere qcs.).

glossarial /glɒs'eəriəl Am glaː'seriəl/ a. di un glossario.

glossarist /'glɒsərɪst Am 'glaːsərɪst/ n. 1 glossatore m. (f. -trice), chiosatore m. (f. -trice). 2 (compiler of a glossary) glossografo m. (f. -a).

glossary /'glɒsəri Am 'glaːsəri/ n. glossario m.

glosseme /'glɒsiːm Am 'glaːsiːm/ n. (Ling) glossema m.

glossiness /'glɒsɪnəs Am 'glaːsɪnəs/ n. lucidezza f., lucentezza f.

glossographer /glɒ'sɒɡrəfər Am glaː'saːɡrəfər/ n. 1 glossatore m. (f. -trice), chiosatore m. (f. -trice). 2 (compiler of a glossary) glossografo m. (f. -a).

glossography /glɒ'sɒɡrəfi Am glaː'saːɡrəfi/ n. glossografia f.

glossolalia /,glɒsoʊ'leɪliə Am ,glaːsə'leɪliə/ n. (Rel) glossolalia f.

glossology /glɒ'sɒlədʒi Am glaː'saːlədʒi/ n. (ant) glottologia f.

glossy /'glɒsi Am 'glaːsi/ I a. 1 lucido, lucente. 2 (fig) patinato. II n. 1 (Giorn) rivista f. illustrata su carta patinata. 2 (Fot) fotografia f. (su carta) lucida. □ (Giorn) ~ magazine rivista illustrata su carta patinata.

glost /glɒst Am glaːst/ n. (Ceram) seconda cottura f.

glottal /'glɒtəl Am 'glaːtəl/ a. 1 (Anat) della glottide. 2 (Fon) glottale. □ (Ling) ~ stop occlusiva glottale.

glottic /'glɒtɪk Am 'glaːtɪk/ a. 1 (Anat) della glottide. 2 (ant) (linguistic) linguistico.

glottis /'glɒtɪs Am 'glaːtəs/ n. (pl. **-ises** /-ɪsɪz/, **-ides** /-ɪdiːz/ n. (Anat) glottide f.

glottochronology /,glɒtoʊkrə'nɒlədʒi Am ,glaːtoʊkrə'naːlədʒi/ n. (Ling) glottocronologia f.

glottology /glɒt'ɒlədʒi Am glaː'taːlədʒi/ n. glottologia f.

Gloucester /'glɒstər Am 'glaːstər/ n.pr. (Geog) Gloucester f.

Gloucestershire /'glɒstərʃɪər Am 'glaːstərʃər/ n.pr. (Geog) Gloucestershire m., contea f.

di Gloucester.

glove /glʌv/ I n. 1 guanto m.: a pair of -s un paio di guanti. 2 (Sport) guantone m. II v.t. inguantare, mettere i guanti a. □ ~ box : 1 scatola per i guanti, guantiera; 2 (Aut) vano portaoggetti; 3 (Tecn) cella a guanti; (Aut) ~ compartment vano portaoggetti; (fig) to fit like a ~ calzare come un guanto; (fig) with -s off (o with the -s off) senza mezze misure, con risolutezza; (Br) ~ puppet burattino; ~ seller guantaio; to take off the -s to so. litigare aspramente con qcu.; (fig) to take up the ~ raccogliere il guanto, accettare la sfida.

glover /'glʌvər/ n. guantaio m. (f. -a).

glow /gloʊ/ I v.i. 1 ardere: his cigarette -ed in the dark la sua sigaretta ardeva nel buio. 2 (to be incandescent) essere incandescente, essere infuocato. 3 (of the cheeks, skin) avvampare, farsi di fuoco. 4 (to shine intensely) risplendere, rifulgere. 5 (to flame, to be red) fiammeggiare, rosseggiare. 6 (fig) ardere, essere infiammato. II n. 1 incandescenza f. 2 (brightness of colour) luminosità f., splendore m. 3 (of the cheeks, etc.) colorito m. vivo. 4 (fig) (feeling of elation) fervore m., ardore m. 5 (fig) (bodily warmth) calore m. (del corpo). □ (Fis) ~ discharge scarica a bagliore; (El) ~ lamp lampada a luminescenza; (Entom) ~ worm lucciola, lampiride nottiluca.

glower /'glaʊər/ I v.i. guardare torvo, guardare in cagnesco (at so. qcu.). II n. sguardo m. torvo.

glowering /'glaʊərɪŋ/ a. torvo, bieco.

glowing /'gloʊɪŋ/ a. 1 incandescente. 2 (burning without flame) acceso. 3 (of colours) brillante, caldo, acceso. 4 (fig) (enthusiastic) caloroso, ardente, appassionato. 5 (fig) (showing good health) colorito, rubicondo. □ (fig) to paint sth. in ~ colours descrivere qcs. in modo positivo; to speak in ~ terms of sth. dire meraviglie di qcs., parlare con entusiasmo di qcs.; to be ~ with good health avere una splendida cera, sprizzare salute (da tutti i pori).

glow-worm /'gloʊwɜːm Am 'gloʊwɜːrm/ n. (Entom) lucciola f., lampiride f. nottiluca.

gloxinia /glɒk'sɪniə Am 'glaːk'sɪniə/ n. (Bot) gloxinia f.

gloze /gloʊz/ v.t. (ant) attenuare, sminuire. □ to ~ over attenuare, sminuire.

glucide /'gluːsaɪd/ n. (Chim) glucide m.

glucinium /glʊ'sɪniəm/ n. (Chim) berillio m., glucinio m.

glucinum /glʊ'saɪnəm/ n. (Chim) berillio m., glucinio m.

glucose /'gluːkous/ n. (Chim) glucosio m.

glucoside /'gluːkəsaɪd/ n. (Chim) glicoside m.

glue /gluː/ I n. 1 colla f. 2 (any adhesive substance) sostanza f. adesiva. II v.t. 1 incollare, attaccare con la colla. 2 (fig) (spec. in passive form) appiccicare, incollare: to be -d essere appiccicato, essere incollato: his eyes were -d to his book non staccava gli occhi dal libro; she -d herself to her mother stava appiccicata alla madre. □ (Biol) ~ cell colloblasto; (Med) ~ ear orecchio colloso; ~ pot pentolino della colla; ~ sniffing sniffaggio di colla (come droga); ~ stick stick di colla.

gluer /'gluːər/ n. incollatore m. (f. -trice).

gluey /'gluːi/ a. 1 colloso. 2 (viscid) vischioso, appiccicoso.

glug /glʌɡ/ I v.i. fare glu glu. II v.t. versare un liquido facendogli fare glu glu.

glum /glʌm/ a. malinconico, triste, tetro, cupo.

glume /gluːm/ n. (Bot) gluma f.

glumness /'glʌmnəs/ n. tetraggine f., tristezza *f.*, malinconia *f.*

gluon /'gluːɒn *Am* 'gluːɑːn/ *n.* (*Nucl*) gluone *m.*

glut /glʌt/ **I** *n.* **1** sovrabbondanza *f.*, eccesso *m.*, quantità *f.* eccessiva. **2** (*act of glutting*) scorpacciata *f.* **II** *v.t.* (*past, p.p.* **glutted** /'glʌtɪd/) **1** saziare (*anche fig*): *to ~ oneself on sth.* saziarsi di qcs. **2** (*Comm*) saturare: *to ~ the market* saturare il mercato.

gluteal /'gluːtɪəl *Am* 'gluːtiːəl/ *a.* (*Anat*) gluteo.

gluten /'gluːtᵊn/ *n.* (*Biol*) glutine *m.* ☐ (*Alim*) *~ bread* pane glutinato.

glutenous /'gluːtᵊnəs/ *a.* **1** glutinato. **2** (*like gluten*) glutinoso.

gluteus /'gluːtiəs *Am* 'gluːtiəs/ (*pl.* **-tei** /-'tiaɪ *Am* -'tiaɪ/) *n.* (*Anat*) gluteo *m.*

glutinous /'gluːtᵊnəs/ *a.* glutinoso (*anche Bot*).

glutton /'glʌtᵊn/ *n.* **1** ghiottone *m.* (*f.* -a), goloso *m.* (*f.* -a). **2** (*fig*) persona *f.* insaziabile, divoratore *m.* (*f.* -trice): *to be a ~ of books* essere un divoratore di libri, essere un lettore insaziabile; (*scherz*) *to be a ~ for work* non avere paura del lavoro. **3** (*Zool*) ghiottone *m.*, volverina *f.* ☐ *to be a ~ for punishment* essere un masochista.

gluttonous /'glʌtᵊnəs/ *a.* goloso, ghiotto, ingordo, vorace.

gluttony /'glʌtᵊni/ *n.* ghiottoneria *f.*, golosità *f.*, voracità *f.*, ingordigia *f.*

glycaemia /glaɪ'siːmiə/ *n.* (*Med*) glicemia *f.*

glycerate /'glɪsᵊreɪt/ *n.* (*Chim*) glicerato *m.*

glyceric /glɪ'sᵊrɪk/ *a.* (*Chim*) glicerico.

glyceride /'glɪsᵊraɪd/ *n.* (*Chim*) gliceride *m.*

glycerin, glycerine /'glɪsᵊriːn/ *n.* (*Chim*) glicerina *f.*

glycerol /'glɪsᵊrɒl *Am* 'glɪsᵊrɑːl/ *n.* (*Chim*) glicerolo *m.*, glicerina *f.*

glyceryl /'glɪsᵊrɪl/ *n.* (*Chim*) glicerile *m.*

glycine /'glaɪsiːn/ *n.* (*Biol*) glicina *f.*

glycogen /'glaɪkoʊdʒən/ *n.* (*Biol*) glicogeno *m.*

glycogenenis /ˌglaɪkoʊ'dʒenəsɪs/ *n.* (*Biol*) glicogenesi *f.*

glycosuria /ˌglaɪkoʊ'sjʊəriə/ *n.* (*Med*) glicosuria *f.*

glyph /glɪf/ *n.* **1** (*Arch*) glifo *m.* **2** (*rar,Archeol*) geroglifico *m.* **3** (*symbol*) glifo *m.*

glyphic /'glɪfɪk/ *a.* inciso.

glyptic /'glɪptɪk/ **I** *a.* glittico. **II** *n.spec.pl.* glittica *f.*, glittografia *f.*

glyptograph /'glɪptoʊgrɑːf/ *n.* pietra *f.* incisa, gemma *f.* incisa.

glyptography /glɪp'tɒgrəfi/ *n.* glittografia *f.*, glittica *f.*

GM /dʒiː'em/ **1** *General Manager* DG (direttore generale). **2** *Grand Master* GM (gran maestro). **3** *Greenwich meridian* (meridiano di Greenwich). **4** (*GB*) *George Medal* (medaglia di san Giorgio).

G-man /'dʒiːmæn/ *n.irr.* (*Am,sl*) (*Government man*) agente *m.* investigativo federale, G-man *m.*

GMO /dʒiːem'oʊ/ **I** (*Biol*) *Genetically Modified Organism* OGM (organismo geneticamente modificato). **II** *n.* (*Biol*) OGM *m.*

GMT /ˌdʒiːem'tiː/ *Greenwich Mean Time* GMT (tempo medio di Greenwich).

gn.1 *general* gen. (generale). **2** *guinea* (ghinea).

gnar /nɑː/ *Am* nɑːr/ *v.i.* (*ant*) (*to snarl*) ringhiare.

gnarl /nɑːl *Am* nɑːrl/ **I** *n.* (*Bot*) nodo *m.*, nocchio *m.* **II** *v.t.* contorcere, storcere, torcere.

gnarled /nɑːld *Am* nɑːrld/ *a.* **1** (*Bot*) nodoso, pieno di nodi. **2** (*fig*) dall'aspetto ruvido, dall'aspetto rozzo. ☐ *~ fingers* dita nodose.

gnarly /'nɑːli *Am* 'nɑːrli/ *a.* **1** (*Bot*) nodoso, pieno di nodi. **2** (*fig*) dall'aspetto ruvido,

dall'aspetto rozzo.

gnash /næʃ/ **I** *v.t.* digrignare, arrotare. **II** *v.i.* digrignare i denti.

gnat /næt/ *n.* (*Entom*) culice *m.*, tipo *m.* di moscerino.

gnaw /nɔː *Am also* nɑː/ (*past* -ed /-d/, *p.p.* -ed o -n /-n/) **I** *v.t.* **1** rosicchiare, rodere. **2** (*to form by gnawing*) fare rosicchiando. **3** (*to corrode*) rodere, corrodere. **4** (*fig*) torturare, tormentare, rodere. **II** *v.i.* **1** rosicchiare, rodere (*at, on sth.* qcs.): *the dog -ed at a bone* il cane rosicchiava un osso. **2** (*to corrode*) corrodere, rodere (*at sth.* qcs.). **3** (*fig*) tormentare, rodere, torturare (*at sth.* qcs.): *anxiety -ed at his heart* l'ansia gli rodeva il cuore.

gnawer /'nɔːᵊr *Am also* 'nɑːᵊr/ *n.* roditore *m.* (*f.* -trice).

gnawing /'nɔːɪŋ *Am also* 'nɑːɪŋ/ **I** *n.* **1** rodimento *m.* (*anche fig*). **2** *pl.* (*pangs*) morsi *m.pl.*: *the -s of hunger* i morsi della fame. **II** *a.* che rode: *~ remorse* un terribile rimorso; *~ anxiety* ansia che rode; *~ hunger* una fame feroce.

gnawn /nɔːn *Am also* nɑːn/ → **gnaw**.

gneiss /naɪs, gə'naɪs/ *n.* (*Geol*) gneis *m.*, gneiss *m.*

gnome[1] /'noʊmiː/ (*pl.* **-s** /-z/, **gnomae** /'noʊmiː/) *n.* sentenza *f.*, motto *m.*, proverbio *m.*, (*lett*) gnome *f.*

gnome[2] /noʊm/ *n.* (*Folcl*) gnomo *m.*

gnomic /'noʊmɪk/ *a.* gnomico, sentenzioso.

gnomish /'noʊmɪʃ/ *a.* (*Folcl*) simile a uno gnomo.

gnomon /'noʊmɒn *Am* 'noʊmɑːn/ *n.* gnomone *m.* (*anche Geom*).

gnomonic /noʊ'mɒnɪk *Am* noʊ'mɑːnɪk/ *a.* **1** di uno gnomone. **2** (*gnomic*) gnomico, sentenzioso.

gnomonics /noʊ'mɒnɪks *Am* noʊ'mɑːnɪks/ *n.pl.* (*costr.sing.*) gnomonica *f.*

gnosis /'noʊsɪs/ (*pl.* **-ses** /-siːz/) *n.* (*Teol*) gnosi *f.*

gnostic /'nɒstɪk *Am* 'nɑːstɪk/ *a.* della conoscenza.

Gnostic /'nɒstɪk *Am* 'nɑːstɪk/ **I** *a.* (*Rel*) gnostico. **II** *n.* gnostico *m.* (*f.* -a).

Gnosticism /'nɒstɪsɪzᵊm *Am* 'nɑːstəsɪzᵊm/ *n.* (*Rel*) gnosticismo *m.*, gnosi *f.*

gnotobiotic /ˌnoʊtoʊbaɪ'ɒtɪk/ *a.* (*Biol*) gnotobiotico.

gnotobiotics /ˌnoʊtoʊbaɪ'ɒtɪks/ *n.pl.* (*costr.sing.*) (*Biol*) gnotobiotica *f.*

GNP /ˌdʒiːen'piː/ *Gross National Profit* PNL (prodotto nazionale lordo).

gns. *guineas* (ghinee).

gnu /nuː, gə'nuː/ *n.* (*Zool*) gnu *m.*

go[1] /goʊ/ (*past* went /went/, *p.p.* gone /gɒn *Am* gɔːn/) *v.i.* **1** andare, recarsi (*to* a): *let's ~ to the cinema* andiamo al cinema. **2** (*to leave*) andarsene, partire: *I must be -ing* devo andarmene. **3** (*to function, to work*) funzionare, andare: *my watch won't ~* il mio orologio non funziona. **4** (*to turn out*) andare, riuscire: *how did the party ~?* com'è andata la festa? **5** (*to proceed*) andare, procedere: *how is the work -ing? - It isn't -ing very well* come procede il lavoro? - Non va molto bene. **6** (*to reach, to extend*) andare (*to* fino a), arrivare (*a*): *this road -es to Edinburgh* questa strada va (fino) a Edimburgo; *her hair -es right down to her waist* i capelli le arrivano alla vita. **7** (*to lead*) condurre, portare (*a*). **8** (*of time*) andare, passare, (tra)scorrere. **9** (*to stop*) passare, finire: *the pain has -ne* il dolore è passato. **10** (*to move with a specified purpose*) andare: *to ~ hunting* andare a caccia; *to ~ for a walk* andare a fare una passeggiata; *to ~ shopping* andare a fare compere. **11** (*in continuous tenses, followed by an in-*

finitive: to intend to) intendere: *I'm not -ing to wait any longer* non intendo aspettare ancora; *we're -ing to spend our holidays in Capri* passeremo le vacanze a Capri. **12** (*in continuous tenses, followed by an infinitive: to be about to*) stare per: *he's -ing to have a nasty surprise* sta per avere (*o* avrà) una brutta sorpresa. **13** (*in continuous tenses, followed by an infinitive: to express a certain forecast*) stare per, essere lì lì per, essere sul punto di: *it's -ing to rain* sta per piovere, tra poco pioverà. **14** (*to act*) agire, comportarsi, procedere. **15** (*to do, to make an action*) fare, muovere: *~ like this with your hand* fai così con la mano, muovi così la mano. **16** (*to belong*) andare messo (*o* riposto) (*on* su): *these books ~ here* questi libri vanno messi qui. **17** (*to fit, to be contained*) entrare, stare, essere contenuto (*in* in): *it won't ~ in* non entra. **18** (*to pass by inheritance*) andare, toccare in eredità (*to* a). **19** (*to ring*) suonare: *has the bell -ne yet?* è già suonata la campana? **20** (*to make a certain sound*) fare: *the song -es like this* la canzone fa così. **21** (*to give way, to break*) cedere, crollare. **22** (*to become*) diventare: *to ~ mad* diventare matto, impazzire; *to ~ bald* diventare calvo. **23** (*to become worn-out*) logorarsi, consumarsi: *the jacket has -ne at the elbows* la giacca si è logorata ai gomiti. **24** (*eufem*) (*to die*) andarsene, morire. **25** (*colloq*) (*to be acceptable*) andare, essere ammesso: *in a permissive society anything -es* in una società permissiva tutto è ammesso. **26** (*of money*) essere speso (*on, for, in* per, in), andarsene (*in*): *all her salary -es on clothes* tutto il suo stipendio se ne va in vestiti. **27** (*to be awarded*) andare, essere conferito, essere assegnato (*to* a). **28** (*to be sold*) costare (*for, at sth.* qcs.), essere in vendita (a): *it was -ing cheap* costava poco. **29** (*to amount to*) equivalere, corrispondere (*to* a): *three feet ~ to a yard* tre piedi equivalgono a una iarda. **30** (*to contribute to*) concorrere, contribuire (*to* a): *the qualities that ~ to make a leader* le qualità che concorrono a fare di qualcuno un capo. **31** (*to serve*) servire (*to* a): *your question simply -es to show your ignorance* la domanda che hai fatto serve solo a dimostrare la tua ignoranza. **32** (*to give access to*) dare, portare (*to* in), dare accesso (a). **33** (*to have recourse to*) ricorrere, far ricorso (*to* a), adire (qcs.): *to ~ to law* (*o court*) far ricorso alle vie legali. **34** (*colloq*) (*to be authoritative*) avere importanza (*o* valore). **35** (*colloq*) (*to clear one's bowels*) andare (di corpo). **II** *v.t.* **1** puntare, scommettere. **2** (*in cards*) dichiarare. ☐ *to ~ about*: **1** andare in giro, andare qua e là; **2** (*of rumours, etc.*) correre, essere in giro, circolare: *there is a story -ing about that* corre voce che; **3** (*to set to work at*) intraprendere, affrontare; **4** (*to occupy oneself with*) occuparsi di, fare: *to ~ about one's work* fare il proprio lavoro; *~ about your business!* fatti i fatti tuoi!; **5** (*Mar*) virare di bordo (in prua); *to ~ across* attraversare, traversare; *to ~ after*: **1** cercare di ottenere, cercare di avere; **2** (*to pursue amorously*) corteggiare, fare la corte a; *to ~ against*: **1** andare contro, essere contrario a: *it -es against my principles* va contro i miei principi; **2** (*to be unfavourable for*) volgere a sfavore di, essere sfavorevole a; *to ~ ahead*: **1** andare avanti: *~ ahead!* avanti!, forza!, coraggio!; **2** (*to proceed without hesitation*) tirare diritto, non avere esitazioni; **3** (*Sport*) passare in testa; (*colloq*) *to ~ all out for sth.* mettercela tutta a fare qcs., fare tutto il possibile per ottenere qcs.; *to ~ along*: **1** andare (*with* con), accompagnare (qcu.); 2 (*fig*) concordare, essere d'accordo (con); 3 (*to proceed*) procedere, andare avanti: *to learn as one -es along* imparare man mano che si va avanti; (*colloq*) ~ *along with you!*: 1 vai via!, togliti dai piedi!; 2 (*in disbelief*) ma va!, fammi il piacere!; *shall we ~ and see John?* andiamo a trovare John?; *you've -ne and burnt the toast* ecco, hai bruciato il pane nel tostapane; *to ~ around*: 1 andare in giro, girare; 2 (*to circulate*) circolare; *as ... ~* relativamente a..., per quanto riguarda...; *to ~ at*: 1 scagliarsi contro, avventarsi contro, attaccare; 2 (*fig*) mettersi di lena a, mettersi d'impegno a: (*colloq*) ~ *at it* mettercela tutta; *to ~away* andar via, andarsene, partire; ~ *away!* vai via!, vattene!; *to ~ back*: 1 (ri)tornare; 2 (*to extend back*) risalire (*to* a): *his family -es back to the Tudors* la sua famiglia risale ai Tudor; 3 (*to betray*) abbandonare, tradire (*on so.* qcu.); 4 (*of an undertaking*) ritirarsi (*on* da), abbandonare (qcs.): *to ~ back on one's word* ritirare la parola data; (*lett*) *be -ne!* vattene!; *to ~ before*: 1 precedere, venire prima (di); 2 (*eufem*) precederci, morire; *to ~behind* rivedere, tornare su: *to ~ behind so.'s words* voler vedere dei secondi fini (*o* dei sottintesi) nelle parole di qcu.; *to ~ by*: 1 passare, trascorrere: *as the years ~ by* con il passare degli anni; *all that is -ne by* tutto ciò che è passato; 2 (*to form an opinion from*) basarsi su, giudicare da: *to ~ by appearances* giudicare dalle apparenze; 3 (*to be guided by*) dar retta a, seguire, lasciarsi guidare da: *a good rule to ~ by* una buona regola da seguire; *that's nothing to ~ by* non è cosa che possa servire da esempio (*o* modello); 4 (*to pass by*) passare (vicino a); *to ~ down*: 1 scendere, andare giù; 2 (*of the sun, moon*) calare, tramontare: *the sun went down* il sole tramontò; 3 (*of the sea, wind*) diminuire, calare; 4 (*to sink*) affondare, andare a fondo, colare a picco; 5 (*of food and drink*) andare giù; 6 (*to be accepted, approved of*) essere accolto, trovare accoglienza: *his first novel went down very well with the public* il suo primo romanzo è stato accolto molto bene dal pubblico; 7 (*colloq*) (*of an excuse, explanation*) essere creduto, essere preso per buono; 8 (*to extend in time*) andar fino, giungere fino, arrivare (*to* a); 9 (*to fall, to be defeated*) crollare, soccombere; 10 (*of prices, temperature*) scendere, calare, diminuire, abbassarsi; 11 (*to be remembered in posterity*) passare alla storia: *to ~ down in history* passare alla storia; 12 (*Br*) (*to fall ill*) ammalarsi (*with* di): *to ~ down with mumps* ammalarsi di orecchioni; 13 (*Br,Univ*) lasciare l'università (per le vacanze o dopo la laurea); 14 (*Am, colloq*) succedere: *what's -ing down here?* cosa succede qua?; *to ~for*: 1 andare a cercare, andare a prendere; 2 (*colloq*) (*to attack*) scagliarsi contro, avventarsi contro, attaccare; 3 (*colloq*) (*to try to secure*) puntare su, mirare a; 4 (*colloq*) (*to like, to favour*) essere per, essere favorevole a, approvare; 5 (*colloq*) (*to be applicable*) valere: *what he says -es for me too* quello che dice vale anche per me; *our work went for nothing* il nostro lavoro non è servito a nulla; (*Am,colloq*) ~ *for it!* forza!, coraggio!, dacci dentro!; *to ~ in*: 1 entrare: *I can't get the key to ~ in* non riesco a infilare la chiave (nella serratura); (*fig*) *to ~ in one ear and out the other* entrare da un orecchio e uscire dall'altro; 2 (*of the sun, moon*) nascondersi; 3 (*to engage in*) partecipare (*for* a), sostenere (qcs.): *to ~ in for a competition* partecipare a un concorso; *to ~ in for an examination* sostenere un esame; 4

(*to occupy oneself with*) interessarsi (di), occuparsi (di); *to ~into*: 1 entrare in, introdursi in; 2 (*to fit*) entrare in, stare in: *these clothes won't all ~ into that suitcase* questi vestiti non possono stare tutti in quella valigia; 3 (*of a profession*) entrare in, intraprendere: *to ~ into business* entrare in affari; *to ~ into diplomacy* intraprendere la carriera diplomatica; 4 (*to join*) entrare in, entrare a far parte di, associarsi a, arruolarsi in; 5 (*to deal with*) trattare, occuparsi di; 6 (*to study carefully*) esaminare (con cura), analizzare a fondo, studiare attentamente, approfondire: *to ~ into a lengthy explanation* addentrarsi in una lunga spiegazione; 7 (*to wear*) cambiarsi d'abito, vestirsi (in modo diverso): *to ~ into mourning* vestirsi a lutto, prendere il lutto; 8 (*Mat*) stare in: *six -es into twelve twice* il sei sta due volte nel dodici; (*colloq*) *to ~ it* mettercela tutta; ~ *it!* forza, dai!; *to ~ off*: 1 esplodere, scoppiare; 2 (*to depart*) uscire, andarsene; 3 (*to abscond*) scappare; 4 (*to go bad*) andare a male; 5 (*to go to sleep*) prendere sonno; 6 (*to lose consciousness*) svenire, perdere conoscenza: *she went off into a faint* ha avuto uno svenimento, è svenuta; 7 (*to develop*) svolgersi, accadere, andare; 8 (*colloq*) (*to die*) morire; 9 (*to sound, to ring*) suonare: *the alarm went off* è suonato l'allarme; 10 (*to stop loving*) smettere di amare; 11 (*Teat*) lasciare la scena, uscire (di scena); 12 (*Comm*) (*of goods*) essere venduto, trovare acquirenti; *to ~on*: 1 proseguire, andare avanti: ~ *on until you reach the station* prosegui finché arrivi alla stazione; *I can't ~ on* non ce la faccio più, non posso andare avanti (*anche fig*); 2 (*to continue with an action*) proseguire, continuare: *he went on reading* continuò a leggere; 3 (*to proceed*) procedere, seguitare, proseguire: *the speaker went on to deal with questions* l'oratore proseguì rispondendo alle domande; 4 (*of time*) passare, trascorrere; 5 (*to behave*) comportarsi, agire; 6 (*to scold*) rimproverare (*at so.* qcu.): *don't ~ on at me like that* non mi rimproverare così; 7 (*to happen*) avvenire, accadere, succedere: *what is ~ing on here?* che cosa succede qui?; 8 (*to talk effusively*) dilungarsi: *the lesson went on and on* la lezione non finiva mai; 9 (*of clothes*) entrare: *these shoes won't ~ on* queste scarpe non mi entrano; 10 (*Teat*) entrare in scena; 11 (*to base one's reasoning on*) basarsi su, giudicare da; 12 (*of a light, a gas, etc.*) accendersi; ~ *on!* forza!, su!, avanti!; (*colloq*) (*in disbelief*) ma va!, ma via!; *to be -ing on for* avvicinarsi a: *it's -ing on for ten* sono quasi le dieci; ~ *on with you!* ma fammi il piacere!; *to ~ out*: 1 uscire: *to ~ out for a meal* andare a mangiare fuori; 2 (*to be socially active*) uscire, far vita di società; 3 (*to date, to go steady with*) uscire (*with* con); 4 (*of a fire, light, etc.*) spegnersi, smorzarsi; 5 (*to cease to be fashionable*) passare di moda; 6 (*to resign*) dare le dimissioni, dimettersi; 7 (*to emigrate*) emigrare (*to* in); 8 (*to strike*) scioperare, scendere in sciopero; 9 (*of the year, etc., to end*) finire, passare; 10 (*of the tide*) rifluire; 11 (*of the heart, feelings*) andare, rivolgersi con simpatia (*to* a); *to ~over*: 1 passare (*to* a): *to ~ over to the enemy* passare al nemico, disertare; 2 (*colloq*) (*to make an impression*) fare impressione (*with* a), essere accolto (da): *the proposal went over well with the committee* la proposta ha fatto buona impressione al comitato; (*colloq*) *to ~ over big* avere gran successo, fare colpo; 3 (*to make one's way*) dirigersi (*to* verso); 4 (*to examine*) esaminare, rivedere; 5 (*Teat*) (*to*

rehearse) provare; 6 (*to revise*) rivedere, ripassare: *to ~ over a lesson* ripassare la lezione; *to ~round*: 1 frequentare (*with so.* qcu.); 2 (*of rumours, etc.*) girare, correre, diffondersi; 3 (*to be sufficient*) bastare, essere sufficiente: *there isn't enough food to ~ round* non c'è abbastanza da mangiare per tutti; 4 (*to pay a visit*) andare a trovare (*to so.* qcu.), (recarsi a) far visita (a); 5 (*to go sightseeing in*) visitare, girare; 6 (*Strad*) fare un giro intorno a; (*to make a diversion*) deviare, fare una deviazione; *to ~through*: 1 passare per, attraversare: *we went through York* passammo per York; *he went through the ~* varcò la soglia; 2 (*of a body*) trapassare, passare da parte a parte: *this cold -es right through me* questo freddo mi penetra nelle ossa; 3 (*to examine in detail*) esaminare minuziosamente; 4 (*to undergo*) subire, sopportare; 5 (*to spend completely*) scialacquare, sperperare, dissipare; 6 (*to perform*) eseguire, compiere: *to ~ through a ceremony* compiere una cerimonia; 7 (*to be approved*) essere approvato: *the bill went through* il disegno di legge fu approvato; 8 (*to be concluded*) essere concluso: *the deal has -ne through* l'affare è stato concluso; *to ~ through with sth.* andare fino in fondo a qcs.; *the book went through five editions* del libro si sono vendute cinque edizioni; 9 (*Am,colloq*) (*to look through, to search*) guardare o cercare in: *I went through all of my notes but I couldn't find it* ho cercato in tutti i miei appunti ma non sono riuscito a trovarlo; *to ~*: 1 (*to remain*) restare, avanzare: *there's still ten minutes to ~* restano ancora dieci minuti; 2 (*Am,colloq*) (*of food*) da portar via; *to ~together* intonarsi, andare bene insieme; *to ~under*: 1 affondare, andare a fondo; 2 (*fig*) fallire: *the company went under* la società fallì; *to ~up*: 1 salire, andar su, montare; 2 (*to rise, to increase*) salire, aumentare; (*in cost, etc.*) rincarare, diventare più caro; 3 (*to be erected*) sorgere, essere costruito, essere eretto; 4 (*to be blown up*) saltare in aria; 5 (*in flames or smoke*) bruciare: *to ~ up in flames* andare in fiamme; *to ~ up in smoke* essere distrutto dal fuoco; (*fig*) andare in fumo, svanire, dileguarsi, finire in niente; 6 (*of sounds*) sollevarsi, levarsi: *a roar went up* si levò un urlo; 7 (*Univ*) iscriversi all'università; 8 (*of a curtain*) alzarsi: *the curtain -es up at nine* il sipario si alza alle nove; 9 *to ~ up in the world* farsi strada; *to ~up to so.* avvicinare qcu.; *to ~with*: 1 accompagnare, andare con; 2 (*colloq*) (*to date*) amoreggiare con, (*scherz*) filare con; 3 (*to agree*) essere d'accordo con, convenire; 4 (*to match*) accordarsi con, intonarsi con; 5 (*to be found with*) accompagnarsi: *power -es with wealth* il potere si accompagna alla ricchezza; *to ~ without* fare a meno di, privarsi di, rinunciare a, rimanere privo di; *it -es without saying* va da sé, è ovvio, è evidente, è superfluo dirlo. *Prov.*: ~ *while the -ing is good* chi ha tempo non aspetti tempo.

go[2] /gou/ **I** *n.* **1** l'andare. **2** (*colloq*) (*try*) tentativo *m.*, prova *f.*, colpo *m.*: *he did it at the first* (*o at one*) ~ ce l'ha fatta al primo colpo. **3** (*colloq*) (*energy*) vigore *m.*, energia *f.*, animazione *f.*: *a man with plenty of* ~ un uomo pieno di energia. **4** (*colloq*) (*success*) successo *m.*: *to make a ~ of sth.* fare di qcs. un successo, riuscire in qcs. **5** (*colloq*) (*bargain*) affare *m.* **6** (*colloq*) (*embarrassing situation*) pasticcio *m.*, imbroglio *m.* **7** (*Am,Mil*) che funziona a dovere: *all systems are* ~ tutte le apparecchiature funzionano a dovere. **II** *intz.* via!: *one, two, three, ~!* uno, due, tre, via!

□ *(colloq)* **all the ~** di gran moda; *(colloq)* **to have a ~** fare un tentativo, provare: *let me have a ~* fammi provare; *it's a ~!* affare fatto!; *(colloq)* **no ~** non c'è niente da fare, è inutile: *tell him it's no ~* digli che non c'è niente da fare; *(colloq)* **to be always on the ~** essere sempre in attività, essere sempre in moto; **to keep on the ~** fare lavorare, dare da fare.

goad /gəʊd/ **I** *n.* **1** pungolo *m.* **2** *(fig)* incitamento *m.*, stimolo *m.*, pungolo *m.* **II** *v.t.* **1** pungolare. **2** *(fig)* incitare, stimolare, spronare, pungolare: *to ~ so. into doing sth.* incitare qcu. a fare qcs. □ *to ~ so. into a fury* far infuriare qcu., mandare qcu. su tutte le furie.

go-ahead /ˈgəʊəhed/ **I** *n.* *(colloq)* via libera *m.*, approvazione *f.*, benestare *m.* **II** *a.* *(colloq)* intraprendente, pieno d'iniziativa.

goal /gəʊl/ *n.* **1** scopo *m.*, fine *m.*, meta *f.*: *one's ~ in life* lo scopo della (propria) vita. **2** *(Sport)* rete *f.*, porta *f.*: *to keep ~* giocare in porta. **3** *(Sport)* *(point)* rete *f.*, gol *m.*, goal *m.*: *to score a ~* segnare (o realizzare) un gol; *to shoot for ~* tirare in porta. **4** *(Sport)* *(in a race)* traguardo *m.* **5** *(Stor.rom)* colonna *f.* □ *(Sport)* **~ area** area piccola; *(Sport)* **~ average** media di gol; *(Sport)* **~ kick:** 1 calcio di rinvio; 2 *(in rugby)* calcio di trasformazione; *(Sport)* **~ line** linea di fondo, linea della porta; *(Sport)* **~ post** palo (della porta).

goalie /ˈgəʊli/ *n.* *(Sport,colloq)* portiere *m.*

goalkeeper /ˈgəʊlˌkiːpər/ *n.* *(Sport)* portiere *m.*

goalmouth /ˈgəʊlmaʊθ/ *n.* *(Sport)* specchio *m.* della porta.

goal-oriented /ˈgəʊlˌɔːrientɪd Am 'gəʊl ˌɔːrientɪd/ *a.* finalizzato.

goaltender /ˈgəʊlˌtendər/ *n.* *(Am,Sport)* portiere *m.*

go-as-you-please /ˌgəʊəzjuːˈpliːz/ *a.* libero, non vincolato da convenzioni.

goat /gəʊt/ *n.* **1** *(Zool)* capra *f.* **2** *(colloq)* *(scapegoat)* capro *m.* espiatorio. **3** *(fig)* libertino *m.*, uomo *m.* dissoluto. □ *(colloq)* **to get so.'s ~** far uscire dai gangheri qcu., irritare qcu. *(Mitol)* **~ god** dio Pan.

Goat /gəʊt/ *n.pr.* *(Astr)* Capricorno *m.*

goatee /gəʊˈtiː/ *n.* pizzo *m.*, barba *f.* appuntita.

goatherd /ˈgəʊthɜːd Am 'gəʊthɜːrd/ *n.* capraio *m.*

goatish /ˈgəʊtɪʃ/ *a.* **1** caprino. **2** *(fig)* lascivo, licenzioso.

goatishness /ˈgəʊtɪʃnəs/ *n.* **1** caprino *m.*, puzzo *m.* di capra. **2** *(fig)* lascivia *f.*

goatsbeard /ˈgəʊtsbɪəd/ *n.* *(Bot)* barba *f.* di becco.

goatskin /ˈgəʊtskɪn/ *n.* **1** pelle *f.* di capra. **2** *(Pell)* capretto *m.*, marocchino *m.*

goatsucker /ˈgəʊtˌsʌkər/ *n.* *(Ornit)* caprimulgo *m.*, succiacapre *m.*

gob¹ /gɒb Am gɑːb/ *n.* **1** *(volg)* *(of spit)* sputo *m.* **2** *(sl)* *(mouth)* bocca *f.* **3** *(lump)* grumo *m.* **4** *pl.* *(Am,colloq)* *(large amount)* mucchio *m.sing.*, gran quantità *f.sing.*

gob² /gɒb Am gɑːb/ *n.* *(Am,Mar.mil)* marinaio *m.*

gobbet /ˈgɒbɪt Am 'gɑːbɪt/ *n.* **1** boccone *m.*, morso *m.* *(spec.* di carne cruda). **2** *(rar,Scol)* *(passage for translation)* brano *m.* da tradurre; *(passage for comment)* brano *m.* da commentare.

gobble¹ /ˈgɒbl Am 'gɑːbl/ **I** *v.t.* **1** tranguiare, inghiottire ingordamente, ingurgitare, ingollare. **2** *(fig)* afferrare (con violenza), arraffare, ghermire. **II** *v.i.* mangiare in fretta e con avidità.

gobble² /ˈgɒbl Am 'gɑːbl/ **I** *v.i.* *(of a turkey)* gloglottare, fare glu glu. **II** *n.* glu glu *m.*

gobbledegook, gobbledygook /ˈgɒbldi ˌguːk Am 'gɑːbldiˌguːk/ *n.* *(colloq)* linguaggio *m.* verboso (burocratico).

gobbler¹ /ˈgɒblər Am 'gɑːblər/ *n.* tranguiatore *m.* *(f.* -trice).

gobbler² /ˈgɒblər Am 'gɑːblər/ *n.* *(colloq)* *(turkey)* tacchino *m.*

Gobelin /ˈgəʊbəlɪn/ **I** *n.* gobelin *m.*, arazzo *m.* **II** *a.* di (o simile a) gobelin.

go-between /ˈgəʊbəˌtwiːn/ *n.* **1** intermediario *m.* *(f.* -a), mediatore *m.* *(f.* -trice). **2** *(in a love affair)* mezzano *m.* *(f.* -a), *(ant)* paraninfo *m.* *(f.* -a).

goblet /ˈgɒblət Am 'gɑːblət/ *n.* **1** bicchiere *m.* a calice, calice *m.* **2** *(Archeol)* coppa *f.* □ *(Anat)* **~ cell** cellula caliciforme.

goblin /ˈgɒblɪn Am 'gɑːblɪn/ *n.* *(Folcl)* folletto *m.*, spirito *m.* maligno.

gobo /ˈgəʊbəʊ/ *(pl.* **-s/-es** /-z/) *n.* *(Tecn)* **1** *(for a microphone)* pannello *m.* antisonoro. **2** *(for a camera)* schermo *m.* paraluce.

gobsmacked /ˈgɒbsmækt Am 'gɑːbsmækt/ *a.* sbalordito, di sasso.

gobstruck /ˈgɒbstrʌk Am 'gɑːbstrʌk/ *a.* sbalordito, di sasso.

goby /ˈgəʊbi/ *n.* *(Itt)* ghiozzo *m.*

go-by /ˈgəʊˌbaɪ/ □ *(colloq)* **to get the ~** venire ignorato, essere ignorato; **to give so. the ~** ignorare qcu., fingere di non conoscere qcu., fingere di non vedere qcu.

go-cart /ˈgəʊkɑːt Am 'gəʊkɑːrt/ *n.* *(Am)* **1** *(ant)* *(children's walker)* girello *m.* **2** *(ant)* *(stroller)* passeggino *m.* **3** *(handcart)* carretto *m.* a mano. **4** *(Aut)* go-kart *m.*

god /gɒd Am gɑːd/ **I** *n.* **1** dio *m.*, divinità *f.* **2** *(image, idol)* idolo *m.*, dio *m.* **3** *(fig)* dio *m.*: *money is his ~* il denaro è il suo dio. **4** *(fig)* *(one who has great power)* padreterno *m.*: *a (little) tin ~* un piccolo padreterno. **5** *(fig)* *(physically attractive person)* dio *m.* **6** *pl.* *(Teat)* loggione *m.sing.*, *(scherz)* piccionaia *f.sing.*: *sitting in the -s* seduto in piccionaia; *to play to the -s* recitare per il loggione. **II** *intz.* (mio) Dio! □ *a feast (fit)* **for the -s** un banchetto da re; *a sight for the -s* uno spettacolo sublime.

God /gɒd Am gɑːd/ *n.pr.* *(Rel)* Dio *m.*, Iddio *m.* □ **~'s acre** cimitero; **~ almighty** Dio onnipotente; *(colloq)* **~ bless my soul!** Dio mio!; **~ bless you!:** 1 Dio ti benedica!; 2 *(colloq)* *(to so. sneezing)* salute!; **~'s book** la Parola di Dio, la Sacra Scrittura; **by ~!** per Dio!, perdio!; **~ defend!** Dio non voglia!; **~ forbid!** Dio non voglia!; *(iron,colloq)* **to be ~'s gift to** essere una benedizione di Dio per: *he thinks he is ~'s gift to women* pensa di essere il non plus ultra per le donne; **~ knows:** 1 Dio solo (lo) sa, lo sa Dio; 2 *(assuredly)* certo, certamente; **my ~!** mio Dio!, Dio mio!; **in ~'s name** in nome di Dio; **for ~'s sake!** per l'amor di Dio!; **~ speed!** buon viaggio!, vai con Dio!; **~ speed you!** Dio ti assista!; **~ the Father** Dio Padre; **~ the Son** Dio Figlio; **~ willing** se piace a Dio, se Dio vuole, Dio volendo; **to be with ~** essere in paradiso, essere con il Signore; **~'s Word** la Parola di Dio, la Sacra Scrittura. *Prov.*: **~ helps those who help themselves** aiutati, che che Dio t'aiuta, chi s'aiuta il ciel l'aiuta.

godawful /gɒdˈɔːfl Am ˌgɑːdˈɑːfəl/ *a.* *(colloq)* spregevole, orribile, terrificante.

godchild /ˈgɒdtʃaɪld Am 'gɑːdtʃaɪld/ *n.irr.* figlioccio *m.* *(f.* -a).

goddam, goddamn /ˈgɒdæm Am ˌgɑːdˈæm/ **I** *a.* *(spec. Am,colloq)* dannato, maledetto. **II** *avv.* *(spec. Am,colloq)* maledettamente.

goddamned /ˈgɒdæmd Am 'gɑːdæmd/ **I** *a.* *(spec. Am,colloq)* dannato, maledetto. **II** *avv.* *(spec. Am,colloq)* maledettamente.

goddaughter /ˈgɒdˌdɔːtər Am 'gɑːdˌdɑːtər/ *n.* figlioccia *f.*

goddess /ˈgɒdəs Am 'gɑːdəs/ *n.* dea *f.* *(anche fig).*

godfather /ˈgɒdfɑːðər Am 'gɑːdˌfɑːðər/ *n.* padrino *m.*

God-fearing /ˈgɒdˌfɪərɪŋ Am 'gɑːdfɪrɪŋ/ *a.* timorato di Dio.

God-forsaken /ˈgɒdfəˌseɪkən Am 'gɑːdfər ˌseɪkən/ *a.* **1** abbandonato da Dio, desolato. **2** *(of people)* malvagio, cattivo.

Godfrey /ˈgɒdfri Am 'gɑːdfri/ *n.pr.m.* Goffredo.

godhead /ˈgɒdhed Am 'gɑːdhed/ *n.* divinità *f.*, natura *f.* divina.

godless /ˈgɒdləs Am 'gɑːdləs/ *a.* **1** ateo, senza Dio. **2** *(wicked)* empio, malvagio.

godlessness /ˈgɒdləsnəs Am 'gɑːdləsnəs/ *n.* empietà *f.*, malvagità *f.*

godlike /ˈgɒdlaɪk Am 'gɑːdlaɪk/ *a.* **1** simile a Dio, simile a un dio. **2** *(fit for a god)* divino.

godliness /ˈgɒdlɪnəs Am 'gɑːdlɪnəs/ *n.* devozione *f.*, pietà *f.*

godling /ˈgɒdlɪŋ Am 'gɑːdlɪŋ/ *n.* divinità *f.* minore.

godly /ˈgɒdli Am 'gɑːdli/ *a.* pio, devoto, religioso.

god-man /ˈgɒdmən Am 'gɑːdmən/ *n.irr.* semidio *m.*

God-man /ˈgɒdmən Am 'gɑːdmən/ *n.pr.* Cristo *m.*, uomo-Dio *m.*

godmother /ˈgɒdˌmʌðər Am 'gɑːdˌmʌðər/ *n.* madrina *f.*

godown /ˈgəʊdaʊn/ *n.* *(in India)* deposito *m.*, magazzino *m.*

godparent /ˈgɒdˌpeərənt Am 'gɑːdˌperənt/ *n.* padrino *m.*, madrina *f.*

godsend /ˈgɒdsend Am 'gɑːdsend/ *n.* dono *m.* di Dio, fortuna *f.* inaspettata, manna *f.*

godship /ˈgɒdʃɪp Am 'gɑːdʃɪp/ *n.* deità *f.*, divinità *f.*, natura *f.* divina.

godson /ˈgɒdsʌn Am 'gɑːdsʌn/ *n.* figlioccio *m.*

Godspeed /ˌgɒdˈspiːd Am ˌgɑːdˈspiːd/ *n.* *(as a wish: success)* buona fortuna *f.*; *(prosperous journey)* buon viaggio *m.*

Godward /ˈgɒdwəd Am 'gɑːdwəd/ **I** *avv.* verso Dio. **II** *a.* rivolto a Dio.

Godwards /ˈgɒdwədz Am 'gɑːdwədz/ **I** *avv.* verso Dio. **II** *a.* rivolto a Dio.

godwit /ˈgɒdwɪt Am 'gɑːdwɪt/ *n.* *(Ornit)* pittima *f.*

goer /ˈgəʊər/ *n.* **1** persona *f.* che va: *comers and -s* persone che vanno e vengono. **2** *(in compounds)* frequentatore *m.* *(f.* -trice): *a cinema-~* un frequentatore di cinema. □ *a good ~* un buon camminatore.

gofer /ˈgəʊfər/ *n.* *(Am,colloq)* fattorino *m.*, tirapiedi *m.*

goffer /ˈgɒfər Am 'gɑːfər/ **I** *n.* **1** *(Sart)* arricciatura *f.*; *(plaiting)* pieghettatura *f.* **2** *(Tecn)* *(iron)* ferro *m.* per arricciare, ferro *m.* per pieghettare. **II** *v.t.* **1** *(Sart)* increspare, arricciare. **2** *(Legat)* decorare.

go-getter /ˈgəʊˌgetər Am 'gəʊˌgetər/ *n.* *(colloq)* persona *f.* ambiziosa e intraprendente.

goggle /ˈgɒgl Am 'gɑːgl/ **I** *n.* *pl.* *(protective glasses)* occhiali *m.pl.* di protezione. **2** *(wide-eyed stare)* sguardo *m.* stralunato. **3** *pl.* *(colloq)* *(spectacles)* occhialoni *m.pl.* rotondi. **II** *a.* **1** *(rolling, staring)* stralunato, strabuzzato. **2** *(bulging)* sporgente. **III** *v.t.* **1** stralunare, strabuzzare. **2** *(to roll)* roteare. **IV** *v.i.* **1** guardare stralunato, guardare attonito *(at so.* qcu.). **2** *(of the eyes: to roll)* roteare gli occhi; *(to bulge)* sporgere, essere sporgente.

goggle-box /ˈgɒglbɒks/ *n.* *(Br,colloq)* televisore *m.*, tivù *f.*

go-go /ˈgəʊgəʊ/ *n.* musica *f.* da discoteca. □ **~ club** locale dove si esibiscono ballerine in balli sensuali; ~ *dancer* (o ~ *girl*) cubista.

Goidelic /gɔɪ'delɪk/ I *n.* (*Ling*) gaelico *m.* II *a.* gaelico.

going /'gouɪŋ/ I *n.* 1 partenza *f.* 2 (*manner, speed of going*) andatura *f.* 3 (*condition of the ground*) condizione *f.* del terreno, terreno *m.*: *the ~ was soft* il terreno era molle. 4 (*racecourse*) percorso *m.* 5 (*progress*) progresso *m.*, passo *m.* avanti. II *a.* 1 funzionante, efficiente. 2 (*Comm*) avviato, fiorente: *a ~ concern* un'azienda avviata. 3 (*available*) disponibile: *the best ~* il migliore disponibile. 4 (*existing*) che esiste, vivente. 5 (*current, prevailing*) corrente, prevalente: *the ~ price* il prezzo corrente. ☐ (*Comm*) ~, ~, *gone!* (*at an auction*) e uno, e due, e tre... aggiudicato!; *in ~ order* in attività; *to set ~* mettere in moto.

going-away /'gouɪŋəˌweɪ/ *a.* per il viaggio di nozze. ☐ ~ *gift* regalo di addio; ~ *party* festa di addio.

going-over /'gouɪŋˌouvəʳ/ *n.* (*colloq*) 1 ispezione *f.*, visita *f.* accurata. 2 (*scolding*) lavata *f.* di capo. 3 (*beating*) pestaggio *m.*

goings-on /ˌgouɪŋz'ɒn Am ˌgouɪŋz'ɑːn/ *n.pl.* 1 (*colloq*) comportamento *m.sing.*, condotta *f.sing.* 2 (*events*) vicende *f.pl.*, avvenimenti *m.pl.*, fatti *m.pl.*

goiter /'gɔɪtəʳ/ *n.* (*Am,Med*) gozzo *m.*

goitre /'gɔɪtəʳ/ *n.* (*Med*) gozzo *m.*

goitred /'gɔɪtrəʳd/ *a.* gozzuto, affetto da gozzo.

goitrous /'gɔɪtrəs/ *a.* gozzuto, affetto da gozzo.

go-kart /'goukɑːt Am 'goukɑːrt/ *n.* (*Aut*) go-kart *m.*

Golan /'goulæn, 'goulɑːn/ *n.pr.* (*Geog*) Golan *m.* ☐ (*Geog*) ~ *Heights* alture del Golan.

gold /gould/ I *n.* 1 oro *m.* (*anche Chim,Econ*). 2 (*fig*) denaro *m.*, ricchezza *f.*, oro *m.* 3 (*colour*) oro *m.* II *a.* 1 aureo, d'oro: *a ~ ring* un anello d'oro. 2 (*Econ*) aureo. 3 (*golden, deep yellow*) dorato, color oro. ☐ (*Econ*) ~ *bond* obbligazione pagabile in oro, obbligazione garantita da oro; ~ *bullion* oro in lingotti; (*Econ*) ~ *clause* clausola per pagamento in oro; (*Geog*) *Gold Coast* Costa d'oro; (*Econ*) ~ *cover* (o ~ *coverage*) copertura aurea; ~ *digger*: 1 cercatore d'oro; 2 (*fig*) donna che mira ai soldi, sfruttatrice di uomini; (*Mus*) ~ *disc* disco d'oro; ~ *dust* oro in polvere; (*Econ*) ~ *exchange standard* sistema monetario basato sul cambio aureo; ~ *fever* febbre dell'oro; ~ *foil* lamina d'oro, foglia d'oro; (*Sart*) ~ *lace* cordone dorato intrecciato, treccia dorata; ~ *leaf* lamina d'oro, foglia d'oro; ~ *metal* medaglia d'oro; (*Minier*) ~ *mine* miniera d'oro (*anche fig*); (*Minier*) ~ *mining* estrazione dell'oro; (*Econ*) ~ *note* banconota con copertura aurea; ~ *plate* placcatura in oro; (*Econ*) ~ *point* punto dell'oro; ~ *premium* aggio dell'oro; (*Econ*) ~ *reserve* riserva aurea; ~ *rush* corsa all'oro; (*Econ*) ~ *sovereign* sterlina d'oro, sovrana; (*Econ*) ~ *standard* gold standard, parità aurea.

goldbeater /'gould,biːtəʳ/ *n.* battiloro *m.*

goldbeating /'gould,biːtɪŋ/ *n.* laminatura *f.* dell'oro.

gold-bound /'gould,baund/ *a.* (*Legat*) rilegato in oro.

goldbrick /'goul(d),brɪk/ *n.* (*Am*) 1 (*colloq*) lingotto *m.* di metallo dorato. 2 (*colloq*) (*anything worthless*) cosa *f.* priva di valore, cianfrusaglia *f.*, patacca *f.*; (*swindle*) frode *f.* 3 (*sl*) (*shirker*) lavativo *m.* (*f.* -a), scansafatiche *m./f.*, fannullone *m.* (*f.* -a).

goldcup /'gould,kʌp/ *n.* (*Bot*) ranuncolo *m.*

golden /'gouldən/ *a.* 1 d'oro, aureo. 2 (*of the*

colour gold) dorato, d'oro, color oro: ~ *hair* capelli d'oro. 3 (*fig*) (*advantageous*) d'oro, prezioso: *a ~ opportunity* un'occasione d'oro. 4 (*fig*) (*flourishing*) fiorente, prospero, rigoglioso. ☐ ~ *age*: 1 (*Mitol*) età dell'oro; 2 (*fig*) periodo aureo (*anche Lett*); ~ *anniversary* cinquantesimo anniversario; ~ *balls* tre sfere dorate (insegna del banco dei pegni); (*colloq*) ~ *boy* golden boy, giovane uomo di successo; ~ *calf*: 1 (*Bibl*) vitello d'oro; 2 (*fig*) ricchezza, denaro; ~ *days* giorni felici, periodo d'oro; (*Ornit*) ~ *eagle* aquila reale; (*Mitol*) *Golden Fleece* vello d'oro; (*Sport*) ~ *goal* golden gol; (*fig*) ~ *goose* gallina dalle uova d'oro; (*Zool*) ~ *hamster* mesocriceto; (*colloq*) ~ *handcuffs* forma di incentivazione dei dipendenti per legarli alla società e scoraggiare il loro passaggio ad aziende rivali; (*colloq*) ~ *handshake* liquidazione d'oro; (*Geog*) *Golden Horn* Corno d'Oro; ~ *jubilee* cinquantesimo anniversario; *the ~ key* la chiave che apre tutte le porte, il denaro; ~ *mean*: 1 aurea mediocritas; 2 (*Mat*) sezione aurea; (*Astr*) ~ *number* numero d'oro, numero aureo; ~ *oldie* canzone del passato il cui successo non è tramontato, vecchia cara canzone; (*colloq*) ~ *parachute* paracadute d'oro, buonuscita molto consistente in caso di licenziamento; (*Zool*) ~ *retriever* golden retriever; ~ *rod*: 1 (*Bot*) verga aurea; 2 (*colour*) giallo carico; ~ *rule* regola d'oro; (*Mat*) ~ *section* sezione aurea; (*Econ*) ~ *share* golden share; ~ *syrup* melassa chiara; ~ *wedding* (o ~ *wedding anniversary*) nozze d'oro; ~ *youth* gioventù dorata, jeunesse dorée.

goldeneye /'gouldnaɪ/ *n.* (*Ornit*) quattrocchi *m.*

goldfield /'goul(d)fiːld/ *n.* (*Minier*) zona *f.* aurifera.

goldfinch /'goul(d)fɪnʃ/ *n.* (*Ornit*) 1 cardellino *m.* 2 (*yellow hammer*) zigolo *m.* giallo. 3 (*Am*) lucherino *m.*

goldfish /'goul(d)fɪʃ/ *n.* 1 (*Itt*) ciprino *m.* dorato, carassio *m.* dorato. 2 (*colloq*) pesce *m.* rosso.

goldilocks /'gouldɪlɒks Am 'gouldilɑːks/ *n.inv.* 1 (*Bot*) specie di ranuncolo. 2 (*golden-haired person*) biondo *m.* (*f.* -a).

gold-nibbed /'gouldnɪbd/ *a.* dal pennino d'oro.

gold-plate /ˌgould'pleɪt/ I *n.* vasellame *m.* d'oro. II *v.t.* placcare in oro.

goldsmith /'gouldsmɪθ/ *n.* 1 orafo *m.* (*f.* -a), orefice *m./f.* 2 (*dealer*) orefice *m./f.*

golem /'goulem/ *n.* golem *m.*

golf /gɒlf Am gɑːlf/ I *n.* (*Sport*) golf *m.* II *v.i.* (*Sport*) giocare a golf. ☐ ~ *bag* sacca (per mazze) da golf; ~ *ball* palla da golf; ~ *cart* golf cart, macchinina per spostarsi sul campo da golf; ~ *club*: 1 (*Sport*) mazza da golf; 2 (*association*) associazione golfistica; (*premises*) circolo del golf, golf club; (*Sport*) ~ *course* (o ~ *links*) campo da golf; (*colloq*) ~ *widow* moglie sola a casa perché il marito va a giocare a golf.

golfer /'gɒlfəʳ Am 'gɑːlfəʳ/ *n.* (*Sport*) giocatore *m.* (*f.* -trice) di golf, golfista *m./f.*

golfing /'gɒlfɪŋ Am 'gɑːlfɪŋ/ I *n.* (*Sport*) il giocare a golf. II *a.* da golf, per giocare a golf: ~ *shoes* scarpe da golf.

Golgi /'gɒldʒi, 'gɒlgi Am 'gɑːldʒi/ ☐ (*Biol*) *apparatus* apparato del Golgi.

Golgotha /'gɒlgəθə Am 'gɑːlgəθə/ *n.pr.* (*Bibl*) Golgota *m.*

goliard /'gouljəd Am 'gouljərd/ *n.* (*Mediev*) goliardo *m.*

goliardic /gou'ljɑːdɪk Am 'gouljɑːdɪk/ *a.* goliardico.

Goliath /gou'laɪəθ/ I *n.pr.m.* (*Bibl*) Golia. II *n.* (*fig*) golia *m.*, gigante *m.*

golliwog, golliwogg /'gɒlɪwɒg Am 'gɑːlɪwɔːg/ *n.* 1 bambola *f.* negra grottesca. 2 (*fig*) persona *f.* grottesca.

golly /'gɒli Am 'gɑːli/ *intz.* (*colloq*) perdio!, perbacco!

golosh /gə'lɒʃ Am gə'lɑːʃ/ *n.* (*Calz*) (*galosh*) soprascarpa *f.*, caloscia *f.*

Gomorrah /gə'mɒrə Am gə'mɔːrə/ *n.pr.* (*Bibl*) Gomorra *f.*

Gomorrha /gə'mɒrə Am gə'mɔːrə/ *n.pr.* (*Bibl*) Gomorra *f.*

gonad /'gounæd/ *n.* (*Anat*) gonade *f.*

gonadotrophin /ˌgounədou'troufɪn/ *n.* (*Biol*) gonadotropina *f.*

gonadotropin /ˌgounədou'troupɪn/ *n.* (*Biol*) gonadotropina *f.*

gondola /'gɒndələ Am gə'ndələ/ *n.* 1 gondola *f.* 2 (*Am,Ferr*) carro *m.* scoperto (con sponde). 3 (*Aer*) (*of a dirigible*) gondola *f.*, navicella *f.*; (*of a balloon*) navicella *f.* ☐ (*Am,Ferr*) ~ *car* carro scoperto (con sponde).

gondolier /ˌgɒndə'lɪəʳ Am ˌgɑːndə'lɪr/ *n.* gondoliere *m.*

gone[1] /gɒn Am gɑːn/ → **go**[1].

gone[2] /gɒn Am gɑːn/ *a.* 1 andato, passato. 2 (*lost*) perduto, finito. 3 (*exhausted*) sfinito, esausto. 4 (*colloq*) (*infatuated*) innamorato, (*scherz*) cotto (*on* di). 5 (*pregnant*) incinta: *five months ~* incinta di cinque mesi, al quinto mese di gravidanza. 6 (*dead*) morto. ☐ (*colloq*) *it is ~ four years* sono più di quattro anni.

goner /'gɒnəʳ Am 'gɑːnəʳ/ *n.* (*colloq*) (*person*) persona *f.* spacciata, caso *m.* disperato; (*thing*) caso *m.* disperato.

gonfalon /'gɒnfələn Am 'gɑːnfələn/ *n.* gonfalone *m.*, vessillo *m.*

gonfalonier /ˌgɒnfələ'nɪəʳ Am ˌgɑːnfələ'nɪəʳ/ *n.* gonfaloniere *m.* (*anche Stor*).

gong /gɒŋ Am gɑːŋ, gɔːŋ/ I *n.* 1 gong *m.* 2 (*El, Orol*) suoneria *f.* II *v.i.* suonare il gong.

Gongorism /'gɒŋgə,rɪzəm/ *n.* (*Lett*) gongorismo *m.*

gonif, goniff /'gɑːnɪf/ *n.* (*Am,colloq*) imbroglione *m.* (*f.* -a), truffatore *m.* (*f.* -trice), ladro *m.* (*f.* -a).

goniometer /ˌgouni'ɒmɪtəʳ Am ˌgouni'ɑːmətəʳ/ *n.* goniometro *m.*

goniometric /ˌgouniə'metrɪk/ *a.* goniometrico.

goniometrical /ˌgouniə'metrɪkəl/ *a.* goniometrico.

goniometry /ˌgouni'ɒmɪtri Am ˌgouni'ɑːmətri/ *n.* goniometria *f.*

gonna /gənə Am 'gɑːnə/ (*spec. Am,colloq*) contraz. di going to.

gonococcus /ˌgɒnou'kɒkəs Am ˌgɑːnə'kɑːkəs/ *n.* (*Biol*) gonococco *m.*

gonorrhea /ˌgɒnə'riːə Am ˌgɑːnə'riːə/ *n.* (*Med*) gonorrea *f.*, blenorragia *f.*

gonorrheal /ˌgɒnə'riəl Am ˌgɑːnə'riəl/ *a.* (*Med*) gonorroico.

gonorrheic /ˌgɒnə'riːɪk Am ˌgɑːnə'riːɪk/ *a.* (*Med*) gonorroico.

gonorrhoea /ˌgɒnə'riːə Am ˌgɑːnə'riːə/ *n.* (*Med*) gonorrea *f.*, blenorragia *f.*

gonorrhoeal /ˌgɒnə'riəl Am ˌgɑːnə'riəl/ *a.* (*Med*) gonorroico.

gonorrhoeic /ˌgɒnə'riːɪk Am ˌgɑːnə'riːɪk/ *a.* (*Med*) gonorroico.

gonzo /'gɑːnzou/ *a.* (*Am,colloq*) stravagante, bizarro, pazzo.

goo /guː/ *n.* (*Am,colloq*) 1 sostanza *f.* vischiosa. 2 (*sickly sentiment*) sentimentalismo, sdolcinatezza.

good /gud/ I *a.* (*compar.* **better** /'betəʳ/, *sup.* **best** /best/) 1 buono, retto: *a ~ man* un uomo buono. **2** (*well-behaved*) buono, beneducato, bravo, dabbene: *be a ~ boy!* fai il bravo!; *eat your dinner, that's a ~ boy* mangia la pappa, (su) da bravo. **3** (*well done*) buono, bello, ben fatto: *a ~ film* un buon film, un bel film. **4** (*beneficial*) buono, che fa bene: *milk is ~ for children* il latte fa bene ai bambini. **5** (*clever, competent*) buono, bravo, abile, capace: *a ~ teacher* un buon insegnante; *he is ~ at physics* è bravo in fisica. **6** (*pleasing*) buono, piacevole, bello: *~ news* buone notizie. **7** (*kind*) gentile, amabile, cortese: *it was ~ of you to come here* è stato gentile da parte tua venire qui. **8** (*right*) giusto: *it is not ~ to act like that* non è giusto (o non sta bene) fare così. **9** (*edible, not spoiled*) buono, non guasto, mangiabile. **10** (*not impaired*) buono, in buono stato: *~ eyesight* vista buona. **11** (*suitable*) buono, opportuno, conveniente: *that's a ~ idea* è una buona idea. **12** (*right*) buono, adatto: *it's a ~ day for a picnic* è una giornata adatta per fare un picnic. **13** (*of weather*) buono, sereno; (*of the climate*) buono, salubre, salutare. **14** (*sufficient*) sufficiente, buono. **15** (*prosperous*) buono, favorevole, propizio: *it has been a ~ year* è stato un anno buono. **16** (*fertile*) buono, fertile. **17** (*attractive*) attraente, bello, piacevole, piacente: *she has a ~ figure* ha un bel fisico. **18** (*sound, well-founded*) valido, saldo, (ben) fondato, buono: *it isn't a ~ reason* non è una ragione valida. **19** (*genuine*) buono, vero, genuino, autentico: *these coins are ~* queste monete sono vere. **20** (*colloq*) (*able, willing to pay*) disposto a sborsare (*for sth. qcs.*): *my uncle is ~ for a fiver* mio zio è disposto a sborsare cinque sterline. **21** (*considerable*) bello, abbondante, considerevole, notevole: *there was a ~ crowd* c'era una bella folla. **22** (*of quantities: full*) buono, ben, abbondante: *there were a ~ twenty of us* eravamo una buona ventina; *a ~ ten pounds* ben dieci sterline. **23** (*valid*) valido: *the rule holds ~* la regola resta valida. **24** (*of clothes*) migliore, delle feste, (*colloq*) buono: *his ~ suit* l'abito buono. **25** (*of name, family, etc.*) buono. **26** (*Comm, Assic*) (*safe*) certo, sicuro: *a ~ risk* un rischio sicuro. **27** (*Comm*) (*reliable*) esigibile: *a ~ debt* un credito esigibile. **II** *n.* **1** bene *m.*: *to distinguish ~ from evil* distinguere il bene dal male. **2** (*welfare, benefit*) bene *m.*, beneficio *m.*, vantaggio *m.*, profitto *m.*: *the ~ of the community* il bene della comunità. **3** (*costr.pl.,collett.*) (*good people*) buoni *m.pl.* **4** (*sth. beneficial*) bene *m.*, azione *f.* buona: *to do ~* fare del bene; *this medicine will do you ~* questa medicina ti farà bene. **5** *pl.* (*movable effects, possessions*) beni *m.pl.*, averi *m.pl.* **6** *pl.* (*sl*) (*stolen goods*) refurtiva *f.sing.*, (*gerg*) malloppo *m.sing.* **7** *pl.* (*Comm*) merce *f.sing.*: *the -s will be delivered tomorrow* la merce sarà consegnata domani. **III** *avv.* (*compar.* **better** /ˈbetər/, *sup.* **best** /best/) (*colloq*) bene: *I feel ~ today* mi sento bene oggi. **IV** *intz.* bene! □ *to live at a ~ address* abitare in un quartiere elegante; *to do sth. to ~ advantage* fare qcs. nel modo più vantaggioso, fare qcs. con il massimo profitto; *~ afternoon!*: **1** buon giorno!; **2** (*said in late afternoon*) buona sera!; *that's all the ~* (è) tanto di guadagnato; (*Am,colloq*) *~ and* del tutto, completamente, perfettamente: *I'll do it when I'm ~ and ready* lo farò quando avrò voglia io; (*Dir*) *-s and chattels* beni personali, ogni sorta di beni mobili, masserizie; (*colloq*) *~ and proper* completamente, del tutto, a fondo; *as ~ as*: **1** (*almost*) quasi, praticamente; **2** (*the same as*) lo stesso che: *to give as ~ as one gets* rendere pan per focac-

cia; *his word is as ~ as his bond* la sua parola vale una firma; *the baby is as ~ as gold* questo bambino è (buono come) un angelo, è un bambino d'oro; *to be as ~ as one's word* essere di parola; *he is ~ at his job* è uno che sa il fatto suo, è un tipo in gamba; *to have (o know) sth. on ~ authority* sapere qcs. da buona fonte, apprendere qcs. da fonte sicura; *~ behaviour* buona condotta; *a ~ bet* una scelta sicura: *he's a ~ bet* è una persona di cui ti puoi fidare davvero; *a ~ bit older* un bel po' più vecchio; *the Good Book* la Bibbia; *to be in so.'s ~ books* essere ben visto da qcu., andare a genio a qcu., essere nelle grazie di qcu.; *~ breeding* buona educazione, buone maniere; *~ cheer*: **1** buonumore: *be of ~ cheer* stai su!, stai allegro!; *with ~ cheer* di buon animo, allegramente; **2** (*merrymaking*) allegria, festa; **3** (*good food*) buona tavola: *to make ~ cheer* mangiare e stare allegri; (*colloq*) *to come to no ~* andare a finir male; *to be in ~ company* essere in buona compagnia; *to have a ~ complexion* avere un bel colorito; *to draw a ~ crowd* attirare molta gente; *a ~ day's work* il lavoro di un'intera giornata; *a ~ deal*: **1** un buon affare; **2** (*a lot*) molto, una gran quantità (di): *that's saying a ~ deal* vuol dire già molto; *a ~ deal of trouble* un sacco di guai, una quantità di fastidi; (*colloq,fig*) *a ~ egg* una persona socievole, un buontempone; *to be ~ enough to do sth.* essere tanto cortese da fare qcs., avere la bontà di fare qcs.: *be ~ enough to listen to me* fammi la cortesia di ascoltarmi; *his promise is ~ enough for me* mi basta la sua promessa; *~ evening!* buona sera!; *to put a ~ face on sth.*: **1** far buon viso a qcs.; **2** (*with courage*) affrontare coraggiosamente; *in ~ faith* in buona fede; *a ~ fellow* persona socievole; (*Br*) *a ~ few* parecchi, un bel po' (di); *to put up a ~ fight* battersi bene, combattere valorosamente; *to be ~ for*: *this suit is ~ for another two years* quest'abito andrà bene per altri due anni; *are you ~ for another game?* sei disposto a fare un'altra partita?; *how much are you ~ for?* di quanto disponi?; *too ~ for words* indicibilmente buono, di una bontà indicibile; *~ for you!* buon per te!, bravo!; *~ form* bon ton, buone maniere; *by ~ fortune* per fortuna, per buona sorte; *to have the ~ fortune to do sth.* avere la fortuna di fare qcs.; (*Lit*) *Good Friday* venerdì santo; *~ God!* buon Dio!, Dio buono!; *to make ~ going* far progressi, progredire bene; *with (a) ~ grace* garbatamente, di buon grado; *in so.'s ~ graces* essere nelle (buone) grazie di qcu.; (*colloq*) *~ gracious* buon Dio, santo cielo; *~ grief!* caspita!; *in ~ hands* in buone mani; *to have ~ sport*: **1** (*Caccia*) fare buona caccia; **2** (*Pesc*) fare buona pesca; (*fig*) *to have a ~ head for business* essere abile negli affari; (*fig*) *to have a ~ head on one's shoulders* avere la testa sul collo, avere la testa sulle spalle; *to be in ~ heart*: **1** (*of persons*) essere di buon umore, essere su di morale; **2** (*of soil*) essere fertile; *~ heavens!* santo cielo!; (*colloq*) *to be ~ in bed* essere bravo a letto, essere un bravo amante; (*Comm*) *-s in bond* merce soggetta a dogana; *it's a ~ job (that)...*: è una buona cosa che..., è un bene che...: *it's a ~ job you brought an umbrella* meno male che hai portato l'ombrello; (*assol*) (*it's*) *a ~ job too* meno male!; (*scherz*) *my ~ lady* mia moglie, la mia signora; (*fig*) *to have ~ legs* essere un buon camminatore, avere buone gambe; *~ life*: **1** vita virtuosa; **2** (*life of comfort, etc.*) vita comoda; *to have a ~ look at sth.* osservare bene qcs.; *~ looks* bellezza, bell'aspetto, avvenenza; *~ luck*: **1**

(buona) fortuna, buona sorte: *to bring so. ~ luck* portare fortuna a qcu.; **2** (*esclam.*) buona fortuna!, in bocca al lupo!; *to make ~*: **1** avere fortuna, raggiungere il successo, riuscire; **2** (*to recompense*) compensare, risarcire: *to make ~ the damage* risarcire il danno; **3** (*to fulfill*) osservare, ottemperare a, adempiere; **4** (*to substantiate*) comprovare, convalidare; **5** (*to effect, to execute*) eseguire, effettuare, portare a compimento; (*Br*) *to make a ~ job of sth.* fare qcs. bene, fare un buon lavoro; *my ~ man* mio caro, vecchio mio; *a ~ many* parecchi, un bel po' (di), moltissimi; *to be a ~ match*: **1** (*of things*) armonizzare, intonarsi; **2** (*of people*) essere una bella coppia, stare bene insieme; **3** (*of people: to be rich and eligible for marriage*) essere un buon partito; *for ~ measure* in più, in aggiunta, extra; (*colloq*) *I have a ~ mind to tell him* quasi quasi glielo dico; *a ~ mixer* una persona socievole; (*colloq*) *to earn ~ money* guadagnare parecchio denaro, guadagnare bene; *~ morning!* buon giorno!; (*rar*) *~ morrow!* buon giorno!; *~ nature* bontà d'animo; *~ night!* buona notte!; *to have a ~ night* passare una buona notte, dormire bene; *it's no ~ complaining* non serve (a nulla) lamentarsi, è inutile lamentarsi; *to be in ~ odour with so.* essere in favore presso qcu., essere nelle grazie di qcu.; *to do so. a ~ office* fare un servizio a qcu., fare un favore a qcu.; *~ offices* buoni uffici, interessamento, intervento; *the ~ old days* i bei tempi andati; (*colloq*) *that's a ~ one!* questa (sì che) è bella!; *for ~ or for evil* nel bene o nel male; *for ~ or for ill* nel bene o nel male; comunque sia; (*Br*) *to take sth. in ~ part* non prendersela per qcs.; (*Folcl*) *~ people* fate; (*Giorn*) *to have a ~ press* essere accolto bene dalla stampa; (*Br*) *to act to ~ purpose* agire per uno scopo buono; *this article makes ~ reading* questo articolo è di piacevole lettura, questo articolo si legge bene; *to be a ~ sailor* non soffrire il (mal di) mare; (*Bibl*) *the ~ Samaritan* il buon samaritano; (*colloq*) *a ~ scout* un brav'uomo, un buon diavolo, una buon'anima; *~ sense* buon senso; (*fig*) *a ~ servant but a bad master* buon servitore ma cattivo padrone; (*Bibl*) *the Good Shepherd* il Buon Pastore; *to be so ~ as to do sth.* essere tanto cortese da fare qcs., avere la bontà di fare qcs.; *a ~ sport*: **1** (*one who plays fair*) una persona corretta e leale, uno sportivo; **2** (*one who accepts defeat well*) uno che sa perdere; *to get off to a ~ start*: **1** (*Sport*) partire bene, fare una buona partenza; **2** (*fig*) iniziare bene, cominciare bene; *to stand so. in ~ stead* tornare molto utile a qcu., essere molto utile a qcu.; *to keep a ~ table*: **1** (*cook*) cucinare bene; **2** (*to eat*) mangiare bene, essere una buona forchetta; *in ~ taste* di buon gusto; *it's a ~ thing (that)...*, è una buona cosa che..., è un bene che...: *it's a ~ thing you came with me* meno male che sei venuto con me; *in ~ time* per tempo; *all in ~ time* a suo tempo; *to have a ~ time* divertirsi, spassarsela; (*it's*) *~ to be alive* la vita è bella; *to the ~*: **1** vantaggioso, (molto) utile: *all this is to the ~* tutto ciò è molto utile; **2** (*in a position of profit or gain*) di guadagno: *he was one thousand dollars to the ~* ha guadagnato mille dollari; (*Ferr*) *-s traffic* movimento merci; (*Ferr*) *-s train* treno merci; *~ turn* favore, piacere, cortesia: *to do so. a ~ turn* fare un favore a qcu.; *to get ~ value for one's money* spendere bene il proprio denaro; *to give ~ value for one's money* far rendere bene il proprio denaro, far fruttare il proprio denaro; *very ~!* benissimo!, magni-

fico!; *not to be in* ~ *voice* avere la voce bassa, essere senza voce; (*Ferr*) -*s* *wagon* carro merci, vagone merci; *a* ~ *way* un buon tratto (di strada), una discreta distanza; (*Mar*) *to make* ~ *weather* incontrare tempo buono; *what* ~ *will that do?* a che cosa serve?, a che pro?; *what* ~ *would it do?* a che servirebbe?; (*sl*) *to be on a* ~ *wicket* trovarsi in una posizione di vantaggio, trovarsi in una posizione favorevole; ~ *will*: 1 benevolenza, amicizia, simpatia; 2 (*cheerful consent*) zelo, buona volontà; 3 (*Comm*) avviamento, valore di avviamento; (*Pol*) ~ *will tour* visita amichevole; *what* ~ *wind blows you here?* qual buon vento ti porta?; ~ *wishes* auguri di ogni bene, tanti auguri, auguroni; (*colloq*) *to put in* (o *to say*) *a* ~ *word for so.* mettere una buona parola per qcu.; ~ *works* buone opere (*anche Teol*); (*Ferr*) -*s* *yard* scalo merci. *Prov.*: *one* ~ *deserves another* chi semina, raccoglie.
good-by /gud'baɪ/ I *intz.* (*Am*) arrivederci!, addio! II *n.* (*Am*) addio *m.*, arrivederci *m.*
good-bye /gud'baɪ/ I *intz.* arrivederci!, addio! II *n.* addio *m.*, arrivederci *m.* □ *to say* ~ *to so.* salutare qcu.; ~ *till we meet again* arrivederci, alla prossima.
good-fellowship /ˌgud'feloʊʃɪp/ *n.* cordialità *f.*, giovialità *f.*, socievolezza *f.*
good-for-nothing /ˈgudfəˌnʌθɪŋ Am ˈgudfərˌnʌθɪŋ/ I *n.* buono *m.* (*f.* -a) a nulla, incapace *m./f.*, inetto *m.* (*f.* -a). II *a.* buono a nulla.
good-hearted /ˌgud'hɑːtɪd Am ˌgud'hɑːrtəd/ *a.* di buon cuore.
good-heartedness /ˌgud'hɑːtɪdnəs Am ˌgud'hɑːrtədnəs/ *n.* bontà *f.* (di cuore).
good-humoured /ˌgud'hjuːməd Am ˌgud'hjuːmərd/ *a.* di buon umore, allegro.
good-humouredness /ˌgud'hjuːmədnəs Am ˌgud'hjuːmərdnəs/ *n.* buonumore *m.*
goodish /ˈgudɪʃ/ *a.* 1 abbastanza buono, discreto, passabile. 2 (*considerable*) considerevole, notevole.
goodliness /ˈgudlɪnəs/ *n.* bellezza *f.*, avvenenza *f.*, bell'aspetto *m.*
good-looker /ˌgud'lukər/ *n.* (*colloq*) (*man*) bell'uomo *m.*; (*woman*) bella donna *f.*
good-looking /ˌgud'lukɪŋ/ *a.* bello, attraente, di bell'aspetto.
goodly /ˈgudli/ *a.* 1 (*sizable*) grande, grosso, notevole. 2 (*attractive*) avvenente, attraente.
good-natured /ˌgud'neɪtʃəd Am ˌgud'neɪtʃərd/ *a.* buono, di indole gentile.
good-naturedly /ˌgud'neɪtʃədli Am ˌgud'neɪtʃərdli/ *avv.* amabilmente.
good-naturedness /ˌgud'neɪtʃədnəs Am ˌgud'neɪtʃərdnəs/ *n.* bonarietà *f.*, bonomia *f.*
good-neighbor /ˌgud'neɪbər/ *a.* (*Am,Pol*) caratterizzato da rapporti amichevoli. □ (*Pol*) ~ *policy* politica di buon vicinato.
good-neighborliness /ˌgud'neɪbərlɪnəs/ *n.* (*Am,Pol*) buon vicinato *m.*
goodness /ˈgudnəs/ I *n.* 1 bontà *f.* 2 (*kindness*) gentilezza *f.*, bontà *f.*, benevolenza *f.*, cortesia *f.* 3 (*best or most nourishing part*) meglio *m.*, buono *m.*, parte *f.* migliore. II *intz.* santo cielo! □ ~ *gracious!* santo cielo!; ~ *knows* lo sa il cielo, chissà; *my* ~! santo cielo!, mamma mia!; (*Statist*) ~ *of fit* bontà *f.* di adattamento; *for* ~ *'sake!* per l'amor del cielo!, per (l')amor di Dio!
good-oh /ˈgudoʊ/ *intz.* (*colloq*) bene!
good-tempered /ˌgud'tempəd Am ˌgud'tempərd/ *a.* di buon carattere, amabile.
good-time /ˈgudtaɪm/ □ (*sl*) ~ *Charlie* allegrone, uno a cui piace divertirsi.
goody[1] /ˈgudi/ I *n.* 1 (*Dolc*) dolce *m.*, caramella *f.*, chicca *f.* 2 (*Br*) (*in a film*) personaggio *m.* buono, buono *m.*, eroe *m.* II *intz.* (*infant*) bene!, (che) bello!

goody[2] /ˈgudi/ *n.* (*rar,ant*) vecchia *f.*
goody-goody /ˈgudi,gudi/ I *n.* santerellino *m.* (*f.* -a). II *a.* chi fa il santerello *m.* (*f.* -a).
goody-two-shoes /ˌgudi,tuː'ʃuːz/ *n.* (*Am, colloq*) persona *f.* che vuole sempre primeggiare.
gooey /ˈguːi/ *a.* (*colloq*) 1 appiccicoso. 2 (*sentimental*) sdolcinato, melenso.
goof /guːf/ I *n.* (*sl*) 1 (*stupid person*) sciocco *m.* (*f.* -a). 2 (*mistake*) cantonata *f.*, granchio *m.* II *v.t.* (*sl*) abborracciare, pasticciare. III *v.i.* (*sl*) 1 ciondolare, non fare niente, fare lo scemo. 2 (*to blunder*) prendere un granchio. □ (*sl*) *to* ~ *around* (o *to* ~ *off*) ciondolare, non fare niente, fare lo scemo; (*sl*) *to* ~ *up* abborracciare, pasticciare.
goofiness /ˈguːfɪnəs/ *n.* (*sl*) stupidità *f.*, dabbenaggine *f.*
goofy /ˈguːfi/ *a.* (*sl*) sciocco, stupido.
Goofy /ˈguːfi/ *n.pr.m.* Pippo (personaggio di Walt Disney).
googol /ˈguːgɒl Am ˈguːgɑːl/ *a./n.* (*Mat*) googol *m.* (10^{100}).
googolplex /ˈguːgɒlpleks Am ˈguːgɑːlpleks/ *n.* (*Mat*) googolplex *m.* (10^{100}).
goo-goo /ˈguː,guː/ □ (*colloq*) *to make* ~ *eyes* fare l'occhiolino.
gook /guːk/ *n.* (*Am,colloq*) 1 (*spreg*) asiatico *m.* (*f.* -a). 2 (*North Vietnamese soldier*) soldato *m.* nordvietnamita. 3 (*sloppy wet substance*) sostanza *f.* vischiosa e disgustosa.
goolie /ˈguːli/ *n.* 1 *pl.* (*Br,colloq*) balle *f.pl.*, testicoli *m.pl.* 2 (*Aus,NZ*) pietra *f.*, sasso *m.*
goon /guːn/ *n.* 1 (*colloq*) babbeo *m.* (*f.* -a), sciocco *m.* (*f.* -a), semplicione *m.* (*f.* -a). 2 (*Am, colloq*) (*hired hoodlum*) sicario *m.* (*f.* -a).
gooney /ˈguːni/ □ (*Am,colloq*) ~ *bird* albatro.
goop /guːp/ *n.* (*colloq*) 1 (*rude person*) persona *f.* maleducata. 2 (*Am*) sostanza *f.* vischiosa.
goosander /guː'sændər/ *n.* (*Ornit*) smergo *m.* maggiore.
goose /guːs/ (*pl.* **geese** /giːs/) I *n.* 1 (*Ornit*) oca *f.* 2 (*fig*) stupido *m.* (*f.* -a), sciocco *m.* (*f.* -a); (*foolish girl*) oca *f.*, ochetta *f.* 3 (*Sart*) ferro *m.* da stiro. II *v.t.* (*sl*) 1 (*to poke in the bottom*) toccare il sedere con un dito (in modo scherzoso). 2 (*Am,*) (*to boost*) spronare. 3 (*Am*) (*to step on the gas*) premere l'acceleratore a tavoletta. □ (*fig*) *all his geese are swans* lui vede sempre tutto bello; (*Am,Sport*) ~ *egg* zero, punteggio nullo; ~ *flesh* pelle d'oca; ~ *grass*: 1 (*Bot*) galio; 2 (*cleavers*) attaccavesti; (*Tecn,Mar*) ~ *neck* collo d'oca; (*colloq*) ~ *pimples* pelle d'oca; ~ *quill* penna d'oca; (*Mil*) ~ *step* passo dell'oca.
gooseberry /ˈguzbəri Am ˈguːsˌberi/ *n.* (*Bot*) uva *f.* spina. □ (*colloq*) *to play* ~ *to so.* reggere il moccolo a qcu.
goosefoot /ˈguːsfut/ *n.* (*Bot*) chenopodio *m.*
goosegog /ˈguːsgɒg/ *n.* (*Br,colloq*) uva *f.* spina.
gooseherd /ˈguːshɜːd Am ˈguːshɜːrd/ *n.* guardiano *m.* di oche.
goose-step /ˈguːs,step/ *v.i.* (*Mil*) marciare al passo dell'oca.
goosey /ˈguːsi/, **goosy** /ˈguːsi/ I *a.* (*colloq*) sciocco, stupido. II *n.* (*colloq*) sciocco *m.* (*f.* -a), stupido *m.* (*f.* -a).
GOP /ˌdʒiːoʊ'piːst/ (*Am*) *Grand Old Party* (partito repubblicano).
gopher /ˈgoufər/ *n.* 1 (*Zool*) (*rodent*) citello *m.* 2 (*Zool*) (*tortoise*) tartaruga *f.* gopher. 3 (*Inform*) gopher *m.* □ (*Am,colloq*) *Gopher State* Minnesota; (*Zool*) ~ *tortoise* tartaruga gopher; (*Bibl*) ~ *wood* legno di gofer, legno dell'arca di Noè.
Gordian /ˈgɔːdiən/ *a.* (*Stor*) gordiano. □ ~

knot nodo gordiano (*anche fig*): *to cut the* ~ *knot* troncare un nodo gordiano, tagliare un nodo gordiano.
Gordon /ˈgɔːdən Am ˈgɔːrdən/ *n.pr.m.* Gordon.
gore[1] /gɔːr Am gɔːr/ *n.* 1 (*blood*) sangue *m.* 2 (*clotted blood*) sangue *m.* rappreso, sangue *m.* coagulato.
gore[2] /gɔːr Am gɔːr/ I *n.* 1 (*Sart,Mar*) gherone *m.* 2 (*triangular piece of land*) pezzo *m.* di terreno triangolare, spicchio *m.* di terra. 3 (*Aer*) (*of a parachute*) spicchio *m.* II *v.t.* 1 tagliare in forma triangolare. 2 (*to furnish with gores*) inserire un gherone in, inserire uno spicchio in.
gore[3] /gɔːr Am gɔːr/ *v.t.* (*with a pointed instrument*) trafiggere; (*with the horns*) incornare.
Gore-tex /ˈgɔːteks Am ˈgɔːrteks/ *n.* (*Tess*) goretex *m.*
gorge /gɔːdʒ Am gɔːrdʒ/ I *n.* 1 (*Geog*) gola *f.*, forra *f.* 2 (*Mil,ant*) gola *f.* 3 (*Pesc*) specie *f.* di amo primitivo. 4 (*Mecc*) gola *f.*, scanalatura *f.* 5 (*Geog*) massa *f.*, blocco *m.* II *v.t.* 1 rimpinzare, satollare: *to* ~ *oneself on oysters* rimpinzarsi di ostriche. 2 (*to devour greedily*) mangiare ingordamente, divorare. 3 (*used in the passive*) (*to fill, to choke*) ostruire, intasare. III *v.i.* satollarsi, rimpinzarsi. □ (*fig*) *to make so.'s* ~ *rise* nauseare qcu., dare il voltastomaco a qcu.: *my* ~ *rises at the thought of it* mi si rivolta lo stomaco al solo pensiero.
gorgeous /ˈgɔːdʒəs Am ˈgɔːrdʒəs/ *a.* 1 sontuoso, splendido, sfarzoso, magnifico, fastoso. 2 (*wonderful*) splendido, magnifico, eccellente; (*beautiful*) bellissimo.
gorgeously /ˈgɔːdʒəsli Am ˈgɔːrdʒəsli/ *avv.* 1 sontuosamente, splendidamente, sfarzosamente. 2 (*colloq*) (*wonderfully*) splendidamente, magnificamente.
gorgeousness /ˈgɔːdʒəsnəs Am ˈgɔːrdʒəsnəs/ *n.* magnificenza *f.*, fasto *m.*, splendore *m.*
gorgerin /ˈgɔːdʒərɪn Am ˈgɔːrdʒərɪn/ *n.* (*Arch*) collarino *m.*
gorget /ˈgɔːdʒɪt Am ˈgɔːrdʒət/ *n.* 1 (*Mil,ant*) gorgiera *f.*, goletta *f.* 2 (*ant*) (*necklace*) collare *m.*, collana *f.* 3 (*Ornit*) chiazza *f.* colorata sulla gola.
gorgon /ˈgɔːgən Am ˈgɔːrgən/ *n.* gorgone *f.*
Gorgon /ˈgɔːgən Am ˈgɔːrgən/ *n.pr.f.* (*Mitol*) Gorgone.
Gorgonia /gɔː'gouniə Am gɔːr'gouniə/ *n.* (*Zool*) gorgonia *f.*
gorgonian /gɔː'gouniən Am gɔːr'gouniən/ I *a.* (*Zool*) dei gorgonacei. II *n.* gorgonaceo *m.*
Gorgonian /gɔː'gouniən Am gɔːr'gouniən/ *a.* gorgoneo, delle Gorgoni.
Gorgonzola /ˌgɔːgən'zoulə Am ˌgɔːrgən'zoulə/ *n.* (*Gastron*) gorgonzola *m.* □ (*Gastron*) ~ *cheese* gorgonzola *m.*
gorilla /gə'rɪlə/ *n.* 1 (*Zool*) gorilla *m.* 2 (*colloq*) (*thug*) bestione *m.*, gorilla *f.*
gorily /ˈgɔːrɪli/ *avv.* sanguinosamente.
goriness /ˈgɔːrɪnəs/ *n.* l'essere imbrattato di sangue.
gormandise /ˈgɔːməndaɪz/ I *v.i.* (*Br*) rimpinzarsi, ingozzarsi. II *v.t.* (*Br*) mangiare ingordamente, divorare.
gormandize /ˈgɔːməndaɪz/ I *v.i.* rimpinzarsi, ingozzarsi. II *v.t.* mangiare ingordamente, divorare.
gormandizer /ˈgɔːməndaɪzər Am ˈgɔːrməndaɪzər/ *n.* goloso *m.* (*f.* -a), ghiottone *m.* (*f.* -a).
gormless /ˈgɔːmləs Am ˈgɔːrmləs/ *a.* (*colloq*) stupido, sciocco, tonto.
gorse /gɔːs Am gɔːrs/ *n.* (*Bot*) ginestra *f.* spinosa, ginestrone *m.*
gory /ˈgɔːri/ *a.* 1 insanguinato, macchiato di sangue. 2 (*involving bloodshed*) sanguino-

so, cruento. **3** (*fig*) agghiacciante.

gosh /gɒʃ *Am* gɑːʃ/ *intz.* (*colloq*) caspita!, accipicchia!

goshawk /ˈgɒshɔːk *Am* ˈgɑːshɑːk/ *n.* (*Ornit*) astore *m.*

gosling /ˈgɒzlɪŋ *Am* ˈgɑːzlɪŋ/ *n.* (*Ornit*) papero *m.*

go-slow /ˌgəʊˈsləʊ, ˈgəʊsləʊ/ **I** *a.* (*Br*) rallentato. **II** *n.* sciopero *m.* bianco, non collaborazione *f.* ☐ ~ **strike** sciopero bianco, non collaborazione.

gospel /ˈgɒspəl *Am* ˈgɑːspəl/ **I** *n.* **1** (*Rel*) vangelo *m.*, evangelo *m.*; (*glad tidings*) buona novella *f.* **2** (*sth. absolutely true*) verità *f.* sacrosanta, verità *f.* indiscutibile, vangelo *m.*, bibbia *f.* **3** (*fig*) (*doctrine, faith*) dottrina *f.*, fede *f.*, principio *m.* **4** (*Mus*) gospel *m.*, musica *f.* gospel. **II** *a.* del vangelo, evangelico. ☐ (*fig*) to take sth. **as** ~ prendere qcs. per vangelo; ~ **music** musica gospel; ~ **oath** giuramento fatto sulla Bibbia; (*Lit*) ~ **side** (*of a church*) lato del vangelo; ~ **truth** verità indiscutibile, verità sacrosanta, vangelo, bibbia.

Gospel /ˈgɒspəl *Am* ˈgɑːspəl/ *n.* (*Bibl,Lit*) vangelo *m.*: the ~ according to St. Mark il vangelo secondo san Marco.

gospeler /ˈgɑːspələr/, **gospeller** /ˈgɒspələr/ *n.* **1** (*Am,Lit*) lettore *m.* (*f.* -trice) del vangelo (durante un servizio religioso). **2** (*estens, spreg*) (*preacher*) predicatore *m.* del vangelo.

gossamer /ˈgɒsəmər *Am* ˈgɑːsəmər/ **I** *n.* **1** sottile ragnatela *f.*; (*pop*) refe *m.* della Madonna. **2** (*thread*) filo *m.* di ragnatela. **3** (*gauze*) garza *f.* sottilissima. **4** (*any thin fabric*) tessuto *m.* finissimo. **5** (*fig*) cosa *f.* tenue, velo *m.* **II** *a.* leggero, sottilissimo.

gossamery /ˈgɒsəməri *Am* ˈgɑːsəməri/ *a.* leggero, sottilissimo.

gossan /ˈgɒz(ə)n/ *n.* (*Geol*) cappellaccio *m.*

gossip /ˈgɒsɪp *Am* ˈgɑːsəp/ **I** *n.* **1** pettegolezzo *m.*, chiacchiera *f.*, diceria *f.* **2** (*informal chat*) chiacchierata *f.*: to have a good ~ fare una bella chiacchierata. **3** (*person*) pettegolo *m.* (*f.* -a), linguaccia *f.* **II** *v.i.* pettegolare, spettegolare (*about* su). ☐ (*Giorn*) ~ **column** colonna degli avvenimenti mondani, rubrica mondana; (*Giorn*) ~ **columnist** giornalista mondano.

gossiper /ˈgɒsɪpər *Am* ˈgɑːsəpər/ *n.* chiacchierone *m.* (*f.* -a), pettegolo *m.* (*f.* -a).

gossipmonger /ˈgɒsɪpˌmʌŋgər *Am* ˈgɑːsəpˌmʌŋgər/ *n.* pettegolo *m.* (*f.* -a), malalingua *f.*

gossipry /ˈgɒsɪpri *Am* ˈgɑːsɪpri/ *n.* **1** chiacchiera *f.*, pettegolezzo *m.*, diceria *f.* **2** (*collett.*) persone *f.pl.* maldicenti.

gossipy /ˈgɒsɪpi *Am* ˈgɑːsɪpi/ *a.* linguacciuto, pettegolo, maldicente.

gossoon /gɒˈsuːn/ *n.* (*Ir*) **1** ragazzo *m.* **2** (*servant boy*) garzone *m.*

got /gɒt *Am* gɑːt/ → **get**[1].

gotcha /ˈgɒtʃə/ *intz.* (*colloq*) ti ho preso!

Goth /gɒθ *Am* gɑːθ/ *n.* **1** (*Stor*) goto *m.* **2** (*fig*) barbaro *m.*, vandalo *m.*, persona *f.* rozza, persona *f.* non civilizzata.

Gotham /ˈgɒθəm *Am* ˈgɑːθəm/ *n.* **1** (*scherz*) città *f.* degli sciocchi. **2** (*Am,colloq*) (*New York*) città *f.* di New York.

Gothamite /ˈgɒθəmaɪt *Am* ˈgɑːθəmaɪt/ *n.* **1** (*scherz*) credulone *m.* (*f.* -a), sempliciotto *m.* (*f.* -a). **2** (*Am,colloq*) (*New Yorker*) cittadino *m.* (*f.* -a) di New York.

Gothic /ˈgɒθɪk *Am* ˈgɑːθɪk/ **I** *a.* **1** (*Stor*) gotico, dei goti, goto. **2** (*Art,Tip,Lett*) gotico: ~ **arch** arco gotico (*o* ogivale). **3** (*fig*) barbaro, incivile. **II** *n.* **1** (*Arch,Art*) gotico *m.*, stile *m.* gotico, arte *f.* gotica. **2** (*Ling*) gotico *m.*, lingua *f.* gotica. **3** (*Tip*) gotico *m.*, carattere *m.* gotico. ☐ (*Lett*) ~ **novel** romanzo gotico.

Gothicism /ˈgɒθɪsɪzᵊm *Am* ˈgɑːθɪsɪzᵊm/ *n.* **1**

(*Arch,Art*) goticismo *m.* **2** (*fig*) rozzezza *f.*

Gothicize /ˈgɒθɪsaɪz *Am* ˈgɑːθəsaɪz/ *v.t.* rendere gotico, goticizzare.

go-to-meeting /ˈgəʊtəˌmiːtɪŋ *Am* ˈgəʊtəˌmiːtɪŋ/ *a.* (*colloq*) (*of clothes*) della festa, buono.

gotta /ˈgɒtə *Am* ˈgɑːt̬ə/ (*spec. Am,colloq*) contraz. di got to.

gotten /ˈgɒtᵊn/ (*Am*) → **get**[1].

gouache /guˈɑːʃ/ *n.* (*Art*) guazzo *m.*, pittura *f.* a guazzo.

gouge /gaʊdʒ/ **I** *v.t.* **1** (*to force out*) cavare. **2** (*to groove*) scanalare, incavare, scavare. **3** (*colloq*) (*to swindle*) frodare, truffare, imbrogliare. **II** *n.* **1** (*Fal*) sgorbia *f.* **2** (*groove*) scanalatura *f.*, incavo *m.* **3** (*colloq*) (*fraud*) frode *f.*, imbroglio *m.*, truffa *f.* ☐ to ~ **out** cavare: to ~ out so.'s eye cavare un occhio a qcu.

goulash /ˈguːlæʃ *Am* ˈguːlɑːʃ/ *n.* (*Gastron*) gulasch *m.*

gourd /gʊəd *Am* gɔːrd/ *n.* **1** (*Bot*) zucca *f.*, zucchetta *f.* **2** (*Bot*) (*calabash*) lagenaria *f.* **3** (*vessel*) zucca *f.* vuota (usata come recipiente).

gourmand /ˈgʊəmənd *Am* ˈgʊrmɑːnd/ **I** *n.* **1** goloso *m.* (*f.* -a), ghiottone *m.* (*f.* -a). **2** (*gourmet*) buongustaio *m.* (*f.* -a). **II** *a.* goloso, ingordo.

gourmandise /ˈgʊəməndaɪz/ **I** *v.i.* (*Br*) rimpinzarsi, ingozzarsi. **II** *v.t.* (*Br*) mangiare ingordamente, divorare.

gourmandism /ˈgʊəməndɪzəm/ *n.* ghiottoneria *f.*, golosità *f.*

gourmandize /ˈgʊəməndaɪz *Am* ˈgʊrməndiz/ **I** *v.i.* rimpinzarsi, ingozzarsi. **II** *v.t.* mangiare ingordamente, divorare.

gourmet /ˈgʊəmeɪ *Am* ˈgʊrmeɪ/ *n.* **1** (*of food*) buongustaio *m.* (*f.* -a), amante *m./f.* della buona tavola. **2** (*of wine*) intenditore *m.* (*f.* -trice) di vini. ☐ ~ **cook** cuoco sopraffino; ~ **food** specialità gastronomiche.

gout /gaʊt/ *n.* **1** (*Med*) gotta *f.* **2** (*ant*) (*drop*) goccia *f.*; (*splash*) schizzo *m.*

goutiness /ˈgaʊtɪnəs *Am* ˈgaʊt̬ɪnəs/ *n.* l'essere gottoso.

gouty /ˈgaʊti *Am* ˈgaʊt̬i/ *a.* **1** gottoso, affetto da gotta. **2** (*causing gout*) che dà la gotta. **3** (*of gout*) della gotta.

gov. 1 (*in web site addresses*) civilian government institution gov. (dominio di agenzie governative USA). **2** governor gov. (governatore). **3** government gov. (governo).

govern /ˈgʌvᵊn *Am* ˈgʌvᵊrn/ **I** *v.t.* **1** governare, reggere, amministrare: to ~ a country governare un paese. **2** (*to determine*) determinare: factors -ing a decision fattori che determinano una decisione. **3** (*to guide*) guidare. **4** (*to check, to control*) controllare, dominare, tenere a freno: to ~ one's anger dominare la collera. **5** (*Gramm*) reggere. **6** (*Mot*) regolare, registrare. **II** *v.i.* governare.

governability /ˌgʌvᵊnəˈbɪləti *Am* ˈgʌvᵊrn əbiləti/ *n.* (*Pol*) governabilità *f.*

governable /ˈgʌvᵊnəbl̩ *Am* ˈgʌvᵊrnəbl̩/ *a.* (*Pol*) governabile.

governance /ˈgʌvᵊnəns *Am* ˈgʌvᵊrnəns/ *n.* **1** governo *m.* **2** (*control*) autorità *f.* **3** (*state of being governed*) dominio *m.*

governess /ˈgʌvᵊnəs *Am* ˈgʌvᵊrnəs/ *n.* (*Pedag*) governante *f.*, istitutrice *f.*

governing /ˈgʌvᵊnɪŋ *Am* ˈgʌvᵊrnɪŋ/ ☐ ~ **body** organo di gestione.

government /ˈgʌvᵊnmənt *Am* ˈgʌvᵊrnmᵊnt/ *n.* **1** (*Pol*) (*act*) governo *m.* **2** (*Pol*) (*system*) regime *m.*, forma *f.* di governo, governo *m.*: constitutional ~ governo costituzionale. **3** (*Pol*) (*body of persons*) governo *m.*: to form a ~ formare un governo. **4** (*control*) governo *m.*, direzione *f.*, comando *m.*, guida *f.* **5** (*Gramm*) reggenza *f.* ☐ ~ **bank** banca di

stato; ~ **bill** progetto di legge governativo, disegno di legge governativo; (*Econ*) ~ **bond** titolo di stato, titolo pubblico; (*US*) ~ **corporation** corporation governativa; *Government House* palazzo del governo; (*Econ*) ~ **loan** prestito governativo, prestito dello stato; (*Econ*) ~ **paper** titoli di stato; (*Econ*) ~ **securities** (o ~ **stock**) titoli di stato.

governmental /ˌgʌvᵊnˈmentᵊl *Am* ˌgʌvᵊrn ˈmentᵊl/ *a.* governativo, del governo.

governor /ˈgʌvᵊnər *Am* ˈgʌvᵊrnər/ *n.* **1** governatore *m.* **2** (*of a bank, prison, etc.*) governatore *m.*, sovraintendente *m./f.* **3** (*sl*) (*boss*) padrone *m.* (*f.* -a), capo *m.*, (*colloq*) principale *m./f.* **4** (*sl*) (*father*) padre *m.* **5** (*Mecc*) regolatore *m.* ☐ *Governor General* Governatore Generale.

governorship /ˈgʌvᵊnəʃɪp *Am* ˈgʌvᵊrnərʃɪp/ *n.* governatorato *m.*

govt government gov. (governo).

gowan /ˈgaʊən/ *n.* (*Scott,Bot*) margherita *f.* di prato.

gowk /gaʊk/ *n.* **1** (*Br,dial*) semplicione *m.* (*f.* -a); (*colloq*) merlo *m.* (*f.* -a). **2** (*cuckoo*) cuculo *m.*

gown /gaʊn/ **I** *n.* **1** (*Abbigl*) (*woman's dress*) veste *f.*, abito *m.*; (*evening gown*) abito *m.* da sera; (*nightgown*) camicia *f.* da notte; (*dressing gown*) vestaglia *f.*, veste *f.* da camera. **2** (*academic robe*) toga *f.* **3** (*fig*) (*students of a university*) universitari *m.pl.* (*f.pl.* -rie); (*lawyers*) avvocati *m.pl.* **II** *v.t.* mettere la toga a, fare indossare la toga a.

gownsman /ˈgaʊnzmən/ *n.irr.* chi veste la toga.

goy /gɔɪ/ (*pl.* **goyim** /ˈgɔɪɪm/) *n.* (*spreg*) non-ebreo *m.*, gentile *m.* (*US*) ~ **corpo**

GP /dʒiːˈpiː/ **1** (*Med*) *General Practitioner* (medico generico, medico di base). **2** *Grand Prix* GP (Gran Premio).

gph gallons per hour (galloni all'ora).

gpm gallons per mile (galloni al miglio).

GPO /ˌdʒiːpiːˈəʊ/ **1** (*US*) *Government Printing Office* (istituto poligrafico dello stato). **2** *General Post Office* (posta centrale).

GPS /ˌdʒiːpiːˈes/ *Global Positioning System* GPS (sistema di posizionamento globale).

GQ *Equatorial Guinea* GQ (Guinea Equatoriale).

GR *Greece* GR (Grecia).

gr. 1 grade ° (grado). **2** grain gr. (grano). **3** gramme g (grammo). **4** gross grossa (dodici dozzine).

grab[1] /græb/ (*past, p.p.* **grabbed** /-d/) **I** *v.t.* **1** afferrare, acchiappare: he -bed his hat afferrò il cappello. **2** (*to take illegal possession of*) arraffare. **3** (*colloq*) (*to capture*) acchiappare, acciuffare, agguantare. **II** *v.i.* **1** fare finta di afferrare (*at so.* qcu.). **2** (*Aut*) (*of brakes*) bloccarsi. ☐ to ~ **hold** of sth. (o so.) afferrare saldamente qcs. (o qcu.).

grab[2] /græb/ *n.* **1** atto *m.* di afferrare, tentativo *m.* di afferrare. **2** (*grasp*) presa *f.*, stretta *f.* **3** (*illegal seizure*) l'arraffare. **4** (*sth. grabbed*) preda *f.* **5** (*Mecc*) benna *f.* **6** (*card game*) rubamazzo *m.* ☐ (*Am,colloq*) to ~ **a feel** mettere le mani addosso a una donna, dare una palpata a una donna; (*Am,colloq*) ~ **bag** (at a bazaar, fair, etc.) pesca a sorpresa; (*Mecc*) ~ **bucket** benna; (*Mecc*) ~ **crane** gru a benna; to make a ~ at (o for) sth. tentare di afferrare qcs.; (*colloq*) up for -s disponibile per chi lo vuole, libero.

grabber /ˈgræbər/ *n.* persona *f.* avida e rapace. ☐ (*Inform*) ~ **hand** (puntatore a forma di) manina.

grabble /ˈgræbl̩/ *v.i.* **1** cercare a tastoni, cercare a tentoni (*for sth.* qcs.). **2** (*to sprawl*) sdraiarsi, mettersi lungo disteso.

Gracchus /'grækəs/ *n.pr.m.* (*Stor*) Gracco.

grace /greɪs/ **I** *n.* **1** grazia *f.*: *the ~ of youth* la grazia della gioventù. **2** (*pleasing quality*) piacere *m.*, piacevolezza *f.*: *one of the -s of country life* uno dei piaceri della vita di campagna. **3** (*good manners*) cortesia *f.*, gentilezza *f.*, garbo *m.*: *he might have the ~ to thank you* potrebbe avere la cortesia di ringraziarti. **4** (*elegance in movement*) garbo *m.*, grazia *f.*, compostezza *f.*: *to move with ~* muoversi con grazia. **5** (*clemency*) clemenza *f.*, pietà *f.* **6** (*goodwill*) grazia *f.*, benevolenza *f.* **7** (*favour*) favore *m.* **8** (*Comm,Dir*) (*respite*) dilazione *f.*, proroga *f.*: *he was given ten days of ~ to pay* gli sono stati concessi dieci giorni di dilazione per il pagamento. **9** (*Teol,Dir*) grazia *f.* **10** (*Rel*) (*prayer at mealtimes*) preghiera *f.* di ringraziamento: *to say ~* (*before meat*) dire una preghiera di ringraziamento per il cibo (prima di un pasto). **11** (*Mus*) fioritura *f.*, abbellimento *m.* **II** *v.t.* **1** abbellire, (ad)ornare, ingentilire. **2** (*to do honour to*) onorare, fare onore a. **3** (*Mus*) ornare. □ (*Br*) *a ~ and favour residence* una residenza concessa dal sovrano; (*Mus*) *~ note* fioritura, abbellimento *m.*; *by the ~ of God* per grazia di Dio; (*Assic*) *~ period* moratoria, mora.

Grace /greɪs/ **I** *n.* Grazia *f.*: *Your ~* Vostra Grazia; (*Mitol*) *the -s* le Grazie. **II** *n.pr.f.* Grazia.

graceful /'greɪsfʊl/ *a.* **1** grazioso, aggraziato, garbato: *~ movements* movimenti aggraziati. **2** (*of people*) gentile, grazioso, leggiadro.

gracefulness /'greɪsfʊlnəs/ *n.* grazia *f.*, gentilezza *f.*, leggiadria *f.*

graceless /'greɪsləs/ *a.* **1** inelegante, rozzo: *a ~ style* uno stile inelegante. **2** (*of people: rude, clumsy*) sgraziato, sgarbato, senza grazia. **3** (*lacking God's grace*) in disgrazia (di Dio).

gracelessness /'greɪsləsnəs/ *n.* **1** mancanza *f.* di grazia, mancanza *f.* di garbo. **2** (*clumsiness*) sgraziataggine *f.*

gracile /'græsɪl/ *a.* **1** gracile, esile. **2** (*thin*) sottile, magro.

gracility /grə'sɪlɪti/ *n.* gracilità *f.*, esilità *f.*

gracious /'greɪʃəs/ **I** *a.* **1** gentile, cortese, grazioso, benigno. **2** (*well-mannered*) cortese, gentile, educato: *a ~ refusal* un cortese rifiuto. **3** (*condescending*) indulgente, condiscendente. **4** (*comfortable*) comodo, lussuoso: *~ living* vita comoda. **5** (*merciful*) misericordioso, pietoso. **II** *intz.* (*colloq*) buon Dio!

graciously /'greɪʃəsli/ *avv.* **1** con gentilezza, con cortesia. **2** (*well-manneredly*) cortesemente, gentilmente, educatamente. **3** (*mercifully*) con misericordia, con benevolenza.

graciousness /'greɪʃəsnəs/ *n.* **1** gentilezza *f.*, cortesia *f.* **2** (*indulgence*) indulgenza *f.*, condiscendenza *f.* **3** (*clemency*) clemenza *f.*, misericordia *f.*

grad[1] /græd/ *n.* (*Am,Univ*) laureato *m.* (*f.* -a).

grad[2] *gradient* grad (gradiente).

gradable /'greɪdəbl/ *a.* graduabile (*anche Gramm*).

gradate /grə'deɪt *Am* 'greɪdeɪt/ **I** *v.i.* sfumare. **II** *v.t.* **1** (*of colours*) sfumare. **2** (*to arrange in grades*) graduare.

gradation /grə'deɪʃən *Am* greɪ'deɪʃən/ *n.* **1** graduazione *f.* **2** (*transition*) gradazione *f.*, passaggio *m.* graduale. **3** (*stage, grade*) gradazione *f.* **4** (*of colours*) sfumatura *f.* **5** (*Ling*) apofonia *f.*

gradational /grə'deɪʃənl *Am* greɪ'deɪʃənl/ *a.* graduale.

grade[1] /greɪd/ *n.* **1** grado *m.*, livello *m.*, stadio *m.* **2** (*of food*) qualità *f.*, categoria *f.*: *~ A eggs*

uova di prima qualità. **3** (*Am*) (*degree of rank, etc.*) grado *m.*, rango *m.*: *the ~ of major* il grado di maggiore. **4** (*class, category*) gruppo *m.*, categoria *f.*, classe *f.* **5** (*Am,Scol*) (*class*) classe *f.*; (*year*) anno *m.* (di corso); (*pupils*) classe *f.* **6** (*Am,Scol*) (*mark*) voto *m.*, punto *m.*: *to get high -s* ottenere voti alti. **7** (*Strad,Ferr*) (*gradient*) pendio *m.*, pendenza *f.*, inclinazione *f.* **8** (*Zootecn*) animale *m.* con un progenitore di razza pura. **9** (*Geom*) grado *m.* **10** (*Ling*) grado *m.* dell'apofonia. **11** (*Tecn*) (*of fuel*) indice *m.* di ottano, numero *m.* di ottano. **12** *pl.* (*Am,Scol*) scuola *f.sing.* elementare. □ (*Scol*) *~ card* scheda di valutazione; (*Ferr*) *~ crossing* passaggio a livello; (*colloq*) *to make the ~* raggiungere la meta, farcela; (*Am,Scol*) *~ report* pagella; (*Am,Scol*) *~ school* scuola elementare; (*Am,Scol*) *~ schooler* scolaro, allievo della scuola elementare.

grade[2] /greɪd/ *v.t.* **1** classificare. **2** (*to sort*) selezionare: *to ~ eggs* selezionare le uova. **3** (*to arrange in a proportional order*) graduare, ordinare per gradi. **4** (*Am,Scol*) (*to mark*) valutare, dare un voto a; (*estens*) correggere. **5** (*of colours*) sfumare. **6** (*Strad,Ferr*) livellare. **7** (*Zootecn*) incrociare (con altro animale di razza pura). □ (*Zootecn*) *to ~ up* selezionare con incroci.

graded /'greɪdɪd/ □ *~ tax* imposta progressiva.

gradely /'greɪdli/ **I** *a.* (*Br,dial*) piacevole, bello. **II** *avv.* (*Br,dial*) esattamente.

grader /'greɪdər/ *n.* **1** selezionatore *m.* (*f.* -trice). **2** (*Mecc*) livellatrice *f.*, terrazzatrice *f.* **3** (*Am,Scol*) (*in compounds*) alunno *m.* (*f.* -a), scolaro *m.* (*f.* -a): *a fifth-~* un alunno di quinta.

gradient /'greɪdiənt/ **I** *n.* **1** (*Strad,Ferr*) dislivello *m.*, pendenza *f.* **2** (*inclined surface*) superficie *f.* inclinata. **3** (*Fis,Mat,Meteor*) gradiente *m.* **II** *a.* che sale gradatamente, che scende gradatamente.

gradin /'greɪdɪn/, **gradine** /grə'diːn/ *n.* (*ant*) **1** gradino *m.* di anfiteatro. **2** (*at the back of an altar*) gradino *m.*

grading /'greɪdɪŋ/ *n.* **1** classificazione *f.*, selezione *f.* **2** (*Scol*) valutazione *f.* □ (*Scol*) *~ system* sistema di valutazione.

gradiometer /ˌgrædi'ɒmɪtər *Am* ˌgreɪdi'ɑːmətər/ *n.* gradiometro *m.*

gradual /'grædʒʊəl/ *a.* **1** graduale. **2** (*of a slope*) non erto, non ripido. **II** *n.* (*Lit*) graduale *m.*

gradualism /'grædʒʊəlɪzəm/ *n.* gradualismo *m.*

gradualist /'grædʒʊəlɪst/ *n.* gradualista *m./f.*

gradualistic /ˌgrædʒʊə'lɪstɪk/ *a.* gradualistico.

gradually /'grædʒʊəli/ *avv.* gradualmente, gradatamente, per gradi.

gradualness /'grædʒʊəlnəs/ *n.* gradualità *f.*

graduate[1] /'grædʒʊət/ **I** *n.* **1** (*Univ*) laureato *m.* (*f.* -a). **2** (*Am,Scol*) diplomato *m.* (*f.* -a): *a high school ~* un diplomato di scuola secondaria. **3** (*Chim,Tecn*) recipiente *m.* graduato. **II** *a.* **1** laureato. **2** (*Am,Scol*) diplomato. □ *~ nurse* infermiera diplomata; (*Am*) *~ school* (o *~ studies*) studi universitari dopo la laurea di primo grado; (*Am*) *~ student* studente già in possesso di una laurea di primo grado.

graduate[2] /'grædʒʊeɪt/ **I** *v.i.* **1** (*Univ*) laurearsi. **2** (*Am,Scol*) diplomarsi. **3** (*to change gradually*) cambiare gradualmente. **II** *v.t.* **1** (*Univ*) laureare. **2** (*Am,Scol*) diplomare. **3** (*to mark with degrees*) graduare, dividere in gradi.

graduated /'grædʒueɪtɪd *Am* 'grædʒueɪtɪd/ *a.* **1** graduato: *a ~ thermometer* un termometro graduato. **2** (*Econ*) (*of a tax*) progressivo.

graduation /ˌgrædʒu'eɪʃən *Am* ˌgrædʒu'eɪʃən/ *n.* **1** (*Univ*) laurea *f.*, conferimento *m.* della laurea. **2** (*Am,Scol*) diploma *m.*, licenza *f.* **3** (*marking in divisions*) graduazione *f.*; (*mark*) grado *m.* □ *~ ceremony* cerimonia di consegna dei diplomi.

gradus /'greɪdəs/ *n.* (*Scol*) dizionario *m.* di metrica classica.

Graecism /'griːsɪzəm/ *n.* **1** (*spirit*) grecità *f.*, ellenismo *m.* **2** (*idiom, etc.*) grecismo *m.*

Graecize /'griːsaɪz/ **I** *v.t.* **1** grecizzare. **2** (*to translate into Greek*) tradurre in greco. **II** *v.i.* grecizzare.

Graeco-Roman /ˌgriːko(ʊ)'roʊmən/ *a.* greco-romano (*anche Sport*).

graffitist /grə'fiːtɪst *Am* grə'fiːtɪst/ *n.* graffitaro *m.* (*f.* - a), graffitista *m./f.*

graffito /grɑː'fiːtoʊ *Am* græ'fiːtoʊ/ (*pl.* -**ti** /-tiː/) *n.* **1** (*Archeol*) graffito *m.* **2** *pl.* graffiti *m.sing.* (sui muri di edifici).

graft[1] /grɑːft *Am* græft/ **I** *n.* **1** (*Agr*) (*shoot, scion*) innesto *m.*; (*plant*) pianta *f.* innestata. **2** (*Chir*) innesto *m.* **3** (*colloq*) (*illegal acquisition of money, etc.*) appropriazione *f.* indebita, illecito *m.*; (*money, etc., acquired*) profitti *m.pl.* illeciti. **4** (*Br,colloq*) (*work*) lavoro *m.* duro. **II** *v.t.* **1** (*Agr*) innestare (a marza). **2** (*Chir*) innestare. **3** (*fig*) innestare, congiungere, unire. **4** (*colloq*) (*to obtain by dishonest means*) guadagnare illecitamente, ottenere illecitamente. **III** *v.i.* **1** (*Agr*) essere innestato. **2** (*to make a graft*) fare un innesto. **3** (*colloq*) fare guadagni illeciti. **4** (*Br,colloq*) (*to work hard*) lavorare sodo.

grafter /grɑːftər *Am* 'græftər/ *n.* **1** (*Agr*) innestatore *m.* (*f.* -trice). **2** (*colloq*) chi fa guadagni illeciti; (*corrupt official*) funzionario *m.* corrotto.

grafting /grɑːftɪŋ *Am* 'græftɪŋ/ *n.* innesto *m.* (*anche fig*).

graham /'greɪəm/ *a.* (*Am*) di farina integrale.

grail, Grail /greɪl/ *n.* (*Holy Grail*) Graal *m.*, Gral *m.*

grain /greɪn/ **I** *n.* **1** (*Agr,Alim*) (*seed*) grano *m.*, chicco *m.*; (*corn*) cereali *m.pl.*, granaglie *f.pl.*, grani *m.pl.* **2** (*small particle*) grano *m.*, granello *m.*, chicco *m.*: *a ~ of sand* un granello di sabbia. **3** (*arrangement of particles*) grana *f.*: *of coarse ~* di grana grossa. **4** (*fig*) (*very small amount*) granello *m.*, grano *m.*, pizzico *m.*, briciolo *m.*: *he hasn't a ~ of sense* non ha un granello di buonsenso. **5** (*unit of weight*) grano *m.* **6** (*Fal*) venatura *f.*, vena *f.*, andamento *m.* delle fibre. **7** (*Tess*) grana *f.*, consistenza *f.* **8** (*Met,Cart,Fot*) grana *f.* **9** (*Min, Met*) grano *m.* **10** (*Chim*) cristallizzazione *f.* **11** (*Pell*) fiore *m.*, grana *f.* **II** *v.t.* **1** granire, ridurre in grani. **2** (*to paint in imitation of a grain*) macchiare a finto legno. **3** (*to give a granular surface to*) granire. **4** (*Pell*) pamellare, rimuovere il pelo a. **III** *v.i.* ridursi in grani. □ (*Chim*) *~ alcohol* alcol etilico; (*Agr*) *~ elevator* silos per cereali; *~ farmer* cerealicoltore; *~ farming* cerealicoltura; *in ~*: **1** (*of a dye*) carminio, rosso vivo; **2** (*ingrained*) inveterato, incallito; (*Pell*) *~ leather* cuoio conciato (voltato dalla parte del pelo); (*fig*) *to take sth. with a ~ of salt* prendere qcs. con un grano di sale, prendere qcs. cum grano salis.

grained /greɪnd/ *a.* **1** (*in compounds*) a grana: *fine-~ sand* sabbia a grana fine. **2** (*Fal*) (*in compounds*) a venatura. **3** (*painted so as to imitate the grain*) macchiato a (finto) legno. **4** (*granular*) granulato, a struttura granulare.

grainer /'greɪnər/ *n.* **1** (*worker*) granitore *m.* **2** (*machine*) granitrice *f.*

graininess /'greɪnɪnəs/ *n.* granulosità *f.*

graining /'greɪnɪŋ/ *n.* **1** (*Fal*) venatura *f.* **2**

(*imitation of wood*) macchiatura *f.* a (finto) legno. **3** (*Pell*) pamellatura *f.*

grainless /'greɪnləs/ *a.* senza grani.

grains /greɪnz/ *n.pl.* (*costr.sing.*) (*Pesc*) arpione *m.*

grainy /'greɪni/ *a.* **1** granulare, granuloso. **2** (*of wood*) che ha una vena ben definita. **3** (*Fot*) a (*o* di) grana grossa.

gralloch /'grælək/ **I** *n.* (*Caccia*) viscere *f.pl.*, interiora *f.pl.* (di cervo). **II** *v.t.* togliere (*o* estrarre) le viscere a (un cervo).

gram¹ /græm/ *n.* (*Bot*) (*chickpea*) cece *m.* □ (*Fis*) ~ *atom* grammo-atomo; (*Fis*) ~ *calorie* grammo-caloria.

gram² /græm/ *n.* grammo *m.*

gram. *grammar* gramm. (grammatica).

gram-atomic /ˌgræmə'tɒmɪk/ □ (*Fis*) ~ *weight* grammo-atomo.

graminaceous /ˌgræmə'neɪʃəs/ *a.* (*Bot*) graminaceo.

gramineous /grə'mɪniəs/ *a.* (*Bot*) graminaceo.

graminivorous /ˌgræmɪ'nɪvərəs/ *a.* (*Zool*) erbivoro.

grammalogue /'græmələg *Am* 'græmələːg/ *n.* segno *m.* stenografico.

grammar /'græmər/ *n.* grammatica *f.*: *Italian* ~ *grammatica* italiana; *your* ~ *is terrible* la tua grammatica è pessima. □ ~ *school* **1** (*Br*) scuola secondaria statale (di indirizzo classico); **2** (*Am*) scuola media.

grammarian /grə'meəriən/ *n.* grammatico *m.*

grammatical /grə'mætɪkəl *Am* grə'mætɪkəl/ *a.* **1** grammaticale. **2** (*conforming to grammar rules*) grammaticalmente corretto: *this sentence is not* ~ questa frase non è grammaticalmente corretta.

grammaticality /grəˌmætɪ'kæləti *Am* grəˌmætə'kæləti/ *n.* correttezza *f.* grammaticale.

grammatically /grə'mætɪkəli *Am* grə'mætɪkəli/ *a.* grammaticalmente, dal punto di vista grammaticale.

grammaticalness /grə'mætɪkəlnəs *Am* grə'mætɪkəlnəs/ *n.* correttezza *f.* grammaticale.

gramme /græm/ *n.* grammo *m.*

Gram-negative /ˌgræm'negətɪv *Am* ˌgræm'negətɪv/ *a.* (*Biol*) gram-negativo.

gramophone /'græməfoʊn/ *n.* grammofono *m.*, fonografo *m.* □ ~ *record* disco (grammofonico).

Grampian /'græmpiən/ □ (*Geog*) ~ *Mountains* Monti Grampiani.

Grampians /'græmpiənz/ *n.pr.pl.* (*Geog*) Grampiani *m.pl.*

Gram-positive /ˌgræm'pɒzətɪv *Am* ˌgræm'pɑːzətɪv/ *a.* (*Biol*) gram-positivo.

grampus /'græmpəs/ *n.* **1** (*Itt*) grampo *m.* **2** (*Itt*) (*killer whale*) orca *f.*

granary /'grænəri/ *n.* (*Agr*) granaio *m.* (*anche fig*).

grand /grænd/ **I** *a.* **1** grandioso, imponente, superbo: *a* ~ *spectacle* uno spettacolo grandioso; ~ *scenery* un paesaggio imponente. **2** (*sumptuous*) splendido, sontuoso, grande, solenne: *a* ~ *ball* un gran ballo; *a* ~ *view* una splendida visione. **3** (*large, great*) grande, ampio. **4** (*illustrious*) celebre, illustre, importante. **5** (*in titles*) gran, grande: *Grand Prior* gran priore. **6** (*supercilious*) borioso, altezzoso, pretenzioso. **7** (*lofty*) elevato, aulico, ampolloso: *to write in a* ~ *style* scrivere in uno stile aulico. **8** (*ambitious*) grandioso, ambizioso: *to have* ~ *ideas* avere idee grandiose. **9** (*main*) principale: *the* ~ *entrance* l'ingresso principale. **10** (*colloq*) (*very good*) ottimo, magnifico, splendido: *it's a* ~ *idea* è un'ottima idea. **11** (*comprehensive*) totale, complessivo, globale: *the* ~ *total* l'importo

totale. **II** *n.* **1** (*Mus*) pianoforte *m.* a coda. **2** (*Am,colloq*) mille dollari *m.pl.* **3** (*Br,colloq*) mille sterline *f.pl.* □ *to put on* ~ *airs* darsi delle arie, grandeggiare; (*Geog*) *Grand Canyon* Gran Canyon; (*Ginn*) *to do the* ~ *circle* eseguire la grande volta, fare la grande volta; (*fig*) *the* ~ *climacteric* il sessantatreesimo anno; ~ *duchess* granduchessa; ~ *duchy* granducato; ~ *duke* granduca; (*Dir*) ~ *jury* giuria con funzioni istruttorie (per casi penali); (*Dir*) ~ *larceny* furto di grossa entità; ~ *lodge* grande loggia (massonica); *in the* ~ *manner* grandiosamente; *to behave in the* ~ *manner* comportarsi da vero gentiluomo; *Grand Master* Gran Maestro; *Grand National* corsa ippica a ostacoli di Liverpool; ~ *old man* decano; (*Am*) *the Grand Old Party* il partito repubblicano; (*Mus*) ~ *opera* opera lirica; (*Mus*) ~ *piano* pianoforte a coda; (*Sport,Aut*) *Grand Prix* gran premio; ~ *slam* (*in tennis, golf and bridge*) grande slam; *to live in* ~ *style* vivere da gran signore, vivere in grande stile; (*colloq*) *we had a* ~ *time* ci siamo divertiti moltissimo; ~ *total* totale complessivo; ~ *tour* viaggio (nel continente europeo); (*Fis*) ~ *unified theory* teoria di grande unificazione, GUT; (*Stor*) ~ *vizier* gran visir.

grandam /'grændæm/ *n.* **1** vecchia *f.* **2** (*ant*) (*grandmother*) nonna *f.*

grand-aunt /'grænd,ɑːnt/ *n.* prozia *f.*

grandchild /'græn(d)tʃaɪld/ *n.irr.* nipote *m./f.* (di nonni).

grand-dad /'græn(d)dæd/ *n.* nonno *m.*

grand-daddy /'græn(d)dædi/ *n.* nonno *m.*

granddaughter /'græn(d)ˌdɔːtər *Am* 'græn(d)ˌdɑːtər/ *n.* nipote *f.* (di nonni).

grandee /græn'diː/ *n.* grande *m.* di Spagna.

grandeur /'grændʒər/ *n.* **1** grandiosità *f.*, imponenza *f.* **2** (*sublimity*) magnificenza *f.*, splendore *m.* **3** (*majesty*) nobiltà *f.*, maestà *f.* **4** (*dignity of character, etc.*) grandezza *f.*, elevatezza *f.*

grandfather /'græn(d)ˌfɑːðər/ *n.* **1** nonno *m.* **2** (*forefather*) antenato *m.* **3** (*fig*) precursore *m.* □ ~ *clock* pendola, orologio a pendolo.

grandfatherly /'græn(d)ˌfɑːðəli *Am* 'græn(d)ˌfɑːðərli/ *a.* **1** da (*o* di) nonno. **2** (*fig*) benevolo, indulgente.

grandiloquence /græn'dɪləkwəns/ *n.* magniloquenza *f.*, ampollosità *f.*

grandiloquent /græn'dɪləkwənt/ *a.* magniloquente, ampolloso.

grandiose /'grændiəʊz/ *a.* **1** grandioso, imponente. **2** (*pretentious*) pomposo, fastoso.

grandiosity /ˌgrændi'ɒsəti *Am* ˌgrændi'ɑːsəti/ *n.* grandiosità *f.*, fastosità *f.*

grandly /'grændli/ *avv.* grandiosamente, con magnificenza, splendidamente.

grandma /'græn(d)mɑː, 'græmmɑː/ *n.* (*colloq*) nonna *f.*

grandmamma /'græn(d)məˌmɑː, 'græmmə ˌmɑː/ *n.* (*colloq*) nonna *f.*

grandmother /'græn(d)ˌmʌðər, 'græm ˌmʌðər/ *n.* **1** nonna *f.* **2** (*ancestress*) ava *f.*, antenata *f.*

grandmotherly /'græn(d)ˌmʌðəli *Am* 'græn(d)ˌmʌðəli/ *avv.* **1** da (*o* di) nonna. **2** (*fig*) (*fussy*) meticoloso, pignolo.

grandnephew /'græn(d)ˌnevjuː *Am* 'græn(d) ˌnefjuː/ *n.* pronipote *m.* (di zii).

grandness /'grændnəs/ *n.* grandezza *f.*, grandiosità *f.*

grandniece /'græn(d)niːs/ *n.* pronipote *f.* (di zii).

grandpa /'grænpɑː/ *n.* (*colloq*) nonno *m.*

grandpapa /'grænpəˌpɑː/ *n.* (*colloq*) nonno *m.*

grandparent /'græn(d)ˌpeərənt, 'græm

ˌpeərənt *Am* 'græn(d)ˌperənt/ *n.* nonno *m.* (*f.* -a).

grandparental /ˌgræn(d)pe'rentəl *Am* ˌgræn(d)pə'rentəl/ *a.* dei nonni.

grandsir /'grændsɜːr/ *n.* **1** (*rar*) nonno *m.* **2** (*ant*) (*ancestor*) antenato *m.*, avo *m.*; (*old man*) vecchio *m.*

grandsire /'græn(d)saɪər/ *n.* **1** (*rar*) nonno *m.* **2** (*ant*) (*ancestor*) antenato *m.*, avo *m.*; (*old man*) vecchio *m.*

grandson /'græn(d)sʌn/ *n.* nipote *m.* (di nonni).

grandstand /'græn(d)stænd/ *n.* tribuna *f.* coperta, tribuna *f.* d'onore. □ (*Sport*) ~ *finish* serrata finale; ~ *play* intervento spettacolare per fare colpo sul pubblico; (*fig*) *a* ~ *view* una visione completa.

grand-uncle /'grænd,ʌŋkl/ *n.* prozio *m.*

grange /greɪndʒ/ *n.* **1** (*Br*) (*country house*) residenza *f.* di campagna. **2** (*Am*) (*farm*) fattoria *f.*, casa *f.* colonica. **3** (*Stor*) grangia *f.*

Grange /greɪndʒ/ *n.* (*Am*) associazione *f.* di agricoltori.

granger /'greɪndʒər/ *n.* agricoltore *m.*, colono *m.*

Granger /'greɪndʒər/ *n.* (*Am*) membro *m.* di un'associazione di agricoltori.

grangerize /'greɪndʒəraɪz/ *v.t.* piratare (immagini per illustrare libri).

graniferous /grə'nɪfərəs/ *a.* (*Bot*) granifero.

granite /'grænɪt/ **I** *n.* (*Min*) granito *m.* (*anche fig*). **II** *a.* granitico, di granito.

graniteware /'grænɪtˌweər *Am* 'grænɪtˌwer/ *n.* **1** (*Ceram*) terraglie *f.pl.* screziate; (*white pottery*) ceramica *f.* porcellanata. **2** (*ironware*) ferro *m.* smaltato.

granitic /græ'nɪtɪk *Am* grə'nɪtɪk/ *a.* **1** granitico, di granito. **2** (*fig*) (*hard*) duro, di pietra; (*inflexible*) incrollabile, forte, saldo.

granitoid /'grænɪtɔɪd/ *a.* (*Min*) granitico, simile al granito.

granivorous /grə'nɪvərəs/ *a.* (*Zool*) granivoro.

grannie, granny /'græni/ *n.* **1** nonnina *f.* **2** (*fussy old woman*) vecchia *f.* pettegola.

granny /'græni/ □ ~ *flat* miniappartamento per persona anziana; ~ *glasses* occhialini rotondi; ~ *knot* falso nodo.

granola /grə'noʊlə/ **I** *n.* (*Am*) cereali *m.pl.* la prima colazione (simili al muesli). **II** *a.* (*Am,colloq,spreg*) fissato con l'ecologia, verde (che si nutre di cibi sani).

granolithic /ˌgrænoʊ'lɪθɪk/ *a.* (*Edil*) di granito e cemento.

grant /grɑːnt *Am* grænt/ **I** *v.t.* **1** concedere, accordare: *to* ~ *permission* concedere il permesso; *to* ~ *easy terms* accordare facilitazioni; *to* ~ *a patent to* concedere un brevetto a. **2** (*to accede to*) accettare, accogliere, ammettere: *to* ~ *a request* accogliere una richiesta. **3** (*to bestow formally*) conferire, assegnare. **4** (*to admit*) riconoscere, ammettere, concedere: *I* ~ *I am wrong* ammetto di aver torto; *I* ~ *you* te lo concedo, lo ammetto. **5** (*Dir*) cedere, trasferire, trasmettere. **II** *n.* **1** concessione *f.*, assegnazione *f.* **2** (*Univ*) borsa *f.* di studio. **3** (*act of granting*) rilascio *m.*, concessione *f.*: ~ *of a patent* concessione di un brevetto. **4** (*Dir*) (*transfer*) trasferimento *m.*, cessione *f.*; (*franchise*) concessione *f.* □ (*US*) ~ *colony* colonia data in concessione; (*GB*) ~ *maintained school* scuola autonoma finanziata dal Ministero della pubblica istruzione; *God* ~ *that...* Dio voglia che...

grantable /'grɑːntəbl *Am* 'græntəbl/ *a.* accordabile, concedibile.

granted /'grɑːntɪd *Am* 'græntɪd/ **I** *a.* scontato: *to take sth. for* ~ dare qcs. per scontato. **II** *intz.* (*scherz*) concesso!

grantee /ˌgrɑːn'tiː *Am* ˌgræn'tiː/ *n.* (*Dir*) con

cessionario *m.* (*f.* -a), assegnatario *m.* (*f.* -a), beneficiario *m.* (*f.* -a).

granter /'grɑːntə' *Am* 'græntər/ *n.* (*Dir*) concessore *m.* (*f.* -editrice), concedente *m./f.*

grant-in-aid /ˌgrɑːntɪn'eɪd *Am* ˌgræntɪn'eɪd/ *n.* (*Am*) sovvenzione *f.*, sussidio *m.* (votato dal Congresso per un programma locale).

grantor /ˌgrɑːn'tɔː' *Am* 'græntər/ *n.* (*Dir*) concessore *m.* (*f.* -editrice), concedente *m./f.*

granular /'grænjələ'/ *a.* 1 granuloso. 2 (*having a grainy surface*) granulare, granulato.

granularity /ˌgrænjə'lærəti *Am* ˌgrænjə'lerəti/ *n.* granulosità *f.*

granulate /'grænjəleɪt/ I *v.t.* 1 granulare, ridurre in granuli. 2 (*of a surface*) granire. 3 (*to crystallize*) cristallizzare. II *v.i.* (*Med*) granuleggiare, granulare, granularsi.

granulated /'grænjəleɪtɪd *Am* 'grænjəleɪtɪd/ *a.* 1 granuloso. 2 (*having a grainy surface*) granulare, granulato.

granulation /ˌgrænjə'leɪʃ°n/ *n.* 1 granulazione *f.* 2 (*Med*) ~ **tissue** tessuto di granulazione. □ (*Med*) ~ **tissue** tessuto di granulazione.

granule /'grænjuːl/ *n.* 1 grano *m.*, granello *m.* 2 (*Biol,Astr*) granulo *m.*

granulite /'grænjəlaɪt/ *n.* (*Min*) granulite *f.*

granulocyte /'grænjələʊˌsaɪt/ *n.* (*Biol*) granulocita *m.*

granuloma /ˌgrænjʊ'ləʊmə/ *n.* (*Med*) granuloma *m.*

granulomatous /ˌgrænjʊ'lɒmətəs/ *a.* (*Med*) granulomatoso.

granulometric /ˌgrænjʊlɒ'metrɪk/ *a.* granulometrico.

granulometry /ˌgrænjʊ'lɒmətri *Am* ˌgrænjʊ'lɑːmətri/ *n.* granulometria *f.*

granulose /'grænjʊləʊs/ *a.* granuloso.

granulous /'grænjələs/ *a.* granuloso, granulare.

grape /greɪp/ *n.* 1 acino *m.*, chicco *m.* d'uva. 2 (*poet*) (*grapevine*) vite *f.*; (*wine*) vino *m.* 3 (*Mil,ant*) mitraglia *f.* 4 *pl.* uva *f.sing.*: *a bunch of -s* un grappolo d'uva. 5 *pl.* (*costr.sing.*) (*Veter*) tubercolosi *f.* bovina. □ (*Agr*) ~ **gathering** vendemmia; ~ **growing** viticoltura; (*Bot*) ~ **hyacinth** giacinto delle vigne, giacinto del pennacchio; ~ **juice** succo d'uva; ~ **scissors** forbici per uva; ~ **stone** vinacciolo *m.*; ~ **sugar** zucchero d'uva.

grapefruit /'greɪpfruːt/ *n.* (*Bot,Alim*) pompelmo *m.*

grapery /'greɪpəri/ *n.* 1 serra *f.* per viti. 2 (*vineyard*) vigneto *m.*

grapeshot /'greɪpʃɒt *Am* 'greɪpʃɑːt/ *n.* (*Mil,ant*) mitraglia *f.*

grapevine /'greɪpvaɪn/ *n.* 1 vite *f.* 2 (*colloq*) (*rumour*) diceria *f.*, voce *f.* □ (*colloq*) to *hear* sth. *on the* ~ (o to hear sth. *through the* ~) sentire qcs. in giro, sapere qcs. per sentito dire.

grapey /'greɪpi/ *a.* 1 di uva, simile all'uva. 2 (*composed of grapes*) a grappoli.

graph /græf/ *n.* 1 grafico *m.*, diagramma *m.* 2 (*Mat,Ling*) grafo *m.* II *v.t.* rappresentare graficamente. □ ~ **paper** carta millimetrata.

grapheme /'græfiːm/ *n.* (*Ling*) grafema *m.*

graphemic /græf'iːmɪk/ *a.* grafemico.

graphemics /græ'fiːmɪks/ *n.pl.* (*costr.sing.*) grafematica *f.*, grafemica *f.*

graphic /'græfɪk/ I *a.* 1 grafico. 2 (*fig*) vivace, pittoresco: *a ~ description* una descrizione vivace. 3 (*fig*) (*explicit*) esplicito: *a ~ image* un'immagine esplicita, un'immagine forte. II *n.* (*Inform*) elemento *m.* grafico, diagramma *m.* □ ~ **arts** arti grafiche; (*Inform*) ~ **character** carattere grafico; ~ **design** progettazione grafica; ~ **designer** designer grafico, grafico; (*Inform*) ~ **editor** applicazione di gestione grafica; (*Elettron*) ~ **equalizer**

equalizzatore grafico; (*Edit*) ~ **novel** graphic novel, romanzo a fumetti.

graphicacy /'græfɪkəsi/ *n.* capacità *f.* di interpretare rappresentazioni grafiche.

graphical /'græfɪk°l/ *a.* grafico. □ (*Inform*) ~ **interface** interfaccia grafica; (*Inform*) ~ **user interface** interfaccia utente grafica.

graphically /'græfɪkəli/ *avv.* 1 graficamente. 2 (*fig*) molto chiaramente, con molta chiarezza.

graphics /'græfɪks/ *n.pl.* (*costr.sing.*) 1 grafica *f.* 2 (*Inform*) (*computer graphics*) grafica *f.* a computer, computergrafica *f.* □ (*Inform*) ~ **accelerator** acceleratore grafico; (*Inform*) ~ **adapter** scheda grafica; ~ **artist** grafico; ~ **designer** grafico; (*Inform*) ~ **mode** modo grafico; (*Inform*) ~ **processor** processore grafico; (*Inform*) ~ **tablet** tavoletta grafica.

graphite /'græfaɪt/ *n.* (*Min*) grafite *f.*

graphitic /græ'fɪtɪk *Am* grə'fɪtɪk/ *a.* grafitico.

graphitisation /ˌgræfɪtaɪ'zeɪʃ°n/ *n.* (*Br,Ind*) grafitazione *f.*

graphitise /'græfɪtaɪz/ *v.t.* (*Br*) grafitare.

graphitization /ˌgræfɪtaɪ'zeɪʃ°n *Am* ˌgræfɪtɪ'zeɪʃ°n/ *n.* (*Ind*) grafitazione *f.*

graphitize /'græfɪtaɪz/ *v.t.* (*Ind*) grafitare.

graphological /ˌgræfə'lɒdʒɪk°l *Am* ˌgræfə'lɑːdʒɪk°l/ *a.* grafologico.

graphologist /græ'fɒlədʒɪst *Am* grə'fɑːlədʒɪst/ *n.* grafologo *m.* (*f.* -a).

graphology /græ'fɒlədʒi *Am* grə'fɑːlədʒi/ *n.* grafologia *f.*

grapnel /'græpn°l/ *n.* (*Mar*) 1 (*grapple*) rampino *m.*, raffio *m.* 2 (*small anchor*) grappino *m.*, rampino *m.*

grapple /'græp°l/ I *n.* 1 (*Mar*) rampino *m.*, raffio *m.* 2 (*grip, seizing*) presa *f.*, stretta *f.* 3 (*close struggle*) lotta *f.* corpo a corpo, corpo *m.* a corpo. II *v.t.* 1 (*Mar*) afferrare con un rampino. 2 (*to grasp*) afferrare, abbrancare, agguantare. III *v.i.* 1 (*Mar*) aggrapparsi col rampino (*with* a). 2 (*to come to grips*) venire alle prese (con); (*to struggle in a close fight*) lottare corpo a corpo. 3 (*fig*) essere alle prese, cimentarsi (con): *to* ~ *with a problem* essere alle prese con un problema.

grappling /'græplɪŋ/ □ (*Mar*) ~ **hook** grappino di arrembaggio; (*Mar*) ~ **iron** grappino di arrembaggio.

grapy /'greɪpi/ *a.* 1 di uva, simile all'uva. 2 (*composed of grapes*) a grappoli.

grasp /grɑːsp *Am* græsp/ I *v.t.* 1 afferrare, abbrancare, agguantare: *to* ~ *so. by the arm* agguantare qcu. per il braccio. 2 (*to hold firmly*) serrare, stringere. 3 (*fig*) (*to understand*) afferrare, capire, comprendere: *to* ~ *the importance of* sth. capire l'importanza di qcs. 4 (*fig*) (*to seize*) afferrare, cogliere: *to* ~ *an opportunity* cogliere un'occasione. II *v.i.* 1 cercare di aggrapparsi (*at, for* a), cercare di afferrare (qcs.). 2 (*fig*) prendere al volo, cogliere al volo, afferrare (*at* sth. qcs.). III *n.* 1 presa *f.*, stretta *f.* 2 (*embrace*) stretta *f.*, abbraccio *m.* 3 (*fig*) (*thorough comprehension*) padronanza *f.*, conoscenza *f.* profonda: *to have a good* ~ *of a subject* avere una buona padronanza di un argomento. 4 (*power to understand*) comprensione *f.*: *beyond one's* ~ al di là della propria comprensione. 5 (*fig*) (*control*) potere *m.*, padronanza *f.*, controllo *m.* 6 (*fig*) (*reach*) portata *f.* di mano: *within one's* ~ a portata di mano. 7 (*handclasp*) stretta *f.* di mano. □ (*Br,fig*) to ~ *the nettle* affrontare risolutamente un ostacolo, prendere il toro per le corna. Prov.: ~ *all, lose all* chi troppo vuole nulla stringe.

graspable /'grɑːspəb°l *Am* 'græspəb°l/ *a.* che si può capire, comprensibile, che si può afferrare.

grasper /'grɑːspə' *Am* 'græspər/ *n.* 1 chi afferra, chi stringe. 2 (*fig*) persona *f.* avida.

grasping /'grɑːspɪŋ *Am* 'græspɪŋ/ *a.* 1 tenace. 2 (*fig*) avido, cupido.

grass /grɑːs *Am* græs/ I *n.* 1 erba *f.* 2 (*grass-covered ground*) prato *m.*, erba *f.*: *to play on the* ~ giocare sul prato; *keep off the* ~ vietato calpestare l'erba. 3 (*pasture*) pascolo *m.* 4 (*Br,colloq*) (*informer*) informatore *m.* (*f.* -trice), delatore *m.* (*f.* -trice); (*gerg*) (*policeman or policewoman*) piedipiatti *m./f.* 5 (*sl*) (*marijuana*) erba *f.* 6 (*Tecn*) (*on a radarscope*) ondulazione *f.* 7 *pl.* (*Bot*) graminacee *f.pl.* 8 *pl.* (*stalks, plants of grass*) fili *m.pl.* d'erba. II *v.t.* 1 coprire d'erba. 2 (*to graze*) pascolare. 3 (*in bleaching*) stendere sull'erba per il candeggio. 4 (*colloq*) (*to knock down*) abbattere, atterrare. 5 (*sl*) (*to inform against*) denunciare. 6 (*Caccia*) abbattere. 7 (*Pesc*) tirare a riva. □ (*Tess*) ~ **cloth** tela di ramia; (*Sport*) ~ **court** (*in tennis*) campo in erba; (*Agr,Giard*) ~ **cutter** falciatrice; (*fig*) to *go to* ~ 1 (*to retire*) ritirarsi, andare in pensione; 2 (*to be knocked down*) andare al tappeto; (*Sport*) ~ **hockey** hockey su prato; (*colloq*) to *let the* ~ *grow under one's feet* perder tempo; *to be out at* ~: 1 (*Zootecn*) essere al pascolo; 2 (*fig*) essere in pensione, essere a riposo; (*Bot*) ~ **pea** cicerchia; ~ **plot** campo erboso; *to put out to* ~: 1 (*Zootecn*) mettere a erba, far pascolare; 2 (*fig*) mettere in pensione, mettere a riposo; (*fig*) ~ **roots**: 1 (*basis*) base; 2 (*rural districts*) zone rurali; 3 (*rural people*) popolazione agricola, popolazione rurale; (*Zool*) ~ **snake** natrice dal collare, biscia dal collare; (*Zootecn*) to *turn out to* ~ tenere a erba, far pascolare; ~ **widow** donna il cui marito è temporaneamente assente; ~ **widower** uomo la cui moglie è temporaneamente assente.

grass-green /ˌgrɑːs'griːn *Am* ˌgræs'griːn/ I *a.* verde prato. II *n.* color *m.* verde prato.

grass-grown /ˌgrɑːs'grəʊn *Am* ˌgræs'grəʊn/ *a.* erboso, coperto d'erba.

grasshopper /'grɑːsˌhɒpə' *Am* 'græsˌhɑːpər/ *n.* 1 (*Entom*) cavalletta *f.* 2 (*Aer*) cicogna *f.*

grassiness /'grɑːsɪnəs *Am* 'græsɪnəs/ *n.* l'essere erboso, l'essere ricco di erba.

grassland /'grɑːslænd *Am* 'græslænd/ *n.* 1 terreno *m.* coltivato a prato, prato *m.* 2 *spec.pl.* (*meadowlands*) prateria *f.*, terreno *m.* erboso. □ (*Agr*) ~ **farming** praticoltura; (*Agr*) ~ **region** regione prativa.

grassless /'grɑːsləs *Am* 'græsləs/ *a.* senza erba.

grass-like /'grɑːsˌlaɪk *Am* 'græsˌlaɪk/ *a.* erbaceo, simile a erba.

grass-roots /ˌgrɑːs'ruːts *Am* ˌgræs'ruːts/ *a.* 1 di base: ~ **community** comunità di base. 2 (*rural*) rurale. □ ~ **lobbying** mobilitazione dell'opinione pubblica.

grassy /'grɑːsi *Am* 'græsi/ *a.* 1 coperto d'erba, ricco d'erba, erboso. 2 (*resembling grass*) erbaceo. 3 (*in colour*) del colore dell'erba, verde erba.

grate[1] /greɪt/ *n.* 1 griglia *f.*, grata *f.* (del focolare). 2 (*fireplace*) focolare *m.* 3 (*of a window, etc.*) grata *f.*, inferriata *f.*, griglia *f.* 4 (*for cooking*) gratella *f.*, graticola *f.* 5 (*Met*) griglia *f.* II *v.t.* munire di grata.

grate[2] /greɪt/ I *v.i.* 1 stridere, cigolare. 2 (*to irritate*) dare ai nervi (*on* a), irritare, urtare (qcu.). II *v.t.* 1 far stridere: *to* ~ *the gears* far stridere gli ingranaggi. 2 (*of teeth*) digrignare. 3 (*to scrape into fragments*) tritare, (*colloq*) grattare: *to* ~ *cheese* grattugiare il formaggio.

grateful /'greɪtfʊl/ *a.* 1 grato, riconoscente. 2 (*ant*) (*pleasing*) gradevole, piacevole.

gratefully /'greɪtfʊlɪ/ avv. con gratitudine, con riconoscenza.

gratefulness /'greɪtfʊlnəs/ n. gratitudine f., riconoscenza f.

grater /'greɪtər Am 'greɪtər/ n. grattugia f.

graticule /'grætɪkjuːl/ n. 1 (on a map or chart) reticolato m. (geografico). 2 (Ott) reticolo m., croce f. di collimazione.

gratification /ˌgrætɪfɪ'keɪʃən Am ˌgrætəfɪ'keɪʃən/ n. 1 (act) gratificazione f., il soddisfare. 2 (state) gratificazione f., compiacimento m., soddisfazione f. 3 (source of pleasure) gratificazione f., piacere m., soddisfazione f.

gratify /'grætɪfaɪ Am 'grætəfaɪ/ v.t. 1 gratificare, compiacere a, fare piacere a. 2 (to indulge) gratificare, compiacere, appagare.

gratifying /'grætɪfaɪɪŋ Am 'grætəfaɪɪŋ/ a. gratificante, piacevole, gradito.

gratin /'grætæn Am 'grɑːtən/ n. (Gastron) gratin m.

gratiné /'grætɪ'neɪ/ a. (Gastron) al gratin.

grating[1] /'greɪtɪŋ Am 'greɪtɪŋ/ a. 1 (of sound) stridente, stridulo. 2 (irritating) sgradevole, irritante.

grating[2] /'greɪtɪŋ Am 'greɪtɪŋ/ n. 1 grata f., griglia f., inferriata f. 2 (Ott) reticolo m.

gratingly /'greɪtɪŋlɪ Am 'greɪtɪŋlɪ/ avv. in modo stridulo.

gratis /'grɑːtɪs, 'greɪtɪs Am 'grætəs, 'grɑːtəs/ I a. gratuito. II avv. gratis, gratuitamente.

gratitude /'grætɪtjuːd Am 'grætətuːd/ n. gratitudine f., riconoscenza f.: in ~ for con riconoscenza per.

gratuitous /grə'tjuːɪtəs Am grə'tuːətəs/ a. 1 (without cause) gratuito, infondato, immotivato, ingiustificato: a ~ insult un'offesa gratuita (o immotivata). 2 (Dir) (a titolo) gratuito. 3 (free of charge) gratuito, gratis.

gratuitousness /grə'tjuːɪtəsnəs Am grə'tuːətəsnəs/ n. gratuità f. (anche fig).

gratuity /grə'tjuːətɪ Am grə'tuːətɪ/ n. 1 (tip) mancia f., regalia f. 2 (Mil) indennità f. di congedo. □ no gratuities non si accettano mance.

gravamen /grə'veɪmen/ (pl. -s /-z/, -mina /-mɪnə/) n. 1 (Dir) gravame m. 2 (grievance) torto m., offesa f.

grave[1] /greɪv/ n. 1 tomba f., sepolcro m., fossa f. 2 (tomb) tumulo m., tomba f. 3 (fig) (end) tomba f., fine f. 4 (fig) (death) fossa f., tomba f., morte f. □ (Archeol) ~ goods reperti tombali; (spreg) ~ robber predatore di tombe, sciacallo.

grave[2] /greɪv/ a. 1 (solemn) austero, solenne: a ~ voice una voce solenne. 2 (serious) grave, serio: a ~ mistake un grave errore. 3 (important) importante, grave, serio: ~ responsibilities gravi responsabilità f.

grave[3] /greɪv/ (past -d /-d/, p.p. -d o -n /'greɪvən/) v.t. (ant) 1 (to engrave) incidere, intagliare. 2 (to sculpt) scolpire. 3 (fig) scolpire, fissare, incidere: to ~ sth. in one's mind scolpirsi qcs. nella mente.

grave[4] /greɪv/ v.t. (Mar,ant) (the bottom of a wooden ship) raschiare.

grave[5] /grɑːv/ I a. (Gramm,Fon) grave. II n. (Gramm) accento m. grave. □ (Gramm) ~ accent accento grave.

graveclothes /'greɪvkləʊðz/ n.pl. lenzuolo m.sing. funebre.

gravedigger /'greɪvˌdɪgər/ n. becchino m.

gravel /'grævəl/ I n. 1 ghiaia f.: fine ~ ghiaietto. 2 (Med) (calculi) renella f.; (disease) calcolosi f. II a. 1 di ghiaia. 2 (of voice) stridula. III v.t. (past, p.p. **gravelled** /Am **graveled** /-d/) 1 inghiaiare. 2 (fig) (to perplex) imbarazzare, confondere. 3 (Am) (to irritate) irritare.

gravel-blind /'grævəlˌblaɪnd/ a. quasi cieco.

graveless /'greɪvləs/ a. 1 insepolto. 2 (having no grave) senza tomba.

gravelly /'grævəlɪ/ a. 1 ghiaioso. 2 (like gravel) simile a ghiaia. 3 (of a voice) stridula. 4 (Med) calcoloso.

gravelpit /'grævəlpɪt/ n. cava f. di ghiaia.

gravel-voiced /'grævəlˌvɔɪst/ a. dalla voce stridula.

graven /'greɪvən/ a. 1 intagliato, inciso. 2 (fig) impresso, scolpito, inciso (profondamente). □ ~ image idolo (immagine incisa).

graver /'greɪvər/ n. 1 (Tecn) bulino m. 2 (engraver) incisore m.

Graves' /'greɪvz/ □ (Med) ~ disease malattia di Graves, morbo di Graves.

gravestone /'greɪvstəʊn/ n. lastra f. tombale, lapide f.

graveyard /'greɪvjɑːd Am 'greɪvjɑːrd/ n. camposanto m., cimitero m. □ ~ shift turno lavorative di notte.

gravid /'grævɪd/ a. (Med,lett) gravido, pregno.

gravidity /græ'vɪdɪtɪ Am grə'vɪdətɪ/ n. gravidanza f.

gravimeter /grə'vɪmɪtər/ n. (Tecn) gravimetro m.

gravimetric /ˌgrævɪ'metrɪk/ a. (Chim) gravimetrico.

gravimetrical /ˌgrævɪ'metrɪkəl/ a. (Chim) gravimetrico: ~ analysis analisi gravimetrica.

graving /'greɪvɪŋ/ □ (Mar,ant) ~ dock bacino di carenaggio.

gravitate /'græviteɪt/ v.i. 1 gravitare. 2 (fig) gravitare (to, towards intorno a, verso), tendere (verso), essere attratto (da).

gravitation /ˌgrævɪ'teɪʃən/ n. 1 (Fis) gravitazione f. (universale). 2 (fig) attrazione f.

gravitational /ˌgrævɪ'teɪʃənəl/ a. gravitazionale. □ (Astr) ~ collapse collasso gravitazionale; (Fis) ~ constant costante di gravitazione universale; (Fis) ~ field campo gravitazionale; ~ intensity intensità di gravità; (Astr) ~ lens lente gravitazionale; (Fis,Astr) ~ pull attrazione gravitazionale.

graviton /'grævɪton Am 'grævɪtɑːn/ n. (Fis) gravitone m.

gravity /'grævəti Am 'grævəti/ n. 1 (Fis) gravità f. 2 (solemnity) gravità f., solennità f., austerità f. 3 (seriousness) gravità f., serietà f. □ (Tecn) ~ fed alimentato a gravità; (Tecn) ~ feed alimentazione a gravità, alimentazione a caduta.

gravure /grə'vjʊər Am grə'vjʊr/ n. (Tip) (process, print) fotoincisione f.

gravy /'greɪvɪ/ n. 1 sugo m. di carne; (sauce) salsa f., intingolo m. 2 (colloq) (easy money) guadagno m. facile; (graft) profitti m.pl. illeciti. 3 (colloq) (sth. advantageous, piece of luck) cuccagna f. □ ~ boat salsiera; (Am, colloq) ~ train posto che offre guadagni rilevanti e facili, (scherz) mangiatoia.

gray /greɪ/ e der. (Am) → **grey** e der.

grayling /'greɪlɪŋ/ n. (Itt) temolo m.

graze[1] /greɪz/ I v.i. pascolare, pascere. II v.t. 1 pascere. 2 (to put cattle to graze on) mettere bestiame a pascolo su. 3 (to put out to pasture) far pascolare, condurre al pascolo, pascere. 4 (Am) mangiare la merce esposta nei negozi.

graze[2] /greɪz/ I v.t. 1 scorticare, escoriare: to ~ one's knee scorticarsi il ginocchio. 2 (to touch in passing) sfiorare, strisciare: the bullet -d his arm il proiettile gli sfiorò il braccio. II v.i. sfiorarsi. III n. 1 abrasione f., escoriazione f. 2 (passing contact) sfioramento m., strisciamento m.

grazier /'greɪzɪər, 'greɪʒər/ n. (Zootecn) alleva-

tore m. (f. -trice) di bestiame.

graziery /'greɪzɪərɪ, 'greɪʒərɪ/ n. (Zootecn) allevamento m. di bestiame.

grazing /'greɪzɪŋ/ I n. 1 (act) pascolo m., pastura f. 2 (land for grazing) pascolo m., terreno m. pascolativo. II a. 1 (of animals) da pascolo. 2 (of land) pascolativo.

Gr.Brit. (Geog) Great Britain GB (Gran Bretagna).

grease /griːs/ I n. 1 (animal fat) grasso m. (animale), sugna f. 2 (any fatty substance) grasso m., unto m., untume m. 3 (lubricant) grasso m., lubrificante m. 4 (Tess) lana f. sucida. 5 (Veter) malandra f. II v.t. 1 ungere. 2 (Tecn) ingrassare, lubrificare, ungere. 3 (colloq) (to bribe) corrompere, comprare. □ (Tecn) ~ cup oliatore a tazza; (Tecn) ~ gun ingrassatore a pressione, pistola per grasso, pistola per ingrassaggio; (Veter) ~ heel malandra; in ~ (o in the ~): 1 (of game animal) ben grasso; 2 (of wool, fur) sucido; (Am,fig,colloq) ~ monkey meccanico; (Teat, Cosmet) ~ paint cerone; (fig) to ~ so.'s palm corrompere qcu.; (fig) to ~ the wheels ungere le ruote.

greaseball /'griːsbɔːl/ n. (Am,spreg) (Latin American) sudamericano m. (f. -a); (Mexican) messicano m. (f. -a); (Mediterranean) mediterraneo m. (f. -a).

greased /griːst/ □ (colloq,fig) like ~ lightning in un baleno, in un lampo.

greasegun /'griːsgʌn/ n. (Tecn) ingrassatore m. a pressione, pistola f. per grasso (o per ingrassaggio).

greasepaint /'griːspeɪnt/ n. (Teat) cerone m.

greaseproof /'griːspruːf/ □ (Cart) ~ paper carta oleata.

greaser /'griːsər/ n. 1 ingrassatore m. 2 (Am, spreg) (Latin American) sudamericano m. (f. -a); (Mexican) messicano m. (f. -a); (Mediterranean) mediterraneo m. (f. -a).

greasiness /'griːsɪnəs/ n. 1 untuosità f., untume m., grassume m., oleosità f. 2 (of fibre, wool, etc.) grassezza f. 3 (fig) untuosità f.

greasy /'griːsɪ/ a. 1 unto, macchiato d'unto: ~ clothes abiti unti. 2 (dirty looking) sporco. 3 (oily) grasso, oleoso: ~ food cibo grasso. 4 (slippery) viscido, scivoloso. 5 (colloq) (unctuous) untuoso. □ ~ dandruff forfora grassa; ~ pole albero della cuccagna; ~ spoon trattoria di infimo grado.

great /greɪt/ I a. 1 (large in size) grande, grosso, vasto. 2 (in number) grande, numeroso: a ~ crowd una folla numerosa. 3 (in degree, etc.) grande, intenso: a ~ pleasure un gran piacere; ~ friends grandi amici. 4 (distinguished) grande, famoso, eminente, insigne: a ~ man un uomo famoso. 5 (of high ability) grande, bravo, valente. 6 (powerful) potente, influente. 7 (excellent) pregevole, eccellente, grande. 8 (considerable) grande, grave, serio, grosso: with ~ difficulty con grande difficoltà. 9 (important) grande, importante: a ~ occasion un'occasione importante. 10 (magnificent) grande, sontuoso, solenne. 11 (of high rank) grande, alto, importante. 12 (lofty, noble in character) grande, nobile, elevato. 13 (of time) grande, lungo. 14 (main) principale: the ~ staircase la scala principale. 15 (colloq) (favourite) favorito, prediletto, preferito: a ~ trick of his uno dei suoi scherzi preferiti. 16 (colloq) (good, skilful) bravo, abile (at a, in); (unusually good at) bravissimo, eccezionale (on in); (keenly interested in) appassionato (on, at, for di). 17 (colloq) (wonderful) meraviglioso, magnifico, splendido: it would be ~ if you agreed sarebbe magnifico se accettaste. 18 (lett,ant) (pregnant) incinta. II n. 1 (distin-

guished person) grande *m./f.* **2** (*collett.*) grandi *m./f.pl.* **3** *pl.* (*Br,Univ*) esame *m.sing.* finale per la laurea di primo livello. **III** *avv.* (*colloq*) benissimo: *I feel* ~ mi sento benissimo; *Steve and I get along just* ~ io e Steve andiamo d'accordissimo. ☐ *to live to a* ~ *age* vivere fino a tarda età; ~ *and small* grandi e piccoli; (*Bibl*) ~ *assize* giudizio universale; (*eufem*) *the* ~ *beyond* l'aldilà, l'oltretomba; *a* ~ *big house* una casa grandissima; *a* ~ *big man* un uomo grande e grosso, un omone; (*Stor*) *the* ~ *Great Charter* la Magna Carta; (*Bibl*) *the* ~ *commission* il grande mandato; *a* ~ *deal* molto, moltissimo, un bel po': *a* ~ *deal of money* un sacco di soldi, una grossa somma di denaro; *I am a* ~ *deal better* sto molto meglio; *of* ~ *depth* molto profondo; *in* ~ *detail* nei minimi particolari; *a* ~ *distance off* molto lontano, a (una) grande distanza; *a* ~ *eater* un mangione; *to a* ~ *extent* considerevolmente, in larga misura; ~ *gross* dodici grosse (pari a 144 dozzine); (*colloq*) ~ *guns*: **1** forte, vigorosamente, energicamente; *to blow great -s* (*of the wind*) soffiare fortissimo; **2** (*successfully*) a gonfie vele, che è un piacere: *to go great -s* funzionare benissimo, andare che è un piacere; **3** (*intz*) diamine!, accidenti!; *she is a* ~ *hand at crosswords* è abilissima nei cruciverba; *to go to* ~ *lengths to do sth.* fare tutto il possibile per fare qcs.; (*colloq*) *at a* ~ *lick* a tutta velocità; *the* ~ *majority* la grande maggioranza; *a* ~ *many* una gran quantità, moltissimi; *it's no* ~ *matter* non ha importanza; (*colloq*) *he's no* ~ *miss* non è una gran perdita, si può fare benissimo a meno di lui; (*Mus*) ~ *organ* grand'organo; (*Tip*) ~ *primer* corpo 18; (*Mus*) ~ *scale* scala esacordale; (*Am,colloq*) ~ *Scott!* perdinci!; *to have a* ~ *time* divertirsi molto; (*Ornit*) ~ *tit* cinciallegra; (*Anat*) ~ *toe* alluce; *to go to* ~ *trouble to do sth.* darsi gran pena per fare qcs.; (*scherz,ant*) *the* ~ *unwashed* la plebaglia; *a* ~ *while ago* molto tempo fa. *Prov.*: ~ *minds think alike* gli spiriti superiori finiscono per incontrarsi.

Great /greit/ *a.* (*in titles*) grande: *Alexander the* ~ Alessandro il grande. ☐ (*Geog*) ~ *Barrier Reef* grande barriera corallina; (*Geog*) ~ *Basin* Gran Bacino; (*Astr*) ~ *Bear* Orsa maggiore; (*Geog*) ~ *Bear Lake* Gran Lago degli Orsi; (*Geog*) ~ *Britain* Gran Bretagna; (*Zool*) ~ *Dane* danese, cane danese; (*Econ,Stor*) *the* ~ *Depression* la grande depressione, la grande crisi; ~ *Divide*: **1** (*Geog*) (*Rocky Mountains*) Montagne Rocciose; **2** (*Geog*) (*continental divide*) spartiacque continentale; **3** (*fig*) divisione, scissione; (*crisis*) crisi; (*fig*) *to cross the* ~ *Divide* varcare la grande soglia, morire; (*Geog*) ~ *Dividing Range* Grande catena divisoria; (*Geog*) *the* ~ *Lakes* i Grandi Laghi (del Nordamerica); ~ *Russian*: **1** grande russo; **2** (*language*) lingua russa, russo; (*Geog*) ~ *Salt Lake* Grande Lago Salato; (*GB*) ~ *Seal*: **1** guardasigilli; **2** (*office*) carica di guardasigilli; (*Geog*) ~ *Slave Lake* Gran Lago degli Schiavi; (*Ling, Stor*) ~ *Vowel Shift* grande mutazione vocalica; *the* ~ *Wall of China* la grande muraglia cinese; (*Stor*) *the* ~ *War* la Grande Guerra.

great-aunt /ˌgreit'ɑːnt Am also ˌgreit'ænt/ *n.* prozia *f.*

greatcoat /'greitkout/ *n.* (*Abbigl*) cappotto *m.* pesante, cappottone *m.*

Greater /'greitər/ *Am* 'greitər/ ☐ ~ *London* Londra e sobborghi, Grande Londra; *the* ~ *Milan area* Milano e l'hinterland.

great-grandchild /ˌgreit'græn(d)tʃaild/ *n.irr.* pronipote *m./f.* (di nonni).

great-granddaughter /ˌgreit'græn(d)

---

dɔːtər Am ˌgreit'græn(d)dɑːtər/ *n.* pronipote *f.* (di nonni).

great-grandfather /ˌgreit'græn(d)ˌfɑːðər/ *n.* bisnonno *m.*

great-grandmother /ˌgreit'græn(d)ˌmʌðər/, ˌgreit'græmmʌðər/ *n.* bisnonna *f.*

great-grandparent /ˌgreit'græn(d)ˌpeərənt/ *n.* bisnonno *m.* (*f.* -a).

great-grandson /ˌgreit'græn(d)sʌn/ *n.* pronipote *m.* (di nonni).

great-hearted /ˌgreit'hɑːtid Am ˌgreit'hɑːrtid/ *a.* **1** generoso, magnanimo, dal cuore grande. **2** (*courageous*) coraggioso.

greatly /'greitli/ *avv.* **1** grandemente, molto, assai, fortemente: ~ *surprised* molto sorpreso. **2** (*nobly*) nobilmente, generosamente.

great-nephew /ˌgreit'nevju: Am ˌgreit'nefju:/ *n.* pronipote *m.* (di zii).

greatness /'greitnəs/ *n.* **1** grandezza *f.* **2** (*loftiness*) generosità *f.*, nobiltà *f.*, magnanimità *f.* **3** (*grandeur*) potere *m.*, grandezza *f.*, fasto *m.* ☐ *to have* ~ *thrust upon one* essere chiamato a grandi cose.

great-niece /ˌgreit'niːs/ *n.* pronipote *f.* (di zii).

great-uncle /ˌgreit'ʌŋkl/ *n.* prozio *m.*

greaves¹ /griːvz/ *n.pl.* (*Mil,ant*) gambiera *f.sing.*, schiniere *m.sing.*

greaves² /griːvz/ *n.pl.* (*costr.sing. o pl.*) (*Alim*) ciccioli *m.pl.*

grebe /griːb/ *n.* (*Ornit*) svasso *m.*, tuffetto *m.*

Grecian /'griːʃən/ **I** *a.* greco. **II** *n.* **1** greco *m.* (*f.* -a). **2** (*expert in Greek*) grecista *m./f.*, ellenista *m./f.* ☐ (*fig*) ~ *gift* dono che cela un'insidia; (*Stor.gr*) ~ *horse* cavallo di Troia; ~ *knot* pettinatura alla greca; ~ *nose* naso greco; ~ *profile* profilo greco.

Grecism /'griːsizəm/ *n.* **1** (*spirit*) grecità *f.*, ellenismo *m.* **2** (*idiom, etc.*) grecismo *m.*

Grecize /'griːsaiz/ **I** *v.t.* **1** grecizzare. **2** (*to translate into Greek*) tradurre in greco. **II** *v.i.* grecizzare.

Greece /griːs/ *n.pr.* (*Geog*) Grecia *f.*

greed /griːd/ *n.* **1** ingordigia *f.*, bramosia *f.*, avidità *f.* **2** (*gluttony*) golosità *f.*, ingordigia *f.*, ghiottoneria *f.* **3** (*eagerness*) brama *f.*, desiderio *m.*

greediness /'griːdinəs/ *n.* **1** ingordigia *f.*, bramosia *f.*, avidità *f.* **2** (*gluttony*) golosità *f.*, ingordigia *f.*, ghiottoneria *f.* **3** (*eagerness*) brama *f.*, desiderio *m.*

greedy /'griːdi/ *a.* **1** ingordo, avido, bramoso (*of, for* di): ~ *for glory* avido di gloria. **2** (*gluttonous*) goloso, ghiottone, ingordo: *a* ~ *child* un bambino goloso.

Greek /griːk/ **I** *n.* **1** greco *m.* (*f.* -a). **2** (*language*) greco *m.* **3** (*Rel*) appartenente *m./f.* alla Chiesa greco-ortodossa. **II** *a.* **1** greco. **2** (*Rel*) greco-ortodosso. ~ *Church* Chiesa Greco-Ortodossa; ~ *coffee* caffè turco, caffè alla turca; ~ *cross* croce greca; (*Arch*) ~ *fret* greca; (*fig*) ~ *gift* dono che cela un'insidia; (*colloq*) *it's* ~ *to me* (o *it's all* ~ *to me*) questo è arabo per me; (*Arch*) ~ *key* greca; ~ *Orthodox* greco-ortodosso; ~ *Orthodox Church* Chiesa Greco-Ortodossa.

Greek-letter /ˌgriːk'letər/ (*Am,Univ*) ~ *organizations* associazioni studentesche esclusive.

green /griːn/ **I** *a.* **1** verde: ~ *fields* campi verdi. **2** (*use of green vegetables*) verde: ~ *salad* insalata verde. **3** (*youthful*) verde, giovane, giovanile; (*vigorous*) vigoroso, verde, vegeto. **4** (*undying*) imperituro: *to keep so.'s memory* ~ tener vivo il ricordo di qcu. **5** (*of fruit*) verde, immaturo, acerbo. **6** (*of lumber*) verde, non stagionato. **7** (*of a wound*) recente, fresco. **8** (*fig*) (*inexperienced*) principiante, inesperto, novellino,

---

(*colloq*) di primo pelo: *to be* ~ avere ancora il latte alla bocca. **9** (*fig*) (*gullible*) ingenuo, semplicione. **10** (*of a season*) mite, temperato. **11** (*of meat: freshly killed*) fresco. **12** (*Edil*) (*of cement, mortar*) fresco, umido. **II** *n.* **1** colore *m.* verde, verde *m.* **2** (*green vegetation*) verde *m.* (della natura). **3** (*plot of grass*) prato *m.*, spiazzo *m.* erboso; (*common*) verde *m.* (pubblico). **4** (*Sport*) (*golf course*) campo *m.* da golf; (*putting green*) green *m.*, piazzuola *f.*; (*bowling green*) campo *m.* da bocce. **5** *pl.* (*vegetables*) verdura *f.sing.*, ortaggi *m.pl.*, erbe *f.pl.* **6** *pl.* (*Pol*) partito *m.sing.* dei Verdi, Verdi *m.pl.* **7** *pl.* (*for decoration*) fronde *f.pl.*, ramoscelli *m.pl.* **III** *v.t.* **1** rendere verde. **2** (*sl*) (*to make fun of*) prendere in giro, canzonare. **IV** *v.i.* diventare verde, inverdirsi. ☐ ~ *about the gills* (o ~ *around the gills*): **1** (*for fear*) pallido per la paura; **2** (*for nausea*) pallido per la nausea; (*Bot*) ~ *algae* alghe verdi; (*Am,colloq*) ~ *back* banconota americana, un dollaro; (*Bot*) ~ *beans* fagiolini; ~ *belt* zona verde (intorno a una città); (*US,Mil*) *Green Berets* berretti verdi; (*Parl*) *Green Book* libro verde; ~ *card*: **1** (*Br, Assic*) carta verde; **2** (*Am*) permesso di lavoro/soggiorno per stranieri negli Stati Uniti; (*Alim*) ~ *cheese*: **1** formaggio fresco; **2** (*sapsago*) formaggio alle erbe; (*Econ*) ~ *currency* valuta verde; (*Br,colloq*) ~ *fingers* pollice verde, abilità nel giardinaggio: *to have* ~ *fingers* avere il pollice verde, essere un bravo giardiniere; ~ *goose* oca giovane; ~ *house effect* (*in ecology*) effetto serra; (*fig*) *to be in the* ~ essere giovane e vigoroso; ~ *labour* manodopera non specializzata; ~ *light*: **1** (*Strad*) verde, luce verde; **2** (*colloq*) (*authorization*) autorizzazione, permesso, via libera: *to give so. the* ~ *light* dare via libera a qcu., dare l'okay a qcu.; (*fig*) ~ *lung* polmone verde; (*Agr*) ~ *manure* sovescio; *to live to a* ~ *old age* vivere sano e robusto fino a tarda età; (*Ornit*) ~ *peck* picchio verde; (*Bot*) ~ *pepper* peperone verde; (*Econ*) ~ *pound* sterlina verde; (*Agr*) ~ *revolution* rivoluzione verde; (*Teat*) ~ *room* camerino; (*colloq*) *he's not so* ~ (*as he's cabbage looking*) non è nato ieri (anche se lo sembra); ~ *tea* tè verde; (*Am, colloq*) ~ *thumb* pollice verde, abilità nel giardinaggio: *to have a* ~ *thumb* avere il pollice verde, essere un bravo giardiniere; ~ *vegetables* ortaggi, verdura; (*Bot*) ~ *weed* baccellina, ginestrella; ~ *with envy* verde di invidia; (*Ornit*) ~ *woodpecker* picchio verde.

greener /'griːnər/ *n.* (*colloq*) **1** (*unskilled workman*) lavoratore *m.* (*f.* -trice) inesperto. **2** (*recently arrived alien*) nuovo immigrato *m.* (*f.* -a).

greenery /'griːnəri/ *n.* **1** fogliame *m.*, fronde *f.pl.* **2** (*greenhouse*) serra *f.*

green-eyed /ˌgriːn'aid Am 'griːnaid/ *a.* **1** dagli occhi verdi. **2** (*fig*) geloso, invidioso. ☐ (*colloq*) *the* ~ *monster* la gelosia, l'invidia.

greenfield /'griːnfiːld/ *a.* (*Comm*) in via di sviluppo, giovane.

greenfinch /'griːnfinʃ/ *n.* (*Ornit*) verdone *m.*

greenfly /'griːnflai/ *n.* (*Entom*) afide *m.*

greengage /'griːngeidʒ/ *n.* (*Bot*) varietà *f.* di susina.

greengrocer /'griːnˌgrousər/ *n.* (*Br*) fruttivendolo *m.* (*f.* -a).

greengrocery /'griːnˌgrousəri/ *n.* (*Br*) **1** negozio *m.* di frutta e verdura. **2** (*goods*) frutta e verdura *f.*

greenhorn /'griːnhɔːn Am 'griːnhɔːrn/ *n.* **1** (*colloq*) novellino *m.* (*f.* -a), principiante *m./f.*, pivello *m.* (*f.* -a). **2** (*dupe*) sempliciotto *m.* (*f.* -a). **3** (*Am,colloq*) (*recent immigrant*) nuovo immigrato *m.* (*f.* -a).

greenhouse /'griːn,haʊs/ *n.* **1** (*Agr,Giard*) serra *f.* **2** (*Aer*) calotta *f.* trasparente. □ ~ *effect* effetto serra; ~ *gas* gas serra; ~ *worker* serricoltore.

greenie /'griːni/ *n.* (*Pol,colloq*) verde *m./f.*, ecologista *m./f.*

greening /'griːnɪŋ/ *n.* (*Bot,Alim*) mela *f.* dalla buccia verde.

greenish /'griːnɪʃ/ *a.* verdastro, verdognolo.

Greenland /'griːnlənd/ *n.pr.* (*Geog*) Groenlandia *f.*

Greenlander /'griːnləndər/ *n.* (*Geog*) groenlandese *m./f.*

greenmail /'griːnmeɪl/ *n.* (*Am,colloq*) ricatto *m.* finanziario.

greenness /'griːnnɪs/ *n.* **1** l'essere verde. **2** (*green vegetation, etc.*) verde *m.* **3** (*fig*) (*immaturity*) immaturità *f.*, inesperienza *f.*; (*youthfulness*) giovinezza *f.*, verde età *f.* **4** (*fig*) (*gullibility*) credulità *f.*

greenroom /'griːnrʊm, 'griːnruːm/ *n.* (*Teat*) camerino *m.*

greensand /'griːnsænd/ *n.* (*Geol*) sabbia *f.* verde.

greenshank /'griːnʃæŋk/ *n.* (*Ornit*) pantana *f.*

greensickness /'griːn,sɪknɪs/ *n.* (*Med*) clorosi *f.*

greenskeeper /'griːnzkiːpər/ *n.* addetto *m.* (*f.* -a) alla manutenzione di un campo da golf, green keeper *m./f.*

greenstick /'griːnstɪk/ *n.* (*Med*) frattura *f.* a legno verde. □ (*Med*) ~ *fracture* frattura a legno verde.

greenstone /'griːnstoʊn/ *n.* **1** (*Geol*) roccia *f.* basaltica (verde scuro). **2** (*Min*) (*nephrite*) nefrite *f.*, giada *f.* di anfibolo.

greenstuff /'griːnstʌf/ *n.* verdura *f.*, ortaggi *m.pl.*, erbe *f.pl.*

greensward /'griːnswɔːd Am 'griːnswɔːrd/ *n.* (*poet*) tappeto *m.* verde, prato *m.*

greenwash /'griːnwɒʃ Am 'griːnwɑːʃ/ *n.* greenwash *m.* (operazione pubblicitaria messa in atto da grandi imprese per farsi perdonare comportamenti poco ecologici).

greenway /'griːnweɪ/ *n.* (*Am*) zona *f.* verde presso un'area urbana.

Greenwich /'grenɪdʒ, 'grɪnɪtʃ/ *n.pr.* (*Geog*) Greenwich *m.* □ ~ *Mean Time* (o ~ *Time*) tempo medio di Greenwich, (*colloq*) ora di Greenwich; ~ *meridian* meridiano di Greenwich.

greenwood /'griːnwʊd/ *n.* bosco *m.* verde e frondoso.

greet /griːt/ *v.t.* **1** accogliere, salutare, ricevere: *to* ~ *so. with a smile* accogliere qcu. con un sorriso. **2** (*fig*) (*to manifest itself to*) offrirsi, presentarsi: *a nasty surprise -ed me* mi si presentò una brutta sorpresa. **3** (*to salute, to hail*) salutare.

greeting /'griːtɪŋ Am 'griːtɪŋ/ *n.* **1** saluto *m.*, cenno *m.* di saluto. **2** *pl.* (*expression of regard*) ossequi *m.pl.*, saluti *m.pl.* □ ~ *card* (o *Br* -s *card*) biglietto di auguri.

greffier /'grefiər/ *n.* (*Dir*) archivista *m./f.*

Greg /greg/ *n.pr.m.* *dim.* di Gregory.

gregarious /grɪ'geərɪəs/ *a.* **1** (*Biol*) gregario. **2** (*sociable*) socievole, amante della compagnia.

gregariousness /grɪ'geərɪəsnəs/ *n.* **1** (*Biol*) gregarismo *m.* **2** (*sociability*) socievolezza *f.*

Gregorian /grɪ'gɔːrɪən/ **I** *a.* gregoriano. **II** *n.* (*Mus*) canto *m.* gregoriano. □ ~ *calendar* calendario gregoriano; (*Mus*) ~ *chant* canto gregoriano; (*Mus*) ~ *telescope* telescopio gregoriano.

Gregory /'gregəri/ *n.pr.m.* Gregorio.

gremlin /'gremlɪn/ *n.* (*colloq*) folletto *m.*, spiritello *m.* maligno, gremlin *m.*

Grenada /grə'neɪdə/ *n.pr.* (*Geog*) Grenada *f.*

grenade /grə'neɪd/ *n.* **1** (*Mil*) (*hand grenade*) granata *f.*, bomba *f.* a mano; (*rifle grenade*) granata *f.* **2** (*tear gas grenade*) bomba *f.* lacrimogena. **3** (*for extinguishing a fire*) bomba *f.* a mano antincendio.

grenadier /ˌgrenə'dɪər Am ˌgrenə'dɪr/ *n.* **1** (*Mil*) granatiere *m.* **2** (*in the British army*) granatiere *m.*, guardia *f.* reale. **3** (*Itt*) pesce dei macruridi.

grenadine[1] /'grenədiːn, ˌgrenə'diːn/ *n.* (*Tess*) granatina *f.*

grenadine[2] /'grenədiːn, ˌgrenə'diːn/ *n.* (*syrup*) granatina *f.*, sciroppo *m.* di melagrane.

Gresham /'greʃəm/ □ (*Econ*) ~'s *law* legge di Gresham.

gressorial /gre'sɔːrɪəl/ *a.* (*Zool*) ambulatorio.

Greta /'griːtə Am 'gretə/ *n.pr.f.* Greta.

Gretna /'gretnə/ □ (*colloq*) ~ *Green marriage* matrimonio senza il consenso dei genitori, matrimonio clandestino.

grew /gruː/ → **grow**.

grey /greɪ/ **I** *a.* **1** grigio: ~ *eyes* occhi grigi. **2** (*dull in colour*) grigio, bigio, cupo: ~ *sky* cielo bigio. **3** (*grey-haired*) grigio, brizzolato, dai capelli grigi. **4** (*fig*) (*dreary*) grigio, monotono, scialbo, incolore. **5** (*fig*) (*dismal*) triste, tetro, grigio, malinconico. **6** (*old*) anziano, maturo. **7** (*of a horse*) bigio, grigio. **8** (*Tess*) grezzo. **II** *n.* **1** grigio *m.*, colore *m.* grigio. **2** (*grey horse*) cavallo *m.* bigio; (*white horse*) cavallo *m.* bianco. **3** (*Tess*) l'essere grezzo. **III** *v.t.* rendere grigio. **IV** *v.i.* diventare grigio. □ (*fig*) ~ *area* area grigia, situazione difficile da affrontare; ~ *eminence* eminenza grigia; (*Rel*) *Grey Friar* francescano; *dressed in* ~ vestito in grigio, vestito di grigio; (*Econ*) ~ *market* mercato non perfettamente regolare; ~ *matter*: 1 (*Anat*) materia grigia; 2 (*colloq*) (*brains, intellect*) intelligenza, cervello, materia grigia; (*Zool*) ~ *seal* foca grigia; (*Zool*) ~ *squirrel* scoiattolo grigio; *men in* ~ *suits* amministratori, funzionari; ~ *water* acque grigie; (*Zool*) ~ *wolf* lupo grigio.

greybeard /'greɪbɪəd Am 'greɪbɪrd/ *n.* **1** vecchio *m.*, anziano *m.* **2** (*sage*) saggio *m.*

grey-haired /ˌgreɪ'heəd Am ˌgreɪ'herd/ *a.* dai capelli grigi, brizzolato.

grey-headed /'greɪ'hedɪd/ *a.* dai capelli grigi, brizzolato.

greyhen /'greɪ,hen/ *n.* (*Ornit*) femmina *f.* di fagiano di monte.

greyhound /'greɪhaʊnd/ *n.* **1** (*Zool*) levriero *m.* **2** (*Mar*) transatlantico *m.* □ (*Sport*) ~ *racing* corse di levrieri.

greyish /'greɪɪʃ/ *a.* grigiastro, grigino.

greyness /'greɪnəs/ *n.* **1** grigiore *m.*, grigio *m.* **2** (*fig*) grigiore *m.*, monotonia *f.*

greyscale /'greɪskeɪl/ *n.* (*Inform*) scala *f.* dei grigi.

grid /grɪd/ *n.* **1** (*grating*) grata *f.*, inferriata *f.* **2** (*gridiron*) graticola *f.*, gratella *f.*, griglia *f.* **3** (*El*) (*network*) rete *f.* **4** (*Rad,Mot*) griglia *f.* **5** (*Topogr*) reticolo *m.*, reticolato *m.* **6** (*Elettron*) griglia *f.* □ (*Elettron*) ~ *bias* polarizzazione di griglia.

gridder /'grɪdər/ *n.* (*Am,colloq*) giocatore *m.* di football americano.

griddle /'grɪdl/ **I** *n.* **1** graticola *f.*, gratella *f.*, griglia *f.* **2** (*flat plate*) piastra *f.* **II** *v.t.* cuocere sulla piastra.

griddle-cake /'grɪdl,keɪk/ *n.* (*Dolc*) frittella *f.*

gride /graɪd/ **I** *n.* (*lett*) stridore *m.*, stridio *m.* **II** *v.i.* (*lett*) stridere, raschiare.

gridiron /'grɪdaɪən Am 'grɪdaɪərn/ *n.* **1** (*cooking utensil*) graticola *f.*, gratella *f.*, griglia *f.* **2** (*Ferr*) rete *f.* **3** (*in a theatre*) impalcatura *f.*

sovrastante il palcoscenico. **4** (*Am,Sport*) campo *m.* di football.

gridlock /'grɪdlɒk Am 'grɪdlɑːk/ *n.* ingorgo *m.* che blocca una vasta area, mega-ingorgo *m.*

grief /griːf/ *n.* **1** afflizione *f.*, patema *m.*, accoramento *m.*, dolore *m.* **2** (*cause*) causa *f.* di dolore, motivo *m.* di dolore. □ (*fig*) *to bring so. to* ~ mandare in rovina qcu.; (*fig*) *to come to* ~: 1 andare a rotoli, andare in malora; 2 (*to hurt oneself*) farsi male; 3 (*to fail*) far fiasco, fallire; *to die of* ~ morire di crepacuore.

grief-stricken /'griːf,strɪkən/ *a.* afflitto, addolorato.

grievance /'griːvəns/ *n.* **1** torto *m.*, offesa *f.*, ingiustizia *f.* **2** (*complaint*) rimostranza *f.*, lagnanza *f.*, reclamo *m.*: *to air one's -s* fare sentire le proprie rimostranze. **3** (*resentment*) risentimento *m.*, rancore *m.*: *to have a* ~ *against so.* serbare rancore a qcu.

grieve /griːv/ **I** *v.i.* addolorarsi, affliggersi, rattristarsi, accorarsi (*at, about, over* per). **II** *v.t.* addolorare, rattristare, affliggere, accorare.

grievous /'griːvəs/ *a.* **1** (*severe*) intenso, forte, atroce: ~ *pain* dolore intenso. **2** (*sorrowful*) doloroso, penoso, triste. **3** (*deplorable*) biasimevole, deplorevole. **4** (*expressing grief*) di dolore. □ (*Dir*) ~ *bodily harm* grave danno fisico.

grievousness /'griːvəsnəs/ *n.* dolore *m.*, pena *f.*

griffin[1] /'grɪfɪn/ *n.* (*Mitol,Arald*) grifone *m.*, grifo *m.*

griffin[2] /'grɪfɪn/ *n.* (*in India*) europeo *m.* (*f.* -a) arrivato da poco.

griffon /'grɪfən/ *n.* **1** (*Mitol,Arald*) grifone *m.*, grifo *m.* **2** (*Ornit*) grifone *m.*

Griffon /'grɪfən/ *n.* (*Zool*) griffone *m.*

grift /grɪft/ **I** *n.* (*Am,sl*) truffa *f.*, imbroglio *m.* **II** *v.i.* (*Am,sl*) fare imbrogli. **III** *v.t.* (*Am,sl*) truffare.

grifter /'grɪftər/ *n.* (*Am,sl*) truffatore *m.* (*f.* -trice).

grig /grɪg/ *n.* **1** piccola anguilla *f.* **2** (*cricket*) grillo *m.*; (*grasshopper*) cavalletta *f.* **3** (*lively person*) persona *f.* vivace, grillo *m.* □ *as merry as a* ~ vispo come un grillo.

grill[1] /grɪl/ **I** *n.* **1** (*for cooking*) griglia *f.*, graticola *f.*, gratella *f.* **2** (*dish*) piatto *m.* alla griglia, vivanda *f.* alla griglia. **3** (*grating*) griglia *f.*, grata *f.*, inferriata *f.* **4** (*restaurant*) grill-room *m.*, ristorante *m.* che serve piatti alla griglia. **II** *v.t.* **1** (*Gastron*) cuocere sulla griglia, fare ai ferri. **2** (*fig*) arrostire, bruciare. **3** (*colloq*) (*to cross-examine*) sottoporre a un severo interrogatorio. **III** *v.i.* **1** (*Gastron*) essere cotto sulla griglia. **2** (*fig*) esporsi a forte calore, farsi arrostire. □ ~ *room* grill-room, ristorante che serve piatti alla griglia.

grill[2] /grɪl/ *n.* → **grille**.

grillage /'grɪlɪdʒ/ *n.* (*Edil*) piattaforma *f.* di fondazione.

grille /grɪl/ *n.* **1** (*grating*) grata *f.*, griglia *f.*, inferriata *f.* **2** (*Aut*) griglia *f.* del radiatore. **3** (*Rad*) griglia *f.* **4** (*ticket window*) sportello *m.*

grilled /grɪld/ *a.* (*Gastron*) ai ferri, alla griglia, sulla griglia.

grillwork /'grɪl,wɜːk Am 'grɪl,wɜːrk/ *n.* (*Edil*) struttura *f.* a graticcio.

grilse /grɪls/ (*pl.inv.* o **grilses** /'grɪlsɪs/; *il pl. inv.* si usa general. con valore collett.) *n.* (*Itt*) salmone *m.* giovane.

grim /grɪm/ *a.* **1** torvo, bieco, scuro in volto. **2** (*severe, of forbidding aspect*) arcigno, severo. **3** (*unyielding*) deciso, risoluto, fermo, saldo: ~ *determination* salda determinazione. **4** (*sinister*) sinistro, macabro: ~ *humour* umorismo macabro. **5** (*fierce*) feroce, selvaggio, spietato. ☐ *to hold on like ~ death* stare attaccato con le unghie e con i denti; *the Grim Reaper* la morte falciatrice.

grimace /grɪˈmeɪs, ˈɡrɪməs/ **I** *n.* smorfia *f.*, boccaccia *f.*: *a ~ of disgust* una smorfia di disgusto. **II** *v.i.* fare smorfie, fare le boccacce.

grimalkin /grɪˈmælkɪn, grɪˈmɔːlkɪn/ *n.* (*ant*) **1** vecchia gatta *f.* **2** (*fig*) vecchia strega *f.*

grime /graɪm/ **I** *n.* sporcizia *f.*, sudiciume *m.* **II** *v.t.* sporcare, insudiciare, imbrattare.

griminess /ˈɡraɪmɪnəs/ *n.* sporcizia *f.*, sudiciume *m.*

grimly /ˈɡrɪmli/ *avv.* arcignamente, con severità.

Grimm /grɪm/ ☐ (*Ling*) *~'s law* legge di Grimm.

grimness /ˈɡrɪmnəs/ *n.* **1** aspetto *m.* arcigno. **2** (*resoluteness*) risolutezza *f.*, fermezza *f.*

grimy /ˈɡraɪmi/ *a.* sporco, sudicio, incrostato di sudiciume.

grin¹ /grɪn/ *n.* **1** largo sorriso *m.* **2** (*grimace*) smorfia *f.*, ghigno *m.*

grin² /grɪn/ (*past, p.p.* **grinned** /-d/) **I** *v.i.* **1** fare un largo sorriso (*at* a). **2** (*to draw back the lips*) ghignare. **3** (*to gape open*) aprirsi, spalancarsi. **II** *v.t.* esprimere con un largo sorriso. ☐ *to ~ and bear it* fare buon viso a cattivo gioco.

grind¹ /graɪnd/ (*past, p.p.* **ground** /graʊnd/) **I** *v.t.* **1** (*to sharpen*) affilare, arrotare: *to ~ a knife* arrotare un coltello. **2** (*to polish*) levigare, molare: *to ~ a lens* molare una lente. **3** (*to pulverize*) macinare, frantumare, stritolare, polverizzare: *to ~ sth. to pieces* frantumare qcs., fare a pezzi qcs. **4** (*to press*) schiacciare: *he ground his cigarette stub in the ashtray* schiacciò il mozzicone della sigaretta nel portacenere. **5** (*of flour*) produrre macinando. **6** (*of the teeth*) arrotare, digrignare. **7** (*to teach intensively*) insegnare con grande impegno. **8** (*fig*) (*to oppress*) opprimere, vessare. **9** (*of a barrel organ: to operate*) azionare, girare la manovella di; (*to play by turning a crank*) suonare. **10** (*Mecc*) rettificare, molare. **11** (*Mecc*) (*to lap in*) smerigliare. **II** *v.i.* **1** far girare macine. **2** (*to become pulverized*) frantumarsi, polverizzarsi; (*to become sharp*) affilarsi. **3** (*colloq*) (*to study hard*) lavorare sodo, sgobbare. **4** (*to grate*) grattare, stridere. **5** (*the hips*) movimento rotatorio del bacino (in balli, spogliarelli, atti sessuali). ☐ *to ~ away* lavorare sodo, sgobbare; *to ~ down*: **1** macinare, frantumare, stritolare, polverizzare; **2** (*fig*) opprimere, vessare; *to ~ in* smerigliare; *to ~ out* suonare: *to ~ out a tune* suonare una melodia; *to ~ to a halt* fermarsi facendo rumore.

grind² /graɪnd/ *n.* **1** macinazione *f.*, frantumazione *f.* **2** (*sound*) stridore *m.*, cigolio *m.* **3** (*colloq*) (*long, laborious task*) sgobbata *f.* **4** (*Scol*) (*hard-working student*) sgobbone *m.* (*f.* -a).

grinder /ˈɡraɪndər/ *n.* **1** (*Mecc*) rettificatrice *f.*; (*sharpening machine*) affilatrice *f.*; (*smoothing machine*) molatrice *f.*; (*pulverizing machine*) macina *f.*, macinatoio *m.* **2** (*miller*) macinatore *m.* **3** (*knife grinder*) arrotino *m.* **4** (*molar tooth*) molare *m.* **5** *pl.* (*colloq*) (*teeth*) denti *m.pl.*

grindery /ˈɡraɪndəri/ *n.* **1** bottega *f.* di arrotino. **2** (*Calz*) materiale *m.* usato dai calzolai.

grinding /ˈɡraɪndɪŋ/ **I** *n.* (*Mecc*) rettifica *f.*; (*sharpening*) affilatura *f.*; (*smoothing*) molatura *f.* **II** *a.* **1** (*of teeth*) molare. **2** (*fig*) opprimente, pesante; (*of pain*) lancinante. **3** (*of*

a sound) stridulo, stridente. ☐ *to come to a ~ halt* fermarsi facendo molto rumore.

grindstone /ˈɡraɪn(d)stəʊn/ *n.* (*Mecc*) mola *f.*

grip¹ /grɪp/ (*past, p.p.* **gripped** /*rar* **gript** /-t/) **I** *v.t.* **1** afferrare, stringere. **2** (*fig*) avvincere, colpire, impressionare: *the film -ped the audience* il film ha avvinto gli spettatori. **3** (*Mecc*) chiudere, stringere. **II** *v.i.* **1** fare presa. **2** (*fig*) avvincere.

grip² /grɪp/ *n.* **1** presa *f.*, stretta *f.*: *to have a strong ~* avere una forte presa; *to keep a tight ~* mantenere una salda presa. **2** (*way of gripping*) impugnatura *f.* **3** (*Sport*) (*in golf*) grip *m.* **4** (*fig*) (*mental grasp, understanding*) conoscenza *f.*, padronanza *f.* **5** (*fig*) (*control*) controllo *m.*, dominio *m.*, padronanza *f.* **6** (*Am*) (*traveller's hand bag*) borsa *f.* da viaggio. **7** (*handle*) impugnatura *f.*, manico *m.* **8** (*sudden pain*) dolore *m.* improvviso, fitta *f.*; (*spasm of pain*) colica *f.* **9** (*Tecn*) (*of a tyre*) tenuta *f.* di strada, grip *m.* ☐ (*fig*) *to be at -s with* essere alle prese con; *to come to -s with so.* venire alle prese con qcu.; *to come to -s with a problem* cimentarsi con un problema, essere alle prese con un problema; (*colloq*) *to get a ~ on oneself* controllarsi, essere padrone di sé, darsi una regolata; *get a ~!* datti una regolata!; (*fig*) *to have a ~ of steel* avere un una presa di acciaio, avere un pugno di acciaio; *to take a ~ on sth.* stringere qcs., afferrare qcs.

gripe /graɪp/ **I** *v.t.* **1** provocare coliche a. **2** (*fig*) opprimere, vessare, angariare. **3** (*Mar*) rizzare. **4** (*colloq*) seccare, scocciare: *her tone of voice -s me* il suo tono di voce mi dà sui nervi. **II** *v.i.* **1** (*Med*) avere delle coliche. **2** (*colloq*) (*to complain*) brontolare (*at, about* per), lamentarsi (di). **3** (*Mar*) straorzare. **III** *n.* **1** colica *f.* **2** (*colloq*) (*complaint*) brontolio *m.*, lamentela *f.* **3** (*fig*) (*oppression*) oppressione *f.* **4** (*grip*) presa *f.*, stretta *f.* **5** (*fig*) (*control*) controllo *m.*, padronanza *f.*, dominio *m.* **6** (*handle*) impugnatura *f.*, manico *m.* **7** *pl.* (*Mar*) rizze *f.pl.*

griper /ˈɡraɪpər/ *n.* (*colloq*) brontolone *m.* (*f.* -a).

griping /ˈɡraɪpɪŋ/ *a.* **1** che provoca coliche. **2** (*fig*) avido, rapace.

grippe /ɡriːp, grɪp/ *n.* (*Med*) influenza *f.*

gripper /ˈɡriːpər, ˈɡrɪpər/ *n.* **1** chi afferra, chi stringe. **2** (*Tip*) pinza *f.*

gripping /ˈɡriːpɪŋ, ˈɡrɪpɪŋ/ *a.* avvincente, affascinante: *a ~ story* una storia avvincente.

gripsack /ˈɡrɪpsæk/ *n.* (*Am*) borsa *f.* da viaggio.

griseous /ˈɡrɪsɪəs/ *a.* grigio perla.

griskin /ˈɡrɪskɪn/ *n.* (*Gastron*) braciola *f.* di maiale.

grisliness /ˈɡrɪzlɪnəs/ *n.* l'essere spaventoso.

grisly /ˈɡrɪzli/ *a.* **1** spaventoso, orribile, orrendo. **2** (*ghastly*) sinistro, macabro.

grist /grɪst/ *n.* **1** (*Agr*) cereale *m.* macinabile; (*batch of grain*) macina *f.* **2** (*crushed malt*) malto *m.* frantumato. **3** (*Am,dial*) (*lot*) sacco *m.*, mucchio *m.*, notevole quantità *f.* ☐ (*fig*) *it's all ~ to the mill* tutto fa brodo; (*fig*) *to bring ~ to one's mill* tirare l'acqua al proprio mulino.

gristle /ˈɡrɪsl/ *n.* (*Anat*) cartilagine *f.*

gristly /ˈɡrɪsli/ *a.* (*Anat*) cartilaginoso.

grit¹ /grɪt/ *n.* **1** sabbia *f.* (grossa o media). **2** (*sharp-grained sandstone*) tritume *m.* di pietra. **3** (*structure of a stone*) grana *f.* **4** (*Geol*) arenaria *f.* **5** (*fig*) fermezza *f.*, risolutezza *f.* 6 (*pluck*) coraggio *m.*; (*colloq*) fegato *m.* **6** (*Mecc*) graniglia *f.*

grit² /grɪt/ (*past, p.p.* **gritted** /ˈɡrɪtɪd/ *Am* ˈɡrɪt̬ɪd/) **I** *v.t.* (*of the teeth*) digrignare. **II** *v.i.*

stridere.

grits /grɪts/ *n.pl.* (*costr.sing. o pl.*) (*Am*) **1** (*coarsely ground corn*) farina *f.* di mais macinata grossa. **2** (*hulled oats*) fiocchi *m.pl.* d'avena. **3** (*coarse oatmeal*) farina *f.* d'avena macinata grossa.

gritstone /ˈɡrɪtstəʊn/ *n.* (*Geol*) arenaria *f.*

grittiness /ˈɡrɪtɪnəs Am ˈɡrɪt̬ɪnəs/ *n.* l'essere sabbioso.

gritty /ˈɡrɪti Am ˈɡrɪt̬i/ *a.* **1** sabbioso, arenoso. **2** (*colloq*) (*resolute*) risoluto; (*plucky*) coraggioso, audace.

grizzle¹ /ˈɡrɪzl/ **I** *n.* **1** grigio *m.* **2** (*grey horse*) cavallo *m.* bigio. **II** *a.* grigio, brizzolato. **III** *v.t.* rendere grigio. **IV** *v.i.* diventare grigio.

grizzle² /ˈɡrɪzl/ *v.i.* **1** (*colloq*) brontolare, borbottare. **2** (*to whimper, to whine*) piagnucolare, lamentarsi, pigolare.

grizzled /ˈɡrɪzld/ *a.* grigio, brizzolato.

grizzly /ˈɡrɪzli/ **I** *a.* **1** grigiastro. **2** (*grey-haired*) brizzolato. **II** *n.* (*Zool*) orso *m.* grigio, grizzly *m.* ☐ (*Zool*) *~ bear* orso grigio, grizzly.

groan /ɡrəʊn/ **I** *n.* **1** gemito *m.*, lamento *m.* **2** (*deep sound of disapproval, etc.*) mormorio *m.* (di disapprovazione). **3** (*creaking sound*) cigolio *m.*, scricchiolio *m.* **II** *v.i.* **1** lamentarsi, gemere. **2** (*in disapproval*) emettere mormorii (di disapprovazione). **3** (*to creak*) scricchiolare, cigolare, gemere: *the armchair -ed under his weight* la poltrona scricchiolava sotto il suo peso. **4** (*fig*) (*to be overburdened*) essere stracarico. **5** (*fig*) (*to be oppressed*) gemere, soffrire. **III** *v.t.* dire tra gemiti, esprimere tra i lamenti.

groat /ɡrəʊt/ *n.* (*Numism*) groat *m.*

groats /ɡrəʊts/ *n.pl.* (*costr.sing. o pl.*) **1** chicchi *m.pl.* di cereali frantumati. **2** (*grits*) chicchi *m.pl.* d'avena. **3** (*oatmeal*) farina *f.* d'avena.

grocer /ˈɡrəʊsər/ *n.* droghiere *m.* (*f.* -a).

grocery /ˈɡrəʊsəri/ *n.* **1** (*grocer's trade*) mestiere *m.* del droghiere. **2** (*Am*) (*shop*) drogheria *f.* **3** *pl.* (*goods*) generi *m.pl.* di drogheria, coloniali *m.pl.*

grog /ɡrɒɡ Am ɡrɑːɡ/ *n.* grog *m.*

grogginess /ˈɡrɒɡɪnəs Am ˈɡrɑːɡɪnəs/ *n.* l'essere barcollante, il vacillare.

groggy /ˈɡrɒɡi Am ˈɡrɑːɡi/ *a.* **1** (*colloq*) barcollante, vacillante, traballante, malfermo: *to feel ~* non reggersi sulle gambe. **2** (*colloq*) (*dazed*) intontito, stordito. **3** (*Sport*) (*of a boxer*) groggy, suonato. **4** (*of a horse*) debole di garretti, insicuro. **5** (*drunk*) ubriaco, ebbro.

grogram /ˈɡrɒɡrəm Am ˈɡrɑːɡrəm/ *n.* (*Tess*) gros-grain *m.*

grogshop /ˈɡrɒɡʃɒp Am ˈɡrɑːɡʃɑːp/ *n.* bettola *f.*

groin /ɡrɔɪn/ **I** *n.* **1** (*Anat*) inguine *m.* **2** (*Arch*) unghia *f.*; (*rib*) costola *f.*, costolone *m.* **3** (*Am, Idr*) argine *m.*, pennello *m.* **II** *v.t.* (*Arch*) costruire con nervature, costruire con costoloni.

grommet /ˈɡrɒmɪt Am ˈɡrɑːmɪt/ *n.* **1** (*Mecc*) anello *m.* di tenuta. **2** (*Mar*) (*ring of rope*) canestrello *m.*, anello *m.* di fune. **3** (*metal eyelet*) occhiello *m.* metallico.

groom /ɡruːm/ **I** *n.* **1** stalliere *m.* **2** (*officer of the royal household*) gentiluomo *m.* di corte. **3** (*bridegroom*) sposo *m.* **II** *v.t.* **1** (*of a horse*) governare, aver cura di; (*to clean and brush*) strigliare. **2** (*of a person*) azzimare, ornare, agghindare. **3** (*fig*) preparare, avviare, istruire.

groomsman /ˈɡruːmzmən/ *n.irr.* testimone *m.* dello sposo.

groove /ɡruːv/ **I** *n.* **1** (*channel, rut*) scanalatura *f.*, incavo *m.*, solco *m.* **2** (*of a gramophone record*) solco *m.* **3** (*fold*) solco *m.*, piega *f.* **4** (*fig*) routine *f.*, tran tran *m.* **5** (*Mil*) (*of a* *gun*) solco *m.* **6** (*Minier*) galleria *f.*, pozzo *m.* **7** (*Tip*) canale *m.* **8** (*Mecc*) gola *f.* **9** (*Mus,colloq*) ritmo *m.* irresistibile. **II** *v.t.* **1** scanalare, incavare. **2** (*colloq*) (*to record*) incidere. □ (*Fal*) ~ *and tongue joint* incastro a maschio e femmina; (*colloq*) *to get into a* ~ prendere una piega; (*colloq*) *in the* ~: **1** (*in good shape*) in ottima forma; **2** (*in fashion*) alla moda; (*colloq*) *to get in the* ~ prendere il ritmo giusto.

grooved /gru:vd/ *a.* (*Tecn*) scanalato, incavato. □ (*Strad*) ~ *pavement* fondo stradale scanalato (antisdrucciolo).

grooving /gru:vɪŋ/ *n.* (*Tecn*) scanalatura *f.*

groovy /gru:vi/ *a.* **1** (*grooved*) scanalato, incavato. **2** (*Am,sl,ant*) piacevolissimo, molto attraente. **3** (*rar*) (*following a set routine*) abitudinario, consuetudinario.

grope /group/ **I** *v.i.* **1** brancolare, procedere (a) tentoni, procedere (a) tastoni, annaspare. **2** (*to search about blindly*) cercare (a) tastoni, cercare (a) tentoni (*for, after sth.* qcs.): *she -d for my hand* cercò a tentoni la mia mano. **3** (*fig*) brancolare (in cerca di). **II** *v.t.* **1** cercare (a) tentoni: *to* ~ *one's way* cercare la strada a tentoni. **2** (*to feel, to fondle*) toccare, palpeggiare, fare la mano morta, allungare le mani su.

groping /groupɪŋ/ *a.* **1** che cerca a tastoni, che cerca a tentoni. **2** (*fig*) esitante, incerto, dubbioso.

gropingly /groupɪŋli/ *avv.* **1** a tentoni, a stoni. **2** (*fig*) con esitazione.

grosbeak /grousbi:k/ *n.* (*Ornit*) frosone *m.*

grosgrain /grougreɪn/ *n.* (*Tess*) gros-grain *m.*

gross[1] /grous/ *n.inv.* grossa *f.*, dodici dozzine *f.pl.*

gross[2] /grous/ **I** *a.* **1** grossolano, evidente, madornale: *a* ~ *error* un errore grossolano. **2** (*indecent*) volgare, scurrile, sguaiato: ~ *language* linguaggio volgare, linguaggio scurrile. **3** (*vulgar*) grossolano, volgare, grezzo. **4** (*unmitigated*) bell'e buono, vero e proprio: *a* ~ *injustice* una vera e propria ingiustizia. **5** (*extremely fat*) grasso, corpulento pingue. **6** (*without deductions*) lordo, senza deduzioni: ~ *profits* utili lordi; ~ *revenue* fatturato lordo. **7** (*of the senses*) ottuso. **8** (*of vegetation*) lussureggiante, fittissimo. **II** *n.* totalità *f.*, quantità *f.* totale. **III** *v.t.* avere un introito lordo di: *the company -ed ten million* la società ha avuto un introito lordo di dieci milioni. □ (*Comm*) *by the* ~ all'ingrosso; (*Econ*) ~ *cost* prezzo di costo lordo; (*Econ*) ~ *domestic product* prodotto interno lordo; *in* ~ nell'insieme, nel complesso; *in the* ~ nell'insieme, nel complesso; (*Econ*) ~ *income* reddito lordo; (*Med*) ~ *lesion* lesione macroscopica; (*Econ*) ~ *national product* prodotto nazionale lordo; (*Dir*) ~ *negligence* negligenza grave; (*Am,sl*) *to* ~ *so. out* disgustare, offendere; (*Econ*) ~ *profit* utile lordo; ~ *ton*: **1** tonnellata (pari a 1016 kg); **2** (*Mar*) stazza lorda; (*Mar*) ~ *tonnage* stazza lorda.

grossness /grousnəs/ *n.* grossolanità *f.*, rozzezza *f.*, volgarità *f.*

grotesque /grou'tesk Am grou'tesk/ **I** *a.* **1** grottesco, assurdo, bizzarro. **2** (*repulsive*) repulsivo, mostruoso. **3** (*comically incongruous*) grottesco (*anche Art*). **II** *n.* **1** grottesco *m.*, genere *m.* grottesco. **2** (*Art*) grottesca *f.*

grotesquely /grou'teskli Am grou'teskli/ *avv.* in modo grottesco, in modo assurdo.

grotesqueness /grou'tesknəs Am grou'tesknəs/ *n.* grottesco *m.*

grotto /grotou Am 'gra:tou/ (*pl.* **-es/-s** /-z/) *n.* grotta *f.*, caverna *f.*

grotty /groti/ *a.* (*Br,sl*) scadente, squallido.

grouch /grautʃ/ **I** *n.* **1** (*grumble*) brontolio *m.*, borbottio *m.* **2** (*Am*) (*grumbler*) brontolone *m.* (*f.* -a). **II** *v.i.* essere di malumore, brontolare.

grouchiness /grautʃɪnəs/ *n.* (*colloq*) malumore *m.*, irritabilità *f.*

grouchy /grautʃi/ *a.* (*colloq*) **1** di cattivo umore. **2** (*grumpy*) brontolone.

ground[1] /graund/ **I** *n.* **1** terra *f.*, terreno *m.*: *to sit on the* ~ sedere per terra. **2** (*soil, earth*) terra *f.*, suolo *m.*, terreno *m.*: *hard* ~ terreno duro. **3** (*tract of land*) terreno *m.*, campo *m.* (*anche Sport*): *a football* ~ un campo di football. **4** *spec.pl.* (*fig*) (*reasons*) ragione *f.*, motivo *m.*, causa *f.*: *on religious -s* per motivi religiosi; *-s of suspicion* cause di sospetto. **5** (*fig*) (*basis far action*) ragione *f.*, motivo *m.*: *you have no -s for complaint* non hai (davvero) ragione di lamentarti. **6** (*fig*) (*topic*) terreno *m.*, argomento *m.*, soggetto *m.*: *this is forbidden* ~ questo è un terreno proibito; *to be on dangerous* ~ stare su un terreno pericoloso; *to go over the* ~ *again* tornare sull'argomento. **7** (*background*) fondo *m.*, sfondo *m.*, campo *m.* **8** (*Pitt*) imprimitura *f.* **9** (*Mar*) (*sea bottom, etc.*) fondo *m.* **10** (*Am,El*) terra *f.*, massa *f.* **11** *pl.* (*estate surrounding a building*) terreno *m.sing.*, parco *m.sing.* **12** *pl.* (*dregs*) deposito *m.sing.*, fondo *m.sing.*, posatura *f.sing.*, sedimento *m.sing.*: *coffee -s* fondi di caffè. **II** *a.* **1** (*Am,El*) a terra, a massa. **2** (*Mil*) terrestre, di terra: ~ *forces* forze di terra. **III** *v.t.* **1** mettere a terra, mettere giù. **2** (*fig*) (*to base*) fondare, basare: *to* ~ *a charge on evidence* fondare un'accusa su prove. **3** (*fig*) (*to instruct in basic principles*) dare le basi a, insegnare i primi elementi a, dare un'infarinatura a: *to* ~ *students in linguistics* insegnare agli studenti i primi elementi di linguistica. **4** (*to furnish with a background*) preparare lo sfondo di, preparare il fondo di. **5** (*Pitt*) stendere un'imprimitura su. **6** (*Aer*) impedire di volare a, tenere a terra: *fog has -ed all aircraft* la nebbia ha impedito a tutti gli aerei di volare; *he was -ed for a breach of discipline* fu tenuto a terra per un'infrazione disciplinare. **7** (*Mar*) fare arenare, fare incagliare. **8** (*El*) mettere a massa, mettere a terra. **IV** *v.i.* **1** (*Mar*) arenarsi, incagliarsi (*on, upon* su). **2** (*assol*) cadere a terra. □ (*Pesc*) ~ *angling* pesca di fondo; (*Pesc*) ~ *bait* esca per la pesca di fondo; (*Sport*) ~ *ball* (*in baseball*) palla rotolante; (*Mus*) ~ *bass* basso ostinato; (*Aer*) ~ *check* controllo al suolo; (*Bot*) ~ *cherry*: **1** ciliegio nano; **2** (*husk tomato*) fisalide; ~ *colour*: **1** colore di fondo, fondo; **2** (*priming*) imprimitura; (*El*) ~ *connection* presa di terra; (*Aer*) ~ *control* controllo della circolazione a terra; (*Aer*) ~ *effect* effetto suolo; (*Itt*) ~ *fish* pesce che vive sul fondo; ~ *floor* pianterreno, piano terra; (*fig*) *to get in on the* ~ *floor* fare parte di un progetto fin dall'inizio; (*Meteor*) ~ *fog* nebbia bassa; (*Dir*) *-s for litigation* materia processuale; (*Meteor*) ~ *frost* gelo; (*Caccia*) ~ *game* selvaggina minuta; *to give* ~: **1** (*Mil*) ritirarsi; **2** (*fig*) cedere; (*Ott*) ~ *glass* vetro smerigliato; *to go to* ~ rintanarsi (*anche fig*); (*Zool*) ~ *hog* marmotta americana; (*Aer*) ~ *hostess* hostess di terra; ~ *ice* ghiaccio di fondo; (*fig*) *to run so. into the* ~ esaurire qcu., distruggere qcu.; (*Bot*) ~ *ivy* edera terrestre; (*Dir*) ~ *landlord* locatore di un terreno; (*Sport*) ~ *man* addetto al campo; ~ *noise* rumore di fondo; (*Mus*) ~ *note* nota base; (*Dir*) *-s of appeal* motivi di appello, motivi di ricorso; *to get off the* ~ incominciare, partire; (*fig*) *on the -s of* a causa di, per motivi di; *on the -s that* col pretesto

di; (*Bot*) ~ *pine* canapicchio; ~ *plan*: **1** (*Edil*) pianta del pianterreno; **2** (*fig*) modello base; ~ *rent* canone di locazione di un terreno; ~ *rule* regola di base; ~ *sheet* telone impermeabile (usato dai campeggiatori); (*Aer*) ~ *speed* velocità rispetto al suolo; (*Zool*) ~ *squirrel* citello; (*Fis*) ~ *state* stato fondamentale; (*Astron*) ~ *station* stazione a terra; (*Mar*) ~ *swell* risacca; (*Mar*) *to take* ~ arenarsi; (*Mil*) ~ *target* obiettivo terrestre; (*Rad*) ~ *wave* onda di terra, onda di superficie; ~ *zero*: **1** (*Mil*) punto zero, luogo in cui è avvenuta un'esplosione nucleare; **2** (*fig*) livello minimo; **3** (*in New York*) Ground Zero.

ground[2] /graund/ → **grind**[1].

ground[3] /graund/ *a.* **1** macinato: ~ *coffee* caffè macinato. **2** (*Mecc*) arrotato, affilato. **3** (*Tecn*) molato, levigato.

ground-based /graund,beɪsd/ *a.* (*Astron, Mil*) basato a terra, di terra.

ground-breaking /graund,breɪkɪŋ/ *a.* innovativo, pionieristico.

groundcrew /graund,kru:/ *n.* (*Am,Aer*) personale *m.* di terra.

grounded /graundɪd/ *a.* **1** fondato, basato. **2** (*El*) messo a terra, collegato a massa. **3** (*Aer*) tenuto a terra.

ground-guided /graund,gaɪdɪd/ *a.* (*Mil*) guidato da terra: ~ *missile* missile guidato da terra.

groundhog /graund,hɒg Am 'graund,ha:g/ *n.* (*Zool*) marmotta *f.* americana.

grounding /graundɪŋ/ *n.* **1** (*Mar*) arenamento *m.* **2** (*fig*) basi *f.pl.*, nozioni *f.pl.* elementari, infarinatura *f.*: *to have a good* ~ *in a subject* avere buone basi in una materia. **3** (*El*) messa *f.* a terra, collegamento *m.* a massa.

groundkeeper /graund,ki:pər/ *n.* (*Am*) custode *m./f.* di un terreno, custode *m./f.* di un campo.

groundless /graundləs/ *a.* infondato, senza ragione: ~ *fears* timori infondati.

groundlessness /graundləsnəs/ *n.* infondatezza *f.*, inconsistenza *f.*

groundling /graundlɪŋ/ *n.* **1** (*Itt*) pesce *m.* che vive sul fondo. **2** (*Bot*) (*creeping plant*) pianta *f.* rampicante; (*low plant*) pianta *f.* bassa. **3** (*Teat*) spettatore *m.* (*f.* -trice) di platea (nel teatro elisabettiano). **4** (*unsophisticated person*) persona *f.* incolta, persona *f.* ignorante.

groundmass /graundmæs/ *n.* (*Geol*) matrice *f.*

groundnut /graundnʌt/ *n.* (*Bot*) **1** ghianda *f.* di terra, pera *f.* di terra. **2** (*peanut*) arachide *f.*

groundsel[1] /graun(d)səl/ *n.* (*Bot*) senecio *m.*

groundsel[2] /graun(d)səl/ *n.* (*Edil*) soglia *f.*, soletta *f.*

groundsheet /graundʃi:t/ *n.* telone *m.* impermeabile (da stendere per terra in una tenda).

groundsill /graundsɪl/ *n.* (*Edil*) soglia *f.*, soletta *f.*

groundsman /graundzmən/ *n.irr.* (*Sport*) addetto *m.* al campo.

groundstaff /graundsta:f Am 'graund,stæf/ *n.* (*Aer*) personale *m.* di terra.

groundstroke /graundstrouk/ *n.* (*Sport*) palla *f.* di risposta (dopo il rimbalzo).

groundswell /graundswel/ *n.* **1** (*Mar*) onda *f.* di fondo. **2** (*fig*) ondata *f.* crescente (di opinioni).

ground-to-air /graundtə'eər/ *a./avv.* (*Aer*) terra-aria.

ground-to-ground /graundtə'graund/ *a./avv.* (*Aer*) terra-terra.

groundwater /graundwɔ:tər Am 'graund wɔ:tər/ *n.* (*Geol*) acqua *f.* freatica, acqua *f.* del sottosuolo.

groundwire /'graʊnd,waɪər/ n. (El) filo m. di massa, filo m. di terra.

groundwork /'graʊndwɜːk Am 'graʊnd wɜːrk/ n. fondamenti m.pl., basi f.pl.

group /gruːp/ I n. 1 gruppo m. 2 (category) gruppo m., categoria f. 3 (Mil) gruppo m., squadra f. 4 (Am,Aer) gruppo m. 5 (Chim) radicale m. 6 (Inform) gruppo m. II a. di gruppo, collettivo. III v.t. 1 raggruppare, disporre a gruppi, disporre in gruppi. 2 (to classify) classificare. 3 (Art) disporre in modo artistico. IV v.i. radunarsi, raggrupparsi. □ (Econ) ~ **balance sheet** bilancio consolidato; (Br,Mil) ~ **captain** comandante di gruppo; (Psic) ~ **dynamics** dinamica di gruppo; (Comm) ~ **incentive** premio collettivo di rendimento; (Assic) ~ **insurance** assicurazione collettiva; ~ **leader**: 1 responsabile di gruppo; 2 (Ind) caposquadra; ~ **psychology** psicologia di gruppo; ~ **sex** sesso di gruppo, ammucchiata; (Psic) ~ **therapy** psicoterapia di gruppo, terapia di gruppo.

groupage /'gruːpɪdʒ/ n. raggruppamento m.

groupie /'gruːpi/ n. (Am,colloq) groupie f. (ragazza che segue con passione personaggi famosi, spec. cantanti, con lo scopo di avere rapporti sessuali con loro).

grouping /'gruːpɪŋ/ n. raggruppamento m., gruppo m.

groupset /'gruːpset/ n. (of a bicycle) group set m. (freni e cambio).

groupware /'gruːpweər Am 'gruːpwer/ n. (Inform) groupware m.

grouse¹ /graʊs/ (pl.inv. o **grouses** /'graʊsɪz/; il pl. inv. si usa general. con valore collett.) n. (Ornit) gallo m. cedrone, urogallo m.

grouse² /graʊs/ I n. (Br,colloq) brontolio m., borbottio m. II v.i. brontolare, borbottare, lamentarsi.

grouser /'graʊsər/ n. (colloq) brontolone m. (f. -a).

grout¹ /graʊt/ I n. 1 (Edil) malta f. liquida. 2 (Edil) intonaco m. 3 pl. (dregs) sedimento m.sing. II v.t. (Edil) riempire di malta.

grout² /graʊt/ v.i. (to root, to grub) grufolare.

grouty /'graʊti Am 'graʊti/ a. (Am,colloq) scontroso, bisbetico, ingrugnato.

grove /grəʊv/ n. 1 (lett) boschetto m. 2 (Agr) (orchard) frutteto m.

grovel /'grɒvəl Am 'graːvəl/ (past, p.p. **grovelled** /Am **groveled** /-d/) v.i. 1 giacere prono, giacere bocconi. 2 (to crawl) strisciare a terra. 3 (fig) (to abase oneself) abbassarsi, umiliarsi; (to cringe) essere servile, strisciare. 4 (fig) (to delight in base things) grufolarsi.

groveller /'grɒvələr Am 'graːvələr/ n. persona f. strisciante.

grovelling /'grɒvəlɪŋ Am 'graːvəlɪŋ/ a. 1 spregevole, servile. 2 (prone) prono.

grow /grəʊ/ (past **grew** /gruː/, p.p. **grown** /grəʊn/) I v.i. 1 crescere: this plant -s best in the shade questa pianta cresce meglio all'ombra; to let one's hair ~ farsi crescere i capelli. 2 (to thrive) allignare, prosperare, venir su: grapevines ~ in countries with a temperate climate la vite alligna nei paesi a clima temperato. 3 (of children, etc.) crescere, diventare grande. 4 (to increase) crescere, aumentare, espandersi; (to mount, to rise) crescere, progredire. 5 (fig) spuntare, sorgere. 6 (to become) farsi, diventare, divenire: it is -ing dark si sta facendo buio; to ~ old farsi vecchio, diventare vecchio, invecchiare. II v.t. coltivare: to ~ flowers coltivare i fiori. 2 (used in the passive) (to cover with a growth) essere coltivato a: a field -n with wheat un campo coltivato a grano. 3 (to allow to grow) farsi crescere: to ~ a beard farsi crescere la barba. □ to ~ angry in-

quietarsi, adirarsi; to ~ cold raffreddarsi; to ~ in (of nails) incarnirsi, incarnarsi; to ~ into: 1 (of clothes) diventare abbastanza grande per; 2 (to become) diventare; to ~ less diminuire, calare, scemare; to ~ on: 1 piacere sempre più; 2 (to obtain increasing influence) esercitare sempre più influenza su, avere sempre più influenza su; to ~ out of nascere da, sorgere da, avere origine da, scaturire da; to ~ tired stancarsi; to ~ up: 1 crescere, diventare adulto: (colloq) ~ up! non fare il bambino!; 2 (to become prevalent) prendere piede, diffondersi; 3 (to arise) sorgere, nascere; to ~ warm: 1 (ri)scaldarsi; 2 (fig) (ri)scaldarsi, infervorarsi, accalorarsi; to ~ wild crescere allo stato selvaggio; to ~ young again ritornare giovane, ringiovanire.

growable /'grəʊəbl/ a. (Agr) coltivabile.

grower /'grəʊər/ n. (Agr) 1 coltivatore m. (f. -trice). 2 (plant) pianta f. che cresce in un certo modo: a quick ~ una pianta che cresce rapidamente.

growing /'grəʊɪŋ/ I a. crescente, sempre maggiore. II n. (Am,Agr) coltivazione f., coltura f. □ ~ pains: 1 (Med) (in children) dolori agli arti (attribuiti alla crescita); 2 (fig) difficoltà iniziali.

growl /graʊl/ I v.i. 1 ringhiare: the dog -ed il cane ringhiava. 2 (to rumble) brontolare, borbottare. 3 (fig) borbottare, brontolare, grugnire. II v.t. brontolare, borbottare. III n. 1 ringhio m. 2 (rumbling sound) brontolio m., borbottio m.: the ~ of thunder il brontolio del tuono. 3 (fig) brontolio m., borbottio m. □ to ~ out brontolare, borbottare.

growler /'graʊlər/ n. 1 (animal) animale m. ringhioso. 2 (person) brontolone m. (f. -a). 3 (ant,colloq) (cab) carrozza f. di piazza. 4 (Geol) piccolo iceberg m.

grown¹ /grəʊn/ → **grow**.

grown² /grəʊn/ a. 1 adulto, maturo. 2 (advanced in growth) cresciuto. 3 (in compounds: overgrown with) ricoperto, rivestito: moss-~ ricoperto di muschio.

grown-up /grəʊnʌp/ I n. adulto m. (f. -a), grande m./f. II a. adulto.

growth /grəʊθ/ n. 1 crescita f., sviluppo m.: to reach one's full ~ raggiungere il pieno sviluppo. 2 (fig) sviluppo m., evoluzione f.: the ~ of democracy lo sviluppo della democrazia. 3 (expansion, increase) aumento m., crescita f., espansione f.: population ~ aumento della popolazione. 4 (rise, emergence) nascita f., apparizione f., comparsa f. 5 (vegetation) vegetazione f.: a ~ of nettles una vegetazione di ortiche. 6 (plant) pianta f. 7 (Med) escrescenza f. 8 (Agr) produzione f. □ ~ area settore di crescita; (Biol) ~ factor fattore di crescita; (Biol) ~ hormone ormone della crescita; a two days' ~ of beard una barba di due giorni; (Econ) ~ potential potenziale di crescita; (Statist) ~ rate tasso di crescita; (Bot) ~ ring anello di crescita, anello annuale; (Econ) ~ stock titoli di sviluppo.

groyne /grɔɪn/ n. (Idr) argine m., pennello m.

grub¹ /grʌb/ n. 1 (Entom) larva f., bruco m. 2 (fig) (drudge) sgobbone m. (f. -a). 3 (sl) (food) cibo m., roba f. da mangiare. 2 (fig) Grub street scrittori da strapazzo, imbrattacarte.

grub² /grʌb/ (past, p.p. **grubbed** /-d/) I v.t. 1 ripulire; (to dig up) scavare, dissotterrare. 2 (to uproot) sradicare, estirpare. II v.i. 1 cercare (scavando) (for sth. qcs.); (to dig) vangare, zappare. 2 (fig) lavorare sodo, sgobbare. □ to ~ out (o to ~ up): 1 scavare, dissotterrare; 2 (to uproot) sradicare, estirpare.

grubber /'grʌbər/ n. 1 scavatore m. (f. -trice). 2 (Agr) estirpatore m. (f. -trice). 3 (fig) sgobbone m. (f. -a).

grubbiness /'grʌbɪnəs/ n. sporcizia f., sudiciume m.

grubby /'grʌbi/ a. 1 sporco, sudicio. 2 (infested with grubs) infestato da larve. 3 (base) spregevole, abietto.

grubstake /'grʌbsteɪk/ I n. (Am,colloq) denaro m. fornito a un cercatore d'oro (in cambio di parte dei profitti). II v.t. (Am,colloq) fornire denaro (in cambio di parte dei profitti) a.

grudge /grʌdʒ/ I n. rancore m., risentimento m., astio m., malanimo m.: to bear a ~ against so. (o to hold a ~ against so.) nutrire rancore verso qcu.; to owe so. a ~ aver motivo di risentimento verso qcu. II v.t. 1 dare di malavoglia, dare malvolentieri. 2 (to resent the good fortune of) invidiare, avere invidia di: to ~ so. his success invidiare qcu. per il suo successo.

grudging /'grʌdʒɪŋ/ a. 1 forzato, a denti stretti: ~ praise un elogio a denti stretti. 2 (displaying reluctance) riluttante.

grudgingly /'grʌdʒɪŋli/ avv. a malincuore, malvolentieri.

gruel /gruːəl/ n. 1 (Gastron) farina f. d'orzo, farina f. d'avena cotta in acqua (o latte), pappa f. 2 (colloq) (punishment) punizione f. □ (colloq) to get one's ~ (o to have one's ~) avere quello che (ci) si merita.

gruelling /'gruːəlɪŋ/ I a. faticoso, estenuante. II n. 1 (colloq) fatica f., faticata f. 2 (beating) severa punizione f.

gruesome /'gruːsəm/ a. raccapricciante, orribile, orrendo, macabro.

gruesomeness /'gruːsəmnəs/ n. raccapriccio m., orrore m.

gruff /grʌf/ a. 1 (of a voice: hoarse) rauco, roco; (harsh) aspro, stridente. 2 (rough, surly) burbero, scortese, aspro, sgarbato: a ~ reply una risposta burbera.

gruffness /'grʌfnəs/ n. 1 (of the voice) raucedine f. 2 (roughness, surliness) sgarbatezza f., rudezza f.

grumble /'grʌmbl/ I v.i. 1 lagnarsi, lamentarsi (about, at, over di, per): to ~ at so. lagnarsi di qcu. 2 (to mutter with discontent) borbottare, brontolare, bofonchiare. 3 (to rumble) brontolare, borbottare. II v.t. brontolare, borbottare. III n. 1 lagnanza f., lamentela f. 2 (growling sound) brontolio m., borbottio m. □ (colloq) how are you? - can't ~ (o mustn't ~) come stai? - non mi lamento.

grumbler /'grʌmblər/ n. brontolone m. (f. -a).

grumbling /'grʌmblɪŋ/ I a. che si lamenta. II n. 1 lamentele f.pl. 2 (rumbling noise) brontolio m., borbottio m.

grumblingly /'grʌmblɪŋli/ avv. in modo lagnoso, da brontolone.

grume /gruːm/ n. (Med) grumo m., coagulo m.

grummet /'grʌmɪt/ n. 1 (Mecc) anello m. di tenuta. 2 (Mar) (ring of rope) canestrello m., anello m. di fune. 3 (metal eyelet) occhiello m. metallico.

grumose /'gruːməʊs/ a. (Bot) grumoso.

grumous /'gruːməs/ a. (Bot) grumoso.

grump /grʌmp/ n. persona f. scontrosa, persona f. irritabile.

grumpiness /'grʌmpɪnəs/ n. scontrosità f., irritabilità f.

grumpish /'grʌmpɪʃ/ a. scontroso, irritabile.

grumpy /'grʌmpi/ a. scontroso, irritabile.

Grundyism /'grʌndiːɪzm/ n. gretto convenzionalismo m., ristrettezza f. d'idee.

grunge /grʌndʒ/ n. (Am,sl) 1 sporcizia f., porcheria f. 2 (Mus) musica f. grunge.

grunt /grʌnt/ **I** *v.i.* grugnire. **II** *v.t.* grugnire, esprimere con un grugnito, brontolare. **III** *n.* **1** grugnito *m.* **2** (*Itt*) pomadaside *m.* **3** (*Am, colloq*) (*worker*) lavoratore *m.* (*f.* -trice) di basso rango; (*soldier*) soldato *m.* di basso rango.

grunter /ˈgrʌntər *Am* ˈgrʌntər/ *n.* **1** maiale *m.* **2** (*person*) brontolone *m.* (*f.* -a), borbottone *m.* (*f.* -a).

gruntled /ˈgrʌntəld/ *a.* (*colloq*) contento, soddisfatto.

Gruyère /ˈgruːjeər *Am* ˈgruːjer/ *n.* (*Alim*) groviera *m./f.* □ (*Alim*) ~ *cheese* groviera.

gryphon /ˈgrɪfən/ *n.* (*Mitol,Arald*) grifone *m.*, grifo *m.*

GS **1** *General Secretary* (segretario generale). **2** (*Mil*) *General Staff* SMG (stato maggiore generale).

gs. *guineas* (ghinee).

GSM /ˌdʒiːesˈem/ (*Tel*) *Global System for Mobile* GSM (sistema mondiale di telefonia mobile).

G spot /ˈdʒiːspɒt *Am* ˈdʒiːspɑːt/ *n.* punto *m.* G (zona erogena femminile).

g-string /ˈdʒiːstrɪŋ/ *n.* **1** (*loin cloth*) perizoma *m.* **2** (*of strip tease performers*) puntino *m.* **3** (*Mus*) corda *f.* del sol.

G-suit /ˈdʒiːsuːt/ *n.* tuta *f.* anti-g.

guacharo /ˈgwɑːtʃərəʊ/ *n.* (*Ornit*) guaciaro *m.*

Guadeloupe /ˌgwɑːdəˈluːp/ *n.pr.* (*Geog*) Guadalupa *f.*

guaiac /ˈgwaɪæk/ *n.* **1** (*wood*) legno *m.* di guaiaco. **2** (*resin*) resina *f.* di guaiaco.

guaiacol /ˈgwaɪəkɒl *Am* ˈgwaɪəkɔːl/ *n.* (*Farm*) guaiacolo *m.*

guaiacum /ˈgwaɪəkəm/ *n.* guaiaco *m.*

guana /ˈgwɑːnə/ *n.* (*Zool*) iguana *m.*

guanaco /gwəˈnɑːkəʊ/ (*pl.* -s /-z/) *n.* (*Zool*) guanaco *m.*

guanidine /ˈgwænɪdɪn/ *n.* (*Chim*) guanidina *f.*

guanine /ˈgwɑːniːn/ *n.* (*Chim*) guanina *f.*

guano /ˈgwɑːnəʊ/ (*pl.* -s /-z/) *n.* **1** guano *m.* **2** (*artificial manure*) guano *m.* artificiale.

guanosine /ˈgwɑːnəsiːn/ *n.* (*Chim*) guanosina *f.*

guarantee /ˌgærənˈtiː/ **I** *n.* **1** garanzia *f.*: *under* ~ sotto garanzia. **2** (*Dir*) (*pledge for another's debt, etc.*) avallo *m.*, malleveria *f.*; (*any security, surety, given*) cauzione *f.*, caparra *f.* **3** (*person who guarantees*) garante *m./f.*; (*guarantor*) avallante *m./f.*, mallevadore *m.* (*f.* -drice). **4** (*person who accepts a guarantee*) avallato *m.* (*f.* -a), chi accetta una malleveria. **5** (*fig*) garanzia *f.*, promessa *f.* certa. **II** *v.t.* **1** garantire. **2** (*Dir*) garantire, avallare. **3** (*fig*) garantire, promettere, assicurare: *to* ~ *success* garantire il successo. **4** (*to vouch for*) garantire, rendersi garante di: *I can* ~ *his honesty* posso garantire la sua onestà. **5** (*to secure*) assicurare: *to* ~ *so. against loss* assicurare qcu. contro ogni perdita. □ ~ *card* cartolina di garanzia; ~ *certificate* certificato di garanzia; (*Comm*) ~ *credit* credito contro fideiussione; *to* ~ *for so.* rendersi garante per qcu.; ~ *fund* fondo di garanzia.

guarantor /ˌgærənˈtɔːr *Am* ˈgerəntɔːr/ *n.* **1** garante *m./f.* **2** (*Dir*) avallante *m./f.*, mallevadore *m.* (*f.* -drice).

guaranty /ˈgærənti *Am* ˈgerənti/ **I** *n.* **1** (*Dir*) avallo *m.*, malleveria *f.* **2** (*guarantor*) avallante *m./f.*, mallevadore *m.* (*f.* -drice). **II** *v.t.* (*Dir*) garantire, avallare.

guard /gɑːd *Am* gɑːrd/ **I** *v.t.* **1** fare la guardia a, guardare, custodire, difendere, proteggere: *two platoons -ed the bridge* due plotoni facevano la guardia al ponte. **2** (*to watch over*) sorvegliare, fare la guardia a: *to* ~ *prisoners* sorvegliare i prigionieri. **3** (*to keep under control*) tenere a freno, tenere sotto controllo, controllare: *to* ~ *one's tongue* tenere a freno la lingua. **II** *v.i.* **1** stare in guardia, premunirsi, difendersi. **2** (*to take precautions*) guardarsi (*against* da): *we must* ~ *against over-optimism* dobbiamo guardarci dall'ottimismo eccessivo. **III** *n.* **1** (*Mil*) guardia *f.*, sentinella *f.* **2** (*ceremonial escort*) guardia *f.*, scorta *f.*: ~ *of honour* guardia d'onore. **3** (*one who keeps watch*) custode *m./f.*, guardiano *m.* (*f.* -a), sorvegliante *m./f.* **4** (*close watch*) guardia *f.*, custodia *f.*, vigilanza *f.* **5** (*protective fixture*) riparo *m.*, protezione *f.*; (*fireguard*) parafuoco *m.*; (*on a sword*) guardia *f.* **6** (*Ferr*) capotreno *m.* **7** (*Sport*) guardia *f.*: *to lower one's* ~ (*o to drop one's* ~) abbassare la guardia; *to keep one's* ~ *up* tenere la guardia alta. **8** (*Am,Sport*) (*defence*) difesa *f.* **9** (*Edil*) parapetto *m.* **10** *pl.* (*Mil*) guardia *f.sing.* del corpo. □ *to be on* (*one's*) ~ *against* sth. stare in guardia contro qcs.; (*Mar*) ~ *boat* lancia di ronda, battello di ronda; (*Bot*) ~ *cell* cellula di guardia; (*Mil*) *to come off* ~ smontare la guardia; (*Mil*) *to go on* ~ montare la guardia; *to be off* ~ (*o to be off one's* ~) non stare in guardia; *to catch so. off his* ~ cogliere qcu. alla sprovvista; (*Mil*) *to be on* ~ essere di guardia; (*Sport*) *on* ~*!* in guardia!; *to put so. on* (*his*) ~ mettere sull'avviso qcu., mettere in guardia qcu.; ~ *ring* 1 fermanello; 2 (*El*) anello di guardia.

guarded /ˈgɑːdɪd *Am* ˈgɑːrdɪd/ *a.* **1** protetto, difeso. **2** (*cautious*) cauto, prudente, guardingo, circospetto: *to be* ~ *in one's speech* misurare le parole.

guardedness /ˈgɑːdɪdnəs *Am* ˈgɑːrdɪdnəs/ *n.* prudenza *f.*, cautela *f.*, circospezione *f.*

guardhouse /ˈgɑːdhaʊs *Am* ˈgɑːrdhaʊs/ *n.* **1** (*Mil*) edificio *m.* per corpo di guardia. **2** (*for prisoners*) sala *f.* di disciplina.

guardian /ˈgɑːdɪən *Am* ˈgɑːrdɪən/ **I** *n.* **1** guardiano *m.* (*f.* -a). **2** (*Dir*) tutore *m.* (*f.* -trice). **3** (*Rel*) guardiano *m.*, superiore *m.* **4** custode, tutelare. □ ~ *angel* angelo custode (*anche fig*); *Guardian Angels* corpo di vigilantes; (*Br*) ~ *of the poor* assistente sociale (per i poveri).

guardianship /ˈgɑːdɪənʃɪp *Am* ˈgɑːrdɪənʃɪp/ *n.* **1** (*Dir*) tutela *f.* (dei minori): *a child under* ~ un minore sotto tutela. **2** (*protection*) protezione *f.*, tutela *f.*

guardrail /ˈgɑːdreɪl *Am* ˈgɑːrdreɪl/ *n.* **1** (*Strad*) guardrail *m.*, guardavia *m.* **2** (*Ferr*) controrotaia *f.* **3** (*Mar*) battagliola *f.*

guardroom /ˈgɑːdruːm *Am* ˈgɑːrdrʊm/ *n.* **1** (*Mil*) edificio *m.* per corpo di guardia. **2** (*for prisoners*) sala *f.* di disciplina.

guardship /ˈgɑːdʃɪp *Am* ˈgɑːrdʃɪp/ *n.* (*Mar.mil*) guardaporto *m.*

guardsman /ˈgɑːdzmən *Am* ˈgɑːrdzmən/ *n.irr.* **1** guardia *f.* **2** (*GB*) membro *m.* della guardia del corpo. **3** (*US,Mil*) membro *m.* della guardia nazionale.

Guatemala /ˌgwɑːtəˈmɑːlə *Am* ˌgwɑːtəˈmɑːlə/ *n.pr.* (*Geog*) Guatemala *m.*

Guatemalan /ˌgwætəˈmɑːlən *Am* ˌgwɑːtəˈmɑːlən/ **I** *a.* guatemalteco. **II** *n.* guatemalteco *m.* (*f.* -a).

guava /ˈgwɑːvə/ *n.* (*Bot*) guava *f.*, guaiava *f.*

gubernatorial /ˌgjuːbənəˈtɔːrɪəl *Am* ˌguːbərnəˈtɔːrɪəl/ *a.* (*Am*) **1** (*of a governor*) governatoriale. **2** (*of a government*) governativo. □ (*Am*) ~ *office* carica di governatore.

gudgeon[1] /ˈgʌdʒən/ *n.* **1** (*Itt*) gobione *m.* **2** (*fig*) (*dupe*) credulone *m.* (*f.* -a), sempliciotto *m.* (*f.* -a). **3** (*fig*) (*bait*) esca *f.*, allettamento *m.*

gudgeon[2] /ˈgʌdʒən/ *n.* **1** (*Tecn*) perno *m.* **2**

(Mot) spinotto *m.* **3** (*Edil*) chiavarda *f.* **4** (*Mar*) (*of a rudder*) femminella *f.* (del timone). □ (*Mecc*) ~ *pin* perno dello stantuffo.

guelder /ˈgeldər/ □ (*Bot*) ~ *rose* palla di neve.

Guelf /gwelf/ *n.* (*Stor*) guelfo *m.*

Guelfic /ˈgwelfɪk/ *a.* (*Stor*) guelfo.

Guelph /gwelf/ *n.* (*Stor*) guelfo *m.*

Guelphic /ˈgwelfɪk/ *a.* (*Stor*) guelfo.

guerdon /ˈgɜːdən *Am* ˈgɜːrdən/ **I** *n.* (*lett*) ricompensa *f.* **II** *v.t.* (*lett*) ricompensare.

guerilla /gəˈrɪlə/ **I** *n.* **1** guerrigliero *m.* (*f.* -a): ~ *attacks* attacchi di guerriglieri. **2** (*guerrilla warfare*) guerriglia *f.* **II** *a.* partigiano, di guerrigliero, da guerrigliero.

Guernsey /ˈgɜːnzi *Am* ˈgɜːrnzi/ **I** *n.pr.* (*Geog*) Guernsey *f.* **II** *n.* **1** (*Zootecn*) razza *f.* Guernsey. **2** (*Abbig*) maglione *m.* di lana.

guerrilla /gəˈrɪlə/ **I** *n.* **1** guerrigliero *m.* (*f.* -a): ~ *attacks* attacchi di guerriglieri. **2** (*guerrilla warfare*) guerriglia *f.* **II** *a.* partigiano, di guerrigliero, da guerrigliero.

guess /ges/ **I** *v.t.* **1** indovinare, azzeccare: *to* ~ *so.'s age* indovinare l'età di qcu. **2** (*Am*) (*to suppose*) ritenere, credere, supporre, immaginare: *I* ~ *so* credo di sì. **II** *v.i.* **1** indovinare: ~ *who I met today* indovina chi ho incontrato oggi. **2** (*to attempt a conjecture*) cercare di indovinare (*at, about sth.* qcs.). **III** *n.* **1** congettura *f.*, supposizione *f.* **2** (*act of guessing*) ipotesi *f.*: *a bad* ~ un'ipotesi sbagliata. □ *at a* ~ a occhio e croce, a lume di naso; *by* ~ per ipotesi; *to give a* ~ avanzare un'ipotesi; (*colloq*) *your* ~ *is as good as mine* ne so quanto te; *it was a good* ~*!* l'hai azzeccata!; *to make a* ~ avanzare un'ipotesi; *to* ~ *right* indovinare, cogliere nel segno; *to* ~ *right away* indovinare alla prima; *to* ~ *wrong* non indovinare, sbagliare.

guessable /ˈgesəbl/ *a.* che si può indovinare, indovinabile.

guesser /ˈgesər/ *n.* chi indovina.

guessing /ˈgesɪŋ/ □ ~ *game* gioco degli indovinelli; (*colloq*) *to get so.* ~ mettere una pulce nell'orecchio a qcu.

guesstimate /ˈgestɪmət, ˈgestɪmeɪt/ **I** *n.* (*colloq*) stima *f.* (approssimativa). **II** *v.t.* stimare (approssimativamente), stimare a lume di naso.

guesswork /ˈgeswɜːk *Am* ˈgeswɜːrk/ *n.* congettura *f.*, supposizione *f.*, ipotesi *f.*: *it's mere* ~ è come indovinare i numeri al lotto.

guest /gest/ *n.* **1** ospite *m./f.*: *we had* -*s for dinner* abbiamo avuto ospiti a pranzo. **2** (*at a hotel, etc.*) ospite *m./f.*, cliente *m./f.* **3** (*Biol*) inquilino *m.* **4** (*Inform*) ospite *m.* □ (*TV,Rad*) ~ *artist* ospite; *be my* ~*!* prego!, fai pure!; (*Mus*) ~ *conductor* direttore d'orchestra ospite, direttore d'orchestra invitato; ~ *list* elenco degli invitati, lista degli invitati; ~ *night* serata in onore degli ospiti; ~ *of honour* ospite d'onore; ~ *room* stanza degli ospiti; (*Mar*) ~ *rope* cavo di tonneggio; (*TV, Rad,Cin*) ~ *star* ospite; ~ *worker* lavoratore straniero.

guesthouse /ˈgesthaʊs/ *n.* **1** foresteria *f.* **2** (*boarding house*) pensione *f.*, albergo *m.* familiare.

guff /gʌf/ *n.* schiocchezze *f.pl.*, stupidate *f.pl.*

guffaw /gʌˈfɔː/ **I** *n.* riso *m.* sguaiato, riso *m.* sghangherato. **II** *v.i.* scoppiare in una risata sguaiata, ridere sguaiatamente.

GUI (*Inform*) *Graphical User Interface* GUI (interfaccia grafica utente).

Guiana /gaɪˈænə *Am* giˈænə/ *n.pr.* (*Geog*) Guiana *f.*

Guianan /gaɪˈænən *Am* giˈænən/ **I** *n.* abitante *m./f.* della Guiana. **II** *a.* della Guiana.

Guianese /ˌgaɪəˈniːz *Am* ˌgiːəˈniːz/ **I** *n.* abitante *m./f.* della Guiana. **II** *a.* della Guiana.

guidable /'gaɪdəbl/ *a.* trattabile, docile.

guidance /'gaɪdəns/ *n.* **1** guida *f.*, il guidare, comando *m.* **2** (*direction*) guida *f.*, direzione *f.*: *to do sth. under so.'s* ~ fare qcs. sotto la guida di qcu. **3** (*advice*) consiglio *m.* **4** (*Pedag, Psic*) consulenza *f.* **5** (*Aer,Astron*) guida *f.* ☐ *for your* ~ per vostra norma e regola.

guide /gaɪd/ **I** *v.t.* **1** essere di guida a, fare da guida a, guidare. **2** (*to act as guide to a sightseer*) guidare, fare da guida a, fare da cicerone a. **3** (*to steer*) guidare: *to* ~ *a boat* guidare una barca. **4** (*to direct*) guidare, dirigere. **5** (*to advise*) consigliare. **II** *n.* **1** guida *f.* (*anche fig,Mecc*): *an Alpine* ~ una guida alpina. **2** (*for sightseers*) guida *f.*, cicerone *m.* **3** (*guidebook*) guida *f.* (turistica). **4** (*manual*) guida *f.*, manuale *m.*, trattato *m.* **5** (*adviser*) consigliere *m.* (*f.* -a): *let your conscience be your* ~ lasciati guidare dalla coscienza. **6** (*member of the Guides Association*) guida *f.* **7** (*Strad*) indicatore *m.* stradale. **8** (*Inform*) guida *f.*, linea *f.* di riferimento. **9** *pl.* (*Mil*) esploratori *m.pl.* ☐ ~ *dog* cane guida; (*Ferr*) ~ *rail* controrotaia; (*Aer*) ~ *rope* cavo pilota; (*fig*) *to* ~ *the way for so.* guidare qcu., fare strada a qcu.; (*Edit*) ~ *word* esponente, testatina.

guideboard /'gaɪd,bɔːd Am 'gaɪd,bɔːrd/ *n.* cartello *m.* segnaletico.

guidebook /'gaɪdbʊk/ *n.* guida *f.* (turistica).

guided /'gaɪdɪd/ *a.* guidato (*anche Mil*): *a* ~ *tour* una visita guidata; ~ *missile* missile guidato.

guideline /'gaɪdlaɪn/ *n.* **1** linea *f.* direttiva, direttiva *f.* di condotta. **2** (*Tip*) segno *m.* di correzione. **3** (*rope, etc.*) fune *f.* di sicurezza.

guidepost /'gaɪdpoʊst/ *n.* (*Strad*) indicatore *m.* stradale.

guiding /'gaɪdɪŋ/ *a.* guida. ☐ ~ *light* guida, persona che illumina il cammino (*anche scherz*); ~ *principle* principio informatore, principio guida; (*Tess*) ~ *slit* passafili.

guidon /'gaɪdən/ *n.* **1** (*Mil*) guidone *m.* **2** (*bearer*) portastendardo *m.*

guild /gɪld/ *n.* **1** (*Mediev*) gilda *f.*, corporazione *f.* **2** (*society*) compagnia *f.*, società *f.*; (*association*) associazione *f.*

guilder /'gɪldər/ *n.* (*Numism*) fiorino *m.* olandese.

guildhall /'gɪld,hɔːl/ *n.* **1** (*Mediev*) palazzo *m.* delle corporazioni. **2** (*townhall*) municipio *m.*, palazzo *m.* municipale.

Guildhall /'gɪld,hɔːl/ *n.* (*GB*) palazzo *m.* delle corporazioni della City (di Londra).

guile /gaɪl/ *n.* astuzia *f.*, furberia *f.*, scaltrezza *f.*

guileful /'gaɪlfʊl/ *a.* furbo, astuto, scaltro.

guilefulness /'gaɪlfʊlnəs/ *n.* astuzia *f.*, scaltrezza *f.*

guileless /'gaɪləs/ *a.* **1** schietto, franco. **2** (*naïve*) ingenuo.

guilelessness /'gaɪləsnəs/ *n.* schiettezza *f.*, franchezza *f.*

guillemot /'gɪlɪmɒt Am 'gɪləmɑːt/ *n.* (*Ornit*) **1** ceffo *m.* **2** (*foolish guillemot*) uria *f.*

guillotine /'gɪlətiːn/ *n.* **1** ghigliottina *f.* **2** (*Chir*) tonsillotomo *m.* **3** (*Legat*) taglierina *f.* **4** (*Cart*) tagliacarte *m.* a ghigliottina. **5** (*Parl*) tempo *m.* limite per un dibattito. **II** *v.t.* **1** ghigliottinare. **2** (*to cut with guillotine shears*) tagliare con cesoia a ghigliottina. ☐ (*Mecc*) ~ *shears* cesoia a ghigliottina.

guilt /gɪlt/ *n.* **1** colpevolezza *f.* (*anche Dir*). **2** (*feeling of culpability*) colpa *f.*, senso *m.* di colpa: *to be tormented by* ~ essere tormentato dalla colpa. ☐ (*colloq*) ~ *trip* forte senso di colpa (*spec.* non giustificato).

guiltiness /'gɪltɪnəs/ *n.* colpevolezza *f.*

guiltless /'gɪltləs/ *a.* **1** senza colpa, innocente. **2** (*rar*) (*lacking knowledge*) ignaro, inconsapevole (*of* di), che non conosce (qcs.). **3** (*rar*) (*devoid*) privo (di). ☐ ~ *of Latin* digiuno di latino.

guiltlessly /'gɪltləslɪ/ *avv.* senza colpa, innocentemente.

guiltlessness /'gɪltləsnəs/ *n.* innocenza *f.*

guilty /'gɪltɪ/ *a.* **1** colpevole, reo: *to be* ~ *of murder* essere reo di omicidio. **2** (*showing guilt*) (da) colpevole: *a* ~ *expression* un'espressione colpevole. **3** (*pertaining to guilt*) di colpa. ☐ *to have a* ~ *conscience* avere la coscienza sporca; ~ *in fact and in law* reo confesso; *to be found not* ~ essere riconosciuto innocente.

guinea /'gɪnɪ/ *n.* ghinea *f.* ☐ (*Bot*) ~ *corn* durra; (*Ornit*) ~ *fowl* (o ~ *hen*) faraona, gallina faraona; (*Zool*) ~ *pig:* **1** (*Zool*) cavia domestica, porcellino d'India; **2** (*fig*) cavia; (*Zool*) ~ *worm* dragoncello.

Guinea /'gɪnɪ/ *n.pr.* (*Geog*) Guinea *f.*

Guinea-Bissau /,gɪnɪbɪ'saʊ/ *n.pr.* (*Geog*) Guinea-Bissau *f.*

Guinevere /'gwɪnɪvɪər Am 'gwɪnɪvɪr/ *n.pr.f.* Ginevra *f.*

guise /gaɪz/ *n.* **1** (*aspect*) veste *f.*, apparenza *f.*, sembianza *f.* **2** (*pretence*) sembianza *f.*, maschera *f.*: *under the* ~ *of friendship* sotto la maschera dell'amicizia. **3** (*ant*) (*costume*) abito *m.*, costume *m.* **4** (*ant*) (*manner*) maniera *f.*, modo *m.*

guitar /gɪ'tɑːr Am gɪ'tɑːr/ *n.* (*Mus*) chitarra *f.*

guitarist /gɪ'tɑːrɪst/ *n.* (*Mus*) chitarrista *m./f.*

gulch /gʌltʃ/ *n.* (*Am,Geog*) burrone *m.*

gulden /'gʊldən/ (*pl.inv.* o **-s** /-z/) *n.* (*Econ, Numism*) fiorino *m.* olandese.

gules /gjuːlz/ **I** *n.* (*Arald*) rosso *m.* **II** *a.* rosso.

gulf /gʌlf/ **I** *n.* **1** (*Geog*) golfo *m.*, insenatura *f.* **2** (*abyss*) abisso *m.*, baratro *m.* (*anche fig*). **3** (*whirlpool*) gorgo *m.*, vortice *m.* **II** *v.t.* inghiottire, ingoiare. ☐ (*Geog*) *Gulf Stream* corrente *f.* del Golfo; (*Stor*) *Gulf War* Guerra del Golfo; *Gulf War syndrome* sindrome del Golfo.

gull[1] /gʌl/ *n.* (*Ornit*) gabbiano *m.*

gull[2] /gʌl/ **I** *n.* credulone *m.* (*f.* -a), sempliciotto *m.* (*f.* -a), sciocco *m.* (*f.* -a), babbeo *m.* (*f.* -a). **II** *v.t.* imbrogliare, gabbare.

gullet /'gʌlɪt/ *n.* **1** (*Anat*) (*oesophagus*) esofago *m.*; (*throat*) gola *f.* **2** (*water channel*) canale *m.*, condotto *m.* **3** (*gully*) gola *f.*, burrone *m.*

gullibility /,gʌlɪ'bɪlətɪ Am ,gʌlə'bɪlətɪ/ *n.* credulità *f.*, dabbenaggine *f.*, ingenuità *f.*

gullible /'gʌlɪbl, 'gʌləbl/ *a.* credulone, ingenuo.

Gulliver /'gʌlɪvər/ *n.pr.m.* (*Lett*) Gulliver.

gull-wing /'gʌlwɪŋ/ ☐ (*Mecc*) ~ *door* porta ad ala di gabbiano.

gully[1] /'gʌli/ **I** *n.* **1** (*Geog*) burrone *m.*, gola *f.* **2** (*gutter*) canale *m.* di scolo, fosso *m.* di scolo. **II** *v.t.* scavare canali (di scolo) in.

gully[2] /'gʌli/ *n.* (*Scott*) coltellaccio *m.*

gulp /gʌlp/ **I** *v.t.* **1** (*to swallow food*) ingoiare, ingozzare; (*to drink*) bere con avidità, tracannare. **2** (*to suppress*) inghiottire, reprimere, frenare, trattenere: *to* ~ *down one's tears* inghiottire le lacrime. **II** *v.i.* soffocare, restare senza fiato: *to* ~ *with emotion* restare senza fiato per l'emozione. **III** *n.* **1** inghiottimento *m.* (*anche fig*). **2** (*amount swallowed*) boccata *f.*, boccone *m.*: *to swallow sth. in one* ~ inghiottire qcs. in un solo boccone. **3** (*of a drink*) sorso *m.*: *at one* ~ in un sorso. ☐ *to* ~ *back* (*to suppress*) inghiottire, reprimere, frenare, trattenere; *to* ~ *down:* **1** (*food*) ingoiare, ingozzare; **2** (*a drink*) bere con avidità, tracannare; **3** (*to suppress*) inghiottire, repri-

mere, frenare, trattenere: *to* ~ *down one's tears* inghiottire le lacrime.

gum[1] /gʌm/ *n.* **1** gomma *f.*, colla *f.* **2** (*chewing gum*) gomma *f.* americana, gomma *f.* da masticare. **3** (*Bot*) tupelo *m.* nero. **4** (*Aus,Bot*) (*eucalyptus*) eucalipto *m.* **5** (*Med*) cispa *f.* **6** (*rubber*) gomma *f.* **7** (*gum drop*) caramella *f.* gommosa. **8** *pl.* (*Am,Calz*) stivali *m.pl.* di gomma. ☐ ~ *arabic* gomma di acacia, gomma arabica; (*Dolc*) ~ *drop* caramella gommosa; ~ *elastic* gomma elastica; (*Bot*) ~ *resin* gommoresina; (*Bot*) ~ *tree:* **1** albero della gomma; **2** (*estens*) (*eucalyptus*) eucalipto; (*colloq, fig*) *to be up a* ~ essere nei guai, essere nei pasticci.

gum[2] /gʌm/ (*past, p.p.* **gummed** /-d/) **I** *v.t.* **1** gommare, spalmare di colla. **2** (*to stick with gum*) incollare, ingommare: *to* ~ *an envelope* incollare una busta. **II** *v.i.* **1** secernere gomma. **2** (*to become gummy*) diventare gommoso. ☐ (*colloq*) *to* ~ *up:* **1** (*to clog*) ostruire; **2** (*to ruin*) rovinare, mandare a monte.

gum[3] /gʌm/ **I** *n.* (*Anat*) gengiva *f.* **II** *v.t.* (*Am, colloq*) masticare con le gengive, mordere con le gengive. ☐ (*Dent*) ~ *resection* gengivectomia.

gum[4] /gʌm/ ☐ (*colloq*) *by* ~! (o *my* ~!) per Giove!, perbacco!

gumbo /'gʌmboʊ/ *n.* (*Am*) **1** (*Bot*) abelmosco *m.* gombo *m.* **2** (*Gastron*) (*soup*) zuppa *f.* di pesce, gombo e pollo tipica dello stato di Louisiana. **3** (*dialect*) dialetto *m.* derivato dal francese parlato in Louisiana.

gumboil /'gʌmbɔɪl/ *n.* (*Med,Dent*) ascesso *m.* alle gengive.

gumboots /'gʌmbuːts/ *n.pl.* (*Calz*) stivali *m.pl.* di gomma.

gumdrop /'gʌmdrɒp Am 'gʌmdrɑːp/ *n.* (*Dolc*) caramella *f.* gommosa.

gumma /'gʌmə/ (*pl.* **-s** /-z/, **-ta** /-tə/) *n.* (*Med*) gomma *f.*

gummatous /'gʌmətəs/ *a.* (*Med*) affetto da gomma.

gummed /gʌmd/ *a.* gommato.

gummiferous /gʌ'mɪfərəs/ *a.* (*Bot*) gommifero.

gumminess /'gʌmɪnəs/ *n.* gommosità *f.*

gummy /'gʌmi/ *a.* **1** gommoso. **2** (*viscid*) viscido. **3** (*covered with gum*) appiccicaticcio, appiccicoso.

gumption /'gʌm(p)ʃən/ *n.* (*colloq*) **1** iniziativa *f.*, intraprendenza *f.* **2** (*guts*) coraggio *m.* **3** (*common sense*) buon senso *m.*, senso *m.* pratico.

gumshoe /'gʌmʃuː/ **I** *n.* (*Am*) **1** caloscia *f.*, soprascarpa *f.* di gomma. **2** (*tennis shoe*) scarpa *f.* da tennis. **3** (*sl*) agente *m./f.* (investigativo). **II** *v.i.* (*Am,sl*) spiare, (*colloq*) ficcare il naso.

gun[1] /gʌn/ *n.* **1** (*Arm*) cannone *m.*, bocca *f.* da fuoco, pezzo *m.* (di artiglieria). **2** (*any portable firearm*) arma *f.* da fuoco; (*rifle*) fucile *m.*; (*musket*) moschetto *m.*; (*carbine*) carabina *f.*; (*pistol*) pistola *f.*, rivoltella *f.* **3** (*Tecn*) spruzzatore *m.*, pistola *f.* (a spruzzo). **4** (*Caccia*) cacciatore *m.* (*f.* -trice) (che partecipa a una battuta di caccia). ☐ (*Mil*) ~ *camera* fotomitragliatrice; (*Arm*) ~ *carriage* affusto (di cannone); (*Br*) ~ *club* poligono di tiro; ~ *control* controllo delle armi; ~ *cotton* fulmicotone; (*Mar.mil*) ~ *crew* serventi al pezzo; ~ *dog* cane da caccia; (*Mil*) ~ *drill* esercitazione ai pezzi; (*Am,colloq*) ~ *happy* che ha le armi facili; (*Arm*) ~ *layer* puntatore; ~ *license* porto d'armi; ~ *manufacturer* fabbricante di armi; (*Tecn*) ~ *microphone* microfono a fucile; *a twenty-one* ~ *salute* una salva di ventun colpi; (*Am,colloq*) *under the* ~ sotto pressione.

gun² /gʌn/ (past, p.p. **gunned** /-d/) I v.t. 1 (colloq) (to shoot) sparare a; (to kill) uccidere. 2 (Mot) dare gas a. II v.i. 1 (Caccia) andare a caccia (con il fucile). 2 (Am,colloq) (to go at high speed) andare ad alta velocità. □ (colloq) to ~ so. **down**: 1 sparare a; 2 (to kill) uccidere; (colloq) to ~**for** so. cercare qcu. per ucciderlo; (colloq) to ~ **for** sth. (to try to get) mirare a qcs., tendere a qcs.

gunboat /'gʌnbout Am 'gʌmbout/ n. (Mar) cannoniera f. □ (Pol,colloq) ~ **diplomacy** politica delle cannoniere.

gunfight /'gʌnfaɪt/ n. sparatoria f., scontro m. a fuoco (fra due persone).

gunfire /'gʌnfaɪər/ n. 1 sparo m., colpo m. d'arma da fuoco. 2 (Mil) cannoneggiamento m.

gung-ho /ˌgʌŋ'hou/ a. eccessivamente zelante, eccessivamente entusiasta.

gunlock /gʌn,lɒk Am 'gʌn,lɑːk/ n. (Arm) meccanismo m. di scatto a percussione.

gunmaker /'gʌn,meɪkər/ n. fabbricante m. di armi.

gunman /'gʌnmən/ n.irr. 1 pistolero m. 2 (armed gangster) bandito m. armato di pistola.

gunmetal /'gʌn,metl Am 'gʌn,metʲl/ n. 1 (Met) bronzo m. duro, bronzo m. per cannoni. 2 (gun-metal grey) grigio m. scuro.

gunnage /'gʌnɪdʒ/ n. (Mar) dotazione f. di cannoni.

gunnel /'gʌnl/ n. (Itt) gunnello m., farfalla f. di mare.

gunner /'gʌnər/ n. 1 (Arm) artigliere m. 2 (Mar) cannoniere m. 3 (Aer) mitragliere m. di bordo. 4 (hunter) cacciatore m. (f. -trice).

gunnery /'gʌnəri/ n. 1 arte f. di maneggiare i cannoni. 2 (Mil) (act of firing guns) fuoco m. d'artiglieria, cannoneggiamento m. 3 (Mil) (collett.) artiglieria f.

gunning /'gʌnɪŋ/ n. 1 lo sparare. 2 (hunting) caccia f. (con il fucile).

gunny /'gʌni/ n. (Tess) tela f. iuta (per sacchi).

gunplay /'gʌnpleɪ, 'gʌmpleɪ/ n. conflitto m. a fuoco.

gunpoint /'gʌnpɔɪnt, 'gʌmpɔɪnt/ n. mira f. □ at ~ sotto tiro.

gunpowder /'gʌn,paudər, 'gʌm,paudər/ n. polvere f. nera, polvere f. pirica. □ (Stor,brit) **Gunpowder Plot** Congiura delle polveri.

gunroom /'gʌn,ruːm/ n. 1 sala f. delle armi. 2 (Mar) quadratino m.

gunrunner /'gʌn,rʌnər/ n. trafficante m./f. di armi.

gunrunning /'gʌn,rʌnɪŋ/ n. traffico m. di armi.

gunship /'gʌnʃɪp/ n. elicottero m. da combattimento.

gunshot /'gʌnʃɒt Am 'gʌnʃɑːt/ n. 1 sparo m., colpo m. d'arma da fuoco. 2 (Arm) (range) portata f. (di arma da fuoco). II a. di arma da fuoco: a ~ **wound** una ferita di arma da fuoco. □ **out of** ~ fuori tiro; **within** ~ a tiro.

gun-shy /'gʌnʃaɪ/ a. (of a hunting dog) che ha paura degli spari.

gunsight /'gʌnsaɪt/ n. (Arm) congegno m. di mira.

gunslinger /'gʌnslɪŋər/ n. (Am,colloq) 1 pistolero m. 2 (armed gangster) bandito m. armato di pistola.

gunsmith /'gʌnsmɪθ/ n. armaiolo m.

gunstock /'gʌnstɒk Am 'gʌnstɑːk/ n. (Arm) fusto m. del fucile, calcio m. del fucile.

gup /gʌp/ n. (colloq) ciancia f., ciarla f., chiacchiera f.

guppy /'gʌpi/ n. (Itt) poecilia f. reticulata.

gurgitation /ˌgɜːdʒɪ'teɪʃn/ n. ribollimento m.

gurgle /'gɜːgl/ I n. gorgoglio m. II v.i. 1 gorgogliare. 2 (of water) scorrere rumoreggiando, gorgogliare. III v.t. esprimere gorgogliando.

gurnard /'gɜːnəd Am 'gɜːrnəˑrd/ (pl.inv. o -s /-z/; il pl. inv. si usa general. con valore collett.) n. 1 (Itt) pesce m. cappone. 2 pl. triglidi m.pl.

guru /'guruː, 'guːruː/ n. 1 guru m. 2 (spiritual teacher) padre m. spirituale, guru m. 3 (leader) capo m., guida f. 4 (expert) guru m., esperto m.

gush /gʌʃ/ I v.i. 1 (to flow copiously) sgorgare, uscire a fiotti; (to spurt) zampillare; (to burst forth) prorompere. 2 (fig) essere eccessivamente espansivo, entusiasmarsi esageratamente. II v.t. emettere a fiotti, versare in gran quantità. III n. 1 (gushing forth) zampillo m.: a ~ **of water** uno zampillo d'acqua. 2 (liquid emitted) sgorgo m., getto m., fiotto m.: a ~ **of oil** un getto di petrolio. 3 (fig) effusione f., trasporto m., eccessiva espansività f.; (of anger, etc.) scoppio m. □ to ~ **forth** (o to ~ **out**): 1 sgorgare, uscire a fiotti; 2 (to spurt) zampillare; 3 (to burst forth) prorompere; to ~ **tears** (o to ~ **with tears**) prorompere in lacrime, scoppiare a piangere.

gusher /'gʌʃər/ n. 1 (Minier) pozzo m. di petrolio a eruzione spontanea. 2 (fig) persona f. troppo espansiva.

gushing /'gʌʃɪŋ/ a. 1 sgorgante, zampillante. 2 (fig) espansivo, sentimentale.

gushy /'gʌʃi/ a. (fig) troppo espansivo.

gusset /'gʌsɪt/ n. 1 (Sart) gherone m. 2 (in gloves) quadrello m. 3 (Abbigl) (in stockings) tassello m. 4 (Edil) fazzoletto m. 5 (Ferr) raccordo m. a gomito.

gussied /'gʌsid/ □ (Am,colloq) ~ **up** tirato a lucido, azzimato.

gussy /'gʌsi/ v.t. (Am,colloq) vestirsi con gli abiti migliori.

gust /gʌst/ n. 1 (of wind) folata f., raffica f. 2 (rush, burst of water) scroscio m.; (of smoke) effusione f.; (of fire) fiammata f. improvvisa. 3 (fig) scoppio m., impeto m., accesso m.: a ~ **of laughter** uno scoppio di risa; a ~ **of anger** un impeto di collera.

gustation /gʌs'teɪʃn/ n. degustazione f.

gustative /'gʌstətɪv/ a. gustativo, gustatorio.

gustatory /'gʌstət²ri/ a. gustativo, gustatorio.

gustily¹ /'gʌstɪli/ avv. a raffiche.

gustily² /'gʌstɪli/ avv. con gusto, gustosamente.

gusto /'gʌstou/ (pl. **-es** /-z/) n. 1 (in eating and drinking) gusto m. 2 (zest, keen enjoyment) entusiasmo m., fervore m., godimento m.

gusty /'gʌsti/ a. 1 ventoso, burrascoso, tempestoso: a ~ **day** una giornata ventosa. 2 (of the wind) (che soffia) a raffiche. 3 (zestful) pieno di fervore, entusiasta.

gut /gʌt/ I n. 1 (Anat) intestino m. 2 (intestinal tissue, fibre) budello m. 3 (thread) minugia f. 4 (narrow passage) budello m., strettoia f. 5 (Geog) (channel) canale m., stretto m.; (defile between hills) gola f. 6 pl. (bowels) budella f.pl., visceri m.pl. 7 pl. (colloq) (belly, stomach) pancia f.sing., (region) buzzo m.sing. 8 pl. (colloq) (courage) coraggio m.sing., fegato m.sing. 9 pl. (colloq) (essence) sostanza f.sing., succo m.sing., essenza f.sing.; (inner parts) viscere f.pl. II v.t. (past, p.p. **gutted** /'gʌtɪd Am 'gʌtɪd/). 1 sbudellare, sventrare. 2 (to destroy the contents of) svuotare. 3 (by fire) distruggere (lasciando le strutture): fire ~ted the buildings il fuoco ha distrutto l'edificio. 4 (of a book, etc.) prendere l'essenziale da. □ (colloq) ~**feeling** instinto viscerale; to have so.'s ~**s for garters** conciare qcu. per le

feste, cambiare i connotati a qcu.; (colloq) ~ **instinct** instinto viscerale; (colloq) ~ **reaction** reazione istintiva; (scherz) ~ **scraper** strimpellatore di violino.

gutbucket /'gʌt,bʌkɪt/ I n. (Br,colloq) ghiottone m. (f. -a). II a. (Am) (of jazz or blues) di stile (musicale) grezzo e vivace.

gutsy /'gʌtsi/ a. (colloq) coraggioso, che ha fegato.

gutta-percha /ˌgʌtə'pɜːtʃə Am ˌgʌtə'pɜːrtʃə/ n. guttaperca f.

gutter /'gʌtər Am 'gʌtər/ I n. 1 (Strad) cunetta f., controfosso m., fossetto m. 2 (Edil) grondaia f., doccia f. 3 (narrow ditch) canale m. (di scolo); (watercourse) condotto m. 4 (fig) bassifondi m.pl., strada f., marciapiede m.: to be raised in the ~ essere cresciuto nei bassifondi: language of the ~ linguaggio da trivio. 5 (Tip) canalina f. 6 (Met) scanalatura f. II a. 1 di strada, da strada, da marciapiede, da bassifondi. 2 (vulgar) sconcio, triviale. III v.t. 1 scanalare. 2 (Edil) munire di grondaia. IV v.i. 1 scorrere a rivoli. 2 (of a candle) sgocciolare, colare. 3 (of a lamp, flame) languire. □ ~ **child** ragazzo di strada, monello; to ~ **out** languire; to get one's **mind out of the** ~ smettere di pensare a cose oscene; (fig) to take a child out of the ~ raccogliere un ragazzo dal fango; (Giorn) ~ **press** stampa scandalistica, stampa sensazionalistica.

guttering /'gʌtərɪŋ Am 'gʌtərɪŋ/ n. (Edil) (gutters) grondaie f.pl.

guttersnipe /'gʌtərsnaɪp Am 'gʌtərsnaɪp/ n. ragazzo m. (f. -a) di strada, monello m. (f. -a).

guttle /'gʌtl/ I v.t. mangiare avidamente, mangiare voracemente, tranguriare. II v.i. ingozzarsi.

guttler /'gʌtlər/ n. mangione m. (f. -a).

guttural /'gʌtərəl Am 'gʌtərəl/ I a. (Fon,Anat) gutturale. II n. (Fon) suono m. gutturale.

gutturalism /'gʌtərəlɪzəm Am 'gʌtərəlɪzəm/ n. gutturalismo m.

gutturalization /ˌgʌtərəlaɪ'zeɪʃən Am ˌgʌt ərəlaɪ'zeɪʃən/ n. (Fon) gutturalizzazione f.

gutturalize /'gʌtərəlaɪz Am 'gʌtərəlaɪz/ v.t. 1 pronunciare con suono gutturale. 2 (Fon) rendere gutturale.

guv /gʌv/ n. (Br,colloq) signore m., capo m.

guy¹ /gaɪ/ I n. 1 (Am,colloq) tipo m., individuo m., persona f.: a **nice** ~ un tipo simpatico. 2 (Br) (figure representing Guy Fawkes) fantoccio m. che rappresenta Guy Fawkes. 3 (colloq) persona f. dall'aspetto buffo (o grottesco). 4 (colloq) (bugbear) spauracchio m. II v.t. 1 canzonare, prendere in giro. 2 (to exhibit in effigy) caricaturare. □ (GB) **Guy Fawkes Day** giorno di Guy Fawkes (5 novembre, anniversario della scoperta della Congiura delle polveri).

guy² /gaɪ/ I n. 1 tirante m. (di fissaggio), cavo m.: a **tent** ~ un tirante di tenda. 2 (Mar) bozza f. II v.t. fissare con un tirante.

Guy /gaɪ/ n.pr.m. Guido.

GUY Guyana GUY (Guyana).

Guyana /gaɪ'ænə/ n.pr. (Geog) Guyana f.

guzzle /'gʌzl/ I v.t. 1 (to drink greedily) tracannare, trincare. 2 (to eat greedily) ingozzare, tranguriare. 3 (to use up in guzzling) sperperare in gozzoviglie. II v.i. gozzovigliare, darsi ai bagordi, darsi agli stravizi. □ to ~ **away** sperperare in gozzoviglie.

guzzler /'gʌzlər/ n. crapulone m. (f. -a).

Gwen /gwen/ n.pr.f. dim. di Gwendolen, Gwendolyn.

Gwend /gwend/ n.pr. (Geog) Gwend m. (contea del Galles).

Gwendolen /'gwendəlɪn/ n.pr.f. Guendalina.

Gwendolyn /'gwendəlɪn/ n.pr.f. Guendalina.

Gwynned /'gwɪnʌ(ð)/ n.pr. (Geog) Gwynned

m. (contea del Galles).

gybe /dʒaɪb/ I *v.i.* 1 (*of a sail, boom*) orientarsi. 2 (*to change course*) virare. II *v.t.* 1 orientare. 2 (*to alter the course of*) far virare.

gym /dʒɪm/ *n.* 1 (*colloq*) (*gymnasium*) palestra *f.* 2 (*gymnastics*) ginnastica *f.*, educazione *f.* fisica. □ (*Calz*) ~ *shoes* scarpe da ginnastica.

gymkhana /dʒɪm'kɑːnə/ *n.* (*Equit,Sport*) gimkana *f.*

gymnasial /dʒɪm'neɪziəl/ *a.* 1 ginnico, ginnastico. 2 (*Scol*) ginnasiale.

gymnasium /dʒɪm'neɪziəm/ *(pl.* **-s** /-z/, **-sia** /-zɪə/) *n.* 1 palestra *f.* 2 (*Scol*) (*in Germany, etc.*) ginnasio *m.* 3 (*Stor.gr*) ginnasio *m.*

gymnast /'dʒɪmnæst/ *n.* ginnasta *m./f.*

gymnastic /dʒɪm'næstɪk/ *a.* ginnico, ginnastico.

gymnastical /dʒɪm'næstɪkəl/ *a.* ginnico, ginnastico.

gymnastics /dʒɪm'næstɪks/ *n.pl.* 1 (*costr. sing.*) (*exercises*) esercizi *m.pl.* ginnici, ginnastica *f.* 2 (*art, practice*) ginnastica *f.sing.* (*anche fig.*).

gymnosperm /'dʒɪmnousp3ːm *Am* 'dʒɪmnə sp3ːrm/ *n.* (*Bot*) gimnosperma *f.*

gymnospermous /,dʒɪmnou'sp3ːməs *Am* ,dʒɪmnə'sp3ːrməs/ *a.* (*Bot*) delle gimnosperme.

gymnotid /dʒɪm'noutɪd/ *n.* (*Itt*) gimnoto *m.*

gynaeceum /dʒaɪ'niːsiəm, gaɪ'niːsiəm/ *n.* gi-

neceo *m.*

gynaecologic /,gaɪnəkə'lɒdʒɪk *Am* ,gaɪnəkə 'lɑːdʒɪk/ *a.* (*Med*) ginecologico.

gynaecological /,gaɪnəkə'lɒdʒɪkəl *Am* ,gaɪ nəkə'lɑːdʒɪkəl/ *a.* (*Med*) ginecologico.

gynaecologist /,gaɪnə'kɒlədʒɪst *Am* ,gaɪ nəkə'lɑːdʒɪst/ *n.* (*Med*) ginecologo *m.* (*f.* -a).

gynaecology /,gaɪnə'kɒlədʒi *Am* ,gaɪnə 'kɑːlədʒi/ *n.* (*Med*) ginecologia *f.*

gynaecomastia /,gaɪnɪkou'mæstiə/ *n.* (*Med*) ginecomastia *f.*

gyp¹ /dʒɪp/ I *v.t.* (*past, p.p.* **gypped** /-t/) (*Am, colloq*) ingannare, imbrogliare, truffare, (*pop*) fregare. II *n.* (*Am,colloq*) 1 inganno *m.*, imbroglio *m.* 2 (*colloq*) (*gypper*) truffatore *m.* (*f.* -trice), imbroglione *m.* (*f.* -a).

gyp² /dʒɪp/ *n.* (*Univ*) (*at Cambridge, Durham*) domestico *m.* (in un college).

gypper /'dʒɪpər/ *n.* (*colloq*) truffatore *m.* (*f.* -trice), imbroglione *m.* (*f.* -a).

gypseous /'dʒɪpsiəs/ *a.* (*Min*) gessoso.

gypsiferous /dʒɪp'sɪfərəs/ *a.* (*Min*) gessifero.

gypsum /'dʒɪpsəm/ *n.* (*Min*) gesso *m.*, pietra *f.* di gesso.

gypsy /'dʒɪpsi/ I *n.* 1 zingaro *m.* (*f.* -a). 2 (*language*) zingaresco *m.* 3 (*fig*) vagabondo *m.* (*f.* -a). 4 (*colloq*) (*girl*) ragazza *f.* dal colorito bruno. II *a.* zingaresco, di zingaro, da zingaro, gitano: *a* ~ *caravan* una carovana di zin-

gari. □ ~ *cab* taxi abusivo; ~ *cabdriver* taxista abusivo.

gyrate /'dʒaɪreɪt/ I *v.i.* turbinare, roteare, girare. II *a.* (*Biol*) che ha circonvoluzioni.

gyration /'dʒaɪreɪʃən/ *n.* rotazione *f.*, movimento *m.* a spirale, movimento *m.* in tondo.

gyratory /'dʒaɪrətəri *Am* 'dʒaɪrətɔːri/ *a.* circolare, rotatorio.

gyre /dʒaɪər/ *n.* 1 giro *m.*, cerchio *m.* 2 (*circular motion*) rotazione *f.*

gyrfalcon /'dʒ3ː,fɔːlkən/ *n.* (*Ornit*) girifalco *m.*, girfalco *m.*

gyrocompass /'dʒaɪ(ə)rou,kʌmpəs/ *n.* (*Aer, Mar*) bussola *f.* girostatica, bussola *f.* giroscopica, girobussola *f.*

gyroscope /'dʒaɪ(ə)rəskoup/ *n.* (*Tecn*) giroscopio *m.*

gyroscopic /,dʒaɪ(ə)rə'skɒpɪk *Am* ,dʒaɪrə 'skɑːpɪk/ *a.* (*Tecn*) giroscopico.

gyrose /'dʒaɪ(ə)rous/ *a.* (*Bot*) ondulato, pieghettato.

gyrostabilizer /,dʒaɪ(ə)rou'steɪbɪlaɪzər/ *n.* (*Mar,Aer*) girostabilizzatore *m.*

gyrostat /'dʒaɪ(ə)roustæt/ *n.* (*Mar,Aer*) girostato *m.*

gyrostatic /,dʒaɪ(ə)rou'stætɪk *Am* ,dʒaɪrə 'stætɪk/ *a.* girostatico.

gyve /dʒaɪv/ I *v.t.* (*ant*) mettere in ceppi. II *n.* (*ant*) catena *f.*, ceppo *m.*

gyves /dʒaɪvz/ *n.pl.* ceppi *m.pl.*, catene *f.pl.*

H

h¹, **H**¹ /eɪtʃ/ (pl. **h's/hs, H's/Hs** /'eɪtʃɪz/) n.
(letter of the alphabet) h, H f./m.: (Tel) H for
Harry (o Am H as in Hour) h come hotel.
h² **1** height h (altezza). **2** hot c (caldo). **3**
hour, hours h (ora, ore).
H² /eɪtʃ/ **I** a. **1** ottavo. **2** (H-shaped) a forma
di H. **II 1** (of pencils) hard H (duro). **2** hospital H (ospedale). **3** Hungary H (Ungheria). **4** (Meteor) high pressure A (alta pressione).
h. 1 (of a horse's height) hand palmo, spanna. **2** harbour porto. **3** hundred cento.
H²O /ˌeɪtʃtuˈoʊ/ **I** water H²O (acqua). **II** n.
(colloq) (water) acqua f.
ha /hɑː/ intz. (of surprise, etc.) ah!, hah!
ha. hectare ha (ettaro).
haaf /hɑːf, hæf/ n. (Geog) zona f. di pesca in
acque profonde (al largo delle Shetland e
delle Orkney).
haar /hɑː/ n. (Meteor) haar m., nebbia f. di
mare (in estate lungo le coste dal Mare del
Nord).
Habacuc, Habakkuk /'hæbəkək, həˈbækək/
n.pr.m. (Bibl) Abacuc, Habacuc.
habanera /ˌ(h)ɑːbəˈnerə/ n. (Mus) habandera
f.
habeas corpus /ˌheɪbiəsˈkɔːpəs Am ˌheɪbiəs
ˈkɔːrpəs/ n. (Dir) habeas corpus m.
haberdasher /'hæbədæʃəʳ Am 'hæbəʳdæʃəʳ/
n. **1** (Br) (dressmaking dealer) merciaio m. (f.
-a). **2** (Am) (men's clothing dealer) venditore
m. (f. -trice) di articoli di abbigliamento maschile.
haberdashery /'hæbədæʃəʳi Am 'hæbəʳ
dæʃəʳi/ n. **1** (Br) (goods) mercerie f.pl.; (shop)
merceria f. **2** (Am) (goods) articoli m.pl. di
moda maschile; (shop) negozio m. di abbigliamento maschile.
habergeon /'hæbədʒ³n Am 'hæbəʳdʒ³n/ n.
(Mil,ant) usbergo m.
habiliments /həˈbɪlɪmənts/ n.pl. (ant) abito
m.sing., vestito m.sing.; (clothes) abiti m.pl.
habilitate /həˈbɪlɪteɪt/ **I** v.t. vestire, abbigliare. **II** v.i. (Br,Univ) abilitarsi (spec. nelle università tedesche).
habilitation /həˌbɪlɪˈteɪʃ³n/ n. (Br,Univ) abilitazione f.
habit /'hæbɪt/ **I** n. **1** abitudine f., costume m.,
consuetudine f.: it was his ~ to take a walk
before breakfast aveva l'abitudine di fare
una passeggiata prima di colazione; to form
a ~ prendere un'abitudine; to break oneself of a ~
liberarsi da un vizio, togliersi un vizio. **4**
(disposition) carattere m., temperamento m.
5 (clothing) abito m. vestito m.; (riding habit)
costume m. da amazzone; (monk's habit)
abito m. monacale, saio m.; (nun's habit) tonaca f. (da suora). **6** (Biol,Med) abito m. **II** v.t.
(ant) (usually passive) vestire, abbigliare.
□ *to be in the ~ of doing sth.* avere l'abitudine di fare qcs., essere abituato a fare
qcs.; *to fall into the ~ of doing sth.* (o to get
into the ~ of doing sth.) prendere l'abitudine
di fare qcs.; *to make a ~ of it* farne un vizio,
farne un'abitudine; *not so much a ~, more a
way of life* non tanto un'abitudine, quanto
un modo di vivere; *~ of mind* abito mentale;
to get out of a ~ perdere un'abitudine; *out of*

~ per abitudine, usualmente. Prov.: ~ is second nature l'abitudine è una seconda natura.
habitability /ˌhæbɪtəˈbɪlɪti Am ˌhæbɪtəˈbɪləti/
n. abitabilità f.
habitable /'hæbɪtəbl Am 'hæbɪtəbl/ a. abitabile.
habitableness /'hæbɪtəblnəs Am 'hæbɪtəbl
nəs/ n. abitabilità f.
habitably /'hæbɪtəbli Am 'hæbɪtəbli/ avv. in
modo abitabile.
habitant¹ /'hæbɪt³nt Am 'hæbɪt³nt/ n. abitante
m./f.
habitant² /'(h)æbɪtɒŋ Am '(h)æbɪtɑːnt/ n.
(Canad) contadino m. (f. -a) canadese di origine francese.
habitat /'hæbɪtæt/ n. **1** (Biol) habitat m., ambiente m. naturale: natural ~ habitat naturale. **2** (fig) dimora f., ambiente m.
habitation /ˌhæbɪˈteɪʃ³n/ n. **1** abitazione f.: fit
for ~ abitabile; unfit for ~ inadatto all'abitazione, inabitabile. **2** (lett) (dwelling) abitazione f., dimora f.
habit-forming /'hæbɪt,fɔːmɪŋ Am 'hæbɪt
ˌfɔːrmɪŋ/ a. (of drug) che dà assuefazione: a
~ drug una droga che dà assuefazione.
habitual /həˈbɪtʃuəl Am həˈbɪtʃuəl/ a. **1**
abituale, consueto, solito. **2** (inveterate) inveterato, incallito, impenitente: a ~ smoker
un fumatore incallito. □ ~ criminal delinquente abituale.
habitually /həˈbɪtʃuəli Br also kəˈbɪtʃuəli/ avv.
abitualmente, per abitudine.
habitualness /həˈbɪtʃuəlnəs Br also hə
ˈbɪtʃuəlnəs/ n. abitualità f.
habituate /həˈbɪtʃueɪt Br also həˈbɪtʃueɪt/ v.t.
1 (get accustomed to) abituare, abituarsi, familiarizzare, familiarizzarsi, avvezzare, avvezzarsi, acclimatarsi, acclimatizzarsi: to ~
oneself to noise abituarsi al rumore. **2** (hard-
en to) assuefare, assuefarsi, adattare, adattarsi.
habituation /həˌbɪtʃuˈeɪʃ³n Br also kə,bɪtʃu
ˈeɪʃ³n/ n. **1** adattamento m., familiarizzazione
f., acclimatizzazione f. **2** (Med,Psic) assuefazione f.
habitude /'hæbɪtjuːd Br also 'hæbɪtʃuːd/ n.
(lett) abitudine f., costume m., consuetudine f.
habitudinal /ˌhæbɪˈtjuːdɪn³l Br also
'hæbɪtʃuːdɪn³l/ a. abitudinario, consuetudinario.
habitué /həˈbɪtjueɪ Am həˈbɪtʃueɪ/ n. habitué
m./f., frequentatore m. (f. -trice) abituale.
habitus /'hæbɪtəs Am 'hæbɪtəs/ n. (Biol) abito
m.
HACCP (Alim) Hazard Analysis and Control of Critical Points HACCP (analisi del
rischio e controllo dei punti critici).
hacek /'hætʃek/ n. (Ling) hacek m.
hachure /hæʃˈjuəʳ Am hæʃˈjuʳ/ n. (Geog)
(hatching on maps) tratteggio m., ombreggiatura f.
hacienda /ˌhæsiˈendə Am ˌhɑːsiˈendə/ n. hacienda f.
hack¹ /hæk/ **I** v.t. **1** (to cut) spaccare, tagliare; (to chop) tagliare a pezzi; (to notch) intaccare, incidere. **2** (of the ground: to break
up) fendere. **3** (fig) (to mutilate) tagliare, mutilare. **4** (fig) (of sums of money) dimezzare,
ridurre notevolmente. **5** (colloq) riuscire, vincere: to ~ it farcela, spuntarla. **6** (Sport) (in

rugby) dare un calcio negli stinchi a; (in
baseball) dare un colpo sul braccio a. **II** v.i.
1 colpire ripetutamente (con un arnese tagliente) (at sth. qcs.). **2** (to cough harshly)
avere dei colpi di tosse secca e insistente. **3**
(Sport) (in rugby) dare un calcio negli stinchi
(at a); (in baseball) dare un colpo sul braccio
(at a). **4** (Inform) forzare l'ingresso in un sistema, entrare illegalmente, accedere, pene-
trare. **III** n. **1** spaccatura f., taglio m. **2** (notch)
tacca f., intaccatura f. **3** (hacking tool) arnese
m. da taglio; (axe) ascia f., accetta f.; (pick)
piccone m.; (hoe) zappa f. **4** (harsh, dry
cough) tosse f. secca. **5** (Sport) (in rugby) ferita f. (allo stinco prodotta da un calcio). **6**
(Inform) ingresso (illegale) in un sistema, accesso (illegale). □ ~ to ~ a path through
undergrowth aprirsi un sentiero nella macchia a colpi d'ascia; to ~ sth. **to pieces** fare
qcs. a pezzi.
hack² /hæk/ **I** n. **1** (old worn-out horse) ronzinante m., rozza f. **2** (horse let out for hire)
cavallo m. da nolo. **3** (saddle horse) cavallo
m. da sella. **4** (literary drudge) scrittore m. (f.
-trice) scadente, scribacchino m. (f. -a),
(spreg) imbrattacarte m./f. **5** (Am,colloq) one
who does a shotty, poor job of sth.) incompetente m./f., mezza cartuccia f., mezza calzetta f.: any two-bit ~ can do a word-by-word
translation qualunque incompetente riesce
a fare una traduzione parola per parola. **6**
(routine worker) uomo m. di fatica, (woman)
donna f. di fatica. **7** (Am,colloq) (taxi) taxi m.
II a. **1** (spreg) mercenario, prezzolato, assol-
dato. **2** (mediocre) mediocre; (trite) trito, banale. **III** v.t. (of a horse) dare a nolo, noleggiare. **IV** v.i. **1** (Equit) andare a cavallo al passo, andare a cavallo lentamente. **2** (to ride on
a hired horse) cavalcare un cavallo da nolo.
3 (to work as a hack writer) scrivere cose da
poco, scrivere cose senza valore. **4** (Am,
colloq) (to drive a taxi) guidare un taxi. □
(spreg) ~ **writer** scribacchino, imbrattacarte.
hack³ /hæk/ n. **1** (frame for drying fish, etc.)
rastrelliera f. **2** (for drying bricks) struttura f.
per essiccare mattoni. **3** (for a hawk) tavoletta f. sulla quale è posta la carne del falcone.
hackamore /'hækəmɔːʳ Am 'hækəmɔːr/ n.
(spec. Am) briglia f. senza morso.
hackberry /'hækbəri Am 'hæk,beri/ n. **1** (Bot)
olmo m. bianco, bagolaro m. **2** (fruit) frutto
m. del bagolaro. **3** (wood) legno m. di bagolaro.
hacker /'hækəʳ/ n. **1** (Inform) (so. who ac-
cesses computers or programs illegally)
hacker m., pirata m. informatico. **2** (Inform)
(computer enthusiast) esperto m. (f. -a) informatico, programmatore m. (f. -trice); (spreg)
maniaco m. (f. -a) del computer. **3** (Am,colloq)
taxista m.
hacking /'hækɪŋ/ □ ~ **cough** tosse secca;
~ **jacket** giacca da cavallerizzo.
hackle /'hækl/ **I** n. **1** (Ornit) penna f. del collo.
2 (Pesc) (hackle fly) mosca f. artificiale munita di penne. **3** (Tess) pettine m. **4** (Mil) piume
f.pl. **5** pl. (of a dog) pelo m.sing. intorno al
collo. **II** v.t. **1** (Tess) (of flax, hemp) pettinare.
2 (Pesc) (of a hackle fly) munire di penne.
□ *to make so's* ~s **rise** fare arrabbiare qcu.,

fare incavolare qcu.; *with one's -s up* tutto arrabbiato, *(colloq)* con le penne arruffate.

hackmatack /'hækmətæk/ *n.* *(Bot)* larice *m.* americano.

hackney /'hæknɪ/ **I** *n.* *(ant)* **1** *(riding horse)* cavallo *m.* da sella; *(horse let out for hire)* cavallo *m.* da nolo. **2** *(carriage for hire)* carrozza *f.* da nolo; *(car for hire)* macchina *f.* a noleggio. **II** *a.* da nolo, da noleggio. ☐ ~ *cab* taxi; ~ *carriage* (o ~ *coach*) carrozza da nolo.

hackneyed /'hæknɪd/ *a.* trito (e ritrito), detto e ridetto, banale, stereotipato: *a ~ expression* un'espressione trita e ritrita, una frase fatta.

hacksaw /'hæksɔː/ **I** *n.* *(Tecn)* seghetto *m.* a mano (per metalli), sega *f.* da metalli. **II** *v.t.* *(Tecn)* segare, tagliare con un seghetto (per metalli).

had /həd *emphatic* hæd/ → **have**[1].

haddock /'hædək/ *(pl.inv.* o **-s** /-s/; *il pl. inv. si usa general. con valore collett.)* *n.* *(Itt)* eglefino *m.*

Hades /'heɪdiːz/ **I** *n.pr.* *(Mitol)* Ade *m.*, Averno *m.*, Inferi *m.pl.* **II** *n.* *(colloq)* inferno *m.*

hadj /hædʒ/ *n.* *(Rel.islam)* haj *m.*, hajj *m.*, pellegrinaggio *m.* alla Mecca.

hadji /'hædʒiː/ *n.* *(Rel.islam)* haji *m.*, hajji *m.*, titolo *m.* meritorio di un musulmano che ha fatto il pellegrinaggio alla Mecca.

hadn't /'hædn̩t/ *contraz. di* had not.

Hadrian /'heɪdrɪən/ *n.pr.m.* *(Stor.rom)* Adriano. ☐ *(Stor.brit)* ~ *'s Wall* vallo di Adriano.

hadron /'hædrɒn Am 'hædrɑːn/ *n.* *(Fis)* adrone *m.*

hadrosaur /'hædrəsɔːr Am 'hædrəsɔːr/ *n.* *(Paleont)* adrosauro *m.*

hadst /hædst *emphatic* hædst/ → **have**[1].

hae /heɪ, hæ/ *(Scott)* → **have**[1].

haecceity /hek'siːətɪ Am hek'siːətʃi/ *n.* *(Filos)* ecceità *f.*

haem /hiːm/ *n.* *(Br,Chim)* eme *m.*

haemal /'hiːməl/ *a.* *(Br)* **1** *(Biol)* *(relating to the blood)* emale. **2** *(Anat,Zool)* *(relating to the heart)* cardiovascolare.

haematic /hiː'mætɪk/ *a.* *(Br,Anat,Med)* ematico.

haematin /'hiːmətɪn/ *n.* *(Br,Chim)* ematina *f.*

haematite /'hiːmətaɪt/ *n.* *(Br,Min)* ematite *f.*

haematocele /'hiːmətəʊsiːl/ *n.* *(Br,Med)* ematocele *m.*

haematocrit /'hiːmətəʊkrɪt/ *n.* *(Br,Fisiol)* ematocrito *m.*

haematogenous /ˌhiːmə'tɒdʒɪnəs/ *a.* *(Br,Med,Biol)* ematogeno.

haematologic /ˌhiːmətə'lɒdʒɪk/ *a.* *(Br,Med)* ematologico.

haematological /ˌhiːmətə'lɒdʒɪkəl/ *a.* *(Br,Med)* ematologico.

haematologist /ˌhiːmə'tɒlədʒɪst/ *n.* *(Br,Med)* ematologo *m.* (*f.* -a).

haematology /ˌhiːmə'tɒlədʒi/ *n.* *(Br,Med)* ematologia *f.*

haematoma /ˌhiːmə'təʊmə/ *(pl.* **-s** /-z/ o **-ta** /-tə/) *n.* *(Br,Med)* ematoma *m.*

haematophagus /ˌhiːmə'tɒfəgəs/ *a.* *(Br,Zool)* ematofago.

haematopoiesis /ˌhiːmætəʊpɔɪ'iːsɪs/ *n.* *(Br,Biol)* ematopoiesi *f.*, emopoiesi *f.*

haematoxylin /ˌhiːmə'tɒksɪlɪn/ *n.* *(Br,Chim)* ematossilina *f.*

haematozoon /ˌhiːmətəʊ'zəʊən/ *(pl.* **-zoa** /-'zəʊə/) *n.* *(Br,Zool)* ematozoo *m.*

haematuria /ˌhiːmə'tjʊərɪə/ *n.* *(Br,Med)* ematuria *f.*

haemochromatosis /ˌhiːməʊˌkrəʊmə'təʊsɪs/ *n.* *(Br,Med)* emocromatosi *f.*

haemocoel /'hiːməsiːl/ *n.* *(Br,Zool)* emocele *m.*

haemocyanin /ˌhiːmoʊ'saɪənɪn/ *n.* *(Br,Biol)* emocianina *f.*

haemodialysis /ˌhiːmoʊdaɪ'ælɪsɪs/ *n.* *(Br,Med)* emodialisi *f.*

haemoglobin /ˌhiːmoʊ'gloʊbɪn/ *n.* *(Br,Chim,Biol)* emoglobina *f.*

haemolymph /'hiːmoʊlɪm(p)f/ *n.* *(Br,Zool)* emolinfa *f.*

haemolysis /hiː'mɒlɪsɪs/ *n.* *(Br,Biol)* emolisi *f.*

haemolytic /ˌhiːmə'lɪtɪk/ *a.* *(Br,Med)* emolitico: ~ *anaemia* anemia emolitica, ~ *disease of the newborn* malattia emolitica del neonato.

haemophilia /ˌhiːmə'fɪlɪə/ *n.* *(Br,Med)* emofilia *f.*

haemophiliac /ˌhiːmə'fɪliæk/ *n.* *(Br,Med)* emofiliaco *m.* (*f.* -a).

haemophilic /ˌhiːmə'fɪlɪk/ *a.* *(Br,Med)* emofiliaco.

haemopoiesis /ˌhiːmɔːpɔɪ'iːsɪs/ *n.* *(Br,Biol)* ematopoiesi *f.*, emopoiesi *f.*

haemoptysis /hiː'mɒptɪsɪs/ *n.* *(Br,Med)* emottisi *f.*

haemorrhage /'hemərɪdʒ/ **I** *n.* *(Br)* **1** *(Med)* emorragia *f.* **2** *(fig)* emorragia *f.*, perdita *f.*, fuga *f.* **II** *v.i.* perdere sangue, sanguinare. **III** *v.t.* *(fig)* perdere, gettare.

haemorrhagic /ˌhemə'rædʒɪk/ *a.* *(Br,Med)* emorragico. ☐ *(Med)* ~ *fever* febbre emorragica.

haemorrhoidal /ˌhemə'rɔɪdəl/ *a.* *(Br,Med)* emorroidale.

haemorrhoids /'hemərɔɪdz/ *n.pl.* *(Br,Med)* emorroidi *f.pl.*

haemostasia /ˌhiːmə'steɪzɪə/ *n.* *(Br,Med)* emostasia *f.*, emostasi *f.*

haemostasis /ˌhiːmə'steɪsɪs/ *n.* *(Br,Med)* emostasia *f.*, emostasi *f.*

haemostat /'hiːməstæt/ *n.* *(Br,Med)* emostatico *m.*

haemostatic /ˌhiːmə'stætɪk/ **I** *a.* *(Br,Med)* emostatico. **II** *n.* *(Med)* emostatico *m.*

haere mai /haɪrə'maɪ/ *intz.* *(NZ)* benvenuto!

hafnium /'hæfnɪəm/ *n.* *(Chim)* afnio *m.*

haft /hɑːft Am hæft/ **I** *n.* **1** manico *m.* **2** *(of a dagger)* impugnatura *f.*; *(of a sword)* elsa *f.*, impugnatura *f.* **II** *v.t.* **1** mettere il manico a. **2** *(of a sword, dagger)* fornire di impugnatura, fornire di elsa.

hag[1] /hæg/ *n.* **1** *(ugly old woman)* vecchiaccia *f.*, strega *f.*, megera *f.*, befana *f.* **2** *(witch)* strega *f.*

hag[2] /hæg/ **I** *n.* **1** palude *f.*, acquitrino *m.* **2** *(firm spot in a bo100g)* terreno *m.* solido in una palude. **3** *(in a peat bog)* affioramento *m.* di torba.

hagborn /'hægbɔːn Am 'hægbɔːrn/ *a.* *(ant)* nato da una strega.

hagfish /'hægfɪʃ/ *n.* *(Itt)* specie *f.* di missine.

Haggada /hæg'ʌdə Am hə'gɑːdə/ *n.* *(Rel.ebr)* Haggadà *f.*

Haggadah /hæg'ʌdə Am hə'gɑːdə/ *n.* *(pl.* **-da(h)s, -doth** /-doʊθ/) *n.* *(Rel.ebr)* Haggadà *f.*

Haggai /'hægeɪaɪ Am 'hægiaɪ/ *n.pr.m.* *(Bibl)* Aggeo.

haggard /'hægəd Am 'hægərd/ *I* *a.* **1** *(worn)* macilento, smunto, sparuto. **2** *(looking exhausted)* dall'aspetto stanco, disfatto. **3** *(of a hawk)* non addomesticato, selvatico, selvaggio. **II** *n.* falco *m.* non addomesticato, falco *m.* selvatico.

haggardness /'hægədnəs Am 'hægərdnəs/ *n.* aspetto *m.* smunto.

haggis /'hægɪs/ *n.* *(Gastron)* salsicciotto *m.* scozzese a base di frattaglie.

haggish /'hægɪʃ/ *a.* da strega, simile a strega.

haggle /'hægl/ **I** *v.i.* **1** mercanteggiare, contrattare *(over* su), tirare sul prezzo. **2** *(to wrangle)* discutere (di), disputare (di, su), cavillare (su). **II** *v.t.* *(dial)* tagliare lacerando. **III** *n.* **1** contrattazione *f.*, mercanteggiamento *m.* **2** *(dispute)* disputa *f.*, discussione *f.*

haggler /'hæglər/ *n.* chi mercanteggia.

hagiocracy /ˌhægi'ɒkrəsi Am ˌhægi'ɑːkrəsi/ *n.* **1** *(sacred government)* governo *m.* di santi, governo *m.* di sacerdoti. **2** *(hierarchy of saints)* gerarchia *f.* dei santi.

Hagiographa /ˌhægi'ɒgrəfə Am ˌhægi'ɑːgrəfə/ *n.pl.* *(costr.sing.)* *(Bibl)* Agiografi *m.pl.*

hagiographer /ˌhægi'ɒgrəfər Am ˌhægi'ɑːgrəfər/ *n.* **1** scrittore *m.* degli Agiografi. **2** *(biographer of saints)* agiografo *m.*

hagiographic /ˌhægiə'græfɪk/ *a.* agiografico.

hagiographical /ˌhægiə'græfɪkəl/ *a.* agiografico.

hagiographist /ˌhægi'ɒgrəfɪst Am ˌhægi'ɑːgrəfɪst/ *n.* agiografo *m.*

hagiography /ˌhægi'ɒgrəfi Am ˌhægi'ɑːgrəfi/ *n.* agiografia *f.*

hagiolatry /ˌhægi'ɒlətri Am ˌhægi'ɑːlətri/ *n.* adorazione *f.* dei santi.

hagiologist /ˌhægi'ɒlədʒɪst Am ˌhægi'ɑːlədʒɪst/ *n.* agiologo *m.* (*f.* -a).

hagiology /ˌhægi'ɒlədʒi Am ˌhægi'ɑːlədʒi/ *n.* **1** agiologia *f.* **2** *(book)* biografia *f.* di santi. **3** *(list of saints)* martirologio *m.*

hag-ridden /'hægˌrɪdən/ *a.* **1** *(lett)* tormentato, ossessionato, assillato. **2** *(suffering from nightmares)* tormentato da incubi.

Hague /heɪg/ ☐ *(Geog)* *the* ~ l'Aia; *(Pol)* ~ *Tribunal* tribunale arbitrale dell'Aia.

hah /hɑː/ *intz.* *(of surprise, etc.)* ah!, hah!

ha-ha[1] /hɑː'hɑː/ **I** *intz.* ah ah! **II** *n.* ah ah *m.*

ha-ha[2] /'hɑːhɑː/ *n.* steccato *m.* nascosto in un fossato di cinta.

hahnium /'hɑːnɪəm/ *n.* *(Chim)* hahnio *m.*

Haifa /'haɪfə/ *n.pr.* *(Geog)* Haifa *f.*, *(ant)* Caifa *f.*

haik /'hɑːɪk, heɪk/ *n.* *(Abbigl)* haik *m.*

haiku /'haɪkuː/ *n.* *(Lett)* haiku *m.*

hail[1] /heɪl/ **I** *intz.* *(lett,ant)* *(as an acclamation)* salve!, salute! **II** *n.* **1** grido *m.* di saluto, saluto *m.* **2** *(shout of acclamation)* acclamazione *f.* **III** *v.t.* **1** *(to summon by calling)* chiamare (ad alta voce): *to ~ a taxi* chiamare un taxi. **2** *(to greet)* salutare. **3** *(to acclaim)* acclamare, applaudire, inneggiare. **4** *(to proclaim)* proclamare, acclamare: *he was -ed as a national hero* fu proclamato eroe nazionale. **IV** *v.i.* salutare ad alta voce. ☐ *to ~ from:* **1** *(Mar)* venire da; **2** *(colloq)* *(of persons)* venire da, essere (originario) di; *(Rel.catt)* *Hail Mary* Ave Maria; *within* ~ abbastanza vicino da poter sentire, a tiro di voce, a portata di voce.

hail[2] /heɪl/ **I** *n.* **1** *(Meteor)* grandine *f.*; *(hailstorm)* grandinata *f.* **2** *(fig)* grandine *f.*, scaricata *f.*, bordata *f.*, torrente *m.*, tempesta *f.*: *a ~ of bullets* una grandine di pallottole; *a ~ of abuse* una pioggia di insulti. **II** *v.i.impers.* **1** grandinare. **2** *(fig)* grandinare, venire giù come grandine. **III** *v.t.* *(fig)* rovesciare, tempestare (di): *to ~ insults on so.* coprire qcu. di insulti. ☐ *(Agr)* ~ *defence* difesa antigrandine; *to ~ down:* **1** tempestare di, coprire di: *insults -ed down on him* lo hanno coperto di insulti; **2** *(used impersonally)* grandinare *(anche fig)*; *(Assic)* ~ *insurance* assicurazione contro la grandine.

hail-fellow /'heɪlfeloʊ/ **I** *a.* *(Br)* cameratesco, cordiale. **II** *n.* *(Br)* persona *f.* allegra e cordiale. ☐ *(Br) to be* ~ *with everyone* essere amico di tutti.

hail-fellow-well-met /ˌheɪlˌfeloʊwel'met/ **I**

a. (*Br*) cameratesco, cordiale. **II** *n.* (*Br*) persona *f.* allegra e cordiale.

hailing /'heɪlɪŋ/ □ *to be within ~distance of*: 1 essere a portata di voce di; 2 (*fig*) essere a un passo da.

hailstone /'heɪlstoʊn/ *n.* chicco *m.* di grandine.

hailstorm /'heɪlstɔːm *Am* 'heɪlstɔːrm/ *n.* (*Meteor*) grandinata *f.*

hair /heəʳ *Am* her/ *n.* **1** pelo *m.*; (*of the head*) capello *m.*; (*of an animal*) pelo *m.*, pelame *m.* **2** (*collett.*) capelli *m.pl.*, capigliatura *f.*, chioma *f.*: *she has brown ~* ha i capelli castani. **3** (*Bot*) pelo *m.*, tricoma *m.* **4** (*Tess*) pelo *m.* **5** (*fig*) → **hairsbreadth**. □ *~clip* molletta per capelli; *to make so.'s ~curl*: 1 (*to shock*) far rizzare i capelli a qcu.: *it's enough to make your ~ curl* ti fa rizzare i capelli; 2 (*scherz*) (*to do so. good*) far rinascere; *~ curlers* bigodini; *to do one's ~* pettinarsi, acconciarsi i capelli; *to let one's ~ down*: 1 sciogliersi i capelli; 2 (*colloq*) (*to be carefree*) rilassarsi, lasciarsi andare; 3 (*colloq*) (*to be frank*) parlare liberamente, parlare senza riserve; (*Cosmet*) *~extension* extension (per l'allungamento dei capelli); (*Cosmet*) *~gel* gel (per capelli); (*colloq*) *to be in so.'s ~* (*o to get in so.'s ~*) far venire il nervoso a qcu., dare ai nervi a qcu.; (*Br,colloq*) *to keep one's ~ on* stare calmo; (*Br,colloq*) *~of the dog (that bit you)* drink anti-sbornia, bevanda alcolica per togliere la sbornia; (*ant*) *~oil* brillantina; (*fig*) *this drink will put ~on your chest* questa bevanda ti farà rinascere; (*colloq*) *to be out of so.'s ~* (*o to get out of so.'s ~*) levarsi dai piedi; *not to have a ~ out of place* non avere un capello fuori posto, essere in perfetto ordine; *~pin* molletta; (*fig*) *to pull one's ~out* strapparsi i capelli; *to put one's ~ up* pettinarsi all'insù, tirarsi su i capelli; (*Cosmet*) *~remover* depilatore; (*Cosmet*) *~restorer* rigeneratore per capelli; *to set one's ~* farsi la messa in piega; *~shirt* cilicio; *~slide* fermaglio per capelli, fermacapelli; (*Cosmet*) *~spray* lacca per capelli; (*fig*) *to make so.'s ~ stand on end* far rizzare i capelli a qcu.; (*Cosmet*) *~styling gel* gel (per capelli); (*fig*) *to a ~* alla perfezione; (*Tecn*) *~trigger* grilletto molto sensibile.

hairball /'heəbɔːl *Am* 'herbɑːl/ *n.* (*Zool*) bezoar *m.*, tricobezoario *m.*

hairband /'heəbænd *Am* 'herbænd/ *n.* cerchietto *m.* (per capelli).

hairbreadth /'heəbredθ *Am* 'herbredθ/ *a./n.* → **hairsbreadth**.

hairbrush /'heəbrʌʃ *Am* 'herbrʌʃ/ *n.* spazzola *f.* per capelli.

haircloth /'heəklɒθ *Am* 'herklɑːθ/ *n.* (*Tess*) tessuto *m.* di crine.

haircut /'heəkʌt *Am* 'herkʌt/ *n.* taglio *m.* dei capelli. □ *togive so. a ~* tagliare i capelli a qcu.; *tohave a ~* farsi tagliare i capelli.

hairdo /'heəduː *Am* 'herduː/ (*pl.* **-s** /-z/) *n.* (*colloq*) pettinatura *f.*, acconciatura *f.*

hairdresser /'heə,dresəʳ *Am* 'her,dresəʳ/ *n.* **1** (*for women*) parrucchiere *m.* (*f.* **-a**). **2** (*barber*) barbiere *m.*

hairdressing /'heə,dresɪŋ *Am* 'her,dresɪŋ/ *n.* **1** (*occupation*) mestiere *m.* di parrucchiere. **2** (*Br*) (*hairdo*) acconciatura *f.* **3** (*Br*) (*lotion, etc.*) lozione *f.* per capelli.

hairdrier, hairdryer, hair-dryer /'heə,draɪəʳ *Am* 'her,draɪəʳ/ *n.* asciugacapelli *m.*, fon *m.*

haired /heəd *Am* herd/ *a.* (*in compounds*) dai capelli...: *long-~* dai capelli lunghi.

hairgrip /'heəgrɪp/ *n.* (*Br*) molletta *f.* (per capelli), forcina *f.*

hairiness /'heərɪnəs *Am* 'herɪnəs/ *n.* pelosità

f., villosità *f.*

hairless /'heələs *Am* 'herləs/ *a.* **1** senza peli, glabro. **2** (*bald*) senza capelli, calvo.

hairline /'heəlaɪn *Am* 'herlaɪn/ **I** *n.* **1** (*upper forehead*) attaccatura *f.* dei capelli: *a receding ~* un'attaccatura di capelli che diventa sempre più alta. **2** (*very thin line*) linea *f.* finissima. **3** (*Tip*) filo *m.* **4** (*Tess*) stoffa *f.* a righe sottilissime. **II** *a.* sottile, sottilissimo, fino, finissimo. □ *~crack* incrinatura; *~fracture* microfrattura.

hairnet /'heənet *Am* 'hernet/ *n.* reticella *f.*, retina *f.* per capelli.

hairpiece /'heəpiːs *Am* 'herpiːs/ *n.* toupet *m.*

hairpin /'heəpɪn *Am* 'herpɪn/ *n.* forcina *f.*, forcella *f.* □ (*Br,Strad*) *~bend* tornante; (*Am, Strad*) *~turn* tornante.

hair-raiser /'heə,reɪzəʳ *Am* 'her,reɪzəʳ/ *n.* storia *f.* agghiacciante, racconto *m.* agghiacciante.

hair-raising /'heə,reɪzɪŋ *Am* 'her,reɪzɪŋ/ *a.* **1** da far rizzare i capelli, terrificante, agghiacciante. **2** (*thrilling*) emozionante, pieno di suspense.

hairsbreadth /'heəsbredθ *Am* 'hersbredθ/ **I** *a.* strettissimo, ristrettissimo. **II** *n.*: *to win by a ~* vincere per un pelo; *a ~from defeat* a un pelo dalla sconfitta. □ *to have a ~escape* salvarsi per il rotto della cuffia.

hairsplitter /'heə,splɪtəʳ *Am* 'her,splɪtəʳ/ *n.* cavillatore *m.* (*f.* -trice).

hairsplitting /'heə,splɪtɪŋ *Am* 'her,splɪtɪŋ/ **I** *n.* pedanteria *f.*, cavillosità *f.* **II** *a.* pedante, cavilloso, pignolo. □ (*fig*) *~discussion* questione di lana caprina.

hairspray /'heəspreɪ *Am* 'herspreɪ/ *n.* (*Cosmet*) lacca *f.* per capelli.

hairspring /'heəsprɪŋ *Am* 'hersprɪŋ/ *n.* (*Orol*) molla *f.* del bilanciere.

hairstyle /'heəstaɪl *Am* 'herstaɪl/ *n.* pettinatura *f.*, acconciatura *f.*

hairstylist /'heə,staɪlɪst *Am* 'her,staɪlɪst/ *n.* acconciatore *m.* (*f.* -trice), parrucchiere *m.* (*f.* -a).

hairworm, hair-worm /'heəwɜːm *Am* 'her wɜːrm/ *n.* (*Entom*) nematodo *m.*

hairy /'heəri *Am* 'heri/ *a.* **1** peloso, villoso, coperto di peli; (*hirsute*) irsuto: *a ~ chin* un mento irsuto. **2** (*resembling hair*) simile a pelo. **3** (*sl*) (*difficult, alarming*) difficoltoso, inquietante, critico.

Haiti /'heɪti, 'haɪti *Am* 'heɪti/ *n.pr.* (*Geog*) Haiti *f.*

Haitian /'heɪʃᵊn, 'heɪtiən/ **I** *a.* haitiano, di Haiti. **II** *n.* haitiano *m.* (*f.* -a). □ *~Creole* creolo haitiano.

haj, hajj /hædʒ/ *n.* (*Rel.islam*) haj *m.*, hajj *m.*, pellegrinaggio *m.* alla Mecca.

haji, hajji /'hædʒi/ *n.* (*Rel.islam*) haji *m.*, hajji *m.* (titolo meritorio di un musulmano che ha fatto il pellegrinaggio alla Mecca).

haka /'hɑːkə/ *n.* (*NZ*) danza *f.* di guerra (dei Maori).

hake /heɪk/ (*pl.inv.* o **-s** /-s/; *il pl. inv. si usa general. con valore collett.*) *n.* (*Itt*) nasello *m.*

Hal /hæl/ *n.pr.m. dim. di* Harold, Henry.

halal /həˈlɑːl, hælˈæl/ *a.* (*Rel.islam*) (*relating to meat*) puro secondo la legge islamica, islamico: *~butcher's* macelleria islamica.

halation /həˈleɪʃᵊn *Br also* hælˈeɪʃᵊn/ *n.* (*Fot*) alone *m.*

halberd /'hælbəd *Am* 'hælbəʳd/ *n.* (*Mil,ant*) alabarda *f.*

halberdier /,hælbəˈdɪəʳ *Am* ,hælbəʳˈdɪr/ *n.* (*Mil,ant*) alabardiere *m.*

halbert /'hælbət *Am* 'hælbəʳt/ *n.* (*Mil,ant*) alabarda *f.*

halcyon /'hælsɪən/ **I** *n.* (*Mitol,poet*) alcione *m.* **II** *a.* **1** calmo, sereno; (*poet*) alcionico. **2**

(*happy*) felice, lieto. □ *~days*: 1 (*Mitol*) giorni alcioni, giorni alcionici; 2 (*fig*) giorni felici.

hale[1] /heɪl/ *a.* sano, rubizzo, arzillo, vigoroso: *a ~ old man* un vecchietto rubizzo. □ *to be ~ and hearty* essere vivo e vegeto.

hale[2] /heɪl/ *v.t.* (*ant*) tirare, trascinare.

half /hɑːf *Am* hæf/ **I** *n.* (*pl.* **halves** /hɑːvz *Am* hævz/) **1** metà *f.*, mezzo *m.*: *~ of four is two* la metà di quattro è due; *a kilo and a ~* un chilo e mezzo; *two halves make a whole* due metà fanno un intero; *a good ~* una buona metà. **2** (*of time*) mezzo *m.*: *it is ~ past four* sono le quattro e mezzo. **3** (*one of a pair*) metà *f.* **4** (*partner*) compagno *m.* (*f.* -a), metà *f.* **5** (*Sport*) tempo *m.*: *first ~* primo tempo. **6** (*Sport*) (*halfback*) mediano *m.* **7** (*Br,colloq*) (*child's fare*) biglietto *m.* ridotto (per bambino): *two and two halves* due adulti e due bambini. **8** (*colloq*) (*half-pint*) mezza pinta *f.* **9** (*Br,colloq*) (*semester*) semestre *m.* **10** (*Am, colloq*) (*half a dollar*) mezzo dollaro *m.* **II** *a.* **1** mezzo: *a ~pound* mezza libbra. **2** (*partial*) parziale, incompleto. **3** (*imperfect*) imperfetto, a metà. **4** (*nearly all*) quasi tutto, (*colloq*) mezzo: *~ the town knows* lo sa mezza città. **III** *avv.* **1** a metà: *the bottle is ~ full* la bottiglia è piena a metà. **2** (*partly*) in parte, per metà, un po': *only ~ convinced* convinto soltanto per metà; *to ~ expect so. to do sth.* essere quasi certi che qcu. farà qcs., essere abbastanza sicuro che qcu. farà qcs. **3** (*almost*) quasi, (*colloq*) mezzo. **4** (*colloq*) (*half past*) mezzo: *it's ~ eleven* sono le undici e mezzo. □ (*colloq*) *~a chance* la minima opportunità; (*fig*) *with only ~a heart* senza (molto) entusiasmo, svogliatamente; (*fig*) *to be only ~a man* essere una mezza cartuccia; (*colloq*) *I have ~a mind to do it* ho una mezza idea di farlo; (*Br,colloq*) *in ~a mo* in un istante, in un baleno; (*colloq*) *and a ~*: 1 molto importante; 2 (*of great difficulty*) molto difficile; *~as bigagain* più grande di una volta e mezzo; *~ as many* la metà: *~ as many again* una volta e mezzo quelli di prima; *~ as much again* una volta e mezzo la quantità di prima, un'altra metà; *I earn ~ as much as you* guadagno la metà di quello che guadagni tu; (*Legat*) *~binding* rilegatura in mezza pelle; *~board* mezza pensione; (*Calz*) *~boot* stivaletto; *~ brother* fratellastro; *by ~*: 1 di gran lunga: *the best by ~* di gran lunga il migliore; (*colloq*) *he is too clever by ~* è fin troppo furbo; 2 (*incompletely*) a metà: *to do sth. by halves* fare qcs. a metà; (*Arm*) *~cock* posizione di sicura; *at ~ cock* col cane in sicura; *to go off at ~ cock*: 1 fare fuoco prima del tempo; 2 (*fig*) agire prima del tempo, partire in quarta; *~crown* (*o ~ a crown*) mezza corona; *~dozen* (*o ~ a dozen*) mezza dozzina, sei; *to be ~drunk* essere alticcio, essere brillo; *togo halves* dividere a metà, dividere in parti uguali, fare a metà; (*Mar*) *~ hitch* nodo a mezzo collo; *~ holiday* giorno di mezza festa, giorno semifestivo; *~ an hour* (*o ~ hour*) mezz'ora; *in ~* a metà, in due: *to divide in ~* dividere in due (parti uguali); *~ laughing, ~ crying* ridendo e piangendo; *~ mast* centro dell'asta; *~measure* mezza misura (*anche fig*); *~ mourning* mezzo lutto; (*Sport*) *~nelson* elson; (*colloq*) *not ~* niente, niente affatto, per niente: *this is not ~ bad* questo non è niente male; (*Br,colloq*) *do you want to come with me? - not ~!* vuoi venire con me? - eccome!; (*spec. Am,Mus*) *~note* minima; *the ~of it* in parte, la metà: *he only told you the ~ of it* ti ha raccontato solo la metà della storia; (*iron*) *you don't know the ~ of it* aspetta di sentire il resto della storia; *~pint*:

1 mezza pinta; 2 (*colloq,scherz*) (*short person*) mezza porzione, mezza calzetta; ~ *price* metà prezzo: *a ~ price offer* una offerta (speciale) a metà prezzo; (*Scult*) ~ *relief* mezzo rilievo; (*Br,ant*) ~ *seas over* brillo, alticcio; *a ~ share* una metà; (*Br,colloq*) *he didn't ~ shout at me* mi ha sgridato, eccome!, accidenti se mi ha sgridato!; ~ *sister* sorellastra; ~ *size* mezza misura; (*Calz*) ~ *sole* mezza suola; (*Numism*) ~ *sovereign* (*British gold coin*) mezza sovrana; (*Am,Mus*) ~ *step* semitono; ~ *the battle* (già) mezza battaglia vinta; ~ *the time*: 1 metà del tempo, metà tempo: *I could have finished it in ~ the time* avrei potuto finirlo nella metà del tempo; 2 (*colloq*) (*almost always*) spesso, quasi sempre, per lo più; (*Tip*) ~ *title* occhiello, occhietto; *I ~ wish I hadn't come* quasi mi dispiace di essere venuto. Prov.: ~ *a loaf is better than none* (o ~ *a loaf is better than no bread*) meglio poco che niente.

half-adder /'hɑ:fædə^r *Am* 'hæfædə^r/ *n.* (*Inform*) semiaddizionatore *m.*

half-adjusting /'hɑ:fə,dʒʌstɪŋ *Am* 'hæfə dʒʌstɪŋ/ *n.* arrotondamento *m.*

half-and-half /,hɑ:f^ən(d)'hɑ:f *Am* ,hæf^ən(d) 'hæf/ **I** *a.* mezzo e mezzo, metà e metà. **II** *n.* 1 miscela *f.* (di due cose in parti uguali). 2 (*Br,colloq*) miscela *f.* di birra chiara e scura. 3 (*Am,colloq*) miscela *f.* di latte e panna. **III** *avv.* a metà, in due parti uguali.

half-arsed /'hɑ:f,ɑːsd/ *n.* (*Br,sl,volg*) (*fool*) imbecille *m.*, mezza sega *f.*

half-assed /'hæf'æst/ *a.* (*Am,sl,volg*) (*poorly done*) fatto col culo.

halfback, half-back /'hɑ:fbæk *Am* 'hæfbæk/ *n.* (*Sport*) mediano *m.*

half-baked /,hɑ:f'beɪkt *Am* 'hæf'beɪkt/ *a.* 1 mezzo cotto, semicotto. 2 (*fig*) (*poorly conceived*) mal preparato, mal elaborato. 3 (*fig*) (*dull-witted*) sciocco, (*colloq*) tonto.

half-blood /'hɑ:fblʌd *Am* 'hæfblʌd/ *n.* 1 consanguineità *f.* (di diverso letto). 2 (*person*) consanguineo *m.* (*f.* -a) (di diverso letto). 3 (*offensive, referring to people*) meticcio *m.* (*f.* -a). 4 (*referring to animals*) mezzosangue *m./f.*

half-blooded /,hɑ:f'blʌdɪd *Am* 'hæf'blʌdɪd/ *a.* consanguineo (di diverso letto).

half-bred /'hɑ:fbred *Am* 'hæfbred/ *a.* 1 di sangue misto. 2 (*fig*) (*half educated*) poco istruito. 3 (*fig*) (*ill-mannered*) maleducato, rozzo.

half-breed /'hɑ:fbri:d *Am* 'hæfbri:d/ *n.* (*spreg*) 1 (*offensive, referring to people*) meticcio *m.* (*f.* -a). 2 (*referring to animals*) mezzosangue *m./f.*

half-caste /'hɑ:fkɑ:st *Am* 'hæfkæst/ **I** *n.* (*spreg*) (*offensive*) meticcio *m.* (*f.* -a), mezzosangue *m./f.* **II** *a.* (*spreg*) (*offensive*) meticcio, di razza mista.

half-cocked /,hɑ:f'kɒkt *Am* ,hæf'kɑːkt/ *a.* 1 (*Mil*) (*of a firearm*) in posizione di sicura. 2 (*fig*) impreparato, imprudente. ☐ (*Am, colloq*) *to go off* ~: 1 fare fuoco prima del tempo; 2 (*fig*) agire prima del tempo, partire in quarta.

half-crown /,hɑ:f'kraʊn/ *n.* (*Br*) mezza corona *f.*

half-cut /,hɑ:f'kʌt/ *a.* (*Br,colloq*) mezzo ubriaco.

half-dead /,hɑ:f'ded *Am* ,hæf'ded/ *a.* mezzo morto (*anche fig*).

half-duplex /'hɑ:f,dju:pleks *Am* 'hæf du:pleks/ *n.* (*Inform,El*) semiduplex *m.*

half-glasses /'hɑ:f,glɑ:sɪz *Am* 'hæf,glæsɪz/ *n.pl.* mezzi occhiali *m.pl.*

half-hardy /,hɑ:f'hɑ:di *Am* ,hæf'hɑːdi/ *a.* (*Bot*) che resiste al freddo.

half-hearted /,hɑ:f'hɑ:tɪd *Am* ,hæf'hɑ:tɪd/ *a.*

1 (*unenthusiastic*) poco entusiasta, tiepido. 2 (*divided in feelings*) esitante, incerto: *a ~ attempt* un timido tentativo.

half-heartedly /,hɑ:f'hɑ:tɪdli *Am* ,hæf 'hɑːrtɪdli/ *avv.* con scarso entusiasmo.

half-heartedness /,hɑ:f'hɑ:tɪdnəs *Am* ,hæf 'hɑːrtɪdnəs/ *n.* mancanza *f.* d'entusiasmo, tiepidezza *f.*

half-hour /,hɑ:f'aʊə^r *Am* ,hæf'aʊə^r/ *n.* mezz'ora *f.*

half-hourly /,hɑ:f'aʊəli *Am* ,hæf'aʊə^rli/ **I** *a.* 1 di mezz'ora. 2 (*occurring every half-hour*) che avviene ogni mezz'ora. **II** *avv.* ogni mezz'ora.

half-length /'hɑ:f'leŋ(k)θ *Am* ,hæf'leŋ(k)θ/ **I** *n.* 1 (*Art*) mezza figura *f.* 2 (*portrait*) ritratto *m.* a mezzo busto. **II** *a.* a mezzo busto.

half-life /'hɑ:flaɪf *Am* 'hæflaɪf/ *n.* 1 (*Nucl*) periodo *m.* di dimezzamento. 2 (*Biol*) emivita *f.*

half-light /'hɑ:flaɪt *Am* 'hæflaɪt/ *n.* penombra *f.*, semioscurità *f.*

half-mast /,hɑ:f'mɑ:st *Am* ,hæf'mæst/ *n.* centro m. dell'asta. ☐ *at* ~ a mezz'asta: *to fly a flag at* ~ alzare una bandiera a mezz'asta; (*scherz*) *his trousers were at* ~ aveva i pantaloni (così corti) che arrivavano alle ginocchia.

half-measures /'hɑ:f,meʒəz *Am* ,hæf 'meʒə^rz/ *n.pl.* mezze misure *f.pl.*

half-monthly /hɑ:fmʌnθli/ **I** *avv.* (*Br*) ogni quindici giorni. **II** *a.* (*Br,Giorn*) quindicinale.

half-moon /,hɑ:f'mu:n *Am* ,hæf'mu:n/ *n.* 1 (*Astr,Arald*) mezzaluna *f.* 2 (*colloq*) (*lunule*) lunula *f.* dell'unghia, (*colloq*) lunetta *f.*

half-naked /,hɑ:f'neɪkɪd *Am* ,hæf'neɪkɪd/ *a.* mezzo nudo, seminudo.

half-pay /,hɑ:f'peɪ *Am* ,hæf'peɪ/ *n.* (*Ind,Mil*) mezza paga *f.*

halfpenny /'heɪpəni/ **I** *n.* (*pl.* **-ies** /-iz/) (*Br,ant*) (*bronze coin*) mezzo penny *m.*, moneta *f.* da mezzo penny. **II** *a.* 1 (*Br,ant*) da mezzo penny. 2 (*fig*) da due soldi.

halfpennyworth /'heɪpəniwɜ:θ/ *n.* 1 (*Br,ant*) (*amount worth a halfpenny*) valore *m.* di mezzo penny, mezzo penny *m.* 2 (*insignificant amount*) quantità *f.* esigua.

half-pie /,hɑ:f'paɪ *Am* ,hæf'paɪ/ *a.* (*NZ*) mediocre, modesto.

half-slip /'hɑ:fslɪp *Am* 'hæfslɪp/ *n.* (*Abbigl*) sottoveste *f.* a vita alta.

half-term /,hɑ:f'tɜ:m/ *n.* (*GB,Scol*) metà quadrimestre *m.*: ~ *holiday* vacanze a metà quadrimestre.

half-timbered /,hɑ:f'tɪmbəd *Am* ,hæf 'tɪmbə^rd/ *a.* (*Arch*) in legno e muratura.

half-time /,hɑ:f'taɪm *Am* 'hæftaɪm/ **I** *a.* a mezza giornata. **II** *n.* 1 (*Ind*) mezza giornata *f.* 2 (*Sport*) intertempo *m.*; (*intermission*) intervallo *m.*

halftone, half-tone /,hɑ:f'toʊn *Am* 'hæf toʊn/ **I** *n.* 1 mezzatinta *f.* (*anche Pitt,Fot,Tip*). 2 (*Am,Mus*) semitono *m.* **II** *a.* (*Fot,Tip*) retinato, a mezzatinta.

half-track /'hɑ:ftræk *Am* 'hæftræk/ *n.* (*Aut*) mezzo *m.* cingolato, semicingolato *m.*

half-truth /,hɑ:f'tru:θ *Am* 'hæftru:θ/ *n.* mezza verità *f.*

half-volley /,hɑ:f'vɒli *Am* 'hæf,vɑːli/ *n.* (*Sport*) mezza volée *f.*

halfway /,hɑ:f'weɪ *Am* 'hæf'weɪ/ **I** *avv.* 1 a metà strada, a metà: *we went* ~ siamo arrivati a metà strada. 2 (*fig*) quasi, mezzo. **II** *a.* di mezzo, posto a metà strada, mediano, centrale. ☐ ~ *down the road* a metà strada; ~ *down the stairs* a metà delle scale (scendendo); ~ *house*: 1 (*rehabilitation centre*) centro di riabilitazione; 2 (*stopping place*) punto di ristoro, punto di riposo, momento di respiro; 3 (*Br,fig*) (*compromise solution*) so-

luzione di compromesso, via di mezzo, compromesso; 4 (*Br*) (*halfway point*) metà strada; *to be* ~ *there* essere a metà strada; ~ *through August* verso la metà di agosto.

halfwit, half-wit /'hɑ:fwɪt *Am* 'hæfwɪt/ *n.* (*colloq*) sciocco *m.* (*f.* -a), stupido *m.* (*f.* -a), imbecille *m./f.*

half-witted /,hɑ:f'wɪtɪd *Am* ,hæf'wɪtɪd/ *a.* (*colloq*) sciocco, stupido.

half-wittedly /,hɑ:f'wɪtɪdli *Am* ,hæf'wɪtɪdli/ *avv.* (*colloq*) stupidamente.

half-wittedness /,hɑ:f'wɪtɪdnəs *Am* ,hæf 'wɪtɪdnəs/ *n.* (*colloq*) stupidità *f.*

half-yearly /,hɑ:f'jɪəli *Am* ,hæf'jɪrli/ **I** *a.* semestrale. **II** *avv.* semestralmente, ogni sei mesi, due volte l'anno.

halibut /'hælɪbət/ (*pl.inv.* o **-s** /-s/; *il pl. inv. si usa general. con valore collett.*) *n.* (*Itt*) ippoglosso *m.*, halibut *m.*

Halicarnassus /,hælɪkɑ:'næsəs *Am* ,hælɪkɑːr 'næsəs/ *n.pr.* (*Geog.stor*) Alicarnasso *f.*

halide /'hælaɪd, 'heɪlaɪd/ *n.* (*Chim*) alogenuro *m.*

Halifax /'hælɪfæks/ *n.pr.* (*Geog*) Halifax *f.*

halite /'hælaɪt/ *n.* (*Min*) salgemma *m.*, alite *f.*

halitosis /,hælɪ'toʊsɪs/ (*pl.* **-ses** /-si:z/) *n.* (*Med*) alitosi *f.*

hall /hɔ:l/ *n.* 1 (*large room*) sala *f.*, salone *m.*: *banquet* ~ (o *banqueting* ~) sala per banchetti; *dance* ~ sala da ballo; *concert* ~ auditorium. 2 (*large building*) palazzo *m.*: ~ *of justice* palazzo di giustizia; *town* ~ (o *city* ~) municipio. 3 (*vestibule*) atrio *m.*, ingresso *m.*, vestibolo *m.*; (*in a hotel*) hall *f.* 4 (*Am*) (*corridor*) corridoio *m.* 5 (*Br*) (*country residence*) villa *f.*; (*house of a lord, etc.*) castello *m.*, maniero *m.* 6 (*Br,Univ*) (*building*) college *m.*, (*hall of residence*) casa *f.* dello studente. ☐ (*Am*) *Hall of Fame* museo *m.* di cimeli (di personaggi famosi); (*Br,Univ*) ~ *of residence* casa dello studente; (*Br*) ~ *porter* portiere *m.* d'albergo.

hallelujah, hallelujah /,hælɪ'lu:jə/ **I** *intz.* alleluia! **II** *n.* (*Lit*) alleluia *m.*

Halley /'hæli *Am also* 'heɪli/ ☐ (*Astr*) ~'s *comet* cometa di Halley.

hallmark /'hɔ:lmɑ:k *Am* 'hɔ:lmɑ:rk/ **I** *n.* 1 punzonatura *f.* di controllo, marchio *m.*, marchio *m.* di autenticità, marchio *m.* di garanzia. 2 (*fig*) segno *m.* caratteristico, elemento *m.* caratteristico, segno *m.* distintivo. **II** *v.t.* 1 punzonare. 2 (*fig*) caratterizzare, distinguere.

hallo /hə'loʊ *Br also* 'hæl'oʊ, hel'oʊ/ *intz./n.* → **hello.**

halloo /hə'lu:, *Br also* hæl'u:/ **I** *intz.* (*Caccia*) hallalì!; (*to attract attention*) ohe!, ehi! **II** *n.* grido *m.* di incitamento. **III** *v.i.* gridare hallalì.

hallow /'hæloʊ/ *v.t.* 1 santificare, rendere santo. 2 (*to consecrate*) consacrare. 3 (*to honour as holy, sacred*) santificare, venerare, glorificare: ~ *ed be Thy name* sia santificato il Tuo nome.

hallowed /'hæloʊd/ *a.* 1 santificato. 2 (*consecrated*) consacrato. 3 (*sacrosanct*) sacrosanto.

Halloween, Hallowe'en /,hæloʊ'i:n/ *n.* vigilia *f.* d'Ognissanti, notte *f.* di Halloween, festa *f.* di Halloween.

Hallowmas /'hæloʊməs/ *n.* (*rar*) Ognissanti *m.*, festa *f.* d'Ognissanti.

hallstand /'hɔ:lstænd/ *n.* (*Arred*) attaccapanni *m.* (a mobile).

halluces /'hæljʊsi:z/ → **hallux.**

hallucinant /hə'lu:sɪnənt/ *a.* allucinatorio, allucinante.

hallucinate /hə'lu:sɪneɪt/ **I** *v.i.* soffrire di allucinazioni, avere delle allucinazioni. **II** *v.t.* provocare allucinazioni a, allucinare.

hallucination /həˌluːsɪˈneɪʃ°n/ n. 1 (Psic) allucinazione f. 2 (fig) illusione f.

hallucinative /həˈluːsɪnətɪv Am həˈluːsɪnətɪv/ a. allucinatorio.

hallucinator /həˈluːsɪneɪtər Am həˈluːsɪneɪtər/ n. persona f. che soffre di allucinazioni.

hallucinatory /həˈluːsɪnət°ri, həˌluːsɪˈneɪt°ri Am həˈluːsɪnətɔːri/ a. allucinatorio.

hallucinogen /həˈluːsɪnədʒ°n, ˌhæluːˈsɪnədʒ°n/ n. (Farm) allucinogeno m., sostanza f. allucinogena.

hallucinogenic /həˌluːsɪnouˈdʒenɪk/ a. allucinogeno.

hallucinosis /həˌluːsɪˈnousɪs/ (pl. -ses /-siːz/) n. (Psic) allucinosi f.

hallux /ˈhæləks/ (pl. **halluces** /ˈhæljusiːz/) n. (Anat) alluce m.

hallway /ˈhɔːlweɪ/ n. (spec. Am) corridoio m.; (entrance hall) ingresso m.

halma /ˈhælmə/ n.inv. (game) alma m.

halo /ˈheɪlou/ I n. (pl. **-s/-es** /-z/) 1 (Rel,Pitt) aureola f. 2 (Fis,Astr,TV) alone m. 3 (glow, radiance) alone m., aureola f. di luce. 4 (fig) alone m. di gloria, aureola f. di gloria. II v.t. circondare con un alone. □ (fig) ~ effect il brillare di luce riflessa.

halocarbon /ˈhæləˌkɑːb°n Am ˈhæləˌkɑːrb°n/ I n. (Chim) idrocarburo m. alogenato. II a. (Chim) alogenato.

halogen /ˈhælədʒ°n Am ˈhæloudʒ°n/ n. (Chim) alogeno m. □ ~ lamp lampada alogena; ~ lights fari alogeni.

halogenate /həˈlɒdʒɪneɪt Am həˈlɑːdʒɪneɪt/ v.t. (Chim) alogenare.

halogenation /ˌhælædʒ°ˈneɪʃ°n/ n. (Chim) alogenazione f.

halon /ˈheɪlɒn Am ˈheɪlɑːn/ n. (Chim) halon m., idrocarburo m. alogenato.

haloperidol /ˌhæloʊˈperɪdɒl Am ˌhæloʊˈperɪdɑːl/ n. (Farm) aloperidolo m.

halophile /ˈhæloʊfaɪl/ n. (Bot) alofilo m., alofita m.

halophilic /ˌhæloʊˈfɪlɪk Am ˌhæloʊˈfɪlɪk/ a. (Bot) alofita.

halothane /ˈhæloʊθeɪn/ n. (Med) alotano m.

halt[1] /hɔːlt/ I v.i. 1 fermarsi, arrestarsi. 2 (Mil) arrestarsi, fare alt. II v.t. 1 fermare, arrestare. 2 (Mil) ordinare l'alt a, far arrestare. III n. 1 sosta f., fermata f., arresto m. 2 (Mil) alt m., ordine m. d'arresto. 3 (Br,Ferr) piccola stazione f. isolata. IV intz. alt! (anche Mil). □ to come to a ~ fermarsi, arrestarsi; it is time to call a ~ to this useless struggle è tempo di finirla con questa lotta inutile.

halt[2] /hɔːlt/ I v.t. (ant) 1 parlare esitando. 2 (to limp) zoppicare. II a. (ant) zoppo, zoppicante.

halter /ˈhɔːltər Am ˈhɔːltər/ I n. 1 (for horses, cattle) cavezza f., capestro m. 2 (hangman's rope) capestro m. 3 (Abbigl) top m. legato dietro il collo. II v.t. 1 mettere la cavezza a, imbrigliare. 2 (ant) (to hang) impiccare. □ (Abbigl) ~ neck prendisole; (fig) to put a ~ round one's own neck darsi la zappa sui piedi; (Abbigl) ~ top prendisole.

haltere /ˈhæltər Am ˈhæltɪr/ n. (Entom) altera f.

halting /ˈhɔːltɪŋ Am ˈhɔːltɪŋ/ a. 1 (hesitant) esitante, incerto. 2 (ant) zoppicante (anche Metr).

haltingly /ˈhɔːltɪŋli Am ˈhɔːltɪŋli/ avv. in modo esitante.

halva /ˈhælvə Am ˈhɑːlvə/ n. halva f.

halve /hɑːv Am hæv/ v.t. 1 (to cut into halves) tagliare a metà, dimezzare. 2 (to share equally) dividere (in due parti uguali), fare a metà di. 3 (to reduce by half) dimezzare, ridurre della metà: plague -d the population la peste dimezzò la popolazione. 4 (Sport) (in

golf) pareggiare. 5 (Fal) unire a mezzo legno, congiungere a mezzo legno.

halves /hɑːvz Am hævz/ → **half**.

halvsies /ˈhɑːvzɪz Am ˈhævzɪz/ □ (Am, colloq) to go ~ dividere a metà, dividere in parti uguali, fare a metà.

halyard /ˈhæljəd Am ˈhæljərd/ n. (Mar) drizza f.

ham[1] /hæm/ I n. 1 (Zool) (hind leg of a pig) coscia f. 2 (Alim) prosciutto m.: cooked ~ prosciutto cotto. 3 (Anat) parte f. posteriore della coscia, coscia f. e natica. 4 (Teat) (inept actor) attore m. (f. -trice) da strapazzo, (spreg) guitto m. 5 (Am,colloq) (one who loves the spotlight) persona f. che ama mettersi in luce. 6 (Br,colloq) (radio ham) radioamatore m. (f. -trice). II v.i. (Teat) gigioneggiare, recitare da gigione. III v.t. (Teat) recitare da gigione.

Ham /hæm/ n.pr.m. (Bibl) Cam.

hamadryad /ˌhæməˈdraɪæd/ (pl. -s /-z/, -ades /-ədiːz/) n. 1 (Mitol) amadriade f. 2 (Zool) (king cobra) vipera f. dagli occhiali.

hamadryas /ˌhæməˈdraɪəs/ n. (Zool) (hamadryas baboon) amadriade f.

hamate /ˈheɪmət/ a. (Anat) uncinato, armato: ~ bone osso uncinato.

Hamburg /ˈhæmbɜːg Am ˈhæmbɜːrg/ n.pr. (Geog) Amburgo f.

hamburger /ˈhæmˌbɜːgər Am ˈhæmˌbɜːrgər/ n. (Gastron) 1 hamburger m.; (bread roll with hamburger) panino m. (con hamburger), hamburger m.; (homemade) svizzera f. 2 (Am) (minced beef) manzo m. tritato. □ (colloq) ~ shop negozio di hamburger.

hame /heɪm/ n. (in a harness) anello m. del collare.

ham-fisted /ˌhæmˈfɪstɪd Am ˈhæmˌfɪstɪd/ a. (colloq) goffo, maldestro.

ham-handed /ˌhæmˈhændɪd Am ˈhæmˌhændɪd/ a. (colloq) goffo, maldestro.

ham-handedly /ˌhæmˈhændɪdli Am ˈhæmˌhændɪdli/ avv. (colloq) goffamente, maldestramente.

Hamite /ˈhæmaɪt/ n. (Etnol) camita m./f.

Hamitic /hæmˈɪtɪk Am ˈhæmˌɪtɪk/ I a. camitico. II n. camitico m., lingua f. camitica.

hamlet /ˈhæmlɪt/ n. piccolo villaggio m., frazione f., casale m., piccolo borgo m.

Hamlet /ˈhæmlɪt/ n.pr.m. (Lett) Amleto. □ (fig) ~ without the Prince of Denmark una cosa svuotata della sua essenza.

hammer[1] /ˈhæmər/ n. 1 martello m. 2 (Mus, Anat) martelletto m. 3 (of a firearm) cane m. 4 (of a bell, an auctioneer) martello m. 5 (Sport) martello m.: throwing the ~ lancio del martello. 6 (Mecc) maglio m.; (steam hammer) maglio m. a vapore; (drop hammer) maglio m. a caduta libera. 7 (fig) oppressore m. □ (Pol) ~ and sickle falce e martello; (Br, fig) ~ and tongs: 1 (in a rough-and-tumble manner) violentemente, con violenza; 2 (of style, words, etc.) con foga; (Arch) ~ beam trave sporgente; ~ blow: 1 colpo di martello, martellata; 2 (fig) mazzata, martellata; 3 (Ferr) martellamento; (Tecn) ~ drill trapano a percussione; ~ head: 1 testa del martello; (of a drop hammer) mazza battente; 2 (Itt) pesce martello; 3 (Ornit) uccello martello; 4 (colloq) (blockhead) zuccone, testa di legno; (Sport) ~ thrower martellista; (Med) ~ toe dito a martello; to go (o to come) under the ~ essere messo all'asta.

hammer[2] /ˈhæmər/ I v.t. 1 piantare con il martello, battere con il martello: to ~ a nail into a wall piantare un chiodo nel muro. 2 (to nail) inchiodare. 3 (Met) martellare, lavorare a martello. 4 (fig) (to hit) colpire (ripetutamente), martellare, battere. 5 (Art) martellinare. 6 (Econ) (to declare insolvent) di-

chiarare debitore moroso; (to bring down in price) far calare. 7 (fig) (to attack) attaccare, osteggiare; (to criticize heavily) criticare duramente. 8 (colloq) (to defeat heavily) sconfiggere clamorosamente. II v.i. martellare, battere con insistenza, picchiare con forza (at, on sth. qcs.). □ (fig) to ~ away at sth.: 1 lavorare con grande impegno a qcs; 2 (to reiterate) (ri)battere su qcs., insistere su qcs.; to ~ down inchiodare: he -ed down the lid inchiodò il coperchio; (fig) to ~ sth. into so.'s head far entrare qcs. in testa a qcu.; (fig) to ~ an argument home insistere su un argomento, battere su un argomento; to ~ sth. into shape foggiare qcs. a colpi di martello; to ~ out: 1 spianare col martello; 2 (fig) (to work out) elaborare: to ~ out a scheme elaborare un piano; 3 (fig) (to settle) appianare, risolvere; 4 (on a piano) strimpellare, suonare (picchiando i tasti); to ~ up inchiodare.

hammered /ˈhæmərd/ a. (Am,colloq) ubriaco.

hammerhead /ˈhæməhed Am ˈhæmərhed/ n. 1 (Itt) pesce m. martello. 2 (Ornit) uccello m. martello. 3 (colloq) (blockhead) zuccone m. (f. -a), testa f. di legno.

hammering /ˈhæmərɪŋ/ n. 1 martellamento m. (anche fig). 2 (colloq) (heavy defeat) sconfitta f. clamorosa. 3 (Met) lavorazione f. al maglio.

hammerkop /ˈhæməkɒp Am ˈhæmərkɑːp/ n. (Ornit) uccello m. martello.

hammerless /ˈhæmələs Am ˈhæmərləs/ a. (Mil) (of a firearm) a cani interni.

hammerlock /ˈhæmələk Am ˈhæmərlɑːk/ n. (Sport) (in wrestling) hammerlock m. (leva articolare al gomito dietro la schiena).

hammerstone /ˈhæməstoun Am ˈhæmərstoun/ n. (in palaeoethnology) hammerstone m., percussore m.

hammock /ˈhæmək/ n. 1 amaca f. 2 (Mar) branda f., letto m. pensile.

Hammond /ˈhæmənd/ n. (Mus) hammond m., organo m. elettronico.

hammy /ˈhæmi/ a. 1 (of hands or thighs) a prosciutto, simile a un prosciutto. 2 (Teat) gigionesco, esagerato.

hamper[1] /ˈhæmpər/ I v.t. 1 impacciare, impedire, intralciare. 2 (to hinder) ostacolare, intralciare: to ~ a project ostacolare un progetto. II n. (Mar) attrezzatura f. ingombrante.

hamper[2] /ˈhæmpər/ n. 1 paniere m., cesta f.: a picnic ~ un paniere da picnic. 2 (Br) (gift) cesto m., cestino m.: a Christmas ~ un cesto natalizio.

Hampshire /ˈhæmpʃ(ɪ)ər Am ˈhæmpˌʃɪr/ n.pr. (Geog) Hampshire m. (contea inglese).

hamster /ˈhæm(p)stər/ n. (Zool) criceto m.: golden ~ criceto dorato.

hamstring /ˈhæmstrɪŋ/ I n. 1 (Anat) tendine m. del ginocchio. 2 (Zool) tendine m. del garretto. II v.t.irr. 1 azzoppare (tagliando i garretti). 2 (fig) rendere vano, rendere inutile. 3 (fig) (to hinder) ostacolare.

hamulus /ˈhæmjələs/ n. (Zool) amulo m.

hamza /ˈhæmzə/ n. (Ling) hamza(h) f./m. (segno nell'ortografia araba che indica l'occlusiva glottidale).

hand[1] /hænd/ I n. 1 mano f.: to wash one's -s lavarsi le mani. 2 (skill) abilità f., destrezza f. 3 (style of execution) stile m., impronta f., mano f.: the painting shows the ~ of a master nel quadro si riconosce la mano di un maestro. 4 (characteristic touch) impronta f. caratteristica, tocco m. 5 (touch) mano f.: with (a) heavy ~ con mano pesante. 6 (of a clock, watch) lancetta f.: the minute ~ la lancetta dei minuti. 7 (of a dial) indice m. 8 (worker) operaio m.: field ~ bracciante agricolo. 9

(*one skilled at sth.*) persona *f.* molto abile, maestro *m.* (*f.* -a). **10** (*side, direction*) lato *m.*, parte *f.*, direzione *f.*: *on every* ~ da ogni parte, da tutti i lati. **11** (*help, aid*) mano *f.*, aiuto *m.*: *who else had a ~ in it?* chi ti ha dato una mano?; *can you give me a ~?* mi dai una mano? **12** (*handwriting*) scrittura *f.* **13** (*signature*) firma *f.*: *to set one's ~ to a deed* apporre la propria firma a un documento. **14** (*degree of closeness*) mano *f.*: (*at*) *first* ~ di prima mano, direttamente; (*at*) *second* (*o third*) ~ indirettamente. **15** (*pledge, promise*) consenso *m.*, approvazione *f.* **16** (*pledge of betrothal*) mano *f.*: *to ask for so.'s* ~ chiedere la mano di qcu. **17** (*applause*) applauso *m.*, battimano *m.*: *let's give him a big* ~ facciamogli un bell'applauso. **18** (*in cards: player*) giocatore *m.* (*f.* -trice); (*cards being held*) carte *f.pl.*; (*part of a game*) mano *f.*, giro *m.* **19** (*in measuring a horse's height*) palmo *m.*, spanna *f.* **20** (*of bananas*) grappolo *m.*, casco *m.* **21** (*of tobacco*) mazzo *m.* **22** (*Am*) (*feel of cloth*) mano *f.* **23** (*Mar*) marinaio *m.*, membro *m.* dell'equipaggio. **24** *pl.* (*fig*) (*control*) mano *f.sing.*, potere *m.sing.*: *in enemy -s* in mano al nemico. **25** *pl.* (*collett.*) (*workers*) manodopera *f.sing.*, maestranze *f.pl.*; (*crew*) equipaggio *m.sing.*, ciurma *f.sing.*: *all -s on board* tutto l'equipaggio (a bordo). **II** *a.* **1** (*azionato*) a mano. **2** (*made by hand*) fatto a mano, manuale. □ *all -s* (*everybody*) tutti: *all -s on deck* tutti al lavoro; *to wait on so.* ~ *and foot* servire qcu. di tutto punto; *to bind so.* ~ *and foot* legare le mani e i piedi a qcu. (*anche fig*); *on one's* ~ *and knees* a quattro zampe, carponi; (*Dir*) *given under my* ~ *and seal* da me sottoscritto e sigillato; (*fig*) *my -s are tied* ho le mani legate; *at* ~ vicino, vicinissimo; *at the* ~ *of* (*o at the -s of*) per opera di, per mano di; ~ *bell* campanello; *by* ~ a mano: *written by* ~ scritto a mano; (*Br*) *to come to* ~ (*to come to light*) venire alla luce; (*Cosmet*) ~ *cream* crema per le mani; *-s down*: **1** (*easily*) senza problemi, facilmente; **2** (*without a doubt*) senza dubbio; (*fig*) *to have one's -s free* avere le mani libere; *from* ~ *to* ~ di mano in mano; (*colloq*) *to have one's -s full* essere occupatissimo; (*colloq*) *to get one's* ~ *in sth.* fare la mano a qcs., impratichirsi; ~ *glass*: **1** (*ant*) specchio con manico; **2** (*magnifying glass*) lente d'ingrandimento con manico; (*Arm*) ~ *grenade* bomba a mano; (*fig*) *to have a* ~ *in sth.* avere lo zampino in qcs., avere parte in qcs.; *in* ~: **1** sotto controllo; **2** (*under consideration*) in questione, in oggetto: *the matter in* ~ il caso in questione; **3** (*at one's disposal*) a (propria) disposizione; **4** (*to spare*) disponibile, libero; ~ *in* ~: **1** mano nella mano, tenendosi per mano: *to walk* ~ *in* ~ camminare tenendosi per mano; **2** (*fig*) in stretta collaborazione; (*fig*) *to be* ~ *in glove with so.* essere in combutta con qcu.; *to keep one's* ~ *in* stare in esercizio, mantenersi in esercizio, non perdere la mano; ~ *luggage* bagaglio a mano; ~ *mill* macinino; (*fig*) *to see the* ~ *of the master* riconoscere la mano del maestro; (*fig*) *off one's -s* fuori della propria responsabilità; *-s off!* giù le mani!, giù le zampe!; *on* ~: **1** a disposizione; **2** (*pending, imminent*) imminente, vicino, prossimo; **3** (*present*) presente; (*fig*) *on one* ~ ... *on the other* (~)... da un lato... dall'altro (lato)..., da un punto di vista... dall'altro...; (*fig*) *on the one* ~ ... *on the other* (~)... da un lato... dall'altro (lato)..., da un punto di vista... dall'altro...; *out of* ~: **1** incontrollabile: *to get out of* ~ diventare incontrollabile, sfuggire al controllo; **2** (*at once*) subito, senza indugio; **3** (*finished, done*

with) concluso, finito; *to be out of so.'s -s* non essere più in mano di qcu.: *once I submit my work it's out of my -s* una volta consegnato il lavoro non posso più toccarlo; (*Sport,Alp*) ~ *over* ~ una mano sopra l'altra; (*fig*) *to make money* ~ *over fist* fare soldi in fretta e a palate; *to put one's* ~ *in one's pocket*: **1** mettere la mano in tasca; **2** (*fig*) mettere mano alla borsa, mettere mano al portafoglio; *to put one's* ~ *to sth.*: **1** porre mano a qcs., mettere mano a qcs.; **2** (*to take up*) dedicarsi a qcs., intraprendere qcs.; (*colloq*) *put your -s together* battete le mani, fate un applauso; *to put up one's -s*: **1** (*in surrender*) alzare le mani in segno di resa; **2** (*in readiness to fight*) mettersi in guardia; *to set one's* ~ *to sth.* porre mano a qcs., mettere mano a qcs.; *to take in* ~: **1** prendersi cura di; **2** (*to deal with*) trattare con; *to live from* ~ *to mouth* vivere alla giornata; (*fig*) *to put* (*o to set*) *one's* ~ *to the plough* intraprendere un lavoro, mettersi all'opera; (*Br,colloq*) ~ *'s turn* (*stroke of work*) minimo sforzo: *he's never done a* ~ *turn* non ha mai mosso un dito; *-s up!* mani in alto!; (*Parl*) ~ *vote* voto per alzata di mano. *Prov.: many -s make light work* molte mani fanno l'opera leggera; *the* ~ *that rocks the cradle* (o *the* ~ *that rules the world*) la mano che regge il mondo.

hand² /hænd/ *v.t.* **1** porgere, passare, dare. **2** (*to transmit by hand*) consegnare. **3** (*to help*) aiutare (dando la mano): *he -ed the ladies into the carriage* aiutò le signore a salire in carrozza. **4** (*Mar*) (*to furl*) ammainare, serrare. □ *to* ~ *down*: **1** essere tramandato, tramandarsi, passare: *-ed down from father to son* tramandato di padre in figlio; **2** (*to bequeath*) lasciare in eredità; **3** (*spec. Am,Dir*) annunciare, dare; *to* ~ *in* presentare, consegnare: *to* ~ *in one's resignation* dare le dimissioni, rassegnare le dimissioni; (*colloq*) *to* ~ *in one's checks* morire, (*volg*) tirare le cuoia; (*colloq*) *to* ~ *it to so.* riconoscere i meriti di qcu.; *to* ~ *on* passare; *to* ~ *out* distribuire, consegnare; *to* ~ *over*: **1** consegnare; **2** (*to surrender control of*) cedere; **3** (*to a successor*) dare le consegne, passare; *to* ~ *round* far passare di mano in mano.

handbag /'hæn(d)bæg/ *n.* borsa *f.* (da signora), borsetta *f.*

handball /'hæn(d)bɔ:l/ *n.* **1** (*Sport*) (*game played against a wall*) pallamuro *f.* **2** (*Sport*) (*game similar to basketball*) pallamano *f.* **3** (*Sport*) (*foul in soccer*) fallo *m.* di mano.

handbarrow /'hæn(d)ˌbærou *Am* 'hæn(d)ˌberou/ *n.* barella *f.*

handbill /'hæn(d)bɪl/ *n.* volantino *m.*, foglietto *m.* pubblicitario.

handbook /'hæn(d)buk/ *n.* **1** libretto *m.* d'istruzioni, manuale *m.* **2** (*guide for students or tourists*) guida *f.*

handbrake /'hæn(d)breɪk/ *n.* (*Mot*) freno *m.* a mano.

handbreadth /'hæn(d)bredθ/ *n.* (*rough measurement*) palmo *m.*, spanna *f.*

h&c (*spec. Br*) hot and cold (con acqua calda e fredda).

handcart /'hæn(d)kɑ:t *Am* 'hæn(d)kɑ:rt/ *n.* carretto *m.* (a mano).

handclap /'hæn(d)klæp/ *n.* battimano *m.*, applauso *m.*

handclasp /'hæn(d)klæsp/ *n.* (*Am*) stretta *f.* di mano.

handcraft /'hæn(d)krɑ:ft *Am* 'hæn(d)kræft/ *n.* **1** (*trade, art*) artigianato *m.* **2** (*manual skill*) maestria *f.*, abilità *f.*, destrezza *f.* **3** (*articles*) oggetti *m.pl.* d'artigianato, artigianato *m.*

handcrafted /'hæn(d)ˌkrɑːftɪd *Am* 'hæn(d)ˌkræftɪd/ *a.* (fatto) a mano.

handcuff /'hæn(d)kʌf/ **I** *n.spec.pl.* manetta *f.* **II** *v.t.* ammanettare, mettere le manette a.

handed /'hændɪd/ *a.* (*in compounds*) **1** a mani...: *empty-* ~ a mani vuote. **2** (*in cards*) (giocato) in...: *three-* ~ *bridge* bridge in tre.

handful /'hæn(d)ful/ *n.* **1** manciata *f.*, manata *f.*, pugno *m.* **2** (*small number*) pugno *m.*: *a* ~ *of men* un pugno di uomini. **3** (*colloq*) (*sth. or so. difficult to manage*) cosa *f.* (o persona *f.*) difficile da trattare: *the baby is quite a* ~ questo bambino dà un gran daffare.

handgrip /'hæn(d)grɪp/ *n.* **1** stretta *f.* di mano. **2** (*of a bicycle*) manopola *f.*; (*of a golf club*) impugnatura *f.* **3** (*bag*) borsone *m.*

handgun /'hæn(d)gʌn/ *n.* pistola *f.*

hand-held /ˌhænd'held *Am* 'hænd,held/ *a.* che può essere tenuto in mano, portatile, palmare. □ ~ *camera* telecamera portatile, telecamera palmare; (*Inform*) ~ *computer* computer palmare.

handhold /'hændhould/ *n.* **1** presa *f.*, stretta *f.* **2** (*Alp*) appiglio *m.*

handicap /'hændɪkæp/ **I** *n.* **1** (*physical of mental disability*) handicap *m.*, disabilità *f.*, invalidità *f.* **2** (*Sport*) handicap *m.* **3** (*fig*) (*hindrance*) handicap *m.*, svantaggio *m.*, condizione *f.* d'inferiorità. **II** *v.t.* **1** (*to hamper*) handicappare, mettere in posizione di svantaggio, ostacolare. **2** (*Sport*) assegnare un handicap a.

handicapped /'hændɪkæpt/ *a.* **1** (*disabled*) disabile, invalido, handicappato: *visually* ~ minorato della vista. **2** (*Sport*) che ha un handicap. **3** (*hindered*) handicappato, svantaggiato. □ ~ *person* portatore di handicap, handicappato.

handicapper /'hændɪkæpəʳ/ *n.* (*Equit*) handicapper *m.*, periziatore *m.*

handicraft /'hændɪkrɑːft *Am* 'hændɪkræft/ *n.* **1** (*trade, art*) artigianato *m.* **2** (*manual skill*) maestria *f.*, abilità *f.*, destrezza *f.* **3** (*articles*) oggetti *m.pl.* d'artigianato, artigianato *m.*

handily /'hændɪli/ *avv.* **1** (*skilfully*) abilmente, con destrezza. **2** (*easily*) con facilità. **3** (*conveniently*) comodamente.

handiness /'hændɪnəs/ *n.* **1** (*skill*) abilità *f.*, destrezza *f.* **2** (*ease of handling*) maneggevolezza *f.* **3** (*ease*) comodità *f.*

handiwork /'hændɪwɜːk *Am* 'hændɪwɜːrk/ *n.* **1** lavoro *m.* manuale, lavoro *m.* fatto a mano. **2** (*fig*) opera *f.*, operato *m.*: *this is your* ~ questo è opera tua.

handjob /'hæn(d)dʒɒb *Am* 'hæn(d)dʒɑːb/ *n.* (*volg*) sega *f.*

H&K (*colloq*) (*used in e-mail messages, etc.*) hugs and kisses (baci e abbracci).

handkerchief /'hæŋkətʃɪf *Am* 'hæŋkərtʃɪf/ *n.* **1** fazzoletto *m.* **2** (*Am*) (*neckscarf*) fazzoletto *m.* da collo.

hand-knit /ˌhæn(d)'nɪt/ *a.* lavorato a mano, fatto a mano.

hand-knitted /ˌhæn(d)'nɪtɪd *Am* ˌhæn(d)'nɪtɪd/ *a.* lavorato a mano, fatto a mano.

handle /'hændl/ **I** *n.* **1** manico *m.*, impugnatura *f.*: *the* ~ *of a broom* il manico della scopa. **2** (*of a door, etc.*) maniglia *f.*, manopola *f.*, impugnatura *f.* **3** (*of an oar*) girone *m.* **4** (*Br*) (*feel of cloth*) mano *f.* **5** (*fig*) (*aid*) punto *m.* d'appoggio, appiglio *m.*; (*pretext*) appiglio *m.*, occasione *f.*, pretesto *m.*: *to give a* ~ *to* (o *for*) *gossip* dare appiglio alle maldicenze. **6** (*Br,colloq*) (*name*) nome *m.*; (*title*) titolo *m.* (nobiliare): *to have a* ~ *to one's name* avere un titolo (nobiliare). **7** (*Am,colloq*) (*name; esp. that used by a truckdriver over the CB*) nome *m.* (spec. di radioamatore). **8** (*Inform*) handle *m.*, maniglia *f.* **II** *v.t.* **1** toccare, maneggiare: *please do not* ~ *the goods* si prega di non toccare la merce. **2** (*to manage, to cope* *with*) gestire, occuparsi di, trattare, far fronte a: *to ~ a lot of business* gestire un vasto giro di affari. **3** (*to treat*) trattare, comportarsi verso: *to ~ so. with tact* comportarsi con tatto verso qcu.; *to know how to ~ so.* saperci fare con qcu. **4** (*Am,colloq*) (*to placate*) calmare, placare. **5** (*to operate*) adoperare, maneggiare, manovrare: *to ~ a tool well* adoperare abilmente un arnese. **6** (*to treat of, to discuss*) trattare, discutere. **7** (*Comm*) trattare. **8** (*Mar*) manovrare. **III** *v.i.* (*of a vehicle*) rispondere (ai controlli). ☐ *~ with care!* (*written on packages*) fragile!, maneggiare con cura!; (*fig*) *to ~ so. with kid gloves* (o *to ~ so. with velvet gloves*) trattare qcu. con i guanti.

handleability /ˌhændləˈbɪlɪtɪ *Am* ˌhændl̩ə
ˈbɪlətɪ/ *n.* maneggevolezza *f.*

handleable /ˈhændl̩əbl̩/ *a.* maneggevole.

handlebar /ˈhændl̩bɑːr *Am* ˈhændl̩bɑːr/ *n.* manubrio *m.* ☐ (*colloq*) *~ moustache* baffi a manubrio.

handled /ˈhændl̩d/ *a.* (*in compounds*) con il manico..., dal manico...: *ivory-~* dal manico d'avorio.

handler /ˈhændlər/ *n.* **1** incaricato *m.*, addetto *m.*: *baggage ~* addetto ai bagagli. **2** (*trainer*) addestratore *m.* (*f.* -trice), conduttore *m.* (*f.* -trice): *dog ~* conduttore di cane. **3** (*Inform*) handler *m.*

handless /ˈhændləs/ *a.* **1** senza mani. **2** (*awkward*) maldestro, goffo.

handling /ˈhændlɪŋ/ *n.* **1** (*management*) gestione *f.*, trattamento *m.*: *chemicals need careful ~* le sostanze chimiche devono essere maneggiate con attenzione. **2** (*ease of use*) maneggevolezza *f.*, manovra *f.*, governo *m.* **3** (*Br*) (*receiving stolen goods*) ricettazione *f.* ☐ (*Comm*) *~ charges* spese di trasporto.

handmade /ˈhæn(d)meɪd/ *a.* fatto a mano, lavorato a mano.

handmaid /ˈhæn(d)meɪd/ *n.* (*ant*) serva *f.*, ancella *f.*

handmaiden /ˈhæn(d)ˌmeɪdən/ *n.* (*ant*) serva *f.*, ancella *f.*

hand-me-down /ˈhæn(d)mɪdaʊn/ *n.* indumento *m.* di seconda mano.

handoff, hand-off /ˈhændɔːf/ *n.* (*Sport*) (*in rugby or American football*) handoff *m.* (passaggio alla mano del quarterback al mediano).

handorgan /ˈhændɔːgən *Am* ˈhændɔːrgən/ *n.* organetto *m.*, organino *m.*

handout /ˈhændaʊt/ *n.* **1** (*spreg*) (*aid*) sussidio *m.*, sostegno *m.*, carità *f.* **2** (*Giorn*) comunicato *m.* stampa. **3** (*leaflet*) volantino *m.*, foglietto *m.*; (*brochure*) depliant *m.*, opuscolo *m.*; (*sample*) campione *m.* **4** (*during lesson or conference*) sintesi *f.*, riepilogo *m.*

handover /ˈhændoʊvər/ *n.* passaggio *m.* delle consegne, trasferimento *m.*

hand-picked /ˌhæn(d)ˈpɪkt/ *a.* **1** raccolto a mano. **2** (*carefully selected*) scelto con cura, selezionato (accuratamente): *~ personnel* personale selezionato.

handpress /ˈhæn(d)pres/ *n.* (*Tip*) tirabozze *m.*

handprint /ˈhæn(d)prɪnt/ *n.* impronta *f.* della mano.

handrail /ˈhændreɪl/ *n.* corrimano *m.*

handsaw /ˈhæn(d)sɔː/ *n.* sega *f.* a mano.

handsel /ˈhæn(d)səl/ **I** *n.* **1** (*rar*) (*good-luck gift*) dono *m.* augurale; (*New Year's gift*) strenna *f.* **2** (*first payment*) caparra *f.*, anticipazione *f.* **II** *v.t.* (*past, p.p.* **handselled** /*Am* **handseled** /ˈhænsəld/) **1** fare un dono augurale a. **2** dare una caparra a. **3** (*fig*) inaugurare; (*to use for the first time*) usare per la prima volta, (*scherz*) inaugurare.

handset /ˈhæn(d)set/ *n.* (*Tel*) microtelefono *m.*, ricevitore *m.*

handshake /ˈhæn(d)ʃeɪk/ *n.* **1** stretta *f.* di mano. **2** (*Inform*) handshake *f.*

hands-off /ˌhæn(d)zˈɒf/ *a.* di non intervento, di neutralità: *a ~ policy* una politica di non intervento.

handsome /ˈhæn(d)səm/ *a.* **1** (*of a man*) bello, di bell'aspetto; (*attractive*) attraente, affascinante. **2** (*of a woman*) gradevole, piacente, ben fatta. **3** (*of things: beautiful*) bello; (*well-made*) ben fatto, di buona fattura; (*exhibiting taste*) di gusto, fine. **4** (*considerable*) notevole, considerevole, consistente. **5** (*generous*) generoso, liberale. ☐ *a ~ profit* un grosso guadagno. *Prov.:- ~ is as ~ does* la bontà val più che la bellezza.

handsomely /ˈhæn(d)səmlɪ/ *avv.* **1** generosamente, ampiamente. **2** (*of things: beautifully*) bene, in modo piacevole: *~ dressed* vestito bene. **3** (*well*) bene: *he made out ~* ha guadagnato bene.

handsomeness /ˈhæn(d)səmnəs/ *n.* **1** bellezza *f.*, gradevolezza *f.* **2** (*abundance*) consistenza *f.* **3** (*generosity*) generosità *f.*

hands-on /ˌhændzˈɒn *Am* ˌhændzˈɑːn/ *a.* **1** pratico: *~ training* corso pratico. **2** (*of an approach*) pragmatico.

handspike /ˈhæn(d)spaɪk/ *n.* (*Mar*) leva *f.*, palanchino *m.*

handspring /ˈhæn(d)sprɪŋ/ *n.* (*Ginn*) salto *m.* sulle mani.

handstand /ˈhæn(d)stænd/ *n.* (*Ginn*) verticale *f.*

hand-to-hand /ˌhæn(d)təˈhænd/ *a.* corpo a corpo: *~ fighting* combattimento corpo a corpo.

hand-to-mouth /ˌhæn(d)təˈmaʊθ/ *a.* alla giornata: *to live ~* vivere alla giornata.

handwriting /ˈhændˌraɪtɪŋ *Am* ˈhændˌraɪtɪŋ/ *n.* scrittura *f.*, calligrafia *f.* ☐ *~ analysis* perizia calligrafica, analisi della scrittura; *~ expert* esperto calligrafico, perito calligrafo; (*fig*) *the ~ on the wall* il presagio funesto; *the ~ is on the wall* i segnali sono chiari; (*Inform*) *~ recognition* riconoscimento della scrittura.

handwritten /ˌhændˈrɪtən/ *a.* scritto a mano.

handy /ˈhændɪ/ *a.* **1** (*nearby*) vicino: *a ~ restaurant* un ristorante vicino. **2** (*within easy reach*) a portata di mano, sottomano, vicino: *keep your dictionary ~* tieni il dizionario a portata di mano. **3** (*easy to use*) pratico, funzionale: *a ~ gadget* un aggeggio funzionale. **4** (*useful*) utile. **5** (*dexterous*) abile, destro: *a ~ man with a paint brush* un uomo abile nell'usare il pennello. **6** (*easily handled*) maneggevole, maneggiabile. ☐ *to come in ~* tornare utile, essere comodo: *this little knife often comes in ~* questo coltellino mi è spesso molto utile.

handyman /ˈhændɪmæn/ *n.* **1** uomo *m.* tuttofare, uomo *m.* che sa fare un po' di tutto. **2** (*skilful workman*) operaio *m.* abile.

hang[1] /hæŋ/ (*past, p.p.* **hung** /hʌŋ/ o **-ed** /-d/; la forma hanged si usa general. nel significato di impiccare e maledire) **I** *v.t.* **1** appendere, sospendere, attaccare: *to ~ a lamp from the ceiling* sospendere un lume al soffitto; *to ~ curtains* attaccare le tendine. **2** (*of wallpaper*) attaccare. **3** (*of a door*) montare (sui cardini). **4** (*to kill by hanging*) impiccare. **5** (*to decorate by hanging sth.*) decorare, ornare: *to ~ a room with tapestries* decorare una stanza con arazzi. **6** (*Art*) (*of paintings: to exhibit*) esporre. **7** (*of meat: to suspend to dry*) appendere a essiccare; (*of game*) appendere a frollare. **8** (*of a nickname, etc.*) appioppare, affibbiare, attribuire. **9** (*fig*) (*of*

an idea, etc.: to make dependent) far dipendere, derivare. **10** (*Br,colloq,eufem*) (*to damn*) maledire, (*colloq*) mandare al diavolo. **11** (*Sart*) pareggiare l'orlo di. **12** (*of a jury*) impedire di emettere un verdetto a. **13** (*Am,sl*) girare: *~ a right* girare a destra. **II** *v.i.* **1** pendere: *several lights were -ing from the ceiling* diverse lampade pendevano dal soffitto; (*to dangle*) penzolare, dondolare. **2** (*to be attached*) essere attaccato, essere appeso (*on a*): *there was a picture -ing on the wall* c'era un quadro attaccato al muro. **3** (*to be draped*) essere appeso, essere sospeso. **4** (*to die by hanging*) essere impiccato, morire impiccato. **5** (*to remain poised*) librarsi, essere sospeso, stare sospeso; (*to hover*) galleggiare, fluttuare. **6** (*to lean, to incline*) pendere, essere inclinato. **7** (*fig*) (*to be dependent*) dipendere (da): *his future -s on this decision* il suo futuro dipende da questa decisione. **8** (*of time*) passare lentamente. **9** (*to hold on to for support*) appoggiarsi (a): *she hung on* (o *Am onto*) *his arm* si appoggiò al suo braccio. **10** (*to cling*) aggrapparsi (a). **11** (*fig*) (*to be in doubt*) essere indeciso, tentennare, titubare. **12** (*fig*) (*to await a decision*) pendere, essere in sospeso: *the matter was left -ing* la questione fu lasciata in sospeso. **13** (*fig*) (*to linger*) indugiare, trattenersi; (*to persist*) persistere, permanere: *a trace of perfume hung in the air* una traccia di profumo persisteva nell'aria. **14** (*of a door on its hinges*) girare (su). **15** (*Sart*) cadere: *this coat -s badly* questo cappotto cade male. **16** (*Art*) essere esposto. **17** (*Inform*) bloccarsi, arrestarsi. ☐ *to ~ about* (o *to ~ around*): **1** ciondolare, bighellonare, oziare; **2** (*to frequent*) bazzicare, frequentare abitualmente: *to ~ about bars* bazzicare i bar; *to ~ about with so.* frequentare qcu.; *to ~ about so.* girare (o ronzare) intorno a qcu.; *~ around* non allontanarti troppo; *to ~ back*: **1** rimanere indietro; **2** (*to hesitate to act*) esitare, trattenersi; *her hair hung down on her shoulders* i capelli le scendevano sulle spalle, i capelli le ricadevano sulle spalle; *to ~ fire*: **1** (*Mil*) sospendere il fuoco, cessare il fuoco; **2** (*fig*) indugiare, tardare ad agire; (*spec. Am,colloq*) *to ~ one's hat* (*somewhere*) stabilirsi (in un posto); *to ~ one's head* (*in shame*) abbassare il capo; (*Am,volg*) *how's it -ing?* come butta?; (*colloq*) *to ~ in* tenere duro, persistere; (*fig*) *to ~ in the air* rimanere in sospeso, restare irrisoluto; (*colloq*) *to ~ in there* tenere duro, persistere; (*colloq*) *~ it!* (o *~ it all!*) accidenti!, diavolo!; (*Am,colloq*) *~ loose!* stammi bene!, non ti stressare troppo!; *to ~ loose*: **1** stare sciolto: *she let her hair ~ loose* si è sciolta i capelli; **2** (*Am,colloq*) (*of people*) rilassarsi, lasciarsi andare; *to ~ on*: **1** (*to hold fast*) tenersi forte, tenersi stretto, aggrapparsi saldamente: *~ on tight* tieniti ben stretto; **2** (*to persevere*) tener duro, perseverare, persistere; **3** (*colloq*) (*to wait*) aspettare, attendere; **4** (*to continue*) protrarsi, prolungarsi, trascinarsi; *to ~ on so.'s lips* pendere dalle labbra di qcu.; *to ~ onto* stare attaccato a, aggrapparsi a: *to ~ onto so.'s words* pendere dalle labbra di qcu.; *his mouth hung open* stava a bocca aperta; *to ~ out*: **1** esporre, mettere fuori, mettere in mostra: *to ~ out a flag* esporre una bandiera; **2** (*of washing*) stendere ad asciugare; (*fig*) *to ~ so. out to dry* sciare (o mettere) qcu. nei guai; **3** (*to lean out*) sporgersi (*of da*): *don't ~ out of the window* non sporgerti dalla finestra; **4** (*colloq*) (*to frequent*) frequentare abitualmente, bazzicare; **5** (*colloq*) (*to live*) stare, abitare, vivere; **6** (*colloq*) (*to be unhibited, relaxed*) rilassarsi, fregarsene: *let it all ~ out!* rilassati!; *to ~ over*: 1 (*to remain, to persist*) restare in sospeso, perdurare, mantenersi; 2 (*to threaten*) pesare, incombere: *terrible charges ~ over his head* (o *over him*) pesano su di lui accuse terribili; *to ~ together*: 1 (*to cohere*) aderire, restare attaccato, rimanere uniti; 2 (*fig*) avere coerenza, avere logica, filare, scorrere: *your theory does not ~ together* la tua teoria manca di coerenza; (*spec. Am, colloq*) *to ~ tough* non transigere, non mollare; *to ~ up*: 1 attaccare, appendere: *~ up your coat* appendi il cappotto; (*Sport*) *to ~ up one's boots* appendere gli scarponi al chiodo, ritirarsi, lasciare il gioco professionale; 2 (*to slow the progress of*) rallentare, ritardare; 3 (*Tel*) attaccare, riagganciare; 4 (*Inform*) arrestarsi, bloccarsi; (*colloq*) *~ you!* impiccati!, va' al diavolo!

hang[2] /hæŋ/ *n.* 1 modo *m.* in cui una cosa cade, modo *m.* in cui una cosa pende: *the ~ of a jacket* il modo in cui cala una giacca. 2 (*colloq*) (*knack*) destrezza *f.*, abilità *f.*: *it took me a week to get the ~ of my new mobile phone* ci ho messo una settimana per capire come funziona il mio nuovo telefonino. 3 (*colloq*) (*meaning*) senso *m.*, significato *m.*: *I couldn't get the ~ of his speech* non sono riuscito a capire il senso del suo discorso. ☐ (*Br,colloq,eufem*) *I don't give a ~ about it* non me ne importa un cavolo.

hangar /ˈhæŋgər/ *n.* (*Aer*) hangar *m.*, aviorimessa *f.*

hangdog /ˈhæŋdɒg/ *a.* (*Br*) avvilito, abietto, abbattuto, (*colloq*) da cane bastonato: *a ~ look* un'aria avvilita.

hanged /hæŋt/ *a.* impiccato. ☐ *~, drawn and quartered* impiccato, trascinato e squartato; (*I'll be*) *~ if I'll do it* che sia impiccato se lo faccio, che sia dannato se lo faccio; (*fig*) (*I'll be*) *~ if I know* che mi venga un accidente se lo so.

hanger /ˈhæŋər/ *n.* 1 chi appende, chi attacca. 2 (*for clothes*) attaccapanni *m.*, gruccia *f.* 3 (*hook*) gancio *m.*, uncino *m.* 4 (*Mecc*) staffa *f.* 5 (*El,Tel,Ferr*) pendino *m.* 6 (*wooded slope*) pendice *f.* boscosa. 7 (*Mil,ant*) (*light sabre*) daga *f.*, spadino *m.*

hanger-on /ˌhæŋərˈɒn *Am* ˌhæŋərˈɑːn/ (*pl.* **hangers-on**) *n.* 1 tirapiedi *m./f.*, leccapiedi *m./f.*, parassita *m./f.* 2 (*unwanted individual*) seccatore *m.* (*f.* -trice).

hang-glider /ˈhæŋˌglaɪdər/ *n.* (*Sport*) deltaplano *m.*, aquilone *m.* ☐ (*Sport*) *~ flyer* deltaplanista.

hang-gliding /ˈhæŋˌglaɪdɪŋ/ *n.* deltaplano *m.*

hangi /ˈhæŋi, hɑːŋi/ *n.* (*NZ*) forno *m.* all'aperto (fatto di pietre).

hanging /ˈhæŋɪŋ/ I *n.* 1 impiccagione *f.* 2 (*act of hanging sth.*) l'attaccare, l'appendere. 3 *pl.* (*curtains, etc.*) tende *f.pl.*, tendaggi *m.pl.*; (*tapestry*) arazzi *m.pl.* II *a.* 1 (*of an offence, etc.*) punibile con l'impiccagione: *a ~ matter* un delitto punibile con l'impiccagione. 2 (*colloq*) (*of a judge, jury*) favorevole all'impiccagione; (*estens*) favorevole alla pena di morte. 3 (*balanced*) pendente, pendulo: *~ rock* pietra pendula. 4 (*overhanging*) sporgente: *~ cliff* scogliera sporgente; *~ valley* valle sospesa. 5 (*suspended*) pensile: *~ garden* giardino pensile; *The Hanging Gardens of Babylon* i giardini pensili di Babilonia. 6 (*on a slope*) inclinato, pendente. ☐ (*Edil*) *~ buttress* contrafforte sospeso; (*Art*) *~ committee* commissione incaricata di decidere la disposizione dei quadri (in una mostra); (*Edil*) *~ gutter* grondaia.

hangman /ˈhæŋmən/ *n.irr.* boia *m.*, carnefice *m.*

hangnail /ˈhæŋneɪl/ *n.* pipita *f.*

hangout, hang-out /ˈhæŋaʊt/ *n.* (*colloq*) ritrovo *m.* (abituale), luogo *m.* di ritrovo.

hangover /ˈhæŋoʊvər/ *n.* 1 (*colloq*) postumi *m.pl.* di una sbornia, sbornia *f.* 2 (*sth. left over from a former period, etc.*) strascico *m.*

hang-up /ˈhæŋʌp/ *n.* 1 (*colloq*) inibizione *f.*, complesso *m.*, fissazione *f.*: (*psychological difficulty*) blocco *m.* psicologico, ostacolo *m.*, impedimento *m.* emotivo. 2 (*Inform*) arresto *m.* improvviso (del calcolatore).

hank /hæŋk/ *n.* 1 (*skein*) matassa *f.* 2 (*specific length: of cotton yarn*) matassa *f.* (pari a circa 768 m.); (*of worsted yarn*) matassa *f.* (pari a circa 512 m.). 3 (*Mar*) canestrello *m.* (della randa).

hanker /ˈhæŋkər/ *v.i.* desiderare ardentemente, bramare, aspirare, agognare (*for, after sth.* qcs.).

hankerer /ˈhæŋkərər *Am* ˈhæŋkərər/ *n.* chi desidera ardentemente.

hankering /ˈhæŋkərɪŋ/ *n.* desiderio *m.* ardente, brama *f.*, (*colloq*) voglia *f.* matta (*for, after* di).

hankie, hanky /ˈhæŋki/ *n.* 1 (*colloq*) fazzoletto *m.* 2 (*Am,colloq*) (*neckscarf*) fazzoletto *m.* da collo.

hanky-panky /ˌhæŋkiˈpæŋki/ *n.* 1 (*scherz*) (*promiscuousness*) intrallazzi *m.pl.* amorosi, flirt *m.* 2 (*trickery*) imbroglio *m.*, inganno *m.*, cosa *f.* poco chiara.

Hannibal /ˈhænɪbəl/ *n.pr.m.* (*Stor*) Annibale.

Hannukah /ˈhɑːnuːkə/ *n.* (*Rel.ebr*) hanukkà *f.*, festa *f.* delle luci.

Hanover /ˈhænoʊvər/ I *n.pr.* (*Geog*) Hannover *f.* II *n.* (*Stor*) membro *m.* della casa di Hannover.

Hanoverian /ˌhænoʊˈvɪəriən, ˌhænoʊˈveəriən *Am* ˌhænəˈvɪriən, ˌhænəˈveriən/ I *a.* 1 di Hannover, annoverano. 2 (*Stor*) della casa di Hannover. II *n.* (*Stor*) sostenitore *m.* (*f.* -trice) della casa di Hannover.

Hansa /ˈhænsə, ˈhænzə/ *n.* (*Stor*) Ansa *f.*

Hansard /ˈhænsəd/ *n.* (*GB*) raccolta *f.* ufficiale degli atti parlamentari.

Hanse /hæns/ *n.* (*Stor*) Ansa *f.*

Hanseatic /ˌhænsiˈætɪk *Am* ˌhænsiˈætɪk/ *a.* (*Stor*) anseatico: *~ League* lega anseatica.

hansel /ˈhænsəl/ I *n.* 1 (*rar*) (*good-luck gift*) dono *m.* augurale; (*New Year's gift*) strenna *f.* 2 (*first payment*) caparra *f.*, anticipazione *f.* II *v.t.* (*past, p.p.* **hanselled** /*Am* **hanseled** /ˈhænsəld/) 1 fare un dono augurale a. 2 dare una caparra a. 3 (*fig*) inaugurare; (*to use for the first time*) usare per la prima volta, (*scherz*) inaugurare.

hansom /ˈhænsəm/ *n.* carrozza *f.* a due ruote con serpa posteriore. ☐ *~ cab* carrozza a due ruote con serpa posteriore.

Hanukkah /ˈhɑːnuːkə/ *n.* (*Rel.ebr*) hanukkà *f.*, festa *f.* delle luci.

hanuman /ˈhʌnʊmɑːn *Am also* ˈhɑːnʊmɑːn/ *n.* (*Zool*) entello *m.*: ~ (*langur*) *monkey* entello.

hap /hæp/ I *n.* (*ant*) destino *m.*, sorte *f.*; (*occurrence*) caso *m.* (fortuito). II *v.i.* (*ant*) (*past, p.p.* **happed** /-t/) accadere per caso, succedere per caso, capitare.

hapax legomenon /ˌhæpækslɪˈɡɒmɪnɒn *Am* ˌhæpækslɪˈɡɑːmɪnɑːn/ (*pl.* **hapax legomena**) *n.* (*Ling*) hapax legomenon *m.*

ha'penny /ˈheɪpəni/ *n.* → **halfpenny**.

haphazard /ˌhæpˈhæzəd *Am* ˌhæpˈhæzərd/ *a.* a casaccio, a caso.

haphazardly /ˌhæpˈhæzədli *Am* ˌhæpˈhæzərdli/ *avv.* a casaccio, a caso.

haphazardness /ˌhæpˈhæzədnəs *Am* ˌhæpˈhæzərdnəs/ *n.* confusione *f.*, disordine *m.*, disorganizzazione *f.*

hapless /ˈhæpləs/ *a.* sfortunato, sventurato,

disgraziato.

haplography /hæpˈlɒɡrəfi *Am* hæpˈlɑːɡrəfi/ *n.* (*Ling*) aplografia *f.*

haploid /ˈhæplɔɪd/ *a.* (*Biol*) aploide.

haplology /hæpˈlɒlədʒi *Am* hæpˈlɑːlədʒi/ *n.* (*Ling*) aplologia *f.*

ha'p'orth /ˈheɪpəθ/ *n.* (*Br,colloq*) → **halfpennyworth**.

happen /ˈhæpən/ *v.i.* 1 succedere, accadere, avvenire: *nothing ever -s here* qui non succede mai nulla. 2 (*to take place by chance*) succedere (per caso), capitare, darsi il caso: *it just happened* è successo per caso; *if you should ~ to see him* se dovesse capitarti di vederlo. 3 (*to have the luck to*) avere la fortuna di: *they ~ to be very rich* hanno la fortuna di essere molto ricchi. 4 (*to befall*) accadere, capitare, sopravvenire (*to* a): *something has -ed to my radio* è accaduto qualcosa alla mia radio; *I'll see that nothing -s to you* farò in modo che non ti accada nulla. 5 (*to meet by chance*) incontrare per caso (*on, upon so.* qcu.), imbattersi (in), incontrarsi (con). 6 (*to find by chance*) scoprire per caso, trovare per caso (qcs.). 7 (*to come casually, to appear*) capitare, trovarsi per caso: *if you ~ to be in London* se capiti a Londra. 8 (*Br,dial*) (*perhaps*) forse, quasi quasi. ☐ (*Am,colloq*) *to ~ along* giungere per caso, capitare; (*colloq*) *as it -s* a dire il vero, per combinazione; *to ~ to do sth.* fare qcs. per caso: *I just -ed to be passing* mi trovavo a passare; *~ what may* sia quel che sia, accada quel che accada.

happening /ˈhæpnɪŋ/ I *n.* 1 avvenimento *m.* 2 (*Teat*) happening *m.* II *a.* di tendenza, in.

happenstance /ˈhæpnstæns/ *n.* (*spec. Am*) combinazione *f.*, caso *m.*, coincidenza *f.*

happily /ˈhæpɪli/ *avv.* 1 (*willingly*) lietamente. 2 (*fortunately*) fortunatamente, per fortuna. 3 (*felicitously*) felicemente, in modo felice.

happiness /ˈhæpɪnəs/ *n.* 1 felicità *f.*, contentezza *f.* 2 (*enjoyable experience*) gioia *f.*, felicità *f.*

happy /ˈhæpi/ *a.* 1 (*of persons*) felice, contento; *I am ~ to meet you* sono felice di fare la Sua conoscenza. 2 (*of things*) felice, lieto: *~ days* giorni lieti; *~ ending* lieto fine. 3 (*fortunate*) felice, opportuno: *by a ~ chance* per un caso fortunato. 4 (*apt*) felice, indovinato: *a ~ choice* una scelta felice. 5 (*in greetings*) buono, felice: *Happy Birthday* Buon Compleanno; *Happy Christmas* Buon Natale; *Happy New Year* Buon Anno, Felice Anno Nuovo; *Happy Easter* Buona Pasqua. 6 (*colloq*) (*slightly drunk*) brillo, alticcio. 7 (*in compounds*) (*quick to use*) svelto nell'usare: *gun-~* svelto nell'usare la pistola. ☐ (*Am*) *as ~ as a clam* (o *as ~ as a king* o *as ~ as a lark* o *as ~ as Larry* o *as ~ as a pig in the mud* o *as ~ as a sandboy*) felice come una pasqua; *~ event* lieto evento, nascita; *the ~ few* gli eletti, i pochi eletti, i privilegiati; *~ hour* happy hour; *~ hunting-ground*: 1 (*American Indian paradise*) paradiso degli indiani; 2 (*place of plenty*) posto idillico, utopia; *the ~ medium* il giusto mezzo, l'aurea mediocritas; *to find* (o *to strike*) *the ~ medium* trovare la via di mezzo, trovare il giusto mezzo; *to stick to a ~ medium* mantenere una posizione intermedia; *many ~ returns* (*of the day*) cento di questi giorni.

happy-go-lucky /ˌhæpiɡoʊˈlʌki *Am* ˌhæpiɡoʊˈlʌki/ *a.* spensierato.

Hapsburg /ˈhæpsbɜːɡ *Am* ˈhæpsbɜːrɡ/ *n.pr.* (*Stor*) Asburgo *m.*

hapten /ˈhæptən/ *n.* (*Biol*) aptene *m.*

haptic /'hæptɪk/ *a.* aptico, tattile, di contatto.

haptoglobin /ˌhæptou'gloubɪn *Am* 'hæptə ˌgloubɪn/ *n.* (*Biol*) aptoglobina *f.*

hara-kiri /ˌhærə'kɪri/ *n.* harakiri *m.*: *to commit ~* fare harakiri.

harangue /hə'ræŋ/ **I** *n.* 1 arringa *f.*, invettiva *f.* 2 (*long, pompous speech*) sproloquio *m.* **II** *v.t.* arringare. **III** *v.i.* pronunciare un'arringa.

haranguer /hə'ræŋər/ *n.* arringatore *m.* (*f.* -trice).

harass /'hærəs, hə'ræs/ *v.t.* 1 (*to pester*) tormentare, molestare, affliggere, perseguitare. 2 (*Mil*) attaccare ripetutamente, impegnare con ripetuti attacchi.

harassed /'hærəst, hə'ræst/ *a.* esasperato, infastidito, assillato.

harasser /'hærəsər, hə'ræsər/ *n.* seccatore *m.* (*f.* -trice), molestatore *m.* (*f.* -trice).

harassing /'hærəsɪŋ, hə'ræsɪŋ/ *a.* fastidioso, seccante, assillante, esasperante.

harassment /'hærəsmənt, hə'ræsmənt/ *n.* fastidio *m.*, molestia *f.*, tormento *m.*, assillo *m.*: *sexual ~* molestie sessuali.

harbinger /'haːbɪndʒər *Am* 'haːrbɪndʒər/ *n.* 1 (*lett*) foriero *m.* (*f.* -a), messaggero *m.* (*f.* -a), annunziatore *m.* (*f.* -trice): *the swallow, ~ of spring* la rondine, messaggera della primavera. 2 (*herald*) araldo *m.* 3 (*precursor*) precursore *m.*; (*sign*) segno *m.* precursore. 4 (*Mil*) furiere *m.* d'alloggiamento.

harbor /'haːbər/ *n./v.* (*Am*) → **harbour.**

harborage /'haːbərɪdʒ/ *n.* (*Am*) → **harbourage.**

harbour /'haːbər/ (*Br*) **I** *n.* 1 porto *m.*: *a natural ~* un porto naturale. 2 (*fig*) porto *m.*, rifugio *m.*, asilo *m.* **II** *v.t.* 1 dare asilo a, dare rifugio a, accogliere. 2 (*to conceal*) nascondere; (*to protect*) proteggere: *to ~ a criminal* proteggere un criminale. 3 (*fig*) covare, nutrire: *to ~ doubts* covare (dei) dubbi; *to ~ a grudge against so.* nutrire rancore contro qcu. **III** *v.i.* (*Mar*) gettare l'ancora in un porto. □ (*Mar*) **~ master** capitano di porto; (*Mar*) **~ office** capitaneria di porto.

harbourage /'haːbərɪdʒ/ *n.* 1 (*Mar*) ancoraggio *m.* 2 (*harbour*) porto *m.* 3 (*fig*) porto *m.*, rifugio *m.*

hard /haːd *Am* haːrd/ **I** *a.* 1 (*stiff or rigid*) duro: *a ~ mattress* un materasso duro. 2 (*of soil*) sodo, duro. 3 (*difficult to do*) difficile, arduo: *a ~ problem* un problema difficile; *it's ~ to say who is right* è difficile dire chi abbia ragione. 4 (*difficult to understand*) ostico, incomprensibile, duro. 5 (*involving great effort*) difficile, duro, faticoso, gravoso: *a ~ job* un lavoro faticoso; *to be ~ to please* essere difficile da accontentare, essere molto esigente. 6 (*of a person: persistent*) accanito, ostinato, tenace: *a ~ worker* un accanito lavoratore. 7 (*vigorous*) energico, vigoroso, forte; (*violent*) violento, forte: *a ~ blow* un forte colpo. 8 (*severe*) severo, duro, rigido: *to be ~ on so.* essere severo con qcu., essere duro con qcu. 9 (*of weather*) duro, inclemente, rigido. 10 (*unfriendly*) duro, brusco, aspro, sgarbato: *~ words* parole dure. 11 (*sharp*) duro, privo di grazia, rigido: *~ features* lineamenti duri. 12 (*tight*) stretto: *a ~ knot* un nodo stretto. 13 (*of colours*) forte, vivace. 14 (*strong: of drinks*) forte, molto alcolico; (*of drugs*) pesante. 15 (*Br*) (*definite*) fermo, deciso: *a ~ decision* una decisione ferma. 16 (*factual*) effettivo, reale. 17 (*tough, ruthless*) duro, intrattabile: *a ~ man* un uomo duro. 18 (*pornography*) hard, porno. 19 (*Fon,Chim,Met,Acus*) duro: *a ~ g* una g dura; *~ water* acqua dura. 20 (*Econ*) forte, duro: *~ currency* valuta forte. 21 (*Econ*) (*of cash*) in contanti, liquido. 22 (*Econ,Comm*)

(*of prices*) sostenuto. 23 (*El*) (*of an electron tube*) a vuoto spinto; (*of X-rays*) duro, ad alto potere penetrativo. 24 (*colloq*) (*erect*) duro, eretto. **II** *n.* 1 (*Mar*) approdo *m.* dal fondo solido. 2 (*Br*) (*causeway*) strada *f.* rialzata; (*path across marshy land*) sentiero *m.* attraverso la palude. **III** *avv.* 1 (*with effort*) accanitamente, con tenacia: *to work ~* lavorare sodo. 2 (*forcefully*) forte, con energia, violentemente: *the wind blew ~* il vento soffiava forte; *he hit me ~* mi ha colpito violentemente. 3 (*intently*) con attenzione, attentamente: *to listen ~* ascoltare attentamente. 4 (*of the eyes*) intensamente, fissamente, in modo penetrante. 5 (*seriously*) duramente, gravemente, malc: *to take sth. ~* prendere male qcs. 6 (*harshly*) con severità. 7 (*fully*) tutto, completamente: *turn ~ right* girare tutto a destra; (*Mar*) *~ starboard!* tutto a dritta! 8 (*with difficulty*) con difficoltà, a fatica: *to breathe ~* respirare a fatica. 9 (*of time*) vicino, prossimo, imminente. 10 (*excessively*) smodatamente, troppo. □ *a ~ act to follow*: 1 una prestazione difficile da eguagliare; 2 (*person*) una persona con cui è difficile competere; *as ~ as iron* duro come il ferro; *as ~ as nails*: 1 durissimo, duro come il ferro; 2 (*fig*) (*of a person*) duro di cuore, insensibile; *as ~ as a stone* (o *as ~ as stone*) duro come la pietra; *to be ~ at it* lavorare sodo; *to be ~ at work* lavorare sodo; (*Br,colloq*) *to be ~ behind so.* stare subito dietro qcu., seguire qcu. da vicino; (*colloq*) *a ~ case* un duro; *~ cash* denaro in contanti, denaro contante; *~ cheese*: 1 (*colloq*) malasorte, sfortuna, scalogna; 2 (*esclam.*) che sfortuna!; *~ coal* antracite; (*Ott*) *~ contact lenses* (o *~ contacts*) lenti a contatto rigide; (*Inform*) *~ copy* copia a stampa, documento stampato; *~ core*: 1 (*Edil,Strad*) massicciata; 2 (*Br,fig*) gruppo intransigente, nucleo duro; 3 (*Am,colloq*) (*serious, focused, utterly devoted*) serio, impegnato; 4 (*used as an adjective*) intransigente; 5 (*used as an adjective: of films, etc.*) hard, porno; (*Sport*) *~ court* campo da tennis in terra battuta; (*Econ*) *~ currency* valuta forte; (*Inform*) *~ disk* disco rigido, hard disk, disco fisso; (*Br,colloq*) *~ done by* trattato male, trattato malissimo; *a ~ drinker* un accanito bevitore; (*Br*) *~ driven* alle strette, molto occupato, costretto a lavorare sodo; (*colloq*) *no ~ feelings!* senza risentimento!, senza rancore!; *too ~ for words* troppo difficile da raccontare; *to get ~* indurirsi, solidificarsi; *it was ~ going* era duro, era difficile; (*Econ*) *~ goods* beni durevoli; *~ hat*: 1 casco di protezione, elmetto; 2 (*Am*) (*costruction worker*) operaio di cantiere edile; 3 (*Am,colloq*) (*ultraconservative*) ultraconservatore; (*colloq*) *to have a ~ head* avere la testa dura, essere ostinato; *to be ~ hit* ricevere un duro colpo, essere duramente colpito; (*Dir*) *~ labour* lavori forzati; *~ landing*: 1 (*Astron*) allunaggio duro; 2 (*fig*) tonfo; (*Pol*) *~ line* linea intransigente, linea dura; (*Pol*) *~ liner* fautore della linea dura; *~ liquor* superalcolici; *~ luck*: 1 (*colloq*) malasorte, sfortuna, scalogna; 2 (*esclam.*) che sfortuna!; (*Am,Pol*) *~ money* contributi diretti (per il finanziamento delle campagne elettorali); (*colloq*) *a ~ nut to crack* un osso duro; *~ of hearing* duro di orecchi; (*Anat*) *~ palate* palato duro; *~ put* oberato, alle strette, molto occupato, costretto a lavorare sodo; (*Mus*) *~ rock* duro; (*Am,fig,colloq*) *a ~ row to hoe* un'impresa difficile, un lavoro ingrato, un duro compito; (*Am,Gastron*) *~ sauce* crema a base di brandy; *~ sell* vendita aggressiva; (*Strad*) *~ shoulder* corsia di emergenza; *~ stuff* liquo-

re, bevanda alcolica; *~ technology* tecnologia dura, hard technology; *to have a ~ time* passarsela male; *to give so. a ~ time* scocciare qcu., rompere le scatole a qcu.; *~ times* tempi duri; (*colloq*) *to be ~ up*: 1 essere in ristrettezze economiche, essere al verde, essere senza un soldo; 2 (*to lack*) essere sprovvisto, essere a corto (*for* di): *~ up for ideas* a corto di idee; (*colloq*) *to do sth. the ~ way* fare qcs. nel modo più difficile; *to learn the ~ way* imparare per esperienza; (*Agr*) *~ wheat* grano duro; (*Aus,colloq*) *to put the ~ word on so.* chiedere un favore a qcu.

hard-and-fast /ˌhaːdən(d)'faːst *Am* ˌhaːrd ən(d)'fæst/ *a.* rigido, categorico, assoluto: *~ rules* regole categoriche.

hardback /'haːdbæk *Am* 'haːrdbæk/ *n.* libro *m.* con copertina rigida.

hardbitten, hard-bitten /ˌhaːd'bɪtən/ *a.* (*Br, colloq*) duro, ostinato, astuto.

hardboard /'haːdbɔːd *Am* 'haːrdbɔːrd/ *n.* pannello *m.* di truciolare.

hard-boiled /ˌhaːd'bɔɪld *Am* ˌhaːrd'bɔɪld/ *a.* 1 sodo: *a ~ egg* un uovo sodo. 2 (*colloq*) (*tough, unsentimental*) duro, indurito, incallito.

hardcore, hard-core /ˌhaːd'kɔːr *Am* ˌhaːrd 'kɔːr/ *a.* 1 intransigente. 2 (*of films, etc.*) hard, porno.

hardcover, hard-cover /'haːdˌkʌvər *Am* 'haːrdˌkʌvər/ *n.* libro *m.* con copertina rigida.

hard-driving /ˌhaːd'draɪvɪŋ/ *a.* (*Am*) assillante, molto insistente.

hard-earned /ˌhaːd'ɜːnd *Am* ˌhaːrd'ɜːrnd/ *a.* acquistato a duro prezzo.

harden /'haːdən *Am* 'haːrdən/ **I** *v.t.* 1 indurire. 2 (*to make compact*) rassodare. 3 (*to toughen*) irrobustire, temprare. 4 (*Met*) temprare: *to ~ steel* temprare l'acciaio. 5 (*to make unfeeling*) indurire, rendere insensibile. 6 (*of character, feelings: to strengthen*) temprare, fortificare, rafforzare. **II** *v.i.* 1 indurirsi; (*to become compact*) rassodarsi. 2 (*to become tough*) irrobustirsi, temprarsi. 3 (*to become unfeeling*) indurirsi, diventare insensibile. 4 (*to become strengthened*) farsi più forte, rafforzarsi, consolidarsi: *opposition has ~ed* l'opposizione si è fatta più forte. 5 (*Econ*) (*of prices, the market*) stabilizzarsi, consolidarsi; (*to rise*) salire. □ (*Br*) *to ~ off* (*a plant*) abituare (una pianta) alle temperature esterne, far diventare (una pianta) più resistente.

hardened /'haːdənd *Am* 'haːrdənd/ *a.* 1 indurito (*anche fig*). 2 (*toughened*) temprato, aguerrito; (*inured*) rotto, assuefatto. 3 (*Met*) temprato. 4 (*inveterate*) incorreggibile, inveterato, incallito; (*of a criminal*) recidivo.

hardening /'haːdənɪŋ *Am* 'haːrdənɪŋ/ *n.* 1 indurimento *m.*: *~ of the arteries* indurimento delle arterie. 2 (*Econ*) consolidamento *m.* (dei prezzi). 3 (*Met*) tempra *f.*, tempera *f.*

hard-featured /'haːdfiːtʃəd *Am* 'haːrd fiːtʃərd/ *a.* dai lineamenti duri.

hard-fisted /'haːdfɪstɪd *Am* 'haːrdfɪstɪd/ *a.* avaro, spilorcio, (*colloq*) tirchio.

hardhanded, hard-handed /'haːdhændɪd *Am* 'haːrdhændɪd/ *a.* 1 dalle mani callose (per il lavoro). 2 (*fig*) severo, duro, rigido.

hardhead /'haːdhed *Am* 'haːrdhed/ *n.* 1 persona *f.* avveduta, persona *f.* accorta. 2 (*practical person*) pratico *m.* (*f.* -a).

hardheaded /'haːdhedɪd *Am* ˌhaːrd'hedɪd/ *a.* 1 avveduto, accorto: *a ~ businessman* un accorto uomo d'affari. 2 (*practical*) pratico. 3 (*obstinate*) testardo, ostinato.

hardheadedness /ˌhaːd'hedɪdnəs *Am* ˌhaːrd 'hedɪdnəs/ *n.* testardaggine *f.*, ostinatezza *f.*

hardhearted /ˌhaːd'haːtɪd *Am* ˌhaːrd'haːrtɪd/ *a.* 1 duro (di cuore), crudele, spietato. 2 (*unfeeling*) insensibile.

hardheartedly /ˌhɑːd'hɑːtɪdli *Am* ˌhɑːrd 'hɑːrṭɪdli/ *avv.* con durezza, con crudeltà, spietatamente.

hardheartedness /ˌhɑːd'hɑːtɪdnəs *Am* ˌhɑːrd'hɑːrṭɪdnəs/ *n.* 1 crudeltà *f.*, spietatezza *f.* 2 (*unfeelingness*) insensibilità *f.*

hard-hitting /'hɑːd,hɪtɪŋ *Am* 'hɑːrd,hɪṭɪŋ/ *a.* vigoroso, energico.

hardihood /'hɑːdihʊd *Am* 'hɑːrdihʊd/ *n.* (*ant*) baldanza *f.*, arditezza *f.*, coraggio *m.*, spavalderia *f.*

hardiness /'hɑːdɪnəs *Am* 'hɑːrdɪnəs/ *n.* 1 robustezza *f.*, forza *f.*, resistenza *f.* 2 (*Giard*) resistenza *f.*

hardline, hard-line /ˌhɑːd'laɪn *Am* ˌhɑːrd 'laɪn/ *a.* (*Pol*) intransigente.

hardly /'hɑːdli *Am* 'hɑːrdli/ *avv.* 1 appena, a mala pena, a stento, sì e no: *I ~ know him* lo conosco appena; *you'll ~ believe it* stenterai a crederci, non ti sembrerà vero. 2 (*not quite*) non (proprio), per nulla, niente affatto: *this is ~ the time* non è (certo) questo il momento. 3 (*probably not*) difficilmente: *they will ~ come in all this rain* difficilmente verranno con questa pioggia. 4 (*with trouble, effort*) con fatica, con difficoltà, con sforzo. 5 (*ant*) (*harshly*) duramente, severamente. □ *~ any* quasi niente, quasi nessuno; *there were ~ any* ce n'erano pochissimi; *~ anyone was there* non c'era quasi nessuno; *~ anything* quasi nulla; *~ anywhere* quasi in nessun posto; *~ ever* quasi mai; *it ~ matters* poco importa; *~... when...* a malapena... quando..., appena... quando...: *I had ~ finished speaking when he came in* avevo appena finito di parlare quando entrò.

hard-mouthed /ˌhɑːd'maʊðd *Am* ˌhɑːrd 'maʊðd/ *a.* (*of horses*) ribelle al morso.

hardness /'hɑːdnəs *Am* 'hɑːrdnəs/ *n.* 1 durezza *f.* 2 (*harshness*) durezza *f.*, severità *f.* 3 (*difficulty*) difficoltà *f.* 4 (*Fis*) (*of X-rays*) durezza *f.*, penetrazione *f.* 5 (*Fis*) (*degree of vacuum*) grado *m.* di vuoto.

hard-nosed /ˌhɑːd'nəʊzd *Am* ˌhɑːrd'nəʊzd/ *a.* avveduto, astuto, realistico, accorto, deciso.

hard-on /'hɑːdɒn *Am* 'hɑːrdɑːn/ *n.* (*volg,sl*) erezione *f.*

hardpan /'hɑːdpæn *Am* 'hɑːrdpæn/ *n.* (*Geol*) crostone *m.*

hard-pressed /ˌhɑːd'prest *Am* ˌhɑːrd'prest/ *a.* 1 oberato, sovraccarico. 2 (*faced with difficulty*) in imbarazzo, in difficoltà. 3 (*having great hesitation*) molto esitante, molto titubante: *I would be ~ to recommend him for a job* esiterei a raccomandarlo per un lavoro. 4 (*short of*) a corto (*for* di): *to be ~ for money* essere a corto di denaro.

hard-sectored /ˌhɑːd'sektəd *Am* 'hɑːrd sektərd/ *a.* (*Inform*) a settori fissi.

hard-shell /'hɑːdʃel *Am* 'hɑːrdʃel/ *a.* 1 (*Zool*) dalla conchiglia dura, dal guscio duro. 2 (*Am, fig*) rigido, inflessibile, intransigente.

hardship /'hɑːdʃɪp *Am* 'hɑːrdʃɪp/ *n.* 1 stento *m.*, patimento *m.*, sofferenza *f.*: *a life of ~s* una vita di stenti. 2 (*instance*) privazione *f.*

hardstand /'hɑːdstænd/ *n.* (*Am*) 1 (*Strad*) parcheggio *m.* 2 (*Aer*) piazzale *m.*, area *f.* di stazionamento.

hardstanding /'hɑːdstændɪŋ/ *n.* (*Br*) 1 (*Strad*) parcheggio *m.* 2 (*Aer*) piazzale *m.*, area *f.* di stazionamento.

hardtack /'hɑːdtæk *Am* 'hɑːrdtæk/ *n.* (*Alim*) galletta *f.*

hardtop /'hɑːdtɒp *Am* 'hɑːrdtɑːp/ *n.* (*Aut*) automobile *f.* a capote rigida.

hardware /'hɑːdweər *Am* 'hɑːrdwer/ *n.* 1 articoli *m.pl.* in metallo, ferramenta *f.pl.*: *~ store* negozio di ferramenta. 2 (*Inform*) (*in computers*) hardware *m.* 3 (*colloq*) (*military weap-*

ons) armi *m.pl.* militari.

hardwire /'hɑːdwaɪər *Am* 'hɑːrdwaɪr/ *v.t.* (*Inform*) cablare.

hardwired /'hɑːdwaɪəd *Am* 'hɑːrdwaɪrd/ *a.* (*Inform*) cablato.

hard-won /'hɑːdwʌn *Am* 'hɑːrdwʌn/ *a.* combattuto, vinto dopo duro combattimento: *a ~ victory* una vittoria combattuta.

hardwood /'hɑːdwʊd *Am* 'hɑːrdwʊd/ **I** *n.* legno *m.* duro. **II** *a.* di legno duro.

hard-working /'hɑːdwɜːkɪŋ *Am* 'hɑːrd wɜːrkɪŋ/ *a.* 1 laborioso, operoso, industrioso. 2 (*studious*) studioso.

hardy /'hɑːdi *Am* 'hɑːrdi/ *a.* 1 forte, robusto. 2 (*Giard*) (*of a plant*) resistente, rustico. 3 (*bold*) coraggioso, intrepido. 4 (*audacious*) ardito, audace. □ (*fig*) *~ perennial* problema ricorrente, questione ricorrente.

hare /heər *Am* her/ (*pl.inv.* o *-s* /-z/; *il pl. inv. si usa general. con valore collett.*) **I** *n.* (*Zool*) lepre *f./m.* **II** *v.i.* (*Br*) correre velocissimo. □ *~ and hounds* (*outdoor game*) caccia alla lepre; (*Bot*) *~'s foot* trifoglio dei campi, zampino di lepre; (*fig*) *to run with the ~ and hunt with the hounds* tenere il piede in due staffe.

harebell /'heəbel *Am* 'herbel/ *n.* (*Bot*) campanula *f.*

harebrained, hare-brained /'heəbreɪnd *Am* 'herbreɪnd/ *a.* (*colloq*) balzano, strambo, stravagante.

Hare Krishna /ˌhɑːri'krɪʃnə/ *n.* (*Rel*) Hare Krishna.

harelip /'heəlɪp *Am* 'herlɪp/ *n.* (*Med*) labbro *m.* leporino.

harem /'heərəm *Am* 'herəm/ *n.* harem *m.*

harestail /'heəzteɪl *Am* 'herzteɪl/ *n.* (*Bot*) fieno *m.* meschino.

harewood /'heəwʊd *Am* 'herwʊd/ *n.* (*Bot*) acero *m.* montano.

haricot /'hærɪkəʊ *Am also* 'herɪkəʊ/ *n.* (*Bot, Alim*) fagiolo *m.* □ (*Bot,Alim*) *~ bean* fagiolo.

harissa /'hærɪsə *Am* hɑː'riːsə/ *n.* (*Gastron*) harissa *f.*, salsa *m.* di peperoncino.

hark /hɑːk *Am* hɑːrk/ *v.i.* (*ant*) ascoltare, udire. □ *to ~ at* ascoltare, sentire (*anche scherz*): *~ at him!* sentite questo qui (cosa dice)!; *to ~ back:* 1 (*revert to*) ritornare (*to* su), riprendere: *he kept -ing back to the subject* continuava a ritornare sull'argomento; 2 (*recall*) richiamare, rimandare.

harken /'hɑːkən *Am* 'hɑːrkən/ *v.i.* (*ant*) ascoltare, udire.

harlequin /'hɑːlɪkwɪn *Am* 'hɑːrlɪkwɪn/ **I** *n.* 1 arlecchino *m.* 2 (*Ornit*) moretta *f.* arlecchino. **II** *a.* arlecchino, variopinto. □ (*Ornit*) *~ duck* moretta arlecchino; (*Itt*) *~ fish* pesce arlecchino.

Harlequin /'hɑːlɪkwɪn *Am* 'hɑːrlɪkwɪn/ *n.* (*Teat*) Arlecchino *m.*

harlequinade /ˌhɑːlɪkwɪ'neɪd *Am* ˌhɑːrlɪkwɪ 'neɪd/ *n.* (*Teat,fig*) arlecchinata *f.*

harlot /'hɑːlət *Am* 'hɑːrlət/ *n.* (*lett*) prostituta *f.*, meretrice *f.*

harlotry /'hɑːlətri *Am* 'hɑːrlətri/ *n.* (*rar*) prostituzione *f.*, meretricio *m.*

harm /hɑːm *Am* hɑːrm/ **I** *n.* 1 danno *m.*: *the hail caused serious ~* la grandine ha causato gravi danni. 2 (*wrong*) male *m.*: *I see no ~ in it* non ci vedo nulla di male. **II** *v.t.* danneggiare, recare danno a, nuocere. □ *to come to ~* riportare un danno; *to do more ~ than good* fare più male che bene; *there's no ~ in trying* tentar non nuoce; *to be out of ~'s way* essere al sicuro.

harmattan /hɑː'mætən *Am* hɑːr'mætən, ˌhɑːrmə'tæn/ *n.* (*Meteor*) harmattan *m.*, vento *m.* harmattan.

harmful /'hɑːmfʊl *Am* 'hɑːrmfʊl/ *a.* dannoso,

nocivo.

harmfulness /'hɑːmfʊlnəs *Am* 'hɑːrmfʊlnəs/ *n.* l'essere dannoso, dannosità *f.*

harmless /'hɑːmləs *Am* 'hɑːrmləs/ *a.* 1 innocuo: *a ~ joke* uno scherzo innocuo. 2 (*of people: inoffensive*) innocuo, inoffensivo.

harmlessly /'hɑːmləsli *Am* 'hɑːrmləsli/ *avv.* in modo innocuo.

harmlessness /'hɑːmləsnəs *Am* 'hɑːrm ləsnəs/ *n.* innocuità *f.*

harmonic /hɑː'mɒnɪk *Am* hɑːr'mɑːnɪk/ **I** *a.* 1 (*Mus,Mat,Fis*) armonico: *~ series* serie armonica. 2 (*fig*) armonico, armonioso, ben proporzionato. **II** *n.* 1 (*Mus*) armonico *m.*, suono *m.* armonico. 2 (*Acus,El*) armonica *f.*. □ (*Acus*) *~ distortion* distorsione armonica; (*Mus*) *~ minor* intervallo minore armonico; (*Mus*) *~ minor scale* scala minore armonica; (*Mus*) *~ progression* progressione armonica.

harmonica /hɑː'mɒnɪkə *Am* hɑːr'mɑːnɪkə/ *n.* 1 (*Mus*) armonica *f.* 2 (*mouth organ*) armonica *f.* a bocca.

harmonically /hɑː'mɒnɪkəli *Am* hɑːr 'mɑːnɪkəli/ *avv.* dal punto di vista armonico.

harmonics /hɑː'mɒnɪks *Am* hɑːr'mɑːnɪks/ *n.pl.* 1 (*costr.sing.*) (*Mus*) armonia *f.* 2 (*Mus, Acus*) (*partials which are integer ratios of the fundamental frequency*) armonici *m.pl.*, suoni *m.pl.* armonici.

harmonious /hɑː'məʊniəs *Am* hɑːr'məʊniəs/ *a.* 1 (*Mus*) (*sweet-sounding*) armonioso, melodioso, musicale. 2 (*in agreement*) armonioso, affiatato: *a ~ group* un gruppo affiatato. 3 (*consonant, blending*) armonioso, armonico, ben proporzionato: *a ~ arrangement of colours* un'armoniosa combinazione di colori.

harmoniously /hɑː'məʊniəsli *Am* ˌhɑːr 'məʊniəsli/ *avv.* armoniosamente.

harmonisation /ˌhɑːmən(a)ɪ'zeɪʃən *Am* ˌhɑːrmənɪ'zeɪʃən/ *n.* (*Br,Mus*) armonizzazione *f.* (*anche fig*).

harmonise /'hɑːmənaɪz/ (*Br*) **I** *v.t.* 1 armonizzare (*anche Mus*). 2 (*to make agree*) armonizzare, mettere in accordo. **II** *v.i.* 1 armonizzare, essere in armonia (*with* con), rispondere (a), corrispondere (a). 2 (*Mus*) (*to play*) suonare armoniosamente, (*to sing*) cantare armoniosamente.

harmonist /'hɑːmənɪst *Am* 'hɑːrmənɪst/ *n.* 1 (*Mus*) armonista *m./f.* 2 (*harmoniser*) armonizzatore *m.* (*f.* -trice).

harmonium /hɑː'məʊniəm *Am* hɑːr 'məʊniəm/ *n.* (*Mus*) armonio *m.*, armonium *m.*

harmonization /ˌhɑːmən(a)ɪ'zeɪʃən *Am* ˌhɑːrmənɪ'zeɪʃən/ *n.* (*Mus*) armonizzazione *f.* (*anche fig*).

harmonize /'hɑːmənaɪz *Am* 'hɑːrmənaɪz/ **I** *v.t.* 1 armonizzare (*anche Mus*). 2 (*to make agree*) armonizzare, mettere in accordo: *to ~ a theory with facts* armonizzare una teoria con i fatti. **II** *v.i.* 1 armonizzare, essere in armonia (*with* con), rispondere (a), corrispondere (a). 2 (*Mus*) (*to play*) suonare armoniosamente, (*to sing*) cantare armoniosamente.

harmonizer /'hɑːmənaɪzər *Am* 'hɑːrmən aɪzər/ *n.* armonizzatore *m.* (*f.* -trice).

harmony /'hɑːməni *Am* 'hɑːrməni/ *n.* 1 armonia *f.*, accordo *m.*, concordia *f.* 2 (*agreement*) armonia *f.*, rispondenza *f.*, corrispondenza *f.*, conformità *f.*: *his words are not in ~ with his ideas* le sue parole non sono in armonia con le sue idee. 3 (*Mus*) (*combination of tones*) armonia *f.*; (*science*) scienza *f.* dell'armonia, armonia *f.* □ (*Bibl*) *~ of the Gospels* armonia evangelica.

harness /'hɑːnɪs *Am* 'hɑːrnəs/ **I** *n.* 1 finimenti *m.pl.*, bardatura *f.* 2 (*for a baby*) briglie *f.pl.*, dande *f.pl.* 3 (*of a bell, parachute, etc.*) imbracatura *f.* **II** *v.t.* **1** bardare, mettere i finimenti a; *(to attach by means of a harness)* attaccare: *to ~ a pony to a cart* attaccare un pony a un carro. **2** *(fig)* *(to use)* utilizzare, sfruttare: *to ~ the energy of the sun* sfruttare l'energia solare. **3** *(fig)* *(to gain control over)* imbrigliare: *to ~ a waterfall for power* imbrigliare una cascata per ottenere energia elettrica. ☐ *~ horse*: 1 cavallo da tiro; 2 *(Sport)* trottatore; *(Br,fig)* *in ~* in sella; *in ~ with so.* in collaborazione con qcu., in tandem con qcu.; *(Sport)* *~ race* (o *~ racing*) corsa al trotto.

Harold /ˈhærəld/ *n.pr.m.* Aroldo.

harp /hɑːp *Am* hɑːrp/ **I** *n.* *(Mus)* arpa *f.* **II** *v.i.* **1** battere, insistere *(on, upon* su), ripetere *(in modo noioso)*, *(colloq)* ricantare (qcs.): *he is always -ing on (about) his illness* batte sempre sulla sua malattia. **2** *(ant,Mus)* suonare l'arpa, arpeggiare. ☐ *(Zool)* *~ seal* foca artica.

harper /ˈhɑːpər *Am* ˈhɑːrpər/ *n.* *(Mus)* arpista *m./f.*

harpist /ˈhɑːpɪst *Am* ˈhɑːrpɪst/ *n.* *(Mus)* arpista *m./f.*

harpoon /ˌhɑːˈpuːn *Am* ˌhɑːrˈpuːn/ **I** *n.* *(Pesc)* arpione *m.*, rampone *m.*, fucile *m.* subacqueo. **II** *v.t.* *(Pesc)* arpionare. ☐ *(Pesc)* *~ gun* lanciarpione.

harpooner /ˌhɑːˈpuːnər *Am* ˌhɑːrˈpuːnər/ *n.* *(Pesc)* ramponiere *m.*

harpsichord /ˈhɑːpsɪkɔːd *Am* ˈhɑːrpsɪkɔːrd/ *n.* *(Mus)* arpicordo *m.*

harpy /ˈhɑːpi *Am* ˈhɑːrpi/ *n.* arpia *f.* ☐ *(Ornit)* *~ eagle* arpia.

Harpy /ˈhɑːpi *Am* ˈhɑːrpi/ *n.* *(Mitol)* arpia *f.*

harquebus, harquebuse /ˈhɑːkwɪbəs *Am* ˈhɑːrkwɪbəs/ *n.* *(Mil,ant)* archibugio *m.*

harquebusier /ˌhɑːkwɪbəˈsɪər *Am* ˌhɑːrkwɪbəˈsɪr/ *n.* *(Mil,ant)* archibugiere *m.*

harridan /ˈhærɪdən/ *n.* vecchiaccia *f.*, strega *f.*

harrier[1] /ˈhærɪər/ *n.* **1** predatore *m.*, saccheggiatore *m.* **2** *(Ornit)* albanella *f.*

harrier[2] /ˈhærɪər/ *n.* **1** *(Caccia)* cane *m.* per la caccia alla lepre. **2** *(Sport)* *(cross-country runner)* podista *m./f.* di corsa campestre.

Harriet /ˈhærɪət *Am* also ˈheriət/ *n.pr.f.* Enrichetta.

Harris /ˈhærɪs *Am* also ˈherɪs/ *n.pr.m.* Harris. ☐ *(Tess)* *~ tweed* tweed di Harris, Harris tweed.

Harrovian /həˈrouvɪən *Br* also hæˈrouvɪən/ **I** *n.* studente *m.* *(f.* -essa) di Harrow. **II** *a.* di Harrow.

harrow /ˈhærou/ **I** *n.* *(Agr)* erpice *m.* **II** *v.t.* **1** *(Agr)* erpicare. **2** *(fig)* straziare, tormentare.

harrowed /ˈhæroud/ *a.* sconvolto, sconcertato.

harrowing /ˈhærouɪŋ/ *a.* tormentoso, straziante.

harrumph /həˈrʌmf/ *intz.* uhm..., ehm...

harry /ˈhæri *Am* also ˈheri/ *v.t.* **1** *(Mil)* *(to harass)* attaccare ripetutamente, impegnare con ripetuti attacchi. **2** *(Mil)* *(to ravage)* saccheggiare, devastare. **3** *(fig)* *(to worry)* disturbare, infastidire, molestare.

Harry /ˈhæri *Am* also ˈheri/ *n.pr.m.* dim. di Harold, Henry.

harsh /hɑːʃ *Am* hɑːrʃ/ *a.* **1** *(severe)* duro, severo, rigoroso: *~ words* parole severe. **2** *(physically uncomfortable)* rigido, freddissimo, crudo: *a ~ climate* un clima rigido. **3** *(unpleasant: to the ear)* aspro, sgradevole, stridulo: *a ~ voice* una voce aspra. **4** *(unpleasant: to the eye)* sgradevole, stridente. **5** *(unpleasant: to the taste)* aspro, agro e irritante. **6** *(unpleasant: to smell)* acre, aspro, pungente. **7** *(rough to the touch)* ruvido, aspro, scabro.

harshly /ˈhɑːʃli *Am* ˈhɑːrʃli/ *avv.* **1** *(severely)* severamente. **2** *(to the senses, of weather, etc.)* aspramente.

harshness /ˈhɑːʃnəs *Am* ˈhɑːrʃnəs/ *n.* **1** severità *f.*, durezza *f.* **2** *(disagreeableness: to the senses)* asprezza *f.* **3** *(roughness)* ruvidezza *f.* **4** *(of weather)* asprezza *f.*, rigore *m.*

hart /hɑːt *Am* hɑːrt/ *(pl.inv.* o *-s /-s/; il pl. inv. si usa general. con valore collett.)* *n.* **1** *(Zool)* cervo *m.* maschio. **2** *(red deer)* cervo *m.* nobile. ☐ *(Bot)* *~'s tongue* lingua cervina.

hartebeest /ˈhɑːtɪbiːst *Am* ˈhɑːrtɪbiːst/ *n.* *(Zool)* antilope *f.* africana.

harum-scarum /ˌheərəmˈskeərəm *Am* ˌherəmˈskerəm/ *a.* *(colloq)* **1** avventato, sventato, sconsiderato. **2** *(wild)* sfrenato.

haruspex /həˈrʌspeks, hæˈrʌspeks/ *(pl.* **-spices** /-spɪsiːz/) *n.* *(Stor.rom)* aruspice *m.*

harvest /ˈhɑːvɪst *Am* ˈhɑːrvɪst/ **I** *n.* **1** *(act)* mietitura *f.*, messe *f.* **2** *(season)* stagione *f.* della raccolta, mietitura *f.* **3** *(crop, yield)* messe *f.*, raccolto *m.*: *to win the ~* fare il raccolto. **4** *(fig)* frutto *m.*, risultato *m.*, messe *f.*: *to reap the ~ of one's work* raccogliere il frutto del proprio lavoro. **II** *v.t.* **1** raccogliere, mietere: *to ~ wheat* mietere il grano. **2** *(to gather from)* mietere: *to ~ a field* mietere un campo. **3** *(fig)* raccogliere, mietere, ricavare. ☐ *~ festival* cerimonia religiosa di ringraziamento per il raccolto; *~ home*: 1 fine della mietitura; 2 *(festival)* festa della mietitura; *(Entom)* *~ mite* trombidide; *~ moon* plenilunio più vicino all'equinozio d'autunno; *(Zool)* *~ mouse* topolino delle risaie; *~ thanksgiving* cerimonia religiosa di ringraziamento per il raccolto.

harvester /ˈhɑːvɪstər *Am* ˈhɑːrvɪstər/ *n.* **1** *(Agr)* mietitore *m.* *(f.* -trice); *(machine)* mietitrice *f.* **2** *(Entom)* trombidide *m.*

harvester-thresher /ˈhɑːvɪstəˌθreʃər *Am* ˈhɑːrvɪstərˌθreʃər/ *n.* *(Agr)* mietitrebbia *f.*

harvestman /ˈhɑːvɪstmən *Am* ˈhɑːrvɪstmən/ *n.* **1** *(Entom)* opilionide *m.*, tipula *f.* **2** *(Agr)* *(labourer)* mietitore *m.*

Harvey /ˈhɑːvi *Am* ˈhɑːrvi/ *n.pr.m.* Harvey.

has /həz *emphatic* hæz/ → **have**[1].

has-been /ˈhæzbɪn *Br* also ˈhæzbiːn/ *n.* *(colloq)* **1** *(of a person)* persona *f.* superata, persona *f.* finita, persona *f.* sfiorita. **2** *(of a thing)* cosa *f.* superata, vecchia gloria *f.*

hash[1] /hæʃ/ **I** *n.* **1** *(Gastron)* pasticcio *m.* fritto di carne tritata e patate. **2** *(fig)* *(mixture)* miscuglio *m.*, accozzaglia *f.*; *(muddle)* pasticcio *m.*, guazzabuglio *m.* **3** *(fig)* rifrittume *m.*, rifrittura *f.*: *a ~ of old ideas* un rifrittume di vecchie idee. **4** *(Br)* *(symbol)* cancelletto *m.* **II** *v.t.* **1** *(to mince)* tritare, triturare; *(to chop small)* tagliare a pezzetti. **2** *(fig)* pasticciare, abborracciare. ☐ *(spec. Am,Gastron)* *~ browns* frittelle di patate grattugiate e fritte; *(fig)* *to make a ~ of sth.*: 1 abborracciare qcs., impasticciare qcs; 2 *(to mess up)* mettere sottosopra qcs., mettere in disordine qcs.; *(Br)* *to ~ sth. out* sviscerare, esaminare a fondo, risolvere; *~ sign* (simbolo del) cancelletto; *to ~ up*: 1 *(to mince)* tritare, triturare; 2 *(to chop small)* tagliare a pezzetti.

hash[2] /hæʃ/ *n.* *(sl)* hashish *m.*

hashish /ˈhæʃiːʃ/ *n.* hashish *m.*

hashbrowns /ˈhæʃˈbraunz/ *n.pl.* *(spec. Am, Gastron)* frittelle *f.pl.* di patate grattugiate e fritte.

Hashemite /ˈhæʃəmaɪt/ **I** *n.* hashemita *m.* **II** *a.* hashemita.

Hasidic /hæˈsɪdɪk, hɑːˈsɪdɪk *Am* also həsˈɪdɪk/ *a.* *(Rel.ebr)* cassidico.

haslet /ˈheɪzlɪt, ˈhæslɪt/ *n.* *(Br,Gastron)* polpettone *m.* di frattaglie.

hasn't /ˈhæzənt/ *contraz. di* has not.

hasp /hæsp *Br* also hɑːsp/ **I** *n.* **1** *(metal clasp)* fermaglio *m.* **2** *(for a door, lid)* cerniera *f.*, serratura *f.* **II** *v.t.* assicurare con una cerniera, fermare con una cerniera.

hassle /ˈhæsl/ **I** *n.* *(colloq)* seccatura *f.*, scocciatura *f.*, fastidio *m.* **II** *v.t.* *(colloq)* seccare, infastidire, scocciare.

hassock /ˈhæsək/ *n.* **1** *(Br)* *(footstool)* poggiapiedi *m.*; *(kneeling cushion)* inginocchiatoio *m.* **2** *(tussock)* zolla *f.* erbosa.

hast /həst *emphatic* hæst/ *(ant)* → **have**[1].

hastate /ˈhæsteɪt/ *a.* *(Bot)* *(of a leaf)* astato.

haste /heɪst/ **I** *n.* **1** fretta *f.*, premura *f.*, urgenza *f.*: *to do sth. in ~* fare qcs. in fretta. **2** *(speed)* rapidità *f.* **3** *(precipitateness)* fretta *f.* eccessiva, precipitazione *f.* **II** *v.i.* *(lett)* → **hasten**. **III** *v.t.* *(lett)* → **hasten**. ☐ *to be in ~* avere fretta, andare di fretta; *to make ~* affrettarsi. *Prov.*: *more ~ less speed* (o *~ makes waste*) la gatta frettolosa fece i gattini ciechi.

hasten /ˈheɪsən/ **I** *v.t.* **1** *(of a person)* sollecitare, fare fretta a, mettere premura a. **2** *(to accelerate)* accelerare, affrettare. **II** *v.i.* affrettarsi: *he -ed home* si affrettò verso casa. ☐ *to ~ away* andarsene in fretta, affrettarsi ad andare via; *to ~ to add* aggiungere (un commento) senza fermarsi.

hastily /ˈheɪstɪli/ *avv.* **1** in modo affrettato, frettolosamente. **2** *(speedily)* velocemente, in modo avventato.

hastiness /ˈheɪstɪnəs/ *n.* **1** fretta *f.* **2** *(rashness)* precipitazione *f.*, fretta *f.* eccessiva, furia *f.*

Hastings /ˈheɪstɪŋz/ *n.pr.* *(Geog)* Hastings *f.*

hasty /ˈheɪsti/ *a.* **1** frettoloso, affrettato: *a ~ visit* una visita frettolosa. **2** *(speedy)* veloce, rapido. **3** *(precipitate)* precipitoso, avventato: *a ~ decision* una decisione precipitosa. **4** *(thoughtless)* avventato, sconsiderato: *~ words* parole avventate. **5** *(ant)* *(quick-tempered)* focoso, impetuoso; *(irascible)* irascibile, iracondo. ☐ *(Br,Gastron)* *~ pudding* budino di farina di grano.

hat /hæt/ **I** *n.* cappello *m.* **II** *v.t.* *(past, p.p.* **hatted** /ˈhætɪd *Am* ˈhætɪd/) mettere il cappello a. ☐ *~ brush* spazzola per cappelli; *(spec. Am)* *~ in hand*: 1 col cappello in mano; 2 *(fig)* servilmente; *(colloq)* *my ~!* davvero?, ma va'!; *-s off!* giù il cappello!; *with a ~ on* a capo coperto, col cappello in testa; *~ shop* cappelleria; *~ stand* attaccapanni a stelo; *(colloq)* uomo morto; *(fig)* *to take one's ~ off to so.* fare tanto di cappello a qcu.; *(Sport)* *~ trick* tre punti consecutivi, tre vittorie consecutive; *(colloq)* *to keep sth. under one's ~* mantenere il segreto su qcs.; *keep it under your ~!* acqua in bocca!

hatable /ˈheɪtəbl/ *a.* *(Am)* odioso, odiabile, detestabile.

hatband /ˈhætbænd/ *n.* nastro *m.* di cappello.

hatbox /ˈhætbɒks *Am* ˈhætbɑːks/ *n.* cappelliera *f.*

hatch[1] /hætʃ/ **I** *v.t.* **1** far nascere (covando): *(of eggs)* covare. **2** *(fig)* tramare, ordire: *to ~ a plot* ordire una congiura. **II** *v.i.* **1** nascere, uscire dall'uovo; *(of eggs)* schiudersi. **2** *(of a hen: to brood)* covare. **III** *n.* **1** *(act)* cova *f.*, covatura *f.* **2** *(brood hatched)* covata *f.* ☐ *(Giorn,scherz)* *~, match and despatch section* annunci di nascite, matrimoni e morti.

hatch[2] /hætʃ/ *n.* **1** *(Mar)* portello *m.* di boccaporto, boccaporto *m.*, portellone *m.* **2** *(trap door)* botola *f.* **3** *(serving hatch)* sportello *m.*, passavivande *m.* **4** *(Aer)* portello *m.* **5** *(Idr)* porta *f.* della chiusa. **6** *(Aut)* autovettura *f.* a due volumi, due volumi *f.* ☐ *(Mar)* *~ cover* botola di boccaporto; *(Mar)* *under -es* sotto coperta.

hatch³ /hætʃ/ **I** *n.* (*Art*) tratteggio *m.*, ombreggiatura *f.* **II** *v.t.* (*Art*) tratteggiare, ombreggiare.

hatchback /'hætʃbæk/ *n.* (*Aut*) autovettura *f.* a due volumi, due volumi *f.*

hatchery /'hætʃəri/ *n.* **1** (*for eggs*) stazione *f.* di covatura artificiale. **2** (*for fish*) vivaio *m.*

hatchet /'hætʃit/ *n.* **1** accetta *f.*, ascia *f.* **2** (*tomahawk*) tomahawk *m.*, ascia *f.* di guerra. □ ~ *face* volto dai lineamenti affilati; (*colloq*) ~ *job* attacco violento, censura; (*colloq*) ~ *man* sicario; *to take up the* ~ iniziare le ostilità, dissotterrare l'ascia di guerra.

hatching¹ /'hætʃiŋ/ *n.* **1** cova *f.*, covatura *f.* **2** (*brood*) covata *f.*

hatching² /'hætʃiŋ/ *n.* (*Art*) (*in drawing*) tratteggio *m.*, ombreggiatura *f.*

hatchling /'hætʃliŋ/ *n.* (*newborn bird*) uccello *m.* nidiaceo.

hatchment /'hætʃmənt/ *n.* stemma *f.* del defunto.

hatchway /'hætʃwei/ *n.* (*Mar*) boccaporto *m.*

hate /heit/ **I** *v.t.* **1** (*to dislike intensely*) odiare, nutrire odio verso, avere in odio. **2** (*to detest*) detestare, odiare: *I* ~ *getting up early* detesto alzarmi presto. **3** (*to feel sorry*) dispiacere (*costr.impers.*): *I would* ~ *to disappoint him* mi dispiacerebbe deluderlo. **II** *n.* **1** odio *m.* **2** (*dislike*) avversione *f.*, odio *m.* □ ~ *crime* reato frutto dell'odio e della discriminazione; (*colloq*) *to* ~ *so.'s guts* odiare a morte qcu., odiare qcu. intensamente; (*Br, colloq*) *to* ~ *so. like poison* odiare a morte qcu., odiare qcu. intensamente.

hateable /'heitəbl/ *Am* 'heitəbl/ *a.* odioso, odiabile, detestabile.

hated /'heitid *Am* 'heitid/ *a.* **1** (*reviled*) odiato, detestato. **2** (*dreaded*) temuto.

hateful /'heitful/ *a.* **1** odioso, detestabile, insopportabile. **2** (*expressing hate*) pieno di odio.

hatefully /'heitfuli/ *avv.* con odio.

hatefulness /'heitfulnəs/ *n.* odiosità *f.*

hater /'heitər *Am* 'heitər/ *n.* chi odia.

hatful /'hætful/ *n.* **1** (*contents*) cappellata *f.*, contenuto *m.* di un cappello. **2** (*colloq*) (*lot*) mucchio *m.*

hath /hæθ *emphatic* hæð/ (*ant*) → **have**¹.

hatha /'hæθə, 'hʌθə/ □ ~ *yoga* hatha-yoga.

hatless /'hætlis/ *a.* senza cappello.

hatpin /'hætpin/ *n.* spillone *m.* per cappelli.

hatrack, **hat-rack** /'hætræk/ *n.* rastrelliera *f.* per cappelli.

hatred /'heitrid/ *n.* **1** odio *m.* **2** (*hostility*) ostilità *f.*, avversione *f.*

hatstand /'hætstænd/ *n.* attaccapanni *m.* a stelo, (*colloq*) uomo *m.* morto.

hatter /'hætər *Am* 'hætər/ *n.* cappellaio *m.*

hauberk /'hɔːbɜːk *Am* 'hɔːbɜːrk/ *n.* (*Mediev*) usbergo *m.*, cotta *f.* d'arme.

haughtily /'hɔːtili *Am* 'hɔːtili/ *avv.* con arroganza, in modo sprezzante.

haughtiness /'hɔːtinəs *Am* 'hɔːtinəs/ *n.* altezzosità *f.*, arroganza *f.*, boria *f.*

haughty /'hɔːti *Am* 'hɔːti/ *a.* **1** altezzoso, arrogante, borioso. **2** (*scornful*) sdegnoso, sprezzante.

haul¹ /hɔːl/ **I** *v.t.* **1** tirare, trainare, trascinare: *to* ~ *a boat on to the beach* tirare a riva una barca. **2** (*to transport*) trasportare. **3** (*to bring before an authority*) portare, condurre, tradurre. **4** (*Mar*) (*to make change course*) deviare la rotta di. **5** (*Mar*) (*to drag a boat ashore*) alare, tirare in secco. **II** *v.i.* **1** tirare (*on sth. qcs.*): *to* ~ *on a rope* tirare una fune. **2** (*to transport*) fare trasporti. **3** (*Mar*) (*to change course*) cambiare rotta; (*to sail on a course*) navigare a vela, veleggiare. **4** (*Mar*)

(*of the wind*) cambiare (direzione). □ (*Mar*) *to* ~ *around* (*of the wind*) cambiare (direzione); (*Am,sl*) *to* ~ *ass* (*to move quickly*) muovere il culo, alzare le chiappe; *to* ~ *down one's colours* (*o flag*) 1 ammainare la bandiera; 2 (*fig*) arrendersi; (*Mar*) *to* ~ *in*: 1 (*to pull in*) tesare; 2 (*to head for land*) dirigersi a terra; (*Pesc*) *to* ~ *in the nets* raccogliere le reti; *to* ~ *off*: 1 (*Mar*) accostare; 2 (*Am, colloq*) fare (qcs.) all'improvviso: *I can't believe she* ~*ed off and slapped me* non riesco a crederci: improvvisamente mi ha dato un ceffone; *to* ~ *so. over the coals* dare una strigliata a qcu., dare una lavata di capo a qcu.; (*Mar*) *to* ~ *to the wind* orzare, stringere il vento; *to* ~ *up*: 1 (*Mar*) (*to drag ashore*) tirare a secco; 2 (*to bring before an authority*) portare, condurre, tradurre.

haul² /hɔːl/ *n.* **1** (*sth. taken or acquired*) retata *f.*, guadagno *m.*, profitto *m.* **2** (*sth. stolen*) bottino *m.*, refurtiva *f.*; (*sth. confiscated*) sequestro *m.* **3** (*Pesc*) retata *f.*: *a good* ~ una buona pesca. **4** (*transporting*) trasporto *m.*; (*quantity transported*) carico *m.* trasportato. **5** (*distance*) distanza *f.* di trasporto, tragitto *m.* **6** (*a pull*) tiro *m.*, trazione *f.*; (*strong pull*) stratta *f.*

haulage /'hɔːlidʒ/ *n.* **1** trasporto *m.* **2** (*Comm*) (*charge*) costo *m.* del trasporto, prezzo *m.* del trasporto, trasporto *m.* □ ~ *contractor* imprenditore di trasporti.

hauler /'hɔːlər/ *n.* (*Am*) trasportatore *m.*

haulier /'hɔːliər/ *n.* (*Br*) trasportatore *m.*

haulm /hɔːm/ *n.* **1** stoppia *f.*, paglia *f.* **2** (*single stalk*) gambo *m.*, stelo *m.*

haunch /hɔːntʃ/ *n.* **1** (*Anat*) anca *f.* **2** (*Zool*) coscia *f.* **3** (*Macell*) quarto *m.* **4** (*Arch*) fianco *m.* □ (*Anat*) ~ *bone* osso iliaco; *on one's* ~*-es* accovacciato: *to sit on one's* ~*-es* stare accovacciato, sedersi in posizione accovacciata.

haunt /hɔːnt/ **I** *v.t.* **1** (*of ghosts, spirits, etc.*) frequentare, abitare. **2** (*fig*) (*to visit frequently*) frequentare, bazzicare, praticare in: *to* ~ *a bar* frequentare un bar. **3** (*fig*) (*to recur to the mind of*) tornare in mente a, ritornare in mente a; (*to trouble*) perseguitare, tormentare, ossessionare. **II** *n.* **1** ritrovo *m.*, luogo *m.* di ritrovo, luogo *m.* frequentato: *old* ~*s* i luoghi frequentati nel passato. **2** (*Zool*) covo *m.*, tana *f.* □ *a* ~ *of thieves* un covo di ladri.

haunted /'hɔːntid *Am* 'hɔːntid/ *a.* **1** abitato dai fantasmi, frequentato dai fantasmi: *a* ~ *house* una casa abitata dai fantasmi. **2** (*fig*) perseguitato, tormentato, ossessionato.

haunting /'hɔːntiŋ *Am* 'hɔːntiŋ/ *a.* ossessionante, che perseguita, incalzante: *a* ~ *tune* un motivo ossessionante.

hauntingly /'hɔːntiŋli *Am* 'hɔːntiŋli/ *avv.* in maniera ossessionante, incessantemente.

hautboy /'houbɔɪ/ *n.* (*ant*) (*oboe*) oboe *m.*

haute couture /,outku:'tjuər *Am* ,outku:'tur/ *n.* alta moda *f.*, haute couture *f.*

haute cuisine /,outkwi:'zi:n/ *n.* alta cucina *f.*, haute cuisine *f.*

haute école /,outer'kɒl *Am* ,outer'kɑːl/ *n.* (*Equit*) alta scuola *f.*

hauteur /ou'tɜːr *Am* ou'tɜːr/ *n.* altezzosità *f.*, superiorità *f.*, protervia *f.*

haut monde /,out'mound/ *n.* alta società *f.*, bel mondo *m.*

Havana /hə'vænə *Br also* hə'vɑːnə/ **I** *n.pr.* (*Geog*) Avana *f.* **II** *n.* (*cigar*) avana *m.*

have¹ /həv *emphatic* hæv/ (*pres.ind.* 1ª *pers.* **have**, 2ª *pers.* **have**, 3ª *pers.* **has** /həz *emphatic* hæz/, *pl.* **have**; *past* 1ª *pers.* **had** /həd *emphatic* hæd/, 2ª *pers.* **had**, 3ª *pers.* **had**, *pl.* **had**; *p.p.* **had**) **I** *v.t.* **1** avere, possedere: *he has a large house* ha una casa grande; ~ *you* (*got*) *a car?*

(*o Am do you* ~ *a car?*) hai una macchina?; *she has* (*got*) *blue eyes* ha gli occhi azzurri; *he has many enemies* ha molti nemici. **2** (*to hold, to keep in the mind*) avere: *to* ~ *a dream* avere un sogno; *he had nothing to say* non aveva nulla da dire. **3** (*to experience, to feel*) avere, sentire, provare: *to* ~ (*got*) *a terrible pain* sento un tremendo dolore. **4** (*to undergo*) subire: *he had an operation on his knee* subì un'operazione al ginocchio. **5** (*to receive*) avere, ricevere: ~ *you had any news?* hai avuto qualche notizia? **6** (*to hear*) apprendere, (venire a) sapere: *I* ~ *it on good authority* lo so da fonte autorevole. **7** (*to take*) avere, prendere: *may I* ~ *this one?* posso prendere questo? **8** (*to be compelled; followed by the infinitive*) dovere, avere da: *I* ~ (*got*) *to go now* ora devo andare; *you will* ~ *to try your best* dovrai mettercela tutta. **9** (*to express certainty; followed by the infinitive*) dovere: *there has to be a solution* ci deve essere una soluzione. **10** (*to be required*) avere, dovere: *I* ~ (*got*) *a lot to do* ho molte cose da fare. **11** (*to cause to; followed by the infinitive*) fare: ~ *him cut the grass* fagli tagliare l'erba. **12** (*to cause to be; followed by the past participle*) fare: *I must* ~ *my watch mended* devo far riparare il mio orologio. **13** (*to eat*) mangiare, prendere: *I've only had a sandwich today* oggi ho mangiato soltanto un tramezzino. **14** (*to drink*) prendere, bere: *I never* ~ *tea for breakfast* non prendo mai tè a colazione. **15** (*to smoke*) fumare: *let's* ~ *a cigarette* fumiamoci una sigaretta. **16** (*of a meal*) fare, prendere: *to* ~ *lunch* fare colazione, pranzare. **17** (*to engage in, to perform; followed by a noun*) fare, farsi, *often translated with a verb*: *to* ~ *a walk* fare una passeggiata, passeggiare; *to* ~ *a fight with so.* litigare con qcu.; *to* ~ *a game of cards* fare una partita a carte. **18** (*to give birth to*) avere, dare alla luce, fare, partorire: *to* ~ *a baby* avere un bambino, fare, (*colloq*) fare un bambino. **19** (*to show*) avere, mostrare: *she had the nerve to refuse* ebbe il coraggio di rifiutare; *to* ~ *mercy on so.* mostrare pietà per qcu. **20** (*to allow*) permettere, tollerare: *I won't* ~ *you saying such things* non permetto che tu dica cose simili. **21** (*to obtain*) guadagnare, prendere. **22** (*to entertain, to invite*) avere, invitare: *to* ~ *so. to dinner* avere qcu. a cena. **23** (*to maintain, to say; seguito da it*) dire, sostenere, affermare: *the newspapers* ~ *it that there will be another slump* i giornali sostengono che ci sarà una nuova depressione; *as Shakespeare has it* come dice Shakespeare. **24** (*to be, to take on*) rivestire, assumere, avere: *the matter has great importance* la questione riveste una grande importanza. **25** (*to know, to understand*) conoscere, sapere: *I* ~ *it by heart* lo so a memoria. **26** (*to want*) volere: *what would you* ~ *me do?* che cosa vuoi che faccia? **27** (*to position people*) mettere: *I'll* ~ *you here in the front* ti metto qui davanti. **28** (*colloq*) (*to outwit, to dupe*) imbrogliare, ingannare, truffare, (*pop*) fregare: *I'm afraid you've been had* temo che ti abbiano fregato; *you've got me there* mi hai fregato. **29** (*colloq*) (*to defeat*) vincere, battere. **30** (*colloq*) (*to bribe*) corrompere, comprare. **31** (*sl,volg*) (*to have sexual intercourse*) farsela con, andare a letto con. **II** *v.aus.* (*to form perfect tenses*) avere, essere: *she has gone out* è uscita; ~ *you finished?* hai finito? □ *to* ~ *sth. against so.* avere qcs. contro qcu., avercela con qcu.; (*Dir*) *to* ~ *and to hold* 1 occupare in pieno diritto, possedere in pieno diritto; 2 (*in the wedding vows*) restare fedeli; *to* ~ *back*: 1 avere indietro, riavere; 2 (*of a person*) fare ritornare; *to ~ done with*: 1 (*to stop*) smettere, cessare: *I ~ done with lending him money* ho smesso di prestargli denaro; 2 (*to be tired of*) non volerne più sapere di; *to ~ done with it* farla finita, finirla; *to ~ down* fare venire, invitare: *they ~ guests down for the week-end* hanno invitato degli ospiti per il fine settimana; (*colloq*) *to ~ had it*: 1 aver perso l'ultima possibilità; 2 (*to be exhausted*) essere sfinito, essere stremato; 3 (*to be ruined*) essere rovinato, essere spacciato; 4 (*to pass from popularity*) fare il proprio tempo: *he's had it as a singer* come cantante ha fatto il suo tempo; 5 (*to die*) lasciarci la pelle; (*colloq*) *to ~ it in for so.* avercela con qcu.; *to ~ in*: 1 avere (*in casa*): *we ~ the painters in* abbiamo i pittori (in casa); 2 (*of guests*) invitare; (*Br, colloq*) *I ~ it!*: 1 (*I have the answer*) io lo so!; 2 (*I understand*) ho capito!; (*colloq*) *to ~ it in one* avere la stoffa: *he didn't ~ it in him* non aveva la stoffa; *to ~ it out* (*with so.*) discutere (con qcu.), risolvere una faccenda (con qcu.); (*colloq*) *to ~ it over* essere superiore a; *to ~ on*: 1 (*to wear*) indossare, avere indosso, portare: *she had a new dress on* indossava un vestito nuovo; 2 (*to have planned*) avere in programma: *I -n't (got) anything on tonight* non ho nulla in programma per stasera; 3 (*Br, colloq*) (*to tease*) prendere in giro; 4 (*colloq*) avere le prove: *to ~ something on so.* avere delle prove contro qcu.; *to ~ to do with* avere a che fare con, riguardare; *to ~ up*: 1 convocare, mandare a chiamare; 2 (*to invite*) invitare, far venire (dalla provincia in città); 3 (*Br, colloq*) (*to summon before a court*) citare in giudizio; *had they accepted, all would ~ been well* se avessero accettato, tutto sarebbe andato bene; *to ~ what it takes* avere il necessario, avere la stoffa. *Prov.*: (*Bibl*) *he that hath, to him shall be given* a chi ha sarà dato.

have[2] /hæv/ *n.* **1** (*Br, colloq*) (*swindle*) inganno *m.*, imbroglio *m.*, truffa *f.* **2** *pl.* (*the wealthy*) abbienti *m./f.pl.*, benestanti *m./f.pl.*: *the -s and the have-nots* gli abbienti e i non abbienti.

haven /'heɪvən/ *n.* **1** porto *m.* **2** (*fig*) rifugio *m.*, ricovero *m.*, asilo *m.*

have-nots /hæv'nɒts Am ˌhæv'nɑːts/ *n.pl.* non abbienti *m./f.pl.*

haven't /'hævənt/ *contraz. di* have not.

haver /'heɪvər/ *v.i.* **1** (*spec. Scott*) dire sciocchezze. **2** (*Br*) esitare, essere indeciso, tentennare.

haversack /'hævəsæk Am 'hævərsæk/ *n.* (*ant*) zaino *m.*

havildar /'hævɪldɑːr Am 'hævɪldɑːr/ *n.* ufficiale *m.* (indiano).

havoc /'hævək/ *n.* **1** distruzione *f.*, devastazione *f.*, rovina *f.* **2** (*great disorder*) caos *m.* ☐ *to make ~ of* distruggere, devastare.

haw[1] /hɔː/ *n.* **1** bacca *f.* di biancospino. **2** (*Bot*) (*hawthorn*) biancospino *m.*

haw[2] /hɔː/ *I n.* esitazione *f.* **II** *v.i.* parlare esitando, dire ehm... **III** *intz.* ehm...

haw[3] /hɔː/ *n.* (*Zool*) membrana *f.* nittitante.

Hawaii /həˈwaɪ(iː) Br also hɑːˈwaɪ(iː)/ *n.pr.pl.* (*Geog*) Hawaii *f.pl.*

Hawaiian /həˈwaɪɪən Br also hɑːˈwaɪɪən/ *I n.* **1** hawaiano *m.* (*f.* -a). **2** (*language*) lingua *f.* hawaiana. **II** *a.* hawaiano. ☐ (*Mus*) ~ *guitar* chitarra hawaiana; (*Abbigl*) ~ *shirt* camicia hawaiana.

hawfinch /'hɔːfɪntʃ/ *n.* (*Ornit*) frosone *m.*

haw-haw /'hɔːhɔː, ˌhɔːˈhɔː/ *I intz.* ah ah! **II** *n.* ah ah *m.*

hawk[1] /hɔːk/ *I n.* **1** (*Ornit*) (*sparrow hawk*) sparviero *m.* **2** (*Ornit*) (*falcon*) falco *m.* **3** (*Am*,

Ornit) (*buzzard*) poiana *f.* **4** (*Pol*) falco *m.* **II** *v.i.* (*Caccia*) andare a caccia col falcone. **III** *v.t.* assalire dall'alto, cacciare dall'alto. ☐ (*Entom*) ~ *moth* sfinge; (*Ornit*) ~ *owl* ulula.

hawk[2] /hɔːk/ *I v.t.* vendere per la strada, vendere di casa in casa, fare il venditore ambulante di. **II** *v.i.* fare il venditore ambulante.

hawk[3] /hɔːk/ *I v.i.* schiarirsi la gola, raschiarsi la gola. **II** *v.t.* (*to raise by hawking*) scatarrare, (*pop*) scaracchiare. **III** *n.* raschio *m.* ☐ *to ~ up* scatarrare, (*pop*) scaracchiare.

hawk[4] /hɔːk/ *n.* (*Edil*) sparviero *m.*

hawker[1] /'hɔːkər/ *n.* (*Caccia*) falconiere *m.*

hawker[2] /'hɔːkər/ *n.* venditore *m.* (*f.* -trice) ambulante.

Hawkeye /'hɔːkaɪ/ ☐ ~ *State* Iowa.

hawk-eyed /'hɔːkaɪd/ *a.* dagli occhi di falco.

hawking /'hɔːkɪŋ/ *n.* (*Caccia*) falconeria *f.*

hawkmoth /'hɔːkmɒθ Am 'hɔːkmɑːθ/ *n.* (*Entom*) sfinge *f.*

hawk-nosed /'hɔːknoʊzd/ *a.* col naso aquilino.

hawksbill /'hɔːksbɪl/ *n.* (*Zool*) tartaruga *f.* embricata. ☐ (*Zool*) ~ *turtle* tartaruga embricata.

hawse /hɔːz/ *n.* (*Mar*) **1** cubia *f.* **2** (*hawse-hole*) occhio *m.* di cubia.

hawsehole /'hɔːzhoʊl/ *n.* (*Mar*) occhio *m.* di cubia.

hawsepipe /'hɔːzpaɪp/ *n.* cubiotto *m.*

hawser /'hɔːzər/ *n.* (*Mar*) gomena *f.*, gherlino *m.*

hawser-laid /'hɔːzəˌleɪd Am 'hɔːzərˌleɪd/ *a.* torticcio: ~ *rope* cavo torticcio.

hawthorn /'hɔːθɔːn Am 'hɔːθɔːrn/ *n.* (*Bot*) biancospino *m.*

hay[1] /heɪ/ *I n.* (*Agr*) fieno *m.* **II** *v.t.* **1** (*Agr*) coltivare a fieno, mettere a fieno. **2** (*Agr*) (*to supply with hay*) dare il fieno a. **III** *v.i.* (*Agr*) fare fieno. ☐ (*Agr*) ~ *barn* fienile; (*Agr*) ~ *cutter* tagliafieno; (*Med*) ~ *fever* raffreddore da fieno; (*Agr*) ~ *field* campo di fieno, prato da taglio; (*Agr*) *to make* ~ falciare ed esporre al sole il fieno; (*fig*) *to make* ~ *while the sun shines* battere il ferro mentre è caldo; (*fig*) *to make* ~ *of* sconvolgere, mettere in disordine.

hay[2] /heɪ/ *n.* danza *f.* campestre.

haybox /'heɪbɒks Am 'heɪbɑːks/ *n.* (*ant*) cassa *f.* di cottura.

haycock /'heɪkɒk Am 'heɪkɑːk/ *n.* (*Agr*) mucchio *m.* di fieno.

hayfork /'heɪfɔːk Am 'heɪfɔːrk/ *n.* (*Agr*) forcone *m.* da fieno, forca *f.* fienaia.

hayloft /'heɪlɒft Am 'heɪlɑːft/ *n.* (*Agr*) fienile *m.*

haymaker /'heɪˌmeɪkər/ *n.* **1** (*Agr*) (*person*) falciatore *m.* (*f.* -trice) d'erba; (*machine*) voltafieno *m.* **2** (*colloq*) forte pugno *m.*, cazzotto *m.*, mazzata *f.*

haymaking /'heɪˌmeɪkɪŋ/ *n.* (*Agr*) fienagione *f.*

haymow /'heɪmoʊ/ *n.* **1** (*Agr*) (*hayloft*) fienile *m.* **2** (*Agr*) (*stack of hay*) mucchio *m.* di fieno.

hayrack /'heɪræk/ *n.* **1** (*Zootecn*) rastrelliera *f.* per il fieno. **2** (*wagon*) carro *m.* da fieno.

hayrick /'heɪrɪk/ *n.* (*Agr*) mucchio *m.* di fieno, pagliaio *m.*

hayseed /'heɪsiːd/ *n.* **1** (*Agr*) semente *f.* del fieno. **2** (*Am, colloq*) (*bumpkin*) villano *m.* (*f.* -a), zotico *m.* (*f.* -a).

haystack /'heɪstæk/ *n.* (*Agr*) mucchio *m.* di fieno, pagliaio *m.*

haywire /'heɪwaɪər Am 'heɪwaɪr/ *I n.* filo *m.* di ferro per legare balle di fieno (*o* di paglia). **II** *a.* (*colloq*) confuso, matto. ☐ (*colloq*) *to go* ~ impazzire, andare in tilt.

hazard /'hæzəd Am 'hæzərd/ *I n.* **1** rischio *m.*,

pericolo *m.*, azzardo *m.*: *a health* ~ un rischio per la salute. **2** (*chance*) sorte *f.*, caso *m.*, fatalità *f.* **3** (*Sport*) (*in golf*) ostacolo *m.* naturale; (*in billiards*) colpo *m.* che manda la palla in buca. **4** (*dice game*) gioco *m.* d'azzardo con i dadi. **II** *v.t.* **1** azzardare, arrischiare, avventurare: *to ~ a guess* azzardare un'ipotesi. **2** (*to expose to risk*) rischiare, mettere a repentaglio. ☐ *at all -s* a qualunque costo; (*Aut*) ~ *lights* lampeggiatori di emergenza; (*Am*) ~ *pay* indennità di rischio; ~ *rating* grado di pericolosità; (*Aut*) ~ *warning lights* lampeggiatori di emergenza.

hazardous /'hæzədəs Am 'hæzərdəs/ *a.* **1** rischioso, pericoloso: ~ *occupation* occupazione rischiosa. ☐ ~ *waste* rifiuti pericolosi.

hazardously /'hæzədəsli Am 'hæzərdəsli/ *avv.* in modo rischioso, pericolosamente.

hazardousness /'hæzədəsnəs Am 'hæzərdəsnəs/ *n.* rischiosità *f.*, pericolosità *f.*

haze[1] /heɪz/ *I n.* **1** (*Meteor*) caligine *f.*, foschia *f.* **2** (*fig*) annebbiamento *m.*, confusione *f.* mentale. **3** (*Fot*) velo *m.* **II** *v.i.* diventare caliginoso, (*fig*) appannarsi, offuscarsi. ☐ *to ~ over*: 1 diventare caliginoso; 2 (*fig*) appannarsi, offuscarsi.

haze[2] /heɪz/ *v.t.* **1** (*spec. Am*) (*to ridicule*) prendersi gioco di, farsi beffe di. **2** (*Am, Univ*) fare la matricola a.

hazel /'heɪzəl/ *I n.* **1** (*Bot*) nocciolo *m.*, avellano *m.* **2** (*hazelnut*) nocciola *f.* **3** (*wood*) legno *m.* di nocciolo, nocciolo *m.* **4** (*colour*) nocciola *m.*, marrone *m.* chiaro. **II** *a.* **1** (*light brown*) (color) nocciola, bruno chiaro: ~ *eyes* occhi nocciola. **2** (*made of hazel wood*) di nocciolo.

hazelnut /'heɪzəlnʌt/ *n.* nocciola *f.* ☐ (*Bot*) ~ *tree* nocciolo, avellano.

hazily /'heɪzɪli/ *avv.* **1** confusamente, indistintamente. **2** (*fig*) in maniera incerta, vagamente.

haziness /'heɪzɪnəs/ *n.* **1** nebbiosità *f.* **2** (*fig*) nebulosità *f.*, incertezza *f.*

hazy /'heɪzi/ *a.* **1** caliginoso, velato, nebbioso: ~ *weather* tempo caliginoso. **2** (*fig*) vago, indistinto, confuso: ~ *ideas* idee vaghe. **3** (*fig*) (*of persons*) confuso, disorientato.

HB 1 *half board* (mezza pensione). **2** (*Edit*) *hardback* (copertina rigida).

HBM, H.B.M. *His Britannic Majesty, Her Britannic Majesty* sua maestà Britannica.

H-bomb /'eɪtʃbɒm Am 'eɪtʃbɑːm/ *n.* (*Nucl*) bomba *f.* H.

HC, H.C. 1 (*Rel*) *Holy Communion* (comunione). **2** (*GB*) *House of Commons* (camera dei comuni).

HCA *Honduras* HCA (Honduras).

h.c.f., H.C.F. (*Mat*) *highest common factor* M.C.D. (massimo comun divisore).

HD (*Inform*) *hard disk* HD (disco rigido, hard disk, disco fisso).

HDD (*Inform*) *hard disk drive* HDD (lettore disco rigido, lettore hard disk, lettore disco fisso).

HDL (*Biol*) *High Density Lipoprotein* HDL (lipoproteina ad alta densità).

HDTV /ˌeɪtʃdiːtiːˈviː/ (*TV*) *High Definition Television* HDTV (televisione ad alta definizione).

he /hi *emphatic* hiː/ *I pron.* **1** egli, lui, *often not translated*: ~ *is a good man* è un brav'uomo; ~ *said it* l'ha detto lui. **2** (*lett*) (*the one*) colui, quello: ~ *who is without sin* colui che è senza peccato. **3** (*in comparatives*) lui: *you are taller than* ~ (*is*) tu sei più alto di lui. **II** *n.* **1** (*man*) uomo *m.* **2** (*male*) maschio *m.* **III** *a.* **1** (*in compounds*) (*male*) maschio, *often translated by the masculine noun*: *a ~-goat* un caprone. **2** (*masculine*) virile, maschio. ☐ *this is ~* (*on the telephone*) sono io.

H.E. 1 *high explosive* (alto esplosivo). **2** *His Eminence* S.E. (Sua Eminenza). **3** *His Excellency, Her Excellency* S.E. (Sua Eccellenza).

head[1] /hed/ **I** *n.* **1** testa *f.*, capo *m.*: *to hit so. on the ~* colpire qcu. alla testa. **2** (*foremost part*) testa *f.*, capo *m.*: *to march at the ~ of a column* marciare alla testa di una colonna. **3** (*highest part*) cima *f.*, testa *f.*: *the ~ of the staircase* la cima della scala. **4** (*of a bed*) testata *f.*, testa *f.* **5** (*of a hammer, axe, etc.*) testa *f.*; (*of a pin, nail, etc.*) testa *f.*, capo *m.*, capocchia *f.* **6** (*mind, brain*) testa *f.*, mente *f.*, cervello *m.* **7** (*aptitude*) disposizione *f.*, attitudine *f.*, talento *m.*: *to have a good ~ for drawing* avere una spiccata disposizione per il disegno. **8** (*leadership*) comando *m.*: *he was put at the ~ of the expedition* fu posto al comando della spedizione. **9** (*leader, chief*) capo *m.*: *the ~ of the sales department* il capo dell'ufficio vendite; *Head of State* capo dello stato; *~ of delegation* capodelegazione; *the ~ of the family* il capofamiglia; *the ~ of a firm* il titolare di una ditta. **10** (*ruler*) testa *f.*: *the crowned -s of Europe* le teste coronate d'Europa. **11** (*one of a number or group*) testa *f.*, persona *f.*: *a pound a ~* una sterlina a testa. **12** (*pl.inv.*) (*of cattle*) capo *m.* **13** (*as a measurement*) testa *f.*: *to win the race by a ~* vincere la corsa per una testa; *he is a ~ taller than me* è più alto di me di tutta la testa. **14** (*of a coin or medal*) dritto *m.* **15** (*Br,colloq*) (*headache*) mal *m.* di testa. **16** (*froth on beer*) schiuma *f.* **17** (*Univ*) preside *m./f.*: *~ of a department* preside di facoltà. **18** (*Scol*) (*headteacher*) preside *m./f.*, direttore *m.* (*f. -trice*). **19** (*Geog*) (*promontory*) capo *m.*, promontorio *m.*; (*source of a river*) sorgente *f.*; (*of a lake*) capo *m.* **20** (*division of a theme, etc.*) capo *m.*, capitolo *m.* **21** (*Elettron*) testina *f.* **22** (*Med*) (*of a boil, etc.*) punta *f.*, testa *f.* **23** (*Bot*) (*inflorescence*) capolino *m.*; (*of cabbage, lettuce, etc.*) cespo *m.*, cesto *m.*, pianta *f.* **24** (*Mar*) (*bow*) prora *f.*, prua *f.*; (*of a mast*) cima *f.* **25** (*Mar,colloq*) (*toilet*) latrina *f.* **26** (*Minier*) galleria *f.* **27** (*Mecc*) (*of a machine tool*) testa *f.*; (*of a valve*) fungo *m.*; (*of a tape recorder*) testina *f.* **28** (*Mot*) testata *f.*, testa *f.* **29** (*Ind*) bacino *m.* (idroelettrico). **30** (*Ferr*) fungo *m.* (di rotaia). **31** (*Fis*) pressione *f.*: *a full ~ of steam* vapore a piena pressione. **32** (*Arch*) capitello *m.* **II** *a.* **1** capo: *~ chorister* capo corista. **2** (*of or for the head*) da testa, per la testa. **3** (*situated at the head*) di testa. **4** (*Mar*) di prua, contrario: *~ sea* mare di prua; *~ tide* corrente contraria. ☐ (*colloq*) *to keep one's ~ above water*: 1 tenere la testa a fior d'acqua; 2 (*fig*) stare a galla, rimanere a galla; (*fig*) *to hit* (o *to run* o *to bash*) *one's ~ against a wall* (o *one's ~ against a brick wall*) battere la testa contro il muro; (*fig*) *to be ~ and shoulders above* (o *over*) so. essere di gran lunga superiore a qcu.; *~ boy* rappresentante degli studenti; *to bring sth. to a ~* portare qcs. a un punto critico; (*colloq*) *~ case* pazzo, squilibrato; (*Strad*) *~ clearance* altezza libera; *~ clerk* capoufficio; *~ cold* raffreddore di testa; (*Equit*) *~ collar* testiera; *to come to a ~*: 1 (*of a boil*) maturare; 2 (*fig*) giungere a un punto critico; *~ count* conto delle teste; (*Br,colloq*) *to do so.'s ~ in* far diventare paranoico; *~ down* a testa bassa; (*Br, colloq*) *to get one's ~ down* mettersi al lavoro, darci dentro; *~ dress* ornamento del capo, copricapo; *~ first*: 1 a testa in giù, a testa avanti, a capofitto; 2 (*fig*) impetuosamente, precipitosamente; *~ foremost* → **headlong**;

to get sth. out of one's ~ levarsi qcs. dalla testa, dimenticarsi; *~ girl* rappresentante (unica) della scuola; (*volg*) *to give so. their ~* avere un rapporto sessuale orale; *to give so. their ~* riconoscere a qcu. le sue capacità; *to go to so.'s ~* ubriacare, dare alla testa: *success has gone to his ~* il successo gli ha dato alla testa; *to walk with one's ~ high* camminare a testa alta; *~ hunter* cacciatore di teste; *in one's ~* mentalmente, nella testa; (*fig*) *to have one's ~ in the clouds* avere la testa fra le nuvole; (*Med*) *~ injury* trauma cranico; *to take it into one's ~ to do sth.* mettersi in testa di fare qcs.; (*fig*) *to put sth. into so.'s ~* mettere qcs. in testa a qcu.; (*colloq*) *to lay -s together* consultarsi; *~ louse* pidocchio (della testa); *to make ~* dirigersi verso; *~ money*: 1 tassa pro capite; 2 (*bounty*) taglia; (*Inform*) *~ mounted display* casco virtuale; *~ nurse* capoinfermiera; *a fine ~ of hair* una bella capigliatura; *the ~ of the stairs* il caposcala, il pianerottolo in cima alle scale; *to sit at the ~ of the table* sedere a capotavola; (*Br*) *off one's ~*: 1 (*crazy*) pazzo da legare; 2 (*wildly excited*) fuori di sé; 3 (*drugged*) fuori di sé, stordito; *~ office* sede (centrale); (*Br,fig*) *on one's ~* sulla (propria) coscienza, sulla (propria) testa: *on your ~ be it* la responsabilità ricada sul tuo capo, la responsabilità ricada su di te; (*fig*) *to put one's ~ on the block* correre un grosso rischio, giocarsi la carriera; (*colloq*) *not to make ~ or tail of sth.* non capirci un'acca, non capirci niente; *-s or tails?* testa o croce?; (*colloq*) *to be out of one's ~* essere fuori di sé; (*fig*) *over so.'s ~* troppo difficile per qcu.; *to go* (o *to act*) *over so.'s ~* scavalcare qcu., agire senza il consenso di qcu., agire all'insaputa di qcu.; (*fig*) *to be promoted over another's ~* ricevere una promozione scavalcando un'altra persona; *to give so. a ~ over so.* dare a qcu. un vantaggio su qcu.; *~ over heels*: 1 a testa in giù, a capofitto; 2 (*Br*) fino al collo: *~ over heels in debt* indebitato fino al collo; (*fig*) *to be ~ over heels in love with so.* essere innamorato alla follia di qcu., essere innamorato cotto di qcu.; (*colloq*) *to put -s together* consultarsi, concertarsi; (*colloq*) *to have one's ~ screwed on the right way* avere la testa a posto, avere la testa sulle spalle; (*Mar*) *~ sea* mare di prua; (*fig*) *my ~ is splitting* la testa mi scoppia; (*Sport,fig*) *~ start* vantaggio; (*Acus*) *~ tape cleaner* cassetta puliscitestine; (*Econ*) *~ tax* tassa pro capite; *~ teacher* preside, direttore; *from ~ to foot* dalla testa ai piedi; *from ~ to toe* dalla testa ai piedi; (*colloq*) *-s up!* attenzione!; *~ warder* capocarceriere; (*fig*) *-s will roll* qualche testa cadrà; (*Tip*) *~ word* lemma, esponente.

head[2] /hed/ **I** *v.t.* **1** (*to be at the front*) aprire, essere in testa a: *to ~ a parade* aprire una sfilata. **2** (*to be chief of*) guidare, dirigere, capeggiare, essere a capo di: *to ~ a delegation* guidare una delegazione; *to ~ a revolt* capeggiare una rivolta. **3** (*to direct the course of*) dirigere, volgere, indirizzare: *to ~ a boat for shore* dirigere una barca verso la riva. **4** (*to fit a head to*) mettere la punta, mettere la testa a, fornire di punta. **5** (*to behead*) decapitare. **6** (*to entitle*) intestare, intitolare. **7** (*Sport*) (*of a ball*) colpire di testa. **8** (*Agr*) (*of a tree*) potare, cimare. **9** (*Geol*) (*of a stream*) aggirare la sorgente di. **II** *v.i.* **1** (*to go in a direction*) dirigersi, puntare: *to ~ for home* dirigersi verso casa, volgere il passo verso casa. **2** (*Bot*) accestire. **3** (*Med*) (*of a boil*) maturare. **4** (*Geog*) (*of a stream*) scaturire, originarsi. ☐ (*Agr*) *to ~ down* (*of a tree*) potare, cimare; (*Am*) *to be ~ed for* essere

diretto a; (*Br*) *to be ~ing for* essere diretto a; *to ~ off*: 1 intercettare, bloccare; 2 (*to divert*) deviare, stornare; 3 (*fig*) (*to prevent*) prevenire, impedire; 4 (*to go*) dirigere, volgere; (*Sport*) *to ~ the ball into goal* segnare un gol con un colpo di testa; (*Bot*) *to ~ up* accestire.

headache /ˈhedeɪk/ *n.* **1** mal *m.* di testa, emicrania *f.*, cefalea *f.* **2** (*colloq*) (*problem*) preoccupazione *f.*, grattacapo *m.*, fastidio *m.*

headachy /ˈhedˌeɪki/ *a.* che ha mal di testa.

headband /ˈhedbænd/ *n.* **1** fascia *f.* per i capelli, fascia *f.* fermacapelli. **2** (*Legat*) capitello *m.*

headbanger /ˈhedbæŋəʳ/ *n.* **1** fan *m./f.* di heavy metal, appassionato *m.* (*f. -a*) di heavy metal. **2** (*sl*) pazzo *m.* (*f. -a*) da legare.

headbanging /ˈhedbæŋɪŋ/ *n.* headbanging *m.* (lo scuotere la testa al ritmo della musica heavy metal).

headboard /ˈhedbɔːd Am ˈhedbɔːrd/ *n.* (*of a bed, etc.*) testata *f.*

headbutt, head-butt /ˈhedbʌt/ **I** *n.* testata *f.* **II** *v.t.* dare una testata.

headcheese /ˈhedtʃiːz/ *n.* (*Am,Gastron*) soppressata *f.*

headcloth /ˈhedklɒθ Am ˈhedklɑːθ/ *n.* copricapo *m.*

headdress /ˈheddres/ *n.* ornamento *m.* del capo, copricapo *m.*

headed /ˈhedɪd/ *a.* **1** (*in compounds*) dalla testa, con la testa...: *a curly-~ baby* un bambino dalla testa ricciuta. **2** (*of notepaper, etc.*) intestato. **3** (*Mecc*) con testa. **4** (*Am, colloq*) (*going*) diretto: *where are you ~?* dove sei diretto?

header /ˈhedəʳ/ *n.* **1** (*fall*) caduta *f.* di testa. **2** (*dive*) tuffo *m.*, tuffo *m.* di testa: *to take a ~ into a lake* fare un tuffo in un lago. **3** (*Edil*) mattone *m.* posto di punta. **4** (*Sport*) colpo *m.* di testa. **5** (*Tecn*) (*of a boiler, pipes*) collettore *m.* **6** (*Fal*) testata *f.*, pezzo *m.* di testata. **7** (*Edit,Inform*) intestazione *f.* **8** (*Elettron*) basetta *f.* ☐ (*Tecn*) *~ tank* (*of a boiler, pipes*) collettore.

headfast /ˈhedfɑːst Am ˈhedfæst/ *n.* (*Mar*) cavo *m.* di prua.

headfirst /ˌhedˈfɜːst Am ˌhedˈfɜːrst/ *avv.* **1** a testa in giù, a testa avanti, a capofitto. **2** (*fig*) impetuosamente, precipitosamente.

headgear /ˈhedgɪəʳ Am ˈhedgɪr/ *n.* **1** copricapo *m.* **2** (*Sport*) casco *m.* **3** (*of a harness*) testiera *f.* **4** (*Minier*) incastellatura *f.* di estrazione. **5** (*Dent*) cuffia *f.* (per trazione) extraorale.

headhunt /ˈhedˌhʌnt/ *v.t.* fare il cacciatore di teste (*anche fig*).

headhunter /ˈhedˌhʌntəʳ Am also ˈhedˌhʌntəʳ/ *n.* cacciatore *m.* di teste (*anche fig*).

headhunting /ˈhedˌhʌntɪŋ Am also ˈhedˌhʌntɪŋ/ *n.* (*Comm*) caccia *f.* all'uomo.

headiness /ˈhedɪnəs/ *n.* (*intoxicated elation*) l'essere inebriante.

heading /ˈhedɪŋ/ *n.* **1** titolo *m.*, intestazione *f.* **2** (*subdivision, section*) rubrica *f.*, sezione *f.* **3** (*course, compass direction*) rotta *f.*, angolo *m.* di rotta: *our ~ was due south* la nostra rotta era in direzione sud. **4** (*Minier*) estremità *f.* di galleria di livello.

head-injured /ˈhedˌɪndʒəd Am ˈhedˌɪndʒəʳd/ *a.* (*Med*) con trauma cranico, cranioleso.

headlamp /ˈhedlæmp/ *n.* (*Aut*) faro *m.* (anteriore), proiettore *m.*

headland /ˈhedlænd/ *n.* **1** (*Geog*) capo *m.*, promontorio *m.* **2** (*Agr*) striscia *f.* di terreno non arata.

headless /ˈhedləs/ *a.* **1** senza testa, acefalo. **2** (*fig*) (*leaderless*) senza capo, senza guida. ☐ (*Lett*) *the ~ horseman* il cavaliere senza testa.

headlight /ˈhedlaɪt/ *n.* **1** (*Aut*) faro *m.* (anteriore), proiettore *m.* **2** (*Mar*) luce *f.* di posizione anteriore. ☐ (*Aut*) ~ *washer* impianto lavafari, lavafari.

headline /'hedlaɪn/ **I** *n.* (*Giorn,Tip*) titolo *m.* **II** *v.t.* dare un titolo a. **III** *v.i.* (*spec. Am,Teat*) essere protagonista di uno spettacolo. ☐ (*colloq*) *to make the -s*: 1 fare cronaca; 2 (*estens*) diventare famoso.

headliner /'hedlaɪnər/ *n.* (*Teat*) vedette *f.*, divo *m.* (*f.* -a).

headlong /'hedlɒŋ *Am* 'hedlɑːŋ/ **I** *avv.* 1 a testa in giù, a testa avanti, a capofitto. 2 (*precipitously*) a precipizio, precipitosamente, in fretta, avventatamente: *to flee* ~ fuggire precipitosamente. **II** *a.* 1 di testa, con la testa avanti: *a* ~ *dive* un tuffo di testa. 2 (*precipitous*) precipitoso, avventato.

headman /'hedmæn/ *n.irr.* 1 capo *m.*; (*of a clan, tribe*) capo *m.*, capotribù *m.* 2 (*foreman*) caposquadra *m.*

headmaster /ˌhed'mɑːstər *Am* 'hed,mæstər/ *n.* (*spec. Scol*) preside *m.*, direttore *m.*

headmistress /ˌhed'mɪstrəs *Am also* 'hed ,mɪstrəs/ *n.* (*spec. Scol*) preside *f.*, direttrice *f.*

headmost /'hedmoʊst/ *a.* primo.

headnote, head-note /'hednoʊt/ *n.* (*Tip*) nota *f.* di apertura.

head-office /'hedɒfɪs *Am* 'hedɑːfɪs/ ☐ ~ *manager* direttore di sede.

head-on /ˌhed'ɒn *Am* ,hed'ɑːn/ **I** *a.* 1 frontale: *a* ~ *collision* uno scontro frontale. 2 (*directly opposing*) diretto, fronte a fronte, faccia a faccia. **II** *avv.* 1 frontalmente. 2 (*in direct opposition*) direttamente.

headphone /'hedfoʊn/ ☐ (*Acus*) ~ *cushion* padiglione (di cuffia).

headphones /'hedfoʊnz/ *n.pl.* (*Tel,Rad*) cuffia *f.sing.*

headpiece /'hedpiːs/ *n.* 1 (*headgear*) copricapo *m.* 2 (*Mil,ant*) elmo *m.* 3 (*Equit*) testiera *f.* 4 (*Tip*) testata *f.*, capopagina *m.*, frontone *m.*

headquarter /ˌhed'kwɔːtər *Am* 'hed,kwɔːrtər/ *v.t.* stabilire la propria sede, avere la sede centrale: *the company is -ed in Seattle* la società ha la sede a Seattle.

headquarters /ˌhed'kwɔːtəz *Am* 'hed,kwɔːr tərz/ *n.pl.* (*costr.sing. o pl.*) 1 (*Mil*) quartier *m.* generale. 2 (*of the police*) centrale *f.* di polizia. 3 (*Comm*) sede *f.* centrale. 4 (*fig*) (*meeting place*) sede *f.*

headrest /'hedrest/ *n.* poggiatesta *m.*

headroom /'hedruːm/ *n.* (*Edil*) altezza *f.* libera di passaggio.

headsail /'hedseɪl/ *n.* (*Mar*) vela *f.* di prua.

headscarf /'hedskɑːf *Am* 'hedskɑːrf/ *n.irr.* foulard *m.*, fazzoletto *m.* da testa.

headset /'hedset/ *n.* 1 cuffia *f.* 2 (*with microphone*) cuffia *f.* con microfono.

headship /'hedʃɪp/ *n.* 1 guida *f.*, comando *m.* 2 (*supremacy*) supremazia *f.*, primato *m.* 3 (*spec. Br,Scol*) direzione *f.*, presidenza *f.*

headshrinker /'hed,ʃrɪŋkər/ *n.* (*scherz*) strizzacervelli *m./f.*, psichiatra *m./f.*

headsman /'hedzmən/ *n.irr.* (*ant*) carnefice *m.*, boia *m.*

headspring /'hedsprɪŋ/ *n.* fonte *f.*, sorgente *f.* (*anche fig*).

headsquare /'hedskweər *Am* 'hedskwer/ *n.* foulard *m.*, fazzoletto *m.* da testa.

headstall /'hedstɔːl/ *n.* (*spec. Am*) (*of a harness*) testiera *f.*

headstand /'hedstænd/ *n.* (*Ginn*) verticale *f.* (in appoggio) sul capo.

headstock /'hedstɒk *Am* 'hedstɑːk/ *n.* (*Mecc*) testa *f.*

headstone /'hedstoʊn/ *n.* 1 lapide *f.*, pietra *f.* tombale. 2 (*Arch*) (*cornerstone*) pietra *f.* angolare; (*keystone*) chiave *f.* di volta.

headstream /'hedstriːm/ *n.* (*Geog*) sorgente *f.*

headstrong /'hedstrɒŋ *Am* 'hedstrɑːŋ/ *a.* testardo, caparbio.

heads-up /'hedzʌp/ *intz.* occhio!, attenzione! ☐ (*Aut*) ~ *display* heads-up display.

head-teacher /'hedtiːtʃər/ *n.* preside *m./f.*, direttore *m.* (*f.* -trice).

head-to-head /ˌhedtə'hed/ *a.* faccia a faccia, diretto.

headwaiter /'hed,weɪtər *Am* 'hed,weɪtər/ *n.* capocameriere *m.*

headwaters /'hed,wɔːtəz *Am* 'hed,wɔːtərz/ *n.pl.* (*Geog*) (*of a river*) sorgenti *f.pl.*

headway /'hedweɪ/ *n.* 1 (*foreward movement*) marcia *f.* avanti, movimento *m.* in avanti. 2 (*progress*) progresso *m.*, progressi *m.pl.*, avanzamento *m.* 3 (*Edil*) (*headroom*) altezza *f.* libera di passaggio. 4 (*for means of transport*) intervallo *m.* di tempo (tra due mezzi). ☐ *to make* ~ fare progressi, progredire, farsi largo.

headwind /'hedwɪnd/ *n.* (*Aer,Mar*) vento *m.* di prua.

headword /'hedwɜːd/ *n.* (*Br,Edit*) lemma *m.*

headwork /'hedwɜːk *Am* 'hedwɜːrk/ *n.* lavoro *m.* intellettuale, attività *f.* intellettuale.

heady /'hedi/ *a.* 1 inebriante, che dà alla testa: ~ *wine* vino che dà alla testa. 2 (*exciting*) esaltante, entusiasmante. 3 (*impetuous*) violento, impetuoso, avventato. 4 (*Am*) (*showing intelligence*) intelligente; (*intellectual*) intellettuale, da intellettuali.

heal /hiːl/ **I** *v.t.* 1 sanare, guarire (*anche fig*): *to* ~ *a wound* guarire una ferita; *to* ~ *a grief* sanare un dolore. 2 (*fig*) comporre, conciliare, riconciliare: *to* ~ *a quarrel* comporre una lite. **II** *v.i.* guarire, risanarsi: *the wound -ed quickly* la ferita guarì rapidamente. ☐ *to* ~ *over* (o *to* ~ *up*) guarire, risanarsi.

heal-all /'hiːlɔːl/ *n.* panacea *f.*, rimedio *m.* universale.

healer /'hiːlər/ *n.* guaritore *m.* (*f.* -trice).

healing /'hiːlɪŋ/ **I** *a.* 1 curativo, terapeutico. 2 (*fig*) (*of speech, etc.*) confortante, confortevole. **II** *n.* guarigione *f.*

health /helθ/ **I** *n.* 1 (*individual state of well-being*) salute *f.* 2 (*good health*) (buona) salute *f.*: *he is the picture of* ~ è il ritratto della salute. 3 (*public wellbeing*) salute *f.* pubblica, sanità *f.* 4 (*fig*) salute *f.*, prosperità *f.*, benessere *m.*, condizione *f.* **II** *a.* 1 (*for individual wellbeing*) di salute. 2 (*of products*) naturale, biologico. 3 (*of the public wellbeing*) sanitario: ~ *service* servizio sanitario. **III** *intz.* (*as a toast*) salute! ☐ ~ *assistance* assistenza sanitaria; ~ *authorities* autorità sanitarie; (*Br*) ~ *card* tessera sanitaria; ~ *care* assistenza sanitaria, sanità; ~ *centre* consultorio, ambulatorio; (*Br*) ~ *certificate* certificato medico; (*Br*) ~ *education* educazione sanitaria; (*Br*) ~ *farm* centro benessere; ~ *food* alimenti naturali; ~ *inspection* controllo sanitario; ~ *insurance* assicurazione contro le malattie, assicurazione sanitaria; ~ *insurance fund* cassa malattia; ~ *policy* politica sanitaria; ~ *regulations* norme sanitarie; (*Br*) ~ *resort* luogo di cura, stazione climatica; (*Br*) ~ *service* servizio sanitario; (*Br*) ~ *spa* centro di cure termali; (*spec. Br*) ~ *visitor* assistente (domiciliare) sanitario; *to your* ~! alla salute!, prosit! *Prov.*: ~ *is better than wealth* val più la salute che la ricchezza, quando c'è la salute c'è tutto.

healthcare /'helθkeər *Am* 'helθker/ *n.* assistenza *f.* sanitaria, sanità *f.* ☐ ~ *assistant* assistente sanitario, operatore sanitario; ~ *personnel* personale sanitario.

healthful /'helθful/ *a.* 1 salubre, salutare, igienico. 2 (*rar*) (*healthy*) sano.

healthfulness /'helθfulnəs/ *n.* 1 (buona) sa-

lute *f.* 2 (*quality of being healthy*) salubrità *f.*

healthily /'helθɪli/ *avv.* in modo sano, in modo salutare.

healthiness /'helθɪnəs/ *n.* 1 (buona) salute *f.* 2 (*quality of being healthy*) salubrità *f.*

healthy /'helθi/ *a.* 1 sano, in buona salute: *a* ~ *baby* un bambino sano. 2 (*showing good health*) sano: ~ *complexion* colorito sano. 3 (*of appetite*) robusto, vigoroso. 4 (*healthful*) salutare, salubre, sano: ~ *sports* sport salutari. 5 (*prosperous*) prospero, fiorente, florido: *a* ~ *economy* un'economia fiorente. 6 (*normal, natural*) sano, ragionevole, equilibrato: *a* ~ *attitude* un approccio equilibrato. 7 (*considerable*) consistente, cospicuo: ~ *profits* utili cospicui.

heap /hiːp/ **I** *n.* 1 mucchio *m.*, cumulo *m.*, pila *f.*, pigna *f.*: *a* ~ *of stones* un mucchio di pietre. 2 (*colloq*) (*lot*) gran quantità *f.*, grande quantità *f.*, (*colloq*) mucchio *m.*, sacco *m.* 3 (*colloq*) (*messy or untidy place*) immondezzaio *m.*; (*delapidated vehicle*) auto *f.* scassata, catafalco *m.* **II** *v.t.* 1 ammucchiare, accumulare, accatastare. 2 (*to fill generously*) riempire, colmare: *she -ed my plate with food* mi ha riempito il piatto di cibo. 3 (*to accumulate*) accumulare, ammassare: *to* ~ *up riches* accumulare ricchezze. 4 (*fig*) colmare, coprire, riempire: *to* ~ *praise on so.* coprire qcu. di lodi. ☐ (*Br,colloq*) *all of a* ~ all'improvviso; (*fig*) *to* ~ *coals on so.'s head* restituire a qcu. bene per male; (*colloq*) *in* -*s* in gran quantità, a palate; *to* ~ *sth. into a pile* ammucchiare qcs., fare una catasta di qcs.; (*colloq*) -*s of* una gran quantità di, molto, (*colloq*) un mucchio di, un sacco di: -*s of money* molto denaro, un sacco di soldi; -*s of times* molte volte, spessissimo; (*fig*) *to* ~ *up riches* accumulare ricchezze.

heaped /hiːpt/ *a.* (*Br*) colmo: *a* ~ *spoonful* un cucchiaio colmo, un cucchiaio abbondante.

heaping /'hiːpɪŋ/ *a.* (*Am*) colmo: *a* ~ *tablespoon* un cucchiaio colmo, un cucchiaio abbondante.

heaps /hiːps/ *avv.* (*colloq*) moltissimo, infinitamente: *she's* ~ *better* sta molto molto meglio.

hear /hɪər *Am also* hɪr/ (*past, p.p.* **heard** /hɜːd *Am* hɜːrd/) **I** *v.t.* 1 udire, sentire: *to* ~ *voices* sentire delle voci. 2 (*to listen to*) sentire, ascoltare. 3 (*to learn by hearing*) sentire, sapere, venire a conoscenza, venire a sapere, apprendere: *I -d you had been ill* ho saputo che sei stato male; *have you -d the latest?* hai sentito l'ultima? 4 (*Dir*) (*of a case*) giudicare, esaminare; (*of witnesses*) escutere, ascoltare. 5 (*to listen with favour to*) dare ascolto a, esaudire: *our prayers have been -d* le nostre preghiere sono state esaudite. **II** *v.i.* 1 sentirci, sentire: *I can't* ~ non riesco a sentire. 2 (*to learn by hearing*) (venire a) sapere, avere notizia di, apprendere, sentir parlare di. ☐ (*scherz*) *you could have -d a pin drop* non si sentiva volare una mosca; *to* ~ *from so.* avere notizie da qcu., ricevere notizie da qcu.: *have you -d anything from him?* hai avuto sue notizie?; (*Comm*) *hoping to* ~ *from you* nell'attesa di vostre notizie; (*fig*) *you will* ~ *from me later* mi sentirai!, facciamo i conti più tardi!; ~*! hear!* bene!, bravo! (*anche iron*); *he will not* ~ *of it* non vuole sentirne parlare, non vuole saperne: *I won't* ~ *of such a thing!* neanche a parlarne!; *to* ~ *so. out* ascoltare qcu. fino in fondo; *to* ~ *tell of sth.* sentire parlare di qcs., sentire dire qcs.; (*fig*) *he can* ~ *the grass grow* ha un udito finissimo; (*colloq*) *you haven't -d the last of me* non finisce qui!, me la pagherai!; (*colloq*) *you ha-*

ven't -d the last of this ne sentirai ancora parlare; *to ~ voices* avere allucinazioni auditive, sentire delle voci.

hearable /'hɪərəbl̩ *Am* 'hɪrəbl̩/ *a.* udibile, che si può sentire.

heard /hɜːd *Am* 'hɜːrd/ → **hear**. □ *to make oneself ~* farsi sentire; *they were never ~ of again* non si seppe più nulla di loro.

hearer /'hɪərər *Am* 'hɪrər/ *n.* uditore *m.* (*f.* -trice), ascoltatore *m.* (*f.* -trice).

hearing /'hɪərɪŋ *Am* 'hɪrɪŋ/ *n.* **1** udito *m.*: *a ~ test* un esame dell'udito; *to have poor ~* essere debole d'udito. **2** (*act*) l'udire, l'ascoltare, il sentire, l'apprendere. **3** (*Dir*) udienza *f.* **4** (*audience*) udienza *f.*, ascolto *m.*: *to give so. a ~* accordare un'udienza a qcu., dare ascolto a qcu.; *to gain a ~* (riuscire a) farsi ascoltare. **5** (*earshot*) portata *f.* acustica, (*colloq*) orecchio *m.*: *it came to my ~* mi è giunto all'orecchio. □ *~ aid* apparecchio acustico; *~ impaired* audioleso, non udente; *it was said in my ~* l'ho sentito con le mie orecchie; *out of ~* troppo lontano per essere udito; *within ~* a portata d'orecchio.

hearken /'hɑːkən *Am* 'hɑːrkən/ *v.i.* **1** (*lett*) ascoltare attentamente (*to so. qcu.*). **2** (*ant*) (*to give attention*) prestare attenzione (*a*).

hearsay /'hɪəseɪ *Am* 'hɪrseɪ/ *n.* diceria *f.*, voce *f.*, pettegolezzo *m.*: *it's just ~* è solo un pettegolezzo. □ *to know sth. by ~* sapere qcs. per sentito dire; (*Dir*) *~ evidence* testimonianza per sentito dire.

hearse /hɜːs *Am* hɜːrs/ *n.* carro *m.* funebre.

heart /hɑːt *Am* hɑːrt/ *n.* **1** (*Anat*) cuore *m.* **2** (*breast, bosom*) petto *m.*, cuore *m.*: *to clasp so. to one's ~* stringere qcu. al petto. **3** (*soul, mind*) animo *m.*, cuore *m.*: *she has a kind ~* è d'animo gentile; *to say what is in one's ~* dire quel che si ha nel cuore. **4** (*affection*) cuore *m.*, affetto *m.*, amore *m.*: *he gave her his ~* le donò il suo cuore. **5** (*feelings*) cuore *m.*, sentimento *m.* **6** (*kindness*) cuore *m.*, sensibilità *f.*: *have you no ~?* non hai (un) cuore? **7** (*central part*) cuore *m.*, centro *m.*, parte *f.* centrale: *the ~ of the forest* il centro della foresta. **8** (*vital part*) nocciolo *m.*, cuore *m.*, essenza *f.*: *the ~ of the matter* il nocciolo della questione. **9** (*courage*) animo *m.*, coraggio *m.*, cuore *m.*: *to lose ~* perdersi d'animo; *he didn't have the ~ to punish him* gli mancò il coraggio di punirlo. **10** (*enthusiasm*) cuore *m.*, entusiasmo *m.*, slancio *m.*: *the team put its whole ~ into the game* la squadra ha giocato con grande entusiasmo. **11** (*person*) cuore *m.*, persona *f.*, individuo *m.*: *stout ~s* cuori intrepidi. **12** (*Agr*) fertilità *f.*, produttività *f.* **13** (*of a vegetable*) cuore *m.*: *~ of lettuce* cuore di lattuga; *artichoke ~* cuore di carciofo. **14** *pl.* (*suit*) cuori *m.pl.*: *ace of ~s* asso di cuori. □ *to do sth. ~and soul* fare qcs. col massimo impegno, dedicarsi a qcs. anima e corpo; *at ~* in fondo (all'animo), nel profondo del cuore: *to have sth. at ~* avere a cuore qcs.; *~ attack*: **1** (*Med*) attacco cardiaco, arresto cardiaco, infarto; **2** (*colloq*) (*terrible shock*) infarto, colpo: *I had a ~ attack when I saw the thief* mi è venuto un colpo quando ho visto il ladro; (*fig*) *my ~ bleeds for him* il mio cuore piange per lui; (*Med*) *~ block* blocco cardiaco, arresto cardiaco; *by ~* a memoria: *to learn by ~* imparare a memoria; (*Br,Med*) *~ complaint* difetto cardiaco, vizio cardiaco; *to one's ~'s content* a proprio piacimento, a sazietà, a volontà; *in my ~'s core* nel più profondo del mio cuore, nell'intimo del mio cuore; (*Am,Med*) *~ defect* difetto cardiaco, vizio cardiaco; (*Med*) *~ disease* cardiopatia, malattia di cuore, affezione cardiaca; (*Med*) *~ failure*: **1** infarto; **2** (*congestive heart fail-*

ure) colpo apoplettico, sincope cardiaca; *that comes from the ~* che viene dal cuore, (*ant*) cordiale; *to go to so.'s ~* scendere al cuore di qcu., andare al cuore di qcu., commuovere qcu.; (*colloq*) *have a ~!*: **1** sii buono!; **2** (*iron*) ma fammi il piacere; *to have one's ~ in sth.* fare qcs. volentieri, fare qcs. con passione; *to have one's ~ in one's boots*: **1** avere fifa, avere la tremarella; **2** (*to be depressed*) essere depresso, essere giù di corda; (*Am,fig, colloq*) *to have one's ~ in one's hand* esprimersi sinceramente, esporre i propri sentimenti, mostrarsi vulnerabile: *with one's ~ in one's hand* col cuore in mano; (*fig*) *to have one's ~ in the right place* avere buon cuore; (*Med*) *~ massage* massaggio cardiaco; (*Br,colloq*) *to have one's ~ in one's mouth* tremare di paura, avere la tremarella; (*Med*) *~ murmur* soffio cardiaco, soffio al cuore; (*lett*) *my ~* cuor mio; (*fig*) *a ~ of oak* un uomo (molto) coraggioso, un cuor di leone; *in one's ~-of -s* in cuor proprio; (*fig*) *a ~ of gold* un cuore d'oro; (*Alim*) *~ of palm* cuore di palma, palmito; (*fig*) *a ~ of stone* un cuore di pietra; (*fig*) *to wear one's ~ on one's sleeve* avere il cuore sulle labbra; *to work one's ~ out* lavorare come un matto; *to cry one's ~ out* piangere a dirotto; *to eat one's ~ out* mangiare tantissimo; *out of ~*: **1** scoraggiato; **2** (*of soil*) sterile, improduttivo; *to put ~ into so.* far cuore a qcu., rincorare qcu., incoraggiare qcu.; (*Med*) *~ rate* frequenza cardiaca; *my ~ sank* mi sono sentito mancare; *to set one's ~ at rest* mettersi il cuore in pace, rassegnarsi; *to set one's ~ on sth.* (*o to have one's ~ set on sth.*) desiderare qcs. ardentemente, tenere molto a qcs.; (*Am,colloq*) *to have one's ~ in one's stomach* tremare di paura, avere la tremarella; (*Med*) *~ surgeon* cardiochirurgo; (*Med*) *~ surgery* cardiochirurgia; *to take ~* prendere cuore, farsi coraggio, farsi animo; *with one's whole ~* (*o with all one's ~*) con tutto il cuore, di vero cuore.

heartache /'hɑːteɪk *Am* 'hɑːrteɪk/ *n.* angoscia *f.*, patema *m.*, accoramento *m.*, avvilimento *m.*

heartbeat /'hɑːtbiːt *Am* 'hɑːrtbiːt/ *n.* **1** (*Fisiol*) battito *m.* cardiaco. **2** (*fig*) centro *m.* vitale. □ *to be (just) a ~ away* essere a brevissima distanza, essere vicinissimo, essere a un pelo; *in a ~* a brevissima distanza (di tempo), in un lampo, in un batter d'occhio.

heartbreak /'hɑːtbreɪk *Am* 'hɑːrtbreɪk/ *n.* crepacuore *m.*

heartbreaking /'hɑːtˌbreɪkɪŋ *Am* 'hɑːrtˌbreɪkɪŋ/ *a.* straziante, che spezza il cuore.

heartbreakingly /'hɑːtˌbreɪkɪŋli *Am* 'hɑːrtˌbreɪkɪŋli/ *avv.* in modo straziante.

heartbroken /'hɑːtˌbroʊkən *Am* 'hɑːrtˌbroʊkən/ *a.* straziato, affranto, distrutto.

heartburn /'hɑːtbɜːn *Am* 'hɑːrtbɜːrn/ *n.* (*Med*) bruciore *m.* di stomaco, pirosi *f.*

hearted /'hɑːtɪd *Am* 'hɑːrtɪd/ *a.* (*in compounds*) dal cuore..., con il cuore..., di cuore: *evil-~* dal cuore malvagio; *hard-~* duro di cuore.

hearten /'hɑːtən *Am* 'hɑːrtən/ *v.t.* **1** rincuorare, incoraggiare. **2** (*to cheer*) rianimare. □ *to ~ up*: **1** rincuorare, incoraggiare; **2** (*to cheer*) rianimare.

heartening /'hɑːtnɪŋ *Am* 'hɑːrtnɪŋ/ *a.* incoraggiante, rincuorante.

heartfelt /'hɑːtfelt *Am* 'hɑːrtfelt/ *a.* sincero, sentito, di cuore: *~ words* parole sentite.

heart-free /'hɑːtfriː/ *a.* (*Br*) che ha il cuore libero.

hearth /hɑːθ *Am* hɑːrθ/ *n.* **1** focolare *m.* **2** (*fig*) (*the home*) focolare *m.* (domestico), casa *f.* **3** (*Met*) (*of a blast furnace*) letto *m.* di fusione;

(*of a reverberatory furnace*) crogiolo *m.*; (*of an open-hearth furnace*) suola *f.* □ *~ rug* tappeto davanti al focolare.

hearthstone /'hɑːθstoʊn *Am* 'hɑːrθstoʊn/ *n.* piastra *f.* del focolare.

heartily /'hɑːtɪli *Am* 'hɑːrtɪli/ *avv.* **1** cordialmente, di cuore, calorosamente. **2** (*enthusiastically*) con grande entusiasmo. **3** (*without restraint*) di cuore, di gusto: *to laugh ~* ridere di cuore. **4** (*thoroughly*) completamente.

heartiness /'hɑːtɪnəs *Am* 'hɑːrtɪnəs/ *n.* **1** cordialità *f.*, calore *m.* **2** (*joviality*) giovialità *f.*, allegria *f.* **3** (*enthusiasm*) entusiasmo *m.* **4** (*vigour*) vigore *m.*

heartless /'hɑːtləs *Am* 'hɑːrtləs/ *a.* **1** senza cuore, insensibile. **2** (*of things*) spietato, crudele: *a ~ deed* un'azione crudele.

heartlessly /'hɑːtləsli *Am* 'hɑːrtləsli/ *avv.* crudelmente, senza cuore.

heartlessness /'hɑːtləsnəs *Am* 'hɑːrtləsnəs/ *n.* crudeltà *f.*, mancanza *f.* di cuore.

heart-lung /'hɑːtˌlʌŋ *Am* 'hɑːrtˌlʌŋ/ □ (*Med*) *~ machine* macchina cuore-polmoni.

heart-rending /'hɑːtˌrendɪŋ *Am* 'hɑːrtˌrendɪŋ/ *a.* straziante, che strappa il cuore, lacrimevole.

heart-searching /'hɑːtˌsɜːtʃɪŋ *Am* 'hɑːrtˌsɜːrtʃɪŋ/ *a.* che necessita un esame di coscienza, tormentoso.

heartsease /'hɑːtsiːz *Am* 'hɑːrtsiːz/ *n.* (*Bot*) viola *f.* del pensiero.

heart-shaped /'hɑːtʃeɪpt *Am* 'hɑːrtʃeɪpt/ *a.* a forma di cuore, cuoriforme.

heartsick /'hɑːtsɪk *Am* 'hɑːrtsɪk/ *a.* scoraggiato, depresso, affranto.

heart-smart /'hɑːtsmɑːt *Am* 'hɑːrtsmɑːrt/ *a.* (*Alim,colloq*) buono per il cuore, con pochi grassi.

heart-sore /'hɑːtsɔːr *Am* 'hɑːrtsɔːr/ *a.* addolorato, rattristato.

heart-stopper /'hɑːtstɒpər *Am* 'hɑːrtstɑːpər/ *n.* cosa *f.* che lascia il cuore in gola, cosa *f.* che lascia angosciati.

heart-stopping /'hɑːtstɒpɪŋ *Am* 'hɑːrtstɑːpɪŋ/ *a.* che lascia il cuore in gola, angoscioso.

heartstricken /'hɑːtstrɪkən *Am* 'hɑːrtstrɪkən/ *a.* affranto, addolorato.

heartstrings /'hɑːtstrɪŋz *Am* 'hɑːrtstrɪŋz/ *n.pl.* sentimenti *m.pl.* (più profondi), corde *f.pl.* del cuore: *to pull at so.'s ~* fare appello ai sentimenti di qcu.

heart-throb /'hɑːtθrɒb *Am* 'hɑːrtθrɑːb/ *n.* idolo *m.*, rubacuori *m.*

heart-to-heart /ˌhɑːtəˈhɑːt *Am* ˌhɑːrtəˈhɑːrt/ **I** *a.* franco, sincero, (fatto) col cuore in mano. **II** *n.* discussione *f.* franca.

heart-warming /'hɑːtˌwɔːmɪŋ *Am* 'hɑːrtˌwɔːrmɪŋ/ *a.* rincuorante, confortante, consolante, incoraggiante.

heart-warmingly /'hɑːtˌwɔːmɪŋli *Am* 'hɑːrtˌwɔːrmɪŋli/ *avv.* in modo rincurante, in modo incoraggiante.

heartwood /'hɑːtwʊd *Am* 'hɑːrtwʊd/ *n.* cuore *m.* del legno, durame *m.*

heartworm /'hɑːtwɜːm *Am* 'hɑːrtwɜːrm/ *n.* **1** (*Zool*) dirofilaria *f.* **2** (*Veter*) dirofilariasi *f.*

hearty /'hɑːti *Am* 'hɑːrti/ **I** *a.* **1** cordiale, caloroso: *a ~ welcome* un cordiale benvenuto. **2** (*sincere*) schietto, sincero, genuino. **3** (*vigorous*) robusto, vigoroso, forte. **4** (*unrestrained*) spontaneo. **5** (*exuberant*) esuberante. **6** (*abundant*) abbondante: *a ~ meal* un pasto abbondante. **II** *n.* **1** (*Br,ant*) (*mate*) amico *m.* (*f.* -a), compagno *m.* (*f.* -a). **2** (*Br,ant*) (*extravagant person*) persona *f.* stravagante. **3** (*Mar,lett*) marinaio *m.*: *me hearties* marinai, compagni. □ *a ~ appetite* un robusto appetito; (*colloq*) *a ~ eater* un forte mangiatore, una buona forchetta; *a ~ laugh* una risata di cuore.

heat /hiːt/ **I** *n*. 1 calore *m*., caldo *m*.: *the ~ of the sun* il calore del sole. 2 (*Fis,Met*) calore *m*.: *red ~* calore rosso. 3 (*hot weather or season*) caldo *m*.: *the summer ~* il caldo estivo. 4 (*intensity of feeling*) calore *m*., entusiasmo *m*., fervore *m*., ardore *m*., foga *f*. 5 (*vehemence*) impetuosità *f*., foga *f*., focosità *f*., irruenza *f*.: *in the ~ of the debate* nella foga della discussione; *in the ~ of the moment* nell'eccitazione del momento. 6 (*height of an action, etc.*) fervore *m*.: *in the ~ of the battle* nel fervore della battaglia, quando la battaglia infuriava. 7 (*spicy, pungent flavour*) sapore *m*. piccante. 8 (*mental pressure*) tensione *f*., ritmo *m*., pressione *f*. 9 (*spec. Am,colloq*) (*criticism*) censura *f*., critica *f*., rimprovero *m*. 10 (*Zool*) calore *m*., estro *m*. venereo: *to go on* (o *in* o *into*) *~* andare in calore. 11 (*Sport*) (*qualifying race*) prova *f*. eliminatoria, eliminatoria *f*.; (*single course in race*) batteria *f*. 12 (*Met*) infornata *f*.; (*product*) colata *f*. **II** *v.t.* 1 scaldare, riscaldare. 2 (*fig*) eccitare, riscaldare, infiammare. **III** *v.i.* riscaldarsi, scaldarsi. ☐ (*Astron*) *~ barrier* barriera termica; (*Fis*) *~ capacity* capacità termica; (*Med*) *~ cure* termoterapia; (*Fis*) *~ death* morte termica; (*Fis*) *~ engine* macchina termica; (*Tecn*) *~ exchanger* scambiatore di calore; (*Med*) *~ exhaustion* colpo di calore; *~ insulating* termocoibente; *~ insulator* isolante termico; (*Meteor*) *~ lightning* lampeggi estivi; (*fig*) *the ~ of youth* il fuoco della giovinezza; *the ~ is on* essere sotto pressione; (*Tecn*) *~ pump* pompa di calore; (*Med*) *~ rash* infiammazione cutanea, (*pop*) calore; *~ recovery* recupero di calore; *~ setting* regolazione della temperatura; (*Astron*) *~ shield* scudo termico; (*El*) *~ sink* abbattitore di calore; *to take the ~*: 1 soffrire il caldo; 2 (*Am,fig*) (*to take the blame for sth.*) prendersi la colpa; 3 (*Am,fig*) (*to handle the pressure*) farcela: *if you can't take the ~, get out of the kitchen!* se non ce la fai a reggere, fatti da parte (e lascia fare a me)!; *~ treatment*: 1 trattamento termico; 2 (*Med*) termoterapia; *to ~ up*: 1 (*used transitively*) scaldare, riscaldare: *to ~ up the soup* riscaldare la minestra; 2 (*used intransitively*) riscaldarsi, scaldarsi; (*Meteor*) *~ wave* ondata di caldo.

heated /ˈhiːtɪd Am ˈhiːtɪd/ *a*. 1 riscaldato. 2 (*fig*) animato, accalorato, acceso: *a ~ argument* una discussione animata. 3 (*fig*) (*angry*) adirato, irato.

heatedly /ˈhiːtɪdli Am ˈhiːtɪdli/ *avv*. animatamente, energicamente.

heater /ˈhiːtər Am ˈhiːtər/ *n*. 1 stufa *f*., radiatore *m*., calorifero *m*.: *an electric ~* una stufa elettrica. 2 (*bath heater*) scaldabagno *m*. 3 (*Am,ant*) (*gun*) pistola *f*.

heath /hiːθ/ *n*. 1 brughiera *f*., landa *f*. 2 (*Bot*) (*heather*) erica *f*., brentolo *m*., brugo *m*. ☐ *~ land* brughiera, landa.

heathen /ˈhiːðən/ *n*. 1 (*pl.inv.* o *-s* /-z/) 1 pagano *m*. (*f.* -a), gentile *m./f*. 2 (*non-Christian*) infedele *m./f*. 3 (*idolater*) idolatra *m./f*. 4 (*fig*) barbaro *m*. (*f.* -a), selvaggio *m*. (*f.* -a). **II** *a*. 1 pagano. 2 (*barbarous*) barbaro.

heathendom /ˈhiːðəndəm/ *n*. 1 paganesimo *m*. 2 (*heathen areas*) mondo *m*. pagano. 3 (*collett.*) (*heathen people*) pagani *m.pl*., gentili *m.pl*.

heathenish /ˈhiːðənɪʃ/ *a*. 1 paganeggiante. 2 (*barbarous*) barbaro.

heathenism /ˈhiːðənɪzəm/ *n*. 1 paganesimo *m*. 2 (*barbarism*) barbarie *f*.

heathenize /ˈhiːðənaɪz/ **I** *v.t.* rendere pagano, paganizzare. **II** *v.i.* diventare pagano.

heather /ˈheðər/ *n*. 1 (*Bot*) (*heather*) erica *f*., brentolo *m*., brugo *m*. 2 (*colour*) colore rosa-violaceo. ☐ (*Tess*) *~ mixture* tipo di tessuto picchiettato; (*Scott*) *to take to the ~* darsi alla macchia.

heathery /ˈheðəri/ *a*. coperto di erica, ricoperto di erica.

Heath Robinson /ˌhiːθ ˈrɒbɪnsən/ *a*. (*Br*) strambo, bizzarro, cervellotico, macchinoso.

heating /ˈhiːtɪŋ Am ˈhiːtɪŋ/ **I** *n*. riscaldamento *m*. **II** *a*. riscaldante, che scalda, che riscalda. ☐ *~ bill* bolletta per il riscaldamento; *~ element* elemento di calorifero; *~ engineer* tecnico dell'impianto di riscaldamento, caldaista; *~ pad* termoforo.

heatproof, heat-proof /ˈhiːtpruːf/ *a*. antitermico, a prova di calore.

heat-resistant /ˈhiːtrɪˌzɪstənt/ *a*. termoresistente, resistente al calore.

heat-seeking /ˈhiːtˌsiːkɪŋ/ *a*. (*of a missile*) termoguidato.

heatstroke /ˈhiːtstrəʊk/ *n*. (*Med*) colpo *m*. di calore.

heatwave /ˈhiːtweɪv/ *n*. ondata *f*. di caldo.

heave[1] /hiːv/ (*past, p.p.* **heaved** /-d/ o **hove** /həʊv/; *la forma* hove *si usa general. nel linguaggio marinaro*) **I** *v.t.* 1 (*to haul, to drag*) tirare, trascinare. 2 (*to lift*) sollevare, alzare (con sforzo), levare di peso. 3 (*to throw*) gettare, lanciare, tirare, buttare: *to ~ sth. overboard* gettare qcs. a mare. 4 emettere, tirare: *to ~ a sigh of relief* tirare un sospiro di sollievo; *to ~ a groan* emettere un gemito. 5 (*to swell*) gonfiare, dilatare: *to ~ one's chest* gonfiare il petto. 6 (*Mar*) (*of a rope, cable*) alare; (*of a vessel*) virare. **II** *v.i.* 1 alzarsi e abbassarsi con moto ritmico. 2 (*of the sea*) gonfiarsi, sollevarsi. 3 (*to pant for breath*) ansare, ansimare. 4 (*to vomit*) avere conati di vomito. 5 (*to swell, to bulge*) gonfiarsi, sollevarsi. 6 (*Mar*) (*to haul*) alare. 7 (*Mar*) (*to cause a ship to move*) virare; (*of a vessel*) ondeggiare. 8 (*Mar*) (*to weigh anchor*) salpare, levare l'ancora. ☐ (*Mar*) *to ~ alongside* accostare; (*Mar*) *to ~ down* mettere in secco, mettere a secco; (*Mar*) *to ~ in* issare a bordo; (*Mar*) *to ~ in sight* essere in vista, comparire all'orizzonte; (*Mar*) *to ~ into view* comparire all'orizzonte; (*Mar*) *to ~ to* mettersi alla cappa, mettersi in panna; (*Mar*) *to ~ up* salpare, levare l'ancora.

heave[2] /hiːv/ *n*. 1 sollevamento *m*. 2 (*effort*) sforzo *m*. per sollevare. 3 (*throw, toss*) lancio *m*., tiro *m*. 4 (*of the sea*) il gonfiarsi, il sollevarsi. 5 (*retching*) conato *m*. di vomito. 6 (*Geol*) rigetto *m*. orizzontale. 7 *pl*. (*costr.sing.* o *pl*.) (*Veter*) bolsaggine *f*.

heave-ho /ˌhiːvˈhəʊ/ **I** *intz*. (*Mar*) issa!, oh! **II** *n*. (*colloq*) licenziamento *m*.

heaven /ˈhevən/ *n*. 1 (*Rel*) paradiso *m*., cielo *m*.: *to go to ~* andare in paradiso. 2 (*fig*) paradiso *m*. 3 *pl*. (*sky, firmament*) cielo *m.sing*., volta *f.sing*. celeste, firmamento *m.sing*. ☐ *-s above!* santo cielo!; *to move ~ and earth* muovere cielo e terra; *to be in ~* toccare il cielo con un dito, essere in paradiso; *~ knows* (o *~ only knows*) Dio solo lo sa; *in ~'s name* in nome del cielo; (*fig*) *the ~s open* comincia a piovere dirotto; *for ~'s sake!* per l'amor del cielo!, per l'amor di Dio.

Heaven /ˈhevən/ *n*. Dio *m*., cielo *m*.: *~ forbid* Dio non voglia.

heavenliness /ˈhevənlɪnəs/ *n*. l'essere celeste, l'essere celestiale.

heavenly /ˈhevənli/ *a*. 1 celeste, del cielo. 2 (*celestial*) divino, celestiale, paradisiaco: *~ voices* voci celestiali. 3 (*colloq*) (*blissful*) delizioso, eccellente: *a ~ spot* un luogo delizioso. ☐ (*Astr*) *~ body* corpo celeste; (*Rel*) *~ host* schiere celesti, angeli.

heaven-sent /ˌhevənˈsent Am ˈhevənsent/ *a*. provvidenziale, inviato dal cielo, mandato dal cielo.

heavenward /ˈhevənwəd Am ˈhevənwərd/ **I** *a*. rivolto al cielo. **II** *avv*. verso il cielo.

heavenwards /ˈhevnwədz Am ˈhevənwərdz/ *avv*. verso il cielo.

heaver /ˈhiːvər/ *n*. 1 sollevatore *m*. (*f.* -trice). 2 (*Mar*) (*longshoreman*) scaricatore *m*. (*Mar*) (*bar, staff*) barra *f*. (usata come leva).

heavily /ˈhevɪli/ *avv*. 1 pesantemente, gravosamente. 2 (*in large amounts*) molto forte, eccessivamente: *it rained ~* è piovuto molto. 3 (*severely*) gravemente, severamente: *the building was ~ damaged* l'edificio fu gravemente danneggiato. ☐ *a ~ loaded cart* un carro molto carico.

heavily-armed /ˈhevɪliˌɑːmd Am ˈhevɪliˌɑːrmd/ *a*. (*Mil*) munito di armamento pesante.

heaviness /ˈhevɪnəs/ *n*. 1 pesantezza *f*., gravezza *f*. (*anche fig*). 2 (*dullness*) tediosità *f*., monotonia *f*.

heaving /ˈhevɪŋ/ *a*. (*Br*) stracolmo (di gente), pieno zeppo.

Heaviside /ˈhevɪsaɪd/ ☐ (*Fis*) *~ layer* strato di Heaviside.

heavy /ˈhevi/ **I** *a*. 1 pesante (*anche Chim,Ind*): *a ~ load* un carico pesante; *~ metals* metalli pesanti; *~ industry* industria pesante. 2 (*of great amount, quantity*) abbondante, forte, grosso: *~ buying on the Stock-Exchange* forti acquisti in borsa. 3 (*violent*) forte, violento, grave, intenso: *~ rain* forte pioggia; *~ anti-aircraft fire* violento fuoco antiaereo. 4 (*difficult*) gravoso, pesante, faticoso, oneroso: *a ~ task* un compito gravoso. 5 (*burdensome*) pesante, gravoso: *~ taxes* imposte gravose. 6 (*gloomy*) triste, tetro: *~ thoughts* pensieri tetri. 7 (*dull*) pesante, noioso, tedioso, monotono: *a ~ style* uno stile noioso. 8 (*weighty, laden*) gravido, pieno, denso (*with* di): *the atmosphere was ~ with foreboding* l'atmosfera era gravida di presagi; *words ~ with meaning* parole piene di significato. 9 (*thick, coarse*) grossolano, privo di delicatezza: *~ features* lineamenti grossolani. 10 (*busy and tiring*) pesante, pieno, faticoso: *a ~ day* una giornata pesante. 11 (*of roads, etc.*) fangoso, pesante, di difficile transito. 12 (*of the sky*) coperto, nuvoloso. 13 (*of the air*) pesante, afoso. 14 (*of the sea*) grosso. 15 (*of a sound*) grave, profondo. 16 (*clumsy*) pesante, goffo, sgraziato: *a ~ gait* un'andatura goffa. 17 (*massive*) massiccio, tozzo, pesante. 18 (*of food*) pesante, difficile da digerire. 19 (*Agr*) (*of soil*) pesante, fangoso. 20 (*Mil*) pesante: *~ infantry* fanteria pesante. 21 (*Mil*) (*of guns*) pesante, di grosso calibro, grosso. 22 (*Teat*) (*of a role; pompous*) solenne, pomposo; (*villainous*) cattivo, malvagio. 23 (*Mus*) pesante, heavy, hard, duro: *~ rock* rock duro. **II** *avv*. 1 pesantemente, gravosamente. 2 (*in large amounts*) molto forte, eccessivamente. 3 (*severely*) gravemente, severamente. **III** *n*. 1 (*villain*) cattivo *m*., duro *m*. 2 (*body guard*) guardia *f*. del corpo; gorilla *m*. 3 (*newspaper*) giornale *m*. autorevole. 4 (*colloq*) (*influential person*) persona *f*. molto influente, (*pop*) pezzo *m*. grosso, alto papavero *m*. ☐ (*Mil*) *~ artillery* artiglieria pesante; *to become ~* ingrassare, appesantirsi; *a ~ breather*: 1 persona dal respiro affannoso, chi ha il respiro pesante; 2 (*on the phone*) maniaco che fa telefonate in cui ansima senza parlare; *~ breathing*: 1 affanno, respiro difficoltoso, respiro pesante; 2 (*sexual excitement*) eccitazione sessuale; (*Am,colloq, ant*) ~ *cat* bravo musicista (specialmente di musica jazz); (*Chim*) ~ *chemical* prodotto industriale; *a* ~ *cold* un forte raffreddore; (*Am, Alim*) ~ *cream* panna grassa, panna densa (da montare); *a* ~ *drinker* un forte bevitore; ~ *drug* droga pesante; *a* ~ *duty is levied on coffee* sul caffè grava un forte dazio; *a* ~ *eater* un gran mangiatore, (*colloq*) un mangione; *a* ~ *fall* una brutta caduta; (*Br,colloq*) ~ *going* difficoltoso, pesante, difficile, faticoso: *the job was* ~ *going* il lavoro andava avanti con difficoltà; *with a* ~ *hand*: 1 duramente, con mano pesante, severamente; 2 (*clumsily*) goffamente; (*fig*) *with a* ~ *heart* malvolentieri, a malincuore; (*Chim*) ~ *hydrogen* idrogeno pesante, deuterio; ~ *in hand* (*of horses*) difficile da guidare, duro di morso; ~ *losses* forti perdite; ~ *metal*: 1 (*Met*) metallo pesante; 2 (*Mus*) heavy metal; (*Chim*) ~ *oil* olio (combustibile) pesante; *to lie* ~ *on the stomach* rimanere sullo stomaco; (*colloq*) ~ *petting* petting; *a* ~ *shower* un violento scroscio di pioggia, un rovescio; *a* ~ *sleeper* una persona dal sonno duro, una persona dal sonno pesante; *a* ~ *smoker* un fumatore accanito; (*Chim*) ~ *water* acqua pesante; (*colloq*) *to make* ~ *weather of sth.* avere delle difficoltà con qcs., trovare qcs. difficile: *the child was making* ~ *weather of his homework* il bambino aveva delle difficoltà con i compiti; *his eyes were* ~ *with sleep* i suoi occhi erano pieni di sonno, i suoi occhi erano assonnati; ~ *with young* (*of animals*) pregna.

heavy-duty /ˌhevɪˈdjuːtɪ *Am* ˌhevɪˈd(j)uːtɪ/ *a.* (*Tecn*) resistente, robusto, pesante, per lavoro pesante.

heavy-handed /ˌhevɪˈhændɪd/ *a.* 1 (*forceful*) autoritario, dispotico, imperioso. 2 (*clumsy*) maldestro, goffo.

heavy-handedly /ˌhevɪˈhændɪdlɪ/ *avv.* autoritariamente, prepotentemente, (*colloq*) con mano pesante.

heavy-handedness /ˌhevɪˈhændɪdnəs/ *n.* autorità *f.*, prepotenza *f.*, (*colloq*) mano *f.* pesante.

heavy-hearted /ˌhevɪˈhɑːtɪd *Am* ˌhevɪˈhɑːrtɪd/ *a.* triste, malinconico.

heavy-laden /ˌhevɪˈleɪdən/ *a.* (*spec.lett*) carico (*with* di), oppresso (da).

heavyset, heavy-set /ˈhevɪset/ *a.* (*spec. Am*) robusto, corpulento.

heavy-water /ˈhevɪˌwɔːtə *Am* ˈhevɪˌwɔːtər/ □ (*Nucl*) ~ *reactor* reattore ad acqua pesante.

heavyweight /ˈhevɪweɪt/ **I** *n.* 1 (*Sport*) peso *m.* massimo. 2 (*heavy person*) persona *f.* pesante, (*scherz*) peso *m.* massimo. 3 (*colloq*) (*influential person*) pezzo *m.* grosso, grosso calibro *m.* **II** *a.* 1 pesante. 2 (*Sport*) dei pesi massimi. 3 (*serious, influential*) ponderoso.

Heb. *Hebrew* ebr. (ebraico).

hebdomad /ˈhebdəmæd/ *n.* settimana *f.*, (*lett*) ebdomada *f.*

hebdomadal /hebˈdɒmədəl *Am* heb ˈdɑːmədəl/ *a.* settimanale, (*lett*) ebdomadario. □ *Hebdomadal Council* senato accademico di Oxford.

Hebe[1] /ˈhiːbɪ/ *n.pr.f.* (*Mitol*) Ebe.

Hebe[2] /hiːbɪ/ *n.* (*Am,sl*) ebreo *m.* (*f.* -a).

hebetude /ˈhebɪtjuːd *Am* ˈhebɪt(j)uːd/ *n.* 1 (*Med*) ebetismo *m.* 2 (*estens*) torpore *m.*

Hebraic /hiːˈbreɪɪk *Br also* hebˈreɪɪk/ *a.* ebraico.

Hebraise /ˈhiːbreɪaɪz/ **I** *v.t.* (*Br*) ebraizzare, rendere ebreo. **II** *v.i.* (*Br*) 1 diventare ebreo. 2 (*to use Hebraisms*) usare ebraismi.

Hebraism /ˈhiːbreɪɪzəm/ *n.* ebraismo *m.*

(*anche Ling*).

Hebraist /ˈhiːbreɪɪst/ *n.* ebraista *m./f.*

Hebraistic /ˌhiːbreɪˈɪstɪk/ *a.* ebraico.

Hebraistical /ˌhiːbreɪˈɪstɪkəl/ *a.* ebraico.

Hebraize /ˈhiːbreɪaɪz/ **I** *v.t.* ebraizzare, rendere ebreo. **II** *v.i.* 1 diventare ebreo. 2 (*to use Hebraisms*) usare ebraismi.

Hebrew /ˈhiːbruː/ **I** *n.* 1 (*person*) ebreo *m.* (*f.* -a), israelita *m./f.*, giudeo *m.* (*f.* -a). 2 (*language*) ebraico *m.*, lingua *f.* ebraica. 3 *pl.* (*Bibl*) Ebrei *m.pl.*, lettera *f.sing.* agli Ebrei. **II** *a.* ebraico, israelitico, giudeo.

Hebrides /ˈhebrɪdiːz/ *n.pr.pl.* (*Geog*) Ebridi *f.pl.*

Hecate /ˈhekətɪ/ *n.pr.f.* (*Mitol*) Ecate.

hecatomb /ˈhekətoʊm *Br also* ˈhekətuːm/ *n.* (*Stor,fig*) ecatombe *f.*

heck /hek/ **I** *n.* 1 (*eufem*) diavolo *m.*: *how the* ~ *do you know?* come diavolo lo sai? 2 (*enfat*) *si traduce in vari modi*: *a* ~ *of a noise* un rumore tremendo; *a* ~ *of a wait* un'attesa lunghissima; *a* ~ *of a lot* (*a vast quantity*) un mare, un'infinità. **II** *intz.* diamine!

heckle /ˈhekl/ **I** *n.* 1 (*of a public speaker, etc.*) interruzione *f.*, disturbo *m.* 2 (*Tess*) pettine *f.* (*per canapa ecc.*), scapecchiatoio *m.* **II** *v.t.* 1 (*of a public speaker, etc.*) interrompere continuamente con critiche, frecciate ecc. 2 (*Tess*) pettinare, scapecchiare.

heckler /ˈheklər/ *n.* disturbatore *m.* (*f.* -trice) (*di comizi, interventi ecc.*).

hectare /ˈhekteər, ˈhektɑːr *Am* ˈhekter/ *n.* ettaro *m.*

hectic /ˈhektɪk/ **I** *a.* 1 febbrile, sfrenato, tumultuoso, agitato. 2 (*Med*) (*of a fever*) etica; (*consumptive*) tisico, etico. 3 (*rar*) (*flushed*) acceso, infuocato, infiammato. **II** *n.* 1 (*Med*) febbre *f.* etica. 2 (*rar*) (*consumptive person*) tisico *m.* (*f.* -a), etico *m.* (*f.* -a).

hectogram, hectogramme /ˈhektoʊgræm/ *n.* ettogrammo *m.*

hectoliter /ˈhektoʊˌliːtər *Am* ˈhektoʊˌliːtər/ *n.* ettolitro *m.*

hectolitre /ˈhektoʊˌliːtər *Am* ˈhektoʊˌliːtər/ *n.* ettolitro *m.*

hectometer /ˈhektoʊˌmiːtər/ *n.* (*Am*) ettometro *m.*

hectometre /ˈhektoʊˌmiːtər *Am* ˈhektoʊˌmiːtər/ *n.* ettometro *m.*

hector /ˈhektər/ **I** *n.* prepotente *m.*, bravaccio *m.* **II** *v.t.* 1 tormentare, perseguitare. 2 (*to bully*) intimidire, minacciare, tiranneggiare. **III** *v.i.* fare il prepotente.

Hector /ˈhektər/ *n.pr.m.* (*Mitol*) Ettore.

hectowatt /ˈhektoʊwɒt *Am* ˈhektoʊwɑːt/ *n.* (*El*) ettowatt *m.*

Hecuba /ˈhekjəbə/ *n.pr.f.* (*Mitol*) Ecuba.

he'd /hiːd/ *contraz. di* he had, he would, he should.

heddle /ˈhedl/ *n.spec.pl.* (*Tess*) liccio *m.*

hedge /hedʒ/ **I** *n.* 1 siepe *f.*, siepe *f.* viva, siepe *f.* naturale. 2 (*fig*) (*barrier*) barriera *f.*, siepe *f.* 3 (*fig*) (*protection*) riparo *m.*, protezione *f.*, difesa *f.*: *to buy gold as a* ~ *against inflation* comprare oro per mettersi al riparo dall'inflazione. 4 (*evasive phrase, statement*) parole *f.pl.* evasive. 5 (*of a bet, investment, etc.*) copertura *f.* 6 (*Econ*) garanzia *f.* di cambio. **II** *v.t.* 1 circondare con una siepe, chiudere con una siepe, assiepare: *to* ~ *a field* circondare un campo con una siepe. 2 (*to encircle*) circondare, delimitare, circoscrivere: *to* ~ *a risk* neutralizzare un rischio. 3 (*to evade*) evadere, eludere. 4 (*fig*) (*of a bet, investment, etc.*) coprire dai rischi. 5 (*fig*) (*to restrict*) vincolare, impacciare: *he felt* -*d by regulations* si sentiva vincolato dai regolamenti. **III** *v.i.* 1 (*to be evasive*) nicchiare, tergiversare, essere evasivo, temporeggiare. 2 (*in betting, investing, etc.*) coprirsi dai ri-

schi, salvaguardarsi: *to* ~ *against inflation* premunirsi contro l'inflazione. 3 (*to make hedges*) fare siepi; (*to trim hedges*) potare siepi. □ *to* ~ *about*: 1 circondare con una siepe, chiudere con una siepe; 2 (*fig*) (*to restrict*) vincolare, impacciare; (*fig*) *to* ~ *one's bets* scommettere pro e contro, tenere il piede in due staffe; *to* ~ *in*: 1 circondare con una siepe, chiudere con una siepe; 2 (*fig*) (*to restrict*) vincolare, impacciare; *to* ~ *off* circondare con una siepe, chiudere con una siepe; (*Ornit*) ~ *sparrow* passera scopaiola, magnanina.

hedgehog /ˈhedʒhɒg *Am* ˈhedʒhɑːg/ *n.* 1 (*Zool*) riccio *m.* 2 (*Am,Zool*) (*urson*) ursone *m.*, (*porcupine*) porcospino *m.* 3 (*Mil*) (*defensive obstacle*) istrice *m.*; (*defensive position*) posizione *f.* fortificata. 4 (*Mar.mil*) lanciabombe *m.* multiplo, istrice *m.*, (*scherz*) porcospino *m.* 5 (*colloq*) (*irritable person*) persona *f.* scontrosa, persona *f.* intrattabile, istrice *m.*

hedgehop, hedge-hop /ˈhedʒhɒp *Am* ˈhedʒhɑːp/ *v.i.* (*Aer*) volare in volo radente.

hedgehopper, hedge-hopper /ˈhedʒhɒpər *Am* ˈhedʒhɑːpər/ *n.* (*Aer*) aereo che vola in volo radente.

hedgehopping, hedge-hopping /ˈhedʒhɒpɪŋ *Am* ˈhedʒhɑːpɪŋ/ *n.* (*Aer*) volo *m.* radente.

hedge-hyssop /ˈhedʒhɪsəp/ *n.* (*Bot*) graziola *f.*

hedger /ˈhedʒər/ *n.* 1 chi pianta siepi. 2 (*in betting, finance, etc.*) chi si copre da rischi eccessivi.

hedgerow /ˈhedʒroʊ/ *n.* siepe *f.* d'arbusti, siepe *f.* di cespugli.

hedging /ˈhedʒɪŋ/ *n.* 1 siepe *f.* di cinta. 2 (*in betting, etc.*) copertura *f.* 3 (*being evasive*) l'essere evasivo. □ (*Econ*) ~ *operation* operazione di copertura.

hedonic /hiːˈdɒnɪk, heˈdɒnɪk *Am* hiːˈdɑːnɪk/ *a.* 1 che dà piacere. 2 (*Filos*) edonistico.

hedonical /hiːˈdɒnɪkəl, heˈdɒnɪkəl *Am* hiːˈdɑːnɪkəl/ *a.* 1 che dà piacere. 2 (*Filos*) edonistico.

hedonism /ˈhiːdənɪzəm *Br also* ˈhedənɪzəm/ *n.* 1 (*Filos*) edonismo *m.* 2 (*pop*) (*pursuit of pleasure*) ricerca *f.* del piacere, edonismo *m.*

hedonist /ˈhiːdənɪst *Br also* ˈhedənɪst/ *n.* edonista *m./f.*

hedonistic /ˌhiːdənˈɪstɪk *Br also* ˌhedənˈɪstɪk/ *a.* edonistico.

hedonistically /ˌhiːdənˈɪstɪkəlɪ *Br also* ˌhedənˈɪstɪkəlɪ/ *avv.* in modo edonistico, edonisticamente.

heebie-jeebies /ˌhiːbɪˈdʒiːbɪz/ *n.pl.* (*colloq*) 1 (*jitters*) nervosismo *m.sing.*, agitazione *f.sing.* 2 (*panic*) paura *f.sing.*, (*colloq*) fifa *f.sing.*

heed /hiːd/ **I** *v.t.* tenere conto di, fare attenzione a, badare a, dare importanza a: *to* ~ *a warning* tener conto di un avvertimento. **II** *v.i.* fare attenzione, prestare attenzione. **III** *n.* attenzione *f.*, cura *f.*: *to take* ~ *of what so. says* prestare attenzione a ciò che qcu. dice; *to give* ~ *to so.* (o *to pay* ~ *to so.*) ascoltare qcu., dare retta a qcu.

heedful /ˈhiːdful/ *a.* attento, vigile.

heedfully /ˈhiːdfulɪ/ *avv.* attentamente.

heedfulness /ˈhiːdfulnəs/ *n.* attenzione *f.*, cura *f.*, vigilanza *f.*

heedless /ˈhiːdləs/ *a.* 1 sbadato, sventato, disattento. 2 (*unmindful*) incurante: ~ *of danger* incurante del pericolo. 3 (*reckless*) incauto, avventato.

heedlessly /ˈhiːdləslɪ/ *avv.* sbadatamente, sventatamente.

heedlessness /ˈhiːdləsnəs/ *n.* incuria *f.*, sbadataggine *f.*

heehaw, hee-haw /ˈhiːhɔː, ˌhiːˈhɔː/ **I** *n.* 1 (*of a donkey*) raglio *m.* 2 (*fig*) (*guffaw*) risata *f.*

sguaiata. **II** *v.i.* **1** ragliare. **2** (*fig*) ridere sguaiatamente.

heel[1] /hiːl/ **I** *n.* **1** (*Anat*) calcagno *m.*, tallone *m.* **2** (*Anat*) (*of the palm of the hand*) parte *f.* del palmo vicino al polso. **3** (*Zool*) (*of a horse*) parte *f.* posteriore dello zoccolo; (*hock*) garretto *m.* **4** (*Ornit*) (*spur of a cock*) sperone *m.* **5** (*part of a stocking, shoe*) calcagno *m.*, tallone *m.* **6** (*Calz*) tacco *m.* **7** (*of bread*) cantuccio *m.* **8** (*fig*) parte *f.* finale, termine *m.*; (*of a golf club*) tallone *m.* **9** (*fig*) (*foot*) piede *m.*: *to be hung by one's* -*s* essere appeso per i piedi. **10** (*spec. Am*) (*cad*) persona *f.* spregevole, mascalzone *m.* **11** (*Mar*) (*of a keel*) calcagnolo *m.*; (*of a bowsprit, etc.*) maschio *m.*, piede *m.* (d'albero); (*of a mast*) rabazza *f.* **II** *v.t.* **1** (*Calz*) fare i tacchi a, fare i tacchi di, rifare i tacchi a, rifare i tacchi di: *to have one's shoes* -*ed* far rifare i tacchi alle scarpe. **2** (*Sport*) (*in rugby*) tallonare; (*in golf*) colpire col tallone. **3** (*to follow closely*) stare alle calcagna di, tallonare. **4** (*of a gamecock*) armare di sperone. **5** (*colloq*) (*to provide with money*) rifornire di denaro. **III** *v.i.* **1** (*of a dog*) stare alle calcagna del padrone. **2** (*in dancing*) ballare di tacco. □ *at* ~ alle calcagna, subito dietro: (*fig*) *to be at so.'s* -*s* stare alle calcagna di qcu.; (*Br*) ~ *bar* banco del calzolaio (*spec.* in grandi magazzini), banco di risuolatura rapida; (*Anat*) ~ *bone* calcagno; *to bring so. to* ~ mettere qcu. in riga; (*colloq*) *by the* -*s* (*in a tight grip*) alle strette; *to come to* ~: 1 (*of a dog*) stare alle calcagna del padrone; 2 (*fig*) obbedire, sottostare; (*fig,colloq*) *to be down at* ~ (o *down at the* ~) essere male in arnese, essere scalcagnato; (*Geog*) *the* ~ *of Italy* il tallone d'Italia; *to sit on one's* -*s* sedersi sui calcagni, accoccolarsi; (*fig*) *on the* -*s of* subito dopo, a ruota; (*fig*) *to be out at* ~ (o *out at the* ~) essere male in arnese, essere scalcagnato; (*Calz*) ~ *piece* tacco; (*colloq*) *to take to one's* -*s* fuggire, darsela a gambe, battere i tacchi, alzare i tacchi; *to turn on one's* ~ girare sui talloni; (*fig*) *under the* ~ *of* sotto il giogo di, sotto l'oppressione di.

heel[2] /hiːl/ **I** *n.* (*Mar*) sbandamento *m.*, ingavonamento *m.*, inclinazione *f.* **II** *v.i.* (*Mar*) sbandare, ingavonarsi, inclinarsi. **III** *v.t.* (*Mar*) fare sbandare. □ (*Mar*) *to* ~ *over* sbandare, inclinarsi.

heel-and-toe /ˈhiːlən(d)ˈtou/ □ (*Sport*) ~ *walk* marcia.

heelball /ˈhiːlbɔːl/ *n.* (*Calz*) cera *f.* per lucidare.

heeled /hiːld/ *a.* **1** (*in compounds*) a tacco, con il tacco...: *high*-~ *shoes* scarpe con il tacco alto. **2** (*colloq*) (*well-heeled*) fornito di quattrini. **3** (*armed with a gun*) armato di pistola.

heeler /ˈhiːlər/ *n.* (*Calz*) ciabattino *m.*, calzolaio *m.*

heelless /ˈhiːlləs/ *a.* senza tallone.

heeltap /ˈhiːltæp/ *n.* **1** (*Calz*) soprattacco *m.* **2** (*ant*) (*small amount of liquor*) residuo *m.* (di liquore), fondo *m.*

heft /heft/ *n.* (*spec. Am,colloq*) peso *m.*, pesantezza *f.* **II** *v.t.* **1** soppesare. **2** (*to lift*) sollevare, alzare.

heftily /ˈheftɪli/ □ *he was* ~ *built even as a child* era robusto già da bambino.

hefty /ˈhefti/ *a.* **1** (*heavy*) pesante, grande e grosso. **2** (*big and strong*) forte, robusto, vigoroso, possente. **3** (*good-sized*) notevole, rilevante, cospicuo.

Hegelian /heɪˈgiːliən, hegˈeɪliən/ **I** *n.* (*Filos*) hegeliano *m.* (*f.* -a). **II** *a.* (*Filos*) hegeliano.

Hegelianism /heɪˈgiːliənɪzᵊm/ *n.* (*Filos*) hegelianismo *m.*

hegemonic /ˌhedʒɪˈmɒnɪk *Am* ˌhedʒɪˈmɑːnɪk/ *a.* egemonico.

hegemonical /ˌhedʒɪˈmɒnɪkᵊl *Am* ˌhedʒɪˈmɑːnɪkᵊl/ *a.* egemonico.

hegemony /hɪˈdʒeməni/ *n.* egemonia *f.*

hegira /ˈhedʒɪrə, hɪˈdʒaɪrə/ *n.* (*fig*) esodo *m.*, fuga *f.*

Hegira /ˈhedʒɪrə, hɪˈdʒaɪrə/ *n.* (*Rel*) egira *f.*

heh /heɪ/ *intz.* ehi!, ehilà!

heifer /ˈhefər/ *n.* (*Zool*) giovenca *f.*

heigh /heɪ/ *intz.* (*ant*) (*of encouragement*) suvvia!

heigh-ho /ˈheɪˈhou/ *intz.* **1** (*of weariness, boredom*) ahimè!, ohimè! **2** (*of surprise*) ohibò! **3** (*of jubilation*) urrà!: ~, ~, *it's off to work we go!* andiam, andiamo, andiamo a lavorar!

height /haɪt/ *n.* **1** altezza *f.* **2** (*of a person*) statura *f.*, altezza *f.* **3** (*altitude*) altitudine *f.*, quota *f.* **4** (*fig*) culmine *m.*, colmo *m.*, apice *m.*, massimo *m.*: *at the* ~ *of one's power* al culmine del potere; *the* ~ *of happiness* il colmo della felicità. **5** (*summit*) cima *f.*, sommità *f.* **6** *pl.* (*high place*) altura *f.sing.*; (*hill*) collina *f.sing.*; (*mountain*) montagna *f.sing.* □ ~ *above sea level* altezza sul livello del mare, altezza assoluta; *the storm was at its* ~ la tempesta era al colmo; *he is six feet in* ~ è alto sei piedi; *in the* ~ *of fashion* all'ultima moda; (*Am*) ~ *of land* spartiacque; *in the* ~ *of summer* in piena estate; *what is your* ~? quanto sei alto?

heighten /ˈhaɪtᵊn/ **I** *v.t.* **1** innalzare, elevare. **2** (*to increase*) accrescere, aumentare. **3** (*to intensify*) intensificare, rafforzare. **4** (*to sharpen*) inasprire, peggiorare. **5** (*to highlight*) lumeggiare, dare rilievo a. **6** (*to point up*) mettere in rilievo, mettere in evidenza. **II** *v.i.* **1** innalzarsi, elevarsi. **2** (*to increase*) aumentare, crescere: *tension* -*ed* la tensione aumentò. **3** (*of colours*) ravvivarsi, diventare più luminoso.

heinous /ˈheɪnəs *Br also* ˈhiːnəs/ *a.* atroce, nefando, scellerato: *a* ~ *crime* un atroce delitto.

heinously /ˈheɪnəsli *Br also* ˈhiːnəsli/ *avv.* con atrocità, scelleratamente.

heinousness /ˈheɪnəsnəs *Br also* ˈhiːnəsnəs/ *n.* nefandezza *f.*, atrocità *f.*

heir /eər *Am* ˌer/ *n.* erede *m.*: *to be* ~ *to an estate* essere l'erede di un patrimonio; *the* ~ *to the throne* l'erede al trono; (*fig*) *spiritual* ~ erede spirituale. □ ~ *apparent* erede in linea diretta, erede legittimo; ~ *at law* erede legittimo, riservatario; ~ *entitled under a will* erede testamentario; ~ *in expectancy* erede presunto; *to make so. one's* ~ costituire qcu. proprio erede; ~ *of inventory* erede beneficiato; (*Dir*) ~ *presumptive* erede apparente, erede presunto.

heirdom /ˈeədəm *Am* ˈerdəm/ *n.* condizione *f.* di erede.

heiress /ˈeəres *Am* ˈerɪs/ *n.* erede *f.*, ereditiera *f.*

heirloom /ˈeəluːm *Am* ˈerluːm/ *n.* **1** ricordo *m.* di famiglia, cimelio *m.* di famiglia: *this watch is a family* ~ quest'orologio è un ricordo di famiglia. **2** (*Dir*) bene *m.* (mobile) spettante all'erede legittimo.

heirship /ˈeəʃɪp *Am* ˈerʃɪp/ *n.* (*Dir*) **1** (*heirdom*) condizione *f.* di erede. **2** (*rights*) diritti *m.pl.* ereditari.

heist /haɪst/ **I** *n.* (*Am,sl*) furto *m.*, rapina *f.*, rapina *f.* a mano armata. **II** *v.t.* (*Am,sl*) rubare, commettere una rapina (a mano armata).

Hejira /ˈhedʒɪrə *Am* hɪˈdʒaɪrə/ *n.* (*Rel*) egira *f.*

HeLa, Hela /ˈhiːlə/ □ (*Med*) ~ *cells* cellule HeLa.

held /held/ → **hold**[1].

Helen /ˈhelɪn/ *n.pr.f.* Elena (*anche Mitol*).

Helena /ˈhelɪnə/ *n.pr.f.* Elena.

heliac /ˈhiːliæk, ˈheliæk/ *a.* (*Astr*) eliaco, solare.

heliacal /hiːˈlaɪəkəl, helˈaɪəkᵊl/ *a.* (*Astr*) eliaco, solare.

helianthemum /ˌheliˈænθɪməm, ˌheliˈænθɪməm/ *n.* (*Bot*) eliantemo *m.*

helianthus /ˌhiːliˈænθəs, ˌheliˈænθəs/ *n.* (*Bot*) elianto *m.*

heliborne /ˈhelɪbɔːn *Am* ˈhelɪbɔːrn/ *a.* (*Aer*) elitrasportato.

helibus /ˈhelɪbʌs/ *n.* elibus *m.*

helical /ˈhelɪkᵊl, ˈhiːlɪkᵊl/ *a.* elicoidale: ~ *gear* ingranaggio elicoidale.

helices /ˈhelɪsiːz, ˈhiːlɪsiːz/ → **helix**.

helichrysm /ˌhiːlɪˈkrɪzᵊm/ *n.* (*Bot*) elicriso *m.*

helicoid /ˈhelɪkɔɪd, ˈhiːlɪkɔɪd/ **I** *n.* (*Geom*) elicoide *m.* **II** *a.* elicoide, elicoidale.

helicoidal /ˌhelɪˈkɔɪdᵊl, ˌhiːlɪˈkɔɪdᵊl/ *a.* elicoide, elicoidale.

helicon /ˈhelɪkɒn *Am* ˈhelɪkɑːn/ *n.* (*Mus*) elicone *m.*

Helicon /ˈhelɪkɒn *Am* ˈhelɪkɑːn/ *n.pr.* (*Geog.stor*) Elicona *m.*

Heliconian /ˌhelɪˈkouniən/ *a.* eliconio, dell'Elicona.

helicopter /ˈhelɪkɒptər *Am* ˈhelɪkɑːptər/ **I** *n.* elicottero *m.* **II** *v.t.* trasportare in elicottero, elitrasportare. □ *to carry by* ~ elitrasportare.

helicopter-borne /ˌhelɪkɒptəˈbɔːn *Am* ˌhelɪkɑːptərˈbɔːrn/ *a.* (*Aer*) elitrasportato.

helio /ˈhiːliou/ *n.* (*colloq*) **1** → **heliogram**. **2** → **heliograph**.

heliocentric /ˌhiːliouˈsentrɪk/ *a.* (*Astr*) eliocentrico.

heliocentrical /ˌhiːliouˈsentrɪkᵊl/ *a.* (*Astr*) eliocentrico.

heliochrome /ˈhiːlioukroum/ *n.* (*Fot*) fotografia *f.* a colori.

heliochromy /ˌhiːlioukroumi/ *n.* eliocromia *f.*

heliogram /ˈhiːliougræm/ *n.* (*Tecn*) messaggio *m.* trasmesso mediante un eliografo.

heliograph /ˈhiːliougrɑːf *Am* ˈhiːliougræf/ **I** *n.* eliografo *m.* **II** *v.t.* comunicare mediante eliografo. **III** *v.i.* comunicare mediante eliografo.

heliographer /ˌhiːliˈɒgrəfər *Am* ˌhiːliˈɑːgrəfər/ *n.* (*Tip*) eliografista *m./f.*

heliographic /ˌhiːliouˈgræfɪk/ *a.* eliografico.

heliographical /ˌhiːliouˈgræfɪkᵊl/ *a.* eliografico.

heliography /ˌhiːliˈɒgrəfi *Am* ˌhiːliˈɑːgrəfi/ *n.* (*Tip*) eliografia *f.*

heliogravure /ˌhiːliougrəˈvjuər *Am* ˌhiːliəgrəˈvjur/ *n.* (*Fot*) eliografia *f.*

heliometer /ˌhiːliˈɒmɪtər *Am* ˌhiːliˈɑːmətər/ *n.* (*Astr*) eliometro *m.*

Helios /ˈhiːliɒs *Am* ˈhiːliɑːs/ *n.pr.m.* (*Mitol*) Elio.

helioscope /ˈhiːliouskoup/ *n.* (*Astr*) elioscopio *m.*

heliosphere /ˈhiːliousfiər *Am* ˈhiːliousfir/ *n.* (*Astr*) eliosfera *f.*

heliostat /ˈhiːlioustæt/ *n.* eliostato *m.*

heliotherapy /ˌhiːliouˈθerəpi/ *n.* (*Med*) elioterapia *f.*

heliotrope /ˈhiːliatroup *Br also* ˈheliatroup/ *n.* **1** (*Bot*) eliotropio *m.* **2** (*Bot*) (*garden heliotrope*) valeriana *f.* **3** (*colour*) rosso *m.* violetto, eliotropio *m.* **4** (*Min*) eliotropo *m.*, eliotropio *m.*, eliotropio *m.*

heliotropic /ˌhiːliəˈtrɒpɪk *Am* ˌhiːliəˈtrɑːpɪk/ *a.* (*Bot*) eliotropico.

heliotropism /ˌhiːliˈɒtrəpɪzᵊm *Am* ˌhiːliˈɑːtrəpɪzᵊm/ *n.* (*Bot*) eliotropismo *m.*

helipad /ˈhelɪpæd/ *n.* eliscalo *m.*

heliport /ˈhelɪpɔːt *Am* ˈhelɪpɔːrt/ *n.* (*Aer*) eliporto *m*.

helistop /'helɪstɒp *Am* 'helɪstɑːp/ *n*. eliscalo *m*.

helium /'hiːlɪəm/ *n*. (*Chim*) elio *m*. □ ~ *balloon* pallone a elio.

helix /'hiːlɪks/ (*pl*. **helices** /'helɪsiːz, 'hiːlɪsiːz/ o **-es** /-ɪz/) *n*. **1** spirale *f*. **2** (*Arch,Anat*) elice *f*. **3** (*Geom*) elica *f*.

hell /hel/ **I** *n*. **1** (*Rel*) inferno *m*. **2** (*Mitol*) inferi *m.pl*., inferno *m*. **3** (*fig*) inferno *m*.: *this office is* ~ questo ufficio è un inferno; *to make so.'s life* ~ rendere a qcu. la vita un inferno. **4** (*colloq*) (*pandemonium*) pandemonio *m*., inferno *m*., putiferio *m*.: *all* ~ *broke loose* si scatenò un pandemonio. **II** *intz*. (*colloq*) diavolo!, maledizione!, accidenti! □ (*colloq*) *a* ~ *of a*: 1 un pessimo, un terribile, un infernale: *it's a* ~ *of a day* è una giornata infernale; 2 (*very much*) moltissimo, infernale, d'inferno, del diavolo: *a* ~ *of a noise* un fracasso infernale; (*colloq*) (*to go*) *to* ~ *and back* passare le pene dell'inferno; (*Am,colloq*) *to* ~ *and gone* lontanissimo, a casa del diavolo; (*colloq*) *I'll do it come* ~ *and high water* lo farò, costi quel che costi; *Hell's Angel* Hell's Angel, motociclista chiassoso; (*colloq*) *as* ~ molto, enorme, (*colloq*) del diavolo: *it's as cold as* ~ fa un freddo cane; (*colloq*) ~ *'s bells!* diavolo!, (*pop*) sangue di Bacco!; ~ *bent*: 1 (*used as an adjective*) caparbio, ostinato, accanito; 2 (*used as an adverb*) accanitamente; (*colloq*) *to do sth. for the* ~ *of it* fare qcs. tanto per farla; (*scherz*) *until* ~ *freezes over* per sempre; (*colloq*) *let's get the* ~ *out of here!* tagliamo la corda!; (*colloq*) *to give so.* ~ far passare a qcu. un brutto quarto d'ora; (*colloq*) *go to* ~! va' all'inferno!, va' al diavolo!; (*colloq*) *to go to* ~ *in a handbasket* (o *to go to* ~ *in a handcart*) deteriorarsi rapidamente; (*colloq*) *like* ~: 1 moltissimo, assai: *to laugh like* ~ ridere a crepapelle; *to run like* ~ correre come un disperato; *to work like* ~ lavorare come un dannato, lavorare moltissimo; 2 (*esclam*.) (*not on your life*) neanche per sogno!, (*pop*) un corno!; (*colloq*) *to be* ~ *on*: 1 essere un tormento per; 2 (*to be harmful to*) essere una rovina, essere un inferno per: *walking is* ~ *on my corns* il camminare è un inferno per i miei calli; (*colloq*) ~ *on earth* l'inferno in terra; (*colloq*) *to be* ~ *on wheels* essere un pericolo ambulante; (*colloq*) *I'll do it come* ~ *or high water* lo farò, costi quel che costi; (*colloq*) *the* ~ *of it was that...* il peggio è stato che...; (*colloq*) *there'll be* ~ *to pay when your father finds out* la pagherai cara quando tuo padre lo verrà a sapere; (*colloq*) *what the* ~ *do you want?* che diavolo vuoi?; (*colloq*) *to* ~ *with your scruples* al diavolo i tuoi scrupoli.

he'll /hiːl/ *contraz. di* he will, he shall.

hellacious /he'leɪʃəs/ *a*. (*Am,sl*) tremendo, infernale.

hellaciously /he'leɪʃəsli/ *avv*. (*Am,sl*) tremendamente, in modo infernale.

Helladic /he'lædɪk/ *a*. (*Archeol*) elladico.

Hellas /'helæs/ *n.pr*. (*Geog.stor*) Ellade *f*.

hellbender /'helbendər/ *n*. (*Zool*) criptobranco *m*., hellbender *m*.

hellcat /'helkæt/ *n*. strega *f*., bisbetica *f*.

hellebore /'helɪbɔːr *Am* 'helɪbɔːr/ *n*. **1** (*Bot*) (*European, Asian variety*) elleboro *m*.; (*Christmas rose*) elleboro *m*. nero. **2** (*powdered root*) polvere *f*. d'elleboro. **3** (*Bot*) (*American variety*) veratro *m*.; (*white hellebore*) veratro *m*. bianco.

helleborine /ˌhelɪ'bɔːriːn *Br also* 'helɪbəraɪn/ *n*. (*Bot*) elleborina *f*.

Hellene /'heliːn/ *n*. elleno *m*. (*f*. -a), greco *m*. (*f*. -a).

Hellenic /he'liːnɪk *Am* hə'lenɪk/ **I** *a*. ellenico, elleno, greco. **II** *n*. lingua *f*. greca.

Hellenise /'helɪnaɪz/ *v.t./i.* (*Br*) ellenizzare, grecizzare.

Hellenism /'helɪnɪzᵊm/ *n*. ellenismo *m*.

Hellenist /'helɪnɪst/ *n*. ellenista *m./f.*, grecista *m./f.*

Hellenistic /ˌhelɪ'nɪstɪk/ *a*. ellenistico.

Hellenize /'helɪnaɪz/ *v.t./i.* ellenizzare, grecizzare.

hellfire /'helfaɪər *Am* 'helfaɪr/ *n*. **1** fuoco *m*. infernale, fiamme *f.pl*. dell'inferno. **2** (*punishment in hell*) pena *f*. dell'inferno, castigo *m*. dell'inferno.

hellhole /'helhoʊl/ *n*. luogo *m*. infernale, inferno *m*.

hellhound /'helhaʊnd/ *n*. **1** (*Mitol*) cerbero *m*. **2** (*fig*) persona *f*. malvagia, anima *f*. dannata.

hellion /'heljən/ *n*. (*Am,colloq*) birichino, piccolo demonio.

hellish /'helɪʃ/ *a*. **1** infernale, diabolico (*anche fig*). **2** (*colloq*) (*abominable*) odioso, terribile.

hellishness /'helɪʃnəs/ *n*. l'essere diabolico.

hello /ˌhe'loʊ, hə'loʊ *Br also* 'heloʊ/ **I** *intz*. **1** salve!, salute!, ciao! **2** (*Tel*) pronto! **3** (*Br*) (*to attract attention*) ehi! **4** (*Br*) (*to express surprise*) ohibò!, ah! **II** *n*. saluto *m*. **III** *v.i.* gridare hello. □ *to say* ~ *to so.* salutare qcu.

hellraiser, hell-raiser /'helreɪzər/ *n*. casinista *m./f.*, attaccabrighe *m./f.*

helm[1] /helm/ **I** *n*. **1** (*Mar*) timone *m*.; (*tiller*) barra *f*.; (*wheel*) ruota *f*. **2** (*fig*) timone *m*., guida *f*., comando *m*., governo *m*.: *the* ~ *of State* il timone dello Stato. **II** *v.t.* **1** fare rotta per. **2** (*fig*) guidare, dirigere.

helm[2] /helm/ **I** *n*. (*Mil,ant*) elmo *m*. **II** *v.t.* munire di elmo.

helmet /'helmət/ *n*. **1** casco *m*.: *crash* ~ casco da motociclista; *safety* ~ casco di protezione. **2** (*Mil*) elmetto *m*. **3** (*Mil,ant*) elmo *m*. **4** (*Sport*) (*in fencing*) maschera *f*. **5** (*sun helmet*) casco *m*. coloniale. **6** (*Bot*) galea *f*.

helmeted /'helmətɪd *Am* 'helmətɪd/ *a*. **1** con il casco, che indossa il casco. **2** (*Mil*) munito di elmo, con l'elmo.

helminth /'helmɪnθ/ *n*. (*Zool*) elminto *m*.

helminthiasis /ˌhelmɪn'θaɪəsɪs/ (*pl*. **-ses** /-siːz/) *n*. (*Med*) elmintiasi *f*., elmintosi *f*.

helminthic /hel'mɪnθɪk/ *a*. (*Zool,Med*) elmintico.

helminthology /ˌhelmɪn'θɒlədʒɪ *Am* ˌhelmɪn'θɑːlədʒɪ/ *n*. (*Zool*) elmintologia *f*.

helmsman /'helmzmən/ *n.irr.* (*Mar*) timoniere *m*.

helot /'helət/ *n*. ilota *m./f.*, schiavo *m*. (*f*. -a).

Helot /'helət/ *n*. (*Stor.gr*) ilota *m./f.*

helotism /'helətɪzᵊm *Am* 'helətɪzᵊm/ *n*. **1** (*Stor.gr*) condizione *f*. di ilota. **2** (*fig*) schiavitù *f*.

helotry /'helətri/ *n*. **1** (*Stor.gr*) condizione *f*. di ilota. **2** (*fig*) schiavitù *f*. **3** (*collett*.) iloti *m.pl*., schiavi *m.pl*.

help[1] /help/ **I** *n*. **1** aiuto *m*., soccorso *m*., assistenza *f*. **2** (*sth. which helps*) aiuto *m*., rimedio *m*.; (*person*) aiuto *m*.: *she was a great* ~ *to me* mi fu di grande aiuto. **3** (*domestic servant*) domestico *m*. (*f*. -a), cameriere *m*. (*f*. -a). **4** (*escape*) scampo *m*., rimedio *m*., via *f*. d'uscita: *there is no* ~ *for it* non c'è scampo. **5** (*Am*) (*employee*) impiegato *m*. (*f*. -a); (*body of employees*) impiegati *m.pl*. **6** (*Am*) (*farm labourer*) contadino *m*. (*f*. -a). **7** (*Inform*) aiuto *m*., guida *f*., help *m*. **II** *intz*. aiuto!, soccorso! □ (*spec. Inform*) ~ *desk*: 1 assistenza; 2 (*help line*) assistenza telefonica; (*Giorn*) ~ *wanted* offerte di lavoro.

help[2] /help/ **I** *v.t.* **1** aiutare, dare aiuto, dare

una mano a: *to* ~ *so. with his work* aiutare qcu. nel suo lavoro; *to* ~ *each other* aiutarsi (a vicenda). **2** (*to assist*) aiutare, assistere, soccorrere: *to* ~ *the poor* aiutare i poveri. **3** (*to be of use to*) aiutare, essere d'aiuto, essere utile a, servire a, giovare. **4** (*to facilitate*) contribuire a, favorire: *to* ~ *the cause of peace* contribuire alla causa della pace. **5** (*to remedy, to cure*) alleviare: *this medicine will* ~ *his cough* questa medicina gli allevierà la tosse. **6** (*to serve food to*) servire: *please* ~ *yourself to the sugar* servitevi di zucchero, prego. **7** (*to avoid; preceded by can, could*) fare a meno di, evitare: *he could not* ~ *laughing* non poté fare a meno di ridere; *I can't* ~ *that* non posso farci nulla. **8** (*rifl*.) *to* ~ *oneself* (*to refrain from; preceded by can, could*) trattenersi, frenarsi: *I'm sorry I laughed, I couldn't* ~ *myself* mi dispiace di aver riso, non sono riuscito a trattenermi. **II** *v.i.* **1** dare aiuto, aiutare. **2** (*to be of use*) servire, essere utile. □ (*fig*) *to* ~ *a lame dog over a stile* soccorrere qcu. nel momento del bisogno; *to* ~ *so. across the street* aiutare qcu. ad attraversare la strada; *it can't be* ~ *-ed!*: 1 (*it doesn't matter*) pazienza!, non importa!; 2 (*it's inevitable*) non c'è rimedio!, non ci si può fare nulla!, non c'è niente da fare!; *so* ~ *me God!* che Dio mi aiuti!; *to* ~ *so. into a car* aiutare qcu. a salire in automobile; *that doesn't* ~ *much* non è molto utile, non è di grande utilità; *to* ~ *so. on with their coat* aiutare qcu. a indossare il soprabito; *to* ~ *oneself to sth.*: 1 (*of food*) servirsi di qcs.; 2 (*to appropriate*) appropriarsi di qcs., impadronirsi di qcs.; *to* ~ *so. out of a difficulty* aiutare qcu. a trarsi d'impaccio; (*colloq*) *so* ~ *me!* lo giuro!, giuro!; *so* ~ *me God!* che Dio mi assista!; *don't be away longer than you can* ~ non stare via più a lungo dello stretto necessario.

helper /'helpər/ *n*. aiutante *m./f.*, aiuto *m*., assistente *m./f.*, (*rar*) coadiutore *m*. (*f*. -trice). □ (*Med*) ~ *cell* linfocita T, cellula T.

helpful /'helpful/ *a*. **1** utile, vantaggioso, di aiuto, provvido: *your suggestion was very* ~ il tuo suggerimento è stato utilissimo; *he was very* ~ mi è stato di grande aiuto. **2** (*willing to help*) servizievole.

helpfulness /'helpfulnəs/ *n*. utilità *f*., giovamento *m*.

helping /'helpɪŋ/ *n*. **1** (*portion of food*) porzione *f*. **2** (*act of helping*) aiuto *m*., assistenza *f*. □ *to give* (o *to lend*) *so. a* ~ *hand* dare una mano a qcu.

helpless /'helpləs/ *a*. **1** indifeso, debole, inerme: *a* ~ *child* un bambino indifeso. **2** (*not receiving help*) senza aiuto. **3** (*powerless*) debole, impotente. **4** (*bewildered*) disorientato, confuso, smarrito. **5** (*unrestrained*) sfrenato: ~ *laughter* risate sfrenate. **6** (*spreg*) inetto, incapace, incompetente.

helplessly /'helpləsli/ *avv*. con un senso di impotenza, disperatamente: *he watched* ~ lui guardava impotente.

helplessness /'helpləsnəs/ *n*. **1** l'essere indifeso. **2** (*impotence*) impotenza *f*. **3** (*spreg*) incompetenza *f*., inettitudine *f*.

helpline /'helplaɪn/ *n*. **1** assistenza *f*. telefonica. **2** (*for personal problems, etc.*) telefono *m*. amico.

helpmate /'helpmeɪt/ *n*. **1** compagno *m*. (*f*. -a), collaboratore *m*. (*f*. -trice). **2** (*wife*) moglie *f*., metà *f*.

helpmeet /'helpmiːt/ *n*. **1** compagno *m*. (*f*. -a), collaboratore *m*. (*f*. -trice). **2** (*wife*) moglie *f*., metà *f*.

Helsinki /'helsɪŋki, hel'sɪŋki/ *n.pr*. (*Geog*) Helsinki *f*. □ (*Pol,Stor*) ~ *Final Act* atto finale (della conferenza) di Helsinki.

helter-skelter /ˌheltəˈskeltər *Am* ˌheltər ˈskeltər/ **I** *n.* **1** scivolo *m.* a spirale. **2** (*mess*) confusione *f.*, scompiglio *m.* **II** *avv.* **1** precipitosamente. **2** (*in disorder*) disordinatamente, alla rinfusa. **III** *a.* **1** precipitoso. **2** (*disorderly*) confusionario, disordinato.

helve /helv/ *n.* **1** (*of a tool*) manico *m.* **2** (*of a weapon*) impugnatura *f.*

Helvetia /helˈviːʃ(i)ə/ *n.pr.* (*Geog.stor*) Elvezia *f.*

Helvetian /helˈviːʃ(i)ən/ **I** *a.* **1** (*Stor*) elvetico. **2** (*Swiss*) svizzero, elvetico. **II** *n.* **1** (*Stor*) elvetico *m.* (*f. -a*). **2** (*Swiss*) svizzero *m.* (*f. -a*), elvetico *m.* (*f. -a*).

Helvetic /helˈvetɪk *Am* helˈvet̬ɪk/ **I** *a.* elvetico. **II** *n.* (*Rel*) protestante *m./f.* svizzero.

hem¹ /hem/ *n.* **1** (*of a garment*) orlo *m.*; (*border*) bordo *m.*, orlo *m.*, bordura *f.*: *the ~ of a handkerchief* il bordo di un fazzoletto. **II** *v.t.* (*past, p.p.* **hemmed** /-d/) orlare, bordare. □ *to ~ about* (o *to ~ around* o *to ~ in*) circondare, attorniare, rinchiudere: *our troops were -med in by the enemy* le nostre truppe furono circondate dal nemico.

hem² /hem/ **I** *intz.* ehm... **II** *n.* il dire ehm. **III** *v.i.* (*past, p.p.* **hemmed** /-d/) **1** fare ehm (ehm). **2** (*to hesitate in speaking*) esitare nel parlare, fare una pausa nel parlare. □ *to ~ and haw* tergiversare.

hemal /ˈhiːməl/ *a.* (*Am*) **1** (*Biol*) (*relating to the blood*) emale. **2** (*Anat,Zool*) (*relating to the heart*) cardiovascolare.

he-man /ˈhiːmæn/ *n.irr.* (*colloq*) uomo *m.* vero, maschio *m.*, (*colloq*) fusto *m.*

hematic /hiːˈmætɪk/ *a.* (*Am,Anat,Med*) ematico.

hematin /ˈhemətɪn, ˈhiːmətɪn/ *n.* (*Am,Chim*) ematina *f.*

hematite /ˈhiːmətaɪt/ *n.* (*Am,Min*) ematite *f.*

hematocele /hiːˈmætəsiːl/ *n.* (*Am,Med*) ematocele *m.*

hematocrit /hiːˈmætəkrɪt/ *n.* (*Am,Fisiol*) ematocrito *m.*

hematogenous /ˌhiːməˈtɑːdʒɪnəs/ *a.* (*Am, Med,Biol*) ematogeno.

hematologic /ˌhiːmətəˈlɑːdʒɪk/ *a.* (*Am,Med*) ematologico.

hematological /ˌhiːmətəˈlɑːdʒɪkəl/ *a.* (*Am, Med*) ematologico.

hematologist /ˌhiːməˈtɑːlədʒɪst/ *n.* (*Am,Med*) ematologo *m.* (*f. -a*).

hematology /ˌhiːməˈtɑːlədʒi/ *n.* (*Am,Med*) ematologia *f.*

hematoma /ˌhiːməˈtoʊmə/ *n.* (*pl.* **-s** /-z/ o **-ta** /-tə/) *n.* (*Am,Med*) ematoma *m.*

hematophagus /ˌhiːməˈtɑːfəgəs/ *a.* (*Am, Zool*) ematofago.

hematopoiesis /ˌhiːˌmætəpɔɪˈiːsɪs/ *n.* (*Am, Biol*) ematopoiesi *f.*, emopoiesi *f.*

hematoxylin /ˌhiːməˈtɑːksɪlɪn/ *n.* (*Am,Chim*) ematossilina *f.*

hematozoon /ˌhemətəˈzoʊəːn/ *n.* (*pl.* **-zoa** /-ˈzoʊə/) *n.* (*Am,Zool*) ematozoo *m.*

hematuria /ˌheməˈt(j)ʊriə/ *n.* (*Am,Med*) ematuria *f.*

heme /hiːm/ *n.* (*Am,Chim*) eme *m.*

hemicellulose /ˌhemɪˈseljʊloʊs/ *n.* (*Chim*) emicellulosa *f.*

hemichordate /ˌhemɪˈkɔːd(e)ɪt *Am* ˌhemɪ ˈkɔːrd(e)ɪt/ *n.* (*Zool*) emicordata *f.*

hemicycle /ˈhemiˌsaɪkl/ *n.* emiciclo *m.*

hemidemisemiquaver /ˌhemiˌdemiˈsemi ˌkweɪvər/ *n.* (*Br,Mus*) semibiscroma *f.*

hemihedral /ˌhemɪˈhiːdrəl/ *a.* (*Min*) emiedrico.

hemihedric /ˌhemɪˈhiːdrɪk/ *a.* (*Min*) emiedrico.

hemimetabolic /ˌhemiˌmetəˈbɒlɪk *Am* ˌhemi ˌmetəˈbɑːlɪk/ *a.* (*Zool*) emimetabolo.

hemimetabolous /ˌhemimeˈtæbələs/ *a.* (*Zool*) emimetabolo.

hemiparasite /ˌhemɪˈpærəsaɪt/ *n.* (*Bot*) emiparassita *f.*

hemiplegia /ˌhemɪˈpliːdʒ(i)ə/ *n.* (*Med*) emiplegia *f.*

hemipteran /heˈmɪptərən, hɪˈmɪptərən/ **I** *n.* (*Entom*) emittero *m.* **II** *a.* (*Entom*) emittero.

hemipterous /heˈmɪptərəs, hɪˈmɪptərəs/ *a.* (*Entom*) emittero.

hemisphere /ˈhemɪsfɪər *Am* ˈhemɪsfɪr/ *n.* **1** (*Geom*) semisfera *f.* **2** (*Geog,Anat*) emisfero *m.*

hemispheric /ˌhemɪˈsferɪk *Am also* ˌhemɪ ˈsfɪrɪk/ *a.* emisferico.

hemispherical /ˌhemɪˈsferɪkəl *Am also* ˌhemɪ ˈsfɪrɪkəl/ *a.* emisferico.

hemistich /ˈhemɪstɪk/ *n.* (*Metr*) emistichio *m.*

hemline /ˈhemlaɪn/ *n.* (*of a dress, skirt, etc.*) orlo *m.*: *-s are up this year* quest'anno sono di moda le gonne corte.

hemlock /ˈhemlɒk *Am* ˈhemlɑːk/ *n.* **1** (*Bot*) cicuta *f.* **2** (*poisonous drink*) cicuta *f.* **3** (*Bot*) (*poison hemlock*) cicuta *f.* maggiore, cicuta *f.* macchiata. **4** (*Bot*) tsuga *f.* □ (*Bot*) *~ fir* (o *~ spruce*) tsuga.

hemmer /ˈhemər/ *n.* **1** (*Sart*) orlatore *m.* (*f. -trice*). **2** (*device*) orlatrice *f.*

hemochromatosis /ˌhiːməˌkroʊməˈtoʊsɪs/ *n.* (*Am,Med*) emocromatosi *f.*

hemocoel /ˈhiːməsiːl/ *n.* (*Am,Zool*) emocele *m.*

hemocyanin /ˌhiːmoʊˈsaɪənɪn/ *n.* (*Am,Biol*) emocianina *f.*

hemodialysis /ˌhiːmoʊdaɪˈælɪsɪs/ *n.* (*Am, Med*) emodialisi *f.*

hemoglobin /ˌhiːmoʊˈgloʊbɪn, ˈhiːmoʊ gloʊbɪn/ *n.* (*Am,Chim,Biol*) emoglobina *f.*

hemolymph /ˈhiːməlɪm(p)f/ *n.* (*Am,Zool*) emolinfa *f.*

hemolysis /hiːˈmɑːlɪsɪs, ˌhiːməˈlaɪsɪs/ *n.* (*Am, Biol*) emolisi *f.*

hemolytic /ˌhiːməˈlɪtɪk/ *a.* (*Am,Med*) emolitico: *~ anaemia* anemia emolitica, *~ disease of the newborn* malattia emolitica del neonato.

hemophilia /ˌhiːmoʊˈfiliə/ *n.* (*Am,Med*) emofilia *f.*

hemophiliac /ˌhiːmoʊˈfiliæk/ *n.* (*Am,Med*) emofiliaco *m.* (*f. -a*).

hemophilic /ˌhiːmoʊˈfɪlɪk/ *a.* (*Am,Med*) emofiliaco.

hemopoiesis /ˌhiːməpɔɪˈiːsɪs/ *n.* (*Am,Biol*) ematopoiesi *f.*, emopoiesi *f.*

hemoptysis /hɪˈmɑːptɪsɪs/ *n.* (*Am,Med*) emottisi *f.*

hemorrhage /ˈhemərɪdʒ/ **I** *n.* (*Am*) **1** (*Med*) emorragia *f.* **2** (*fig*) emorragia *f.*, perdita *f.*, fuga *f.* **II** *v.i.* (*Am*) perdere sangue, sanguinare. **III** *v.t.* (*Am,fig*) perdere, gettare.

hemorrhagic /ˌheməˈrædʒɪk/ *a.* (*Am,Med*) emorragico. □ (*Med*) *~ fever* febbre emorragica.

hemorrhoidal /ˌheməˈrɔɪdəl/ *a.* (*Am,Med*) emorroidale.

hemorrhoids /ˈheməˌrɔɪdz/ *n.pl.* (*Am,Med*) emorroidi *f.pl.*

hemostasia /ˌhiːməˈsteɪʒ(i)ə/ *n.* (*Am,Med*) emostasia *f.*, emostasi *f.*

hemostasis /ˌhiːməˈsteɪsɪs/ *n.* (*Am,Med*) emostasia *f.*, emostasi *f.*

hemostat /ˈhiːməstæt/ *n.* (*Am,Med*) emostatico *m.*

hemostatic /ˌhiːməˈstætɪk/ *a.* (*Am,Med*) emostatico. **II** *n.* (*Am,Med*) emostatico *m.*

hemp /hemp/ *n.* **1** (*Bot,Tess*) canapa *f.* **2** (*narcotic*) canapa *f.* indiana. □ (*Bot*) *~ agrimony* canapa acquatica; (*Bot*) *~ seed* seme di canapa, canapuccia.

hempen /ˈhempən/ *a.* di canapa.

hemstitch /ˈhemstɪtʃ/ **I** *n.* orlo *m.* a giorno, punto *m.* a giorno, punto *m.* orlo, punto *m.* à jour. **II** *v.t.* orlare a giorno.

hen /hen/ *n.* **1** (*Ornit*) gallina *f.*; (*female bird*) femmina *f.* di volatile. **2** (*Zool,Itt*) femmina *f.* **3** (*colloq,ant*) (*offensive term for a woman*) (vecchia) gallina *f.* **4** (*Scott,colloq*) (*woman*) donna *f.* □ (*colloq*) *~ and chickens* erba pignola; (*Zootecn*) *~ coop* stia; (*Ornit*) *~ harrier* albanella reale; *~ house* pollaio; (*Br,colloq*) *~ night* addio al nubilato; (*Br,colloq*) *~ party* festa di sole donne; *as rare as ~'s teeth* (o *as scarce as ~'s teeth*) raro come una mosca bianca.

henbane /ˈhenbeɪn/ *n.* (*Bot*) giusquiamo *m.*

hence /hens/ **I** *avv.* **1** perciò, quindi. **2** (*from now*) da ora, da oggi: *ten days ~* dieci giorni da oggi. **3** (*from this origin, source*) di qui, da qui, da ciò. **4** (*rar*) (*from here*) da qui, lontano da qui. **5** (*rar*) (*henceforth*) d'ora innanzi. **II** *intz.* (*rar*) via!

henceforth /ˌhensˈfɔːθ *Am* ˈhensfɔːrθ/ *avv.* d'ora in avanti, per l'avvenire.

henceforward /ˌhensˈfɔːwəd *Am* ˌhensˈfɔːr wərd/ *avv.* d'ora in avanti, per l'avvenire.

henchman /ˈhenʃmən/ *n.irr.* **1** tirapiedi *m.*, (*spreg*) scagnozzo *m.* **2** (*Pol*) (*supporter*) seguace *m.*, sostenitore *m.*

hendecagon /henˈdekəgən *Am* henˈdek əgɑːn/ *n.* (*Geog*) endecagono *m.*

hendecasyllabic /henˌdekəsɪˈlæbɪk/ *a.* (*Metr*) endecasillabo.

hendecasyllable /ˌhendekəˈsɪləbəl/ *n.* (*Metr*) endecasillabo *m.*

hendiadys /henˈdaɪədɪs/ *n.* (*Ret*) endiadi *f.*

henequin /ˈhenɪkən/ *n.* (*Bot*) henequen *m.*

henge /hendʒ/ *n.* (*Arch*) fossato *m.* circolare, recinto *m.*; (*used as temple*) tempio *m.* megalitico.

Henle /ˈhenli/ □ (*Anat*) *~'s loop* (o *loop of ~*) ansa di Henle.

henna /ˈhenə/ **I** *n.* **1** (*Bot*) henna *f.*, henné *f.* **2** (*dye, colour*) henné *m.* **3** (*Cosmet*) henné *m.* **II** *v.t.* colorare con henné, tingere con henné, fare l'henné a.

henpeck /ˈhenpek/ *v.t.* (*colloq*) (*of a husband*) sgridare e dominare, bistrattare.

henpecked /ˈhenpekt/ *a.* tormentato dalla moglie, succube dalla moglie.

Henrietta /ˌhenriˈetə *Am* ˌhenriˈet̬ə/ *n.pr.f.* Enrichetta.

henry /ˈhenri/ (*pl.* **-s** /-z/ o **-ries** /-riz/) *n.* (*El*) henry *m.*

Henry /ˈhenri/ *n.pr.m.* Enrico.

hep /hep/ *a.* (*sl,ant*) → **hip⁴**.

heparin /ˈhepərɪn/ *n.* (*Biol*) eparina *f.*

hepatic /hɪˈpætɪk, hepˈætɪk *Am* hɪˈpætɪk/ **I** *a.* (*Anat,Farm*) epatico. **II** *n.* (*Farm*) farmaco *m.* epatico.

hepatica /hɪˈpætɪkə, hepˈætɪkə *Am* hɪˈpætɪkə/ *n.* (*Bot*) erba *f.* epatica, epatica *f.*

hepatisation /ˌhepət(ə)ɪˈzeɪʃən/ *n.* (*Br,Med*) epatizzazione *f.*

hepatitis /ˌhepəˈtaɪtɪs *Am* ˌhepəˈtaɪtɪs/ *n.* (*Med*) epatite *f.* □ (*Med*) *~ A* epatite A; (*Med*) *~ B* epatite B.

hepatization /ˌhepətəɪˈzeɪʃən/ *n.* (*Med*) epatizzazione *f.*

hepatocyte /heˈpætousaɪt, ˈhepətousaɪt/ *n.* (*Fisiol*) epatocita *f.*

hepatologist /ˌhepəˈtɒlədʒɪst *Am* ˌhepə ˈtɑːlədʒɪst/ *n.* (*Med*) epatologo *m.* (*f. -a*).

hepatology /ˌhepəˈtɒlədʒi *Am* ˌhepəˈtɑːlədʒi/ *n.* (*Med*) epatologia *f.*

hepatoma /ˌhepəˈtoʊmə/ (*pl.* **-s** /-z/, **-tomata** /-ˈtoʊmətə *Am* -ˈtoʊmətə/) *n.* (*Med*) epatoma *m.*

hepatomegaly /ˌhepətoʊˈmegəli/ *n.* (*Med*) epatomegalia *f.*

hepatopathic /ˌhepətouˈpæθɪk/ a. (Med) epatopatico.

hepatopathy /ˌhepəˈtɒpəθi Am ˌhepəˈtɑːpəθi/ n. (Med) epatopatia f.

hepatotoxic /ˌhepətouˈtɒksɪk Am ˌhepəˈtɑːksɪk/ a. (Med) epatotossico.

hepatotoxicity /ˌhepətouˌtɒkˈsɪsɪti Am ˌhepətouˌtɑːkˈsɪsəti/ n. (Med) epatotossicità f.

hepcat /ˈhepkæt/ n. (sl,ant) persona f. moderna, persona f. alla moda.

heptachlor /ˈheptəklɔːr Am ˈheptrəklɔːr/ n. (Chim) heptachlor m.

heptad /ˈheptæd/ n. 1 (seven) sette m. 2 (group of seven) gruppo m. di sette, settetto m. 3 (Chim) elemento m. eptavalente.

heptagon /ˈheptəgən Am ˈheptəgɑːn/ n. (Geom) ettagono m.

heptagonal /hepˈtægənəl/ a. (Geom) ettagonale.

heptahedral /ˌheptəˈhiːdrəl/ a. (Geom) eptaedrico.

heptahedron /ˌheptəˈhiːdrən/ (pl. -s /-z/ o -dra /-drə/) n. (Geom) ettaedro m.

heptameter /hepˈtæmɪtər Am hepˈtæmətər/ n. (Metr) ettametro m.

heptane /ˈhepteɪn/ n. (Chim) eptano m.

heptarch /ˈheptɑːk Am ˈheptɑːrk/ n. (Pol) eptarco m.

heptarchy /ˈheptɑːki Am ˈheptɑːrki/ n. (Pol) eptarchia f.

heptasyllabic /ˌheptəsɪˈlæbɪk/ a. settenario, ettasillabo.

Heptateuch /ˈheptətjuːk Am ˈheptət(j)uːk/ n. (Bibl) eptateuco m.

heptathlon /hepˈtæθlɒn Am hepˈtæθlɑːn/ n. (Sport) eptathlon m.

her /hər emphatic hɜːr Am hɜːr/ I a. 1 suo, di lei: ~ son suo figlio; ~ mother sua madre; ~ books i suoi libri. 2 (with parts of the body) non si traduce: she has hurt ~ hand si è fatta male alla mano. II pron. 1 (direct object) la, lei: I saw ~ yesterday l'ho vista ieri; I prefer ~ preferisco lei. 2 (indirect object) le, a lei: I gave ~ my book le diedi il mio libro. 3 (with prepositions) le, lei: I am thinking of ~ sto pensando a lei. 4 (reflexive) sé, se stessa, si: she looked about ~ guardò intorno a sé. 5 (as a predicate) lei: was it ~? era lei? □ (colloq) it's ~ (o that's ~) è lei.

Hera /ˈhɪərə Am ˈhɪːrə/ n.pr.f. (Mitol) Era.

Heracles /ˈherəkliːz Br also ˈhɪərəkliːz/ n.pr.m. (Mitol) Eracle.

Heraclitus /ˌherəˈklaɪtəs Am ˌherəˈklaɪtəs/ n.pr.m. (Stor) Eraclito.

herald /ˈherəld/ I n. 1 (Mediev) araldo m. 2 (fig) (messenger) araldo m., messaggero m., nunzio m. 3 (fig) (harbinger) chi precede e annunzia, foriero m. II v.t. 1 annunziare, proclamare. 2 (to usher in) annunziare, preannunziare, essere foriero di: to ~ a new era annunziare una nuova era. 3 (to publicize) diffondere.

heraldic /həˈrældɪk, herˈældɪk/ a. araldico.

heraldist /ˈherəldɪst/ n. araldista m./f.

heraldry /ˈherəldri/ n. 1 araldica f. 2 (heraldic devices) stemmi m.pl. nobiliari. 3 (fig) (pomp, pageantry) pompa f., sfarzo m.

Heralds' /ˈherəldz/ □ (GB) ~ College (College of Arms) consulta araldica.

herb /hɜːb Am (h)ɜːrb/ n. 1 (Bot) erba f., pianta f. erbacea. 2 (Farm) erba f. (medicinale), erba f. (aromatica). 3 (Gastron) erbette f.pl., erbe f.pl., odori m.pl. 4 (Br,sl) (marijuana) erba f. □ ~ bennet garofanaia, cariofillata, erba benedetta; (Bot) ~ Christopher actea, barba di capra; (colloq) ~ doctor chi cura con le erbe; ~ garden giardino dei semplici, giardino di erbe aromatiche; (Bot) ~ Gerard podagraria; (Bot) ~ of grace ruta; (Bot) ~ Paris

---

erba crociona; (Bot) ~ Robert erba roberta, erba cimicina; (Alim) ~ tea infuso di erbe.

herbaceous /hɜːˈbeɪʃəs Am hərˈbeɪʃəs/ a. 1 che si riferisce alle erbe. 2 (herblike) simile all'erba. 3 (of plants: not woody) erbaceo. □ ~ border aiuola (di piante perenni).

herbage /ˈhɜːbɪdʒ Am ˈ(h)ɜːrbɪdʒ/ n. 1 vegetazione f. erbacea, erbe f.pl. 2 (Zootecn) (pasture) pascolo m. 3 (Stor,Dir) diritto m. di pascolo, erbatico m.

herbal /ˈhɜːbəl Am ˈ(h)ɜːrbəl/ I a. 1 (herb-like) erbaceo, erboso. 2 (relating to herbal medicine) erboristico. II n. erbario m. □ ~ medicine: 1 (treatment) erboristeria; 2 (remedy) rimedio m. erboristico; ~ tea tisana, infuso di erbe.

herbalism /ˈhɜːbəlɪzm Am ˈ(h)ɜːrbəlɪzm/ n. erboristeria f.

herbalist /ˈhɜːbəlɪst Am ˈ(h)ɜːrbəlɪst/ n. erborista m./f.

herbarium /hɜːˈbeəriəm Am (h)ɜːrˈberiəm/ (pl. -s /-z/ o -ria /-riə/) n. erbario m.

Herbert /ˈhɜːbət Am ˈhɜːrbərt/ n.pr.m. Erberto, Herbert.

herbicidal /ˌhɜːbɪˈsaɪdəl Am ˌ(h)ɜːrbɪˈsaɪdəl/ a. (Agr) diserbante.

herbicide /ˈhɜːbɪsaɪd Am ˈ(h)ɜːrbɪsaɪd/ n. erbicida m., diserbante m.

herbivore /ˈhɜːbɪvɔːr Am ˈ(h)ɜːrbɪvɔːr/ n. (Zool) erbivoro m.

herbivorous /hɜːˈbɪvərəs Am (h)ɜːrˈbɪvərəs/ a. erbivoro.

herby /ˈhɜːbi Am ˈ(h)ɜːrbi/ a. 1 erboso. 2 (resembling a herb) simile all'erba.

Herculaneum /ˌhɜːkjuˈleɪniəm Am ˌhɜːrkjəˈleɪniəm/ n.pr. (Geog.stor) Ercolano m.

herculean /ˌhɜːkjuˈliːən Am ˌhɜːrkjuˈliːən, hɜːrˈkjuːliən/ a. 1 faticosissimo, difficilissimo: a ~ task un compito difficilissimo. 2 (of enormous strength) fortissimo, erculeo.

Herculean /ˌhɜːkjuˈliːən, hɜːrˈkjuːliən Am ˌhɜːrkjuˈliːən, hərˈkjuːliən/ a. (Mitol) erculeo, di Ercole.

Hercules /ˈhɜːkjuliːz Am ˈhɜːrkjuliːz/ I n.pr.m. (Mitol,Astr) Ercole. II n. (fig) ercole m.

Hercynian /hɜːˈsɪniən Am hɜːrˈsɪniən/ a. (Geol) ercinico.

herd /hɜːd Am hɜːrd/ I n. 1 mandria f., branco m., gregge m., armento m.: a ~ of cattle una mandria di buoi. 2 (spreg) (group) massa f., moltitudine f., (spreg) branco m., gregge m.: a ~ of tourists un branco di turisti. 3 (spreg) (mob, rabble) plebe f., plebaglia f. II v.i. 1 (of animals) imbrancarsi, mettersi in branco. 2 (fig) (of people) formare un gruppo, raggrupparsi. III v.t. 1 (of animals: to form a herd) imbrancare, radunare; (to drive in a herd) condurre in branco, spingere in branco. 2 (fig) (of people) radunare, riunire. 3 (fig) (to drive, to conduct) condurre in gruppo, spingere. □ (Zootecn) ~ book registro genealogico (del bestiame); (fig) in ~s in gran numero; ~ instinct istinto gregale, gregarismo.

herdboy /ˈhɜːdbɔɪ Am ˈhɜːrdbɔɪ/ n. pastorello m.

herder /ˈhɜːdər/ n. (spec. Am) mandriano m., pastore m.

herding /ˈhɜːdɪŋ Am ˈhɜːrdɪŋ/ □ ~ dog cane da pastore.

herdsman /ˈhɜːdzmən Am ˈhɜːrdzmən/ n. mandriano m., pastore m.

here /hɪər Am hɪr/ I avv. 1 qui, qua: I live ~ abito qui; come ~ vieni qua. 2 (at this point) da qui, (di) qui, a questo punto: let's begin ~ cominciamo da qui. 3 (in giving, offering sth.) ecco (qui): ~ is your book ecco il tuo libro. 4 (in indicating presence) ecco (qui), ecco che: ~ I am sono qui, eccomi; ~ comes

---

the bus ecco (che arriva) l'autobus. 5 (after a noun for emphasis) qui presente: Mr. Brown ~ il qui presente signor Brown. II a. (dial) (after a demonstrative adjective) qui, often not translated: this ~ radio doesn't work questa radio (qui) non funziona. III n. questo luogo m., questo posto m. IV intz. 1 (in answering a rollcall) presente! 2 (to an animal) (vieni) qui!, (vieni) qua! 3 (as an encouragement, etc.) suvvia!, su!, ovvia! 4 (as an admonitory rebuke) su!, ecco!: ~, that's enough! su, ora basta! □ ~ and now qui e ora; ~ and there qui e lì, qua e là; ~ below: 1 qui appresso, qui sotto; 2 (in the present life) quaggiù, su questa terra; from ~ da qui, di qui; from ~ to there di qui a lì; (colloq) from ~ on in d'ora in avanti, d'ora in poi; (colloq) ~ goes! ecco, si comincia!, ci siamo!; (Br, colloq) ~'s how! alla salute!; ~ lies (on a tombstone) qui giace; ~, there and everywhere dappertutto; ~'s to you (in toasts) alla salute, alla vostra; up ~ qui su, quassù, sopra; (colloq) ~ we go again! eccoci ancora una volta! Prov.: ~ today gone tomorrow (~ today and gone tomorrow) oggi in figura, domani in sepoltura.

hereabout /ˈhɪərəbaut Am ˈhɪrəbaut/ avv. nei dintorni, qui intorno, qui vicino, da queste parti.

hereabouts /ˈhɪərəbauts Am ˈhɪrəbauts/ avv. nei dintorni, qui intorno, qui vicino, da queste parti.

hereafter /ˌhɪərˈɑːftər Am ˌhɪrˈæftər/ I avv. 1 d'ora in poi, di qui, d'ora in avanti, in seguito, in futuro. 2 (in life after death) nell'aldilà. II n. 1 avvenire m. 2 (life after death) aldilà m.

hereat /ˌhɪərˈæt Am ˌhɪrˈæt/ avv. 1 (ant) a questo (punto), a ciò. 2 (because of this) a causa di ciò, per questo.

hereby /ˌhɪərˈbaɪ Am ˌhɪrˈbaɪ/ avv. 1 con ciò, con questo mezzo: we ~ certify that con ciò (o la presente) certifichiamo che. 2 (lett) (in this way) così, in tal modo.

hereditability /hɪˌredɪtəˈbɪlɪti Am hɪˌredɪtəˈbɪləti/ n. ereditabilità f.

hereditable /hɪˈredɪtəbl Am hɪˈredɪtəbl/ a. 1 ereditabile, trasmissibile per eredità. 2 (capable of inheriting) capace di ereditare. 3 (Dir) successibile.

hereditament /ˌherɪˈdɪtəmənt Am ˌherəˈdɪtəmənt/ n. (Dir) asse m. ereditario.

hereditarily /hɪˈredɪtərɪli Am hɪˈredɪterɪli/ avv. ereditariamente.

hereditariness /hɪˈredɪtərɪnəs Am hɪˈredɪterɪnəs/ n. ereditarietà f.

hereditary /hɪˈredɪtəri Am hɪˈrediteri/ a. 1 ereditario (anche Biol): ~ monarchy monarchia ereditaria. 2 (passing from generation to generation) secolare, di sempre: ~ beliefs credenze secolari. 3 (Dir) ereditario, spettante in eredità, trasmesso per eredità, trasmissibile per eredità. □ (GB) ~ peer pari (per diritto) ereditario; by ~ right per diritto di successione, per diritto ereditario.

heredity /hɪˈredɪti Am hɪˈredəti/ n. 1 (Biol) ereditarietà f. 2 (genetic characters) patrimonio m. ereditario, eredità f. 3 (study) genetica f.

herein /ˌhɪərˈɪn Am ˌhɪrˈɪn/ avv. (burocr) qui: enclosed ~ qui accluso.

hereinafter /ˌhɪərɪnˈɑːftər Am ˌhɪrɪnˈæftər/ avv. (burocr) in seguito, sotto, più avanti: ~ referred to as X d'ora innanzi denominato X.

hereinbefore /ˌhɪərɪnbɪˈfɔːr Am ˌhɪrɪnbɪˈfɔːr/ avv. (burocr) in precedenza, sopra.

hereof /ˌhɪərˈɒv Am ˌhɪrˈʌv/ avv. 1 (burocr) (of this) di ciò, di questo. 2 (burocr) (of this writing, etc.) del presente scritto: on the last *page* ~ all'ultima pagina del presente scritto. **3** (*concerning this*) che si riferisce a questo.

hereon /,hɪə'ɒn *Am* ,hɪr'ɑːn/ *avv.* (*burocr*) in conseguenza di ciò.

here's /hɪəz *Am* hɪrz/ *contraz. di* here is.

heresiarch /hə'riːziɑːk, 'herəsiɑːk *Am* hə 'riːziɑːrk, 'herəsiɑːrk/ *n.* (*Rel*) eresiarca *m.*

heresy /'herəsi/ *n.* eresia *f.* (*anche Rel*).

heretic /'herətɪk/ **I** *n.* eretico *m.* (*f.* -a). **II** *a.* eretico.

heretical /hɪ'retɪkəl, her'etɪkəl *Am* hɪ'reṭɪkəl/ *a.* eretico.

hereto /,hɪə'tuː/ *avv.* (*burocr*) **1** (*here*) qui, a questo: *attached* ~ qui allegato. **2** (*hitherto*) fino a ora, fino adesso.

heretofore /,hɪətuː'fɔːr *Am* ,hɪrtuː'fɔːr/ *avv.* (*burocr*) precedentemente, prima (d'ora).

hereunder /,hɪər'ʌndər *Am* ,hɪr'ʌndər/ *avv.* (*burocr*) **1** (*below*) qui sotto, in seguito. **2** (*under this agreement*) in virtù del presente atto.

hereunto /,hɪər'ʌn'tuː *Am* ,hɪrʌn'tuː/ *avv.* (*burocr*) qui, a questo.

hereupon /,hɪərə'pɒn *Am* ,hɪrə'pɑːn/ *avv.* **1** per cui, in conseguenza di ciò. **2** (*immediately after this*) subito dopo ciò.

herewith /,hɪə'wɪð *Am* ,hɪr'wɪð/ *avv.* **1** (*burocr*) qui accluso, qui unito: *you will find* ~ (*enclosed*) *our cheque* qui accluso troverete il nostro assegno. **2** (*by means of this*) con questo, con la presente.

heritability /,herɪtə'bɪlɪti *Am* ,herɪṭə'bɪləṭi/ *n.* ereditabilità *f.*

heritable /'herɪtəbl *Am* 'herɪṭəbl/ *a.* **1** ereditabile, trasmissibile per eredità. **2** (*capable of inheriting*) capace di ereditare. **3** (*Dir*) successibile.

heritage /'herɪtɪdʒ *Am* 'herɪṭɪdʒ/ *n.* **1** eredità *f.*, patrimonio *m.*: *our national* ~ il nostro patrimonio nazionale; *cultural* ~ patrimonio culturale, beni culturali. **2** (*fig*) (*succession*) eredità *f.*, retaggio *m.* **3** (*Dir*) eredità *f.*, asse *m.* ereditario. □ ~ *centre* museo storico-culturale; ~ *coast* costa protetta; ~ *trail* percorso storico-culturale.

heritor /'herɪtər *Am* 'herɪṭər/ *n.* erede *m.*

herm /hɜːm *Am* hərm/ *n.* erma *f.*

herma /'hɜːmə *Am* 'hərmə/ (*pl.* **hermae** /-miː/ o **-mai** /maɪ/) *n.* erma *f.*

hermaphrodism /hɜː'mæfrədɪzəm *Am* hər 'mæfrədɪzəm/ *n.* (*Biol,Med*) ermafroditismo *m.*

hermaphrodite /hɜː'mæfrədaɪt *Am* hər 'mæfroʊdaɪt/ **I** *n.* (*Biol,Med*) ermafrodito *m.*, androgino *m.* **II** *a.* ermafrodito, androgino, ginandroide. □ (*Mar*) ~ *brig* brigantino goletta.

hermaphroditic /hɜː,mæfrə'dɪtɪk *Am* ,mæfroʊ'dɪtɪk/ **I** *n.* (*Biol,Med*) ermafrodito *m.*, androgino *m.* **II** *a.* ermafrodito, androgino, ginandroide.

hermaphroditical /hɜː,mæfrə'dɪtɪkəl *Am* hər,mæfroʊ'dɪtɪkəl/ *a.* ermafrodito, androgino, ginandroide.

hermaphroditism /hɜː'mæfrə,daɪtɪzəm *Am* hər'mæfrə,daɪtɪzəm/ *n.* (*Biol,Med*) ermafroditismo *m.*

hermeneutic /,hɜːmɪ'njuːtɪk *Am* ,hɜːrmɪ 'n(j)uːṭɪk/ *a.* ermeneutico, interpretativo.

hermeneutical /,hɜːmɪ'njuːtɪkəl *Am* ,hɜːrmɪ 'n(j)uːṭɪkəl/ *a.* ermeneutico, interpretativo.

hermeneutics /,hɜːmɪ'njuːtɪks *Am* ,hɜːrmɪ 'n(j)uːṭɪks/ *n.pl.* (*costr.sing.*) ermeneutica *f.*

Hermes /'hɜːmiːz *Am* 'hɜːrmiːz/ *n.pr.m.* (*Mitol*) Ermes, Mercurio.

hermetic /hɜː'metɪk *Am* hər'meṭɪk/ *a.* **1** ermetico, a perfetta tenuta: ~ *seal* sigillo ermetico, chiusura ermetica. **2** (*Occult*) ermetico, occulto. **3** (*Lett*) ermetico.

hermetically /hɜː'metɪkəli *Am* hər'meṭɪkəli/

avv. ermeticamente.

Hermione /hɜː'maɪəni *Am* hər'maɪəni/ *n.pr.f.* Ermione.

hermit /'hɜːmɪt *Am* 'hɜːrmɪt/ *n.* **1** eremita *m.*, anacoreta *m.* **2** (*fig*) eremita *m.* **3** (*Zool*) paguro *m.* □ (*Zool*) ~ *crab* paguro.

hermitage /'hɜːmɪtɪdʒ *Am* 'hɜːrmɪṭɪdʒ/ *n.* eremitaggio *m.*, eremo *m.* (*anche fig*).

hermitic /hɜː'mɪtɪk *Am* hər'mɪṭɪk/ *a.* eremitico, da eremita, di eremita.

hermitical /hɜː'mɪtɪkəl *Am* hər'mɪṭɪkəl/ *a.* eremitico, da eremita, di eremita.

hern /hɜːn *Am* hɜːrn/ *n.* (*ant,Ornit*) airone *m.*

hernia /'hɜːniə *Am* 'hɜːrniə/ (*pl.* **-s** /-z/ o **-niae** /-niiː/) *n.* (*Med*) ernia *f.*

hernial /'hɜːniəl *Am* 'hɜːrniəl/ *a.* (*Med*) erniario.

herniary /'hɜːniəri *Am* 'hɜːrnieri/ *a.* (*Med*) erniario.

herniated /'hɜːnieɪtɪd *Am* 'hɜːrnieɪṭɪd/ *a.* (*Med*) erniato.

hero /'hɪəroʊ *Am* 'hɪroʊ/ (*pl.* **-es** /-z/) *n.* **1** eroe *m.* **2** (*idol*) idolo *m.*, eroe *m.*, mito *m.*, ideale *m.* **3** (*Teat,Lett*) eroe *m.*, protagonista *m.*: *the* ~ *of a novel* il protagonista di un romanzo. □ *to die a* ~*'s death* fare una morte da eroe, morire da eroe; (*Am,Gastron*) ~ *sandwich* panino gigante; ~ *worship* **1** culto degli eroi; **2** (*exaggerated admiration*) ammirazione esagerata, venerazione.

Hero /'hɪəroʊ *Am* 'hɪroʊ/ *n.pr.f.* (*Mitol*) Ero.

Herod /'herəd/ *n.pr.m.* (*Stor,Bibl*) Erode.

Herodias /hə'roʊdiəs *Br also* her'oʊdiəs/ *n.pr.f.* (*Stor,Bibl*) Erodiade.

Herodotus /hɪ'rɒdətəs, her'ɒdətəs *Am* hə 'rɑːdətəs/ *n.pr.m.* (*Stor*) Erodoto.

heroic /hɪ'roʊɪk *Br also* her'oʊɪk/ *a.* **1** eroico, di (o da) eroe: ~ *deeds* imprese eroiche. **2** (*Lett*) eroico, epico: *a* ~ *poem* un poema eroico. **3** (*fig*) (*larger than life*) grandioso, imponente. **4** (*fig*) (*remarkable*) straordinario, eroico: ~ *patience* pazienza straordinaria. **5** (*fig*) (*of language*) retorico, ampolloso, magniloquente. □ ~ *age* età eroica (*anche fig*); (*Metr*) ~ *couplet* distico eroico; (*Metr*) ~ *verse* verso eroico.

heroical /hɪ'roʊɪkəl *Br also* her'oʊɪkəl/ *a.* **1** eroico, di (o da) eroe. **2** (*Lett*) eroico, epico. **3** (*fig*) (*larger than life*) grandioso, imponente. **4** (*fig*) (*remarkable*) straordinario, eroico. **5** (*fig*) (*of language*) retorico, ampolloso, magniloquente.

heroically /hɪ'roʊɪkəli *Br also* her'oʊɪkəli/ *avv.* eroicamente.

heroicness /hɪ'roʊɪknəs *Br also* her'oʊɪknəs/ *n.* eroicità *f.*

heroics /hɪ'roʊɪks *Br also* her'oʊɪks/ *n.pl.* **1** (*extravagant behaviour*) atteggiamenti *m.pl.* melodrammatici. **2** (*pompous language*) linguaggio *m.sing.* retorico, linguaggio *m.sing.* ampolloso, magniloquenza *f.sing.* **3** (*Metr*) verso *m.sing.* eroico.

heroin /'heroʊɪn/ *n.* (*Chim*) eroina *f.* □ ~ *addict* eroinomane; ~ *addiction* eroinomania; ~ *trade* traffico di eroina.

heroine /'heroʊɪn/ *n.* **1** eroina *f.* **2** (*idol*) mito *m.*, ideale *m.* **3** (*Lett,Teat*) eroina *f.*, protagonista *f.*

heroism /'heroʊɪzəm/ *n.* eroismo *m.*

heron /'herən/ (*pl.inv.* o **-s** /-z/; *il pl. inv. si usa general. con valore collett.*) *n.* (*Ornit*) airone *m.*

heronry /'herənri/ *n.* luogo *m.* dove vivono gli aironi.

hero-worship /'hɪəroʊ,wɜːʃɪp *Am* 'hɪroʊ ,wɜːrʃɪp/ *v.t.* venerare come un eroe, mitizzare.

herpes /'hɜːpiːz *Am* 'hɜːrpiːz/ *n.* (*Med*) herpes *m.*, erpete *m.* □ (*Med*) ~ *labialis* herpes

labiale; (*Med*) ~ *simplex* erpete semplice, herpes; (*Med*) ~ *zoster* herpes zoster, (*colloq*) fuoco di Sant'Antonio.

herpesvirus /'hɜːpiːz,vaɪ(ə)rəs *Am* 'hɜːrpiːz ,vaɪrəs/ *n.* (*Med*) virus *m.* erpetico, herpesvirus *m.*

herpetic /hɜː'petɪk *Am* hər'peṭɪk/ *a.* (*Med*) erpetico.

herpetologist /,hɜːpɪ'tɒlədʒɪst *Am* ,hɜːrpɪ 'tɑːlədʒɪst/ *n.* (*Med*) erpetologo *m.* (*f.* -a).

herpetology /,hɜːpɪ'tɒlədʒi *Am* ,hɜːrpɪ 'tɑːlədʒi/ *n.* (*Med*) erpetologia *f.*

herring /'herɪŋ/ (*pl.inv.* o **-s** /-z/; *il pl. inv. si usa general. con valore collett.*) *n.* (*Itt*) aringa *f.*: *smoked* ~ aringa affumicata. □ (*Ornit*) ~ *gull* gabbiano reale; (*scherz*) ~ *pond* oceano atlantico.

herringbone /'herɪŋboʊn/ **I** *n.* spina di pesce (*anche Tess*). **II** *a.* a spina di pesce. □ ~ *stitch* (*in embroidery*) punto strega, punto spina.

hers /hɜːz *Am* hɜːrz/ *pron.poss.* suo, sua, di lei: *this house is* ~ questa casa è sua; *an old friend of* ~ un suo vecchio amico; *is this book his or* ~? questo libro è di lui o di lei?

herself /hə'self *Am* hər'self/ *pron.pers.* **1** (*used reflexively*) si, sé, se stessa: *she hurt* ~ si fece male; *she often talks about* ~ parla spesso di sé. **2** (*as an emphatic appositive*) lei stessa, proprio lei, lei in persona: *she told me so* ~ me l'ha detto proprio lei, me l'ha detto lei stessa. **3** (*alone*) da sola: *she went by* ~ andò da sola. **4** (*without help*) da sé, da sola: *she did it* ~ l'ha fatto da sola. **5** (*her usual self*) lei, se stessa, sé: *she is not* ~ *today* oggi non sembra nemmeno lei. **6** (*in comparisons*) se stessa: *she loved her son more than* ~ amava suo figlio più di se stessa.

Hertfordshire, Herts. /'hɑːtfədʃ(ɪ)ər *Am* 'hɑːrtfərd,ʃɪr/ *n.pr.* (*Geog*) Hertfordshire *m.*, contea *f.* di Hertford.

hertz /hɜːts *Am* hɜːrts/ (*pl.inv.* o **-es** /-ɪz/) *n.* (*Fis*) hertz *m.*

Hertzian /'hɜːtsiən *Am* 'hɜːrtsiən/ *a.* hertziano: ~ *wave* onda hertziana.

he's /(h)iz *emphatic* hiːz/ *contraz. di* he is, he has.

Hesiod /'hesiəd, 'hiːsiəd/ *n.pr.m.* (*Stor*) Esiodo.

hesitance /'hezɪtəns/ *n.* **1** esitazione *f.*, titubanza *f.* **2** (*uncertainty*) indecisione *f.*, incertezza *f.* **3** (*reluctance*) riluttanza *f.*, ritrosia *f.* **4** (*rar*) (*stammering*) esitazione *f.* nel parlare, lieve balbuzie *f.*

hesitancy /'hezɪtənsi/ *n.* **1** esitazione *f.*, titubanza *f.* **2** (*uncertainty*) indecisione *f.*, incertezza *f.* **3** (*reluctance*) riluttanza *f.*, ritrosia *f.* **4** (*rar*) (*stammering*) esitazione *f.* nel parlare, lieve balbuzie *f.*

hesitant /'hezɪtənt/ *a.* **1** esitante, titubante. **2** (*uncertain*) indeciso, dubbioso, perplesso. **3** (*reluctant*) riluttante, restio, ritroso. **4** (*rar*) (*faltering in speech*) lievemente balbuziente, esitante nel parlare.

hesitantly /'hezɪtəntli/ *avv.* con esitazione.

hesitate /'hezɪteɪt/ *v.i.* **1** esitare, titubare: *to* ~ *at nothing* non esitare di fronte a nulla, non inibirsi di fronte a nulla. **2** (*to be in doubt*) essere indeciso, essere incerto, essere perplesso, essere in dubbio. **3** (*to be unwilling*) essere riluttante, essere restio. **4** (*to pause*) fare una pausa: *he* ~*d, then carried on* fece una pausa, quindi proseguì. **5** (*rar*) (*to stutter*) incespicare nel parlare, balbettare. □ *Prov.: he who* ~*s is lost* chi si ferma è perduto.

hesitatingly /'hezɪteɪtɪŋli *Am* 'hezɪteɪṭɪŋli/ *avv.* con esitazione.

hesitation /,hezɪ'teɪʃən/ *n.* **1** esitazione *f.*, titubanza *f.* **2** (*uncertainty*) indecisione *f.*, incertezza *f.*, perplessità *f.* **3** (*reluctance*) riluttanza *f.* **4** (*rar*) (*stammering*) lieve balbuzie *f.*, esitazione *f.* nel parlare.

hesitative /'hezɪteɪtɪv Am 'hezɪteɪtɪv/ *a.* esitante, incerto.

hesitator /'hezɪteɪtə' Am 'hezɪteɪtə'/ *n.* chi esita.

Hesperian /hes'pɪərɪən Am hes'pɪrɪən/ **I** *a.* **1** (*poet*) occidentale, esperio. **2** (*Mitol*) delle Esperidi. **3** (*Geog.stor*) esperio, dell'Esperia. **II** *n.* (*poet*) occidentale *m./f.*

Hesperides /hes'perɪdiːz/ *n.pl.* (*Mitol*) Esperidi *f.pl.*

Hesperidian /hespə'rɪdɪən/ *a.* (*Mitol*) delle Esperidi.

Hesperus /'hespərəs/ *n.pr.* (*Astr*) Espero *m.*

Hesse /'hesə, hes/ *n.pr.* (*Geog*) Assia *f.*

hessian /'hesɪən Am 'heʃən/ *n.* (*Tess*) tessuto *m.* di iuta, tela *f.*

Hessian /'hesɪən Am 'heʃən/ **I** *a.* assiano. **II** *n.* **1** assiano *m.* (*f.* -a). **2** (*Stor.am*) mercenario *m.* (dell'Assia). **3** (*fig*) mercenario *m.* □ (*Calz, ant*) ~ *boot* stivale con le nappe; (*Entom*) ~ *fly* mosca tedesca, cecidomia del grano.

hest /hest/ *n.* (*ant*) ordine *m.*, domanda *f.*, petizione *f.*

Hester /'hestə'/ *n.pr.f.* Ester.

het /het/ □ ~ *up*: 1 agitato, innervosito, teso; 2 (*worried*) preoccupato; 3 (*angry*) arrabbiato: *to get* ~ *up about sth.* innervosirsi per qcs., agitarsi per qcs.

hetaera /hɪ'tɪərə Am hɪ'tɪrə/ (*pl.* **-s** /-z/, **-rae** /-riː/) *n.* **1** (*Stor.gr*) etera *f.* **2** (*fig*) meretrice *f.*, cortigiana *f.*

hetaerism /hɪ'tɪərɪzəm Am hɪ'tɪraɪzəm/ *n.* concubinato *m.*

hetaira /hɪ'taɪrə/ (*pl.* **-s** /-z/, **-rai** /-raɪ/) *n.* **1** (*Stor.gr*) etera *f.* **2** (*fig*) meretrice *f.*, cortigiana *f.*

hetairism /hɪ'taɪrɪzəm/ *n.* concubinato *m.*

heterocercal /ˌhetərou'sɜːkəl Am ˌhetərou'sɜːrkəl/ *a.* (*Zool*) eterocerco.

heterochromatic /ˌhetəroukrou'mætɪk Am ˌhetəroukrou'mætɪk/ *a.* (*Biol*) eterocromo.

heterochromatism /ˌhetərou'kroumətɪzəm Am ˌhetərou'kroumətɪzəm/ *n.* (*Biol*) eterocromatismo *m.*

heteroclite /'hetərouklaɪt Am 'hetərəklaɪt/ **I** *a.* **1** anormale, inusitato. **2** (*Gramm*) eteroclito. **II** *n.* (*Gramm*) sostantivo *m.* eteroclito.

heterocyclic /ˌhetərou'saɪklɪk Am ˌhetərou'saɪklɪk/ *a.* (*Chim*) eterociclico.

heterodox /'hetəroudɒks Am 'hetərədɑːks/ *a.* eterodosso.

heterodoxy /'hetəroudɒksɪ Am 'hetərədɑːksɪ/ *n.* eterodossia *f.*

heterodyne /'hetəroudaɪn Am 'hetərədaɪn/ **I** *n.* (*Rad*) eterodina *f.* **II** *v.t.* eterodinare.

heterogametic /ˌhetərougə'metɪk Am ˌhetərougə'metɪk/ *a.* eterogametico.

heterogamous /ˌhetə'rɒgəməs Am ˌhetə'rɑːgəməs/ *a.* eterogamo.

heterogamy /ˌhetə'rɒgəmɪ Am ˌhetə'rɑːgəmɪ/ *n.* eterogamia *f.*

heterogeneity /ˌhetəroudʒə'niːɪtɪ Am ˌhetəroudʒə'niːətɪ/ *n.* eterogeneità *f.*

heterogeneous /ˌhetərou'dʒiːnɪəs Am ˌhetərou'dʒiːnɪəs/ *a.* **1** eterogeneo (*anche Chim, Gramm*). **2** (*motley, varied*) eterogeneo, disparato: *a* ~ *crowd* una folla eterogenea.

heterogeneously /ˌhetərou'dʒiːnɪəslɪ Am ˌhetərou'dʒiːnɪəslɪ/ *avv.* in modo eterogeneo.

heterogeneousness /ˌhetərou'dʒiːnɪəsnəs Am ˌhetərou'dʒiːnɪəsnəs/ *n.* eterogeneità *f.*

heterogenesis /ˌhetərou'dʒenəsɪs Am ˌhetərou'dʒenəsɪs/ *n.* (*Biol*) eterogenesi *f.*, eterogenia *f.*

heterogenetic /ˌhetəroudʒɪ'netɪk Am ˌhetəroudʒɪ'netɪk/ *a.* relativo a eterogenesi, caratterizzato da eterogenesi.

heterograft /'hetərougrɑːft Am 'hetərougræft/ *n.* (*Med*) eteroinnesto *m.*, eterotrapianto *m.*

heterologous /ˌhetə'rɒləgəs Am ˌhetə'rɑːləgəs/ *a.* (*Chim,Biol,Med*) eterologo.

heteromerous /ˌhetə'rɒmərəs Am ˌhetə'rɑːmərəs/ *a.* (*Biol*) eteromero.

heteromorphic /ˌhetərou'mɔːfɪk Am ˌhetərou'mɔːrfɪk/ *a.* (*Min,Bot*) eteromorfo.

heteromorphism /ˌhetərou'mɔːfɪzəm Am ˌhetərou'mɔːrfɪzəm/ *n.* (*Min,Bot*) eteromorfismo *m.*

heteromorphy /ˌhetərou'mɔːfɪ Am ˌhetərou'mɔːrfɪ/ *n.* (*Min,Bot*) eteromorfismo *m.*

heteronomous /ˌhetə'rɒnəməs Am ˌhetə'rɑːnəməs/ *a.* (*Filos,Zool*) eteronomo.

heteronomy /ˌhetə'rɒnəmɪ Am ˌhetə'rɑːnəmɪ/ *n.* (*Filos*) eteronomia *f.*

heteronym /'hetərounɪm Am 'hetərounɪm/ *n.* (*Ling*) eteronimo *m.*

heteropolar /ˌhetərou'poulə' Am ˌhetərou'poulə'/ *a.* (*Fis,Chim*) eteropolare.

heteropteran /ˌhetə'rɒptərən Am ˌhetə'rɑːptərən/ *a.* (*Entom*) eteroptero.

heterosex /'hetərouseks Am 'hetərouseks/ *n.* eterosessualità *f.*

heterosexism /ˌhetərou'seksɪzəm Am ˌhetərou'seksɪzəm/ *n.* discriminazione *f.* a sfavore degli eterosessuali.

heterosexual /ˌhetərou'seksjuəl Am ˌhetərou'sekʃuəl/ **I** *a.* eterosessuale. **II** *n.* eterosessuale *m./f.*

heterosexuality /ˌhetərou,seksju'ælɪtɪ Am ˌhetərou,sekʃu'æləti/ *n.* eterosessualità *f.*

heterosexually /ˌhetərou'seksjuəlɪ Am ˌhetərou'sekʃuəli/ *avv.* in maniera eterosessuale.

heterosis /ˌhetə'rousɪs Am ˌhetə'rousɪs/ *n.* (*Biol*) eterosi *f.*

heterostyled /ˌhetərou'staɪld Am ˌhetərou'staɪld/ *a.* (*Bot*) eterostilo.

heterostylous /ˌhetərou'staɪləs Am ˌhetərou'staɪləs/ *a.* (*Bot*) eterostilo.

heterostyly /ˌhetərou'staɪlɪ Am ˌhetərou'staɪli/ *n.* (*Bot*) eterostilia *f.*

heterotroph /ˌhetərou'trɒf Am ˌhetərou'trouf/ *n.* (*Biol*) eterotrofo *m.*

heterotrophic /ˌhetərou'trɒfɪk Am ˌhetərou'troufɪk/ *a.* (*Biol*) eterotrofo, eterotrofico.

heterotrophy /ˌhetə'rɒtrəfɪ Am ˌhetə'rɑːtrəfɪ/ *n.* (*Biol*) eterotrofia *f.*

heterozygosis /ˌhetə'rouzaɪ'gousɪs Am ˌhetə'rouzaɪ'gousɪs/ *n.* (*Biol*) eterozigosi *f.*

heterozygotic /ˌhetə'rouzaɪ'gɒtɪk Am ˌhetə'rouzaɪ'gaɪtɪk/ *a.* (*Biol*) eterozigote, eterozigoto.

heterozygous /ˌhetərou'zaɪgəs Am ˌhetərou'zaɪgəs/ *a.* (*Biol*) eterozigote, eterozigoto.

hetman /'hetmæn/ *n.* (*Stor*) atamano *m.*

Hetty /'hetɪ Am 'hetɪ/ *n.pr.f.* dim. di Hester.

heuchera /'hjuːkərə, 'hɔɪkərə/ *n.* (*Bot*) heuchera *f.*

heuristic /hjuə'rɪstɪk Am hju'rɪstɪk/ *a.* euristico (*anche Inform*).

heuristics /hjuə'rɪstɪks Am hju'rɪstɪks/ *n.* euristica *f.*

hew /hjuː/ (*past* **-ed** /-d/, *p.p.* **-ed** o **-n** /-n/) **I** *v.t.* **1** tagliare (con l'ascia), spaccare, fendere: *to* ~ *wood* spaccare legna. **2** (*to make by cutting*) aprirsi, aprire: *they -ed a passage through the jungle* si aprirono un varco nella giungla. **II** *v.i.* dare colpi d'ascia. □ *to* ~ *away* tagliare, staccare tagliando; *to* ~ *down a tree* abbattere un albero; *to* ~ *off* tagliare, staccare tagliando; *to* ~ *out*: 1 (*to sever by cutting*) tagliare, staccare tagliando: *to* ~ *a branch off a tree* tagliare un ramo da un albero; 2 (*to shape or smooth by cutting*) sbozzare, sgrossare: *to* ~ *out a statue* sbozzare

una statua; (*fig*) *to* ~ *out a career for oneself* farsi faticosamente strada nella vita; (*Am*) *to* ~ *to sth.* aderire a qcs., uniformarsi a qcs.; *to* ~ *to pieces* fare a pezzi.

HEW (*US*) *Department of Health, Education and Welfare* (ministero della sanità, istruzione e previdenza sociale).

hewer /'hjuːə'/ *n.* **1** taglialegna *m.*, spaccalegna *m.* **2** (*Minier*) minatore *m.* che taglia il carbone (dal filone).

hewn /hjuːn/ *a.* **1** (*roughly squared*) sgrossato, squadrato rozzamente: ~ *timber* legname sgrossato. **2** (*of stone: dressed*) sgrossato, squadrato.

hexachord /'heksəkɔːd Am 'heksəkɔːrd/ *n.* (*Mus*) esacordo *m.*

hexadecimal /ˌheksə'desɪməl/ *a.* (*Inform*) esadecimale.

hexagon /'heksəgən Am 'heksəgɑːn/ *n.* (*Geom*) esagono *m.*

hexagonal /hek'sægənəl/ *a.* (*Geom*) esagonale.

hexagram /'heksəgræm/ *n.* **1** stella *f.* di David, stella *f.* a sei punte. **2** (*Geom*) figura *f.* con sei linee.

hexahedral /ˌheksə'hiːdrəl Br also ˌheksə'hedrəl/ *a.* (*Geom*) esaedrico.

hexahedron /ˌheksə'hiːdrən Br also 'hedrən/ (*pl.* **-s** /-z/ o **-dra** /-drə/) *n.* (*Geom*) esaedro *m.*

hexamerous /heks'æmərəs/ *a.* (*Bot*) esamero.

hexameter /hek'sæmɪtə' Am hek'sæmətə'/ **I** *n.* (*Metr*) esametro *m.* **II** *a.* (*Metr*) in esametri.

hexametric /ˌheksə'metrɪk/ *a.* in esametri.

hexametrical /ˌheksə'metrɪkəl/ *a.* in esametri.

hexane /'hekseɪn/ *n.* (*Chim*) esano *m.*

hexangular /heks'æŋgjulə'/ *a.* (*Geom*) a sei angoli.

hexapod /'heksəpɒd Am 'heksəpɑːd/ **I** *a.* (*Entom*) degli esapodi, relativo agli esapodi. **II** *n.* (*Entom*) 1 esapode *m.* 2 *pl.* esapodi *m.pl.*, insetti *m.pl.*

hexapody /hek'sæpədɪ Am hek'sæpədɪ/ *n.* (*Metr*) esapodia *f.*

hexastyle /'heksə,staɪl/ **I** *n.* (*Arch*) portico *m.* esastilo. **II** *a.* (*Arch*) esastilo.

hexasyllabic /ˌheksəsɪ'læbɪk/ *a.* esasillabico.

Hexateuch /'heksətjuːk/ *n.* (*Bibl*) esateuco *m.*

hexavalent /ˌheksə'veɪlənt/ *a.* (*Chim*) esavalente.

hexose /'heksous/ *n.* (*Chim*) esosio *m.*

hexyl /'hɒks(a)ɪl/ *a.* (*Chim*) csilico.

hey /heɪ/ *intz.* **1** (*to call attention*) ehi!, ehilà! **2** (*to express surprise, etc.*) ma va!, ma va là! **3** (*to express shock, negative surprise*) ehi!, oh!: ~! *he just stole my purse!* ehi!, mi ha appena rubato il portafoglio! □ (*spec. Br*) ~ *presto!* (*of a conjurer*) op là!; (*spec. Am*) ~ *there!* (*to greet so.*) ciao!, ehilà!

heyday /'heɪdeɪ/ *n.* **1** fulgore *m.*, splendore *m.*, pieno rigoglio *m.*, pieno vigore *m.* **2** (*prime*) fiore *m.*, apice *m.*, primavera *f.*: *in the* ~ *of youth* nel fiore degli anni.

Hezekiah /ˌhezə'kaɪə/ *n.pr.m.* (*Bibl*) Ezechia.

hf *half* (metà).

HF *high frequency* HF (alta frequenza).

HFC (*Chim*) *hydrofluorocarbon* HFC (idrofluorocarburo).

H.G., HG 1 (*Ling*) *High German* (alto tedesco). **2** *His Grace, Her Grace* (sua Grazia). **3** *Home Guard* (guardia nazionale).

HGH *human growth hormone* HGH (ormone della crescita umana).

HGV /ˌeɪtʃdʒiː'viː/ (*Br*) *heavy goods vehicle* (autoarticolato).

hh *hands* (palmi, spanne).

HH, **H.H.** **1** *His Highness, Her Highness* S.A. (Sua Altezza). **2** (*Rel.catt*) *His Holiness* S.S. (Sua Santità).

H-hour /'eɪtʃaʊəʳ/ *n.* (*Mil*) ora *f.* x.

hi /haɪ/ *intz.* **1** (*hello*) ciao!, salve!, ehilà! **2** (*to attract attention*) ehi!, ehilà! ☐ (*colloq*) ~ *and bye* solo per un attimo, toccata e fuga. **HI** *Hawaii* HI (Hawaii).

hiatal /haɪ'eɪtəl *Am* haɪ'eɪtˀl/ *a.* (*Anat*) iatale. ☐ (*Am,Med*) ~ *hernia* ernia iatale.

hiatus /haɪ'eɪtəs *Am* haɪ'eɪtəs/ (*pl.inv.* o -es /-ɪz/) *n.* **1** (*break in continuity*) intervallo *m.*, interruzione *f.* **2** iato *m.*, lacuna *f.*, vuoto *m.* **3** (*Anat,Med,Gramm*) iato *m.* ☐ (*Med*) ~ *hernia* ernia iatale.

hibachi /hɪ'bɑːtʃi/ *n.* barbecue *m.* giapponese.

hibernal /haɪ'bɜːnˀl *Am* haɪ'bɜːrnˀl/ *a.* invernale.

hibernate /'haɪbəneɪt *Am* 'haɪbəʳneɪt/ *v.i.* **1** (*Biol*) cadere in letargo, andare in letargo, ibernare. **2** (*fig*) svernare, trascorrere l'inverno.

hibernation /,haɪbə'neɪʃˀn *Am* ,haɪbəʳ'neɪʃˀn/ *n.* letargo *m.* (invernale), ibernazione *f.*: *to go into* ~ cadere in letargo, andare in letargo.

Hibernia /haɪ'bɜːniə *Am* haɪ'bɜːniə/ *n.pr.* (*lett*) Irlanda *f.*

Hibernian /hɪ'bɜːniən *Am* haɪ'bɜːrniən/ **I** *a.* (*lett*) irlandese. **II** *n.* (*lett*) irlandese *m./f.*

hibiscus /h(a)ɪ'bɪskəs/ *n.* (*Bot*) ibisco *m.*

hic /hɪk/ *onom.* hic.

hiccough, hiccup /'hɪkʌp/ **I** *n.* **1** singhiozzo *m.* **2** *pl.* (*costr.sing. o pl.*) (*fit of hiccoughing*) singhiozzo *m.*, singulto *m.*: *to have the -s* avere il singhiozzo. **3** (*fig*) (*small setback*) intoppo *m.*, piccolo intoppo *m.* **II** *v.i.* **1** singhiozzare, avere il singhiozzo. **2** (*fig*) singhiozzare. ☐ *to ~ sth. out* dire qcs. singhiozzando.

hic jacet /,hɪ'dʒeɪset/ *avv.* (*on tombstones*) qui giace.

hick /hɪk/ **I** *n.* (*Am,colloq*) campagnolo *m.* (*f. -a*). **II** *a.* (*Am,colloq*) zotico, rozzo, da campagnolo.

hickey /hɪki/ *n.* (*Am*) **1** (*Tip*) (*printing error*) cappero *m.* **2** (*colloq*) (*love bite*) succhiotto *m.*

hickory /'hɪkʰri *Am* 'hɪkəʳi/ **I** *n.* **1** (*Bot*) hickory *m.* **2** (*wood*) hickory *m.* **3** (*Am*) (*switch, cane*) bastone *m.* di hickory. **II** *a.* di hickory. ☐ ~ *smoked* affumicato su fuochi di legna di hickory.

hid /hɪd/ → **hide**[1].

hidalgo /hɪ'dælgoʊ/ *n.* idalgo *m.*

hidden /'hɪdˀn/ *a.* **1** occulto, segreto, celato, nascosto, recondito: ~ *thoughts* pensieri nascosti. **2** (*mysterious*) misterioso, occulto, oscuro: ~ *meaning* significato oscuro. ☐ *a ~ agenda* secondo fine, motivo recondito; (*Inform*) ~ *file* file nascosto; ~ *from view* nascosto alla vista; *the* ~ *persuaders* i persuasori occulti; (*Econ*) ~ *reserve* (o ~ *reserves*) riserva inespressa; (*Econ*) ~ *unemployment* disoccupazione nascosta.

hide[1] /haɪd/ (*past* **hid** /hɪd/, *p.p.* **hidden** /'hɪdˀn/ o **hid**) **I** *v.t.* **1** nascondere, celare, occultare: *to ~ sth. from so.* nascondere qcs. a qcu. **2** (*to cover up*) nascondere, coprire: *the clouds hid the sun* le nuvole coprirono il sole; *to ~ one's face in shame* nascondersi il volto per la vergogna. **3** (*to keep secret*) dissimulare, nascondere, tenere celato, tenere segreto. **4** (*to cloak*) coprire, mascherare. **II** *v.i.* **1** nascondersi. **2** (*to take refuge*) nascondersi, cercare rifugio, cercare protezione. ☐ (*fig*) *to ~ one's light under a bushel* mettere la fiaccola sotto il moggio, nascondere una virtù; (*fig*) *to ~ on* (o *to ~ out*) darsi alla macchia.

hide[2] /haɪd/ *n.* **1** nascondiglio *m.* **2** (*Br,Caccia*)

posta *f.*, posizione *f.* nascosta.

hide[3] /haɪd/ *n.* **1** (*raw skin of an animal*) pelle *f.* **2** (*Pell*) pellame *m.*, cuoio *m.*, pelle *f.*: *to tan -s* conciare pelli. **3** (*colloq*) (*person's skin*) pelle *f.*; (*person's safety*) pelle *f.*, vita *f.*: *to save one's* ~ salvare la pelle. ☐ (*colloq*) ~ *or hair* (o ~ *nor hair*) nessuna traccia, neppure l'ombra.

hide[4] /haɪd/ *n.* (*Stor*) unità di misura agraria (fino a 120 acri).

hide-and-seek /,haɪdən(d)'siːk/ *n.* nascondino *m.*, (*ant*) rimpiattino *m.*: *to play* ~ giocare a nascondino.

hideaway /'haɪdəweɪ/ *n.* nascondiglio *m.*, rifugio *m.*

hidebound /'haɪdbaʊnd/ *a.* **1** gretto, di mentalità ristretta. **2** (*Zool*) dalla pelle secca e retratta.

hideous /'hɪdɪəs/ *a.* **1** spaventoso, orrendo, orribile: *a ~ monster* un mostro spaventoso. **2** (*repulsive*) ripugnante, ripulsivo. **3** (*abominable*) abominevole, esecrabile, odioso: *a ~ crime* un delitto abominevole.

hideously /'hɪdɪəsli/ *avv.* orribilmente.

hideousness /'hɪdɪəsnəs/ *n.* odiosità *f.*, orrore *m.*

hideout /'haɪdaʊt/ *n.* nascondiglio *m.*, rifugio *m.*, covo *m.*, tana *f.*

hidey-hole /'haɪdihoʊl/ *n.* (*Br,colloq*) nascondiglio *m.*, rifugio *m.*

hiding[1] /'haɪdɪŋ/ *n.* **1** occultamento *m.*, il nascondere. **2** (*place to hide*) nascondiglio *m.* ☐ *to be in* ~ tenersi nascosto, essere nascosto, essere uccel di bosco; *to go into* ~ nascondersi, rendersi uccel di bosco, darsi alla macchia; (*Br,colloq*) *on a* ~ *to nothing* in una strada senza uscita, senza speranza; *to come out of* ~ uscire dal nascondiglio.

hiding[2] /'haɪdɪŋ/ *n.* (*Br,colloq*) bastonatura *f.* ☐ *to get a* ~ prenderle, buscarle; *to give so. a* ~ (o *to give so. a good* ~) bastonare ben bene qcu.

hidy-hole /'haɪdihoʊl/ *n.* (*colloq*) nascondiglio *m.*, rifugio *m.*

hie /haɪ/ (*p.pres.* **hieing/hying** /'haɪɪŋ/) *v.i.* (*lett*) affrettarsi.

hiemal /'haɪəməl/ *a.* invernale, (*lett*) iemale.

hierarch /'haɪəʳɑːk *Am* 'haɪrɑːrk/ *n.* **1** (*Rel*) alto prelato *m.*, gerarca *m.* **2** (*person having authority*) gerarca *m.*

hierarchal /,haɪə'rɑːkˀl *Am* ,haɪrɑːrkˀl/ *a.* gerarchico: ~ *structure* struttura gerarchica.

hierarchic /,haɪə'rɑːkɪk *Am* ,haɪrɑːrkɪk/ *a.* gerarchico.

hierarchical /,haɪə'rɑːkɪkˀl *Am* ,haɪrɑːrkɪkˀl/ *a.* gerarchico.

hierarchisation /,haɪə'rɑːk(ə)ɪ'zeɪʃˀn/ *n.* (*Br*) gerarchizzazione *f.*

hierarchise /,haɪə'rɑːkaɪz/ *v.t.* (*Br*) gerarchizzare.

hierarchism /'haɪə'rɑːkɪzˀm *Am* 'haɪrɑːrkɪzˀm/ *n.* principi *m.pl.* gerarchici.

hierarchization /,haɪə'rɑːk(ə)ɪ'zeɪʃˀn *Am* ,haɪrɑːrkɪ'zeɪʃˀn/ *n.* gerarchizzazione *f.*

hierarchize /'haɪə'rɑːkaɪz *Am* 'haɪrɑːrkaɪz/ *v.t.* gerarchizzare.

hierarchy /'haɪə'rɑːki *Am* 'haɪrɑːrki/ *n.* **1** gerarchia *f.* (*anche Inform,Rel*). **2** (*Teol*) (*celestial hierarchy*) gerarchia *f.* celeste. **3** (*Pol*) gerocrazia *f.*, ierocrazia *f.*

hieratic /,haɪə'rætɪk *Am* ,haɪ'rætɪk/, **hieratical** /,haɪə'rætɪkˀl *Am* ,haɪ'rætɪkˀl/ **I** *a.* **1** sacerdotale, sacro. **2** (*Paleogr*) ieratico. **II** *n.* scrittura *f.* ieratica.

hierocracy /,haɪə'rɒkrəsi *Am* ,haɪrɑːkrəsi/ *n.* (*Pol*) gerocrazia *f.*, ierocrazia *f.*

hieroglyph /'haɪə'rɒglɪf *Am* 'haɪrouglɪf/ *n.* **1** (*Paleogr*) geroglifico *m.* **2** (*fig*) (*symbolic figure*) simbolo *m.*, figura *f.* simbolica.

hieroglyphic /,haɪə'rɒ'glɪfɪk *Am* ,haɪrou'glɪfɪk/ **I** *n.* **1** (*Paleogr*) geroglifico *m.* **2** (*fig*) segno *m.* indecifrabile, geroglifico *m.* **II** *a.* **1** (*Paleogr*) geroglifico. **2** (*fig*) indecifrabile, illeggibile.

hieroglyphical /,haɪə'rɒ'glɪfɪkˀl *Am* ,haɪrou'glɪfɪkˀl/ *a.* **1** (*Paleogr*) geroglifico. **2** (*fig*) indecifrabile, illeggibile.

hieroglyphics /,haɪə'rɒ'glɪfɪks *Am* ,haɪrou'glɪfɪks/ *n.pl.* **1** (*costr.sing. o pl.*) (*hieroglyphic writing*) geroglifici *m.pl.*, scrittura *f.* geroglifica. **2** (*scherz*) (*writing difficult to decipher*) geroglifici *m.pl.*

hierogram /'haɪə'rɒ,græm *Am* 'haɪrou,græm/ *n.* simbolo *m.* sacro.

hierograph /'haɪə'rou,grɑːf *Am* 'haɪrou,græf/ *n.* simbolo *m.* sacro.

hierolatry /,haɪə'rɒlətri *Am* haɪ'rɑːlətri/ *n.* culto *m.* dei santi.

hierology /haɪə'rɒlədʒi *Am* haɪ'rɑːlədʒi/ *n.* **1** ierologia *f.* **2** (*hagiology*) agiologia *f.*

hierophant /'h(a)ɪərouˈfænt *Am* 'haɪroufænt/ *n.* **1** (*Stor.gr*) gerofante *m.*, ierofante *m.* **2** (*fig*) interprete *m./f.*

hierophantic /,h(a)ɪərou'fæntɪk *Am* ,haɪrou'fæntɪk/ *a.* gerofantico.

hifalutin /,haɪfə'luːtɪn/ *a.* (*colloq*) ampolloso, pretenzioso, gonfio.

hi-fi /'haɪfaɪ, ,haɪ'faɪ/ **I** *a.* ad alta fedeltà. **II** *n.* **1** alta fedeltà *f.* **2** (*Acus*) impianto *m.* ad alta fedeltà, impianto *m.* hi-fi. ☐ (*Acus*) ~ *rack* contenitore hi-fi.

higgle /'hɪgl/ *v.i.* (*ant*) mercanteggiare, tirare sul prezzo.

higgledy-piggledy /,hɪgldi'pɪgldi/ **I** *avv.* alla rinfusa, disordinatamente. **II** *a.* disordinato, confuso, mescolato.

high /haɪ/ **I** *a.* **1** alto: *the tower is three hundred feet* ~ la torre è tre trecento piedi; *how* ~ *is it?* quanto è alto? **2** (*elevated*) alto, elevato: *a ~ platform* una piattaforma elevata. **3** (*great in quantity, degree, etc.*) alto, elevato: *a ~ temperature* una temperatura elevata; ~ *speed* alta velocità; ~ *society* alta società. **4** (*principal*) principale, maggiore. **5** (*important*) alto, importante, serio: ~ *politics* alta politica; ~ *art* arte seria. **6** (*serious*) grave, serio. **7** (*lofty, noble*) alto, nobile, sublime: ~ *ideals* nobili ideali. **8** (*considerable*) alto, grande, rilevante: *the price is very* ~ il prezzo è molto alto. **9** (*expensive*) caro, costoso, salato: *the bill was* ~ il conto era salato. **10** (*haughty*) altezzoso, arrogante, superbo: *to use a* ~ *tone of voice* usare un tono di voce arrogante. **11** (*excellent*) ottimo, eccellente: *of* ~ *quality* di ottima qualità. **12** (*of sounds: loud*) alto, forte, sonoro: *to speak in a* ~ *voice* parlare a voce alta. **13** (*shrill*) alto, acuto: ~ *screams* grida acute. **14** (*colloq*) (*drunk*) alticcio, allegro, brillo; (*intoxicated with narcotics*) drogato, fatto. **15** (*exciting*) emozionante, avvincente. **16** (*of time*) inoltrato, avanzato, pieno, alto: ~ *summer* estate inoltrata. **17** (*ancient*) remoto, antico, alto: ~ *Middle Ages* alto medioevo. **18** (*of food, esp. meat*) andato a male, guasto, passato; (*of game*) frollo. **19** (*of a complexion*) florido, colorito. **20** (*Biol*) (*usually comparative*) superiore: *the -er apes* le scimmie superiori. **21** (*Mar*) (*of wind*) forte. **22** (*Ling*) alto: ~ *German* alto tedesco. **23** (*Mus*) (*acute in pitch*) acuto, alto. **II** *n.* **1** altura *f.*, posto *m.* elevato. **2** (*high point*) livello *m.* alto, culmine *m.*: *prices have reached an all-time* ~ i prezzi hanno toccato un livello mai raggiunto prima. **3** (*Meteor*) zona *f.* di alta pressione, anticiclone *m.* **4** (*Mot*) velocità *f.* (più) elevata, presa *f.* diretta. **5** (*colloq*) (*happy state*) euforia *f.*: *to be on a* ~ essere euforico. **6**

(*colloq*) (*drunken state*) sbornia *f.*, sbronza *f.*; (*drugged state*) viaggio *m.*, estasi *f.*: *to be on a* ~ essere fatto. **7** (*Am,colloq*) (*high school*) scuola *f.* superiore, superiori *f.pl.* **III** *avv.* **1** in alto, alto: *to climb* ~ arrampicarsi in alto. **2** (*at or to a high level, degree*) in alto, su: *prices went* ~ i prezzi sono andati su. **3** (*luxuriously*) lussuosamente. ☐ *of* ~ *account* di gran conto; (*Rel.catt*) ~ *altar* altare maggiore; ~ *and dry*: 1 (*Mar*) in secca; 2 (*fig*) (*stranded*) nei guai, in difficoltà; 3 (*fig*) (*deserted*) solo, abbandonato: *her husband left her* ~ *and dry* suo marito l'ha piantata in asso; *to hunt* (o *to search*) ~ *and low for sth.* cercare qcs. dappertutto, cercare qcs. per mari e per monti; *the* ~ *and the low* il ceto alto e il ceto basso; ~*s and lows* alti e bassi; ~ *and mighty* arrogante, altezzoso, imperioso; (*colloq*) ~ *as a kite* allegro, brillo, fatto, fuori come un balcone; *at* ~ *pressure*: 1 ad alta pressione; 2 (*fig*) intensamente, con molto impegno: *to work at* ~ *pressure* lavorare intensamente; (*Am,Mot*) ~ *beams* abbaglianti; *of* ~ *birth* di nobili natali, di alto lignaggio, di illustri natali; (*Med*) ~ *blood pressure* pressione alta; (*Rel*) *High Church* Chiesa alta; (*fig*) *to have a* ~ *colour* avere un colorito acceso, essere rosso in volto; (*Teat*) ~ *comedy* commedia brillante; (*Mil*) ~ *command* comando supremo; *High Commission* alto commissariato; *High Commissioner* alto commissario; ~ *court* alta corte; (*GB,Dir*) *High Court of Justice* alta corte di giustizia; (*in Scotland*) *High Court of Justiciary* alta corte, suprema corte; (*Am,Dir*) ~ *crimes and misdemeanors* reati gravi; (*Rel*) ~ *day* festività, festa: ~ *days and holidays* festività religiose e non; *it is improbable to a* ~ *degree* è assolutamente improbabile; (*Inform*) ~ *density* alta densità; ~ *explosive* alto esplosivo; ~*fashion* haute couture, alta moda; (*fig*) *to be in* ~*feather*: 1 godere buona salute; 2 (*in high spirits*) essere su di morale, essere di ottimo umore; ~ *fidelity* (ad) alta fedeltà, hi-fi; *at a* ~ *figure* a caro prezzo; (*spec. Am,colloq*) ~ *five!* dammi il cinque!; (*fig*) *in the* -*est flight* di prim'ordine, di primo piano; (*Rad*) ~ *frequency* (ad) alta frequenza; (*Aut*) ~ *gear* velocità più elevata, presa diretta; (*Ling*) *High German* alto tedesco; *to get* ~ (*of game*) puzzare; (*colloq*) *to get* ~ *on whisky* ubriacarsi di whisky; *to be in* ~ *glee* essere al colmo della gioia; (*colloq*) ~ *ground* posizione di superiorità, posizione dominante; *with a* ~ *hand* con arroganza; ~ *hat*: 1 cappello a cilindro; 2 (*Am,colloq*) → **high-hat**; ~ *heels* tacchi alti; ~ *horse* arroganza, prepotenza; *to ride the* ~ *horse* alzare la cresta, darsi tante arie; *to be on one's* ~ *horse* fare il prepotente; *to get on one's* ~ *horse* darsi grandi arie; (*colloq*) *to come off one's* ~ *horse* sgonfiarsi, perdere la boria; *to be* (o *to stand*) ~ *in so.'s favour* essere molto stimato da qcu., essere molto considerato da qcu.; (*colloq*) ~*jinks* baldoria, allegria sfrenata; (*Sport*) ~*jump* salto in alto: (*fig*) *to be for the* ~ *jump* essere nei pasticci; (*Sport*) ~*jumper* atleta del salto in alto; (*Sport*) ~ *kick* alzata; ~ *life* alta società, bel mondo; (*Rel.catt*) *High Mass* messa solenne, messa alta; *a man of* ~ *merit* un uomo di grandi meriti; (*Am,colloq*) ~*muck-a-muck* despota; (*Mar*) ~ *navigation* navigazione alturiera; ~ *noon*: 1 mezzogiorno in punto; 2 (*fig*) (*peak*) vertice, apice, culmine; (*colloq*) *to have a* ~ *old time* divertirsi un mondo, divertirsi moltissimo; *on* ~: 1 in alto; 2 (*in heaven*) in cielo, nei cieli, in alto; *the powers on* ~ le potenze celesti; (*fig*) *to be* ~ *on the*

list essere fra i primi, essere in cima alla lista; *he has a* ~ *opinion of himself* ha un alto concetto di sé; (*Art,Arch*) ~ *period* periodo d'oro; (*Br,fig*) *to the* -*est pitch* al massimo, al più alto grado; (*Stor*) ~ *place* altare costruito su un'altura, tempio costruito su un'altura; *in* ~ *places* nei posti di potere, nelle alte sfere; *the* ~ *point of a party* il momento culminante di una festa, il clou di una festa; ~ *priest*: 1 (*Rel.ebr*) sommo sacerdote; 2 (*Rel*) alto prelato; 3 (*fig*) maestro, capo riconosciuto; (*Rel*) ~ *priesthood* alto clero; (*colloq, fig*) *to have a* ~ *profile* essere in vista; (*Art*) ~ *relief* altorilievo; (*Art*) *High Renaissance* alto Rinascimento; (*Inform*) ~ *resolution* alta risoluzione; (*Arch*) ~ *rise* → **high-rise**; ~ *road* strada principale; ~ *robbery* pirateria (*anche fig*); (*colloq*) ~ *roller* grande giocatore d'azzardo; *to run* ~: 1 crescere, salire: *prices ran* ~ i prezzi salirono; 2 (*Mar*) (*of the sea*) essere agitato, essere in burrasca; 3 (*fig*) (*to be intense*) essere intenso, raggiungere il culmine; ~ *school*: 1 (*Br*) scuola di ciclo secondario: ~ *school teacher* insegnante di scuola superiore; 2 (*Am*) scuola superiore, scuola secondaria; ~ *school graduate* diplomato (di scuola secondaria); 3 (*Equit*) alta scuola; ~ *sea*: 1 mare aperto, alto mare; 2 (*Dir*) mare libero, acque internazionali; 3 (*Mar,Meteor*) mare molto agitato: *very* ~ *sea* mare grosso; ~ *season* alta stagione; (*Sport*) ~ *shot* alzata; ~ *society* alta società, high society; ~*spirits* buonumore, euforia, allegria; *the* ~ *spot of a party* il momento culminante di una festa; *a* ~ *standard of living* un alto tenore di vita; *a firm of* ~ *standing* una ditta che gode ottima reputazione, una ditta solida; (*Br*) ~ *street*: 1 (*used as a noun*) (*Strad*) corso; 2 (*used as an adjective*) (*Comm,colloq*) al dettaglio: ~ *street business* commercio al dettaglio; ~ *street shops* i piccoli commercianti; (*Univ*) ~ *table* (*in the dining room*) tavolo dei professori; (*Br*) ~ *tea* pasto del tardo pomeriggio (varie pietanze servite con il tè); ~ *technology* alta tecnologia; ~ *thinking* pensiero elevato; (*Geog,Mar*) ~ *tide* alta marea; *it is* ~ *time you started working* è quasi ora che tu ti metta a lavorare; (*iron*) *and* ~ *time too!* e sarebbe pure ora!, era ora!; ~ *treason* alto tradimento; *to set a* ~ *value on* dare grande valore a; ~ *water* alta marea; ~ *wire* trapezio; ~ *words* parole grosse.

high-backed /'haɪbækt/ *a.* (*of a chair*) dallo schienale alto.

highball /'haɪbɔːl/ *n.* (*Am*) **1** highball *m.* (liquore con soda). **2** (*Ferr*) (*signal*) segnale *m.* di procedere a tutta velocità; (*fast train*) direttissimo *m.*

highborn /'haɪbɔːn *Am* 'haɪbɔːrn/ *a.* di nobili natali, nobile di nascita.

highboy /'haɪbɔɪ/ *n.* (*Am,Arred*) cassettone *m.*, comò *m.*

highbred /'haɪbred/ *a.* **1** di nobile stirpe. **2** (*ant*) (*refined*) bene educato, raffinato.

highbrow /'haɪbraʊ/ **I** *n.* intellettuale *m./f.* **II** *a.* intellettuale, cerebrale.

highchair /'haɪtʃeə *Am* 'haɪtʃer/ *n.* seggiolone *m.*

high-class /'haɪklɑːs *Am* 'haɪklæs/ *a.* d'alta classe, di prim'ordine.

high-definition /'haɪdefɪnɪʃən/ ☐ (*TV*) ~ *television* televisione ad alta definizione.

high-energy /'haɪˌenədʒi *Am* 'haɪˌenərdʒi/ *a.* ad alta energia.

higher /'haɪər/ ☐ ~ *criticism* alta critica, esegesi biblica; ~ *education* istruzione superiore; ~ *learning* cultura universitaria; (*Mat*) ~ *mathematics* matematica superiore; (*Econ*) ~ *rate* aliquota massima.

higher-up /'haɪərʌp/ *n.* (*colloq*) persona *f.* importante, pezzo *m.* grosso.

highest /'haɪəst/ ☐ *the* ~ *bidder* il migliore offerente; (*Mat*) ~ *common factor* massimo comun divisore; *in the* ~ *degree* al massimo grado, nel modo più assoluto; *to the* ~ *degree* nel modo più assoluto; (*Rel*) *Glory* (*be*) *to God in the* ~ gloria a Dio nell'alto dei cieli.

highfalutin /ˌhaɪfəˈluːtɪn/ *a.* (*colloq*) ampolloso, pretenzioso, gonfio.

highfaluting /ˌhaɪfəˈluːtɪŋ/ *a.* (*colloq*) ampolloso, pretenzioso, gonfio.

high-fibre /'haɪfaɪbər/ ☐ ~ *diet* dieta ricca di fibre.

high-flier, high-flyer /'haɪflaɪər/ *n.* **1** chi vola alto. **2** (*fig*) (*person of ambition*) ambizioso *m.* (*f.* -a).

highflown /ˌhaɪˈfloʊn/ *a.* **1** stravagante. **2** (*bombastic*) pretenzioso, reboante, roboante, altisonante: ~ *language* linguaggio reboante.

highflying /ˌhaɪˈflaɪɪŋ/ *a.* **1** che vola in alto. **2** (*fig*) (*ambitious*) che mira in alto.

high-grade /'haɪɡreɪd/ *a.* **1** di qualità superiore, di prima scelta. **2** (*Minier*) ricco.

high-handed /ˌhaɪˈhændɪd/ *a.* prepotente, autoritario.

high-handedly /ˌhaɪˈhændɪdli/ *avv.* con prepotenza.

high-handedness /ˌhaɪˈhændɪdnəs/ *n.* prepotenza *f.*, autotitarismo *m.*

high-hat /'haɪhæt/ **I** *n.* (*Am,colloq*) persona *f.* altezzosa. **II** *a.* (*Am,colloq*) altezzoso, snobistico. **III** *v.t.* (*Am,colloq*) trattare con aria di superiorità.

high-heeled /'haɪhiːld/ *a.* (*Calz*) con i tacchi alti.

high-heels /'haɪhiːlz/ *n.pl.* (*Calz*) tacchi *m.pl.* alti.

high-impact /ˌhaɪˈɪmpækt/ *a.* ad alta resistenza, antiurto.

high-income /'haɪɪnkʌm/ *a.* ad alto reddito.

high-key /'haɪkiː/, **high-keyed** /'haɪkiːd/ *a.* (*Pitt*) luminoso.

highland /'haɪlənd/ **I** *n.* (*Geog*) **1** altopiano *m.*, regione *f.* montuosa. **2** *pl.* Highlands *f.pl.* (della Scozia). **II** *a.* dell'altopiano.

Highland /'haɪlənd/ *a.* degli altipiani scozzesi. ☐ ~ *cattle* bovini scozzesi; ~ *dress* vestiti tradizionali scozzesi; ~ *fling* danza scozzese; ~ *Games* evento in cui si svolgono gare degli sport scozzesi tradizionali.

highlander /'haɪləndər/ *n.* montanaro *m.* (*f.* -a).

Highlander /'haɪləndər/ *n.* abitante *m./f.* degli altipiani scozzesi.

high-level /'haɪlevəl/ *a.* **1** ad alto livello, di alto grado, di grado elevato: ~ *talks* colloqui ad alto livello; ~ *official* funzionario di grado elevato. **2** (*Aer.mil*) ad alta quota. ☐ (*Inform*) ~ *language* linguaggio ad alto livello; (*Nucl*) ~ *waste* scorie altamente radioattive.

highlife /'haɪlaɪf/ *n.* highlife *m.* (musica tipica dell'Africa dell'ovest).

highlight /'haɪlaɪt/ **I** *n.* **1** (*outstanding part*) parte *f.* migliore, piatto *m.* forte, pezzo *m.* forte, punto *m.* culminante: *the* ~ *of the evening* il piatto forte della serata; *match* -*s* una sintesi della partita. **2** (*Pitt,Fot*) zona *f.* di massima luce. **3** *pl.* (*Cosmet*) colpi *m.pl.* di sole. **II** *v.t.* **1** (*Inform*) evidenziare. **2** (*Pitt*) lumeggiare. **3** (*to emphasise*) dare risalto a, mettere in rilievo. **4** (*Cosmet*) (*to bleach strips of hair*) fare i colpi di sole a.

highlighter /'haɪˌlaɪtər *Am* 'haɪˌlaɪtər/ *n.* evidenziatore *m.*

highly /'haɪli/ *avv.* **1** molto, altamente, assai;

~ *amusing* molto divertente. **2** (*favourably*) bene, favorevolmente: *to speak ~ of so.* parlare bene di qcu.; ~ *paid* ben retribuito. **3** (*at a high rate*) a caro prezzo. □ ~ *industrialized* altamente industrializzato: ~ *industrialized countries* paesi altamente industrializzati; ~ *strung* emotivo, nervoso.

high-minded /ˌhaɪ'maɪndɪd/ *a.* magnanimo, di nobili sentimenti.

high-mindedly /ˌhaɪ'maɪndɪdli/ *avv.* con magnanimità.

high-mindedness /ˌhaɪ'maɪndɪdnəs/ *n.* magnanimità *f.*, nobiltà *f.* d'animo.

high-necked /'haɪnekt/ *a.* (*Abbigl*) con il collo alto, accollato.

highness /'haɪnɪs/ *n.* **1** altezza *f.*, elevatezza *f.* **2** (*fig*) elevatezza *f.*, nobiltà *f.*

Highness /'haɪnɪs/ *n.* Altezza *f.*: *His* (o *Her*) *Royal ~* Sua Altezza Reale.

high-octane /ˌhaɪ'ɒkteɪn *Am* ˌhaɪ'ɑːkteɪn/ *a.* ad alto numero di ottano.

high-pitched /ˌhaɪ'pɪtʃt/ *a.* **1** (*Mus*) acuto. **2** (*fig*) (*lofty*) che mira in alto. **3** (*of a roof*) aguzzo, a punta.

high-power /ˌhaɪ'paʊə'/ *a.* **1** potente. **2** (*colloq*) (*dynamic*) dinamico, energico.

high-powered /ˌhaɪ'paʊəd *Am* ˌhaɪ'paʊə'd/ *a.* **1** potente. **2** (*colloq*) (*dynamic*) dinamico, energico.

high-precision /'haɪprɪ,sɪʒ³n/ *a.* (*Tecn*) di alta precisione.

high-pressure /ˌhaɪ'preʃə'/ *a.* **1** ad alta pressione. **2** (*colloq*) (*forceful*) aggressivo, energico: *a ~ advertising campaign* una campagna pubblicitaria aggressiva. **3** (*Meteor*) di alta pressione.

high-priced /ˌhaɪ'praɪst/ *a.* costoso, caro, (*colloq*) profumato.

high-principled /ˌhaɪ'prɪnsɪpl̩d/ *a.* di elevati principi.

high-ranking /'haɪræŋkɪŋ, ˌhaɪ'ræŋkɪŋ/ *a.* di grado elevato, di alto grado: ~ *officer* funzionario di grado elevato.

high-rise /'haɪraɪz, ˌhaɪ'raɪz/ **I** *n.* (*Am*) (*tall building*) palazzo *m.* (a molti piani). **II** *a.* (*of buildings*) alto.

high-risk /ˌhaɪ'rɪsk/ *a.* alto rischio (*anche Med*): ~ *pregnancy* gravidanza ad alto rischio.

high-sounding /ˌhaɪ'saʊndɪŋ/ *a.* altisonante, reboante.

high-speed /ˌhaɪ'spiːd/ *a.* (*Tecn*) ad alta velocità. □ (*Inform*) ~ *connection* collegamento ad alta velocità; (*Fot*) ~ *film* pellicola ultrarapida; (*Ferr*) ~ *line* direttissima; (*Met*) ~ *steel* acciaio rapido; (*Ferr*) ~ *train* treno ad alta velocità.

high-spirited /ˌhaɪ'spɪrɪtɪd *Am* ˌhaɪ'spɪrɪṭɪd/ *a.* **1** (*lively*) vivace, allegro, brioso. **2** (*of a horse*) focoso.

high-spiritedly /ˌhaɪ'spɪrɪtɪdli *Am* ˌhaɪ 'spɪrɪṭɪdli/ *avv.* con vivacità, con brio, con entusiasmo.

high-spiritedness /ˌhaɪ'spɪrɪtɪdnəs *Am* ˌhaɪ 'spɪrɪṭɪdnəs/ *n.* vivacità *f.*, brio *m.*

high-stepper /'haɪ,stepə'/ *n.* **1** cavallo *m.* che alza molto le gambe trottando. **2** (*fig*) persona *f.* brillante.

high-strung /ˌhaɪstrʌn/ *a.* (*Am*) nervoso, eccitabile, emotivo.

hightail /'haɪteɪl/ *v.i.* (*Am,colloq*) squagliarsela, filare, volare. □ (*Am,colloq*) *he -ed it out of here when he heard that the cops were coming* ha tagliato la corda quando ha sentito che stava arrivando la polizia.

high-tech /ˌhaɪ'tek/ *n.* **1** (*Arred*) stile *m.* high-tech. **2** (*high technology*) high-tech *m.*, alta tecnologia *f.*

high-tension /'haɪtenʃ³n/ *a.* (*El*) ad alta ten-

sione. □ (*El*) ~ *network* rete ad alta tensione.

high-test /'haɪtest/ *a.* **1** (*Am*) (*of gasoline*) ad alto numero di ottano. **2** (*Am,scherz*) (*regular coffee*) caffè *m.* normale, caffè *m.* non decaffeinato.

hightops /'haɪtɒps *Am* 'haɪtɑːps/ *n.pl.* (*Calz*) scarpe *f.pl.* da ginnastica con la caviglia alta.

high-up /ˌhaɪ'ʌp/ **I** *n.* (*colloq*) persona *f.* d'alto rango, persona *f.* importante, alto papavero *m.* **II** *a.* (*colloq*) di rango elevato, altolocato.

high-voltage /ˌhaɪvoʊltɪdʒ/ *a.* **1** (*El*) ad alta tensione. **2** (*fig*) dinamico.

high-waisted /'haɪ,weɪstɪd/ *a.* (*Abbigl*) a vita alta.

high-water /'haɪ,wɔːtə' *Am* 'haɪ,wɔːṭə'/ □ ~ *mark*: 1 livello di piena, livello di acqua alta; 2 (*fig*) culmine, apice.

highway /'haɪweɪ/ *n.* **1** (*main road*) strada *f.* di grande comunicazione; (*motorway*) autostrada *f.* **2** (*public road*) strada *f.* pubblica. **3** (*fig*) strada *f.* maestra, via *f.* più facile. □ (*Am,Strad*) ~ *code* codice della strada; (*Am*) ~ *network* rete autostradale; ~ *patrol* (o ~ *police*) polizia stradale; (*Am,fig*) ~ *robbery* furto.

highwayman /'haɪweɪmən/ *n.irr.* bandito *m.*, rapinatore *m.*

high-yield /'haɪ,jiːld/ □ (*Agr*) ~ *agriculture* agricoltura ad alto rendimento.

HIH, **H.I.H.** *His Imperial Highness, Her Imperial Highness* (Sua Altezza Imperiale).

hijack /'haɪ,dʒæk/ *v.t.* **1** (*of an aeroplane, etc*) dirottare. **2** (*rar*) rubare durante il trasporto, depredare durante il trasporto.

hijacker /'haɪ,dʒækə'/ *n.* **1** (*of an aeroplane, etc.*) pirata *m.* dell'aria, dirottatore *m.* (*f.* -trice). **2** (*rar*) truffatore *m.* (*f.* -trice).

hijacking /'haɪ,dʒækɪŋ/ *n.* dirottamento *m.*

Hijra /'hɪdʒrə/ *n.* (*Rel*) egira *f.*

hike /haɪk/ **I** *n.* **1** gita *f.* a piedi, escursione *f.* a piedi, camminata *f.* **2** (*increase*) aumento *m.*: ~ *in wages* aumento dei salari. **II** *v.i.* fare una gita a piedi, fare un'escursione a piedi, fare trekking. **III** *v.t.* (*to increase*) aumentare, alzare. □ *to ~ up* tirare su: *to ~ up one's socks* tirarsi su i calzini.

hiker /'haɪkə'/ *n.* chi fa escursioni a piedi, escursionista *m./f.*

hiking /'haɪkɪŋ/ *n.* il fare escursioni a piedi, escursionismo *m.*, trekking *m.* □ ~ *boots* scarponi da trekking.

hilar /'haɪlə'/ *a.* (*Bot,Anat*) ilare.

hilarious /hɪ'leərɪəs *Am* hɪ'leriəs/ *a.* **1** allegro, chiassoso. **2** (*very funny*) spassosissimo, divertentissimo: *a ~ joke* una barzelletta divertentissima.

hilariously /hɪ'leərɪəsli *Am* hɪ'leriəsli/ *avv.* allegramente. □ ~ *funny* esilarante, molto divertente.

hilariousness /hɪ'leərɪəsnəs *Am* hɪ'leriəsnəs/ *n.* **1** l'essere allegro, l'essere chiassoso. **2** (*cheerfulness*) ilarità *f.*, allegria *f.*

hilarity /hɪ'lærɪtɪ *Am* hɪ'lerəṭɪ/ *n.* **1** l'essere allegro, l'essere chiassoso. **2** (*cheerfulness*) ilarità *f.*, allegria *f.*

Hilary /'hɪləri/ **I** *n.pr.m.* Ilario. **II** *n.pr.f.* Ilaria. □ (*Univ*) ~ *Term* secondo trimestre (che inizia in gennaio).

hill /hɪl/ **I** *n.* **1** colle *m.*, collina *f.*: *the seven -s of Rome* i sette colli di Roma. **2** (*incline, slope*) salita *f.*, pendio *m.* **3** (*heap of earth*) montagnola *f.* di terra, mucchio *m.* di terra. **4** *pl.* (*range of hills*) catena *f.sing.* di colli, colline *f.pl.* **5** *pl.* (*hilly district*) zona *f.sing.* collinosa, collina *f.sing.*: *they live in the -s* vivono in collina. **6** (*Sport*) trampolino *m.* (da sci). **II** *v.t.* **1** (*Agr*) (*to heap earth around*) rincalzare.

2 (*to form into a heap*) ammucchiare, ammonticchiare. □ (*fig*) *up ~ and down dale* per monti e per valli; (*Aut*) ~ *climb* gara in salita; ~ *country* regione collinosa, colline; (*Am,fig*) *a ~ of beans* un mucchio di niente; (*fig*) *to be over the ~*: 1 (*past the crisis*) superare la crisi; 2 (*past one's peak*) essere in declino, essere sul viale del tramonto; (*Aut*) ~ *start* partenza in salita; ~ *station* (*in India*) stazione climatica collinare; (*Agr*) *to ~ up* rincalzare.

Hill /hɪl/ *n.pr.* (*Am,colloq*) (*Capitol Hill*) Campidoglio *m.*

hillbilly /'hɪl,bɪli/ **I** *n.* (*Am,colloq*) montanaro *m.* (*f.* -a), buzzurro *m.* (*f.* -a). **II** *a.* **1** (*Am,colloq*) montanaro, buzzurro. **2** (*of a song, music*) popolare, folcloristico.

hilliness /'hɪlɪnəs/ *n.* natura *f.* collinosa, montuosità *f.*

hillock /'hɪlək/ *n.* collinetta *f.*, monticello *m.*, poggio *m.*

hillside /'hɪlsaɪd/ *n.* pendio *m.* di una collina, fianco *m.* di una collina.

hilltop /'hɪltɒp *Am* 'hɪltɑːp/ *n.* sommità *f.* della collina, cima *f.* della collina.

hilly /'hɪli/ *a.* collinoso, collinare: ~ *region* zona collinare.

hilt /hɪlt/ *n.* **1** (*of a sword, dagger*) elsa *f.* **2** (*of a tool*) manico *m.*, impugnatura *f.* □ *to the* (o *up to the*) ~: 1 (*completely*) fino in fondo, completamente, in tutto e per tutto; 2 (*extravagantly*) in modo stravagante.

hilum /'haɪləm/ (*pl.* -**la** /-lə/ -/lɑː/) *n.* (*Bot,Anat*) ilo *m.*

hilus /'haɪləs/ (*pl.* -**li** /-li/) *n.* (*Anat*) ilo *m.*

him /ɪm *emphatic* hɪm/ *pron.* **1** (*direct object*) lui, lo: *take ~ home* portalo a casa; *I saw ~, not her* ho visto lui, non lei. **2** (*indirect object*) a lui, gli: *give ~ a drink* dagli qualcosa da bere. **3** (*after prepositions*) lui: *come with ~* vieni con lui. **4** (*colloq*) (*in comparatives*) lui: *you look just like ~* assomigli tutto a lui. **5** (*reflexive*) sé, se stesso: *he took me with ~* mi condusse con sé. □ (*colloq*) *it's ~* (o *that's ~*) è lui.

HIM, **H.I.M.** *His Imperial Majesty* (o *Her Imperial Majesty*) S.M.I. (Sua Maestà Imperiale).

Himalaya /ˌhɪmə'leɪə/ *n.pr.* (*Geog*) Himalaya *m.*, Himalaia *m.*

Himalayan /ˌhɪmə'leɪən/ *a.* **1** (*Geog*) himalayano, dell'Himalaya. **2** (*in Indian English*) enorme, grandissimo: *a ~ blunder* un errore madornale.

Himalayas /ˌhɪmə'leɪəz/ *n.pr.pl.* (*Geog*) Himalaya *m.*, Himalaia *m.*

himself /hɪm'self/ *pron.pers.* **1** (*used reflexively*) si, sé, se stesso: *he cut ~* si tagliò. **2** (*as an emphatic appositive*) lui stesso, proprio lui, lui in persona: *he told me ~* me l'ha detto proprio lui. **3** (*alone*) da solo: *he went by ~* è andato da solo. **4** (*without help*) da sé, da solo. **5** (*his usual self*) lui, se stesso, sé. **6** (*in comparisons*) se stesso: *he loves his country more than ~* ama il suo paese più di se stesso. **7** (*spec. Ir*) padrone *m.*: ~ *is wanting a word* il padrone vuole parlargli. □ (*colloq*) *he's got ~ a new wife* si è preso una nuova moglie.

hind¹ /haɪnd/ (*compar.* **hinder** /'haɪndə'/, *sup.* **hindmost** /'haɪndmoʊst/ o **hindermost** /'haɪndə'moʊst/ *Am* 'haɪndə'moʊst/) *a.* posteriore: ~ *legs* le zampe posteriori. □ (*Macell*) ~ *shank* coscia.

hind² /haɪnd/ (*pl.inv.* o -**s** /-z/; *il pl. inv. si usa general. con valore collett.*) *n.* (*Zool*) (*female red deer*) cerva *f.*

hind³ /haɪnd/ *n.* (*rar*) fattore *m.*; (*farm worker*) bracciante *m.*, contadino *m.*

hindbrain /'haɪndbreɪn/ *n.* (*Anat*) rombencefalo *m.*

hinder[1] /ˈhɪndər/ I v.t. **1** impacciare, intralciare, ostacolare, inceppare. **2** (to prevent) impedire: the noise -ed him from working il rumore gli impediva di lavorare. **3** (to delay, to hamper) ritardare, ostacolare, rallentare: to ~ progress ostacolare il progresso. II v.i. essere d'ostacolo, essere d'ingombro.

hinder[2] /ˈhaɪndər/ a. posteriore: the ~ part la parte posteriore.

hindermost /ˈhɪndəmoʊst Am ˈhɪndərmoʊst/ a. (sup. di hind) il più indietro, ultimo.

Hindi /ˈhɪndiː/ n. (language) hindi m., lingua f. hindi.

hindmost /ˈhaɪnd(d)moʊst/ a. (sup. di hind) il più indietro, ultimo.

Hindoo /hɪnˈduː/ I n. (Rel) induista m./f., indù m./f. II a. indù.

hindquarter /ˌhaɪn(d)ˈkwɔːtər Am ˈhaɪn(d)ˌkwɔːrtər/ n. (Macell) quarto m. posteriore.

hindquarters /ˌhaɪndˈkwɔːtəz Am ˈhaɪn(d)ˌkwɔːrtərz/ n.pl. **1** (Zool) posteriore m.sing. **2** (colloq) (rump) posteriore m.sing., deretano m.sing.

hindrance /ˈhɪndrəns/ n. ostacolo m., impedimento m., intralcio m., impaccio m.

hindsight /ˈhaɪndsaɪt/ n. senno m. di poi: with ~ col senno di poi. □ Prov.: ~ is easier than foresight (o Am ~ is always 20/20) del senno di poi son piene le fosse.

Hindu /ˈhɪnˈduː/ I n. (Rel) induista m., indù m./f. II a. indù.

Hinduise /ˈhɪnduːaɪz/ v.t. (Br,Rel) convertire all'induismo.

Hinduism /ˈhɪnduːɪzᵊm/ n. (Rel) induismo m.

Hinduize /ˈhɪnduːaɪz/ v.t. (Rel) convertire all'induismo.

Hindustan /ˌhɪnduːˈstɑːn, ˌhɪnduːˈstæn/ n.pr. (Geog) Indostan m.

Hindustani /ˌhɪnduːˈstɑːni, ˌhɪnduːˈstæni/ I a. hindustani, indostano. II n. (language) hindustani m., indostano m.

hinge /hɪndʒ/ I n. **1** cardine m.: the -s of a door i cardini di una porta. **2** (Fal) cerniera f. **3** (Anat) (joint) giuntura f. **4** (Zool) cardine m. **5** (fig) perno m., cardine m. **6** (Filat) linguella f. II v.t. munire di cardini. III v.i. dipendere (on, upon da), imperniarsi, basarsi (su): everything -s on his reply tutto dipende dalla sua risposta.

hinny[1] /ˈhɪni/ n. (Zool) bardotto m.

hinny[2] /ˈhɪni/ n. (spec. Scott) tesoro m.

hint /hɪnt/ I n. **1** allusione f., cenno m., accenno m.: a broad ~ un'allusione evidente. **2** (sign, clue) suggerimento m., traccia f., indizio m.: don't give me any -s, I want to guess non darmi suggerimenti, voglio indovinare; to drop (o to let fall o to throw out) a ~ that... far capire che..., lasciare intendere che... **3** (slight amount) pizzico m., ombra f., traccia f.: a ~ of malice un pizzico di malizia. **4** (useful and brief advice) suggerimenti m.pl., consigli m.pl.: a book of -s on good cooking un libro di consigli culinari. II v.t. **1** far capire, lasciare intendere. **2** (to presage) far prevedere, far intravedere, far presagire. III v.i. accennare, alludere, fare allusione (at a). □ to ~ darkly fare allusioni minacciose; to take a ~ capire al volo.

hinterland /ˈhɪntəlænd Am ˈhɪntərlænd/ n. **1** hinterland m. (anche Pol). **2** (remote part of a country) retroterra m., entroterra m.

hip[1] /hɪp/ n. **1** (Anat) anca f., fianco m. **2** (Arch) displuvio m. □ ~ bath semicupio; (Anat) ~ bone osso iliaco, ileo, ilio; ~ flask fiaschetta tascabile (per cognac ecc.); (Am) ~ huggers calzoni a vita bassa; (Anat) ~ joint articolazione coxofemorale, articolazione dell'anca; (Abbigl) ~ pocket tasca posteriore (dei calzoni); (Arch) ~ roof tetto a padiglione.

hip[2] /hɪp/ intz. evviva! □ ~, ~, hurrah! (o ~, ~, hooray!) hip, hip, hurrà!

hip[3] /hɪp/ n. (Bot) cinorrodonte m.

hip[4] /hɪp/ a. (spec. Am,colloq) aggiornato, moderno; (of style) d'avanguardia. □ (Am, colloq) from the ~ improvvisato, a braccio: to shoot from the ~: **1** (to speak off the cuff) improvvisare un discorso; **2** (to be sincere and to the point) venire subito al dunque, non avere peli sulla lingua; **3** (to respond without serious thought) rispondere senza pensarci; ~ hop (cultura) hip hop; (Am,colloq) to be ~ to sth. essere al corrente di qcs.

HIPC heavily indebted poor countries (paesi poveri fortemente indebitati).

hipped[1] /hɪpt/ a. **1** (in compounds) dai fianchi..., dal bacino...: broad-~ dai fianchi larghi. **2** (Arch) (of a roof) a quattro spioventi.

hipped[2] /hɪpt/ a. (Am,colloq) (obsessed) fissato (on di).

hippety /ˈhɪpɪti Am ˈhɪpəti/ □ (infant) ~ hop (o ~ hoppety) a saltelli, a balzelloni.

hippie /ˈhɪpi/ I n. hippy m./f. II a. hippy, degli hippy, relativo agli hippy.

hippo /ˈhɪpoʊ/ n. (colloq) ippopotamo m.

hippocampus /ˌhɪpoʊˈkæmpəs/ (pl. -pi /-paɪ/) n. (Anat,Mitol) ippocampo m.

hippocentaur /ˌhɪpoʊˈsentɔːr Am ˌhɪpoʊˈsentɔːr/ n. (Mitol) ippocentauro m.

hippocras /ˈhɪpəkræs/ n. (Enol) vino m. con spezie.

Hippocrates /hɪˈpɒkrətiːz Am hɪˈpɑːkrətiːz/ n.pr.m. (Stor.gr) Ippocrate.

Hippocratic /ˌhɪpoʊˈkrætɪk Am ˌhɪpəˈkrætɪk/ a. ippocratico: ~ oath giuramento ippocratico.

hippodrome /ˈhɪpədroʊm/ n. **1** ippodromo m. (anche Archeol). **2** (variety theatre) teatro m. di varietà, rivista f.

hippogriff, hippogryff /ˈhɪpoʊgrɪf/ n. (Mitol) ippogrifo m.

Hippolyta /hɪˈpɒlɪtə Am hɪˈpɑːlɪtə/ n.pr.f. (Mitol) Ippolita.

Hippolyte /hɪˈpɒliːti Am hɪˈpɑːliːti/ n.pr.f. (Mitol) Ippolita.

hippopotamus /ˌhɪpəˈpɒtəməs Am ˌhɪpəˈpɑːtəməs/ (pl. -es /-ɪz/, -ami /-əmaɪ/) n. (Zool) ippopotamo m.

hippuric /hɪˈpjʊərɪk Am hɪˈpjʊrɪk/ □ (Chim) ~ acid acido ippurico.

hippy[1] /ˈhɪpi/ I n. hippy m./f. II a. hippy, degli hippy, relativo agli hippy.

hippy[2] /ˈhɪpi/ a. dai fianchi larghi.

hipshot /ˈhɪpʃɒt Am ˈhɪpʃɑːt/ a. dall'anca slogata.

hipster[1] /ˈhɪpstər/ n. (Am) **1** (colloq) (hip person) persona f. moderna. **2** (jazz fan) fanatico m. (f. -a) di jazz.

hipster[2] /ˈhɪpstər/ I a. (Br,Abbigl) a vita bassa, con la cintura sui fianchi. II n.pl. (Br,Abbigl) calzoni m.pl. a vita bassa.

hirable /ˈhaɪrəbl Am ˈhaɪrəbl/ a. da noleggio.

hircine /ˈhɜːsaɪn Am ˈhɜːrs(ə)n/ a. (ant) caprino, (lett) ircino.

hire /haɪər Am haɪr/ I v.t. **1** noleggiare, prendere a nolo, prendere in affitto: to ~ a car noleggiare un'automobile. **2** (of a person) assumere, impiegare, salariare: to ~ a labourer assumere un operaio. II n. **1** prezzo m. del noleggio, noleggio m., nolo m. **2** (payment for services) paga f., salario m., stipendio m. **3** (act of hiring) noleggio m.: car ~ noleggio auto. □ for ~: **1** da nolo, da noleggio; **2** (of a taxi) libero; to be in the ~ of so. essere alle dipendenze di qcu.; ~ letter lettera d'assunzione; (Am,colloq) new ~ nuovo assunto; on ~: **1** da nolo, da noleggio; **2** (of a taxi) libero; to ~ out dare a nolo, dare a noleggio, noleggiare, offrire dietro compenso: to ~ out a car dare a nolo un'automobile; to ~ out one's services offrire i propri servizi dietro compenso; (Br) ~ purchase sistema di vendita rateale: to buy a television on ~ purchase comprare un televisore a rate; ~ purchase credit credito per acquisto a rate.

hireable /ˈhaɪrəbl Am ˈhaɪrəbl/ a. da noleggio.

hired /haɪəd Am haɪrd/ a. **1** noleggiato. **2** (of a person) assunto, stipendiato, salariato. □ ~ assassin sicario; ~ girl domestica; (Am, colloq) ~ gun sicario; ~ hand (o ~ man) bracciante agricolo; (Mil) ~ troops truppe mercenarie; ~ workers manodopera salariata.

hireling /ˈhaɪrlɪŋ Am ˈhaɪrlɪŋ/ I n. **1** chi lavora solo per denaro, persona f. venale. **2** (mercenary person) persona f. prezzolata, mercenario m. II a. **1** da nolo, da noleggio. **2** (mercenary) mercenario, prezzolato.

hirer /ˈhaɪrər Am ˈhaɪrər/ n. **1** noleggiatore m. **2** (of people) datore m. di lavoro.

hiring /ˈhaɪrɪŋ/ n. **1** il noleggiare, noleggio m. **2** (of people) assunzione f.

Hiroshima /hɪˈrɒʃɪmə Am ˌhɪrəˈʃiːmə/ n.pr. (Geog) Hiroshima f.

hirsute /ˈhɜːs(j)uːt Am ˈhɜːrsuːt/ a. irsuto, ispido, peloso, villoso.

hirsuteness /ˈhɜːs(j)uːtnəs Am ˈhɜːrsuːtnəs/ n. pelosità f., villosità f.

hirsutism /ˈhɜːs(j)uːtɪzᵊm Am ˈhɜːrsuːtɪzᵊm/ n. (Med) irsutismo m.

hirundine /hɪˈrʌndaɪn/ a. (Ornit) di rondine, simile a rondine.

his /ɪz emphatic hɪz/ I a. suo, di lui: ~ book il suo libro; ~ wife sua moglie; ~ sons i suoi figli. II pron. suo, di lui: a friend of ~ un suo amico; ~ is the green one il suo è (quello) verde.

Hispanic /hɪsˈpænɪk/ I a. **1** (poet) (Spanish) ispanico, spagnolo, iberico. **2** (Latin American) ispano-americano. II n. ispano m. (Am) ispano-americano m. (f. -a), cittadino m. (f. -a) americano di lingua spagnola, cittadino (f. -a) statunitense di origine latino-americana. □ ~ American cittadino statunitense di origine latino-americana.

Hispanicisation /hɪsˌpænɪsaɪˈzeɪʃᵊn/ n. ispanizzazione f.

Hispanicise /hɪsˈpænɪsaɪz/ v.t. ispanizzare.

Hispanicism /hɪsˈpænɪsɪzᵊm/ n. (Ling) ispanismo m., spagnolismo m.

Hispanicist /hɪsˈpænɪsɪst/ n. (Ling) ispanista m./f.

Hispanicization /hɪsˌpænɪsaɪˈzeɪʃᵊn/ n. ispanizzazione f.

Hispanicize /hɪsˈpænɪsaɪz/ v.t. ispanizzare.

Hispanist /ˈhɪspənɪst/ n. (Ling) ispanista m./f.

Hispano /hɪsˈpænoʊ/ n. (Am) ispano-americano m. (f. -a), cittadino m. (f. -a) americano di lingua spagnola, cittadino m. (f. -a) statunitense di origine latino-americana.

Hispano-american /hɪsˌpænoʊəˈmerɪkən/ n. cittadino m. (f. -a) statunitense di origine latino-americana.

hispid /ˈhɪspɪd/ a. (Biol) ispido, setoloso.

hispidity /ˈhɪspɪdɪti Am hɪsˈpɪdəti/ n. l'essere ispido.

hiss /hɪs/ I n. **1** fischio m., sibilo m., sfrigolio m.: the ~ of a snake il sibilo di un serpente. **2** (expression of disapproval) fischio m. (di disapprovazione). II v.i. **1** sibilare, fischiare. **2** (to express disapproval) fischiare. III v.t. **1** fischiare, zittire. **2** (to utter with a hissing sound) pronunciare fischiando. □ to ~ so. down zittire qcu., far tacere qcu. a suon di fischi; to ~ an actor off the stage costringere un attore a lasciare il palcoscenico a forza di fischi.

hissing /'hɪsɪŋ/ n. **1** il fischiare, il sibilare. **2** (sound) sibilo m.

hist /hɪst/ intz. (rar) st!, sss!, silenzio!

histamine /'hɪstəmiːn, 'hɪstəmɪn/ n. (Biol) istamina f.

histidine /'hɪstɪdiːn/ n. (Biol, Chim) istidina f.

histiocyte /'hɪstioʊsaɪt/ n. (Fisiol) istiocita f.

histochemical /ˌhɪstoʊ'kemɪkəl/ a. (Biol, Chim) istochimico.

histochemistry /ˌhɪstoʊ'kemɪstri/ n. (Biol, Chim) istochimica f.

histocompatibility /ˌhɪstoʊkəmˌpætɪ'bɪlɪti Am ˌhɪstoʊkəmˌpætɪ'bɪləti/ n. (Med) istocompatibilità f.

histogenesis /ˌhɪstə'dʒenəsɪs/ n. (Biol) istogenesi f.

histogeny /hɪs'tɒdʒəni Am hɪs'tɑːdʒəni/ n. (Biol) istogenesi f.

histogram /'hɪstoʊgræm/ n. istogramma m.

histologic /ˌhɪstoʊ'lɒdʒɪk Am ˌhɪstoʊ'lɑːdʒɪk/ a. istologico.

histological /ˌhɪstoʊ'lɒdʒɪkəl Am ˌhɪstoʊ 'lɑːdʒɪkəl/ a. istologico.

histologist /hɪs'tɒlədʒɪst Am hɪs'tɑːlədʒɪst/ n. istologo m. (f. -a).

histology /hɪs'tɒlədʒi Am hɪs'tɑːlədʒi/ n. istologia f.

histolysis /hɪs'tɒləsɪs Am hɪs'tɑːləsɪs/ n. (Biol) istolisi f.

historian /hɪ'stɔːriən/ n. **1** (scholar) storico m. (f. -a), studioso m. (f. -a) di storia. **2** (writer) storico m. (f. -a), storiografo m. (f. -a).

historiated /hɪs'tɔːrieɪtɪd Am hɪs'tɔːrieɪtɪd/ a. istoriato.

historic /hɪs'tɒrɪk Am hɪs'tɔːrɪk/ a. **1** storico, memorabile, decisivo: a ~ battle una battaglia storica. **2** (Gramm) storico: past ~ passato storico; ~ present presente storico.

historical /hɪs'tɒrɪkəl Am hɪs'tɔːrɪkəl/ a. **1** storico, di epoche passate, della storia: ~ studies studi storici. **2** (based on history) storico: a ~ novel un romanzo storico. **3** (real, true in history) storico, reale, realmente accaduto (o esistito): a ~ fact un fatto storico; ~ characters personaggi storici. **4** (Ling) storico: ~ linguistics linguistica storica. □ ~ geography geografia storica; (Filos) ~ materialism materialismo storico; ~ method metodo storico; ~ sociology sociologia storica.

historically /hɪs'tɒrɪkəli Am hɪs'tɔːrɪkli/ avv. storicamente, dal punto di vista storico.

historicise /hɪs'tɒrɪsaɪz Am hɪs'tɔːrɪsaɪz/ v.t. storicizzare.

historicism /hɪs'tɒrɪsɪzəm Am hɪs'tɔːrɪsɪzəm/ n. (Filos) storicismo m.

historicity /ˌhɪstə'rɪsɪti Am ˌhɪstə'rɪsəti/ n. storicità f., veridicità f. storica.

historicize /hɪs'tɒrɪsaɪz Am hɪs'tɔːrɪsaɪz/ v.t. storicizzare.

historiographer /ˌhɪstɒri'ɒgrəfər Am ˌhɪstɔːri'ɑːgrəfər/ n. storiografo m. (f. -a).

historiographic /hɪsˌtɒriə'græfɪk Am hɪsˌtɔːriə'græfɪk/ a. storiografico.

historiographical /hɪsˌtɒriə'græfɪkəl Am hɪsˌtɔːriə'græfɪkəl/ a. storiografico.

historiography /hɪsˌtɒri'ɒgrəfi Am hɪsˌtɔːri 'ɑːgrəfi/ n. storiografia f.

history /'hɪstri/ n. **1** storia f.: ancient ~ storia antica. **2** (account) storia f., opera f. storiografica: a ~ of France storia della Francia. **3** (fig) (interesting past) storia f. **4** (fig) (personal history) storia f. personale, passato m. **5** (fig) (sth. o so. no longer important) acqua f. passata: it's ~ è acqua passata. **6** (Med) (case history) anamnesi f. **7** (Teat) dramma m. storico. **8** (Inform) cronologia f., history f. □ to go down in ~ passare alla storia; to make ~ passare alla storia.

histrionic /ˌhɪstri'ɒnɪk Am ˌhɪstri'ɑːnɪk/ **I** a. **1** teatrale, istrionico. **2** (fig) istrionico, melodrammatico, passionale. **II** n.pl. (costr.sing. o pl.) **1** (Teat) arte f. drammatica. **2** (fig) istrionismo m.

histrionism /'hɪstriənɪzəm Am 'hɪstriənəzəm/ n. istrionismo m.

hit /hɪt/ (past, p.p. **hit**) **I** v.t. **1** colpire, battere, picchiare: to ~ so. on the chin colpire qcu. sul mento; to ~ a nail with a hammer battere un chiodo con il martello. **2** (of a target) raggiungere, colpire, cogliere. **3** (to collide with) urtare contro, scontrarsi con: the wheel ~ the pavement la ruota urtò contro il marciapiede. **4** (to strike) battere, sbattere, urtare: he ~ his knee against the table ha battuto il ginocchio contro il tavolo. **5** (strike button or key) premere, schiacciare, pigiare. **6** (to affect strongly) colpire, danneggiare; (to affect) colpire, prendere di mira: the new tax ~s us particularly hard la nuova tassa ci colpisce in modo particolarmente duro. **7** (to hurt emotionally) ferire, colpire, urtare. **8** (to come upon) trovare, scoprire: to ~ gold trovare l'oro. **9** (to experience) incontrare, imbattersi in: we ~ trouble abbiamo incontrato delle difficoltà. **10** (of a level, etc.: to reach) toccare, raggiungere: the car ~ one hundred miles per hour la macchina toccò le cento miglia orarie. **11** (colloq) (to arrive in) arrivare in, giungere in, raggiungere: we ~ town at midnight arrivammo in città a mezzanotte. **12** (colloq) (to guess) indovinare, azzeccare. **13** (Sport) (of a ball) colpire, tirare. **14** (Am,colloq) (to ask) (con up) chiedere a: to ~ so. up for a loan chiedere un prestito a qcu. **15** (Giorn) (to be reported in) apparire in, essere riportato in: the news ~ the front page la notizia apparve in prima pagina. **II** v.i. **1** colpire, battere, picchiare. **2** (to collide) battere, sbattere, urtare (against contro). **3** (to attack) attaccare. **4** (colloq) (to arrive, to start) incominciare, arrivare, avere inizio. □ to ~ so. a blow mollare un pugno a qcu., appioppare un pugno a qcu.; (fig) to ~ a wall arrivare a un punto fermo; (Inform) ~ any key premere uno tasto qualsiasi; to ~ back: 1 ribattere, battere di rimando; 2 (fig) contrattaccare; (Sport) to ~ base (in baseball) conquistare la prima base, battere un singolo; (Sport,fig) to ~ below the belt sferrare un colpo basso; to ~ centre fare centro; (Br) to ~ so. for six lasciare di stucco qcu.; to ~ hard picchiare duramente, colpire con forza; (fig) to ~ home cogliere nel segno, colpire nel segno; (colloq) you've ~ it hai indovinato (giusto); to ~ off: 1 caratterizzare, descrivere alla perfezione; 2 (to imitate) imitare, rifare il verso a, scimmiottare; 3 (colloq) (to get along well) andare d'accordo, trovarsi bene: to ~ it off with so. andare (d'amore e) d'accordo con qcu.; (spec. Br) to ~ oil trovare il petrolio; to ~ on: 1 trovare (per caso), scoprire, imbroccare; 2 (Am,sl) fare delle avances; (fig) to ~ on a nerve toccare un punto dolente; to ~ on a raw nerve toccare un punto dolente; to ~ out: 1 sferrare un colpo (at a); 2 (fig) attaccare, criticare aspramente (at so. qcu.); (fig) to ~ rock bottom essere a zero, toccare il fondo; (colloq) to ~ one's stride trovare il ritmo giusto; (colloq) to ~ the bottle: 1 (to be an alcoholic) essere alcolizzato; 2 (to drink excessively) bere troppo, alzare il gomito; 3 (to get drunk) ubriacarsi, sbronzarsi; (Am,colloq) to ~ the bricks scioperare; (colloq) to ~ the ceiling andare su tutte le furie, uscire dai gangheri; to ~ the centre fare centro; (Br,Sport) to ~ the chalk (of a ball) toccare la linea del campo; to ~ the deck: 1 (to fall to a prone position) cadere

disteso; 2 (to prepare for action) prepararsi all'azione; 3 (to get up from bed) alzarsi dal letto; (fig) to ~ the ground running partire a (tutta) manetta, partire in quarta; (colloq) to ~ the hay andare a letto; (colloq) to ~ the headlines: 1 fare la cronaca; 2 (estens) (to become famous) diventare famoso; to ~ the jackpot: 1 vincere alla lotteria; 2 (fig) avere un colpo di fortuna, vincere un terno al lotto; (colloq) to ~ the nail on the head (o to ~ the nail right on the head) colpire nel segno; (fig) to ~ the road mettersi in viaggio, partire; (colloq) to ~ the roof andare su tutte le furie; to ~ the sack andare a dormire, andare a letto; to ~ the scene entrare in scena (anche fig); (fig) to ~ the spot venire a puntino, andare proprio bene, colpire nel segno: iced tea on a hot day really ~s the spot un tè freddo è proprio quello che ci vuole in una giornata afosa; (Am) to ~ the trail mettersi in viaggio, partire; (fig) to ~ the wrong note battere il tasto sbagliato; (Sport) to ~ up segnare; (Am, colloq) to ~ so. up for sth. tampinare qcu. per avere qcs., rompere le scatole a qcu. per avere qcs.: every Christmas we get ~ up for donations ogni anno a Natale insistono perché facciamo delle offerte di denaro; to ~ upon trovare (per caso), scoprire, imbroccare; to ~ upon the idea of doing sth. avere l'idea di fare qcs.; to ~ a man when he's down: 1 colpire l'avversario quando è a terra; 2 (fig) uccidere un uomo morto.

hit /hɪt/ **I** n. **1** colpo m., botta f., urto m.: a ~ on the head un colpo in testa. **2** (collision) collisione f., scontro m., urto m. **3** (colloq) (success) successo m.: the show was a big ~ lo spettacolo ha avuto molto successo. **4** (fig) stoccata f., frecciata f., allusione f. pungente: that's a ~ at you la stoccata è per te. **5** (Sport) centro m., colpo m. andato a segno. **6** pl. (Inform) visitatori m.pl., numero m.sing. di visitatori. **7** (Am,colloq) assassinio m., uccisione f., omicidio m. **8** (colloq) droga f., iniezione f. di droga, buco m. **II** a. (colloq) di successo: a ~ record un disco di successo. □ (Sport) a ~! centrato!, colpito!; ~ list lista nera, lista delle persone di far fuori; ~ man sicario, killer, assassino; ~ parade classifica, hit parade; ~ squad squadra omicida, commando omicida; (colloq) to be a ~ with so. (o make a ~ with so.) fare colpo su qcu.

hit-and-miss /ˌhɪtən'mɪs/ a. fatto a casaccio, raffazzonato.

hit-and-run /ˌhɪtən'rʌn/ **I** a. **1** (of a driver) colpevole di omissione di soccorso. **2** (Mil) (of an attack) di sorpresa. **II** n. (colloq) omissione f. di soccorso. □ ~ accident omissione di soccorso; ~ driver pirata della strada.

hitch /hɪtʃ/ **I** v.t. **1** legare, attaccare: to ~ a horse to a post legare un cavallo a un palo. **2** (to harness) attaccare, aggiogare: to ~ up the oxen to the plough attaccare i buoi all'aratro. **3** (to move with a jerk) muovere a strattoni. **II** v.i. **1** impigliarsi, rimanere impigliato (on a, in): his pullover -ed on a nail gli s'impigliò il pullover in un chiodo. **2** (to move jerkily) sobbalzare, muoversi a sbalzi, muoversi a strattoni. **3** (to hobble) incespicare. **4** (to hitchhike) viaggiare in autostop, fare l'autostop. □ (fig) to ~ a lift ottenere un passaggio, trovare un passaggio (facendo l'autostop); (fig) to ~ a ride ottenere un passaggio, trovare un passaggio (facendo l'autostop); to ~ up: 1 tirare su: to ~ up one's trousers tirarsi su i pantaloni; 2 (to harness) attaccare, aggiogare; 3 (colloq) (to get married) sposarsi; (fig) to ~ one's wagon diventare seguace di qcu.; to ~ one's wagon *to a star* mirare in alto, avere grandi ambizioni.

hitch² /hɪtʃ/ *n.* **1** (*unexpected obstacle*) intoppo *m.*, difficoltà *f.* (improvvisa), ostacolo *m.* (imprevisto): *there has been a ~ in our plans* c'è stato un intoppo nei nostri piani. **2** (*jerk, pull*) strappo *m.*, strattone *m.* **3** (*Mar*) (*knot*) nodo *m.*, collo *m.*; (*half hitch*) mezzo nodo *m.* **4** (*colloq*) passaggio *m.*, strappo *m.* (ottenuto facendo l'autostop). **5** (*Mecc,Agr*) attacco *m.* **6** (*Am,Mil*) ferma *f.* □ *to give one's trousers* a *~* tirarsi su i pantaloni; *everything went off without a ~* tutto andò liscio.

hitched /hɪtʃt/ □ (*colloq*) *to get ~* sposarsi.

hitcher /'hɪtʃər/ *n.* (*spec. Br*) autostoppista *m./f.*

hitchhike, hitch-hike /'hɪtʃhaɪk/ *v.i.* viaggiare in autostop, fare l'autostop (*to* fino a).

hitchhiker, hitch-hiker /'hɪtʃhaɪkər/ *n.* autostoppista *m./f.*

hitchhiking /'hɪtʃhaɪkɪŋ/ *n.* autostop *m.*

hi-tech /ˌhaɪ'tek/ *n.* **1** (*Arred*) stile *m.* high-tech. **2** (*high technology*) high-tech *m.*, alta tecnologia *f.*

hither /'hɪðər/ **I** *avv.* (*lett*) qui, qua, costì, quaggiù. **II** *a.* (*lett*) più vicino, dalla parte di qua. □ *~ and thither* (o *~ and yon*) qua e là.

hithermost /'hɪðəmoust *Am* 'hɪðər'moust/ *a.* il più vicino.

hitherto /ˌhɪðə'tu: *Am* ˌhɪðər'tu:/ *avv.* fino a ora, fino adesso.

hitherward /'hɪðəwəd *Am* 'hɪðər'wərd/ *avv.* (*rar*) in questa direzione, da questa parte.

hitherwards /'hɪðəwədz *Am* 'hɪðər'wərdz/ *avv.* (*rar*) in questa direzione, da questa parte.

Hitlerian /hɪt'lɪərɪən *Am* hɪt'lɪrɪən/ *a.* (*Stor*) hitleriano.

Hitlerism /'hɪtlərɪzəm/ *n.* hitlerismo *m.*

Hitlerite /'hɪtləraɪt/ **I** *a.* (*Stor*) hitleriano. **II** *n.* hitleriano *m.* (*f.* -a).

hit-or-miss /ˌhɪtə'mɪs *Am* ˌhɪtər'mɪs/ *a.* fatto a casaccio, raffazzonato.

hitter /'hɪtər *Am* 'hɪtər/ *n.* **1** chi colpisce. **2** (*in baseball*) battitore *m.*

Hittite /'hɪtaɪt *Am* 'hɪtaɪt/ **I** *n.* **1** ittita *m./f.* **2** (*language*) lingua *f.* ittita. **II** *a.* ittita.

HIV /ˌeɪtʃaɪ'vi:/ *human immunodeficiency virus* HIV (virus dell'immunodeficienza umana).

hive /haɪv/ **I** *n.* **1** (*Zootecn*) (*beehive*) alveare *m.*, arnia *f.*; (*colony of bees*) sciame *m.* di api. **2** (*fig*) (*busy place*) alveare *m.*, luogo *m.* in cui fervono le attività. **3** (*fig*) (*throng*) formicolio *m.*, brulichio *m.* (di persone). **II** *v.t.* **1** (*of bees*) mettere nell'arnia. **2** (*of honey*) immagazzinare nell'arnia. **III** *v.i.* **1** (*of bees*) entrare nell'arnia. **2** (*fig*) vivere come in un alveare. **3** (*fig*) appartarsi, isolarsi. □ (*Entom*) *~ bee* ape domestica; *to ~ off*: **1** (*to isolate*) appartarsi, isolarsi; **2** (*to separate off*) separare, staccare, cedere (una parte); **3** (*to privatise*) privatizzare.

hives /haɪvz/ *n.pl.* (*costr.sing.* o *pl.*) (*Med*) orticaria *f.*

HIV-negative /ˌeɪtʃaɪvi:'negətɪv *Am* ˌeɪtʃaɪvi:'negətɪv/ *a.* (*Med*) sieronegativo (al virus HIV), HIV negativo.

HIV-positive /ˌeɪtʃaɪvi:'pɒzətɪv *Am* ˌeɪtʃaɪvi:'pɑːzətɪv/ *a.* (*Med*) sieropositivo (al virus HIV), HIV positivo.

HKJ *Jordan* HKJ (Giordania).

HL, H.L. (*GB*) *House of Lords* (Camera dei Lord).

HLL (*Inform*) *High Level Language* (linguaggio di alto livello).

h'm /hm/ *intz.* (*to express hesitation, perplexity, etc.*) ehm..., uhm...

HM, H.M. 1 *His Majesty, Her Majesty* Sua Maestà. **2** (*Mus*) *heavy metal* (heavy metal). **3** *headmaster, headmistress* (preside).

HMI, H.M.I. (*GB,Scol*) *His* (o *Her*) *Majesty's Inspector* (ispettore scolastico).

HMS *His* (o *Her*) *Majesty's Ship* (nave militare).

HMSO, H.M.S.O. (*GB*) *His* (o *Her*) *Majesty's Stationery Office* (Poligrafico dello Stato).

HNC (*GB*) *Higher National Certificate* (certificato di studi tecnici avanzati).

HND (*GB*) *Higher National Diploma* (diploma para-universitario in studi tecnici avanzati).

ho¹ /hou/ *intz.* **1** (*to express surprise, delight, etc.*) oh! **2** (*to attract attention*) ohé!, ehi!, olà! □ *~ ~!*: **1** (*to express success*) che bello!; **2** (*to express laughter*) ah ah!; *~ hum!* uffa!

ho² /hou/ *n.* (*Am,sl*) prostituta *f.*, battona *f.*

HO, H.O. 1 (*GB*) *Home Office* (ministero dell'interno). **2** *Head Office* (sede principale).

ho. *house* (casa).

hoagie /'hougi/ *n.* (*Am,Gastron*) panino *m.* lungo.

hoar /hɔ:r *Am* hɔ:r/ *n.* strato *m.* biancastro. □ (*Meteor*) *~ frost* brina, calaverna, galaverna.

hoard /hɔ:d *Am* hɔ:rd/ **I** *n.* **1** mucchio *m.*, cumulo *m.*: *a ~ of gold* un mucchio d'oro. **2** (*stock*) scorta *f.*, riserva *f.*, provvista *f.* **3** (*treasure*) tesoro *m.* **II** *v.t.* **1** fare provvista di; (*to stock*) incettare, accaparrare, conservare: *to ~ gold* incettare l'oro. **2** (*fig*) serbare in cuore. **III** *v.i.* essere un incettatore. □ *to ~ up*: **1** fare provvista di; **2** (*to stock*) incettare, accaparrare, conservare.

hoarder /'hɔ:dər *Am* 'hɔ:rdər/ *n.* incettatore *m.* (*f.* -trice).

hoarding¹ /'hɔ:dɪŋ *Am* 'hɔ:rdɪŋ/ *n.* incetta *f.*, accaparramento *m.*

hoarding² /'hɔ:dɪŋ *Am* 'hɔ:rdɪŋ/ *n.* **1** (*high wooden fence*) palizzata *f.* provvisoria. **2** (*Br*) (*billboard*) tabellone *m.* per le affissioni, riquadro *m.* per le affissioni.

hoarhound /'hɔ:haund *Am* 'hɔ:rhaund/ *n.* (*Bot*) marrubio *m.*

hoariness /'hɔ:rɪnəs/ *n.* **1** canizie *f.* **2** (*whiteness*) bianchezza *f.*, biancore *m.* **3** (*ancientness*) vetustà *f.*

hoarse /hɔ:s *Am* hɔ:rs/ *a.* rauco, aspro, basso: *a ~ voice* una voce rauca.

hoarsely /'hɔ:sli *Am* 'hɔ:rsli/ *avv.* con voce roca.

hoarsen /'hɔ:sən *Am* 'hɔ:rsən/ **I** *v.t.* far diventare rauco. **II** *v.i.* diventare rauco, arrochire.

hoarseness /'hɔ:snəs *Am* 'hɔ:rsnəs/ *n.* raucedine *f.*

hoarstone /'hɔ:stoun *Am* 'hɔ:rstoun/ *n.* cippo *m.* di confine, pietra *f.* di confine.

hoary /'hɔ:ri/ *a.* **1** (*grey with age*) canuto, bianco. **2** (*grey-haired*) brizzolato. **3** (*white*) bianco; (*grey*) grigio. **4** (*ancient*) antico; (*venerable*) venerabile, venerando.

hoax /houks/ **I** *n.* **1** scherzo *m.*, beffa *f.*, burla *f.*: *to play a ~ on so.* fare uno scherzo a qcu. **2** (*deception*) falso allarme *m.*, montatura *f.*, mistificazione *f.*, imbroglio *m.*: *a literary ~* una mistificazione letteraria; *a ~ call* falso allarme, telefonata che segnala un falso attentato. **II** *v.t.* **1** burlare, beffare, farsi beffe di. **2** (*to dupe*) ingannare, imbrogliare, abbindolare.

hoaxer /'houksər/ *n.* beffatore *m.* (*f.* -trice), burlatore *m.* (*f.* -trice).

hob¹ /hɒb *Am* hɑ:b/ *n.* **1** piano *m.* di cottura. **2** (*ant*) mensola *f.* del camino (per tenere in caldo le vivande). **3** (*peg in quoits, etc.*) pa-

letto *m.*; (*game*) gioco *m.* dei cerchietti, gioco *m.* degli anelli. **4** (*Mecc*) (*gear cutter*) fresa *f.* creatrice (o a vite).

hob² /hɒb *Am* hɑ:b/ *n.* **1** folletto *m.*, elfo *m.* **2** (*Zool*) (*male ferret*) furetto *m.*

Hobbesian /'hɒbziən *Am* 'hɑ:bziən/ *a.* (*Filos*) hobbesiano.

hobbit /'hɒbɪt *Am* 'hɑ:bɪt/ *n.* hobbit *m./f.*

hobble /'hɒbl *Am* 'hɑ:bl/ **I** *v.i.* **1** zoppicare, camminare zoppo, andare zoppicando. **2** (*to move unsteadily*) camminare barcollando, traballare; (*to move haltingly*) incespicare. **3** (*of verses, etc.*) zoppicare. **II** *v.t.* (*of a horse*) impastoiare, mettere le pastoie a. **III** *n.* **1** andatura *f.* zoppicante. **2** (*fetter*) pastoia *f.* □ (*Abbigl*) *~ skirt* gonna lunga strettissima alle caviglie.

hobbledehoy /'hɒbldɪhɔɪ, ˌhɒbldɪ'hɔɪ/ *n.* (*Br, colloq*) adolescente *m.* goffo.

hobby¹ /'hɒbi *Am* 'hɑ:bi/ *n.* **1** hobby *m.*, passatempo *m.*, svago *m.*, passione *f.* **2** (*rar*) (*small horse*) cavallino *m.*, cavalluccio *m.* □ *to paint as a ~* avere l'hobby della pittura, dipingere per passatempo; *to make a ~ of sth.* fare qcs. per hobby.

hobby² /'hɒbi *Am* 'hɑ:bi/ *n.* (*Ornit*) lodolaio *m.*

hobby-horse /'hɒbihɔ:s *Am* 'hɑ:bihɔ:rs/ *n.* **1** cavalluccio *m.* di legno (con un bastone). **2** (*rocking horse*) cavallo *m.* a dondolo. **3** (*fig*) argomento *m.* preferito; (*fixed idea*) mania *f.*, pallino *m.*

hobbyist /'hɒbiist *Am* 'hɑ:biist/ *n.* hobbista *m./f.*

hobgoblin /ˌhɒb'gɒblɪn *Am* 'hɑ:b,gɑ:blɪn/ *n.* **1** folletto *m.*, elfo *m.* **2** (*bogey*) spauracchio *m.*, babau *m.*

hobnail /'hɒbneɪl *Am* 'hɑ:bneɪl/ *n.* (*Calz*) chiodo *m.* da scarponi, bulletta *f.* □ (*Med*) *~ liver* fegato granuloso.

hobnailed /'hɒbneɪld *Am* 'hɑ:bneɪld/ *a.* (*Calz*) chiodato.

hobnob /'hɒbnɒb *Am* 'hɑ:bnɑ:b/ (*past, p.p.* **hobnobbed** /-d/) *v.i.* **1** essere in confidenza, essere in rapporti d'amicizia (*with* con). **2** (*to chat familiarly*) chiacchierare, conversare amichevolmente (con).

hobo /'houbou/ (*pl.* -**s**/-**es** /-z/) *n.* (*Am*) **1** (*tramp*) vagabondo *m.* **2** (*migratory worker*) lavoratore *m.* stagionale.

Hobson /'hɒbsən *Am* 'hɑ:bsən/ □ *~'s choice* scelta forzata; *it's ~'s choice* prendere o lasciare.

hock¹ /hɒk *Am* hɑ:k/ **I** *n.* **1** (*of horses, etc.*) garretto *m.* **2** (*Macell*) (*of pork, etc.*) zampa *f.* **II** *v.t.* azzoppare (tagliando i garretti).

hock² /hɒk *Am* hɑ:k/ **I** *v.t.* (*colloq*) impegnare, dare in pegno. **II** *n.* (*colloq*) pegno *m.* □ *in ~*: **1** (*colloq*) (*pawned*) impegnato; **2** (*sl*) (*in prison*) in galera.

hock³ /hɒk *Am* hɑ:k/ *n.* (*Br*) vino (secco tedesco).

hockey /'hɒki *Am* 'hɑ:ki/ *n.* (*Sport*) **1** hockey *m.* **2** (*field hockey*) hockey *m.* su prato. **3** (*ice hockey*) hockey *m.* su ghiaccio. □ (*Sport*) *~ player* giocatore di hockey, hockeista; (*Sport*) *~ puck* disco dell'hockey; (*Sport*) *~ stick* stecca da hockey, bastone da hockey.

hocus /'houkəs/ (*past, p.p.* **hocussed** /*Am* **hocused** /-t/) *v.t.* **1** abbindolare, imbrogliare, ingannare. **2** (*to stupefy with drugs*) stordire (con droghe). **3** (*to lace a drink*) drogare.

hocus-pocus /ˌhoukəs'poukəs/ *n.* **1** gherminella *f.*, raggiro *m.*, inganno *m.* **2** (*conjurer's formula*) abracadabra *m.* **3** (*sleight of hand*) gioco *m.* di prestigio.

hod /hɒd *Am* hɑ:d/ *n.* **1** (*Edil*) vassoio *m.*, sparviero *m.* **2** (*coal scuttle*) secchio *m.* per il carbone. □ (*Edil*) *~ carrier* manovale (muratore).

hodge-podge /'hɒdʒpɒdʒ *Am* 'hɑ:dʒpɑ:dʒ/ *n.* (*Dir*) collazione *f.*

hodman /'hɒdmən *Am* 'hɑ:dmən/ *n.irr.* (*Edil*) manovale *m.* (muratore).

hodograph /'hɒdəgrɑ:f *Am* 'hɑ:dəgræf/ *n.* (*Mat,Fis*) odografo *m.*

hodometer /hɒd'ɒmɪtər *Am* hɑ:'dɑ:mətər/ *n.* (*Fis*) odometro *m.*

hoe /hoʊ/ **I** *n.* (*Agr*) marra *f.*, zappa *f.* **II** *v.t.* **1** (*Agr*) zappare (*anche assol.*). **2** (*of weeds: to remove*) sarchiare. □ (*Aus*) *to ~ in* (o *to ~ into*) dare addosso, andare all'assalto.

hoecake /'hoʊkeɪk/ *n.* (*Am,Gastron*) focaccia *f.* di granoturco.

hoedown /'hoʊdaʊn/ *n.* (*Am,Folcl*) **1** danza *f.* campagnola *f.* **2** (*party*) festa *f.* con danze campagnole.

hoer /hoʊər/ *n.* (*Agr*) zappatore *m.* (*f.* -trice).

hog[1] /hɒg *Am* hɑ:g/ **I** *n.* **1** (*Zool*) maiale *m.*, porco *m.* **2** (*Zootecn*) maiale *m.* di allevamento. **3** (*colloq*) (*glutton*) mangione *m.* (*f.* -a), ingordo *m.* (*f.* -a), porco *m.* (*f.* -a), maiale *m.* **4** (*colloq*) (*boor*) maleducato *m.* (*f.* -a), screanzato *m.* (*f.* -a). **5** (*colloq*) (*filthy person*) sudicione *m.* (*f.* -a), porco *m.* (*f.* -a). **6** (*Zootecn*) (*sheep*) pecora *f.* di un anno (non ancora tosata). **7** (*Mar*) frettazzo *m.* □ *~ badger* tasso naso di porco; (*Am*) *~ cholera* peste suina; (*fig*) *~ in armour* persona impacciata, persona goffa; *~ mane* criniera (di cavallo) tagliata corta; (*Am,colloq*) *to live hog off the ~* (o *to live high on the ~*) vivere alla grande; *~ wild* pazzoide, matto.

hog[2] /hɒg *Am* hɑ:g/ **I** *v.t.* **1** (*colloq*) prendere (egoisticamente), impossessarsi di, monopolizzare: *don't ~ it all* non prenderlo tutto. **2** (*colloq*) (*to eat greedily*) trangugiare, ingozzare, pappare, divorare. **3** (*of the back*) inarcare, incurvare. **4** (*of a horse's mane*) tagliare a spazzola, tagliare corto. **II** *v.i.* (*colloq*) essere ingordo, essere avido. □ (*colloq*) *to ~ down* trangugiare, ingozzare, pappare, divorare; (*fig,sl*) *to ~ it* vivere in un porcile; *to ~ the middle of the road* (o *to ~ the road*) guidare al centro della carreggiata.

hogan /'hoʊgən/ *n.* (*Am*) capanna *f.* (degli indiani Navajo).

hogback /'hɒgbæk *Am* 'hɑ:gbæk/ *n.* **1** (*Geol*) dorsale *f.* **2** (*Strad*) strada *f.* a schiena d'asino.

hog-backed /'hɒgbækt *Am* 'hɑ:gbækt/ *a.* a schiena d'asino.

hogfish /'hɒgfɪʃ *Am* 'hɑ:gfɪʃ/ *n.* (*Itt*) scorpena *f.* rossa.

hogg /hɒg *Am* hɑ:g/ *n.* (*Zootecn*) pecora *f.* di un anno (non ancora tosata).

hogget /'hɒgɪt *Am* 'hɑ:gɪt/ *n.* (*Zootecn*) pecora *f.* di un anno (non ancora tosata).

hoggish /'hɒgɪʃ *Am* 'hɑ:gɪʃ/ *a.* **1** (*colloq*) maialesco, porcino. **2** (*gluttonous*) ghiotto, ingordo, avido. **3** (*filthy*) sporco, lurido, lercio.

hoggishly /'hɒgɪʃli *Am* 'hɑ:gɪʃli/ *avv.* ingordamente.

hoggishness /'hɒgɪʃnəs *Am* 'hɑ:gɪʃnəs/ *n.* **1** ingordigia *f.*, avidità *f.* **2** (*filthiness*) sporcizia *f.*, luridume *m.*

Hogmanay /'hɒgməneɪ *Am* 'hɑ:gmənei/ *n.* (*Scott*) **1** ultimo *m.* dell'anno, notte *f.* di san Silvestro. **2** (*festivities*) festeggiamenti *m.pl.* dell'ultimo dell'anno. **3** (*gift*) dolce *m.* (o regalo *m.*) che si dà ai bambini la notte di san Silvestro.

hognose /'hɒgnoʊz *Am* 'hɑ:gnoʊz/ □ (*Zool*) *~ snake* muso di porcello.

hognut /'hɒgnʌt *Am* 'hɑ:gnʌt/ *n.* (*Bot*) bulbocastano *m.*, castagna *f.* di terra.

hogsback /'hɒgzbæk *Am* 'hɑ:gzbæk/ *n.* **1** (*Geol*) dorsale *f.* **2** (*Strad*) strada *f.* a schiena d'asino.

hogshead /'hɒgzhed *Am* 'hɑ:gzhed/ *n.* **1** (*large cask*) botte *f.* **2** (*liquid measure of capacity*) misura *f.* per i liquidi (pari a circa 238 l).

hog-tie /'hɒgtaɪ/ *v.t.* (*Am*) **1** (*of an animal*) legare insieme le quattro zampe di. **2** (*colloq*) (*to thwart*) ostacolare, intralciare.

hogwash /'hɒgwɒʃ *Am* 'hɑ:gwɑ:ʃ/ *n.* **1** (*Zootecn*) broda *f.* per maiali. **2** (*colloq*) (*nonsense*) insulsaggini *f.pl.*, sciocchezze *f.pl.* **3** (*sl*) (*bad quality drink*) liquore *m.* di cattiva qualità.

hogweed /'hɒgwi:d *Am* 'hɑ:gwi:d/ *n.* (*Bot*) panace *m.* comune, sedano *m.* dei prati.

hoick[1] /hɔɪk/ **I** *v.t.* (*Br,colloq*) strappare, tirare di colpo. **II** *v.i.* (*Br,colloq*) dare uno strattone, strattonare.

hoick[2] /hɔɪk/ *intz.* (*Caccia*) dai!, vai!, via!

hoicks /hɔɪks/ *intz.* (*Caccia*) dai!, vai!, via!

hoi polloi /ˌhɔɪpə'lɔɪ/ *n.pl.* massa *f.sing.*, volgo *m.sing.*

hoist /hɔɪst/ **I** *v.t.* **1** (*Mar*) issare, alzare, inalberare, ghindare: *to ~ the sails* issare le vele. **2** (*to raise*) alzare, sollevare, tirare su. **3** (*a flag*) issare. **4** (*Mar*) (*to haul*) alare. **II** *n.* **1** sollevamento *m.* **2** (*push up*) spinta *f.* **3** (*Mecc*) (*tackle*) paranco *m.*; (*goods lift*) montacarichi *m.* **4** (*Mar*) (*of a sail*) ghinda *f.*

hoity-toity /ˌhɔɪti'tɔɪti *Am* ˌhɔɪti'tɔɪti/ *a.* altezzoso, borioso, pieno di sé.

hoke /hoʊk/ *v.i.* (*spec. Am,Teat*) esagerare, eccedere. □ *to ~ a part* (o *to ~ up a part*) esagerare nella recitazione.

hokey /'hoʊki/ *a.* (*spec. Am*) (*corny, overly sentimental*) caramelloso, melenso, sdolcinato.

hokey-cokey /ˌhoʊki'koʊki/ *n.* (*Br*) ballo *m.* festoso.

hokey-pokey /ˌhoʊki'poʊki/ *n.* **1** (*hocus-pocus*) raggiro *m.*, inganno *m.* **2** (*ant*) (*cheap ice-cream*) gelato *m.* venduto da venditori ambulanti. **3** (*Am*) ballo *m.* festoso.

hokum /'hoʊkəm/ *n.* (*Am*) **1** (*colloq*) sentimentalismo *m.pl.*, romanticherie *f.pl.*, sdolcinature *f.pl.* **2** (*nonsense*) sciocchezze *f.pl.*, insulsaggini *f.pl.*

hold[1] /hoʊld/ (*past, p.p.* held /held/) **I** *v.t.* **1** avere in mano, impugnare, tenere: *he was -ing a gun* aveva in mano una pistola; *~ your knife with your right hand* tieni il coltello con la destra. **2** (*to support*) reggere, tenere, sorreggere, sostenere: *to ~ a baby in one's arms* tenere un bambino in braccio. **3** (*to retain*) trattenere: *to ~ one's breath* trattenere il fiato. **4** (*to detain*) fermare, trattenere: *to be held for questioning by the police* essere fermato dalla polizia per un interrogatorio. **5** (*to keep in a particular state, etc.*) tenere, mantenere: *to ~ so. in suspense* tenere qcu. in ansia. **6** (*to have, to possess*) avere, possedere, detenere: *to ~ the key to a problem* avere la chiave di un problema. **7** (*to contain*) contenere: *how much does this bottle ~?* quanto contiene questa bottiglia? **8** (*to accommodate*) contenere, accogliere, ricevere: *the hall -s two hundred people* il salone contiene duecento persone. **9** (*to have in mind*) avere: *to ~ strong opinions* avere salde convinzioni. **10** (*to consider*) ritenere, considerare, reputare: *I shall ~ you responsible* ti riterrò responsabile; *I ~ him in the highest regard* ho un'altissima opinione di lui. **11** (*to believe*) ritenere, credere. **12** (*to keep the attention of*) tenere avvinto, tenere desta l'attenzione di: *to ~ an audience* tenere avvinto l'uditorio. **13** (*to bind, to constrain*) vincolare, obbligare. **14** (*to convoke, to conduct*) tenere: *to ~ an assembly* tenere un'assemblea. **15** (*to occupy*) rivestire, assumere: *he -s the office of mayor* riveste la carica di sin-

daco. **16** (*to point, to aim*) puntare, spianare, dirigere: *to ~ a gun on so.* puntare una pistola contro qcu. **17** (*Mil*) tenere, presidiare, difendere. **18** (*Dir*) giudicare: *the court -s that the defendant is guilty* la corte giudica l'imputato colpevole. **19** (*Mus*) (*to sustain*) filare, prolungare: *to ~ a note* filare una nota. **II** *v.i.* **1** rimanere, restare: *to ~ still* restare fermo. **2** (*to last*) durare, persistere, mantenersi: *I hope the weather -s* spero che il tempo tenga, spero che il bel tempo duri. **3** (*to maintain one's position*) rimanere saldo, reggere, resistere: *to ~ under pressure* reggere alla pressione. **4** (*to remain fastened*) tenere, far presa, reggere: *the rope held* la fune ha tenuto; *the anchor held* l'ancora ha fatto presa. **5** (*to remain valid*) valere, essere valido: *the rule -s for everyone* la regola vale per tutti. **6** (*Dir*) derivare un diritto, derivare un titolo (*of, from* da). □ (*fig*) *not to ~ a candle to* non potersi paragonare a, non essere all'altezza di; *to ~ a conversation with so.* intrattenersi a conversare con qcu.; *to ~ sth. against so.* usare qcs. contro qcu., fare a qcu. una colpa di qcs., rinfacciare qcs. a qcu.; *~ back*: **1** (*to restrain*) fermare, trattenere, frenare, contenere; **2** (*of emotions*) trattenere, frenare, reprimere; (*to refrain from giving*) trattenere: *part of his salary was held back* gli è stata trattenuta una parte dello stipendio; **4** (*to withhold*) rifiutarsi (di dare), negare; *to ~ back information* rifiutarsi di dare informazioni; **5** (*to refrain from participation*) ritirarsi indietro; *to ~ one's breath* trattenere il fiato; (*Br,Dir*) *to ~ a brief for* patrocinare, perorare la causa di; *to ~ no brief for sth.* non sostenere una causa; *to ~ by* mantenere, tener fede a, attenersi a, rispettare: *to ~ by a decision* attenersi a una decisione; *to ~ by a conviction* tener fede a una convinzione; *to ~ class* fare lezione, tenere lezione; (*Mil*) *to ~ a commission* in the army avere il grado di ufficiale nell'esercito; *to ~ counsel with so.* consultarsi con qcu.; *to ~ court* essere al centro dell'attenzione, tenere banco; *to ~ so. dear* avere caro qcu.; *to ~ down*: **1** tenere giù, tenere basso: *~ your head down* tieni giù la testa; **2** (*to restrain*) contenere, frenare; *to ~ prices down* contenere i prezzi; **3** (*of a job*) mantenere; (*colloq*) *~ everything!* fermate tutto!; *to ~ fast onto sth.* tenersi stretto qcs.; *to ~ fire* non sparare; *to ~ firm* resistere, tener duro; *to ~ forth*: **1** dare, offrire, porgere: *I ~ forth little hope* posso offrire poca speranza; **2** (*Br,spreg*) *to talk at length* fare un lungo sproloquio, dissertare; *to ~ forth to the crowd* arringare la folla; *to ~ good*: **1** essere valido, valere: *the theory -s good* la teoria è valida; **2** (*to last*) durare, resistere; *to ~ hands* tenersi mano nella mano, tenersi per mano; (*Br*) *~ hard!* aspetta!, vai piano!; (*fig*) *to ~ one's horses* calmarsi, tranquillizzarsi; (*colloq*) *~ your horses!* calma!, non aver fretta!; *to ~ so. hostage* tenere qcu. in ostaggio; *to ~ in*: **1** contenere, controllare, trattenere; **2** (*to restrain oneself*) controllarsi, trattenersi; *to be held in high repute* essere tenuto in grande considerazione; (*colloq*) *~ it!* fermo!, non muoverti!; (*fig*) *to ~ one's liquor* reggere (bene) l'alcol; (*colloq*) *there's no -ing that child* non c'è modo di tenere fermo quel bambino; *to ~ off*: **1** tenere a distanza, tenere lontano; **2** (*to keep aloof*) tenersi lontano (*from* da), tenersi in disparte; **3** (*to defer*) rimandare, rinviare, differire; **4** (*to abstain*) astenersi (*from* da), smettere di; *the rain held off till evening* non ha piovuto fino a sera; *to ~ on*: **1** (*spec. Br*) andare avanti per, continuare per: *to ~ on *one's course* andare avanti per la propria strada; 2 (*to cling*) tenersi (stretto), reggersi (*to* a); 3 (*to keep*) conservare, mantenere (*to* sth. qcs.): *he held on to part of his property* conservò una parte del suo patrimonio; 4 (*to keep in position*) tenere fermo, tenere a posto, bloccare; 5 (*Tel*) restare in linea; 6 (*to endure, to persist*) tenere duro, resistere, non cedere; ~ *on!* ferma!, aspetta!; *to* ~ *out*: 1 tendere, stendere, allungare: *she held out her arms to me* tese le braccia verso di me; 2 (*to offer*) offrire, dare: *to* ~ *out hope of peace* offrire speranze di pace; 3 (*to last*) durare: *supplies held out* le scorte durarono; 4 (*to endure, not yield*) resistere, tenere duro, non cedere: *to* ~ *out under torture* resistere alle torture; *to* ~ *out for a higher price* tenere duro per ottenere un prezzo più alto; 5 (*colloq*) (*to withhold information from*) rifiutarsi di dare informazioni (*on* a); *to* ~ *out a promise of sth.* promettere qcs.; *to* ~ *over*: 1 rimandare, rinviare, differire; 2 (*to use as a threat*) minacciare; 3 (*Teat*) tenere il cartellone; *to* ~ *one's own* essere all'altezza (*with* di), difendersi (*with* con); *to* ~ *one's peace* starsene zitto, tacere; *to* ~ *so.* spellbound affascinare qcu.; *to* ~ *the stage*: 1 (*Teat*) tenere il cartellone; 2 (*fig*) essere di scena, essere alla ribalta; *to* ~ *steady*: 1 tenere fermo; 2 (*Mar*) mantenere in rotta; 3 (*Mar*) (*of a course*) tenere, seguire; (*Br*) *to be left -ing the baby* essere lasciato con la patata bollente in mano; (*Am*) *to be left -ing the bag* essere lasciato con la patata bollente in mano; *to* ~ *the balance* essere l'ago della bilancia; *to* ~ *the field*: 1 (*Mil*) mantenere le proprie posizioni; 2 (*fig*) (*of theory, etc.*) resistere, restare valido; (*fig*) *to* ~ *the floor* attirare su di sé l'attenzione generale; (*fig*) *to* ~ *the fort* badare alla bottega, occuparsi di tutto; *to* ~ *the line*: 1 (*Tel*) restare in linea; 2 (*Mil*) mantenere la posizione; 3 (*fig*) mantenersi invariato; (*fig*) *to* ~ *the pass* tener duro, resistere; (*Aut*) *to* ~ *the road* tenere la strada; (*Br,colloq*) ~ *them up!* mani in alto!; *to* ~ *to*: 1 mantenere, tener fede a, attenersi a, rispettare; 2 (*to believe*) prestar fede a, credere a; *to* ~ *so. to a promise* fare rispettare a qcu. la sua promessa; *to* ~ *together*: 1 (*to keep united*) tenere uniti; 2 (*to remain united*) restare uniti; 3 (*of things*) tenere insieme: (*colloq*) *your story doesn't* ~ *together* la tua storia non si regge in piedi; (*fig*) *to* ~ *one's tongue* stare zitto, tenere la lingua a freno, tacere; ~ *your tongue!* acqua in bocca!; *to* ~ *true*: 1 essere valido, valere: *the theory -s good* la teoria è valida; 2 (*to last*) durare, resistere; *to* ~ *up*: 1 sollevare, alzare, tenere alto: ~ *up your hand* alza la mano; 2 (*to support*) sostenere, reggere, sorreggere; 3 (*to delay*) (far) ritardare, trattenere: *we were held up by heavy traffic* siamo rimasti bloccati nel traffico, il traffico intenso ci ha fatto ritardare; 4 (*to rob at gun point*) rapinare a mano armata; 5 (*to display, to expose*) esporre, mettere: *to* ~ *so. up to ridicule* (o *to mockery*) mettere qcu. in ridicolo; 6 (*to remain firm*) resistere, rimanere saldo; 7 (*to prove valid*) reggere, mostrarsi valido; *to* ~ *so. up as an example* portare qcu. a esempio; *to* ~ *water*: 1 (*Mar*) (*to be watertight*) essere a tenuta stagna, tenere l'acqua; 2 (*in rowing*) agguantare; 3 (*colloq*) reggere, essere valido, sostenersi; (*spec. Br*) *to* ~ *with* approvare, essere d'accordo con.

hold² /hoʊld/ *n.* 1 presa *f.*, stretta *f.* 2 (*support*) appoggio *m.*, sostegno *m.*, appiglio *m.* 3 (*fig*) (*influence*) influenza *f.*, ascendente *m.*, autorità *f.* potere *m.*: *to have a strong* ~ *over so.* avere molta influenza su qcu. 4 (*fig*) (*un-*

derstanding) comprensione *f.* 5 (*confinement*) detenzione *f.*, prigionia *f.*; (*place of confinement*) prigione *f.*, cella *f.*, guardina *f.* 6 (*Sport*) (*in wrestling*) presa *f.*; (*in climbing ecc.*) presa *f.*, punto *m.* d'appoggio. 7 (*Mus, colloq*) (*notation*) corona *f.* 8 (*Mil*) (*stronghold*) fortezza *f.*, roccaforte *f.* ☐ *no -s barred*: 1 (*Sport*) è permessa qualsiasi presa; 2 (*colloq*) tutto è lecito, tutti i mezzi sono leciti; (*Tel*) ~ *button* pulsante per mettere in attesa; *to get* ~ *of*: 1 afferrare, acchiappare; 2 controllare: (*colloq*) *to get a* ~ *of oneself* dominarsi, controllarsi; (*Am*) *what's gotten a* ~ *of you, lately?* che cosa ti sta succedendo, ultimamente?; 3 (*to find*) trovare, rintracciare, riuscire a trovare, (*colloq*) pescare, beccare: *where can I get* ~ *of him at this hour?* dove lo becco a quest'ora?; *to have* ~ *of sth.* tenere stretto qcs., afferrare qcs.; (*Sport*) ~ *in chancery* cravatta; *to let go one's* ~ *of sth.* lasciarsi sfuggire qcs. di mano; *to be on* ~ essere in attesa; *to take* ~ *of sth.* appigliarsi a qcs.

hold³ /hoʊld/ *n.* 1 stiva *f.*, vano *m.*, scomparto *m.*: *luggage* ~ vano bagagli. 2 (*Mar,Aer*) stiva *f.*

holdall /ˈhoʊldɔːl/ *n.* (*Br,ant*) sacca *f.* da viaggio, borsa *f.* da viaggio.

holdback /ˈhoʊldbæk/ *n.* intoppo *m.*, ostacolo *m.*

holder /ˈhoʊldər/ *n.* 1 (*device for supporting*) sostegno *m.*, supporto *m.*; (*for holding*) contenitore *m.* 2 (*owner*) possessore *m.* (*f.* posseditrice), proprietario *m.* (*f.* -a). 3 (*tenant*) affittuario *m.* (*f.* -a). 4 (*Sport*) (*of a title, etc.*) detentore *m.* (*f.* -trice). 5 (*Econ*) detentore *m.* (*f.* -trice); (*of a bill, cheque*) portatore *m.* (*f.* -trice); (*of shares*) titolare *m.*, intestatario *m.* (*f.* -a). 6 (*protective cloth pad*) presina *f.*, presa *f.* 7 (*Mecc*) staffa *f.* di supporto. 8 (*El*) portalampada *m.* ☐ (*Econ*) ~ *of an account* correntista.

holdfast /ˈhoʊldfɑːst/ *Am* /ˈhoʊldfæst/ *n.* 1 morsetto *m.*, fermo *m.* 2 (*sth. to hold on to*) gancio *m.*, uncino *m.*; (*support*) sostegno *m.*, supporto *m.* 3 (*Bot*) aptere *m.*, uncino *m.*

holding /ˈhoʊldɪŋ/ *n.* 1 presa *f.*, stretta *f.* 2 (*tenure of land*) godimento *m.* di terreno. 3 (*piece of land*) tenuta *f.*, podere *m.*, appezzamento *m.* (di terreno). 4 (*Sport*) presa *f.* fallosa. 5 (*Econ*) partecipazione *f.*, pacchetto *m.* (azionario). 6 *pl.* (*property possessed*) proprietà *f.pl.*, beni *m.pl.*, patrimonio *m.sing.* ☐ (*Econ*) ~ *company* società finanziaria di controllo, holding; ~ *pattern*: 1 (*Aer*) circuito di attesa; 2 (*fig*) situazione di attesa.

holdover, hold-over /ˈhoʊldoʊvər/ *n.* 1 (*Teat*) spettacolo *m.* che viene prolungato. 2 (*Am*) (*person remaining in a job, etc.*) chi mantiene un posto (o una carica) dopo la fine del mandato.

holdup, hold-up /ˈhoʊldʌp/ *n.* 1 (*colloq*) rapina *f.* a mano armata. 2 (*delay in traffic*) ritardo *m.* nel traffico. 3 (*stoppage*) arresto *m.*, interruzione *f.* (*anche Ind*).

hole¹ /hoʊl/ *I n.* 1 buco *m.*, foro *m.*, apertura *f.*: *there is a* ~ *in my stocking* ho un buco nella calza. 2 (*pit, excavation*) buca *f.*, cavità *f.*, fossa *f.* 3 (*gap, opening*) buco *m.*, apertura *f.*, spacco *m.*: *a* ~ *in a hedge* un buco in una siepe. 4 (*flaw*) imperfezione *f.*, pecca *f.*, difetto *m.* 5 (*Zool*) (*burrow*) cunicolo *m.*, buco *m.*, tana *f.* 6 (*colloq*) (*fix*) pasticcio *m.*, imbroglio *m.*: *to be in a* ~ essere nei pasticci, essere nei guai. 7 (*colloq*) (*prison cell*) cella *f.* (di isolamento). 8 (*colloq*) (*shabby room, house*) catapecchia *f.*, stamberga *f.*, tana *f.*; (*dark place*) buco *m.* 9 (*Sport*) (*in golf*) buca *f.* 10 (*El*) lacuna *f.*, vacanza *f.* ☐ (*Am,colloq*) ~

card un asso nella manica; *in -s* pieno di buchi, tutto buchi, tutto un buco; *in one*: 1 (*Sport*) (*in golf*) buca in uno; 2 (*fig*) successo immediato; (*Am,colloq*) *in the* ~ sotto, in rosso; (*colloq*) *I needed that like a* ~ *in the head!* ci mancava solo questa!; (*Med*) ~ *in the heart* comunicazione interventricolare; (*colloq*) ~ *in the wall*: 1 (*small place*) buco, bugigattolo; 2 (*Br*) (*cash dispenser*) bancomat; (*colloq*) *to make a* ~ *in* fare un grosso buco in, consumare.

hole² /hoʊl/ *I v.t.* 1 fare un buco in, fare un foro in, bucare, forare. 2 (*of an animal*) ricacciare nella tana, fare rintanare. 3 (*Sport*) mandare in buca, mettere in buca. *II v.i.* 1 scavare buche. 2 (*Minier*) fare perforazioni. ☐ (*Sport*) *to* ~ *out* mettere in buca, mandare in buca; (*Sport*) *to* ~ *the ball in one* fare buca in uno; *to* ~ *up*: 1 (*Zool*) cadere in letargo; 2 (*colloq*) (*to go into hiding*) nascondersi, rintanarsi.

hole-and-corner /ˌhoʊlən(d)ˈkɔːnər/ *Am* /ˌhoʊlən(d)ˈkɔːrnər/ *a.* segreto, nascosto, clandestino.

holey /ˈhoʊli/ *a.* (*colloq*) pieno di buchi, tutto un buco.

holiday /ˈhɒlɪdeɪ/ *Am* /ˈhɑːlɪdeɪ/ *I n.* 1 festa *f.*, giorno *m.* festivo: *tomorrow will be a* ~ domani è festa. 2 (*vacation*) vacanza *f.*, ferie *f.pl.*: *to be on a* ~ essere in vacanza; *a month's* ~ un mese di ferie. 3 (*Rel*) festività *f.*, festa *f.* 4 *pl.* (*Scol*) vacanze *f.pl.* *II a.* 1 vacanziero, festoso, gioioso, giocondo: *a* ~ *look* un aspetto festoso. 2 (*befitting a holiday*) festivo, di festa, della festa: ~ *clothes* abiti della festa. *III v.i.* villeggiare, essere in villeggiatura, passare le vacanze, trascorrere le vacanze (*in, at* a, in): *to* ~ *in the mountains* villeggiare in montagna. ☐ (*spec. Br*) ~ *camp* villaggio vacanze; (*spec. Br*) ~ *entitlement* diritto alle ferie, ferie di diritto; (*spec. Br*) ~ *home* seconda casa, casa per le vacanze; (*spec. Br*) *to be away on* ~ essere via per (le) ferie, essere (via) in vacanza; *to go on* ~ andare in ferie, andare in vacanza; ~ *resort* luogo di villeggiatura; *to take a* ~ prendersi una vacanza; *to take a* ~ *from work* prendersi un periodo di riposo; (*spec. Br*) ~ *village* villaggio vacanze, villaggio turistico; *-s with pay* ferie retribuite, ferie pagate.

holidaymaker /ˈhɒlɪdeɪˌmeɪkər/ *Am* /ˈhɑːlɪdeɪ ˌmeɪkər/ *n.* villeggiante *m./f.*, turista *m./f.*

holier-than-thou /ˌhoʊliəðən'ðaʊ/ *Am* /ˌhoʊ liərðən'ðaʊ/ *a.* ipocritamente sicuro di sé, troppo perfetto, da santerello: *a* ~ *attitude* un atteggiamento da santo.

holiness /ˈhoʊlɪnəs/ *n.* santità *f.* ☐ *His Holiness* Sua Santità.

holism /ˈhoʊlɪzəm/ *n.* olismo *m.*

holistic /hoʊˈlɪstɪk/ *a.* olistico.

holla /ˈhɒlə/ *Am* /ˈhɑːlə/ *intz.* (*rar*) olà!, ohilà!, ehi!

holland /ˈhɒlənd/ *Am* /ˈhɑːlənd/ *n.* (*Tess*) tela *f.* d'Olanda, olanda *f.*

Holland /ˈhɒlənd/ *Am* /ˈhɑːlənd/ *n.pr.* (*Geog*) Olanda *f.* ☐ ~ *gin* olandese, gin olandese.

hollandaise /ˌhɒlənˈdeɪz/ *Am* /ˌhɑːlənˈdeɪz/ ☐ (*Gastron*) ~ *sauce* salsa olandese.

Hollander /ˈhɒləndər/ *Am* /ˈhɑːləndər/ *n.* (*ant*) olandese *m./f.*

Hollands /ˈhɒləndz/ *Am* /ˈhɑːləndz/ *n.pl.* (*costr.sing.*) olandese *m.*, gin *m.* olandese.

holler /ˈhɒlər/ *Am* /ˈhɑːlər/ *I v.t.* (*colloq*) gridare, urlare. *II v.i.* (*colloq*) gridare, urlare. *III n.* 1 grido *m.*, urlo *m.* 2 (*Am*) (*field holler*) canto *m.* degli schiavi.

hollow /ˈhɒloʊ/ *Am* /ˈhɑːloʊ/ *I a.* 1 vuoto, cavo: *a* ~ *tube* un tubo vuoto; *a* ~ *tree* un albero cavo. 2 (*having a depression, concave*) concavo, incavato. **3** (*sunken*) incavato, scavato, infossato: ~ *cheeks* guance incavate. **4** (*fig*) (*meaningless*) vano, vuoto, vacuo: ~ *promises* vane promesse. **5** (*insincere*) falso, insincero: ~ *words* parole false. **6** (*of sound*) cupo, basso, sordo. **7** (*colloq*) (*hungry*) affamato, con lo stomaco vuoto. **II** *n.* **1** avvallamento *m.*, depressione *f.* **2** (*small valley*) valletta *f.* **3** (*empty place*) cavità *f.*, buca *f.*, vuoto *m.* **4** (*concavity*) cavo *m.*, concavità *f.*: *the ~ of one's hand* il cavo della mano. □ *a ~ dish* un piatto fondo; *to ~ out* scavare, incavare, rendere cavo, rendere concavo; (*fig*) *to have a ~ ring* sembrare privo di fondamenti; (*Edil*) ~ *tile* mattone forato, forato.

hollow-cheeked /ˈhɒləʊˌtʃiːkt *Am* ˈhɑːləʊ ˌtʃiːkt/ *a.* dalle guance incavate.

hollow-eyed /ˈhɒləʊaɪd *Am* ˈhɑːləʊaɪd/ *a.* dagli occhi incavati, dagli occhi infossati.

hollow-hearted /ˈhɒləʊˌhɑːtɪd *Am* ˈhɑːləʊ ˌhɑːtɪd/ *a.* insincero, falso.

hollowly /ˈhɒləʊli *Am* ˈhɑːləʊli/ *avv.* sordamente, cupamente.

hollowness /ˈhɒləʊnəs *Am* ˈhɑːləʊnəs/ *n.* **1** l'essere cavo, l'essere vuoto. **2** (*fig*) falsità *f.*, insincerità *f.*

hollowware, hollow-ware /ˈhɒləʊweə *Am* ˈhɑːləʊweə/ *n.* pentole *f.pl.*, casseruole *f.pl.*, tegami *m.pl.*

holly /ˈhɒli *Am* ˈhɑːli/ *n.* (*Bot*) agrifoglio *m.*, alloro *m.* spinoso. □ (*Bot*) ~ *oak* leccio.

hollyhock /ˈhɒlɪhɒk *Am* ˈhɑːlihɑːk/ *n.* (*Bot*) malvone *m.*

Hollywood /ˈhɒliwʊd *Am* ˈhɑːliwʊd/ *n.pr.* (*Geog*) Hollywood *f.*

holm[1] /həʊm/ *n.* **1** terreno *m.* basso, bassa *f.* **2** (*island in a river*) isoletta *f.* fluviale.

holm[2] /həʊm/ *n.* (*Bot*) leccio *m.* □ (*Bot*) ~ *oak* leccio.

holmium /ˈhəʊlmiəm/ *n.* (*Chim*) olmio *m.*

holocaust /ˈhɒləkɔːst *Am* ˈhɑːləkɔːst/ *n.* **1** olocausto *m.*, distruzione *f.* massiccia: *nuclear ~* olocausto nucleare. **2** (*Stor*) (*the Holocaust*) l'Olocausto *m.* **3** (*Rel.ebr*) (*sacrificial offering*) olocausto *m.*

Holocene /ˈhɒləsiːn *Am* ˈhɑːləsiːn/ **I** *n.* (*Geol*) olocene *m.* **II** *a.* (*Geol*) olocenico.

holoenzyme /ˌhɒləʊˈenzaɪm *Am* ˌhɑːləʊ ˈenzaɪm/ *n.* (*Biol,Chim*) oloenzima *m.*

Holofernes /ˌhɒləʊˈfɜːniːz *Am* ˌhɑːləˈfɜːrnəs/ *n.pr.m.* (*Mitol*) Oloferne.

hologram /ˈhɒləgræm *Am* ˈhɑːləgræm/ *n.* (*Ott*) ologramma *m.*

holograph /ˈhɒləgrɑːf *Am* ˈhɑːləgræf/ **I** *a.* (*Dir*) olografo. **II** *n.* (*Dir*) scritto *m.* olografo.

holographic /ˌhɒləˈgræfɪk *Am* ˌhɑːləˈgræfɪk/ *a.* (*Dir*) olografo.

holographical /ˌhɒləˈgræfɪkəl *Am* ˌhɑːlə ˈgræfɪkəl/ *a.* (*Dir*) olografo.

holography /həˈlɒgrəfi *Am* həˈlɑːgrəfi/ *n.* (*Fot*) olografia *f.*

holomictic /ˌhɒləˈmɪktɪk *Am* ˌhɑːləˈmɪktɪk/ *a.* (*Geol*) olomittico.

holophrastic /ˌhɒləˈfræstɪk *Am* ˌhɑːləʊ ˈfræstɪk/ *a.* olofrastico, incorporante.

holophytic /ˌhɒləˈfɪtɪk *Am* ˌhɑːləʊˈfɪtɪk/ *a.* olofitico.

holothurian /ˌhɒləʊˈθjʊəriən *Am* ˌhɑːləʊ ˈθ(j)ʊriən/ **I** *a.* (*Zool*) degli oloturoidi. **II** *n.* (*Zool*) oloturia *f.*, cetriolo *m.* di mare.

hols /hɒlz/ *n.pl.* (*Br,Scol*) vacanze *f.pl.* (scolastiche).

holster /ˈhəʊlstə/ *n.* fondina *f.*

holt[1] /həʊlt/ *n.* (*ant*) **1** (*wood*) bosco *m.* **2** (*wooded hill*) collina *f.* boscosa.

holt[2] /həʊlt/ *n.* tana *f.* di lontra.

holus-bolus /ˌhəʊləsˈbəʊləs/ *avv.* (*spec. Canad*) tutto d'un colpo.

holy /ˈhəʊli/ **I** *a.* **1** (*sacred*) santo, sacro: ~

place luogo sacro (*anche fig*). **2** (*consecrated*) consacrato. **3** (*saintly*) santo, pio: *a ~ man* un santo uomo. **4** (*venerated*) santo, venerato: ~ *relics* sante reliquie. **5** (*connected with religion*) sacro, religioso, sacrale: ~ *rites* riti religiosi. **II** *n.* santuario *m.*, luogo *m.* sacro. □ (*Stor*) *Holy Alliance* Santa alleanza; (*Rel.ebr*) *Holy Ark* arca santa, arca dell'alleanza; *Holy Bible* Sacra Bibbia; (*Rel*) ~ *bread* ostia consacrata; *Holy City*: **1** (*Rel*) Gerusalemme, città santa; **2** (*heaven*) cielo; (*Rel*) *Holy Communion* eucaristia, comunione; (*Am,colloq*) ~ *cow* santo cielo; (*Rel*) ~ *day* festa religiosa; (*Rel.catt*) ~ *day of obligation* festa di precetto; (*Rel,Art*) *Holy Family* Sacra Famiglia; (*Rel.catt*) *Holy Father* Santo Padre; (*colloq*) *to have a ~ fear of* qcs. avere un sacro terrore di qcs.; (*Rel*) *Holy Ghost* Spirito Santo; *Holy Grail* sacro Graal; *Holy Joe*: **1** (*colloq*) (*priest*) prete; **2** (*colloq*) (*sanctimonious person*) bacchettone, bigotto; *Holy Land* Terra Santa, Terrasanta; *to live a ~ life* condurre una santa esistenza, vivere santamente; (*colloq*) ~ *mackerel* santo cielo; (*colloq*) ~ *Moses* santo cielo; *the Holy of Holies*: **1** (*Rel.ebr*) sancta sanctorum, luogo santissimo; **2** (*fig*) sancta sanctorum; (*Rel.catt*) *Holy Office* Sant'Uffizio; ~ *oil* olio santo, crisma; ~ *orders*: **1** (*Rel*) ordinazione sacerdotale; **2** (*status, rank of a priest*) ordini (sacri): *to be in ~ orders* avere preso gli ordini (sacri), essere stato ordinato sacerdote; *to take ~ orders* prendere gli ordini (sacri); ~ *roller* picchiapetto; (*Stor*) *Holy Roman Empire* sacro romano impero; *Holy Scriptures* Sacre Scritture; *Holy See* Santa Sede; *Holy Sepulchre* Santo Sepolcro; (*colloq*) ~ *smokes* santo cielo; (*Rel*) *Holy Spirit* Spirito Santo; (*Rel*) *Holy Synod* Santo Sinodo; (*colloq*) ~ *terror*: **1** persona insopportabile, persona fastidiosa; **2** (*of a child*) peste; *Holy Thursday*: **1** (*Rel*) (*Ascension Day*) giorno dell'ascensione, Ascensione; **2** (*Maundy Thursday*) giovedì santo; (*Rel*) *Holy Trinity* Santissima Trinità; ~ *war* guerra santa; ~ *water* acqua benedetta; *Holy Week* settimana santa; (*Rel.catt*) *Holy Year* anno santo.

holystone /ˈhəʊlistəʊn/ **I** *n.* (*Mar*) pomice *f.* (per lavare i ponti). **II** *v.t.* pulire strofinando con la pomice.

homage /ˈhɒmɪdʒ *Am* ˈhɑːmɪdʒ/ *n.* **1** omaggio *m.*, ossequio *m.*: *to pay* (*o do, render*) ~ *to so.* prestare (*o rendere*) omaggio a qcu., fare atto d'omaggio a qcu. **2** (*Mediev*) (*ceremony*) omaggio *m.*, atto *m.* di vassallaggio, atto *m.* di fedeltà. **3** (*Mediev*) (*relationship*) vassallaggio *m.*

home /həʊm/ **I** *n.* **1** (*house, etc. where one lives*) casa *f.*, dimora *f.*, abitazione *f.* **2** (*family environment*) casa *f.*, focolare *m.* (domestico). **3** (*institution*) ricovero *m.*, ospizio *m.*: *a ~ for the blind* un ricovero per ciechi. **4** (*native country*) terra *f.* natia, patria *f.*, madrepatria *f.* **5** (*place of origin*) patria *f.*, luogo *m.* d'origine. **6** (*any place of refuge*) casa *f.*, rifugio *m.*, asilo *m.* **7** (*Biol*) habitat *m.* **8** (*Sport*) (*goal*) meta *f.*, traguardo *m.* **9** (*Inform*) home *f.* **II** *a.* **1** casalingo, domestico, familiare: ~ *cooking* cucina casalinga; ~ *life* vita familiare. **2** (*domestic, native*) natale, d'origine: *one's ~ city* la (propria) città natale. **3** (*effective*) pertinente, che va a segno: *a ~ question* una domanda pertinente. **4** (*principal*) principale, primario. **5** (*Comm,Pol*) interno, nazionale, locale: ~ *affairs* affari interni; ~ *production* produzione nazionale. **6** (*Sport*) in casa: *a ~ match* un incontro in casa. **III** *avv.* **1** (*towards home*) a casa, verso casa: *let's go ~* andiamo a casa. **2** (*spec. Am*) (*at home*) a

casa, in casa: *to stay ~* rimanere in casa. **3** (*as far as it will go*) a fondo, in profondità: *to drive a nail ~* piantare a fondo un chiodo. **4** (*fig*) nel segno, a segno: *his criticism hit ~* le sue critiche hanno colto nel segno. **IV** *v.i.* **1** rincasare, rientrare a casa. **2** (*of pigeons, etc.*) trovare la via di casa, tornare alla base. **3** (*to reside*) abitare. **4** (*Aer*) dirigersi (automaticamente) (*in, on* verso): *the missile -d in on its target* il missile si diresse verso il bersaglio. **V** *v.t.* **1** mandare a casa, portare a casa. **2** (*of pigeons, etc.*) rinviare alla base. **3** (*to provide with a home*) dare una casa a. **4** (*Aer*) dirigere, guidare: *to ~ a missile on to a target* dirigere un missile verso il bersaglio. □ ~ *address* indirizzo di casa; *at ~ and abroad* in patria e all'estero; (*Br*) ~ *and dry* sano e salvo; (*spec. Aus*) ~ *and hosed* sano e salvo; *at ~*: **1** in casa, a casa: *to stay at ~* rimanere in casa; **2** (*in invitations*) in casa: *Mr. and Mrs. Brown will be at ~ on Friday* i signori Brown saranno in casa venerdì, i signori Brown riceveranno venerdì; **3** (*in one's own country*) in patria; **4** (*fig*) (*at ease*) a proprio agio: *to make oneself at ~* mettersi a proprio agio, fare come se si fosse a casa propria; *to be at ~ in high society* essere a proprio agio nell'alta società, trovarsi a proprio agio nell'alta società; **5** (*fig*) (*knowledgeable*) ferrato, competente (*in, with* in); **6** (*Sport*) in casa; ~ *away from* ~ come a casa propria; (*Econ*) ~ *banking* home banking; ~ *base*: **1** (*Sport*) (*in baseball*) casa base; **2** (*base of operations*) base operativa; **3** (*headquarters*) sede centrale; ~ *brew* birra fatta in casa, alcolico fatto in casa; (*fig*) *to bring sth. ~* (*to so.*) far capire qcs. (a qcu.); (*Med*) ~ *care* assistenza domiciliare; *to come ~*: **1** tornare a casa, arrivare a casa, tornare in patria; **2** (*fig*) toccare nel vivo (*to so.* qcu.); ~ *comforts* comodità domestiche; (*Inform*) ~ *computer* home computer, personal computer per uso domestico; (*Geog*) *Home Counties* contee intorno a Londra; ~ *defence* difesa nazionale; ~ *economics* economia domestica; (*Br*) ~ *farm* fattoria che fa parte della casa padronale; (*GB*) *Home Fleet* flotta a difesa delle isole britanniche; ~ *for the aged* ospizio per vecchi; (*Am,colloq*) *to be ~ free* essere a cavallo, non avere più problemi; (*Comm*) ~ *freight* nolo di ritorno; (*Am,Gastron*) ~ *fries* patate fritte (a spicchi); (*Mil*) ~ *front* fronte interno; (*Am*) ~ *furnishings* tessuti da arredamento; (*fig*) (*to be*) *on ~ ground* (stare) su un terreno sicuro; (*Mil*) *Home Guard* guardia nazionale; (*Br*) ~ *help* assistente domiciliare; *to make one's ~ in the country* abitare in campagna; (*Econ*) ~ *market* mercato interno, mercato nazionale; ~ *movie* video amatoriale, filmino; (*GB*) *Home Office* Ministero dell'interno; ~ *owner* proprietario di casa; (*Inform*) ~ *page*: **1** home page, pagina iniziale; **2** (*own site*) sito personale; (*Sport*) ~ *plate* (*in baseball*) casa base, piatto (di casa base); (*Pol*) ~ *rule* autogoverno, autonomia; (*Sport*) ~ *run* fuoricampo, home run; (*Sport*) *to hit a ~ run* fare un bel colpo; (*GB*) *Home Secretary* ministro dell'interno; *to see so. ~* accompagnare qcu. a casa; ~ *straight* (*o ~ stretch*): **1** (*Sport*) rettilineo finale, dirittura d'arrivo; **2** (*fig*) dirittura d'arrivo; ~ *sweet ~!* casa, dolce casa!; ~ *team* squadra che gioca in casa; (*colloq*) *to bring ~ the bacon* portare i soldi a casa, portare a casa la pagnotta; (*fig*) *your evil deeds will come ~ to roost* le tue cattive azioni si ritorceranno su di te; ~ *town* città natale, città d'origine, città di residenza, paese natio; *to tell so. a few ~ truths* dire a qcu. delle verità spiacevoli; ~ *video* video amatoriale, filmino; (*Med*) ~ *visit* visita domiciliare; (*fig*) *to come* ~ *with the milk* rincasare a giorno fatto.

home-bird /'hoυmbɜːd *Am* 'hoυmbɜːrd/ *n.* persona *f.* casalinga: *to be a* ~ essere sempre a casa.

homebody /'hoυmbɒdi *Am* 'hoυmbɑːdi/ *n.* persona *f.* casalinga.

homebound /'hoυmbaυnd/ *a.* (*homeward bound*) che va a casa, che torna a casa, diretto a casa.

homeboy /'hoυmbɔɪ/ *n.* (*Am,colloq*) compaesano *m.*

homebred /'hoυmbred/ *a.* **1** nostrano, del posto, indigeno. **2** (*fig*) rozzo, non raffinato.

home-brew /'hoυmbruː/ *n.* birra *f.* fatta in casa, alcolico *m.* fatto in casa.

home-brewed /'hoυmbruːd/ *a.* fatto in casa (*anche fig*).

homecoming /'hoυmkʌmɪŋ/ *n.* **1** ritorno *m.* in patria, ritorno *m.* a casa, rientro *m.* **2** (*Am, Scol,Univ*) raduno *m.* (di ex-studenti).

homegirl /'hoυmgɜːl *Am* 'hoυmgɜːrl/ *n.* (*Am, S.Afr*) compaesana *f.*

homegrown /'hoυmgroυn/ *a.* nazionale, nostrano, interno: ~ *produce* prodotti agricoli nazionali.

homeland /'hoυmlænd/ *n.* patria *f.*, terra *f.* natia, casa *f.*

homeless /'hoυmləs/ *a.* senza casa, senza tetto: *the* ~ i barboni, gli straccioni.

homelessness /'hoυmləsnəs/ *n.* l'essere senza casa, l'essere senza tetto.

homelike /'hoυmlaɪk/ *a.* **1** familiare, semplice, alla buona. **2** (*comfortable*) comodo, accogliente.

homeliness /'hoυmlɪnəs/ *n.* **1** semplicità *f.* **2** (*Am*) (*ugliness*) bruttezza *f.*

homely /'hoυmli/ *a.* **1** semplice, alla buona, senza pretese: ~ *pleasures* piaceri semplici; ~ *food* cibo senza pretese. **2** (*familiar*) familiare, corrente: ~ *language* lingua familiare. **3** (*Am*) (*of a person: unattractive*) sgraziato; (*ugly*) brutto.

homemade, **home-made** /'hoυm,meɪd/ *a.* **1** fatto in casa, casalingo, casereccio: ~ *bread* pane fatto in casa. **2** (*fig*) locale, nostrano.

homemaker /'hoυm,meɪkər/ *n.* casalinga *f.*, persona *f.* a cui piace curare la casa (nei minimi particolari).

homemaking /'hoυm,meɪkɪŋ/ *n.* piacere *m.* di curare la casa (nei minimi particolari).

homeopath /'hoυmioυpæθ/ *e der.* → homoeopath *e der.*

homeosis /,hɒmi'oυsɪs *Am* ,hoυmi'oυsɪs/ *e der.* → homoeosis *e der.*

homeowner /'hoυm,oυnər/ *n.* (*proprietario*) proprietario *m.* (*f.* -a) di casa.

homepage /'hoυmpeɪdʒ/ *n.* **1** (*Inform*) home page *f.*, pagina *f.* iniziale. **2** (*own site*) sito *m.* personale.

homer /'hoυmər/ **I** *n.* piccione *m.* viaggiatore, colombo *m.* viaggiatore. **II** *n.* (*Sport*) (*home run*) fuoricampo *m.*, home run *m.*

Homer /'hoυmər/ *n.pr.m.* (*Stor.gr*) Omero.

Homeric /hoυ'merɪk/ *a.* **1** omerico. **2** (*fig*) (*epic, heroic*) epico, eroico. **3** (*fig*) (*of epic proportions*) omerico, grandioso, eccezionale: ~ *laughter* risata omerica.

homeschool /'hoυm'skuːl/ **I** *v.i.* (*Am*) impartire un'educazione scolastica a casa. **II** *v.t.* (*Am*) impartire un'educazione scolastica a (qcu.) a casa.

homeschooling /'hoυm'skuːlɪŋ/ *n.* (*Am*) educazione *f.* scolastica impartita a casa.

homesick /'hoυmsɪk/ *a.* che ha nostalgia della propria casa, che ha nostalgia del proprio paese.

---

homesickness /'hoυmsɪknəs/ *n.* nostalgia *f.* (della propria casa).

homespun /'hoυmspʌn/ **I** *a.* **1** (*of cloth*) tessuto in casa, fatto con telaio a mano. **2** (*fig*) semplice, senza pretese. **II** *n.* (*Tess*) stoffa *f.* tessuta in casa.

homestead /'hoυmsted/ *n.* **1** casa *f.* con terreno circostante. **2** (*home*) casa *f.*, abitazione *f.* **3** (*Am,Dir*) appezzamento *m.* concesso dallo stato.

homesteader /'hoυmstedər/ *n.* **1** colono *m.*, agricoltore *m.* **2** (*Am,Dir*) assegnatario *m.* di terreno demaniale.

homesters /'hoυmstəz/ *n.pl.* (*Br,Sport*) squadra *f.sing.* che gioca in casa.

homeward /'hoυmwəd *Am* 'hoυmwərd/ **I** *a.* **1** di ritorno, che si dirige verso casa: *on a* ~ *course* sulla via del ritorno. **2** (*from abroad*) che ritorna in patria. **II** *avv.* verso casa, verso la patria, in patria. ☐ (*Mar*) ~ *bound vessel* nave in viaggio di ritorno; (*Comm*) ~ *freight* nolo di ritorno.

homewards /'hoυmwədz *Am* 'hoυmwərdz/ *avv.* verso casa, verso la patria, in patria.

homework /'hoυmwɜːk *Am* 'hoυmwɜːrk/ *n.* (*Scol*) compito *m.* (a casa).

homewrecker /'hoυmrekər/ *n.* (*Am,colloq*) rovinafamiglie *f.*

homey /'hoυmi/ *a.* **1** confortevole, comodo, accogliente. **2** (*unpretentious*) semplice, alla buona. **3** (*friendly*) cordiale, amichevole. **4** (*Am,colloq*) compaesano *m.* (*f.* -a).

homicidal /,hɒmɪ'saɪdl *Am* ,hɑːmɪ'saɪdl/ *a.* **1** omicida. **2** (*liable to commit homicide*) che ha tendenze omicide.

homicide /'hɒmɪsaɪd *Am* 'hɑːmɪsaɪd/ *n.* **1** omicidio *m.* **2** (*murderer*) omicida *m./f.* ☐ (*Am*) ~ *squad* squadra omicidi.

homiletic /,hɒmɪ'letɪk *Am* ,hɑːmɪ'letɪk/ *a.* omiletico.

homiletical /,hɒmɪ'letɪkl *Am* ,hɑːmɪ'letɪkl/ *a.* omiletico.

homiletics /,hɒmɪ'letɪks *Am* ,hɑːmɪ'letɪks/ *n.pl.* (*costr.sing.*) omiletica *f.*

homilist /'hɒmɪlɪst *Am* 'hɑːməlɪst/ *n.* omileta *m.*, autore *m.* di omelie.

homily /'hɒmɪli *Am* 'hɑːməli/ *n.* **1** omelia *f.*, predica *f.*, sermone *m.* **2** (*fig*) predica *f.*, sermone *m.*

homing /'hoυmɪŋ/ **I** *a.* **1** che ritorna a casa, che ritorna in patria. **2** (*Aer.mil*) che ritorna alla base. ☐ (*Aer*) ~ *device* radiobussola, radioguida; ~ *pigeon* colombo viaggiatore, piccione viaggiatore.

hominid /'hɒmɪnɪd *Am* 'hɑːmɪnɪd/ *n.* (*Zool*) ominide *m.*

hominoid /'hɒmɪnɔɪd *Am* 'hɑːmɪnɔɪd/ *n.* ominoideo *m.*

hominy /'hɒmɪni *Am* 'hɑːmɪni/ *n.* (*Am,Gastron*) mais *m.* macinato e cotto.

homo¹ /'hoυmoυ/ *n.* (*Zool*) uomo *m.*

homo² /'hoυmoυ/ *n.* (*sl*) omosessuale *m.*

homocentric /,hɒmə'sentrɪk *Am* ,hoυmoυ'sentrɪk/ *a.* omocentrico.

homocentrical /,hɒmə'sentrɪkl *Am* ,hoυmoυ'sentrɪkl/ *a.* omocentrico.

homocercal /,hɒmoυ'sɜːkl *Am* ,hoυmoυ'sɜːrkl/ *a.* (*Zool*) omocerco.

homochromatic /,hɒmoυkroυ'mætɪk *Am* ,hoυmoυkroυ'mætɪk/ *a.* (*Ott*) omocromatico.

homoeopath /'hɒmioυpæθ *Am* 'hoυmiou pæθ/ *n.* omeopata *m./f.*

homoeopathic /,hɒmiou'pæθɪk *Am* ,hoυ miou'pæθɪk/ *a.* omeopatico.

homoeopathist /,hɒmi'ɒpəθɪst *Am* ,hoυmi'ɑː pəθɪst/ *n.* omeopata *m./f.*

homoeopathy /,hɒmi'ɒpæθi *Am* ,hoυmi'ɑː pəθi/ *n.* omeopatia *f.*

homoeosis /,hɒmi'oυsɪs *Am* ,hoυmi'oυsɪs/ *n.*

(*Biol*) omeosi *f.*

homoeostasis /,hɒmiou'steɪsɪs *Am* ,hoυ miou'stæsɪs/ *n.* (*Biol*) omestasi *f.*

homoeotherm /,hɒmiou'θɜːm *Am* ,hoυmiou 'θɜːrm/ *n.* (*Zool*) omeotermo *m.*

homoerotic /,hɒmoυɪ'rɒtɪk *Am* ,hoυmoυɪ 'rɑːtɪk/ *a.* omoerotico.

homoeroticism /,hɒmoυɪ'rɒtɪsɪzəm *Am* ,hoυ moυɪ'rɑːtɪsɪzəm/ *n.* omoeroticismo *m.*

homogametic /,hɒmoυgə'metɪk *Am* ,hoυ moυgə'metɪk/ *a.* (*Biol*) omogametico.

homogamous /həˈmɒgəməs *Am* həˈmɑː gəməs/ *a.* (*Biol*) omogamo.

homogamy /hə'mɒgəmi *Am* hə'mɑːgəmi/ *n.* (*Biol*) omogamia *f.*

homogenate /hə'mɒdʒəneɪt, hə'mɒdʒənət *Am* hə'mɑːdʒəneɪt/ *n.* (*Biol*) omogenato *m.*

homogeneity /,hɒmoυdʒen'iːɪti *Am* ,hoυmou dʒə'niːəti/ *n.* omogeneità *f.*

homogeneous /,hɒmoυ'dʒiːniəs *Am* ,hoυ mou'dʒiːniəs/ *a.* **1** omogeneo, uniforme. **2** (*Mat*) omogeneo.

homogeneously /,hɒmoυ'dʒiːniəsli *Am* ,hoυ mou'dʒiːniəsli/ *avv.* in modo omogeneo.

homogeneousness /,hɒmoυ'dʒiːniəsnəs *Am* ,hoυmou'dʒiːniəsnəs/ *n.* omogeneità *f.*

homogenesis /,hɒmoυ'dʒenəsɪs *Am* ,hɑː mou'dʒenəsɪs/ *n.* (*Biol*) omogenesi *f.*

homogenetic /,hɒmoυdʒə'netɪk *Am* ,hɑː moudʒə'netɪk/ *a.* **1** omogeneo, uniforme. **2** (*Mat*) omogeneo.

homogenetical /,hɒmoυdʒə'netɪkl *Am* ,hɑː moudʒə'netɪkl/ *a.* **1** omogeneo, uniforme. **2** (*Mat*) omogeneo.

homogenisation /hoυ,mɒdʒənaɪ'zeɪʃən *Am* hoυ,mɑːdʒənaɪ'zeɪʃən/ *n.* omogeneizzazione *f.*

homogenise /hoυ'mɒdʒənaɪz *Am* hoυ 'mɑːdʒənaɪz/ *v.t.* omogeneizzare.

homogenization /hoυ,mɒdʒənaɪ'zeɪʃən *Am* hoυ,mɑːdʒənaɪ'zeɪʃən/ *n.* omogeneizzazione *f.*

homogenize /hoυ'mɒdʒənaɪz *Am* hoυ 'mɑːdʒənaɪz/ *v.t.* omogeneizzare.

homogeny /hoυ'mɒdʒəni *Am* hə'mɑːdʒəni/ *n.* (*Biol*) omologia *f.*

homograft /'hɒmoυgrɑːft *Am* 'hɑːmoυgræft/ *n.* (*Chir*) omotrapianto *m.*

homograph /'hɒməgrɑːf *Am* 'hɑːməgræf/ *n.* (*Ling*) omografo *m.*

homographic /,hɒmə'græfɪk *Am* 'hɑː məgræfɪk/ *a.* (*Ling*) omografo.

homography /hə'mɒgrəfi *Am* hə'mɑːgrəfi/ *n.* (*Ling*) omografia *f.*

homoiotherm /hə'mɔɪəθɜːm *Am* hoυ 'mɔɪouθɜːrm/ *n.* (*Zool*) omeotermo *m.*

homologate /hə'mɒləgeɪt *Am* hə'mɑːləgeɪt/ *v.t.* omologare (*anche Sport*).

homologation /hə,mɒlə'geɪʃən *Am* hə,mɑːlə 'geɪʃən/ *n.* omologazione *f.* (*anche Sport*).

homologic /,hɒmə'lɒdʒɪk *Am* ,hɑːmə'lɑːdʒɪk/ *a.* **1** corrispondente, omologo. **2** (*Biol*) omologo. **3** (*Mat*) omologico.

homological /,hɒmə'lɒdʒɪkl *Am* ,hɑːmə'lɑː dʒɪkl/ *a.* **1** corrispondente, omologo. **2** (*Biol*) omologo. **3** (*Mat*) omologico.

homologise /hoυ'mɒlədʒaɪz/ **I** *v.t.* (*Br*) riconoscere omologo, omologare. **II** *v.i.* (*Br*) essere omologo, corrispondere a.

homologize /hoυ'mɒlədʒaɪz *Am* hoυ 'mɑːlədʒaɪz/ **I** *v.t.* riconoscere omologo, omologare. **II** *v.i.* essere omologo, corrispondere a.

homologous /hə'mɒləgəs *Am* hə'mɑːləgəs/ *a.* **1** corrispondente, omologo. **2** (*Biol*) omologo. **3** (*Mat*) omologico.

homologue /'hɒməlɒg *Am* 'hɑːmələːg/ *n.* omologo *m.*

homology /hə'mɒlədʒi *Am* hə'mɑːlədʒi/ *n.* (*Biol,Mat,Filos*) omologia *f.*

homomorphic /,hɒmoυ'mɔːfɪk *Am* ,hɑːmou

'mɔːrfɪk/ a. (Biol,Mat) omomorfo.

homonym /'hɒmənɪm Am 'hɑːmənɪm/ n. omonimo m.

homonymic /ˌhɒmə'nɪmɪk Am ˌhɑːmə'nɪmɪk/ a. omonimico.

homonymous /hə'mɒnɪməs Am hoʊ 'mɑːnɪməs/ a. omonimo (anche Ling).

homonymy /hə'mɒnɪmi Am hə'mɑːnɪmi/ n. omonimia f.

homophile /'hɒməfaɪl Am 'hɑːməfaɪl/ a. 1 omofilo, omosessuale. 2 (concerned with the rights of homosexuals) fautore dei diritti degli omosessuali.

homophobe /'hɒməfoʊb Am 'hoʊməfoʊb/ n. omofobo m.

homophobia /ˌhɒmə'foʊbɪə Am ˌhoʊmə 'foʊbɪə/ n. omofobia f.

homophobic /ˌhɒmə'foʊbɪk Am ˌhoʊmə 'foʊbɪk/ a. omofobico.

homophone /'hɒməfoʊn Am 'hoʊməfoʊn/ n. (Ling) omofono m.

homophonic /ˌhɒmə'fɒnɪk Am ˌhoʊmoʊ'fɑː nɪk/ a. 1 omofono. 2 (Mus) omofonico.

homophonous /hə'mɒfənəs Am hə'mɑː fənəs/ a. 1 (Mus) omofonico. 2 (Ling) omofono, unisono.

homophony /hə'mɒfəni Am hə'mɑːfəni/ n. (Ling,Mus) omofonia f.

homopolar /'hɒmoʊˌpoʊlər Am 'hoʊmoʊ ˌpoʊlər/ a. (El) omopolare.

homosexual /ˌhɒmoʊ'seksjʊəl Am ˌhoʊmoʊ 'sekʃʊəl/ I a. omosessuale. II n. omosessuale m./f.

homosexuality /ˌhɒmoʊˌseksjuˈælɪti Am ˌhoʊmoʊˌsekʃʊ'ælətɪ/ n. omosessualità f.

homozygote /ˌhɒmoʊ'zaɪgoʊt Am ˌhoʊmoʊ 'zaɪgoʊt/ n. (Biol) omozigote m.

homozygous /ˌhɒmoʊ'zaɪgəs Am ˌhoʊmoʊ 'zaɪgəs/ a. omozigote, omozigotico.

homuncule /hoʊ'mʌŋkjuːl/ n. omuncolo m., nanerottolo m.

homunculus /hoʊ'mʌŋkjʊləs/ (pl. -li /-laɪ/) n. 1 (homuncule) omuncolo m., nanerottolo m. 2 homunculus m., omuncolo m.

homy /'hoʊmi/ a. 1 confortevole, comodo, accogliente. 2 (unpretentious) semplice, alla buona. 3 (friendly) cordiale, amichevole. 4 (Am,colloq) compaesano.

hon /hʌn/ n. (spec. Am) tesoro m.

Hon., hon. 1 honorary (onorario). 2 honourable (onorevole). □ ~ Sec. segretario onorario.

honcho /'hɑːntʃoʊ/ I n. (Am,colloq) capo m.: head ~ grande capo. II v.t. (Am,colloq) (to manage) dirigere.

Honduran /hɒn'd(j)ʊərən Am hɑːn'dʊrən/ I a. honduregno. II n. honduregno m. (f. -a).

Honduras /hɒn'd(j)ʊərəs Am hɑːn'dʊrəs/ n.pr. (Geog) 1 Honduras m. 2 (British Honduras) Honduras m. britannico.

hone /hoʊn/ I n. 1 (Tecn) pietra f. per affilare, cote f. 2 (Mecc) levigatrice f., smerigliatrice f. II v.t. affilare. 2 (Mecc) levigare.

honest /'ɒnɪst Am 'ɑːnɪst/ I a. 1 onesto, retto, buono, sano: an ~ man un uomo onesto. 2 (sincere) sincero, franco, schietto. 3 (fair) imparziale, equo, giusto. 4 (legitimate) onesto, lecito, legittimo: ~ profits onesti guadagni. 5 (genuine) puro, vero, genuino, sincero: an ~ remark un commento sincero, un commento detto in tutta onestà. 6 (plain, unpretentious) semplice, schietto, genuino: ~ food cibo semplice. 7 (of a woman: chaste) casta, onesta, virtuosa. II intz. (colloq) davvero!, sul serio!, parola (mia)! □ to be quite ~ about it per dire il vero, per essere sincero; an ~ broker conciliatore, mediatore; an ~ dealer una persona onesta; ~ injun parola (d'onore); an ~ mistake un errore involonta-

rio; to earn (o to turn) an ~ penny guadagnare qualche soldo, guadagnarsi da vivere (onestamente); the ~ truth la pura verità; to make an ~ woman (of so.) sposare una donna (dopo averla compromessa).

honestly /'ɒnɪstli Am 'ɑːnɪstli/ I avv. 1 onestamente. 2 (frankly) lealmente, sinceramente: I can ~ say posso sinceramente dire. II intz. 1 davvero!, sul serio!, parola! 2 (to express exasperation) (ma) insomma!

honest-to-God /ˌɒnɪstə'gɒd Am ˌɑːnɪstə 'gɑːd/ a. (colloq) genuino, vero e proprio.

honest-to-goodness /ˌɒnɪstə'gʊdnəs Am ˌɑːnɪstə'gʊdnəs/ a. (colloq) genuino, vero e proprio.

honesty /'ɒnɪsti Am 'ɑːnɪsti/ n. 1 onestà f., probità f., rettitudine f., integrità f. 2 (frankness) sincerità f., schiettezza f., lealtà f. 3 (Bot) lunaria f., medaglia f., (colloq) medaglioni m.pl. del Papa. 4 (ant) (chastity) onestà f., castità f., virtù f. □ in all ~ in tutta sincerità, onestamente. Prov.: ~ pays a essere onesti ci si guadagna sempre; ~ is the best policy la miglior politica è l'onestà.

honey /'hʌni/ I n. 1 miele m. 2 (fig) (sweetness) miele m., dolcezza f., soavità f. 3 (vezz) (darling) tesoro m., amore m., caro m. (f. -a), dolcezza f. (mia). 4 (Am,colloq) (sth. superlative) cosa f. superlativa, gioiello m. II a. 1 dolce, che ha sapore di miele. 2 (containing honey) addolcito con miele. □ (Entom) ~ ant mimercocisto; (Entom) ~ bag borsa melaria; (Zool) ~ bear cercoletto giallo, kinkajou; (Entom) ~ bee ape; (Am,colloq) ~ bucket padella; (Ornit) ~ buzzard falco pecchiaiolo; (Bot) ~ fungus chiodino; ~ guide 1 (Bot) nettaravia; 2 (Ornit) indicatoride; (Bot) ~ locust triacanto, gledissia; (Entom) ~ sac borsa melaria; (Entom) ~ stomach borsa melaria; ~ yellow color miele.

honeybee /'hʌnibiː/ n. (Entom) ape f., ape f. mellifera.

honeybird /'hʌnibɜːd Am 'hʌnibɜːrd/ n. (Ornit) melifaga f.

honeybun /'hʌnibʌn/ n. 1 (Am,Gastron) pasticcino m. rotondo con la glassa. 2 (Am,vezz) (sweetie-pie) tesoro m., dolcezza f.

honeybunch /'hʌnibʌntʃ/ n. (Am,vezz) (sweetie-pie) tesoro m., dolcezza f.

honeycomb /'hʌnikoʊm/ I n. 1 nido m. di api, favo m. 2 (fig) struttura f. a nido d'ape. II a. (a) nido d'ape. III v.t. 1 perforare, crivellare. 2 (fig) (to permeate) permeare, pervadere. 3 (fig) (to undermine) minare, sovvertire.

honeydew /'hʌnidjuː Am 'hʌniduː/ n. (Bot) melata f. □ (Bot,Alim) ~ melon melone dalla polpa verdastra.

honeyed /'hʌniːd/ a. 1 melato, addolcito con miele: ~ drinks bevande melate. 2 (fig) (sweet-sounding) dolce (come miele), melato. 3 (fig) (mellifluous) mellifluo, melato: ~ tone tono mellifluo.

honeymoon /'hʌnimuːn/ I n. viaggio m. di nozze, luna f. di miele. II v.i. andare in luna di miele, passare la luna di miele (in a, in). □ ~ period luna di miele (anche fig).

honeymooner /'hʌnimuːnər/ n. 1 persona f. in viaggio di nozze, persona f. in luna di miele. 2 (estens) novello sposo m. (f. -a), sposino m. (f. -a).

honeypot, honey-pot /'hʌnipɒt Am 'hʌni pɑːt/ n. 1 vaso m. di miele. 2 (fig) centro m. dell'attenzione, attrazione f. principale.

honeysuckle /'hʌnisʌkl/ n. (Bot) caprifoglio m., abbracciaboschi m.

honey-sweet /'hʌniswiːt/ a. dolce come il miele.

hongi /'hɒŋi Am 'hɑːŋi/ n. (NZ) saluto m. dei

Maori, bacio m. dei Maori.

Hong Kong /hɒŋ'kɒŋ Am ˌhɒŋ'kɔːŋ/ n.pr. (Geog) Hong Kong f. □ (Med) ~ flu (influenza) asiatica.

honied /'hʌniːd/ a. 1 melato, addolcito con miele. 2 (fig) (sweet-sounding) dolce (come miele), melato. 3 (fig) (mellifluous) mellifluo, melato.

honk /hɒŋk/ I n. 1 (of a car horn, etc.) colpo m. di clacson, strombazzata f. 2 (fig) grido m. dell'anitra selvatica, richiamo m. dell'anitra selvatica. II v.i. 1 (of a car horn, etc) suonare il clacson, dare un colpo di clacson, strombazzare. 2 (of a goose) lanciare il grido, lanciare il richiamo. 3 (Br,colloq) vomitare, rimettere. III v.t. (of a car horn, etc) suonare, strombazzare.

honker /'hɒŋkər Am 'hɔːŋkər/ n. 1 suonatore m. (f. -trice), strombazzatore m. (f. -trice). 2 (big nose) nasone m. (f. -a).

honkie, honky /'hɒːŋki/ n. (Am,spreg) bianco m. (f. -a).

honky-tonk /'hɒŋkiˌtɒŋk Am 'hɔːŋkiˌtɔːŋk/ n. 1 (music) honky-tonky m. (musica ragtime suonata su un vecchio pianoforte). 2 (Am,sl) night m., locale m. (malfamato).

Honolulu /ˌhɒnə'luːlu: Am ˌhɑːnə'luːluː/ n.pr. (Geog) Honolulu f.

honor /'ɑːnər/ e der. (Am) → **honour** e der.

honorarium /ˌɒnə'reərɪəm Am ˌɑːnə'reriəm/ (pl. -s /-z/ o -ria /-rɪə/) n. onorario m., emolumento m., compenso m.

honorary /'ɒnərəri Am 'ɑːnəreri/ a. 1 onorifico: ~ title titolo onorifico. 2 (holding a title or office without payment) onorario: ~ president presidente onorario. 3 (of a post) onorifico, senza retribuzione. 4 (of an obligation) d'onore. □ (Univ) ~ degree laurea ad honorem; (Br,Dir) ~ magistrate giudice onorario; ~ office carica onoraria.

honorific /ˌɒnə'rɪfɪk Am ˌɑːnə'rɪfɪk/ I a. 1 onorifico. 2 (Gramm) di cortesia. II n. 1 titolo m. onorifico. 2 (Gramm) forma f. di cortesia.

honoris causa /ɒˌnɔːrɪs'kæʊzə Am ɑːˌnɔːrɪs 'kæʊzə/ avv. honoris causa, ad honorem: a doctorate conferred ~ un dottorato conferito ad honorem.

honour /'ɒnər Am 'ɑːnər/ I n. 1 onore m., (buona) reputazione f., onorabilità f.: to win ~ in war farsi onore in guerra. 2 (of a woman) onore m. 3 (integrity) onore m., onestà f., integrità f.: a man of ~ un uomo d'onore. 4 (dignity) onore m., dignità f. 5 (glory, credit) onore m., gloria f., fama f., vanto m.: he is an ~ to his country fa onore al suo paese. 6 (respect) rispetto m., stima f., deferenza f., ossequio m. 7 (privilege) onore m., privilegio m.: I have the ~ to inform you ho l'onore d'informarla. 8 (decoration) onorificenza f., decorazione f. 9 (honour card: in whist) atout m. 10 pl. (Univ) (academic distinction) lode f.sing.: to pass an examination with -s superare un esame con la lode. 11 pl. (Am,Univ) (course) corsi m.pl. che preparano a una laurea con lode. 12 pl. (social courtesies) onori m.pl. di casa: to do the -s fare gli onori di casa. 13 pl. (in bridge) onori m.pl. 14 pl. (Mil) onori m.pl. II v.t. 1 onorare, rispettare, stimare. 2 (to confer a distinction on) conferire un'onorificenza a. 3 (to confer honour on) onorare, fare onore a: to ~ so. with a visit onorare qcu. della propria visita. 4 (to be a credit to) fare onore a, onorare, essere un vanto per. 5 (to fulfil) rispettare, onorare, adempire: to ~ a contract rispettare un contratto. 6 (Comm) onorare, pagare, fare onore a: to ~ a bill onorare una cambiale; to ~ a cheque onorare un assegno. □ ~ bound moralmente obbligato; (ant,colloq) ~ bright sul mio onore, parola d'onore; (*Univ*) -*s degree* laurea con lode; *would you do me the ~ of...?* mi farebbe l'onore di...?; *to be awarded an ~ for valour* essere decorato al valore; *in* ~ in coscienza, moralmente; *in* ~ *of* in onore di; -*s list*: 1 (*GB*) lista delle onorificenze conferite dal sovrano; 2 (*Scol*) albo d'onore; -*s of war* onori delle armi; *to be on one's ~ to do sth.* avere dato la propria parola (d'onore) di fare qcs.; *on my* ~ sul mio onore, parola d'onore; *to ~ one's promise* fare onore alla propria parola; ~ *system* sistema basato sulla fiducia; *to ~ so. with a peerage* conferire un titolo nobiliare a qcu. *Prov.: there is ~ among thieves* in casa di ladri non ci si ruba.

Honour /'ɒnər *Am* 'ɑːnər/ *n.* (*as a title*) Onore *m.: your* ~ Vostro Onore.

honourable /'ɒnərəbļ *Am* 'ɑːnərəbļ/ *a.* 1 giusto, d'onore, onesto, retto, onorato: *an ~ man* un uomo giusto, un uomo d'onore. 2 (*conferring honour*) onorevole, che fa onore: *an ~ peace* una pace onorevole. 3 (*worthy of honour*) onorabile, degno d'onore. ☐ (*Mil*) ~ *discharge* congedo (con onore).

Honourable /'ɒnərəbļ *Am* 'ɑːnərəbļ/ *a.* (*as a title*) onorevole. ☐ (*Parl*) *my ~ friend* il mio onorevole collega.

honourableness /'ɒnərəbļnəs *Am* 'ɑːnərəbļnəs/ *n.* 1 onorabilità *f.* 2 (*uprightness*) probità *f.*, rettitudine *f.*

honourably /'ɒnərəbli *Am* 'ɑːnərəbli/ *avv.* onorabilmente, con onore, onorevolmente.

honoured /'ɒnərd *Am* 'ɑːnərd/ ☐ *to feel ~ by sth.* sentirsi onorato per qcs., sentirsi onorato di qcs.

Hons. (*Univ*) *Honours* (lode).

hooch /huːtʃ/ *n.* (*Am,sl*) 1 liquore *m.* 2 (*illicit liquor*) liquore *m.* distillato clandestinamente.

hood[1] /hʊd/ **I** *n.* 1 (*Abbigl*) cappuccio *m.* 2 (*Univ*) cappuccio *m.* della toga. 3 (*Aut,Aer*) capote *f.*, cappotta *f.*, tettuccio *m.* 4 (*of a perambulator*) soffietto *m.*; (*of a carriage*) telone *m.* 5 (*of a cooking hob, etc.*) cappa *f.* 6 (*Fot*) paraluce *m.* 7 (*Am,Aut*) (*bonnet*) cofano *m.* 8 (*Tecn*) (*of a machine*) calotta *f.*, protezione *f.*, coperchio *m.*, copertura *f.* 9 (*sl*) (*condom*) guanto *m.*, preservativo *m.*, profilattico *m.* **II** *v.t.* 1 incappucciare. 2 (*fig*) (*to hide*) nascondere, celare. ☐ (*Arch*) ~ *mould* (o ~ *moulding*) gocciolatoio.

hood[2] /hʊd/ *n.* (*Am,sl*) teppista *m./f.*

hood[3] /hʊd/ *n.* (*Am,sl*) zona *f.*, distretto *m.*

hooded /'hʊdɪd/ *a.* 1 incappucciato, col cappuccio: *a ~ monk* un monaco incappucciato. 2 (*hood-shaped*) a (forma di) cappuccio. 3 (*Zool*) cappelluto, crestato. 4 (*fig*) (*of the eyes*) socchiusi. ☐ (*Ornit*) ~ *crow* cornacchia bigia; (*Zool*) ~ *seal* cistofora crestata; (*Zool*) ~ *snake* cobra dagli occhiali, cobra dal cappello.

hoodlum /'hʊdləm/ *n.* (*Am*) 1 (*sl*) (*hooligan*) teppista *m.* 2 (*gangster*) bandito *m.*, malvivente *m.*

hoodoo /'huːduː/ **I** *n.* 1 menagramo *m.*, iettatore *m.* (*f. -trice*). 2 (*bad luck*) sfortuna *f.*, scalogna *f.*, iettatura *f.* 3 (*voodoo*) voodoo *m.* 4 (*Am*) colonna *f.* di roccia sformata da erosione, (*colloq*) camino *m.* di fata. **II** *v.t.* 1 portare sfortuna a, portare scalogna a. 2 (*to cast a spell on*) gettare un maleficio su, gettare il malocchio su.

hoodwink /'hʊdwɪŋk/ *v.t.* 1 (*to trick*) imbrogliare, raggirare, (*colloq*) infinocchiare. 2 (*ant*) (*of a horse*) mettere il paraocchi a.

hooey /'huːi/ **I** *intz.* (*colloq*) sciocchezze!, balle! **II** *n.* (*colloq*) frottola *f.*, fandonia *f.*, sciocchezza *f.*, (*colloq*) balla *f.*

hoof /huːf, hʊf/ **I** *n.* (*pl. -s* /-s/ o **hooves** /huːvz/) 1 (*Zool*) zoccolo *m.*, ungula *f.* 2 (*scherz*) (*human foot*) piede *m.*, zampa *f.* **II** *v.i.* 1 (*colloq*) camminare, andare a piedi. 2 (*colloq*) (*to dance*) ballare. 3 (*colloq*) (*to kick*) calciare, tirare un calcio a. **III** *v.t.* 1 (*colloq*) percorrere (a piedi). 2 (*to trample*) pestare, calpestare. ☐ (*Am,Veter*) ~ *and mouth disease* afta, afta epizootica; (*colloq*) *to ~ it* andare a piedi; *on the ~*: 1 (*of cattle*) (ancora) vivo, non macellato; 2 (*fig*) (*without stopping or sitting down*) in piedi; 3 (*fig*) (*without due consideration*) lì per lì, precipitosamente, alla cieca; (*colloq*) *to ~ out* prendere a calci; ~ *print* impronta di zoccolo.

hoofed /huːft, hʊft/ *a.* (*Zool*) con unghia a zoccolo, ungulato.

hoofer /huː'fər, hʊfər/ *a.* (*Am,colloq*) ballerino *m.* (*f. -a*).

hoo-ha /'huːhɑː/ *n.* 1 (*colloq*) chiasso *m.*, baccano *m.* 2 (*quarrel*) lite *f.*, alterco *m.* 3 (*fuss*) baraonda *f.*, trambusto *m.*, confusione *f.*

hook[1] /hʊk/ *n.* 1 gancio *m.*, uncino *m.* 2 (*Pesc*) (*fish hook*) amo *m.* 3 (*Abbigl*) gancio *m.*, uncinetto *m.*, ganghero *m.*, uncinello *m.*: ~ *and eye* gancio e occhiello. 4 (*Agr*) (*cutting instrument*) roncola *f.*, pennato *m.*, falcetto *m.* 5 (*trap*) tranello *m.*, trappola *f.* 6 (*Geog*) (*curvy spot*) lingua *f.* di terra arcuata; (*sharp bend of a river*) gomito *m.*, ansa *f.* 7 (*Sport*) (*in golf, etc.*) hook *m.*, tiro *m.* a gancio, tiro *m.* a uncino; (*in boxing*) gancio *m.*, hook *m.* 8 (*Mus*) (*notation*) uncino *m.* della nota; (*jingle*) ritornello *m.*, jingle *m.* 9 (*for crocheting*) uncinetto *m.*, crochet *m.* 10 (*Mar*) (*breast hook*) gola *f.*, ghirlanda *f.* ☐ *by ~ or by crook* a ogni costo, di riffa o di raffa; *to get one's -s into* afferrare (anche *fig*); (*Am,colloq*) *to get the ~* essere licenziato; (*Am,colloq*) *to give so. the ~* licenziare qcu., cacciare qcu.; (*colloq*) ~, *line and sinker* completamente, (del) tutto; (*fig*) *he swallowed the story ~, line and sinker* ha bevuto la storia dall'inizio alla fine; *off the ~*: 1 fuori dai guai; (*fig*) *to let so. off the ~* discolpare qcu., scagionare qcu.; 2 (*Tel*) staccato: *he left the phone off the ~* ha lasciato il telefono staccato; (*colloq*) *on one's own ~*: 1 di propria iniziativa; 2 (*independently*) per conto proprio; (*Mecc*) ~ *spanner* chiave a fine, chiave a gancio.

hook[2] /hʊk/ **I** *v.t.* 1 agganciare. 2 (*to catch as if with a hook*) pescare, accalappiare: *to ~ a husband* accalappiare un marito. 3 (*to entrap*) imbrogliare, gabbare, (*colloq*) infinocchiare. 4 (*to bend like a hook*) curvare a uncino, piegare a uncino, uncinare. 5 (*Pesc*) prendere all'amo. 6 (*Sport*) (*in rugby*) tallonare; (*in soccer*) uncinare; (*in boxing*) sferrare un gancio a, colpire con un gancio. 7 (*colloq*) (*to make addicted*) agganciare, assuefare. 8 (*colloq*) (*to be infatuated*) stregare, rapire. 9 (*Am,colloq*) (*to steal*) rubare. **II** *v.i.* 1 agganciarsi: *the dress -s at the back* il vestito si aggancia di dietro. 2 (*to curve or bend like a hook*) assumere la forma di un uncino. 3 (*Sport*) (*of a player*) uncinare il pallone. 4 (*Sport*) (*in boxing*) sferrare un gancio. 5 (*Am, colloq*) (*to be a prostitute*) vendersi, battere. ☐ (*colloq*) *to ~ it* tagliare la corda, darsela a gambe; *on to*: 1 essere agganciato a; 2 (*colloq*) (*to attach oneself to*) attaccarsi alle calcagna di; *to ~ up*: 1 (*of electrical appliances, etc.*) allacciare, collegare; 2 (*to fasten with a hook*) agganciare; 3 (*Am,sl*) (*get together romantically*) stare insieme; (*to have sex*) farlo.

hooka, **hookah** /'hʊkə/ *n.* pipa *f.* ad acqua, narghilè *m.*

hook-beaked /'hʊkbiːkt/ *a.* (*Ornit*) dal becco aduncoo.

hook-billed /'hʊkbɪld/ *a.* (*Ornit*) dal becco adunco.

hooked /hʊkt/ *a.* 1 ricurvo, a uncino, a gancio. 2 (*of a nose*) adunco, aquilino. 3 (*of a beak*) adunco. 4 (*having hooks*) con ganci, provvisto di ganci. 5 (*made with a hook*) lavorato all'uncinetto, fatto all'uncinetto. 6 (*sl*) (*addicted to narcotics*) drogato, tossico, tossico. 7 (*obsessed*) fanatico, che ha il pallino (*on* di). 8 (*colloq*) (*married*) sposato, accasato.

hooker[1] /'hʊkər/ *n.* 1 (*colloq*) (*prostitute*) prostituta *f.*, (*volg*) battona *f.*, zoccola *f.* 2 (*Sport*) (*in rugby*) tallonatore *m.* 3 (*Minier*) operaio *m.* che aggancia i vagoni. 4 (*Mecc*) agganciatore *m.*

hooker[2] /'hʊkər/ *n.* (*Mar*) 1 (*two-masted Dutch boat*) nave *f.* (olandese) a due alberi. 2 (*one-masted fishing boat*) peschereccio *m.* a un albero.

hookey /'hʊki/ ☐ (*Am,colloq*) *to play ~*: 1 marinare la scuola; 2 (*to shirk responsibility*) tirarsi indietro di fronte alla responsabilità.

hooknose /'hʊknouz/, **hooknosed**, **hook-nosed** /'hʊknouzd/ *a.* dal naso adunco, dal naso aquilino.

hookup, **hook-up** /'hʊkʌp/ *n.* 1 (*El*) collegamento *m.*, connessione *f.*, attacco *m.* 2 (*Rad, TV*) gruppo *m.* degli allacciamenti e dei circuiti; (*diagram*) schema *m.* di montaggio.

hookworm /'hʊkwɜːm *Am* 'hʊkwɜːrm/ *n.* (*Zool*) anchilostomatide *m.* ☐ (*Med*) ~ *disease* anchilostomiasi.

hooky /'hʊki/ ☐ (*Am,colloq*) *to play ~*: 1 marinare la scuola; 2 (*to shirk responsibility*) tirarsi indietro di fronte alla responsabilità.

hooley /'huːli/ *n.* (*spec. Ir*) festa *f.* chiassosa, baldorie *f.pl.*

hooligan /'huːlɪɡən/ **I** *n.* teppista *m.*, hooligan *m.* **II** *a.* teppistico, da hooligan.

hooliganism /'huːlɪɡənɪzm/ *n.* teppismo *m.*, hooliganismo *m.*

hoon /huːn/ *n.* (*Aus*) teppista *m.*, hooligan *m.*

hoop[1] /huːp/ *n.* 1 cerchio *m.*, cerchione *m.* 2 *pl.* (*Sport,colloq*) basket *m.sing.* 3 (*for a barrel, etc.*) cerchio *m.* 4 (*child's toy*) cerchio *m.* 5 (*Mod*) (*skirt*) gonna *f.* a crinolina; (*underskirt*) crinolina *f.* 6 (*Sport*) (*in croquet*) archetto *m.* 7 (*in embroidery*) cerchio *m.* del telaio. **II** *v.t.* 1 (*of a barrel*) cerchiare. 2 (*fig*) accerchiare, circondare. ☐ (*colloq*) *to go through -s* (o *to go through the -s*) passarsela male; (*Met*) ~ *iron* moietta, reggetta; (*colloq*) *to be put through (the) -s* passarsela male; (*Abbigl,ant*) ~ *skirt*: 1 (*skirt*) gonna a crinolina; 2 (*underskirt*) crinolina.

hoop[2] /huːp/ **I** *n.* urlo *m.*, grido *m.* **II** *v.i.* urlare, gridare.

hooper /'huːpər/ *n.* bottaio *m.*

hooping /'huːpɪŋ/ ☐ (*Med*) ~ *cough* pertosse, tosse convulsa.

hoopla /'huːplɑː/ *n.* 1 (*Br*) (*game*) tiro *m.* a segno coi cerchietti. 2 (*colloq*) (*bustling excitement*) confusione *f.*, andirivieni *m.*, trambusto *m.*

hoopoe /'huːpuː/ *n.* (*Ornit*) upupa *f.*, galletto *m.* di marzo, galletto *m.* di bosco.

hoorah, **hooray** /hʊ'reɪ/ **I** *intz.* hurrà!, evviva! **II** *v.i.* gridare urrà, gridare evviva, acclamare. **III** *n.* urrà *m.*, evviva *m.*, acclamazione *f.* ☐ (*Br,colloq,spreg*) *Hooray Henry* furfante *m.*

hoosegow /'huːsɡou/ *n.* (*Am,colloq*) galera *f.*

hoot[1] /huːt/ *n.* 1 (*of an owl*) grido *m.* 2 (*disapproving sound*) fischiata *f.*; (*shout*) urlo *m.*, grido *m.* 3 (*of a horn*) colpo *m.* di clacson; (*of a whistle*) fischio *m.* 4 (*colloq*) (*sth. very*

amusing) cosa *f.* divertentissima, spasso *m.*
□ (*colloq*) *I don't* care *a* ~ (o *I don't give a* ~ o *I don't give two -s*) non me ne importa un fico secco, non me ne importa niente; (*colloq*) it's *a* ~ fa morire dal ridere; (*Ornit, pop*) ~ owl civetta, gufo.

hoot[2] /huːt/ **I** *v.i.* **1** (*of an owl*) gridare. **2** (*of a horn*) suonare; (*of a whistle*) fischiare. **3** (*to shout in disapproval, etc.*) urlare, gridare. **4** (*colloq*) (*to laugh loudly*) ridere sguaiatamente. **II** *v.t.* subissare di urli (e fischi), fischiare. □ *to* ~ at *a speaker* fischiare un oratore; *to* ~ *so.* down zittire qcu.; *to* ~ *an actor* off *the stage* far uscire un attore dalla scena con urli e fischi.

hootch /huːtʃ/ *n.* (*Am,sl*) **1** liquore *m.* **2** (*illicit liquor*) liquore *m.* distillato clandestinamente.

hooter /ˈhuːtər Am 'huːtər/ *n.* **1** (*Aut*) clacson *m.*, tromba *f.* **2** (*Ind*) (*siren*) sirena *f.* **3** (*colloq*) (*big nose*) nasone *m.* (*f.* -a). **4** *pl.* (*Am,colloq*) (*breasts*) poppe *f.pl.*, zinne *f.pl.*

hoots /huːts/ *intz.* (*Scott*) uffa!

hooved /huːvd/ *a.* (*Zool*) con unghia a zoccolo, ungulato.

hoover, **Hoover** /ˈhuːvər/ **I** *n.* (*Br*) aspirapolvere *m.* **II** *v.t.* (*Br*) pulire con l'aspirapolvere.

hooves /huːvz/ *n.pl.* → hoof.

hop[1] /hɒp Am haːp/ (*past, p.p.* **hopped** /-t/) **I** *v.i.* **1** saltellare su una gamba. **2** (*to leap, to jump*) saltare, saltellare, salterellare; (*of birds, animals*) saltellare. **3** (*to limp*) zoppicare. **4** (*to move quickly*) balzare: *she -ped out of bed* balzò fuori dal letto. **5** (*to make a short flight*) fare un breve volo. **6** (*colloq*) (*of an aeroplane*) decollare, partire. **7** (*colloq*) (*to dance*) ballare, fare quattro salti. **II** *v.t.* **1** (*to jump over*) saltare. **2** (*colloq*) (*of a vehicle: to jump into*) saltare su, salire su. **3** (*to cross by air*) attraversare in volo. □ (*colloq*) *to* ~ a *ride* ottenere un passaggio (in macchina); (*spec. Br*) *to* ~ it andarsene, togliersi dai piedi: ~ *it!* vattene!, fila!; *to* ~ off: 1 (*colloq*) (*of an aeroplane*) decollare, partire; 2 (*used transitively*) saltare giù da, scendere da, balzare giù da: *she -ped off the bus* è saltato giù dall'autobus; (*colloq*) *to* ~ on a *vehicle* saltare su un veicolo, salire su un veicolo; *to* ~ over *to Paris for the day* fare un volo a Parigi per un giorno; *he -ped over to the butcher's* ha fatto una scappata dal macellaio, ha fatto un salto dal macellaio; (*colloq*) *to* ~ the perch crepare, tirare le cuoia; (*sl*) *to* ~ the twig: 1 sfuggire ai creditori; 2 (*to die*) morire.

hop[2] /hɒp Am haːp/ *n.* **1** salto *m.*, balzo *m.* **2** (*jump, leap*) salto *m.*, saltello *m.*, salterello *m.* **3** (*colloq*) (*informal dance*) quattro salti *m.pl.* **4** (*Aer*) tappa *f.* (di un volo). **5** (*colloq*) (*short trip*) scappata *f.*, salto *m.* □ (*spec. Br*) on *the* ~: 1 (*in the act*) in flagrante; 2 (*unprepared*) alla sprovvista, impreparato; *to catch so. on the* ~ trovare qcu. impreparato; 3 (*busy*) infaticabile, indaffarato, attivo, sempre in moto; *to keep so. on the* ~ tenere qcu. sempre attivo; ~, *skip and jump* (o ~, *step and jump*): 1 (*Sport*) salto triplo; 2 (*fig*) breve distanza, tiro di schioppo.

hop[3] /hɒp Am haːp/ *n.* **1** (*Bot*) luppolo *m.* **2** (*sl*) (*opium*) oppio *m.* **3** *pl.* (*in brewing*) coni *m.pl.* di luppolo. □ ~ *bind* (o ~ *bine*) stelo del luppolo; (*Agr*) ~ *picker* raccoglitore di luppolo.

hop[4] /hɒp Am haːp/ *v.t.* aromatizzare con luppolo. □ *to* ~ up: 1 (*Aut*) aumentare la potenza di, truccare; 2 (*colloq*) (*to excite*) eccitare, agitare; 3 (*sl*) (*to drug*) drogare, oppiare.

hope /houp/ **I** *n.* **1** speranza *f.*: *to give up* ~ perdere la speranza; *there is little* ~ *that he will recover* c'è ben poca speranza che guarisca. **2** (*trust*) speranza *f.* (fiduciosa), fede *f.* **II** *v.t.* sperare: *I* ~ *to see you again soon* spero di rivederti presto. **III** *v.i.* aspettare (*for sth.* qcs.), sperare (in). □ *to* ~ *against* ~ sperare fino all'ultimo; ~ chest cassa del corredo; *to* ~ for the best sperare che tutto vada per il meglio; *to* have *-s of doing sth.* sperare di poter fare qcs.; *my -s are* high ho buone speranze; *to live* in ~ *of* vivere sperando in, accarezzare la speranza di, vivere nella speranza di; *let's* ~! speriamo bene!, speriamo!; *there is* no ~ *whatever* (o *there is no* ~ *whatsoever*) non c'è nessuna speranza; *I* ~ not mi auguro di no, spero di no; *not a* ~! nessuna speranza!; *to* set *one's -s on* riporre le proprie speranze in; *I* ~ so mi auguro di sì, spero di sì, lo spero; (*iron*) some ~! aspetta e spera!; (*colloq*) *as I* ~ *to be saved*! com'è vero Iddio!; (*epist,Comm*) *hoping to* hear *from you soon* in attesa di un vostro sollecito riscontro; (*iron*) *what a* ~! bella speranza! *Prov.*: ~ *springs eternal* finché c'è vita c'è speranza.

hopeful /ˈhoupful/ **I** *a.* **1** speranzoso, fiducioso, pieno di speranze. **2** (*giving rise to hope*) promettente, che dà speranza. **3** (*promising*) promettente, che promette bene: *a* ~ *writer* uno scrittore promettente. **II** *n.* speranza *f.*, promessa *f.* □ *to be* ~ of *sth.* sperare in qcs., confidare in qcs.; *to be* very ~ avere fondate speranze.

hopefully /ˈhoupfuli/ *avv.* **1** (*full of hope*) con speranza, fiduciosamente. **2** (*colloq*) (*it is hoped that*) c'è da sperare che, si spera che, spero che: ~ *it won't rain* spero che non pioverà.

hopefulness /ˈhoupfulnəs/ *n.* buona speranza *f.*, fiducia *f.*

hopeless /ˈhoupləs/ *a.* **1** disperato, senza (o privo di) speranza: *a* ~ *situation* una situazione disperata. **2** (*impossible*) impossibile, irrealizzabile, insolubile: *a* ~ *task* un compito impossibile. **3** (*colloq*) (*incapable*) pessimo, incapace, impossibile: *a* ~ *singer* un pessimo cantante.

hopelessly /ˈhoupləsli/ *avv.* disperatamente.

hopelessness /ˈhoupləsnəs/ *n.* disperazione *f.*

hophead /ˈhɒphed Am 'haːphed/ *n.* (*colloq*) **1** (*Am*) drogato *m.* (*f.* -a), tossicomane *m./f.* **2** (*Aus*) forte bevitore *m.* (*f.* -trice), ubriacone *m.* (*f.* -a).

hoplite /ˈhɒplait Am 'haːplait/ *n.* (*Stor.gr*) oplita *m.*, oplite *m.*

hopper[1] /ˈhɒpər Am 'haːpər/ *n.* **1** saltatore *m.* (*f.* -trice). **2** (*Entom*) insetto *m.* che salta, pulce *f.* **3** (*Tecn*) tramoggia *f.* **4** (*Mar*) barca *f.* tramoggia. □ (*Ferr*) ~ car carro tramoggia; (*Arch*) ~ casement (o ~ light o ~ window) vasistas, finestra a tramoggia.

hopper[2] /ˈhɒpər Am 'haːpər/ *n.* (*Agr*) raccoglitore *m.* (*f.* -trice) di luppolo.

hopping /ˈhɒpiŋ Am 'haːpiŋ/ *a.* saltellante, attivissimo. □ (*colloq*) ~ mad furioso, furibondo, fuori di sé.

hopple /ˈhɒpl Am 'haːpl/ **I** *v.t.* (*Zootecn*) impastoiare. **II** *n.* (*Zootecn*) pastoia *f.*

hopsack /ˈhɒpsæk Am 'haːpsæk/ *n.* **1** (*Tess*) tessuto a trama larga. **2** (*sack for hops*) sacco *m.* per raccogliere il luppolo.

hopscotch /ˈhɒpskɒtʃ Am 'haːpskaːtʃ/ *n.* (*child's game*) gioco *m.* della campana, campana *f.*

Horace /ˈhɒrəs Am 'hoːrəs/ *n.pr.m.* Orazio.

horary /ˈhɒrəri/ *a.* **1** (*rar*) orario. **2** (*hourly*) (*di*) ogni ora.

Horatian /hɒˈreiʃən Am hɔːˈreiʃən/ *a.* (*Lett*)

oraziano, di (o del poeta) Orazio.

horde /hɔːd Am hɔːrd/ *n.* **1** (*of insects, animals*) sciame *m.*, stormo *m.*, torma *f.* **2** (*of people*) torma *f.*, orda *f.* **3** (*Etnol*) orda *f.* **4** *pl.* (*multitude*) frotta *f.sing.*, stuolo *m.sing.*, schiera *f.sing.*, massa *f.sing.*

horehound /ˈhɔːhaund Am 'hɔːrhaund/ *n.* (*Bot*) marrubio *m.*

horizon /həˈraizən/ *n.* orizzonte *m.* (*anche Astr,fig*): *the -s of science* gli orizzonti della scienza. □ (*Geom*) ~ line linea d'orizzonte; on *the* ~ all'orizzonte (*anche fig*).

horizontal /ˌhɒriˈzɒntəl Am ˌhɔːriˈzaːntəl/ **I** *a.* **1** (*Geom*) orizzontale. **2** (*flat, level*) (in posizione) orizzontale. **3** (*fig*) generale, globale, generalizzato: *a* ~ *bonus* un premio generalizzato. **4** (*relating to the horizon*) dell'orizzonte. **II** *n.* linea *f.* orizzontale, orizzontale *f.* □ (*Ginn*) ~ bar sbarra orizzontale, sbarra; ~ line linea orizzontale, orizzontale; (*Econ*) ~ merger integrazione orizzontale; (*Aer*) ~ rudder timone di quota, timone di profondità; (*Inform*) ~ scrolling scorrimento orizzontale.

horizontality /ˌhɒrizɒnˈtæliti Am ˌhɔːrizaːnˈtæləti/ *n.* orizzontalità *f.*, posizione *f.* orizzontale.

horizontally /ˌhɒriˈzɒntəli Am ˌhɔːriˈzaːntəli/ *avv.* orizzontalmente, in posizione orizzontale.

hormonal /hɔːˈmounəl Am hɔːrˈmounəl/ *a.* ormonale.

hormone /ˈhɔːmoun Am 'hɔːrmoun/ *n.* (*Fisiol*) ormone *m.*: *female* ~ ormone femminile, *male* ~ ormone maschile. □ (*Med*) ~ imbalance squilibrio ormonale; (*Br,Med*) ~ replacement *therapy* terapia sostitutiva ormonale; (*Med*) ~ treatment terapia ormonale.

Hormuz /ˈhɔːmuːz Am 'hɔːrmuːz/ *n.pr.* (*Geog*) Hormuz *m.*: *Strait of* ~ Stretto di Hormuz.

horn[1] /hɔːn Am hɔːrn/ **I** *n.* **1** corno *m.* (*anche Zool,Astr*): *an ox's -s* le corna del bue. **2** (*Entom*) antenna *f.* **3** (*Mus*) corno *m.*: French ~ corno (a pistoni); (*hunting horn*) corno *m.* da caccia; (*trumpet*) tromba *f.* **4** (*hooter, klaxon, etc.*) tromba *f.*, clacson *m.* **5** (*Geog*) capo *m.*, promontorio *m.*; (*sharp peak*) corno *m.*, vetta *f.* appuntita. **6** (*spec. Am,colloq*) telefono *m.* **7** (*Br,sl*) cazzo *m.* **II** *a.* corneo, di corno. □ (*Geog*) *the* Horn *of* Africa il Corno d'Africa; *the -s* of a dilemma i corni del dilemma: *on the -s of a dilemma* a un bivio, di fronte a un'alternativa: *to be between* (o *on*) *the -s of a dilemma* essere costretto a scegliere tra due alternative spiacevoli; ~ of plenty corno dell'abbondanza, cornucopia; (*Ferr*) ~ plate parasale; ~ player cornista, suonatore di corno.

horn[2] /hɔːn Am hɔːrn/ *v.t.* **1** incornare, colpire con le corna, ferire con le corna, dare cornate a. **2** (*Mar*) sistemare perpendicolarmente alla chiglia. □ (*colloq*) *to* ~ in interferire, intromettersi, (*colloq*) ficcare il naso (*on* in).

Horn /hɔːn Am hɔːrn/ *n.pr.* (*Geog*) (*Cape Horn*) Capo *m.* Horn. □ (*Geog*) *the* ~ of Africa il Corno d'Africa.

hornbeam /ˈhɔːnbiːm Am 'hɔːrnbiːm/ *n.* (*Bot*) carpine *m.*, carpino *m.*

hornbill /ˈhɔːnbil Am 'hɔːrnbil/ *n.* (*Ornit*) bucerotide *m.*

hornblende /ˈhɔːnblend Am 'hɔːrnblend/ *n.* (*Min*) orneblenda *f.*

hornbook /ˈhɔːnbuk Am 'hɔːrnbuk/ *n.* (*Stor*) antico abbecedario *m.*

horned /hɔːnd Am hɔːrnd/ *a.* **1** cornuto, provvisto di corna. **2** (*horn-shaped*) (che termina) a forma di corno, cornuto. **3** (*crescent-shaped*) a mezzaluna. □ (*Zool*) ~ adder aspide cornuto; (*Zool*) ~ lizard frino-

soma coronato; (*Ornit*) ~ **owl** chiù, chiò; (*Zool*) ~ **toad** frinosoma coronato; (*Zool*) ~ **viper** aspide cornuto.

hornet /'hɔːnət *Am* 'hɔːrnət/ *n.* (*Entom*) calabrone *m.* ☐ (*fig*) *to stir up a -s' nest* stuzzicare un vespaio, suscitare un vespaio.

hornpipe /'hɔːnpaɪp *Am* 'hɔːrnpaɪp/ *n.* 1 (*Mus*) piva *f.* di corno, hornpipe *f.* 2 (*dance*) piva *f.*

horn-rimmed /'hɔːnrɪmd *Am* 'hɔːrnrɪmd/ ☐ (*Ott*) ~ *glasses* occhiali con montatura in corno.

hornrims /'hɔːnrɪmz *Am* 'hɔːrnrɪmz/ *n.pl.* (*colloq*) occhiali *m.pl.* con montatura in corno.

horny /'hɔːni *Am* 'hɔːrni/ *a.* 1 corneo, di corno. 2 (*of skin*) calloso, indurito, incallito. 3 (*having horns*) cornuto. 4 (*sl*) (*sexually aroused*) arrapato, allupato. 5 (*Anat*) corneo.

horologe /'hɔrəlɒdʒ *Am* 'hɔːrələʊdʒ/ *n.* 1 (*ant*) orologio *m.* 2 (*sundial*) meridiana *f.*

horologer /hɒr'ɒlədʒəʳ *Am* hɔːr'ɑːlədʒəʳ/ *n.* orologiaio *m.* (*f.* -a)

horologic /ˌhɒrə'lɒdʒɪk *Am* ˌhɔːrə'lɑːdʒɪk/ *a.* dell'orologeria.

horological /ˌhɒrə'lɒdʒɪkəl *Am* ˌhɔːrə'lɑːdʒɪkəl/ *a.* dell'orologeria.

horologist /hɒ'rɒlədʒɪst *Am* hɔːr'ɑːlədʒɪst/ *n.* orologiaio *m.* (*f.* -a)

horology /hɒ'rɒlədʒi *Am* hɔːr'ɑːlədʒi/ *n.* orologia *f.*

horoscope /'hɒrəskəʊp *Am* 'hɔːrəskəʊp/ *n.* oroscopo *m.*: *to cast a* ~ trarre l'oroscopo.

horoscopic /ˌhɒrə'skɒpɪk *Am* ˌhɔːrə'skɑːpɪk/ *a.* dell'oroscopo.

horoscopy /hɒ'rɒskəpi *Am* hɔːr'ɑːskəpi/ *n.* oroscopia *f.*

horrendous /hɒ'rendəs *Am* hɔːr'rendəs/ *a.* orrendo, orribile, spaventoso.

horrendously /hɒ'rendəsli *Am* hɔːr'rendəsli/ *avv.* orrendamente, spaventosamente, terribilmente.

horrent /'hɒrənt *Am* 'hɔːrrent/ *a.* (*rar*) irto.

horrible /'hɒrəbḷ *Am* 'hɔːrrəbḷ/ *a.* 1 orribile, orrendo, spaventoso. 2 (*monstrous*) efferato, orribile, mostruoso. 3 (*colloq*) (*unpleasant*) bruttissimo, orribile, orrendo.

horribleness /'hɒrəbḷnəs *Am* 'hɔːrrəbḷnəs/ *n.* l'essere orribile, l'essere spaventoso.

horribly /'hɒrəbli *Am* 'hɔːrrəbli/ *avv.* orribilmente, spaventosamente, mostruosamente.

horrid /'hɒrɪd *Am* 'hɔːrrɪd/ *a.* 1 orrido, orribile, orrendo. 2 (*colloq*) (*disagreeable*) sgradevole, antipatico; (*very bad*) pessimo, orribile, bruttissimo, cattivo.

horridly /'hɒrɪdli *Am* 'hɔːrrɪdli/ *avv.* orribilmente, orrendamente.

horridness /'hɒrɪdnəs *Am* 'hɔːrrɪdnəs/ *n.* orridità *f.*, orridezza *f.*

horrific /hʊ'rɪfɪk *Am* hɔːr'rɪfɪk/ *a.* orribile, raccapricciante, orripilante.

horrifically /hʊ'rɪfɪkəli *Am* hɔːr'rɪfɪkəli/ *avv.* orribilmente, terribilmente, tremendamente.

horrified /'hɒrɪfaɪd *Am* 'hɔːrrɪfaɪd/ *a.* inorridito, raccapricciato.

horrify /'hɒrɪfaɪ *Am* 'hɔːrrɪfaɪ/ *v.t.* 1 destare orrore a, atterrire, fare inorridire, fare raccapricciare. 2 (*to shock*) sconvolgere, turbare profondamente: *we were horrified by the news* fummo sconvolti dalla notizia.

horripilation /hɒˌrɪpɪ'leɪʃən *Am* ˌhɔːrɪpɪ'leɪʃən/ *n.* (*Med*) orripilazione *f.*

horror /'hɒrəʳ *Am* 'hɔːrəʳ/ *I n.* 1 orrore *m.*, raccapriccio *m.* 2 (*strong dislike, fear*) orrore *m.*, ribrezzo *m.*, ripugnanza *f.*, paura *f.*: *to have a* ~ *of snakes* provare ribrezzo per i serpenti. 3 (*strong dismay, shock*) orrore *m.*: *the -s of war* gli orrori della guerra. 4 (*colloq*) (*sth. ugly, in bad taste*) orrore *m.*, cosa *f.* orribile:

the new statue is an absolute ~ la nuova statua è un vero orrore. 5 (*colloq*) (*very unpleasant person*) persona *f.* antipatica; (*of a child*) diavoletto *m.*, peste *f.* 6 *pl.* depressione *f.sing.* con allucinazioni; (*delirium tremens*) delirium tremens *m.sing.* II *a.* dell'orrore: ~ *comic* fumetto dell'orrore; ~ *film* film dell'orrore. ☐ *in* ~ spaventato, spaventatissimo, pieno di orrore: *he watched in* ~ guardò spaventatissimo; (*scherz*) ~ *of -s!* (ma) che orrore!

horror-stricken /'hɒrəstrɪkən *Am* 'hɔːrəstrɪkən/ *a.* inorridito.

horror-struck /'hɒrəstrʌk *Am* 'hɔːrəstrʌk/ *a.* inorridito.

hors concours /ˌɔːkɒŋ'kʊəʳ *Am* ˌɔːrkɑːŋ'kʊəʳ/ *avv.* fuori concorso.

hors de combat /ˌɔːdə'kɒmbɑː *Am* ˌɔːrdə'kɒmbɑː/ *avv.* fuori combattimento.

hors d'oeuvre /ˌɔː'dɜːvrə *Am* ˌɔːr'dɜːrvrə/ *n.* (*Gastron*) antipasto *m.*

horse /hɔːs *Am* hɔːrs/ *I n.* 1 (*Zool*) cavallo *m.* 2 *pl.* (*Mil*) (*cavalrymen*) soldati *m.pl.* a cavallo, cavalieri *m.pl.*, cavalli *m.pl.*: *a thousand -s* mille soldati a cavallo. 3 *pl.* (*Mil*) (*cavalry*) cavalleria *f.sing.* 4 (*Ginn*) cavallo *m.* 5 (*frame supporting sth., trestle*) cavalletto *m.*, sostegno *m.*, trespolo *m.* 6 (*Fal*) cavalletto *m.* 7 (*Minier,Geol*) ammasso *m.* sterile. 8 (*Aut, colloq*) cavallo-vapore *m.* 9 (*sl*) (*heroin*) eroina *f.* II *a.* 1 equino, cavallino. 2 (*Mil*) (*hauled by a horse*) ippotrainato: ~ *artillery* artiglieria ippotrainata. 3 (*mounted on horse*) a cavallo. III *v.t.* 1 provvedere di cavallo. 2 (*of a vehicle*) attaccare i cavalli a. 3 (*to put on horseback*) far salire in groppa, mettere a cavallo. 4 (*to carry on one's back*) portare in groppa, portare a cavalluccio. IV *v.i.* cavalcare, andare a cavallo. ☐ (*colloq*) *to* ~ *about* (o *to* ~ *around*) scherzare, fare il buffone; (*Bot,Alim*) ~ *bean* fava; ~ *blanket* coperta da cavallo, groppiera, gualdrappa; ~ *brass* ornamento di ottone per finimenti; ~ *breaker* scozzonatore; ~ *chestnut*: 1 (*Bot*) castagno d'India, ippocastano; 2 (*nut*) frutto dell'ippocastano, castagna d'India; ~ *cloth* coperta da cavallo, groppiera, gualdrappa; ~ *collar* collare; *-s for courses* a ciascno il suo; ~ *dealer* commerciante di cavalli, cavallaio; (*colloq*) ~ *doctor* veterinario; *Horse Guards*: 1 (*Mil*) guardie a cavallo; 2 (*GB*) brigata a cavallo; (*Geog*) ~ *latitudes* zona delle calme; ~ *laugh* sghignazzata; (*Itt*) ~ *mackerel*: 1 tonno; 2 (*carangoid fish*) pesce cavallo; (*colloq*) *to have sth. straight from the ~'s mouth* sapere qcs. da fonte sicura; (*Bot*) ~ *mushroom* prataiolo maggiore; (*fig*) *that's a* ~ *of another colour* (o *that's a* ~ *of a different colour*) è un altro paio di maniche; (*spec. Am,colloq,Cin,TV*) ~ *opera* western; (*ant*) ~ *pistol* pistoletto; ~ *race* corsa di cavalli, corsa ippica; ~ *racing* ippica; (*colloq,fig*) ~ *sense* buon senso, senso comune; ~ *show* concorso ippico; (*Entom*) ~ *tick* mosca cavallina; (*Mil*) *to* ~*!* a cavallo!; ~ *trader*: 1 commerciante di cavalli; (*fig*) intrigante; ~ *trading*: 1 commercio di cavalli; 2 (*fig*) intrighi, maneggi; ~ *trough* mangiatoia.

horse-and-buggy /ˌhɔːsən(d)'bʌgi/ *a.* (*Am, colloq*) obsoleto, antiquato, vecchio, fuori uso.

horseback /'hɔːsbæk *Am* 'hɔːrsbæk/ *I n.* groppa *f.*, dorso *m.* del cavallo. II *avv.* a cavallo. ☐ *on* ~ a cavallo: *to ride on* ~ cavalcare; (*Am,Equit*) ~ *riding* equitazione.

horsebox /'hɔːsbɒks/ *n.* (*Br*) carro *m.* per il trasporto di cavalli.

horsebreeding /'hɔːsbriːdɪŋ *Am* 'hɔːrsbriːdɪŋ/ *n.* allevamento *m.* di cavalli.

horsecar /'hɔːskɑːʳ/ *n.* (*Am*) carro *m.* per il trasporto di cavalli.

horse-drawn /'hɔːsdrɔːn *Am* 'hɔːrsdrɔːn/ *a.* a cavalli, trainato da cavalli: *a* ~ *carriage* una carrozza trainata da cavalli.

horseflesh /'hɔːsfleʃ *Am* 'hɔːrsfleʃ/ *n.* 1 (*Macell*) carne *f.* equina, carne *f.* di cavallo. 2 (*horses*) cavalli *m.pl.*

horsefly /'hɔːsflaɪ *Am* 'hɔːrsflaɪ/ *n.* 1 (*Entom*) (*gadfly*) tafano *m.* 2 (*horse tick*) mosca *f.* cavallina.

horsehair /'hɔːsheəʳ *Am* 'hɔːrsher/ *I n.* 1 crine *m.* di cavallo. 2 (*Tess*) crine *m.* II *a.* di crine: *a* ~ *mattress* un materasso di crine.

horsehide /'hɔːshaɪd *Am* 'hɔːrshaɪd/ *n.* (*Pell*) pelle *f.* di cavallo, cuoio *m.* di cavallo.

horseleech /'hɔːsliːtʃ *Am* 'hɔːrsliːtʃ/ *n.* (*Zool*) sanguisuga (anche *fig*).

horseless /'hɔːsləs *Am* 'hɔːrsləs/ ☐ (*ant*) ~ *carriage* automobile.

horselike /'hɔːslaɪk *Am* 'hɔːrslaɪk/ *a.* cavallino, equino, da cavallo.

horseman /'hɔːsmən *Am* 'hɔːrsmən/ *n.irr.* cavallerizzo *m.*

horsemanship /'hɔːsmənʃɪp *Am* 'hɔːrsmənʃɪp/ *n.* equitazione *f.*

horsemeat /'hɔːsmiːt *Am* 'hɔːrsmiːt/ *n.* (*Gastron*) carne *f.* equina, carne *f.* di cavallo.

horseplay /'hɔːspleɪ *Am* 'hɔːrspleɪ/ *n.* scherzi *m.pl.* grossolani, gioco *m.* scatenato.

horsepower, horse-power /'hɔːspaʊəʳ *Am* 'hɔːrspaʊəʳ/ *n.* (*Aut*) cavallo-vapore *m.*

horseradish /'hɔːsrædɪʃ *Am* 'hɔːrsrædɪʃ/ *n.* (*Bot,Gastron*) barbaforte *m.*, cren *m.*, rafano *m.*

horseshit /'hɔːsʃɪt *Am* 'hɔːrsʃɪt/ *n.* (*volg*) stronzate *f.pl.*, cazzate *f.pl.*

horseshoe /'hɔːsʃuː *Am* 'hɔːrsʃuː/ *I n.* 1 ferro *m.* di cavallo. 2 *pl.* (*spec. Am*) gioco *m.sing.* del lancio dei ferri di cavallo. II *a.* a ferro di cavallo, a semicerchio. ☐ (*Arch*) ~ *arch* arco a ferro di cavallo; (*Zool*) ~ *bat* rinolofo; (*Zool*) ~ *crab* limulo; ~ *falls* cascata a forma di ferro di cavallo.

horseshoer /'hɔːsʃuːəʳ *Am* 'hɔːrsʃuːəʳ/ *n.* maniscalco *m.*

horsetail /'hɔːsteɪl *Am* 'hɔːrsteɪl/ *n.* 1 coda *f.* di cavallo. 2 (*Bot*) equiseto *m.*, coda *f.* di cavallo, coda *f.* cavallina.

horsewhip /'hɔːswɪp *Am* 'hɔːrswɪp/ *I n.* frustino *m.* II *v.t.* frustare, sferzare.

horsewoman /'hɔːswʊmən *Am* 'hɔːrswʊmən/ *n.irr.* cavallerizza *f.*, amazzone *f.*

horsiness /'hɔːsɪnəs *Am* 'hɔːrsɪnəs/ *n.* 1 passione *f.* per i cavalli. 2 (*look*) aspetto *m.* cavallino.

horst /hɔːst *Am* 'hɔːrst/ *n.* (*Geol*) pilastro *m.* tettonico, horst *m.*

horsy /'hɔːsi *Am* 'hɔːrsi/ *a.* 1 cavallino, di (o da) cavallo. 2 (*interested in horses*) ippofilo. 3 (*resembling a horse*) cavallino, da cavallo; (*of a person*) pesante e goffo.

hortative /'hɔːtətɪv *Am* 'hɔːrtətɪv/ *a.* esortativo.

hortatory /'hɔːtətəri *Am* 'hɔːrtətɔːri/ *a.* esortativo.

horticultural /ˌhɔːtɪ'kʌltʃərəl *Am* ˌhɔːrtɪ'kʌltʃərəl/ *a.* orticolo.

horticulture /'hɔːtɪkʌltʃəʳ *Am* 'hɔːrtɪkʌltʃəʳ/ *n.* orticoltura *f.*

horticulturist /ˌhɔːtɪ'kʌltʃərɪst *Am* ˌhɔːrtɪ'kʌltʃərɪst/ *n.* orticoltore *m.* (*f.* -trice).

Horus /'hɔːrəs/ *n.pr.m.* Horus.

hosanna /hoʊ'zænə/ *I intz.* (*Rel*) osanna! II *n.* osanna *m.*

hose /hoʊz/ *I n.inv.* 1 (*pl.inv.* o *hoses* /'hoʊzɪz/) (*flexible tube*) tubo *m.* (flessibile), manichetta *f.*, (*colloq*) canna *f.* 2 (*spec. Am,collett.*) calze *f.pl.*, calzini *m.pl.* 3 (*costr.pl.*) (*Stor*) (*knee breeches*) calzoni *m.pl.* alla zuava; (*costr.pl.*)

(*tights*) calzamaglia *f.* **II** *v.t.* annaffiare con un tubo flessibile, bagnare con un tubo flessibile. □ *to* ~*down* annaffiare con un tubo flessibile, bagnare con un tubo flessibile; *to* ~ *a fire* spegnere un incendio con getti d'acqua.

Hosea /'hou'zıə/ *n.pr.m.* (*Bibl*) Osea.

hosepipe /'houzpaıp/ *n.* (*spec. Br*) tubo *m.* (flessibile), manichetta *f.*

hosier /'houʒəʳ *Br also* 'houzıəʳ/ *n.* (*ant*) commerciante *m./f.* in calzetteria e indumenti intimi.

hosiery /'houʒəri *Br also* 'houzıəri/ *n.* **1** calzetteria *f.*, indumenti *m.pl.* intimi (a maglia). **2** (*shop, business*) calzetteria *f.*: ~ *department* reparto calzetteria.

hospice /'hɒspıs *Am* 'haːspıs/ *n.* ospizio *m.*, ricovero *m.*

hospitable /,hɒs'pıtəbl *Am* ,haːs'pıtəbl/ *a.* **1** ospitale: ~ *family* famiglia ospitale. **2** (*receptive*) aperto, disponibile (*to* a): ~ *to new ideas* aperto a nuove idee.

hospitably /,hɒs'pıtəbli *Am* ,haːs'pıtəbli/ *avv.* con ospitalità.

hospital /'hɒspıtəl *Am* 'haːspıtəl/ **I** *n.* **1** ospedale *m.*, policlinico *m.*, (*lett*) nosocomio *m.*: *to admit to* ~ ricoverare in ospedale. **2** (*home for the aged, etc.*) ospizio *m.*, casa *f.* di cura, ricovero *m.* **II** *a.* ospedaliero, d'ospedale. □ ~*bed* letto di degenza, letto ospedaliero; ~ *corners* modo di rimboccare le lenzuola tipico degli ospedali; ~*doctor* medico ospedaliero; ~*fee* retta di degenza (in ospedale); ~*pavilion* padiglione di ospedale; ~*practitioner* medico ospedaliero; (*Mil*) ~*ship* nave ospedale; ~ *staff* personale ospedaliero, ospedalieri; (*Mil*) ~*train* treno sanitario, treno ospedale; (*GB*) ~ *trust* ospedale privato convenzionato; ~*ward* corsia (di ospedale); ~*worker* ospedaliero.

Hospitaler /'hɒspıtələ *Am* 'haːspıtələʳ/ *n.* (*Stor*) cavaliere *m.* ospitaliere.

hospitalisation /,hɒspıtəl(a)ı'zeıʃən/ *n.* (*Br, Med*) **1** ospedalizzazione *f.*, ricovero *m.* in ospedale. **2** (*period*) degenza *f.* ospedaliera.

hospitalise /'hɒspıtəlaız/ *v.t.* (*Br*) (far) ricoverare in ospedale, ospedalizzare.

hospitalised /'hɒspıtəlaızd/ *a.* (*Br*) ricoverato (in ospedale).

hospitalism /'hɒspıtəlızm *Am* 'haːspıtəlızm/ *n.* (*Med*) sindrome *f.* nosocomiale.

hospitality /,hɒspı'tælıti *Am* ,haːspı'tæləti/ **I** *n.* ospitalità *f.* **II** *a.* (*in hotels, etc*) di cortesia: ~ *coach* pullman di cortesia.

hospitalization /,hɒspıtəl(a)ı'zeıʃən *Am* ,haːspıtəlı'zeıʃən/ *n.* (*Med*) **1** ospedalizzazione *f.*, ricovero *m.* in ospedale. **2** (*period*) degenza *f.* ospedaliera.

hospitalize /'hɒspıtəlaız *Am* 'haːspıtəlaız/ *v.t.* (far) ricoverare in ospedale, ospedalizzare.

hospitalized /'hɒspıtəlaızd *Am* 'haːspıtəlaızd/ *a.* ricoverato (in ospedale).

Hospitaller /'hɒspıtələ *Am* 'haːspıtələʳ/ *n.* (*Stor*) cavaliere *m.* ospitaliere.

host[1] /houst/ **I** *n.* **1** ospite *m.*, anfitrione *m.* **2** (*innkeeper*) oste *m.*, locandiere *m.* **3** (*country where event is held*) paese *m.* ospitante; (*host city*) città *f.* ospitante. **4** (*in a restaurant*) direttore *m.* di sala. **5** (*Rad,TV*) (*presenter*) presentatore *m.* (*f.* -trice), conduttore *m.* (*f.* -trice). **6** (*Biol*) ospite *m.* **7** (*Inform*) host *m.* **II** *v.t.* **1** ospitare: *Milan hopes to* ~ *the Olympics* Milano spera di ospitare i giochi olimpici. **2** (*Rad,TV*) presentare, condurre. □ (*Inform*) ~*computer* computer host.

host[2] /houst/ *n.* **1** moltitudine *f.*, miriade *f.*, schiera *f.* **2** (*Bibl*) angeli e arcangeli *m.pl.*, legioni *f.pl.* celesti; (*sun, moon and stars*) corpi *m.pl.* celesti. **3** (*poet*) (*army*) esercito *m.*, (*poet*)

oste *m./f.*

host[3], **Host** /houst/ *n.* (*Lit*) ostia *f.*, particola *f.*

hostage /'hɒstıdʒ *Am* 'haːstıdʒ/ *n.* **1** ostaggio *m.* **2** (*rar*) (*pledge*) pegno *m.*, garanzia *f.* □ (*spec. Br,fig*) *a* ~ *to fortune* azione (o commento) compromettente.

hostel /'hɒstəl *Am* 'haːstəl/ *n.* **1** (*for students, young people*) ostello *m.*, pensionato *m.* **2** (*Univ*) casa *f.* dello studente. **3** (*youth hostel*) ostello *m.*, albergo *m.* della gioventù. **4** (*lodging for ex-offenders*) casa *f.* di rieducazione. **5** (*ant*) (*inn*) locanda *f.*, albergo *m.*

hosteler /'haːstələʳ/ *n.* (*Am*) **1** ospite *m./f.* di ostello. **2** (*youth hosteller*) frequentatore *m.* (*f.* -trice) di ostelli.

hosteller /'hɒstələʳ/ *n.* **1** ospite *m./f.* di ostello. **2** (*youth hosteller*) frequentatore *m.* (*f.* -trice) di ostelli.

hostelry /'hɒstəlri *Am* 'haːstəlri/ *n.* (*poet*) locanda *f.*, albergo *m.*

hostess /'houstəs/ *n.* **1** ospite *f.*, padrona *f.* di casa. **2** (*female innkeeper*) locandiera *f.*, ostessa *f.* **3** (*Aer,ant*) (*air hostess*) hostess *f.*, assistente *f.* di volo. **4** (*in a restaurant*) direttrice *f.* di sala. **5** (*Rad,TV*) (*presenter*) presentatrice *f.*, conduttrice *f.* **6** (*in a dance hall, night club*) entraineuse *f.* □ (*Abbigl*) ~ *gown* abito lungo.

hostile /'hɒstaıl *Am* 'haːstəl/ *a.* **1** ostile, nemico: ~ *territory* territorio nemico; ~ *takeover bid* offerta di acquisizione ostile. **2** (*marked by antagonism*) ostile, avverso: ~ *criticism* critica ostile. **3** (*not hospitable*) inospitale. □ ~ *witness* testimone ostile, testimone scomodo.

hostilely /'hɒstaıli *Am* 'haːstəli/ *avv.* con ostilità, ostilmente.

hostility /hɒ'stılıti *Am* haː'stıləti/ *n.* **1** ostilità *f.*, antagonismo *m.* **2** (*enmity*) ostilità *f.*, inimicizia *f.* **3** *pl.* (*Mil*) ostilità *f.pl.*

hostler /'(h)ɒsləʳ *Am* '(h)aːsləʳ/ *n.* (*ant*) stalliere *m.*

hot[1] /hɒt *Am* 'haːt/ (*compar.* **hotter** /'hɒtəʳ *Am* 'haːtəʳ/, *sup.* **hottest** /'hɒtıst *Am* 'haːtıst/) **I** *a.* **1** (*molto*) caldo, caldissimo, rovente, infuocato, cocente: *a* ~ *stove* una stufa rovente. **2** (*of food*) piccante. **3** (*fig*) (*controversial*) caldo, controverso, rovente, scottante: *a* ~ *topic* una questione scottante. **4** (*fig*) (*fiery*) ardente, focoso, caldo: *a* ~ *temper* un temperamento focoso. **5** (*fig*) (*zealous*) fervente, pieno di zelo. **6** (*fig*) (*violent*) violento, impetuoso, veemente: ~ *words* parole violente. **7** (*fig*) (*lustful*) lussurioso, libidinoso, eccitato, voglioso. **8** (*fig*) (*popular*) in auge, popolare, popolarissimo, conosciutissimo: *a* ~ *performer* un artista popolarissimo. **9** (*of an animal*) in calore. **10** (*colloq*) (*of news*) fresco: *news* ~ *from* (o ~ *off*) *the press* notizia fresca di stampa. **11** (*colloq*) (*sensational*) sensazionale; (*scandalous*) scandaloso. **12** (*colloq*) (*of merchandise*) di amercio. **13** (*Am, colloq*) (*thrilled, pleased: usually in the negative*) entusiasta (*on, about* di): *I'm not too* ~ *about the idea of driving back at midnight by myself* l'idea di tornare da sola in macchina a mezzanotte non mi fa proprio impazzire. **14** (*colloq*) (*clever, expert*) abile, esperto: *to be* ~ *at doing sth.* essere abile nel fare qcs. **15** (*colloq*) (*successful*) buono, riuscito: *the film is not so* ~ questo film non è un gran che, questo film non è un capolavoro. **16** (*colloq*) (*indecent*) indecente, sconveniente. **17** (*of a trail, scent*) fresco, recente. **18** (*of colours*) carico, intenso. **19** (*sl*) (*stolen*) rubato, che scotta. **20** (*colloq*) (*wanted by the police*) ricercato. **21** (*colloq*) (*unsafe*) insicuro, pericoloso: *the town was too* ~ *for him* la città era

troppo pericolosa per lui. **22** (*Econ,colloq*) (*of money*) vagante: ~ *money* capitali vaganti. **23** (*Nucl*) radioattivo. **24** (*El*) attivo, sotto tensione. **II** *avv.* **1** caldo. **2** (*Met*) a caldo. □ (*spreg*) ~ *air* discorso noioso, aria fritta; *to talk* ~ *air* raccontare fandonie; *to go* ~ *all over* avere (delle) vampate di calore; (*colloq*) *to get all* ~ *and bothered* agitarsi; (*fig*) *to blow* ~ *and cold* cambiare sempre opinione; *to go* ~ *and cold* sudare freddo, sudare (dalla paura); (*Am,colloq*) ~ *and heavy* di gran lena; *to be* ~: 1 (*of persons*) aver caldo, sentire caldo; 2 (*of things*) essere (molto) caldo; 3 (*of the weather*) fare (molto) caldo; 4 (*Alim*) essere piccante; *in* ~ *blood* a sangue caldo; (*Am,fig*) *a* ~ *button* una questione scottante: *to press so.'s* ~ *button* far andare qcu. su tutte le furie; ~ *cake* focaccina; (*colloq*) *to sell like* ~ *cakes* andare a ruba; (*Gastron*) ~ *chocolate* (o ~ *cocoa*) cioccolata calda; (*colloq*) *a* ~*commodity* (*sth. much sought after*) articolo che va a ruba; ~ *cross* bun focaccina su cui è disegnata una croce, focaccina del venerdì santo; (*Gastron*) ~ *dog*: 1 (*sausage*) würstel; 2 (*sausage in a bun*) panino con würstel, hot dog; (*Br,Sport*) ~ *favourite* gran favorito; (*Am,Med*) ~*flash* vampata di calore; (*Br,Med*) ~*flush* vampata di calore; (*colloq*) *to be* ~*from somewhere* essere appena arrivato da qualche posto; ~ *from the oven* appena sfornato; *to get* ~: 1 scaldarsi, riscaldarsi; 2 (*fig*) scaldarsi, infervorarsi; (*Br,colloq*) ~*gospeller* fervido predicatore del vangelo, revivalista; (*spec. Am, colloq*) *to have the* ~*s for qcu.* essere fortemente attratto da qcu., avere un forte desiderio per qcu.; (*Mus*) ~*jazz* hot jazz; (*Inform*) ~ *key* tasto attivo; (*Inform*) ~ *link* hot link; (*sl*) *to make it too* ~ *for so.* (o *to make it* ~ *for so.* o *to make things* ~ *for so.*) rendere la vita impossibile a qcu.; (*sl*) *to make a place too* ~ *for so.* fare scottare il terreno sotto i piedi a qcu.; ~ *off the presses* (*appena stampato*) (*anche fig*); *to be* ~ *on so.'s heels* essere alle calcagna di qcu.; *to be* ~ *on the scent* essere sulle tracce, essere sulla buona pista; *to be* ~ *on so.'s track* essere alle calcagna di qcu.; (*Abbigl*) ~*pants* pantaloncini corti, hot pants; (*Bot*) ~*pepper* capsico, peperoncino; ~ *pink* rosa shocking; ~*plate*: 1 (*burner*) piastra elettrica; 2 (*to keep food warm*) scaldavivande; 3 (*Met*) piastra di riscaldamento; (*fig,colloq*) ~*potato* patata bollente: *to drop sth. like a* ~*potato* lasciare cadere qcs. come una patata bollente, mollare qcs. come una patata bollente; ~*press* → **hot-press**; *to be in* ~*pursuit* ricercare accanitamente; *to be in* ~ *pursuit of so.* essere alle calcagna di qcu.; (*colloq*) ~*rod* macchina truccata; ~ *seat*: 1 (*colloq*) situazione imbarazzante; 2 (*Am,colloq*) (*highly visible high-pressure situation*) posizione difficile; (*Fot*) ~*shoe* attacco per il flash; ~*spot*: 1 punto caldo; 2 (*fig*) (*place of possible danger*) zona calda, luogo caldo, punto caldo; 3 (*fig*) (*exciting place of entertainment*) luogo frequentatissimo; 4 (*Inform*) zona cliccabile; ~ *spring* sorgente calda, geyser; (*sl*) ~*stuff*: 1 (*of a person*) persona eccezionale, tipo formidabile, tipo in gamba; 2 (*of things*) cosa eccezionale, cannonata; 3 (*sexually exciting person*) persona arrapante, persona sexy; 4 (*sexually exciting thing*) cosa eccitante; (*Inform,colloq*) ~ *swap* hot swap, cambio a caldo; (*colloq*) ~*ticket* persona popolarissima; *too* ~ *to handle* troppo scottante; ~*tub* vasca (*spec.* con idromassaggio) per più persone; (*colloq,fig*) ~*under the collar* arrabbiato; (*Pol*) ~*war* guerra calda, conflitto armato; ~ *water*: 1 acqua calda: ~ *water bottle* borsa per l'acqua calda, boule; 2 (*colloq*) (*trouble*) guai, pasticci: *to get into* ~ *water* mettersi nei pasticci, cacciarsi nei pasticci; ~ *water heater* scaldabagno; ~ *well*: 1 sorgente calda; 2 (*Tecn*) pozzo caldo.

hot² /hɒt/ (*past, p.p.* **hotted** /ˈhɒtɪd/) □ (*Br, colloq*) *to* ~ *up* riscaldare: *to* ~ *up sth. for dinner* riscaldare qcs. per la cena.

hot-air /ˈhɒteəʳ *Am* ˈhɑːteʳ/ *a.* ad aria calda. □ ~ *balloon* mongolfiera.

hotbed /ˈhɒtbed *Am* ˈhɑːtbed/ *n.* 1 (*Giard*) letto *m.* caldo. 2 (*fig*) focolaio *m.*: *a* ~ *of corruption* un focolaio di corruzione.

hot-blooded /ˌhɒtˈblʌdɪd *Am* ˌhɑːtˈblʌdɪd/ *a.* 1 focoso, dal sangue caldo: *to be* ~ avere il sangue caldo. 2 (*passionate*) appassionato, tutto fuoco.

hotchpot /ˈhɒtʃpɒt *Am* ˈhɑːtʃpɑːt/ *n.* (*Dir*) collazione *f.*: *to bring into* ~ fare una collazione di beni (a scopo ereditario).

hotchpotch /ˈhɒtʃpɒtʃ/ *Br* /ˈhɒt-/ **I** *n.* 1 (*jumble*) miscuglio *m.*, guazzabuglio *m.* 2 (*ant,Gastron*) pot-pourri *m.*, stufato *m.* di agnello con verdure.

hot-dog /ˈhɒtdɒg *Am* ˈhɑːtdɑːg/ **I** *n.* panino *m.* con würstel, hot dog *m.* **II** *v.i.* (*Am*) fare acrobazie (nello sci, nel surf). **III** *intz.* (*Am*) favoloso!, che bello!

hotel /hoʊˈtel/ *n.* albergo *m.*, hotel *m.* □ ~ *chain* catena alberghiera; ~ *clerk* segretario d'albergo, impiegato d'albergo; ~ *concierge* receptionist (specializzato in prenotazioni, informazioni turistiche ecc.); (*Edit*) ~ *guide* guida degli alberghi; ~ *industry* industria alberghiera; (*Br*) ~ *keeper* albergatore.

hotelier /ˌhoʊtelˈiəʳ *Am* ˌhoʊtəlˈjeɪ/ *n.* albergatore *m.* (*f.* -trice).

hotfoot /ˈhɒtfʊt *Am* ˈhɑːtfʊt/ *avv.* a precipizio, di gran carriera, in fretta e furia. □ *to* ~ *it* andare di gran fretta, andare di gran carriera, precipitarsi.

hot-head /ˈhɒtˌhed *Am* ˈhɑːtˌhed/ *n.* testa *f.* calda.

hot-headed /ˈhɒtˌhedɪd *Am* ˈhɑːtˌhedɪd/ *a.* 1 impulsivo, impetuoso, dalla testa calda. 2 (*easily angered*) infiammabile.

hothouse /ˈhɒthaʊs *Am* ˈhɑːthaʊs/ **I** *n.* 1 (*Br, Agr,Giard*) serra *f.* calda. **II** *a.* (*Br*) 1 (*Agr*) di (o da) serra: ~ *plant* pianta da serra. 2 (*fig*) delicato. □ ~ *effect* effetto serra.

hotline /ˈhɒtlaɪn *Am* ˈhɑːtlaɪn/ *n.* 1 linea *f.* telefonica (speciale), linea *f.* diretta. 2 (*Pol*) linea *f.* calda.

hotly /ˈhɒtli *Am* ˈhɑːtli/ *avv.* 1 caldamente, calorosamente, con ardore. 2 (*angrily*) rabbiosamente, veementemente. 3 (*closely*) da vicino, dappresso: *to* ~ *pursue* seguire da vicino, seguire dappresso.

hotness /ˈhɒtnəs *Am* ˈhɑːtnəs/ *n.* 1 calore *m.* 2 (*fig*) ardore *m.*, foga *f.*, veemenza *f.*

hotplate, hot-plate /ˈhɒtpleɪt *Am* ˈhɑːtpleɪt/ *n.* 1 piastra *f.* (del piano di cottura). 2 (*for keeping food warm*) scaldavivande *m.*

hotpot /ˈhɒtpɒt/ *n.* (*Br,Gastron*) stufato *m.*

hot-press /ˈhɒtpres *Am* ˈhɑːtpres/ **I** *n.* 1 (*Met*) pressa *f.* a riscaldamento interno. 2 (*Cart, Tess*) calandra *f.* a cilindri riscaldati. **II** *v.t.* 1 (*Met*) stampare a caldo, fucinare a caldo. 2 (*Cart,Tess*) satinare.

hotshot /ˈhɒtʃɒt *Am* ˈhɑːtʃɑːt/ *n.* persona *f.* abilissima ma gasata, asso *m.* troppo sicuro di sé.

hotspur /ˈhɒtspɜːʳ *Am* ˈhɑːtspɜːr/ *n.* persona *f.* impetuosa, testa *f.* calda.

hotsy-totsy /ˈhɒtsiˌtɒtsi *Am* ˈhɑːtsiˌtɑːtsi/ *a.* altezzoso, borioso, pieno di sé.

hot-tempered /ˈhɒtˌtempəd *Am* ˈhɑːtˌtem-

pəd/ *a.* irascibile, collerico.

Hottentot /ˈhɒtntɒt *Am* ˈhɑːtəntɑːt/ **I** *n.* 1 ottentotto *m.* (*f.* -a) (*anche fig*). 2 (*language*) ottentotto *m.* **II** *a.* ottentotto.

hot-wire /ˈhɒtwaɪəʳ *Am* ˈhɑːtwaɪr/ *v.t.* (*Aut, colloq*) mettere in moto, fare partire (senza le chiave).

hough /hɒk/ *Br* **I** *n.* (*Zool*) (*of a horse*) garretto *m.* **II** *v.t.* azzoppare, tagliare i garretti a.

hound¹ /haʊnd/ *n.* 1 (*Caccia*) cane *m.* da caccia, segugio *m.*; (*foxhound*) cane *m.* per la caccia alla volpe. 2 (*dog*) cane *m.* 3 (*ant, colloq*) (*cad*) persona *f.* spregevole, (*spreg*) cane *m.* 4 (*fig*) appassionato *m.* (*f.* -a), patito *m.* (*f.* -a).

hound² /haʊnd/ *v.t.* 1 (*Caccia*) cacciare con i cani; (*to incite to pursuit*) aizzare, incitare: *to* ~ *a dog on* (o *at*) *a hare* aizzare un cane contro una lepre. 2 (*fig*) perseguitare: *-ed by creditors* perseguitato dai creditori. □ (*colloq*) *to* ~ *so. on* spronare qcu., incitare qcu.; *to be -ed out of a country* essere bandito da un paese, essere cacciato da un paese; (*Bot*) ~*'s tongue* cinoglossa, lingua di cane.

houndstooth, hound's-tooth /ˈhaʊndz-tuːθ/ *a.* (*Tess*) a pied-de-poule.

hour /aʊəʳ/ *n.* 1 ora *f.*: *it lasted an* ~ è durato un'ora; *an* ~ *and a half* un'ora e mezzo; *we live an* ~ *from here* abitiamo a un'ora (di distanza) da qui. 2 (*period of time*) ora *f.*, periodo *m.*: *the happiest -s of my life* il periodo più felice della mia vita. 3 (*moment*) ora *f.*, momento *m.*: *the* ~ *of need* il momento del bisogno. 4 (*moment of success*) momento *m.*, momento *m.* di gloria. 5 (*destined moment*) ora *f.*: *my* ~ *is at hand* la mia ora è vicina. 6 (*present moment*) giorno *m.*, momento *m.*: *he is the man of the* ~ è l'uomo del giorno. 7 (*Scol*) ora *f.* (di lezione). 8 (*Am,Scol*) (*credit hour*) ora *f.* di frequenza, frequenza *f.* 9 (*Rad, TV*) rubrica *f.* 10 *pl.* (*time spent at work*) orario *m.sing.*: *office* ~ *s* orario d'ufficio. 11 *pl.* (*Rel.catt*) ore *f.pl.*; (*book*) libro *m.sing.* d'ore. 12 *pl.* (*o'clock*) *usually not translated*: *the flight leaves at 1 p.m. -s* il volo parte alle 13. □ (*Astr*) ~ *angle* angolo orario; *at any* ~ *of the day* in qualunque momento del giorno, a ogni ora del giorno; ~ *by* ~: 1 di ora in ora, a ogni ora, ora per ora; 2 (*for hours on end*) ora dopo ora; *an* ~ *by car* un'ora di macchina; (*Astr*) ~ *circle* circolo orario; *an* ~*'s drive* un'ora di macchina; (*fig*) ~ *hand* lancetta delle ore; (*fig*) *his -s are numbered* ha le ore contate; (*fig*) *it's my* ~ *of glory* è il mio momento di gloria; *for -s on end* per ore e ore; *buses leave every* ~ *on the* ~ gli autobus partono ogni ora esatta; *in three -s' time* fra tre ore.

hourglass /ˈaʊəglɑːs *Am* ˈaʊəʳglæs/ **I** *n.* clessidra *f.* **II** *a.* a clessidra.

houri /ˈhʊəri *Am* ˈhʊri/ *n.* 1 (*Rel.islam*) uri *f.* 2 (*fig*) giovane *f.* bellissima.

hourly /ˈaʊəli *Am* ˈaʊəʳli/ **I** *a.* 1 ogni ora, a ogni ora: *an* ~ *bus service* un servizio di autobus ogni ora. 2 (*lasting an hour*) che dura un'ora, lungo un'ora. 3 (*Ind*) orario, a ore: ~ *wage* (o ~ *rate*) salario orario. 4 (*fig*) frequente, continuo. **II** *avv.* 1 ogni ora: *buses run* ~ gli autobus passano ogni ora. 2 (*fig*) continuamente.

house¹ /haʊs/ **I** *n.* 1 casa *f.*, abitazione *f.*, dimora *f.*, domicilio *m.* 2 (*hotel, boarding house*) albergo *m.*, pensione *f.* 3 (*restaurant*) ristorante *m.*: *steak* ~ ristorante con specialità bistecche. 4 (*household*) casa *f.*, famiglia *f.* 5 (*family, lineage*) casa *f.*, dinastia *f.*, casato *m.*: *the* ~ *of Bourbon* la dinastia dei Borboni. 6 (*Zool*) (*animal cage*) gabbia *f.*, recinto *m.* 7

(*Univ*) casa *f.* dello studente, pensionato *m.* 8 (*Scol*) (*residential hall*) collegio *m.*, convitto *m.*; (*members*) convittori *m.pl.* (*f.pl.* -trici). 9 (*Comm*) casa *f.*, ditta *f.*, impresa *f.*, azienda *f.*: *a publishing* ~ una casa editrice. 10 (*theatre, concert hall, etc.*) teatro *m.*, auditorio *m.* 11 (*audience*) pubblico *m.*, uditorio *m.*: *a responsive* ~ un pubblico sensibile. 12 (*Parl*) camera *f.*, assemblea *f.* 13 (*debating society in session*) seduta *f.*, assemblea *f.* 14 (*casino*) casa *f.* da gioco, casinò *m.* 15 (*Astr,ant*) casa *f.* **II** *a.* 1 di casa, relativo alla casa, casalingo. 2 (*suitable for a house*) adatto per la casa, da casa: ~ *plant* pianta da appartamento. 3 (*of an animal*) domestico. **III** *intz.* tombola! □ (*Br*) ~ *agent* agente immobiliare; (*enfat*) ~ *and home* focolare domestico: (*Am,scherz*) *to eat so. out of* ~ *and home* andare a casa di qualcuno come ospite e mangiare come un maiale; (*Dir*) ~ *arrest* arresti domiciliari: *to be under* ~ *arrest* essere agli arresti domiciliari; *at my* ~ a casa mia; ~ *boat* casa galleggiante, casa-battello; *to bring the* ~ *down* essere un grande successo di pubblico; (*spec. Am,Med*) ~ *call* visita a domicilio; ~ *cat* gatto che vive prevalentemente in casa; ~ *cleaning* pulizie di casa, (*region*) mestieri; ~ *dog*: 1 (*Br*) cane da guardia; 2 (*Am*) (*dog that lives in the house rather than outside*) cane che vive prevalentemente in casa; (*Mar*) ~ *flag* bandiera della casa; ~ *guest* ospite della casa; (*colloq*) *to go* ~ *hunting* andare in cerca di una casa (da affittare o acquistare); (*fig*) *to put* (o *to set*) *one's* ~ *in order* sistemare i propri affari; *to keep* ~ badare alla casa; *to keep a good* ~ trattarsi bene; *to keep to the* ~ starsene in casa; (*Teat*) ~ *lights* luci di sala; (*Ornit*) ~ *martin* balestruccio; (*Zool*) ~ *mouse* topo domestico; (*Mus*) ~ *music* house music; ~ *of cards*: 1 castello di carte (da gioco); 2 (*fig*) progetto campato in aria; (*GB*) *House of Commons* Camera dei comuni, Camera dei deputati, camera bassa; (*Br*) ~ *of correction* casa di correzione, riformatorio; (*Br*) ~ *of detention* carcere giudiziario; (*Br*) ~ *of God* casa di Dio, chiesa, tempio; ~ *of ill repute* (o ~ *of ill fame*) casa di tolleranza, casa d'appuntamento, casa chiusa, casa di malaffare; (*GB*) *House of Keys* parlamento dell'isola di Man; (*GB*) *House of Lords* Camera dei Lord, camera alta; (*GB*) *the Houses of Parliament* il Parlamento; (*US*) *House of Representatives* Camera dei deputati, Camera dei rappresentanti, camera bassa; ~ *of worship* casa di Dio, chiesa, tempio; (*Br,Med*) ~ *officer* medico interno; (*colloq*) *like a* ~ *on fire*: 1 (*quickly*) come un fulmine, come un razzo; 2 (*very well*) benissimo, ottimamente: *to get on like a* ~ *on fire* andare a gonfie vele; (*of persons*) andare d'amore e d'accordo; *on the* ~ offerto dalla ditta, omaggio della casa: *to have a drink on the* ~ bere a spese della casa; *it's on the* ~ offre la ditta; (*Am*) ~ *on wheels* roulotte; (*Edit*) ~ *organ* pubblicazione interna, rivista aziendale; ~ *painter* pittore, imbianchino; ~ *party*: 1 festa in casa; 2 (*guests*) ospiti della casa; (*Ornit*) ~ *sparrow* passera oltremontana; (*Econ*) ~ *tax* imposta sui fabbricati; *the House*: 1 (*GB*) (*House of Commons*) Camera dei comuni; (*House of Lords*) Camera dei lord; 2 (*US*) (*House of Representatives*) Camera dei rappresentanti, Camera dei deputati; 3 (*Br,Econ,colloq*) (*Stock Exchange*) borsa valori.

house² /haʊz/ **I** *v.t.* 1 alloggiare, trovare alloggio, trovare ricovero a (o per). 2 (*to provide with a house*) alloggiare, dare alloggio a. 3 (*to store*) riporre, sistemare, collocare. 4 (*Mar*) (*to stow*) stivare; (*of a mast*) calare.

5 (*Mecc*) alloggiare. **6** (*Fal*) incastrare. **II** *v.i.* abitare, alloggiare.

houseboat /'haʊsbəʊt/ *n.* casa *f.* galleggiante.

housebound /'haʊsbaʊnd/ *a.* chiuso in casa, costretto a casa.

houseboy /'haʊsbɔɪ/ *n.* cameriere *m.*

housebreak /'haʊsbreɪk/ **I** *v.t.* (*Am*) educare (un animale domestico). **II** *v.i.* (*Am*) scassinare, svaligiare.

housebreaker /'haʊsbreɪkər/ *n.* **1** scassinatore *m.* **2** (*Edil*) demolitore *m.*

housebreaking /'haʊsbreɪkɪŋ/ *n.* **1** (*Dir*) furto *m.* con scasso. **2** (*unlawful entry*) violazione *f.* di domicilio. **3** (*Edil*) demolizione *f.*

housebroken /'haʊsbrəʊkən/ *a.* (*Am*) (*of a pet*) pulito.

housecarl /'haʊskɑːl *Am* 'haʊskɑːrl/ *n.* (*Stor*) soldato *m.*, guardia *f.* del corpo.

housecoat /'haʊskəʊt/ *n.* (*Abbigl*) vestaglia *f.*, veste *f.* da camera.

housefather /'haʊsfɑːθər/ *n.* assistente *m.* residente in un collegio (*o* in un istituto).

housefly /'haʊsflaɪ/ *n.* (*Entom*) mosca *f.* domestica, mosca *f.* comune.

houseful /'haʊsfʊl/ *n.* casa *f.* piena (di gente ecc.). □ *a ~ of children* una nidiata di bambini.

household /'haʊshəʊld/ **I** *n.* famiglia *f.*, casa *f.*, focolare *m.* domestico: *the head of the ~* il capofamiglia. **II** *a.* **1** domestico, familiare, casalingo, di casa. **2** (*common*) (d'uso) comune, familiare: *a ~ word* una parola di uso comune. □ *~ arts* economia domestica; (*GB*) *Household Cavalry* guardie reali a cavallo; *~ gods*: **1** (*Mitol*) penati; **2** (*fig*) dei; *~ goods* articoli per la casa, casalinghi; *~ name* nome molto noto; (*GB*) *Household Troops* guardie reali; *~ waste* rifiuti domestici.

householder /'haʊshəʊldər/ *n.* **1** padrone *m.* (*f.* -a) di casa, proprietario *m.* (*f.* -a) di casa. **2** (*head of the family*) capofamiglia *m.*

househunting, house-hunting /'haʊshʌntɪŋ *Am* 'haʊshʌntɪŋ/ *n.* (*colloq*) ricerca *f.* di una casa. □ *to go ~* cercare casa.

housekeep /'haʊskiːp/ *v.i.irr.* badare alla casa.

housekeeper /'haʊskiːpər/ *n.* governante *f.*, massaia *f.*

housekeeping /'haʊskiːpɪŋ/ *n.* **1** governo *m.* della casa, amministrazione *f.* della casa. **2** (*housekeeping money*) denaro *m.* per le spese di casa. **3** (*routine tasks*) operazioni *f.pl.* di routine (*anche Inform*).

houseleek /'haʊsliːk/ *n.* (*Bot*) erba *f.* pignola.

houseless /'haʊsləs/ *a.* **1** senza case, privo di casa. **2** (*homeless*) senza casa, senza tetto.

housemaid /'haʊsmeɪd/ *n.* domestica *f.*, cameriera *f.* □ (*Med*) *~'s knee* ginocchio della lavandaia.

housemaster /'haʊsmɑːstər *Am* 'haʊsmæstər/ *n.* (*Scol*) direttore *m.* di convitto.

housemate /'haʊsmeɪt/ *n.* coinquilino *m.* (*f.* -a).

housemistress /'haʊsmɪstrəs/ *n.* (*Scol*) direttrice *f.* di convitto.

housemother /'haʊsmʌðər/ *n.* assistente *f.* residente in un collegio (*o* in un istituto).

houseproud, house-proud /'haʊspraʊd/ *a.* che tiene alla casa.

houseroom /'haʊsruːm/ *Br n.* alloggio *m.* □ (*colloq*) *I wouldn't give a sofa like that ~* non terrei in casa un divano come quello neanche se me lo regalassero.

housesit, house-sit /'haʊsˌsɪt/ *v.i.* sorvegliare una casa in assenza (*for* di).

housesitter, house-sitter /'haʊsˌsɪtər *Am* 'haʊsˌsɪtər/ *n.* sorvegliante *m./f.* (di una casa in assenza dei proprietari).

house-to-house /ˌhaʊstə'haʊs/ *a.* a domicilio, di casa in casa, di porta in porta: *~ selling* vendita a domicilio.

housetop /'haʊstɒp *Am* 'haʊstɑːp/ *n.* tetto *m.* □ (*fig*) *to shout* (o *to proclaim*) *sth. from the ~s* gridare qcs. ai quattro venti, proclamare qcs. ai quattro venti.

house-train /'haʊstreɪn/ *v.t.* educare (un animale domestico).

house-trained /'haʊstreɪnd/ *a.* (*of a pet*) pulito.

housewarming, house-warming /'haʊswɔːmɪŋ *Am* 'haʊswɔːrmɪŋ/ *n.* (festa per l') inaugurazione *f.* di una casa. □ *~ gift* regalo per l'inaugurazione di una casa; *~ party* festa per l'inaugurazione di una casa; *~ present* regalo per l'inaugurazione di una casa.

housewife[1] /'haʊswaɪf/ *n.irr.* casalinga *f.*, massaia *f.*, donna *f.* di casa.

housewife[2] /'hʌswaɪf/ *n.irr.* (*sewing box*) astuccio *m.* da lavoro.

housewifely /'haʊsˌwaɪfli/ *a.* da (buona) massaia, da donna di casa.

housewifery /'haʊswaɪfəri/ *n.* (*Br*) governo *m.* della casa, amministrazione *f.* della casa.

housework /'haʊswɜːk *Am* 'haʊswɜːrk/ *n.* lavori *m.pl.* domestici, faccende *f.pl.* domestiche, (*region*) mestieri *m.pl.*

housewrecker /'haʊsrekər/ *n.* (*Am*) demolitore *m.* di case vecchie.

housey-housey /ˌhaʊzi'haʊzi/ *n.* (*ant*) tombola *f.*, bingo *m.*

housing[1] /'haʊzɪŋ/ *n.* **1** alloggio *m.*, casa *f.*: *~ problem* il problema della casa. **2** (*dwelling place*) abitazione *f.*, alloggio *m.*, dimora *f.* **3** (*collett.*) (*houses*) alloggi *m.pl.* **4** (*Mecc*) alloggiamento *m.*, sede *f.*, custodia *f.*; (*of a machine*) incastellatura *f.*, gabbia *f.* **5** (*Mar*) (*of a mast*) parte *f.* sotto coperta. **6** (*Fal*) incastro *m.* □ *~ association*: **1** (*for home-buyers*) cooperativa edilizia; **2** (*for tenants*) associazione non-profit per l'affitto di case; *~ boom* boom edilizio; (*Am*) *~ development* complesso residenziale, quartiere residenziale; *~ estate* complesso residenziale, quartiere residenziale; *~ project* progetto di edilizia popolare; *~ shortage* scarsità di alloggi, crisi degli alloggi.

housing[2] /'haʊzɪŋ/ *n.* **1** (*ant*) gualdrappa *f.* **2** *pl.* (*trappings*) bardatura *f.sing.*, finimenti *m.pl.*

Houston /'hjuːstən/ *n.pr.* (*Geog*) Houston *f.*

houting /'haʊtɪŋ *Am* 'haʊtɪŋ/ *n.* (*Itt*) coregone *m.* lavareto.

hove /həʊv/ → **heave**[1].

hovel /'hʌvl/ *n.* casupola *f.*, tugurio *m.*, stamberga *f.*, topaia *f.*

hover /'hɒvər *Am* 'hʌvər/ **I** *v.i.* **1** librarsi: *the hawk -ed above its prey* il falco si librò sulla preda. **2** (*to move about keeping near to*) gironzolare, muoversi (*about* intorno a). **3** (*Aer*) librarsi; (*of a helicopter*) volare a punto fisso. **4** (*fig*) (*to linger, to wait*) attardarsi, indugiare. **5** (*fig*) (*to waver*) essere sospeso, ondeggiare: *to ~ between life and death* essere sospeso tra la vita e la morte. **6** (*fig*) (*to hesitate*) esitare, tentennare, titubare, essere incerto. **7** (*Am,fig*) (*to stifle so.'s freedom*) soffocare qcu., stare troppo addosso a qcu. **II** *n.* librazione *f.* □ (*Giard*) *~ mower* tosaerba a cuscino d'aria.

hovercraft /'hɒvəˌkrɑːft *Am* 'hʌvərˌkræft/ *n.* hovercraft *m.*, veicolo *m.* a cuscino d'aria.

hovering /'hɒvərɪŋ *Am* 'hʌvərɪŋ/ *a.* aeroscivolante.

hoverport /'hɒvəpɔːt *Am* 'hʌvərpɔːrt/ *n.* scalo *m.* per hovercraft.

how /haʊ/ **I** *avv.* **1** come, in che (*o* qual) modo: *~ did it happen?* com'è accaduto?; *tell me ~ to do it* dimmi come si fa; *be careful ~ you walk* stai attento a come cammini. **2** (*to what degree*) quanto, *often not translated*: *~ long is this room?* quanto è lunga questa stanza?; *~ hot is it?* è molto caldo? **3** (*in what condition*) come: *~ are you?* come stai? **4** (*why*) come mai, perché: *~ is it that you are early?* come mai sei in anticipo? **5** (*in whatever manner*) come, in qualsiasi modo: *you may do it ~ you please* puoi farlo come ti piace. **6** (*emphatic*) quanto, che, come: *~ lovely!* com'è bello!, che bello!; *~ he talks!* quanto parla!; *~ cold it is today!* che freddo fa oggi!; *~ odd!* (ma che) strano! **7** (*in direct statements: that*) che. **8** (*at what price*) a quanto, a che prezzo. **9** (*to introduce a question: what*) che (cosa): *~ do you mean?* che cosa vuoi dire? **II** *n.* **1** come *m.*: *a child's whys and -s* i come e i perché di un bambino; *the ~ and the why* il perché e il percome. **2** (*manner*) modo *m.*, aspetto *m.* **III** *intz.* (*scherz*) (*presunto saluto dei pellerossa*) salve. □ *~ about*: **1** che ne dici di..., ti va...: *~ about a cup of tea?* ti va una tazza di tè?, vuoi una tazza di tè?; *~ about a game of bridge?* che ne dite di una partita di bridge?; **2** (*to address another person*) e: *I'm tired, ~ about you?* io sono stanco, e tu?; (*colloq*) *and ~!* eccome!; *~ are you?* (o *~ are you doing?*) come stai? come va?; (*colloq*) *~ come?* perché?, come mai?; *~ come you were late?* come mai hai fatto tardi?; *~ do you find this wine?* come ti sembra questo vino?; (*Am*) *~ do you like it?* ti piace?, come lo trovi?, cosa ne pensi?; *~ do you do?* (*in introductions*) piacere (di conoscerla)!; (*colloq*) *~ ever* come, in che modo: *~ ever did you manage?* ma come hai fatto?; *~ far is it from here?* quanto dista da qui?; *~ is business?* come vanno gli affari?; *~ is your English?* come va il tuo inglese?; *~ long?* (*of time*) (per) quanto tempo?, quanto?; *~ long ago is it since you saw her?* da quanto tempo non la vedi?, quanto tempo è che non la vedi?; *~ many?* quanti?, quante?: *~ many sisters do you have?* quante sorelle hai?; *~ much* quanto: *~ much does it cost?* quanto costa?; (*ant*) *~ now?* che vuoi dire?, e con ciò?; *~ often* quanto tempo?, quante volte?: *~ often do you go dancing?* ogni quanto vai a ballare?; *~ often do trains leave for London?* ogni quanto tempo partono i treni per Londra?; *~ old are you?* quanti anni hai?; *~ old would you take him to be?* quanti anni gli dai?; *~'s that?*: **1** come hai detto?, prego?; **2** (*how do you explain that?*) come mai?; **3** (*what do you think of that?*) che te ne pare?, che ne pensi?; (*Am,colloq*) *~'s tricks?* come stai?, come va?; *~ well you look!* come stai bene!, hai proprio una bella cera!

Howard /'haʊəd *Am* 'haʊərd/ *n.pr.m.* Howard.

howbeit /haʊ'biːɪt/ *avv.* (*rar*) tuttavia, ciononostante, malgrado ciò.

howdah /'haʊdə/ *n.* palanchino *m.* sul dorso di un elefante.

how-de-do /ˌhaʊdi'duː/ *n.* (*Br,colloq*) (*awkward situation*) pasticcio *m.*, imbroglio *m.*

how-do-you-do /ˌhaʊdjʊ'duː/ *n.* (*Br,colloq*) (*awkward situation*) pasticcio *m.*, imbroglio *m.*

howdy /'haʊdi/ *intz.* (*spec. Am,colloq*) come va?, salve!

howe /haʊ/ *n.* **1** collinetta *f.*, poggio *m.* **2** (*tumulus*) tumulo *m.*

howe'er /haʊ'ɜːr/ (*rar*) → **however**.

however /haʊ'evər/ **I** *avv.* **1** comunque, in qualunque modo, in qualsiasi modo: *~*

things go I shan't be sorry comunque vada, non mi pentirò; ~ *you see fit* come ti sembra meglio. 2 (*to whatever extent*) per quanto, sia pure: *he'll come*, ~ *busy he may be* verrà, per quanto occupato possa essere; ~ *bad the weather might be, I'll still go* per brutto che sia il tempo, io vado lo stesso. 3 (*colloq*) (*in questions: in what way*) in che modo, come: ~ *did you get so dirty?* come hai fatto a sporcarti così? **II** *congz.* (pur) tuttavia, ma, nondimeno, con tutto ciò: *it is mine*, ~ *you can use it* è mio, ma lo puoi usare. □ ~ *that may be* (o ~ *that it may be*) comunque sia, comunque stiano le cose.

howitzer /ˈhaʊtsəʳ/ *n.* (*Arm*) obice *m.*

howl /haʊl/ **I** *v.i.* 1 (*of animals*) ululare, latrare. 2 (*of people: to cry out*) urlare, gridare, ruggire; (*to wail*) mugolare, gemere: *he -ed with pain* gemeva per il dolore. 3 (*of things*) ululare, rombare: *the wind -ed through the trees* il vento ululava tra gli alberi. 4 (*to laugh loudly*) ridere fragorosamente. **II** *v.t.* urlare, gridare. **III** *n.* 1 (*of animals*) ululato *m.*, urlo *m.* 2 (*of people: cry*) urlo *m.*, grido *m.*, ruggito *m.*; (*wail*) mugolio *m.*, gemito *m.* 3 (*of the wind, etc.*) ululato *m.* 4 (*loud laugh*) risata *f.* fragorosa. 5 (*colloq*) (*sth. very funny*) spasso *m.*: *you're a ~ in that hat* sei uno spasso con quel cappello. 6 (*El,Acus*) urlio *m.* □ *to ~ so. down* fare tacere qcu. a forza di urla (o a forza di urlare).

howler /ˈhaʊləʳ/ *n.* 1 urlatore *m.* (*f.* -trice). 2 (*Zool*) (*howler monkey*) aluatta *f.* 3 (*Br,colloq*) (*bad mistake*) sproposito *m.*, svarione *m.* 4 (*Br,colloq*) (*flagrant lie*) menzogna *f.* sfacciata.

howling /ˈhaʊlɪŋ/ *a.* 1 urlante. 2 (*fig*) desolato, abbandonato: *a ~ wilderness* una landa desolata. 3 (*colloq*) (*very great*) enorme, immenso. □ *a ~ success* un successo strepitoso.

howsoever /ˌhaʊsoʊˈevəʳ/ *avv.* (*rar*) comunque, in qualunque modo.

howzat /haʊˈzæt/ *Br intz.* (*colloq*) (*to express success*) bravo!, ben fatto!

hoy[1] /hɔɪ/ *n.* (*Mar,ant*) barcone *m.*, chiatta *f.*, maona *f.*

hoy[2] /hɔɪ/ **I** *intz.* (*to attract attention*) ehi!, ehilà!, ohé! **II** *n.* grido *m.*

hoya /ˈhɔɪə/ *n.* (*Bot*) fiore *m.* di cera.

hoyden /ˈhɔɪdən/ *n.* (*ant*) maschiaccio *m.*

hoydenish /ˈhɔɪdənɪʃ/ *a.* (*ant*) sfrenato, scatenato.

hp, h.p. 1 (*Br,Comm*) *hire purchase* (sistema di vendita ratcalc). 2 (*Fis*) *horse power* CV (cavallo-vapore).

HP, H.P. (*GB*) *Houses of Parliament* (parlamento).

hq, HQ, H.Q. *headquarters* (*Mil*) Q.G. (quartier generale); (*Comm*) sede (centrale).

hr *hour* h (ora).

HR[1] /ˈeɪtʃˌɑːr/ *Croatia* HR (Croazia).

HR[2], **H.R.** /ˈeɪtʃˌɑːr/ 1 (*Pol*) *Home Rule* (autogoverno). 2 *Human Resources* (risorse umane). 3 (*US*) *House of Representatives* (Camera dei rappresentanti). 4 *human relations* RU (relazioni umane).

HRH, H.R.H. *Her* (o *His*) *Royal Highness* S.A.R. (Sua Altezza Reale).

hrs *hours* hh (ore).

HS. 1 (*Am,Scol*) *high school* (scuola superiore). 2 (*GB*) *Home Secretary* (ministro degli interni).

HSH, H.S.H. *Her* (o *His*) *Serene Highness* (Sua Altezza Serenissima).

HST *High Speed Train* (treno superveloce).

ht 1 *heat* (calore). 2 *height* h (altezza).

HT (*El*) *high tension* AT (alta tensione).

HTML (*Inform*) *HyperText Markup Lan-*

guage HTML (linguaggio per la codifica di ipertesti).

HTTP (*Inform*) *HyperText Transfer Protocol* HTTP (protocollo per il trasferimento di ipertesti).

hub /hʌb/ *n.* 1 mozzo *m.* 2 (*fig*) centro *m.*, cuore *m.*, fulcro *m.* 3 (*Inform*) hub *m.* □ (*Aut*) ~ *cap* copriruota.

Hubble /ˈhʌbl/ □ (*Astr*) ~*'s constant* costante di Hubble; (*Astr*) ~*'s law* legge di Hubble; (*Astr*) ~ *space telescope* (o ~ *telescope*) telescopio spaziale Hubble.

hubble-bubble /ˈhʌblˌbʌbl/ *n.* 1 (*colloq*) narghilè *m.* 2 chiasso *m.*, baccano *m.*, frastuono *m.*, strepito *m.* 3 (*turmoil*) baraonda *f.*, confusione *f.*, parapiglia *m.*

hubbub /ˈhʌbʌb/ *n.* 1 chiasso *m.*, baccano *m.*, frastuono *m.*, strepito *m.* 2 (*turmoil*) baraonda *f.*, confusione *f.*, parapiglia *m.*

hubby /ˈhʌbi/ *n.* (*colloq*) (*husband*) marito *m.*, maritino *m.*

Hubert /ˈhjuːbət *Am* ˈhjuːbərt/ *n.pr.m.* Uberto.

hubris /ˈhjuːbrɪs/ *n.* alterigia *f.*, tracotanza *f.*, superbia *f.*

hubristic /hjuːˈbrɪstɪk/ *a.* altero, tracotante, superbo.

huck /hʌk/ *n.* (*Tess*) grossa tela *f.* (per asciugamani).

huckaback /ˈhʌkəbæk/ *n.* (*Tess*) grossa tela *f.* (per asciugamani).

huckleberry /ˈhʌklbəri *Am* ˈhʌklberi/ *n.* 1 (*Bot*) bacca *f.* di gaylussacia, (*colloq*) frutto *m.* del mirtillo americano. 2 (*American blueberry*) gaylussacia *f.*, mirtillo *m.* americano.

huckster /ˈhʌkstəʳ/ **I** *n.* 1 venditore *m.* (*f.* -trice) ambulante; (*dealer in small articles*) rivenditore *m.* di articoli poco costosi, rivenduglioulo *m.* (*f.* -a). 2 (*estens*) propagandista *m./f.*: *a political* ~ un propagandista politico. 3 (*Am,Rad,TV*) organizzatore *m.* (*f.* -trice) di programmi pubblicitari; (*adman*) pubblicitario *m.* (*f.* -a), reclamista *m./f.* **II** *v.i.* tirare sul prezzo, mercanteggiare. **III** *v.t.* commerciare in.

huddle /ˈhʌdl/ **I** *v.i.* 1 accalcarsi, affollarsi, stringersi insieme. 2 (*Am,Sport*) (*in football*) consultarsi sulla tattica da seguire (*anche estens*). **II** *v.t.* ammucchiare, ammassare, stipare. **III** *n.* 1 folla *f.*, calca *f.* 2 (*colloq*) (*private meeting*) incontro *m.* segreto. 3 (*Am,Sport*) consultazione *f.* sulla tattica da seguire. □ (*colloq*) *to go into a ~ with so.* avere un abboccamento segreto con qcu.; *to ~ oneself* (o *to ~ oneself up*) raggomitolarsi, rannicchiarsi.

Hudson /ˈhʌdsən/ *n.pr.* (*Geog*) Hudson *m.* □ (*Geog*) ~ *Bay* baia di Hudson.

hue[1] /hjuː/ *n.* 1 tinta *f.*, colore *m.*; (*variety of a colour*) tonalità *f.*, sfumatura *f.* 2 (*complexion*) colorito *m.* 3 (*fig*) colore *m.*, apparenza *f.*, aspetto *m.*, sfumatura *f.*

hue[2] /hjuː/ □ ~ *and cry*: 1 (*angry pursuit*) caccia (spietata), inseguimento; 2 (*clamorous disapproval*) protesta clamorosa; 3 (*Stor*) grido d'allarme (nell'inseguimento di criminali).

hued /hjuːd/ *a.* (*in compounds*) colorato..., tinto...: *green-~* (colorato di) verde; *a many-~ blanket* una coperta multicolore.

Huey /ˈhjuːi/ □ ~, *Dewey and Louie* Qui, Quo, Qua (personaggi di Walt Disney).

huff /hʌf/ **I** *n.* 1 irritazione *f.*, risentimento *m.*, avvilimento *m.* 2 (*in draughts*) il soffiare (una pedina). **II** *v.t.* 1 offendere, far risentire. 2 (*to bully*) angariare, tormentare. 3 (*in draughts*) soffiare. **III** *v.i.* 1 offendersi, risentirsi, aversela a male. 2 (*to breathe heavily*) ansimare. □ *to ~ and puff*: 1 (*to breathe heavily*) ansimare; 2 (*to make empty threats*)

fare delle storie, essere scontroso; *to be in a* ~ essere adirato, essere stizzito; *to go off in a ~* andarsene avvilito, andarsene sdegnato.

huffily /ˈhʌfɪli/ *avv.* stizzosamente.

huffiness /ˈhʌfɪnəs/ *n.* permalosità *f.*, scontrosità *f.*

huffish /ˈhʌfɪʃ/ *a.* stizzito, incollerito, arrabbiato.

huffy /ˈhʌfi/ *a.* 1 stizzito, incollerito, arrabbiato. 2 (*touchy*) permaloso, scontroso.

hug /hʌg/ **I** *v.t.* (*past, p.p.* hugged /-d/) 1 abbracciare, stringere fra le braccia. 2 (*to clutch*) abbrancare, afferrare con forza, stringere con forza. 3 (*to keep close alongside*) costeggiare, procedere lungo: *the road -s the river* la strada costeggia il fiume; *the ship -ged the coast* la nave costeggiava. 4 (*fig*) rimanere fedele a, rimanere attaccato a: *to ~ one's beliefs* rimanere fedele alle proprie convinzioni. 5 (*rifl.*) *to ~ oneself* congratularsi con se stesso, farsi i complimenti da solo. **II** *n.* 1 abbraccio *m.* 2 (*restraining grasp*) stretta *f.* 3 (*Sport*) (*in wrestling*) tipo *m.* di presa. □ *to give so. a* ~ abbracciare qcu.; (*Aut*) *to ~ the curve* stringere la curva, prendere la curva stretta; (*Mar*) *to ~ the wind* stringere il vento.

huge /hjuːdʒ/ *a.* enorme, immenso, smisurato.

hugely /ˈhjuːdʒli/ *avv.* 1 (*in a huge manner*) immensamente, enormemente. 2 (*as an intensifier*) incredibilmente, terribilmente, parecchio: ~ *popular* popolarissimo.

hugeness /ˈhjuːdʒnəs/ *n.* enormità *f.*, immensità *f.*

huggable /ˈhʌgəbl/ *a.* da abbracciare.

hugger-mugger /ˈhʌgəˌmʌgəʳ/ *Br* **I** *n.* 1 confusione *f.*, disordine *m.* 2 (*secrecy*) segretezza *f.* **II** *a.* 1 confuso, disordinato. 2 (*secret*) segreto.

Huggies /ˈhʌgiːz/ □ (*Am*) ~ *diaper* pannolino.

Hugh /hjuː/, **Hugo** /ˈhjuːgoʊ/ *n.pr.m.* Ugo.

Huguenot /ˈhjuːgənɒt *Am* ˈhjuːgənɑːt/ *n.* (*Stor*) ugonotto *m.*

huh /hə/ *intz.* 1 (*in surprise, disbelief, etc.*) uhm!, uh! 2 (*in disgust*) uh!

hula /ˈhuːlə/ *n.* (*dance*) hula *f.* □ ~ *girl* ballerina di hula; ~ *hoop* hula-hoop; (*Abbigl*) ~ *skirt* gonnellino hawaiano.

hula-hula /ˌhuːləˈhuːlə/ *n.* (*dance*) hula *f.*

hulk /hʌlk/ *n.* 1 (*hull of an old ship*) carcassa *f.* di nave in disarmo. 2 (*unwieldy ship*) nave *f.* poco maneggevole. 3 (*big, clumsy man*) uomo *m.* grande e goffo, armadio *m.*, omaccione *m.* 4 (*shell of an abandoned vehicle, etc.*) carcassa *f.*

hulking /ˈhʌlkɪŋ/ *a.* 1 (*of people*) grande e goffo, grande e grosso, massiccio. 2 (*of things*) mastodontico.

hull[1] /hʌl/ **I** *n.* 1 (*Mar*) scafo *m.* 2 (*Aer*) (*of a flying boat*) scafo *m.*; (*of a rigid dirigible*) carena *f.*, scafo *m.*, ossatura *f.* **II** *v.t.* (*Mar*) aprire una falla nello scafo di.

hull[2] /hʌl/ **I** *n.* 1 (*Agr*) guscio *m.*, buccia *f.*; (*of nuts*) mallo *m.*; (*of peas*) baccello *m.*; (*of cereals*) pula *f.* 2 (*Bot*) calice *m.*, (*of strawberries, etc.*) calicetto *m.* 3 (*fig*) copertura *f.* **II** *v.t.* sgusciare, sgranare, pulare.

hullaballoo, hullabaloo /ˌhʌləbəˈluː/ *n.* clamore *m.*, frastuono *m.*, chiasso *m.*

hullo /həˈloʊ/ *intz./n.* → **hello.**

hulloa /həˈloʊ/ *intz./n.* → **hello.**

hum /hʌm/ **I** *n.* 1 ronzio *m.*: *the ~ of bees* il ronzio delle api. 2 (*indistinct sound of voices*) bisbiglio *m.*, brusio *m.*, mormorio *m.*, ronzio *m.* 3 (*great activity*) fervore *m.*, animazione *f.*, viavai *m.* 4 (*colloq*) (*smell*) puzzo *m.* **II** *intz.* uhm..., ehm... **III** *v.i.* 1 ronzare. 2 (*of* *voices*) mormorare. **3** (*to sing through closed lips*) canticchiare a bocca chiusa. **4** (*to be very active*) fervere. **5** (*colloq*) (*to smell badly*) puzzare. **IV** *v.t.* **1** canticchiare a bocca chiusa. **2** (*to express by humming*) borbottare, mugolare. □ *to ~ and haw*: 1 esitare nel parlare; 2 (*to hesitate*) titubare, nicchiare, tergiversare; (*colloq*) *to make things ~* far procedere le cose alacremente.

human *n.* **a. 1** umano: *~ nature* natura umana. **2** (*of the social aspect of mankind*) umano, dell'uomo: *~ affairs* vicende umane. **3** (*fig*) (*humane*) umano, comprensivo, benevolo. **4** (*fig*) (*possible, mortal*) possibile, umanamente possibile: *there's no ~ way we can finish by Friday* non è umanamente possibile riuscire a finire entro venerdì. **II** *n.* essere *m.* umano. □ *~being* essere umano; *~chain* catena umana; *~ engineering* ingegneria umana; *~ error* errore umano; (*Med*) *~form* (*of mad cow disease*) variante umana (del morbo della mucca pazza); *~genetics* genetica umana; (*Biol*) *~genome* genoma umano; (*Med*) *~immunodeficiency virus* virus dell'immunodeficienza umana; (*Giorn*) *~interest* l'aspetto umano; *~nature* natura umana; *~resources* risorse umane; *~ resources budget* bilancio del personale, bilancio per le risorse umane; *~resources department* ufficio del personale; *~resources manager* direttore del personale, capo del personale, responsabile del personale; *~resources office* ufficio del personale; (*Pol*) *~ rights* diritti dell'uomo; *~ rights abuse* violazione dei diritti umani; (*Pol*) *Human Rights Convention* Convenzione dei diritti dell'uomo; *he has the ~ touch* è uno che mette le persone a loro agio, ha una certa sensibilità per le persone.

humane /hjuː'meɪn/ *a.* **1** umano, comprensivo, benevolo. **2** (*humanistic*) umanistico: *~ studies* studi umanistici.

humanely /hjuː'meɪnli/ *avv.* umanamente.

humaneness /hjuː'meɪnnəs/ *n.* umanità *f.*, benevolenza *f.*, comprensione *f.*

humanisation /ˌhjuːmən(ə)ɪ'zeɪʃən/ *n.* (*Br*) umanizzazione *f.*

humanise /'hjuːmənaɪz/ *I v.t.* (*Br*) **1** umanizzare, rendere umano, rendere civile. **2** (*to make human*) dare un aspetto umano a. **II** *v.i.* (*Br*) umanizzarsi, divenire umano, divenire civile.

humanism /'hjuːmənɪzəm/ *n.* **1** umanità *f.*, benevolenza *f.*, comprensione *f.* **2** (*devotion to the humanities*) umanesimo *m.* **3** (*Filos*) umanitarismo *m.*

Humanism /'hjuːmənɪzəm/ *n.* (*Filos*) umanesimo *m.*

humanist /'hjuːmənɪst/ *I n.* **1** umanitario *m.* (*f.* -a). **2** filantropo *m.* (*f.* -a). **3** (*student of the humanities*) umanista *m./f.*, classicista *m./f.* **II** *a.* **1** umanitario, filantropico. **2** (*relating to Renaissance humanism*) umanistico, relativo all'umanesimo.

Humanist /'hjuːmənɪst/ *I n.* (*Filos*) umanista *m./f.* **II** *a.* (*Filos*) umanistico.

humanistic /ˌhjuːmə'nɪstɪk/ *a.* **1** umanitario, filantropico. **2** (*relating to Renaissance humanism*) umanistico, relativo all'umanesimo.

humanistically /ˌhjuːmə'nɪstɪkəli/ *avv.* a livello umanistico.

humanitarian /ˌhjuːmænɪ'teərɪən Am ˌhjuːmænɪ'terɪən/ *I n.* umanitario *m.* (*f.* -a), filantropo *m.* (*f.* -a). **II** *a.* umanitario, filantropico.

humanitarianism /ˌhjuːmænɪ'teərɪənɪzəm Am ˌhjuːmænɪ'terɪənɪzəm/ *n.* umanitarismo *m.*, filantropia *f.*

humanity /hjuː'mænɪti Am hjuː'mænəti/ *n.* **1** (*mankind*) umanità *f.*, genere *m.* umano. **2** (*being humane*) benevolenza *f.*, comprensione *f.* **3** (*being human*) umanità *f.*, natura *f.* umana. **4** *pl.* (*the classics*) studi *m.pl.* umanistici (*o* classici), (*modern humanities*) studi *m.pl.* umanistici moderni.

humanization /ˌhjuːmən(ə)ɪ'zeɪʃən/ *n.* umanizzazione *f.*

humanize /'hjuːmənaɪz/ *I v.t.* **1** umanizzare, rendere umano, rendere civile. **2** (*to make human*) dare un aspetto umano a. **II** *v.i.* umanizzarsi, divenire umano, divenire civile.

humankind /ˌhjuːmən'kaɪnd/ *n.* umanità *f.*, genere *m.* umano.

humanly /'hjuːmənli/ *avv.* umanamente.

humanoid /'hjuːmənɔɪd/ *I a.* umanoide. **II** *n.* umanoide *m.*

Humbert /'hʌmbət Am 'hʌmbərt/ *n.pr.m.* Umberto.

humble /'hʌmbl̩/ *I a.* **1** umile, modesto. **2** (*submissive*) remissivo, sottomesso. **3** (*of low rank*) umile, modesto: *of ~ origin* di umili origini. **4** (*deferential*) modesto, umile, povero: *in my ~ opinion* secondo il mio modesto parere. **5** (*mean, base*) umile, meschino, vile, misero: *~ tasks* umili mansioni. **II** *v.t.* **1** umiliare, mortificare, avvilire. **2** (*rifl.*) *to ~ oneself* umiliarsi, fare atto di sottomissione. **3** (*to destroy the might of*) umiliare, sottomettere: *to ~ one's enemies* sottomettere i (propri) nemici. □ *welcome to my ~ abode* benvenuti nella mia umile dimora; *to eat ~pie* andare a Canossa, ammettere i propri sbagli; *my ~self* la mia modesta persona; (*ant, epist*) *your ~ servant* vostro servo umilissimo.

humblebee /'hʌmbl̩biː/ *n.* (*Entom*) bombo *m.*

humbled /'hʌmbl̩d/ *a.* umiliato. □ (*fig*) *into the dust* profondamente umiliato.

humbleness /'hʌmbl̩nəs/ *n.* umiltà *f.*, remissività *f.*

humbling /'hʌmblɪŋ/ *a.* umiliante.

humbly /'hʌmbli/ *avv.* umilmente, con umiltà, modestamente. □ *to be ~born* essere di umili natali.

humbug /'hʌmbʌɡ/ *I n.* **1** insincerità *f.*, ipocrisia *f.* **2** (*deception*) inganno *m.*, raggiro *m.*, imbroglio *m.*; (*trick*) truffa *f.*, inganno *m.* **3** (*impostor*) impostore *m.* (*f.* -a), imbroglione *m.* (*f.* -a). **4** (*nonsense*) frottola *f.*, fandonia *f.* **5** (*Dolc*) caramella *f.* alla menta. **II** *intz.* storie!, sciocchezze! **III** *v.t.* (*past, p.p.* **humbugged** /'hʌmbʌɡd/) ingannare, raggirare, imbrogliare.

humbuggery /'hʌmbʌɡəri/ *n.* inganno *m.*, imbroglio *m.*

humdinger /ˌhʌm'dɪŋər/ *n.* (*colloq*) **1** (*person*) persona *f.* eccezionale, tipo *m.* (*f.* -a) in gamba. **2** (*thing*) cosa *f.* eccezionale, (*colloq*) cannonata *f.*

humdrum /'hʌmdrʌm/ *I a.* monotono, noioso, trito, banale. **II** *n.* **1** prosaicità *f.*, banalità *f.*, prosa *f.*: *the ~ of daily life* la prosaicità della vita quotidiana. **2** (*monotony*) monotonia *f.*, solito tran tran *m.* **3** (*dull person*) persona *f.* monotona, persona *f.* noiosa.

humectant /hjuː'mektənt/ *I n.* (*Chim*) umettante *m.* **II** *a.* umettante.

humeral /'hjuːmərəl/ *a.* omerale. □ (*Rel. catt*) *~veil* omerale.

humerus /'hjuːmərəs/ (*pl.* -**ri** /-raɪ/) *n.* (*Anat*) omero *m.*

humic /'hjuːmɪk/ *a.* (*Agr*) umico.

humid /'hjuːmɪd/ *a.* (*Meteor*) umido.

humidifier /hjuː'mɪdɪfaɪər/ *n.* umidificatore *m.*

humidify /hjuː'mɪdɪfaɪ/ *v.t.* umidificare.

humidity /hjuː'mɪdɪti Am hjuː'mɪdəti/ *n.* umi-

humidor /'hjuːmɪdər/ *n.* contenitore *m.* ermetico (per sigari o tabacco).

humification /ˌhjuːmɪfɪ'keɪʃən/ *n.* umificazione *f.*

humify /'hjuːmɪfaɪ/ *v.t.* creare humus da.

humiliate /hjuː'mɪlieɪt/ *v.t.* umiliare, mortificare, avvilire.

humiliating /hjuː'mɪlieɪtɪŋ Am hjuː'mɪlieɪtɪŋ/ *a.* umiliante, mortificante.

humiliatingly /hjuː'mɪlieɪtɪŋli Am hjuː'mɪlieɪtɪŋli/ *avv.* in modo umiliante, in modo mortificante.

humiliation /hjuːˌmɪli'eɪʃən/ *n.* umiliazione *f.*, mortificazione *f.*

humility /hjuː'mɪlɪti Am ˌhjuː'mɪləti/ *n.* umiltà *f.*

hummable /'hʌməbl̩/ *a.* (*Mus*) orecchiabile, memorabile.

humming /'hʌmɪŋ/ *I n.* ronzio *m.* **II** *a.* **1** ronzante. **2** (*colloq*) (*brisk*) attivo, intenso, animato: *business is ~* gli affari sono attivi. □ *~top* trottola armonica, trottola musicale.

hummingbird /'hʌmɪŋbɜːd Am 'hʌmɪŋbɜːrd/ *n.* (*Ornit*) colibrì *m.*, uccello *m.* mosca. □ (*Entom*) *~hawkmoth* macroglossa.

hummock /'hʌmək/ *n.* **1** collinetta *f.*, poggio *m.* **2** (*in an ice field*) cresta *f.* **3** (*sandhill*) duna *f.*

hummocky /'hʌməki/ *a.* **1** collinoso. **2** (*resembling a hummock*) a forma di collina, a forma di poggio.

hummus /'huːməs/ *n.* (*Gastron*) salsa *f.* hummus, hummus *m.*

humongous /hjuː'mɒŋɡəs Am hjuː'mɑːŋɡəs/ *a.* (*colloq*) gigantesco, sproporzionato, mostruoso.

humongously /hjuː'mɒŋɡəsli Am hjuː'mɑːŋɡəsli/ *avv.* (*colloq*) sproporzionatamente, mostruosamente.

humor /'hjuːmər/ *n./v.* (*Am*) → **humour**.

humoral /'hjuːmərəl/ *a.* (*Biol*) umorale.

humoresque /ˌhjuːmər'esk/ *n.* (*Mus*) umoresca *f.*

humorist /'hjuːmərɪst/ *n.* **1** (*comic writer, etc.*) umorista *m./f.* **2** (*joker, wag*) persona *f.* spiritosa.

humorous /'hjuːmərəs/ *a.* **1** divertente, comico, spassoso. **2** (*witty*) umoristico, spiritoso. **3** (*having a sense of humour*) che ha humour, che ha il senso dell'umorismo.

humorously /'hjuːmərəsli/ *avv.* spiritosamente, scherzosamente.

humorousness /'hjuːmərəsnəs/ *n.* **1** l'aver humour, l'essere dotato di senso dell'umorismo. **2** (*funniness*) comicità *f.*, umorismo *m.*

humour /'hjuːmər/ *I n.* **1** comicità *f.*, umorismo *m.*: *the ~ of a situation* la comicità di una situazione. **2** (*sense of humour*) humour *m.*, senso *m.* dell'umorismo. **3** (*sth. designed to be humorous*) umorismo *m.*, arguzia *f.*, spirito *m.*: *the ~ of a novel* l'umorismo di un romanzo. **4** (*witticism*) motto *m.* spiritoso. **5** (*humorous writings*) scritti *m.pl.* umoristici. **6** (*mood*) umore *m.*, vena *f.*, disposizione *f.* d'animo: *in a good ~* di buon umore. **7** (*temperament, disposition*) umore *m.*, indole *f.*, carattere *m.* **8** (*whim*) capriccio *m.*, ghiribizzo *m.*, ticchio *m.* **9** (*in medieval physiology*) umore *m.*: *the four (cardinal) ~s* i quattro umori (fondamentali). **10** *pl.* (*whimsical or odd features*) bizzarrie *f.pl.*, stranezze *f.pl.*, stravaganze *f.pl.* **II** *v.t.* **1** contentare, accontentare, compiacere, assecondare: *to ~ a child* contentare un bambino. **2** (*to manage tactfully*) trattare con tatto. **3** (*ant*) (*to adapt oneself to*) adattarsi a. □ *in the ~ for sth.* essere in vena di fare qcs.; *I see no ~ in his* *remark* non trovo niente di spiritoso nella sua osservazione;*out of ~* di cattivo umore.

humoured /'hju:məd *Am* 'hju:mɚd/ *a.* (*in compounds*) di... umore: *bad-~* di cattivo umore.

humourless /'hju:mələs *Am* 'hju:mɚləs/ *a.* che manca d'umorismo, privo di senso dell'umorismo.

humourlessly /'hju:mələsli *Am* 'hju:mɚləsli/ *avv.* senza umorismo, privo di senso dell'umorismo.

hump /hʌmp/ **I** *n.* **1** gobba *f.*, gobbo *m.*, protuberanza *f.*, gibbosità *f.* **2** (*of a camel, on a person's back*) gobba *f.* **3** (*hummock*) collinetta *f.*, poggio *m.* **II** *v.t.* **1** ammucchiare, ammonticchiare, stipare. **2** (*to carry*) portare a fatica, muovere, spostare; (*to carry on one's back*) portare sulle spalle. **3** (*of the back*) inarcare, curvare. **4** (*volg*) (*to have sex with*) scopare, chiavare. □ (*Br,colloq*) *toget the ~* lasciarsi prendere dal malumore; (*colloq*) *we're over the ~* il peggio è passato.

humpback /'hʌmp,bæk/ *n.* gobba *f.*, gibbo *m.*, gibbosità *f.*: *to have a ~* essere gobbo. □ (*Strad*) *~ bridge* ponte a schiena d'asino; (*Zool*) *~whale* megattera.

humpbacked /'hʌmp,bækt/ *a.* gibboso, gobbo.

humped /hʌmpt/ *a.* **1** ammucchiato. **2** (*humpbacked*) gibboso, gobbo.

humph /hʌmf/ *intz.* **1** (*to express doubt, disbelief*) mah!, boh! **2** (*to express disgust*) puh! uh!

humpty-dumpty /,hʌm(p)ti'dʌm(p)ti/ *n.* **1** persona *f.* piccola e grassoccia, (*scherz*) tappo *m.* **2** (*so. who has had a great fall*) persona *f.* battuta.

humpy /'hʌmpi/ *a.* **1** pieno di gobbe. **2** (*resembling a hump*) gobbo, curvo. **3** (*colloq*) (*bad-tempered*) di cattivo umore.

humus /'hju:məs/ *n.* (*Agr*) humus *m.*, umus *m.* □ (*Agr*) *~earth* terra umica.

Hun /hʌn/ *n.* **1** (*Stor*) unno *m.* **2** (*fig*) vandalo *m.* **3** (*spreg*) tedesco *m.*

hunch [1] /hʌntʃ/ *v.t.* **1** (*of the back*) curvare, inarcare, arcuare. **2** (*of the shoulders*) alzare. □ *to ~up*: **1** rannicchiarsi; **2** (*to rise up*) alzarsi.

hunch [2] /hʌntʃ/ *n.* **1** gobba *f.* **2** (*colloq*) (*vague suspicion*) idea *f.*, impressione *f.*, vago sospetto *m.*; (*premonition*) presentimento *m.*, presagio *m.*, sensazione *f.* **3** (*ant*) (*lump, hunk*) pezzo *m.*, tocco *m.*

hunchback /'hʌntʃ,bæk/ *n.* **1** (*Med*) gibbo *m.*, gobba *f.*, gibbosità *f.* **2** (*person*) gobbo *m.* (*f.* -a): *the ~ of Notre Dame* il gobbo di Notre Dame.

hunchbacked /'hʌntʃbækt/ *a.* gibboso, gobbo.

hundred /'hʌndrəd/ *I a.* **1** cento: *a ~ people* cento persone. **2** (*very many*) cento, molti, parecchi. **II** *n.* (*pl.inv.* o **-s** /-z/; *il pl. in* **-s** *si usa general. con valore collett.*) **1** cento *m.*: *a* (o *one*) *~ and one* centouno; *four ~* quattrocento. **2** (*in telling the time*) in punto: *the train arrives at thirteen ~ hours* il treno arriva alle 13 (in punto). **3** (*GB,Stor*) (*division of a county*) centena *f.* **4** *pl.* (*large number*) centinaia *f.pl.*: *-s of people* centinaia di persone. **5** (*in dates*) cento *m.*: *in the fifteen -s* nel cinquecento, nel sedicesimo secolo. □ (*fig*) *a ~ and one ideas* mille idee; (*Dolc*) *-sand thousands* codette (per decorazioni);*by the ~* a cento a cento, a centinaia; *not one in a ~* neanche uno su cento; *ninety-nine timesout of a ~* novantanove volte su cento; *a ~per cent* (al) cento per cento (*anche fig*);*some ~ books* circa cento libri, un centinaio di libri; (*Stor*) *Hundred Years' War* Guerra dei Cent'anni.

hundredfold /'hʌndrəd,foʊld/ **I** *a.* **1** centuplice. **2** (*hundred times as much*) centuplo. **II** *n.* centuplo *m.* **III** *avv.* cento volte: *to increase a ~* centuplicare.

hundredth /'hʌndrədθ/ **I** *a.* centesimo. **II** *n.* centesimo *m.*

hundredweight /'hʌndrəd,weɪt/ *n.* **1** (*long hundredweight*) hundred-weight *m.* (inglese) (pari a 50,80 kg). **2** (*Am*) (*short hundredweight*) hundredweight *m.* (americano) (pari a 45,35 kg). **3** (*metric hundreweight*) cinquanta chili *m.pl.*

hung [1] /hʌŋ/ → **hang** [1]. □ (*colloq,fig*) *to be ~on sth.* avere il pallino di qcs., avere una fissazione per qcs.

hung [2] /hʌŋ/ *a.* **1** appeso, pendente, sospeso. **2** (*of a jury, etc.*) che non riesce a raggiungere il verdetto. **3** (*of a parliament, etc.*) senza maggioranza. **4** (*sl,volg*) (*of a man*) ben dotato.

Hungarian /hʌŋ'geəriən *Am* hʌŋ'geriən/ **I** *a.* ungherese. **II** *n.* **1** ungherese *m./f.* **2** (*language*) ungherese *m.*

Hungary /'hʌŋɡəri/ *n.pr.* (*Geog*) Ungheria *f.*

hunger /'hʌŋɡər/ **I** *n.* **1** fame *f.*: *the pangs of ~* i morsi della fame. **2** (*appetite*) appetito *m.* **3** (*fig*) fame *f.*, sete *f.*, brama *f.*, smania *f.* (*for* di): *~ for glory* sete di gloria. **4** (*famine*) carestia *f.*, (*estens*) fame *f.*: *the years of ~* gli anni della carestia. **II** *v.i.* **1** avere fame, essere affamato. **2** (*fig*) agognare, bramare, desiderare ardentemente (*for, after sth.* qcs.). **III** *v.t.* affamare, ridurre alla fame. □ *~march* marcia della fame; *~ strike* sciopero della fame; *~striker* chi fa lo sciopero della fame. *Prov.: ~ is the best sauce* il miglior condimento è l'appetito.

hung-over /,hʌŋ'oʊvər/ *a.* con un mal di testa da sbornia, con i postumi della sbornia.

hungrily /'hʌŋɡrɪli/ *avv.* **1** con appetito, con fame. **2** (*fig*) avidamente, con bramosia.

hungriness /'hʌŋɡrɪnəs/ *n.* fame *f.*

hungry /'hʌŋɡri/ *a.* **1** affamato, che ha fame: *to be* (o *to feel*) *~* avere fame; *ravenously ~* affamato come un lupo. **2** (*showing hunger*) affamato: *a ~ look* un aspetto affamato. **3** (*eager*) affamato, desideroso, bramoso, assetato, avido (*for* di): *~ for affection* desideroso di affetto. **4** (*marked by famine*) della fame, della carestia: *the ~ years* gli anni della fame. **5** (*causing hunger*) che mette fame, che fa venire fame, che fa venire appetito: *~ work* un lavoro che fa venire fame. □ *to go ~* soffrire la fame, fare la fame.

hung-up /,hʌŋʌp/ *a.* **1** (*colloq*) (*distressed*) afflitto, angosciato. **2** (*colloq*) (*much involved*) eccessivamente preoccupato: *~ on one's appearance* eccessivamente preoccupato del proprio aspetto. **3** (*sl*) complessato, pieno di complessi.

hunk /hʌŋk/ *n.* **1** (*colloq*) (*grosso*) pezzo *m.*, tocco *m.* **2** (*colloq*) (*muscle man*) bel pezzo *m.* d'uomo, fusto *m.*, fico *m.* □ (*fig*) *a ~of lard* un trippone, un ciccione.

hunkers /'hʌŋkəz/ *n.pl.* (*Br*) sedere *m.sing.* □ *to beon one's ~* stare accoccolato.

hunky /'hʌŋki/ *a.* **1** (*Am*) **1** (*spreg*) (*Hungarian*) ungherese *m.* **2** (*colloq*) (*strong and attractive*) aitante *m.*, fico *m.*, robusto *m.*

hunky-dory /'hʌŋki,dɔːri/ *a.* (*colloq*) eccellente, ottimo, magnifico.

Hunnish /'hʌnɪʃ/ *a.* **1** (*Stor*) unnico. **2** (*fig*) barbaro, vandalico.

hunt [1] /hʌnt/ **I** *v.t.* **1** cacciare, dare la caccia a. **2** (*Caccia*) cacciare, andare a caccia a: *to ~ deer* cacciare il cervo; (*of a pack of hounds*) guidare nella caccia; (*of a horse*) usare nella caccia; (*of an area*) battere (cac-

ciando). **3** (*of people: to pursue*) inseguire, dare la caccia a. **4** (*fig*) cercare, ricercare, andare in cerca di: *to ~ for a house* andare in cerca di una casa. **5** (*of a place: to search thoroughly*) perlustrare, esplorare. **6** (*to drive, to chase*) cacciare, scacciare. **II** *v.i.* cacciare, andare a caccia (*anche Caccia*): *do you ~?* vai a caccia? **2** (*to search*) dare la caccia (*for, after* a). □ *to ~down* inseguire, dare la caccia a; *to ~high and low for sth.* cercare qcs. col lumicino; *to ~ out* (o *to ~ up*): **1** cercare attentamente; **2** (*to find after much searching*) scovare, trovare.

hunt [2] /hʌnt/ *n.* **1** caccia *f.* **2** (*Caccia*) (*group of hunters*) comitiva *f.* di cacciatori; (*hunting area*) zona *f.* di caccia, terreno *m.* di caccia. **3** (*fig*) (*pursuit*) caccia *f.*, inseguimento *m.*; (*search*) ricerca *f.*, caccia *f.*

hunter /'hʌntər *Am* 'hʌntɚ/ *n.* **1** cacciatore *m.* **2** (*fig*) chi cerca, cercatore *m.* (*f.* -trice), cacciatore *m.* (*f.* -trice): *a fortune ~* un cacciatore di dote. **3** (*hunting horse*) cavallo *m.* addestrato per la caccia. **4** (*hunting dog*) cane *m.* da caccia. **5** (*Orol*) (*hunting watch*) orologio *m.* a doppia cassa. □ *~ gatherer* (in anthropology) hunter-gatherer, cacciatore-raccoglitore; *~green* verde bottiglia; *~'s moon* prima luna piena dopo la mietitura.

Hunter /'hʌntər *Am* 'hʌntɚ/ *n.pr.* (*Astr*) Orione *m.*

hunting /'hʌntɪŋ *Am* 'hʌntɪŋ/ **I** *n.* caccia *f.*, il cacciare: *to go ~* andare a caccia. **II** *a.* da cacciatora, da caccia, di caccia: *the ~ season* la stagione di caccia. □ *~crop* frustino; *~ dog* cane da caccia, *~ground* zona di caccia, terreno da caccia; *~horn* corno da caccia; *~ lodge* capanno da caccia; *~whip* frustino.

huntress /'hʌntrəs/ *n.irr.* cacciatrice *f.*

huntsman /'hʌntsmən/ *n.irr.* **1** cacciatore *m.* **2** (*person who manages a hunt*) capocaccia *m.* **3** (*person who looks after hounds*) canettiere *m.*

hurdle /'hɜːdl *Am* 'hɜːrdl/ **I** *n.* **1** graticcio *m.*; (*barrier*) barriera *f.*, steccato *m.* **2** (*Sport*) ostacolo *m.* **3** (*fig*) ostacolo *m.*, difficoltà *f.* **4** (*Stor*) carretta *f.* su cui i condannati erano portati al patibolo. **5** *pl.* (*Sport*) corsa *f.sing.* a ostacoli. **6** *pl.* (*Equit*) corsa *f.sing.* a siepi. **II** *v.t.* **1** (*Sport*) saltare. **2** (*to fence in with hurdles*) recingere, circondare con graticci. **3** (*fig*) (*of a difficulty*) superare, sormontare. **III** *v.i.* (*Sport*) partecipare a una corsa a ostacoli. □ *~race*: **1** (*Sport*) corsa a ostacoli; **2** (*Equit*) corsa a siepi.

hurdler /'hɜːdlər *Am* 'hɜːrdlɚ/ *n.* (*Sport,Equit*) ostacolista *m./f.*

hurdy-gurdy /'hɜːdi,ɡɜːdi *Am* 'hɜːrdi,ɡɜːrdi/ *n.* (*Mus*) (*barrel organ*) organetto *m.* di Barberia.

hurl /hɜːl *Am* hɜːrl/ **I** *v.t.* **1** lanciare, scagliare, gettare: *to ~ a stone* scagliare una pietra. **2** (*fig*) lanciare, scagliare: *to ~ insults at so.* scagliare ingiurie contro qcu. **3** (*rifl.*) *to ~ oneself* scagliarsi, lanciarsi, avventarsi. **II** *n.* lancio *m.*

hurler /'hɜːlər *Am* 'hɜːrlɚ/ *n.* **1** chi lancia, lanciatore *m.* (*f.* -trice). **2** (*Sport*) giocatore *m.* (*f.* -trice) di hockey irlandese.

hurley /'hɜːli *Am* 'hɜːrli/ *n.* **1** (*Sport*) hockey *m.* irlandese. **2** (*stick*) mazza *f.* da hockey.

hurling /'hɜːlɪŋ *Am* 'hɜːrlɪŋ/ *n.* (*Sport*) hockey *m.* irlandese.

hurly-burly /'hɜːli,bɜːli *Am* 'hɜːrli,bɜːrli/ *n.* confusione *f.*, scompiglio *m.*, trambusto *m.*

hurrah /hʊ'rɑː, hə'rɑː/ **I** *intz.* urrà, hurrà, hurrah! **II** *n.* urrà *m.*, evviva *m.* **III** *v.i.* gridare urrà, gridare evviva, acclamare. □ *~for Mark!* urrà per Mark!, evviva Mark!, viva Mark!

hurray /hʊˈreɪ/ **I** *intz.* urrà!, hurrà!, hurrah! **II** *n.* urrà *m.*, evviva *m.* **III** *v.i.* gridare urrà, gridare evviva, acclamare.

hurricane /ˈhʌrɪkən *Am* ˈhʌrɪkeɪn/ *n.* 1 (*Meteor*) uragano *m.*, ciclone *m.* tropicale, tifone *m.* 2 (*fig*) uragano *m.*, tempesta *f.* □ (*Ornit*) ~ *bird* fregata; (*Mar*) ~ *deck*: 1 (*on liners*) ponte di passeggiata; 2 (*on destroyers*) ponte di manovra; ~ *lamp* lanterna controvento.

hurried /ˈhʌrɪd *Am* ˈhɜːrɪd/ *a.* frettoloso, affrettato, precipitoso: *a ~ meal* un pasto affrettato.

hurriedly /ˈhʌrɪdli *Am* ˈhɜːrɪdli/ *avv.* frettolosamente, in fretta.

hurriedness /ˈhʌrɪdnəs *Am* ˈhɜːrɪdnəs/ *n.* fretta *f.*, precipitazione *f.*

hurry[1] /ˈhʌri *Am* ˈhɜːri/ **I** *v.i.* affrettarsi, spicciarsi, sbrigarsi, fare presto, fare in fretta. **II** *v.t.* 1 sollecitare, mettere fretta a, mettere premura a: *don't ~ him* non mettergli fretta. 2 (*to transport quickly*) portare in fretta, condurre in fretta. 3 (*to send quickly*) mandare in tutta fretta, spedire in tutta fretta. 4 (*to quicken*) affrettare, accelerare, sollecitare: *to ~ one's pace* affrettare il passo. 5 (*to perform with haste*) fare in fretta, eseguire in fretta: *a job that cannot be hurried* un lavoro che non si può fare in fretta. □ *to ~ along*: 1 (*used intransitively*) andare in fretta, camminare in fretta, affrettarsi; 2 (*used transitively*) sollecitare, mettere fretta a, mettere premura a; *to ~ away* andarsene precipitosamente, andarsene in fretta; *to ~ by* passare (vicino) frettolosamente; *to ~ home* affrettarsi a rincasare; *to ~ so. into doing sth.* incalzare qcu. a fare qcs.; *to ~ off* andarsene precipitosamente, andarsene in fretta; *to ~ out of the house* uscire di casa in fretta; *to ~ up*: 1 (*used intransitively*) affrettarsi, spicciarsi, sbrigarsi, fare presto, fare in fretta: ~ *up!* spicciati!, sbrigati!, muoviti!; 2 (*used transitively*) sollecitare, mettere fretta a, mettere premura a.

hurry[2] /ˈhʌri *Am* ˈhɜːri/ *n.* 1 fretta *f.*, furia *f.*, precipitazione *f.*: *in a great ~* in gran fretta, precipitosamente, in fretta e furia. 2 (*urgency*) fretta *f.*, premura *f.*, urgenza *f.*: *there is no ~ for your article* non c'è nessuna fretta per il tuo articolo. □ *in a ~*: 1 in fretta, di corsa, di gran carriera; 2 (*colloq*) (*impatient*) impaziente, ansioso, che ha fretta: *he is in a ~ to do sth.* avere fretta di fare qcs.; *he is in a ~ to leave* è impaziente di partire; 3 (*colloq*) (*easily*) facilmente: *you won't do that in a ~* non lo farai facilmente; *I shall not invite him again in a ~* ci vorrà del tempo prima che lo inviti di nuovo; *to be in no ~* non avere (alcuna) fretta.

hurry-scurry, hurry-skurry /ˌhʌriˈskʌri *Am* ˌhɜːriˈskɜːri/ *n.* precipitazione *f.*, fretta *f.* e furia.

hurst /hɜːst *Am* hɜːrst/ *n.* (*ant*) 1 (*wood*) poggio *m.* boscoso, boschetto *m.* 2 (*sandbank*) banco *m.* di sabbia.

hurt[1] /hɜːt *Am* hɜːrt/ (*past, p.p.* **hurt**) **I** *v.t.* 1 ferire (leggermente): *he has ~ his leg* si è ferito (a) una gamba. 2 (*to cause bodily pain to*) fare male a: *the blow did not ~ him* il colpo non gli fece male. 3 (*rifl.*) *you ~ oneself* farsi male, ferirsi: *have you ~ yourself?* ti sei fatto male? 4 (*of things: to damage*) danneggiare, nuocere a, fare male a. 5 (*fig*) (*to offend*) ferire, offendere, addolorare: *to ~ so.'s feelings* offendere i sentimenti di qcu. 6 (*fig*) (*to strike*) ferire, colpire: *the bright light ~ my eyes* la luce intensa mi ha ferito gli occhi. **II** *v.i.* 1 dolere, dar dolore, fare male: *my back -s* mi fa male la schiena. 2 (*to do harm, to*

damage) danneggiare, recare danno, nuocere. 3 (*to be in pain*) soffrire, stare male. □ *it won't ~ to wait a few days* si può (benissimo) aspettare qualche giorno.

hurt[2] /hɜːt *Am* hɜːrt/ **I** *n.* 1 ferita *f.*, lesione *f.* 2 (*pain*) dolore *m.*, male *m.* 3 (*harm*) danno *m.*, male *m.* 4 (*offence*) offesa *f.*, ingiuria *f.* **II** *a.* 1 ferito: *the ~ child* il bambino ferito. 2 (*fig*) (*offended*) ferito, risentito: *his pride was ~* rimase ferito nell'orgoglio. 3 (*damaged*) danneggiato. 4 (*suggesting pain, distress*) addolorato, dolente: *a ~ look* uno sguardo addolorato. □ *to get ~* farsi male; *I was very ~ by his attitude* sono rimasto molto male per il suo atteggiamento.

hurtful /ˈhɜːtful *Am* ˈhɜːrtful/ *a.* 1 dannoso, nocivo. 2 (*causing offence*) offensivo, ingiurioso, che fa (rimanere) male, che ferisce.

hurtfully /ˈhɜːtfuli *Am* ˈhɜːrtfuli/ *avv.* 1 in modo dannoso, in modo nocivo. 2 (*causing offence*) in modo offensivo, in modo ingiurioso.

hurtfulness /ˈhɜːtfulnəs *Am* ˈhɜːrtfulnəs/ *n.* dannosità *f.*, nocività *f.*

hurtle /ˈhɜːtl *Am* ˈhɜːrtl/ **I** *v.i.* precipitarsi (come un bolide). **II** *v.t.* lanciare, scagliare. □ *to ~ along the road* divorare la strada.

husband /ˈhʌzbənd/ **I** *n.* marito *m.* **II** *v.t.* 1 risparmiare, usare con economia, usare con parsimonia: *to ~ one's strength* risparmiare le forze. 2 (*to manage with economy*) (saper) amministrare.

husbandless /ˈhʌzbəndləs/ *a.* senza marito.

husbandman /ˈhʌzbəndmən/ *n.irr.* (*ant*) 1 (*farmer*) agricoltore *m.*, colono *m.* 2 (*farm hand*) bracciante *m.* agricolo.

husbandry /ˈhʌzbəndri/ *n.* 1 (*Agr*) (*farming*) agricoltura *f.*; (*science*) agraria *f.* 2 (*rar*) (*management*) amministrazione *f.*; (*economy*) parsimonia *f.*, economia *f.*

hush[1] /hʌʃ/ **I** *v.t.* 1 far tacere, far stare zitto. 2 (*to soothe*) calmare, acquietare, placare: *to ~ so.'s fears* calmare i timori di qcu. **II** *v.i.* tacere, ammutolire, far silenzio. □ *to ~ up*: 1 nascondere, dissimulare; 2 (*colloq*) (*to suppress*) soffocare, mettere a tacere: *to ~ up a scandal* soffocare uno scandalo.

hush[2] /hʌʃ/ **I** *intz.* zitto!, silenzio! **II** *n.* silenzio *m.*, calma *f.*, quiete *f.* □ ~ *money*: 1 prezzo del silenzio; 2 (*blackmail*) denaro ottenuto mediante ricatto.

hushaby /ˈhʌʃəbaɪ/ *intz.* ninnananna!, fa' la nanna!

hushed /hʌʃt/ *a.* 1 zittito, ridotto al silenzio. 2 a bassa voce, sommesso. 3 (*of people: quiet*) silenzioso, calmo.

hush-hush /ˌhʌʃˈhʌʃ/ *a.* (*colloq*) segretissimo.

husk /hʌsk/ **I** *n.* 1 (*Agr*) buccia *f.*, guscio *m.*; (*chaff of grain*) pula *f.*, lolla *f.*, loppa *f.*; (*of maize*) cartoccio *m.* 2 (*fig*) involucro *m.* senza valore. 3 (*Veter*) tosse *f.* **II** *v.t.* (*Agr*) sbucciare, sgusciare, mondare; (*of grain*) pilare; (*of maize*) scartocciare.

huskily /ˈhʌskɪli/ *avv.* con voce roca.

huskiness /ˈhʌskɪnəs/ *n.* raucedine *f.*

husky[1] /ˈhʌski/ *a.* 1 pieno di bucce, pieno di gusci. 2 (*like a husk*) secco, rugoso. 3 (*hoarse*) rauco, roco: *a ~ voice* una voce rauca. 4 (*Am*) (*big and muscular*) robusto, tarchiato.

husky[2] /ˈhʌski/ *n.* husky *m.*, cane *m.* eschimese, cane *m.* da slitta.

huss /hʌs/ *n.* (*Itt*) gattuccio *m.*

hussar /hʊˈzɑː *Am* hʊˈzɑːr/ *n.* (*Mil,ant*) ussaro *m.*

Hussite /ˈhʌsaɪt/ **I** *n.* (*Rel*) ussita *m./f.*, hussita *m./f.* **II** *a.* (*Rel*) ussita, hussita.

hussy /ˈhʌsi/ *n.* 1 (*spreg*) (*slut*) donnaccia *f.*,

sgualdrina *f.* 2 (*impertinent girl*) ragazza *f.* sfacciata, ragazza *f.* impertinente.

hustings /ˈhʌstɪŋz/ *n.pl.* (*costr.sing. o pl.*) 1 (*Stor.brit*) piattaforma *f.* dalla quale venivano nominati i candidati al parlamento. 2 (*electioneering*) campagna *f.* elettorale; (*electioneering platform*) tribuna *f.* degli oratori politici.

hustle[1] /ˈhʌsl/ **I** *v.i.* 1 affrettarsi, sbrigarsi, spicciarsi. 2 (*to shove, to jostle*) spingere, fare a gomitate, dare spintoni. 3 (*Am,colloq*) (*to be aggressive in business*) essere energico, essere attivo. 4 (*Am,sl*) (*to solicit*) esercitare la prostituzione, battere il marciapiede. 5 (*Am,sl*) (*to obtain money by fraud*) truffare, frodare. **II** *v.t.* 1 spingere. 2 (*to shove, to jostle rudely*) dare spintoni a, urtare. 3 (*to force to act quickly*) incalzare, sollecitare, far fretta a. 4 (*Am,sl*) (*to cheat, to swindle*) imbrogliare, truffare. 5 (*Am,colloq*) (*to put pressure on*) fare pressione su; (*to obtain by energetic activity*) acquistare, conquistare. □ *to ~ so. into a decision* fare pressioni su qcu. perché prenda una decisione; (*colloq*) *to ~ so. out of his money* spillare soldi a qcu.

hustle[2] /ˈhʌsl/ *n.* 1 attività *f.* febbrile, attività *f.* incessante. 2 (*bustle*) andirivieni *m.*, trambusto *m.* 3 (*rude jostling*) spinta *f.*, spintone *m.*, urto *m.* 4 (*Am,sl*) (*swindle*) truffa *f.*, imbroglio *m.* □ ~ *and bustle* trabusto, confusione, fermento.

hustler /ˈhʌslə/ *n.* 1 (*colloq*) persona *f.* energica, persona *f.* attiva. 2 (*Am,sl*) (*swindler*) truffatore *m.* (*f.* -trice), imbroglione *m.* (*f.* -a).

hut /hʌt/ **I** *n.* 1 capanna *f.*, baracca *f.* 2 (*overnight cabin*) rifugio *m.* 3 (*Mil*) baracca *f.* **II** *v.t.* 1 (fare) alloggiare in una capanna, (fare) alloggiare in una baracca. 2 (*Mil*) alloggiare in baracche. **III** *v.i.* 1 vivere in una capanna. 2 (*Mil*) alloggiare in baracche.

hutch /hʌtʃ/ *n.* 1 (*for small animals*) gabbia *f.*; (*rabbit hutch*) conigliera *f.* 2 (*Am*) (*chest, bin, etc. for storage*) cassa *f.*, cesta *f.*; (*kitchen cupboard*) credenza *f.*

hutment /ˈhʌtmənt/ *n.* baraccamento *m.* (anche *Mil*).

Hutu /ˈhuːtuː/ *n.pr.* Hutu *m.*

huzza, huzzah /hʌˈzɑː/ **I** *intz.* (*ant*) urrà!, evviva!

hyacinth /ˈhaɪəsɪnθ/ *n.* (*Bot,Min*) giacinto *m.*

hyacinthian /ˌhaɪəsɪnθɪən/ *a.* 1 color giacinto. 2 (*resembling the hyacinth*) simile al giacinto.

hyacinthine /ˌhaɪəˈsɪnθaɪn/ *a.* 1 color giacinto. 2 (*resembling the hyacinth*) simile al giacinto.

Hyades /ˈhaɪədiːz/ *n.pr.pl.* (*Mitol,Astr*) Iadi *f.pl.*

Hyads /ˈhaɪædz/ *n.pr.pl.* (*Mitol,Astr*) Iadi *f.pl.*

hyaena /haɪˈiːnə/ *n.* 1 (*Zool*) iena *f.* 2 (*fig*) iena *f.*, sciacallo *m.*

hyalin /ˈhaɪəlɪn/ *n.* (*Biol*) sostanza *f.* ialina.

hyaline /ˈhaɪəlɪn/ *a.* 1 simile a vetro, diafano e trasparente. 2 (*pertaining to glass*) vitreo. 3 (*Biol,Min*) ialino.

hyalite /ˈhaɪəlaɪt/ *n.* (*Min*) ialite *f.*

hyaloid /ˈhaɪəlɔɪd/ *a.* ialoideo, vitreo. □ (*Anat*) ~ *membrane* membrana ialoidea.

hyaluronic /ˌhaɪəljʊəˈrɒnɪk *Am* ˌhaɪəljʊˈrɑːnɪk/ □ (*Biol*) ~ *acid* acido ialuronico.

hybrid /ˈhaɪbrɪd/ **I** *n.* 1 (*Biol,Ling,Inform*) ibrido *m.* **II** *a.* 1 (*Biol,Ling*) ibrido *m.*, incrocio *m.* **II** *a.* 1 (*Biol,Ling*) ibrido. 2 (*composite*) eterogeneo, ibrido.

hybridisable /ˈhaɪbrɪdaɪzəbl/ *a.* che produce ibridi.

hybridisation /ˌhaɪbrɪd(a)ɪˈzeɪʃən/ *n.* (*Br*) ibridazione *f.*

hybridise /ˈhaɪbrɪdaɪz/ **I** *v.t.* (*Br,Biol*) ibridare. **II** *v.i.* (*Br,Biol*) produrre ibridi.

hybridism /'haɪbrɪdɪzəm/ *n.* ibridismo *m.*

hybridity /haɪ'brɪdɪti *Am* haɪ'brɪdəʧi/ *n.* ibridismo *m.*

hybridizable /'haɪbrɪdaɪzəbl̩/ *a.* che produce ibridi.

hybridization /ˌhaɪbrɪd(a)ɪ'zeɪʃən/ *n.* ibridazione *f.*

hybridize /'haɪbrɪdaɪz/ **I** *v.t.* (*Biol*) ibridare. **II** *v.i.* (*Biol*) produrre ibridi.

hydathode /'haɪdəθəʊd/ *n.* (*Biol*) idatodo *m.*

hydatid /'haɪdətɪd *Am* 'haɪdətɪd/ **I** *n.* (*Med*) idatide *f.* **II** *a.* idatideo. □ (*Med*) ~*cist* cisti idatidea, idatide; (*Med*) ~*disease* idatidosi.

hydra /'haɪdrə/ (*pl.* -s /-z/ o -drae /-driː/) *n.* (*Zool,fig*) idra *f.*

Hydra /'haɪdrə/ *n.pr.f.* (*Mitol,Astr*) Idra.

hydrangea /haɪ'dreɪndʒ(i)ə/ *n.* (*Bot*) ortensia *f.*

hydrant /'haɪdrənt/ *n.* idrante *m.*, bocca *f.* antincendio.

hydrate[1] /'haɪdreɪt, 'haɪdrət/ *n.* (*Chim*) idrato *m.*

hydrate[2] /haɪ'dreɪt/ **I** *v.t.* idratare. **II** *v.i.* idratarsi.

hydrated /haɪ'dreɪtɪd *Am* haɪ'dreɪtɪd/ *a.* idratato, idrato.

hydrating /haɪ'dreɪtɪŋ *Am* haɪ'dreɪtɪŋ/ *a.* (*Cosmet*) idratante.

hydration /haɪ'dreɪʃən/ *n.* idratazione *f.*

hydraulic /haɪ'drɔːlɪk/ *a.* idraulico. □ (*Tecn*) ~ *brake* freno idraulico; ~ *engineering* ingegneria idraulica; (*Tecn*) ~ *lift* sollevatore idraulico; (*Mecc*) ~*press* pressa idraulica; (*Tecn*) ~*ram* ariete idraulico.

hydraulically /haɪ'drɔːlɪkˀli/ *avv.* per mezzo di energia idraulica, idraulicamente.

hydraulics /haɪ'drɔːlɪks/ *n.pl.* (*costr.sing.*) (*Fis*) idraulica *f.*

hydrazine /'haɪdrəziːn/ *n.* (*Chim*) idrazina *f.*

hydric /'haɪdrɪk/ *a.* igrofilo.

hydride /'haɪdraɪd/ *n.* (*Chim*) idruro *m.*

hydriodic /ˌhaɪdri'ɒdɪk *Am* ˌhaɪdri'ɑːdɪk/ □ (*Chim*) ~*acid* acido iodidrico.

hydro /'haɪdrəʊ/ *n.* **1** (*Br*) stabilimento *m.* termale. **2** (*colloq*) centrale *f.* idroelettrica.

hydrobiologist /ˌhaɪdrəʊbaɪ'ɒlədʒɪst *Am* ˌhaɪdrəʊbaɪ'ɑːlədʒɪst/ *n.* idrobiologo *m.* (*f.* -a).

hydrobiology /ˌhaɪdrəʊbaɪ'ɒlədʒi *Am* ˌhaɪdrəʊbaɪ'ɑːlədʒi/ *n.* idrobiologia *f.*

hydrobromic /ˌhaɪdrəʊ'brəʊmɪk/ □ (*Chim*) ~*acid* acido idrobromico.

hydrocarbon /ˌhaɪdrəʊ'kɑːbən *Am* ˌhaɪdrəʊ'kɑːrbən/ *n.* (*Chim*) idrocarburo *m.*

hydrocele /'haɪdrəʊsiːl/ *n.* (*Med*) idrocele *m.*

hydrocephalic /ˌhaɪdrəʊsə'fælɪk *Br also* ˌhaɪdrəʊkef'ælɪk/ *a.* (*Med*) idrocefalo, idrocefalico.

hydrocephalus /ˌhaɪdrəʊ'sefələs/ *n.* (*Med*) idrocefalia *f.*, idrocefalo *m.*

hydrocephaly /ˌhaɪdrəʊ'sefəli/ *n.* (*Med*) idrocefalia *f.*, idrocefalo *m.*

hydrochloric /ˌhaɪdrəʊ'klɔːrɪk/ *a.* (*Chim*) cloridrico: ~ *acid* acido cloridrico.

hydrochloride /ˌhaɪdrəʊ'klɔːraɪd/ *n.* (*Chim*) cloridrato *m.*

hydrocolloid /ˌhaɪdrəʊ'kɒlɔɪd *Am* ˌhaɪdrəʊ'kɑːlɔɪd/ *n.* (*Chim*) idrocolloide *f.*

hydrocortisone /ˌhaɪdrəʊ'kɔːtɪzəʊn *Am* ˌhaɪdrəʊ'kɔːrtɪzəʊn/ *n.* (*Farm*) idrocortisone *m.*, cortisolo *m.*

hydrocyanic /ˌhaɪdrəʊsaɪ'ænɪk/ *a.* cianidrico: ~ *acid* acido cianidrico.

hydrodynamic /ˌhaɪdrəʊdaɪ'næmɪk/ *a.* (*Fis*) idrodinamico.

hydrodynamics /ˌhaɪdrəʊdaɪ'næmɪks/ *n.pl.* (*costr.sing.*) idrodinamica *f.*

hydroelectric /ˌhaɪdrəʊɪ'lektrɪk/ *a.* idroelettrico. □ ~*power* energia idroelettrica; ~

powerplant (o ~*station*) centrale idroelettrica.

hydroelectricity /ˌhaɪdrəʊɪlek'trɪsɪti *Am* ˌhaɪdrəʊlek'trɪsəʧi/ *n.* idroelettricità *f.*

hydrofluoric /ˌhaɪdrəʊ'flɔːrɪk/ *a.* (*Chim*) fluoridrico: ~ *acid* acido fluoridrico.

hydrofoil /'haɪdrəʊfɔɪl/ *n.* (*Mar*) **1** (*plate, fin*) aletta *f.* idrodinamica. **2** (*vessel*) aliscafo *m.*

hydrogel /'haɪdrəʊdʒel/ *n.* idrogel *m.*

hydrogen /'haɪdrədʒən/ *n.* (*Chim*) idrogeno *m.* □ (*Mil,Nucl*) ~*bomb* bomba all'idrogeno; (*Chim*) ~ *bond* legame a idrogeno, ponte a idrogeno; (*Chim*) ~ *chloride* acido cloridrico; (*Chim*) ~ *cyanide* acido cianidrico; (*Chim*) ~ *dioxide* perossido d'idrogeno, acqua ossigenata; (*Chim*) ~*ion* idrogenione; (*Chim*) ~*peroxide* perossido d'idrogeno, acqua ossigenata; (*Chim*) ~ *sulphide* (o *Am* ~ *sulfide*) idrogeno solforato.

hydrogenate /haɪ'drɒdʒəneɪt *Am* haɪ'drɑːdʒəneɪt/ *v.t.* (*Chim*) idrogenare.

hydrogenation /ˌhaɪdrədʒə'neɪʃən *Am* haɪ ˌdrɑːdʒə'neɪʃən/ *n.* (*Chim*) idrogenazione *f.*

hydrogenise, hydrogenize /haɪ'drɒ dʒənaɪz *Am* haɪ'drɑːdʒənaɪz/ *v.t.* (*Chim*) idrogenare.

hydrogenous /haɪ'drɒdʒənəs *Am* haɪ'drɑː dʒənəs/ *a.* (*Chim*) **1** dell'idrogeno. **2** (*containing hydrogen*) contenente idrogeno.

hydrogeology /ˌhaɪdrəʊdʒi'ɒlədʒi *Am* ˌhaɪ drəʊdʒi'ɑːlədʒi/ *n.* idrogeologia *f.*

hydrographer /haɪ'drɒɡrəfər *Am* haɪ 'drɑːɡrəfər/ *n.* idrografo *m.* (*f.* -a).

hydrographic /ˌhaɪdrəʊ'ɡræfɪk/ *a.* idrografico.

hydrographical /ˌhaɪdrəʊ'ɡræfɪkəl/ *a.* idrografico.

hydrography /haɪ'drɒɡrəfi *Am* haɪ'drɑːɡrəfi/ *n.* idrografia *f.*

hydroid /'haɪdrɔɪd/ *n.* (*Zool*) idroide *f.*

hydrokinetic /ˌhaɪdrəʊkɪ'netɪk *Am* ˌhaɪdrəʊ kɪ'neʧɪk/ *a.* idrocinetico.

hydrokinetical /ˌhaɪdrəʊkɪ'netɪkəl *Am* ˌhaɪdrəʊkɪ'neʧɪkəl/ *a.* idrocinetico.

hydrolase /'haɪdrəʊleɪz/ *n.* (*Biol*) idrolasi *f.*

hydrologic /ˌhaɪdrəʊ'lɒdʒɪk *Am* ˌhaɪdrəʊ 'lɑːdʒɪk/ *a.* idrologico.

hydrological /ˌhaɪdrəʊ'lɒdʒɪkəl *Am* ˌhaɪdrəʊ 'lɑːdʒɪkəl/ *a.* idrologico.

hydrologist /haɪ'drɒlədʒɪst *Am* haɪ'drɑː lədʒɪst/ *n.* idrologo *m.* (*f.* -a).

hydrology /haɪ'drɒlədʒi *Am* haɪ'drɑːlədʒi/ *n.* idrologia *f.*

hydrolyse /'haɪdrəlaɪs/ *v.t.* (*Br,Chim*) idrolizzare.

hydrolysis /haɪ'drɒləsɪs *Am* haɪ'drɑːləsɪs/ (*pl.* -ses /-siːz/) *n.* (*Chim*) idrolisi *f.*

hydrolytic /ˌhaɪdrə'lɪtɪk *Am* ˌhaɪdrə'lɪʧɪk/ *a.* (*Chim*) idrolitico.

hydrolyze /'haɪdrəlaɪz *Am* 'haɪdrəlaɪz/ *v.t.* (*Chim*) idrolizzare.

hydromagnetics /ˌhaɪdrəʊmæɡ'netɪks *Am* ˌhaɪdrəʊmæɡ'neʧɪks/ *n.pl.* (*costr.sing.*) idromagnetismo *m.*

hydromassage /ˌhaɪdrəʊmə'sɑːʒ/ *n.* idromassaggio *m.*

hydromechanics /ˌhaɪdrəʊmɪ'kænɪks/ *n.pl.* (*costr.sing.*) idromeccanica *f.*

hydromel /'haɪdrəʊmel/ *n.* idromele *m.*

hydrometer /haɪ'drɒmɪtər *Am* haɪ'drɑːmətər/ *n.* (*Fis*) idrometro *m.*

hydrometric /ˌhaɪdrəʊ'metrɪk/ *a.* (*Fis*) idrometrico.

hydrometry /haɪ'drɒmɪtri *Am* haɪ'drɑːmɪtri/ *n.* (*Fis*) idrometria *f.*

hydronium /haɪ'drəʊniəm/ *a.* (*Chim*) idronio: ~ *ion* ione idronio, ione idrogeno.

hydropathic /ˌhaɪdrəʊ'pæθɪk/ **I** *a.* (*Med*) idroterapico. **II** *n.* stabilimento *m.* idrotera-

pico.

hydropathist /haɪ'drɒpəθɪst *Am* haɪ 'drɑːpəθɪst/ *n.* **1** (*Med*) medico *m.* idroterapico. **2** (*person keen on hydropathy*) sostenitore *m.* (*f.* -trice) dell'idroterapia.

hydropathy /haɪ'drɒpəθi/ *n.* idroterapia *f.*, cure *f.pl.* termali.

hydrophilic /ˌhaɪdrəʊ'fɪlɪk/ *a.* (*Bot*) idrofilo.

hydrophobia /ˌhaɪdrəʊ'fəʊbiə/ *n.* **1** (*Med*) idrofobia *f.* **2** (*Psic*) paura *f.* dell'acqua.

hydrophobic /ˌhaɪdrəʊ'fəʊbɪk/ *a.* **1** (*Med*) idrofobo. **2** (*Chim*) liofobo.

hydrophone /'haɪdrəʊfəʊn/ *n.* (*Fis*) idrofono *m.*

hydrophyte /'haɪdrəʊfaɪt/ *n.* (*Bot*) idrofita *f.*

hydroplane /'haɪdrəʊpleɪn/ **I** *n.* **1** (*Mar*) idroplano *m.*; (*hydrofoil*) aliscafo *m.* **2** (*Mar*) (*diving rudder*) timone *m.* di profondità. **3** (*Am, Aer*) (*seaplane*) idrovolante *m.* **4** (*Am*) (*aquaplane*) acquaplano *m.* **II** *v.i.* (*Am,Aut,colloq*) (*to lose control of a car due to water on the road*) sbandare (a causa del terreno scivoloso), planare.

hydroponic /ˌhaɪdrəʊ'pɒnɪk *Am* ˌhaɪdrəʊ 'pɑːnɪk/ *a.* (*Agr*) idroponico.

hydroponics /ˌhaɪdrəʊ'pɒnɪks *Am* ˌhaɪdrəʊ 'pɑːnɪks/ *n.pl.* (*costr.sing.*) (*Agr*) idroponica *f.*

hydroquinone /ˌhaɪdrəʊ'kwɪnəʊn/ *n.* (*Chim*) idrochinone *m.*

hydroscope /'haɪdrəskəʊp/ *n.* (*Ott*) idroscopico *m.*

hydrosphere /'haɪdrəsfɪər/ *n.* (*Geog*) idrosfera *f.*

hydrostat /'haɪdrəʊstæt/ *n.* **1** (*Tecn*) regolatore *m.* di livello. **2** (*for a boiler*) segnalatore *m.* di livello.

hydrostatic /ˌhaɪdrəʊ'stætɪk *Am* ˌhaɪdrəʊ 'stætɪk/ *a.* idrostatico.

hydrostatical /ˌhaɪdrəʊ'stætɪkəl *Am* ˌhaɪdrəʊ 'stætɪkəl/ *a.* idrostatico.

hydrostatics /ˌhaɪdrəʊ'stætɪks *Am* ˌhaɪdrəʊ 'stætɪks/ *n.pl.* (*costr.sing.*) (*Fis*) idrostatica *f.*

hydrotherapeutic /ˌhaɪdrəʊˌθerə'pjuːtɪk *Am* ˌhaɪdrəʊˌθerə'pjuːʧɪk/ *a.* (*Med*) idroterapeutico, idroterapico.

hydrotherapeutics /ˌhaɪdrəʊˌθerə'pjuːtɪks *Am* ˌhaɪdrəʊˌθerə'pjuːʧɪks/ *n.pl.* (*costr.sing.*) idroterapia *f.*

hydrotherapy /ˌhaɪdrəʊ'θerəpi/ *n.* idroterapia *f.*

hydrothermal /ˌhaɪdrəʊ'θɜːməl *Am* ˌhaɪdrəʊ 'θɜːrməl/ *a.* idrotermale.

hydrothorax /ˌhaɪdrəʊ'θɔːræks/ *n.* (*Med*) idrotorace *m.*

hydrotropism /ˌhaɪ'drɒtrəpɪzəm *Am* ˌhaɪ 'drɑːtrəpɪzəm/ *n.* (*Bot*) idrotropismo *m.*

hydrous /'haɪdrəs/ *a.* che contiene acqua, idrato.

hydroxide /haɪ'drɒksaɪd *Am* haɪ'drɑːksaɪd/ *n.* (*Chim*) idrossido *m.*, idrato *m.*

hydroxonium /ˌhaɪdrɒk'səʊniəm *Am* ˌhaɪdrɑːk'səʊniəm/ *a.* (*Chim*) idronio: ~ *ion* ione idronio, ione idrogeno.

hydroxyl /haɪ'drɒksəl *Am* haɪ'drɑːksəl/ *n.* (*Chim*) idrossile *m.*, ossidrile *m.*

hydrozoan /ˌhaɪdrə'zəʊən/ **I** *a.* (*Zool*) degli idrozoi. **II** *n.* (*Zool*) idrozoo *m.*

hyena /haɪ'iːnə/ *n.* **1** (*Zool*) iena *f.* **2** (*fig*) iena *f.*, sciacallo *m.*

hygiene /'haɪdʒiːn/ *n.* igiene *f.*

hygienic /haɪ'dʒiːnɪk *Am* haɪ'dʒenɪk/ *a.* igienico.

hygienics /haɪ'dʒiːnɪks *Am* haɪ'dʒenɪks/ *n.pl.* (*costr.sing.*) igiene *f.*

hygienist /'haɪdʒiːnɪst *Am* haɪ'dʒenɪst/ *n.* igienista *m./f.*

hygrograph /'haɪɡrəɡrɑːf *Am* 'haɪɡrəɡræf/ *n.* (*Meteor*) igrografo *m.*

hygrometer /haɪ'ɡrɒmɪtər *Am* haɪ'ɡrɑːmətər/

n. (*Meteor*) igrometro *m.*

hygrometric /ˌhaɪgrə'metrɪk/ *a.* igrometrico.

hygrometrical /ˌhaɪgrə'metrɪkəl/ *a.* igrometrico.

hygrometry /haɪ'grɒmɪtri *Am* haɪ'grɑːmɪtri/ *n.* igrometria *f.*

hygrophilous /haɪ'grɒfɪləs *Am* haɪ'grɑːfɪləs/ *a.* (*Bot*) igrofilo.

hygrophyte /'haɪgrəfaɪt/ *n.* (*Bot*) igrofita *f.*

hygroscope /'haɪgrəskoʊp/ *n.* (*Fis*) igroscopio *m.*

hygroscopic /ˌhaɪgrə'skɒpɪk *Am* ˌhaɪgrə'skɑːpɪk/ *a.* igroscopico.

hygrostat /'haɪgrəstæt/ *n.* igrostato *m.*

hyla /'haɪlə/ *n.* (*Zool*) ila *f.*, raganella *f.*

hylomorphism /ˌhaɪlou'mɔːfɪzᵊm *Am* ˌhaɪlou'mɔːrfɪzᵊm/ *n.* (*Filos*) ilomorfismo *m.*

hylozoism /ˌhaɪlou'zouɪzᵊm/ *n.* (*Filos*) ilozoismo *m.*

hymen /'haɪmən/ *n.* (*Anat*) imene *m.*

Hymen /'haɪmən/ *n.pr.m.* (*Mitol*) Imene.

hymenal /'haɪmənᵊl/ *a.* (*Anat*) imeneale.

hymeneal /ˌhaɪmə'niːəl/ *a.* (*poet*) delle nozze, nuziale.

hymenium /haɪ'miːniəm/ (*pl.* **-nia** /-nɪə/) *n.* (*Bot*) imenio *m.*

hymenopteran /ˌhaɪmə'nɒptᵊrən *Am* ˌhaɪmə'naːptᵊrən/ *n.* (*Entom*) imenottero *m.*

hymenopteron /ˌhaɪmə'nɒptᵊrɒn *Am* ˌhaɪmə'naːptᵊraːn/ (*pl.* **-tera** /-tᵊrə/) *n.* (*Entom*) imenottero *m.*

hymenopterous /ˌhaɪmə'nɒptᵊrəs *Am* ˌhaɪmə'naːptᵊrəs/ *a.* (*Entom*) degli imenotteri.

hymn /hɪm/ **I** *n.* inno *m.* (*anche fig*). **II** *v.t.* **1** inneggiare a. **2** (*fig*) inneggiare a, esaltare. **III** *v.i.* inneggiare, cantare inni. □ ~ *book* innario *m.*

hymnal /'hɪmnᵊl/ **I** *n.* innario *m.* **II** *a.* di un inno.

hymnary /'hɪmnᵊri/ *n.* innario *m.*

hymnist /'hɪmnɪst/ *n.* innografo *m.* (*f.* -a), scrittore *m.* (*f.* -trice) di inni.

hymnodist /'hɪmnədɪst/ *n.* innografo *m.* (*f.* -a), scrittore *m.* (*f.* -trice) di inni.

hymnody /'hɪmnədi/ *n.* **1** (*hymn singing*) innodia *f.* **2** (*hymn composing*) innologia *f.*, innografia *f.*

hymnologic /ˌhɪmnə'lɒdʒɪk *Am* ˌhɪmnə'laːdʒɪk/ *a.* innologico.

hymnological /ˌhɪmnə'lɒdʒɪkᵊl *Am* ˌhɪmnə'laːdʒɪkᵊl/ *a.* innologico.

hymnologist /hɪm'nɒlədʒɪst *Am* hɪm'naːlədʒɪst/ *n.* innografo *m.* (*f.* -a), scrittore *m.* (*f.* -trice) di inni.

hymnology /hɪm'nɒlədʒi *Am* hɪm'naːlədʒi/ *n.* **1** innologia *f.* **2** (*hymns*) innodia *f.*

hyoid /'haɪɔɪd/ **I** *a.* (*Anat*) ioide, ioideo. **II** *n.* (*Anat*) ioide *m.*, osso *m.* ioide. □ (*Anat*) ~ *bone* osso ioide.

hyoscine /'haɪousiːn/ *n.* (*Chim*) ioscina *f.*

hyoscyamine /ˌhaɪou'saɪəmiːn/ *n.* (*Chim*) iosciamina *f.*

hypaesthesia /ˌhaɪpiːs'θiːziə/ *n.* (*Med*) ipoestesia *f.*

hypaethral /haɪ'piːθrᵊl/ *a.* (*Arch*) ipetro.

hypallage /haɪ'pælədʒi/ *n.* (*Ret*) ipallage *f.*

hype /haɪp/ **I** *n.* **1** (*colloq*) (*exaggerated advertising*) montatura *f.* pubblicitaria, battage *m.* pubblicitario. **2** (*deception*) raggiro *m.*, inganno *m.* **3** (*sl*) (*hyperdermic needle or injection*) ipodermica *f.* **II** *v.t.* strombazzare, montare.

hyped /haɪpt/ □ *to be* ~ *up*: **1** essere eccitato, essere caricato; **2** (*drugged*) essere drogato, essere fatto.

hyper /'haɪpᵊr/ *a.* iperattivo, eccitato, caricato.

hyperacidity /ˌhaɪpᵊrə'sɪdɪti *Am* ˌhaɪpᵊrə-

'sɪdəti/ *n.* iperacidità *f.*

hyperactive /ˌhaɪpᵊr'æktɪv/ *a.* iperattivo.

hyperactivity /ˌhaɪpᵊræk'tɪvɪti *Am* ˌhaɪpᵊræk'tɪvəti/ *n.* iperattività *f.*

hyperaemia /ˌhaɪpə'riːmiə/ *n.* (*Med*) iperemia *f.*

hyperaesthesia /ˌhaɪpᵊrɪs'θiːziə/ *n.* (*Med*) iperestesia *f.*

hyperalimentation /ˌhaɪpᵊrˌælɪmen'teɪʃᵊn/ *n.* (*Med*) iperalimentazione *f.*

hyperbaric /ˌhaɪpə'bærɪk *Am* ˌhaɪpᵊr'berɪk/ *a.* (*Fis*) iperbarico: ~ *chamber* camera iperbarica.

hyperbaton /haɪ'pɜːbətɒn *Am* haɪ'pɜːrbətɑːn/ *n.* (*Ret*) iperbato *m.*

hyperbola /haɪ'pɜːbələ *Am* haɪ'pɜːrbələ/ (*pl.* **-s** /-z/ o **-lae** /-liː/) *n.* (*Mat*) iperbole *f.*

hyperbole /haɪ'pɜːbᵊli *Am* haɪ'pɜːrbᵊli/ *n.* (*Ret*) iperbole *f.*

hyperbolic /ˌhaɪpɜː'bɒlɪk *Am* ˌhaɪpɜːr'baːlɪk/ *a.* (*Ret,Mat*) iperbolico.

hyperbolical /ˌhaɪpɜː'bɒlɪkᵊl *Am* ˌhaɪpɜːr'baːlɪkᵊl/ *a.* (*Ret,Mat*) iperbolico.

hyperbolise /haɪ'pɜːbᵊlaɪz/ **I** *v.t.* (*Br*) esprimere con un'iperbole. **II** *v.i.* (*Br*) iperboleggiare.

hyperbolism /haɪ'pɜːbᵊlɪzᵊm *Am* haɪ'pɜːrbᵊlɪzᵊm/ *n.* (*Ret*) uso *m.* d'iperboli, iperboleggiamento *m.*

hyperbolist /haɪ'pɜːbᵊlɪst *Am* haɪ'pɜːrbᵊlɪst/ *n.* chi usa iperboli, iperboleggiatore *m.* (*f.* -trice).

hyperbolize /haɪ'pɜːbᵊlaɪz *Am* haɪ'pɜːrbᵊlaɪz/ **I** *v.t.* esprimere con un'iperbole. **II** *v.i.* iperboleggiare.

hyperboloid /haɪ'pɜːbᵊlɔɪd *Am* haɪ'pɜːrbᵊlɔɪd/ *n.* (*Mat*) iperboloide *m.*

hyperborean /ˌhaɪpə'bɔːriən *Am* ˌhaɪpᵊr'bɔːriən/ *n.* **1** (*Etnol*) iperboreo *m.* **2** (*inhabitant of the extreme north*) abitante *m./f.* dell'estremo nord. **II** *a.* **1** settentrionale, nordico. **2** (*frigid, arctic*) gelido.

hypercholesterolaemia, hypercholesterolemia /ˌhaɪpəkəlestərɒ'liːmiə *Am* ˌhaɪpᵊrkəlestərɑː'liːmiə/ *n.* (*Med*) ipercolesterolemia *f.*

hypercorrect /ˌhaɪpəkə'rekt *Am* ˌhaɪpᵊrkə'rekt/ *a.* ipercorretto.

hypercorrection /ˌhaɪpəkə'rekʃᵊn *Am* ˌhaɪpᵊrkə'rekʃᵊn/ *n.* (*Ling*) ipercorrezione *f.*

hypercritical /ˌhaɪpə'krɪtɪkᵊl *Am* ˌhaɪpᵊr'krɪtɪkᵊl/ *a.* ipercritico.

hypercritically /ˌhaɪpə'krɪtɪkᵊli *Am* ˌhaɪpᵊr'krɪtɪkᵊli/ *avv.* in modo ipercritico.

hypercube /'haɪpəkjuːb *Am* ˌhaɪpɜːr'kjuːb/ *n.* (*Geom*) ipercubo *m.*, cubo *m.* cosmico.

hyperemia /ˌhaɪpə'riːmiə/ *n.* (*Am,Med*) iperemia *f.*

hyperesthesia /ˌhaɪpᵊrɪs'θiːʒiə/ *n.* (*Med*) iperestesia *f.*

hyperextension /ˌhaɪpᵊreks'tenʃᵊn/ *n.* (*Med*) iperestensione *f.*

hyperfocal /ˌhaɪpə'foukᵊl *Am* ˌhaɪpᵊr'foukᵊl/ *a.* (*Ott*) iperfocale: ~ *distance* distanza iperfocale.

hyperglycaemia, hyperglycemia *Am* /ˌhaɪpəglaɪ'siːmiə *Am* ˌhaɪpᵊrglaɪ'siːmiə/ *n.* (*Med*) iperglicemia *f.*

hypergolic /ˌhaɪpə'gɒlɪk *Am* ˌhaɪpᵊr'gaːlɪk/ *a.* (*Tecn*) ipergolico.

hypericum /haɪ'perɪkəm/ *n.* (*Bot*) iperico *m.*

hyperimmune /ˌhaɪpᵊrɪ'mjuːn/ *a.* (*Med*) iperimmune.

hyperinflation /ˌhaɪpᵊrɪn'fleɪʃᵊn/ *n.* (*Econ*) inflazione *f.* galoppante, iperinflazione *f.*

Hyperion /haɪ'pɪəriən, haɪ'periən *Am* ˌhaɪ'pɪriən/ *n.pr.m.* (*Mitol,Astr*) Iperione.

hyperkeratosis /ˌhaɪpə,kerə'tousɪs *Am* ˌhaɪpᵊr,kerə'tousɪs/ *n.* (*Med*) ipercheratosi *f.*

hyperkinesia /ˌhaɪpəkɪ'niːziə *Am* ˌhaɪpᵊrk(a)ɪ'niːʒ(i)ə/ *n.* (*Med*) ipercinesia *f.*

hyperkinesis /ˌhaɪpəkɪ'niːsɪs *Am* ˌhaɪpᵊrkɪ'niːsɪs/ *n.* (*Med*) ipercinesia *f.*

hyperlink /'haɪpəlɪnk *Am* 'haɪpᵊrˌlɪnk/ *n.* (*Inform*) link *m.* ipertestuale.

hyperlipaemia, hyperlipemia *Am* /ˌhaɪpəli'piːmiə *Am* ˌhaɪpᵊrlɪ'piːmiə/ *n.* (*Med*) iperlipemia *f.*

hyperlipidaemia, hyperlipidemia *Am* /ˌhaɪpə,lɪpɪ'diːmiə *Am* ˌhaɪpᵊrlɪ'pɪdiːmiə/ *n.* (*Med*) iperlipemia *f.*

hypermarket /'haɪpəˌmaːkɪt/ *n.* (*spec. Br*) ipermercato *m.*

hypermedia /'haɪpəmiːdiə *Am* 'haɪpᵊrmiːdiə/ *n.* (*Inform*) ipermedia *m.*

hypermetropia /ˌhaɪpəmə'troupiə *Am* ˌhaɪpᵊrmə'troupiə/ *n.* (*Med*) ipermetropia *f.*, presbiopia *f.*

hypermetropic /ˌhaɪpəmə'trɒpɪk *Am* ˌhaɪpᵊrmə'troupɪk/ *a.* (*Med*) ipermetrope, presbite.

hypermnesia /ˌhaɪpəm'niːziə *Am* ˌhaɪpᵊrm'niːʒ(i)ə/ *n.* ipermnesia *f.*

hypermutation /ˌhaɪpəmjuː'teɪʃᵊn *Am* ˌhaɪpᵊrmjuː'teɪʃᵊn/ *n.* ipermutazione *f.*

hyperon /'haɪpᵊrɒn *Am* 'haɪpᵊraːn/ *n.* (*Fis*) iperone *m.*

hyperopia /ˌhaɪpᵊr'oupiə/ *n.* (*Med*) ipermetropia *f.*, presbiopia *f.*

hyperopic /ˌhaɪpᵊr'rɒpɪk *Am* ˌhaɪpᵊr'aːpɪk/ *a.* (*Med*) ipermetrope, presbite.

hyperparasite /ˌhaɪpə'pærəsaɪt *Am* ˌhaɪpᵊr'pærəsaɪt/ *n.* (*Biol*) iperparassita *f.*, superparassita *f.*

hyperparasitic /ˌhaɪpə,pærə'sɪtɪk *Am* ˌhaɪpᵊr,pærə'sɪtɪk/ *a.* (*Biol*) iperparassita, superparassita.

hyperparathyroidism /ˌhaɪpəpærə'θaɪrɔɪdɪzᵊm/ *n.* (*Med*) iperparatiroidismo *m.*

hyperplasia /ˌhaɪpə'pleɪziə *Am* ˌhaɪpᵊr'pleɪʒ(i)ə/ *n.* (*Biol*) iperplasia *f.*

hyperrealism /ˌhaɪpə'riːəlɪzᵊm *Am* ˌhaɪpᵊr'riːəlɪzᵊm/ *n.* (*Art*) iperrealismo *m.*

hypersensitive /ˌhaɪpə'sensɪtɪv *Am* ˌhaɪpᵊr'sensɪtɪv/ *a.* ipersensibile.

hypersensitiveness /ˌhaɪpə'sensɪtɪvnəs *Am* ˌhaɪpᵊr'sensɪtɪvnəs/ *n.* ipersensibilità *f.*

hypersensitivity /ˌhaɪpəˌsensɪ'tɪvɪti *Am* ˌhaɪpᵊrˌsensɪ'tɪvəti/ *n.* ipersensibilità *f.*

hypersonic /ˌhaɪpə'sɒnɪk *Am* ˌhaɪpᵊr'saːnɪk/ *a.* (*Fis*) ipersonico.

hyperspace /'haɪpəspeɪs *Am* 'haɪpᵊrspeɪs/ *n.* (*Mat*) iperspazio *m.*

hypersthene /'haɪpəsθiːn *Am* 'haɪpᵊrsθiːn/ *n.* (*Min*) iperstene *m.*

hypertension /ˌhaɪpə'tenʃᵊn *Am* ˌhaɪpᵊr'tenʃᵊn/ *n.* (*Med*) ipertensione *f.*

hypertensive /ˌhaɪpə'tensɪv *Am* ˌhaɪpᵊr'tensɪv/ **I** *a.* (*Med*) iperteso. **II** *n.* (*Med*) iperteso *m.* (*f.* -a).

hypertext /'haɪpətekst *Am* 'haɪpᵊrtekst/ *n.* ipertesto *m.* □ (*Inform*) ~ *link* link ipertestuale.

hyperthermia /ˌhaɪpə'θɜːmiə *Am* ˌhaɪpᵊr'θɜːrmiə/ *n.* (*Med*) ipertermia *f.*

hyperthyroidism /ˌhaɪpə'θaɪrɔɪdɪzᵊm *Am* ˌhaɪpᵊr'θaɪrɔɪdɪzᵊm/ *n.* (*Med*) ipertiroidismo *m.*

hypertonic /ˌhaɪpə'tɒnɪk *Am* ˌhaɪpᵊr'taːnɪk/ *a.* (*Biol*) ipertonico.

hypertrophic /ˌhaɪpə'trɒfɪk *Am* ˌhaɪpᵊr'troufɪk/ *a.* (*Biol*) ipertrofico.

hypertrophied /haɪ'pɜːtrəfid *Am* haɪ'pɜːrtrəfid/ *a.* (*Biol*) ipertrofico.

hypertrophy /haɪ'pɜːtrəfi *Am* haɪ'pɜːrtrəfi/ **I** *n.* ipertrofia *f.* **II** *v.i.* ipertrofizzarsi.

hyperventilate /ˌhaɪpə'ventɪleɪt *Am* ˌhaɪpᵊr'ventɪleɪt/ *v.i.* essere in iperventilazione.

hyperventilation /ˌhaɪpə,ventɪ'leɪʃᵊn *Am* ˌhaɪpᵊr,ventɪ'leɪʃᵊn/ *n.* iperventilazione *f.*

hypesthesia /ˌhaɪpes'θiːʒ(i)ə/ *n.* (*Am,Med*) ipoestesia *f.*

hypethral /haɪ'piːθrəl/ *a.* (*Am,Arch*) ipetro.

hypha /'haɪfə/ (*pl.* **-ae** /-fiː/) *n.* (*Bot*) ifa *f.*

hyphen /'haɪfən/ **I** *n.* **1** trattino *m.*, lineetta *f.* **2** (*Tip*) segno *m.* di divisione. **II** *v.t.* **1** (*to join with a hyphen*) unire con un trattino. **2** (*to divide by a hyphen*) dividere con un trattino. **3** (*to write with a hyphen*) scrivere con un trattino; (*to print with a hyphen*) stampare con un trattino.

hyphenate /'haɪfəneɪt/ *v.t.* **1** (*to join with a hyphen*) unire con un trattino. **2** (*to divide by a hyphen*) dividere con un trattino. **3** (*to write with a hyphen*) scrivere con un trattino; (*to print with a hyphen*) stampare con un trattino.

hyphenated /'haɪfəneɪtɪd *Am* 'haɪfəneɪt̬ɪd/ *a.* che si scrive con un trattino, scritto con un trattino.

hypnagogic, hypnogogic /ˌhɪpnə'gɒdʒɪk *Am* ˌhɪpnə'gɑːdʒɪk/ *a.* (*Psic*) ipnagogico.

hypnology /hɪp'nɒlədʒi *Am* hɪp'nɑːlədʒi/ *n.* ipnologia *f.*

hypnopaedia /ˌhɪpnou'piːdiə/ *n.* ipnopedia *f.*

hypnopedia /ˌhɪpnou'piːdiə/ *n.* (*Am*) ipnopedia *f.*

hypnosis /hɪp'nousɪs/ (*pl.* **-ses** /-siːz/) *n.* ipnosi *f.*

hypnotherapist /ˌhɪpnou'θerəpɪst/ *n.* ipnoterapista *m./f.*

hypnotherapy /ˌhɪpnou'θerəpi/ *n.* ipnoterapia *f.*

hypnotic /hɪp'nɒtɪk *Am* hɪp'nɑːt̬ɪk/ *a.* ipnotico. **II** *n.* **1** (*soporific*) ipnotico *m.*, sostanza *f.* soporifera. **2** (*person sensitive to hypnotism*) soggetto *m.* facilmente ipnotizzabile. **3** (*hypnotized person*) persona *f.* ipnotizzata.

hypnotically /hɪp'nɒtɪkəli *Am* hɪp'nɑːt̬ɪkəli/ *avv.* in modo ipnotico.

hypnotise /'hɪpnətaɪz/ *v.t.* (*Br*) ipnotizzare (*anche fig*).

hypnotism /'hɪpnətɪzəm/ *n.* **1** ipnotismo *m.* **2** (*fig*) suggestione *f.*

hypnotist /'hɪpnətɪst/ *n.* ipnotizzatore *m.* (*f.* -trice).

hypnotize /'hɪpnətaɪz/ *v.t.* ipnotizzare (*anche fig*).

hypo[1] /'haɪpou/ *n.* (*Fot*) iposolfito *m.* di sodio.

hypo[2] /'haɪpou/ *n.* **1** (*colloq*) (*syringe*) siringa *f.* ipodermica. **2** (*injection*) iniezione *f.* ipodermica.

hypo-allergenic /ˌhaɪpou,ælə'dʒenɪk *Am* ˌhaɪpou,ælə'dʒenɪk/ *a.* (*Cosmet*) ipoallergenico.

hypoblast /'haɪpəblæst/ *n.* (*Biol*) ipoblasto *m.*

hypocalcaemia, hypocalcemia *Am* /ˌhaɪpoukæl'siːmiə/ *n.* (*Med*) ipocalcemia *f.*

hypocaust /'haɪpəkɔːst/ *n.* (*Archeol*) ipocausto *m.*

hypochlorite /ˌhaɪpə'klɔːraɪt/ *n.* (*Chim*) ipoclorito *m.*

hypochlorous /ˌhaɪpə'klɔːrəs/ *a.* (*Chim*) ipocloroso: ~ *acid* acido ipocloroso.

hypochondria /ˌhaɪpə'kɒndriə *Am* ˌhaɪpə'kɑːndriə/ *n.* (*Psic*) ipocondria *f.*

hypochondriac /ˌhaɪpə'kɒndriæk *Am* ˌhaɪpə'kɑːndriæk/ **I** *n.* (*Psic*) ipocondriaco *m.* (*f.* -a). **II** *a.* (*Psic*) ipocondriaco.

hypochondriacal /ˌhaɪpəkɒn'draɪəkəl *Am* ˌhaɪpəkɑːn'draɪəkəl/ *a.* (*Psic*) ipocondriaco.

hypochondriasis /ˌhaɪpoukɒn'draɪəsɪs *Am* ˌhaɪpoukɑːn'draɪəsɪs/ (*pl.* **-ses** /-siːz/) *n.* (*Psic*) ipocondria *f.*

hypochondrium /ˌhaɪpə'kɒndriəm *Am* ˌhaɪpə'kɑːndriəm/ (*pl.* **-dria** /-driə/) *n.* (*Anat*)

ipocondrio *m.*

hypocorism /haɪ'pɒkərɪzəm *Am* haɪ'pɑː kərɪzəm/ *n.* (*Ling*) ipocoristico *m.*

hypocoristic /ˌhaɪpəkə'rɪstɪk *Am* ˌhaɪpəkər 'ɪstɪk/ *a.* (*Ling*) ipocoristico.

hypocotyl /ˌhaɪpə'kɒtl *Am* ˌhaɪpə'kɑːt̬l/ *n.* (*Bot*) ipocotile *m.*

hypocrisy /hɪ'pɒkrəsi *Am* hɪ'pɑːkrəsi/ *n.* ipocrisia *f.*

hypocrite /'hɪpəkrɪt/ *n.* ipocrita *m./f.*

hypocritic /ˌhɪpə'krɪtɪk *Am* ˌhɪpə'krɪt̬ɪk/ *a.* ipocrita, falso.

hypocritical /ˌhɪpə'krɪtɪkəl *Am* ˌhɪpə'krɪt̬ɪkəl/ *a.* ipocrita, falso.

hypocritically /ˌhɪpə'krɪtɪkli *Am* ˌhɪpə'krɪ t̬ɪkli/ *avv.* ipocritamente, in modo ipocrita.

hypocycloid /ˌhaɪpou'saɪklɔɪd/ *n.* (*Mat*) ipocicloide *f.*

hypoderm /'haɪpədɜːm *Am* 'haɪpədɜːrm/ *n.* (*Biol*) ipoderma *m.*

hypodermal /ˌhaɪpə'dɜːməl *Am* ˌhaɪpə 'dɜːrməl/ *a.* **1** (*Biol*) ipodermico. **2** (*Anat*) del derma.

hypodermic /ˌhaɪpə'dɜːmɪk *Am* ˌhaɪpə 'dɜːrmɪk/ **I** *a.* **1** (*Med*) ipodermico, sottocutaneo; (*of a drug, etc.*) (per uso) ipodermico, (per uso) sottocutaneo. **2** (*Anat*) del derma. **II** *n.* **1** (*injection*) iniezione *f.* ipodermica. **2** (*syringe*) siringa *f.* ipodermica. □ ~ *injection* iniezione ipodermica; ~ *needle* ago ipodermico; ~ *syringe* siringa ipodermica.

hypodermis /ˌhaɪpə'dɜːmɪs *Am* ˌhaɪpə 'dɜːrmɪs/ *n.* (*Anat*) ipoderma *m.*, derma *m.*

hypogastric /ˌh(a)ɪpə'gæstrɪk/ *a.* (*Anat*) ipogastrico.

hypogastrium /ˌh(a)ɪpə'gæstriəm/ (*pl.* **-tria** /-triə/) *n.* ipogastrio *m.*

hypogeal /ˌhaɪpə'dʒiːəl/ *a.* ipogeo, sotterraneo.

hypogene /'haɪpədʒiːn/ *a.* (*Geol*) ipogeno.

hypogenous /ˌhaɪ'pɒdʒənəs *Am* ˌhaɪ 'pɑːdʒənəs/ *a.* (*Bot*) ipogeno.

hypogeum /ˌhaɪpə'dʒiːəm/ (*pl.* **-gea** /-dʒiə/) *n.* (*Arch*) ipogeo *m.*

hypoglossal /ˌh(a)ɪpə'glɒsəl *Am* ˌhaɪpə 'glɑːsəl/ **I** *a.* (*Anat*) ipoglosso. **II** *n.* (*Anat*) ipoglosso *m.*, nervo *m.* ipoglosso. □ (*Anat*) ~ *nerve* nervo ipoglosso, ipoglosso.

hypoglycaemia, hypoglycemia *Am* /ˌhaɪ pou,glaɪ'siːmiə/ *n.* (*Med*) ipoglicemia *f.*

hypoglycemic /ˌhaɪpou,glaɪ'siːmɪk/ *a.* (*Am, Med*) ipoglicemico.

hypogonadism /ˌhaɪpou'gounædɪzəm/ *n.* (*Med*) ipogonadismo *m.*

hypogynous /haɪ'pɒdʒənəs *Am* haɪ'pɑː dʒənəs/ *a.* (*Bot*) ipogino.

hypolimnion /ˌhaɪpou'lɪmniən/ (*pl.* **-nia** /-niə/) *n.* (*Geog*) ipolimnio *m.*

hypomania /ˌhaɪpou'meɪniə/ *n.* (*Psic*) ipomania *f.*

hyponym /'haɪpənɪm/ *n.* (*Ling*) iponimo *m.*

hyponymy /hɪ'pɒnəmi *Am* hɪ'pɑːnəmi/ *n.* (*Ling*) iponimia *f.*

hypophysis /haɪ'pɒfɪsɪs *Am* haɪ'pɑːfəsɪs/ (*pl.* **-ses** /-siːz/) *n.* **1** (*Anat*) ipofisi *f.*, ghiandola *f.* pituitaria. **2** (*Bot*) ipofisi *f.*

hypopituitarism /ˌhaɪpoupɪ'tjuːɪtərɪzəm/ *n.* (*Med*) ipopituitarismo *m.*

hypostasis /h(a)ɪ'pɒstəsɪs *Am* haɪ'pɑːstəsɪs/ (*pl.* **-ses** /-siːz/) *n.* (*Filos,Teol,Ret,Med*) ipostasi *f.*

hypostatic /ˌh(a)ɪpə'stætɪk *Am* ˌhaɪpə'stæt̬ɪk/ *a.* (*Filos,Teol,Med*) ipostatico.

hypostatical /ˌh(a)ɪpə'stætɪkəl *Am* ˌhaɪpə 'stæt̬ɪkəl/ *a.* (*Filos,Teol,Med*) ipostatico.

hypostatisation, hypostatization /haɪ ˌpɒstət(a)ɪ'zeɪʃən *Am* haɪˌpɑːstətɪ'zeɪʃən/ *n.*

(*Filos,Teol,Med*) ipostatizzazione *f.*

hypotension /ˌhaɪpou'tenʃən/ *n.* (*Med*) ipotensione *f.*

hypotensive /ˌhaɪpou'tensɪv/ **I** *a.* (*Med*) ipoteso. **II** *n.* (*Med*) ipoteso *m.* (*f.* -a).

hypotenuse /haɪ'pɒtɪnjuːz *Am* haɪ'pɑː tɪn(j)uːs/ *n.* (*Geom*) ipotenusa *f.*

hypothalamus /ˌhaɪpə'θæləməs/ (*pl.* **-mi** /-maɪ/) *n.* (*Anat*) ipotalamo *m.*

hypothecary /haɪ'pɒθɪkəri *Am* haɪ'pɑːθɪkeri/ *a.* ipotecario.

hypothecate /haɪ'pɒθɪkeɪt *Am* haɪ'pɑːθɪkeɪt/ *v.t.* ipotecare.

hypothecation /haɪˌpɒθɪ'keɪʃən *Am* haɪˌpɑː θɪ'keɪʃən/ *n.* iscrizione *f.* d'ipoteca.

hypothenuse /haɪ'pɒtɪnjuːz *Am* haɪ'pɑː tɪn(j)uːs/ *n.* (*Geom*) ipotenusa *f.*

hypothesis /haɪ'pɒθəsɪs *Am* haɪ'pɑːθəsɪs/ (*pl.* **-ses** /-siːz/) *n.* ipotesi *f.*

hypothesise, hypothesize /haɪ'pɒθɪsaɪz *Am* haɪ'pɑːθɪsaɪz/ **I** *v.i.* fare un'ipotesi. **II** *v.t.* porre come ipotesi, supporre.

hypothetic /ˌhaɪpə'θetɪk *Am* ˌhaɪpə'θet̬ɪk/ *a.* ipotetico (*anche Filos*).

hypothetical /ˌhaɪpə'θetɪkəl *Am* ˌhaɪpə 'θet̬ɪkəl/ *a.* ipotetico (*anche Filos*).

hypothetically /ˌhaɪpə'θetɪkəli *Am* ˌhaɪpə 'θet̬ɪkəli/ *avv.* ipoteticamente.

hypothyroid /ˌhaɪpou'θaɪrɔɪd/ *n.* (*Med*) ipotiroide *f.*

hypothyroidism /ˌhaɪpou'θaɪrɔɪdɪzəm/ *n.* (*Med*) ipotiroidismo *m.*

hypotonic /ˌhaɪpou'tɒnɪk *Am* ˌhaɪpou'tɑːnɪk/ *a.* (*Biol,Fisiol*) ipotonico.

hypoventilation /ˌhaɪpou,ventɪ'leɪʃən *Am* ˌhaɪpou,vent̬ɪ'leɪʃən/ *n.* ipoventilazione *f.*

hypoxaemia, hypoxemia *Am* /ˌhaɪpɒk 'siːmiə *Am* ˌhaɪpɑːk'simiə/ *n.* (*Med*) ipossiemia *f.*

hypoxia /haɪ'pɒksiə *Am* haɪ'pɑːksiə/ *n.* (*Med*) ipossia *f.*

hypsography /hɪp'sɒgrəfi *Am* hɪp'sɑːgrəfi/ *n.* (*Geog*) ipsografia *f.*

hypsometer /hɪp'sɒmɪtə *Am* hɪp'sɑːmət̬ər/ *n.* (*Fis*) ipsometro *m.*, ipsotermometro *m.*

hypsometric /ˌhɪpsə'metrɪk/ *a.* (*Geog*) ipsometrico.

hyrax /'haɪræks/ *n.* (*Zool*) irace *m.*

hyson /'haɪsən/ *n.* tè *m.* verde cinese.

hyssop /'hɪsəp/ *n.* (*Bot*) issopo *m.*

hysterectomy /ˌhɪstə'rektəmi/ *n.* (*Med*) isterectomia *f.*

hysteresis /ˌhɪstə'riːsɪs/ (*pl.* **-ses** /-siːz/) *n.* (*Fis*) isteresi *f.*

hysteria /hɪ'stɪəriə *Am* hɪ'steriə/ *n.* **1** istcrismo *m.* **2** (*Psic*) isteria *f.*, isterismo *m.*

hysteric /hɪ'sterɪk/ **I** *n.* (*Psic*) isterico *m.* (*f.* -a). **II** *a.* (*Psic*) isterico.

hysterical /hɪ'sterɪkəl/ *a.* **1** (*Psic*) isterico. **2** (*estens*) (*extremely amusing*) divertentissimo.

hysterically /hɪ'sterɪkəli/ □ *to cry* ~ piangere disperatamente; *to laugh* ~ ridere come un matto.

hysterics /hɪ'sterɪks/ *n.pl.* (*costr.sing.*) **1** (*Psic*) isterismo *m.*, attacco *m.* isterico. **2** (*estens*) (*uncontrollable laughter*) risate *f.pl.* incontrollabili. □ (*colloq*) *to go off into* ~ avere un attacco d'isterismo, avere una crisi di nervi.

hysteron /'hɪstərɒn *Am* 'hɪstərɑːn/ □ (*Ling*) ~ *proteron* hysteron proteron, isterologia.

hysterotomy /ˌhɪstə'rɒtəmi *Am* ˌhɪstə 'rɑːtəmi/ *n.* (*Chir*) isterotomia *f.*

Hz (*El*) hertz Hz (hertz).

I

i, I[1] /aɪ/ (pl. **i's/is, I's/Is** /aɪz/) n. (letter of the alphabet) i, I m./f.: (Tel) I for Isaac (o Am I as in Item) i come Imola.

I[2] /aɪ/ I pron.pers.sogg. **1** io m./f., usually omitted when it precedes the verb: you and I tu e io; I should like to go vorrei andare; I the undersigned io sottoscritto. **2** (in a compound object: me) me m./f.: he saw my brother and I vide mio fratello e me. **II** n. (Filos) io m.

I[3] /aɪ/ a. (I-shaped) a (forma di) I.

I[4] Italy I (Italia).

i' /ɪ/ accorc. di in.

I. **1** Independent I (indipendente). **2** (Geog) Island, Isle i. (isola).

IA Iowa IA (Iowa).

I.A. Incorporated Accountant (ragioniere iscritto all'albo).

IAA (Biol,Chim) indoleacetic acid IAA (acido indoleacetico).

IADB **1** Inter-American Defense Board (giunta americana di difesa). **2** Inter-American Development Bank (banca interamericana di sviluppo).

IAEA International Atomic Energy Agency AIEA (Agenzia internazionale per l'energia atomica).

IAF International Astronautical Federation IAF (Federazione internazionale astronautica).

iamb /'aɪæm(b)/ n. (Metr) giambo m.

iambic /aɪ'æmbɪk/ I a. (Metr) giambico. II n.spec.pl. (Metr) (verse) verso m. giambico. □ (Metr) ~ pentameter pentametro giambico.

iambus /aɪ'æmbəs/ (pl. -bi /-baɪ/ -es /-ɪz/) n. (Metr) giambo m.

Ian /'iːən/ n.pr.m. Ian.

IATA /aɪ'ɑːtə, iː'ɑːtə Am aɪ'ɑːtə/ (Aer) International Air Transport Association IATA (Associazione internazionale dei trasporti aerei). □ (Aer) ~ code codice IATA.

iatrogenic /ˌaɪætrou'dʒenɪk/ a. (Med) iatrogeno.

iatrogenicity /aɪˌætroudʒə'nɪsɪti Am aɪˌætroudʒə'nɪsəti/ n. (Med) iatrogenicità f.

ib. ibidem ib., ibid. (ibidem).

I-bar /'aɪbɑːʳ Am 'aɪbɑːr/, **I-beam** /'aɪbiːm/ n. (Edil) trave f. a doppia T.

Iberia /aɪ'bɪəriə Am aɪ'bɪriə/ n.pr. **1** (Geog) penisola f. iberica. **2** (Geog.stor) Iberia f.

Iberian /aɪ'bɪəriən Am aɪ'bɪriən/ I a. iberico. II n. **1** abitante m./f. della penisola iberica. **2** (language) iberico m., lingua f. iberica. **3** (Stor) ibero m. □ (Geog) ~ Peninsula penisola iberica.

iberis /aɪ'bɪərɪs Am aɪ'bɪrɪs/ n. (Bot) iberide f.

ibex /'aɪbeks/ (pl.inv. o -es /-ɪz/ o ibices /'aɪbɪsiːz/; il pl. inv. si usa general. con valore collett.) n. (Zool) stambecco m., ibice m.

ibid. ibidem ib., ibid. (ibidem).

ibidem /'ɪbɪdem, ɪ'baɪdem/ avv. ibidem, nello stesso luogo.

ibis /'aɪbɪs/ (pl.inv. o -es /-ɪz/; il pl. inv. si usa general. con valore collett.) n. (Ornit) ibis m.

IBRD International Bank for Reconstruction and Development BIRS (Banca internazionale per la ricostruzione e lo sviluppo).

IBS /ˌaɪbiː'es/ (Med) irritable bowel syndrome sindrome da colon irritabile.

Ibsenian /ɪb'siːniən/ a. ibseniano, di Ibsen.

ibuprofen /ˌaɪbjuː'proʊfən Br also ˌaɪbjuː'proʊfen/ n. (Farm) ibuprofene m.

IC **1** (Elettron) Integrated Circuit IC (circuito integrato). **2** (colloq) (used in chat messages, etc.) I see capisco.

ICAO International Civil Aviation Organization ICAO (Organizzazione internazionale dell'aviazione civile).

Icarian /(a)ɪ'keəriən Am ɪ'keriən/ a. di Icaro, (lett) icario.

Icarus /'(a)ɪkərəs Am 'ɪkərəs/ n.pr.m. (Mitol) Icaro.

ICBM /ˌaɪsiːbiː'em/ (Mil) intercontinental ballistic missile ICBM (missile balistico intercontinentale).

ICC /aɪsiː'siː/ International Chamber of Commerce CCI (Camera di commercio internazionale).

ICD (Farm) International Common Denomination DCI (Denominazione comune internazionale).

ICDP International Confederation for Disarmament and Peace ICDP (Confederazione internazionale per il disarmo e la pace).

ice /aɪs/ I n. **1** ghiaccio m. (anche fig): (colloq) my feet are like ~ ho i piedi freddissimi, ho i piedi di ghiaccio. **2** (Br,Dolc) gelato m. (di crema). **3** (Dolc) glassa f. **4** (Dolc) (frozen dessert) dessert m. gelato (fatto con succo di frutta). **5** (Am,sl) diamanti m.pl. II a. da ghiaccio, per ghiaccio. III v.t. **1** coprire di ghiaccio. **2** (to freeze) ghiacciare, congelare. **3** (to cool by refrigerating) mettere in ghiaccio, ghiacciare, gelare: to ~ beer mettere la birra in ghiaccio. **4** (Dolc) glassare: to ~ a cake glassare una torta. **5** (Am,sl) fare fuori, freddare, uccidere. IV v.i. (Am) ghiacciarsi, congelarsi, gelare. □ (Geol) ~ age era glaciale; (Alp) ~ ax (o ~ axe) piccozza (per ghiaccio); ~ bag borsa per il ghiaccio; ~ boat: 1 slitta a vela; 2 (Mar) (icebreaker) rompighiaccio, nave rompighiaccio; ~ bucket secchiello portaghiaccio, secchiello per il ghiaccio; (Geol) ~ cap calotta di ghiaccio; (Ferr) ~ car vagone frigorifero; ~ chest ghiacciaia; ~ cold: 1 ghiacciato, freddissimo; 2 (fig) gelido, freddo, glaciale; (Dolc) ~ cream gelato (di crema); ~ crusher tritaghiaccio; ~ cube cubetto di ghiaccio; ~ cube tray contenitore per (fare i) cubetti di ghiaccio; (Sport) ~ dancing danza su ghiaccio; ~ fall cascata ghiacciata; (Geog) ~ field ice-field, campo di ghiaccio; ~ floe ghiaccio galleggiante; ~ foot piattaforma di ghiaccio; (Sport) ~ hockey hockey su ghiaccio; (Alp) ~ hook rampone; ~ house ghiacciaia: (fig) this room is like an ~ house questa stanza è una ghiacciaia, in questa stanza si gela; (Br,Dolc) ~ lolly ghiacciolo; ~ machine gelatiera; (Am,Dolc) ~ milk dessert simile al gelato di crema (ma meno grasso); (Meteor) ~ needle ago di ghiaccio; (colloq) on ~: 1 in ghiaccio, in fresco, al fresco: to keep champagne on ~ tenere lo champagne al fresco; 2 (fig) (suspended) da parte: let's put that topic on ~ for the moment lasciamo da parte quell'argomento per ora; 3 (fig) (in safekeeping) al sicuro; 4 (Am,fig) (in jail) in carcere, al fresco; to ~ over ghiacciarsi, ricoprirsi di ghiaccio, incrostarsi di ghiaccio; ~ pack: 1 (Geog) pack; 2 (Med) impacco di ghiaccio, borsa del ghiaccio; 4 (for a portable fridge) centro termico, mattonella refrigerante; ~ pick rompighiaccio; (Bot) ~ plant erba cristallina, diacciola; (Fis) ~ point punto di congelamento; (Sport) ~ rink pista di pattinaggio (su ghiaccio); (Geog) ~ run disgelo; (Geol) ~ sheet strato di ghiaccio; ~ shelf piattaforma di ghiaccio galleggiante; ~ show rivista (di pattinaggio artistico) su ghiaccio; ~ skate: 1 (used as a noun) pattino da ghiaccio; 2 (used as a verb) pattinare sul ghiaccio; ~ skating pattinaggio sul ghiaccio; (Am,Meteor) ~ storm tempesta di neve, tormenta; (Geol) ~ stream lingua glaciale; ~ tea tè freddo; ~ tongs mollette per il ghiaccio; to ~ up ghiacciarsi, ricoprirsi di ghiaccio, incrostarsi di ghiaccio: the windscreen has -d up il parabrezza si è ricoperto di ghiaccio; (Alp) ~ wall parete di ghiaccio; (Am) ~ water acqua con ghiaccio.

ICE (GB) Institute of Civil Engineers (istituto degli ingegneri civili).

iceberg /'aɪsbɜːg Am 'aɪsbɜːrg/ n. **1** (Geol) iceberg m. **2** (fig) persona f. fredda, persona f. gelida, (colloq) pezzo m. di ghiaccio. □ (Bot,Alim) ~ lettuce lattuga iceberg.

iceblink /'aɪsˌblɪŋk/ n. riverbero m. di ghiaccio.

icebound /'aɪsbaund/ a. **1** imprigionato dal ghiaccio. **2** (shut off by ice) ostruito dal ghiaccio.

icebox /'aɪsbɒks Am 'aɪsbɑːks/ n. **1** ghiacciaia f. **2** (Am,ant) (refrigerator) frigorifero m. **3** (Br) (compartment in a refrigerator) scomparto m. del ghiaccio.

ice-breaker /'aɪsˌbreɪkəʳ/ n. (Mar) rompighiaccio m., nave f. rompighiaccio.

ice-cream /ˌaɪs'kriːm, 'aɪskriːm/ n. gelato m. □ (Dolc) ~ cake torta gelato; (Dolc) ~ cone cono gelato; ~ freezer gelatiera; ~ maker gelataio, gelatiere; ~ parlor (o ~ parlour) gelateria; (Dolc) ~ pie torta gelata; ~ scoop cucchiaio per (servire il) gelato; ~ soda frappè di gelato.

iced /aɪst/ a. **1** ghiacciato, freddo, gelato: ~ coffee caffè freddo; ~ tea tè freddo. **2** (covered with icing) glassato. **3** (covered with ice) ghiacciato.

ice-fog /'aɪsfɒg/ n. (Br,Meteor) nebbia f. ghiacciata.

ice-free /'aɪsfriː/ a. libero da ghiacci.

Iceland /'aɪslənd/ n.pr. (Geog) Islanda f. □ (Bot) ~ lichen (o ~ moss) lichene catartico, lichene d'Islanda; (Min) ~ spar spato d'Islanda.

Icelander /'aɪsləndəʳ, 'aɪslændəʳ/ n. islandese m./f.

Icelandic /aɪs'lændɪk/ I a. islandese. II n. lingua f. islandese.

ice-making /'aɪsmeɪkɪŋ/ □ ~ machine gelatiera.

iceman /'aɪsmən/ n.irr. (Am) commerciante m. di ghiaccio, venditore m. di ghiaccio.

ice-skating /'aɪsˌskeɪtɪŋ Am 'aɪsˌskeɪtɪŋ/ n. pattinaggio m. su ghiaccio.

ichneumon /ɪk'njuːmən Am ɪk'nuːmən/ n. (Zool) icneumone m.

ichnography /ɪk'nɒgrəfi Am ɪk'nɑːgrəfi/ n. icnografia f.

ichor /'aɪkɔːr Am 'aɪkɔːr/ n. (Mitol,Med) icore m.

ichorous /'aɪkərəs/ a. icoroso.

ichthyologic /ˌɪkθiə'lɒdʒɪk Am ˌɪkθiə'lɑːdʒɪk/, **ichthyological** /ˌɪkθiə'lɒdʒɪkəl Am ˌɪkθiə'lɑːdʒɪkəl/ a. ittiologico.

ichthyologist /ˌɪkθi'ɒlədʒɪst Am ˌɪkθi'ɑːlədʒɪst/ n. ittiologo m. (f. -a).

ichthyology /ˌɪkθi'ɒlədʒi Am ˌɪkθi'ɑːlədʒi/ n. ittiologia f.

ichthyophagist /ˌɪkθi'ɒfədʒɪst Am ˌɪkθi'ɑːfədʒɪst/ n. (Etnol) ittiofago m. (f. -a), mangiatore m. (f. -trice) di pesce.

ichthyophagous /ˌɪkθi'ɒfəgəs Am ˌɪkθi'ɑːfəgəs/ a. ittiofago, che si nutre di pesce.

ichthyosaur /'ɪkθiəsɔːr Am 'ɪkθiəsɔːr/, **ichthyosaurus** /ˌɪkθiou'sɔːrəs Am ˌɪkθiou'sɔːrəs/ n. (Paleont) ittiosauro m.

ichthyosis /ˌɪkθi'ousɪs/ n. (Med) ittiosi f.

icicle /'aɪsɪkl/ n. ghiacciolo m.

icicled /'aɪsɪkld/ a. coperto di ghiaccioli.

icily /'aɪsɪli/ avv. (fig) freddamente, gelidamente.

iciness /'aɪsɪnəs/ n. 1 gelo m., freddo m. gelido. 2 (fig) gelidezza f., freddezza f.

icing /'aɪsɪŋ/ n. 1 (Dolc) glassa f. 2 (Meteor) formazione f. di ghiaccio. 3 (Aer) incrostazione f. di ghiaccio. □ ~ layer: 1 strato ghiacciato; 2 (Dolc) strato di glassa; (fig) the ~ on the cake la ciliegina sulla torta; (Br, Dolc) ~ sugar zucchero a velo.

ICJ (Dir) International Court of Justice CIG (Corte internazionale di giustizia).

ick /ɪk/ intz. (Am,colloq) che schifo!, bleah!

icky /'ɪki/ a. (Am,colloq) 1 schifoso, nauseante: there was something ~ under my seat c'era qualcosa di schifoso sotto la mia sedia. 2 (very ugly) bruttissimo. 3 (corny) sdolcinato, mieloso: an ~ love story una storia d'amore mielosa.

icon /'aɪkən, 'aɪkɒn Am 'aɪkɑn, 'aɪkɑːn/ n. 1 (Art, Inform,Ling) icona f. 2 (fig) simbolo m.

iconic /aɪ'kɒnɪk Am aɪ'kɑːnɪk/, **iconical** /aɪ'kɒnɪkəl Am aɪ'kɑːnɪkəl/ a. 1 iconico. 2 (Art) convenzionale, stereotipato.

iconify /aɪ'kɒnɪfaɪ Am aɪ'kɑːnɪfaɪ/ v.t. (Inform) ridurre a icona.

iconoclasm /aɪ'kɒnouˌklæzm Am aɪ'kɑːnəˌklæzəm/ n. (Stor) iconoclastia f. (anche fig).

iconoclast /aɪ'kɒnouklæst Am aɪ'kɑːnəklæst/ n. (Stor) iconoclasta m./f. (anche fig).

iconoclastic /aɪˌkɒnou'klæstɪk Am aɪˌkɑːnə'klæstɪk/ a. (Stor) iconoclastico (anche fig).

iconographer /ˌaɪkə'nɒgrəfər Am ˌaɪkə'nɑːgrəfər/ n. iconografo m. (f. -a).

iconographic /ˌaɪkənou'græfɪk Am ˌaɪkənou'græfɪk/, **iconographical** /ˌaɪkənou'græfɪkəl Am ˌaɪkənou'græfɪkəl/ a. iconografico.

iconography /ˌaɪkə'nɒgrəfi Am ˌaɪkə'nɑːgrəfi/ n. iconografia f.

iconolater /ˌaɪkə'nɒlətər Am ˌaɪkə'nɑːlətər/ n. iconolatra m./f.

iconolatry /ˌaɪkə'nɒlətri Am ˌaɪkə'nɑːlətri/ n. iconolatria f.

iconology /ˌaɪkə'nɒlədʒi Am ˌaɪkə'nɑːlədʒi/ n. iconologia f.

iconometer /ˌaɪkə'nɒmɪtər Am ˌaɪkə'nɑːmɪtər/ n. (Fot) mirino m.

iconoscope /aɪ'kɒnəskoup Am aɪ'kɑːnəskoup/ n. (TV) iconoscopio m.

iconostasis /ˌaɪkə'nɒstəsɪs Am ˌaɪkə'nɑːstəsɪs/ (pl. -ses /-siːz/) n. (Archeol) iconostasi f.

icosahedral /ˌaɪkɒsə'hiːdrəl Am ˌaɪkousə'hiːdrəl/ a. (Geom) icosaedrico.

icosahedron /ˌaɪkɒsə'hiːdrən Am ˌaɪkousə'hiːdrən/ (pl. -dra /-drə/, -s /-z/) n. (Geom) icosaedro m.

icositetrahedron /ˌaɪkɒsɪ'tetrəhiːdrən Am ˌaɪkousɪ'tetrəhiːdrən/ n. (Geom) icositetraedro

m.

icteric /ɪk'terɪk/, **icterical** /ɪk'terɪkəl/ a. (Med) itterico.

icterus /'ɪktərəs/ n. (Med) ittero m., itterizia f.

ictus /'ɪktəs/ (pl.inv. o -es /-ɪz/) n. 1 (Med,Mus, Metr) ictus m. 2 (Fisiol) itto m., pulsazione f.

icy /'aɪsi/ a. 1 ghiacciato, gelato: ~ roads strade ghiacciate. 2 (very cold) gelido, gelato: ~ wind vento gelido. 3 (fig) freddo, gelido, di ghiaccio. □ this room is ~ cold in questa stanza si gela.

id /ɪd/ n. (Psic) id m.

I'd /aɪd/ contraz. di I had, I would, I should.

ID /aɪ'diː/ 1 Idaho ID (Idaho). 2 (identity) identità f.: ~ card carta d'identità. 3 (identification) identificazione f.

id. idem id. (idem).

IDA /ˌaɪdiː'eɪ/ International Development Association AIS (Associazione internazionale di sviluppo).

Idaho /'aɪdəhou/ n.pr. (Geog) Idaho m.

idea /aɪ'dɪə Am aɪ'diːə/ n. 1 idea f.: to get an ~ of sth. farsi un'idea di qcs. 2 (concept) idea f., concetto m. 3 (opinion) opinione f., convincimento m., idea f.: to have a clear ~ of sth. avere le idee chiare su qcs. 4 (impression) idea f., impressione f.: you've got the wrong ~ ti sei fatto un'idea sbagliata. 5 (project) progetto m., idea f., piano m. 6 (inspiration) trovata f., idea f.: a brilliant ~ un'idea brillante, una bella trovata. 7 (concept) nozione f.: the ~ of fear la nozione della paura. 8 (feeling) idea f., presentimento m.: I have an ~ that he will accept ho idea che accetterà. 9 (gist) essenza f., nocciolo m.: just to give you a vague ~ of what the project concerns solo per darti un'idea di che cosa prevede il progetto. □ I don't get the ~ non riesco a capire; (colloq) to get ~s into one's head mettersi (delle) idee in testa; don't get any ~s non farti idee sbagliate, non farti delle idee; (colloq) ~ man uomo pieno di trovate, uomo pieno d'idee; you have no ~ how hard I work non hai idea di quanto io lavori; a man of ~s un uomo d'ingegno; to put an ~ into so.'s head mettere un'idea in testa a qcu.; that's the ~! esatto!; the ~ of it! (o the very ~ of it!) neanche per sogno, neanche per idea; (iron) what an ~! bella idea!, che trovata geniale!

ideal /aɪ'dɪəl Am aɪ'diːəl/ I n. ideale m. II a. 1 ideale: ~ weather for sailing tempo ideale per la vela. 2 (existing only in the mind) immaginario, ideale, astratto: ~ characters personaggi immaginari; an ~ world un mondo ideale. 3 (Filos) dell'idealismo. □ (Fis) ~ gas gas ideale, gas perfetto; (Fis) ~ law legge dei gas ideali; (Filos) ~ of pure reason idea della ragion pura.

idealism /aɪ'dɪəlɪzəm Am aɪ'diːəlɪzəm/ n. idealismo m. (anche Art,Filos).

idealist /aɪ'dɪəlɪst Am aɪ'diːəlɪst/ n. idealista m./f. (anche Filos).

idealistic /aɪˌdɪə'lɪstɪk Am aɪˌdiːə'lɪstɪk/, **idealistical** /aɪˌdɪə'lɪstɪkəl Am aɪˌdiːə'lɪstɪkəl/ a. 1 idealistico, idealista (anche Filos). 2 (guided by ideals) idealistico.

ideality /ˌaɪdi'ælɪti Am ˌaɪdi'æləti/ n. idealità f. (anche Filos).

idealization /aɪˌdɪəl(a)ɪ'zeɪʃən Am aɪˌdiːəlɪ'zeɪʃən/ n. idealizzazione f.

idealize /aɪ'dɪəlaɪz Am aɪ'diːəlaɪz/ I v.t. idealizzare. II v.i. farsi degli ideali.

ideally /aɪ'dɪəli Am aɪ'diː(ə)li/ avv. idealmente.

ideamonger /aɪ'dɪəˌmʌŋgər, aɪ'diːəˌmʌŋgər/ n. (Am,colloq) uomo m. pieno di idee, uomo m. pieno di trovate.

ideate /'aɪdieɪt/ I v.t. immaginare, concepire.

II v.i. formarsi un'idea, farsi un'idea.

ideation /ˌaɪdi'eɪʃən/ n. ideazione f. (anche Psic).

idem /'(a)ɪdem, 'iːdem/ I pron. idem, lo stesso, la stessa cosa, la medesima cosa. II a. stesso, medesimo.

identic /aɪ'dentɪk Am aɪ'dentɪk/ a. (Dipl) identico: ~ note nota identica.

identical /aɪ'dentɪkəl Am aɪ'dentɪkəl/ a. 1 identico, stesso (identico): the ~ person la stessa identica persona. 2 (exactly alike) identico, perfettamente uguale: we have ~ taste abbiamo gusti identici. 3 (Mat) identico. 4 (Biol) identico, monozigotico, monozigote: ~ twins gemelli monozigotici.

identifiable /aɪ'dentɪfaɪəbl Am aɪˌdentə'faɪəbl/ a. identificabile.

identification /aɪˌdentɪfɪ'keɪʃən Am aɪˌdentəfɪ'keɪʃən/ n. 1 identificazione f., accertamento m. d'identità. 2 (sth. which identifies) documento m. d'identificazione, documento m. di riconoscimento. 3 (Psic) immedesimazione f., identificazione f. 4 (Inform) identificazione f. □ ~ badge cartellino di identificazione, badge; ~ bracelet braccialetto con piastrina (di riconoscimento); ~ card tessera di riconoscimento; (Dir) ~ certificate atto notorio; (Mil) ~ disk piastrina di riconoscimento; ~ mark contrassegno, segno d'identificazione; ~ papers documenti d'identità; (Dir) ~ parade confronto all'americana; (Aut) ~ plate targa di immatricolazione; (Mil) ~ tag piastrina di riconoscimento.

identifier /aɪ'dentɪfaɪər Am aɪ'dentəfaɪər/ n. 1 chi identifica. 2 (Inform) identificatore m.

identify /aɪ'dentɪfaɪ Am aɪ'dentəfaɪ/ v.t. 1 identificare, riconoscere, accertare l'identità di. 2 (to discover) scoprire, identificare. 3 (to regard as identical) identificare, giudicare identico: to ~ progress with education identificare il progresso con l'istruzione. 4 (rifl.) to ~ oneself identificarsi (with con) (anche Psic): he identifies himself with his father si identifica col padre. 5 (rifl.) to ~ oneself (to associate closely with) identificarsi (with con), dare appoggio (incondizionato) (with a). 6 (Biol) classificare.

identifying /aɪ'dentɪfaɪɪŋ Am aɪ'dentəfaɪɪŋ/ □ ~ mark segno di identificazione.

identikit /aɪ'dentɪkɪt Am aɪ'dentəkɪt/ n. 1 identikit m.: a police ~ l'identikit della polizia. 2 (fig) profilo m., immagine f.: the ~ of the average American l'identikit dell'americano medio.

identity /aɪ'dentɪti Am aɪ'dentəti/ n. identità f. (anche Mat): to maintain one's ~ conservare la propria identità; to establish a person's ~ stabilire l'identità di una persona; the ~ of two signatures l'identità di due firme. □ ~ card carta d'identità; (Psic) ~ crisis crisi di identità; (Mil) ~ disk piastrina di riconoscimento; (Mat) ~ element elemento identico, elemento neutro; (Mat) ~ matrix matrice identica; (Mat) ~ operation identità; (Br) ~ parade confronto all'americana; (Filos) ~ principle principio d'identità.

ideogram /'(a)ɪdiougræm/, **ideograph** /'(a)ɪdiougrɑːf Am '(a)ɪdiougræf/ n. ideogramma m.

ideographic /ˌ(a)ɪdiou'græfɪk/, **ideographical** /ˌ(a)ɪdiou'græfɪkəl/ a. ideografico.

ideography /ˌ(a)ɪdi'ɒgrəfi Am ˌ(a)ɪdi'ɑːgrəfi/ n. ideografia f., scrittura f. ideografica.

ideologic /ˌ(a)ɪdiə'lɒdʒɪk Am ˌ(a)ɪdiə'lɑːdʒɪk/ a. ideologico: ~ conflict conflitto ideologico.

ideological /ˌ(a)ɪdiə'lɒdʒɪkəl Am ˌ(a)ɪdiə'lɑːdʒɪkəl/ a. ideologico.

ideologist /ˌ(a)ɪdɪˈɒlədʒɪst *Am* ˌ(a)ɪdi ˈɑːlədʒɪst/ *n.* ideologo *m.* (*f.* -a).

ideologization /ˌ(a)ɪdɪɒlədʒ(a)ɪˈzeɪʃən *Am* ˌ(a)ɪdiːˌlɒdʒɪˈzeɪʃən/ *n.* ideologizzazione *f.*

ideologize /ˌ(a)ɪdɪˈɒlədʒaɪz *Am* ˌ(a)ɪdi ˈɑːlədʒaɪz/ *v.t.* ideologizzare.

ideologue /ˈ(a)ɪdɪəlɒɡ *Am* ˈ(a)ɪdiəlɑːɡ/ *n.* ideologo *m.* (*f.* -a), teorico *m.* (*f.* -a).

ideology /ˌ(a)ɪdɪˈɒlədʒi *Am* ˌ(a)ɪdiˈɑːlədʒi/ *n.* **1** (*Pol,Filos*) ideologia *f.*: *the Marxist ~* l'ideologia marxista. **2** (*ideological system*) sistema *m.* ideologico, ideologismo *m.*

ideomotor /ˌ(a)ɪdɪəˈmoʊtər *Am* ˌ(a)ɪdiə ˈmoʊtər/ *a.* (*Med*) ideomotorio.

ides /aɪdz/ *n.pl.* (*costr.sing. o pl.*) (*Stor.rom*) idi *f./m.pl.*: *the ~ of March* le idi di Marzo.

id est /ɪdˈest/ *avv.* cioè.

idiocy /ˈɪdiəsi/ *n.* **1** (*Med*) idiozia *f.* **2** (*foolishness*) idiozia *f.*, stupidità *f.*, imbecillità *f.* **3** (*sth. foolish*) idiozia *f.*, stupidaggine *f.*

idiolect /ˈɪdiəʊlekt/ *n.* (*Ling*) idioletto *m.*

idiom /ˈɪdiəm/ *n.* **1** (*mode of expression peculiar to a language*) frase *f.* idiomatica, espressione *f.* idiomatica, modo *m.* di dire. **2** (*character of a language*) idiomatismo *m.* **3** (*language*) idioma *m.*, lingua *f.*; (*dialect*) dialetto *m.*, idioma *m.* **4** (*form of artistic expression*) stile *m.*: *the ~ of Bach* lo stile di Bach.

idiomatic /ˌɪdiouˈmætɪk *Am* ˌɪdiəˈmætɪk/ *a.* **1** idiomatico: *~ expression* frase idiomatica. **2** (*full of idioms*) ricco di espressioni idiomatiche.

idiomatical /ˌɪdiouˈmætɪkəl *Am* ˌɪdiəˈmætɪkəl/ *a.* **1** idiomatico. **2** (*full of idioms*) ricco di espressioni idiomatiche.

idiopathic /ˌɪdiouˈpæθɪk/ *a.* (*Med*) idiopatico.

idiopathy /ˌɪdiˈɒpəθi *Am* ˌɪdiˈɑːpəθi/ *n.* (*Med*) idiopatia *f.*

idiophone /ˈɪdiəʊfoʊn/ *n.* (*Mus*) idiofono *m.*

idioplasm /ˈɪdiouplæzˀm/ *n.* (*Biol*) idioplasma *m.*

idiosyncrasy /ˌɪdiouˈsɪŋkrəsi/ *n.* **1** idiosincrasia *f.*, tratto *m.* caratteristico, peculiarità *f.* **2** (*estens*) (*eccentricity*) eccentricità *f.*, stravaganza *f.* **3** (*Med*) idiosincrasia *f.*

idiosyncratic /ˌɪdiousɪŋˈkrætɪk *Am* ˌɪdiousɪŋ ˈkrætɪk/ *a.* **1** caratteristico, peculiare. **2** (*estens*) eccentrico, stravagante. **3** (*Med*) da idiosincrasia, di idiosincrasia, idiosincratico.

idiot /ˈɪdiət/ *n.* **1** cretino *m.* (*f.* -a), stupido *m.* (*f.* -a), idiota *m./f.*: *he is an utter ~* è un perfetto cretino. **2** (*Med*) idiota *m./f.* □ (*Am,TV*) *~ board* gobbo; (*Am,colloq*) *~ box* televisore; (*Am,TV*) *~ card* gobbo; (*Am,colloq*) *~ light* spia (per indicare un guasto).

idiotic /ˌɪdiˈɒtɪk *Am* ˌɪdiˈɑːtɪk/, **idiotical** /ˌɪdi ˈɒtɪkəl *Am* ˌɪdiˈɑːtɪkəl/ *a.* **1** idiota, cretino, stupido. **2** (*Med*) idiota.

idiotically /ˌɪdiˈɒtɪkəli *Am* ˌɪdiˈɑːtɪkəli/ *avv.* stupidamente, da idiota.

idiotism /ˈɪdiətɪzˀm *Am* ˈɪdiətɪzˀm/ *n.* **1** idiozia *f.* **2** (*Med*) idiotismo *m.*, idiozia *f.*

idiotype /ˈɪdioutaɪp/ *n.* (*Biol*) idiotipo *m.*

IDK (*colloq*) (*used in e-mail messages, etc.*) *I don't know* non lo so.

IDL *International Driver's Licence* (patente di guida internazionale).

idle /ˈaɪdl/ **I** *a.* **1** (*inactive*) inattivo, inoperoso. **2** (*unemployed*) disoccupato. **3** (*unwilling to work*) ozioso, bighellone, fannullone, poltrone. **4** (*lazy*) pigro, indolente, neghittoso. **5** (*Am*) (*not in use*) inattivo: *an ~ factory* una fabbrica inattiva. **6** (*of time: wasted*) sprecato, sciupato. **7** (*vain, frivolous*) futile, frivolo, vano: *~ chatter* chiacchiere futili. **8** (*pointless*) ozioso, vano, inutile: *an ~ question* una domanda oziosa. **9** (*groundless*) in-

fondato: *~ fears* timori infondati. **10** (*Econ*) morto, infruttifero, ozioso: *~ capital* capitale morto. **11** (*Mecc*) folle. **12** (*Inform*) inattivo. **II** *v.i.* **1** oziare, bighellonare, poltrire. **2** (*Mecc*) girare a vuoto. **III** *v.t.* (*Mecc*) far girare a vuoto. □ *to ~ away* sprecare, sciupare: *to ~ away the morning* sprecare la mattinata; *the ~ rich* i ricchi oziosi; (*Mecc*) *to run ~* girare in folle; *an ~ threat* una minaccia a vuoto; (*Ind*) *~ time* tempo d'inattività; (*Mecc*) *~ wheel* ingranaggio di rinvio; (*fig*) *an ~ wish* un pio desiderio.

idleness /ˈaɪdl̩nəs/ *n.* **1** ozio *m.*, inattività *f.* **2** (*laziness*) pigrizia *f.*, poltroneria *f.* **3** (*pointlessness*) inutilità *f.*, oziosità *f.* □ *Prov.: ~ is the devil's workshop* l'ozio è il padre dei vizi.

idler /ˈaɪdlər/ *n.* **1** ozioso *m.* (*f.* -a), fannullone *m.* (*f.* -a), sfaccendato *m.* (*f.* -a). **2** (*indolent person*) pigro *m.* (*f.* -a), indolente *m./f.* **3** (*Mecc*) (*idle gear*) ingranaggio *m.* folle; (*idle pulley*) puleggia *f.* folle, puleggia *f.* di rinvio.

idling /ˈaɪdlɪŋ/ *n.* **1** (*Mecc*) funzionamento *m.* a vuoto. **2** (*Mot*) funzionamento *m.* in folle, funzionamento *m.* al minimo.

idly /ˈaɪdli/ *avv.* **1** pigramente, oziosamente. **2** (*vainly*) inutilmente, vanamente, in modo futile: *to talk ~* parlare a vuoto.

idol /ˈaɪdəl/ *n.* idolo *m.* (*anche fig*). □ *to make an ~ of so.* farsi un idolo di qcu.

idolater /aɪˈdɒlətər *Am* aɪˈdɑːlətər/ *n.* idolatra *m.* (*anche fig*).

idolatress /aɪˈdɒlətrəs *Am* aɪˈdɑːlətrəs/ *n.* idolatra *f.* (*anche fig*).

idolatrize /aɪˈdɒlətraɪz *Am* aɪˈdɑːlətraɪz/ **I** *v.t.* **1** idoleggiare. **2** (*fig*) idolatrare: *she ~s her boyfriend* idolatra il suo fidanzato. **II** *v.i.* praticare l'idolatria, adorare gli idoli.

idolatrous /aɪˈdɒlətrəs *Am* aɪˈdɑːlətrəs/ *a.* **1** idolatrico. **2** (*practising idolatry*) idolatra. **3** (*resembling idolatry*) idolatra, di idolatra, da idolatra.

idolatry /aɪˈdɒlətri *Am* aɪˈdɑːlətri/, **idolism** /ˈaɪdəlɪzˀm/ *n.* **1** idolatria *f.* **2** (*fig*) idolatria *f.*, ammirazione *f.* sconfinata.

idolization /ˌaɪdəlaɪˈzeɪʃən/ *n.* l'idoleggiare, (*rar*) idoleggiamento *m.*

idolize /ˈaɪdəlaɪz/ **I** *v.t.* **1** idoleggiare. **2** (*fig*) idolatrare: *his mother ~s him* sua madre lo idolatra. **II** *v.i.* praticare l'idolatria, adorare gli idoli.

idolizer /ˈaɪdəlaɪzər/ *n.* ammiratore *m.* sfrenato.

idolizing /ˈaɪdəlaɪzɪŋ/ **I** *n.* idolatria *f.* **II** *a.* pieno d'ammirazione, idolatrante.

idyll /ˈaɪdəl *Br also* ˈɪdˀl/ *n.* idillio *m.* (*anche Lett, Mus*).

idyllic /aɪˈdɪlɪk *Br also* ɪˈdɪlɪk/ *a.* (*Lett,fig*) idilliaco, idillico.

idyllically /aɪˈdɪlɪkəli *Br also* ɪˈdɪlɪkəli/ *avv.* in modo idilliaco.

idyllist /ˈaɪdəlɪst *Br also* ˈɪdˀlɪst/ *n.* (*Lett*) scrittore *m.* (*f.* -trice) di idilli.

IE (*Ling*) *Indo-european* (indoeuropeo).

i.e. /ˌaɪˈiː/ *id est* cioè.

IEA *International Energy Agency* AIE (Agenzia Internazionale dell'Energia).

if /ɪf/ **I** *congz.* **1** se, posto che, nel caso che, qualora, nell'eventualità che: *~ I were you* se fossi in te; *~ it rains* se piove; nel caso che piova; *~ you had come earlier* se foste arrivati prima. **2** (*even though*) anche se, quand'anche: *I'll do it ~ it kills me* lo farò anche se dovessi morire; *a beautiful, ~ expensive, present* un bel regalo anche se costoso. **3** (*granting that*) se, ammesso che: *you are right* se hai ragione tu. **4** (*in indirect statements, etc.*) se: *I don't know ~ I can come* non so se posso venire. **II** *n.* **1** se *m.*:

your ~s and buts i tuoi se e ma. **2** (*condition*) condizione *f.*, se *m.* □ *~ and only ~* se e soltanto se; *~ any* se ce ne sono, se ce n'è, eventuale: *transgressors, ~ any, will be punished* gli eventuali trasgressori saranno puniti; *~ anything* se mai, tutt'al più, piuttosto, semmai: *~ anything, the patient is worse* se mai, il paziente sta peggio; *he behaves as ~ he were Prime Minister* si comporta come se fosse il primo ministro; *he made as ~ to go* fece l'atto di andarsene; *now, ~ ever, is the time* o ora o mai; *~ necessary* (o *~ it is necessary*) se (è) necessario, qualora fosse necessario, in caso di bisogno; *~ not* altrimenti, se no, in caso contrario; *~ only* se solo, magari: *~ only he were here!* se lui fosse qui!; *~ only to please me* non fosse altro che per farmi un piacere; *~ possible* (o *~ it is possible*) se (è) possibile; *~ so* in tal caso, se è così, in caso affermativo; *it only costs a euro, ~ that* costa soltanto un euro, se pure lo costa.

IF (*Elettron*) *intermediate frequency* FI (frequenza intermedia).

IFC /ˌaɪefˈsiː/ *International Finance Corporation* SFI (Società finanziaria internazionale).

iffy /ˈɪfi/ *a.* (*colloq*) dubbioso, incerto, con molti se.

IFR (*Aer*) *Instrument Flight Rules* IFR (norme della navigazione aerea strumentale).

IFS (*Stor*) *Irish Free State* (Stato Libero d'Irlanda).

Ig (*Biol,Chim*) *immunoglobulin* IG (immunoglobulina).

igloo /ˈɪɡluː/ *n.* igloo *m.*, iglù *m.*

Ignatius /ɪɡˈneɪʃəs/ *n.pr.m.* Ignazio.

igneous /ˈɪɡniəs/ *a.* **1** di fuoco. **2** (*Geol*) eruttivo, igneo.

ignis fatuus /ˌɪɡnɪsˈfætjuəs *Am* ˌɪɡnɪs ˈfætʃuːəs/ *n.* fuoco *m.* fatuo (*anche fig*).

ignitable /ɪɡˈnaɪtəbl̩ *Am* ɪɡˈnaɪtəbl̩/ *a.* infiammabile.

ignite /ɪɡˈnaɪt/ **I** *v.t.* **1** dar fuoco a, incendiare. **2** (*to subject to intense heat*) arroventare. **3** (*to kindle*) accendere (*anche fig*). **4** (*Chim*) calcinare. **II** *v.i.* accendersi, prendere fuoco.

igniter /ɪɡˈnaɪtər *Am* ɪɡˈnaɪtər/ *n.* accenditore *m.*

ignitible /ɪɡˈnaɪtəbl̩ *Am* ɪɡˈnaɪtəbl̩/ *a.* infiammabile.

ignition /ɪɡˈnɪʃən/ *n.* **1** accensione *f.* (*anche Mot*). **2** (*Chim*) ignizione *f.* □ *~ delay* ritardo d'accensione; (*Tecn*) *~ diagram* schema d'accensione; (*Aut*) *~ key* chiavetta di accensione, chiave di accensione; (*El*) *~ lag* ritardo d'accensione; (*Mot*) *~ plug* candela d'accensione; (*El*) *~ switch* interruttore dell'accensione; (*Fis*) *~ temperature* temperatura di combustione.

ignoble /ɪɡˈnoubl̩/ *a.* **1** ignobile, spregevole, turpe. **2** (*of humble origin*) di umili origini, di bassa classe sociale.

ignobleness /ɪɡˈnoubl̩nəs/ *n.* ignobiltà *f.*, bassezza *f.*

ignominious /ˌɪɡnouˈmɪniəs *Am* ˌɪɡnə ˈmɪniəs/ *a.* **1** ignominioso, vergognoso, disonorevole. **2** (*humiliating*) degradante, umiliante. □ *to do something ~* commettere un'ignominia.

ignominy /ˈɪɡnəmɪni/ *n.* ignominia *f.*, infamia *f.*

ignorable /ɪɡˈnɔːrəbl̩/ *a.* ignorabile, che si può ignorare.

ignoramus /ˌɪɡnəˈreɪməs/ *n.* ignorante *m./f.*

ignorance /ˈɪɡnərəns/ *n.* ignoranza *f.*: *I must confess my ~ of this subject* confesso la mia ignoranza in questo campo. □ *to be in ~ of sth.* ignorare qcs., essere all'oscuro di qcs.; ~ *of the law is no excuse* la legge non ammette ignoranza; *to do sth. out of* ~ fare qcs. per ignoranza. *Prov.: where* ~ *is bliss, 'tis folly to be wise* dove impera l'ignoranza sono i matti ad avere ragione.

ignorant /'ɪgnərənt/ *a.* **1** ignorante. **2** (*unlearned*) ignorante, incolto, illetterato: *an* ~ *peasant* un contadino ignorante. **3** (*uninformed*) ignaro, inconsapevole.

ignore /ɪg'nɔːʳ *Am* ɪg'nɔːr/ *v.t.* **1** ignorare, non dare importanza a, non tener conto di, trascurare: *certain matters cannot be* -*d* non si possono ignorare certi fatti. **2** (*to take no notice of*) ignorare, fingere di non vedere, fingere di non conoscere, fingere di non sapere: *if the child starts to cry,* ~ *him* se il bambino comincia a piangere, ignoralo. **3** (*Dir*) (*of an indictment*) lasciare cadere (per mancanza di prove).

iguana /ɪ'gwɑːnə *Br also* ˌɪgju'ɑːnə/ *n.* (*Zool*) iguana *f.*

iguanodon /ɪ'gwɑːnədɒn, ɪgju'ɑːnədən *Am* ɪ'gwɑːnədɑːn/ *n.* (*Paleont*) iguanodonte *m.*

ikon /'aɪkən, 'aɪkɒn *Am* 'aɪkən, 'aɪkɑːn/ *n.* (*Art*) icona *f.*

IL 1 *Illinois* IL (Illinois). **2** *Israel* IL (Israele).

ileac /'ɪliæk/, **ileal** /'ɪliəl/ *a.* (*Anat*) ileale.

ileum /'ɪliəm/ (*pl.* **ilea** /'ɪliə/) *n.* (*Anat,Entom*) ileo *m.*

ilex /'aɪleks/ *n.* (*Bot*) **1** elce *f.* **2** (*holm oak*) leccio *m.*

iliac /'ɪliæk/ *a.* (*Anat*) iliaco.

iliad /'ɪliæd, 'ɪliəd/ *n.* (*fig*) lunga serie *f.* di peripezie.

Iliad /'ɪliæd, 'ɪliəd/ *n.* (*Lett*) Iliade *f.*

ilium /'ɪliəm/ (*pl.* **ilia** /'ɪliə/) *n.* (*Anat*) ilio *m.*, ileo *m.*, osso *m.* iliaco.

ilk /ɪlk/ **I** *n.* **1** famiglia *f.*, stirpe *f.* **2** (*spreg*) (*sort*) genere *m.*, razza *f.*, stampo *m.*: *he and all his* ~ lui e tutti quelli del suo stampo. **II** *a.* (*Scott*) stesso, medesimo. □ *of that* ~: **1** (*Scott*) (*of the same family name*) dello stesso nome; **2** (*fig*) (*of the same kind*) della stessa specie.

ill /ɪl/ **I** *a.* (*compar.* **worse** /wɜːs/, *sup.* **worst** /wɜːst/) **1** (*pred.*) malato, ammalato: *to be* ~ stare male, essere ammalato; *to be* ~ *with pneumonia* essere ammalato di polmonite. **2** (*pred.*) (*unwell*) indisposto. **3** (*bad*) cattivo: ~ *health* cattiva salute. **4** (*evil, wicked*) cattivo, malvagio, perfido: ~ *deeds* azioni malvage. **5** (*hostile*) ostile, avverso, malevolo: ~ *feeling* sentimento ostile, rancore. **6** (*unfavourable*) avverso, sfavorevole, contrario: ~ *luck* fortuna avversa. **7** (*harmful*) dannoso, nocivo. **II** *n.* **1** male *m.*, danno *m.*: *to do* ~ *to so.* fare del male a qcu. **2** (*harm, misfortune*) male *m.*, disgrazia *f.*, avversità *f.* **3** (*ailment*) malattia *f.*, male *m.*, malanno *m.* **III** *avv.* (*compar.* **worse** /wɜːs/, *sup.* **worst** /wɜːst/) **1** male, malamente: *things went* ~ *for them* le cose andarono male per loro. **2** (*in an unfriendly way*) ostilmente, in modo malevolo. **3** (*unfavourably*) sfavorevolmente. **4** (*hardly, not*) non appena, a malapena: *we can* ~ *afford further expense* non possiamo permetterci ulteriori spese. □ ~ *at ease* a disagio; *it* ~ *becomes you to criticize him* non sta bene che tu lo critichi; ~ *breeding* cattiva educazione, maleducazione, cattive maniere, mancanza di educazione; ~ *fame* cattiva fama, cattiva reputazione; ~ *feeling* risentimento, rancore; ~ *fortune* sorte avversa, malasorte; ~ *grace* sgarbatezza, malagrazia; ~ *humour* malumore; *as* ~ *luck would have it* per disgrazia, per sfortuna; ~ *manners* cattive maniere, maleducazione; (*fig*) *to be in* ~ *odour* avere una cattiva repu-

tazione, godere di dubbia fama; ~ *omen* malaugurio; *a place of* ~ *repute* un locale malfamato, un posto malfamato; *to take sth.* ~ prendere male qcs.; *to be taken* ~ ammalarsi; ~ *temper* cattivo umore, cattivo carattere; *to do so. an* ~ *turn* giocare un brutto scherzo a qcu., giocare un brutto tiro a qcu.; ~ *will* ostilità, malevolenza: *to bear so.* ~ *will* voler male a qcu.; *to harbour* ~ *will against so.* nutrire malanimo verso qcu.; *an* ~ *wind* un vento contrario.

I'll /aɪl/ *contraz. di* I will, I shall.

ill. **1** *illustrated* ill. (illustrato). **2** *illustration* ill. (illustrazione).

ill-advised /ˌɪləd'vaɪzd/ *a.* **1** imprudente, sconsiderato, incauto: *an* ~ *remark* un commento poco prudente. **2** (*of a person*) malconsigliato, malaccorto.

ill-affected /ˌɪlə'fektɪd/ *a.* maldisposto.

ill-assorted /ˌɪlə'sɔːtɪd *Am* ˌɪlə'sɔːrtɪd/ *a.* mal assortito.

illation /ɪ'leɪʃən/ *n.* (*ant*) illazione *f.*, deduzione *f.*

illative /ɪ'leɪtɪv, 'ɪlətɪv *Am* ɪ'leɪtɪv, 'ɪlətɪv/ **I** *a.* **1** fatto per illazione, (*lett*) illativo. **2** (*Gramm*) illativo. **II** *n.* (*Gramm*) particella *f.* illativa.

ill-behaved /ˌɪlbɪ'heɪvd/ *a.* maleducato, screanzato.

ill-being /ɪl'biːɪŋ/ *n.* malessere *m.*, lo star male.

ill-blood /ɪl'blʌd/ *n.* malanimo *m.*, rancore *m.*, astio *m.*

ill-boding /ɪl'boʊdɪŋ/ *a.* infausto, funesto.

ill-bred /ɪl'bred/ *a.* maleducato, incivile, screanzato.

ill-breeding /ɪl'briːdɪŋ/ *n.* maleducazione *f.*

ill-concealed /ˌɪlkən'siːld/ *a.* malcelato, mal dissimulato.

ill-conditioned /ˌɪlkən'dɪʃənd/ *a.* **1** (*ill-tempered*) irritabile, irascibile, stizzoso. **2** (*of a mean disposition*) malevolo. **3** (*in bad health*) malandato (di salute).

ill-considered /ˌɪlkən'sɪdəd *Am* ˌɪlkən'sɪdərd/ *a.* sconsiderato, avventato, sventato.

ill-disguised /ˌɪldɪs'gaɪzd/ *a.* malcelato: ~ *disrespect* malcelato disprezzo.

ill-disposed /ˌɪldɪ'spoʊzd/ *a.* maldisposto (*to* verso).

ill-doer /ɪl'duːəʳ *Am* ɪl'duːər/ *n.* malfattore *m.* (*f.* -trice).

ill-doing /ɪl'duːɪŋ/ *n.* malfatto *m.*, malafatta *f.*

illegal /ɪ'liːgəl/ **I** *a.* illegale, antigiuridico: *to do something* ~ commettere un'illegalità. **II** *n.* (*Am,sl*) immigrato *m.* clandestino. □ ~ *alien* immigrato clandestino; ~ *trafficking* traffico illegale.

illegality /ˌɪli'gælɪti *Am* ˌɪli'gæləti/ *n.* **1** illegalità *f.* **2** (*illegal act*) illegalità *f.*, atto *m.* illegale.

illegibility /ɪˌledʒə'bɪlɪti *Am* ɪˌledʒə'bɪləti/ *n.* l'essere illeggibile.

illegible /ɪ'ledʒəbl/ *a.* illeggibile, indecifrabile.

illegibly /ɪ'ledʒəbli/ *avv.* in modo illeggibile.

illegitimacy /ˌɪlɪ'dʒɪtɪməsi *Am* ˌɪlɪ'dʒɪtɪməsi/ *n.* illegittimità *f.*

illegitimate /ˌɪlɪ'dʒɪtɪmət *Am* ˌɪlɪ'dʒɪtɪmət/ **I** *a.* **1** (*of a child*) illegittimo. **2** (*unlawful*) illegittimo, illegale, illecito. **3** (*not rightly deduced*) arbitrario, illegittimo: ~ *supposition* supposizione arbitraria. **4** (*irregular*) irregolare, abnorme. **II** *n.* illegittimo *m.* (*f.* -a).

illegitimation /ˌɪlɪdʒɪtɪ'meɪʃən *Am* ˌɪlɪdʒɪtɪ'meɪʃən/ *n.* il rendere illegittimo.

illegitimatize /ˌɪlɪ'dʒɪtɪmətaɪz *Am* ˌɪlɪ'dʒɪtɪmətaɪz/ *v.t.* dichiarare illegittimo.

ill-famed /ˌɪl'feɪmd/ *a.* (*ant*) malfamato, famigerato.

ill-fated /ˌɪl'feɪtɪd *Am* ˌɪl'feɪtɪd/ *a.* **1** sfortunato, disgraziato. **2** (*bringing misfortune*) ma-

laugurato, infausto, nefasto.

ill-favored /ˌɪl'feɪvəd/ *a.* (*Am*) **1** (*ugly*) brutto, sgraziato. **2** (*unpleasant*) sgradevole, sgradito.

ill-favoured /ˌɪl'feɪvəd/ *a.* **1** (*ugly*) brutto, sgraziato. **2** (*unpleasant*) sgradevole, sgradito.

ill-fitted /ɪl'fɪtɪd *Am* ˌɪl'fɪtɪd/ *a.* inadatto (*for* a).

ill-gotten /ˌɪl'gɒtən *Am* ˌɪl'gɑːtən/ *a.* mal acquistato, guadagnato disonestamente: ~ *gains* guadagni disonesti.

ill-humoured /ˌɪl'hjuːməd *Am* ˌɪl'hjuːmərd/ *a.* di cattivo umore, di malumore.

illiberal /ɪ'lɪbərəl/ *a.* **1** illiberale. **2** (*narrow-minded*) gretto, ristretto, meschino. **3** (*uncultured*) incolto, ignorante. **4** (*not generous*) illiberale, privo di generosità.

illiberality /ɪˌlɪbə'rælɪti *Am* ɪˌlɪbə'ræləti/ *n.* **1** illiberalità *f.* **2** (*narrow-mindedness*) grettezza *f.*, meschinità *f.*

illicit /ɪ'lɪsɪt/ *a.* illecito, illegale (*anche Dir*): ~ *gain* guadagno illecito.

illimitable /ɪ'lɪmɪtəbl *Am* ɪ'lɪmɪtəbl/ *a.* illimitato, sconfinato.

illimitableness /ɪ'lɪmɪtəblnəs *Am* ɪ'lɪmɪtəblnəs/ *n.* sconfinatezza *f.*, carattere *m.* illimitato.

ill-informed /ˌɪlɪn'fɔːmd *Am* ˌɪlɪn'fɔːrmd/ *a.* male informato.

Illinois /ˌɪlɪ'nɔɪ/ *n.pr.* (*Geog*) Illinois *m.*

ill-intentioned /ˌɪlɪn'tenʃənd/ *a.* malintenzionato.

illiquid /ɪ'lɪkwɪd/ *a.* (*Econ*) (*of assets*) non liquido, illiquido.

illiteracy /ɪ'lɪtərəsi *Am* ɪ'lɪtərəsi/ *n.* **1** analfabetismo *m.* **2** (*lack of education*) mancanza *f.* d'istruzione, ignoranza *f.* **3** (*mistake*) errore *m.* nel parlare, errore *m.* nello scrivere dovuto a ignoranza.

illiterate /ɪ'lɪtərət *Am* ɪ'lɪtərət/ **I** *a.* **1** illetterato, analfabeta. **2** (*uneducated*) illetterato. **3** (*uncultured*) incolto, ignorante: *musically* ~ ignorante dal punto di vista musicale, musicalmente ignorante. **II** *n.* illetterato *m.* (*f.* -a), analfabeta *m./f.*

illiterately /ɪ'lɪtərətli *Am* ɪ'lɪtərətli/ *avv.* da illetterato, da analfabeta.

ill-judged /ɪl'dʒʌdʒd/ *a.* sconsigliato, sconsiderato, malaccorto.

ill-management /ɪl'mænədʒmənt/ *n.* cattiva amministrazione *f.*

ill-mannered /ˌɪl'mænəd *Am* ˌɪl'mænərd/ *a.* maleducato, rozzo, volgare, grossolano.

ill-matched /ˌɪl'mætʃt/ *a.* male assortito.

ill-meaning /ˌɪl'miːnɪŋ/ *a.* malintenzionato.

ill-natured /ˌɪl'neɪtʃəd *Am* ˌɪl'neɪtʃərd/ *a.* **1** sgarbato, bisbetico, acido. **2** (*malicious*) maligno.

illness /'ɪlnəs/ *n.* **1** malattia *f.*, malessere *m.*, infermità *f.* **2** (*disease*) male *m.*, malattia *f.*, malanno *m.* **3** (*sudden fit*) malore *m.*

illocution /ˌɪlə'kjuːʃən/ *n.* (*Ling*) enunciato *m.* illocutivo.

illogical /ɪ'lɒdʒɪkəl *Am* ɪ'lɑːdʒɪkəl/ *a.* illogico, assurdo.

illogicality /ɪˌlɒdʒɪ'kælɪti *Am* ɪˌlɑːdʒɪ'kæləti/, **illogicalness** /ɪ'lɒdʒɪkəlnəs *Am* ɪ'lɑːdʒɪkəlnəs/ *n.* illogicità *f.*

ill-omened /ˌɪl'oʊmənd, ˌɪl'oʊmend/ *a.* malaugurato, infausto, nefasto.

ill-spent /ˌɪl'spent/ *a.* mal speso, sprecato, sciupato.

ill-starred /ˌɪl'stɑːd *Am* ˌɪl'stɑːrd/ *a.* sfortunato, nato sotto una cattiva stella.

ill-suited /ˌɪl's(j)uːtɪd *Am* ˌɪl'suːtɪd/ *a.* non adatto, inappropriato.

ill-tempered /ˌɪl'tempəd *Am* ˌɪl'tempərd/ *a.* irritabile, irascibile, stizzoso.

ill-timed /ˌɪl'taɪmd/ a. intempestivo, inopportuno, a sproposito.

ill-treat /ˌɪl'triːt/ v.t. maltrattare.

ill-treatment /ˌɪl'triːtmənt/ n. maltrattamento m.

illume /ɪ'luːm Br also ɪ'ljuːm/ v.t. (rar) illuminare, lumeggiare (anche fig).

illuminable /ɪ'luːmɪnəbl Br also ɪ'ljuːmɪnəbl/ a. illuminabile, rischiarabile.

illuminance /ɪ'luːmɪnəns Br also ɪ'ljuːmɪnəns/ n. (Fis) illuminamento m.

illuminant /ɪ'luːmɪnənt Br also ɪ'ljuːmɪnənt/ I n. sostanza f. illuminante, mezzo m. illuminante. II a. illuminante.

illuminate /ɪ'luːməneɪt Br also ɪ'ljuːməneɪt/ v.t. 1 illuminare, rischiarare. 2 (to adorn with lights) illuminare (a festa), ornare di luci, adornare di luci. 3 (fig) (to make clear) chiarire, spiegare, delucidare: to ~ a mystery chiarire un mistero. 4 (fig) (to enlighten) illuminare. 5 (Paleogr) miniare.

illuminating /ɪ'l(j)uːməneɪtɪŋ Am ɪ'luːmə neɪtɪŋ/ a. 1 illuminante, rischiarante. 2 (fig) chiarificatore, esplicativo: an ~ remark un'osservazione chiarificatrice.

illumination /ɪˌluːmə'neɪʃən Br also ɪˌljuːmə 'neɪʃən/ n. 1 illuminazione f. 2 (fig) (intellectual enlightenment) illuminazione f., intuizione f. 3 (Paleogr) miniatura f. 4 pl. (display of ornamental lights, etc.) illuminazione f.sing., luminaria f.sing.

illuminative /ɪ'l(j)uːmənətɪv, ɪ'l(j)uːmɪneɪtɪv Am ɪ'luːmɪneɪtɪv/ a. 1 illuminante, rischiarante. 2 (fig) chiarificatore, esplicativo: an ~ approach un approccio chiarificatore.

illuminator /ɪ'l(j)uːməneɪtər Am ɪ'luːmə neɪtər/ n. 1 chi illumina. 2 (Fis) illuminatore m. 3 (Paleogr) miniaturista m./f., miniatore m. (f. -trice).

illumine /ɪ'luːmɪn Br also ɪ'ljuːmɪn/ v.t. (ant, poet) 1 illuminare, rischiarare. 2 (to adorn with lights) illuminare (a festa), ornare di luci, adornare di luci. 3 (fig) (to make clear) chiarire, spiegare, delucidare. 4 (fig) (to enlighten) illuminare.

illuminism /ɪ'luːmɪnɪzəm Br also ɪ'ljuːmɪ nɪzəm/ n. (Stor) illuminismo m.

illuminometer /ɪˌl(j)uːmɪ'nɒmɪtər Am ˌɪluːmɪ 'nɑːmətər/ n. (Tecn) illuminometro m.

ill-usage /ˌɪl'juːsɪdʒ/ n. maltrattamento m.

ill-use /ˌɪl'juːz/ v.t. maltrattare, bistrattare.

ill-used /ˌɪl'juːzd/ a. maltrattato, bistrattato.

illusion /ɪ'luːʒən Br also ɪ'ljuːʒən/ n. 1 illusione f., (falsa) impressione f.: optical ~ illusione ottica. 2 (delusion) illusione f., inganno m. (della mente). 3 (sth. that deceives) illusione f., chimera f., falsa speranza f. 4 (Psic) illusione f. 5 (Tess) tulle m. finissimo. □ to have no -s about sth. non farsi illusioni su qcs.; to be under the ~ that..., credere erroneamente che..., illudersi che...

illusionism /ɪ'luːʒˌnɪzəm Br also ɪ'ljuːʒə nɪzəm/ n. (Art) illusionismo m.

illusionist /ɪ'luːʒˌnɪst Br also ɪ'ljuːʒˌnɪst/ n. 1 illusionista m./f., prestigiatore m. (f. -trice). 2 (Art) seguace m./f. dell'illusionismo.

illusive /ɪ'luːsɪv Br also ɪ'ljuːsɪv/ a. 1 illusorio, ingannevole. 2 (unreal) illusorio, frutto d'illusione.

illusoriness /ɪ'luːsˌrɪnəs Br also ɪ'ljuːsˌrɪnəs/ n. illusorietà f.

illusory /ɪ'luːsˌrɪ Br also ɪ'ljuːsˌrɪ/ a. 1 illusorio, ingannevole. 2 (unreal) illusorio, frutto d'illusione: ~ happiness felicità illusoria.

illustrate /'ɪləstreɪt/ v.t. 1 illustrare, spiegare, chiarire: to ~ a point chiarire un punto. 2 (of a book, etc.) illustrare.

illustrated /'ɪləstreɪtɪd Am 'ɪləstreɪtɪd/ I a. 1 illustrato, corredato d'illustrazioni: an ~ mag-

azine una rivista illustrata. II n. (Giorn) periodico m. illustrato. □ ~ lecture conferenza con proiezioni (di grafici ecc.).

illustration /ˌɪlə'streɪʃən/ n. 1 (picture in a book, etc.) illustrazione f. 2 (example) esempio m., dimostrazione f. 3 (act of explaining) illustrazione f., spiegazione f., chiarimento m.

illustrative /'ɪləstreɪtɪv, ɪ'lʌstrətɪv Am ɪ'lʌstrətɪv, 'ɪləstreɪtɪv/ a. illustrativo, chiarificatore.

illustrator /'ɪləstreɪtər Am 'ɪləstreɪtər/ n. 1 chi chiarisce, chi spiega. 2 (of books, etc.) illustratore m. (f. -trice).

illustrious /ɪ'lʌstrɪəs/ a. 1 (of people) illustre, chiaro, insigne; (famous) famoso, celebre. 2 (of deeds, etc.) illustre, celebre, famoso.

illustriousness /ɪ'lʌstrɪəsnəs/ n. celebrità f., fama f.

ill-wisher /ˌɪl'wɪʃər/ n. chi augura del male.

Illyria /ɪ'lɪrɪə/ n.pr. (Geog.stor) Illiria f.

Illyrian /ɪ'lɪrɪən/ I a. illirico. II n. 1 abitante m./f. dell'Illiria. 2 (language) lingua f. illirica.

ILO International Labour Organization BIT (Organizzazione internazionale del lavoro, Bureau international du travail).

ILP (GB) Independent Labour Party (partito laburista indipendente).

ILS (Aer) Instrument Landing System ILS (sistema di atterraggio strumentale).

I'm /aɪm/ contraz. di I am.

image /'ɪmɪdʒ/ I n. 1 immagine f., figura f.: an ~ of Christ un'immagine di Cristo. 2 (effigy) immagine f., effigie f. 3 (mental conception) immagine f., raffigurazione f. mentale, rappresentazione f. mentale. 4 (form, appearance) immagine f., modello m.: man was created in God's ~ l'uomo è stato creato a immagine di Dio. 5 (person or thing resembling another) immagine f., ritratto m., copia f.: he is the ~ of his father è il ritratto del padre. 6 (incarnation, epitomy) personificazione f., incarnazione f.: she is the ~ of efficiency è la personificazione dell'efficienza. 7 (metaphor, figure, etc.) immagine f.: a bold ~ un'immagine ardita. 8 (emblem, symbol) immagine f., simbolo m. 9 (Ret) (figure of speech) figura f. retorica. 10 (Ott,Fot,Psic,Mat, Inform) immagine f. 11 (fig) immagine f., incarnazione f.: he's the ~ of well-being è l'immagine del benessere. II v.t. 1 (to imagine) immaginare. 2 (to reflect, to mirror) riflettere, rispecchiare. 3 (to symbolize) rappresentare, simboleggiare. 4 (Art) dipingere, ritrarre. 5 (Fot) proiettare. □ (Inform) ~ compression compressione dell'immagine; (TV) ~ converter convertitore d'immagine; ~ distortion distorsione d'immagine; (Inform) ~ editing editing di immagini; (Inform) ~ editor editor di immagini; (Elettron) ~ frequency frequenza d'immagine; (Elettron) ~ intensifier intensificatore di immagini; ~ marketing marketing d'immagine; (Inform) ~ processing elaborazione delle immagini; (Inform) ~ setting impostazione grafica; (Inform) ~ smoothing uniformazione dell'immagine; ~ worship culto delle immagini, iconolatria.

imagery /'ɪmɪdʒˌrɪ/ n. 1 (Lett) immagini f.pl., espressioni f.pl. di un concetto. 2 (Lett) (figurative description) linguaggio m. figurato, linguaggio m. immaginifico: use of ~ immaginismo. 3 (effigies) immagini f.pl., raffigurazioni f.pl.

imaginable /ɪ'mædʒɪnəbl/ a. immaginabile, concepibile, pensabile.

imaginably /ɪ'mædʒɪnəblɪ/ avv. in modo im-

maginabile.

imaginal /ɪ'mædʒɪnəl/ a. 1 dell'immagine, relativo all'immagine. 2 (Entom) imaginale.

imaginary /ɪ'mædʒɪnˌrɪ Am ɪ'mædʒəneri/ a. 1 immaginario: an ~ illness una malattia immaginaria. 2 (fictitious) immaginario, fantastico. □ (Mat) ~ number numero immaginario.

imagination /ɪˌmædʒɪ'neɪʃən/ n. 1 immaginazione f. (anche Psic,Lett,Filos). 2 (faculty of imagining) immaginativa f., fantasia f., inventiva f.: to have a vivid ~ avere una fantasia fervida, avere molta inventiva; to have no ~ non avere fantasia. 3 (product) immaginazione f., invenzione f., parto m. della fantasia. 4 (resourcefulness) ingegnosità f., genialità f. □ it is only your ~ è soltanto una tua fantasia.

imaginative /ɪ'mædʒɪnətɪv Am ɪ'mædʒɪnətɪv, ɪ'mædʒɪneɪtɪv/ a. 1 (of persons) immaginoso, ricco di immaginazione, immaginativo: an ~ writer uno scrittore immaginoso. 2 (of things) immaginativo, dell'immaginazione: ~ faculty facoltà immaginativa. 3 (resourceful) ingegnoso, geniale: an ~ solution to the problem una soluzione geniale del problema.

imaginativeness /ɪ'mædʒɪnətɪvnəs Am ɪ'mædʒɪnətɪvnəs, ɪ'mædʒɪneɪtɪvnəs/ n. immaginativa f., inventiva f., fantasia f.

imagine /ɪ'mædʒɪn/ I v.t. 1 immaginare: I ~ him as a fat man lo immagino grasso. 2 (to think) immaginare, pensare, supporre. 3 (to presume) presumere, ritenere: do you really ~ that you will succeed? ti illudi forse di riuscire?, credi davvero di farcela? 4 (rifl.) to ~ oneself immaginare, immaginarsi, figurarsi: to ~ oneself (to be) in a place immaginarsi (di essere) in un posto. II v.i. fantasticare. □ you can't ~ how sorry I am non puoi credere quanto mi dispiaccia; just ~ my surprise figurati un po' la mia sorpresa, immagina un po' la mia sorpresa; to ~ things immaginare cose inesistenti.

imaginings /ɪ'mædʒɪnɪŋz/ n. fantasie f.pl.

imagism /'ɪmɪdʒɪzəm/ n. (Lett) imagismo m.

imagist /'ɪmɪdʒɪst/ I n. (Lett) imagista m./f. II a. (Lett) dell'imagismo.

imago /ɪ'meɪgoʊ, ɪ'mɑːgoʊ/ (pl. -es /-z/, -gines /-dʒɪniːz/) n. 1 (Entom) immagine f., imago f. 2 (Psic) imago f.

imam /ɪ'mɑːm/ n. (Rel.islam) imam m.

imamate /ɪ'mɑːmeɪt/ n. (Rel.islam) imanato m.

imaum /ɪ'mɑːm/ n. (Rel.islam) imam m.

imbalance /ˌɪm'bæləns/ n. 1 squilibrio m.: economic ~ squilibrio economico. 2 (Med) squilibrio m., sbilancio m.

imbecile /'ɪmbəsiːl, 'ɪmbəsaɪl Am 'ɪmbəsɪl/ I n. 1 (Med) imbecille m./f. 2 (pop) imbecille m./f., scemo m. (f. -a): you ~! imbecille che non sei altro! II a. 1 (Med) imbecille. 2 (pop) imbecille, stupido, scemo.

imbecilic /ˌɪmbə'sɪlɪk/ a. 1 (Med) di imbecille, da imbecille. 2 (stupid) idiota, stupido, balordo.

imbecility /ˌɪmbə'sɪlɪtɪ Am ˌɪmbə'sɪlətɪ/ n. 1 (Med) imbecillità f. 2 (pop) imbecillità f., scemenza f.

imbed /ɪm'bed/ v.t. 1 (used in the passive) incastrare, incassare. 2 (fig) imprimere, incidere. 3 (in microscopy) includere.

imbibe /ɪm'baɪb/ v.t. 1 assorbire: the sponge -s water la spugna assorbe acqua. 2 (fig) imbeversi di, assorbire, assimilare: to ~ liberal principles imbeversi di idee liberali. 3 (to drink) bere, mandare giù.

imbiber /ɪm'baɪbər/ n. (colloq) bevitore m. (f. -trice).

imbibition /ˌɪmbɪˈbɪʃən/ n. **1** assorbimento m. **2** (Fis) imbibizione f., assorbimento m.

imbricate[1] /ˈɪmbrɪkət/ a. **1** embricato, imbricato. **2** (Biol,Zool) imbricato.

imbricate[2] /ˈɪmbrɪkeɪt/ **I** v.t. embricare. **II** v.i. embricarsi.

imbrication /ˌɪmbrɪˈkeɪʃən/ n. **1** embricatura f. **2** (pattern, decoration) decorazione f. a embricature.

imbroglio /ɪmˈbrəʊliəʊ/ (pl. -s /-z/) n. imbroglio m., pasticcio m.

imbrue /ɪmˈbruː/ v.t. (ant,poet) **1** bagnare, inzuppare. **2** (to stain) macchiare, tingere. **3** (fig) imbevere, impregnare, permeare.

imbrued /ɪmˈbruːd/ □ ~ in blood (~ with blood) insanguinato, macchiato di sangue.

imbue /ɪmˈbjuː/ v.t. **1** (to steep) imbevere, impregnare. **2** (to saturate) saturare. **3** (to dye) tingere, colorare, macchiare. **4** (fig) permeare, impregnare: -d with nationalism permeato di nazionalismo.

IMF /ˌaɪemˈef/ International Monetary Fund FMI (Fondo monetario internazionale).

IMHO (colloq) (used in e-mail messages, etc.) in my humble opinion a mio modesto parere.

imidazole /ˌɪmɪˈdeɪzəʊl Am ˌɪməˈdæzəʊl/ n. (Chim) imidazolo m.

imide /ˈɪmaɪd/ n. (Chim) imide f.

imine /ˈɪmiːn/ n. (Chim) immina f.

imipramine /ɪˈmɪprəmiːn/ n. (Farm) imipramina f.

imitability /ˌɪmɪtəˈbɪlɪti Am ˌɪmɪtəˈbɪləti/ n. l'essere imitabile, l'essere riproducibile.

imitable /ˈɪmɪtəbl Am ˈɪmɪţəbl/ a. imitabile, riproducibile.

imitate /ˈɪmɪteɪt/ v.t. **1** imitare. **2** (to mimic) imitare, scimmiottare, contraffare: to ~ so.'s accent scimmiottare l'accento di qcu. **3** (to reproduce) imitare, riprodurre, copiare: to ~ a painting imitare un quadro. **4** (to counterfeit) contraffare, imitare. **5** (to resemble) imitare, avere l'apparenza di, assomigliare a. **6** (Zool) prendere l'aspetto di.

imitation /ˌɪmɪˈteɪʃən/ **I** n. **1** imitazione f., riproduzione f., copia f.: the ~ of an antique jewel l'imitazione di un gioiello antico; a perfect ~ of Gothic architecture una perfetta riproduzione di architettura gotica. **2** (counterfeit) contraffazione f. **3** (Biol) mimetismo m. **4** (Lett,Mus) imitazione f. **II** a. **1** finto, falso, imitato: ~ leather finta pelle, similpelle. **2** (of a gem) falso. □ (Met) ~ gold similoro.

imitative /ˈɪmɪtətɪv, ˈɪmɪteɪtɪv Am ˈɪmɪteɪţɪv/ a. **1** imitativo: the ~ arts le arti imitative. **2** (of a person) che imita. **3** (counterfeit) falso, finto, contraffatto. **4** (Ling) onomatopeico, imitativo. **5** (Biol) mimetico.

imitatively /ˈɪmɪtətɪvli, ˈɪmɪteɪtɪvli Am ˈɪmɪteɪţɪvli/ avv. in modo imitativo.

imitator /ˈɪmɪteɪtə Am ˈɪmɪteɪţər/ n. imitatore m. (f. -trice).

immaculate /ɪˈmækjʊlət/ a. **1** immacolato, perfettamente pulito: an ~ suit un abito immacolato. **2** (free from sin or moral blemish) immacolato, incontaminato, puro. **3** (of a text, etc.) senza errori. **4** (Biol) non chiazzato, non macchiato, di un colore uniforme. □ (Rel.catt) Immaculate Conception Immacolata Concezione.

immaculateness /ɪˈmækjʊlətnəs/ n. l'essere immacolato.

immanence /ˈɪmənəns/, **immanency** /ˈɪmənənsi/ n. (Filos) immanenza f.

immanent /ˈɪmənənt/ a. **1** insito. **2** (Filos) immanente.

immanentism /ˈɪmənəntɪzəm/ n. (Rel,Filos) immanentismo m.

Immanuel /ɪˈmænjuəl Am also ɪˈmænjuəl/

---

n.pr.m. Emanuele.

immaterial /ˌɪməˈtɪərɪəl Am ˌɪməˈtɪrɪəl/ a. **1** irrilevante, che non ha importanza: it is ~ to me whether he leaves or not che parta o no mi è indifferente. **2** (incorporeal) immateriale, incorporeo. **3** (spiritual) immateriale, spirituale.

immaterialism /ˌɪməˈtɪərɪəlɪzəm Am ˌɪmə ˈtɪrɪəlɪzəm/ n. (Filos) immaterialismo m.

immaterialist /ˌɪməˈtɪərɪəlɪst Am ˌɪmə ˈtɪrɪəlɪst/ n. (Filos) immaterialista m./f.

immateriality /ˌɪməˌtɪərɪˈælɪti Am ˌɪməˌtɪri ˈæləti/ n. **1** irrilevanza f. **2** (incorporeality) immaterialità f., incorporeità f.

immaterialize /ˌɪməˈtɪərɪəlaɪz Am ˌɪmə ˈtɪrɪəlaɪz/ v.t. rendere immateriale, rendere incorporeo.

immature /ˌɪməˈtjʊə, ˌɪməˈtʃʊə Am ˌɪmə ˈt(j)ʊr, ˌɪməˈtʃʊr/ a. **1** immaturo (anche Med). **2** (Agr) (of soil) non pronto; (of fruit) immaturo, acerbo. **3** (childish) infantile, immaturo. **4** (premature) prematuro, immaturo, precoce.

immatureness /ˌɪməˈtjʊərnəs Am ˌɪmə ˈt(j)ʊrnəs/ n. immaturità f.

immaturity /ˌɪməˈtjʊərɪti, ˌɪməˈtʃʊərɪti Am ˌɪməˈt(j)ʊrəti, ˌɪməˈtʃʊrəti/ n. immaturità f.

immeasurability /ɪˌmeʒərəˈbɪlɪti Am ɪˌmeʒərəˈbɪləti/ n. incommensurabilità f., illimitatezza f.

immeasurable /ɪˈmeʒərəbl/ a. incommensurabile, illimitato, infinito.

immediacy /ɪˈmiːdɪəsi/ n. immediatezza f., prontezza f.

immediate /ɪˈmiːdɪət, ɪˈmiːdʒət Am ɪˈmiːdɪt/ a. **1** immediato, pronto, subitaneo: ~ payment pagamento immediato; to receive ~ attention ricevere una pronta assistenza. **2** (direct) diretto, immediato: one's ~ superiors i diretti superiori. **3** (of time) prossimo, immediato: the ~ future l'immediato futuro. **4** (of place) immediato: in the ~ vicinity nelle immediate vicinanze. **5** (concerning the present) attuale, presente: what are your ~ plans? quali sono i tuoi progetti attuali? **6** (next in relation or line) diretto: the ~ heir to the throne l'erede diretto al trono. **7** (Filos) diretto, immediato. □ (Inform) ~ access accesso immediato; to take ~ action prendere provvedimenti immediati; ~ annuity rendita immediata; ~ constituent costituente immediato; one's ~ family i parenti prossimi, i parenti stretti; ~ information informazione di prima mano, informazione diretta; ~ needs necessità immediate, prime necessità; one's ~ neighbour il vicino di casa.

immediately /ɪˈmiːdɪətli, ɪˈmiːdʒətli Am ɪˈmiːdɪtli/ **I** avv. **1** immediatamente, senza indugi, senza indugio. **2** (without intermediary) immediatamente, direttamente. **3** (of time) subito: ~ after lunch subito dopo pranzo. **4** (of space) immediatamente, subito. **II** congz. (non) appena: we'll leave ~ he comes appena viene ce ne andiamo.

immedicable /ɪˈmedɪkəbl/ a. incurabile, senza rimedio.

immemorial /ˌɪmɪˈmɔːrɪəl/ a. immemorabile, remotissimo, remoto: from time ~ da tempo immemorabile, a memoria d'uomo.

immemorially /ˌɪmɪˈmɔːrɪəli/ avv. sin dai tempi più remoti.

immense /ɪˈmens/ a. **1** sconfinato, immenso, illimitato, smisurato: an ~ country un paese sconfinato. **2** (very large) immenso, enorme: an ~ hall un salone grandissimo. **3** (great, vast) immenso, grandissimo: an ~ crowd una folla immensa.

immensely /ɪˈmensli/ avv. **1** immensamente. **2** (colloq) (very) immensamente, enorme-

---

mente, molto, tremendamente: ~ happy felicissimo.

immensity /ɪˈmensɪti Am ɪˈmensəti/ n. immensità f., smisuratezza f.

immensurability /ɪˌmenʃərəˈbɪlɪti Am ɪˌmenʃərəˈbɪləti/ n. incommensurabilità f.

immensurable /ɪˈmenʃərəbl/ a. incommensurabile.

immerse /ɪˈmɜːs Am ɪˈmɜːrs/ v.t. **1** immergere, tuffare. **2** (rifl.) (fig) to ~ oneself immergersi (in in), dedicarsi a: to ~ oneself in one's work immergersi nel lavoro. **3** (to embed, to sink; usually passive) affondare, conficcare, immergere. **4** (Rel) battezzare per immersione. **5** (fig) (to involve; usually passive) coinvolgere.

immersed /ɪˈmɜːst Am ɪˈmɜːrst/ a. **1** immerso, tuffato. **2** (fig) immerso, assorto (in in), intento (a): ~ in one's thoughts immerso nei propri pensieri. □ ~ in debt immerso nei debiti, indebitato fino al collo.

immersion /ɪˈmɜːʃən Am ɪˈmɜːrʃən/ n. **1** immersione f. (anche Astr). **2** (fig) l'essere immerso, l'essere assorto. **3** (Rel) battesimo m. per immersione. □ ~ heater riscaldatore a immersione; (Ott) ~ lens obiettivo a immersione.

immigrant /ˈɪmɪgrənt/ **I** n. immigrante m./f. **II** a. immigrante. □ ~ restrictions limitazioni all'immigrazione.

immigrate /ˈɪmɪgreɪt/ **I** v.i. immigrare. **II** v.t. far immigrare.

immigration /ˌɪmɪˈgreɪʃən/ n. immigrazione f. □ ~ country paese d'immigrazione.

imminence /ˈɪmɪnəns/ n. **1** imminenza f. **2** (impending evil or danger) minaccia f., pericolo m. (imminente).

imminent /ˈɪmɪnənt/ a. **1** imminente, vicino, prossimo: war is ~ la guerra è imminente. **2** (ant) (overhanging) imminente, minaccioso: ~ danger pericolo imminente.

immiscibility /ɪˌmɪsəˈbɪlɪti Am ɪˌmɪsəˈbɪləti/ n. (Chim) immiscibilità f.

immiscible /ɪˈmɪsəbl/ a. (Chim) immiscibile.

immiseration /ɪˌmɪzəˈreɪʃən/ n. immiserimento m., impoverimento m. economico.

immitigable /ɪˈmɪtɪgəbl Am ɪˈmɪtɪgəbl/ a. implacabile.

immittance /ɪˈmɪtəns/ n. (El) immettenza f.

immix /ɪˈmɪks/ v.i./t. mescolare, miscelare.

immobile /ɪˈməʊbaɪl Am also ɪˈməʊbəl/ a. **1** immobile, fisso. **2** (motionless) immobile, fermo, inerte.

immobility /ˌɪməʊˈbɪlɪti Am ˌɪməʊˈbɪləti/ n. immobilità f.

immobilization /ɪˌməʊbəl(a)ɪˈzeɪʃən Am ɪˌməʊbəlɪˈzeɪʃən/ n. immobilizzazione f. (anche Chir,Econ).

immobilize /ɪˈməʊbəlaɪz/ v.t. **1** immobilizzare, rendere immobile. **2** (Chir,Econ) immobilizzare. **3** (to render incapable of action) immobilizzare, mettere nell'impossibilità d'agire: to ~ enemy troops immobilizzare le truppe nemiche.

immobilizer /ɪˈməʊbəlaɪzər/ n. (Aut) immobilizzatore m.

immoderate /ɪˈmɒdərət Am ɪˈmɑːdərət/ a. **1** (of persons) smodato, immoderato, smoderato. **2** (of things) eccessivo, immoderato: ~ speed velocità eccessiva.

immoderation /ɪˌmɒdəˈreɪʃən Am ɪˌmɑːdə ˈreɪʃən/ n. **1** (of persons) immoderatezza f., smoderatezza f. **2** (of things) eccessività f.

immodest /ɪˈmɒdɪst Am ɪˈmɑːdɪst/ a. **1** immodesto. **2** (presumptuous) presuntuoso. **3** (indecent) indecente, indecoroso: ~ dress vestito indecente.

immodesty /ɪˈmɒdɪsti Am ɪˈmɑːdɪsti/ n. **1** immodestia f. **2** (lack of decency) indecenza f., spudoratezza *f.*

immolate /'ɪmoʊleɪt *Am* 'ɪməleɪt/ *v.t.* **1** immolare, sacrificare (*anche fig*). **2** (*fig*) (*to kill*) uccidere. **3** (*rifl.*) *to ~ oneself* immolarsi, sacrificarsi.

immolation /ˌɪmoʊ'leɪʃən *Am* ˌɪmə'leɪʃən/ *n.* immolazione *f.*, sacrificio *m.*

immolator /'ɪmoʊleɪtər *Am* 'ɪməleɪtər/ *n.* chi immola.

immoral /ɪ'mɒrəl *Am* ɪ'mɔːrəl/ *a.* immorale: *~ earnings* guadagni derivati dalla prostituzione.

immorality /ˌɪmə'rælɪti, ˌɪmɒ'rælɪti *Am* ˌɪmɔː'ræləti, ˌɪmə'ræləti/ *n.* immoralità *f.*

immortal /ɪ'mɔːtl *Am* ɪ'mɔːrtəl/ **I** *a.* **1** immortale, eterno. **2** (*imperishable*) immortale, imperituro: *~ fame* una fama immortale. **II** *n.* **1** essere *m.* immortale. **2** (*person of enduring fame*) persona *f.* di fama imperitura.

immortality /ˌɪmɔː'tælɪti *Am* ˌɪmɔːr'tæləti/ *n.* **1** immortalità *f.* **2** (*lasting fame*) fama *f.* imperitura.

immortalization /ɪˌmɔːtəl(a)ɪ'zeɪʃən *Am* ɪˌmɔːrtəlɪ'zeɪʃən/ *n.* l'immortalare.

immortalize /ɪ'mɔːtəlaɪz *Am* ɪ'mɔːrtəlaɪz/ *v.t.* **1** immortalare, rendere immortale. **2** (*to make enduringly famous*) immortalare, perpetuare.

immortally /ɪ'mɔːtəli *Am* ɪ'mɔːrtəli/ *avv.* in modo immortale.

Immortals /ɪ'mɔːtəlz *Am* ɪ'mɔːrtəlz/ *n.pl.* (*Mitol*) immortali *m.pl.*

immortelle /ˌɪmɔː'tel *Am* ˌɪmɔːr'tel/ *n.* (*Bot*) semprevivo *m.*

immovability /ɪˌmuːvə'bɪlɪti *Am* ɪˌmuːvə'bɪləti/ *n.* **1** immobilità *f.*, fissità *f.* **2** (*steadfastness*) irremovibilità *f.* **3** (*impassiveness*) impassibilità *f.*

immovable /ɪ'muːvəbl/ *a.* **1** che non si può muovere, immobile, fermo, fisso. **2** (*steadfast*) irremovibile, fermo, saldo: *an ~ decision* una decisione irremovibile. **3** (*impassive*) impassibile, imperturbabile. **4** (*Dir*) immobiliare. □ (*Rel*) *~ feast* festa fissa, festività fissa.

immovables /ɪ'muːvəblz/ *n.pl.* (*Dir*) immobili *m.pl.*, beni *m.pl.* immobili.

immovably /ɪ'muːvəbli/ *avv.* irremovibilmente.

immune /ɪ'mjuːn/ **I** *a.* **1** (*Med*) immune (*from, to* da): *~ to smallpox* immune dal vaiolo. **2** (*exempt*) immune, esente (*from* da); (*free*) immune (*from* da), privo (di): *~ from fault* immune da difetti. **3** (*protected*) salvaguardato (*from, against* da). **II** *n.* persona *f.* immune. □ (*Biol*) *~ body* anticorpo; (*Med*) *~ complex disease* (o *~ complex disorder*) malattia immunitaria; (*Biol*) *~ defenses* difese immunitarie; (*Med*) *~ deficiency* immunodeficienza; (*Biol*) *~ reaction* immunoreazione; (*Biol*) *~ response* risposta immunitaria; (*Farm*) *~ serum* siero immunizzante, immunosiero; (*Fisiol*) *~ system* sistema immunitario.

immunity /ɪ'mjuːnɪti *Am* ɪ'mjuːnəti/ *n.* **1** (*Med, Dir*) immunità *f.* **2** (*exemption*) immunità *f.*, esenzione *f.*: *~ from taxation* esonero dalle tasse, esenzione dalle tasse. **3** (*protection, security*) protezione *f.*, difesa *f.*

immunization /ˌɪmjunaɪ'zeɪʃən *Am* ˌɪmjunɪ'zeɪʃən/ *n.* (*Med*) immunizzazione *f.*

immunize /'ɪmjunaɪz/ *v.t.* **1** (*Med*) immunizzare. **2** (*fig*) (*to make harmless*) neutralizzare, rendere inefficace.

immunizer /'ɪmjunaɪzər/ *n.* (*Med*) immunizzante *m.*

immunochemistry /ˌɪmjunoʊ'kemɪstri/ *n.* (*Biol,Chim*) immunochimica *f.*

immunocompetent /ˌɪmjunoʊ'kɒmpɪtənt

Am ˌɪmjunoʊ'kɑːmpɪtənt/ *a.* (*Med,Biol*) immunocompetente.

immunocompromised /ˌɪmjunoʊ'kɒmprəmaɪz *Am* ˌɪmjunoʊ'kɑːmprəmaɪz/ *a.* (*Med*) immunodeficiente.

immunodeficiency /ˌɪmjunoʊdɪ'fɪʃənsi/ *n.* (*Med*) immunodeficienza *f.*

immunofluorescence /ˌɪmjunoʊflɔːr'esəns/ *n.* (*Med*) immunofluorescenza *f.*

immunofluorescent /ˌɪmjunoʊflɔːr'esənt/ *a.* (*Med*) immunofluorescente.

immunogenetics /ˌɪmjunoʊdʒɪ'netɪks *Am* ˌɪmjunoʊdʒɪ'netɪks/ *n.pl.* (*costr.sing.*) immunogenetica *f.*

immunogenic /ˌɪmjunoʊ'dʒenɪk/ *a.* immunogenico.

immunoglobulin /ˌɪmjunoʊ'glɒbjulɪn *Am* ˌɪmjunoʊ'glɑːbjulɪn/ *n.* (*Biol*) immunoglobulina *f.*

immunohaematology /ˌɪmjunoʊˌhiːmə'tɒlədʒi/ *n.* (*Br,Med*) immunoematologia *f.*

immunohematology /ˌɪmjunoʊˌhiːmə'tɑːlədʒi/ *n.* (*Am,Med*) immunoematologia *f.*

immunologic /ˌɪmjunoʊ'lɒdʒɪk *Am* ˌɪmjunoʊ'lɑːdʒɪk/ *a.* (*Med*) immunologico.

immunological /ˌɪmjunoʊ'lɒdʒɪkəl *Am* ˌɪmjunoʊ'lɑːdʒɪkəl/ *a.* (*Med*) immunologico.

immunology /ˌɪmju'nɒlədʒi *Am* ˌɪmju'nɑːlədʒi/ *n.* (*Med*) immunologia *f.*

immunopathology /ˌɪmjunoʊpə'θɒlədʒi *Am* ˌɪmjunoʊpə'θɑːlədʒi/ *n.* (*Med*) immunopatologia *f.*

immunoreaction /ˌɪmjunoʊri'ækʃən/ *n.* (*Med*) immunoreazione *f.*

immunosuppression /ˌɪmjunoʊsə'preʃən/ *n.* (*Med*) immunosoppressione *f.*

immunosuppressive /ˌɪmjunoʊsə'presɪv/ *a.* (*Farm*) immunosoppressivo.

immunotherapy /ˌɪmjunoʊ'θerəpi/ *n.* (*Med*) immunoterapia *f.*

immure /ɪ'mjuər *Am* ɪ'mjʊr/ *v.t.* **1** imprigionare, carcerare. **2** (*to punish by entombing in a wall*) murare, immurare. **3** (*rifl.*) *to ~ oneself* rinchiudersi, isolarsi, segregarsi.

immurement /ɪ'mjuərmənt *Am* ɪ'mjʊrmənt/ *n.* **1** imprigionamento *m.* **2** (*punishment*) murazione *f.* **3** (*fig*) isolamento *m.*, segregazione *f.*

immutability /ɪˌmjuːtə'bɪlɪti *Am* ɪˌmjuːtə'bɪləti/ *n.* immutabilità *f.*, invariabilità *f.*

immutable /ɪ'mjuːtəbl *Am* ɪ'mjuːtəbl/ *a.* immutabile, costante, stabile, invariabile.

IMO 1 *International Maritime Organization* IMO (Organizzazione marittima internazionale). **2** *International Money Order* (vaglia postale internazionale). **3** (*colloq*) (*used in e-mail messages, etc.*) *in my opinion* (secondo me, a mio parere).

imp /ɪmp/ *n.* **1** (*Folcl*) folletto *m.*, diavoletto *m.* **2** (*mischievous child*) monello *m.* (*f.* -a), diavoletto *m.* (*f.* -a), birichino *m.* (*f.* -a), bricconcello *m.* (*f.* -a).

imp. 1 (*Gramm*) *imperative* imper. (imperativo). **2** (*Gramm*) *imperfect* imperf. (imperfetto). **3** (*Econ*) *import* import (importazione).

Imp. 1 *Emperor* (imperatore). **2** *Empress* (imperatrice).

impact[1] /'ɪmpækt/ *n.* **1** impatto *m.*, urto *m.*, cozzo *m.* **2** (*force of a collision*) forza *f.* d'urto, pressione *f.* **3** (*act of striking*) impatto *m.* (*anche Arm*): *~ angle* angolo d'impatto. **4** (*fig*) influenza *f.*, impatto *m.*: *to have* (o *to make*) *an ~ on sth.* avere un impatto su qcs.; *the economic ~ of a measure* l'impatto economico di un provvedimento; *the ~ of television on society* l'influenza della televisione sulla società.

impact[2] /ɪm'pækt/ **I** *v.t.* **1** comprimere. **2** (*to*

drive closely) incastrare, incuneare. **3** (*Am*) (*to impinge upon*) scontrarsi con, urtare contro, impattare. **4** (*colloq*) avere un effetto su. **II** *v.i.* (*colloq*) avere un effetto (*on* su): *rising costs have -ed on the nation's economy* l'aumento dei costi ha inciso sull'economia del paese. □ (*Inform*) *~ printer* stampante a impatto; *~ strength* forza d'impatto; (*Tecn*) *~ test* prova di resistenza agli urti.

impaction /ɪm'pækʃən/ *n.* **1** (*act*) compressione *f.* **2** (*Dent*) occlusione *f.*

impair /ɪm'peər *Am* ɪm'per/ *v.t.* **1** (*to lessen the quality*) guastare, deteriorare, rovinare: *his health was -ed by the climate* il clima gli ha rovinato la salute. **2** (*to lessen the effectiveness*) danneggiare, compromettere. **3** (*to weaken*) indebolire, diminuire. **4** (*Dir*) (*to interfere*) ostacolare.

impaired /ɪm'peəd *Am* ɪm'perd/ *a.* **1** menomato, minorato. **2** (*weakened*) indebolito. **3** (*less effective*) danneggiato, compromesso. □ *~ hearing* l'essere audioleso, problemi di udito; *~ vision* l'essere videoleso, problemi di vista.

impairment /ɪm'peəmənt *Am* ɪm'permənt/ *n.* **1** danneggiamento *m.*, deterioramento *m.*, menomazione *f.* **2** (*weakening*) indebolimento *m.*

impala /ɪm'pɑːlə *Am also* ɪm'pælə/ *n.* (*Zool*) impala *m.*

impale /ɪm'peɪl/ *v.t.* **1** trafiggere, infilzare. **2** (*Stor*) impalare. **3** (*fig*) inchiodare. **4** (*Arald*) bipartire.

impalement /ɪm'peɪlmənt/ *n.* **1** trafittura *f.*, infilzamento *m.* **2** (*Stor*) impalamento *m.*, supplizio *m.* del palo. **3** (*Arald*) bipartizione *f.*

impalpability /ɪmˌpælpə'bɪlɪti *Am* ɪmˌpælpə'bɪləti/ *n.* impalpabilità *f.*

impalpable /ɪm'pælpəbl/ *a.* **1** impalpabile. **2** (*fig*) inafferrabile, impercettibile. **3** (*of powder*) impalpabile, finissimo.

impanel /ɪm'pænl/ (*past, p.p.* **impanelled** (*Am* **impaneled** /-d/) *v.t.* **1** iscrivere nelle liste dei giudici popolari. **2** (*of a jury*) scegliere.

impanelment /ɪm'pænəlmənt/ *n.* iscrizione *f.* nelle liste dei giudici popolari.

imparadise /ɪm'pærədaɪs/ *v.t.* (*ant*) **1** colmare di felicità, portare (*o* mandare) al settimo cielo. **2** (*to turn into a paradise*) rendere un paradiso.

imparisyllabic /ɪmˌpærɪsɪ'læbɪk *Am also* ɪmˌperɪsɪ'læbɪk/ *a.* (*Metr,Gramm*) imparisillabo.

imparity /ɪm'pærɪti *Am* ɪm'perəti, ɪm'pærəti/ *n.* disparità *f.*, disuguaglianza *f.*, diversità *f.*

impart /ɪm'pɑːt *Am* ɪm'pɑːrt/ *v.t.* **1** rivelare, comunicare, far conoscere: *to ~ a secret* rivelare un segreto. **2** (*to bestow*) dare, conferire: *the air of secrecy -ed a certain importance to the meeting* l'aria di mistero conferiva una certa importanza alla riunione. **3** (*to grant a part of*) dare una parte di, assegnare una parte di. **4** (*Fis*) comunicare, trasmettere.

impartation /ˌɪmpɑː'teɪʃən *Am* ˌɪmpɑːr'teɪʃən/ *n.* **1** (*act*) il comunicare. **2** (*state*) comunicazione *f.*

impartial /ɪm'pɑːʃəl *Am* ɪm'pɑːrʃəl/ *a.* imparziale, equanime, giusto, equo: *an ~ critic* un critico imparziale; *~ judgement* giudizio equo.

impartiality /ˌɪmpɑːʃi'ælɪti *Am* ˌɪmpɑːrʃi'æləti/ *n.* imparzialità *f.*, equanimità *f.*, equità *f.*

impartially /ɪm'pɑːʃəli *Am* ɪm'pɑːrʃəli/ *avv.* in modo imparziale, in modo equo.

impartible /ɪm'pɑːtəbl *Am* ɪm'pɑːrtəbl/ *a.* indivisibile, inscindibile.

impartment /ɪm'pɑːtmənt *Am* ɪm'pɑːrtmənt/ *n.* comunicazione *f.*, trasmissione *f.*

impassability /ˌɪmpɑːsə'bɪlɪti *Am* ɪmˌpæsə

'bɪləti/ *n.* **1** (*Strad*) intransitabilità *f.*, impraticabilità *f.* **2** (*insuperability*) l'essere insormontabile, invalicabilità *f.*

impassable /ɪm'pɑːsəbḷ *Am* ɪm'pæsəbḷ/ *a.* **1** (*Strad*) intransitabile, impraticabile: *an ~ road* una strada intransitabile. **2** (*insurmountable*) insuperabile, insormontabile, invalicabile. **3** (*of a bill, cheque*) non circolabile.

impasse /'ɪmpæs, ɪm'pæs/ *n.* impasse *f.*, via *f.* senza uscita, vicolo *m.* cieco.

impassibility /ɪm,pæsə'bɪlɪti *Am* ɪm,pæsə 'bɪləti/ *n.* impassibilità *f.*, imperturbabilità *f.*

impassible /ɪm'pæsəbḷ/ *a.* **1** insensibile al dolore. **2** (*impassive*) impassibile, imperturbabile. **3** (*incapable of being harmed*) invulnerabile.

impassion /ɪm'pæʃən/ *v.t.* appassionare, infiammare, entusiasmare.

impassioned /ɪm'pæʃənd/ *a.* appassionato, caloroso, infiammato.

impassive /ɪm'pæsɪv/ *a.* **1** impassibile, insensibile. **2** (*expressionless*) impassibile, imperturbabile: *an ~ face* un volto impassibile. **3** (*not susceptible to pain*) insensibile al dolore fisico.

impassiveness /ɪm'pæsɪvnəs/ *n.* impassibilità *f.*, imperturbabilità *f.*

impassivity /,ɪmpæ'sɪvɪti *Am* ,ɪmpæ'sɪvəti/ *n.* impassibilità *f.*, imperturbabilità *f.*

impaste /ɪm'peɪst/ *v.t.* **1** coprire con una sostanza pastosa. **2** (*Pitt*) coprire con un denso strato di colore.

impasto /ɪm'pæstoʊ *Am also* ɪm'pɑːstoʊ/ (*pl.* **-s** /-z/) *n.* (*Pitt*) impasto *m.*

impatience /ɪm'peɪʃəns/ *n.* **1** impazienza *f.* **2** (*intolerance*) intolleranza *f.*, insofferenza *f.* **3** (*restlessness*) inquietudine *f.*, irrequietezza *f.*

impatient /ɪm'peɪʃənt/ *a.* **1** impaziente: *to become* (o *to grow* o *to get*) *~* spazientirsi, impazientirsi. **2** (*intolerant*) intollerante, insofferente (*of* di): *to be ~ of stupidity* non sopportare la stupidità. **3** (*anxious*) impaziente, ansioso, desideroso: *he was ~ to leave* era impaziente di andarsene. □ *an ~ gesture* un gesto d'impazienza.

impatiently /ɪm'peɪʃəntli/ *avv.* senza pazienza, impazientemente.

impeach /ɪm'piːtʃ/ *v.t.* **1** (*of public officials*) mettere sotto accusa. **2** (*estens*) (*to accuse*) incriminare, accusare. **3** (*to question the honesty or sincerity of*) mettere in dubbio l'onestà di, mettere in discussione la sincerità di. **4** (*Dir,Pol*) accusare, mettere in stato di accusa: *to ~ so. for high treason* accusare qcu. di alto tradimento. **5** (*to inform against*) denunciare. □ (*Dir*) *to ~ a contract* infirmare un contratto; (*Dir*) *to ~ a witness* censurare la deposizione di un teste.

impeachable /ɪm'piːtʃəbḷ/ *a.* (*Dir*) **1** incriminabile, accusabile. **2** (*of an offence*) denunciabile.

impeachment /ɪm'piːtʃmənt/ *n.* **1** incriminazione *f.* **2** (*calling into question*) il mettere in dubbio. **3** (*Dir,Pol*) impeachment *m.*, incriminazione *f.* di un funzionario del governo federale.

impearl /ɪm'pɜːl *Am* ɪm'pɜːrl/ *v.t.* imperlare (*anche fig*).

impeccability /ɪm,pekə'bɪlɪti *Am* ɪm,pekə 'bɪləti/ *n.* impeccabilità *f.*, irreprensibilità *f.*

impeccable /ɪm'pekəbḷ/ *a.* **1** irreprensibile, impeccabile, inappuntabile: *~ behaviour* contegno irreprensibile. **2** (*of dress*) impeccabile.

impecuniosity /,ɪmpɪ,kjuːni'ɒsɪti *Am* ,ɪmpɪ ,kjuːni'ɑːsəti/ *n.* povertà *f.*, bisogno *m.*, mancanza *f.* di denaro.

impecunious /,ɪmpɪ'kjuːniəs/ *a.* **1** povero, senza soldi, bisognoso. **2** (*chronically poor*) squattrinato.

impedance /ɪm'piːdəns/ *n.* (*El*) impedenza *f.*

impede /ɪm'piːd/ *v.t.* ostacolare, intralciare, impedire, impacciare.

impediment /ɪm'pedɪmənt/ *n.* **1** impedimento *m.*, ostacolo *m.*, difficoltà *f.* **2** (*speech impediment*) difetto *m.* di pronuncia. **3** (*Dir.can*) impedimento *m.*

impedimenta /ɪm,pedɪ'mentə/ *n.pl.* bagagli *m.pl.*

impedimental /ɪm,pedɪ'mentəl *Am* ɪm,pedɪ 'mentəl/ *a.* di impedimento.

impel /ɪm'pel/ (*past, p.p.* **impelled** /-d/) *v.t.* **1** incitare, spingere, stimolare. **2** (*to drive forward*) spingere avanti.

impellent /ɪm'pelənt/ *a.* impellente.

impeller /ɪm'pelər/ *n.* **1** (*person*) persona *f.* che stimola; (*thing*) cosa *f.* che stimola. **2** (*Tecn*) ventola *f.*, girante *f.*

impend /ɪm'pend/ *v.i.* **1** essere imminente, essere vicino, incombere, sovrastare. **2** (*to threaten*) minacciare, incombere.

impendence /ɪm'pendəns/ *n.* l'essere imminente, l'incombere.

impendency /ɪm'pendənsi/ *n.* l'essere imminente, l'incombere.

impendent /ɪm'pendənt/ *a.* **1** imminente, prossimo: *an ~ election* un'elezione imminente. **2** (*threatening*) incombente, imminente: *an ~ crisis* una crisi incombente.

impending /ɪm'pendɪŋ/ *a.* **1** imminente, prossimo. **2** (*threatening*) incombente, imminente.

impenetrability /ɪm,penɪtrə'bɪlɪti *Am* ɪm ,penɪtrə'bɪləti/ *n.* (*Fis*) impenetrabilità *f.* (*anche fig*).

impenetrable /ɪm'penɪtrəbḷ/ *a.* **1** impenetrabile (*anche Fis*). **2** (*impossible to understand*) impenetrabile, incomprensibile, indecifrabile, oscuro: *an ~ mystery* un mistero impenetrabile; *an ~ smile* un sorriso indecifrabile. **3** (*dull*) ottuso, tardo, lento. **4** (*of fog*) fittissimo.

impenetrably /ɪm'penɪtrəbli/ *avv.* in maniera impenetrabile.

impenetrate /ɪm'penɪtreɪt/ *v.t.* permeare.

impenitence /ɪm'penɪtəns/ *n.* l'essere impenitente, impenitenza *f.*

impenitency /ɪm'penɪtənsi/ *n.* l'essere impenitente, impenitenza *f.*

impenitent /ɪm'penɪtənt/ **I** *a.* impenitente. **II** *n.* persona *f.* impenitente, impenitente *m./f.*

imper., **imperat.** (*Gramm*) *imperative* imper. (imperativo)

imperative /ɪm'perətɪv *Am* ɪm'perətɪv/ **I** *a.* **1** impellente, imperioso, urgente: *an ~ need* un bisogno impellente. **2** (*imperious*) autoritario, imperativo, di comando: *~ ways* modi autoritari. **3** (*enfat*) (*necessary*) necessario, indispensabile, essenziale: *it is ~ that he be there* è necessario che lui sia là. **4** (*Gramm*) imperativo. **II** *n.* **1** (*Gramm,Filos*) imperativo *m.* **2** (*command*) comando *m.* **3** (*obligatory act, requirement*) imperativo *m.*, obbligo *m.*, comandamento *m.*: *the -s of polite society* gli obblighi della buona società. **4** (*necessity*) necessità *f.*, bisogno *m.*

imperatively /ɪm'perətɪvli *Am* ɪm'perətɪvli/ *avv.* imperiosamente, in modo autoritario.

imperativeness /ɪm'perətɪvnəs *Am* ɪm 'perətɪvnəs/ *n.* impellenza *f.*, urgenza *f.*

imperator /,ɪmperə'tɔːriə *Am* ,ɪmpə'reɪtər *Am* ,ɪmpə'reɪtər/ *n.* (*Stor.rom*) imperatore *m.*

imperatorial /,ɪmperə'tɔːriəl *Am* ,ɪmpərə 'tɔːriəl/ *a.* (*Stor.rom*) imperatorio.

imperceptibility /,ɪmpə,septə'bɪlɪti *Am* ,ɪmpər,septə'bɪləti/ *n.* impercettibilità *f.*

imperceptible /,ɪmpə'septəbḷ *Am* ,ɪmpər 'septəbḷ/ *a.* impercettibile.

imperceptibly /,ɪmpə'septɪbli *Am* ,ɪmpər 'septɪbli/ *avv.* impercettibilmente.

impercipient /,ɪmpə'sɪpiənt *Am* ,ɪmpər 'sɪpiənt/ *a.* privo di percezione.

imperf. (*Gramm*) *imperfect* imperf., impf. (imperfetto).

imperfect /ɪm'pɜːfɪkt *Am* ɪm'pɜːrfɪkt/ **I** *a.* **1** imperfetto, difettoso: *~ hearing* udito difettoso. **2** (*incomplete*) incompleto, imperfetto: *~ rhyme* rima imperfetta. **3** (*Gramm,Mus*) imperfetto. **II** *n.* (*Gramm*) (*imperfect tense*) imperfetto *m.*

imperfection /,ɪmpə'fekʃən *Am* ,ɪmpər 'fekʃən/ *n.* **1** imperfezione *f.* **2** (*flaw*) imperfezione *f.*, difetto *m.*

imperfective /,ɪmpə'fektɪv *Am* ,ɪmpər'fektɪv/ *a.* (*Gramm*) imperfettivo.

imperforate /ɪm'pɜːfərət *Am* ɪm'pɜːrfərət/ *a.* **1** imperforato, non perforato. **2** (*Anat*) imperforato. **3** (*Filat*) non dentellato.

imperial /ɪm'pɪəriəl *Am* ɪm'pɪriəl/ **I** *a.* **1** imperiale. **2** (*colloq*) (*majestic*) maestoso, regale, grandioso. **3** (*of weights and measures*) conforme agli standard britannici. **4** (*relating to the British Empire*) dell'impero britannico. **II** *n.* **1** (*Cart,Numism*) imperiale *m.* **2** (*top of a carriage, luggage case*) imperiale *m.* **3** (*type of beard*) imperiale *m.*, pizzo *m.*, pizzetto *m.* □ *~ bushel* bushel (inglese) (pari a 36,37 litri); (*Arch*) *~ dome* tetto a bulbo; (*Ornit*) *~ eagle* aquila imperiale; *~ gallon* gallone imperiale (pari a 4,54 litri); *Her* (o *His*) *Imperial Majesty* Sua Maestà Imperiale; (*Econ*) *Imperial Preference* trattamento tariffario di favore.

imperialism /ɪm'pɪəriəlɪzəm *Am* ɪm 'pɪriəlɪzəm/ *n.* **1** imperialismo *m.*, politica *f.* imperialistica. **2** (*spreg*) imperialismo *m.*

imperialist /ɪm'pɪəriəlɪst *Am* ɪm'pɪriəlɪst/ *n.* imperialista *m./f.*

imperialistic /ɪm,pɪəriə'lɪstɪk *Am* ɪm,pɪriə 'lɪstɪk/ *a.* imperialista, imperialistico.

imperialize /ɪm'pɪəriəlaɪz *Am* ɪm'pɪriəlaɪz/ *v.t.* **1** investire d'autorità imperiale. **2** (*to subject to imperial rule*) assoggettare al dominio imperiale.

imperially /ɪm'pɪəriəli *Am* ɪm'pɪriəli/ *avv.* in modo imperiale.

imperil /ɪm'perəl/ (*past, p.p.* **imperilled** /*Am* **imperiled** /-d/) *v.t.* mettere in pericolo, arrischiare, mettere a repentaglio.

imperious /ɪm'pɪəriəs *Am* ɪm'pɪriəs/ *a.* **1** imperioso, autoritario. **2** (*haughty*) arrogante. **3** (*imperative, urgent*) imperioso, urgente, impellente.

imperiousness /ɪm'pɪəriəsnəs *Am* ɪm 'pɪriəsnəs/ *n.* **1** modi *m.pl.* autoritari. **2** (*haughtiness*) arroganza *f.* **3** (*urgency*) imperiosità *f.*, urgenza *f.*

imperishability /ɪm,perɪʃə'bɪlɪti *Am* ɪm ,perɪʃə'bɪləti/ *n.* indistruttibilità *f.*

imperishable /ɪm'perɪʃəbḷ/ *a.* imperituro, perenne, immortale, indistruttibile.

imperium /ɪm'pɪəriəm *Am* ɪm'pɪriəm/ *n.* **1** potere *m.* assoluto, dominio *m.* assoluto, impero *m.* **2** (*area, territory*) impero *m.* **3** (*Dir*) potere *m.* giurisdizionale.

impermanence /ɪm'pɜːmənəns *Am* ɪm 'pɜːrmənəns/ *n.* transitorietà *f.*, provvisorietà *f.*, temporaneità *f.*

impermanency /ɪm'pɜːmənənsi *Am* ɪm 'pɜːrmənənsi/ *n.* transitorietà *f.*, provvisorietà *f.*, temporaneità *f.*

impermanent /ɪm'pɜːmənənt *Am* ɪm 'pɜːrmənənt/ *a.* transitorio, provvisorio, temporaneo.

impermeability /ɪm,pɜːmiə'bɪlɪti *Am* ɪm

ˌpəːrmɪəˈbɪlətɪ/ *n.* impermeabilità *f.*

impermeable /ɪmˈpəːmɪəbl̩ *Am* ɪmˈpəːrmɪəbl̩/ *a.* impermeabile: ~ *to water* impermeabile all'acqua.

impermissible /ˌɪmpəˈmɪsəbl̩ *Am* ˌɪmpərˈmɪsəbl̩/ *a.* che non si può permettere, inammissibile, illecito.

impers. (*Gramm*) *impersonal* impers. (impersonale).

impersonal /ɪmˈpəːsənl̩ *Am* ɪmˈpəːrsənl̩/ **I** *a.* **1** impersonale (*anche Gramm*): ~ *pronoun* pronome impersonale. **2** (*cold*) distaccato, freddo. **II** *n.* (*Gramm*) verbo *m.* impersonale. □ (*Econ*) ~ *accounts* resoconti contabili.

impersonality /ɪmˌpəːsəˈnælɪti *Am* ɪm ˌpəːrsənˈælətɪ/ *n.* impersonalità *f.*

impersonalize /ɪmˈpəːsənəlaɪz *Am* ɪm ˈpəːrsənəlaɪz/ *v.t.* rendere impersonale, spersonalizzare.

impersonally /ɪmˈpəːsənli *Am* ɪmˈpəːrsənli/ *avv.* impersonalmente.

impersonate /ɪmˈpəːsəneɪt *Am* ɪmˈpəːrsəneɪt/ *v.t.* **1** impersonare, rappresentare. **2** (*to pretend to be*) spacciarsi per, travestirsi da. **3** (*Teat*) impersonare, incarnare.

impersonation /ɪmˌpəːsəˈneɪʃən *Am* ɪm ˌpəːrsənˈeɪʃən/ *n.* **1** personificazione *f.*, incarnazione *f.* **2** (*Teat*) interpretazione *f.*

impersonator /ɪmˈpəːsəneɪtər *Am* ɪm ˈpəːrsəneɪtər/ *n.* **1** chi impersona, chi personifica. **2** (*Teat*) interprete *m./f.*

impertinence /ɪmˈpəːtɪnəns *Am* ɪm ˈpəːrt͡ənəns/ *n.* **1** impertinenza *f.*, insolenza *f.*, mancanza *f.* di riguardo. **2** (*rar*) (*lack of pertinence*) non pertinenza *f.*

impertinency /ɪmˈpəːtɪnənsi *Am* ɪm ˈpəːrt͡ənənsi/ *n.* **1** impertinenza *f.*, insolenza *f.*, mancanza *f.* di riguardo. **2** (*rar*) (*lack of pertinence*) non pertinenza *f.*

impertinent /ɪmˈpəːtɪnənt *Am* ɪmˈpəːrt͡ənənt/ *a.* **1** impertinente, insolente, irriguardoso. **2** (*rar*) (*irrelevant*) non pertinente.

imperturbability /ˌɪmpəˌtɜːbəˈbɪlɪti *Am* ˌɪmpərˌtɜːrbəˈbɪlətɪ/ *n.* imperturbabilità *f.*, impassibilità *f.*

imperturbable /ˌɪmpəˈtɜːbəbl̩ *Am* ˌɪmpər ˈtɜːrbəbl̩/ *a.* imperturbabile, impassibile.

impervious /ɪmˈpəːvɪəs *Am* ɪmˈpəːrvɪəs/ *a.* **1** impenetrabile, resistente. **2** (*not permitting passage*) impervio, impraticabile; (*impermeable*) impermeabile. **3** (*fig*) indifferente, impassibile: ~ *to criticism* indifferente alle critiche. □ ~ *to bullets* a prova di pallottola.

imperviousness /ɪmˈpəːvɪəsnəs *Am* ɪm ˈpəːrvɪəsnəs/ *n.* impenetrabilità *f.* (*anche fig*).

impetiginous /ˌɪmpɪˈtɪdʒɪnəs/ *a.* (*Med*) impetiginoso.

impetigo /ˌɪmpɪˈtaɪɡoʊ/ (*pl.* **-s** /-z/) *n.* (*Med*) impetigine *f.*

impetrate /ˈɪmpətreɪt/ *v.t.* (*rar*) ottenere supplicando, impetrare.

impetuosity /ɪmˌpetjuˈɒsɪti, ɪmˌpetʃuˈɒsɪti *Am* ɪmˌpetʃuˈɑːsəti/ *n.* **1** impetuosità *f.*, irruenza *f.* **2** (*impetuous action*) azione *f.* impetuosa.

impetuous /ɪmˈpetjuəs *Br also* ɪmˈpetʃuəs/ *a.* **1** impulsivo, impetuoso, irruente: *an* ~ *person* una persona impulsiva. **2** (*forceful, violent*) impetuoso, furioso, violento: ~ *winds* venti impetuosi.

impetuously /ɪmˈpetjuəsli *Br also* ɪm ˈpetʃuəsli/ *avv.* impetuosamente, con impeto.

impetuousness /ɪmˈpetjuəsnəs *Br also* ɪm ˈpetʃuəsnəs/ *n.* impetuosità *f.*, irruenza *f.*

impetus /ˈɪmpɪtəs *Am* ˈɪmpɪt̬əs/ *n.* (*Fis*) spinta *f.* **2** (*fig*) (*incentive*) impulso *m.*, stimolo *m.*, spinta *f.*: *to give new* ~ *to a project* dare nuovo impulso a un progetto. **3** (*fig*) (*impulse*)

impeto *m.*, slancio *m.*, foga *f.*

impiety /ɪmˈpaɪɪti *Am* ɪmˈpaɪəti/ *n.* **1** empietà *f.*, irreligiosità *f.* **2** (*impious act*) empietà *f.* **3** (*lack of respect*) irriverenza *f.*, mancanza *f.* di rispetto.

impinge /ɪmˈpɪndʒ/ *v.i.* **1** battere, sbattere, urtare (*on, upon, against* contro, su), colpire (qcs.). **2** (*to encroach*) ledere, violare (*on, upon sth.* qcs.): *to* ~ *on so.'s rights* ledere i diritti di qcu.

impingement /ɪmˈpɪndʒmənt/ *n.* **1** urto *m.*, colpo *m.* **2** (*encroachment*) violazione *f.*, lesione *f.*

impious /ˈɪmpɪəs, ɪmˈpaɪəs/ *a.* **1** empio, sacrilego. **2** (*lacking respect*) irrispettoso, irriverente.

impiousness /ˈɪmpɪəsnəs, ɪmˈpaɪəsnəs/ *n.* **1** empietà *f.*, irreligiosità *f.* **2** (*impious act*) empietà *f.* **3** (*lack of respect*) irriverenza *f.*, mancanza *f.* di rispetto.

impish /ˈɪmpɪʃ/ *a.* **1** sbarazzino, birichino. **2** (*mischievous*) malizioso: ~ *humour* spirito malizioso.

implacability /ɪmˌplækəˈbɪlɪti *Am* ɪmˌplækə ˈbɪləti/ *n.* implacabilità *f.*, inesorabilità *f.*

implacable /ɪmˈplækəbl̩/ *a.* implacabile, inesorabile: *an* ~ *adversary* un avversario implacabile.

implacental /ˌɪmpləˈsentl̩ *Am* ˌɪmpləˈsentl̩/ *a.* (*Zool*) aplacentato, privo di placenta.

implant[1] /ɪmˈplɑːnt *Am* ɪmˈplænt/ *v.t.* **1** inculcare, istillare, infondere. **2** (*to fix firmly*) piantare, fissare. **3** (*Med*) impiantare.

implant[2] /ˈɪmplɑːnt *Am* ˈɪmplænt/ *n.* (*Med*) impianto *m.*

implantation /ˌɪmplɑːnˈteɪʃən *Am* ˌɪmplæn ˈteɪʃən/ *n.* **1** (*rar*) l'istillare, l'inculcare. **2** (*Med*) impianto *m.*

implantological /ɪmˌplɑːntəˈlɒdʒɪkəl *Am* ɪm ˌplæntəˈlɑːdʒɪkəl/ *a.* (*Med*) implantologico.

implantologist /ˌɪmplɑːnˈtɒlədʒɪst *Am* ˌɪmplænˈtɑːlədʒɪst/ *n.* (*Med*) implantologo *m.* (*f.* -a).

implantology /ˌɪmplɑːnˈtɒlədʒɪ *Am* ˌɪmplæn ˈtɑːlədʒɪ/ *n.* (*Med*) implantologia *f.*

implausibility /ɪmˌplɔːzəˈbɪlɪti *Am* ɪmˌplɔːzə ˈbɪləti/ *n.* mancanza *f.* di plausibilità *f.*

implausible /ɪmˈplɔːzəbl̩/ *a.* non plausibile.

implausibly /ɪmˈplɔːzəbli/ *avv.* in modo non plausibile, contro ogni evidenza.

implement[1] /ˈɪmplɪmənt/ *n.* **1** attrezzo *m.*, utensile *m.*, arnese *m.*: *garden* -s attrezzi da giardino. **2** (*article of clothing*) articolo *m.* di vestiario. **3** (*furniture*) mobilio *m.* **4** (*fig*) mezzo *m.*, strumento *m.*

implement[2] /ˈɪmplɪment/ *v.t.* **1** attuare, mettere in pratica, mettere in atto: *to* ~ *a decision* mettere in atto una decisione. **2** (*to fulfil*) adempiere, compiere: *to* ~ *an agreement* adempiere un accordo. **3** (*Scott,Dir*) (*of a contract*) perfezionare. **4** (*Inform*) implementare.

implementation /ˌɪmplɪmenˈteɪʃən *n.* **1** (*act*) adempimento *m.*, compimento *m.* **2** (*state*) attuazione *f.*, esecuzione *f.* **3** (*Inform*) implementazione *f.*

impletion /ɪmˈpliːʃən/ *n.* **1** (*rar*) (*filling*) riempimento *m.* **2** (*fullness*) pienezza *f.*, completezza *f.*

implicate /ˈɪmplɪkeɪt/ *v.t.* **1** implicare, coinvolgere, compromettere. **2** (*to entail*) implicare, comportare, richiedere: *my studies* ~ *great sacrifice* i miei studi implicano grandi sacrifici. **3** (*to imply*) implicare, sottintendere.

implication /ˌɪmplɪˈkeɪʃən/ *n.* **1** implicazione *f.* **2** (*sth. implied*) implicazione *f.*, sottinteso *m.* **3** (*act of implicating*) implicazione *f.*, coinvolgimento *m.* **4** (*state of being implicat-*

ed) partecipazione *f.*: *to be accused of* ~ *in a robbery* essere accusato di aver preso parte a una rapina. **5** *spec.pl.* (*connection, relationship*) connessione *f.*, relazione *f.* □ *the* ~ *being that...* sottointendendo (con questo) che...; *by* ~ implicitamente, per induzione; *the* ~ *is that...* questo significa che...

implicative /ɪmˈplɪkətɪv, ɪmˈplɪkeɪtɪv *Am* ɪm ˈplɪkeɪtɪv, ɪmˈplɪkət̬ɪv/ *a.* che implica, implicante.

implicatory /ɪmˈplɪkətəri *Am* ɪmˈplɪkətɔːri/ *a.* che implica, implicante.

implicature /ˈɪmplɪkətʃər/ *n.* l'implicare, il sottintendere.

implicit /ɪmˈplɪsɪt/ *a.* **1** implicito, tacito, sottinteso: ~ *consent* consenso implicito. **2** (*unquestioning*) assoluto, completo, incondizionato, senza riserve: ~ *obedience* obbedienza assoluta. **3** (*involved*) implicito, compreso: *the risks* ~ *in space research* i rischi impliciti nella ricerca spaziale. **4** (*Mat*) implicito.

implicitly /ɪmˈplɪsɪtli/ *avv.* implicitamente, tacitamente.

implicitness /ɪmˈplɪsɪtnəs/ *n.* **1** l'essere implicito. **2** (*completeness*) mancanza *f.* di riserve.

implied /ɪmˈplaɪd/ *a.* implicito, tacito, sottinteso. □ (*Am,Dir*) ~ *power* potere implicito.

implode /ɪmˈpləʊd/ *v.i.* (*Fis*) implodere.

implore /ɪmˈplɔːr *Am* ɪmˈplɔːr/ **I** *v.t.* **1** implorare, impetrare: *to* ~ *forgiveness* implorare il perdono. **2** (*to entreat*) implorare, supplicare. **II** *v.i.* implorare, (*rar*) impetrare (*for sth.* qcs.).

imploring /ɪmˈplɔːrɪŋ/ *a.* implorante, supplichevole.

implosion /ɪmˈpləʊʒən/ *n.* (*Fis,Ling*) implosione *f.*

implosive /ɪmˈpləʊsɪv/ **I** *a.* implosivo. **II** (*Ling*) implosiva *f.*, consonante *f.* implosiva.

impluvium /ɪmˈpluːvɪəm/ *n.* (*Archeol*) impluvio *m.*

imply /ɪmˈplaɪ/ *v.t.* **1** implicare, comportare, portare con sé: *every right implies a duty* ogni diritto implica un dovere. **2** (*to hint, to suggest*) insinuare, suggerire, sottintendere *I don't wish to* ~ *you are wrong* non voglio insinuare che tu abbia torto; *are you -ing that there is no such thing as evil?* con questo vuoi dire che il male non esiste? **3** (*to mean*) indicare, significare.

impolicy /ɪmˈpɒləsi *Am* ɪmˈpɑːləsi/ *n.* **1** l'essere impolitico. **2** (*act*) imprudenza *f.*

impolite /ˌɪmpəˈlaɪt *Am* ˌɪmpəˈlaɪt/ *a.* scortese, sgarbato, villano, maleducato.

impoliteness /ˌɪmpəˈlaɪtnəs *Am* ˌɪmpə ˈlaɪtnəs/ *n.* scortesia *f.*, sgarbatezza *f.*, villania *f.*

impolitic /ɪmˈpɒlɪtɪk *Am* ɪmˈpɑːlɪtɪk/ *a.* impolitico, imprudente, inopportuno, incauto.

imponderability /ɪmˌpɒndərəˈbɪlɪti *Am* ɪm ˌpɑːndərəˈbɪləti/ *n.* imponderabilità *f.*

imponderable /ɪmˈpɒndərəbl̩ *Am* ɪm ˈpɑːndərəbl̩/ **I** *a.* imponderabile (*anche Fis, fig*). **II** *n.spec.pl.* imponderabile *m.*

imponderably /ɪmˈpɒndərəbli *Am* ɪm ˈpɑːndərəbli/ *avv.* senza peso.

import[1] /ˈɪmpɔːt *Am* ˈɪmpɔːrt/ **I** *v.t.* **1** (*Comm*) importare. **2** (*to introduce*) introdurre, importare: *to* ~ *a new fashion* introdurre una nuova moda. **3** (*ant*) (*to mean, to signify*) (stare a) significare, voler dire. **4** (*to imply, to involve*) comportare, implicare. **5** (*to concern*) interessare a, riguardare: *the question* -s *us closely* il problema ci interessa da vicino. **6** (*Inform*) (*transfer data*) importare. **II** *v.i.* avere importanza.

import² /'impɔːt *Am* 'impɔːrt/ *n.* **1** *spec.pl.* (*Comm*) (*goods imported*) importazioni *f.pl.*, beni *m.pl.* importati; (*act of importing*) importazione *f.* **2** (*meaning*) significato *m.*, portata *f.*, senso *m.*: *the ~ of his words* il significato delle sue parole. **3** (*consequence, importance*) importanza *f.*, peso *m.*, rilievo *m.*, portata *f.*: *a law of great ~* una legge di grande importanza. □ (*Comm*) *~ certificate* certificato di importazione; (*Comm*) *~ credit* credito all'importazione; (*Econ*) *~ duty* dazio d'entrata, dazio di importazione; (*Comm*) *~ goods* merci d'importazione; (*Comm*) *~ licence* (o *~ permit*) licenza d'importazione, permesso d'importazione; (*Comm*) *~ restrictions* restrizioni all'importazione; (*Comm*) *~ trade* commercio d'importazione.

importable /ɪm'pɔːtəbl̩ *Am* ɪm'pɔːrtəbl̩/ *a.* importabile.

importance /ɪm'pɔːtəns *Am* ɪm'pɔːrtəns/ *n.* **1** importanza *f.*, valore *m.*, rilievo *m.*, peso *m.*: *to attach ~ to sth.* dare importanza a qcs. **2** (*influence*) importanza *f.*, influenza *f.*, autorità *f.*: *a leader of great ~* un leader molto importante. □ *to be of ~* essere importante, avere importanza; *it is of little ~ to me* è di scarsa importanza per me; *of no ~* di nessuna importanza, senza (alcuna) importanza.

important /ɪm'pɔːtənt *Am* ɪm'pɔːrtnt/ *a.* **1** importante: *an ~ decision* una decisione importante. **2** (*of people*) importante, influente, autorevole. **3** (*pompous, officious*) pomposo, solenne: *~ voice* tono solenne. **4** (*self-satisfied*) tronfio, borioso, pieno di sé. **5** (*significant, large*) importante, significante, di rilievo: *he played an ~ part* ebbe un ruolo importante.

importantly /ɪm'pɔːtəntli *Am* ɪm'pɔːrtntli/ *avv.* in modo importante, con importanza. □ *and, more ~* e, cosa (ancora) più importante; *most ~* soprattutto, in modo più significativo.

importation /ˌɪmpɔː'teɪʃən *Am* ˌɪmpɔːr'teɪʃən/ *n.* **1** (*Comm*) importazione *f.* **2** (*object*) articolo *m.* importato.

imported /ɪm'pɔːtɪd *Am* ɪm'pɔːrtɪd/ *a.* importato.

importer /ɪm'pɔːtə* *Am* ɪm'pɔːrtər/ *n.* importatore *m.* (*f.* -trice).

import-export /ˌɪmpɔːt'ekspɔːt *Am* ˌɪmpɔːrt 'ekspɔːrt/ *a.* (*Comm*) di importazione e di esportazione, import-export.

importing /ɪm'pɔːtɪŋ *Am* ɪm'pɔːrtɪŋ/ *a.* importatore: *an ~ firm* una ditta importatrice.

importunate /ɪm'pɔːtjʊnət, ɪm'pɔːtʃʊnət *Am* ɪm'pɔːrtʃənət/ *a.* **1** importuno, insistente: *an ~ beggar* un mendicante importuno. **2** (*troublesome*) importuno, fastidioso, molesto.

importunateness /ɪm'pɔːtjʊnətnəs, ɪm 'pɔːtʃʊnətnəs *Am* ɪm'pɔːrtʃənətnəs/ *n.* insistenza *f.*, molestia *f.*

importune /ˌɪmpə'tjuːn, ˌɪm'pɔːtʃuːn *Am* ˌɪmpɔːr't(j)uːn, ˌɪm'pɔːrtʃən/ *v.t.* **1** importunare, chiedere con insistenza a, insistere con: *to ~ so. to do sth.* insistere con qcu. perché faccia qcs. **2** (*to worry, to annoy*) importunare, infastidire, molestare, seccare.

importuner /ˌɪmpə'tjuːnə*, ˌɪm'pɔːtʃuːnə* *Am* ˌɪmpɔːr't(j)uːnər, ˌɪm'pɔːrtʃənər/ *n.* importuno *m.* (*f.* -a), seccatore *m.* (*f.* -trice).

importunity /ˌɪmpɔː'tjuːnɪti *Am* ˌɪmpɔːr 't(j)uːnəti/ *n.* comportamento *m.* importuno, importunità *f.*

impose /ɪm'pəʊz/ **I** *v.t.* **1** imporre, fare osservare (o rispettare): *to ~ an obligation on so.* imporre un obbligo a qcu. **2** (*of taxes, etc.*) imporre. **3** (*to inflict*) imporre, infliggere: *to ~ a punishment* imporre un castigo. **4** (*to es-*

---

tablish forcibly) imporre, far valere: *to ~ law and order* imporre l'ordine. **5** (*rifl.*) *to ~ oneself* imporsi. **6** (*Tip*) imporre (in lastra). **II** *v.i.* imporre la propria presenza. □ *to ~ on* (o *to ~ upon*): 1 imporre la propria presenza a; 2 (*to take advantage of*) approfittare di, abusare di: *to ~ on a friendship* abusare dell'amicizia di qcu.; 3 (*to cheat, to deceive*) ingannare, imbrogliare, raggirare.

imposing /ɪm'pəʊzɪŋ/ *a.* imponente, solenne, grandioso.

imposition /ˌɪmpə'zɪʃən/ *n.* **1** imposizione *f.* **2** (*taxation*) imposizione *f.*, tassazione *f.* **3** (*tax*) imposta *f.*, tassa *f.*, tributo *m.* **4** (*unreasonable demand*) il chiedere troppo: *would it be too much of an imposition to ask you to go with me?* è troppo chiederti di accompagnarmi? **5** (*imposture, deceit*) imbroglio *m.*, impostura *f.* **6** (*Scol*) compito *m.* assegnato per punizione. **7** (*Tip*) imposizione *f.*, messa *f.* in macchina. □ (*Lit*) *~ of hands* imposizione delle mani.

impossibility /ɪmˌpɒsə'bɪlɪti *Am* ɪmˌpɑːsə 'bɪləti/ *n.* **1** impossibilità *f.* **2** (*sth. impossible*) cosa *f.* impossibile.

impossible /ɪm'pɒsəbl̩ *Am* ɪm'pɑːsəbl̩/ **I** *a.* **1** impossibile: *it is quite ~ for me to come* mi è proprio impossibile venire. **2** (*unreal, idealistic*) irrealizzabile, inattuabile: *an ~ wish* un desiderio irrealizzabile. **3** (*intolerable*) impossibile, insopportabile. **4** (*colloq*) (*absurd*) impossibile, assurdo. **II** *n.* impossibile *m.* □ *~ as it seems* per quanto sembri impossibile; *to make it ~ for so. to do sth.* mettere qcu. nell'impossibilità di fare qcs.

impossibly /ɪm'pɒsɪbli *Am* ɪm'pɑːsɪbli/ *avv.* **1** in modo impossibile. **2** (*to an extreme degree*) estremamente, oltremodo, incredibilmente: *~ small parking spaces* parcheggi incredibilmente piccoli.

impost¹ /'ɪmpəʊst/ *n.* **1** (*Econ*) imposta *f.*, tassa *f.*; (*import duty*) dazio *m.* d'importazione. **2** (*Equit*) handicap *m.*

impost² /'ɪmpəʊst/ *n.* (*Arch*) imposta *f.*

impostor /ɪm'pɒstə* *Am* ɪm'pɑːstər/ *n.* impostore *m.* (*f.* -a), imbroglione *m.* (*f.* -a). **2** (*fraud, cheat*) frodatore *m.* (*f.* -trice), ingannatore *m.* (*f.* -trice).

imposture /ɪm'pɒstjə*, ɪm'pɒstʃə* *Am* ɪm 'pɑːstʃər/ *n.* impostura *f.*, inganno *m.*, frode *f.*

impotence /'ɪmpətəns *Am* 'ɪmpətəns/ *n.* **1** impotenza *f.*, incapacità *f.* **2** (*Med*) impotenza *f.* (sessuale).

impotency /'ɪmpətənsi *Am* 'ɪmpətənsi/ *n.* **1** impotenza *f.*, incapacità *f.* **2** (*Med*) impotenza *f.* (sessuale).

impotent /'ɪmpətənt *Am* 'ɪmpətənt/ *a.* **1** impotente, incapace di agire; (*weak*) impotente, debole. **2** (*without effectiveness*) impotente, inefficace: *~ laws* leggi impotenti. **3** (*Med*) impotente.

impound /ɪm'paʊnd/ *v.t.* **1** (*of stray animals*) chiudere in un recinto, rinchiudere in un recinto. **2** (*Dir*) sequestrare, confiscare: *to ~ contraband goods* sequestrare merce di contrabbando. **3** (*Idr*) raccogliere (in un bacino).

impoundable /ɪm'paʊndəbl̩/ *a.* (*Dir*) sequestrabile, confiscabile.

impoundment /ɪm'paʊndmənt/ *n.* (*Dir*) confisca *f.*

impoverish /ɪm'pɒvərɪʃ *Am* ɪm'pɑːvərɪʃ/ *v.t.* **1** impoverire. **2** (*to exhaust the quality, resources, etc., of*) privare di vigore, indebolire, svigorire. **3** (*Agr*) impoverire, depauperare.

impoverishment /ɪm'pɒvərɪʃmənt *Am* ɪm 'pɑːvərɪʃmənt/ *n.* impoverimento *m.* (*anche Agr*).

impracticability /ɪmˌpræktɪkə'bɪlɪti *Am* ɪm

ˌpræktɪkə'bɪləti/ *n.* inattuabilità *f.*, impossibilità *f.*, irrealizzabilità *f.*

impracticable /ɪm'præktɪkəbl̩/ *a.* **1** irrealizzabile, inattuabile, impossibile: *an ~ plan* un progetto irrealizzabile. **2** (*Strad*) impraticabile.

impracticably /ɪm'præktɪkəbli/ *avv.* in modo irrealizzabile, in modo inattuabile.

impractical /ɪm'præktɪkl̩/ *a.* **1** irrealizzabile: *an ~ plan* un piano irrealizzabile. **2** (*of persons*) privo di senso pratico, mancante di praticità.

imprecate /'ɪmprɪkeɪt/ **I** *v.t.* augurare del male a. **II** *v.i.* imprecare contro.

imprecation /ˌɪmprɪ'keɪʃən/ *n.* imprecazione *f.*, maledizione *f.*

imprecatory /'ɪmprɪkətəri, ˌɪmprɪ'keɪtəri *Am* 'ɪmprɪkətɔːri/ *a.* imprecativo.

imprecise /ˌɪmprɪ'saɪs/ *a.* impreciso.

imprecisely /ˌɪmprɪ'saɪsli/ *avv.* in modo impreciso.

imprecision /ˌɪmprɪ'sɪʒən/ *n.* imprecisione *f.*

impregnability /ɪmˌpregnə'bɪlɪti *Am* ɪm ˌpregnə'bɪləti/ *n.* inespugnabilità *f.*, inattaccabilità *f.*

impregnable¹ /ɪm'pregnəbl̩/ *a.* **1** inespugnabile, inattaccabile, imprendibile: *~ fortress* fortezza inespugnabile. **2** (*fig*) (*unbeatable*) inespugnabile, invincibile: *~ reasoning* un ragionamento inattaccabile. **3** (*fig*) (*beyond criticism*) inoppugnabile.

impregnable² /ɪm'pregnəbl̩/ *a.* (*Biol*) (*of an egg*) impregnabile, fecondabile.

impregnate¹ /ɪm'pregneɪt/ *v.t.* **1** impregnare, rendere pregna, rendere gravida, ingravidare. **2** (*Biol*) (*to fecundate*) fecondare. **3** (*to saturate*) impregnare, imbevere, intridere. **4** (*fig*) (*to imbue*) impregnare, permeare, pervadere.

impregnate² /ɪm'pregnət/ *a.* **1** pregno, gravido. **2** (*Biol*) fertilizzato, fecondato. **3** (*saturated*) impregnato, intriso.

impregnation /ˌɪmpreg'neɪʃən/ *n.* **1** impregnazione *f.* **2** (*Biol*) fecondazione *f.* **3** (*saturation*) impregnazione *f.*, saturazione *f.*

impresario /ˌɪmprə'sɑːriəʊ/ (*pl.* **-s** /-z/, **-ri** /-riː/) *n.* (*Teat*) impresario *m.*

imprescriptibility /ˌɪmprɪˌskrɪptə'bɪlɪti *Am* ˌɪmprɪˌskrɪptə'bɪləti/ *n.* (*Dir*) imprescrittibilità *f.*

imprescriptible /ˌɪmprɪ'skrɪptəbl̩/ *a.* (*Dir*) imprescrittibile.

impress¹ /ɪm'pres/ *v.t.* **1** impressionare, colpire (favorevolmente): *to ~ so.* (*favourably*) fare buona impressione a qcu.; *how did he ~ you?* che impressione ti ha fatto?; fare impressione a (o su): *his words -ed me* le sue parole mi hanno colpito. **2** (*to imprint on the mind*) imprimere, inculcare: *to ~ a sense of duty on so.* inculcare a qcu. il senso del dovere; *he -ed on them the need for action* insistette con loro sulla necessità di agire. **3** (*to stamp, to imprint*) imprimere: *to ~ one's seal on a letter* imprimere il proprio sigillo su una lettera. **4** (*to press, to mark*) imprimere, improntare: *to ~ the wax with the seal* imprimere la ceralacca col sigillo.

impress² /'ɪmpres/ *n.* **1** impronta *f.*, marchio *m.*, impressione *f.* **2** (*fig*) impronta *f.*, contrassegno *m.*, segno *m.* caratteristico.

impress³ /ɪm'pres/ *v.t.* **1** arruolare forzatamente. **2** (*to seize for public use*) confiscare, sequestrare, requisire.

impressibility /ɪmˌpresə'bɪlɪti *Am* ɪmˌpresə 'bɪləti/ *n.* impressionabilità *f.*

impressible /ɪm'presəbl̩/ *a.* impressionabile.

impression /ɪm'preʃən/ *n.* **1** impressione *f.*: *to make a good ~* fare (una) buona impressione; *to make a bad* ~ fare (una) cattiva impressione; *to give so. a wrong* ~ dare un'impressione sbagliata a qcu.; *one's first* -*s of a place* la prima impressione che si ha di un posto; *it made a deep* ~ *on us* ci fece una profonda impressione. 2 (*effect*) effetto *m.*, risultato *m.* 3 (*feeling*) impressione *f.*, sensazione *f.*: *I had the* ~ *I was being followed* avevo l'impressione di essere seguito. 4 (*impressing*) impressione *f.* 5 (*result*) impronta *f.*, segno *m.*, marchio *m.* 6 (*Tip*) (*degree of pressure*) impressione *f.*; (*printed copy*) stampa *f.*; (*number of copies*) tiratura *f.*; (*reprint*) ristampa *f.* 7 (*Dent,Met,Numism*) impronta *f.*

impressionability /ɪm,preʃənə'bɪlɪti *Am* ɪm ,preʃənə'bɪləti/ *n.* impressionabilità *f.*, suggestionabilità *f.*

impressionable /ɪm'preʃ°nəbl/ *a.* impressionabile, influenzabile.

impressionism /ɪm'preʃ°nɪz°m/ *n.* (*Art,Lett, Mus*) impressionismo *m.*

impressionist /ɪm'preʃ°nɪst/ **I** *n.* (*Art,Lett, Mus*) impressionista *m./f.* **II** *a.* (*Art,Lett,Mus*) impressionista.

impressionistic /ɪm,preʃ°n'ɪstɪk/ *a.* impressionistico, impressionista.

impressive /ɪm'presɪv/ *a.* che impressiona (favorevolmente), che colpisce, di grande effetto, notevole, straordinario: *an* ~ *scene* una scena di grande effetto.

impressively /ɪm'presɪvli/ *avv.* in maniera impressionante, straordinariamente.

impressiveness /ɪm'presɪvnəs/ *n.* imponenza *f.*, grandiosità *f.*, solennità *f.*

impressment /ɪm'presmənt/ *n.* 1 arruolamento *m.* forzato. 2 (*seizure for public use*) requisizione *f.*, confisca *f.*

imprest /'ɪmprest/ *n.* (*Econ*) anticipazione *f.*

imprimatur /,ɪmprɪ'meɪtər, ,ɪmprɪ'mɑːtər/ *n.* 1 (*Tip*) (visto) si stampi *m.*, permesso *m.* di stampa. 2 (*Dir.can*) imprimatur *m.* (*fig*) approvazione *f.*, sanzione *f.*

imprint[1] /'ɪmprɪnt/ *n.* 1 impronta *f.*, segno *m.*, traccia *f.*, orma *f.*: *the* ~ *of a foot on the sand* l'impronta di un piede sulla sabbia. 2 (*fig*) impronta *f.*, contrassegno *m.*, segno *m.* caratteristico: *the work bore the* ~ *of his personality* l'opera recava l'impronta della sua personalità. 3 (*Ind,Comm*) sigla *f.*, marchio *m.*; (*estens*) possessore *m.* del marchio.

imprint[2] /ɪm'prɪnt/ **I** *v.t.* 1 imprimere, improntare. 2 (*fig*) imprimere, fissare (in modo indelebile): *it will be* -*ed in my mind forever* rimarrà per sempre impresso nella mia mente. 3 (*Tip*) stampare. **II** *v.i.* (*Zool*) creare un imprinting (*on* in).

imprinting /ɪm'prɪntɪŋ *Am* ɪm'prɪnɪŋ/ *n.* (*Zool*) imprinting *m.*

imprison /ɪm'prɪz°n/ *v.t.* 1 imprigionare, mettere in prigione: *to be* -*ed* essere detenuto. 2 (*fig*) confinare, relegare, rinchiudere, imprigionare.

imprisonable /ɪm'prɪz°nəbl/ *a.* 1 che può essere imprigionato. 2 (*of an offence*) punibile col carcere.

imprisonment /ɪm'prɪz°nmənt/ *n.* 1 imprigionamento *m.*, incarcerazione *f.*: *life* ~ ergastolo. 2 (*state*) prigione *f.*, reclusione *f.*

improbability /,ɪmprɒbə'bɪlɪti *Am* ,ɪmprɑːbə 'bɪləti/ *n.* improbabilità *f.*

improbable /ɪm'prɒbəbl *Am* ɪm'prɑːbəbl/ *a.* 1 improbabile, dubbio, incerto. 2 (*unlikely to be true*) inverosimile: *an* ~ *story* un racconto inverosimile.

improbably /ɪm'prɒbəbli *Am* ɪm'prɑːbəbli/ *avv.* inverosimilmente.

improbity /ɪm'prəʊbɪti *Am* ɪm'prəʊbəti/ *n.* disonestà *f.*, malvagità *f.*

impromptu /ɪm'prɒm(p)tjuː *Am* ɪm 'prɑːm(p)t(j)uː/ **I** *a.* 1 improvvisato, estemporaneo: *an* ~ *speech* un discorso improvvisato. 2 (*improvised, makeshift*) improvvisato, preparato sul momento. **II** *n.* 1 improvvisazione *f.* 2 (*Mus*) impromptu *m.*, improvviso *m.* **III** *avv.* estemporaneamente, improvvisando, all'impronta: *to speak* ~ parlare improvvisando.

improper /ɪm'prɒpər *Am* ɪm'prɑːpər/ *a.* 1 sbagliato, errato. 2 (*indecorous, indecent*) scorretto, disdicevole, sconveniente: ~ *behaviour* comportamento scorretto. 3 (*unsuitable*) inadatto, non appropriato: ~ *dress* abbigliamento inadatto. 4 (*inappropriate*) improprio, non proprio, non appropriato: ~ *expression* modo di dire improprio. 5 (*Dir*) (*irregular*) illecito, illegale: ~ *spending of public funds* uso illecito di fondi pubblici. □ (*Mat*) ~ *fraction* frazione impropria.

impropriate /ɪm'prəʊprieɪt/ *v.t.* secolarizzare, laicizzare.

impropriation /ɪm,prəʊprɪ'eɪʃn/ *n.* 1 secolarizzazione *f.*, laicizzazione *f.* 2 (*sth. impropriated*) bene *m.* secolarizzato, bene *m.* laicizzato.

impropriator /ɪm'prəʊprieɪtər *Am* ɪm 'prəʊprieɪtər/ *n.* laico *m.* investito di benefici ecclesiastici.

impropriety /,ɪmprə'praɪəti *Am* ,ɪmprə 'praɪəti/ *n.* 1 scorrettezza *f.*, sconvenienza *f.* 2 (*unsuitableness*) l'essere inadatto, il non essere appropriato.

improvability /ɪm,pruːvə'bɪlɪti *Am* ɪm,pruːvə 'bɪləti/ *n.* l'essere migliorabile.

improvable /ɪm'pruːvəbl/ *a.* migliorabile, perfezionabile, suscettibile di miglioramento.

improve /ɪm'pruːv/ **I** *v.t.* 1 migliorare: *to* ~ *one's position* migliorare la propria posizione. 2 (*to better*) perfezionare, migliorare: *to* ~ *a method* perfezionare un metodo. 3 (*to do good*) fare bene a: *exercise* -*s the health* il moto fa bene alla salute. 4 (*of land*) bonificare. 5 (*of property*) valorizzare, apportare delle migliorie a. 6 (*to turn to account*) approfittare di, avvantaggiarsi di. **II** *v.i.* 1 migliorare, fare progressi. 2 (*to gain in health*) migliorare, stare meglio. 3 (*to increase*) aumentare, crescere: *exports have* -*d* le esportazioni sono aumentate; *business is improving* gli affari vanno meglio. □ *to* ~ *in health* stare meglio (di salute); *to* ~ *on sth.* migliorare qcs., perfezionare qcs., apportare dei miglioramenti a qcs.; *to* ~ *on so.* fare meglio di qcu.; (*Comm*) *to* ~ *on so.'s offer* migliorare l'offerta di qcu., aumentare l'offerta di qcu.; *he* -*s on acquaintance* a conoscerlo ci guadagna; *to* ~ *the occasion* approfittare dell'occasione; *to* ~ *the opportunity* approfittare dell'occasione; *to* ~ *with age* migliorare con gli anni.

improvement /ɪm'pruːvmənt/ *n.* 1 miglioramento *m.*: *to make a big* ~ migliorare notevolmente, fare notevoli progressi. 2 (*betterment*) perfezionamento *m.*, miglioramento *m.* 3 (*of property*) valorizzazione *f.*, miglioria *f.*; (*of land*) bonifica *f.* 4 (*profitable use*) buon uso *m.* 5 (*increase*) ampliamento *m.* □ ~ *area* (*of a town*) zona di risanamento; (*Ind*) ~ *factor* salario a incentivo, salario progressivo; ~ *in health* miglioramento (dello stato) di salute; *to be an* ~ *on* (*o to be an* ~ *over*) *sth.* essere un passo avanti rispetto a qcs., essere un miglioramento rispetto a qcs., essere migliore di qcs.; *to make some* ~ fare dei progressi, fare qualche progresso.

improver /ɪm'pruːvər/ *n.* 1 miglioratore *m.* (*f.* -trice), perfezionatore *m.* (*f.* -trice). 2 (*ap-*

prentice) apprendista *m./f.*

improvidence /ɪm'prɒvɪdəns *Am* ɪm'prɑː vɪdəns/ *n.* imprevidenza *f.*

improvident /ɪm'prɒvɪdənt *Am* ɪm'prɑː vɪdənt/ *a.* 1 imprevidente, sconsiderato. 2 (*thriftless*) prodigo.

improving /ɪm'pruːvɪŋ/ *a.* edificante.

improvisation /,ɪmprəv(a)ɪ'zeɪʃ°n *Am also* ɪm,prɑːvɪ'zeɪʃ°n/ *n.* improvvisazione *f.*

improvisator /ɪm'prɒvɪzeɪtər *Am* ɪm 'prɑːvɪzeɪtər/ *n.* improvvisatore *m.* (*f.* -trice).

improvisatorial /ɪm,prɒvɪzə'tɔːriəl/ *a.* estemporaneo.

improvisatory /,ɪmprəvaɪ'zeɪt°ri *Am* ɪm 'prɑːvəzətɔːri/ *a.* estemporaneo.

improvise /'ɪmprəvaɪz/ *v.t.* 1 (*speech, music, theatre*) improvvisare (*anche assol.*). 2 (*substitute*) sostituire: *if you're out of sugar, you can* ~ *with honey* se non hai zucchero, puoi sostituirlo con il miele.

imprudence /ɪm'pruːd°ns/ *n.* imprudenza *f.*, leggerezza *f.*, sconsideratezza *f.*

imprudent /ɪm'pruːd°nt/ *a.* imprudente, incauto, avventato.

impudence /'ɪmpjʊd°ns/ *n.* 1 impudenza *f.*, sfacciataggine *f.*, sfrontatezza *f.* 2 (*impudent remark or act*) sfrontatezza *f.*

impudency /'ɪmpjʊd°nsi/ *n.* 1 impudenza *f.*, sfacciataggine *f.*, sfrontatezza *f.* 2 (*impudent remark or act*) sfrontatezza *f.*

impudent /'ɪmpjʊd°nt/ *a.* impertinente, sfacciato, sfrontato.

impudicity /,ɪmpjuː'dɪstɪ *Am* ,ɪmpjuː'dɪsəti/ *n.* impudicizia *f.*, mancanza *f.* di pudore.

impugn /ɪm'pjuːn/ *v.t.* 1 contestare, mettere in dubbio, mettere in discussione. 2 (*Dir*) impugnare: *to* ~ *a sentence* impugnare una sentenza.

impugnable /ɪm'pjuːnəbl/ *a.* 1 contestabile. 2 (*Dir*) impugnabile.

impugnment /ɪm'pjuːnmənt/ *n.* (*Dir*) impugnazione *f.*, impugnativa *f.*

impuissance /ɪm'pjuːɪs°ns/ *n.* (*rar*) impotenza *f.*, debolezza *f.*

impuissant /ɪm'pjuːɪs°nt/ *a.* (*rar*) impotente, debole.

impulse /'ɪmpʌls/ *n.* 1 impulso *m.*, spinta *f.*: *to act under a generous* ~ agire in un impulso di generosità; *to be guided by* ~ lasciarsi guidare dall'impulso; *to act on a blind* ~ seguire un impulso cieco. 2 (*propensity*) stimolo *m.*: *the sexual* ~ lo stimolo sessuale. 3 (*incentive*) spinta *f.*, impulso *m.*, incentivo *m.*: *tax relief gave an* ~ *to exports* la riduzione delle tasse diede impulso alle esportazioni. 4 (*impetus*) impeto *m.*, slancio *m.* 5 (*Fis, Psic*) impulso *m.* □ (*Comm*) ~ *buying* acquisto d'impulso; (*Mil*) ~ *charge* carica di lancio; *a man of* ~ un (uomo) impulsivo; *to do sth. on* ~ fare qcs. d'impulso.

impulsion /ɪm'pʌlʃ°n/ *n.* 1 urto *m.*, spinta *f.* 2 (*impelling force*) forza *f.* impulsiva. 3 (*impetus*) impeto *m.*, slancio *m.* 4 (*sudden urge*) impulso *m.* improvviso.

impulsive /ɪm'pʌlsɪv/ *a.* 1 impulsivo: *an* ~ *decision* una decisione impulsiva. 2 (*rash*) avventato, precipitoso. 3 (*Mecc*) che comunica movimento. 4 (*Fis*) impulsivo.

impulsively /ɪm'pʌlsɪvli/ *avv.* impulsivamente, per impulso.

impulsiveness /ɪm'pʌlsɪvnəs/ *n.* impulsività *f.*

impunity /ɪm'pjuːnɪti *Am* ɪm'pjuːnəti/ *n.* impunità *f.* □ *with* ~ impunemente.

impure /ɪm'pjʊər *Am* ɪm'pjʊr/ *a.* 1 impuro (*anche Rel,Ling*). 2 (*unchaste*) impudico, (*rar*) inverecondo. 3 (*adulterated*) adulterato.

impurity /ɪm'pjʊərɪti *Am* ɪm'pjʊrəti/ *n.* 1 impurità *f.* 2 (*unchasteness*) impudicizia *f.*, inverecondia *f*.; (*unchaste conduct*) comportamento *m*. impudico. **3** (*Elettron*) impurità *f*., impurezza *f*.

imputability /ɪm,pjuːtə'bɪlɪti *Am* ɪm,pjuːtʃə'bɪləti/ *n*. imputabilità *f*.

imputable /ɪm'pjuːtəbļ *Am* ɪm'pjuːtʃəbļ/ *a*. imputabile, attribuibile.

imputation /,ɪmpjʊ'teɪʃ°n/ *n*. **1** imputazione *f*., attribuzione *f*. **2** (*accusation*) imputazione *f*., accusa *f*. **3** (*slur*) insinuazione *f*.

imputative /ɪm'pjuːtətɪv *Am* ɪm'pjuːtʃətɪv/ *a*. attribuito, imputato.

impute /ɪm'pjuːt/ *v.t*. **1** attribuire, addebitare, ascrivere, imputare. **2** (*Dir,Econ*) imputare.

imputed /ɪm'pjuːtɪd *Am* ɪm'pjuːtʃɪd/ *a*. (*Econ*) di computo.

in /ɪn/ **I** *prep*. **1** (*of place*) in, a: ~ *England* in Inghilterra; ~ *the country* in campagna; ~ *bed* a letto. **2** (*of towns*) a: *he was born* ~ *Edinburgh* è nato a Edimburgo. **3** (*inside*) in, dentro: *it's* ~ *the box* è nella scatola. **4** (*possessed by, found in*) di, in: *the biggest country* ~ *the world* la nazione più grande del mondo; *the only shop* ~ *the village* il solo negozio del villaggio; *an island* ~ *the Mediterranean* un'isola del Mediterraneo. **5** (*in the area contained by*) in: *a walk* ~ *the park* una passeggiata nel parco; *children* ~ *the street* i bambini nella strada. **6** (*of written matter*) su, in: *I read it* ~ *the newspaper* l'ho letto sul giornale; *it says* ~ *the Bible that* nella Bibbia si dice che. **7** (*of time*) in, di: ~ *1995* nel 1995; ~ *winter* d'inverno. **8** (*within the space of*) in: *he wrote the book* ~ *six weeks* scrisse il libro in sei settimane. **9** (*at the end of*) in, tra, entro: ~ *a moment* tra un momento. **10** (*during*) durante, di, in: ~ *the reign of Henry the Eighth* durante il regno di Enrico VIII; ~ *the morning* di mattina; ~ *the daytime* durante il giorno. **11** (*into*) in, dentro: *he put his pen* ~ *his pocket* mise la penna in tasca. **12** (*to indicate membership*) in, a: *to be* ~ *the army* essere nell'esercito; *he is* ~ *the government* è al governo, fa parte del governo. **13** (*to indicate ratio*) su: *one* ~ *twenty* uno su venti. **14** (*of dress*) in, di: *dressed* ~ *green* vestito di verde; *soldiers* ~ *uniform* soldati in uniforme. **15** (*made of*) di: *a statue* ~ *bronze* una statua di bronzo. **16** (*of the weather*) con: *to go out* ~ *the rain* uscire con la pioggia; *I can't work* ~ *this heat* non posso lavorare con questo caldo. **17** (*to indicate condition, state*) in: *to live* ~ *poverty* vivere in miseria; *to be* ~ *trouble* essere nei guai. **18** (*to indicate cause*) per, da, di: *to kill oneself* ~ *despair* uccidersi per (la) disperazione. **19** (*to indicate manner*) in, a: *to speak* ~ *a loud voice* parlare a voce alta; *to do sth.* ~ *haste* fare qcs. in fretta. **20** (*with*) di: *covered* ~ *mud* coperto di fango. **21** (*to indicate form, arrangement*) in: ~ *alphabetical order* in ordine alfabetico. **22** (*with collective nouns*) a, in: ~ *groups* a scaglioni; *the natives live* ~ *tribes* gli indigeni vivono in tribù. **23** (*to indicate means, method*) a, con, per: *to write* ~ *pencil* scrivere a matita; *to speak* ~ *riddles* parlare per enigmi. **24** (*with languages*) in, *often not translated*: *to speak* ~ *English* parlare (in) inglese. **25** (*to indicate reference*) in, di: *to get a degree* ~ *languages* laurearsi in lingue. **26** (*with regard to*) di, in: *to be deficient* ~ *courage* mancare di coraggio; *six feet* ~ *height* un metro e ottanta di altezza. **27** (*followed by a gerund*) a, in, *often not translated*: *you are wrong* ~ *supposing such things* sbagli a pensare (*o* sbagli se pensi) cose simili. **28** (*to indicate object, purpose*) in: ~ *the hope that* nella speranza che; ~ *answer to your letter* in risposta alla vostra let-

tera. **29** (*interested*) *si traduce con vari verbi*: *to be* ~ *politics* essere in politica, occuparsi di politica. **30** (*Am*) (*for*) da: *I haven't seen him* ~ *months* non lo vedo da mesi. **II** *avv*. **1** dentro: *come* ~ *out of the rain* vieni dentro al riparo dalla pioggia. **2** (*at home*) in casa, dentro: *is anyone* ~*?* c'è qualcuno in casa? **3** (*in the office*) in ufficio. **4** (*arrived*) arrivato: *the train is not* ~ *yet* il treno non è ancora arrivato. **5** (*in prison*) dentro, in carcere. **6** (*in fashion*) di moda, in voga, in: *boots are* ~ gli stivali sono di moda. **7** (*on good terms*) in buoni rapporti (*with* con), nelle grazie (di). **8** (*Pol*) al potere, in carica: *the Tories are* ~ *again* i conservatori sono di nuovo al potere. **III** *a*. **1** interno, interiore. **2** (*Am*) (*incoming*) in arrivo: *an* ~ *train* un treno in arrivo. **3** (*Pol*) (*in power*) in carica, al potere. **4** (*colloq*) (*fashionable*) alla moda, di moda: *the* ~ *skiing resort* la località sciistica alla moda. **5** (*colloq*) (*cliquish*) scelto, esclusivo: *the* ~ *crowd* la mondanità, il bel mondo. **6** (*colloq*) (*comprehensible to only a few*) da iniziati, da élite, non alla portata di tutti. **7** (*Sport*) che batte, che è alla battuta: *the* ~ *team* la squadra che batte. **IV** *n*. **1** (*Pol*) membro *m*. del partito al potere. **2** (*Am,colloq*) (*influence, pull*) appoggio *m*., spinta *f*., aiuto *m*.: *she's got an* ~ *with the president* ha un'entratura con il presidente. **3** (*Sport*) chi ha la battuta, chi è alla battuta. **4** *pl*. (*persons in office*) persone *f.pl*. in carica; (*party in power*) partito *m.sing*. al potere. □ ~ *all* in tutto; ~ *and out*: **1** un po' dentro (e) un po' fuori; **2** (*thoroughly*) profondamente, a fondo; (*colloq*) -*s and outs*: **1** (*of a road*) tortuosità, curve; **2** (*intricacies*) retroscena, maneggi nascosti, complicazioni; 3 (*details*) particolari, dettagli: *the* -*s and outs of a question* tutti i particolari di una questione; (*colloq*) *to be* ~ *for*: 1 doversi aspettare, dovere affrontare: *we'll be* ~ *for trouble* ci capiterà qualche guaio, dovremo aspettarci qualche guaio; *we are* ~ *for a storm* avremo sicuramente una tempesta; 2 (*to be committed to*) essere impegnato; (*Sport*) *to be* ~ *for a race* essere iscritto a una corsa; (*colloq*) *to be* ~ *for it* doversi aspettare dei guai, aspettarsi una punizione; (*colloq*) ~ *you go!* su, entra!; (*colloq*) *not* ~ *it with* di gran lunga inferiore a, surclassato da; ~ *itself* di per sé, in sé (e per sé), in se stesso, di per se stesso: ~ *itself it is not important* di per sé non è importante; (*colloq*) *to be* ~ *on sth.*: 1 (*to have a share of*) avere parte in qcs; 2 (*to have knowledge of*) essere al corrente di qcs., essere a conoscenza di qcs.; ~ *that* poiché, visto che; (*colloq*) ~ *with* avere confidenza con qcn; ~ *writing* per iscritto.

IN *Indiana* IN (Indiana).

in. *inch* in. (pollice).

inability /,ɪnə'bɪlɪti *Am* ,ɪnə'bɪləti/ *n*. inabilità *f*., incapacità *f*. (*anche Dir*), inettitudine *f*.

in absentia /,ɪnæb'senʃiə *Br also* ,ɪnæb'sentiə/ *avv*. **1** in assenza. **2** (*Dir*) in contumacia.

inaccessibility /,ɪnək,sesə'bɪlɪti *Am* ,ɪnək,sesə'bɪləti/ *n*. inaccessibilità *f*. (*anche fig*).

inaccessible /,ɪnək'sesəbļ/ *a*. **1** (*of a place*) inaccessibile, irraggiungibile. **2** (*of people*) inaccessibile, inavvicinabile. **3** (*hard to understand*) inaccessibile, incomprensibile.

inaccuracy /ɪn'ækjərəsɪ/ *n*. **1** inesattezza *f*., imprecisione *f*. **2** (*instance*) inesattezza *f*., errore *m*.

inaccurate /ɪn'ækjərət/ *a*. impreciso, inesatto.

inaccurately /ɪn'ækjərətli/ *a*. in modo impreciso, in modo inesatto.

inaction /ɪn'ækʃ°n/ *n*. **1** inazione *f*., inattività

f., inoperosità *f*. **2** (*idleness*) inazione *f*., inerzia *f*., ozio *m*.

inactivate /ɪn'æktɪveɪt/ *v.t*. (*Chim,Med*) inattivare.

inactive /ɪn'æktɪv/ *a*. **1** inattivo, inoperoso, inerte. **2** (*indolent*) indolente, pigro. **3** (*sluggish*) fiacco, inattivo: *an* ~ *market* un mercato fiacco. **4** (*Chim*) inattivo, inerte. **5** (*Inform*) inattivo.

inactivity /,ɪnæk'tɪvɪtɪ *Am* ,ɪnæk'tɪvəti/ *n*. **1** inattività *f*., inoperosità *f*., inerzia *f*. **2** (*idleness*) inattività *f*., ozio *m*. **3** (*sluggishness*) fiacchezza *f*. **4** (*stoppage*) inattività *f*., interruzione *f*. dell'attività.

inadaptability /,ɪnə,dæptə'bɪlɪti *Am* ,ɪnə,dæptə'bɪləti/ *n*. inadattabilità *f*.

inadaptable /,ɪnə'dæptəbļ/ *a*. inadattabile.

inadequacy /ɪn'ædɪkwəsɪ/ *n*. **1** inadeguatezza *f*., insufficienza *f*. **2** (*of a person*) inadeguatezza *f*., inidoneità *f*. (*as a* come).

inadequate /ɪn'ædɪkwət/ *a*. **1** inadeguato, insufficiente, inadatto: ~ *means* mezzi inadeguati. **2** (*of a person*) inadeguato, inadatto, inidoneo.

inadmissibility /,ɪnəd,mɪsə'bɪlɪti *Am* ,ɪnəd,mɪsə'bɪləti/ *n*. inammissibilità *f*.

inadmissible /,ɪnəd'mɪsəbļ/ *a*. **1** inammissibile. **2** (*Dir*) inammissibile, improponibile.

inadvertence /,ɪnəd'vɜːtəns *Am* ,ɪnəd'vɜːrtəns/ *n*. **1** inavvertenza *f*., disattenzione *f*. **2** (*result*) inavvertenza *f*., distrazione *f*.; (*oversight*) svista *f*.

inadvertency /,ɪnəd'vɜːtənsi *Am* ,ɪnəd'vɜːrtənsi/ *n*. **1** inavvertenza *f*., disattenzione *f*. **2** (*result*) inavvertenza *f*., distrazione *f*.; (*oversight*) svista *f*.

inadvertent /,ɪnəd'vɜːtənt *Am* ,ɪnəd'vɜːrtənt/ *a*. **1** involontario: ~ *mistake* errore involontario. **2** (*inattentive*) disattento, distratto, sbadato.

inadvisability /,ɪnəd,vaɪzə'bɪlɪti *Am* ,ɪnəd,vaɪzə'bɪləti/ *n*. l'essere sconsigliabile.

inadvisable /,ɪnəd'vaɪzəbļ/ *a*. sconsigliabile.

inaesthetic /,ɪnes'θetɪk *Am* ,ɪnes'θetɪk/ *a*. inestetico.

inalienability /ɪ,neɪliənə'bɪlɪti *Am* ɪ,neɪliənə'bɪləti/ *n*. (*Dir*) inalienabilità *f*.

inalienable /ɪ'neɪliənəbļ/ *a*. (*Dir*) inalienabile: ~ *rights* diritti inalienabili.

inalienably /ɪ'neɪliənəbli/ *avv*. in modo inalienabile.

inalterability /ɪn,ɔːltərə'bɪlɪti *Am* ɪn,ɔːltərə'bɪləti/ *n*. inalterabilità *f*., immutabilità *f*.

inalterable /ɪn'ɔːltərəbļ *Am* ɪn'ɔːltərəbļ/ *a*. inalterabile, immutabile.

in-and-in /,ɪnən(d)'ɪn/ **I** *avv*. (*Zootecn*) tra consanguinei, in consanguineità. **II** *a*. (*Zootecn*) tra consanguinei, in consanguineità.

inane /ɪ'neɪn/ **I** *a*. **1** sciocco, stupido, insensato: *an* ~ *remark* un'osservazione sciocca. **2** (*empty, void*) vuoto, vacuo. **II** *n*. (*ant*) vuoto *m*.

inanely /ɪ'neɪnli/ *avv*. scioccamente, in modo stupido, in modo insensato.

inanimate /ɪ'nænɪmət/ *a*. **1** inanimato, privo di vita: ~ *object* oggetto inanimato. **2** (*fig*) senza vita, spento, fiacco.

inanition /,ɪnə'nɪʃ°n/ *n*. **1** (*Med*) inanizione *f*. **2** (*fig*) letargo *m*.

inanity /ɪ'nænɪti *Am* ɪ'nænəti/ *n*. **1** insensatezza *f*., stoltezza *f*. **2** (*sth. inane*) sciocchezza *f*. **3** (*emptiness*) vacuità *f*.

inapparent /,ɪnə'pærənt *Am also* ,ɪnə'per°nt/ *a*. (*Med*) asintomatico.

inappeasable /,ɪnə'piːzəbļ/ *a*. implacabile.

inappellability /,ɪnə,pelə'bɪlɪti *Am* ,ɪnə,pelə'bɪləti/ *n*. (*Dir*) inappellabilità *f*.

inappellable /ˌɪnəˈpeləbl/ a. (Dir) inappellabile.

inappetence /ɪnˈæpɪtəns/ n. (Veter) inappetenza f.

inappetency /ɪnˈæpɪtənsi/ n. (Veter) inappetenza f.

inappetent /ɪnˈæpɪtənt/ a. (Veter) inappetente.

inapplicability /ˌɪˌnæplɪkəˈbɪlɪti Am ɪˌnæplɪkəˈbɪləti/ n. inapplicabilità f.

inapplicable /ˌɪnəˈplɪkəbl, ɪˈnæplɪkəbl/ a. inapplicabile.

inapplication /ˌɪˌnæplɪˈkeɪʃən/ n. 1 mancanza f. d'applicazione, indolenza f. 2 inapplicabilità f.

inapposite /ˌɪnˈæpəzɪt/ a. improprio, non appropriato, fuori luogo.

inappreciable /ˌɪnəˈpriːʃ(i)əbl/ a. trascurabile, inapprezzabile, minimo: an ~ distinction una distinzione trascurabile.

inappreciation /ˌɪnəˌpriːʃiˈeɪʃən/ n. scarso apprezzamento m.

inappreciative /ˌɪnəˈpriːʃiətɪv Am ɪnə ˈpriːʃ(i)ətɪv/ a. che non apprezza.

inapprehensible /ɪnˌæprɪˈhensəbl/ a. incomprensibile.

inapprehension /ˌɪnæprɪˈhenʃən/ n. incomprensione f.

inapprehensive /ɪnˌæprɪˈhensɪv/ a. 1 che non capisce. 2 (without apprehension) senza timore (o apprensione).

inapproachable /ˌɪnəˈprəʊtʃəbl/ a. 1 irraggiungibile, inaccessibile. 2 (of a person) inavvicinabile, inaccessibile.

inappropriate /ˌɪnəˈprəʊprɪət/ a. improprio, non appropriato, inadatto, non adatto: ~ comment commento fuori luogo.

inappropriately /ˌɪnəˈprəʊprɪətli/ a. in modo improprio, in modo inappropriato, in modo inadatto.

inappropriateness /ˌɪnəˈprəʊprɪətnəs/ n. improprietà f., l'essere inappropriato.

inapt /ˌɪnˈæpt/ a. 1 inadatto, disadatto, non appropriato. 2 (unskilled) inetto, incapace.

inaptitude /ˌɪnˈæptɪtjuːd/ n. 1 l'essere disadatto, il non essere appropriato. 2 (lack of skill) incapacità f., inettitudine f.

inaptness /ˌɪnˈæptnəs/ n. l'essere disadatto, il non essere appropriato.

inarch /ɪnˈɑːtʃ Am ɪnˈɑːrtʃ/ v.t. (Agr) innestare per approssimazione.

inarticulate /ˌɪnɑːˈtɪkjʊlət Am ˌɪnɑːrˈtɪkjʊlət/ a. 1 (of sounds) inarticolato, indistinto. 2 (unable to express oneself) incapace d'esprimersi; (dumb) muto. 3 (incomprehensible) incomprensibile. 4 (unable to speak clearly) incapace di esprimersi chiaramente, che balbetta. 5 (not expressed) inespresso, tacito: ~ feelings sentimenti inespressi. 6 (Zool) degli inarticolati; (not segmented) privo di segmenti.

inarticulateness /ˌɪnɑːˈtɪkjʊlətnəs Am ˌɪnɑːr ˈtɪkjʊlətnəs/ n. 1 l'essere inarticolato, l'essere indistinto. 2 (inability to express oneself) incapacità f. d'espressione. 3 (Zool) l'essere privo di segmenti.

inartificial /ɪnˌɑːtɪˈfɪʃəl Am ɪnˌɑːrtɪˈfɪʃəl/ a. 1 naturale, spontaneo, non artificiale, non artificioso. 2 (rar) (inartistic) senz'arte, grossolano, rozzo.

inartistic /ˌɪnɑːˈtɪstɪk Am ˌɪnɑːrˈtɪstɪk/ a. 1 non artistico. 2 (of a person) privo di senso artistico, privo di gusto artistico.

inartistical /ˌɪnɑːˈtɪstɪkəl Am ˌɪnɑːrˈtɪstɪkəl/ a. 1 non artistico. 2 (of a person) privo di senso artistico, privo di gusto artistico.

inasmuch /ˌɪnəzˈmʌtʃ/ □ ~ as: 1 (since) visto che, dato che, poiché, (rar) giacché; 2 (insofar as) in quanto che.

inattention /ˌɪnəˈtenʃən/ n. 1 mancanza f. d'attenzione, noncuranza f., disattenzione f. 2 (negligence) disattenzione f., negligenza f., trascuratezza f.

inattentive /ˌɪnəˈtentɪv Am ˌɪnəˈtentɪv/ a. disattento, poco attento, distratto.

inattentiveness /ˌɪnəˈtentɪvnəs Am ˌɪnə ˈtentɪvnəs/ n. disattenzione f., mancanza f. di attenzione, distrazione f.

inaudibility /ɪnˌɔːdəˈbɪlɪti Am ɪnˌɔːdəˈbɪləti/ n. impercettibilità f.

inaudible /ɪnˈɔːdəbl/ a. impercettibile, non udibile.

inaugural /ɪnˈɔːgjʊrəl/ I a. 1 inaugurale: ~ speech discorso inaugurale. 2 (marking the beginning) primo, d'apertura, iniziale: the ~ performance of a play la prima (rappresentazione) di un lavoro teatrale. II n. 1 discorso m. inaugurale. 2 (Am,Pol) discorso m. programmatico.

inaugurate /ɪnˈɔːgjʊreɪt/ v.t. 1 insediare: to ~ a president insediare un presidente. 2 (to declare open) inaugurare, dichiarare aperto (ufficialmente): to ~ an exhibition inaugurare una mostra; (fig) the second World War -d the era of nuclear power la seconda guerra mondiale segnò l'inizio dell'era nucleare. 3 (to begin officially) inaugurare, aprire al pubblico: to ~ a new library inaugurare una nuova biblioteca.

inauguration /ɪnˌɔːgjʊˈreɪʃən/ n. 1 inaugurazione f. 2 (formal opening) inaugurazione f., cerimonia f. inaugurale, cerimonia f. di inaugurazione. □ (US,Pol) Inauguration Day giorno dell'insediamento in carica del presidente.

inaugurator /ɪnˈɔːgjʊreɪtə Am ɪnˈɔːgjʊreɪtər/ n. inauguratore m. (f. -trice).

inauguratory /ɪnˈɔːgjʊrətəri Am ɪnˈɔː gjʊrətɔːri/ a. inaugurale.

inauspicious /ˌɪnɔːˈspɪʃəs/ a. infausto, nefasto, malaugurato, sfortunato, sventurato: an ~ beginning un inizio sfortunato.

inauspiciously /ˌɪnɔːˈspɪʃəsli/ avv. in modo infausto.

inauspiciousness /ˌɪnɔːˈspɪʃəsnəs/ n. cattivi auspici m.pl., malaugurio m.

in-between /ˌɪnbɪˈtwiːn/ I a. intermedio, di mezzo: one of those ~ days when you don't know what to wear uno di quei giorni né caldi né freddi quando non si sa che cosa indossare. II n. 1 intervallo m. 2 (intermediate) chi occupa una posizione di mezzo.

inboard /ˈɪnbɔːd Am ˈɪnbɔːrd/ I a. 1 (Mar) entrobordo. 2 (Aer) interno. II avv. (Mar,Aer) all'interno, verso il centro.

inborn /ˈɪnbɔːn Am ˈɪnbɔːrn/ a. innato, congenito, connaturato: an ~ guilt complex un senso di colpa innato.

inbound /ˌɪnˈbaʊnd Am ˈɪnbaʊnd/ a. 1 diretto verso l'interno. 2 (going back) di ritorno, verso il punto di partenza: ~ flight volo di ritorno.

inbred /ˌɪnˈbred Am ˈɪnbred/ a. 1 innato, congenito, connaturato. 2 (Zootecn,Biol) ottenuto mediante accoppiamento tra consanguinei.

inbreed /ˌɪnˈbriːd Am ˈɪnbriːd/ v.t. (Zootecn) accoppiare tra consanguinei, produrre per endogamia.

inbreeding /ˌɪnˈbriːdɪŋ Am ˈɪnbriːdɪŋ/ n. (Zootecn) accoppiamento m. tra consanguinei, endogamia f.

inbuilt /ˌɪnˈbɪlt Am ˈɪnbɪlt/ a. 1 (built-in) incorporato, incassato. 2 (ingrained) radicato, connaturato. 3 (inborn) innato, intrinseco.

inc. 1 included (compreso). **2** inclusive (compreso). **3** income (reddito).

Inc. (Am,Comm) Incorporated S.r.l. (Società a responsabilità limitata).

Inca /ˈɪŋkə/ I n. (Stor) inca m./f. II a. (Stor) inca, incaico.

incalculability /ɪnˌkælkjʊləˈbɪlɪti Am ɪn ˌkælkjʊləˈbɪləti/ n. l'essere incalcolabile.

incalculable /ɪnˈkælkjʊləbl/ a. 1 incalcolabile, inestimabile: ~ damage danno incalcolabile. 2 (unpredictable) imprevedibile. 3 (uncertain) incerto, dubbio.

incalculably /ɪnˈkælkjʊləbli/ avv. in modo incalcolabile.

in camera /ˌɪnˈkæmərə/ avv. (Dir) a porte chiuse.

incandesce /ˌɪnkænˈdes/ I v.i. diventare incandescente. II v.t. rendere incandescente.

incandescence /ˌɪnkænˈdesəns Am ˌɪnkən ˈdesns/ n. incandescenza f.

incandescent /ˌɪnkænˈdesənt Am ˌɪnkən ˈdesnt/ a. 1 incandescente. 2 (fig) (of wit, language, etc.) brillante, scintillante. 3 (fig) (fiery) incandescente, ardente, infuocato. □ (El) ~ lamp lampada a incandescenza.

incantation /ˌɪnkænˈteɪʃən/ n. 1 incantesimo m. 2 (magic) magia f.

incapability /ɪnˌkeɪpəˈbɪlɪti Am ɪnˌkeɪpə ˈbɪləti/ n. incapacità f., inabilità f.

incapable /ɪnˈkeɪpəbl/ I a. 1 incapace (of di), inabile, inadatto, disadatto (a): ~ of lying incapace di mentire. 2 (incompetent) incapace, inetto: an ~ organizer un organizzatore inetto: ~ (Dir) incapace (of a). II n. (Dir) incapace m./f.

incapably /ɪnˈkeɪpəbli/ avv. da incapace.

incapacitant /ˌɪnkəˈpæsɪtənt/ n. sostanza f. incapacitante.

incapacitate /ˌɪnkəˈpæsɪteɪt/ v.t. 1 rendere incapace. 2 (to disable) rendere inabile, rendere invalido. 3 (Dir) inabilitare.

incapacitation /ˌɪnkəˌpæsɪˈteɪʃən/ n. 1 incapacità f. 2 (disablement through injury) il rendere inabile. 3 (Dir) inabilitazione f.

incapacity /ˌɪnkəˈpæsɪti Am ˌɪnkəˈpæsəti/ n. 1 incapacità f., inettitudine f. 2 (Dir) incapacità f., inabilità f. □ ~ for work inabilità al lavoro.

incarcerate /ɪnˈkɑːsəreɪt Am ɪnˈkɑːrsəreɪt/ v.t. 1 carcerare, incarcerare, imprigionare. 2 (fig) rinchiudere, relegare, confinare.

incarceration /ɪnˌkɑːsəˈreɪʃən Am ɪnˌkɑːrsə ˈreɪʃən/ n. carcerazione f., imprigionamento m.

incarcerator /ɪnˈkɑːsəreɪtə Am ɪnˈkɑːr səreɪtər/ n. chi incarcera, chi imprigiona.

incarnadine /ɪnˈkɑːnədaɪn Am ɪnˈkɑːr nədaɪn/ I a. 1 incarnato, (di colore) rosa carne. 2 (blood-red) rosso sangue, rosso vivo, cremisi. II v.t. dipingere del colore della carne, tingere di rosso.

incarnate[1] /ɪnˈkɑːnət Am ɪnˈkɑːrnət/ a. 1 (Teol) incarnato, fatto carne: the Word Incarnate il Verbo incarnato. 2 (fig) (personified) in persona, incarnato, personificato: she is kindness ~ è la gentilezza in persona. 3 (fig) (embodied) incarnato, rappresentato, impersonato. 4 (incarnadine) incarnato.

incarnate[2] /ɪnˈkɑːneɪt Am ɪnˈkɑːrneɪt/ v.t. 1 incarnare. 2 (fig) (to embody) incarnare, impersonare. 3 (fig) (to give a concrete form to) incarnare, personificare, dare forma concreta a.

incarnation /ˌɪnkɑːˈneɪʃən Am ˌɪnkɑːrˈneɪʃən/ n. 1 incarnazione f. 2 (fig) (embodiment) incarnazione f., personificazione f.

Incarnation /ˌɪnkɑːˈneɪʃən Am ˌɪnkɑːrˈneɪʃən/ n. (Teol) incarnazione f.

incautious /ɪnˈkɔːʃəs/ a. incauto, malaccorto, imprudente.

incautiousness /ɪnˈkɔːʃəsnəs/ n. imprudenza f., sconsideratezza f.

incendiarism /ɪnˈsendɪərɪzm/ n. 1 piromania f., l'incendiare volontariamente, l'incendiare dolosamente. **2** (*fig*) sovversivismo *m.*, comportamento *m.* sedizioso.

incendiary /ɪn'sendɪərɪ *Am* ɪn'sendieri/ **I** *a.* **1** (*Dir*) di incendio doloso. **2** (*Mil,Chim*) incendiario: ~ *bomb* bomba incendiaria; ~ *attack* attacco incendiario; ~ *device* ordigno incendiario. **3** (*fig*) (*inflammatory*) incendiario: ~ *pamphlets* opuscoli incendiari; (*seditious*) sedizioso, ribelle, sovversivo. **II** *n.* **1** (*Dir*) incendiario *m.* (*f.* -a). **2** (*Mil*) bomba *f.* incendiaria. **3** (*fig*) agitatore *m.* (*f.* -trice), sovversivo *m.* (*f.* -a).

incensation /ˌɪnsen'seɪʃən/ *n.* (*Lit*) incensamento *m.*, incensata *f.*

incense[1] /'ɪnsens/ **I** *n.* **1** incenso *m.*; (*smoke*) fumo *m.* d'incenso; (*perfume*) odore *m.* d'incenso. **2** (*estens*) (*fragrance*) profumo *m.*, aroma *m.* **3** (*fig*) adulazione *f.*, incenso *m.* **II** *v.t.* **1** profumare con incenso. **2** (*to burn incense before*) incensare. ☐ (*Lit*) ~ *boat* navicella, portaincenso; (*Lit*) ~ *burner* incensiere, turibolo.

incense[2] /ɪn'sens/ *v.t.* (*to make very angry*) rendere furibondo, infiammare d'ira, inferocire.

incensed /ɪn'senst/ *a.* furibondo, furioso, furente, adirato, infuriato.

incensement /ɪn'sensmənt/ *n.* furia *f.*, furore *m.*

incensory /'ɪnsensərɪ/ *n.* incensiere *m.*, turibolo *m.*

incenter /ɪn'sentər/ *n.* (*Am,Geom*) incentro *m.*

incentre /ɪn'sentər/ *n.* (*Geom*) incentro *m.*

incentive /ɪn'sentɪv *Am* ɪn'sentɪv/ **I** *n.* incentivo *m.*, stimolo *m.*, incitamento *m.*, spinta *f.* **II** *a.* **1** di incitamento (*to* a), stimolante (per). **2** (*Ind*) a incentivo: ~ *wage* salario a incentivo. ☐ ~ *bonus* gratifica di bilancio; ~ *pay* premi di rendimento; ~ *programme* (o ~ *scheme*) programma d'incentivazione salariale, piano di incentivi.

inception /ɪn'sepʃən/ *n.* inizio *m.*, principio *m.*

inceptive /ɪn'septɪv/ **I** *a.* **1** iniziale. **2** (*Gramm*) incoativo. **II** *n.* (*Gramm*) verbo *m.* incoativo.

incertitude /ɪn'sɜːtɪtjuːd *Am* ɪn'sɜːrtɪt(j)uːd/ *n.* **1** incertezza *f.*, insicurezza *f.* **2** (*indecision*) incertezza *f.*, indecisione *f.*, dubbio *m.*, esitazione *f.*

incessancy /ɪn'sesnsɪ/ *n.* l'essere incessante, l'essere ininterrotto, continuità *f.*

incessant /ɪn'sesnt/ *a.* incessante, continuo: ~ *complaints* continue lagnanze.

incessantness /ɪn'sesntnəs/ *n.* l'essere incessante, l'essere ininterrotto, continuità *f.*

incest /'ɪnsest/ *n.* incesto *m.*

incestuous /ɪn'sestʃuəs *Br also* ɪn'sestjuəs/ *a.* **1** incestuoso. **2** (*fig*) incestuoso, morboso, troppo intimo: ~ *friendship* un'amicizia morbosa.

inch[1] /ɪnʃ/ **I** *n.* **1** pollice *m.* (pari a 2,54 cm). **2** (*fig*) (*small distance*) millimetro *m.*, pollice *m.*: *he missed the target by an* ~ mancò il bersaglio per un millimetro. **3** (*fig*) (*narrow margin*) pelo *m.*, soffio *m.*: *to escape death by an* ~ sfuggire alla morte per un pelo. **4** *pl.* (*Br,fig*) (*height*) altezza *f.sing.*, statura *f.sing.*: *to lack -es* non essere (molto) alto; (*Br*) *a man of my -es* un uomo della mia statura. **II** *v.i.* spostarsi lentamente, spostarsi gradualmente. **III** *v.t.* spostare lentamente, muovere gradualmente. ☐ *to ~ along* avanzare lentamente; ~ *by* ~ a poco a poco, lentamente, gradualmente; *by -es*: **1** a poco a poco, lentamente: *to die by -es* morire lentamente, spegnersi a poco a poco; **2** (*narrowly*) per poco, di stretta misura, a malapena, a stento: *he missed her by -es* l'ha mancata per un

pelo; *to sell by* ~ *of candle* vendere (a un'asta) fino all'estinzione della candela; (*fig*) *an* ~ *of cold steel* un colpo di spada, una pugnalata; (*Fis*) ~ *pound* pollice libbra; (*fig*) *to* ~ *towards* arrivare lentamente a; *to* ~ *one's way forward* farsi strada a poco a poco; (*fig*) *within an* ~ *of* a un pelo da, a un passo da, quasi: *to come within an* ~ *of losing one's life* arrivare quasi a rimetterci la vita, sfiorare la morte; *he was within an* ~ *of falling* per un pelo non cadde. *Prov.*: *give him an* ~ *and he will take a yard* (o *a mile*) dagli un dito e si prenderà un braccio.

inch[2] /ɪnʃ/ *n.* (*Scott*) isoletta *f.*, isolotto *m.*

incher /'ɪnʃər/ *a.* (*Arm*) (*in compounds*) del diametro di... pollici.

inchmeal /'ɪnʃmiːl/ *avv.* a poco a poco, passo passo, poco per volta.

inchoate /ɪn'kouət/ *a.* **1** incipiente, che comincia, (che è) agli inizi. **2** (*unorganized*) disordinato, confuso, indefinito. **3** (*imperfect*) imperfetto, incompleto. **4** (*rudimentary*) rudimentale.

inchoation /ˌɪnkou'eɪʃən/ *n.* inizio *m.*, principio *m.*

inchoative /'ɪnkouetɪv, ɪn'kouetɪv *Am* ɪn 'kouətɪv/ **I** *a.* **1** incipiente, che comincia, agli inizi. **2** (*Gramm*) incoativo. **II** *a.* (*Gramm*) verbo *m.* incoativo.

inchworm /'ɪnʃwɜːm *Am* 'ɪnʃwɜːrm/ *n.* (*Am, Entom*) bruco *m.* di geometride.

incidence /'ɪnsɪdəns/ *n.* **1** incidenza *f.* **2** (*rate of occurrence*) incidenza *f.*, frequenza *f.* **3** (*Ott*) incidenza *f.* ☐ (*Econ*) ~ *of taxation* pressione fiscale.

incident /'ɪnsɪdənt/ **I** *n.* **1** caso *m.*, evento *m.*, avvenimento *m.*, episodio *m.*, incidente *m.*: *an unpleasant* ~ un caso spiacevole. **2** (*unexpected event*) incidente *m.*, contrattempo *m.* **3** (*Mil,Pol*) incidente *m.*: *a border* ~ un incidente di frontiera. **4** (*Lett*) episodio *m.* **5** (*Dir*) diritto *m.* accessorio. **II** *a.* **1** probabile, che può accadere. **2** (*arising in the course of*) inerente (*to* a), connesso (con): *expenses* ~ *to moving* spese inerenti al trasloco. **3** (*Ott*) incidente. **4** (*Dir*) accessorio. ☐ *without* ~ senza incidenti, tranquillamente.

incidental /ˌɪnsɪ'dentəl *Am* ˌɪnsɪ'dentəl/ **I** *a.* **1** incidentale, casuale, fortuito. **2** (*depending upon sth. else*) accessorio, incidentale, secondario. **3** (*occurring in connection with*) connesso (*to* con), inerente (a): *the dangers* ~ *to mountain climbing* i pericoli connessi con le scalate. **4** (*likely to arise from*) che può derivare (*to* da), che può essere causato (*to* da). **II** *n.* **1** cosa *f.* accessoria, cosa *f.* secondaria. **2** (*incidental circumstance*) caso *m.* fortuito. **3** *pl.* (*Econ*) spese *f.pl.* accessorie. ☐ ~ *details* dettagli superflui, dettagli secondari; ~ *earnings* guadagno accessorio; (*Teat, Cin*) ~ *music* accompagnamento musicale, musica di fondo.

incidentally /ˌɪnsɪ'dentəlɪ *Am* ˌɪnsɪ'dentəlɪ/ *avv.* **1** (*by the way*) incidentalmente, per inciso, a proposito, tra l'altro: ~, *I spoke to your mother yesterday* a proposito, ieri ho parlato con tua madre. **2** (*in an incidental manner*) incidentalmente.

incinerate /ɪn'sɪnəreɪt/ *v.t.* incenerire, ridurre in cenere.

incineration /ɪnˌsɪnər'eɪʃən/ *n.* incenerimento *m.*

incinerator /ɪn'sɪnəreɪtər *Am* ɪn'sɪnəreɪtər/ *n.* inceneritore *m.*, forno *m.* per ridurre in cenere i rifiuti.

incipience /ɪn'sɪpɪəns/ *n.* inizio *m.*, principio *m.*

incipiency /ɪn'sɪpɪənsɪ/ *n.* inizio *m.*, principio *m.*

incipient /ɪn'sɪpɪənt/ *a.* incipiente (*anche Med*).

incircle /ɪn'sɜːkl *Am* ɪn'sɜːrkl/ *n.* cerchio *m.* inscritto.

incise /ɪn'saɪz/ *v.t.* **1** incidere. **2** (*to engrave*) incidere, intagliare, scolpire.

incised /ɪn'saɪzd/ *a.* **1** inciso (*anche Med,Bot*). **2** (*engraved*) inciso, scolpito.

incision /ɪn'sɪʒən/ *n.* **1** incisione *f.*, taglio *m.* (netto). **2** (*act of cutting into*) incisione *f.*, intaglio *m.* **3** (*fig*) (*trenchancy*) incisività *f.*, efficacia *f.* **4** (*Chir,Biol*) incisione *f.*

incisive /ɪn'saɪsɪv/ *a.* **1** incisivo, tagliente. **2** (*fig*) (*sharp, telling*) incisivo, efficace: ~ *style* stile incisivo. **3** (*fig*) (*penetrating*) penetrante, acuto. **4** (*fig*) (*keen*) acuto, perspicace, sottile: *an* ~ *mind* una mente acuta.

incisiveness /ɪn'saɪsɪvnəs/ *n.* incisività *f.*, efficacia *f.*

incisor /ɪn'saɪzər/ *n.* **1** (*Dent*) incisivo *m.*, dente *m.* incisivo. **2** (*Zool*) picozzo *m.*

incite /ɪn'saɪt/ *v.t.* **1** incitare, esortare, spingere, stimolare. **2** (*to instigate, to stir up*) incitare, istigare, stimolare.

incitement /ɪn'saɪtmənt/ *n.* **1** incitamento *m.* **2** (*Dir*) istigazione *f.*, incitamento *m.*: ~ *to crime* istigazione a delinquere.

incivility /ˌɪnsɪ'vɪlɪtɪ *Am* ˌɪnsɪ'vɪlətɪ/ *n.* **1** inciviltà *f.*, villania *f.*, maleducazione *f.* **2** (*uncivil act*) inciviltà *f.*, azione *f.* incivile.

incivism /'ɪnsɪvɪzəm/ *n.* mancanza *f.* di senso civico.

incl. 1 *including* (che include). **2** *inclusive* (comprensivo di, tutto compreso).

inclemency /ɪn'klemənsɪ/ *n.* inclemenza *f.*

inclement /ɪn'klemənt/ *a.* **1** inclemente. **2** (*of the weather, etc.*) inclemente, aspro, rigido.

inclinable /ɪn'klaɪnəbl/ *a.* **1** incline, disposto, propenso (*to* a). **2** (*favourable*) favorevole (a). **3** (*capable of being inclined*) inclinabile.

inclination /ˌɪnklɪ'neɪʃən/ *n.* **1** inclinazione *f.*, tendenza *f.*, disposizione *f.*, propensione *f.*: *he has an* ~ *to drive too fast* ha la tendenza a correre quando guida; *my own* ~ *would be to make a substitution* io propenderei per fare una sostituzione. **2** (*liking*) inclinazione *f.*, preferenza *f.* **3** (*desire*) voglia *f.*, intenzione *f.*: *to have the time and the* ~ *to do sth.* avere il tempo e la voglia di fare qcs.; *I have no* ~ *to do so* non ho intenzione di farlo. **4** (*inclining, bending*) flessione *f.*, piegamento *m.* **5** (*bow or nod*) cenno *m.* **6** (*direction out of the vertical or horizontal*) inclinazione *f.*, pendenza *f.*: *the* ~ *of the tower* l'inclinazione della torre. **7** (*inclined surface, slope*) china *f.*, pendio *m.* **8** (*Geom,Astr*) inclinazione *f.* ☐ *to do sth. against one's* ~ fare qcs. controvoglia; *to show no* ~ *to do sth.* non mostrarsi incline a fare qcs., non mostrarsi disposto a fare qcs.

incline[1] /ɪn'klaɪn/ **I** *v.i.* **1** essere incline, essere disposto (*to, towards* a), propendere (per): *to* ~ *to optimism* essere incline all'ottimismo. **2** (*to tend*) tendere, avere tendenza (a): *to* ~ *to fatness* avere la tendenza a ingrassare. **3** (*to deviate, to slant*) inclinare, deviare. **II** *v.t.* **1** inclinare, chinare, inchinare, piegare: *to* ~ *one's head* inclinare la testa. **2** (*to dispose*) rendere incline, disporre, indurre: *your attitude does not* ~ *me to forgive you* il tuo atteggiamento non mi rende incline al perdono. **3** (*to cause to slope*) fare inclinare. ☐ (*lett*) *to* ~ *one's ear to so.* prestare orecchio a qcu., prestare ascolto a qcu.

incline[2] /'ɪnklaɪn/ *n.* inclinazione *f.*, pendenza *f.*

inclined /ɪn'klaɪnd/ *a.* **1** incline, propenso,

portato, disposto (*to* a): *to be ~ to do* sth. essere incline a fare qcs.; *to be ~ to leniency* essere propenso all'indulgenza. **2** (*sloping*) inclinato, in pendenza (*o* pendio). □ (*Fis, Geom*) ~ *plane* piano inclinato; *I am ~ to agree with you* sono d'accordo con te; *I am ~ to think that...* propendo a credere che...

inclinometer /ˌɪnklɪˈnɒmɪtər Am ˌɪnklɪ 'nɑ:mətər/ *n.* (*Tecn*) inclinometro *m.*

inclose /ɪnˈkləʊz/ *v.t.* → **enclose.**

inclosure /ɪnˈkləʊʒər/ *n.* → **enclosure.**

include /ɪnˈkluːd/ *v.t.* **1** includere, comprendere, contenere, racchiudere: *my responsibilities -d writing and translating articles, and overseeing printing* tra le mie responsabilità vi erano (*o* rientravano nei miei compiti): la stesura e la traduzione di articoli e la supervisione del lavoro di stampa. **2** (*to comprise as a part*) includere, comprendere: *to ~ a name on a list* includere un nome in una lista; *the bill -s the tip* nel conto è compresa la mancia. **3** (*to reckon as a part*) annoverare, includere: *to ~ so. among one's friends* annoverare qcu. tra i propri amici; *does that ~ us?* siamo inclusi anche noi?, riguarda anche noi?

included /ɪnˈkluːdɪd/ *a.* **1** incluso, compreso: *it's ~ in the price* è incluso nel prezzo; *postage ~* compresa l'affrancatura; *tax ~* tasse comprese. **2** (*Biol*) incluso.

including /ɪnˈkluːdɪŋ/ *prep.* compreso, incluso, tra cui (anche), comprensivo di: *anemia is the cause of many problems, ~ depression and hair loss* l'anemia è la causa di molti problemi, incluse la depressione e la caduta dei capelli; *eight people, ~ four children, were killed* otto persone, tra cui quattro bambini, hanno perso la vita. □ *there are four of us not ~ the children* siamo in quattro senza contare i bambini, siamo in quattro esclusi i bambini; *~ sales tax* comprensivo di IVA; *up to and ~ December 10th* fino al 10 dicembre incluso; (*Comm*) ~ *VAT* IVA inclusa, comprensivo di IVA.

inclusion /ɪnˈkluːʒən/ *n.* **1** inclusione *f.* (*anche Biol*): ~ *body* corpo incluso. **2** (*sth. included*) inclusione *f.*, cosa *f.* inclusa. **3** (*Geol, Mat*) inclusione *f.*

inclusive /ɪnˈkluːsɪv/ *a.* **1** compreso, incluso: *one to twenty ~* da uno a venti compreso. **2** (*comprehensive*) inclusivo, comprensivo (*of* di): *the price ~ of packaging* il prezzo inclusivo (*o* comprensivo) dell'imballaggio. **3** (*covering everything*) globale, complessivo, totale: ~ *sum* somma globale. **4** (*of language*) inclusivo, privo di connotazioni discriminanti nei confronti dei sessi. □ *all ~* tutto compreso; (*Biol*) ~ *fitness* fitness inclusiva; ~ *reckoning* calcolo di un periodo di tempo includendo il giorno iniziale e finale; (*Comm*) ~*terms* tutto compreso; ~*tour* viaggio tutto compreso.

inclusiveness /ɪnˈkluːsɪvnəs/ *n.* l'essere incluso, l'essere compreso.

incoercibility /ɪnˌkəʊɜːsəˈbɪlɪti Am ɪn ˌkəʊɜːrsəˈbɪləti/ *n.* incoercibilità *f.* (*anche Fis*).

incoercible /ɪnkəʊˈɜːsəbl̩ Am ɪnkəʊˈɜːrsəbl̩/ *a.* incoercibile (*anche Fis,Chim*).

incog /ɪnˈkɒg Am ɪnˈkɑːg/ *a./avv./n.* (*colloq*) → **incognito.**

incogitable /ɪnˈkɒdʒɪtəbl̩ Am ɪnˈkɑːdʒɪtəbl̩/ *a.* impensabile, inimmaginabile, inconcepibile.

incogitant /ɪnˈkɒdʒɪtˀnt Am ɪnˈkɑːdʒɪtˀnt/ *a.* sconsiderato, avventato.

incognito /ɪnkɒgˈniːtoʊ Am ˌɪnkɑːgˈniːtoʊ/ **I** *a.* in incognito: *a prince ~* un principe in incognito. **II** *n.* (pl. **-s** /-z/, **-ti** /-tiː/) **1** persona *f.* in incognito. **2** (*disguise*) incognito *m.*: *to*

preserve one's ~ mantenere l'incognito. **III** *avv.* in incognito: *to travel ~* viaggiare in incognito.

incognizable /ɪnˈkɒgnɪzəbl̩ Am ɪnˈkɑː gnɪzəbl̩/ *a.* inconoscibile.

incognizance /ɪnˈkɒgnɪzˀns Am ɪnˈkɑː gnɪzˀns/ *n.* inconsapevolezza *f.*

incognizant /ɪnˈkɒgnɪzˀnt Am ɪnˈkɑːgnɪzˀnt/ *a.* inconsapevole, inconscio (*of* di).

incoherence /ˌɪnkoʊˈhɪərˀns Am ˌɪnkoʊ ˈhɪrˀns/ *n.* **1** incoerenza *f.* (*anche Fis*). **2** (*sth. incoherent*) incoerenza *f.*, illogicità *f.*, incongruenza *f.*

incoherency /ˌɪnkoʊˈhɪərˀnsi Am ˌɪnkoʊ ˈhɪrˀnsi/ *n.* **1** incoerenza *f.* (*anche Fis*). **2** (*sth. incoherent*) incoerenza *f.*, illogicità *f.*, incongruenza *f.*

incoherent /ˌɪnkoʊˈhɪərˀnt Am ˌɪnkoʊˈhɪrˀnt/ *a.* **1** incoerente, illogico, incongruente. **2** (*disjointed*) slegato, incoerente, sconnesso: *an ~ sentence* una frase slegata; ~ *style* uno stile incoerente. **3** (*Fis*) incoerente. □ *to be ~ with anger* non connettere dalla rabbia.

incohesion /ˌɪnkoʊˈhiːʒˀn/ *n.* mancanza *f.* di coesione.

incohesive /ˌɪnkoʊˈhiːsɪv/ *a.* privo di coesione, non coeso.

incombustibility /ˌɪnkəmˌbʌstəˈbɪlɪti Am ˌɪnkəmˌbʌstəˈbɪləti/ *n.* incombustibilità *f.*

incombustible /ˌɪnkəmˈbʌstəbl̩/ *a.* incombustibile.

incombustibly /ˌɪnkəmˈbʌstəbli/ *avv.* in modo incombustibile.

income /ˈɪnkʌm/ *n.* (*Econ*) reddito *m.*, entrata *f.*, entrate *f.pl.*, rendita *f.*: *to exceed one's ~*, *to live above one's ~* vivere al di sopra del proprio reddito. □ (*Econ*) ~ *and expenditure* le entrate e le uscite; (*Econ*) ~ *basis* base di rendimento; (*Econ*) ~ *before taxation* reddito al lordo delle imposte; (*Econ*) ~ *bond* obbligazione non garantita; (*Econ*) ~ *bracket* fascia di reddito, scaglione di reddito; (*Econ*) ~ *class* classe di reddito; (*Econ*) ~ *determination* determinazione del reddito; (*Comm*) ~ *for the year* utile d'esercizio; (*Econ*) ~ *from self employment* reddito da lavoro autonomo; (*Econ*) ~ *from shares* redditi azionari; *to live off one's ~* vivere del proprio reddito; ~ *on land* reddito fondiario; *to live on an ~* vivere di rendita; (*Econ*) ~*s policy* politica dei redditi; (*Comm*) ~ *statement* conto profitti e perdite; (*Br,Canad,Econ*) ~ *support* sostegno al reddito, sovvenzione per meno abbienti e disoccupati, assegno integrativo; (*Econ*) ~ *tax* imposta sul reddito; (*Econ*) ~*tax return* dichiarazione dei redditi; *to live within one's ~* vivere secondo le proprie possibilità.

incomer /ˈɪnkʌmər/ *n.* **1** immigrante *m./f.* **2** (*one who comes in*) chi entra, chi subentra. **3** (*successor*) successore *m.* **4** (*intruder*) intruso *m.* (f. -a).

incoming /ˈɪnkʌmɪŋ/ **I** *a.* **1** in arrivo. **2** (*succeeding*) nuovo, subentrante, che succede: *the ~ tenant* il nuovo affittuario, l'affittuario subentrante. **3** (*Econ*) (*of profit*) che matura. **4** (*starting*) che inizia, che comincia: *the ~ year* l'anno che inizia. **II** *n.* **1** entrata *f.*, ingresso *m.* **2** (*arrival*) arrivo *m.* **3** (*beginning*) inizio *m.* **4** pl. (*income, funds*) entrate *f.pl.*, rendite *f.pl.* □ (*Tel*) ~ *call* telefonata in arrivo; (*Comm*) ~ *letters* (o ~ *mail*) posta in arrivo, corrispondenza in arrivo.

incommensurability /ˌɪnkəˌmenʃˀrəˈbɪlɪti Am ˌɪnkəˌmensˀrəˈbɪləti/ *n.* incommensurabilità *f.*

incommensurable /ˌɪnkəˈmenʃˀrəbl̩ Am ˌɪnkəˈmensˀrəbl̩/ *a.* incommensurabile (*anche Mat*).

incommensurate /ˌɪnkəˈmenʃˀrət Am ˌɪnkə ˈmensˀrət/ *a.* **1** incommensurabile. **2** (*inadequate*) inadeguato, insufficiente (*to, with* a). **3** (*disproportionate*) sproporzionato.

incommensurately /ˌɪnkəˈmenʃˀrətli Am ˌɪnkəˈmensˀrətli/ *avv.* in modo inadeguato, in modo insufficiente.

incommensurateness /ˌɪnkəˈmenʃˀrətnəs Am ˌɪnkəˈmensˀrətnəs/ *n.* **1** incommensurabilità *f.* **2** (*inadequateness*) inadeguatezza *f.*, insufficienza *f.*

incommode /ˌɪnkəˈmoʊd/ *v.t.* (*rar,ant*) **1** incomodare, disturbare, infastidire. **2** (*to bother*) scomodare, recare disturbo a.

incommodious /ˌɪnkəˈmoʊdiəs/ *a.* (*rar,ant*) **1** scomodo, disagevole. **2** (*too small*) troppo piccolo.

incommodity /ˌɪnkəˈmɒdɪti Am ˌɪnkə ˈmɑːdəti/ *n.* scomodità *f.*, disagio *m.*

incommunicability /ˌɪnkəˌmjuːnɪkəˈbɪlɪti Am ˌɪnkəˌmjuːnɪkəˈbɪləti/ *n.* incomunicabilità *f.*

incommunicable /ˌɪnkəˈmjuːnɪkəbl̩/ *a.* incomunicabile.

incommunicado /ˌɪnkəˌmjuːnɪˈkɑːdoʊ/ **I** *a.* (*of a prisoner*) segregato. **II** *avv.* in segregazione: *to be held in ~* essere tenuto in segregazione.

incommunicative /ˌɪnkəˈmjuːnɪkətɪv Am ˌɪnkəˈmjuːnɪkətɪv/ *a.* **1** non comunicativo. **2** (*reserved*) riservato, reticente.

incommunicativeness /ˌɪnkəˈmjuːnɪkətɪv nəs Am ˌɪnkəˈmjuːnɪkətɪvnəs/ *n.* mancanza *f.* di comunicatività.

incommutability /ˌɪnkəˌmjuːtəˈbɪlɪti Am ˌɪnkəˌmjuːtəˈbɪləti/ *n.* **1** immutabilità *f.* **2** (*unexchangeableness*) incommutabilità *f.*

incommutable /ˌɪnkəˈmjuːtəbl̩ Am ˌɪnkə ˈmjuːtəbl̩/ *a.* **1** immutabile. **2** (*unexchangeable*) non commutabile, incommutabile.

incompact /ˌɪnkəmˈpækt/ *a.* privo di compattezza.

incomparability /ɪnˌkɒmpˀrəˈbɪlɪti Am ˌkɑːmpˀrəˈbɪləti/ *n.* incomparabilità *f.*

incomparable /ɪnˈkɒmpˀrəbl̩ Am ɪn ˈkɑːmpˀrəbl̩/ *a.* **1** incomparabile, impareggiabile: ~ *beauty* bellezza incomparabile. **2** (*not suitable for comparison*) non paragonabile (*with, to* a).

incomparably /ɪnˈkɒmpˀrəbli Am ɪn ˈkɑːmpˀrəbli/ *avv.* **1** incomparabilmente. **2** (*with comparatives and superlatives*) di gran lunga.

incompatibility /ˌɪnkəmˌpætəˈbɪlɪti Am ˌɪnkəmˌpætəˈbɪləti/ *n.* incompatibilità *f.*

incompatible /ˌɪnkəmˈpætəbl̩ Am ˌɪnkəm ˈpætəbl̩/ **I** *a.* **1** incompatibile, inconciliabile (*with* con). **2** (*of characters*) incompatibile. **3** (*Chim,Med,Bot*) incompatibile. **II** *n.* **1** (*Farm*) farmaco *m.* incompatibile. **2** pl. persone *f.pl.* (*o* cose) incompatibili.

incompetence /ɪnˈkɒmpɪtˀns Am ˈkɑːmpətˀns/ *n.* incompetenza *f.*, incapacità *f.*, inettitudine *f.*

incompetency /ɪnˈkɒmpɪtˀnsi Am ˈkɑːmpətˀnsi/ *n.* incompetenza *f.*, incapacità *f.*, inettitudine *f.*

incompetent /ɪnˈkɒmpɪtˀnt Am ˈkɑːmpətˀnt/ **I** *a.* **1** incapace, incompetente. **2** (*Dir*) incompetente; (*of evidence*) inammissibile. **II** *n.* **1** incompetente *m./f.*, incapace *m./f.* **2** (*Dir*) incompetente *m./f.*

incomplete /ˌɪnkəmˈpliːt/ *a.* **1** incompleto. **2** (*unfinished*) incompiuto.

incompletely /ˌɪnkəmˈpliːtli/ *avv.* in modo incompleto.

incompletion /ˌɪnkəmˈpliːʃˀn/ *n.* incompletezza *f.*

incomprehensibility /ɪnˌkɒmprɪˌhensə ˈbɪlɪti Am ɪnˌkɑːmprɪˌhensəˈbɪləti/ *n.* incomprensibilità *f.*

incomprehensible /ˌɪnˌkɒmprɪ'hensəbḷ *Am* ɪnˌkɑːmprɪ'hensəbḷ/ *a.* **1** incomprensibile, oscuro: ~ *words* parole oscure. **2** (*of persons*) incomprensibile, strano.

incomprehensibleness /ˌɪnˌkɒmprɪ'hensəbḷnəs *Am* ɪnˌkɑːmprɪ'hensəbḷnəs/ *n.* incomprensibilità *f.*

incomprehension /ˌɪnˌkɒmprɪ'henʃ³n *Am* ˌɪnkɑːmprɪ'henʃ³n/ *n.* incomprensione *f.*

incompressibility /ˌɪnkəmˌpresə'bɪlɪti *Am* ˌɪnkəmˌpresə'bɪləti/ *n.* (*Fis*) incompressibilità *f.*

incompressible /ˌɪnkəm'presəbḷ/ *a.* (*Fis*) incompressibile.

incomputable /ˌɪnkəm'pjuːtəbḷ *Am* ˌɪnkəm'pjuːt̬əbḷ/ *a.* incomputabile, incalcolabile.

inconceivability /ˌɪnkənˌsiːvə'bɪlɪti *Am* ˌɪnkənˌsiːvə'bɪləti/ *n.* inconcepibilità *f.*

inconceivable /ˌɪnkən'siːvəbḷ/ *a.* **1** inconcepibile. **2** (*incredible*) inconcepibile, incredibile: *it's ~ to me that...* io non posso concepire che...

inconclusive /ˌɪnkən'kluːsɪv/ *a.* **1** inconcludente, sconclusionato: *an ~ speech* un discorso inconcludente. **2** (*not decisive*) non decisivo, non conclusivo. **3** (*vain*) inutile, vano, inconcludente: ~ *efforts* sforzi inutili. ☐ (*Dir*) ~ *evidence* prove non conclusive.

inconclusively /ˌɪnkən'kluːsɪvli/ *avv.* in modo inconcludente.

inconclusiveness /ˌɪnkən'kluːsɪvnəs/ *n.* **1** inconcludenza *f.* **2** (*uselessness*) inutilità *f.*

incondensability /ˌɪnkənˌdensə'bɪlɪti *Am* ˌɪnkənˌdensə'bɪləti/ *n.* non condensabilità *f.*

incondensable /ˌɪnkən'densəbḷ/ *a.* che non può essere condensato, non condensabile.

incondite /ɪn'kɒnd(a)ɪt *Am* ɪn'kɑːnd(a)ɪt/ *a.* **1** (*of style, etc.*) sciatto, rozzo, non curato. **2** (*ill-mannered, unpolished*) rozzo, grossolano.

inconformable /ˌɪnkən'fɔːməbḷ *Am* ˌɪnkən'fɔːrməbḷ/ *a.* non conformabile (*to* a).

inconformity /ˌɪnkən'fɔːmɪti *Am* ˌɪnkən'fɔːrməti/ *n.* non conformità *f.*

incongruence /ɪn'kɒŋgruəns *Am* ɪn'kɑːŋgruəns/ *n.* **1** disaccordo *m.*, mancanza *f.* d'armonia (*with* con). **2** (*inconsistency*) incongruenza *f.*, incoerenza *f.* **3** (*inappropriateness*) inopportunità *f.*, sconvenienza *f.*, l'essere improprio.

incongruent /ɪn'kɒŋgruənt *Am* ɪn'kɑːŋgruənt/ *a.* incongruente.

incongruous /ɪn'kɒŋgruəs *Am* ɪn'kɑːŋgruəs/ *a.* **1** non adatto, improprio, inopportuno. **2** (*lacking agreement*) in disaccordo (*with* con). **3** (*inconsistent*) incoerente, incongruente.

incongruousness /ɪn'kɒŋgruəsnəs *Am* ɪn'kɑːŋgruəsnəs/ *n.* **1** disaccordo *m.*, mancanza *f.* d'armonia (*with* con). **2** (*inconsistency*) incongruenza *f.*, incoerenza *f.* **3** (*inappropriateness*) inopportunità *f.*, sconvenienza *f.*, l'essere improprio.

inconsecutive /ˌɪnkən'sekjʊtɪv *Am* ˌɪnkən'sekjʊt̬ɪv/ *a.* non consecutivo.

inconsecutiveness /ˌɪnkən'sekjʊtɪvnəs *Am* ˌɪnkən'sekjʊt̬ɪvnəs/ *n.* mancanza *f.* di consecutività.

inconsequence /ɪn'kɒnsɪkwəns *Am* ɪn'kɑːnsɪkwəns/ *n.* **1** inconseguenza *f.* **2** (*inconsistency*) incongruenza *f.*, incoerenza *f.* **3** (*illogicality*) illogicità *f.*

inconsequent /ɪn'kɒnsɪkwənt *Am* ɪn'kɑːnsɪkwənt/ *a.* **1** inconseguente, sconclusionato. **2** (*inconsistent*) incongruente, incoerente. **3** (*illogical*) illogico, inconseguente: *an ~ conclusion* una conclusione illogica.

inconsequential /ˌɪnkɒnsɪ'kwenʃ³l *Am* ɪn- ˌkɑːnsɪ'kwenʃ³l/ *a.* **1** inconseguente, illogico. **2** (*of no consequence*) irrilevante, insignificante.

inconsequentiality /ˌɪnˌkɒnsɪˌkwenʃi'ælɪti *Am* ɪnˌkɑːnsɪˌkwenʃi'æləti/ *n.* **1** inconseguenza *f.*, illogicità *f.* **2** (*irrelevance*) irrilevanza *f.*

inconsiderable /ˌɪnkən'sɪd³rəbḷ/ *a.* **1** irrilevante, insignificante, trascurabile: *an ~ sum* una somma irrilevante. **2** (*trivial*) insignificante, futile.

inconsiderate /ˌɪnkən'sɪd³rət/ *a.* **1** irriverente, irriguardoso: *it was ~ of you to disturb him* è stato irriguardoso da parte tua disturbarlo. **2** (*rash*) avventato, sconsiderato. **3** (*thoughtless*) inconsiderato, che indica mancanza di rispetto.

inconsiderateness /ˌɪnkən'sɪd³rətnəs/ *n.* **1** sconsideratezza *f.*, avventatezza *f.* **2** (*tactlessness*) mancanza *f.* di riguardo.

inconsideration /ˌɪnkənˌsɪd³'reɪʃ³n/ *n.* **1** sconsideratezza *f.*, avventatezza *f.* **2** (*tactlessness*) mancanza *f.* di riguardo.

inconsistence /ˌɪnkən'sɪst³ns/ *n.* **1** inconseguenza *f.* **2** (*incompatibility*) incompatibilità *f.* **3** (*contradiction*) contraddizione *f.*, incoerenza *f.*: *there are inconsistencies in his alibi* ci sono delle contraddizioni nel suo alibi. **4** (*sth. inconsistent*) controsenso *m.*, assurdità *f.*

inconsistency /ˌɪnkən'sɪst³nsi/ *n.* **1** inconseguenza *f.* **2** (*incompatibility*) incompatibilità *f.* **3** (*contradiction*) contraddizione *f.*, incoerenza *f.*, incongruenza *f.*: *there are inconsistencies in his alibi* ci sono delle contraddizioni nel suo alibi. **4** (*sth. inconsistent*) controsenso *m.*, assurdità *f.*

inconsistent /ˌɪnkən'sɪstənt/ *a.* **1** (*self-contradictory*) inconseguente, illogico: *an ~ statement* un'affermazione inconseguente. **2** (*of a person*) incoerente, inconseguente. **3** (*not agreeing*) in contrasto, in disaccordo, contrastante (*with* con): *his actions are ~ with his principles* le sue azioni sono in contrasto con i suoi principi. **4** (*incompatible*) incompatibile (con). **5** (*contradictory*) incoerente.

inconsolable /ˌɪnkən'soʊləbḷ/ *a.* inconsolabile.

inconsonance /ɪn'kɒnsənəns *Am* ɪn'kɑːn- sənəns/ *n.* dissonanza *f.*, discordanza *f.*

inconsonant /ɪn'kɒnsənənt *Am* ɪn'kɑːn- sənənt/ *a.* dissonante, discordante.

inconspicuous /ˌɪnkən'spɪkjuəs/ *a.* poco appariscente, che non attira l'attenzione, che non attira gli sguardi, che non dà nell'occhio. ☐ *to make oneself ~* non farsi notare, passare inosservato.

inconspicuously /ˌɪnkən'spɪkjuəsli/ *avv.* senza dare nell'occhio.

inconspicuousness /ˌɪnkən'spɪkjuəsnəs/ *n.* l'essere poco appariscente.

inconstancy /ɪn'kɒnst³nsi *Am* ɪn'kɑːnst³nsi/ *n.* incostanza *f.*, instabilità *f.*, volubilità *f.*, variabilità *f.*

inconstant /ɪn'kɒnst³nt *Am* ɪn'kɑːnst³nt/ *a.* **1** (*of people*) incostante, volubile: ~ *mood* umore incostante. **2** (*of things*) incostante, instabile, mutevole.

inconsumable /ˌɪnkən's(j)uːməbḷ/ *a.* **1** inconsumabile. **2** (*Econ*) non di consumo, strumentale.

incontestability /ˌɪnkənˌtestə'bɪlɪti *Am* ˌɪnkənˌtestə'bɪləti/ *n.* incontestabilità *f.*

incontestable /ˌɪnkən'testəbḷ/ *a.* incontestabile: ~ *evidence* prove incontestabili.

incontinence /ɪn'kɒntɪnəns *Am* ɪn'kɑːn- t³nəns/ *n.* incontinenza *f.* (*anche Med*).

incontinent /ɪn'kɒntɪnənt *Am* ɪn'kɑːnt³nənt/ *a.* **1** incontinente, intemperante, smodato. **2** (*Med*) incontinente.

incontrollable /ˌɪnkən'troʊləbḷ/ *a.* incontrollabile.

incontrollably /ˌɪnkən'troʊləbli/ *avv.* in modo incontrollabile.

incontrovertibility /ˌɪnˌkɒntrəˌvɜːtə'bɪlɪti *Am* ˌɪnkɑːntrəˌvɜːrtə'bɪləti/ *n.* incontrovertibilità *f.*

incontrovertible /ˌɪnˌkɒntrə'vɜːtəbḷ *Am* ˌɪnˌkɑːntrə'vɜːrtəbḷ/ *a.* incontrovertibile, innegabile, irrefutabile: ~ *logic* logica inconfutabile.

inconvenience /ˌɪnkən'viːnɪəns/ **I** *n.* **1** inconveniente *m.* **2** (*trouble, nuisance*) disturbo *m.*, fastidio *m.*, (*ant*) incomodo *m.*, (*ant*) scomodo *m.*: *to be an ~ to so.* (o *to cause an ~ to so.*) creare un disagio a qcu.; *to put so. to ~* recare disturbo a qcu. **3** (*cause of discomfort*) disagio *m.*; (*discomfort*) scomodità *f.* **II** *v.t.* scomodare, incomodare, disturbare, recare fastidio a, recare disturbo a. ☐ *-s of age* gli acciacchi della vecchiaia.

inconvenient /ˌɪnkən'viːnɪənt/ *a.* **1** scomodo, fastidioso. **2** (*inopportune*) inopportuno, incomodo: *an ~ time* un'ora inopportuna; *if it is not ~ for you* se non ti reca disturbo, (*ant*) se non ti è d'incomodo. **3** (*uncomfortable*) scomodo.

inconvertibility /ˌɪnkənˌvɜːtə'bɪlɪti *Am* ˌɪnkənˌvɜːrtə'bɪləti/ *n.* (*Econ*) inconvertibilità *f.*

inconvertible /ˌɪnkən'vɜːtəbḷ *Am* ˌɪnkən- 'vɜːrtəbḷ/ *a.* **1** (*Econ*) inconvertibile. **2** (*unchangeable*) immutabile.

inconvincible /ˌɪnkən'vɪnsəbḷ/ *a.* inconvincibile, che non si riesce a convincere.

incoordinate /ˌɪnkoʊ'ɔːdɪnət *Am* ˌɪnkoʊ- 'ɔːrdᵊnət/ *a.* **1** privo di coordinazione, che manca di coordinazione. **2** (*Med*) atassico.

incoordination /ˌɪnkoʊˌɔːdɪ'neɪʃ³n *Am* ˌɪnkoʊˌɔːrdɪ'neɪʃ³n/ *n.* **1** incoordinazione *f.* **2** (*Med*) atassia *f.*, incoordinazione *f.*

incorporable /ɪn'kɔːp³rəbḷ *Am* ɪn'kɔːrp³rəbḷ/ *a.* incorporabile.

incorporate[1] /ɪn'kɔːp³reɪt *Am* ɪn'kɔːrp³reɪt/ **I** *v.t.* **1** incorporare: *the clauses were -d into the contract* le clausole furono incorporate nel contratto. **2** (*to include*) includere, comprendere: *the book -s his first essays* il libro comprende i suoi primi saggi. **3** (*to introduce*) inserire, incorporare: *to ~ photographs into a book* inserire delle fotografie in un volume. **4** (*to annex*) incorporare, annettere: *to ~ new territories* incorporare nuovi territori. **5** (*Dir,Comm*) (*a company*) costituire (in società commerciale), registrare. **6** (*Dir,Comm*) (*two banks, etc.*) incorporare, conglobare, fondere. **II** *v.i.* **1** incorporarsi. **2** (*Dir,Comm*) (*to form a corporation*) associarsi, collegarsi, fondersi.

incorporate[2] /ɪn'kɔːp³rət *Am* ɪn'kɔːrp³rət/ *a.* **1** incorporato. **2** (*Dir,Comm*) (*of a company*) costituito in società commerciale, registrato. **3** (*Dir,Comm*) (*admitted*) incorporato, assorbito, fuso. **4** (*poet*) (*personified*) incarnato.

incorporated /ɪn'kɔːp³reɪtɪd *Am* ɪn'kɔːrp³reɪt̬ɪd/ *a.* **1** incorporato. **2** (*Dir,Comm*) (*of a company*) incorporato, registrato, regolarmente costituito, (*Am*) a responsabilità limitata.

incorporation /ɪnˌkɔːp³r'eɪʃ³n *Am* ɪnˌkɔːrp³r'eɪʃ³n/ *n.* **1** incorporazione *f.*, annessione *f.*, incorporamento *m.* **2** (*Dir,Comm*) fusione *f.*, incorporazione *f.*, conglobamento *m.*; (*of a company*) costituzione *f.* in società commerciale, fondazione *f.* **3** (*Ling*) polisintesi *f.*

incorporative /ɪn'kɔːp³rətɪv *Am* ɪn'kɔː- p³reɪt̬ɪv, ɪn'kɔːp³rət̬ɪv/ *a.* incorporante.

incorporator /ɪn'kɔːp³reɪt̬ə *Am* ɪn'kɔːrpºreɪtər/ n. **1** incorporatore m. (f. -trice). **2** (Dir, Comm) socio m. fondatore.

incorporeal /ˌɪnkɔːˈpɔːrɪəl Am ˌɪnkɔːrˈpɔːrɪəl/ a. **1** incorporeo, immateriale. **2** (Dir) immateriale.

incorporeity /ɪnˌkɔːpəˈriːɪti Am ɪnˌkɔːrpə ˈriːəti/ n. incorporeità f.

incorrect /ˌɪnkəˈrekt Am ˌɪnkəˈrekt/ a. **1** scorretto, sbagliato, errato. **2** (inaccurate) impreciso, inesatto. **3** (improper) scorretto, sconveniente: ~ behaviour comportamento scorretto.

incorrectly /ˌɪnkərˈektli Am ˌɪnkəˈrektli/ a. erratamente, erroneamente.

incorrectness /ˌɪnkərˈektnəs Am ˌɪnkə ˈrektnəs/ n. **1** scorrettezza f., imprecisione f. **2** (unsuitableness) scorrettezza f., improprietà f.

incorrigibility /ɪnˌkɒrɪdʒəˈbɪlɪti Am ɪn ˌkɔːrɪdʒəˈbɪləti/ n. incorreggibilità f.

incorrigible /ɪnˈkɒrɪdʒəbl Am ɪnˈkɔːrɪdʒəbl/ a. **1** incorreggibile. **2** (of persons) incorreggibile, irriducibile, incallito: an ~ smoker un fumatore incorreggibile.

incorrodible /ˌɪnkəˈroʊdəbl/ a. non corrodibile: ~ by acids non corrodibile dagli acidi.

incorrupt /ˌɪnkəˈrʌpt/ a. incorrotto, incontaminato.

incorrupted /ˌɪnkəˈrʌptɪd/ a. incorrotto, incontaminato.

incorruptibility /ˌɪnkəˌrʌptəˈbɪlɪti Am ˌɪnkə ˌrʌptəˈbɪləti/ n. incorruttibilità f.

incorruptible /ˌɪnkəˈrʌptəbl/ a. incorruttibile.

incorruption /ˌɪnkəˈrʌpʃən/ n. incorruttibilità f.

incrassate /ɪnˈkræseɪt/ **I** v.t. **1** (Farm) (of a liquid) rendere (più) denso, raddensare. **2** (ant) (to thicken) ispessire, infittire. **II** a. (Biol) (thickened) ispessito; (swollen) gonfio.

incrassation /ˌɪnkrəˈseɪʃən/ n. l'infittire, ispessimento m.

increasable /ɪnˈkriːsəbl/ a. aumentabile.

increase[1] /ɪnˈkriːs/ **I** v.t. **1** aumentare, accrescere. **2** (of prices) aumentare, alzare. **3** (to make more numerous) incrementare, moltiplicare, aumentare: to ~ one's income incrementare le proprie entrate. **4** (in knitting) aumentare, crescere. **II** v.i. **1** aumentare, crescere, accrescere, accrescersi, salire: sales have -d le vendite sono aumentate. **2** (to grow, to mount) crescere, progredire, prosperare: to ~ in power crescere in potenza. **3** (in knitting) aumentare. ☐ to ~ threefold triplicare.

increase[2] /ˈɪnkriːs/ n. **1** accrescimento m., aumento m., incremento m.: the ~ in population l'accrescimento della popolazione, l'incremento demografico. **2** (in price) rialzo m. **3** (that by which sth. increases) aumento m., rincaro m.: a 50% ~ un aumento del 50%. ☐ on the ~: 1 in aumento; 2 (of prices) in aumento, in rialzo; (Comm) without any ~ senza maggiorazione.

increased /ɪnˈkriːst/ a. maggiore.

increasing /ɪnˈkriːsɪŋ/ a. **1** crescente, in aumento. **2** (Mat) crescente: ~ function funzione crescente.

increasingly /ɪnˈkriːsɪŋli/ avv. sempre più, in misura crescente.

incredibility /ɪnˌkredəˈbɪlɪti Am ɪnˌkredə ˈbɪləti/ n. incredibilità f.

incredible /ɪnˈkredəbl/ a. **1** incredibile, straordinario, sbalorditivo. **2** (unbelievable) incredibile, inverosimile: an ~ story una storia incredibile. **3** (colloq) (excellent) incredibile, fantastico.

incredibly /ɪnˈkredəbli/ avv. incredibilmen-

te, straordinariamente.

incredulity /ˌɪnkrəˈdjuːlɪti Am ˌɪnkrə ˈd(j)uːləti/ n. incredulità f.

incredulous /ɪnˈkredʒələs Br also ɪn ˈkredjʊləs/ a. incredulo, che non riesce a credere: ~ smile sorriso incredulo.

increment /ˈɪnkrəmənt/ n. **1** incremento m., aumento m. **2** (increase) crescita f. **3** (Mat) incremento m. ☐ (Econ) ~ value duty tassa sul plusvalore immobiliare.

incremental /ˌɪnkrəˈmentəl Am ˌɪnkrəˈmentəl/ a. **1** di aumento, relativo ad aumento. **2** (Mat) incrementale: ~ ratio rapporto incrementale.

incrementalism /ˌɪnkrəˈmentəlɪzəm Am ˌɪnkrəˈmentəlɪzm/ n. gradualismo m.

incriminate /ɪnˈkrɪmɪneɪt/ v.t. incriminare, accusare (di un reato).

incriminating /ɪnˈkrɪmɪneɪtɪŋ Am ɪn ˈkrɪmɪneɪtɪŋ/ **I** a. incriminante: ~ evidence prove incriminanti. **II** n. incriminazione f.

incrimination /ɪnˌkrɪmɪˈneɪʃən/ n. incriminazione f.

incriminatory /ɪnˈkrɪmɪnətri, ɪnˌkrɪmɪ ˈneɪtəri Am ɪnˈkrɪmɪnətɔːri/ a. incriminante.

in-crowd /ˈɪnkraʊd/ n. (colloq,ant) bella gente f., gente f. giusta.

incrust /ɪnˈkrʌst/ e der. → **encrust** e der.

incubate /ˈɪnkjubeɪt/ **I** v.t. **1** (Zootecn) covare. **2** (Ind) sottoporre a incubazione artificiale. **3** (fig) progettare, macchinare, tramare. **4** (Med) incubare, avere in incubazione: ~ a disease avere una malattia in incubazione. **II** v.i. **1** (Zootecn) covare. **2** (Ind) essere sottoposto a incubazione artificiale. **3** (Med) incubare. **4** (fig) prendere forma, svilupparsi.

incubation /ˌɪnkjʊˈbeɪʃən/ n. incubazione f. (anche Med,fig). ☐ (Med,Zootecn) ~ period incubazione, periodo d'incubazione.

incubative /ˈɪnkjubeɪtɪv Am ˈɪnkjubeɪtɪv/ a. dell'incubazione.

incubator /ˈɪnkjubeɪtər Am ˈɪnkjubeɪtər/ n. **1** (Zootecn,Med) incubatrice f. **2** (for cultivating microorganisms) stufa f. termostatica.

incubatory /ˈɪnkjubeɪtri Am ˈɪnkjubətɔːri/ a. dell'incubazione.

incubus /ˈɪnkjubəs/ (pl. -bi /-baɪ/, -es /-ɪz/) n. incubo m. (anche Occult, fig).

inculcate /ˈɪnkʌlkeɪt/ v.t. inculcare, instillare, imprimere: to ~ a sense of duty in (o upon) so. inculcare a qcu. il senso del dovere.

inculcation /ˌɪnkʌlˈkeɪʃən/ n. inculcazione f.

inculpable /ɪnˈkʌlpəbl/ a. privo di colpa.

inculpate /ˈɪnkʌlpeɪt/ v.t. **1** incolpare, accusare. **2** (to incriminate) implicare in un reato, coinvolgere in un reato.

inculpation /ˌɪnkʌlˈpeɪʃən/ n. imputazione f. di colpa.

inculpatory /ɪnˈkʌlpətri Am ɪnˈkʌlpətɔːri/ a. incriminante, accusatorio, d'accusa: ~ witness testimone d'accusa.

incult /ɪnˈkʌlt/ a. (rar,ant) incolto.

incumbency /ɪnˈkʌmbənsi/ n. **1** l'incombere, lo spettare. **2** (duty, obligation) incombenza f., obbligo m. **3** (Rel) beneficio m. ecclesiastico; (holding) possesso m. d'un beneficio. **4** (Am) (state of occupying sth.) l'essere in carica; (period of office) permanenza f. in carica. ☐ (Am,Pol) ~ effect forte probabilità di vincita in una seconda candidatura.

incumbent /ɪnˈkʌmbənt/ **I** a. **1** incombente, spettante (on, upon a): it is ~ on you to help him è tuo dovere aiutarlo. **2** (obligatory) obbligatorio. **3** (Am) (holding an office) in carica. **4** (Geol) sovrapposto. **II** n. **1** (Rel) beneficiario m. (f. -a). **2** (Am) (holder of an office) titolare m./f.; (occupant) occupante m./f., persona f. eletta. ☐ to feel it ~ on one to do

sth. sentirsi in obbligo di fare qcs.

incunabulum /ˌɪnkjuːˈnæbjʊləm Am ˌɪnkju ˈnæbjʊləm/ (pl. -la /-lə/) n. **1** (Filol) incunabolo m. **2** pl. (fig) fase f.sing. iniziale, inizi m.pl.

incur /ɪnˈkɜːr Am ɪnˈkɜːr/ (past, p.p. **incurred** /-d/) v.t. **1** incorrere in, andare incontro a: to ~ heavy expenses andare incontro a forti spese. **2** (of a debt) contrarre. **3** (of a risk) esporsi a. **4** (to bring upon oneself) attirarsi, tirarsi addosso: to ~ hatred attirarsi l'odio. **5** (to become liable) incorrere in, subire: to ~ a penalty incorrere in una pena. ☐ to ~ so.'s wrath scontentare qcu., incorrere nell'ira di qcu.

incurability /ɪnˌkjʊərəˈbɪlɪti Am ɪnˌkjʊrə ˈbɪləti/ n. incurabilità f. (anche fig).

incurable /ɪnˈkjʊərəbl Am ɪnˈkjʊrəbl/ **I** a. **1** incurabile, insanabile, inguaribile: an ~ disease un male incurabile. **2** (of a person) incurabile, inguaribile. **3** (fig) incorreggibile, incurabile. **II** n. (Med) incurabile m./f., malato m. (f. -a) incurabile.

incuriosity /ɪnˌkjʊərɪˈɒsɪti Am ɪnˌkjʊriˈɑːsəti/ n. mancanza f. di curiosità.

incurious /ɪnˈkjʊərɪəs Am ɪnˈkjʊrɪəs/ a. privo di curiosità.

incurrent /ɪnˈkʌrənt Am ɪnˈkɜːrənt/ a. (Zool) inalante.

incursion /ɪnˈkɜːʃən ɪnˈkɜːʒən Am ˈɪnkɜːrʃən, ɪnˈkɜːrʒn/ n. **1** incursione f., scorreria f. **2** (running, entering in) incursione f., irruzione f., invasione f.

incursive /ɪnˈkɜːsɪv Am ɪnˈkɜːrsɪv/ a. incursore.

incurvate[1] /ˈɪnkɜːveɪt Am ˈɪnkɜːrveɪt/ v.t. incurvare, curvare.

incurvate[2] /ɪnˈkɜːvət Am ɪnˈkɜːrvət/ a. incurvato, curvo.

incurvation /ˌɪnkɜːˈveɪʃən Am ˌɪnkɜːrˈveɪʃən/ n. incurvatura f., incurvamento m.

incurvature /ɪnˈkɜːvətʃər Am ɪnˈkɜːrvətʃər/ n. incurvatura f., incurvamento m.

incurve /ˈɪnkɜːv Am ˌɪnˈkɜːrv/ **I** v.t. piegare in dentro, curvare in dentro. **II** v.i. piegarsi in dentro, curvarsi in dentro.

incus /ˈɪnkəs/ (pl. **incudes** /ɪŋˈkjuːdiːz/) n. (Anat) incudine f.

IND India IND (India, Unione Indiana).

ind. **1** index ind. (indice). **2** indication (indicazione).

Ind.

indebted /ɪnˈdetɪd Am ɪnˈdetɪd/ a. **1** indebitato (anche Econ): to be ~ to so. for a large sum essere debitore di una grossa somma verso (o a) qcu. **2** (fig) obbligato, grato: I am ~ to you for your kindness ti sono obbligato per la tua cortesia.

indebtedness /ɪnˈdetɪdnəs Am ɪnˈdetɪdnəs/ n. **1** l'essere indebitato. **2** (Econ) indebitamento m. **3** (amount owed) debito m. (anche fig).

indecency /ɪnˈdiːsnsi/ n. **1** indecenza f., immodestia f. **2** (indecent act, word, etc.) indecenza f., oscenità f.

indecent /ɪnˈdiːsnt/ a. **1** indecente, osceno, impudico: ~ language linguaggio osceno. **2** (lacking modesty) immodesto. **3** (unseemly) sconveniente, indecoroso. ☐ (Dir) ~ assault atti di libidine violenta; (Dir) ~ exposure atti osceni in luogo pubblico, esibizionismo.

indeciduous /ˌɪndɪˈsɪdjuəs Am ˌɪndɪˈsɪdʒuəs/ a. (Bot) (of trees) sempreverde. **2** (of leaves) non deciduo, non caduco.

indecipherable /ˌɪndɪˈsaɪfərəbl/ a. indecifrabile.

indecision /ˌɪndɪˈsɪʒn/ n. indecisione f., incertezza f., titubanza f.

indecisive /ˌɪndɪˈsaɪsɪv/ a. **1** non decisivo:

an ~ battle una battaglia non decisiva. **2** (*irresolute*) indeciso, irresoluto, titubante.

indeclinable /ˌɪndɪˈklaɪnəbl̩/ *a.* (*Gramm*) indeclinabile, invariabile.

indecomposable /ˌɪn,diːkəmˈpouzəbl̩/ *a.* indecomponibile.

indecorous /ɪnˈdekᵊrəs/ *a.* indecoroso, sconveniente, disdicevole: *~ behaviour* condotta indecorosa.

indecorousness /ɪnˈdekᵊrəsnəs/ *n.* sconvenienza *f.*, indecenza *f.*

indecorum /ˌɪndɪˈkɔːrəm/ *n.* **1** sconvenienza *f.*, indecenza *f.* **2** (*sth. indecorous*) condotta *f.* indecorosa, azione *f.* indecorosa.

indeed /ɪnˈdiːd/ **I** *avv.* **1** (*really*) veramente, effettivamente, in verità, davvero, in realtà: *you are very kind ~* sei davvero gentile. **2** (*used to intensify*) proprio, davvero, *often not translated: are you pleased with my report? - no, ~* sei contento della mia pagella? - no, proprio no; *thank you very much ~* grazie infinite; *that was very bad news ~* era proprio una brutta notizia, era una bruttissima notizia. **3** (*in reality, in fact*) a dire il vero, veramente, anzi: *there are ~ some difficulties* a dire il vero ci sono delle difficoltà; *he was too confident, ~ too proud, to admit it* era troppo sicuro di sé, anzi, troppo orgoglioso per ammetterlo. **4** (*used to express that sth. is correct*) esatto: *is this your boy? - ~ he is* è il tuo bambino? - esatto! **II** *intz.* (*really*) davvero?, proprio?: *it's time to go - ~?* è ora d'andare - davvero?; *when ~?* ma quando?

indef. (*Gramm*) **1** *indefinite* indef. (indefinito). **2** (*of an article*) indet. (indeterminativo).

indefatigability /ˌɪndɪˌfætɪɡəˈbɪlɪti *Am* ˌɪndɪˌfætɪɡəˈbɪləti/ *n.* infaticabilità *f.*

indefatigable /ˌɪndɪˈfætɪɡəbl̩ *Am* ˌɪndɪˈfætɪɡəbl̩/ *a.* indefesso, infaticabile, instancabile.

indefeasibility /ˌɪndɪˌfiːzəˈbɪlɪti *Am* ˌɪndɪˌfiːzəˈbɪləti/ *n.* (*Dir,Filos*) imprescrittibilità *f.*

indefeasible /ˌɪndɪˈfiːzəbl̩/ *a.* imprescrittibile: *an ~ right* un diritto imprescrittibile.

indefectible /ˌɪndɪˈfektəbl̩/ *a.* (*rar*) **1** che non può venir meno, (*lett*) indefettibile. **2** (*flawless*) impeccabile, senza difetti, perfetto.

indefensibility /ˌɪndɪˌfensəˈbɪlɪti *Am* ˌɪndɪˌfensəˈbɪləti/ *n.* l'essere indifendibile.

indefensible /ˌɪndɪˈfensəbl̩/ *a.* **1** (*Mil*) indifendibile, che non si può difendere. **2** (*fig*) (*inexcusable*) imperdonabile. **3** (*fig*) (*untenable*) indifendibile, insostenibile: *~ opinions* opinioni insostenibili.

indefinable /ˌɪndɪˈfaɪnəbl̩/ *a.* indefinibile, indescrivibile.

indefinably /ˌɪndɪˈfaɪnəbli/ *avv.* in modo indefinibile.

indefinite /ɪnˈdefɪnət/ *a.* **1** indefinito, indeterminato: *an ~ number* un numero indefinito. **2** (*not clearly defined*) vago, impreciso, indefinito. □ (*Gramm*) *~ article* articolo indeterminativo; (*Mat*) *~ integral* integrale indefinito; (*Mil*) *~ leave* congedo illimitato; (*Gramm*) *~ pronoun* pronome indefinito.

indefinitely /ɪnˈdefɪnətli/ *avv.* **1** in modo indefinito, in modo vago. **2** (*for an indefinite time*) indefinitamente, a tempo indeterminato: *to postpone ~* rinviare a tempo indeterminato.

indefiniteness /ɪnˈdefɪnətnəs/ *n.* indeterminatezza *f.*

indehiscence /ˌɪndɪˈhɪsns/ *n.* (*Bot*) indeiscenza *f.*

indehiscent /ˌɪndɪˈhɪsᵊnt/ *a.* (*Bot*) indeiscente: *~ fruit* frutto indeiscente.

indelibility /ɪnˌdeləˈbɪlɪti *Am* ɪnˌdeləˈbɪləti/ *n.* l'essere indelebile.

indelible /ɪnˈdeləbl̩/ *a.* **1** (*of ink or stains*) indelebile, incancellabile. **2** (*fig*) indelebile, perenne, indimenticabile.

indelicacy /ɪnˈdelɪkəsi/ *n.* **1** indelicatezza *f.*, mancanza *f.* di tatto, indiscrezione *f.* **2** (*indelicate expression, etc.*) indelicatezza *f.*

indelicate /ɪnˈdelɪkət/ *a.* **1** indecoroso, sconveniente. **2** (*coarse*) volgare, grossolano. **3** (*tactless*) indelicato, privo di tatto, indiscreto.

indemnifiable /ɪnˈdemnɪfaɪəbl̩/ *a.* risarcibile.

indemnification /ɪnˌdemnɪfɪˈkeɪʃᵊn/ *n.* indennizzo *m.*, indennità *f.*, risarcimento *m.*

indemnify /ɪnˈdemnɪfaɪ/ *v.t.* **1** indennizzare, risarcire, compensare: *to ~ so. for war damages* indennizzare qcu. dei danni di guerra. **2** (*to secure, to protect*) assicurare, garantire: *to ~ so. against* (o *from*) *sth.* assicurare qcu. contro qcs.

indemnity /ɪnˈdemnɪti *Am* ɪnˈdemnəti/ *n.* **1** (*security against loss, etc.*) garanzia *f.*, assicurazione *f.* **2** (*compensation*) indennità *f.*, indennizzo *m.*, risarcimento *m.*: *~ for expropriation* indennità di espropriazione. **3** (*exemption from liabilities, etc.*) esenzione *f.*, dispensa *f.*, esonero *m.*

indemonstrability /ˌɪndɪˌmɒnstrəˈbɪlɪti *Am* ˌɪndɪˌmɑːnstrəˈbɪləti/ *n.* indimostrabilità *f.*, l'essere indimostrabile.

indemonstrable /ˌɪndɪˈmɒnstrəbl̩ *Am* ˌɪndɪˈmɑːnstrəbl̩/ *a.* indimostrabile, che non si può dimostrare.

indent[1] /ɪnˈdent/ **I** *v.t.* **1** formare insenature in, frastagliare. **2** (*to cut notches in*) intaccare, intagliare, dentellare. **3** (*Tip*) fare rientrare. **4** (*of a document drawn up in duplicate*) dividere secondo una linea irregolare (per stabilirne in seguito l'identità); (*to draw up in duplicate*) compilare in duplice copia. **5** (*Comm*) ordinare, fare un'ordinazione di. **6** (*Mil*) requisire merci a. **7** (*of an apprentice*) legare con contratto, vincolare con contratto. **8** (*to dent*) imprimere, stampare. **9** (*to make a dent in*) ammaccare. **II** *v.i.* **1** essere frastagliato. **2** (*Tip*) (*fare*) rientrare (un testo dal margine). **3** (*to draw up in duplicate*) compilare documenti in duplice copia, redigere documenti in duplice copia. **4** (*to break or cut into*) intaccare, ridurre (*on, upon sth.* qcs.), sottrarre una parte (a): *to ~ on reserves* intaccare le riserve. **5** (*Comm*) ordinare (*for sth.* qcs.). **6** (*Mil*) spiccare un ordine di requisizione (*on, upon* su).

indent[2] /ˈɪndent/ *n.* **1** frastagliatura *f.* **2** (*recess*) rientranza *f.* **3** (*notch*) tacca *f.*, intaccatura *f.*, dentellatura *f.* **4** (*Mil*) requisizione *f.* ufficiale. **5** (*Comm*) ordine *m.*, ordinazione *f.* **6** (*Tip*) rientranza *f.*, rientro *m.* **7** (*dent*) ammaccatura *f.*, incavo *m.*

indentation /ˌɪndenˈteɪʃᵊn/ *n.* **1** frastagliatura *f.*, insenatura *f.* **2** (*recess*) rientranza *f.* **3** (*notch*) tacca *f.*, intaccatura *f.*, dentellatura *f.* **4** (*Tip*) (*act*) rientratura *f.*; (*space produced*) capoverso *m.* **5** (*Filat*) dentellatura *f.*

indented /ɪnˈdentɪd *Am* ɪnˈdentɪd/ *a.* **1** frastagliato, ricco d'insenature. **2** (*receding*) rientrante. **3** (*notched*) intaccato, intagliato, dentellato. **4** (*Tip*) rientrato: *an ~ paragraph* un paragrafo rientrato.

indention /ɪnˈdenʃᵊn/ *n.* (*Tip*) (*act*) rientranza *f.*; (*space produced*) capoverso *m.*

indenture /ɪnˈdentʃᵊr/ **I** *n.* **1** documento *m.* in duplicato diviso secondo una linea irregolare. **2** (*estens*) (*any document*) documento *m.* **3** (*contract*) contratto *m.*; (*agreement*) documento *m.* **4** (*official certificate*) certificato *m.* ufficiale. **5** (*inventory*) inventario *m.* **6** (*notch*) tacca *f.*, intaglio *m.*, dentellatura *f.* **7**

pl. (*of an apprentice*) contratto *m.sing.* di apprendista. **II** *v.t.* (*of an apprentice*) impegnare con contratto, vincolare con contratto. □ *to take up one's -s* finire l'apprendistato.

indentured /ɪnˈdentʃᵊrd/ □ (*Stor.am*) *~ servant* servo a contratto.

independence /ˌɪndɪˈpendəns/ *n.* **1** indipendenza *f.* (*anche Pol*). **2** (*freedom*) libertà *f.*, autonomia *f.*, indipendenza *f.* **3** □ (*US*) *Independence Day* anniversario dell'indipendenza americana.

independency /ˌɪndɪˈpendənsi/ *n.* (*Pol*) territorio *m.* indipendente.

independent /ˌɪndɪˈpendənt/ **I** *a.* **1** indipendente: *an ~ girl* una ragazza indipendente. **2** (*self-governing*) indipendente, autonomo: *an ~ nation* una nazione indipendente. **3** (*not influenced*) imparziale, obiettivo: *an ~ opinion* un'opinione imparziale. **4** (*thinking or acting for oneself*) libero, indipendente: *an ~ mind* uno spirito libero; *an ~ newspaper* un giornale indipendente. **5** (*having a competence*) economicamente indipendente. **6** (*of an income, etc.*) sufficiente per vivere di rendita. **II** *n.* **1** persona *f.* indipendente. **2** (*Pol*) indipendente *m./f.* □ (*US,Pol*) *~ candidates* candidati indipendenti; (*Gramm*) *~ clause* proposizione indipendente; (*US,Dir*) *~ counsel* persona investita di poteri investigativi (in caso di presunto impeachment); *a man of ~ means* uomo che vive del suo, uomo che vive di rendita; *~ of* indipendentemente da, senza tener conto di; *to be ~ of*: **1** (*of things*) non dipendere da; **2** (*of people*) non dipendere da, non essere a carico di; (*Br*) *~ schools* scuole private; (*Br*) *~ television* televisione commerciale, televisione privata; (*Mat*) *~ variable* variabile indipendente.

Independent /ˌɪndɪˈpendənt/ **I** *a.* (*Stor.brit, Rel*) (*during the civil war*) indipendente, congregazionalista. **II** *n.* (*Stor.brit,Rel*) (*during the civil war*) indipendente *m./f.*, congregazionalista *m./f.*

in-depth /ɪnˈdepθ/ *a.* profondo, approfondito, dettagliato.

indescribability /ˌɪndɪˌskraɪbəˈbɪlɪti *Am* ˌɪndɪˌskraɪbəˈbɪləti/ *n.* l'essere indescrivibile, l'essere indicibile.

indescribable /ˌɪndɪˈskraɪbəbl̩/ *a.* indescrivibile, indicibile.

indescribably /ˌɪndɪˈskraɪbəbli/ *avv.* indescrivibilmente, indicibilmente.

indestructibility /ˌɪndɪˌstrʌktəˈbɪlɪti *Am* ˌɪndɪˌstrʌktəˈbɪləti/ *n.* indistruttibilità *f.*

indestructible /ˌɪndɪˈstrʌktəbl̩/ *a.* indistruttibile.

indestructibly /ˌɪndɪˈstrʌktəbli/ *avv.* in modo indistruttibile, indistruttibilmente.

indeterminable /ˌɪndɪˈtɜːmɪnəbl̩ *Am* ˌɪndɪˈtɜːrmɪnəbl̩/ *a.* **1** indeterminabile, imprecisabile. **2** (*impossible to decide*) che non può essere deciso. **3** (*Dir*) (*of a dispute*) irrisolvibile.

indeterminacy /ˌɪndɪˈtɜːmɪnəsi *Am* ˌɪndɪˈtɜːrmɪnəsi/ *n.* indeterminazione *f.* □ (*Fis*) *~ principle* principio di indeterminazione.

indeterminate /ˌɪndɪˈtɜːmɪnət *Am* ˌɪndɪˈtɜːrmɪnət/ *a.* **1** indeterminato, indefinito, imprecisato: *an ~ number* un numero indeterminato. **2** (*vague*) vago, indeterminato, impreciso: *an ~ reply* una risposta vaga. **3** (*Mat, Bot,Filos*) indeterminato. **4** (*Fon*) (*neutral*) indistinto. □ (*Am,Dir*) *~ sentence* pena indeterminata; (*Fon*) *~ vowel* vocale indistinta, vocale oscura.

indeterminateness /ˌɪndɪˈtɜːmɪnətnəs *Am* ˌɪndɪˈtɜːrmɪnətnəs/ *n.* indeterminatezza *f.*, imprecisione *f.*

indetermination /ˌɪndɪˌtɜːmɪˈneɪʃᵊn *Am*

ˌɪndɪˌtɜːrmɪˈneɪʃən/ *n.* **1** indeterminatezza *f.*, imprecisione *f.* **2** (*irresoluteness*) irresolutezza *f.*, indecisione *f.*, indeterminazione *f.*

indeterminism /ˌɪndɪˈtɜːrmɪnɪzᵊm *Am* ˌɪndɪˈtɜːrmɪnɪzᵊm/ *n.* (*Filos*) indeterminismo *m.*

indeterminist /ˌɪndɪˈtɜːrmɪnɪst *Am* ˌɪndɪˈtɜːrmɪnɪst/ *n.* (*Filos*) seguace *m./f.* dell'indeterminismo.

index /ˈɪndeks/ **I** *n.* (*pl.* **indices** /ˈɪndɪsiːz/) **1** indice *m.* **2** (*fig*) indice *m.*, indizio *m.*, segno *m.* **3** (*Orol*) (*of a timepiece*) lancetta *f.*, sfera *f.*; (*of a sundial*) gnomone *m.*, indice *m.* **4** (*Anat*) indice *m.*, dito *m.* indice. **5** (*card index*) schedario *m.* **6** (*Statist*) (*ratio*) indice *m.*, rapporto *m.* **7** (*Statist,Econ*) indice *m.* (statistico): *the ~ of industrial production* l'indice della produzione industriale. **8** (*Mat*) indice *m.*; (*exponent*) esponente *m.* **9** (*Tip*) manina *f.* **II** *v.t.* **1** (*of a book*) fornire d'indice. **2** (*to list in an index*) elencare nell'indice, indicare in un indice. **3** (*Rel.catt*) mettere all'Indice. **4** (*Econ, Inform*) indicizzare. ☐ *~book* repertorio; *~card* scheda; *~cards* schedario alfabetico; (*Anat*) *~finger* indice, dito indice; (*Econ*) *~futures* contratti a termine su indici; (*Inform*) *~hole* foro indice; (*Statist,Econ*) *~number* (o *~numeral*) indice (statistico); *~of well-being* indice di benessere, indice di prosperità. **Index** /ˈɪndeks/ *n.* (*Rel.catt*) Indice *m.* (dei libri proibiti).

indexation /ˌɪndekˈseɪʃᵊn/ *n.* (*Econ*) indicizzazione *f.*

indexed /ˈɪndekst/ *a.* (*Inform*) indicizzato.

indexical /ɪnˈdeksɪkᵊl/ *a.* (*Ling*) deittico.

index-linked /ˌɪndeksˈlɪŋ(k)t/ *a.* (*Econ*) indicizzato: *~ wage* salario indicizzato.

index-linking /ˌɪndeksˈlɪŋkɪŋ/ *n.* (*Econ*) indicizzazione *f.*

indexmark /ˈɪndeksmɑːk *Am* ˈɪndeksmɑːrk/ *n.* (*Tip*) manina *f.*

India /ˈɪndɪə/ *n.pr.* (*Geog*) India *f.* ☐ (*Am*) *~ ink* inchiostro di china; (*Cart*) *~paper* : 1 carta d'India; 2 (*Bible paper*) carta bibbia; (*ant*) *~ rubber* : 1 gomma naturale, caucciù; 2 (*eraser*) gomma per cancellare.

Indiaman /ˈɪndɪəmən/ *n.irr.* (*Mar*) nave *f.* per il commercio con l'India.

Indian /ˈɪndɪən/ **I** *n.* **1** indiano *m.* (*f.* -a). **2** (*American Indian*) amerindio *m.* (*f.* -a), indiano *m.* (*f.* -a) (d'America). **II** *a.* **1** indiano. **2** (*relating to American Indians*) degli amerindi, degli indiani d'America. ☐ (*Ginn*) *~ club* clava; *~corn* : 1 (*Bot*) mais, granoturco; 2 (*Am,Gastron*) (*corn on the cob*) pannocchia; (*Bot,Alim*) *~fig* fico d'India; (*Am,spreg,ant*) *to walk in ~file* camminare in fila indiana; (*Am, colloq,spreg*) *~giver* chi richiede indietro un regalo che ha fatto; *~hemp* : 1 (*Bot*) apocino; 2 (*hemp*) canapa indiana; (*Br*) *~ink* inchiostro di china; (*Am*) *~meal* farina di granoturco; (*Bot*) *~ millet* saggina; (*Geog*) *~Ocean* Oceano Indiano; (*Am,spreg,ant*) *~ sign* malocchio; *~summer* : 1 estate indiana, estate di san Martino; 2 (*fig*) anni sereni; *~wrestling* braccio di ferro.

Indiana /ˌɪndɪˈænə *Br also* ˌɪndɪˈɑːnə/ *n.pr.* (*Geog*) Indiana *m.*

Indianapolis /ˌɪndɪəˈnæpᵊlɪs/ *n.pr.* (*Geog*) Indianapolis *f.*

Indic /ˈɪndɪk/ **I** *n.* indoario *m.* **II** *a.* indoario.

indic. (*Gramm*) *indicative* ind. (indicativo).

indicate /ˈɪndɪkeɪt/ *v.t.* **1** indicare, mostrare, additare: *the policeman -d the way* il poliziotto indicò la strada. **2** (*to be a sign of*) essere indice di, essere segno di, indicare, denotare. **3** (*to show*) mostrare, rivelare, manifestare, mettere in luce. **4** (*to show the necessity of; usually passive*) occorrere, essere necessario: *further restrictions are -d* occor-

rono ulteriori restrizioni. **5** (*to state in brief*) indicare, fare conoscere (per sommi capi). **6** (*Med*) (stare a) indicare: *fever that -s severe illness* una febbre che indica una grave malattia. **7** (*Br,Aut*) segnalare: *to ~ a right turn* segnalare una svolta a destra.

indicated /ˈɪndɪkeɪtɪd *Am* ˈɪndɪkeɪtɪd/ ☐ (*Mot*) *~horsepower* potenza indicata in cavalli.

indication /ˌɪndɪˈkeɪʃᵊn/ *n.* **1** indicazione *f.* (*anche Med*). **2** (*sth. that indicates*) indizio *m.*, segno *m.*, sintomo *m.*: *he gave no ~ that he heard me* non diede alcun segno d'avermi sentito. **3** (*trace*) traccia *f.* ☐ *there is every ~that ...*, tutto sta a indicare che...

indicative /ɪnˈdɪkətɪv *Am* ɪnˈdɪkətɪv/ **I** *a.* **1** indicativo (*of* di), che denota (qcs.): *his behaviour is ~ of guilt* il suo comportamento denota colpevolezza. **2** (*Gramm*) indicativo. **II** *n.* (*Gramm*) **1** (*indicative mood*) modo *m.* indicativo, indicativo *m.* **2** (*verb*) verbo *m.* all'indicativo.

indicator /ˈɪndɪkeɪtə *Am* ˈɪndɪkeɪtᵊr/ *n.* **1** chi indica, indicatore *m.* (*f.* -trice). **2** (*on an instrument, dial, etc.*) indicatore *m.*; (*pointer*) indice *m.*, lancetta *f.* **3** (*Strad*) indicatore *m.* (stradale). **4** (*Br,Aut*) freccia *f.* **5** (*Br,Ferr*) tabellone *m.* **6** (*Chim*) indicatore *m.* **7** (*Econ*) indicatore *m.* (economico). ☐ (*Tecn*) *~card* (o *~diagram*) diagramma del ciclo indicato; (*Tecn*) *~ dial* quadrante indicatore; *~ light* spia luminosa; (*Agr*) *~plant* pianta indicatrice.

indicatory /ɪnˈdɪkətri, ˌɪndɪˈkeɪtəri *Am* ɪnˈdɪkətɔːri/ *a.* indicativo, indicatore.

indict /ɪnˈdaɪt/ *v.t.* (*Dir*) incriminare, accusare: *to ~ so. for murder* incriminare qcu. per omicidio.

indictable /ɪnˈdaɪtəbl *Am* ɪnˈdaɪtəbl/ *a.* **1** (*of a person*) incriminabile, accusabile. **2** (*of an offence*) perseguibile, passibile di pena. ☐ (*Br,Dir*) *~offences* reati che comportano più di tre mesi di reclusione.

indictee /ɪndaɪˈtiː/ *n.* imputato *m.* (*f.* -a), accusato *m.* (*f.* -a).

indicter /ɪnˈdaɪtə *Am* ɪnˈdaɪtᵊr/ *n.* accusatore *m.* (*f.* -trice).

indiction /ɪnˈdɪkʃᵊn/ *n.* (*Stor*) indizione *f.*

indictment /ɪnˈdaɪtmənt/ *n.* **1** accusa *f.*: *to lay an ~* (o *to bring in an ~* o *to find an ~*) *against so. for sth.* muovere un'accusa a qcu. per qcs., muovere un'accusa contro qcu. per qcs. **2** (*state of being indicted*) stato *m.* d'accusa. **3** (*Dir*) (formale) atto *m.* d'accusa, indictment *m.* **4** (*fig*) accusa *f.*, atto *m.* d'accusa. ☐ *to beunder ~* essere sotto accusa.

indie /ˈɪndi/ *a.* (*Am,colloq*) indipendente: *an ~ record label* un'etichetta discografica indipendente.

Indies /ˈɪndiz/ *n.pr.pl.* (*Geog*) **1** (*West Indies*) Indie *f.pl.* occidentali. **2** (*East Indies*) Indie *f.pl.* orientali.

indifference /ɪnˈdɪfᵊrəns/ *n.* **1** indifferenza *f.*, disinteresse *m.*, apatia *f.*: *to feel ~ towards sth.* mostrare indifferenza verso qcs.; *to feign ~* fare l'indifferente; *it is a matter of perfect ~ to me* è una questione che mi lascia perfettamente indifferente. **2** (*unimportance*) scarsa importanza *f.*, nessuna importanza *f.*, irrilevanza *f.* ☐ (*Econ*) *~ curve* curva d'indifferenza.

indifferent /ɪnˈdɪfᵊrənt/ **I** *a.* **1** (*not caring*) indifferente, noncurante: *to be ~ to the suffering of others* essere indifferente alle sofferenze degli altri. **2** (*not interested*) indifferente, insensibile, apatico. **3** (*not mattering*) indifferente: *it is ~ to me whether you go or stay* che tu vada o resti, mi è indifferente. **4** (*unimportant*) irrilevante, di scarsa impor-

tanza, di nessuna importanza. **5** (*mediocre*) mediocre: *~ workmanship* mediocre fattura. **6** (*rather bad*) scadente. **7** (*impartial*) imparziale; (*morally neutral*) neutrale. **8** (*Fis, Chim*) indifferente. **9** (*Biol*) indifferente, indifferenziato. **II** *n.* indifferente *m./f.*

indifferentism /ɪnˈdɪfᵊrəntɪzᵊm/ *n.* indifferentismo *m.*

indifferentist /ɪnˈdɪfᵊrəntɪst/ *n.* chi mostra indifferentismo.

indifferently /ɪnˈdɪfᵊrəntli/ *avv.* **1** con indifferenza, senza interesse. **2** (*rather badly*) mediocremente. **3** (*impartially*) senza (fare) differenza, in modo imparziale.

indigence /ˈɪndɪdʒᵊns/ *n.* indigenza *f.*, estrema povertà *f.*

indigene /ˈɪndɪdʒiːn/ *n.* **1** indigeno *m.* (*f.* -a), nativo *m.* (*f.* -a), aborigeno *m.* (*f.* -a). **2** (*Bot*) pianta *f.* indigena. **3** (*Zool*) animale *m.* indigeno.

indigenous /ɪnˈdɪdʒɪnəs/ *a.* **1** indigeno, nativo, autoctono: *~ population* popolazione indigena. **2** (*aboriginal*) originario (*to* di). **3** (*relating to the natives*) degli indigeni. **4** (*innate*) innato, insito (*to* in).

indigent /ˈɪndɪdʒənt/ *a.* indigente, bisognoso, povero.

indigested /ˌɪndɪˈdʒestɪd/ *a.* (*rar*) **1** confuso, disordinato. **2** (*undigested*) non digerito, indigesto.

indigestibility /ˌɪndɪˌdʒestəˈbɪlɪti *Am* ˌɪndɪˌdʒestəˈbɪləti/ *n.* indigeribilità *f.*

indigestible /ˌɪndɪˈdʒestəbl/ *a.* **1** indigeribile. **2** (*fig*) (*unendurable*) indigeribile, insopportabile, indigesto. **3** (*fig*) (*incomprehensible*) incomprensibile.

indigestion /ˌɪndɪˈdʒestʃᵊn/ *n.* (*Med*) **1** (*dyspepsia*) cattiva digestione *f.*, dispepsia *f.* **2** (*attack of indigestion*) indigestione *f.*

indigestive /ˌɪndɪˈdʒestɪv/ *a.* (*Med*) dispeptico, che soffre di cattiva digestione.

indignant /ɪnˈdɪgnənt/ *a.* **1** indignato, sdegnato, risentito: *to be ~ at sth.* essere indignato per qcs. **2** (*expressing indignation*) sdegnato: *an ~ letter* una lettera sdegnata.

indignantly /ɪnˈdɪgnəntli/ *avv.* con indignazione, con sdegno.

indignation /ˌɪndɪgˈneɪʃᵊn/ *n.* indignazione *f.*, sdegno *m.*, risentimento *m.* ☐ *~meeting* comizio di protesta.

indignity /ɪnˈdɪgnɪti *Am* ɪnˈdɪgnəti/ *n.* **1** trattamento *m.* indegno. **2** (*affront*) oltraggio *m.*, affronto *m.*, offesa *f.*

indigo /ˈɪndɪgəʊ/ (*pl.* **-s/-es** /-z/) **I** *n.* **1** (*dye*) indaco *m.* **2** (*colour*) blu indaco *m.* **3** (*Bot*) indigofera *f.*, anile *m.* **II** *a.* blu indaco. ☐ *~ blue* blu indaco; (*Bot*) *~ plant* indigofera; (*Zool*) *~snake* drymarchon corais.

indigotic /ˌɪndɪˈgɒtɪk *Am* ˌɪndɪˈgɑːtɪk/ *a.* d'indaco, color indaco.

indigotin /ɪnˈdɪgətɪn/ *n.* (*Chim*) indigotina *f.*

indirect /ˌɪnd(a)ɪˈrekt/ *a.* **1** indiretto, traverso, obliquo: *~ route* percorso indiretto. **2** (*roundabout*) indiretto: *~ reference* riferimento indiretto. **3** (*fig*) disonesto, tortuoso, subdolo. **4** (*secondary*) mediato, indiretto: *~ effect* effetto mediato; *~ advantage* vantaggio indiretto; *~answer* risposta indiretta; (*Econ*) *~ cost* costo indiretto; (*Br,Dir*) *discrimination* discriminazione indiretta; (*Sport*) *~free kick* calcio di punizione a due; *~ lighting* illuminazione indiretta, luce diffusa; (*Pol*) *~ lobbying* lobbying indiretto; (*Gramm*) *~ object* complemento indiretto; (*Gramm*) *~ question* domanda indiretta; (*Gramm*) *~speech* discorso indiretto; (*Econ*) *~taxation* imposte indirette.

indirection /ˌɪnd(a)ɪˈrekʃᵊn/ *n.* **1** azione *f.* indiretta. **2** (*fig*) (*roundabout course*) vie *f.pl.*

traverse; (*dishonesty*) modi *m.pl.* subdoli, ambiguità *f.*

indirectly /ˌɪnd(a)ɪ'rektli/ *avv.* indirettamente, per vie traverse.

indirectness /ˌɪnd(a)ɪ'rektnəs/ *n.* 1 l'essere indiretto. 2 (*fig*) disonestà *f.*

indiscernible /ˌɪndɪ'sɜːnəbl̩ *Am* ˌɪndɪ'sɜːrnəbl̩/ *a.* 1 che non si può vedere distintamente, indiscernibile. 2 (*fig*) impercettibile, inafferrabile.

indiscerptible /ˌɪndɪ'sɜːptəbl̩ *Am* ˌɪndɪ'sɜːrptəbl̩/ *a.* indivisibile, che non si può separare.

indiscipline /ɪn'dɪsɪplɪn/ *n.* indisciplina *f.*

indiscoverable /ˌɪndɪ'skʌvərəbl̩/ *a.* che non si può scoprire.

indiscreet /ˌɪndɪ'skriːt/ *a.* 1 (*inconsiderate: of a person*) sconsiderato, sconsigliato, sventato. 2 (*of a remark, etc.*) imprudente, avventato, incauto. 3 (*tactless*) indiscreto, privo di tatto, indelicato.

indiscrete /ˌɪndɪ'skriːt/ *a.* non diviso (in parti), compatto.

indiscretion /ˌɪndɪ'skreʃən/ *n.* 1 imprudenza *f.*, sconsideratezza *f.* 2 (*tactlessness*) indiscrezione *f.*, mancanza *f.* di tatto, indelicatezza *f.* 3 (*indiscreet act*) azione *f.* avventata, imprudenza *f.*: to commit an ~ commettere un'imprudenza.

indiscriminate /ˌɪndɪ'skrɪmɪnət/ *a.* 1 che non fa distinzioni, che non fa differenze: to be ~ in one's friendships non andare per il sottile nel fare amicizie. 2 (*random, haphazard*) indiscriminato, senza discernimento, a casaccio. 3 (*confused, jumbled*) confuso, caotico. 4 (*heterogeneous*) eterogeneo. □ an ~ reader chi legge un po' di tutto.

indiscriminately /ˌɪndɪ'skrɪmɪnətli/ *avv.* 1 indiscriminatamente. 2 (*haphazardly*) a casaccio, a caso.

indiscriminating /ˌɪndɪ'skrɪmɪneɪtɪŋ *Am* ˌɪndɪ'skrɪmɪneɪtɪŋ/ *a.* che non fa differenze.

indiscrimination /ˌɪndɪˌskrɪmɪ'neɪʃən/ *n.* mancanza *f.* di discernimento, mancanza *f.* di discriminazione.

indiscriminative /ˌɪndɪs'krɪmɪnətɪv *Am* ˌɪndɪs'krɪmɪnətɪv/ *a.* che non fa distinzioni, che non fa differenze.

indispensability /ˌɪndɪˌspensə'bɪlɪti *Am* ˌɪndɪˌspensə'bɪləti/ *n.* l'essere indispensabile.

indispensable /ˌɪndɪ'spensəbl̩/ *a.* 1 indispensabile, (assolutamente) necessario: a second language is absolutely ~ una seconda lingua è assolutamente necessaria. 2 (*of law, etc.: that cannot be disregarded*) inderogabile, che deve essere rispettato.

indispensably /ˌɪndɪ'spensəbli/ *avv.* necessariamente, in modo indispensabile.

indispose /ˌɪndɪ'spəʊz/ *v.t.* 1 rendere inabile, inabilitare. 2 (*to make unwilling*) rendere contrario. 3 (*ant*) (*to make slightly ill*) causare un'indisposizione a.

indisposed /ˌɪndɪ'spəʊzd/ *a.* 1 non disposto, contrario: to be ~ to do sth. non essere disposto a fare qcs. 2 (*slightly ill*) indisposto.

indisposition /ˌɪndɪspə'zɪʃən/ *n.* 1 indisponibilità *f.*, avversione *f.* 2 (*slight illness*) indisposizione *f.*, malessere *m.*

indisputability /ˌɪndɪˌspjuːtə'bɪlɪti *Am* ˌɪndɪˌspjuːtə'bɪləti/ *n.* incontestabilità *f.*

indisputable /ˌɪndɪ'spjuːtəbl̩ *Am* ˌɪndɪ'spjuːtəbl̩/ *a.* indiscutibile, incontestabile, inconfutabile.

indisputably /ˌɪndɪ'spjuːtəbli *Am* ˌɪndɪ'spjuːtəbli/ *avv.* indiscutibilmente, incontestabilmente.

indissociable /ˌɪndɪ'səʊʃ(i)əbl̩/ *a.* indissociabile.

indissolubility /ˌɪndɪˌsɒljə'bɪlɪti *Am* ˌɪndɪˌsɒljə'bɪləti/ *n.* indissolubilità *f.*: the ~ of marriage l'indissolubilità del matrimonio.

indissoluble /ˌɪndɪ'sɒljəbl̩ *Am* ˌɪndɪ'saːljəbl̩/ *a.* 1 indissolubile. 2 (*Chim*) insolubile, indissolubile.

indistinct /ˌɪndɪ'stɪŋ(k)t/ *a.* 1 indistinto, indefinito: an ~ outline un contorno indistinto. 2 (*of sounds*) indistinto, confuso. 3 (*vague*) indistinto, vago, confuso: ~ memories ricordi indistinti.

indistinctive /ˌɪndɪ'stɪŋ(k)tɪv/ *a.* 1 che non si distingue. 2 (*incapable of distinguishing*) incapace di distinguere.

indistinctness /ˌɪndɪ'stɪŋ(k)tnəs/ *n.* l'essere indistinto.

indistinguishability /ˌɪndɪˌstɪŋgwɪʃə'bɪlɪti *Am* ˌɪndɪˌstɪŋgwɪʃə'bɪləti/ *n.* l'essere indistinguibile.

indistinguishable /ˌɪndɪ'stɪŋgwɪʃəbl̩/ *a.* 1 indistinguibile, che non si può distinguere: he is ~ from his twin non si può distinguere dal gemello. 2 (*not discernible*) impercettibile: an ~ difference una differenza impercettibile. 3 (*indistinct*) indistinto, indistinguibile.

indite /ɪn'daɪt/ *v.t.* 1 comporre, scrivere. 2 (*to write*) scrivere.

indium /'ɪndɪəm/ *n.* (*Chim*) indio *m.*

indivertible /ˌɪnd(a)ɪ'vɜːtəbl̩ *Am* ˌɪnd(a)ɪ'vɜːrtəbl̩/ *a.* non deviabile.

individual /ˌɪndɪ'vɪdʒʊəl *Br also* ˌɪndɪ'vɪdjʊəl/ I *a.* 1 individuale: ~ qualities qualità individuali. 2 (*single*) singolo: ~ copies of a document le singole copie di un documento. 3 (*fig*) (*having individuality*) personale, particolare, individuale: a very ~ style uno stile molto personale. 4 (*of different design, etc.*) differente, diverso: five ~ cups cinque tazze diverse (l'una dall'altra). II *n.* 1 individuo *m.*, singolo *m.*: the rights of the ~ i diritti dell'individuo. 2 (*person*) individuo *m.*, tipo *m.*, persona *f.* originale. □ (*Sport*) ~ medley (*in swimming*) misto, gara a stile misto; (*Dir*) ~ petition ricorso individuale.

individualism /ˌɪndɪ'vɪdʒʊəlɪzəm *Br also* ˌɪndɪ'vɪdjʊəlɪzəm/ *n.* 1 individualismo *m.* (*anche Filos,Econ*). 2 (*egoism*) individualismo *m.*, egoismo *m.*

individualist /ˌɪndɪ'vɪdʒʊəlɪst *Br also* ˌɪndɪ'vɪdjʊəlɪst/ *n.* individualista *m./f.* (*anche Filos*).

individualistic /ˌɪndɪˌvɪdʒʊə'lɪstɪk *Br also* ˌɪndɪˌvɪdjʊə'lɪstɪk/ *a.* individualistico.

individuality /ˌɪndɪˌvɪdʒu'ælɪti *Am* ˌɪndɪˌvɪdʒu'æləti/ *n.* 1 individualità *f.*, personalità *f.* 2 (*individual characteristics*) individualità *f.*, caratteristiche *f.pl.* personali.

individualization /ˌɪndɪˌvɪdʒʊəl(a)ɪ'zeɪʃən *Br also* ˌɪndɪˌvɪdjʊəl(a)ɪ'zeɪʃən/ *n.* individuazione *f.*, individualizzazione *f.*

individualize /ˌɪndɪ'vɪdʒʊəlaɪz *Br also* ˌɪndɪ'vɪdjʊəlaɪz/ *v.t.* 1 individualizzare, individuare, caratterizzare. 2 (*to specify*) particolareggiare, specificare.

individually /ˌɪndɪ'vɪdʒʊəli *Br also* ˌɪndɪ'vɪdjʊəli/ *avv.* 1 individualmente, separatamente. 2 (*one by one*) a uno a uno, singolarmente. 3 (*in an individual manner*) in modo individuale, in modo personale. 4 (*personally*) personalmente, di persona.

individuate /ˌɪndɪ'vɪdʒʊeɪt *Br also* ˌɪndɪ'vɪdjʊeɪt/ *v.t.* individuare.

individuation /ˌɪndɪˌvɪdʒu'eɪʃən *Br also* ˌɪndɪˌvɪdjʊ'eɪʃən/ *n.* individuazione *f.* (*anche Filos*).

indivisibility /ˌɪndɪˌvɪzɪ'bɪlɪti *Am* ˌɪndɪˌvɪzɪ'bɪləti/ *n.* indivisibilità *f.*

indivisible /ˌɪndɪ'vɪzəbl̩/ I *a.* indivisibile. II *n.* ciò che è indivisibile.

Indo-Aryan /ˌɪndəʊ'eərɪən *Am* ˌɪndəʊ'erɪən/ I

a. indo-ario. II *n.* indo-ario *m.* (*f.* -a).

Indochina /ˌɪndəʊ'tʃaɪnə/ *n.pr.* (*Geog*) Indocina *f.*

Indochinese /ˌɪndəʊtʃaɪ'niːz/ I *a.* indocinese. II *n.* 1 indocinese *m./f.* 2 (*language*) indocinese *m.*

indocile /ɪn'dəʊsaɪl *Am* ɪn'dɑːsəl/ *a.* indocile, ribelle, indisciplinato.

indocility /ˌɪndəʊ'sɪlɪti *Am* ˌɪndəʊ'sɪləti/ *n.* indisciplina *f.*, indocilità *f.*

indoctrinate /ɪn'dɒktrɪneɪt *Am* ɪn'dɑːktrɪneɪt/ *v.t.* 1 addottrinare, indottrinare. 2 (*to teach*) insegnare a, istruire.

indoctrination /ɪnˌdɒktrɪ'neɪʃən *Am* ɪnˌdɑːktrɪ'neɪʃən/ *n.* indottrinamento *m.*, indottrinazione *f.*

Indo-European /ˌɪndəʊˌjʊərə'piːən *Am* ˌɪndəʊˌjʊrə'piːən/ I *a.* indoeuropeo. II *n.* 1 (*family of languages*) indoeuropeo *m.*, indogermanico *m.* 2 (*parent language*) lingua *f.* indoeuropea, indoeuropeo *m.* 3 (*person*) indoeuropeo *m.* (*f.* -a).

Indo-Germanic /ˌɪndəʊdʒɜː'mænɪk *Am* ˌɪndəʊdʒɜːr'mænɪk/ I *a.* indogermanico. II *n.* 1 (*family of languages*) indogermanico *m.* 2 (*parent language*) lingua *f.* indoeuropea, indoeuropeo *m.* 3 (*person*) indoeuropeo *m.* (*f.* -a).

Indo-Iranian /ˌɪndəʊɪ'reɪnɪən, ˌɪndəʊ'rɑːnɪən/ I *a.* indoiranico. II *n.* indoiranico *m.* (*f.* -a).

indole /'ɪndəʊl/ *n.* (*Chim*) indolo *m.*

indoleacetic /ˌɪndəʊlə'siːtɪk *Am* ˌɪndəʊlə'siːt̬ɪk/ □ (*Biol,Chim*) ~ acid acido indolacetico.

indolence /'ɪndələns/ *n.* indolenza *f.*, pigrizia *f.*, (*rar*) neghittosità *f.*

indolent /'ɪndələnt/ *a.* 1 indolente, pigro, (*rar*) neghittoso. 2 (*Med*) (*causing no pain*) che non procura dolore, (*rar*) indolente.

Indologist /ɪn'dɒlədʒɪst *Am* ɪn'dɑːlədʒɪst/ *n.* indianista *m./f.*

Indology /ɪn'dɒlədʒi *Am* ɪn'dɑːlədʒi/ *n.* indianistica *f.*

indomitable /ɪn'dɒmɪtəbl̩ *Am* ɪn'dɑːmɪt̬əbl̩/ *a.* indomabile, indomito, che non si può vincere, che non si può piegare.

Indonesia /ˌɪndəʊ'niːʒə, ˌɪndəʊ'niːʃə/ *n.pr.* (*Geog*) Indonesia *f.*

Indonesian /ˌɪndəʊ'niːʒən, ˌɪndəʊ'niːʃən/ I *a.* indonesiano. II *n.* 1 indonesiano *m.* (*f.* -a). 2 (*language*) indonesiano *m.*

indoor /'ɪnˈdɔːr *Am* ˌɪnˈdɔːr/ *a.* 1 interno, dentro casa, al chiuso: ~ swimming pool piscina interna. 2 (*Sport*) indoor, coperto: ~ tournament torneo indoor. 3 (*of people: inclined to stay at home*) casalingo. 4 (*for use indoors*) da casa, per la casa. □ (*Br,ant*) ~ paupers ricoverati poveri in ospedale, ospizio ecc.); (*Br*) ~ relief assistenza prestata ai ricoverati.

indoor-outdoor /ˌɪndɔːr'aʊtdɔːr *Am* ˌɪndɔːr'aʊtdɔːr/ *a.* (*of a swimming-pool*) al coperto e all'aperto.

indoors /ˌɪn'dɔːz *Am* ˌɪn'dɔːrz/ *avv.* all'interno, in casa, dentro (casa), al chiuso: to go ~ entrare, andare dentro, andare al coperto; to keep ~ (o to stay ~) restare in casa.

indorse /ɪn'dɔːs *Am* ɪn'dɔːrs/ *e der.* → **endorse** *e der.*

indraft /'ɪndrɑːft/ *n.* (*Am*) 1 corrente *f.* verso l'interno. 2 (*inward attraction*) attrazione *f.* verso l'interno.

indraught /'ɪndrɑːft/ *n.* 1 corrente *f.* verso l'interno. 2 (*inward attraction*) attrazione *f.* verso l'interno.

indrawn /ˌɪn'drɔːn *Am* ˌɪndrɔːn/ *a.* 1 (*of breath, etc.*) inspirato. 2 (*fig*) introspettivo, introverso.

indubitable /ɪn'djuːbɪtəbl̩ *Am* ɪn'd(j)uːbɪt̬əbl̩/

a. indubitabile, certo.

induce /ɪn'dju:s *Am also* ɪn'du:s/ *v.t.* **1** indurre, persuadere, spingere: *to ~ so. to do sth.* indurre qcu. a fare qcs. **2** (*to bring about*) provocare, produrre, causare. **3** (*El*) indurre. **4** (*Med*) provocare, causare: *to ~ sleep* provocare il sonno. **5** (*Filos*) indurre, dedurre tramite il ragionamento induttivo. □ (*Med*) *to ~ labour* provocare il travaglio, indurre il travaglio; *to ~ the hope that* fare sperare che.

induced /ɪn'dju:st *Am also* ɪn'du:st/ □ (*El*) *~ current* corrente indotta; (*Aer*) *~ drag* resistenza indotta; (*Med*) *~ labour* travaglio indotto.

inducement /ɪn'dju:smənt *Am also* ɪn 'du:smənt/ *n.* **1** incitamento *m.*, persuasione *f.* **2** (*sth. that induces*) stimolo *m.*, incentivo *m.*, spinta *f.*, incitamento *m.* **3** (*bribe*) tangente *f.*, bustarella *f.* **4** (*Dir*) (*in allegations*) parte *f.* introduttiva.

induct /ɪn'dʌkt/ *v.t.* **1** insediare, installare. **2** (*Rel*) investire: *to ~ a clergyman to a living* investire un ecclesiastico di un beneficio. **3** (*to initiate*) introdurre, iniziare. **4** (*Am,Mil*) reclutare, arruolare.

inductance /ɪn'dʌktəns/ *n.* (*El*) induttanza *f.*

inductee /ˌɪndʌk'ti:/ *n.* (*Am*) recluta *f.* (*anche Mil*).

inductile /ɪn'dʌktaɪl *Am* ɪn'dʌktɪl/ *a.* non duttile, non flessibile.

inductility /ˌɪndʌk'tɪlɪti *Am* ˌɪndʌk'tɪləti/ *n.* mancanza *f.* di duttilità, mancanza *f.* di flessibilità.

induction /ɪn'dʌkʃən/ *n.* **1** insediamento *m.* **2** (*Rel*) investitura *f.* **3** (*initiation*) iniziazione *f.* **4** (*Am,Mil*) reclutamento *m.* **5** (*Filos,El,Biol, Mat*) induzione *f.*: *to argue by ~* argomentare per induzione. □ (*El*) *~ coil* bobina di induzione; (*Met*) *~ hardening* tempra a induzione; (*Tecn*) *~ heating* riscaldamento a induzione; (*Tecn*) *~ loop* cavo di induzione; (*Mot*) *~ manifold* collettore di immissione; (*Mot*) *~ motor* motore a induzione.

inductive /ɪn'dʌktɪv/ *a.* (*El,Biol,Filos*) induttivo.

inductively /ɪn'dʌktɪvli/ *avv.* in modo induttivo, induttivamente, per induzione.

inductiveness /ɪn'dʌktɪvnəs/ *n.* (*El*) induttività *f.*

inductivity /ˌɪndʌk'tɪvɪti *Am* ˌɪndʌk'tɪvəti/ *n.* (*El*) induttività *f.*

inductor /ɪn'dʌktər/ *n.* (*El,Biol*) induttore *m.*

indue /ɪn'd(j)u:/ *v.t.* (*to endue*) dotare, fornire, provvedere.

indulge /ɪn'dʌldʒ/ I *v.t.* **1** soddisfare, appagare: *to ~ one's appetite* soddisfare il proprio appetito. **2** (*to yield to the wishes of*) secondare i desideri di, assecondare i desideri di, mostrarsi accondiscendente verso, essere indulgente verso. **3** (*to spoil*) viziare, darla (sempre) vinta a. **4** (*rifl.*) *to ~ oneself* trattarsi bene, non rinunciare a nulla: *to ~ oneself in* (o *with*) *sth.* abbandonarsi a qcs., darsi senza ritegno a qcs. **5** (*ant*) concedere un'indulgenza, concedere una gentilezza: *I will ~ you this wish* vi concederò il vostro desiderio. II *v.i.* **1** indulgere, abbandonarsi (*in* a): *to ~ in nostalgia* abbandonarsi alla nostalgia. **2** (*colloq,ant*) (*to drink excessively*) indulgere al vizio del bere, essere dedito al bere. □ *to ~ a fond hope* accarezzare una vana speranza, accarezzare un sogno; *to ~ in a cigar* concedersi un sigaro, permettersi un sigaro; *to ~ too freely in sth.* fare abuso di qcs.; *to ~ a vain hope* accarezzare una vana speranza, accarezzare un sogno; *to ~ a whim* concedersi un capriccio.

indulgence /ɪn'dʌldʒəns/ I *n.* **1** appagamento *m.*, soddisfazione *f.*: *the ~ of a desire* l'appagamento di un desiderio; *to allow oneself the ~ of a glass of wine* concedersi il piacere di un bicchiere di vino. **2** (*leniency, humouring*) indulgenza *f.*, condiscendenza *f.*: *to treat a child with ~* usare indulgenza con un bambino, trattare un bambino con indulgenza. **3** (*self-indulgence*) indulgenza *f.* verso se stessi. **4** (*thing indulged in*) cosa *f.* a cui s'indulge, (*estens*) vizio *m.*, debolezza *f.*: *smoking is his only ~* il suo unico vizio è il fumo. **5** (*Comm*) dilazione *f.*: *to grant an ~ on a bill* concedere una dilazione al pagamento di una cambiale. **6** (*Rel.catt*) indulgenza *f.* **7** (*Stor.brit*) concessione *f.* della libertà religiosa. II *v.t.* (*Rel.catt*) dotare di indulgenza.

indulgenced /ɪn'dʌldʒənst/ *a.* (*Rel.catt*) che conferisce un'indulgenza.

indulgent /ɪn'dʌldʒənt/ *a.* indulgente, benevolo, condiscendente: *~ parents* genitori indulgenti.

indult /ɪn'dʌlt/ *n.* (*Rel.catt*) indulto *m.*

indumentum /ˌɪndju'mentəm *Am* ˌɪndju 'mentəm/ *n.* **1** (*Bot*) rivestimento *m.* **2** (*Zool*) piumaggio *m.*

indurate /'ɪndjʊəreɪt *Am* 'ɪnd(j)ʊreɪt/ I *v.t.* **1** (*lett,Tecn*) indurire, solidificare. **2** (*Med*) (*of tissue*) indurire. **3** (*fig*) (*to inure*) rendere resistente, indurire. **4** (*fig*) (*to make callous*) indurire, rendere insensibile. II *v.i.* indurirsi, solidificare, diventare duro (*anche fig*).

induration /ˌɪndjʊə'reɪʃən *Am* ˌɪnd(j)ʊ'reɪʃən/ *n.* **1** indurimento *m.* (*anche Med*). **2** (*fig*) (*becoming inured*) l'essere indurito, l'essere resistente. **3** (*fig*) (*callousness*) durezza *f.*, insensibilità *f.*

indurative /ɪn'djʊərətɪv *Am* ɪn'd(j)ʊrətɪv/ *a.* che indurisce, indurente.

Indus /'ɪndəs/ *n.pr.* **1** (*Geog*) Indo *m.* **2** (*Astr*) Indiano *m.*

indusium /ɪn'dju:zɪəm/ (*pl.* **-sia** /-zɪə/) *n.* (*Biol*) indusio *m.*

industrial /ɪn'dʌstrɪəl/ I *a.* **1** industriale, dell'industria: *~ processes* processi industriali; *~ workers* lavoratori dell'industria. **2** (*for use in industry*) per uso industriale: *~ diamonds* diamanti per uso industriale. **3** (*having many industries*) industrializzato, industriale: *an ~ country* un paese industrializzato. II *n.* **1** lavoratore *m.* (*f.* -trice) dell'industria. **2** *pl.* (*Econ*) azioni *f.pl.* industriali, titoli *m.pl.* industriali. □ *~ accident* incidente sul lavoro; (*Br*) *~ action* agitazione sindacale, azione sindacale; *~ agreement* accordo sindacale; *~ alcohol* alcol per uso industriale; *~ archaeology* archeologia industriale; *~ area* area industriale; (*Edil*) *~ building* edificio industriale; *~ centre* centro industriale; *~ company* impresa industriale; *~ complex* complesso industriale; *~ democracy* democrazia industriale; *~ design* industrial design, design industriale, disegno industriale; *~ designer* designer industriale; *~ disease* malattia professionale; *~ dispute* conflitto di lavoro, vertenza sindacale; *~ electronics* elettronica industriale; *~ engineering* ingegneria industriale; (*Br*) *~ estate* area industriale, zona industriale; *~ hygiene* igiene del lavoro; *~ injury* incidente sul lavoro; *~ medicine* medicina del lavoro; (*Biol*) *~ melanism* melanismo industriale; *~ metropolis* metropoli industriale; (*Am,Canad*) *~ park* area industriale, zona industriale; *~ peace* pace sindacale; *~ pollution* inquinamento industriale; *~ production* produzione industriale; *~ psychology* psicologia del lavoro; *~ relations* relazioni industriali, relazioni tra sindacati e datori di lavoro; (*Stor*) *Industrial Revolution* rivoluzione industriale; *~ robot* robot indu-

striale; *~ safety* sicurezza sul lavoro; (*Stor*) *~ school* scuola industriale; *~ security* controspionaggio industriale; *~ settlement* zona industriale; *~ site* insediamento industriale; *~ society* società industriale; *~ sociology* sociologia industriale; (*GB,Dir*) *~ tribunal* tribunale del lavoro; (*Aut*) *~ vehicle* veicolo commerciale; *~ waste* rifiuti industriali.

industrialism /ɪn'dʌstrɪəlɪzəm/ *n.* (*Econ*) industrialismo *m.*

industrialist /ɪn'dʌstrɪəlɪst/ *n.* industriale *m.*

industrialization /ɪnˌdʌstrɪəlaɪ'zeɪʃən/ *n.* industrializzazione *f.*

industrialize /ɪn'dʌstrɪəlaɪz/ I *v.t.* industrializzare. II *v.i.* industrializzarsi.

industrially /ɪn'dʌstrɪəli/ *avv.* su scala industriale, industrialmente.

industrial-strength /ɪnˌdʌstrɪəl'streŋ(k)θ/ *a.* **1** (*of a cleaner*) potente, concentrato. **2** (*of cardboard*) durissimo, extra-strong. **3** (*durable*) duraturo, di lunga durata.

industrious /ɪn'dʌstrɪəs/ *a.* **1** industrioso, laborioso, operoso, attivo. **2** (*diligent*) diligente.

industry /'ɪndʌstri/ *n.* **1** industria *f.*: *the tourist ~* l'industria turistica; *car ~* industria automobilistica; *labour and ~* manodopera e industria. **2** (*spreg*) filone *m.*, industria *f.*: *the pulp fiction ~* il filone pulp. **3** (*assiduous activity*) operosità *f.*, laboriosità *f.* **4** (*diligence*) diligenza *f.*

indwell /ˌɪn'dwel/ I *v.i.* **1** dimorare, risiedere. **2** (*fig*) essere insito (*in* in), essere proprio (di). II *v.t.* **1** abitare. **2** (*fig*) essere insito in, essere proprio di.

indwelling /ˌɪn'dwelɪŋ/ *a.* insito (*in* in), proprio (di).

inebriant /ɪ'ni:brɪənt/ I *a.* inebriante. II *n.* bevanda *f.* inebriante.

inebriate[1] /ɪ'ni:brɪeɪt/ *v.t.* **1** rendere ebbro, inebriare. **2** (*fig*) inebriare, eccitare, esaltare.

inebriate[2] /ɪ'ni:brɪət/ I *n.* **1** beone *m.* (*f.* -a), ubriacone *m.* (*f.* -a). **2** (*habitual drunkard*) alcolizzato *m.* (*f.* -a). II *a.* ebbro, ubriaco.

inebriated /ɪ'ni:brɪeɪtɪd *Am* ɪ'ni:brɪeɪtɪd/ *a.* ebbro, ubriaco.

inebriation /ɪˌni:brɪ'eɪʃən/ *n.* ubriachezza *f.*

inebriety /ˌɪni:'braɪɪti *Am* ˌɪni:'braɪəti/ *n.* **1** inebriamento *m.* **2** (*habitual drunkenness*) alcolismo *m.*, ubriachezza *f.* abituale.

inedibility /ɪˌnedɪ'bɪlɪti *Am* ɪˌnedɪ'bɪləti/ *n.* il non essere commestibile.

inedible /ɪn'edɪbl̩/ *a.* **1** non commestibile. **2** (*estens*) (*disgusting*) immangiabile.

inedited /ɪn'edɪtɪd *Am* ɪn'edɪtɪd/ *a.* (*Edit, Giorn*) **1** inedito, non pubblicato. **2** (*published without alterations*) in edizione integrale.

ineffability /ɪnˌefə'bɪlɪti *Am* ɪnˌefə'bɪləti/ *n.* ineffabilità *f.*

ineffable /ɪn'efəbl̩/ *a.* ineffabile, indicibile, inesprimibile: *~ joy* gioia ineffabile.

ineffaceability /ˌɪnɪˌfeɪsə'bɪlɪti *Am* ˌɪnɪˌfeɪsə 'bɪləti/ *n.* l'essere indelebile, l'essere incancellabile.

ineffaceable /ˌɪnɪ'feɪsəbl̩/ *a.* incancellabile, indelebile.

ineffective /ˌɪnɪ'fektɪv/ *a.* **1** inefficace, inutile, vano: *~ remedies* rimedi inefficaci. **2** (*of people: incompetent*) incapace, incompetente; (*inefficient*) inefficiente, incapace. **3** (*lacking aesthetic merit*) privo di effetto, inefficace.

ineffectively /ˌɪnɪ'fektɪvli/ *avv.* in modo inefficace, inefficacemente.

ineffectiveness /ˌɪnɪ'fektɪvnəs/ *n.* inefficacia *f.*

ineffectual /ˌɪnɪ'fektʃʊəl *Br also* ˌɪnɪ'fektjuəl/ *a.* vano, inefficace, inutile.

ineffectuality /ˌɪnɪˌfektʃu'ælɪti, ˌɪnɪˌfektju

'æliti *Am* ˌɪnɪˌfektʃuˈælәti/ *n.* l'essere vano.

ineffectualness /ˌɪnɪˈfektʃuˀlnәs *Br also* ˌɪnɪ 'fektjuˀlnәs/ *n.* l'essere vano.

inefficacious /ˌɪnefɪˈkeɪʃәs/ *a.* inefficace, inutile, vano.

inefficacy /ɪnˈefɪkәsi/ *n.* inefficacia *f.*, inutilità *f.*

inefficiency /ˌɪnɪˈfɪʃˀnsi/ *n.* inefficienza *f.*

inefficient /ˌɪnɪˈfɪʃˀnt/ *a.* **1** inefficiente, inetto, incapace. **2** (*inefficacious*) inefficace. **3** (*of a machine*) non efficiente, non produttivo, inefficiente.

inelastic /ˌɪnɪˈlæstɪk *Br also* ˌɪnɪˈlɑːstɪk/ *a.* **1** rigido, anelastico. **2** (*anche Econ*) anelastico. **3** (*fig*) inflessibile, rigido.

inelasticity /ˌɪnɪlæsˈtɪsɪti, ˌɪnɪlɑːˈstɪsɪti *Am* ˌɪnɪlæsˈtɪsәti/ *n.* **1** anelasticità *f.*, rigidezza *f.* **2** (*Econ*) anelasticità *f.* **3** (*fig*) inflessibilità *f.*

inelegance /ɪnˈelɪgәns/ *n.* ineleganza *f.*; (*lack of refinement*) rozzezza *f.*

inelegancy /ɪnˈelɪgәnsi/ *n.* ineleganza *f.*; (*lack of refinement*) rozzezza *f.*

inelegant /ɪnˈelɪgәnt/ *a.* inelegante, privo di eleganza, (*lacking in refinement*) inelegante, rozzo.

ineligibility /ɪˌnelɪdʒәˈbɪlɪti *Am* ˌɪnelɪdʒә 'bɪlәti/ *n.* **1** (*Dir*) ineleggibilità *f.* **2** (*unacceptableness*) inaccettabilità *f.*, non idoneità *f.*

ineligible /ɪnˈelɪdʒәbl̩/ *a.* **1** (*Dir*) ineleggibile, che non può essere eletto. **2** (*not worthy of choice*) che non può essere scelto, che non può essere accettato, non idoneo: ~ *for military service* inabile al servizio militare.

ineloquent /ɪnˈelәkwәnt/ *a.* che manca di eloquenza, ineloquente.

ineluctability /ˌɪnɪˌlʌktәˈbɪlɪti *Am* ˌɪnɪˌlʌktә 'bɪlәti/ *n.* ineluttabilità *f.*, inevitabilità *f.*

ineluctable /ˌɪnɪˈlʌktәbl̩/ *a.* ineluttabile, inevitabile.

inept /ɪnˈept/ *a.* **1** inadatto, inopportuno, fuori luogo: *an ~ remark* un'osservazione inopportuna. **2** (*foolish*) sciocco, insensato. **3** (*unskilful*) inetto, incapace, inabile.

ineptitude /ɪnˈeptɪtjuːd *Am also* ɪnˈeptɪtuːd/ *n.* **1** inopportunità *f.* **2** (*unfitness*) incapacità *f.*, inettitudine *f.* **3** (*foolish action, etc.*) stupidaggine *f.*, sciocchezza *f.*

ineptness /ɪnˈeptnәs/ *n.* **1** inopportunità *f.* **2** (*unfitness*) incapacità *f.*, inettitudine *f.*

inequable /ɪnˈekwәbl̩/ *a.* non uniforme.

inequality /ˌɪnɪˈkwɒlɪti *Am* ˌɪnɪˈkwɑːlәti/ *n.* **1** ineguaglianza *f.*, diversità *f.* **2** (*instance*) ineguaglianza *f.*, sperequazione *f.*, disparità *f.*: *inequalities in wealth* sperequazioni economiche. **3** (*social disparity*) ineguaglianza *f.* sociale, disuguaglianza *f.* sociale. **4** (*ant*) (*unevenness*) ineguaglianza *f.*, irregolarità *f.* **5** (*Mat*) disuguaglianza *f.*

inequitable /ɪnˈekwɪtәbl̩ *Am* ɪnˈekwɪtәbl̩/ *a.* iniquo, ingiusto.

inequity /ɪnˈekwɪti *Am* ɪnˈekwәti/ *n.* iniquità *f.*, ingiustizia *f.*

ineradicable /ˌɪnɪˈrædɪkәbl̩/ *a.* inestirpabile (*anche fig*).

inerrability /ɪnˌerәˈbɪlɪti *Am* ɪnˌerәˈbɪlәti/ *n.* infallibilità *f.*

inerrable /ɪnˈerәbl̩/ *a.* infallibile.

inerrancy /ɪnˈerәnsi/ *n.* infallibilità *f.*

inerrant /ɪnˈerәnt/ *a.* infallibile.

inert /ɪnˈɜːt *Am* ɪnˈɜːrt/ *a.* **1** inerte (*anche Chim*): ~ *matter* materia inerte; ~ *gas* gas inerte. **2** (*fig*) inerte, inattivo, ozioso, inoperoso.

inertia /ɪnˈɜːʃ(i)ә *Am* ɪnˈɜːrʃ(i)ә/ *n.* **1** inerzia *f.*, inoperosità *f.* **2** (*Fis,Chim,Med*) inerzia *f.*: (*Fis*) *force of ~* forza di inerzia. □ (*Aut*) ~ *reel* avvolgitore (per cintura di sicurezza); (*Br, Comm*) ~ *selling* vendita inerziale.

inertial /ɪnˈɜːʃ(i)әl *Am* ɪnˈɜːrʃ(i)әl/ *a.* (*Fis*) inerziale.

inertness /ɪnˈɜːtnәs *Am* ɪnˈɜːrtnәs/ *n.* **1** inerzia *f.*, inoperosità *f.* **2** (*passivity*) passività *f.*, inerzia *f.*, apatia *f.*

inescapable /ˌɪnɪˈskeɪpәbl̩/ *a.* inevitabile, inesorabile, cui non si può sfuggire.

inessential /ˌɪnɪˈsenʃˀl/ **I** *a.* non essenziale, trascurabile, secondario: ~ *details* particolari trascurabili. **II** *n.* cosa *f.* secondaria, cosa *f.* di minore importanza: *to omit the -s* tralasciare ciò che non è essenziale.

inestimable /ɪnˈestɪmәbl̩/ *a.* incalcolabile, inestimabile, grandissimo (*anche fig*): ~ *damage* un danno inestimabile; *of ~ value* di valore inestimabile.

inevitability /ɪnˌevɪtәˈbɪlɪti *Am* ɪnˌevɪtәˈbɪlәti/ *n.* inevitabilità *f.*, ineluttabilità *f.*

inevitable /ɪnˈevɪtәbl̩ *Am* ɪnˈevɪtәbl̩/ **I** *a.* **1** inevitabile, ineluttabile. **2** (*certain*) sicuro, certo, immancabile. **II** *n.* inevitabile *m.*: *to submit to the ~* arrendersi all'inevitabile.

inevitableness /ɪnˈevɪtәbl̩nәs *Am* ɪn 'evɪtәbl̩nәs/ *n.* inevitabilità *f.*, ineluttabilità *f.*

inexact /ˌɪnɪgˈzækt, ˌɪnekˈsækt/ *a.* **1** (*of things: inaccurate*) inesatto, impreciso; (*not correct*) erroneo. **2** (*of persons*) impreciso.

inexactitude /ˌɪnɪgˈzæktɪt(j)uːd, ˌɪnek 'sæktәt(j)uːd/ *n.* **1** inesattezza *f.*, imprecisione *f.* **2** (*instance*) inesattezza *f.*, errore *m.*

inexcusability /ˌɪnekˌskjuːzәˈbɪlɪti *Am* ˌɪnek ˌskjuːzәˈbɪlәti/ *n.* l'essere ingiustificabile, l'essere inescusabile, l'essere imperdonabile.

inexcusable /ˌɪnekˈskjuːzәbl̩/ *a.* ingiustificabile, imperdonabile, inescusabile.

inexcusably /ˌɪnekˈskjuːzәbli/ *avv.* imperdonabilmente, inescusabilmente.

inexecutable /ɪnˈeksɪkjuːtәbl̩ *Am* ɪn 'eksɪkjuːtәbl̩/ *a.* ineseguibile, irrealizzabile.

inexhaustibility /ˌɪnɪgˌzɔːstәˈbɪlɪti *Am* ˌɪnɪg ˌzɔːstәˈbɪlәti/ *n.* **1** inesauribilità *f.* **2** (*tirelessness*) instancabilità *f.*

inexhaustible /ˌɪnɪgˈzɔːstәbl̩ *Am* ˌɪnɪg 'zɔːstәbl̩/ *a.* **1** inesauribile: ~ *patience* pazienza inesauribile. **2** (*unwearying*) instancabile.

inexistent /ˌɪnɪgˈzɪstˀnt/ *a.* inesistente, insussistente.

inexorability /ɪnˌeksˀrәˈbɪlɪti *Am* ɪnˌeksˀrә 'bɪlәti/ *n.* inesorabilità *f.*

inexorable /ɪnˈeksˀrәbl̩/ *a.* **1** inesorabile, inarrestabile: *the ~ process of aging* l'inarrestabile processo di invecchiamento. **2** (*impossible to persuade*) irriducibile, inflessibile.

inexorableness /ɪnˈeksˀrәbl̩nәs/ *n.* inesorabilità *f.*

inexpedience /ˌɪnɪkˈspiːdɪәns/ *n.* inopportunità *f.*

inexpediency /ˌɪnɪkˈspiːdɪәnsi/ *n.* inopportunità *f.*

inexpedient /ˌɪnɪkˈspiːdɪәnt/ *a.* **1** inopportuno. **2** (*unprofitable*) svantaggioso.

inexpensive /ˌɪnɪkˈspensɪv/ *a.* poco costoso, di poco prezzo, economico.

inexpensively /ˌɪnɪkˈspensɪvli/ *avv.* a buon prezzo, a buon mercato.

inexpensiveness /ˌɪnɪkˈspensɪvnәs/ *n.* basso costo *m.*, basso prezzo *m.*

inexperience /ˌɪnɪkˈspɪәrɪәns *Am* ˌɪnɪk 'spɪәrɪәns/ *n.* inesperienza *f.*, mancanza *f.* di esperienza.

inexperienced /ˌɪnɪkˈspɪәrɪәnst *Am* ˌɪnɪk 'spɪәrɪәnst/ *a.* inesperto, senza esperienza.

inexpert /ˌɪnɪkˈspɜːt *Am* ˌɪnɪkˈspɜːrt/ *a.* inesperto, poco pratico.

inexpertly /ˌɪnɪkˈspɜːtli *Am* ˌɪnɪkˈspɜːrtli/ *avv.* da inesperto.

inexpiable /ɪnˈekspiәbl̩/ *a.* **1** inespiabile. **2** (*implacable*) implacabile.

inexpiableness /ɪnˈekspiәbl̩nәs/ *n.* l'essere

inespiabile.

inexplicability /ˌɪnɪkˌsplɪkәˈbɪlɪti *Am* ˌɪnɪk ˌsplɪkәˈbɪlәti/ *n.* inesplicabilità *f.*

inexplicable /ˌɪnɪkˈsplɪkәbl̩ *Am* ˌɪn 'eksplɪkәbl̩/ *a.* inesplicabile, inspiegabile.

inexplicit /ˌɪnɪkˈsplɪsɪt/ *a.* non esplicito.

inexplicitness /ˌɪnɪkˈsplɪsɪtnәs/ *n.* mancanza *f.* di chiarezza.

inexplosive /ˌɪnɪkˈsplouzɪv/ *a.* che non può esplodere.

inexpressible /ˌɪnɪkˈspresәbl̩/ *a.* inesprimibile, indescrivibile, indicibile: ~ *beauty* bellezza indescrivibile.

inexpressibles /ˌɪnɪkˈspresәbl̩z/ *n.pl.* (*ant, scherz*) calzoni *m.pl.*

inexpressibly /ˌɪnɪkˈspresәbli/ *avv.* in modo inesprimibile.

inexpressive /ˌɪnɪkˈspresɪv/ *a.* **1** inespressivo, privo di espressione: *an ~ face* un viso inespressivo. **2** (*lacking meaning*) privo di significato, senza senso.

inexpressiveness /ˌɪnɪkˈspresɪvnәs/ *n.* l'essere inespressivo.

inexpugnable /ˌɪnɪkˈspʌgnәbl̩/ *a.* **1** inespugnabile. **2** (*fig*) inespugnabile, invincibile, imbattibile.

inextensible /ˌɪnɪkˈstensәbl̩/ *a.* inestensibile.

inextinguishable /ˌɪnɪkˈstɪŋgwɪʃәbl̩/ *a.* inestinguibile (*anche fig*).

inextirpable /ˌɪnɪkˈstɜːpәbl̩ *Am* ˌɪnɪk 'stɜːrpәbl̩/ *a.* inestirpabile.

inextricability /ˌɪnˌekstrɪkәˈbɪlɪti *Am* ɪn ˌekstrɪkәˈbɪlәti/ *n.* l'essere inestricabile.

inextricable /ɪnˈekstrɪkәbl̩/ *a.* **1** da cui non ci si può districare. **2** (*fig*) (*unsolvable*) insolubile, inestricabile: ~ *dilemma* dilemma insolubile. **3** (*that cannot be undone*) inestricabile, che non può sciogliersi.

INF (*Fis*) *intermediate-range nuclear forces* (forze nucleari di portata intermedia).

inf. **1** (*Mil*) *infantry* (fanteria). **2** (*Gramm*) *infinitive* inf. (infinito).

infallibilism /ɪnˈfælәbl̩ɪzˀm/ *n.* (*Rel.catt*) dogma *m.* dell'infallibilità del Papa.

infallibilist /ɪnˈfælәbl̩ɪst/ *n.* infallibilista *m./f.*

infallibility /ɪnˌfælәˈbɪlɪti *Am* ɪnˌfælәˈbɪlәti/ *n.* infallibilità *f.* (*anche Rel.catt*).

infallible /ɪnˈfælәbl̩/ *a.* **1** infallibile (*anche Rel.catt*). **2** (*sure*) infallibile, sicuro, certo.

infamous /ˈɪnfәmәs/ *a.* **1** malfamato. **2** (*detestable*) infame, turpe, ignobile, scellerato: ~ *crimes* turpi delitti. **3** (*Dir*) (*of persons*) privato dei diritti civili; (*of a crime, offence*) che comporta la perdita dei diritti civili. **4** (*Mediev*) infamante: ~ *punishment* pena infamante.

infamously /ˈɪnfәmәsli/ *avv.* in modo infame, in modo scellerato.

infamy /ˈɪnfәmi/ *n.* **1** infamia *f.*, disonore *m.*, ignominia *f.* **2** (*act*) infamia *f.*, scelleratezza *f.*, nefandezza *f.* **3** (*Dir*) perdita *f.* dei diritti civili.

infancy /ˈɪnfәnsi/ *n.* **1** infanzia *f.* **2** (*fig*) infanzia *f.*, primordi *m.pl.* **3** (*Dir*) età *f.* minore, minorità *f.*

infant /ˈɪnfәnt/ **I** *n.* **1** bambino *m.* (*f.* -a) (molto piccolo), (*lett*) infante *m./f.* **2** (*Dir*) minorenne *m./f.*, minore *m./f.* **3** (*Br,Scol*) bambino *m.* (*f.* -a) che frequenta la scuola materna. **II** *a.* **1** bambino: *an ~ king* un re bambino. **2** (*of infancy, infants*) infantile, dell'infanzia. **3** (*fig*) agli inizi, fanciullo. **4** (*Dir*) minorenne. □ (*fig*) ~ *industry* industria nascente; (*Med, Statist*) ~ *mortality* mortalità infantile, mortalità neonatale; (*Br,Scol*) ~ *school* (o -*s' school*) asilo infantile.

infanta /ɪnˈfæntә *Am* ɪnˈfɑːntә/ *n.* (*Stor*) infanta *f.*

infante /ın'fænti *Am* ın'fɑːnteı/ *n.* (*Stor*) infante *m.*

infanticidal /ın,fænti'saıdəl *Am* ın,fæntə'saıdəl/ *a.* infanticida.

infanticide /ın'fæntısaıd *Am* ın'fæntəsaıd/ 1 (*act*) infanticidio *m.* 2 (*person*) infanticida *m./f.*

infantile /'ınfəntaıl *Am also* 'ınfəntıl/ *a.* 1 dell'infanzia, infantile. 2 (*fig*) infantile, bambinesco, puerile. 3 (*Med,Psic*) affetto da infantilismo. □ (*Med,ant*) ~ *paralysis* poliomielite, paralisi infantile.

infantilism /ın'fæntılızəm *Am* ın'fæntəlızəm/ *n.* (*Med,Psic*) infantilismo *m.*

infantine /'ınfəntaın *Am also* 'ınfəntıl/ *a.* 1 dell'infanzia, infantile. 2 (*fig*) infantile, bambinesco, puerile. 3 (*Med,Psic*) affetto da infantilismo.

infantry /'ınfəntri/ *n.* (*Mil*) fanteria *f.*

infantryman /'ınfəntrimən/ *n.irr.* (*Mil*) soldato *m.* di fanteria, fante *m.*

infarct /ın'fɑːkt *Am* ın'fɑːrkt/, **infarction** /ın'fɑːkʃən *Am* ın'fɑːrkʃən/ *n.* (*Med*) infarto *m.*

infatuate /ın'fætʃueıt *Br also* ın'fætjueıt/ *v.t.* infatuare, fare innamorare.

infatuated /ın'fætʃueıtıd, ın'fætjueıtıd *Am* ın'fætʃueıtıd/ *a.* infatuato, invaghito (*with* di): *to be ~ with so.* essere infatuato di qcu., avere un'infatuazione per qcu.

infatuation /ın,fætʃu'eıʃən *Br also* ın,fætju'eıʃən/ *n.* infatuazione *f.*

infauna /ın'fɔːnə/ *n.* (*Zool*) infauna *f.*

infeasible /ın'fiːzəbl/ *a.* inattuabile, irrealizzabile, non fattibile.

infect /ın'fekt/ *v.t.* 1 (*Med*) infettare, contagiare. 2 (*fig*) (*to taint*) infettare, contaminare, corrompere. 3 (*fig*) (*to affect with a feeling, etc.*) trasmettere a, comunicare a, (*colloq*) contagiare, attaccare a: *he -s everyone with his enthusiasm* trasmette a tutti il suo entusiasmo. 4 (*Fon*) alterare. 5 (*Inform*) infettare, contagiare.

infected /ın'fektıd/ *a.* infetto. □ *to become* ~ infettarsi.

infection /ın'fekʃən/ *n.* 1 (*Med*) infezione *f.*; (*disease*) malattia *f.* infettiva. 2 (*fig*) (*of air, water: pollution*) contaminazione *f.*, inquinamento *m.* 3 (*fig*) (*corruption*) corruzione *f.*, contaminazione *f.*, infezione *f.*, contagio *m.* 4 (*fig*) (*transmission of a feeling, etc.*) trasmissione *f.*, contagio *m.* 5 (*Fon*) alterazione *f.*

infectious /ın'fekʃəs/ *a.* 1 contagioso, infettivo: *an* ~ *disease* una malattia contagiosa. 2 (*fig*) contagioso: *her high spirits are* ~ il suo buonumore è contagioso. □ (*Med*) ~ *hepatitis* epatite virale; (*Med*) ~ *mononucleosis* mononucleosi infettiva.

infectiously /ın'fekʃəsli/ *avv.* in modo contagioso, in modo infettivo.

infectiousness /ın'fekʃəsnəs/ *n.* contagiosità *f.*

infective /ın'fektıv/ *a.* 1 (*Med*) (*producing infection*) infettivo. 2 (*estens*) (*infectious*) contagioso, infettivo.

infectiveness /ın'fektıvnəs/ *n.* contagiosità *f.*

infectivity /,ınfek'tıvıti *Am* ,ınfek'tıvəti/ *n.* contagiosità *f.*

infector /ın'fektər/ *n.* chi infetta, infettatore *m.* (*f.* -trice).

infecund /ın'fiːkənd/ *a.* infecondo, sterile.

infecundity /,ınfiː'kʌndıti *Am* ,ınfiː'kʌndəti/ *n.* sterilità *f.*, infecondità *f.*

infeed /ın'fiːd/ *n.* (*Ind*) alimentazione *f.*

infelicitous /,ınfə'lısıtəs *Am* ,ınfə'lısıtəs/ *a.* infelice. 2 (*inappropriate*) infelice, inopportuno, fuori luogo.

infelicity /,ınfə'lısıti *Am* ,ınfə'lısəti/ *n.* 1 (*rar*) (*unhappiness*) infelicità *f.* 2 (*inappropriate-*

ness) inopportunità *f.*

infer /ın'fɜːr *Am* ın'fɜːr/ (*past, p.p.* **inferred** /-d/) *v.t.* 1 arguire, dedurre, inferire, desumare. 2 (*to suggest, to hint*) accennare, far capire. 3 (*to imply*) presupporre, implicare, comportare (come premessa necessaria).

inferable /ın'fɜːrəbl *Am* ın'fɜːrəbl/ *a.* deducibile, arguibile, desumibile.

inference /'ınfərəns/ *n.* 1 illazione *f.*, deduzione *f.* 2 (*consequence*) conseguenza *f.*, conclusione *f.* (logica): *to draw the* ~ concludere che..., dedurre che... 3 (*Inform*) inferenza *f.* □ *the* ~ *being that...* da cui abbiamo dedotto che...; *by* ~: 1 per deduzione: *to reason by* ~ ragionare per deduzione; 2 (*as a consequence*) di conseguenza.

inferential /,ınfər'enʃəl *Am* ,ınfə'renʃəl/ *a.* fatto per illazione, deduttivo.

inferentially /,ınfər'enʃli *Am* ,ınfə'renʃli/ *avv.* deduttivamente.

inferior /ın'fıəriər *Am* ın'fırır/ **I** *a.* 1 inferiore (*to* a): ~ *officer* ufficiale inferiore. 2 (*in space*) inferiore, sottostante. 3 (*of less merit, value*) inferiore (a), meno pregevole (di). 4 (*of poor quality*) scadente (*anche Comm*): ~ *goods* merce scadente. 5 (*Anat*) inferiore. 6 (*Tip*) a deponente, come pedice. **II** *n.* 1 inferiore *m.* 2 (*in rank*) inferiore *m./f.*, subalterno *m.* (*f.* -a), subordinato *m.* (*f.* -a). 3 (*Tip*) pedice *m.*, deponente *m.* □ (*GB,Dir*) ~ *court* tribunale di prima istanza; *to be so.'s* ~ *in sth.* essere inferiore a qcu. in qcs.: *to be* ~ *to so. in learning* essere inferiore a qcu. per cultura; (*GB,Dir*) ~ *judge* giudice di prima istanza; (*Astr*) ~ *planet* pianeta inferiore.

inferiority /ın,fıəri'brıti *Am* ın,fırı'ɔːrəti/ *n.* inferiorità *f.* □ (*Psic*) ~ *complex* complesso d'inferiorità.

infernal /ın'fɜːnəl *Am* ın'fɜːrnəl/ *a.* 1 dell'inferno, infernale. 2 (*fig*) diabolico, infernale. 3 (*colloq*) (*very unpleasant*) terribile, spaventoso, infernale, d'inferno: *an* ~ *noise* un chiasso infernale. □ (*Mil*) ~ *machine* macchina infernale.

infernality /,ınfəˈnælıti *Am* ,ınfɜːrˈnæləti/ *n.* l'essere infernale.

inferno /ın'fɜːnoʊ *Am* ın'fɜːrnoʊ/ (*pl.* **-s** /-z/) *n.* inferno *m.* (*anche fig*).

infertile /ın'fɜːtaıl *Am* ın'fɜːrtl/ *a.* 1 (*Med*) sterile. 2 (*estens*) improduttivo, infecondo, sterile: ~ *land* terreno improduttivo.

infertility /,ınfə'tılıti *Am* ,ınfər'tılətı/ *n.* sterilità *f.*, infecondità *f.* □ ~ *clinic* clinica per la cura della sterilità.

infest /ın'fest/ *v.t.* 1 infestare (*anche Med*). 2 (*estens*) (*to harass*) molestare.

infestation /,ınfes'teıʃən/ *n.* infestazione *f.*, infestamento *m.*

infeudation /,ınfju:'deıʃən/ *n.* (*Stor*) infeudazione *f.*, infeudamento *m.*

infibulation /ın,fıbju'leıʃən/ *n.* (*Etnol*) infibulazione *f.*

infidel /'ınfıdəl, 'ınfədel/ **I** *n.* 1 (*unbeliever*) miscredente *m./f.*; (*atheist*) ateo *m.* (*f.* -a). 2 (*Stor*) infedele *m./f.* 3 (*colloq*) (*sceptic*) incredulo *m.* (*f.* -a), scettico *m.* (*f.* -a). **II** *a.* 1 miscredente. 2 (*Stor*) infedele.

infidelity /,ınfı'delıti *Am* ,ınfı'delətı/ *n.* 1 infedeltà *f.* 2 (*adultery*) infedeltà *f.* (coniugale). 3 (*lack of religious faith*) incredulità *f.*, miscredenza *f.*

infield /'ınfiːld/ *n.* 1 (*Sport*) (*in cricket*) parte *f.* del campo vicina alla porta; (*in baseball*) diamante *m.*, interni *m.pl.* 2 (*Agr*) (*land near the farm house*) terreno *m.* vicino alla casa colonica; (*land under tillage*) terreno *m.* arato.

infielder /'ın,fiːldər/ *n.* (*Sport*) (*in baseball*) interno *m.*

infighting /'ın,faıtıŋ *Am* 'ın,faıtıŋ/ *n.* 1 lotta *f.* interna, lotta *f.* intestina. 2 (*Sport*) (*in boxing*) corpo *m.* a corpo.

infill /'ınfıl/ *n.* riempimento *m.*

infiltrate /'ınfıltreıt *Am also* ın'fıltreıt/ **I** *v.t.* 1 filtrare dentro, fare infiltrare. 2 (*fig*) infiltrarsi in, insinuarsi furtivamente in, penetrare furtivamente in. 3 (*Mil*) infiltrarsi in: *to* ~ *the enemy lines* infiltrarsi nelle linee nemiche. **II** *v.i.* 1 infiltrarsi (*anche Mil*). 2 (*fig*) infiltrarsi, insinuarsi (*into* in). **III** *n.* (*Med*) infiltrato *m.*

infiltration /,ınfıl'treıʃən/ *n.* infiltrazione *f.*, (*rar*) infiltramento *m.*

infimum /ın'faıməm/ *n.* (*Mat*) estremo *m.* inferiore.

infin. (*Gramm*) *infinitive* inf. (infinito).

infinite /'ınfınət/ **I** *a.* 1 infinito, senza fine. 2 (*unlimited*) infinito, illimitato, sconfinato: *God's* ~ *mercy* l'infinita misericordia di Dio. 3 (*estens*) (*very great*) enorme, grandissimo, immenso. 4 (*Mat,Gramm*) infinito. **II** *n.* 1 finito *m.* (*anche Mat*). 2 (*infinite space*) infinito *m.*, spazio *m.* infinito. □ (*Inform*) ~ *loop* loop infinito, ciclo infinito; (*Mat*) ~ *set* insieme infinito.

Infinite /'ınfınət/ *n.* (*Teol*) Infinito *m.*, Dio *m.*

infinitely /'ınfınətli/ *avv.* 1 infinitamente, all'infinito. 2 (*extremely*) infinitamente, estremamente.

infinitesimal /,ınfını'tesıməl/ **I** *a.* 1 (*infinitely small*) infinitesimale, minimo. 2 (*extremely small*) infinitesimo. 3 (*Mat*) infinitesimale: ~ *calculus* calcolo infinitesimale. **II** *n.* 1 quantità *f.* infinitesimale. 2 (*Mat*) infinitesimo *m.*

infinitival /ın,fını'taıvəl/ *a.* (*Gramm*) infinitivale.

infinitive /ın'fınıtıv *Am* ın'fınətıv/ **I** *n.* (*Gramm*) modo *m.* infinitivo, infinito *m.* **II** *a.* (*Gramm*) infinitivo.

infinitively /ın'fınıtıvli *Am* ın'fınətıvli/ *avv.* all'infinito.

infinitude /ın'fınıtjuːd *Am also* ın'fınıtuːd/ *n.* infinità *f.*

infinity /ın'fınıti *Am* ın'fınəti/ *n.* 1 infinità *f.* 2 (*sth. infinite*) infinito *m.* (*anche Mat*). 3 (*infinite space, time*) infinito *m.*, infinità *f.*

infirm /ın'fɜːm *Am* ın'fɜːrm/ *a.* 1 malfermo, debole, fiacco. 2 (*not stable*) malfermo, instabile, malsicuro (*anche fig*). 3 (*fig,ant*) (*irresolute*) irresoluto, indeciso. 4 (*fig*) (*of an argument, etc.: unsound*) non valido, debole, fiacco. □ *to be* ~ *of purpose* essere irresoluto, mancare di fermezza.

infirmary /ın'fɜːməri *Am* ın'fɜːrməri/ *n.* 1 infermeria *f.* 2 (*ant*) (*hospital*) ospedale *m.*

infirmity /ın'fɜːmıti *Am* ın'fɜːrmətı/ *n.* 1 debolezza *f.*, fiacchezza *f.* 2 (*disease, disablement*) infermità *f.*, acciacco *m.*, malanno *m.* 3 (*fig*) irresolutezza *f.*

infix¹ /ın'fıks/ *v.t.* 1 infiggere, conficcare. 2 (*fig*) imprimere. 3 (*Gramm*) (*of an infix*) inserire.

infix² /'ınfıks/ *n.* (*Gramm*) infisso *m.*

in flagrante delicto /ınflə,græntedı'lıktoʊ *Am* ınflə,grɑːntedı'lıktoʊ/ *avv.* (*Dir*) in flagrante, in flagranza di reato.

inflame /ın'fleım/ **I** *v.t.* 1 infiammare, incendiare. 2 (*to redden as with flames*) infiammare, tingere di rosso, colorare di rosso: *the setting sun -d the sky* il sole tramontando tingeva di rosso il cielo. 3 (*fig*) (*to excite*) infiammare, accendere, eccitare; (*of feelings*) infiammare: *to* ~ *so. with love* infiammare d'amore qcu.; (*to arouse, to stir up*) suscitare, provocare, destare. 4 (*fig*) (*to enrage*) fare andare in collera, rendere furioso 5 (*Med*) infiammare. **II** *v.i.* 1 infiammarsi, accendersi (*anche fig*). 2 (*Med*) infiammarsi

inflammability /ɪnˌflæməˈbɪlɪti Am ɪnˌflæmə ˈbɪləti/ n. infiammabilità f.

inflammable /ɪnˈflæməbl̩/ a. infiammabile (anche fig).

inflammableness /ɪnˈflæməbl̩nəs/ n. infiammabilità f.

inflammation /ˌɪnfləˈmeɪʃ°n/ n. 1 (Med) infiammazione f., flogosi f. 2 (fig) l'infiammare, eccitazione f.

inflammatory /ɪnˈflæmət°ri Am ɪnˈflæm ətɔːri/ a. 1 incendiario (anche fig): an ~ speech un discorso incendiario. 2 (Med) infiammatorio, flogistico.

inflatable /ɪnˈfleɪtəbl̩ Am ɪnˈfleɪt̬əbl̩/ I a. gonfiabile, pneumatico: an ~ boat un battello pneumatico. II n. (Mar) gommone m.

inflate /ɪnˈfleɪt/ I v.t. 1 gonfiare: to ~ a balloon gonfiare un pallone. 2 (fig) gonfiare di orgoglio, riempire di orgoglio; (to elate) esaltare, inebriare. 3 (Econ) inflazionare; (of prices) alzare esageratamente. II v.i. 1 gonfiarsi. 2 (Econ) ricorrere all'inflazione.

inflated /ɪnˈfleɪtɪd Am ɪnˈfleɪt̬ɪd/ a. 1 gonfiato, gonfio. 2 (fig) (puffed up with pride) gonfio, borioso, tronfio: to have an ~ opinion of oneself essere pieno di sé. 3 (fig) (of language, style) ampolloso, ridondante. 4 (Econ) inflazionato: ~ currency moneta inflazionata. 5 (Econ) (of prices) esagerato.

inflater /ɪnˈfleɪtər Am ɪnˈfleɪt̬ər/ n. gonfiatoio m., pompa f. per gonfiare.

inflating /ɪnˈfleɪtɪŋ Am ɪnˈfleɪt̬ɪŋ/ n. gonfiamento m., gonfiatura f.

inflation /ɪnˈfleɪʃ°n/ n. 1 gonfiamento m., gonfiatura f. 2 (fig) (of language, etc.) ampollosità f. 3 (Econ) inflazione f. □ (Econ) ~ control lotta contro l'inflazione; (Econ) ~ differential differenziale di inflazione; (Econ) ~ policy politica inflazionistica; (Econ) ~ rate tasso di inflazione, tasso inflazionistico; (Econ) to bring ~ under control frenare l'inflazione.

inflationary /ɪnˈfleɪʃ°nəri Am ɪnˈfleɪʃ°neri/ a. (Econ) inflazionistico: ~ spiral spirale inflazionistica.

inflationism /ɪnˈfleɪʃ°nɪz°m/ n. (Econ) inflazionismo m.

inflationist /ɪnˈfleɪʃ°nɪst/ I n. (Econ) inflazionista m./f. II a. (Econ) inflazionistico.

inflator /ɪnˈfleɪtər Am ɪnˈfleɪt̬ər/ n. gonfiatoio m., pompa f. per gonfiare.

inflect /ɪnˈflekt/ v.t. 1 curvare, piegare, flettere. 2 (of the voice) modulare, inflettere. 3 (Gramm) flettere; (to decline) declinare, flettere. 4 (Mus) (of a note) alterare (mediante semitoni).

inflected /ɪnˈflektɪd/ a. (Ling) flessivo.

inflection /ɪnˈflekʃ°n/ n. 1 (bending) flessione f., piegamento m. 2 (of the voice) inflessione f., cadenza f. 3 (Mus) (of a note) alterazione f. 4 (Gramm) flessione f.; (word ending) desinenza f.; (suffix) suffisso m. 5 (Acus,Mat) inflessione f.

inflectional /ɪnˈflekʃ°nl̩/ a. 1 (Ling) flessionale. 2 (of a language) flessivo.

inflective /ɪnˈflektɪv/ a. 1 che tende a flettersi. 2 (Ling) flessivo.

inflexibility /ɪnˌfleksəˈbɪlɪti Am ɪnˌfleksə ˈbɪləti/ n. inflessibilità f.

inflexible /ɪnˈfleksəbl̩/ a. 1 inflessibile, rigido. 2 (fig) inflessibile, irremovibile, rigido. □ (Pol) ~ constitution costituzione rigida.

inflexion /ɪnˈflekʃ°n/ n. 1 (bending) flessione f., piegamento m. 2 (of the voice) inflessione f., cadenza f. 3 (Mus) (of a note) alterazione f. 4 (Gramm) flessione f.; (word ending) desinenza f.; (suffix) suffisso m. 5 (Acus,Mat) inflessione f.

inflexional /ɪnˈflekʃ°nl̩/ a. 1 (Ling) flessio-

nale. 2 (of a language) flessivo.

inflict /ɪnˈflɪkt/ v.t. 1 infliggere: to ~ punishment on so. infliggere una punizione a qcu. 2 (of a blow) assestare, dare. 3 (fig) imporre, infliggere: to ~ one's company on so. imporre la propria compagnia a qcu.

infliction /ɪnˈflɪkʃ°n/ n. 1 l'infliggere. 2 (punishment inflicted) punizione f., castigo m. 3 (nuisance) fastidio m., seccatura f.

in-flight /ˌɪnˈflaɪt Am also 'ɪnflaɪt/ a. (Aer) in volo: ~ movie film proiettato in volo.

inflorescence /ˌɪnfloːˈres°ns, ˌɪnfləˈres°ns/ n. 1 (Bot) (arrangement of flowers) inflorescenza f.; (flowering) fioritura f. 2 (fig) fioritura f., rigoglio m.

inflow /ˈɪnfloʊ/ n. afflusso m., affluenza f.: the ~ of foreigners l'afflusso di stranieri.

inflowing /ˈɪnfloʊɪŋ/ a. 1 in afflusso, che affluisce: ~ air aria in afflusso. 2 (of water) affluente.

influence /ˈɪnfluəns/ I n. 1 (of persons) influenza f., influsso m., autorità f., ascendente m.: to exert great ~ on so. esercitare una grande influenza su qcu.; to have ~ avere autorità, avere influenza, essere influente; to have an ~ over so. avere ascendente su qcu.; to come under so.'s ~ subire l'influenza di qcu. 2 (of things) influenza f., influsso m. 3 (person having influence) persona f. influente, persona f. autorevole, autorità f.: to be an ~ in business circles essere un'autorità nel mondo degli affari. 4 (thing having influence) cosa f. che esercita un influsso. 5 (Fis, ant) influsso m. 6 (El,ant) induzione f. 7 (in astrology) influsso m. II v.t. 1 influenzare: to be -d by propaganda essere influenzato dalla propaganda. 2 (to have an effect on) influire su, esercitare un influsso su: his attitude -d my decision il suo atteggiamento ha influito sulla mia decisione. 3 (to determine) determinare, influenzare: the choice was -d by several factors la scelta è stata determinata da diversi fattori. □ a man of ~ un uomo influente; he got this job through ~ ha ottenuto questo posto a forza di raccomandazioni; to be under the ~ of alcohol essere sotto l'influsso dell'alcol.

influent /ˈɪnfluənt/ I a. (Geog) affluente. II n. (Geog) affluente m.

influential /ˌɪnfluˈenʃ°l/ a. 1 influente, autorevole: ~ persons persone influenti; an ~ newspaper un giornale autorevole. 2 (exerting great influence) di grande influenza, determinante (in per), che influisce (su); (important) importante: several factors were ~ in our decision diversi fattori hanno influito sulla nostra decisione.

influentially /ˌɪnfluˈenʃ°li/ avv. autorevolmente, in modo influente.

influenza /ˌɪnfluˈenzə/ n. (Med) influenza f.

influx /ˈɪnflʌks/ n. 1 affluenza f., afflusso m.: an ~ of tourists un'affluenza di turisti; ~ of foreign capital afflusso di capitale straniero. 2 (Geog) (of a river: confluence) confluenza f.; (mouth) foce f.

info /ˈɪnfoʊ/ n. (colloq) informazione f., informazioni f.pl.

infomercial /ˌɪnfoʊˈmɜːʃ°l Am ˌɪnfoʊˈmɜːrʃ°l/ n. (TV,Rad) comunicato m. pubblicitario.

inform /ɪnˈfɔːm Am ɪnˈfɔːrm/ I v.t. 1 informare, ragguagliare: to ~ so. of sth. informare qcu. di qcs. 2 (to pervade) pervadere, permeare: melancholy -s much of his poetry la tristezza pervade molte delle sue poesie. 3 (to inspire) ispirare. II v.i. 1 dare informazioni, dare ragguagli. 2 (to denounce) denunciare (against so. qcu.). □ to ~ on so. fare la spia (alla polizia) su qcu., denunciare qcu.

informal /ɪnˈfɔːml̩ Am ɪnˈfɔːrml̩/ a. 1 irrego-

lare. 2 (unofficial) ufficioso, non ufficiale: ~ talks colloqui non ufficiali. 3 (unceremonious) senza formalità, senza cerimonie, alla buona: an ~ visit una visita senza formalità. 4 (of persons) semplice, alla buona. 5 (of clothes) sportivo; (designed for everyday use) per tutti i giorni: ~ dress abbigliamento informale. □ ~ economy economia informale.

informality /ˌɪnfɔːˈmælɪti Am ˌɪnfɔːrˈmæləti/ n. 1 tono m. familiare, mancanza f. di formalità, familiarità f. 2 (informal act) irregolarità f.

informally /ɪnˈfɔːməli Am ɪnˈfɔːrməli/ avv. 1 senza formalità, senza cerimonie. 2 (unofficially) ufficiosamente. 3 (casually) semplicemente, alla buona.

informant /ɪnˈfɔːmənt Am ɪnˈfɔːrmənt/ n. 1 informatore m. (f. -trice). 2 (informer) delatore m. (f. -trice), (rar) denunciatore m. (f. -trice).

informatics /ˌɪnfəˈmætɪks Am ˌɪnfərˈmætɪks/ n.pl. (costr.sing.) (rar) informatica f.

information /ˌɪnfəˈmeɪʃ°n Am ˌɪnfərˈmeɪʃ°n/ n. 1 informazioni f.pl., ragguagli m.pl.: to seek ~ chiedere (delle) informazioni; a piece of ~ un'informazione. 2 (news) notizie f.pl.: up-to-date ~ notizie fresche. 3 (act of informing against) delazione f., (gerg) soffiata f. 4 (Dir) denuncia f., accusa f.: to lodge ~ against so. presentare denuncia contro qcu., sporgere denuncia contro qcu. 5 (Inform) informazione f. 6 (Am) (telephone directory enquiries) informazioni f.pl. elenco abbonati. □ ~ bureau ufficio informazioni; ~ campaign campagna di informazione; ~ desk ufficio informazioni, banco delle informazioni; (Inform,Tel) ~ float ritardo (di messaggio); ~ flow flusso di informazioni; (Comm) for the ~ of per conoscenza (a); for your ~ a titolo di informazione, a titolo informativo; (Inform) ~ management gestione delle informazioni; (Br,Dir) ~ meeting (prima di un divorzio) incontro informativo; (fig) ~ multiplier moltiplicatore di informazioni; (Inform) ~ processing elaborazione delle informazioni; (Inform) ~ processing system sistema di elaborazione delle informazioni; (Inform) ~ retrieval reperimento dell'informazione; (Inform) ~ science scienza dell'informazione, informatica; (Inform) ~ scientist informatico; (Inform) ~ specialist informatico; (Inform) ~ superhighway autostrada dell'informazione; (Inform) ~ system sistema informativo, sistema informatico; (Inform) ~ technology tecnologia dell'informazione, information technology, IT; (Inform) ~ theory teoria dell'informazione.

informational /ˌɪnfəˈmeɪʃ°nəl Am ˌɪnfər ˈmeɪʃ°nl̩/ a. (fig) informativo, dell'informazione.

informative /ɪnˈfɔːmətɪv Am ɪnˈfɔːrmətɪv/ a. informativo, istruttivo.

informatory /ɪnˈfɔːmət°ri Am ɪnˈfɔːrmət°ri/ a. che informa, che ragguaglia, informativo.

informed /ɪnˈfɔːmd Am ɪnˈfɔːrmd/ a. 1 informato, al corrente: to keep so. ~ of sth. tenere qcu. al corrente di qcs. 2 (in compounds) ...informato: well-~ ben informato. □ (Dir, Med) ~ consent consenso informato; ~ opinion l'opinione delle persone colte; ~ people use our products chi se ne intende usa i nostri prodotti.

informer /ɪnˈfɔːmər Am ɪnˈfɔːrmər/ n. 1 informatore m. (f. -trice). 2 (common informer) delatore m. (f. -trice), spia f., (rar) denunciatore m. (f. -trice).

informing /ɪnˈfɔːmɪŋ Am ɪnˈfɔːrmɪŋ/ a. (fig) (animating) informatore: ~ spirit spirito informatore.

infotainment /ˈɪnfoʊˌteɪnmənt, ˌɪnfoʊ

'teɪnmənt/ n. (Am,TV) notizie f.pl. che fanno spettacolo, notizie f.pl. comunicate con stile disinvolto, infotainment m.

infotech /'ɪnfoʊtek/ n. (colloq) informatica f.

infraclass /'ɪnfrəklɑːs Am 'ɪnfrəklæs/ n. (Biol) infraclasse f.

infracostal /ˌɪnfrə'kɒstəl Am ˌɪnfrə'kɑːstəl/ a. (Anat) intercostale.

infraction /ɪn'frækʃən/ n. infrazione f., violazione f., trasgressione f.: ~ of discipline infrazione disciplinare.

infra-dig /'ɪnfrədɪg/ a. (colloq) indecoroso, disdicevole, sconveniente.

infrangibility /ɪnˌfrændʒɪ'bɪlɪti Am ɪnˌfrændʒɪ'bɪləti/ n. infrangibilità f., l'essere infrangibile (anche fig).

infrangible /ɪn'frændʒɪbl/ a. infrangibile (anche fig).

infrared /ˌɪnfrə'red/ I a. (Fis) infrarosso: ~ rays raggi infrarossi. II n. infrarosso m. □ ~ astronomy astronomia a raggi infrarossi; ~ lamp lampada a raggi infrarossi; (Elettron) ~ link collegamento a raggi infrarossi; ~ photography fotografia all'infrarosso; (Elettron) ~ port porta a raggi infrarossi, porta a raggi infrarossi; (Tecn) ~ sensor sensore a raggi infrarossi.

infrasonic /ˌɪnfrə'sɒnɪk Am ˌɪnfrə'sɑːnɪk/ a. (Acus) infrasonoro, d'infrasuono.

infrasound /'ɪnfrəsaʊnd/ n. (Acus) infrasuono m.

infrastructure /'ɪnfrəˌstrʌktʃər/ n. infrastruttura f.

infrequency /ɪn'friːkwənsi/ n. infrequenza f., rarità f.

infrequent /ɪn'friːkwənt/ a. 1 raro, infrequente, scarso. 2 (of a person) non assiduo: an ~ visitor un visitatore non assiduo.

infrequently /ɪn'friːkwəntli/ avv. raramente.

infringe /ɪn'frɪndʒ/ I v.t. infrangere, violare, trasgredire, contravvenire a: to ~ a rule in frangere una regola. II v.i. usurpare (on, upon sth. qcs.): to ~ upon so.'s rights usurpare i diritti di qcu.

infringement /ɪn'frɪndʒmənt/ n. violazione f., trasgressione f., infrazione f., contravvenzione f.: ~ of copyright violazione delle leggi sul diritto d'autore.

infructuous /ɪn'frʌktjuəs Am ɪn'frʌkʃuəs/ a. infruttuoso, sterile.

infundibulum /ˌɪnfʌn'dɪbjʊləm/ n. (Anat, Zool) infundibulo m.

infuriate /ɪn'fjʊərieɪt Am ɪn'fjʊrieɪt/ v.t. rendere furioso, far infuriare.

infuriated /ɪn'fjʊərieɪtɪd Am ɪn'fjʊrieɪtɪd/ a. infuriato, furioso, furibondo.

infuriating /ɪn'fjʊərieɪtɪŋ Am ɪn'fjʊrieɪtɪŋ/ a. che rende furioso, esasperante.

infuse /ɪn'fjuːz/ I v.t. 1 mettere in infusione, fare un infuso di. 2 (to pour into) versare, immettere. 3 (Med) applicare una fleboclisi a. 4 (fig) infondere, istillare, ispirare: to ~ courage into so. infondere coraggio a qcu. II v.i. essere in infusione, stare in infusione.

infusibility /ɪnˌfjuːzə'bɪlɪti Am ɪnˌfjuːzə 'bɪləti/ n. infusibilità f.

infusible /ɪn'fjuːzəbl/ a. infusibile, non fusibile.

infusion /ɪn'fjuːʒən/ n. 1 (fig) l'infondere, l'istillare. 2 (thiing infused) infuso m. 3 (Farm) (act) infusione f.; (liquid prepared) infuso m.

infusorial /ˌɪnfjuː'sɔːriəl/ a. (Zool) degli infusori. □ (Geol) ~ earth tripoli, farina fossile.

infusorian /ˌɪnfjuː'sɔːriən/ I n. (Zool) infusore m. II a. (Zool) degli infusori.

ingate /ɪn'geɪt/ n. (Met) attacco m. di colata.

ingather /'ɪnˌgæðər/ v.t. (ant) raccogliere.

ingathering /'ɪnˌgæðərɪŋ/ n. 1 raccolta f., messe f. 2 (assembly) adunanza f.

ingeminate /ɪn'dʒemɪneɪt/ v.t. (rar) ripetere, replicare.

ingenious /ɪn'dʒiːniəs/ a. 1 ingegnoso: an ~ invention un'invenzione ingegnosa. 2 (of a person) ingegnoso, ricco d'ingegno, ricco di inventiva.

ingénue /'ænʒeɪnju: Am 'ænʒənu:/ n. 1 ragazza f. ingenua. 2 (Teat) ingenua f.

ingenuity /ˌɪndʒɪ'njuːɪti Am ˌɪndʒɪ'njuːəti/ n. ingegnosità f., ingegno m., abilità f., inventiva f.

ingenuous /ɪn'dʒenjuəs/ a. 1 ingenuo, innocente. 2 (unsuspecting) ingenuo, semplicione. 3 (candid) candido, ingenuo, senza malizia.

ingenuousness /ɪn'dʒenjuəsnəs/ n. ingenuità f.

ingest /ɪn'dʒest/ v.t. 1 (of food) ingerire. 2 (fig) assorbire.

ingestion /ɪn'dʒestʃən/ n. ingestione f.

ingestive /ɪn'dʒestɪv/ a. dell'ingestione.

-ing form /ˌaɪen'dʒiːfɔːm Am ˌaɪen'dʒiːfɔːrm/ n. (Gramm) forma f. in -ing (participio presente e gerundio).

ingle /'ɪŋgl/ n. (Br,dial) 1 fuoco m. che arde nel camino. 2 (fireplace) focolare m.

inglenook /'ɪŋglnʊk/ n. cantuccio m. del focolare.

inglorious /ɪn'glɔːriəs/ a. 1 inglorioso, ignominioso, disonorevole. 2 (not famous) oscuro, inglorioso.

ingluvies /ɪn'gluːviːz/ n.inv. (Ornit) ingluvie f.

in-goal /ɪn'gəʊl/ n. (Sport) meta f.

ingoing /'ɪnˌgəʊɪŋ/ I n. 1 entrata f., ingresso m. 2 (of a tenant) buonuscita f. II a. che entra, entrante.

ingot /'ɪŋgət/ n. (Met) lingotto m. □ (Met) -- iron ferro fuso; (Met) ~ mould lingottiera; (Met) ~ steel acciaio in lingotti.

ingraft /ɪn'grɑːft Am ɪn'græft/ v.t. (Bot, rar) (to engraft) innestare.

ingrain /ɪn'greɪn/ I a. 1 radicato, fissato. 2 (inveterate) incallito, inveterato. 3 (Tess) tinto in filato. II v.t. (to impress sth. on so.'s mind) influire sul carattere di.

ingrained /ɪn'greɪnd/ a. 1 radicato, fissato: an ~ habit un'abitudine radicata. 2 (inveterate) incallito, inveterato: ~ gambler giocatore incallito.

ingrate /'ɪngreɪt/ I n. ingrato m. (f. -a). II a. ingrato.

ingratiate /ɪn'greɪʃieɪt/ v.t. ingraziare, ingraziarsi, propiziarsi: to ~ oneself with so. ingraziarsi qcu.

ingratiating /ɪn'greɪʃieɪtɪŋ Am ɪn'greɪʃieɪtɪŋ/ a. 1 suadente, carezzevole: an ~ manner maniere suadenti. 2 (pleasing, charming) seducente, attraente.

ingratiatingly /ɪn'greɪʃieɪtɪŋli Am ɪn 'greɪʃieɪtɪŋli/ avv. in modo suadente.

ingratitude /ɪn'grætɪtjuːd Am ɪn'grætət(j)uːd/ n. ingratitudine f.

ingravescence /ˌɪngrə'vesəns/ n. (Med) aggravamento m.

ingravescent /ˌɪngrə'vesənt/ a. che si aggrava, che diviene più grave.

ingredient /ɪn'griːdiənt/ n. 1 ingrediente m.: the -s for a cake gli ingredienti di una torta. 2 (fig) elemento m., componente m./f., ingrediente m.: the -s of a good novel i componenti di un buon romanzo.

ingress /'ɪngres/ n. 1 ingresso m., entrata f. 2 (right to enter) ingresso m., facoltà f. d'accesso. 2 (Astr) immersione f.

in-group /'ɪngruːp/ n. (Sociol) gruppo m. chiuso, gruppo m. esclusivo.

ingrowing /ɪn'grəʊɪŋ Am 'ɪngroʊɪŋ/ a. 1 che cresce verso l'interno. 2 (Med) (of a toenail) che tende a incarnirsi.

ingrown /ɪn'grəʊn Am 'ɪngroʊn/ a. 1 cresciuto verso l'interno. 2 (Med) incarnito: an ~ nail un'unghia incarnita. 3 (fig) (innate) innato, congenito.

ingrowth /'ɪngroʊθ/ n. 1 crescita f. all'interno. 2 (sth. that grows inward) parte f. cresciuta all'interno.

inguinal /'ɪŋgwɪnəl/ a. (Anat) inguinale.

ingurgitate /ɪn'gɜːdʒɪteɪt Am ɪn'gɜːrdʒəteɪt/ v.t. (rar) 1 ingurgitare, ingollare, ingozzare. 2 (fig) inghiottire, ingoiare.

ingurgitation /ɪnˌgɜːdʒɪ'teɪʃən Am ɪnˌgɜːrdʒə 'teɪʃən/ n. (rar) l'ingurgitare.

inhabit /ɪn'hæbɪt/ v.t. 1 abitare in, vivere in. 2 (fig) appartenere a, fare parte di.

inhabitability /ɪnˌhæbɪtə'bɪlɪti Am ɪnˌhæbɪtə 'bɪləti/ n. abitabilità f.

inhabitable /ɪn'hæbɪtəbl Am ɪn'hæbɪtəbl/ a. abitabile.

inhabitancy /ɪn'hæbɪtənsi/ n. abitazione f., domicilio m.

inhabitant /ɪn'hæbɪtənt/ n. 1 abitante m./f. 2 (Zool) animale m. stanziale. 3 (of a home) inquilino m.

inhabitation /ɪnˌhæbɪ'teɪʃən/ n. l'abitare, abitazione f.

inhabited /ɪn'hæbɪtɪd Am ɪn'hæbɪtɪd/ a. abitato.

inhalant /ɪn'heɪlənt/ I n. (Med) farmaco m. per inalazioni. II a. inalante.

inhalation /ˌɪnhə'leɪʃən/ n. 1 inspirazione f. 2 (Med) inalazione f. 3 (Farm) farmaco m. per inalazioni. □ (Med) ~ anthrax antrace da inalazione; (Med) ~ therapy terapia inalatoria.

inhale /ɪn'heɪl/ I v.t. 1 inspirare, aspirare. 2 (Med) inalare. II v.i. aspirare: do you ~ when you smoke? aspiri il fumo?

inhaler /ɪn'heɪlər/ n. 1 chi aspira. 2 (Med) apparecchio m. inalatorio, inalatore m.

inharmonic /ˌɪnhɑː'mɒnɪk Am ˌɪnhɑːr 'mɑːnɪk/ a. disarmonico, discordante.

inharmonious /ˌɪnhɑː'məʊniəs Am ˌɪnhɑːr 'moʊniəs/ a. 1 non armonioso. 2 (fig) discorde.

inhere /ɪn'hɪər Am ɪn'hɪr/ v.i. (rar) essere inerente (in a).

inherence /ɪn'hɪərəns Am ɪn'hɪrəns/ n. inerenza f. (anche Filos).

inherent /ɪn'hɪərənt Am ɪn'hɪrənt/ a. 1 inerente, intrinseco: factors ~ in the situation fattori inerenti alla situazione. 2 (innate) innato, insito. □ (Inform) ~ error errore inerente; (Am,Dir) ~ powers poteri intrinseci (del presidente).

inherit /ɪn'herɪt/ I v.t. 1 ereditare: to ~ a fortune ereditare un patrimonio. 2 (colloq) ereditare, avere in eredità. II v.i. ereditare, ricevere un'eredità.

inheritability /ɪnˌherɪtə'bɪlɪti Am ɪnˌherɪtə 'bɪləti/ n. ereditarietà f.

inheritable /ɪn'herɪtəbl Am ɪn'herɪtəbl/ a. 1 che può ereditare. 2 (capable of being inherited) trasmissibile per eredità. 3 (Biol) ereditario.

inheritance /ɪn'herɪtəns/ n. 1 l'ereditare. 2 (sth. inherited) eredità f. (anche Biol). 3 (fig) patrimonio m. (spirituale), eredità f., retaggio m. □ to come into an ~ ereditare; (Dir) ~ tax tassa di successione.

inheritor /ɪn'herɪtər Am ɪn'herɪtər/ n. erede m./f.

inhesion /ɪn'hiːʒən/ n. inerenza f., l'essere inerente.

inhibit /ɪn'hɪbɪt/ v.t. 1 inibire, impedire, ostacolare. 2 (Psic,Biol) inibire. 3 (Dir,can) sospendere a divinis.

inhibited /ɪn'hɪbɪtɪd Am ɪn'hɪbɪṭɪd/ a. (Psic) inibito.

inhibition /ˌɪn(h)ɪ'bɪʃ°n/ n. 1 inibizione f. (anche Psic,Biol). 2 (prohibition) inibizione f., proibizione f. 3 (Dir.can) sospensione f. a divinis.

inhibitor /ɪn'hɪbɪtər Am ɪn'hɪbɪṭər/ n. inibitore m. (anche Biol,Chim).

inhibitory /ɪn'hɪbɪt°ri Am ɪn'hɪbɪtɔːri/ a. inibitorio, inibitore (anche Psic).

in-home /ˌɪn'hoʊm/ a. (Am) che avviene in casa, senza spostarsi da casa.

inhospitable /ˌɪn'hɒspɪtəbḷ Am ˌɪn'hɑːspɪṭəbḷ/ a. inospitale.

inhospitality /ɪnˌhɒspɪ'tælɪti Am ɪnˌhɑːspɪ'tæləṭi/ n. inospitalità f.

in-house /ˌɪn'haʊs/ a. interno (a un'azienda, una fabbrica).

inhuman /ɪn'hjuːmən/ a. 1 inumano. 2 (cruel, brutal) inumano, crudele, disumano: an ~ despot un despota crudele. 3 (lacking warmth) freddo, distaccato. 4 (not human) disumano, che non sembra umano: an ~ howl un urlo disumano.

inhumane /ˌɪnhju:'meɪn/ a. inumano, crudele, disumano.

inhumanity /ˌɪnhju:'mænɪti Am ˌɪnhju:'mænəṭi/ n. 1 disumanità f., crudeltà f., inumanità f.: man's ~ to man la crudeltà dell'uomo verso i suoi simili. 2 (inhumane act) crudeltà f., azione f. inumana, barbarie f.

inhumation /ˌɪnhju:'meɪʃ°n/ n. inumazione f., seppellimento m.

inhume /ɪn'hjuːm/ v.t. inumare, seppellire, sotterrare.

inimical /ɪ'nɪmɪkəl/ a. 1 ostile, nemico, avverso. 2 (harmful) nocivo, dannoso (to a).

inimitability /ɪˌnɪmɪtə'bɪlɪti Am ɪˌnɪmɪṭə'bɪləṭi/ n. l'essere inimitabile.

inimitable /ɪ'nɪmɪtəbḷ Am ɪ'nɪmɪṭəbḷ/ a. inimitabile, impareggiabile, ineguagliabile.

iniquitous /ɪ'nɪkwɪtəs Am ɪ'nɪkwɪṭəs/ a. 1 ingiusto. 2 (wicked) iniquo, malvagio.

iniquitousness /ɪ'nɪkwɪtəsnəs Am ɪ'nɪkwɪṭəsnəs/ n. 1 ingiustizia f. 2 (iniquitous act) iniquità f. 3 (wickedness) iniquità f., malvagità f.

iniquity /ɪ'nɪkwɪti Am ɪ'nɪkwəṭi/ n. 1 ingiustizia f. 2 (iniquitous act) iniquità f. 3 (wickedness) iniquità f., malvagità f.

initial /ɪ'nɪʃ°l/ I a. iniziale, dell'inizio: our ~ mistake il nostro errore iniziale. II n. 1 iniziale f., lettera f. iniziale. 2 (Tip) iniziale f.: decorative ~ iniziale arabescata. 3 pl. (of a name) sigla f.sing., iniziali f.pl. III v.t. (past, p.p. **initialled** /Am **initialed** /-d/). 1 siglare: to ~ a letter siglare una lettera. 2 (to monogram) mettere le proprie iniziali su. □ (Br, Dir) ~ advice consulenza iniziale (speciale forma di assistenza legale); (Am,Dir) ~ appearance prima comparizione (di un imputato davanti al giudice che decide se concedergli la libertà su cauzione); (Econ) ~ public offering offerta pubblica iniziale; ~ salary stipendio iniziale; Initial Teaching Alphabet alfabeto fonetico semplificato (per chi impara l'inglese).

initialization /ɪˌnɪʃ°l(a)ɪ'zeɪʃ°n/ n. (Inform) inizializzazione f.

initialize /ɪ'nɪʃ°laɪz/ v.t. (Inform) inizializzare: to ~ a floppy disk inizializzare un dischetto.

initially /ɪ'nɪʃ°li/ avv. inizialmente, da principio, dapprima.

initiate[1] /ɪ'nɪʃieɪt/ v.t. 1 avviare, iniziare, promuovere: to ~ negotiations avviare le trattative. 2 (to mark the beginning of) segnare l'inizio di. 3 (to instruct in the rudi-

ments of) iniziare, introdurre, avviare: to ~ so. in a science iniziare qcu. a una scienza. 4 (to admit into a secret society, etc.) iniziare (into a).

initiate[2] /ɪ'nɪʃiət/ I a. iniziato (anche fig). II n. iniziato m. (f. -a) (anche fig).

initiation /ɪˌnɪʃi'eɪʃ°n/ n. 1 iniziazione f. (anche Rel,Etnol). 2 (being knowledgeable) l'essere iniziato, l'essere addentro. 3 (beginning) inizio m., avvio m. □ ~ rite rito di iniziazione.

initiative /ɪ'nɪʃ°tɪv Am ɪ'nɪʃ(i)əṭɪv/ n. 1 iniziativa f.: to take the ~ in doing sth. prendere l'iniziativa di fare qcs. 2 (readiness, ability to act) iniziativa f., intraprendenza f.: to have ~ avere iniziativa. 3 (Parl) iniziativa f. legislativa. 4 (Am,Dir) iniziativa f. popolare. □ a man of ~ un uomo intraprendente; on the ~ of so. per interessamento di qcu., per iniziativa di qcu.; on one's own ~ di propria iniziativa.

initiator /ɪ'nɪʃieɪtər Am ɪ'nɪʃieɪṭər/ n. iniziatore m.

initiatory /ɪ'nɪʃ(i)ət°ri Am ɪ'nɪʃ(i)ətɔːri/ a. 1 iniziale, introduttivo, preliminare. 2 (serving to initiate) d'iniziazione, iniziatico.

initiatress /ɪ'nɪʃieɪtrəs/ n. iniziatrice f.

initiatrix /ɪˌnɪʃieɪtrɪks/ (pl. -trices /-trɪsiːz/) n. iniziatrice f.

inject /ɪn'dʒekt/ v.t. 1 (Med) iniettare: to ~ a vaccine intramuscularly iniettare un vaccino per via intramuscolare. 2 (Med) (to give an injection to) fare un'iniezione a. 3 (fig) introdurre, immettere: to ~ some humour into a situation introdurre una nota comica in una situazione. 4 (Tecn) iniettare.

injection /ɪn'dʒekʃ°n/ n. 1 (Med,Mot,Mat) iniezione f. 2 (fig) introduzione f., immissione f. □ (Mot) ~ engine motore a iniezione; (Ind) ~ moulding (o Am ~ molding) stampaggio a iniezione; (Tecn) ~ nozzle iniettore; (Tecn) ~ pump pompa d'iniezione.

injector /ɪn'dʒektər/ n. (Tecn) iniettore m.

in-joke /'ɪndʒoʊk/ n. (colloq) battuta f. comprensibile solo a un gruppo ristretto.

injudicial /ˌɪndʒu:'dɪʃ°l/ a. non in forma legale.

injudicious /ˌɪndʒu:'dɪʃəs/ a. sconsiderato, sventato, imprudente.

injudiciousness /ˌɪndʒu:'dɪʃəsnəs/ n. sconsideratezza f., imprudenza f., sventatezza f.

Injun /'ɪndʒən/ n. (Am,spreg,ant) indiano m. (f. -a) d'America. □ (ant) honest ~! parola d'onore!

injunct /ɪn'dʒʌŋ(k)t/ v.t. ingiungere.

injunction /ɪn'dʒʌŋ(k)ʃ°n/ n. 1 (Dir) ingiunzione f.: to issue an ~ emettere un'ingiunzione. 2 (admonition) ingiunzione f., comando m., intimazione f.

injure /'ɪndʒər/ v.t. 1 fare male a, ferire: to be -d in a car crash restare ferito in uno scontro automobilistico; to ~ one's leg farsi male a una gamba. 2 (to be bad for) danneggiare, pregiudicare, fare male a, nuocere a. 3 (fig) (to damage: of things) danneggiare, nuocere, ledere; (of feelings, etc.) ferire, offendere: to ~ so.'s feelings offendere qcu. 4 (fig,ant) (to do injustice to) fare un torto a, offendere.

injured /'ɪndʒəd Am 'ɪndʒəd/ a. 1 ferito, leso. 2 (wronged) offeso, leso (anche fig). 3 (expressing injury) offeso, ferito: in an ~ voice in tono offeso. □ (Dir) ~ party parte lesa.

injurious /ɪn'dʒʊəriəs Am ɪn'dʒuriəs/ a. 1 nocivo, dannoso (to a), pregiudizievole (per): ~ to health nocivo alla salute. 2 (offensive) ingiurioso, offensivo, oltraggioso.

injuriousness /ɪn'dʒʊəriəsnəs Am ɪn'dʒuriəsnəs/ n. 1 l'essere dannoso, l'essere nocivo. 2 (offensiveness) l'essere ingiurio-

so, l'essere oltraggioso.

injury /'ɪndʒəri/ n. 1 ferita f., lesione f.: to suffer a serious ~ subire una grave ferita. 2 (damage) danno m., pregiudizio m. 3 (fig) offesa f., lesione f., oltraggio m.: an ~ to one's pride un'offesa al proprio orgoglio. 4 (Dir) violazione f. di diritto. □ to do so. an ~ fare un torto a qcu.; to do oneself an ~: 1 prodursi una ferita; 2 (fig) danneggiarsi, fare del male a se stesso; (Sport) ~ time minuti di recupero; to escape without ~ uscirne illeso.

injustice /ɪn'dʒʌstɪs/ n. 1 ingiustizia f., iniquità f. 2 (unjust act) ingiustizia f., torto m., offesa f. □ to do so. an ~ commettere un'ingiustizia contro qcu., fare un torto a qcu.

ink /ɪŋk/ I n. 1 inchiostro m.: to write in ~ scrivere con l'inchiostro. 2 (Zool) inchiostro m., nero m. di seppia. II v.t. 1 (to write) scrivere con l'inchiostro; (to draw) disegnare con l'inchiostro. 2 (to stain with ink) macchiare d'inchiostro, inchiostrare. 3 (Tip) inchiostrare. □ ~ cartridge cartuccia d'inchiostro; ~ drawing disegno a inchiostro; ~ eraser gomma da inchiostro; to ~ in a drawing ripassare a penna un disegno; to ~ out cancellare a penna. to ~ over a drawing ripassare a penna un disegno; ~ pad cuscinetto per timbri, tampone per timbri; ~ pencil matita copiativa; ~ pot calamaio.

ink-blot /'ɪŋkblɒt Am 'ɪŋkblɑːt/ □ (Psic) test test di Rohrschach.

inker /'ɪŋkər/ n. (Tip) 1 (roller) inchiostratore m., rullo m. inchiostratore. 2 (person) inchiostratore m. (f. -trice).

inkhorn /'ɪŋkhɔːn Am 'ɪŋkhɔːrn/ I n. calamaio m. di corno. II a. (pedantic) pedante.

in-kind /ˌɪn'kaɪnd, 'ɪnkaɪnd/ a. (Am,colloq) nello stesso modo, con la stessa moneta: to pay (sth.) back ~ ripagare con la stessa moneta.

inkiness /'ɪŋkɪnəs/ n. l'essere nero come l'inchiostro.

inking /'ɪŋkɪŋ/ n. (Tip) inchiostrazione f., inchiostratura f. □ (Tip) ~ roller inchiostratore, rullo inchiostratore.

ink-jet /'ɪŋkdʒet/ □ (Inform) ~ printer stampante a getto d'inchiostro.

inkling /'ɪŋklɪŋ/ n. 1 vaga idea f., sentore m.: to have no ~ of sth. non avere la più vaga idea di qcs. 2 (hint, intimation) accenno m., indizio m.

inkslinger /'ɪŋkslɪŋər/ n. (Am,sl,ant) scribacchino m. (f. -a).

inkstand /'ɪŋkstænd/ n. calamaio m. (da scrittoio).

inkwell /'ɪŋkwel/ n. calamaio m. (spec. infisso in un banco).

inky /'ɪŋki/ a. 1 dell'inchiostro. 2 (resembling ink) simile all'inchiostro. 3 (black as ink) nero come l'inchiostro. 4 (stained with ink) sporco di inchiostro, imbrattato di inchiostro: ~ fingers dita sporche di inchiostro. 5 (written with ink) scritto con l'inchiostro, a inchiostro.

inlaid /ɪn'laɪd Am 'ɪnlaɪd/ a. 1 inserito (per decorazione). 2 (having inlaid work) intarsiato.

inland[1] /'ɪnlənd, 'ɪnlænd/ I a. 1 dell'interno, interno, dell'entroterra, del retroterra: an ~ town una città dell'interno. 2 (domestic) interno, nazionale: ~ trade commercio interno. II n. interno m. (del paese), entroterra m., retroterra m. □ (Mar) ~ navigation navigazione fluviale, navigazione interna; (GB) Inland Revenue fisco; (Geog) ~ sea mare interno; (Mar) ~ transport trasporto interno; (Dir) ~ waters acque interne; (Mar) ~ waterway via di navigazione interna, idrovia interna.

inland[2] /'ɪnlænd, ɪn'lænd/ *avv.* nell'entroterra, all'interno, verso l'interno.

inlander /'ɪnlǝndǝr, 'ɪnlændǝr/ *n.* abitante *m./f.* dell'entroterra.

in-laws /'ɪnlɔːz/ *n.pl.* (*colloq*) **1** suoceri *m.pl.* **2** (*relatives*) parenti *m.pl.* acquisiti.

inlay[1] /ɪn'leɪ/ *v.t.irr.* **1** (*of materials*) inserire (per ottenere effetti decorativi). **2** (*of an object*) intarsiare, lavorare a intarsio: *to ~ a table with ivory* intarsiare un tavolo di avorio.

inlay[2] /'ɪnleɪ/ *n.* intarsio *m.*

inlayer /ɪn'leɪǝr/ *n.* intarsiatore *m.* (*f.* -trice).

inlaying /ɪn'leɪɪŋ/ *n.* intarsio *m.*

inlet /'ɪnlet, 'ɪnlɪt/ *n.* **1** (*Geog*) insenatura *f.*, seno *m.*, cala *f.* **2** (*entrance*) apertura *f.*, punto *m.* d'entrata. **3** (*Mecc*) entrata *f.*, ammissione *f.* □ (*Mot*) ~ *stroke* fase d'aspirazione; (*Tecn*) ~ *valve* valvola d'aspirazione.

in-line /'ɪnlaɪn/ □ (*Inform*) ~ *graphics* grafica in linea; (*Inform*) ~ *processing* elaborazione in linea; ~ *skates* pattini in linea, rollerblades; (*Sport*) ~ *skating* pattinaggio in linea, pattinaggio con i rollerblades.

in-liner /'ɪnlaɪnǝr/ *n.* pattinatore *m.* (*f.* -trice) in linea.

inly /'ɪnli/ *avv.* (*poet*) **1** all'interno, verso l'interno. **2** (*fig*) intimamente.

inmate /'ɪnmeɪt/ *n.* **1** (*of a hospital*) paziente *m./f.*, ricoverato *m.* (*f.* -a). **2** (*of a prison*) carcerato *m.* (*f.* -a), detenuto *m.* (*f.* -a), recluso *m.* (*f.* -a). **3** (*of an asylum, etc.*) ricoverato *m.* (*f.* -a).

in memoriam /ˌɪnmɪ'mɔːriǝm/ *prep.* (*of epitaphs and obituaries*) in memoria.

inmost /'ɪnmoʊst/ *a.* **1** (*Am*) il più interno, il più profondo. **2** (*fig*) il più intimo, il più recondito, il più segreto: ~ *thoughts* pensieri più intimi.

inn /ɪn/ *n.* **1** locanda *f.*, alberghetto *m.* **2** (*tavern*) taverna *f.* **3** (*Stor*) residenza *f.* per studenti, pensionato *m.* per studenti. □ (*GB*) *Inns of Court* quattro associazioni legali di Londra che abilitano alla professione forense.

innards /'ɪnǝdz Am 'ɪnǝrdz/ *n.pl.* (*colloq*) **1** visceri *m.pl.*, interiora *f.pl.*, intestini *m.pl.* **2** (*stomach*) stomaco *m.sing.* **3** (*internal part*) interno *m.sing.*, parte *f.sing.* interna, meccanismi *m.pl.* interni.

innate /ɪ'neɪt/ *a.* **1** innato, naturale: ~ *talent* talento innato. **2** (*inherent*) innato, congenito, insito.

innateness /ɪ'neɪtnǝs/ *n.* l'essere innato.

innavigable /ɪ(n)'nævɪɡǝbl̩/ *a.* non navigabile.

inner /'ɪnǝr/ **I** *a.* **1** interno, interiore: *an ~ room* una stanza interna. **2** (*fig*) (*relating to the mind, soul*) interiore, spirituale: *our ~ lives* la nostra vita interiore. **3** (*fig*) (*intimate*) intimo, ristretto: *an ~ circle of friends* una cerchia ristretta d'amici. **4** (*fig*) (*hidden, obscure*) recondito, riposto: ~ *meaning* significato recondito. **II** *n.* (*Sport*) cerchio *m.* del bersaglio più vicino al centro. □ (*Psic*) ~ *child* bambino interiore; ~ *city*: **1** centro urbano, centro storico; **2** (*associated with social problems*) centro storico (socialmente degradato); (*Anat*) ~ *ear* orecchio interno; ~ *light* luce interiore; *the ~ man*: **1** (*Teol*) l'uomo interiore; **2** (*estens*) l'anima, lo spirito; **3** (*scherz*) (*stomach*) stomaco, la pancia: *to satisfy the ~ man* mangiare, riempirsi la pancia; (*Geog*) *Inner Mongolia* Mongolia interna; (*Mus*) ~ *part* voce media; ~ *strength* forza interiore; (*Ginn,colloq*) ~ *thighs* interno coscia; ~ *tube* camera d'aria.

innermost /'ɪnǝmoʊst Am 'ɪnǝrmoʊst/ *a.* il più interno, il più riposto, il più intimo: *my ~ thoughts* i miei pensieri più intimi.

innervate /'ɪnǝveɪt Am 'ɪnǝrveɪt/ *v.t.* **1** (*Fisiol*)

innervare. **2** (*to stimulate*) stimolare, eccitare.

innervation /ˌɪnǝ'veɪʃⁿ Am ˌɪnǝr'veɪʃⁿ/ *n.* (*Anat*) innervazione *f.*

inning /'ɪnɪŋ/ *n.pl.* **1** (*costr.sing.*) (*Sport*) (*in baseball*) inning *m.*; (*in cricket*) turno *m.* di battuta. **2** (*costr.sing.*) (*fig*) (*turn*) turno *m.*; (*period of power, etc.*) periodo *m.* di permanenza al potere, periodo *m.* di preminenza.

innings /'ɪnɪŋz/ *n.pl.* (*Sport*) (*in cricket*) turno *m.sing.* di battuta. □ (*scherz*) *to have a good ~* (o *to have a long ~*): **1** (*to live long*) vivere a lungo; **2** (*to be lucky*) avere fortuna.

innkeeper /'ɪnˌkiːpǝr/ *n.* locandiere *m.* (*f.* -a), albergatore *m.* (*f.* -trice).

innocence /'ɪnǝsⁿs/ *n.* **1** innocenza *f.*: *to feign ~, to pretend ~* fare l'innocente. **2** (*chastity*) purezza *f.* **3** (*ingenuousness*) innocenza *f.*, ingenuità *f.*

innocent /'ɪnǝsⁿt/ **I** *a.* **1** innocente, non colpevole. **2** (*free from sin*) innocente, puro (di peccato). **3** (*not ill-intentioned*) innocente, senza malizia: *an ~ joke* uno scherzo innocente. **4** (*expressing innocence*) innocente, candido, ingenuo: *an ~ gaze* uno sguardo innocente. **5** (*ingenuous*) innocente, semplice, ingenuo. **6** (*naïve*) ingenuo, semplicione, sciocco. **7** (*ignorant*) all'oscuro, non al corrente (*of* di). **8** *colloq* (*lacking*) privo, mancante (di): *a person ~ of ill will* una persona priva di malanimo. **II** *n.* **1** innocente *m./f.*: *to play the ~, to act the ~* fare l'innocente. **2** (*naïve person*) ingenuo *m.* (*f.* -a). **3** (*simpleton*) semplicione *m.* (*f.* -a), sciocco *m.* (*f.* -a). □ (*Dir*) ~ *until proven guilty* innocente fino a prova contraria.

innocuity /ˌɪnoʊ'kjuːɪti Am ˌɪnoʊ'kjuːǝti/ *n.* innocuità *f.*

innocuous /ɪ'nɒkjuǝs Am ɪ'nɑːkjuǝs/ *a.* innocuo, inoffensivo.

innocuousness /ɪ'nɒkjuǝsnǝs Am ɪ'nɑːkjuǝsnǝs/ *n.* innocuità *f.*

innominate /ɪ'nɒmɪnǝt Am ɪ'nɑːmɪnǝt/ *a.* innominato (*anche Anat*). □ (*Anat*) ~ *artery* arteria innominata, arteria anonima; (*Anat*) ~ *bone* osso iliaco, osso innominato; (*Anat*) ~ *vein* vena cardiaca anteriore, vena innominata.

innovate /'ɪnoʊveɪt Am 'ɪnǝveɪt/ *v.i.* fare innovazioni (*on, in* in).

innovation /ˌɪnoʊ'veɪʃⁿ Am ˌɪnǝ'veɪʃⁿ/ *n.* innovazione *f.*

innovative /'ɪnǝvǝtɪv, 'ɪnǝveɪtɪv Am 'ɪnǝveɪtɪv/ *a.* innovatore, innovativo.

innovator /'ɪnoʊveɪtǝr Am 'ɪnǝveɪtǝr/ *n.* innovatore *m.* (*f.* -trice).

innoxious /ɪ'nɒkʃǝs Am ɪ'nɑːkʃǝs/ *a.* innocuo, inoffensivo.

innoxiousness /ɪ'nɒkʃǝsnǝs Am ɪ'nɑːkʃǝsnǝs/ *n.* l'essere innocuo, l'essere inoffensivo.

innuendo /ˌɪnju'endoʊ/ (*pl.* -**s/**-**es** /-z/) *n.* **1** accenno *m.*, allusione *f.* **2** (*insinuation*) insinuazione *f.*, malignità *f.*

innumerability /ɪˌnjuːmǝrǝ'bɪlɪti Am ɪˌn(j)uːmǝrǝ'bɪlǝti/ *n.* l'essere innumerevole.

innumerable /ɪ'njuːmǝrǝbl̩ Am also ɪ'nuːmǝrǝbl̩/ *a.* innumerevole.

innumerably /ɪ'njuːmǝrǝbli Am also ɪ'nuːmǝrǝbli/ *avv.* senza numero.

innutrition /ˌɪn(n)ju'trɪʃⁿ Am also ˌɪn(n)uː'trɪʃⁿ/ *n.* mancanza *f.* di nutrizione.

innutritious /ˌɪn(n)ju'trɪʃǝs Am also ˌɪn(n)uː'trɪʃǝs/ *a.* non nutriente.

inobservance /ˌɪnǝb'zɜːvⁿs Am ˌɪnǝb'zɜːrvⁿs/ *n.* **1** mancanza *f.* d'attenzione, disattenzione *f.* **2** (*non-observance*) inosservanza *f.*: ~ *of the law* inosservanza della legge.

inobservant /ˌɪnǝb'zɜːvⁿt Am ˌɪnǝb'zɜːrvⁿt/

a. **1** disattento, distratto. **2** (*non-observant*) inosservante.

inoccupation /ˌɪnɒkju'peɪʃⁿ Am ˌɪnɑːkju'peɪʃⁿ/ *n.* disoccupazione *f.*

inoculable /ɪn'ɒkjulǝbl̩ Am ɪn'ɑːkjulǝbl̩/ *a.* inoculabile.

inoculate /ɪ'nɒkjuleɪt Am ɪ'nɑːkjuleɪt/ *v.t.* **1** (*Med*) (*of a person, animal*) vaccinare; (*of a disease, microorganism*) inoculare. **2** (*Biol*) (*add microorganisms*) inoculare, istillare.

inoculation /ɪˌnɒkju'leɪʃⁿ Am ɪˌnɑːkju'leɪʃⁿ/ *n.* (*Med,Biol*) inoculazione *f.*

inoculator /ɪ'nɒkjuleɪtǝr Am ɪ'nɑːkjuleɪtǝr/ *n.* (*Med*) chi inocula.

inoculum /ɪ'nɒkjulǝm Am ɪ'nɑːkjulǝm/ *n.* (*Med*) inoculo *m.*

inodorous /ɪn'oʊdǝrǝs/ *a.* inodoro, inodore.

inoffensive /ˌɪnǝ'fensɪv/ *a.* inoffensivo, innocuo.

inoffensiveness /ˌɪnǝ'fensɪvnǝs/ *n.* l'essere inoffensivo, l'essere innocuo.

inofficious /ˌɪnǝ'fɪʃǝs/ *a.* (*Dir*) inofficioso: ~ *will* testamento inofficioso.

inoperable /ɪn'ɒpǝrǝbl̩ Am ɪn'ɑːpǝrǝbl̩/ *a.* **1** (*Chir*) inoperabile. **2** (*impractical*) impraticabile: *an ~ plan* un piano inoperabile.

inoperative /ɪn'ɒpǝrǝtɪv Am ɪn'ɑːpǝrǝtɪv/ *a.* non operante, inoperante.

inopportune /ˌɪnɒpǝ'tjuːn Am ˌɪnɑːpǝr't(j)uːn/ *a.* inopportuno, indebito, intempestivo.

inopportuneness /ˌɪnɒpǝ'tjuːnnǝs Am ˌɪnɑːpǝr't(j)uːnnǝs/ *n.* inopportunità *f.*, intempestività *f.*

inordinate /ɪ'nɔːdɪnǝt Am ɪ'nɔːrdǝnǝt/ *a.* **1** eccessivo, smodato, smoderato: ~ *demands* richieste eccessive. **2** (*disorderly*) disordinato, sregolato. □ *an ~ amount of time* un periodo smisurato di tempo; *of ~ length* eccessivamente lungo.

inordinateness /ɪ'nɔːdɪnǝtnǝs Am ɪ'nɔːrdⁿǝtnǝs/ *n.* smoderatezza *f.*

inorganic /ˌɪnɔː'ɡænɪk Am ˌɪnɔːr'ɡænɪk/ *a.* **1** inorganico (*anche Chim*). **2** (*fig*) inorganico, disorganico. □ (*Chim*) ~ *chemistry* chimica inorganica; ~ *fertilizer* fertilizzante artificiale.

inornate /ˌɪnɔː'neɪt Am ˌɪnɔːr'neɪt/ *a.* (*simple, plain*) modesto, umile, dimesso.

inosculate /ɪ'nɒskjuleɪt Am ɪ'nɑːskjuleɪt/ **I** *v.t.* **1** (*Med*) anastomizzare. **2** (*to join*) unire, fondere (*anche fig*). **II** *v.i.* **1** (*Med*) anastomizzarsi. **2** (*to blend*) unirsi, fondersi (*anche fig*).

inosculation /ɪˌnɒskju'leɪʃⁿ Am ɪˌnɑːskjuː'leɪʃⁿ/ *n.* **1** (*Med*) anastomosi *f.* **2** (*uniting*) unione *f.*, fusione *f.* (*anche fig*).

inosine /'ɪnoʊsiːn/ *n.* (*Biol,Chim*) inosina *f.*

inositol /aɪ'noʊsɪtɒl Am (a)ɪ'noʊsɪtɔːl/ *n.* (*Biol, Chim*) inositolo *m.*

inoxidizable /ɪnˌɒksɪ'daɪzǝbl̩ Am ɪnˌɑːksǝ'daɪzǝbl̩/ *a.* (*Chim*) inossidabile.

inpatient /'ɪnˌpeɪʃⁿt/ *n.* degente *m./f.*, paziente *m./f.* interno.

inpouring /'ɪnˌpɔːrɪŋ/ *n.* afflusso *m.*

input /'ɪnput/ **I** *n.* **1** immissione *f.*, introduzione *f.* **2** (*of a person*) contributo *m.* **3** (*El*) alimentazione *f.* **4** (*Inform*) input *m.*, entrata *f.*, ingresso *m.* **II** *v.t.* (*past, p.p.* **input**) immettere, introdurre: *to ~ information into a computer* immettere informazioni in un computer. □ (*Inform*) ~ *area* area di input; (*Inform*) ~ *data* dati in ingresso; (*Inform*) ~ *device* unità di entrata, dispositivo di input; (*El*) ~ *power* potenza assorbita.

input-output /'ɪnput'aʊtput/ *n.* (*Inform*) input-output *m.*, ingresso/uscita *m.* □ (*Econ*) ~ *analysis* analisi delle interdipendenze strutturali.

inquest /'ɪnkwest/ *n.* **1** (*Dir*) inchiesta *f.*;

(*body of men*) commissione *f.* d'inchiesta; (*jury*) giuria *f.* **2** (*fig*) indagine *f.*, investigazione *f.*

inquietude /ɪnˈkwaɪətjuːd *Am also* ɪn 'kwaɪətuːd/ *n.* inquietudine *f.*, irrequietezza *f.*

inquiline /ˈɪnkwɪlaɪn/ *n.* (*Zool*) inquilino *m.*

inquire /ɪnˈkwaɪə Am ɪnˈkwaɪr/ **I** *v.t.* chiedere, domandare: *to ~ so.'s address* domandare l'indirizzo di qcu.; *I -d what he wanted* gli ho chiesto che cosa volesse. **II** *v.i.* **1** informarsi (*about, after* di, su): *to ~ about so.'s health* informarsi della salute di qcu. **2** (*to investigate*) indagare, fare indagini, investigare (*into* su): *to ~ into a crime* indagare su un delitto. **3** (*to ask to see*) domandare (*for* di), chiedere di vedere (qcu.). □ *to ~ sth. of so.* chiedere qcs. a qcu.; *~ within* (*written on a door*) rivolgersi qui.

inquirer /ɪnˈkwaɪərə Am ɪnˈkwaɪrər/ *n.* investigatore *m.* (*f.* -trice), indagatore *m.* (*f.* -trice).

inquiring /ɪnˈkwaɪrɪŋ Am ɪnˈkwaɪrɪŋ/ *a.* **1** avido di sapere: *he has an ~ mind* ha una mente avida di sapere. **2** (*curious*) curioso. **3** (*expressing inquiry*) indagatore, inquisitore.

inquiry /ɪnˈkwaɪrɪ Am ɪnˈkwaɪrɪ/ *n.* **1** domanda *f.*, richiesta *f.* **2** (*search for information, etc.*) indagine *f.*, ricerca *f.*, investigazione *f.*: *to make inquiries about so.* fare delle indagini su qcu. **3** (*question*) domanda *f.*, richiesta *f.* d'informazioni. **4** (*official investigation*) inchiesta *f.*: *to hold an ~ into sth.* svolgere un'inchiesta su qcs., fare un'inchiesta su qcs. **5** (*Inform*) interrogazione *f.*, consultazione *f.* (di un archivio), inquiry *f.* □ (*Am*) *~ agent* detective privato; *~ office* ufficio informazioni; *on ~* fatte le dovute ricerche.

inquisition /ˌɪnkwɪˈzɪʃən/ *n.* **1** (*Dir*) inchiesta *f.* (giudiziaria). **2** (*investigation*) indagine *f.*, ricerca *f.* **3** (*severe questioning*) interrogatorio *m.* **4** (*Dir,Stor*) inquisizione *f.*

inquisitional /ˌɪnkwɪˈzɪʃənəl/ *a.* inquisitorio.

inquisitive /ɪnˈkwɪzətɪv Am ɪnˈkwɪzətɪv/ *a.* **1** curioso, avido di sapere. **2** (*prying*) indiscreto, curioso, inquisitore.

inquisitiveness /ɪnˈkwɪzətɪvnəs Am ɪn 'kwɪzətɪvnəs/ *n.* **1** curiosità *f.* **2** (*excessive curiosity*) indiscrezione *f.*

inquisitor /ɪnˈkwɪzɪtə Am ɪnˈkwɪzɪtər/ *n.* **1** inquisitore *m.* (*f.* -trice), investigatore *m.* (*f.* -trice). **2** (*official*) magistrato *m.* inquirente. **3** (*Stor*) inquisitore *m.*

inquisitorial /ɪnˌkwɪzɪˈtɔːrɪəl/ *a.* **1** inquisitorio, di inquisitore, da inquisitore. **2** (*prying*) indiscreto, curioso. **3** (*of the inquisition*) inquisitorio, dell'inquisizione. **4** (*Dir*) inquisitorio.

inquorate /ˌɪnˈkwɔːreɪt/ *a.* (*Br*) che non ha raggiunto il quorum, senza il numero legale.

inroad /ˈɪnrəʊd/ *n.* incursione *f.*, scorreria *f.*, penetrazione *f.*, attacco *m.* □ *these expenses make -s on my pocket* queste spese sono dei salassi per le mie tasche; *this work makes -s upon my time* questo lavoro mi porta via molto tempo.

inrush /ˈɪnrʌʃ/ *n.* **1** irruzione *f.* **2** (*influx*) afflusso *m.*

INS /aɪenˈes/ *International News Service* INS (agenzia internazionale di informazioni).

ins. **1** *inscription* iscrizione, dedica. **2** *inspector* isp. (ispettore). **3** *insurance* ass., assicur. (assicurazione).

insalivate /ɪnˈsælɪveɪt/ *v.t.* (*Fisiol*) insalivare.

insalivation /ɪnˌsælɪˈveɪʃən/ *n.* (*Fisiol*) insalivazione *f.*

insalubrious /ˌɪnsəˈluːbrɪəs/ *a.* insalubre, malsano.

insalubrity /ˌɪnsəˈluːbrɪtɪ *Am* ˌɪnsəˈluːbrətɪ/ *n.* insalubrità *f.*

insane /ɪnˈseɪn/ *a.* **1** pazzo, folle, alienato, demente. **2** (*of insane people*) dei pazzi, per (i) pazzi. **3** (*senseless*) insano, folle, insensato: *it's ~ to go on vacation in August* è folle andare in ferie in agosto. □ *~ asylum* manicomio, ospedale psichiatrico.

insanely /ɪnˈseɪnlɪ/ *avv.* **1** all'impazzata. **2** (*absurdly*) follemente, pazzamente: *~ jealous* follemente geloso.

insanitary /ɪnˈsænɪtrɪ *Am* ɪnˈsænɪterɪ/ *a.* antigienico, insalubre, malsano, non igienico.

insanity /ɪnˈsænɪtɪ *Am* ɪnˈsænətɪ/ *n.* **1** demenza *f.*, pazzia *f.*, follia *f.*, insania *f.* **2** (*Dir*) infermità *f.* mentale. **3** (*extreme unreasonableness*) insensatezza *f.*; (*sth. unreasonable*) follia *f.*, pazzia *f.*

insatiability /ɪnˌseɪʃ(ɪ)əˈbɪlɪtɪ *Am* ɪnˌseɪʃ(ɪ)ə 'bɪlətɪ/ *n.* insaziabilità *f.*

insatiable /ɪnˈseɪʃ(ɪ)əbl/ *a.* insaziabile.

insatiate /ɪnˈseɪʃɪət/ *a.* insaziabile.

insaturable /ɪnˈsætʃərəbl/ *a.* (*Chim*) insaturabile.

insaturated /ɪnˈsætʃəreɪtɪd *Am* ɪnˈsætʃ əreɪtɪd/ *a.* insaturo.

inscribable /ɪnˈskraɪbəbl/ *a.* (*Geom*) inscrittibile.

inscribe /ɪnˈskraɪb/ *v.t.* **1** (*of words, etc.*) scrivere, incidere. **2** (*of a surface*) incidere (a caratteri) su. **3** (*of a book, etc.*) dedicare: *to ~ a book to* (o *for*) *an old friend* dedicare un libro a un vecchio amico. **4** (*fig*) incidere, imprimere (in modo indelebile). **5** (*Geom*) inscrivere. **6** (*Econ*) (*of a stock*) iscrivere, registrare.

inscribed /ɪnˈskraɪbd/ *a.* **1** inciso, scritto. **2** (*of a copy of a book*) firmato dall'autore. **3** (*Geom*) inscritto. **4** (*Econ*) iscritto, registrato: *~ stock* azioni iscritte.

inscription /ɪnˈskrɪpʃən/ *n.* **1** iscrizione *f.* **2** (*in a book*) dedica *f.* **3** (*historical record*) epigrafe *f.*, iscrizione *f.* **4** (*Numism*) legenda *f.*, leggenda *f.* **5** (*act of inscribing*) iscrizione *f.* (*anche Econ*). **6** *pl.* (*Econ*) (*inscribed securities*) titoli *m.pl.* iscritti.

inscriptional /ɪnˈskrɪpʃənəl/ *a.* di un'iscrizione, appartenente a un'iscrizione.

inscriptive /ɪnˈskrɪptɪv/ *a.* di un'iscrizione, appartenente a un'iscrizione.

inscrutability /ɪnˌskruːtəˈbɪlɪtɪ *Am* ɪnˌskruːtə 'bɪlətɪ/ *n.* imperscrutabilità *f.*, impenetrabilità *f.*

inscrutable /ɪnˈskruːtəbl *Am* ɪnˈskruːtəbl/ *a.* **1** imperscrutabile, impenetrabile. **2** (*mysterious*) enigmatico, misterioso.

inscrutableness /ɪnˈskruːtəblnəs *Am* ɪn 'skruːtəblnəs/ *n.* imperscrutabilità *f.*, impenetrabilità *f.*

inseam /ˈɪnsiːm/ *n.* (*Am,Abbigl*) lunghezza *f.* dal cavallo alla caviglia.

insect /ˈɪnsekt/ **I** *n.* **1** (*Zool*) insetto *m.* **2** (*colloq*) (*contemptible person*) (vile) insetto *m.* **II** *a.* **1** degli insetti. **2** (*used against insects*) insetticida: *~ powder* polvere insetticida. □ *~ bite* puntura d'insetto; *~ killer* insetticida; *~ repellent* insettifugo, repellente.

insecticidal /ɪnˌsektɪˈsaɪdəl/ *a.* insetticida.

insecticide /ɪnˈsektɪsaɪd/ *n.* insetticida *m.*

insectivore /ɪnˈsektɪvɔːr *Am* ɪnˈsektɪvɔːr/ *n.* (*Zool*) insettivoro *m.*

insectivorous /ˌɪnsekˈtɪvərəs/ *a.* insettivoro: *~ plant* pianta insettivora.

insecure /ˌɪnsɪˈkjʊə *Am* ˌɪnsɪˈkjʊr/ *a.* **1** rischioso, pericoloso. **2** (*of a person*) insicuro, malsicuro, incerto. **3** (*unstable*) instabile, precario, incerto: *~ financial state* precarie condizioni economiche. **4** (*shaky*) instabile,

malfermo, malsicuro: *an ~ construction* una costruzione instabile.

insecurity /ˌɪnsɪˈkjʊərɪtɪ *Am* ˌɪnsɪˈkjʊrətɪ/ *n.* **1** pericolo *m.*, rischio *m.* **2** (*lack of assurance*) incertezza *f.*, insicurezza *f.* **3** (*instability*) instabilità *f.*, precarietà *f.*

inselberg /ˈɪnsəlbɜːɡ *Am* ˈɪnsəlbɜːrɡ/ *n.* (*Geol*) inselberg *m.*

inseminate /ɪnˈsemɪneɪt/ *v.t.* **1** (*Biol*) inseminare, fecondare. **2** (*fig*) inculcare, imprimere. **3** (*Agr*) (*to sow*) seminare.

insemination /ɪnˌsemɪˈneɪʃən/ *n.* (*Biol*) inseminazione *f.*

insensate /ɪnˈsenseɪt, ɪnˈsensət/ *a.* **1** inanimato, privo di vita. **2** (*insensitive*) insensibile. **3** (*lacking sense or understanding*) insensato, scriteriato, irragionevole. **4** (*foolish*) stolto, sciocco. **5** (*estens*) (*inhumane*) inumano, spietato, crudele, feroce: *~ cruelty* crudeltà inumana.

insensibility /ɪnˌsensəˈbɪlɪtɪ *Am* ɪnˌsensə 'bɪlətɪ/ *n.* **1** insensibilità *f.* **2** (*lack of feeling*) insensibilità *f.*, indifferenza *f.*

insensible /ɪnˈsensəbl/ *a.* **1** privo di sensi, privo di conoscenza. **2** (*lacking physical feeling*) insensibile: *~ to cold* insensibile al freddo. **3** (*lacking emotional feeling*) insensibile, indifferente, impassibile (*to* a). **4** (*unaware*) ignaro, inconsapevole.

insensitive /ɪnˈsensɪtɪv *Am* ɪnˈsensɪtɪv/ *a.* **1** insensibile (*anche Fis,Chim*): *~ skin* pelle insensibile. **2** (*lacking emotional feeling*) insensibile, indifferente.

insensitiveness /ɪnˈsensɪtɪvnəs *Am* ɪn 'sensɪtɪvnəs/ *n.* mancanza *f.* di sensibilità, insensibilità *f.*

insentient /ˌɪnˈsenʃ(ɪ)ənt/ *a.* **1** senza sensibilità, privo di sensibilità, insensibile. **2** (*inanimate*) inanimato, inerte, senza vita.

inseparability /ɪnˌsep(ə)rəˈbɪlɪtɪ *Am* ɪnˌsep(ə)rə 'bɪlətɪ/ *n.* inseparabilità *f.*

inseparable /ɪnˈsep(ə)rəbl/ *a.* inseparabile: *~ friends* amici inseparabili.

inseparables /ɪnˈsep(ə)rəblz/ *n.pl.* **1** (*objects*) cose *f.pl.* inseparabili. **2** (*people*) persone *f.pl.* inseparabili.

insert[1] /ɪnˈsɜːt *Am* ɪnˈsɜːrt/ *v.t.* **1** inserire, introdurre: *to ~ a key into a lock* inserire una chiave in una serratura. **2** (*to include*) inserire, includere: *to ~ a name in a list* inserire un nome in un elenco. **3** (*Giorn*) inserire, (far) pubblicare: *to ~ an advertisement in a newspaper* inserire un annuncio su un giornale.

insert[2] /ˈɪnsɜːt *Am* ˈɪnsɜːrt/ *n.* **1** inserzione *f.* (*anche Giorn*). **2** (*Tip,Cin,Inform*) inserto *m.* **3** (*Abbigl,Sart*) inserto *m.*: *~ leather* ~ inserto di pelle. □ (*Inform*) *~ mode* modalità inserimento.

inserted /ɪnˈsɜːtɪd *Am* ɪnˈsɜːrtɪd/ *a.* **1** (*Anat*) inserito. **2** (*Bot*) innestato. **3** (*Mecc*) riportato.

insertion /ɪnˈsɜːʃən *Am* ɪnˈsɜːrʃən/ *n.* **1** inserimento *m.*, inserzione *f.*, introduzione *f.* **2** (*thing inserted*) inserzione *f.* (*anche Giorn*). **3** (*Bot*) innesto *m.* **4** (*Sart*) tramezzo *m.*, entredeux *m.* **5** (*Mecc*) riporto *m.*, inserimento *m.* □ (*Inform*) *~ point* punto di inserimento.

in-service /ɪnˈsɜːvɪs *Am* ɪnˈsɜːrvɪs/ *a.* (*of training*) all'interno dell'azienda.

insessorial /ˌɪnseˈsɔːrɪəl/ *a.* (*Zool*) insessore.

inset[1] /ˈɪnset/ **I** *n.* **1** (*Edit*) pagina *f.* supplementare, foglio *m.* aggiunto; (*supplement*) supplemento *m.* **2** (*in a map, drawing*) ingrandimento *m.* parziale. **3** (*Sart*) guarnizione *f.* (inserita).

inset[2] /ɪnˈset/ *v.t.* (*past, p.p.* **inset** o **insetted** /-tɪd *Am* -tɪd/) **1** inserire, introdurre. **2** (*Sart*) inserire un tramezzo in. **3** (*Tip*) accavallare.

inseverable /ɪnˈsev(ə)rəbl/ *a.* indivisibile, inscindibile.

inshore /ˌɪnˈʃɔːr *Am* ˌɪnˈʃɔːr/ **I** *a.* **1** costiero, rivierasco, litoraneo: *~ fishing territory* zona costiera di pesca; *~ waters* fascia di mare entro le 6 miglia. **2** (*moving towards the shore*) diretto a riva. **II** *avv.* a riva, verso la riva.

inside[1] /ˈɪnsaɪd/ **I** *n.* **1** interno *m.*: *the ~ of a house* l'interno di una casa. **2** (*inner side*) interno *m.*, parte *f.* interna. **3** *pl.* (*colloq*) (*stomach*) ventre *m.sing.*, (*colloq*) pancia *f.sing.*: *a pain in one's -s* mal di pancia. **II** *a.* **1** interno. **2** (*colloq*) (*of information, etc.*) riservato, confidenziale, segreto. **3** (*of a job*) che si fa al chiuso, che si fa al coperto.

inside[2] /ˈɪnsaɪd/ **I** *avv.* **1** dentro. **2** (*indoors*) dentro, al coperto, in casa. **3** (*colloq*) (*in, into prison*) in prigione, (*colloq*) dentro. **II** *prep.* **1** dentro. **2** (*on the inner side of*) dentro, all'interno di: *just ~ the gate* proprio all'interno del cancello. **3** (*of time*) entro, dentro, nel giro di: *~ an hour* entro un'ora. □ *~ and out* dentro e fuori, all'interno e all'esterno; (*Sport*) *~ forward* mezzala, interno; *to go ~ the house* entrare in casa; *let's go ~* entriamo; (*colloq*) *~ job* reato, colpo commesso con l'aiuto di una talpa; (*Sport*) *~ left* mezzala sinistra; (*Br,Sart*) *~ leg* lunghezza dal cavallo alla caviglia; *~ of* entro, in meno di, prima della fine di: *~ of a week* entro una settimana; *the ~ of the week* i giorni lavorativi; *on the ~* all'interno, internamente; *~ out*: **1** alla rovescia, rovesciato, rivoltato: *to have one's socks on ~ out* avere i calzini alla rovescia; *to turn a drawer ~ out* mettere sottosopra un cassetto; **2** (*thoroughly*) a fondo: *to know a subject ~ out* conoscere a fondo un argomento; (*Sport*) *~ right* mezzala destra; *~ track*: **1** corsia interna; **2** (*Am,colloq, fig*) posizione di vantaggio.

insider /ɪnˈsaɪdər *Am also* ˈɪnsaɪdər/ *n.* **1** membro *m.*, affiliato *m.* (*f.* -a). **2** (*colloq*) (*one with inside information*) chi è in possesso d'informazioni riservate. **3** (*Econ*) insider *m.* □ (*Econ*) *~ dealing* insider trading, abuso di informazioni riservate; *~ information* informazione riservate; (*Econ*) *~ trading* insider trading, abuso di informazioni riservate.

insidious /ɪnˈsɪdɪəs/ *a.* **1** insidioso: *~ design* piano insidioso. **2** (*captious*) insidioso, ingannevole.

insidiousness /ɪnˈsɪdɪəsnəs/ *n.* l'essere insidioso.

insight /ˈɪnsaɪt/ *n.* **1** discernimento *m.*, senno *m.* **2** (*instance of apprehending*) comprensione *f.* **3** (*intuitive understanding*) intuito *m.*, perspicacia *f.*: *a man of great ~* un uomo dotato di grande intuito. **4** (*Psic*) insight *m.*, illuminazione *f.* □ *to get an ~ into sth.* (o *to gain an ~ into sth.*) riuscire a vedere a fondo in qcs.

insightful /ˈɪnsaɪtfʊl/ *a.* (*rar*) (*of an observation*) penetrante, acuto.

insignia /ɪnˈsɪgnɪə/ *n.pl.* **1** insegne *f.pl.*: *the ~ of royalty* le insegne della regalità. **2** (*decorations*) insegne *f.pl.* (onorifiche), decorazioni *f.pl.* **3** (*Mil*) mostrine *f.pl.*

insignificance /ˌɪnsɪgˈnɪfɪkəns/ *n.* irrilevanza *f.*

insignificant /ˌɪnsɪgˈnɪfɪkənt/ *a.* **1** insignificante, irrilevante, senza importanza, trascurabile. **2** (*of a person*) insignificante, banale. **3** (*meaningless*) insignificante, senza significato.

insincere /ˌɪnsɪnˈsɪər *Am* ˌɪnsɪnˈsɪr/ *a.* insincero, falso, ipocrita.

insincerity /ˌɪnsɪnˈserɪti *Am* ˌɪnsɪnˈserəti/ *n.* insincerità *f.*, falsità *f.*

insinuate /ɪnˈsɪnjueɪt/ *v.t.* **1** insinuare, suggerire (indirettamente): *he -d that she was*

lying insinuò che stava mentendo. **2** (*to introduce slyly*) insinuare, instillare: *to ~ doubts into so.'s mind* insinuare dubbi nella mente di qcu. **3** (*rifl.*) (*to ~ oneself* insinuarsi, penetrare subdolamente: *to ~ oneself into so.'s favour* insinuarsi nel cuore di qcu. **4** (*to push, to propel slowly*) insinuare, far penetrare, introdurre a poco a poco.

insinuating /ɪnˈsɪnjueɪtɪŋ *Am* ɪnˈsɪnjueɪtɪŋ/ *a.* **1** che insinua. **2** (*gaining favour*) insinuante, subdolo.

insinuatingly /ɪnˈsɪnjueɪtɪŋli *Am* ɪnˈsɪnjueɪtɪŋli/ *avv.* in modo insinuante.

insinuation /ɪnˌsɪnjuˈeɪʃən/ *n.* **1** l'insinuare, l'insinuarsi, insinuazione *f.* **2** (*hint, innuendo*) insinuazione *f.*, malignità *f.*

insinuative /ɪnˈsɪnjueɪtɪv *Am* ɪnˈsɪnjueɪtɪv/ *a.* insinuante, subdolo.

insinuator /ɪnˈsɪnjueɪtər *Am* ɪnˈsɪnjueɪtər/ *n.* chi insinua.

insipid /ɪnˈsɪpɪd/ *a.* **1** (*of food, drink*) insipido, scipito: *to taste ~* essere insipido. **2** (*fig*) insipido, insulso, scialbo.

insipidity /ˌɪnsɪˈpɪdɪti *Am* ˌɪnsɪˈpɪdəti/ *n.* insipidezza *f.* (*anche fig*).

insipidness /ɪnˈsɪpɪdnəs/ *n.* insipidezza *f.* (*anche fig*).

insipience /ɪnˈsɪpɪəns/ *n.* (*rar*) stoltezza *f.*, (*lett*) insipienza *f.*

insipient /ɪnˈsɪpɪənt/ *a.* (*rar*) stolto, sciocco, (*lett*) insipiente.

insist /ɪnˈsɪst/ **I** *v.i.* **1** insistere (*on, upon* su, per): *to ~ on punctuality* insistere sulla puntualità; *I ~ on being received* insisto per essere ricevuto; *to ~ on so.'s doing sth.* insistere perché qcu. faccia qcs. **2** (*to assert strongly*) sostenere fermamente (qcs.). **3** (*to stress*) insistere, tornare (su), ribadire: *he -ed on this point* ha insistito su questo punto. **4** (*to persist*) perseverare (in), persistere, insistere, ostinarsi (in, a): *if you ~ on being late* se persisti a fare tardi. **II** *v.t.* sostenere, asserire. □ *very well, if you ~* va bene, se (proprio) insisti.

insistence /ɪnˈsɪstəns/ *n.* **1** insistenza *f.*, l'insistere. **2** (*quality*) insistenza *f.*, ostinatezza *f.*

insistency /ɪnˈsɪstənsi/ *n.* **1** insistenza *f.*, l'insistere. **2** (*quality*) insistenza *f.*, ostinatezza *f.*

insistent /ɪnˈsɪstənt/ *a.* **1** insistente, pertinace, ostinato. **2** (*pressing*) pressante, incalzante. **3** (*persistent*) insistente, persistente.

insistently /ɪnˈsɪstəntli/ *avv.* insistentemente, con insistenza.

in situ /ɪnˈsɪtju: *Am* ɪnˈsaɪtu:/ *a./avv.* in loco, in situ.

insobriety /ˌɪnsoʊˈbraɪɪti *Am* ˌɪnsoʊˈbraɪəti/ *n.* **1** intemperanza *f.* **2** (*drunkenness*) ubriachezza *f.*

insociability /ɪnˌsoʊʃəˈbɪlɪti *Am* ɪnˌsoʊʃəˈbɪləti/ *n.* insocievolezza *f.*

insociable /ɪnˈsoʊʃəbl/ *a.* insocievole.

insofar /ˌɪnsoʊˈfɑːr *Am* ˌɪnsoʊˈfɑːr/ *avv.* a tal punto che, al punto che. □ *~ as* per quanto: *~ as I am able* per quanto è nelle mie possibilità.

insolate /ˈɪnsoʊleɪt *Am* ˈɪnsoʊleɪt/ *v.t.* esporre al sole.

insolation /ˌɪnsoʊˈleɪʃən *Am* ˌɪnsoʊˈleɪʃən/ *n.* **1** insolazione *f.* (*anche Meteor*). **2** (*Med*) insolazione *f.*, colpo *m.* di sole.

insole /ˈɪnsoʊl/ *n.* (*Calz*) (*inside sole*) tramezza *f.*; (*loose sole*) soletta *f.*

insolence /ˈɪnsələns/ *n.* insolenza *f.*, arroganza *f.*

insolent /ˈɪnsələnt/ *a.* insolente, impertinente, arrogante.

insolubility /ɪnˌsɒljəˈbɪlɪti *Am* ɪnˌsɑːljəˈbɪləti/ *n.* **1** (*Chim*) insolubilità *f.* **2** (*fig*) irresolubilità

f., insolubilità *f.*

insolubilize /ɪnˈsɒljubɪlaɪz *Am* ɪnˈsɑːljʊbɪlaɪz/ *v.t.* (*Chim*) insolubilizzare.

insoluble /ɪnˈsɒljəbl *Am* ɪnˈsɑːljəbl/ *a.* **1** (*Chim*) insolubile. **2** (*fig*) insolubile, irresolubile: *an ~ mystery* un mistero insolubile.

insolvable /ɪnˈsɒlvəbl *Am* ɪnˈsɑːlvəbl/ *a.* insolubile, irresolubile.

insolvency /ɪnˈsɒlvənsi *Am* ɪnˈsɑːlvənsi/ *n.* (*Dir,Comm*) **1** insolvenza *f.*, insolvibilità *f.* **2** (*bankruptcy*) fallimento *m.*, bancarotta *f.* **3** (*of an estate*) passività *f.*

insolvent /ɪnˈsɒlvənt *Am* ɪnˈsɑːlvənt/ **I** *a.* **1** solvente, insolvibile. **2** (*bankrupt*) fallito. **3** (*of an estate*) passivo. **4** (*relating to insolvency or insolvents*) dell'insolvenza, dei debitori insolventi. **II** *n.* (*Dir*) debitore *m.* (*f.* -trice) insolvente.

insomnia /ɪnˈsɒmnɪə *Am* ɪnˈsɑːmnɪə/ *n.* (*Med*) insonnia *f.*

insomniac /ɪnˈsɒmnɪæk *Am* ɪnˈsɑːmnɪæk/ *a.* (*Med*) sofferente *m./f.* di insonnia.

insomnious /ɪnˈsɒmnɪəs *Am* ɪnˈsɑːmnɪəs/ *a.* che soffre d'insonnia.

insomuch /ˌɪnsoʊˈmʌtʃ/ *avv.* a tal punto, talmente, tanto. □ *~ as* in quanto che, perché, per il fatto che; *~ that* a tal punto che, tanto che.

insouciance /ɪnˈsuːsɪəns/ *n.* indifferenza *f.*, noncuranza *f.*

insouciant /ɪnˈsuːsɪənt/ *a.* indifferente, noncurante.

inspect /ɪnˈspekt/ *v.t.* **1** esaminare, ispezionare. **2** (*to check*) controllare. **3** (*to examine formally*) ispezionare, fare un'ispezione (*o a*): *to ~ a school* ispezionare una scuola. **4** (*Mil*) (*to review*) passare in rassegna. **5** (*Mecc*) collaudare, ispezionare.

inspection /ɪnˈspekʃən/ *n.* **1** ispezione *f.*, esame *m.* (minuzioso). **2** (*check*) controllo *m.* **3** (*Mil*) rassegna *f.*, rivista *f.*

inspective /ɪnˈspektɪv/ *a.* ispettivo.

inspector /ɪnˈspektər/ *n.* **1** ispettore *m.*, controllore *m.*: *police ~* ispettore di polizia. **2** (*Mecc*) collaudatore *m.* **3** (*on a bus, train*) controllore *m.* □ *~ general*: **1** ispettore generale; **2** (*Am,Mil*) generale ispettore.

inspectoral /ɪnˈspektərəl/ *a.* di ispettore, relativo a ispettore.

inspectorate /ɪnˈspektərət/ *n.* ispettorato *m.*

inspectorial /ˌɪnspekˈtɔːrɪəl/ *a.* di ispettore, relativo a ispettore.

inspectorship /ɪnˈspektəʃɪp *Am* ɪnˈspektərʃɪp/ *n.* ispettorato *m.*

inspectress /ɪnˈspektrəs/ *n.* ispettrice *f.*

inspirable /ɪnˈspaɪərəbl *Am* ɪnˈspaɪrəbl/ *a.* **1** che può essere ispirato. **2** (*that can be breathed*) respirabile.

inspiration /ˌɪnspəˈreɪʃən/ *n.* **1** ispirazione *f.*: *to draw ~ from nature* trarre (*o* attingere) ispirazione dalla natura. **2** (*stimulus*) sprone *m.*, stimolo *m.* **3** (*person who inspires*) ispiratore *m.* (*f.* -trice): *to be an ~ for* (*o to*) *so.* essere di ispirazione per qcu. **4** (*thing that inspires*) motivo *m.* ispiratore, ispirazione *f.* **5** (*sudden brilliant thought, idea*) ispirazione *f.*, idea *f.* brillante. **6** (*Teol,Fisiol*) ispirazione *f.*

inspirational /ˌɪnspərˈeɪʃənəl *Am* ˌɪnspəˈreɪʃənəl/ *a.* **1** ispiratore, che ispira. **2** (*of inspiration*) dell'ispirazione (*anche Teol*).

inspiratory /ɪnˈspaɪ(ə)rətəri *Am* ɪnˈspaɪrətɔːri/ *a.* (*Fisiol*) inspiratore, inspiratorio.

inspire /ɪnˈspaɪər *Am* ɪnˈspaɪr/ *v.t.* **1** ispirare: *poets are -d by the muses* i poeti sono ispirati dalle muse. **2** (*to incite, to impel*) indurre, stimolare, spingere. **3** (*of a feeling, etc.: to stimulate*) ispirare, suscitare: *to ~ confi-*

dence in so. ispirare fiducia a qcu. **4** (*to infuse*) infondere: *to ~ so. with courage* infondere coraggio in qcu. **5** (*to cause, to motivate*) ispirare, suggerire, dettare. **6** (*Fisiol*) inspirare, inalare.

inspired /ɪn'spaɪəᵈd *Am* ɪn'spaɪrd/ *a.* **1** ispirato (*anche Teol*): *an ~ poet* un poeta ispirato. **2** (*Giorn*) (*of an article, etc.*) suggerito da persona autorevole. **3** (*fig*) luminoso, brillante: *an ~ idea* un'idea luminosa. **4** (*Fisiol*) inspirato, inalato. □ *in an ~ moment* in un momento di ispirazione.

inspirer /ɪn'spaɪərəʳ *Am* ɪn'spaɪrəʳ/ *n.* ispiratore *m.* (*f.* -trice).

inspiring /ɪn'spaɪərɪŋ *Am* ɪn'spaɪrɪŋ/ *a.* ispiratore.

inspirit /ɪn'spɪrɪt/ *v.t.* animare, infondere coraggio a (*o* in).

inspissate /ɪn'spɪseɪt/ **I** *v.t.* ispessire, addensare. **II** *v.i.* ispessirsi, diventare (più) denso.

inspissated /ɪn'spɪseɪtɪd/ □ (*Med*) *~ cerumen* tappo di cerume.

inspissation /ˌɪnspɪ'seɪʃ ən/ *n.* ispessimento *m.*

inst. 1 *instant* corr., c.m. (corrente mese). **2** *instantaneous* (istantaneo). **3** *institutional* (istituzionale).

Inst. 1 *Institute* Ist. (istituto). **2** *Institution* (istituzione). **3** *Institutional* (istituzionale).

instability /ˌɪnstə'bɪlɪtɪ *Am* ˌɪnstə'bɪləti/ *n.* **1** instabilità *f.*, mutevolezza *f.* **2** (*inconstancy*) instabilità *f.*, volubilità *f.*, variabilità *f.* **3** (*Fis*) instabilità *f.* **4** (*Meteor*) instabilità *f.*, variabilità *f.* □ *~ region* zona instabile.

instable /ɪn'steɪbl/ *a.* instabile, mutevole. **2** (*inconstant*) instabile, variabile (*anche Meteor*).

install /ɪn'stɔːl/ *v.t.* **1** installare, collocare (e montare): *to ~ central heating* installare il riscaldamento centrale. **2** (*to place in office*) installare, insediare. **3** (*to induct*) insediare: *to ~ a new president* insediare un nuovo presidente. **4** (*rifl.*) *to ~ oneself* installarsi, sistemarsi, insediarsi. **5** (*Inform*) installare.

installable /ɪn'stɔːləbl/ *a.* installabile.

installation /ˌɪnstə'leɪʃən/ *n.* **1** installazione *f.*, collocazione *f.* (e montaggio), posa *f.* in opera, messa *f.* in opera. **2** (*apparatus installed*) installazione *f.*, impianto *m.*, macchinari *m.pl.* installati. **3** (*placing in office*) installazione *f.*, insediamento *m.* **4** (*Mil*) installazioni *f.pl.* militari. **5** (*Tel*) impianto *m.* **6** (*Inform,Art*) installazione *f.* □ (*Art*) *~ artist* autore di installazioni; *~ cost* costo di messa in opera; (*Inform*) *~ program* programma di installazione; (*Inform*) *~ wizard* installazione guidata.

installer /ɪn'stɔːləʳ/ *n.* impiantista *m./f.*

installment /ɪn'stɔːlmənt/ *n.* (*Am*) → **instalment**.

instalment /ɪn'stɔːlmənt/ *n.* **1** (*Econ*) rata *f.*: *to pay in* (*o by*) *-s* pagare a rate, pagare ratealmente. **2** (*part payment*) acconto *m.*, anticipo *m.* **3** (*of a publication*) dispensa *f.*, fascicolo *m.*; (*of a serial story*) puntata *f.* □ (*Econ*) *~ credit* credito per acquisti rateali; *~ mortgage* ipoteca su credito riscuotibile ratealmente; (*Comm*) *~ plan* (*hire purchase*) sistema di vendita rateale; (*Comm*) *~ selling* vendita a rate, vendita rateale.

instance /'ɪnstəns/ **I** *n.* **1** (*example*) esempio *m.*: *this is an ~ of what I mean* questo è un esempio di ciò che intendo dire. **2** (*case*) caso *m.*: *an ~ of heroism* un caso di eroismo. **3** (*request*) richiesta *f.*, domanda *f.*: *at the ~ of so.* su richiesta di qcu. **4** (*Dir*) istanza *f.*: *court of first ~* tribunale di prima istanza. **II** *v.t.* **1** citare come esempio. **2** (*to illustrate by an example*) illustrare con un esempio,

esemplificare. □ *for ~* per esempio, ad esempio; *in this ~* in questo caso.

instancy /'ɪnstənsɪ/ *n.* (*ant*) insistenza *f.*, pressione *f.*, sollecitazione *f.*

instant /'ɪnstənt/ **I** *n.* **1** istante *m.*, attimo *m.*: *it lasted an ~* durò un istante. **2** (*point of time*) momento *m.*, istante *m.*: *at the ~ of death* al momento della morte. **II** *a.* **1** immediato, istantaneo: *~ relief* immediato sollievo. **2** (*urgent*) urgente: *to be in ~ need of help* avere urgente bisogno d'aiuto. **3** (*of food, etc.*) espresso, fatto sul momento, istantaneo. **4** (*Comm*) (del mese) corrente, corrente mese: *in reply to your letter of the 20th ~* in risposta alla vostra (lettera) del 20 corrente. □ *~ book* instant book, libro pubblicato sulla scia di un avvenimento che ha fatto scalpore; (*Fot*) *~ camera* macchina fotografica a sviluppo immediato, macchina fotografica a sviluppo istantaneo; *~ coffee* caffè solubile; (*Fot*) *~ film* film a sviluppo immediato, film a sviluppo istantaneo; *in an ~* in un istante; (*Gastron*) *~ mashed potatoes* purè di patate liofilizzato; *on the ~* immediatamente, all'istante; (*Fot*) *~ picture* fotografia immediata; (*Fot*) *~ print film* film a sviluppo immediato, film a sviluppo istantaneo; (*Am, TV*) *~ replay* replay; *~ tea* tè solubile; *that ~* immediatamente, all'istante; *the ~* (o *the ~ that*) appena, non appena; *this ~* immediatamente, subito.

instantaneous /ˌɪnstən'teɪnɪəs/ *a.* **1** istantaneo: *~ death* morte istantanea. **2** (*done immediately*) immediato.

instantaneously /ˌɪnstən'teɪnɪəslɪ/ *avv.* istantaneamente, in un istante.

instantaneousness /ˌɪnstən'teɪnɪəsnəs/ *n.* istantaneità *f.*

instanter /ɪn'stæntəʳ *Am* ɪn'stæntəʳ/ *avv.* (*rar*) all'istante, immediatamente.

instantiate /ɪn'stænʃɪeɪt/ *v.t.* citare come esempio.

instantly /'ɪnstəntlɪ/ **I** *avv.* **1** all'istante, immediatamente. **2** (*urgently*) urgentemente. **II** *congz.* (non) appena.

instate /ɪn'steɪt/ *v.t.* installare, insediare.

instauration /ˌɪnstɔː'reɪʃən/ *n.* (*rar*) restauro *m.*, rinnovamento *m.*

instead /ɪn'sted/ *avv.* **1** (*in lieu*) invece, al... posto: *we asked for the father, but the son came ~* abbiamo chiesto del padre, ma al suo posto è venuto il figlio. **2** (*in preference*) invece, piuttosto: *I advise you to drink tea ~* ti consiglio, invece, di bere (del) tè. □ *~ of* invece di, in vece di, al posto di, in luogo di: *he changed to a pipe ~ of cigarettes* si mise a fumare la pipa al posto delle sigarette.

instep /'ɪnstep/ *n.* **1** (*Anat*) collo *m.* del piede. **2** (*Calz*) collo *m.* (della scarpa). **3** (*Zool*) (*cannon*) stinco *m.*, cannone *m.*

instigate /'ɪnstɪgeɪt/ *v.t.* **1** istigare, incitare: *to ~ the people to revolt* istigare il popolo alla rivolta. **2** (*of a thing*) fomentare, istigare: *to ~ a rebellion* fomentare una ribellione.

instigation /ˌɪnstɪ'geɪʃən/ *n.* istigazione *f.*, incitamento *m.*: *at* (*o by*) *so.'s ~* per istigazione di qcu.

instigator /'ɪnstɪgeɪtəʳ *Am* 'ɪnstɪgeɪtəʳ/ *n.* istigatore *m.* (*f.* -trice), fomentatore *m.* (*f.* -trice).

instil /ɪn'stɪl/ (*past, p.p.* **instilled** /-d/) *v.t.* **1** istillare, instillare, infondere: *to ~ honesty into a child's mind* instillare l'onestà nella mente di un bambino. **2** (*to introduce drop by drop*) istillare, instillare, immettere goccia a goccia, versare goccia a goccia (*anche Med*).

instill /ɪn'stɪl/ (*past, p.p.* **instilled** /-d/) *v.t.* (*Am*) **1** istillare, instillare, infondere: *to ~ honesty into a child's mind* instillare l'one-

stà nella mente di un bambino. **2** (*to introduce drop by drop*) istillare, instillare, immettere goccia a goccia, versare goccia a goccia (*anche Med*).

instillation /ˌɪnstɪ'leɪʃən/ *n.* **1** l'istillare, l'instillare, l'infondere. **2** (*introducing drop by drop*) instillazione *f.*

instilment /ɪn'stɪlmənt/ *n.* **1** l'istillare, l'instillare, l'infondere. **2** (*introducing drop by drop*) instillazione *f.*

instinct[1] /'ɪnstɪŋ(k)t/ *n.* **1** istinto *m.*: *the ~ for survival* l'istinto di sopravvivenza; *maternal ~* istinto materno. **2** (*pattern of action*) istinto *m.*, impulso *m.* (irrazionale): *to do sth. by ~* fare qcs. per istinto; *to act on ~* agire per istinto, agire istintivamente. **3** (*fig*) istinto *m.*, attitudine *f.*, disposizione *f.* naturale: *an ~ for music* un istinto musicale. **4** (*colloq*) (*knack*) istinto *m.*, (sesto) senso *m.*: *business ~* istinto degli affari.

instinct[2] /ɪn'stɪŋ(k)t/ *a.* imbevuto, pervaso (*with* di).

instinctive /ɪn'stɪŋ(k)tɪv/ *a.* istintivo, innato, spontaneo: *an ~ fear* un istintivo timore; *~ good taste* gusto innato.

institute /'ɪnstɪtjuːt/ **I** *v.t.* **1** formare, costituire, istituire. **2** (*to found*) istituire, fondare. **3** (*to bring into use*) introdurre, istituire: *to ~ a custom* introdurre un'usanza. **4** (*Dir*) intraprendere, intentare, istituire: *to ~ an inquiry* intraprendere un'inchiesta; *to ~ a lawsuit* intentare una causa. **5** (*to establish in an office*) installare, insediare. **6** (*Rel*) (*of a clergyman*) insediare. **II** *n.* **1** istituto *m.*, ente *m.*, istituzione *f.*: *a financial ~* un istituto finanziario. **2** (*Univ*) istituto *m.* (superiore): *agricultural ~* istituto agrario. **3** (*Am,Univ*) (*brief course*) seminario *m.* **4** *pl.* (*collection of principles*) istituzioni *f.pl.*

institution /ˌɪnstɪ'tjuːʃən/ *n.* **1** istituzione *f.*, costituzione *f.*, fondazione *f.* **2** istituzione *f.*, tradizione *f.*, istituto *m.*: *the ~ of marriage* l'istituto del matrimonio. **3** (*society, organization, etc.*) istituzione *f.*, ente *m.*, istituto *m.* **4** (*home*) ospizio *m.* **5** (*Rel*) insediamento *m.* **6** (*colloq*) (*long-established person, thing*) istituzione *f.*: *the old lady had become an ~ in the city's park* l'anziana signora era diventata un'istituzione nel parco della città.

institutional /ˌɪnstɪ'tjuːʃənl/ *a.* **1** istituzionale. **2** (*having organized institutions*) che ha fondazioni, che ha istituti. □ *~ advertising* pubblicità istituzionale; *~ economics* istituzionalismo; (*Econ*) *~ investor* investitore istituzionale; (*Am,Pol*) *~ loyalty* correttezza tra i membri del congresso.

institutionalism /ˌɪnstɪ'tjuːʃənəlɪzm/ *n.* (*costr.sing.* o *pl.*) istituzionalismo *m.*

institutionalist /ˌɪnstɪ'tjuːʃənəlɪst/ *n.* (*Econ*) istituzionalista *m./f.*

institutionalization /ˌɪnstɪˌtjuːʃənl(a)ɪ'zeɪʃən/ *n.* istituzionalizzazione *f.*

institutionalize /ˌɪnstɪ'tjuːʃənəlaɪz/ *v.t.* **1** istituzionalizzare. **2** (*colloq*) (*to place in an institution*) affidare a un istituto, istituzionalizzare, rinchiudere.

institutive /'ɪnstɪtjuːtɪv *Am* 'ɪnstɪtjuːtɪv/ *a.* istitutivo.

institutor /'ɪnstɪtjuːtəʳ *Am* 'ɪnstɪtuːtəʳ/ *n.* **1** istitutore *m.* (*f.* -trice), fondatore *m.* (*f.* -trice). **2** (*Rel*) chi insedia in un beneficio.

in-store /ˌɪn'stɔːʳ *Am* ˌɪn'stɔːr/ *a.* (*of merchandise*) nel negozio, nel punto di vendita.

instruct /ɪn'strʌkt/ *v.t.* **1** insegnare a, istruire: *to ~ so. in grammar* insegnare a qcu. la grammatica. **2** (*to inform*) informare, avvisare: *I have been -ed that* sono stato informato che. **3** (*to give instructions to*) istruire, dare istruzioni (*o* informazioni) a: *to ~ so. on*

how to behave istruire qcu. sul modo di comportarsi. **4** (*to order*) ordinare, dare ordini a. **5** (*Br,Dir*) assumere, dare mandato a.
instructed /ɪn'strʌktɪd/ ☐ *as* ~ secondo le istruzioni.
instruction /ɪn'strʌkʃən/ *n.* **1** istruzione *f.*, insegnamento *m.* **2** (*knowledge imparted*) cultura *f.*, istruzione *f.* **3** (*Inform*) istruzione *f.*, comando *m.* **4** *pl.* (*orders*) istruzioni *f.pl.*, disposizioni *f.pl.*, direttive *f.pl.*: (*Comm*) *according to your -s* (o *as per your -s*) secondo le vostre disposizioni. **5** *pl.* (*directions*) istruzioni *f.pl.*, indicazioni *f.pl.*, norme *f.pl.* (per l'uso): *operating -s were not included* le istruzioni per l'uso non sono state incluse.
☐ (*Inform*) ~ *code* codice di istruzione; (*Inform*) ~ *counter* contatore delle istruzioni; *-s for use* istruzioni per l'uso; (*Inform*) ~ *sequence* sequenza di istruzioni; (*Inform*) ~ *set* insieme delle istruzioni.
instructional /ɪn'strʌkʃənl/ *a.* **1** educativo, d'istruzione. **2** (*serving to instruct*) istruttivo, educativo: ~ *film* film istruttivo.
instructive /ɪn'strʌktɪv/ *a.* **1** istruttivo: *an ~ experience* un'esperienza istruttiva. **2** (*serving to instruct*) istruttivo, educativo.
instructiveness /ɪn'strʌktɪvnəs/ *n.* l'essere istruttivo.
instructor /ɪn'strʌktər/ *n.* **1** istruttore *m.*, educatore *m.* (*Am,Univ*) docente *m./f.*
instructress /ɪn'strʌktrəs/ *n.* istruttrice *f.*, educatrice *f.*
instrument /'ɪnstrəmənt/ **I** *n.* **1** strumento *m.*, arnese *m.*, utensile *m.*: *-s of torture* strumenti di tortura. **2** (*Mus*) strumento *m.* **3** (*measuring device*) strumento *m.*, misuratore *m.* **4** (*fig*) strumento *m.*, mezzo *m.*; (*person*) strumento *m.* **5** (*Dir*) strumento *m.*, atto *m.*, documento *m.* **II** *v.t.* **1** (*Mus*) strumentare; (*to orchestrate*) orchestrare. **2** (*Dir*) indirizzare un atto a. ☐ ~ *board*: 1 (*El*) quadro strumenti, pannello portastrumenti; 2 (*Aut,Aer*) cruscotto; *-s of credit* titoli di credito; (*Aer*) ~ *flight* (o ~ *flying*) volo cieco, volo strumentale; (*Aer*) ~ *landing* atterraggio strumentale; ~ *of ratification* strumento di ratifica; ~ *of title* titolo di proprietà; ~ *of transfer* atto di cessione; ~ *panel*: 1 (*El*) quadro degli strumenti, pannello portastrumenti; 2 (*Aut,Aer*) cruscotto; ~ *under seal* atto pubblico.
instrumental /ˌɪnstrə'mentəl *Am* ˌɪnstrə'mentl/ **I** *a.* **1** strumentale (*anche Mus,Gramm*): ~ *music* musica strumentale. **2** (*serving as a means*) utile, giovevole, fondamentale: ~ *in the battle against child abuse* fondamentale nella lotta contro il maltrattamento dei bambini. **II** *n.* (*Gramm*) strumentale *m.*, caso *m.* strumentale. ☐ (*Econ*) ~ *goods* beni strumentali; (*Psic*) ~ *learning* apprendimento strumentale; (*Aer,Mar*) ~ *navigation* navigazione strumentale.
instrumentalism /ˌɪnstrə'mentəlɪzəm *Am* ˌɪnstrə'mentlɪzəm/ *n.* (*Filos*) strumentalismo *m.*
instrumentalist /ˌɪnstrə'mentəlɪst *Am* ˌɪnstrə'mentlɪst/ *n.* (*Mus*) strumentalista *m./f.*
instrumentality /ˌɪnstrəmen'tælɪti *Am* ˌɪnstrəmen'tæləti/ *n.* mezzo *m.*, strumento *m.*
instrumentation /ˌɪnstrəmen'teɪʃən/ *n.* **1** (*Mus*) (*arrangement of music*) strumentatura *f.* **2** (*Mus*) (*distribution of instruments*) strumentazione *f.* **3** (*use of instruments*) uso *m.* di strumenti; (*work done by instruments*) lavoro *m.* eseguito con strumenti. **4** (*means, agency*) mezzo *m.*, strumento *m.* **5** (*collett.*) (*instruments*) strumentazione *f.*
insubordinate /ˌɪnsə'bɔːdənət *Am* ˌɪnsə'bɔːrdənət/ **I** *a.* insubordinato, disubbidiente,

indisciplinato. **II** *n.* insubordinato *m.*, ribelle *m.*
insubordination /ˌɪnsəbɔːdɪ'neɪʃən *Am* ˌɪnsəbɔːrdɪ'neɪʃən/ *n.* insubordinazione *f.* (*anche Mil*).
insubstantial /ˌɪnsəb'stænʃəl/ *a.* **1** inconsistente, infondato: ~ *arguments* ragionamenti inconsistenti. **2** (*lacking firmness*) inconsistente, privo di solidità.
insubstantiality /ˌɪnsəbˌstænʃi'ælɪti *Am* ˌɪnsəbˌstænʃi'æləti/ *n.* inconsistenza *f.*
insufferable /ɪn'sʌfərəbl/ *a.* insopportabile, intollerabile: ~ *arrogance* un'arroganza insopportabile.
insufficiency /ˌɪnsə'fɪʃnsi/ *n.* **1** insufficienza *f.*, scarsità *f.* **2** (*inadequacy*) insufficienza *f.*, inadeguatezza *f.* **3** (*moral, etc., lacking*) manchevolezza *f.*, insufficienza *f.*: *to be aware of one's own insufficiencies* essere consapevole delle proprie manchevolezze. **4** (*Med*) insufficienza *f.*: *cardiac* ~ insufficienza cardiaca.
insufficient /ˌɪnsə'fɪʃənt/ *a.* **1** insufficiente, scarso: ~ *evidence* prove insufficienti. **2** (*inadequate*) insufficiente, inadeguato.
insufflate /'ɪnsəfleɪt/ *v.t.* **1** soffiare sopra, soffiare dentro. **2** (*Med, Lit*) insufflare.
insufflation /ˌɪnsə'fleɪʃən/ *n.* insufflazione *f.*
insufflator /'ɪnsəfleɪtər *Am* 'ɪnsəfleɪtər/ *n.* **1** (*Tecn*) soffiatore *m.* **2** (*Med*) insufflatore *m.*
insula /'ɪnsjulə/ *n.* (*Stor.rom*) insula *f.* **2** (*Anat*) insula *f.*
insular /'ɪnsjulər/ *a.* **1** insulare (*anche Biol, Anat*). **2** (*of the inhabitants of an island*) insulare, isolano. **3** (*fig*) gretto, meschino, di mentalità ristretta: ~ *attitude* atteggiamento gretto. **4** (*Med*) insulare.
insularism /'ɪnsjulərɪzəm/ *n.* grettezza *f.*, meschinità *f.*
insularity /'ɪnsju'lærɪti *Am* 'ɪnsju'lærəti/ *n.* grettezza *f.*, meschinità *f.*
insulate /'ɪnsjuleɪt/ *v.t.* **1** (*Fis,Tecn*) isolare. **2** (*fig*) segregare, isolare. **3** (*fig*) proteggere, isolare: *he -d his children from the difficulties of lifes* isolava i suoi figli dalle difficoltà della vita.
insulating /'ɪnsjuleɪtɪŋ *Am* 'ɪnsjuleɪtɪŋ/ *a.* (*Fis, Tecn*) isolante: ~ *board* pannello isolante. ☐ (*Tecn*) ~ *lagging* rivestimento isolante; ~ *tape* nastro isolante; ~ *varnish* vernice isolante.
insulation /ˌɪnsju'leɪʃən/ *n.* **1** isolamento *m.* **2** (*material*) isolante *m.*, materiale *m.* isolante. **3** (*fig*) segregazione *f.*, isolamento *m.*
insulator /'ɪnsjuleɪtər *Am* 'ɪnsjuleɪtər/ *n.* **1** (*El*) isolatore *m.* **2** (*Fis*) isolante *m.*
insulin /'ɪnsjulɪn/ *n.* (*Biol*) insulina *f.* ☐ (*Med*) ~ *reaction* reazione insulinica; (*Med*) ~ *shock* shock insulinico; (*Med*) ~ *therapy* (o ~ *treatment*) terapia insulinica.
insulinize /'ɪnsjulɪnaɪz/ *v.t.* (*Med*) trattare con insulina.
insult[1] /ɪn'sʌlt/ *v.t.* **1** insultare, ingiuriare, insolentire. **2** (*to treat with contempt, etc.*) insultare, offendere, oltraggiare: *to ~ so.'s memory* offendere la memoria di qcu.
insult[2] /'ɪnsʌlt/ *n.* insulto *m.*, ingiuria *f.*, offesa *f.*, oltraggio *m.*, affronto *m.*: *to swallow an* ~ (o *to pocket an* ~) subire un insulto. ☐ *to add* ~ *to injury* oltre al danno la beffa.
insulting /ɪn'sʌltɪŋ *Am* ɪn'sʌltɪŋ/ *a.* insolente, offensivo, insultante, ingiurioso.
insuperability /ɪnˌs(j)uːpərə'bɪlɪti *Am* ɪnˌs(j)uːpərə'bɪləti/ *n.* l'essere insuperabile, l'essere invalicabile. **2** (*fig*) insormontabilità *f.* **3** (*fig*) (*invincibility*) invincibilità *f.*
insuperable /ɪn's(j)uːpərəbl/ *a.* insuperabile, insormontabile (*anche fig*): ~ *obstacles* ostacoli insuperabili.

insupportable /ˌɪnsə'pɔːtəbl *Am* ˌɪnsə'pɔːrtəbl/ *a.* insopportabile, intollerabile, insostenibile.
insupportableness /ˌɪnsə'pɔːtəblnəs *Am* ˌɪnsə'pɔːrtəblnəs/ *n.* insopportabilità *f.*
insuppressible /ˌɪnsə'presəbl/ *a.* insopprimibile.
insurable /ɪn'ʃuərəbl *Am* ɪn'ʃurəbl/ *a.* assicurabile: ~ *risk* rischio assicurabile.
insurance /ɪn'ʃuərəns *Am* ɪn'ʃurəns/ *n.* **1** assicurazione *f.*: *to take out* (*an*) ~ assicurarsi, stipulare un'assicurazione. **2** (*money paid*) premio *m.* d'assicurazione. **3** (*amount for which sth. is insured*) massimale *m.* assicurativo. ☐ (*Assic*) ~ *adjuster* perito; (*Assic*) ~ *agent* (o ~ *broker*) agente di assicurazioni, agente assicurativo, broker di assicurazioni; (*Am,Assic*) ~ *carrier* compagnia d'assicurazioni, società d'assicurazioni; (*Assic*) ~ *claim* richiesta di indennizzo; (*Assic*) ~ *company* compagnia d'assicurazioni, società d'assicurazioni; (*Assic*) ~ *coverage* copertura assicurativa; (*Assic*) ~ *policy* polizza assicurativa, polizza d'assicurazione; (*Assic*) ~ *premium* premio d'assicurazione; (*Assic*) ~ *rate* tariffa d'assicurazione.
insurant /ɪn'ʃuərənt *Am* ɪn'ʃurənt/ *n.* assicurato *m.* (*f.* -a).
insure /ɪn'ʃuər *Am* ɪn'ʃur/ *v.t.* **1** (*Assic*) assicurarsi su, assicurare: *to ~ a house against fire* assicurare una casa contro gli incendi. **2** (*Assic*) (*to issue an insurance policy for*) assicurare. **3** (*Am*) (*to make sure*) assicurarsi, accertarsi; (*to guarantee*) assicurare, garantire.
insured /ɪn'ʃuəd *Am* ɪn'ʃurd/ **I** *a.* assicurato. **II** *n.* assicurato *m.* (*f.* -a).
insurer /ɪn'ʃuərər *Am* ɪn'ʃurər/ *n.* assicuratore *m.* (*f.* -trice).
insurgence /ɪn'sɜːdʒəns *Am* ɪn'sɜːrdʒəns/, **insurgency** /ɪn'sɜːdʒənsi *Am* ɪn'sɜːrdʒənsi/ *n.* sollevazione *f.*, insurrezione *f.*, rivolta *f.*
insurgent /ɪn'sɜːdʒənt *Am* ɪn'sɜːrdʒənt/ **I** *n.* **1** insorto *m.* (*f.* -a), ribelle *m./f.* **2** (*Pol*) ribelle *m./f.* **II** *a.* insorto, ribelle, in rivolta.
insurmountability /ˌɪnsəˌmauntə'bɪlɪti *Am* ˌɪnsərˌmauntə'bɪləti/ *n.* l'essere insormontabile.
insurmountable /ˌɪnsə'mauntəbl *Am* ˌɪnsər'mauntəbl/ *a.* insormontabile, insuperabile.
insurmountably /ˌɪnsə'mauntəbli *Am* ˌɪnsər'mauntəbli/ *avv.* in modo insormontabile.
insurrection /ˌɪnsə'rekʃən/ *n.* insurrezione *f.*, rivolta *f.*, ribellione *f.*, sollevazione *f.*
insurrectional /ˌɪnsə'rekʃənəl/ *a.* insurrezionale.
insurrectionary /ˌɪnsə'rekʃənri *Am* ˌɪnsə'rekʃəneri/ **I** *a.* insurrezionale. **II** *n.* insorto *m.* (*f.* -a).
insurrectionist /ˌɪnsə'rekʃənɪst/ *n.* insorto *m.* (*f.* -a).
insusceptibility /ˌɪnsəˌseptə'bɪlɪti *Am* ˌɪnsəˌseptə'bɪləti/ *n.* insensibilità *f.*
insusceptible /ˌɪnsə'septəbl/ *a.* insensibile, refrattario, non suscettibile (*of, to* a): ~ *to change* non suscettibile al cambiamento.
inswinger /'ɪnswɪŋər/ *n.* (*Sport*) **1** (*in cricket*) palla *f.* a effetto. **2** (*in soccer*) tiro *m.* a rientrare.
int. 1 *interest* (interesse). **2** *interim* (interim). **3** *interior* (interiore). **4** *international* intern. (internazionale).
intact /ɪn'tækt/ *a.* intatto, intero, integro.
intaglied /ɪn'tæliːɪtd *Am* ɪn'tælieɪtɪd/ *a.* (*Art*) intagliato.
intaglio /ɪn'tɑːliou, ɪn'tæliou/ **I** *n.* (*pl.* -**s** /-z/, **-gli** /-liː/) **1** intaglio *m.* **2** (*carved figure*) figura *f.* intagliata, intaglio *m.* **3** (*gem*) gemma *f.* intagliata. **II** *v.t.* intagliare.

intake /'ınteık/ n. 1 (*Tecn*) (*opening*) presa f. d'aspirazione, collettore m. d'aspirazione, presa f. d'immissione, collettore m. d'immissione. 2 (*food*) assunzione f. di cibo. 3 (*act of taking in*) aspirazione f., immissione f. 4 (*quantity taken in*) quantità f. immessa: ~ *of fuel* quantità di carburante immessa. 5 (*employment*) assunzione f. 6 (*Mil*) gruppo m. di reclute. 7 (*Minier*) pozzo m. d'aerazione. 8 (*Tecn*) (*of a pump, etc.*) aspirazione f. 9 (*Tecn*) (*point where a tube narrows*) restringimento m. 10 (*Br*) (*land reclaimed*) terreno m. bonificato. 11 (*Mecc*) (*energy taken in*) energia f. assorbita; (*rate of energy intake*) capacità f. di assorbimento. □ (*Tecn*) ~ *manifold* condotto di immissione; (*Mecc*) ~ *valve* valvola di aspirazione.

intangibility /ın,tændʒə'bılıtı Am ın,tændʒə'bılətı/ n. 1 intangibilità f. 2 (*fig*) indefinibilità f., vaghezza f.

intangible /ın'tændʒəbl/ a. 1 indefinibile, vago. 2 (*Econ*) immateriale: ~ *assets* beni immateriali.

intangibles /ın'tændʒəblz/ n.pl. beni m.pl. immateriali.

intangibly /ın'tændʒəblı/ avv. in modo intangibile.

intarsia /ın'tɑːsıə Am ın'tɑːrsıə/ n. (*Art*) intarsio m.

integer /'ıntıdʒər Am also 'ıntədʒər/ n. 1 (*Mat*) intero m., numero m. intero. 2 (*fig*) entità f. completa se stessa.

integrable /'ıntəɡrəbl/ a. (*Mat*) integrabile.

integral /'ıntıɡrəl Am 'ıntəɡrəl/ I a. 1 integrante: ~ *part* parte integrante. 2 (*whole, complete*) integrale, intero, totale. 3 (*Mat*) integrale: ~ *calculus* calcolo integrale. II n. 1 intero m., totalità f. 2 (*Mat*) integrale m. □ (*Tel,Inform*) ~ *modem* modem inciso.

integralism /'ıntıɡrəlızm Am 'ıntəɡrəlızm/ n. (*Pol*) integralismo m.

integralist /'ıntıɡrəlıst Am 'ıntəɡrəlıst/ n. integralista m./f.

integrality /,ıntı'ɡrælıtı Am ,ıntı'ɡrælətı/ n. integrità f., totalità f.

integrand /'ıntıɡrænd Am 'ıntəɡrænd/ n. (*Mat*) funzione f. integranda.

integrant /'ıntıɡrənt Am 'ıntəɡrənt/ I a. integrante. II n. parte f. integrante.

integrate /'ıntıɡreıt Am 'ıntəɡreıt/ I v.t. 1 integrare (*anche Sociol*). 2 (*to combine into a whole*) coordinare. 3 (*to incorporate*) incorporare, fondere, associare. 4 (*Mat*) integrare. 5 (*to desegregate*) abolire la segregazione razziale (*o* in). II v.i. integrarsi.

integrated /'ıntıɡreıtıd Am 'ıntəɡreıtıd/ a. 1 integrato (*anche Psic*): *an ~ economic system* un sistema economico integrato. 2 (*complete*) integro, intero, completo. 3 (*not segregated*) senza segregazione razziale. □ (*Elettron*) ~ *circuit* circuito integrato; (*Tel*) ~ *services digital network* rete digitale integrata nei servizi; (*Inform*) ~ *software* software re integrato.

integrating /'ıntıɡreıtıŋ Am 'ıntəɡreıtıŋ/ □ (*Mat*) ~ *factor* fattore di integrazione.

integration /,ıntı'ɡreıʃən Am ,ıntə'ɡreıʃən/ n. 1 integrazione f. (*anche Mat,Psic*). 2 (*in racial matters*) integrazione f. razziale: ~ *policy* politica di integrazione.

integrationism /,ıntə'ɡreıʃənızm/ n. (*Am*) integrazionismo m.

integrationist /,ıntə'ɡreıʃənıst/ n. (*Am*) integrazionista m./f.

integrative /'ıntıɡreıtıv Am 'ıntəɡreıtıv/ a. integrativo, integrante.

integrator /'ıntıɡreıtər Am 'ıntəɡreıtər/ n. 1 integratore m. (f. -trice). 2 (*Tecn*) integratore m.

integrity /ın'teɡrıtı Am ın'teɡrəʈi/ n. 1 onestà f., integrità f., probità f. 2 (*completeness*) totalità f., integrità f., interezza f.: *in its ~* nella sua totalità. □ *a man of ~* un uomo integro.

integument /ın'teɡjumənt/ n. 1 rivestimento m. 2 (*Biol*) tegumento m.

intellect /'ıntəlekt Am 'ıntəlekt/ n. 1 intelletto m., mente f. 2 (*intelligence*) intelletto m., intelligenza f. 3 (*person*) intelletto m., intelligenza f., mente f.

intellection /,ıntə'lekʃən Am ,ıntə'lekʃən/ n. 1 attività f. dell'intelletto, conoscenza f. 2 (*notion, thought*) idea f., pensiero m. 3 (*Filos*) intellezione f.

intellective /,ıntə'lektıv Am ,ıntə'lektıv/ a. intellettivo.

intellectual /,ıntə'lektjuəl Am ,ıntə'lektʃuəl/ I a. 1 intellettivo, dell'intelletto: ~ *powers* facoltà intellettive. 2 (*intelligent*) intelligente. II n. intellettuale m./f. □ (*Dir*) ~ *property* proprietà intellettuale.

intellectualism /,ıntə'lektjuəlızm Am ,ıntə'lektʃuəlızm/ n. intellettualismo m. (*anche Filos*).

intellectualist /,ıntə'lektjuəlıst Am ,ıntə'lektʃuəlıst/ I a. intellettualistico. II n. intellettualista m./f.

intellectuality /,ıntə'lektju'ælıtı Am ,ıntə'lektʃu'ælətı/ n. intellettualità f.

intellectualization /,ıntə'lektjuəl(a)ı'zeıʃən Am ,ıntə'lektʃuəlı'zeıʃən/ n. l'intellettualizzare.

intellectualize /,ıntə'lektjuəlaız Am ,ıntə'lektʃuəlaız/ I v.t. 1 (*consider rationally*) intellettualizzare, razionalizzare. 2 (*to make intellectual*) intellettualizzare, rendere intellettuale. 3 (*Psic*) razionalizzare. II v.i. ragionare.

intelligence /ın'telıdʒəns/ n. 1 intelligenza f., capacità f. intellettiva, intelletto m. 2 (*sagacity*) sagacia f., perspicacia f. 3 (*understanding*) comprensione f. 4 (*information*) informazioni f.pl., notizie f.pl.: *to receive ~ about sth.* ricevere notizia di qcs.; *to give ~ about sth.* dare notizia di qcs. 5 (*Mil,Pol*) intelligence f., servizi m.pl. segreti. □ ~ *agent* agente del servizio segreto, agente del servizio informazioni; (*Mil,Pol*) ~ *bureau* (o ~ *department*) servizio segreto; ~ *office*: 1 (*Mil,Pol*) intelligence, servizi segreti; 2 (*Am*) (*for domestic help*) agenzia di collocamento; ~ *officer* funzionario del servizio segreto; (*Psic*) ~ *quotient* quoziente d'intelligenza, quoziente intellettivo; (*Mil,Pol*) ~ *service* intelligence, servizi segreti; (*Psic*) ~ *test* test d'intelligenza.

intelligencer /ın'telıdʒənsər/ n. (*rar*) 1 informatore m. (f. -trice). 2 (*spy, informer*) informatore m. (f. -trice), spia f., agente m. segreto.

intelligent /ın'telıdʒənt/ a. 1 intelligente: *an ~ student* uno studente intelligente, perspicace. 2 (*sensible*) intelligente, razionale, ragionevole: *an ~ suggestion* una proposta sensata. 3 (*Inform*) (*able to store and process data*) intelligente. □ (*Inform*) ~ *terminal* terminale intelligente.

intelligential /ın,telı'dʒenʃəl/ a. 1 intellettuale. 2 (*having intelligence*) intelligente.

intelligentsia /ın,telı'dʒentsıə Am also ın,telı'ɡensıə/ n.pl. (*costr.sing. o pl.*) intellighenzia f., classe f. intellettuale, intellettuali m./f.pl.

intelligibility /ın,telıdʒə'bılıtı Am ın,telıdʒə'bılətı/ n. intelligibilità f., chiarezza f.

intelligible /ın'telıdʒəbl/ a. 1 intelligibile, chiaro, comprensibile. 2 (*Filos*) intelligibile.

INTELSAT /'ıntelsæt/ (*Tel*) *International Telecommunications Satellite Consortium* INTELSAT (Consorzio internazionale per le telecomunicazioni via satellite).

intemperance /ın'tempərns/ n. 1 intemperanza f., smoderatezza f., sregolatezza f. 2 (*excessive drinking*) intemperanza f. nel bere, eccesso m. nel bere.

intemperate /ın'tempərət/ a. 1 smoderato, incontinente. 2 (*in drinking*) intemperante nel bere, smodato nel bere. 3 (*unrestrained*) violento, aggressivo. 4 (*of the weather, climate*) inclemente, rigido.

intend /ın'tend/ I v.t. 1 avere intenzione, intendere, ripromettersi, proporsi: *to ~ to do sth.* avere intenzione di fare qcs. 2 (*to destine for a particular use, etc.*) destinare: *products -ed for the export market* prodotti destinati al mercato d'esportazione. 3 (*to mean*) intendere, voler dire: *what do you ~ by this remark?* che cosa vuoi dire con questa osservazione? 4 (*to design for, to refer to*) rivolgere, dirigere: *his criticism was -ed for you* le sue critiche erano rivolte a te. 5 (*Dir*) presumere. II v.i. volere, intendere: *exactly as we -ed* esattamente come volevamo noi. □ *I -ed it as a compliment* la mia intenzione era di farti un complimento; *I -ed no harm* non intendevo fare del male.

intendancy /ın'tendənsı/ n. 1 intendenza f. 2 (*office of an intendant*) ufficio m. d'intendente.

intendant /ın'tendənt/ n. intendente m.

intended /ın'tendıd/ I a. 1 progettato. 2 (*aiming*) inteso, volto a un fine: *policy ~ to improve the standard of living* politica intesa a migliorare il tenore di vita. 3 (*intentional*) voluto, intenzionale, di proposito: *an ~ insult* un insulto voluto. 4 (*prospective*) futuro: *her ~ husband* il suo futuro marito. II n. (*colloq,ant*) fidanzato m. (f. -a).

intendment /ın'tendmənt/ n. (*Dir*) spirito m. della legge. □ (*Dir*) *in the ~ of law* ai sensi di legge.

intense /ın'tens/ a. 1 intenso, forte: ~ *cold* freddo intenso. 2 (*violent*) violento, intenso, veemente: ~ *anger* ira violenta. 3 (*showing deep feelings*) che mostra sentimenti profondi. 4 (*emotional*) emotivo, sensibile, ipersensibile. 5 (*deeply felt*) profondo, intenso, forte, vivo: *an ~ emotion* una profonda emozione. 6 (*of a person*) passionale, profondo. 7 (*ardent*) ardente, intenso. 8 (*of colours*) intenso, (molto) carico, cupo.

intenseness /ın'tensnəs/ n. 1 intensità f., forza f. 2 (*emotionalness*) emotività f., sensibilità f., ipersensibilità f.

intensification /ın,tensıfı'keıʃən/ n. 1 intensificazione f. 2 (*Fot*) rinforzo m.

intensifier /ın'tensıfaıər/ n. 1 (*Fot*) intensificatore m. 2 (*Gramm*) avverbio m. (con funzione rafforzativa).

intensify /ın'tensıfaı/ I v.t. 1 intensificare, rendere più intenso. 2 (*Fot*) rinforzare. II v.i. intensificarsi.

intension /ın'tenʃən/ n. 1 intensificazione f. 2 (*intensity*) intensità f. 3 (*Filos*) intensione f.

intensiometer /,ıntensı'tɒmıtər Am ,ıntensı'tɑːmətər/ n. (*Med*) intensimetro m., intensitometro m.

intensity /ın'tensıtı Am ın'tensəʈi/ n. 1 intensità f. (*anche Fis*). 2 (*strength*) intensità f., forza f., veemenza f. 3 (*depth of feelings*) profondità f. di sentimenti, intensità f. di sentimenti. 4 (*of a colour*) intensità f. 5 (*Fot*) intensità f., forza f.

intensive /ın'tensıv/ I a. 1 intenso: ~ *work* lavoro intenso. 2 (*intensifying*) intensivo (*anche Agr,Gramm*): ~ *farming* coltivazione intensiva. 3 (*Med*) intensivo. II n. (*Gramm*) elemento m. intensivo. □ (*Med*) ~ *care* cure intensive, terapia intensiva: ~ *care unit* reparto di terapia intensiva; (*Scol,Univ*) ~

course corso intensivo.

intent[1] /ɪn'tent/ *n.* **1** intento *m.*, intenzione *f.*: *to do sth. with ~* fare qcs. con intenzione, fare qcs. intenzionalmente; *with evil ~* con intenzioni cattive. **2** (*end, aim*) scopo *m.*, fine *m.* **3** (*Dir*) intenzione *f.* □ *for all -s* (*and purposes*) a tutti gli effetti; *to all -s* (*and poses*) a tutti gli effetti; (*Dir*) *~ to kill* intenzione omicida.

intent[2] /ɪn'tent/ *a.* **1** intenso, penetrante: *an ~ gaze* uno sguardo penetrante. **2** (*engrossed*) intento (*on, upon* a), assorto (in): *he was ~ on studying* era intento allo studio. **3** (*determined, bent*) deciso (*on* a).

intention /ɪn'tenʃ°n/ *n.* **1** intenzione *f.*, intendimento *m.*, proposito *m.*: *I have no ~ of seeing her* non ho alcuna intenzione di vederla. **2** (*Med,Filos*) intenzione *f.* **3** *pl.* (*colloq,ant*) (*attitude regarding marriage*) intenzione *f.sing.*: *are your -s serious?* hai intenzioni serie? □ *~ tremor* tremore intenzionale; *without ~* senza intenzione, involontariamente.

intentional /ɪn'tenʃ°nl/ *a.* intenzionale, deliberato, premeditato: *an ~ oversight* una svista intenzionale. □ *it wasn't ~* non l'ho fatto apposta.

intentionally /ɪn'tenʃ°nəli/ *avv.* intenzionalmente, di proposito, apposta.

intentioned /ɪn'tenʃ°nd/ *a.* (*in compounds*) con... intenzioni: *ill-~* malintenzionato; *well-~* benintenzionato.

intently /ɪn'tentli/ *avv.* attentamente, con attenzione.

intentness /ɪn'tentnəs/ *n.* attenzione *f.*

inter /ɪn'tɜːr *Am* ɪn'tɜːr/ (*past, p.p.* **interred** /-d/) *v.t.* sotterrare, seppellire.

interact /ˌɪntər'ækt *Am* ˌɪntər'ækt/ *v.i.* **1** interagire, agire reciprocamente. **2** (*of people*) comunicare, collaborare. **3** (*Inform*) interagire.

interaction /ˌɪntər'ækʃ°n *Am* ˌɪntər'ækʃ°n/ *n.* **1** interazione *f.*, azione *f.* reciproca, influenza *f.* reciproca. **2** (*Fis,Sociol,Inform*) interazione *f.*

interactionism /ˌɪntər'ækʃ°nɪz°m *Am* ˌɪntər'ækʃ°nɪz°m/ *n.* (*Filos,Sociol*) interazionismo *m.*: *symbolic ~* interazionismo simbolico.

interactive /ˌɪntər'æktɪv *Am* ˌɪntər'æktɪv/ *a.* **1** interagente. **2** (*Inform*) interattivo. □ (*Inform*) *~ graphics* grafica interattiva; (*Inform*) *~ program* programma interattivo; (*Inform*) *~ terminal* terminale interattivo.

interactively /ˌɪntər'æktɪvli *Am* ˌɪntər'æktɪvli/ *avv.* interattivamente.

interactivity /ˌɪntəræk'tɪvɪti *Am* ˌɪntəræk'tɪvəti/ *n.* (*Inform*) interattività *f.*

inter alia /ˌɪntər'eɪlɪə *Am* ˌɪntər'ɑːlɪə/ *avv.* tra l'altro.

inter alios /ˌɪntər'eɪlɪoʊs *Am* ˌɪntər'ɑːlɪoʊs/ *avv.* tra gli altri.

inter-allied /ˌɪntər'ælaɪd *Am* ˌɪntər'ælaɪd/ *a.* interalleato.

inter-american /ˌɪntərə'merɪkən *Am* ˌɪntər'merɪkən/ *a.* interamericano.

interarticular /ˌɪntərɑː'tɪkjʊlər *Am* ˌɪntərɑːr'tɪkjʊlər/ *a.* (*Anat*) interarticolare.

interatomic /ˌɪntərə'tɒmɪk *Am* ˌɪntərə'tɑːmɪk/ *a.* (*Fis*) interatomico.

interbank /'ɪntəbæŋk *Am* 'ɪntərbæŋk/ *a.* interbancario: *~ loans* prestiti interbancari; *~ rate* tasso interbancario.

interbedded /ˌɪntə'bedɪd *Am* ˌɪntər'bedɪd/ *a.* (*Geol*) interstratificato.

interblend /ˌɪntə'blend *Am* ˌɪntər'blend/ **I** *v.t.* mescolare, mischiare. **II** *v.i.* mescolarsi.

interblock /'ɪntəblɒk *Am* 'ɪntərblɑːk/ *a.* (*Tecn*) interblocco.

interborough /'ɪntərbʌrou/ *a.* (*Am*) intercomunale.

interbreed /ˌɪntə'briːd *Am* ˌɪntər'briːd/ **I** *v.t.* incrociare, ibridare. **II** *v.i.* incrociarsi, produrre ibridi.

interbreeding /ˌɪntə'briːdɪŋ *Am* ˌɪntər'briːdɪŋ/ *n.* ibridazione *f.*

intercalary /ɪn'tɜːkələri *Am* ɪn'tɜːrkələri/ *a.* **1** intercalato, interposto, inserito, frapposto. **2** (*of a day, month*) intercalare; (*of a year*) bisestile.

intercalate /ɪn'tɜːkəleɪt *Am* ɪn'tɜːrkəleɪt/ *v.t.* **1** intercalare, inframettere, inframmettere, interporre, frapporre. **2** (*of a day, month*) intercalare.

intercalation /ɪnˌtɜːkə'leɪʃ°n *Am* ɪnˌtɜːrkə'leɪʃ°n/ *n.* intercalazione *f.*

intercede /ˌɪntə'siːd *Am* ˌɪntər'siːd/ *v.i.* **1** intercedere (*for* per), intervenire (in favore di): *to ~ with so. for* (o *on behalf of*), *a person* intercedere presso qcu. per una persona. **2** (*to mediate*) intervenire, fare da mediatore.

interceder /ˌɪntə'siːdər *Am* ˌɪntər'siːdər/ *n.* intercessore *m.* (*f.* interceditrice).

intercellular /ˌɪntə'seljʊlər *Am* ˌɪntər'seljʊlər/ *a.* (*Biol*) intercellulare.

intercept[1] /ˌɪntə'sept *Am* ˌɪntər'sept/ *v.t.* **1** intercettare, sequestrare (al passaggio): *to ~ a letter* intercettare una lettera. **2** (*of persons*) intercettare. **3** (*Mil,Geom*) intercettare: *to ~ a missile* intercettare un missile. **4** (*Sport*) intercettare: (*in football*) *to ~ a pass* intercettare un passaggio.

intercept[2] /'ɪntəsept *Am* 'ɪntərsept/ *n.* **1** intercettazione *f.* **2** (*Tel*) messaggio *m.* intercettato. **3** (*Mat*) intercetta *f.*

interception /ˌɪntə'sepʃ°n *Am* ˌɪntər'sepʃ°n/ *n.* **1** intercettazione *f.* (*anche Mil,Tel,Sport*). **2** (*Geom*) intersezione *f.*

interceptive /ˌɪntə'septɪv *Am* ˌɪntər'septɪv/ *a.* che intercetta, intercettatore.

interceptor /ˌɪntə'septər *Am* ˌɪntər'septər/ *n.* **1** intercettatore *m.* (*f.* -trice). **2** (*Aer.mil*) intercettore *m.*, caccia *m.* intercettatore.

intercession /ˌɪntə'seʃ°n *Am* ˌɪntər'seʃ°n/ *n.* intercessione *f.* (*anche Rel.catt*).

intercessor /ˌɪntə'sesər *Am* ˌɪntə'sesər/ *n.* intercessore *m.* (*f.* interceditrice).

intercessory /ˌɪntə'sesəri *Am* ˌɪntə'sesəri/ *a.* (*Rel.catt*) che intercede.

interchange[1] /ˌɪntə'tʃeɪndʒ *Am* ˌɪntər'tʃeɪndʒ/ **I** *v.t.* **1** scambiare, mettere al posto di. **2** (*to transpose*) scambiare i posti di. **3** (*to give and take mutually*) scambiarsi, scambiare: *to ~ opinions* scambiare opinioni. **4** (*to alternate*) alternare, avvicendare. **5** (*Econ*) scambiare, fare uno scambio di, barattare. **II** *v.i.* **1** scambiarsi. **2** (*to alternate*) alternarsi, avvicendarsi.

interchange[2] /'ɪntətʃeɪndʒ *Am* 'ɪntər'tʃeɪndʒ/ *n.* **1** scambio *m.* (*anche Econ*). **2** (*alternation*) avvicendamento *m.* **3** (*Strad*) intercambio *m.*, svincolo *m.* **4** (*railway or bus station*) stazione *f.* di coincidenza.

interchangeability /ˌɪntətʃeɪndʒə'bɪlɪti *Am* ˌɪntər'tʃeɪndʒə'bɪləti/ *n.* intercambiabilità *f.*

interchangeable /ˌɪntə'tʃeɪndʒəbl *Am* ˌɪntər'tʃeɪndʒəbl/ *a.* **1** intercambiabile: *~ parts* parti intercambiabili. **2** (*Econ*) che si può scambiare, che si può barattare. □ (*Fot*) *~ lens* obiettivo intercambiabile.

intercity /ˌɪntə'sɪti *Am* ˌɪntər'sɪti/ **I** *a.* (*Am*) interurbano: *~ bus* autobus interurbano. **II** *n.* (*Br,Ferr*) intercity *m.*

interclub /'ɪntəklʌb *Am* 'ɪntərklʌb/ *a.* tra più circoli, tra più club.

intercollegiate /ˌɪntəkə'liːdʒət *Am* ˌɪntərkə'liːdʒət/ *a.* **1** tra college, che si svolge tra più college (o università), interuniversitario. **2** (*of two or more colleges*) di due o più college.

intercolonial /ˌɪntəkə'louniəl *Am* ˌɪntərkə'louniəl/ *a.* (che avviene) tra colonie.

intercolumn /ˌɪntə'kɒləm *Am* ˌɪntər'kɑːləm/, **intercolumniation** /ˌɪntəkəˌlʌmni'eɪʃ°n *Am* ˌɪntərkəˌlʌmni'eɪʃ°n/ *n.* (*Arch*) intercolunnio *m.*

intercom /'ɪntəkɒm *Am* 'ɪntərkɑːm/ *n.* **1** (*outside a building*) citofono *m.* **2** (*inside a building*) interfono *m.*

intercommunicate /ˌɪntəkə'mjuːnɪkeɪt *Am* ˌɪntərkə'mjuːnɪkeɪt/ *v.i.* **1** comunicare. **2** (*of rooms, etc.*) comunicare, essere comunicante, essere intercomunicante.

intercommunication /ˌɪntəkəˌmjuːnɪ'keɪʃ°n *Am* ˌɪntərkəˌmjuːnɪ'keɪʃ°n/ *n.* comunicazione *f.* (diretta). □ *~ system* citofono, interfono.

intercommunion /ˌɪntəkə'mjuːniən *Am* ˌɪntərkə'mjuːnjən/ *n.* **1** comunione *f.* reciproca. **2** (*Rel*) comunione *f.* ecumenica.

intercommunity /ˌɪntəkə'mjuːnɪti *Am* ˌɪntərkə'mjuːnəti/ *n.* comunanza *f.*

interconnect /ˌɪntəkə'nekt *Am* ˌɪntərkə'nekt/ **I** *v.t.* interconnettere. **II** *v.i.* collegarsi (*with* con).

intercontinental /ˌɪntəˌkɒntɪ'nentl *Am* ˌɪntərˌkɑːntɪ'nentl/ *a.* intercontinentale: *~ ballistic missile* missile balistico intercontinentale.

intercooler /ˌɪntə'kuːlər *Am* ˌɪntər'kuːlər/ *n.* (*Mot*) intercooler *m.*, scambiatore *m.* di calore.

intercostal /ˌɪntə'kɒstl *Am* ˌɪntər'kɑːstl/ *a.* (*Anat,Mar,Bot*) intercostale.

intercourse /'ɪntəkɔːs *Am* 'ɪntərkɔːrs/ *n.* **1** (*sexual intercourse*) rapporti *m.pl.* sessuali. **2** (*relationships*) rapporti *m.pl.*, relazioni *f.pl.*: *trade ~* rapporti commerciali; *to have ~ with so.* (o *to hold ~ with so.*) avere (*o* mantenere) rapporti con qcu.

intercrop /ˌɪntə'krɒp *Am* ˌɪntər'krɑːp/ *v.t./i.* (*Agr*) consociare, coltivare contemporaneamente.

intercropping /ˌɪntə'krɒpɪŋ *Am* ˌɪntər'krɑːpɪŋ/ *n.* (*Agr*) consociazione *f.*

intercross[1] /ˌɪntə'krɒs *Am* ˌɪntər'krɑːs/ **I** *v.t.* incrociare (*anche Zootecn*). **II** *v.i.* incrociarsi.

intercross[2] /ˌɪntə'krɒs *Am* ˌɪntər'krɑːs/ **I** *n.* (*Zootecn*) incrocio *m.*, ibrido *m.*

intercrural /ˌɪntə'kruərəl *Am* ˌɪntər'kruərəl/ *a.* (*Anat*) intercrurale.

intercurrence /ˌɪntə'kʌrəns *Am* ˌɪntər'kʌrəns/ *n.* **1** frapposizione *f.* **2** (*Med*) l'intercorrere.

intercurrent /ˌɪntə'kʌrənt *Am* ˌɪntər'kʌrənt/ *a.* (*Med*) intercorrente.

intercutting /ˌɪntə'kʌtɪŋ *Am* ˌɪntər'kʌtɪŋ/ *n.* (*TV,Cin*) montaggio *m.* incrociato.

interdenominational /ˌɪntədɪˌnɒmɪ'neɪʃ°nl *Am* ˌɪntərdɪˌnɑːmɪ'neɪʃ°nl/ *a.* (*Rel*) interdenominazionale, interconfessionale.

interdenominationalism /ˌɪntədɪˌnɒmɪ'neɪʃ°nəlɪz°m *Am* ˌɪntərdɪˌnɑːmɪ'neɪʃ°nəlɪz°m/ *n.* (*Rel*) interdenominazionalità *f.*, interconfessionalismo *m.*

interdepartmental /ˌɪntəˌdiːpɑːt'mentl *Am* ˌɪntərˌdiːpɑːrt'mentl/ *a.* interdipartimentale.

interdepend /ˌɪntədɪ'pend *Am* ˌɪntərdɪ'pend/ *v.i.* dipendere l'uno dall'altro, essere interdipendenti.

interdependence /ˌɪntədɪ'pendəns *Am* ˌɪntərdɪ'pendəns/, **interdependency** /ˌɪntədɪ'pendənsi *Am* ˌɪntərdɪ'pendənsi/ *n.* interdipendenza *f.*

interdependent /ˌɪntədɪ'pendənt *Am* ˌɪntərdɪ'pendənt/ *a.* interdipendente.

interdict[1] /'ɪntədɪkt *Am* 'ɪntərdɪkt/ *n.* **1** decreto *m.* interdittorio. **2** (*Dir.can*) interdetto *m.* **3** (*Dir*) interdizione *f.*; (*interdicted person*) interdetto *m.* (*f.* -a).

interdict[2] /ˌɪntə'dɪkt *Am* ˌɪntər'dɪkt/ *v.t.* **1** (*Am*) interdire, proibire (*spec.* l'immigrazione clandestina). **2** (*Rel,Mil*) interdire.

interdiction /ˌɪntəˈdɪkʃən *Am* ˌɪntərˈdɪkʃən/ *n.* **1** interdizione *f.*, proibizione *f.*, divieto *m.* **2** (*Dir.can*) interdetto *m.* **3** (*Dir*) interdizione *f.*

interdictive /ˌɪntəˈdɪktɪv *Am* ˌɪntərˈdɪktɪv/, **interdictory** /ˌɪntəˈdɪktəri *Am* ˌɪntərˈdɪktəri/ *a.* interdittorio (anche *Dir*).

interdigital /ˌɪntəˈdɪdʒɪtəl *Am* ˌɪntərˈdɪdʒɪtəl/ *a.* (*Anat*) interdigitale.

interdigitate /ˌɪntəˈdɪdʒɪteɪt *Am* ˌɪntərˈdɪdʒɪteɪt/ **I** *v.i.* intrecciarsi. **II** *v.t.* intrecciare insieme.

interdigitation /ˌɪntəˌdɪdʒɪˈteɪʃən *Am* ˌɪntərˌdɪdʒɪˈteɪʃən/ *n.* intreccio *m.*

interdisciplinarity /ˌɪntəˌdɪsɪplɪˈnerɪti *Am* ˌɪntərˌdɪsɪplɪˈnerəti/ *n.* interdisciplinarietà *f.*

interdisciplinary /ˌɪntəˈdɪsɪplɪnəri *Am* ˌɪntərˈdɪsɪplɪneri/ *a.* interdisciplinare.

interest /ˈɪntrəst/ **I** *n.* **1** interesse *m.*, interessamento *m.*: to have an ~ in poetry avere interesse per la poesia; to arouse great ~ suscitare grande interesse; of general ~ d'interesse generale; to feel ~ in sth. provare interesse per qcs. **2** (that which interests) interesse *m.*: what are your ~s? quali sono i tuoi interessi?; it is of little ~ to me ha poco interesse per me. **3** (concern) interesse *m.*, sollecitudine *f.*, premura *f.*: he takes a great ~ in children dimostra molto interesse per i bambini. **4** (advantage) interesse *m.*, utilità *f.*, vantaggio *m.*: to act in one's own ~ agire nel proprio interesse. **5** (ant) (self-interest) interesse *m.*, tornaconto *m.*, guadagno *m.* **6** (Econ) (share, stake) interessi *m.pl.*, partecipazione *f.* agli utili: to bear ~ fruttare interessi; to bear an ~ of 10 percent (o to carry an ~ of 10 percent) dare il 10 percento di interessi; he has an ~ in various concerns ha interessi in varie aziende. **7** (Econ) (business, etc. in which one has a share) cointeressenza *f.* **8** (power of influencing) autorità *f.*, influenza *f.*: to use one's ~ with so. esercitare la propria autorità su qcu. **9** (Econ) interesse *m.*: ~ on a loan interesse su un prestito. **10** *pl.* (business) interessi *m.pl.*, affari *m.pl.* **II** *v.t.* **1** interessare: a book which greatly ~ed me un libro che mi ha interessato molto. **2** (to concern) riguardare, interessare. **3** (fig) interessarsi, adoperarsi. □ to act against one's own ~s agire contro i propri interessi; (Econ) ~ allowed interesse passivo; to lend at ~ prestare a interesse; ~ group gruppo di interesse; in the ~ of (o in the ~s of) a favore di, per, nell'interesse di; it is in your ~ è nel tuo interesse; to be of ~ to: 1 essere di interesse per; 2 (to concern) riguardare, concernere; to work in the ~s of peace operare per la pace; to lend on ~ prestare a interesse; (Econ) ~ paid interesse passivo; (Econ) ~ rate tasso d'interesse; (Econ) ~ receivable (o ~ received) interessi attivi; to take an ~ in sth. interessarsi (molto) a qcs.; it is to your ~ è nel tuo interesse; (colloq) to return an insult with ~ rispondere a un insulto con ancor maggiore cattiveria; to come back with ~ tornare indietro amplificato.

interest-bearing /ˈɪntrəstˌbeərɪŋ *Am* ˈɪntrəstˌberɪŋ/ *a.* (Comm) fruttifero.

interested /ˈɪntrəstɪd/ *a.* **1** interessato, attento: an ~ listener un ascoltatore attento. **2** (concerned) interessato: to be ~ in sth. essere interessato a qcs., avere interesse per qcs., interessarsi di qcs.; the ~ parties le parti interessate. **3** (having a share, part) interessato, cointeressato. **4** (having self-interest) interessato: ~ motives motivi interessati.

interestedly /ˈɪntrəstɪdli/ *avv.* con interesse, attentamente.

interest-free /ˈɪntrəstfriː/ □ (Econ) ~ loans prestiti senza interessi, prestiti infruttiferi.

interesting /ˈɪntrəstɪŋ, ˈɪntərestɪŋ *Am also* ˈɪntərestɪŋ/ *a.* interessante: an ~ film un film interessante. □ (rar,colloq) to be in an ~ condition essere in stato interessante.

interestingly /ˈɪntrəstɪŋli, ˈɪntərestɪŋli *Am also* ˈɪntərestɪŋli/ *avv.* in maniera interessante.

interface /ˈɪntəfeɪs *Am* ˈɪntərfeɪs/ **I** *n.* (Inform, Chim,Fis) interfaccia *f.* **II** *v.t.* (Inform) interfacciare. **III** *v.i.* **1** (Inform) interfacciare. **2** (fig) essere in connessione, avere contatti: the office ~ with each other often ci sono spesso contatti tra i due uffici. □ (Inform) ~ adapter adattatore di interfaccia.

interfacing /ˈɪntəfeɪsɪŋ *Am* ˈɪntərfeɪsɪŋ/ *n.* (Sart) teletta *f.*

interfere /ˌɪntəˈfɪər *Am* ˌɪntərˈfɪr/ *v.i.* **1** immischiarsi, impicciarsi, (colloq) ficcare il naso (in, with in). **2** (to hamper) intralciare, ostacolare (with sth. qcs.): you're interfering with my work intralci il mio lavoro. **3** (to intervene) intervenire, intromettersi. **4** (El,Fis) interferire. **5** (Sport) effettuare un intervento. **6** (Br,euphem) molestare sessualmente.

interference /ˌɪntəˈfɪərəns *Am* ˌɪntərˈfɪrəns/ *n.* **1** interferenza *f.*, intromissione *f.*, ingerenza *f.* **2** (El,Fis) interferenza *f.* **3** (Am,Sport) intervento *m.*: to run ~ bloccare. □ (Fis) ~ field campo d'interferenza.

interferential /ˌɪntəfəˈrenʃəl *Am* ˌɪntərˌfərenʃəl/ *a.* (Fis) interferenziale.

interfering /ˌɪntəˈfɪərɪŋ *Am* ˌɪntərˈfɪrɪŋ/ *a.* che si intromette, che interferisce. □ an ~ busybody un ficcanaso.

interferometer /ˌɪntəfəˈrɒmɪtər *Am* ˌɪntərfəˈrɑːmətər/ *n.* (Fis) interferometro *m.*

interferometry /ˌɪntəfəˈrɒmɪtri *Am* ˌɪntərfəˈrɑːmɪtri/ *n.* (Fis) interferometria *f.*

interferon /ˌɪntəˈfɪərɒn *Am* ˌɪntərˈfɪrɑːn/ *n.* (Biol) interferone *m.*

interfluent /ɪnˈtɜːfluːənt *Am* ˌɪntərˈfluːənt/ *a.* che si mescola.

interfluous /ɪnˈtɜːfluəs *Am* ɪnˈtɜːrfluəs/ *a.* che si mescola.

interfluve /ˈɪntəfluːv *Am* ˈɪntərfluːv/ *n.* (Geol) interfluvio *m.*

interfoliaceous /ˌɪntəfəʊliˈeɪʃəs *Am* ˌɪntərfoʊliˈeɪʃəs/ *a.* (Bot) interfogliare.

interfuse /ˌɪntəˈfjuːz *Am* ˌɪntərˈfjuːz/ **I** *v.t.* **1** pervadere, invadere. **2** (to blend) mescolare, fondere. **II** *v.i.* mescolarsi, fondersi.

interfusion /ˌɪntəˈfjuːʒən *Am* ˌɪntərˈfjuːʒən/ *n.* fusione *f.*, mescolanza *f.*

intergalactic /ˌɪntəɡəˈlæktɪk *Am* ˌɪntərɡəˈlæktɪk/ *a.* (Astr) intergalattico.

intergenerational /ˌɪntəˌdʒenəˈreɪʃənəl *Am* ˌɪntərˌdʒenəˈreɪʃənəl/ *a.* intergenerazionale.

interglacial /ˌɪntəˈɡleɪsiəl *Am* ˌɪntərˈɡleɪsəl/ *a.* (Geol) interglaciale.

intergovernmental /ˌɪntəɡʌvənˈmentəl *Am* ˌɪntərɡʌvərnˈmentəl/ *a.* intergovernativo.

intergradation /ˌɪntəɡrəˈdeɪʃən *Am* ˌɪntərɡrəˈdeɪʃən/ *n.* (Biol,Zool) trasformazione *f.* graduale.

intergrade /ˌɪntəˈɡreɪd *Am* ˌɪntərˈɡreɪd/ *v.i.* (Biol,Zool) cambiare forma gradualmente.

intergrowth /ˈɪntəɡrəʊθ *Am* ˈɪntərɡroʊθ/ *n.* crescita *f.* interna.

interim /ˈɪntərɪm *Am* ˈɪntərɪm/ **I** *n.* **1** intervallo *m.* **2** (provisional arrangement) interim *m.* **II** *a.* provvisorio, temporaneo, interinale, ad interim: ~ minister ministro ad interim. □ (Econ) ~ account conto d'ordine; (Econ) ~ dividend acconto di dividendo, dividendo provvisorio; (Pol) ~ government governo provvisorio; in the ~ nel frattempo, intanto; (Am,Pol) ~ period periodo tra l'elezione del

presidente e la sua entrata in carica; ~ report relazione interinale.

interior /ɪnˈtɪəriər *Am* ɪnˈtɪriər/ **I** *a.* **1** interno: ~ wall muro interno. **2** (inland) interno, dell'interno, dell'entroterra. **3** (domestic) interno, nazionale. **4** (relating to the inner life) interiore, intimo. **II** *n.* **1** interno *m.*, parte *f.* interna: the ~ of a house gli interni di una casa. **2** (of a person) intimo *m.* **3** (inland part) interno *m.*, entroterra *m.* **4** (Pol) (domestic affairs) interno *m.*, affari *m.pl.* interni. **5** (Pitt, Cin,Teat) interno *m.*: to shoot the ~s girare gli interni. □ (Geom) ~ angle angolo interno; ~ decoration decorazione di interni, arredamento di interni; ~ decorator arredatore, architetto d'interni; ~ design architettura d'interni, progettazione d'interni; ~ designer architetto d'interni; (Lett) ~ monologue monologo interiore; ~ sprung mattress materasso a molle.

interiority /ɪnˌtɪəriˈɒrɪti *Am* ɪnˌtɪriˈɑːrəti/ *n.* interiorità *f.*

interiorize /ɪnˈtɪəriəraɪz *Am* ɪnˈtɪriəraɪz/ *v.t.* (Psic) interiorizzare.

interj. (Gramm) interjection intz., inter. (interiezione).

interjacent /ˌɪntəˈdʒeɪsənt *Am* ˌɪntərˈdʒeɪsənt/ *a.* intermedio, di mezzo.

interject /ˌɪntəˈdʒekt *Am* ˌɪntərˈdʒekt/ *v.t.* inserire, interporre, intercalare. □ to ~ a remark interrompere con un'osservazione.

interjection /ˌɪntəˈdʒekʃən *Am* ˌɪntərˈdʒekʃən/ *n.* **1** intromissione *f.*, interposizione *f.* **2** (exclamation) interiezione *f.*, esclamazione *f.* (anche Gramm).

interjectional /ˌɪntəˈdʒekʃənəl *Am* ˌɪntərˈdʒekʃənəl/ *a.* (Gramm) interiezionale.

interjectionary /ˌɪntəˈdʒekʃənəri *Am* ˌɪntərˈdʒekʃəneri/ *a.* **1** (Gramm) (interjectional) interiezionale. **2** (interjectory) inserito, interposto, intercalato.

interjectory /ˌɪntəˈdʒektəri *Am* ˌɪntərˈdʒektəri/ *a.* inserito, interposto, intercalato.

interknit /ˌɪntəˈnɪt *Am* ˌɪntərˈnɪt/ *v.t.* intrecciare.

interlace[1] /ˌɪntəˈleɪs *Am* ˌɪntərˈleɪs/ **I** *v.t.* **1** intrecciare, allacciare: to ~ one's fingers intrecciare le dita. **2** (to mingle) mischiare, unire, mescolare. **3** (fig) inframezzare, inframmezzare, alternare. **4** (Inform) interallacciare. **II** *v.i.* intrecciarsi, allacciarsi.

interlace[2] /ˈɪntəleɪs *Am* ˈɪntərleɪs/ *n.* intreccio *m.*

interlacement /ˌɪntəˈleɪsmənt *Am* ˌɪntərˈleɪsmənt/ *n.* **1** intreccio *m.* **2** (Inform) interallacciamento *m.*

interlanguage /ˈɪntəˌlæŋɡwɪdʒ *Am* ˈɪntərˌlæŋɡwɪdʒ/ *n.* interlingua *f.*

interlard /ˌɪntəˈlɑːd *Am* ˌɪntərˈlɑːrd/ *v.t.* infiorare, riempire, infarcire: to ~ a speech with quotations infarcire un discorso di citazioni.

interleaf /ˈɪntəliːf *Am* ˈɪntərliːf/ *n.irr.* (Legat) interfoglio *m.*

interleave /ˌɪntəˈliːv *Am* ˌɪntərˈliːv/ *v.t.* (Tip, Inform) interfogliare.

interleukin /ˌɪntəˈluːkɪn *Am* ˌɪntərˈluːkɪn/ *n.* (Biol,Chim) interleuchina *f.*

interline[1] /ˌɪntəˈlaɪn *Am* ˌɪntərˈlaɪn/ *v.t.* **1** (of words) scrivere tra riga e riga. **2** (of a page, book) scrivere tra le righe di. **3** (Sart) mettere una controfodera a.

interline[2] /ˈɪntəlaɪn *Am* ˈɪntərlaɪn/ *n.* riga *f.* intermedia.

interlinear /ˌɪntəˈlɪniər *Am* ˌɪntərˈlɪniər/ *a.* interlineare, che sta tra riga e riga (di uno scritto): ~ corrections correzioni interlineari.

interlineation /ˌɪntəˌlɪniˈeɪʃən *Am* ˌɪntərˌlɪniˈeɪʃən/ *n.* **1** (act) interlineatura *f.* **2** (sth. interlined) interlinea *f.*

interlingua /ˌɪntə'lɪŋgwə *Am* ˌɪntər'lɪŋgwə/ *n.* (*Ling*) interlingua *f.*

interlinguistic /ˌɪntəlɪŋ'gwɪstɪk *Am* ˌɪntər'lɪŋ'gwɪstɪk/ *a.* interlinguistico.

interlining /ˌɪntə'laɪnɪŋ *Am* ˌɪntər'laɪnɪŋ/ *n.* 1 (*Sart*) controfodera *f.* 2 (*material, fabric*) stoffa *f.* per controfodere.

interlink /ˌɪntə'lɪŋk *Am* ˌɪntər'lɪŋk/ *v.t.* collegare, connettere, concatenare.

interlinking /ˌɪntə'lɪŋkɪŋ *Am* ˌɪntər'lɪŋkɪŋ/ *n.* collegamento *m.*, connessione *f.*

interlock[1] /ˌɪntə'lɒk *Am* ˌɪntər'lɑːk/ **I** *v.i.* 1 intrecciarsi, allacciarsi. 2 (*Mecc*) essere collegato, essere connesso. 3 (*Ferr*) essere interdipendente. **II** *v.t.* 1 collegare, connettere, concatenare. 2 (*Ferr*) rendere interdipendente.

interlock[2] /'ɪntəlɒk *Am* 'ɪntər'lɑːk/ *n.* 1 (*Inform*) interlock *m.* 2 (*Cin*) sincronizzazione *f.*; (*mechanism*) dispositivo *m.* di sincronizzazione.

interlocking /ˌɪntə'lɒkɪŋ *Am* ˌɪntər'lɑːkɪŋ/ *n.* (*El,Mecc*) collegamento *m.* con azione combinata, asservimento *m.*

interlocution /ˌɪntələ'kjuːʃən *Am* ˌɪntərlə'kjuːʃən/ *n.* colloquio *m.*

interlocutor /ˌɪntə'lɒkjutər *Am* ˌɪntər'lɑːkjutər/ *n.* interlocutore *m.* (*anche Teat*).

interlocutory /ˌɪntə'lɒkjutri *Am* ˌɪntər'lɑːkjutːri/ *a.* 1 interlocutorio: ~ *decree* sentenza interlocutoria. 2 (*Ling*) tra locutori, che riguarda conversazione, conversazionale. 3 (*interjectory*) inserito, interposto, intercalato. ☐ (*Br,Dir*) ~ *proceedings* (*in un processo*) fase preliminare.

interlocutress /ˌɪntə'lɒkjutrəs *Am* ˌɪntər'lɑːkjutrəs/ (*pl.* **-trices** /-traɪsɪːz/), **interlocutrix** /ˌɪntə'lɒkjutrɪks *Am* ˌɪntər'lɑːkjutrɪks/ *n.* interlocutrice *f.*

interlope /ˌɪntə'loup *Am* ˌɪntər'loup/ *v.i.* intromettersi, interferire, ingerirsi.

interloper /'ɪntəloupər *Am* 'ɪntər'loupər/ *n.* 1 (*intruder*) intruso *m.* (*f.* -a), importuno *m.* (*f.* -a). 2 (*meddler*) intrigante *m./f.*

interlude /'ɪntə(')juːd *Am* 'ɪntər'luːd/ *n.* 1 intervallo *m.*, parentesi *f.*, intermezzo *m.*: *an ~ of good weather* una parentesi di bel tempo. 2 (*Teat*) (*between acts*) intervallo *m.*; (*farce, comedy*) intermezzo *m.* 3 (*Mus*) interludio *m.*, intermezzo *m.*

intermarriage /ˌɪntə'mærɪdʒ *Am* ˌɪntər'merɪdʒ, ˌɪntər'mærɪdʒ/ *n.* 1 matrimonio *m.* misto. 2 (*between relations*) matrimonio *m.* tra consanguinei.

intermarry /ˌɪntə'mæri *Am* 'ɪntər'meri, ˌɪntər'mæri/ *v.i.* 1 (*of families, etc.*) imparentarsi per matrimonio. 2 (*of closely related people*) sposarsi tra consanguinei. 3 (*of people within different social groups*) contrarre un matrimonio misto.

intermediary /ˌɪntə'miːdɪəri *Am* ˌɪntər'miːdieri/ **I** *a.* 1 (*intermediate*) intermedio. 2 (*acting as a mediating agent*) intermediario. **II** *n.* 1 mediatore *m.* (*f.* -trice), intermediario *m.* (*f.* -a). 2 (*means*) intermediario *m.*, tramite *m.*, mezzo *m.*

intermediate[1] /ˌɪntə'miːdɪət *Am* ˌɪntər'miːdɪət/ **I** *a.* 1 intermedio: ~ *stage* periodo di tempo intermedio. 2 (*middle*) medio, intermedio. 3 (*lying between*) intermedio, di unione, di passaggio: ~ *colour* colore intermedio. 4 (*Scol*) medio (inferiore). **II** *n.* 1 cosa *f.* intermedia. 2 (*mediator*) mediatore *m.* (*f.* -trice). ☐ ~ *course* (*of a foreign language*) corso (di livello) intermedio; (*US,Dir*) ~ *courts* (*corti che trattano i ricorsi*) corti intermedie; (*Univ*) ~ *examination* esame intermedio, esame catenaccio; (*Mecc*) ~ *gear* ingranaggio di rinvio; (*Scol*) ~ *school* scuola

media (inferiore); ~ *technology* tecnologia intermedia.

intermediate[2] /ˌɪntə'miːdieɪt *Am* ˌɪntər'miːdieɪt/ *v.i.* fare da mediatore, fare da intermediario.

intermediately /ˌɪntə'miːdiətli *Am* ˌɪntər'miːdiətli/ *avv.* 1 in posizione intermedia, in mezzo. 2 (*to an intermediate degree*) a metà, per metà. 3 (*indirectly*) per via indiretta, per mezzo d'intermediari.

intermediate-range /ˌɪntəmiːdiət'reɪndʒ *Am* ˌɪntərmiːdiət'reɪndʒ/ ☐ (*Mil*) ~ *missile* missile a medio raggio, missile a gittata intermedia.

intermediation /ˌɪntəˌmiːdi'eɪʃən *Am* ˌɪntərˌmiːdi'eɪʃən/ *n.* mediazione *f.*, intermediazione *f.*

intermediator /ˌɪntə'miːdieɪtər *Am* ˌɪntər'miːdieɪtər/ *n.* mediatore *m.* (*f.* -trice), intermediario *m.* (*f.* -a).

intermedium /ˌɪntə'miːdɪəm *Am* ˌɪntər'miːdɪəm/ (*pl.* **-dia** /-dɪə/, **-s** /-z/) *n.* 1 mezzo *m.*, strumento *m.* 2 (*Anat*) osso *m.* intermedio (nel capo o nel tarso).

interment /ɪn't3ːmənt *Am* ɪn't3ːrmənt/ *n.* inumazione *f.*, seppellimento *m.*

intermezzo /ˌɪntə'metsou *Am* ˌɪntər'metsou/ (*pl.* **-s** /-z/, **-zzi** /-tsiː/) *n.* (*Teat,Mus*) intermezzo *m.*

intermigration /ˌɪntəmaɪ'greɪʃən *Am* ˌɪntərmaɪ'greɪʃən/ *n.* migrazione *f.* scambievole.

interminable /ɪn't3ːmɪnəbl̩ *Am* ɪn't3ːrmɪnəbl̩/ *a.* interminabile: *an ~ speech* un discorso interminabile.

interminableness /ɪn't3ːmɪnəbl̩nəs *Am* ɪn't3ːrmɪnəbl̩nəs/ *n.* l'essere interminabile.

intermingle /ˌɪntə'mɪŋgl̩ *Am* ˌɪntər'mɪŋgl̩/ **I** *v.t.* mescolare, mischiare. **II** *v.i.* mescolarsi, mischiarsi, frammescolarsi.

intermission /ˌɪntə'mɪʃən *Am* ˌɪntər'mɪʃən/ *n.* 1 interruzione *f.*, pausa *f.*, intervallo *m.* 2 (*Am, Teat,Cin*) intervallo *m.*

intermit /ˌɪntə'mɪt *Am* ˌɪntər'mɪt/ (*past, p.p.* **intermitted** /ˌɪntə'mɪtɪd *Am* ˌɪntər'mɪtɪd/) **I** *v.t.* 1 interrompere, sospendere. 2 (*to cause to come and go at intervals*) rendere intermittente. **II** *v.i.* 1 essere intermittente. 2 (*to stop for a time*) interrompersi momentaneamente.

intermittence /ˌɪntə'mɪtəns *Am* ˌɪntər'mɪtəns/, **intermittency** /ˌɪntə'mɪtənsi *Am* ˌɪntər'mɪtənsi/ *n.* intermittenza *f.*

intermittent /ˌɪntə'mɪtnt *Am* ˌɪntər'mɪtnt/ *a.* intermittente. ☐ (*Med*) ~ *claudication* claudicazione intermittente; (*El*) ~ *current* corrente intermittente; (*Med*) ~ *fever* febbre intermittente.

intermittently /ˌɪntə'mɪtntli *Am* ˌɪntər'mɪtntli/ *avv.* con intermittenza, intermittentemente.

intermix /ˌɪntə'mɪks *Am* ˌɪntər'mɪks/ **I** *v.t.* mescolare, mischiare. **II** *v.i.* mescolarsi, mischiarsi.

intermixture /ˌɪntə'mɪkstʃər *Am* ˌɪntər'mɪkstʃər/ *n.* mescolanza *f.*, miscuglio *m.*

intermodal /ˌɪntə'moudl̩ *Am* ˌɪntər'moudl̩/ *a.* intermodale.

intermolecular /ˌɪntəmou'lekjulər *Am* ˌɪntərmou'lekjulər/ *a.* (*Chim,Fis*) intermolecolare.

intern[1] /ɪn't3ːn *Am* ɪn't3ːrn/ *v.t.* 1 (*Dir*) internare; (*of a ship, aircraft*) confiscare, sequestrare. 2 (*to confine in a hospital*) internare.

intern[2] /'ɪnt3ːrn/ *n.* (*Am*) 1 (*Med*) interno *m.* (*f.* -a), medico *m.* interno. 2 (*Univ*) laureato *m.* (*f.* -a) o studente) che compie il proprio internato, interno *m.* (*f.* -a). 3 (*trainee*) stagista *m./f.* **II** *v.i.* (*Am,Med,Univ*) compiere l'interna-

to.

internal /ɪn't3ːnl̩ *Am* ɪn't3ːrnl̩/ *a.* 1 interno: ~ *injuries* lesioni interne. 2 (*Farm*) (per uso) orale. 3 (*intrinsic*) intrinseco. 4 (*relating to the inner being*) intimo, interiore. ☐ (*Geom*) ~ *angle* angolo interno; (*Med*) ~ *bleeding* emorragia interna; (*Mot*) ~ *combustion* combustione interna; ~ *combustion engine* motore a combustione interna; (*Anat*) ~ *ear* orecchio interno; (*Mot*) ~ *engine* motore a combustione interna; ~ *evidence* prova intrinseca; (*Dir*) ~ *exile* soggiorno obbligato, obbligo di soggiorno; (*Dir*) ~ *law* ordinamento giuridico internazionale; (*Econ*) ~ *market* mercato interno; ~ *medicine* medicina interna; (*Inform*) ~ *memory* memoria interna; (*Inform*) ~ *modem* modem interno; ~ *navigation* navigazione interna; (*Am,Econ*) ~ *revenue* gettito fiscale; (*US*) *Internal Revenue Service* Ufficio tasse federale; (*Metr*) ~ *rhyme* rima interna; (*Med*) ~ *specialist* internista.

internality /ˌɪntə'nælɪti *Am* ˌɪntər'næləti/ *n.* interiorità *f.*

internally /ɪn't3ːnli *Am* ɪn't3ːrnli/ *avv.* 1 internamente, all'interno, dentro. 2 (*mentally*) internamente, nel proprio intimo, dentro di sé.

international /ˌɪntə'næʃənl̩ *Am* ˌɪntər'næʃənl̩/ **I** *a.* internazionale: ~ *relations* relazioni internazionali. **II** *n.* (*Br,Sport*) 1 (*match*) incontro *m.* internazionale. 2 (*player*) partecipante *m./f.* a una competizione internazionale. ☐ *International Air Transport Association* Associazione internazionale dei trasporti aerei; *International Atomic Energy Agency* Agenzia internazionale dell'energia atomica; *International Bank for Reconstruction and Development* Banca internazionale per la ricostruzione e lo sviluppo; (*Fis*) ~ *candle* candela internazionale; (*Dir*) ~ *copyright* diritti d'autore tutelati internazionalmente; *International Court of Justice* Corte di giustizia internazionale; *International Criminal Police Commission* Commissione internazionale di polizia criminale; (*Geog*) ~ *Date Line* linea di data; *International Development Association* Associazione internazionale per lo sviluppo; (*Econ*) ~ *donors* donatori internazionali; ~ *flight* volo internazionale; *International Labour Organization* Organizzazione internazionale del lavoro; (*Dir*) ~ *law* ordinamento giuridico internazionale; (*Econ*) *International Monetary Fund* Fondo monetario internazionale; ~ *money order* vaglia postale internazionale; *International Phonetic Alphabet* alfabeto fonetico internazionale; *International Red Cross* Croce rossa internazionale; *International Refugee Organization* Organizzazione internazionale per i rifugiati; (*Post*) ~ *reply coupon* buono di risposta internazionale; *International System* (*of Units*) Sistema internazionale di unità; *International Telecommunications Satellite Consortium* consorzio internazionale per le telecomunicazioni via satellite; *International Telecommunications Union* unione mondiale delle telecomunicazioni; (*Biol,Farm*) ~ *unit* unità internazionale.

International /ˌɪntə'næʃənl̩ *Am* ˌɪntər'næʃənl̩/ *n.* (*Pol*) internazionale *f.*

Internationale /ˌɪntəˌnæʃ(i)ə'nɑːl *Am* ˌɪntərˌnæʃə'næl/ *n.* (*Pol*) internazionale *f.*

internationalism /ˌɪntə'næʃənəlɪzəm *Am* ˌɪntər'næʃənəlɪzəm/ *n.* 1 (*Pol,Econ*) internazionalismo *m.* 2 (*international character*) internazionalità *f.*

internationalist /ˌɪntəˈnæʃənəlɪst Am ˌɪntər'næʃənlɪst/ n. (Pol,Econ,Dir) internazionalista m./f.

internationality /ˌɪntəˌnæʃənˈælɪti Am ˌɪntərˌnæʃənˈæləti/ n. internazionalità f.

internationalization /ˌɪntəˌnæʃənəl(a)ɪ'zeɪʃən Am ˌɪntərˌnæʃənlɪ'zeɪʃən/ n. internazionalizzazione f.

internationalize /ˌɪntəˈnæʃənəlaɪz Am ˌɪntər'næʃənlaɪz/ v.t. internazionalizzare.

internationally /ˌɪntəˈnæʃənəli Am ˌɪntər'næʃənli/ avv. internazionalmente, a livello internazionale, in tutto il mondo.

interne /'ɪntɜːn Am 'ɪntɜːrn/ I n. (Am) 1 (Med) interno m. (f. -a), medico m. interno. 2 (Univ) laureato m. (f. -a) (o studente) che compie il proprio internato, interno m. (f. -a). 3 (trainee) stagista m./f. II v.i. (Am,Med,Univ) compiere l'internato.

internecine /ˌɪntəˈniːsaɪn Am ˌɪntər'niːsɪn/ a. 1 micidiale: ~ war guerra micidiale. 2 (mutually destructive) di reciproca distruzione.

internee /ˌɪntɜːˈniː Am ˌɪntɜːr'niː/ n. (Dir) internato m. (f. -a).

Internet /'ɪntənət Am 'ɪntərnət/ n. (Tel,Inform) Internet m., internet m., rete f. Internet: to be on the ~ essere su Internet; to connect to the ~ collegarsi a Internet; via the ~ via Internet. □ (Inform) ~ access accesso a Internet; (Inform) ~ account account Internet; (Inform) ~ address indirizzo Internet; (Inform) ~ provider fornitore di servizi Internet, provider; (Inform) ~ security sicurezza su Internet; (Inform) ~ user internauta.

interneuron /ˌɪntəˈnjʊərɒn Am ˌɪntər'n(j)ʊrɑːn/ n. (Fisiol) interneurone m.

internist /'ɪntɜːnɪst Am 'ɪntɜːrnɪst/ n. (Am,Med) internista m./f.

internment /ɪn'tɜːnmənt Am ɪn'tɜːrnmənt/ n. (Dir) internamento m. □ ~camp campo di internamento.

internodal /ˌɪntəˈnoʊdəl Am ˌɪntər'noʊdəl/ a. (Bot,Anat) internodale.

internode /'ɪntənoʊd Am 'ɪntər'noʊd/ n. 1 (Bot) internodio m., internodo m. 2 (Anat) internodo m.

internship /'ɪntɜːnʃɪp/ n. (Am) 1 stage m. 2 (Med) internato m., tirocinio m.

internuncial /ˌɪntəˈnʌnʃəl Am ˌɪntər'nʌnʃəl/ a. (Fisiol) di connessione.

internuncio /ˌɪntəˈnʌnsioʊ Am ˌɪntər'nʌnsioʊ/ (pl. -s /-z/) n. (Rel.catt) internunzio m.

interoceanic /ˌɪntərˌoʊʃiˈænɪk Am ˌɪntərˌoʊʃi'ænɪk/ a. interoceanico.

interoceptive /ˌɪntəroʊ'septɪv Am ˌɪntəroʊ'septɪv/ a. (Fisiol) interocettivo.

interoperability /ˌɪntərɒpərə'bɪlɪti Am ˌɪntərɑːpərə'bɪləti/ a. (Inform) interoperabilità f.

interosseous /ˌɪntərˈɒsiəs Am ˌɪntər'ɑːsiəs/ a. interosseo.

interparliamentary /ˌɪntəpɑːlə'mentəri Am ˌɪntərpɑːrlə'mentəri/ a. interparlamentare: ~ union unione interparlamentare.

interpellant /ˌɪntə'pelənt Am ˌɪntər'pelənt/ n. interpellante m./f.

interpellate /ɪn'tɜːpəleɪt Am ɪn'tɜːrpəleɪt/ v.t. (Parl) rivolgere un'interpellanza a, interpellare.

interpellation /ɪnˌtɜːpə'leɪʃən Am ɪnˌtɜːrpə'leɪʃən/ n. interpellanza f.

interpellator /ɪn'tɜːpəleɪtər Am ɪn'tɜːrpəleɪtər/ n. interpellante m./f.

interpenetrate /ˌɪntə'penɪtreɪt Am ˌɪntər'penɪtreɪt/ I v.t. compenetrare, pervadere. II v.i. compenetrarsi, penetrarsi a vicenda.

interpenetration /ˌɪntəˌpenɪ'treɪʃən Am ˌɪntərˌpenɪ'treɪʃən/ n. compenetrazione f.

interpenetrative /ˌɪntə'penɪtrətɪv Am ˌɪntər-

'penɪtreɪtɪv/ a. che compenetra.

interpersonal /ˌɪntə'pɜːsənəl Am ˌɪntər'pɜːrsənəl/ a. interpersonale: ~ communication comunicazione interpersonale.

interphase /'ɪntəfeɪz Am 'ɪntər'feɪz/ n. (Biol) interfase f.

interphone /'ɪntər'foʊn/ n. (Am) 1 (outside a building) citofono m. 2 (inside a building) interfono m.

interplanetary /ˌɪntə'plænɪtri Am ˌɪntər'plænəteri/ a. interplanetario.

interplay /'ɪntəpleɪ Am 'ɪntərpleɪ/ I n. azione f. reciproca, influenza f. reciproca, interazione f. II v.i. esercitare un'azione (o un'influenza) reciproca.

interplead /ˌɪntə'pliːd Am ˌɪntər'pliːd/ past,p.p. -ed /-ɪd/ v.i. (Dir) adire il tribunale per una questione pregiudiziale.

INTERPOL /'ɪntəpɒl Am 'ɪntər'poʊl/ International Police INTERPOL (polizia internazionale).

interpolar /ˌɪntə'poʊlər Am ˌɪntər'poʊlər/ a. 1 che si estende da un polo all'altro. 2 (El) situato tra due poli.

interpolate /ɪn'tɜːpəleɪt Am ɪn'tɜːrpəleɪt/ v.t. 1 (of a text) interpolare; (of words) inserire. 2 (to insert, to intercalate) inserire, interporre, intercalare. 3 (Mat,Inform) interpolare.

interpolation /ɪnˌtɜːpə'leɪʃən Am ɪnˌtɜːrpə'leɪʃən/ n. interpolazione f. (anche Mat).

interpolator /ɪn'tɜːpəleɪtər Am ɪn'tɜːrpəleɪtər/ n. interpolatore m. (f. -trice).

interposal /ˌɪntə'poʊzəl Am ˌɪntər'poʊzəl/ n. l'interporre, interposizione f.

interpose /ˌɪntə'poʊz Am ˌɪntər'poʊz/ I v.t. 1 interporre, frapporre, inframmezzare. 2 (rifl.) to ~ oneself interporsi, porsi in mezzo. 3 (to put as an obstacle) porre, opporre: to ~ one's veto porre il proprio veto. 4 (of a remark, etc.) intervenire con. 5 (to insert) inserire: to ~ an additional clause inserire una clausola addizionale. II v.i. 1 interporsi, frapporsi, intervenire. 2 (to interrupt) fare un'interruzione, interrompere.

interposer /ˌɪntə'poʊzər Am ˌɪntər'poʊzər/ n. chi si interpone, mediatore m. (f. -trice).

interposition /ˌɪntəpə'zɪʃən Am ˌɪntərpə'zɪʃən/ n. 1 interposizione f., frapposizione f. 2 (intervention) intervento m. 3 (mediation) mediazione f. 4 (interruption) interruzione f.

interpret /ɪn'tɜːprət Am ɪn'tɜːrprət/ I v.t. 1 interpretare: to ~ a dream interpretare un sogno. 2 (to represent artistically) interpretare, eseguire; (of a role) interpretare, sostenere; (of a song) interpretare, cantare. 3 (Inform) interpretare. II v.i. 1 fare da interprete, tradurre. 2 (to give an explanation) spiegare.

interpretable /ɪn'tɜːprətəbl Am ɪn'tɜːrprɪtəbl/ a. interpretabile, spiegabile.

interpretation /ɪnˌtɜːprə'teɪʃən Am ɪnˌtɜːrprə'teɪʃən/ n. 1 interpretazione f., spiegazione f. 2 (artistic representation) interpretazione f., esecuzione f. 3 (of a role, song) interpretazione f.

interpretative /ɪn'tɜːprətətɪv Am ɪn'tɜːrprətətɪv/ a. interpretativo.

interpreter /ɪn'tɜːprətər Am ɪn'tɜːrprətər/ n. 1 interprete m./f. 2 (in the performing arts) interprete m./f., esecutore (f. -trice). 3 (Inform) programma m. interprete, interprete m.

interpretership /ɪn'tɜːprətəʃɪp Am ɪn'tɜːrprətərʃɪp/ n. interpretariato m.

interprovincial /ˌɪntəprou'vɪnʃəl Am ˌɪntərprou'vɪnʃəl/ a. interprovinciale.

interracial /ˌɪntə'reɪʃəl Am ˌɪntər'reɪʃəl/ a. 1 interrazziale, tra razze. 2 (for more than one race) interrazziale: ~ school scuola interraz-

ziale. □ ~ marriage matrimonio misto.

InterRail /'ɪntəreɪl Am 'ɪntər'reɪl/ n. (Ferr) (railpass) abbonamento m. ferroviario per viaggiare in Europa.

InterRailer /'ɪntəreɪlər Am 'ɪntər'reɪlər/ n. (Ferr) viaggiatore m. (f. -trice) che usufruisce dell'abbonamento ferroviario InterRail.

inter-regional /ˌɪntə'riːdʒənəl Am ˌɪntər'riːdʒənəl/ a. interregionale.

interregnum /ˌɪntə'regnəm Am ˌɪntər'regnəm/ (pl. -s /-z/, -gna /-gnə/) n. 1 interregno m. 2 (fig) intervallo m., (lunga) pausa f.

interrelated /ˌɪntərɪ'leɪtɪd Am ˌɪntərɪ'leɪtɪd/ a. in rapporto (reciproco), in correlazione, connesso.

interrelation /ˌɪntərɪ'leɪʃən Am ˌɪntərɪ'leɪʃən/ n. interrelazione f., relazione f. reciproca.

interrobang /ɪn'terəbæŋ/ n. segno m. di interpunzione che fonde punto esclamativo e interrogativo.

interrogate /ɪn'terəget/ I v.t. interrogare, rivolgere domande a: to ~ a prisoner interrogare un prigioniero. II v.i. rivolgere delle domande, fare delle domande.

interrogation /ɪnˌterə'geɪʃən/ n. 1 (interrogating) interrogazione f. 2 (instance) interrogatorio m.: under ~ sotto interrogatorio. 3 (question) interrogazione f., domanda f. □ (Gramm) ~ mark punto interrogativo; (Gramm) note of ~ (o point of ~ o mark of ~) punto interrogativo; (Gramm) ~ point punto interrogativo.

interrogative /ˌɪntə'rɒgətɪv Am ˌɪntər'rɑːgətɪv/ I a. interrogativo (anche Gramm). II n. (Gramm) pronome m. interrogativo, particella f. interrogativa.

interrogator /ɪn'terəgeɪtər Am ɪn'terəgeɪtər/ n. interrogante m./f.

interrogatory /ˌɪntə'rɒgətri Am ˌɪntə'rɑːgətɔːri/ I a. interrogatorio, interrogativo. II n. (Dir) interrogatorio m.

interrupt /ˌɪntə'rʌpt Am ˌɪntər'rʌpt/ I v.t. 1 interrompere, sospendere: traffic has been -ed il traffico è stato interrotto. 2 (to make a break in) rompere, spezzare. 3 (of a person) interrompere (anche assol): don't ~ me non interrompermi. 4 (to obstruct) impedire, ostacolare: to ~ the view impedire la vista. II n. (Inform) interrupt m., segnale m. di interruzione.

interrupted /ˌɪntə'rʌptɪd Am ˌɪntər'rʌptɪd/ a. interrotto. □ (Mus) ~ cadence cadenza interrotta.

interrupter /ˌɪntə'rʌptər Am ˌɪntər'rʌptər/ n. 1 chi interrompe. 2 (El) interruttore m.

interruption /ˌɪntə'rʌpʃən Am ˌɪntər'rʌpʃən/ n. 1 interruzione f. 2 (temporary cessation) interruzione f., sospensione f.

interscholastic /ˌɪntəskə'læstɪk/ a. (Am) tra scuole (diverse).

intersect /ˌɪntə'sekt Am ˌɪntər'sekt/ I v.t. 1 intersecare, tagliare, incrociare: the two roads ~ each other le due strade si intersecano. 2 (Geom) intersecare. II v.i. 1 intersecarsi, incrociarsi. 2 (Geom) intersecarsi.

intersection /ˌɪntə'sekʃən Am ˌɪntər'sekʃən/ n. 1 intersezione f. (anche Geom). 2 (Strad) intersezione f., incrocio m.

intersectional /ˌɪntə'sekʃənəl Am ˌɪntər'sekʃənəl/ a. di un'intersezione.

interservice /ˌɪntə'sɜːvɪs Am ˌɪntər'sɜːrvɪs/ a. (Mil) tra armi, relativo ad armi.

intersexual /ˌɪntə'seksjʊəl Am ˌɪntər'seksʃuəl/ a. (Biol) intersessuale.

intersexuality /ˌɪntəseksju'ælɪti Am ˌɪntərseksʃu'æləti/ n. (Biol) intersessualità f.

interspace[1] /'ɪntəspeɪs Am 'ɪntər'speɪs/ n. spazio m. (intermedio), intervallo m.

interspace[2] /ˌɪntə'speɪs Am ˌɪntər'speɪs/ v.t. intervallare.

intersperse /ˌɪntəˈspɜːs Am ˌɪntərˈspɜːrs/ v.t. **1** sparpagliare, spargere (qua e là), cospargere. **2** (to make varied) rendere vario, variare. **3** (to mingle) inframmezzare.

interspersion /ˌɪntəˈspɜːʃən Am ˌɪntər 'spɜːrʃən/ n. sparpagliamento m., dispersione f.

interstate[1] /ˌɪntərˈsteɪt/ a. (Am) tra stati (federati), interstatale. ☐ (Comm) ~ commerce commercio interstatale, commercio tra gli stati; (Am,Comm) ~ compacts accordi interstatali; (Comm) ~ trade commercio interstatale, commercio tra gli stati.

interstate[2] /ˈɪntərˌsteɪt/ n. (Am,Strad) (auto)strada f. che collega più stati.

interstellar /ˌɪntəˈstelər Am ˌɪntərˈstelər/ a. interstellare, interastrale.

interstice /ɪnˈtɜːstɪs Am ɪnˈtɜːrstɪs/ n. interstizio m.

interstitial /ˌɪntəˈstɪʃəl Am ˌɪntərˈstɪʃəl/ a. intersiziale.

intertangle /ˌɪntəˈtæŋgl Am ˌɪntərˈtæŋgl/ v.t. intricare, aggrovigliare.

intertextuality /ˌɪntəˌtekstjuˈælɪti Am ˌɪntər ˌtekstʃuˈæləti/ n. intertestualità f.

intertexture /ˌɪntəˈtekstʃər Am ˌɪntərˈtekstʃər/ n. tessitura f.

intertidal /ˌɪntəˈtaɪdəl Am ˌɪntərˈtaɪdəl/ a. intertidale.

intertribal /ˌɪntəˈtraɪbəl Am ˌɪntərˈtraɪbəl/ a. relativo a tribù diverse, comune a tribù diverse.

intertrigo /ˌɪntəˈtraɪgoʊ Am ˌɪntərˈtraɪgoʊ/ n. (Med) intertrigine f.

intertropical /ˌɪntəˈtrɒpɪkəl Am ˌɪntər 'traːpɪkəl/ a. (Geog) intertropicale.

intertwine /ˌɪntəˈtwaɪn Am ˌɪntərˈtwaɪn/ I v.t. intrecciare. II v.i. intrecciarsi, avvolgersi, avvilupparsi.

intertwinement /ˌɪntəˈtwaɪnmənt Am ˌɪntər 'twaɪnmənt/ n. intreccio m.

intertwist /ˌɪntəˈtwɪst Am ˌɪntərˈtwɪst/ I v.t. attorcigliarsi (insieme), intrecciare. II v.i. attorcigliarsi (insieme), intrecciarsi.

interunion /ˌɪntərˈjuːniən Am ˌɪntərˈjuːniən/ a. interconfederale: ~ agreement accordo interconfederale.

interurban /ˌɪntərˈɜːrbən/ I a. (Am) interurbano. II n. (Am) sistema m. di trasporti interurbani.

interval /ˈɪntəvəl Am ˈɪntərvəl/ n. intervallo m. (anche Teat,Mus). ☐ at -s a tratti; at -s of a intervalli di; (Sport) ~ training interval training.

intervallic /ˌɪntəˈvælɪk Am ˌɪntərˈvælɪk/ a. (Mus) di intervallo.

intervalometer /ˌɪntəvəˈlɒmɪtər Am ˌɪntərvə 'laːmətər/ n. (Fot) intervallometro m.

intervene /ˌɪntəˈviːn Am ˌɪntərˈviːn/ v.i. **1** tervenire, intromettersi, frapporsi: to ~ in a dispute intervenire in una disputa. **2** (of things: to occur incidentally) sopraggiungere, accadere, succedere. **3** (to occur between points of time) intercorrere, trascorrere: during the years that -d durante gli anni che intercorsero. **4** (Pol,Dir) intervenire.

intervener /ˌɪntəˈviːnər Am ˌɪntərˈviːnər/ n. (Dir) interveniente m./f.

intervenient /ˌɪntəˈviːnənt Am ˌɪntərˈviːnənt/ a. intermedio, che intercorre.

intervening /ˌɪntəˈviːnɪŋ Am ˌɪntərˈviːnɪŋ/ a. intermedio, che intercorre. ☐ in the ~ time nel frattempo.

intervention /ˌɪntəˈvenʃən Am ˌɪntərˈvenʃən/ n. **1** intervento m., mediazione f., interposizione f. **2** (Pol) intervento m. ☐ (Comm) buying acquisto d'intervento; (Econ) ~ price prezzo d'intervento.

interventionist /ˌɪntəˈvenʃnɪst Am ˌɪntər

'venʃənɪst/ I n. (Pol) interventista m./f. II a. (Pol) interventistico.

intervertebral /ˌɪntəˈvɜːtɪbrəl Am ˌɪntər 'vɜːrtəbrəl/ a. (Anat) intervertebrale.

interview /ˈɪntəvjuː Am ˈɪntərvjuː/ I n. **1** colloquio m., abboccamento m.: to have an ~ for a job avere un colloquio per (ottenere) un impiego. **2** (Giorn) intervista f. II v.t. **1** avere un colloquio con. **2** (Giorn) intervistare.

interviewee /ˌɪntəvjuːˈiː Am ˌɪntərvjuːˈiː/ n. **1** intervistato m. (f. -a). **2** (for a job) candidato m. (f. -a).

interviewer /ˈɪntəvjuːər Am ˈɪntərvjuːər/ n. intervistatore m. (f. -trice).

intervocal /ˌɪntəˈvoʊkəl Am ˌɪntərˈvoʊkəl/ a. (Ling) intervocalico.

intervocalic /ˌɪntəvoʊˈkælɪk Am ˌɪntərvou 'kælɪk/ a. (Ling) intervocalico.

intervolve /ˌɪntəˈvɒlv Am ˌɪntərˈvaːlv/ I v.t. avvolgere uno dentro l'altro, arrotolare uno dentro l'altro. II v.i. avvolgersi uno dentro l'altro, arrotolarsi uno dentro l'altro.

interwar /ˌɪntəˈwɔː Am ˌɪntərˈwɔːr/ a. tra due guerre.

interweave /ˌɪntəˈwiːv Am ˌɪntərˈwiːv/ (past -wove /-ˈwoʊv/ p.p. -woven /-ˈwoʊvən/) I v.t. **1** intessere, intrecciare. **2** (fig) mescolare, fondere. II v.i. **1** intrecciarsi. **2** (fig) mescolarsi, fondersi.

interwind /ˌɪntəˈwaɪnd Am ˌɪntərˈwaɪnd/ (past, p.p. -wound /-waʊnd/) I v.t. attorcigliare insieme, intrecciare. II v.i. attorcigliarsi insieme, intrecciarsi.

interwork /ˌɪntəˈwɜːk Am ˌɪntərˈwɜːrk/ v.t. (Inform) lavorare in interconnessione.

interwoven /ˌɪntəˈwoʊvən Am ˌɪntərˈwoʊvən/ a. intessuto, intrecciato.

interzonal /ˌɪntəˈzoʊnəl Am ˌɪntərˈzoʊnəl/ a. interzonale.

intestable /ɪnˈtestəbl/ a. (Dir) incapace di disporre per testamento, incapace di testare.

intestacy /ɪnˈtestəsi/ n. (Dir) il morire intestato.

intestate /ɪnˈtestɪt/ I a. **1** (Dir) intestato: to die ~ morire intestato. **2** (of an estate, etc.) ab intestato: ~ succession successione ab intestato. II n. intestato m. (f. -a).

intestinal /ɪnˈtestɪnəl/ a. **1** (Anat) intestinale. **2** (fig) interno, intestino. ☐ (Fisiol) ~ flora flora (batterica) intestinale; (Am) ~ fortitude: **1** (colloq) coraggio, fegato; **2** (endurance) resistenza, tenacia.

intestine /ɪnˈtestɪn/ I n.spec.pl. (Anat) intestino m. II a. **1** (Anat) intestinale. **2** (internal) intestino, interno, civile: ~ war guerra intestina.

inthral /ɪnˈθrɔːl/ e der. → **enthral** e der.

intima /ˈɪntɪmə Am ˈɪntəmə/ n. (Anat) intima f.

intimacy /ˈɪntɪməsi Am ˈɪntɪməsi/ n. **1** intimità f.: to be on terms of ~ with so. avere intimità con qcu. **2** (deep knowledge) familiarità f., dimestichezza f. **3** (eufem) rapporti m.pl. intimi, rapporti m.pl. sessuali.

intimate[1] /ˈɪntɪmət Am ˈɪntɪmət/ I a. **1** intimo: an ~ friend un amico intimo. **2** (suggesting cosiness, privacy) intimo, raccolto. **3** (private, personal) intimo, personale, privato. **4** (deep) profondo: to have an ~ knowledge of sth. avere una profonda conoscenza di qcs. **5** (sexual) intimo: ~ relations rapporti intimi; to be ~ with so. avere rapporti intimi con qcu. **6** (innermost) intimo: ~ feelings sentimenti intimi. **7** (intrinsic) intrinseco. II n. amico m. stretto. ☐ to be on ~ terms with so. essere in intimità con qcu., avere intimità con qcu., essere intimo di qcu.

intimate[2] /ˈɪntɪmeɪt Am ˈɪntɪmeɪt/ v.t. **1** far capire, lasciare intendere, lasciare sottintendere: to ~ one's disapproval far capire la pro-

pria disapprovazione. **2** (to give formal notice of) annunziare, dichiarare.

intimately /ˈɪntɪmətli Am ˈɪntɪmətli/ avv. **1** intimamente, strettamente. **2** (deeply) a fondo.

intimation /ˌɪntɪˈmeɪʃən Am ˌɪntəˈmeɪʃən/ n. **1** il far capire, il lasciare intendere. **2** (sth. intimated) accenno m., indizio m., segno m. **3** (formal announcement) annuncio m. formale, dichiarazione f.

intimidate /ɪnˈtɪmɪdeɪt/ v.t. **1** intimidire, intimorire: to ~ a witness intimidire un teste. **2** (to force by threats) costringere con le minacce.

intimidation /ɪnˌtɪmɪˈdeɪʃən/ n. intimidazione f.

intimidator /ɪnˈtɪmɪdeɪtər Am ɪnˈtɪmɪdeɪtər/ n. chi intimidisce.

intimidatory /ɪnˈtɪmɪdətəri Am ɪnˈtɪmɪdətɔːri/ a. intimidatorio.

intimity /ɪnˈtɪmɪti Am ɪnˈtɪməti/ n. (rar,ant) intimità f.

intinction /ɪnˈtɪŋ(k)ʃən/ n. (Rel) l'intingere il pane nel vino, l'intingere l'ostia nel vino.

into /ˈɪntə, ˈɪntu/ prep. **1** in, dentro a: to go ~ a room entrare in una stanza; to put sth. ~ a box mettere qcs. in una scatola. **2** (in the direction of) in direzione di, verso: to turn ~ the wind volgersi in direzione del vento. **3** (against) contro: to run ~ sth. andare a sbattere contro qcs. **4** (to indicate change of condition) in: to change ~ gold convertire in oro; to translate ~ French tradurre in francese. **5** (to indicate an action, etc., entered upon) in, a: to get ~ trouble mettersi nei guai, cacciarsi nei guai; to force so. ~ submission costringere qcu. alla resa. **6** (to indicate continuing extent) fino a: far ~ the night fino a notte inoltrata. **7** (Mat) in: 3 ~ 6 makes 2 il 3 nel 6 sta 2 volte. **8** (colloq) interessato a, impegnato in, amante di: she's ~ jazz va matta per la musica jazz.

intolerability /ɪnˌtɒlərəˈbɪlɪti Am ɪnˌtaːlərə 'bɪləti/ n. l'essere intollerabile, l'essere insopportabile.

intolerable /ɪnˈtɒlərəbl Am ɪnˈtaːlərəbl/ a. intollerabile, insopportabile.

intolerance /ɪnˈtɒlərəns Am ɪnˈtaːlərəns/ n. intolleranza f. (anche Med): racial ~ intolleranza razziale; ~ to antibiotics intolleranza agli antibiotici.

intolerant /ɪnˈtɒlərənt Am ɪnˈtaːlərənt/ I a. **1** intollerante. **2** (unable, unwilling to bear) intollerante, insofferente (of di): to be ~ of reproach essere intollerante di ogni rimprovero. II n. persona f. intollerante.

intomb /ɪnˈtuːm/ v.t. (ant) (to entomb) seppellire, deporre nella tomba.

intonate /ˈɪntoʊneɪt/ v.t. intonare.

intonation /ˌɪntoʊˈneɪʃən/ n. **1** intonazione f. (anche Ling,Mus). **2** (manner of speaking, etc.) inflessione f., intonazione f.: to speak with a foreign ~ parlare con inflessione straniera.

intone /ɪnˈtoʊn/ I v.t. **1** (to chant) intonare, cantare. **2** (Rel,Mus) intonare. II v.i. **1** salmodiare. **2** (Mus) intonare.

in toto /ɪnˈtoʊtoʊ/ avv. in toto, totalmente.

intoxicant /ɪnˈtɒksɪkənt Am ɪnˈtaːksɪkənt/ I n. **1** sostanza f. intossicante. **2** (alcoholic drink) bevanda f. alcolica. II a. inebriante (anche fig).

intoxicate /ɪnˈtɒksɪkeɪt Am ɪnˈtaːksɪkeɪt/ v.t. **1** inebriare, ubriacare. **2** (fig) inebriare, esaltare, eccitare: to be -d by success essere inebriato dal successo. **3** (Med) intossicare.

intoxicated /ɪnˈtɒksɪkeɪtɪd Am ɪnˈtaːksɪ keɪtɪd/ a. **1** inebriato, ebbro, ubriaco. **2** (fig) inebriato, esaltato, eccitato.

intoxicating /ɪnˈtɒksɪkeɪtɪŋ Am ɪnˈtaːksɪ keɪtɪŋ/ a. **1** inebriante, che ubriaca. **2** (fig) inebriante, eccitante, esaltante.

intoxication /ɪn,tɒksɪˈkeɪʃən Am ɪn,tɑːksɪˈkeɪʃn/ *n.* **1** inebriamento *m.*, ebbrezza *f.*, ubriachezza *f.* **2** (*fig*) ebbrezza *f.*, esaltazione *f.*, eccitazione *f.* **3** (*Med*) intossicazione *f.*

intr. 1 (*Gramm*) *intransitive* intr., i. (intransitivo). **2** *introduction* intr., introd. (introduzione).

intracellular /,ɪntrəˈseljʊləʳ/ *a.* (*Biol*) intracellulare, endocellulare.

intracerebral /,ɪntrəˈserəbrəl/ *a.* (*Anat*) intracerebrale.

intra-Community /,ɪntrəkəˈmjuːnɪti Am ,ɪntrəkəˈmjuːtəbl/ *a.* intracomunitario: ~ *trade* commercio intracomunitario.

intracranial /,ɪntrəˈkreɪnɪəl/ *a.* (*Anat*) intracranico.

intractability /ɪn,træktəˈbɪlɪti Am ɪn,træktəˈbɪləti/ *n.* intrattabilità *f.*

intractable /ɪnˈtræktəbl/ *a.* **1** intrattabile, indocile. **2** (*of things: hard to work*) intrattabile, difficile da lavorare: ~ *metal* metallo intrattabile.

intradermal /,ɪntrəˈdɜːməl Am ,ɪntrəˈdɜːrməl/, **intradermic** /,ɪntrəˈdɜːmɪk Am ,ɪntrəˈdɜːrmɪk/ *a.* intradermico.

intrados /ɪnˈtreɪdɒs Am ɪnˈtreɪdɑːs/ (*pl.inv.* o **-es** /-ɪz/) *n.* (*Archeol*) intradosso *m.*

intramolecular /,ɪntrəmouˈlekjʊləʳ/ *a.* intramolecolare.

intramural /,ɪntrəˈmjʊərəl Am ,ɪntrəˈmjʊrəl/ *a.* **1** (*of a city*) entro le mura; (*of a building*) tra le pareti. **2** (*Scol,Univ*) che si svolge nell'ambito di un college o università. **3** (*Anat,Med*) intramurale.

intramuscular /,ɪntrəˈmʌskjʊləʳ/ *a.* (*Anat, Med*) intramuscolare.

Intranet /ˈɪntrənet/ *n.* (*Inform*) Intranet *f.*, rete *f.* Intranet.

intrans. (*Gramm*) *intransitive* intr., i. (intransitivo).

intransigence /ɪnˈtrænsɪdʒəns/ *n.* intransigenza *f.*

intransigency /ɪnˈtrænsɪdʒənsi/ *n.* intransigenza *f.*

intransigent /ɪnˈtrænsɪdʒənt/ **I** *a.* intransigente. **II** *n.* persona *f.* intransigente.

intransitive /ɪnˈtrænsɪtɪv Am ɪnˈtrænsətɪv/ **I** *a.* (*Gramm*) intransitivo. **II** *n.* (*Gramm*) intransitivo *m.*, verbo *m.* intransitivo.

intransitively /ɪnˈtrænsɪtɪvli Am ɪnˈtrænsətɪvli/ *avv.* intransitivamente.

intransmutable /,ɪntrænsˈmjuːtəbl Am ,ɪntrænsˈmjuːtəbl/ *a.* non trasformabile.

intrant /ˈɪntrənt/ *n.* (*rar,ant*) nuovo studente *m.* (*f.* -essa), nuovo allievo *m.* (*f.* -a).

intranuclear /,ɪntrəˈn(j)uːklɪəʳ/ *a.* (*Fis*) intranucleare.

intraspecific /,ɪntrəspəˈsɪfɪk/ *a.* (*Biol*) intraspecifico.

intrastate /,ɪntrəˈsteɪt/ *a.* all'interno di uno stato: ~ *commerce* commercio interno, attività commerciali interne a uno stato.

intrauterine /,ɪntrəˈjuːtəraɪn Am ,ɪntrəˈjuːtər(a)ɪn/ *a.* (*Anat*) intrauterino. □ (*Med*) ~ *device* dispositivo intrauterino, spirale.

intravascular /,ɪntrəˈvæskjʊləʳ/ *a.* (*Med,Biol*) intravascolare.

intravenous /,ɪntrəˈviːnəs/ *a.* (*Med*) endovenoso, intravenoso: *an* ~ *injection* un'iniezione endovenosa.

intravenously /,ɪntrəˈviːnəsli/ *avv.* (*Med*) per via endovenosa.

intrazonal /,ɪntrəˈzounəl/ *a.* intrazonale.

intrench /ɪnˈtrenʃ/ **I** *v.t.* (*Mil*) trincerare. **II** *v.i.* (*Mil*) trincerarsi.

intrepid /ɪnˈtrepɪd/ *a.* intrepido, audace, coraggioso.

intrepidity /,ɪntrəˈpɪdɪti Am ,ɪntrəˈpɪdəti/ *n.*

intrepidezza *f.*

intricacy /ˈɪntrɪkəsi/ *n.* **1** complessità *f.*, complicazione *f.* **2** (*intricate part*) parte *f.* complessa, parte *f.* complicata. **3** (*intricate aspect, etc.*) meandro *m.*, tortuosità *f.*, raggiro *m.*: *the intricacies of bureaucracy* le tortuosità della burocrazia.

intricate /ˈɪntrɪkət/ *a.* **1** intricato, aggrovigliato, ingarbugliato. **2** (*complex*) complicato, complesso: *an* ~ *machine* una macchina complicata.

intrigant /ˈɪntrɪɡənt/ *n.* intrigante *m.*

intrigante /,ɪntrɪˈɡɑːnt/ *n.* intrigante *f.*

intriguant /ˈɪntrɪɡənt/ *n.* intrigante *m.*

intriguante /,ɪntrɪˈɡɑːnt/ *n.* intrigante *f.*

intrigue[1] /ɪnˈtriːɡ/ **I** *v.t.* **1** incuriosire, destare la curiosità di. **2** (*to arouse the interest of*) destare l'interesse di. **3** (*to appeal to*) attrarre, affascinare: *that topic -s me* quell'argomento mi incuriosisce. **II** *v.i.* intrigare, ordire intrighi.

intrigue[2] /ˈɪntriːɡ/ **I** *n.* **1** intrighi *m.pl.*, maneggi *m.pl.* **2** (*plot*) macchinazione *f.*, intrigo *m.* **3** (*secret, illicit love affair*) relazione *f.* amorosa illecita, tresca *f.* **4** (*Lett,Teat*) intrigo *m.*, intreccio *m.*

intriguer /ɪnˈtriːɡəʳ/ *n.* intrigante *m./f.*

intriguing /ɪnˈtriːɡɪŋ/ *a.* **1** intrigante. **2** (*fascinating*) interessante, affascinante.

intrinsic /ɪnˈtrɪnsɪk/ *a.* **1** intrinseco (*anche Anat*): ~ *value* valore intrinseco. **2** (*real, actual*) intrinseco, reale. □ (*Med*) ~ *factor* fattore intrinseco.

intro /ˈɪntrou/ (*pl.* **-s** /-z/) *n.* (*colloq*) introduzione *f.* (*anche Mus*).

introduce /,ɪntrəˈdjuːs, ,ɪntrəˈdʒuːs Am ,ɪntrəˈd(j)uːs/ *v.t.* **1** far entrare, introdurre, immettere: *to* ~ *so. into a room* fare entrare qcu. in una stanza. **2** (*to insert*) introdurre, inserire. **3** (*to bring into practice*) introdurre, mettere in uso, diffondere: *to* ~ *a new fashion* introdurre una nuova moda. **4** (*to establish*) istituire, introdurre. **5** (*to cause to be acquainted*) presentare: *to* ~ *one's wife to so.* presentare la (propria) moglie a qcu.; *have you been -d to each other?* vi hanno già presentato? **6** (*rifl.*) *to* ~ *oneself* presentarsi: *allow me to* ~ *myself* permetta che mi presenti. **7** (*to give knowledge of*) introdurre, iniziare: *to* ~ *schoolchildren to algebra* introdurre gli scolari all'algebra; *when I was first -d to sailing* le prime volte che sono andato in barca a vela. **8** (*to preface, to begin*) iniziare, cominciare. **9** (*Parl*) presentare, proporre: *to* ~ *a bill* presentare un progetto di legge. **10** (*TV*) presentare. □ (*Am,Dir*) *to* ~ *evidence* presentare delle prove.

introducer /,ɪntrəˈdjuːsəʳ, ,ɪntrəˈdʒuːsəʳ Am ,ɪntrəˈd(j)uːsəʳ/ *n.* chi introduce, (*rar*) introduttore *m.* (*f.* -trice).

introduction /,ɪntrəˈdʌkʃən/ *n.* **1** introduzione *f.* (*anche Mus*). **2** (*presentation of two people*) presentazione *f.* **3** (*new element, etc.*) innovazione *f.*, novità *f.* **4** (*preface to a book*) introduzione *f.*; (*before a speech, etc.*) esordio *m.*, preambolo *m.* **5** (*elementary treatise*) introduzione *f.*, avviamento *m.*, guida *f.*: *an* ~ *to physics* un'introduzione allo studio della fisica. **6** (*Parl*) presentazione *f.*, proposta *f.*

introductive /,ɪntrəˈdʌktɪv/ *a.* introduttivo, preliminare: ~ *chapter* capitolo introduttivo; ~ *remarks* osservazioni preliminari.

introductory /,ɪntrəˈdʌktəri/ *a.* introduttivo, preliminare.

introit /ˈɪntrɔɪt, ˈɪntrouɪt/ *n.* (*Lit*) introito *m.*

introjection /,ɪntrouˈdʒekʃən/ *n.* (*Psic*) introiezione *f.*

intromission /,ɪntrouˈmɪʃən/ *n.* **1** introduzione *f.* (*anche Fisiol*). **2** (*Dir*) intromissione *f.*,

ingerenza *f.*

intromit /,ɪntrouˈmɪt/ (*past, p.p.* **intromitted** /-ˈmɪtɪd Am -ˈmɪtɪd/) *v.t.* **1** inserire. **2** (*to allow to enter*) introdurre, lasciare entrare.

intron /ˈɪntrɒn Am ˈɪntrɑːn/ *n.* (*Biol*) introne *m.*

introrse /ɪnˈtrɔːs Am ɪnˈtrɔːrs/ *a.* (*Bot,Zool*) introrso *m.*

introspect /,ɪntrouˈspekt/ *v.i.* analizzare i propri sentimenti.

introspection /,ɪntrouˈspekʃən/ *n.* (*Filos, Psic*) introspezione *f.*

introspectionist /,ɪntrouˈspekʃənɪst/ *n.* **1** (*Psic*) chi adotta il metodo introspettivo. **2** (*one given to introspection*) chi è dedito all'introspezione, chi è incline all'introspezione.

introspective /,ɪntrouˈspektɪv/ *a.* introspettivo.

introversion /,ɪntrouˈvɜːʃən Am ,ɪntrouˈvɜːrʃn/ *n.* introversione *f.* (*anche Psic*).

introversive /,ɪntrouˈvɜːsɪv Am ,ɪntrouˈvɜːrsɪv/ *a.* introverso (*anche Psic*).

introvert[1] /,ɪntrouˈvɜːt Am ,ɪntrouˈvɜːrt/ **I** *v.t.* **1** (*Psic*) introvertere, introvertire. **2** (*Zool*) (*of an organ*) far rientrare, ritrarre.

introvert[2] /ˈɪntrouvɜːt Am ˈɪntrouvɜːrt/ **I** *n.* (*Psic*) introvertito *m.* (*f.* -a). **II** *a.* (*Psic*) introvertito.

introverted /,ɪntrouˈvɜːtɪd Am ,ɪntrouˈvɜːrtɪd/ *a.* (*Psic*) introverso.

introvertive /,ɪntrouˈvɜːtɪv Am ,ɪntrouˈvɜːrtɪv/ *a.* introverso (*anche Psic*).

intrude /ɪnˈtruːd/ **I** *v.i.* introdursi indebitamente, intromettersi (*upon, on* in), invadere, violare (qcs.). **II** *v.t.* **1** introdurre indebitamente. **2** (*to force*) imporre. □ *to* ~ *into a conversation* intromettersi in una conversazione; *I hope I am not intruding* spero di non disturbare; *to* ~ *upon so.'s time* abusare del tempo di qcu; *to* ~ *upon so.'s privacy* intromettersi nell'intimità di qcu.

intruder /ɪnˈtruːdəʳ/ *n.* **1** intruso *m.* (*f.* -a). **2** (*Aer.mil*) apparecchio *m.* di disturbo.

intrusion /ɪnˈtruːʒən/ *n.* **1** intrusione *f.*, intromissione *f.*, ingerenza *f.* **2** (*Dir*) violazione *f.* dei diritti di proprietà altrui. **3** (*Geol*) intrusione *f.*

intrusive /ɪnˈtruːsɪv/ *a.* **1** importuno, invadente. **2** (*Geol*) intrusivo. **3** (*Fon*) epentetico: ~ *r* r epentetica.

intrusiveness /ɪnˈtruːsɪvnəs/ *n.* invadenza *f.*

intrust /ɪnˈtrʌst/ *v.t.* (*to entrust*) affidare, dare in consegna.

intubate /ˈɪnt(j)uːbeɪt/ *v.t.* (*Med*) intubare.

intuit /ɪnˈt(j)uːɪt/ **I** *v.t.* intuire. **II** *v.i.* avere intuito.

intuition /,ɪnt(j)uˈɪʃən/ *n.* **1** intuizione *f.* (*anche Filos*): *to have an* ~ *about sth.* avere un'intuizione su qcs. **2** (*intuitive knowledge*) intuito *m.*, intuizione *f.*: *to trust one's -s* fidarsi del proprio intuito. **3** (*quick insight*) intuito *m.*: *a woman's* ~ intuito femminile.

intuitional /,ɪnt(j)uˈɪʃənəl/ *a.* intuitivo (*anche Filos*).

intuitionalism /,ɪnt(j)uˈɪʃənlɪzəm/ *n.* (*Filos*) intuizionismo *m.*

intuitive /ɪnˈt(j)uːɪtɪv Am ɪnˈt(j)uːɪtɪv/ *a.* **1** intuitivo: ~ *knowledge* conoscenza intuitiva. **2** (*having intuition*) dotato d'intuito, intuitivo.

intuitivism /ɪnˈt(j)uːɪtɪvɪzəm Am ɪnˈt(j)uːɪtɪvɪzəm/ *n.* (*Filos*) intuitivismo *m.*, intuizionismo *m.*

intumesce /,ɪnt(j)uˈmes/ *v.i.* tumefarsi, gonfiarsi.

intumescence /,ɪnt(j)uˈmesəns/ *n.* **1** rigonfiamento *m.*, gonfiezza *f.* **2** (*Med*) intumescenza *f.*, gonfiore *m.*, rigonfiamento *m.*

intumescent /,ɪnt(j)uˈmesənt/ *a.* gonfio, tumido.

intussusception /ˌɪntəsəˈsepʃən/ n. (Med, Bot) intussuscezione f.

Inuit /ˈɪn(j)uɪt/ **I** a. inuit. **II** n. **1** inuit m./f. **2** (language) inuit m.

inunction /ɪnˈʌŋ(k)ʃən/ n. **1** unzione f. **2** (Med) frizione f. con un unguento, massaggio m. con un unguento. **3** (Farm) unguento m., pomata f.

inundate /ˈɪnəndeɪt Br also ˈɪnʌndeɪt/ v.t. **1** inondare, allagare. **2** (fig) sommergere, inondare: we have been -d with requests siamo stati sommersi di richieste.

inundation /ˌɪnənˈdeɪʃən Br also ˌɪnʌnˈdeɪʃən/ n. inondazione f. (anche fig).

inurbane /ˌɪnɜːˈbeɪn Am ˌɪnɜːrˈbeɪn/ a. inurbano, scortese, incivile.

inurbanity /ˌɪnɜːˈbænɪti Am ˌɪnɜːrˈbænəti/ n. inurbanità f., scortesia f., inciviltà f.

inure /ɪˈnjʊər Am ɪˈn(j)ʊr/ **I** v.t. abituare, avvezzare: to ~ so. to hard work abituare qcu. alle fatiche. **II** v.i. entrare in vigore, avere effetto (anche Dir).

inurement /ɪˈnjʊərmənt Am ɪˈn(j)ʊrmənt/ n. abitudine f., assuefazione f.

inurn /ɪnˈɜːn Am ɪnˈɜːrn/ v.t. **1** deporre in un'urna funeraria. **2** (to bury) seppellire.

inutile /ɪnˈjuːtɪl/ a. (lett) inutile, inservibile.

inutility /ˌɪnjuːˈtɪlɪti Am ˌɪnjuːˈtɪləti/ n. (lett) inutilità f.

invade /ɪnˈveɪd/ v.t. **1** invadere, occupare: to ~ a country invadere un paese. **2** (to crowd into) invadere, riversarsi su (o a, in): tourists ~ Paris during the summer i turisti invadono Parigi durante l'estate. **3** (to infringe) calpestare, violare, infrangere: to ~ so.'s rights calpestare i diritti di qcu. **4** (Med) invadere, spargere.

invader /ɪnˈveɪdər/ n. invasore m.

invading /ɪnˈveɪdɪŋ/ a. invasore.

invagination /ɪnˌvædʒɪˈneɪʃən/ n. (Anat,Biol) invaginazione f.

invalid¹ /ˈɪnvəlɪd/ **I** n. invalido m. (f. -a), disabile m./f. **II** a. **1** invalido, malato, infermo. **2** (of or for invalids) per invalidi, per malati: ~ seat posto per invalidi. **III** v.t. **1** (Mil) congedare per invalidità: to be -ed out of the army essere congedato dall'esercito per invalidità. **2** (to make an invalid) rendere invalido.

invalid² /ɪnˈvælɪd/ a. **1** non valido. **2** (lacking in effectiveness) inefficace, fiacco. **3** (Dir) invalido, privo di valore, nullo. **4** (non logical) illogico, infondato, che non regge: an ~ argument un'argomentazione illogica.

invalidate /ɪnˈvælɪdeɪt/ v.t. **1** invalidare. **2** (Dir) infirmare, invalidare.

invalidation /ɪnˌvælɪˈdeɪʃən/ n. invalidazione f.

invalidism /ˈɪnvəlɪdɪzəm/ n. (Med) invalidità f. (cronica).

invalidity /ˌɪnvəˈlɪdɪti Am ˌɪnvəˈlɪdəti/ n. invalidità f. (anche Med,Dir).

invaluable /ɪnˈvæljuəbl/ a. prezioso, inestimabile, impagabile: ~ advice consigli preziosi.

invariability /ɪnˌveərɪəˈbɪlɪti Am ɪnˌverɪəˈbɪləti/ n. invariabilità f., costanza f.

invariable /ɪnˈveərɪəbl Am ɪnˈverɪəbl/ **I** a. invariabile, costante, fisso: ~ laws leggi invariabili. **II** n. **1** ciò che è invariabile. **2** (Mat) costante f.

invariably /ɪnˈveərɪəbli Am ɪnˈverɪəbli/ avv. invariabilmente, immancabilmente.

invariance /ɪnˈveərɪəns Am ɪnˈverɪəns/ n. (Mat) invarianza f.

invariant /ɪnˈveərɪənt Am ɪnˈverɪənt/ **I** a. invariante. **II** n. (Mat) invariante m.

invasion /ɪnˈveɪʒən/ n. **1** invasione f.: an enemy ~ un'invasione nemica. **2** (inroad, pen-

etration) incursione f., irruzione f. **3** (infringement) violazione f.: ~ of so.'s rights violazione dei diritti di qcu. **4** (Med) invasione f., contagio m. dilagante.

invasive /ɪnˈveɪsɪv/ a. **1** in espansione, dilagante. **2** (invading) invasore, invadente. **3** (Med) invasivo.

invective /ɪnˈvektɪv/ **I** n. **1** (abusive language) invettiva f. **2** (abusive word, expression) vituperio m., invettiva f., ingiuria f. **II** a. insultante, ingiurioso.

inveigh /ɪnˈveɪ/ v.i. inveire, scagliarsi (against contro).

inveigle /ɪnˈveɪgl ɪnˈviːgl/ v.t. **1** persuadere (con lusinghe), allettare: to ~ so. into marriage persuadere qcu. a sposarsi. **2** (to acquire by coaxing) ottenere con le lusinghe.

inveiglement /ɪnˈveɪglmənt ɪnˈviːglmənt/ n. allettamento m., lusinga f.

invent /ɪnˈvent/ v.t. inventare, scoprire.

invention /ɪnˈvenʃən/ n. **1** invenzione f., scoperta f.: the ~ of the wireless l'invenzione del telegrafo senza fili. **2** (inventiveness) inventiva f., capacità f. d'invenzione. **3** (product) trovata f., invenzione f., idea f.: a film full of happy -s un film pieno di trovate felici. **4** (fictitious statement) invenzione f., bugia f. **5** (fictitious idea) fantasia f., storia f. inventata.

inventive /ɪnˈventɪv Am ɪnˈventɪv/ a. **1** inventivo, ricco d'inventiva, fantasioso: an ~ mind un ingegno inventivo. **2** (of invention) inventivo, d'invenzione: ~ powers facoltà inventive.

inventively /ɪnˈventɪvli Am ɪnˈventɪvli/ avv. in modo inventivo.

inventiveness /ɪnˈventɪvnəs Am ɪnˈventɪvnəs/ n. inventiva f., capacità f. d'invenzione.

inventor /ɪnˈventər Am ɪnˈventər/ n. inventore m., ideatore m., scopritore m.

inventorize /ˈɪnventəraɪz/ **I** v.t. (ant) inventariare, fare l'inventario di. **II** v.i. (ant) fare l'inventario, inventariare.

inventory /ˈɪnventri ˈɪnventri Am ˈɪnvəntɔːri/ **I** n. **1** inventario m. (anche Dir). **2** (Comm) (list of merchandise, etc.) inventario m.; (stock of goods) beni m.pl. inventariati; (reserve) scorte f.pl. in magazzino, giacenze f.pl., merci f.pl. in magazzino. **II** v.t. **1** inventariare. **2** (Dir) fare l'inventario di. □ (Comm) ~ book libro degli inventari; ~ control controllo delle giacenze in magazzino; ~ input carico di magazzino; to take ~ inventariare, fare l'inventario; (Comm) ~ to sales ratio rapporto scorte-vendite; ~ turnover rotazione del magazzino.

inventress /ɪnˈventrəs/ n. inventrice f., ideatrice f., scopritrice f.

inveracity /ˌɪnvəˈræsɪti Am ˌɪnvəˈræsəti/ n. **1** insincerità f., falsità f. **2** (lie) bugia f.

Inverness /ˌɪnvəˈnes Am ˌɪnvərˈnes/ n.pr. (Geog) Inverness f.

inverse¹ /ˈɪnvɜːs Am ˈɪnvɜːrs/ **I** a. **1** inverso, contrario, opposto: in ~ order in ordine inverso. **2** (Mat) inverso. **II** n. **1** inverso m., opposto m., contrario m. **2** (Mat) inverso m. □ (Mat) ~ function funzione inversa; (Mat) ~ proportion (o ~ ratio) proporzione inversa; (Fis) ~ square law legge del quadrato delle distanze.

inverse² /ɪnˈvɜːs Am ɪnˈvɜːrs/ v.t. invertire, rovesciare.

inversion /ɪnˈvɜːʃən Am ɪnˈvɜːrʒən/ n. **1** inversione f., capovolgimento m., rovesciamento m. **2** (Mus) inversione f. **3** (Fon) retroflessione f. **4** (Meteor) inversione f. termica. **5** (Med) inversione f.: ~ of the uterus inversione dell'utero.

inversive /ɪnˈvɜːsɪv Am ɪnˈvɜːrsɪv/ a. che serve a invertire, inversivo.

invert¹ /ɪnˈvɜːt Am ɪnˈvɜːrt/ v.t. **1** rovesciare, invertire, capovolgere. **2** (to reverse in position) invertire, volgere in senso contrario. **3** (Mus) rivoltare.

invert² /ˈɪnvɜːt Am ˈɪnvɜːrt/ **I** n. **1** (ant) invertito m. (f. -a), omosessuale m./f. **2** (Arch) arco m. rovescio. **II** a. (Chim) invertito. □ (Chim) ~ sugar zucchero invertito.

invertebrate /ɪnˈvɜːtɪbr(e)ɪt Am ɪnˈvɜːrtɪbr(e)ɪt/ **I** a. **1** (Zool) invertebrato. **2** (fig) smidollato, invertebrato; (weak) debole, fiacco. **II** n. **1** (Zool) invertebrato m. **2** (fig) invertebrato m. (f. -a), smidollato m. (f. -a).

inverted /ɪnˈvɜːtɪd Am ɪnˈvɜːrtɪd/ a. **1** (upside-down) capovolto, rovesciato, invertito. **2** (reversed in position, etc.) invertito, scambiato. **3** (Mus,Chim,Med) invertito. **4** (Fon) retroflesso, invertito. □ (Arch) ~ arch rovescio; (Br,Tip) ~ commas virgolette; (Aer) ~ flight volo rovescio; (spreg) ~ snob snob alla rovescia.

inverter /ɪnˈvɜːtər Am ɪnˈvɜːrtər/ n. (El) invertitore m.

invest /ɪnˈvest/ **I** v.t. **1** (Econ) investire: to ~ capital in property investire capitali in proprietà. **2** (assol) effettuare un investimento, fare un investimento (di capitali). **3** (to spend) spendere, investire, impiegare. **4** (to endue with authority, power) conferire a, investire: to ~ so. with full powers conferire pieni poteri a qcu. **5** (to install in office) investire; (of a medal, honour, etc.) conferire, assegnare. **6** (fig) (to envelop, to surround) circondare, avvolgere: -ed with an air of mystery circondato da un'aria di mistero. **7** (to endow) dare a, attribuire a. **8** (Mil) investire, assediare. **9** (contribute effort to sth.) investire: I -ed a lot of time in that project ho investito molto tempo in quel progetto. **II** v.i. **1** (Econ) investire capitali (in in). **2** (colloq) (to buy, to spend on) spendere denaro (in).

investigable /ɪnˈvestɪgəbl/ a. (ant) che si può investigare, (lett) investigabile.

investigate /ɪnˈvestɪgeɪt/ v.t. **1** investigare su, indagare su, indagare intorno a: to ~ a crime investigare su un delitto. **2** (to examine closely) esaminare con cura, investigare.

investigating /ɪnˈvestɪgeɪtɪŋ/ □ ~ panel commissione d'inchiesta.

investigation /ɪnˌvestɪˈgeɪʃən/ n. indagine f., investigazione f., inchiesta f., ricerca f. □ on ~ in base a indagini, in seguito a un'analisi (più accurata); under ~: 1 (of a criminal) sotto inchiesta; 2 (of a matter) allo studio, in esame; upon ~ in base a indagini, in seguito a un'analisi (più accurata).

investigative /ɪnˈvestɪgətɪv Am ɪnˈvestɪgeɪtɪv/ a. investigativo, di investigazione, di indagine, di inchiesta.

investigator /ɪnˈvestɪgeɪtər Am ɪnˈvestɪgeɪtər/ n. **1** investigatore m. (f. -trice). **2** (detective) agente m./f. investigativo.

investigatory /ɪnˈvestɪgətəri ɪnˌvestɪˈgeɪtəri Am ɪnˈvestɪgətɔːri/ a. investigativo, di investigazione, di indagine, di inchiesta.

investiture /ɪnˈvestɪtʃər Br also ɪnˈvestɪtjʊər/ n. **1** investitura f. **2** (clothing, adorning) il vestire, l'adornare. **3** (that which covers, adorns) rivestimento m.

investment /ɪnˈvesmənt/ n. **1** (Econ) investimento m. (di capitale). **2** (expenditure) impiego m. **3** (investiture) investitura f. **4** (Biol) rivestimento m. esterno, tegumento m. **5** (Mil) assedio m., investimento m. □ ~ adviser consulente per gli investimenti; (Econ) ~ allowance detrazione fiscale per investimenti, ammortamento fiscale; (Econ) ~ analysis analisi degli investimenti; (Econ) ~ analyst analista degli investimenti; (Econ) ~ bank banca d'affari, banca di investimenti; (*Econ*) ~ *capital* capitale di impianto, capitale per investimento; (*Am,Econ*) ~ *company* società di investimento; (*Econ*) ~ *consultant* consulente finanziario; (*Econ*) ~ *counselling* consulenza per gli investimenti; (*Econ*) ~ *firm* società di investimento; (*Econ*) ~ *fund* fondo di investimento; (*Econ*) ~ *goods* beni di investimento; (*Econ*) ~ *planning* pianificazione degli investimenti; (*Econ*) ~ *policy* politica degli investimenti; (*Econ*) ~ *portfolio* portafoglio di investimento; (*Econ*) ~ *profitability* redditività di un investimento; (*Econ*) ~ *programme* piano d'investimento; (*Econ*) ~ *securities* titoli da investimento; (*Econ*) ~ *trust* fondo comune di investimento.

investor /ɪn'vestər/ n. (*Econ*) investitore m. (f. -trice).

inveteracy /ɪn'vetərəsi Am ɪn'vet̬ərəsi/ n. 1 l'essere inveterato, l'essere radicato. 2 (*Med*) cronicità f.

inveterate /ɪn'vetərət Am ɪn'vet̬ərət/ a. 1 incorreggibile, impenitente, inveterato, incallito: *an ~ liar* un bugiardo incorreggibile. 2 (*of a habit, etc.*) inveterato, radicato.

invidious /ɪn'vidiəs/ a. 1 antipatico, odioso, detestabile: ~ *comparisons* paragoni odiosi. 2 (*causing resentment, injurious*) offensivo, ingiurioso, oltraggioso.

invidiousness /ɪn'vidiəsnəs/ n. odiosità f.

invigilate /ɪn'vɪdʒɪleɪt/ v.i. (*Br*) sorvegliare gli studenti (durante gli esami scritti).

invigilator /ɪn'vɪdʒɪleɪtər/ n. (*Br*) sorvegliante m./f. (durante gli esami scritti), assistente m./f.

invigorate /ɪn'vɪgəreɪt/ v.t. corroborare, invigorire, tonificare, rinforzare, irrobustire.

invigorating /ɪn'vɪgəreɪtɪŋ Am ɪn'vɪgəreɪt̬ɪŋ/ a. corroborante, tonificante: ~ *climate* clima corroborante.

invigoration /ɪn,vɪgər'eɪʃən Am ɪn,vɪgə'reɪʃən/ n. invigorimento m., rinvigorimento m., rafforzamento m.

invigorator /ɪn'vɪgəreɪtər Am ɪn'vɪgəreɪt̬ər/ n. chi rinvigorisce, chi rinforza.

invincibility /ɪn,vɪnsə'bɪlɪti Am ɪn,vɪnsə'bɪlət̬i/ n. invincibilità f.

invincible /ɪn'vɪnsəbl/ a. invincibile. □ (*Stor*) *the Invincible Armada* l'Invincibile Armata.

inviolability /ɪn,vaɪələ'bɪlɪti Am ɪn,vaɪələ'bɪlət̬i/ n. inviolabilità f.

inviolable /ɪn'vaɪələbl/ a. 1 inviolabile, sacrosanto, sacro: *an ~ right* un diritto inviolabile. 2 (*of places*) inviolabile.

inviolacy /ɪn'vaɪələsi/ n. l'essere inviolato.

inviolate /ɪn'vaɪələt/ a. 1 inviolato: *an ~ oath* un giuramento inviolato. 2 (*untouched*) inviolato, intatto, integro.

invisibility /ɪn,vɪzə'bɪlɪti Am ɪn,vɪzə'bɪlət̬i/ n. invisibilità f.

invisible /ɪn'vɪzəbl/ I a. invisibile (*anche Econ*). II n.pl. (*Econ*) partite f.pl. invisibili. □ (*Econ*) ~ *exports* esportazioni invisibili; (*Econ*) ~ *hand* mano invisibile; ~ *ink* inchiostro simpatico; (*Econ*) ~ *items* partite invisibili; (*Sart*) ~ *mending* rammendo invisibile.

invisibly /ɪn'vɪzɪbli/ avv. in modo invisibile.

invitation /,ɪnvɪ'teɪʃən/ I n. 1 invito m.: *an ~ to dinner* un invito a pranzo; *a written ~* un invito scritto; *thanks for the ~* grazie per l'invito. 2 (*message*) invito m., biglietto m. d'invito, cartoncino m. d'invito. 3 (*written, verbal request to do sth.*) invito m., richiesta f. 4 (*fig*) (*attraction, incentive*) invito m., allettamento m., richiamo m. allettante: *his words were an ~ to fight* le sue parole erano un invito alla lotta. II a. 1 di invito. 2 (*Sport*) a inviti: *an ~ tournament* un torneo a inviti. □ *to do sth. at so.'s ~* fare qcs. su invito di qcu., fare qcs. dietro invito di qcu.; *by ~* (o *by ~ only*) solo su invito; ~ *card* invito, biglietto d'invito, cartoncino d'invito.

invitational /,ɪnvɪ'teɪʃənəl/ a. (*Am,Sport*) (*of a tournament*) solo su invito.

invitatory /'ɪnvɪteɪtəri/ a. 1 che serve da invito. 2 (*Lit*) invitatorio.

invite[1] /ɪn'vaɪt/ v.t. 1 invitare: *to ~ so. to a party* invitare qcu. a un ricevimento; *to ~ so. to dinner* invitare qcu. a pranzo. 2 (*to urge politely*) invitare, esortare. 3 (*to request formally*) invitare, chiedere formalmente a, richiedere formalmente a. 4 (*to encourage*) incoraggiare a, favorire. 5 (*to call forth*) provocare, far nascere: *talk ~s scandal* le chiacchiere provocano gli scandali; *to ~ criticism* prestarsi alle critiche, provocare critiche. 6 (*to entice, to attract*) invitare, invogliare, allettare. □ *he -d him in* lo invitò a entrare.

invite[2] /'ɪnvaɪt/ n. (*colloq*) invito m.

inviting /ɪn'vaɪtɪŋ Am ɪn'vaɪt̬ɪŋ/ a. invitante, allettante, attraente.

invitingly /ɪn'vaɪtɪŋli Am ɪn'vaɪt̬ɪŋli/ avv. in modo invitante.

in vitro /,ɪn'viːtroʊ/ I a. (*Biol*) in vitro. II avv. (*Biol*) in vitro. □ (*Biol,Med*) ~ *culture* coltura in vitro; (*Biol,Med*) ~ *fertilization* fecondazione in vitro.

in vivo /,ɪn'viːvoʊ/ I a. (*Biol*) in vivo. II avv. (*Biol*) in vivo.

invocation /,ɪnvoʊ'keɪʃən/ n. 1 invocazione f. 2 (*petition, supplication*) preghiera f., supplica f., invocazione f.

invocative /ɪn'voʊkətɪv Am ɪn'voʊkət̬ɪv/, **invocatory** /ɪn'voʊkətəri Am ɪn'vɑːkətɔːri/ a. invocativo.

invoice /'ɪnvɔɪs/ I n. (*Comm*) fattura f.: *to make out an ~* redigere una fattura; *to enter an ~* registrare una fattura. II v.t. 1 (*of goods*) fatturare. 2 (*of a person*) intestare una fattura a. □ (*Comm*) ~ *amount* importo in fattura; (*Comm*) *as -d* come da fattura; (*Comm*) ~ *book* copiafatture; (*Comm*) ~ *clerk* fatturista; (*Comm*) ~ *cost* prezzo d'acquisto; (*Comm*) 60 *days from the ~ date* 60 giorni data fattura; (*Comm*) ~ *inwards* libro acquisti; (*Comm*) ~ *outwards* libro vendite; (*Comm*) ~ *price* prezzo di fattura; (*Comm*) ~ *register* copiafatture; (*Comm*) ~ *value* valore fatturato.

invoiced /'ɪnvɔɪst/ □ (*Comm*) *as ~* come da fattura.

invoicing /'ɪnvɔɪsɪŋ/ n. (*Comm*) fatturazione f.

invoke /ɪn'voʊk/ v.t. 1 invocare. 2 (*to appeal for for confirmation*) invocare, appellarsi a: *to ~ the law* invocare la legge. 3 (*to call forth, to conjure*) evocare.

involucre /,ɪnvoʊ'l(j)uːkər Br also 'ɪnvəl(j)uːkər/ n. 1 (*Bot*) involucro m. (fiorale), perianzio m. 2 (*Anat*) involucro m.

involuntarily /ɪn'vɒləntərɪli Am ɪn'vɑːləntərɪli/ avv. involontariamente, senza volere.

involuntariness /ɪn'vɒləntərɪnəs Am ɪn'vɑːləntərɪnəs/ n. mancanza f. di intenzionalità.

involuntary /ɪn'vɒləntəri Am ɪn'vɑːlənteri/ a. involontario.

involute /'ɪnvəluːt/ I a. 1 involto, avvolto su se stesso. 2 (*Biol*) involuto. II n. (*Geom*) evolvente f.

involuted /'ɪnvəluːtɪd Am 'ɪnvəluːt̬ɪd/ a. 1 avvolto su se stesso, avvolto a spirale. 2 (*fig*) intricato, involuto, complicato.

involution /,ɪnvə'l(j)uːʃən/ n. 1 l'involgersi, avvolgimento m. su se stesso. 2 (*fig*) involu-

zione f., complessità f., complicatezza f. 3 (*Mat,Anat,Biol*) involuzione f.

involutive /ɪn'vɒljʊtɪv Am ɪn'vɑːljuːt̬ɪv/ a. involutivo.

involve /ɪn'vɒlv Am ɪn'vɑːlv/ v.t. 1 (*to concern*) riguardare, concernere. 2 (*rifl.*) to ~ *oneself* (*to commit oneself*) impegnarsi, compromettersi. 3 (*to embroil*) coinvolgere, trascinare. 4 (*to cause to be associated*) immischiare, coinvolgere: *I don't want to ~ my family in this matter* non voglio immischiare la mia famiglia in questa faccenda. 5 (*to entail*) richiedere, comportare, implicare: *my studies ~ great sacrifice* i miei studi richiedono grandi sacrifici; *this ~s writing papers and articles* ciò richiede la stesura di saggi e articoli (o di scrivere saggi e articoli). 6 (*to complicate*) complicare, rendere intricato. 7 (*Mat*) elevare a potenza.

involved /ɪn'vɒlvd Am ɪn'vɑːlvd/ a. 1 involuto, complesso, complicato, contorto: *an ~ style* uno stile involuto. 2 (*confused, tangled*) confuso, intricato, ingarbugliato. 3 (*concerned*) coinvolto, implicato. 4 (*committed*) impegnato, coinvolto. 5 (*in question*) in questione: *the sum ~* la somma in questione. 6 (*required*) necessario, richiesto, occorrente. 7 (*mixed up*) immischiato, coinvolto, implicato: *to be ~ in scandal* essere coinvolto in uno scandalo; *to be ~ in organizing sth.* essere impegnato a organizzare qcs. 8 (*involute*) avvolto su se stesso, avvolto a spirale. 9 (*following*) conseguente: *the dangers ~* i pericoli conseguenti. 10 (*in a relationship*) coinvolto in un rapporto (sentimentale o sessuale). □ *to become ~* (o *to get ~*) immischiarsi, impicciarsi.

involvement /ɪn'vɒlvmənt Am ɪn'vɑːlvmənt/ n. 1 (*involving*) il coinvolgere, implicazione f. 2 (*being involved*) coinvolgimento m. 3 (*complexity*) complessità f., difficoltà f. 4 (*commitment*) impegno m. 5 (*connections*) legami m.pl. 6 (*romantic or sexual*) legame m., relazione f.

invulnerability /ɪn,vʌlnərə'bɪlɪti Am ɪn,vʌlnərə'bɪlət̬i/ n. invulnerabilità f.

invulnerable /ɪn'vʌlnərəbl/ a. 1 invulnerabile. 2 (*immune to attack*) inattaccabile (*anche fig*).

inward /'ɪnwəd Am 'ɪnwərd/ I a. 1 interno. 2 (*of the mind or soul*) interiore, spirituale: ~ *peace* pace interiore. 3 (*directed towards the interior*) (diretto) verso l'interno: *an ~ curve* una curva verso l'interno. II n. 1 interno m. 2 (*inward being, nature*) essenza f., spirito m. 3 *pl.* (*pop*) (*entrails*) interiora f.pl., intestini m.pl., viscere f.pl. III avv. 1 verso l'interno. 2 (*in the mind or soul*) nell'intimo, interiormente. 3 (*Mar*) diretto in patria, di ritorno. □ (*Econ*) ~ *investment* investimenti dall'estero.

inward-looking /'ɪnwəd,lʊkɪŋ Am 'ɪnwərd,lʊkɪŋ/ a. introverso.

inwardly /'ɪnwədli Am 'ɪnwərdli/ avv. 1 internamente, all'interno, dentro. 2 (*in mind or spirit*) internamente, interiormente, nel proprio intimo, dentro di sé. 3 (*inaudibly*) tra sé e sé, dentro di sé. 4 (*towards the interior*) verso l'interno.

inwardness /'ɪnwədnəs Am 'ɪnwərdnəs/ n. 1 interiorità f. 2 (*fundamental character*) essenza f., natura f. intima.

inwards /'ɪnwədz Am 'ɪnwərdz/ avv. 1 verso l'interno. 2 (*in the mind or soul*) nell'intimo, interiormente. 3 (*Mar*) diretto in patria, di ritorno.

inweave /ɪn'wiːv/ v.t.irr. intessere, intrecciare (*anche fig*).

inwrought /ɪn'rɔːt/ a. (*poet*) 1 intessuto, intrecciato (anche fig). **2** (ornamented) lavorato, ricamato, ornato di ricami.

I/O (Inform) Input/Output I/O (input/output, ingresso/uscita).

IOC /aɪoʊ'si/ International Olympic Committee CIO (Comitato internazionale olimpico).

iodate /'aɪoʊdeɪt/ n. (Chim) iodato m.

iodhydrate /ˌaɪəd'haɪdreɪt/ n. (Chim) iodidrato m.

iodhydric /ˌaɪəd'haɪdrɪk/ a. (Chim) iodidrico.

iodic /aɪ'ɒdɪk Am aɪ'ɑːdɪk/ a. (Chim) iodico: ~ acid acido iodico.

iodide /'aɪoʊdaɪd/ n. (Chim) ioduro m.

iodine /'aɪədiːn Am 'aɪədaɪn/ n. **1** (Chim) iodio m. **2** (Farm) tintura f. di iodio. □ (Aut) ~ lights fari allo iodio.

iodism /'aɪədɪzəm/ n. (Med) iodismo m.

iodization /ˌaɪədɪ'zeɪʃən/ n. (Chim) iodurazione f.

iodize /'aɪədaɪz/ v.t. (Chim) trattare con iodio.

iodized /'aɪədaɪzd/ a. (Chim) iodato: ~ salt sale iodato.

iodoform /aɪ'ɒdəfɔːm Am aɪ'oʊdəfɔːrm/ n. (Chim) iodoformio m.

ion /'aɪən/ n. (Fis) ione m. □ (Fis) ~ bombardment bombardamento ionico; (Fis) ~ exchange scambio ionico; (Med) ~ therapy ionoterapia.

Ionian /aɪ'oʊniən/ **I** a. ionico, della Ionia. **II** n. abitante m./f. della Ionia. □ (Mus) ~ mode modo ionico; (Geog) ~ Sea Mar Ionio.

ionic /aɪ'ɒnɪk Am aɪ'ɑːnɪk/ a. (Chim,Fis) ionico: ~ bond legame ionico.

Ionic /aɪ'ɒnɪk Am aɪ'ɑːnɪk/ **I** a. **1** (Arch,Metr) ionico: ~ order ordine ionico. **2** (Ionian) ionico, della Ionia. **II** n. ionico m. (anche Metr).

ionium /aɪ'oʊniəm/ n. (Fis) ionio m.

ionization /ˌaɪən(a)ɪ'zeɪʃən Am ˌaɪənɪ'zeɪʃən/ n. (Fis) ionizzazione f. □ (Fis) ~ chamber camera di ionizzazione.

ionize /'aɪənaɪz/ **I** v.t. (Fis) ionizzare. **II** v.i. (Fis) trasformarsi in ioni.

ionizer /'aɪənaɪzər/ n. (Tecn) ionizzatore m.

ionizing /'aɪənaɪzɪŋ/ **I** a. (Fis) ionizzante: ~ radiation radiazione ionizzante. **II** n. (Fis) ionizzazione f.

ionophore /aɪ'ɒnoʊfɔːr Am aɪ'ɑːnəfɔːr/ n. (Biol,Chim) ionoforo m.

ionophoresis /aɪˌɒnoʊfə'riːsɪs Am aɪˌɑːnəfə'riːsɪs/ (pl. -eses /-iːsɪz/) n. (Fis) elettroforesi f.

ionosphere /aɪ'ɒnəsfɪər Am aɪ'ɑːnəsfɪr/ n. (Fis) ionosfera f.

iontophoresis /aɪˌɒntoʊfə'riːsɪs Am aɪˌɑːntəfə'riːsɪs/ (pl. -eses) n. (Med) ionoforesi f.

iota /aɪ'oʊtə Am aɪ'oʊt̬ə/ n. **1** (letter of the Greek alphabet) iota m./f. **2** (fig) minima quantità f., briciolo m.

iotacism /aɪ'oʊtəsɪzəm Am aɪ'oʊt̬əsɪzəm/ n. (Ling) iotacismo m.

IOU /aɪoʊ'juː/ n. (Comm) pagherò m., dichiarazione f. di credito.

Iowa /'aɪəwə Br also 'aɪoʊə/ n.pr. (Geog) Iowa m.

IP /ˌaɪ'piː/ **1** (Inform) Internet Protocol IP (protocollo Internet). **2** (Inform) Image Processing IP (elaborazione elettronica dell'immagine). □ (Inform) ~ address indirizzo IP.

IPA /ˌaɪpi:'eɪ/ **1** International Phonetic Association IPA, AFI (Associazione fonetica internazionale). **2** International Phonetic Alphabet IPA, AFI (alfabeto fonetico internazionale).

IPA'd /aɪpi:'eɪd/ a. con trascrizione fonetica IPA.

ipecac /'ɪpɪkæk/ n. (Bot,Farm) ipecacuana f.

ipecacuanha /ˌɪpɪˌkækjuː'ænə/ n. (Bot,Farm) ipecacuana f.

Iphigenia /ɪˌfɪdʒɪ'naɪə/ n.pr.f. (Mitol) Ifigenia.

IPO /ˌaɪpiː'oʊ/ (Econ) Initial Public Offering (offerta iniziale di azioni al pubblico).

i.p.s., ips inch per second ips (pollici al secondo).

ipsilateral /ˌɪpsɪ'læt̬ərəl Am ɪpsɪ'læt̬ərəl/ a. (Anat,Zool) omolaterale.

ipso facto /ˌɪpsoʊ'fæktoʊ/ avv. subito, immediatamente.

IQ /ˌaɪ'kjuː/ intelligence quotient QI (quoziente d'intelligenza, quoziente intellettivo).

IR Iran IR (Iran).

IRA /ˌaɪɑːr'eɪ Am ˌaɪɑːr'eɪ/ **1** Irish Republican Army IRA (esercito repubblicano irlandese). **2** (Am) Individual Retirement Account (fondo pensionistico individuale).

iracund /'aɪərəkʌnd Am 'aɪərəkʌnd/ a. (lett) iracondo, irascibile, iroso.

Irak /ɪ'rɑːk, ɪ'ræk/ n.pr. (Geog) Iraq m.

Iraki /ɪ'rɑːki, ɪ'ræki/ **I** n. **1** iracheno m. (f. -a). **2** (language) lingua f. irachena. **II** a. iracheno.

Iran /ɪ'rɑːn, ɪ'ræn/ n.pr. (Geog) Iran m.

Iranian /ɪ'reɪniən, ɪ'rɑːniən/ **I** a. iraniano, (ant) persiano. **II** n. **1** (language) iranico m. **2** (inhabitant) iraniano m. (f. -a), iranico m. (f. -a), (ant) persiano m. (f. -a).

Iraq /ɪ'rɑːk, ɪ'ræk/ n.pr. (Geog) Iraq m.

Iraqi /ɪ'rɑːki, ɪ'ræki/ **I** n. **1** iracheno m. (f. -a). **2** (language) lingua f. irachena. **II** a. iracheno.

Iraqian /ɪ'rɑːkiən, ɪ'rækiən/ **I** n. **1** iracheno m. (f. -a). **2** (language) lingua f. irachena. **II** a. iracheno.

irascibility /ɪˌræsə'bɪlɪti Am ɪˌræsə'bɪlət̬i/ n. irascibilità f., iracondia f.

irascible /ɪ'ræsəbl/ a. irascibile, collerico, iracondo, iroso.

irate /aɪ'reɪt/ a. irato, adirato.

IRBM (Mil) intermediate-range ballistic missile IRBM (missile balistico a medio raggio).

IRC **1** International Red Cross CRI (Croce rossa internazionale). **2** (Post) International reply coupon (buono di risposta internazionale).

ire /aɪər Am aɪr/ n. (lett) ira f., collera f.

ireful /'aɪəfʊl Am 'aɪrfʊl/ a. (lett) irato, adirato.

Ireland /'aɪələnd Am 'aɪrlənd/ n.pr. (Geog) Irlanda f.

iridaceous /ˌ(a)ɪrɪ'deɪʃəs/ a. (Bot) delle iridacee.

iridescence /ˌɪrɪ'desəns/ n. iridescenza f.

iridescent /ˌɪrɪ'desənt/ a. iridescente.

iridium /ˌ(a)ɪ'rɪdiəm/ n. (Chim) iridio m.

iridize[1] /'(a)ɪrɪdaɪz/ v.t. iridare, conferire iridescenza a.

iridize[2] /'(a)ɪrɪdaɪz/ v.t. (Chim) coprire con iridio.

iridodiagnosis /ˌɪrɪdoʊˌdaɪəg'noʊsɪs/ n. (Med) iridodiagnosi f., diagnosi f. iridea.

iridology /ˌɪrɪ'dɒlədʒi Am ˌɪrɪ'dɑːlədʒi/ n. (Med) iridologia f.

iris /'aɪrɪs Am 'aɪrɪs/ (pl. -es /-ɪz/, irides /'aɪ(ə)rɪdiːz Am 'aɪrɪdiːz/) n. **1** (Anat) iride f. **2** (Bot) iride f., iris f., giaggiolo m. **3** (fig) (rainbow) iride f., arcobaleno m. □ (Fot) ~ diaphragm diaframma a iride.

Iris /'aɪ(ə)rɪs Am 'aɪrɪs/ n.pr.f. (Mitol) Iride.

irised /'aɪ(ə)rɪst Am 'aɪrɪst/ a. iridato, con i colori dell'arcobaleno.

Irish /'aɪ(ə)rɪʃ Am 'aɪrɪʃ/ **I** a. **1** irlandese. **2** (fig, spreg) assurdo, illogico. **II** n. **1** (costr.pl.) (people) irlandesi m./f.pl. **2** (language) irlandese m. □ ~ coffee irish coffee (bibita a base di caffè caldo zuccherato, whisky irlandese e panna montata); (Stor) ~ Free State stato libero d'Irlanda; (Ling) ~ Gaelic gaelico parlato in Irlanda; (colloq,spreg) to get one's ~ up perdere le staffe; (Mus) ~ harp arpa irlandese; ~ linen lino irlandese; (Pol) ~ question questione irlandese; (Pol) ~ Republican Army esercito repubblicano irlandese, IRA; (Geog) ~ sea mare d'Irlanda; (Zool) ~ setter setter irlandese, irish setter; (Gastron) ~ stew stufato di montone (con patate e cipolle); (Zool) ~ terrier terrier irlandese, irish terrier; ~ whiskey whisky irlandese; (Zool) ~ wolfhound leviero irlandese, irish wolfhound.

Irishism /'aɪr(ə)rɪʃɪzəm Am 'aɪrɪʃɪzəm/ n. **1** costume m. tipicamente irlandese. **2** (Ling) locuzione f. tipicamente irlandese.

Irishman /'aɪ(ə)rɪʃmən Am 'aɪrɪʃmən/ n.irr. irlandese m.

Irishry /'aɪ(ə)rɪʃri Am 'aɪrɪʃri/ n. **1** (Irish people) irlandesi m./f.pl. **2** (Irish peculiarity) caratteristica f. (o tratto m. caratteristico) irlandese.

Irishwoman /'aɪ(ə)rɪʃˌwʊmən Am 'aɪrɪʃˌwʊmən/ n.irr. irlandese f.

iritis /aɪ'raɪtɪs Am aɪ'raɪt̬ɪs/ n. (Med) irite f.

irk /ɜːk Am ɜːrk/ v.t. seccare, infastidire, irritare, urtare.

irksome /'ɜːksəm Am 'ɜːrksəm/ a. fastidioso, seccante.

irksomeness /'ɜːksəmnəs Am 'ɜːrksəmnəs/ n. l'essere fastidioso, l'essere seccante.

IRL Ireland IRL (Irlanda).

IRO **1** International Refugee Organization IRO (Organizzazione internazionale per i rifugiati). **2** (GB) Inland Revenue Office (fisco britannico).

iron[1] /'aɪən Am 'aɪərn/ **I** n. **1** (Chim) ferro m. **2** (fig) ferro m., acciaio m.: muscles of ~ muscoli d'acciaio. **3** (implement) ferro m., oggetto m. di ferro, utensile m. di ferro. **4** (weapon) arma f. di ferro. **5** (for pressing clothes) ferro m. (da stiro): steam ~ ferro a vapore; travel ~ ferro da viaggio. **6** (Sport) (in golf) ferro m.: here you must use a 2 ~ qui si deve usare un ferro 2. **7** (branding iron) marchio m. **8** (Am, sl) (pistol) pistola f., rivoltella f. **9** (Farm) ferro m., preparato m. ferruginoso. **10** (Equit) staffa f. **11** pl. (fetters) ferri m.pl., ceppi m.pl., catene f.pl.: to put so. in -s mettere ai ferri qcu. **12** (Am,Inform) (computer hardware) hardware m. **II** a. **1** di ferro, ferreo: an ~ bar una sbarra di ferro. **2** (fig) di ferro, ferreo, irremovibile: to have an ~ will avere una volontà di ferro; an ~ grip una presa di ferro. **3** (fig) (strong) di ferro, ferreo, robusto, forte: an ~ constitution una salute di ferro. **4** (fig) (iron-coloured) ferrigno, color ferro. **5** (fig) (of sounds) metallico. □ (Stor) Iron Age età del ferro; ~ and steel industry industria metallurgica; Iron Cross croce di ferro; (Pol) ~ curtain cortina di ferro; (fig) ~ fist (o ~ hand) pugno di ferro: (fig) the ~ fist in the velvet glove pugno di ferro in guanto di velluto; ~ founder fonditore; ~ foundry fonderia; to have (too) many -s in the fire avere troppa carne al fuoco; (Med) ~ lung polmone d'acciaio; (Stor) ~ maiden vergine di Norimberga; ~ man: 1 uomo di ferro, uomo robusto, uomo instancabile; 2 (Am,Sport) iron man, competizione con più discipline (spec. nuoto, corsa e ciclismo); (colloq) ~ mike pilota automatico; ~ mould macchia di ruggine; a woman of ~ una donna di ferro; (Min) ~ ore minerale di ferro; ~ oxide ossido di ferro; ~ oxide cassette cassetta all'ossido di ferro; ~ rations viveri di riserva; ~ rest appoggiaferro; ~ stand appoggiaferro; (Chim) ~ sulphate solfato di ferro.

iron[2] /'aɪən Am 'aɪərn/ **I** v.t. stirare: to ~ a shirt stirare una camicia. **2** (to cover with iron) rivestire di ferro. **3** (to shackle with

irons) mettere ai ferri. **II** *v.i.* stirare. □ *to ~ out*: 1 stirare; 2 (*fig*) (*of difficulties, etc.*) eliminare, appianare, risolvere; *cotton -s well* il cotone si stira bene.
ironbound /'aɪənbaʊnd *Am* 'aɪəʳnbaʊnd/ *a.* **1** cerchiato di ferro. **2** (*fig*) (*rigorous*) rigido, rigoroso, severo; (*inflexible*) inflessibile. **3** (*Am,fig*) (*of a coast, etc.*) chiuso da scogli.
ironclad /'aɪənklæd *Am* 'aɪəʳnklæd/ **I** *a.* **1** (*Mar.mil*) corazzato. **2** (*of agreements, etc.*) di ferro, inviolabile, inflessibile, rigido. **II** *n.* (*Mar.mil,ant*) nave *f.* corazzata, corazzata *f.*
iron-gray /ˌaɪəʳn'greɪ/ *Am*, **iron-grey** /ˌaɪən 'greɪ/ **I** *n.* grigio *m.* ferro. **II** *a.* (*colour*) grigio ferro.
iron-hearted /'aɪənˌhɑːtɪd *Am* 'aɪəʳnˌhɑːrṭɪd/ *a.* crudele, spietato, dal cuore di pietra.
ironic /aɪ(ə)'rɒnɪk *Am* aɪ'rɑːnɪk/ *a.* ironico.
ironical /aɪ(ə)'rɒnɪkᵊl *Am* aɪ'rɑːnɪkᵊl/ *a.* ironico.
ironing /'aɪənɪŋ *Am* 'aɪəʳnɪŋ/ *n.* **1** stiratura *f.* **2** (*clothes ironed*) panni *m.pl.* stirati; (*clothes to be ironed*) panni *m.pl.* da stirare. □ *~ board* tavolo da stiro, asse da stiro; *to do the ~* stirare; *~ table* tavolo da stiro, asse da stiro.
ironist /'aɪənɪst *Am* 'aɪəʳnɪst/ *n.* ironista *m./f.*
ironmaster /'aɪənˌmɑːstəʳ *Am* 'aɪəʳnˌmæstəʳ/ *n.* **1** proprietario *m.* di ferriera. **2** (*iron-founder*) fonditore *m.*
ironmonger /'aɪənˌmʌŋgəʳ/ *n.* (*Br*) commerciante *m./f.* di ferramenta.
ironmongery /'aɪənˌmʌŋgᵊri/ *n.* (*Br*) **1** ferramenta *f.pl.* **2** (*hardware business*) commercio *m.* di ferramenta; (*shop*) negozio *m.* di ferramenta, ferramenta *f.pl.*
ironside /'aɪənsaɪd *Am* 'aɪəʳnsaɪd/ *n.* **1** uomo *m.* forte e risoluto. **2** *pl.* (*costr.sing. o pl.*) (*Mar*) corazzata *f.*
Ironsides /'aɪənsaɪdz *Am* 'aɪəʳnsaɪdz/ *n.pl.* (*Stor*) cavalleria *f.sing.* di Cromwell.
ironsmith /'aɪənsmɪθ *Am* 'aɪəʳnsmɪθ/ *n.* fabbro *m.* ferraio.
ironstone /'aɪənstoʊn *Am* 'aɪəʳnstoʊn/ *n.* (*Min*) minerale *m.* di ferro.
ironware /'aɪənweəʳ *Am* 'aɪəʳnwer/ *n.* ferramenta *f.pl.*
ironwork /'aɪənwɜːk *Am* 'aɪəʳnwɜːrk/ *n.* **1** lavoro *m.* in ferro. **2** (*objects made of iron*) oggetti *m.pl.* di ferro, ferrame *m.* **3** *pl.* (*costr.sing. o pl.*) (*factory*) ferriera *f.sing.*, stabilimento *m.sing.* siderurgico.
ironworker /'aɪənwɜːkəʳ *Am* 'aɪəʳnwɜːrkəʳ/ *n.* operaio *m.* siderurgico.
ironworking /'aɪənwɜːkɪŋ *Am* 'aɪəʳnwɜːrkɪŋ/ *n.* siderurgia *f.*
irony[1] /'aɪ(ə)rᵊni *Am* 'aɪrᵊni/ *n.* **1** ironia *f.*: (*Lett*) *dramatic ~* ironia drammatica. **2** (*incongruity*) ironia *f.*, assurdità *f.*
irony[2] /'aɪəni *Am* 'aɪəʳni/ *a.* **1** di ferro, ferreo. **2** (*resembling iron*) ferrigno.
Iroquois /'ɪrəkwɔɪ/ **I** *n.inv.* (*Etnol*) irochese *m./f.* **II** *a.* (*Etnol*) irochese.
IRQ *Irak* IRQ (Iraq, Irak).
irradiance /ɪ'reɪdiəns/ *n.* (*Fis*) irraggiamento *m.*, irradiazione *f.*
irradiant /ɪ'reɪdiənt/ *a.* (*lett*) raggiante, splendente.
irradiate /ɪ'reɪdieɪt/ **I** *v.t.* **1** irradiare, illuminare (*anche fig*): *happiness -d her face* la felicità le illuminava il volto. **2** (*to radiate*) diffondere, sprigionare (*anche fig*). **3** (*to expose to radiation*) irradiare, sottoporre a radiazioni (*anche Med*). **4** (*make sth. intelligible*) rendere qcs. comprensibile, illuminare. **II** *a.* raggiante, splendente (*with* di).
irradiation /ɪˌreɪdi'eɪʃᵊn/ *n.* **1** irradiamento *m.* **2** (*fig*) illuminazione *f.* **3** (*Med,Ott*) irradiazione *f.*
irradiative /ɪ'reɪdieɪtɪv *Am* ɪ'reɪdieɪṭɪv/ *a.* irradiante.
irrational /ɪ'ræʃᵊnᵊl/ **I** *a.* **1** irrazionale: *an ~ fear* una paura irrazionale. **2** (*not endowed with reason*) privo di ragione, irragionevole, irrazionale: *animals are ~* gli animali sono privi di ragione. **3** (*Mat*) irrazionale. **II** *n.* (*Mat*) numero *m.* irrazionale.
irrationalism /ɪ'ræʃᵊnᵊlɪzᵊm/ *n.* (*Filos*) irrazionalismo *m.*
irrationalist /ɪ'ræʃᵊnᵊlɪst/ *a.* (*Filos*) irrazionalistico.
irrationality /ɪˌræʃᵊn'ælɪti *Am* ɪˌræʃᵊn'æləṭi/ *n.* irrazionalità *f.*
irrealizable /ˌɪrɪə'laɪzəbḷ *Am* ˌɪriːə'laɪzəbḷ/ *a.* irrealizzabile, inattuabile.
irrebuttable /ˌɪrɪ'bʌtəbḷ *Am* ˌɪrɪ'bʌṭəbḷ/ *a.* irrefutabile, inconfutabile, inoppugnabile.
irreclaimable /ˌɪrɪ'kleɪməbḷ/ *a.* **1** (*of land*) non bonificabile. **2** (*of criminals, etc.*) irrecuperabile.
irrecognizable /ɪˌrekəg'naɪzəbḷ/ *a.* irriconoscibile.
irreconcilability /ɪˌrekᵊnˌsaɪlə'bɪlɪti *Am* ɪˌrekᵊnˌsaɪlə'bɪləṭi/ *n.* **1** inconciliabilità *f.* **2** (*incompatibility*) inconciliabilità *f.*, incompatibilità *f.*
irreconcilable /ˌɪrekᵊn'saɪləbḷ/ **I** *a.* **1** irreconciliabile, inconciliabile: *~ differences* differenze irreconciliabili. **2** (*impossible to make consistent*) inconciliabile, incompatibile: *~ arguments* argomenti inconciliabili. **II** *n.* persona *f.* intransigente.
irrecoverable /ˌɪrɪ'kʌvᵊrəbḷ/ *a.* **1** (*Comm*) irrecuperabile, inesigibile: *~ debt* debito irrecuperabile. **2** (*irreparable*) irrimediabile, irreparabile.
irrecusable /ˌɪrɪ'kjuːzəbḷ/ *a.* irrecusabile: *~ evidence* testimonianza irrecusabile.
irredeemable /ˌɪrɪ'diːməbḷ/ **I** *a.* **1** (*Econ*) (*of a debt, loan, etc.*) irredimibile; (*of paper money, securities*) irredimibile, non convertibile. **2** (*fig*) irredimibile; (*irreclaimable*) incorreggibile, irrimediabile, irreparabile: *an ~ loss* una perdita irreparabile. **II** *n.* (*Econ*) titolo *m.* irredimibile.
irredentism /ˌɪrɪ'dentɪzᵊm/ *n.* (*Pol,Stor*) irredentismo *m.*
irredentist /ˌɪrɪ'dentɪst/ **I** *n.* (*Pol,Stor*) irredentista *m./f.* **II** *a.* (*Pol,Stor*) irredentista, irredentistico.
irreducibility /ˌɪrɪˌdjuːsə'bɪlɪti *Am* ˌɪrɪˌd(j)uːsə'bɪləṭi/ *n.* irriducibilità *f.* (*anche Mat*).
irreducible /ˌɪrɪ'd(j)uːsəbḷ/ *a.* irriducibile.
irreformable /ˌɪrɪ'fɔːməbḷ *Am* ˌɪrɪ'fɔːrməbḷ/ *a.* irriformabile.
irrefragability /ɪˌrefrəgə'bɪlɪti *Am* ɪˌrefrəgə'bɪləṭi/ *n.* irrefutabilità *f.*
irrefragable /ɪ'refrəgəbḷ/ *a.* irrefutabile, inconfutabile, inoppugnabile.
irrefrangible /ˌɪrɪ'frændʒəbḷ/ *a.* **1** infrangibile, inviolabile. **2** (*Fis*) non rifrangibile.
irrefutability /ɪˌrefjʊtə'bɪlɪti *Am* ɪˌrefjʊṭə'bɪləṭi/ *n.* irrefutabilità *f.*
irrefutable /ˌɪrɪ'fjuːtəbḷ *Am* ˌɪrɪ'fjuːṭəbḷ/ *a.* irrefutabile, inoppugnabile, indiscutibile: *~ evidence* prove indiscutibili.
irreg. *irregular* irr. (irregolare).
irregardless /ˌɪrɪ'gɑːdləs *Am* ˌɪrɪ'gɑːrdləs/ *avv.* (*colloq*) senza curarsi (*of* di), senza tenere conto (*of* di), senza badare (a).
irregular /ɪ'regjʊləʳ/ **I** *a.* **1** irregolare, asimmetrico: *an ~ coastline* una costa irregolare. **2** (*lacking continuity*) irregolare, saltuario, discontinuo: *~ intervals* intervalli irregolari; *~ attendance* frequenza saltuaria; *~ surface* superficie irregolare. **3** (*not according to the rule, etc.*) irregolare: *~ proceeding* procedura irregolare. **4** (*not according to law*) irregolare, illecito. **5** (*of a marriage*) clandestino. **6** (*disorderly*) irregolare, disordinato. **7** (*Gramm,Mil*) irregolare: *~ verb* verbo irregolare. **8** (*Am,Comm*) di qualità inferiore, di seconda scelta: *~ jeans* jeans di seconda scelta. **9** (*Am,colloq*) dall'intestino irregolare. **II** *n.* **1** (*Mil*) soldato *m.* irregolare, irregolare *m.* **2** (*Am,Comm*) merce *f.* fallata, merce *f.* di seconda scelta.
irregularity /ɪˌregjʊ'lærɪti *Am* ɪˌregjʊ'lærəṭi/ *n.* **1** irregolarità *f.* (*anche Gramm*). **2** (*sth. not symmetrical*) irregolarità *f.*, asimmetria *f.*
irregularly /ɪ'regjʊləʳli/ *avv.* **1** irregolarmente, in modo irregolare. **2** (*at irregular intervals*) a intervalli irregolari, saltuariamente. □ *~ shaped* di forma irregolare.
irrelative /ɪ'relətɪv *Am* ɪ'reləṭɪv/ *a.* (*rar*) **1** non connesso, non collegato (*to* a), senza relazione (con). **2** (*not relative*) non relativo, assoluto.
irrelevance /ɪ'reləvᵊns/ *n.* **1** non pertinenza *f.*, estraneità *f.* **2** (*sth. irrelevant*) cosa *f.* non pertinente, cosa *f.* estranea, cosa *f.* senza importanza.
irrelevancy /ɪ'reləvᵊnsi/ *n.* **1** non pertinenza *f.*, estraneità *f.* **2** (*sth. irrelevant*) cosa *f.* non pertinente, cosa *f.* estranea, cosa *f.* senza importanza.
irrelevant /ɪ'reləvənt/ *a.* **1** (*not related*) non pertinente, non attinente, estraneo: *the remark is ~ to the subject* l'osservazione non è pertinente all'argomento. **2** (*of no importance*) irrilevante.
irrelevantly /ɪ'reləvəntli/ *avv.* in maniera non pertinente, a sproposito.
irreligion /ˌɪrɪ'lɪdʒᵊn/ *n.* **1** irreligione *f.*, mancanza *f.* di religione. **2** (*opposition to religion*) irreligiosità *f.*
irreligionist /ˌɪrɪ'lɪdʒᵊnɪst/ *n.* persona *f.* irreligiosa.
irreligious /ˌɪrɪ'lɪdʒəs/ *a.* irreligioso.
irreligiousness /ˌɪrɪ'lɪdʒəsnəs/ *n.* **1** irreligione *f.*, mancanza *f.* di religione. **2** (*opposition to religion*) irreligiosità *f.*
irremediable /ˌɪrɪ'miːdiəbḷ/ *a.* irrimediabile, irreparabile.
irremediably /ˌɪrɪ'miːdiəbli/ *avv.* irrimediabilmente, senza rimedio.
irremissible /ˌɪrɪ'mɪsəbḷ/ *a.* **1** imperdonabile, (*lett*) irremissibile. **2** (*obligatory*) inderogabile.
irremissibly /ˌɪrɪ'mɪsəbli/ *avv.* irremissibilmente, senza remissione.
irremovability /ˌɪrɪˌmuːvə'bɪlɪti *Am* ˌɪrɪˌmuːvə'bɪləṭi/ *n.* irremovibilità *f.*
irremovable /ˌɪrɪ'muːvəbḷ/ *a.* **1** impossibile da rimuovere, difficile da rimuovere, che non si può rimuovere. **2** (*impossible to dismiss*) inamovibile.
irreparability /ɪˌrepᵊrə'bɪlɪti *Am* ɪˌrepᵊrə'bɪləṭi/ *n.* irreparabilità *f.*
irreparable /ɪ'repᵊrəbḷ/ *a.* irreparabile, irrimediabile: *an ~ loss* una perdita irreparabile.
irrepealable /ˌɪrɪ'piːləbḷ/ *a.* irrevocabile.
irreplaceable /ˌɪrɪ'pleɪsəbḷ/ *a.* insostituibile.
irrepressibility /ˌɪrɪˌpresə'bɪlɪti *Am* ˌɪrɪˌpresə'bɪləṭi/ *n.* irrefrenabilità *f.*
irrepressible /ˌɪrɪ'presəbḷ/ *a.* irrefrenabile, irreprimibile: *~ laughter* risata irrefrenabile.
irreproachability /ˌɪrɪˌproʊtʃə'bɪlɪti *Am* ˌɪrɪˌproʊtʃə'bɪləṭi/ *n.* irreprensibilità *f.*, incensurabilità *f.*
irreproachable /ˌɪrɪ'proʊtʃəbḷ/ *a.* irreprensibile, incensurabile: *~ behaviour* comportamento irreprensibile.
irresistibility /ˌɪrɪˌzɪstə'bɪlɪti *Am* ˌɪrɪˌzɪstə'bɪləṭi/ *n.* irresistibilità *f.*
irresistible /ˌɪrɪ'zɪstəbḷ/ *a.* irresistibile: *an ~ temptation* una tentazione irresistibile.

irresoluble /ı'rezəljubļ *Am* ‚ırı'zɑːljubļ/ *a.* irresolubile, insolubile.

irresolute /ı'rezəl(j)uːt/ *a.* irresoluto, incerto, indeciso.

irresoluteness /ı'rezəl(j)uːtnəs/ *n.* irresoluzione *f.*, indecisione *f.*

irresolution /ı‚rezəl(j)uːʃən/ *n.* irresoluzione *f.*, indecisione *f.*

irresolvable /ırı'zɒlvəbļ *Am* ‚ırı'zɑːlvəbļ/ *a.* **1** che non si può scindere, inseparabile. **2** (*of a problem*) insolubile, irresolubile.

irrespective /‚ırı'spektıv/ ☐ ~ *of* senza tener conto di, senza badare a, senza riguardo a, indipendentemente da: ~ *of expense* senza badare a spese.

irrespectively /‚ırı'spektıvli/ ☐ ~ *of* senza tener conto di, senza badare a, senza riguardo a, indipendentemente da.

irrespirable /ırı'spırəbļ/ *a.* irrespirabile.

irresponsibility /‚ırı‚spɒnsə'bılıti *Am* ‚ırı‚spɑːnsə'bıləti/ *n.* irresponsabilità *f.*

irresponsible /‚ırı'spɒnsəbļ *Am* ‚ırı'spɑːnsəbļ/ *a.* **1** (*Dir*) irresponsabile. **2** (*uncaring*) incosciente, irresponsabile.

irresponsive /‚ırı'spɒnsıv *Am* ‚ırı'spɑːnsıv/ *a.* **1** che non risponde, che non reagisce (*to* a). **2** (*insensitive*) insensibile, indifferente (a).

irresponsiveness /‚ırı'spɒnsıvnəs *Am* ‚ırı'spɑːnsıvnəs/ *n.* **1** mancanza *f.* di reazione. **2** (*insensitiveness*) insensibilità *f.*

irretention /‚ırı'tenʃən/ *n.* mancanza *f.* di ritenzione.

irretentive /‚ırı'tentıv *Am* ‚ırı'tentıv/ *a.* che non ritiene, che non trattiene.

irretrievability /‚ırı‚triːvə'bılıti *Am* ‚ırı‚triːvə'bıləti/ *a.* **1** irrecuperabilità *f.* **2** (*irreparableness*) irreparabilità *f.*

irretrievable /‚ırı'triːvəbļ/ *a.* **1** irrecuperabile. **2** (*irreparable*) irreparabile.

irreverence /ı'revərəns/ *n.* **1** irriverenza *f.*, insolenza *f.* **2** (*act*) atto *m.* irriverente, irriverenza *f.*; (*utterance*) parole *f.pl.* irriverenti, irriverenza *f.*

irreverent /ı'revərənt/ *a.* irriverente, irriguardoso, insolente.

irreversibility /‚ırı‚vɜːsə'bılıti *Am* ‚ırı‚vɜːrsə'bıləti/ *n.* irreversibilità *f.*

irreversible /‚ırı'vɜːsəbļ *Am* ‚ırı'vɜːrsəbļ/ *a.* **1** (*Tecn,Chim,Biol*) irreversibile: ~ *reaction* reazione irreversibile. **2** (*irrevocable*) irrevocabile.

irrevocability /ı‚revəkə'bılıti *Am* ı‚revəkə'bıləti/ *n.* irrevocabilità *f.*

irrevocable /ı'revəkəbļ/ *a.* irrevocabile: *an ~ decision* una decisione irrevocabile.

irrigable /'ırıgəbļ/ *a.* irrigabile, irriguo.

irrigate /'ırıgeıt/ *v.t.* **1** (*Agr,Med*) irrigare. **2** (*to wet*) bagnare, inumidire.

irrigated /'ırıgeıtıd *Am* 'ırıgeıtıd/ *a.* irrigato, irriguo: ~ *land* terreni irrigui.

irrigation /‚ırı'geıʃən/ *n.* irrigazione *f.* (*anche Med*). ☐ ~ *water* acqua irrigua.

irrigative /'ırıgeıtıv *Am* 'ırıgeıtıv/ *a.* irrigatore, irrigatorio.

irrigator /'ırıgeıtə *Am* 'ırıgeıtər/ *n.* **1** (*person*) chi irriga. **2** (*device*) irrigatore *m.* (*anche Med*).

irriguous /ı'rıgjuəs/ *a.* irriguo.

irritability /‚ırıtə'bılıti *Am* ‚ırıtə'bıləti/ *n.* irritabilità *f.* (*anche Med*).

irritable /'ırıtəbļ *Am* 'ırıtəbļ/ *a.* **1** irritabile, eccitabile. **2** (*Med,Biol*) irritabile, sensibile. ☐ (*Med*) ~ *bowel syndrome* sindrome da colon irritabile.

irritant /'ırıtənt *Am* 'ırıtənt/ **I** *a.* irritante. **II** *n.* (*Med*) irritante *m.*

irritate /'ırıteıt/ *v.t.* **1** irritare, fare perdere la pazienza a, fare perdere la calma a. **2** (*Med*) irritare.

---

irritated /'ırıteıtıd *Am* 'ırıteıtıd/ *a.* **1** irritato. **2** (*Med*) irritato, infiammato.

irritating /'ırıteıtıŋ *Am* 'ırıteıtıŋ/ *a.* **1** irritante. **2** (*Med*) irritante, irritativo.

irritation /‚ırı'teıʃən/ *n.* **1** irritazione *f.* **2** (*sth. irritating*) cosa *f.* che irrita, cosa *f.* irritante. **3** (*Med*) irritazione *f.*, infiammazione *f.*

irritative /'ırıteıtıv *Am* 'ırıteıtıv/ *a.* **1** irritante. **2** (*Med*) irritante, irritativo.

irrupt /ı'rʌpt/ *v.i.* **1** irrompere, fare irruzione (*into* in). **2** (*of birds*) migrare in massa in una zona.

irruption /ı'rʌpʃən/ *n.* irruzione *f.*; (*invasion*) invasione *f.*

irruptive /ı'rʌptıv/ *a.* irrompente.

IRS /aıɑːr'es/ (*US*) *Internal Revenue Service* (Ufficio tasse federale).

is /ız/ → **be**.

IS 1 (*Inform*) *Information services* (servizi di informazione). **2** *Iceland* IS (Islanda).

Is. **1** (*Bibl*) *Isaiah* Is. (Isaia). **2** *island, isle* i. (isola).

Isaac /'aızək/ *n.pr.m.* (*Bibl*) Isacco.

Isabel /'ızəbel/ **I** *n.pr.f.* Isabella. **II** *a.* isabella, color isabella.

Isabella /‚ızə'belə/ **I** *n.pr.f.* Isabella. **II** *a.* isabella, color isabella.

isabelline /‚ızə'beliːn/ *a.* isabella, color isabella.

isagoge /'aısəgoudʒi/ *n.* (*Lett*) isagoge *f.*

isagogic /‚aısə'gɒdʒık *Am* ‚aısə'gɑːdʒık/ *a.* (*Lett*) isagogico.

isagogics /‚aısə'gɒdʒıks *Am* ‚aısə'gɑːdʒıks/ *n.pl.* studi *m.pl.* introduttivi.

Isaiah /aı'zaıə *Am also* aı'zeıə/ *n.pr.m.* (*Bibl*) Isaia.

isatin /'aısətın/, **isatine** /'aısətiːn/ *n.* (*Chim*) isatina *f.*

ISBD (*Bibliot*) *International Standard Bibliographic Description* ISBD (descrizione bibliografica internazionale standardizzata).

ISBD(M) (*Bibliot*) *International Standard Bibliographic Description for Monographic Publications* ISBD(M) (descrizione bibliografica internazionale standardizzata delle pubblicazioni monografiche).

ISBD(S) (*Bibliot*) *International Standard Bibliographic Description for Serials* ISBD(S) (descrizione bibliografica internazionale standardizzata dei periodici).

ISBN (*Comm,Edit*) *International Standard Book Number* ISBN (codifica standard internazionale per libri).

Iscariot /ıs'kærıət *Am* ıs'keriət/ **I** *n.pr.m.* (*Bibl*) Iscariota. **II** *n.* traditore *m.* (*f.* -trice).

ischaemia /ı'skiːmıə/ *n.* (*Br,Med*) ischemia *f.*

ischaemic /ı'skiːmık/ *a.* (*Br,Med*) ischemico.

ischemia /ı'skiːmıə/ *n.* (*Am,Med*) ischemia *f.*

ischemic /ı'skiːmık/ *a.* (*Am,Med*) ischemico.

ischiadic /‚ıskı'ædık/ *a.* (*Anat*) ischiatico.

ischiatic /‚ıskı'ætık *Am* ‚ıskı'ætık/ *a.* (*Anat*) ischiatico.

ischium /'ıskıəm/ (*pl.* **ischia** /'ıskıə/) *n.* (*Anat*) ischio *m.*

ISDN (*Elettron*) *Integrated Services Digital Network* ISDN (rete digitale integrata nei servizi).

isentropic /‚aızən'trɒpık *Am* ‚aızən'trɑːpık/ *a.* (*Fis*) isoentropico.

Ishmael /'ıʃmeıəl, 'ıʃmiəl/ **I** *n.pr.m.* (*Bibl*) Ismaele. **II** *n.* reietto *m.* (*f.* -a), paria *m./f.*

Ishmaelite /'ıʃmiəlaıt, 'ıʃmeıəlaıt/ *n.* ismaelita *m./f.*

Isidore /'ızıdɔː *Am* 'ızıdɔːr/ *n.pr.m.* Isidoro.

isinglass /'aızıŋglɑːs *Am* 'aızıŋglæs/ *n.* **1** colla *f.* di pesce, gelatina *f.* di pesce. **2** (*Am,Min*) mica *f.* in fogli trasparenti.

Isis /'aısıs/ *n.pr.f.* (*Mitol*) Iside.

Islam /'ızlɑːm, 'ızləm, ız'lɑːm/ *n.* **1** (*Rel*) islam

---

m., islamismo *m.* **2** (*collett.*) islam *m.*, musulmani *m.pl.*

Islamabad /ız'lɑːməbɑːd/ *n.pr.* (*Geog*) Islamabad *f.*

Islamic /ız'læmık/ *a.* islamico.

Islamism /'ızləmızəm/ *n.* islam *m.*, islamismo *m.*

Islamist /'ızləmıst/, **Islamite** /'ızləmaıt/ *n.* islamita *m./f.*

Islamization /‚ızlæmı'zeıʃən/ *n.* islamizzazione *f.*

Islamize /'ızləmaız/ *v.t.* islamizzare.

island /'aılənd/ **I** *n.* **1** isola *f.* (*anche fig*). **2** (*Strad*) isola *f.* (pedonale), salvagente *m.* **3** (*Anat*) isola *f.*, isolotto *m.* **II** *a.* di un'isola, insulare. **III** *v.t.* **1** trasformare in un'isola. **2** (*to dot with islands*) punteggiare di isole. **3** (*fig*) (*to dot*) punteggiare. **4** (*fig*) (*to isolate*) isolare. ☐ (*colloq*) *to ~ hop* viaggiare da isola a isola; (*Astr*) ~ *universe* galassia esterna.

islander /'aıləndər/ *n.* isolano *m.* (*f.* -a).

Islay /'aılə, 'aıleı/ *n.pr.* (*Geog*) Islay *f.*

isle /aıl/ *n.* (*lett,poet*) isola *f.* ☐ (*Geol*) *Isle of Man* isola di Man; (*Geol*) *Isle of Wight* isola di Wight.

islet /'aılıt/ *n.* **1** isoletta *f.* **2** (*Anat*) isolotto *m.*, isola *f.* ☐ (*Anat*) *-s of Langerhans* isole di Langerhans.

ism /'ızəm/ *n.* (*spreg*) ismo *m.*, dottrina *f.*, tendenza *f.*

Ismaili /‚ızmaı'iːli/ *n.* (*Rel*) Ismailita *m./f.*

Ismailian /‚ızmaı'iːliən/ *n.* (*Rel*) Ismailita *m./f.*

isn't /'ızənt/ *contraz. di* is not.

ISO /‚aıes'ou/ *International Standard Organization* ISO (Organizzazione internazionale per la standardizzazione).

isobar /'aısoubɑː *Am* 'aısoubɑːr/ *n.* **1** (*Meteor*) isobara *f.*, linea *f.* isobara. **2** (*Fis,Chim*) elemento *m.* isobaro.

isobaric /‚aısou'bærık/ *a.* **1** (*Meteor*) isobarico. **2** (*Fis,Chim*) isobarico, isobaro.

isobath /'aısoubɑːθ *Am* 'aısoubæθ/ *n.* (*Geog, Mar*) isobata *f.*

isobutylene /‚aısou'bjuːtıliːn *Am* ‚aısou'bjuːtəliːn/ *n.* (*Chim*) isobutilene *m.*

isocheim /'aısoukaım/ *n.* (*Meteor*) isochimena *f.*

isochore /'aısoukɔːr *Am* 'aısoukɔːr/ *n.* (*Fis*) isocora *f.*

isochromatic /‚aısoukrou'mætık *Am* ‚aısoukrou'mætık/ *a.* (*Ott*) isocromatico.

isochron /'aısoukrɒn *Am* 'aısoukrɑːn/ *n.* (*Geol*) isocrona *f.*

isochronism /aı'sɒkrənızəm *Am* aı'sɑːkrənızəm/ *n.* (*Fis*) isocronismo *m.*

isochronous /aı'sɒkrənəs *Am* aı'sɑːkrənəs/ *a.* isocrono.

isoclinal /‚aısou'klaınəl/ **I** *a.* **1** isoclino. **2** (*Geol*) isoclinale. **II** *n.* (*Geog*) isoclina *f.*, linea *f.* isoclina.

isoclinic /‚aısou'klınık/ *a.* (*Geog*) isoclinale, isoclino.: ~ *line* linea isoclina.

isocracy /aı'sɒkrəsi *Am* aı'sɑːkrəsi/ *n.* (*Pol*) uguaglianza *f.* di poteri.

isodynamic /‚aısoud(ə)ı'næmık/ *a.* (*Geog*) isodinamico.

isodynamical /‚aısoud(ə)ı'næmıkəl/ *a.* (*Geog*) isodinamico.

isoelectric /‚aısou'lektrık/ *a.* (*El*) isoelettrico. ☐ (*Biol,Chim*) ~ *focusing* focalizzazione isoelettrica.

isoelectronic /‚aısou‚lek'trɒnık *Am* ‚aısou‚lek'trɑːnık/ *a.* (*Chim*) isoelettronico.

isoenzyme /‚aısou'enzaım/ *n.* (*Biol,Chim*) isoenzima *m.*

isogamy /aı'sɒgəmi *Am* aı'sɑːgəmi/ *n.* (*Biol*) isogamia *f.*

isogeotherm /‚aısou'dʒiːouθɜːm *Am* ‚aısou

ˈdʒiːouθɜːrm/ n. (Geol) isogeoterma f.

isogloss /ˈaɪsouglɒs Am ˈaɪsouglɑːs/ n. (Ling) isoglossa f.

isogon /ˈaɪsəgɒn Am ˈaɪsəgɑːn/ n. (Geom) poligono m. regolare.

isogonal /aɪˈsɒgənəl Am aɪˈsɑːgənəl/, **isogonic** /ˌaɪsouˈgɒnɪk Am ˌaɪsouˈgɑːnɪk/ I a. (Geom,Geog) isogonale, isogonico. II n. linea f. isogona, isogona f.

isokinetic /ˌaɪsoukɪˈnetɪk Am ˌaɪsoukɪˈnetɪk/ a. (Fis) isocinetico.

isolable /ˈ(a)ɪsələbl/ a. isolabile.

isolate /ˈaɪsəleɪt/ v.t. 1 (to cut off) isolare, tagliare fuori. 2 (Chim,Biol,El,Med) isolare.

isolated /ˈaɪsəleɪtɪd Am ˈaɪsəleɪtɪd/ a. 1 isolato: an ~ village un villaggio isolato; an ~ incident un incidente isolato. 2 (stranded) tagliato fuori, isolato.

isolating /ˈaɪsəleɪtɪŋ Am ˈaɪsəleɪtɪŋ/ a. (Ling) isolante. □ (El) ~ circuit circuito isolante, circuito d'isolamento; (El) ~ switch sezionatore.

isolation /ˌaɪsəˈleɪʃən/ n. 1 isolamento m. (anche Med,Pol,Biol). 2 (loneliness) isolamento m., solitudine f. □ (Med) ~ hospital ospedale di isolamento, ospedale per malattie infettive.

isolationism /ˌaɪsəˈleɪʃənɪzəm/ n. (Pol) isolazionismo m.

isolationist /ˌaɪsəˈleɪʃənɪst/ I n. (Pol) isolazionista m./f. II a. (Pol) isolazionista, isolazionistico.

isolator /ˈaɪsəleɪtər Am ˈaɪsəleɪtər/ n. 1 chi isola. 2 (El) isolatore m. 3 (Fis) isolante m.

isoleucine /ˌaɪsouˈljuːsiːn/ n. (Biol,Chim) isoleucina f.

isomer /ˈaɪsoumər/ n. (Chim,Fis) isomero m.

isomerase /aɪˈsɒməreɪs Am aɪˈsɑːməreɪs/ n. (Biol,Chim) isomerasi f.

isomeric /ˌaɪsouˈmerɪk/ a. (Biol,Chim) isomero.

isomerism /aɪˈsɒmərɪzəm Am aɪˈsɑːmərɪzəm/ n. (Chim) isomeria f.

isomerization /aɪˌsɒmər(a)ɪˈzeɪʃən Am aɪˌsɑːmərˈzeɪʃən/ n. (Chim) isomerizzazione f.

isomerize /aɪˈsɒməraɪz Am aɪˈsɑːməraɪz/ v.t. (Chim) trasformare in isomero.

isometric /ˌaɪsouˈmetrɪk/ a. 1 isometrico. 2 (Metr) di uguale metro. □ (Ginn) ~ exercise esercizi isometrici; (Fis) ~ line linea isometrica, isometrica.

isometrics /ˌaɪsouˈmetrɪks/ n.pl. (costr.sing.) (Ginn) ginnastica f. isometrica.

isometrical /ˌaɪsouˈmetrɪkəl/ a. 1 isometrico. 2 (Metr) di uguale metro.

isometry /aɪˈsɒmɪtri Am aɪˈsɑːmɪtri/ n. isometria f.

isomorphic /ˌaɪsouˈmɔːfɪk Am ˌaɪsouˈmɔːrfɪk/ a. (Biol,Min,Chim) isomorfico.

isomorphism /ˌaɪsouˈmɔːfɪzəm Am ˌaɪsouˈmɔːrfɪzəm/ n. isomorfismo m. (anche Mat).

isomorphous /ˌaɪsouˈmɔːfəs Am ˌaɪsouˈmɔːrfəs/ a. isomorfo (anche Mat).

isooctane /ˌaɪsouˈɒkteɪn Am ˌaɪsouˈɑːkteɪn/ n. (Chim) isoottano m.

isopleth /ˈaɪsouˈpleθ/ n. (Meteor,Mat) isopleta f.

isopod /ˈaɪsoupɒd/ I a. (Zool) degli isopodi. II n. (Zool) isopode m.

isoprene /ˈaɪsouˈpriːn/ n. (Chim) isoprene m.

isopropanol /ˌaɪsouˈproupənɒl Am ˌaɪsou ˈproupənɑːl/ n. (Chim) isopropanolo m.

isopropyl /ˌaɪsouˈproup(a)ɪl/ n. (Chim) isopropile m.

isosceles /aɪˈsɒsəliːz Am aɪˈsɑːsəliːz/ a. (Geom) isoscele: ~ triangle triangolo isoscele.

isoseismal /ˌaɪsouˈsaɪzməl/ I a. (Geol) isosismico. II n. (Geol) isosista f., isosismica f.,

---

linea f. isosista, linea f. isosismica.

isoseismic /ˌaɪsouˈsaɪzmɪk/ a. (Geol) isosismico, isosisto.

isospin /ˈaɪsəspɪn/ n. (Fis) isospin m., spin m. isotopico.

isostasy /aɪˈsɒstəsi Am aɪˈsɑːstəsi/ n. (Geol) isostasia f.

isotherm /ˈaɪsouθɜːm Am ˈaɪsouθɜːrm/ n. (Meteor) isoterma f., linea f. isoterma.

isothermal /ˌaɪsouθɜːməl Am ˌaɪsouθɜːrməl/ I a. (Biol,Meteor) isotermico. II n. (Meteor) isoterma f., linea f. isoterma.

isotonic /ˌaɪsəˈtɒnɪk Am ˌaɪsəˈtɑːnɪk/ a. (Fis) isotonico.

isotope /ˈaɪsətoup/ n. (Chim) isotopo m.

isotopic /ˌaɪsəˈtɒpɪk Am ˌaɪsəˈtɑːpɪk/ a. (Chim) isotopico.

isotopy /aɪˈsɒtəpi Am aɪˈsɑːtəpi/ n. (Chim, Nucl) isotopia f.

isotropic /ˌaɪsəˈtrɒpɪk Am ˌaɪsəˈtrɑːpɪk/ a. (Fis, Biol) isotropo.

isotropy /aɪˈsɒtrəpi Am aɪˈsɑːtrəpi/ n. (Fis, Biol) isotropia f.

ISP /aɪesˈpiː/ (Inform) Internet Service Provider ISP (fornitore di servizi Internet).

Israel /ˈɪzreɪel, ˈɪzrɪəl/ I n.pr. (Geog) Israele m. II n. 1 (Bibl) popolo m. ebraico, Israele m. 2 (fig) popolo m. eletto. 3 (collett.) (Jews) israeliti m.pl., ebrei m.pl.

Israeli /ɪzˈreɪli/ I n. (pl.inv. o -s /-z/) israeliano m. (f. -a). II a. israeliano.

Israelite /ˈɪzrɪəlaɪt, ˈɪzreɪlaɪt/ I n. 1 (Bibl) israelita m./f. 2 (estens) (Jew) israeliano m. (f. -a), ebreo m. (f. -a). II a. (Bibl) israelita, israelitico.

Israelitic /ˌɪzrɪəˈlɪtɪk Am ˌɪzrɪəˈlɪtɪk/ a. (Bibl) israelita, israelitico.

Israelitish /ˈɪzrɪəlaɪtɪʃ Am ˈɪzrɪəlaɪtɪʃ/ a. (Bibl) israelita, israelitico.

Issei /iːˈseɪ/ n.inv. (Am) immigrato m. (f. -a) giapponese.

ISSN (Comm,Giorn) International Standard Serial Number ISSN (codifica standard internazionale per periodici).

issuable /ˈɪʃuːəbl Br also ˈɪsjuːəbl/ a. 1 (Econ) che può essere emesso, che può essere messo in circolazione. 2 (Econ) (of profits) maturabile. 3 (Dir) che può essere oggetto di contesa legale.

issuance /ˈɪʃuːəns/ n. (Am) 1 emissione f. 2 (outflow) fuoriuscita f., fuoriuscita f.

issue /ˈɪʃuː Br also ˈɪsjuː/ I n. 1 distribuzione f.: a new ~ of supplies una nuova distribuzione di rifornimenti. 2 (promulgation) emanazione f., emissione f. 3 (Econ) emissione f.: the ~ of stock l'emissione di azioni. 4 (Filat) (act) emissione f., (stamps issued) tiratura f. 5 (Edit) edizione f.: the latest ~ l'ultimissima edizione. 6 (Edit) (number) numero m., fascicolo m. 7 (Edit) (publishing) pubblicazione f. 8 (matter, question) questione f., problema m.: an ~ of the first importance una questione di primaria importanza. 9 (point in debate) punto m. in discussione. 10 (point of settlement) conclusione f., termine m.: to bring a matter to an ~ portare a termine un affare; to bring sth. to a successful ~ portare a buon fine qcs. 11 (final outcome) esito m., risultato m.: the final ~ il risultato finale. 12 (Dir) questione f., controversia f., disputa f. 13 (discharge) fuoriuscita f., emissione f. 14 (Fisiol, Med) perdita f.: an ~ of blood una perdita di sangue. 15 (Dir) (children) prole f., discendenza f.: to die without ~ morire senza prole. 16 (outgoing, outflowing) l'uscire, uscita f.; (outlet) uscita f., apertura f., sbocco m.; (of a river) foce f. 17 (Mil) fornitura f.: ~ government ~ fornitura governativa. 18 pl. (Dir) (proceeds) rendita f.sing. II v.t. 1 distribuire. 2 (to

---

promulgate) emanare, emettere: to ~ a law emanare una legge. 3 (Econ,Filat) emettere, mettere in circolazione. 4 (Dir,Comm) emettere, spiccare: to ~ a cheque emettere un assegno. 5 (to publish) pubblicare. 6 (to discharge) emettere, mandare fuori. III v.i. 1 uscire, scaturire, sgorgare, venir fuori: smoke -d from the exhaust pipe dal tubo di scappamento usciva fumo. 2 (Edit) essere pubblicato, uscire. 3 (to originate) derivare, avere origine, provenire, discendere (from da). 4 (to result) avere come risultato (in sth. qcs.), concludersi, finire (in). 5 (Dir) (to be an offspring of) discendere (from da). 6 (of profits: to accrue) maturare. □ at ~: 1 in questione, in discussione: the point at ~ il punto in questione; 2 (of people) in disaccordo; (Aer,Mar) to ~ a distress signal lanciare un SOS; (Edit) in ~ in circolazione, pubblicato; (Dir) ~ of fact questione di fatto; (Dir) ~ of law questione di diritto; (Dir) ~ a letter of credit rilascio di una lettera di credito; (Econ) ~ price prezzo di emissione; to take ~ with essere in disaccordo con, non essere d'accordo con, dissentire con; (Am, Pol) ~ vote voto politico (espresso dal Congresso).

issueless /ˈɪʃuːləs Br also ˈɪsjuːləs/ a. 1 (Dir) (childless) senza figli, senza prole. 2 (useless) inutile, invano.

issuing /ˈɪʃuːɪŋ Br also ˈɪsjuːɪŋ/ □ (Econ) ~ bank banca di emissione; (Econ) ~ house istituto di investimenti.

Istanbul /ˌɪstænˈbul/ n.pr. (Geog) Istanbul f.

isthmian /ˈɪs(θ)mɪən/ I a. istmico. II n. abitante m./f. di un istmo. □ (Stor.gr) Isthmian Games giochi istmici.

isthmus /ˈɪs(θ)məs/ (pl. -es /-ɪz/, -mi /-maɪ/) n. istmo m.

istle /ˈɪstli/ n. (Tess) istle m., ixtle m.

it[1] /ɪt/ I pron. 1 (in the nominative case) esso, essa, often not translated: ~ will be her third child sarà il suo terzo figlio; ~ is mine è mio. 2 (in the objective case) lo, la, often not translated: I don't like ~ non mi piace; give ~ to me dammelo. 3 (as an impersonal subject) si, often not translated: ~ is believed that he has escaped si crede che sia fuggito; ~'s raining piove; ~'s ten o'clock sono le dieci. 4 (anticipatory) not translated: who is it? - ~'s me chi è? - sono io. II n. 1 (colloq) persona f. insuperabile, cosa f. insuperabile, non plus ultra m. 2 (colloq) (person of importance) qualcuno m.: he really thinks he's ~ si crede davvero qualcuno. 3 (colloq,ant) (sex appeal) sex appeal m., fascino m. □ in ~ in esso, ci, vi: he put his papers in ~ ci ha messo dentro le sue carte; of ~ lo, la, ne: do you want all of ~? lo vuoi tutto?; how much of ~ do you want? quanto ne vuoi?; that's ~! ci siamo!, ecco!; you're ~! (in children's games) ce l'hai!, tocca a te!

it[2] /ɪt/ n. (Br,colloq,ant) vermouth m. dolce: gin and ~ gin e vermouth dolce.

IT Information Technology IT (tecnologia dell'informazione).

It. Italian it. (italiano).

ITA Initial Teaching Alphabet (alfabeto fonetico semplificato, per chi impara l'inglese).

itacism /ˈɪtəsɪzəm Am ˈɪtəsɪzəm/ n. (Ling) itacismo m.

ital. (Tip) italics c.vo (corsivo).

Italian /ɪˈtælɪən/ I a. italiano. II n. 1 italiano m. (f. -a). 2 (language) italiano m.

Italianate /ɪˈtælɪənɪt Br also ɪˈtælɪəneɪt/ a. italianizzato.

Italianism /ɪˈtælɪənɪzəm/ n. 1 italianità f. 2 (Italian idiom, etc.) italianismo m.

Italianization /ɪˌtælɪən(a)ɪˈzeɪʃən/ *n.* italianizzazione *f.* (*anche Ling*).

Italianize /ɪˈtælɪənaɪz/ **I** *v.t.* italianizzare (*anche Ling*). **II** *v.i.* italianizzarsi.

Italian-speaking /ɪˈtælɪənˈspiːkɪŋ/ *a.* di lingua italiana, italofono. ☐ *~ Switzerland* Svizzera italiana.

italic /ɪˈtælɪk/ **I** *a.* **1** (*Tip*) corsivo. **2** (*Ling*) italico. **II** *n.pl.* (*costr.sing. o pl.*) (*Tip*) corsivo *m.*: *in -s* in corsivo. ☐ *my -s* il corsivo è mio.

Italic /ɪˈtælɪk/ **I** *a.* (*Stor*) italico. **II** *n.* (*Ling*) lingua *f.* italica.

italicism /ɪˈtælɪsɪzᵊm/ *n.* italianismo *m.*

italicize /ɪˈtælɪsaɪz/ **I** *v.t.* (*Tip*) **1** stampare in corsivo. **2** (*to underline*) sottolineare. **II** *v.i.* usare il corsivo.

Italiot, Italiote /ɪˈtʌlɪət *Am* ɪˈtælɪət/ *a.* (*Stor*) italiota. **II** *n.* (*Stor*) italiota *m./f.*

Italy /ˈɪtᵊli *Am* ˈɪtᵊli/ *n.pr.* (*Geog*) Italia *f.*

itch /ɪtʃ/ **I** *v.i.* **1** prudere, pizzicare: *my back is -ing* mi prude la schiena. **2** (*fig*) (*to long*) desiderare ardentemente, non vedere l'ora di, avere una gran voglia di: *I am -ing to get away* non vedo l'ora di andarmene. **3** (*fig*) (*to be in a ferment*) fremere, ardere: *to ~ with impatience* fremere d'impazienza; *he is -ing to leave* gli scotta la terra sotto i piedi, muore dalla voglia di partire. **II** *n.* **1** prurito *m.*, pizzicore *m.*: *to have an ~* avere il prurito. **2** (*Med*) rogna *f.*, scabbia *f.* **3** (*fig*) (*craving*) voglia *f.*, desiderio *m.* (intenso). **4** (*fig*) (*ferment*) fermento *m.*, agitazione *f.* ☐ (*Zool, Med*) *~ mite* acaro della scabbia.

itchiness /ˈɪtʃɪnəs/ *n.* **1** prurito *m.*, pizzicore *m.* **2** (*fig*) nervosismo *m.*

itching /ˈɪtʃɪŋ/ *n.* prurito *m.*, pizzicore *m.* ☐ (*fig*) *to have an ~ palm* essere avido di denaro.

itchy /ˈɪtʃi/ *a.* **1** che prude, che pizzica. **2** (*causing an itch*) pruriginoso, che provoca prurito, che dà prurito. **3** (*fig*) desideroso, avido (*for* di). ☐ (*colloq*) *to have ~ fingers* avere le mani lunghe, rubare.

item[1] /ˈaɪtəm *Am* ˈaɪtəm/ *n.* **1** voce *f.*, articolo *m.*: *a list of twenty -s* un elenco di venti voci. **2** (*article, element*) articolo *m.*, oggetto *m.* **3** (*Giorn*) notizia *f.* **4** (*of an agenda, etc.*) argomento *m.*, questione *f.*, punto *m.* **5** (*Teat*) numero *m.*: *the last ~ on the programme* l'ultimo numero in programma. **6** (*Mus*) pezzo *m.*, brano *m.* **7** (*Inform*) item *m.*, elemento *m.* **8** (*Ling*) item *m.* ☐ (*colloq*) *those two are an ~* (*of a couple*) quei due sono insieme; (*Pol*) *~ veto* diritto di veto parziale.

item[2] /ˈaɪtəm. *Am* ˈaɪtəm/ *avv.* (*likewise*) item,

parimenti, ugualmente.

itemize /ˈaɪtəmaɪz *Am* ˈaɪtəmaɪz/ *v.t.* particolareggiare, dettagliare, specificare: *to ~ an account* dettagliare un conto.

itemized /ˈaɪtəmaɪzd *Am* ˈaɪtəmaɪzd/ ☐ (*Tel*) *~ phone bill* bolletta trasparente.

iterance /ˈɪtᵊrᵊns *Am* ˈɪtᵊrᵊns/ *n.* ripetizione *f.*

iterant /ˈɪtᵊrᵊnt *Am* ˈɪtᵊrᵊnt/ *a.* che si ripete.

iterate /ˈɪtᵊreɪt *Am* ˈɪtᵊreɪt/ *v.t.* **1** reiterare, ripetere. **2** (*Inform*) iterare.

iteration /ˌɪtᵊˈreɪʃən *Am* ˌɪtᵊˈreɪʃən/ *n.* **1** ripetizione *f.* **2** (*Inform*) iterazione *f.*

iterative /ˈɪtᵊrətɪv, ˈɪtᵊreɪtɪv *Am* ˈɪtᵊrətɪv, ˈɪtᵊrətɪv/ *a.* **1** iterativo (*anche Inform*). **2** (*Gramm*) iterativo, frequentativo.

ithyphallic /ˌɪθɪˈfælɪk/ **I** *a.* **1** (*Stor.gr,Metr*) itifallico. **2** (*fig*) osceno, itifallico. **II** *n.* **1** (*Metr*) itifallico *m.* **2** (*obscene poem*) poesia *f.* oscena.

itineracy /(a)ɪˈtɪnᵊrᵊsi/ *n.* **1** l'essere itinerante. **2** (*act of itinerating*) spostamento *m.* da un luogo all'altro.

itinerancy /(a)ɪˈtɪnᵊrᵊnsi/ *n.* **1** l'essere itinerante. **2** (*act of itinerating*) spostamento *m.* da un luogo all'altro.

itinerant /(a)ɪˈtɪnᵊrᵊnt/ **I** *a.* itinerante, girovago, che viaggia: *an ~ salesman* venditore ambulante. **II** *n.* **1** itinerante *m./f.*, viaggiatore *m.* **2** (*tramp*) girovago *m.* (*f.* -a). ☐ (*Stor*) *~ judge* (o *~ justice*) giudice itinerante; (*Rel*) *~ preachers* predicatori itineranti.

itinerary /(a)ɪˈtɪnᵊrᵊri/ **I** *n.* **1** itinerario *m.*, percorso *m.* **2** (*travel diary*) diario *m.* di viaggio. **3** (*guide book*) guida *f.*, itinerario *m.* **II** *a.* itinerario.

itinerate /(a)ɪˈtɪnᵊreɪt/ *v.i.* spostarsi da un luogo all'altro (*spec.* di giudice o predicatore).

itineration /(a)ɪˌtɪnᵊˈreɪʃən/ *n.* spostamento *m.* da un luogo all'altro.

it'll /ˈɪtᵊl *Am* ˈɪtᵊl/ *contraz. di* it will, it shall.

ITO /aitiˈoʊ/ *International Trade Organization* ITO (Organizzazione internazionale per il commercio).

its /ɪts/ *a.poss.* suo, *often not translated: the cat was cleaning ~ fur* il gatto si puliva il pelo; *the world and ~ problems* il mondo e i suoi problemi.

it's /ɪts/ *contraz. di* it is, it has.

itself /ɪtˈself/ *pron.pers.* **1** (*used reflexively*) si, sé, se stesso: *the cat was cleaning ~* il gatto si puliva. **2** (*as an emphatic appositive*) stesso: *the horse ~ knows the way* il cavallo stesso conosce la strada. **3** (*after prepositions*) sé, se stesso: *the problem will take care of ~* il problema si risolverà da solo. **4** (*personi-*

fied) in persona, personificato: *she is kindness ~* è la gentilezza in persona (*o* fatta persona). ☐ *by~*: **1** (*alone*) isolato: *the house stands by ~* la casa è isolata; **2** (*automatically*) automaticamente, da solo: *the machine works by ~* la macchina funziona automaticamente; **3** (*without help*) da sé, da solo, senza aiuto: *the baby can walk by ~* il bambino cammina da sé; *this in ~ is a good enough reason* questa è già di per sé una buona ragione.

ITU *International Telecommunications Union* ITU (Unione internazionale delle telecomunicazioni).

ITV (*GB*) *Independent Television* ITV (canale televisivo privato inglese).

IU 1 *immunizing unit* IU (unità immunizzante). **2** *international unit* UI, IU (unità internazionale).

IUD /aɪjuːˈdiː/ **1** (*Med*) *Intra-Uterine Device* IUD (contraccettivo intrauterino, spirale). **2** (*Med*) (*of a fetus*) *intrauterine death* morte intrauterina (del feto).

IV /aɪˈviː/ (*Med*) *intravenous* ev, e.v. (endovenoso).

I've /aɪv/ *contraz. di* I have.

IVF /ˌaɪˌviːˈef/ (*Med*) *In Vitro Fertilization* IVF (fecondazione in vitro).

ivied /ˈaɪvɪd/ *a.* (*lett*) coperto d'edera.

ivory /ˈaɪvᵊri/ **I** *n.* **1** avorio *m.* **2** (*colour*) avorio *m.*, color *m.* avorio. **3** (*colloq*) (*billiard ball*) bilia *f.* **4** *pl.* (*colloq*) (*piano keys*) tasti *m.pl.* (del pianoforte): *to tickle the ivories* suonare il pianoforte. **5** *pl.* (*colloq*) (*teeth*) denti *m.pl.* **6** *pl.* (*sl*) (*dice*) dadi *m.pl.* **II** *a.* **1** d'avorio: *an ~ statue* una statua d'avorio. **2** (*ivory-coloured*) (color) avorio. ☐ (*Geog*) *Ivory Coast* Costa d'Avorio; *~ nut* corozo, avorio vegetale, noce d'America; (*fig*) *~ tower* torre d'avorio.

ivoryblack /ˈaɪvᵊriˈblæk/ *n.* nero *m.* d'avorio.

ivy /ˈaɪvi/ *n.* (*Bot*) edera *f.* ☐ (*Bot*) *~ geranium* geranio edera; (*Am*) *Ivy league*: **1** (*used as a noun*) lega delle otto università più famose degli USA; **2** (*estens*) (*used as an adjective*) snob, con la puzza sotto il naso.

ivy-mantled /ˈaɪvimæntᵊld *Am* ˈaɪvimæntᵊld/ *a.* (*lett*) coperto d'edera.

IWALY (*colloq*) (*used in e-mail messages, etc.*) *I will always love you* ti amerò per sempre.

IWW *Industrial Workers of the World* IWW (Lavoratori industriali del mondo).

ixia /ˈɪksiə/ *n.* (*Bot*) ixia *f.*

Ixion /ɪkˈsaɪən/ *n.pr.m.* (*Mitol*) Issione.

izard /ˈɪzəd *Am* ˈɪzəʳd/ *n.* (*Zool*) camoscio *m.*

J

j, J¹ /dʒeɪ/ (*pl.* **j's/js, J's/Js** /dʒeɪz/) *n.* (*letter of the alphabet*) j, J *f./m.*: (*Tel*) *J for Jack* (o *Am J as in Juliet*) j come jolly.

J² *Japan* J (Giappone).

JA *Jamaica* JA (Giamaica).

jab¹ /dʒæb/ (*past, p.p.* **jabbed** /-d/) *v.t.* **1** conficcare, piantare, infiggere (*into* in). **2** (*to stab*) pugnalare (*anche* estens): *he accidentally -bed me with his elbow* senza volerlo mi ha dato una gomitata tremenda. **3** (*Sport*) colpire (con un jab); (*of a punch, blow*) sferrare. □ (*Am*) *to ~ at* so. lanciare frecciate a qcu, sferrare colpi a qcu, vibrare colpi a qcu. (*anche* fig): *comedians will always ~ at politicians* i comici riservano sempre delle stoccate ai politici.

jab² /dʒæb/ *n.* **1** colpo *m.* (di punta), puntata *f.*, (*stab*) pugnalata *f.* **2** (*Sport*) jab *m.*, diretto *m.* corto. **3** (*Br,colloq*) iniezione *f.*, puntura *f.*, (*vaccination*) vaccinazione *f.*; *flu ~* vaccinazione contro l'influenza; *lethal ~* iniezione letale. **4** (*Am*) (*criticism, usually mocking*) stoccata *f.*, frecciata *f.* (a rivolto a).

jabber¹ /ˈdʒæbər/ *I v.i.* **1** (*to chatter*) ciarlare, cianciare, blaterare: *to ~ on about sth.* continuare a blaterare su qcs. **2** (*to mumble*) farfugliare, balbettare, barbugliare. **II** *v.t.* pronunciare in modo confuso, balbettare, borbottare. □ *to ~ away* continuare a borbottare, borbottare senza pausa; *to ~ out an excuse* borbottare una scusa.

jabber² /ˈdʒæbər/ *n.* **1** (*mumbling*) borbottamento *m.*, borbottio *m.* **2** (*babbling*) chiacchierio *m.*, chiacchiericcio *m.*, cicaleccio *m.*

jabbering /ˈdʒæbrɪŋ/ *I a.* balbettante, barbugliante, che incespica nel parlare. **II** *n.* **1** (*mumbling*) borbottamento *m.*, borbottio *m.* **2** (*babbling*) chiacchierio *m.*, chiacchiericcio *m.*, cicaleccio *m.*

jabberwocky /ˈdʒæbəˌwɒki *Am* ˈdʒæbərˌwɑːki/ *n.* linguaggio *m.* del nonsense, linguaggio *m.* inventato.

jabot /ˈʒæbou/ *n.* (*Mod*) jabot *m.*

jacinth /ˈdʒæsɪnθ/ *n.* (*Min*) giacinto *m.*

jack¹ /dʒæk/ *n.* **1** (*Mecc,Aut*) martinetto *m.*, cric *m.*, binda *f.* **2** (*in cards*) fante *m.*, jack *m.*: *~ of hearts* fante di cuori; *one-eyed ~* fante di picche e cuori. **3** *pl.* (*game*) ripiglino *m.sing.*, giuoco *m.sing.* dei sassolini (lanciati in alto e ripresi dopo averne raccolti altri da terra). **4** (*Mar*) jack *m.*, bandiera *f.* di bompresso. **5** (*El*) jack *m.* **6** (*Zool*) (*male animal*) animale *m.* maschio, maschio *m.* **7** (*for turning a spit*) girarrosto *m.* **8** (*colloq*) (*sailor*) marinaio *m.* **9** (*Am,colloq*) un bel niente: *I ain't got ~* non ho niente. **10** (*Br,Sport*) (in bowls) boccino *m.*, pallino *m.* **II** *a.* (*Zool*) (*male*) maschio. □ (*Am,colloq*) *~ dab in the middle of* nel bel mezzo di, proprio nel mezzo di; (*Itt*) *~ fish* luccio *m.*; (*colloq*) *~ in office* funzionario presuntuoso, burocrate pieno di sé; (*Am,colloq*) *~ leg* buono a nulla capace di tutto; *~ of all trades* factotum: *to be a ~ of all trades (and master of none)* fare tutti i mestieri, fare un po' di tutto; (*Bot*) *~ pine* pinus banksiana; (*Fal*) *~ plane* pialla per sgrossare, pialletta; (*El*) *~ plug* jack; (*Am, volg*) *~ shit* niente, un cazzo; (*El*) *~ socket* presa jack.

jack² /dʒæk/ *v.t.* **1** sollevare con il cric, alzare con il cric. **2** (*colloq*) (*to increase*) aumentare, alzare, elevare. □ (*Am,volg*) *to ~ off* farsi una sega, masturbarsi; *to ~ up* aumentare, alzare, elevare: *to ~ up prices* aumentare i prezzi; (*colloq*) *to ~ up:* 1 (*used transitively*) sollevare con il cric, alzare con il cric: *he -ed up the car* sollevò l'automobile con il cric; 2 (*fig*) (*used transitively: to encourage*) tirar su, sollevare, rialzare; 3 (*sl*) (*used intransitively*) farsi (di droga).

jack³ /dʒæk/ *n.* **1** (*Bot*) albero *m.* del pane. **2** (*fruit*) frutto *m.* dell'albero del pane.

Jack /dʒæk/ *n.pr.m.* **1** dim. di John. **2** (*Am*) dim. di Jackson. □ *~ Frost* il gelo; *~ Ketch* il boia; (*Br,colloq*) *~ tar* marinaio; *~ the Ripper* Jack lo Squartatore.

jack-a-dandy /ˌdʒækəˈdændi/ *n.* **1** (*colloq*) bravo ragazzo *m.* **2** (*Ir,colloq*) brandy *m.*

jackal /ˈdʒækəl *Br also* ˈdʒækɔːl/ *n.* **1** (*Zool*) sciacallo *m.* **2** (*fig*) individuo *m.* servile, (*spreg*) tirapiedi *m.*, scagnozzo *m.*

jackanapes /ˈdʒækəneɪps/ *n.* impudente *m./f.*, sfacciato *m.* (*f.* -a), sfrontato *m.* (*f.* -a).

jackass /ˈdʒækæs/ *n.* **1** (*Zool*) asino *m.*, ciuco *m.*, somaro *m.* **2** (*fig*) ignorante *m./f.*, stupido *m.* (*f.* -a).

jackboot /ˈdʒækbuːt/ *n.* stivale *m.* da militare.

jackbooted /ˈdʒækbuːtɪd *Am* ˈdʒækbuːt̬ɪd/ *a.* con gli stivali da militare.

jackdaw /ˈdʒækdɔː/ *n.* (*Ornit*) taccola *f.*, pola *f.*

jacket¹ /ˈdʒækɪt/ *n.* **1** (*Abbigl*) giacca *f.*, giacchetta *f.*, giubbotto *m.* **2** (*Legat*) sopraccoperta *f.*, copertina *f.*, foderina *f.* **3** (*Mot*) camicia *f.* **4** (*Mil*) (*of a gun*) camicia *f.*, fodero *m.*; (*of a bullet*) rivestimento *m.* **5** (*of a baked potato*) buccia *f.* **6** (*Am*) (*of a record*) copertina *f.* □ (*Gastron*) *~ potato* patata cotta e servita con la buccia.

jacket² /ˈdʒækɪt/ *v.t.* **1** mettere una giacca a. **2** (*Tecn*) incamiciare.

jacketed /ˈdʒækɪtɪd *Am* ˈdʒækɪt̬ɪd/ *a.* **1** che indossa una giacca, in giacca. **2** (*Tecn*) rivestito, incamiciato.

jackhammer /ˈdʒækˌhæmər/ *n.* (*Mecc*) martello *m.* pneumatico.

Jackie /ˈdʒæki/ *I n.pr.f.* dim. di Jacqueline. **II** *n.pr.m.* **1** dim. di John. **2** (*Am*) dim. di Jackson.

jack-in-the-box /ˈdʒækɪnðəˌbɒks *Am* ˈdʒækɪndəˌbɑːks/ *n.* scatola *f.* a sorpresa.

jack-in-the-green /ˈdʒækɪnðəˌgriːn/ *n.* **1** (in *the May Day games*) persona *f.* chiusa in una gabbia coperta di fronde. **2** (*Bot*) specie *f.* di primula.

jackknife¹ /ˈdʒæknaɪf/ *n.irr.* **1** coltello *m.* serramanico. **2** (*Sport*) tuffo *m.* in avanti carpiato. □ (*colloq*) *~ turn* sbandata che fa collidere la cabina e il rimorchio (di un autotreno).

jackknife² /ˈdʒæknaɪf/ *v.i.* (*colloq*) (*of a truck*) sbandare al punto da far collidere la cabina e il rimorchio.

jack-o'-lantern /ˌdʒækoʊˈlæntən *Am* ˈdʒækəˌlæntərn/ *n.* lanterna *f.* fatta con una zucca vuota.

jackpot /ˈdʒækpɒt *Am* ˈdʒækpɑːt/ *n.* **1** (*cumulative chief prize*) montepremi *m.*: *win the ~*

vincere il montepremi. **2** (*in poker*) piatto *m.* (di riapertura).

jackrabbit /ˈdʒækˌræbɪt/ *n.* (*Zool*) jack rabbit *m.* dalla coda bianca, lepre *f.* americana.

jacksnipe /ˈdʒæksnaɪp/ (*pl.inv.* o **-s** /-z/; *il pl. inv. si usa general. con valore collett.*) *n.* (*Ornit*) frullino *m.*

Jackson /ˈdʒæksən/ *n.pr.m.* Jackson.

jackstone /ˈdʒækstoʊn/ *n.* **1** (*in tossing games*) sassolino *m.* **2** *pl.* gioco *m.sing.* dei sassolini (lanciati in alto e ripresi dopo averne raccolti altri da terra).

jackstraw /ˈdʒækstrɔː *Am* ˈdʒækstrɑː/ *n.* **1** (*spillikin*) bastoncino *m.* da sciangai. **2** *pl.* (*costr.sing.*) (*game*) sciangai *m.*

Jacky /ˈdʒæki/ *I n.pr.f.* dim. di Jacqueline. **II** *n.pr.m.* **1** dim. di John. **2** (*Am*) dim. di Jackson.

Jacob /ˈdʒeɪkəb/ *n.pr.m.* (*Bibl*) Giacobbe. □ *~'s ladder:* 1 (*Bibl*) scala di Giacobbe; 2 (*Mar*) biscaglina; 3 (*Bot*) polemonio; (*Mar, ant*) *~'s staff* balestriglia.

Jacobean /ˌdʒækoʊˈbiːən/ *I a.* **1** (*Stor.brit*) del regno di Giacomo I. **2** (*Arch,Arred*) del rinascimento inglese. **II** *n.* **1** statista *m.* dell'epoca di Giacomo I. **2** (*writer*) scrittore *m.* (*f.* -trice) dell'epoca di Giacomo I.

jacobin /ˈdʒækoʊbɪn *Am* ˈdʒækəbɪn/ *n.* (*Ornit*) cappuccino *m.*

Jacobin /ˈdʒækoʊbɪn *Am* ˈdʒækəbɪn/ *n.* **1** (*Stor*) giacobino *m.* (*f.* -a). **2** (*Pol*) giacobino *m.* (*f.* -a), estremista *m./f.*, radicale *m./f.*

Jacobinic /ˌdʒækəˈbɪnɪk/, **Jacobinical** /ˌdʒækəˈbɪnɪkəl/ *a.* giacobino.

Jacobinism /ˈdʒækoʊbɪnɪzəm *Am* ˈdʒækəbɪnɪzəm/ *n.* (*Stor,Pol*) giacobinismo *m.*

Jacobite /ˈdʒækoʊbaɪt *Am* ˈdʒækəbaɪt/ *n.* (*Stor,Rel*) giacobita *m./f.*

Jacobitic /ˌdʒækəˈbɪtɪk/, **Jacobitical** /ˌdʒækəˈbɪtɪkəl/ *a.* (*Stor,Rel*) dei giacobiti.

Jacobitism /ˈdʒækoʊbaɪtɪzəm *Am* ˈdʒækəbaɪtɪzəm/ *n.* (*Stor,Rel*) principi *m.pl.* dei giacobiti.

jaconet /ˈdʒækənɪt/ *n.* (*Tess*) giaconetta *f.*

jacquard, Jacquard /ˈdʒækɑːd, dʒəˈkɑːd *Am* dʒəˈkɑːrd/ *n.* **1** (*Tess*) jacquard *m.*, tessuto *m.* jacquard. **2** (*Jacquard loom*) telaio *m.* jacquard.

Jacqueline /ˈdʒækəlin, ˈdʒækəlɪn/ *n.pr.f.* Jacqueline.

jacquerie /ˈdʒeɪkəri/ *n.* jacquerie *f.*, rivolta *f.* contadina.

jactation /dʒækˈteɪʃən/ *n.* (*ant*) millanteria *f.*, vanteria *f.*

jactitation /ˌdʒæktɪˈteɪʃən/ *n.* **1** (*Dir*) falsa dichiarazione *f.*: *~ of marriage* falsa dichiarazione di (aver contratto) matrimonio. **2** (*Med*) agitazione *f.* motoria; (*of a muscle, etc.*) contrazione *f.* involontaria.

jacuzzi /dʒəˈkuːzi/ *n.* vasca *f.* idromassaggio.

jade¹ /dʒeɪd/ *n.* **1** (*Min*) giada *f.* **2** (*green*) verde *m.* giada. □ *~ green* verde giada.

jade² /dʒeɪd/ *I n.* **1** (*ant,fig*) rozza *f.*, donnaccia *f.* **2** (*ant,fig*) ronzino *m.*, rozza *f.*

jaded /ˈdʒeɪdɪd/ *a.* **1** (*emotionally hardened by experience*) dalla scorza dura, scaltro, scafato. **2** (*not naive*) smaliziato, disincantato, senza illusioni.

jadedly /ˈdʒeɪdɪdli/ *avv.* in modo smaliziato, in modo disincantato, senza farsi illusioni, cinicamente.

jadedness /'dʒeɪdɪdnəs/ n. disincanto m., cinismo m.

jaffa /'dʒæfə/ n. (Bot) arancia f. di Israele, arancia f. palestinese.

Jaffa /'dʒæfə/ n.pr. (Geog) Giaffa f.

jag[1] /dʒæg/ I n. (Br) 1 sporgenza f., protuberanza f. 2 (of rock, etc.) dente m., cima f. aguzza. II v.t. (past, p.p. **jagged** /-d/) (Br) 1 dentellare, seghettare. 2 (to make jagged) frastagliare. 3 (to cut unevenly) lacerare, strappare.

jag[2] /dʒæg/ n. (Br,sl) 1 ubriacatura f., sbronza f., sbornia f.: to go on a ~ prendere una sbornia. 2 (spree) bagordi m.pl., stravizi m.pl.

JAG /dʒæg/ (Dir,Mil) Judge Advocate General (presidente del tribunale supremo militare).

jagged /'dʒægɪd/ a. (Br) 1 seghettato, dentellato: a ~ edge un bordo seghettato. 2 (of rocks, etc.) frastagliato: ~ coastline costa frastagliata.

jaggedness /'dʒægɪdnəs/ n. l'essere dentellato, l'essere seghettato.

jaggery /'dʒægªri/ n. (Alim) zucchero m. grezzo (proveniente dal sudest asiatico).

jaggies /'dʒægɪz/ n.pl. (Inform) scalettatura f.sing.

jaggy /'dʒægi/ a. 1 seghettato, dentellato. 2 (of rocks, etc.) frastagliato.

jaguar /'dʒægjuər Am 'dʒægwɑːr, 'dʒægjuɑːr/ n. (Zool) giaguaro m.

Jah /dʒɑː, jɑː/, **Jahve** /'jɑːveɪ Br also 'dʒɑːveɪ/, **Jahveh** /'jɑːveɪ Br also 'dʒɑːveɪ/ n.pr.m. (Bibl) Yahweh.

jai alai /'haɪ,laɪ/ n. (Sport) pelota f.

jail[1] /dʒeɪl/ n. prigione f., carcere m.: to be thrown in ~ essere messo in prigione. □ ~ bird: 1 (colloq) carcerato, galeotto; 2 (so. often in jail) avanzo di galera; (Med) ~ fever tifo esantematico; ~ house prigione, galera; ~ house lawyer detenuto che, durante gli anni di prigione, si fa una cultura legale.

jail[2] /dʒeɪl/ v.t. imprigionare, mettere in galera, incarcerare.

jailbait /'dʒeɪlbeɪt/ n. (sl) minorenne f. provocante e pericolosa (perché potrebbe fare incorrere in reato chi ha rapporti sessuali con lei).

jailbird /'dʒeɪlbɜːd Am 'dʒeɪlbɜːrd/ n. (colloq) avanzo m. di galera, galeotto m.

jailbreak /'dʒeɪlbreɪk/ n. evasione f.

jailer /'dʒeɪlər/ n. carceriere m., secondino m.

jailhouse /'dʒeɪlhaʊs/ n. (spec. Am) carcere m., prigione f.

jailor /'dʒeɪlər/ n. carceriere m., secondino m.

Jakarta /dʒə'kɑːtə Am dʒə'kɑːrtə/ n.pr. (Geog) Giacarta f.

jake /dʒeɪk/ a.pred. (Aus,sl) soddisfacente.

jalap /'dʒæləp/ n. 1 (Farm) gialappa f. 2 (Bot) gialappa f., ipomea f.

jalapeño /,hælə'peɪnjoʊ Am ,hɑːlə'peɪnjoʊ/ □ (Alim) ~ pepper varietà di peperoncino.

jalopy /dʒə'lɒpi Am dʒə'lɑːpi/ n. (colloq) auto f. scassata, carcassa f., macinino m., bagnarola f.

jalousie /'ʒæluːzi Am 'ʒæləsi/ n. gelosia f., persiana f. □ ~ window finestra a vetri orientabili.

jam[1] /dʒæm/ (past, p.p. **jammed** /-d/) I v.t. 1 (to squeeze) pigiare, ficcare (dentro), comprimere, premere, schiacciare: to ~ clothes into a suitcase pigiare degli abiti in una valigia. 2 (to pack) ostruire, ingorgare: crowds -med the exits la folla era accalcata davanti alle uscite. 3 (of traffic) intasare. 4 (Mecc) bloccare, inceppare. 5 (to thrust violently) infilare a forza, introdurre a forza, cacciare. 6 (Med) (to bruise by jamming) schiacciare: he -med his finger in the door si è schiacciato il dito nella porta.

7 (Rad) disturbare, creare interferenze in. II v.i. 1 incastrarsi; (to become blocked) incantarsi, bloccarsi, arrestarsi: the brakes have -med i freni si sono bloccati. 2 (of firearms) incepparsi, bloccarsi, fare cilecca. 3 (to crowd together) affollarsi, accalcarsi. 4 (Mus) (in jazz) improvvisare.

jam[2] /dʒæm/ n. 1 marmellata f.: strawberry ~ marmellata di fragole. 2 (fig,colloq) (difficult situation) pasticcio m., guai m.pl.: to be in a ~ essere nei pasticci; to get (oneself) into a ~ mettersi nei pasticci; to get oneself out of a ~ trarsi d'impaccio. 3 (Mecc) inceppamento m. □ ~ jar barattolo da marmellata; ~ pot barattolo da marmellata; (Mus) ~ session jam session.

Jamaica /dʒə'meɪkə/ n.pr. (Geog) Giamaica f. □ (Bot) ~ pepper pepe garofanato, pepe della Giamaica, pimento; ~ rum rum della Giamaica.

Jamaican /dʒə'meɪkən/ I a. giamaicano. II n. giamaicano m. (f. -a).

jamb /dʒæm(b)/ n. (Edil) (of a door frame) montante m.; (of a doorway) stipite m.; (of an opening) fianco m. verticale, spalla f.

jambalaya /,dʒæmbə'laɪə/ n. (Am,Gastron) specialità f. della cucina Cajun a base di riso, gamberetti, pollo e verdure.

jamboree /,dʒæmbə'riː/ n. 1 (of boy scouts) raduno m. di giovani esploratori, jamboree m. 2 (colloq) (spree) festa f., baldoria f.

James /dʒeɪmz/ n.pr.m. Giacomo (anche Bibl).

jammer /'dʒæmər/ n. (Rad) emittente f. di disturbo.

jammies /'dʒæmiːz/ n.pl. (Am,colloq) pigiama m.sing.: put on your ~ and go to bed mettiti il pigiama e vai a letto.

jamming /'dʒæmɪŋ/ n. jamming m., disturbo m. intenzionale.

jammy /'dʒæmi/ a. 1 (Br,colloq) (lucky) fortunato. 2 (Br,colloq) (easy) facile.

jam-pack /,dʒæm'pæk/ v.t. stipare, affollare, gremire.

jam-packed /,dʒæm'pækt/ a. zeppo, colmo, strapieno.

Jan. January genn. (gennaio).

jane /dʒeɪn/ n. (sl) ragazza f., donna f.

Jane /dʒeɪn/ n.pr.f. Giovanna. □ (Am) ~ Doe Maria Bianchi (nome fittizio di donna).

Janet /'dʒænɪt/ n.pr.f. Gianna.

jangle[1] /'dʒæŋgl/ I v.i. stridere, produrre un suono metallico. II v.t. far tintinnare: to ~ the keys far tintinnare le chiavi. □ to ~ so.'s nerves dare sui nervi a qcu.

jangle[2] /'dʒæŋgl/ n. suono m. metallico.

jangly /'dʒæŋgli/ avv. tintinnante.

Janice /'dʒænɪs/ n.pr.f. Janice.

Janiculum /dʒæ'nɪkjʊləm/ n.pr. (Geog) Gianicolo m.

Janissary /'dʒænɪsªri Am 'dʒænɪseri/ n. (Stor) giannizzero m.

janitor /'dʒænɪtªr/ n. (spec. Am) addetto m. alle pulizie e alla manutenzione (di un edificio).

janitorial /,dʒænɪ'tɔːriəl/ a. (spec. Am) relativo alle pulizie e alla manutenzione (di un edificio). □ ~ duties mansioni relative a pulizia e manutenzione; ~ staff addetti alle pulizie e alla manutenzione.

Janizary /'dʒænɪzªri Am 'dʒænɪzeri/ n. (Stor) giannizzero m.

jankers /'dʒæŋkəz/ n. (Br,Mil,colloq) punizione f.

Jansen /'dʒænsªn/ n.pr.m. (Stor) Giansenio.

Jansenism /'dʒænsªnɪzªm/ n. (Rel) giansenismo m.

Jansenist /'dʒænsªnɪst/ n. (Rel) giansenista m./f.

January /'dʒænjuªri, 'dʒænjuªri Am 'dʒænjueri/ n. gennaio m.: in ~ a gennaio.

Janus /'dʒeɪnəs/ n.pr.m. (Mitol) Giano.

Jap /dʒæp/ I n. (spreg) giapponese m./f. II a. (spreg) giapponese.

JAP /dʒæp/ n. (Am,colloq,spreg) (Jewish American Princess) ragazza f. ebrea benestante; ragazza f. con la puzza sotto il naso.

japan /dʒə'pæn/ I n. 1 lacca f. del Giappone, lacca f. giapponese. 2 (varnished work) oggetto m. laccato, lacca f. II v.t. (past, p.p. **japanned** /dʒə'pænd/) laccare.

Japan /dʒə'pæn/ n.pr. (Geog) Giappone m.

Japanese /,dʒæpə'niːz/ I n.inv. 1 (native) giapponese m./f. 2 (costr.pl.,collett.) (people) giapponesi m./f.pl., popolo m. giapponese. 3 (language) giapponese m. II a. giapponese, del Giappone. □ (Zool) ~ beetle popillia japonica; (Cart) ~ paper carta di riso; (Bot) ~ persimmon caco, cachi.

jape /dʒeɪp/ I n. burla f., scherzo m. II v.i. scherzare.

japery /'dʒeɪpªri/ n. (Br) il fare scherzi.

Japheth /'dʒeɪfeθ, 'dʒeɪfɪθ/ n.pr.m. (Bibl) Iafet.

Japlish /'dʒæplɪʃ/ n. giapponese m. infarcito di parole inglesi.

japonica /dʒə'pɒnɪkə Am dʒə'pɑːnɪkə/ n. (Bot) chaenomeles f. speciosa.

jar[1] /dʒɑːr Am dʒɑːr/ n. 1 vaso m., vasetto m., barattolo m. (di vetro). 2 contenuto m. di un vaso (o barattolo), barattolo m. 3 (Br,sl) pinta f. di birra: we had a few -s to celebrate per festeggiare ci siamo fatti qualche birretta.

jar[2] /dʒɑːr Am dʒɑːr/ (past, p.p. **jarred** /-d/) v.i. 1 sobbalzare, sussultare. 2 (fig) (not lining up) non accordarsi; (clash) stridere (with con); (to disagree) discordare, essere in conflitto: our opinions ~ le nostre opinioni sono discordanti. II v.t. 1 (to shake) scuotere. 2 (Am) (to jog) urtare, far muovere, far sobbalzare: please don't ~ the table while I'm painting my fingernails non dare colpi al tavolo mentre mi do lo smalto. 3 (fig) (to shock, to put on edge) urtare, scuotere, irritare, innervosire, dare sui nervi: his tone of voice -red her il suo tono di voce la irritava; the siren -red her from her pleasant day dreaming il suono della sirena la risvegliò bruscamente dal suo sogno a occhi aperti. 4 (fig) urtare, innervosire; (to shock) scioccare.

jar[3] /dʒɑːr Am dʒɑːr/ n. 1 (jolt, shake) scossa f., scossone m. 2 (fig) (shock) colpo m., scossa f. 3 (fig) (disagreement, clash) divergenza f., contrasto m.; (petty quarrel) baruffa f., lite f.

jar[4] /dʒɑːr/ a. (Br,ant) socchiuso. □ (Br,ant) on the ~ socchiuso.

jardinière /,(d)ʒɑːdɪ'njeər Am ,(d)ʒɑːrdən'jer/ n. 1 (flower stand) giardiniera f., fioriera f.; (flowerpot holder) portavasi m. 2 (Gastron) giardiniera f.

jarful /'dʒɑːful Am 'dʒɑːrfʊl/ n. contenuto m. di un vaso (o barattolo), barattolo m.

jargon[1] /'dʒɑːgən Am 'dʒɑːrgən/ n. gergo m., linguaggio m.: computer ~ linguaggio degli informatici; in medical ~ nel gergo medico.

jargon[2] /'dʒɑːgən Am 'dʒɑːrgən/ n. (Min) zarconite f.

jargonelle /,dʒɑːgə'nel Am ,dʒɑːrgə'nel/ n. (Bot,Alim) pera f. primaticcia.

jargonise /'dʒɑːgənaɪz/ I v.i. (Br) parlare in gergo, esprimersi in gergo. II v.t. (Br) esprimere in gergo.

jargonize /'dʒɑːgənaɪz Am dʒɑːrgənaɪz/ I v.i. parlare in gergo, esprimersi in gergo. II v.t. esprimere in gergo.

jarring /'dʒɑːrɪŋ/ a. scioccante, che scombussola, sconvolgente.

jarringly /'dʒɑːrɪŋli/ avv. a un livello impressionante, incredibilmente, terribilmente.

jasmine /'dʒæzmɪn, 'dʒæsmɪn/ *n.* (*Bot*) gelsomino *m.* □ *~ tea* tè al gelsomino.

Jasmine /'dʒæzmɪn, 'dʒæsmɪn/ *n.pr.f.* Gelsomina.

Jason /'dʒeɪsən/ *n.pr.m.* (*Mitol*) Giasone.

jaspé /'dʒæspeɪ/ *a.* marezzato, variegato.

jasper /'dʒæspər/ *n.* 1 (*Min*) diaspro *m.* 2 (*Ceram*) jasper *m.*

Jasper /'dʒæspər/ *n.pr.m.* Gaspare.

jaundice /'dʒɔːndɪs/ I *n.* 1 (*Med*) ittero *m.*, itterizia *f.* 2 (*bitterness*) gelosia *f.*, rabbia *f.* 3 (*resentment*) antipatia *f.*, ostilità *f.*, livore *m.* II *v.t.* influenzare negativamente, invelenire, rendere astioso: *to ~ so.'s opinion of sth.* influenzare negativamente l'opinione di qcu. su qcs.

jaundiced /'dʒɔːndɪst/ *a.* 1 (*Med*) itterico. 2 (*embittered*) invelenito. 3 (*resentful*) astioso, ostile. □ (*fig*) *with a ~ eye* con occhi invidiosi.

jaunt /dʒɔːnt/ I *n.* gita *f.*: *to go on a ~* fare una gita. II *v.i.* fare una gita.

jauntily /'dʒɔːntɪlɪ *Am* 'dʒɔːnt̬ɪli/ *avv.* con spigliatezza, con disinvoltura.

jauntiness /'dʒɔːntɪnəs *Am* 'dʒɔːnt̬ɪnəs/ *n.* spigliatezza *f.*, disinvoltura *f.*

jaunty /'dʒɔːntɪ *Am* 'dʒɔːnt̬i/ *a.* 1 disinvolto, spigliato; (*swaggering*) spavaldo, sicuro di sé. 2 (*happy*) allegro, gaio, vivace. 3 (*of clothes*) elegante, di classe. □ *to wear one's hat at a ~ angle* portare il cappello alla sbarazzina.

java /'dʒɑːvə, 'dʒævə/ *n.* (*Am,colloq*) caffè *m.*

Java /'dʒɑːvə *Am also* 'dʒævə/ I *n.pr.* (*Geog*) Giava *f.* II *n.* (*Inform*) JAVA *m.* □ (*Paleont*) *~ man* uomo di Giava.

Javan /'dʒɑːvən *Am also* 'dʒævən/ *n.* giavanese *m./f.*

Javanese /ˌdʒɑːvən'iːz/ I *a.* giavanese, di Giava. II *n.inv.* 1 (*costr.pl.*) (*people*) giavanesi *m./f.pl.* 2 (*language*) giavanese *m.*

javelin /'dʒæv(ə)lɪn/ *n.* giavellotto *m.* (*anche Sport*). □ (*Sport*) *~ thrower* giavellottista.

jaw /dʒɔː/ I *n.* 1 (*Anat*) mascella *f.*; (*lower jaw*) mandibola *f.* 2 (*part of the face*) mascella *f.*, ganascia *f.* 3 (*mouth*) bocca *f.sing.* 4 *pl.* (*fig*) fauci *f.pl.*: *the -s of death* le fauci della morte. 5 *pl.* (*Mecc*) (*of a vice*) ganascia *f.sing.*; (*of a chuck*) griffa *f.sing.*; (*of a brake*) ganascia *f.sing.*, ceppo *m.sing.* 6 *pl.* (*Geog*) gola *f.sing.* (tra monti). II *v.t.* 1 (*sl*) rimproverare, dare una lavata di capo a. 2 (*to talk at tiresomely*) stancare con le chiacchiere. III *v.i.* (*sl*) chiacchierare, ciarlare, cianciare. □ (*Am,colloq*) *a ~ dropper* cosa strabiliante: *that dress is a ~ dropper* quel vestito fa rimanere a bocca aperta.

jawbone /'dʒɔːbəʊn/ *n.* (*Anat*) mascella *f.*, osso *m.* mascellare; (*mandible*) mandibola *f.*

jawbreaker /'dʒɔːˌbreɪkər/ *n.* 1 (*Am,Dolc*) caramella *f.* dura, caramella *f.* che rompe i denti. 2 (*colloq*) (*word*) parola *f.* impronunciabile (lunga e difficile).

jaw-dropping /'dʒɔːˌdrɒpɪŋ/ *a.* (*Am*) strabiliante.

jaw-droppingly /'dʒɔːˌdrɒpɪŋli/ *a.* (*Am*) in modo strabiliante: *at ~ low prices* a prezzi incredibilmente bassi.

Jaws of Life /ˌdʒɔːzəv'laɪf/ *n.pl.* (*costr.sing.*) (*Am*) cesoie *f.pl.* idrauliche (per lamiera di auto).

jay /dʒeɪ/ *n.* 1 (*Ornit*) ghiandaia *f.*: *blue ~* ghiandaia azzurra. 2 (*Br,colloq,ant*) (*talkative person*) chiacchierone *m.* (*f.* -a). 3 (*Br,colloq, ant*) (*dupe*) sciocco *m.* (*f.* -a), sempliciotto *m.* (*f.* -a).

Jaycee /'dʒeɪˈsiː/ *n.* (*Am*) membro *m.* di una Junior Chamber of Commerce.

jaywalk /'dʒeɪwɔːk/ *v.i.* attraversare la strada in modo irresponsabile.

jaywalker /'dʒeɪwɔːkər/ *n.* pedone *m.* irresponsabile nell'attraversare la strada.

jaywalking /'dʒeɪwɔːkɪŋ/ *n.* attraversamento *m.* della strada in modo irresponsabile.

jazz[1] /dʒæz/ I *n.* 1 (*Mus*) jazz *m.*, musica *f.* jazz. 2 (*dance*) ballo *m.* jazz. II *a.* 1 (*Mus*) (di) jazz, jazzistico: *a ~ band* un complesso jazz; *a ~ singer* un cantante jazz. 2 (*of a pattern*) vistoso, chiassoso. □ *and all that ~* eccetera eccetera, e roba varia, e via dicendo.

jazz[2] /dʒæz/ *v.t.* (*Mus*) suonare a ritmo di jazz. □ (*Mus*) *to ~ up* suonare a ritmo di jazz; (*Am,colloq*) *to ~ sth. up* ravvivare qcs., vivacizzare qcs.

jazzily /'dʒæzɪli/ *avv.* (*in a lively manner*) vivacemente.

jazziness /'dʒæzɪnəs/ *n.* vivacità *f.*, brio *m.*

jazzman /'dʒæzmən/ *n.irr.* jazzista *m.*, suonatore *m.* di jazz.

jazzy /'dʒæzi/ *a.* 1 jazzistico. 2 (*lively*) vivace, animato, brioso. 3 (*glaringly patterned*) vistoso, sgargiante, chiassoso.

J.C. /ˌdʒeɪ'siː/ *Jesus Christ* GC, J.C. (Gesù Cristo).

j-curve /'dʒeɪˌkɜːv *Am* 'dʒeɪˌkɜːrv/ *n.* curva *f.* a J.

jealous /'dʒeləs/ *a.* 1 invidioso, geloso (*of* di): *to be ~ of so.'s success* essere invidioso del successo di qcu.; *a ~ husband* un marito geloso. 2 (*suspicious*) sospettoso. 3 (*caused by jealousy*) dovuto a gelosia: *~ rage* ira causata dalla gelosia. □ *to keep a ~ eye on so.* guardare con sospetto qcu.

jealously /'dʒeləsli/ *avv.* 1 con gelosia, con invidia. 2 (*vigilantly*) gelosamente, con cura scrupolosa: *a ~ guarded secret* un segreto gelosamente custodito.

jealousy /'dʒeləsi/ *n.* 1 gelosia *f.*, invidia *f.* 2 (*vigilance*) gelosia *f.*, cura *f.* (scrupolosa).

jean /dʒeɪn *Am* dʒiːn/ *n.* (*Tess*) tela *f.* ruvida.

Jean /dʒiːn/ *n.pr.f.* Giovanna.

jeans /dʒiːnz/ *n.pl.* (*Abbigl*) 1 (*trousers*) jeans *m.pl.*, pantaloni *m.pl.* di tela ruvida. 2 (*overalls*) tuta *f.* di tela ruvida.

jeep /dʒiːp/ *n.* (*Aut*) jeep *f.*

jeepers /'dʒiːpəz *Am* 'dʒiːpərz/ *intz.* (*Am, colloq*) caspiterina! □ (*colloq*) *~ creepers!* mamma mia che paura!

jeer[1] /dʒɪər *Am* dʒɪr/ I *v.i.* beffarsi, prendersi gioco (*at* di), prendere in giro (*at* per): *I hate it when you ~ at my mistakes* non mi piace che tu mi prenda in giro quando sbaglio. II *v.t.* beffare, deridere, schernire. □ *to ~ an actor off the stage* far uscire di scena un attore a suon di fischi.

jeer[2] /dʒɪər *Am* dʒɪr/ *n.* beffa *f.*, derisione *f.*, scherno *m.*

jeera /'dʒiːrə/ *n.* cumino *m.* indiano.

jeering /'dʒɪərɪŋ *Am* 'dʒɪrɪŋ/ I *a.* beffardo, canzonatorio, derisorio, di scherno. II *n.* canzonatura *f.*, derisione *f.*: *stop your ~, you make mistakes too* smettila di prendere in giro, anche tu a volte sbagli.

Jeez /dʒiːz/ *intz.* (*Am,colloq*) caspita!

Jeff /dʒef/ *n.pr.m. dim. di* Jeffrey.

Jeffrey /'dʒefri/ *n.pr.m.* Goffredo.

jehad /dʒɪ'hɑːd/ *n.* (*holy war*) gihad *m./f.*, jihad *m./f.*

Jehoshaphat /dʒɪ'hɒʃəfæt *Am* dʒɪ'hɑːʃəfæt/ *n.pr.m.* (*Bibl*) Giosafat.

Jehovah /dʒɪ'həʊvə/ *n.pr.m.* (*Bibl*) Geova. □ (*Rel*) *~'s Witnesses* testimoni di Geova.

jejune /dʒɪ'dʒuːn/ *a.* 1 (*dull*) insipido, scialbo, piatto. 2 (*inexperienced*) inesperto; (*puerile*) bambinesco. 3 (*of a diet, etc.*) scarso, insufficiente.

jejuneness /dʒɪ'dʒuːnnəs/ *n.* 1 scarsezza *f.* 2

(*fig*) (*insipidness*) insipidezza *f.*; (*inexperience*) inesperienza *f.*

jejunum /dʒɪ'dʒuːnəm/ *n.* (*Anat*) digiuno *m.*

Jekyll /'dʒekəl/ □ *~ and Hyde* Doctor Jekyll e Mister Hyde, individuo dalla doppia personalità.

jell /dʒel/ I *v.i.* 1 (*of jam, etc.: to set*) diventare gelatinoso, gelatinizzarsi. 2 (*colloq*) (*to take shape*) prendere forma. II *v.t.* 1 gelatinizzare.

jellied /'dʒelɪd/ *a.* (*Br,Gastron*) in gelatina: *~ eels* anguilla in gelatina.

jello, Jell-O /'dʒeləʊ/ *n.* (*Am,Dolc*) gelatina *f.* al sapore di frutta.

jelly /'dʒeli/ I *n.* 1 (*Gastron,Dolc*) gelatina *f.* 2 (*Am,Gastron*) marmellata *f.* 3 (*fig*) sostanza *f.* gelatinosa. 4 (*Br,sl*) (*gelignite*) gelatina *f.* esplosiva. □ *~ bag* sacchetto per gelatina, filtro per gelatina; (*Dolc*) *~ beans* caramelle gelatinose a forma di fagiolo; (*Dolc*) *~ bears* caramelle gelatinose a forma di orsetto; (*Am, Dolc*) *~ roll* rotolo (di pan di Spagna) ripieno di marmellata; (*Calz*) *~ shoes* scarpe di plastica trasparente.

jellyfish /'dʒelifɪʃ/ *n.* 1 (*Zool*) medusa *f.* 2 (*colloq*) (*spineless person*) mollusco *m.*, smidollato *m.* (*f.* -a), pappamolla *m./f.*

jemmy /'dʒemi/ *n.* 1 (*Br*) palanchino *m.*, piè *m.* di porco. 2 (*Br,Gastron*) testa *f.* di pecora al forno.

je ne sais quoi /ˌʒənəseɪ'kwɑː/ *n.* un certo non so che.

jennet /'dʒenɪt/ *n.* ginnetto *m.*

Jennifer /'dʒenɪfər/ *n.pr.f.* Jennifer.

jenny /'dʒeni/ *n.* 1 (*spinning jenny*) filatoio *m.* meccanico, giannetta *f.* 2 (*travelling crane*) gru *f.* mobile; (*locomotive crane*) gru *f.* per locomotiva. 3 (*female animal*) femmina *f.* di animale; (*female donkey*) asina *f.*

Jenny /'dʒeni/ *n.pr.f. dim. di* Jennifer.

jeopardise /'dʒepədaɪz *Am* 'dʒepərdaɪz/ *v.t.* (*Br*) esporre al rischio, mettere a repentaglio, arrischiare, azzardare.

jeopardize /'dʒepədaɪz *Am* 'dʒepərdaɪz/ *v.t.* esporre al rischio, mettere a repentaglio, arrischiare, azzardare.

jeopardy /'dʒepədi *Am* 'dʒepərdi/ *n.* 1 pericolo *m.*, rischio *m.*, repentaglio *m.* 2 (*Dir*) rischio *m.* di condanna (per reato). □ *to put in ~* mettere in pericolo, mettere a repentaglio; (*US,Dir*) sottoporre a giudizio penale.

jerboa /dʒɜː'bəʊə *Am* dʒɜːr'bəʊə/ *n.* (*Zool*) topo *m.* delle piramidi.

jeremiad /ˌdʒerɪ'maɪəd/ *n.* geremiade *f.*, lamenti *m.pl.*, piagnisteo *m.*

Jeremiah /ˌdʒerɪ'maɪə/ *n.pr.m.* (*Bibl*) Geremia.

Jeremy /ˌdʒerəmi/ *n.pr.m.* Geremia.

Jericho /'dʒerɪkəʊ/ *n.pr.* (*Geog*) Gerico *f.* □ (*fig*) *go to ~!* vai a farti benedire!

jerk[1] /dʒɜːk *Am* dʒɜːrk/ *n.* 1 sobbalzo *m.*, sbalzo *m.*, scossone *m.*, scossa *f.*: *the car started with a ~* l'automobile partì con uno sobbalzo. 2 (*sudden start*) scatto *m.* 3 (*sharp pull*) strappo *m.*, strattone *m.* 4 (*Fisiol*) (*twitch of a muscle*) contrazione *f.*, spasmo *m.* 5 (*Am,sl*) (*mean person*) antipatico *m.* (*f.* -a), scocciatore *m.* (*f.* -trice), rompiscatole *m./f.*; (*stupid person*) scemo *m.* (*f.* -a), cretino *m.* (*f.* -a), idiota *m./f.* 6 (*Sport*) (*nel sollevamento pesi*) jerk *m.*, sollevamento *m.* a strappo.

jerk[2] /dʒɜːk *Am* dʒɜːrk/ I *v.t.* 1 dare uno strappo a, dare uno strattone a, strappare. 2 (*Sport*) (*nel sollevamento pesi*) sollevare a strappo. 3 (*Gastron*) marinare (alla caraibica). II *v.i.* 1 avanzare a balzi, avanzare a scatti, procedere a sbalzi, singhiozzare: *the cart -ed along the road* il carro avanzava a balzi lungo la strada. 2 (*to make a sudden movement*) sbalzare, fare un balzo improvviso. ☐ *to ~ around* perdere tempo (in cose inutili); *to ~ so. around* prendere in giro qcu.: *I couldn't tell if he was serious or just trying to ~ me around* non riuscivo a capire se diceva sul serio o se voleva prendermi in giro; *to ~ oneself free* liberarsi con uno strattone; (*Br,sl*) *to ~ off* farsi una sega, masturbarsi; *to ~ to a halt* fermarsi con uno sobbalzo.

jerk[3] /dʒɜːk *Am* dʒɜːrk/ *a.* (*Gastron*) (*di carne*) tagliato a strisce ed essiccato al sole. ☐ (*Gastron*) ~ *sauce* salsa piccante (caraibica) per carne e pesce.

jerkin /'dʒɜːkɪn *Am* 'dʒɜːrkɪn/ *n.* 1 (*Abbigl*) giacchetta *f.* corta senza maniche, giustacuore *m.* 2 (*Stor*) farsetto *m.*

jerkiness /'dʒɜːkɪnəs *Am* 'dʒɜːrkɪnəs/ *n.* il muoversi a scatti, il procedere sobbalzando.

jerkwater /'dʒɜːkwɔːtər/ *a.* (*Am*) insignificante, senza alcuna importanza: *a ~ town* una città insignificante.

jerky /'dʒɜːki *Am* 'dʒɜːrki/ I *a.* 1 che si muove a scatti, chi si muove a sobbalzi, brusco, a strattoni. 2 (*spasmodic*) convulso, spasmodico: *a ~ movement* un movimento convulso. 3 (*Am,sl*) in modo strano: *what's wrong with him? he's been acting really ~ lately* cos'ha che non va? ultimamente si comporta in modo strano. II *n.* (*Am,Gastron*) carne *f.* a strisce essiccata.

jeroboam /ˌdʒerəˈbouəm/ *n.* jéroboam *m.* (bottiglione per vino).

Jeroboam /ˌdʒerəˈbouəm/ *n.pr.m.* (*Bibl*) Geroboamo.

Jerome /dʒəˈroum/ *n.pr.m.* Gerolamo.

jerry /'dʒeri/ *n.* (*Br,ant*) vaso *m.* da notte, pitale *m.*

Jerry /'dʒeri/ I *n.pr.m.* 1 dim. di Jeremy. II *m.* 1 (*Br,Mil*) tedesco *m.* (*f.* -a). 2 (*Br,collett.*) tedeschi *m.pl.*

jerrybuilder /'dʒeriˌbɪldər/ *n.* chi costruisce (per speculazione) con materiale scadente, costruttore *m.* disonesto.

jerrybuilding /'dʒeriˌbɪldɪŋ/ *n.* costruzione *f.* di edifici scadenti.

jerrybuilt /'dʒeriˌbɪlt/ *a.* costruito con materiale scadente, messo insieme alla meglio.

jerrycan /'dʒeriˌkæn/ *n.* tanica *f.* (di metallo).

jersey /'dʒɜːzi *Am* 'dʒɜːrzi/ *n.* 1 (*Br,Abbigl*) maglietta *f.*, maglia *f.* (aderente). 2 (*Am,Abbigl*) (*undershirt*) canottiera *f.* 3 (*Tess*) jersey *m.*

Jersey /'dʒɜːzi *Am* 'dʒɜːrzi/ *n.pr.* 1 (*Geog*) isola *f.* di Jersey. 2 (*Zootecn*) mucca *f.* di razza Jersey.

Jerusalem /dʒəˈruːsələm/ *n.pr.* (*Geog*) Gerusalemme *f.* ☐ (*Bot,Alim*) ~ *artichoke* topinambur.

jess /dʒes/ I *n.* (*Caccia*) (*in falconry*) geto *m.* II *v.t.* (*Caccia*) mettere un geto a.

jessamine /'dʒesəmɪn/ *n.* (*Bot*) gelsomino *m.*

Jesse /'dʒesi/ *n.pr.m.* (*Bibl*) Jesse.

Jessica /'dʒesɪkə/ *n.pr.f.* Jessica.

Jessie /'dʒesi/ *n.pr.f.* dim. di Jessica.

jest /dʒest/ I *n.* 1 scherzo *m.*; (*prank, trick*) burla *f.*, scherzo *m.*, beffa *f.* 2 (*witty remark*) facezia *f.*, amenità *f.*, arguzia *f.* 3 (*gibe*) presa *f.* in giro, canzonatura *f.* 4 (*object of fun*) zimbello *m.*: *he is a standing ~* è lo zimbello di tutti. II *v.i.* 1 scherzare, celiare: *surely you ~* stai scherzando, vero? 2 (*to trifle*) scherzare (*with* con): *he's not a man you can ~ with* con lui c'è poco da scherzare. 3 (*to speak wittily*) dire facezie, celiare, motteggiare. 4 (*to jeer, to gibe*) burlare, canzonare (*at* so. qcu.), prendere in giro, prendersi gioco (di). ☐ *spoken in* ~ detto per scherzo; *to say sth. half in* ~ dire qcs. tra il serio e il facto; *to make a ~ of sth.* prendere qcs. in scherzo.

jestbook /'dʒestbʊk/ *n.* (*Lett*) raccolta *f.* di facezie.

jester /'dʒestər/ *n.* 1 burlone *m.* (*f.* -a). 2 (*Stor*) giullare *m.*, buffone *m.*: *the court ~* il giullare di corte.

jesting /'dʒestɪŋ/ *a.* 1 (*given to making jests*) scherzoso, burlone. 2 (*playful*) detto per scherzo, fatto per scherzo, scherzoso.

Jesu /'dʒiːzjuː/ *n.pr.m.* (*Bibl,lett*) Gesù.

Jesuit /'dʒezjuɪt/ *n.* (*Rel*) gesuita *m.*

jesuitic /ˌdʒezjuˈɪtɪk *Am* ˌdʒezjuˈɪtɪk/, **jesuitical** /ˌdʒezjuˈɪtɪkəl *Am* ˌdʒezjuˈɪtɪkəl/ *a.* 1 (*Rel*) gesuitico. 2 (*spreg*) gesuitico, di (*o* da) persona ipocrita e astuta.

jesuitism /'dʒezjuɪtɪzəm *Am* 'dʒezjuɪtɪzəm/ *n.* 1 (*Rel*) gesuitismo *m.* 2 (*spreg*) gesuitismo *m.*, astuta ipocrisia *f.*

jesuitry /'dʒezjuɪtri/ *n.* (*spreg*) gesuitismo *m.*, astuta ipocrisia *f.*

Jesus /'dʒiːzəs/ I *n.pr.m.* (*Bibl*) Gesù: ~ *Christ* Gesù Cristo. II *intz.* (*colloq*) Gesù! ☐ (*Am, colloq,spreg*) ~ *freak* fanatico evangelico, evangelico fervente.

jet[1] /dʒet/ I *n.* 1 (*of vapour, gas*) getto *m.*; (*of liquid*) zampillo *m.*, getto *m.*, spruzzo *m.* 2 (*spout, nozzle*) becco *m.*, beccuccio *m.*, ugello *m.*: *a gas ~* un becco a gas. 3 (*Aer*) (*engine*) motore *m.* a reazione. 4 (*Aer*) (*plane*) jet *m.*, aereo *m.* a reazione, aviogetto *m.* 5 (*Mot*) getto *m.*, spruzzatore *m.*, ugello *m.* II *a.* 1 (*Aer*) a reazione. ☐ (*Aer*) ~ *engine* motore a reazione; (*Aer.mil*) ~ *fighter* caccia a reazione; (*Med*) ~ *lag* sindrome da fuso orario, jet lag; (*Aer*) ~ *liner* aereo a reazione per voli di linea; (*Aer*) ~ *pilot* pilota di aereo a reazione; (*Aer*) ~ *plane* jet, aereo a reazione, aviogetto; (*Inform*) ~ *printer* stampante a getto; (*Aer*) ~ *propulsion* propulsione a getto, propulsione a reazione; ~ *set* alta società internazionale, jet set, mondanità, bel mondo; ~ *setter* membro dell'alta società internazionale; (*Sport*) ~ *ski* jet ski, acquascooter; (*Meteor*) ~ *stream* corrente a getto; (*Med*) ~ *syndrome* sindrome da fuso orario, jet lag.

jet[2] /dʒet/ (*past, p.p.* **jetted** /'dʒetɪd *Am* 'dʒetɪd/) I *v.t.* far zampillare, emettere un getto di. II *v.i.* 1 sgorgare, zampillare. 2 (*Aer*) viaggiare in jet.

jet[3] /dʒet/ I *n.* (*Min*) giaietto *m.*, giavazzo *m.*, jais *m.* II *a.* 1 (*made of jet*) di giaietto. 2 nero corvino, nero come l'ebano.

jet-black /'dʒetˌblæk/ *a.* nero corvino, nero come l'ebano.

jet-lagged /'dʒetˌlægd/ *a.* (*Med*) con sindrome da fuso orario, che sente gli effetti del jetlag.

jetlike /'dʒetˌlaɪk/ *a.* supersonico: *at ~ speed* a velocità supersonica.

jetport /'dʒetpɔːt *Am* 'dʒetpɔːrt/ *n.* aeroporto *m.* per jet.

jet-propelled /'dʒetprəˌpeld/ *a.* (*Aer*) (con motore) a reazione.

jetsam /'dʒetsəm/ *n.* 1 (*Mar*) gettito *m.* 2 (*waste material*) rifiuti *m.pl.*

jettison /'dʒetɪsən *Am* 'dʒetəsən/ I *n.* 1 (*Mar*) scarico *m.* in mare. 2 (*Mar*) (*jetsam*) carico *m.* gettato in mare. 3 (*Aer*) (*of fuel*) scarico *m.* rapido. II *v.t.* 1 (*Mar*) gettare in mare. 2 (*Aer*) (*of cargo, fuel, etc.*) alleggerirsi di, sganciare. 3 (*fig*) liberarsi di, disfarsi di, gettare via.

jetton /'dʒetən *Am* 'dʒetən/ *n.* gettone *m.*

jetty[1] /'dʒeti *Am* 'dʒeti/ *n.* gettata *f.*; (*landing wharf*) molo *m.*, banchina *f.*

jetty[2] /'dʒeti *Am* 'dʒeti/ *a.* nero corvino, nero come l'ebano.

jew /dʒuː/ I *n.* (*fig,spreg*) (*astute trader*) abile mercante *m./f.*; (*money lender*) usuraio *m.* (*f.* -a); (*miser*) avaro *m.* (*f.* -a), taccagno *m.* (*f.* -a). II *v.t.* (*sl,spreg*) truffare.

Jew /dʒuː/ *n.* ebreo *m.* (*f.* -a), israelita *m./f.*,
giudeo *m.* (*f.* -a). ☐ (*Bot*) ~'s *ear* orecchio di Giuda; (*Mus*) ~'s *harp* scacciapensieri.

Jew-baiter /'dʒuːbeɪtər *Am* 'dʒuːbeɪtər/ *n.* persecutore *m.* (*f.* -trice) degli ebrei.

Jew-baiting /'dʒuːbeɪtɪŋ *Am* 'dʒuːbeɪtɪŋ/ *n.* persecuzione *f.* degli ebrei.

jewel[1] /'dʒuːəl/ *n.* 1 pietra *f.* preziosa, gemma *f.* 2 (*ornament set with gems*) gioiello *m.*, gioia *f.*, prezioso *m.* 3 (*fig*) gioiello *m.*, perla *f.*, tesoro *m.* 4 (*Orol*) rubino *m.* ☐ ~ *box* (o ~ *case*) portagioie; *the ~ in the crown* il pezzo migliore; ~ *tone rugs* tappeti dai colori brillanti.

jewel[2] /'dʒuːəl/ *v.t.* (*past, p.p.* **jewelled** /*Am* **jeweled** /-d/) 1 ingioiellare; (*to set with jewels*) ingemmare. 2 (*Orol*) fornire di rubini.

jeweler /'dʒuːələr/ *n.* (*Am*) gioielliere *m.* (*f.* -a), orefice *m./f.*

jeweller /'dʒuːələr/ *n.* gioielliere *m.* (*f.* -a), orefice *m./f.* (*Br*) ~'s *shop* (o ~'s) gioielleria.

jewellery /'dʒuːəlri/ *n.* (*collett.*) gioielli *m.pl.*, gioielleria *f.*: *a piece of* ~ un gioiello.

jewelry /'dʒuːəlri/ *n.* (*collett.*) (*Am*) gioielli *m.pl.*, gioielleria *f.* ☐ (*Am*) ~ *store* gioielleria.

Jewess /'dʒuːɪs *Br also* 'dʒuːes, dʒuːˈes/ *n.* ebrea *f.*

Jewish /'dʒuːɪʃ/ *a.* ebreo, ebraico, giudaico, giudeo: ~ *calendar* calendario ebraico; ~ *New Year* capodanno ebraico.

Jewry /'dʒuəri/ *n.* 1 (*collett.*) popolo *m.* ebreo. 2 (*Stor*) (*Jewish quarter*) ghetto *m.*

Jezebel /'dʒezəbel/ I *n.pr.f.* (*Bibl*) Jezabel. II *n.* donna *f.* dissoluta.

jib[1] /dʒɪb/ *n.* 1 (*Mar*) fiocco *m.* ☐ (*Mar*) ~ *boom* asta del fiocco; (*Arch*) ~ *door* porta nascosta dalla tappezzeria, porta segreta.

jib[2] /dʒɪb/ (*past, p.p.* **jibbed** /-d/) *v.i.* (*of a horse, animal*) ricalcitrare, impennarsi, impuntarsi.

jib[3] /dʒɪb/ *n.* (*Mecc*) braccio *m.* di gru.

jibe[1] /dʒaɪb/ I *v.i.* 1 (*Mar*) (*of a sail, boom*) orientarsi. 2 (*to change course*) virare. II *v.t.* 1 orientare. 2 (*to alter the course of*) virare.

jibe[2] /dʒaɪb/ I *v.i.* lanciare frecciate (*at* a), punzecchiare (qcu.). II *v.t.* punzecchiare, deridere, lanciare frecciate a. III *n.* frecciata *f.*, allusione *f.* maligna.

jibe[3] /dʒaɪb/ *v.i.* (*Am*) concordare, essere d'accordo (*with* con): *his testimony just doesn't ~ with the known facts* la sua testimonianza non concorda con quanto accertato.

jicama /'hiːkəmə/ *n.* (*Bot*) jicama *f.*

jiff /dʒɪf/ *n.* (*colloq*) attimo *m.*, istante *m.*, baleno *m.*: *it'll only take me a ~* farò in un attimo. ☐ *in a* ~ in un batter d'occhio.

jiffy /'dʒɪfi/ *n.* (*colloq*) attimo *m.*, istante *m.*, baleno *m.*

Jiffy /'dʒɪfi/ ☐ (*Post*) ~ *bag* busta imbottita.

jig[1] /dʒɪg/ *n.* 1 (*Mecc*) maschera *f.*; (*framework*) maschera *f.* (*o* attrezzatura) di montaggio. 2 (*Minier*) crivello *m.* oscillante. 3 (*dance, music*) giga *f.* ☐ (*sl*) *the ~ is up* la festa è finita, è finita la cuccagna.

jig[2] /dʒɪg/ (*past, p.p.* **jigged** /-d/) *v.t.* 1 (*Mecc*) lavorare con maschere. 2 (*Minier*) (*of ore*) setacciare, vagliare; (*of a well*) perforare, trivellare.

jig[3] /dʒɪg/ (*past, p.p.* **jigged** /-d/) *v.i.* 1 ballare una giga. 2 (*colloq*) saltellare, ballonzolare.

jig[4] /dʒɪg/ *n.* (*Am,ant,spreg*) negro *m.*

jigaboo /'dʒɪgəˌbuː/ *n.* (*Am,ant,spreg*) negro *m.*

jigger[1] /'dʒɪgər/ *n.* 1 (*colloq*) (*measure*) misurino *m.* da un'oncia e mezza. 2 (*jig dancer*) danzatore *m.* (*f.* -trice) di giga. 3 (*Minier*) crivello *m.* oscillante. 4 (*Pesc*) (*kind of tackle*)

paranco *m.* a coda. **5** (*Mar*) (*lug-sail*) vela *f.* al quarto (*o* terzo); (*jiggermast*) albero *m.* di mezzana; (*sail set on a jiggermast*) vela *f.* di mezzana; (*boat*) barca *f.* con vela di mezzana. **6** (*in billiards*) ponte *m.* **7** (*Ceram*) tornio *m.*

jigger² /'dʒɪgər/ *n.* (*Entom*) pulce *f.* penetrante.

jiggered /'dʒɪgəd/ *a.* (*Br,colloq*) stupito, stupefatto, di stucco: *I'll be ~!* non ci posso credere!, incredibile!

jiggermast /'dʒɪgəmɑːst *Am* 'dʒɪgərmæst/ *n.* (*Mar*) albero *m.* di mezzana.

jiggery-pokery /,dʒɪgəri'poukəri/ *n.* (*Br, colloq*) inganno *m.*, raggiro *m.*

jiggle /'dʒɪgl/ I *v.t.* scuotere lievemente, dondolare. II *v.i.* scuotersi.

jigsaw /'dʒɪgsɔː/ *n.* (*Mecc*) sega *f.* da traforo. □ *~ puzzle* puzzle.

jihad /dʒɪ'hɑːd/ *n.* (*holy war*) gihad *m./f.*, jihad *m./f.*

Jill /dʒɪl/ *n.pr.f.* Jill.

jilt /dʒɪlt/ I *v.t.* (*of a lover*) lasciare, piantare. II *n.* ragazza *f.* leggera, fraschetta *f.*, civetta *f.*

jilted /'dʒɪltɪd *Am* 'dʒɪltɪd/ *a.* (*of a lover*) piantato, lasciato.

Jim /dʒɪm/ *n.pr.m.* dim. di James. □ (*Am*) *~ Crow*: **1** (*ant*) segregazione razziale, discriminazione razziale; *~ Crow laws* leggi che misero a disposizione delle persone di colore scuole, trasporti e alberghi separati da quelli dei bianchi; **2** (*ant,spreg*) (*black*) negro; **3** (*Ferr*) piegarotaie.

jim-jams /'dʒɪm,dʒæmz/ *n.pl.* (*Med,pop*) (*delirium tremens*) ballo *m.sing.* di san Vito.

jimmy /'dʒɪmi/ I *n.* (*Am*) grimaldello *m.*, piede *m.* di porco. II *v.t.* (*Am*) aprire con un grimaldello, aprire con un piede di porco.

Jimmy /'dʒɪmi/ *n.pr.m.* dim. di James.

jingle /'dʒɪŋgl/ I *v.i.* tintinnare. II *v.t.* far tintinnare: *he -d the coins in his pocket* faceva tintinnare le monete in tasca. III *n.* **1** tintinnio *m.* **2** (*piece of music advertising a product*) jingle *m.*, motivo *m.* pubblicitario. □ *~ bell* bubbolo, sonaglio (di slitta).

jingling /'dʒɪŋglɪŋ/, **jingly** /'dʒɪŋgli/ *a.* tintinnante.

jingo /'dʒɪŋgou/ *n.* (*pl.* **-es** /-z/) sciovinista *m./f.*, fanatico *m.* (*f.* -a) nazionalista. □ (*Br, colloq,ant*) *by ~!* perbacco!

jingoism /'dʒɪŋgouɪzəm/ *n.* sciovinismo *m.*, nazionalismo *m.* fanatico.

jingoist /'dʒɪŋgouɪst/ I *n.* sciovinista *m./f.*, fanatico *m.* (*f.* -a) nazionalista. II *a.* sciovinistico, sciovinista.

jingoistic /,dʒɪŋgou'ɪstɪk/ *a.* sciovinistico, sciovinista.

jink /dʒɪŋk/ I *n.* scatto *m.* II *v.i.* **1** spostarsi rapidamente, scansarsi. **2** (*Aer.mil*) fare evoluzioni (per eludere il fuoco nemico). III *v.t.* scansare, schivare.

jinn /dʒɪn/, **jinnee**, **jinni** /'dʒɪniː/ (*pl.inv.* o **-s** /-z/) *n.* (*Mitol*) genio *m.*

jinx¹ /dʒɪŋks/ *n.* (*Am*) **1** (*colloq*) (*person*) iettatore *m.* (*f.* -trice), menagramo *m./f.*: *to be a ~* portare scalogna, portare iella. **2** (*colloq*) (*thing*) cosa *f.* che porta sfortuna. **3** (*evil spell*) iettatura *f.*, malocchio *m.*

jinx² /dʒɪŋks/ *v.t.* **1** portare sfortuna a. **2** (*to put a jinx on*) gettare il malocchio su.

jism /'dʒɪzəm/ *n.* (*volg*) sborra *f.*, sperma *m.*

jitney /'dʒɪtni/ *n.* (*Am*) autobus *m.* a tariffa bassa.

jitter /'dʒɪtər *Am* 'dʒɪtər/ I *n.* **1** (*Elettron*) tremolio *m.* **2** *pl.* (*colloq*) nervosismo *m.sing.*, agitazione *f.sing.*; (*panic*) paura *f.sing.*, fifa *f.sing.*: *to have the -s* essere agitato, (*to be scared*) avere fifa. II *v.i.* **1** (*Elettron*) presentare un tremolio. **2** (*colloq*) essere agitato, essere nervoso.

jitterbug /'dʒɪtəbʌg *Am* 'dʒɪtərbʌg/ I *n.* ballo *m.* frenetico (a ritmo di jazz). II *v.i.* (*past, p.p.* **jitterbugged** /-d/) ballare in maniera sfrenata (a ritmo di jazz).

jittery /'dʒɪtəri *Am* 'dʒɪtəri/ *a.* nervoso, agitato.

jiu-jitsu /,dʒuː'dʒɪtsuː/ *n.* (*Sport*) jujitsu *m.*

jive /dʒaɪv/ I *n.* **1** (*jazz music*) musica *f.* jazz, jazz *m.*; (*swing music*) musica *f.* swing, swing *m.* **2** (*dance*) ballo *m.* molto ritmato. **3** (*Am,sl*) (*jazz jargon*) gergo *m.* dei fanatici del jazz. **4** (*Am,sl*) sciocchezze *f.pl.*, stupidate *f.pl.*, cavolate *f.pl.* **5** (*Am,sl*) linguaggio *m.* dei neri. II *v.i.* **1** (*to play jive*) suonare musica jazz. **2** ballare a ritmo di jazz. **3** (*Am,sl*) dire cavolate, cazzeggiare. □ (*Am,sl*) *~ talk* linguaggio dei neri.

jizz /dʒɪz/ *n.* (*volg*) sborra *f.*, sperma *m.*

J/K (*colloq*) (*used in chat messages, etc.*) *just kidding* scherzavo.

jnr. *junior* jr. (junior).

Jo /dʒou/ I *n.pr.m.* dim. di Joseph. II *n.pr.f.* dim. di Josephine.

Joan /dʒoun/, **Joann** /dʒou'æn/, **Joanna** /dʒou'ænə/, **Joanne** /dʒou'æn/ *n.pr.f.* Giovanna, Gianna.

job¹ /dʒɒb *Am* 'dʒɑːb/ I *n.* **1** lavoro *m.*, occupazione *f.*, impiego *m.*, mestiere *m.*: *what's your ~?* che lavoro fai?; *to look for a ~* cercare lavoro. **2** (*post*) posto *m.* (di lavoro), impiego *m.*, lavoro *m.*: *to have a ~ with a textile company* avere un impiego in un'azienda tessile; *to lose one's ~* perdere il posto. **3** (*piece of work*) lavoro *m.*: *I have a few -s to do* devo fare alcuni lavori. **4** (*specific task*) compito *m.*, dovere *m.*, mansione *f.*, incombenza *f.*: *it is not my ~ to answer the post* non è compito mio sbrigare la corrispondenza. **5** (*colloq*) (*difficult task*) compito *m.* difficile, impresa *f.*: *it's quite a ~ to make him talk* è una vera impresa cavargli quattro parole di bocca; *it's a ~* è un'impresa. **6** (*collusive piece of business*) intrallazzo *m.*, traffico *m.* illecito. **7** (*sl*) (*robbery*) rapina *f.*; (*illegal crime*) colpo *m.*, lavoretto *m.* **8** (*colloq*) (*plastic surgery*) operazione *f.* di chirurgia plastica, plastica *f.*: *a nose ~* un naso rifatto. **9** (*Inform*) job *m.*, lavoro *m.* II *a.* **1** (*of employment*) di impiego: *~ security* sicurezza di impiego. **2** (*Tip*) commerciale. □ *~ applicant* aspirante a un impiego; *~ assignment* assegnazione dei compiti; *~ bank* banca del lavoro; *to be paid by the ~* essere pagato a cottimo; (*Br*) *~ centre* ufficio di collocamento; *~ creation* creazione di posti di lavoro; *~ cuts* taglio di posti di lavoro; *to do the ~* (*of a thing*) funzionare; *this pill did the ~* la pastiglia ha fatto effetto; *~ evaluation* valutazione delle mansioni; *~ hunt* ricerca di (un) lavoro; *to be ~ hunting* essere alla ricerca di un lavoro; (*Br,Comm*) *~ lot* rimanenze acquistate d'occasione (a scopo speculativo); *I'm on the ~* me ne sto occupando io; *on the ~ experience* esperienza sul campo; *~ opening* possibilità di lavoro; *to be out of a ~* essere disoccupato, essere senza lavoro; (*Inform*) *~ queue* coda dei lavori; *~ requirements* requisiti professionali; (*Inform*) *~ sequencing* sequenza delle istruzioni; *~ sharing* job sharing; *~ shopper* chi cambia continuamente lavoro; *~ stability* stabilità del posto di lavoro; *~ work*: **1** lavoro a cottimo; **2** (*Tip*) stampa commerciale.

job² /dʒɒb *Am* 'dʒɑːb/ (*past, p.p.* **jobbed** /-d/) I *v.i.* **1** (*Comm*) (*to buy*) comprare; (*to sell*) vendere all'ingrosso. **2** (*Econ*) speculare in borsa. **3** (*to do public business for private gain*) prevaricare. II *v.t.* **1** (*Comm*) comprare all'ingrosso. **2** (*Econ*) (*of stocks*) speculare in. **3** (*a contract, work*) appaltare, dare in appalto.

4 (*of public business*) approfittare illecitamente di. □ *to ~ so. into a ~* procurare un posto a qcu. con mezzi illeciti; *to ~ out* (*of a contract, work*) appaltare, dare in appalto; (*colloq*) *to ~ out work* subappaltare (lavoro).

job³ /dʒɒb *Am* 'dʒɑːb/ *n./v.* → **jab**¹, **jab**².

Job /dʒoub/ *n.pr.m.* (*Bibl*) Giobbe. □ *~'s comforter* pessimo consolatore; *~'s tears*: **1** (*pearly white seeds*) lacrime di Giobbe; **2** (*costr.sing.*) (*Bot*) lacrima di Giobbe.

jobber /'dʒɒbər/ *n.* (*Br*) **1** (*Econ*) operatore *m.* (*f.* -trice) di borsa. **2** (*Comm*) grossista *m./f.* **3** (*one who works by the job*) cottimista *m./f.* **4** (*swindler*) truffatore *m.* (*f.* -trice).

jobbery /'dʒɒbəri/ *n.* (*Br*) truffa *f.*

jobbing /'dʒɒbɪŋ/ *n.* (*Br*) **1** lavorazione *f.* su commessa. **2** (*Econ*) speculazione *f.* **3** truffa *f.* □ (*Br*) *~ gardener* giardiniere a cottimo; (*Tip*) *~ printer* tipografo commerciale; (*Tip*) *~ printing* stampa commerciale.

jobless /'dʒɒbləs *Am* 'dʒɑːbləs/ I *a.* disoccupato, senza lavoro. II *n.* (*costr.pl.,collett.*) disoccupati *m.pl.* (*f.pl.* -e).

joblessness /'dʒɒbləsnəs *Am* 'dʒɑːbləsnəs/ *n.* disoccupazione *f.*

jobmaster /'dʒɒb,mɑːstər/ *n.* (*Br*) noleggiatore *m.* (*f.* -trice) di cavalli (*o* carrozze).

jobsworth /'dʒɒbzwɜːθ/ *n.* (*Br,colloq*) burocrate *m./f.* pedante.

jock /dʒɑːk/ *n.* **1** (*Am,colloq*) atleta *m./f.* **2** (*Am, colloq*) (*pilot*) pilota *m./f.*; (*astronaut*) astronauta *m./f.*

Jock /dʒɒk *Am* dʒɑːk/ *n.* (*spreg*) scozzese *m./f.* tipico.

jockey¹ /'dʒɒki *Am* 'dʒɑːki/ *n.* fantino *m.* (*f.* -a), jockey *m./f.* □ *Jockey Club* associazione per le corse ippiche.

jockey² /'dʒɒki *Am* 'dʒɑːki/ I *v.t.* **1** (*of a horse*) montare (un cavallo) in una corsa. **2** (*to manoeuvre*) manovrare, brigare. II *v.i.* **1** fare il fantino. **2** (*colloq*) (*to manoeuvre for advantage*) destreggiare, destreggiarsi, fare manovre: *to ~ for position* farsi largo per avanzare, fare di tutto per conquistarsi un posto (*anche fig*). **3** (*in riding: to jostle against each other*) urtarsi, spingersi. □ (*Br,colloq*) *to ~ so. into doing sth.* indurre (con l'inganno) qcu. a fare qcs.; (*Br*) *to ~ oneself into a good job* riuscire con maneggi a procurarsi un buon posto; (*Br*) *to ~ so. out of sth.* defraudare qcu. di qcs.

jock itch /'dʒɑːk,ɪtʃ/ *n.* (*Am,colloq*) infezione *f.* fungina dell'inguine.

jocko /'dʒɒkou *Am* 'dʒɑːkou/ *n.* (*pl.* **-s** /-z/) *n.* (*Zool*) scimpanzè *m.*

jock rot /'dʒɒk,rɒt/ *n.* (*Br,colloq*) infezione *f.* fungina dell'inguine.

jockstrap /'dʒɒkstræp *Am* 'dʒɑːkstræp/ *n.* sospensorio *m.*

jocose /dʒou'kous/ *a.* giocoso, scherzoso; (*witty*) faceto, arguto.

jocosely /dʒou'kousli/ *avv.* in modo giocoso, in modo scherzoso.

jocoseness /dʒou'kousnəs/, **jocosity** /dʒou'kɒsiti *Am* dʒou'kɑːsəti/ *n.* **1** allegria *f.*, festosità *f.* **2** (*act, remark*) facezia *f.*, arguzia *f.*

jocular /'dʒɒkjulər *Am* 'dʒɑːkjələr/ *a.* **1** scherzoso, spiritoso, faceto: *a ~ remark* un'osservazione scherzosa. **2** (*of people*) allegro.

jocularity /,dʒɒkju'læriti *Am* ,dʒɑːkjə'lærəti/ *n.* **1** allegria *f.*, giocosità *f.* **2** (*instance*) piacevolezza *f.*, facezia *f.*, scherzo *m.*

jocularly /'dʒɒkjulərli *Am* 'dʒɑːkjələrli/ *avv.* scherzosamente: *Margaret, ~ referred to as Madge* Margaret, scherzosamente chiamata Madge.

jocund /'dʒɒkənd/ *a.* (*lett*) giocondo, gioioso, lieto.

jocundity /dʒou'kʌnditi *Am* dʒou'kʌndəti/ *n.*

1 (*lett*) giocosità *f.*, allegria *f.* **2** (*jocund action or speech*) amenità *f.*, piacevolezza *f.*

jodhpurs /'dʒɒdpəz *Am* 'dʒɑːdpəʳz/ *n.pl.* (*Abbigl*) pantaloni *m.pl.* alla cavallerizza.

Joe /dʒəʊ/ *n.pr.m. dim. di* Joseph. □ ~ *Bloggs* (o *Am* ~ *Blow*) il signor Rossi, Mario Rossi (un tizio qualsiasi); ~ *Public* il pubblico, l'uomo della strada.

Joel /dʒəʊəl/ *n.pr.m.* Gioele (*anche Bibl*).

joey /'dʒəʊi/ *n.* (*Aus,Zool*) piccolo *m.* di canguro, cangurino *m.*

jog¹ /dʒɒg *Am* dʒɑːg/ (*past, p.p.* **jogged** /-d/) **I** *v.t.* **1** urtare (*o* spingere) leggermente. **2** (*to nudge*) dare di gomito a, dare una leggera gomitata a. **II** *v.i.* **1** (*to run at a slow trot*) fare jogging, fare footing, correre. **2** (*to jolt*) sobbalzare, ballonzolare. □ (*fig*) *to* ~ *along* tirare avanti, vivere la solita routine; *to go -ging* fare jogging, fare footing; *to* ~ *so.'s memory* rinfrescare la memoria a qcu.

jog² /dʒɒg *Am* dʒɑːg/ *n.* **1** (*slight push*) colpetto *m.*, leggera spinta *f.*; (*nudge*) leggera gomitata *f.* **2** (*jogging movement*) lieve sobbalzo *m.*; (*of a horse*) piccolo trotto *m.* **3** (*slow pace*) andatura *f.* lenta. □ ~ *trot*: **1** (*Equit*) piccolo trotto; **2** (*fig*) tran tran.

jogger /'dʒɒgəʳ *Am* 'dʒɑːgəʳ/ *n.* (*Sport*) chi pratica il jogging, chi pratica il footing.

jogging /'dʒɒgɪŋ *Am* 'dʒɑːgɪŋ/ *n.* (*Sport*) jogging *m.*, footing *m.* □ (*Abbigl*) ~ *suit* tuta da jogging.

joggle¹ /'dʒɒgl *Am* 'dʒɑːgl/ **I** *v.t.* **1** scuotere lievemente. **2** (*to cause to shake*) far sobbalzare. **II** *v.i.* **1** sobbalzare. **2** (*to move with a jerking motion*) muoversi a scatti. **III** *n.* **1** lieve scossa *f.* **2** (*joggling motion*) sobbalzo *m.*

joggle² /'dʒɒgl *Am* 'dʒɑːgl/ **I** *n.* **1** (*Edil*) immorsatura *f.*, caletta *f.* **2** (*Mecc*) grano *m.* **II** *v.t.* (*Edil*) immorsare, calettare.

Johannesburg /dʒəʊ'hænɪsbɜːg *Am* dʒəʊ 'hænɪsbɜːrg/ *n.pr.* (*Geog*) Johannesburg *f.*

john /dʒɑːn/ *n.* (*Am,colloq*) gabinetto *m.*, posticino *m.*

John /dʒɒn *Am* 'dʒɑːn/ *n.pr.m.* **1** Giovanni. **2** (*Bibl*) Giovanni: *1* ~ prima epistola di Giovanni, I Giovanni. □ ~ *Bull*: 1 (*Englishman*) John Bull, inglese tipico; 2 (*England*) John Bull, personificazione dell'Inghilterra; (*Dir*) ~ *Doe* il signor Rossi, uomo qualunque, uomo della strada; (*Itt*) ~ *Dory* pesce san Pietro; (*colloq*) ~ *Hancock* firma; *I need your* ~ *Hancock right here* mi metta una firma qui; (*Stor*) ~ *Hawkwood* Giovanni Acuto; (*Stor*) ~ *Napier* Nepero; (*Am,colloq*) ~ *Q. Public* il pubblico, l'uomo della strada; (*Bibl*) ~ *the Baptist* Giovanni (il) Battista.

Johnnie, Johnny /'dʒɒni *Am* 'dʒɑːni/ *n.pr.m. dim. di* John. □ (*Mil*) ~ *Raw* recluta.

johnny /'dʒɒni/ *n.* **1** (*Br,colloq*) individuo *m.*, tipo *m.* **2** (*Br,sl*) (*condom*) guanto *m.*, preservativo *m.*

johnnycake /'dʒɒni,keɪk *Am* 'dʒɑːni,keɪk/ *n.* (*Gastron*) **1** (*Am*) focaccia *f.* di granoturco. **2** (*Aus*) focaccia *f.* di grano.

Johnny-come-lately /,dʒɒnikʌm'leɪtli *Am* ,dʒɑːnikʌm'leɪtli/ *n.* (*newcomer, latestarter*) ultimo arrivato *m.*

Johnsonian /dʒɒn'səʊnɪən *Am* dʒɑːn 'səʊnɪən/ *a.* Johnsoniano, dello (*o* nello) stile di Johnson.

join¹ /dʒɔɪn/ **I** *v.t.* **1** unire, congiungere: *to* ~ *two pieces of wood* (*together*) congiungere due pezzi di legno. **2** (*to connect*) collegare, mettere in comunicazione, unire: *a bridge -s the island to the mainland* un ponte collega l'isola alla terraferma. **3** (*to become a member of*) associarsi a, entrare a far parte di: *to* ~ *a party* iscriversi a un partito; *to* ~ *a club*

associarsi a un circolo. **4** (*to enlist in*) arruolarsi in. **5** (*to participate in*) partecipare a: *to* ~ *a business enterprise* partecipare a un'impresa commerciale. **6** (*to come into the company of*) raggiungere, unirsi a, riunirsi a: *I'll* ~ *you in the garden* vi raggiungerò in giardino; *may I* ~ *you?* posso unirmi a voi'?; *to* ~ *one's regiment* raggiungere il (proprio) reggimento. **7** (*to associate oneself with*) unirsi a, associarsi a: *my wife -s me in thanking you* mia moglie si unisce a me nel ringraziarvi. **8** (*to act in concert with*) collaborare con. **9** (*Mar.mil*) imbarcarsi su. **10** (*Geom,Mat*) unire, congiungere. **II** *v.i.* **1** confluire, incontrarsi: *the two rivers* ~ *at the mouth* i due fiumi confluiscono alla foce. **2** (*to come into association*) unirsi (*with* a), associarsi (con). **3** (*to participate*) partecipare, prendere parte (*in* a). **4** (*to be contiguous*) essere contiguo. □ (*fig*) *to* ~ *so.'s banner* mettersi sotto la bandiera di qcu.; *to* ~ *battle* attaccare battaglia, ingaggiare battaglia, scontrarsi; *to* ~ *forces*: 1 unire le forze, associarsi, mettersi (*with* con); 2 (*assol*) allearsi, collegarsi; *to* ~ *hands* giungere le mani; *to* ~ *hands with so.*: 1 darsi la mano, stringersi la mano; 2 (*fig*) associarsi a qcu. in un'impresa, unirsi a qcu. in un'impresa; *to* ~ *in*: 1 unirsi a, partecipare a, associarsi a: *everyone -ed in the singing* tutti si unirono al canto; 2 (*assol*) partecipare: *we all -ed in* partecipammo tutti; *to* ~ *in marriage* unire in matrimonio, sposare; *to* ~ *issue* attaccare lite (*with* con), attaccare briga (*with* con); (*Mil*) *to* ~ *the colours* arruolarsi nell'esercito; (*fig*) *to* ~ *the great majority* (o *to* ~ *the majority*) passare nel numero dei più, morire; *to* ~ *the ranks*: 1 (*Mil*) arruolarsi; 2 (*fig*) sposare una causa, aderire a un movimento; (*colloq*) *to* ~ *up* arruolarsi.

join² /dʒɔɪn/ *n.* (*place where two things join*) punto *m.* di giunzione, giuntura *f.*, giunzione *f.*

joinder /'dʒɔɪndəʳ/ *n.* (*Dir*) (*of parties*) unione *f.*; (*of causes of action*) riunione *f.*

joiner /'dʒɔɪnəʳ/ *n.* **1** (*colloq*) chi aderisce volentieri a gruppi o iniziative. **2** (*worker*) giuntatore *m.* (*f.* -trice). **3** (*carpenter*) carpentiere *m.*, falegname *m.*

joinery /'dʒɔɪnəri/ *n.* **1** carpenteria *f.*, falegnameria *f.* **2** (*wooden components*) parti *f.pl.* in legno.

joint¹ /dʒɔɪnt/ **I** *n.* **1** giuntura *f.*, punto *m.* di giunzione, giunzione *f.*, committitura *f.* **2** (*Anat*) articolazione *f.*, giuntura *f.* **3** (*Macell, Gastron*) pezzo *m.*, taglio *m.*: *a* ~ *of beef* un pezzo di manzo. **4** (*Mecc,Edil*) giunto *m.*, giunzione *f.*, connessione *f.* (*a* snodo), snodo *m.* **5** (*Bot*) nodo *m.* **6** (*Geol*) giunto *m.* di stratificazione. **7** (*Legat*) morso *m.*, spigolo *m.* **8** (*sl*) (*marijuana cigarette*) spinello *m.*, canna *f.*: *to roll a* ~ prepararsi (*o* rollarsi) uno spinello; *smoke a* ~ fumare uno spinello, farsi una canna. **9** (*Am,sl*) (*small inelegant bar or restaurant*) bettola *f.*, buco *m.*; (*place open to the public*) locale *m.*: *a pizza* ~ un posto dove fanno la pizza. **10** (*Am,sl*) (*prison*) galera *f.*, prigione *f.*: *he just got out of the* ~ era appena uscito di galera. **II** *a.* **1** congiunto, unito, combinato: *to issue a* ~ *statement* emettere un comunicato congiunto; ~ *efforts* sforzi congiunti. **2** (*shared by two or more*) comune, indiviso: ~ *property* proprietà comune. **3** (*collective*) collegiale, indiviso: ~ *responsibility* responsabilità collegiale. **4** (*Pol*) comune, congiunto, delle due Camere: ~ *intervention* intervento comune. **5** (*Dir*) insieme ad altri, co-: ~ *heirs* coeredi. □ (*Econ*) ~ *account* conto congiunto, cointestazione di conto; (*Dir*) ~ *and several* in solido, solidale;

(*US,Parl*) ~ *Chiefs of Staff* stato maggiore supremo; (*Parl*) ~ *committee* commissione bilaterale; (*Parl*) ~ *consultation* consultazione mista; (*Br*) ~ *creditor* concreditore; (*Dir*) ~ *custody* tutela congiunta; (*Br*) ~ *debtor* debitore solidale, condebitore; (*Br*) ~ *guarantee* cogaranzia; (*Br*) ~ *guarantor* cogarante; (*Br*) ~ *management* cogestione; (*Br*) ~ *manager* cogerente; (*Med*) *out of* ~ slogato: *his ankle was out of* ~ aveva una caviglia slogata; *to put so.'s arm out of* ~ slogare il braccio a qcu.; ~ *owner* comproprietario, compossessore; ~ *ownership* comproprietà, proprietà collettiva, condominio; (*Med*) ~ *pain* dolori articolari; (*Econ*) ~ *partnership* associazione in partecipazione; (*Parl*) ~ *resolution* risoluzione congiunta (provvedimento legislativo approvato dai due rami del parlamento); (*Dir*) ~ *responsibility* responsabilità collegiale; (*Parl*) ~ *sessions* sessioni congiunte; ~ *signatures* firme congiunte, firme abbinate; (*Econ*) ~ *stock* capitale azionario; (*Br,Dir*) ~ *tenancy* comproprietà, proprietà (in) comune, condominio; (*Br,Dir*) ~ *tenant* comproprietario, condomino; ~ *use* couso, coutenza; *to have* ~ *use of sth.* condividere (l'uso di) qcs.; (*Econ*) ~ *venture* joint venture, associazione in partecipazione.

joint² /dʒɔɪnt/ *v.t.* **1** (*Mecc,Edil*) connettere, commettere, congiungere. **2** (*Mecc*) rendere snodato, provvedere di snodo. **3** (*Macell*) tagliare, fare a pezzi. **4** (*Fal*) (*of a board*) piallare.

jointed /'dʒɔɪntɪd *Am* 'dʒɔɪntɪd/ *a.* snodato, articolato.

jointer /'dʒɔɪntəʳ *Am* 'dʒɔɪntəʳ/ *n.* **1** chi unisce, chi collega. **2** (*worker*) giuntatore *m.* (*f.* -trice). **3** (*machine*) giuntatrice *f.* **4** (*Fal*) pialla *f.* a filo.

jointly /'dʒɔɪntli/ *avv.* **1** congiuntamente, unitamente, collettivamente, insieme. **2** (*Dir, Econ*) solidalmente, in solido. □ (*Dir,Econ*) ~ *and severally* (congiuntamente e) solidalmente, in solido.

jointress /'dʒɔɪntrəs/ *n.* (*Dir*) vedova *f.* che gode di un appannaggio.

joint-stock /,dʒɔɪnt'stɒk *Am* ,dʒɔɪnt'stɑːk/ □ ~ *bank* banca di credito ordinario; ~ *company*: 1 società per azioni; 2 (*Am*) società a responsabilità limitata.

jointure /'dʒɔɪntʃəʳ/ *n.* (*Dir*) appannaggio *m.* vedovile.

joist /dʒɔɪst/ **I** *n.* (*Edil*) travetto *m.*, travicello *m.* **II** *v.t.* munire di travetti. □ ~ *s and beams* travi e travetti.

jojoba /həʊ'həʊbə/ *n.* (*Bot*) jojoba *f.* □ (*Cosmet*) ~ *oil* olio di jojoba.

joke¹ /dʒəʊk/ **I** *n.* **1** (*funny story*) barzelletta *f.*, battuta *f.*: *to tell a* ~ raccontare una barzelletta. **2** (*practical joke*) scherzo *m.*, beffa *f.*, burla *f.*: *to play a nasty* ~ *on so.* giocare un brutto scherzo a qcu.; *it was only a* ~ era solo uno scherzo. **3** (*person laughed at*) zimbello *m.*, oggetto *m.* di scherno (*o* risa): *he is the* ~ *of the village* è lo zimbello del paese. □ *to do sth. for a* ~ fare qcs. per scherzo; (*Br*) *to say sth. in* ~ dire qcs. per scherzo; *to make a* ~ *about sth.* prendere qcs. in scherzo; *no* ~ non scherzo, sul serio, veramente; (*to be able*) *to take a* ~ (saper) stare allo scherzo.

joke² /dʒəʊk/ **I** *v.i.* **1** scherzare: *I was only joking* stavo solo scherzando. **2** (*to talk jestingly*) parlare scherzosamente. **II** *v.t.* beffarsi di, prendere in giro, canzonare. □ *to* ~ *around* scherzare; *don't get upset, I was only joking around* non prendertela, stavo solo scherzando; *you must be joking!* stai scherzando!, non dirai sul serio?!

joker /'dʒəʊkəʳ/ *n.* **1** burlone *m.* (*f.* -a), buontempone *m.* (*f.* -a), mattacchione *m.* (*f.* -a). **2** (*in cards*) jolly *m.* **3** (*colloq*) cialtrone *m.* (*f.* -a), tipo *m.* (*f.* -a) inaffidabile. **4** (*US,Parl*) clausola *f.* inserita in una legge per renderla inoperante o ambigua.

joking /'dʒəʊkɪŋ/ **I** *a.* scherzoso, spiritoso, faceto. **II** *n.* scherzo *m.*, burla *f.*, beffa *f.* □ ~ *apart* (o ~ *aside*) a parte gli scherzi, scherzi a parte.

jokingly /'dʒəʊkɪŋli/ *avv.* scherzosamente, per scherzo.

jollification /ˌdʒɒlɪfɪ'keɪʃən Am ˌdʒɑːlɪfɪ 'keɪʃən/ *n.* festa *f.*, baldoria *f.*

jollify /'dʒɒlɪfaɪ Am 'dʒɑːlɪfaɪ/ **I** *v.i.* fare festa, fare baldoria, stare allegro. **II** *v.t.* rendere allegro.

jollily /'dʒɒlɪli Am 'dʒɑːlɪli/ *avv.* allegramente, festosamente.

jolliness /'dʒɒlɪnəs Am 'dʒɑːlɪnəs/ *n.* allegria *f.*, ilarità *f.*

jollity /'dʒɒlɪti Am 'dʒɑːləti/ *n.* **1** allegria *f.*, ilarità *f.* **2** *pl.* (*festivities*) festeggiamenti *m.pl.*

jolly[1] /'dʒɒli Am 'dʒɑːli/ *a.* **1** allegro, gioviale; (*of things*) allegro, vivace, festoso. **2** (*convivial, hearty*) cordiale, gioviale. **3** (*colloq*) (*pleasant*) piacevole, gradevole. **4** (*colloq*) (*slightly drunk*) brillo, alticcio. **II** *n.* (*US,Mar*) (*Royal Marine*) soldato *m.* di fanteria di marina. **III** *avv.* (*Br,colloq*) (*very*) molto. moltissimo, proprio, davvero: *a ~ good dinner* una cena davvero buona, un'ottima cena. □ (*US*) *get one's jollies* divertirsi; *Jolly Roger* bandiera dei pirati; ~ *well* proprio, davvero, sicuramente: *he ~ well better get it right this time* stavolta non si può proprio permettere di sbagliare.

jolly[2] /'dʒɒli Am 'dʒɑːli/ *v.t.* (*to persuade by coaxing*) persuadere (con moine), fare opera di convincimento su. □ *to ~ up* rallegrare, ravvivare; *to ~ so. up* tenere su il morale di qcu.

jollyboat /'dʒɒlɪbəʊt Am 'dʒɑːlibəʊt/ *n.* (*Mar*) iole *f.*

jolt /dʒəʊlt/ **I** *v.t.* **1** far sobbalzare, scuotere, sballottare. **2** (*fig*) sconvolgere, scuotere, turbare. **II** *v.i.* avanzare a balzi, avanzare a scatti: *to ~ to a stop* fermarsi con un sobbalzo. **III** *n.* **1** balzo *m.*, sbalzo *m.*, sobbalzo *m.*, scossone *m.* **2** (*fig*) colpo *m.*, shock *m.*

Jonah /'dʒəʊnə/ **I** *n.pr.m.* (*Bibl*) Giona. **II** *n.* (*fig*) iettatore *m.* (*f.* -trice), menagramo *m./f.*

Jonathan /'dʒɒnəθən Am 'dʒɑːnəθən/ **I** *n.pr.m.* **1** Jonathan. **2** (*Bibl*) Gionata. **II** *n.* (*Bot,Alim*) mela *f.* Jonathan.

Joneses /'dʒəʊnzɪz/ □ (*colloq*) *to keep up with the ~* voler essere all'altezza dei (propri) vicini (o colleghi).

jongleur /ʒɒŋ'glɜː Am 'dʒɑːŋglər/ *n.* (*Stor*) giullare *m.*, menestrello *m.*

jonquil /'dʒɒŋkwɪl Am 'dʒɑːŋkwɪl/ *n.* (*Bot*) giunchiglia *f.*

Jordan /'dʒɔːdən Am 'dʒɔːrdən/ *n.pr.* (*Geog*) Giordania *f.*

Jordanian /dʒɔː'deɪnjən Am dʒɔːr'deɪnjən/ **I** *a.* giordano. **II** *n.* giordano *m.* (*f.* -a).

jorum /'dʒɔːrəm/ *n.* **1** grande coppa *f.*, grande tazza *f.*, boccale *m.* **2** (*contents*) coppa *f.*, boccale *m.*

Joseph /'dʒəʊzɪf/ *n.pr.m.* Giuseppe.

Josephine /'dʒəʊzəfiːn/ *n.pr.f.* Giuseppina.

Josephus /dʒəʊ'siːfəs/ *n.pr.m.* (*Stor*) Flavio Giuseppe, Giuseppe Flavio, Giuseppe.

josh[1] /dʒɑːʃ/ **I** *v.t.* (*Am,colloq*) (*to banter*) canzonare, prendere in giro bonariamente, sfottere: *are you joshin' me?* (o *you've got to be joshin' me*) mi stai prendendo in giro? **II** *v.i.* (*Am,colloq*) scherzare. □ *to ~ around* scherzare.

josh[2] /dʒɑːʃ/ *n.* (*Am,colloq*) presa *f.* in giro

bonaria.

Josh /dʒɒʃ Am dʒɑːʃ/ *n.pr.* *dim. di* Joshua.

Joshua /'dʒɒʃjʊə Am dʒɑːʃjʊə/ *n.pr.m.* Giosuè (*anche Bibl*). □ (*Bot*) ~ *tree* yucca brevifolia.

joss /dʒɒs Am dʒɑːs/ *n.* idolo *m.* cinese. □ ~ *house* tempio cinese; ~ *stick* bastoncino di incenso.

josser /'dʒɒsər/ *n.* (*Br,colloq*) tipo *m.*, omino *m.*

jostle /'dʒɒsl Am 'dʒɑːsl/ **I** *v.t.* **1** spingere, dare spinte a, dare gomitate a. **2** (*to drive by pushing*) spingere: *they -d him into the van* lo spinsero dentro il furgone cellulare. **II** *v.i.* **1** dare uno spintone (*against, with* a), urtare (qcu.). **2** (*to make one's way by shoving*) aprirsi la strada a spintoni (o gomitate), farsi largo a spintoni. **3** (*to crowd*) affollarsi, pigiarsi. **4** (*fig*) (*to vie*) competere, contendere (*with* con): *politicians ~ with each other for the public's favour* i politici si contendono il favore del pubblico. **III** *n.* urto *m.*, spinta *f.*, spintone *m.*

jot /dʒɒt Am dʒɑːt/ **I** *n.* **1** briciolo *m.*, minimo *m.*: *there's not a ~ of truth in your story* non c'è un briciolo di verità nel tuo racconto. **2** (*Hebrew letter*) iota *f./m.* **II** *v.t.* (*past, p.p.* jotted /'dʒɒtɪd Am 'dʒɑːtɪd/) annotare, appuntare. □ *to ~ sth. down* annotarsi qcs.

jotter /'dʒɒtər/ *n.* (*Br*) taccuino *m.*

jotting /'dʒɒtɪŋ Am 'dʒɑːtɪŋ/ *n.* annotazione *f.*, appunto *m.*

joule /dʒuːl, dʒaʊl/ *n.* (*Fis*) joule *m.*

jounce /dʒaʊns/ **I** *v.t.* sballottare, scuotere. **II** *v.i.* sobbalzare.

journal[1] /'dʒɜːnəl Am 'dʒɜːrnəl/ *n.* **1** diario *m.*, giornale *m.*: *I kept a ~ during my trip* ho tenuto un diario durante il viaggio. **2** (*Giorn*) (*newspaper on a specific subject*) giornale *m.*, quotidiano *m.* **3** (*Giorn*) (*periodical*) periodico *m.*, rivista *f.*: *medical ~* rivista medica. **4** (*Comm*) (*daybook*) giornale *m.*, registro *m.*; (*in double-entry bookkeeping*) libro *m.* giornale, libro *m.* cassa. **5** (*Parl*) (*record of proceedings of a body*) resoconto *m.*, atti *m.pl.* **6** (*Mar*) giornale *m.* di navigazione, giornale *m.* di bordo. **7** (*Mecc*) perno *m.* di rotazione. □ (*Mecc*) ~ *box* boccola *f.*, supporto *m.*

journal[2] /'dʒɜːnəl Am 'dʒɜːrnəl/ *v.i.* (*to write in a journal*) tenere un diario, scrivere su un diario.

journalese /ˌdʒɜːnə'liːz Am ˌdʒɜːrnə'liːz/ *n.* (*spreg*) stile *m.* da giornale, giornalese *m.*

journalise /'dʒɜːnəlaɪz/ **I** *v.t.* (*Br*) **1** registrare in un diario. **2** (*Comm*) registrare a giornale. **II** *v.i.* (*Br*) **1** tenere un diario. **2** (*Comm*) fare registrazioni nel giornale.

journalism /'dʒɜːnəlɪzəm Am 'dʒɜːrnəlɪzəm/ *n.* giornalismo *m.*

journalist /'dʒɜːnəlɪst Am 'dʒɜːrnəlɪst/ *n.* giornalista *m./f.*

journalistic /ˌdʒɜːnə'lɪstɪk Am ˌdʒɜːrnə'lɪstɪk/ *a.* giornalistico.

journalistically /ˌdʒɜːnə'lɪstɪkəli Am ˌdʒɜːrnə 'lɪstɪkəli/ *avv.* giornalisticamente.

journalize /'dʒɜːnəlaɪz Am 'dʒɜːrnəlaɪz/ **I** *v.t.* **1** registrare in un diario. **2** (*Comm*) registrare a giornale. **II** *v.i.* **1** tenere un diario. **2** (*Comm*) fare registrazioni nel giornale.

journey[1] /'dʒɜːni Am 'dʒɜːrni/ *n.* **1** viaggio *m.*: *to make a ~, to take a ~, to go on a ~* fare un viaggio. **2** (*distance that can be travelled*) viaggio *m.*, cammino *m.*, percorso *m.*, tragitto *m.*: *it is a day's ~ from here* è a un giorno di viaggio da qui. □ ~ *home* viaggio verso casa, viaggio di ritorno; *to be on a ~* essere in viaggio; *to set out on a ~* mettersi in viaggio; ~ *there and back* viaggio di andata e

ritorno.

journey[2] /'dʒɜːni Am 'dʒɜːrni/ **I** *v.i.* fare un viaggio, viaggiare, andare. **II** *v.t.* attraversare, viaggiare attraverso.

journeyman /'dʒɜːnimən Am 'dʒɜːrnimən/ *n.irr.* **1** operaio *m.* qualificato. **2** (*qualified, but not extraordinary artist*) artista *m.* mediocre, (*craftsman*) artigiano *m.* mediocre. **3** (*day labourer*) lavoratore *m.* a giornata. **4** (*petty clerk*) scribacchino *m.*, travet *m.*

journeywork /'dʒɜːniwɜːk Am 'dʒɜːrniwɜːrk/ *n.* **1** lavoro *m.* di (o da) operaio. **2** (*fig*) lavoro *m.* monotono.

joust /dʒaʊst/ **I** *n.* **1** (*Mediev*) giostra *f.* **2** *pl.* (*tournament*) giostra *f.sing.*, torneo *m.sing.* **II** *v.i.* correre la giostra, giostrare, partecipare a un torneo.

jouster /'dʒaʊstər/ *n.* (*Mediev*) giostratore *m.*, giostrante *m.*

Jove /dʒəʊv/ *n.pr.m.* (*Mitol*) Giove. □ *by ~!* per Giove!

jovial /'dʒəʊvɪəl/ *a.* gioviale, festoso, allegro, gaio.

joviality /ˌdʒəʊvɪ'ælɪti Am ˌdʒəʊvi'æləti/ *n.* giovialità *f.*, gaiezza *f.*

jovially /'dʒəʊvɪəli/ *avv.* giovialmente, festosamente, allegramente.

Jovian /'dʒəʊvɪən/ *a.* **1** (*Mitol*) del dio Giove. **2** (*Astr*) del pianeta Giove, gioviano.

jowl[1] /dʒaʊl/ *n.* **1** (*Anat*) (*jaw*) mascella *f.*; (*lower jaw*) mandibola *f.* **2** (*Macell*) guancia *f.*, gota *f.*

jowl[2] /dʒaʊl/ *n.* **1** pappagorgia *f.* **2** (*dewlap of cattle*) giogaia *f.* **3** (*wattle of fowls*) bargiglio *m.*

joy[1] /dʒɔɪ/ *n.* **1** gioia *f.*, felicità *f.*, letizia *f.* **2** (*cause of joy*) gioia *f.*, fonte *f.* di piacere, fonte *f.* di soddisfazione. □ (*Br*) *I didn't have any ~* non ho avuto successo; *to dance for ~* (o *to jump for ~*) fare salti di gioia; *to my great ~* con mia grande gioia.

joy[2] /dʒɔɪ/ **I** *v.i.* (*poet*) gioire, rallegrarsi (*in, di, per*). **II** *v.t.* (*poet*) allietare, rallegrare.

Joy /dʒɔɪ/ *n.pr.f.* Gioia.

joyful /'dʒɔɪfʊl/ *a.* **1** gioioso, lieto, festoso. **2** (*causing joy*) lieto, piacevole, gioioso: *a ~ sight* una vista piacevole.

joyfully /'dʒɔɪfʊli/ *avv.* con gioia, gioiosamente, con allegria.

joyfulness /'dʒɔɪfʊlnəs/ *n.* gioia *f.*, allegria *f.*, letizia *f.*, felicità *f.*

joyless /'dʒɔɪləs/ *a.* **1** triste, mesto. **2** (*not causing joy*) doloroso, triste: *a ~ occasion* una dolorosa circostanza.

joylessness /'dʒɔɪləsnəs/ *n.* tristezza *f.*, mestizia *f.*

joyous /'dʒɔɪəs/ *a.* **1** gioioso, lieto, festoso. **2** (*causing joy*) lieto, piacevole, gioioso: *a ~ sight* una vista piacevole.

joyously /'dʒɔɪəsli/ *avv.* con gioia, gioiosamente, con allegria.

joyousness /'dʒɔɪəsnəs/ *n.* gioia *f.*, allegria *f.*, letizia *f.*, felicità *f.*

joy-ride /'dʒɔɪraɪd/ *n.* gita *f.* (di piacere) in auto. **2** (*fig*) (*in a stolen car*) giro *m.* con un'auto rubata.

joystick /'dʒɔɪstɪk/ *n.* **1** (*Aer*) cloche *f.*, barra *f.* di comando. **2** (*Inform*) joystick *m.*

JP (*Dir*) *Justice of the Peace* (giudice di pace).

jr., Jr. *junior* jr. (junior).

jubilance /'dʒuːbɪləns/ *n.* giubilo *m.*, esultanza *f.*

jubilant /'dʒuːbɪlənt/ *a.* **1** giubilante, esultante. **2** (*of things*) festoso.

jubilantly /'dʒuːbɪləntli/ *avv.* con giubilo.

jubilate /'dʒuːbɪleɪt/ *v.i.* giubilare, esultare.

Jubilate /dʒuːbɪ'lɑːteɪ/ *n.* (*Lit*) jubilate *m.*

jubilation /ˌdʒuːbɪ'leɪʃən/ *n.* giubilo *m.*, esultanza *f.*

jubilee /'dʒu:bɪliː, ˌdʒu:bɪ'liː/ *n.* **1** anniversario *m.* **2** (*fiftieth anniversary*) cinquantenario *m.*, giubileo *m.* **3** (*fig*) festività *f.*, festa *f.* **4** (*Rel*) giubileo *m.*

Judaea /dʒu:'di:ə/ *n.pr.* (*Geog*) Giudea *f.*

Judaean /dʒu:'di:ən/ I *a.* giudeo, della Giudea. II *n.* giudeo *m.* (*f.* -a).

Judah /'dʒu:də/ *n.pr.m.* (*Bibl*) Giuda.

Judaic /dʒu:'deɪɪk/, **Judaical** /dʒu:'deɪɪkəl/ *a.* giudaico, ebreo.

Judaise /'dʒu:deɪaɪz/ I *v.i.* (*Br*) giudaizzare. II *v.t.* (*Br*) ebraizzare.

Judaism /'dʒu:deɪɪzəm/ *n.* **1** (*Rel*) giudaismo *m.*, ebraismo *m.* **2** (*people*) popolo *m.* ebraico.

Judaist /'dʒu:deɪɪst/ *n.* seguace *m./f.* del giudaismo.

Judaization /ˌdʒu:deɪɪ'zeɪʃən/ *n.* giudaizzazione *f.*

Judaize /'dʒu:deɪaɪz/ I *v.i.* giudaizzare. II *v.t.* ebraizzare.

judas /'dʒu:dəs/ □ ~ **hole** (*in a door*) spioncino, spia.

Judas /'dʒu:dəs/ I *n.pr.m.* (*Bibl*) Giuda. II *n.* giuda *m.*, traditore *m.* □ ~ **kiss** bacio di Giuda; (*Bot*) ~ **thorn** (o ~ **tree**) albero di Giuda.

judder /'dʒʌdər/ *v.i.* (*Br*) vibrare violentemente, sobbalzare violentemente, avere degli scossoni: *to ~ to a halt* sobbalzare violentemente e poi fermarsi.

Jude /dʒu:d/ *n.pr.m.* (*Bibl*) Giuda.

Judea /dʒu:'di:ə/ *n.pr.* (*Geog*) Giudea *f.*

Judean /dʒu:'di:ən/ I *a.* giudeo, della Giudea. II *n.* giudeo *m.* (*f.* -a).

Judeo-Christian /dʒu:ˌdi:oʊ'krɪstʃən, dʒu:ˌdi:oʊ'krɪstiən/ *a.* giudeo-cristiano.

judge¹ /dʒʌdʒ/ *n.* **1** giudice *m./f.*, magistrato *m./f.*: ~ *of an appeal court* giudice d'appello. **2** (*one who oversees and adjudicates a competion*) arbitro *m.*, giudice *m./f.* (*anche Sport*). **3** (*one qualified to give his opinion*) giudice *m./f.*, intenditore *m.* (*f.* -trice), conoscitore *m.* (*f.* -trice), esperto *m.* (*f.* -a): *he is a good ~ of wines* è un buon intenditore di vini. **4** (*Bibl*) giudice *m.* □ (*Mil*) *Judge Advocate* pubblico ministero; *Judge Advocate General* presidente del tribunale supremo militare; (*lett*) *as God is my ~!* Dio mi è giudice!; *to be no ~ of* non essere un intenditore di.

judge² /dʒʌdʒ/ I *v.t.* **1** (*Dir*) giudicare, esaminare: *to ~ a case* giudicare una causa. **2** (*of a dispute, etc.*) arbitrare, fare da arbitro in. **3** (*to consider*) giudicare, reputare, ritenere: *to ~ sth. necessary* giudicare necessario qcs. **4** (*to estimate*) valutare, stimare: *he -d the distance to be a mile and a half* ha stimato che la distanza fosse di un miglio e mezzo. II *v.i.* **1** (*Dir*) pronunciare una sentenza, sentenziare. **2** (*to form an opinion*) giudicare, dare un giudizio, farsi un'opinione (*of* di): *how can he ~, knowing so little?* come può dare un giudizio, visto che ne sa così poco? **3** (*to act as a judge*) fare da arbitro. □ *judging by* (*judging from*) a giudicare da: *don't ~ by appearances* non giudicare dalle apparenze. *Prov.*: *you can't ~ a book by its cover* le prime impressioni ingannano sempre, mai fidarsi delle prime impressioni.

Judge-advocate /ˌdʒʌdʒ'ædvəkɪt/ □ (*Mil*) ~ *General* presidente del tribunale supremo militare.

judge-made /'dʒʌdʒˌmeɪd/ □ (*Dir*) ~ *law* legge creata dal giudice (in assenza di precedenti).

judgement /'dʒʌdʒmənt/ *n.* **1** (*Dir*) giudizio *m.*, sentenza *f.*, decisione *f.* **2** (*act of judging*) giudizio *m.*; (*opinion*) giudizio *m.*, opinione *f.*, parere *m.*: *a hasty ~* giudizio affrettato;

to pass ~ on so. pronunciare un giudizio. **3** (*capacity for judging*) giudizio *m.*: *to lack ~* mancare di giudizio. **4** (*exercise of capacity for judging*) giudizio *m.*, senno *m.*, discernimento *m.*: *to show ~* dare prova di senno. **5** (*misfortune sent by God*) giudizio *m.*, castigo *m.* di Dio, punizione *f.* divina. □ ~ *day* giorno del giudizio; *to sit in ~ on* (*o over*): **1** (*Dir*) giudicare; **2** (*fig*) criticare, atteggiarsi a giudice di; *in my ~* a mio parere, a mio avviso; (*Stor,Dir*) ~ *of the peers* giudizio dei pari (nella Magna Charta); ~ *seat*: **1** scranno del giudice; **2** (*tribunal*) tribunale.

judgemental /dʒʌdʒ'mentəl Am dʒʌdʒ 'mentəl/ *a.* critico, severo, intollerante.

judgement-at-law /ˈdʒʌdʒməntætˌlɔː/ *n.* (*Br,Dir*) sentenza *f.* esecutoria, sentenza *f.* passata in giudicato.

Judges /'dʒʌdʒɪz/ *n.pl.* (*costr.sing.*) (*Bibl*) Giudici *m.pl.*, libro *m.* dei Giudici.

judgeship /'dʒʌdʒʃɪp/ *n.* carica *f.* di giudice, ufficio *m.* di giudice.

judgment /'dʒʌdʒmənt/ *n.* → **judgement**.

judicatory /'dʒu:dɪkətəri Am 'dʒu:dɪkətɔːri/ *a.* giudiziario, giudiziale, legale. II *n.* corte *f.* di giustizia.

judicature /'dʒu:dɪkətʃər/ *n.* **1** amministrazione *f.* della giustizia. **2** (*office of a judge*) ufficio *m.* di giudice, carica *f.* di giudice, magistratura *f.* **3** (*collett.*) (*judges*) giudici *m.pl.*, magistratura *f.* **4** (*system of courts of law*) ordinamento *m.* giudiziario.

judicial /dʒu:'dɪʃəl/ *a.* **1** giudiziario, giudiziale: ~ *proceedings* procedimento giudiziario. **2** (*enforced by a court*) giudiziario, legale. **3** (*of judges*) dei giudici: *the ~ bench* il banco dei giudici; ~ *power* poteri giudiziari. □ ~ *circuit* (o ~ *court*) circoscrizione giudiziaria, distretto (*o* circondario) giudiziario; (*GB*) *Judicial Committee* (*of the Privy Council*) corte di ultima istanza; ~ *officer*: **1** (*GB*) funzionario di giustizia; **2** (*US*) giudice; ~ *review*: **1** (*GB*) giurisdizione di controllo, potere di riesaminare e annullare gli atti delle corti inferiori; **2** (*US*) controllo di legittimità costituzionale, revisione della decisione di una corte inferiore; (*Dir*) ~ *separation* separazione legale; ~ *system* sistema giudiziario.

judicially /dʒu:'dɪʃli/ *avv.* a livello giuridico, da parte dei giudici: *the matter must be decided ~* il caso deve essere portato davanti al giudice.

judiciary /dʒu:'dɪʃ(i)əri Am dʒu:'dɪʃieri/ I *a.* giudiziario, giudiziale. II *n.* **1** ordinamento *m.* giudiziario. **2** (*collett.*) (*judges*) magistratura *f.*, giudici *m.pl.* **3** (*judicial branch of government*) potere *m.* giudiziario.

judicious /dʒu:'dɪʃəs/ *avv.* giudizioso, assennato, prudente, saggio.

judiciously /dʒu:'dɪʃəsli/ *avv.* con giudizio, con senno, con prudenza.

judiciousness /dʒu:'dɪʃəsnəs/ *n.* giudizio *m.*, prudenza *f.*, senno *m.*

Judith /'dʒu:dɪθ/ *n.pr.f.* Giuditta.

judo /'dʒu:doʊ/ *n.* (*pl.* -**s** /-z/) (*Sport*) judo *m.*

judoka /'dʒu:doʊkə/ (*pl.inv.*), **judoist** /'dʒu:doʊɪst/ *n.* (*Sport*) judoka *m./f.*

judy /'dʒu:di/ *n.* (*Br,sl,ant*) donna *f.*, ragazza *f.*

Judy /'dʒu:di/ *n.pr.f.* dim. di Judith.

jug¹ /dʒʌg/ *n.* **1** (*for table use*) brocca *f.*, boccale *m.*, bricco *m.*, caraffa *f.* **2** (*large earthenware container*) orcio *m.* **3** (*Br,sl*) (*prison*) carcere *m.*, galera *f.*, gattabuia *f.* **4** *pl.* (*Am,sl*) (*woman's breasts*) tette *f.pl.*, zinne *f.pl.* □ ~ *band* complesso musicale con strumenti rudimentali o improvvisati.

jug² /dʒʌg/ *v.t.* (*past, p.p.* **jugged** /-d/) **1** (*Gastron*) stufare in un recipiente di terraglia;

(*of hare*) cuocere in salmì. **2** (*to put into a jug*) mettere in una brocca. **3** (*Br,sl*) (*to put in prison*) sbattere al fresco, mettere dentro.

jug³ /dʒʌg/ *n.* (*nightingale's note*) gorgheggio *m.* (di usignolo).

jugate /'dʒu:gɪt/ *a.* (*Bot*) che ha foglie paripennate.

jugful /'dʒʌgfʊl/ *n.* (contenuto di una) brocca *f.*, (contenuto di una) caraffa *f.*, (contenuto di un) boccale *m.*

juggernaut /'dʒʌgənɔːt Am 'dʒʌgərnɔːt/ *n.* **1** (*overwhelming force*) forza *f.* travolgente, valanga *f.* **2** (*Br*) (*lorry*) autotreno *m.*, TIR *m.*

juggins /'dʒʌgɪnz/ *n.* (*Br,colloq*) sempliciotto *m.* (*f.* -a), sciocco *m.* (*f.* -a).

juggle¹ /'dʒʌgl/ I *v.t.* **1** fare giochi di destrezza con, fare il giocoliere con: *to ~ plates* fare giochi di destrezza con i piatti; *he could juggle seven balls* riusciva a mantenere in aria sette palle simultaneamente. **2** (*fig*) giostrare con: *to ~ one's schedule* giostrarsi con l'orario. **3** (*fig*) (*misrepresent*) manipolare, truccare: *to ~ the figures* manipolare le cifre. II *v.i.* fare giochi di destrezza, fare il giocoliere, giocolare.

juggle² /'dʒʌgl/ *n.* gioco *m.* di destrezza.

juggler /'dʒʌglər/ *n.* giocoliere *m.* (*f.* -a).

jugglery /'dʒʌgləri/, **juggling** /'dʒʌglɪŋ/ *n.* **1** gioco *m.* di destrezza. **2** (*sleight of hand*) prestidigitazione *f.* **3** (*fig*) inganno *m.*, imbroglio *m.*

Jugoslav /'ju:goʊslɑːv/ I *a.* iugoslavo. II *n.* iugoslavo *m.* (*f.* -a).

Jugoslavia /ˌju:goʊ'slɑːviə/ *n.pr.* (*Geog*) Jugoslavia *f.*

Jugoslavian /ˌju:goʊ'slɑːviən/ *a.* iugoslavo. II *n.* iugoslavo *m.* (*f.* -a).

jugular /'dʒʌgjələr/ I *a.* (*Anat*) giugulare: ~ *vein* vena giugulare. II *n.* (*Anat*) vena *f.* giugulare.

jugulate /'dʒu:gjʊleɪt/ *v.t.* scannare, sgozzare.

juice /dʒu:s/ *n.* **1** succo *m.*, sugo *m.*: *orange ~* succo di arancia. **2** *pl.* (*of meat*) sugo *m.sing.* **3** (*natural fluids of a body*) succo *m.*: *gastric -s* succhi gastrici. **4** (*Am,sl*) (*alcohol*) alcol *m.*, bevanda *f.* alcolica: *easy on the ~!* vacci piano con l'alcol! **5** (*colloq*) (*electric power*) energia *f.* elettrica, elettricità *f.*, corrente *f.* elettrica. **6** (*colloq*) (*petrol, fuel*) benzina *f.*, carburante *m.*: *to give it the ~* (o *to step on the ~*) premere l'acceleratore, accelerare.

juiceless /'dʒu:sləs/ *a.* senza sugo, senza succo.

juicer /'dʒu:sər/ *n.* centrifuga *f.* (per succhi di frutta).

juiciness /'dʒu:sɪnəs/ *n.* succosità *f.*, succulenza *f.*

juicy /'dʒu:si/ *a.* **1** succoso, sugoso: ~ *peaches* pesche succose. **2** (*colloq*) (*full of interest*) interessante, gustoso: *a ~ tidbit* (*of information*) una chicca. **3** (*spicy*) piccante, pepato: *a ~ story* una storia piccante.

ju-jitsu /dʒu:'dʒɪtsu/ *n.* (*Sport*) jujitsu *m.*

jujube /'dʒu:dʒu:b/ *n.* **1** (*Bot*) giuggiolo *m.*: ~ *tree* giuggiolo. **2** (*fruit*) giuggiola *f.* **3** (*Dolc*) giuggiola *f.*

ju-jutsu /dʒu:'dʒʌtsu/ *n.* (*Sport*) jujitsu *m.*

juke¹ /dʒu:k/ *n.* juke-box *m.* □ (*sl*) ~ *joint* locale fornito di juke-box.

juke² /dʒu:k/ □ (*sl*) *to ~ and jive* ballare e divertirsi.

jukebox /'dʒu:kbɒks Am 'dʒu:kbɑːks/ *n.* juke-box *m.* (*anche Inform*).

Jul. *July* lug. (luglio).

julep /'dʒu:lɪp, 'dʒu:lep Am 'dʒu:ləp/ *n.* giulebbe *m.*

Julia /'dʒu:liə/ *n.pr.f.* Giulia.

Julian¹ /'dʒu:liən/ *n.pr.m.* Giuliano.

Julian² /'dʒuːlɪən/ a. giuliano, di Giulio Cesare. ☐ (Geog) ~ Alps Alpi Giulie; (Stor) ~ calendar calendario giuliano.
Julie /'dʒuːli/ n.pr.f. dim. di Julia, Juliet.
julienne /ˌdʒuːli'en/ I a. (Alim) tagliato a julienne. II v.t. (Alim) tagliare a julienne.
Juliet /'dʒuːlɪət, ˌdʒuːli'et/ n.pr.f. Giulietta.
juliet cap /'dʒuːlɪətkæp/ n. (Mod) calottina f.
Julius /'dʒuːlɪəs/ n.pr.m. Giulio.
July /dʒuː'laɪ, dʒə'laɪ/ n. luglio m.: in ~ a luglio.
jumbal /'dʒʌmbl/ n. (Am,Dolc) piccola ciambella f.
jumble¹ /'dʒʌmbl/ I v.t. (Br) mescolare, mettere alla rinfusa, gettare alla rinfusa. II v.i. mischiarsi, mescolarsi. ☐ to ~ everything together (o to ~ everything up) mettere tutto nello stesso calderone; (Br) to ~ up mescolare, mettere alla rinfusa, gettare alla rinfusa.
jumble² /'dʒʌmbl/ n. 1 (Am,Dolc) piccola ciambella f. 2 (Br) (mishmash) miscuglio m., accozzaglia f., guazzabuglio m. 3 (confused state) confusione f., disordine m., caos m.: his papers were in a ~ le sue carte erano tutte sottosopra. ☐ (Br) ~ sale vendita di beneficenza.
jumbo /'dʒʌmboʊ/ I n. (pl. -s/-z/) 1 (Aer) jumbo m.: ~ jet jumbo jet. 2 (colloq) (very large person or thing) gigante m., colosso m., pachiderma m. II a. (colloq) enorme, gigantesco, gigante.
Jumbotron /'dʒʌmboʊtrən/ n. (Elettron) schermo m. Jumbotron.
jump¹ /dʒʌmp/ I v.i. 1 saltare: to ~ out of a window saltare da una finestra; to ~ over a wall saltare un muro; to ~ for joy saltare di gioia, fare salti di gioia. 2 (to move suddenly) scattare, saltare: to ~ to one's feet scattare in piedi. 3 (to start abruptly) sobbalzare, trasalire, sussultare: my heart -ed provai un tuffo al cuore. 4 (fig) (to shift abruptly) saltare: he -s from one subject to another salta di palo in frasca. 5 (to rise abruptly in rank) salire (rapidamente) di grado, fare un salto. 6 (fig) (of prices, etc.) rincarare, fare un salto, aumentare di colpo. 7 (in draughts) mangiare (un pezzo o una pedina). 8 (Aer) lanciarsi col paracadute, saltare col paracadute. 9 (in bridge) saltare (rispetto al colore licitato dagli avversari). 10 (Equit) saltare un ostacolo. II v.t. 1 saltare, superare con un salto: to ~ a fence saltare uno steccato. 2 (to cause to jump) far saltare: he -ed the horse over the brook fece saltare il cavallo oltre il ruscello. 3 (to pass over) saltare, omettere, tralasciare: we'll ~ the next chapter saltiamo il capitolo seguente. 4 (in draughts) mangiare. 5 (colloq) (to attack suddenly) saltare addosso a. 6 (sl) (passive, to be attacked) essere attaccato, essere aggredito: I was jumped on my way home from work mi hanno aggredito mentre tornavo a casa dal lavoro. 7 (colloq) (to charge a dead battery) collegare: could you help me to ~ my battery? puoi aiutarmi a caricare la mia batteria (collegandola alla tua)? ☐ to ~ about saltellare, fare salti; to ~ at cogliere al volo, affrettarsi ad accettare: to ~ at an invitation affrettarsi ad accettare un invito; to ~ at an opportunity cogliere al volo un'occasione; (colloq) to ~ bail fuggire quando si è in libertà provvisoria; (Am,sl) to ~ so.'s bones scopare con qcu., fare sesso con qcu.; to ~ clean over sth. superare qcs. con un salto; to ~ clear balzare via; (colloq) to ~ down so.'s throat saltare addosso a qcu.; to ~ in: 1 saltare dentro, 2 (colloq) iniziare con entusiasmo; (Am,colloq) to ~ in line passare davanti, saltare la coda; to ~ off: 1 scen-

dere, saltare giù: to ~ off the bus saltare giù dall'autobus; 2 (to start) avere inizio, cominciare; 3 (Mil) attaccare; to ~ off a wall saltare giù da un muro; to ~ on: 1 saltare, balzare: to ~ on a bus prendere al volo un autobus, saltare su un autobus; to ~ on a horse saltare a cavallo; 2 (to reprimand) rimproverare, sgridare; to ~ out of bed saltare giù dal letto; (colloq) to ~ out of one's skin (with surprise) sussultare, trasalire; (fig) to ~ rope saltare la corda; (fig) to ~ ship desistere, mollare; to ~ start: 1 (Aut) avviare il motore mediante una batteria esterna; 2 (Sport) partire prima del via; (fig) to ~ the gun agire precipitosamente, essere precipitoso; (colloq) to ~ the lights passare col (semaforo) rosso; (Br,colloq) to ~ the queue passare davanti (agli altri) in una fila, saltare la coda; (Ferr) to ~ the rails deragliare; (Ferr) to ~ the track deragliare; to ~ to mettersi di buona voglia; (colloq) to ~ to it! dagli dentro!; to ~ to conclusions trarre conclusioni affrettate, giungere a una conclusione affrettata; to ~ up: 1 saltare: to ~ up in the air saltare in aria; 2 (to jump to one's feet) saltare in piedi; 3 (fig) (of prices, etc.) aumentare di colpo.
jump² /dʒʌmp/ n. 1 salto m., balzo m.: to take a ~ spiccare un salto. 2 (height, distance covered) salto m. (anche Sport,Equit). 3 (obstacle to be jumped over) ostacolo m. da saltare. 4 (nervous movement) sobbalzo m., balzo m., salto m. 5 (colloq) (nervousness) nervosismo m., nervi m.pl. 6 (fig) (sudden increase) salto m., aumento m., rincaro m. improvviso: a ~ in prices un aumento dei prezzi. 7 (in draughts) il mangiare un pezzo, il mangiare una pedina. 8 (in bridge) salto (nella licitazione). 9 (Aer) lancio m. (con paracadute). 10 (Inform) salto m., rinvio m. ☐ (colloq) to be one ~ ahead of so. essere un passo più avanti di qcu.; (colloq) to be all of a ~ essere tutto nervi, avere i nervi a fior di pelle; (Sport) ~ ball (in basketball) contesa; (Am) to get a ~ on portarsi avanti, partire avvantaggiati, avere un vantaggio (iniziale) (on su); I want to get a ~ on my Christmas shopping voglio portarmi avanti con gli acquisti natalizi; to give a ~ sobbalzare; (Am,colloq) to have the ~ avere un vantaggio (iniziale) (on su); (Am,Sport) ~ rope corda per saltare; (Aut,Ferr,Aer) ~ seat strapuntino; (Aut) ~ start avviamento mediante collegamento a una batteria esterna; ~ suit: 1 tuta da paracadutista; 2 (Abbigl) tuta intera.
jumper¹ /'dʒʌmpər/ n. 1 chi salta, saltatore m. (f. -trice). 2 (Sport,Equit) saltatore m. (f. -trice). 3 (animal, insect) animale m. saltatore, insetto m. saltatore. 4 (Minier) sonda f. a percussione (a mano). 5 (El,Tel) ponte m., ponticello m. 6 (Br,colloq) (ticket collector) controllore m. ☐ (Aut) ~ cables cavi batteria, cavi di collegamento tra due batterie.
jumper² /'dʒʌmpər/ n. 1 (Abbigl) (sweater) pullover m., maglione m., golf m. 2 (for workmen, sailors) blusa f. di maglia. 3 (Am) (pinafore dress) scamiciato m. 4 pl. (Am) (for babies) tutina f.sing., pagliaccetto m.sing.
jumpiness /'dʒʌmpɪnəs/ n. (colloq) nervosismo m., nervi m.pl.
jumping /'dʒʌmpɪŋ/ a. che salta, saltatore m. ☐ (Bot,Alim) ~ bean fagiolo saltatore, fagiolo salterino; (Ginn) ~ jack jumping jack (esercizio di riscaldamento in cui si salta divaricando al massimo le gambe e alzando le braccia).
jumping-off /'dʒʌmpɪŋɒf/ ☐ ~ place: 1 punto di partenza, trampolino; 2 (scherz) (end of the world) estremo confine del mondo, (remote place) luogo lontanissimo.

jump-off /'dʒʌmpɔːf/ n. 1 inizio m., partenza f. 2 (Equit) spareggio m.
jumpy /'dʒʌmpi/ a. (colloq) nervoso, irritabile.
Jun. 1 June giu. (giugno). 2 Junior jr. (junior).
junction /'dʒʌŋkʃən/ n. 1 congiungimento m., connessione f. 2 (state of being joined) giunzione f., unione f., congiunzione f. 3 (point of joining) punto m. di giunzione, punto m. di congiunzione, giuntura f. 4 (place of meeting) confluenza f. 5 (Ferr,Strad) raccordo m., snodo m., svincolo m. ☐ (El) ~ box scatola di giunzione, scatola di raccordo.
juncture /'dʒʌŋktʃər/ n. 1 congiungimento m., giunzione f., congiunzione f. 2 (point of joining) punto m. di giunzione, punto m. di congiunzione, giuntura f., congiuntura f. 3 (fig) (point of time) congiuntura f., occasione f., circostanza f. 4 (difficult situation) frangente m.: at this ~ in questo frangente.
June /dʒuːn/ n. giugno m.: in ~ a giugno.
Jungian /'jʊŋɪən/ I n. (Psic) junghiano m. (f. -a). II a. (Psic) junghiano.
jungle /'dʒʌŋgl/ n. 1 giungla f. (anche fig): a concrete ~ una giungla di asfalto; the law of the ~ la legge della giungla. 2 (fig) (confused mass) groviglio m., massa f. confusa. 3 (maze) labirinto m., dedalo m. ☐ (Med) ~ fever febbre tropicale; (Ornit) ~ fowl gallo dorato della giungla; (colloq) ~ gym struttura su cui i bambini possono arrampicarsi; (Mus) ~ music musica jungle; (fig) ~ warfare guerra spietata, guerra selvaggia.
jungled /'dʒʌŋgld/ a. coperto di vegetazione, lussureggiante.
jungly /'dʒʌŋgli/ a. simile a una giungla.
junior /'dʒuːnɪər/ I a. 1 (younger) junior, più giovane (tra due), il giovane: James Jones ~ James Jones junior. 2 (of brothers) minore, junior. 3 (lower in rank, etc.) inferiore, subalterno, junior: a ~ clerk un impiegato subalterno. 4 (of more recent appointment) meno anziano, di data più recente: ~ partner il socio meno anziano. 5 (for young people, children) per ragazzi. II n. 1 persona f. più giovane (tra due): she's my ~ by three years, she's three years my ~ è più giovane di me di tre anni. 2 (fig) subalterno m. (f. -a), subordinato m. (f. -a). 3 (Am,colloq) (son) figlio m., (scherz) rampollo m. 4 (Am,Scol) studente m. (f. -essa) del terzo anno. ☐ (Am) ~ Chamber of Commerce organizzazione filantropica (con aderenti dai 21 ai 39 anni); (Am) ~ college scuola superiore di livello universitario; (Am) ~ high school scuola media; Junior miss miss, vincitrice di concorso di bellezza (per ragazze fino ai 18 anni); (Br) ~ school scuola elementare.
juniority /ˌdʒuːni'ɒrɪti Am ˌdʒuːni'ɔːrəti/ n. 1 l'essere più giovane. 2 (being lower in rank) l'essere inferiore in grado.
juniper /'dʒuːnɪpər/ n. (Bot) ginepro m. ☐ (Bot,Alim) ~ berry bacca di ginepro; (Farm) ~ oil olio di ginepro.
junk¹ /dʒʌŋk/ n. 1 ciarpame m., robaccia f., porcheria f. 2 (cheap, shoddy product) cianfrusaglie f.pl., paccottiglia f. 3 (sl) (heroin) roba f., eroina f. 4 (Mar) (old cable) cavo m. vecchio usato per calafataggio. 5 (Gastron) (salted meat) carne f. salata, carne f. sotto sale. ☐ (Econ) ~ bonds obbligazioni a rischio, junk bonds; ~ dealer rigattiere; ~ food cibi preconfezionati (e di scarso valore nutritivo), cibo spazzatura; ~ mail posta spazzatura, stampe pubblicitarie indesiderate; (Mot) ~ ring anello di tenuta; ~ shop bottega di rigattiere.

junk² /dʒʌŋk/ *v.t.* (*colloq*) buttare via, scartare.

junk³ /dʒʌŋk/ *n.* (*Mar*) giunca *f.*

junked /dʒʌŋkt/ *a.* (*colloq*) smantellato: *a ~ car* una macchina smantellata.

junket /dʒʌŋkɪt/ **I** *n.* **1** (*Alim*) giuncata *f.* **2** (*pleasure trip*) gita *f.*, scampagnata *f.* **3** (*party*) festa *f.* **II** *v.i.* **1** fare una gita, fare una scampagnata. **2** (*to make merry*) fare festa.

junketing /dʒʌŋkɪtɪŋ Am 'dʒʌŋkɪtɪŋ/ *n.* il fare una gita, il fare una scampagnata, il fare un picnic.

junkie /dʒʌŋki/ *n.* **1** (*sl*) tossico *m.* (*f.* -a), drogato *m.* (*f.* -a). **2** (*fig*) appassionato *m.* (*f.* -a), fanatico *m.* (*f.* -a): *a football* ~ uno fissato con il calcio; *a television* ~ un teledipendente; *a chocolate* ~ un cioccolatodipendente.

junky /dʒʌŋki/ **I** *a.* da poco, di scarso valore. **II** *n.* **1** (*sl*) tossico *m.* (*f.* -a), drogato *m.* (*f.* -a). **2** (*fig*) appassionato *m.* (*f.* -a), fanatico *m.* (*f.* -a): *a football* ~ uno fissato con il calcio; *a television* ~ un teledipendente; *a chocolate* ~ un cioccolatodipendente.

junkyard /dʒʌŋkjɑːd Am 'dʒʌŋkjɑːrd/ *n.* deposito *m.* e rivendita di rigattiere. □ (*fig*) *a ~dog* un mastino, uno che non molla mai.

Juno /dʒuːnou/ **I** *n.pr.f.* (*Mitol,Astr*) Giunone. **II** *n.* giunone *f.*, matrona *f.*

Junoesque /,dʒuːnou'esk/ *a.* giunonico.

junta /dʒʌntə, 'huntə/ *n.* **1** (*Pol*) giunta *f.*, fazione *f.* **2** (*clique*) cricca *f.*, combriccola *f.*

junto /dʒʌntou, 'huntou/ *n.* (*pl.* -s /-z/) *n.* **1** (*Pol*) giunta *f.*, fazione *f.* **2** (*clique*) cricca *f.*, combriccola *f.*

Jupiter /dʒuːpɪtər Am 'dʒuːpɪtər/ **I** *n.pr.m.* (*Mitol*) Giove. **II** *n.pr.* (*Astr*) Giove *m.*

jural /dʒuərəl Am 'dʒurəl/ *a.* legale, giuridico.

Jurassic /dʒuˈræsɪk/ **I** *a.* (*Geol*) giurassico. **II** *n.* giurassico *m.*, giurese *m.*, periodo *m.* giurassico.

jurat /dʒuəræt Am 'dʒuræt/ *n.* **1** (*Dir*) (*sworn public official*) giurato *m.* **2** (*in the Cinque Ports*) funzionario *m.* **3** (*in the Channel Islands*) magistrato *m.* a vita.

juridic /dʒuˈrɪdɪk/ *a.* **1** giuridico, giurisprudenziale. **2** (*legal*) legale. □ (*Dir*) ~ *days* giorni di udienza.

juridical /dʒuˈrɪdɪkəl/ *a.* **1** giuridico, giurisprudenziale. **2** (*legal*) legale.

jurisconsult /,dʒuərɪsˈkɒnsʌlt Am dʒuˈrɪskən 'sʌlt/ *n.* (*Dir,Stor*) giureconsulto *m.*, giurista *m.*

jurisdiction /,dʒuərɪsˈdɪkʃən Am ,dʒurɪs 'dɪkʃən/ *n.* **1** (*Dir*) giurisdizione *f.*, competenza *f.* giurisdizionale: *the court entertains* ~ il tribunale è competente. **2** (*fig*) autorità *f.*, potere *m.*; (*territory*) sfera *f.* di autorità, competenza *f.*: *out of the* ~ *of so.* che non rientra nelle competenze di qcu.

jurisdictional /,dʒuərɪsˈdɪkʃənəl Am ,dʒurɪs 'dɪkʃənəl/ *a.* giurisdizionale.

jurisprudence /,dʒuərɪsˈpruːdəns Am dʒurɪs 'pruːdəns/ *n.* giurisprudenza *f.*

jurisprudent /,dʒuərɪsˈpruːdənt Am ,dʒurɪs 'pruːdənt/ **I** *n.* giurisperito *m.*, giureconsulto *m.* **II** *a.* esperto in diritto.

jurisprudential /,dʒuərɪsˌpruːˈdenʃəl Am ,dʒurɪsˌpruːˈdenʃəl/ *a.* giurisprudenziale.

jurist /dʒuərɪst Am 'dʒurɪst/ *n.* **1** giurista *m./f.* **2** (*writer on law*) chi scrive su argomenti giuridici. **3** (*law graduate*) laureato *m.* (*f.* -a) in legge; (*law student*) studente *m.* (*f.* -essa) di legge. **4** (*Am*) (*lawyer*) avvocato *m.* (*f.* -essa). **5** (*Am*) (*judge*) giudice *m./f.*, magistrato *m./f.*

juristical /dʒuəˈrɪstɪkəl Am dʒuˈrɪstɪkəl/ *a.* giuridico, legale.

juror /dʒuərər Am 'dʒurər/ *n.* **1** (*member of a jury*) giurato *m.* (*f.* -a). **2** (*Stor*) chi pronuncia giuramento, giuratore (*f.* -trice).

jury¹ /dʒuəri Am 'dʒuri/ *n.* **1** giuria *f.* (*anche Dir*). **2** (*Stor.gr*) eliea *f.* □ (*Dir*) ~ *box* banco della giuria; (*Am*) ~ *duty* dovere della giuria; (*Dir*) ~ *list* albo dei giurati; *to sit on a* ~ fare parte di una giuria; *the* ~ *is out* la giuria si riunisce, la corte si riunisce; (*fig*) non abbiamo ancora preso una decisione, non c'è consenso unanime; (*Br*) *to do* ~ *service* essere membro di una giuria; ~ *tampering* subornazione, corruzione della giuria; (*Dir*) ~ *trial* processo con la partecipazione della giuria; ~ *vetting* indagine sui giurati.

jury² /dʒuəri Am 'dʒuri/ *a.* (*Mar*) di fortuna: ~ *mast* albero di fortuna.

juryman /dʒuərimən Am 'dʒurimən/ (*f.* **-woman**) *n.irr.* giurato *m.* (*f.* -a).

jury-rigged /dʒuərirɪgd Am 'dʒurirɪgd/ *a.* **1** (*Mar*) con attrezzatura di fortuna. **2** (*Am*) (*makeshift, improvised*) provvisorio, di fortuna, improvvisato.

just /dʒʌst/ **I** *a.* **1** (*fair and impartial*) giusto, equo, imparziale (*to* nei confronti di): *a ~ sentence* una sentenza equa. **2** (*morally upright*) retto, onesto, probo. **3** (*accurate*) accurato, preciso: ~ *measurement* misurazione accurata; *a ~ account* un resoconto fedele. **4** (*true*) giusto, vero. **5** (*proper, fitting*) giusto, proporzionato, equo: ~ *reward* giusto compenso. **6** (*deserved*) giusto, meritato. **7** (*reasonable*) ragionevole, giusto, equo. **8** (*legally right*) legittimo. **9** (*well-founded*) fondato, giustificato, legittimo: ~ *suspicion* fondato sospetto. **10** (*Bibl*) (*righteous*) giusto. **II** *n.* (*costr.pl.,collett.*) (*just people*) giusti *m.pl.*: *the* ~ i giusti, le persone giuste. **III** *avv.* **1** appena, or ora, poco fa: *he has* ~ *left* se n'è appena andato. **2** (*at the very moment*) giusto, proprio: *we were* ~ *leaving* stavamo giusto uscendo. **3** (*exactly*) esattamente, proprio, (per l')appunto, giusto: *that is* ~ *what I mean* intendo dire proprio questo, è esattamente quello che voglio dire io. **4** (*by a bare margin*) per un pelo, appena, per poco, giusto: *the bullet* ~ *missed me* il proiettile mi ha mancato per un pelo; *it is* ~ *enough* è appena sufficiente; ~ *in time* appena in tempo. **5** (*only, merely*) soltanto, solo, semplicemente: ~ *chicken for me* io prendo solo il pollo, per me solo pollo. **6** (*for the exact purpose*) proprio, appunto, giusto: ~ *to please you* proprio per farti piacere. **7** (*as an intensive*: *won't you*) vuoi, *often not translated*: ~ *give me the hammer* dammi un attimo il martello; ~ *be a bit careful!* vuoi stare attento?, stai un po' attento! **8** (*colloq*) (*absolutely, really*) proprio, veramente: *it's* ~ *beautiful* è proprio bello. □ ~ *a little* appena un po', (solo) un pochino; ~ *a moment, please* (solo) un momento, per favore; ~ *about* quasi, praticamente: *I've* ~ *about finished* ho quasi finito; ~ *after* subito dopo; ~ *another* non altro che, soltanto un altro: *the book is* ~ *another spy story* il libro non è altro che un'ennesima storia di spionaggio; ~ *as* esattamente, (così) come: *come* ~ *as you are* vieni da me (così) come sei; *do* ~ *as you please* fai come vuoi; ~ *at that moment* proprio allora, proprio in quel momento; ~ *because* solo perché, solo per il fatto che; ~ *before* appena prima, poco prima; *to receive one's* ~ *deserts* ricevere ciò che si merita; ~ *for a change* tanto per cambiare; ~ *in case* caso mai, non si sa mai; ~ *inside* (*the entrance*) appena dentro; *it's* ~ *like him to behave like that* è proprio da lui comportarsi così, è il suo comportamento tipico; ~ *listen to him!* ma statelo a sentire!, sentitelo un po'!; ~ *married* oggi sposi; (*iron*) ~ *my luck!* la mia solita fortuna!; ~ *now*: 1 in questo momento, attualmente, ora

come ora; 2 (*a short time ago*) poco (tempo) fa; ~ *on* (*of time*) precisamente, esattamente: *just* ~ *ten o'clock* precisamente alle dieci, alle dieci precise, alle dieci in punto; ~ *once* soltanto una volta; ~ *outside* appena fuori; ~ *over ten years ago* poco più di dieci anni fa; ~ *so*: 1 proprio così; 2 (*esclam.*) (*precisely*) giusto!, esatto!, proprio così!; (*Br,colloq*) ~ *the job* (proprio) quello che ci vuole; ~ *the same* lo stesso, ugualmente, malgrado ciò: *I will go* ~ *the same* ci andrò lo stesso; ~ *then* proprio allora, proprio in quel momento.

justice /dʒʌstɪs/ *n.* **1** giustizia *f.*, equità *f.*, imparzialità *f.* **2** (*rightfulness*) legittimità *f.*, buon diritto *m.*: *the* ~ *of his cause* la legittimità della sua causa. **3** (*Dir*) giustizia *f.*: *court of* ~ corte di giustizia. **4** (*judge*) giudice *m./f.*, magistrato *m./f.*: *Supreme Court Justice* giudice della Corte suprema. □ *in all* ~ in tutta onestà; *to bring so. to* ~ assicurare qcu. alla giustizia, consegnare qcu. alla giustizia; *to do* ~: 1 (*assol*) operare con la giustizia; 2 (*of persons*) rendere giustizia (*to* a): *to do him* ~, *we must admit he's honest* a essere giusti, dobbiamo riconoscere la sua onestà; 3 (*scherz*) (*of things*) fare onore a: *he did ample* ~ *to the dinner* ha fatto onore al pranzo; 4 (*rifl.*) *to do oneself* ~ farsi onore, fare bella figura; *in* ~ onestamente; *in* ~ *to so.* per giustizia nei confronti di qcu.; (*Stor*) ~ *in eyre* giudice itinerante; (*Dir*) *Justice of the Peace* giudice di pace; *with* ~ giustamente, a ragione, a buon diritto; *with equal* ~ giustamente.

Justice /dʒʌstɪs/ *n.* (*as a title*) giudice *m.*: ~ *Smith* il giudice Smith.

justiceship /dʒʌstɪsʃɪp/ *n.* ufficio *m.* di giudice, dignità *f.* di giudice.

justiciability /dʒʌsˌtɪʃiəˈbɪlɪti Am ,dʒʌstɪsˌfiə 'bɪlɪti/ *n.* (*Dir*) idoneità *f.* a essere deciso in sede giudiziale.

justiciable /dʒʌsˈtɪʃiəbl/ *a.* (*Dir*) giudicabile, passibile di giudizio, processabile.

justiciar /dʒʌsˈtɪʃiɑːr Am dʒʌsˈtɪʃiər/, **justiciary** /dʒʌsˈtɪʃiəri Am dʒʌsˈtiʃieri/ *n.* (*Stor.brit*) giudice *m.* supremo.

justifiability /,dʒʌstɪfaɪəˈbɪlɪti Am ,dʒʌstɪfaɪə 'bɪlɪti/ *n.* l'essere giustificabile.

justifiable /dʒʌstɪfaɪəbl/ *a.* giustificabile, legittimo. □ (*Dir*) ~ *defence* legittima difesa; (*Dir*) ~ *homicide* omicidio non punibile.

justifiably /dʒʌstɪfaɪəbli/ *avv.* legittimamente.

justification /,dʒʌstɪfɪˈkeɪʃən/ *n.* **1** giustificazione *f.* (*anche Teol*). **2** (*Tip,Inform*) giustificazione *f.*, allineamento *m.* del margine.

justificative /dʒʌstɪfɪkeɪtɪv Am 'dʒʌstɪ fɪkeɪtɪv/ *a.* giustificativo.

justificatory /dʒʌstɪfɪkeɪtəri, ,dʒʌstɪfɪ 'keɪtəri Am dʒəˈstɪfɪkətɔːri/ *a.* giustificativo.

justified /dʒʌstɪfaɪd/ *a.* (*Tip,Inform*) giustificato.

justifier /dʒʌstɪfaɪər/ *n.* giustificatore *m.* (*f.* -trice).

justify /dʒʌstɪfaɪ/ *v.t.* **1** giustificare, rendere giusto: *the end justifies the means* il fine giustifica i mezzi. **2** (*to defend*) giustificare, scusare, discolpare. **3** (*rifl.*) *to* ~ *oneself* giustificarsi, discolparsi. **4** (*to support, to confirm*) comprovare, confermare: *to* ~ *a statement* comprovare un'asserzione. **5** (*Dir*) assolvere. **6** (*Tip,Inform*) giustificare. **7** (*Teol*) giustificare.

Justin /dʒʌstɪn/ *n.pr.m.* Giustino.

Justina /dʒʌsˈtaɪnə/, **Justine** /dʒʌsˈtiːn/ *n.pr.f.* Giustina.

Justinian /dʒʌsˈtɪniən/ *a.* (*Stor.rom,Dir*) giustinianeo: ~ *code* (o ~'s *codex*) codice giustinianeo, codice giustinianeo.

just-in-time /'dʒʌstɪntaɪm/ *n.* (*Econ*) tempestività *f.*: ~ *economy* economia della tempestività.

justle /'dʒɑːsl/ *v.* (*Am*) → **jostle.**

justly /'dʒʌstli/ *avv.* **1** secondo giustizia, giustamente, equamente. **2** (*properly*) giustamente, meritatamente, a ragione.

justness /'dʒʌstnəs/ *n.* **1** rettitudine *f.* **2** (*validity*) validità *f.* **3** (*rightness*) esattezza *f.*, giustezza *f.*

jut[1] /dʒʌt/ *v.i.* (*past, p.p.* **jutted** /'dʒʌtɪd Am* 'dʒʌtɪd/) **1** risaltare, sporgere. **2** (*Edil*) aggettare. □ *to ~ out* sporgere.

jut[2] /dʒʌt/ *n.* **1** sporgenza *f.* **2** (*Arch,Mecc*) aggetto *m.*

jute /dʒuːt/ *n.* **1** (*Tess*) juta *f.*, iuta *f.* **2** (*Bot*) iuta *f.*

Jute /dʒuːt/ *n.* (*Stor*) membro *m.* della tribù degli Juti.

Jutish /'dʒuːtɪʃ/ *a.* degli Juti.

Jutland /'dʒʌtlənd/ *n.pr.* (*Geog*) Jutland *m.*

Juvenal /'dʒuːvənˀl/ *n.pr.m.* (*Stor.rom*) Giovenale.

juvenescence /ˌdʒuːvˀn'esˀns/ *n.* adolescenza *f.*

juvenescent /ˌdʒuːvˀn'esˀnt/ *a.* **1** giovane. **2** (*young in appearance*) giovanile.

juvenile /'dʒuːvˀnaɪl Am also* 'dʒuːvˀnˀl/ **I** *a.* **1** giovanile; (*young*) giovane. **2** (*Dir*) minorile, dei minorenni. **3** (*fig*) infantile, puerile, immaturo, da bambini. **4** (*of or suitable for children*) per ragazzi, per (i) giovani: ~ *books* libri per ragazzi. **II** *n.* **1** giovane *m./f.* **2** (*Dir*) minore *m./f.* **3** (*book for children*) libro

m. per ragazzi. □ (*Dir*) ~ *court* tribunale minorile; ~ *delinquency* delinquenza minorile; ~ *delinquent* delinquente minorenne; ~ *detention centre* (o *Am* ~ *detention center*) riformatorio, istituto di rieducazione per minori.

juvenilia /ˌdʒuːvə'nɪliə/ *n.pl.* (*Lett*) opere *f.pl.* giovanili.

juvenility /ˌdʒuːvə'nɪlɪti Am* ˌdʒuːvə'nɪləti/ *n.* **1** l'essere giovanile. **2** (*childishness*) fanciullezza *f.* **3** *pl.* (*childish acts, etc.*) fanciullaggini *f.pl.*, puerilità *f.pl.*

juxtapose /ˌdʒʌkstə'pəʊz/ *v.t.* giustapporre, porre accanto.

juxtaposition /ˌdʒʌkstəpə'zɪʃˀn/ *n.* giustapposizione *f.*

k¹, K¹ /keɪ/ (*pl.* **k's/ks, K's/Ks** /keɪz/) *n.* (*letter of the alphabet*) k, K *f./m.*: (*Tel*) *K for King* (o *Am K as in King*) k come Kursaal. □ (*Biol*) *k cells* cellule k.

k² **1** (*Oref*) *karat* K (carato). **2** (*in chess*) *king* (re). **3** (*colloq*) (*used in chat messages, etc.*) *ok* ok.

K² **1** *Knight* cav. (cavaliere). **2** (*colloq*) *thousand* mille: ~ *'s* migliaia di dollari. **3** *Cambodia, Kampuchea* K (Cambogia). **4** *kilobyte* K, kB (kilobyte).

KA *Kazakhstan* KA (Kazakistan).

Kaaba /'kɑːbə/ *n.pr.* (*Rel.islam*) Kaaba *f.*, al-Ka'ba *f.*

kabala, kabbala /kə'bɑːlə/ *n.* cabala *f.*

Kabyl, Kabyle /kə'baɪl/ *n.* **1** (*Etnol*) cabila *m./f.*, kabila *m./f.* **2** (*language*) lingua *f.* cabila.

Kaddish /'kædɪʃ *Am* 'kɑːdɪʃ/ *n.* (*Rel.ebr*) kaddish *m.* (preghiera di santificazione).

kadi /'kɑːdi/ *n.* (*Rel.islam*) cadì *m.*

Kaffir /'kæfər/ *n.* (*pl.inv.* o *-s* /-z/) **1** (*spreg*) cafro *m.* **2** (*language*) dialetto *m.* cafro. **3** *pl.* (*Econ,colloq*) azioni *f.pl.* minerarie del Sudafrica.

kaffiyeh /kɑːˈfiːə/ *n.* kefiah *f.*, keffyeh *f.*

Kafir /'kæfər/ *n.* (*pl.inv.* o *-s* /-z/) **1** (*spreg*) cafro *m.* **2** (*language*) dialetto *m.* cafro. **3** *pl.* (*Econ, colloq*) azioni *f.pl.* minerarie del Sudafrica.

Kafkaesque /ˌkæfkəˈesk *Am* ˌkɑːfkəˈesk/ *a.* kafkiano (*anche estens*).

kaftan /'kæftæn/ *n.* caffetano *m.*

kail /keɪl/ *n.* **1** (*Bot,Alim*) cavolo *m.* comune, cavolo *m.* riccio. **2** (*Scott,Am region*) (*cabbage*) cavolo *m.*; (*soup*) zuppa *f.* di cavoli.

kailyard /'keɪljɑːd/ *n.* (*Scott*) orto *m.* □ (*Lett*) ~ *school* scuola letteraria dialettale scozzese.

kaki /'kɑːkiː/ *n.* cachi *m.*, kaki *m.*

kale /keɪl/ *n.* **1** (*Bot,Alim*) cavolo *m.* comune, cavolo *m.* riccio. **2** (*Scott,Am region*) (*cabbage*) cavolo *m.*; (*soup*) zuppa *f.* di cavoli.

kaleidoscope /kəˈlaɪdəskəʊp/ *n.* caleidoscopio *m.* (*anche fig*).

kaleidoscopic /kəˌlaɪdəˈskɒpɪk *Am* kəˌlaɪdəˈskɑːpɪk/ **kaleidoscopical** /kəˌlaɪdəˈskɒpɪkəl *Am* kəˌlaɪdəˈskɑːpɪkəl/ *a.* caleidoscopico (*anche fig*).

kalends /'kæləndz/ *n.pl.* (*Stor.rom*) calende *f.pl.*

kaleyard /'keɪljɑːd/ *n.* (*Scott*) orto *m.* □ (*Lett*) ~ *school* scuola letteraria dialettale scozzese.

kali /'keɪli/ *n.* (*Bot*) erba *f.* cali, bacicci *m.*, riscolo *m.*, soda *f.*

Kalmuck, Kalmuk /'kælmʌk, kæl'mʌk/ *n.* **1** calmucco *m.* (*f.* -a). **2** (*language*) lingua *f.* dei calmucchi.

kamikaze /ˌkæmɪˈkɑːzi *Am* ˌkɑːmɪˈkɑːzi/ **I** *a.* kamikaze *m.* **II** *a.* kamikaze, suicida: ~ *commando* commando suicida.

Kampuchea /ˌkæmpuˈtʃiːə *Am* ˌkæmpuːˈtʃiːə/ *n.pr.* (*Geog*) Cambogia *f.*

Kampuchean /ˌkæmpuˈtʃiːən *Am* ˌkæmpuːˈtʃiːən/ **I** *a.* cambogiano. **II** *n.* cambogiano *m.* (*f.* -a).

Kanaka /kəˈnɑːkə, kəˈnækə/ *n.* (*Etnol*) **1** indigeno *m.* (*f.* -a) delle isole dei mari del Sud. **2** (*native of Hawaii*) hawaiano *m.*

kangaroo /ˌkæŋɡəˈruː/ *n.* (*pl.inv.* o *-s* /-z/; *il pl. inv. si usa general. con valore collett.*) **1**

(*Zool*) canguro *m.* **2** (*colloq*) (*Australian*) australiano *m.* (*f.* -a). **3** *pl.* (*Econ,colloq*) azioni *f.pl.* minerarie australiane. □ (*Parl*) ~ *closure* limitazione della discussione ad alcuni emendamenti; ~ *court* tribunale illegale; (*Zool*) ~ *rat* dipodomio.

Kansas /'kænzəs/ *n.pr.* (*Geog*) Kansas *m.* □ (*Geog*) ~ *City* Kansas City.

Kantian /'kæntiən *Am* 'kæntiən/ **I** *a.* (*Filos*) kantiano. **II** *n.* (*Filos*) kantiano *m.* (*f.* -a), seguace *m./f.* di Kant.

Kantianism /'kæntiənɪzəm *Am* 'kæntiənɪzəm/ *n.* (*Filos*) kantismo *m.*, criticismo *m.* (kantiano), filosofia *f.* kantiana.

kaolin, kaoline /'keɪəlɪn/ *n.* (*Min*) caolino *m.*

kaolinize /'keɪəlɪnaɪz/ *v.i.* caolinizzare.

kaon /'keɪɒn *Am* 'keɪɑːn/ *n.* (*Fis*) caone *m.*

kapok /'keɪpɒk *Am* 'keɪpɑːk/ *n.* (*Bot*) capoc *m.*, kapok *m.*

Kaposi /kəˈpousi, 'kæpəsi/ □ (*Med*) ~ *'s sarcoma* sarcoma di Kaposi.

kappa /'kæpə/ *n.* (*letter of the Greek alphabet*) cappa *m./f.*

kaput /kəˈpʊt/ *a.* (*colloq*) **1** kaputt, finito, rovinato. **2** (*dead*) morto.

karaoke /ˌkæriˈoʊki *Am* ˌkæriˈoʊki/ *n.* (*Mus*) karaoke *m.*

karat /'kærət/ *n.* (*Am,Oref*) carato *m.*: *twenty-four ~ gold* oro a ventiquattro carati.

karate /kəˈrɑːti *Am* kæˈrɑːti/ *n.* (*Sport*) karate *m.*: ~ *chop* colpo di karate.

karateist /kəˈrɑːtiːɪst *Am* kæˈrɑːtiːɪst/, **karateka** /kəˈrɑːtiːkə *Am* kæˈrɑːtiːkə/ *n.* (*Sport*) karateka *m./f.*

Karen¹ /kəˈren/ **I** *n.* (*pl.inv.* o *-s* /-z/) **1** (*costr.pl.*) (*people*) Karen *m.pl.* **2** (*language*) lingua *f.* dei Karen. **II** *a.* dei Karen.

Karen² /'kærən/ *n.pr.f.* Karen.

karma /'kɑːmə *Am* 'kɑːrmə/ *n.* **1** karma *m.* **2** (*fig*) (*destiny*) destino *m.*, fato *m.* **3** (*colloq*) (*distinctive atmosphere*) aria *f.*, atmosfera *f.*: *there's bad ~ around here* qui tira una brutta aria.

Karoo, Karroo /kəˈruː/ *n.* (*Geog*) altopiano *m.* arido del Sudafrica.

karst /kɑːst *Am* kɑːrst/ *n.* (*Geol*) carso *m.* **II** *a.* (*Geol*) carsico.

karstic /'kɑːstɪk *Am* 'kɑːrstɪk/ *a.* (*Geol*) carsico.

kart /kɑːt *Am* kɑːrt/ *n.* (*Sport*) kart *m.*, go-cart *m.* □ (*Sport*) ~ *racer* kartista; (*Sport*) ~ *racing* kartismo.

karting /'kɑːtɪŋ *Am* 'kɑːrtɪŋ/ *n.* (*Sport*) kartismo *m.*

karyokinesis /ˌkæriouk(a)ɪˈniːsɪs/ *n.* (*Biol*) cariocinesi *f.*

karyology /ˌkæriˈɒlədʒi *Am* ˌkæriˈɑːlədʒi/ *n.* (*Biol*) cariologia *f.*

karyoplasm /'kæriouplæzəm/ *n.* (*Biol*) carioplasma *m.*

karyosome /'kæriousoum/ *n.* (*Biol*) cariosoma *m.*

karyotype /'kærioutaɪp/ *n.* (*Biol*) cariotipo *m.*

kasbah /'kæzbɑː *Am also* 'kɑːzbɑː/ *n.* casba *f.*

Kashmir /ˌkæʃˈmɪər *Am* 'kæʃmɪr/ *n.pr.* (*Geog*) Kashmir *m.*

Kashmiri /ˌkæʃˈmɪəri *Am* 'kæʃmɪri/ (*pl.inv.* o *-s* /-z/) *n.* **1** abitante *m./f.* del Kashmir. **2** (*language*) lingua *f.* del Kashmir.

katabatic /ˌkætəˈbætɪk *Am* ˌkætəˈbætɪk/ *a.* (*Meteor*) catabatico.

katabolism /kəˈtæbəlɪzəm/ *n.* (*Biol*) catabolismo *m.*

Kate /keɪt/ *n.pr.f. dim.* di Katharine.

Katharine, Katherine /'kæθərɪn/, **Kathleen** /ˈkæθliːn/ *n.pr.f.* Caterina.

Kathy /'kæθi/, **Katie** /'keɪti *Am* 'keɪti/ *n.pr.f. dim.* di Katharine.

katydid /'keɪtɪdɪd *Am* 'keɪtɪdɪd/ *n.* (*Entom*) **1** cavalletta *f.* verde. **2** *pl.* tettigonidi *m.pl.*

katzenjammer /'kætsənˌdʒæmər/ *n.* (*Am*) **1** rumore *m.*, chiasso *m.* **2** (*hangover*) residui *m.pl.* di una sbornia. **3** (*depression*) depressione *f.*, avvilimento *m.*

Kay /keɪ/ *n.pr.f. dim.* di Katharine.

kayak /'kaɪæk/ *n.* kayak *m.* (*anche Sport*).

kayaker /'kaɪækər/ *n.* (*Sport*) kayakista *m./f.*

Kazakh /kəˈzæk *Am* kəˈzɑːk/ **I** *a.* (*Geog*) kazako *m.* **II** *n.* kazako *m.* (*f.* -a).

Kazakhstan /ˌkæzækˈstɑːn *Am* kəˈzɑːkstɑːn/, **Kazakstan** /ˌkæzækˈstɑːn *Am* kəˈzɑːkstɑːn/ *n.pr.* (*Geog*) Kazakistan *m.*

kazoo /kəˈzuː/ *n.* (*Mus*) kazoo *m.*

Kb (*Inform*) *kilobit* kb (kilobit).

KB (*Inform*) *kilobyte* K, kB (kilobyte).

K.B. **1** *King's Bench* (corte della Corona). **2** *Knight Bachelor* (cavaliere non appartenente a un ordine cavalleresco). **3** *Knight of the Bath* (cavaliere dell'ordine del Bagno).

KBE *Knight of the British Empire* (Cavaliere dell'Impero Britannico).

KC *King's Counsel* (consiglio della Corona).

kebab /kəˈbæb *Am* kəˈbɑːb/, **kebob** /kəˈbɒb *Am* kəˈbɑːb/ *n.* (*Gastron*) spiedino *m.* di carne, kebab *m.*

keck /kek/ *v.i.* (*Am*) avere conati di vomito.

keckle /'kekl/ *v.t.* (*Mar*) avvolgere con un cavo (per evitare l'attrito).

kedge /kedʒ/ **I** *v.t.* (*Mar*) tonneggiare. **II** *v.i.* (*Mar*) tonneggiarsi. **III** *n.* (*Mar*) ancorotto *m.* □ ~ *anchor* ancorotto, (*Mar*) ~ *rope* cavo da tonneggio.

kedgeree /ˌkedʒəˈriː: 'kedʒəri/ *n.* (*Gastron*) **1** (*Indian dish*) piatto *m.* a base di riso, lenticchie e spezie. **2** (*European dish*) piatto *m.* a base di riso, pesce e uova.

keek /kiːk/ **I** *v.i.* (*Scott*) sbirciare. **II** *n.* (*Scott*) sbirciata *f.*

keel¹ /kiːl/ **I** *n.* **1** (*Mar*) chiglia *f.* **2** (*poet*) (*ship*) nave *f.*, legno *m.* **3** (*Aer*) chiglia *f.*, trave *f.* di chiglia. **4** (*Biol*) carena *f.* **II** *v.t.* (*Mar*) capovolgere, rovesciare. **III** *v.i.* (*Mar*) scuffiare, capovolgersi, rovesciarsi. □ ~ *to ~ over* : **1** (*Mar*) scuffiare, capovolgersi, rovesciarsi; **2** (*fig*) crollare, stramazzare; (*Mar*) *to ~ up* scuffiare, capovolgersi, rovesciarsi.

keel² /kiːl/ *n.* **1** (*Mar*) chiatta *f.*, barcone *m.* (a fondo piatto). **2** (*load*) carico *m.* di carbone (trasportato da una chiatta), chiatta *f.* di carbone.

keelboat /'kiːlbout/ *n.* barcone *m.* piatto dei fiumi americani.

keelhaul /'kiːlhɔːl/ *v.t.* **1** rimproverare aspramente, dare una strigliata a, (*colloq*) fare un cazziatone a. **2** (*Stor*) infliggere la punizione della cala.

keelson /'kelsən, 'kiːlsən/ *n.* (*Mar*) paramezzale *m.*, controchiglia *f.*

keen¹ /kiːn/ *a.* **1** (*enthusiastic*) appassionato, entusiasta (*on* di): *to be ~ on skiing* essere appassionato di sci. **2** (*eager*) desideroso: (*Br*) *to be ~ on doing sth.* avere voglia di fare qcs. **3** (*intense*) intenso, acuto, vivo, forte: *~ desire* desiderio intenso; *~ interest* forte interesse, vivo interesse. **4** (*sharp*) affilato, tagliente: *a ~ blade* una lama affilata. **5** (*pointed*) acuminato, aguzzo, appuntito. **6** (*piercing*) tagliente, pungente: *a ~ wind* un vento tagliente. **7** (*incisive*) acuto, perspicace: *a ~ mind* una mente acuta. **8** (*of the senses*) fine, acuto: *to have a ~ ear* avere l'orecchio fine. **9** (*of a sensual stimulus*) acuto, penetrante, pungente: *~ scent* odore penetrante. **10** (*shrewd*) scaltro, astuto. **11** (*Comm*) (*of prices*) basso. **12** (*esclam.*) (*Am,colloq*) fantastico!, magnifico! □ *a ~ appetite* un buon appetito; (*scherz,fig*) *to be as ~ as mustard* essere pieno di entusiasmo, ardere di zelo; *~ competition* concorrenza spietata; *~ satire* satira pungente.

keen² /kiːn/ **I** *n.* (*Ir*) lamento *m.* funebre. **II** *v.i.* (*Ir*) levare un lamento funebre. **III** *v.t.* (*Ir*) piangere levando un lamento funebre.

keen-edged /ˌkiːnˈedʒd/ *a.* (dal taglio) affilato.

keener /ˈkiːnə²/ *n.* prefica *f.*

keenly /ˈkiːnli/ *avv.* **1** (*eagerly*) avidamente: *to listen ~* ascoltare avidamente. **2** (*intensely*) intensamente, ardentemente. **3** (*sharply*) in modo pungente, in modo tagliente. **4** (*acutely, sensitively*) accuratamente, con perspicacia, con acume.

keenness /ˈkiːnnəs/ *n.* **1** l'essere penetrante. **2** (*acumen*) acume *m.*, perspicacia *f.* **3** (*acuteness*) acutezza *f.*, finezza *f.*: *~ of eyesight* acutezza visiva. **4** (*eagerness*) desiderio *m.*, brama *f.* **5** (*intensity*) intensità *f.*, acutezza *f.*

keep¹ /kiːp/ (*past, p.p.* **kept** /kept/) **I** *v.t.* **1** tenere, mantenere: *this sweater will ~ you warm* questo maglione ti terrà caldo; *to ~ a fire burning* mantenere acceso un fuoco; *to ~ the dream alive* mantenere vivo il sogno. **2** (*to retain in one's possession*) tenere, trattenere: *~ the change* tenga il resto; *may I ~ this?* posso tenerlo? **3** (*to preserve, to set by*) tenere in serbo, tenere da parte, conservare, serbare. **4** (*to restrain, to prevent*) impedire, trattenere: *bad weather kept them from going out* il cattivo tempo ha impedito loro di uscire. **5** (*to stop, to forbid*) impedire, trattenere, vietare: *who is -ing you from leaving?* chi ti impedisce di andartene? **6** (*to refrain from disclosing*) tenere, custodire: *to ~ a secret* tenere un segreto. **7** (*to abide by*) mantenere, tener fede a: *to ~ one's word* mantenere la parola data. **8** (*to protect*) proteggere, salvare, salvaguardare: *God ~ us from war* Dio ci salvi dalla guerra. **9** (*to preserve*) conservare, serbare, tenere: *it should be kept in the refrigerator* deve essere conservato in frigorifero. **10** (*to hold in custody*) detenere, tenere in arresto. **11** (*to delay*) trattenere: *I won't ~ you long* non ti tratterrò a lungo. **12** (*to provide for*) mantenere, sostentare, provvedere a: *he has a wife and three children to ~* ha una moglie e tre figli da mantenere. **13** (*of a mistress*) mantenere. **14** (*to have the care of*) badare a, curarsi di, custodire. **15** (*to maintain in one's service*) tenere (a servizio), avere: *to ~ a chauffeur* tenere un autista. **16** (*Comm*) (*to have in stock*) tenere, avere: *we don't ~ this product* non abbiamo questo prodotto. **17** (*of a business, etc.: to manage, to run*) dirigere, condurre, mandare avanti, gestire. **18** (*to record*) tenere: *to ~ a diary* tenere un diario; *to ~ a firm's books* tenere la contabilità di un'azienda. **19** (*to fulfil, to conform to*) osservare, adempiere: *to ~ the law* osservare la legge. **20** (*to cele-*

brate) celebrare: *to ~ Christmas* celebrare il Natale. **21** (*to observe*) osservare: (*Rel.ebr*) *to ~ the Sabbath* osservare il sabato; (*estens*) osservare la domenica. **22** (*of livestock*) allevare: *to ~ pigs* allevare maiali. **23** (*of a track, course, etc.*) tenere, mantenere: *to ~ to the centre of the road* tenere il centro della strada. **II** *v.i.* **1** continuare: *to ~ doing sth.* continuare a fare qcs.; *~ trying!* continua a provare!; *don't ~ asking me silly questions* non continuare a farmi domande sciocche. **2** (*to continue in a certain condition*) mantenersi, conservarsi, rimanere: *he -s young* si mantiene giovane. **3** (*to be of health*) stare, sentirsi: *how are you -ing?* come stai?; *to ~ well* stare bene. **4** (*to refrain*) trattenersi, frenarsi (*from* da): *he couldn't ~ from laughing* non riuscì a trattenersi dal ridere. **5** (*to stay*) restare, rimanere, stare: *to ~ indoors* restare a casa; *to ~ to the left* tenersi a sinistra. **6** (*to maintain a course*) continuare, proseguire: *~ straight on* continua dritto. **7** (*of food*) conservarsi, mantenersi: *it will ~ for three days in the refrigerator* si conserva in frigorifero per tre giorni. **8** (*fig*) potere aspettare: *the matter will ~* la questione può aspettare. □ *to ~ abreast of* (o *Br to ~ abreast with*): **1** andare di pari passo con; **2** (*to be up-to-date*) tenersi aggiornato su; *we'd better ~ an eye on the time* faremmo bene a stare attenti all'ora, faremmo bene a tener d'occhio l'orologio; *to ~ at sth.* perseverare in qcs., insistere in qcs., tener duro in qcs.; *to ~ away*: **1** tenere lontano, allontanare: *~ away from the water!* stai lontano dall'acqua!; **2** (*oneself*) tenersi lontano, guardarsi: *to ~ away from draughts* guardarsi dalle correnti d'aria; **3** (*to prevent from coming*) impedire di andare, tenere lontano: *a cold kept him away from the office* un raffreddore gli ha impedito di andare in ufficio; *to ~ back*: **1** tenere indietro, trattenere: *~ back please!* indietro, prego!; **2** (*to hold in check*) trattenere, tenere a freno, frenare: *to ~ back one's tears* trattenere le lacrime; **3** (*to refrain from revealing*) nascondere, tenere segreto; **4** (*to withhold*) ritenere, trattenere: *to ~ back a part of so.'s wages* trattenere a qcu. una parte della paga; *~ calm!* calma!; (*Am,colloq*) *to ~ one's cool* mantenere la calma; *~ cool, calm and collected!* calma e sangue freddo!; *to ~ down*: **1** stare giù: *~ down or they'll see you* stai giù o ti vedranno; **2** (*to limit*) ridurre, limitare, mantenere basso: *to ~ expenses down* limitare le spese; **3** (*to suppress*) reprimere, soffocare; **4** (*of food*) ritenere, trattenere; (*fig*) *to ~ one's feet* tenersi in equilibrio, reggersi in piedi; *to ~ fit* mantenersi in forma; (*colloq*) *to ~ going*: **1** tirare a campare, tirare avanti; **2** (*to enable to live*) tenere in vita; *to ~ good hours* andare a letto presto e alzarsi presto; *to ~ in*: **1** tenere dentro, trattenere a (o in) casa; **2** (*to remain indoors*) restare dentro, rimanere a casa; **3** (*Scol*) trattenere a scuola per punizione; **4** (*fig*) frenare, trattenere; **5** (*of a fire*) mantenere acceso; (*colloq*) *to ~ in with so.* rimanere in buoni rapporti con qcu.; (*colloq*) *~ in touch!* ci sentiamo!; (*Strad*) *to ~ left* tenere la sinistra; *to ~ off* tenere lontano, allontanare: *the umbrella kept the rain off him* l'ombrello lo proteggeva dalla pioggia; *danger, ~ off* pericolo, tenersi lontano; *~ off the flowerbeds* non calpestare le aiuole; *~ your hands off!* giù le mani!, non toccare!; *if the rain -s off* se non piove; *to ~ on*: **1** tenere a posto, fissare; **2** (*of one's clothes, hat, etc.*) tenere (addosso): *~ your hat on* non toglierti il cappello; **3** (*to continue to employ*) continuare a tenere (al

lavoro, a servizio ecc.); **4** (*to continue*) continuare a, seguitare a: *he kept on talking* continuava a parlare; **5** (*to persist*) insistere in, persistere in, continuare: *you ~ on making the same mistakes* tu continui a fare gli stessi errori; *by -ing on* a furia di insistere, dai e ridai; (*colloq*) *to ~ on at so.* soffiare sul collo a qcu., non dare pace a qcu.; *to ~ out*: **1** tenere fuori, non far entrare, non lasciar entrare: *these shoes don't ~ out the wet* queste scarpe non tengono l'acqua, queste scarpe lasciano passare l'acqua; (*fig*) tenersi fuori, tenersi alla larga (*of* da), non immischiarsi (in): *to ~ out of a quarrel* tenersi fuori da un litigio; *to ~ out of the way* tenersi al largo, stare lontano; (*Am,colloq*) *to ~ one's shirt on* stare calmo; *to ~ one's temper* mantenere la calma, rimanere calmo, mantenersi calmo; *to ~ one's thoughts to oneself* non rivelare i propri pensieri a nessuno, tenere per sé i propri pensieri; *to ~ to*: **1** mantenere, osservare, attenersi a: *to ~ to a promise* mantenere una promessa; *to ~ to the rules* attenersi alle regole; *to ~ to a strict diet* osservare una dieta rigorosa; *to ~ to the subject* non deviare da un argomento, attenersi al tema; **2** (*to confine oneself to*) rimanere, restare: *to ~ to one's bed* rimanere a letto; *to ~ (oneself) to oneself* stare in disparte, tenersi in disparte; *to ~ sth. to oneself* tenere qcs. per sé; *to ~ together*: **1** tenere insieme, tenere unito; **2** (*to stay together*) stare insieme, stare uniti; *to ~ track of*: **1** (*of expenses*) tenere il conto di; **2** (*to have up-to-date information*) tenersi al corrente di, tenersi aggiornato su; **3** (*of friends*) tenersi in contatto con; *to ~ under*: **1** tenere sottomesso, dominare; **2** (*of fire*) domare; *to ~ up*: **1** tenere su: *~ your head up* tieni su la testa; **2** (*to continue with*) proseguire in: *~ up one's studies* proseguire negli studi; **3** (*to continue*) mantenersi, continuare, durare: *I hope the good weather -s up* spero che duri il bel tempo; **4** (*to maintain*) mantenere, conservare: *to ~ up relations with so.* mantenere i rapporti con qcu.; *to ~ up a custom* mantenere un'usanza; **5** (*to maintain at a high level*) tenere alto, tenere su: *to ~ up prices* tenere i prezzi alti; *you must ~ up your English* devi esercitarti in inglese; **6** (*to prevent from going to bed*) tenere in piedi, tenere su, tenere sveglio; **7** (*to remain vigorous, etc.*) non vacillare, restare saldo, non cedere: *their courage kept up* il loro coraggio non ha vacillato; *to ~ it up* perseverare, insistere; *~ it up!* continua!, forza!, non mollare!; *to ~ up one's spirits* non perdersi d'animo; *to ~ up appearances* salvare le apparenze; *to ~ up connections* coltivare relazioni; *to ~ up with* andare di pari passo con, essere all'altezza di, non rimanere indietro a: *to ~ up with the times* essere al passo coi tempi; *to ~ so. waiting* fare aspettare qcu.

keep² /kiːp/ *n.* **1** (*subsistence*) mantenimento *m.*, sostentamento *m.* **2** (*board and lodging*) vitto e alloggio *m.* **3** (*colloq*) (*prison*) prigione *f.*, galera *f.*, gattabuia *f.* **4** (*Mecc*) cappello *m.* **5** (*Mil,ant*) (*of a castle*) maschio *m.* □ (*colloq*) *for -s* per sempre; (*Pesc*) *~ net* cestino da pesca.

keeper /ˈkiːpə²/ *n.* **1** custode *m./f.*, guardiano *m.* (*f.* -a), sorvegliante *m./f.* **2** (*of a prison, etc.*) carceriere *m.*, secondino *m.* **3** (*one in charge of sth.*) addetto *m.* (*f.* -a); (*curator*) curatore *m.* (*f.* -trice). **4** (*gamekeeper*) guardacaccia *m./f.*, guardiacaccia *m./f.* **5** (*guard ring*) fermanello *m.* **6** (*Mecc*) (*latch*) chiavistello *m.*, saliscendi *m.* **7** (*El*) àncora *f.*, armatura *f.* **8** (*Br, colloq*) (*goalkeeper*) portiere *m.* □ (*GB*)

Keeper of the Great Seal Lord cancelliere; *~of the law* persona osservante della legge.

keep-fit /'kiːpˌfɪt/ *n.* (*Br*) ginnastica *f.* (tonificante).

keeping /'kiːpɪŋ/ *n.* **1** custodia *f.*, vigilanza *f.*, guardia *f.*: *to have sth. in ~* avere qcs. in custodia. **2** (*state of being kept*) conservazione *f.*, mantenimento *m.* **3** (*observance*) rispetto *m.*, osservanza *f.* **4** (*Zootecn*) allevamento *m.* □ *in ~ with* in armonia con, rispondente a, conforme a: *his words are not in ~ with his actions* le sue parole non si accordano con le sue azioni; *out of ~ with* in disaccordo con.

keepsake /'kiːpseɪk/ *n.* ricordo *m.*, ricordino *m.*

keester /'kiːstər/ *n.* (*Am,colloq*) chiappe *f.pl.*, culo *m.*

keffiyeh /kə'fiː(j)ə/ *n.* kefiah *f.*, keffyeh *f.*

keg /keg/ *n.* **1** barilotto *m.*, fusto *m.* di legno. **2** (*beer*) birra *f.* alla spina.

keister /'kiːstər, 'kaɪstər/ *n.* (*Am,colloq*) chiappe *f.pl.*, culo *m.*

kelpie /'kelpi/ *n.* (*Scott,Folcl*) spirito *m.* maligno delle acque.

kelson /'kelsən/ *n.* (*Mar*) paramezzale *m.*, controchiglia *f.*

kelt /kelt/ *n.* (*Scott,Itt*) **1** (*salmon*) salmone *m.* che ha deposto le uova. **1** (*trout*) trota *f.* che ha deposto le uova.

kemp /kemp/ *n.* (*Tess*) (*of wool, mohair*) fibra *f.* ruvida.

ken [1] /ken/ *n.* **1** visuale *f.*, vista *f.* **2** (*range of understanding*) comprensione *f.*: *beyond one's ~* al di là della propria comprensione. **3** (*Am*) (*young man who often cooks*) ragazzo *m.* che cucina spesso.

ken [2] /ken/ (*past, p.p.* **kenned/kend** /-d/ o **-t** /-t/) **I** *v.t.* (*Scott*) **1** conoscere. **2** (*to recognize*) riconoscere. **II** *v.i.* (*Scott*) conoscere, sapere.

Ken /ken/ *n.pr.m. dim. di* Kenneth.

kendo /'kendoʊ/ *n.* (*Sport*) kendo *m.*

kennel [1] /'kenəl/ *n.* **1** cuccia *f.* **2** (*lair*) tana *f.*, covo *m.* **3** (*fig*) (*wretched abode*) tugurio *m.*, stamberga *f.* **4** (*pack of hounds*) muta *f.* **5** *pl.* (*establishment for rearing dogs*) canile *m.sing.* □ *~club* circolo cinofilo.

kennel [2] /'kenəl/ (*past, p.p.* **kennelled** /*Am* **kenneled** /-d/) **I** *v.t.* tenere in un canile, mettere in un canile. **II** *v.i.* stare in un canile.

kennel [3] /'kenəl/ *n.* **1** (*gutter*) cunetta *f.* **2** (*open drain*) fossetta *f.* di scolo.

Kenneth /'kenɪθ/ *n.pr.m.* Kenneth.

kenning /'kenɪŋ/ *n.* (*Ret*) perifrasi *f.*, circonlocuzione *f.*

kenosis /kɪ'noʊsɪs/ *n.* (*Teol*) kenosis *f.*, chenosi *f.*

kent /kent/ → **ken** [2].

Kent /kent/ *n.pr.* (*Geog*) Kent *m.*

Kentish /'kentɪʃ/ *a.* del Kent. □ *~fire* lungo applauso (in segno di disapprovazione); (*Geol*) *~rag* calcare duro del Kent.

Kentuckian /ken'tʌkiən/ **I** *a.* del Kentucky. **II** *n.* abitante *m./f.* del Kentucky.

Kentucky /ken'tʌki/ *n.pr.* (*Geog*) Kentucky *m.* □ (*Bot*) *~bluegrass* poa pratense, fienarola.

Kenya /'kiːnjə, 'kenjə/ *n.pr.* (*Geog*) Kenya *m.*, Kenia *m.*

Kenyan /'kiːnjən, 'kenjən/ **I** *a.* del Kenia, keniota. **II** *n.* abitante *m./f.* del Kenia, keniota *m./f.*

kepi, képi /'keɪpi *Am also* 'kepi/ *n.* (*Mil*) képi *m.*

Keplerian /ke'plɪriən, ke'plɛriən/ *a.* (*Astr*) di Keplero, kepleriano.

kept [1] /kept/ → **keep** [1].

kept [2] /kept/ *a.* **1** (*of a woman*) mantenuta da un uomo. **2** (*fig*) sovvenzionato, finanziato:

~ press stampa sovvenzionata.

keratin /'kerətɪn *Am* 'kerətɪn/ *n.* (*Biol*) cheratina *f.*

keratinisation /ˌkerətɪn(ə)ɪ'zeɪʃən/ *n.* (*Br*) cheratinizzazione *f.*

keratinise /'kerətɪnaɪz/ *v.t.* (*Br*) cheratinizzare.

keratinization /ˌkerətɪn(ə)ɪ'zeɪʃən *Am* ˌkerətɪnɪ'zeɪʃən/ *n.* cheratinizzazione *f.*

keratinize /'kerətɪnaɪz *Am* 'kerətɪnaɪz/ *v.t.* cheratinizzare.

keratinous /kə'rætɪnəs/ *a.* cheratinoso, corneo.

keratoplasty /'kerətoʊˌplæsti/ *n.* (*Chir*) cheratoplastica *f.*

keratose /'kerətoʊs/ *a.* cheratinoso, corneo.

keratosis /ˌkerə'toʊsɪs/ *n.* (*Med*) cheratosi *f.*

kerb /kɜːb/ *n.* (*Br,Strad*) bordo *m.* del marciapiede, orlo *m.*, cordone *m.*, cordolo *m.* □ (*Econ*) *~market* fuoriborsa, mercato non ufficiale dei titoli; (*Econ*)*on the ~* non quotato.

kerbstone /'kɜːbstoʊn/ *n.* (*Br,Strad*) (*curbstone*) paracarro *m.* □ (*Econ,colloq*) *~broker* operatore di borsa non autorizzato, intermediario non ufficiale.

kerchief /'kɜːtʃɪf *Am* 'kɜːrtʃɪf/ *n.* **1** (*Abbigl*) fazzoletto *m.* da testa. **2** (*handkerchief*) fazzoletto *m.*

kerf /kɜːf *Am* kɜːrf/ *n.* (*Fal*) intaccatura *f.*, intaglio *m.*, tacca *f.*; (*cut*) taglio *m.*

kerfuffle /kə'fʌfl̩ *Am* kər'fʌfl̩/ *n.* **1** (*sl*) chiasso *m.*, scalpore *m.* **2** (*panic*) panico *m.*

kermes /'kɜːmiːz *Am* 'kɜːrmiːz/ *n.inv.* **1** (*dye*) chermes *m.*, kermes *m.* **2** (*Entom*) cocciniglia *f.* del chermes.

kermess, kermis /'kɜːmɪs *Am* 'kɜːrmɪs/ *n.* kermesse *f.*

kern [1] /kɜːn *Am* kɜːrn/ *n.* (*Mil,ant*) fanteria *f.* leggera; (*foot soldier*) fante *m.* (con armatura leggera).

kern [2] /kɜːn *Am* kɜːrn/ *n.* (*Tip*) asta *f.* (di lettera).

kernel /'kɜːnəl *Am* 'kɜːrnəl/ *n.* **1** (*Bot*) nocciolo *m.*, seme *m.*; (*of nuts*) gheriglio *m.*; (*of peaches, etc.*) mandorla *f.*, seme *m.*; (*whole grain, seed*) chicco *m.*, seme *m.*, granello *m.* **2** (*fig*) nocciolo *m.*, essenza *f.*: *the ~ of the question* il nocciolo della questione. **3** (*Nucl*) nucleo *m.* (atomico). **4** (*Met*) anima *f.* **5** (*Inform*) nucleo *m.*

kerning /'kɜːnɪŋ *Am* 'kɜːrnɪŋ/ *n.* (*Tip,Inform*) crenatura *f.*, kerning *m.*

kerosene /'kerəsiːn/ *n.* (*Chim*) cherosene *m.* □ *~lamp* lampada a cherosene; *~stove* stufa a cherosene.

Kerry /'keri/ *n.pr.* (*Geog*) Kerry *m.* (contea dell'Irlanda).

kersey /'kɜːzi *Am* 'kɜːrzi/ *n.* (*Tess*) tessuto *m.* di lana a coste.

kerseymere /'kɜːzimɪər *Am* 'kɜːrzimɪr/ *n.* (*Tess*) qualità *f.* di cachemire.

kestrel /'kestrəl/ *n.* (*Ornit*) gheppio *m.*

ketch /ketʃ/ *n.* (*Mar*) ketch *m.*

ketchup /'ketʃəp *Br also* 'ketʃʌp/ *n.* (*Alim*) ketchup *m.*

ketone /'kiːtoʊn/ *n.* (*Chim*) chetone *m.* □ (*Biol*) *~body* corpo chetonico.

kettle /'ketl̩ *Am* 'ketl̩/ *n.* **1** bollitore *m.* **2** (*pot*) marmitta *f.*, caldaio *m.*; (*cauldron*) paiolo *m.* **3** (*Geol*) marmitta *f.* **4** (*Mus*) timpano *m.* □ *~ holder* presina; (*Geol*) *~hole* marmitta; (*colloq*) *a pretty ~of fish* (o *a nice ~ of fish*) un bel pasticcio, un bel casino; *that is a different ~ of fish* questo è un altro paio di maniche.

kettledrum /'ketl̩drʌm *Am* 'ketl̩drʌm/ *n.* (*Mus*) timpano *m.*

kettledrummer /'ketl̩drʌmər *Am* 'ketl̩drʌmər/ *n.* (*Mus*) timpanista *m./f.*

---

kevel /'kevəl/ *n.* **1** (*Mar*) galloccia *f.* di murata. **2** (*bollard*) bitta *f.*

KEWL (*colloq*) (*used in e-mail messages, etc.*) *cool* fantastico.

key [1] /kiː/ **I** *n.* **1** chiave *f.* (*anche fig*): *the ~ to success* la chiave del successo; *the Suez Canal is the ~ to trade with the East* il canale di Suez è la chiave del commercio con l'Oriente. **2** (*cipher key*) chiave *f.*, cifrario *m.*; (*in a dictionary, map, etc.*) legenda *f.* **3** (*solution to problems, translations, etc.*) chiave *f.*, soluzione *f.* **4** (*Mecc*) chiavetta *f.*, bietta *f.* **5** (*Mus*) (*of a piano, etc.*) tasto *m.*; (*of a woodwind instrument*) chiave *f.* **6** (*of a typewriter, telephone, etc.*) tasto *m.* **7** (*Inform*) chiave *f.*, codice *m.* **8** (*Mus*) (*tonality*) tonalità *f.*, tono *m.*: *major ~* tonalità maggiore. **9** (*Mus*) (*key-note*) tonica *f.*, nota *f.* di chiave. **10** (*of the voice: pitch*) tono *m.*: *to speak in a low ~* parlare in tono basso. **11** (*fig*) (*mood, style*) chiave *f.*, tono *m.*: *in a humorous ~* in chiave umoristica. **12** (*Arch*) chiave *f.* (dell'arco); (*keystone*) chiave *f.* di volta, pietra *f.* di chiave, pietra *f.* di volta. **13** (*El*) chiavetta *f.*, interruttore *m.* **14** (*Orol*) chiave *f.*, chiavetta *f.* **II** *a.* chiave, fondamentale, principale: *tourism is a ~ industry in the area* il turismo è un settore chiave nella regione; *the ~ question* la domanda fondamentale. □ *~case* portachiavi (ad astuccio); *~chain* catena portachiavi; (*fig*) *to bein ~with* essere in armonia con; *the Keys of St. Peter* le chiavi apostoliche, le chiavi di san Pietro; (*Mus*) *out of ~* stonato; (*Tecn,ant*) *~ punch* perforatrice; (*Tecn,ant*) *~ punch operator* perforatore; *~ rack* pannello portachiavi; (*Mus*) *~ring* anello portachiavi; (*Mus*) *~signature* segnatura in chiave; *~ witness* supertestimone; *~ word* parola chiave (*anche Inform*).

key [2] /kiː/ *v.t.* **1** (*to adapt*) intonare, adattare, accordare, armonizzare: *to ~ the speech to the occasion* adattare il discorso all'occasione. **2** (*to provide with a key*) fornire di chiave, fornire di cifrario. **3** (*Mecc*) inchiavare. **4** (*Mus,rar*) accordare. □ *to ~in* digitare, introdurre (dati per mezzo di una tastiera).

key [3] /kiː/ *n.* **1** (*Geog*) (*reef*) banco *m.* corallino. **2** (*low island*) isolotto *m.*

keyboard /'kiːbɔːd *Am* 'kiːbɔːrd/ **I** *n.* tastiera *f.* (*anche Mus*). **II** *v.t.* (*Tip*) comporre con la tastiera. □ (*Inform,Tip*) *~operator* tastierista.

keyed /kiːd/ *a.* **1** (*Mus*) a tasti: *a ~ instrument* uno strumento a tasti. **2** (*fig*) adatto, intonato (*to a*).

keyed-up /'kiːdʌp/ *a.* teso, agitato, eccitato.

keyhole /'kiːhoʊl/ *n.* **1** buco *m.* della serratura, toppa *f.* **2** (*Mecc*) incavo *m.* per chiavetta. □ (*Chir*) *~surgery* chirurgia microinvasiva.

keyman /'kiːmæn/ *n.irr.* uomo *m.* chiave.

keynote /'kiːnoʊt/ *n.* **1** (*main idea*) concetto *m.* fondamentale, idea *f.* fondamentale, concetto *m.* dominante, concetto *m.* informatore. **2** (*prevailing tone*) nota *f.* dominante. **3** (*Mus*) tonica *f.*, nota *f.* di chiave. **4** (*Am,Pol*) linea *f.* di condotta (politica). □ *~address*: **1** discorso che riassume i punti principali; **2** (*Pol*) discorso programmatico.

keystone /'kiːstoʊn/ *n.* **1** (*Arch*) chiave *f.* di volta, spigolo *m.* di volta, pietra *f.* di chiave. **2** (*fig*) chiave *f.* di volta, perno *m.*

keystroke /'kiːstroʊk/ *n.* (*Inform*) keystroke *m.*, azione *f.* di premere e rilasciare un tasto.

keyword /'kiːwɜːd *Am* 'kiːwɜːrd/ *n.* (*Inform*) parola *f.* chiave.

kg *kilogram* kg (kilogrammo, chilogrammo).

KG *Knight of the order of the Garter* (cavaliere dell'ordine della Giarrettiera).

KGB /ˌkeɪdʒiːˈbiː/ (*Stor*) *secret police of the former Soviet Union* KGB (servizio di spionaggio sovietico).

kgm *kilogram-metre* kgm (kilogrammetro, chilogrammetro).

KGZ *Kyrgyzstan* KGZ (Kirghizistan).

khaki /ˈkɑːki *Am also* ˈkæki/ **I** *n.* **1** cachi *m.*, kaki *m.*, color *m.* cachi. **2** (*Tess*) tela *f.* cachi. **3** *pl.* (*garment*) vestito *m.sing.* color cachi; (*military uniform*) divisa *f.sing.* color cachi. **II** *a.* **1** (*color*) cachi. **2** (*Tess*) (*made of khaki*) di tela cachi.

khan[1] /kɑːn *Am also* kæn/ *n.* khan *m.* (anche *Stor*).

khan[2] /kɑːn *Am also* kæn/ *n.* caravanserraglio *m.*

khanate /ˈkɑːneɪt *Am also* ˈkæneɪt/ *n.* (*dominion of khan*) khanato *m.*

Khartoum /kɑːˈtuːm *Am* kɑːrˈtuːm/ *n.pr.* (*Geog*) Khartum *f.*

khedival /kəˈdiːvəl/ *a.* (*Stor*) di un kedivè.

khedive /kəˈdiːv/ *n.* (*Stor*) kedivè *m.*

kibble[1] /ˈkɪbl/ *n.* (*Minier*) gabbia *f.* di estrazione.

kibble[2] /ˈkɪbl/ **I** *v.t.* macinare grosso. **II** *n.* grani *m.pl.* grossi.

kibbutz /kɪˈbʊts *Am also* kɪˈbuːts/ *n.* kibbutz *m.*

kibe /kaɪb/ *n.* (*Med*) gelone *m.* ulcerato (sul tallone).

kibitz /ˈkɪbɪts/ *v.i.* (*Am,colloq*) dare consigli non richiesti, fare osservazioni non richieste.

kibitzer /ˈkɪbɪtsər/ *n.* (*Am*) **1** (*colloq*) (*at a card game*) osservatore *m.* (*f.* -trice) importuno, curioso *m.* (*f.* -a) che assiste a una partita di carte. **2** (*one who gives unwanted advice*) chi dà consigli non richiesti.

kibosh /ˈkaɪbɒʃ *Am* ˈkaɪbɑːʃ, kɪˈbɑːʃ/ *n.* (*colloq*) sciocchezze *f.pl.*, stupidaggini *f.pl.* □ (*sl*) *to put the ~ on sth.* porre fine a qcs.

kick[1] /kɪk/ **I** *v.t.* **1** dare un calcio a, prendere a calci, prendere a pedate: *to ~ a ball* dare un calcio a una palla; *they're only -ing the ball about* stanno solo facendo dei passaggi; *to ~ so. in the shins* dare un calcio negli stinchi a qcu. **2** (*to move by kicking*) spingere a calci, spingere col piede, calciare. **3** (*Sport*) calciare; (*to score*) segnare (con un calcio): *to ~ a goal* segnare un gol. **4** (*rifl.*) *to ~ oneself* prendersi a calci: *I could have -ed myself* mi sarei preso a calci. **II** *v.i.* **1** calciare, dare calci, tirare calci (*at* a). **2** (*to have the habit of kicking*) scalciare, tirare calci. **3** (*of a firearm; often with back*) rinculare. **4** (*colloq*) (*to resist, to rebel*) ricalcitrare, opporsi, fare resistenza. □ (*colloq*) *to ~ about* vagare, gironzolare; *to ~ around*: **1** (*colloq*) considerare, esaminare; **2** (*sl*) (*of a person, to treat roughly*) trattare male, maltrattare; **3** vagare, gironzolare; (*Am,colloq*) *to ~ ass* imporre la proprio autorità, fare il prepotente, spadroneggiare; *to ~ back*: **1** indietreggiare; **2** (*to bribe*) dare come tangente; **3** (*Am,colloq*) rilassarsi, calmarsi; *to ~ the door open* aprire la porta con una pedata; *to ~ so. downstairs* cacciare via qcu. a pedate; *to ~ one's heels* aspettare a lungo, fare anticamera, essere lasciato ad aspettare; *to ~ in*: **1** (*Am,colloq*) contribuire, pagare la propria parte; **2** (*Am,colloq*) (*to die*) crepare, morire; *to ~ off*: **1** (*Sport*) battere il calcio di inizio, tirare il calcio iniziale; **2** (*Am,colloq*) (*to die*) crepare, morire; **3** (*colloq*) (*to begin*) (in)cominciare, attaccare: *they -ed off at three* la partita ha avuto inizio alle tre; *to ~ off one's shoes* liberarsi delle scarpe con un calcio; *to ~ out*: **1** (*colloq*) cacciare via a calci, cacciare a pedate, scacciare in malo modo, buttare fuori; **2** (*to*

(*to dismiss*) licenziare; (*Mot*) *to ~ over* avviarsi; (*colloq*) *to ~ the bucket* crepare, tirare le cuoia; (*Am,colloq*) *to ~ the habit* togliersi il vizio; *he -ed the habit of smoking* si è liberato dal vizio del fumo; *to ~ up clouds of dust* sollevare nuvole di polvere; *to ~ up a din* fare baccano; (*fig*) *to ~ up a dust* sollevare un tumulto, provocare una gran confusione, sollevare un polverone; *to ~ up a fuss* fare un mucchio di storie; *to ~ up one's heels*: **1** (*of a horse*) scalciare; **2** (*fig*) fare salti di gioia; *to ~ up a racket* fare un baccano del diavolo, fare un gran fracasso; *to ~ up a row*: **1** (*to make a noise*) fare chiasso, fare fracasso, fare baccano, fare un putiferio; **2** (*to protest violently*) piantare grane, piantare un casino, fare un putiferio; (*colloq*) *to ~ so. upstairs* promuovere qcu. a un livello superiore (per sbarazzarsene), togliersi di torno qcu. promuovendolo.

kick[2] /kɪk/ *n.* **1** calcio *m.*, pedata *f.* **2** (*of a firearm: recoil*) contraccolpo *m.*, rinculo *m.* **3** (*Sport*) calcio *m.*, tiro *m.*: *a free ~* un tiro libero. **4** (*kicker*) calciatore *m.* **5** (*colloq*) (*feeling of pleasure*) gusto *m.*, piacere *m.*, gioia *f.*: *he gets a big ~ out of watching others work* si diverte un mondo a guardare gli altri che lavorano. **6** (*thrill*) eccitazione *f.* **7** (*colloq*) (*vigour*) vigore *m.*, energia *f.*, forza *f.*: *I have no ~ in me* sono a terra, non ho più energie. **8** (*colloq*) (*of a drink*) effetto *m.* stimolante, effetto *m.* eccitante: *a drink with a ~ in it* una bevanda che tira su. □ (*colloq*) *for -s* per (puro) divertimento, per il gusto di farlo; (*sl*) *to get the ~* essere licenziato; *to get more -s than halfpence* ricevere più calci che carezze; (*Am,colloq*) *to give so. a ~ in the pants* dare a qcu. un calcio nel sedere; (*Aut*) *~plate* batticalcagno; (*Mot*) *~start* (o *~starter*) pedale di avviamento.

kick-ass /ˈkɪkˌæs/ *a.* (*Am,colloq*) prepotente, aggressivo.

kickback /ˈkɪkbæk/ *n.* **1** (*forceful recoil*) contraccolpo *m.*, scossone *m.* vigoroso. **2** (*Am,colloq*) percentuale *f.* sugli utili. **3** (*colloq*) (*percentage paid to influential person*) tangente *f.*, mazzetta *f.* □ (*Stor.it*) *Kickback City* Tangentopoli.

kicker /ˈkɪkər/ *n.* **1** chi scalcia. **2** (*Sport*) calciatore *m.* **3** (*colloq*) (*engine*) piccolo motore *m.* per imbarcazioni.

kick-off /ˈkɪkɒf *Am* ˈkɪkɑːf/ *n.* **1** (*Sport*) calcio *m.* di inizio: *at what time is the ~?* a che ora comincia la partita? **2** (*colloq*) (*initial stage*) inizio *m.*, principio *m.* **3** (*Econ*) kickoff *m.*, lancio *m.* di un nuovo prodotto.

kick-out /ˈkɪkaʊt/ *n.* (*Sport*) il mandare fuori campo.

kickshaw /ˈkɪkʃɔː/ *n.* **1** ninnolo *m.*, gingillo *m.* **2** (*titbit*) ghiottoneria *f.*, leccornia *f.*

kickstand /ˈkɪkstænd/ *n.* (*for a bicycle, motorcycle*) cavalletto *m.*

kick-up /ˈkɪkʌp/ *n.* (*Am,colloq*) chiasso *m.*, confusione *f.*, cagnara *f.*

kicky /ˈkɪki/ *agg.* (*Am,colloq*) **1** (*exciting*) emozionante. **2** (*fashionable*) alla moda.

kid[1] /kɪd/ **I** *n.* **1** (*colloq*) (*child*) bambino *m.* (*f.* -a), ragazzino *m.* (*f.* -a). **2** (*young goat*) capretto *m.* (anche *Pell*). **II** *a.* **1** di capretto (anche *Pell*). **2** (*colloq*) (*younger*) più giovane, minore: *~ brother* fratello minore. **III** *v.i.* (*past, p.p.* **kidded** /ˈkɪdɪd/) (*of goats*) figliare. □ (*colloq*) *~ gloves* guanti di (pelle di) capretto; (*fig*) *to handle so. with ~ gloves* trattare qcu. coi guanti, trattare qcu. con molto riguardo; (*colloq*) *~ stuff*: **1** roba per bambini; **2** (*sth. easy*) cosa facile, gioco da ragazzi, scherzetto.

kid[2] /kɪd/ *n.* **1** (*colloq*) inganno *m.*, imbroglio

m. **2** (*joke*) beffa *f.*, scherzo *m.*, burla *f.*

kid[3] /kɪd/ (*past, p.p.* **kidded** /ˈkɪdɪd/) **I** *v.t.* (*colloq*) **1** ingannare, imbrogliare: *don't ~ yourself* non farti illusioni. **2** (*to make fun of*) prendere in giro, prendere per i fondelli. **II** *v.i.* (*colloq*) scherzare: *I was only -ding* stavo solo scherzando. □ *no -ding?* (dici) davvero?, dici sul serio?, non mi stai prendendo per i fondelli?

kid[4] /kɪd/ *n.* (*Mar*) gamella *f.*, gavetta *f.*

kiddie /ˈkɪdi/ *n.* (*colloq*) bambino *m.* (*f.* -a), bimbo *m.* (*f.* -a), piccino *m.* (*f.* -a). □ *~ car*: **1** automobilina a pedali; **2** (*small tricycle*) triciclo (per bambini).

kiddle /ˈkɪdl/ *n.* (*Pesc*) pescaia *f.*

kiddy /ˈkɪdi/ *n.* (*colloq*) bambino *m.* (*f.* -a), bimbo *m.* (*f.* -a), piccino *m.* (*f.* -a).

kid-glove /ˌkɪdˈɡlʌv/ *a.* delicato, che ha tatto.

kidnap /ˈkɪdnæp/ (*past, p.p.* **kidnapped** /*Am* **kidnaped** /-t/) *v.t.* rapire (a scopo di estorsione).

kidnapper /ˈkɪdnæpər/ *n.* rapitore *m.* (*f.* -trice) (*spec.* di bambini), kidnapper *m.*

kidnapping /ˈkɪdnæpɪŋ/ *n.* rapimento *m.*, sequestro *m.* di persona, kidnapping *m.*

kidney /ˈkɪdni/ *n.* **1** (*Anat*) rene *m.* **2** (*Macell*) rognone *m.* **3** (*fig*) (*kind, class*) specie *f.*, razza *f.*, tipo *m.*, sorta *f.*: *people of his own ~* gente della sua (stessa) razza. **4** (*temperament*) indole *f.*, temperamento *m.* □ *~ bean*: **1** (*Bot, Alim*) fagiolo comune, fagiolo; **2** (*Bot*) (*scarlet runner*) fagiolone; (*Sport*) *~ belt* fascia da moto; (*Med*) *~ stone* calcolo renale; (*Bot*) *~ vetch* vulneraria.

kidney-shaped /ˈkɪdniʃeɪpt/ *a.* a forma di rene, reniforme.

kidskin /ˈkɪdskɪn/ **I** *n.* (*Pell*) pelle *f.* di capretto, capretto *m.* **II** *a.* (*Pell*) di (pelle di) capretto.

kidware /ˈkɪdweər *Am* ˈkɪdwer/ *a.* (*Inform*) software *m.* per bambini.

kielbasa /kiːlˈbæsə *Am* kiːlˈbɑːsə/ *n.* (*Alim*) salsiccia *f.* polacca.

kier /kɪər *Am* kɪr/ *n.* (*Tess*) caldaia *f.* di imbianchimento.

kieselguhr /ˈkiːzlɡuər *Am* ˈkiːzlɡʊr/ *n.* (*Min*) diatomite *f.*, farina *f.* fossile.

kieserite /ˈkiːsəraɪt/ *n.* (*Min*) kieserite *f.*

Kiev /ˈkiːev/ *n.pr.* (*Geog*) Kiev *f.*, Kijev *f.*

kif /kɪf/ *n.* (*sl*) marijuana *f.*

kike /kaɪk/ *n.* (*Am,spreg*) ebreo *m.*

Kildare /kɪlˈdeər *Am* kɪlˈder/ *n.pr.* (*Geog*) Kildare *m.* (contea dell'Irlanda).

kilderkin /ˈkɪldəkɪn *Am* ˈkɪldərkɪn/ *n.* barilotto *m.* (pari a 82 litri).

Kilkenny /kɪlˈkeni/ *n.pr.* (*Geog*) Kilkenny *m.* (contea dell'Irlanda).

kill[1] /kɪl/ **I** *v.t.* **1** uccidere, ammazzare, fare morire: *he was -ed in a car accident* è morto in un incidente automobilistico; (*fig*) *it -s me to think of the two of them together* l'idea di loro due insieme mi fa morire (di dolore). **2** (*rifl.*) *to ~ oneself* uccidersi, ammazzarsi, suicidarsi. **3** (*Macell*) macellare, ammazzare. **4** (*fig*) (*to destroy*) distruggere: *his response -ed our hopes* la sua risposta ha distrutto le nostre speranze. **5** (*fig*) (*to destroy the power of*) neutralizzare, rendere vano: *to ~ the effect of a poison* neutralizzare l'effetto di un veleno. **6** (*to spoil, to ruin*) rovinare, guastare. **7** (*of colours, etc.: to spoil by contrast*) guastare l'effetto di. **8** (*to muffle, to deaden*) attutire, smorzare, affievolire, mitigare. **9** (*colloq*) (*to exhaust*) ammazzare, uccidere, stancare: *the heat is -ing me* questo caldo mi uccide. **10** (*colloq*) (*to eat up*) finire, far fuori, spolverare; (*to drink up*) finire, far fuori, trascannare. **11** (*colloq*) (*to cause to laugh hilar-*

iously) fare morire dalle risate. **12** (*Giorn*) tagliare, sopprimere, togliere, eliminare: *they -ed a good part of the article* hanno tagliato una buona parte dell'articolo. **13** (*of a bill, etc.: to defeat*) respingere, bocciare; (*to veto*) porre il veto a. **14** (*Sport*) (*in tennis*) schiacciare. **15** (*of a motor, machine: to stop*) fermare, spegnere: *to ~ an engine* spegnere un motore. **16** (*Tip*) scomporre. **17** (*Met*) (*of steel*) calmare. **II** *v.i.* uccidere, ammazzare: (*Bibl*) *thou shalt not ~* non uccidere. □ (*Mil*) *to be -ed in action* cadere in battaglia; *to ~ off*: 1 sterminare, distruggere; 2 (*Am,colloq*) eliminare, fare fuori: *we -ed off a whole bottle of whiskey last night* ieri sera abbiamo fatto fuori un'intera bottiglia di whiskey; *a ~ or cure remedy* un rimedio che guarisce o ammazza; (*fig*) *to ~ the fatted calf* uccidere il vitello grasso, fare festa per (l'arrivo di) qcu.; (*fig*) *to ~ the goose that lays the golden eggs* uccidere la gallina dalle uova d'oro; *to ~ time* ammazzare il tempo, far passare il tempo, ingannare il tempo; *to ~ two birds with one stone* prendere due piccioni con una fava; (*colloq*) *to be got up to ~* essere vestito in modo da far colpo, essere uno schianto, stare benissimo; (*fig*) *to ~ so. with kindness* colmare qcu. di gentilezze, viziare qcu.

kill² /kɪl/ *n.* **1** uccisione *f.* **2** (*Caccia*) (*act*) uccisione *f.*; (*animals, birds killed*) caccia *f.*, cacciagione *f.*, preda *f.* □ (*Inform*) *~ file* file di filtro automatico.

killer /'kɪlə²/ *n.* **1** uccisore *m.* (*f.* -a), killer *m./f.*; (*murderer*) assassino *m.* (*f.* -a). **2** (*fig*) flagello *m.* **3** (*Macell*) (*slaughterer*) macellatore *m.* (*f.* -trice). **4** (*sl*) (*sth. formidable*) cannonata *f.*, schianto *m.* □ (*Inform*) *~ application* applicazione killer; (*Zool*) *~ bee* ape assassina; (*Biol*) *~ cell* cellula killer; *~ instinct* istinto omicida; (*Mil*) *~ satellite* satellite killer; (*Zool*) *~ whale* orca, balena assassina.

killick /'kɪlɪk/ *n.* (*Mar*) ancorotto *m.*

killing /'kɪlɪŋ/ **I** *n.* **1** uccisione *f.* (*anche* Caccia). **2** (*colloq*) (*sudden financial success*) colpo *m.*, colpaccio *m.*, grande botto *m.* **II** *a.* **1** mortale, letale, fatale. **2** (*colloq*) (*exhausting*) faticosissimo, estenuante, pesante. **3** (*colloq*) (*irresistibly funny*) divertentissimo, comico; (*amusing*) piacevole, divertente. **4** (*colloq*) (*fascinating*) seducente, assassino: *~ look* sguardo assassino. □ *~ field* campo di sterminio; (*Meteor*) *~ frost* gelata (*colloq, fig*) *to make a ~* fare un sacco di soldi (senza fatica).

killjoy /'kɪldʒɔɪ/ *n.* guastafeste *m./f.*

killock /'kɪlək/ *n.* (*Mar*) ancorotto *m.*

kiln /kɪln/ **I** *n.* **1** forno *m.*, fornace *f.* **2** (*drying chamber*) essiccatoio *m.*, camera *f.* di essiccazione. **II** *v.t.* cuocere in una fornace, essiccare in una fornace.

kiln-dry /'kɪlndraɪ/ *v.t.* essiccare al forno, essiccare nell'essiccatoio.

kilo /'kiːloʊ/ *n.* (*pl.* **-s** /-z/) *n.* (*kilogram*) chilo *m.*

kiloampere /ˌkɪloʊ'æmpeə² Am ˌkɪloʊ'æmpɪr ˌkɪloʊ'æmpə²/ *n.* (*Fis*) kiloampere *m.*

kilobaud /'kɪloʊbɔːd/ *n.* (*Inform*) kilobaud *m.*

kilobit /'kɪloʊbɪt/ *n.* (*Inform*) kilobit *m.*

kilobyte /'kɪloʊbaɪt/ *n.* (*Inform*) kilobyte *m.*

kilocalorie /'kɪloʊˌkælə²ri/ *n.* (*Fis*) kilocaloria *f.*, grande caloria *f.*

kilocycle /'kɪloʊˌsaɪkl̩/ *n.* (*Fis*) kilociclo *m.* (al secondo).

kilogram /'kɪloʊɡræm/ *n.* kilogrammo *m.*, chilogrammo *m.*

kilogramme /'kɪloʊɡræm/ *n.* kilogrammo *m.*, chilogrammo *m.*

kilogram-metre /ˌkɪloʊɡræm'miːtə² Am ˌkɪloʊɡræm'miːtə²/ *n.* (*Fis*) kilogrammetro *m.*

kilohertz /'kɪloʊhɜːts Am also 'kɪloʊhɜːrts/ *n.* (*Fis*) kilohertz *m.*

kiloliter /'kɪloʊˌliːtə²/ *n.* (*Am*) kilolitro *m.*, chilolitro *m.*

kilolitre /'kɪloʊˌliːtə² Am 'kɪloʊˌliːtə²/ *n.* kilolitro *m.*, chilolitro *m.*

kilometer /kɪ'lɑːmətə², 'kɪlə.miːtə²/ *n.* (*Am*) kilometro *m.*, chilometro *m.*

kilometre /kɪ'lɒmɪtə², 'kɪloʊˌmiːtə² Am kɪ'lɑːmətə², 'kɪlə.miːtə²/ *n.* kilometro *m.*, chilometro *m.*

kilometric /ˌkɪloʊ'metrɪk/, **kilometrical** /ˌkɪloʊ'metrɪkəl/ *a.* chilometrico.

kilovolt /'kɪloʊvoʊlt/ *n.* (*Fis*) kilovolt *m.*

kilowatt /'kɪloʊwɒt/ *n.* (*El*) kilowatt *m.*

kilowatt-hour /'kɪloʊwɒtˌaʊə² Am 'kɪloʊwɑːtˌaʊə²/ *n.* (*El*) kilowattora *m.*

kilt /kɪlt/ **I** *n.* (*Abbigl*) kilt *m.*, gonnellino *m.* scozzese. **II** *v.t.* (*of a skirt: to draw up*) alzare, rialzare, tirar su; (*to gather in pleats*) pieghettare.

kilted /'kɪltɪd Am 'kɪltɪd/ *a.* **1** che indossa il kilt. **2** (*pleated*) pieghettato.

kilter /'kɪltə² Am 'kɪltə²/ *n.* (*colloq*) buono stato *m.*, (buon) ordine *m.* □ (*colloq*) *out of ~* che non funziona a dovere.

kiltie /'kɪlti Am 'kɪlti/ *n.* **1** scozzese *m.* **2** (*somebody wearing a kilt*) chi indossa il kilt. **3** (*Mil*) soldato *m.* scozzese.

kimberlite /'kɪmbəlaɪt Am 'kɪmbə²laɪt/ *n.* (*Min*) kimberlite *f.*

kimono /kɪ'moʊnoʊ/ (*pl.* **-s** /-z/) *n.* (*Abbigl*) **1** kimono *m.* **2** (*loose dressing gown*) vestaglia *f.* a kimono. □ (*Sart*) *~ sleeve* manica a kimono.

kin /kɪn/ **I** *n.* **1** (*collett.*) parenti *m.pl.*, parentela *f.*, parentado *m.*; (*blood relations*) congiunti *m.pl.*, familiari *m.pl.* **2** (*group with common ancestry*) ceppo *m.*, stirpe *f.* **3** (*fig*) simile *m./f.*: *gamblers and their ~* i giocatori e i loro simili. **II** *a.* **1** parente (di), imparentato (con): *he is ~ to her* è imparentato con lei; *they are not of ~* non sono parenti. **2** (*fig*) affine, simile.

kinase /'kaɪneɪz/ *n.* (*Biol*) chinasi *f.*

kind¹ /kaɪnd/ *a.* **1** gentile, cortese, cordiale, carino: *he is ~ to everyone* è gentile con tutti; *~ words* parole gentili; *it is very ~ of you* è molto gentile da parte tua. **2** (*of weather*) mite, clemente. **3** (*dial*) (*fond*) tenero: *~ looks* sguardi teneri. □ *would you be ~ enough to give me a hand?* saresti così cortese da darmi una mano?; (*epist*) *with ~ regards* con i migliori saluti, cordiali saluti; *~ regards to your wife* cordiali saluti a Sua moglie; *would you be so ~ as to give me a hand?* saresti così cortese da darmi una mano? *Prov.: ~ hearts are more than coronets* un cuore gentile vale più dei titoli.

kind² /kaɪnd/ *n.* **1** specie *f.*, razza *f.*, sorta *f.*, genere *m.*: *this ~ of life is not for me* questo genere di vita non fa per me; *I'm not that ~ of person* io non sono quel genere di persona; *Stephen King is not my ~ of writer* Stephen King non è il mio genere di scrittore. **2** (*type, brand*) qualità *f.*, tipo *m.*: *all -s of stuff* roba di tutti i tipi; *of the best ~* della migliore qualità, della miglior specie. **3** (*person or thing of a particular character*) tipo *m.*: *she is not the ~ to be late* non è il tipo che arriva in ritardo. **4** (*doubtful example*) specie *f.*: *a ~ of ironical laugh* una specie di risolino. **5** (*nature*) genere *m.*, natura *f.*, specie *f.* **6** (*Rel*) specie *f.* □ *in ~*: 1 in natura: *payment in ~* pagamento in natura; 2 (*fig*) nello stesso modo, con la stessa moneta: *to pay so. back in ~* ripagare qcu. con la stessa moneta; rendere pan per focaccia; (*colloq*) *~ of* piuttosto, al-

quanto, un po': *it's ~ of cold in here* fa piuttosto freddo qua dentro; *I ~ of expected this* quasi me l'aspettavo; *it ~ of gives you an idea* ti dà un po' un'idea (di come stanno le cose); *is Greece like Sicily? -Kind of* la Grecia è come la Sicilia? -Più o meno; *of a ~*: 1 della stessa natura, uguali: *they are two of a ~* sono uguali, sono incredibilmente simili; 2 (*colloq*) (*of indifferent quality*) qualsiasi; *something of the ~* qualcosa del genere; *of its ~* nel suo genere; *nothing of the ~* nulla di simile, nulla del genere; *that's the ~ of thing I mean* è proprio quello che intendo dire; *in a ~ of way* in un certo qual modo, in qualche modo.

kinda /'kaɪndə/ (*Am*) contraz. di kind of.

kindergarten /'kɪndəˌɡɑːtən Am 'kɪndər ˌɡɑːrtən/ *n.* scuola *f.* materna, asilo *m.*

kindhearted /ˌkaɪnd'hɑːtɪd Am ˌkaɪnd 'hɑːrtɪd/ *a.* di animo gentile.

kindheartedness /ˌkaɪnd'hɑːtɪdnəs Am ˌkaɪnd'hɑːrtɪdnəs/ *n.* gentilezza *f.* di animo.

kindle /'kɪndl̩/ **I** *v.t.* **1** accendere: *to ~ a fire* accendere un fuoco. **2** (*of combustible material*) accendere, appiccare fuoco a, dare fuoco a. **3** (*of a flame*) attizzare. **4** (*fig*) (*to arouse*) destare, suscitare: *to ~ so.'s hopes* destare le speranze di qcu. **5** (*fig*) (*to excite*) accendere, infiammare. **6** (*fig*) (*to light up*) illuminare, far brillare, far risplendere. **II** *v.i.* **1** accendersi, infiammarsi, avvampare, prendere fuoco. **2** (*fig*) (*to become roused*) infiammarsi. **3** (*fig*) (*to sparkle*) risplendere, brillare.

kindliness /'kaɪndlɪnəs/ *n.* gentilezza *f.*, cortesia *f.*, affabilità *f.*, amabilità *f.*, benevolenza *f.*

kindling /'kɪndlɪŋ/ *n.* **1** accensione *f.* **2** (*combustible material*) materiale *m.* combustibile (per accendere il fuoco). **3** (*dry twigs*) sterpi *m.pl.*, frasche *f.pl.* (per accendere il fuoco).

kindly /'kaɪndli/ **I** *a.* **1** gentile, cordiale, affabile, benevolo. **2** (*agreeable*) dolce, mite: *a ~ climate* un clima dolce. **II** *avv.* **1** gentilmente, affabilmente. **2** (*please*) per piacere, per favore, per cortesia: *would you ~ lend me a hand?* mi dai una mano, per piacere? **3** (*favourably*) con benevolenza, benevolmente. **4** (*heartily*) cordialmente, sentitamente: *we thank you ~* vi ringraziamo sentitamente. □ *to be ~ disposed towards so.* essere ben disposto verso qcu.; *to take sth. ~* accettare qcs. di buon grado; *to take ~ to sth.*: 1 adattarsi a qcs., accettare (come cosa naturale) qcs; 2 (*to view favourably*) vedere di buon occhio qcs.; *to take ~ to so.* prendere in simpatia qcu.

kindness /'kaɪndnəs/ *n.* **1** cortesia *f.*, gentilezza *f.*, garbo *m.* **2** (*instance, act*) gentilezza *f.*, cortesia *f.*, piacere *m.*, favore *m.*: *to do so. a ~* fare un piacere a qcu. **3** (*clemency*) benevolenza *f.*

kindred /'kɪndrɪd/ **I** *n.* **1** (*affinity*) affinità *f.* **2** (*one's relatives*) parentela *f.*, parenti *m.pl.*, parentado *m.*, familiari *m.pl.*, congiunti *m.pl.* **3** (*kinship*) parentela *f.* **II** *a.* **1** (*related by birth*) consanguineo; (*having kinship*) imparentato. **2** (*fig*) affine, simile, congenere: *~ languages* lingue affini. □ *~ souls* o *~ spirits* anime gemelle; *he claims ~ with me* sostiene che siamo parenti.

kinematic /ˌk(a)ɪnɪ'mætɪk Am ˌkɪnə'mætɪk/, **kinematical** /ˌk(a)ɪnɪ'mætɪkəl Am ˌkɪnə 'mætɪkəl/ *a.* (*Fis*) cinematico.

kinematics /ˌk(a)ɪnɪ'mætɪks Am ˌkɪnə 'mætɪks/ *n.pl.* (*costr.sing.*) cinematica *f.*

kinematograph /ˌk(a)ɪnɪ'mætəɡrɑːf Am ˌkɪnə'mætəɡræf/ *n.* **1** macchina *f.* da presa, cinecamera *f.* **2** (*cine-projector*) proiettore *m.*

cinematografico, macchina *f.* da proiezione.

kinematography /ˌk(a)ɪnɪməˈtɒgrəfi *Am* ˌkɪnɪməˈtɑːgrəfi/ *n.* cinematografia *f.*

kinesics /k(a)ɪˈniːsɪks/ *n.pl.* (*costr.sing.*) cinesica *f.*

kinesipathist /k(a)ɪˈniːsɪpəθɪst/ *n.* (*Med*) chinesiterapista *m./f.*, cinesiterapista *m./f.*

kinesitherapist /k(a)ɪˌniːsɪˈθerəpɪst/ *n.* (*Med*) cinesiterapista *m./f.*, chinesiterapista *m./f.*

kinesitherapy /k(a)ɪˌniːsɪˈθerəpi/ *n.* (*Med*) cinesiterapia *f.*, chinesiterapia *f.*

kinetic /k(a)ɪˈnetɪk *Am* kɪˈnetɪk/ *a.* 1 cinetico: ~ *energy* energia cinetica; ~ *theory* teoria cinetica. 2 (*of kinetics*) della cinetica. 3 (*fig*) dinamico, energico. □ ~*art* arte cinetica.

kinetics /k(a)ɪˈnetɪks *Am* kɪˈnetɪks/ *n.pl.* (*costr.sing.*) (*Fis*) cinetica *f.*

king /kɪŋ/ **I** *n.* 1 re *m.*, monarca *m.*, sovrano *m.*, regnante *m.* 2 (*fig*) re *m.*: *the lion is the ~ of the beasts* il leone è il re degli animali; *the steel* ~ il re dell'acciaio. 3 (*in cards, chess*) re *m.*: *the ~ of diamonds* il re di quadri. 4 (*in draughts*) dama *f.* **II** *v.t.* fare re, incoronare. **III** *v.i.* 1 regnare. 2 (*to be bossy*) spadroneggiare. □ (*Stor.gr*) ~*archon* arconte re; ~*'s bishop* (*in chess*) alfiere di re; (*Zool*) ~*cobra* cobra reale; (*Med*) ~*'s evil* scrofolosi; ~*'s highway* strada statale; *to* ~ *it* spadroneggiare; *the* ~*of birds* il re degli uccelli, l'aquila; (*Ornit*) ~*penguin* pinguino reale; ~*'s ransom* cifra iperbolica, somma iperbolica; (*Mil,ant*) ~*'s shilling* soldo di arruolamento; (*Bot*) ~*'s spear* asfodelo.

King /kɪŋ/ *n.* (*Pol,Stor*) re *m.* □ (*Arald*) ~ *at Arms* re d'arme; (*GB,Dir*) ~*'s Bench* corte suprema; (*GB,Dir*) ~*'s Counsel*: 1 (*group of barristers*) consiglio della Corona; 2 (*member*) patrocinante per la corona; ~*'s English* (*language*) inglese puro; (*GB,Dir*) ~*'s evidence* testimone di accusa contro un complice; *to turn* ~*'s evidence* denunciare i complici; (*Arald*) ~*of Arms* re d'arme; (*Rel*) ~ *of Heaven* re del cielo; (*Rel*) ~ *of Kings* re dei re; *the* ~ *of Terrors* il re degli spaventi, la morte; (*Dir*) ~*'s peace* quiete pubblica; (*Dir*) ~*'s Proctor* magistrato con particolari funzioni di controllo (in cause di divorzio ecc.); (*Rel*) *the Three* -*s* i tre Magi.

kingbolt /ˈkɪŋbəʊlt/ *n.* 1 (*Ferr*) perno *m.* ralla. 2 (*Aut,Mecc*) perno *m.* di sterzaggio, perno *m.* del fuso a snodo. 3 (*Edil*) tirante *m.* verticale centrale.

kingcraft /ˈkɪŋkrɑːft *Am* ˈkɪŋkræft/ *n.* arte *f.* del regnare.

kingcup /ˈkɪŋkʌp/ *n.* 1 (*Bot,Alim*) rapa *f.* di sant'Antonio. 2 (*Bot*) (*marsh marigold*) calta *f.* palustre.

kingdom /ˈkɪŋdəm/ *n.* 1 regno *m.* (*anche Biol*): *the animal* ~ il regno animale. 2 (*fig*) regno *m.*, mondo *m.*; (*sphere*) sfera *f.*, ambito *m.*, campo *m.* 3 (*Rel*) regno *m.*: *thy* ~ *come* venga il tuo regno; *the* ~ *of Heaven* il regno dei cieli. □ (*colloq*) ~ *come*: 1 aldilà, altro mondo: *gone to* ~ *come* andato all'altro mondo, passato a miglior vita; (*Rel*) *the keys of the* ~ *come* le chiavi del paradiso; 2 (*end of the world*) fine del mondo; 3 (*death*) morte; (*Rel*) *Kingdom Hall* Sala del Regno.

kingfisher /ˈkɪŋˌfɪʃəʳ/ *n.* (*Ornit*) martin *m.* pescatore.

kinghood /ˈkɪŋhʊd/ *n.* regalità *f.*

king-in-parliament /ˌkɪŋɪnˈpɑːləmənt/ *n.* (*GB*) potere *m.* legislativo.

kingless /ˈkɪŋləs/ *a.* senza re.

kinglet /ˈkɪŋlɪt/ *n.* 1 reuccio *m.* 2 (*Ornit*) regolo *m.*

kingliness /ˈkɪŋlɪnəs/ *n.* 1 l'essere regale, regalità *f.* 2 (*fig*) regalità *f.*, maestosità *f.*

kingly /ˈkɪŋli/ *a.* 1 reale, regale, augusto. 2 (*of a king*) regio, regale: ~ *power* potere regale. 3 (*fig*) maestoso, regale.

kingpin /ˈkɪŋpɪn/ *n.* 1 (*Aut,Mecc*) (*kingbolt*) perno *m.* di sterzaggio, perno *m.* del fuso a snodo. 2 (*Sport*) (*in bowling*) birillo *m.* centrale, re *m.* 3 (*fig*) perno *m.*, fulcro *m.* 4 (*fig*) (*leader*) capo *m.*, boss *m.*

kingpost /ˈkɪŋpəʊst/ *n.* (*Edil*) ometto *m.*, monaco *m.* (di capriata).

Kings /kɪŋz/ *n.pl.* (*Bibl*) Re *m.pl.*: *1* ~ I Re; *2* ~ II Re.

kingship /ˈkɪŋʃɪp/ *n.* 1 autorità *f.* di re, dignità *f.* di re. 2 (*monarchy*) monarchia *f.* 3 (*quality of being a king*) regalità *f.*, l'essere reale.

king-size /ˈkɪŋsaɪz/ *a.* 1 (*of a cigarette*) lunga, king-size. 2 (*colloq*) (*unusually large*) più grande del normale.

king-sized /ˈkɪŋsaɪzd/ *a.* 1 (*of a cigarette*) lunga. 2 (*colloq*) (*unusually large*) più grande del normale.

kink /kɪŋk/ **I** *n.* 1 (*in a rope, thread, hair, etc.*) attorcigliamento *m.*; (*loop*) cappio *m.*; (*curl*) riccio *m.* 2 (*Mar*) cocca *f.* 3 (*fig*) stranezza *f.*, eccentricità *f.*, strana abitudine *f.* 4 (*fig*) (*whim*) capriccio *m.*, ghiribizzo *m.*, grillo *m.* **II** *v.t.* (*of ropes, etc.*) attorcigliare. **III** *v.i.* (*of ropes, etc.*) attorcigliarsi.

kinkle /ˈkɪŋkl/ *n.* piccolo attorcigliamento *m.*

kinky /ˈkɪŋki/ *a.* 1 (*of ropes, etc.*) attorcigliato. 2 (*of hair*) crespo, ricciuto. 3 (*colloq*) (*eccentric*) eccentrico, stravagante, bizzarro, strano (anche sessualmente).

kinless /ˈkɪnləs/ *a.* senza parenti, solo.

kinsfolk /ˈkɪnzfəʊk/ *n.pl.* parenti *m.pl.*, parentela *f.sing.*, parentado *m.sing.*

kinship /ˈkɪnʃɪp/ *n.* 1 parentela *f.*, consanguineità *f.* 2 (*fig*) affinità *f.*

kinsman /ˈkɪnzmən/ *n.irr.* (*blood relation*) parente *m.*, congiunto *m.*, consanguineo *m.*; (*relation by marriage*) affine *m.*, parente *m.* acquisito.

kinswoman /ˈkɪnzˌwʊmən/ *n.irr.* (*blood relation*) parente *f.*, congiunta *f.*, consanguinea *f.*; (*relation by marriage*) affine *f.*, parente *f.* acquisita.

kiosk /ˈkiːɒsk *Am* ˈkiːɑːsk/ *n.* 1 chiosco *m.* 2 (*bandstand*) palco *m.* della banda. 3 (*newsstand*) edicola *f.*, chiosco *m.* (dei giornali). 4 (*telephone booth*) cabina *f.* telefonica. 5 (*Inform*) chiosco *m.* informatico.

kip¹ /kɪp/ **I** *n.* (*Br*) 1 (*sl*) (*bed*) letto *m.* 2 (*sleep*) dormita *f.* 3 (*lodging house*) locanda *f.* **II** *v.i.* (*past, p.p.* **kipped** /-t/) 1 (*to go to bed*) andare a letto. 2 (*to sleep*) dormire. □ *to* ~*down* andare a letto; (*sl*) *to get some* ~ fare un sonnellino, schiacciare un pisolino.

kip² /kɪp/ *n.* pelle *f.* non conciata (di animale giovane).

kip³ /kɪp/ *n.* (*unit of weight*) mille libbre *f.pl.*

kipper /ˈkɪpəʳ/ **I** *n.* 1 aringa *f.* affumicata. 2 (*male salmon*) salmone *m.* nel periodo della riproduzione. 3 (*sl*) (*young fellow*) giovane *m.*, ragazzo *m.* **II** *v.t.* (*of herring, salmon*) affumicare.

KIR *Kiribati* KIR (Kiribati).

Kirghiz /ˈkɜːgiːz *Am* ˈkɜːrgɪz/ **I** *a.* (*Geog*) kirghiso. **II** *n.* kirghiso *m.* (*f.* -a).

Kiribati /ˌkɪriːˈbæti/ *n.pr.* (*Geog*) Kiribati *m.*

kirk /kɜːk/ *n.* (*Scott*) chiesa *f.*

Kirk /kɜːk *Am* kɜːrk/ *n.* Chiesa *f.* di Scozia.

kirsch /kɪəʃ, kɜːʃ *Am* kɪrʃ/, **kirschwasser** /ˈkɪəʃˌvɑːsəʳ *Am* ˈkɪrʃˌvɑːsəʳ/ *n.* kirsch *m.*, acquavite *f.* di marasche.

kirtle /ˈkɜːtl *Am* ˈkɜːrtl/ *n.* 1 (*Mediev*) (*woman's gown*) abito *m.* lungo. 2 (*ant*) (*man's tunic*) tunica *f.*

kismat, **kismet** /ˈkɪzmet/ *n.* fato *m.*, destino *m.*, sorte *f.*

kiss¹ /kɪs/ *n.* 1 bacio *m.*: *to give so. a* ~ dare un bacio a qcu.; *to blow so. a* ~ mandare un bacio a qcu. sulla punta delle dita. 2 (*fig*) tocco *m.* (leggero), sfioramento *m.*, carezza *f.* 3 (*in billiards*) rimpallo *m.* 4 (*Am,Dolc*) meringa *f.* □ (*Am*) ~*curl* ricciolo *m.*; (*fig*) ~*of death* rovina, fine; (*Br*) ~*of life* respirazione bocca a bocca.

kiss² /kɪs/ **I** *v.t.* 1 baciare: *to* ~ *so. on the cheek* baciare qcu. sulla guancia. 2 (*fig*) carezzare, baciare, sfiorare, lambire: *the breeze -ed her hair* la brezza le carezzava i capelli. 3 (*in billiards*) toccare leggermente. **II** *v.i.* 1 baciarsi. 2 (*in billiards*) rimpallare. □ (*colloq*) *to* ~ *and make up* riconciliarsi; *to* ~ *away so.'s tears* asciugare con i baci le lacrime a qcu.; *to* ~ *so. good-bye* salutare qcu. con un bacio, dare a qcu. un bacio di addio; (*colloq,fig*) *to* ~ *sth. good-bye* dire addio a qcs.; *to* ~ *so. goodnight* dare il bacio della buonanotte a qcu.; *to* ~ *one's hand to so.* buttare un bacio a qcu.; *to* ~ *the hand(s)* fare il baciamano; (*Am,colloq*) ~ *my grits!* mangia la mia polvere!; *to* ~*the Book* baciare la Bibbia (come giuramento solenne); (*fig*) *to* ~*the ground*: 1 umiliarsi, sottomettersi; 2 (*to be killed*) essere ucciso.

kissable /ˈkɪsəbl/ *a.* che attira i baci.

kiss-curl /ˈkɪskɜːl *Am* ˈkɪskɜːrl/ *n.* (*Am*) tirabaci *m.*

kisser /ˈkɪsəʳ/ *n.* 1 chi bacia. 2 (*sl*) (*mouth*) bocca *f.*

kissing /ˈkɪsɪŋ/ *n.* il baciare. □ ~*cousin* parente stretto; (*colloq*) ~ *disease* malattia del bacio, mononucleosi; ~ *kin* parente stretto.

kiss-off /ˈkɪsɒf *Am* ˈkɪsɑːf/ *n.* (*colloq*) licenziamento *m.* in tronco.

kissproof /ˈkɪspruːf/ *a.* (*Cosmet*) indelebile: ~ *lipstick* rossetto indelebile.

kit¹ /kɪt/ **I** *n.* 1 equipaggiamento *m.*, corredo *m.*, attrezzatura *f.*: *skiing* ~ equipaggiamento da sci. 2 (*collection of tools*) arnesi *m.pl.* (da lavoro), attrezzi *m.pl.* 3 (*case*) cassetta *f.* degli attrezzi, borsa *f.* degli attrezzi. 4 (*Mil*) tenuta *f.*, divisa *f.*: *battle* ~ tenuta da battaglia. 5 (*outfit of clothing*) tenuta *f.*, costume *m.*: *riding* ~ tenuta da equitazione. 6 (*set of parts for a model, etc.*) scatola *f.* di montaggio, kit *m.*: *a model aeroplane* ~ kit per aeromodellismo. **II** *v.t.* (*past, p.p.* **kitted** /ˈkɪtɪd *Am* ˈkɪtɪd/) (*Mil*) equipaggiare. □ (*colloq*) *the whole* ~ *and caboodle*: 1 (*of persons*) tutti quanti, tutta la tribù; 2 (*of things*) tutta la baracca; (*Mar*) *to* ~*out* equipaggiare; *to* ~*up*: 1 attrezzare, corredare, equipaggiare; 2 (*Mar*) equipaggiare.

kit² /kɪt/ *n.* (*kitten*) gattino *m.* (*f.* -a).

KIT (*colloq*) (*used in e-mail messages, etc.*) *keep in touch* teniamoci in contatto.

kitbag /ˈkɪtbæg/ *n.* 1 (*Mil*) zaino *m.* 2 (*travelling bag*) borsa *f.* da viaggio.

kitchen /ˈkɪtʃən/ **I** *n.* cucina *f.* **II** *a.* 1 per cucina, da (o di) cucina: *a* ~ *table* un tavolo da cucina. 2 (*of people*) addetto alla cucina, che lavora in cucina. □ ~ *cabinet*: 1 armadio da cucina; 2 (*fig*) consulenti del Primo ministro; ~ *garden* orto; ~ *maid* sguattera; ~ *sink* 1 acquaio; (*scherz*) *everything but the* ~ *sink* tutto quanto, tutto l'immaginabile; 2 (*Teat*) (*of plays*) che rappresenta gli aspetti sordidi della vita moderna; ~*unit* mobiletto da cucina.

kitchener /ˈkɪtʃənəʳ/ *n.* 1 cuciniere *m.*, cuoco *m.* 2 (*cooking range*) cucina *f.*

kitchenette /ˌkɪtʃəˈnet/ *n.* 1 (*small room*) cucinotto *m.* 2 (*part of a larger room*) angolo *m.* cottura.

kitchen-sink /ˈkɪtʃənˌsɪŋk/ *a.* (*Teat*) (*of*

plays) che rappresenta gli aspetti sordidi della vita moderna.

kitchenware /'kɪtʃ°nweə^r *Am* 'kɪtʃ°nwer/ *n.* utensili *m.pl.* da cucina.

kite /kaɪt/ **I** *n.* 1 aquilone *m.*, cervo *m.* volante. 2 (*Ornit*) accipitride *m.* 3 (*Ornit*) nibbio *m.* reale. 4 (*fig*) persona *f.* avida e rapace, falco *m.* 5 (*Comm*) assegno *m.* a vuoto; (*accommodation bill*) cambiale *f.* di comodo, cambiale *f.* di favore, cambiale *f.* fittizia. 6 (*Aer*) aliante *m.* 7 (*sl*) (*aeroplane*) aereo *m.* 8 *pl.* (*Mar*) divergenti *m.pl.* per dragaggio; (*sails*) vele *f.pl.* ausiliarie. **II** *v.i.* (*Comm*) emettere assegni a vuoto. **III** *v.t.* 1 (*Comm*) (*of an accommodation bill*) emettere. 2 (*fig*) fare salire vertiginosamente, fare andare alle stelle. □ (*Aer*) ~ *balloon* pallone drago, cervo volante.

kite-flying /'kaɪt,flaɪɪŋ/ *n.* 1 il far volare gli aquiloni. 2 (*colloq*) sondaggio *m.* dell'opinione pubblica, il sondare il terreno. 3 (*Comm, colloq*) emissione *f.* di fare assegni a vuoto.

kith /kɪθ/ *n.* (*ant*) amici *m.pl.*, conoscenti *m.pl.* □ ~ *and kin*: 1 (*kindred*) parenti, familiari; 2 (*friends and relatives*) amici e parenti.

kitsch /kɪtʃ/ *n.* kitsch *m.*, cattivo gusto *m.*

kitschy /'kɪtʃi/ *a.* kitsch, di cattivo gusto.

kitten /'kɪt°n/ **I** *n.* gattino *m.* (*f.* -a), micino *m.* (*f.* -a). **II** *v.i.* (*of cats*) figliare, fare i gattini. **III** *v.t.* figliare. □ (*fig,colloq*) *to have* ~*s* dare in escandescenze, essere molto nervoso.

kittenish /'kɪt°nɪʃ/ *a.* 1 simile a un gattino. 2 (*fig*) (*of a girl, flirtatious*) civetta, che flirta.

kittle /'kɪtl/ **I** *v.t.* (*Scott*) sollecitare, titillare. **II** *a.* (*Scott*) 1 complicato, difficile, arduo. 2 (*touchy*) suscettibile, permaloso.

kitty[1] /'kɪti *Am* 'kɪṭi/ *n.* 1 gattino *m.* (*f.* -a), micino *m.* (*f.* -a). 2 (*vezz*) (*cat*) micio *m.* (*f.* -a).

kitty[2] /'kɪti *Am* 'kɪṭi/ *n.* 1 (*in poker*) piatto *m.*, posta *f.* 2 (*joint pool, fund*) fondo *m.* (comune), cassa *f.* comune. 3 (*Sport*) (*in bowls*) boccino *m.*

Kitty /'kɪti *Am* 'kɪṭi/ *n.pr. dim.* di Katharine.

Kiwanis /kɪ'wɑːnɪs/ □ (*US*) ~ *Club* associazione di commercianti e professionisti.

kiwi /'kiːwiː/ *n.* 1 (*Ornit*) kiwi *m.*, kivi *m.* 2 (*Bot*) kiwi *m.* 3 (*sl*) (*New Zealander*) neozelandese *m./f.* 4 (*Aer.mil*) soldato *m.* addetto ai servizi a terra. □ (*Bot,Alim*) ~ *fruit* kiwi.

KKK /,keɪkeɪ'keɪ/ (*Am*) *Ku-Klux-Klan* (Ku Klux Klan).

Klansman /'klænzmən/ *n.* (*Am*) membro *m.* del Ku-Klux-Klan.

klatch /klætʃ *Am also* klɑːtʃ/ *n.* (*Am*) riunione *f.* informale.

klaxon /'klæks°n/ *n.* (*Aut*) clacson *m.*, claxon *m.*

Kleenex /'kliːneks/ *n.* kleenex *m.*, fazzoletto *m.* di carta.

klepht /kleft/ *n.* (*Stor*) guerrigliero *m.* greco, guerrigliero *m.* albanese.

kleptomania /,kleptoʊ'meɪnɪə/ *n.* (*Psic*) cleptomania *f.*

kleptomaniac /,kleptoʊ'meɪnɪæk/ **I** *a.* (*Psic*) cleptomane. **II** *n.* cleptomane *m./f.*

kleptoparasitism /,kleptoʊ'pærəs(a)ɪtɪz°m/ *n.* (*Zool*) cleptoparassitismo *m.*

klieg /kliːg/ □ (*Cin*) ~ *light* riflettore, diffusore.

klipspringer /'klɪp,sprɪŋə^r/ *n.* (*Zool*) oreotrago *m.*, saltarupe *m.*

kludge /klʌdʒ/ *n.* (*Inform*) sistema *m.* mal costruito; (*programme*) programma *m.* mal costruito.

klutz /klʌts/ *n.* (*Am,colloq*) stupido *m.*, scemo *m.*, testone *m.*

klutzy /'klʌtsi/ *a.* (*Am,colloq*) stupido, scemo.

km *kilometre* km (kilometro, chilometro).

kmph *kilometres per hour* km/h (kilometri all'ora, kilometri orari).

kmps *kilometres per second* km/s (kilometri al secondo).

kn (*Mar*) *knot* kn (nodo).

knack /næk/ *n.* 1 abilità *f.*, arte *f.*, capacità *f.*, destrezza *f.*: *he has the* ~ *of making everything seem easy* ha la capacità di far apparire facile qualsiasi cosa. 2 (*clever trick*) trucco *m.*, espediente *m.* 3 (*tendency*) tendenza *f.*, inclinazione *f.*, attitudine *f.* □ *once you get the* ~ *of it* una volta che ci fai la mano; *to have a* ~ *for doing sth.* avere la capacità di fare qcs.; *she has a* ~ *for saying the wrong thing at the wrong time* ha la capacità di dire sempre la cosa sbagliata al momento sbagliato.

knacker /'nækə^r/ *n.* (*Br*) 1 (*Macell*) compratore e macellatore *m.* di cavalli vecchi. 2 (*person who buys old houses, ships, etc.*) demolitore *m.* (che compra case, navi vecchie ecc. per utilizzarne il materiale).

knackered /'nækəd/ *a.* (*Br*) stanco morto, distrutto.

knackwurst /'nɑːkwɜːrst/ *n.* (*Am,Gastron*) salsiccia *f.* spessa e molto speziata.

knag /næg/ *n.* (*on a tree, in wood*) nodo *m.*, nocchio *m.*

knaggy /'nægi/ *a.* nodoso, nocchieruto.

knap[1] /næp/ *n.* (*dial*) cima *f.* (di collina).

knap[2] /næp/ (*past, p.p.* **knapped** /-t/) *v.t.* 1 picchiare, battere. 2 (*to break with a sharp blow*) spaccare (con un colpo secco). 3 (*sl*) (*to steal*) rubare, sgraffignare.

knapsack /'næpsæk/ *n.* zaino *m.*

knapweed /'næpwiːd/ *n.* (*Bot*) centaurea *f.*

knar /nɑː^r *Am* nɑːr/ *n.* (*on a tree, in wood*) nodo *m.*, nocchio *m.*

knarred /nɑːd *Am* nɑːrd/, **knarry** /'nɑːri/ *a.* nodoso, nocchieruto.

knave /neɪv/ *n.* 1 briccone *m.*, furfante *m.*, canaglia *f.*, birbante *m.*, mascalzone *m.* 2 (*in cards*) fante *m.*, jack *m.*

knavery /'neɪvəri/ *n.* 1 bricconeria *f.*, furfanteria *f.* 2 (*knavish action*) bricconata *f.*, canagliata *f.*, furfanteria *f.*

knavish /'neɪvɪʃ/ *a.* 1 canagliesco, furfantesco. 2 (*dishonest*) disonesto, losco.

knavishness /'neɪvɪʃnəs/ *n.* bricconeria *f.*, furfanteria *f.*

knead /niːd/ *v.t.* 1 (*of dough, clay*) impastare, lavorare; (*to make by kneading*) fare (impastando). 2 (*to massage*) massaggiare. 3 (*fig*) dare forma a, modellare. □ -*ing machine* impastatrice; -*ing trough* madia.

kneader /'niːdə^r/ *n.* impastatore *m.* (*f.* -trice).

knee /niː/ **I** *n.* 1 (*Anat,Abbigl*) ginocchio *m.* 2 (*angular piece: of wood*) ginocchio *m.*; (*of metal*) tubo *m.* a gomito, giunto *m.* a gomito. 3 (*Mar*) bracciolo *m.* 4 (*Mecc*) mensola *f.* **II** *v.t.* 1 dare una ginocchiata a. 2 (*to touch with the knee*) toccare col ginocchio. **III** *v.i.* (*of trousers*) fare i ginocchielli, fare le borse alle ginocchia. □ (*Ginn*) ~ *bend* flessione (delle ginocchia), piegamento (delle ginocchia); (*Anat*) ~ *bone* rotula, patella; (*colloq*) *to give so. the* ~ dare una ginocchiata a qcu.; (*Fisiol*) ~ *jerk* riflesso patellare; (*fig*) ~ *jerk reaction* reazione prevedibile, reazione istintiva, reazione meccanica; ~ *joint*: 1 (*Anat*) ginocchio; 2 (*Mecc*) giunto a gomito, ginocchio; (*fig*) *on the* -*s of the gods* nelle mani del destino, sulle ginocchia degli dei; *on one's* -*s* in ginocchio (*anche fig*); (*down*) *on your* -*s!* in ginocchio!; *to go on one's* -*s to* (*o before*) so.: 1 cadere alle ginocchia di qcu., inginocchiarsi davanti a qcu.; 2 (*fig*) (*to humble oneself*) umiliarsi davanti a qcu. (per ottenere favori); *to be out at the* -*s* (*of trousers*) avere i ginocchi lisi; ~ *pad* ginocchiera; (*Anat*) ~ *pan* rotula, patella; *to bring so. to his* -*s* mettere

qcu. in ginocchio (*anche fig*).

kneebreeches /'niː,brɪtʃɪz/ *n.pl.* (*Abbigl*) calzoni *m.pl.* corti, calzoni *m.pl.* alla zuava.

kneecap /'niːkæp/ **I** *n.* 1 (*Anat*) rotula *f.*, patella *f.* 2 (*protective cover*) ginocchiera *f.*, ginocchiello *m.* **II** *v.t.* (*past, p.p.* **kneecapped** /-t/) gambizzare, sparare alle gambe di.

knee-deep /,niː'diːp/ *a.* 1 fino al ginocchio: *to be* ~ *in mud* essere (*o* affondare) nel fango fino alle ginocchia. 2 (*rising to the knees*) che arriva al ginocchio, alto fino al ginocchio. 3 (*colloq*) (*involved*) immerso, impelagato, ingolfato, dentro fino al collo: *to be* ~ *in debt* essere nei debiti fino al collo, essere sommerso dai debiti.

knee-high /,niː'haɪ/ *a.* 1 che arriva al ginocchio, alto fino al ginocchio. 2 (*Calz*) (fino) al ginocchio: ~ *boots* stivali al ginocchio. □ ~ *to a grasshopper*: 1 alto quanto un soldo di cacio, piccolissimo; 2 (*very young*) giovanissimo.

knee-jerk /'niːdʒɜːk *Am* 'niːdʒɜːrk/ *n.* (*Fisiol*) riflesso *m.* patellare. □ (*fig*) ~ *reaction* reazione prevedibile, reazione istintiva, reazione meccanica.

kneel /niːl/ (*past, p.p.* **kneeled** /-d/ *o* knelt /nelt/) *v.i.* 1 (*to bend the knee*) inginocchiarsi. 2 (*to rest on the knees*) stare ginocchioni. □ *to* ~ *down* inginocchiarsi.

knee-length /'niːleŋθ/ *a.* (fino) al ginocchio.

kneeler /'niːlə^r/ *n.* 1 chi si inginocchia. 2 (*cushion, pad, bench, etc.*) inginocchiatoio *m.*

kneeling /'niːlɪŋ/ **I** *n.* inginocchiamento *m.*, genuflessione *f.* **II** *a.* 1 (*of people*) in ginocchio, inginocchiato, genuflesso. 2 (*suitable for kneeling*) per inginocchiarsi.

knee-slapper /'niː,slæpə^r/ *n.* battuta *f.* molto spiritosa: *that's a real* ~ questa sì che è bella!

knell /nel/ **I** *n.* 1 (*death signal*) rintocco *m.* funebre, campana *f.* a morto. 2 (*fig*) presagio *m.* di rovina, presagio *m.* di sventura. **II** *v.t.* 1 (*of a bell*) suonare a morto. 2 (*to summon by a knell*) chiamare con rintocchi funebri. 3 (*to announce by a knell*) annunciare con rintocchi funebri. **III** *v.i.* 1 (*of a bell*) suonare a morto. 2 (*fig*) essere presagio di rovina, essere presagio di sventura.

knelt /nelt/ → **kneel**.

knew /njuː/ → **know**[1].

knickerbocker /'nɪkə,bɒkə^r *Am* 'nɪkər ,bɑːkər/ *n.* 1 discendente *m./f.* dei primi coloni olandesi di New York. 2 (*estens*) (*New Yorker*) abitante *m./f.* di New York.

knickerbockers /'nɪkər,bɑːkərz/ *n.pl.* (*Am, Abbigl*) knickerbockers *m.pl.*, calzoni *m.pl.* alla zuava.

knickers /'nɪkəz/ *n.pl.* 1 (*Br,Abbigl*) mutandine *f.pl.* da donna, slip *m.pl.*; (*long knickers*) mutandoni *m.pl.* 2 (*Am,Abbigl*) knickerbockers *m.pl.*, calzoni *m.pl.* alla zuava. 3 (*colloq*) *to get one's* ~ *in a twist* incavolarsi.

knick-knack /'nɪknæk/ *n.* 1 ninnolo *m.*, gingillo *m.*, fronzolo *m.* 2 (*trifle, trinket*) cianfrusaglia *f.*, chincaglierie *f.pl.*

knick-knackery /'nɪknækəri/ *n.* (*collett.*) ninnoli *m.pl.*, chincaglierie *f.pl.*

knife /naɪf/ **I** *n.* (*pl.* **knives** /naɪvz/) 1 coltello *m.* 2 (*Chir*) bisturi *m.* **II** *v.t.* 1 accoltellare, dare una coltellata a; (*to stab*) pugnalare. 2 (*to cut, to mark with a knife*) tagliare con un coltello, incidere con un coltello. 3 (*colloq, fig*) colpire a tradimento, pugnalare alle spalle. □ ~ *box* coltelliera; ~ *edge*: 1 filo del coltello, taglio del coltello; 2 (*Geog*) cresta; 3 (*Mecc*) (*of a scale, pendulum, etc.*) coltello; (*colloq*) *to get one's* ~ *in(to)* so. avercela a morte con qcu., criticare aspramente qcu.; ~

grinder arrotino; *(colloq) to have one's ~ in(to) so.* avercela a morte con qcu., criticare aspramente qcu.; *~ rest* reggiposata; *(colloq) the patient was under the ~ for three hours* il paziente è stato sotto i ferri per tre ore.

knife-edge /'naɪfedʒ/ *n.* taglio *m.*, parte *f.* tagliente di una lama.

knife-edged /'naɪfedʒd/ *a.* tagliente, affilato.

knife-sharpener /'naɪf͵ʃɑːpənər *Am* 'naɪf ͵ʃɑːrpənər/ *n.* affilacoltelli *m.*

knight /naɪt/ **I** *n.* **1** *(Mediev,Stor.rom)* cavaliere *m.*: *to dub so. ~* armare qcu. cavaliere, creare qcu. cavaliere; *Knight of the Garter* cavaliere (dell'ordine) della Giarrettiera. **2** *(in chess, playing cards)* cavallo *m.* **3** *(fig)* cavaliere *m.*, campione *m.*, difensore *m.* **II** *v.t.* fare cavaliere, nominare cavaliere. □ *(Stor) ~ bachelor* cavaliere (non appartenente a un ordine cavalleresco); *(Stor) ~ commander* commendatario; *(Mediev,fig) ~ errant* cavaliere errante; *Knight Hospitaller* Cavaliere Ospitaliere, Ospedaliero; *~ in shining armour* cavaliere senza macchia e senza paura; *(ant) ~ of industry* truffatore, avventuriero; *Knights of Malta* cavalieri di Malta; *Knights of Rhodes* cavalieri di Rodi; *(scherz) ~ of the hammer* fabbro; *(rar) ~ of the pestle* farmacista; *~ of the road*: **1** *(scherz)* commesso viaggiatore; **2** *(scherz) (tramp)* vagabondo, girovago; **3** *(Stor) (highwayman)* bandito, brigante, predone; *(Lett) Knights of the Round Table* cavalieri della tavola rotonda; *(Stor) ~ of the shire* rappresentante parlamentare di una contea; *(Stor) Knight of the Temple* Templare; *(Stor) ~ service* godimento di terre in cambio del servizio militare; *(Stor) Knight Templar* Templare.

knightage /'naɪtɪdʒ *Am* 'naɪtɪdʒ/ *n. (collett.)* cavalieri *m.pl.*

knight-errantry /͵naɪt'erəntrɪ/ *n.* **1** *(Stor)* cavalleria *f.* errante. **2** *(fig)* donchisciottismo *m.*

knighthood /'naɪthʊd/ *n.* **1** cavalierato *m.* **2** *(Stor)* cavalleria *f.* **3** *(body of knights)* cavalieri *m.pl.*

knightliness /'naɪtlɪnəs/ *n.* cavalleria *f.*, lealtà *f.*

knightly /'naɪtlɪ/ *a.* **1** da (o di) cavaliere, cavalleresco. **2** *(chivalrous)* cavalleresco, leale.

knit /nɪt/ *(past, p.p.* **knit** o **knitted** /'nɪtɪd *Am* 'nɪtɪd/) **I** *v.t.* **1** lavorare ai ferri, lavorare a maglia: *to ~ a sweater* lavorare (o fare) un maglione ai ferri. **2** *(of the eyebrows)* aggrottare, corrugare: *to ~ one's brows* aggrottare le sopracciglia. **3** *(to join closely together)* saldare, congiungere. **4** *(to bind by common interests)* unire, legare. **II** *v.i.* **1** lavorare a maglia, fare la calza. **2** *(fig)* unirsi, legarsi; *(of bones)* saldarsi. □ *~ one, purl one (in knitting)* un diritto, un rovescio; *to ~ up*: **1** *(to repair by knitting)* rammendare; **2** *(to make by knitting)* fare a maglia, lavorare a maglia; **3** *(fig) (to tie up)* legare, annodare; **4** *(fig) (to conclude)* concludere.

knitted /'nɪtɪd *Am* 'nɪtɪd/ *a.* (lavorato) a maglia, di maglia: *a ~ dress* un vestito a maglia; *~ fabric* tessuto a maglia. □ *~ goods* maglieria, maglie.

knitter /'nɪtər *Am* 'nɪtər/ *n.* **1** magliaia *f.* **2** *(knitting machine)* macchina *f.* per maglieria.

knitting /'nɪtɪŋ *Am* 'nɪtɪŋ/ *n.* **1** *(act)* lavoro *m.* a maglia, lavoro *m.* ai ferri. **2** *(result)* lavoro *m.* a maglia. □ *~ machine* macchina per maglieria; *~ needle* ferro da calza.

knitwear /'nɪtweər *Am* 'nɪtwer/ *n.* maglieria *f.*, tessuti *m.pl.* di maglia, indumenti *m.pl.* di maglia.

---

knives /'naɪvz/ → **knife.**

knob /nɒb *Am* nɑːb/ *n.* **1** pomo *m.*, pomello *m.* **2** *(rounded handle)* pomello *m.*, impugnatura *f.* (tondeggiante); *(on a radio, etc.)* manopola *f.* **3** *(of wood)* nodo *m.*, nocchio *m.* **4** *(of a sword)* pomo *m.* (di spada). **5** *(stud, boss)* borchia *f.* **6** *(small lump)* noce *f.*: *a ~ of butter* una noce di burro. **7** *(small cube)* zolletta *f.*, cubetto *m.* **8** *(sl)* cazzo *m.*, pisello *m.* □ *(colloq) with -s on!* altro che!

knobbed /nɒbd *Am* nɑːbd/ *a.* nodoso, nocchieruto.

knobbiness /'nɒbɪnəs *Am* 'nɑːbɪnəs/ *n.* nodosità *f.*

knobble /'nɒbl *Am* 'nɑːbl/ *n.* sporgenza *f.*, protuberanza *f.*

knobbly /'nɒblɪ *Am* 'nɑːblɪ/ *a.* nodoso, pieno di nodi, nocchieruto. □ *~ knees* ginocchia nodose.

knobby /'nɒbɪ *Am* 'nɑːbɪ/ *a.* nodoso, pieno di nodi, nocchieruto.

knock[1] /nɒk *Am* nɑːk/ **I** *v.t.* **1** urtare (con violenza), investire. **2** *(to hit, to rap)* colpire, picchiare, battere, percuotere. **3** *(to cause to fall)* far cadere con un urto (o colpo), buttare giù con un urto (o colpo). **4** *(to produce by knocking)* fare (urtare con violenza): *the car -ed a hole in the fence* l'automobile fece un buco nello steccato. **5** *(to cause to collide)* battere, sbattere: *he -ed his head against the wall* ha battuto la testa contro il muro. **6** *(colloq) (to criticize)* criticare. **7** *(sl) (to impress greatly)* stupire, sbalordire, impressionare: *what -s us is his impudence* quello che ci stupisce è la sua faccia tosta. **II** *v.i.* **1** bussare, battere, picchiare: *someone is -ing on* (o *at) the door* qualcuno bussa alla porta. **2** *(to collide)* scontrarsi *(into, against* con), urtare (contro), sbattere (contro): *she -ed into me as she passed* mi urtò mentre passava. **3** *(Mot)* battere (in testa). **4** *(of fuel)* detonare.
□ *to ~ about*: **1** maltrattare, strapazzare, bistrattare; **2** *(to jar, to jolt)* sballottare, sbattere qua e là; **3** *(colloq) (to lead an irregular life)* condurre una vita sregolata; **4** *(to wander, to roam)* vagare, girovagare, vagabondare; **5** *(colloq) (to loaf)* bighellonare, ciondolare; *to ~ (up) against*: **1** scontrarsi con, urtare, sbattere contro; **2** *(to meet accidentally)* imbattersi in, incontrare per caso; *(colloq) to be -ed all of a heap* rimanere stupefatto, rimanere stordito; *to ~ around*: **1** maltrattare, strapazzare, bistrattare; **2** *(to jar, to jolt)* sballottare, sbattere qua e là; **3** *(colloq) (to lead an irregular life)* condurre una vita sregolata; **4** *(to wander, to roam)* vagare, girovagare, vagabondare; **5** *(colloq) (to loaf)* bighellonare, oziare; *(colloq) to ~ back (of a drink)* tracannare, scolare; *(fig) to ~ so.'s block off* spaccare la faccia a qcu.; *to ~ down*: **1** atterrare, gettare a terra, stendere a terra; *(with a car)* investire; **2** *(of buildings)* demolire, abbattere, buttare giù; **3** *(at an auction)* assegnare, aggiudicare: *the painting was -ed down to the highest bidder* il quadro fu aggiudicato al migliore offerente; **4** *(colloq) (of a price)* abbassare, ridurre; **5** *(of a person, to compel to lower a price)* farsi fare una riduzione da, farsi fare uno sconto da, ottenere una riduzione da, ottenere uno sconto; *to ~ so. flat* stendere qcu. (a terra), atterrare qcu.; *(Br) to ~ so. for six* lasciare di stucco qcu.; *to ~ in* piantare, conficcare: *to ~ in a nail* piantare un chiodo; *to ~ sth. into shape* sistemare qcs. con un colpetto, mettere a posto qcs. con un colpetto: *he -ed his hat into shape* con un colpetto si mise a posto il cappello; *to knock sth. out of shape* deformare qcs., sformare qcs.; *(sl) to ~ so.*

---

into the middle of next week mandare qcu. al tappeto con un pugno, stendere qcu.; *(Am, colloq) ~ it out!* smettila!, piantala!; *to ~ off*: **1** *(to cause to fall)* far cadere con un urto (o con un colpo), buttare giù con un urto (o un colpo): *he -ed the vase off the table* con un urto fece cadere il vaso dal tavolo; **2** *(colloq)* smettere di lavorare, staccare, smontare; **3** *(sl) (to die)* crepare, morire, tirare le cuoia; **4** *(colloq) (of work, occupation)* smettere, cessare; **5** *(colloq) (to produce, to compose rapidly)* buttare giù, improvvisare: *to ~ off an article* buttare giù un articolo; **6** *(colloq) (to deduct)* togliere, dedurre, defalcare, detrarre; **7** *(colloq) (to steal)* grattare, sgraffignare, rubare; **8** *(to rob)* svaligiare; **9** *(to kill)* ammazzare, far fuori; *(colloq) to ~ so. off his perch* fare sloggiare qcu.; *(Br,colloq) to ~ so. off his pins* fare cadere qcu.; *to ~ so. on the head*: **1** stordire qcu., tramortire qcu.; **2** *(to choke)* soffocare qcu.; **3** *(fig)* far tacere qcu.; *(Am) to ~ on wood* toccare ferro (per scaramanzia); *to ~ out*: **1** *(Sport)* mettere fuori combattimento, mettere k.o.; **2** *(colloq) (to produce, to compose rapidly)* buttare giù, improvvisare; **3** *(colloq) (to put out of action)* mettere fuori uso, rendere inservibile; **4** *(rifl.) to ~ oneself out* esaurirsi, stancarsi, spossarsi; **5** *(colloq) (to impress greatly)* sbalordire, stupire, impressionare (profondamente); **6** *(to eliminate)* eliminare, buttare giù: *we ~ ed out the wall between the kitchen and the living room* abbiamo eliminato il muro tra la cucina e il soggiorno; *to ~ so. out cold* mandare qcu. al tappeto, mettere qcu. k.o.; *to ~ over*: **1** far cadere, rovesciare: *she -ed the glass over* ha fatto cadere il bicchiere; **2** *(to prostrate)* atterrare, abbattere, gettare a terra; **3** *(colloq) (to upset)* sconvolgere, turbare; *(fig) to be -ed over backwards* rimanere esterrefatto; *(colloq) to ~ so.'s socks off*: **1** piacere da pazzi a qcu., fare impazzire qcu.; **2** *(to shock)* lasciare stupefatto qcu., lasciare secco qcu.; *(colloq) to ~ spots off so.* superare di gran lunga qcu., battere qcu. con grande facilità; *to ~ the bottom out of a theory* dimostrare l'infondatezza di una teoria, demolire una teoria; *(colloq) to ~ the stuffing out of so.*: **1** fare scendere dal piedistallo qcu.; **2** *(to defeat utterly)* battere in modo schiacciante qcu.; **3** *(to upset, to unnerve)* sconcertare, sconvolgere; *to ~ the wind out of so.* mozzare il fiato a qcu. colpendolo allo stomaco; *to ~ together* abborracciare, raffazzonare, mettere insieme alla svelta; *(fig) my knees -ed together* mi tremavano le ginocchia, le mie ginocchia facevano giacomo giacomo; *to ~ under* arrendersi, cedere; *to ~ up*: **1** svegliare (bussando): *the maid -ed me up at dawn* la cameriera mi ha svegliato all'alba; **2** *(to prepare, to put together rapidly)* improvvisare, preparare in fretta: *to ~ up a dinner* improvvisare un pranzo; **3** *(colloq) (to exhaust)* stremare, sfinire, spossare; **4** *(Sport) (in cricket, to score)* segnare; **5** *(Sport) (in tennis)* palleggiare; **6** *(colloq) (to make pregnant)* mettere incinta; *to ~ up against*: **1** scontrarsi con, urtare, sbattere contro; **2** *(to meet accidentally)* imbattersi in, incontrare per caso.

knock[2] /nɒk *Am* nɑːk/ *n.* **1** colpo *m.*, botta *f.*, urto *m.*, percossa *f.*: *to get a ~ on the head* ricevere un colpo in testa. **2** *(rap)* colpo *m.*, bussata *f.*: *a ~ at the door* un colpo alla porta. **3** *(fig)* colpo *m.* **4** *(Mot)* battito *m.* (in testa); *(detonation)* detonazione *f.* **5** *(colloq) (criticism)* (aspra) critica *f.* □ *(Med) ~ knee* ginocchio valgo.

knockabout /'nɒkə͵baʊt *Am* 'nɑːkə͵baʊt/ **I** *n.*

1 (*Teat*) spettacolo *m.* chiassoso (e grossolano). **2** (*Mar*) lancia *f.* a vela (senza bompresso). **II** *a.* **1** (*Teat*) (*slapstick*) chiassoso (e grossolano). **2** (*noisy*) chiassoso, rumoroso. **3** (*of clothes*) da strapazzo, da fatica.

knockdown /'nɒkdaʊn *Am* 'nɑːkdaʊn/ **I** *a.* **1** (*of a blow*) che atterra. **2** (*fig*) (*overwhelming*) schiacciante, irrefutabile: *a ~ argument* un argomento schiacciante. **3** (*easy to dismantle*) scomponibile, smontabile: *~ furniture* mobili scomponibili. **4** (*of prices: reduced*) di liquidazione; (*at an auction*) minimo. **II** *n.* **1** colpo *m.* che manda a terra, colpo *m.* che atterra. **2** (*fig*) colpo *m.* **3** (*of prices*) riduzione *f.* □ *~ price*: 1 prezzo di liquidazione; 2 (*at an auction*) prezzo minimo.

knocker /'nɒkər *Am* 'nɑːkər/ *n.* **1** chi batte, chi picchia, chi bussa. **2** (*of a door*) battente *m.*, batacchio *m.*, picchiotto *m.* **3** (*Am,colloq*) (*fault finder*) criticone *m.* (*f.* -a). □ (*sl*) *up to the ~* alla perfezione.

knock-kneed /ˌnɒk'niːd *Am* 'nɑːkniːd/ *a.* **1** dal ginocchio valgo. **2** (*fig*) (*inept*) inetto, incapace. **3** (*fig*) (*cowardly*) codardo, vile, vigliacco. **4** (*fig*) (*clumsy*) sgraziato, goffo.

knockoff /'nɑːkɒːf/ *n.* (*Am,colloq*) copia *f.*, imitazione *f.*

knock-out /'nɒkaʊt *Am* 'nɑːkaʊt/ **I** *n.* **1** il mettere fuori combattimento. **2** (*blow*) colpo *m.* che mette fuori combattimento. **3** (*colloq*) (*strikingly attractive person*) schianto *m.*; (*thing*) cannonata *f.*, schianto *m.*, fine *f.* del mondo. **4** (*rigged auction*) asta *f.* truccata. **5** (*Sport*) (*in boxing*) knock-out *m.*; (*in a tournament*) eliminazione *f.* **II** *a.* **1** (*of a blow*) che mette fuori combattimento. **2** (*Sport*) (*of a match*) a eliminazione. **3** (*colloq*) (*sensationally striking*) fantastico, da urlo.

knock-up /'nɒkʌp *Am* 'nɑːkʌp/ *n.* (*Sport*) (*in tennis*) palleggio *m.* (prima della partita).

knoll /nəʊl/ *n.* poggio *m.*, collina *f.*

knop /nɒp *Am* nɑːp/ *n.* **1** pomello *m.* **2** (*Tess*) bottone *m.*

knot¹ /nɒt *Am* nɑːt/ *n.* **1** nodo *m.*, annodatura *f.*: *to loosen a ~* (o *to undo a ~*) sciogliere un nodo, disfare un nodo; *to tie a ~ in one's handkerchief* farsi un nodo al fazzoletto. **2** (*ornamental loop of ribbon*) fiocco *m.*, nodo *m.* **3** (*fig*) (*small group*) capannello *m.*, crocchio *m.*: *a ~ of onlookers* un capannello di curiosi. **4** (*fig*) (*difficulty*) difficoltà *f.*, intoppo *m.*, nodo *m.* **5** (*fig*) (*bond*) nodo *m.*, vincolo *m.*, legame *m.*: *the marriage ~* il vincolo coniugale. **6** (*Anat*) nodulo *m.*, nodo *m.* **7** (*Mar*) (*unit of length*) nodo *m.*; (*nautical mile*) nodo *m.*, miglio *m.* marino. **8** (*of the hair*) crocchia *f.*, nodo *m.* **9** (*ornamental knot, boss*) borchia *f.* **10** (*Bot*) nodo *m.*, nocchio *m.* □ *to tie a rope in -s* fare dei nodi a una corda; (*colloq,fig*) *to tie oneself (up) in -s* confondersi.

knot² /nɒt *Am* nɑːt/ (*past, p.p.* **knotted** /'nɒtɪd *Am* 'nɑːtɪd/) **I** *v.t.* **1** annodare, fare un nodo a: *to ~ one's tie* annodarsi la cravatta, farsi il nodo alla cravatta. **2** (*to tie with a knot*) annodare, legare con un nodo. **3** (*of lace, net, etc.*) intrecciare, tessere (a nodi). **II** *v.i.* annodarsi, imbrogliarsi.

knot³ /nɒt *Am* nɑːt/ *n.* (*Ornit*) piovanello *m.* maggiore.

knotgrass /'nɒtɡrɑːs *Am* 'nɑːtɡræs/ *n.* (*Bot*) centinodia *f.*, correggiola *f.*

knothole /'nɒthəʊl *Am* 'nɑːthəʊl/ *n.* (*Fal*) foro *m.* di nodo.

knotted /'nɒtɪd *Am* 'nɑːtɪd/ *a.* **1** nodoso, pieno di nodi: *a ~ rope* una fune piena di nodi. **2** (*Fal*) nodoso.

knottiness /'nɒtɪnəs *Am* 'nɑːtɪnəs/ *n.* **1** nodo-

sità *f.* **2** (*fig*) difficoltà *f.*, complessità *f.*

knotting /'nɒtɪŋ *Am* 'nɑːtɪŋ/ *n.* **1** annodamento *m.*, annodatura *f.* **2** (*fancywork*) decorazione *f.* fatta con fili annodati. **3** (*Tecn*) (*in painting*) fissanodi *m.*

knotty /'nɒti *Am* 'nɑːti/ *a.* **1** pieno di nodi, nodoso. **2** (*Fal*) nodoso, pieno di nodi. **3** (*fig*) complesso, complicato, ingarbugliato.

knotwork /'nɒtwɜːk *Am* 'nɑːtwɜːrk/ *n.* linea *f.* continua attorcigliata a mo' di nodi.

knout /naʊt/ *n.* knut *m.*, staffile *m.* (di nervo di bue). **II** *v.t.* staffilare.

know¹ /nəʊ/ (*past* **knew** /njuː/ *p.p.* **known** /nəʊn/) **I** *v.t.* **1** conoscere, sapere: *he -s English perfectly* conosce l'inglese alla perfezione; *everybody -s that* lo sanno tutti; *how was I to ~?* come facevo a saperlo? **2** (*of people*) conoscere: *I've -n her for years* la conosco da anni. **3** (*rifl.*) *to ~ oneself* conoscersi, conoscere se stesso. **4** (*to recognize*) riconoscere, conoscere: *I'd ~ him at once* lo riconoscerei subito; *the child doesn't ~ his father any more* il bambino non riconosce più suo padre; *I knew him by his gait* l'ho riconosciuto dall'andatura. **5** (*to distinguish*) distinguere: *to ~ right from wrong* distinguere il bene dal male. **6** (*to experience*) conoscere, sperimentare, provare. **7** (*rar*) (*to have sexual intercourse with*) avere rapporti sessuali con, conoscere. **II** *v.i.* **1** sapere, essere informato: *yes, I ~ sì*, lo so. **2** (*to be certain*) essere certo: *do you ~, or are you just guessing?* ne sei certo, o è una semplice congettura? □ *to ~ a thing or two* saperla lunga, essere scaltro; (*colloq*) *he -s a trick or two* la sa lunga; *to ~ about* essere al corrente di, sapere, essere a conoscenza di, essere informato di; *I don't ~ about you, but I'm getting nervous* non so tu, ma io mi sto agitando; *to ~ sth. backwards* conoscere qcs. a menadito, conoscere qcs. per filo e per segno; *you ~ best* tu ne sai più di me; *to ~ better*: 1 sapere come vanno le cose, sapere come va il mondo, essere dotato di buon senso; 2 (*to refuse to believe*) saperla più lunga, sapere come stanno le cose: *he says he is poor, but I ~ better* dice di essere povero, ma io so come stanno le cose; (*fig*) *not to ~ black from white* non distinguere il nero dal bianco; (*Br*) *she doesn't ~ she's born* lei non sa quanto è fortunata; *to come to ~*: 1 (*of people*) conoscere; 2 (*of things*) (venire a) sapere; *don't I ~ it!* a chi lo dici!, a me lo dici!; (*colloq*) *to ~ every move* (*in the game*) conoscere tutte le sottigliezze (del gioco); *I ~ him for an honest man* lo conosco per un uomo onesto; *for all I ~* per quanto ne so, che io sappia; *to ~ from* distinguere, discernere: *it's difficult to ~ him from his brother* è difficile distinguerlo dal fratello; (*colloq*) *I don't ~ him from Adam* non l'ho mai visto né conosciuto; *to get to ~*: 1 (*of people*) conoscere; 2 (*of things*) (venire a) sapere; *to ~ how*: 1 sapere: *do you ~ how to ride a bike?* sai andare in bicicletta?; 2 (*to be able*) sapere, essere in grado, essere capace: *he knew how to answer all our questions* ha saputo rispondere a tutte le nostre domande; (*Am,volg*) *he doesn't ~ jack* non sa un cazzo; *to ~ one's job* conoscere il proprio mestiere; *to let so. ~* fare sapere a qcu.; *there's no -ing when I shall see you again* chissà quando ci rivedremo; *not if I ~ it!* neanche per sogno!; *not that I ~ of* no, che io sappia; *I don't ~ him personally, but I ~ of him* non lo conosco personalmente, ma lo conosco di fama (o ne ho sentito parlare); *I ~ of a nice hotel near here* so di un bell'albergo qui vicino; (*Br*) *to ~ sth. off pat* sapere qcs. a menadito; (*sl*) *he -s his*

onions è uno che sa il fatto suo; (*Br*) *to ~ sth. pat* sapere qcs. a menadito; (*colloq*) *to ~ something about it* saperne qualcosa; (*fig*) *to ~ one's way round* (o *around, about*) sapersela sbrigare, sapersela sbrogliare; *to ~ what one is talking about* uno che sa per cognizione di causa, sapere ciò di cui si parla; *he -s what he's about* è uno che sa il fatto suo; *what do you ~ (about that)?* ma guarda un po'; *you ~ what?* sai una cosa?; *to ~ what's what* saperla lunga, essere scaltro; (*colloq*) *you never ~ where you are with him* con lui non si sa mai come regolarsi; *you ~ (as a gap-filler in conversation*) sai?, capisci?: *it's not very difficult, you ~* non è molto difficile, sai?

know² /nəʊ/ □ (*colloq*) *to be in the ~* essere al corrente, essere informato.

knowability /ˌnəʊə'bɪlɪti *Am* ˌnəʊə'bɪləti/ *n.* conoscibilità *f.*

knowable /'nəʊəbl/ *a.* conoscibile.

knowableness /'nəʊəblnəs/ *n.* conoscibilità *f.*

know-all /'nəʊɔːl/ *n.* (*colloq*) sapientone *m.* (*f.* -a), saccente *m./f.*, tuttologo *m.* (*f.* -a): *to be a ~* fare il saccente.

know-how /'nəʊhaʊ/ *n.* know-how *m.*, cognizioni *f.pl.* tecniche, competenza *f.*

knowing /'nəʊɪŋ/ **I** *a.* **1** accorto, astuto, scaltro, avveduto; (*intelligent*) intelligente, sagace, perspicace. **2** (*knowledgeable*) bene informato. **3** (*revealing secret knowledge*) d'intesa: *he gave me a ~ look* mi diede un'occhiata d'intesa. **II** *n.* modo *m.* di sapere: *there is no ~ how much of this legend is true* non c'è modo di sapere quanto di vero ci sia in questa leggenda. □ (*Br,colloq*) *he is a ~ card* è un tipo che la sa lunga.

knowingly /'nəʊɪŋli/ *avv.* **1** scaltramente, astutamente. **2** (*with awareness*) di proposito, deliberatamente, consapevolmente, intenzionalmente.

knowingness /'nəʊɪŋnəs/ *n.* accortezza *f.*, avvedutezza *f.*

know-it-all /'nəʊɪtɔːl/ *n.* (*Am,colloq*) sapientone *m.* (*f.* -a), saccente *m./f.*, tuttologo *m.* (*f.* -a).

knowledge /'nɒlɪdʒ *Am* 'nɑːlɪdʒ/ *n.* **1** conoscenza *f.*, il conoscere, il sapere; (*familiarity*) conoscenza *f.*, pratica *f.*: *I have some ~ of engines* ho una certa conoscenza di motori. **2** (*that which is known*) conoscenza *f.*, nozioni *f.pl.*, cognizioni *f.pl.*: *my ~ of Latin is poor* la mia conoscenza del latino è scarsa. **3** (*learning*) scienza *f.*, sapere *m.*, dottrina *f.* **4** (*awareness*) consapevolezza *f.*, coscienza *f.*: *he has no ~ of what he is doing* non ha coscienza di ciò che fa. **5** (*range of information*) notizia *f.*: *~ of the disaster soon spread* la notizia del disastro si diffuse rapidamente. **6** (*Dir*) conoscenza *f.* **7** (*Filos*) conoscibile *m.* □ *to come to so.'s ~* venire a conoscenza di qcu., giungere a conoscenza di qcu.; *I had no ~ of it* non ne ero a conoscenza, lo ignoravo; *not to my ~* non che io sappia; *without the ~ of so.* all'insaputa di qcu. *Prov.*: *~ is power* sapere è potere.

knowledgeable /'nɒlɪdʒəbl *Am* 'nɑːlɪdʒəbl/ *a.* **1** bene informato. **2** (*intelligent*) intelligente, sagace, perspicace. **3** (*skilful, able*) abile, sapiente.

known¹ /nəʊn/ → **know¹**.

known² /nəʊn/ *a.* **1** noto, conosciuto: *the ~ world* il mondo conosciuto; *a little ~ fact* un fatto poco noto. **2** (*well-known*) noto, famoso: *she is ~ as an excellent actress* è nota come un'ottima attrice. **3** (*trusted*) conosciuto, provato, sperimentato: *person of ~ honesty* persona di provata onestà. **4** (*generally recognized*) riconosciuto: *a ~ authority* un'autorità riconosciuta. □ *the ~ facts* i fatti constatati; *to make* ~ far conoscere, rendere noto.

know-nothing /ˈnouˌnʌθɪŋ/ *n.* **1** ignorante *m./f.* **2** (*agnostic*) agnostico *m.* (*f.* -a).

Knt. *knight* cav. (cavaliere).

knuckle¹ /ˈnʌkl/ *n.* **1** (*Anat*) nocca *f.*, articolazione *f.* interfalangea. **2** (*Zool*) nocca *f.*, nodello *m.* **3** (*Macell*) peduccio *m.*, zampetto *m.* **4** (*Mecc*) articolazione *f.*; (*of a hinge*) elemento *m.* di cerniera. □ (*Mecc*) ~ *joint* giunto a cerniera; (*colloq*) ~ *sandwich* pugno sulla bocca.

knuckle² /ˈnʌkl/ *v.t.* toccare con le nocche, sfregare con le nocche. □ *to* ~ *down* mettersi sotto, darci dentro; (*colloq*) *to* ~ *under* cedere, arrendersi, sottomettersi.

knucklebone /ˈnʌklboun/ *n.* **1** (*Anat*) osso *m.* della nocca. **2** (*Zool*) garretto *m.* **3** *pl.* (*costr.sing.*) (*game*) gioco *m.* degli astragali.

knuckleduster /ˈnʌklˌdʌstər/ *n.* pugno *m.* di ferro, tirapugni *m.*

knucklehead /ˈnʌklhed/ *n.* (*spreg*) testone *m.* (*f.* -a), zuccone *m.* (*f.* -a), testa *f.* di cavolo.

knur /nɜːr/ *Am* /nɜːr/ *n.* **1** nodo *m.*, nocchio *m.* **2** (*wooden ball*) palla *f.* di legno.

knurl /nɜːl/ *Am* /nɜːrl/ *I n.* **1** pomo *m.*, pomello *m.* **2** (*Mecc*) zigrinatura *f.*, godronatura *f.* **II** *v.t.* (*Mecc*) zigrinare, godronare.

knurly /ˈnɜːli/ *Am* /ˈnɜːrli/ *a.* nodoso, nocchieruto.

knurr /nɜːr/ *Am* /nɜːr/ *n.* **1** nodo *m.*, nocchio *m.* **2** (*wooden ball*) palla *f.* di legno.

KO, k.o., K.O. (*Sport*) *knock out* k.o. (fuori combattimento).

koala /kouˈɑːlə/ *n.* (*Zool*) koala *m.* □ (*Zool*) ~ *bear* koala.

kobold /ˈkɒbould *Am* ˈkoubɔːld/ *n.* (*Folcl*) coboldo *m.*

kodak, Kodak /ˈkoudæk/ *n.* macchina *f.* fotografica portatile, macchina *f.* fotografica Kodak, Kodak *f.*

kohl /koul/ *n.* (*Cosmet*) kohl *m.*

kohlrabi /ˌkoulˈrɑːbi/ *n.* (*Bot,Alim*) cavolo *m.* rapa.

kola /ˈkoulə/ *n.* **1** (*Bot*) cola *f.* **2** (*Bot,Alim*) (*nut, seed*) noce *f.* di cola. □ (*Bot,Alim*) ~ *nut* (o ~ *seed*) noce di cola.

kolkhoz /kɒlˈkɔːz *Am* ˌkɑːlˈkɔːz/ *n.* kolchoz *m.*

Konrad /ˈkɒnræd *Am* ˈkɑːnræd/ *n.pr.m.* Corrado.

koodoo /ˈkuːduː/ *n.* (*Zool*) cudù *m.* maggiore.

kook /kuːk/ *n.* (*Am,colloq*) **1** (*eccentric per-

son*) stravagante *m./f.* **2** (*insane person*) scemo *m.* (*f.* -a), pazzo *m.* (*f.* -a).

kookie, kooky /ˈkuːki/ *a.* (*Am,colloq*) **1** (*eccentric*) stravagante, originale. **2** (*insane*) scemo, pazzo.

kopeck, kopek /ˈkoupek/ *n.* (*Econ*) copeco *m.*

Koran /kɔːˈrɑːn *Am* kəˈræn, kəˈrɑːn/ *n.* (*Rel*) corano *m.*

koranic /kɔːˈrænɪk *Am* kəˈrænɪk, kəˈrɑːnɪk/ *a.* (*Rel*) coranico, del corano.

Korea /kəˈriːə/ *n.pr.* (*Geog*) Corea *f.*

Korean /kəˈriːən/ *I a.* coreano. **II** *n.* **1** coreano *m.* (*f.* -a). **2** (*language*) coreano *m.*

Korsakoff /ˈkɔːsəkɒf *Am* ˈkɔːrsəkɔːf/ □ (*Psic*) ~*'s syndrome* sindrome di Korsakoff.

kosher /ˈkouʃər/ *a.* **1** (*Rel.ebr*) kosher, kasher. **2** (*Am,colloq*) (*genuine*) vero, autentico; (*honest*) onesto.

Kosovan /ˈkɒsəvən *Am* ˈkousəvən/ *I a.* (*Geog*) kosovaro. **II** *n.* kosovaro *m.* (*f.* -a).

Kosovar /ˈkɒsəvɑːr *Am* ˈkousəvɑːr/ *n.* (*Geog*) kosovaro *m.* (*f.* -a).

Kosovo /ˈkousəvou/ *n.pr.* (*Geog*) Kosovo *m.*, Kossovo *m.*

koumiss /ˈkuːməs/ *n.* kumis *m.*, kumys *m.*

kowtow /ˌkauˈtau/ *I n.* inchino *m.* alla maniera cinese. **II** *v.i.* **1** inchinarsi alla maniera cinese. **2** (*fig*) mostrare troppa deferenza (*to* verso), fare troppi salamelecchi (*to* a).

kph *kilometres per hour* km/h (kilometri all'ora, kilometri orari).

kraal /krɑːl/ *n.* **1** (*Etnol*) kraal *m.* **2** (*for cattle*) recinto *m.*

kraut, Kraut /kraut/ *n.* (*spreg*) (*German*) crucco *m.* (*f.* -a), tedesco *m.* (*f.* -a).

Kremlin /ˈkremlɪn/ *n.pr.* (*Geog*) Cremlino *m.*

Kremlinologist /ˌkremlɪˈnɒlədʒɪst *Am* ˌkremlɪˈnɑːlədʒɪst/ *n.* cremlinologo *m.* (*f.* -a).

Kremlinology /ˌkremlɪˈnɒlədʒi *Am* ˌkremlɪˈnɑːlədʒi/ *n.* cremlinologia *f.*

krill /krɪl/ *n.* (*Zool*) krill *m.*

kris /kriːs/ *n.* kris *m.*, kriss *m.*, pugnale *m.* malese.

Krishna /ˈkrɪʃnə/ *n.pr.m.* (*in Hinduism*) Krishna.

Krishnaism /ˈkrɪʃnaɪzəm/ *n.* adorazione *f.* di Krishna.

krone /ˈkrounə/ (*pl.* **-r** /-r/) *n.* (*Econ,Numism*) corona *f.*

Kronos /ˈkrounɒs/ *n.pr.m.* (*Mitol*) Crono.

krypton /ˈkrɪptɒn *Am* ˈkrɪptɑːn/ *n.* (*Chim*) cripto *m.*

KS *Kansas* KS (Kansas).

Kt *knight* cav. (cavaliere).

kt. **1** (*Oref*) *karat* K (carato). **2** (*Mar*) *knot* kn (nodo).

Kublai Khan /ˌkuːblaɪˈkɑːn/ *n.pr.m.* (*Lett*) Kublai Khan.

kudos /ˈkjuːdɒs *Am* ˈk(j)uːdɑːz/ *n.inv.* (*colloq*) gloria *f.*, fama *f.*, onori *m.pl.*, applausi *m.pl.*

kudu /ˈkuːduː/ *n.* (*Zool*) cudù *m.* maggiore.

Ku Klux Klan /ˌkuːklʌksˈklæn/ *n.* Ku Klux Klan *m.*

Ku Klux Klanner /ˌkuːklʌksˈklænər/ *n.* membro *m.* del Ku Klux Klan.

kurchatovium /ˌkɜːtʃəˈtouviəm *Am* ˌkɜːrtʃəˈtouviəm/ *n.* (*Chim*) kurciatovio *m.*, rutherfordio *m.*

Kurd /kɜːd *Am* kɜːrd, kurd/ *n.* curdo *m.* (*f.* -a).

Kurdish /ˈkɜːdɪʃ *Am* ˈkɜːrdɪʃ, kurdɪʃ/ *I a.* curdo. **II** *n.* curdo *m.* (*f.* -a).

Kurdistan /ˌkɜːdɪˈstɑːn *Am* ˌkɜːrdɪˈstɑːn *Am* ˌkurdɪˈstɑːn/ *n.pr.* (*Geog*) Kurdistan *m.*

Kuwait /kuˈweɪt/ *n.pr.* (*Geog*) Kuwait *m.*

Kuwaiti /kuˈweɪti *Am* kuˈweɪti/ *I a.* (*Geog*) kuwaitiano. **II** *n.* kuwaitiano *m.* (*f.* -a).

kvetch /kvetʃ/ *v.i.* (*Am,colloq*) **1** insistere, essere insistente. **2** (*to complain*) lamentarsi in continuazione.

KWCI (*Inform*) *key word in context* KWIC (parola chiave in contesto).

KWT *Kuwait* KWT (Kuwait).

KY *Kentucky* KY (Kentucky).

kyle /kaɪl/ *n.* (*Scott*) canale *m.*, stretto *m.*

kyloe /ˈkaɪlou/ *n.* (*Scott*) razza *f.* di bovini scozzesi.

kymogram /ˈkaɪmougræm/ *n.* chimogramma *m.*

kymograph /ˈkaɪmougrɑːf *Am* ˈkaɪmougræf/ *n.* (*Radiol,Aer*) chimografo *m.*

Kymric /ˈkɪmrɪk/ *I a.* (*Etnol*) cimrico. **II** *n.* (*Etnol*) cimrico *m.*

kyphoscoliosis /ˌkaɪfouskɒliˈousɪs *Am* ˌkaɪfouskɑːliˈousɪs/ *n.* (*Med*) cifoscoliosi *f.*

kyphosis /kaɪˈfousɪs *Am* kaɪˈfousɪs/ *n.* (*Med*) cifosi *f.*

kyphotic /kaɪˈfoutɪk *Am* kaɪˈfoutɪk/ *n.* (*Med*) cifotico.

Kyrgiz /ˈkɜːgɪz *Am* kɪrˈgiːz/ *I a.* (*Geog*) kirghiso. **II** *n.* kirghiso *m.* (*f.* -a).

Kyrgyzstan /ˌkɜːgɪˈstɑːn *Am* ˈkɪrgɪstɑːn/ *n.* (*Geog*) Kirghizistan *m.*

Kyrie /ˈkɪriei *Br also* ˈkɪəri/, **Kyrie eleison** /ˌkɪriei'ˈleɪzən *Br also* ˌkɪərii'ˈleɪzɒn/ *n.* (*Lit*) Kyrie *m.*, Kyrie eleison *m.*

L

l¹, L¹ /el/ (pl. **l's/ls, L's/Ls** /elz/) n. (letter of the alphabet) l, L f./m.: (Tel) L for Lucy (o Am L as in Love) l come Livorno.

l² **1** length l (lunghezza). **2** litre l (litro). **3** (Geog) latitude lat. (latitudine).

L² /el/ a. (L-shaped) a (forma di) L, a gomito. □ (Br,Aut) ~plate (to indicate that the driver is a learner) cartello applicato sull'auto di un principiante.

L³ **1** Luxembourg L (Lussemburgo). **2** large L (large, grande). **3** lake lago. **4** left S sinistra. **5** Latin lat. (latino). **6** liberal (liberale). **7** (Geog) longitude long. (longitudine). **8** (Econ,Numism) lira L (lira); (Italian Lira) Lit. **9** learner-driver P (guidatore principiante). **10** low pressure B (bassa pressione).

la /lɑː/ n. (Mus) la m.

LA /ˌelˈeɪ/ **1** local authority (autorità locale). **2** Library Association (associazione delle biblioteche). **3** Los Angeles (Los Angeles). **4** Louisiana LA (Louisiana).

La. lane vic. (vicolo).

laager /ˈlɑːɡər/ **I** n. **1** (Stor) (in South Africa) accampamento m. delimitato da carri disposti a cerchio. **2** (Mil) accampamento m. delimitato da automezzi corazzati. **II** v.i. accamparsi. **III** v.t. accampare.

lab /læb/ n. (colloq) laboratorio m.

Lab /læb/ n. (colloq,Zool) (Labrador Retriever) labrador m.

Lab. (Pol) Labour Party (partito laburista).

labarum /ˈlæbərəm/ (pl. **-ra** /-rə/) n. (Stor.rom) labaro m.

labdanum /ˈlæbdənəm/ n. (Bot,Cosmet) ladano m.

labefaction /ˌlæbɪˈfækʃən/ n. (rar) indebolimento m., infiacchimento m.

label /ˈleɪbl/ **I** n. **1** etichetta f., cartellino m. **2** (fig) (definition) etichetta f., denominazione f., definizione f. **3** (Mus) (trademark for record companies) etichetta f., casa f. discografica. **4** (Abbigl) (fashion house) griffe f., maison f.; (designer) stilista m./f.; (designer label) firma f. **5** (Inform) etichetta f. **6** (Arch) (dripstone) gocciolatoio m. **7** (Arald) lambello m. **8** (Chim,Biol) sostanza f. tracciante, sostanza f. marcata. **II** v.t. (past, p.p. **labelled** / Am **labeled** /-d/) **1** etichettare, munire di etichetta, munire di cartellino, mettere un'etichetta a. **2** (fig) qualificare (sommariamente), etichettare, bollare, classificare.

labeller /ˈleɪblər/ n. etichettatore m. (f. -trice).

labelling /ˈleɪblɪŋ/ n. **1** etichettatura f. **2** (Nucl) marcatura f.

labellum /ləˈbeləm/ (pl. **-lla** /-lə/) n. (Bot, Entom) labello m.

labia /ˈleɪbɪə/ n.pl. (Anat,Bot) labbro m.sing. □ (Anat) ~ majora grandi labbra; (Anat) ~ minora piccole labbra.

labial /ˈleɪbɪəl/ **I** a. (Fon,Anat) labiale. **II** n. (Fon) labiale f., consonante f. labiale.

labialisation /ˌleɪbɪəl(ə)rˈzeɪʃən/ n. (Br,Fon) labializzazione f.

labialise /ˈleɪbɪəlaɪz/ v.t. (Br) labializzare.

labialization /ˌleɪbɪəl(ə)rˈzeɪʃən/ n. (Fon) labializzazione f.

labialize /ˈleɪbɪəlaɪz/ v.t. (Fon) labializzare.

labiate¹ /ˈleɪbɪət/ a. (Bot) labiato.

labiate² /ˈleɪbɪət, ˈleɪbɪˌeɪt/ n. (Bot) labiata f.

labile /ˈleɪb(ə)ɪl/ a. **1** (Chim,Mecc) labile, instabile. **2** (Psic) labile, psicolabile.

lability /ləˈbɪləti Am ləˈbɪləti/ n. (Chim,Mecc, Psic) labilità f.

labiodental /ˌleɪbɪoʊˈdentəl Am ˌleɪbɪoʊˈdentəl/ **I** a. (Fon) labiodentale. **II** n. (Fon) labiodentale f.

labiovelar /ˌleɪbɪoʊˈviːlər/ **I** a. (Ling,Fon) labiovelare. **II** n. (Fon) labiovelare f.

labium /ˈleɪbɪəm/ (pl. **-bia** /-bɪə/) n. (Anat,Bot) labbro m.

lablab /ˈlæblæb/ n. (Bot) lablab m., fagiolo m. egiziano.

labor /ˈleɪbər/ e der. (Am) → **labour** e der.

laboratory /ləˈbɒrətəri Am ˈlæbrətɔːri/ **I** n. laboratorio m.: ~ research ~ laboratorio di ricerca; language ~ laboratorio linguistico. **II** a. di laboratorio, laboratoristico. □ ~ assistant assistente di laboratorio; ~ research ricerca di laboratorio; ~ technician tecnico di laboratorio; ~ test prova di laboratorio.

laborious /ləˈbɔːrɪəs/ a. **1** laborioso, faticoso, arduo, difficoltoso, difficile: a ~ job un lavoro faticoso. **2** (hard-working) laborioso, operoso, attivo. **3** (of speech or writing) pesante.

laboriously /ləˈbɔːrɪəsli/ avv. laboriosamente, faticosamente.

laboriousness /ləˈbɔːrɪəsnəs/ n. **1** laboriosità f., difficoltà f. **2** (industriousness) operosità f., laboriosità f.

labour /ˈleɪbər/ **I** n. **1** (Econ) lavoro m.: manual ~ lavoro manuale; ~ and capital lavoro e capitale. **2** (body of persons) manodopera f., forza f. lavoro: shortage of ~ scarsezza di manodopera. **3** (hard work, toil) fatica f., lavoro m. (faticoso). **4** (product) lavoro m. **5** (task, outcome) fatica f.: the (twelve) -s of Hercules le (dodici) fatiche di Ercole. **6** (Fisiol) doglie f.pl., travaglio m. (di parto): to be in ~ avere le doglie. **7** (Pol) (working class) lavoro m., classe f. dei lavoratori, classe f. operaia, lavoratori m.pl. **8** (Pol) (supporters of the Labour Party) laburisti m.pl. **II** v.i. **1** lavorare (con fatica), faticare, lavorare sodo. **2** (to strive) lottare, combattere, battersi (for per): to ~ for peace lottare per la pace. **3** (to suffer from) soffrire, patire, tribolare, penare (under per). **4** (to operate with difficulty) penare, fare fatica, stentare (under per). **5** (to move with great effort) avanzare con (grande) difficoltà, procedere a fatica. **6** (Fisiol) avere le doglie. **7** (Mar) rollare, beccheggiare. **III** v.t. (to overemphasise) insistere su, impuntarsi su, ostinarsi su: I won't ~ the point non insisterò su questo punto. □ ~ camp: 1 colonia penale (per condannati ai lavori forzati); 2 (for migratory workers) campo di raccolta; ~ cost costo del lavoro; ~ dispute controversia sindacale; (GB,ant) ~ exchange ufficio di collocamento; ~ force forze del lavoro; (Fisiol) to go into ~ entrare in travaglio; (Dir) ~ law diritto del lavoro; ~ leader dirigente sindacale; (Fisiol) ~ legislation diritto del lavoro, legislazione del lavoro; a ~ of love un lavoro fatto per diletto, un lavoro gradito; ~ market mercato della manodopera, mercato del lavoro; (Pol) ~ movement movimento sindacale; ~ negotiations

trattative sindacali; (Fisiol) ~ pains travaglio (di parto), doglie; ~ productivity produttività del lavoro; ~ relations relazioni industriali; to ~ under a delusion essere vittima di un'illusione; ~ union sindacato operaio, sindacato dei lavoratori; ~ unrest agitazioni operaie.

Labour /ˈleɪbər/ n. (Pol) partito m. laburista. **II** a. (Pol) laburista. □ ~ Day: 1 festa del lavoro (1° maggio); 2 (in the US and Canada) festa del lavoro (primo lunedì di settembre); (Pol) ~ Party partito laburista.

labour-cost /ˈleɪbəkɒst Am ˈleɪbərkɑːst/ □ ~ index indice del costo del lavoro.

laboured /ˈleɪbəd Am ˈleɪbərd/ a. **1** faticoso, penoso, pesante, duro, gravoso. **2** (lacking spontaneity) affettato, studiato. **3** (overelaborate) laborioso, tormentoso. □ ~ breathing respiro affannoso.

labourer /ˈleɪbərər/ n. **1** (worker) lavoratore m. (f. -trice) (non qualificato). **2** (unskilled worker) manovale m. **3** (farm worker) lavoratore m. (f. -trice) agricolo; (day labourer) bracciante m./f.

labouring /ˈleɪbərɪŋ/ a. **1** lavoratore: ~ classes classi lavoratrici. **2** (fig) penoso, faticoso.

labour-intensive /ˌleɪbərɪnˈtensɪv/ a. (Econ) ad alta intensità di manodopera.

Labourism /ˈleɪbərɪzəm/ n. **1** (Sociol) operaismo m. **2** (Pol) laburismo m.

Labourite /ˈleɪbəraɪt/ n. (Pol) laburista m./f.

labour-saving /ˈleɪbəseɪvɪŋ Am ˈleɪbərseɪvɪŋ/ a. che fa risparmiare lavoro.

labra /ˈlæbrə/ n. (Zool) labbro m.

Labrador /ˈlæbrəˌdɔːr/ n. (Zool,Geol) Labrador m. □ (Zool) ~ retriever Labrador; (Bot) ~ tea ledum palustre.

labradorite /ˈlæbrəˌdɔːraɪt/ n. (Min) labradorite f.

labret /ˈlæbrət/ n. (Etnol) piattello m. labiale.

labrum /ˈlæbrət/ (pl. **-ra** /-rə/) n. (Zool) labbro m.

laburnum /ləˈbɜːnəm Am ləˈbɜːrnəm/ n. (Bot) maggiociondolo m., laburno m.

labyrinth /ˈlæbərɪnθ/ n. **1** labirinto m. (anche Anat, fig). **2** (fig) dedalo m., labirinto m.: a ~ of narrow streets un dedalo di viuzze. □ (Itt) ~ fish anabantide.

labyrinthian /ˌlæbəˈrɪnθɪən/ a. **1** labirintico (anche Anat). **2** (fig) labirintico, intricato, tortuoso.

labyrinthine /ˌlæbəˈrɪnθaɪn Am ˌlæbəˈrɪnθiːn/ a. **1** labirintico (anche Anat). **2** (fig) labirintico, intricato, tortuoso.

labyrinthodont /ˌlæbəˈrɪnθədɒnt Am ˌlæbəˈrɪnθədɑːnt/ n. (Paleont) labirintodonte m.

lac¹ /læk/ n. lacca f. □ ~ insect coccinella della lacca indiana.

lac² /læk/ n. (in Indian English) centomila m.

laccolith /ˈlækəlɪθ/ n. (Geol) laccolite m./f.

lace /leɪs/ **I** n. **1** (Tess) merletto m., pizzo m., trina f. **2** (string, cord) laccio m., stringa f. **3** (Sart) (braid) gallone m.: golden ~ gallone d'oro. **4** (Br) (alcohol added to a drink) correzione f., schizzo m. **II** v.t. **1** (to tie) allacciare, legare (con lacci): to ~ one's shoes allacciarsi le scarpe. **2** (to confine in a corset) stringere con (o in) un busto. **3** (to adorn with lace) merlettare, ornare di trine, ornare di merletti; (to braid) gallonare. **4** (to inter-

lace) intrecciare, intessere. 5 (*fig*) (*to add alcohol to*) correggere: *to ~ one's coffee with cognac* correggere il caffè con cognac. 6 (*fig*) (*to add poison*) avvelenare. **III** *v.i.* 1 allacciarsi. 2 (*to make lace*) fare merletti, fare trine. □ *~ bug* tingide; (*Vetr*) *~ glass* bicchiere con disegno merlettato, vetro con disegno merlettato; (*colloq*) *to ~ into so.*: 1 picchiare qcu., percuotere qcu., bastonare qcu.; 2 (*to attack verbally*) attaccare qcu., criticare qcu., aspramente, dare una strigliata a qcu.; (*Cart*) *~ paper* carta (uso) pizzo; *~ pillow* tombolo; *to ~ up*: 1 (*used transitively*) allacciare, legare (con lacci): *to ~ up one's shoes* allacciarsi le scarpe; 2 (*used intransitively*) allacciarsi: *the dress -s up in the back* l'abito si allaccia dietro.

Lacedaemon /ˌlæsəˈdiːmən/ *n.pr.* (*Geog.stor*) Lacedemone *f.*

Lacedaemonian /ˌlæsɪˈmoʊniən/ **I** *a.* (*Stor.gr*) spartano, (*lett*) lacedemone. **II** *n.* (*Stor.gr*) spartano *m.* (*f.* -a), (*lett*) lacedemone *m./f.*

lace-edged /ˌleɪsˈedʒd/ *a.* bordato di pizzo.

lacemaking /ˈleɪsmeɪkɪŋ/ *n.* arte *f.* del merletto.

lacerate /ˈlæsəreɪt/ **I** *v.t.* 1 lacerare, stracciare, strappare. 2 (*fig*) straziare, lacerare, tormentare. **II** *a.* (*Bot*) frastagliato, dentellato.

lacerated /ˈlæsəreɪtɪd/ *a.* 1 lacerato, strappato. 2 (*fig*) straziato, lacerato. 3 (*Biol*) frastagliato, sfrangiato.

laceration /ˌlæsəˈreɪʃən/ *n.* lacerazione *f.*, strappo *m.*

lace-ups /ˈleɪsˌʌps/ *n.pl.* (*colloq*) scarpe *f.pl.* allacciate.

lacewing /ˈleɪswɪŋ/ *n.* (*Entom*) crisopa *f.*

lacework /ˈleɪswɜːk Am* leɪswɜːrk/ *n.* merletti *m.pl.*, pizzi *m.pl.*, merlettature *f.pl.*

laches /ˈleɪtʃɪz/ *n.inv.* (*Dir*) negligenza *f.*; (*undue delay*) mora *f.*, rinvio *m.*

Lachesis /ˈlækəsɪs/ *n.pr.f.* (*Mitol*) Lachesi.

lachrymal /ˈlækrɪməl/ *a.* lacrimale (*anche Anat*). □ (*Anat*) *~ bone* osso lacrimale; (*Anat*) *~ duct* condotto lacrimale; (*Anat*) *~ gland* ghiandola lacrimale; (*Anat*) *~ sac* sacco lacrimale; (*Archeol*) *~ vase* lacrimatoio, vaso lacrimale.

lachrymation /ˌlækrɪˈmeɪʃən/ *n.* lacrimazione *f.*

lachrymator /ˈlækrɪmeɪtə Am* 'lækrɪmeɪtər/ *n.* lacrimogeno *m.*

lachrymatory /ˌlækrɪˈmeɪtəri Am* 'lækrɪmətɔːri/ *a.* lacrimatorio. **II** *n.* (*Archeol*) lacrimatoio *m.*, vaso *m.* lacrimale.

lachrymose /ˈlækrɪmoʊs/ *a.* 1 lacrimoso, pieno di lacrime. 2 (*pathetic*) lacrimogeno; (*mournful*) doloroso, triste.

lachrymosely /ˈlækrɪmoʊsli/ *avv.* pieno di lacrime, lacrimosamente.

lacing /ˈleɪsɪŋ/ *n.* 1 allacciamento *m.*, allacciatura *f.* 2 (*lace, cord*) laccio *m.*, stringa *f.* 3 (*Sart*) (*braid*) gallone *m.* 4 (*dash of alcohol*) aggiunta *f.* di liquore, correzione *f.* 5 (*Br, colloq*) (*rebuke*) strigliata *f.* 6 (*Br,colloq*) (*thrashing*) bastonatura *f.* □ (*Edil*) *~ course* ricorso di listatura, ricorso di aggraffatura.

laciniate /ləˈsɪniət/ *a.* (*Bot*) laciniato, frastagliato, sfrangiato.

laciniated /ləˈsɪniːtɪd Am* ləˈsɪnieɪtɪd/ *a.* (*Bot*) laciniato, frastagliato, sfrangiato.

lack /læk/ **I** *n.* 1 scarsità *f.*, penuria *f.*, mancanza *f.*, carenza *f.*, insufficienza *f.*, difetto *m.*: *there is a ~ of water* c'è scarsità d'acqua; *~ of interest* mancanza d'interesse, disinteresse *m.*; (*sth. missing*) mancanza *f.*, vuoto *m.*: *when he left we felt the ~* quando se n'è andato abbiamo sentito la sua mancanza. **II** *v.t.*

1 mancare di, difettare di, scarseggiare di, non avere: *to ~ confidence in oneself* mancare di fiducia in se stesso; *the town -s a swimming pool* la città manca di una piscina. 2 (*to require, to want*) occorrere (*costr. impers.*), avere bisogno di, avere necessità di. **III** *v.i.* 1 mancare, difettare, scarseggiare. 2 (*to be deficient*) mancare, difettare, essere privo (*in, for* di): *to be -ing in courage* mancare di coraggio. □ *for ~ of* per mancanza di: *for ~ of time* per mancanza di tempo; *for ~ of anything better* in mancanza di meglio; *see that no one -s for sth. to eat* bada che tutti abbiano da mangiare; *what he -s in intelligence he makes up for in perseverance* supplisce con la perseveranza alla mancanza d'intelligenza; *to ~ nothing* avere tutto, non mancare di nulla, non avere bisogno di nulla; *I ~ for nothing* non mi manca nulla; *no ~ of* abbondanza di; *~ of motivation* demotivazione; *through ~ of* per mancanza di: *through ~ of time* per mancanza di tempo.

lackadaisical /ˌlækəˈdeɪzɪkəl/ *a.* 1 languido, fiacco, apatico, svogliato. 2 (*lazy*) indolente, pigro.

lackadaisically /ˌlækəˈdeɪzɪkli/ *avv.* apaticamente, svogliatamente.

lackey /ˈlæki/ **I** *n.* 1 (*ant*) lacchè *m.* 2 (*fig,spreg*) servo *m.*, leccapiedi *m.* **II** *v.t.* 1 (*ant*) servire come lacchè. 2 (*fig,spreg*) fare da lacchè a., leccare i piedi a. □ (*Entom*) *~ moth* neustria.

lacking /ˈlækɪŋ/ **I** *a.* 1 mancante, privo (*in* di), carente, senza: *to be ~ in sth.* mancare di qcs., essere privo di qcs., essere carente di qcs., essere senza qcs. 2 (*colloq*) (*feeble-minded*) deficiente. **II** *prep.* senza, in mancanza di.

lackland /ˈlæklənd/ **I** *a.* senza terra: *John Lackland* Giovanni Senzaterra. **II** *n.* chi non ha terre.

lackluster *Am*, **lacklustre** /ˈlæklʌstə/ *a.* 1 smorto, spento, opaco: *~ eyes* occhi spenti. 2 (*fig*) (*lacking vitality*) debole, fiacco.

laconic /ləˈkɒnɪk Am* ləˈkɑːnɪk/, **laconical** /ləˈkɒnɪkəl Am* ləˈkɑːnɪkəl/ *a.* laconico, conciso.

laconically /ləˈkɒnɪkəli Am* ləˈkɑːnɪkəli/ *avv.* laconicamente, concisamente.

laconicism /ləˈkɒnɪsɪzəm Am* ləˈkɑːnəsɪzəm/ *n.* 1 laconicità *f.*, concisione *f.* 2 (*laconic expression*) laconismo *m.*

laconism /ˈlækənɪzəm Am* /*n.* 1 laconicità *f.*, concisione *f.* 2 (*laconic expression*) laconismo *m.*

lacquer /ˈlækə Am* /*n.* **I** *n.* 1 lacca *f.*, vernice *f.* 2 (*for the hair*) lacca *f.* 3 (*nail varnish*) smalto *m.* (*o* lacca *f.*) per (le) unghie, smalto *m.* 4 (*Japanese lacquer*) lacca *f.* giapponese, lacca *f.* del Giappone. 5 (*lacquered object*) oggetto *m.* laccato (*o* verniciato), lacca *f.*; (*objects*) lacche *f.pl.* **II** *v.t.* laccare, verniciare (con lacca). □ (*Bot*) *~ tree* albero della lacca.

lacquered /ˈlækəd Am* 'lækərd/ *a.* laccato, verniciato.

lacquerer /ˈlækərər/ *n.* laccatore *m.* (*f.* -trice).

lacquering /ˈlækərɪŋ/ *n.* laccatura *f.*, verniciatura *f.*

lacquerware /ˈlækəweə Am* 'lækərwer/ *n.* 1 oggetto *m.* laccato, oggetto *m.* verniciato, lacca *f.* 2 (*objects*) lacche *f.pl.*

lacrimal /ˈlækrɪməl/ *e der.* → **lachrymal** *e der.*

lacrosse /ləˈkrɒs Am* ləˈkrɑːs/ *n.* (*Sport*) lacrosse *m.*

lacrymal /ˈlækrɪməl/ *e der.* → **lachrymal** *e der.*

lactam /ˈlæktæm/ *n.* (*Chim*) lattame *m.*

lactase /ˈlækteɪs/ *n.* (*Chim,Biol*) lattasi *f.*

lactate¹ /ˈlækteɪt/ *n.* (*Chim*) lattato *m.*

lactate² /ˈlækteɪt/ *v.i.* (*Fisiol*) secernere latte, produrre latte.

lactation /lækˈteɪʃən/ *n.* 1 (*Fisiol*) lattazione *f.*, montata *f.* lattea. 2 (*period of lactation*) lattazione *f.*

lacteal /ˈlæktiəl/ **I** *a.* 1 latteo, lattiginoso. 2 (*Anat*) chilifero. **II** *n.* (*Anat*) vaso *m.* chilifero.

lactescence /lækˈtesəns/ *n.* lattescenza *f.* (*anche Bot*).

lactescent /lækˈtesənt/ *a.* 1 lattescente (*anche Bot*). 2 (*secreting milk*) lattifero.

lactic /ˈlæktɪk/ *a.* (*Chim*) lattico: *~ acid* acido lattico.

lactiferous /lækˈtɪfərəs/ *a.* 1 lattifero. 2 (*Bot*) laticifero, lattiginoso.

lactobacillus /ˌlæktoubəˈsɪləs/ (*pl.* **-lli** /-laɪ/) *n.* lattobacillo *m.*

lactogenic /ˌlæktouˈdʒenɪk/ *a.* lattogeno.

lactometer /lækˈtɒmɪtə Am* læk'tɑːmɪtər/ *n.* lattimetro *m.*, lattodensimetro *m.*

lactoprotein /ˌlæktouˈproutiːn/ *n.* (*Biol*) proteina *f.* del latte.

lactose /ˈlæktous/ *n.* (*Chim*) lattosio *m.* □ (*Med*) *~ intolerance* intolleranza al lattosio; (*Med*) *~ intolerant* intollerante al lattosio.

lacto-vegetarian /ˈlæktou,vedʒɪ,teəriən Am* /**I** *n.* latteo-vegetariano *m.* **II** *a.* latteo-vegetariano.

lacuna /ləˈkjuːnə/ (*pl.* **-s** /-z/, **-nae** /-niː/) *n.* 1 (*lett*) lacuna *f.*, vuoto *m.* 2 (*Anat*) lacuna *f.*, cavità *f.* 3 (*Bot*) lacuna *f.*, spazio *m.* intercellulare.

lacunal /ləˈkjuːnəl/ *a.* lacunare.

lacunar /ləˈkjuːnə Am* /*n.* (*pl.* **-s** /-z/, **-naria** /-'næriə/) 1 (*Arch*) soffitto *m.* a cassettoni. 2 (*coffer*) lacunare *m.*, cassettone *m.* **II** *a.* lacunare.

lacunary /ləˈkjuːnəri/ *a.* lacunare.

lacunose /ləˈkjuːnous/ *a.* lacunoso.

lacustrian /ləˈkʌstriən/ **I** *a.* lacustre. **II** *n.* (*Etnol*) palafitticolo *m.* (*f.* -a).

lacustrine /ləˈkʌstrɪn/ *a.* lacustre.

lacy /ˈleɪsi/ *a.* 1 merlettato, fatto di pizzo. 2 (*lace-like*) simile a merletto, simile a un pizzo.

lad /læd/ *n.* 1 (*boy*) ragazzo *m.*, (*ant*) giovinetto *m.*; *a young ~* un giovanotto; *a good ~* un bravo figliolo. 2 (*young man*) giovane *m.*, giovanotto *m.* 3 (*stableboy*) garzone *m.* di stalla. 4 *pl.* (*Br,Aus*) (*friends*) amici *m.pl.*, ragazzi *m.pl.*, compagni *m.pl.* □ (*Br*) *a bit of a ~*: 1 un furbacchione, un ragazzaccio; 2 (*playboy*) un casanova, un playboy; *one of the -s* membro di una compagnia, ragazzo vivace.

ladanum /ˈlædənəm/ *n.* (*Bot,Cosmet*) ladano *m.*

ladder /ˈlædə Am* /*n.* **I** *n.* 1 scala *f.* (a pioli). 2 (*Br*) (*in a stocking*) smagliatura *f.* 3 (*fig*) scala *f.*: *the social ~* la scala sociale; *the ~ of success* la scala del successo. 4 (*Ginn*) scala *f.* svedese. **II** *v.t.* (*Br*) (*of a stocking*) smagliare, sfilare. **III** *v.i.* (*Br*) (*of a stocking*) smagliarsi, sfilarsi. □ *~ back* schienale a graticcio; *~ truck* autoscala.

laddered /ˈlædəd/ *a.* (*Br*) (*of a stocking*) smagliato, sfilato.

ladderproof /ˈlædəpruːf/ *a.* (*Br*) (*of a stocking*) indemagliabile.

laddie /ˈlædi/ *n.* (*Scott*) ragazzino *m.*

laddish /ˈlædɪʃ/ *a.* (*Br*) da maschiaccio, rozzo.

lade /leɪd/ (*past* **laded** /ˈleɪdɪd/, *p.p.* **laded** *o* **laden** /ˈleɪdən/) *v.t.* (*Mar,ant*) (*to load*) caricare: *to ~ a vessel* caricare una nave.

laden¹ /ˈleɪdən/ *v.t.* (*Mar,ant*) (*to load*) caricare: *to ~ a vessel* caricare una nave.

laden[2] /'leɪdən/ a. **1** (*loaded*) carico (*with* di). **2** (*covered, filled*) carico, sovraccarico (di): *a tree ~ with fruit* un albero carico di frutti. **3** (*fig*) (*burdened*) gravato, carico (di), oppresso (da).

ladette /læ'det/ n. (*Br*) donna f. che vive come un uomo (che beve molto alcol, pratica sport ecc.).

la-di-da /,lɑ:di'dɑ:/ a. **1** (*colloq*) affettato, ricercato, lezioso: *~ accent* accento affettato. **2** (*colloq*) (*pretentious*) pretenzioso. **3** (*stylish*) elegante.

Ladin /lə'di:n/ n. **1** ladino m. **2** (*Ladin speaker*) ladino m. (f. -a).

lading /'leɪdɪŋ/ I n. **1** (*act*) carico m., caricamento m. **2** (*load*) carico m. II a. di carico, di caricamento.

ladino /lə'di:noʊ/ n. (*Bot*) (*ladino clover*) ladino m., trifoglio m. ladino.

Ladino /lə'di:noʊ/ n. **1** dialetto m. ispano-ebraico. **2** (*Ladino speaker*) chi parla il dialetto ispano-ebraico. **3** (*mestizo*) meticcio m. (f. -a).

ladle /'leɪdl/ I n. **1** mestolo m., ramaiolo m.: *a soup ~* un mestolo per la minestra. **2** (*Met*) (*cup-shaped spoon*) cucchiaione m. **3** (*Met*) (*in casting*) siviera f., secchione m. **4** (*Idr*) paletta f. II v.t. versare con un mestolo, travasare con un mestolo. □ *to ~ out*: 1 scodellare; 2 (*fig*) prodigare, dare con eccessiva larghezza.

lady /'leɪdɪ/ I n. **1** signora f., donna f.: *there's a ~ on the phone* c'è una signora al telefono. **2** (*dignified lady*) signora f., gentildonna f.: *a perfect ~* una vera signora. **3** (*Br*) (*titled lady*) lady f., donna f. **4** (*colloq*) (*wife*) moglie f., signora f. **5** (*Mediev*) (*feudal superior*) signora f.; (*in chivalry*) dama f. **6** pl. (*as a term of address*) signore f.pl.: *ladies and gentlemen* signore e signori. **7** pl. (*costr.sing.*) (*colloq*) (*public lavatory*) toilette f.sing. per signore. II a. **1** (*female*) femmina (*anche* Zool). **2** (*of a lady*) femminile, muliebre. □ (*Entom*) ~ *beetle* coccinella f.; (*Br*) *ladies before gentlemen* le signore hanno la precedenza, prima le signore; *a ~ doctor* una dottoressa; (*Bot*) ~ *fern* felce femmina; (*Br,Bot*) *ladies' finger* okra, abelmosco; (*Am,Dolc*) ~ *fingers* savoiardi; (*Am*) *ladies first* le signore hanno la precedenza, prima le signore; ~ *love* (*man's female love interest*) donna, bella; ~'s *maid* cameriera (privata); *ladies' man*: 1 (*ladykiller*) rubacuori, conquistatore; 2 (*gallant*) damerino, ganimede, vagheggino; (*Bot*) ~'s *mantle* alchemilla, erba stella; ~ *mayoress* moglie del sindaco; *ladies' night* serata per sole donne; *the ~ of the house* la padrona di casa, la signora; (*Mediev*) *the ~ of the manor* la signora del castello, la castellana; *ladies' room* toilette per signore; (*Bot*) ~'s *slipper* pianella della Madonna; (*Bot*) ~'s *smock* billeri; ~ *wife* moglie.

Lady /'leɪdɪ/ n. **1** (*Br*) (*as a title*) lady f., donna f. **2** (*in personifications*) signora f.: *~ Luck* signora Fortuna. □ (*Rel*) ~ *altar* altare della Madonna; ~ *Bountiful* benefattrice, fata benefica; (*Rel*) ~ *chapel* cappella della Madonna; (*Rel*) ~ *Day* Annunciazione; (*Stor, Mitol*) ~ *of the Lake* La donna del lago; *the ~ of the Lamp* Florence Nightingale; (*Rel.catt*) *Our ~* Nostra Signora, la Madonna; (*Rel.catt*) ~ *Superior* Madre superiora.

ladybird /'leɪdɪbɜːd Am* 'leɪdɪbɜːrd/ n. (*Entom*) coccinella f.

ladybug /'leɪdɪbʌg/ n. (*Am,Entom*) coccinella f.

ladyfied /'leɪdɪfaɪd/ a. (*colloq*) che si dà arie da signora.

ladyfinger /'leɪdɪ,fɪŋgər/ n. (*Am,Gastron*) savoiardo m.

ladyfriend /'leɪdɪ,frend/ n. donna f., compagna f., consorte f.

ladyfy /'leɪdɪfaɪ/ v.t. **1** dare della signora a, chiamare signora. **2** (*to make ladylike*) rendere signorile.

ladyhood /'leɪdɪhʊd/ n. **1** l'essere una signora. **2** (*ladies*) signore f.pl.

lady-in-waiting /,leɪdɪn'weɪtɪŋ Am ,leɪdɪn'weɪtɪŋ/ n. dama f. di corte (*o* compagnia).

ladykiller /'leɪdɪkɪlər/ n. (*colloq*) rubacuori m., conquistatore m.

ladylike /'leɪdɪlaɪk/ a. **1** da signora. **2** (*well-bred, genteel*) signorile, raffinato. **3** (*Br,spreg*) (*unmanly*) donnesco, da donna.

Ladyship /'leɪdɪʃɪp/ n. signoria f.: *Her ~* Sua Signoria; *Your ~* Vostra Signoria.

Laertes /ler'ɜ:ti:z Am ler'ɜ:rti:z/ n.pr.m. (*Mitol*) Laerte.

Laetitia /lɪ'tɪʃɪə Am lə'tɪʃə/ n.pr.f. Letizia.

laevorotation /,liːvoʊroʊ'teɪʃən/ n. (*Fis,Chim*) levorotazione f., sinistrorotazione f.

laevorotatory /,liːvoʊ'roʊtətərɪ Am ,liːvoʊ'roʊtətɔ:ri/ a. (*Fis,Chim*) levogiro, sinistrogiro.

laevulose /'liːvjʊloʊs/ n. (*Chim*) levulosio m., fruttosio m.

Laffer /'læfər/ □ (*Econ*) ~ *curve* curva di Laffer.

lag[1] /læg/ I v.i. (*past,p.p.* **lagged** /-d/) **1** restare indietro, rimanere indietro (*behind* rispetto a) (*anche fig*). **2** (*to be slow, to be retarded*) avere un rallentamento, essere in ritardo (rispetto a): *production is -ging behind demand* la produzione è in ritardo rispetto alla domanda. **3** (*of time*) scorrere lentamente, trascorrere lentamente. **4** (*to linger*) attardarsi, indugiare (*anche fig*). **5** (*El*) ritardare. II n. **1** ritardo m., rallentamento m., sfasamento m. **2** (*lapse of time*) intervallo m. (di tempo). **3** (*El,Mecc*) ritardo m., sfasamento m.

lag[2] /læg/ *Br* I n. (*sl*) galeotto m., carcerato m. II v.t. (*past,p.p.* **lagged** /-d/) (*sl*) **1** mettere in carcere, mettere dentro. **2** (*to arrest*) arrestare.

lag[3] /læg/ I n. **1** rivestimento m. (isolante), isolante m. **2** (*Am,spec. Bot*) filamento m., tiglio m. II v.t. (*past,p.p.* **lagged** /-d/) (*Tecn*) rivestire con materiale isolante, isolare, coibentare.

lagan /'lægən/ n. (*Dir,ant*) spoglie f.pl. di naufragio (sul fondo marino).

lager /'lɑ:gər/ n. birra f., birra f. chiara. □ (*colloq*) ~ *lout* hooligan ubriaco.

laggard /'lægəd Am 'lægərd/ I n. **1** chi si attarda, chi indugia. **2** (*lingerer*) ritardatario m. (f. -a). II a. che indugia, che si attarda.

lagger /'lægər/ n. (*laggard*) ritardatario m. (f. -a).

lagging[1] /'lægɪŋ/ a. lento, tardo.

lagging[2] /'lægɪŋ/ n. (*Tecn*) rivestimento m. (isolante), isolamento m.

lagniappe /'lænjæp/ n. (*Am*) **1** regalo m. offerto da un negoziante al cliente. **2** (*unexpected gift*) dono m. inatteso.

lagoon /lə'gu:n/ n. (*Geog*) laguna f.

lagoonal /lə'gu:nəl/ a. (*Geog*) lagunare.

lah /lɑ:/ n. (*Mus*) la m.

lahar /'lɑ:hɑ:r/ n. (*Geol*) lahar m.

lah-di-dah /,lɑ:di'dɑ:/ a. **1** (*colloq*) affettato, ricercato, lezioso: *~ accent* accento affettato. **2** (*colloq*) (*pretentious*) pretenzioso. **3** (*stylish*) elegante.

laic /'leɪɪk/, **laical** /'leɪkəl/ a. laicale.

laicisation /,leɪs(ə)ɪ'zeɪʃən/ n. (*Br*) laicizzazione f.

laicise /'leɪɪsaɪz/ v.t. (*Br*) laicizzare.

laicism /'leɪɪsɪzəm/ n. laicismo m.

laicization /,leɪɪs(ə)ɪ'zeɪʃən/ n. laicizzazione f.

laicize /'leɪɪsaɪz/ v.t. laicizzare.

laid /leɪd/ → **lay**[1]. □ (*Cart*) ~ *line* vergatura; ~ *off* lasciato a casa, messo in cassa integrazione; (*Cart*) ~ *paper* carta vergata; ~ *work* (*in embroidery*) punto piatto.

laidback, **laid-back** /leɪd'bæk/ a. (*colloq*) tranquillo, calmo, rilassato, quieto.

lain /leɪn/ → **lie**[2].

lair /leər Am ler/ I n. **1** tana f., covo m. **2** (*fig*) tana f., covo m., rifugio m., nascondiglio m. **3** (*Zootecn*) recinto m. II v.i. rintanarsi, intanarsi.

laird /leəd Am lerd/ n. (*Scott*) laird m., proprietario m. terriero, sire m.

lairdship /'leədʃɪp Am 'lerdʃɪp/ n. (*Scott*) proprietà f. (terriera).

laisser-faire, **laissez-faire** /,leser'feər Am leser'fer/ I n. **1** (*Pol*) laissez faire m., non interferenza f., politica f. liberistica. **2** (*Econ*) liberismo m. II a. **1** (*Pol*) di non interferenza. **2** (*Econ*) liberistico.

laissez-passer /,leseɪpæ'seɪ/ n. lasciapassare m.

laity /'leɪətɪ Am 'leɪəti/ n. (*collett.*) laici m.pl., laicato m.

lake[1] /leɪk/ n. **1** (*Geog*) lago m.: *Lake Como* Lago di Como. **2** (*surplus of liquid product in EU*) surplus m., giacenza f.: *wine ~* surplus di produzione di vino. □ (*Geog*) *Lake Country* regione dei Laghi; (*Geog*) *Lake District* regione dei Laghi (nell'Inghilterra settentrionale); (*Etnol*) ~ *dweller* palafitticolo; (*Etnol*) ~ *dwelling* abitazione lacustre, palafitta; (*Lett*) *Lake Poets* laghisti, poeti laghisti (Wordsworth, Coleridge e Southey); (*Geog*) *the Lakes* regione dei Laghi (nell'Inghilterra settentrionale); (*Itt*) ~ *trout* trota di lago.

lake[2] /leɪk/ n. **1** (*Chim*) pigmento m. rosso. **2** (*Pitt*) lacca f.; *madder ~* lacca di garanza.

lakefront /'leɪkfrʌnt/ n. sponda f. del lago, riva f. del lago.

lakeland /'leɪklænd/ n. **1** regione f. lacustre. **2** (*Geog*) regione f. dei Laghi.

lakelet /'leɪklɪt/ n. laghetto m.

laker /'leɪkər/ n. (*Am*) **1** (*lake trout*) trota f. di lago. **2** (*Mar*) nave f. lacustre.

lakeshore /'leɪkʃɔ:r/ n. sponda f. del lago, riva f. del lago.

lakeside /'leɪksaɪd/ n. sponda f. del lago, riva f. del lago.

lakh /læk/ n. (*in Indian English*) centomila m.

laky /'leɪki/ a. (*Pitt*) color lacca.

Lallans /'lælənz/ I a. (*Scott*) del bassopiano scozzese. II n.pl. (*costr.sing.*) (*Scott*) dialetto m. del bassopiano scozzese.

lallation /lə'leɪʃən/ n. (*Med*) lallazione f.

lalling /'lɑ:lɪŋ/ n. (*Med*) lallazione f.

lam[1] /læm/ (*past,p.p.* **lammed** /-d/) v.t. (*colloq*) battere, picchiare, percuotere. □ *to ~ into sth.* picchiare qcs., percuotere qcs.

lam[2] /læm/ (*past,p.p.* **lammed** /-d/) I n. (*Am, colloq*) fuga f. (dalla polizia): *on the ~* in fuga. II v.t. (*Am,colloq*) dileguarsi.

lama /'lɑ:mə/ n. (*Rel*) lama m.

Lamaism /'lɑ:məɪzəm/ n. (*Rel*) lamaismo m.

Lamaist /'lɑ:məɪst/ n. (*Rel*) seguace m./f. del lamaismo.

Lamarckian /lə'mɑ:kiən Am lə'mɑ:rkiən/ a. lamarckiano.

Lamarckism /lə'mɑ:kɪzəm Am lə'mɑ:rkɪzəm/ n. lamarckismo m.

lamasery /'lɑ:məsəri/ n. (*Rel*) lamasseria f.

lamb /læm/ I n. **1** agnello m. **2** (*Gastron, Macell*) agnello m., carne f. d'agnello; ~ *chop* costoletta d'agnello. **3** → **lambskin**. **4** (*fig*) (*meek person*) agnello m., agnellino m. **5** (*vezz*) (*dear, pet*) tesoro m., tesoruccio m. II v.i. (*Zootecn*) (*of a ewe*) figliare, partorire. III *v.t.* (*Zootecn*) assistere durante il parto. □ (*Bot*) ~ *'s ears* stachys lanata; (*Gastron*) ~ *fries* (o ~ *'s fry*) testicoli di agnello fritti; (*Zootecn*) *to be in* ~ (*of a ewe*) essere pregna; (*Alim*) ~ *'s lettuce* agnellino, lattughella; (*Bibl*) *the Lamb of God* l'agnello di Dio; (*Bot*) ~ *'s quarter* farinaccio selvatico, farinetto; (*Bot*) ~ *'s tails* amenti (del nocciolo), gattini; *like -s to the slaughter* come pecore (che vanno al mattatoio).

lambada /læm'bɑːdə *Am* lɑːm'bɑːdə/ *n.* lambada *f.*

lambast, lambaste /læm'bæst *Am also* læm'beɪst/ *v.t.* **1** rimproverare (duramente), dare una strigliata a, sgridare. **2** (*ant*) battere, picchiare, percuotere.

lambasting /læm'bæstɪŋ *Am also* læm'beɪstɪŋ/ *n.* rimprovero *m.*, sgridata *f.*

lambda /'læmdə/ *n.* (*Med,Ling*) lambda *m.*

lambdacism /'læmdəsɪzəm/ *n.* (*Med*) lambdacismo *m.*

lambdoid /'læmdɔɪd/ *a.* **1** a forma di lambda maiuscolo. **2** (*Anat*) lambdoideo: ~ *suture* sutura lambdoidea.

lambdoidal /læm'dɔɪdəl/ *a.* **1** a forma di lambda maiuscolo. **2** (*Anat*) lambdoideo.

lambency /'læmbənsi/ *n.* (*lett*) il lambire, sfioramento *m.*

lambent /'læmbənt/ *a.* **1** (*lett*) lambente, che lambisce. **2** (*fig*) brillante, vivace: *a ~ style* uno stile brillante.

lambing /'læmɪŋ/ *n.* (*Zootecn*) agnellatura *f.*

lambkin /'læmkɪn/ *n.* **1** agnellino *m.* **2** (*fig*) bambino *m.* (*f.* -a), passerotto *m.*

lamblike /'læmlaɪk/ *a.* mansueto, mite, docile come un agnellino.

lambrequin /'læmbərkɪn/ *n.* **1** (*spec. Am*) mantovana *f.* **2** (*Arald*) lambrecchini *m.pl.*, manto *m.*, svolazzi *m.pl.* **3** (*Mil,ant*) lembo *m.* di tessuto attaccato all'elmo.

lambskin /'læmskɪn/ *n.* **1** pelliccia *f.* d'agnello, agnellino *m.* **2** (*leather*) pelle *f.* d'agnello. **3** (*parchment*) pergamena *f.*, cartapecora *f.*

lambswool, lamb's-wool /'læmzwʊl/ *n.* lamb's-wool *m.*, lambswool *m.*, lana *f.* d'agnello.

lame /leɪm/ **I** *a.* **1** zoppo, zoppicante, storpio: ~ *in one leg* zoppo da una gamba. **2** (*unconvincing*) zoppo, che non regge, difettoso: *a ~ argument* un ragionamento che non sta in piedi, debole; *a ~ excuse* una scusa patetica. **3** (*fig,colloq*) (*socially inept*) goffo, non capace di stare in società. **4** (*Metr*) zoppicante: ~ *verses* versi zoppicanti. **II** *n.* (*costr.pl.*, *collett.*) zoppi *m.pl.* **III** *v.t.* azzoppare, storpiare. □ ~ *duck*: **1** (*colloq*) (*ineffectual person*) fallito, sprovveduto; **2** (*Econ*) (*business*) impresa in difficoltà, (*broker*) operatore insolvente; **3** (*Am,Pol*) deputato (non rieletto) alla fine del mandato.

lamé /'lɑːmeɪ/ **I** *n.* (*Tess*) laminato *m.*, lamé *m.* **II** *a.* (*Tess*) laminato, lamé.

lamebrain /'leɪmbreɪn/ *n.* (*spec. Am*) stupido *m.*, scervellato *m.*

lamebrained /'leɪmbreɪnd/ *a.* (*spec. Am*) stupido, scervellato.

lamella /lə'melə/ (*pl.* **-s** /-z/, **-lae** /-liː/) *n.* (*Anat, Biol,Zool*) lamella *f.*

lamellar /lə'melər/, **lamellate** /lə'melɪt/, **lamellated** /'læməleɪtɪd *Am* 'læməleɪtɪd/ *a.* (*Biol*) lamellato.

lamellibranch /lə'melɪ'bræŋk/ **I** *a.* (*Zool*) dei lamellibranchi. **II** *n.pl.* (*Zool*) lamellibranchi *m.pl.*, bivalvi *m.pl.*

lamelliform /lə'melɪfɔːm *Am* lə'melɪfɔːrm/ *a.* (*Min*) lamelliforme.

lamellose /lə'meloʊs/ *a.* (*Biol*) lamellato.

lamely /'leɪmli/ *avv.* **1** zoppiconi, zoppicando. **2** (*fig*) in modo poco convincente, debol-

---

mente.

lameness /'leɪmnəs/ *n.* **1** (*Med,Veter*) zoppia *f.* **2** (*fig*) debolezza *f.*

lament /lə'ment/ **I** *v.t.* **1** piangere, compiangere, lamentare, deplorare: *to ~ the loss of a friend* piangere la perdita di un amico. **2** (*to regret*) rammaricarsi di, rimpiangere. **II** *v.i.* lamentarsi, dolersi, gemere (*over* di, per). **III** *n.* **1** lamento *m.* **2** (*wailing*) pianto *m.* funebre, lamento *m.* funebre. **3** (*dirge, elegy*) lamento *m.*, pianto *m.* **4** (*Lett,Mus*) lamento *m.*

lamentable /'læməntəbḷ *Am* lə'men̩təbḷ/ *a.* **1** deplorevole, indegno, censurabile: *a ~ mistake* un errore deplorevole. **2** (*mournful*) doloroso, lamentevole, lacrimevole.

lamentably /lə'mentəbli/ *avv.* purtroppo: *progress is ~ slow* purtroppo i progressi sono lenti.

lamentation /ˌlæmən'teɪʃən/ *n.* **1** lamento *m.*, lamentazione *f.* **2** (*Lett,Mus*) lamentazione *f.*

Lamentations /ˌlæmən'teɪʃənz/ *n.pl.* (*costr.sing.*) (*Bibl*) lamentazioni *f.pl.*: ~ *of Jeremiah* le lamentazioni di Geremia.

lamented /lə'mentɪd *Am* lə'men̩tɪd/ *a.* compianto, rimpianto: *the late ~ President* il compianto ex-presidente.

lamia /'leɪmiə/ (*pl.* **-s** /-z/, **-miae** /-miiː/) *n.* (*Mitol*) lamia *f.*

lamina /'læmɪnə/ (*pl.* **-s** /-z/, **-nae** /-niː/) *n.* **1** lamina *f.*, lastra *f.*, foglio *m.* **2** (*scale*) scaglia *f.*, falda *f.* **3** (*Bot*) lamina *f.*, lembo *m.* fogliare. **4** (*Anat,Geol*) lamina *f.*

laminable /'læmɪnəbḷ/ *a.* laminabile.

laminar /'læmɪnər/ *a.* laminare, lamellare. □ (*Fis*) ~ *flow* corrente laminare, moto laminare.

laminate /'læmɪneɪt/ **I** *v.t.* **1** laminare, ridurre in lamine. **2** (*Met*) laminare. **3** (*to build up in layers*) laminare, stratificare a lamelle. **4** (*to cover with laminae*) laminare, rivestire di lamine. **II** *v.i.* ridursi in lamine. **III** *n.* laminato *m.* **IV** *a.* laminato.

laminated /'læmɪneɪtɪd *Am* 'læmənəɪtɪd/ *a.* laminato. □ ~ *glass* vetro laminato, vetro stratificato; ~ *plastic* laminato plastico; ~ *wood* laminato di legno.

lamination /ˌlæmɪ'neɪʃən/ *n.* **1** struttura *f.* lamelliforme, struttura *f.* laminare. **2** (*Met, Geol*) laminazione *f.* **3** (*lamina*) lamina *f.*, strato *m.*

laminectomy /ˌlæmɪ'nektəmi/ *n.* (*Med*) laminectomia *f.*

lamington /'læmɪŋtən/ *n.* (*Aus,Gastron*) (quadretto di) torta *f.* coperta di cioccolato e cocco.

laminitis /ˌlæmɪ'naɪtəs *Am* læmə'naɪtɪs/ *n.* (*Veter*) podoflemmatite *m.*

Lammas /'læməs/ *n.* festa *f.* del raccolto (1° agosto). □ ~ *Day* festa del raccolto (1° agosto).

lammergeier, lammergeyer /'læməgaɪər *Am* 'læmərgaɪər/ *n.* (*Ornit*) avvoltoio *m.* barbato, avvoltoio *m.* degli agnelli.

lamming /'læmɪŋ/ *n.* (*colloq*) bastonatura *f.*

lamp /læmp/ **I** *n.* **1** lampada *f.*, lume *m.*, luce *f.* **2** (*oil lamp*) lampada *f.* a petrolio, lume *m.* a petrolio. **3** (*street lamp*) lampione *m.* **4** (*table lamp*) abat-jour *m.* **5** (*El*) (*bulb*) lampadina *f.*, lampada *f.* **6** (*El*) (*device furnishing heat or rays*) lampada *f.*: *an infra-red ~* una lampada a raggi infrarossi. **7** (*Br,Aut*) (*headlight*) faro *m.*, fanale *m.* **8** (*fig*) lume *m.* □ ~ *chimney* (o ~ *glass*) campana di vetro, tubo per lampada; ~ *holder* portalampada; ~ *oil* olio per lampade, olio lampante; ~ *post* lampione, palo della luce; (*Zool*) ~ *shell* brachiopode; ~ *socket* portalampada; ~ *standard* lampione, palo della luce.

lampas [1] /'læmpəz/ *n.* (*Veter*) lampasco *m.*

---

lampas [2] /'læmpəz/ *n.* (*Tess*) lampasso *m.*

lampblack /'læmpblæk/ *n.* nerofumo *m.*

lamper /'læmpər/ □ (*Itt*) ~ *eel* lampreda.

lampern /'læmpɜːn *Am* læmpɜːrn/ *n.* (*Itt*) lampreda *f.* di fiume.

lampion /'læmpiən/ *n.* lanterna *f.*

lamplight /'læmplaɪt/ *n.* lume *m.* di lampada.

lamplighter /'læmplaɪtər *Am* 'læmplaɪtər/ *n.* (*Stor*) lampionaio *m.*

lamplit /'læmplɪt/ *a.* illuminato (da una lampada).

lampoon /læm'puːn/ **I** *n.* (*Lett*) libello *m.*, satira *f.* **II** *v.t.* satireggiare, ridicolizzare.

lampooner /læm'puːnər/, **lampoonist** /læm'puːnɪst/ *n.* (*Lett*) libellista *m./f.*, autore *m.* (*f.* -trice) di satira.

lamppost /'læmpoʊst/ *n.* lampione *m.*, palo *m.* della luce.

lamprey /'læmpreɪ/ *n.* (*Itt*) lampreda *f.*

lamprophyre /'læmprəˌfaɪər *Am* 'læmprəˌfaɪr/ *n.* (*Geol*) lamprofiro *m.*

lampshade /'læmpʃeɪd/ *n.* paralume *m.*

lampwick /'læmpwɪk/ *n.* stoppino *m.*, lucignolo *m.*

LAN /læn/ (*Inform*) *local area network* LAN (rete locale di computer).

Lancashire /'læŋkəʃ(ɪ)ər *Am* 'læŋkəʃɪr/ *n.pr.* **1** (*Geog*) Lancashire *m.*, contea *f.* di Lancaster. **2** (*Gastron*) formaggio *m.* Lancashire. □ (*Gastron*) ~ *hotpot* stufato con carne e patate.

Lancaster /'læŋkæstər/ *n.pr.* (*Geog*) Lancaster *f.*

Lancastrian /læŋ'kæstriən/ **I** *a.* **1** del Lancashire. **2** (*Stor*) dei Lancaster. **II** *n.* **1** abitante *m./f.* del Lancashire. **2** (*Stor*) seguace *m./f.* dei Lancaster.

lance /lɑːns *Am* læns/ **I** *n.* **1** (*Mil,ant*) lancia *f.*, asta *f.*; (*lancer*) lanciere *m.*, lancia *f.* **2** (*Pesc*) lancia *f.* **3** (*Tecn*) lancia *f.*; (*thermic lance*) lancia *f.* termica. **4** (*Chir*) lancetta *f.* **II** *v.t.* **1** (*Chir*) incidere, tagliare con la lancetta: *to ~ a boil* incidere un ascesso. **2** (*to pierce with a lance*) trafiggere con una lancia. **3** (*to hurl*) lanciare, scagliare. □ (*Mil*) ~ *corporal* appuntato; (*Mil*) ~ *sergeant* caporale facente funzioni di sergente.

lancelet /'lɑːnslɪt *Am* 'lænslɪt/ *n.* (*Itt*) lancetta *f.*, anfiosso *m.*

Lancelot /'lɑːnsəlɒt *Am* lænsəˌlɑːt/ *n.pr.m.* Lancillotto.

lanceolate /'lɑːnsiəlɪt *Am* 'lænsiəlɪt/ *a.* lanceolato (*anche Bot*).

lancer /'lɑːnsər *Am* 'lænsər/ *n.* **1** (*Mil*) lanciere *m.* **2** *pl.* (*costr.sing.*) (*Mus*) (*dance*) lancieri *m.pl.*

lancet /'lɑːnsət *Am* 'lænsət/ *n.* **1** (*Chir*) lancetta *f.* **2** (*Arch*) (*arch*) arco *m.* ogivale, arco *m.* gotico, arco *m.* a sesto acuto. **3** (*Arch*) (*window*) finestra *f.* ogivale, finestra *f.* ad arco acuto. □ (*Arch*) ~ *arch* arco ogivale, arco gotico, arco a sesto acuto; (*Arch*) ~ *window* finestra ad arco acuto, finestra ogivale.

lanceted /'lɑːnsɪtɪd *Am* 'lænsɪtɪd/ *a.* (*Arch*) **1** (*having lancet windows*) con finestre ogivali. **2** (*having a lancet arch*) ad archi ogivali.

lancewood /'lɑːnswʊd *Am* 'lænswʊd/ *n.* legno *m.* di lancia.

lancinating /ˈlɑːnsɪˌneɪtɪŋ *Am* ˌlænsɪˈneɪtɪŋ/ *a.* (*of pain*) lancinante.

Lancs /læŋks/ *Lancashire* (Lancashire).

land [1] /lænd/ **I** *n.* **1** terra *f.*, terraferma *f.*: *to sight ~* avvistare la terraferma; *by ~ and by sea* per mare e per terra; *by ~* via terra. **2** (*country*) paese *m.*, terra *f.*, regione *f.*: *to journey to distant -s* viaggiare verso paesi lontani. **3** (*ground, soil*) terreno *m.*, suolo *m.*, terra *f.*: *arable ~* terreno coltivabile; *building ~* suolo edificabile. **4** (*landed property*) terra *f.*, tenuta *f.*, possedimento *m.* rurale, fondo *m.*, terreni *m.pl.*: *to own ~* possedere dei terreni.

5 (*rural area, country*) campi *m.pl.*, terra *f.*, campagna *f.*: *to work the ~* lavorare la terra; *back to the ~* ritorno alla terra. **6** (*poet*) (*realm*) paese *m.*, terra *f.*, regno *m.*: *the ~ of dreams* il paese dei sogni. **7** (*Mecc*) (*gap between ridges*) intersolco *m.* **8** (*Mil*) (*in bore of rifle*) pieno *m.* della rigatura. **9** *pl.* (*estate*) proprietà *f.sing.* (terriera). **II** *a.* terrestre, di terra: *~ animals* animali terrestri. ☐ *~ agency* agenzia immobiliare (per la vendita di terreni); *~agent*: 1 amministratore (di una tenuta), fattore; 2 (*dealer in land*) agente immobiliare (per la vendita di terreni); (*Mil*) *~ army* forze armate terrestri, esercito; (*Art*) *~ art* land art, arte ambientale; (*Econ*) *~ bank* istituto di credito agricolo, istituto di credito fondiario, banca di credito agricolo, banca di credito fondiario; (*Meteor*) *~breeze* brezza di terra; (*Geog*) *~ bridge* istmo; (*Comm*) *~ carriage* trasporto via terra; *~ certificate* certificato catastale; *~ crab* granchio terrestre; *~ credit* credito agrario, credito fondiario; (*Geog*) *Land's End* punta estrema della Cornovaglia; (*Mil*) *~ force* forze armate terrestri, esercito; (*Br*) *~ girl* lavoratrice agricola; (*Am*) *~ grant* concessione demaniale; (*Mar*) *~ho!* terra in vista!; *~ hydrology* idrologia terrestre; *~ improvement scheme* programma di miglioramento fondiario; (*Dir*) *~ law* legge terriera, legge agraria; (*fig*) *to see how the ~ lies* vedere come stanno le cose, sondare il terreno, tastare il terreno; (*Mar*) *to make ~*: 1 avvistare la terra; 2 (*to land*) toccare terra, approdare; *~ mass* massa di terra; *the ~of milk and honey*: 1 (*Bibl*) la terra dove scorre latte e miele, la terra promessa; 2 (*fig*) il paese di Bengodi; (*scherz*) *the ~ of Nod* il regno dei sogni, il sonno; *to go to the ~ of Nod* cadere in braccio a Morfeo; *the ~ of the living* la terra dei vivi, questo mondo; *~ office* amministrazione demaniale; (*Am,fig*) *to do ~ office business* fare grossi affari; *to travel over ~ and sea* viaggiare per terra e per mare; *~ patent* titolo di una concessione demaniale; (*Agr*) *~ reclamation* bonifica; (*Econ*) *~ reform* riforma fondiaria, riforma agraria; *~ register* libro fondiario, catasto; *~ rent* rendita fondiaria; *~ surveyor* agrimensore; *~ tax* imposta fondiaria; *~ value* stima dei terreni; (*GB*) *~ waiter* (*British Customs officer*) funzionario di dogana; (*Sport*) *~ yacht* auto a vela.

land[2] /lænd/ **I** *v.t.* **1** (*Aer*) fare atterrare; (*on the sea*) far ammarare. **2** (*Mar*) sbarcare, scaricare, far scendere. **3** (*Pesc*) tirare a riva: *to ~ a fish* tirare a riva un pesce. **4** (*to set down from a vehicle*) far scendere, sbarcare. **5** (*fig*) far finire, condurre: *his behaviour -ed him in jail* la sua condotta lo fece finire in carcere. **6** (*of a blow*) assestare, sferrare, mollare: *to ~ so. one (on the jaw)* colpire, dare un ceffone a qcu. **7** (*colloq*) (*to gain, to win*) ottenere, conquistare: *to ~ a good job* ottenere un buon posto. **II** *v.i.* **1** (*Aer*) atterrare, toccare terra; (*on the sea*) ammarare. **2** (*Mar*) sbarcare, approdare, toccare terra; (*of a ship*) toccare terra, approdare. **3** (*Astron*) allunare. **4** (*to arrive*) andare a finire, capitare, ritrovarsi. **5** (*to strike the ground*) cadere, toccare terra, cadere a terra: *he -ed awkwardly* è caduto malamente. **6** (*to appear unexpectedly*) giungere, approdare, finire: *another job has just -ed in my e-mail* mi è arrivata un'altra proposta di lavoro nella mia casella di posta elettronica. ☐ (*fig*) *to ~ oneself in difficulties* cacciarsi nei guai, mettersi nei guai; (*fig*) *to ~ in one's lap* arrivare senza preavviso; (*colloq*) *to ~ in on so.* piombare in casa di qcu.; (*fig*) *to ~ oneself in trouble* cacciarsi

nei guai, mettersi nei guai; (*fig*) *to ~ like a cat* cadere in piedi; (*colloq*) *to ~ on so.* piombare in casa di qcu.; (*fig*) *to ~ on one's feet* cadere in piedi; *to ~ up* andare a finire, capitare, ritrovarsi: *we -ed up in a mountain village* siamo capitati in un villaggio di montagna; *to ~ so. with sth.* lasciare qcu. con qcs.: *she -ed me with the bill* mi lasciò con il conto; *to be -ed with* ritrovarsi con: *I was -ed with looking after the kids* mi sono ritrovato a badare ai bambini.

landau /ˈlændəʊ/ *n.* landò *m.*, landau *m.*

land-based /ˈlændbeɪst/ *a.* (*Mil*) con postazione a terra.

landed /ˈlændɪd/ *a.* **1** che ha proprietà terriere, che possiede (delle) terre. **2** (*of real estate*) fondiario, terriero. ☐ *~ interests* i proprietari terrieri; (*Econ,Comm*) *~ terms* prezzi comprensivi di sdoganamento.

lander /ˈlændər/ *n.* (*Astron*) veicolo *m.* di atterraggio.

landfall /ˈlændfɔːl/ *n.* **1** (*Mar*) avvistamento *m.* della terra; (*land sighted*) terra *f.* in vista; (*approach to shore*) approdo *m.* **2** (*Geol*) (*landslide*) frana *f.*, franamento *m.*, smottamento *m.*

landfill /ˈlændfɪl/ *n.* **1** (*landfill site*) discarica *f.* **2** (*waste disposal*) scarico *m.* di rifiuti in discarica. **3** (*burial*) interramento *m.* dei rifiuti.

landform /ˈlændfɔːm *Am* ˈlændfɔːrm/ *n.* (*Geog*) morfologia *f.* del terreno.

landgrave /ˈlændɡreɪv/ *n.* (*Mediev*) langravio *m.*

landgraviate /lændˈɡreɪviət/ *n.* (*Mediev*) langraviato *m.*

landgravine /ˈlændɡrəˌviːn/ *n.* (*Mediev*) moglie *f.* di un langravio.

landholder /ˈlændhəʊldər/ *n.* proprietario *m.* (*f.* -a) fondiario, proprietario (*f.* -a) *m.* terriero.

landing /ˈlændɪŋ/ *n.* **1** (*Mar*) approdo *m.*, sbarco *m.* **2** (*Mar.mil*) sbarco *m.*: *the Normandy ~* lo sbarco in Normandia. **3** (*Aer*) atterraggio *m.*; (*on water*) ammaraggio *m.* **4** (*Astron*) allunaggio *m.* **5** (*Edil*) pianerottolo *m.* ☐ (*Mar*) *~ charges* spese di sbarco; (*Mar*) *~ craft* mezzo da sbarco, motozattera; (*Mar, Mil*) *~ deck* ponte di atterraggio; (*Aer*) *~ field* campo di atterraggio; (*Aer*) *~ gear* carrello di atterraggio, carrello; (*Pesc*) *~ net* guadino; *~ orders* permesso di sbarco; (*Aer*) *~ permit* permesso di atterraggio; *~ place*: 1 (*Mar*) approdo; (*quay*) banchina di carico e scarico, calata; 2 (*Aer*) scalo; (*Aer*) *~ procedures* procedure di atterraggio; (*Aer*) *~ speed* velocità di atterraggio; (*Mar*) *~ stage* approdo, pontile, imbarcadero; *~ strip* pista di atterraggio.

landlady /ˈlændleɪdɪ/ *n.* **1** proprietaria *f.* di appartamenti (*o* di terreni) dati in affitto, locatrice *f.*, (*colloq*) padrona *f.* **2** (*of a guest house, etc.*) albergatrice *f.*, locandiera *f.*, affittacamere *f.*, (*colloq*) padrona *f.* **3** (*Br*) (*of a pub*) proprietaria *f.* di pub, (*colloq*) padrona *f.*

ländler /ˈlendlər/ *n.* (*Mus*) ländler *m.*, valzer *m.* lento.

landless /ˈlændləs/ *a.* senza terra.

landline /ˈlændlaɪn/ *n.* (*Tel*) linea *f.* di terra.

landlocked /ˈlændlɒkt *Am* ˈlændlɑːkt/ *a.* **1** circondato da terre, chiuso da terre. **2** (*of a country*) senza sbocco sul mare.

landlord /ˈlændlɔːd *Am* ˈlændlɔːrd/ *n.* **1** proprietario *m.* (*f.* -a) di appartamenti (*o* di terreni) dati in affitto, locatore *m.* (*f.* -trice), (*colloq*) padrone *m.* (*f.* -a). **2** (*of a guest house, etc.*) albergatore *m.*, locandiere *m.*, affittacamere *m.*, (*colloq*) padrone *m.* **3** (*Br*) (*of a pub*) proprietario *m.* di pub, gestore *m.* di pub, (*colloq*) padrone *m.*

landlubber /ˈlændlʌbər/ *n.* (*lett,colloq,Mar*) terrazzano *m.*, terraiolo *m.*

landmark /ˈlændmɑːk *Am* ˈlændmɔːrk/ **I** *n.* **1** punto *m.* di riferimento. **2** (*fig*) pietra *f.* miliare. **3** (*Stor*) (*boundary mark*) pietra *f.* confinaria. **4** (*Am*) (*place of historical importance*) luogo *m.* storico. **II** *a.* storico, epocale, chiave, che fa storia: *a ~ decision* una decisione storica; *a ~ victory* una vittoria epocale.

landmine /ˈlændmaɪn/ *n.* (*Mil*) mina *f.* terrestre, mina *f.* anti-uomo.

landowner /ˈlændəʊnər/ *n.* proprietario *m.* (*f.* -a) terriero, possidente *m./f.*

landowning /ˈlændəʊnɪŋ/ *a.* che possiede proprietà terriere, possedente proprietà fondiarie, di proprietari terrieri.

landrail /ˈlændreɪl/ *n.* (*Ornit*) re *m.* di quaglie.

landscape /ˈlændskeɪp/ **I** *n.* **1** paesaggio *m.*: *lunar ~* paesaggio lunare. **2** (*fig*) panorama *m.*, scenario *m.*: *the economic ~* lo scenario economico. **II** *v.t.* pianificare il paesaggio, abbellire l'ambiente (con giardini e parchi). ☐ *~ architect* architetto paesaggista, architetto del paesaggio; *~ architecture* architettura del paesaggio; *~ conservation* conservazione del paesaggio; (*Inform*) *~ format* formato orizzontale; *~ gardener* architetto di giardini; *~ gardening* architettura di giardini; (*Inform*) *~ orientation* orientamento orizzontale; (*Pitt*) *~ painter* paesaggista; (*Art*) *~ painting* paesaggistica; *~ planning* pianificazione del paesaggio.

landscaper /ˈlændskeɪpər/ *n.* (*spec. Am*) architetto *m./f.* del paesaggio.

landscaping /ˈlændskeɪpɪŋ/ *n.* architettura *f.* del paesaggio.

landscapist /ˈlændskeɪpɪst/ *n.* (*Pitt*) paesaggista *m./f.*, paesista *m./f.*, pittore *m.* (*f.* -trice) di paesaggi.

landside /ˈlændsaɪd/ *n.* (*Aer*) zona *f.* dell'aeroporto aperta al pubblico generale.

landsknecht /ˈlaːndskənekt/ *n.* (*Stor*) lanzichenecco *m.*

landslide /ˈlændslaɪd/ *n.* **1** (*Geol*) frana *f.*, franamento *m.*, smottamento *m.*; (*mass*) frana *f.* **2** (*Pol*) maggioranza *f.* schiacciante, valanga *f.* di voti. **3** (*fig*) vittoria *f.* schiacciante.

landslip /ˈlændslɪp/ *n.* (*Geol*) frana *f.*, franamento *m.*, smottamento *m.*

landsman /ˈlændzmən/ *n.irr.* **1** chi vive sulla terraferma, chi lavora sulla terraferma. **2** (*Mar*) (*inexperienced sailor*) marinaio *m.* inesperto.

landward /ˈlændwəd *Am* ˈlændswərd/ **I** *avv.* verso terra, verso l'interno. **II** *a.* **1** che guarda verso terra, che guarda verso l'interno. **2** (*in the direction of the land*) di terra, verso terra: *~ wind* vento di terra.

landwards /ˈlændwədz *Am* ˈlændswərdz/ *avv.* verso terra, verso l'interno.

lane /leɪn/ *n.* **1** (*narrow country road*) sentiero *m.*, stradina *f.*, viottolo *m.* **2** (*narrow street*) vicolo *m.*, viuzza *f.* **3** (*narrow passage*) passaggio *m.* stretto, strettoia *f.* **4** (*Aer*) corridoio *m.* aereo. **5** (*Mar*) rotta *f.*, rotta *f.* di navigazione, corridoio *m.* aereo. **6** (*Strad*) corsia *f.* (di marcia), carreggiata *f.*: *a three-~ motorway* un'autostrada a tre corsie; *the inside ~* la corsia interna; *to change -s* cambiare corsia; *get in ~* (*on a roadsign*) immettersi nella giusta corsia. **7** (*fig*) corsia *f.*: *in the fast ~* nella corsia veloce. **8** (*Sport*) corsia *f.*

lang. *language* ling. (lingua, linguaggio).

langouste /læŋˈɡuːst/, **langoustine** /ˈlæŋɡuˌstiːn/ *n.* aragosta *f.*

langsyne, lang syne /ˈlæŋsaɪn/ *avv.* (*Scott*) (molto) tempo fa, un tempo.

language /ˈlæŋɡwɪdʒ/ *n.* **1** lingua *f.*, idioma

m., linguaggio *m.*: *a foreign* ~ una lingua straniera; *native* ~ lingua *f.* madre, madrelingua *f.* **2** (*faculty of speech*) linguaggio *m.*, favella *f.* **3** (*system of signs, symbols, etc.*) linguaggio *m.*: *the* ~ *of flowers* il linguaggio dei fiori. **4** (*way of using words*) linguaggio *m.*: *bad* ~ linguaggio volgare; *vulgar* ~ linguaggio volgare. **5** (*style*) linguaggio *m.*, stile *m.*: *the* ~ *of Shakespeare* il linguaggio di Shakespeare. **6** (*vocabulary of a profession, etc.*) linguaggio *m.* (tecnico), gergo *m.*: *legal* ~ linguaggio forense. **7** (*Inform*) linguaggio *m.* ☐ ~ *barrier* barriera linguistica; ~ *course* corso di lingua; (*Scol*) ~ *laboratory* laboratorio linguistico.

langue /lɒːŋ *Am* lɔːŋ/ *n.* (*Ling*) langue *f.*

langue de chat /ˌlɒːŋdə'ʃɑː/ *n.* (*Gastron*) lingua *f.* di gatto.

langue d'oc /ˌlɒːŋ'dɒk/ *n.* (*Ling*) lingua *f.* d'oc.

langue d'oïl /ˌlɒːŋ'dɔɪl/ *n.* (*Ling*) lingua *f.* d'oïl.

languid /'læŋwɪd/ *a.* **1** languido, fiacco. **2** (*uninterested*) apatico, indifferente.

languidly /'læŋwɪdli/ *avv.* languidamente, fiaccamente.

languidness /'læŋwɪdnəs/ *n.* **1** languore *m.*, fiacchezza *f.*, languidezza *f.* **2** (*indifference*) apatia *f.*, indifferenza *f.*

languish /'læŋwɪʃ/ *v.i.* **1** (*to become physically weak*) languire, indebolirsi, illanguidirsi. **2** (*to lose strength, animation*) languire, illanguidire, affievolirsi: *the conversation -ed* la conversazione languiva. **3** (*to pine*) languire, struggersi, patire: *to* ~ *in prison* languire in carcere; *to* ~ *with love* struggersi d'amore.

languishing /'læŋwɪʃɪŋ/ *a.* **1** (*physically weak*) languente. **2** (*expressing longing, etc.*) languido, sentimentale: ~ *eyes* occhi languidi.

languishment /'læŋwɪʃmənt/ *n.* (*rar*) illanguidimento *m.*

languor /'læŋgə'/ *n.* **1** (*physical tiredness*) languidezza *f.*, languore *m.*, fiacchezza *f.* **2** (*mental*) languore *m.*, fiacchezza *f.*, debolezza *f.* **3** (*listlessness*) apatia *f.*, indifferenza *f.* **4** (*stillness*) calma *f.*, immobilità *f.* **5** (*sentimental melancholy*) languidezza *f.*, svenevolezza *f.*

languorous /'læŋgərəs/ *a.* languido, languoroso.

languorously /'læŋgərəsli/ *avv.* languidamente.

langur /'læŋgər, 'læŋgʊər/ *n.* (*Zool*) langur *m.*, entello *m.*

lank /læŋk/ *a.* **1** (*of hair*) lisci, diritti (come spaghetti). **2** (*thin*) magro, sottile, smilzo, allampanato. **3** (*of grass, etc.*) alto e sottile, floscio.

lankiness /'læŋkɪnəs/ *n.* l'essere alto e dinoccolato.

lankness /'læŋknəs/ *n.* magrezza *f.*

lanky /'læŋki/ *a.* allampanato, sottile, smilzo.

lanner /'lænər/, **lanneret** /'lænəˌret/ *n.* (*Ornit*) lanario *m.*

lanolin /'lænəlɪn/, **lanoline** /'lænəliːn/ *n.* (*Chim*) lanolina *f.*

lansquenet /'lɑːnskənət/ *n.* **1** (*Stor*) lanzichenecco *m.* **2** (*game*) zecchinetto *m.*

lantana /læn'tɑːnə/ *n.* (*Am,Bot*) lantana *f.*

lantern /'læntən *Am* 'læntə'n/ *n.* **1** lanterna *f.*: *magic* ~ lanterna magica; *Chinese* ~ lanterna cinese. **2** (*Mar*) (*of a lighthouse*) lanterna *f.*, fanale *m.* **3** (*Arch*) lanterna *f.* ☐ (*Itt*) ~ *fish* mittofide, rombo giallo; (*Entom*) ~ *fly* fulgora, lanternaria; ~ *jaw* mascella sporgente; (*ant*) ~ *slide* diapositiva; (*Mecc*) ~ *wheel* roc-

chetto a lanterna.

lantern-jawed /'læntən,dʒɔːd *Am* 'læntərn,dʒɔːd/ *a.* dalle mascelle sporgenti.

lanthanide /'lænθənaɪd/ *n.* (*Chim*) lantanide *m.*

lanthanum /'lænθənəm/ *n.* (*Chim*) lantanio *m.*

lanuginose /lə'njuːdʒɪnous/, **lanuginous** /lə'njuːdʒɪnəs/ *a.* (*Anat,Zool*) lanuginoso.

lanugo /lə'njuːgoʊ/ *n.* (*Anat*) lanugine *f.*

lanyard /'lænjəd *Am* 'lænjə'd/ *n.* **1** (*cord around the neck*) cordone *m.* (per appendere qcs.), cordino *m.* **2** (*Mar*) spezzone *m.* di cima. **3** (*Mil*) (*cannon cord*) cordellina *f.*, cordino *m.*

LAO *Laos* LAO (Laos).

Laocoon /leɪ'ɒkoʊən *Am* leɪ'ɑːkoʊɑːn/ *n.pr.m.* (*Mitol*) Laocoonte.

Iaodicean, Laodicean /ˌleɪoʊdɪ'siːən *Am* ˌleɪədə'siən/ **I** *a.* tiepido, distaccato, contenuto. **II** *n.* persona *f.* tiepida, persona *f.* poco entusiasta.

Laos /laʊz/ *n.pr.* (*Geog*) Laos *m.*

Laotian /leɪ'oʊʃən/ **I** *a.* laotiano. **II** *n.* laotiano *m.* (*f.* -a).

lap¹ /læp/ *n.* **1** grembo *m.* **2** (*estens*) ginocchia *f.pl.*: *to hold a child on one's* ~ tenere un bambino in grembo. **3** (*Sart,ant*) (*overlapping part of a coat, etc.*) risvolto *m.*; (*lapel*) lembo *m.*, falda *f.* ☐ (*Aut*) ~ *and shoulder belt* cintura di sicurezza a due punti; (*Aer, Aut*) ~ *belt* cintura di sicurezza a due punti; ~ *dance*: 1 lapdance; 2 (*estens*) (*strip-tease*) spogliarello; ~ *dancer*: 1 lapdancer; 2 (*estens*) (*strip-teaser*) spogliarellista; (*fig*) *to drop* (*o to fall*) *into so.'s* ~ piovere dal cielo; (*fig*) (*to live*) *in the* ~ *of luxury* (vivere) nel lusso; (*fig*) *the future is in the* ~ *of the gods* l'avvenire è sulle ginocchia di Giove, l'avvenire è nelle mani di Dio; (*Am*) ~ *robe* plaid, coperta da viaggio.

lap² /læp/ *n.* **1** (*Sport*) giro *m.*: *one* ~ *of the track* un giro di pista; *the* ~ *of honour* il giro d'onore. **2** (*segment of a journey*) tappa *f.* **3** (*stage in progress*) stadio *m.*, fase *f.*: *we are on the last* ~ *now* siamo ormai giunti all'ultimo stadio. **4** (*that which overlaps*) parte *f.* che si sovrappone. **5** (*complete turn of sth. round sth.*) giro *m.*, avvolgimento *m.* **6** (*Tess*) falda *f.* (di ovatta), tela *f.* ☐ (*Cin*) ~ *dissolve* dissolvenza incrociata; (*Mecc*) ~ *joint* giunto a sovrapposizione; (*Mecc*) ~ *weld* (o ~ *welding*) saldatura a sovrapposizione.

lap³ /læp/ *(past, p.p.* **lapped** */-t/)* **I** *v.t.* **1** avvolgere, piegare intorno. **2** (*Br*) (*to wrap up*) avvolgere, coprire, ricoprire. **3** (*to overlap*) sovrapporre. **4** (*to place so that it overlaps*) far coincidere, fare combaciare. **5** (*Br*) (*to hold protectively, to cuddle*) vezzeggiare, (*colloq*) coccolare. **6** (*Sport*) (*to be a full lap ahead*) doppiare, superare di un giro. **7** (*Sport*) (*to complete one circuit of*) compiere un giro di: *to* ~ *the course in record time* compiere un giro di pista a tempo di record. **II** *v.i.* **1** (*to overlap*) sovrapporsi. **2** (*ant*) (*to project beyond*) sporgere. **3** (*Sport*) fare un giro di pista. **4** (*Fal*) fare un giunto a sovrapposizione.

lap⁴ /læp/ *(past, p.p.* **lapped** */-d/)* **I** *v.t.* sciabordare contro, lambire: *the waves -ped the side of the boat* le onde sciabordavano contro il fianco della barca. **II** *v.i.* **1** sciabordare. **2** (*to lick up a liquid*) lappare, leccare. **III** *n.* **1** (*licking up a liquid*) il lappare. **2** (*splashing sound*) sciabordio *m.* ☐ *to* ~ *up*: 1 (*of animals*) lappare, leccare; 2 (*colloq*) (*to listen to, to accept eagerly*) ascoltare con grande interesse, bere: *he -s up everything you tell him* beve qualsiasi cosa gli si racconti.

lap⁵ /læp/ **I** *n.* (*Tecn*) mola *f.* a smeriglio, la-

pidatrice *f.* **II** *v.t.* (*past, p.p.* **lapped** */-d/*) lappare, smerigliare. ☐ *to* ~ *in* lappare, smerigliare.

laparoscope /ˌlæpərə'skoʊp/ *n.* (*Chir*) laparoscopio *m.*

laparoscopy /ˌlæpə'rɒskəpi *Am* ˌlæpə'rɑːskəpi/ *n.* (*Chir*) laparoscopia *f.*

laparotomy /ˌlæpə'rɒtəmi *Am* ˌlæpə'rɑːtəmi/ *n.* (*Chir*) laparotomia *f.*

lapdog /'læpdɒg *Am* 'læpdɑːg/ *n.* **1** cane *m.* da grembo, cagnolino *m.* da salotto. **2** (*fig*) lacchè *m.*, accolito *m.*, leccapiedi *m.*

lapel /lə'pel/ *n.* (*Sart*) risvolto *m.*, mostra *f.* ☐ (*fig*) *to grab so. by the* -*s* prendere qcu. di petto.

lapful /'læpfʊl/ *n.* grembiulata *f.*, quantità *f.* di roba che può essere tenuta in grembo.

lapidary /'læpɪdəri *Am* ˌlæpə'deri/ **I** *n.* tagliatore *m.* di gemme. **II** *a.* **1** (*of stone engravings*) lapidario. **2** (*of gem cutting*) del taglio delle gemme. **3** (*fig*) lapidario, incisivo: *a* ~ *style* uno stile lapidario.

lapidate /'læpɪdeɪt/ *v.t.* (*rar*) lapidare.

lapidation /ˌlæpɪ'deɪʃən/ *n.* (*rar*) lapidazione *f.*

lapillus /lə'pɪləs/ *(pl.* -**lli** */-laɪ/) n.* (*Geol*) lapillo *m.*

lapis lazuli /ˌlæpɪs'læzjulaɪ *Am* ˌlæpəs'læzʌliː/ *n.* **1** (*Min*) lapislaz(z)uli *m.* **2** (*colour*) azzurro *m.* oltremare.

Lapland /'læplænd/ *n.pr.* (*Geog*) Lapponia *f.*

Laplander /'læplændə'/ *n.* lappone *m./f.*

Lapp /læp/ **I** *n.* **1** lappone *m./f.* **2** (*language*) lappone *m.* **II** *a.* lappone.

lappet /'læpɪt/ *n.* **1** falda *f.*, lembo *m.*; (*lapel*) risvolto *m.* **2** (*on women's hats*) nastro *m.* **3** (*Ornit*) (*wattle*) bargiglio *m.* ☐ (*Entom*) ~ *moth* bombice del pino.

lapping /'læpɪŋ/ *n.* **1** (*overlapping*) sovrapposizione *f.* **2** (*sound of water*) sciabordio *m.* **3** (*polishing*) lappatura *f.* **4** (*Sport*) il doppiare *m.*, superamento *m.*

Lappish /'læpɪʃ/ **I** *n.* (*language*) lappone *m.* **II** *a.* lappone.

lapsable /'læpsəbl/ *a.* (*Dir*) soggetto a decadenza.

lapsang /'læpsæŋ/ ☐ ~ *souchong* (tè) lapsang souchong.

lapse /læps/ **I** *n.* **1** errore *m.*, svista *f.*, lapsus *m.*, sbaglio *m.* **2** (*oversight*) dimenticanza *f.*, svista *f.* **3** (*wrong step*) passo *m.* falso, sbaglio *m.* **4** (*gap in continuity*) intervallo *m.*, pausa *f.*, interruzione *f.* **5** (*passage, course*) il passare, decorso *m.*: *the* ~ *of time* il passare del tempo. **6** (*interval of time*) corso *m.*, decorso *m.*, periodo *m.*, lasso *m.* di tempo, intervallo *m.* (di tempo). **7** (*decline*) declino *m.*, decadenza *f.* **8** (*temporary drop in standards, slip*) sbandamento *m.*, pecca *f.*, lacuna *f.*, trascuranza *f.*: *a moral* ~ uno sbandamento morale; ~ *of duty* trascuranza del proprio dovere. **9** (*Dir*) decadenza *f.*: ~ *of a right* decadenza di un diritto. **II** *v.i.* **1** (*to decline*) cadere (*into* in), scivolare (*into* in), sprofondare (*into* in): *to* ~ *into sin* cadere nel peccato. **2** (*to sink*) immergersi (*in*), dedicarsi totalmente, abbandonarsi (a). **3** (*of time: to pass*) trascorrere, passare. **4** (*to fall into disuse*) cadere in disuso. **5** (*Dir*) decadere, incorrere in decadenza. **6** (*Assic*) scadere, perdere validità. ☐ *to* ~ *back into bad habits* ricadere nelle cattive abitudini; *to* ~ *from grace* degenerare; *to* ~ *into heresy* cadere in eresia; ~ *of memory* lacuna della memoria, vuoto di memoria, lapsus memoriae; ~ *of the pen* errore (involontario) nello scrivere, lapsus calami; ~ *of the tongue* errore (involontario) nel parlare, lapsus linguae; (*Meteor*) ~ *rate* gradiente termico atmosferico.

lapsed /læpst/ a. 1 (Dir) decaduto, caduto in prescrizione. 2 (Assic) scaduto. 3 (Teol) (of a person) apostata. 4 (no longer in use) caduto in disuso.

lapstrake /'læpstreɪk/ a. (clinker-built) a fasciame accavallato.

lapsus calami /ˌlæpsəs'kæləmaɪ/ n. lapsus m. calami, lapsus m.

lapsus linguae /ˌlæpsəs'lɪŋgwaɪ/ n. lapsus m. linguae, lapsus m.

laptop /'læptɒp Am 'læptɑːp/ n. (Inform) laptop m., computer m. portatile. ☐ (Inform) ~ computer laptop, computer portatile.

lapwing /'læpwɪŋ/ n. (Ornit) pavoncella f.

LAR Libya LAR (Libia).

larboard /'lɑːbɔːd Am 'lɑːrbɔːrd/ n. (Mar,ant) babordo m., sinistra f., manca f.

larcener /'lɑːsnə Am 'lɑːrsənər/ n. (Dir) colpevole m./f. di furto.

larcenist /'lɑːsənɪst Am 'lɑːrsənɪst/ n. (Dir) colpevole m./f. di furto.

larcenous /'lɑːsənəs/ a. 1 che ha la natura del furto. 2 (of a person) colpevole di furto.

larceny /'lɑːsəni Am 'lɑːrsəni/ n. (Dir) furto m., ruberia f.

larch /lɑːtʃ Am lɑːrtʃ/ n. (Bot) larice m.

lard /lɑːd Am lɑːrd/ I n. (Gastron) lardo m., sugna f., strutto m. II v.t. 1 (Gastron) (to smear with lard) lardare, ungere di lardo; (to prepare with lard) lardellare, lardare. 2 (fig) infiorare, infarcire (with di), (scherz) lardellare (with di): a speech -ed with quotations un discorso lardellato di citazioni.

lardass, lard-ass /lɑːd'æs/ a. (Am,sl,volg) trippone m., ciccione m.

larder /'lɑːdə Am 'lɑːrdər/ n. 1 dispensa f. 2 (provisions) provviste f.pl., scorte f.pl.

larding /'lɑːdɪŋ Am 'lɑːrdɪŋ/ n. lardatura f. ☐ ~ needle lardatoio.

lardon /'lɑːdən Am 'lɑːrdən/ n. (Gastron) lardello m., cicciolo m., quadretto m. di lardo.

lardoon /lɑːduːn/ n. (Gastron) lardello m., cicciolo m., quadretto m. di lardo.

lardy /'lɑːdi Am 'lɑːrdi/ a. 1 lardoso. 2 (tending to become fat) che tende a ingrassare; (fat) ciccio, rotondetto, tondo. ☐ (Br,Gastron) ~ cake pane briosciato con uvetta, pane brioche con uvetta.

lares /'leəriːz Am 'leriːz/ n.pl. 1 (Stor.rom) lari m.pl. 2 (fig) casa f.sing., lari m.pl.

large /lɑːdʒ Am lɑːrdʒ/ I 1 grande, grosso: a ~ building un grande edificio. 2 (roomy, spacious) ampio, largo, grande, spazioso: a ~ window un'ampia finestra. 3 (comprehensive) ampio, vasto, esteso, rilevante: ~ powers ampi poteri. 4 (Br) (liberal, generous) generoso, largo, liberale: to have a ~ heart avere un cuore generoso. 5 (abundant) abbondante: a ~ meal un pasto abbondante. 6 (on a great scale) grosso, in grande, su larga (o vasta) scala: a ~ manufacturer of refrigerators un grosso fabbricante di frigoriferi. 7 (Mar) (of the wind) favorevole, propizio. II n. (Mus,ant) doppia lunga f. ☐ as ~ as life: 1 in grandezza naturale, al naturale; 2 (colloq) (in person) in persona, in carne e ossa; at ~: 1 (escaped) in libertà, libero, a piede libero; 2 (at length) ampiamente, diffusamente: the matter was discussed at ~ la questione venne discussa ampiamente; 3 (in general) in generale, generico, intero: people at ~ are in favour la gente in generale è favorevole, the nation at ~ l'intera nazione; by and ~ (in general) in senso lato, nel complesso, tutto sommato, nell'insieme; (Fis) ~ calorie grande caloria; to a ~ extent in larga misura, in gran parte; a ~ family una famiglia numerosa; (Anat) ~ intestine intestino crasso; (Br,colloq) to ~ it vivere alla grande;

in ~ measure in larga misura, in gran parte, in grande quantità; to be ~ of limb essere grande e grosso; on a ~ scale su vasta scala.

large-hearted /'lɑːdʒhɑːtɪd/ a. (Br) dall'animo grande, generoso, magnanimo.

large-heartedness /'lɑːdʒhɑːtɪdnəs/ n. (Br) generosità f., magnanimità f., liberalità f.

largely /'lɑːdʒli Am 'lɑːrdʒli/ avv. 1 in gran parte, in larga misura, largamente. 2 (chiefly) principalmente, soprattutto. 3 (extensively) largamente, ampiamente.

large-minded /'lɑːdʒmaɪndɪd Am 'lɑːrdʒ maɪndɪd/ a. di larghe vedute, di ampie vedute.

large-mindedness /'lɑːdʒmaɪndɪdnəs Am ˌlɑːrdʒ'maɪndɪdnəs/ n. larghezza f. di vedute, ampiezza f. di vedute, apertura f. mentale.

largen /'lɑːdʒən Am 'lɑːrdʒən/ v.t. (ant) allargare.

largeness /'lɑːdʒnəs Am 'lɑːrdʒnəs/ n. 1 grandezza f., grossezza f. 2 (comprehensiveness) ampiezza f., vastità f.

large-print /'lɑːdʒprɪnt Am ˌlɑːrdʒ'prɪnt/ a. a caratteri grandi.

larger-than-life /ˌlɑːdʒəðən'laɪf Am 'lɑːrdʒər ðənlaɪf/ a. esagerato, eccessivo, appariscente.

large-scale /'lɑːdʒskeɪl Am 'lɑːrdʒskeɪl/ a. 1 in grande, su grande scala, su vasta scala: ~ preparations preparativi in grande. 2 (of a map) (disegnato) in grande scala.

largess, largesse /lɑː'dʒes Am ˌlɑːr'(d)ʒes/ n. 1 (generosity) generosità f., liberalità f. 2 (sth. given) dono m., munificenza f.; (gratuity) regalia f. 3 (ant) il concedere con generosa liberalità, (lett) largizione f.

larghetto /lɑː'getəʊ Am ˌlɑːr'geʈoʊ/ a./avv. (Mus) larghetto.

largish /'lɑːdʒɪʃ Am 'lɑːrdʒɪʃ/ a. piuttosto grande (o grosso).

largo /'lɑːgəʊ Am 'lɑːrgoʊ/ I a./avv. (Mus) largo. II n. (pl. -s /-z/) largo m.

lariat /'læriət/ n. 1 laccio m. 2 (to picket animals) pastoia f.

lark[1] /lɑːk Am 'lɑːrk/ n. (Ornit) allodola f. ☐ to sing like a ~ cantare come un usignolo; (or to get up with the ~ (o to rise with the ~) alzarsi di buon'ora, levarsi al canto del gallo.

lark[2] /lɑːk Am 'lɑːrk/ I n. 1 (innocent fun) divertimento m., spasso m. 2 (prank) burla f., beffa f., scherzo m. II v.i. 1 (to have innocent fun) divertirsi, spassarsela. 2 (to play pranks) scherzare, fare burle. ☐ to ~about divertirsi, spassarsela; to do sth. for a ~ fare qcs. per scherzo; what a ~! che spasso!, che divertimento!

larkspur /'lɑːkspɜː Am 'lɑːrkspɜːr/ n. (Bot) delfinio m.

larky /'lɑːki Am 'lɑːrki/ a. 1 allegro, gaio. 2 (playful) scherzoso, burlone.

larrikin /'lærɪkɪn/ n. (Aus,colloq) giovinastro m., teppista m.

larrup /'lærəp/ v.t. (colloq) frustare; (to thrash) battere, picchiare.

Larry /'læri/ n.pr.m. dim. di Lawrence.

larum /'lærʌm Am 'lɑːrʌm/ n. (ant) allarme m.

larva /'lɑːvə Am 'lɑːrvə/ (pl. -vae /-viː/, -s /-z/) n. (Zool) larva f.

larval /'lɑːvl Am 'lɑːrvl/ a. larvale.

larvicide /'lɑːvɪsaɪd Am 'lɑːrvɪsaɪd/ n. (Chim) larvicida m.

laryngeal /ˌlæ'rɪndʒɪəl Am ˌlə'rɪndʒɪəl/ a. 1 (Anat) laringeo. 2 (Fon) laringale.

laryngitic /ˌlærɪn'dʒɪtɪk Am ˌlerɪn'dʒɪtɪk/ a. (Med) affetto da laringite.

laryngitis /ˌlærɪn'dʒaɪtɪs Am ˌlerɪn'dʒaɪtɪs/ (pl. -titis /-tɪdiːz/) n. (Med) laringite f.

laryngologist /ˌlærɪŋ'gɒlədʒɪst Am ˌlerɪn 'gɑːlədʒɪst/ n. (Med) laringologo m. (f. -a), la-

ringoiatra m./f.

laryngology /ˌlærɪŋ'gɒlədʒi Am ˌlerɪn 'gɑːlədʒi/ n. (Med) laringologia f., laringoiatria f.

laryngoscope /lə'rɪŋgəskoʊp/ n. (Med) laringoscopio m.

laryngoscopy /ˌlærɪŋ'gɒskəpi Am ˌlerɪn 'gɑːskəpi/ n. (Med) laringoscopia f.

laryngotomy /ˌlærɪŋ'gɒtəmiə Am ˌlerɪn 'gɑːtəmi/ n. (Chir) laringotomia f.

larynx /'lærɪŋks Am 'lerɪŋks/ (pl. **larynges** /lə'rɪndʒiːz/, -es /-ɪz/) n. (Anat) laringe f./m.

lasagna, lasagne /lə'zænjə/ n. (Gastron) lasagne f.pl.

lascar, Lascar /'læskə/ n. (Mar,Mil,ant) lascaro m., marinaio m. indiano.

lascivious /lə'sɪvɪəs/ a. 1 (of people) lascivo, lussurioso, libidinoso. 2 (expressive of lust) osceno, impudico, indecente: a ~ gesture un gesto osceno.

lasciviously /lə'sɪvɪəsli/ avv. 1 lascivamente, lussuriosamente, libidinosamente. 2 (obscenely) oscenamente, impudicamente, indecentemente.

lasciviousness /lə'sɪvɪəsnəs/ n. 1 lascivia f., lussuria f., libidine f. 2 (obscenity) oscenità f., impudicizia f.

laser /'leɪzə/ n. (Ott) laser m. ☐ ~ beam raggio laser; ~ card carta intelligente, carta a chip; ~ disc disco laser; ~ photo (Inform) (Inform) ~ printer stampante laser; (Fis) ~ radiation raggi laser; ~ show spettacolo con laser; (Chir) ~ surgery laserchirurgia; (Med) ~ therapy laserterapia.

lash[1] /læʃ/ I v.t. 1 frustare, sferzare, scudisciare, staffilare. 2 (to scourge) sferzare. 3 (to strike forcibly) sferzare, flagellare, battere violentemente su (o contro), picchiare violentemente su (o contro): the waves -ed the rocks le onde battevano violentemente contro gli scogli. 4 (fig) (to attack verbally) criticare aspramente, sferzare, frustare. 5 (to goad, to provoke) spronare, stimolare, incitare, spingere, sferzare. 6 (to move violently to and fro) sferzare l'aria con, agitare violentemente: the lion -ed his tail il leone sferzava l'aria con la coda. II v.i. 1 dare sferzate (o frustate), dare colpi di frusta. 2 (to strike) colpire (at so. qcu.). 3 (to beat violently) battere (o picchiare) violentemente (at, against su, contro), sferzare (qcs.). ☐ to ~ down piovere fortissimo, piovere dirotto: it is -ing down sta piovendo dirotto; (fig) to ~ oneself into a fury montare su tutte le furie; to ~ out: 1 colpire, percuotere, picchiare (at so. qcu.); 2 (fig) criticare aspramente, sferzare, frustare, censurare, inveire (at so. o against so. contro qcu.): he always -es out at me when he's drunk quando è ubriaco me ne dice di tutti i colori; 3 (of a horse, to kick) scalciare (qcu.), dare calci (a); 4 (Br) (to spend) sborsare un sacco di quattrini, spendere un patrimonio, versare una cifra (on per).

lash[2] /læʃ/ n. 1 (stroke of a whip) frustata f., sferzata f., scudisciata f. 2 (whipping) fustigazione f.: to be sentenced to the ~ essere condannato alla fustigazione. 3 (whip) frusta f., sferza f., scudiscio m., staffile m. 4 (whipcord) sverzino m. 5 (violent beating) il battere violento: the ~ of waves against the rocks il battere violento delle onde contro gli scogli. 6 (severe reproof) sferza f., frustata f., censura f.; the ~ of criticism la sferza della critica. 7 (eyelash) ciglio m. ☐ (scherz) we're going to give you forty -es with a wet noodle sarai frustato a sangue.

lash[3] /læʃ/ v.t. 1 legare (saldamente), assicurare con una fune (to, on a): to ~ sail to a spar legare una vela a un pennone. 2 (Mar) rizzare. □ *to ~ down* legare saldamente, assicurare con funi, (*on deck*) rizzare; (*Br, colloq*) *to ~ sth. up* allestire qcs. in fretta e furia, preparare qcs. velocemente.

lashed /læʃt/ *a.* (*in compounds*) dalle ciglia...: *long-~* dalle ciglia lunghe.

lasher /'læʃər/ *n.* **1** chi frusta, chi sferza. **2** (*Br*) (*water rushing through a weir*) acqua *f.* che irrompe attraverso una diga. **3** (*Br*) (*weir*) diga *f.*, chiusa *f.* **4** (*Br*) (*pool*) pozza *f.* che riceve l'acqua da una diga.

lashing[1] /'læʃɪŋ/ **I** *n.* **1** (*blow of whip*) frustata *f.*, sferzata *f.* **2** (*whipping*) fustigazione *f.* **3** (*strong reproof*) strigliata *f.* **4** *pl.* (*Br,colloq*) (*large quantity*) quantità *f.sing.* enorme, mucchio *m.sing.: he has -s of money* ha un mucchio di soldi.

lashing[2] /'læʃɪŋ/ *n.* **1** legatura *f.* **2** (*rope, etc.*) corda *f.*, fune *f.* **3** (*Mar*) rizza *f.*

lash-up /'læʃʌp/ *n.* (*Br,colloq*) allestimento *m.* fatto in fretta e furia, improvvisata *f.*

lass /læs/ *n.* ragazza *f.*

Lassa /'læsə/ □ (*Med*) *~ fever* febbre di Lassa.

lassie /'læsi/ *n.* ragazzina *f.*

lassitude /'læsɪtjuːd *Am* ˌlæsɪtuːd/ *n.* **1** stanchezza *f.*, debolezza *f.*, lassezza *f.* **2** (*listlessness*) languidezza *f.*, fiacchezza *f.*

lasso /'læsuː *Am* 'læsou/ **I** *n.* (*pl.* **-s/-es** /-z/) laccio *m.*, lasso *m.* **II** *v.t.* prendere con il laccio.

lassoer /læ'suːər *Am* 'læsouər/ *n.* chi prende al laccio.

last[1] /lɑːst *Am* læst/ **I** *a.* **1** ultimo: *the ~ letter of the alphabet* l'ultima lettera dell'alfabeto. **2** (*most recent before the present*) scorso, passato, ultimo: *~ year* l'anno scorso. **3** (*only remaining*) ultimo: *it is his ~ hope* è la sua ultima speranza. **4** (*conclusive, final*) ultimo, conclusivo, finale, definitivo: *I have said my ~ word* ho detto la mia ultima parola. **5** (*least likely or desirable*) ultimo, il meno adatto, il meno atteso: *it's the ~ thing I would do* è l'ultima cosa che farei. **6** (*lowest in importance, rank, etc.*) ultimo, il meno importante. **7** (*single*) singolo: *every ~ person* ogni singolo individuo. **8** (*Rel*) (*of a sacrament*) estremo, ultimo. **II** *n.* **1** (*final person*) ultimo *m.* (*f.* -a): *he was the ~ to speak* fu l'ultimo a parlare. **2** (*final part of sth.*) ultimo *m.*, ultimo pezzo *m.*, *often not translated: he finished the ~ of the wine* ha finito il vino, si è bevuto l'ultimo goccio di vino. **3** (*final time*) ultima volta *f.: it was the ~ we ever heard of them* è stata l'ultima volta che abbiamo avuto notizie di loro. **4** (*end*) fine *f.*, termine *m.*, conclusione *f.: to the ~* fino alla fine. **III** *avv.* **1** (*per*) ultimo: *to arrive ~* arrivare (per) ultimo. **2** (*on the most recent occasion*) ultimamente, l'ultima volta: *when did you ~ see him?* quando l'hai visto l'ultima volta? **3** (*finally*) infine, alla fine, in ultimo, da ultimo. □ *in the ~ analysis* in ultima analisi; *at ~* finalmente, alla fine, alla buon'ora; *~ born* ultimo nato; (*Br*) *the ~ but one* il penultimo; *~ but two* il terzultimo; *~ but not least* ultimo ma non da meno degli altri, ultimo ma non meno importante; (*Am*) *~ call* (*in a bar*) ultime ordinazioni (prima della chiusura); (*fig*) (*to play*) *one's ~ card* (giocare) l'ultima carta; *it's your ~ chance* è l'ultima occasione che ti si presenterà; (*Rel*) *Last Day* giorno del giudizio (universale); (*Br*) *in the ~ degree* (o *to the ~ degree*) nel modo più assoluto; *to the ~ extremity* fino all'estremo; *he paid to the ~ farthing* pagò fino all'ultimo centesimo; *the ~ few days* questi ultimi giorni; *at one's ~ gasp*: **1** (*on the point of death*) boccheggiante, agonizzante, moribondo; **2** (*exhaust-*

ed) sfinito, esausto; (*fig*) *one's ~ home* l'ultima dimora, la tomba; *the ~ honours* gli estremi onori; *~ in* ultimo arrivato; (*Comm*) *~ in, first out* LIFO (ultimo a entrare, primo a uscire, sistema di magazzinaggio ad accatastamento); (*Rel*) *Last Judgement* (o *Last Judgment*) giudizio universale; (*fig*) *to have the ~ laugh* ridere (per) ultimo, avere la meglio; (*colloq*) *to be on one's ~ legs* essere allo stremo, essere ridotto a mal partito; (*colloq*) *it's on its ~ legs* ormai è logoro, ormai è consumato; *to the ~ man* completamente, fino all'ultimo uomo, tutti quanti; *at the ~ moment* all'ultimo momento; *~ name* cognome; *~ night*: **1** la notte scorsa; **2** (*yesterday evening*) ieri sera; *~ of all* in ultimo luogo; *to perform the ~ offices for so.*: **1** (*Lit*) celebrare l'ufficio funebre in suffragio di qcu.; **2** (*to prepare for burial*) preparare qcu. per la sepoltura; (*Br*) *~ orders, please* (*in a pub*) ultime ordinazioni (prima della chiusura); *in the ~ place* per ultimo, in ultimo, in ultimo luogo, infine, alla fine; *~ post*: **1** (*Mil*) il silenzio, segnale della ritirata, ultimo suono di tromba della ritirata; **2** (*Br*) segnale della ritirata suonato durante un funerale; *the ~ resort* l'ultima possibilità, l'ultima spiaggia; *the ~ rites*: **1** (*Rel.catt*) l'estrema unzione; **2** (*Rel.prot*) i riti funebri; *she must always have the ~ say* deve avere sempre l'ultima parola; (*colloq*) *I thought we would never see the ~ of her* pensavo che non ci saremmo mai liberati di lei; *you haven't seen the ~ of me!* non finisce qui!, me la pagherai!; (*Mil,fig*) *~ stand* ultima resistenza; (*fig*) *the ~ straw* la goccia che fa traboccare il vaso, il colmo, (*fig*) *it's the ~ straw!* ci mancava solo questo!, è il colmo!; *Last Supper*: **1** (*Bibl*) l'ultima cena; **2** (*Art*) ultima cena, cenacolo; *~ thing*: **1** l'ultima moda, l'ultima novità, l'ultimo ritrovato: *the ~ thing in mobile phones* l'ultima novità in fatto di telefonini; **2** (*before going to bed*) prima di coricarsi: *I forgot to turn the TV off ~ thing* ho dimenticato di spegnere la tv prima di coricarmi; *the ~ time* (*that*) l'ultima volta che; *for the ~ time* per l'ultima volta; *this day ~ week* otto giorni fa esatti, otto giorni oggi; (*Dir*) *~ will and testament* testamento; *~ word*: **1** ultima parola: *to have the ~ word* avere l'ultima parola; **2** (*most up-to-date thing*) ultimo grido, ultima novità: *the ~ word in fashion* l'ultimo grido in fatto di moda; **3** (*perfection*) non plus ultra, perfezione.

last[2] /lɑːst *Am* læst/ **I** *v.i.* **1** durare: *how long does the film ~?* quanto dura il film? **2** (*to continue, to hold*) durare, continuare, perdurare: *the weather is lovely, let's hope it ~s* il tempo è bello, speriamo che duri. **3** (*to continue in good condition*) durare, durare nel tempo, conservarsi, mantenersi: *it's made to ~* è fatto per durare. **4** (*to continue to be available*) durare, bastare: *while stocks ~* finché durano le scorte. **5** (*to resist*) resistere, durare: *the new employee won't ~ long in this office* il nuovo impiegato non resisterà molto in quest'ufficio. **II** *v.t.* **1** durare: *these shoes will ~ me a lifetime* queste scarpe mi dureranno una vita. **2** (*of persons: to survive, to endure*) sopravvivere, resistere a, superare, sopportare. □ (*Br,colloq*) *to ~ out*: **1** (*of people*) sopravvivere, resistere a, superare: *she won't ~ out the night* non supererà la notte; **2** (*of things*) durare, resistere; *to ~ the distance*: **1** (*fig*) reggere fino in fondo; **2** (*Sport*) completare l'intero percorso.

last[3] /lɑːst *Am* læst/ *n.* (*Calz*) forma *f.* per calzature.

last[4] /lɑːst *Am* læst/ *n.* (*ant*) (*unit of weight or*

capacity) lasta *f.*

last-ditch /'lɑːsdɪtʃ *Am* 'læsdɪtʃ/ *a.* **1** disperato, in extremis: *a ~ effort* uno sforzo disperato, l'ultimo sforzo, un estremo tentativo. **2** (*fought with desperation*) furioso, accanito: *~ battle* battaglia furiosa.

last-gasp /'lɑːsgæsp *Am* 'læsgæsp/ *a.* dell'ultimo momento, estremo, in extremis.

lasting /'lɑːstɪŋ *Am* 'læstɪŋ/ *a.* **1** duraturo, durevole, stabile: *a ~ friendship* un'amicizia duratura; *~ memories* ricordi indelebili. **2** (*of an impression*) persistente, duraturo.

lastingness /'lɑːstɪŋnəs *Am* 'læstɪŋnəs/ *n.* l'essere durevole, l'essere duraturo.

lastly /'lɑːstli *Am* 'læstli/ *avv.* **1** (*in last place*) da ultimo, alla fine, infine. **2** (*in conclusion*) per concludere, in conclusione. □ *firstly..., secondly... and ~...*, in primo luogo..., in secondo luogo... e per ultimo...

last-minute /'lɑːstmɪnɪt *Am* 'læstmɪnɪt/ *a.* **1** dell'ultimo momento, in extremis: *~ plans* piani in extremis. **2** (*Br*) (*of booking*) last-minute, ultimo minuto: *a ~ holiday* una vacanza last-minute.

lat /læt/ *n.* (*colloq*) (*in body-building: latissimus dorsi*) grande dorsale *m.*

lat. (*Geog*) *latitude* lat. (latitudine).

Lat. *Latin* lat. (latino).

latch[1] /lætʃ/ **I** *n.* **1** chiavistello *m.*, saliscendi *m.* **2** (*spring lock*) serratura *f.* (a scatto). □ *~ key* chiave (di serratura a scatto); *off the ~* (*of a door*) socchiuso, accostato; *on the ~* (*of a door*) non chiuso a chiave.

latch[2] /lætʃ/ **I** *v.t.* mettere il chiavistello a, chiudere con il chiavistello. **II** *v.i.* (*of a door*) chiudersi facendo scattare la serratura. □ *to ~ on* capire, afferrare, cogliere; *to ~ onto*: **1** (*an idea*) abbracciare, caldeggiare, sposare; **2** (*a person*) attaccarsi a, incollarsi a, appiccicarsi a.

latchkey, latch-key /'lætʃkiː/ *n.* **1** chiave *f.* per serratura a scatto. **2** (*estens*) chiave *f.* di casa. □ *~ child* bambino che ha le chiavi di casa (perché viene lasciato solo durante il giorno).

late /leɪt/ **I** *a.* (*compar.* **later** /'leɪtər *Am* 'leɪtər/ **/latter** /'lætər *Am* 'lætər/, *sup.* **latest** /'leɪtɪst *Am* 'leɪtɪst/ o **last** /lɑːst *Am* læst/) **1** (*pred.*) tardi, in ritardo: *spring is ~* la primavera è in ritardo; *to be ~ for school* arrivare tardi a scuola, *it's ~ - we'll have to rush* è tardi, dovremo correre. **2** (*towards the end of a period of time*) tardo, avanzato, inoltrato: *a ~ hour* un'ora tarda; *in ~ summer* in estate inoltrata; *in the ~ sixteenth century* nel tardo cinquecento. **3** (*Br*) (*most recent*) ultimo, (il più) recente: *the ~ crisis* l'ultima crisi. **4** (*happening at an advanced stage*) avanzato, tardivo: *a ~ winter* un inverno tardivo. **5** (*recently deceased*) defunto, compianto, (*colloq*) povero: *my ~ grandmother* la mia povera nonna. **6** (*former*) ex, già: *the ~ Prime Minister* l'ex primo ministro. **7** (*towards end of career, esp. of an artist*) del suo ultimo periodo, di fine carriera: *a ~ Picasso* un Picasso dell'ultimo periodo. **II** *avv.* **1** (*not on time*) tardi, in ritardo: *to be ~* essere in ritardo; *sorry I'm ~* scusate il ritardo; *to arrive ~* arrivare tardi. **2** (*until an advanced hour*) fino a tardi, fino a tarda ora: *to work ~* lavorare fino a tardi; *~ into the evening* fino a tardi sera. **3** (*far into a period of time*) tardi: *to marry ~ in life* sposarsi tardi; *~ on Tuesday* martedì sul tardi. **4** (*late of*) fino a poco tempo fa, recentemente. □ *as ~ as last month* non più tardi del mese scorso, solo un mese fa; *~ at night* a notte tarda, a tarda notte, a notte fonda, (*lett*) a notte alta; (*colloq*) *a ~ bloomer* bambino (o ragazzo) in ritardo nello sviluppo; *it's getting ~* si sta facendo tardi!; (*Art*) ~ *Gothic* tardogotico; *to keep* ~ *hours* fare le ore piccole; ~ *in life* in età avanzata, avanti negli anni; (*fig*) ~ *in the day* troppo tardi: *it's rather* ~ *in the day* è ormai troppo tardi, ti svegli solo adesso?; (*Am,fig*) ~ *in the game* troppo tardi: *it's too* ~ *in the game* i giochi sono fatti, ormai è troppo tardi; ~ *in the season* a stagione inoltrata; ~ *Latin* latino tardo; *to make so.* ~ far ritardare qcu.; (*Giorn*) *the* ~ *news* (o *the* ~ *night news*) le ultimissime della notte; *of* ~ di recente; *of* ~ *years* in questi ultimi anni; ~ *shift* (*in a factory*) turno di notte; *a* ~ *sleeper* un dormiglione; *to make a* ~ *start* partire in ritardo; *to be a* ~ *stirrer* essere un dormiglione; *it is* *too* ~ *now* ormai è troppo tardi; *I was too* ~ sono arrivato troppo tardi, non sono arrivato in tempo.

latecomer, late-comer /'leɪtkʌmər/ *n.* ritardatario *m.* (*f.* -a).

lateen /lə'tiːn/ *a.* (*Mar*) latino. ☐ (*Mar*) ~ *sail* vela latina.

lateen-rigged /lə'tiːnrɪgd/ *a.* (*Mar*) a vela latina.

lately /'leɪtli/ *avv.* ultimamente, recentemente, di recente, negli ultimi tempi.

latency /'leɪtnsɪ/ *n.* latenza *f.* (*anche Med, Inform*).

lateness /'leɪtnəs/ *n.* 1 l'essere in ritardo. 2 (*delay*) ritardo *m.* ☐ *the* ~ *of the hour* l'ora tarda, l'ora avanzata.

late-night /'leɪt,naɪt/ *a.* (*spec. TV,Cin*) ultimo: *the* ~ *show* l'ultimo spettacolo (dopo le 22.00).

latent /'leɪtnt/ *a.* 1 nascosto, latente, celato; ~ *intentions* intenzioni nascoste. 2 (*potential*) potenziale. 3 (*Med,Psic,Biol*) latente. ☐ (*Psic*) ~ *content* contenuto latente; (*Fis*) ~ *heat* calore latente; (*Fot*) ~ *image* immagine latente; (*Fisiol*) ~ *period* tempo di latenza.

later /'leɪtə Am 'leɪtər/ I *a.* (*successive*) successivo: *at a* ~ *date* in una data successiva. II *avv.* più tardi, più avanti, dopo: *three years* ~ tre anni più tardi, tre anni dopo. ☐ ~ *on* più avanti, più tardi, in seguito.

lateral /'lætərəl Am 'leɪtərəl/ I *a.* 1 laterale, di lato, di fianco. 2 (*Anat,Fon,Bot*) laterale. II *n.* 1 (*Bot*) (*branch*) ramo *m.* laterale; (*shoot*) germoglio *m.* laterale. 3 (*Fon*) consonante *f.* laterale. 3 (*Sport*) (*lateral pass, esp. in American football*) passaggio *m.* laterale. ☐ (*Geol*) ~ *crater* cratere avventizio; (*Itt*) ~ *fin* pinna pari; (*Zool,Itt*) ~ *line* linea laterale; (*Psic*) ~ *thinking* pensiero laterale.

lateralisation /,lætərəl(a)ɪ'zeɪʃən/ *n.* (*Br*) lateralizzazione *f.*

lateralise /'lætərəlaɪz/ *v.t.* (*Br*) lateralizzare.

lateralization /,lætərəl(a)ɪ'zeɪʃən Am,lætərəlɪ 'zeɪʃən/ *n.* lateralizzazione *f.*

lateralize /'lætərəlaɪz Am 'lætərəlaɪz/ *v.t.* lateralizzare.

laterally /'lætərli Am 'lætərəli/ *avv.* lateralmente.

Lateran /'lætərən Am 'lætərən/ I *n.pr.* Laterano *m.* II *a.* lateranense. ☐ (*Rel*) ~ *Council* concilio lateranense; ~ *Pact* (o ~ *Treaty*) patti lateranensi.

laterite /'lætəraɪt Am 'lætəraɪt/ *n.* (*Geol*) laterite *f.*

latest /'leɪtɪst Am 'leɪtɪst/ I *a.* (*sup. di* late) ultimo, il più recente, recentissimo, ultimissimo: *his* ~ *novel* il suo ultimo romanzo. II *n.* 1 l'ultima *f.* 2 (*colloq,Giorn*) (*latest news*) ultime notizie *f.pl.*, ultimissime *f.pl.* 3 (*latest fashion*) ultima moda *f.*, ultimo grido *m.* 4 (*latest joke*) ultima barzelletta *f.*, ultima *f.*: *have you heard the* ~? sapete l'ultima? ☐ *at the* ~ al più tardi; ~ *intelligence* notizie

dell'ultima ora, informazioni dell'ultima ora; *in the* ~ *style* all'ultima moda; *the* ~ *thing in* l'ultima novità, l'ultima moda; *the* ~ *thing in in DVDs* l'ultima novità in fatto di lettori DVD; *the* ~ *thing in boots* l'ultima moda in fatto di stivali.

late-stage /,leɪt'steɪdʒ/ *a.* di stadio avanzato.

latex /'leɪteks/ (*pl.* **latices** /'leɪtɪsiːz/, -**es** /-ɪz/) *n.* (*Bot,Ind*) latice *m.*

lath /lɑːθ, læθ/ I *n.* 1 (*Edil*) assicella *f.* 2 (*Edil, collett.*) canniccio *m.* 3 (*Edil*) (*wire net*) rete *f.* metallica; (*expanded metal*) lamiera *f.* stirata. 4 (*strip of wood*) assicella *f.*, listello *m.* 5 (*of a Venetian blind*) stecca *f.* II *v.t.* (*Edil*) incannicciare.

lathe /leɪð/ I *n.* (*Mecc*) tornio *m.* II *v.t.* (*Tecn*) tornire. ☐ (*Mecc*) ~ *bed* banco del tornio, bancale del tornio; (*Mecc*) ~ *centre* punta di tornio.

lather /lɑːðə, 'læðər/ I *n.* 1 schiuma *f.* di sapone. 2 (*of a horse*) schiuma *f.* 3 (*colloq*) (*agitation*) eccitazione *f.*, agitazione *f.*, scombussolamento *m.* II *v.t.* 1 insaponare, coprire di schiuma: *to* ~ *one's face* insaponarsi la faccia. 2 (*colloq*) (*to thrash*) battere, picchiare, bastonare. III *v.i.* 1 (*of soap*) fare schiuma, schiumare. 2 (*of a horse*) schiumare. ☐ (*fig*) *in a* ~ scombussolato.

lathery /'læðərɪ/ *a.* 1 schiumoso, che fa schiuma. 2 (*covered with lather*) coperto di schiuma.

latifundium /,lætɪ'fʌndɪəm Am 'lætɪfʌndɪəm/ (*pl.* -**dia** /-dɪə/) *n.* 1 (*Stor.rom*) latifondo *m.* 2 (*estate*) grande proprietà *f.* terriera.

Latin /'lætɪn Am 'lætən/ I *n.* 1 (*language*) latino *m.* 2 (*native*) latino *m.* (*f.* -a). 3 (*Latin American*) abitante *m./f.* dell'America latina. 4 (*so. from Spain, Portugal, Italy, etc.*) latino *m.* (*f.* -a), abitante *m./f.* dei paesi europei latini. II *a.* 1 latino. 2 (*of Latin America*) latino, latino-americano. 3 (*Rel*) cattolico (romano). ☐ (*Ling*) ~ *Alphabet* alfabeto latino; (*Geog*) ~ *America* America latina; ~ *American*: 1 (*relating to Latin America*) dell'America latina, latino-americano; 2 (*person*) abitante dell'America latina, latino-americano; ~ *Church* chiesa cattolica romana; ~ *cross* croce latina; ~ *lover* latin lover; ~ *pop* pop latino; ~ *Quarter* (*in Paris*) quartiere latino.

Latinate /'lætɪneɪt Am 'lætəneɪt/ *a.* (*spec. Ling*) latino, latineggiante.

Latinisation /,lætɪn(a)ɪ'zeɪʃən/ *n.* (*Br*) latinizzazione *f.*

Latinise /'lætɪnaɪz/ I *v.t.* (*Br*) 1 latinizzare. 2 (*Rel*) conformare alla chiesa cattolica romana. II *v.i.* (*Br*) latineggiare.

Latinism /'lætɪnɪzm Am 'lætənɪzm/ *n.* (*Ling*) latinismo *m.*

Latinist /'lætɪnɪst Am 'lætənɪst/ *n.* (*Ling*) latinista *m./f.*

Latinity /lə'tɪnɪtɪ Am læ'tɪnəṭi/ *n.* 1 latinità *f.* 2 (*knowledge of Latin*) conoscenza *f.* del latino.

Latinization /,lætɪn(a)ɪ'zeɪʃən Am 'lætənɪ 'zeɪʃən/ *n.* latinizzazione *f.*

Latinize /'lætɪnaɪz Am 'lætənaɪz/ I *v.t.* 1 latinizzare. 2 (*Rel*) conformare alla Chiesa cattolica romana. II *v.i.* latineggiare.

Latino /læ'tiːnoʊ/ *n.* (*spec. Am*) 1 (*US citizen*) americano *m.* (*f.* -a) di origine latino-americana. 2 (*rar*) (*Latin American*) latino-americano *m.* (*f.* -a).

latish /'leɪtɪʃ/ I *a.* piuttosto tardi, piuttosto in ritardo. II *avv.* sul tardi, piuttosto tardi, piuttosto in ritardo.

latissimus /læ'tɪsɪməs/ (*pl.* -**mi** /-mi/) *n.* (*Anat*) gran dorsale *m.*, muscolo *m.* gran dorsale. ☐ (*Anat*) ~ *dorsi* gran dorsale, mu-

scolo gran dorsale.

latitude /'lætɪtjuːd Am 'lætə,tuːd/ I *n.* 1 (*Geog, Astr*) latitudine *f.* 2 (*freedom of action*) libertà *f.* (d'azione). 3 *pl.* (*region*) regione *f.sing.*, paese *m.sing.*, latitudini *f.pl.*

latitudinal /,lætɪ'tjuːdɪnəl Am ,lætɪ'tuːdɪnəl/ *a.* (*Geog*) latitudinale, latitudinario.

latitudinally /,lætɪ'tjuːdɪnli Am ,lætɪ 'tuːdɪnəli/ *avv.* latitudinalmente.

latitudinarian /'lætɪ,tjuːdɪ'neərɪən Am ,lætɪtuːdə'nerɪən/ I *a.* 1 liberale, tollerante. 2 (*Rel,prot*) latitudinario. II *n.* (*Rel,prot*) latitudinario *m.* (*f.* -a).

latitudinarianism /'lætɪ,tjuːdɪ'neərɪənɪzm Am ,lætɪtuːdə'nerɪənɪzm/ *n.* (*Rel,prot*) latitudinarismo *m.*

Latium /'leɪʃɪəm/ *n.pr.* (*Geog*) Lazio *m.*

latrine /lə'triːn/ *n.* latrina *f.*

latte /'lɑːteɪ/ *n.* caffellatte *m.*, latte *m.* macchiato.

latten /'lætɪn Am 'lætən/ *n.* (*Met,ant*) lamierino *m.* d'ottone.

latter /'lætə Am 'lætər/ I *a.* 1 (*second of two*) secondo (di due): *the* ~ *half of the week* la seconda metà della settimana. 2 (*nearest the end*) ultimo: *in her* ~ *years* durante i suoi ultimi anni. II *pron.* il secondo, l'ultimo (di due): *of tragedy and melodrama I prefer the* ~ fra tragedia e melodramma preferisco il secondo. ☐ (*Bibl*) ~ *Day* ultimi giorni; ~ *end* morte, fine; *the former...,the* ~..., il primo..., il secondo...

latter-day /'lætədeɪ Am 'lætərdeɪ/ *a.* moderno, dei giorni nostri, recente. ☐ (*Rel*) *Latter-Day Saints* santi degli ultimi giorni, mormoni.

latterly /'lætəli Am 'lætərli/ *avv.* ultimamente, recentemente.

lattermost /'lætəmoʊst Am 'lætərmoʊst/ *a.* estremo, ultimo.

lattice /'lætɪs Am 'lætɪs/ I *n.* 1 traliccio *m.*, graticcio *m.*, reticolo *m.* 2 (*grating*) grata *f.* 3 (*Ott, Min*) (*space lattice*) reticolo *m.* II *v.t.* 1 (*to fit with a lattice*) munire di grata. 2 (*of a window*) impiombare. 3 (*to make into a lattice*) ingraticciare. ☐ (*Tecn*) ~ *frame* (o ~ *girder*) travatura a traliccio; ~ *window* finestra con vetri impiombati, vetrata con piombo in lista.

latticed /'lætɪst Am 'lætɪst/ *a.* provvisto di grata (o traliccio).

latticework, lace-work /'lætɪswɜːk Am 'lætɪswɜːrk/, **latticing** /'lætɪsɪŋ/ *n.* 1 ingraticciatura *f.*, ingraticciata *f.* 2 (*Edil*) ammandorlato *m.*

Latvia /'lætvɪə/ *n.pr.* (*Geog*) Lettonia *f.*

Latvian /'lætvɪən/ I *a.* lettone. II *n.* 1 lettone *m./f.* 2 (*language*) lettone *m.*

laud /lɔːd/ I *n.* 1 (*ant*) lode *f.* 2 *pl.* (*costr.sing. o pl.*) (*Rel*) laudi *f.pl.* II *v.t.* lodare, celebrare.

laudability /,lɔːdə'bɪlɪtɪ Am ,lɔːdə'bɪləṭi/ *n.* l'essere lodabile.

laudable /,lɔːdəbl/ *a.* lodabile, lodevole, encomiabile.

laudanum /'lɒdnəm Am 'lɑːdnəm/ *n.* (*Farm*) laudano *m.*

laudative /'lɔːdeɪtɪv Am lɔː'deɪtɪv/, **laudatory** /'lɔːdətəri Am 'lɔːdətɔːri/ *a.* laudativo, lodativo, elogiativo.

laugh[1] /lɑːf Am læf/ I *v.i.* 1 ridere, fare una risata, farsi una risata: *to* ~ *heartily* ridere di cuore. 2 (*fig*) essere ridente, ridere. 3 (*Zool*) (*to make a laugh-like sound*) ragliare, ridere: *the hyena* -*ed* la iena rise. II *v.t.* 1 esprimere ridendo, dire ridendo. 2 (*to show contempt*) deridere, prendere in giro, ridere. ☐ (*fig,colloq*) *to* ~ *all the way to the bank* fare soldi a palate; *to* ~ *at*: 1 ridere per, ridere di: *to* ~ *at a joke* ridere per una barzelletta, ridere a uno scherzo; 2 (*in derision*) ridere di, burlarsi di, farsi beffe di, deridere; 3 (*to disregard*) non preoccuparsi di, ridersela di, infischiarsi di, (*rules, laws*) irridere; 4 (*to ignore, to defy*) non temere, ridersi di: *to ~ at danger* non temere il pericolo; *to ~ a speaker down* costringere un oratore al silenzio con le risate; *to ~ so.'s fears away* fugare i timori di qcu. ridendoci su, buttarla sul ridere; *to ~ one's head off* ridere a crepapelle; *to ~ hysterically* ridere come un matto; (*Br,colloq*) *to ~ like a drain* ridere fragorosamente; *to ~ sth. off* ridere su qcs., sdrammatizzare qcs. ridendoci sopra, buttarla sul ridere: *he -ed the matter off* lui ci ha riso sopra; (*Br,colloq*) *to ~ on the other side of one's face* (o *mouth*) piangere; (*Br,colloq*) *to ~ on the wrong side of one's face* (o *mouth*) piangere; *to ~ oneself* ridere fino a diventare: *to ~ oneself silly* ridere fino a diventare scemo, *to ~ oneself hoarse* diventare rauco a furia di ridere; *to ~ till one cries* ridere fino alle lacrime; *to ~ to oneself* fare una risatina fra sé, ridere fra sé e sé; *to ~ so. to scorn*: 1 mettere in ridicolo qcu.; 2 (*to deride*) deridere qcu., beffare qcu., schernire qcu.; (*Br,colloq*) *to ~ up one's sleeve* ridere fra sé e sé, ridere sotto sotto, ridere sotto i baffi. *Prov.*: *he who -s last -s loudest* (o *he who -s last -s longest*) ride bene chi ride (l') ultimo.

laugh² /lɑːf *Am* læf/ *n.* 1 risata *f.*, riso *m.*, ridere *m.*: (*Br*) *to break into a ~* (o *to burst into a ~*) scoppiare in una risata; *with a ~* con una risata, ridendo; (*Br*) *to raise a ~* destare l'ilarità, suscitare il riso. 2 (*cause for merriment*) divertimento *m.*, spasso *m.*: *the play was one big ~* la commedia è stata un vero spasso. 3 (*amusing person*) spasso *m.*, sagoma *f.* ☐ *to be a ~ a minute* essere una vera sagoma: *to have a (good) ~ about sth.* divertirsi un mondo per qcs.; *we only did it for -s* l'abbiamo fatto soltanto per scherzo; *to have a (good) ~ over sth.* farsi una bella risata su qcs.; (*iron*) *him get married? that's a ~!* lui che si sposa? bella questa!; (*TV*) *~ track* risata registrata.

laughable /'lɑːfəbl *Am* 'læfəbl/ *a.* 1 comico, ridicolo, risibile. 2 (*absurd*) ridicolo, sciocco: *the idea is ~* l'idea è ridicola.

laughably /'lɑːfəbli *Am* 'læfəbli/ *avv.* in modo comico, in maniera assurda.

laugher /'lɑːfər *Am* 'læfər/ *n.* 1 chi ride. 2 (*sth. amusing*) cosa *f.* divertente. 3 (*Am,Sport, colloq*) vittoria *f.* facile, passeggiata *f.*

laughing /'lɑːfɪŋ *Am* 'læfɪŋ/ **I** *n.* riso *m.*, risata *f.* **II** *a.* 1 ridente, allegro, che ride. 2 (*causing laughter*) divertente, che fa ridere, ridicolo, comico. ☐ (*Chim*) *~ gas* gas esilarante; (*Zool*) *~ hyena* jena macchiata; (*Zool*) *~ jackass* kookaburra, orologio dei coloni; *it is no ~ matter* c'è poco da ridere, è una faccenda seria; *~ stock* zimbello, scherno: *to make a ~ stock of oneself* far ridere i polli, rendersi ridicolo.

laughter /'lɑːftər *Am* 'læftər/ *n.* 1 riso *m.*, risata *f.*, ridere *m.*: *to burst into ~* scoppiare a ridere, scoppiare in una risata. 2 (*sound*) ilarità *f.*, riso *m.*

Launcelot /'lɑːnslət *Am* 'lænsəlɑːt/ *n.pr.m.* (*Lett*) Lancillotto.

launch /lɔːntʃ/ **I** *n.* 1 (*Mil,Astron*) lancio *m.* 2 (*of a product*) lancio *m.*; (*official presentation*) lancio *m.*, presentazione *f.* 3 (*Mar*) lancia *f.*, scialuppa *f.* 4 (*Mar.mil*) lancia *f.*, motolancia *f.* 5 (*Mar*) varo *m.* **II** *v.t.* 1 (*Mil,Astron*) sparare, lanciare: *to ~ a rocket* lanciare un razzo. 2 (*Mil*) (*to catapult*) lanciare, catapultare. 3 (*Mar*) (*to launch for the first time*) varare: *to ~ a ship* varare una nave. 4 (*Mar*)

(*to put to sea*) calare in acqua, mettere in acqua. 5 (*to throw, to hurl*) scagliare, lanciare, saettare: *to ~ a spear* scagliare una lancia. 6 (*of a blow*) sferrare, vibrare. 7 (*of abuse, criticism, etc.*) lanciare, scagliare: *to ~ a threat* lanciare una minaccia. 8 (*in marketing*) lanciare: *to ~ a new product* lanciare un nuovo prodotto. 9 (*to introduce*) introdurre, commercializzare; (*to set in motion*) varare. 10 (*of a project, campaign*) mettere in moto, avviare, iniziare. 11 (*Mil*) sferrare: *to ~ an attack* sferrare un attacco. 12 (*Mil*) (*of troops*) far entrare in combattimento. 13 (*Inform*) lanciare. **III** *v.i.* lanciarsi, scagliarsi. ☐ *to ~ forth on an enterprise* buttarsi a capofitto in un'impresa; *to ~ into* lanciarsi in, gettarsi con impeto in, imbarcarsi in; *to ~ out*: 1 intraprendere una grossa attività, imbarcarsi in una grossa attività, avventurarsi, tentare; 2 (*to speak out critically*) criticare aspramente, scagliarsi; *to ~ out into* mettersi a, intraprendere, imbarcarsi in; 3 (*colloq*) elargire, permettersi il lusso (di comprare qcs.); (*Astron,Mil*) *~ pad*: 1 piattaforma di lancio, rampa di lancio; 2 (*fig*) punto di partenza, trampolino di lancio; *~ party* (*in marketing*) lancio, presentazione; (*Astron*) *~ vehicle* vettore, razzo di lancio, lanciatore; (*Astron*) *~ window* finestra di lancio.

launcher /'lɔːntʃər/ *n.* (*Astron,Mil*) 1 propulsore *m.*, vettore *m.*, lanciatore *m.* 2 (*rocket*) razzo *m.* di lancio.

launching /'lɔːntʃɪŋ/ *n.* 1 (*Mar*) varo *m.* 2 (*Aer,Astron,fig*) lancio *m.* ☐ (*Astron*) *~ pad*: 1 piattaforma di lancio, rampa di lancio; 2 (*fig*) punto di partenza, trampolino di lancio; (*Astron,Mil*) *~ site* piattaforma (di lancio).

launder /'lɔːndər/ **I** *v.t.* 1 lavare. 2 (*to wash and iron*) lavare e stirare. 3 (*money*) riciclare, ripulire. **II** *v.i.* 1 lavare, fare il bucato. 2 (*to undergo washing and ironing*) lavarsi e stirarsi: *this fabric -s well* questa stoffa si lava e si stira bene. 3 (*money*) riciclare.

launderer /'lɔːndərər/ *n.* 1 (*of money*) persona *f.* che ricicla denaro sporco. 2 lavandaio *m.* (*f.* -a).

launderette /ˌlɔːndə'ret/ *n.* (*Br*) lavanderia *f.* automatica, lavanderia *f.* a gettoni.

laundering /'lɔːndərɪŋ/ *n.* riciclaggio *m.* (di denaro sporco).

laundress /'lɔːndrɪs/ *n.* lavandaia *f.*

laundrette /ˌlɔːndrə'ret/ *n.* (*Br*) lavanderia *f.* automatica, lavanderia *f.* a gettoni.

laundromat, Laundromat /'lɔːndrəmæt/ *n.* (*Am*) lavanderia *f.* automatica, lavanderia *f.* a gettoni.

laundry /'lɔːndri/ *n.* 1 lavanderia *f.* 2 (*clothes*) biancheria *f.*, bucato *m.* ☐ *~ basket* cesto del bucato; (*Am*) *~ list* lista lunghissima (di cose ambite); *~ room* lavanderia.

Laura /'lɔːrə/ *n.pr.f.* Laura.

laureate /'lɔːriət/ **I** *n.* 1 persona *f.* insigne: *a Nobel ~* un premio Nobel. 2 (*Poet Laureate*) poeta *m.* laureato. **II** *a.* (*poet*) laureato, coronato d'alloro, incoronato d'alloro.

laureateship /'lɔːriətʃɪp/ *n.* l'essere poeta laureato.

laurel /'lɒrəl *Am* 'lɑːrəl,'lɔːrəl/ **I** *n.* 1 (*Bot*) lauro *m.*, alloro *m.* 2 *pl.* alloro *m.sing.*, gloria *f.sing.*, fama *f.sing.*: *to win one's -s* conquistare l'alloro. **II** *v.t.* (*past, p.p.* **laurelled** /*Am* **laureled** /-d/) coronare d'alloro (*anche fig*). ☐ (*fig*) *to rest on one's -s* dormire sugli allori, riposare sugli allori; *to look to one's -s* cercare di mantenere i successi ottenuti.

Laurel /'lɒrəl *Am* 'lɑːrəl,'lɔːrəl/ ☐ *~ and Hardy* Stanlio e Olio.

Laurence /'lɒrəns *Am* 'lɑːrəns,'lɔːrəns/ *n.pr.m.* Lorenzo.

Laurentian /lɒ'renʃən/ *a.* 1 (*Geog*) laurenziano, del fiume san Lorenzo. 2 (*Geol*) laurenziano.

laurustine /'lɒrəstaɪn/, **laurustinus** /ˌlɒrəs'taɪnəs/ *n.* (*Bot*) laurotino *m.*, lentaggine *f.*

Lausanne /lou'zæn *Am* lou'zɑːn/ *n.pr.* (*Geog*) Losanna *f.*

lav /læv/ *n.* latrina *f.*, gabinetto *m.*

lava /'lɑːvə/ *n.* (*Geol*) lava *f.*: *stream of ~* colata di lava; *~ flow* colata lavica. ☐ *~ lamp* lampada di lava, lampada blob, lava lamp, lampada mathmos.

lavabo /lə'vɑːbou/ (*pl.* **-es** /-z/) *n.* 1 (*Rel*) lavacro *m.* 2 (*Lit*) lavabo *m.*

lavage /lə'vɑːʒ/ *n.* (*Med*) lavaggio *m.*, irrorazione *f.*

lavatera /ˌlævə'terə, lə'vætərə/ *n.* (*Bot*) malvone *m.*, lavatera *f.*

lavatorial /ˌlævə'tɔːriəl/ *a.* 1 (*scherz*) (*referring to a lavatory*) del gabinetto. 2 (*scherz*) (*referring to excretion*) scatologico.

lavatory /'lævətəri/ *n.* 1 (*toilet*) tazza *f.*, gabinetto *m.*, water *m.* 2 (*washroom*) gabinetto *m.*, bagno *m.*, toilette *f.*

lave /leɪv/ *v.t.* (*poet*) lavare, bagnare.

lavender /'lævɪndər/ **I** *n.* 1 (*Bot*) lavanda *f.* 2 (*Cosmet*) acqua *f.* di lavanda, lavanda *f.* 3 (*colour*) color *m.* lavanda. **II** *a.* lavanda. ☐ (*Cosmet*) *~ water* acqua di lavanda, lavanda.

laver¹ /'leɪvər/ *n.* 1 (*Bibl*) fonte *m.* 2 (*poet*) (*basin*) bacinella *f.*, catino *m.*

laver² /'leɪvər/ *n.* (*Bot*) 1 porfira *f.* 2 (*sea lettuce*) ulva *f.*

lavish /'lævɪʃ/ **I** *a.* 1 (*abundant*) prodigo, generoso, munifico, largo, liberale (*of, with* di): *to be ~ with one's praise* essere prodigo di lodi. 2 (*generous*) generoso. 3 (*excessive*) eccessivo, esagerato: *~ praises* lodi esagerate, eccessive. 4 (*sumptuous*) fastoso, sontuoso. **II** *v.t.* colmare di, prodigare, profondere: *to ~ favours on so.* colmare qcu. di favori.

lavishly /'lævɪʃli/ *avv.* 1 (*abundant, generous*) generosamente, in abbondanza. 2 (*excessively*) esageratamente.

lavishness /'lævɪʃnəs/ *n.* 1 prodigalità *f.*, liberalità *f.* 2 (*abundance*) profusione *f.*, abbondanza *f.* 3 (*sumptuousness*) fastosità *f.*, sontuosità *f.*

law /lɔː/ *n.* 1 legge *f.*: *to break the ~* infrangere la legge; *to keep the ~* osservare la legge. 2 (*rule*) legge *f.*, norma *f.*: *to promulgate a ~* promulgare una legge; *to become ~* diventare legge; *against the ~* contrario alla legge, illegale. 3 (*branch of knowledge*) giurisprudenza *f.*, legge *f.*, diritto *m.*, scienza *f.* giuridica: *to study ~* studiare giurisprudenza. 4 (*body of laws relating to a subject*) diritto *m.*: *criminal ~* diritto penale. 5 (*law enforcement agency*) autorità *f.* giudiziaria, legge *f.* 6 (*colloq*) (*the police*) polizia *f.*; (*agent*) poliziotto *m.* 7 (*Parl*) legge *f.*: *to pass a ~* approvare una legge; *to repeal a ~* abrogare una legge. 8 (*legal profession*) professione *f.* legale, avvocatura *f.*: *to practise ~* esercitare la professione legale. 9 (*legal action*) azione *f.* legale. 10 (*generalized formulation*) legge *f.*, principio *m.*: *the ~ of gravity* la legge di gravità. 11 (*spec. Fis,Econ,Gramm, Mat*) (*rule, principle*) legge *f.*, principio *m.*, regola *f.*: *the -s of grammar* le leggi della grammatica. 12 (*fig*) legge *f.*, ordine *m.*: *his word is ~* la sua parola è legge. 13 (*Rel*) (*divine will*) legge *f.* divina: *the Law of Moses* la legge mosaica. ☐ (*Scott*) *~ agent* avvocato; *~ and order* ordine pubblico: *to maintain ~ and order* far osservare la legge e mantenere l'ordine pubblico; *by ~* a norma di legge; *to establish by ~* stabilire per legge; (*GB*) *~ centre* centro di consulenza legale; *~*

court tribunale (di prima istanza); (*Dir*) ~ *day* giorno di udienza; ~ *degree* laurea in giurisprudenza; (*Dir*) *as by* ~ *enacted* a termini di legge; ~ *enforcement* ordine pubblico; ~ *firm* società di avvocati; (*colloq*) *to go to* ~ (o *to go to the* ~) ricorrere alle vie legali: *to go to the* ~ *against so.* fare causa a qcu.; ~ *in force* legge vigente; *to take the* ~ *into one's own hands* farsi giustizia da sé; (*GB*) ~ *list* albo degli avvocati; (*GB,Parl*) ~ *lords* (o *Law Lords*) Lord rivestiti della funzione di corte d'appello suprema; (*Statist*) ~ *of averages* legge dell'equilibrio; ~ *of conflicts* diritto internazionale privato; ~ *of contract* diritto delle obbligazioni; ~ *of the flag* legge del paese di bandiera; (*fig*) ~ *of gravity* legge di gravità; ~ *of inheritance* diritto ereditario; (*Statist*) ~ *of large numbers* legge dei grandi numeri; ~ *of nations* diritto internazionale; ~ *of nature* legge di natura, legge naturale; ~ *of outer space* diritto spaziale; ~ *of retaliation* legge del taglione; ~ *of succession* diritto di successione; (*Econ*) ~ *of supply and demand* legge della domanda e dell'offerta; *the* ~ *of the jungle* la legge della giungla; ~ *of the sea* diritto del mare; (*Am*) ~ *office* studio legale; *Law Officer* magistrato; (*Dir*) *Law Reports* raccolta delle decisioni delle corti; (*Am*) ~ *school* facoltà di giurisprudenza; *under Italian* ~ secondo il diritto italiano; *to be a* ~ *unto oneself* essere ingovernabile, essere fatto a modo proprio.

law-abiding /ˈlɔːəˌbaɪdɪŋ/ *a.* osservante della legge, rispettoso della legge.

lawbreaker, law-breaker /ˈlɔːbreɪkər/ *n.* violatore *m.* (*f.* -trice) della legge.

lawful /ˈlɔːful/ *a.* **1** legale, legittimo, lecito. **2** (*valid*) legittimo, (legalmente) valido: *a* ~ *marriage* un matrimonio legittimo. **3** (*rightful*) legittimo: ~ *successor* successore legittimo. **4** (*law-abiding*) rispettoso della legge, osservante della legge.

lawfully /ˈlɔːfuli/ *avv.* legittimamente, di diritto. □ *one's* ~ *wedded wife* la propria legittima sposa.

lawfulness /ˈlɔːfulnəs/ *n.* legalità *f.*, liceità *f.*

lawgiver /ˈlɔːgɪvər/ *n.* legislatore *m.*

lawks /ˈlɔːks/ *intz.* (*colloq*) accidenti!, accipicchia!

lawks-a-mercy /ˈlɔːksəˈmɜːsi/ *intz.* (*colloq*) accidenti!, accipicchia!

lawless /ˈlɔːləs/ *a.* **1** senza leggi, in preda all'anarchia: *a* ~ *country* un paese senza leggi. **2** (*not restrained by law*) senza legge. **3** (*fig*) sfrenato, sregolato: ~ *passions* passioni sfrenate. **4** (*contrary to law*) illegale, illecito, fuori legge, contrario alla legge.

lawlessness /ˈlɔːləsnəs/ *n.* **1** illegalità *f.*, illiceità *f.* **2** (*fig*) sfrenatezza *f.*, sregolatezza *f.*

lawmaker /ˈlɔːmeɪkər/ *n.* legislatore *m.*

law-making /ˈlɔːmeɪkɪŋ/ *a.* legislativo: ~ *power* potere legislativo; ~ *process* iter legislativo.

lawn[1] /lɔːn/ *n.* (*Giard*) prato *m.*, prato *m.* all'inglese. □ (*Am*) ~ *bowling* gioco delle bocce (su prato); (*Giard*) ~ *mower* tagliaerba, tosaerba; ~ *sprinkler* irroratore da giardino; (*Sport*) ~ *tennis* tennis su prato.

lawn[2] /lɔːn/ *n.* (*Tess*) linone *m.*, batista *f.*

lawny /ˈlɔːni/ *a.* (*Tess*) di linone, simile al linone.

Lawrence /ˈlɒrəns Am ˈlɑːrəns, ˈlɔːrəns/ *n.pr.m.* Lorenzo.

lawrencium /lɒˈrensiəm Am ləˈrensiəm/ *n.* (*Chim*) laurenzio *m.*

lawsuit /ˈlɔːsjuːt Am ˈlɔːsuːt/ *n.* **1** (*Dir*) (*action*) causa *f.*: *to bring a* ~ *against so.* muovere (o fare) causa contro qcu. **2** (*proceedings*) processo *m.*

lawyer /ˈlɔːjər/ *n.* (*Dir*) avvocato *m.*, legale *m.*, patrocinatore *m.* legale, dottore *m.* in legge.

lax /læks/ *a.* **1** (*not strict*) permissivo, lassista: ~ *attitude* approccio permissivo. **2** (*careless, negligent*) trascurato, negligente (*in in*): ~ *in one's duties* trascurato nel (compiere il) proprio dovere. **3** (*loose, slack*) allentato, rilassato, lento, lasso: ~ *limbs* arti rilassati. **4** (*Fisiol*) (*of the bowels*) sciolto. **5** (*Fon*) rilassato.

laxative /ˈlæksətɪv Am ˈlæksətɪv/ **I** *a.* (*Farm*) lassativo, purgativo. **II** *n.* (*Farm*) lassativo *m.*, purga *f.*

laxity /ˈlæksɪsɪti Am ˈlæksɪti/, **laxness** /ˈlæksnəs/ *n.* **1** (*permissiveness*) permissività *f.*, permissivismo *m.*, lassismo *m.* **2** (*carelessness*) trascuratezza *f.*, negligenza *f.* **3** (*looseness, slackness*) rilassamento *m.*, rilassatezza *f.*

laxly /ˈlæksli/ *avv.* **1** (*too freely*) con permissività, troppo liberamente. **2** (*carelessly*) trascuratamente, negligentemente. **3** (*loosely*) rilassatamente, lentamente.

lay[1] /leɪ/ (*past, p.p.* **laid** /leɪd/) **I** *v.t.* **1** (*to set down*) porre, deporre, appoggiare, posare: *he laid his glasses on the table* posò gli occhiali sul tavolo. **2** (*to place so as to lie flat*) stendere, distendere: *to* ~ *a blanket on the grass* stendere una coperta sull'erba. **3** (*to place carefully*) adagiare, posare con cura, deporre con cura: *she laid the baby on the bed* adagiò il bambino sul letto. **4** (*to present, to bring forward*) muovere, avanzare, presentare, esporre: *to* ~ *an accusation against so.* muovere un'accusa contro qcu. **5** (*to ascribe, to impute*) riversare, imputare, attribuire: *to* ~ *the blame on so.* riversare la colpa addosso a qcu. **6** (*to place, to attribute*) porre, riporre: *to* ~ *one's hopes on so.* porre le proprie speranze in qcu.; *to* ~ *emphasis on sth.* porre enfasi su qcs. **7** (*to impose*) imporre: *to* ~ *a heavy duty on sth.* imporre una tassa ingente su qcs. **8** (*to lay to rest*) mettere a dormire. **9** (*to bury*) seppellire. **10** (*to place along a surface*) posare, gettare: *to* ~ *a submarine cable* posare un cavo sottomarino. **11** (*poet*) (*to cause to be still*) calmare, placare: *to* ~ *the winds* calmare i venti. **12** (*poet*) (*allay*) placare, calmare, moderare, mitigare: *to* ~ *so.'s fears* placare i timori di qcu. **13** (*poet*) (*to cause to disappear*) dissipare, dissolvere, disperdere: *to* ~ *so.'s doubts* dissipare i dubbi di qcu. **14** (*to produce eggs*) deporre, fare: *the hen laid an egg* la gallina ha fatto un uovo. **15** (*to bet*) scommettere, puntare, mettere: *to* ~ *ten pounds on a horse* scommettere dieci sterline su un cavallo. **16** (*to bet on*) scommettere su, puntare su. **17** (*of plans, plots, etc.*) preparare, predisporre. **18** (*Edil*) (*of a building*) porre, gettare: *to* ~ *the foundation(s) for a building* gettare le fondamenta per un edificio. **19** (*Edil*) (*of bricks*) porre, mettere l'uno sull'altro. **20** (*of a table*) apparecchiare, preparare: *to* ~ *the table* apparecchiare (la tavola); *to* ~ *two places for dinner* apparecchiare per due a cena. **21** (*to make smooth*) lisciare, stendere, spianare. **22** (*to spread*) stendere, applicare, spalmare: *to* ~ *paint* stendere la vernice. **23** (*to cover*) rivestire, coprire, ricoprire. **24** (*of a rope*) commettere. **25** (*of a trap*) tendere. **26** (*Mil*) (*of a mine, bomb*) mettere, posare; (*of a smokescreen*) stendere. **27** (*Arm*) puntare. **28** (*Mar*) (*to take, to follow*) seguire: ~ *a course* seguire una rotta, fare rotta (*to* su). **29** (*volg*) scopare: *to get laid* farsi una scopata. **30** (*fig*) (*of a ghost*) placare. **II** *v.i.* **1** (*to produce eggs*) deporre le uova, fare le uova. **2** (*to bet*) scommettere: *to* ~ *a wager on sth.*

fare una scommessa su qcs., scommettere su qcs. **3** (*Br*) (*to apply oneself vigorously*) dedicarsi con tutte le proprie energie (*to* a). **4** (*Mar*) (*to follow a course*) dirigersi (*to* verso), far rotta (*to* su). **5** (*to lie down*) stendersi. □ (*Mar*) *to* ~ *aboard* abbordare; (*ant*) *to* ~ *about* attaccare con violenza, menare botte da orbi; *to* ~ *around* starsene sempre coricato; *to* ~ *aside*: **1** (*to put to one side*) mettere da parte, posare, mettere via; **2** (*to abandon, to discard*) abbandonare, smettere, accantonare: *to* ~ *aside a habit* togliersi un'abitudine; **3** (*to save, to store*) riporre, mettere da parte, conservare, mettere via; *to* ~ *away*: **1** (*to save*) riporre, mettere da parte, conservare; **2** (*Comm*) (*to set aside*) porre in giacenza, mettere da parte; *to* ~ *back one's ears* (*of a horse*) abbassare le orecchie; (*fig*) *to* ~ *bare* aprire, rivelare, mettere a nudo, svelare, scoprire: *to* ~ *bare one's heart* aprire il proprio cuore; *to* ~ *sth. before so.* presentare qcs. a qcu., fornire qcs. a qcu.; *to* ~ *the blame for sth. at so.'s door* incolpare qcu. di qcs., far ricadere su qcu. la colpa di qcs.; *to* ~ *the blame on so.* dare la colpa a qcu., incolpare qcu.; *to* ~ *by*: **1** (*Br*) (*to set aside*) mettere da parte, riporre, conservare: *to* ~ *by money for one's old age* mettere da parte denaro per la vecchiaia; **2** (*Aus*) (*to pay in instalments*) pagare a rate; *to* ~ *so. by the heels*: **1** catturare qcu., prendere qcu.; **2** (*fig*) mettere qcu. nell'impossibilità di agire; *to* ~ *claim to sth.* avanzare pretese su qcs., rivendicare qcs.; *to* ~ *down*: **1** (*to place*) posare, mettere giù, porre; (*a bet*) fare (una scommessa); **2** (*to place so as to be flat*) distendere, coricare, sdraiare; **3** (*to surrender, to relinquish*) deporre, abbandonare, lasciare: *to* ~ *down one's arms* deporre le armi; dimettersi da; *to* ~ *down office* lasciare un incarico; **4** (*to sacrifice*) sacrificare, rinunciare a: *to* ~ *down one's life for so.* sacrificare la vita per qcu.; **5** (*to store in a cellar*) mettere in cantina; **6** (*to make rules*) dettare, imporre, prescrivere: *to* ~ *down the law* dettar legge; *to* ~ *down conditions to so.* imporre delle condizioni a qcu.; *to* ~ *down the lines to be followed* fornire la falsariga; *to* ~ *down a rule* stabilire una regola, formulare una regola; **7** (*Mar*) (*to begin construction*) impostare, mettere in cantiere: *to* ~ *down a keel* mettere in cantiere una nuova nave; **8** (*colloq*) (*to lie down*) sdraiarsi, coricarsi; *to* ~ *eyes on so.* mettere gli occhi addosso a qcu., vedere; *to* ~ *a finger on* toccare, mettere le mani su; *to* ~ *the fire* preparare il fuoco; *to* ~ *one's hands on*: **1** (*to seize*) mettere le mani su, prendere, acchiappare; **2** (*fig*) ottenere, mettere le mani su, impadronirsi di; *to* ~ *hold of* (o *to* ~ *hold on*) mettere le mani su, prendere, acciuffare; *to* ~ *in* fare una scorta di, mettere da parte, mettere in serbo: *to* ~ *in supplies* fare una scorta di provviste; (*Mar*) *to* ~ *in oars* disarmare i remi; *to* ~ *into*: **1** attaccare, assalire, assaltare; **2** (*to attack verbally*) assalire, investire, attaccare; *to* ~ *on the line*: **1** mettere in evidenza; **2** (*to lay it on the line*) parlare francamente; **3** (*to lay sth. on the line*) rischiare qcs.; *to* ~ *low*: **1** (*colloq*) (*keep a low profile*) starsene tranquillo, tenere un basso profilo; **2** (*Br*) abbattere, atterrare; **3** (*of an illness*) buttar giù: *to be laid low* essere costretto a letto; (*Mar,Sport*) ~ *on your oars!* leva remi!; *to* ~ *odds* scommettere; *to* ~ *off*: **1** (*to dismiss*) licenziare; **2** (*to dismiss temporarily*) sospendere temporaneamente, lasciare a casa; **3** (*colloq*) (*to stop, to give up*) smettere di, finire, cessare: *to* ~ *off smoking* smettere di fumare; **4** (*assol,colloq*) (*to leave alone*) smetterla, finirla, piantarla: *~ off it!* piantala!; *to ~ on*: 1 stendere, applicare, spalmare: *to ~ paint on thickly* stendere uno spesso strato di vernice; 2 (*of gas, water, electricity*) allacciare; 3 (*to arrange*) preparare, organizzare: *they laid on a splendid meal for us* ci hanno preparato un ottimo pranzo; 4 (*to provide with*) fornire, includere, organizzare: *a room with cable TV laid on* una camera con TV via cavo; *a trip to London with theatre visits laid on* una gita a Londra con serate teatrali organizzate; 5 (*assol*) (*to beat*) picchiare, menare botte; 6 (*Am,colloq*) (*dramatize*) farla grossa: *car salesmen can really ~ it on* i venditori di auto la fanno grossa; *to ~ sth. on the line* mettere qcs. in chiaro, mettere qcs. nero su bianco; (*colloq*) *to ~ sth. on thick* (o *to ~ sth. on with a trowel*): 1 esagerare, caricare le tinte; 2 (*to flatter grossly, to use excessive flattery*) fare elogi sperticati, adulare eccessivamente, lisciare; *to ~ oneself open to criticism* prestare il fianco alle critiche, esporsi alle critiche, offrire il fianco alla critica; *to ~ oneself open to suspicion* dare adito a sospetti; *to ~ oneself open to vengeance* esporsi alla vendetta; *to ~ out*: 1 stendere, estendere, allungare, spiegare; 2 (*to arrange in an orderly way*) sistemare, disporre ordinatamente; 3 (*of a corpse*) preparare, comporre; 4 (*to display*) esporre, mettere in mostra; 5 (*to spend*) spendere; 6 (*colloq*) (*to knock flat*) stendere, gettare a terra; 7 (*Tip*) impaginare, preparare per la stampa; *to ~ over*: 1 differire, rimandare, rinviare; 2 (*Am*) fare uno scalo, fare (una) tappa; *to ~ plans* fare progetti; (*fig*) *to ~ so. to rest* seppellire qcu., interrare qcu.; *to ~ siege* cingere d'assedio, assediare; *to ~ the table* apparecchiare, preparare la tavola; (*Parl*) *to ~ on the table*: 1 presentare, proporre, porre; 2 (*to postpone indefinitely*) rinviare a tempo indeterminato, rimandare a tempo indeterminato; *to ~ to*: 1 (*Mar*) mettere alla cappa, essere alla cappa; 2 (*to strike blows*) menare colpi, picchiare; *to ~ up*: 1 accumulare, ammucchiare, mettere da parte: *to ~ up treasures on earth* accumulare tesori sulla terra; 2 (*Mar*) mettere in disarmo; 3 (*of an illness*) buttar giù: *to be laid up* essere costretto a letto; *to ~ wait for so.* tendere un'imboscata a qcu.; *to ~ waste* devastare, distruggere, rovinare.

lay² /leɪ/ **I** *n.* **1** posizione *f.*, disposizione *f.* **2** (*act of laying eggs*) deposizione *f.* delle uova, il deporre le uova, il fare le uova. **3** (*Tecn*) (*in ropemaking*) commettitura *f.* **4** (*Mar,Econ*) (*spec. on a whaling or fishing vessel*) partecipazione *f.* agli utili, interessenza *f.* **5** (*volg*) scopata *f.* □ (*Comm,Mar*) *~ day* stallia; *~ figure*: 1 (*artist's model*) manichino, fantoccio; 2 (*fig*) (*puppet*) fantoccio *m.*, burattino *m.*; (*nonentity*) nullità *f.*; *the ~ of the land*: 1 la configurazione del terreno; 2 (*fig*) lo stato delle cose, la situazione attuale.

lay³ /leɪ/ *a.* **1** (*not clerical*) laico. **2** (*non-professional*) profano, inesperto; (*common*) comune. **3** (*Rel*) laico, secolare. □ (*Rel.catt*) *~ brother* converso, frate laico; (*Rel*) *~ preacher* predicatore laico; (*Rel*) *~ reader* predicatore laico; (*Rel.catt*) *~ sister* conversa.

lay⁴ /leɪ/ *n.* **1** (*ballad*) ballata *f.* **2** (*melody*) melodia *f.*; (*song*) canzone *f.*

lay⁵ /leɪ/ → **lie²**.

layabout /ˈleɪəbaʊt/ *n.* (*colloq*) sfaccendato *m.* (*f.* -a), perdigiorno *m./f.*

layaway /ˈleɪəˌweɪ/ *n.* (*Am*) pagamento *m.* a rate, acquisto *m.* a rate.

lay-by /ˈleɪbaɪ/ *n.* **1** (*Br,Strad*) piazzola *f.* (di sosta). **2** (*Aus*) pagamento *m.* a rate, acquisto *m.* a rate.

layer /ˈleɪə/ **I** *n.* **1** strato *m.*, livello *m.*: *a ~ of leaves* uno strato, un letto di foglie. **2** (*Geol*) strato *m.*, giacimento *m.*, letto *m.* **3** (*Zootecn*) gallina *f.* ovaiola. **4** (*Agr*) propaggine *f.* **II** *v.t.* **1** stratificare. **2** (*Agr*) annoccare, propagginare. **3** (*of hair*) scalare. **III** *v.i.* **1** stratificarsi. **2** (*Agr*) riprodursi per propaggine. □ (*spec. Am,Dolc*) *~ cake* torta a strati; *in -s* a strati.

layered /ˈleɪəd Am ˈleɪəʳd/ *a.* **1** stratificato, a strati. **2** (*of hair*) scalato.

layering /ˈleɪərɪŋ/ *n.* **1** (*in haircutting*) scalatura *f.*, taglio *m.* scalato. **2** (*Agr,Giard*) propagginazione *f.*

layette /leɪˈet/ *n.* corredino *m.* per neonato.

laying /ˈleɪɪŋ/ *n.* **1** posa *f.* (in opera), messa *f.* in opera, installazione *f.*: *~ of pipes* posa delle tubature. **2** (*Zootecn*) deposizione *f.* delle uova. **3** (*Agr*) impostazione *f.*, messa *f.* in cantiere. **4** (*Mil*) punteria *f.* □ (*Zootecn*) *~ hen* gallina ovaiola; (*Lit*) *~ on of hands* imposizione delle mani.

layman /ˈleɪmən/ *n.irr.* **1** laico *m.* **2** (*non-professional*) profano *m.*, inesperto *m.*

layoff, lay-off /ˈleɪɔːf/ *n.* **1** (*dismissal from job*) licenziamento *m.* **2** (*temporary dismissal*) interruzione *f.* (temporanea) del rapporto di lavoro, cassa *f.* integrazione. **3** (*period of inactivity*) periodo *m.* di inattività, interruzione *f.*, sosta *f.*, sospensione *f.*

layout /ˈleɪaʊt/ *n.* **1** (*arrangement*) configurazione *f.*, disposizione *f.*, impostazione *f.* **2** (*organisation*) disposizione *f.*, organizzazione *f.*, sistemazione *f.*, distribuzione *f.* **3** (*Tip,Fot*) disposizione *f.*: *~ of a page* impaginazione, impostazione della pagina. **4** (*Tecn*) schema *m.* di lavoro, planimetria *f.*, lay-out *m.* **5** (*Inform*) lay-out *m.*, disposizione *f.* **6** (*Am, colloq*) struttura *f.*, complesso *m.* □ *~ artist* grafico impaginatore.

layover /ˈleɪəʊvə/ *n.* (*Am*) sosta *f.*

layperson /ˈleɪpɜːsən Am ˈleɪpɜːrsən/ *n.* **1** laico *m.* **2** (*non-professional*) profano *m.*

laywoman /ˈleɪwʊmən/ *n.irr.* laica *f.*

lazar /ˈlæzə Am ˈleɪzə/ *n.* (*ant*) lebbroso *m.*; (*beggar*) barbone *m.*

lazaret /ˌlæzəˈret/, **lazarette** /ˌlæzəˈret/ *n.* **1** lazzaretto *m.* **2** (*Mar*) interponte *m.*, corridoio *m.*

lazaretto /ˌlæzəˈretəʊ/ (*pl.* -s /-z/) *n.* **1** lazzaretto *m.* **2** (*Mar*) interponte *m.*, corridoio *m.*

Lazarus /ˈlæzərəs/ *n.pr.m.* (*Bibl*) Lazzaro.

laze /leɪz/ **I** *v.i.* oziare, poltrire. **II** *n.* **1** pigrizia *f.* **2** (*time spent*) ozio *m.* □ *to ~ about* (o *to ~ around*) starsene con le mani in mano, poltrire; *to ~ away* passare il tempo nell'ozio, passare il tempo oziando.

lazily /ˈleɪzəli/ *avv.* pigramente, con pigrizia.

laziness /ˈleɪzɪnəs/ *n.* poltroneria *f.*, pigrizia *f.*, ozio *m.*

lazulite /ˈlæzjʊlaɪt/ *n.* (*Min*) lazulite *f.*

lazy /ˈleɪzi/ *a.* **1** pigro, indolente, poltrone, ozioso. **2** (*causing laziness*) che invita all'ozio, tranquillo, fiacco: *a ~ summer's day* una tranquilla giornata estiva. **3** (*sluggish*) lento, pigro: *a ~ river* un fiume lento. □ *~ eye* occhio ambliopico; *~ Susan* portavivande girevole, vassoio girevole; *~ tongs* pinze estensibili, molle estensibili.

lazybones /ˈleɪzɪbəʊnz/ *n.pl.* (*costr.sing.*) (*colloq*) poltrone *m.* (*f.* -a), pigrone *m.* (*f.* -a), scaldaseggiole *m./f.*

lb, lb. *pound* lb (libbra).

LB *Liberia* LB (Liberia).

LBO *leveraged buyout* (leveraged buyout, finanziamento per l'acquisto del pacchetto azionario contro garanzia delle attività societarie).

lbs, lbs. *pounds* lb (libbre).

lbw, lbw. (*Sport*) (*in cricket*) *leg before wick-*

et (eliminazione per ostruzione del wicket con la gamba).

lc, l.c. **1** (*Teat*) *left centre* (settore centrale sinistro). **2** *loco citato* l. cit., loc. cit., l.c. (luogo citato). **3** (*Tip*) *lower case* min., m.lo (carattere minuscolo).

l/c, L/C. (*Comm*) *letter of credit* L/C (lettera di credito).

LCC, L.C.C. (*ant*) *London County Council* (consiglio metropolitano di Londra).

LCD 1 (*Inform*) *Liquid Crystal Display* LCD (display a cristalli liquidi). **2** (*Mat*) *lowest common denominator* m.c.d. (minimo comune denominatore).

LCM (*Mat*) *least common multiple* (o *lowest common multiple*) m.c.m. (minimo comune multiplo).

LCPL, L/Cpl (*Mil*) *Lance Corporal* (appuntato).

LD (*Farm*) *lethal dose* DL (dose letale).

Ld. (*GB*) *Lord* (lord).

LDC *Less Developed Country* (paese meno sviluppato).

LDL (*Biol*) *Low Density Lipoprotein* LDL (lipoproteina a bassa densità).

l-dopa, L-dopa /ˈel,dəʊpə/ *n.* (*Farm*) l-dopa *f.*, levodopa *f.*

L-driver /ˈel,draɪvəʳ/ (*Br*) *Learner-driver* guidatore principiante.

LDS 1 (*Rel*) *Latter Day Saints* (santi degli ultimi giorni, mormoni). **2** *Licentiate in Dental Surgery* (odontoiatra diplomato, laureato in odontoiatria).

lea /liː/ **I** *n.* (*poet*) prato *m.*, campo *m.*, prato *m.* a maggese. **II** *a.* (*Agr*) incolto, a maggese.

LEA (*Scol*) *Local Education Authority* (ente locale per l'istruzione pubblica, provveditorato agli studi).

leach /liːtʃ/ **I** *v.t.* **1** percolare, filtrare. **2** (*to remove by leaching*) lisciviare: *to ~ ashes* lisciviare la cenere. **3** (*Geol,Agr*) dilavare. **II** *v.i.* filtrare. **III** *n.* **1** lisciviazione *f.* **2** (*liquid*) liscivia *f.* **3** (*vessel*) lisciviatore *m.*

leachate /ˈliːtʃeɪt/ *n.* (*Tecn*) liscivia *f.*, lisciviatore *m.*

lead¹ /liːd/ (*past, p.p.* **led** /led/) **I** *v.t.* **1** condurre, guidare, portare, accompagnare. **2** (*to guide with the hand, etc.*) condurre (a mano): *to ~ a horse to water* condurre un cavallo all'abbeverata; *to ~ the way* mostrare la via (*anche fig*). **3** (*of a road, etc.*) condurre, portare. **4** (*to walk at the head of*) aprire, guidare, essere in testa a: *to ~ a parade* aprire una sfilata. **5** (*of an army, etc.*) guidare, condurre. **6** (*to have the direction of*) essere a capo di, dirigere, guidare, comandare, capeggiare: *he -s the minority party* è a capo del partito di minoranza. **7** (*to bring by reasoning, etc.*) indurre, persuadere, condurre, portare: *your attitude -s me to conclude that* il tuo atteggiamento mi induce a concludere che. **8** (*to serve as a channel for*) immettere, portare, condurre: *the pipes ~ water into the garden* le condutture portano l'acqua in giardino. **9** (*to have first place in*) essere primo in, avere il primo posto in, primeggiare in: *our products ~ the world in quality* i nostri prodotti sono i primi nel mondo per (la) qualità. **10** (*of people: to be superior to*) superare, essere superiore a. **11** (*of time, life: to pass*) condurre, fare, trascorrere: *to ~ a miserable existence* condurre un'esistenza miserabile. **12** (*Br*) (*to cause to pass*) fare fare, far passare a, fare trascorrere a: *to ~ so. a dog's life* far fare una vita da cani a qcu. **13** (*in cards*) aprire il gioco con, giocare come prima carta. **14** (*Mus*) (*of a band, etc.*) dirigere; (*of a section of an orchestra*) fare il primo: *to ~ the violins* essere il primo violi-*

no. **15** (*Arm*) mirare a, puntare su. **16** (*in dancing*) condurre, guidare. **17** (*Sport*) (*of a blow*) sferrare, tirare. **II** *v.i.* **1** andare avanti, fare strada: *you ~, I'll follow* vai avanti, io ti seguo. **2** (*of roads, etc.*) condurre, portare (*to* a): *all roads ~ to Rome* tutte le strade conducono a Roma. **3** (*to give access to*) dare accesso (*to, into* a), condurre, sboccare (in): *the door -s into the kitchen* la porta dà accesso alla cucina. **4** (*to be foremost*) essere in testa, essere davanti a tutti: *Paris -s in fashion* Parigi è in testa nel campo della moda. **5** (*in cards*) aprire il gioco. **6** (*to result in*) condurre, portare (*to* a): *their policy led to inflation* la loro politica portò all'inflazione. **7** (*Sport*) condurre, essere in vantaggio, essere in testa (a); (*in boxing*) attaccare per primo. □ (*Br,fig*) *to ~ so. a dance* creare false speranze in qcu., illudere qcu.; *to ~ a double life* avere una doppia vita; (*Br,fig*) *to ~ so. a pretty dance* creare false speranze in qcu., illudere qcu.; (*Sport*) *to ~ a race* essere in testa; *to ~ so. astray*: 1 condurre qcu. fuori strada, sviare; 2 (*fig*) sviare qcu., allontanare qcu. dalla retta via, portare qcu. sulla cattiva strada, traviare qcu.; *to ~ away*: 1 condurre, portare via; 2 (*fig*) distogliere, distrarre; *to ~ back* ricondurre, riportare; *to ~ so. by the hand* condurre qcu. per mano (*anche fig*); *to ~ so. down the aisle* condurre qcu. all'altare; (*fig*) *to ~ so. up* (o *down*) *the garden path* abbindolare qcu., illudere qcu., prendere qcu. per il bavero; *to ~ in* introdurre, fare entrare; (*Bibl*) *~ us not into temptation* non ci indurre in tentazione; (*fig*) *to ~ nowhere* non portare ad alcun risultato, non approdare a nulla; *to ~ off* esordire, cominciare; *he led off by saying that* esordì dicendo che; *to ~ on*: 1 (*to mislead*) illudere, ingannare, fuorviare, traviare; 2 (*to entice*) sedurre, allettare, circuire; 3 (*to encourage to continue*) stimolare, incoraggiare, provocare; 4 (*to prepare the way for others*) spianare la strada; *to ~ on to* (*of rooms, etc.*) comunicare direttamente con, portare direttamente a: *the lounge -s on to the patio* la sala porta direttamente nel patio; *to ~ out*: 1 condurre all'uscita, far uscire; 2 (*in dancing*) invitare (a ballare); *to ~ out of* (*of rooms, etc.*) comunicare direttamente con, portare direttamente a; *to ~ the way*: 1 fare strada, precedere, guidare (il cammino); 2 (*fig*) essere all'avanguardia; *one thing -s to another* da cosa nasce cosa; *to ~ so. to the altar* condurre qcu. all'altare, sposare qcu.; *to ~ up to*: 1 (*to prepare the way for*) condurre a, preparare la via a; 2 (*to approach a subject in conversation*) incanalare, condurre gradatamente a. *Prov.*: *you may ~ a horse to water but you cannot make him drink* si può condurre il cavallo al fiume, ma non lo si può costringere a bere; anche su un vassoio d'argento non è detto che accetti.

lead² /liːd/ **I** *n.* **1** comando *m.*, guida *f.*: *to take the ~* prendere il comando. **2** (*van*) testa *f.*, primo posto *m.*, avanguardia *f.*: *our country has the ~ in space research* il nostro paese è in testa nella ricerca spaziale. **3** (*guide*) guida *f.*, direzione *f.* **4** (*initiative*) iniziativa *f.*: *to take the ~* prendere l'iniziativa. **5** (*example*) esempio *m.*, modello *m.*: *we will follow your ~* seguiremo il tuo esempio. **6** (*Sport*) posizione *f.* di testa, testa *f.*, comando *m.*, vertice *m.*: *to be in the ~* essere in testa; *to take the ~* (*from*) passare in testa davanti a, assumere il comando di. **7** (*margin of advantage*) vantaggio *m.* (*over* su). **8** (*Teat,Cin,TV*) parte *f.* principale, ruolo *m.* principale; (*person*) interprete *m./f.* principale, protagonista *m./f.* **9**

(*Giorn*) (*leading article*) articolo *m.* di fondo, editoriale *m.*, (*intro*) introduzione *f.*, testata *f.* d'articolo. **10** (*in cards*) mano *f.*, diritto *m.* di giocare per primo: *whose ~ is it?* chi è di mano?, a chi è la mano? **11** (*card played*) carta *f.* di apertura. **12** (*El*) conduttore *m.* isolato; (*cable*) filo *m.*, cavo *m.* **13** (*Sport*) (*in boxing*) colpo *m.* d'inizio. **14** (*leash*) guinzaglio *m.*: *dogs must be kept on a ~* i cani devono essere tenuti al guinzaglio. **15** (*clue*) indizio *m.*, traccia *f.*, pista *f.* **16** (*tip*) notizia *f.* riservata. **17** (*Geol*) (*open channel through an ice field*) canale *m.* sgombro. **18** (*Minier*) filone *m.*, vena *f.*; (*auriferous deposit*) deposito *m.* aurifero. **II** *a.* **1** di testa, primo: *~ horse* cavallo di testa. **2** (*Giorn*) editoriale, di fondo. □ (*Sport*) *~ off* (*in baseball*) lead-off, primo in battuta, primo battitore; *~ singer* cantante principale; *~ time* tempo d'avvio (*anche Ind*); *your ~* (*in cards*) tocca a te, la mano è tua.

lead³ /led/ **I** *n.* **1** (*Chim*) piombo *m.* **2** (*Mar*) scandaglio *m.*: *to cast the ~* (o *to heave the ~*) gettare lo scandaglio. **3** (*Pesc,Arm*) piombo *m.*, piombino *m.* **4** (*blacklead*) grafite *f.*, piombaggine *f.*; (*for pencils*) mina *f.* **5** (*Tip*) interlinea *f.* **6** *pl.* (*Edil*) piombi *m.pl.* **7** *pl.*(*in stained-glass windows*) liste *f.pl.* di piombo, piombi *m.pl.* **II** *a.* di piombo. **III** *v.t.* **1** piombare, impiombare, rivestire di piombo. **2** (*Tip*) interlineare. **3** (*of window glass*) fissare con piombi. □ *a ~ balloon* un fiasco totale: *to go down* (o *over*) *like a ~ balloon* essere un fiasco totale; *~ crystal* vetro al piombo, cristallo; *~ free* senza piombo; *~ glass* vetro al piombo; (*Mar*) *~ line* sagola per scandaglio; (*Tip*) *to ~ out* interlineare; (*Chim*) *~ oxide* litargirio, litargite, ossido di piombo; *~ pencil* matita (di grafite); (*Med*) *~ poisoning* saturnismo; (*Arm*) *~ shot* pallini di piombo; *~ work* lavoro in piombo.

leaded /ˈledɪd/ *a.* che contiene piombo. □ (*Vetr*) *~ glass* vetro al piombo; *~ lights* finestra con vetri impiombati, vetrata con piombo in lista.

leaden /ˈledən/ *a.* **1** di piombo. **2** (*of the colour lead*) plumbeo, livido: *a ~ sky* un cielo plumbeo. **3** (*fig*) (*very heavy*) pesante come il piombo, di piombo, greve. **4** (*fig*) (*oppressive*) opprimente, pesante, plumbeo. **5** (*fig*) (*sluggish*) inerte, lento, pigro.

leader /ˈliːdəʳ/ *n.* **1** capo *m.*, guida *f.*; (*of a political party, etc.*) leader *m.*, capo *m.*; (*of an army*) capo *m.*, condottiero *m.* **2** (*Br,Giorn*) articolo *m.* di fondo, editoriale *m.* **3** (*front person in a column, etc.*) capofila *m./f.* **4** (*Sport*) (*leading competitor*) chi è in testa, chi conduce, primo classificato *m.*; (*in horse-races*) leader *m.* **5** (*Mus*) (*of a band, chorus, etc.*) direttore *m.*; (*principal singer, etc.*) primo esecutore *m.* (*f.* -trice), cantante *m./f.* principale; (*principal violin*) primo violino *m.* **6** (*Fot,Cin,Mecc*) linguetta *f.* iniziale. **7** (*Dir*) (*senior counsel*) patrocinante *m.* anziano; (*counsel who leads in a case*) primo difensore *m.*; (*King's Counsel*) patrocinante *m.* per la Corona. **8** (*Bot*) germoglio *m.* terminale. **9** (*Idr*) (*pipe*) tubo *m.* adduttore; (*rainwater pipe*) pluviale *m.* **10** (*Am,Comm*) (*loss leader*) articolo *m.* civetta. **11** *pl.* (*Tip*) punti *m.pl.* di guida, puntini *m.pl.* di guida. □ (*Comm*) *~ firm* azienda leader; (*Br,Parl*) *Leader of the House* leader *m.* nei rapporti con il parlamento; (*Br,Parl*) *Leader of the Opposition* leader dell'opposizione, capo dell'opposizione; *~ tape* (*in recording*) linguetta iniziale.

leaderless /ˈliːdələs *Am* ˈliːdərləs/ *a.* senza una guida, privo di guida.

leadership /ˈliːdəʃɪp *Am* ˈliːdərʃɪp/ *n.* **1** comando *m.*, conduzione *f.*, direzione *f.*, guida *f.*, leadership *f.* **2** (*ability to lead*) capacità *f.* di comando, attitudine *f.* al comando. □ *~ crisis* crisi al vertice; *~ qualities* capacità dirigenziali.

lead-free /ˈledfriː/ *a.* senza piombo: *~ petrol* benzina senza piombo.

lead-in /ˈliːdɪn/ *n.* **1** (*Rad,TV*) (*aerial wire*) discesa *f.* d'aereo, discesa *f.* d'antenna. **2** (*introductory remarks*) presentazione *f.*

leading¹ /ˈliːdɪŋ/ *I a.* **1** di testa, che è in testa, primo, al comando (*anche fig*). **2** (*ranking first*) di primo piano, il più importante, eminente, preminente: *a ~ figure* una figura di primo piano. **3** (*directing*) che dirige, che guida, che comanda. **4** (*Comm,Ind*) leader: *a ~ company* una società leader. **II** *n.* (*rar*) guida *f.*: *the people of light and ~* i luminari. □ *~ actor* (attore) protagonista; *~ actress* (attrice) protagonista; (*Br,Mil*) *~ aircraftman* aviere scelto; (*Br,Mil*) *~ aircraftwoman* aviere scelta; (*Br,Giorn*) *~ article* articolo di fondo, editoriale; (*Dir*) *~ case* caso che crea un precedente, caso che fa testo; *~ edge*: 1(*Aer*) bordo d'entrata, bordo d'attacco; 2 (*fig*) avanguardia; (*Teat,Cin*) *~ lady* prima donna; (*fig*) *~ light* luminare; (*Teat,Cin*) *~ man* primo attore; *~ motif* (o *~ motive*): 1 (*Mus*) motivo conduttore, leitmotiv; 2 (*fig*) tema ricorrente, motivo ricorrente, leitmotiv; (*Br,Mus*) *~ note* nota sensibile, sensibile; *~ question* domanda formulata in modo da suggerire la risposta; (*Br,Mil*) *~ seaman* sottocapo; (*Am,Mus*) *~ tone* nota sensibile, sensibile.

leading² /ˈledɪŋ/ *n.* **1** (*Tecn*) articoli *m.pl.* di piombo. **2** (*Edil*) impiombatura *f.*

leading-edge /ˈliːdɪŋedʒ/ *a.* di punta, all'avanguardia, avanzato. □ *~ technology* tecnologia di punta.

lead-off /ˈliːdɒf *Am* ˈliːdɔːf/ *n.* (*Sport*) **1** (*baseball player*) lead-off *m.*, primo *m.* in battuta, primo battitore *m.* **2** (*start of baseball match*) inizio *m.* della partita.

leadsman /ˈlɛdzmən/ *n.irr.* (*Mar*) scandagliatore *m.*

lead-up /ˈliːdʌp/ *n.* **1** (*preliminaries*) preliminari *m.pl.*, fase *f.* iniziale. **2** (*introducing a subject in conversation*) preambolo *m.*, prolusione *f.*

leady /ˈledi/ *a.* di piombo, plumbeo.

leaf /liːf/ **I** *n.* (*pl.* leaves /liːvz/) **1** foglia *f.*: *to be in ~* avere le foglie; *to come into ~* mettere le foglie. **2** (*collett.*) (*foliage*) fogliame *m.*, foglie *f.pl.*, fronde *f.pl.* **3** (*sheet of paper*) foglio *m.* **4** (*page*) pagina *f.*, foglio *m.* **5** (*Met*) foglia *f.*, lamina *f.*, foglio *m.*: *gold ~* foglia d'oro. **6** (*of a table top, etc.*) prolunga *f.*, ribalta *f.*, piano *m.* (reclinabile); (*of a folding door or shutter*) battente *m.*, imposta *f.* **II** *a.* fogliare, in foglie, in foglia: *~ vegetables* verdure in foglie. **III** *v.i.* mettere le foglie. □ (*Entom*) *~ beetle* bromio, galerucella; (*Bot*) *~ blade* lamina della foglia; (*Bot*) *~ bud* gemma fogliare; (*Bot*) *~ curl* accartocciamento fogliare, bolla del pesco; (*Zool,Anat*) *~ fat* strato di grasso (intorno alle reni); *~ green* verde prato; *in ~* con le foglie, in foglie; (*Entom*) *~ insect* fillio; (*Entom*) *~ miner* minatore fogliare; *~ mold* (o *~ mould*) pacciame, pattume; (*Zool*) *~ monkey* presbite; *to ~ out* mettere le foglie; (*fig*) *to take a ~ out of so.'s book* prendere esempio da qcu., seguire l'esempio di qcu., imitare qcu.; (*Bot*) *~ roll* accartocciamento fogliare; (*Entom*) *~ roller* tortrice; (*Bot*) *~ spot* maculatura fogliare; (*Mecc*) *~ spring* molla a balestra, molla a lamina; *to ~ through* sfogliare, scartabellare, leggiucchiare.

leafage /'li:fɪdʒ/ n. (collett.) fogliame m.

leafcutter /'li:fkʌtə Am 'li:fkʌtər/ □ (Entom) ~ ant formica tagliatrice; (Entom) ~ bee megachile, ape muratrice.

leafhopper /'li:fhɒpər Am 'li:fhɑ:pər/ n. (Entom) cicadella f.

leafiness /'li:finəs/ n. ricchezza f. di foglie, abbondanza f. di fogliame.

leafless /'li:fləs/ a. senza foglie, senza fronde, sfrondato.

leaflet /'li:flət/ n. 1 volantino m., manifestino m., opuscolo m., foglio m. volante, dépliant m. 2 (Bot) fogliolina f.

leafstalk /'li:fstɔ:k/ n. (Bot) picciolo m.

leafy /'li:fi/ a. 1 frondoso, ricco di foglie. 2 (full of vegetation) verde, verdeggiante, lussureggiante.

league[1] /li:g/ I n. 1 (Pol) lega f., alleanza f. 2 (association) lega f., associazione f., società f. 3 (fig) categoria f., livello m.: they are not in the same ~ sono a livelli (completamente) diversi, sono (in) due categorie diverse. 4 (Sport) lega f., federazione f. 5 (Br,Sport) (league division) serie f., campionato m.: premier ~ massimo campionato, serie A. II v.t. unire in una lega, alleare, consociare. III v.i. unirsi in lega, formare una lega, allearsi, associarsi. □ (Sport) ~ champion squadra vincitrice del campionato; (Sport) ~ championship campionato; (Br,Sport) ~ division serie: ~ division one serie A; to be in ~ with so. essere in combutta con qcu.; everyone is in ~ against me hanno tutti fatto lega contro di me; (Sport) ~ match partita di campionato; (Stor) League of Nations Lega delle Nazioni; ~ table: 1 classifica (anche Sport); 2 (spec. Scol) graduatoria.

league[2] /li:g/ n. (unit of distance) lega f. (pari a 4830 m).

leaguer /'li:gər/ n. 1 membro m. di una lega, leghista m./f. 2 (Am,Sport) giocatore m. (f. -trice) (in un campionato).

Leah /liə/ n.pr.f. Lia, Lea.

leak /li:k/ I n. 1 crepa f., fessura f., fenditura f., falla f.: a ~ in the roof una crepa nel tetto. 2 (liquid, etc. that leaks out) fuga f., perdita f., infiltrazione f., fuoriuscita f., fuoriuscita f.: a gas ~ una fuga di gas; a radiation ~ una perdita di radiazioni. 3 (El) dispersione f. 4 (Mar) falla f., via f. d'acqua: the hull has sprung a ~ si è aperta una falla nello scafo. 5 (fig) (disclosure of secrets) indiscrezione f., fuga f. di notizie. 6 (volg) pisciata f.: to have a ~ (o to take a ~) fare una pisciata, pisciare. II v.i. 1 perdere: the barrel is -ing la botte perde. 2 (fig) (of news, etc.) trapelare, venirsi a sapere, filtrare. 3 (Mar) fare acqua, imbarcare acqua. III v.t. 1 perdere. 2 (fig) (of news, etc.) lasciare trapelare, fare trapelare. □ to ~ in penetrare, infiltrarsi: the rain -s in through the roof la pioggia penetra attraverso il tetto; to ~ out: 1 uscire, fuoriuscire, fuoriuscire, disperdersi, spandersi; 2 (fig) trapelare, venirsi a sapere, filtrare.

leakage /'li:kɪdʒ/ n. 1 perdita f., dispersione f., fuoriuscita f., fuoriuscita f. 2 (fig) (of information, etc.) il trapelare, fuga f. 3 (liquid, etc., lost) perdita f., fuga f. 4 (Comm) colaggio m.; (allowance for loss) abbuono m. per colaggio. 5 (Fis,El) dispersione f.

leaked /li:kd/ a. diffuso, divulgato, fatto trapelare.

leakiness /'li:kinəs/ n. 1 il perdere da una fessura, il perdere da una crepa, il perdere da una falla, il gocciolare, il colare. 2 (Mar) l'imbarcare acqua.

leakproof /'li:kpru:f/ a. ermetico, a tenuta stagna, a perfetta tenuta. □ ~ battery batteria corazzata.

leaky /'li:ki/ a. 1 che non tiene, che perde, che fa acqua, che imbarca acqua. 2 (fig) che non tiene, che fa acqua da tutte le parti.

lean[1] /li:n/ (past, p.p. leant /lent/ o -ed /-d/) I v.i. 1 (to incline) inclinarsi, pendere. 2 (to bend) piegarsi, curvarsi (over su). 3 (to be in a slanting position) pendere, essere inclinato: the trees ~ towards the river gli alberi sono inclinati verso il fiume. 4 (to support oneself) addossarsi, appoggiarsi: to ~ against the door addossarsi alla porta; to ~ on a stick appoggiarsi su un bastone. 5 (fig) (to tend) propendere (to, towards per), essere incline, tendere (a). II v.t. 1 chinare, inclinare, piegare: she -ed her head upon her arm chinò la testa sul braccio. 2 (to rest) appoggiare, addossare: to ~ a ladder against the wall appoggiare una scala al muro. □ to ~ back appoggiarsi (indietro); to ~ forward sporgersi (in avanti): he -t forward to get a better look si sporse in avanti per vedere meglio; to ~ on: 1 (to rely on) contare su, fare affidamento su, dipendere da: ~ on me conta su di me; 2 (to intimidate) fare pressione su, suggestionare; to ~ out sporgersi (in avanti), protendersi: do not ~ out of the window vietato sporgersi dal finestrino; (colloq) to ~ over backward (to ~ over backwards to) fare l'impossibile per, fare di tutto per, sforzarsi di, sforzarsi per.

lean[2] /li:n/ n. inclinazione f., pendenza f. □ on the ~ in pendio, inclinato.

lean[3] /li:n/ I a. 1 (of animals) magro. 2 (of persons) magro, snello, scarno, smilzo. 3 (of meat) magro. 4 (of a diet) povero. 5 (fig) magro, scarso, povero: ~ harvest raccolto scarso. 6 (of soil) magro, povero. 7 (Aut) (of fuel mixtures) povero. 8 (Econ) scarso, magro: ~ profit profitto scarso. II n. (of meat) magro m., polpa f. □ (fig) ~ and mean superefficiente.

lean-burn /'li:nbɜ:n Am 'li:nbɜ:rn/ a. (Mot) a combustione povera.

leaning /'li:nɪŋ/ I a. inclinato, pendente. II n. 1 inclinazione f., pendenza f. 2 (fig) inclinazione f., tendenza f. (to, towards a), propensione f., attitudine f., predisposizione f. □ the Leaning Tower of Pisa la torre (pendente) di Pisa.

leanness /'li:nnəs/ n. magrezza f., esilità f.

leant /lent/ → **lean**[1].

lean-to /'li:ntu:/ I n. (pl. -s /-z/) 1 piccola costruzione f. addossata a un'altra. 2 (shed) annesso m. 3 (covered parking place) tettoia f., posto m. riparato per la macchina, box m. 4 (Arch) tetto m. a falda. II a. (Arch) a una falda.

leap /li:p/ (past, p.p. leaped /li:pt/ o leapt /lept/) I v.i. 1 saltare, fare un balzo: to ~ over a wall saltare un muro; to ~ on to a horse saltare a cavallo, saltare in sella. 2 (to spring upwards) saltare, schizzare. 3 (to jump) balzare, guizzare: to ~ to one's feet balzare in piedi. 4 (fig) balzare, saltare, sussultare: her heart -t for joy il cuore le balzò dalla gioia. 5 (fig) (to rush) accorrere, precipitarsi, lanciarsi: to ~ to so.'s defence accorrere in difesa di qcu. 6 (fig) (to take quick advantage) cogliere (o afferrare) al volo. 7 (fig) (to pass abruptly) saltare: to ~ to conclusions saltare alle conclusioni. 8 (of prices) impennarsi, volare, aumentare improvvisamente. II v.t. 1 saltare: to ~ a ditch saltare un fosso. 2 (to cause to leap) fare saltare. □ to ~ at afferrare al volo, accettare subito: to ~ at an opportunity afferrare al volo un'occasione; to ~ for joy fare salti di gioia; to ~ out at so. saltare agli occhi di qcu.; (fig) to ~ to the eye saltare agli occhi.

leap[2] /li:p/ n. 1 salto m., balzo m.: to take a ~ spiccare un salto; his heart gave a ~ ha avuto un tuffo al cuore. 2 (distance covered) salto m. 3 (fig) (sudden transition) salto m., sbalzo m., mutamento m. improvviso. 4 (fig) (progress) salto m., balzo m., progresso m.: research has taken a great ~ forward la ricerca ha compiuto un grande balzo in avanti. 5 (Geog) (of a river) salto m. 6 (Mus) salto m. □ (fig) by (o in) ~s and bounds a passi da gigante; take a ~ at sth. balzare su qcs.; ~ day ventinove febbraio; (fig) ~ in the dark salto nel buio; ~ second secondo intercalare, leap second; ~ year anno bisestile.

leaper /'li:pər/ n. saltatore m. (f. -trice).

leapfrog, leap-frog /'li:pfrɒg Am 'li:pfrɔ:g/ I v.i. 1 giocare alla cavallina. 2 (fig) (to move ahead) saltare, balzare. 3 (fig) (of two cars) superarsi a vicenda, sorpassarsi a vicenda. II v.t. 1 saltare sopra (giocando alla cavallina). 2 (fig) (to move ahead of) scavalcare, superare. III n. (game) (salto della) cavallina f.

leapt /lept/ → **leap**[1].

learn /lɜ:n Am 'lɜ:rn/ (past, p.p. -t /-t/ o -ed /-d/) I v.t. 1 imparare, apprendere (anche assol): to ~ a trade imparare un mestiere. 2 (to study) imparare, studiare: to ~ English imparare l'inglese, studiare l'inglese. 3 (to acquire skill in; general. con l'inf.) imparare: to ~ to swim imparare a nuotare. 4 (to come to know) venire a sapere, venire a conoscenza di, apprendere: I -ed the news from the papers ho appreso la notizia dai giornali. 5 (to acquire through experience, etc.) imparare ad avere: to ~ patience imparare ad avere pazienza. 6 (pop) imparare: that'll ~ you così impari. II v.i. avere notizia, venire a conoscenza, sapere (of di). □ (fig) to ~ a lesson imparare una lezione; to ~ a valuable lesson from so. imparare una lezione preziosa (o utile) da qcu.; to ~ sth. (off) by heart imparare qcs. a memoria; to ~ how to do sth. imparare a fare qcs.; to ~ sth. the hard way imparare qcs. alle proprie spese; (colloq) to ~ the ropes imparare i segreti del mestiere; to ~ to live with sth. imparare a convivere con qcs.; I have yet to ~ why devo ancora capire il perché; you will never ~! non imparerai mai!

learned[1] /'lɜ:nɪd Am 'lɜ:rnəd/ a. 1 (of people) colto, dotto, sapiente, istruito, erudito. 2 (of things) colto, erudito, dotto. □ (Dir) my ~ friend collega, onorevole collega; a ~ man un erudito; ~ profession professione liberale; ~ society una società colta. □ (Dir) my ~ friend collega, onorevole collega; a ~ man un erudito; ~ profession professione liberale.

learned[2] /'lɜ:nd Am 'lɜ:rnd/ a. appreso, acquisito, imparato. □ (Psic) ~ behaviour (o Am ~ behavior) comportamento imitativo; (Psic) ~ helplessness inettitudine acquisita.

learner /'lɜ:nər Am 'lɜ:rnər/ n. 1 chi impara, discente m./f., studente m. (f. -essa), scolaro m. (f. -a), alunno m. (f. -a). 2 (learner driver) principiante m./f. 3 (apprentice) apprendista m./f. □ ~'s licence (o Am ~'s permit) autorizzazione per esercitarsi alla guida, (colloq) foglio rosa.

learning /'lɜ:nɪŋ Am 'lɜ:rnɪŋ/ n. 1 apprendimento m. 2 (knowledge acquired) sapere m., cultura f., dottrina f., erudizione f., sapienza f. □ ~ curve curva di apprendimento; ~ difficulties difficoltà di apprendimento; ~ disability difetto di apprendimento; a man of ~ un uomo di cultura; ~ process processo di apprendimento.

learnt /lɜ:nt Am 'lɜ:rnt/ → **learn**.

lease[1] /li:s/ I n. 1 (Dir) contratto m. d'affitto (con diritto di proprietà), contratto m. di locazione, locazione f., affitto m. 2 (period of time) durata f. dell'affitto, durata f. della locazione, leasing *m.* **II** *v.t.* **1** affittare (con diritto di proprietà), dare in affitto, dare in locazione, locare, noleggiare; (*of a car, etc.*) dare in leasing. **2** (*to hold by lease*) affittare (con diritto di proprietà), prendere in affitto, prendere in locazione; (*of a car, etc.*) prendere in leasing *m.* □ *in* ~ in locazione (con diritto di proprietà), in leasing; (*fig*) *a new* ~ *of life* (o *Am a new* ~ *on life*) una nuova iniezione di vita, nuove prospettive (di vita).

lease[2] /liːs/ *n.* (*Tess*) incrocio *m.*, invergatura *f.* dei fili.

leaseback /'liːsbæk/ *n.* leasing *m.* immobiliare (concesso alla parte venditrice).

leasehold /'liːshoʊld/ **I** *a.* in affitto (con diritto di proprietà), in locazione, affittato, locato, in leasing. **II** *n.* **1** (*property leased*) proprietà *f.* in affitto, proprietà *f.* in locazione. **2** (*tenure for a specified number of years*) diritto *m.* di proprietà.

leaseholder /'liːshoʊldər/ *n.* locatario *m.* (*f.* -a), affittuario *m.* (*f.* -a) (con diritto di proprietà).

leash /liːʃ/ **I** *n.* **1** guinzaglio *m.*: *the dog is* (*kept*) *on a* ~ il cane è (tenuto) al guinzaglio. **2** (*fig*) freno *m.*, controllo *m.*: *to hold so. on the* ~ tenere qcu. a freno. **3** (*Caccia*) gruppo *m.* di tre (animali). **II** *v.t.* **1** mettere il guinzaglio a, tenere al guinzaglio. **2** (*fig*) tenere a freno, tenere al guinzaglio. □ *on a* ~: 1 al guinzaglio; 2 (*fig*) a freno, al guinzaglio: *on a short* ~ (o *on a tight* ~) sotto stretto controllo, a freno.

leasing /'liːsɪŋ/ *n.* (*Econ*) leasing *m.*, contratto *m.* di affitto (con diritto di proprietà).

least /liːst/ **I** *a.* minimo, il più piccolo: *he takes offence at the* ~ *criticism* si offende alla minima critica. **II** *n.* il minimo *m.*, il meno *m.*: *this is the* ~ *you can do* questo è il meno che possiate fare. **III** *avv.* meno (di tutti): *the* ~ *important* il meno importante; *he talks* ~ parla meno di tutti. □ *at* ~ (o *at the* ~): 1 almeno, a dir poco, perlomeno; 2 (*at any rate*) almeno, per lo meno: *you can at* ~ *try* puoi almeno provare; *not* ~ non da ultimo, in modo particolare, soprattutto, anzitutto: *it's too late to go to the cinema now, not* ~ *because the film's already started* è troppo tardi andare al cinema adesso, soprattutto perché il film è già cominciato; *not in the* ~ per nulla, (niente) affatto; ~ *of all* tanto meno, men che meno, meno di tutti; *to say the* ~ (*of it*) a dir poco; (*Statist*) ~ *square method* (o ~ *squares*) metodo dei minimi quadrati. *Prov.*: ~ *said soonest mended* meno uno si parla meglio è.

leastways /'liːstweɪz/, **leastwise** /'liːstwaɪz/ *avv.* (*dial,colloq*) almeno, per lo meno.

leather /'leðər/ **I** *n.* **1** pelle *f.*; (*hide*) cuoio *m.* **2** (*leather article*) articolo *m.* in pelle, articolo *m.* di cuoio. **3** (*for cleaning windows, etc.*) pelle *f.* di daino, pelle *f.* di camoscio. **4** *pl.* (*breeches*) calzoni *m.pl.* di pelle. **II** *a.* di pelle, in pelle, di cuoio, in cuoio: ~ *gloves* guanti di pelle; ~ *binding* legatura in pelle. **III** *v.t.* **1** (*to bind in leather*) rivestire in pelle, foderare di pelle. **2** (*colloq*) (*to thrash*) frustare, staffilare. □ ~ *goods* articoli in pelle; ~*jacket* giacca di pelle, giubbotto di pelle.

leatherback /'leðəbæk *Am* 'leðərbæk/ □ ~ *turtle* tartaruga liuto.

leatherette /ˌleðə'ret *Am* ˌleðər'et/ *n.* similpelle *f.*, fintapelle *f.*, skai *m.*

leatherhead, **leather-head** /'leðəhed *Am* 'leðərhed/ *n.* (*colloq*) zuccone *m.* (*f.* -a).

leatherheads /'leðəhedz *Am* 'leðərhedz/ *n.pl.* (*Mil*) teste *f.pl.* di cuoio.

leatherjacket /'leðədʒækɪt *Am* 'leðərdʒækɪt/ *n.* **1** (*Br,Entom*) larva *f.* di tipula. **2** (*Am,Itt*) (*triggerfish*) pesce *m.* balestra; (*filefish*) pesce *m.* lima.

leather-look /'leðəlʊk *Am* 'leðərlʊk/ *a.* similpelle.

leathern /'leðən *Am* 'leðərn/ *a.* (*ant*) **1** di cuoio, in cuoio, di pelle, in pelle. **2** (*leathery*) coriaceo.

leatherneck /'leðənek/ *n.* (*Am,Mil,sl*) marine *m.*

leatherware /'leðəweər *Am* 'leðərwer/ *n.* pelletterie *f.pl.*, articoli *m.pl.* di cuoio, articoli *m.pl.* di pelle.

leatherwear /'leðəweər *Am* 'leðərwer/ *n.* abbigliamento *m.* in pelle.

leathery /'leðəri/ *a.* coriaceo, simile a cuoio: ~ *meat* carne coriacea.

leave[1] /liːv/ (*past, p.p.* **left** /left/) **I** *v.t.* **1** (*to depart*) partire da, lasciare: *we left Paris at dawn* siamo partiti da Parigi all'alba. **2** (*to go away from permanently*) lasciare, abbandonare: *to* ~ *school* lasciare la scuola. **3** (*to go away*) andarsene, andar via (*anche assol*): *he left home at the age of twenty-one* se ne andò di casa a ventun anni. **4** (*to desert*) lasciare, abbandonare: *her husband left her for another woman* suo marito l'ha lasciata per un'altra donna. **5** (*to quit the service of*) lasciare, dimettersi da: *to* ~ *the army* lasciare l'esercito. **6** (*to fail or forget to take, etc.*) lasciare, dimenticare: *she left her gloves in the cinema* ha dimenticato i guanti al cinema. **7** (*to allow or cause to remain*) lasciare: *to* ~ *the door open* lasciare la porta aperta; lasciare, avanzare: ~ *some cake for me* lasciami un po' di torta. **8** (*to produce sth. that remains*) lasciare: *the burnt food left a terrible smell in the house* il cibo bruciato ha lasciato in casa un odore terribile. **9** (*to let undisturbed*) lasciare (in pace, tranquillo): *we left him to his work* lo abbiamo lasciato al suo lavoro. **10** (*to entrust a decision*) lasciare (fare a): *I* ~ *it to you to decide* lo lascio decidere a te; ~ *it to me!* lascia fare a me! **11** (*to give in charge*) lasciare, affidare. **12** (*Mat*) fare, restare: *ten from twelve -s two* meno dieci fa due, togliendo dieci da dodici resta due. **13** (*to bequeath*) lasciare (in eredità), assegnare per testamento. **14** (*to have remaining after death*) lasciare: *the deceased -s a wife and three children* il defunto lascia moglie e tre figli. **15** (*to stop, to give up*) abbandonare, ritirarsi da, rinunciare a, lasciare. **16** (*to cease*) smettere, cessare. **II** *v.i.* andarsene, andare, partire: *it's time we left* è ora di andarcene. □ *to* ~ *sth. about* lasciare qcs. in giro; *to* ~ *alone*: 1 (*to allow to be on one's own*) lasciare solo; 2 (*to refrain from disturbing*) lasciare in pace, lasciar stare: ~ *me alone!* lasciami in pace!; *to* ~ *aside* tralasciare, lasciare da parte, omettere; (*colloq*) *to* ~ (o *sth.*) *be* lasciare stare qcu. (o qcs.); *to* ~ *behind*: 1 (*to forget to bring*) dimenticare; 2 (*to pass beyond*) oltrepassare, superare, lasciare dietro di sé, lasciare alle spalle; (*Br,colloq*) *to* ~ *go of* sth. (o *to* ~ *hold of* sth.) lasciare cadere qcs., lasciare andare qcs.; *to* ~ *home* andarsene da casa; (*colloq*) *let's* ~ *it at that*: 1 (*suggesting agreement*) restiamo intesi così; 2 (*suggesting saying no more*) lasciamo stare così, lasciamo perdere; *to* ~ *sth. lying about* lasciare qcs. in giro; (*fig*) *to* ~ *no stone unturned* non lasciare nulla di intentato, tentare tutte le strade; *to* ~ *off*: 1 (*to stop*) smettere, cessare; *to* ~ *off doing sth.* smettere di fare qcs; 2 (*to*

be interrupted) fermarsi, rimanere: *let's begin reading from where we left off last time* riprendiamo la lettura da dove siamo rimasti l'ultima volta; 3 (*Br*) (*to stop wearing*) non portare, smettere (di indossare), riporre; *to* ~ *office* lasciare una carica, dimettersi; *to* ~ *on*: 1 (*El*) lasciare acceso; 2 (*keep on wearing*) tenere addosso; *to* ~ *out*: 1 (*to omit*) omettere, tralasciare; 2 (*to exclude*) escludere, non includere, lasciar fuori: *to feel left out* sentirsi escluso; 3 (*to fail to take into account*) trascurare, non tenere conto di; (*fig*) *to* ~ *so. out in the cold* mettere qcu. in disparte, lasciare qcu. in disparte, disinteressarsi di qcu.; *to* ~ *sth. over* rimandare qcs.; (*Ferr*) *to* ~ *the track* deragliare; *to* ~ *so. to themselves* lasciare solo qcu.; *to* ~ *much to be desired* (o *to* ~ *a lot to be desired*) lasciare molto a desiderare; *to* ~ *to chance* lasciar (fare) al caso; *to* ~ *nothing to chance* non lasciare niente al caso; *to* ~ *well alone* lasciare stare; *to* ~ *word for so.* lasciare un messaggio per qcu.; (*fig*) *to* ~ *a wound* lasciare il segno.

leave[2] *n.* **1** (*permission*) permesso *m.*, autorizzazione *f.*, licenza *f.*: *to ask* ~ *to do sth.* chiedere il permesso di fare qcs. **2** (*authorized absence*) permesso *m.*, licenza *f.*, congedo *m.*: *to be on* ~ essere in permesso, in congedo. **3** (*vacation*) ferie *f.pl.*, vacanza *f.* **4** (*departure, farewell*) congedo *m.*, commiato *m.*: *to take one's* ~ prendere congedo, congedarsi. □ *by your* ~ col vostro permesso; (*colloq*) *without so much as a "by your* ~ " senza nemmeno chiedere il permesso; ~ *of absence* congedo, permesso, licenza; *to take* ~ *of so.* congedarsi da qcu., prendere congedo da qcu.; (*colloq*) *to take* ~ *of one's senses* perdere il ben dell'intelletto, perdere il lume della ragione, uscire di senno; *to take* ~ *to do sth.* permettersi di fare qcs., concedersi la libertà di fare qcs.; ~ *taking* commiato, congedo.

leaved /liːvd/ *a.* **1** frondoso, con foglie. **2** (*in compounds*) a foglie..., ...foglio: *broad-*~ a foglie larghe; *a four-*~ *clover* un quadrifoglio. **3** (*of a table, etc.*) allungabile.

leaven /'levən/ **I** *n.* **1** lievito *m.* **2** (*fig,lett*) fermento *m.* **II** *v.t.* **1** fare lievitare, fare fermentare. **2** (*of dough*) lievitare. **3** (*fig,lett*) permeare, pervadere.

leaves /liːvz/ → **leaf**.

leave-taking /'liːvteɪkɪŋ/ *n.* commiato *m.*, congedo *m.*

leavings /'liːvɪŋz/ *n.pl.* resti *m.pl.*, residui *m.pl.*, avanzi *m.pl.*

Lebanese /ˌlebə'niːz/ **I** *a.* libanese. **II** *n.* libanese *m./f.*

Lebanon /ˌlebənən *Am* 'lebənɑːn/ *n.pr.* (*Geog*) Libano *m.*

lech /letʃ/ **I** *n.* (*colloq*) **1** (*person: lecher*) sporcaccione *m.*, persona *f.* lasciva, degenerato *m.* **2** (*act: lechery*) lussuria *f.*, lascivia *f.* **II** *v.i.* (*colloq*) sbavare: *to* ~ *onto so.* sbavare dietro a qcu., morire dietro qcu.

Le Chatlier □ (*Chim*) ~ *'s principle* principio di Le Chatlier, principio dell'equilibrio mobile.

lecher /'letʃər/ *n.* sporcaccione *m.*, persona *f.* lasciva, degenerato *m.*

lecherous /'letʃərəs/ *a.* libidinoso, lussurioso, lascivo.

lecherously /'letʃərəsli/ *avv.* libidinosamente, lussuriosamente, lascivamente.

lecherousness /'letʃərəsnəs/, **lechery** /'letʃəri/ *n.* lussuria *f.*, lascivia *f.*

lecithin /'lesɪθɪn/ *n.* (*Chim*) lecitina *f.*

lect. *lecture* (conferenza, lezione).

lectern /'lektɜːn *Am* 'lektɜːrn/ *n.* leggio *m.*

lection /'lekʃən/ n. **1** (*Filol*) lezione f., lettura f., versione f. **2** (*Lit*) lezione f., lectio f.

lectionary /'lekʃnəri/ n. (*Lit*) lezionario m.

lector /'lektər/ n. **1** (*Univ*) lettore m. (f. -trice). **2** (*Rel*) lettore m.

lectorate /'lektərət/, **lectorship** /'lektəʃɪp Am 'lektərʃɪp/ n. (*Univ,Rel*) lettorato m.

lectrice /'lektrɪs/ n. (*Univ*) lettrice f.

lecture /'lektʃər/ I n. **1** (*conference session*) conferenza f.: *to give a ~ on sth*. tenere una conferenza su qcs. **2** (*Univ*) lezione f., lezione f. cattedratica. **3** (*colloq*) (*reprimand*) paternale f., ramanzina f., predicozzo m., predica f., sermone m. II v.i. **1** (*at conferences*) tenere conferenze. **2** (*single talk*) tenere una conferenza (su), fare un intervento (su). **3** (*Univ*) fare lezioni, insegnare, (*single lesson*) fare una lezione (su), fare una lezione cattedratica (su). III v.t. **1** fare lezione a. **2** (*colloq*) (*to rebuke*) fare una paternale a, fare una ramanzina a, rimproverare. □ ~ *hall* (o ~ *theatre*): 1 sala (per) conferenze; 2 (*Univ*) aula.

lecturer /'lektʃərər/ n. **1** conferenziere m. (f. -a), oratore m. (f. -trice), ospite m./f. **2** (*Br, Univ*) professore m. incaricato, docente m./f. **3** (*Am,Univ*) docente m./f. a contratto. **4** (*Rel, ant*) predicatore m.

lectureship /'lektʃəʃɪp Am 'lektərʃɪp/ n. **1** (*Br,Univ*) ruolo m. di docente, cattedra f., docenza f. **2** (*Am,Univ*) posto m. di docente a contratto, cattedra f. temporanea.

led /led/ → **lead**[1].

LED (*Elettron*) *Light-emitting Diode* LED (diodo a emissione luminosa). □ (*Inform*) ~ *display* (o ~ *indicator*) indicatore a LED.

Leda /'li:də/ n.prf. (*Mitol*) Leda.

lederhosen /'leɪdəˌhouzən Am 'leɪdərˌhouzən/ n. pantaloni m.pl. di pelle con bretelle (tipici della Baviera, dell'Austria ecc.).

ledge /ledʒ/ n. **1** (*projection*) prominenza f., sporgenza f. **2** (*narrow shelf*) ripiano m., mensola f., mensolina f. **3** (*Alp*) (*of a cliff*) cengia f., cornice f. **4** (*Geog*) (*underwater ridge*) scoglio m. **5** (*Fal*) listello m.; (*raised ridge*) bordo m., sponda f. **6** (*Minier*) (*vein*) vena f., filone m.; (*layer*) strato m.

ledger /'ledʒər/ n. **1** (*Comm*) libro m. mastro, mastro m.; (*register*) partitario m., registro m. **2** (*Edil*) traversa f. **3** (*tombstone*) pietra f. tombale, lapide f. **4** (*Pesc*) (*ledger line*) lenza f. fissa. □ (*Pesc*) ~ *bait* esca attaccata a una lenza fissa; ~ *line*: 1 (*Pesc*) lenza fissa; 2 (*Mus*) lineetta addizionale, taglio; (*Pesc*) ~ *tackle* lenza di fondo.

ledgy /'ledʒi/ a. pieno di sporgenze.

lee /li:/ I n. **1** rifugio m., riparo m., ridosso m.: *in the ~ of the wall* a ridosso del muro, con il riparo del muro. **2** (*side sheltered from the wind*) riparo m. **3** (*Mar*) sottovento m., lato m. sottovento, poggia f. II a. (*Mar*) sottovento. □ (*Mar*) ~ *shore* costa sottovento; (*Mar*) ~ *tide* marea nella direzione del vento.

leeboard /'li:bɔ:d Am 'li:bɔ:rd/ n. (*Mar*) aletta f. di deriva.

leech[1] /li:tʃ/ I n. **1** (*Zool*) sanguisuga f., mignatta f. **2** (*fig*) sanguisuga f., piovra f., parassita m. **3** (*Med*) flebotomo m. **4** (*ant,scherz*) (*physician*) medico m. II v.t. **1** (*Med*) salassare. **2** (*fig*) sfruttare, fare la sanguisuga con. □ *to stick to so. like a ~* stare addosso a qcu. come una mignatta; *to ~ off of* (o *to ~ onto*) sfruttare, fare la sanguisuga con.

leech[2] /li:tʃ/ n. (*Mar*) (*of a sail*) colonna f., caduta f.

Leeds /li:dz/ n.pr. (*Geog*) Leeds f.

leek /li:k/ n. (*Bot*) porro m.

leek-green /'li:k(')gri:n/ a. (*color*) verde pallido.

leer /lɪər/ I n. **1** (*lascivious look*) sguardo m.

---

lascivo. 2 (*sly look*) sbirciata f., sguardo m. furtivo (di traverso). II v.i. **1** (*to look lasciviously*) guardare con occhio lascivo. **2** (*to look slyly*) sbirciare.

leeriness /'lɪərinəs/ n. diffidenza f., sospetto m., circoscrizione f.

leering /'li:rɪŋ/ a. lascivo.

leeringly /'li:rɪŋli/ avv. lascivamente.

leery /'lɪəri/ a. guardingo, diffidente, cauto, sospettoso.

lees /li:z/ n.pl. (*Enol*) sedimento m.sing., feccia f.sing. □ (*fig*) *the ~ of society* la feccia della società.

leeward /'li:wəd Am 'li:wərd/ I n. (*Mar*) sottovento m., lato m. sottovento, poggia f. II a./ avv. (*Mar*) sottovento.

Leeward /'li:wəd Am 'li:wərd/ □ (*Geog*) ~ *Islands* Isole Sottovento.

leeway /'li:wei/ n. **1** (*Mar,Aer*) scarroccio m. **2** (*Aer*) angolo m. di deriva. **3** (*degree of freedom of action or thought*) margine m., libertà f. (di azione): *we have an hour's ~* abbiamo un'ora di margine; *I can't give you much ~ on this* non posso darvi molta libertà in questo caso. **4** (*loss of progress*) svantaggio m.: *we must make up ~* dobbiamo colmare lo svantaggio. **5** (*loss of time*) ritardo m. **(*Mar,Aer*) *to make ~* scarroccio.

left[1] /left/ I a. **1** sinistro, mancino. **2** (*Pol*) di sinistra, della sinistra. II n. **1** sinistra f., parte f. sinistra: *to sit on so.'s ~* sedere alla sinistra di qcu. **2** (*left hand*) sinistra f., mano f. sinistra; (*in dancing, marching: left foot*) piede m. sinistro. **3** (*Sport*) sinistro m. **4** (*Pol*) sinistra. III avv. a sinistra, verso sinistra: *turn ~ at the lights* voltare a sinistra al semaforo. □ (*Am*) ~ *and right*: 1 (*everywhere*) ovunque, dappertutto; 2 (*massively*) massicciamente, in modo massiccio; (*Sport*) ~ *back* difensore sinistro, terzino sinistro; ~ *bank* riva sinistra, sponda sinistra: *the Left Bank* (*in Paris*) la riva sinistra, la rive gauche; (*Anat*) ~ *brain* emisfero cerebrale sinistro; (*fig*) *to have two ~ feet* essere impacciato, essere maldestro; (*Sport*) ~ *field* (*in baseball*) esterno sinistro (campo); (*Sport*) ~ *fielder* (*in baseball*) esterno sinistro (giocatore); (*Sport*) ~ *half* laterale sinistro, mediano sinistro; *keep ~* (o *keep to the ~*) tieniti a sinistra; *on our ~* alla nostra sinistra; (*Aut*) *to drive on the ~* tenere la sinistra, guidare a sinistra; *on the ~ hand* a sinistra; *on the ~ of sth.* a sinistra di qcs.; *~, right and centre*: 1 (*everywhere*) ovunque, dappertutto; 2 (*massively*) massicciamente, in modo massiccio; *to the ~ of sth.* a sinistra di qcs.; (*Mil*) ~ *turn!* fianco sinistro!; (*Strad*) *no ~ turn* divieto di svolta a sinistra; ~ *wing*: 1 (*Pol*) ala sinistra, sinistra; 2 (*Sport*) ala sinistra, laterale sinistro.

left[2] /left/ → **leave**[1]. a. rimasto, lasciato: *to be ~* avanzare, restare, rimanere: *how much is ~?* quanto ne avanza?; *we have only two pounds ~* ci restano soltanto due sterline; *to be ~ outside* essere lasciato fuori. □ *to be ~ for dead* essere lasciato per morto; (*colloq*) *to be ~ holding the bag* essere lasciato a subire le conseguenze, essere lasciato nei guai, essere lasciato nelle peste; (*Br,Ferr*) ~ *luggage* bagaglio depositato.

left-click /'leftklɪk/ v.i. (*Inform*) cliccare sul tasto sinistro (del mouse).

left-footed /'leftfutəd Am 'leftfutəd/ a. (*Br*) mancino.

left-hand /'lefthænd/ a. **1** di sinistra, a sinistra. **2** (*done with the left hand*) con la (mano) sinistra, di sinistro. □ ~ *bend* curva a sinistra, (*Aut*) ~ *drive* guida a sinistra; ~ *turn* svolta a sinistra: *to take a ~ turn* svoltare a sinistra.

---

left-handed /'lefthændɪd/ I a. **1** mancino: *to be ~* essere mancino. **2** (*done with the left hand*) di sinistra: *a ~ blow* un colpo di sinistro, tiro di sinistro. **3** (*for the left hand*) adatto alla sinistra, per mancini. **4** (*fig*) (*ambiguous*) poco sincero, ambiguo. **5** (*fig*) (*clumsy*) maldestro, goffo. **6** (*of a marriage*) morganatico. **7** (*Mecc*) antiorario, sinistrorso. II avv. con la (mano) sinistra.

left-handedly /'lefthændɪdli/ avv. **1** con la (mano) sinistra. **2** (*fig*) (*clumsily*) maldestramente, goffamente.

left-handedness /'lefthændɪdnəs/ n. **1** mancinismo m. **2** (*fig*) (*ambiguousness*) ambiguità f. **3** (*fig*) (*clumsiness*) goffaggine f.

left-hander /'lefthændər/ n. **1** mancino m. (f. -a). **2** (*blow*) sinistro m., colpo m. di sinistra, tiro m. di sinistro.

leftie /'lefti/ n. **1** (*colloq*) mancino m. (f. -a). **2** (*Pol*) sinistroide m./f.

leftism /'leftɪzəm/ n. (*Pol*) sinistrismo m., tendenza f. a sinistra.

leftist /'leftɪst/ I a. di sinistra, sinistroide. II n. persona f. di sinistra, sinistroide m./f.: ~ *oriented* orientato a sinistra.

left-luggage /'left'lʌgɪdʒ/ □ (*Br,Ferr*) ~ *office* deposito bagagli.

leftmost /'leftmoust/ a. il più sinistro.

left-of-centre /,left'sentər/ a. (*Pol*) di sinistra, di centrosinistra.

left-off /'leftɔːf/ a. (*of clothing*) smesso.

leftover /'leftouvər/ I a. avanzato, rimasto, rimanente. II n **1** rimanente m., rimanenza f. **2** (*of food*) avanzo m., rimasuglio m., resto m.: *the -s* i resti, gli avanzi.

leftward /'leftwəd Am 'leftwərd/, **leftwards** /'leftwədz Am 'leftwərdz/ a./avv. a sinistra, verso sinistra.

left-wing /'leftwɪŋ/ a. **1** (*Pol*) di sinistra. **2** (*Pol*) (*leftist*) sinistroide. **3** (*Sport*) sinistro.

leftwinger /'left'wɪŋər/ n. **1** (*Pol*) persona f. di sinistra. **2** (*Pol*) (*leftist*) sinistroide m./f. **3** (*Sport*) ala f. sinistra.

lefty /'lefti/ n. **1** (*colloq*) mancino m. (f. -a). **2** (*Pol*) sinistroide m./f.

leg /leg/ n. **1** gamba f. **2** (*of an animal*) zampa f., gamba f. **3** (*of a garment*) gamba f. **4** (*Calz*) gambale m. **5** (*of a chair, etc.*) gamba f. **6** (*Geom*) lato m. **7** (*Gastron,Macell*) cosciotto m., coscia f.: *a ~ of mutton* un cosciotto di montone. **8** (*Sport*) ripresa f., tempo m.; (*in a relay race*) frazione f. **9** (*Sport*) (*one of two football matches*) partita f.: *first ~* partita di andata; *second ~* partita di ritorno. **10** (*Mar*) bordata f. **11** (*fig*) (*portion of a journey*) tappa f. □ (*colloq*) *to be all -s* essere tutto gambe; (*Sport*) ~ *before wicket* (*in cricket*) eliminazione per ostruzione (con la gamba) del wicket; (*sl, volg*) *to get one's ~ over* scopare, darci; *to have -s*: 1 (*spec. Br,scherz*) saper camminare da solo: *that pen of mine must have -s* vuol dire che la mia penna ha le gambe; 2 (*Enol,colloq*) essere abbastanza alcolico, essere piuttosto forte; (*fig*) *to have the -s of so.* essere più veloce di qcu., staccare qcu.; ~ *irons* ceppi (alle gambe), ferri (alle gambe); (*Br,colloq*) *to ~ it*: 1 andare a piedi; 2 (*to run*) correre, scappare; 3 (*to walk quickly*) camminare in fretta; (*Br,fig*) *to keep one's -s* reggersi in piedi, non cadere; (*Br*) *to be run off one's -s* (o *to be worked off one's -s*) essere allo stremo, essere distrutto (dal lavoro); ~ *room* spazio per le gambe; (*Br,fig*) *to take to one's -s* darsela a gambe, fuggire; (*colloq*) *not to have a ~ to stand on* non avere una scusa che regga, non avere una scusa che tenga, non avere una ragione che regga, non avere una ragione che tenga; *a ~ up*: 1 (*a push, a help*) una spinta, un aiuto: *to give so. a ~ up* aiutare qcu. a salire (*o* ad arrampicarsi *o* a rialzarsi), fare la scaletta a qcu.; **2** (*fig*) un appoggio, una mano, un sostegno, un favore: *to have a ~ up* avere una mano; *to get a ~ up* ricevere un sostegno.

leg. 1 *legal* (legale). **2** *legisation* (legislazione). **3** (*Mus*) *legato* legato.

legacy /'legəsi/ *n.* **1** (*Dir*) lascito *m.*, legato *m.*, eredità *f.* **2** (*fig*) eredità *f.*, retaggio *m.* □ *~ duty* tassa di successione.

legal /'li:gəl/ *a.* **1** legale, legittimo, legalmente valido. **2** (*relating to law*) giudiziario, giuridico, legale: *~ profession* professione legale. **3** (*established by law*) legale, stabilito dalla legge. **4** (*required by law*) legale, richiesto dalla legge: *the ~ age for a driving licence* l'età legale per la patente di guida. □ *to take ~ action against so.* procedere per via legale contro qcu.; *~ advice* consulenza legale: *to seek ~ advice* chiedere un parere legale, consultare un avvocato; *~ adviser* consulente legale, legale; (*Dir*) *~ age* maggiore età; *~ aid* assistenza legale (gratuita); *~ assistance* assistenza legale; (*Dir*) *~ capacity* capacità d'agire; *~ claim* titolo giuridico; (*Am*) *~ clinic* centro di assistenza legale (gratuita); (*Econ*) *~ currency* moneta (a corso) legale; *~ department* sezione legale; *~ dispute* controversia giuridica; (*colloq*) *eagle* avvocato scaltro; *~ expenses* spese di giudizio, spese legali; (*Dir*) *~ fiction* finzione giuridica; (*Dir*) *~ heir* riservatario, legittimario; (*Am*) *~ holiday* giorno festivo ufficiale, festività riconosciuta, festa nazionale; *~ interest* interesse legale; (*Dir*) *to take ~ measures* ricorrere alle vie legali; *~ pad* blocco di fogli gialli a righe; (*Dir*) *~ person* persona giuridica; *~ practice* formazione giuridica; *~ procedure* procedimento giudiziario; *~ proceedings* procedura legale; *to institute ~ proceedings* adire le vie legali; (*Dir*) *~ representation* rappresentanza legale; *~ representative* mandatario; (*Econ*) *~ reserve* riserva legale; *~ separation* separazione legale; *to acquire ~ status* (*of corporations*) acquistare personalità giuridica; *~ system* sistema giuridico; (*Econ*) *~ tender* moneta a corso legale.

legalese /'li:gəli:z/ *n.* burocratese *m.*

legalisation /,li:gəl(a)ɪ'zeɪʃən/ *n.* (*Br*) **1** legalizzazione *f.* **2** (*of a document*) legalizzazione *f.*, autenticazione *f.*

legalise /'li:gəlaɪz/ *v.t.* (*Br*) **1** legalizzare, rendere legale. **2** (*of a document*) legalizzare, autenticare.

legalism /'li:gəlɪzəm/ *n.* legalismo *m.* (*anche Teol*).

legalist /'li:gəlɪst/ *n.* legalista *m./f.* (*anche Teol*).

legalistic /,li:gə'lɪstɪk/ *a.* legalistico (*anche Teol*).

legalistically /,li:gə'lɪstɪkəli/ *avv.* in modo legalistico, da legalista.

legality /lɪ'gælɪti Am lɪ'gælɪti/ *n.* **1** legalità *f.*, legittimità *f.* **2** *pl.* dettami *m.pl.* della legge.

legalization /,li:gəlɪ'zeɪʃən/ *n.* **1** legalizzazione *f.* **2** (*of a document*) legalizzazione *f.*, autenticazione *f.*

legalize /'li:gəlaɪz/ *v.t.* **1** legalizzare, rendere legale. **2** (*of a document*) legalizzare, autenticare.

legally /'li:gəli/ *avv.* legalmente: *to represent ~* rappresentare in giudizio.

legate /'legɪt/ *n.* **1** (*Rel.catt*) nunzio *m.* apostolico. **2** (*Stor.rom*) legato *m.* **3** (*envoy*) emissario *m.*, inviato *m.* □ (*Rel.catt*) *~ a latere* legato a latere, legato pontificio.

legatee /,legə'ti:/ *n.* (*Dir*) legatario *m.* (*f.* -a).

legateship /'legɪtʃɪp/ *n.* (*Dir*) ufficio *m.* di legato.

legatine /'legətaɪn/ *a.* (*Dir*) legatizio.

legation /lɪ'geɪʃən/ *n.* **1** (*Pol,Stor*) legazione *f.* **2** (*mission*) legazione *f.*, ambasceria *f.*, ambasciata *f.* **3** (*legateship*) ufficio *m.* di legato.

legato /lɪ'gɑːtəʊ/ *a.* (*Mus*) legato. **II** *n.* (*Mus*): *~ line* legato *m.* **III** *avv.* (*Mus*) (in) legato.

legator /lɪ'geɪtər/ *n.* **1** (*Dir*) legante *m./f.* **2** (*testator*) testante *m./f.*

legend /'ledʒənd/ *n.* **1** leggenda *f.*: *urban ~* leggenda metropolitana. **2** (*collett.*) leggende *f.pl.*, mitologia *f.*: *Greek ~s* la mitologia greca. **3** (*story of a saint's life*) leggenda *f.*; (*collection*) leggendario *m.* **4** (*person*) mito *m.*, leggenda *f.*: *a screen ~* un mito del cinema. **5** (*inscription, wording*) leggenda *f.*, legenda *f.*, iscrizione *f.*, motto *m.* **6** (*caption*) legenda *f.*, didascalia *f.* **7** (*Numism*) legenda *f.* **8** (*ant*) (*of a map, chart*) legenda *f.* □ *~ has it that* secondo la leggenda, la leggenda dice che, si racconta che; *a ~ in one's lifetime* una leggenda vivente.

legendarily /'ledʒəndərɪli/ *avv.* notoriamente: *~ tragic* notoriamente tragico.

legendary /'ledʒəndəri/ **I** *a.* **1** leggendario, mitico. **2** (*famous in legend*) leggendario, da leggenda: *a ~ hero* un eroe leggendario. **3** (*highly renowned*) celebre, storico, mitico: *a ~ eating place* un ristorante celebre. **4** (*exceptional*) straordinario, mitico: *a ~ performance* una prestazione straordinaria. **II** *n.* leggendario *m.*

legendry /'ledʒəndri/ *n.* (*collett.*) leggende *f.pl.*, mitologia *f.*

leger /'ledʒər/ □ (*Mus*) *~ line* lineetta addizionale, taglio.

legerdemain /,ledʒədə'meɪn Am ,ledʒərdə'meɪn/ *n.* **1** prestidigitazione *f.*; (*conjuring trick*) gioco *m.* di prestigio. **2** (*fig*) inganno *m.*, imbroglio *m.*

legged /legd, legəd/ *a.* **1** (*of a table, desk, etc.*) con gambe. **2** (*in compounds*) ...pede, dalle gambe...: *two-~* bipede; *long-~* dalle gambe lunghe.

legginess /'leginəs/ *n.* l'avere le gambe lunghe, l'essere tutto gambe.

leggings /'leginz/, **leggins** /'leginz/ *n.pl.* **1** (*Abbigl*) fuseaux *m.pl.* **2** (*Abbigl,ant*) (*gaiters*) ghette *f.pl.*; (*for children*) ghette *f.pl.* **3** (*chaps*) gambali *m.pl.*

leggy /'legi/ *a.* dalle gambe lunghe, tutto gambe.

leghorn /'leghɔːn Am 'leghɔːrn/ *n.* **1** paglia *f.* (per cappelli). **2** (*Mod*) cappello *m.* di paglia di Firenze.

Leghorn[1] /'leghɔːn Am 'leghɔːrn/ *n.pr.* (*Geog*) Livorno *f.*

Leghorn[2] /'leghɔːn Am 'leghɔːrn/ *n.* (*Zootecn*) razza *f.* livornese, razza *f.* Livorno.

legibility /,ledʒɪ'bɪlɪti Am ,ledʒɪ'bɪlɪtiɔːrn/ *n.* leggibilità *f.*

legible /'ledʒəbəl/ *a.* leggibile.

legibly /'ledʒəbli/ *avv.* in maniera leggibile, leggibilmente.

legion /'li:dʒən/ *n.* **1** (*Stor.rom,Mil*) legione *f.*: *the Foreign ~* la Legione straniera. **2** (*fig*) legione *f.*, moltitudine *f.*, schiera *f.* □ *the ~ of Honour* la Legione d'onore; (*Am,Mil*) *~ of Merit* medaglia al merito militare.

Legion /'li:dʒən/ *n.* **1** (*GB,US*) associazione *f.* combattenti e reduci. **2** (*the French Foreign Legion*) Legione *f.* straniera.

legionary /'li:dʒənəri/ **I** *a.* legionario. **II** *n.* (*Stor.rom*) legionario *m.*

legionnaire /,li:dʒəneər Am 'li:dʒəner/ *n.* **1** legionario *m.* **2** (*GB*) membro *m.* dell'associazione combattenti e reduci. □ (*Med*) *~'s disease* malattia del legionario.

legislate /'ledʒɪsleɪt/ **I** *v.i.* legiferare, promulgare leggi. **II** *v.t.* attuare con leggi.

legislation /,ledʒɪs'leɪʃən/ *n.* legislazione *f.*, leggi *f.pl.*

legislative /'ledʒɪslətɪv,/ **I** *a.* legislativo: *~ power* potere legislativo. **II** *n.* legislatura *f.*, assemblea *f.* legislativa. □ *~ assembly* assemblea legislativa; *~ council* camera alta; (*US*) *~ court* corte federale istituita con legge del Congresso; (*Dir*) *~ proceedings* (o *~ process*) iter legislativo.

legislator /'ledʒɪsleɪtər Am 'ledʒɪsleɪtər/ *n.* **1** legislatore *m.* **2** (*member of a legislature*) membro *m.* di una legislatura.

legislature /'ledʒɪ,sleɪtʃər/ *n.* legislatura *f.*, assemblea *f.* legislativa.

legit /lɪ'dʒɪt/ *a.* (*colloq*) legittimo, legale.

legitimacy /lə'dʒɪtɪməsi/ *n.* legittimità *f.*, legalità *f.*

legitimate /lɪ'dʒɪtɪmɪt Am lɪ'dʒɪtəmət/ **I** *a.* **1** legittimo, legale. **2** (*of a child, king*) legittimo. **3** (*justified*) legittimo, giustificato: *a ~ wish* un desiderio legittimo. **4** (*proper, right*) giusto, lecito, legittimo. **5** (*justifiable*) legittimo, fondato: *~ doubts* dubbi legittimi. **6** (*Teat*) (*of stage plays*) regolare. **II** *v.t.* **1** (*of a child*) legittimare. **2** (*to justify*) giustificare, legittimare. □ (*Teat*) *~ drama* teatro di prosa.

legitimately /lɪ'dʒɪtɪmətli Am lɪ'dʒɪtəmətli/ *avv.* legittimamente.

legitimation /lɪ,dʒɪtɪ'meɪʃən Am lɪ'dʒɪtəmeɪʃən/ *n.* (*Dir*) legittimazione *f.*

legitimatise /lɪ'dʒɪtɪmətaɪz/ *v.t.* (*Br*) legittimare, rendere legale, rendere legittimo.

legitimatize /lɪ'dʒɪtəmətaɪz/ *v.t.* legittimare, rendere legale, rendere legittimo.

legitimisation /lɪ,dʒɪtɪm(a)ɪ'zeɪʃən Am lɪ,dʒɪtəmɪ'zeɪʃən/ *n.* (*Dir*) legittimazione *f.*

legitimise /lɪ'dʒɪtɪmaɪz Am lɪ'dʒɪtəmaɪz/ *v.t.* (*Br*) legittimare, rendere legale, rendere legittimo.

legitimism /lɪ'dʒɪtɪmɪzəm Am lɪ'dʒɪtɪmɪzəm/ *n.* (*Pol*) legittimismo *m.*

legitimist /lɪ'dʒɪtɪmɪst Am lɪ'dʒɪtəmɪst/ *n.* (*Pol*) legittimista *m./f.*

legitimization /lɪ,dʒɪtɪm(a)ɪ'zeɪʃən Am lɪ,dʒɪtəmɪ'zeɪʃən/ *n.* (*Br,Dir*) legittimazione *f.*

legitimize /lɪ'dʒɪtɪmaɪz Am lɪ'dʒɪtəmaɪz/ *v.t.* legittimare, rendere legale, rendere legittimo.

legless /'legləs/ *a.* **1** senza gambe, privo di gambe. **2** (*Br,colloq*) (*drunk*) ubriaco fradicio, ubriaco e traballante.

Lego /'legəʊ/ *n.* Lego *m.*

leg-of-mutton /'legə(v)'mʌtən/ *a.* (*Br,Mod*) a gigot: *~ sleeves* maniche a gigot. □ (*Mar*) *~ sail* vela triangolare.

leg-o'-mutton /'legə(v)'mʌtən/ *a.* (*Br,Mod*) a gigot: *~ sleeves* maniche a gigot.

leg-pull /'legpʊl/ *n.* (*Br,colloq*) presa *f.* in giro, canzonatura *f.*

legroom /'legruːm/ *n.* (*colloq*) spazio *m.* per le gambe.

legume /'legjuːm/ *n.* **1** legume *m.* **2** (*Bot*) leguminosa *f.*

leguminous /lɪ'gjuːmɪnəs/ *a.* **1** (*Bot*) delle leguminose. **2** (*consisting of peas*) a baccelli.

legwarmer, leg-warmer /'legwɔːmər Am 'legwɔːrmər/ *n.* (*Abbigl*) scaldamuscoli *m.*

legwork /'legwɜːk Am 'legwɜːrk/ *n.* (*colloq*) lavoro *m.* che richiede continui spostamenti: *to do the ~* fare lo scagnozzo.

lei /leɪ/ *n.* collana *f.* di fiori (tipica della Polinesia).

Leicester /'leɪstər/ *n.pr.* (*Geog*) Leicester *f.*

Leicestershire /'leɪstəʃər/ *n.pr.* (*Geog*) Leicestershire *m.*, contea *f.* di Leicester.

Leics *Leicestershire* (Leicestershire).

Leiden /'laɪdən/ *n.pr.* (*Geog*) Leida *f.*

Leipzig /'laɪpzɪg/ *n.pr.* (*Geog*) Lipsia *f.*

leishmaniasis /ˌleɪʃməni'əʊsɪs Am ˌleɪʃmeɪni'əʊsɪs/ *n.* (*Med*) leishmaniosi *f.*

leister /'liːstər/ **I** *n.* (*Pesc*) fiocina *f.* per salmoni. **II** *v.t.* (*Pesc*) fiocinare.

leisure /'leʒər Am 'liːʒər/ **I** *n.* **1** agio *m.*, comodo *m.* **2** (*free time*) tempo *m.* libero, agio *m.*, relax *m.* **II** *a.* **1** libero, di cui si può disporre: ~ *time* (o ~ *hours*) tempo libero. **2** (*of clothing*) per il tempo libero, casual, sportivo. □ ~ *activity* attività del tempo libero, attività ricreativa, svago; *at* ~: **1** (*not occupied*) libero (dal lavoro); **2** (*unhurriedly*) senza fretta, con calma: *at one's* ~ con comodo, a proprio agio, senza fretta; ~ *centre* (o Am ~ *center*) centro ricreativo, centro per il tempo libero; ~ *facilities* attrezzature per il tempo libero, strutture per il tempo libero; ~ *industry* industria del tempo libero; *of* ~ che non ha bisogno di lavorare, agiato, finanziariamente indipendente: *a lady of* ~ una donna agiata.

leisured /'leʒəd Am 'liːʒərd/ *a.* **1** che non ha bisogno di lavorare, agiato, benestante. **2** (*unhurried*) lento, tranquillo, senza fretta: *at a ~ pace* a passo lento. □ *the ~ classes* le classi agiate.

leisureliness /'leʒəlɪnəs Am 'liːʒərlɪnəs/ *n.* tranquillità *f.*, comodità *f.*

leisurely /'leʒəli Am 'liːʒərli/ **I** *a.* **1** (*of a person*) tranquillo, comodo, rilassato. **2** (*without haste*) lento, tranquillo, senza fretta, (fatto) con comodo: *at a ~ pace* senza fretta, con comodo. **II** *avv.* senza fretta, con comodo.

leisurewear /'leʒəˌweər Am 'liːʒərˌwer/ *n.* abbigliamento *m.* per il tempo libero, abbigliamento *m.* casual, abbigliamento *m.* sportivo.

leitmotif, leitmotiv /'laɪtməʊtiːf/ *n.* **1** (*Mus*) leitmotiv *m.*, tema *m.* ricorrente. **2** (*fig*) leitmotiv *m.*, argomento *m.* ricorrente.

lekker /'lekər/ *a.* (*S.Afr,colloq*) bello, carino.

LEM (*Astron*) *Lunar Excursion Module* LEM (modulo per l'escursione lunare).

lemma /'lemə/ (*pl.* **-s** /-z/, **-mata** /-mətə/) *n.* **1** (*Fisiol,Mat*) lemma *m.* **2** (*Ling*) (*of a glossary*) lemma *m.*, esponente *m.* **3** (*Bot*) lemma *m.*

lemming /'lemɪŋ/ *n.* **1** (*Zool*) lemming *m.* **2** (*fig*) pecora *f.*, gregario *m.*

lemon /'lemən/ **I** *n.* **1** (*fruit or tree*) limone *m.* **2** (*colour*) color *m.* limone, limone *m.*, giallo *m.* limone. **3** (*lemon-flavoured drink*) limonata *f.* **4** (*colloq*) (*defective product*) catorcio *m.*, bidone *m.*, fregatura *f.* **5** (*colloq*) (*foolish person*) fesso *m.*, allocco *m.*, sfigato *m.* **6** (*Am,sl*) (*lesbian*) lesbica *f.* **II** *a.* **1** al limone, di limone: ~ *tea* tè al limone. **2** (*in colour*) limoncello, color (giallo) limone. □ (*Bot*) ~ *balm* melissa, cedronella; (*Dolc*) ~ *cheese* (o ~ *curd*) crema al limone; (*Dolc*) ~ *drop* caramella al limone; (*Bot*) ~ *grass* citronella; ~ *juice* succo di limone; (*Itt*) ~ *sole* sogliola dal porro; ~ *squash* spremuta di limone; ~ *squeezer* spremilimoni; (*Bot*) ~ *verbena* verbena odorosa, erba luisa, limoncina, cedrina; ~ *yellow* giallo limone.

lemonade /ˌlemə'neɪd/ *n.* **1** (*still lemon-flavoured drink*) limonata *f.* **2** (*fizzy lemon-flavoured drink*) bibita *f.* gassata al limone, lemonsoda *f.* **3** (*clear, fizzy soft drink*) gassosa *f.* **4** (*Am*) (*freshly squeezed lemons*) spremuta *f.* di limone.

lemon-flavoured, lemon-flavored Am /'lemənˌfleɪvəːd Am 'lemənˌfleɪvəːrd/ *a.* al limone, al gusto di limone.

lemon-scented /'lemənˌsentəd/ *a.* al limone, di limone. □ (*Bot*) ~ *verbena* verbena

odorosa, erba luisa, limoncina, cedrina.

lemur /'liːmər/ *n.* (*Zool*) lemure *m.*

lend /lend/ (*past, p.p.* **lent** /lent/) **I** *v.t.* **1** prestare, dare in prestito, imprestare. **2** (*Econ*) fare un prestito a. **3** (*fig*) dare, conferire: *the uniforms lent colour to the ceremony* le uniformi davano colore alla cerimonia. **4** (*rifl.*) *to ~ oneself* (*to be suitable*) prestarsi, adattarsi, essere adatto: *our house does not ~ itself to large parties* la nostra casa non si presta a grandi ricevimenti. **5** (*rifl.*) *to ~ oneself* (*to apply oneself*) prestarsi, darsi: *to ~ oneself to sth.* prestarsi a (fare) qcs. **II** *v.i.* prestare (denaro), fare un prestito, fare prestiti, concedere prestiti: *to ~ against* (o *to ~ at*) *interest* prestare denaro a interesse; *to ~ on security* prestare su garanzia. □ (*fig*) *to ~ so. a helping hand* dare una mano a qcu., aiutare qcu.; (*fig*) *to ~ an ear to so.* prestare orecchio a qcu., ascoltare qcu., dare orecchio a qcu.; (*fig*) *to ~ colour to sth.* conferire plausibilità a qcs., rendere verosimile qcs.: *to ~ one's name to an enterprise* prestare il proprio nome a un'impresa.

lendable /'lendəbəl/ *a.* che si può prestare.

lender /'lendər/ *n.* chi presta, prestatore *m.* (*f.* -trice).

lending /'lendɪŋ/ **I** *n.* **1** il prestare, prestito *m.* **2** (*sth. lent*) prestito *m.* **3** (*Econ*) attività *f.* creditizia, credito *m.*; (*in banking*) attività bancaria. **II** *a.* **1** creditizio, di prestito, di credito. **2** (*in banking*) attivo. □ ~ *institution* istituto creditizio; ~ *library* biblioteca, biblioteca pubblica, biblioteca circolante; (*Econ*) ~ *rate* tasso d'interesse, (*in banking*) tasso (d'interesse) attivo: *official ~ rate* tasso (d'interesse) ufficiale.

length /leŋθ/ *n.* **1** lunghezza *f.*; (*rather than the width*) il lungo *m.* **2** (*of time*) durata *f.*, lunghezza *f.*: *the ~ of life* la durata della vita. **3** (*extent of distance*) distanza *f.*: *he stood a car's ~ away from me* tra lui e me c'era la distanza di una macchina. **4** (*piece, portion*) pezzo *m.*, tratto *m.*: *a ~ of rope* un pezzo di corda; *a ~ of piping* un tratto di tubatura. **5** (*of cloth*) taglio *m.* **6** (*long expanse*) distesa *f.*, estensione *f.* **7** (*Sport*) (*of horses, boats, etc.*) lunghezza *f.*: *the horse won by a ~* il cavallo vinse per una lunghezza. **8** (*Sport*) (*of a swimming pool*) vasca *f.* **9** (*Sart,Geom,Fon*) lunghezza *f.* **10** (*in compounds*) (fino) a...: *knee-~* (fino) al ginocchio; *shoulder-~ hair* capelli lunghi fino alle spalle; *full-~* completo. □ (*throughout*) *the ~ and breadth of the country* in lungo e in largo per il paese; *at ~*: **1** per esteso, esaurientemente, dettagliatamente: *to explain sth. at ~* spiegare per esteso qcs.; *to speak at some ~ on a subject* dilungarsi a parlare di un argomento; **2** (*finally*) alla fine, finalmente; *in ~*: **1** lungo, della lunghezza di: *ten feet in ~* lungo dieci piedi, dieci piedi di lunghezza, dieci piedi in lunghezza; **2** (*of time*) che dura, della durata di; (*fig*) *to go to all ~s* (o *to go to any ~s*) non fermarsi davanti ad alcun ostacolo; (*fig*) *to go to the ~ of doing sth.* arrivare al punto di fare qcs.

lengthen /'leŋθən/ **I** *v.t.* **1** allungare: *to ~ a skirt* allungare una gonna. **2** (*of life, etc.*) prolungare, allungare. **II** *v.i.* **1** allungarsi, prolungarsi. **2** (*of time*) allungarsi.

lengthily /'leŋθɪli/ *avv.* lungamente, a lungo.

lengthiness /'leŋθɪnəs/ *n.* lungaggine *f.*, prolissità *f.*

lengthways /'leŋθweɪz/ *avv.* per (il) lungo, longitudinalmente.

lengthwise /'leŋθwaɪz/ **I** *avv.* per (il) lungo, longitudinalmente. **II** *a.* longitudinale, messo per (il) lungo.

lengthy /'leŋθi/ *a.* **1** lungo, lunghissimo: *a ~ journey* un lungo viaggio. **2** (*extended*) lungo, lunghissimo, che dura a lungo, che va per le lunghe. **3** (*verbose*) (eccessivamente) lungo, prolisso.

lenience /'liːnɪəns/, **leniency** /'liːnɪənsi/ *n.* (*mercy*) indulgenza *f.*, clemenza *f.* **2** (*tolerance*) tolleranza *f.*, mitezza *f.*, benevolenza *f.*

lenient /'liːnɪənt/ *a.* **1** (*merciful*) indulgente, clemente: *to be ~ towards so.* essere indulgente con (o verso) qcu. **2** (*tolerant*) tollerante, benevolo, bonario: *a ~ teacher* un insegnante di manica larga.

leniently /'liːnɪəntli/ *avv.* con indulgenza, con clemenza.

Leningrad /'lenɪnˌgræd/ *n.pr.* Leningrado *f.*

Leninism /'lenɪnɪzəm/ *n.* (*Pol*) leninismo *m.*

Leninist /'lenɪnɪst/ **I** *a.* (*Pol*) leninista. **II** *n.* (*Pol*) leninista *m./f.*

lenis /'lenɪs, 'liːnɪs/ *a.* (*Fon*) lene.

lenition /lɪ'nɪʃən/ *n.* (*Fon,Ling*) lenizione *f.*

lenitive /'lenɪtɪv/ **I** *a.* (*Farm*) sedativo, calmante, lenitivo. **II** *n.* **1** (*Farm*) calmante *m.*, sedativo *m.*, lenitivo *m.* **2** (*fig*) palliativo *m.*

lenity /'lenɪti Am 'lenɪti/ *n.* **1** (*mercy*) indulgenza *f.*, clemenza *f.* **2** (*tolerance*) tolleranza *f.*, mitezza *f.*, benevolenza *f.*

leno /'liːnəʊ/ *n.* (*Tess*) linone *m.*

lens /lenz/ *n.* **1** (*Fis,Ott*) lente *f.*; (*combination of lenses*) obiettivo *m.* **2** (*Ott*) (*contact lens*) lente *f.*, lente *f.* a contatto: *hard ~* lente rigida; *soft ~* lente morbida. **3** (*Fot*) obiettivo *m.* **4** (*Anat*) cristallino *m.* □ (*Fot*) ~ *cap* copriobiettivo, coperchio di protezione (dell'obiettivo); (*Fot*) ~ *hood* (o ~ *shield*) paraobiettivo, paraluce.

lensed /lenzd/ *a.* fornito di lente.

lent /lent/ → **lend**.

Lent /lent/ *n.* (*Rel*) quaresima *f.*, (*rar*) quadragesima *f.*: *to give up sth. for ~* rinunciare a qcs. durante la quaresima. □ (*Bot*) ~ *lily* trombone, narciso; (*Br,Univ*) ~ *term* trimestre che termina a Pasqua.

Lenten /'lentən/ *a.* quaresimale, quadragesimale. □ (*Bot*) ~ *rose* elleboro.

lentic /'lentɪk/ *a.* di acqua stagnante.

lenticel /'lentɪsel/ *n.* (*Bot*) lenticella *f.*

lenticular /len'tɪkjʊlər/ *a.* **1** lenticolare. **2** (*Anat*) del cristallino.

lentigo /len'taɪgəʊ/ (*pl.* **-tigines** /-'tɪdʒɪniːz/) *n.* (*Med*) lentigginosi *f.*

lentil /'lentəl Am 'lentl/ *n.* **1** (*Bot*) lenticchia *f.*, lente *f.* **2** (*seed*) lenticchia *f.*: ~ *soup* minestra di lenticchie.

lentisc, lentisk /'lentɪsk/ *n.* (*Bot*) lentisco *m.*, lentischio *m.*

lentissimo /len'tɪsɪməʊ/ *avv.* (*Mus*) lentissimo.

lentivirus /'lentɪˌvaɪrəs/ *n.* (*Med*) lentivirus *m.*

lento /'lentəʊ/ **I** *a./avv.* (*Mus*) lento. **II** *n.* (*Mus*) lento *m.*, pezzo *m.* lento, ballo *m.* lento.

lentoid /'lentɔɪd/ *a.* lentiforme, lenticolare.

Leo /'liːəʊ/ **I** *n.pr.m.* Leo. **II** *n.pr.* **1** (*Astr*) Leone *m.* **2** (*person*) Leone *m.*, persona *f.* nata sotto il segno del Leone.

Leonard /'lenəd Am 'lenərd/ *n.pr.m.* Leonardo.

Leonardesque /ˌlenərd'esk/ *a.* leonardesco, di Leonardo da Vinci.

Leonidas /li'ɒnɪdəs Am li'ɑːnədəs/ *n.pr.m.* (*Stor*) Leonida.

leonine /'liːənaɪn/ *a.* leonino, di leone, da leone.

Leonine /'liːənaɪn/ *a.* (*Stor*) leonino. □ *the ~ city* la città leonina; (*Metr*) ~ *verse* verso leonino.

Leonora /ˌliːə'nɔːrə/ *n.pr.f.* Leonora.

leopard /'lepəd Am 'lepərd/ *n.* **1** (*Zool*) leopardo *m.* 2 (*fur*) leopardo *m.*, pelliccia *f.* di leopardo. 3 (*Arald*) leopardo *m.* in maestà. □ (*Bot*) ~'*s* bane arnica montana; (*Zool*) ~ cat gatto leopardo, gatto del Bengala; (*Bot*) ~ lily giglio tigrato, giglio tigrato della California; (*Entom*) ~ moth: 1 zeuzera; 2 (*caterpillar*) rodilegno giallo, perdilegno bianco; (*Zool*) ~ seal foca leopardo; ~ skin pelle di leopardo. *Prov.*: *a* ~ *can't change its spots* (o *a* ~ *doesn't change its spots*) il lupo perde il pelo ma non il vizio.

leopardess /'lepǝdǝs *Am* 'lepǝ^rdǝs/ *n.* (*Zool*) femmina *f.* del leopardo.

Leopold /'lɪǝpould/ *n.pr.m.* Leopoldo.

leotard /'lɪːǝtɑːd *Am* 'lɪǝtɑːrd/ *n.* (*Abbigl*) body *m.*, pagliaccetto *m.*

LEP (*Nucl*) *Large Electron-Positron Collider* LEP (grande dispositivo di collisione elettrone-positrone).

leper /'lepǝr/ *n.* 1 lebbroso *m.* (*f.* -a). 2 (*fig*) appestato *m.* □ ~ *colony* lebbrosario.

lepidolite /'lepɪdǝlaɪt/ *n.* (*Min*) lepidolite *f.*

lepidopteran /ˌlepɪ'dɒptǝrǝn *Am* ˌlepɪ'dɑːptǝrǝn/ **I** *n.* (*Entom*) lepidottero *m.* **II** *a.* (*Entom*) dei lepidotteri.

lepidopterist /ˌlepɪ'dɒptǝrɪst *Am* ˌlepɪ'dɑːptǝrɪst/ *n.* entomologo *m.* (*f.* -a).

lepidopterous /ˌlepɪ'dɒptǝrǝs *Am* ˌlepɪ'dɑːptǝrǝs/ *a.* (*Entom*) dei lepidotteri.

leporine /'lepǝraɪn/ *a.* (*Zool*) leporino, di lepre.

leprechaun /'leprǝkɔːn/ *n.* (*Ir,Folcl*) gnomo *m.*, folletto *m.*

leprosy /'leprǝsɪ/ *n.* (*Med*) lebbra *f.*

leprous /'leprǝs/ *a.* 1 (*Med*) lebbroso. 2 (*suggesting leprosy*) squamoso, scaglioso.

leptocephalic /ˌleptoʊsǝ'fælɪk/, **leptocephalous** /ˌleptoʊ'sefǝlǝs/ *a.* (*Anat,Itt*) leptocefalo.

leptocephalus /ˌleptoʊ'sefǝlǝs/ *n.* (*Itt*) leptocefalo *m.*

lepton /'leptɒn *Am* 'leptɑːn/ *n.* (*Fis*) leptone *m.*

leptonic /lep'tɒnɪk *Am* lep'tɑːnɪk/ *a.* (*Fis*) leptonico.

leptospirosis /ˌleptoʊspaɪ'roʊsɪs/ *n.* (*Med, Veter*) leptospirosi *f.*

les /lez/ *n.* (*sl*) lesbica *f.*

lesbian /'lezbɪǝn/ **I** *a.* lesbico, saffico. **II** *n.* lesbica *f.*

Lesbian /'lezbɪǝn/ *a.* lesbio, lesbico, di Lesbo.

lesbianism /'lezbɪǝnɪzǝ^rm/ *n.* lesbismo *m.*

Lesbos /'lezboʊs/ *n.pr.* (*Geog*) Lesbo *f.*

lese-majesty /'liːz'mædʒɪstɪ/ *n.* (*Dir*) lesa maestà *f.*

lesion /'liːʒǝn/ *n.* 1 lesione *f.*, danno *m.* 2 (*Med*) lesione *f.*

Lesley /'lezlɪ/ *n.pr.f.* Lesley.

Leslie /'lezlɪ/ *n.pr.m.* Leslie.

Lesotho /lǝ'suːtuː/ *n.pr.* (*Geog*) Lesotho *m.*

less /les/ **I** *a.* 1 (*compar. di little*) meno, minor: ~ *time and* ~ *effort* meno tempo e meno fatica. 2 (*fewer*) meno, in minor numero. 3 (*smaller*) minore, più piccolo. 4 (*rar*) (*younger*) minore, più giovane. **II** *n.* meno *m.*: *he asked for* ~ *than I expected* ha chiesto meno di quanto pensassi. **III** *avv.* 1 (*compar. di little*) meno, di meno: *you must talk* ~ devi parlare di meno. 2 (*not so*) meno: *he is* ~ *rich than his brother* è meno ricco del fratello. **IV** *prep.* 1 (*minus*) meno: *a year* ~ *two days* un anno meno due giorni; (*Mat*) 5 ~ 3 *is* 2 5 meno 3 fa 2. 2 (*excluding*) eccetto, meno. □ ~ *and* ~ sempre (di) meno; *to get* ~ diminuire, ridursi di numero; ~ *is more* le cose semplici e lineari sono le più belle; *the* ~ *said the better* meno si parla meglio è; ~ *tax* meno le imposte, tasse escluse, lordo, al lordo delle tasse: *he earns 50,000 dollars* ~

tax guadagna 50000 dollari lordi; ~ *than* niente affatto, non... affatto: *I should be* ~ *than honest if I said I approved* non sarei affatto onesto se dicessi che approvo; (*colloq*) *in* ~ *than no time* in men che non si dica, in un batter d'occhio; *the* ~ meno: *the* ~ *you eat the weaker you will get* meno mangi più diventi debole; *in* ~ *time* in meno tempo.

lessee /le'siː/ *n.* (*Dir*) affittuario *m.* (*f.* -a), locatario *m.* (*f.* -a).

lessen /'lesǝn/ **I** *v.i.* diminuire, ridursi. **II** *v.t.* diminuire, abbassare, ridurre.

lesser /'lesǝr/ *a.* 1 (*compar. di little*) minore, più piccolo: *the* ~ *evil* (o *the* ~ *of two evils*) il male minore. 2 (*in compounds*) meno...: ~-*known* meno noto. □ *a* ~ *being* un essere inferiore; *to a* ~ *degree* (o *to a* ~ *extent*) in misura minore; *a* ~ *person* una persona non all'altezza.

lesser-known /'lesǝ'noun/ *a.* meno noto.

lesson /'lesǝn/ *n.* 1 lezione *f.*: *to have an English* ~ avere una lezione d'inglese; *to give* -*s* insegnare, dare lezioni; *to take* -*s from so.* prendere lezioni da qcu. 2 (*unit in textbook*) lezione *f.*, capitolo *m.* 3 (*Lit*) lezione *f.*, lettura *f.* 4 (*sth. learnt as a warning, example*) lezione *f.*, insegnamento *m.*, esempio *m.*: *let this be a* ~ *to you* questo ti serva di lezione, *to teach so. a* ~ dare una lezione a qcu. 5 (*rebuke*) lavata *f.* di capo, lezione *f.* 6 *pl.* (*course of instruction*) corso *m.sing.*: -*s in Spanish* corso di spagnolo. □ ~ *plan* traccia della lezione, schema (per la lezione), scaletta della lezione.

lessor /le'sɔːr *Am* 'lesɔːr/ *n.* (*Dir*) chi dà in affitto, locatore *m.* (*f.* -trice).

lest /lest/ *congz.* 1 (*in case*) nel caso che, se per caso: *I remind you of that,* ~ *any of you should have forgotten* ve lo ricordo, in caso qualcuno di voi avesse dimentato. 2 (*so that not*) in modo da non, in modo che non, affinché non: *do it now* ~ *you forget* fallo subito in modo da non dimenticartene. 3 (*for fear that*) per timore che, per paura di: *he went into hiding* ~ *he be arrested* si rese latitante per timore di venire arrestato. 4 (*after expressions that already express fear*) di, che: *he was afraid* ~ *he be discovered* temeva di venire scoperto.

let[1] /let/ (*past, p.p.* **let**) **I** *v.t.* 1 lasciare, permettere, fare, consentire: ~ *me tell you this* lascia ch'io ti dica questo; ~ *me see* fammi vedere. 2 (*to inform*) informare: *he* ~ *me know that* mi informò che. 3 (*to cause, to make*) fare: *I will* ~ *you know the result* ti farò conoscere il risultato; *don't* ~ *the fire* (*go*) *out* non far spegnere il fuoco. 4 (*in suggestions, proposals*) *generally not translated* lasciare: ~'*s go to the cinema* andiamo al cinema; *don't* ~'*s quarrel* non litighiamo; ~ *me carry the bag for you* ti porto io la borsa, lascia che ti porti la borsa. 5 (*to indicate a warning, resignation*) *generally not translated* lasciare: *just* ~ *him try* che ci provi (soltanto); *if he insists, then* ~ *him* se insiste, lascialo fare. 6 (*to hire out for rent*) affittare, dare in affitto, noleggiare: *to* ~ *a house to so.* affittare una casa a qcu. 7 (*Geom,Mat*) essere: ~ *A equal B* sia A uguale a B. **II** *v.i.* affittarsi: *the flat does not* ~ *easily* l'appartamento non si affitta facilmente; *flat to* ~ appartamento da affittare, affittasi appartamento. □ ~ *to so. alone* lasciare qcu. in pace; ~ *alone* men che meno, per non parlare di, e tanto meno: *I haven't decided what to do this evening yet,* ~ *alone the next week* non ho ancora deciso che cosa fare stasera, men che meno la settimana prossima; *I haven't enough money for a bi-*

cycle, ~ *alone a car* non ho abbastanza soldi per una bicicletta, e tanto meno per una macchina; *to* ~ *be* lasciare in pace, lasciare stare: ~ *her be!* lasciala stare!, lasciala vivere!; *so* ~ *it be* così sia (*anche Lit*); *to* ~ *by* lasciare passare; *to* ~ *down*: 1 (*to lower*) calare, fare scendere; 2 (*to lengthen*) allungare: *to* ~ *down the hem of a skirt* allungare l'orlo di una gonna; *to* ~ *one's hair down* sciogliersi i capelli; 3 (*to disappoint*) deludere, tradire; 4 (*Aer*) (*to descend*) (fare) scendere per atterrare; 5 (*to deflate*) sgonfiare; *to* ~ *fall*: 1 (*Geom*) abbassare (una perpendicolare); 2 (*to reveal*) lasciarsi scappare; *to* ~ *fly* infuriarsi, andare su tutte le furie, perdere le staffe; *to* ~ *go*: 1 (*to release one's grip on*) lasciare andare, mollare (*of sth.* qcs.); 2 (*to free*) lasciare andare, lasciare libero, rimettere in libertà, rilasciare; 3 (*to ignore*) sorvolare, lasciar stare; *to let it* ~ *at that* lasciare le cose come stanno, lasciar stare; 4 (*to become more relaxed, less inhibited*) lasciare andare: *to* ~ *oneself go* lasciarsi andare, abbandonarsi; 5 (*to stop caring about appearance*) lasciare andare: *to* ~ *oneself go* lasciarsi andare, trascurare il proprio aspetto fisico; *to* ~ *so. have it*: 1 (*to attack physically*) dare addosso a qcu., scagliarsi contro qcu.; 2 (*to attack verbally*) infierire contro qcu., sputare il rospo a qcu.; ~'*s have it!* sputa il rospo!; *to* ~ *in*: 1 fare entrare, introdurre, lasciare entrare; *to* ~ *oneself in* entrare (aprendo la porta) con la chiave; 2 (*of water, air, etc.*) fare entrare, lasciare passare; 3 (*to insert*) inserire, incastrare; 4 (*Mecc*) innestare: *to* ~ *in the clutch* innestare la frizione; *to* ~ *so. in for sth.* coinvolgere, trascinare, tirare dentro: *to* ~ *so. in for heavy expenses* coinvolgere qcu. in forti spese; *to* ~ *oneself in for trouble* cacciarsi nei guai; *to* ~ *so. in on sth.* far conoscere qcs. a qcs., mettere qcu. al corrente di qcs.; *to* ~ *into*: 1 (*to enter*) introdurre, far entrare; 2 (*to insert*) inserire, incastrare; 3 (*to inform of a secret*) rivelare, svelare, mettere al corrente; *to* ~ *loose* liberare, lasciare libero; *to* ~ *off*: 1 (*to explode*) fare scoppiare, far esplodere, accendere; 2 (*to fire*) sparare, lasciar partire un colpo: *to* ~ *off a gun* lasciare partire un colpo di fucile; 3 (*to emit*) mandare, emettere; 4 (*to pardon, not to punish*) perdonare, lasciare andare: *I won't* ~ *you off* (*the hook*) *next time* la prossima volta non ti perdonerò; *he was* ~ *off with only a warning* se l'è cavata con una semplice ammonizione; 5 (*to excuse*) esonerare, dispensare: *the teacher* ~ *her off the extra homework* l'insegnante l'ha esonerata dai compiti supplementari (che aveva assegnato); 6 (*of passengers, to allow to get off*) far scendere; 7 (*of liquids, etc.: to release*) fare uscire, scaricare; (*of blood*) versare, spargere; 8 (*volg*) (*to break wind*) scoreggiare, mollare una scoreggia; *to* ~ *on*: 1 (*to reveal sth.*) rivelare, svelare, far sapere, far capire; 2 (*to pretend*) far finta, fingere, simulare; 3 (*of passengers, to allow to get on*) far salire; *to* ~ *out*: 1 (*to allow to leave*) fare uscire, lasciare uscire: *don't* ~ *the cat out* non fare uscire il gatto; 2 (*to release*) liberare, rilasciare, mettere in libertà: *to be* ~ *out of prison* essere dimesso dal carcere; 3 (*to utter a loud noise*) lasciarsi sfuggire, urlare, lanciare: *to* ~ *out a yell* lasciarsi sfuggire un grido; *to* ~ *out a sigh of relief* emettere un sospiro di sollievo; 4 (*to reveal accidentally*) lasciarsi scappare, lasciarsi sfuggire, svelare, spifferare; 5 (*of a garment*) allargare; 7 (*of liquids, etc.: to release*) fare uscire, scaricare: *to* ~ *water out of a bath* scaricare l'acqua del bagno; 8 (*of blood*) versare, sparge-re; 9 (*Mecc*) staccare, disinnestare, *to ~ out the clutch* staccare (*o* disinnestare) la frizio-ne; 10 (*Mar*) mollare, filare: *to ~ out a rope* mollare un cavo, filare un cavo; 11 (*to rent property*) affittare, dare in affitto: *to ~ out rooms* affittare camere; (*Bibl*) *-there be light* sia la luce; *to ~through* far attraversare, far passare; *to ~ up*: 1 diminuire (d'intensità), attenuare, attenuarsi, allentare: *let's hope the rain -s up soon* speriamo che la pioggia molli presto; 2 (*to become less severe*) di-ventare meno severo (*on* per quanto riguar-da); 3 (*colloq*) (*to stop*) fermarsi, riposarsi.

let² /let/ *n*. 1 affitto *m*., locazione *f*., noleggio *m*. 2 (*leased house or flat*) casa *f.* affittata, appartamento *m.* in affitto. 3 (*Sport*) (*in ten-nis, etc.*) colpo *m.* nullo, net *m.*, rete *f.* 4 (*rar*) (*hindrance*) ostacolo *m.*, impedimento *m.* ☐ (*Dir*) *without ~ or hindrance* senza (al-cun) impedimento.

letch /letʃ/ **I** *n.* (*colloq*) 1 (*person: lecher*) sporcaccione *m.*, persona *f.* lasciva, degene-rato *m.* 2 (*act: lechery*) lussuria *f.*, lascivia *f.* **II** *v.i.* (*colloq*) sbavare: *to ~ onto so.* sbavare dietro qcu., morire dietro qcu.

letdown, **let-down** /'letdaʊn/ *n.* 1 (*colloq*) delusione *f.*, disappunto *m.* 2 (*Aer*) (*descent*) discesa *f.*

lethal /'liːθəl/ *a.* mortale, letale, fatale: ~ *weapon* arma mortale; ~ *dose* dose letale (*anche Farm*). ☐ (*scherz*) ~*cocktail* cocktail esplosivo; ~*injection* iniezione letale.

lethality /liːˈθælɪti/ *Am* /liːˈθælɪti/ *n.* l'essere le-tale, l'essere mortale, l'essere fatale.

lethally /'liːθəli/ *avv.* letalmente, mortalmen-te.

lethargic /leˈθɑːdʒɪk/ *Am* lɪˈθɑːrdʒɪk/, **lethar-gical** /leˈθɑːdʒɪkəl/ *Am* lɪˈθɑːrdʒɪkᵊl/ *a.* 1 (*apa-thetic*) pigro, indolente, apatico. 2 (*sluggish*) intorpidito. 3 (*Med*) letargico.

lethargically /lɪˈθɑːdʒɪkəli/ *Am* lɪˈθɑːrdʒɪkəli/ *avv.* con indolenza, pigramente.

lethargy /'leθədʒi/ *Am* 'leθɑːrdʒi/ *n.* 1 indolen-za *f.*, apatia *f.* 2 (*Med*) letargo *m.*, letargia *f.*

Lethe /'liːθi/ *I* *n.pr.* (*Mitol*) Lete *m.* **II** *n.* oblio *m.*, (*poet*) Lete *m.*

Lethean /liˈθiːən/ *a.* (*poet*) 1 leteo, del Lete. 2 (*causing forgetfulness*) leteo, che dà l'oblio.

Leto /'liːtoʊ/ *n.pr.f.* (*Mitol*) Latona *f.*

let-off /'letɔːf/ *n.* 1 (*colloq*) il cavarsela, il far-cela. 2 (*Mecc*) scatto *m.*

let-out /'letaʊt/ *n.* (*Br,colloq*) scappatoia *f.*, via *f.* di scampo.

let's /lets/ (contraz. di *let us*) → **let¹**.

Lett /let/ *n.* 1 (*person*) lettone *m./f.* 2 (*lan-guage*) lettone *m.*

letter¹ /'letər/ *Am* 'leţə r/ **I** *n.* 1 lettera *f.*: *the last ~ of a word* l'ultima lettera di una parola: *block -s* stampatello. 2 (*written communica-tion*) lettera *f.*, scritto *m.*: *to write a. ~ to so.* scrivere una lettera a qcu. 3 (*Am,Scol*) (*award for athletic or accademic accomplishment*) onoreficenza *f.* (sotto for-ma di monogramma della scuola). 4 (*Tip*) (*style of type*) carattere *m.*; (*single piece of type*) lettera *f.* 5 (*fig*) lettera *f.*, senso *m.* lette-rale: *to keep to the ~ of the law* attenersi alla lettera della legge. 6 *pl.* (*alphabet*) alfabeto *m.sing.*, lettere *f.pl.* dell'alfabeto: *the children are learning their -s* i bambini stanno impa-rando l'alfabeto. 7 *pl.* (*literature*) lettere *f.pl.*, letteratura *f.sing.* 8 *pl.* (*learning*) cultura *f.sing.*, istruzione *f.sing.*: *a man of -s* un uomo di cultura. 9 *pl.* (*Dir*) lettera *f.sing.*, documen-to *m.sing.*; (*certificate*) certificato *m.sing.* **II** *v.t.* 1 mettere una scritta su. 2 (*to give letters to*) segnare con lettere. 3 (*to print in block*

letters) scrivere in stampatello. **III** *v.i.* (*Am, Scol*) (*to receive a letter as reward for having played a sport*) ricevere un'onoreficenza (sotto forma di monogramma della scuola): *he -ed in football* ha avuto un'onoreficenza per il suo impegno nella squadra di football. ☐ *-s after one's name* titoli (accademici): *she's got lots of -s after her name* ha una serie di titoli; (*Tip*) *-s and spaces* battute, ca-ratteri; ~ *bomb* missiva esplosiva, lettera esplosiva; (*spec. Br,Post*) ~ *box*: 1 (*postbox*) cassetta delle lettere, buca delle lettere, cas-setta postale; 2 (*slot in door*) buca della po-sta, cassetta della posta; *by ~* per lettera; (*spec. Br,Post*) ~ *card* biglietto postale; (*spec. Am,Post*) ~ *carrier* portalettere, postino; (*spec. Br,Dipl*) *-s credential* credenziali, lette-re credenziali; (*Cart*) ~*format* formato lette-ra; (*Am,Univ*) ~*of acceptance* lettera di am-missione (all'università); (*Comm*) ~ *of ad-vice* lettera di avviso, notifica; ~*of applica-tion* domanda d'assunzione; (*Dir*) ~*of attor-ney* lettera di procura, atto di procura; (*Comm*) ~ *of comfort* lettera di patronage, lettera di conforto; ~*of complaint* lettera di reclamo, reclamo scritto; (*Econ*) ~*of credit* lettera di credito; ~*of inquiry* richiesta d'in-formazioni; ~ *of intent* (o ~ *of intention*) lettera d'intenti; ~*of introduction* lettera di presentazione; (*Stor*) *-s of marque* lettera di marca, lettera di corsa; (*Dir*) *-s of ratifica-tion* strumento di ratifica; (*Am,Univ*) ~*of re-jection* lettera in cui si respinge la domanda di ammissione (a un'università); ~*of resig-nation* lettera di dimissioni; ~*opener* taglia-carte; ~*paper* carta da lettere; *-s patent* let-tere patenti; ~*rack* portaposta; (*Dir*) *-s rog-atory* commissione rogatoria, rogatoria; ~ *scales* pesalettere, bilancia per lettere; (*Dir*) *-s testamentary* lettera di nomina di esecu-tore testamentario; (*fig*) *to the ~* alla lettera; (*Giorn*) ~ *to the editor* lettera al direttore; ~ *weight* fermacarte; ~ *writer* chi scrive una lettera, corrispondente; ~*writing* corrispon-denza.

letter² /'letər *Am* 'leţər/ *n.* locatore *m.* (*f.* -tri-ce), noleggiatore *m.* (*f.* -trice).

letterbox /'letəbɒks *Am* 'leţərbɑːks/ **I** *n.* (*spec. Br,Post*) 1 (*postbox*) cassetta *f.* delle lettere, buca *f.* delle lettere, cassetta *f.* postale. 2 (*slot in door*) buca *f.* della posta, cassetta *f.* della posta. **II** *a.* (*TV*) formato letterbox, formato 1,85:1.

lettered /'letəd *Am* 'leţərd/ *a.* 1 (*educated*) istruito; (*cultured*) colto, dotto, letterato. 2 (*inscribed with letters*) marcato con lettere. 3 (*consisting of letters*) scritto in lettere.

letterhead /'letəhed *Am* 'leţərhed/ *n.* 1 inte-stazione *f.* 2 (*sheet of paper*) carta *f.* intestata.

lettering /'letərɪŋ *Am* 'leţərɪŋ/ *n.* 1 (*act*) iscri-zione *f.* 2 (*letters used*) caratteri *m.pl.*

letterman /'letərmən/ ☐ (*Am,Scol*) *~'s jacket* giacca con onoreficenza (sotto forma di monogramma della scuola).

letter-perfect /'letəˌpɜːfɪkt *Am* 'leţərˌpɜːrfekt/ *a.* che conosce un testo (*o* una parte *o* una lezione) alla perfezione.

letterpress /'letəpres *Am* 'leţərpres/ **I** *n.* 1 (*Tip*) rilievografia *f.*, stampa *f.* a rilievo. 2 (*reading matter*) testo *m.* (scritto). **II** *a.* tipo-grafico.

letter-quality /'letəˌkwɒlɪti *Am* 'leţərˌkwɑːlɪţi/ *n.* (*Inform*) letter quality *f.*

letting /'letɪŋ/ *n.* affitto *m.*, locazione *f.*, no-leggio *m.* ☐ ~*value* valore locativo.

Lettish /'letɪʃ/ **I** *a.* lettone. **II** *n.* (*language*) lettone *m.*

lettuce /'letɪs/ *n.* (*Bot*) lattuga *f.*

let-up /'letʌp/ *n.* (*Br,colloq*) 1 (*slowdown*) ral-

lentamente *m.* 2 (*reduction*) riduzione *f.* 3 (*pause*) pausa *f.*, tregua *f.*: *there's never a ~ in his criticism* non c'è mai un momento di tregua nel suo criticare.

leucine /'luːsiːn/ *n.* (*Chim*) leucina *f.*

leucocyte /'l(j)uːkəsaɪt/ *n.* (*Anat*) leucocita *m.*, leucocito *m.*

leucocytosis /ˌl(j)uːkəsaɪˈtoʊsɪs/ *n.* (*Med*) leucocitosi *f.*

leucoderma /ˌl(j)uːkoʊˈdɜːmə *Am* 'luːkoʊ dɜːrmə/ *n.* (*Med*) leucodermia *f.*

leucoma /luːˈkoʊmə/ *n.* (*Med,Ott*) leucoma *m.*

leucopenia /ˌl(j)uːkoʊˈpiːniə/ *n.* (*Med*) leuco-penia *f.*

leucoplast /'luːkoʊplæst/ *n.* (*Bot*) leucopla-sto *m.*

leucorrhea *Am*, **leucorrhoea** /ˌl(j)uːkə 'riːə/ *n.* (*Med*) leucorrea *f.*

leucosis /luːˈkoʊsɪs/ *n.* (*Veter*) leucosi *f.*

leucotomy /luːˈkɒtəmi *Am* luːˈkɑːţəmi/ *n.* (*Chir*) leucotomia *f.*

leucotriene /ˌl(j)uːkoʊˈtraɪən/ *n.* (*Chim*) leuco-triene *m.*

leukaemia /ljuːˈkiːmiə *Am* luːˈkimiə/ *n.* (*Med*) leucemia *f.*

leukaemic /ljuːˈkiːmɪk *Am* luːˈkimɪk/ *a.* (*Am*) leucemico.

leukemia /ljuːˈkiːmiə *Am* luːˈkimiə/ *n.* (*Am, Med*) leucemia *f.*

leukemic /ljuːˈkiːmɪk *Am* luːˈkimɪk/ *a.* (*Am, Med*) leucemico.

leukocyte /'l(j)uːkəsaɪt *Am* 'luːkəsaɪt/ *n.* (*Anat*) leucocita *m.*, leucocito *m.*

leukocytosis /ˌl(j)uːkəsaɪˈtoʊsɪs *Am* luːkəsaɪ 'toʊsɪs/ *n.* (*Med*) leucocitosi *f.*

leukoderma /ˌl(j)uːkoʊˈdɜːmə *Am* 'luːkə dɜːrmə/ *n.* (*Med*) leucodermia *f.*

leukoma /luːˈkoʊmə/ *n.* (*Med,Ott*) leucoma *m.*

leukopenia /ˌluːkoʊˈpiːniə/ *n.* (*Med*) leuco-penia *f.*

leukorrhea /ˌl(j)uːkəˈriːə *Am* ˌluːkəˈriːə/ *n.* (*Am,Med*) leucorrea *f.*

leukosis /luːˈkoʊsɪs/ *n.* (*Veter*) leucosi *f.*

leukotomy /luːˈkɒtəmi *Am* luːˈkɑːţəmi/ *n.* (*Am,Chir*) leucotomia *f.*

leukotriene /ˌluːkoʊˈtraɪiːn/ *n.* (*Chim*) leuco-triene *m.*

levant /lɪˈvænt/ *v.i.* squagliarsela per non pa-gare i debiti.

Levant /lɪˈvænt/ *n.pr.* (*Geog*) Levante *m.*

levanter /lɪˈvæntər/ *n.* (*Meteor*) levante *m.*, vento *m.* di levante.

Levantine /'levəntaɪn,ˌlevəntiːn/ **I** *a.* levanti-no. **II** *n.* levantino *m.* (*f.* -a).

levator /lɪˈveɪtər/ (*pl.* **-s** /-z/, **-tores** /ˌlevə 'tɔːriːz/ *n.* 1 (*Anat*) muscolo *m.* elevatore. 2 (*Chir*) elevatore *m.* (da osso).

levee¹ /'levi/ *n.* 1 (*Geog*) argine *m.*; (*natural bank*) argine *m.* naturale, (*artificial bank*) ar-gine *m.* artificiale. 2 (*Am*) (*landing place*) molo *m.*, attracco *m.*

levee² /le'vi/ *n.* ricevimento *m.* a corte.

level¹ /'levəl/ **I** *a.* 1 piano, livellato, pianeg-giante, piatto: *a ~ surface* una superficie pia-na. 2 (*horizontal*) orizzontale, piano. 3 (*uni-form*) uniforme, piano. 4 (*unvarying*) co-stante, invariato. 5 (*on the same level*) a li-vello, allo stesso livello, pari. 6 (*alongside*) a fianco, alla stessa altezza. 7 (*not heaped*) raso: *a ~ spoonful* un cucchiaio raso. 8 (*fig*) (*mentally well-balanced*) equilibrato, as-sennato. 9 (*fig*) (*calm*) pacato, calmo: *to speak in a ~ voice* parlare con un tono di voce pacato. 10 (*Fis*) equipotenziale. **II** *n.* 1 livello *m.*: *the water ~* il livello dell'acqua; *500 m above (below) sea ~* 500 m sopra (sot-to) il livello del mare. 2 (*horizontal line, surface, etc.*) livello *m.*, altezza *f.*: *she comes to* *the ~ of my shoulders* mi arriva all'altezza delle spalle. **3** (*level ground*) piana *f.* **4** (*rank or scale*) livello *m.*, grado *m.*: *conference at a technical ~* conferenza a livello tecnico; *cultural ~* livello culturale. **5** (*point of view, aspect*) livello *m.*, aspetto *m.*: *it works well on every ~* funziona bene sotto ogni aspetto. **6** (*of a building*) piano *m.* **7** (*Tecn*) (*measuring tool*) livella *f.*: *spirit ~* livella a bolla d'aria. **8** (*Topogr,El,Acus*) livello *m.* **III** *avv.* a livello, allo stesso livello. □ (*colloq*) *to do one's ~ best* fare del proprio meglio, fare il proprio meglio; (*fig*) *to come down to so.'s ~* abbassarsi al livello di qcu.; (*Br,Ferr*) *~ crossing* passaggio a livello; *~ ground* piana, terreno pianeggiante; *to keep a ~ head* mantenere la calma; (*Br,Scol*) *~ of attainment* livello raggiunto, risultato raggiunto; *~ of sound* livello del suono; *to be on a ~ with* essere al livello di (*anche fig*); (*colloq*) *on the ~*: **1** onesto, leale; **2** (*honestly*) onestamente, lealmente; *so. of one's own ~* un proprio pari; (*Br*) *~ pegging* alla pari, al medesimo livello; *a ~ playing field* una condizione di omogeneità, una situazione di assoluta parità.

level² /ˈlevəl/ **I** *v.t.* **1** (*to make level*) spianare, livellare, appianare: *to ~ a road* spianare una strada. **2** (*to demolish and flatten*) abbattere, spianare: *to ~ trees* abbattere (gli) alberi. **3** (*to raze*) radere al suolo, spianare, demolire: *to ~ a city* radere al suolo una città; *to ~ to the ground* (o *to ~ with the ground*) radere al suolo. **4** (*to knock down*) mettere a terra, buttare a terra. **5** (*to make equal*) livellare, rendere uguale, pareggiare. **6** (*to make uniform*) uniformare, rendere uniforme. **7** (*to aim a weapon*) spianare, puntare: *to ~ one's gun at so.* spianare il fucile contro qcu. **8** (*fig*) (*to direct criticism*) lanciare, scagliare: *to ~ an accusation against so.* lanciare un'accusa contro qcu. **9** (*Topogr,Ling*) livellare. **II** *v.i.* diventare pianeggiante, diventare piano. □ (*fig*) *to ~ a blow at so.* assestare un colpo a qcu.; *to ~ down*: **1** (*to come to a level*) abbassarsi; **2** (*to bring down to a level*) livellare abbassando il piano; *to ~ off* (o *to ~ out*): **1** spianare, rendere piano; **2** (*to make stable*) stabilizzarsi, livellare; (*to become stable*) stabilizzarsi, livellarsi; **3** (*Aer*) mettersi in orizzontale (per l'atterraggio); **4** (*to become level*) diventare pianeggiante; *to ~ up*: **1** arrivare a un livello; **2** (*to bring up to a level*) livellare sopraelevando il piano; (*colloq*) *to ~ with so. about sth.* dire la verità a qcu. su qcs., essere onesto con qcu. in relazione a qcs.

leveler /ˈlevələr/ *n. Am* **1** livellatore *m.* (*f.* -trice) (*anche fig*): *the great ~* la grande livella, la morte. **2** (*Pol*) egualitario *m.* (*f.* -a).

level-headed /ˈlevəlhedəd/ *a.* assennato, equilibrato, con la testa sulle spalle.

level-headedness /ˈlevəlhedədnəs/ *n.* quadratura *f.* mentale, equilibrio *m.*, buonsenso *m.*

leveling /ˈlevlɪŋ/ *n. Am* **1** livellamento *m.*, spianamento *m.* **2** (*Topogr*) livellazione *f.*

leveller /ˈlevələr/ *n.* **1** livellatore *m.* (*f.* -trice) (*anche fig*): *the great ~* la grande livella, la morte. **2** (*Pol*) egualitario *m.* (*f.* -a).

Leveller /ˈlevələr/ *n.* (*Stor*) livellatore *m.*

levelling /ˈlevlɪŋ/ *n.* **1** livellamento *m.*, spianamento *m.*: *~ of income* livellamento dei redditi. **2** (*Topogr*) livellazione *f.* □ (*Topogr*) *~ rod* stadia; (*Tecn*) *~ screw* vite di livello; (*Topogr*) *~ staff* stadia.

levelly /ˈlevli/ *avv.* uniformemente.

levelness /ˈlevəlnəs/ *n.* **1** l'essere livellato, l'essere pianeggiante. **2** (*uniformity*) uniformità *f.*

lever /ˈliːvər Am ˈlevər/ **I** *n.* **1** leva *f.* **2** (*fig*) leva *f.*, mezzo *m.* di pressione. **3** (*Mecc*) leva *f.*; (*crowbar*) palanchino *m.*, piede *m.* di porco. **II** *v.t.* **1** rimuovere con una leva, spostare con una leva. **2** (*to move oneself into a position*) spostarsi, sforzarsi (per arrivare in una posizione). **3** (*fig*) fare leva su. **III** *v.i.* **1** usare una leva. **2** (*to act as a lever*) agire da leva, fare da leva. □ (*Mecc*) *~ arm* braccio di leva; (*Mecc*) *~ escapement* (*in clockwork mechanisms*) scappamento a leva; (*Orol*) *~ watch* orologio ad ancora.

leverage /ˈliːvərɪdʒ Am ˈlevərɪdʒ/ **I** *n.* **1** (*Mecc*) (*effect of using lever*) azione *f.* di una leva, potenza *f.* di una leva. **2** (*Mecc*) (*system of levers*) sistema *m.* di leve. **3** (*Econ*) (*gearing*) leva *f.* finanziaria, livello *m.* di indebitamento. **4** (*Econ*) (*financing, borrowing*) finanziamento *m.* **5** (*fig*) potere *m.*, influenza *f.*, autorità *f.* **II** *v.t.* finanziare (tramite prestiti), aumentare il livello di indebitamento.

leveraged /ˈliːvərɪdʒd Am ˈlevərɪdʒd/ □ (*Econ*) *~ buyout* leveraged buyout, rilevazione (di una società) con capitale di prestito.

leveret /ˈlevərɪt/ *n.* (*Zool*) leprotto *m.*

Levi /ˈliːvaɪ/ *n.pr.m.* (*Bibl*) Levi.

leviable /ˈleviəbəl/ *a.* **1** (*of a tax*) che si può imporre, imponibile. **2** (*of goods*) soggetto a tassazione, tassabile.

leviathan /lɪˈvaɪəθən/ *n.* **1** mostro *m.* marino. **2** (*fig*) (*sth. immense*) colosso *m.* **3** (*fig*) (*large ocean liner*) transatlantico *m.* **4** (*fig*) (*whale*) balena *f.*

Leviathan /lɪˈvaɪəθən/ *n.pr.* (*Bibl,Filos*) Leviathan *m.*, Leviatano *m.*

levigate /ˈlevɪɡeɪt/ *v.t.* **1** polverizzare. **2** (*Chim*) levigare; (*of gels*) omogeneizzare.

levigation /ˌlevɪˈɡeɪʃən/ *n.* **1** polverizzazione *f.* **2** (*Chim*) levigazione *f.*, levigatura *f.*

levirate /ˈliːvɪrɪt/ *n.* (*Etnol*) levirato *m.*

levitate /ˈlevɪteɪt/ **I** *v.i.* levitare. **II** *v.t.* far levitare.

levitation /ˌlevɪˈteɪʃən/ *n.* levitazione *f.*

Levite /ˈliːvaɪt/ *n.* (*Bibl*) levita *m.*

Levitic /lɪˈvɪtɪk Am ləˈvɪtɪk/, **Levitical** /lɪˈvɪtɪkəl Am ləˈvɪtɪkəl/ *a.* levitico.

Leviticus /lɪˈvɪtɪkəs Am ləˈvɪtɪkəs/ *n.* (*Bibl*) Levitico *m.*

levity /ˈlevɪti Am ˈlevɪti/ *n.* leggerezza *f.*, superficialità *f.*, frivolezza *f.*

levodopa /ˌliːvoʊˈdoʊpə/ *n.* (*Biol*) levodopa *f.*

levorotation /ˌliːvoʊroʊˈteɪʃən/ *n.* (*Am,Fis,Chim*) levorotazione *f.*, sinistrorotazione *f.*

levorotatory /ˌliːvoʊˈroʊtətəri/ *a.* (*Am,Fis,Chim*) levogiro, sinistrogiro.

levulose /ˈliːvjuloʊs/ *n.* (*Am,Chim*) levulosio *m.*, fruttosio *m.*

levy /ˈlevi/ **I** *v.t.* **1** (*of a tax, tribute, etc.: to impose*) imporre; (*to collect*) riscuotere, esigere. **2** (*Mil*) arruolare, reclutare, chiamare alle armi. **3** (*of war*) muovere, fare. **4** (*Dir*) agire esecutivamente. **II** *v.i.* (*Dir*) agire esecutivamente (*on* su). **III** *n.* **1** (*imposing of taxes*) imposizione *f.* **2** (*collecting*) esazione *f.*, riscossione *f.* **3** (*money paid as tax*) imposta *f.*, tributo *m.* **4** (*Mil,ant*) leva *f.* **5** (*Dir*) esecuzione *f.* forzata. □ (*Econ*) *to ~ a duty on* imporre un tributo su, imporre un dazio su, imporre una tassa su.

lewd /luːd, ljuːd/ *a.* **1** (*of persons*) lascivo, impudico, dissoluto. **2** (*of things*) lascivo, osceno, scurrile.

lewdly /ˈluːdli/ *avv.* lascivamente, oscenamente.

lewdness /ˈluːdnəs/ *n.* **1** lascivia *f.*, impudicizia *f.*, dissolutezza *f.* **2** (*obscenity*) salacità *f.*, oscenità *f.*, scurrilità *f.*

lewis /ˈluːɪs/ *n.* (*Edil*) ulivella *f.*

Lewis /ˈluːɪs/ *n.pr.m.* Luigi. □ (*Chim*) *~ acid*

acido di Lewis; (*Mil,Stor*) *~ gun* mitragliatrice Lewis.

lewisite /ˈluːɪsaɪt/ *n.* (*Chim*) lewisite *f.*

lexeme /ˈleksiːm/ *n.* (*Ling*) lessema *f.*

lexical /ˈleksɪkəl/ *a.* (*Ling*) lessicale: *a ~ analysis* un'analisi lessicale.

lexicographer /ˌleksɪˈkɒɡrəfər Am leksɪˈkɑːɡrəfər/ *n.* lessicografo *m.* (*f.* -a).

lexicographic /ˌleksɪkoʊˈɡræfɪk Am leksɪkoʊˈɡræfɪk/, **lexicographical** /ˌleksɪkoʊˈɡræfɪkəl Am leksɪkoʊˈɡræfɪkəl/ *a.* lessicografico.

lexicography /ˌleksɪˈkɒɡrəfi Am leksɪˈkɑːɡrəfi/ *n.* lessicografia *f.*

lexicologist /ˌleksɪˈkɒlədʒɪst Am leksɪˈkɑːlədʒɪst/ *n.* lessicologo *m.*

lexicology /ˌleksɪˈkɒlədʒi Am leksɪˈkɑːlədʒi/ *n.* lessicologia *f.*

lexicon /ˈleksɪkən Am ˈleksɪkɑːn/ *n.* (*pl.* -**ca** /-kə/, -**s** /-z/) *n.* **1** (*vocabulary*) lessico *m.* **2** (*dictionary*) lessico *m.*, dizionario *m.*

lexis /ˈleksɪs/ *n.* (*Ling*) lessico *m.*

lex talionis /ˈleksˌtæliˈoʊnɪs/ *n.* legge *f.* del taglione.

ley /liː/ *n.* **1** (*field, land*) prato *m.*, campo *m.*, prato *m.* a maggese. **2** (*Stor*) sentiero *m.* □ (*Agr*) *~ farming* rotazione delle culture; (*GB, Stor*) *~ line* linea retta, sentiero retto.

Leyden /ˈlaɪdən/ *n.pr.* (*Geog*) Leida *f.* □ (*Fis*) *~ jar* bottiglia di Leida.

LF /ˌelˈef/ (*El*) *low frequency* LF (bassa frequenza).

lh *left hand* sx (sinistro, a sinistra).

LH **1** *left hand* sx (sinistro, a sinistra). **2** (*Biol*) *Luteinizing Hormone* LH (ormone luteinizzante).

LHD *left-hand drive* (guida a sinistra).

liability /ˌlaɪəˈbɪlɪti Am laɪəˈbɪlɪti/ *n.* **1** (*tendency*) tendenza *f.*, disposizione *f.*, predisposizione *f.*, propensione *f.* **2** (*Dir,Assic*) responsabilità *f.* **3** *pl.* (*Comm*) (*debts*) debiti *m.pl.*, passività *f.pl.*, passivo *m.sing.* **4** (*colloq*) (*disadvantage, burden*) svantaggio *m.*, inconveniente *m.*, handicap *m.*, peso *m.* □ *~ for tax* obbligo di pagare le tasse; (*Aut*) *~ insurance* assicurazione contro i rischi di responsabilità civile (verso terzi).

liable /ˈlaɪəbəl/ *a.* **1** soggetto, obbligato, tenuto (*to* a): *~ to tax* soggetto a tasse; *~ to military service* soggetto agli obblighi militari. **2** (*susceptible*) passibile, suscettibile (di). **3** (*inclined*) soggetto, portato, incline, che ha tendenza (*to* a): *to be ~ to catch cold* andare soggetto a raffreddori. **4** (*Dir*) responsabile (*for* di): *to be ~ for one's son's debts* essere responsabile dei debiti del proprio figlio. **5** (*Dir*) (*being in a position to incur*) passibile (*to* di): *~ to punishment* passibile di pena. **6** (*likely*) possibile, verosimile: *to be ~* essere possibile, potere (facilmente); *this car is ~ to give out at any moment* questa macchina può guastarsi da un momento all'altro; *he is ~ to break things* rompe facilmente le cose. □ *to be ~ for* essere responsabile di, rispondere di: *to be ~ for damage* rispondere di un danno; *to be ~ for damages* rispondere dei danni.

liaise /liˈeɪz/ *v.i.* **1** fare da collegamento, mediare (*with* tra). **2** mantenere il collegamento, fare il mediatore (*between* tra).

liaison /liˈeɪzɒ̃, liˈeɪzɑːn/ *n.* **1** legame *m.*, connessione *f.*, relazione *f.*, nesso *m.* **2** (*Mil*) collegamento *m.* **3** (*person*) referente *m.*, collegamento *m.* **4** (*love affair*) relazione *f.* (amorosa), liaison *f.* **5** (*Fon*) legamento *m.*, liaison *f.* **6** (*Gastron*) legante *m.* □ (*Pol,Mil*) *~ office* ufficio di collegamento; (*Mil*) *~ officer* ufficiale di collegamento.

liana /liˈɑːnə/, **liane** /liˈɑːn/ *n.* (*Bot*) liana *f.*

liar /'laɪər/ n. bugiardo m. (f. -a), mentitore m. (f. -trice): (iron) to be a good ~ saperla raccontare.

liassic /laɪ'æsɪk/ a. (Geol) liassico.

lib /lɪb/ n. attivismo m., movimento m. di liberazione: gay ~ attivismo gay; women's ~ movimento di liberazione delle donne, femminismo.

Lib (Pol) Liberal (liberale). □ ~ Dem liberaldemocratico.

lib. 1 librarian (bibliotecario). 2 library (biblioteca).

libation /laɪ'beɪʃən/ n. libagione f. (anche scherz).

libber /'lɪbər/ n. attivista m./f., membro m. di un movimento di liberazione: gay ~ attivista gay; women's ~ femminista.

libel /'laɪbəl/ I n. 1 (Dir) (written defamation) diffamazione f. per mezzo stampa, pubblicazione f. diffamatoria, libello m., diffamazione f. calunniosa. 2 (Dir) (in admiralty and ecclesiastical law) dichiarazione f. giurata, affidavit m. 3 (fig) offesa f., oltraggio m., torto m.: this book is a ~ on our country questo libro è un'offesa al nostro paese. 4 (colloq) (untrue remark) calunnia f., diffamazione f. II v.t. (past, p.p. **libelled** /Am **libeled** /-d/) 1 diffamare, pubblicare un libello contro, calunniare. 2 (Dir) (in admiralty and ecclesiastical law) intentare un giudizio contro.

libeler /'laɪbələr/ n. (Am,Dir) libellista m./f., diffamatore m. (f. -trice).

libeller /'laɪbələr/ n. (Dir) libellista m./f., diffamatore m. (f. -trice).

libellous /'laɪbələs/ a. diffamatorio, calunnioso.

libellously /'laɪbələsli/ avv. diffamatoriamente, calunniosamente.

libelous /'laɪbələs/ a. (Am) diffamatorio, calunnioso.

libelously /'laɪbələsli/ avv. (Am) diffamatoriamente, calunniosamente.

liberal /'lɪbərəl/ a. 1 liberale (anche Pol). 2 (broad-minded) di larghe vedute, di mentalità aperta, senza pregiudizi; (tolerant) tollerante, liberale. 3 (not strict) lato, ampio, esteso: a ~ interpretation un'interpretazione lata. 4 (generous) prodigo, liberale, generoso: to be ~ with praise essere prodigo di lodi; she is ~ with the salt in her cooking è troppo generosa con il sale quando cucina. 5 (bountiful) generoso, liberale, munifico. 6 (Univ) umanistico. 7 (Teol) liberale. □ ~ arts: 1 (university studies) materie umanistiche moderne; 2 (Stor) belle lettere, arti liberali; ~ studies materie umanistiche moderne.

Liberal /'lɪbərəl/ I a. (Pol) liberale, del partito liberale, progressista. II n. (Pol,Teol) liberale m./f. □ (Br,Pol) ~ Democrat Liberaldemocratico; (Br,Pol) ~ Democrats Liberaldemocratici; (Stor.brit) ~ Party partito liberale.

liberalisation /ˌlɪbərəl(ə)r'zeɪʃən/ n. (Br, Econ) liberalizzazione f.

liberalise /'lɪbərəlaɪz/ I v.t. (Br) liberalizzare. II v.i. (Br) liberalizzarsi.

liberalism /'lɪbərəlɪzəm/ n. 1 (Pol,Econ) liberalismo m. 2 (fig) larghezza f. di vedute; (tolerance) tolleranza f.

liberalist /'lɪbərəlɪst/ n. liberista m. (f. -a).

liberalistic /ˌlɪbərə'lɪstɪk/ a. liberale.

liberality /ˌlɪbə'rælɪti Am lɪbər'ælɪti/ n. 1 liberalità f., generosità f., munificenza f. 2 (broad-mindedness) larghezza f. di vedute, assenza f. di pregiudizi.

liberalization /ˌlɪbərəl'r'zeɪʃən/ n. (Econ) liberalizzazione f.

liberalize /'lɪbərəlaɪz/ I v.t. liberalizzare. II v.i. liberalizzarsi.

liberally /'lɪbərəli/ avv. 1 liberalmente. 2 (broad-mindedly) senza pregiudizi, liberalmente. 3 (generously) generosamente, liberamente.

liberalness /'lɪbərəlnəs/ n. 1 liberalità f. 2 (broad-mindedness) disponibilità f., comprensione f., larghe vedute f. 3 (generosity) generosità f., liberalità f.

liberate /'lɪbəreɪt/ v.t. 1 (to release) liberare, rilasciare. 2 (to free from oppression) liberare, riscattare. 3 (Chim) liberare. 4 (colloq) (to steal) liberare, rubare.

liberated /'lɪbəreɪtəd Am 'lɪbəreɪtəd/ a. liberato, emancipato: a ~ woman una donna emancipata.

liberation /ˌlɪbə'reɪʃən/ n. 1 (release) liberazione f., rilascio m. 2 (freeing from oppression) liberazione f., riscatto m. 3 (Chim) liberazione f. □ (Teol) ~ theology teologia della liberazione.

liberator /'lɪbəreɪtər Am 'lɪbəreɪtər/ n. liberatore m. (f. -trice).

Liberia /laɪ'bɪəriə/ n.pr. (Geog) Liberia f.

Liberian /laɪ'bɪəriən/ I a. liberiano. II n. liberiano m. (f. -a).

libero /'li:bərou/ n. (Sport) (in football) battitore m. libero, libero m.

libertarian /ˌlɪbə'teəriən Am ˌlɪbər'teriən/ n. 1 fautore m. (f. -trice) della libertà di pensiero e azione. 2 (Filos) fautore m. (f. -trice) della dottrina del libero arbitrio.

libertarianism /ˌlɪbə'teəriənɪzəm Am ˌlɪbər'teriənɪzəm/ n. 1 ideologia f. di chi propugna la libertà di pensiero e azione. 2 (Filos) dottrina f. del libero arbitrio.

libertinage /'lɪbətɪnɪdʒ Am 'lɪbərtɪnɪdʒ/ n. libertinaggio m.

libertine /'lɪbз:taɪn, 'lɪbз:rti:n/ I n. 1 libertino m. 2 (Stor) libertino m., libero pensatore m. II a. libertino.

libertinism /'lɪbз:tɪnɪzəm Am 'lɪbərtɪnɪzəm/ n. 1 libertinaggio m. 2 (Rel) libertinismo m.

liberty /'lɪbəti Am 'lɪbərti/ I n. 1 libertà f.: ~ of the press libertà di stampa; to set at ~ mettere in libertà. 2 (breach of etiquette) libertà f., confidenza f., licenza f.: I took the ~ of inviting her mi sono preso la libertà di invitarla; to take liberties with so. prendersi delle libertà con qcu. 3 pl. (rights, privileges) privilegi m.pl., diritti m.pl. 4 (Mar) (leave) permesso m., licenza f., franchigia f. □ to be at ~: 1 essere libero, essere in libertà; 2 (to be unoccupied) essere libero, essere disponibile, non essere impegnato; you are at ~ to believe me or not sei libero di credermi o no; (aut) ~ bodice corpino abbottonato, corpetto abbottonato; (Stor.am) Liberty bond cartella del prestito della libertà; (Stor) ~ cap berretto frigio; (fig) ~ hall (luogo di) totale libertà; ~ horse (in a circus performance) cavallo senza cavallerizzo; (Br,Mar) ~ man marinaio in permesso, marinaio con franchigia; (Mar) ~ ship liberty, nave liberty.

libidinous /lɪ'bɪdɪnəs/ a. libidinoso, lussurioso.

libidinously /lɪ'bɪdɪnəsli/ avv. libidinosamente, lussuriosamente.

libido /lɪ'bi:dou/ n. (pl. -s /-z/) n. (Psic) libido f.

LIBOR /laɪbɔ:r/ (Econ) London interbank offered rate LIBOR (tasso interbancario attivo londinese).

libra /'librə/ n. (pl. -brae /-bri:/) n. (Econ,Stor) libbra f.

Libra /'librə/ n.pr. 1 (Astr) Bilancia f. 2 (person) Bilancia f., persona f. nata sotto il segno della Bilancia.

Libran /'librən/ n. (in astrology) Bilancia f., persona f. nata sotto il segno della Bilancia.

librarian /laɪ'breəriən/ n. Am laɪ'breriən/ n. bibliotecario m. (f. -a).

librarianship /laɪ'breəriənʃɪp Am laɪ'breriənʃɪp/ n. biblioteconomia f.

library /'laɪbrəri Am 'laɪ,breri/ n. 1 biblioteca f.: reference ~ biblioteca di consultazione. 2 (collection) raccolta f., collezione f., archivio m.; (collection of books) biblioteca f. 3 (Inform) biblioteca f. □ ~ book libro da biblioteca; (Edit) ~ edition edizione di lusso; Library of Congress Biblioteca del Congresso; (spec. TV) ~ pictures immagini di archivio, immagini di repertorio; (Am,Univ) ~ science biblioteconomia f.; ~ van bibliobus m.

librate /'laɪbreɪt/ v.i. (Astr) librarsi, stare sospeso, stare in equilibrio, oscillare.

libration /laɪ'breɪʃən/ n. (Astr) librazione f.

librettist /lɪ'bretɪst Am lɪ'bretɪst/ n. (Mus) librettista m./f.

libretto /lɪ'bretou Am lə'bretou/ (pl. -s /-z/, -tti /-ti:/) n. (Mus) libretto m.

Libya /'lɪbiə/ n.pr. (Geog) Libia f.

Libyan /'lɪbiən/ I a. libico. II n. 1 libico m. (f. -a). 2 (language) libico m.

lice /laɪs/ → louse.

licence /'laɪsəns/ n. 1 (permit) patente f., concessione f. 2 (document) licenza f., driving ~ patente f.; to grant a ~ concedere una licenza. 3 (official permission) licenza f., permesso m., autorizzazione f. 4 (deviation from rule, form) licenza f., arbitrio m., libertà f.: poetic ~ licenza poetica. 5 (fig) (freedom to behave without restraint) licenziosità f., licenza f. □ ~ fee canone di licenza, canone; (Aut) ~ number (numero di) targa; (spec. Am,Aut) ~ plate targa (d'immatricolazione); (Aut) ~ plate number (numero di) targa; (Am, Aut) ~ tag targa (d'immatricolazione); a ~ to kill licenza di uccidere; ~ to practise medicine abilitazione all'esercizio della professione medica; (fig) a ~ to print money una minera d'oro; under ~ su licenza, con autorizzazione.

license /'laɪsəns/ I v.t. 1 concedere una licenza a, accordare una licenza a. 2 (to allow by licence) permettere, autorizzare. II n. (Am) → licence.

licensed /'laɪsənzd/ a. 1 autorizzato, patentato: ~ dealer commerciante autorizzato. 2 (Br) (authorized to sell alcohol) autorizzato alla vendita di alcolici. □ ~ pilot pilota brevettato; (GB) ~ premises (costr.sing. o pl.) locale autorizzato alla vendita di alcolici.

licensee /ˌlaɪsən'zi:/ n. 1 concessionario m. (f. -a) di licenza, concessionario m. (f. -a) di autorizzazione. 2 (Dir) licenziatario m. (f. -a).

licenser /ˌlaɪsən'zər/ n. concessionario m. (f. -a) di una licenza.

licensing /'laɪsənzɪŋ/ n. concessione f. di una licenza. □ ~ contract contratto di licenza; (GB) ~ hours ore in cui è permessa la vendita di alcolici; (GB,Dir) ~ laws leggi che regolano la vendita di alcolici.

licensor /ˌlaɪsən'zər/ n. concessionario m. (f. -a) di una licenza.

licentiate /laɪ'sentʃiət/ n. 1 persona f. abilitata all'esercizio di una professione. 2 (Univ) licenziato m. (f. -a), laureato m. (f. -a).

licentious /laɪ'senʃəs/ a. licenzioso, lussurioso, lascivo.

licentiousness /laɪ'senʃəsnəs/ n. licenziosità f., lascivia f.

lichen /'laɪkən, 'lɪtʃən/ n. (Bot) lichene m.

lichenology /ˌlaɪkə'nɒlədʒi Am laɪkən'ɑ:lədʒi/ n. (Bot) lichenologia f.

lichenous /'laɪkɪnəs, 'lɪtʃənəs/ a. lichenoso; (covered with lichens) lichenoso, coperto di licheni.

lichgate, lich-gate /'lɪtʃgeit/ n. portico m. all'entrata del camposanto.

licit /'lɪsɪt/ a. lecito, legale.

lick[1] /lɪk/ **I** *v.t.* **1** leccare. **2** (*brush against*) lambire, sfiorare, leccare: *the flames were -ing the house* le fiamme lambivano la casa. **3** (*colloq*) (*to defeat heavily*) sconfiggere, battere. **4** (*colloq*) (*to outdo*) superare. **5** (*colloq*) (*to thrash*) percuotere, picchiare, bastonare. □ (*volg,fig*) *to ~ so's arse* (o *Am* *to ~ so's ass*) leccare il culo a qcu.; (*fig*) *to ~ so.'s boots* leccare i piedi a qcu.; (*colloq*) *to ~ one's chops* leccarsi le labbra, leccarsi i baffi; (*fig*) *to ~ the dust*: 1 essere ammazzato; 2 (*to humble oneself*) umiliarsi; 3 (*to die*) mordere la polvere; *to ~ one's fingers clean* pulirsi le dita leccandosele; (*colloq*) *to ~ into shape* rifinire, dare la debita forma a; *to ~ one's lips*: 1 leccarsi le labbra; 2 (*fig*) leccarsi le dita, leccarsi i baffi; *to ~ off* pulire leccando, togliere leccando; (*fig*) *to ~ the ground* mordere la polvere; *to ~ up* lappare; (*fig*) *to ~ one's wounds* leccarsi le ferite.

lick[2] /lɪk/ *n.* **1** leccatura *f.*, leccata *f.* **2** (*Caccia*) luogo *m.* ricco di sale dove la selvaggina va a leccare il terreno. **3** (*light coating*) leggero strato *m.*, tocco *m.*: *a ~ of paint* una mano veloce di vernice. **4** (*colloq*) (*quick pace*) passo *m.* veloce, passo *m.* svelto. **5** (*Mus,colloq*) chorus *m.* **6** (*colloq*) (*sharp hit*) colpo *m.* secco. **7** (*colloq*) (*a try*) prova *f.*, tentativo *m.*: *I'll take a ~ at it* provo io a ripararlo. □ (*scherz*) *a ~ and a promise* una pulitina: *to give a room a ~ and a promise* dare una veloce passata a una stanza; *a ~ in the face* un manrovescio.

licked /lɪkt/ □ *to have sth. ~* avere qcs. sotto controllo.

licker /'lɪkər/ *n.* chi lecca.

lickerish /'lɪkərɪʃ/ *a.* (*Br,ant*) **1** (*greedy*) ghiotto, avido. **2** (*lustful*) lascivo, lussurioso.

lickety-split /'lɪkɪtɪsplɪt/ *avv.* (*Am,colloq*) di gran carriera, a tutta birra, subito.

licking /'lɪkɪŋ/ *n.* **1** leccatura *f.*, leccata *f.* **2** (*colloq*) (*thrashing*) bastonatura *f.*, botte *f.pl.*: *to give so. a ~* picchiare qcu., accarezzare le spalle a qcu. **3** (*colloq*) (*defeat*) sconfitta *f.*, batosta *f.*: *we took a ~* abbiamo subito una sconfitta.

lickspittle /'lɪk,spɪtl *Am* 'lɪk,spɪtəl/ *n.* (*lett, spreg*) ruffiano *m.* (*f.* -a), leccapiedi *m./f.*

licorice /'lɪkərɪʃ/ *n.* (*Am,Bot*) liquirizia *f.*

lictor /'lɪktər/ *n.* (*Stor.rom*) littore *m.*

lid /lɪd/ *n.* **1** coperchio *m.*: *to put the ~ on the jar* chiudere il barattolo col coperchio. **2** (*eyelid*) palpebra *f.* **3** (*colloq*) (*curb*) freno *m.*, controllo *m.* **4** (*Br,Gastron*) (*pie crust*) crosta *f.* **5** (*Bot*) opercolo *m.* □ (*fig*) *to keep the ~ on sth.* nascondere qcs.; *to take the ~ off sth.* smascherare qcs., mettere qcs. in mostra; (*fig*) *to put the ~ on sth.* (o *to put the tin ~ on sth.*): 1 (*to end*) mettere fine a qcs.; 2 (*to hide*) nascondere qcs.; 3 (*to be the last straw*) essere il colmo, essere l'ultima goccia: *that puts the ~ on it!* questo è il colmo!

lidar /'laɪdɑːr/ *n.* (*Elettron*) lidar *m.*, radar *m.* ottico.

lidded /'lɪdəd/ *a.* **1** munito di coperchio, con coperchio, provvisto di coperchio. **2** (*in compounds*) dalle palpebre...: *heavy-~* dalle palpebre pesanti.

lido /'liːdəʊ/ *pl.* **-s** /-z/ *n.* **1** (*public open-air swimming pool*) lido *m.*, piscina *f.* all'aperto. **2** (*beach resort*) lido *m.*, stazione *f.* balneare.

lidocaine /'laɪdəkeɪn/ *n.* (*Farm*) lidocaina *f.*

lie[1] /laɪ/ **I** *n.* **1** bugia *f.*, menzogna *f.*, fandonia *f.*, frottola *f.*, panzana *f.*: *to tell a ~* dire una bugia; *his story was a tissue of -s* il suo racconto era intessuto di menzogne. **2** (*false impression*) falsità *f.*, menzogna *f.* **3** (*sth. intended to mislead*) impostura *f.*, menzogna

f., frode *f.* **II** *v.i.* **1** mentire, dire bugie, dire una bugia (*to* a). **2** (*to give a false impression*) mentire, ingannare: *the camera never -s* la macchina fotografica non mente mai. □ *to ~ about one's age* togliersi degli anni; *~ detector* macchina della verità; *to give the ~ to*: 1 (*to accuse of lying*) accusare di menzogna, sbugiardare; 2 (*to prove wrong*) smentire, dimostrare la falsità di, sbugiardare; (*Econ*) *to ~ idle* restare infruttifero; (*scherz*) *to ~ in one's throat* mentire spudoratamente, mentire sfacciatamente, (*scherz*) mentire per la gola; *to ~ oneself out of trouble* cavarsi d'impiccio a forza di raccontare bugie; (*scherz*) *to ~ through one's teeth* mentire spudoratamente, mentire sfacciatamente, (*scherz*) mentire per la gola; *to ~ one's way into sth.* (o *to ~ one's way out of sth.*) farcela con le bugie, ottenere qcs. a suon di menzogne; *to ~ one's way out of trouble* cavarsi d'impiccio a forza di raccontare bugie.

lie[2] /laɪ/ (*past* **lay** /leɪ/, *p.p.* **lain** /leɪn/, *p.pres.* **lying** /'laɪɪŋ/) *v.i.* **1** (*to recline*) giacere, stare disteso, stare sdraiato: *he lay on his back on the ground* giaceva riverso (*o* supino) a terra. **2** (*to rest, to be placed*) essere, stare, trovarsi: *leaves lay thick on the ground* per terra c'era uno spesso strato di foglie. **3** (*to be situated*) stare, trovarsi, essere situato, giacere: *the town -s north of the river* la città si trova a nord del fiume. **4** (*to stretch, to extend*) stendersi: *a broad plain lay before us* davanti a noi si stendeva una vasta pianura. **5** (*to remain*) restare, rimanere: *many factories lay idle* molte fabbriche rimasero inattive. **6** (*to remain unused*) rimanere inutilizzato, restare inutilizzato: *don't let all your money ~ in the bank* non lasciare tutto il tuo denaro inutilizzato in banca. **7** (*to be*) essere, rientrare: *the case -s outside my jurisdiction* il caso non è di mia competenza. **8** (*to exist, to consist*) stare, consistere: *the fault -s in the construction* l'errore sta nella costruzione. **9** (*to be positioned in a competition*) essere, stare, trovarsi, occupare, arrivare: *to ~ in third place* essere al terzo posto, occupare il terzo posto. **10** (*to be buried*) giacere, essere sepolto. **11** (*Dir*) (*of an action, appeal*) essere ammissibile. **12** (*rar*) (*to lodge*) alloggiare, soggiornare; (*to pass the night*) trascorrere la notte. □ *to ~ about*: 1 (*to be idle*) oziare, bighellonare, poltrire; 2 (*to be left untidy*) essere in giro, essere in disordine, essere sparso qua e là; *to ~ around*: 1 (*to be idle*) oziare, bighellonare, poltrire; 2 (*to be left untidy*) essere in giro, essere in disordine, essere sparso qua e là; *to ~ asleep* dormire; (*Mar*) *to ~ at anchor* stare all'ancora, essere all'ancora, stare alla fonda; *to ~ back* sdraiarsi, adagiarsi, appoggiarsi all'indietro, riposarsi; *a brilliant future -s before him* ha dinanzi a sé un brillante avvenire; (*fig*) *to ~ behind* stare dietro, stare alle spalle: *what -s behind this decision?* che cosa sta dietro questa decisione?; *to ~ by*: 1 (*Mar*) restare accanto, 2 (*to lie unused*) restare inutilizzato: *it was just lying by* stava lì (inutilizzato); (*Mar*) *to ~ close to the wind* stringere il vento; *to ~ down*: 1 sdraiarsi, coricarsi, stendersi; 2 (*on a bed for a rest*) coricarsi, sdraiarsi per riposare, stendersi per riposare; 3 (*colloq*) (*without reacting*) subire senza reagire: *I'm not going to take this lying down* non ho intenzione di subire senza reagire; *to take an insult lying down* lasciar cadere un'offesa; 4 (*colloq*) (*to subjugate oneself to authority in an subservient way*) sdraiarsi, appiattirsi; *to ~ in*: 1 (*Br*) stare a letto fino a tardi, poltrire a letto; 2 (*ant*) (*to be in labour*) mettersi a letto per

partorire; *to ~ in ambush* stare in agguato; *to ~ in state* (*of a dead person*) essere esposto solennemente in pubblico, essere composto nella camera ardente, essere composto per l'estremo omaggio del pubblico; *to ~ in wait* stare in agguato, tendere un'imboscata (*for* a); *to ~ in waste* (*of land, etc.*) restare incolto, essere improduttivo; *to ~ low* non farsi vedere, tenere un basso profilo; (*Mar*) *to ~ off* restare al largo; *the crime -s heavy on his conscience* il delitto gli grava sulla coscienza, il delitto gli pesa sulla coscienza; (*fig*) *time -s heavy on his hands* il tempo non gli passa mai; (*Mar,Sport*) *~ on your oars!* leva remi!; (*Parl*) *to ~ on the table* essere differito a tempo indeterminato, essere rinviato a tempo indeterminato; (*Am*) *to ~ over* fare scalo; *the snow lay thick on the ground* il terreno era coperto da una spessa coltre di neve; (*Mar*) *to ~ to* essere alla cappa; (*Mar*) *to ~ up* essere in disarmo; *to ~ with*: 1 (*to be the duty, responsibility of*) stare a, spettare a: *the decision -s with you* la decisione spetta a te; *the fault does not ~ with me* la colpa non è mia; 2 (*ant*) (*to have sexual intercourse with*) congiungersi carnalmente con, giacere con.

lie[3] /laɪ/ *n.* **1** posizione *f.*, disposizione *f.* **2** (*of an animal*) tana *f.*, covo *m.* □ (*Br*) *the ~ of the land*: 1 la configurazione del terreno; 2 (*fig*) lo stato delle cose, la situazione; *to study the ~ of the land* sondare il terreno.

Liebfraumilch /'liːbfraʊmɪlʃ/ *n.* Liebfraumilch *m.* (vino bianco dolce).

Liechtenstein /'lɪktənstaɪn/ *n.pr.* (*Geog*) Liechtenstein *m.*

lied /liːt, liːd/ (*pl.* **-er** /'liːdər/) *n.* (*Mus*) lied *m.*, aria *f.*

lie-down /'laɪdaʊn/ *n.* (*Br,colloq*) pisolino *m.*, dormitina *f.*, sonnellino *m.*: *to have a ~* schiacciare un pisolino.

lief /liːf/ *avv.* (*ant*) volentieri.

liege /liːdʒ/ **I** *a.* **1** (*Stor*) (*of an overlord*) che ha diritto alla fedeltà dei vassalli; (*of a vassal*) che ha il dovere d'essere fedele a un feudatario. **2** (*fig*) ligio, fedele, leale. **II** *n.* **1** (*Stor*) signore *m.* feudale, feudatario *m.* **2** (*Stor*) (*liegeman*) vassallo *m.*

liegeman /'liːdʒmæn/ *n.irr.* **1** (*Stor*) vassallo *m.* **2** (*fig*) seguace *m.* fedele.

lie-in /'laɪ,ɪn/ *n.* (*Br*) dormita *f.* (fino a tardi): *to have a ~*: stare a letto fino a tardi, poltrire nel letto.

lien /liːn/ *n.* (*Dir*) pegno *m.*, diritto *m.* di pegno, diritto *m.* di ritenzione, privilegio *m.*

lierne /lɪ'ɜːn *Am* lɪ'ɜːrn/ *n.* (*Arch*) costola *f.* secondaria, nervatura *f.* secondaria.

lieu /ljuː *Am* luː/ □ *~ in* invece; *in ~ of* invece di, in luogo di, al posto di.

Lieut. (*Mil*) *Lieutenant* Ten. (tenente).

Lieut.-Col. (*Mil*) *Lieutenant Colonel* Ten. Col. (tenente colonnello).

lieutenancy /lef'tenənsi *Am* luː'tenənsi/ *n.* tenenza *f.*

lieutenant /lef'tenənt *Am* luː'tenənt/ *n.* **1** (*GB, Mil*) tenente *m.* **2** (*US,Mil*) sottotenente *m.* **3** (*Mar.mil*) tenente *m.* di vascello, capitano *m.* di corvetta. **4** (*US*) (*police officer*) tenente *m.*, agente *m.*; (*firefighter*) vigile *m.* del fuoco. **5** (*deputy*) luogotenente *m.*, vice *m.* □ (*Mil*) *~ colonel* tenente colonnello; (*Mar.mil*) *~ commander* capitano di corvetta; (*Mil*) *~ general* tenente generale; *~ governor* vice-governatore; (*US,Mar.mil*) *~ junior grade* sottotenente di vascello; (*US,Mar.mil*) *~ senior grade* tenente di vascello.

life /laɪf/ **I** *n.* (*pl.* **lives** /laɪvz/) **1** vita *f.*: *to lose one's ~* perdere la vita. **2** (*collett.*) (*living things*) vita *f.*: *is there ~ on the moon?* c'è vita sulla luna?; *animal* ~ vita animale. **3** (*of an individual*) vita *f.*, esistenza *f.*: *to lead a wretched* ~ fare una vita grama. **4** (*of things*) durata *f.*, vita *f.*: *this fashion will have a short* ~ questa moda avrà vita breve. **5** (*human experience*) vita *f.*, corso *m.* delle cose umane: ~ *is like that* questa è la vita. **6** (*particular aspect of existence*) vita *f.*: *sex* ~ vita sessuale. **7** (*way of living*) vita *f.*, modo *m.* di vivere: *country* ~ la vita di campagna. **8** (*career*) carriera *f.* **9** (*person*) vita *f.*, essere *m.* vivente, persona *f.*: *several lives were lost* andarono perdute parecchie vite; (*blood*) vita *f.*, sangue *m.*: *to give one's* ~ *for one's country* dare la vita per la patria. **10** (*period of functioning*) vita *f.*, durata *f.*: *a new battery has a longer* ~ una pila nuova dura di più. **11** (*fig*) (*liveliness*) vita *f.*, vivacità *f.*: *children are full of* ~ i bambini sono pieni di vita. **12** (*fig*) (*animation*) animazione *f.*, vita *f.*: *the party lacked* ~ il ricevimento mancava di animazione. **13** (*fig*) (*that which enlivens*) anima *f.*, vita *f.* **14** (*fig*) (*animating force, principle*) forza *f.* (vitale). **15** (*biography*) biografia *f.*, vita *f.*: *a* ~ *of Napoleon* una biografia di Napoleone. **16** (*colloq*) (*life imprisonment*) ergastolo *m.*, condanna *f.* a vita. **17** (*Teol*) vita *f.* (eterna). **18** (*Art*) vero *m.*: *to draw from* ~ disegnare dal vero. **II** *a.* **1** (*lifelong*) a vita: *a* ~ *member* un socio a vita. **2** (*Art*) al naturale: ~ *portrait* ritratto al naturale. **3** (*relating to animate being*) vitale: ~ *forces* forze vitali. **4** (*Assic*) sulla vita: *a* ~ *policy* una polizza sulla vita. ☐ ~ *after death* vita dopo la morte, l'altra vita; *it is a matter of* ~ *and death* è una questione di vita o di morte; ~ *and limb* vita: *to risk* ~ *and limb* rischiare la vita; *to escape with* ~ *and limb* uscirne sano e salvo, salvare la pelle; (*Mar*) ~ *and property* corpo e beni; *the* ~ *and soul of a party* l'anima della festa; (*Assic*) ~ *annuity* assegno vitalizio, vitalizio; (*Br,Assic*) ~ *assurance* assicurazione sulla vita; (*Mar*) ~ *belt* salvagente (a cintura), cintura di salvataggio; *to bring to* ~: **1** animare; **2** (*to cause to recover consciousness*) rianimare, far tornare in vita; **3** (*fig*) dar vita, animare; *to bring back to* ~ far rivivere; *to come to* ~: **1** venire alla luce, nascere; **2** (*to recover consciousness*) rinvenire, ricuperare i sensi, riaversi; **3** (*fig*) animarsi; *to come to* ~ *again* rivivere, tornare in vita; ~ *crisis* crisi esistenziale; ~ *cycle* ciclo vitale; *to do* ~ scontare l'ergastolo; (*Teol*) ~ *eternal* (o ~ *everlasting*) vita eterna; (*Statist*) ~ *expectancy* aspettativa di vita, attesa di vita; *for* ~ a vita, per tutta la vita, fino alla morte; (*colloq*) *for the* ~ *of me* assolutamente: *I can't understand it for the* ~ *of me* non riesco assolutamente a capirlo; ~ *force* forza vitale; ~ *form* forma di vita, creatura; (*colloq*) *to get* ~ essere condannato a vita/all'ergastolo; (*colloq*) *to get a* ~ farsi una vita: *stop wallowing in the past and get a* ~*!* smetti di rimuginare sul passato e fatti una vita (nuova)!; (*Am,colloq*) *get a* ~*!* (*stop being pathetic!*) ma piantala!, ma mollala!, ma va!; *to give* ~ *to*: **1** animare, infondere l'anima in; **2** (*fig*) animare, rendere più vivo, ravvivare; (*GB*) *Life Guards* guardie del corpo; ~ *imprisonment* ergastolo, condanna a vita; (*Psic*) ~ *instinct* istinto di vita; (*Assic*) ~ *insurance* assicurazione sulla vita; (*Dir*) ~ *interest* usufrutto, rendita vitalizia; (*colloq*) *as much as so.'s* ~ *is worth* molto pericoloso; ~ *jacket* giacca di salvataggio, giubbotto di salvataggio; (*colloq*) *not on your* ~*!* assolutamente no!, in nessun modo!, neppure per scherzo!; (*to live*) *a* ~ *of independence* essere indipendente, bastare a se stesso; *to lead a* ~ *of lux-*

ury vivere nel lusso; (*Am,colloq*) ~ *of Riley* cuccagna, pacchia; *to lead a* ~ *of seclusion* fare vita ritirata; ~ *on earth* vita terrena; (*GB, Parl*) ~ *peer* pari a vita; (*GB,Parl*) ~ *peerage* titolo di pari a vita; ~ *preserver*: **1** (*spec. Am, Mar*) salvagente; **2** (*spec. Br*) (*short truncheon*) sfollagente; (*colloq*) *put some* ~ *into it!* mettici un po' d'impegno!; ~ *raft* zattera di salvataggio; (*colloq*) *to run for one's* (*dear*) ~ cercare scampo nella fuga; *run for your lives!* si salvi chi può!; ~ *savings* (o ~*'s savings*) risparmi di una vita; ~ *sciences* scienze naturali; (*fig*) *to see* ~ conoscere il mondo; ~ *sentence* ergastolo, condanna all'ergastolo, condanna a vita; (*Assic*) ~ *table* tabella di mortalità; *to take* ~ uccidere, ammazzare; *to take so.'s* ~ uccidere qcu.; *to take one's own* ~ togliersi la vita, suicidarsi; *this* ~ questo mondo, questa vita: *to depart this* ~ lasciare questo mondo, morire; *the painting is her to the* ~ il ritratto le somiglia perfettamente; ~ *vest* giacca di salvataggio, giubbotto di salvataggio. *Prov.*: *while there's* ~ *there's hope* finché c'è vita c'è speranza, la speranza è l'ultima a morire; ~ *is a bowl of cherries!* comoda la vita!; (*Br*) ~ *is not all beer and skittles* la vita non è solo piacere e divertimento.

life-and-death /ˈlaɪfənˈdeθ/ *a.* disperato, accanito: *a* ~ *struggle* una lotta disperata.

lifebelt /ˈlaɪfbelt/ *n.* (*Mar*) salvagente *m.* (a cintura), cintura *f.* di salvataggio.

lifeblood /ˈlaɪfblʌd/ *n.* **1** sangue *m.*, linfa *f.* vitale. **2** (*fig*) vita *f.*, anima *f.*

lifeboat /ˈlaɪfbəʊt/ *n.* (*Mar*) **1** (*rescue boat*) battello *m.* di salvataggio. **2** (*ship's boat*) scialuppa *f.* di salvataggio.

lifebuoy /ˈlaɪfbɔɪ Am ˈlaɪfbuːi/ *n.* (*Mar*) boa *f.* di salvataggio, salvagente *m.* (a ciambella).

life-giving /ˈlaɪfɡɪvɪŋ/ *a.* animatore, che rinvigorisce.

lifeguard /ˈlaɪfɡɔːd Am ˈlaɪfɡɑːrd/ *n.* bagnino *m.* (*f.* -a).

lifeless /ˈlaɪfləs/ *a.* **1** senza vita: *a* ~ *planet* un pianeta senza vita. **2** (*inanimate*) inanimato, privo di vita. **3** (*fig*) (*dull*) senz'anima, senza vita, piatto, fiacco.

lifelessly /ˈlaɪfləsli/ *avv.* inerte, senza vita.

lifelessness /ˈlaɪfləsnəs/ *n.* mancanza *f.* di vita.

lifelike /ˈlaɪflaɪk/ *a.* **1** naturale, realistico. **2** (*looking like the original*) parlante, che sembra vivo: ~ *portrait* ritratto parlante.

lifeline /ˈlaɪflaɪn/ *n.* **1** (*Mar*) sagola *f.* di salvataggio; (*for a diver*) cavo *m.* di recupero. **2** (*fig*) (*route*) linea *f.* di comunicazione vitale. **3** (*fig*) (*a means of escape or survival*) ancora *f.* di salvezza. **4** (*fig*) (*person on whom you depend in a crisis*) persona *f.* a cui appoggiarsi. **5** (*in palmistry*) linea *f.* della vita.

lifelong /ˈlaɪflɒŋ Am ˈlaɪflɔːŋ/ *a.* che dura tutta la vita, di tutta una vita. ☐ ~ *learning* educazione permanente.

life-or-death /ˈlaɪfɔːrˈdeθ/ *a.* disperato, accanito.

lifer /ˈlaɪfər/ *n.* (*colloq*) ergastolano *m.* (*f.* -a).

lifesaver /ˈlaɪfseɪvər/ *n.* **1** (*rescuer*) soccorritore *m.* (*f.* -trice), salvatore *m.* (*f.* -trice). **2** (*thing that saves life*) salvavita *m.* **3** (*Aus*) (*lifeguard*) bagnino *m.* (*f.* -a). **4** (*fig*) àncora *f.* di salvezza.

lifesaving, life-saving /ˈlaɪfseɪvɪŋ/ **I** *n.* salvataggio *m.* **II** *a.* **1** (*for rescue purposes*) di soccorso. **2** (*Med,ecc*) salvavita: *a* ~ *drug* un farmaco salvavita.

life-size /ˈlaɪfsaɪz/, **life-sized** /ˈlaɪfsaɪzd/ *a.* a grandezza naturale, al naturale.

lifespan, life-span /ˈlaɪfspæn/ *n.* **1** vita *f.*, durata *f.* della vita: *average* ~ vita media. **2**

(*of things*) durata *f.*: *average* ~ durata media.

lifestyle /ˈlaɪfstaɪl/ *n.* stile *m.* di vita: *alternative* ~ stile di vita alternativo.

life-support /ˈlaɪfsəpɔːt Am ˈlaɪfsəpɔːrt/ *a.* di sopravvivenza. ☐ (*Med*) ~ *machine* respiratore artificiale; ~ *system*: **1** (*Med*) respiratore artificiale; **2** (*spec. Astron*) sistema di sopravvivenza; (*Med*) *to take so. off* ~ (o *to take so. off of* ~) staccare la spina.

lifes' work /ˈlaɪfswɜːk Am ˈlaɪfswɜːrk/ *n.* (*Am*) lavoro *m.* di (tutta) una vita.

life-threatening /ˈlaɪfˌθretənɪŋ/ *a.* **1** (*of an illness*) che può uccidere, che minaccia la vita, potenzialmente mortale. **2** (*of a state*) molto grave, molto pericoloso, molto critico.

lifetime /ˈlaɪftaɪm/ **I** *n.* **1** durata *f.* di tutta una vita, vita *f.* **2** (*colloq*) (*very long time*) eternità *f.*, secolo *m.* **II** *a.* per (la durata di) tutta una vita, a vita. ☐ ~ *guarantee* garanzia a vita.

LIFO /ˈlaɪfəʊ/ (*Comm*) last-in, first-out LIFO (ultimo a entrare, primo a uscire).

lift[1] /lɪft/ **I** *v.t.* **1** (*to raise sth.*) alzare, sollevare: *to* ~ *a weight* alzare un peso. **2** (*to direct upward*) alzare, innalzare, levare. **3** (*to revoke, to remove*) togliere, levare, abolire: *to* ~ *a ban* togliere un divieto; *to* ~ *a siege* togliere una barricata. **4** (*Aer*) trasportare. **5** (*Agr*) scavare, cavare. **6** (*colloq*) (*to steal*) rubare, levare, fregare, portare via, sgraffignare. **7** (*colloq*) (*to plagiarize*) plagiare, copiare, clonare; (*to take out of normal setting*) prendere di sana pianta, prendere di peso. **8** (*colloq*) (*to arrest*) arrestare, beccare. **9** (*to project*) innalzare, levare in alto, elevare. **10** (*to raise in condition, rank, etc.*) sollevare, innalzare. **11** (*Chir,Cosmet*) fare un lifting a: *to have one's face* -*ed* (o *to get one's face* -*ed*) farsi fare un lifting (al viso). **II** *v.i.* **1** (*of fog, clouds, etc.*) diradarsi, alzarsi. **2** (*of melancholy mood, etc.*) scomparire, andarsene. **3** (*to move upward*) sollevarsi, alzarsi. **4** (*to appear elevated*) ergersi, elevarsi, innalzarsi. **5** (*of a floor*) curvarsi, inarcarsi, sollevarsi. ☐ (*fig*) *to* ~ *a finger* (*to help*) alzare un dito (per aiutare), muovere un dito (per aiutare); (*colloq,fig*) *to* ~ *an elbow* alzare il gomito; *to* ~ *one's hand* alzare la mano per giurare; (*fig*) *to not* ~ *a hand* non muovere un dito, non alzare un dito; *to* ~ *one's hand to so.* alzare le mani su qcu.; *to* ~ *one's heart* risollevare il cuore, rincuorare; *to* ~ *off*: **1** (*Astron*) partire; **2** (*Aer*) decollare; *to* ~ *one's spirit* (o *to* ~ *one's spirits*) risollevare il morale, rincuorare; (*fig*) *to* ~ *the curtain on sth.*: **1** iniziare qcs.; **2** (*to make known*) svelare qcs.; *to* ~ *the lid off sth.* smascherare qcs., mettere in mostra qcs.; *to* ~ *up*: **1** sollevare, alzare, tirare su, innalzare, levare: *to* ~ *up one's eyes to heaven* levare gli occhi al cielo; **2** (*of one's voice*) alzare la voce; **3** (*fig*) alzare, innalzare: *to* ~ *up one's heart to God* innalzare l'anima a Dio; (*Sport*) *to* ~ *weights* sollevare pesi.

lift[2] /lɪft/ *n.* **1** sollevamento *m.*, innalzamento *m.*, alzata *f.* **2** (*Br*) (*elevator*) ascensore *m.*; (*dumb waiter*) montavivande *m.*; (*hoisting apparatus*) montacarichi *m.* **3** (*colloq*) (*ride in a vehicle*) passaggio *m.*, strappo *m.*: *to give so. a* ~ dare un passaggio a qcu.; *get a* ~ *from so.* farsi dare un passaggio da qcu. **4** (*fig*) (*raise in spirits*) spinta *f.*, stimolo *m.*, slancio *m.*: *to give so. a* ~ incoraggiare qcu., dare una spinta a qcu. **5** (*rise of ground*) rialzo *m.*, sollevamento *m.* **6** (*Aer*) (*aerodynamic force*) portanza *f.*, forza *f.* ascensionale. **7** (*Calz*) (*of a heel*) sopratacco *m.* ☐ ~ *of the head* portamento eretto del capo; ~ *shaft* pozzo dell'ascensore; (*Sport*) ~ *ticket* (*for a day's* *skiing*) giornaliero, abbonamento giornaliero.

liftboy /'lɪftbɔɪ/ *n.* (*Br*) ascensorista *m.*, lift *m.*

lifter /'lɪftər/ *n.* **1** sollevatore *m.* (*f.* -trice). **2** (*Mecc*) eccentrico *m.*, camma *f.*

lifting /'lɪftɪŋ/ *n.* **1** (*of weights, etc.*) sollevamento *m.* **2** (*of a ban, etc.*) abolizione *f.*, revoca *f.* ☐ (*Mecc*) ~ *equipment* apparecchio di sollevamento.

lift-off, liftoff /'lɪftɔːf/ *n.* **1** (*Astron*) partenza *f.* **2** (*Aer*) decollo *m.*

lig /lɪg/ *v.i.* (*Br,colloq*) scroccare, fare lo scroccone.

ligament /'lɪgəmənt/ *n.* **1** (*Anat*) legamento *m.* **2** (*fig*) legame *m.*, vincolo *m.*

ligamental /ˌlɪgə'mentəl/, **ligamentary** /ˌlɪgə'mentəri/, **ligamentous** /ˌlɪgə'mentəs/ *a.* legamentoso.

ligand /'lɪgənd/ *n.* (*Chim*) legante *m.*

ligase /'lɪgeɪz/ *n.* (*Biol*) ligasi *f.*

ligate /lɪ'geɪt/ *v.t.* (*Chir*) legare.

ligation /lɪ'geɪʃən/ *n.* (*Chir*) legatura *f.*

ligature /'lɪgətʃʊər/ *Am* /'lɪgətʃər/ *n.* **1** (*act of binding*) legatura *f.*; (*sth. used to bind*) legaccio *m.*, legamento *m.* **2** (*Chir*) legatura *f.*, allacciatura *f.*; (*thread, wire*) filo *m.* per legature. **3** (*fig*) legame *m.*, vincolo *m.* **4** (*Mus*) legatura *f.* (di portamento). **5** (*Tip*) (*stroke, bar*) legatura *f.*; (*letters printed together*) logotipo *m.*

light[1] /laɪt/ *n.* **1** luce *f.* (*anche Fis*): *the ~ of the sun* la luce del sole. **2** (*sth. which emits light*) luce *f.*, sorgente *f.* luminosa, lume *m.* **3** (*lamp*) luce *f.*, fanale *m.*, lampada *f.* **4** (*electric lamp*) luce *f.*, lampada *f.*: *to turn off the ~* spegnere la luce. **5** (*daylight*) luce *f.* (diurna, del sole): *while the ~ lasts* finché c'è ancora luce. **6** (*day time*) luce *f.* (del giorno), giorno *m.*: *it is not ~ yet* non è ancora giorno. **7** (*dawn*) alba *f.* **8** (*brightness*) luminosità *f.*, chiarore *m.*, splendore *m.* **9** (*illumination*) luce *f.*, illuminazione *f.*: *there's not much ~ in this room* c'è poca luce in questa stanza. **10** (*flame to light sth.*) fuoco *m.*, fiammifero *m.*: *to strike a ~* accendere un fiammifero; *have you got a ~?* hai da accendere? **11** (*fig*) (*aspect*) aspetto *m.*, luce *f.*: *I see things in a different ~* vedo le cose sotto un aspetto differente. **12** (*fig*) (*mental or spiritual illumination*) lume *m.*, luce *f.*: *the ~ of reason* il lume della ragione; *to throw* (o *to cast* o *to shed*) ~ *on sth.* (o *on the subject*) gettare luce su qcs. **13** (*fig*) (*of the eye: gleam*) luce *f.*: *he had a strange ~ in his eye* aveva una strana luce negli occhi. **14** (*fig*) (*liveliness*) vivacità *f.* **15** (*Art*) luce *f.*; (*bright area of a picture*) chiaro *m.*, luce *f.* **16** (*Arch*) (*compartment of a window*) luce *f.*, apertura *f.*; (*window*) finestra *f.*, luce *f.* **17** *pl.* (*Teat*) (*footlights*) luci *f.pl.* della ribalta. **18** *pl.* (*Strad*) (*traffic lights*) semaforo *m.sing.* **II** *a.* **1** luminoso, (bene) illuminato: *a ~ room* una stanza luminosa. **2** (*in colour*) chiaro: *a ~ blue* azzurro chiaro. **3** (*pale*) pallido, chiaro: *a ~ complexion* una carnagione pallida. ☐ (*Art*) ~ *and shadow* luci e ombre; (*fig*) *the -s are on, but nobody's home* ci sono tutte le premesse, ma poi non succede niente; (*fig*) ~ *at the end of the tunnel* la luce in fondo a un tunnel; (*Mar*) ~ *beacon* gavitello luminoso; (*Ott*) ~ *beam* fascio di luce, raggio di luce; (*fig*) *to bring to* ~ mettere in luce, svelare, scoprire; (*El*) ~ *bulb* lampadina; *to read by the* ~ *of a torch* leggere al lume di una torcia elettrica; (*Cin*) -*s, camera, action!* azione!; (*fig*) *to come to* ~ venire alla luce; *the ~ dawned on him* si rese conto, vide la luce; *can you give me a ~?* mi fai accendere?; (*Aus,El*) ~ *globe* lampadina; *in the ~ of*

alla luce di, in base a; (*fig*) *to go out like a ~* addormentarsi subito; (*Fot*) ~ *meter* esposimetro; *the ~ of day* l'attenzione generale; (*poet*) ~ *of my eyes!* luce dei miei occhi!; (*poet*) *you are the ~ of my life* sei la luce della mia vita; -*s out*: **1** (*Mil*) ordine (o segnale) di spegnere le luci: -*s out!* spegnere le luci!; **2** (*in boarding schools, camps, etc.*) ora di spegnere le luci; (*Inform*) ~ *pen* penna ottica; ~ *pollution* inquinamento luminoso; *to put a ~ to a fire* accendere un fuoco; (*Mil*) ~ *ray* raggio della morte; (*Biol,Chim*) ~ *reaction* reazione alla luce; *to see the* ~ (*of day*): **1** (*fig*) vedere la luce, venire alla luce; **2** (*to come to understand*) afferrare, capire: *I see the ~* mi si è accesa una lampadina; *to set ~ to sth.* dare fuoco a qcs.; ~ *show* light show, giochi di luce; (*Inform*) ~ *stylus* penna ottica, penna luminosa; (*El*) ~ *valve* fotovalvola; (*Aut*) *to drive without* -*s* guidare a luci spente; (*Astr*) ~ *year* anno luce; (*fig*) *to be ~ years ahead* essere anni luci più avanti.

light[2] /laɪt/ **I** *v.t.* **1** accendere: *to ~ a fire* accendere un fuoco; *to ~ the gas* accendere il gas. **2** (*of an electric lamp*) accendere. **3** (*to give light to*) illuminare. **4** (*to guide or conduct with a light*) far luce a, illuminare la strada. **5** (*fig*) (*to give an expression*) illuminare, accendere: *a smile lit her face* un sorriso le illuminava il volto. **II** *v.i.* accendersi, prendere fuoco. ☐ *to ~ by gas* illuminare a gas; *to ~ up*: **1** illuminare, rischiarare; **2** (*used intransitively: to become bright*) illuminarsi; **3** (*of a cigarette, etc.*) accendere (*anche assol*); **4** (*fig*) illuminare, accendere: *a smile lit up her face* un sorriso le illuminava il volto; **5** (*used intransitively: to become filled with light*) illuminarsi, rischiararsi, diventare radioso.

light[3] /laɪt/ **I** *a.* **1** leggero: ~ *industry* industria leggera; ~ *music* musica leggera; ~ *infantry* fanteria leggera; *a ~ load* un carico leggero; ~ *clothing* abiti leggeri. **2** (*of less than legal weight*) scarso. **3** (*of small force, amount, etc.*) leggero, poco intenso, debole, lieve, moderato: ~ *rain* pioggia leggera; ~ *traffic* traffico poco intenso. **4** (*gentle*) leggero, delicato: *to have a ~ touch* avere un tocco leggero. **5** (*not habitual*) occasionale: *a ~ smoker* uno che fuma pochissimo. **6** (*not severe*) mite, clemente: *a ~ sentence* una sentenza mite. **7** (*cheerful*) allegro, gaio, spensierato. **8** (*not serious*) frivolo, superficiale, leggero, poco impegnativo: ~ *reading* letture frivole. **9** (*short, lacking*) privo, sprovvisto, carente: *a bit ~ on originality* un po' privo di originalità. **10** (*nimble*) agile, leggero, svelto: ~ *on one's feet* agile di gambe. **11** (*faint, indistinct*) indistinto, debole, leggero. **12** (*of soil: crumbly*) friabile; (*sandy*) sabbioso. **13** (*Tip*) (*of type*) light, chiaro. **14** (*Gastron*) (*easily digested*) leggero: *a ~ meal* un pasto leggero. **15** (*Gastron*) (*fluffy*) soffice, morbido. **16** (*Gastron*) (*low in calories*) light, dietetico. **17** (*of drinks*) leggero: *a ~ beer* una birra leggera. **18** (*of a colour*) chiaro, tenue. **II** *avv.* **1** (*colloq*) con poco bagaglio, leggero: *to travel ~* viaggiare leggeri. **2** (*Mar*) con poco carico. **3** (*leniently*) con indulgenza, con clemenza. ☐ (*Meteor*) ~ *air* bava di vento; ~ *aircraft* velivolo leggero; (*Mil*) ~ *artillery* artiglieria leggera; *as ~ as a feather* leggero come una piuma; *as ~ as air* leggero come l'aria; (*colloq*) *to get off* ~ cavarsela a buon mercato; *to have a ~ hand* avere la mano leggera (*anche fig*); *to be ~ headed* avere la testa che gira; (*fig*) *with a ~ heart* serenamente, a cuor leggero; (*Sport*) ~ *heavyweight* peso me-

dio-massimo; (*fig*) *to make ~ of sth.* non dar peso a qcs., non prendersela per qcs.; *it isn't a ~ matter* non è una cosa da poco, non è una bazzecola; *to be ~ of foot* essere agile, essere svelto, avere il passo leggero; ~ *opera* operetta; (*Ferr*) ~ *railway* ferrovia a scartamento ridotto; (*in cities*) metropolitana leggera; ~ *sleep* sonno leggero; *I'm a ~ sleeper* ho il sonno leggero; (*Mus*) ~ *soprano* soprano leggero; (*Fis*) ~ *water* acqua leggera; (*Sport*) ~ *welterweight* peso medio-leggero; *to make ~ work of sth.* sbrigare qcs. in quattro e quattr'otto.

light[4] /laɪt/ (*past, p.p.* **lighted** /'laɪtɪd/ o **lit** /lɪt/) *v.i.* **1** (*to come to rest*) posarsi (*on* su): *the bird -ed on the branch* l'uccello si posò sul ramo. **2** (*ant*) (*to alight*) scendere: *to ~ from a horse* scendere da cavallo. ☐ (*Am,colloq*) *to ~ into* attaccare, assalire; *to ~ on sth.* (*to find by chance*) imbattersi in qcs., trovare per caso (qcs.); (*Am,colloq*) *to ~ out* scappare, svignarsela.

light-emitting /ˌlaɪt'mɪtɪŋ *Am* ˌlaɪt'mɪtɪŋ/ ☐ (*Elettron*) ~ *diode* diodo a emissione luminosa.

lighten[1] /'laɪtən/ **I** *v.i.* **1** illuminarsi, schiararsi, rischiararsi. **2** (*costr.impers.*) (*Meteor*) lampeggiare (*costr.impers.*). **II** *v.t.* rischiarare, illuminare.

lighten[2] /'laɪtən/ **I** *v.t.* **1** alleggerire: *to ~ a load* alleggerire un carico, rendere leggero. **2** (*to make less of a chore*) alleviare, alleggerire, mitigare. **3** (*to lessen*) diminuire, alleggerire: *to ~ taxes* diminuire le tasse. **II** *v.i.* **1** alleggerirsi. **2** (*to become less burdensome*) alleviarsi, mitigarsi. **3** (*to become more cheerful*) rallegrarsi. **4** (*Am,colloq*) (*to become less stressed, severe*) rilassarsi. ☐ (*Am,colloq*) *to ~ up* (*to become less stressed, severe*) rilassarsi.

lighter[1] /'laɪtər *Am* 'laɪtər/ *n.* **1** chi accende, chi illumina. **2** (*device*) accenditore *m.* **3** (*cigarette lighter*) accendisigari *m.*, accendino *m.*

lighter[2] /'laɪtər *Am* 'laɪtər/ *n.* (*Mar*) chiatta *f.*, barca *f.* d'alleggio, alleggio *m.*

lighterage /'laɪtərɪdʒ *Am* 'laɪtərɪdʒ/ *n.* (*Mar*) trasporto *m.* su chiatte; (*fee paid*) spese *f.pl.* di alleggio.

lighter-than-air /ˌlaɪtəðən'eər *Am* ˌlaɪtərðən 'er/ *a.* (*Aer*) aerostatico.

light-fingered /'laɪtfɪŋgəd *Am* 'laɪtfɪŋgərd/ *a.* **1** svelto di mano, veloce. **2** (*thievish*) lesto di mano, con le mani lunghe: *to be ~* avere le mani lunghe.

light-footed /'laɪtfʊtɪd/ *a.* agile, svelto, lesto.

light-footedness /'laɪtfʊtɪdnəs/ *n.* agilità *f.*, sveltezza *f.*

light-handed /'laɪthændɪd/ *a.* dalla mano leggera, dal tocco delicato.

light-headed /'laɪtˌhedɪd/ *a.* **1** stordito, rintontito, intontito, con la testa che gira. **2** (*silly*) sbadato, con la testa fra le nuvole.

light-headedness /'laɪthedɪdnəs/ *n.* stordimento *m.*, leggerezza *f.* di testa, sbigottimento *m.*

light-hearted /'laɪthɑːtɪd *Am* 'laɪthɑːrtɪd/ *a.* allegro, spensierato, gaio, dal cuore leggero.

light-heartedly /'laɪthɑːtɪdli *Am* 'laɪt hɑːrtɪdli/ *avv.* **1** allegramente, a cuor leggero. **2** (*without careful consideration*) senza rifletterci prima, a cuor leggero. **3** (*jokingly, humorously*) scherzosamente, scherzando.

light-heartedness /'laɪthɑːtɪdnəs *Am* 'laɪt hɑːrtɪdnəs/ *n.* allegria *f.*, gaiezza *f.*, spensieratezza *f.*

lighthouse /'laɪthaʊs/ *n.* (*Mar*) faro *m.* ☐ ~ *keeper* guardiano di faro.

ighting /'laɪtɪŋ *Am* 'laɪtɪŋ/ *n.* **1** illuminazione *f.* **2** (*system of lights*) illuminazione *f.*, impianto *m.* di illuminazione, rete *f.* di illuminazione, luce *f.*: *street* ~ illuminazione stradale. **3** (*setting on fire*) l'accendere, accensione *f.* **4** (*Teat,Cin*) illuminazione *f.* **5** (*Art*) luce *f.* □ ~ *director* tecnico (principale) delle luci; ~ *engineer* tecnico delle luci; ~ *engineering* illuminotecnica; ~ *technician* tecnico delle luci.

ighting-up /,laɪtɪŋ'ʌp/ □ (*Br,Aut*) ~ *time* ora in cui si devono accendere i fari.

ightish[1] /'laɪtɪʃ *Am* 'laɪtɪʃ/ *a.* (*light-coloured*) piuttosto chiaro.

ightish[2] /'laɪtɪʃ *Am* 'laɪtɪʃ/ *a.* (*lightweight*) piuttosto leggero.

ightless /'laɪtləs/ *a.* senza luce, senza luci, al buio, oscuro.

ightly /'laɪtli/ *avv.* **1** leggermente, con dolcezza. **2** (*nimbly*) agilmente, con leggerezza. **3** (*slightly*) leggermente, appena. **4** (*cheerfully*) allegramente, spensieratamente. **5** (*without consideration*) alla leggera, con leggerezza: *to take sth.* ~ prendere qcs. alla leggera. □ (*colloq*) *to get off* ~ cavarsela a buon mercato, cavarsela alla grande. *Prov.*: *spec. Br*) ~ *come,* ~ *go* presto avuto, presto perduto.

ight-minded /laɪtmaɪndɪd/ *a.* frivolo, leggero.

ightness[1] /'laɪtnəs/ *n.* luminosità *f.* (*anche is,Astr*).

ightness[2] /'laɪtnəs/ *n.* **1** leggerezza *f.*, lievità *f.* **2** (*nimbleness*) agilità *f.*, leggerezza *f.* **3** (*cheerfulness*) allegria *f.*, gaiezza *f.* **4** (*delicacy*) leggerezza *f.*, delicatezza *f.*: ~ *of touch* leggerezza di tocco.

ightning /'laɪtnɪŋ/ *n.* (*Meteor*) lampi *m.pl.*, fulmini *m.pl.*: *flash of* ~ lampo, fulmine. **II** *a.* lampo, rapido, velocissimo: ~ *raid* incursione lampo. □ (*El*) ~ *arrester* scaricatore; (*Am,Entom*) ~ *bug* lucciola; (*Br,El*) ~ *conductor* parafulmine; *like* ~ in un lampo, velocemente; (*Am,El*) ~ *rod* parafulmine; *with* ~ *speed* come un fulmine, come un lampo; (*Ind*) ~ *strike* sciopero lampo. *Prov.*: ~ *doesn't strike twice* (o ~ *never strikes twice in the same place*) la storia non si ripete, se è già successo una volta non è detto che si ripeta.

ightproof /'laɪtpruːf/ *a.* a tenuta di luce.

ights /laɪts/ *n.pl.* (*Macell,Gastron*) polmone *m.sing.*

ight-sensitive /laɪt'sensətɪv *Am* ,laɪt sensətɪv/ *a.* fotosensibile.

ightship /'laɪtʃɪp/ *n.* (*Mar*) battello *m.* faro.

ightsome[1] /'laɪtsəm/ *a.* (*ant,poet*) **1** (*cheerful, carefree*) allegro, gaio, spensierato. **2** (*frivolous*) frivolo, leggero. **3** (*graceful*) grazioso, aggraziato; (*nimble*) leggero, agile.

ightsome[2] /'laɪtsəm/ *a.* (*ant*) **1** luminoso. **2** (*bright*) splendente, chiaro.

ightweight /'laɪtweɪt/ **I** *a.* **1** leggero: *a* ~ *suit* un abito leggero. **2** (*fig*) (*not serious*) poco serio, leggero; (*trivial*) banale, insignificante. **3** (*Sport*) leggero, dei pesi leggeri. **II** *n.* **1** persona *f.* dal peso inferiore alla media. **2** (*Sport*) peso *m.* leggero. **3** (*fig*) persona *f.* di poco valore, mezzacalzetta *f.*, peso *m.* leggero: *a political* ~ un politico ininfluente. □ *to be wearing* ~ *clothes* essere vestito leggero.

ight-year /'laɪtjɪːə/ *n.* (*Astr*) anno *m.* luce. □ (*fig*) *to be* ~*s ahead* essere anni luci più avanti.

igneous /'lɪgniəs/ *a.* **1** ligneo, legnoso. **2** (*Med*) ligneo.

ignification /,lɪgnɪfɪ'keɪʃ°n/ *n.* (*Bot*) lignificazione *f.*

lignify /'lɪgnɪfaɪ/ **I** *v.t.* lignificare. **II** *v.i.* lignificarsi.

lignin /'lɪgnɪn/ *n.* (*Bot*) lignina *f.*

lignite /'lɪgnaɪt/ *n.* lignite *f.*

lignocaine /'lɪgnəkeɪn/ *n.* (*Med*) lignocaina *f.*

lignocellulose /,lɪgnou'seljuːləs/ *n.* (*Bot*) lignocellulosa *f.*

lignum-vitae /'lɪgnəm,viːteɪ/ *n.* (*Bot*) guaiaco *m.*, legno *m.* santo.

ligroin /'lɪgrɔɪn/ *n.* (*Chim*) ligroina *f.*

ligula /'lɪgjuːlə/ *n.* (*Entom*) ligula *f.*

ligular /'lɪgjuːlə[r]/ *a.* (*Entom*) ligulare.

ligulate /'lɪgjuːlət/ *a.* (*Bot*) ligulato.

ligule /'lɪgjuːl/ *n.* (*Bot*) ligula *f.*

Liguria /lɪ'gjʊriə/ *n.pr.* (*Geog*) Liguria *f.*

Ligurian /lɪ'gjʊriən/ **I** *a.* ligure. **II** *n.* **1** ligure *m./f.* **2** (*language*) ligure *m.*, dialetto *m.* ligure.

likable /laɪkəbəl/ *a.* che piace, simpatico, attraente, piacevole.

like[1] /laɪk/ **I** *a.* **1** (*same*) uguale, simile, medesimo, stesso, pari. **2** (*equal*) uguale, stesso, medesimo. **3** (*similar, analogous*) affine, simile, similare: *botany, zoology and* ~ *subjects* botanica, zoologia e materie affini. **4** (*resembling*) simile, somigliante: *as* ~ *as two peas* simili come due gocce d'acqua. **5** (*in compounds: resembling*) che sembra, simile a, come: *a box-*~ *room* una stanza che sembra una scatola. **6** (*in compounds: characteristic of*) da, caratteristico di, proprio di: *lady-*~ *behaviour* modo da (vera) signora. **II** *n.* **1** (*person*) simile *m./f.*, uguale *m./f.*: *we shall never see his* ~ *again* non vedremo mai più uno simile a lui. **2** (*thing*) cosa *f.* simile, cosa *f.* uguale, cosa *f.* affine: *I have never heard the* ~ *of it* non ho mai sentito una cosa simile. **3** *pl.* gusti *m.pl.*, simpatie *f.pl.*, preferenze *f.pl.*: ~*s and dislikes* simpatie e antipatie; *to be full of* ~*s and dislikes* andare a simpatie e antipatie. **III** *prep.* **1** (*similar to*) come, nello stesso modo di, al pari di: *to work* ~ *a slave* lavorare come uno schiavo. **2** (*in the manner of*) da, come: *to act* ~ *a gentleman* comportarsi da gentiluomo. **3** (*resembling*) come, simile a: *he is* ~ *his father* è come suo padre. **4** (*typical of*) da, tipico di: *it is just* ~ *him* è proprio da lui. **5** (*as though*) da, come, di: *he treated me* ~ *a brother* mi ha trattato come un fratello. **6** (*comparable to; in negative sentences*) paragonabile a, come: *there is no place* ~ *home* non esiste luogo paragonabile alla propria casa. **7** (*with a suggestion of; used after verbs of senses*) non si traduce, spesso si usa il verbo sembrare: *it looks* ~ *rain* sembra che pioverà, c'è aria di pioggia; *it sounds* ~ *fun* sembra divertente; *it tasted* ~ *honey* sembrava miele; *the wine tasted* ~ *vinegar* il vino sapeva di aceto; *the baby looks* ~ *his grandfather* il bambino è tutto suo nonno, il bambino assomiglia a suo nonno. **8** (*asking about characteristics, with "what"*) come: *what is she* ~? com'è?, che aspetto ha?; *what was the film* ~? com'era il film?; *what is he* ~ *as an actor?* com'è come attore? **9** (*such as*) come, quale: *he's interested in lots of things,* ~ *sports and literature* si interessa a molte cose, quali lo sport, la letteratura. **IV** *avv.* **1** (*colloq*) (*in a certain manner*) come: ~ *new* come nuovo. **2** (*colloq*) (*as a meaningless filler*) vero?, no?, beh, cioè, niente, come (posso) dire, spesso non si traduce: *it's* ~, *why bother?* beh, allora perché preoccuparsi?; *there were,* ~, *thousands of flies* c'erano migliaia di mosche. **3** (*sl,dial*) (*for final emphasis*) per modo di dire, per così dire: *his head was all bumpy,* ~ la sua testa era tutta un bernoccolo, per modo di dire. **V** *congz.* **1** (*as*) come: *do* ~ *I do* fa' come faccio io. **2** (*colloq*) (*as if*)

se. □ *to eat* ~ *a bird* mangiare come un uccellino, mangiare pochissimo; *to know so.* ~ *a book* conoscere qcu. a fondo, conoscere qcu. benissimo; *and the* ~ e (cose) simili, e via dicendo, e così via; (*colloq*) ~ *anything* tantissimo, come un matto: *he swears* ~ *anything* dice tantissime parolacce; *she drinks* ~ *anything* beve come una spugna; (*as*) ~ *as not* probabilmente, con ogni probabilità; (*fig*) *to be as* ~ *as two peas* (*in a pod*) assomigliarsi come due gocce d'acqua; ~ *attracts* ~ chi si assomiglia si piglia, ogni simile ama il suo simile; *to be* ~: **1** (*to resemble*) assomigliare; **2** (*to have qualities of*) essere come: *to be* ~ *a father to so.* essere un padre per qcu.; **3** (*to be typical of*) tipicamente, proprio da: *that's just* ~ *a woman!* questo è tipicamente femminile!; *this is just* ~ *him!* questo è proprio di lui!; è un classico che si comporti così!; ~ *crazy* come un matto, tantissimo; ~ *enough* probabilmente, con ogni probabilità; *in* ~ *form* in maniera analoga; ~ *mad* come un matto, tantissimo; *more* ~ più vicino, più prossimo; *the figure was more* ~ *fifty than forty* la cifra era più vicina a cinquanta che a quaranta; (*colloq*) *that's more* ~ *it* così va bene, così va meglio, è già meglio; ~ *nobody's business* tantissimo, come un matto; (*colloq*) *the* ~*s of* pari, simili: *you and the* ~*s of you* tu e i tuoi pari; *nobody listens to the* ~*s of us* nessuno ascolta gente come noi; *today we have seen an event the* ~*s of which we shall never see again* oggi abbiamo assistito a un avvenimento di cui non vedremo mai più l'uguale; *or the* ~ o qcs. di simile; ~ *so* così, in questo modo; ~ *that*: **1** (*in that way*) in quel modo, così: *don't talk* ~ *that* non parlare così; **2** (*of that kind*) simile, siffatto, di quella specie: *I never trust men* ~ *that* non mi fido mai di uomini simili; ~ *this* così, in questo modo: *do it* ~ *this* fallo così; (*rar*) ~ *to* (o ~ *unto*) simile a; *very* ~ probabilmente, con ogni probabilità. *Prov.*: ~ *father, like son* tale padre, tale figlio; ~ *master, like man* tal padrone, tal servitore.

like[2] /laɪk/ **I** *v.t.* **1** piacere (*costr.impers.*), amare, gradire: *I* ~ *coffee* il caffè mi piace; *do you* ~ *travelling?* ti piace viaggiare?; (*scherz*) *I* ~ *eggs but they don't* ~ *me* le uova, mi fanno male. **2** (*to feel attraction toward*) piacere (*costr.impers.*), essere simpatico (*costr.impers.*), avere simpatia per, provare simpatia per. **3** (*to want; spesso al condizionale*) andare (*costr.impers.*), piacere (*costr.impers.*), desiderare, volere: *would you* ~ *a cup of tea?* ti va una tazza di tè?; *I wouldn't* ~ *to live in Venice* non mi piacerebbe vivere a Venezia; *I don't* ~ *to disturb you* non vorrei (o mi dispiace) disturbarti ma. **4** (*to prefer, to choose*) piacere (*costr.impers.*), preferire: *how do you* ~ *your tea?* come ti piace il tè? **II** *v.i.* parere (*costr.impers.*), piacere (*costr.impers.*), volere: *you can do as you* ~ puoi fare come ti pare; *I'll come if you* ~ vengo se vuoi. □ *to* ~ *better* preferire; *I don't* ~ *him* mi è antipatico; *I* ~ *his impudence!* che faccia tosta!; (*colloq*) ~ *it or lump it* o mangiar questa minestra o saltar questa finestra; *well, I* ~ *that!* questa sì che è bella!

likeability /laɪkəbɪlɪti *Am* 'laɪkəbɪlɪti/ *n.* piacevolezza *f.*

likeable /'laɪkəb°l/ *a.* che piace, simpatico, attraente, piacevole.

likeableness /'laɪkəb°lnəs/ *n.* simpatia *f.*

likeably /'laɪkəbli/ *avv.* con simpatia.

likelihood /'laɪklɪhʊd/ *n.* probabilità *f.*, verosimiglianza *f.* □ *in all* ~ con molta probabilità, con ogni probabilità.

likeliness /'laɪklinəs/ *n.* probabilità *f.*, verosimiglianza *f.*

likely /'laɪkli/ **I** *a.* **1** probabile, presumibile, prevedibile: *rain is ~ this evening* (o *it is ~ to rain this evening*) è probabile che stasera piova. **2** (*credible*) verosimile, credibile, attendibile: *a ~ story* un racconto verosimile. **3** (*suitable*) adatto, conveniente: *a ~ place for a picnic* un posto adatto per un picnic. **4** (*promising*) promettente: *a ~ young boxer* un giovane pugile promettente. **II** *avv.* probabilmente, verosimilmente. ☐ (*as*) *~ as not* molto probabilmente; *most ~* molto probabilmente, con molta probabilità; *not ~*: 1 inverosimilmente, improbabilmente: *they are not ~ to be late* non dovrebbero fare tardi; 2 (*no chance*) certamente no: *not ~!* puoi scordartelo!, non c'è pericolo!; (*iron*) *a ~story!* ma va là!, raccontala a qualcun altro!; *very ~* molto probabilmente, con molta probabilità.

like-minded /'laɪkmaɪndɪd/ *a.* della stessa opinione, della stessa idea.

like-mindedness /laɪk,maɪndɪdnəs/ *n.* affinità *f.* mentale.

liken /'laɪkən/ *v.t.* paragonare, comparare.

likeness /'laɪknəs/ *n.* **1** somiglianza *f.*, rassomiglianza *f.* **2** (*portrait*) ritratto *m.*; (*photograph*) fotografia *f.* **3** (*appearance, form*) aspetto *m.*, forma *f.*, veste *f.*: *Zeus assumed the ~ of a swan* Zeus prese l'aspetto di (un) cigno.

likewise /'laɪkwaɪz/ *avv.* **1** nello stesso modo, allo stesso modo, ugualmente, altrettanto, similmente, in modo analogo, analogamente: *treat me well and I'll do ~* trattami bene e io farò altrettanto. **2** (*and the same to you*) altrettanto: *Have a nice evening - Likewise* Buona serata - Altrettanto. **3** (*also*) anche, inoltre, in aggiunta.

liking /'laɪkɪŋ/ *n.* **1** (*preference*) preferenza *f.*, inclinazione *f.* **2** (*fondness, penchant*) simpatia *f.*, predilezione *f.*, propensione *f.* **3** (*taste, pleasure*) gusto *m.*, gradimento *m.*: *is the tea to your ~?* è di suo gradimento il tè? ☐ *to have no ~ for sth.* non gradire qcs.; *to take a ~ to*: 1 (*of things*) prendere gusto a; 2 (*of people*) prendere in simpatia.

lilac /'laɪlək *Am* 'laɪlæk/ **I** *n.* **1** (*Bot*) lillà *m.*, serenella *f.*, siringa *f.* **2** (*colour*) lilla *m.* **II** *a.* (color) lilla.

liliaceous /,lɪli'eɪʃəs/ *a.* (*Bot*) gigliaceo.

Lilian /'lɪliən/ *n.pr.f.* Liliana.

lilied /'lɪli:d/ *a.* pieno di gigli.

Lilliput /'lɪlɪpʌt/ *n.pr.* (*Lett*) Lilliput *m.*

Lilliputian /,lɪli'pju:ʃən/ **I** *n.* (*Lett*) lilliputiano *m.* (*f.* -a) (*anche fig*). **II** *a.* **1** (*Lett*) lilliputiano. **2** (*fig*) lilliputiano, piccolissimo, minuscolo.

lilo, Lilo, Li-lo /'laɪloʊ/ *n.* materassino *m.* (gonfiabile).

lilt /lɪlt/ **I** *n.* **1** (*manner of speaking*) cadenza *f.* ritmica, cadenza *f.* melodica: *to have a ~ in one's voice* parlare con una cadenza ritmica. **2** (*springy movement*) scioltezza *m.*, molleggiamento *m.*: *a ~ in one's gait* un'andatura sciolta, un'andatura molleggiata. **3** (*ant*) (*cheerful song*) canzone *f.* allegra, canzone *f.* ben ritmata. **II** *v.i.* **1** (*to speak with a gently rhythm*) parlare con cadenza ritmata. **2** (*to sing with a gentle rhythm*) cantare con ritmo, cantare con cadenza melodica, canticchiare. **3** (*to walk bouncily*) camminare con un'andatura sciolta, camminare con un'andatura molleggiata.

lilting /'lɪltɪŋ/ *a.* **1** (*of speaking, singing*) ritmato, ritmico, cadenzato. **2** (*of walking*) sciolto, molleggiato.

lily /'lɪli/ **I** *n.* **1** (*Bot*) giglio *m.*; (*waterlily*) ninfea *f.* **2** (*Arald*) giglio *m.* **II** *a.* **1** bianco (come un giglio), candido. **2** (*fig*) puro, casto. ☐ (*Mar*) *~ iron* fiocina dalla punta smontabile; (*Bot*) *~ of the valley* mughetto, giglio delle convalli; (*Bot*) *~ pad* foglia di ninfea.

lily-livered /'lɪli:lɪvəd *Am* 'lɪlilɪvəʳd/ *a.* (*poet*) codardo, vile.

lily-white /'lɪli:waɪt/ *a.* **1** candido, bianco come un giglio. **2** (*fig*) candido, puro, innocente.

lima /'li:mə *Am* 'laɪmə/ ☐ (*Bot,Alim*) *~ bean* fagiolo di Lima, fagiolo americano.

limb¹ /lɪm/ **I** *n.* **1** (*Anat*) arto *m.*: *the lower -s* gli arti inferiori; *artificial ~* arto artificiale. **2** (*branch*) ramo *m.* **3** (*fig*) (*projecting part*) braccio *m.*, ramo *m.*: *a ~ of a cross* un braccio di una croce. **4** (*fig*) (*member*) componente *m.*, membro *m.* **II** *v.t.* squartare. ☐ (*fig*) *to tear so. ~from* squartare qcu. pezzo a pezzo, fare qcu. a pezzetti; (*colloq*) *on a ~ (o out on a ~*) in una posizione rischiosa, in una posizione pericolosa.

limb² /lɪm/ *n.* **1** (*Astr*) limbo *m.*, lembo *m.* **2** (*Geom,Bot*) lembo *m.* **3** (*Tecn*) (*on a scientific instrument*) settore *m.* graduato.

limbed /lɪmbd/ *a.* (*in compounds*) dalle membra...: *strong-~* dalle membra forti.

limber¹ /'lɪmbəʳ/ **I** *a.* **1** agile, sciolto. **2** (*flexible*) pieghevole, flessibile. **3** (*fig*) (*of the mind, etc.*) agile, svelto, pronto, sveglio. **II** *v.t.* sciogliere, riscaldare. **III** *v.i.* acquistare scioltezza, acquisire agilità, sciogliersi i muscoli, riscaldarsi.

limber² /'lɪmbəʳ/ **I** *n.* (*Mil*) avantreno *m.* **II** *v.t.* (*Mil*) attaccare all'avantreno. ☐ (*Mil*) *to ~ up*: 1 (*used transitively*) attaccare all'avantreno; 2 (*used intransitively*) attaccare il cannone all'avantreno.

limberness /'lɪmbənəs *Am* 'lɪmbəʳnəs/ *n.* scioltezza *f.*, agilità *f.*

limbic /'lɪmbɪk/ *a.* (*Anat*) limbico. ☐ (*Anat*) *~ system* sistema limbico.

limbless /'lɪmləs/ *a.* senza membra.

limbo¹, Limbo /'lɪmboʊ/ *n.* **1** (*Teol*) limbo *m.* **2** (*oblivion*) dimenticatoio *m.*, oblio *m.* **3** (*ant*) (*place of restraint*) prigione *f.* ☐ (*colloq*) *to be in ~* essere in un limbo.

limbo² /'lɪmboʊ/ *n.* (*pl.* **-s** /-z/) *n.* (*Caribbean dance*) limbo *m.*

limbus /'lɪmbəs/ *n.* (*pl.* **-bi** /-baɪ/) *n.* (*Anat*) limbo *m.*

lime¹ /laɪm/ **I** *n.* **1** (*Chim*) calce *f.* **2** (*Agr*) concime *m.* calcareo. **3** (*ant*) (*birdlime*) pania *f.*, vischio *m.* **II** *v.t.* **1** (*Edil*) (*to whitewash*) imbiancare a calce. **2** (*Agr*) (*of soil*) calcinare. **3** (*ant,Caccia*) catturare con la pania, intrappolare; (*to smear with lime*) impaniare. ☐ *~ pit* cava calcarea; (*Chim,Farm*) *~ water* acqua di calce.

lime² /laɪm/ *n.* **1** (*Bot*) limetta *f.* acida, lumia *f.* **2** (*fruit*) limetta *f.*, lime *m.*, (*pop*) laim *m.* ☐ *~ green* verdognolo, verde-giallo; *~ juice* succo di lime.

lime³ /laɪm/ *n.* (*Bot*) tiglio *m.* ☐ *~ flowers herbal tea* (o *~ herbal tea*) infuso di tiglio.

limeade /'laɪmeɪd/ *n.* bibita *f.* a base di lime.

limekiln /'laɪmkɪln/ *n.* calcara *f.*, fornace *f.* da calce.

limelight /'laɪmlaɪt/ *n.* **1** (*Teat,ant*) (*spotlight*) riflettore *m.* lenticolare; (*stage lighting*) luci *f.pl.* della ribalta. **2** (*fig*) ribalta *f.* ☐ (*fig*) *to be in the ~* salire alla ribalta, venire alla ribalta.

limen /'laɪmən/ *n.* (*pl.* **-s** /-z/, **limina** /'lɪmɪnə/) *n.* (*Psic*) limen *m.*, soglia *f.*

limerick /'lɪmərɪk/ *n.* (*Lett*) limerick *m.*, poesia *f.* umoristica di cinque righe.

Limerick /'lɪmərɪk/ *n.pr.* (*Geog*) Limerick *f.*, contea *f.* di Limerick.

limestone /'laɪmstoʊn/ *n.* (*Min*) calcare *m.*

limewash /'laɪmwɒʃ *Am* 'laɪmwɑːʃ/ *n.* (*Edil*) latte *m.* di calce, calce *f.*

limey /'laɪmi/ *n.* **1** (*ant*) (*British ship*) nave inglese. **2** (*Am,Aus,spreg*) (*Briton*) britannico *m.*, inglese *m.*

liminal /'lɪmɪnəl/ *a.* (*spec. Psic*) liminale.

limit /'lɪmɪt/ **I** *n.* **1** limite *m.*: *there is a ~ to my patience* la mia pazienza ha un limite; *there is a ~ to everything* c'è un limite a tutto; *the speed ~* il limite di velocità; *to know one's ~* conoscere i propri limiti. **2** *spec.pl.* (*boundary*) limite *m.*, confine *m.* **3** (*utmost extent*) limite *m.* (estremo), grado *m.* estremo, punto *m.* estremo. **4** (*limitation*) limite *m.*, limitazione *f.*: *to set -s* porre delle limitazioni. ☐ (*colloq*) (*last straw*) colmo *m.*, limite *m.* **II** *v.t.* **1** limitare. **2** (*to reduce, to curtail*) limitare, contenere, ridurre, restringere: *he -ed his holidays to five days* ha ridotto le sue vacanze a cinque giorni. **III** *v.i.* limitarsi: *I will ~ myself to one ice cream a day* mi limiterò a un gelato al giorno. ☐ *to have no -s* (o *to know no -s*) non avere limiti, non conoscere limiti; *there is no ~ to his greed* la sua avidità è senza limiti; *off -s* vietato l'ingresso; (*Econ*) *~ order* ordine (con prezzo) limitato; *over the ~*: 1 al di sopra del limite (di alcool nel sangue), in stato di ubriachezza; 2 (*of credit card*) scoperto, senza credito disponibile; (*Mat*) *~ point* punto limite, punto di accumulazione; *to be the ~* essere il colmo: *that's the ~* ma è il colmo, è inaudito; *you're the ~* sei insopportabile; *to the -s* fino all'ultimo, all'estremo; (*Econ*) *~ up* rialzo massimo; *within -s* entro certi limiti; *within a three-mile ~* in un raggio di tre miglia.

limitable /'lɪmɪtəbl *Am* 'lɪmɪtəbl/ *a.* limitabile.

limitary /'lɪmɪtəri *Am* 'lɪmɪteri/ *a.* **1** (*limited*) limitato, ristretto. **2** (*limiting*) limitativo, che limita.

limitation /,lɪmɪ'teɪʃən/ *n.* **1** limitazione *f.*, limite *m.*, restrizione *f.* **2** (*limit of capability*) limite *m.*: *to know one's -s* conoscere i propri limiti. **3** (*Dir*) termine *m.* di prescrizione. ☐ (*Dir*) *~ of liability* limitazione di responsabilità.

limitative /'lɪmɪtətɪv *Am* 'lɪmɪtətɪv/ *a.* limitativo.

limited /'lɪmɪtɪd *Am* 'lɪmɪtəd/ *a.* **1** limitato, ristretto, scarso, esiguo: *~ means* mezzi scarsi. **2** (*Pol,Comm,Econ*) limitato. **3** (*Am*) (*of buses, trains, etc.*) diretto. ☐ (*Br,Econ*) *~ company* società a responsabilità limitata; *~ edition* edizione numerata; (*Dir*) *~ jurisdiction* giurisdizione limitata; (*Br,Econ*) *~ liability* responsabilità limitata; *~ liability company* società a responsabilità limitata; *~ monarchy* monarchia costituzionale; (*Econ*) *~ partner* socio accomandante; (*Econ*) *~ partnership* società in accomandita, accomandita.

limiter /'lɪmɪtə *Am* 'lɪmɪtəʳ/ *n.* **1** chi limita, limitatore *m.* (*f.* -trice). **2** (*El*) limitatore *m.*

limiting /'lɪmɪtɪŋ *Am* 'lɪmɪtɪŋ/ *a.* limitativo (*anche Gramm*).

limitless /'lɪmɪtləs/ *a.* illimitato, senza limite, senza confine: *a ~ supply* riserve illimitate.

limn /lɪm/ *v.t.* **1** (*poet*) dipingere, disegnare. **2** (*to describe*) descrivere.

limnologist /lɪm'nɒlədʒɪst *Am* lɪm'nɑːlədʒɪst/ *n.* (*Biol*) limnologo *m.* (*f.* -a).

limnology /lɪm'nɒlədʒi *Am* lɪm'nɑːlədʒi/ *n.* (*Biol*) limnologia *f.*

limo /'lɪmoʊ/ *n.* (*Aut,colloq*) limousine *f.* ☐ *stretched ~* limousine superlusso.

limonene /'lɪməni:n/ *n.* (*Chim*) limonene *m.*

limonite /'laɪmənaɪt/ *n.* (*Min*) limonite *f.*

limousine /'lɪməzi:n/ *fr n.* **1** (*Aut*) limousine

f., auto *f.* di lusso. **2** (*Am,Aut*) vettura *f.* di servizio (di un albergo, da o per l'aeroporto).

limp[1] /lɪmp/ **I** *v.i.* **1** zoppicare, camminare zoppo, claudicare. **2** (*fig*) avanzare con difficoltà, procedere con difficoltà. **II** *n.* zoppicatura *f.*: *to have a ~* zoppicare; *to walk with a ~* camminare zoppo.

limp[2] /lɪmp/ *a.* **1** floscio, molle. **2** (*fig*) (*weak*) debole, fiacco. **3** (*fig*) (*exhausted*) esausto, stremato. **4** (*Legat*) con legatura flessibile. ☐ (*colloq,spreg*) *~ wrist* (*gay man*) checca, finocchio.

limper /ˈlɪmpər/ *n.* chi zoppica.

limpet /ˈlɪmpət/ **I** *n.* **1** (*Zool*) patella *f.* **2** (*fig*) persona *f.* che si attacca come un'ostrica. **3** (*Mar.mil*) mignatta *f.* ☐ (*Mar.mil*) *~ mine* mignatta.

limpid /ˈlɪmpɪd/ *a.* **1** limpido, chiaro, trasparente. **2** (*fig*) (*of style, etc.*) limpido, chiaro.

limpidity /lɪmˈpɪdɪti/ *Am* lɪmˈprdəti/ *n.* limpidezza *f.*, trasparenza *f.* (*anche fig*).

limpkin /ˈlɪmpkɪn/ *n.* (*Ornit*) tordo *m.* occhionero.

limply /ˈlɪmpli/ *avv.* flosciamente, fiaccamente.

limpness /ˈlɪmpnəs/ *n.* mollezza *f.*, l'essere floscio.

limp-wristed /ˌlɪmpˈrɪstəd/ *a.* (*colloq,spreg*) (*gay*) da checca, (da) effeminato.

limy /ˈlaɪmi/ *a.* **1** viscoso, vischioso, appiccicoso. **2** (*resembling lime*) calcareo. **3** (*smeared with birdlime*) impaniato.

linac /ˈlɪnæk/ *n.* (*Nucl*) (*linear accelerator*) acceleratore *m.* lineare.

linage /ˈlaɪnɪdʒ/ *n.* **1** numero *m.* di righe di composizione. **2** (*payment*) tariffa *f.* per riga.

linchpin /ˈlɪntʃpɪn/ *n.* **1** (*Mecc*) acciarino *m.* **2** (*fig*) cardine *m.*, elemento *m.* principale.

Lincoln /ˈlɪnkən/ *n.pr.* (*Geog*) Lincoln. ☐ *~ green* verde oliva; (*GB,Dir*) *~'s Inn* albo degli avvocati.

Lincolnshire /ˈlɪnkənʃə/ *n.pr.* (*Geog*) Lincolnshire *m.*, contea *f.* di Lincoln.

Lincs Lincolnshire (Lincolnshire).

linctus /ˈlɪnktəs/ *n.* (*Farm*) sciroppo *m.*, sciroppo *m.* per la tosse.

Linda /ˈlɪndə/ *n.pr.f.* Linda.

linden /ˈlɪndən/ *n.* **1** (*Bot*) tiglio *m.* **2** (*wood*) legno *m.* di tiglio, tiglio *m.*

line[1] /laɪn/ **I** *n.* **1** linea *f.* (*anche Geom*): *a straight ~ between two points* una linea retta fra due punti. **2** (*written mark*) linea *f.*, rigo *m.*, tratto *m.*: *to draw a ~* tracciare una linea. **3** (*stroke of pen*) riga *f.*, linea *f.*, frego *m.* **4** (*cord, string, etc.*) filo *m.*, corda *f.*, cordicella *f.*, fune *f.* **5** (*washing line*) filo *m.* (per stendere il bucato). **6** (*on the face, etc.*) ruga *f.*, solco *m.*, grinza *f.* **7** (*limit, boundary*) linea *f.*, limite *m.*: *~ of demarcation* linea di demarcazione. **8** (*frontier*) confine *m.*, frontiera *f.* **9** (*indication of demarcation*) linea *f.* di separazione: *the thin* (o *fine* o *narrow*) *~ between neurosis and psychosis* la sottile linea di separazione tra neurosi e psicosi. **10** (*row*) fila *f.*, filare *m.* **11** (*of people: queue*) fila *f.*, coda *f.*: *to stand in* (a) *~ for* fare la fila per. **12** (*course, direction*) linea *f.*, direzione *f.*: *~ of flight* linea di volo. **13** (*route*) linea *f.*, percorso *m.*, itinerario *m.* **14** (*system of transport*) linea *f.* **15** (*company*) compagnia *f.*, società *f.*: *a steamship ~* una compagnia di navigazione. **16** (*course of action*) linea *f.* d'azione, linea *f.* di condotta: *what ~ shall we take?* quale linea d'azione dobbiamo assumere? **17** (*policy*) linea *f.* (politica), direttive *f.pl.*, direttrice *f.*: *to follow the party ~* seguire la linea del partito. **18** (*occupation, trade*) occupazione *f.*, attività *f.*, mestiere *m.*: *what's your ~?* qual è la tua attività? **19** (*field*

of interest) campo *m.*, settore *m.*, ramo *m.*; (*fig*) *that's not in my ~* non è affar mio. **20** (*row of written words, etc.*) riga *f.*, rigo *m.* **21** (*short letter*) letterina *f.*, due righe *f.pl.*: *to drop so. a ~* scrivere due righe a qcu. **22** (*deceptive talk*) storia *f.*, racconto *m.*: *don't give me that old ~ again* non raccontarmi di nuovo quella vecchia storia. **23** (*pick-up line*) frase *f.* per abbordare una donna. **24** (*lineage, family*) stirpe *f.*, casata *f.*, discendenza *f.*: *he comes of a noble ~* è di nobile stirpe. **25** (*series of generations*) linea *f.*, successione *f.* (di parentela): *the male ~* la linea maschile. **26** (*Pesc*) lenza *f.* **27** (*Mar*) (*towline*) gomena *f.* da rimorchio; (*small line*) cima *f.*, sagola *f.* **28** (*Tel*) linea *f.*: *the ~ is engaged* (o *the ~ is busy*) la linea è occupata. **29** (*El*) (*electric cable*) linea *f.*, filo *m.* **30** (*Mil*) (*formation in a row*) fila *f.*, rango *m.*, riga *f.*; (*row of tents or huts*) campo *m.*: *to inspect the -s* ispezionare il campo; (*fortified area*) linea *f.* (difensiva): *the Siegfried ~* la linea Sigfrido; *the front ~* la prima linea. **31** (*Mil*) (*regular infantry troops*) soldati *m.pl.* di linea, fanteria *f.*: *a soldier of the ~* un soldato di fanteria; (*combatant forces*) forze *f.pl.* combattenti. **32** (*Ferr*) linea *f.*; (*track*) binario *m.* **33** (*Geog*) (*equator*) equatore *m.* **34** (*Comm*) linea *f.*, serie *f.*: *a new ~ of cosmetics* una nuova linea di cosmetici. **35** (*Sport*) linea *f.*: *starting ~* linea di partenza. **36** (*Metr*) verso *m.*: *ten-syllable ~* verso decasillabo; *-s written near Naples* versi scritti nei pressi di Napoli. **37** (*Mus*) (*part of stave*) rigo *m.* **38** (*Mus*) (*melody*) melodia *f.*, motivo *m.* **39** (*TV*) riga *f.*, linea *f.* **40** (*sl*) (*dose of powdered drug*) pista *f.* **41** *pl.* (*outline, contour*) linea *f.sing.*, sagoma *f.sing.*, profilo *m.sing.*: *the car has beatiful -s* l'auto ha una bella linea. **42** *pl.* (*Teat*) parte *f.sing.*, ruolo *m.sing.*, battute *f.pl.*: *to forget one's -s* dimenticare la parte. **43** *pl.* (*Scol*) righe *f.pl.* (o *versi m.pl.*) da copiare (per punizione); (*ant*) penso *m.sing.* ☐ (*Inform*) *~ chart* grafico cartesiano; *~ dancing* balli country in linea; *down the ~*: **1** (*at a later date or stage*) a valle, più tardi; **2** (*during an activity*) lungo la linea; *~ drawing* disegno al tratto; (*Art*) *~ engraving* incisione al tratto; (*colloq*) *to get a ~ on sth.* ottenere informazioni su qcs., avere informazioni su qcs.; (*colloq*) *to have a ~* avere una buona parlantina; (*colloq*) *to have a ~ on sth.*: **1** avere informazioni su qcs; **2** (*to form an idea*) farsi un'idea di qcs.; *in ~*: **1** allineato, in riga, in linea; **2** (*fig*) (*in agreement*) in armonia, d'accordo; (*colloq*) *tennis is not in his ~* il tennis non fa per lui; **3** (*fig*) (*in control*) a freno, sotto controllo; (*fig*) *to be in ~ for sth.* essere candidato a qcs.; *to keep so. in ~* tenere qcu. in riga; *to be in ~ with* essere in linea con; *into ~* in riga: *to bring into ~* mettere in riga, allineare, fare conformare; *to come into ~* (o *to get into ~*) mettersi in riga, mettersi in linea, allinearsi (*with* con), conformarsi (a); *to fall into ~ with* conformarsi ai desideri di, adeguarsi ai desideri di; (*Ind,Comm*) *~ manager* responsabile di linea; *~ number* numero della linea; (*Mil*) *~ of battle* schieramento di battaglia, ordine di battaglia; (*Comm*) *~ of business* settore d'attività, genere d'affari, genere d'attività; (*Mil,fig*) *~ of communications* linea di arroccamento: *it's important to keep the ~ of communication open between parents and teens* è importante mantenere aperti i rapporti fra genitori e adolescenti; *~ of conduct* linea di condotta; (*Econ*) *~ of credit* castelletto; (*Mil,fig*) *~ of defence* linea difensiva, linea di difesa, linea fortificata; *~ of fate* linea del destino; (*Mil,fig*) *~ of*

fire linea di tiro: *to be in the ~ of fire* essere sotto tiro; (*Fis*) *the ~ of least resistance* la linea di minore resistenza (*anche fig*); *~ of life* (*in a hand*) linea della vita; *a ~ of poetry* un verso; (*Comm*) *~ of samples* campionario; *~ of sight*: **1** linea di sguardo, visuale; **2** (*Mil*) linea di mira; **3** (*Ott*) linea di visuale; (*Ott*) *~ of vision* linea di visuale; (*Inform*) *off ~* non in linea, off line; (*Mil*) *~ officer* ufficiale di reggimento di linea; *on ~*: **1** in funzione: *the power plant came back on ~* il centrale energetico è tornato in funzione; **2** (*Inform*) in linea, collegato, on-line; *on the ~*: **1** (*of a painting*) all'altezza dello sguardo; **2** (*colloq*) (*immediately*) immediatamente, senza indugio; *on the -s of* sul modello di; *to be working on the right -s* essere sulla buona strada; *on the same -s* seguendo la stessa linea di condotta; *out of ~*: **1** fuori linea, fuori riga, non allineato: (*fig*) *to step out of ~* uscire dai ranghi; **2** (*colloq*) (*impertinent*) impertinente; **3** (*colloq*) (*in disagreement*) in disaccordo (*with* con); (*Inform*) *~ printer* stampante parallela; *to put sth. on the ~*: **1** (*to talk frankly*) parlare francamente di qcs.; **2** (*to risk*) rischiare qcs.: *to put one's neck on the ~* (o *Am to put one's ass on the ~*) rischiare la reputazione; *~ space* (*on a typewriter*) interlinea; *~ spacer* leva di interlinea; (*fig*) *to take one's own ~* seguire una linea di condotta personale, fare a modo proprio; *~ traffic* traffico di linea.

line[2] /laɪn/ *v.t.* **1** essere allineato lungo, allinearsi lungo: *spectators -d the streets* gli spettatori erano allineati lungo la strada. **2** (*to arrange along the edge*) bordare. **3** (*to form a line along*) fiancheggiare: *the avenue is -d with plane trees* il viale è fiancheggiato da platani. **4** (*to mark with wrinkles*) solcare di rughe, rendere rugoso. **5** (*to mark with a line or lines*) tracciare righe su, tracciare una riga su, rigare: *to ~ paper* tracciare righe sulla carta. **6** (*to place in a row*) allineare, mettere in riga, mettere in fila. ☐ *to ~ in* tracciare i contorni di, abbozzare; *to ~ out*: **1** tracciare, delineare; **2** (*to arrange in a line*) allineare, mettere in linea, mettere in fila; *to ~ up*: **1** (*to place in a row*) allineare, mettere in riga, mettere in fila; **2** (*to come into line*) allinearsi, mettersi in riga, mettersi in linea; **3** (*to make a queue*) mettersi in fila, mettersi in coda; **4** (*provide, prepare*) mettere in programma, avere in programma, mettere in piedi: *what have you -d up for tonight?* cos'hai in programma per stasera?

line[3] /laɪn/ *v.t.* **1** foderare, rivestire (internamente): *to ~ a jacket* foderare una giacca. **2** (*to cover*) ricoprire, rivestire. **3** (*fig*) riempire: *to ~ one's belly* riempirsi la pancia. ☐ (*colloq,fig*) *to ~ one's pockets* (o *to ~ one's purse*) far denaro (*spec.* in modo disonesto), arricchirsi.

lineage /ˈlɪnɪdʒ/ *n.* **1** lignaggio *m.*, stirpe *f.*, (*lett*) schiatta *f.* **2** (*descendants*) discendenza *f.*, progenie *f.*, stirpe *f.*

lineal /ˈlɪnɪəl/ *a.* **1** in linea retta, in linea diretta: *~ heirs* eredi in linea diretta. **2** (*linear*) lineare.

lineally /ˈlɪnɪəli/ *avv.* direttamente, in linea retta.

lineament /ˈlɪnɪəmənt/ **I** *n.* (*Geol*) allineamento *m.* **II** *n.pl.* **1** (*of the face*) lineamenti *m.pl.*, fattezze *f.pl.*, tratti *m.pl.* **2** (*fig*) lineamenti *m.pl.*, elementi *m.pl.* essenziali.

linear /ˈlɪnɪə/ *a.* lineare: *a ~ metre* un metro lineare. ☐ *~ accelerator* acceleratore lineare; (*Mat*) *~ equation* equazione di primo grado, equazione lineare; *~ induction motor* motore lineare; *~ measure*: **1** misura lineare, misura di lunghezza; 2 (*system*) sistema lineare; ~*motor* motore lineare; ~*perspective* prospettiva geometrica, prospettiva lineare; (*Mat*) ~ *programming* programmazione lineare.

linearly /'lɪniəʳli/ *avv.* linearmente.

lineation /ˌlɪniˈeɪʃən/ *n.* **1** rigatura *f.*, lineatura *f.* **2** (*division in lines*) divisione *f.* in linee. **3** (*Pitt*) linearismo *m.* **4** (*Metr*) divisione *f.* in versi.

linebacker /'laɪnbækəʳ/ *n.* (*Sport*) (*in American football*) difensore *m.*

lined[1] /laɪnd/ *a.* **1** rigato, a linee, lineato: ~ *paper* carta rigata. **2** (*wrinkled*) rugoso, grinzoso: *a* ~ *face* un volto rugoso.

lined[2] /laɪnd/ *a.* foderato, rivestito internamente: *a* ~ *suit* un abito foderato.

lineman /'laɪnmən/ *n.irr.* **1** (*Am,Tel*) guardafili *m.* **2** (*Ferr*) guardalinee *m.* **3** (*Sport*) (*spec. in American football*) attaccante *m.*

linen /'lɪnɪn/ **I** *n.* **1** (*Tess*) lino *m.*; (*thread, yarn*) filo *m.* di lino. **2** (*article*) biancheria *f.* (di lino). **3** (*garment*) indumento *m.* di lino. **4** (*bed linen*) lenzuola *f.pl.*, biancheria *f.* da letto. **5** (*underclothes*) biancheria *f.* intima. **6** (*table linen*) biancheria *f.* da tavola, tovaglie *f.pl.* **II** *a.* di (filo di) lino. □ ~ *basket* cesto per la biancheria (sporca); (*Am*) ~ *closet* (o *Br* ~ *cupboard*) armadio della biancheria; (*Cart*) ~ *paper* carta di lino.

linenfold /'lɪnɪnfəʊld/ *n.* (*Arch*) pannello *m.* a piega.

line-out /laɪnaʊt/ *n.* (*Sport*) (*in rugby*) touche *f.*

liner[1] /'laɪnəʳ/ *n.* **1** (*Mar*) nave *f.* di linea. **2** (*Aer*) aereo *m.* di linea. **3** (*Cosmet*) (*pencil*) matita *f.* per gli occhi; (*eye liner*) eye liner *m.*

liner[2] /'laɪnəʳ/ *n.* **1** foderatore *m.* (*f.* -trice). **2** (*Ind*) rivestitore *m.* (*f.* -trice). **3** (*Mecc*) camicia *f.* (smontabile). **4** (*Arm*) tubo *m.* dell'anima. □ (*spec. Am*) ~ *notes* testo sulla copertina (di un CD, di un disco ecc.).

linesman /'laɪnzmən/ *n.irr.* **1** (*Sport*) guardalinee *m.*, segnalinee *m.* **2** (*Br,Tel*) guardafili *m.* **3** (*Ferr*) guardalinee *m.*

line-up /laɪnʌp/ *n.* **1** allineamento *m.*, schieramento *m.*: *police* ~ schieramento di forze di polizia. **2** (*group of people*) gruppo *m.* di persone. **3** (*Mil*) (*of troops*) schieramento *m.*, prima della battaglia. **4** (*Sport*) formazione *f.* (di gioco), squadra *f.* **5** (*Am*) fila *f.* (di persone), coda *f.*

ling[1] /lɪŋ/ (*pl.inv.* o -s /-z/; *il pl. inv. si usa general. con valore collett.*) *n.* **1** (*Itt*) molva *f.* **2** (*turbot*) bottatrice *f.*

ling[2] /lɪŋ/ *n.* (*Bot*) brugo *m.*, brentolo *m.*, crecchia *f.*

lingcod /'lɪŋkɒdə *Am* 'lɪŋkɑːd/ (*pl.inv.* o -s /-z/; *il pl. inv. si usa general. con valore collett.*) *n.* (*Itt*) offiodonte *m.*

linger /'lɪŋgəʳ/ *v.i.* **1** (*to delay leaving, to hang around*) attardarsi, indugiare, trattenersi, soffermarsi: *to* ~ *to talk to so.* attardarsi a parlare con qcu. **2** (*to continue to live*) trascinare (in vita), tirare (ancora) avanti. **3** (*to persist*) essere lento a sparire, sopravvivere, svanire lentamente, scomparire lentamente: *superstition still -s in these regions* in queste regioni la superstizione è lenta a sparire. **4** (*of a smell*) rimanere nell'aria. **5** (*of a doubt*) rimanere. **6** (*to dwell, to enlarge*) dilungarsi, indugiare, soffermarsi (*over* su). **7** (*to dawdle*) bighellonare, ciondolare. □ *to* ~ *away one's time* sprecare inutilmente il proprio tempo; *to* ~ *on*: **1** (*to continue to live*) trascinarsi (in vita), tirare (ancora) avanti; **2** (*to persist*) essere lento a sparire, sopravvivere, svanire lentamente, scomparire lentamente; *to* ~ *over a glass of wine* fermarsi a parlare davanti a un bicchiere di vino.

lingerer /'lɪŋgərəʳ/ *n.* chi indugia, ritardatario *m.* (*f.* -a).

lingerie /'lɛ̃ʒəriː, 'læ̃ʒəriː *Am* ˌlɛ̃ːnʒəˈreɪ/ *n.* (*Abbigl*) biancheria *f.* intima da donna, intimo *m.*, lingerie *f.*

lingering /'lɪŋgərɪŋ/ *a.* **1** duraturo, persistente: *a* ~ *hope* una speranza duratura. **2** (*protracted*) lungo, prolungato: *a* ~ *illness* una lunga malattia. **3** (*slow*) lento, tardo.

lingeringly /'lɪŋgərɪŋli/ *avv.* lentamente.

lingo /'lɪŋgəʊ/ (*pl.* -es/-s /-z/) *n.* (*colloq, scherz*) **1** (*foreign language*) lingua *f.* straniera, lingua *f.* esotica. **2** (*jargon*) gergo *m.*, linguaggio *m.*

lingua franca /ˈlɪŋgwə ˈfræŋkə/ *n.* **1** lingua *f.* franca. **2** (*estens*) lingua *f.* ibrida, lingua *f.* mista.

lingual /'lɪŋgwəl/ *a.* **1** (*Anat,Fon*) linguale. **2** (*of languages*) linguistico.

linguist /'lɪŋgwɪst/ *n.* **1** poliglotta *m./f.* **2** (*specialist in linguistics*) linguista *m./f.*, glottologo *m.* (*f.* -a).

linguistic /lɪŋˈgwɪstɪk/ *a.* **1** linguistico. **2** (*of linguistics*) linguistico, glottologico. □ ~ *geography* linguistica spaziale.

linguistically /lɪŋˈgwɪstɪkəli/ *avv.* linguisticamente, dal punto di vista linguistico.

linguistics /lɪŋˈgwɪstɪks/ *n.pl.* (*costr.sing.*) linguistica *f.*

lingulate /'lɪŋɡjʊlət/, **lingulated** /'lɪŋɡjʊleɪtəd *Am* 'lɪŋɡjʊleɪtəd/ *a.* (*Biol*) linguiforme.

liniment /'lɪnɪmənt/ *n.* (*Farm*) linimento *m.*

lining[1] /'laɪnɪŋ/ *n.* **1** rigatura *f.*, lineatura *f.* **2** (*Tip*) allineamento *m.*

lining[2] /'laɪnɪŋ/ *n.* **1** (*Sart*) fodera *f.* **2** (*Tecn*) rivestimento *m.* interno. **3** (*Mecc*) incamiciatura *f.* **4** (*El*) rivestimento *m.* isolante.

link[1] /lɪŋk/ *n.* **1** (*of a chain*) anello *m.*, maglia *f.* **2** (*connection*) legame *m.*, vincolo *m.*, collegamento *m.*, tramite *m.*, (*between events*) rapporto *m.*, relazione *f.* **3** collegamento *m.*; (*shuttle*) navetta *f.*; (*underground rail connection*) passante *m.* **4** (*TV,Rad,Tel*) collegamento *m.* **5** (*Topogr*) link *m.* (pari a 20,12 m). **6** (*Chim*) legame *m.* **7** (*El*) elemento *m.* fusibile. **8** (*Mecc*) connessione *f.*, articolazione *f.* **9** (*Inform*) link *m.*(ipertestuale). □ (*Gastron*) *a* ~ *of sausage* un salsicciotto; (*Strad*) ~ *road* bretella stradale, raccordo.

link[2] /lɪŋk/ **I** *v.t.* **1** collegare, congiungere, mettere in comunicazione, unire. **2** (*to connect*) ricollegare. **3** (*to associate*) collegare, associare, ricollegare, mettere in relazione, legare (*fra* tra loro). **4** (*Inform*) linkare, collegare, mettere in relazione, legare, unire: *to* ~ *up two facts* collegare due fatti (fra loro). **II** *v.i.* **1** collegarsi (*to* con). **2** (*fig*) (*to form an association*) associarsi, allearsi, collegarsi (*with* con, a). **3** (*fig*) (*to join company*) unirsi (*with* a). □ *to* ~ *arms* prendersi sottobraccio, prendersi a braccetto; *to* ~ *up*: **1** collegare, congiungere, mettere in comunicazione, unire; **2** (*to connect*) ricollegare; **3** (*to associate*) collegare, associare, ricollegare, mettere in relazione, legare, unire: *to* ~ *up two facts* collegare due fatti (fra loro).

link[3] /lɪŋk/ *n.* (*Stor*) (*torch*) torcia *f.*, fiaccola *f.*

linkage /'lɪŋkɪdʒ/ *n.* **1** collegamento *m.*, connessione *f.*, legame *m.*, rapporto *m.* **2** (*system of links*) sistema *m.* di collegamento (o connessione). **3** (*Biol*) (*of genes*) associazione *f.*, linkage *m.*: ~ *group* gruppo di associazione. **4** (*Mecc*) collegamento *m.* articolato, biellismo *m.* **5** (*Inform*) concatenazione *m.*, collegamento *m.*

linked /lɪŋkt/ *a.* (*Biol*) (*of genes*) associato.

linking /'lɪŋkɪŋ/ **I** *n.* (*Fon*) liaison *f.*, legamento *m.* **II** *a.* di collegamento. □ (*Gramm*) ~

verb verbo copulativo.

linkman /'lɪŋkmæn/ *n.irr.* (*Br,TV,Rad*) presentatore *m.* (*f.* -trice), conduttore *m.* (*f.* -trice).

links /lɪŋks/ *n.pl.* **1** (*costr.sing.* o *pl.*) (*Sport*) campo *m.* da golf. **2** (*Scott,Geog*) dune *f.pl.* vicino alla costa.

link-up /'lɪŋkʌp/ *n.* **1** presa *f.* di contatto. **2** (*Rad,TV*) collegamento *m.* **3** (*Astron*) agganciamento *m.*

linn /lɪn/ *n.* (*Scott,ant,dial*) **1** pozza *f.* d'acqua (ai piedi di una cascata). **2** (*waterfall*) cascata *f.*

Linnaean /lɪˈniːən/ *a.* (*Biol*) linneano.

Linnaeus /lɪˈniːəs/ *n.pr.m.* Linneo.

Linnean /lɪˈniːən/ *a.* (*Biol*) linneano.

linnet /'lɪnɪt/ *n.* (*Ornit*) fanello *m.*

Linneus /lɪˈniːəs/ *n.pr.m.* Linneo.

lino /'laɪnəʊ/ (*pl.* -s /-z/) *n.* (*spec. Br,colloq*) linoleum *m.*

linocut /'laɪnəʊkʌt/ *n.* **1** incisione *f.* su linoleum. **2** (*print*) stampa *f.* ottenuta con un'incisione su linoleum.

linoleate /lɪˈnəʊlieɪt/ *n.* (*Chim*) linoleato *m.*

linoleic /ˌlɪnəʊˈleɪk/ □ (*Chim*) ~*acid* acido linoleico.

linolenic /ˌlɪnəʊˈlenɪk/ □ (*Chim*) ~ *acid* acido linolenico.

linoleum /lɪˈnəʊliəm/ *n.* linoleum *m.*

linotype, **Linotype** /'laɪnətaɪp/ *n.* (*Tip*) linotype *f.*

linsang /'lɪnsæŋ/ *n.* (*Zool*) linsango *m.*

linseed /'lɪnsiːd/ *n.* seme *m.* di lino, linseme *m.* □ ~ *cake* panello di olio di lino; ~ *meal* farina di seme di lino; ~ *oil* olio (di semi) di lino; ~ *poultice* impiastro di semi di lino, cataplasma di semi di lino, (*colloq*) polentina.

linsey /'lɪnzi/, **linsey-woolsey** /'lɪnzi ˈwʊlzi/ *n.* (*Tess*) mezzalana *f.*

linstock /'lɪnstɒk; *Am* 'lɪnstɑːk/ *n.* (*Mil,ant*) miccia *f.*

lint /lɪnt/ *n.* **1** (*Tess*) filaccia *f.* **2** (*Med*) filaccia *f.* (di lino), garza *f.*

lintel /'lɪntəl/ *n.* (*Edil*) architrave *m.*, piattabanda *f.*

lion /'laɪən/ *n.* **1** (*Zool*) leone *m.* (*anche fig*). **2** (*fig,ant*) (*celebrity*) celebrità *f.* □ ~ *cub* lioncino; (*fig*) *to go into the* ~*'s den* andare nella tana del lupo; ~ *hunter*: **1** cacciatore di leoni; **2** (*fig*) chi va a caccia di celebrità (per i suoi ricevimenti ecc.); (*fig*) *to put one's head into the* ~*'s mouth* mettersi in una situazione molto pericolosa; (*fig*) *the* ~*'s share* la parte (o fetta) più grossa di qcs.; (*fig*) *to throw so. to the* -*s* sacrificare qcu.

Lion /'laɪən/ *n.pr.* (*Astr*) Leone *m.*

Lionel /'laɪənəl/ *n.pr.m.* Lionello.

lioness /'laɪənəs/ *n.* leonessa *f.*

Lionheart /'laɪənhɑːt *Am* 'laɪənhɑːrt/ *n.pr.* (*Stor*) Riccardo *m.* cuor di leone.

lion-hearted /'laɪənhɑːtɪd *Am* 'laɪənhɑːrtəd/ *a.* coraggioso (come un leone), audace.

lionise, **lionize** /'laɪənaɪz/ *v.t.* trattare come una celebrità, considerare come un idolo.

lip[1] /lɪp/ **I** *n.* **1** (*Anat*) labbro *m.*: *lower* ~ labbro inferiore; *upper* ~ labbro superiore. **2** (*edge*) orlo *m.*, bordo *m.*, ciglio *m.*, labbro *m.*: *the* ~ *of a cup* l'orlo di una tazza; *the* ~ *of a crater* il bordo di un cratere. **3** (*of a wound*) labbro *m.*, margine *m.*, bordo *m.* **4** (*projecting edge*) becco *m.*, beccuccio *m.* **5** (*cutting edge*) filo *m.*, taglio *m.* **6** (*colloq*) (*impudent talk*) impertinenza *f.*, impertinenza *f.*: *none of your* ~! non essere sfacciato! **7** *pl.* (*fig*) labbra *f.pl.*, bocca *f.sing.*: *the word died on his* -*s* la parola gli morì sulle labbra. **II** *a.* **1** labiale (*anche Fon*). **2** (*fig*) insincero: ~ *homage* un omaggio insincero. □ (*Am*) ~ *balm* pomata per le labbra; (*colloq*) *to give so.* ~ rispondere male a qcu., essere impertinente con qcu.; (*Cosmet*) ~ *gloss* lucidalabbra; (*Cosmet*) ~ *liner* matita per le labbra; (*Am,scherz*) ~ *lock* bacio; *on so.'s -s* sulla bocca di qcu.; *to be on everyone's -s* essere sulla bocca di tutti; (*Cosmet*) ~ *pencil* matita per le labbra; ~ *reading* labiolettura; ~ *salve* pomata per le labbra; *my -s are sealed* non dirò una parola, terrò la bocca chiusa; *to pay* ~ *service* (o *to give* ~ *service*) rispettare solo a parole, sostenere solo a parole.

lip² /lɪp/ *v.t.* **1** toccare con le labbra. **2** (*to utter in a murmur*) mormorare, sussurrare. **3** (*to lap against*) lambire, sfiorare.

lipaemia /lɪˈpiːmiə/ *n.* (*Med*) lipemia *f.*

lipase /ˈlaɪpeɪz/ *n.* (*Biol*) lipasi *f.*

lipemia /lɪˈpiːmiə/ *n.* (*Am,Med*) lipemia *f.*

lipgloss /ˈlɪpɡlɒs *Am* ˈlɪpɡlɔːs/ *n.* (*Cosmet*) lucidalabbra *m.*

lipid /ˈlɪpɪd/, **lipide** /ˈlɪpaɪd/ *n.* (*Biol*) lipide *m.*

lipogenesis /ˌlɪpouˈdʒenəsɪs/ *n.* (*Biol*) lipogenesi *f.*

lipoid /ˈlɪpɔɪd/ **I** *a.* (*Biol*) lipoideo. **II** *n.* (*Biol*) lipoide *m.*

lipolysis /lɪˈpɒlɪsɪs *Am* lɪˈpɑːləsɪs/ *n.* (*Biol*) lipolisi *f.*

lipoma /lɪˈpoumə/ *n.* (*pl.* **-s** /-z/, **-mata** /-mətə/) *n.* (*Med*) lipoma *m.*

lipoprotein /ˌlɪpouˈprəutiːn/ *n.* (*Biol*) lipoproteina *f.*

liposome /ˈlɪpəsoum *Am* ˈlaɪpəsoum/ *n.* (*Biol, Med*) liposoma *m.*

liposuction /lɪˈpousʌkʃən/ *n.* (*Med*) liposuzione *f.*

lipped /lɪpt/ *a.* **1** (*in compounds*) dalle labbra...: *thick-~* dalle labbra grosse. **2** (*Bot*) labiato.

lippy /ˈlɪpi/ *a.* (*colloq*) (*impudent*) insolente, impertinente.

lip-read /ˈlɪpriːd/ *v.t./i.* leggere le labbra, capire dal movimento delle labbra.

lip-reading /ˈlɪpriːdɪŋ/ *n.* labiolettura *f.*

lipstick /ˈlɪpstɪk/ *n.* (*Cosmet*) rossetto *m.* (per labbra): *to put on* ~ mettersi il rossetto.

lip-sync, lip-synch /ˈlɪpsɪŋk/ **I** *n.* (*spec. TV*) sincronia *f.* labiale. **II** *v.t.* **1** (*spec. TV*) recitare (*o* cantare) in (sincronia) labiale. **2** (*estens*) cantare in playback.

liquate /ˈlaɪkweɪt/ **I** *v.t.* (*Met*) sottoporre a liquazione. **II** *v.i.* fondersi. □ *to ~ out* fondersi.

liquation /lɪˈkweɪʃən/ *n.* liquazione *f.*

liquefaction /ˌlɪkwɪˈfækʃən/ *n.* liquefazione *f.*

liquefactive /ˌlɪkwɪˈfæktɪv *Am* ˌlɪkwɪˈfæktɪv/ *a.* che serve a liquefare.

liquefiable /ˈlɪkwɪˌfaɪəbəl/ *a.* liquefattibile.

liquefied /ˈlɪkwɪfaɪd/ *a.* liquefatto. □ (*Chim*) ~ *petroleum gas* gas liquido (di petrolio).

liquefy /ˈlɪkwɪfaɪ/ **I** *v.t.* liquefare. **II** *v.i.* liquefarsi.

liquescent /lɪˈkwesənt/ *a.* **1** che diventa liquido, che si liquefa. **2** (*tending to liquefy*) liquescente.

liqueur /lɪˈkjuə *Am* lɪˈkɜːr/ *n.* (*Enol*) liquore *m.*

liquid /ˈlɪkwɪd/ **I** *n.* **1** liquido *m.* **2** (*Fon*) liquida *f.*, consonante *f.* liquida. **II** *a.* **1** liquido (*anche Fon*). **2** (*Econ*) (*of assets*) liquido, in contanti. **3** (*clear, transparent*) chiaro, trasparente, limpido. **4** (*of sounds*) armonioso, dolce. **5** (*changeable*) instabile, fluttuante. □ ~ *air* aria liquida; (*Econ*) ~ *assets* liquidità; ~ *crystal* cristallo liquido; (*Elettron*) ~ *crystal display* display a cristalli liquidi; (*Agr*) ~ *manure* deiezioni liquide, liquami, purino; (*Agr*) ~ *manure spreader* spandiliquami; ~ *measure* 1 sistema di misura per

liquidi; **2** (*measure*) misura per liquidi; ~ *paper* bianchetto; (*Chim*) ~ *paraffin* olio minerale; ~ *soap* sapone liquido; ~ *waste* rifiuti liquidi.

liquidambar /ˌlɪkwɪdˈæmbə/ *n.* **1** (*Bot*) liquidambra *f.*, liquidambar *m.* **2** (*Cosmet*) ambra *f.* liquida.

liquidate /ˈlɪkwɪdeɪt/ **I** *v.t.* **1** (*Econ*) (*of a debt*) liquidare, pagare, estinguere. **2** (*Econ*) (*to wind up*) liquidare, sciogliere. **3** (*Econ*) (*to cash assets*) trasformare in contanti, rendere liquido. **4** (*fig*) liquidare, sbarazzarsi di, liberarsi di. **5** (*eufem*) (*to kill*) liquidare, uccidere, fare fuori. **II** *v.i.* (*Econ*) andare in liquidazione.

liquidation /ˌlɪkwɪˈdeɪʃən/ *n.* **1** (*Econ*) liquidazione *f.*: *the company is in* ~ la società è in liquidazione. **2** (*fig*) eliminazione *f.*, liquidazione *f.* **3** (*eufem*) assassinio *m.*, uccisione *f.* □ *to go into* ~ essere messo in liquidazione.

liquidator /ˈlɪkwɪdeɪtə *Am* ˈlɪkwɪdeɪtər/ *n.* (*Econ*) liquidatore *m.* (*f.* -trice).

liquidise /ˈlɪkwɪdaɪz/ *v.t.* **1** rendere liquido, liquefare. **2** (*Br*) (*in a blender*) frullare.

liquidiser /ˈlɪkwɪdaɪzə *Am* *n.* (*Br*) frullatore *m.*

liquidity /lɪˈkwɪdɪti *Am* lɪˈkwɪdɪti/ *n.* liquidità *f.* (*anche Econ*). □ (*Econ*) ~ *crisis* crisi di liquidità.

liquidness /ˈlɪkwɪdnəs/ *n.* liquidità *f.*

liquify /ˈlɪkwəfaɪ/ **I** *v.t.* liquefare. **II** *v.i.* liquefarsi.

liquor¹ /ˈlɪkər/ *n.* **1** bevanda *f.* alcolica, alcolico *m.*, superalcolico *m.*; (*rar*) (*liqueur*) liquore *m.* **2** (*Gastron*) (*juice*) succo *m.*; (*broth*) brodo *m.* **3** (*any liquid substance*) liquido *m.*, sostanza *f.* liquida. **4** (*Ind*) soluzione *f.*

liquor² /ˈlɪkə, ˈlaɪkwɔːr ˈlɪkər/ *n.* (*Farm*) liquore *m.*

liquor³ /ˈlɪkər/ *v.t.* (*Ind*) trattare con una soluzione; (*in brewing*) mettere in acqua.

liquored /ˈlɪkəd/ □ (*Am,colloq*) *to be ~ up* essere ubriaco.

liquorice /ˈlɪkərɪʃ/ *n.* (*Bot*) liquirizia *f.*

liquorish /ˈlɪkərɪʃ/ *a.* (*Br,ant*) **1** (*greedy*) ghiotto, avido. **2** (*lustful*) lascivo, lussurioso.

lira /ˈlɪərə *Am* ˈlɪrə/ (*pl.* **-s** /-z/, **lire** /ˈlɪərə/) *n.* (*Econ,Numism*) lira *f.*: *Italian* ~ lira italiana; *Turkish* ~ lira turca.

Lisa /ˈliːsə/ *n.pr.f.* Lisa.

Lisbon /ˈlɪzbən/ *n.pr.* (*Geog*) Lisbona *f.*

lisle /laɪl/ *n.* (*Tess*) filo *m.* di Scozia. □ (*Tess*) ~ *thread* filo di Scozia.

lisp /lɪsp/ **I** *n.* pronuncia *f.* blesa, blesità *f.*; (*pop*) lisca *f.* **II** *v.i.* essere bleso, (*pop*) avere la lisca. **III** *v.t.* pronunciare in modo bleso. □ *to speak with a* ~ essere bleso.

lissom, lissome /ˈlɪsəm/ *a.* **1** flessuoso, flessibile. **2** (*nimble*) agile, svelto.

lissomeness /ˈlɪsəmnəs/ *n.* **1** flessuosità *f.* **2** (*nimbleness*) agilità *f.*

list¹ /lɪst/ **I** *n.* **1** elenco *m.*, lista *f.*, distinta *f.*: *put me on the* ~ mettimi in lista. **2** (*catalogue*) catalogo *m.* **3** (*table, statement*) prospetto *m.*, tabella *f.* riassuntiva. **4** (*Comm, Econ*) listino *m.* **II** *v.t.* **1** elencare, fare una lista di, compilare una lista di. **2** (*to include in a list*) includere in un elenco, includere in una lista, mettere in lista. **3** (*Comm*) catalogare. **4** (*Econ*) ammettere alle quotazioni, quotare (in borsa). **5** (*Inform*) listare, elencare. **6** (*Br*) (*to protect for national heritage*) dichiarare di patrimonio storico, dichiarare di bene storico. □ (*Comm*) ~ *price* prezzo di listino; ~ *system* elezione sulla base di una lista.

list² /lɪst/ **I** *n.* **1** (*Mar*) sbandamento *m.*, inclinazione *f.* **2** (*colloq*) pendenza *f.* **II** *v.i.* sbandare.

list³ /lɪst/ *n.* (*ant*) **1** (*strip*) striscia *f.*, solco *m.* **2** (*trim*) listello *m.*, bordo *m.*, lista *f.* **3** (*selvage*) cimosa *f.*, vivagno *m.*

list⁴ /lɪst/ (*past, p.p.* listed /ˈlɪstɪd/ *o* list) (*ant*) **I** *v.t.* **1** (*to please*) piacere (*costr.impers.*). **2** (*to want*) desiderare. **II** *n.* desiderio *m.*

list⁵ /lɪst/ (*past, p.p.* listed /ˈlɪstɪd/ *o* list) (*ant*) *v.i./t.* ascoltare.

listed /ˈlɪstɪd *Am* ˈlɪstəd/ *a.* **1** (*Econ*) ammesso alle quotazioni ufficiali, quotato (in borsa): *a ~ company* una società quotata (in borsa); ~ *securities* titoli ufficiali, titoli quotati (in borsa). **2** (*in a list or catalogue*) elencato: *to be ~ in the phone book* essere sull'elenco (telefonico). **3** (*Br*) (*protected for national heritage*) di patrimonio storico, considerato come bene storico.

listen /ˈlɪsən/ **I** *v.i.* **1** ascoltare (*to sth., so. qcs., qcu.*), prestare orecchio (a), dare ascolto (a), (stare a) sentire. **2** (*to pay attention*) dare retta (a), ascoltare (qcu.). **3** (*to obey*) ubbidire (a). **II** *n.* ascolto *m.*: *I haven't had a ~ to the album yet* non ho ancora ascoltato l'album. □ *to ~ for sth.* aspettare di sentire qcs.; *to ~ in* ascoltare la radio; *to ~ in on*: 1 (*to eavesdrop*) origliare; *to ~ in on a conversation* origliare una conversazione; 2 (*to intercept telephone or radio messages*) intercettare una conversazione, intercettare una trasmissione; *to ~ out for sth.* (o *so.*) stare attento per sentire qcs. (o qcu.); *to ~ to reason* venire a più miti consigli, lasciarsi persuadere, scendere a più miti consigli; (*colloq*) *to ~ up* ascoltare ben bene, drizzare le orecchie.

listenable /ˈlɪsnəbl/ *a.* ascoltabile, piacevole, orecchiabile.

listener /ˈlɪsnə *Am* ˈlɪsnər/ *n.* **1** chi ascolta, ascoltatore *m.* (*f.* -trice): *to be a good ~* sapere ascoltare. **2** (*Rad*) (*listener-in*) radioascoltatore *m.* (*f.* -trice).

listening /ˈlɪsnɪŋ, ˈlɪsnɪŋ/ *a.* di ascolto. □ (*Mil,Rad*) ~ *post* posto di ascolto.

lister /ˈlɪstər/ *n.* (*spec. Am,Agr*) aratro *m.* assolcatore.

listeria /lɪˈstɪəriə/ *n.* (*Biol*) listeria *f.*

listeriosis /lɪˌstɪriˈousɪs/ *n.* (*Med*) listeriosi *f.*

listing /ˈlɪstɪŋ/ *n.* **1** (*item in a list*) voce *f.* **2** (*inclusion in a list*) inserimento *m.*, inclusione *f.* **3** (*list*) lista *f.*, elenco *m.* **4** (*Econ*) quotazione *f.* **5** (*Inform*) listato *m.* **6** *pl.* (*TV,Rad*) programmi *m.pl.*: *TV -s* programmi televisivi. **7** *pl.* (*Cin,Teat,Art*) rubrica *f.sing.* degli spettacoli: *theatre -s* (spettacoli in) cartellone; *cinema -s* film in programmazione, *art gallery -s* mostre in corso.

listless /ˈlɪstləs/ *a.* **1** (*languid*) languido, svogliato, apatico, fiacco. **2** (*unenthusiastic*) disattento, incurante, indifferente: *a ~ audience* un uditorio disattento.

listlessly /ˈlɪstləsli/ *avv.* **1** (*languidly*) languidamente, svogliatamente, con apatia, fiaccamente. **2** (*unenthusiastically*) in modo disattento, con indifferenza.

listlessness /ˈlɪstləsnəs/ *n.* **1** (*languidness*) languidezza *f.* **2** (*lack of enthusiasm*) disattenzione *f.*, indifferenza *f.*

lists /lɪsts/ *n.pl.* (*costr.sing. o pl.*) **1** (*Stor*) (*arena*) lizza *f.*, arena *f.*; (*barriers*) lizza *f.*, palizzata *f.*, steccato *m.* **2** (*fig*) lotta *f.*, disputa *f.*, lizza *f.*: *to enter the* ~ scendere in lizza, entrare in lizza.

lit /lɪt/ → **light²**, **light⁴**.

lit. **1** *literal* (letterale). **2** *literary* lett. (letterario). **3** *literature* lett. (letteratura). **4** *litre* l (litro). □ ~ *class* lezione di letteratura; ~ *crit.* critica letteraria.

litany /ˈlɪtəni/ *n.* (*Lit*) litania *f.* (*anche fig*): *a ~ of laments* una litania di lamentele.

lite /lait/ n. 1 (Gastron) (low in calories) light, dietetico. 2 (colloq) → **light**.

liter /'li:tər/ n. (Am) litro m.

literacy /'litərəsi Am 'litərəsi/ n. 1 il saper leggere e scrivere, alfabetismo m. 2 abilità f., capacità f., destrezza f. (in un settore specifico): computer ~ conoscenze informatiche. □ ~ campaign campagna di alfabetizzazione.

literal /'litərəl Am 'litərəl/ I a. 1 letterale: ~ interpretation interpretazione letterale. 2 (not exaggerated) esatto, preciso, alla lettera, testuale. 3 (plain) puro, schietto, semplice: the ~ truth la pura verità. 4 (word for word) letterale, alla lettera: a ~ translation una traduzione alla lettera. 5 (matter-of-fact, prosaic) pratico, concreto, prosaico. 6 (Tip) di una lettera dell'alfabeto. 7 (colloq) (used for emphasis): vero e proprio: a ~ disaster un vero e proprio disastro. II n. refuso m., errore m. di stampa. □ to be ~ minded prendere le cose alla lettera.

literalise Br, **literalize** /'litərəlaiz Am 'litərəlaiz/ v.t. interpretare alla lettera.

literalism /'litrə,lizəm Am 'litərə,lizəm/ n. 1 tendenza f. all'interpretazione puramente letterale. 2 (Art,Lett) realismo m.

literalist /'litrəlist Am 'litərəlist/ n. chi si attiene all'interpretazione (puramente) letteraria.

literally /'litrəli Am 'litərəli/ avv. 1 letteralmente, alla lettera: to take sth. ~ prendere qcs. alla lettera. 2 (actually, really) letteralmente, nel vero senso della parola, proprio, veramente: I did ~ nothing non ho fatto letteralmente niente.

literalness /'litrəlnəs Am 'litərəlnəs/ n. letteralità f.

literarily /'litərərili Am ,litə'rerəli/ avv. letterariamente.

literariness /'litərərinəs/ n. letterarietà f.

literary /'litrəri Am 'litəreri/ a. 1 letterario: ~ criticism critica letteraria. 2 (of style, etc.) letterario, ricercato. 3 (relating to the literary field) letterario: a ~ award un premio letterario. 4 (of the profession of letters) di lettere: a ~ man un uomo di lettere, un letterato. □ ~ agent agente letterario; ~ executor esecutore letterario; ~ magazine rivista letteraria; ~ property proprietà letteraria, copyright; ~ prose prosa d'arte; the ~ world il mondo delle lettere.

literate /'litərit Am 'litərət/ I a. 1 che sa leggere e scrivere. 2 (educated) istruito, preparato: computer ~ che ha padronanza del computer. 3 (literary) letterato, colto. II n. 1 letterato m. (f. -a). 2 (educated person) persona f. colta, persona f. istruita.

literati /,litə'ra:ti:/ Am 'litərə:ti n.pl. classe f.sing. colta, letterati m.pl.

literatim /,litə'ra:tim Am 'litərə:tim/ avv. parola per parola.

literature /'litərit∫ər Am 'litərət∫ər/ n. 1 letteratura f.: English ~ letteratura inglese. 2 (writings on a specific subject) letteratura f., scritti m.pl.: the ~ on Dante la letteratura dantesca; scientific ~ letteratura scientifica. 3 (printed information) materiale m. informativo, materiale m. illustrativo, opuscoli m.pl., stampati m.pl.: tourist ~ opuscoli turistici.

litharge /'liθa:dʒ Am 'liθa:rdʒ/ n. (Chim) litargirio m., litargite f.

lithe /laið/ a. flessuoso, flessibile, agile.

litheness /'laiðnis/ n. flessuosità f.

lithesome /'laiðsəm/ a. (ant) flessuoso, flessibile, agile.

lithia /'liθiə/ n. (Chim) litina f., ossido m. di litio. □ (Chim) ~ water acqua litiosa.

lithiasis /li'θaiəsis/ (pl. **-ses** /-si:z/) n. (Med)

litiasi f., calcolosi f.

lithic[1] /'liθik/ a. 1 (of stone) litico, di pietra: ~ monuments monumenti litici. 2 (Med) calcoloso, calcolitico.

lithic[2] /'liθik/ a. (Chim) litico: ~ acid acido litico.

lithification /,liθifi'kei∫ən/ n. (Geol) litificazione f.

lithify /'liθifai/ I v.t. (Geol) pietrificare. II v.i. (Geol) pietrificarsi.

lithium /'liθiəm/ n. (Chim) litio m.

litho /'liθou/, **lithograph** /'liθəgra:f Am 'liθəgræf/ I n. litografia f., riproduzione f. litografica. II v.t. litografare. III v.i. fare litografie.

lithographer /li'θɒgrəfər Am li'θɑ:grəfər/ n. litografo m. (f. -a).

lithographic /,liθə'græfik/, **lithographical** /,liθə'græfikəl/ a. litografico.

lithography /li'θɒgrəfi Am li'θɑ:grəfi/ n. litografia f., procedimento m. litografico.

lithoid /'liθɔid/, **lithoidal** /li'θɔidəl/ a. (Geol) litoide.

lithologic /,liθə'lɒdʒik Am liθə'lɑ:dʒik/, **lithological** /,liθə'lɒdʒikəl Am liθə'lɑ:dʒikəl/ a. (Geol) litologico.

lithology /li'θɒlədʒi Am li'θɑ:lədʒi/ n. (Geol) litologia f.

lithophyte /'liθoufait/ n. (Bot) litofita f.

lithopone /'liθəpoun/ n. (Chim) litopone m.

lithosphere /'liθousfiər/ n. (Geol) litosfera f., crosta f. terrestre.

lithotomic /,liθə'tɒmik Am liθə'tɑ:mik/, **lithotomical** /,liθə'tɒmikəl Am liθə'tɑ:mikəl/ a. (Chir) litotomico.

lithotomy /li'θɒtəmi Am li'θɑ:təmi/ n. (Chir) litotomia f.

lithotripsy /li'θɒtripsi Am li'θɑ:tripsi/ n. (Chir) litotripsia f., litotrissia f.

lithotripter /'liθoutriptər/ n. (Chir) litotritore m. (a ultrasuoni).

Lithuania /,liθu:'einiə/ n.pr. (Geog) Lituania f.

Lithuanian /,liθu:'einjin/ I a. lituano. II n. 1 lituano m. (f. -a). 2 (language) lituano m.

litigable /'litigəbl/ a. (Dir) oppugnabile.

litigant /'litigənt Am litəgənt/ I n. parte f. in causa, litigante m./f., attore m. (f. -trice). II a. litigante.

litigate /'litigeit Am litəgeit/ I v.t. essere in lite con, essere in causa con. II v.i. litigare, essere parte di una lite.

litigation /,liti'gei∫ən Am ,litə'gei∫ən/ n. causa f., processo m. □ (Dir) to be in ~ (of a case) essere sotto giudizio.

litigious /li'tidʒəs/ a. 1 litigioso (anche Dir). 2 (contentious) contenzioso.

litigiousness /li'tidʒəsnəs/ n. litigiosità f.

litmus /'litməs/ n. (Chim) tornasole m., (rar) laccamuffa f. □ (Chim) ~ paper cartina di tornasole; ~ test: 1 (Chim) prova della cartina di tornasole; 2 (fig) cartina di tornasole.

litotes /'laitoutiz/ n.inv. (Ret) litote f.

litre /'li:tər Am 'litər/ n. litro m.

Litt.D. Litterarum Doctor (dottore in lettere).

litter /'litər Am 'litər/ I n. 1 rifiuti m.pl., cartaccia f., immondizia f. 2 (state of disorder) disordine m., confusione f. 3 (bedding for animals) lettiera f., strame m., lettime m. 4 (granules for pet's litter box) lettiera f., sabbietta f.: cat ~ sabbietta per gatti. 5 (Forest) humus m. 6 (Zootecn) figliata f., cucciolata f. 7 (Stor) (portable couch) portantina f. 8 (ant) (stretcher) lettiga f., barella f. II v.t. 1 spargere, cospargere, disseminare. 2 (to lie scattered about) essere sparso in disordine: books -ed the table i libri erano sparsi in disordine sul tavolo. 3 (to scatter about) spargere. 4 (to fill with) riempire, dissemina-

re (with di). 5 (to make untidy) mettere in disordine, creare disordine in, imbrattare. 6 (of an animal) fare la lettiera a, fare un letto di strame a; (of a floor) cospargere di strame. 7 (Zootecn) figliare, partorire. III v.i. 1 (to make untidy) creare disordine. 2 (Zootecn) figliare, partorire. □ ~ bag sacchetto delle immondizie; ~ basket cestino per i rifiuti; ~ bin cestino per i rifiuti; ~ box cassetta per gatti, vaschetta per gatti; (colloq) ~ bug (o ~ lout) chi sparge rifiuti in luoghi pubblici, chi sparge cartacce in luoghi pubblici; ~ pan cassetta per gatti, vaschetta per gatti; ~ tray vaschetta per la lettiera, vaschetta per la sabbietta; to ~ up essere sparso in disordine.

littered /'litərd Am 'litərd/ a. 1 (covered) essere cosparso, disseminato (with di) (sporcizia ecc.). 2 (filled) essere pieno, essere strapieno (with di).

little /'litl Am 'litl/ (compar. **less** /les/ o **lesser** /'lesər/, sup. **least** /li:st/) I a. 1 piccolo, piccino, often translated with a diminutive: he has ~ feet ha i piedi piccoli; a ~ bird un uccellino. 2 (young) giovane: I've known her since she was ~ la conosco da quando era bambina. 3 (younger) più giovane: my ~ brother il mio fratello più giovane, il mio fratellino. 4 (of distance) breve, corto: a ~ way un breve tratto di strada. 5 (of time) piccolo, poco, breve, corto: there is ~ time c'è poco tempo. 6 (small in number) piccolo. 7 (small in amount or degree) piccolo, poco: ~ hope poca speranza. 8 (some but not much; preceded by a) poco, alquanto: he has a ~ money ha un po' di denaro; a ~ dull alquanto noioso. 9 (unimportant) piccolo, di scarsa importanza, di poco conto. 10 (to express tenderness, etc.) translated with a diminutive: what a dear ~ child! che caro bimbetto!; come here, my ~ man! vieni qui, ometto mio!; a ~ toy un giocattolino. II n. 1 (small amount) poco m., piccola quantità f.: the ~ I possess il poco che possiedo. 2 (not much) poco m.: your friends did ~ to help you i tuoi amici hanno fatto poco per aiutarti. 3 (preceded by a: some but not much) poco m.: if you want milk I have a ~ se vuoi latte ne ho un poco. 4 (preceded by a: something) poco m., qualcosa f.: he knows a ~ about everything sa un po' di tutto. 5 (preceded by a: short time) poco m.: wait a ~ longer! aspetta ancora un poco! III avv. (compar. **less** /ləs/, sup. **least** /li:st/) 1 poco: she eats very ~ mangia molto poco. 2 (not at all) non... affatto, per niente, neanche lontanamente: ~ did he know what I was thinking non sapeva affatto che cosa io pensassi. 3 (rarely) poco, di rado, raramente. 4 (preceded by a: short distance) poco, un po': let's walk a ~ camminiamo un poco. 5 (preceded by a: sometimes) ogni tanto, qualche volta: I play tennis a ~ gioco a tennis ogni tanto. 6 (preceded by a: slightly) poco, leggermente, piuttosto, alquanto: I feel a ~ better mi sento un po' meglio; the film was a ~ long il film era piuttosto lungo. □ ~ as ~ as possible il meno possibile; (Ornit) ~ auk gazza marina minore; (Astr) Little Bear Orsa minore; a ~ bird told me he l'ha detto un uccellino; but ~ ben poco; by ~ a poco a poco, gradualmente; (Am,Astr) Little Dipper Orsa minore; (fig) I ~ dreamt that non immaginavo neanche lontanamente che; (Mecc,Aut) ~ end piede di biella; (Pol) Little Englander oppositore della politica imperialistica inglese, antimperialista; ~ finger dito mignolo (della mano), mignolo; (Folcl) ~ folk folletti, gnomi, fate; per ~ per poco, a buon mercato; for a ~ per un po'; for as ~ as £5 per sole 5 sterline; to get ~ out of *sth.* trarre poco vantaggio da qcs., ricavare poco da qcs.; (*eufem*) ~ *girls' room* toilette per le donne; (*Ornit*) ~ *grebe* tuffetto; (*scherz*) ~ *green man* marziano; (*Rel.catt*) ~ *hours* ore minori; *in* ~ in piccolo, in miniatura; *in a* ~ in breve tempo; ~ *less* quasi, poco meno; *to make* ~ *of* tenere in poco conto, dare poca importanza a; *my* ~ *man* (*said to a child*) il mio omino; ~ *more* poco più; *no* ~ non poco, molto; *he took no* ~ *pains* si è preso non poca pena; *not a* ~ molto, non poco, considerevolmente; *I was not a* ~ *annoyed* ero molto seccato; ~ *old man* vecchietto; ~ *old woman* vecchietta; ~ *or no* quasi niente, poco o niente; ~ *or nothing* quasi niente, poco o niente; (*Ornit*) ~ *owl* civetta; (*Folcl*) ~ *people* folletti, gnomi, fate; *Little Red Riding Hood* Cappuccetto Rosso; *to have* ~ *regard for so.* non tenere qcu. in gran conto; (*Geog,ant*) *Little Russia* Ucraina, piccola Russia; (*ant*) *Little Russian* ucraino, piccolo russo, ucraina, piccola russa; *to see very* ~ *of so.* frequentare pochissimo qcu., vedere pochissimo qcu.; *a* ~ *something* qualcosetta, qualcosina; (*fig*) *to put* ~ *stock in sth.* avere poca fiducia in qcs., riporre poca fiducia in qcs.; (*colloq*) ~ *stranger* neonato; *the* ~ *of* quel poco di, il poco di; *the* ~ *of the town I have seen seems very pretty* il poco della città che ho visto sembra assai grazioso; *the* ~ *ones* (*the children*) i piccoli, i bambini; *don't worry about* ~ *things* non ti preoccupare per ogni inezia; ~ *toe* dito mignolo (del piede), mignolo; *wait a* ~ *while* aspetta un momento; *a* ~ *while ago* un po' di tempo fa; *the* ~ *woman* la mia mogliettina; ~ *wonder* c'è poco da meravigliarsi. *Prov.*: *a* ~ *is better than none* meglio poco che niente.

littleness /ˈlɪtlnəs Am ˈlɪtlnəs/ *n.* **1** piccolezza *f.*, minutezza *f.* **2** (*pettiness*) meschinità *f.*, grettezza *f.*, piccineria *f.*

littoral /ˈlɪtərəl Am ˈlɪtərəl/ **I** *a.* litoraneo, litorale, rivierasco. **II** *n.* litorale *m.*

liturgic /lɪˈtɜːdʒɪk Am ˈlɪtɜːrdʒɪk/, **liturgical** /lɪˈtɜːdʒɪkəl Am ˈlɪtɜːrdʒɪkəl/ *a.* liturgico.

liturgics /lɪˈtɜːdʒɪks Am ˈlɪtɜːrdʒɪks/ *n.pl.* (*costr.sing.*) **1** scienza *f.* della liturgia. **2** (*study of liturgies*) studio *m.* delle liturgie.

liturgist /ˈlɪtədʒɪst Am ˈlɪtərdʒɪst/ *n.* liturgista *m./f.*

liturgy /ˈlɪtədʒɪ Am ˈlɪtərdʒɪ/ *n.* (*Rel*) liturgia *f.*

livable /ˈlɪvəbl/ *a.* **1** abitabile. **2** (*worth living*) degno di essere vissuto. **3** (*endurable*) sopportabile. **4** (*that can be lived with*) con cui si può vivere. **5** (*companionable*) socievole.

live¹ /lɪv/ **I** *v.i.* **1** vivere, essere in vita, esistere. **2** (*to stay alive*) vivere: *to* ~ *to ninety* vivere fino a novant'anni. **3** (*to reside*) vivere, risiedere, abitare: *he -s in Paris* vive a Parigi. **4** (*to subsist, to feed*) vivere, nutrirsi, cibarsi, alimentarsi (*on, upon* di): *to* ~ *on rice* vivere di riso. **5** (*to make a living*) campare, vivere (*by, on, upon* di), mantenersi (con): *he -s by his work* campa del suo lavoro; *to have enough to* ~ *on* avere di che vivere. **6** (*fig*) (*to persist*) essere vivo, vivere, durare: *the incident still -s in my memory* l'incidente è ancora vivo nella mia memoria. **7** (*fig*) (*to experience*) provare, vivere. **8** (*fig*) (*to be kept somewhere*) trovarsi, stare: *where does the salt* ~? dove si trova il sale? **9** (*fig*) (*enjoy oneself*) vivere, godersela: ~ *a little!* ma goditela un po'! **II** *v.t.* **1** (*of a life*) vivere, trascorrere: *to* ~ *a happy life* vivere una vita felice; *to* ~ *a life of* vivere una vita di. **2** (*to pass actively, vigorously*) vivere intensamente: *to* ~ *every minute of one's life* vivere intensamente ogni istante della propria vita.

3 (*to follow a faith or philosophy*) mettere in pratica, vivere, praticare. □ *to* ~ *a lie* vivere nella falsità, vivere nella menzogna; *to* ~ *above one's means* vivere al di sopra del proprio reddito, vivere al di sopra delle proprie possibilità; *to* ~ *and breathe sth.* vivere qcs. intensamente, cogliere ogni momento di qcs.; *to* ~ *beyond one's means* vivere al di sopra del proprio reddito, vivere al di sopra delle proprie possibilità; *to* ~ *by* vivere di; *to* ~ *by one's wits* vivere di espedienti, *to* ~ *by one's pen* vivere facendo lo scrittore; *to* ~ *down a scandal* far dimenticare col tempo uno scandalo; *to* ~ *for* vivere per qcs.; (*Am, colloq*) *to* ~ *high off the hog* (o *to live high on the hog*) vivere alla grande; *to* ~ *in*: **1** risiedere sul posto; **2** (*of a servant, etc.*) essere a tutto servizio; **3** (*of a student, etc.*) essere interno; (*colloq*) *to* ~ *it up* godersi la vita; (*Am,colloq*) *to* ~ *large* vivere alla grande; *to* ~ *one's life* trascorrere la vita; *to* ~ *one's life to the full* vivere intensamente; *to* ~ *off so.* vivere alle spalle di qcu.; (*fig*) *to* ~ *off the fat of the land* avere ogni ben di Dio, vivere nel lusso; *to* ~ *on*: **1** (*to persist*) rivivere, perpetuarsi: *the mother's beauty -s on in her daughter* nella figlia rivive la bellezza della madre; **2** (*to feed on*) vivere di, cibarsi: *to* ~ *on vegetables* cibarsi di verdure; **3** (*to depend on for income*) campare con, mantenersi con, sopravvivere con; (*fig*) *to* ~ *on one's fat* vivere di rendita; *to* ~ *out*: **1** non risiedere sul posto; **2** (*of a servant, etc.*) essere a mezzo servizio; **3** (*of a student, etc.*) essere esterno; **4** (*to realize*) realizzare, concretizzare: *to* ~ *out a dream* realizzare un sogno; *to* ~ *out of* vivere di: *they* ~ *out of tins* vivono di scatolame; *to* ~ *out of a suitcase* avere tutte le proprie cose in una valigia; *to* ~ *in the past* vivere nel passato; *to* ~ *rough* vivere all'aperto; *to* ~ *through* sopravvivere a, scampare a; *to* ~ *to see the day when* vivere tanto da vedere il giorno in cui; *to* ~ *together* vivere insieme; (*fig*) *to* ~ *up to*: **1** tener fede a, vivere secondo: *to* ~ *up to an ideal* tener fede a un ideale; **2** (*to attain expected standards in*) essere all'altezza di, non venir meno a: *he -d up to his reputation* non venne meno alla sua fama; *to* ~ *up to people's expectations* essere all'altezza delle aspettative della gente; *to* ~ *well*: **1** vivere agiatamente, vivere bene; **2** (*to live virtuously*) vivere onestamente, vivere rettamente; *to* ~ *with*: **1** vivere con, convivere con, coabitare con: *to* ~ *with one's parents* vivere con i propri genitori; **2** (*to have an established sexual relationship with*) convivere con, vivere insieme con; **3** (*to accept*) accettare, rassegnarsi: *to* ~ *with oneself* accettarsi, rassegnarsi, vivere in pace con se stesso. *Prov.*: ~ *and let* ~ vivi e lascia vivere; *he who -s by the sword dies by the sword* chi di spada ferisce di spada perisce.

live² /laɪv/ **I** *a.* **1** vivo, vivente: *a* ~ *animal* un animale vivo. **2** (*Rad,TV*) (*broadcast as it happens*) in diretta: *a* ~ *broadcast* un programma in diretta. **3** (*Rad,TV*) (*recorded during performance*) dal vivo. **4** (*of current interest*) d'attualità, vivo: ~ *problem* problema d'attualità. **5** (*El*) sotto tensione: *this wire is* ~ questo filo è sotto tensione. **6** (*Arm*) (*charged*) carico: ~ *cartridge* cartuccia carica. **7** (*Arm*) (*unexploded*) inesploso. **8** (*bright, vivid*) vivace, vivo; (*of colour*) vivo, brillante, luminoso. **9** (*of coals, etc.*) acceso, ardente. **10** (*of yoghurt*) con fermenti lattici (vivi). **11** (*of a volcano*) attivo. **12** (*Sport*) (*of a ball*) in gioco. **II** *avv.* (*Rad,TV*) in diretta, dal vivo. □ ~ *audience* pubblico; *recorded in*

front of a ~ *audience* registrato dal vivo; (*Mot*) ~ *axle* asse motore, assale motore, motoassale; (*Pesc*) ~ *bait* esca viva; *to fish with* ~ *bait* pescare al vivo; (*Statist*) ~ *births* nati vivi; ~ *broadcast* trasmissione in diretta; *to go* ~: **1** (*Rad,TV*) collegarsi in diretta; **2** (*Inform*) andare in rete; ~ *load*: **1** (*Edil*) carico accidentale, carico di traffico; **2** (*of a vehicle*) carico (utile); (*Bot*) ~ *oak* quercia virginiana; (*Rad,TV*) ~ *program* (o ~ *programme*) programma dal vivo; (*Comm*) ~ *weight* peso vivo; ~ *wire*: **1** (*El*) filo sotto tensione; **2** (*colloq*) persona vivace, persona piena di vita.

liveability /ˈlɪvəbɪlətɪ Am ˈlɪvəbɪlətɪ/ *n.* abitabilità *f.*

liveable /ˈlɪvəbl/ *a.* **1** abitabile. **2** (*worth living*) degno di essere vissuto. **3** (*endurable*) sopportabile. **4** (*that can be lived with*) con cui si può vivere. **5** (*companionable*) socievole.

lived /lɪvd/ *a.* (*in compounds*) dalla vita...: *short-~* dalla vita breve.

lived-in /ˈlɪvɪn/ *a.* genuino, casereccio, alla buona.

live-in /ˈlɪvɪn/ *a.* **1** (*of a person living with another*) convivente: *her* ~ *boyfriend* il suo convivente. **2** (*of a domestic employee*) residente, che abita nel posto di lavoro. □ ~ *babysitter* baby-sitter che vive con la famiglia; ~ *maid* cameriera a tutto servizio; ~ *nanny* bambinaia che vive con la famiglia.

livelihood /ˈlaɪvlɪhʊd/ *n.* vita *f.*, sostentamento *m.*, mezzi *m.pl.* di sostentamento, fonte *f.* di reddito.

liveliness /ˈlaɪvlɪnəs/ *n.* vivacità *f.*, animazione *f.*, brio *m.*, vitalità *f.*

livelong¹ /ˈlaɪvlɒŋ Am ˈlɪvlɔːŋ/ *a.* (*of time*) intero, lungo. □ *all the* ~ *day* tutto il santo giorno.

livelong² /ˈlɪvlɒŋ Am ˈlɪvlɔːŋ/ *n.* (*Bot*) erba *f.* da calli.

lively /ˈlaɪvlɪ/ *a.* **1** vivace, animato, brioso, brillante: *a* ~ *discussion* un'animata discussione. **2** (*of people*) vivace, attivo, pieno di vita, vivo. **3** (*happy, bouncy*) allegro, brioso: *a* ~ *tune* un motivo allegro. **4** (*vivid*) vivace, vivido, vivo, efficace: *a* ~ *description* una vivace descrizione. **5** (*of colours*) vivace, smagliante, vivido. **6** (*brisk, sharp*) vivo, acuto: ~ *mind* ingegno vivo. **7** (*intense, active*) intenso, attivo, vivo: *a* ~ *trade in contraband cigarettes* un intenso traffico di sigarette di contrabbando. **8** (*Br,colloq,rar*) difficile: *to give so. a* ~ *time* rendere la vita difficile a qcu., dare del filo da torcere a qcu.; *to have a* ~ *time* avere un bel daffare.

liven /ˈlaɪvən/ □ *to* ~ *up*: **1** (*used transitively*) ravvivare, animare; **2** (*used intransitively*) ravvivarsi, animarsi.

liver¹ /ˈlɪvər/ **I** *n.* **1** (*Anat,Gastron*) fegato *m.* **2** (*colloq*) (*liver complaint*) mal *m.* di fegato. **II** *a.* color rosso scuro. □ ~ *brown* rosso bruno, rosso scuro; (*Biol*) ~ *cell* cellula epatica; (*Zool*) ~ *fluke* fasciola, distoma epatico; (*Gastron*) ~ *pâté* pâté di fegato; (*Farm*) ~ *salts* sali per curare l'indigestione; (*Gastron*) ~ *sausage* salsiccia di fegato; (*Med*) ~ *spot* macchia (scura) sulla pelle; (*Chir*) ~ *transplant* trapianto di fegato.

liver² /ˈlɪvər/ *n.* persona *f.* che vive in un certo modo, chi conduce un particolare genere di vita: *a clean* ~ una persona pulita; *a plain* ~ chi vive alla buona; *a loose* ~ un libertino.

liveried /ˈlɪvərɪd/ *a.* in livrea: ~ *coachman* cocchiere in livrea.

liverish /ˈlɪvərɪʃ/ *a.* **1** (*Med*) fegatoso, epatico. **2** (*fig*) fegatoso, irascibile, rabbioso. **3** (*liver-coloured*) rosso scuro, rosso bruno.

Liverpool /'lɪvəpuːl/ n.pr. (Geog) Liverpool f.

Liverpudlian /ˌlɪvə'pʌdlɪən/ I a. di Liverpool. II n. abitante m./f. di Liverpool.

liverwort /'lɪvəwɜːt Am 'lɪvər,wɜːrt/ n. (Bot) epatica f.

liverwurst /'lɪvə,wɜːst Am 'lɪvər,wɜːrst/ n. (Am,Gastron) salsiccia f. di fegato.

livery[1] /'lɪvəri/ n. 1 (for servants) livrea f. 2 (for members of a guild, etc.) costume m., abito m. 3 (lett) aspetto m., aria f., apparenza f. 4 (Comm) logo m. (aziendale), colori m.pl. (aziendali). 5 (feeding, stabling, etc., of horses) stallaggio m., stallatico m. □ at ~ (of horses) tenuto nello stallaggio; (Stor) ~ company corporazione di livrea; ~ man : 1 padrone di stallaggio; (employee) mozzo di stallaggio; 2 (Stor) membro di una corporazione di livrea; out of ~ senza livrea, in abito borghese; ~stable scuderia di cavalli da nolo.

livery[2] /'lɪvəri/ a. 1 simile al fegato. 2 (liverish) fegatoso, irascibile, rabbioso.

lives /laɪvz/ → life.

livestock /'laɪvstɒk/ n. (costr.sing. o pl.) (Zootecn) bestiame m., scorte f.pl. vive.

livid /'lɪvɪd/ a. 1 (very angry) livido, furibondo. 2 (bluish in colour) livido, bluastro. 3 (leaden in colour) livido, plumbeo: a ~ sky un cielo livido. □ a ~bruise un livido.

lividity /lɪ'vɪdɪti/ n. lividezza f.

lividly /lɪ'vɪdli/ avv. furiosamente, in modo furibondo.

living /'lɪvɪŋ/ I a. 1 vivente, vivo: ~ creatures esseri viventi; ~ tissue tessuto vivo. 2 (existing, active) vivo, vivente, in uso: a ~ language una lingua viva. 3 (contemporary) vivente, contemporaneo: the finest musician ~ il miglior musicista vivente. 4 (like the real thing) vivente, perfetto, reale: a ~ likeness un aspetto molto realistico, una somiglianza perfetta. 5 (interesting, relevant) vivo, avvincente: with the new teacher history became a ~ subject con il nuovo insegnante la storia è diventata una materia viva. 6 (of domestic life) di vita, della vita: ~ conditions condizioni di vita. 7 (of coals, etc.) acceso, ardente. 8 (poet) (of water) vivo, corrente. II n. 1 vita f., vivere m.: ~ is very expensive today la vita costa molto al giorno d'oggi; do you call this ~? lo chiami vivere questo?; to work for one's ~ lavorare per vivere. II (livelihood) vita f., sostentamento m., mezzi m.pl. di sostentamento, mezzi m.pl. di sussistenza: to earn one's ~ guadagnarsi la vita, guadagnarsi da vivere; the cost of ~ il costo della vita. 3 (costr.pl.) (living people) vivi m.pl., viventi m.pl.: he is still in the land of the ~ è ancora tra i vivi. 4 (Dir.can) beneficio m. □ ~conditions condizioni di vita; ~death vita disgraziata; ~expenses indennità di vitto e alloggio; a ~legend una leggenda vivente, un mito; to make a ~ guadagnarsi la vita; in ~ memory (o within ~ memory) a memoria d'uomo: the worst disaster within ~ memory il peggior disastro che si ricordi, il peggior disastro a memoria d'uomo; no ~ person could do better nessuno al mondo potrebbe far meglio; (Art) ~picture quadro vivente; ~ room soggiorno m.; not a ~soul could be seen non si vedeva anima viva; ~ space : 1 (Arch) spazio utile, spazio abitabile; 2 (Pol,fig) spazio vitale; ~standard tenore di vita; to be the ~ image of qcu., essere l'immagine vivente di qcu., essere l'immagine vivente di qcu.; (colloq) now this is ~! oh, questa è vita!; (Econ) ~wage salario minimo, minimo vitale; ~will testamento biologico.

Livingstone /'lɪvɪŋstən/ □ (Bot) ~daisy mesembriantemo.

Livy /'lɪvi/ n.pr.m. (Stor.rom) Livio, Tito Livio.

lixiviate /lɪk'sɪviet/ v.t. (Chim) lisciviare.

lixiviation /lɪk,sɪvi'eɪʃən/ n. (Chim) lisciviazione f.

lixivium /lɪk'sɪviəm/ (pl. -s /-z/, -via /-viə/) n. (Chim) liscivia f.

Liz /lɪz/ n.pr.f. dim. di Elizabeth.

Liza /'liːz, 'laɪzə/ n.pr.f. dim. di Elizabeth.

lizard /'lɪzəd Am 'lɪzərd/ n. (Zool,Pell) lucertola f.

Lizbeth /'lɪzbəθ/ n.pr.f. dim. di Elizabeth.

Lizzie /'lɪzi/ n.pr.f. dim. di Elizabeth.

Lizzy /'lɪzi/ n.pr.f. dim. di Elizabeth.

L.J. (GB,Dir) Lord Justice (of Appeal) (giudice di Corte d'appello).

Ljubljana /ljubli'ɑːnə/ n.pr. (Geog) Lubiana f.

'll /l, əl/ contraz. di shall, will[1].

llama /'lɑːmə/ n. 1 (Zool) lama m. 2 (fleece) pelo m. di lama, lana f. di lama.

llano /'lɑːnoʊ/ n. (Geog) llano m.

LL.D. Legum Doctor (dottore in legge).

Lloyd /lɔɪd/ □ ~'s Register of Shipping ente di certificazione britannico (spec. navale).

LMT local mean time (ora media locale).

LNG (Fis) liquified natural gas GNL (gas naturale liquefatto).

lo /loʊ/ intz. (rar,poet) guarda!, ecco! □ ~ and behold! ecco!

loach /loʊtʃ/ n. (Itt) cobite m.

load /loʊd/ I n. 1 carico m.: a ship with a full ~ una nave a pieno carico. 2 (fig) peso m., carico m., fardello m., onere m.: to take a ~ off so.'s mind togliere un peso dal cuore a qcu. 3 (fig) (responsibility) responsabilità f., carico m. 4 pl. (colloq) (large quantity) gran quantità f.sing., (colloq) sacco m.sing.: he had -s of money aveva un sacco di soldi. 5 (Mil,Arm) carica f. 6 (Mecc,Fis,El) carico m. II v.t. 1 caricare: to ~ a lorry with stones caricare un camion di pietre. 2 (to take on as a load) caricare, fare un carico di. 3 (to add weight to) aggiungere peso a, appesantire, zavorrare. 4 (of dice) truccare (appesantendo). 5 (of a drink: to adulterate) adulterare, sofisticare. 6 (Inform,Fot,Mecc,El) caricare. 7 (Mil,Arm) caricare: to ~ a gun caricare un cannone. 8 (fig) (to burden, to weigh down) gravare, caricare: to ~ oneself with responsibilities gravarsi di responsabilità. 9 (fig) (to oppress) caricare, opprimere. 10 (fig) (to heap) coprire, colmare, ricoprire: to ~ so. with presents coprire qcu. di regali. 11 (fig) (to bias) influenzare. 12 (Assic) aggiungere un'addizionale a. III v.i. 1 caricare, fare il carico. 2 (Mil,Arm) caricare un'arma da fuoco. □ (colloq) a ~ of nonsense un sacco di stupidate; (Mar) ~ displacement dislocamento a pieno carico normale; to ~down : 1 (fig) (to burden) caricare, sovraccaricare, gravare; 2 (fig) (to oppress) caricare, opprimere; ~factor : 1 (El, Econ) fattore di carico; 2 (Aer) coefficiente di carico; (colloq) get a ~of this: 1 (look at this) guarda un po'!; 2 (listen to this) senti un po'!; (Am,colloq) to get a ~on ubriacarsi, diventare sbronzo; (Am,colloq) to have a ~on ubriacarsi, diventare sbronzo; (Mar) ~ line : 1 bordo libero; 2 (Plimsoll mark) marca (di bordo libero); (El) ~shedding eliminazione del carico; (colloq) take a ~ of this!: 1 (look at this) guarda un po'!; 2 (listen to this) senti un po'!; (sl) to ~the dice against agire a sfavore di, agire contro; to ~ the dice in favour of agire nell'interesse di, agire a favore di; to ~up caricare, fare il carico: the ship hasn't -ed up yet la nave non ha ancora caricato; (Mar) ~waterline : 1 bordo libero; 2 (Plimsoll mark) marca (di bordo libero).

load-bearing /'loʊdbeərɪŋ/ a. (Edil) portan-

te: ~ wall muro portante.

loaded /'loʊdɪd/ a. 1 carico: a ~ lorry un camion carico; a ~ gun un fucile carico. 2 (colloq) (very rich) ricchissimo, ricco sfondato. 3 (weighted) appesantito, zavorrato. 4 (of dice) truccato. 5 (fig) (of a word, statement) carico di significato. 6 (colloq) (drunk) ubriaco, sbronzo. 7 (Am,colloq) (drugged) fatto. 8 (Am,colloq) (of a car) pieno zeppo di accessori, accessoriato al massimo. □ (Am,colloq) ~for bear pronto a tutto; ~question domanda insidiosa, domanda capziosa, domanda tendenziosa.

loader /'loʊdər/ n. 1 (person) caricatore m. 2 (Arm,Met) caricatore m. 3 (Caccia) persona f. addetta al caricamento dei fucili. 4 (Inform) loader m.

loading /'loʊdɪŋ/ n. 1 caricamento m., carico m. 2 (Assic) supplemento m. di premio, addizionale f. 3 (Cart, Tess,Pell) carica f. □ ~ area zona di carico; ~ bay area di carico; (Ferr) ~gauge sagoma di carico.

loadmaster /'loʊdmɑːstər Am 'loʊdmæstər/ n. (Aer) responsabile m./f. del carico.

loadstar /'loʊdstɑːr/ n. 1 (Astr) stella f. polare. 2 (fig) (guide) guida f.; (guiding principle) principio m. informatore.

loadstone /'loʊdstoʊn/ n. 1 (Min) magnetite f. 2 (ant) (magnet) calamita f. 3 (fig) calamita f.

loaf[1] /loʊf/ (pl. **loaves** /loʊvz/) n. 1 pagnotta f., pane m. (da affettare). 2 (Gastron) (savoury) polpettone m.: meat ~ polpettone (di carne). 3 (Gastron) (sweet) pane m.: fruit ~ pane con uvetta. 4 (cone of sugar) pan m. di zucchero. 5 (Br,colloq) (head, brains) cervello m., testa f.: use your ~! usa il cervello! □ ~ sugar zucchero in zollette, zucchero a quadretti.

loaf[2] /loʊf/ v.i. oziare, bighellonare, ciondolare, perdere tempo. □ to ~about (o to ~around): 1 (to waste time) oziare, bighellonare; 2 (to saunter) vagabondare, andare a zonzo; to ~away (of time) sprecare, sciupare, perdere.

loafer /'loʊfər/ n. 1 (colloq) (person) bighellone m. (f. -a), fannullone m. (f. -a), perdigiorno m./f. 2 (shoe) mocassino m.

loam /loʊm/ I n. 1 (Agr) terriccio m. 2 (Edil) argilla f. II v.t. (Edil) ricoprire di argilla. □ (Geol) ~ rock marna.

loamy /'loʊmi/ a. argilloso.

loan /loʊn/ I n. 1 prestito m., credito m.: to ask for the ~ of sth. chiedere in prestito qcs. 2 (Econ) mutuo m., prestito m.; to apply for a ~ chiedere un mutuo, chiedere un prestito; to take out a ~ contrarre un mutuo. 3 (Econ) (issue of Government stock) prestito m. (dello stato): to float a ~ (o to issue a ~) emettere un prestito. II v.t. 1 prestare, dare in prestito. 2 (Econ) (of money) prestare. □ ~factor : capital capitale di prestito; (Econ) ~holder creditore ipotecario; (Econ) ~office : 1 (Econ) ufficio prestiti; 2 (Am) (pawnbroker's) agenzia di prestito su pegno; to be on ~ : 1 essere in prestito; 2 (of a person) essere comandato, essere distaccato; (Econ) ~on pawn credito su pegno; (Bibliot) to be out on ~ essere in prestito, essere in lettura; (colloq) ~shark usuraio, strozzino; (Econ) ~society società che concede prestiti; (Ling) ~translation calco; (Ling) ~word prestito.

loanable /'loʊnəbl/ a. 1 che può essere dato in prestito. 2 (available for loan) disponibile per prestiti.

loaner /'loʊnər/ n. (colloq) chi presta, prestatore m. (f. -trice).

loath /loʊθ/ a. restio, ritroso, riluttante: to be ~ to do sth. essere restio a fare qcs.

loathe /louð/ *v.t.* **1** provare avversione per, provare schifo per, disgustarsi di: *to ~ greasy food* provare avversione per i cibi grassi. **2** *(colloq)* *(to dislike greatly)* aborrire, detestare, odiare, non poter soffrire.

loathing /ˈlouðɪŋ/ *n.* ripugnanza *f.*, ribrezzo *m.*, schifo *m.*

loathingly /ˈlouðɪŋli/ *avv.* con ribrezzo, con ripugnanza.

loathsome /ˈlouðsəm/ *a.* **1** disgustoso, nauseante, schifoso. **2** *(abhorrent)* odioso, abominevole.

loathsomeness /ˈlouðsəmnəs/ *n.* schifosità *f.*, schifezza *f.*

loaves /louvz/ → **loaf**[1].

lob /lɒb *Am* lɑːb/ **I** *n.* **1** lancio *m.* **2** *(Sport)* *(in tennis)* pallonetto *m.*, lob *m.* **3** *(in cricket)* palla *f.* lanciata dal basso in alto. **II** *v.t.* *(past, p.p.* **lobbed** /-d/*)* **1** lanciare (in aria). **2** *(Sport)* *(in tennis)* respingere a pallonetto. **3** *(Sport, assol)* fare un pallonetto. **4** *(Sport)* *(in cricket)* lanciare dal basso in alto.

lobar /ˈloubər, loubɑːr/ *a.* *(Anat)* lobare: *~ pneumonia* polmonite lobare.

lobate /ˈloubeɪt/, **lobated** /ˈloubeɪtɪd *Am* ˈloubeɪtɪd/ *a.* **1** *(Anat)* lobare, costituito da lobi. **2** *(lobe-shaped)* a forma di lobo, lobare. **3** *(Biol)* lobato.

lobation /louˈbeɪʃən/ *n.* **1** l'essere lobato. **2** *(formation of lobes)* formazione *f.* lobare.

lobby /ˈlɒbi *Am* ˈlɑːbi/ **I** *n.* **1** *(entrance hall)* atrio *m.*, ingresso *m.*; *(of a hotel)* hall *f.*; *(corridor)* corridoio *m.*, passaggio *m.*; *(waiting room)* sala *f.* d'aspetto. **2** *(Teat)* *(foyer)* foyer *m.*, ridotto *m.* **3** *(Parl)* corridoio *m.* per il pubblico; *(division lobby)* corridoio *m.* per votazioni a gruppi separati. **4** *(Parl)* *(pressure group)* lobby *f.*, gruppo *m.* di pressione. **II** *v.t.* **1** *(Parl)* *(of legislators)* fare pressioni su, influenzare con manovre di corridoio. **2** *(of a bill)* fare approvare con pressioni, fare approvare con manovre di corridoio. **III** *v.i.* *(Parl)* esercitare pressioni (politiche), fare manovre di corridoio. □ *(Giorn,Parl)* ~ *correspondent* corrispondente parlamentare.

lobbyist /ˈlɒbiɪst *Am* ˈlɑːbiɪst/ *n.* lobbysta *m./f.*

lobe /loub/ *n.* *(Anat,Biol)* lobo *m.*

lobectomy /louˈbektəmi/ *n.* *(Chir)* lobectomia *f.*

lobed /loubd/ *a.* **1** *(Anat)* lobare. **2** *(Bot)* lobato.

lobelia /louˈbiːliə/ *n.* *(Bot)* lobelia *f.*

lobotomise *Br*, **lobotomize** /ləˈbɒtəmaɪz *Am* ləˈbɑːtəmaɪz/ *v.t.* **1** *(Chir)* lobotomizzare. **2** *(colloq,scherz)* rendere tonto, istupidire.

lobotomy /ləˈbɒtəmi *Am* ləˈbɑːtəmi/ *n.* *(Chir)* lobotomia *f.*

Lo-Bro /ˈloubrou/ *n.pr.* *(Am,Geog,colloq)* *(lower Brooklyn)* parte *f.* sud di Brooklyn.

lobster /ˈlɒbstər *Am* ˈlɑːbstər/ *(pl.inv.* o **-s** /-z/*;* *il pl. inv. si usa general. con valore collett.)* *n.* *(Zool)* **1** astice *m.*, omaro *m.* **2** *(spiny lobster)* aragosta *f.* □ *(Gastron)* ~ *Newburg* astice (*o* aragosta) Newburg, astice (*o* aragosta) con panna e sherry; *(Pesc)* ~ *pot* nassa (per aragoste); *(Gastron)* ~ *thermidor* astice (*o* aragosta) thermidor, astice (*o* aragosta) gratinato.

lobular /ˈlɒbjulər *Am* ˈlɑːbjulər/ *a.* *(Anat)* lobulare. □ *(Med)* ~ *pneumonia* broncopolmonite.

lobulate /ˈlɒbjulət *Am* ˈlɑːbjulət/ *a.* *(Anat)* lobulato.

lobule /ˈlɒbjuːl *Am* ˈlɑːbjuːl/ *n.* **1** piccolo lobo *m.* **2** *(Anat)* lobulo *m.*

lobworm /ˈlɒbwɜːm *Am* ˈlɑːbwɜːrm/ *n.* *(Zool)* **1** *(lugworm)* arenicola *f.* **2** *(earthworm)* lombrico *m.*

local /ˈloukəl/ **I** *a.* **1** locale: *~ customs* usanze locali; *a ~ bus service* un servizio locale di autobus. **2** *(near one's home, etc.)* della zona, del luogo, del quartiere, rionale, locale, nei paraggi: *the ~ cinema* il cinema della zona; *the ~ shops* i negozi del quartiere. **3** *(of news)* locale, regionale. **4** *(Med)* localizzato, locale. **II** *n.* **1** persona *f.* del luogo, residente *m./f.*: *the -s* i residenti. **2** *(train)* treno *m.* regionale, (treno) locale *m.* **3** *(bus)* autobus *m.* locale. **4** *(Med,colloq)* anestetico *m.* locale. **5** *(Br)* *(public house)* pub *m.*, bar *m.* abituale, osteria *f.*, taverna *f.* **6** *(Am)* *(of a union, etc.)* sezione *f.* locale. □ *(Med)* ~ *anaesthetic* (o ~ *anesthetic*): 1 *(drug)* anestetico locale; 2 *(effect)* anestesia locale; *(Inform)* ~ *area network* rete locale di computer, LAN; ~ *authority*: 1 autorità locale, amministrazione locale; 2 *(Pol)* potere periferico; *(Econ)* ~ *bill* cambiale su piazza; *(Tel)* ~ *call* chiamata urbana, telefonata urbana; ~ *colour*: 1 *(Lett)* colore locale; 2 *(Art)* colore puro; ~ *council* consiglio locale; *(Sport)* ~ *derby* derby; ~ *elections* elezioni comunali, elezioni amministrative; ~ *government*: 1 autorità locale, amministrazione locale; 2 *(Pol)* potere periferico; ~ *mean time* ora media locale; ~ *option* diritto di voto concesso a un distretto sulla vendita di alcolici nei propri confini; ~ *preacher* predicatore laico; ~ *time* ora locale; *(Am,colloq)* ~ *yokel* campagnolo, persona proveniente dalla campagna.

Local /ˈloukəl/ *avv.* *(Post)* *(on addresses)* Città.

locale /louˈkɑːl *Am* ˌlouˈkæl/ *n.* **1** località *f.*, luogo *m.*, posto *m.* **2** *(scene or setting of a play, film, etc.)* ambiente *m.*, luogo *m.*, scena *f.*: *Marseilles is the ~ of the novel* il romanzo è ambientato a Marsiglia. **3** *(bar, restaurant, club)* locale *m.*

localisation /ˌloukəl(ə)ɪˈzeɪʃən/ *n.* **1** localizzazione *f.* *(anche Med,Inform)*. **2** *(Pol)* *(decentralisation)* decentramento *m.*

localise /ˈloukəlaɪz/ *v.t.* *(Br)* **1** localizzare. **2** *(to circumscribe)* localizzare, circoscrivere, limitare. **3** *(Med,Inform)* localizzare. **4** *(Giorn)* rendere d'interesse locale. **5** *(Pol)* *(decentralise)* decentrare.

localised /ˈloukəlaɪzd/ *a.* *(Br)* **1** localizzato *(anche Inform)*. **2** *(Med)* localizzato, circoscritto. **3** *(Pol)* decentrato.

localism /ˈloukəlɪzəm/ *n.* **1** campanilismo *m.*; *(spreg)* provincialismo *m.* **2** *(custom)* costume *m.* locale, uso *m.* locale, costume *m.* del luogo. **3** *(pronunciation)* pronuncia *f.* locale. **4** *(phrase, etc.)* modo *m.* di dire locale.

locality /louˈkælɪti *Am* louˈkælɪti/ *n.* **1** *(place, position)* località *f.*, luogo *m.*, posto *m.*: *mountain ~* località montana. **2** *(district)* località *f.*, zona *f.*, paraggi *m.pl.*

localization /ˌloukəlaɪˈzeɪʃən *Am* -lɪ-/ *n.* **1** localizzazione *f.* *(anche Med,Inform)*. **2** *(Pol)* *(decentralisation)* decentramento *m.*

localize /ˈloukəlaɪz/ *v.t.* **1** localizzare. **2** *(to circumscribe)* localizzare, circoscrivere, limitare. **3** *(Med,Inform)* localizzare. **4** *(Giorn)* rendere d'interesse locale. **5** *(Pol)* *(decentralise)* decentrare.

localized /ˈloukəlaɪzd/ *a.* **1** localizzato *(anche Inform)*. **2** *(Med)* localizzato, circoscritto. **3** *(Pol)* decentrato.

locally /ˈloukəli/ *avv.* **1** localmente: *this wine is produced ~* questo vino è di produzione locale. **2** *(nearby)* (qui) vicino, nei paraggi.

locate /louˈkeɪt/ *v.t.* localizzare, individuare, scoprire, trovare: *to ~ a leak in a pipe* localizzare una perdita in una tubazione. **2** *(to fix the place of)* stabilire, collocare, localizzare, situare: *the city is -d on a river* la

città è situata su un fiume. **3** *(to establish place of business)* insediare, collocare.

location /louˈkeɪʃən/ *n.* **1** posizione *f.*, collocazione *f.*, ubicazione *f.* **2** *(place of residence or settlement)* posto *m.*, luogo *m.*: *a suitable ~ for a factory* un posto adatto per una fabbrica. **3** *(discovery)* localizzazione *f.*, rilevamento *m.* della posizione, individuazione *f.* **4** *(S.Afr,ant)* cittadina *f.* di soli neri. **5** *(Cin)* esterni *m.pl.*: *to shoot on ~* girare in esterni.

locative /ˈlɒkətɪv *Am* ˈlɑːkətɪv/ **I** *a.* *(Gramm)* locativo. **II** *n.* *(Gramm)* locativo *m.*, caso *m.* locativo.

loc. cit. *loco citato* l.cit., loc. cit. (luogo citato).

loch /lɒx, lɒk *Am* ˈlɑːk/ *n.* *(Scott)* **1** lago *m.*, loch *m.* **2** *(arm of the sea)* fiordo *m.*, braccio *m.* di mare: *sea ~* fiordo. □ *(Geog) Loch Ness* Loch Ness.

lochia /ˈlɒkiə, ˈloukiə/ *n.* *(Med)* lochi *m.pl.*

loci /ˈlousaɪ, ˈloukaɪ/ *n.* **1** località *f.*, luogo *m.*, posto *m.* **2** *(Geom)* luogo *m.* **3** *(Biol)* locus *m.*

lock[1] /lɒk *Am* ˈlɑːk/ **I** *n.* **1** serratura *f.*; *(padlock)* lucchetto *m.* **2** *(in fire arms)* otturatore *m.* **3** *(Idr)* *(canal lock)* chiusa *f.*, conca *f.* **4** *(Sport)* *(in wrestling)* presa *f.*; *(in rugby: lock forward)* numero otto *m.* **5** *(Aut)* sterzata *f.*, angolo *m.* di sterzata. **6** *(colloq)* *(traffic jam)* ingorgo *m.* stradale. **7** *(Mecc)* fermo *m.*; *(blockage)* bloccaggio *m.*, chiusura *f.*, blocco *m.* **8** *(Am,colloq)* certezza *f.* □ *(Sport)* ~ *forward* *(in rugby)* numero otto; *(Idr)* ~ *gate* porta di chiusa, paratoia di una chiusa; *(fig, colloq) to have a ~ on* avere una presa su; ~ *keeper* sorvegliante di una chiusa; *(Mecc)* ~ *nut* controdado; ~ *stitch* *(in sewing)* impuntura; *(fig)* ~, *stock and barrel* (con) armi e bagagli, (con) baracca e burattini, con tutto l'armamentario; *to place sth. under ~ and key*: 1 chiudere qcs. sotto chiave; 2 *(fig)* mettere qcs. al sicuro.

lock[2] /lɒk *Am* ˈlɑːk/ **I** *v.t.* **1** *(with a key)* chiudere a chiave, serrare (con la chiave); *(with bolt)* chiudere (con chiavistello). **2** *(to block)* bloccare: *to ~ the steering wheel* bloccare lo sterzo. **3** *(to embrace)* stringere, serrare: *to ~ so. in one's arms* stringere qcu. tra le braccia. **4** *(to join tightly)* allacciare, congiungere. **5** *(Inform)* proteggere (un file). **6** *(Idr)* *(of a canal)* fornire di chiuse. **7** *(fig)* *(to trap)* intrappolare, trattenere: *he -ed me into a long argument* mi ha intrappolato in una lunga discussione. **II** *v.i.* **1** chiudersi (a chiave): *the door won't ~* la porta non vuole chiudersi. **2** *(to become fixed, blocked)* bloccarsi. **3** *(to interlock)* congiungersi, allacciarsi. **4** *(Idr)* *(on a canal)* passare le chiuse. **5** *(Aut)* essere sterzabile. □ *to ~ arms* tenersi sotto braccio (in modo da formare una barriera); *to ~ away*: 1 *(of things)* riporre qcs. sotto chiave, mettere al sicuro; 2 *(of people)* rinchiudere qcu.; *(fig) to ~ horns* confrontarsi, essere in lite, bisticciare, essere in contrasto; *to ~ in* chiudere dentro, rinchiudere; *(Mil) to ~ on* fissare: *to ~ on to a target* fissare l'obiettivo; *to ~ out*: 1 chiudere fuori; 2 *(to prevent from working)* fare una serrata; *(fig) to ~ the stable door after the horse has bolted* chiudere la stalla quando i buoi sono scappati; *to ~ up*: 1 chiudere a chiave; 2 *(to place under lock and key)* mettere al sicuro, mettere sottochiave; 3 *(to confine)* rinchiudere, chiudere dentro; 4 *(Econ)* immobilizzare, vincolare.

lock[3] /lɒk *Am* ˈlɑːk/ **I** *n.* **1** ricciolo *m.*, riccio *m.*, ciocca *f.* **2** *(tuft of wool, etc.)* bioccolo *m.*, fiocco *m.* **3** *(pl.)* *(hair)* capelli *m.pl.*, chioma *f.sing.* □ *a ~ of hair* un ricciolo.

lockage /ˈlɒkɪdʒ *Am* ˈlɑːkɪdʒ/ *n.* **1** *(Idr)* *(lock* *system*) sistema *m.* di chiuse. **2** (*toll paid*) diritti *m.pl.* di passaggio di una chiusa. **3** (*passage through a lock*) passaggio *m.* di una chiusa.

lockdown/'lɒkdaʊn *Am* 'lɑːkdaʊn/ *n.* **1** (*process of confining inmates to their cells*) confinamento *m.* in cella. **2** (*a high-security prison or detention center*) carcere *m.* di massima sicurezza. **3** (*Inform*) (*device that secures a computer or piece of equipment*) sicura *f.*

locked /lɒkt *Am* 'lɑːkt/ *a.* (*Inform*) (*of a file*) protetto.

locked-up /'lɒkdʌp *Am* 'lɑːkdʌp/ ☐ (*Econ*) ~ *capital* capitale immobilizzato.

locker /'lɒkər *Am* 'lɑːkər/ *n.* **1** chi chiude. **2** (*small cupboard*) armadietto *m.* **3** (*Mar*) stipetto *m.*, armadietto *m.* ☐ ~ *room*: **1** spogliatoio; **2** (*ribald*) da spogliatoio, scurrile, sconcio: ~ *jokes* barzellette sconce.

locket /'lɒkɪt *Am* 'lɑːkɪt/ *n.* **1** (*Oref*) medaglione *m.*, breloque *f.* **2** (*of a scabbard*) puntale *m.*

lockfast /'lɒkfæst *Am* 'lɑːkfæst/ *a.* (*spec.Scott*) chiuso a chiave.

lock-in /'lɒkɪn *Am* 'lɑːkɪn/ *n.* **1** (*spec.Am*) (*protest*) dimostrazione *f.* di protesta con occupazione di locali. **2** (*spec.Am*) (*youth group event at a church or community center*) nottata *f.* trascorsa insieme. **3** (*spec.Br*) (*after-hours drinking session*) bicchierata *f.* (al pub) dopo la chiusura.

lockjaw /'lɒkdʒɔː *Am* 'lɑːkdʒɔː/ *n.* (*Med*) trisma *m.*

lockout, lock-out /'lɒkaʊt *Am* 'lɑːkaʊt/ *n.* serrata *f.*

locksmith /'lɒksmɪθ *Am* 'lɑːksmɪθ/ *n.* fabbro *m.*, (*region*) magnano *m.*

lock-up /'lɒkʌp *Am* 'lɑːkʌp/ **I** *n.* **1** chiusura *f.* **2** (*time*) ora *f.* di chiusura. **3** (*colloq*) (*prison*) prigione *f.*, carcere *m.* **4** (*Econ*) investimento *m.* vincolato, investimento *m.* a lungo termine. **II** *a.* che si chiude a chiave. ☐ ~ *garage* garage individuale; ~ *shop* negozio senza abitazione.

lockware /'lɒkwɜːr *Am* 'lɑːkwer/ *n.* (*Inform*) lockware *m.*

loco[1] /'loʊkoʊ/ *n.* (*Ferr*) locomotiva *f.*

loco[2] /'loʊkoʊ/ **I** *n.* (*pl.* **-s/-es** /-z/) **1** (*Am,Bot*) (*locoweed*) astragalo *m.* **2** (*Veter*) avvelenamento *m.* da astragalo. **II** *a.* (*sl*) matto, pazzo: *to go* ~ diventare pazzo. **III** *v.t.* avvelenare con astragalo. ☐ (*Veter*) ~ *disease* avvelenamento da astragalo.

loco[3] /'loʊkoʊ/ *avv.* (*spec.Comm*) sul posto, in loco.

locomotion /ˌloʊkə'moʊʃən/ *n.* locomozione *f.*

locomotive /'loʊkəˌmoʊtɪv *Am* 'loʊkəˌmoʊtɪv/ **I** *a.* **1** (*Ferr*) da locomotiva, da locomotore, motrice. **2** (*relating to movement*) locomotore, locomotorio. **II** *n.* (*Ferr*) locomotiva *f.*, locomotore *m.*, (loco)motrice *f.*

locomotor /'loʊkəˌmoʊtər *Am* 'loʊkəˌmoʊtər/, **locomotory** /ˌloʊkə'moʊtəri/ *a.* locomotorio, locomotore.

locoweed /'loʊkəˌwiːd/ *n.* (*Am,Bot*) astragalo *m.*

locular /'lɒkjʊlər *Am* 'lɑːkjʊlər/ *a.* (*Biol*) alveolare.

locule /'lɒkjuːl *Am* 'lɑːkjʊl/, **loculus** /'lɒkjʊləs *Am* 'lɑːkjʊləs/ (*pl.* **-li** /-laɪ/) *n.* **1** (*Anat*) alveolo *m.* **2** (*Bot*) loculo *m.*, loggia *f.* **3** (*Archeol*) loculo *m.*

locum /'loʊkəm/ *n.* (*colloq*) facente *m.* funzione, sostituto *m.* ☐ ~ *tenens* facente funzione, sostituto.

locus /'loʊkəs/ (*pl.* **-ci** /-saɪ/, **-ca** /-kə/) *n.* **1** località *f.*, luogo *m.*, posto *m.* **2** (*Geom*) luogo *m.* **3** (*Biol*) locus *m.* ☐ ~ *classicus* testo

---

fondamentale.

locust /'loʊkəst/ *n.* **1** (*Entom*) locusta *f.*, cavalletta *f.* **2** (*Bot*) robinia *f.*; (*carob*) carrubo *m.* **3** (*Am,Entom*) (*seventeen-year locust*) cicala *f.* ☐ ~ *bean* carruba; (*Bot*) ~ *tree* robinia; (*carob*) carrubo.

locution /loʊ'kjuːʃən/ *n.* **1** modo *m.* di dire, locuzione *f.*, frase *f.* **2** (*style of expression*) modo *m.* di parlare, linguaggio *m.*

lode /loʊd/ *n.* **1** (*Geol,Minier*) filone *m.*, filone *m.* metallico, vena *f.*

loden /'loʊdən/ *n.* **1** (*Tess*) loden *m.* **2** (*colour*) verde *m.* scuro.

lodestar /'loʊdstɑːr/ *n.* **1** (*Astr*) stella *f.* polare. **2** (*fig*) (*guide*) guida *f.*; (*guiding principle*) principio *m.* informatore.

lodestone /'loʊdstoʊn/ *n.* **1** (*Min*) magnetite *f.* **2** (*ant*) (*magnet*) calamita *f.* **3** (*fig*) calamita *f.*

lodge /lɒdʒ *Am* 'lɑːdʒ/ **I** *n.* **1** (*gatekeeper's house*) casetta *f.*, casotto *m.*; (*for porters*) portineria *f.*, guardiola *f.* **2** (*hut in countryside*) capanno *m.*, capanna *f.*; (*mountain refuge*) rifugio *m.*; (*cabin*) cabina *f.*; (*summer cottage*) villetta *f.*, chalet *m.*; (*for hunters*) casino *m.* di caccia. **3** (*resort hotel*) albergo *m.* di villeggiatura. **4** (*in freemasonry*) loggia *f.* **5** (*of a trade's union*) sezione *f.*, ufficio *m.* **6** (*of a beaver*) tana *f.* **7** (*Am*) (*wigwam*) wigwam *m.*, tenda *f.* indiana. **8** (*Aus*) residenza *f.* ufficiale del primo ministro australiano (a Canberra). **II** *v.t.* **1** (*to place in accommodation*) alloggiare, albergare, dare alloggio a, sistemare; (*of troops*) acquartierare. **2** (*to serve as accommodation*) ospitare, servire da alloggio a. **3** (*to deposit for keeping*) depositare, mettere in deposito: *to* ~ *valuables in a bank* depositare valori in (una) banca. **4** (*to put in a place for safety*) mettere al sicuro. **5** (*to fix or stick*) conficcare, piantare, configgere. **6** (*to give power, authority*) conferire. **7** (*Dir*) sporgere (denuncia), depositare, presentare: *to* ~ *an official complaint* sporgere una querela; *to* ~ *an appeal* presentare un appello; *to* ~ *a petition* presentare un'istanza. **III** *v.i.* **1** (*to live in*) alloggiare, essere alloggiato, abitare: *to* ~ *in an inn* alloggiare in una locanda. **2** (*ant*) (*to live in rented rooms*) stare a pensione (*with presso*). **3** (*to become fixed, implanted*) conficcarsi, ficcarsi, piantarsi. ☐ *to* ~ *a claim* presentare un reclamo; *to* ~ *a complaint against so.*: **1** (*Comm*) presentare un reclamo contro qcu.; **2** (*Dir*) sporgere querela contro qcu., querelare qcu.; *to* ~ *a complaint with so* reclamare con qcu., reclamare presso qcu.; *to* ~ *in one's mind* rimanere in mente: *the tune is still -d in my mind* ho ancora in mente la melodia.

lodgement /'lɒdʒmənt *Am* 'lɑːdʒmənt/ *n.* **1** alloggiamento *m.*, l'alloggiare; (*lodgings*) camere *f.pl.* in affitto. **2** (*of money*) deposito *m.*, versamento *m.* **3** (*accumulation of a deposit*) accumulo *m.*, deposito *m.* **4** (*Dir*) presentazione *f.* **5** (*Mil*) posizione *f.* solida, posizione *f.* sicura.

lodging /'lɒdʒɪŋ *Am* 'lɑːdʒɪŋ/ **I** *n.* **1** sistemazione *f.*, alloggio *m.*: *board and* ~ vitto e alloggio. **2** (*temporary quarters*) alloggio *m.*, ospitalità *f.*: *to find* ~ *for a night* trovare alloggio per una notte. **3** *pl.* (*rooms rented*) camere *f.pl.* in affitto (ammobiliate), camere *f.pl.* ammobiliate. ☐ ~ *house* pensione, casa con camere in affitto; (*estens*) affittacamere; *to live in* -*s* vivere in un appartamento ammobiliato.

---

lodgment /'lɒdʒmənt *Am* 'lɑːdʒmənt/ *n.* **1** alloggiamento *m.*, l'alloggiare; (*lodgings*) camere *f.pl.* in affitto. **2** (*of money*) deposito *m.*, versamento *m.* **3** (*accumulation of a deposit*) accumulo *m.*, deposito *m.* **4** (*Dir*) presentazione *f.* **5** (*Mil*) posizione *f.* solida, posizione *f.* sicura.

lodicule /'lɒdɪkjuːl *Am* 'lɑːdɪkjuːl/ *n.* (*Bot*) lodicula *f.*

loess /'loʊɪs/ *n.* (*Geol*) löss *m.*, loess *m.*

loft /lɒft *Am* 'lɑːft, lɔːft/ **I** *n.* **1** (*attic*) soffitta *f.*, solaio *m.*, sottotetto *m.*: ~ *conversion* trasformazione di una soffitta in attico. **2** (*Arch*) (*in a church, hall*) galleria *f.*, balconata *f.*: *organ* ~ galleria dell'organo. **3** (*upper part of a barn*) fienile *m.* **4** (*pigeon house*) piccionaia *f.* **5** (*spec.Am*) (*converted upper floor of factory or warehouse*) loft *m.*, mansarda *f.* **6** (*spec.Am*) (*bed on an elevated frame*) letto *m.* sopraelevato. **7** (*Sport*) (*in golf*) tiro *m.* a foglia morta. **II** *v.t.* **1** (*Sport*) (*of a ball*) far descrivere un'alta parabola a; (*of a golf club*) inclinare, tenere inclinato. **2** (*to place in a loft*) mettere in soffitta, mettere in solaio. **3** (*to house in a loft*) mettere nella piccionaia, tenere nella piccionaia.

loftiness /'lɒftɪnəs *Am* 'lɑːftɪnəs, lɔːfɪnəs/ *n.* **1** altezza *f.* **2** (*haughtiness*) altezzosità *f.*, superbia *f.* **3** (*nobility*) elevatezza *f.*, nobiltà *f.*: ~ *of sentiment* elevatezza di sentimenti.

lofty /'lɒfti *Am* 'lɑːfti, lɔːfti/ *a.* **1** elevato, alto: ~ *mountains* monti elevati. **2** (*fig*) (*haughty*) superbo, altezzoso, altero. **3** (*fig*) (*noble*) elevato, nobile: ~ *principles* nobili principi. **4** (*of a project*) ambizioso.

log[1] /lɒg *Am* 'lɔːg, lɑːg/ **I** *n.* **1** tronco *m.* d'albero. **2** (*wood cut for fuel*) ceppo *m.*, ciocco *m.* **3** (*Forest*) (*timber*) tronco *m.* squadrato. **4** (*Mar*) (*for measuring speed*) solcometro *m.*, log *m.* **5** → **logbook**. **II** *a.* di tronchi d'albero: *a* ~ *cabin* una capanna di tronchi d'albero. ☐ *timber in the* ~ legname non scortecciato; *to sleep like a* ~ dormire sodo, dormire della grossa; *to fall like a* ~ cadere pesantemente.

log[2] /lɒg *Am* 'lɔːg, lɑːg/ **I** *v.t.* **1** (*of trees*) tagliare in ceppi; (*of an area*) disboscare. **2** (*spec. Mar,Aer*) (*to enter in a logbook*) registrare nel giornale di bordo. **3** (*spec.Mar,Aer*) (*to travel*) viaggiare (a); (*a distance*) percorrere; (*a speed*) andare alla velocità di. **4** (*spec.Aer*) (*to clock up*) accumulare: *he had -ged 5,000 flying hours* aveva accumulato 5000 ore di volo. **II** *v.i.* tagliare e trasportare tronchi. ☐ (*Inform*) *to* ~ *in* entrare, loggarsi; (*Inform*) *to* ~ *on* connettersi, collegarsi; (*Inform*) *to* ~ *out* uscire, disconnettersi, scollegarsi; (*spec.Mar, Aer*) *to* ~ *up* registrare, accumulare, totalizzare.

log[3] /lɒg *Am* 'lɔːg, lɑːg/ *n.* (*Mat*) logaritmo *m.*

log. logic (logico).

loganberry /'loʊgənberi/ *n.* **1** (*Bot*) loganberry *m.*, incrocio *m.* fra lampone e moro. **2** (*berry*) loganberry *m.*, mora *f.* di rovo.

loganstone /'loʊgənˌstoʊn/ *n.* (*Geol*) roccia *f.* in bilico.

logarithm /'lɒgərɪθəm *Am* 'lɔːgərɪθəm, lɑːgərθəm/ *n.* (*Mat*) logaritmo *m.*

logarithmic /ˌlɒgə'rɪθmɪk *Am* ˌlɔːgə'rɪθmɪk, ˌlɑːgə'rɪθmɪk/ *a.* (*Mat*) logaritmico: ~ *calculation* calcolo logaritmico; ~ *table* tavola dei logaritmi.

logarithmical /ˌlɒgə'rɪθmɪkəl *Am* ˌlɔːgə'rɪθmɪkəl, ˌlɑːgə'rɪθmɪkəl/ *a.* (*Mat*) logaritmico.

logbook /'lɒgbʊk *Am* 'lɔːgbʊk, lɑːgbʊk/ *n.* **1** (*a record book*) diario *m.*, registro *m.* **2** (*Mar,Aer*) giornale *m.* (o diario) di bordo. **3** (*Aut*) libretto *m.* d'immatricolazione.

loge /loʊʒ/ *n.* (*Teat*) palco *m.*

logger /'lɒgər Am 'lɔːgər, lɑːgər/ n. taglialegna m., boscaiolo m.

loggerhead /'lɒgəhed Am 'lɔːgərhed, lɑːgərhed/ n. **1** (Zool) caretta f. **2** (Tecn) specie di mestolo per pece ecc. **3** (rar) (fool) stupido m. (f. -a), testa f. di legno. □ (Zool) ~ **turtle** caretta; to be at -s with so. essere ai ferri corti con qcu.

loggia /'lɒdʒə, 'loudʒə/ (pl. -s /-z/, -gie /-dʒə/) n. **1** (Arch) loggia f. **2** (gallery) galleria f., balconata f.

logging /'lɒgɪŋ Am 'lɑːdʒɪŋ/ n. taglio m. e trasporto dei tronchi.

logia /'lɒgɪə, 'lougɪə/ n. (Rel) detto m. di Cristo, massima f. pronunciata da Cristo.

logic /'lɒdʒɪk Am 'lɑːdʒɪk/ n. **1** (Filos,Inform) logica f.: formal ~ logica formale; his ideas lack ~ le sue idee mancano di logica. **2** (method of reasoning) logica f., modo m. di pensare (o ragionare): your ~ is wrong il tuo modo di pensare è sbagliato. **3** (sequence of cause and effect) logica f., concatenazione f.: the ~ of facts la logica dei fatti. □ (Inform) ~ **bomb** bomba logica; (Inform) ~ **circuit** circuito logico; (Inform) ~ **gate** porta logica.

logical /'lɒdʒɪkəl Am 'lɑːdʒɪkəl/ a. **1** logico, conforme a ragione, razionale: a ~ conclusion una conclusione logica. **2** (of people) coerente, logico. **3** (reasonably to be expected) logico, naturale, evidente: the ~ outcome il risultato naturale. **4** (Inform,Mat) logico: ~ circuit circuito logico; ~ operator operatore logico. □ ~ consequence conseguenza logica; ~ positivism positivismo logico.

logicality /,lɒdʒɪ'kælɪti Am ,lɑːdʒɪ'kælɪti/ n. logicità f.

logically /'lɒdʒɪkəli Am 'lɑːdʒɪkəli/ avv. **1** logicamente. **2** (consequently) logicamente, a rigor di logica.

logician /lou'dʒɪʃən Am lə'dʒɪʃən/ n. logico m. (Filos).

logicism /'lɒdʒɪsɪzəm Am 'lɑːdʒɪsɪzəm/ n. (Filos) logicismo m.

logion /'lɒgɪən, 'lougɪən/ n. (Rel) detto m. di Cristo, massima f. pronunciata da Cristo.

logistic /lou'dʒɪstɪk Am lə'dʒɪstɪk/, **logistical** /lou'dʒɪstɪkəl Am lə'dʒɪstɪkəl/ a. logistico (anche Mil).

logistically /lou'dʒɪstɪkəli Am lə'dʒɪstɪkli/ avv. dal punto di vista logistico.

logistics /lou'dʒɪstɪks Am lə'dʒɪstɪks/ n.pl. (costr.sing. o pl.) logistica f.

logjam /'lɒdʒæm Am 'lɑːgdʒæm, 'lɔːgdʒæm/ n. **1** ingorgo m. di tronchi (trasportati in un fiume). **2** (fig) impasse f., via f. senza uscita, paralisi f.

logo /'lougou/ n. (spec. Comm) logo m., logotipo m.

logogram /'lɒgougræm Am 'lɔːgəgræm, 'lɔːgəgræm/, **logograph** /'lɒgougrɑːf Am 'lɑːgəgræf, 'lɔːgəgræf/ n. logogramma m.

logomachy /lou'gɒməki Am lɑːgɑːməki, lɔː'gɑːməki/ n. logomachia f.

logorrhea Am, **logorrohea** /,lɒgə'riːə Am ,lɑːgəgə'riə, ,lɔːgə'riə/ n. logorrea f.

logos /'lɒgɒs Am 'lougɑːs/ n. (Filos,Teol) logos m.

logotype /'lɒgoutaɪp Am 'lougoutaɪp/ n. **1** (Tip) logotipo m., politipo m. **2** (Comm) logo m., logotipo m.

log-rolling /'lɒgroulɪŋ Am 'lɑːgroulɪŋ, 'lɔːgroulɪŋ/ n. **1** (Forest) rotolamento m. di tronchi. **2** (fig) scambio m. interessato di elogi (o di aiuti). **3** (Am,Parl) scambio m. di favori, scambio m. di appoggi.

logwood /'lɒgwʊd Am 'lɑːgwʊd, 'lɔːgwʊd/ n. **1** (Bot) campeggio m. **2** (wood) legno m. di campeggio.

loin /lɔɪn/ n. **1** spec.pl. (Anat) regione f. lombare, lombi m.pl. **2** (Macell,Gastron) lombata

f., lombo m., lonza f.

loincloth /'lɔɪnklɒθ Am 'lɔɪnklɑːθ/ n. (Etnol) perizoma m.

loiter /'lɔɪtər Am 'lɔɪtər/ v.i. **1** bighellonare, gironzolare, girellare. **2** (to dawdle) indugiarsi, attardarsi. □ to ~ time away (o to ~ time out) passare tempo oziando, perdere tempo nell'ozio.

loiterer /'lɔɪtərər Am 'lɔɪtərər/ n. bighellone m. (f. -a), perdigiorno m./f.

loitering /'lɔɪtərɪŋ Am 'lɔɪtərɪŋ/ n. il bighellonare, vagabondaggio m. □ (Br,Dir) ~ **with intent** intento delittuoso.

LOL (colloq) (used in e-mail messages, etc.) laughing out loud (sto ridendo a crepapelle.)

Lolita /lɒ'liːtə Am ,lou'liːtə/ n. lolita f., Lolita f.

loll /lɒl Am 'lɑːl/ I v.i. **1** ciondolare, penzolare. **2** (to lounge) stendersi, sdraiarsi, allungarsi. II v.t. ciondolare, far penzolare: to ~ one's head ciondolare la testa.

Lollard /'lɒləd Am 'lɑːlərd/ n. (Rel,Stor) lollardo m. (f. -a).

Lollardism /'lɒlədɪzəm Am 'lɑːlərdɪzəm/, **Lollardry** /'lɒlədri Am 'lɑːlərdri/, **Lollardy** /'lɒlədi Am 'lɑːlərdi/ n. (Rel,Stor) lollardismo m.

lollipop /'lɒlɪpɒp Am 'lɑːlipɑːp/ n. **1** (Dolc) lecca lecca m. **2** (Br) (ice lolly) ghiacciolo m. □ (Br) ~ **lady** donna che, con una paletta da vigile in mano, aiuta i ragazzi ad attraversare la strada all'uscita della scuola; (Br) ~ **man** uomo che, con una paletta da vigile in mano, aiuta i ragazzi ad attraversare la strada all'uscita della scuola.

lollop /'lɒləp Am 'lɑːləp/ v.i. **1** (Br,colloq) saltare, balzare. **2** (to bob up and down) ballonzolare, andare su e giù.

lolly /'lɒli Am 'lɑːli/ n. **1** (Dolc,colloq) lecca lecca m. **2** (Aus) caramella f. **3** (Br,sl) (money) grana f., quattrini m.pl.

Lombard /'lɒmbəd Am 'lɑːmbɑːrd/ I n. **1** lombardo m. (f. -a). **2** (Stor) longobardo m. (f. -a). II a. lombardo. □ ~ **Street** (in London) Lombard Street; **2** (fig) mondo della finanza.

Lombardy /'lɒmbədi Am 'lɑːmbɑːrdi/ n.pr. Lombardia f. □ (Bot) ~ **poplar** pioppo m.

loment /'loumənt/ n. (Bot) lomento m.

Lond. (Geog) London (Londra).

London /'lʌndən/ n.pr. (Geog) Londra f. □ (Econ) ~ **interbank offered rate** tasso interbancario attivo londinese (LIBOR); (Bot) ~ **pride** sassifraga ombrosa.

Londoner /'lʌndənər/ n. londinese m./f.

lone /loun/ a. **1** solo, solitario: a ~ traveller un viaggiatore solitario. **2** (preferring solitude) solitario. **3** (only, sole) unico, solo. **4** (lett) (isolated) isolato, solitario. **5** (lett) (single) solo, non sposato, single. □ ~ **gunman** tiratore isolato, cecchino, franco tiratore; ~ **hand**: **1** (in card games person) persona che gioca da sola contro due o più giocatori; (hand) mano giocata contro due o più giocatori; **2** (fig) chi conduce un'azione da solo, chi conduce un'azione senza appoggi: to play a ~ hand battersi da solo; ~ **parent** genitore single; (fig) ~ **wolf** lupo solitario.

loneliness /'lounlinəs/ n. **1** solitudine f., malinconia f., tristezza f. **2** (condition of being alone) solitudine f., isolamento m. **3** (bleakness) desolazione f., squallore m.

lonely /'lounli/ a. **1** solo, solo soletto, malinconico, triste: to feel ~ sentirsi solo. **2** (without company) solitario, solo: a ~ fisherman un pescatore solitario. **3** (unfrequented) solitario, deserto: a ~ road una strada solitaria. □ ~ **hearts** cuori solitari.

loner /'lounər/ n. (Am,colloq) solitario m. (f. -a), tipo m. solitario, lupo m. solitario.

lonesome /'lounsəm/ a. **1** (che si sente) solo, solo soletto. **2** (causing loneliness) malinco-

nico, triste. **3** (unfrequented) deserto, solitario.

lonesomeness /'lounsəmnəs/ n. solitudine f.

long¹ /lɒŋ Am 'lɑːŋ, 'lɔːŋ/ I a. **1** lungo: to have ~ hair portare i capelli lunghi; a ~ list un lungo elenco; the lake is six miles ~ il lago è lungo sei miglia. **2** (of time) lungo, che dura a lungo, prolungato: a ~ conversation una lunga conversazione. **3** (of a certain length) lungo (spesso si usa un'espressione verbale): the book is 360 pages ~ il libro è lungo 360 pagine, il libro ha 360 pagine; the film is three hours ~ il film dura tre ore. **4** (lasting too long, tedious) interminabile, lungo, noioso; (passing slowly) lungo. **5** (of memory) lungo, buono. **6** (colloq) (tall) lungo, alto (di statura). **7** (Metr,Fon) lungo: a ~ vowel una vocale lunga. **8** (of betting odds) molto alto, forte. **9** (Econ) (long-term) a lunga scadenza; (depending on a price rise for profits) che specula al rialzo. II n. **1** (a long time) molto tempo m.: it won't take ~ non ci vorrà molto tempo. **2** (Mus,Fon) lunga f. **3** (Metr) sillaba f. lunga, lunga f. **4** spec.pl. (Econ) (long-term investments) titoli m.pl. a lungo termine, speculazioni f.pl. al rialzo. III avv. **1** (for a long time) per molto tempo, a lungo, lungamente: a ~-awaited reply una risposta lungamente attesa. **2** (for the whole of a period) per tutto: all day ~ per tutto il giorno. **3** (much earlier or later) molto tempo, molto: ~ before molto tempo prima; ~ after molto tempo dopo. **4** (far) in lungo: to hit the ball ~ colpire una palla lunga. □ to be ~ about it prendersela comoda; ~ after molto (tempo) dopo; ~ ago molto tempo fa, in tempi lontani; the ~ and the short of sth. il succo di qcs., la sostanza di qcs.: the ~ and the short of it il succo del discorso; (fig) to have a ~ arm essere potente, essere influente, avere le braccia lunghe; (fig) the ~ arm of the law il (lungo) braccio della legge; as ~ ago as già: as ~ ago as 1979 già nel 1979; as ~ as three weeks ago già tre settimane fa; as ~ as: **1** (for the time that) finché, fintantoché; **2** (on condition that) a condizione che, purché, a patto che; as ~ as so.'s arm lunghissimo, che non finisce più; at -est al massimo, tutt'al più, al più tardi; at ~ last finalmente, alla fine, alla buon'ora; at the -est al massimo, tutt'al più, al più tardi; (Archeol) ~ barrow tomba a corridoio; to be ~ metterci tanto: I won't be ~ non ci metterò tanto; to be ~ in doing sth. essere lento nel fare qcs., essere lungo nel fare qcs., metterci molto (tempo) a fare qcs.; to be ~ on sth. avere abbondanti provviste di qcs., avere abbondanti riserve di qcs.; she is not ~ on intelligence non ha una grande intelligenza; before molto (tempo) prima; (Br,colloq) not by a ~ chalk per nulla, affatto; (Mat) ~ division divisione fatta per esteso; ~ dozen tredici; ~ drawn-out che va per le lunghe, lungo; a ~ drink un long drink; (fig) ~ face viso lungo, muso: to pull a ~ face fare il viso lungo, fare il muso; to have a ~ face tenere il muso; for ~ a lungo, per molto: he wasn't away for ~ non è stato via a lungo; not ~ for this world vicino al tramonto, in fin di vita; ~ haul: **1** (lengthy distance) grande distanza, lungo tratto, bella tirata; **2** (lenghty time) lungo tempo: (Am) over the ~ haul a lungo termine; to be in it for the ~ haul dovere essere presente fino alla fine (di un progetto ecc.); **3** (arduous task) bella impresa, fatica, un grosso sacrificio: to be in (sth.) for the ~ haul essere preparato per un grosso sacrificio; to work ~ hours fare lunghe giornate di lavoro; ~ **hundredweight** hundredweight (inglese) (pari a 50,80 kg); (*colloq*) *to be ~ in the teeth* essere vecchiotto, essere anziano; *~ in the tooth* vecchiotto, anzianotto; *~ johns* mutandoni; (*Sport*) *~ jump* salto in lungo; (*fig*) *to give so. a -er leash* dare a qcu. più spazio di manovra; *to take a ~ look at sth.* considerare attentamente qcs.; *~ measure* misura lineare, misura di lunghezza; (*Metr*) *~ metre* strofa di quattro ottonari; *no -er ago than* non più tardi di; *~ odds* forti probabilità contrarie; *a ~ price* un prezzo alto, un prezzo elevato; (*Tip*) *~ primer* corpo 10; (*colloq*) *to have a ~ purse* avere la borsa piena, stare bene a quattrini, avere un sacco di soldi; *~ robe* avvocatura, professione forense: *gentlemen of the ~ robe* avvocati; (*fig*) *to have a ~ row to hoe* avere un lavoro ingrato, avere un duro compito; *in the ~ run*: 1 a lungo andare, alla lunga, nel lungo termine; 2 (*in the end*) alla fine: *to have a ~ run* essere in voga per lungo tempo; *~ shot*: 1 tiro lungo; 2 (*in horse-racing*) cavallo in gara con scarsissime probabilità di vincere; 3 (*bet*) scommessa azzardata; 4 (*fig*) impresa rischiosa: (*colloq*) *not by a ~ shot* (niente) affatto; 5 (*Cin*) teleripresa; (*Br*) *to have ~ sight*: 1 avere la vista lunga; 2 (*to be long-sighted*) essere presbite; (*colloq*) *not by a ~ sight* no di certo, certamente no, niente affatto; *~ since* molto tempo fa, da lungo tempo, da molto tempo; *friends of ~ standing* amici di lunga data; *it's a ~ story* è una lunga storia; (*fig*) *to make a ~ story short* per farla breve, in poche parole, per tagliare corto, a farla breve; *~ suit*: 1 (*in bridge*) lunga, palo lungo; 2 (*fig*) forte, cavallo di battaglia; *in the ~ term* nel lungo termine, nel lungo periodo; *on a ~ term basis* a lungo termine; *it's been a ~ time!* quanto tempo!; *to be a ~ time* (*in*) *doing sth.* metterci molto tempo a fare qcs.; *a ~ time ago* molto tempo fa, in tempi lontani; *~ time no see!* quanto tempo che non ci vediamo!; *~ ton* tonnellata (pari a 1016 kg); *~ vacation* vacanze estive; *~ view* scenario a lungo termine; *~ wave* onda lunga; *a ~ way*: 1 un lungo tragitto: *it' a ~ way to...* la strada è lunga per arrivare a..., è un lungo tragitto per arrivare a...; 2 (*distant*) molto lontano; 3 (*fig*) ben lungi, ben lontano: *his work is a ~ way short of perfect* il suo lavoro è ben lungi dall'essere perfetto; *to have a ~ wind*: 1 avere molto fiato; 2 (*fig*) essere prolisso.

long² /lɒŋ/ *v.i.* desiderare ardentemente (*for sth.* qcs.), morire dalla voglia (di) bramare (qcs.): *to ~ for peace* desiderare ardentemente la pace; *to ~ to do sth.* morire dalla voglia di fare qcs.

long. (*Geog*) *longitude* long. (longitudine).

long-ago /ˈlɒŋəɡoʊ *Am* ˈlaːŋəɡoʊ, ˈlɔːŋəɡoʊ/ *a.* del (tempo) passato, remoto.

longan /ˈlɒŋɡən *Am* ˈlaːŋɡən, ˈlɔːŋɡən/ *n.* (*Bot*) longan *m.*, euphoria *f.* longana.

long-awaited /ˈlɒŋəˌweɪtəd *Am* ˈlaːŋəˌweɪtəd, ˈlɔːŋəˌweɪtəd/ *a.* atteso a lungo.

longboat /ˈlɒŋboʊt *Am* ˈlaːŋboʊt, ˈlɔːŋboʊt/ *n.* (*Mar*) barcaccia *f.*

longbow /ˈlɒŋboʊ *Am* ˈlaːŋboʊ, ˈlɔːŋboʊ/ *n.* (*Mil,ant*) arco *m.* lungo.

longcase, long-case /ˈlɒŋkeɪs *Am* ˈlaːŋkeɪs, ˈlɔːŋkeɪs/ □ *~ clock* orologio a pendolo.

long-dated /ˈlɒŋdeɪtɪd *Am* ˈlaːŋdeɪtɪd, ˈlɔːŋdeɪtɪd/ *a.* (*Econ*) a lunga scadenza.

long-distance /lɒŋˈdɪstəns, lɔːŋˈdɪstəns/ **I** *a.* **1** (*Tel*) interurbano. **2** (*of means of transport*) a lunga percorrenza: *a ~ flight* volo a lunga percorrenza. **2** (*Meteor*) (*of weather forecasts*) a lungo termine. **II** *avv.* (*Tel*) in interurbana. □ (*Tel*) *~ call* chiamata interurbana, telefonata interurba-

na; (*Sport*) *~ race* corsa di fondo.

long-drawn /ˈlɒŋdrɔːn *Am* ˈlaːŋdrɔːn, ˈlɔːŋdrɔːn/ *a.* che va per le lunghe, lungo.

long-eared /ˈlɒŋɪəd *Am* ˈlaːŋɪərd, ˈlɔːŋɪərd/ *a.* dalle orecchie lunghe, orecchiuto.

longeron /ˈlɒndʒərən *Am* ˈlaːndʒərən, ˈlɔːndʒərən/ *n.* (*Aer*) longherone *m.*, longarone *m.*

longevity /lɒnˈdʒevɪti *Am* laːnˈdʒevɪti, lɔːnˈdʒevɪti/ *n.* longevità *f.*

longhair /ˈlɒŋheər *Am* ˈlaːŋhɜːr, ˈlɔːŋhɜːr/ *n.* **1** chi porta i capelli lunghi, capellone *m.* **2** (*spreg*) (*intellectual*) intellettuale *m./f.* **3** (*cat*) gatto *m.* con pelo lungo.

long-haired /ˈlɒŋheəd *Am* ˈlaːŋhɜːrd, ˈlɔːŋhɜːrd/ *a.* **1** dai capelli lunghi. **2** (*spreg*) (*intellectual*) intellettuale. **3** (*of cats, etc.*) dal pelo lungo.

longhand /ˈlɒŋhænd *Am* ˈlaːŋhænd, ˈlɔːŋhænd/ *n.* scrittura *f.* per esteso: *notes written in ~* appunti scritti per esteso, appunti non stenografici.

long-headed /ˈlɒŋhedɪd *Am* ˈlaːŋhedɪd, ˈlɔːŋhedɪd/ *a.* (*fig*) accorto, avveduto, sagace.

longhorn /ˈlɒŋhɔːn *Am* ˈlaːŋhɔːrn, ˈlɔːŋhɔːrn/ *n.* (*Zootecn*) razza *f.* di bestiame dalle corna lunghe. □ (*Entom*) *~ beetle* cerambice.

longhouse /ˈlɒŋhaʊs *Am* ˈlaːŋhaʊs, ˈlɔːŋhaʊs/ *n.* (*Etnol*) capanna *f.* lunga; (*in North America*) casa *f.* tribale, longhouse *f.*; (*in South East Asia*) casa *f.* lunga costruita su palafitte.

longicorn /ˈlɒŋʒɪkɔːn *Am* ˈlaːŋɪkɔːrn, ˈlɔːŋɪkɔːrn/ *n.* (*Entom*) cerambice *m.*

longing /ˈlɒŋɪŋ *Am* ˈlaːŋɪŋ, ˈlɔːŋɪŋ/ **I** *n.* desiderio *m.* intenso, voglia *f.*, brama *f.* **II** *a.* voglioso, desideroso, bramoso.

longingly /ˈlɒŋɪŋli *Am* ˈlaːŋɪŋli, ˈlɔːŋɪŋli/ *avv.* bramosamente, con grande desiderio.

longish /ˈlɒŋɪʃ *Am* ˈlaːŋɪʃ, ˈlɔːŋɪʃ/ *a.* alquanto lungo, piuttosto lungo, lunghetto.

longitude /ˈlɒndʒɪtjuːd *Am* ˈlaːndʒɪtuːd, ˈlɔːndʒɪtuːd/ *n.* (*Geog,Astr*) longitudine *f.* □ (*Geog*) *~ line* meridiano.

longitudinal /ˌlɒndʒɪˈtjuːdɪnəl *Am* ˈlaːndʒɪtuːdɪnəl, ˈlɔːndʒɪtuːdɪnəl/ *a.* **1** longitudinale. **2** (*lengthwise*) longitudinale, messo per il lungo. □ (*Fis*) *~ wave* onda longitudinale.

longitudinally /ˌlɒndʒɪˈtjuːdɪnəli *Am* ˈlaːndʒɪtuːdɪnəli, ˈlɔːndʒɪtuːdɪnəli/ *avv.* longitudinalmente, in senso longitudinale.

long-lasting /ˈlɒŋlæstɪŋ *Am* ˈlaːŋlæstɪŋ, ˈlɔːŋlæstɪŋ/ *a.* duraturo, prolungato.

long-legged /ˈlɒŋleɡ(ə)d *Am* ˈlaːŋleɡəd, ˈlɔːŋleɡəd/ *a.* dalle gambe lunghe, che ha le gambe lunghe, gambuto.

long-life /ˈlɒŋlaɪf *Am* ˈlaːŋlaɪf, ˈlɔːŋlaɪf/ *a.* di lunga durata, a lunga durata. □ (*El*) *~ battery* batteria a lunga durata.

long-lived /ˈlɒŋlɪvd *Am* ˈlaːŋlɪvd, ˈlɔːŋlɪvd/ *a.* **1** longevo. **2** (*fig*) (*of things*) duraturo, durevole.

long-lost /ˈlɒŋlɒst *Am* ˈlaːŋlaːst, ˈlɔːŋlɔːst/ *a.* perso (da tempo), perduto (da tempo), scomparso (da lungo tempo): *a ~ friend of mine* un mio amico perso da tempo.

long-necked /ˈlɒŋnekt *Am* ˈlaːŋnekt, ˈlɔːŋnekt/ *a.* dal collo lungo.

Longobard /ˈlɒŋɡoʊbaːd *Am* ˈlaːŋbard, ˈlɔːŋbard/ (*pl.* **-s** /-z/, **-bardi** /-baːdaɪ/) **I** *n.* (*Stor*) longobardo *m.* (*f.* -a). **II** *a.* (*Stor*) longobardo.

long-playing /ˈlɒŋpleɪɪŋ *Am* ˈlaːŋpleɪɪŋ, ˈlɔːŋpleɪɪŋ/ *a.* (*Mus*) long play, a trentatré giri. □ (*Mus*) *~ record* long play, disco long play.

long-range /ˈlɒŋreɪndʒ *Am* ˈlaːŋreɪndʒ, ˈlɔːŋreɪndʒ/ *a.* **1** a lungo raggio, a lunga portata (*anche Mil*). **2** (*fig*) a lungo termine.

long-running /ˈlɒŋrʌnɪŋ *Am* ˈlaːŋrʌnɪŋ, ˈlɔːŋrʌnɪŋ/ *a.* di lunga durata, che dura a lun-

go: *a ~ show* uno spettacolo che dura a lungo, uno spettacolo in cartellone da tanto tempo.

longship /ˈlɒŋʃɪp *Am* ˈlaːŋʃɪp, ˈlɔːŋʃɪp/ *n.* nave *f.* vichinga.

longshore /ˈlɒŋʃɔːr *Am* ˈlaːŋʃɔːr, ˈlɔːŋʃɔːr/ *a.* costiero, rivierasco, litoraneo.

longshoreman /ˈlɒŋʃɔːmən *Am* ˈlaːŋʃɔːr, ˈlɔːŋʃɔːrmən/ *n.irr.* (*Am*) portuale *m.*, scaricatore *m.* di porto.

long-sighted /ˈlɒŋsaɪtɪd *Am* ˈlaːŋsaɪtəd, ˈlɔːŋsaɪtəd/ *a.* **1** dalla vista lunga, che ha la vista lunga. **2** (*Med*) ipermetrope, presbite. **3** (*fig*) lungimirante, previdente.

long-sightedness /ˈlɒŋsaɪtɪdnəs *Am* ˈlaːŋsaɪtədnəs, ˈlɔːŋsaɪtədnəs/ *n.* **1** (*Med*) ipermetropia *f.*, presbiopia *f.* **2** (*fig*) lungimiranza *f.*

longspur /ˈlɒŋspɜːr *Am* ˈlaːŋspɜːr, ˈlɔːŋspɜːr/ *n.* (*Ornit*) calcario *m.*

long-standing /ˈlɒŋstændɪŋ *Am* ˈlaːŋstændɪŋ, ˈlɔːŋstændɪŋ/ *a.* di vecchia data, di lunga data, antico.

long-stemmed /ˈlɒŋstemd *Am* ˈlaːŋstemd, ˈlɔːŋstemd/ *a.* (*spec. Bot*) dal gambo lungo.

long-suffering /ˈlɒŋsʌfərɪŋ *Am* ˈlaːŋsʌfərɪŋ, ˈlɔːŋsʌfərɪŋ/ **I** *a.* paziente, tollerante. **II** *n.* pazienza *f.*, tolleranza *f.*

long-tailed /ˈlɒŋteɪld *Am* ˈlaːŋteɪld, ˈlɔːŋteɪld/ *a.* dalla coda lunga. □ (*Ornit*) *~ tit* codibugnolo (dalla) testa bianca.

long-term /ˈlɒŋtɜːm *Am* ˈlaːŋtɜːrm, ˈlɔːŋtɜːrm/ *a.* **1** (*over a long time*) a lungo termine, a lunga scadenza (*anche Econ*). **2** (*lasting a long time*) duraturo, durevole: *a ~ solution* una soluzione duratura. □ (*Econ*) *~ bond* obbligazione poliennale; (*Psic*) *~ memory* memoria a lungo termine; (*Med*) *~ patient* lungodegente; *~ unemployed* disoccupati cronici.

longueur /lɒŋˈɡɜːr *Am* laːˈɡɜːr, lɔːˈɡɜːr/ *n.* (*lett*) prolissità *f.*, lungaggine *f.*

long-wave /ˈlɒŋweɪv *Am* ˈlaːŋweɪv, ˈlɔːŋweɪv/ *a.* (*Rad*) a onda lunga.

longways /ˈlɒŋweɪz *Am* ˈlaːŋweɪz, ˈlɔːŋweɪz/ *avv.* (*Am*) per il lungo, nel senso della lunghezza.

long-winded /ˈlɒŋˌwɪndɪd *Am* ˈlaːŋˌwɪndɪd, ˈlɔːŋwɪndɪd/ *a.* **1** dal fiato lungo. **2** (*colloq*) (*tedious, protracted*) prolisso, lungo.

long-windedness /ˈlɒŋˈwɪndɪdnəs *Am* ˈlaːŋˌwɪndɪdnəs, ˈlɔːŋˌwɪndɪdnəs/ *n.* (*colloq*) prolissità *f.*, lungaggine *f.*

longwise /ˈlɒŋwaɪz *Am* ˈlaːŋwaɪz, ˈlɔːŋwaɪz/ *avv.* (*Am*) per il lungo, nel senso della lunghezza.

loo¹ /luː/ (*pl.* **-s** /-z/) *n.* (*ant*) (*card game*) tipo *m.* di gioco d'azzardo.

loo² /luː/ (*pl.* **-s** /-z/) *n.* (*Br,colloq*) gabinetto *m.*, cesso *m.*: *to use the ~* (o *to go to the ~*) andare in bagno; *where is the ~?* dov'è il bagno? □ (*Br,colloq*) *~ paper* carta igienica.

looby /ˈluːbi/ *n.* semplicione *m.* (*f.* -a), gonzo *m.* (*f.* -a), babbeo *m.* (*f.* -a).

loofah /ˈluːfə/ *n.* □ *~ sponge* luffa, spugna vegetale (*anche Bot*).

look¹ /lʊk/ *v.i.* **1** guardare; (*in a specified manner*) osservare, guardare: *~ carefully and you will see it* osserva attentamente e lo vedrai. **2** (*to search*) guardare, cercare: *I have -ed everywhere* ho guardato dappertutto. **3** (*to appear to the eye*) sembrare, parere, apparire, avere l'aria di: *you ~ tired this morning* sembri stanco stamattina. **4** (*of age*) dimostrare: *he ~ s about thirty* dimostra una trentina d'anni. **5** (*to appear to the mind*) sembrare: *things ~ promising* le cose sembrano mettersi bene. **6** (*to consider*) vedere, guardare, valutare: *let's ~ at the overall picture* vediamo lo scenario nel suo insieme. **7** (*to pay attention*) fare attenzione, badare: *~*

where you are going bada a dove metti i piedi. **8** (*fig*) (*to tend*) tendere (*to, towards* a), promettere: *everything -s to success* tutto tende al successo; *things ~ good* la situazione promette bene. **9** (*to face, to open on to*) guardare, essere orientato (*o* esposto *o* rivolto) (*to* a): *her house -s south* la sua casa è rivolta a sud. **II** *v.t.* **1** (*of a person*) guardare: *to ~ so. in the eye* guardare qcu. negli occhi. **2** (*to show by one's expression*) sembrare. **3** (*to appear to be*) sembrare, avere l'aspetto di, dare l'impressione di: *to ~ a fool* sembrare uno sciocco. **4** (*to have an appearance befitting*) dimostrare: *to ~ one's age* dimostrare la propria età. ☐ *to ~ about* guardare in giro, guardarsi intorno; *to ~ about for* cercare; *to ~ after:* **1** badare a, guardare, curarsi di, assistere, avere cura di, accudire a: *who will ~ after the baby?* chi baderà al bambino?; **2** (*to concern oneself with*) curare, occuparsi di, badare a, salvaguardare: *to ~ after one's interests* curare i propri interessi; **3** (*to follow with the eyes*) seguire con lo sguardo, seguire con gli occhi, guardare; *to ~ after oneself* riguardarsi, avere cura della propria salute; *to ~ ahead:* **1** guardare avanti; **2** (*fig*) guardare al futuro; *to ~ alike* assomigliarsi; (*Am*) *to ~ alive* muoversi, darsi da fare; *to ~ and see* dare un'occhiata, guardare: *~ and see if anyone is coming* dai un'occhiata per vedere se viene qcu.; *to ~ around* guardarsi intorno, guardarsi attorno, curiosare; *to ~ around for so.* cercare qcu. con lo sguardo; *to ~ as if* (*o to ~ as though*) sembrare, avere l'aria di: *it -s as if it's going to rain* sembra che stia per piovere; *to ~ at:* **1** guardare, osservare, scrutare: *what are you -ing at?* che cosa stai guardando?; *to ~ at a painting* osservare un quadro; **2** (*fig*) (*to examine*) esaminare, considerare, guardare; *just ~ at that!* guarda che roba!; *you wouldn't guess she was eighty to ~ at her* a guardarla non le avresti mai dato ottant'anni; *to ~ away* distogliere gli occhi (*from* da), distogliere lo sguardo (*from* da); *to ~ back:* **1** volgersi indietro, guardare indietro; **2** (*fig*) (*to think about past*) riandare, ripensare (*to, on* a), ricordare (con nostalgia) (qcs.); **3** (*fig*) (*to fail to make progress; general.* in frasi *negative*) cessare di progredire: *after the first success he never -ed back* dopo il primo successo è andato avanti sicuro; *to ~ backwards:* **1** guardare indietro; **2** (*fig*) riandare al passato; *things ~ bad for him* le cose si mettono male per lui; *to ~ one's best* avere un ottimo aspetto, (*colloq*) essere in gran forma; *to ~ better* avere un aspetto migliore; *to ~ black* mettersi male: *things ~ black* le cose prendono una brutta piega, le cose si mettono male; *to ~ blank* avere un'aria confusa, apparire sconcertato; (*fig*) *to ~ daggers at so.* guardare qcu. in cagnesco; *to ~ down:* **1** abbassare lo sguardo; **2** (*fig*) guardare dall'alto in basso, guardare in modo sprezzante (*on, upon so.* qcu.); (*colloq*) *to ~ down one's nose at* (*o on*) *so.* guardare dall'alto in basso; *to ~ fit* avere una bella cera, star bene: *you ~ fit* hai una bella cera, ti vedo bene; *to ~ for:* **1** cercare, andare in cerca di: *to ~ for trouble* andare in cerca di guai; *to ~ for employment* cercare (un) impiego; **2** (*fig*) aspettarsi, prevedere; *to ~ forward* guardare al futuro; *to ~ forward to* non vedere l'ora di, aspettare con ansia, pregustare il momento di; *I am -ing forward to meeting you* non vedo l'ora d'incontrarti; (*epist*) *~ forward to hearing from you* in attesa di vostre notizie; *~ here!* senta!, guardi!; *to ~ ill* avere una cattiva cera; *to ~ in:* **1** guardare dentro, guardare in; **2** (*fig*) fare

una scappata, fare una breve visita: *to ~ in on so.* fare un salto da qcu.; (*fig*) *to ~ so.* (*straight*) *in the eye* guardare qcu. dritto negli occhi; *to ~ so. in the face* guardare qcu. negli occhi, guardare qcu. in faccia; (*fig*) *to ~ (the) facts in the face* guardare le cose in faccia, guardare in faccia la realtà; *to ~ into:* **1** guardare dentro; *to ~ into the mirror* guardare nello specchio; *to ~ into so.'s eyes* guardare qcu. negli occhi; **2** (*fig*) studiare a fondo, approfondire, esaminare, analizzare; *to ~ like:* **1** somigliare a, assomigliare a, sembrare: *he -s (just) like his father* somiglia a suo padre, è tutto suo padre; **2** (*to seem*) sembrare, parere, avere l'aspetto di, avere l'aria di: *it -s like he's winning* sembra che stia vincendo; **3** (*to seem likely*) sembrare (probabile), essere probabile: *it -s like rain* sembra che voglia piovere; *to ~ lively* muoversi, darsi da fare: *~ lively!* animo!, muoviti!; *to ~ on:* **1** stare a guardare (*anche fig*); **2** (*to consider*) considerare, giudicare, reputare, guardare a: *I ~ on him as a friend* lo considero un amico, *I ~ on him as a father* guardo a lui come a un padre; **3** (*of a house, etc.*) dare su, essere prospiciente a; **4** (*to read the same book, newspaper as*) leggere insieme (*with* a); (*slyly*) sbirciare; *to ~ oneself* avere un bell'aspetto, avere una bella cera; *to ~ out:* **1** guardare fuori: *to ~ out of the window* guardare fuori dalla finestra; **2** (*to search out*) trovare, scovare: *to ~ out a reference* trovare un riferimento; **3** (*to give a view of*) guardare, dare (*over, on* su): *the house -s out over the lake* la casa guarda sul lago; **4** (*to pay attention*) badare, stare attento: *~ out!* attenzione!; *to ~ out for:* **1** (*to be on one's guard*) badare a, fare attenzione a, guardarsi da, stare in guardia da; **2** (*to gaze about in search of*) cercare di vedere, cercare di scoprire, cercare di trovare, essere in cerca di; **3** (*to take care of*) prendersi cura di, badare a; *to ~ over:* **1** rivedere, esaminare; **2** (*to inspect briefly*) dare una scorsa a, dare un'occhiata a; *to ~ right:* **1** sembrare in ordine; **2** (*to appear to be in good health*) avere un buon aspetto, avere una buona cera; **3** (*to look to the right*) guardare a destra, guardare verso destra; (*Br*) *to ~ round:* **1** voltarsi a guardare; **2** (*to look about*) guardare in giro, guardarsi intorno; **3** (*fig*) esaminare la situazione; *to ~ round for so.* cercare qcu. con gli occhi; *to ~ sharp* sbrigarsi: *~ sharp!* animo!, sbrigati!; (*fig*) *to ~ the other way* distogliere lo sguardo, guardare dall'altra parte; *to ~ the part* trovarsi nel proprio ambiente; *to ~ through:* **1** guardare attraverso: *to ~ through a telescope* guardare attraverso un telescopio; **2** (*to inspect carefully*) esaminare (attentamente), considerare; **3** (*to read cursorily*) scorrere, sfogliare, dare un'occhiata a; **4** (*to revise*) rivedere; **5** (*fig*) (*to ignore*) ignorare, fingere di non vedere, fingere di non conoscere; *to ~ to:* **1** (*to rely on*) contare su, fare affidamento su; **2** (*to want, to hope*) essere intenzionato a, avere intenzione di; **3** (*Br*) (*to be careful of*) stare attento a, badare a, fare attenzione a: *~ to your manners* stai attento a come ti comporti; *to ~ towards* guardare verso; *to ~ up:* **1** guardare in alto, alzare lo sguardo, alzare gli occhi; **2** (*colloq*) (*to get better*) andare meglio, migliorare: *things are -ing up* sembra che le cose vadano meglio; **3** (*to search for*) cercare: *to ~ up a number in the telephone directory* cercare un numero nell'elenco telefonico; *to ~ up a word in the dictionary* guardare una parola nel dizionario; **4** (*to visit briefly*) fare visitina a, fare un salto da; **5** (*assol*) (*to take*

courage) farsi animo; *to ~ up to:* **1** guardare in alto a; **2** (*fig*) considerare con rispetto, considerare con ammirazione; *to ~ upon:* **1** considerare, ritenere: *to ~ upon favourably* guardare con occhio favorevole; **2** (*to observe*) osservare, guardare; *to ~ well* avere una buona cera, avere un bell'aspetto, stare bene; *that hat -s well on you* questo cappello ti sta bene; *you ~ well in red* il rosso ti dona; *the painting -s well on that wall* il quadro sta bene su quella parete; *to ~ young* avere un aspetto giovanile. *Prov.: never ~ a gift horse in the mouth* a caval donato non si guarda in bocca; *~ before you leap* prima di agire pensaci.

look² /lʊk/ *n.* **1** occhiata *f.*, sguardo *m.*, guardata *f.*: *take a ~ at this* (*o have a ~ at this*) da' un'occhiata a questo; *he gave me a withering ~* mi fulminò con un'occhiata. **2** (*visual examination*) occhiata *f.*, controllo *m.* rapido, esame *m.* rapido. **3** (*appearance*) aria *f.*, aspetto *m.*, apparenza *f.* **4** (*face*) faccia *f.*, espressione *m.* del viso: *the ~ on her face* l'espressione del suo viso. **5** (*fashion*) look *m.*, immagine *m.*, stile *m.* **6** (*esclam.*) senta!, guardi!, guardi un po'! **7** *pl.* (*colloq*) (*personal aspect*) bellezza *f.sing.*, bell'aspetto *m.sing.*, bella presenza *f.sing.*: *she has her mother's -s* ha la bellezza della madre; *to have good -s* essere di bella presenza, avere un bell'aspetto. **8** *pl.* (*colloq*) (*facial aspect*) aspetto *m.sing.*, cera *f.sing.* ☐ *to judge by -s* giudicare dalle apparenze; *to have a ~ around* (*o to have a ~ round*) dare un'occhiata (a); *to have the -s of* avere l'aria di, l'aspetto di.

lookalike, **look-alike** /'lʊkəlaɪk/ *n.* sosia *m./f.*

looker /'lʊkəʳ/ *n.* **1** chi guarda, chi sta a guardare. **2** (*colloq*) (*good looker*) persona *f.* di bell'aspetto, persona *f.* avvenente.

looker-on /'lʊkəʳɒn/ *Am* 'lʊkəʳɑːn/ (*pl.* **lookers-on**) *n.* spettatore *m.* (*f.* -trice), osservatore *m.* (*f.* -trice).

look-in /'lʊkɪn/ *n.* **1** (*chance of success*) chance *f.*, possibilità *f.*, probabilità *f.* di successo: *I didn't get even a ~* non avevo la minima possibilità, non avevo chance. **2** (*brief visit*) visitina *f.*, scappata *f.*, (*colloq*) salto *m.*

looking /'lʊkɪŋ/ *a.* (*in compounds*) dall'aspetto..., dall'aria...: *an odd-~ person* una persona dall'aspetto strano. ☐ *~ glass:* **1** (*ant*) specchio; **2** (*fig*) rovesciato, al rovescio capovolto: *a ~ glass situation* una situazione al rovescio.

lookout, **look-out** /'lʊkaʊt/ *n.* **1** vigilanza *f.*, guardia *f.* **2** (*place*) osservatorio *m.*; (*Mil*) posto *m.* di vedetta. **3** (*person*) guardia *f.*, sentinella *f.*, vedetta *f.* **4** (*Mar*) coffa *f.*, gabbia *f.* **5** (*view*) panorama *m.*, veduta *f.*, vista *f.* **6** (*Br, colloq*) prospettiva *f.*, previsione *f.*, possibilità *f.*: *what a ~!* che prospettiva! ☐ *to act as ~* fare il palo; (*Br,colloq*) *that's his ~* è affar suo, sono fatti suoi; *to keep a ~:* **1** stare all'erta, stare in guardia, stare di vedetta; **2** (*fig*) cercare, individuare; *to be on the ~:* **1** stare all'erta, stare in guardia, stare di vedetta; **2** (*fig*) cercare, individuare; *I'm on the ~ for a new job* sto cercando un nuovo posto di lavoro.

lookover, **look-over** /'lʊkəʊvəʳ/ *n.* riveduta *f.*, riguardata *f.*

look-see /'lʊk'siː/ *n.* (*colloq*) occhiata *f.*, rapido sguardo *m.*, scorsa *f.*

loom¹ /luːm/ *n.* (*Tess*) telaio *m.*

loom² /luːm/ **I** *v.i.* **1** (*to appear in enlarged form*) giganteggiare, grandeggiare. **2** (*to threaten*) delinearsi, profilarsi, apparire in lontananza, incombere. **II** *n.* (*lett*) apparenza *f.* □ *to ~ large* incombere, profilarsi sinistramente: *the threat of dismissal -ed large in his mind* la minaccia di licenziamento si profilò grave alla sua mente; *to ~ up* delinearsi, profilarsi, apparire in lontananza, incombere.

loon[1] /luːn/ *n.* **1** (*Ornit*) stologa *f.* **2** (*grebe*) svasso *m.*, tuffetto *m.*

loon[2] /luːn/ *n.* **1** (*Br,colloq*) (*stupid person*) cretino *m.* (*f.* -a), bietolone *m.* (*f.* -a). **2** (*Am, colloq*) (*crazy person*) pazzo *m.* (*f.* -a), matto *m.* (*f.* -a).

looney /luːni/ **I** *a.* (*colloq*) pazzo, pazzoide, pazzesco, balordo, assurdo. **II** *n.* (*colloq*) pazzo *m.* (*f.* -a), matto *m.* (*f.* -a).

loonie /luːni/ *n.* (*Canad,colloq*) moneta *f.* da un dollaro.

loons /luːnz/ *n.* (*Br,Abbigl*) pantaloni *m.pl.* a zampa d'elefante.

loony /luːni/ **I** *a.* (*colloq*) pazzo, pazzoide, pazzesco, balordo, assurdo. **II** *n.* (*colloq*) pazzo *m.* (*f.* -a), matto *m.* (*f.* -a). □ (*colloq*) *~ bin* manicomio.

loop /luːp/ **I** *n.* **1** cappio *m.*, nodo *m.* scorsoio. **2** (*noose*) laccio *m.*, gassa *f.* **3** (*sth. loop-shaped*) curva *f.*, sinuosità *f.*; (*of a letter*) occhiello *m.*; (*of a river*) ansa *f.* **4** (*as a handle*) occhiello *m.* metallico, anello *m.* metallico. **5** (*Sart*) (*for the insertion of belt, etc.*) passante *m.*; (*eye*) maglietta *f.*, asola *f.* a cordoncino. **6** (*Ferr*) (*loop line*) raccordo *m.* **7** (*Aer*) looping *m.*, gran volta *f.*, cerchio *m.* della morte, giro *m.* della morte. **8** (*Sport*) (*in skating*) loop *m.* (figura che disegna un otto). **9** (*El*) circuito *m.* completo, circuito *m.* chiuso, anello *m.* **10** (*spec. Cin*) (*endless strip of film or tape*) riccio *m.* **11** (*Inform*) loop *m.*, ciclo *m.* **12** (*Farm*) (*contraceptive device*) spirale *f.* **II** *v.t.* **1** (*to make a loop in*) fare un cappio a. **2** (*to encircle with a loop*) avvolgere: *to ~ a rope around a post* avvolgere una corda intorno a un palo. **3** (*to fasten with a loop*) legare (con un cappio). **4** (*Aer*) far eseguire la gran volta a. **III** *v.i.* **1** formare una curva, fare una curva. **2** (*to trace a loop through the air*) descrivere un'ampia curva. **3** (*Aer*) eseguire la gran volta: *to ~ the ~* eseguire la gran volta, fare il giro della morte. □ (*El*) *~ aerial* (o *~ antenna*) antenna a telaio; (*Am,colloq*) *to throw so.* **for a ~** (*to amaze*) stupire qcu.; (*Am,colloq*) *to knock so. for a ~*: **1** (*to amaze*) stupire qcu.; **2** (*to confuse*) confondere qcu.; (*El*) *to ~ in* collegare in circuito; (*Am,colloq*) *in the ~* fra i pezzi grossi, fra le persone importanti; *~ knot* nodo semplice; (*Anat*) *~ of Henle* ansa di Henle; (*Am,colloq*) *out of the ~* fuori dal giro (delle persone importanti); *~ stitch*: **1** (*in knitting*) punto occhiello; **2** (*chain stitch*) punto catenella; *to ~ up* legare con un cappio.

looper /luːpər/ *n.* **1** (*in a sewing machine*) spoletta *f.* per asole. **2** (*Entom*) geometride *m.*

loophole /luːphoʊl/ *n.* **1** (*Dir*) scappatoia *f.*, appiglio *m.*, via *f.* d'uscita, via *f.* di scampo. **2** (*Arch*) feritoia *f.*

loop-the-loop /luːpðəˈluːp/ *n.* **1** (*Aer*) looping *m.*, gran volta *f.*, cerchio *m.* della morte, giro *m.* della morte. **2** (*in a fun fair*) cerchio *m.* della morte.

loopy /luːpi/ *a.* **1** che ha molte curve. **2** (*colloq*) (*crazy*) matto, pazzo.

loose /luːs/ **I** *a.* **1** (*not fastened*) slegato, sciolto: *to wear one's hair ~* portare i capelli sciolti. **2** (*not firmly fixed*) lento, allentato: *a ~ knot* un nodo lento. **3** (*free*) libero, sciolto: *a tiger was ~ in the streets* una tigre si aggirava libera per le strade. **4** (*not bound together*) sciolto, non legato: *~ papers* fogli sciolti.

5 (*not firmly packed*) sciolto, poco coerente: *~ soil* terreno sciolto. **6** (*not compact*) rado, non fitto, non compatto: *a cloth of ~ weave* una stoffa dalla trama rada. **7** (*not packaged*) sciolto, sfuso: *~ coffee* caffè sfuso. **8** (*of clothes*) ampio, morbido, largo, non aderente. **9** (*available*) disponibile, a disposizione. **10** (*not taut, slack*) lento, non teso: *a ~ rein* una briglia lenta. **11** (*ant*) (*promiscuous*) di facili costumi, leggero. **12** (*lacking in moral restraints*) dissoluto, sregolato, dissipato: *~ life* vita dissoluta. **13** (*free, uninhibited*) libero, ardito, impudente: *to be too ~ with one's tongue* essere troppo libero nel parlare. **14** (*of a relationship*) non vincolante, senza impegni. **15** (*fig*) (*lacking in logic*) sconclusionato, inconcludente, senza capo né coda. **16** (*fig*) (*not exact*) inesatto, impreciso, scorretto: *a ~ interpretation* un'interpretazione inesatta. **17** (*fig*) (*of translations*) libera. **18** (*fig*) (*of talk*) irriflessivo, avventato, incauto. **19** (*of parts of the body*) floscio, flaccido; (*of limbs*) rilassato, abbandonato, rilasciato. **20** (*of the bowels*) sciolto, liberato: *to have ~ bowels* avere un po' di diarrea. **21** (*El,Mecc*) lasco. **22** (*Sport*) (*of play*) slegato; (*of a ball, etc.*) mal lanciato, impreciso. **II** *n.* (*Sport*) (*in rugby*) gioco *m.* aperto. **III** *avv.* in modo sciolto, in modo allentato. **IV** *v.t.* **1** (*to set free*) liberare, rilasciare. **2** (*to untie*) sciogliere, disfare, slegare: *to ~ a knot* sciogliere un nodo. **3** (*of make less tight*) allentare. **4** (*to cast loose*) sciogliere, allentare, mollare: *to ~ a boat from its moorings* sciogliere una barca dagli ormeggi. **5** (*ant*) (*of an arrow*) scoccare, lanciare; (*of a missile*) lanciare; (*of a bullet*) sparare. **V** *v.i.* **1** (*Mar*) mollare gli ormeggi. **2** (*to fire*) fare fuoco, sparare. □ *to become ~*: **1** allentarsi, slegarsi, sciogliersi; **2** (*fig*) (*of people*) rilassarsi, infiacchirsi; (*Br*) *~ box* (*box stall*) posta; (*fig*) *a ~ cannon* una mina vagante; *~ change* spiccioli; *to come ~* allentarsi, sciogliersi, slegarsi; (*Elettron*) *~ connection* contatto difettoso, collegamento difettoso (*anche fig*); *~ cover* rivestimento sfoderabile, fodera; (*stretch cover for an armchair*) copripoltrona; (*stretch cover for a sofa*) copridivano; *to have ~ covers* essere sfoderabile; *to cut ~*: **1** tagliare per liberare; **2** (*fig*) tagliare le redini, svignarsela; *to be at a ~ end* (o *Am to be at ~ ends*): **1** (*to be without work*) non avere un lavoro fisso; **2** (*to be uncertain what to do next*) non sapere che fare, non sapere che pesci pigliare; **3** (*to have nothing to do*) non avere nulla da fare; *a ~ end*: **1** un capo libero; **2** (*fig*) un particolare rimasto in sospeso, un dettaglio non ancora definito; (*fig*) *to give ~ to* dare sfogo a; (*fig*) *to give a ~ to* dare sfogo a; (*Sport*) *~ head* (*in rugby*) prop; *to let ~* lasciare libero, sciogliere, liberare; *to live a ~ life* condurre una vita dissoluta; *a ~ liver* un libertino; *~ living* una vita sregolata; *to ~ off* fare fuoco, sparare; (*colloq*) *on the ~*: **1** (*of a prisoner, etc.*) libero, uccel di bosco, evaso; **2** (*unrestrained*) scapestrato, trasandato, senza freni, fuori controllo; *~ talk* vaniloquio, cicaleccio; *a ~ tooth* un dente che balla.

loose-fitting /luːsfɪtɪŋ/ *a.* (*of a garment*) ampio, morbido, largo, non aderente.

loose-jointed /ˈluːsdʒɔɪntɪd *Am* ˌluːs ˈdʒɔːɪntəd/ *a.* **1** dinoccolato. **2** (*limber*) agile, svelto.

loose-leaf /luːsliːf/ *a.* **1** a fogli mobili. **2** (*of tobacco*) sciolto. □ *~ binder* raccoglitore; *~ book* raccoglitore; *~ folder* raccoglitore; (*Comm*) *~ ledger* mastro a fogli mobili; *~ notebook* raccoglitore.

loosely /luːsli/ *avv.* **1** in modo allentato, in modo sciolto. **2** (*fig*) inesattamente, in modo impreciso. **3** (*dissolutely*) dissolutamente. □ *the film is ~ based upon the novel* il film è liberamente tratto dal romanzo; *~ packed* (*of coffee, etc.*) sciolto, non confezionato.

loosen /luːsən/ **I** *v.t.* **1** (*to untie*) sciogliere, slegare, slacciare. **2** (*to make less tight*) allentare (*anche fig*): *to ~ one's tie* allentarsi la cravatta; *to ~ discipline* allentare la disciplina. **3** (*to make less cohesive*) staccare, distaccare. **4** (*of the bowels*) liberare, sgombrare. **5** (*Farm*) (*of a cough*) alleviare. **II** *v.i.* allentarsi: *his grip -ed* la sua presa si allentò. □ (*fig*) *to ~ someone's tongue* sciogliere la lingua a qcu., indurre qcu. a parlare; *to ~ up*: **1** (*of the muscles*) sciogliere, rendere più agile; **2** (*colloq*) (*to become less tense or reserved*) rilassarsi, lasciarsi andare.

looseness /luːsnəs/ *n.* **1** scioltezza *f.* **2** (*fig*) (*immorality*) dissolutezza *f.*, sregolatezza *f.*; (*laxity*) rilassatezza *f.* **3** (*fig*) (*inexactness*) imprecisione *f.*, inesattezza *f.* □ *~ of behaviour* libertà di costumi; (*eufem*) *~ of the bowels* diarrea, dissenteria.

loosestrife /luːsˌstraɪf/ *n.* (*Bot*) **1** (*yellow loosestrife*) lisimachia *f.*, mazza *f.* d'oro. **2** (*purple loosestrife*) litro *m.*

loose-tongued /luːstʌŋd/ *a.* (*colloq*) che parla troppo, dalla lingua sciolta.

loot /luːt/ **I** *n.* **1** (*spoils of war*) bottino *m.*, preda *f.* di guerra. **2** (*stolen goods*) bottino *m.*, preda *f.*; (*illicit gains*) profitti *m.pl.* illeciti. **3** (*colloq*) (*money*) denaro *m.*, grana *f.* **4** (*Am, colloq,fig*) (*gifts*) regali *m.pl.* **II** *v.t.* (*Mil*) saccheggiare, mettere a sacco, depredare; (*to carry off as loot*) portare via come bottino. **III** *v.i.* (*Mil*) darsi ai saccheggi.

looter /luːtər/ *n.* saccheggiatore *m.* (*f.* -trice) (*anche Mil*).

lop[1] /lɒp *Am* lɑːp/ *v.t.* (*past, p.p.* **lopped** /-t/) **1** potare, rimondare: *to ~ a tree* potare un albero. **2** (*to cut from a tree*) svettare, cimare, spuntare. **II** *n.* rami *m.pl.* potati, potatura *f.*, cimali *m.pl.* □ *~ and top*: **1** (*to trim*) potare (completamente); **2** (*trimmings*) rami potati, potatura; *to ~ off*: **1** (*to cut from a tree*) svettare, cimare, spuntare; **2** (*of the head, limbs*) mozzare, tagliare; **3** (*colloq*) (*of prices*) tagliare, ridurre, scontare.

lop[2] /lɒp *Am* lɑːp/ *v.i.* (*past, p.p.* **lopped** /-t/) (*spec. Am*) **1** (*to droop*) pendere, penzolare, ciondolare; (*of an animal's ears*) penzolare, pendere. **2** (*to move slouchingly*) ballonzolare, camminare dinoccolato.

lope /loʊp/ *v.i.* **1** (*of animals*) muoversi a (lunghi) balzi. **2** (*of a person*) camminare a grandi passi; (*slouching*) camminare dinoccolato. **3** (*of a horse*) andare al passo. **II** *n.* **1** andatura *f.* a balzi; (*with a slouch*) andatura *f.* dinoccolata. **2** (*of a horse*) passo *m.*

lop-eared /ˈlɒpɪəd *Am* ˈlɑːpɪərd/ *a.* (*Zool*) dalle orecchie pendenti.

lophophore /ˈloʊfəfɔːr *Am* ˈlɒfəfɔːr/ *n.* (*Zool*) loforforo *m.*

lopolith /ˈlɒpəlɪθ *Am* ˈlɑːpəlɪθ/ *n.* (*Geol*) lopolite *f.*

lopper /ˈlɒpər *Am* ˈlɑːpər/ *n.* potatore *m.*, mondatore *m.*

lopping /ˈlɒpɪŋ *Am* ˈlɑːpɪŋ/ *n.* potatura *f.*, rimondatura *f.*

lopsided, lop-sided /ˈlɒpsaɪdɪd *Am* ˈlɑːpsaɪdəd/ *a.* **1** sbilenco, che pende da una parte, inclinato su un fianco. **2** (*unsymmetrical*) asimmetrico.

lopsidedness /ˈlɒpsaɪdɪdnəs *Am* ˈlɑːpsaɪdədnəs/ *n.* l'essere sbilenco.

loquacious /loʊˈkweɪʃəs/ *a.* loquace, chiacchierone, ciarliero, garrulo.

loquaciousness /ˌloʊˈkweɪʃəsnəs/, **loquacity** /loʊˈkwæsɪti Am ˌloʊˈkwæsɪti/ n. loquacità f., chiacchiera f.

loquat /ˈloʊkwɒt Am ˈloʊkwɑːt/ n. 1 (Bot) nespolo m. del Giappone. 2 (fruit) nespola f. del Giappone.

lor, lor' /lɔːr/ intz. (Br,colloq) (buon) Dio!, Signore!

loran /ˈlɔːrən/ n. (Mar,Aer) loran m.

lord /lɔːd Am lɔːrd/ **I** n. 1 (feudal superior) signore m., padrone m. 2 (nobleman, peer) nobile m., pari m. 3 (fig) magnate m. □ to ~ it over: 1 darsi delle arie, fare il (gran) signore; 2 (to domineer) spadroneggiare, dominare, farla da padrone; to live like a ~ fare vita da (gran) signore, fare il pascià, vivere come un nababbo; (Mediev) ~ of the manor signore feudale, feudatario.

Lord /lɔːd Am lɔːrd/ **I** n. 1 (as a title) lord m. 2 (Rel) Signore m., Dio m.: our ~ nostro Signore. 3 pl. (Parl) (House of Lords) camera f.sing. dei lord, camera f.sing. alta. **II** intz. mio Dio!, (buon) Dio!, Signore! □ (Scott) ~ Advocate Procuratore Generale (di Scozia); ~ bless me! (o ~ bless my soul!) mio Dio!, Signore!; (GB) ~ Chamberlain gran ciambellano, lord ciambellano; (GB) ~ Chancellor lord cancelliere, ministro di grazia e giustizia, presidente della camera dei lord; (GB) ~ Chief Justice capo della magistratura, presidente dell'alta corte di giustizia; the ~'s Day il giorno del Signore, la domenica; ~ God Signore Iddio; (Rel) the ~ God of Hosts il Signore degli eserciti, il Dio degli eserciti; (GB) ~ High Chancellor lord cancelliere, ministro di grazia e giustizia, presidente della camera dei lord; (GB) ~ High Treasures gran tesoriere; ~ Justice of Appeal giudice di Corte d'appello; (colloq) ~ knows Dio solo lo sa, lo sa Iddio; ~ Lieutenant rappresentante della Corona (in una contea); (GB) ~ Mayor sindaco di Londra (e di altre grandi città); (GB) ~ of Appeal (in Ordinary) lord giudice della Corte d'appello suprema; (Rel) the ~ of Hosts il Signore degli eserciti, il Dio degli eserciti; (GB) First ~ of the Admiralty ministro della marina; (Rel) the ~'s Prayer il padrenostro; (GB) ~ Privy Seal lord del sigillo privato, sovrintendente alle attività della Camera dei lord; (Scott) ~ Provost sindaco di Edimburgo (e altre grandi città); ~ Spiritual (arci)vescovo membro della camera dei lord; (Rel.prot) ~'s Supper cena del Signore, santa cena; (Rel.prot) ~'s table tavola del Signore; (GB) ~ Temporal membro laico della camera dei lord.

lordliness /ˈlɔːdlɪnəs Am lɔːrdlɪnəs/ n. 1 condizione f. signorile, dignità f. di signore. 2 (haughtiness) alterigia f., altezzosità f., arroganza f.

lordling /ˈlɔːdlɪŋ Am lɔːrdlɪŋ/ n. 1 giovane lord m. 2 (spreg) (petty lord) signorotto m.

lordly /ˈlɔːdli Am lɔːrdli/ a. 1 signorile, degno di un lord, da gran signore. 2 (haughty) altero, altezzoso, arrogante. 3 (relating to a lord) di un lord.

lordosis /lɔːˈdoʊsɪs Am lɔːrˈdoʊsɪs/ n. (pl. -ses /-siːz/) n. (Med) lordosi f.

lords-and-ladies /ˌlɔːdzən(d)ˈleɪdiːz Am ˌlɔːrdzən(d)ˈleɪdiːz/ n. (Bot) aro m., gigaro m.

lordship /ˈlɔːdʃɪp Am ˌlɔːrdʃɪp/ n. 1 (as a title) Signoria f., Eccellenza f.: His Lordship Sua Eccellenza; Your Lordship Vostra Eccellenza. 2 (rank, dignity) condizione f. signorile, dignità f. di signore. 3 (control, authority) signoria f., dominio m. 4 (Stor) dominio m., proprietà f.

lordy, Lordy /ˈlɔːdi Am ˌlɔːrdi/ intz. (Am,colloq)

(buon) Dio!, Signore!

lore¹ /lɔːr/ n. 1 (knowledge) tradizione f. (culturale); (transmitted orally) tradizione f. orale. 2 (learning, knowledge) scienza f., erudizione f., dottrina f.

lore² /lɔːr/ n. (Ornit,Zool) setto m. membranoso (sul muso).

lorgnette /lɔːˈnjet Am lɔːrˈnjet/ n. 1 lorgnette f., occhialino m. 2 (opera glasses) lorgnette f., binocolo m. da teatro.

lorgnettes /lɔːˈnjet Am lɔːrˈnjet/ n. 1 lorgnette f., occhialino m. 2 (opera glasses) lorgnette f., binocolo m. da teatro.

lorica /lɒˈraɪkə Am ˌlɔːˈraɪkə/ (pl. -cae /-siː/) n. (Stor.rom,Zool) lorica f.

loricate /ˈlɒrɪkeɪt Am ˈlɔːrɪkeɪt/ a. (Zool) loricato.

lorikeet /ˈlɒrɪˌkiːt Am ˈlɔːrɪˌkiːt/ n. (Ornit) lorichetto m.

loris /ˈlɔːrɪs/ n. (Zool) lori m., lori m. gracile.

lorn /lɔːn Am lɔːrn/ a. (poet) derelitto, abbandonato; (lonely) solitario.

Lorraine /lɒˈreɪn/ n.pr. (Geog) Lorena f.

lorry /ˈlɒri Am ˈlɔːri/ n. (Br) 1 autocarro m., camion m. 2 (horse-drawn wagon) carro m. (senza sponde). □ ~ driver camionista.

lory /ˈlɔːri/ n. (Ornit) lori m.

losable /ˈluːzəbəl/ a. che si può perdere, che può andare perduto.

Los Angeles /lɒsˈæŋɡəliːs Am ˌlɔːsˈændʒəlɪs/ n.pr. (Geog) Los Angeles f.

lose /luːz/ (past, p.p. **lost** /lɒst/) **I** v.t. 1 perdere: to ~ a leg perdere una gamba; to ~ one's balance perdere l'equilibrio; to ~ a match perdere un incontro; to ~ one's father to cancer perdere il proprio padre per cancro. 2 (to mislay) perdere, smarrire: I have lost my watch ho perso l'orologio. 3 (to be deprived of) perdere, essere privato di: to ~ one's life perdere la vita. 4 (colloq) (to cause the loss of) fare perdere: his negligence lost him his job la sua negligenza gli ha fatto perdere l'impiego. 5 (to fail to use) sciupare, perdere, sprecare: to ~ time perdere tempo. 6 (to be unable to find one's way) perdersi, smarrirsi: we've lost our way ci siamo persi. 7 (rifl.) to ~ oneself (to be engrossed) immergersi, essere tutto preso, essere totalmente preso: to ~ oneself in a book immergersi nella lettura di un libro. 8 (to outstrip) distanziare, lasciare indietro, staccare (anche Sport). 9 (to confuse) perdere, disorientare, you've lost me mi hai perso, non ti seguo più. 10 (colloq) (to cause so. to fail to win) far perdere, costare: his innacuracy lost us the match la sua imprecisione ci ha fatto perdere la partita. 11 (of a watch or clock) ritardare di, andare indietro, rimanere indietro. 12 (to forget) dimenticare: I've lost my Spanish ho dimenticato lo spagnolo. **II** v.i. 1 perdere, essere sconfitto (anche Sport): to ~ on points perdere ai punti. 2 (to be worse off) rimetterci, perdere, scapitare: to ~ on a deal rimetterci in un affare. □ you can't ~ non hai niente da perdere, non hai che da guadagnarci; to ~ contact perdere i contatti; (fig) to ~ one's cool perdere la pazienza, perdere la calma, perdere il controllo, perdere l'autocontrollo, perdere le staffe, perdere la testa; to ~ courage perdersi d'animo, perdersi di coraggio; (fig) to ~ face perdere la faccia; to ~ flesh calare di peso, dimagrire; to ~ one's footing mettere il piede in fallo; to ~ one's grip: 1 perdere la presa; 2 (fig) perdere il controllo; (Mil) to ~ ground perdere terreno (anche fig); to ~ one's hair: 1 perdere i capelli; 2 (Br,colloq) (to lose one's temper) perdere la pazienza, perdere le staffe; to ~ one's head rimetterci la testa; (fig) perdere la testa; (fig)

to ~ heart perdersi d'animo, avvilirsi; (fig) to ~ one's heart to so. perdere la testa per qcu., innamorarsi (perdutamente) di qcu.; to ~ heavily: 1 (in gambling) perdere forti somme, subire grosse perdite; 2 (Mil) subire una grave sconfitta; to ~ one's hold of sth. lasciarsi sfuggire qcs. di mano; to ~ one's hold on perdere ogni contatto con; (fig) to ~ one's hold on (o to ~ one's hold over) so. non fare più presa su qcu.; to ~ it: 1 (to lose emotional control) perdere la pazienza, perdere il controllo; 2 (to become removed from reality) perdere la testa, diventare squilibrato; to ~ one's marbles perdere la testa, uscire di testa; to ~ one's mind perdere la testa, uscire di testa; to ~ one's nerve perdere la calma; to ~ out rimetterci, perderci: he lost out on the deal in questo affare ci ha rimesso; to ~ one's place (in a book) perdere il segno (nel libro); (fig) to ~ one's shirt perdere la camicia, rimettterci la camicia; to ~ sight of so. perdere di vista qcu.; to ~ one's sight perdere la vista, diventare cieco; to ~ sleep over sth. perdere del sonno per qcs., preoccuparsi inutilmente per qcs.; to ~ one's standing essere declassato; to ~ one's temper perdere la calma, perdere le staffe, andare in collera, uscire dai gangheri; to ~ the thread perdere il filo; to ~ time: 1 perdere tempo; 2 (of a watch) andare indietro; (fig) to ~ one's tongue ammutolire, perdere la lingua; to ~ touch perdere i contatti (with con), perdere di vista (qcu.); to ~ track of perdere le tracce di; to ~ weight perdere peso, dimagrire; to ~ well saper perdere; to ~ one's wits uscire di senno. Prov.: what you ~ on the swings, you gain on the roundabouts quello che perdi da una parte, lo riacquisti dall'altra.

loser /ˈluːzər/ n. 1 chi perde, pendente m./f. 2 (Sport): to be a bad ~ non saper perdere; to be a good ~ saper perdere; to be a born ~ essere un perdente nato. 3 (Am,colloq) (rude person) maleducato m. (f. -a), disgraziato m. (f. -a): what a ~! che razza di maleducato!

losing /ˈluːzɪŋ/ a. perdente, che perde. □ (fig) to fight a ~ battle battersi per una causa persa; ~ game partita senza possibilità di vittoria (anche fig).

losings /ˈluːzɪŋs/ n.pl. (in gambling) perdite f.pl.

loss /lɒs Am lɑːs/ **I** n. 1 (no longer having) perdita f., privazione f. 2 (so. or sth. lost) perdita f.: his death was a ~ to us all la sua morte rappresentò una perdita per tutti noi. 3 (sad feeling) smarrimento m., vuoto m.: she felt a great sense of ~: sentì un gran senso di smarrimento, sentì un gran vuoto (intorno a lei). 4 (reduction) perdita f., calo m., riduzione f. 5 (of hair) perdita f., caduta f. 6 (waste) perdita f., spreco m., sciupio m., danno m.: ~ of time perdita di tempo. 7 (losing a contest) perdita f., sconfitta f. 8 (Comm) perdita f., scapito m.: to sell at a ~ vendere in perdita. 9 (Econ) perdita f., passivo m.: profit and ~ account conto economico. 10 (Assic) danno m., sinistro m.: ~ reserve riserva sinistri. 11 (El) perdita f., dispersione f. 12 (Mil) (men killed, captured) perdite f.pl., vittime f.pl. □ (Assic) ~ adjuster perito liquidatore; at a ~: 1 (making a deficit) in perdita: to work at a ~ lavorare in perdita; 2 (perplexed) perplesso, incerto; to be at a ~ essere in imbarazzo, non sapere cosa fare; to be at a ~ to understand sth. non riuscire a capire qcs.; to cut one's -es ridurre le perdite; to be at a ~ for words rimanere senza parole, non avere parole, non sapere cosa fare; (El) ~ in voltage caduta di tensione; (Comm) ~ in weight calo di peso; ~ of appetite inappetenza; ~ of *memory* perdita della memoria.

loss-leader /lɒs'liːdər Am 'lɑːs,liːdər/ n. (*Comm*) articolo m. civetta.

lossless /'lɒsləs Am 'lɑːsləs/ ☐ (*Inform*) ~ *compression* compressione senza perdita.

loss-maker /'lɒsmeɪkər Am 'lɑːsmeɪkər/ n. (*Comm*) **1** (*industry, business*) attività f. in perdita. **2** (*item*) articolo m. venduto in perdita.

loss-making /'lɒsmeɪkɪŋ Am 'lɑːsmeɪkɪŋ/ a. (*Comm*) in perdita.

lossy /'lɒsi Am 'lɑːsi/ ☐ (*Inform*) ~ *compression* compressione con perdita.

lost[1] /lɒst Am 'lɑːst/ → **lose**.

lost[2] /lɒst Am 'lɑːst/ a. **1** (*mislaid*) perso, perduto, smarrito. **2** (*missing*) disperso. **3** (*having lost one's way*) perso, smarrito: *we are ~* ci siamo persi. **4** (*wasted*) sprecato, sciupato, perduto, perso. **5** (*missed*) perduto, mancato: ~ *opportunities* occasioni perdute. **6** (*destroyed*) distrutto, perduto: ~ *aircraft* aeroplano distrutto. **7** (*of ships*) naufragato. **8** (*disorientated, confused*) disorientato, smarrito, sconvolto. **9** (*helpless*) perso, perduto, finito: *I am ~ without my glasses* senza gli occhiali sono perso. **10** (*completely absorbed*) perso, coinvolto: ~ *in thought* perso nei suoi pensieri, immerso nei propri pensieri; *to be ~ in a book* essere assorto nella lettura di un libro. **11** (*Teol*) (*damned*) perso, perduto, dannato: *a ~ soul* un'anima perduta. **12** (*hopelessly immoral*) perduto: *a ~ woman* una donna perduta. ☐ (*Am*) ~ *and found* oggetti smarriti, ~ *and found office* ufficio oggetti smarriti; *to be ~*: 1 (*killed, missing*) morire, perire, distruggere: *all hands were ~* tutto l'equipaggio morì; 2 (*unable to find one's way*) perdersi, smarrirsi; 3 (*wasted*) essere perduto: *all is not ~* non tutto è perduto; *to be ~ to*: 1 essere insensibile a; 2 (*Br*) (*to be beyond reach*) essere negato a, essere precluso a; *to be ~ to shame* aver perso il senso del pudore; (*fig*) ~ *cause* causa persa: *defender of ~ causes* avvocato delle cause perse; *to give so. up* *for ~* dare qcu. per disperso; ~ *for words* (*rimasto*) senza parole; *I'm ~ for words* non ho parole, non so cosa dire; *the ~ generation* la generazione perduta; *to get ~* smarrirsi, perdersi; (*colloq*) *get ~!* levati dai piedi!, sparisci!; *to be ~ on* non avere effetto su, non sortire effetto su, essere sprecato con; *sarcasm is ~ on her* il sarcasmo non ha (alcun) effetto su di lei; (*Br*) ~ *property* oggetto smarrito: ~ *property office* ufficio oggetti smarriti; (*Scult*) ~ *wax* cera persa.

lot[1] /lɒt Am 'lɑːt/ I n. **1** (*large quantity*) (gran) quantità f., gran numero m., (*colloq*) mucchio m., (*colloq*) sacco m.: *he knows a ~ of people* conosce una quantità di, conosce molte persone; *she has -s of money* ha un sacco di soldi. **2** (*spec. Comm*) (*batch*) lotto m., blocco m., serie f., partita f. **3** (*item in an auction*) lotto m. **4** (*plot of land*) lotto m., appezzamento m., parcella f.: *a building ~* un lotto edificabile. **5** (*Am*) (*for parking*) parcheggio m.: ~ *attendant* custode di parcheggio, parcheggiatore. **6** (*allotted share or part*) parte f., quota f. **7** (*whole amount*) tutto m.: *I'll take the ~* prenderò tutto; *when you've seen one you've seen the ~* quando ne hai visto uno li hai visti tutti; *the whole ~* proprio tutto. **8** (*colloq*) (*number of persons*) combriccola f., compagnia f.: *a hard-drinking ~* una combriccola di forti bevitori; *the whole ~* l'intera compagnia, tutti quanti. **9** (*fate, destiny*) destino m., sorte f., fato m. **10** (*method of random selection*) il tirare a sorte, sorteggio m. **11** (*decision made*) destino m., fato m., sorte

f.: the ~ fell on (o *to*) *me* la sorte è caduta su di me; *to cast -s* (o *to draw -s*) tirare a sorte, sorteggiare, estrarre a sorte. **12** (*Cin*) studio m. (e terreno circostante). II avv. **1** (*to a great extent*) molto, assai: *it's a ~ better* è molto meglio; (*iron*) *a ~ you care!* te ne importa assai! **2** (*often*) molto, spesso, molto spesso: *we go out to eat a ~* mangiamo fuori spesso. **3** (*much*) molto, tanto, tantissimo: *she sleeps a ~* dorme tanto, dorme tantissimo. ☐ (*colloq*) *a ~ more* molto di più; (*colloq,iron*) *a ~ of good that will do you!* non ti servirà a niente!; (*colloq*) *to have a ~ to answer for* avere di che rendere conto: *he has a ~ to answer for* l'ha combinata grossa; *-s and -s of money* denaro a palate; (*colloq*) *the ~* tutto: *that's the ~* questo è tutto, non c'è altro.

lot[2] /lɒt Am 'lɑːt/ (*past, p.p.* **lotted** /'lɒtɪd/) v.t. **1** dividere in lotti, lottizzare. **2** (*of land*) lottizzare, dividere in lotti. ☐ *to ~ out* dividere in lotti, lottizzare.

loth /loʊθ/ a. restio, ritroso, riluttante: *to be ~ to do sth.* essere restio a fare qcs.

Lothario, lothario /loʊ'θɑːrioʊ/ (*pl.* **-s** /-z/) n. (*Lett*) seduttore m., dongiovanni m.

lotic /'lɒtɪk Am 'lɑːtɪk/ a. (*Biol*) lotico.

lotion /'loʊʃən/ n. (*Farm,Cosmet*) lozione f.

lots /lɒts Am 'lɑːts/ avv. **1** (*to a great extent*) molto, assai: ~ *better* è molto meglio. **2** (*much*) molto, tanto, tantissimo: *she sleeps ~* dorme tanto, dorme tantissimo.

lottery /'lɒtəri Am 'lɑːtəri/ n. **1** lotteria f.: *national ~* la lotteria (nazionale). **2** (*fig*) lotteria f., questione f. di fortuna, terno m. al lotto. ☐ ~ *ticket* biglietto della lotteria.

lotto /'lɒtoʊ Am 'lɑːtoʊ/ (*pl.* **-s** /-z/) n. **1** tombola f. **2** (*Aus,Am*) lotteria f.

lotus /'loʊtəs Am 'loʊtəs/ n. **1** (*Bot*) loto m. **2** (*fruit*) frutto m. del loto. **3** (*Arch*) ornamento m. a foglie di loto, fregio m. a foglie di loto. ☐ ~ *-eater*: 1 (*Mitol*) lotofago m.; 2 (*fig*) sognatore m. (f. -trice), chi vive nel mondo dei sogni; ~ *position* (*in yoga*) posizione del loto.

Lou /luː/ n.pr.m. dim. di Louis.

louche /luːʃ/ a. losco, equivoco.

loud /laʊd/ I a. **1** forte, alto: *a ~ noise* un forte rumore. **2** (*emitting loud sounds*) sonoro: *a ~ bell* una campana sonora. **3** (*clamorous, noisy*) clamoroso, rumoroso, chiassoso, fragoroso: ~ *applause* applausi clamorosi. **4** (*of persons*) chiassoso, rumoroso. **5** (*of colours*) chiassoso, sgargiante. **6** (*gaudy, garish*) vivo, sgargiante, vistoso. **7** (*offensive, unrefined*) volgare, grossolano: ~ *manners* modi volgari. II avv. forte, a voce alta. ☐ ~ *and clear* forte e chiaro (*anche fig*); (*colloq*) *a ~ mouth* chi non sa mantenere un segreto, linguaccia; *out ~* a voce alta, ad alta voce: *to think out ~* pensare ad alta voce.

louden /'laʊdən/ I v.i. **1** (*of sounds*) diventare più alto, diventare più forte. **2** (*of the voice*) alzarsi, crescere di tono. II v.t. (*of the voice*) alzare.

loudhailer /'laʊdheɪlər/ n. (*Br*) megafono m. (con amplificatore incorporato).

loudish /'laʊdɪʃ/ a. piuttosto forte, piuttosto alto.

loudly /'laʊdli/ avv. forte, alto, a voce alta.

loudmouth, loud-mouth /'laʊdmaʊθ/ n. **1** (*talkative person*) linguaccia f., chi chiacchiera rumorosamente e a vanvera. **2** (*braggart*) millantatore m. (f. -trice), spaccone m. (f. -a).

loudness /'laʊdnəs/ n. **1** (*of a sound*) forza f. **2** (*of the voice*) altezza f.

loudspeaker /'laʊdspiːkər/ n. altoparlante m., cassa f. ☐ ~ *box* cassa acustica.

Lou Gehrig /ˌluːˈgerɪg/ ☐ (*Med*) ~*'s disease* sclerosi laterale amiotrofica.

lough /lɒx, lɒk Am 'lɑːk/ n. (*Ir*) **1** lago m. **2** (*inlet*) braccio m. di mare, insenatura f.

louis /'luːi/ n.inv. (*Numism*) luigi m. (d'oro). ☐ (*Numism*) ~*d'or* luigi m. (d'oro).

Louis /'luːis/ n.pr.m. Luigi.

Louisa /luː'iːzə/ n.pr.f. Luisa.

Louise /luː'iːz/ n.pr.f. Luisa.

Louisiana /luːˌiːziˈænə/ n.pr. (*Geog*) Louisiana f.

lounge /laʊndʒ/ I v.i. **1** stare disteso, stare sdraiato, stare adagiato: *to ~ in an armchair* stare disteso in poltrona. **2** (*to pass time idly*) oziare, poltrire. II n. **1** (*Br*) salotto m., soggiorno m.; (*in a hotel, club*) sala f., salone m.; (*waiting room*) sala f. d'aspetto; (*on a ship, train*) salone m. **2** (*in a pub, bar*) sala f., saletta f. **3** (*Br*) (*act of lounging*) lo stare disteso, lo stare sdraiato. **4** (*Arred*) agrippina f. ☐ *to ~ about* (o *to ~ around*) bighellonare, gironzolare, oziare; ~ *bar* sala (interna); ~ *chair* poltrona; (*colloq*) ~ *lizard* pigrone mondano; ~ *suit* abito da tutti i giorni.

lounger /'laʊndʒər/ n. **1** (*lazy person*) fannullone m. (f. -a), perdigiorno m./f. **2** (*Arred*) sedia f. reclinabile, poltrona f. reclinabile: *sun ~* sedia a sdraio reclinabile.

loupe /luːp/ n. lente f. monoculare.

louping /'luːpɪŋ/ ☐ (*Zool*) ~ *ill* virus del louping ill.

lour /'laʊər/ I v.i. **1** (*of the weather or clouds*) essere minaccioso, minacciare tempesta; (*of the sky*) oscurarsi, rabbuiarsi. **2** (*of persons*) accigliarsi, aggrottare la fronte. II n. **1** (*of weather*) l'essere minaccioso; (*of the sky*) l'oscurarsi, il rabbuiarsi. **2** (*fig*) (*of a person*) cipiglio m., aspetto m. accigliato.

louring /'laʊərɪŋ/ a. **1** (*of the weather or clouds*) minaccioso; (*of the sky*) scuro, coperto di nuvole minacciose. **2** (*fig*) (*of a person*) accigliato, aggrottato.

louse /laʊs/ I n. (*pl.* **lice** /laɪs/ **louses** /laʊsz/ *nel significato 4*) **1** (*Entom*) (*hair or body louse*) pidocchio m. **2** (*Entom*) (*biting louse*) mallofago m. **3** (*Entom*) (*crab louse*) piattola f. **4** (*fig,colloq*) (*despicable person*) persona f. spregevole, verme m. II v.t. (*ant*) spidocchiare. ☐ (*colloq*) *to ~ up* pasticciare, abborracciare.

lousewort /'laʊswɜːt/ n. (*Bot*) pedicolare f.

lousily /'laʊzili/ n. (*really poorly*) schifosamente, terribilmente.

lousiness /'laʊzinəs/ n. **1** (*rar*) (*infestation with lice*) l'essere pidocchioso. **2** (*colloq*) (*badness*) schifo m. **3** (*colloq*) (*meanness*) abiezione f., bassezza f., schifo m.

lousy /'laʊzi/ a. **1** (*rar*) (*full of lice*) pidocchioso. **2** (*colloq*) (*very bad*) pessimo, schifoso, disgustoso, tremendo, terribile. **3** (*colloq*) (*of a sum of money*) misero, insignificante, schifoso. **4** (*Am,colloq*) pieno di: *to be ~ with money* essere pieno di quattrini. ☐ (*colloq*) *to be ~ at sth.* fare schifo in: *I'm ~ at geography* faccio schifo in geografia.

lout /laʊt/ n. **1** (*uncouth man*) cafone m., zoticone m. **2** (*aggressive man*) delinquente m., teppista m.

loutish /'laʊtɪʃ/ a. **1** (*uncouth*) zotico, rozzo, cafone. **2** (*aggressive man*) delinquente, villano.

loutishly /'laʊtɪʃli/ avv. da zoticone, da villano.

loutishness /'laʊtɪʃnəs/ n. **1** (*uncouthness*) cafonaggine f., grossolanità f., rozzezza f. **2** (*aggressiveness*) delinquenza f., teppismo m.

louvar /'luːvɑːr/ n. (*Itt*) luvaro m.

louver, louvre /'luːvər/ n. **1** (*in a medieval building*) lanterna f., lucernario m. **2** (*Edil*) (*slat*) stecca *f*. di persiana. **3** (*of a car, etc.*) feritoia *f*. di ventilazione. **4** (*window or door with slats*) apertura *f*. a gelosia.

louvred /'luːvəd *Am* 'luːvəʳd/ *a*. a persiana: *a ~ door* una porta a persiana.

lovability /ˌlʌvə'bɪlɪti *Am* 'lʌvəbɪlɪti/ *n*. amabilità *f*., simpatia *f*.

lovable /'lʌvəbəl/ *a*. caro, amabile, adorabile, simpatico.

lovableness /'lʌvəbəlnəs/ *n*. amabilità *f*., simpatia *f*.

lovage /'lʌvɪdʒ/ *n*. (*Bot*) sedano *m*. di montagna.

love /lʌv/ **I** *n*. **1** amore *m*., affetto *m*. profondo. **2** (*passion or desire*) amore *m*. **3** (*person loved*) amore *m*., persona *f*. amata. **4** (*love affair*) amori *m.pl*., vicende *f.pl*. amorose, avventure *f.pl*. amorose. **5** (*strong liking*) interesse *m*. appassionato, passione *f*. **6** (*object liked*) passione *f*., amore *m*.: *painting is his only ~* la pittura è la sua unica passione. **7** (*charity*) amore *m*., carità *f*.: *~ of one's fellow man* l'amore del prossimo. **8** (*colloq*) (*as a term of endearment*) amore *m*., tesoro *m*., amore *m*. mio, caro *m*. (*f*. *-a*): *to be a ~* essere un tesoro; *be a ~ and help me* fai il bravo, dammi una mano. **9** (*Sport*) (*in tennis, etc.*) zero punti *m.pl*., zero *m*.: *the score is thirty ~* il punteggio è trenta a zero. **10** (*epist*) con affetto, baci, cari saluti; *with ~ from* con affetto da, affettuosamente. **II** *v.t*. **1** amare, sentire un profondo affetto per, voler bene a, essere attaccato a. **2** (*to be in love with*) amare, essere innamorato di: *~ you* ti amo. **3** (*to like very much*) amare, piacere (*costr.impers.*), provare piacere per: *I'd ~ to go out* mi piacerebbe molto uscire; *he -s driving fast cars* gli piace guidare automobili veloci. **4** (*ant*) (*to make love to*) fare l'amore con, fare all'amore con. □ *~affair* relazione (amorosa), storia d'amore; (*Sport*) *~all* zero a zero, zero pari; (*ant*) *~apple* pomodoro; *~at first sight* amore a prima vista; (*colloq*) *~bite* succhiotto (segno lasciato sulla pelle); *~child* figlio dell'amore, figlio illegittimo; (*Rel*) *~feast* agape; *for the ~ of* per amore di: (*colloq*) *for the ~ of God* per l'amor di Dio; (*colloq*) *for the ~ of mercy* per l'amor di Dio;(*Am,colloq,scherz*) *for the ~ of Pete* caspita!; (*Sport*) *~game* (*in tennis, etc.*) gioco in cui uno dei giocatori non segna punti; *give my ~ to your mother* salutami tua madre, saluta tua madre da parte mia; (*colloq*) *~handles* maniglie dell'amore; *to be in ~* essere innamorato (*with* di); *to fall in ~ with so.* innamorarsi di qcu.; (*spec. Cin,TV*) *~interest* attore principale, eroe maschile; (*colloq*) *~it or leave it* prendere o lasciare; (*colloq*) *~knot* nodo d'amore; *~letter* lettera d'amore; *~life*: 1 vita amorosa; 2 (*sexual activities*) vita sessuale; (*poet*) *the ~lorn* i delusi in amore; *there is little* (o *no*) *~lost between them* non si possono soffrire; *to make ~ to so.* fare l'amore con qcu.; *~match* matrimonio d'amore; *~me, ~my dog* chi ama me, ama il mio cane; (*Bibl*) *thyneighbour as thyself* ama il prossimo tuo come te stesso; *~nest* nido d'amore; *~of adventure* gusto per l'avventura; *~of one's country* patriottismo, amor di patria; (*colloq*) *for ~ or money* per tutto l'oro del mondo, in nessun modo; *~potion* filtro d'amore; *~seat* amorino, divano a S; *to play "she -s me, she -s me not"* sfogliare la margherita, fare "m'ama, non m'ama"; *~song* canzone d'amore; *~story* storia d'amore, love story. *Prov.*: *~ is blind* l'amore è cieco.

Love /lʌv/ *n.pr.m*. (*Mitol*) Amore, Cupido.

loveability /ˌlʌvə'bɪlɪti *Am* 'lʌvəbɪlɪti/ *e der*. →

lovability *e der*.

lovebird /'lʌvbɜːd *Am* 'lʌvbɜːʳd/ *n*. **1** *pl*. coppia *f.sing*. inseparabile, piccioncini *m.pl*. **2** (*Ornit*) (*parakeet*) inseparabile *m*.

love-in /'lʌvɪn/ *n*. (*colloq*) raduno *m*. hippy.

love-in-a-mist /'lʌvɪnə'mɪst/ *n*. (*Bot*) fanciullaccia *f*.

loveless /'lʌvləs/ *a*. **1** senza amore: *a ~ marriage* un matrimonio senza amore. **2** (*not feeling love*) insensibile all'amore. **3** (*not loved*) che non è amato, non amato.

lovelessness /'lʌvləsnəs/ *n*. **1** insensibilità *f*. all'amore. **2** (*lack of love*) mancanza *f*. d'amore.

love-lies-bleeding /'lʌvlaɪz'bliːdɪŋ/ *n*. (*Bot*) amaranto *m*.

loveliness /'lʌvlənəs/ *n*. bellezza *f*., avvenenza *f*., leggiadria *f*.

lovelock /'lʌvlɒk *Am* 'lʌvlɑːk/ *n*. (*ant*) tirabaci *m*.

lovelorn, love-lorn /'lʌvlɔːn *Am* 'lʌvlɔːrn/ *a*. **1** (*lett*) abbandonato dalla persona amata. **2** (*pining*) che si strugge per un amore infelice, disperato, prostrato.

lovely /'lʌvli/ **I** *a*. **1** (*beautiful: of people*) bello, carino, avvenente, leggiadro, attraente, grazioso. **2** (*of things*) bello, delizioso, incantevole: *a ~ view* una vista incantevole. **3** (*delightful, pleasing*) divertente, simpatico: *a ~ party* una festa divertente; *a ~ joke* una barzelletta divertente (*o* spassosa). **4** (*loving and caring*) dolce, premuroso, generoso. **5** (*attracting love*) bellissimo, magnifico, amabile. **II** *n*. (*colloq*) bellezza *f*., bella ragazza *f*.: *hello my lovelies!* ciao bellezze! □ *to have a ~time* divertirsi un mondo; (*scherz*) *~weather for ducks* tempo piovoso.

lovemaking /'lʌvmeɪkɪŋ/ *n*. **1** il fare l'amore. **2** (*ant*) (*courtship*) corteggiamento *m*.

lover /'lʌvəʳ/ **I** *n*. **1** innamorato *m*. (*f*. *-a*). **2** (*partner in love affair*) amante *m./f*. **3** (*devotee*) appassionato *m*. (*f*. *-a*), amante *m./f*., amatore *m*. (*f*. *-trice*): *a ~ of truth* un amante della verità; *~ lover* amante dell'arte, appassionato d'arte. **4** *pl*. (*two people in love*) amanti *m.pl*., innamorati *m.pl*. □ *~'s knot* nodo d'amore; *~'s lane* sentiero degli innamorati, via dell'amore.

lovesick /'lʌvsɪk/ *a*. malato d'amore, languente d'amore: *to be ~* soffrire per amore, essere malato d'amore.

lovey /'lʌvi/ *n*. (*Br,colloq*) tesoro *m*., amore *m*. □ *~-dovey* carino, sdolcinato: *they were all ~-dovey* erano carinissimi.

loving /'lʌvɪŋ/ *a*. **1** amoroso, affettuoso, amorevole, tenero, devoto: *~ mother* madre amorosa. **2** (*expressing love*) amoroso, d'amore: *~ glances* occhiate amorose. **3** (*in compounds*) amante di..., che ama...: *a peace-~ nation* una nazione amante della pace. □ *~cup*: 1 (*at a farewell gathering, etc.*) coppa dell'amicizia in cui si beve a turno); 2 (*Sport*) coppa; *~kindness* amorevolezza, bontà, tenera attenzione, tenero riguardo.

lovingly /'lʌvɪŋli/ *avv*. amorevolmente, amorosamente, con amore, con cura.

low [1] /ləʊ/ **I** *a*. **1** (*close to the ground*) basso: *a ~wall* un muro basso. **2** (*of less than usual height*) basso, poco profondo: *a ~ forehead* una fronte bassa; *the river is ~ this time of year* il fiume è poco profondo in questo periodo dell'anno. **3** (*deep*) profondo: *a ~ bow* un profondo inchino. **4** (*with little monetary value*) basso, minimo: *~ prices* prezzi bassi; *~ wages* salario basso. **5** (*with little quality or value*) scarso, cattivo, scadente: *~ quality* qualità scadente; *to have a ~ opinion of so.* avere una scarsa opinione di qcu., avere una

cattiva opinione di qcu. **6** (*with small amount of*) basso, povero di, poco, ridotto: *~ sugar diet* dieta povera di zuccheri. **7** (*humble*) umile, basso, modesto: *of ~ birth* di umili natali, di bassa estrazione. **8** (*mean*) spregevole, vile, basso, meschino: (*colloq*) *that was ~!* questo è un colpo basso! **9** (*coarse*) grossolano, volgare: *~ humour* umorismo grossolano. **10** (*depressed, dispirited*) depresso, giù di morale, triste, abbattuto: *to feel ~* sentirsi depresso, essere giù di morale. **11** (*feeble*) debole, fiacco: *a ~ pulse* un polso debole. **12** (*nearly exhausted*) molto scarso, quasi esaurito: *supplies are ~* le scorte sono quasi esaurite. **13** (*of temperature*) basso; (*just above*) poco al di sopra di: *to be in the ~30s* essere poco al di sopra dei 30 gradi. **14** (*of a heavenly body*) basso (sull'orizzonte). **15** (*of sounds*) basso, sommesso: *to speak in a ~ voice* parlare a bassa voce, sommessamente. **16** (*Mus*) (*in pitch*) basso, grave; (*turned down*) basso, abbassato. **17** (*Abbigl*) scollato, con scollatura: *a ~ neckline on a dress* un vestito scollato. **18** (*Mot*) basso: *~ gears* le marce basse; *in ~ gear* in prima marcia, in prima. **19** (*Sport*) (*of a blow in boxing*) basso, sotto la cintura. **II** *n*. **1** livello *m*. basso. **2** (*Meteor*) zona *f*. di bassa pressione, ciclone *m*. **3** (*poet*) (*ordinary person; mortal, not of high-minded moral standards*) comune mortale *m*. (*fig*) punto *m*. più basso, livello *m*. minimo, minimo *m*. storico: *morality was at an all-time ~* la moralità aveva toccato il livello più basso, la moralità aveva toccato il minimo storico. **5** (*unhappy period*) periodo *m*. di depressione, desolazione *f*., abbattimento *m*. **III** *avv*. **1** basso, in basso: *to aim ~* mirare basso; *to fly ~* volare basso, volare a bassa quota. **2** (*to a low degree*) in basso, in fondo **3** (*cheaply*) a buon mercato, a basso prezzo. **4** (*not loudly*) piano, basso, a bassa volume; (*of voice*) a bassa voce, sottovoce, piano. **5** (*at a deep pitch*) basso, a basso tono. □ *~alcohol* a basso contenuto di alcol; *~battery* pila scarica; (*Med*) *~blood pressure* pressione bassa, ipotensione; (*Sport,fig*) *~blow* colpo basso; *~born* di umili origini, di umili natali; (*Rel.prot*) *Low Church* Chiesa bassa (anglicana); (*Teat*) *~comedy* commedia popolare; (*Geog*) *Low Countries* Paesi Bassi; (*Astron*) *~earth orbit* orbita bassa; *to be at a ~ebb*: 1 essere in declino, essere in decadenza; 2 (*fig*) essere giù di corda; *~emission*: 1 (*El,Elettron*) bassa emissione; 2 (*of an angine*) ecologico, poco inquinante; *~frequency* bassa frequenza; (*Ling*) *Low German* basso tedesco; *to get ~on sth.* scarseggiare, stare per finire qcs.: *we're getting ~on drinks* le bevande stanno per finire; (*Calz*) *~heels* tacchi bassi; *to be ~in* con poco, povero di: *a diet ~in calories* una dieta povera di calorie; (*Ling*) *Low Latin* basso latino; *~level*: 1 di grado inferiore, di basso grado; 2 (*Aer.mil*) a bassa quota; (*Am,colloq*) *~life* persona che lascia a desiderare dal punto di vista morale; (*Lit*) *Low Mass* messa piana, messa bassa; (*colloq*) *to be ~on funds* essere a corto di quattrini; (*Astron*) *~orbit* orbita bassa; (*Gastron*) *in a ~oven* nel forno a bassa temperatura; *~profile* basso profilo: *to keep a ~profile* tenere un basso profilo, starsene tranquillo; (*stay out of the public eye*) rimanere in ombra; (*Art*) *~relief* bassorilievo; (*Elettron*) *~resolution* bassa risoluzione; *to run ~*: 1 esaurirsi, venire meno: *supplies are running ~* le provviste stanno esaurendosi; 2 (*of prices*) essere in ribasso, diminuire, calare; *to run ~on sth.* scarseggiare, stare per finire qcs.; ~ *season* (*in tourism*) bassa stagione; ~ *spirits* abbattimento, depressione (morale), morale basso: *to be in ~ spirits* essere giù di morale, essere depresso; (*Lit*) *Low Sunday* domenica in albis; ~ *technology* bassa tecnologia; (*Geog*) ~ *tide* bassa marea, riflusso; *a ~ trick* un tiro mancino; ~ *water*: 1 (*in a river, lake*) basso livello; 2 (*Geog*) bassa marea, riflusso; (*spec. Agr*) ~ *yield* rendimento scarso.

low² /loʊ/ I *v.i.* (*of cattle*) muggire. II *n.* (*of cattle*) muggito *m.*, mugghio *m.*

Low /loʊ/ *a.* 1 (*Rel.prot*) (*in England*) della chiesa bassa (anglicana). 2 (*Lit*) basso.

lowball /ˈloʊbɔːl/ *v.t.* (*Am,colloq*) sottostimare, fare una stima bassa.

lowboy /ˈloʊbɔɪ/ *n.* (*Am,Arred*) cassettone *m.* basso.

low-bred /ˈloʊbred/ *a.* maleducato, volgare, grossolano.

lowbrow /ˈloʊbraʊ/ I *n.* persona *f.* senza pretese intellettuali, persona *f.* poco colta. II *a.* popolare, futile, senza pretese intellettuali.

low-budget /ˈloʊbʌdʒɪt/ *a.* economico, a buon mercato.

low-cal /loʊˈkæl/, **low-calorie** /ˌloʊˈkæləri/ *a.* a basso contenuto calorico, ipocalorico, povero di calorie.

Low-Churchman /ˈloʊtʃɜːtʃmən Am ˈloʊ-ˌtʃɜːrtʃmən/ *n.irr.* seguace *m./f.* della chiesa bassa.

low-circulation /ˌloʊsɜːkjʊˈleɪʃən Am ˌloʊsɜːkjʊˈleɪʃən/ □ (*Giorn*) ~ *newspaper* giornale a bassa tiratura.

low-cost /ˈloʊkɒst Am ˌloʊkɑːst/ *a.* a basso costo, a bassi costi: ~ *production* produzione a basso costo.

low-cut /ˈloʊkʌt/ *a.* (*Abbigl*) scollato, con scollatura profonda.

low-density /ˌloʊˈdensəti Am ˌloʊˈdensɪti/ *n.* a bassa densità: ~ *housing* abitazioni a bassa densità. □ (*Biol*) ~ *lipoprotein* lipoproteina a bassa densità.

lowdown, low-down /ˈloʊdaʊn/ I *a.* (*colloq*) basso, vile. II *n.* (*colloq*) 1 fatti *m.pl.* reali, verità *f.*: *to give so. the ~ on sth.* fare conoscere a qcu. la verità su qcs. 2 (*inside information*) notizie *f.pl.* confidenziali.

lower¹ /ˈloʊər/ I *v.t.* 1 abbassare, calare. 2 (*to reduce in amount, etc.*) abbassare, ridurre: *to ~ prices* ridurre i prezzi. 3 (*to let down*) abbassare, calare, far scendere: *to ~ the blinds* abbassare le persiane; *to ~ a bucket into a well* calare un secchio in un pozzo; *to ~ the flag* abbassare (*o* ammainare) la bandiera. 4 (*of sound*) abbassare: *to ~ one's voice* abbassare la voce. 5 (*to degrade, to abase*) abbassare, umiliare, avvilire. 6 (*fig*) (*to weaken*) indebolire, debilitare: *to ~ so.'s resistance* indebolire la resistenza di qcu. 7 (*Biol*) inferiore: ~ *life forms* forme inferiori di vita. 8 (*Mar*) ammainare, calare, abbassare. II *v.i.* 1 abbassarsi, calare, diminuire, ridursi; *to ~ oneself* abbassarsi, accondiscendere, degnarsi. 2 (*Mar*) calare (in mare) un'imbarcazione; (*to lower a sail*) ammainare una vela. □ (*fig*) *to ~ one's sights* puntare più in basso, iniziare a volare basso; (*Sport*) *to ~ the record* abbassare il primato.

lower² /ˈlaʊər/ I *v.i.* 1 (*of the weather or clouds*) essere minaccioso, minacciare tempesta; (*of the sky*) oscurarsi, rabbuiarsi. 2 (*fig*) (*of persons*) accigliarsi, aggrottare la fronte. II *n.* 1 (*of weather*) l'essere minaccioso; (*of the sky*) l'oscurarsi, il rabbuiarsi. 2 (*fig*) (*of a person*) cipiglio *m.*, aspetto *m.* accigliato.

lower³ /ˈloʊər/ (*compar. di* low¹) *a.* 1 inferiore, più (in) basso: *at a ~ level* a un livello infe-

riore. 2 (*smaller in amount, etc.*) più basso, inferiore: ~ *prices* prezzi più bassi. 3 (*Biol, Geol*) inferiore: ~ *life forms* forme inferiori di vita. 4 (*Geog*) (*of a river*) basso, inferiore: *the ~ Nile* il basso Nilo. □ (*Geog*) *Lower California* Bassa California, Baja California; (*Tip*) ~ *case* minuscole, carattere minuscolo: ~ *case letter* lettera minuscola; (*Parl*) ~ *chamber* camera bassa; (*GB*) camera dei Comuni; ~ *class* ceto operaio, classe operaia, classe lavoratrice, proletariato; ~ *classes* ceti bassi; (*Dir*) ~ *court* corte inferiore; (*Mar*) ~ *deck*: 1 sottocoperta; 2 (*sailors*) equipaggio; *Lower Egypt* basso Egitto; (*Parl*) ~ *house* camera bassa; (*GB*) camera dei Comuni; (*Anat*) ~ *jaw* mandibola; (*Anat*) ~ *lip* labbro inferiore; ~ *regions*: 1 (*Mitol*) inferi, Ade; 2 (*scherz*) (*basement*) piano interrato, seminterrato, scantinato; 3 (*scherz,eufem*) (*genitals*) parti basse; (*Scol*) ~ *school* i primi anni di scuola; ~ *world*: 1 (*Mitol*) inferi, Ade; 2 (*earth*) terra.

lowering /ˈloʊərɪŋ/ *a.* 1 che abbassa, che diminuisce. 2 (*fig*) umiliante, degradante, avvilente.

lowermost /ˈloʊəməʊst Am ˈloʊərmoʊst/ *a.* il più basso, bassissimo, infimo.

lowest /ˈloʊɪst/ (*sup. di* low¹) *a.* il più basso, bassissimo, infimo. □ *at ~* (o *at the ~*) almeno, come minimo, a dir poco; ~ *bid* (*in an auction*) offerta minima; (*Mat*) ~ *common denominator* minimo comune denominatore; (*Mat*) ~ *common multiple* minimo comune multiplo.

low-fat /ˌloʊˈfæt/ *a.* povero di grassi, con basso contenuto di grassi: *a ~ diet* una dieta povera di grassi.

low-floor /ˌloʊˈflɔːr/ □ ~ *bus* autobus a pianale ribassato.

low-frequency /ˈloʊˈfriːkwənsi/ *a.* (*Rad*) a bassa frequenza.

low-grade /ˌloʊˈɡreɪd/ *a.* di qualità inferiore, di cattiva qualità. □ *to have a ~ fever* avere qualche linea di febbre.

low-impact /ˌloʊˈɪmpækt/ *a.* a basso impatto.

low-income /ˈloʊˈɪnkʌm/ *a.* a basso reddito: *a ~ country* un paese a basso reddito. □ ~ *bracket* categoria a basso reddito.

lowing /ˈloʊɪŋ/ *n.* muggito *m.*, mugghio *m.*

low-key /ˈloʊkiː/ *a.* 1 sommesso, moderato, pacato, attenuato, in tono minore. 2 (*colloq*) (*quiet*) tranquillo: *a ~ evening at home* una serata tranquilla a casa propria. 3 (*Fot,Art*) scuro, senza contrasto.

lowland /ˈloʊlənd/ I *n.* (*Geog*) bassopiano *m.*, pianura *f.* II *a.* del bassopiano. □ (*Geog*) *the Lowlands* i bassipiani scozzesi.

lowlander /ˈloʊləndər/ *n.* abitante *m./f.* di un bassopiano.

low-level /ˈloʊˈlevəl/ *a.* di basso livello. □ (*Inform*) ~ *language* linguaggio di livello inferiore; ~ *lighting* illuminazione bassa.

lowlife /ˈloʊlaɪf/ I *n.* 1 (*criminal world*) malavita *f.* 2 (*criminal person*) malavitoso *m.*, malvivente *m.*, farabutto *m.* 3 (*disreputable or immoral person*) malfamato *m.*, individuo *m.* famigerato. 4 (*disreputable lifestyle*) vita *f.* dei bassifondi. II *a.* 1 (*criminal*) malavitoso, della malavita. 2 (*disreputable, immoral*) malfamato, famigerato, dei bassifondi.

lowlights /ˈloʊlaɪts/ *n.pl.* (*in hairdressing*) colpi *m.pl.* di luna.

lowliness /ˈloʊlinəs/ *n.* umiltà *f.*, modestia *f.*

low-loader /ˌloʊˈloʊdər/ *n.* 1 (*Aut*) camion *m.* con pianale abbassato. 2 (*Ferr*) carro *m.* con pianale abbassato.

lowly /ˈloʊli/ I *a.* 1 umile, modesto. 2 (*unpretentious*) senza pretese, semplice. 3 (*of low*

rank, etc.) umile, basso: *of ~ birth* di umili origini. II *avv.* 1 umilmente, modestamente. 2 (*at a low level*) in basso. 3 (*to a low degree*) male, poco: ~ *paid* mal pagato.

low-lying /ˈloʊlaɪɪŋ/ *a.* (*of land, etc.*) poco elevato, basso.

low-maintenance /ˌloʊˈmeɪntənəns/ *a.* 1 a basso costo di manutenzione. 2 (*at low running costs*) a basso costo di esercizio.

low-minded /ˈloʊˈmaɪndəd/ *a.* volgare, squallido, gretto.

low-mindedness /ˌloʊˈmaɪndədnəs/ *n.* volgarità *f.*, bassezza *f.*, grettezza *f.*

low-necked /ˈloʊˈnekt/ *a.* (*Abbigl*) scollato, con una scollatura profonda.

lowness /ˈloʊnəs/ *n.* 1 (*baseness*) bassezza *f.*, viltà *f.* 2 (*coarseness*) grossolanità *f.*, volgarità *f.* 3 (*of prices*) modicità *f.*

low-pitched /ˈloʊˈpɪtʃt/ *a.* 1 (*of sound*) basso, profondo. 2 (*Edil*) dal soffitto basso. 3 (*Arch*) (*of a roof*) a scarsa pendenza.

low-pressure /ˈloʊˈpreʃər/ *a.* 1 a bassa pressione. 2 (*colloq*) (*not aggressive*) privo di aggressività, non aggressivo. 3 (*Meteor*) di bassa pressione.

low-rent /ˈloʊrent/ □ ~ *housing*: 1 edilizia a basso costo; 2 (*estens*) edilizia popolare.

low-rise /ˌloʊraɪz/ *a.* basso: ~ *housing* edilizia bassa.

low-slung /ˈloʊslʌŋ/ *a.* basso: ~ *furniture* mobili bassi.

low-spirited /ˈloʊspɪrɪtɪd Am ˈloʊspɪrɪtɪd/ *a.* depresso, abbattuto, giù di morale.

low-tension /ˈloʊtenʃən/ *a.* (*El*) a bassa tensione.

low-tops /ˈloʊtɒps Am ˈloʊtɑːps/ *n.pl.* (*Calz*) scarpe *f.pl.* da ginnastica con la caviglia bassa.

low-voltage /ˌloʊˈvoʊltɪdʒ/ *a.* (*El*) a bassa tensione.

low-water /ˈloʊwɔːtər Am ˈloʊwɑːtər/ □ ~ *mark*: 1 indice di bassa marea; 2 (*fig*) punto più basso.

lox¹ /lɒks Am lɑːks/ *n.* (*Chim*) ossigeno *m.* liquido.

lox² /lɒks Am lɑːks/ *n.* (*Am,Gastron*) salmone *m.* affumicato.

loyal /ˈlɔɪəl/ *a.* leale, fedele, devoto: *a ~ subject* un suddito leale; *a ~ friend* un fedele amico. □ ~ *toast* brindisi alla regina, brindisi al re.

loyalism /ˈlɔɪəlɪzəm/ *n.* (*Pol*) lealismo *m.*, lealtà *f.*

loyalist /ˈlɔɪəlɪst/ *n.* (*Pol*) lealista *m./f.*

Loyalist /ˈlɔɪəlɪst/ *n.* (*GB,Pol*) (*in Northern Ireland*) lealista *m./f.*

loyally /ˈlɔɪəli/ *avv.* lealmente, fedelmente.

loyalty /ˈlɔɪəlti/ *n.* lealtà *f.*, fedeltà *f.*, devozione *f.* □ (*Br,Comm*) ~ *card* carta fedeltà; (*Pol*) ~ *oath* giuramento di fedeltà.

lozenge /ˈlɒzɪndʒ Am ˈlɑːsɪndʒ/ *n.* 1 (*Farm, Dolc*) pastiglia *f.*, pasticca *f.* 2 (*Geom*) losanga *f.*, rombo *m.* 3 (*Arald*) losanga *f.* 4 (*Arch*) vetro *m.* a losanga, vetro *m.* a rombo.

lozenged /ˈlɒzɪndʒd Am ˈlɑːsɪndʒd/ *a.* a (forma di) losanga, rombico.

lozenger /ˈlɒzɪndʒər Am ˈlɑːsɪndʒər/ *n.* 1 (*Farm,Dolc*) pastiglia *f.*, pasticca *f.* 2 (*Geom*) losanga *f.*, rombo *m.* 3 (*Arald*) losanga *f.* 4 (*Arch*) vetro *m.* a losanga, vetro *m.* a rombo.

LP /el'piː/ *abbr. long-playing* (*record*) LP (long play), 33 giri.

LPG *abbr. liquefied petroleum gas* GPL (gas di petrolio liquefatto).

lpi (*Inform*) *lines per inch* lpi (linee per pollice).

L-plate /el'pleɪt/ *n.* (*Br,Aut*) (*in Great Britain*) (*to indicate that the driver is a learner*) cartello applicato sull'auto di un principiante.

lpm (*Inform*) *lines per minute* (linee al minuto).

LPO *London Philharmonic Orchestra* (Orchestra filarmonica di Londra).

lps (*Inform*) *lines per second* lps (linee al secondo).

LS *Lesotho* LS (Lesotho).

LSD /,eles'di:/ *lysergic acid diethylamide* LSD (dietilammide dell'acido lisergico).

l.s.d., **L.S.D.** *pounds, shillings and pence* (sterline, scellini e pence).

LSI (*Elettron*) *large scale integration* LSI (integrazione a grande scala).

LSO *London Symphony Orchestra* (Orchestra sinfonica di Londra).

LT *Lithuania* LT (Lituania).

Lt. (*Mil*) *lieutenant* Ten. (tenente).

Lt. Cdr. (*Mar*) *Lieutenant Commander* (comandante in seconda).

Lt. Col. (*Mil*) *Lieutenant Colonel* Ten. Col. (tenente colonnello).

Ltd. (*Comm*) *Limited* S.r.l. (società a responsabilità limitata).

Lt. Gov. *Lieutenant Governor* (vicegovernatore).

LTH *Luteotrophic Hormone* (o *Am Luteotropic Hormone*) LTH (ormone luteotropo).

lubber /'lʌbəʳ/ *n.* **1** persona *f.* goffa e pesante. **2** (*lout*) villano *m.* (*f.* -a), zoticone *m.* (*f.* -a).

lubberly /'lʌbəli *Am* 'lʌbəʳli/ *a.* **1** goffo e pesante. **2** (*loutish*) zotico, villano.

lube /lu:b/ *n.* (*Am,colloq*) lubrificante *m.*, olio *m.* lubrificante. □ (*Am,Aut,colloq*) ~ *job* ingrassaggio; (*Am,colloq*) ~ *oil* lubrificante, olio lubrificante.

lubricant /'lu:brɪkənt/ **I** *n.* lubrificante *m.* **II** *a.* lubrificante, lubrificatore.

lubricate /'lu:brɪkeɪt/ *v.t.* **1** lubrificare, ingrassare: *to ~ an engine* lubrificare un motore. **2** (*to make slippery*) rendere sdrucciolevole. **3** (*fig*) (*to make smooth*) facilitare, agevolare. **4** (*colloq*) (*to ply with drink*) offrire continuamente da bere a.

lubricated /,lu:brɪ'keɪtɪd *Am* 'lu:brɪkeɪtəd/ *a.* (*colloq*) sbronzo, ubriaco.

lubricating /'lu:brɪkətɪŋ/ *a.* lubrificante: ~ *oil* olio lubrificante.

lubrication /,lu:brɪ'keɪʃən/ *n.* lubrificazione *f.*, ingrassaggio *m.*

lubricative /'lu:brɪkeɪtɪv *Am* 'lu:brɪkətɪv/ *a.* lubrificativo.

lubricator /'lu:brɪkeɪtə *Am* 'lu:brɪkeɪtəʳ/ *n.* **1** (*worker*) lubrificatore *m.*, ingrassatore *m.* **2** (*device*) oliatore *m.*, ingrassatore *m.*

lubricious /lu:'brɪʃəs/ *a.* **1** lascivo, libidinoso. **2** (*salacious*) osceno, lubrico. **3** (*smooth, slippery*) scivoloso, viscido.

lubricity /lu:'brɪsɪti *Am* lu:'brɪsɪti/ *n.* **1** scivolosità *f.*, viscidità *f.* **2** (*lasciviousness*) lascivia *f.*, libidine *f.* **3** (*salaciousness*) oscenità *f.*, lubricità *f.*

lubricous /'lu:brɪkəs/ *a.* **1** lascivo, libidinoso. **2** (*salacious*) osceno, lubrico. **3** (*smooth, slippery*) scivoloso, viscido.

lucarne /lu:'kɑːn *Am* lu:'kɑːn/ *n.* (*Arch*) abbaino *m.*

Lucas /'lu:kəs/ *n.pr.m.* Luca.

luce /lju:s *Am* lu:s/ (*pl.inv.*) *n.* (*Itt*) luccio *m.* adulto.

lucency /'lu:sənsi/ *n.* **1** lucentezza *f.*, luminosità *f.* **2** (*transparency*) limpidezza *f.*, trasparenza *f.*

lucent /'lu:sənt/ *a.* **1** luminoso, lucente, splendente. **2** (*clear, transparent*) limpido, trasparente, chiaro.

lucern /lʊ'sɜːn, lju:'sɜːn *Am* lu:'sɜːrn/ *n.* (*Bot*) erba *f.* medica, erbaspagna *f.*

lucerne /lʊ'sɜːn, lju:'sɜːn *Am* lu:'sɜːrn/ *n.* (*Bot*) erba *f.* medica, erbaspagna *f.*

Lucerne /lu:'sɜːn *Am* lu:'sɜːrn/ *n.pr.* (*Geog*) Lucerna *f.*

lucid /'lu:sɪd/ *a.* **1** chiaro, lucido: *a ~ explanation* una spiegazione chiara; ~ *mind* mente lucida. **2** (*of style*) limpido, terso. **3** (*poet*) (*bright*) luminoso, brillante, splendente; (*transparent*) limpido, trasparente, chiaro.

lucidity /lu:'sɪdɪti *Am* lu:'sɪdɪti/ *n.* chiarezza *f.*, lucidità *f.* (*anche fig*).

lucifer /'lu:sɪfəʳ/ *n.* (*ant*) fiammifero *m.*

Lucifer /'lu:sɪfəʳ/ **I** *n.pr.m.* (*Bibl*) Lucifero. **II** *n.pr.* (*Astr*) Venere *f.*, (*lett*) Lucifero *m.*

lucifugal /lu:'sɪfjʊgəl/, **lucifugous** /lu:'sɪfjʊgəs/ *a.* lucifugo (*anche Biol*).

Lucile /lu:'si:l/ *n.pr.f.* Lucilla.

Lucille /lu:'si:l/ *n.pr.f.* Lucilla.

luck /lʌk/ *n.* **1** fortuna *f.*, sorte *f.*, caso *m.*, ventura *f.*: *it was a matter of ~* è stata (una) questione di fortuna; *bad ~* (o *hard ~*) sfortuna; *good ~* (buona) fortuna. **2** (*good fortune*) fortuna *f.*, buona sorte *f.* □ *to bring so. ~* portare fortuna a qcu., essere la fortuna di qcu.; *for ~* come portafortuna, per scaramanzia; *to be in ~* essere fortunato; *my ~ was in* ho avuto fortuna; *my ~ is in* mi sento in vena, sono in un giorno fortunato; (*Am, colloq*) *to ~ into* avere la fortuna di prendere, prendere per caso; *the ~ of the draw* risultato della sorte; *that's the ~ of the draw* così ha voluto il caso; *my ~ was out* non ho avuto fortuna; (*Am,colloq*) *to ~ out* avere fortuna, (*pop*) avere culo; *to be out of ~* essere sfortunato; *as ~ would have it* fortuna volle (che), come volle il caso.

luckily /'lʌkɪli/ *avv.* fortunatamente, per fortuna: ~ *for me* per mia fortuna.

luckiness /'lʌkɪnəs/ *n.* fortuna *f.*

luckless /'lʌkləs/ *a.* sfortunato, disgraziato, sventurato.

lucklessness /'lʌkləsnəs/ *n.* sfortuna *f.*, sventura *f.*

lucky /'lʌki/ *a.* **1** fortunato: *you are a ~ person* sei fortunato. **2** (*happening fortunately*) fortunato, fausto, felice: *a ~ accident* un caso fortunato. **3** (*bringing good luck*) portafortuna: *a ~ charm* un ciondolo portafortuna. □ (*Br*) ~ *bag* (*at a bazaar, fair, etc.*) pesca miracolosa; (*Br,sl*) *he's a ~ bastard* ha un culo incredibile; ~ *beggar* persona fortunata; *a ~ break* un colpo di fortuna, una fortuna; ~ *dip* (*at a bazaar, fair, etc.*) pesca miracolosa; (*Am,colloq*) *you ~ dog!* beato te!, fortunato te!, (*pop*) che culo!; *to be ~ enough to do sth.* avere la fortuna di fare qcs.; *to have a ~ escape* cavarsela a buon mercato; (*colloq*) ~ *fellow* fortunello; *a ~ guess* una congettura azzeccata; *to be ~ in love* avere fortuna in amore; *a ~ miss* in modo fortunato di cavarsela; (*colloq*) *to have a ~ strike* fare un bel colpo; (*colloq*) *you ~ thing!* beato te!, fortunato te! *Prov.*: ~ *at cards, unlucky in love* fortunato al gioco, sfortunato in amore.

lucrative /'lu:krətɪv/ *a.* lucroso, lucrativo, redditizio, remunerativo.

lucratively /'lu:krətɪvli/ *avv.* con lucro.

lucrativeness /'lu:krətɪvnɪs/ *n.* l'essere lucroso.

lucre /'lu:kəʳ/ *n.* (*spreg*) lucro *m.*, guadagno *m.*

Lucrece /l(j)u:'kri:s/, **Lucretia** /lu:'kri:ʃjə/ *n.pr.f.* (*Stor.rom*) Lucrezia.

Lucretius /lu:'kri:ʃjəs/ *n.pr.m.* (*Stor.rom*) Lucrezio.

lucubrate /'lu:kjubreɪt/ *v.i.* **1** studiare di notte. **2** (*to write learnedly*) scrivere (dotte) elucubrazioni.

lucubration /,lu:kju:'breɪʃən/ *n.* **1** elucubrazione *f.* **2** (*literary production*; spesso al *pl.*) lavoro *m.* letterario, produzione *f.* letteraria.

luculent /'lu:kjʊlənt/ *a.* **1** (*of explanations,*

etc.) chiaro, lucido. **2** (*rar*) (*shining*) splendente, luminoso.

Lucullan /lu:'kʌlən/, **Lucullean** /lu:'kʌliːən/, **Lucullian** /lu:'kʌliːən/ *a.* (*Stor.rom*) luculliano, di Luculло.

Lucullus /lu:'kʌləs/ *n.pr.m.* Lucullo.

Lucy /'lu:si/ *n.pr.f.* Lucia.

Luddism /'lʌdɪzəm/ *n.* (*Stor.brit*) luddismo *m.*

Luddite /'lʌdaɪt/, **Ludditism** /'lʌdaɪtɪzəm/ *n.* (*Stor.brit*) luddista *m./f.*

ludic /'lu:dɪk/ *a.* (*rar*) ludico.

ludicrous /'lu:dɪkrəs/ *a.* ridicolo, comico, risibile, che fa ridere.

ludicrously /'lu:dɪkrəsli/ *avv.* ridicolmente, assurdamente.

ludicrousness /'lu:dɪkrəsnəs/ *n.* ridicolezza *f.*, comicità *f.*, risibilità *f.*

ludo /'lu:dəʊ/ *n.* (*Br*) (*game*) il "non t'arrabbiare", ludo *m.*, pachisi *m.*

Ludwig /'lu:dvɪg/ *n.pr.m.* Ludovico.

lues /'lu:i:z/ *n.inv.* (*Med*) lue *f.*, sifilide *f.*

luetic /lu:'etɪk/ *a.* (*Med*) luetico, sifilitico.

luff /lʌf/ **I** *n.* (*Mar*) **1** (*of a sail*) caduta *f.* prodiera. **2** (*sailing closer to the wind*) orzata *f.* **II** *v.i.* (*Mar*) orzare, andare all'orza. **III** *v.t.* **1** (*Mar*) orzare. **2** (*Sport*) (*in yacht racing*) sopravventare. □ (*Mar*) *to ~ up* orzare, andare all'orza.

lug[1] /lʌg/ (*past, p.p.* **lugged** /-d/) **I** *v.t.* **1** trascinare, strascinare, tirare con fatica e sforzo: *to ~ a trunk upstairs* trascinare un baule su per le scale. **2** (*colloq*) (*to introduce irrelevantly*) introdurre a sproposito. **II** *v.i.* tirare, dare una stratta a, dare uno strattone a. **III** *n.* tirata *f.*, strattone *m.*, strappata *f.*

lug[2] /lʌg/ *n.* **1** prominenza *f.* a forma d'orecchio, orecchio *m.*, orecchietta *f.* **2** (*Mecc*) (*of a forged piece*) aggetto *m.*; (*fin*) aletta *f.* **3** (*El*) capocorda *m.* **4** (*Am,colloq*) (*lout*) teppista *m.*, delinquente *m.* **5** (*Br,colloq*) (*ear*) orecchio *m.*

lug[3] /lʌg/ *n.* (*Mar*) vela *f.* aurica.

lug[4] /lʌg/ *n.* (*Entom*) arenicola *f.*

luge /lu:ʒ/ *n.* slittino *m.*

luggage /'lʌgɪdʒ/ *n.* bagaglio *m.*, bagagli *m.pl.* □ (*Aer*) ~ *allowance* bagaglio in franchigia; ~ *carrier* portabagagli; ~ *claim* (*at the airport*) ritiro bagagli; ~ *locker* armadietto per il deposito dei bagagli; (*Ferr*) ~ *rack* rete portabagagli; ~ *reclaim* (*at the airport*) ritiro bagagli; (*Ferr*) ~ *van* bagagliaio.

lugger /'lʌgəʳ/ *n.* (*Mar*) trabaccolo *m.*

lughole /'lʌghəʊl/ *n.* (*Br,colloq*) orecchio *m.*

lugsail /'lʌgseɪl/ *n.* (*Mar*) vela *f.* aurica.

lugubrious /luː'gjuːbriəs *Am* lə'guːbriəs/ *a.* lugubre, tetro.

lugubriously /luː'gjuːbriəsli *Am* lə'guːbriəsli/ *avv.* lugubremente, tetramente.

lugubriousness /luː'gjuːbriəsnəs *Am* lə'guːbriəs/ *n.* l'essere lugubre, l'essere tetro.

lugworm /'lʌgwɜːm *Am* 'lʌgwɜːrm/ *n.* (*Entom*) arenicola *f.*

Luke /lu:k/ **I** *n.pr.m.* Luca. **II** *n.* (*Bibl*) Luca *m.*, vangelo *m.* secondo Luca.

lukewarm /'lu:kwɔːm *Am* 'lu:kwɔːrm/ *a.* **1** tiepido. **2** (*fig*) tiepido, poco caloroso: *a ~ reception* un'accoglienza poco calorosa. □ *to make ~* intiepidire.

lukewarmly /'lu:kwɔːmli *Am* 'lu:kwɔːrm/ *avv.* tiepidamente, in modo tiepido, con poco calore.

lukewarmness /'lu:kwɔːmnəs *Am* 'lu:kwɔːrmnəs/ *n.* **1** tiepidezza *f.* **2** (*fig*) tiepidezza *f.*, scarso fervore *m.*, scarso entusiasmo *m.*

lull /lʌl/ **I** *n.* **1** momento *m.* di calma, momento *m.* di quiete: *a ~ in a storm* un momento di calma in una tempesta. **2** (*fig*) stasi *f.*, ristagno *m.*, arresto *m.* momentaneo: *a business ~* una stasi negli affari. **II** *v.t.* **1** ninnare, cullare (cantando): *to ~ a baby* ninnare un bambino. **2** (*to calm, quiet*) placare, calmare, acquietare (*anche fig*): *to ~ so.'s fears* placare i timori di qcu. **III** *v.i.* calmarsi, placarsi, quietarsi, acquietarsi. ☐ *to ~ so. into sth.* tranquillizzare e indurre qcu. a fare qcs., far cullare qcu. da qcs.: *to ~ so. into a false sense of security* indurre qcu. ad assumere un falso senso di sicurezza.

lullaby /'lʌləbaɪ/ **I** *n.* ninnananna *f.* **II** *v.t.* cantare la ninnananna a, ninnare.

lulu /'luːluː/ *n.* (*sl*) cannonata *f.*, schianto *m.*, favola *f.*

lumbago /lʌm'beɪɡou/ (*pl.* **-s** /-z/) *n.* (*Med*) lombaggine *f.*

lumbar /'lʌmbəːr/ *a.* (*Anat*) lombare. ☐ (*Med*) ~ *puncture* puntura lombare; (*Anat*) ~ *region* regione lombare; (*Anat*) ~ *support* (*in an ergonomic chair*) supporto lombare.

lumber[1] /'lʌmbər/ **I** *n.* **1** (*Am*) legname *m.* (segato). **2** (*fig*) roba *f.* vecchia, roba *f.* usata; (*disused furniture*) mobili *m.pl.* non più usati, mobili *m.pl.* vecchi; (*jumble*) cianfrusaglie *f.pl.*, ciarpame *m.* **II** *v.t.* **1** (*Am,Forest*) (*an area*) tagliare (per la vendita) il legname di. **2** (*fig*) (*to heap up in disorder*) ammucchiare, ammonticchiare, accatastare. **III** *v.i.* (*Forest*) tagliare legname per la vendita. ☐ ~ *mill* segheria; ~ *room* ripostiglio, sgabuzzino, stanzino; (*fig*) *to ~ up* ingombrare; *to ~ so. with sth.* affibbiare qcs. a qcu., appioppare qcs. a qcu.

lumber[2] /'lʌmbər/ *v.i.* muoversi pesantemente e goffamente.

lumberer /'lʌmbərər/ *n.* tagliaboschi *m.*, taglialegna *m.*, boscaiolo *m.*

lumbering[1] /'lʌmbərɪŋ/ *n.* (*Am,Forest*) taglio *m.* del legname.

lumbering[2] /'lʌmbərɪŋ/ *a.* **1** pesante, goffo, lento. **2** (*cumbersome*) ingombrante, voluminoso. **3** (*graceless*) sgraziato, goffo.

lumberjack /'lʌmbəˌdʒæk Am 'lʌmbərˌdʒæk/, **lumberman** /'lʌmbəmən Am 'lʌmbərmən/ *n.irr.* tagliaboschi *m.*, taglialegna *m.*, boscaiolo *m.*

lumberjacket /'lʌmbəˌdʒækɪt Am 'lʌmbərˌdʒækɪt/ *n.* giaccone *m.* (tipico dei tagliaboschi).

lumberyard /'lʌmbəˌjɑːd Am 'lʌmbərˌjɑːrd/ *n.* (*Am*) deposito *m.* di legname.

lumbrical /'lʌmbrɪkəl/ *a.* (*Anat*) lombricale.

lumen /'luːmən/ *n.* **1** (*Fis*) lumen *m.* **2** (*Anat, Bot*) lume *m.* ☐ (*Fis*) ~ *hour* lumenora; (*Fis*) ~ *second* lumensecondo.

luminaire /ˌluːmɪ'nɛːr/ *n.* (*El*) apparecchio *m.* di illuminazione.

luminance /'luːmɪnəns/ *n.* (*Fis,Ott*) luminanza *f.*

luminary /'luːmɪnəri/ *n.* **1** (*person*) luminare *m.*, lume *m.* **2** (*poet,Astr*) astro *m.*, stella *f.*, corpo *m.* celeste, corpo *m.* luminoso.

luminesce /ˌluːmɪ'nes/ *v.i.* essere luminescente.

luminescence /ˌluːmɪ'nesəns/ *n.* (*Fis*) luminescenza *f.*

luminescent /ˌluːmɪ'nesənt/ *a.* (*Fis*) luminescente.

luminiferous /ˌluːmɪ'nɪfərəs/ *a.* luminoso, che emette luce.

luminosity /ˌluːmɪ'nɒsɪti Am ˌluːmɪ'nɑːsəti/ *n.* luminosità *f.* (*anche Astr,Fis*).

luminous /'luːmɪnəs/ *a.* **1** luminoso (*anche Fis,Ott*): ~ *ray* raggio luminoso. **2** (*bright*) luminoso, chiaro, splendente. **3** (*reflective*) luminescente, fosforescente: ~ *paint* vernice fosforescente. **4** (*clear, understandable*) chiarissimo, comprensibile. ☐ ~ *energy* energia luminosa; ~ *flux* flusso luminoso, flusso visibile; ~ *intensity* intensità luminosa.

luminously /'luːmɪnəsli/ *avv.* brillantemente.

luminousness /'luːmɪnəsnəs/ *n.* luminosità *f.*

lumme /'lʌmi/ *intz.* (*colloq*) (*to express surprise*) perbacco!, cribbio!

lummox /'lʌməks/ *n.* (*Am,colloq*) imbranato *m.*, pasticcione *m.*

lummy /'lʌmi/ *intz.* (*colloq*) (*to express surprise*) perbacco!, cribbio!

lump[1] /lʌmp/ **I** *n.* **1** (*small chunk*) pezzo *m.*, (piccola) massa *f.*, grumo *m.*, mucchietto *m.*, zolla *f.* **2** (*protuberance*) protuberanza *f.*, sporgenza *f.*; gonfiore *m.* **3** (*bump*) bernoccolo *m.* **4** (*Med*) nodulo *m.* **5** (*of sugar*) zolletta *f.* (di zucchero). **6** (*colloq*) (*clumsy person*) persona *f.* goffa, salame *m.* **7** (*colloq*) (*bunch*) totalità *f.*, complesso *m.* **8** (*Br,sl*) operai *m.pl.* edili (a cottimo). **9** (*Am,sl*) grana *f.*, rogna *f.*: *life is full of -s* la vita è piena di grane. **II** *v.t.* **1** ammassare, ammucchiare. **2** (*fig*) trattare senza distinzione, considerare alla stessa stregua. **3** (*colloq*) (*to carry*) trasportare. **III** *v.i.* raggrumarsi, fare grumi. ☐ (*colloq*) *to ~ along* (*to move heavily*) muoversi pesantemente, muoversi goffamente; *by the ~* nell'insieme, tutti insieme, in massa, in blocco; *in a ~* tutto in una (sola) volta; *in one ~* tutto in una (sola) volta; *in the ~* nell'insieme, tutti insieme, in massa, in blocco; ~ *sugar* zucchero in zolle(tte); ~ *sum* forfait, una tantum, unica soluzione; *to pay all in one ~ sum* pagare in un'unica soluzione; (*fig*) *to have a ~ in one's throat* avere un nodo in gola, avere un groppo in gola; *to ~ together*: **1** ammassare, ammucchiare; **2**(*fig*) trattare senza distinzione, considerare alla stessa stregua: *to ~ things together* fare di ogni erba un fascio.

lump[2] /lʌmp/ *v.t.* (*colloq*) rassegnarsi a, sopportare: *even if you don't like it, ~ it* anche se non ti piace, ti devi rassegnare.

lumpectomy /lʌm'pektəmi/ *n.* (*Med*) nodulectomia *f.* (mammaria).

lumpen /'lʌmpən/ *a.* (*Br,spreg*) di persone dei più bassi strati sociali. ☐ *the ~ proletariat* il sottoproletariato.

lumpfish /'lʌmpfɪʃ/ *n.* (*Itt*) ciclottero *m.*

lumpiness /'lʌmpɪnəs/ *n.* l'essere pieno di grumi.

lumpish /'lʌmpɪʃ/ *a.* **1** (*clumsy*) goffo, impacciato. **2** (*stupid*) imbranato, tonto.

lumpishly /'lʌmpɪʃli/ *avv.* **1** (*clumsily*) goffamente. **2** (*stupidly*) in modo imbranato, scioccamente.

lumpishness /'lʌmpɪʃnəs/ *n.* (*colloq*) **1** (*clumsiness*) goffaggine *f.* **2** (*stupidity*) scioccchezza *f.*, cretineria *f.*

lumpy /'lʌmpi/ *a.* **1** grumoso, pieno di grumi: ~ *sauce* salsa grumosa. **2** (*covered with lumps*) bitorzoluto, bozzoloso. **3** (*of a road*) accidentato. **4** (*of water*) increspato, a piccole onde.

luna /'luːnə/ ☐ (*Entom*) ~ *moth* actius luna.

lunacy /'luːnəsi/ *n.* **1** follia *f.*, pazzia *f.*, alienazione *f.* (mentale): *it's sheer ~!* è una vera follia!, roba da matti! **2** (*fig*) demenza *f.*, follia *f.*; (*instance*) follia *f.*, pazzia *f.* **3** (*Dir*) infermità *f.* mentale.

lunar /'luːnər/ *a.* **1** lunare, della luna: ~ *craters* crateri lunari. **2** (*resembling the moon*) lunare: ~ *landscape* paesaggio lunare. **3** (*crescent-shaped*) lunato, falcato. **4** (*poet*) (*pale*) lunare, argenteo, sbiadito. ☐ (*Farm, Chim*) ~ *caustic* nitrato d'argento (fuso in bacchette); ~ *cycle* ciclo lunare, ciclo metonico; (*Mar*) ~ *distance* distanza lunare; (*Astr*) ~ *eclipse* eclissi lunare; (*Astron*) ~ *excursion module* modulo di escursione lunare, LEM;

~ *month*: **1** mese lunare; **2** (*pop*) (*four weeks*) quattro settimane; (*Astr*) ~ *node* nodo lunare; ~ *year* anno lunare.

lunarian /luː'nɛəriən/ *n.* (*Mitol*) selenita *m./f.*

lunate /'luːneɪt/ *a.* lunato, falcato. ☐ (*Anat*) ~ *bone* osso lunato.

lunatic /'luːnətɪk/ **I** *n.* **1** (*mentally ill person*) pazzo *m.* (*f.* -a), matto *m.* (*f.* -a), folle *m./f.* **2** (*thoughtless or reckless person*) lunatico *m.* (*f.* -a), stravagante *m./f.*, matto *m.* (*f.* -a). **3** (*Dir*) persona *f.* affetta da infermità mentale. **II** *a.* **1** (*mentally ill*) matto, pazzo, folle, da pazzi. **2** (*relating to the mentally ill*) dei pazzi, per i pazzi. **3** (*recklessly foolish*) lunatico, stravagante, strambo. **4** (*crazy, wild*) matto, pazzo, demenziale, folle. ☐ ~ *asylum* manicomio; ~ *fringe* (*of a group, movement*) frangia estremista.

lunation /luː'neɪʃən/ *n.* (*Astr*) lunazione *f.*

lunch /lʌntʃ/ **I** *n.* **1** (*midday meal*) pranzo *m.*, pasto *m.* di mezzogiorno, (seconda) colazione *f.* **2** (*light meal or snack*) spuntino *m.* **II** *v.i.* pranzare. **III** *v.t.* offrire il pranzo, invitare a pranzo. ☐ ~ *box*: **1** portavivande, (*region*) schiscetta; **2** (*fig,scherz*) (*covered male genitals*) pacco; ~ *break* pausa pranzo, intervallo di mezzogiorno; ~ *counter* tavola calda, snack-bar; (*spec. Am*) *to do ~* mangiare insieme a mezzogiorno, pranzare insieme; *to have ~* pranzare, fare colazione; ~ *hour* intervallo di mezzogiorno, pausa pranzo, pausa di mezzogiorno; *to ~ in* pranzare a casa, fare colazione a casa; ~ *money* soldi per comprare il pranzo; *to ~ out* pranzare fuori, fare colazione fuori; *out to ~*: **1** fuori per pranzo, fuori colazione; **2** (*fig,colloq*) fuori di testa, svitato.

luncheon /'lʌntʃən/ *n.* **1** (*midday meal*) pranzo *m.*, pasto *m.* di mezzogiorno, (seconda) colazione *f.* **2** (*formal lunch*) colazione *f.* ufficiale. ☐ (*Gastron*) ~ *meat* carne pressata (in scatola); ~ *ticket* buono pasto; ~ *voucher* buono mensa, buono pasto, ticket.

luncheonette /ˌlʌntʃən'et/ *n.* (*Am*) tavola *f.* calda (dove si servono pasti leggeri).

lunchroom /'lʌntʃruːm/ *n.* (*Am*) tavola *f.* calda (dove si servono pasti leggeri).

lunchtime /'lʌntʃtaɪm/ *n.* ora *f.* di pranzo.

lune /luːn/ *n.* (*Geom*) lunula *f.*

lunette /luː'net/ *n.* (*Arch*) lunetta *f.*

lung /lʌŋ/ *n.* (*Anat*) polmone *m.* (*anche fig*): (*colloq*) *to have good -s* (*of a singer, etc.*) avere buoni polmoni, avere una voce molto potente. ☐ ~ *power* potenza vocale.

lunge[1] /lʌndʒ/ **I** *n.* **1** (*Sport*) (*in fencing*) allungo *m.*, affondo *m.*; (*in boxing*) allungo *m.* **2** (*plunge forward*) balzo *m.* (in avanti): *he made a ~ for the gun* fece un balzo in avanti per afferrare la pistola. **II** *v.i.* **1** (*Sport*) fare un affondo. **2** (*to plunge*) balzare, fare un balzo: *the car -d forward* la macchina fece un balzo in avanti. **III** *v.t.* **1** lanciare, scagliare. **2** (*to cause to lunge*) far fare un balzo a.

lunge[2] /lʌndʒ/ **I** *n.* (*Equit*) **1** (*long rein*) lunga *f.* **2** (*lungeing ring*) pista *f.* (circolare) d'allenamento. **II** *v.t.* (*Equit*) fare correre con la lunga.

lungfish /'lʌŋfɪʃ/ *n.* (*Itt*) dipnoo *m.*, neceratodo *m.*

lungworm /'lʌŋwɜːm Am 'lʌŋwɜːrm/ *n.* (*Zool*) strongilide *m.*

lungwort /'lʌŋwɜːt Am 'lʌŋwɔːrt/ *n.* (*Bot*) polmonaria *f.*

lunisolar /ˌluːnɪ'soulər/ *a.* (*Astr*) lunisolare.

lunitidal /ˌluːnɪ'taɪdəl/ *a.* della marea lunare. ☐ ~ *interval* intervallo tra maree lunari.

lunula /'luːnjulə/ (*pl.* **-lae** /-liː/) *n.* lunula *f.*

lunulate /'luːnjuleɪt/ *a.* **1** (*Biol*) lunato, falcato. **2** (*having crescent-shaped markings*) con macchie a forma di mezzaluna.

lunule /'lu:nju:l/ n. lunula f.

Lupercalia /,lu:pǝ'keɪliǝ/ n.pl. (Stor.rom) lupercali m./f.pl., feste f.pl. lupercali.

Lupercalian /,lu:pǝ'keɪljǝn/ a. (Stor.rom) dei lupercali, lupercale.

lupin /'lu:pɪn/ n. (Bot) lupino m.

lupine[1] /'lu:pɪn/ n. (Bot) lupino m.

lupine[2] /'lu:paɪn/ a. 1 (Zool) lupino. 2 (fig) (like a wolf) selvaggio, feroce, lupesco; (ravenous) affamatissimo, con una fame da lupi.

lupoid /'lu:pɔɪd/ a. (Med) lupoide.

lupus /'lu:pǝs/ n. (Med) lupus m. □ (Med) ~ erythematosus lupus eritematoso; (Med) ~ vulgaris lupus volgare.

lurch[1] /lɜ:tʃ Am 'lɜ:rtʃ/ v.i. 1 (Mar) sbandare, rollare improvvisamente. 2 (to jerk, lunge) sobbalzare, fare un balzo. 3 (to stagger, move unsteadily) barcollare, traballare, vacillare, ondeggiare. II n. 1 (Mar) sbandata f., rollata f. improvvisa. 2 (jerk) sobbalzo m., balzo m.

lurch[2] /lɜ:tʃ Am 'lɜ:rtʃ/ n. (in cribbage, etc.) cappotto m. □ to leave in the ~ piantare in asso, lasciare in asso.

lurcher /'lɜ:tʃǝr Am 'lɜ:rtʃǝr/ n. (Zool) (mongrel dog) cane m. da bracconiere, incrocio m. tra levriero e altra razza.

lure /ljʊǝ, lʊǝr/ I n. 1 (sth. that entices) allettamento m., lusinga f., esca f. 2 (appeal, attraction) richiamo m., allettamento m., attrazione f. 3 (Caccia) richiamo m., esca f.; (in falconry) logoro m. 4 (Pesc) esca f. II v.t. 1 allettare, attirare, attrarre, adescare. 2 (to lead) trascinare, attirare con (le) lusinghe: to ~ so. into doing sth. trascinare qcu. a fare qcs. 3 (Caccia) (of a hawk) richiamare con il logoro.

lurex /'lu:reks, 'ljʊreks/ n. (Tess) lurex m.

lurgy /'lɜ:gi Am 'lɜ:rgi n. (Br,scherz) morbo m., male m.: (iron) to have the dreaded ~ avere un morbo terribile.

lurid /'ljʊǝrɪd Am 'lʊrɪd/ a. 1 (ghastly) orrendo, tremendo, spaventoso: ~ crimes spaventosi delitti. 2 (bright: of colours) sgargiante, violento, chiassoso. 3 (rar) (pallid) pallido, livido.

luridly /'ljʊǝrɪdli Am 'lʊrɪdli/ n. orrendamente, orribilmente, in modo spaventoso.

luridness /'ljʊǝrɪdnǝs Am 'lʊrɪdnǝs/ n. 1 (horror) orrore m. 2 (brightness) chiassosità f., bagliore m., vivacità f. 3 (rar) (paleness) pallore m., lividezza f.

lurk /lɜ:k Am 'lɜ:rk/ v.i. 1 (to wait furtively) appostarsi, nascondersi, stare in agguato. 2 (to go furtively) muoversi furtivamente, strisciare, aggirarsi. 3 (to be an unexpected threat) essere latente, essere nascosto, celarsi, annidarsi. 4 (Inform) osservare un gruppo di discussione senza partecipare.

lurker /lɜ:kǝr Am 'lɜ:rkǝr/ n. chi sta in agguato, furtivo.

lurking /lɜ:kɪŋ Am 'lɜ:rkɪŋ/ a. 1 (hidden) latente, nascosto. 2 (lingering) persistente, continuo, costante.

luscious /'lʌʃǝs/ a. 1 (tasty) gustoso, saporoso, saporito: ~ fruit frutto gustoso. 2 (juicy) succulento, succoso. 3 (rich) ricco, lussuoso. 4 (verdant) lussurioso, lussureggiante. 5 (opulent) sfarzoso, sontuoso. 6 (of style, etc.) ornato, fiorito, ridondante. 7 (romantically dramatic) sdolcinato. 8 (desirable) attraente, appetitoso. 9 (voluptuous) voluttuoso, sensuale.

lusciously /'lʌʃǝsli/ avv. 1 (richly) lussuosamente, lussuriosamente. 2 (of style, etc.) ornatamente, fioritamente. 3 (voluptuously) voluttuosamente, sensualmente.

lusciousness /'lʌʃǝsnǝs/ n. 1 (tastiness) saporosità f., gustosità f. 2 (juiciness) succulenza f. 3 (richness) ricchezza f., lusso m. 4 (opulence) sfarzo m. 5 (of style, etc.) ornatezza f., fioritura f. 6 (desirabiliy) attrattiva f., appetibilità. 7 (voluptuousness) voluttuosità f.

lush[1] /lʌʃ/ a. 1 (of vegetation) rigoglioso, folto, lussureggiante. 2 (of an area) ricco di vegetazione. 3 (fertile) fertile. 4 (rich, plush) lussuoso, lussurioso. 5 (of colour, music) ricco, intenso, pieno. 6 (luscious in taste) saporito, gustoso. 7 (voluptuous) voluttuoso, seducente. 8 (of style, etc.) ridondante, ornato, gonfio. 9 (romantically dramatic) sdolcinato.

lush[2] /lʌʃ/ I n. (spec. Am, colloq) (drunkard) ubriacone m. (f. -a). II v.i. (spec. Am,colloq,rar) bere alcolici. III v.t. (spec. Am,colloq) far bere, bere. □ (spec. Am,colloq) to ~ up far bere, bere.

lushly /'lʌʃli/ avv. 1 (richly) riccamente, lussuriosamente. 2 (of style, etc.) ornatamente, fioritamente. 3 (voluptuously) voluttuosamente, seducentemente.

lushness /'lʌʃnǝs/ n. rigogliosità f., rigoglio m.

lust /lʌst/ I n. 1 (strong sexual desire) concupiscenza f., desiderio m. (carnale). 2 (lecherous desire) libidine f., lascivia f., lussuria f. 3 (strong aspiration) brama f., avidità f., bramosia f.: ~ for power brama di potere. 4 (eagerness) voglia f., desiderio m. (ardente), brama f.: ~ for living voglia di vivere. II v.i. 1 (to desire sexually) desiderare (carnalmente) (after, for so. qcu.). 2 (to aspire to) bramare, desiderare ardentemente (qcs.).

luster /'lʌstǝr/ n. (Am) → **lustre**.

lustful /'lʌstfʊl/ a. 1 (sexually desirous) concupiscente. 2 (lecherous) lussurioso, libidinoso, lascivo. 3 (aspiring) avido, bramoso, cupido.

lustfully /'lʌstfʊli/ avv. 1 (lecherously) libidinosamente, lascivamente. 2 (with strong aspirations) con brama, ardentemente.

lustfulness /'lʌstfʊlnǝs/ n. 1 (sexual desire) concupiscenza f. 2 (lecherousness) libidine f., lussuria f. 3 (aspiring) bramosia f., desiderio m. ardente.

lustily /'lʌstili/ avv. 1 (vigourously, forcefully) vigorosamente, energicamente. 2 (heartily) calorosamente. 3 (with sexual desire) con libidine, ardentemente.

lustiness /'lʌstɪnǝs/ n. 1 (vigour, energy) vigore m., vigoria f., energia f. 2 (heartiness) cordialità f. 3 (sexual desire) libidine f., lussuria f., ardore m.

lustra /'lʌstrǝ/ n. lustro m.

lustral /'lʌstrǝl/ a. che purifica, (lett) lustrale.

lustrate /'lʌstreɪt/ v.t. purificare, (lett) lustrare.

lustration /lʌs'treɪʃǝn/ n. (Rel) lustrazione f.

lustre[1] /'lʌstǝr/ I n. 1 (sheen) lucido m., lucentezza f., lucidezza f., lustro m.: the ~ of her hair la lucentezza dei suoi capelli. 2 (radiance) luminosità f., luce f. 3 (of minerals) splendore m. 4 (fig) (slendour, glory) lustro m., gloria f. 5 (pendant on a chandelier) pendaglio m. di vetro, cristallo m., goccia f. 6 (estens) (chandelier) lampadario m. (a corona). 7 (Ceram) (glaze on pottery) vetrina f. 8 (Tess) (thin, glossy fabric) brillantino m. II v.t. 1 (Tecn) lustrare, dare il lustro a. 2 (fig) dare lustro a, dare gloria a. □ (Ceram) ~ ware ceramiche con riflessi vitreo-metallici.

lustre[2] /'lʌstǝr/ n. (quinquennium) lustro m.

lustreless /'lʌstǝlǝs Am 'lʌstǝrlǝs/ a. opaco, senza lucentezza.

lustring /'lʌstrɪŋ/ n. (Tess,ant) lustrino m.

lustrous /'lʌstrǝs/ a. lucido, lucente, luminoso: ~ silk seta lucida.

lustrum /'lʌstrǝm/ (pl. -tra /-trǝ/, -s /-z/) n. lustro m.

lusty /'lʌsti/ a. 1 (strong and healthy) vigoroso, robusto, gagliardo. 2 (forceful, energetic) forte, energico. 3 (hearty) caloroso, cordiale: ~ cheering applausi calorosi. 4 (full of sexual desire) libidinoso, lascivo, voglioso.

lusus /'lu:sʌs/ □ ~ naturae scherzo di natura, capriccio della natura.

lutanist /'lju:tǝnɪst Am 'lu:tǝnɪst/ n. liutista m./f.

lute[1] /lu:t/ n. (Mus) liuto m.

lute[2] /lu:t/ I n. (Tecn) luto m., mastice m., stucco m. II v.t. (Tecn) lutare.

luteal /'lu:tɪǝl/ a. (Fisiol) luteinico.

lutein /'lu:tiɪn Am 'lu:tin/ n. (Chim) luteina f.

luteinizing /'lju:tǝnaɪzɪŋ/ □ (Biol) ~ hormone ormone luteinizzante.

lutenist /'lju:tǝnɪst Am 'lu:tǝnɪst/ n. liutista m./f.

luteolin /'lju:tiǝlɪn/ n. (Chim) luteolina f.

luteotrophic /,lu:tiou'troufɪk/ □ (Biol) ~ hormone ormone luteotropo.

luteotropic /,lu:tiou'troupɪk/ Am (Biol) ~ hormone ormone luteotropo.

luteous /'lju:tiǝs/ a. (di colore) giallo zafferano, (lett) luteo.

lutetium /lju:'ti:ʃɪǝm/ n. (Chim) lutezio m.

Luther /'lu:θǝr/ n.pr.m. (Stor) Lutero.

Lutheran /'lu:θǝrǝn/ I a. (Rel.prot) luterano. II n. (Rel.prot) luterano m. (f. -a).

Lutheranism /'lu:θǝrǝnɪzᵐm/ n. (Rel.prot) luteranesimo m., luteranismo m.

luthern /'lju:θǝn Am 'lu:θǝrn/ n. (Arch) finestra f. di abbaino.

luthier /'lu:tɪǝr Am 'lu:tiǝr/ n. liutaio m. (f. -a).

luting /'lu:tɪŋ Am 'lu:tɪŋ/ n. (Tecn) luto m., mastice m., stucco m.

lutist /'lu:tɪst Am 'lu:tɪst/ n. 1 liutista m./f. 2 (maker of lutes) liutaio m. (f. -a).

lutz /luts/ n. (Sport) (in figure skating) lutz m., salto m. lutz.

luv /lʌv/ n. (Br,colloq) tesoro m., amore m.

luvvie, luvvy /'lʌvi/ n. (Br,colloq) 1 (actor) attore m. (f. -trice) enfatico. 2 (darling) tesoro m., amore m.

lux /lʌks/ n. (Fis) lux m.

luxate /'lʌkseɪt/ v.t. (Med) lussare.

luxation /lʌk'seɪʃǝn/ n. (Med) lussazione f.

Luxembourg /'lʌksǝmbɜ:g Am 'lʌksǝmbɜ:rg/ n.pr. (Geog) Lussemburgo m.: the Grand Duchy of ~ il granducato di Lussemburgo.

Luxembourger /'lʌksǝm,bɜ:gǝr Am 'lʌksǝmbɜ:rgǝr/ n. lussemburghese m./f.

Luxembourgish /'lʌksǝm,bɜ:gɪʃ Am 'lʌksǝm,bɜ:rgǝrɪʃ/ n. (Ling) lussemburghese m.

Luxemburg /'lʌksǝmbɜ:g Am 'lʌksǝmbɜ:rg/ n.pr. (Geog) Lussemburgo m.: the Grand Duchy of ~ il granducato di Lussemburgo.

Luxemburger /'lʌksǝm,bɜ:gǝr Am 'lʌksǝmbɜ:rgǝr/ n. lussemburghese m./f.

Luxemburgish /'lʌksǝm,bɜ:gɪʃ Am 'lʌksǝm,bɜ:rgǝrɪʃ/ n. (Ling) lussemburghese m.

luxuriance /lʌg'ʒʊǝrɪǝns, lʌk'ʒjʊǝrɪǝns/ n. 1 (profuseness of vegetation) rigoglio m., rigogliosità f. 2 (abundance) abbondanza f., profusione f.

luxuriant /lʌg'ʒʊǝrɪǝnt/ a. 1 (of vegetation) lussureggiante, rigoglioso. 2 (elaborate in style) lussureggiante, ricco, ridondante. 3 (prolific) prolifico, fecondo.

luxuriantly /lʌg'ʒʊǝrɪǝntli/ avv. rigogliosamente.

luxuriate /lʌg'ʒʊǝrɪeɪt/ v.i. 1 (of plants, etc.) lussureggiare. 2 (to revel) trovare diletto, crogiolarsi (in, over in), deliziarsi (di), godersi.

luxurious /lʌgˈʒʊərɪəs, lʌkˈʒjʊərɪəs/ a. 1 (full of luxury) lussuoso, di lusso, fastoso, sfarzoso: a ~ hotel un albergo di lusso. 2 (fond of luxury) lussuoso: ~ tastes gusti lussuosi. 3 (lifestyle) dispendioso, sfarzoso.

luxuriously /lʌgˈʒʊərɪəsli, lʌkˈʒjʊərɪəsli/ avv. lussuosamente, sfarzosamente.

luxuriousness /lʌgˈʒʊərɪəsnəs, lʌk ˈʒjʊərɪəsnəs/ n. lusso m., sfarzo m., sontuosità f.

luxury /lʌgˈʒʊəri, ˈlʌkʃəri/ I n. 1 lusso m.: to live in (the lap of) ~ vivere nel lusso; ~ goods generi di lusso. 2 (self-indulgence) lusso m.: to allow oneself the ~ of a cigar concedersi il lusso di un sigaro. 3 (luxuriousness) lusso m., sfarzo m., sontuosità f. II a. (colloq) di lusso, lussuoso. □ ~ article articolo di lusso; ~ goods articoli di lusso, bene di lusso; ~ shop negozio di lusso; ~ tax imposta sui generi di lusso.

LV 1 (El) low voltage (bassa tensione). 2 luncheon voucher (buono pasto, ticket). 3 Latvia LV (Lettonia).

lv. leave (licenza).

LW long wave LW, OL (onde lunghe).

LWM, lwm low water mark (indice di bassa marea).

lx (Fis) lux lx (lux).

lycanthrope /ˈlaɪkənθrəʊp/ n. 1 (Med) licantropo m. 2 (werewolf) lupo m. mannaro, licantropo m.

lycanthropy /ˌlaɪˈkænθrəpi/ n. (Med,Folcl) licantropia f.

Lycaon /laɪˈkeɪɒn Am ˌlaɪˈkeɪɑːn/ n.pr.m. (Mitol) Licaone.

lyceum /laɪˈsɪəm/ n. 1 (Am) associazione f. culturale; (hall) sala f. per conferenze. 2 (Scol) liceo m.

Lyceum /laɪˈsɪəm/ n.pr. (Stor.gr) liceo m.

lychee /laɪˈtʃiː Am ˈliːtʃiː/ n. (Bot) litchi m.

lychgate /ˈlɪtʃgeɪt/ n. portico m. all'entrata del camposanto.

lychnis /ˈlɪknɪs/ n. (Bot) licnide f.

Lycia /ˈlɪsɪə/ n.pr. (Geog.stor) Licia f.

Lycian /ˈlɪsɪən/ I a. licio. II n. licio m. (f. -a).

lycopod /ˈlaɪkəʊpɒd Am ˈlaɪkəʊpɑːd/ n. (Bot) licopodio m.

lycopodium /ˌlaɪkəˈpəʊdɪəm/ n. (Bot) licopodio m.

lycra, Lycra /ˈlaɪkrə/ n. (Tess) lycra f.

lyddite /ˈlɪdaɪt/ n. (Chim) liddite f.

Lydia /ˈlɪdɪə/ I n.pr.f. Lidia. II n.pr. (Geog.stor) Lidia f.

Lydian /ˈlɪdɪən/ I a. lidio. II n. lidio m. (f. -a). □ (Mus) ~ mode modo lidio.

lye /laɪ/ n. (Chim,Tess) lisciva f.

lying[1] /ˈlaɪɪŋ/ → lie[2].

lying[2] /ˈlaɪɪŋ/ I n. il dire bugie. II a. 1 menzognero, falso. 2 (of people: given to lying) bugiardo, mentitore, menzognero.

lying-in /ˈlaɪɪŋɪn/ n. (ant) l'essere partoriente.

lying-in-state /ˈlaɪɪŋɪnsteɪt/ n. 1 l'essere composto per l'estremo omaggio del pubblico. 2 (estens) camera f. ardente.

lyke wake /ˈlaɪkˌweɪk/ n. (Br) veglia f. funebre.

Lyme /laɪm/ □ (Med) ~ disease artrite di Lyme.

lymph /lɪmf/ n. 1 (Anat) linfa f. 2 (poet,rar) (spring) sorgente f., fonte f.; (water) acqua f. pura. □ (Anat) ~ cell linfocito; (Anat) ~ corpuscle linfocito; (Anat) ~ gland linfoghiandola, linfonodo; (Anat) ~ node linfoghiandola, linfonodo.

lymphadenopathy /ˌlɪmfædɪˈnɒpəθi Am ˌlɪmfædɪˈnɑːpəθi/ n. (Med) linfadenopatia f.

lymphatic /lɪmˈfætɪk Am ˌlɪmfætɪk/ a. (Anat, Med) linfatico. □ (Anat) ~ system sistema linfatico; (Anat) ~ vessel vaso linfatico.

lymphoblast /ˈlɪmfəʊˌblæst/ n. (Med) linfoblasto m.

lymphoblastic /ˈlɪmfəʊˌblæstɪk/ a. (Med) linfoblastico.

lymphocyte /ˈlɪmfəʊsaɪt/ n. (Anat) linfocita m., linfocito m.

lymphoid /ˈlɪmfɔɪd/ a. (Anat) linfoide. □ (Biol) ~ cell linfocita, linfocito.

lymphokine /ˈlɪmfəʊkaɪn/ n. (Fisiol) linfochina.

lymphoma /lɪmˈfəʊmə/ n. (pl. -s /-z/, -mata /-mətə/) n. (Med) linfoma m.

lynch /lɪntʃ/ v.t. linciare. □ ~ law legge del linciaggio, linciaggio.

lyncher /ˈlɪntʃər/ n. linciatore m. (f. -trice).

lynching /ˈlɪntʃɪŋ/ n. linciaggio m.

Lynn /lɪn/ n.pr.f. Lynn.

lynx /lɪŋks/ (pl.inv. o -es /-ɪz/; il pl. inv. si usa general. con valore collett.) n. (Zool) lince f.

lynx-eyed /ˈlɪŋksaɪd/ a. dagli occhi di lince.

lyonnaise /liːəˈneɪz/ a. (Gastron) con cipolle: ~ potatoes patate cotte con cipolle.

Lyons /ˈlaɪənz/ n.pr. (Geog) Lione f.

lyophilic /ˌlaɪəʊˈfɪlɪk/ a. (Chim) liofilo.

lyophilisation /laɪˈɒfɪlaɪˌzeɪʃən Am laɪˌɑːfəli ˈzeɪʃən/ n. (Br,Chim) liofilizzazione f.

lyophilise /laɪˈɒfɪlaɪz Am laɪˈɑːfəlaɪz/ v.t. (Br, Chim) liofilizzare.

lyophilization /laɪˈɒfɪlaɪˌzeɪʃən Am laɪˌɑːfəli ˈzeɪʃən/ n. (Chim) liofilizzazione f.

lyophilize /laɪˈɒfɪlaɪz Am laɪˈɑːfəlaɪz/ v.t. (Chim) liofilizzare.

lyophobic /ˌlaɪəˈfəʊbɪk/ a. (Chim) liofobo.

Lyra /ˈlaɪrə/ n.pr. (Astr) Lira f.

lyre /ˈlaɪər/ n. (Mus) lira f.

lyrebird /ˈlaɪəbɜːd Am ˈlaɪərbɜːrd/ n. (Ornit) uccello m. lira.

lyric /ˈlɪrɪk/ I a. lirico: ~ poetry poesia lirica; (Mus) ~ soprano soprano lirico. II n. 1 (lyric poem) lirica f. 2 pl. (words of a song) parole f.pl., testo m.sing.

lyrical /ˈlɪrɪkəl/ a. 1 lirico. 2 (over-enthusiastic) appassionato, estatico, estasiato: to wax ~ estasiarsi, incantarsi.

lyrically /ˈlɪrɪkəli/ avv. 1 liricamente. 2 (over-enthusiastically) appassionatamente, esaticamente.

lyricism /ˈlɪrɪsɪzəm/ n. lirismo m.

lyricist /ˈlɪrɪsɪst/ n. 1 poeta m. (lirico). 2 (of a song) paroliere m.

lyrist /ˈlɪrɪst/ n. 1 (lyricist) poeta m. (lirico). 2 (of a song) paroliere m. 3 (lyre player) suonatore m. (f. -trice) di lira.

lyse /laɪz/ I v.t. (Biol) lisare. II v.i. (Biol) subire la lisi.

lysergic /laɪˈsɜːdʒɪk Am lɪˈsɜːrdʒɪk/ a. (Chim) lisergico. □ (Chim) ~ acid acido lisergico; (Chim) ~ acid diethylamide dietilammide dell'acido lisergico, LSD.

lysin /ˈlaɪsɪn/ n. (Med) lisina f.

lysine /ˈlaɪsɪn/ n. (Chim) lisina f.

Lysippus /laɪˈsɪpəs/ n.pr.m. (Stor) Lisippo.

lysis /ˈlaɪsɪs/ (pl. -ses /-siːz/) n. (Biol,Med) lisi f.

lysol /ˈlaɪsɒl Am ˈlaɪsɑːl/ n. (Chim) lisolo m.

lysome /ˈlaɪsəʊm/ n. (Biol) lisosoma m.

lysozyme /ˈlaɪsəzaɪm/ n. (Biol,Chim) lisozima f.

lytic /ˈlɪtɪk/ a. (Biol) litico.

M

m¹, M¹ /em/ (*pl.* **m's/ms, M's/Ms** /emz/) *n.* (*letter of the alphabet*) m, M *f./m.*: (*Tel*) *M for Mary* (o *Am M as in Mike*) m come Milano.

m² **1** (*Fis*) m (massa). **2** *metre* m (metro).

M² /em/ **1** (*Aer*) *Mach number* M (numero di Mach). **2** (*Roman numeral*) M (mille). **3** *male* M (maschio). **4** *married* coniug. (coniugato). **5** (*Inform*) *megabyte* M (megabyte). **6** *million* M, Mln (milione). **7** *Monday* lun. (lunedì). **8** *Month* m. (mese). **9** *Malta* M (Malta).

m. /em/ **1** *manual* (manuale). **2** *married* coniug. (coniugato). **3** *mile* M (miglio). **4** *masculine* m, masch. (maschile). **5** (*Geog*) *meridian* (meridiano). **6** *million* M, Mln. (milione). **7** *minute* m., min. (minuto).

M. 1 *Majesty* M. (maestà). **2** *Monday* lun. (lunedì). **3** (*Geog*) *Mount, Mountain* m. (monte). **4** (*Br*) *Motorway* A (autostrada).

ma /maː/ *n.* (*colloq*) mamma *f.*, (*colloq*) mà *f.*

MA 1 *Massachusetts* MA (Massachusetts). **2** *Morocco* MA (Marocco).

MA. (*Comm*) *my account* M/M (a me medesimo).

M.A. /,em'eɪ/ **1** (*Univ*) *Master of Arts* (*degree*) (laurea di secondo livello in discipline umanistiche). **2** (*Univ*) *Master of Arts* (*graduate*) (laureato di secondo livello in discipline umanistiche). **3** (*Psic*) *mental age* (età psichica, età mentale). **4** *Military Academy* AM (accademia militare).

ma'am¹ /mæm/ *n.* (*Am,ant*) (*madam*) signora *f.*

ma'am² /mæm, maːm/ *n.* (*to address royalty*) Altezza *f.*, Maestà *f.*

maar /maː/ *n.* (*Geol*) maar *m.*

Mab /mæb/ *n.pr.f.* (*Mitol*) Mab.

Mabel /'meɪbl/ *n.pr.f.* Mabel.

mac /mæk/ *n.* (*Br,colloq*) (*mackintosh*) impermeabile *m.*

Mac /mæk/ *n.* (*Am,colloq*) (*form of address*) amico *m.* (rivolto a persone sconosciute), tizio *m.*: *Hey, ~* Ehi, tu!; capo!

MAC (*Chim*) *Maximum Allowable Concentration* MAC (massima concentrazione ammessa).

macabre /mə'kɑːbrə, mæk'ɑːbər/ *a.* **1** macabro, orrendo, orrido, raccapricciante. **2** (*of death*) di morte, macabro.

macaco /mə'keɪkoʊ/ *n.* (*Zool*) macaco *m.*

macadam /mə'kædəm/ *n.* (*Strad*) **1** (*material*) macadam *m.* **2** (*road*) strada *f.* in macadam.

macadamization /mə,kædəm(ə)ɪ'zeɪʃ ən/ *n.* pavimentazione *f.* (stradale) in macadam, macadamizzazione *f.*

macadamize /mə'kædəmaɪz/ *v.t.* macadamizzare.

macaque /mə'kɑːk Br also mə'kæk/ *n.* (*Zool*) macaco *m.*

macaroni /,mækə'roʊni/ (*pl.* **-s/-es** /-z/) *n.* **1** (*Gastron*) maccheroni *m.pl.* **2** (*sl,spreg*) (*Italian*) italiano *m.* (*f.* -a). **3** (*Stor*) damerino *m.* inglese che affetta modi continentali.

macaronic /,mækə'rɒnɪk Am ,mækə'rɑːnɪk/ **I** *a.* (*Lett*) maccheronico. **II** *n.* **1** lingua *f.* maccheronica. **2** (*writing*) maccheronea *f.*, maccheronica *f.*

macaroon /,mækə'ruːn/ *n.* (*Dolc*) amaretto *m.*

macaw /mə'kɔː/ *n.* (*Ornit*) ara *f.*, macao *m.*

Maccabean /,mækə'biːən/ *a.* (*Stor*) dei Maccabei.

Maccabees /'mækəbiːz/ *n.pl.* **1** (*Stor*) Maccabei *m.pl.* **2** (*costr.sing.*) (*Bibl*) Maccabei *m.pl.*

maccaboy /'mækəbɔɪ/ *n.* (*kind of snuff*) macuba *m./f.*, macubino *m.*

mace¹ /meɪs/ *n.* **1** (*ceremonial staff*) mazza *f.* (da cerimoniere). **2** (*macebearer*) mazziere m. (*f.* -a). **3** (*in billiards*) tipo m. di stecca. **4** (*Mil,ant*) mazza *f.* (ferrata).

mace² /meɪs/ *n.* (*Bot*) (*spice*) macis *m./f.*

mace³ /meɪs/ *v.t.* (*Am*) attaccare con gas lacrimogeno.

Mace /meɪs/ *n.* (*Am*) gas *m.* lacrimogeno.

macebearer /'meɪs,beərər Am 'meɪs,berər/ *n.* mazziere m. (*f.* -a).

macédoine /,mæsɪ'dwɑːn/ *n.* (*Gastron*) macedonia *f.*

Macedonia /,mæsɪ'doʊniə/ *n.pr.* (*Geog*) Macedonia *f.*

Macedonian /,mæsɪ'doʊniən/ **I** *n.* **1** macedone *m./f.* **2** (*language*) macedone m. **II** *a.* macedone, macedonico.

macerate /'mæsəreɪt/ **I** *v.t.* **1** macerare. **2** (*of the body or its flesh*) macerare, consumare, infiacchire. **II** *v.i.* macerarsi (*anche fig*).

maceration /,mæsə'reɪʃ ən/ *n.* macerazione *f.*

macerator /'mæsəreɪtə Am 'mæsəreɪtər/ *n.* (*Tecn*) maceratore m.

Mach /mæk, maːk/ *n.* (*Aer*) numero m. di Mach: *~ one* mach uno. □ (*Aer*) *~ meter* machmetro; (*Aer*) *~ number* numero di Mach; (*Fis*) *~'s principle* principio di Mach.

machete /mə'ʃeti Am mə'ʃeti/ *n.* machete m.

Machiavellian /,mækɪə'veliən/ **I** *a.* **1** machiavelliano, machiavellico. **2** (*spreg*) subdolo, senza scrupoli, machiavellico. **II** *n.* **1** machiavellista *m./f.* **2** (*spreg*) persona *f.* subdola, persona *f.* scaltra.

Machiavellianism /,mækɪə'veliənɪzəm/ *n.* machiavellismo m.

Machiavellism /,mækɪə'velɪzəm/ *n.* machiavellismo m.

machicolate /mə'tʃɪkoʊleɪt/ *v.t.* (*Mil,ant*) fornire di caditoie, fornire di piombatoi.

machicolation /mə,tʃɪkoʊ'leɪʃ ən/ *n.* caditoia *f.*, piombatoio m.

machinability /mə,ʃiːnə'bɪlɪti Am mə,ʃiːnə 'bɪlə ti/ *n.* (*Mecc*) lavorabilità *f.* (alla macchina).

machinable /mə'ʃiːnəbl/ *a.* **1** (*Mecc*) lavorabile (alla macchina). **2** (*Inform*) elaborabile. □ (*Met*) *~ cast iron* ghisa dolce.

machinate /'mækəneɪt/ **I** *v.t.* macchinare, ordire, tramare. **II** *v.i.* tramare, complottare, macchinare.

machination /,mækə'neɪʃ ən/ *n.* **1** macchinazione *f.* **2** *pl.* (*schemes*) macchinazioni *f.pl.*, intrighi *m.pl.*

machinator /'mækəneɪtər Am 'mækəneɪtər/ *n.* intrigante *m./f.*

machine /mə'ʃiːn/ **I** *n.* **1** macchina *f.* **2** (*Mecc*) macchina *f.* motrice. **3** (*Pol*) apparato m., macchina *f.*: *the party ~* l'apparato del partito. **4** (*fig*) (*person*) macchina *f.*, automa m. **5** (*vehicle*) veicolo m. **6** (*Mil,ant*) macchina *f.* bellica. **II** *v.t.* **1** (*Mecc*) lavorare alla macchina utensile, produrre a macchina. **2** (*to sew on a machine*) cucire a macchina. **3** (*to make on a machine*) fare a macchina, eseguire a macchina. **4** (*Tip*) fare andare in macchina, stampare. □ (*ant*) *~ accounting* contabilità meccanizzata; *~ age* era delle macchine; (*Mecc*) *~ bolt* bullone; (*Inform*) *~ code* codice macchina; (*Mecc*) *~ head* cavicchio; *~ hour* ora (di) macchina; (*Inform*) *~ intelligence* intelligenza artificiale; (*Inform*) *~ language* linguaggio macchina; *~ load card* scheda di macchina; *~ operator* operatore (di macchina); (*Tecn*) *~ screw* vite per ferro; *~ shop* officina meccanica; (*Tecn*) *~ tool* macchina utensile: *~ tool operator* operatore (di macchine utensili); (*Inform*) *~ translation* traduzione automatica; (*Ind*) *~ work* lavorazione a macchina.

machine-assisted /mə'ʃiːn,ə'sɪstɪd/ □ (*Inform*) *~ translation* traduzione assistita da elaboratore.

machine-driven /mə'ʃiːn,drɪvən/ *a.* azionato meccanicamente, comandato meccanicamente.

machine-gun /mə'ʃiːn,gʌn/ **I** *n.* (*Mil*) mitragliatrice *f.* **II** *v.t.* (*Mil*) mitragliare. **III** *v.i.* (*Mil*) sparare con una mitragliatrice, mitragliare.

machine-gunner /mə'ʃiːn,gʌnər/ *n.* (*Mil*) mitragliere m.

machine-made /mə'ʃiːnmeɪd/ *a.* **1** fatto a macchina. **2** (*fig*) fatto in serie, prodotto in serie, standardizzato.

machine-oriented /mə'ʃiːn,ɔːrientɪd Am mə'ʃiːn,ɔːrientɪd/ □ (*Inform*) *~ language* linguaggio orientato alla macchina.

machiner /mə'ʃiːnər/ *n.* chi lavora a una macchina, operatore m. (*f.* -trice).

machine-readable /mə,ʃiːn'riːdəbl/ *a.* (*Inform*) in linguaggio macchina, leggibile dalla macchina. □ (*Inform*) *in ~ form* in formato leggibile dalla macchina.

machine-resistant /mə'ʃiːnrɪ,zɪstənt/ *a.* (*Tess*) resistente in lavatrice.

machinery /mə'ʃiːnəri/ *n.* **1** macchinario m., macchine *f.pl.* **2** (*parts of a machine*) meccanismo m., congegno m. **3** (*fig*) apparato m., macchina *f.*, ingranaggio m., struttura *f.*: *the ~ of government* l'apparato dello stato. **4** (*Lett*) artificio m., accorgimento m. **5** (*Teat*) macchinismo m.

machine-washable /mə,ʃiːn'wɒʃəbl Am mə,ʃiːn'wɑːʃəbl/ *a.* (*Tess*) lavabile in lavatrice.

machining /mə'ʃiːnɪŋ/ *n.* **1** il lavorare a macchina; (*of materials*) lavorazione a macchina. **2** (*Tip*) stampa *f.* **3** (*machine work*) lavoro m. meccanico.

machinist /mə'ʃiːnɪst/ *n.* **1** macchinista *m./f.*; (*operator*) operatore m. (*f.* -trice) (di macchina utensile). **2** (*one who repairs machines*) meccanico m. **3** (*engineer*) tecnico m. (*f.* -a) meccanico m. **4** (*sewing machine operator*) cucitore m. (*f.* -trice).

machismo /mætʃ'ɪzmoʊ/ *n.* maschilismo m.

Machmeter /'maːkmiːtə Am 'maːkmiːtər/ *n.* (*Aer*) machmetro m.

macho /'mætʃoʊ Am 'maːtʃoʊ/ **I** *a.* macho: *a real ~ man* un vero macho. **II** *n.* macho m. □ (*Am,sl*) *to ~ it out* comportarsi con coraggio, affrontare virilmente una situazione.

mack /mæk/ *n.* **1** (*colloq*) (*mackintosh*) impermeabile m. **2** (*sl*) magnaccia m., protettore m.

mackerel /'mækərəl/ (pl.inv. o -s /-z/; il pl. inv. si usa general. con valore collett.) n. (Itt) sgombro m. □ (Itt) ~ **shark** isuro, squalo nasuto; (Meteor) ~ **sky** cielo a pecorelle.

mackinaw /'mækɪnɔː/ n. (Am,Abbigl) giacca f. di tessuto a quadri di lana pesante.

mackintosh /'mækɪntɒʃ Am 'mækɪntɑːʃ/ n. **1** (Abbigl) impermeabile m., mackintosh m. **2** (Tess) tessuto m. impermeabile.

mackle /'mækl/ I n. (Tip) stampa f. annebbiata, doppieggiatura f. II v.t. (Tip) macchiare. III v.i. (Tip) sbavare.

macle /'mækl/ n. **1** (Min) cristallo m. geminato, chiastolite f. **2** (dark spot) macchia f. scura.

macramé /məˈkrɑːmeɪ Am 'mækrəmeɪ/ I n. (Tess) macramè m. II a. (Tess) in macramè.

macro /'mækrou/ n. **1** (Inform) macro f. **2** (Fot) macro m., obiettivo m. macro. □ (Inform) ~ **instruction** istruzione macro; (Inform) ~ **language** linguaggio macro; (Fot) ~ **lens** macro, obiettivo macro.

macroassembler /ˌmækrouəˈsemblər/ n. (Inform) macroassemblatore m.

macrobiosis /ˌmækroubaɪˈousɪs/ n. macrobiosi f.

macrobiotic /ˌmækroubaɪˈɒtɪk Am ˌmækrou baɪˈɑːtɪk/ I a. macrobiotico: ~ **diet** dieta macrobiotica; ~ **restaurant** ristorante macrobiotico. II n. macrobiotico m. (f. -a).

macrobiotics /ˌmækroubaɪˈɒtɪks Am ˌmækroubaɪˈɑːtɪks/ n.pl. (costr.sing.) macrobiotica f.sing.

macrocephalic /ˌmækrousəˈfælɪk/ a. (Med) macrocefalo.

macrocephalous /ˌmækrouˈsefələs/ a. (Med) macrocefalo.

macrocephaly /ˌmækrouˈsefəli/ n. (Med) macrocefalia f.

macroclimate /'mækrouˌklaɪmət/ n. macroclima m.

macrocosm /'mækrouˌkɒzəm Am 'mækrou ˌkɑːzəm/ n. macrocosmo m. (anche Filos).

macrocyte /'mækrousaɪt/ n. (Biol) macrocita m., macrocito m.

macrocytosis /ˌmækrouˌsaɪˈtousɪs/ n. (Med) macrocitosi f.

macrodactylia /ˌmækrouˌdækˈtɪliə/ n. (Med) macrodattillia f.

macrodontia /ˌmækrouˈdɒntiə Am ˌmækrou 'dɑːntiə/ n. (Med) macrodontia f.

macroeconomic /ˌmækrouiːkəˈnɒmɪk Am ˌmækrouekəˈnɑːmɪk/ a. macroeconomico.

macroeconomics /ˌmækrouiːkəˈnɒmɪks Am ˌmækrouekəˈnɑːmɪks/ n.pl. (costr.sing.) macroeconomia f.sing.

macroeconomy /ˌmækrouiˈkɒnəmi Am ˌmækrouiˈkɑːnəmi/ n. macroeconomia f.

macroevolution /ˌmækrouˌiːvəˈl(j)uːʃən/ n. (Biol) macroevoluzione f.

macroevolutionary /ˌmækrouˌiːvəˈl(j)uːʃənəri Am ˌmækrouˌiːvəˈluːʃəneri/ a. (Biol) macroevolutivo.

macroinstruction /ˌmækrouˌɪnˈstrʌkʃən/ n. (Inform) macroistruzione f.

macrolepidoptera /ˌmækrouleptˈdɒptərə Am ˌmækrouleptˈdɑːptərə/ n.pl. (Entom) macrolepidotteri m.pl.

macrolinguistics /ˌmækrouˌlɪŋˈwɪstɪks/ n.pl. (costr.sing.) macrolinguistica f.sing.

macromolecule /'mækrouˈmɒlɪkjuːl Am ˌmækrouˈmɑːlɪkjuːl/ n. (Chim) macromolecola f.

macron /'mækrɒn Am 'meɪkrɑːn/ n. (Fon) segno m. di (vocale) lunga.

macronutrient /ˌmækrouˈnjuːtriənt Am also ˌmækrouˈnuːtriənt/ n. (Biol) macronutriente m.

macrophage /'mækroufeɪdʒ/ n. (Fisiol) macrofago m.

macrophotography /ˌmækroufəˈtɒgrəfi Am ˌmækroufəˈtɑːgrəfi/ n. macrofotografia f.

macrophyte /'mækroufaɪt/ n. (Bot) macrofita f.

macropod /'mækrəpɒd Am 'mækrəpɑːd/ n. (Zool) macropodide m.

macroscopic /ˌmækrouˈskɒpɪk Am ˌmækrou 'skɑːpɪk/ a. macroscopico.

macroscopical /ˌmækrouˈskɒpɪkəl Am ˌmækrouˈskɑːpɪkəl/ a. macroscopico.

macrostructure /ˌmækrouˈstrʌktʃər/ n. macrostruttura f.

macrosystem /ˌmækrouˈsɪstəm/ n. macrosistema m.

macula /'mækjulə/ (pl. **-lae** /-liː/) n. **1** macchia f. **2** (Med) macchia f. (della pelle). **3** (Anat) macchia f., macula f.

macular /'mækjulər/ a. maculare (anche Anat).

maculate¹ /'mækjuleɪt/ v.t. (rar) **1** (to stain) macchiare. **2** (to spot) maculare.

maculate² /'mækjulət/ a. **1** (stained) macchiato. **2** (spotted) maculato.

maculation /ˌmækjuˈleɪʃən/ n. **1** macchia f. **2** (Biol) maculatura f.

mad¹ /mæd/ a. **1** (insane) matto, pazzo, folle, impazzito. **2** (distraught, frantic) pazzo, folle: to be ~ **with jealousy** essere pazzo di gelosia; it's **nationalism gone** ~ è un nazionalismo portato agli estremi. **3** (of animals) furioso: a ~ **bull** un toro inferocito. **4** (having rabies) idrofobo, arrabbiato, rabbioso. **5** (of persons: senseless) pazzo, insensato. **6** (rash) temerario, avventato. **7** (of things: foolish) folle, sconsiderato, pazzesco: a ~ **idea** un progetto folle; I'm ~ **even to think of it** è una follia anche solo pensarci. **8** (colloq) (furious) furioso, furibondo, arrabbiato: to be ~ **at so.** (o to be ~ **with so.**) essere furioso contro qcu.; (colloq) to be ~ **at sth.** (o to be ~ **about sth.**) essere arrabbiato per qcs., essere in collera per qcs. **9** (enthusiastic) pazzo, entusiasta, (colloq) fanatico: she's ~ **about dancing** (o she's ~ **on dancing**) va pazza per il ballo. **10** (infatuated) pazzo: he's ~ **about her** è pazzo di lei; he is **football-**~ è appassionato di calcio. **11** (enjoyably hilarious) allegro e divertente: a ~ **party** un ricevimento allegro e divertente. **12** (frantic) folle: to be in a ~ **rush** avere una fretta pazzesca. **13** (of traffic) infernale. **14** (Am,sl) (wonderful) stupendo, bellissimo, fantastico. □ (colloq) as ~ **as a hare** (o as ~ **as a hatter**) matto da legare; (colloq) as ~ **as a hornet** furibondo, furioso, imbestialito; (colloq) as ~ **as a March hare** matto da legare; (Am, colloq) as ~ **as a wet hen** furibondo, furioso, imbestialito, incavolatissimo; (Veter,colloq) ~ **cow disease** morbo della mucca pazza; (Am, colloq) ~ **doctor** psichiatra, (colloq) medico dei pazzi; (colloq) to **get** ~ arrabbiarsi, adirarsi, infuriarsi; to **go** ~ impazzire, ammattire, diventare matto; (colloq) **gone** ~ portato all'eccesso, portato agli estremi; (colloq) **like** ~ come un matto, da pazzi, all'impazzata: he ran **like** ~ **to catch the bus** correva come un matto per prendere l'autobus; ~ **money** denaro per le follie, soldi per le spese minute o sfiziose; (Am,colloq) to **have a** ~ **time** divertirsi un mondo, divertirsi pazzamente; ~ **with pain** pazzo di dolore.

mad² /mæd/ (past, p.p. **madded** /'mædɪd/) (rar) I v.t. **1** far impazzire, fare diventare matto. **2** (to make angry) far arrabbiare, fare infuriare. II v.i. impazzire, ammattire.

MAD /mæd/ (Mil) mutual assured destruction (mutua distruzione assicurata).

Mad. Madam Sig.ra (signora).

Madagascan /ˌmædəˈgæskən/ I n. malga-

scio m. (f. -a). II a. malgascio, del Madagascar.

Madagascar /ˌmædəˈgæskər/ n.pr. (Geog) Madagascar m.

madam /'mædəm/ (as a term of address; pl. **mesdames** /'meɪdæm/) n. **1** signora f.: **Dear Madam** Gentile Signora. **2** (colloq) (impudent child) sfacciatella f., smorfiosa f. **3** (colloq) (arrogant woman) donna f. superba. **4** (sl) (in a brothel) tenutaria f., maitresse f., (gerg) signora f.

madapolam, madapollam /ˌmædəˈpɒləm Am ˌmædəˈpɑːləm/ n. (Tess) madapolam m.

madarosis /ˌmædəˈrousɪs/ n. (Med) madarosi f.

madcap /'mædkæp/ I a. avventato, sconsiderato, pazzesco, folle. II n. scervellato m. (f. -a), testa f. matta, svitato (f. -a), scriteriato (f. -a).

MADD /mæd/ Mothers Against Drunk Driving (associazione delle madri contro la guida in stato di ebbrezza).

madden /'mædən/ v.t. **1** far impazzire, far ammattire, fare diventare pazzo, fare diventare matto (anche fig). **2** (to enrage) far arrabbiare, rendere furibondo, rendere furioso.

maddening /'mædənɪŋ/ a. **1** che fa impazzire; it's ~ c'è da impazzire. **2** (infuriating) esasperante, che manda su tutte le furie.

maddeningly /'mædənɪŋli/ avv. **1** in modo da far impazzire. **2** (exasperatingly) in modo esasperante: it's ~ **slow** è di una lentezza esasperante.

madder /'mædər/ n. (Bot) robbia f. (dei tintori).

madding /'mædɪŋ/ a. (poet,lett) **1** frenetico, convulso, sfrenato: far **from the** ~ **crowd** via dalla pazza folla, lontano dalla folla frenetica. **2** (making mad) che fa impazzire.

maddish /'mædɪʃ/ a. pazzerello, un po' matto.

made¹ /meɪd/ → **make¹**.

made² /meɪd/ a. **1** (in compounds) fatto a..., eseguito a..., confezionato a...: **hand-**~ **shoes** scarpe fatte a mano. **2** (in compounds: of the body) di costituzione...: a **stoutly-**~ **man** un uomo di costituzione robusta. **3** (artificially produced) artificiale. **4** (colloq) (successful) arrivato: a ~ **man** un uomo arrivato. □ (scherz) ~ **of money** ricco sfondato; (Br) ~ **road** strada asfaltata; ~ **to measure**: **1** (Sart) confezionato su misura, fatto su misura; **2** (fig,scherz) tagliato apposta.

madeira /məˈdɪərə Am məˈdɪrə/ n. (Enol) madera m.

Madeira /məˈdɪərə Am məˈdɪrə/ n.pr. (Geog) Madera f. □ (Dolc) ~ **cake** torta soffice simile al pan di spagna.

Madelaine, Madeleine, Madelene /'mædlɪn, 'mædleɪn/ n.pr.f. Maddalena.

made-to-measure /ˌmeɪdtəˈmeʒər/ a. (Br) **1** (Sart) (fatto) su misura. **2** (fig) su misura.

made-to-order /ˌmeɪdtuˈɔːrdər Am ˌmeɪdtu 'ɔːrdər/ a. **1** su ordinazione. **2** (fig) su misura, adatto.

made-up /'meɪdʌp/ a. **1** inventato, fantastico: a ~ **story** una storia inventata. **2** (Cosmet) truccato, (ant) imbellettato. **3** (manufactured) confezionato. **4** (Br,Strad) asfaltato. **5** (Br,colloq) (delighted) contentissimo.

madhouse /'mædhaus/ n. **1** manicomio m. **2** (colloq) (place of confusion) manicomio m., gabbia f. di matti.

Madison /'mædɪsən/ n. □ ~ **Avenue** industria della pubblicità e delle pubbliche relazioni, negli Stati Uniti.

madly /'mædli/ avv. **1** (insanely) da pazzo, da folle. **2** (foolishly) insensatamente, in modo pazzesco. **3** (frantically) freneticamente. **4**

(*intensely*) follemente, pazzamente: ~ *in love* (*with*) follemente innamorato (di).

madman /'mædmən/ *n.irr.* **1** pazzo *m.*, folle *m.*, demente *m.* **2** (*foolish, reckless person*) pazzo *m.*, matto *m.*, scriteriato *m.*

madness /'mædnəs/ *n.* **1** follia *f.*, pazzia *f.*, demenza *f.* **2** (*foolishness*) follia *f.*, pazzia *f.*: *a fit of* ~ un attacco di follia; *sheer* ~ pura follia. **3** (*rage*) ira *f.*, furore *m.* **4** (*rabies*) rabbia *f.*

Madonna /mə'dɒnə Am mə'dɑːnə/ *n.* (*Rel,Art*) Madonna *f.* ☐ (*Bot*) ~ *lily* giglio di sant'Antonio, giglio bianco.

madras /'mædrəs/ **I** *n.* **1** (*Tess*) madras *m.* **2** (*Br,Gastron*) curry *m.* molto speziato. **II** *a.* (*Tess*) di madras.

madrepore /'mædrɪpɔːr Am 'mædrəpɔːr/ *n.* (*Zool*) madrepora *f.*

madreporic /ˌmædrɪ'pɔːrɪk Am 'mædrəpɔːrɪk/ *a.* madreporico.

Madrid /mə'drɪd/ *n.pr.* (*Geog*) Madrid *f.*

madrigal /'mædrɪgəl/ *n.* (*Mus,Lett*) madrigale *m.*

madrigalist /'mædrɪgəlɪst/ *n.* (*Mus,Lett*) madrigalista *m.*

madwoman /'mædˌwʊmən/ *n.irr.* folle *f.*, pazza *f.*, matta *f.*

Mae /meɪ/ *n.pr.f.* Mae. ☐ (*Stor*) ~ *West* giubbotto salvagente, giubbotto (gonfiabile) di salvataggio.

maecenas /miː'siːnæs Br also maɪ'siːnæs/ *n.* mecenate *m./f.*

Maecenas /miː'siːnæs Br also maɪ'siːnæs/ *n.pr.m.* (*Stor.rom*) Mecenate.

maelstrom /'meɪlstrɒm Am 'meɪlstrəm/ *n.* **1** maelstrom *m.*, gorgo *m.*, mulinello *m.* **2** (*fig*) vortice *m.*, turbine *m.*

maenad /'miːnæd/ *n.* baccante *f.*, menade *f.* (*anche fig*).

maenadic /miː'nædɪk/ *a.* baccante.

maestro /'maɪstrəʊ/ *n.* (*Mus*) maestro *m.*

MAFF (*GB*) *Ministry of Agriculture, Fisheries and Food* (Ministero dell'Agricoltura, Pesca e Alimentazione).

maffick /'mæfɪk/ *v.i.* (*ant*) darsi a dimostrazioni sfrenate di gioia, esultare.

mafia, Mafia /'mɑːfiə Br also 'mæfiə/ **I** *n.* **1** mafia *f.* **2** (*fig*) (*faction*) mafia *f.*, consorteria *f.* **II** *a.* mafioso, della mafia.

mafic /'mæfɪk/ *a.* (*Geol*) mafico: ~ *magma* magma mafico; ~ *mineral* minerale mafico.

mafioso /ˌmɑːfi'oʊsoʊ Br also ˌmæfi'oʊsoʊ/ *n.* mafioso *m.* (*f.* -a).

mag[1] /mæg/ *n.* (*colloq*) (*magazine*) rivista *f.*, periodico *m.*

mag[2] /mæg/ *n.* (*colloq*) (*magneto*) magnete *m.* ☐ (*colloq*) ~ *card* tesserino magnetico.

mag[3] /mæg/ *n.* (*Chim*) (*magnesium*) magnesio *m.*

magazine /ˌmægə'ziːn 'mægəziːn/ *n.* **1** rivista *f.*, periodico *m.*: *a monthly* ~ una rivista mensile; *glossy* ~ rivista patinata, rotocalco. **2** (*Rad,TV*) (*programma*) contenitore *m.* **3** (*Mil*) deposito *m.* di esplosivi, arsenale *m.*; (*munition*) munizioni *f.pl.* **4** (*Mar.mil*) santabarbara *f.* **5** (*Arm*) caricatore *m.* **6** (*Fot*) cassetta *f.* di caricamento, caricatore *m.* ☐ ~ *rack* portariviste.

magdalen /'mægdəlɪn/ *n.* maddalena *f.* pentita, maddalena *f.* penitente.

Magdalen /'mægdəlɪn/ *n.pr.f.* Maddalena.

Magdalene /ˌmægdə'liːni, 'mægdəliːn/ *n.pr.f.* Maddalena.

Magdeburg /'mægdəbɜːg Am 'mægdəbɜːrg/ ☐ (*Fis*) ~ *hemispheres* emisferi di Magdeburgo.

Magellan /mə'gelən Am mə'dʒelən/ *n.pr.m.* (*Stor*) Magellano. ☐ (*Geog*) ~ *Strait* stretto di Magellano.

---

magenta /mə'dʒentə Am mə'dʒentə/ **I** *n.* **1** (*Chim*) fucsina *f.*, rosanilina *f.* **2** (*colour*) magenta *m.*, color *m.* magenta. **II** *a.* (*colour*) magenta.

Maggie /'mægi/ *n.pr.f.* dim. di Margaret.

maggot /'mægət/ *n.* **1** (*Entom*) verme *m.*, bruco *m.*, larva *f.*, baco *m.* **2** (*colloq*) (*whim*) fantasia *f.*, capriccio *m.*, grillo *m.*, ghiribizzo *m.* **3** (*colloq*) (*fixed idea*) fissazione *f.* **4** (*Am,sl*) mozzicone *m.* di sigaretta.

maggoty /'mægəti Am 'mægəti/ *a.* **1** bacato, col verme, verminoso. **2** (*of cheese*) con i vermi, che ha i vermi. **3** (*colloq*) (*full of whims*) capriccioso, bizzarro.

Maghreb /'mʌgreb Br also 'mɑːgreb/ *n.pr.* (*Geog*) Maghreb *m.*

Maghrebian /mə'grebiən/ **I** *a.* maghrebino. **II** *n.* maghrebino *m.* (*f.* -a).

Maghrib /'mʌgreb Br also 'mɑːgreb/ *n.pr.* (*Geog*) Maghreb *m.*

Maghribian /mə'grɪbiən/ **I** *a.* maghrebino. **II** *n.* maghrebino *m.* (*f.* -a).

Magi /'meɪdʒaɪ Br also 'meɪgaɪ/ *n.pl.* (*Bibl*) Magi *m.pl.*, re *m.pl.* Magi.

magic /'mædʒɪk/ **I** *n.* **1** magia *f.*, incantesimo *m.*: *as if by* ~ come per magia, come per incanto. **2** (*sorcery*) stregoneria *f.* **3** (*fig*) magia *f.*, incanto *m.*, fascino *m.*: *the room had lost some of its* ~ la stanza aveva perso parte del suo fascino. **4** (*art or practice of producing illusions*) prestidigitazione *f.*; (*conjuring tricks*) giochi *m.pl.* di prestigio. **II** *a.* **1** magico, della magia: ~ *spells* formule magiche. **2** (*fig*) magico, prodigioso. **3** (*fig*) (*enchanting*) magico, incantevole: *the* ~ *atmosphere of Christmas* la magica atmosfera del Natale. **4** (*colloq*) grande, fantastico, mitico. ☐ (*colloq*) ~ *bullet* proiettile magico (contro i tumori), cura magica; *by* ~ per magia, per incanto; ~ *carpet* tappeto volante, tappeto magico; ~ *circle* cerchio magico; (*El*) ~ *eye* occhio magico; (*Lett*) *the Magic Flute* il Flauto Magico; ~ *lantern* lanterna magica; *like* ~ come per incanto, come per magia; ~ *marker* pennarello indelebile; ~ *potion* pozione magica; (*Art,Lett*) ~ *realism* realismo magico; ~ *square* quadrato magico; ~ *trick* gioco di prestigio, trucco; ~ *wand* bacchetta magica.

magical /'mædʒɪkəl/ *a.* **1** magico (*anche fig*). **2** (*estens*) (*enchanting*) incantevole, meraviglioso. ☐ (*Art,Lett*) ~ *realism* realismo magico.

magically /'mædʒɪkəli/ *avv.* **1** in modo magico. **2** (*fig*) come per magia, magicamente, come per incanto.

magician /mə'dʒɪʃən/ *n.* mago *m.* (*f.* -a), stregone *m.* (*f.* -a), fattucchiere *m.* (*f.* -a), illusionista *m./f.*

magilp /mə'gɪlp/ *n.* (*Pitt*) solvente *m.* per colori a olio.

magisterial /ˌmædʒɪ'stɪəriəl Am ˌmædʒɪ'stɪriəl/ *a.* **1** autoritario, imperioso. **2** (*dignified*) dignitoso, solenne. **3** (*made with masterly skill*) magistrale, da maestro. **4** (*of a magistrate*) di magistrato, da magistrato. **5** (*Univ*) cattedratico.

magisterially /ˌmædʒɪ'stɪəriəli Am ˌmædʒɪ'stɪriəli/ *avv.* **1** in modo autoritario, autorevolmente. **2** (*with the authority of a magistrate*) da magistrato.

magistracy /'mædʒɪstrəsi/ *n.* **1** magistratura *f.*, ufficio *m.* di giudice, funzione *f.* del magistrato. **2** (*body of magistrates*) magistratura *f.*

magistral /'mædʒɪstrəl Br also mə'dʒɪstrəl/ *a.* **1** autoritario, imperioso. **2** (*Farm*) magistrale.

magistrate /'mædʒɪstreɪt, 'mædʒɪstrət/ *n.* **1**

---

magistrato *m.*, giudice *m.* **2** (*justice of the peace*) giudice *m.* di pace. **3** (*Pol*) magistrato *m.* ☐ (*GB*) *-s'court* corte inferiore di prima istanza, tribunale competente in materia civile e per reati minori.

magistrateship /'mædʒɪstreɪtʃɪp, 'mædʒɪstrətʃɪp/ *n.* (*Dir*) (*office*) magistratura *f.*

magistrature /'mædʒɪstrə,tjʊər Am 'mædʒɪstreɪtʃər/ *n.* (*Dir*) (*office*) magistratura *f.*

magma /'mægmə/ (*pl.* **-s** /-z/ o **-mata** /-mətə Am -mətə/) *n.* (*Geol,Chim*) magma *m.*

magmatic /mæg'mætɪk Am mæg'mætɪk/ *a.* (*Geol*) magmatico.

magmatism /'mægmətɪzəm Am 'mægmətɪzəm/ *n.* (*Geol*) magmatismo *m.*

Magna /'mægnə/ ☐ (*Stor.brit*) ~ *Carta* (o ~ *Charta*) Magna Carta, Magna Charta; (*Am, Univ*) *to graduate* ~ *cum laude* laurearsi a pieni voti.

magnanimity /ˌmægnə'nɪmɪti Am ˌmægnə'nɪməti/ *n.* magnanimità *f.*

magnanimous /mæg'nænɪməs/ *a.* magnanimo: (*colloq*) *that's very* ~ *of you* troppo generoso da parte tua!

magnanimously /mæg'nænɪməsli/ *avv.* magnanimamente, con magnanimità.

magnate /'mægn(e)ɪt/ *n.* **1** magnate *m.*, grande industriale *m.*: *an oil* ~ un magnate dell'industria petrolifera; *shipping* ~ armatore. **2** (*person of influence or eminence*) magnate *m.*, maggiorente *m.* **3** (*person of rank*) notabile *m.*

magnesia /mæg'niːʃə Br also mæg'niːsiə/ *n.* (*Chim*) magnesia *f.*

magnesian /mæg'niːʃən Br also mæg'niːsiən/ *a.* **1** (*of magnesia*) di magnesia, magnesifero. **2** (*of magnesium*) magnesiaco.

magnesic /mæg'niːzɪk/ *a.* magnesico, magnesiaco.

magnesite /'mægnəsaɪt/ *n.* (*Min*) magnesite *f.*

magnesium /mæg'niːziəm, mæg'niːʒiəm/ *n.* (*Chim*) magnesio *m.* ☐ (*Fot*) ~ *flare* lampo al magnesio; (*Fot*) ~ *light* lampo al magnesio; (*Chim*) ~ *sulphate* solfato di magnesio.

magnet /'mægnət/ *n.* **1** magnete *m.*, calamita *f.* **2** (*fig*) calamita *f.*, polo *m.* di attrazione (*for per*).

magnetic /mæg'netɪk Am mæg'netɪk/ *a.* **1** magnetico. **2** (*magnetized*) magnetico, magnetizzato, calamitato. **3** (*fig*) magnetico, affascinante, attraente: ~ *smile* sorriso affascinante. ☐ (*Mar,Aer*) ~ *bearing* rilevamento magnetico; (*Inform*) ~ *card* scheda magnetica; ~ *character reader* lettore di caratteri magnetici; ~ *compass* bussola magnetica; ~ *disk* disco magnetico; ~ *disk storage* memoria a disco; (*Inform*) ~ *domain* dominio magnetico; (*Geog*) ~ *equator* equatore magnetico; (*Fis*) ~ *field* campo magnetico; (*Fis*) ~ *flux* flusso di induzione magnetica, flusso magnetico; (*Inform*) ~ *head* testina magnetica; (*Fis*) ~ *inclination* inclinazione magnetica; (*Fis*) ~ *induction* induzione magnetica; (*Inform*) ~ *ink character recognition* riconoscimento dei caratteri a inchiostro magnetico; (*Mil*) ~ *mine* mina magnetica; (*Fis*) ~ *moment* momento magnetico; ~ *needle* ago calamitato, ago magnetico; ~ *north* nord magnetico; ~ *oxide* ossido magnetico; ~ *pick-up* testina magnetica; ~ *pole*: **1** (*of a magnet*) polo della calamita. **2** (*Geog*) polo magnetico; ~ *recorder* magnetofono; (*Med*) ~ *resonance* (*imaging*) risonanza magnetica; (*Inform*) ~ *storage* memorizzazione magnetica; ~ *storm* tempesta magnetica; ~ *tape* nastro magnetico; ~ *tape drive* unità a nastri magnetici; ~ *tape storage* memoria a nastro magnetico; ~ *track* pista magnetica.

magnetic-optical /mæg,netɪk'ɒptɪkəl *Am* mæg,netɪk'ɑ:ptɪkəl/ □ (*Inform*) ~ *recording* registrazione magneto-ottica.

magnetic-recorder /mæg,netɪkrɪ'kɔ:dər *Am* mæg,netɪkrɪ'kɔ:rdər/ *n.* registratore *m.* magnetico, magnetofono *m.*

magnetic-tape /mæg,netɪk'teɪp *Am* mæg ,netɪk'teɪp/ □ ~ *cartridge* cartuccia magnetica; ~ *reader* lettore di nastro magnetico.

magnetism /'mægnətɪzəm *Am* 'mægnətɪzəm/ *n.* **1** (*Fis*) magnetismo *m.* **2** (*fig*) fascino *m.*, magnetismo *m.*: *personal* ~ carisma, magnetismo.

magnetite /'mægnətaɪt/ *n.* (*Min*) magnetite *f.*

magnetizable /'mægnətaɪzəbl/ *a.* (*Fis*) magnetizzabile.

magnetization /,mægnət(a)ɪ'zeɪʃən/ *n.* (*Fis*) magnetizzazione *f.*

magnetize /'mægnətaɪz/ *v.t.* **1** (*Fis*) magnetizzare, calamitare. **2** (*fig*) magnetizzare, affascinare.

magneto /mæg'ni:tou *Am* mæg'ni:tou/ (*pl.* **-s** /-z/) *n.* (*El*) magnete *m.*

magnetochemistry /mæg,ni:tou'kemɪstri *Am* mæg,ni:tou'kemɪstri/ *n.* magnetochimica *f.*

magnetodynamic /mæg,ni:toud(a)ɪ'næmɪk *Am* mæg,ni:toud(a)ɪ'næmɪk/ *a.* magnetodinamico.

magneto-electric /mæg,ni:touɪ'lektrɪk *Am* mæg,ni:touɪ'lektrɪk/ *a.* magnetoelettrico.

magnetoelectricity /mæg,ni:tou,ɪlek'trɪsɪti *Am* mæg,ni:tou,ɪlek'trɪsəti/ *n.* magnetoelettricità *f.*

magnetograph /mæg'ni:tougrɑ:f *Am* mæg 'ni:tougræf/ *n.* magnetografo *m.*

magnetohydrodynamics /mæg,ni:tou ,haɪdroud(a)ɪ'næmɪks *Am* mæg,ni:tou ,haɪdroud(a)ɪ'næmɪks/ *n.pl.* (*Fis*) magnetoidrodinamica *f.sing.*

magnetometer /,mægni'tɒmɪtər *Am* ,mægni 'tɑ:mətər/ *n.* (*Fis*) magnetometro *m.*

magnetometric /,mægni:tou'metrɪk *Am* ,mægni:tou'metrɪk/ *a.* magnetometrico.

magnetometry /,mægni'tɒmətri *Am* ,mægni 'tɑ:mətri/ *n.* magnetometria *f.*

magnetomotive /mæg,ni:tou'moutɪv *Am* mæg,ni:tou'moutɪv/ □ (*Fis*) ~ *force* forza magnetomotrice.

magneton /'mægnɪtɒn *Am* 'mægnɪtɑ:n/ *n.* (*Fis*) magnetone *m.*

magneto-optical /mæg,ni:tou'ɒptɪkəl *Am* mæg,ni:tou'ɑ:ptɪkəl/ *a.* magneto-ottico. □ (*Inform*) ~ *disk* disco magneto-ottico.

magnetopause /mæg'ni:toupɔ:z *Am* mæg 'ni:toupɔ:z/ *n.* (*Astr*) magnetopausa *f.*

magnetophone /mæg'ni:toufoun *Am* mæg 'ni:toufoun/ *n.* magnetofono *m.*

magnetoresistance /mæg,ni:touri'zɪstəns *Am* mæg,ni:touri'zɪstəns/ *n.* (*Fis*) magnetoresistenza *f.*

magnetosphere /mæg'ni:tou,sfɪər *Am* mæg 'ni:tou,sfɪr/ *n.* magnetosfera *f.*

magnetospheric /mæg,ni:tou'sferɪk *Am* mæg,ni:tou'sfɪrɪk/ *a.* magnetosferico.

magnetostatic /mæg,ni:tou'stætɪk *Am* mæg ,ni:tou'stætɪk/ *a.* magnetostatico.

magnetostatics /mæg,ni:tou'stætɪks *Am* mæg,ni:tou'stætɪks/ *n.pl.* (*costr.sing.*) magnetostatica *f.sing.*

magnetostriction /mæg,ni:tou'strɪkʃən *Am* mæg,ni:tou'strɪkʃən/ *n.* magnetostrizione *f.*

magnetotail /mæg'ni:touteɪl *Am* mæg 'ni:touteɪl/ *n.* (*Astr*) coda *f.* della magnetosfera.

magnetron /'mægnətrɒn *Am* 'mægnətrɑ:n/ *n.* (*Fis*) magnetrone *m.*

magnification /,mægnɪfɪ'keɪʃən/ *n.* **1** (*Fis*) ingrandimento *m.*: *under* ~ al microscopio.

---

2 (*fig*) (*exaggeration*) esagerazione *f.* **3** (*fig*) (*exaltation*) esaltazione *f.*, magnificazione *f.*

magnificence /mæg'nɪfɪsəns/ *n.* **1** magnificenza *f.*, sontuosità *f.*, grandiosità *f.* **2** (*splendour*) pompa *f.*, sfarzo *m.*, magnificenza *f.* **3** (*excellence*) eccellenza *f.*

magnificent /mæg'nɪfɪsənt/ *a.* **1** magnifico, grandioso, sontuoso: *a* ~ *palace* un palazzo magnifico; *a* ~ *view* un panorama grandioso. **2** (*lavishly munificent*) generoso, munifico, splendido: *a* ~ *reward* una generosa ricompensa. **3** (*excellent*) splendido, magnifico, ottimo, eccellente: *a* ~ *opportunity* una splendida occasione.

Magnificent /mæg'nɪfɪsənt/ *a.* (*in titles*) Magnifico: *Lorenzo the* ~ Lorenzo il Magnifico.

magnifier /'mægnɪfaɪər/ *n.* **1** esaltatore *m.* (*f.* -trice), magnificatore *m.* (*f.* -trice). **2** (*Ott*) lente *f.* di ingrandimento. **3** (*El*) amplificatore *m.*

magnify /'mægnɪfaɪ/ *v.t.* **1** (*Ott,Fot*) ingrandire. **2** (*fig*) (*to exaggerate*) esagerare, ingrandire, gonfiare, enfatizzare. **3** (*fig*) (*to extol*) magnificare, esaltare. **4** (*El*) amplificare. **5** (*Bibl*) glorificare, lodare, magnificare.

magnifying /'mægnɪfaɪɪŋ/ *a.* di ingrandimento, ingrandente. □ (*Ott*) ~ *glass* lente di ingrandimento; ~ *mirror* specchio a ingrandimento, specchio ingrandente.

magniloquence /mæg'nɪləkwəns/ *n.* magniloquenza *f.*, ampollosità *f.*, retorica *f.*

magniloquent /mæg'nɪləkwənt/ *a.* magniloquente, ampolloso.

magnitude /'mægnɪtju:d *Br also* 'mægnə tʃu:d/ *n.* **1** grandezza *f.*, dimensioni *f.pl.* **2** (*extent*) ampiezza *f.*, vastità *f.*: *the* ~ *of a problem* la vastità di un problema. **3** (*importance*) importanza *f.*, rilievo *m.*: *order of* ~ ordine di grandezza. **4** (*Astr,Mat*) grandezza *f.*: *a star of the first* ~ una stella di prima grandezza. **5** (*Geol*) magnitudo *f.* **6** (*Inform*) valore *m.* assoluto.

magnolia /mæg'noulɪə/ **I** *n.* (*Bot*) magnolia *f.* **II** *a.* (*colour*) bianco rosato.

magnum /'mægnəm/ *n.* **1** (*for wine, spirits*) magnum *m.*, bottiglione *m.* da due quarti (pari a 2,8 l). **2** (*Am,Arm*) pistola *f.* magnum. □ ~ *opus* capolavoro.

magpie /'mægpaɪ/ *n.* **1** (*Ornit*) gazza *f.* (ladra). **2** (*fig*) ciarlone *m.* (*f.* -a), chiacchierone *m.* (*f.* -a); (*colloq*) gazza *f.*

magus /'meɪgəs/ *n.* mago *m.*, stregone *m.*

Magus /'meɪgəs/ (*pl.* **Magi** /'meɪdʒaɪ *Br also* 'meɪgaɪ/. *n.* **1** (*Bibl*) uno dei Re Magi, Magio *m.* **2** (*Stor*) mago *m.*, sacerdote *m.*

Magyar /'mægjɑ:r *Am* 'mægjɑ:r/ **I** *n.* **1** magiaro *m.* (*f.* -a), ungherese *m./f.* **2** (*language*) magiaro *m.*, ungherese *m.* **II** *a.* magiaro, ungherese.

maharaja, maharajah /,mɑ:hə'rɑ:dʒə/ *n.* maharaja *m.*

maharanee, maharani /,mɑ:hə'rɑ:ni/ *n.* maharani *f.*

mahatma /mə'hɑ:tmə, mə'hætmə/ *n.* mahatma *m.*

mah-jong, mah-jongg /,mɑ:'dʒɒŋ *Am* ,mɑ: 'dʒɑ:ŋ/ *n.* mah-jong *m.*

mahlstick /'mɔ:lstɪk/ *n.* (*Am,Pitt*) appoggiamano *m.*

mahogany /mə'hɒgəni *Am* mə'hɑ:gəni/ **I** *n.* **1** (*Bot*) mogano *m.*, acagiù *m.* **2** (*wood*) mogano *m.* **3** (*colour*) color *m.* mogano. **4** (*colloq*) (*table*) tavolo *m.* (da pranzo). **II** *a.* **1** di mogano. **2** (*mahogany-coloured*) color mogano.

Mahomet /mə'hɒmɪt *Am* mə'hɑ:mɪt/ *n.pr.m.* (*Stor*) Maometto.

Mahometan /mə'hɒmɪtən *Am* mə'hɑ:mətən/ **I** *n.* (*Rel.islam*) maomettano *m.* (*f.* -a). **II** *a.* (*Rel.islam*) maomettano.

mahout /mə'haut *Am* mə'hout/ *n.* cornac *m.*,

---

conduttore *m.* di elefanti.

maid /meɪd/ *n.* **1** (*in hotels*) cameriera *f.* **2** (*in a house*) domestica *f.*, donna *f.* di servizio. **3** (*lett*) (*girl*) ragazza *f.*, fanciulla *f.*, (*ant*) donzella *f.* **4** (*lett*) (*unmarried woman*) zitella *f.*; (*virgin*) vergine *f.* □ ~ *of all work*: 1 donna tuttofare; 2 (*fig*) factotum; *Maid of Honour*: 1 (*Am*) (*of a bride*) damigella d'onore; 2 (*of a Queen*) dama di corte; (*Stor*) *the Maid of Orleans* la Pulzella di Orleans.

maiden /'meɪdən/ **I** *n.* **1** (*girl*) ragazza *f.*, fanciulla *f.*; (*unmarried woman*) zitella *f.*; (*virgin*) vergine *f.* **2** (*Sport*) (*in cricket*) over *m.* senza punti. **3** (*Sport*) (*horse racing*) cavallo *m.* che non ha mai vinto. **II** *a.* **1** (*unmarried*) nubile, non sposata. **2** (*virgin*) vergine, illibata. **3** (*of a girl*) di ragazza, da ragazza. **4** (*of an unmarried woman*) di signorina, da signorina, di nubile, da nubile. **5** (*befitting or like a maid*) verginale, casto. **6** (*fig*) (*unused, untried*) intatto, vergine. **7** (*fig*) (*done for the first time*) fatto per la prima volta. □ (*Dir*) ~ *assize* sessione giudiziaria senza cause da discutere; (*colloq*) ~ *in bloom* fanciulle in fiore; ~ *name* cognome da nubile, cognome da signorina, nome da nubile, nome da ragazza, nome da signorina; (*Sport*) ~ *over* (*in cricket*) over senza punti; (*Parl*) ~ *speech* primo discorso di un neoeletto; (*Mar*) ~ *voyage* (*of a new ship*) viaggio inaugurale.

maidenflight /'meɪdənflaɪt/ *n.* (*Aer*) volo *m.* inaugurale.

maidenhair /'meɪdənheər *Am* 'meɪdənher/ *n.* (*Bot*) adianto *m.*, capelvenere *m.* □ (*Bot*) ~ *fern* adianto.

maidenhead /'meɪdənhed/ *n.* **1** verginità *f.*, innocenza *f.*, virtù *f.* **2** (*hymen*) imene *m.*, velo *m.* virginale.

maidenhood /'meɪdənhud/ *n.* **1** verginità *f.*, innocenza *f.*, virtù *f.* **2** (*hymen*) imene *m.*, velo *m.* virginale.

maidenliness /'meɪdənlɪnəs/ *n.* pudore *m.*, modestia *f.*

maidenly /'meɪdənli/ **I** *a.* **1** (*virginal*) verginale, casto. **2** (*maidenish*) da fanciulla. **3** (*modest*) modesto, pudico. **II** *avv.* pudicamente, castamente.

maid-in-waiting /'meɪdɪn,weɪtɪŋ *Am* 'meɪdɪn ,weɪtɪŋ/ *n.* **1** ancella *f.* **2** (*lady-in-waiting*) dama *f.* di compagnia.

maidservant /'meɪd,sɜ:vənt *Am* 'meɪd ,sɜ:rvənt/ *n.* (*ant*) cameriera *f.*, domestica *f.*

maieutic /meɪ'ju:tɪk *Am* meɪ'ju:tɪk/ *a.* (*Filos*) maieutico.

maieutics /meɪ'ju:tɪks *Am* meɪ'ju:tɪks/ *n.pl.* (*costr.sing.*) (*Filos*) maieutica *f.sing.*

maigre /'meɪgər/ *a.* (*Rel.catt*) **1** (*of food*) di magro. **2** (*of a day*) di astinenza, di magro.

mail[1] /meɪl/ **I** *n.* **1** posta *f.*, corrispondenza *f.*: *is there any* ~ *for me?* c'è posta per me? **2** (*postal system*) posta *f.*, poste *f.pl.*, servizio *m.* postale: *your cheque is in the* ~ il tuo assegno è stato spedito. **3** (*conveyance*) postale *m.* **4** (*Inform,colloq*) (*e-mails*) posta *f.* (elettronica): *did you get any* ~? hai ricevuto messaggi? **II** *a.* postale, della posta. **III** *v.t.* **1** spedire, mandare per posta. **2** (*to place in a postbox*) impostare, imbucare. **3** (*Inform,colloq*) (*to send by e-mail*) spedire per posta elettronica. □ (*Mar*) ~ *boat* postale, battello postale, nave postale; ~ *bomb*: 1 (*Am*) pacco bomba; 2 (*Inform*) bombardamento di posta elettronica; (*Ferr*) ~ *car* vagone postale, carrozza postale; ~ *clerk* impiegato postale; ~ *coach*: 1 (*Ferr*) carrozza postale, vagone postale; 2 (*Stor*) diligenza (postale), posta; (*Post*) ~ *drop*: 1 buca per la posta; 2 (*address*) recapito postale; (*Inform*) ~ *filter* filtro di posta; (*Inform*) ~ *merge* stampa di circolari;

(*Post*) ~ *order* ordine postale; (*Aer,Post*) ~ *plane* aereo postale, postale; (*Post*) ~ *room* ufficio spedizioni; (*Inform*) ~*server* mail server; ~*shot* pubblicità in buca: *to do a ~ shot* inviare pubblicità per posta; (*Post*) ~ *slot* buca delle lettere; (*Ferr,Post*) ~ *train* postale; ~*transfer* bonifico postale; ~*van*: 1 furgone postale; 2 (*Ferr*) vagone postale.

mail² /meɪl/ *n.* **1** (*Mil,ant,Tess*) maglia *f.* metallica: *gloves of ~* guanti di maglia metallica. **2** (*Zool*) corazza *f.*

mailbag /ˈmeɪlbæg/ *n.* **1** borsa *f.* del postino. **2** (*pouch*) sacco *m.* postale, sacco *m.* della posta. **3** (*correspondence*) posta *f.*

mailbox /ˈmeɪlbɑːks/ *n.* (*Am*) **1** cassetta *f.* delle lettere, buca *f.* delle lettere, cassetta *f.* postale. **2** (*private box*) cassetta *f.* delle lettere. **3** (*Inform*) casella *f.* postale.

mailed /meɪld/ *a.* (*Mil,ant*) che indossa una maglia. ☐ (*fig*) ~*fist* (*physical violence*) violenza.

mailer /ˈmeɪlər/ *n.* **1** (*Am,Post*) (*sender*) mittente *m./f.* **2** (*Am,Post*) (*container*) busta *f.* per spedizione postale, contenitore *m.* per spedizione postale. **3** (*Inform*) gestore *m.* di posta elettronica.

mailing /ˈmeɪlɪŋ/ *n.* spedizione *f.*, invio *m.* per posta, mailing *m.* ☐ ~ *address* indirizzo postale; ~ *house*: 1 (*company*) corriere; 2 (*department*) spedizioni, reparto spedizioni; ~*list*: 1 indirizzario, mailing list, schedario di clienti e fornitori; 2 (*Inform*) mailing list; ~ *list manager* gestore di mailing list.

maillot /ˈmaɪˈoʊ/ *n.* **1** costume *m.* da bagno intero (da donna). **2** (*for dancers*) calzamaglia *f.*, fuseaux *m.pl.*

mailman /ˈmeɪlmæn/ *n.irr.* (*Am*) postino *m.*, (*rar*) portalettere *m.*

mail-order /ˌmeɪlˈɔːdər *Am* ˌmeɪlˈɔːrdər/ I *n.* (*Comm*) ordinazione *f.* postale, ordinazione *f.* per corrispondenza. II *a.* per posta, per corrispondenza, su ordinazione postale. III *v.t.* ordinare per posta, ordinare per corrispondenza. ☐ (*Comm*) ~ *catalogue* catalogo di vendita per corrispondenza; (*Comm*) ~ *firm* azienda di vendita per corrispondenza.

maim /meɪm/ I *v.t.* **1** menomare, mutilare, storpiare. **2** (*fig*) mutilare. II *n.* (*ant*) menomazione *f.*, mutilazione *f.*

maimed /meɪmd/ I *a.* mutilato, menomato, storpiato. II *n.* (*costr.pl.*) menomati *m.pl.*, mutilati *m.pl.*

main¹ /meɪn/ I *a.* **1** principale, primario, il più importante: *the ~ door* la porta principale. **2** (*Gramm*) principale. II *n.* **1** (*pipe, duct, etc.*) conduttura *f.* principale, tubatura *f.* principale; (*sewer*) collettore *m.* **2** (*El*) linea *f.* principale. **3** (*chief point or part*) punto *m.* essenziale, parte *f.* principale. **4** (*lett*) (*high sea*) alto mare *m.*: *on the ~* al largo. **5** (*rar*) (*mainland*) terraferma *f.* **6** *pl.* (*Br,El*) rete *f.sing.*: ~*s frequency* frequenza di rete; *electricity from the ~s* energia di rete. ☐ ~ *bearing* cuscinetto di banco; *the ~ body of an army* il grosso di un esercito; (*Mar*) ~ *brace* braccio di maestra; (*fig*) ~ *chance* grande occasione: *to have an eye to the ~ chance* pensare al proprio interesse, guardare al proprio interesse; (*Gramm*) ~ *clause* proposizione principale; ~ *course*: 1 (*of a meal*) portata principale, piatto forte; 2 (*Mar*) maestra; ~ *deck*: 1 (*Mar*) ponte principale, ponte di coperta; 2 (*Mar.mil*) ponte di batteria, batteria; (*Am,colloq*) ~ *drag* strada principale di un paese o città, (*region*) via dello struscio; ~ *entrance* entrata principale; ~ *entry* lemma principale; (*Mus,Sport*) *the ~ event* l'attrazione principale; *the ~ features of a speech* i punti salienti di un discorso; *by*

~*force* a viva forza; (*Inform*) ~*frame* mainframe, elaboratore centrale; *in the ~*: 1 nel complesso, nell'insieme, in linea di massima; 2 (*for the most part*) per lo più, principalmente, essenzialmente, soprattutto; (*El*) ~*s lead* cordone di alimentazione; ~ *line*: 1 (*Ferr*) linea principale; 2 (*Am*) (*chief area*) strada importante, quartiere elegante; (*Inform*) ~ *loop* ciclo principale; (*Am,sl*) ~ *man* (*of a man*) il miglior amico, compare; (*Inform*) ~ *memory* memoria principale; (*Comm*) ~ *office* sede centrale; ~*s operation* funzionamento da rete; *the ~ reason* la ragione principale; ~ *road* strada maestra, strada importante; (*Mar*) ~ *sail* vela maestra, maestra; (*Astr*) ~*sequence* sequenza principale; (*Mar*) ~ *sheet* scotta di maestra; ~ *spring*: 1 (*Tecn*) molla principale; 2 (*fig*) molla, stimolo, spinta; (*Am,sl*) ~*squeeze* ragazza fissa, amante; (*Inform*) ~ *store* memoria centrale, memoria principale; (*Am*) *Main Street*: 1 corso, via principale; 2 (*fig*) borghesia di provincia, provinciali; *the ~ thing is to keep trying* l'essenziale è continuare a provare.

main² /meɪn/ *n.* **1** (*ant*) (*match between fighting cocks*) combattimento *m.* di galli. **2** (*in dicing: stake*) posta *f.*; (*throw*) lancio *m.*

mainboard /ˈmeɪnbɔːd *Am* ˈmeɪnbɔːrd/ *n.* (*Inform*) scheda *f.* madre.

Maine /meɪn/ *n.pr.* (*Geog*) Maine *m.*

mainframe /ˈmeɪnfreɪm/ *n.* (*Inform*) mainframe *m.*, elaboratore *m.* centrale.

mainland /ˈmeɪnlənd, ˈmeɪnlænd/ *n.* terraferma *f.*, continente *m.*: *the ~ of Italy* l'Italia continentale.

mainlander /ˈmeɪnləndər, ˈmeɪnlændər/ *n.* continentale *m./f.*

mainline /ˈmeɪnlaɪn/ *v.t.* (*sl*) farsi una pera, spararsi in vena.

mainliner /ˈmeɪnlaɪnər/ *n.* (*Am,sl*) chi si inietta la droga in vena, tossicomane *m./f.*

mainly /ˈmeɪnli/ *avv.* **1** (*chiefly*) soprattutto, principalmente. **2** (*mostly*) nel complesso, per la maggior parte.

mainmast /ˈmeɪnmɑːst *Am* ˈmeɪnmæst/ *n.* (*Mar*) albero *m.* maestro, albero *m.* di maestra.

mainprize /ˈmeɪnpraɪz/ *n.* (*Dir*) il rendersi garante per un imputato.

mainsail /ˈmeɪnseɪl/ *n.* (*Mar*) randa *f.*, vela *f.* maestra.

mainspring /ˈmeɪnsprɪŋ/ *n.* **1** (*fig*) (*pivotal element*) molla *f.*, ragione *f.* di vita. **2** (*Orol*) (*of watch*) molla *f.* principale.

mainstay /ˈmeɪnsteɪ/ *n.* **1** (*Mar*) strallo *m.* di maestra. **2** (*fig*) (*person*) pilastro *m.*, perno *m.* (*of* di). **3** (*fig*) (*thing*) puntello *m.*, appoggio *m.*, sostegno *m.*: *the ~ of the economy* il sostegno dell'economia.

mainstream /ˈmeɪnstriːm/ I *n.* corrente *f.* principale (*of* di). II *a.* **1** tradizionale. **2** (*middle class*) benpensante, borghese. III *v.t.* (*Am*) integrare (handicappati) nelle classi normali. ☐ *to be in the ~*: 1 (*Art*) far parte della corrente principale; 2 (*Mus*) far parte del grande circuito commerciale; (*Mus*) ~ *jazz* jazz tradizionale.

maintain /meɪnˈteɪn *Br also* mənˈteɪn/ *v.t.* **1** mantenere, conservare: *to ~ good relations with so.* mantenere buoni rapporti con qcu. **2** (*to keep*) mantenere, tenere: *to ~ a machine in good working order* tenere in efficienza una macchina. **3** (*to keep in good condition*) curare la manutenzione di, mantenere in buono stato: *to ~ the roads* curare la manutenzione delle strade. **4** (*to assert*) sostenere, affermare, asserire: *to ~ one's innocence* sostenere la propria innocenza; *I would ~ that...* credo di potere affermare che... **5** (*to*

support, to provide for) mantenere, provvedere al sostentamento di, sostenere: *the farm can ~ a family of six* la fattoria può dare da vivere a una famiglia di sei persone.

maintainable /meɪnˈteɪnəbl *Br also* mən-ˈteɪnəbl/ *a.* **1** mantenibile. **2** (*capable of being supported*) sostenibile, difendibile.

maintained /meɪnˈteɪnd *Br also* mənˈteɪnd/ ☐ (*Br*) ~*school* scuola pubblica.

maintenance /ˈmeɪntənəns/ *n.* **1** mantenimento *m.*, conservazione *f.*: *the ~ of peace* il mantenimento della pace. **2** (*state of being preserved*) mantenimento *m.*, difesa *f.*: *the ~ of law and order* il mantenimento dell'ordine. **3** (*supporting*) mantenimento *m.*, sostentamento *m.* **4** (*means of support*) mezzi *m.pl.* di sostentamento, alimenti *m.pl.* **5** (*care, upkeep*) cura *f.*, manutenzione *f.* (*of* di): ~ *costs* spese di manutenzione. **6** (*assertion*) affermazione *f.*, asserzione *f.* **7** (*Dir*) intervento *m.* illecito di un terzo in una causa. **8** (*Dir*) (*alimony*) alimenti *m.pl.* ☐ ~ *and repair* manutenzione e riparazione; ~ *contract* contratto di manutenzione; ~ *crew* addetti alla manutenzione; ~*engineer* tecnico della manutenzione; ~ *fees* canone di manutenzione; (*Am*) ~*grant* borsa di studio; ~ *man* addetto alla manutenzione, manutentore; (*Br*) ~ *order* ingiunzione di pagamento degli alimenti; ~*personnel* (o ~*staff*) personale addetto alla manutenzione; ~ *work* lavoro di manutenzione.

maintenance-free /ˈmeɪntənənsˈfriː/ *a.* che non richiede manutenzione.

maintop /ˈmeɪntɒp *Am* ˈmeɪntɑːp/ *n.* (*Mar*) coffa *f.* di maestra.

maisonette, maisonnette /ˌmeɪzəˈnet/ *n.* **1** appartamento *m.* **2** (*small house*) villetta *f.*, villino *m.* unifamiliare.

maize /meɪz/ *n.* **1** (*Br*) mais *m.*, granturco *m.* **2** (*maize yellow*) giallo *m.* oro.

Maj. (*Mil*) *Major* Ma. (maggiore).

majestic /məˈdʒestɪk/ *a.* maestoso, imponente, grandioso.

majestical /məˈdʒestɪkəl/ *a.* maestoso, imponente, grandioso.

majesty /ˈmædʒəsti/ *n.* **1** sovranità *f.* **2** (*fig*) maestà *f.*; (*of ceremony*) maestosità *f.*; (*of building*) imponenza *f.*, grandiosità *f.* **3** (*Art*) maestà *f.*

Majesty /ˈmædʒəsti/ *n.* (*as a title*) Maestà *f.*: *your ~* Vostra Maestà. ☐ (*Br*) *Her ~'s government* il governo di Sua Maestà; (*Br*) *to be detained at Her ~'s pleasure* essere riunchiuso in prigione a tempo indeterminato; *On Her ~'s Service*: 1 al servizio di Sua Maestà; 2 (*Post*) in franchigia postale, servizio di stato.

Maj.Gen. (*Mil*) *Major General* Magg. Gen. (maggior generale, generale di divisione).

majolica /məˈjɒlɪkə *Am* məˈdʒɑːlɪkə/ *n.* (*Ceram*) maiolica *f.*

major /ˈmeɪdʒər/ I *a.* **1** maggiore, più importante, principale: *the ~ industrialized countries* i maggiori paesi industrializzati. **2** (*great, important*) grande, importante, considerevole: *a ~ artist* un grande artista. **3** (*elder*) senior: *Jones ~* Jones senior. **4** (*larger*) maggiore, più grande: *the ~ part* la maggiore parte. **5** (*Dir*) maggiorenne. **6** (*Mus*) maggiore: *in a ~ key* in tono maggiore. **7** (*Med,Chir*) importante, grave: *a ~ illness* una grave malattia. **8** (*Am,Scol,Univ*) (*of a subject*) di specializzazione. II *n.* **1** (*Mil*) maggiore *m.* **2** (*Dir*) maggiorenne *m./f.* **3** (*Am,Scol,Univ*) (*field*) specializzazione *f.*; (*subject*) materia *f.* di specializzazione, disciplina *f.* di specializzazione, materia *f.* di laurea: *English was my ~* mi sono specializzato in inglese. **4**

(*Mus*) tono *m.* maggiore. **5** *pl.* (*Cin*) (*the Majors*) grandi case *f.pl.* produttrici di Hollywood. **III** *v.i.* (*Am,Scol,Univ*) specializzarsi, perfezionarsi: *to ~ in history* specializzarsi in storia. □ (*Geom*) ~ *axis* asse maggiore; (*Mus*) ~ *chord* accordo maggiore; (*Cin*) ~ *feature* lungometraggio; (*Mil*) ~ *general* maggior generale, generale di divisione; (*Mus*) ~ *interval* intervallo maggiore; (*Mus*) ~ *key* chiave maggiore; (*Am,Sport*) ~ *league* lega maggiore; (*Rel.catt*) ~ *order* ordine maggiore; ~ *piece* (*in chess*) pezzo maggiore (regina, torre); (*Filos*) ~ *premise* premessa maggiore, maggiore; (*Bibl*) ~ *prophet* profeta maggiore; (*Mus*) ~ *scale* scala maggiore; (*Econ*) ~ *shareholder* azionista di maggioranza; (*Mus*) ~ *sixth* sesta maggiore.

Majorca /məˈjɔːkə *Am* məˈjɔːrkə/ *n.pr.* (*Geog*) Maiorca *f.*

Majorcan /məˈjɔːkən *Am* məˈjɔːrkən/ **I** *a.* maiorchino. **II** *n.* abitante *m./f.* di Maiorca.

major-domo /ˌmeɪdʒˈdoʊmoʊ *Am* ˌmeɪdʒərˈdoʊmoʊ/ (*pl.* **-s** /-z/) *n.* maggiordomo *m.* (*anche Stor*).

majorette /ˌmeɪdʒəˈret/ *n.* (*Am*) majorette *f.*

majoritarian /məˌdʒɒrɪˈterɪən *Am* məˌdʒɔːrɪˈterɪən/ *a.* maggioritario. □ (*Pol*) ~ *system* sistema maggioritario.

majority /məˈdʒɒrɪti *Am* məˈdʒɔːrəti/ **I** *n.* **1** maggioranza *f.*, maggior parte *f.*: *the ~ of men* la maggior parte degli uomini. **2** (*number or amount in excess of half*) maggioranza *f.*: *to win by a ~ of ten votes* vincere con una maggioranza di dieci voti; *a three to one ~* una maggioranza di tre a uno; *by a large ~* a larga maggioranza; *the silent ~* la maggioranza silenziosa. **3** (*Dir*) maggiore età *f.*: *to reach one's ~* diventare maggiorenne. **4** (*Mil*) grado *m.* di maggiore. **II** *a.* della maggioranza, di maggioranza, maggioritario: *a ~ decision* una decisione maggioritaria. □ *to be in a ~* (o *to be in the ~*) essere in maggioranza; (*Pol*) ~ *leader* leader della maggioranza; *in the ~ of cases* nella maggior parte dei casi; ~ *opinion* opinione della maggioranza; ~ *party* partito di maggioranza; ~ *report* relazione di maggioranza; ~ *shareholder* azionista di maggioranza; ~ *shareholding* azionariato di maggioranza; (*Br,Dir*) ~ *verdict* verdetto dato a maggioranza; (*Pol*) ~ *vote* voto di maggioranza.

major-league /ˈmeɪdʒər.liːg/ *a.* (*Am,fig*) di primo piano.

majorship /ˈmeɪdʒəʃɪp *Am* ˈmeɪdʒərʃɪp/ *n.* (*Mil*) grado *m.* di maggiore.

majuscular /ˈmædʒəskjuːlər *Am also* məˈdʒʌskjuːlər/ *a.* delle maiuscole.

majuscule /ˈmædʒəskjuːl *Am also* məˈdʒʌskjuːl/ **I** *a.* maiuscolo. **II** *n.* maiuscola *f.*, lettera *f.* maiuscola.

MAK *Macedonia* MAK (Macedonia).

make[1] /meɪk/ (*past, p.p.* **made** /meɪd/) **I** *v.t.* **1** fare, costruire, fabbricare: *to ~ a table* costruire un tavolo. **2** (*to sew*) fare, confezionare, cucire: *she is making a dress* sta facendo un abito. **3** (*to prepare, to cook*) fare, preparare: *to ~ a cup of coffee* fare un caffè. **4** (*to manufacture*) produrre, fare, fabbricare. **5** (*to create*) creare, fare: *God made man* Dio creò l'uomo; *stop making difficulties!* smettila di creare difficoltà! **6** (*to build*) costruire, fare: *to ~ roads* costruire strade. **7** (*to form in the mind*) fare, concepire: *to ~ plans* fare piani. **8** (*to constitute, to compose*) costituire, fare, comporre: *oxygen and hydrogen ~ water* l'acqua è costituita di ossigeno e idrogeno. **9** (*to perform, to carry out*) fare, porre in atto, *often translated with the correspond-*

ing verb: *to ~ war* far guerra; *to ~ preparations* prepararsi; *to ~ a jump* saltare, fare un salto. **10** (*to appoint*) nominare, fare, eleggere: *the King made him chancellor* il re lo nominò cancelliere. **11** (*to promote*) promuovere, fare. **12** (*to cause to be*) rendere, fare: *to ~ life difficult for so.* rendere la vita difficile a qcu.; *this news has made me happy* questa notizia mi ha fatto felice. **13** (*to compel*) obbligare, costringere, fare: *he was made to confess* fu costretto a confessare; *to ~ so. wait* far aspettare qcu. **14** (*to cause to appear*) far sembrare, fare apparire, rendere: *this photograph -s you* (*look*) *old* questa fotografia ti fa sembrare vecchio, questa fotografia ti invecchia. **15** (*of a fire*) fare, accendere. **16** (*of beds*) fare, rifare, rassettare. **17** (*to form, to constitute*) fare, formare, costituire: *to ~ a fourth at bridge* fare il quarto a bridge. **18** (*to equal*) fare, essere uguale a: *two times three -s six* due per tre fa sei. **19** (*to count as*) essere: *this -s the third time* questa è la terza volta, e con questa sono tre volte. **20** (*to be, to serve as*) essere, servire da. **21** (*of people: to prove to be*) essere, diventare, dimostrarsi: *he should ~ a good doctor* dovrebbe diventare un buon medico; *she will ~ a good wife* sarà una buona moglie. **22** (*colloq*) (*to assure the success of*) rendere noto, lanciare: *the exhibition made him as a painter* l'esposizione lo ha reso noto come pittore. **23** (*to earn*) guadagnare: *to ~ a living as a writer* guadagnarsi da vivere facendo lo scrittore; *he made a few dollars a week* guadagnava pochi dollari la settimana. **24** (*to eat*) fare, mangiare, consumare. **25** (*to reach*) raggiungere, arrivare a: *we will ~ Paris by midnight* arriveremo a Parigi per (la) mezzanotte. **26** (*of distances, speed*) tenere, fare, viaggiare a. **27** (*colloq*) (*to be in time for*) arrivare in tempo per, fare in tempo per, essere in tempo per: *if you hurry you'll ~ the last train* se ti sbrighi arriverai in tempo per l'ultimo treno. **28** (*colloq*) (*to gain a place on*) entrare in, far parte di: *the book made the best-seller list* il libro entrò nell'elenco dei best-seller. **29** (*colloq*) (*to gain the rank of*) diventare: *he made sergeant in two years* divenne sergente in due anni. **30** (*colloq*) (*to estimate*) fare, valutare, stimare: *what time do you ~ it?* che ora fai? **31** (*to enact*) emanare, emettere, promulgare: *to ~ laws* emanare leggi. **32** (*colloq*) (*to make perfect*) rendere perfetto, completare: *good weather made our holiday* il bel tempo ha reso perfetta la nostra vacanza. **33** (*El*) (*of a contact*) chiudere; (*of a circuit*) completare. **34** (*in cards: to shuffle*) mescolare, scozzare; (*of a trick: to take*) fare. **35** (*Sport*) (*to score*) fare, segnare. **II** *v.i.* **1** fare per, stare per: *he made to go away but thought better of it* fece per andare ma ci ripensò. **2** (*to show oneself to be*) essere: *to ~ merry* essere allegro. **3** (*colloq*) (*to go, to head*) dirigersi (*for, towards* a, verso); muoversi, andare (verso): *to ~ for home* dirigersi a casa. □ *to ~ after* so. inseguire qcu.; *to ~ against* essere contrario, andare contro; *to ~ against so.* essere sfavorevole a qcu., essere ostile a qcu.; *to ~ as if* fare per, fare finta di: *she made as if to protest but then sat down again* fece per protestare ma poi si risedette; *he made as if he hadn't heard* finse di non avere sentito; *to ~ as though* fare per, fare finta di; *to ~ at* attaccare, scagliarsi contro; *to ~ away with*: 1 fare piazza pulita di, spazzare via; 2 (*to destroy*) distruggere; 3 (*gerg*) (*to kill*) uccidere, liquidare, far fuori; *to ~ away with oneself* suicidarsi, uccidersi; *to ~ back* to ritornare

a; *to ~ do with sth.* arrangiarsi con qcs.; *to ~ for*: 1 dirigersi a, dirigersi verso, andare a: *the ship was making for Bombay* la nave era diretta a Bombay; 2 (*to go at, to attack*) scagliarsi contro, avventarsi contro, attaccare; 3 (*to promote*) contribuire a, promuovere, giovare a, favorire; (*colloq*) *to ~ it*: 1 riuscire, farcela: (*Am,colloq*) *if you can't ~ it, fake it!* se non lo sai fare, fingi; 2 (*to arrive in time*) arrivare in tempo, farcela; 3 (*to reach*) raggiungere (*to sth.* qcs.), arrivare (a): *the ship made it to port* la nave riuscì a raggiungere il porto; (*colloq*) *to ~ it in* rientrare, ritornare (a casa); (*sl*) *to ~ like* far finta di essere, imitare; *to ~ of* pensare, dedurre, interpretare: *what do you ~ of it?* che ne pensi?; *to ~ off*: 1 fuggire, scappare, darsela a gambe; 2 (*to depart hastily*) scappare, andare via in fretta, allontanarsi in fretta; 3 (*to steal*) rubare, portare via, sottrarre; *to ~ off with* portare via; *to ~ out*: 1 compilare, riempire: *to ~ out a list* compilare un elenco; *to ~ out a cheque* compilare un assegno; *to ~ out a bill* fare una fattura; 2 (*to decipher*) decifrare, capire: *I cannot ~ out what you have written* non riesco a decifrare che cosa hai scritto; 3 (*to discern*) distinguere, discernere, scorgere, riconoscere; 4 (*to understand*) capire, comprendere: *how do you ~ that out?* cosa te lo fa pensare?; 5 (*to cause to appear*) far fare la figura di, fare passare per, fare apparire: *you ~ me out to be a fool* mi fai fare la figura dello stupido; 6 (*to convey the idea that*) dare a intendere, simulare, fingere; 7 (*colloq*) (*to get on*) passarsela, andare, trovarsi; (*Am,sl*) *to ~ out with so.* andare con qcu., farsela con qcu.; 8 (*colloq*) (*to manage*) riuscire (*spec.* per un pelo), cavarsela; *to ~ over*: 1 (*of property*) passare, trasferire, cedere; 2 (*to remake, remodel*) rimodernare, rifare; 3 (*Tip*) rifare; *to ~ oneself understood* farsi capire; *to ~ up*: 1 inventare: *the story was partly made up* la storia era in parte inventata; 2 (*to compile*) compilare, redigere; 3 (*Cosmet,Teat*) truccare, (*ant*) imbellettare: *to ~ up one's eyes* truccarsi gli occhi; 4 (*Cosmet,Teat,assol*) truccarsi, (*ant*) imbellettarsi; 5 (*of a fire*) fare, accendere; 6 (*of beds*) fare, rifare, rassettare; 7 (*to put together*) mettere insieme, riunire, raccogliere: *to ~ up a party* formare una comitiva, formare un gruppo; 8 (*to compound*) preparare, comporre: *to ~ up a medicine* preparare un farmaco; 9 (*to compose, to constitute*) comporre, costituire, formare: *to be made up of* essere composto da, essere costituito da; 10 (*to compensate*) compensare: *to ~ up the difference* compensare la differenza; 11 (*to recover*) ricuperare, riguadagnare: *to ~ up* (*for*) *lost time* riguadagnare il tempo perduto; 12 (*after a quarrel, etc.*) comporre, conciliare, fare la pace; 13 (*Tip*) impaginare; 14 (*Am,Scol*) ripetere, rifare: *to ~ up an examination* ripetere un esame; *to ~ up for*: 1 ricuperare, riguadagnare; 2 (*to compensate for*) compensare: *to ~ it up to so.* ricompensare qcu.; *to ~ up one's mind* decidersi; *to ~ up to* cercare di ingraziarsi, fare la corte a, lisciare; (*Am,sl*) *to ~ with* usare: (*fig*) *~ with the feet!* cammina!

make[2] /meɪk/ *n.* **1** fattura *f.*: *a machine of strong ~* una macchina di solida fattura. **2** (*manufacture*) fabbricazione *f.*, produzione *f.*: *goods of Japanese ~* merci di fabbricazione giapponese; *of our own ~* di nostra produzione. **3** (*brand*) marca *f.*, tipo *m.*: *cars of all -s* automobili di tutte le marche. **4** (*of a person: constitution*) costituzione *f.*; (*character*) indole *f.*, carattere *m.* **5** (*El*) (*of a circuit*) chiusura *f.* **6** (*Am,colloq*) (*of a criminal*) informazioni *f.pl.* che permettono di identificare. □ (*sl*) *on the ~*: 1 (*pursuing profits*) in cerca di guadagno, avido; 2 (*pursuing success*) in cerca di successo, ambizioso, arrivista, carrierista; 3 (*in search of sexual adventures*) in cerca di avventure; 4 (*improving, increasing*) in miglioramento, in aumento.

make-believe /ˈmeɪkbɪˌliːv/ **I** *n.* finzione *f.*, finta *f.*, simulazione *f.*: *the land of ~* il mondo delle favole. **II** *a.* finto, simulato, immaginario. **III** *v.i.* fare finta, fingere: *to ~ (that) one is a pirate* giocare a fare il pirata.

make-do /ˈmeɪkduː/ **I** *a.* improvvisato, di fortuna, di ripiego. **II** *n.* espediente *m.*, ripiego *m.*, compromesso *m.*

make-do-and-mend /ˌmeɪkduːənˈd(d)mend/ *v.i.* accontentarsi (di situazioni non perfette).

makefast /ˈmeɪkfɑːst *Am* ˌmeɪkˈfæst/ *n.* (*Mar*) ormeggio *m.*

makeover /ˈmeɪkˌoʊvər/ *n.* (*of appearance, public image*) trasformazione *f.*: *free ~* dimostrazione gratuita di trucco.

make-peace /ˈmeɪkpiːs/ *n.* (*rar*) paciere *m.* (*f.* -a).

maker /ˈmeɪkər/ *n.* 1 chi fa. 2 (*creator*) creatore *m.* (*f.* -trice), artefice *m./f.* 3 (*manufacturer*) fabbricante *m./f.*, produttore *m.* (*f.* -trice). 4 (*Dir*) emittente *m./f.* 5 (*in bridge*) dichiarante *m./f.* 6 (*device*) apparecchio *m.*: *coffee ~* bollitore per il caffè; *ice-cream ~* gelatiera.

Maker /ˈmeɪkər/ *n.* (*God*) Creatore *m.*, Dio *m.* □ *to go to one's ~* andare al Creatore, morire.

maker-up /ˈmeɪkərˌʌp/ *n.* 1 (*Tip*) impaginatore *m.* (*f.* -trice). 2 (*packer*) impaccatore *m.* (*f.* -trice). 3 (*Teat*) truccatore *m.* (*f.* -trice).

makeshift /ˈmeɪkʃɪft/ **I** *a.* improvvisato, di fortuna, di ripiego. **II** *n.* espediente *m.*, ripiego *m.*, compromesso *m.*

make-up /ˈmeɪkʌp/ *n.* 1 (*Cosmet*) trucco *m.*, maquillage *m.*, (*ant*) belletto *m.*: *to wear ~* essere truccato. 2 (*Cosmet*) (*act of applying cosmetics*) trucco *m.*, truccatura *f.* 3 (*composition*) costituzione *f.*, composizione *f.*, formazione *f.*: *the ~ of a committee* la costituzione di una commissione. 4 (*character, temperament*) carattere *m.*, temperamento *m.*, personalità *f.* 5 (*Tip,Giorn*) impaginazione *f.* 6 (*Am,Scol,Univ*) ripetizione *f.* (di un esame). □ (*Teat,Cin,TV*) *~ artist* truccatore *m.* (*Cosmet*) *~ bag* trousse per il trucco; (*Cosmet*) *~ box* cofanetto del trucco; (*Cosmet*) *~ remover* struccante; (*Cosmet*) *~ sponge* spugnetta per il trucco.

makeweight /ˈmeɪkweɪt/ *n.* 1 quantità *f.* aggiunta per completare il peso. 2 (*fig*) (*stopgap*) riempitivo *m.*; (*counterweight*) contrappeso *m.* 3 (*fig*) (*person*) tappabuchi *m./f.*

make-work /ˈmeɪkwɜːrk/ *n.* (*Am*) lavoro *m.* per tenersi occupato.

making /ˈmeɪkɪŋ/ *n.* 1 fattura *f.*, produzione *f.*; (*of industrial products*) fabbricazione *f.*; (*of film*) realizzazione *f.*; (*of clothes*) confezione *f.*; (*of meals*) preparazione *f.* 2 (*cause of success*) causa *f.* del successo, causa *f.* della fortuna: *that experience was the ~ of him* quell'esperienza fu la causa del suo successo. 3 (*make-up, constitution*) costituzione *f.*, composizione *f.*, formazione *f.* 4 (*of laws: enactment*) promulgazione *f.*, emanazione *f.* 5 *pl.* (*potentiality, capacity*) capacità *f.pl.*, doti *f.pl.* naturali, (*colloq*) stoffa *f.sing.*: *he has the -s of a violinist* ha la stoffa del violinista. 6 *pl.* (*earnings*) guadagni *m.pl.*; (*profits*) profitti *m.pl.*, ricavo *m.* 7 *pl.* (*material for making cigarettes*) cartine *f.pl.* e tabacco. □ *in the ~* in formazione: *history in the ~* la storia nel suo corso; *to be in the ~* essere in fabbrica-

zione, essere in costruzione; *a writer in the ~* uno scrittore in erba, uno scrittore alle prime armi.

MAL *Malaysia* MAL (Malaysia).

malabsorption /ˌmæləbˈsɔːpʃən *Am* ˌmæləbˈsɔːrpʃən/ *n.* (*Med*) malassorbimento *m.*

Malacca /məˈlækə *Am also* məˈlɑːkə/ *n.pr.* (*Geog*) Malacca *f.*

Malachi /ˈmæləkaɪ/ *n.pr.m.* (*Bibl*) Malachia.

malachite /ˈmæləkaɪt/ *n.* (*Min*) malachite *f.*

malacologist /ˌmæləˈkɒlədʒɪst *Am* ˌmæləˈkɑːlədʒɪst/ *n.* malacologo *m.* (*f.* -a).

malacology /ˌmæləˈkɒlədʒi *Am* ˌmæləˈkɑːlədʒi/ *n.* malacologia *f.*

malacostraca /ˌmæləˈkɒstrəkə *Am* ˌmæləˈkɑːstrəkə/ *n.pl.* (*Zool*) malacostraci *m.pl.*

maladaptation /ˌmælədæpˈteɪʃən/ *n.* disadattamento *m.*

maladapted /ˌmæləˈdæptɪd/ *a.* disadattato.

maladaptive /ˌmæləˈdæptɪv/ *a.* (*Psic*) maladattivo.

maladjusted /ˌmæləˈdʒʌstɪd/ *a.* (*Psic*) maladattato, disadattato.

maladjustment /ˌmæləˈdʒʌsmənt/ *n.* 1 (*Psic*) disadattamento *m.*, incapacità *f.* di adattamento. 2 (*Mecc*) regolazione *f.* difettosa.

maladministration /ˌmælədˌmɪnɪˈstreɪʃən/ *n.* 1 (*of business, company*) cattiva amministrazione *f.*; (*of hospital, school*) cattiva gestione *f.* 2 (*Pol*) malgoverno *m.*

maladroit /ˌmæləˈdrɔɪt/ *a.* 1 maldestro, impacciato, goffo. 2 (*lacking in tact*) privo di tatto.

maladroitness /ˌmæləˈdrɔɪtnəs/ *n.* 1 l'essere maldestro, goffaggine *f.* 2 (*tactlessness*) mancanza *f.* di tatto.

malady /ˈmælədi/ *n.* 1 malattia *f.* 2 (*fig*) male *m.*, malattia *f.*: *social maladies* i mali della società.

Malaga /ˈmæləgə *Am also* ˈmɑːlɑːgɑː/ **I** *n.pr.* (*Geog*) Malaga *f.* **II** *n.* malaga *m.*, vino *m.* di Malaga.

Malagasy /ˌmæləˈgæsi *Br also* ˌmæləˈgɑːzi/ **I** *n.* (*pl.inv.* o **-sies** /-siːz/) 1 (*person*) malgascio *m.* (*f.* -a). 2 (*costr.pl.*) (*Malagasy people*) malgasci *m.pl.* 3 (*language*) malgascio *m.* 4 (*Geog*) Madagascar *m.* **II** *a.* malgascio, del Madagascar.

malaise /məˈleɪz, mælˈeɪz/ *n.* 1 malessere *m.* 2 (*fig*) malessere *m.*, inquietudine *f.*, turbamento *m.*

malaprop /ˈmæləprɒp *Am* ˈmæləprɑːp/ *n.* 1 storpiatura *f.* delle parole. 2 (*malused words*) strafalcione *m.*, malapropismo *m.*

malapropism /ˈmæləprɒpɪzəm *Am* ˈmæləprɑːpɪzəm/ *n.* 1 storpiatura *f.* delle parole. 2 (*malused words*) strafalcione *m.*, malapropismo *m.*

malapropos /ˌmæləprəˈpoʊ/ **I** *a.* detto a sproposito, fatto a sproposito. **II** *avv.* a sproposito, inopportunamente.

malar /ˈmeɪlər/ **I** *a.* (*Anat*) malare, zigomatico. **II** *n.* (*Anat*) zigomo *m.*, malare *m.*

malaria /məˈleəriə *Am* məˈleriə/ *n.* (*Med*) malaria *f.*

malarial /məˈleəriəl *Am* məˈleriəl/ *a.* 1 malarico. 2 (*of mosquitos*) della malaria.

malarian /məˈleəriən *Am* məˈleriən/ *a.* 1 malarico. 2 (*of mosquitos*) della malaria.

malarious /məˈleəriəs *Am* məˈleriəs/ *a.* 1 malarico. 2 (*of mosquitos*) della malaria.

malarkey /məˈlɑːki *Am* məˈlɑːrki/ *n.* (*colloq*) sciocchezze *f.pl.*, balle *f.pl.*, fandonie *f.pl.*

malate /ˈmæleɪt/ *n.* (*Chim*) malato *m.*

malathion /ˌmæləˈθaɪən/ *n.* (*Chim*) malathion *m.*

Malawi /məˈlɑːwi/ *n.pr.* (*Geog*) Malawi *m.*

Malay /məˈleɪ *Am also* meɪˈleɪ/ **I** *a.* malese. **II** *n.* 1 malese *m./f.* 2 (*language*) malese *m.* □

(*Geog*) *the ~ Peninsula* la penisola di Malacca.

Malaya /məˈleɪə/ *n.pr.* (*Geog*) Malesia *f.*

Malayan /məˈleɪən/ **I** *a.* malese. **II** *n.* 1 malese *m./f.* 2 (*language*) lingua *f.* deutero-malese.

Malaysia /məˈleɪʒə *Br also* məˈleɪziə/ *n.pr.* (*Geog*) Malaysia *f.*

Malaysian /məˈleɪʒən *Br also* məˈleɪziən/ **I** *a.* malaysiano. **II** *n.* 1 malaysiano *m.* (*f.* -a). 2 (*language*) lingua *f.* malaysiana.

Malcolm /ˈmælkəm/ *n.pr.m.* Malcolm.

malconformation /ˌmælˌkɒnfɔːrˈmeɪʃən *Am* ˌmælˌkɑːnfɔːrˈmeɪʃən/ *n.* 1 sproporzione *f.* 2 (*Fisiol*) malformazione *f.*, deformità *f.*

malcontent /ˈmælkənˌtent/ **I** *a.* malcontento, scontento, insoddisfatto. **II** *n.* 1 malcontento *m.* (*f.* -a), scontento *m.* (*f.* -a). 2 (*Pol*) scontento *m.* (*f.* -a).

Maldives /ˈmɔːldiːvz *Am* ˈmældaɪvz/ *n.pr.pl.* (*Geog*) Maldive *f.pl.*, isole *f.pl.* Maldive.

male /meɪl/ **I** *a.* 1 maschio, maschile: *the ~ sex* il sesso maschile; *a ~ animal* un animale maschio. 2 (*virile*) virile, maschio, maschile, mascolino. 3 (*composed of or reserved for males*) maschile, di uomini, per uomini: *a ~ choir* un coro maschile; *an all ~ club* un circolo per soli uomini. 4 (*Mecc,El*) maschio. **II** *n.* 1 (*person*) maschio *m.*, uomo *m.* 2 (*animal*) maschio *m.* 3 (*Bot*) pianta *f.* staminifera. □ *~ bonding* formazione di un legame (fra uomini), spirito amichevole (fra uomini); *~ chauvinism* maschilismo, sciovinismo maschilista; *~ chauvinist* maschilista; (*colloq, spreg*) *~ chauvinist pig* sporco maschilista; (*Inform*) *~ connector* connettore maschio; (*Mecc*) *~ connector* maschio; (*Bot*) *~ fern* felce maschio; (*Fisiol*) *~ menopause* andropausa; *~ nurse* infermiere; (*Anat*) *~ organ* organo maschile; (*Biol*) *~ pronucleus* pronucleo maschile; (*Mus*) *~ voice choir* coro maschile.

malediction /ˌmæləˈdɪkʃən/ *n.* maledizione *f.*

maledictory /ˌmæləˈdɪktəri/ *a.* di maledizione.

malefaction /ˌmæləˈfækʃən/ *n.* 1 malfatto *m.* 2 (*crime*) misfatto *m.*, delitto *m.*

malefactor /ˈmæləˌfæktər/ *n.* 1 chi fa del male. 2 (*criminal*) malfattore *m.* (*f.* -trice), criminale *m./f.*

malefactress /ˈmæləˌfæktrəs/ *n.* donna *f.* malvagia.

malefic /məˈlefɪk/ *a.* malefico.

maleficence /məˈlefɪsəns/ *n.* 1 (*evil-doing*) il far male; (*instance*) malefatte *f.pl.* 2 (*maleficent quality*) malvagità *f.sing.*

maleficent /məˈlefɪsənt/ *a.* 1 malefico. 2 (*injurious*) malefico, dannoso. 3 (*criminal*) criminale, delittuoso, criminoso.

maleic /məˈliːk/ □ (*Chim*) *~ acid* acido maleico.

maleness /ˈmeɪlnəs/ *n.* 1 l'essere maschio, (*rar*) maschiezza *f.* 2 (*virility, masculinity*) mascolinità *f.*, virilità *f.*

malevolence /məˈlevələns/ *n.* malevolenza *f.*, malanimo *m.* (*towards* verso).

malevolent /məˈlevələnt/ *a.* 1 malevolo. 2 (*harmful, evil*) maligno, cattivo, malevolo.

malfeasance /mælˈfiːzəns/ *n.* (*Dir*) prevaricazione *f.*, abuso *m.*; (*illegal action*) (atto) illecito *m.*

malfeasant /mælˈfiːzənt/ *n.* prevaricatore *m.* (*f.* -trice), disonesto *m.* (*f.* -a).

malformation /ˌmælfɔːrˈmeɪʃən *Am* ˌmælfɔːrˈmeɪʃən/ *n.* malformazione *f.*, deformità *f.*

malformed /ˌmælˈfɔːmd *Am* ˌmælˈfɔːrmd/ *a.* malformato, deforme.

malfunction /mælˈfʌŋ(k)ʃən/ **I** *n.* 1 (*Tecn*) (*poor operation*) malfunzionamento *m.*, cattivo funzionamento *m.*; (*breakdown*) guasto *m.* **2** (*Med*) disfunzione *f.* **II** *v.i.* funzionare male.

Mali /'mɑːli/ *n.pr.* (*Geog*) Mali *m.*

malic /'mælɪk, 'meɪlɪk/ □ (*Chim*) ~ *acid* acido malico.

malice /'mælɪs/ *n.* **1** cattiveria *f.*, malizia *f.*, malvagità *f.*, malignità *f.*, astio *m.* **2** (*ill-will*) cattiveria *f.*, malanimo *m.*, malevolenza *f.*: *words full of* ~ parole piene di cattiveria; *to bear* ~ *towards so.* nutrire malanimo verso qcu. **3** (*Dir*) dolo *m.*, intenzione *f.* criminosa. □ (*Dir*) ~ *aforethought* premeditazione: *murder with* ~ *aforethought* omicidio premeditato.

malicious /mə'lɪʃəs/ *a.* **1** maligno, malizioso, cattivo, malvagio, calunnioso. **2** (*Dir*) doloso: *with* ~ *intent* con dolo. □ (*Dir*) ~ *damage* danneggiamento doloso dei beni altrui; (*Dir*) ~ *prosecution* processo senza giusta causa; (*Dir*) ~ *wounding* ferimento intenzionale.

maliciousness /mə'lɪʃəsnəs/ *n.* malignità *f.*, cattiveria *f.*

malign /mə'laɪn/ **I** *v.t.* **1** malignare su, sparlare di, dire male di. **2** (*to defame*) calunniare, diffamare. **II** *a.* **1** dannoso, nocivo, malefico. **2** (*malevolent*) malevolo, animoso. **3** (*Med*) (*of a tumour*) maligno.

malignance /mə'lɪgnəns/ *n.* **1** malignità *f.*, cattiveria *f.* **2** (*Med*) malignità *f.*; (*malignant tumour*) tumore *m.* maligno.

malignancy /mə'lɪgnənsi/ *n.* **1** malignità *f.*, cattiveria *f.* **2** (*Med*) malignità *f.*; (*malignant tumour*) tumore *m.* maligno.

malignant /mə'lɪgnənt/ *a.* **1** maligno: ~ *spirits* spiriti maligni. **2** (*malevolent*) malevolo, animoso, ostile. **3** (*Med*) (*of a disease*) pernicioso; (*of a tumour*) maligno. □ (*Med*) ~ *pustule* pustula maligna, antrace maligno.

maligner /mə'laɪnəʳ/ *n.* chi maligna, diffamatore *m.* (*f.* -trice), calunniatore *m.* (*f.* -trice).

malignity /mə'lɪgnɪti Am mə'lɪgnəţi/ *n.* malignità *f.*, malvagità *f.*

malinger /mə'lɪŋgəʳ/ *v.i.* **1** fingersi malato, simulare una malattia. **2** (*of soldiers*) darsi malato, marcare visita.

malingerer /mə'lɪŋgərəʳ/ *n.* **1** chi si finge malato. **2** (*of soldiers*) chi si dà malato, chi marca visita.

mall¹ /mɔːl/ *n.* **1** (*Am*) (*shopping mall*) centro *m.* commerciale. **2** (*walk, promenade*) viale *m.*, passeggio *m.* **3** (*Stor*) (*game of pall-mall*) pallamaglio *m./f.*; (*mallet*) maglio *m.*, mazzuolo *m.*; (*alley*) campo *m.* di pallamaglio. □ (*Am,spreg*) ~ *people* tamarri, persone grezze; (*Am,spreg*) ~ *walker* chi passeggia avanti e indietro in un centro commerciale, chi fa le vasche in un centro commerciale.

mall² /mɔːl/ *n./v.* → **maul**.

mallard /'mælɑːd Am 'mæləʳd/ (*pl.inv.* o -**s** /-z/; *il pl. inv. si usa general. con valore collett.*) *n.* **1** (*Ornit*) anatra *f.* selvatica, germano *m.* reale. **2** (*drake*) maschio *m.* dell'anatra selvatica.

malleability /ˌmæliə'bɪlɪti Am ˌmæliə'bɪləţi/ *n.* **1** (*Met*) malleabilità *f.* **2** (*fig*) malleabilità *f.*, docilità *f.*, arrendevolezza *f.*

malleable /'mæliəbl/ *a.* **1** (*Met*) malleabile. **2** (*fig*) malleabile, docile, arrendevole, duttile.

mallemuck /'mælɪmʌk/ *n.* (*Ornit*) **1** (*fulmar*) procellaria *f.* artica. **2** (*albatross*) albatro *m.*

malleolar /mə'liːələʳ/ *a.* (*Anat*) malleolare.

malleolus /mə'liːələs/ (*pl.* -**li** /-laɪ/) *n.* (*Anat*) malleolo *m.*

mallet /'mælɪt/ *n.* **1** maglio *m.*, mazzuolo *m.*, mazzuola *f.*, martello *m.* **2** (*Sport*) mazza *f.*

malleus /'mæliəs/ (*pl.* -**lei** /-liaɪ/) *n.* (*Anat*)

martello *m.*

mallow /'mæloʊ/ *n.* (*Bot*) **1** malva *f.* **2** (*dwarf mallow*) malva *f.* selvatica.

malm /mɑːm/ *n.* **1** (*Geol*) (*limestone*) calcare *m.* biancastro; (*chalky soil*) malm *m.* **2** (*for making bricks*) impasto *m.* di gesso e argilla. **3** (*brick*) mattone *m.* di gesso e argilla. □ (*Edil*) ~ *brick* mattone *m.* di gesso e argilla.

malmsey /'mɑːmzi/ *n.* (*Enol*) malvasia *f.*

malnourished /ˌmæl'nʌrɪʃt Am ˌmæl'nɜːrɪʃt/ *a.* **1** malnutrito. **2** (*suffering from insufficient food*) denutrito.

malnutrition /ˌmælnjuː'trɪʃən Am ˌmælnuː'trɪʃən/ *n.* denutrizione *f.*, malnutrizione *f.*

malocclusion /ˌmælə'kluːʒən/ *n.* (*Dent*) malocclusione *f.*

malodorous /ˌmæl'oʊdərəs/ *a.* maleodorante, puzzolente, fetido.

malolactic /ˌmæloʊ'læktɪk/ **I** *a.* malolattico. **II** *n.* fermentazione *f.* malolattica.

malonic /mə'lɒnɪk Am mə'lɑːnɪk/ □ (*Chim*) ~ *acid* acido malonico.

Malpighian /mæl'pɪgiən Am also mɑːl'pɪgiən/ *a.* malpighiano. □ (*Anat*) ~ *pyramids* piramidi di Malpighi, corpuscolo renale; (*Anat,Zool*) ~ *tubule* tubolo malpighiano.

malposition /ˌmælpə'zɪʃən/ *n.* postura *f.* scorretta.

malpractice /mæl'præktɪs/ *n.* **1** (*in medical care*) negligenza *f.* (colposa), malasanità *f.* **2** (*Comm,Dir*) (atto) illecito *m.* **3** (*Med*) imperizia *f.* **4** (*fig*) (*wrongdoing*) azione *f.* disonesta, azione *f.* illecita; (*abuse of an official position*) prevaricazione *f.* **5** (*fig*) (*misuse*) abuso *m.* □ (*Assic*) ~ *insurance* assicurazione contro le imperizie mediche.

malpresentation /mæl,prezən'teɪʃən/ *n.* (*Med*) malpresentazione *f.*, presentazione *f.* fetale anomala.

malt /mɔːlt/ **I** *n.* **1** malto *m.* **2** (*beer*) birra *f.*; (*whisky*) whisky *m.* di malto. **3** (*powder*) latte e malto *m.* in polvere. **4** (*drink*) bevanda *f.* di latte e malto. **II** *v.t.* **1** trasformare in malto, tallire, far germogliare. **2** (*to make with malt*) preparare con il malto. **3** (*to treat with malt*) trattare con il malto. **III** *v.i.* trasformarsi in malto. □ (*Alim*) *to* ~ *barley* far germogliare l'orzo; (*Alim*) ~ *extract* estratto di malto; (*Am*) ~ *liquor* (*beer*) birra; ~ *sugar* maltosio; ~ *whisky* whisky di malto.

Malta /'mɔːltə Am 'mɔːltə/ *n.pr.* (*Geog*) Malta *f.* □ (*Med*) ~ *fever* febbre maltese, brucellosi.

malted /'mɔːltɪd Am 'mɔːltɪd/ □ ~ *barley* malto di orzo; ~ *milk*: **1** (*powder*) latte e malto in polvere; **2** (*drink*) bevanda di latte e malto.

Maltese /ˌmɔːl'tiːz/ **I** *a.* maltese, di Malta. **II** *n.inv.* **1** (*costr.pl.*) (*people*) maltesi *m.pl.* **2** (*person*) maltese *m./f.* **3** (*language*) maltese *m.* □ ~ *cat* gatto maltese; (*Arald,Cin,Bot*) ~ *cross* croce di Malta; (*Zool*) ~ *dog* maltese, cane maltese; (*Med*) ~ *fever* febbre maltese, brucellosi.

maltha /'mælθə/ *n.* (*Min*) sostanza *f.* bituminosa, catrame *m.* minerale.

malthouse /'mɔːlthaʊs/ *n.* malteria *f.*

Malthusian /mæl'θuːziən Am mæl'θuːʒən/ **I** *a.* (*Econ*) maltusiano. **II** *n.* (*Econ*) maltusiano *m.* (*f.* -a).

Malthusianism /mæl'θuːziənɪzəm Am mæl'θuːʒənɪzəm/ *n.* (*Econ*) maltusianismo *m.*

malting /'mɔːltɪŋ Am 'mɔːltɪŋ/ *n.* maltaggio *m.*

maltodextrin /ˌmɔːltoʊ'dekstrɪn/ *n.* (*Biol*) maltodestrina *f.*

maltose /'mɔːltoʊz/ *n.* (*Chim*) maltosio *m.*

maltreat /ˌmæl'triːt/ *v.t.* maltrattare, bistrattare, malmenare.

maltreatment /ˌmæl'triːtmənt/ *n.* maltrattamento *m.*

maltster /'mɔːltstəʳ/ *n.* (*Br*) maltatore *m.* (*f.* -trice).

malty /'mɔːlti Am 'mɔːlţi/ *a.* del malto, relativo al malto.

malvaceous /mæl'veɪʃəs/ *a.* (*Bot*) delle malvacee.

malversation /ˌmælvɜː'seɪʃən Am ˌmælvɜːr'seɪʃən/ *n.* (*Dir*) malversazione *f.*

mam /mæm/ *n.* (*Br,colloq*) mamma *f.*

mama /mə'mɑː/ *n.* (*Am*) **1** mamma *f.*, mammina *f.* **2** (*Am,sl*) (*wife*) donna *f.*, moglie *f.* **3** (*Am,sl*) (*sexy woman*) donna *f.* sexy. □ ~'*s boy* mammone.

mambo /'mæmboʊ Am 'mɑːmboʊ/ (*pl.* -**s** /-z/) *n.* mambo *m.*

mamelon /'mæmɪlən/ *n.* (*Biol*) mammellone *m.*

mameluke /'mæmɪluːk/ **I** *n.* (*Stor*) (*in Moslem countries: slave*) schiavo *m.* **II** *a.* dei mammalucchi.

Mameluke /'mæmɪluːk/ *n.* (*Stor*) mammalucco *m.*, mamelucco *m.*

mamilla /mæ'mɪlə/ (*pl.* -**llae** /-liː/) *n.* (*Anat*) capezzolo *m.*

mamillary /mæ'mɪləri/ *a.* **1** (*Anat*) mammillare. **2** (*Geol*) mammellonare.

mamillate /'mæmɪleɪt/ *a.* mammellonato.

mamillated /'mæmɪleɪtɪd Am 'mæmɪleɪţɪd/ *a.* mammellonato.

mamma¹ /mə'mɑː Am 'mɑːmə/ *n.* (*colloq*) mamma *f.*, mammina *f.*

mamma² /'mæmə/ (*pl.* **mammae** /'mæmiː/) *n.* (*Anat*) mammella *f.*

mammal /'mæməl/ *n.* (*Zool*) mammifero *m.*

mammalian /mæm'eɪliən/ **I** *a.* dei mammiferi, mammaliano. **II** *n.* (*Zool*) mammifero *m.*

mammalogical /ˌmæmə'lɒdʒɪkəl Am ˌmæmə'lɑːdʒɪkəl/ *a.* mammalogico.

mammalogist /mæ'mælədʒɪst/ *n.* mammalogo *m.* (*f.* -a).

mammalogy /mæ'mælədʒi/ *n.* mammalogia *f.*

mammaplasty /'mæməplæsti/ *n.* (*Chir*) mammoplastica *f.*, chirurgia *f.* plastica della mammella.

mammary /'mæməri/ *a.* (*Anat*) mammario: ~ *gland* ghiandola mammaria.

mammectomy /mæ'mektəmi/ *n.* (*Chir*) mastectomia *f.*

mammee /mæ'miː, 'mɑːmeɪ/ *n.* (*Bot*) albicocco *m.* d'America.

mammiferous /mæm'mɪfərəs/ *a.* mammifero.

mammilla /mæ'mɪlə/ (*pl.* -**llae** /-liː/) *n.* (*Anat*) capezzolo *m.*

mammogram /'mæməgræm/ *n.* (*Radiol*) mammogramma *m.*, radiogramma *m.* della mammella.

mammography /mæm'ɒgrəfi Am mæm 'ɑːgrəfi/ *n.* (*Med*) mammografia *f.*, mastografia *f.*

mammon /'mæmən/ *n.* (*Bibl*) mammona *f.*: *to worship* ~ venerare il dio denaro.

Mammon /'mæmən/ *n.* mammona *f.*: *to worship* ~ adorare mammona.

mammonish /'mæmənɪʃ/ *a.* avido di ricchezze, avido di denaro.

mammonism /'mæmənɪzəm/ *n.* culto *m.* del denaro, mammonismo *m.*

mammoplasty /'mæməplæsti/ *n.* (*Chir*) mammoplastica *f.*, chirurgia *f.* plastica della mammella.

mammoth /'mæməθ/ **I** *n.* **1** (*Paleont*) mammut *m.* **2** (*fig*) colosso *m.*, gigante *m.* **II** *a.* gigantesco, colossale, enorme, mastodontico.

mammy /'mæmi/ *n.* **1** (*colloq*) mamma *f.*, mammina *f.* **2** (*Am*) (*black nursemaid*) bambinaia *f.* nera; (*black servant*) cameriera *f.* nera.

man /mæn/ **I** *n.* (*pl.* **men** /men/) **1** uomo *m.* **2**

(*mankind*) uomo *m.*, umanità *f.*, genere *m.* umano: *the rights of ~* i diritti dell'uomo. **3** (*human being, person*) essere *m.* umano, persona *f.* **4** (*husband*) marito *m.*: *to live as ~ and wife* vivere come marito e moglie. **5** (*colloq,dial*) (*lover, sweetheart*) amante *m.*, innamorato *m.*, (*pop*) uomo *m.* **6** (*used indefinitely: anyone*) uno *m.*, qcu. *m.*, *often translated with an impersonal construction: a ~ must live* si deve pur vivere. **7** (*as a term of address*) amico *m.*, caro *m.* mio. **8** (*in draughts, etc.*) pedina *f.*; (*in chess*) pezzo *m.* **9** (*Sport*) giocatore *m.*, uomo *m.* **10** (*manservant*) servitore *m.*; (*valet*) valletto *m.* **11** (*Mar*) (*in compounds: ship*) nave *f.*: *a ~-of-war* una nave da guerra. **12** (*Mediev*) (*vassal*) vassallo *m.* **13** (*sl,esclam.*) (*friend, fellow*) amico!, ehi tu!, capo! **14** *pl.* (*Mil*) soldati *m.pl.*, uomini *m.pl.* (*armati*); (*as opposed to officers*) militari *m.pl.* (di truppa), soldati *m.pl.*, truppa *f.sing.*: *officers and men* ufficiali e soldati. **15** (*Ind*) (*workers*) lavoratori *m.pl.*, operai *m.pl.*, dipendenti *m.pl.* **16** (*Am,sl*) (*from a black person's viewpoint*) uomo *m.* bianco (come simbolo del potere bianco). **II** *intz.* (*Am,sl*) caspita!, accidenti! **III** *v.t.* (*past, p.p.* **manned** /-d/) **1** (*Mil*) fornire di uomini; (*of a ship*) equipaggiare, armare. **2** (*Mil*) (*to take one's place at*) prendere posto a, posto su, prendere posto in: *~ the lifeboats!* prendere posto sulle scialuppe! **3** (*rifl.*) *to ~ oneself* farsi animo, farsi forza, farsi coraggio. □ *a ~ about town* un uomo di mondo, un gaudente, (*rar*) un vitaiolo; *~ and boy* dall'infanzia, fin da ragazzo; *as one ~* come un sol uomo, unanimemente; *~ by ~* uno per volta, uno a uno; *to attain to ~'s estate* raggiungere l'età virile; *~ Friday:* 1 (*scherz*) segretario tuttofare, assistente (di fiducia), tuttofare; 2 (*Lett*) Venerdì; *the ~ in charge* l'incaricato; *the ~ in the moon* figura umana riconoscibile sulla faccia della luna, faccia della luna; (*fig*) *the ~ in the street* l'uomo della strada, l'uomo qualunque, l'uomo comune, il cittadino qualunque; (*Tecn*) *~ lock* camera di equilibrio; *~ of God:* 1 uomo di Dio; 2 (*clergyman*) sacerdote, prete; (*lett*) *~ of law* uomo di legge; (*fig*) *a ~ of straw* un uomo di paglia; (*fig*) *a ~ of the cloth* un ecclesiastico; *the ~ of the house* il padrone di casa; *a ~ of the people* un uomo di popolo, un popolano; *a ~ of the world* un uomo di mondo, un intenditore; *he is a ~ of his word* è un uomo di parola, un uomo affidabile; *he is not a ~ to go back on his word* non è il tipo da rimangiarsi la parola data; *it is no good to ~ or beast* (o it is no use to ~ or beast) è totalmente inutile; *to make a ~ out of so.* fare di qcu. un uomo; *a ~'s* un vero uomo, un uomo virile; *~ to ~:* 1 da uomo a uomo; 2 (*Sport*) a uomo; *to a ~* completamente, fino all'ultimo uomo, tutti quanti: *the crew was lost to a ~* l'equipaggio andò completamente perduto. *Prov.*: *~ is the measure of all things* l'uomo è la misura di tutte le cose; *one ~'s meat is another ~'s poison* ciò che piace a uno nuoce a un altro, ciò che giova a uno nuoce a un altro; *~ does not live by bread alone* non si vive di solo pane; *a ~ is as old as he feels* (*himself to be*) l'età è quella che ci si sente; *~ proposes, God disposes* l'uomo propone e Dio dispone.

man-about-town /ˌmænəbautˈtaʊn/ *n.* uomo *m.* di mondo, gaudente *m.*, (*rar*) vitaiolo *m.*

manacle /ˈmænəkl/ *v.t.* **1** ammanettare, mettere le manette; (*of slaves*) incatenare. **2** (*fig*) impastoiare, inceppare, intralciare.

manacles /ˈmænəklz/ *n.pl.* **1** manette *f.pl.*, catene *f.pl.* **2** (*fig*) remora *f.sing.*, pastoia *f.sing.*

manage /ˈmænɪdʒ/ **I** *v.t.* **1** riuscire a, fare in modo di: *we -d to convince him* riuscimmo a convincerlo. **2** (*assol*) farcela, riuscire: *we shall ~ on twenty pounds a week* ce la faremo con venti sterline la settimana. **3** (*to run, to administer*) amministrare, dirigere, reggere, governare: *to ~ a business* amministrare un'azienda; *to ~ a hotel* dirigere un albergo. **4** (*to handle, to control*) manovrare, maneggiare, guidare, governare: *he -s a boat with skill* manovra abilmente la barca. **5** (*of a person*) manovrare. **6** (*of an artist, etc.*) amministrare, fare da manager a. **7** (*colloq*) (*to be able to give or contribute, etc.*) poter dare: *I can ~ five pounds but no more* posso dare cinque sterline ma niente di più. **8** (*to deal with*) trattare: *he -d the affair single-handed* trattò l'affare da solo. **9** (*Equit*) addestrare. **II** *v.i.* destreggiare, destreggiarsi, cavarsela: *they have to ~ on £50 a week* devono cavarsela con 50 sterline alla settimana. □ *can you ~ Sunday?* (*of an appointment, etc.*) ti va bene domenica?, puoi domenica?; *to ~ fairly well* cavarsela; *to ~ with sth.* farcela con qcs., arrangiarsi con qcs.; *to ~ without sth.* fare senza qcs., fare a meno di qcs.: *to ~ without help* farcela senza aiuto, farcela da solo.

manageability /ˌmænɪdʒəˈbɪlɪti Am ˌmænɪdʒəˈbɪləti/ *n.* **1** docilità *f.*, arrendevolezza *f.* **2** (*handiness*) maneggevolezza *f.* **3** (*of a horse*) docilità *f.*

manageable /ˈmænɪdʒəbl/ *a.* **1** maneggevole, trattabile; (*of person*) docile, arrendevole; (*of problem*) gestibile. **2** (*handy*) maneggevole, manovrabile. **3** (*of a horse*) docile. □ *~ hair* capelli facili da pettinare, capelli docili al pettine.

managed /ˈmænɪdʒd/ □ (*Am,Med*) *~ care* managed care, assistenza sanitaria gestita secondo logiche di impresa; (*Econ*) *~ currency* moneta regolata; (*Econ*) *~ economy* economia pianificata; (*Econ*) *~ fund* fondo amministrato.

management /ˈmænɪdʒmənt/ *n.* **1** amministrazione *f.*, direzione *f.*, gestione *f.*, management *m.*: *the ~ of a company* l'amministrazione di una società: *under new ~* nuova gestione. **2** (*skill in managing*) capacità *f.* amministrativa, capacità *f.* di direzione. **3** (*body of managers*) direzione *f.*; (*as opposed to labour*) dirigenti *m.pl.*; (*board of managers*) consiglio *m.* di amministrazione: *top ~* alta dirigenza; *lower ~* (o *middle ~*) quadri subalterni, quadri intermedi. **4** (*of a weapon, tool: handling*) maneggio *m.* **5** (*devious manipulation*) maneggio *m.*, intrigo *m.*, manipolazione *f.*, manovra *f.* □ (*Comm*) *~ account* conto di gestione; (*Comm*) *~ accounting* contabilità analitica, contabilità gestionale; *~ audit* controllo direttivo; *~ board* consiglio di amministrazione; *~ buyin* management buyin, acquisto di una società da parte di dirigenti esterni; *~ buyout* management buyout, acquisto di una società da parte dei propri dirigenti; *~ committee* comitato direttivo; *~ company* società di gestione; *~ consultancy* società di consulenza aziendale; *~ consultant* consulente aziendale; *~ consulting* consulenza direzionale; *~ engineer* ingegnere industriale; *~ fees* onorario di gestione; *~ information system* sistema informatico gestionale; *~ science* scienza della direzione; (*Econ*) *~ shares* azioni di godimento; *~ skills* capacità manageriali; *~ team* équipe direzionale; *~ techniques* tecniche di direzione aziendale; *~ training* formazione dei dirigenti.

manager /ˈmænɪdʒər/ *n.* **1** (*of company*) di-

rigente *m./f.*, manager *m./f.* **2** (*of bank, hotel, theatre*) direttore *m.* (*f.* -trice), gerente *m./f.*, gestore *m.* (*f.* -trice), amministratore *m.* (*f.* -trice), manager *m./f.*: *the ~ of a hotel* il gestore di un albergo. **3** (*of a project*) capo *m./ f.*, direttore *m.* (*f.* -trice). **4** (*Sport,Teat*) manager *m./f.*, agente *m./f.* **5** (*Sport*) (*coach*) allenatore *m.* (*f.* -trice), mister *m.*, direttore *m.* tecnico. **6** (*of a household*) amministratore *m.* (*f.* -trice). **7** (*of an estate*) fattore *m.* **8** (*colloq*) (*person who manipulates*) maneggiatore *m.* (*f.* -trice). **9** (*Dir*) curatore *m.* (*f.* -trice) fallimentare. □ (*Comm*) *~'s office* direzione.

manageress /ˌmænɪdʒəˈres, ˈmænɪdʒərəs/ *n.* **1** (*Br,rar*) (*of company*) dirigente *f.*, manager *f.*; (*of bank, hotel, theatre*) direttrice *f.*, gerente *f.*

managerial /ˌmænəˈdʒɪərɪəl Am ˌmænəˈdʒɪrɪəl/ *a.* **1** direttivo, dirigenziale, manageriale: *a ~ post* un posto direttivo. **2** (*Comm*) dirigente, direttoriale: *the ~ staff* il personale dirigente. □ *~ qualities* capacità manageriali; (*Econ*) *~ revolution* rivoluzione organizzativa; *~ skills* capacità manageriali.

manageriality /ˌmænədʒɪərɪˈæləti Am ˌmænədʒɪriˈæləti/ *n.* managerialità *f.*

managership /ˈmænɪdʒəʃɪp Am ˈmænɪdʒərʃɪp/ *n.* direzione *f.*, amministrazione *f.*, gerenza *f.*

managing /ˈmænɪdʒɪŋ/ *a.* **1** dirigente, che amministra, direttivo, amministrativo. **2** (*fond of managing*) autoritario. □ *~ committee* comitato direttivo; (*Comm*) *~ director* amministratore delegato; (*Giorn*) *~ editor* gerente responsabile, direttore editoriale; (*Comm*) *~ partner* socio gerente.

man-at-arms /ˌmænætˈɑːmz Am ˌmænætˈɑːrmz/ *n.* (*Mil,ant*) uomo *m.* d'arme, soldato *m.*

manatee /ˌmænəˈtiː/ *n.* **1** (*Zool*) tricheco *m.* **2** (*sea cow*) manato *m.* comune, vacca *f.* marina. **3** (*lamantin*) lamantino *m.*, manato *m.*

manati /ˈmænəti/ *n.* **1** (*Zool*) tricheco *m.* **2** (*sea cow*) manato *m.* comune, vacca *f.* marina. **3** (*lamantin*) lamantino *m.*, manato *m.*

Manchester /ˈmæntʃɪstər, ˈmæntʃestər/ *n.pr.* (*Geog*) Manchester *f.*

man-child /ˈmæntʃaɪld/ (*pl.* **men-children** /ˈmæntʃɪldrən/) *n.* figlio *m.* (maschio), maschio *m.*, bambino *m.*

manchineel /ˌmæntʃɪˈniːl/ *n.* (*Bot*) ippomane *f.*

Manchu /mænˈtʃuː/ **I** *n.* (*pl.inv.* o *-s* /-z/) **1** manciù *m./f.* **2** (*language*) manciù *m.* **II** *a.* mancese.

Manchuria /mænˈtʃʊərɪə Am mænˈtʃʊrɪə/ *n.pr.* (*Geog*) Manciuria *f.*

Manchurian /mænˈtʃʊərɪən Am mænˈtʃʊrɪən/ **I** *a.* mancese. **II** *n.* mancese *m./f.*

manciple /ˈmænsɪpl/ *n.* (*ant*) (*of a monastery, college, etc.*) economo *m.*

Mancunian /mæŋˈkjuːnɪən/ **I** *n.* abitante *m./ f.* di Manchester. **II** *a.* di Manchester, mancesteriano.

mandala /ˈmændələ Am ˈmʌndələ/ *n.* (*Rel*) mandala *m.*

mandamus /mænˈdeɪməs/ *n.* (*Dir*) mandato *m.*, ingiunzione *f.*, ordinanza *f.*

mandant /ˈmændənt/ *n.* (*Dir*) mandante *m./f.*

mandarin /ˈmændərɪn Am ˈmændərɪn/ *n.* **1** (*Stor*) (*in China*) mandarino *m.* **2** (*fig*) funzionario *m.* pignolo, burocrate *m.*: *the -s of Whitehall* i burocrati di Whitehall. **3** (*fig*) (*influential literary figure*) letterato *m.* influente; (*elder traditionalist*) anziano tradizionalista *m.* **4** (*Bot*) mandarino *m.* **5** (*colour*) giallo *m.* mandarino. **II** *a.* **1** mandarinesco. **2** (*fig*) (*of literary style*) formale, paludato, burocratico. □ (*Abbigl*) *~ collar* colletto alla coreana; (*Ornit*) *~ duck* anatra mandarina; *~ English* (*formal* *style*) inglese burocratico; ~*orange* : 1 (*Bot*) mandarino; 2 (*colour*) giallo mandarino.

Mandarin /ˈmændərɪn *Am* ˈmændərɪn/ *n*. lingua *f*. mandarina.

mandatary /ˈmændətᵊri *Am* ˈmændəteri/ *n*. **1** (*Dir*) mandatario *m*. (*f*. -a). **2** (*Pol*) stato *m*. mandatario.

mandate[1] /ˈmændeɪt, ˈmændɪt/ *n*. **1** (*Stor,Pol*) mandato *m*. **2** (*territory*) territorio *m*. sotto mandato, mandato *m*. **3** (*Dir*) (*order from a superior court*) ingiunzione *f*., mandato *m*.; (*in civil law*) mandato *m*., contratto *m*. **4** (*Dir*) (*authoritative command*) mandato *m*., ingiunzione *f*., ordine *m*.

mandate[2] /mænˈdeɪt *Am* ˈmændeɪt/ *v.t.* **1** (*of a territory*) affidare in mandato. **2** (*authorize*) autorizzare.

mandated /mænˈdeɪtɪd *Am* ˈmændeɪtɪd/ □ ~*territory* territorio sotto mandato, mandato.

mandator /mænˈdeɪtər *Am* ˈmændeɪtər/ *n*. (*Dir*) mandante *m./f*.

mandatory /ˈmændətᵊri, mænˈdeɪtᵊri *Am* ˈmændətɔːri/ I *a*. **1** ingiuntivo. **2** (*obligatory*) obbligatorio, vincolante: ~ *provision* disposizione obbligatoria. **3** (*Dir*) imperativo. **4** (*Stor*) mandatario: *a* ~ *nation* una nazione mandataria. II *n*. **1** (*Dir*) mandatario *m*. (*f*. -a). **2** (*Pol*) stato *m*. mandatario.

man-day /ˈmæn,deɪ/ *n*. giorno-uomo *m*.

mandible /ˈmændɪbl/ *n*. **1** (*Anat*) mandibola *f*., mascella *f*. inferiore. **2** (*Ornit,Entom*) mandibola *f*.

mandibular /mænˈdɪbjʊlər/ *a*. mandibolare.

mandola /mænˈdoʊlə/ *n*. (*Mus*) mandola *f*.

mandolin /ˌmændəlˈɪn, ˈmændᵊlɪn/ *n*. (*Mus*) mandolino *m*.

mandoline /ˌmændᵊlˈiːn/ *n*. (*Mus*) mandolino *m*.

mandolinist /ˌmændəˈlɪnɪst/ *n*. (*Mus*) mandolinista *m./f*.

mandragora /mænˈdrægᵊrə/ *n*. mandragola *f*.

mandrake /ˈmændreɪk/ *n*. mandragola *f*.

mandrel, mandril /ˈmændrɪl/ *n*. **1** (*Mecc*) mandrino *m*. **2** (*Met*) anima *f*. metallica. **3** (*Minier*) piccone *m*. da minatore.

mandrill /ˈmændrɪl/ *n*. (*Zool*) mandrillo *m*.

manducate /ˈmændjʊkeɪt/ *v.t.* (*rar*) masticare; (*to eat*) mangiare.

manducation /ˌmændjʊˈkeɪʃᵊn/ *n*. (*Zool*) masticazione *f*.

manducatory /ˈmændjʊkeɪtᵊri *Am* ˈmændjʊkeɪtɔːri/ *a*. (*Zool*) masticatorio.

mane /meɪn/ *n*. (*Zool*) criniera *f*., giubba *f*.

man-eater /ˈmæn,iːtər *Am* ˈmæn,iːtər/ *n*. **1** cannibale *m./f*., antropofago *m*. (*f*. -a). **2** (*animal*) mangiatore *m*. di uomini, divoratore *m*. di uomini. **3** (*fig*) (*of a woman*) divoratrice *f*. di uomini, vamp *f*.

man-eating /ˈmæn,iːtɪŋ *Am* ˈmæn,iːtɪŋ/ *a*. antropofago.

maned /meɪnd/ *a*. **1** che ha la criniera, con la criniera. **2** (*in compounds*) dalla criniera...: *long-*~ dalla criniera lunga.

manège /mænˈeɪʒ *Am* mænˈeʒ/ *n*. **1** (*Equit*) (*art*) equitazione *f*. **2** (*movements of a trained horse*) arie *f.pl*. di maneggio. **3** (*school*) maneggio *m*., scuola *f*. di equitazione.

manes, Manes /ˈmɑːneɪz *Am* ˈmeɪniːz/ *n.pl*. (*Mitol*) mani *m.pl*.

maneuver /məˈnuːvᵊr/ *n./v*. (*Am*) e der. → **manoeuvre** e der.

manful /ˈmænfʊl/ *a*. **1** virile. **2** (*brave, bold*) coraggioso, audace, valoroso.

manfulness /ˈmænfʊlnəs/ *n*. **1** virilità *f*. **2** (*courage*) coraggio *m*., audacia *f*.

manga /ˈmæŋɡə/ *n*. (*Lett,Cin*) manga *m*.

manganate /ˈmæŋɡəneɪt/ *n*. (*Chim*) manganato *m*.

manganese /ˈmæŋɡəniːz/ *n*. (*Chim*) manganese *m*.

manganic /mænˈɡænɪk/ *a*. (*Chim*) manganico.

manganiferous /ˌmæŋɡəˈnɪfᵊrəs/ *a*. (*Min*) manganesifero.

manganite /ˈmæŋɡənaɪt/ *n*. (*Min*) manganite *f*.

manganous /ˈmæŋɡənəs/ *a*. (*Chim*) manganoso.

mange /meɪndʒ/ *n*. (*Veter*) rogna *f*., scabbia *f*.

mangel-wurzel /ˈmæŋɡᵊl,wɜːzᵊl *Am* ˈmæŋɡᵊl,wɜːrzᵊl/ *n*. (*Bot*) barbabietola *f*. (da foraggio).

manger /ˈmeɪndʒᵊr/ *n*. (*Zootecn*) mangiatoia *f*., greppia *f*. □ ~*scene* presepio, presepe.

mangetout /ˌmɑː(d)ʒˈtuː/ *n*. (*Bot*) taccola *f*., pisello *m*. mangiatutto.

manginess /ˈmeɪndʒɪnəs/ *n*. **1** (*Veter*) rogna *f*. **2** (*fig*) sordidezza *f*., squallore *m*.

mangle[1] /ˈmæŋɡl/ *v.t.* **1** maciullare, stritolare, straziare; (*body*) mutilare. **2** (*fig*) rovinare, fare scempio di, sciupare; (*music*) straziare: *to* ~ *a text with corrections* rovinare un testo con correzioni. **3** (*fig*) (*to misrepresent*) svisare, travisare: *his speech was -d by the press* il suo discorso fu svisato dalla stampa.

mangle[2] /ˈmæŋɡl/ I *n*. (*Tecn*) mangano *m*. II *v.t.* (*Tecn*) manganare, dare il mangano a.

mangler[1] /ˈmæŋɡlᵊr/ *n*. **1** mangiatore *m*. (*f*. -trice). **2** (*Tecn*) tritatutto *m*.

mangler[2] /ˈmæŋɡlᵊr/ *n*. **1** (*one who smooths with a mangle*) manganatore *m*. (*f*. -trice). **2** (*machine*) mangano *m*.

mangling[1] /ˈmæŋɡlɪŋ/ *n*. **1** strazio *m*., mutilazione *f*. **2** (*translation*) massacro *m*.; (*music*) strazio *m*.

mangling[2] /ˈmæŋɡlɪŋ/ *n*. (*Tecn*) manganatura *f*.

mango /ˈmæŋɡoʊ/ *n*. (*pl*. -**s**/-**es** /-z/) *n*. (*Bot,Alim*) mango *m*.

mangold /ˈmæŋɡoʊld/ *n*. (*Bot*) barbabietola *f*. (da foraggio).

mangold-wurzel /ˈmæŋɡoʊld,wɜːzᵊl *Am* ˈmæŋɡoʊld,wɜːrzᵊl/ *n*. (*Bot*) barbabietola *f*. (da foraggio).

mangonel /ˈmæŋɡənᵊl/ *n*. (*Stor,Mil*) mangano *m*.

mangosteen /ˈmæŋɡoʊstiːn/ *n*. (*fruit, tree*) mangostano *m*.

mangrove /ˈmæŋɡroʊv/ *n*. (*Bot*) mangle *m*. □ ~*forest* (o ~*swamp*) formazione a mangrovia.

mangy /ˈmeɪndʒi/ *a*. **1** (*Veter*) rognoso: *a* ~ *dog* un cane rognoso. **2** (*fig*) conciato male, malconcio, malridotto; (*of places*) sordido, squallido.

man-handle /ˈmæn,hændl/ *v.t.* **1** muovere a mano, manovrare a mano, azionare a mano. **2** (*to handle roughly*) trattare male, maltrattare, bistrattare.

man-hater /ˈmænheɪtᵊr *Am* ˈmænheɪtᵊr/ *n*. misantropo *m*. (*f*. -a).

Manhattan /mænˈhætᵊn/ I *n.pr*. (*Geog*) Manhattan *m*. II *n*. (*drink*) manhattan *m*. (cocktail a base di whisky e vermut).

manhole /ˈmænhoʊl/ *n*. **1** (*of a sewer*) pozzetto *m*., botola *f*. **2** (*of a boiler, etc.*) passo *m*. d'uomo. **3** (*Mar*) boccaportello *m*. □ ~*cover*: 1 (*of a sewer*) chiusino, tombino; 2 (*of a boiler*) portello.

manhood /ˈmænhʊd/ *n*. **1** (*age*) età *f*. virile: *to reach* ~ raggiungere l'età virile, diventare uomo. **2** (*male qualities*) virilità *f*., mascolinità *f*. **3** (*courage*) coraggio *m*., risolutezza *f*. **4** (*collett.*) uomini *m.pl*. **5** (*eufem,colloq*) pene *m*.

man-hour /ˈmænaʊᵊr/ *n*. ora-uomo *f*., ora *f*.

di manodopera, ora *f*. lavorativa.

manhunt /ˈmænhʌnt/ *n*. caccia *f*. all'uomo.

mania /ˈmeɪniə/ *n*. **1** mania *f*. **2** (*pop*) (*craze*) mania *f*., smania *f*., fissazione *f*. (*for* di): *to have a* ~ *for doing* avere la mania di fare.

maniac /ˈmeɪniæk/ I *n*. **1** (*Psic*) maniaco *m*. (*f*. -a). **2** (*crazy person*) maniaco *m*. (*f*. -a), pazzo *m*. (*f*. -a), folle *m./f*. **3** (*enthusiast, fan*) maniaco *m*. (*f*. -a), fanatico *m*. (*f*. -a), fissato *m*. (*f*. -a): *he is a computer* ~ è un patito dell'informatica. II *a*. **1** pazzo, matto. **2** (*indicating insanity*) da folle, maniacale.

maniacal /məˈnaɪəkᵊl/ *a*. **1** pazzo, matto. **2** (*indicating insanity*) da folle, maniacale: *a* ~ *laugh* una risata da folle.

manic /ˈmænɪk/ *a*. **1** (*Psic*) maniaco; (*obsessive*) ossessivo. **2** (*fig*) (*activity*) frenetico.

manic-depression /ˌmænɪkdɪˈpreʃᵊn/ *n*. (*Psic*) psicosi *f*. maniaco-depressiva.

manic-depressive /ˌmænɪkdɪˈpresɪv/ *a*. (*Psic*) maniaco depressivo.

Manichaean /ˌmænɪˈkiːən/ I *a*. (*Filos*) manicheo. II *n*. (*Filos*) manicheo *m*. (*f*. -a).

Manichaeism /ˈmænɪ,kiːɪzᵊm/ *n*. (*Filos*) manicheismo *m*.

Manichean /ˌmænɪˈkiːən/ I *a*. (*Filos*) manicheo. II *n*. (*Filos*) manicheo *m*. (*f*. -a).

Manichee /ˌmænɪˈkiː/ *n*. (*Filos*) manicheo *m*. (*f*. -a).

Manicheism /ˈmænɪ,kiːɪzᵊm/ *n*. (*Filos*) manicheismo *m*.

manicotti /ˌmænəˈkɑːti/ *n.pl*. (*Am,Gastron*) cannelloni *m.pl*.

manicure /ˈmænɪkjʊər *Am* ˈmænɪkjʊr/ I *v.t.* **1** (*of the hands, fingernails*) curare. **2** (*of a person*) fare la manicure a. II *n*. manicure *f*.

manicurist /ˈmænɪkjʊᵊrɪst *Am* ˈmænɪkjʊrɪst/ *n*. manicure *m./f*., manicurista *m./f*.

manifest /ˈmænɪfest/ I *a*. manifesto, evidente, palese. II *n*. (*Mar,Aer*) manifesto *m*. del carico. III *v.t.* **1** manifestare, palesare, rivelare, rendere manifesto: *to* ~ *a desire to do sth.* manifestare il desiderio di fare qcs. **2** (*rifl.*) *to* ~ *oneself* manifestarsi, rivelarsi, farsi palese. **3** (*to prove*) dimostrare, mostrare, provare. **4** (*Mar*) registrare sul manifesto di carico. IV *v.i.* (*of a spirit, ghost*) manifestarsi, apparire. □ (*Stor.am*) ~*destiny* destino manifesto.

manifestation /ˌmænɪfᵊˈsteɪʃᵊn/ *n*. **1** manifestazione *f*., rivelazione *f*. **2** (*outward expression*) manifestazione *f*., sintomo *m*., indizio *m*. **3** (*public demonstration*) manifestazione *f*., dimostrazione *f*. (pubblica).

manifesto /ˌmænɪˈfestoʊ/ *n*. (*pl*. -**s** /-z/) *n*. manifesto *m*., programma *m*. politico, programma *m*. culturale: *election* ~ programma elettorale.

manifold /ˈmænɪfoʊld/ I *a*. **1** molteplice, numeroso, vario, svariato: *the* ~ *ills of society* i numerosi mali della società. **2** (*having many forms*) multiforme. II *n*. **1** (*Mecc*) collettore *m*.: *induction* ~ collettore di aspirazione. **2** (*Comm*) copia *f*., facsimile *m*. **3** (*Cart*) (*manifold paper*) carta *f*. per copie multiple. III *v.t.* fare diverse copie di.

manikin /ˈmænɪkɪn/ *n*. **1** (*very small person*) ometto *m*., omino *m*. **2** (*dwarf*) nano *m*., pigmeo *m*. **3** (*mannequin*) manichino *m*. **4** (*model*) indossatore *m*. (*f*. -trice), modella *f*. **5** (*model of human body*) manichino *m*.

manila /məˈnɪlə/ *n*. **1** (*Tess*) manila *f*., canapa *f*. di Manila, abacà *f*. **2** (*Cart*) carta *f*. di Manila, carta *f*. da pacchi.

Manila /məˈnɪlə/ *n.pr*. (*Geog*) Manila *f*.

manilla[1] /məˈnɪlə/ *n*. **1** (*Tess*) manila *f*., canapa *f*. di Manila, abacà *f*. **2** (*Cart*) carta *f*. di Manila, carta *f*. da pacchi. □ ~*cigar* manilla; (*Tess*) ~*hemp* manila, canapa di Mani-

la, abacà; (*Cart*) ~*paper* carta di Manila.
manilla[2] /mə'nɪlə/ *n.* (*in Africa*) braccialetto *m.*, bracciale *m.*
manioc /'mænɪɒk *Am* 'mænɪɑːk/ *n.* (*Bot*) manioca *f.*, cassava *f.*, tapioca *f.*
manioca /'mænɪɒkə *Am* 'mænɪɑːkə/ *n.* (*Bot*) manioca *f.*, cassava *f.*, tapioca *f.*
maniple /'mænɪpl/ *n.* (*Lit,Stor.rom*) manipolo *m.*
manipulate /mə'nɪpjʊleɪt/ *v.t.* **1** azionare, far muovere, manovrare: *to* ~ *the controls of a machine* azionare i comandi di una macchina. **2** (*to handle skilfully*) maneggiare. **3** (*to handle with the mind*) manovrare, dirigere, guidare; (*of persons*) manovrare, maneggiare: *to* ~ *so.'s emotions* giocare con i sentimenti di qcu. **4** (*to manage insidiously*) raggirare, abbindolare: *she -d him into accepting the offer* con le sue manipolazioni lo ha convinto ad accettare l'offerta. **5** (*to alter*) alterare, manipolare: *to* ~ *figures* alterare le cifre. **6** (*Med*) manipolare.
manipulation /mə,nɪpjʊ'leɪʃən/ *n.* **1** azionamento *m.*, manovra *f.* **2** (*management, handling*) amministrazione *f.*, maneggio *m.* **3** (*unfair management*) intrigo *m.*, manipolazione *f.*, maneggio *m.*: *to win an election by* ~ vincere un'elezione con gli intrighi. **4** (*altering*) manipolazione *f.*, alterazione *f.* **5** (*Med*) manipolazione *f.*
manipulative /mə'nɪpjʊlətɪv *Am* mə'nɪpjʊleɪtɪv/ *a.* di manipolazione.
manipulator /mə'nɪpjʊleɪtə[r] *Am* mə'nɪpjʊleɪtə[r]/ *n.* **1** manipolatore *m.* (*f.* -trice) (*anche fig.*). **2** (*Tecn*) manipolatore *m.*
manipulatory /mə'nɪpjʊlətəri *Am* mə'nɪpjʊlətɔːri/ *a.* di manipolazione.
Manitoba /,mænɪ'toʊbə/ *n.pr.* (*Geog*) Manitoba *m.*
mankind /mæn'kaɪnd/ *n.* **1** umanità *f.*, genere *m.* umano. **2** (*men as distinguished from women*) uomini *m.pl.*, sesso *m.* maschile.
manlike /'mænlaɪk/ *a.* **1** antropomorfo, che ha forma umana. **2** (*manly*) virile, maschio, mascolino, da uomo.
manliness /'mænlɪnəs/ *n.* virilità *f.*, mascolinità *f.*
manly /'mænli/ *a.* **1** virile, maschio, da uomo: ~ *voice* voce virile. **2** (*bold, resolute*) coraggioso, virile, forte, risoluto. **3** (*appropriate to a man*) maschile, da uomo: ~ *sports* sport maschili.
man-made /,mæn'meɪd/ *a.* **1** fatto dall'uomo. **2** (*synthetic*) artificiale, sintetico: ~*fibre* fibra artificiale. □ ~*landscape* paesaggio trasformato dall'intervento dell'uomo.
manna /'mænə/ *n.* (*Bibl,Bot,fig*) manna *f.* □ (*Bot*) ~ *ash* ornello, orniello, frassino da manna; *to be* (*like*) ~ *from heaven* essere una manna, essere una benedizione dal cielo; ~*sugar* mannite, mannitolo *f.*
manned /mænd/ *a.* **1** (*Aer,Astron*) con equipaggio umano: ~ *space capsule* capsula spaziale con equipaggio umano. **2** (*Mar*) (*of a ship*) armato, equipaggiato. □ (*Astron*) ~ *flight* volo con equipaggio.
mannequin /'mænɪkɪn/ *n.* **1** manichino *m.* **2** (*model*) indossatore *m.* (*f.* -trice), modella *f.*
manner /'mænə[r]/ **I** *n.* **1** modo *m.*, maniera *f.*: *in such a* ~ *that* in maniera tale che, in maniera tale da, in modo tale che, in modo tale da; (*lett*) *the* ~ *of his going* (o *the* ~ *of his death*) il modo in cui è morto. **2** (*way of behaving*) modo *m.* di fare, modo *m.* di comportarsi, tratto *m.*, modi *m.pl.*: *she has an awkward* ~ ha un modo di fare sgraziato. **3** (*habit, usage*) abitudine *f.*, usanza *f.*, modo *m.*: *as was his* ~ com'era sua abitudine. **4** (*style*) maniera *f.*, stile *m.*: *a painting in the* ~ *of Con-*

stable un dipinto nello stile di Constable. **5** *pl.* (*behaviour*) maniere *f.pl.*, modi *m.pl.*, comportamento *m.sing.*: *to teach so.* (*some*) *-s* insegnare a qcu. l'educazione, insegnare a qcu. le buone maniere; *good -s* buone maniere. **6** *pl.* (*good social conduct*) educazione *f.sing.*, (buona) creanza *f.sing.*, buone maniere *f.pl.*: *learn some -s!* impara l'educazione!; *where are your -s?* è così che ci si comporta?, che modi sono questi? **7** *pl.* (*social conditions*) costumi *m.pl.*, usanze *f.pl.*, consuetudini *f.pl.* □ *to the ~born* nato per: *he was a diplomat to the ~ born* era nato per fare il diplomatico; *in a* ~ (in (un) certo qual modo, fino a un certo punto; *chicken cooked in the Spanish* ~ pollo cucinato alla spagnola; *he has no -s* è uno screanzato, è un maleducato; *have you no -s?* chi ti ha insegnato l'educazione?; *by all ~of means* certamente; *by any* ~ *of means* (o *by no* ~ *of means*) affatto, assolutamente, per niente; *in a ~of speaking* per così dire, per modo di dire. *Prov.: -s make the man* i modi fanno l'uomo.
mannered /'mænə[r]d/ *a.* **1** (*in compounds*)... educato: *well-~* beneducato; *ill-~* maleducato; *mild-~* moderato. **2** (*having mannerisms*) manierato, ricercato, affettato: *a ~ style* uno stile manierato. **3** (*Art*) di maniera.
mannerism /'mænərɪzəm/ *n.* **1** modo *m.* (particolare, caratteristico), maniera *f.* (personale): *-s of speech* modi di parlare. **2** (*Art,Lett, Psic*) manierismo *m.*
Mannerism /'mænərɪzəm/ *n.* (*Art*) manierismo *m.*
mannerist /'mænərɪst/ *n.* (*Art*) manierista *m./f.*
Mannerist /'mænərɪst/ *n.* (*Art*) manierista *m./f.*
manneristic /,mænə'rɪstɪk/ *a.* (*Art*) manieristico.
manneristical /,mænə'rɪstɪkəl/ *a.* (*Art*) manieristico.
mannerless /'mænə[r]ləs/ *a.* maleducato, screanzato.
mannerliness /'mænə[r]lɪnəs/ *n.* educazione *f.*, (buona) creanza *f.*, cortesia *f.*, civiltà *f.*
mannerly /'mænə[r]li/ *a.* educato, cortese, civile.
mannikin /'mænɪkɪn/ *n.* **1** (*very small person*) ometto *m.*, omino *m.* **2** (*dwarf*) nano *m.*, pigmeo *m.* **3** (*mannequin*) manichino *m.* **4** (*model*) indossatore *m.* (*f.* -trice), modella *f.* **5** (*model of human body*) manichino *m.*
manning /'mænɪŋ/ *n.* **1** assegnazione *f.* del personale (a un reparto, una mansione). **2** (*Mil*) equipaggiamento *m.*, armamento *m.*, effettivo *m.*
mannish /'mænɪʃ/ *a.* (*of a woman*) maschile, mascolino, poco femminile.
mannishness /'mænɪʃnəs/ *n.* mascolinità *f.*
mannite /'mænaɪt/ *n.* (*Chim,rar*) mannite *f.*, mannitolo *m.*
mannitol /'mænətɒl/ *n.* (*Chim*) mannite *f.*, mannitolo *m.*
mannose /'mænoʊs/ *n.* (*Chim*) mannosio *m.*
manoeuvrability /mə,nuːvərə'bɪlɪti *Am* mə,nuːvərə'bɪləti/ *n.* manovrabilità *f.*, maneggevolezza *f.*
manoeuvrable /mə'nuːvrəbl/ *a.* **1** manovrabile. **2** (*of a vehicle, etc.*) maneggevole, (facilmente) manovrabile.
manoeuvre /mə'nuːvə[r]/ **I** *n.* **1** (*Mil*) manovra *f.* **2** (*fig*) (*adroit move*) manovra *f.*, mossa *f.*, stratagemma *m.*; (*evasive move*) maneggio *m.*, raggiro *m.*, manovra *f.* **3** (*Aer*) evoluzione *f.*, manovra *f.* **4** *pl.* (*Mil*) (*series of exercises*) manovre *f.pl.*, esercitazioni *f.pl.*: *to go on -s* andare alle manovre; *to be on -s* fare le manovre. **II** *v.t.* **1** (*Mil*) manovrare. **2** (*to move*

skilfully) manovrare, far manovra con: *to* ~ *a car into a parking place* far manovra con un'automobile per entrare in un parcheggio. **3** (*fig*) (*to manipulate adroitly*) manovrare; (*to direct adroitly*) dirigere, guidare, manovrare. **4** (*rifl.*) *to* ~ *oneself* destreggiarsi: *to* ~ *oneself out of an embarrassing situation* destreggiarsi in modo da togliersi di impaccio. **5** (*Aer*) far fare evoluzioni a. **III** *v.i.* **1** (*Mil*) manovrare. **2** (*to move skilfully*) manovrare, far manovra. **3** (*fig*) brigare, manovrare, intrigare. □ *to* ~ *so. into a job* riuscire con maneggi a procurare un posto a qcu.; *to* ~ *the enemy out of a position* cacciare il nemico da una posizione; *to* ~ *one's way into so.'s confidence* carpire la fiducia di qcu.; *to* ~ *one's way to victory* ottenere la vittoria con uno stratagemma.
manoeuvrer /mə'nuːvərə[r]/ *n.* **1** (*strategist*) stratega *m./f.* **2** (*fig*) (*intrigant*) intrigante *m./f.*, maneggione *m.* (*f.* -a).
manoeuvring /mə'nuːvrɪŋ/ **I** *n.* **1** manovre *f.pl.* **2** (*spreg*) macchinazioni *f.pl.*, intrighi *m.pl.* **II** *a.* di manovra: (*Mil*) ~*area* zona di manovra.
man-of-all-work /,mænəvɔːl'wɜːk *Am* ,mænəvɔːl'wɜːrk/ *n.* domestico *m.* tuttofare.
man-of-war /,mænəv'wɔː *Am* ,mænəv'wɔːr/ *n.* **1** (*Mar.mil*) nave *f.* da guerra. **2** (*Ornit*) fregata *f.*, aquila *f.* di mare.
manometer /mə'nɒmɪtə[r] *Am* mə'nɑːmətə[r]/ *n.* (*Fis*) manometro *m.*
manometric /,mænoʊ'metrɪk/ *a.* (*Fis*) manometrico.
manometrical /,mænoʊ'metrɪkəl/ *a.* (*Fis*) manometrico.
manor /'mænə[r]/ *n.* **1** (*Mediev*) feudo *m.*, maniero *m.*, casa *f.* padronale. **2** (*hall, mansion*) villa *f.*, casa *f.* padronale, residenza *f.* di campagna, tenuta *f.* **3** (*Br,colloq*) distretto *m.* di polizia. □ ~*house*: 1 casa padronale; 2 (*Mediev*) maniero.
manorial /mə'nɔːrɪəl/ *a.* **1** di un maniero. **2** (*Mediev*) (*based on the manor*) feudale.
manpower /'mæn,paʊə[r]/ *n.* **1** forza *f.* lavoro, forze *f.pl.* di lavoro, manodopera *f.* **2** (*physical force*) forza *f.*: *by sheer* ~ con la forza bruta. □ ~*shortage* mancanza di manodopera.
manqué /'mɑːŋkeɪ/ *a.* mancato: *an artist* ~ un artista mancato.
mansard /'mænsɑːd *Am* 'mænsɑːrd/ *n.* **1** (*Arch*) tetto *m.* a mansarda. **2** (*storey*) mansarda *f.* □ (*Arch*) ~*roof* tetto a mansarda.
manse /mæns/ *n.* **1** (*Scott*) presbiterio *m.*, canonica *f.*, casa *f.* parrocchiale.
manservant /'mæn,sɜːvənt *Am* 'mæn,sɜːrvənt/ (*pl.* **menservants** /'men,sɜːvənts *Am* 'men,sɜːrvənts/) *n.* **1** servitore *m.*, domestico *m.* **2** (*valet*) valletto *m.*
mansion /'mænʃən/ *n.* **1** palazzo *m.*, casa *f.* signorile, villa *f.* **2** (*manor-house*) casa padronale. **3** (*rar*) (*abode*) dimora *f.* **4** *pl.* (*block of flats*) palazzo *m.sing.*, casamento *m.sing.*, caseggiato *m.sing.* **5** *pl.* (*Br*) (*in an address*) complesso *m.sing.* residenziale. □ (*Br*) ~*block* complesso residenziale; ~*house* villa, casa padronale, residenza di campagna.
Mansion-House /'mænʃnhaʊs/ *n.* (*Br*) residenza *f.* ufficiale del sindaco (di Londra).
man-size /'mænsaɪz/ *a.* (*colloq*) adatto a un uomo grande e grosso, abbondante, da camionista, da muratore: *a* ~ *meal* un pasto abbondante.
man-sized /'mænsaɪzd/ *a.* (*colloq*) adatto a un uomo grande e grosso, abbondante, da camionista, da muratore.
manslaughter /'mæn,slɔːtə *Am* 'mæn,slɔːtə[r]/ *n.* (*Dir*) omicidio *m.* colposo, omici-

dio *m.* preterintenzionale.

manslayer /'mænsleɪər/ *n.* omicida *m./f.*

mansuetude /'mænswɪt(j)uːd/ *n.* (*ant*) mansuetudine *f.*, docilità *f.*, mitezza *f.*

manta /'mæntə/ □ (*Itt*) ~ *ray* manta.

mantel /'mæntl/ *n.* (*Arch*) **1** (*mantelpiece*) cappa *f.* del camino. **2** (*mantelshelf*) mensola *f.* del camino, caminiera *f.* **3** (*mantel-tree*) trave *f.* di sostegno, arco *m.* di sostegno.

mantelet /'mæntlɪt/ *n.* **1** (*cape*) mantellina *f.* **2** (*Mil*) (*shelter*) mantelletto *m.*

mantelpiece, mantlepiece /'mæntlpiːs/ *n.* (*Arch*) cappa *f.* del camino.

mantelshelf, mantleshelf /'mæntlʃelf/ *n.irr.* mensola *f.* del camino, caminiera *f.*: *on the* ~ sul caminetto.

mantel-tree /'mæntltriː/ *n.* trave *f.* di sostegno, arco *m.* di sostegno.

mantic /'mæntɪk/ **I** *n.* mantica *f.* **II** *a.* profetico, divinatorio, mantico.

mantilla /mæn'tɪlə/ *n.* (*Abbigl*) mantiglia *f.*

mantis /'mæntɪs/ *n.* (*pl.* **-tises** /-tɪsɪz/ o **-tes** /-tiːz/) *n.* (*Entom*) mantide *f.*

mantissa /mæn'tɪsə/ *n.* (*Mat,Inform*) mantissa *f.*

mantle /'mæntl/ **I** *n.* **1** (*Abbigl*) mantello *m.*, mantella *f.*, manto *m.* **2** (*fig*) manto *m.*, coltre *f.*, mantello *m.*: *a green* ~ *covered the valley* un manto verde ricopriva la valle. **3** (*for a gas jet, etc.*) reticella *f.*, calza *f.* **4** (*Ornit*) penne *f.pl.* dorsali. **5** (*Zool*) (*in a mollusc*) mantello *m.* **6** (*Edil*) manto *m.* **7** (*Geol*) mantello *m.*: *the earth's* ~ mantello terrestre. **II** *v.t.* **1** ammantare, coprire con un manto, avvolgere con un manto. **2** (*fig*) ammantare, coprire, avvolgere. **III** *v.i.* **1** arrossire. **2** (*of liquids*) coprirsi di schiuma. **3** (*of a hawk*) spiegare le ali.

man-to-man /ˌmæntə'mæn/ □ (*Sport*) ~ *marking* marcatura a uomo.

mantra /'mæntrə/ *n.* (*Rel*) mantra *m.*

man-trap /'mæntræp/ *n.* trabocchetto *m.*, trappola *f.* per uomo, tagliola *f.* per uomo.

mantua /'mæntjuə *Am* 'mæntʃuwə/ *n.* **1** (*Stor*) tunica *f.*, antica veste *f.* femminile. **2** (*Abbigl*) (*mantle*) mantella *f.*, mantello *m.*

Mantua /'mæntjuə *Am* 'mæntʃuwə/ *n.pr.* (*Geog*) Mantova *f.*

Mantuan /'mæntjuən *Am* 'mæntʃuwən/ **I** *a.* mantovano. **II** *n.* mantovano *m.* (*f.* -*a*).

manual /'mænjuəl/ **I** *a.* **1** manuale: ~ *skill* abilità manuale; ~ *labour* (o ~ *work*) lavoro manuale. **2** (*worked by the hands*) azionato a mano. **II** *n.* **1** manuale *m.*, guida *f.* **2** (*Mus*) manuale *m.*, tastiera *f.* (dell'organo). □ ~ *alphabet* alfabeto dei sordomuti; ~ *dexterity* abilità manuale, manualità; (*Mil*) ~ *exercise* maneggio delle armi; ~ *labour* lavoro manuale; ~ *skill* capacità manuale; ~ *worker* manovale.

manually /'mænjuəli/ *avv.* manualmente, a mano.

manubrium /mə'n(j)uːbriəm/ *n.* (*Anat,Zool*) manubrio *m.*

Manuel /mæn'wəl/ *n.pr.m.* Emanuele.

manufactory /ˌmænju'fæktəri *Am* ˌmæn(j)ə'fæktəri/ *n.* (*ant*) manifattura *f.*, fabbrica *f.*, stabilimento *m.*

manufacture /ˌmænju'fæktʃər/ **I** *n.* **1** produzione *f.*, fabbricazione *f.*: *the* ~ *of cars* la produzione di automobili; *year of* ~ anno di fabbricazione. **2** (*method or style of manufacturing*) fattura *f.* **3** (*thing manufactured*) manufatto *m.*, prodotto *m.* (di manifattura). **4** (*spreg*) (*mechanical creation*) produzione *f.* in serie. **II** *v.t.* **1** fabbricare, produrre, confezionare. **2** (*of raw materials*) lavorare. **3** (*estens*) (*to make, to create*) creare, produrre. **4** (*spreg*) (*to make mechanically*) produrre in

modo meccanico, produrre meccanicamente. **5** (*fig*) inventare, fabbricare: *to* ~ *an excuse* inventare una scusa.

manufactured /ˌmænjuˈfæktʃərd/ □ ~ *products* prodotti industriali, prodotti finiti.

manufacturer /ˌmænjuˈfæktʃərər/ *n.* **1** fabbricante *m./f.*, produttore *m.* (*f.* -trice). **2** (*owner or operator of a factory*) industriale *m./f.*

manufacturing /ˌmænjuˈfæktʃərɪŋ/ **I** *n.* fabbricazione *f.*, produzione *f.* **II** *a.* **1** manifatturiero, di manifattura. **2** (*of a district, town*) industriale, manifatturiero: *a* ~ *centre* un centro industriale. □ ~ *date* data di fabbricazione; ~ *plant* stabilimento industriale; (*Ind*) ~ *process* processo di fabbricazione.

manumission /ˌmænjuˈmɪʃən/ *n.* (*Dir.rom*) manomissione *f.*, affrancamento *m.*

manumit /ˌmænjuˈmɪt/ (*past, p.p.* **manumitted** /-ˈmɪtɪd *Am* -ˈmɪt̬ɪd/) *v.t.* manomettere, affrancare.

manure /məˈnjʊər *Am* məˈn(j)ʊr/ **I** *n.* (*Agr*) concime *m.*; (*animal excrement*) letame *m.*, concime *m.* organico. **II** *v.t.* (*Agr*) concimare, letamare. □ (*Agr*) ~ *heap* letamaio; (*Agr*) ~ *peat* torba fertilizzante; (*Agr*) ~ *pit* letamaio, concimaia; (*Agr*) ~ *spreader* spandiletame.

manurial /məˈnjʊəriəl *Am* məˈn(j)ʊriəl/ *a.* del letame.

manuring /məˈnjʊərɪŋ *Am* məˈn(j)ʊrɪŋ/ *n.* (*Agr*) letamazione *f.*, concimazione *f.*

manus /ˈmeɪnəs/ *n.* (*Zool*) mano *m.* □ (*Med*) ~ *valga* mano valga, deformità di Madelung.

manuscript /ˈmænjuskrɪpt/ **I** *n.* manoscritto *m.* **II** *a.* manoscritto, scritto a mano. □ ~ *paper* carta da musica; *a* ~ *will* un testamento olografo.

manward /ˈmænwəd *Am* ˈmænwərd/ **I** *a.* rivolto all'uomo. **II** *avv.* verso l'uomo.

Manx /mæŋks/ **I** *a.* dell'isola di Man, mannese, manx. **II** *n.* mannese, manx *m.* □ (*Zool*) ~ *cat* gatto dell'isola di Man.

Manxman /ˈmæŋksmən/ *n.irr.* mannese *m.*

many /ˈmeni/ **I** *a.* (*compar.* **more** /mɔːr *Am* mɔːr/ *sup.* **most** /məʊst/) **1** molti, numerosi, svariati, parecchi: ~ *years* molti anni; ~ *times* svariate volte. **2** (*with the indefinite article*) molti, parecchi, più di uno, più di una: ~ *a man has tried* molti uomini hanno tentato; *it happened* ~ *a time* accadde più di una volta. **II** *n.* (*costr.pl.*) **1** molti *m.pl.*: ~ *of us* molti di noi; *were there* ~? erano in molti? **2** (*majority of people*) i più, maggioranza *f.*: *the* ~ *and the few* i più e i meno, la maggioranza e la minoranza. **3** (*masses*) massa *f.* □ (*poet*) ~ *a time and oft* spesso, molte volte, spesse volte; *as* ~ *altrettanti*, lo stesso numero di: *he wrote three poems in as* ~ *days* scrisse tre poesie in altrettanti giorni; *as* ~ *again* il doppio, due volte tanto; *as* ~ *as*: **1** (*tanti*) quanti: *you can have as* ~ *as you want* ne puoi prendere (tanti) quanti ne vuoi; **2** (*no less than*) non meno di, ben, almeno: *he smokes as* ~ *as twenty cigarettes a day* fuma non meno di venti sigarette al giorno; *a coat of* ~ *colours* una giacca multicolore; *how* ~? quanti?; *in so* ~ *words*: **1** con quelle precise parole, proprio così, proprio in quei termini; **2** (*in plain language*) senza mezzi termini, chiaro e tondo, chiaramente, esplicitamente; ~ *is the time I have heard that song* ho sentito molte volte quella canzone; *as* ~ *more* il doppio, due volte tanto; *so* ~ tanti: *they behaved like so* ~ *children* si comportavano come tanti bambini; *you eat too* ~ *sweets* mangi troppi dolciumi; *one too* ~ (uno) di troppo; *three too* ~ tre di troppo.

many-colored /ˈmeniˌkʌlərd/ *a.* (*Am*) multicolore, policromo, variegato.

many-coloured /ˈmeniˌkʌləd/ *a.* multicolore, policromo, variegato.

many-headed /ˈmeniˌhedɪd/ *a.* **1** dalle molte teste. **2** (*spreg*) (*of the people*) popolare: ~ *dictatorship* dittatura popolare.

many-hued /ˈmeniˌhjuːd/ *a.* multicolore, policromo, variegato.

manyplies /ˈmeniˌplaɪz/ *n.pl.* (*costr.sing.*) (*Zool*) omaso *m.sing.*

many-sided /ˈmeniˌsaɪdɪd/ *a.* **1** che ha molti lati, di più lati, multilaterale. **2** (*fig*) (*of things*) complesso, multiforme: *a* ~ *argument* un argomento complesso. **3** (*fig*) (*of persons*) multiforme, versatile, poliedrico.

Mao /maʊ/ □ (*Med,colloq*) ~ *flu* asiatica; (*Abbigl*) ~ *jacket* giacca alla Mao.

Maoism /ˈmaʊɪz(ə)m/ *n.* maoismo *m.*

Maoist /ˈmaʊɪst/ *n.* maoista *m./f.*

Maori /ˈmaʊəri *Am* ˈmaʊri/ **I** *n.* (*pl.inv.* o **-s** /-z/) **1** maori *m./f.* **2** (*language*) maori *m.*, lingua *f.* maori. **II** *a.* dei maori, maori.

map /mæp/ **I** *n.* **1** carta *f.* (geografica), cartina *f.* **2** (*of a town, of an underground*) mappa *f.*, piantina *f.*: *a* ~ *of Europe* una carta dell'Europa; *weather* ~ carta meteorologica; *street* ~ stradario, pianta stradale. **3** (*Astr*) carta *f.* celeste. **4** (*Am,sl*) (*face*) faccia *f.* **5** (*Inform*) mappa *f.* **6** (*fig*) panorama *m.*: *the political* ~ *of Europe* il panorama politico europeo. **7** (*Biol*) mappa *f.* cromosomica. **II** *v.t.* (*past, p.p.* **mapped** /-t/) **1** fare la carta di, fare la mappa di, rappresentare su una carta. **2** (*Topogr*) (*to survey*) rilevare. **3** (*Inform*) stabilire una corrispondenza tra, mappare. **4** (*Biol,Mat,Ling*) mappare. □ ~ *collection* cartoteca; (*Topogr*) ~ *grid* reticolo della carta; ~ *maker* cartografo; ~ *making* cartografia; ~ *of the world* planisfero; *off the* ~: **1** (*colloq*) inaccessibile, lontanissimo, a casa del diavolo: *their house is way off the* ~ abitano a casa del diavolo; **2** (*unimportant*) senza importanza; (*colloq*) *to put on the* ~ rendere noto, rendere famoso, rendere importante, fare conoscere; *to* ~ *out*: **1** elaborare, mettere a punto, pianificare; **2** (*fig*) abbozzare, tracciare, schizzare: *to* ~ *out a plan* abbozzare un piano; *to* ~ *out a programme* tracciare un programma; ~ *projection* proiezione cartografica.

maple /ˈmeɪpl/ *n.* (*Bot*) acero *m.* □ ~ *leaf* foglia di acero (simbolo del Canada); ~ *sugar* zucchero di acero; ~ *syrup* sciroppo di acero.

mapping /ˈmæpɪŋ/ *n.* **1** (*Astr,Geog,Geol*) rilevamento *m.* **2** (*Biol,Inform*) mappatura *f.*: *genetic* ~ mappatura genetica. □ ~ *pen* penna da mappatura.

maquis /mækˈiː/ *n.inv.* **1** (*Stor*) maquis *m.* **2** (*on Mediterranean coasts*) macchia *f.* mediterranea.

mar /mɑːr *Am* mɑːr/ *v.t.* (*past, p.p.* **marred** /-d/) **1** sciupare, guastare, rovinare, danneggiare. **2** (*to damage materially*) sfigurare, deturpare. □ *to make or* ~ *so.* fare la fortuna di qcu. o mandarlo in rovina.

mar. 1 *marine* (marino). **2** *maritime* (marittimo). **3** *married* coniug. (coniugato).

Mar. *March* mar. (marzo).

marabou /ˈmærəbuː *Am also* ˈmærəbuː/ *n.* (*Ornit*) marabù *m.*

marabout /ˈmærəbuːt/ *n.* **1** (*Rel*) marabut *m.*, marabutto *m.*, santone *m.* **2** (*tomb, shrine*) marabut *m.*, mausoleo *m.*

maraca /məˈrækə *Am* məˈrɑːkə/ *n.* (*Mus*) maraca *f.*

marasca /məˈræskə/ *n.* **1** (*Bot*) marasco *m.* **2** (*cherry*) marasca *f.*, amarasca *f.*, ciliegia *f.* marasca, visciola *f.*

maraschino /ˌmærəˈʃiːnoʊ, ˌmærəˈskiːnoʊ/ (*pl.* **-s** /-z/) *n.* (*liqueur*) maraschino *m.* □ (*Bot,Alim*) ~*cherry* marasca, amarasca, ciliegia marasca, visciola.

marasmic /məˈræzmɪk/ *a.* (*Med*) marasmico.

marasmus /məˈræzməs/ *n.* (*Med*) marasma *m.*

marathon /ˈmærəθən *Am* ˈmerəθɑːn/ **I** *n.* **1** (*Sport*) maratona *f.: to run* (*in*) *a* ~ correre una maratona. **2** (*estens*) (*any long-distance race*) gara *f.* di fondo. **3** (*estens*) (*endurance contest*) gara *f.* di resistenza, maratona *f.: a dance* ~ una maratona di ballo. **4** (*fig*) maratona *f.: a diplomatic* ~ una maratona diplomatica. **II** *a.* lunghissimo, chilometrico, fiume. □ (*Sport*) ~*runner* maratoneta; (*fig*) ~*session* seduta-fiume.

Marathon /ˈmærəθən *Am* ˈmerəθɑːn/ *n.pr.* (*Geog*) Maratona *f.*

marathoner /ˈmærəθənər *Am* ˈmerəθɑːnər/ *n.* (*Sport*) maratoneta *m./f.*

maraud /məˈrɔːd/ **I** *v.i.* fare scorrerie. **II** *v.t.* predare, saccheggiare.

marauder /məˈrɔːdər/ *n.* predone *m.*, saccheggiatore *m.* (*f.* -trice).

marauding /məˈrɔːdɪŋ/ *a.* dedito al saccheggio: ~ *bands* bande dedite al saccheggio.

marble /ˈmɑːbl *Am* ˈmɑːrbl/ **I** *n.* **1** marmo *m.* **2** (*sculpture, etc.*) marmo *m.: the Elgin -s* i marmi di Elgin. **3** (*little ball used in games*) bilia *f.*, biglia *f.*, pallina *f.* **4** *pl.* (*costr.sing.*) (*game*) gioco *m.sing.* delle bilie: *to shoot -s* giocare a bigile. **II** *a.* **1** di marmo, marmoreo: *a* ~ *statue* una statua marmorea. **2** (*marbled*) marezzato, marmorizzato, marbré. **3** (*fig*) (*callous*) di marmo, duro: *a* ~ *heart* un cuore di marmo. **4** (*fig*) (*cold*) freddo, marmoreo. **5** (*fig*) (*white, pale*) marmoreo, bianco, pallidissimo. **III** *v.t.* marmorizzare, marezzare. □ (*Am,Gastron*) ~*cake* torta marmorizzata; ~*cutter* marmista; (*Econ*) ~*paper* carta marmorizzata; ~*quarry* cava di marmo.

marbled /ˈmɑːbld *Am* ˈmɑːrbld/ *a.* **1** marmorizzato (*with* di), marezzato, marbré. **2** (*Legat*) marmorizzato, a venature (*di vario colore*), marbré. **3** (*Gastron*) marmorizzato, marezzato.

marbleization /ˌmɑːrblɪˈzeɪʃən/ *n.* (*Am*) **1** marmorizzazione *f.*, marezzatura *f.* **2** (*marbled appearance*) marmorizzatura *f.*, marezzatura *f.*

marbleize /ˈmɑːblaɪz/ *v.t.* (*Am*) marmorizzare, marezzare.

marble-topped /ˈmɑːblˌtɒpt *Am* ˈmɑːrbl ˌtɑːpt/ □ *a* ~*table* un tavolo col piano di marmo.

marbling /ˈmɑːblɪŋ *Am* ˈmɑːrblɪŋ/ *n.* **1** marmorizzazione *f.*, marezzatura *f.* **2** (*marbled appearance*) marmorizzatura *f.*, marezzatura *f.*

marbly /ˈmɑːbli *Am* ˈmɑːrbli/ *a.* **1** marmoreo. **2** (*fig*) (*callous*) di marmo, duro; (*cold*) freddo, marmoreo.

Marburg /ˈmɑːbɜːg *Am* ˈmɑːrbɜːrg/ □ (*Med*) ~*disease* morbo di Marburg; (*Med*) ~*virus* virus di Marburg.

marc /mɑːk *Am* mɑːrk/ *n.* **1** (*Enol*) vinaccia *f.*; (*type of brandy*) tipo *m.* di grappa. **2** (*olive residues*) sansa *f.* **3** (*Farm*) residuo *m.* insolubile.

marcel /mɑːˈsel *Am* mɑːrˈsel/ **I** *v.t.* (*past, p.p.* **marcelled** /-d/) (*of the hair*) ondulare con i ferri. **II** *n.* (*of the hair*) ondulazione *f.* con i ferri.

marcescence /mɑːˈsesəns *Am* mɑːrˈsesəns/ *n.* (*Bot*) marcescenza *f.*

marcescent /mɑːˈsesənt *Am* mɑːrˈsesənt/ *a.* (*Bot*) marcescente.

march[1] /mɑːtʃ *Am* mɑːrtʃ/ **I** *v.i.* **1** marciare (*on* su), avanzare a passo di marcia. **2** (*to set out marching*) mettersi in marcia. **3** (*to advance steadily*) avanzare con risolutezza: *she -ed into the shop and demanded the manager* entrò risolutamente nel negozio e chiese di vedere il direttore. **4** (*to demonstrate*) fare una marcia (*against* contro; *for* per). **5** (*fig*) progredire, procedere, avanzare. **II** *v.t.* **1** (*Mil*) far marciare. **2** (*to force to go*) condurre a forza, costringere ad andare: *the policeman -ed him into the station* il poliziotto lo condusse a forza al commissariato. **3** (*of a distance*) percorrere marciando. □ *to* ~*along* sfilare; (*Mil*) *to* ~*at the double* andare a passo di carica; *to* ~*off*: **1** mettersi in marcia; **2** (*to set off steadily*) muoversi con decisione, muoversi con risolutezza; (*fig*) *time is -ing on* il tempo fugge; (*Mil*) *to* ~*on the double* andare a passo di carica; *to* ~*out* uscire marciando; (*Br,Mil*) *to* ~*past* sfilare (davanti); *to* ~*with* (*to be in accord with*) concordare con, corrispondere a: *we must* ~ *with the times* dobbiamo marciare con i tempi.

march[2] /mɑːtʃ *Am* mɑːrtʃ/ **I** *n.* **1** marcia *f.* (*anche Mus*): *a day's* ~ un giorno di marcia. **2** (*demonstration*) marcia *f.* (*against, in protest at* contro; *for, in favour of* a favore). **3** (*marching step or stride*) passo *m.* di marcia. **4** (*fig*) (*advance*) il procedere, corso *m.: the* ~ *of time* il procedere del tempo. **5** (*fig*) (*progress*) progresso *m.: the* ~ *of technology* il progresso della tecnologia. **II** *intz.* marc'!, marsc'!; marsh!: *forward* ~! avanti marc'! □ ~*land* territorio di confine, regione di confine; *to be on the* ~: **1** (*Mil*) essere in marcia; **2** (*of prices*) essere al rialzo; **3** (*fig*) essere in progresso, progredire.

march[3] /mɑːtʃ *Am* mɑːrtʃ/ *n.* **1** (*border region*) regione *f.* di confine, zona *f.* di confine; (*frontier*) frontiera *f.*, confine *m.* **2** (*Stor*) marca *f.* **3** *pl.* (*Stor.brit*) regione *f.sing.* di confine tra Inghilterra e Galles (*o Scozia*).

march[4] /mɑːtʃ *Am* mɑːrtʃ/ *v.i.* confinare, essere confinante (*with* con).

March /mɑːtʃ *Am* mɑːrtʃ/ *n.* marzo *m.* □ *Prov.:* ~ *comes in like a lion and goes out like a lamb* marzo entra da leone e se ne va da agnello.

March. *Marchioness* march.a (*marchesa*).

marcher[1] /ˈmɑːtʃər *Am* ˈmɑːrtʃər/ *n.* **1** (*in a procession, in a band*) marciatore *m.* (*f.* -trice). **2** (*in a demonstration*) manifestante *m./f.*

marcher[2] /ˈmɑːtʃər *Am* ˈmɑːrtʃər/ *n.* (*Stor*) **1** (*inhabitant*) abitante *m./f.* di un paese di confine. **2** (*officer, lord*) governatore *m.* di una marca.

marching /ˈmɑːtʃɪŋ *Am* ˈmɑːrtʃɪŋ/ *a.* **1** che marcia, in marcia. **2** (*for marching*) da marcia: ~ *boots* stivali da marcia. □ ~*band* fanfara; (*Mil*) ~ *orders* ordine di partenza; (*colloq*) *to give so. his* ~ *orders*: **1** mandare via qcu.; **2** (*to give orders to*) dare ordini a qcu.; **3** (*to dismiss*) licenziare qcu., dare il benservito; (*Mus*) ~*song* marcia.

marchioness /ˌmɑːʃənˈes *Am* ˈmɑːrtʃənəs/ *n.* marchesa *f.*

marchpane /ˈmɑːtʃpeɪn *Am* ˈmɑːrtʃˌpeɪn/ *n.* (*ant,Dolc*) marzapane *m.*

march-past /ˈmɑːtʃpɑːst *Am* ˈmɑːrtʃˌpæst/ *n.* (*Mil*) sfilata *f.* di truppe.

Marcia /ˈmɑːsɪə *Am* ˈmɑːrtʃə/ *n.pr.f.* Marzia.

marconi, Marconi /mɑːˈkoʊni *Am* mɑːr ˈkoʊni/ *v.t.* (*Tel*) radiotelegrafare.

marconigram /mɑːˈkoʊnigræm *Am* mɑːr ˈkoʊnigræm/ *n.* marconigramma *m.*, radio-

gramma *m.*

Marcus /ˈmɑːkəs *Am* ˈmɑːrkəs/ *n.pr.m.* Marco.

Mardi Gras /ˌmɑːdiˈɡrɑː *Am* ˈmɑːrdiˌɡrɑː/ *n.* Martedì *m.* Grasso.

mare /meər *Am* mer/ *n.* **1** (*horse*) cavalla *f.*, giumenta *f.*, puledra *f.* **2** (*donkey*) asina *f.* □ (*fig*) ~*'s nest* grossa delusione, scoperta deludente; ~*'stail*: **1** (*Bot*) ippuride; **2** (*Meteor*) cirro a coda di cavallo.

Margaret /ˈmɑːɡərət *Am* ˈmɑːrɡrət/ *n.pr.f.* Margherita.

margarin, margarine /ˌmɑːdʒəˈriːn *Am* ˈmɑːrdʒərɪn/ *n.* margarina *f.*

margarita /ˌmɑːɡəˈriːtə *Am* ˌmɑːrɡəˈriːtə/ *n.* margarita *m.* (*cocktail a base di tequila, liquore di arancio e succo di limone verde*).

margay /ˈmɑːɡeɪ *Am* ˈmɑːrɡeɪ/ *n.* (*Zool*) margay *m.*, maracaia *m.*

marge /mɑːdʒ/ *n.* (*Br,colloq*) margarina *f.*

Margery /ˈmɑːdʒəri *Am* ˈmɑːrdʒəri/ *n.pr.f.* Margherita.

margin /ˈmɑːdʒɪn *Am* ˈmɑːrdʒɪn/ **I** *n.* **1** margine *m.*, orlo *m.*, bordo *m.*; (*river*) riva *f.*, margine *m.: the* ~ *of the forest* il margine della foresta. **2** (*on a page*) margine *m.: to make notes in the* ~ annotare a margine. **3** (*amount above what is necessary*) margine *m.: to allow a* ~ *of error* consentire un margine di errore; *by a wide* ~ con largo margine. **4** (*amount below which sth. is impossible or undesirable*) limite *m.: the* ~ *of endurance* il limite della sopportazione. **5** (*Comm,Econ*) margine *m.* (*di profitto*): *a high* ~ *sector* un settore con largo margine di profitto. **6** (*Econ*) (*cover deposit*) scarto *m.*, deposito *m.* a garanzia. **7** (*Sport*) vantaggio *m.* **8** (*Psic*) (*margin of consciousness*) margine *m.* **II** *v.t.* **1** marginare, delimitare con margini, bordare. **2** (*to annotate with marginal notes*) annotare a margine, scrivere in margine a, (*burocr*) emarginare. **3** (*Econ*) (*on the Stock Exchange*) coprire con un deposito a garanzia. □ (*Econ*) ~*call* richiesta di copertura; (*fig*) ~*of power* margine di potere; (*Econ*) ~ *of profit* margine di utile; ~*release key* tasto liberamargine; (*Tip*) ~*stop* marginatore.

marginal /ˈmɑːdʒɪnəl *Am* ˈmɑːrdʒɪnəl/ **I** *n.* (*Br, Pol*) circoscrizione *f.* elettorale ottenuta con un minimo scarto di voti. **II** *a.* **1** marginale, del margine. **2** (*written in the margin*) (*posto*) a margine, marginale: ~ *notes* note a margine. **3** (*relatively unimportant*) marginale: ~ *difference* differenza marginale. **4** (*Econ*) marginale: ~ *analysis* analisi marginale. **5** (*Agr,Econ*) (*of land*) che lascia scarso margine (*economico*). **6** (*Br,Parl*) (*of an electoral seat*) tenuto da una stretta maggioranza, molto combattuto. □ ~*case* caso limite; ~ *clause* clausola marginale; (*Econ*) ~ *cost* costo marginale; ~*efficiency* efficienza marginale; (*Econ*) ~*productivity* produttività marginale; (*Dir,Pol*) ~*sea* acque territoriali; ~*stop* marginatore; (*Econ*) ~*utility* utilità marginale.

marginalia /ˌmɑːdʒɪˈneɪliə *Am* ˌmɑːrdʒɪ ˈneɪliə/ *n.pl.* marginalia *m.sing.*, annotazioni *f.pl.* a margine.

marginalize /ˈmɑːdʒɪnəlaɪz *Am* ˈmɑːr dʒɪnəlaɪz/ *v.t.* emarginare.

marginally /ˈmɑːdʒɪnəli *Am* ˈmɑːrdʒɪnəli/ *avv.* **1** poco, leggermente: ~ *better* leggermente meglio. **2** (*in the margin*) marginalmente, a margine, in margine.

marginate /ˈmɑːdʒɪneɪt *Am* ˈmɑːrdʒɪneɪt/ **I** *a.* marginato (*anche Tip*). **II** *v.t.* marginare (*anche Tip*).

marginated /ˈmɑːdʒɪneɪtɪd *Am* ˈmɑːrdʒɪneɪtɪd/ *a.* marginato (*anche Tip*).

margravate /ˈmɑːɡrəvət *Am* ˈmɑːrɡrəvət/ *n.*

(*Stor*) margraviato *m*.

margrave /'mɑːgreɪv *Am* 'mɑːrgreɪv/ *n*. (*Stor*) margravio *m*.

margraviate /mɑː'greɪvɪət *Am* mɑːr'greɪvɪət/ *n*. (*Stor*) margraviato *m*.

margravine /'mɑːgrəviːn *Am* 'mɑːrgrəviːn/ *n*. (*Stor*) margravia *f*.

marguerite /ˌmɑːgə'riːt *Am* ˌmɑːrgə'riːt/ *n*. (*Bot*) pratolina *f*., margheritina *f*.

Marian /'meərɪən *Am* 'merɪən/ **I** *a*. **1** (*Rel*) mariano, di Maria Vergine. **2** (*Stor*) (*of Mary Queen of Scots*) di Maria Stuarda; (*of Mary Tudor*) di Maria Tudor. **II** *n*. (*Stor*) sostenitore *m*. (*f*. -trice) di Maria Stuarda. **III** *n.pr.f.* Marianna.

Mariana /ˌmærɪ'ænə/ □ (*Geog*) ~ *Islands* Isole Marianne.

mariculture /'mærɪkʌltʃər/ *n*. (*Pesc*) maricoltura *f*.

mariculturist /'mærɪkʌltʃərɪst/ *n*. (*Pesc*) maricoltore *m*. (*f*. -trice).

Marie /mə'riː: *Br also* 'mæri/ *n.pr.f.* Maria.

marigold /'mærɪgould *Am* 'merɪgould/ *n*. (*Bot*) calendula *f*., fiorrancio *m*., tagete *m*.

marigram /'mærɪgræm *Am* 'merɪgræm/ *n*. mareogramma *m*.

marigraph /'mærɪgrɑːf *Am* 'merɪgræf/ *n*. mareografo *m*.

marihuana, marijuana /ˌmærɪ'wɑːnə *Am* ˌmerɪ'wɑːnə/ *n*. **1** marijuana *f*. **2** (*Bot*) canapa *f*.

Marilyn /'mærɪlɪn *Am* 'merɪlɪn/ *n.pr.f.* Marilyn.

marimba /mə'rɪmbə/ *n*. (*Mus*) marimba *f*.

marina /mə'riːnə/ *n*. marina *m*., porticciolo *m*. (turistico).

marinade[1] /'mærɪneɪd *Am* 'merɪneɪd/ *n*. (*Gastron*) **1** (*seasoned mixture*) marinata *f*. **2** (*meat, fish*) marinato *m*., vivanda *f*. marinata.

marinade[2] /ˌmærɪ'neɪd *Am* ˌmerɪ'neɪd/ *v.t.* (*Gastron*) marinare.

marinate /'mærɪneɪt *Am* 'merɪneɪt/ **I** *n*. (*Gastron*) **1** (*seasoned mixture*) marinata *f*. **2** (*meat, fish*) marinato *m*., vivanda *f*. marinata. **II** *v.t.* (*Gastron*) marinare.

marine /mə'riːn/ **I** *a*. **1** marino, di mare, del mare, sottomarino: ~ *life* vita marina. **2** (*nautical, naval*) marittimo, nautico, navale: ~ *navigation* navigazione marittima. **3** (*Am, Mil*) (*of marines*) dei fanti di marina. **II** *n*. **1** marina *f*.: *the mercantile* ~ (o *the merchant* ~) la marina mercantile. **2** (*Mar.mil*) fante *m*. di marina, marinaio *m*. **3** (*Am,Mar.mil*) marine *m*. **4** (*Pitt*) marina *f*. □ ~ *biology* biologia marina; ~ *carrier* vettore marittimo; ~ *chart* carta nautica; (*Am,Mar.mil*) *Marine Corps* corpo dei Marine; ~ *dumping* scarico in mare (di sostanze inquinanti); (*Mot*) ~ *engine* motore marino; ~ *engineer*: 1 ingegnere navale; 2 (*Mar*) ufficiale di macchina; ~ *engineering* ingegneria navale; ~ *environment* ambiente marino; ~ *insurance* assicurazione marittima; ~ *mammals* mammiferi marini; ~ *oil* peste nera; (*colloq*) ~ *oil pollution* inquinamento da petrolio, marea nera; ~ *policy* polizza di assicurazione marittima; ~ *pollution* inquinamento del mare, inquinamento marino; ~ *resources* risorse marine; ~ *science* scienza marina.

mariner /'mærɪnər *Am* 'merɪnər/ *n*. (*lett*) marinaio *m*.

Marinism /mə'riːnɪzəm/ *n*. (*Lett*) marinismo *m*.

Marinist /mə'riːnɪst/ *n*. (*Lett*) marinista *m./f.*

Mariolatry /ˌmærɪ'ɒlətrɪ *Am* ˌmerɪ'ɑːlətrɪ/ *n*. (*Rel*) mariolatria *f*.

Mariology /ˌmærɪ'ɒlədʒɪ *Am* ˌmerɪ'ɑːlədʒɪ/ *n*. (*Rel*) mariologia *f*.

marionette /ˌmærɪə'net *Am* ˌmerɪə'net/ *n*. marionetta *f*.

Marist /'meərɪst *Am* 'merɪst/ *n*. (*Rel*) marista *m*.

marital /'mærɪtəl *Am* 'merɪtəl/ *a*. coniugale, matrimoniale, maritale: ~ *rights* diritti coniugali. □ ~ *rape* violenza sessuale subita da una donna da parte del marito; ~ *status* stato coniugale; ~ *therapy* terapia di coppia.

maritime /'mærɪtaɪm *Am* 'merɪtaɪm/ *a*. **1** marinaio, marittimo: *a* ~ *power* una potenza marinara. **2** (*bordering the sea*) marittimo. **3** (*of the sea*) marino. □ ~ *climate* clima marittimo; (*Assic*) ~ *insurance* assicurazione marittima; (*Dir*) ~ *law* diritto marittimo.

marjoram /'mɑːdʒərəm *Am* 'mɑːrdʒərəm/ *n*. (*Bot*) **1** (*wild marjoram*) origano *m*. **2** (*sweet marjoram*) maggiorana *f*.

Marjorie, Marjory /'mɑːdʒərɪ *Am* 'mɑːrdʒərɪ/ *n.pr.f.* Margherita.

mark[1] /mɑːk *Am* mɑːrk/ *n*. **1** segno *m*., impronta *f*., traccia *f*.: *to make a* ~ *on the paper* fare un segno sulla carta; -*s of dirty hands* impronte di mani sporche; (*fig*) *to leave one's* ~ *on sth.* lasciare la propria impronta su qcs. **2** (*imprint*) marchio *m*., marca *f*. **3** (*on a surface*) graffio *m*., scalfittura *f*. **4** (*spot*) macchia *f*., segno *m*. **5** (*sign*) segno *m*., indicazione *f*., indizio *m*., simbolo *m*.: -*s of haste* i segni della fretta. **6** (*characteristic trait*) tratto *m*. caratteristico: *the* ~ *of a gentleman* il tratto caratteristico di un gentiluomo. **7** (*written symbol*) segno *m*.: *punctuation* -*s* segni di interpunzione, segni ortografici. **8** (*in place of a signature*) segno *m*. di croce, croce *f*. **9** (*identifying sign*) contrassegno *m*., segno *m*. caratteristico. **10** (*sign of ownership*) sigla *f*., cifra *f*.; (*trademark*) marchio *m*., marchio *f*. di fabbrica. **11** (*sth. indicating position*) punto *m*. di riferimento; (*landmark*) cippo *m*., pietra *f*. confinaria. **12** (*target*) bersaglio *m*., obiettivo *m*. (*anche fig*): *to hit the* ~ colpire il bersaglio; *his criticism missed the* ~ le sue critiche non hanno colpito nel segno. **13** (*fig*) (*goal, object*) obiettivo *m*., meta *f*., scopo *m*. **14** (*fig*) (*object of derision*) oggetto *m*. di scherno, zimbello *m*., bersaglio *m*. **15** (*attention, notice*) attenzione *f*., nota *f*.: *worthy of* ~ degno di nota. **16** (*distinction, note*) valore *m*., pregio *m*., merito *m*.: *a man of* ~ un uomo di valore. **17** (*required standard*) media *f*.: *your work is below the* ~ il tuo lavoro è al di sotto della media. **18** (*colloq*) (*limit*) limite *m*. (massimo). **19** (*Scol*) voto *m*., punto *m*.: *he got a good* ~ ottenne un buon voto; *full* -*s* pieni voti. **20** (*Sport*) (*starting line*) linea *f*. di partenza. **21** (*Sport*) (*jack*) boccino *m*. **22** (*Mil*) (*model*) modello *m*., tipo *m*.: *a* ~ *V tank* un carro armato modello V. **23** (*Stor*) marca *f*. **24** *pl*. (*Sport*) (*starting position*) posizione *f.sing.* di partenza: *the competitors are now on their* -*s* i concorrenti sono ora in posizione di partenza. □ *to make one's* ~: 1 diventare importante, avere successo; 2 (*to leave one's mark*) lasciare la propria impronta; *a* ~ *of distinction* segno di distinzione; *a* ~ *of favour* un segno di favore; ~ *of honour* onorificenza; ~ *of infamy* marchio di infamia; (*Gramm*) ~ *of interrogation* punto interrogativo; ~ *of reference* indice di riferimento; (*Sport*) *on your* -*s, get set, go!* al posto, pronti, via!; (*Elettron*) ~ *reading* (o ~ *scanning*) lettura ottica dei codici a barre; *to be up to the* ~: 1 essere all'altezza, essere soddisfacente: *these goods are hardly up to the* ~ queste merci lasciano a desiderare; 2 (*in health*) essere in forma, stare bene, sentirsi bene.

mark[2] /mɑːk *Am* mɑːrk/ *v.t.* **1** fare segni su, fare un segno su, segnare. **2** (*to put an identifying mark on*) contrassegnare, marcare, segnare: *to* ~ *goods* contrassegnare la merce. **3** (*to indicate*) segnare, indicare: *the stream*

-*s the limits of the estate* il ruscello segna i confini della proprietà. **4** (*to make a written symbol on*) segnare, fare un segno su: *he* -*ed the right answers with a small cross* segnò le risposte giuste con una crocetta. **5** (*to write down*) annotare, prendere nota di, segnare. **6** (*to stain*) macchiare, sporcare. **7** (*to make notes on*) annotare, corredare di note, postillare. **8** (*to brand, to stamp*) marchiare, bollare: *to* ~ *so. as a traitor* marchiare qcu. come traditore. **9** (*to represent*) rappresentare, segnare, costituire: *the decision* -*s a turning point* la decisione segna una svolta. **10** (*to characterize, to distinguish*) contrassegnare, contraddistinguere, caratterizzare: *the week has been* -*ed by good weather* la settimana è stata caratterizzata dal bel tempo. **11** (*to designate, to destine*) destinare, designare: *his talents* ~ *him for fame* le sue doti lo destinano alla fama. **12** (*to show, to manifest*) manifestare, esprimere. **13** (*to commemorate*) commemorare, celebrare: *a new coin will be minted to* ~ *the occasion* una nuova moneta verrà coniata per commemorare l'avvenimento. **14** (*to register, to record*) registrare, segnare: *the thermometer* -*ed thirty-five degrees* il termometro segnava trentacinque gradi. **15** (*to notice*) notare, osservare, rilevare: ~ *how pale she has grown* nota com'è impallidita. **16** (*to give attention to*) fare attenzione a, badare: ~ *my words* fai attenzione alle mie parole. **17** (*Scol*) (*to assign marks to*) dare il voto a, classificare: *to* ~ *examination papers* classificare i compiti d'esame. **18** (*Scol*) (*to correct*) correggere: *the papers have been* -*ed* i compiti sono stati corretti. **19** (*Sport*) marcare. **20** (*Econ*) (*on the Stock Exchange*) quotare. □ *to* ~ *down*: 1 annotare, prendere nota di; 2 (*Comm*) ribassare il prezzo di, ridurre il prezzo di; *to* ~ *off*: 1 tracciare, segnare: *to* ~ *off distances on a map* tracciare le distanze su una carta; 2 (*to divide by boundary marks*) delimitare, circoscrivere, segnare il limite di, segnare il confine di; 3 (*to separate, to distinguish*) distinguere, dividere, separare: *his talents* -*ed him off from his contemporaries* il suo ingegno lo distingueva dai suoi contemporanei; 4 (*Mecc*) tracciare; *to* ~ *out*: 1 delimitare, tracciare, segnare; 2 (*to chart, to plot*) tracciare, progettare; 3 (*to destine*) destinare, designare; 4 (*Edil*) tracciare: *to* ~ *out the foundations* tracciare le fondamenta; (*Mil,fig*) *to* ~ *time* segnare il passo; *to* ~ *up*: 1 (*Comm*) aumentare il prezzo di; 2 (*to keep count of*) tenere il conto di; 3 (*colloq*) (*to give credit for*) dare il merito di, attribuire.

mark[3] /mɑːk *Am* mɑːrk/ *n*. **1** (*Econ,Numism*) marco *m*. **2** (*Numism*) (*Scottish money of account*) moneta *f*. nominale scozzese.

Mark /mɑːk *Am* mɑːrk/ *n.pr.m.* Marco (*anche Bibl*).

markdown /'mɑːkdaʊn *Am* 'mɑːrkdaʊn/ *n*. (*Comm*) riduzione *f*. di prezzo, ribasso *m*. □ ~ *money*: 1 sconto, ribasso; 2 (*Comm*) indennizzo per le merci invendute.

marked /mɑːkt *Am* mɑːrkt/ *a*. **1** segnato, contrassegnato, marcato. **2** (*of cards*) segnato. **3** (*noticeable*) marcato, notevole, forte, spiccato: *a* ~ *American accent* un marcato accento americano; *a* ~ *improvement in sales* un forte aumento delle vendite. **4** (*considerable*) grande, considerevole. **5** (*suspected, watched*) sospetto, tenuto d'occhio, sorvegliato. **6** (*Ling*) marcato.

markedly /'mɑːkɪdlɪ *Am* 'mɑːrkɪdli/ *avv*. considerevolmente, notevolmente.

marker /'mɑːkər *Am* 'mɑːrkər/ *n*. **1** (*Ind*) marcatore *m*. (*f*. -trice). **2** (*scorekeeper*) segnapunti *m./f.*, marcatore *m.* (*f.* -trice). **3** (*device that scores*) segnapunti *m.* **4** (*bookmark*) segnalibro *m.* **5** (*tag*) etichetta *f.* **6** (*tombstone*) lapide *f.* **7** (*felt-tip pen*) evidenziatore *m.*, pennarello *m.* **8** (*Scol,Univ*) esaminatore *m.* (*f.* -trice). **9** (*Ferr*) segnale *m.* **10** (*Med*) marcatore *m.*, contrassegno *m.* biologico. **11** (*Ling*) marca *f.* □ (*Aer*) ~ *beacon* radiofaro di segnalazione, radiosegnale, radiofaro.

market /'mɑːkɪt *Am* 'mɑːrkɪt/ **I** *n.* **1** mercato *m.*: *to go to* ~ andare al mercato; *fish* ~ mercato del pesce. **2** (*Comm*) (*field of trade or business*) mercato *m.* (*for* per), piazza *f.*: *the best shoes on the* ~ le migliori calzature sul mercato, le migliori calzature che offre la piazza. **3** (*Comm*) (*geographical area*) mercato *m.*, sbocco *m.* commerciale: *home* ~ (o *domestic*) ~ mercato interno; *foreign* ~ mercato estero; *to find new* ~*s* trovare nuovi sbocchi commerciali, trovare nuovi mercati. **4** (*Comm*) (*condition of commercial activity*) mercato *m.*: *a brisk* ~ un mercato vivace. **5** (*Comm*) (*demand*) richiesta *f.*, domanda *f.*: *there is no* ~ *for your products* non c'è richiesta dei vostri prodotti; *to find a* ~ *for sth.* riuscire a smerciare (facilmente) qcs. **6** (*Econ*) (*stock market*) Borsa *f.*, mercato *m.* azionario, mercato *m.* dei titoli finanziari: *to play the* ~ giocare in borsa, speculare in borsa. **7** (*Am*) (*retail store*) rivendita *f.*, negozio *m.* **II** *v.t.* **1** (*Comm*) immettere sul mercato, introdurre sul mercato, lanciare sul mercato. **2** (*to send to market*) spedire al mercato; (*to take to market*) portare al mercato. **3** (*to sell*) vendere, distribuire (merci). **III** *v.i.* fare acquisti al mercato, fare vendite al mercato. □ ~*analysis* analisi di mercato; ~*analyst* analista di mercato; (*Statist*) ~*basket* paniere di mercato; (*Econ*) ~*capitalization* capitalizzazione del mercato; (*Econ*) ~*crash* crollo di borsa, crack in borsa; ~*day* giorno di mercato; ~ *economy* economia di mercato; ~ *fluctuations* oscillazioni del mercato; ~ *forecast* previsione di mercato; ~*gap* lacuna di mercato; (*Br*) ~*garden* azienda ortofrutticola; ~*gardener* ortofrutticoltore; *to be in the* ~ *for sth.* desiderare acquistare qcs.; ~ *intelligence* informazioni commerciali, informazioni di mercato; ~*leader*: 1 (*product*) prodotto di punta; 2 (*company*) società leader del mercato; ~ *leadership* primato nel mercato, posizione da leader sul mercato; (*Econ*) ~*making* transazioni (di Borsa); ~ *mechanism* meccanismo di mercato; *on the* ~ sul mercato, in vendita, in commercio; (*Econ*) ~ *opportunity* nicchia di mercato; ~ *overt* mercato aperto al pubblico; ~ *place* mercato (*anche Econ*); ~*price* prezzo corrente, prezzo di mercato; *to put on the* ~ mettere in commercio, lanciare sul mercato; ~*regulations* ordinamento del mercato; ~*rent* canone di affitto sul mercato; ~*report* relazione di mercato; ~*research* indagine di mercato, ricerca di mercato; ~*researcher* analista di mercato; ~*resistance* reazione sfavorevole dei consumatori a un prodotto o a un servizio; ~*segmentation* segmentazione del mercato; ~*share* quota di mercato; ~*square* piazza del mercato; ~ *stall* bancarella, banchetto; ~ *strategy* strategia di mercato; ~ *supply* offerta di mercato; ~*survey* indagine di mercato; (*Br*) ~*town* città sede di mercato; ~ *trader* venditore ambulante; ~ *trend* tendenza del mercato; ~*value* valore commerciale, valore di mercato.

marketability /ˌmɑːkɪtə'bɪlɪti *Am* ˌmɑːrkɪtə'bɪləti/ *n.* (*of a product*) commerciabilità *f.*

marketable /'mɑːkɪtəbḷ *Am* 'mɑːrkɪtəbḷ/ *a.* **1** vendibile, smerciabile, negoziabile, com-

merciabile. **2** (*of selling and buying*) commerciale: ~ *value* valore commerciale. **3** (*Econ*) negoziabile.

market-driven /'mɑːkɪtˌdrɪvən *Am* 'mɑːrkɪt ˌdrɪvən/ *a.* (*market-oriented*) orientato al mercato.

marketeer /ˌmɑːkɪ'tɪər *Am* ˌmɑːrkə'tɪr/ *n.* (*Pol*) sostenitore *m.* (*f.* -trice) del mercato comune.

marketing /'mɑːkɪtɪŋ *Am* 'mɑːrkɪtɪŋ/ *n.* **1** vendita *f.* in un mercato, acquisto *m.* in un mercato. **2** (*Comm*) marketing *m.* □ (*Econ*) ~*board* comitato di controllo dei prezzi; ~ *campaing* campagna di vendita; ~*company* agenzia di marketing; (*Agr*) ~ *co-operative* cooperativa di vendita; (*Am*) *to do one's* ~ fare la spesa (al mercato); ~ *man* agente, rappresentante; ~ *manager* direttore del marketing; ~*mix* combinazione delle variabili del marketing che influenzano le scelte del cliente; ~*oriented* orientato sul marketing, strutturato sul marketing; ~ *process* operazioni di marketing; ~*strategy* strategia di marketing; ~*year* campagna di commercializzazione.

market-led /'mɑːkɪtˌled *Am* 'mɑːrkɪtˌled/ *a.* (*Econ*) determinato dal mercato, di mercato.

market-maker /'mɑːkɪtˌmeɪkər *Am* 'mɑːrkɪt ˌmeɪkər/ *n.* (*Econ,Comm*) (*in the Stock Exchange*) operatore *m.* (*f.* -trice) indipendente.

market-oriented /'mɑːkɪtˌɔːrientid *Am* 'mɑːrkɪtˌɔːrientɪd/ *a.* (*market-driven*) orientato al mercato.

marking /'mɑːkɪŋ *Am* 'mɑːrkɪŋ/ *n.* **1** marcatura *f.*, segnatura *f.* **2** (*mark made*) segno *m.*, contrassegno *m.*, marchio *m.*: *road* -*s* segnaletica orizzontale. **3** (*arrangement of marks*) motivo *m.*, disegno *m.* **4** (*Econ*) quotazione *f.* **5** (*Br,Scol*) (*process of correcting*) valutazione *f.*; (*marks*) votazione *f.*, voti *m.pl.* **6** (*Sport*) marcatura *f.*: *man-to-man* ~ marcatura a uomo. □ ~*ink* inchiostro indelebile; ~*pen* penna a inchiostro indelebile; (*Br,Scol*) ~*scheme* griglia di correzione; (*Br,Scol*) ~*system* sistema di correzione.

marksman /'mɑːksmən *Am* 'mɑːrksmən/ *n.irr.* **1** buon tiratore *m.* (*anche Sport*). **2** (*Am,Mil*) tiratore *m.* scelto.

marksmanship /'mɑːksmənʃɪp *Am* 'mɑːrksmənʃɪp/ *n.* abilità *f.* nel tiro, precisione *f.* di tiro.

mark-up /'mɑːkʌp *Am* 'mɑːrkʌp/ *n.* **1** (*Comm*) rialzo *m.*, aumento *m.*, ricarico *m.* **2** (*gross profit*) margine *m.* di vendita, margine *m.* di utile lordo, margine *m.* di profitto. **3** (*Inform*) marcatura *f.*, codifica *f.* □ (*Inform*) ~*language* linguaggio di marcatura.

marl /mɑːl *Am* mɑːrl/ **I** *n.* (*Min,Agr*) marna *f.* **II** *v.t.* (*Agr*) marnare. □ ~*pit* cava di marna, marniera.

marlin /'mɑːlɪn *Am* 'mɑːrlɪn/ *n.* **1** (*Itt*) marlin *m.*, macaira *f.* **2** (*Mar*) (*marline*) merlino *m.*, lezzino *m.*

marlinespike, **marlinspike** /'mɑːlɪnˌspaɪk *Am* 'mɑːrlɪnˌspaɪk/ *n.* (*Mar*) caviglia *f.* per impiombare.

marmalade /'mɑːmᵊleɪd *Am* 'mɑːrmᵊleɪd/ *n.* (*Alim*) marmellata *f.* di agrumi. □ ~ *cat* gatto rosso; (*Alim*) ~*orange* arancia amara.

Marmara /'mɑːmᵊrə *Am* 'mɑːrmᵊrə/ □ (*Geog*) *Sea of* ~ mar di Marmara.

marmite /'mɑːmaɪt *Am* 'mɑːrmaɪt/ *n.* **1** (*Alim*) estratto *m.* di lievito. **2** (*cooking pot*) marmitta *f.*

marmolite /'mɑːmouˌlaɪt *Am* 'mɑːrmouˌlaɪt/ *n.* marmolite *f.*

marmoreal /mɑː'mɔːrɪəl *Am* mɑːr'mɔːrɪəl/ *a.* (*poet,lett*) **1** marmoreo. **2** (*fig*) marmoreo, freddo.

marmoset /'mɑːmᵊzet *Am* 'mɑːrmᵊzet/ *n.*

(*Ornit*) callitrice *f.*, marmosetta *f.*

marmot /'mɑːmət *Am* 'mɑːrmət/ *n.* (*Zool*) marmotta *f.*

Marne /mɑːn *Am* mɑːrn/ *n.pr.* (*Geog*) Marna *f.*

marocain /'mærəkeɪn/ *n.* crepe *m.* marocain.

Maronite /'mærənaɪt/ *n.* (*Rel*) maronita *m.*

maroon[1] /mə'ruːn/ *n.* **1** marrone *m.* rossiccio. **2** (*Br*) (*firework*) castagnola *f.*; (*rocket*) razzo *m.* di segnalazione.

maroon[2] /mə'ruːn/ **I** *v.t.* **1** abbandonare (*spec.* su un'isola deserta). **2** (*fig*) isolare dal mondo esterno. **II** *n.* **1** persona *f.* abbandonata su un'isola deserta. **2** (*Stor*) schiavo *m.* nero fuggiasco; (*descendant*) discendente *m./f.* da uno schiavo nero fuggiasco.

marooned /mə'ruːnd/ □ ~*castaways* (o ~*sailors*) naufraghi.

marplot /'mɑːplɒt *Am* 'mɑːrplɑːt/ *n.* (*colloq*) guastafeste *m./f.*

Marq. **1** *marquise* march.a (marchesa). **2** *marquis* march. (marchese)

marque /mɑːk *Am* mɑːrk/ *n.* (*Stor*) lettera *f.* di corsa, lettera *f.* di marca.

marquee /mɑː'kiː *Am* mɑːr'kiː/ **I** *n.* **1** (*Br*) (*large tent for receptions, etc.*) padiglione *m.*, tenda *f.*; (*of circus*) tendone *m.* **2** (*Am,Edil*) (*of a theatre, hotel, etc.*) pensilina *f.* **II** *a.* (*Am, fig*) (*of an artist or performer*) di prim'ordine, di cartellone; *a* ~ *performer* un artista di cartellone.

Marquesas /mɑː'keɪzəs *Am* mɑːr'keɪzəs/ □ (*Geog*) ~*Islands* Isole Marchesi.

marquess /'mɑːkwəs *Am* 'mɑːrkwəs/ *n.* marchese *m.*

marquessate /'mɑːkwəsət *Am* 'mɑːrkwəsət/ *n.* marchesato *m.*

marqueterie, **marquetry** /'mɑːkɪtri *Am* 'mɑːrkɪtri/ *n.* **1** (*process*) intarsio *m.* **2** (*object*) intarsio *m.*, oggetto *m.* intarsiato, superficie *f.* intarsiata.

marquis /'mɑːkwɪs *Am* 'mɑːrkwɪs/ (*pl.inv.* o -**quises** /-kwɪsɪz/) *n.* marchese *m.*

marquisate /'mɑːkwəsət *Am* 'mɑːrkwəsət/ *n.* marchesato *m.*

marquise /mɑː'kiːz *Am* mɑːr'kiːz/ *n.* **1** marchesa *f.* **2** (*Oref*) marquise *f.*, marchesa *f.*

marriage /'mærɪdʒ *Am* 'merɪdʒ/ *n.* **1** matrimonio *m.* (*to so.* con qcu.). **2** (*state of being married*) stato *m.* coniugale; (*wedlock*) matrimonio *m.*, vincolo *m.* coniugale: *a happy* ~ un matrimonio felice; *broken* ~ matrimonio fallito. **3** (*act of marrying*) nozze *f.pl.*, matrimonio *m.*, sposalizio *m.*; (*ceremony*) nozze *f.pl.*, cerimonia *f.* nuziale. **4** (*fig*) fusione *f.*, unione *f.*, connubio *m.* **5** (*in cards*) re *m.* e regina dello stesso seme. □ (*Dir*) ~*articles* contratto di matrimonio, contratto matrimoniale; ~*bed* letto matrimoniale, letto coniugale; ~*bonds* vincoli coniugali; ~*broker* sensale di matrimoni, paraninfo; ~*bureau* agenzia matrimoniale; ~*by* ~ acquisto (per matrimonio): *my uncle by* ~ mio zio acquisito; *we are related by* ~ siamo parenti acquisiti; (*Dir*) ~*contract* contratto nuziale, contratto di matrimonio, contratto matrimoniale; ~ *for money* matrimonio di interesse; (*Br*) ~*guidance* consulenza matrimoniale; (*Br*) ~*guidance counsellor* consulente matrimoniale; ~ *licence* licenza matrimoniale; (*colloq*) ~*lines* certificato di matrimonio; ~*of convenience* matrimonio di convenienza; (*Dir*) ~ *portion* dote, bene dotale; (*Lit*) ~*service* liturgia nuziale, servizio nuziale; (*Dir*) ~*settlement* contratto nuziale, contratto di matrimonio; ~ *vows* promesse matrimoniali, promesse che si scambiano gli sposi.

marriageability /ˌmærɪdʒə'bɪlɪti *Am* ˌmerɪdʒə'bɪləti/ *n.* l'essere maritabile, l'essere da marito.

marriageable /'mærɪdʒəbl Am 'merɪdʒəbl/ a. maritabile, da marito, (scherz) matrimoniabile: to be of ~ age essere in età da marito.

married /'mærɪd Am 'merɪd/ a. **1** sposato, coniugato (to a): a ~ man un uomo sposato. **2** (of marriage) coniugale, matrimoniale: ~ love amore coniugale. □ a ~ couple una coppia sposata; to get ~ sposarsi; ~ life vita matrimoniale, matrimonio, vita coniugale; ~ name cognome da sposata; (Mil) ~ quarters alloggi per le famiglie (in una base militare); the ~ state lo stato coniugale.

marrow /'mærou Am 'merou/ n. **1** (Anat,Bot) midollo m. **2** (Br,Bot) zucca f.: (Br) baby ~ zucchino. **3** (fig) (essential part) midollo m., parte f. (più) interna, (intima) essenza f., sostanza f. **4** (fig) (strength, vigour) forza f., vigoria f., nerbo m. □ ~ bone: 1 (Gastron) ossobuco; 2 (scherz) (knees) ginocchia; (Bot) ~ squash: 1 (with hard rind) zucca; 2 (baby marrow) zucchino, zucchina; to the ~ (of one's bones) alle midolla, al midollo: he is English to the ~ è inglese fino in fondo all'animo, è inglese fino alle midolla.

marrowbone /'mærouboun Am 'merouboun/ n. **1** (Gastron) ossobuco m. **2** (scherz) ginocchia f.pl. □ (Gastron) ~ jelly gelatina (di ossobuco).

marrowfat /'mæroufæt Am 'meroufæt/ n. (Bot) pisello m. gigante.

marrowy /'mærouɪ Am 'merouɪ/ a. **1** midolloso. **2** (fig) succoso, sostanzioso.

marry[1] /'mæri Am 'meri/ I v.t. **1** sposare. **2** (to join in marriage) sposare, unire in matrimonio: they were married by the mayor li ha sposati il sindaco. **3** (fig) unire, sposare, combinare, accoppiare: his style marries poetry with prose il suo stile unisce la poesia alla prosa. II v.i. sposarsi, unirsi in matrimonio: to ~ in one family imparentarsi con una famiglia per matrimonio. □ to ~ again risposarsi; to ~ beneath oneself sposarsi con una persona di condizione inferiore; to ~ into money fare un matrimonio di interesse; to ~ off dare in moglie, accasare, sposare, maritare (to a, con).

marry[2] /'mæri Am 'meri/ intz. (rar,dial,ant) accidenti!, diamine!

Mars /maːz Am maːrz/ I n.pr.m. (Mitol) Marte. II n.pr. (Astr) Marte m. III n. ferro m.

Marseillaise /ˌmaːseɪ'jeɪz Am ˌmaːrsəl'eɪz/ n. marsigliese f.

Marseille /ˌmaː'seɪ Am maːr'seɪ/ I n.pr. (Geog) Marsiglia f. II a. marsigliese, di Marsiglia.

marseilles /ˌmaː'seɪlz Am maːr'seɪlz/ n. (Tess) tessuto m. di cotone a righe.

marsh /maːʃ Am maːrʃ/ n. palude f., pantano m., acquitrino m., zona f. paludosa. □ (Med) ~ fever malaria, febbre delle paludi; (Chim) ~ gas metano, gas di palude; (Itt) ~ harrier falco di palude; (Bot) ~ mallow malva canapina, altea; (Bot) ~ marigold calta palustre; (Bot) ~ thistle cardo palustre; (Entom) ~ treader idrometra.

marshal /'maːʃəl Am 'maːrʃəl/ I n. **1** (Mil, Aer.mil,Stor) maresciallo m. **2** (Dir) ufficiale m. giudiziario. **3** (officer of a royal household) ufficiale m. di corte; (officer in charge of ceremonies) cerimoniere m. **4** (Am) (police officer) sceriffo m. **5** (Am) (head of a police department) capo m. di un dipartimento di polizia; (head of a fire department) comandante m. dei vigili del fuoco. II v.t. (past, p.p. **marshalled** /Am **marshaled** /-d/) **1** ordinare, mettere in (buon) ordine, sistemare: to ~ facts ordinare i fatti. **2** (of people, troops) ordinare, schierare. **3** (to guide ceremoniously) introdurre, condurre cerimoniosamente.

Marshall /'maːʃəl Am 'maːrʃəl/ □ (Geog) ~ Islands Isole Marshall; (Stor) ~ Plan Piano Marshall.

marshalling /'maːʃəlɪŋ Am 'maːrʃəlɪŋ/ □ (Ferr) ~ yard scalo di smistamento, stazione di smistamento.

marshalship /'maːʃəlʃɪp Am 'maːrʃəlʃɪp/ n. (Mil) maresciallato m.

marshiness /'maːʃɪnəs Am 'maːrʃɪnəs/ n. l'essere paludoso, l'essere pantanoso.

marshland /'maːʃlænd Am 'maːrʃlænd/ n. regione f. paludosa, palude f.

marshmallow /maːʃ'mælou Am maːrʃ'mælou/ n. **1** (Dolc) caramella f. gommosa e spugnosa. **2** (Bot) altea f. **3** (Am,sl) (coward) vigliacco m. (f. -a).

marshy /'maːʃi Am 'maːrʃi/ a. **1** paludoso, acquitrinoso, pantanoso: ~ meadow prato paludoso. **2** (occurring in marsh) palustre.

marsupial /maː'suːpiəl Am maːr'suːpiəl/ I a. **1** (Zool) (of a marsupian) marsupiale. **2** (of marsupials) dei marsupiali. II n. (Zool) marsupiale m.

marsupium /maː'suːpiəm Am maːr'suːpiəm/ (pl. -pia /-piə/) n. (Zool) marsupio m.

mart /maːt Am maːrt/ n. **1** (market) mercato m., centro m. commerciale. **2** (rar) (fair) fiera f.

martagon /'maːtəgən Am 'maːrtəgən/ n. (Bot) giglio m. martagone.

martello /maː'telou Am maːr'telou/ (pl. -s /-z/) n. (Mil,ant) forte m. circolare, torre f. di guardia.

marten /'maːtɪn Am 'maːrtən/ (pl.inv. o -s /-z/; il pl. inv. si usa general. con valore collett.) n. **1** (Zool) martora f. **2** (fur) martora f.

martensite /'maːtənzaɪt Am 'maːrtənzaɪt/ n. (Met) martensite f.

Martha /'maːθə Am 'maːrθə/ n.pr.f. Marta.

martial /'maːʃəl Am 'maːrʃəl/ a. **1** (warlike) guerriero, bellicoso, marziale: a ~ people un popolo guerriero. **2** (suitable for war) marziale, guerresco: ~ music musica marziale. □ (Sport) ~ arts arti marziali; (Dir) ~ law legge marziale.

martialism /'maːʃəlɪzəm Am 'maːrʃəlɪzəm/ n. marzialità f., bellicosità f.

martially /'maːʃəli Am 'maːrʃəli/ avv. in modo marziale.

Martian /'maːʃən Am 'maːrʃən/ I a. (Astr) marziano, di Marte. II n. marziano m. (f. -a).

martin /'maːtɪn Am 'maːrtən/ n. (Ornit) balestruccio m.

Martin /'maːtɪn Am 'maːrtən/ n.pr.m. Martino.

martinet /ˌmaːtɪ'net Am ˌmaːrtən'et/ n. **1** uomo m. rigido, uomo m. rigoroso: to be a ~ essere un caporale, essere un despota. **2** (Mil) chi impone la disciplina in modo rigido.

martingale /'maːtɪŋgeɪl Am 'maːrtəngeɪl/ n. **1** martingala f. (anche Equit,Mar). **2** (betting system) martingala f.

martini /maː'tiːni Am maːr'tiːni/ n. martini m. (cocktail a base di vermouth secco e gin).

Martinique /ˌmaːtɪ'niːk Am ˌmaːrtən'iːk/ n.pr. (Geog) Martinica f.

Martinmas /'maːtɪnməs Am 'maːrtənməs/ n. festa f. di san Martino.

martlet /'maːtlɪt Am 'maːrtlət/ n. **1** (Arald) merlotto m. **2** (Ornit) balestruccio m.

martyr /'maːtər Am 'maːrtər/ I n. **1** martire m./ f.: a ~ to the cause un martire della causa. **2** (colloq) (constant sufferer) vittima f.: a ~ to rheumatism una vittima dei reumatismi. **3** (fig,spreg) martire m./f., vittima f.: to make a ~ of oneself atteggiarsi a martire, fare la vittima. II v.t. **1** martirizzare, condannare al martirio: to be -ed for one's faith subire il martirio per la propria fede. **2** (fig) martoriare, tormentare.

martyrdom /'maːtədəm Am 'maːrtərdəm/ n. martirio m. (anche fig).

martyrize /'maːtəraɪz Am 'maːrtəraɪz/ v.t. **1** martirizzare. **2** (fig) martirizzare, martoriare, tormentare.

martyrological /ˌmaːtərə'lɒdʒɪkəl Am ˌmaːrtərə'laːdʒɪkəl/ a. del martirologio.

martyrologist /ˌmaːtə'rɒlədʒɪst Am ˌmaːrtə'raːlədʒɪst/ n. studioso m. (f. -a) del martirologio.

martyrology /ˌmaːtə'rɒlədʒi Am ˌmaːrtə'raːlədʒi/ n. martirologio m.

martyry /'maːtəri Am 'maːrtəri/ n. cappella f. dedicata a un martire.

marvel /'maːvəl Am 'maːrvəl/ I n. **1** meraviglia f., prodigio m.: (colloq) to work -s fare meraviglie. **2** (colloq) (of a person) meraviglia f., prodigio m., portento m., perla f.: a ~ of learning un prodigio di erudizione. II v.i. (past, p.p. **marvelled** /Am **marveled** /-d/) **1** meravigliarsi, stupirsi (at di), essere meravigliato (at da): I ~ at his patience mi meraviglio della sua pazienza. **2** (to wonder) meravigliarsi, stupirsi, domandarsi (come), chiedersi (come). □ it is a ~ to me that... mi fa specie che..., mi stupisce che...

marvellous /'maːvələs Am 'maːrvələs/ I a. **1** straordinario, incredibile, meraviglioso. **2** (supernatural) prodigioso, soprannaturale. **3** (miraculous) miracoloso. **4** (colloq) (very good) splendido, ottimo, magnifico, meraviglioso. II n. meraviglioso m.

marvellousness /'maːvələsnəs Am 'maːrvələsnəs/ n. meraviglia f., l'essere meraviglioso.

marvelous /'maːvələs Am 'maːrvələs/ a. / n. (Am) e der. → **marvellous** e der.

Marxian /'maːksiən Am 'maːrksiən/ a. marxiano.

Marxism /'maːksizəm Am 'maːrksizəm/ n. marxismo m.

Marxism-Leninism /ˌmaːksɪzəm'lenɪnɪzəm Am ˌmaːrksɪzəm'lenɪnɪzəm/ n. marxismo leninismo m.

Marxist /'maːksɪst Am 'maːrksɪst/ I a. marxista. II n. marxista m./f.

Marxist-Leninist /ˌmaːksɪst'lenɪnɪst Am ˌmaːrksɪst'lenɪnɪst/ a. marxista-leninista m./f.

Mary /'meəri Am 'meri/ n.pr.f. Maria. □ (Am, sl) ~ Jane marijuana, (gerg) maria giovanna; (Bibl) ~ Magdalene Maria di Magdala, Maria Maddalena; (Stor) ~ Stuart Maria Stuarda.

Maryland /'meərilænd Am 'merilænd/ n.pr. (Geog) Maryland m.

marzipan /'maːzipæn Am 'maːrzipæn/ n. (Dolc) marzapane m.

masc. (Gramm) masculine m, masch. (maschile).

mascara /mə'skaːrə Am mæs'kærə/ n. (Cosmet) mascara m.

mascon /'mæskɒn Am 'mæskaːn/ n. (Astr) mascon m.

mascot /'mæskɒt Am 'mæskaːt/ n. **1** (person or animal) mascotte f.: the team's ~ la mascotte della squadra. **2** (thing) portafortuna m., amuleto m., talismano m.

masculine /'mæskjulɪn Am 'mæskjuːlɪn/ I a. **1** virile, maschile, da uomo. **2** (male) maschile. **3** (virile, manly) virile, maschio, da uomo, mascolino. **4** (Gramm) maschile. II n. (Gramm) **1** (gender) maschile m., genere m. maschile: in the ~ al maschile. **2** (word) sostantivo m. maschile, aggettivo m. maschile, pronome m. maschile. □ ~ ending: 1 (Metr) il finire con una rima tronca; 2 (Gramm) desinenza maschile; (Metr) ~ rhyme rima tronca.

masculinity /ˌmæskju'lɪnɪti Am ˌmæskjuː

'lınəti/ *n.* **1** (*virility*) virilità *f.* **2** (*gender*) mascolinità *f.*, maschilità *f.*

masculinization /ˌmæskjulın(a)ı'zeıʃən *Am* ˌmæskjuːlını'zeıʃən/ *n.* mascolinizzazione *f.*

masculinize /'mæskjulınaız/ *v.t.* mascolinizzare.

maser /'meızəᵣ/ *n.* (*Elettron*) maser *m.*

mash[1] /mæʃ/ **I** *n.* **1** poltiglia *f.*, pappa *f.* **2** (*Zootecn*) pastone *m.*: bran ~ pastone di crusca. **3** (*Ind*) infuso *m.* di malto (in acqua calda). **4** (*Br,colloq*) (*mashed potatoes*) patate *f.pl.* passate, purè *m.* (di patate), purea *f.* **II** *v.t.* **1** passare, ridurre in poltiglia: to ~ potatoes passare le patate. **2** (*to crush*) schiacciare, pestare. **3** (*Ind*) (*of malt*) macerare (in acqua calda), mettere in infusione. ☐ to ~ up (*of fruits, potatoes*) schiacciare, passare.

mash[2] /mæʃ/ *n.* (*Am,colloq,ant*) innamorato *m.* (*f.* -a), (*pop*) moroso *m.* (*f.* -a). ☐ ~ note messaggio d'amore, lettera d'amore (*spec.* come approccio sessuale).

MASH /mæʃ/ (*Am,Mil*) *mobile army surgical hospital* (ospedale da campo).

mashed /mæʃt/ ☐ to be ~ on so. avere (preso) una cotta per qcu.

masher[1] /'mæʃəᵣ/ *n.* (*potato masher*) schiacciapatate *m.*, passaverdura *m.*

masher[2] /'mæʃəᵣ/ *n.* (*colloq*) (*philanderer*) donnaiolo *m.*, (*ant*) pappagallo *m.*

mashie /'mæʃi/ *n.* (*Sport*) (*in golf*) ferro *m.*

mask /maːsk *Am* mæsk/ **I** *n.* **1** maschera *f.* (*anche Sport,Teat*). **2** (*death mask*) maschera *f.* mortuaria. **3** (*gas mask*) maschera *f.* antigas. **4** (*fig*) (*disguise, cover*) maschera *f.*, finzione *f.*, apparenza *f.*: under a ~ of friendship sotto la maschera dell'amicizia; to throw off the ~ (o to throw off one's ~) togliersi la maschera, gettare la maschera. **5** (*fig*) (*pretence*) messinscena *f.* **6** (*fig*) (*inexpressive face*) viso *m.* inespressivo, maschera *f.* **7** (*person wearing a mask*) maschera *f.* **8** (*Zool*) (*of a fox, dog, etc.*) muso *m.* **9** (*Mil*) mascheramento *m.*, mimetizzazione *f.* **10** (*Inform*) maschera *f.* **11** (*Fot,Cin*) mascherino *m.* **12** (*Cosmet*) maschera *f.* (di bellezza). **13** (*Arch*) mascherone *m.* **II** *v.t.* **1** mascherare, coprire con una maschera. **2** (*fig*) dissimulare, mascherare, camuffare, celare: to ~ one's intentions mascherare le proprie intenzioni. **3** (*Fot,Mot*) schermare, mascherare. **4** (*Mil*) mascherare, mimetizzare. **5** (*Econ*) (*losses*) mascherare, celare. **III** *v.i.* **1** (*to put on a mask*) mascherarsi, mettersi in maschera. **2** (*to take part in a masquerade*) partecipare a una festa mascherata.

masked /maːskt *Am* mæskt/ *a.* **1** mascherato, in maschera. **2** (*fig*) nascosto, dissimulato, mascherato, celato. ☐ ~ball ballo in maschera, ballo mascherato.

masker /'maːskəᵣ *Am* 'mæskəᵣ/ *n.* **1** chi porta una maschera. **2** (*one who takes part in a masquerade*) maschera *f.*, persona *f.* mascherata.

masking /'maːskıŋ *Am* 'mæskıŋ/ *n.* **1** partecipazione *f.* a una festa mascherata. **2** (*concealing*) mascheramento *m.*, mascheratura *f.* **3** (*Acus,Fot*) mascheramento *m.* **4** (*Inform*) mascherare *m.* ☐ ~tape nastro (adesivo) per mascherature.

masochism /'mæsəkız²m/ *n.* (*Psic*) masochismo *m.*

masochist /'mæsəkıst/ *n.* masochista *m./f.*

masochistic /ˌmæsə'kıstık/ *a.* masochistico.

masochistically /ˌmæsə'kıstık²li/ *avv.* da masochista.

mason /'meıs²n/ **I** *n.* **1** (*stoneworker*) muratore *m.*; (*stone-dresser*) scalpellino *m.* **2** (*Freemason*) massone *m.*, franco muratore *m.* **II** *v.t.* (*build of masonry*) costruire in mu-

ratura; (*strengthen with masonry*) murare.
☐ (*Entom*) ~ bee megachile muraria; (*Entom*) ~ wasp eumene.

Masonic /mə'sɒnık *Am* mə'saːnık/ *a.* massonico: a ~ lodge una loggia massonica.

masonite /'meıs²naıt/ *n.* (*Edil*) masonite *f.*

masonry /'meıs²nri/ *n.* **1** muratura *f.*, lavoro *m.* murario, lavoro *m.* di muratura. **2** (*mason's craft*) arte *f.* muraria, edilizia *f.*

Masonry /'meıs²nri/ *n.* massoneria *f.*

masque /maːsk *Am* mæsk/ *n.* (*Lett*) masque *m.*; (*composition*) intermezzo *m.* drammatico.

masquer /'maːskəᵣ *Am* 'mæskəᵣ/ *n.* **1** chi porta una maschera. **2** (*one who takes part in a masquerade*) maschera *f.*, persona *f.* mascherata.

masquerade /ˌmæskəᵣ'eıd *Br also* ˌmaːskəᵣ'eıd/ **I** *n.* **1** festa *f.* mascherata, festa *f.* in maschera, ballo *m.* in maschera, mascherata *f.* **2** (*fig*) mascherata *f.*, finzione *f.*; (*pretence*) messinscena *f.* **II** *v.i.* **1** (*to take part in a masquerade*) partecipare a una festa mascherata. **2** (*to wear a disguise*) mascherarsi, camuffarsi, travestirsi. **3** (*fig*) spacciarsi (*as* per), mascherarsi (da).

mass /mæs/ **I** *n.* **1** massa *f.*: a ~ of ice una massa di ghiaccio. **2** (*large collection, amount*) massa *f.*, grande quantità *f.*, mucchio *m.*, ammasso *m.* **3** (*of people*) moltitudine *f.*, massa *f.*, folla *f.* **4** (*principal part*) maggioranza *f.*, massa *f.*, maggior parte *f.* **5** (*bulk*) dimensione *f.*, volume *m.*: a mountain of great ~ una montagna di grandi dimensioni. **6** (*massiveness*) l'essere massiccio. **7** (*Fis*) massa *f.* **8** *pl.* (*Pol*) masse *f.pl.*, massa *f.sing.*, popolo *m.sing.*: to appeal to the -es fare appello alle masse. **II** *a.* **1** di massa, popolare: ~ education cultura di massa. **2** (*widespread, affecting many*) totale, generale, di massa: ~ warfare guerra totale; ~ demonstrations dimostrazioni di massa. **3** (*large-scale*) largo, vasto, ampio, su larga scala: ~ distribution of relief una larga distribuzione di sussidi. **III** *v.i.* **1** fare massa, ammassarsi, affollarsi. **2** (*of clouds*) addensarsi. **3** (*Mil*) ammassarsi, concentrarsi, radunarsi. **IV** *v.t.* **1** ammassare, radunare, raggruppare. **2** (*of clouds*) addensare. **3** (*Mil*) (*of troops*) concentrare, ammassare; (*of fire*) concentrare. ☐ ~ advertising pubblicità di massa; (*Pol*) ~ association associazione di massa; (*Univ*) ~ communications scienza delle comunicazioni; ~ culture cultura di massa; (*Fis*) ~ defect difetto di massa; ~ destruction distruzione di massa, distruzione totale; (*Fis*) ~ energy massa-energia: ~ energy equation equazione di massa-energia; ~ grave fossa comune; ~ hysteria isterismo collettivo; in the ~ nel complesso; ~ mailing invio massiccio di lettere; ~ market: 1 (*used as a noun*) mercato di massa; 2 (*used as an adjective*) destinato al grande pubblico, di grande diffusione, di consumo; ~ media mezzi di comunicazione di massa, mass media; ~ meeting adunata popolare, (*Inform*) ~ memory memoria di massa; (*Sociol,Pol*) ~ movement movimento di massa; ~ murder strage, massacro; (*Gramm*) ~ noun nome di massa, sostantivo di massa; (*Fis*) ~ number numero di massa; ~ observation studio dei fenomeni di massa; (*colloq*) he was a ~ of bruises era pieno di lividi, era tutto pesto; ~ production produzione in serie; ~ psychology psicologia di massa; (*Med*) ~ screening screening di massa; (*Fis*) ~ spectrograph spettrografo di massa; (*Fis*) ~ spectrometer spettrometro di massa; (*Fis*) ~ spectrometry spettrometria di massa; (*Fis*) ~ spectroscope

spettroscopio di massa; (*Inform*) ~ storage memoria di massa; ~ tourism turismo di massa.

Mass /mæs/ *n.* (*Rel.catt,Mus*) messa *f.*: to hear ~ ascoltare la messa; to attend ~ (o to go to ~) andare a messa. ☐ (*Rel.catt*) ~ book messale.

Massachusetts /ˌmæsə'tʃuːsıts/ *n.pr.* (*Geog*) Massachusetts *m.*

massacre /'mæsəkəᵣ/ **I** *n.* massacro *m.*, strage *f.*, sterminio *m.*, carneficina *f.*, macello *m.* **II** *v.t.* **1** massacrare, sterminare, fare strage di, macellare. **2** (*of a single person*) massacrare, assassinare, trucidare. ☐ (*Stor*) the Massacre of the Innocents la strage degli innocenti.

massage /'mæsɑː(d)ʒ *Am* mə'sɑː(d)ʒ/ **I** *n.* massaggio *m.*: to give so. a ~ fare un massaggio a qcu.; to have a ~ farsi fare un massaggio. **II** *v.t.* **1** massaggiare. **2** (*sl*) massaggiare, modificare leggermente (cifre, statistiche...). ☐ ~ oil olio per massaggi; (*Am*) ~ parlor centro di bellezza attrezzato per i massaggi (che in realtà offre la possibilità di incontri sessuali); (*Med*) ~ therapy massoterapia; ~ vibrator vibromassaggiatore.

massager /mə'sɑː(d)ʒəᵣ/ *n.* (*Am*) **1** massaggiatore *m.* (*f.* -trice). **2** (*device*) massaggiatore *m.*

masseter /mæ'siːtəᵣ *Am* mæ'siːtᵊᵣ/ *n.* (*Anat*) massetere *m.*

masseur /mə'sɜːᵣ *Am* mə'sɜːᵣ/ *n.* massaggiatore *m.*

masseuse /mə'sɜːz/ *n.* massaggiatrice *f.*

massicot /'mæsəkɒt *Am* 'mæsəkɑːt/ *n.* (*Minier*) massicot *m.*

massif /mæ'siːf/ *n.* (*Geog*) massiccio *m.* (montuoso).

massive /'mæsıv/ *a.* **1** massiccio, voluminoso, tozzo e pesante. **2** (*of parts of the body*) massiccio, pesante. **3** (*fig*) massiccio, ampio, grande: a ~ advertising campaign una massiccia campagna pubblicitaria. **4** (*fig*) (*imposing*) imponente, solenne, grave. **5** (*solid*) massiccio: ~ silver argento massiccio. **6** (*Farm*) massivo, massiccio: a ~ dose una dose massiva. **7** (*Geol*) omogeneo, compatto. ☐ on a ~ scale su larga scala.

massively /'mæsıvli/ *avv.* **1** in maniera massiccia, in forma massiccia; enormemente, considerevolmente. **2** (*stretched*) considerevolmente.

massiveness /'mæsıvnəs/ *n.* **1** l'essere massiccio. **2** (*fig*) imponenza *f.*, solennità *f.*

massotherapist /ˌmæsou'θerəpıst/ *n.* massoterapista *m./f.*

massotherapy /ˌmæsou'θerəpi/ *n.* massoterapia *f.*

mass-produce /ˌmæsprə'djuːs *Am* ˌmæsprə'duːs/ *v.t.* produrre in serie.

mass-produced /ˌmæsprə'djuːst *Am* ˌmæsprə'duːst/ *a.* prodotto in serie, standardizzato.

mass-storage /mæs'stɔːrıdʒ/ ☐ (*Inform*) ~device memoria di massa.

massy /'mæsi/ *a.* **1** massiccio, pesante. **2** (*forming a mass, dense*) solido, compatto, sodo.

mast[1] /maːst *Am* mæst/ **I** *n.* **1** (*Mar*) albero *m.* **2** (*flagpole*) pennone *m.* **3** (*Mecc*) (*of a crane*) montante *m.* **4** (*Rad,TV*) (*for an aerial*) supporto *m.*, traliccio *m.* **5** *pl.* (*Mar*) alberatura *f.sing.* **II** *v.t.* (*Mar*) alberare. ☐ (*Mar*) at ~ (o at the ~) in coperta; to ship before the ~ (o to sail before the ~) prestare servizio come marinaio semplice.

mast[2] /maːst *Am* mæst/ *n.* (*Zootecn*) ghiande *f.pl.* usate come mangime, faggine *f.pl.* usate come mangime.

mastalgia /mæs'tældʒ(i)ə/ *n.* (*Med*) mastalgia *f.*

mast cell /'mɑ:st,sel *Am* 'mæst,sel/ *n.* (*Biol*) mastcellula *f.*, mastocito *m.*

mastectomy /mæs'tektəmi/ *n.* (*Chir*) mastectomia *f.*

masted /'mɑ:stɪd *Am* 'mæstɪd/ *a.* **1** (*Mar*) alberato. **2** (*in compounds*) a... alberi: *a four-~ship* una nave a quattro alberi.

master /'mɑ:stər *Am* 'mæstər/ **I** *n.* **1** padrone *m.*: *a dog and his* ~ un cane e il suo padrone. **2** (*of an estate*) proprietario *m.*, padrone *m.* **3** (*head of a household*) padrone *m.* (di casa). **4** (*employer*) datore *m.* di lavoro, padrone *m.*, principale *m.*, (*collog*) padrone *m.* **5** (*person having control*) padrone *m.*, signore *m.*: *~ of all Europe* padrone di tutta l'Europa. **6** (*person having mastery or a skill, etc.*) maestro *m.*: *a ~ in the art of persuasion* un maestro nell'arte della persuasione; *to be a ~ at sth.* essere un maestro in qcs. **7** (*spiritual guide or leader*) maestro *m.*, capo *m.*, guida *f.* **8** (*Art,Lett*) (*great figure of the past*) maestro *m.*: *the Dutch -s* i maestri fiamminghi. **9** (*Scol*) (*primary school teacher*) maestro *m.* (*f.* -a), insegnante *m./f.*; (*secondary school*) professore *m.* (*f.* -essa). **10** (*Scol*) (*headmaster*) preside *m./f.* **11** (*Sport*) maestro *m.* (*f.* -a): *a fencing ~* un maestro di scherma. **12** (*Univ*) (*head of a college*) direttore *m.* **13** (*Univ*) (*graduate*) dottore *m.* (*f.* -essa), laureato *m.* (*f.* -a) (di secondo livello). **14** (*type of craftsman*) maestro *m.*, mastro *m.* **15** (*Mar*) capitano *m.* di nave mercantile; (*skipper*) padrone *m.* (marittimo). **16** (*as a title for a young man, boy*) signorino *m.* **17** (*Dir*) giudice *m.* **18** (*of a copy*) originale *m.*, master *m.* **II** *a.* **1** dominante: *the ~ race* la razza dominante. **2** (*of a craftsman*) indipendente, che lavora in proprio. **3** (*fig*) (*highly skilled, accomplished*) espertissimo, provetto, maestro; (*showing mastery*) magistrale, (da) maestro. **4** (*fig*) (*principal*) principale, maestro; (*of a bedroom*) padronale, principale. **5** (*Mecc*) principale. **III** *v.t.* **1** dominare, padroneggiare: *to ~ one's shyness* dominare la propria timidezza. **2** (*to conquer*) conquistare, sottomettere. **3** (*rifl.*) *to ~ oneself* dominarsi, controllarsi, essere padrone di sé. **4** (*to become skilled in*) imparare a fondo, imparare alla perfezione: *to ~ a technique* imparare a fondo una tecnica. **5** (*to know thoroughly*) conoscere perfettamente, padroneggiare. **6** (*Tecn*) (*sound*) masterizzare. □ *~ bedroom* camera da letto principale; *~ builder* capomastro; (*Inform*) *~ card* scheda principale; *~ copy* originale, master; *~ craftsman* maestro artigiano; (*Mecc*) *~ cylinder* cilindro maestro, cilindro principale; *~ data* dati fissi; (*Univ*) *~'s degree* laurea di secondo livello, master; (*Inform*) *~ file* archivio principale, archivio originale, archivio permanente; (*Mar,ant*) *~ gunner*: 1 magazziniere; 2 (*Mil*) armiere; (*Dir*) *~ in chambers* avvocato consulente; *to be ~ in one's own house* essere padrone in casa propria; *~ key* passe-partout, chiave apritutto, (*ant*) comunella; (*Comm*) *~ ledger* libro mastro; (*Mar*) *~ mariner* capitano di nave mercantile, capitano di lungo corso; *~ mason* capomastro, maestro muratore; *~ mechanic* capomeccanico; (*Univ*) *Master of Arts*: 1 (*degree*) laurea (di secondo livello) in discipline umanistiche; 2 (*graduate*) laureato (di secondo livello) in discipline umanistiche; (*Univ*) *Master of Business Administration*: 1 (*degree*) laurea (di secondo livello) in economia aziendale, master in economia aziendale; 2 (*graduate*) laureato (di secondo livello) in economia aziendale;

~ of ceremonies: 1 maestro delle cerimonie, maestro di cerimonie, cerimoniere; 2 (*TV, Rad,Teat*) presentatore; (*Dir*) *~ of chancery* assistente di (un) giudice; (*Univ*) *Master of Dental Surgery*: 1 (*degree*) laurea (di secondo livello) in chirurgia dentaria; 2 (*graduate*) laureato (di secondo livello) in chirurgia dentaria; *~ of disguise* maestro dei travestimenti; (*Univ*) *Master of Divinity*: 1 (*degree*) laurea (di secondo livello) in teologia; 2 (*graduate*) laureato (di secondo livello) in teologia; (*Univ*) *Master of Economics*: 1 (*degree*) laurea (di secondo livello) in economia; 2 (*graduate*) laureato (di secondo livello) in economia; (*Univ*) *Master of Education*: 1 (*degree*) laurea (di secondo livello) in pedagogia; 2 (*graduate*) laureato (di secondo livello) in pedagogia; (*Am,Univ*) *Master of Fine Arts*: 1 (*degree*) laurea (di secondo livello) in discipline artistiche; 2 (*graduate*) laureato (di secondo livello) in discipline artistiche; (*Caccia*) *~ of hounds* capocaccia; (*Univ*) *Master of Letters*: 1 (*degree*) laurea (di secondo livello) in lettere; 2 (*graduate*) laureato (di secondo livello) in lettere; (*Univ*) *Master of Music*: 1 (*degree*) laurea (di secondo livello) in musica; 2 (*graduate*) laureato (di secondo livello) in musica; *to be ~ of oneself* padroneggiarsi, essere padrone di sé; (*Univ*) *Master of Philosophy*: 1 (*degree*) laurea (di secondo livello) in filosofia; 2 (*graduate*) laureato (di secondo livello) in filosofia; (*Univ*) *Master of Science*: 1 (*degree*) laurea (di secondo livello) in scienze; 2 (*graduate*) laureato (di secondo livello) in scienze; *to be ~ of the situation* essere padrone della situazione; (*Univ*) *Master of Technology*: 1 (*degree*) laurea (di secondo livello) in ingegneria; 2 (*graduate*) laureato (di secondo livello) in ingegneria; (*Stor*) *~ of the horse* maestro di stalla; (*Stor*) *Master of the Revels* maestro degli spettacoli; (*GB,Dir*) *Master of the Rolls* giudice della corte di appello; (*fig*) *to be one's own* ~ non avere padroni, non avere padrone, essere libero, non dipendere da nessuno; *~ plan* piano generale, progetto di massima; (*Cin*) *~ print* copia madre; 2 (*Aer*) maresciallo; (*El*) *~ switch* interruttore di rete, interruttore principale; (*Mar*) *~'s ticket* brevetto di capitano di lungo corso; *~ touch* tocco da maestro.

Master /'mɑ:stər *Am* 'mæstər/ *n.pr.* (*Bibl*) Maestro *m.*, Gesù Cristo *m.* □ *~ Mason* (in Freemasonry) maestro (nella massoneria).

master-at-arms /,mɑ:stər'ət'ɑ:mz *Am* ,mæstərət'ɑ:rmz/ *n.* (*Mar.mil*) aiutante *m.* di bordo.

masterclass /'mɑ:stə,klɑ:s *Am* 'mæstər,klæs/ *n.* corso *m.* di perfezionamento (*spec.* per musicisti di alto livello con maestri di fama mondiale).

masterdom /'mɑ:stədəm *Am* 'mæstərdəm/ *n.* comando *m.*, dominio *m.*, padronanza *f.*

masterful /'mɑ:stəful *Am* 'mæstərful/ *a.* **1** (*authoritative*) autoritario, imperioso; (*domineering*) dispotico, prepotente. **2** (*fig*) forte, potente, energico. **3** (*Am,colloq*) (*masterly*) magistrale, da maestro.

masterfulness /'mɑ:stəfulnəs *Am* 'mæstərfulnəs/ *n.* **1** (*authoritative quality*) imperiosità *f.*, autoritarismo *m.* **2** (*domineering quality*) dispotismo *m.* **3** (*Am,colloq*) (*great skill*) maestria *f.*

master-hand /,mɑ:stə'hænd *Am* ,mæstər'hænd/ *n.* **1** mano *f.* maestra. **2** (*expert, master*) esperto *m.*, perito *m.*, maestro *m.*

masterhood /'mɑ:stəhud *Am* 'mæstərhud/ *n.* maestria *f.*, magistero *m.*

masterless /'mɑ:stələs *Am* 'mæstərləs/ *a.* senza padrone.

masterliness /'mɑ:stəlinəs *Am* 'mæstərlinəs/ *n.* maestria *f.*, abilità *f.*

masterly /'mɑ:stəli *Am* 'mæstərli/ *a.* magistrale, (da) maestro, fatto con maestria, (molto) abile.

mastermind /'mɑ:stəmaind *Am* 'mæstərmaind/ **I** *n.* **1** cervello *m.* (*of, behind* di), mente *f.* (direttiva). **2** (*of a criminal gang*) cervello *m.* (di una banda). **3** (*great intellect, genius*) genio *m.*, mente *f.* superiore. **II** *v.t.* **1** dirigere, guidare. **2** (*event*) organizzare. **3** (*crime, plot*) essere il cervello di.

masterpiece /'mɑ:stəpi:s *Am* 'mæstərpi:s/ *n.* capolavoro *m.* (*anche fig*).

mastership /'mɑ:stəʃip *Am* 'mæstərʃip/ *n.* **1** ufficio *m.* di maestro, condizione *f.* di maestro. **2** (*command*) padronanza *f.*, dominio *m.* **3** (*fig*) (*mastery*) maestria *f.*

mastersinger /'mɑ:stə,siŋər *Am* 'mæstər,siŋər/ *n.* (*Stor*) maestro *m.* cantore.

masterstroke /'mɑ:stəstrouk *Am* 'mæstərstrouk/ *n.* **1** colpo *m.* da maestro, colpo *m.* magistrale. **2** (*idea*) colpo *m.* di genio.

masterwork /'mɑ:stəwɜ:k *Am* 'mæstərwɜ:rk/ *n.* capolavoro *m.* (*anche fig*).

masterwort /'mɑ:stəwɜ:t *Am* 'mæstərwɜ:rt/ *n.* (*Bot*) imperatoria *f.*

mastery /'mɑ:stəri *Am* 'mæstəri/ *n.* **1** padronanza *f.*, dominio *m.*, controllo *m.* (*over* di, su). **2** (*victory*) vittoria *f.* **3** (*ascendancy*) predominio *m.*, supremazia *f.*, superiorità *f.* **4** (*of a subject*) padronanza *f.*, conoscenza *f.* perfetta. **5** (*great skill*) maestria *f.*, abilità *f.*, perizia *f.*

masthead /'mɑ:sthed *Am* 'mæsthed/ **I** *n.* **1** (*Mar*) testa *f.* d'albero, (*ant*) colombiere *m.* **2** (*Giorn*) testata *f.* **II** *v.t.* **1** (*Mar*) (*of a yard, flag*) issare in testa d'albero. **2** (*to send to the masthead*) mandare a riva.

mastic /'mæstik/ *n.* **1** resina *f.* **2** (*Bot*) lentisco *m.*, mortella *f.* selvatica. **3** (*Edil*) mastice *m.*, stucco *m.*; (*asphalt mastic*) mastice *m.* (di asfalto). □ (*Bot*) *~ tree* lentisco, mortella selvatica.

masticability /,mæstikə'biliti *Am* ,mæstikə'biləti/ *n.* masticabilità *f.*

masticable /'mæstikəbl/ *a.* masticabile.

masticate /'mæstikeit/ **I** *v.t.* **1** masticare. **2** (*Ind*) (*of rubber*) masticare, plastificare. **II** *v.i.* masticare.

mastication /,mæsti'keiʃən/ *n.* masticazione *f.* (*anche Ind*).

masticator /'mæstikeitər *Am* 'mæstikeitər/ *n.* **1** chi mastica, masticatore *m.* (*f.* -trice). **2** (*Mecc*) masticatore *m.*

masticatory /'mæstikətəri, ,mæsti'keitəri *Am* 'mæstikətɔ:ri/ *a.* (*Anat*) masticatore, masticatorio.

mastiff /'mæstif/ *n.* mastiff *m.*, mastino *m.* (inglese).

mastitis /mæs'taitis *Am* mæs'taitis/ (*pl.* **-tides** /-tədi:z *Am* -tədi:z/) *n.* (*Med*) mastite *f.*

mastodon /'mæstədon *Am* 'mæstədɑ:n/ *n.* (*Paleont*) mastodonte *m.*

mastodontic /,mæstə'dontik *Am* ,mæstə'dɑ:ntik/ *a.* mastodontico.

mastoid /'mæstɔid/ **I** *a.* (*Anat*) mastoideo, della mastoide. **II** *n.* **1** (*Anat*) mastoide *f.* **2** (*Anat*) processo *m.* mastoideo. **3** (*Med*) mastoidite *f.* □ (*Anat*) *~ bone* mastoide; (*Anat*) *~ process* processo mastoideo.

mastoidectomy /,mæstɔi'dektəmi/ *n.* (*Chir*) mastoidectomia *f.*

mastoiditis /,mæstɔi'daitis *Am* ,mæstɔi'daitis/ (*pl.* **-tides** /-tidi:z *Am* -tidi:z/) *n.* (*Med*) mastoidite *f.*

mastopathy /mæs'topəθi *Am* mæs'tɑ:pəθi/

(Med) mastopatia *f.*

masturbate /'mæstəbeɪt *Am* 'mæstər'beɪt/ **I** *v.i.* masturbarsi. **II** *v.t.* masturbare.

masturbation /ˌmæstə'beɪʃən *Am* ˌmæstər'beɪʃən/ *n.* masturbazione *f.*

mat[1] /mæt/ *n.* **1** stuoia *f.*, stuoino *m.* **2** *(doormat)* zerbino *m.*, tappetino *m.* **3** *(under a dish, vase, etc.)* sottopiatto *m.*, sottovaso *m.*, sottocoppa *m.*, sottobicchiere *m.* **4** *(Sport) (in a gymnasium)* tappeto *m.* **5** *(fig) (thick, tangled mass)* viluppo *m.*, intreccio *m.*, groviglio *m.* **6** *(Mar)* paglietto *m.* □ *(colloq)* **on the ~:** 1 *(in trouble)* nei guai, nei pasticci; 2 *(reprimanded)* rimproverato aspramente; *(Sport)* **to put** so. **on the ~** mettere qcu. al tappeto.

mat[2] /mæt/ *(past, p.p.* **matted** /'mætɪd *Am* 'mætɪd/) **I** *v.t.* **1** coprire con una stuoia. **2** *(fig)* arruffare, aggrovigliare, ingarbugliare. **3** *(to weave into a mat)* intrecciare, intessere. **II** *v.i.* arruffarsi, ingarbugliarsi, aggrovigliarsi.

mat[3] /mæt/ **I** *a.* **1** opaco, matto, non lucido: **~ finish** finitura opaca. **2** *(Vetr)* opaco, non trasparente. **II** *n.* **1** *(dull surface)* superficie *f.* opaca. **2** *(dull finish)* finitura *f.* opaca. **III** *v.t. (past, p.p.* **matted** /'mætɪd *Am* 'mætɪd/) **1** opacizzare, rendere opaco. **2** *(Vetr)* rendere opaco, rendere non trasparente.

mat[4] /mæt/ **I** *n.* *(for a photograph, picture)* passe-partout *m.* **II** *v.t. (past, p.p.* **matted** /'mætɪd *Am* 'mætɪd/) mettere un passe-partout a.

mat[5] /mæt/ *n.* *(Tip)* **1** flano *m.* **2** *(matrix)* matrice *f.*, flano *m.*

MAT *(Inform) machine-assisted translation* (traduzione assistita da programma).

matador /'mætədɔːr *Am* 'mætədɔːr/ *n.* matador *m.*

match[1] /mætʃ/ **I** *n.* **1** simile *m./f.*, uguale *m./f.* **2** *(exact counterpart)* copia *f.* **3** *(similarity)* corrispondenza *f.*, somiglianza *f.* **4** *(corresponding pair)* coppia *f.*, paio *m.: those two cushions are a good* ~ quei due cuscini stanno bene insieme. **5** *(equal)* pari *m./f.*, uguale *m./f.: he has no* ~ *in his field* non ha pari nel suo campo. **6** *(fig) (marriage)* matrimonio *m.*, unione *f.: to make a good* ~ fare un buon matrimonio. **7** *(fig) (person eligible for marriage)* partito *m.* **8** *(Sport)* partita *f.*, match *m.*, incontro *m.* *(against* contro; *between* tra)*: a football* ~ una partita di calcio. **II** *v.t.* **1** eguagliare, essere uguale a, essere pari a, pareggiare: *no one could* ~ *him in eloquence* nessuno poteva eguagliarlo in eloquenza. **2** *(to be in harmony with)* armonizzare con, intonarsi con, accordarsi con, star bene con: *your tie does not* ~ *your suit* la tua cravatta non si intona con il vestito. **3** *(to be the exact counterpart of)* corrispondere a, essere uguale a. **4** *(to combine in a pair)* accoppiare, appaiare: *to* ~ *a jacket and trousers* accoppiare giacca e pantaloni. **5** *(to set in competition with)* opporre, contrapporre: *she -ed her intelligence against his strength* ha opposto la sua intelligenza alla forza di lui. **6** *(to cause to be in harmony)* intonare, armonizzare, accordare: *to* ~ *the carpet with some red curtains* intonare il tappeto con delle tende rosse. **7** *(to provide with a competitor)* mettere a confronto. **8** *(to compare)* paragonare, raffrontare, comparare. **9** *(to give in marriage)* (fare) sposare. **10** *(Am,colloq) (of coins)* fare testa o croce con. **III** *v.i.* **1** corrispondere, essere uguale: *the two pieces do not* ~ i due pezzi non corrispondono. **2** *(to harmonize)* intonarsi *(with* con), accordarsi *(with* con), armonizzare *(with* con), accompagnarsi *(with* a). **3** *(to be equal)* essere pari, essere uguale, uguagliarsi. □ *to be a* ~ *for* tenere testa a: *my son is a* ~ *for anyone*

at chess mio figlio può tenere testa a chiunque nel gioco degli scacchi; *(colloq) to make a* ~ *of it* sposarsi, accasarsi; *to be no* ~ *for* non essere all'altezza di, non poter competere con; *(Sport)* ~ *play (in golf)* gara a buche; *(Sport)* ~ *point* match point, ultimo punto che aggiudica l'incontro; *to* ~ *up:* 1 *(pieces)* andare insieme; 2 *(to compare)* confrontare; 3 *(to cause to be in harmony)* intonare, armonizzare, accordare: *to* ~ *up the carpet with some yellow curtains* intonare il tappeto con delle tende gialle; *to* ~ *up to* essere all'altezza di; *a dress with gloves to* ~ un vestito con guanti intonati.

match[2] /mætʃ/ *n.* **1** fiammifero *m.*, zolfanello *m.: to strike a* ~ accendere un fiammifero. **2** *(kind of fuse)* miccia *f.*

matchable /'mætʃəbl/ *a.* **1** accoppiabile, accordabile, armonizzabile. **2** *(that can be equalled)* uguagliabile. **3** *(of clothes)* abbinabile.

matchboard /'mætʃbɔːd *Am* 'mætʃbɔːrd/ *n.* *(Fal)* perlina *f.*

matchbook /'mætʃbuk/ *n.* *(Am)* bustina *f.* (a libretto) di fiammiferi.

matchbox /'mætʃbɒks *Am* 'mætʃbɑːks/ **I** *n.* **1** scatola *f.* per fiammiferi. **2** *(sl)* (of drug) piccola quantità *f.* di marijuana. **II** *a.* piccolissimo, minuscolo: *a* ~ *house* una casa piccolissima.

matched /mætʃt/ □ *to be well* ~ *(of two people, teams)* essere bene assortiti, essere bene accoppiati.

matchet /'mætʃɪt/ *n.* *(machete)* machete *m.*

matching /'mætʃɪŋ/ **I** *a.* assortito, (ben) intonato: *a coat and a* ~ *hat* un cappotto e un cappello assortiti. **II** *n.* **1** accoppiamento *m.*, unione *f.* **2** *(El)* accordatura *f.* **3** *(Met)* centratura *f.* **4** *(Inform) (operation)* riconoscimento *m.* **5** *(Inform) (quality)* corrispondenza *f.* **6** *(Psic)* ricalco *m.*

matchless /'mætʃləs/ *a.* senza pari, ineguagliabile, incomparabile, impareggiabile.

matchlessness /'mætʃləsnəs/ *n.* incomparabilità *f.*

matchlock /'mætʃlɒk *Am* 'mætʃlɑːk/ *n.* **1** *(Mil, ant)* otturatore *m.* a miccia. **2** *(musket)* moschetto *m.*, fucile *m.* a miccia.

matchmaker /'mætʃmeɪkər/ *n.* **1** paraninfo *m.* (*f.* -a), mezzano *m.* (*f.* -a), sensale *m./f.* di matrimoni. **2** *(Sport)* organizzatore *m.* (*f.* -trice) di incontri. **3** *(Econ)* intermediario *m.* (*f.* -a).

matchmaking /'mætʃmeɪkɪŋ/ *n.* **1** il combinare matrimoni. **2** *(Sport)* organizzazione *f.* di incontri.

matchstick /'mætʃstɪk/ **I** *n.* fiammifero *m.*, stecco *m.* di fiammiferi. **II** *a.* *(fig)* **1** *(skinny)* scheletrico, magro come uno stecchino. **2** *(of a figure)* stilizzato. □ *(Alim) to cut sth. into* ~ tagliare qcs. a fiammifero.

matchwood /'mætʃwud/ *n.* **1** legno *m.* per fiammiferi. **2** *(splintered wood)* schegge *f.pl.* di legno. □ *to make* ~ *of:* 1 fare a pezzi, sfasciare; 2 *(fig)* schiacciare, annientare.

mate[1] /meɪt/ **I** *n.* **1** compagno *m.* (*f.* -a) di lavoro, collega *m./f.*, camerata *m./f.: school* ~ compagno di scuola. **2** *(craftsman's assistant)* aiutante *m./f.*, assistente *m./f.*, aiuto *m.: a plumber's* ~ l'aiutante di uno stagnino; *builder's* ~ manovale. **3** *(companion)* compagno *m.* (*f.* -a). **4** *(Br,colloq) (friend)* amico *m.* (*f.* -a), compagno *m.* (*f.* -a); *(as a term of address)* amico *m.* (*f.* -a). **5** *(Mar) (officer)* secondo *m.*, ufficiale *m.* in seconda; *(assistant)* aiutante *m.: first* ~ primo ufficiale; *second* ~ secondo ufficiale. **6** *(of animals)* compagno *m.* (*f.* -a). **7** *(spouse)* consorte *m./f.*, coniuge *m./f.*; *(husband)* marito *m.*; *(wife)* mo-

glie *f.* **8** *(one of a pair)* compagno *m.* (*f.* -a). **II** *v.t.* **1** *(to pair for breeding)* accoppiare, appaiare *(with* con). **2** *(to marry)* unire in matrimonio, sposare. **III** *v.i.* **1** *(of animals)* accoppiarsi. **2** *(to marry)* sposarsi *(with* con).

mate[2] /meɪt/ **I** *n.* *(checkmate)* scaccomatto *m.* **II** *v.t.* dare scacco matto a.

mateless /'meɪtləs/ *a.* senza compagno.

mater /'meɪtər *Am* 'meɪtər/ *n.* **1** *(Anat)* madre *f.* **2** *(sl) (mother)* madre *f.*, mamma *f.*

material /mə'tɪərɪəl *Am* mə'tɪrɪəl/ **I** *n.* **1** materiale *m.*, materia *f.* **2** *(cloth)* tessuto *m.*, stoffa *f.: curtain* ~ tessuto per tende. **3** *(as the basis for a book, etc.)* materiale *m.*, documentazione *f.*, documenti *m.pl.* *(about,* on su; *for* per)*: to collect* ~ *for a biography* raccogliere materiale per una biografia. **4** *(Teat,TV) (script)* testo *m.*; *(show)* spettacolo *m.* **5** *(Mus)* canzoni *f.pl.* **6** *(fig) (personal potential)* attitudine *f.*, stoffa *f.: he is not really university* ~ non è davvero portato per l'università. **7** *pl.* *(articles, equipment needed)* occorrente *m.sing.*, materiale *m.sing.*, necessario *m.sing.*, attrezzatura *f.sing.: writing* -s l'occorrente per scrivere. **II** *a.* **1** materiale, fisico, corporeo: *the* ~ *world* il mondo fisico; *our* ~ *needs* i nostri bisogni materiali; ~ *progress* progresso materiale. **2** *(materialistic)* materialista. **3** *(important)* sostanziale, importante, rilevante. **4** *(essential)* vitale *(to* per). **5** *(pertinent)* pertinente (a). **6** *(Dir)* determinante, chiave, risolutivo, decisivo: ~ *evidence* prova determinante; *a* ~ *witness* un teste chiave. □ ~ *culture* insieme degli oggetti e manufatti usati da una determinata società; ~ *damage* danno materiale; *to do sth. for* ~ *gain* fare qcs. per motivi di interesse; ~ *s science* scienza dei materiali; ~ *wealth* benessere materiale; ~ *world* mondo materiale.

materialism /mə'tɪərɪəlɪzm *Am* mə'tɪrɪəlɪzm/ *n.* materialismo *m.* *(anche Filos).*

materialist /mə'tɪərɪəlɪst *Am* mə'tɪrɪəlɪst/ *n.* materialista *m./f.* *(anche Filos).*

materialistic /məˌtɪərɪə'lɪstɪk *Am* məˌtɪrɪə'lɪstɪk/ *a.* materialista, materialistico.

materiality /məˌtɪərɪ'ælətɪ *Am* məˌtɪrɪ'ælətɪ/ *n.* **1** materialità *f.* **2** *(matter)* materia *f.*

materialization /məˌtɪərɪəl(a)ɪ'zeɪʃən *Am* məˌtɪrɪəl'zeɪʃən/ *n.* materializzazione *f.*

materialize /mə'tɪərɪəlaɪz *Am* mə'tɪrɪəlaɪz/ *v.t.* **1** materializzare, dare corpo a. **2** *(Occult)* materializzare, far apparire. **3** *(to make materialistic)* rendere materialista. **II** *v.i.* **1** materializzarsi, concretizzarsi. **2** *(Occult)* materializzarsi, apparire, prendere corpo. **3** *(to become actual fact)* attuarsi, realizzarsi, concretarsi: *the plan never -d* il progetto non si è mai attuato. **4** *(colloq) (to show up)* comparire improvvisamente, *(scherz)* materializzarsi.

materially /mə'tɪərɪəlɪ *Am* mə'tɪrɪəlɪ/ *avv.* **1** *(considerably)* sostanzialmente. **2** *(physically)* materialmente.

materiel /məˌtɪərɪ'el *Am* məˌtɪrɪ'el/ *n.* *(Mil)* equipaggiamento *m.*

maternal /mə'tɜːnəl *Am* mə'tɜːrnəl/ *a.* **1** materno *(towards* verso), di madre, da madre: ~ *instincts* istinti materni. **2** *(related through a mother)* materno, da parte di madre: *a* ~ *aunt* una zia materna.

maternalism /mə'tɜːnəlɪzm *Am* mə'tɜːrnəlɪzm/ *n.* maternalismo *m.*

maternity /mə'tɜːnətɪ *Am* mə'tɜːrnətɪ/ **I** *n.* **1** maternità *f.* **2** *(motherliness)* senso *m.* materno, istinto *m.* materno. **II** *a.* *(of clothes)* pre-maman, per gestanti. □ ~ *allowance* assegno di maternità; ~ *benefit* sussidio di maternità; *(Abbigl)* ~ *department* (in stores) reparto pre-maman; (*Abbigl*) ~ *dress* abito per gestanti, abito pre-maman, pre-maman; (*Med*) ~ *home* (o ~ *hospital*) maternità, clinica ostetrica; ~ *leave* congedo di maternità, maternità; (*Med*) ~ *unit* unità di ostetricia; (*Med*) ~ *ward* reparto maternità, maternità.

mateship /'meɪtʃɪp/ *n.* (*Aus*) amicizia *f.*

matey /'meɪti/ **I** *a.* (*Br,colloq*) socievole, cordiale, affabile. **II** *n.* (*Br,colloq*) amico *m.* (*f.* -a), compagno *m.* (*f.* -a). □ *to be* ~ *with so.* essere in confidenza con qcu.

math /mæθ/ *n.* (*Am,colloq*) matematica *f.*

mathematic /ˌmæθə'mætɪk *Am* ˌmæθə'mætɪk/ *a.* 1 matematico. 2 (*exact*) esatto, preciso. 3 (*fig*) (*definite*) matematico, certo, evidente.

mathematical /ˌmæθə'mætɪkəl *Am* ˌmæθə'mætɪkəl/ *a.* 1 matematico. 2 (*exact*) esatto, preciso. 3 (*fig*) (*definite*) matematico, certo, evidente: *to be a* ~ *impossibility* essere matematicamente impossibile. □ (*Mat*) ~ *expression* espressione matematica; (*Mat*) ~ *function* funzione matematica; (*Mat*) ~ *model* modello matematico; (*Statist*) ~ *statistics* statistica matematica.

mathematician /ˌmæθəmə'tɪʃən/ *n.* matematico *m.* (*f.* -a).

mathematics /ˌmæθə'mætɪks *Am* ˌmæθə'mætɪks/ *n.pl.* 1 (*costr.sing.*) (*science*) matematica *f.sing.* 2 (*mathematical operations*) operazioni *f.pl.* (matematiche). 3 (*calculations*) calcoli *m.pl.*: *your* ~ *are wrong* i tuoi calcoli sono sbagliati.

Mathilda /mə'tɪldə/ *n.pr.f.* Matilde.

maths /mæθs/ *n.pl.* (*costr.sing.*) (*Br,colloq*) matematica *f.sing.*

Matilda /mə'tɪldə/ *n.pr.f.* Matilde.

matinée, matinee /'mætɪneɪ *Am* ˌmætən'eɪ/ *n.* 1 (*Teat*) diurna *f.*, matinée *f.* 2 (*Am,Abbigl*) vestaglia *f.* (corta), matinée *f.* □ (*Br,Abbigl*) ~*coat* golfino per neonato; ~*idol* attore idolatrato dalle donne; (*Br,Abbigl*) ~*jacket* cappotto di lana per bambino.

mating /'meɪtɪŋ *Am* 'meɪtɪŋ/ *n.* 1 (*Zool*) accoppiamento *m.* 2 (*mating season*) stagione *f.* degli amori. □ (*Zool*) ~*call* richiamo (nella stagione degli amori); ~ *season* stagione degli amori (*anche fig*).

matins /'mætɪnz *Am* 'mæt̮ənz/ *n.pl.* (*costr.sing.*) 1 (*Rel.catt*) mattutino *m.sing.* 2 (*Rel.prot*) culto *m.sing.* del mattino.

matrass /'mætrəs/ *n.* (*Chim*) matraccio *m.*

matriarch /'meɪtrɪɑːk *Am* 'meɪtrɪɑːrk/ *n.* 1 (*Sociol*) matriarca *f.* 2 (*fig*) madre *f.* autoritaria.

matriarchal /ˌmeɪtrɪ'ɑːkəl *Am* ˌmeɪtrɪ'ɑːrkəl/ *a.* matriarcale.

matriarchate /'meɪtrɪɑːkət *Am* 'meɪtrɪɑːrkət/ *n.* matriarcato *m.*

matriarchy /'meɪtrɪɑːki *Am* 'meɪtrɪɑːrki/ *n.* matriarcato *m.*

matric /mə'trɪk/ *n.* (*Univ,colloq*) immatricolazione *f.*

matricidal /ˌmætrɪ'saɪdəl, ˌmeɪtrɪ'saɪdəl/ *a.* matricida, di un matricida.

matricide /'mætrɪsaɪd, 'meɪtrɪsaɪd/ *n.* 1 (*crime*) matricidio *m.* 2 (*person*) matricida *m./f.*

matriculate /mə'trɪkjʊleɪt *Am* mə'trɪkjuːleɪt/ **I** *v.t.* (*Univ*) immatricolare, iscrivere all'università. **II** *v.i.* (*Univ*) immatricolarsi, iscriversi all'università.

matriculation /məˌtrɪkjʊ'leɪʃən *Am* məˌtrɪkju'leɪʃən/ *n.* 1 iscrizione *f.*, immatricolazione *f.* 2 (*examination*) esame *m.* di ammissione.

matrilineal /ˌmætrɪ'lɪnɪəl, ˌmeɪtrə'lɪnɪəl/ *a.* matrilineare.

matrimonial /ˌmætrɪ'məʊnɪəl/ *a.* matrimo-

niale. □ (*Dir*) ~ *causes* cause di divorzio, cause di separazione; ~ *home* tetto coniugale.

matrimony /'mætrɪməni/ *n.* matrimonio *m.* □ (*Bot*) ~ *vine*: 1 licio; 2 (*bothorn*) licio italico, agutoli.

matrix /'meɪtrɪks *Br also* 'mætrɪks/ (*pl.* **-trices** /-trɪsiːz/ o **-trixes** /-trɪksɪz/) *n.* 1 (*Anat*) matrice *f.* 2 (*Biol*) (*of a tissue*) sostanza *f.* intercellulare; (*of a chromosome*) matrice *f.* 3 (*fig*) fonte *f.*, culla *f.*, origine *f.* 4 (*Minier*) (*gangue*) ganga *f.* 5 (*Met*) (*mould*) stampo *m.*, forma *f.*; (*recessed die*) stampo *m.* inferiore, matrice *f.* 6 (*Tip*) matrice *f.*, flano *m.* 7 (*Mat,Inform*) matrice *f.* □ (*Mat*) ~ *algebra* algebra matriciale; (*Inform*) ~ *printer* stampante a matrice.

matron /'meɪtrən/ *n.* 1 matrona *f.* 2 (*Br*) (*of a hospital*) capoinfermiera *f.*, caposala *f.* 3 (*Am*) (*of a prison, etc.*) direttrice *f.*; (*female warder*) guardiana *f.* 4 (*Stor.rom*) matrona *f.* □ (*Am*) ~ *of honour* (*married woman*) damigella d'onore di una sposa.

matronage /'meɪtrənɪdʒ/ *n.* 1 (*matrons*) matrone *f.pl.* 2 (*matrohood*) condizione *f.* di matrona, stato *m.* di matrona.

matronal /'meɪtrənəl/ *a.* 1 matronale, di matrona, da matrona. 2 (*of a figure*) imponente. 3 (*fig*) matronale.

matronhood /'meɪtrənhʊd/ *n.* condizione *f.* di matrona, stato *m.* di matrona.

matronly /'meɪtrənli/ *a.* 1 matronale, di matrona, da matrona. 2 (*of a figure*) imponente. 3 (*fig*) matronale.

matronymic /ˌmætrə'nɪmɪk/ **I** *n.* matronimico *m.* **II** *a.* matronimico.

matt /mæt/ *a./n./v.* → **mat**[3].

Matt /mæt/ *n.pr.m.* dim. di Matthew.

matte /mæt/ **I** *n.* 1 (*Met*) metallina *f.* 2 (*Cin*) mascherina *f.* 3 (*dull surface*) superficie *f.* opaca. 4 (*dull finish*) finitura *f.* opaca. **II** *a.* 1 opaco, matto, non lucido: ~ *finish* finitura opaca. 2 (*Vetr*) opaco, non trasparente. **III** *v.t.* 1 opacizzare, rendere opaco. 2 (*Vetr*) rendere opaco, rendere non trasparente.

matted /'mætɪd *Am* 'mæt̮ɪd/ *a.* 1 arruffato, ingarbugliato, intricato, infeltrito. 2 (*covered with mats*) coperto di stuoie, ricoperto di stuoie. 3 (*made of matting*) a stuoia.

matter /'mætə *Am* 'mæt̮ər/ **I** *n.* 1 materia *f.* (*anche Dir,Filos*): *the world is made of* ~ il mondo è fatto di materia. 2 (*particular kind of substance*) sostanza *f.*, materia *f.*: *vegetable* ~ sostanza vegetale. 3 (*topic, subject*) materia *f.*, argomento *m.*: *we discussed the* ~ *thoroughly* abbiamo discusso a fondo l'argomento. 4 (*subject of contention*) questione *f.*, controversia *f.*, disputa *f.*: *the* ~ *was soon settled* la questione è stata presto sistemata. 5 (*subject matter, content*) contenuto *m.*, sostanza *f.*: *the book is short on* ~ il libro è povero di contenuto. 6 (*affair, business*) faccenda *f.*, affare *m.*, questione *f.*, caso *m.*: *this is a serious* ~ è una faccenda seria; *it is a* ~ *of a few pounds* si tratta di poche sterline. 7 (*thing*) cosa *f.*, faccenda *f.*: *I have several* ~*s to deal with* ho parecchie cose da fare. 8 (*cause, reason*) motivo *m.*, materia *f.*, causa *f.*, occasione *f.*: *a* ~ *for complaint* un motivo di lagnanza. 9 (*importance*) importanza *f.*, interesse *m.*, rilievo *m.*: *an affair of little* ~ una cosa di poca importanza. 10 (*documents*) materiale *m.*, documenti *m.pl.* 11 (*Tip*) (*type set up*) composizione *f.*; (*printed material*) stampati *m.pl.* 12 (*Tip,Giorn*) (*text*) testo *m.* 13 (*Med*) pus *m.*, (*colloq*) materia *f.* 14 *pl.* (*situation, affair*) fatti *m.pl.*, situazione *f.sing.*, faccenda *f.sing.*: *she talked* ~*s over with her husband* parlò con suo marito della situazione. **II** *v.i.* 1 importare, avere importan-

za: *it does not* ~ non importa; *will it* ~ *if I am late?* avrà importanza se sarò in ritardo? 2 (*to concern*) stare a cuore, interessare, premere, importare: *your future* ~*s a great deal to me* il tuo futuro mi sta molto a cuore. 3 (*Med*) (*of a wound*) suppurare. □ *as a* ~ *of fact*: 1 veramente, effettivamente, per la verità, in realtà, in effetti: *as a* ~ *of fact, I'm not sure you're right* veramente non sono sicuro che tu abbia ragione; 2 (*in fact*) difatti, infatti; *a* ~ *for reflection* materia di riflessione; *for that* ~ se è per questo, (in) quanto a questo, (in) quanto a ciò; *the* ~ *in hand* l'argomento in questione; *in the* ~ *of* riguardo a; *to make* ~*s worse* a peggiorare le la situazione, a peggiorare le cose, per peggiorare le la situazione, per peggiorare le cose; *it makes no* ~ non importa, non ha importanza; *no* ~! non preoccuparti!, non importa!; *it is no* ~ non importa, non ha importanza; *no* ~ *how* comunque; *no* ~ *when* non importa quando, in qualunque momento; *no* ~ *where* dovunque; *no* ~ *who* chiunque; *it's a* ~ *of common knowledge* è cosa risaputa, è risaputo; *it's a* ~ *of conscience* è un caso di coscienza; *a* ~ *of course* evento naturale, cosa naturale; *as a* ~ *of course* naturalmente, come è naturale, come è logico, automaticamente; *it's a* ~ *of course that...* va da sé che...; *I shall be away only a* ~ *of days* starò via solo per qualche giorno; ~ *of fact*: 1 materia di fatto; 2 (*Dir*) questione di fatto, questione de facto; *a* ~ *of form* una formalità; *as a* ~ *of form* pro forma; *a mere* ~ *of form* una pura questione di forma; (*Dir*) ~ *of law* materia giuridica, questione di diritto, questione de iure; *a* ~ *of life and death* una questione di vita o di morte; *in a* ~ *of minutes we took our places* in pochissimo tempo abbiamo preso i nostri posti; *it is a* ~ *of no consequence* è una cosa di nessuna importanza; (*Br*) *a* ~ *of note* una faccenda risaputa, una faccenda nota; ~ *of opinion* questione di opinione, cosa discutibile; *a* ~ *of taste* un questione di gusto; *it is a* ~ *of time* è questione di tempo; *as* ~*s stand* stando così le cose; *how do* ~*s stand?* come stanno le cose?; *what does it* ~? che importa?; *what's the* ~? cosa c'è (che non va)?; *what's the* ~ *with you this morning?* cos'hai stamattina?, che (cosa) ti prende stamattina?

Matterhorn /'mætəhɔːn *Am* 'mæt̮ərˌhɔːrn/ *n.pr.* (*Geog*) Cervino *m.*

matter-of-fact /ˌmætərəv'fækt *Am* ˌmæt̮ərəv'fækt/ *a.* 1 realistico, aderente alla realtà. 2 (*of a person*) pratico, realista.

matter-of-factness /ˌmætərəv'fæktnəs *Am* ˌmæt̮ərəv'fæktnəs/ *n.* praticità *f.*, realismo *m.*, prosaicità *f.*

mattery /'mætəri *Am* 'mæt̮əri/ *a.* (*Med*) purulento.

Matthew /'mæθjuː/ *n.pr.m.* Matteo (*anche Bibl*).

matting[1] /'mætɪŋ *Am* 'mæt̮ɪŋ/ *n.* 1 (*coarse fabrics*) stuoia *f.* 2 (*material for mats*) materiale *m.* per stuoie. 3 (*mats*) stuoie *f.pl.*

matting[2] /'mætɪŋ *Am* 'mæt̮ɪŋ/ *n.* (*dull surface*) superficie *f.* opaca.

mattins /'mætɪnz *Am* 'mæt̮ənz/ *n.pl.* (*costr.sing.*) 1 (*Rel.catt*) mattutino *m.sing.* 2 (*Rel.prot*) culto *m.sing.* del mattino.

mattock /'mætək *Am* 'mæt̮ək/ *n.* gravina *f.*, piccone *m.* (a zappa).

mattoid /'mætɔɪd/ *n.* (*rar*) mattoide *m./f.*

mattress /'mætrəs/ *n.* 1 materasso *m.* 2 (*Idr*) fascinata *f.* □ ~ *cover* coprimaterasso.

maturate /'mætʃəreɪt *Br also* 'mætjʊəreɪt/ **I** *v.t.* 1 (*Med*) far maturare. 2 (*to mature*) maturare. **II** *v.i.* 1 (*Med*) suppurare, venire a suppurazione. 2 (*to ripen*) maturare.

maturation /ˌmætʃəˈreɪʃən Br also ˌmætjʊ 'reɪʃən/ n. **1** maturazione f. **2** (Enol) invecchiamento m. **3** (Alim) (of cheese) stagionatura f. **4** (Med) maturazione f., suppurazione f.

maturative /məˈtjʊərətɪv Am məˈtjʊrətɪv/ a. (Med) suppurativo.

mature /məˈtjʊər Am məˈtjʊr/ I a. **1** (of plants, animals) adulto, maturo. **2** (of fruit) maturo. **3** (of people) maturo, adulto. **4** (fig) maturo, giunto a maturazione: ~ plans piani maturi. **5** (fig) (showing careful consideration) maturo, ponderato, (ben) meditato: after ~ reflection dopo matura riflessione. **6** (Econ) maturo, esigibile. **7** (Alim) (of cheese) maturo, stagionato. **8** (Enol) invecchiato. II v.t. **1** (to ripen) maturare. **2** (Alim) (of cheese) stagionare. **3** (Enol) invecchiare. **4** (of people) maturare, rendere maturo. **5** (fig) (of plans, etc.) maturare, portare a compimento. III v.i. **1** maturare, maturarsi. **2** (fig) (of plans, etc.) maturare, giungere a compimento, giungere a maturazione. **3** (Econ) scadere, maturare, diventare esigibile. □ ~ student studente che riprende gli studi dopo anni di interruzione.

maturely /məˈtjʊərli Am məˈtjʊrli/ avv. con maturità.

maturity /məˈtjʊərɪti Am məˈtjʊrəti/ n. **1** maturità f.: the years of ~ gli anni della maturità, l'età matura. **2** (fig) maturità f., compimento m. **3** (Econ) (state of being due) maturazione f.; (time of becoming due) scadenza f.: to pay on ~ pagare alla scadenza. **4** (Enol) stagionatura f. □ to bring to ~: **1** (far) maturare, portare a maturazione; **2** (fig) (of plans) portare a compimento; to come to ~: **1** maturare, giungere a maturazione (anche fig); **2** (of people) giungere alla maturità.

matutinal /ˌmætjʊˈtaɪnəl Am məˈt(j)uːtɪnəl/ a. mattutino.

matwork /ˈmætwɜːk/ Am ˈmætwɜːrk/ n. (Ginn) esercizi m.pl. sul tappeto.

matzah, matzo /ˈmɒtsə, ˈmætsoʊ Am ˈmɑːtsoʊ/ n. pane m. azzimo.

Maud, Maude /mɔːd/ n.pr.f. dim. di Mathilda, Matilda.

maudlin /ˈmɔːdlɪn/ a. **1** (tearfully emotional) lacrimoso, lacrimevole. **2** (mawkishly sentimental) sdolcinato, languido, stucchevole, svenevole. **3** (drunk and tearful) che ha la sbornia lacrimosa, che ha la sbornia triste.

maul /mɔːl/ I v.t. **1** ridurre in cattivo stato, conciare male. **2** (to handle roughly) maltrattare, strapazzare. **3** (fig) bistrattare, maltrattare, strapazzare: the play was -ed by the critics la commedia è stata bistrattata dai critici. **4** (Am) (of wood) spaccare con maglio e cuneo. II n. **1** (hammer) maglio m., mazza f. **2** (Sport) (in rugby) maul f., mischia f.

maulstick /ˈmɔːlstɪk/ n. (painter's hand rest) appoggiamano m.

maunder /ˈmɔːndər/ v.i. **1** vagare, girovagare, vagabondare. **2** (to speak disconnectedly) parlare a vanvera, vaneggiare, farneticare.

maundy /ˈmɔːndi/ n. **1** (Lit) lavanda f. (dei piedi). **2** (royal almsgiving) elemosina f. in denaro distribuita il giovedì santo. □ (Br) ~ money denaro distribuito in elemosina il giovedì santo, denaro dato dalla regina ai poveri; (Lit) ~ Thursday giovedì santo.

Maureen /ˈmɔːriːn Am mɔːˈriːn/ n.pr.f. Maureen.

Maurice /ˈmɒrɪs Am mɔːˈriːs/ n.pr.m. Maurizio.

Mauritania /ˌmɒrɪˈteɪniə Br also ˌmɒrɪˈteɪniə/ n.pr. (Geog) Mauritania f.

Mauritanian /ˌmɒrɪˈteɪniən Br also ˌmɒrɪ 'teɪniən/ I n. mauritano m. (f. -a). II a. mauritano.

Mauritian /məˈrɪʃən Am mɔːˈrɪʃiən/ I n. mauriziano m. (f. -a). II a. mauriziano.

Mauritius /məˈrɪʃəs Am mɔːˈrɪʃiəs/ n.pr. (Geog) Mauritius f., Maurizio f.

mauser /ˈmaʊzər/ n. (Arm) **1** (gun) mauser m. **2** (pistol) mauser f.

mausoleum /ˌmɔːsəˈliːəm/ (pl. -s /-z/ o -lea /-liə/) n. mausoleo m.

mauve /moʊv/ I n. mauve m., color m. malva. II a. malva.

maven /ˈmeɪvən/ n. (Am,colloq) esperto m. (f. -a): he is an architecture ~ è un esperto in architettura.

maverick /ˈmævərɪk/ n. (Am) **1** dissidente m./f., canesciolto m. (anche Pol). **2** (estens) anticonformista m., chi non rispetta le regole del gioco. **3** (unbranded calf) vitello m. non marchiato.

mavis /ˈmeɪvɪs/ n. (Ornit) tordo m. sassello.

mavourneen /məˈvʊəniːn Am məˈvʊrniːn/ n. caro m. (f. -a), tesoro m.

maw /mɔː/ n. **1** (Zool) (stomach) stomaco m.; (fourth stomach) abomaso m.; (throat) gola f., fauci f.pl. **2** (Ornit) (crop) gozzo m.

mawkish /ˈmɔːkɪʃ/ a. **1** sdolcinato, stucchevole, lezioso, svenevole. **2** (of taste) stucchevole, nauseante, disgustoso.

mawkishness /ˈmɔːkɪʃnəs/ n. stucchevolezza f., sdolcinatezza f., leziosità f.

mawseed /ˈmɔːsiːd/ n. seme m. di papavero (da oppio).

max /mæks/ I a massimo. II n. massimo m.: is this the ~ you can have? sarebbe questo il massimo che si può avere? III avv. al massimo: the total cost will be $50 ~ al massimo costerà 50 dollari in tutto. □ (Am,sl) to ~ out: **1** fare il più possibile, contribuire il più possibile; **2** (to exaggerate) esagerare, eccedere; **3** (to go to bed) (andare a) dormire; **4** (on one's credit card) esaurire, raggiungere il tetto (massimo): I've -ed out on my free phone calls this month ho esaurito tutte le mie telefonate gratis per questo mese; (Am, sl) to the ~ al massimo, esagerato.

Max /mæks/ n.pr.m. dim. di Maximilian.

max. /mæks/ maximum max. (massimo).

maxi /ˈmæksi/ I a. (Abbigl) maxi. II n. (Abbigl) indumento m. maxi; (maxidress) maxivestito m; (maxiskirt) maxigonna f.

maxi-coat /ˈmæksiˌkoʊt/ n. (Abbigl) maxicappotto m.

maxi-dress /ˈmæksiˌdres/ n. (Abbigl) maxivestito m.

maxilla /mækˈsɪlə/ (pl. -llae /-liː/) n. (Anat) mascella f.

maxillary /mækˈsɪləri/ I a. (Anat) mascellare. II n. (Anat) osso m. mascellare, mascellare m.

maxillofacial /ˌmæksɪloʊˈfeɪʃəl/ a. (Anat) maxillofacciale.

maxim /ˈmæksɪm/ n. massima f., sentenza f., detto m.

Maxim /ˈmæksɪm/ □ (Arm) ~ gun mitragliatrice Maxim.

maximal /ˈmæksɪməl/ a. massimale, massimo.

maximalism /ˈmæksɪməlɪzəm/ n. (Pol) massimalismo m.

maximalist /ˈmæksɪməlɪst/ n. (Pol) massimalista m./f.

Maximilian /ˌmæksɪˈmɪliən/ n.pr.m. Massimiliano.

maximization /ˌmæksɪm(a)ɪˈzeɪʃən Am ˌmæksɪmɪˈzeɪʃən/ n. il rendere massimo, massimizzazione f.

maximize /ˈmæksɪmaɪz/ v.t. **1** aumentare al massimo, portare al massimo, rendere massimo, massimizzare. **2** (to make the most of) dare il massimo valore a. **3** (Inform) massimizzare, ingrandire a pieno schermo.

maximum /ˈmæksɪməm/ I n. (pl. -s /-z/ o -ma /-mə/) **1** massimo m. **2** (Mat) massimo m. (relativo). **3** (Econ) maximum m. II a. massimo. □ (Sport) ~ heart rate frequenza cardiaca massima; ~ load carico massimo; ~ minimum thermometer termometro a massima e a minima; a ~ of profit and a minimum of risk il massimo profitto col minimo rischio; ~ security prison carcere di massima sicurezza, supercarcere; ~ speed velocità massima; (Meteor) ~ temperature temperatura massima, massima; ~ thermometer termometro di massima, termometro a massima; to a ~ (o to the ~) al massimo.

maximum-security /ˌmæksɪməmsɪk 'jʊərəti Am ˌmæksɪməmsɪkˈjʊrəti/ □ ~ prison carcere di massima sicurezza, supercarcere.

Maximus /ˈmæksɪməs/ n.pr.m. Massimo (anche Stor).

maxi-skirt /ˈmæksiˌskɜːt Am ˈmæksiˌskɜːrt/ n. (Abbigl) maxigonna f.

maxwell /ˈmækswəl, ˈmækswel/ n. (Fis) maxwell m.

Maxwell /ˈmækswəl, ˈmækswel/ □ (Fis) ~'s demon diavoletto di Maxwell.

may[1] /meɪ/ v.aus. (pres. may, negativo may not/mayn't /meɪnt/, 2ª pers.sing. ant mayest /ˈmeɪəst/, mayst /meɪst/; past might /maɪt/ negativo might not/mightn't /ˈmaɪtnt/; manca dell'inf. e del p.p.) **1** (to indicate possibility) posso, puoi ecc., è possibile, è probabile, può darsi che, forse: it ~ be true but I doubt it può darsi che sia vero ma ne dubito; don't do that, you ~ hurt yourself non farlo, puoi farti male; he might have succeeded if he had been more careful forse ce l'avrebbe fatta se fosse stato più attento. **2** (to indicate request for permission) posso, puoi ecc., è permesso, è lecito, è consentito: ~ I come in? posso entrare?, permesso?; if I ~ say so se mi è consentito dirlo. **3** (to indicate permission) posso, puoi ecc., ho il permesso di: you ~ smoke puoi fumare; you ~ well say so puoi ben dirlo. **4** (to express uncertainty, to wonder) posso, puoi ecc., often not translated: who ~ you be? chi sei? **5** (to indicate reproach) posso, puoi ecc.: he might have asked me first avrebbe potuto chiedermelo prima; you might at least help me potresti almeno aiutarmi. **6** (to express wishes, hopes) posso, puoi ecc., often translated with the subjunctive of the verb: ~ you both be very happy possiate essere (entrambi) molto felici; ~ the best man win vinca il migliore; ~ God help you possa Dio aiutarti, Dio ti aiuti. **7** (to express purpose) translated with the subjunctive of the verb: Jesus died that we might live Gesù morì affinché noi vivessimo. **8** (Dir,burocr) (must) posso, puoi ecc., devo, devi ecc.: the company ~ not contract with third parties la società non può impegnarsi con terzi. □ I did it as quickly as might be l'ho fatto il più velocemente possibile; push as he might he could not move the rock per quanto spingesse non riuscì a spostare il masso; ~ as well (o might as well o just as well o might just as well) tanto varrebbe che, tanto vale che: we ~ as well give up tanto vale che rinunciamo; you ~ as well stay potresti anche restare, tanto vale che (tu) resti; ~ it please your Majesty piaccia a vostra maestà; come what ~ qualunque cosa avvenga, qualunque cosa accada.

may[2] /meɪ/ I n. **1** fiore m. di biancospino. **2** (Bot) cratego m. II v.i. cogliere fiori di biancospino. □ (Bot) ~ lily giglio delle convallì, mughetto.

May /meɪ/ n. **1** maggio m. **2** (fig) fiore m. degli

anni, giovinezza *f.*, primavera *f.* della vita. **3** (*May Day festivities*) festa *f.* di maggio, festa *f.* del primo maggio. □ (*Bot*) ~ *apple* podofillo; (*Entom*) ~ *beetle* maggiolino; ~ *Day*: 1 festa di maggio, calendimaggio; 2 (*Labour Day*) festa del lavoro, primo maggio; (*Bot*) ~ *lily* mughetto; ~ *Queen* reginetta di maggio, reginetta di calendimaggio; (*Bot*) ~ *tree* biancospino; ~ *Week* (*at Cambridge University*) settimana di festeggiamenti e gare.

Maya /'maɪə *Am* 'mɑːjə/ (*pl.inv.* ○ -**s** /-z/) *n.* **1** maya *m./f.* **2** (*language*) maya *m.*

Mayan /'maɪən *Am* 'mɑːjən/ **I** *a.* maya. **II** *n.* maya *m./f.*

maybe /'meɪbi; ˌmeɪ'biː/ *avv.* forse, probabilmente, può darsi; ~ *he is right* forse ha ragione.

Maybug /'meɪbʌg/ *n.* (*Entom*) maggiolino *m.*

mayday /'meɪdeɪ/ *n.* (*Aer,Mar*) mayday *m.* (segnale di soccorso internazionale).

mayest /'meɪəst/ → **may**[1].

Mayflower /'meɪflaʊəʳ/ *n.* fiore *m.* di biancospino.

mayfly /'meɪflaɪ/ *n.* (*Entom*) efemera *f.*

mayhap /meɪhæp/ *avv.* (*ant,dial*) forse, probabilmente, può darsi.

mayhem /'meɪhem/ *n.* **1** caos *m.*, confusione *f.* **2** (*violence*) distruzione: *to create* ~ seminare il panico. **3** (*Dir*) lesione *f.* permanente: *to commit* ~ *on* (o *against*) *so.* causare lesioni personali a qcu.

Maying /'meɪɪŋ/ *n.* celebrazione *f.* del primo maggio.

mayn't /meɪnt, 'meɪənt/ *contraz. di* may not.

mayo /'meɪoʊ/ *n.* (*colloq*) maionese *f.*

mayonnaise /ˌmeɪə'neɪz *Am* 'meɪəneɪz/ *n.* (*Gastron*) maionese *f.*

mayor /meəʳ *Am* 'meɪəʳ/ *n.* sindaco *m.*

mayoral /'meəʳəl *Am* 'meɪərəl/ *a.* sindacale, del sindaco.

mayoralty /'meəʳəlti *Am* 'meɪəʳəlti/ *n.* **1** ufficio *m.* di sindaco, carica *f.* di sindaco. **2** (*term of office*) durata *f.* dell'ufficio di sindaco, mandato *m.* del sindaco.

mayoress /ˌmeəʳres *Am* 'meɪəʳɪs/ *n.* **1** moglie *f.* del sindaco. **2** (*female mayor*) sindaca *f.*, (*scherz*) sindachessa *f.*

mayorship /'meəʳʃɪp *Am* 'meɪəʳʃɪp/ *n.* condizione *f.* di sindaco.

maypole /'meɪpoʊl/ *n.* (*Folcl*) palo *m.* ornato di fiori (intorno al quale si balla durante la festa di maggio).

mayst /meɪst/ → **may**[1].

maythorn /'meɪθɔːn *Am* 'meɪθɔːrn/ *n.* (*Bot*) biancospino *m.*

mazard /'mæzəd *Am* 'mæzəʳd/ *n.* (*ant*) (*head*) testa *f.*

mazarine /ˌmæzə'riːn/ **I** *n.* blu *m.* scuro. **II** *a.* (*color*) blu scuro.

maze /meɪz/ *n.* **1** labirinto *m.*, dedalo *m.* **2** (*fig*) labirinto *m.*, dedalo *m.*, intrico *m.* (*of* di). **3** (*fig*) (*bewilderment*) perplessità *f.*, confusione *f.*

mazer /'meɪzəʳ/ *n.* boccale *m.* di legno.

mazuma /mə'zuːmə/ *n.* (*Am,sl*) soldi *m.pl.*, grana *f.*, denaro *m.*

mazurka /mə'zɜːkə *Am* mə'zɜːrkə/ *n.* (*dance, music*) mazurca *f.*

mazy /'meɪzi/ *a.* **1** intricato, aggrovigliato, labirintico. **2** (*puzzled*) perplesso, confuso.

mb (*Fis*) *millibar* mb (millibar).

MB /ˌem'biː/ **1** (*Inform*) *megabyte* MB (megabyte). **2** (*Univ*) *Bachelor of Medicine* (*degree*) diploma di dottore in medicina (conseguito con un corso di studi di tre o quattro anni). **3** (*Univ*) *Bachelor of Medicine* (*graduate*) dottore in medicina (che ha seguito un corso di studi di tre o quattro anni).

MBA /ˌembiː'eɪ/ (*Univ*) **1** *Master of Business*

Administration (*degree*) (laurea di secondo livello in economia aziendale, master in economia aziendale). **2** *Master of Business Administration* (*graduate*) (laureato di secondo livello in economia aziendale).

MBE /ˌembiː'iː/ (*GB*) *Member of* (*the Order of*) *the British Empire* (Cavaliere dell'ordine dell'impero britannico).

MBO /ˌembiː'oʊ/ **1** *Management buyout* (management buyout, acquisto di tutte le azioni di una società da parte dei dirigenti). **2** *Management by Objective* (*s*) (gestione per obiettivi).

m-business /'em,bɪznəs/ *n.* commercio *m.* elettronico tramite telefonia mobile.

Mbyte /'embaɪt/ (*Inform*) *megabyte*(*s*) MB (megabyte).

Mc *megacycle* Mc (megaciclo).

MC /ˌem'siː/ **1** *Master of Ceremonies* (maestro delle cerimonie, maestro di cerimonie, cerimoniere). **2** (*TV,Rad,Teat*) *Master of Ceremonies* (presentatore). **3** (*Am,Mil*) *Medical Corps* (corpo della sanità). **4** (*US,Parl*) *Member of Congress* (membro del congresso). **5** *Member of Council* (membro del consiglio). **6** *music cassette* MC (musicassetta). **7** *Monaco* MC (Principato di Monaco).

MCAT /'emkæt/ (*Am,Univ*) *Medical College Admissions Test* (esame di ammissione alla facoltà di medicina).

McCarthyism /mə'kɑːθɪzəm *Am* mə'kɑːrθɪzəm/ *n.* (*Pol*) maccartismo *m.*

McCarthyist /mə'kɑːθɪst *Am* mə'kɑːrθɪst/ **I** *n.* (*Pol*) maccartista *m./f.* **II** *a.* (*Pol*) maccartista.

McCoy /mə'kɔɪ/ □ (*Am,colloq*) *it's the real* ~ è quello vero, è quello autentico.

McGuffin /mæk'gʌfɪn/ *n.* (*Cin,Lett*) elemento *m.* attorno a cui si sviluppa la trama.

M.Ch. *Magister Chirurgiae* Med. Chir. (dottore in chirurgia).

M.Ch.D. **1** *Master of Dental Surgery* (*degree*) (laurea di secondo livello in chirurgia dentaria). **2** *Master of Dental Surgery* (*graduate*) (laureato di secondo livello in chirurgia dentaria).

McJob /mæk'dʒɑːb/ *n.* (*Am*) lavoro *m.* poco qualificato, mal retribuito e senza prospettive.

MCN /ˌemsiː'en/ (*Tel*) *microcellular network* (rete di telefonia cellulare).

MCP /ˌemsiː'piː/ (*colloq,spreg*) *male chauvinist pig* (sporco maschilista).

MCS /ˌemsiː'es/ (*Chim*) *Multiple Chemical Sensitivities* MCS (poliallergia a sostanze chimiche).

MD /ˌem'diː/ **1** *Managing Director* Amm.re delegato, Amm. Del.to (amministratore delegato). **2** *Maryland* MD (Maryland).

m/d, M/D (*Comm*) *months after date* (mesi data).

M.D. /ˌem'diː/ (*Univ*) **1** *Medicinae Doctor, Medical Doctor, Doctor of Medicine* (*degree*) (laurea di secondo livello in medicina). **2** *Medicinae Doctor, Medical Doctor, Doctor of Medicine* (*graduate*) (laureato di secondo livello in medicina). **3** *Master of Divinity* (*degree*) (laurea di secondo livello in teologia). **4** *Master of Divinity* (*graduate*) (laureato di secondo livello in teologia).

MDMA /ˌemdiːem'eɪ/ (*Chim*) *methylendioxymethamphetamine* MDMA (metilendiossimetanfetamina).

me[1] /miː/ *A.I pron.* **1** (*direct object*) me, mi: *they offended you not* ~ hanno offeso te, non me; *take* ~ *with you* portami con te. **2** (*indirect object*) mi, a me: *give* ~ *the hammer* dammi il martello; *he gave it to* ~ *not to you* lo ha dato a me non a te. **3** (*after prepositions*) me, mi: *don't stand in front of* ~ non

starmi davanti; *it's all right by* ~ per me va bene; *I looked* ~ me mi volsi indietro. **4** (*in comparisons*) me: *he respects her more than* ~ la rispetta più di me. **5** (*nominative case*) io: *it's* ~ sono io. **6** (*lett*) (*reflexive*) mi: *I laid* ~ *down* mi coricai. **7** (*colloq*) (*with gerunds*) io: *do you mind* ~ *coming as well?* ti dispiace se vengo anch'io? **8** (*colloq*) (*for me*) mi: *write* ~ *your name* scrivimi il tuo nome. **9** (*in exclamations*) me: *poor* ~*!* povero me! □ ~ *generation* generazione caratterizzata da materialismo ed egoismo.

me[2] /miː/ *n.* (*Mus*) mi.

ME 1 (*Ling*) *Middle English* (inglese medio). **2** (*Geog*) *Middle East* MO (Medio Oriente). **3** (*Med,Dir*) *medical examiner* (medico legale). **4** *Maine* ME (Maine).

mead[1] /miːd/ *n.* (*drink*) idromele *m.*

mead[2] /miːd/ *n.* (*poet,rar*) (*meadow*) prato *m.*

meadow /'medoʊ/ *n.* **1** (*of grassland*) prato *m.*; (*pasture*) prato *m.*, pascolo. **2** (*meadowland*) prateria *f.* □ (*Bot*) ~ *mushroom* fungo prataiolo; (*Ornit*) ~ *pipit*: 1 pispola; 2 (*tawny pipit*) calandro, lodolino; (*Bot*) ~ *rue* rabarbaro dei contadini; (*Bot*) ~ *saffron* colchico, zafferano bastardo; (*Bot*) ~ *sweet* spirea, olmaria, regina dei prati.

meadowlark /'medoʊlɑːk *Am* 'medoʊlɑːrk/ *n.* (*Ornit*) stornella *f.*

meadowy /'medoʊi/ *a.* **1** pratense, prativo. **2** (*consisting of meadow*) prativo, erboso.

meager /'miːgəʳ/ *a. e der.* (*Am*) → **meagre** *e der.*

meagre /'miːgəʳ/ *a.* **1** scarso, magro, insufficiente, esiguo, misero: *a* ~ *harvest* un raccolto scarso. **2** (*thin, lean*) magro, sottile, smilzo, scarno. **3** (*of a diet*) magro.

meagreness /'miːgənəs *Am* 'miːgəʳnəs/ *n.* **1** magrezza *f.*, scarsezza *f.* **2** (*thinness*) magrezza *f.*, sottigliezza *f.*

meal[1] /miːl/ *n.* **1** pasto *m.*: *a four course* ~ un pasto di quattro portate. **2** (*dial*) (*milk yield*) quantità *f.* di latte ottenuto da una mungitura. □ *a* ~ *fit for a king* un pranzo da re; *to make a* ~ *of*: 1 cibarsi di; 2 (*fig,colloq*) ingigantire, gonfiare, complicare: *the media will make a* ~ *of this if it gets out* se si viene a sapere, i media gonfieranno l'intera vicenda a dismisura; *-s on wheels* pasti (caldi) a domicilio (forniti come servizio di assistenza ad anziani e ammalati); ~ *ticket*: 1 (*Am*) ticket, buono pasto; 2 (*fig,colloq*) (*source of income*) fonte di sostentamento; ~ *time* ora dei pasti; (*colloq*) *with a good* ~ *under one's belt* con la pancia piena; ~ *voucher*: 1 ticket, buono pasto; 2 (*Am,fig,colloq*) (*source of income*) fonte di sostentamento.

meal[2] /miːl/ *n.* **1** (*ground grain*) farina *f.* grossa. **2** (*oatmeal*) farina *f.* di avena. **3** (*Am*) (*cornmeal*) farina *f.* gialla, farina *f.* di granoturco, farina *f.* da polenta.

mealie /'miːli/ *n.* **1** pannocchia *f.* **2** (*maize*) granturco *m.*, granoturco *m.*, mais *m.*

mealiness /'miːlɪnəs/ *n.* farinosità *f.*, l'essere farinoso.

mealman /'miːlmən/ *n.irr.* negoziante *m.* in farine.

mealworm /'miːlwɜːm *Am* 'miːlwɜːrm/ *n.* (*Zool*) tenebrione *m.* mugnaio, verme *m.* della farina.

mealy /'miːli/ *a.* **1** farinoso: ~ *potatoes* patate farinose. **2** (*farinaceous*) farinaceo. **3** (*covered with meal*) infarinato. **4** (*of a horse*) pezzato. **5** (*of the complexion*) pallido, scialbo. **6** (*mealy-mouthed*) che si esprime con mezzi termini, ipocrita.

mealy-bug /'miːlibʌg/ *n.* (*Entom*) pseudococco *m.*

mealy-mouthed /ˌmiːli'maʊðd/ *a.* **1** (*of a*

person) che si esprime con mezzi termini, ipocrita. **2** (*of an utterance*) velato mellifluo.

mealy-mouthedness /ˌmiːliˈmaʊðnəs/ *n.* linguaggio *m.* poco sincero.

mean[1] /miːn/ (*past, p.p.* **meant** /ment/) **I** *v.t.* **1** intendere, avere (l')intenzione di, volere, pensare di: *I -t to do it but I forgot* intendevo farlo ma me ne sono dimenticato; *I didn't ~ to offend you* non volevo offenderti. **2** (*followed by an object and the infinitive: to want*) volere, intendere: *he did not ~ me to see the report* non voleva che io vedessi il rapporto. **3** (*to intend for a particular purpose*) fare, destinare: *it's an ornament, it's not -t to be used* è un oggetto ornamentale, non è fatto per essere usato. **4** (*in the passive*) destinare, designare: *he was -t to be a priest* era destinato a diventare (un) sacerdote. **5** (*to intend to express*) intendere (dire), voler dire, voler significare: *what do you ~ by this remark?* cosa intendi dire con questa osservazione?; *you don't understand what I ~* non capisci ciò che voglio dire. **6** (*to signify*) significare, voler dire: *what does this word ~?* che significa questa parola? **7** (*to hold meaning*) significare, dire: *his name -s nothing to me* il suo nome non mi dice niente. **8** (*to refer to*) riferirsi a, intendere dire: *do you ~ me?* ti riferisci a me? **9** (*to intend for, to direct to*) rivolgere, intendere, dare, destinare: *his rebuke was -t for us all* il suo rimprovero era rivolto a tutti noi. **10** (*to have the importance of*) significare: *money -s everything to him* il denaro significa tutto per lui. **11** (*entail*) comportare, implicare. **II** *v.i.* **1** avere intenzioni: *he -s ill* ha cattive intenzioni. **2** (*to be of importance*) contare, essere importante, significare (*to per*): *a happy home -s much to anyone* una casa felice conta molto per chiunque. □ (*colloq*) *to ~ business* fare sul serio, non scherzare, essere seriamente intenzionato; *to be -t for* essere fatto per; *I ~...,* voglio dire..., cioè...; *I ~ it* dico davvero, dico sul serio; *to ~ mischief* meditare un brutto tiro, avere cattive intenzioni; *to ~ no good* avere cattive intenzioni; *to ~ no harm* non avere cattive intenzioni; *I -t no harm* non intendevo fare del male, non intendevo offendere; *jazz music -s nothing to me* la musica jazz non mi dice niente; *to ~ what one says* fare sul serio, dire sul serio; *I ~ what I say* dico sul davvero, dico sul serio; *to ~ well by so.* avere buone intenzioni nei riguardi di qcu.; *without -ing it* senza volerlo.

mean[2] /miːn/ **I** *n.* **1** (*middle point*) mezzo *m.*, via *f.* di mezzo. **2** (*Mat,Statist*) media *f.*: *above the ~* al di sopra della media; *below the ~* al di sotto della media. **3** *pl.* (*costr.sing. o pl.*) mezzo *m.sing.*, strumento *m.sing.*, modo *m.sing.*: *a -s of transport* un mezzo di trasporto. **4** *pl.* (*costr.sing. o pl.*) (*income*) mezzi *m.pl.*, possibilità *f.pl.* (economiche): *to live beyond one's -s* vivere al di sopra dei propri mezzi. **5** *pl.* (*costr.sing. o pl.*) (*wealth*) ricchezza *f.sing.*, denaro *m.sing.* **II** *a.* **1** medio, intermedio. **2** (*average*) medio: *~ temperatures* temperature medie. **3** (*mediocre*) mediocre, modesto. □ *by -s of* per mezzo di, tramite, con, mediante; *by all -s* 1 con ogni mezzo; 2 (*at all costs*) a tutti i costi, in qualunque modo; 3 (*esclam.*) (*certainly*) certamente!, certo!, sicuro!, senz'altro!; *by any -s:* 1 in un modo o nell'altro; 2 (*in negatives, at all*) affatto, per nulla; *by no* (*matter of*) -*s* per niente, non... affatto, in nessun modo: *it is by no -s certain* non è per niente sicuro; *a man of -s* un uomo facoltoso; *by some -s or other* in un modo o nell'altro, in qualche modo; *~ sea level* livello medio del mare; *~ solar time* ora media

---

solare; (*Astr*) *~ sun* sole medio; *-s test* accertamento patrimoniale; *~ time* tempo medio; *a -s to an end* un mezzo per un fine.

mean[3] /miːn/ *a.* **1** mediocre, modesto, scarso: *of ~ intelligence* di modesta intelligenza. **2** (*shabby*) squallido, misero, miserabile: *a ~ dwelling* un'abitazione squallida. **3** (*miserly*) tirchio, avaro, taccagno. **4** (*ignoble*) ignobile, abietto, basso: *~ motives* motivi ignobili. **5** (*petty*) gretto, meschino, (*spreg*) piccino. **6** (*malicious*) maligno, cattivo, malvagio: *a ~ remark* un'osservazione maligna; *don't be ~ to animals* non essere cattivo con gli animali. **7** (*ashamed*) che si vergogna: *to feel ~* vergognarsi, avere vergogna. **8** (*ant*) (*of low rank*) umile, basso, squallido, meschino: *~ servants* umili servitori. **9** (*Am,colloq*) (*surly*) villano, sgarbato; (*bad-tempered*) irascibile, irritabile. **10** (*Am*) (*great*) eccezionale, straordinario, formidabile, fantastico: *she plays a ~ game of tennis* gioca a tennis in modo formidabile. **11** (*Am, colloq*) (*ill*) che si sente male: *to feel ~* sentirsi male. □ *to take a ~ advantage of so.* approfittare indegnamente di qcu.; *as ~ as hell* spilorcio, spaventosamente tirchio; *he is no ~ scholar* è uno studioso di un certo valore; *it was no ~ feat to persuade him* persuaderlo non è stata un'impresa facile; (*colloq*) *a ~ trick* un brutto tiro, uno scherzo da prete.

meander /miˈændə(r)/ *v.i.* **1** serpeggiare (*through* attraverso), formare meandri. **2** (*to wander aimlessly*) girovagare, vagabondare, vagare senza meta. **3** (*to lose direction*) divagare. **II** *n.* **1** meandro *m.*, labirinto *m.*, dedalo *m.* **2** (*Geog*) (*turn of a stream*) meandro *m.*, ansa *f.* **3** (*Art,Arch*) meandro *m.* □ *to ~ on* (*of a speaker*) farneticare.

Meander /miˈændə(r)/ *n.pr.* (*Geog.stor*) Meandro *m.*

meandering /miˈændərɪŋ/ **I** *n.* **1** (*wandering*) meandri *m.pl.* **2** (*conversational*) farneticamento *m.*, divagazione *f.* **II** *a.* **1** (*winding*) sinuoso, serpeggiante. **2** (*conversation*) inutile, contorto.

meandrous /miˈændrəs/ *a.* sinuoso, tortuoso, serpeggiante.

meaning /ˈmiːnɪŋ/ **I** *n.* **1** significato *m.*: *a word with several -s* una parola che ha diversi significati. **2** (*import*) senso *m.*, contenuto *m.*: *his speech has no ~* il suo discorso non ha senso. **3** (*end, purpose*) fine *m.*, scopo *m.* **4** (*significance*) eloquenza *f.*, espressività *f.* **5** (*Dir*) termini *m.pl.*: *within the ~ of the act* a termini di legge. **II** *a.* **1** (*in compounds*) ... intenzionato: *well-~* ben intenzionato. **2** (*significant*) eloquente, espressivo, significativo: *a ~ look* uno sguardo eloquente. □ *do I make my ~ clear?* mi spiego?

meaningful /ˈmiːnɪŋfʊl/ *a.* **1** eloquente, significativo, espressivo: *a ~ smile* un sorriso eloquente. **2** (*having a meaning*) che ha un senso, che ha un significato. **3** (*having a purpose*) che ha uno scopo.

meaningless /ˈmiːnɪŋləs/ *a.* **1** senza senso, senza significato. **2** (*lacking a purpose*) inutile, vano, senza scopo, privo di scopo: *a ~ life* una vita senza scopo.

mean-looking /ˈmiːnlʊkɪŋ/ *a.* **1** (*vicious*) dall'aria cattiva. **2** (*impressive*) impressionante. **3** (*colloq*) (*trendy*) di moda, alla moda.

meanly /ˈmiːnli/ *avv.* **1** (*ungenerously*) con grettezza, severamente. **2** (*poorly*) in modo miserabile. **3** (*nastily*) in modo meschino.

meanness /ˈmiːnnəs/ *n.* **1** (*shabbiness*) squallore *m.*, miseria *f.* **2** (*baseness*) bassezza *f.*, meschinità *f.* **3** (*malice*) cattiveria *f.*, malvagità *f.* (*to* verso; *towards* riguardo a). **4** (*miserliness*) avarizia *f.*, tirchieria *f.*, spilor-

---

ceria *f.*, grettezza *f.* **5** (*inferiority, poorness*) mediocrità *f.*, scarsezza *f.* **6** (*lowliness*) umiltà *f.*, modestia *f.*

mean-spirited /ˌmiːnˈspɪrɪtɪd *Am* ˌmiːn ˈspɪrɪtɪd/ *a.* meschino.

mean-spiritedness /ˌmiːnˈspɪrɪtɪdnəs *Am* ˌmiːnˈspɪrɪtɪdnəs/ *n.* meschinità *f.*

meant /ment/ → **mean**[1].

meantime /ˈmiːnˌtaɪm *Br also* ˌmiːnˈtaɪm/ **I** *n.* intervallo *m.* (fra due periodi di tempo). **II** *avv.* nel frattempo, intanto. □ *in the ~* nel frattempo.

meanwhile /ˈmiːnˌ(h)waɪl *Br also* ˌmiːn ˈ(h)waɪl/ **I** *n.* intervallo *m.* (fra due periodi di tempo). **II** *avv.* nel frattempo, intanto: *~, cook the pasta* nel frattempo, fate cuocere la pasta; *~ in Paris...* intanto a Parigi...

meany, meanie /ˈmiːni/ *n.* (*colloq*) **1** tirchio *m.* (*f.* -a), spilorcio *m.* (*f.* -a). **2** (*surly person*) zoticone *m.* (*f.* -a). **3** (*malicious person*) cattivo *m.* (*f.* -a), carogna *f.*

measles /ˈmiːzlz/ *n.* (*costr.sing. o pl.*) **1** (*Med*) morbillo *m.*; (*German measles*) rosolia *f.* **2** (*Veter*) cisticercosi *f.* **3** (*Macell*) panicatura *f.*

measly /ˈmiːzli/ *a.* **1** (*Med*) affetto da morbillo. **2** (*Veter*) affetto da cisticercosi. **3** (*Macell*) panicato. **4** (*colloq*) (*stingy*) misero, meschino, da spilorcio: *a ~ present* un misero regalo. **5** (*colloq*) (*wretched, poor*) miserabile.

measurability /ˌmeʒərəˈbɪlɪti *Am* ˌmeʒərə ˈbɪləti/ *n.* misurabilità *f.*

measurable /ˈmeʒərəbl/ *a.* **1** misurabile, quantificabile. **2** (*fig*) moderato, ragionevole.

measure[1] /ˈmeʒə(r)/ *n.* **1** misura *f.* **2** (*act of measuring*) misura *f.*, misurazione *f.*: *to make a ~ of sth.* prendere la misura di qcs. **3** (*system of measurement*) misura *f.*, sistema *m.* di misura; (*measurements, size*) misure *f.pl.*, dimensioni *f.pl.* **4** (*measuring instrument or device*) misura *f.*, metro *m.*, strumento *m.* di misura. **5** (*unit of measure*) misura *f.*, unità *f.* di misura: *weights and -s* pesi e misure. **6** (*definite quantity*) misura *f.*, dose *f.*: *he poured me a ~ of whisky* mi versò una misura di whisky. **7** (*amount, quantity*) misura *f.*, quantità *f.*: *the press was given a greater ~ of freedom* alla stampa fu data libertà in maggior misura. **8** (*action, means*) misura *f.*, provvedimento *m.* (*against* contro; *to do* per fare): *safety -s* misure di sicurezza; *to take strong -s* prendere severi provvedimenti; *the ~ was defeated* il provvedimento è stato respinto. **9** (*fig*) (*treatment meted out*) proporzione *f.*, misura *f.*, rapporto *m.*: *to reap in the ~ one has sown* raccogliere in proporzione a quanto si è seminato. **10** (*fig*) (*basis of comparison*) termine *m.* di paragone; (*standard*) misura *f.*, criterio *m.* (di valutazione), metro *m.* **11** (*fig*) (*indication*) misura *f.*, dimensione *f.*, proporzione *f.*, grado *m.*: *her actions are a ~ of her despair* le sue azioni danno la misura della sua disperazione. **12** (*due portion*) giusta misura *f.*, giusta dose *f.*: *to receive one's ~ of praise* ricevere la giusta dose di elogi. **13** (*fig*) (*moderation*) moderazione *f.*, misura *f.*, discrezione *f.*, temperanza *f.*: *to show ~ in all things* mostrare moderazione in tutto. **14** (*fig*) (*bounds*) limite *m.*, misura *f.*: *his anger knew no ~* la sua ira non conosceva limiti; *to set -s to* porre (dei) limiti a. **15** (*Parl*) disegno *m.* di legge. **16** (*Tip*) giustezza *f.* **17** (*Lett*) metro *m.*, ritmo *m.* **18** (*Mus*) (*bar*) misura *f.*, battuta *f.* **19** (*slow dance*) danza *f.* lenta. **20** (*Metr*) misura *f.*; (*in poetry: rhythm*) ritmo *m.* **21** (*Mat*) divisore *m.* **22** *pl.* (*Geol*) strato *m.sing.* □ *~ for ~* occhio per occhio; (*fig*) *to give the ~ of* dare la misura di: *words cannot give the ~ of my grat-*

itude le parole non possono esprimere tutta la mia gratitudine; *in a* ~ fino a un certo punto, in una certa misura; *it is not in any* ~ *exhaustive* non è affatto esauriente, non è in alcun modo esauriente; (*lett*) *the* ~ *of my days* la durata della mia vita; *in some* ~ in parte, in qualche modo; *to take* -s prendere delle misure, adottare delle misure; *to take so.'s* ~: 1 (*Sart*) prendere le misure a qcu.; 2 (*fig*) misurare le capacità di qcu., misurare il valore di qcu.

measure[2] /'meʒər/ **I** *v.t.* **1** misurare: *to* ~ *the depth of the water* misurare la profondità dell'acqua. **2** (*to take the measurements of*) prendere le misure a, prendere la misura a: *to* ~ *so. for a suit* prendere le misure a qcu. per un vestito. **3** (*to mark off by measurement*) tracciare, demarcare, segnare. **4** (*to judge, to estimate*) valutare, stimare, misurare, giudicare; (*of a person*) valutare, misurare: *to* ~ *an opponent* valutare un avversario. **5** (*to compare*) paragonare, confrontare, misurare. **6** (*to set in competition*) misurare, misurarsi (*against, with* con): *to* ~ *one's skill against an opponent's* misurare la propria abilità con quella di un avversario. **7** (*Mar*) (*of a ship*) stazzare. **8** (*fig*) (*of one's words, acts*) misurare, ponderare, pesare, dosare. **9** (*to regulate, to govern*) regolare, guidare. **II** *v.i.* **1** misurare: *the room* -s *twenty by eleven* la stanza misura venti per undici. **2** (*to admit of measurement*) essere misurabile. **3** (*fig*) essere paragonabile (*with* a). □ (*fig*) *to* ~ *one's length* cadere lungo disteso, (*scherz*) misurare il pavimento; *to* ~ *off*: 1 misurare, dosare: ~ *off three cups of flour* misurate tre tazze di farina; 2 (*to mark off by measuring*) segnare la misura di, fissare la misura di; *to* ~ *out*: 1 dosare, misurare; 2 (*of drops*) contare; 3 (*to mark out by measuring*) tracciare, delimitare, segnare: *to* ~ *out a race track* tracciare la pista di una corsa; 4 (*to mete out*) distribuire; *to* ~ *one's strength with so.* competere con qcu., misurarsi con qcu.; *to* ~ *swords*: 1 incrociare le spade; 2 (*fig*) misurarsi, cimentarsi (*with* con); *to* ~ *up* essere all'altezza, non essere da meno (*to* di).

measured /'meʒəd *Am* 'meʒərd/ *a.* **1** misurato. **2** (*well-considered*) misurato, moderato, controllato: *to speak in* ~ *terms* usare parole misurate. **3** (*slow, deliberate*) cauto, misurato. **4** (*rhythmical*) ritmico, cadenzato: ~ *tread* passo cadenzato. □ ~ *mile* miglio esatto.

measureless /'meʒələs *Am* 'meʒərləs/ *a.* enorme, smisurato, sterminato, immenso.

measurement /'meʒəmənt *Am* 'meʒərmənt/ *n.* **1** misurazione *f.* **2** (*result*) misura *f.* **3** (*dimension*) misura *f.*, dimensione *f.*: *the* -s *of a room* le misure di una stanza. **4** (*system of measures*) sistema *m.* di misura. **5** (*Mar*) stazzatura *f.* **6** (*Abbigl*) misure *f.pl.*: *to take so.'s* -s prendere le misure di qcu.; *waist* ~ girovita; *chest* ~ circonferenza toracica.

measurer /'meʒərər/ *n.* misuratore *m.* (*f.* -trice).

measuring /'meʒərɪŋ/ *n.* misurazione *f.* □ ~ *beaker* misurino; (*Am*) ~ *cup* tazza graduata, misurino; ~ *glass* bicchiere graduato, vetro graduato; ~ *jug* brocca graduata; (*Mat*) ~ *quantity* grandezza misurabile; (*Am*) ~ *spoon* misurino (a forma di cucchiaio), cucchiaio dosatore; ~ *tape* metro a nastro; (*Entom*) ~ *worm* geometride.

meat /miːt/ *n.* **1** (*Gastron*) carne *f.* **2** (*Am*) (*of a fruit, nut*) polpa *f.*, carne *f.* **3** (*fig*) succo *m.*, polpa *f.*, sostanza *f.*, nocciolo *m.* **4** (*rar*) (*food*) alimento *m.*, cibo *m.*; (*meal*) pasto *m.* □ ~ *and drink* cibo e bevande; (*fig*) *it was* ~ *and*

drink to him per lui era un invito a nozze; (*Am*) ~ *and potatoes* sostanza, sodo, aspetti fondamentali: *let's get to* ~ *and potatoes* veniamo al sodo; ~ *axe* mannaia; ~ *broth* brodo di carne; ~ *chopper* tritacarne; ~ *cleaver* mannaia; ~ *eater* carnivoro; ~ *fly* mosca carnaia, mosca della carne; ~ *free* senza carne, vegetariano; (*Am*) ~ *grinder* tritacarne; ~ *hook*: 1 gancio da macelleria; 2 *pl.* mani, pugni; (*Gastron*) ~ *loaf* polpettone di carne; (*Am*) ~ *market* ambiente frequentato alla ricerca di incontri; (*Gastron*) ~ *pie* pasticcio di carne; ~ *safe* moscaiola; (*sl*) ~ *shot* ripresa ravvicinata di organi genitali; ~ *skewer* spiedo; ~ *tea* spuntino a base di tè e carne; (*Am, sl*) ~ *wagon*: 1 (*ambulance*) ambulanza; 2 (*hearse*) carro funebre.

meatball /'miːtbɔːl/ *n.* **1** (*Gastron*) polpettina *f.*, polpetta *f.* di carne. **2** (*Am,sl*) persona *f.* pesante, rompiballe *m./f.*

meathead /'miːthed/ *n.* (*Am,colloq*) testa *f.* di cavolo, idiota *f.*

meatiness /'miːtɪnəs *Am* 'miːtɪnəs/ *n.* **1** carnosità *f.* **2** (*colloq*) paffutezza *f.*

meatless /'miːtləs/ *a.* (*Gastron*) che non contiene carne, di magro.

meatloaf /'miːtləʊf/ *n.* (*Gastron*) polpettone *m.*

meatman /'miːtmæn/ *n.irr.* (*Am*) macellaio *m.*

meatus /mi'eɪtəs *Am* mi'eɪtəs/ (*pl.inv.* o *-tuses* /-təsɪz *Am* -təsɪz/) *n.* (*Anat*) **1** meato *m.*, orifizio *m.* **2** (*urinary*) meato *m.* urinario.

meaty /'miːti *Am* 'miːti/ *a.* **1** carnoso, polputo, polposo. **2** (*like meat*) di carne: *a* ~ *flavour* di sapore di carne. **3** (*fleshy*) paffuto, carnoso. **4** (*colloq*) (*full of substance*) sostanzioso, denso di contenuto: *a* ~ *article* un articolo sostanzioso.

Mecca /'mekə/ **I** *n.pr.* (*Geog*) Mecca *f.* **II** *n.* (*fig*) mecca *f.*: *a* ~ *for tourists* la mecca del turismo.

Meccan /'mekən/ **I** *a.* della Mecca. **II** *n.* abitante *m./f.* della Mecca.

mechanic /mɪ'kænɪk/ **I** *n.* **1** meccanico *m.* **2** (*artisan*) artigiano *m.* (*f.* -a). **3** (*workman*) lavoratore *m.* (manuale). **II** *a.* **1** (*of manual work*) meccanico, manuale. **2** (*mechanical*) meccanico.

mechanical /mə'kænɪkəl/ **I** *a.* **1** meccanico. **2** (*of machinery, tools*) meccanico: ~ *failure* guasto meccanico. **3** (*powered, done by machinery*) meccanico, a macchina: *a* ~ *saw* una sega meccanica. **4** (*fig*) meccanico, automatico, macchinale. **5** (*of manual work*) meccanico, manuale. **II** *n.* (*Edit*) modellino *m.* da cartone. □ (*Fis*) ~ *advantage* vantaggio, vantaggio meccanico; ~ *drawing* disegno geometrico, disegno tecnico, disegno industriale; ~ *engineer* ingegnere meccanico; ~ *engineering* ingegneria meccanica; ~ *equipment* complesso di macchine, macchinario.

mechanicalness /mə'kænɪkəlnəs/ *n.* meccanicità *f.*, automaticità *f.*

mechanician /,mekə'nɪʃən/ *n.* meccanico *m.*

mechanics /mə'kænɪks/ *n.pl.* (*costr.sing.* o *pl.*) **1** meccanica *f.sing.* **2** (*costr.pl.*) (*mechanism*) meccanismo *m.sing.*, meccanica *f.sing.*; (*structure*) struttura *f.sing.* **3** (*fig*) meccanismo *m.*, meccanica *f.*: *the* ~ *of our parliamentary system* il meccanismo del nostro sistema parlamentare. **4** (*fig*) (*technique*) tecnica *f.*

mechanism /'mekənɪzəm/ *n.* **1** meccanismo *m.*: *the* ~ *of a clock* il meccanismo di un orologio. **2** (*gear, device*) congegno *m.* **3** (*machinery*) meccanica *f.*, macchinario *m.* **4** (*fig*) meccanismo *m.*; (*technique*) tecnica *f.* **5** (*Art, Lett*) tecnica *f.* **6** (*Filos*) meccanicismo *m.*

mechanist /'mekənɪst/ *n.* (*Filos*) meccanicista *m./f.*

mechanistic /,mekə'nɪstɪk/ *a.* **1** (*Filos*) meccanicistico, meccanicista. **2** (*Psic*) meccanico. **3** (*of mechanics*) meccanico, della meccanica. □ (*Filos*) ~ *theory* teoria meccanicistica.

mechanization /,mekən(a)ɪ'zeɪʃən *Am* ,mekən'zeɪʃən/ *n.* meccanizzazione *f.*

mechanize /'mekənaɪz/ *v.t.* **1** meccanizzare; (*to automate*) automatizzare. **2** (*fig*) meccanizzare, automatizzare, rendere meccanico. **3** (*Mil*) motorizzare, meccanizzare.

mechanized /'mekənaɪzd/ □ ~ *farming* motocoltura.

mechatronics /,mekə'trɒnɪks *Am* ,mekə'trɑːnɪks/ *n.* meccatronica *f.*, ingegneria *f.* meccatronica.

MEcon /,em'iːkɒn *Am* ,em'iːkɑːn/ **1** (*Master of Economics*) (*degree*) laurea di secondo livello in economia. **2** (*Master of Economics*) (*graduate*) laureato in economia.

meconic /miː'kɒnɪk *Am* miː'kɑːnɪk/ □ (*Chim*) ~ *acid* acido meconico.

meconium /mɪ'kəʊnɪəm/ *n.* meconio *m.* (*anche Fisiol*).

med 1 *medieval* mediev. (medievale). **2** (*Am*) *medical* med. (medico). **3** *medicine* med. (medicina).

Med /med/ *n.pr.* (*colloq*) (*Mediterranean Sea*) Mediterraneo *m.*

MEd /,em'ed/ **1** *Master of Education* (*degree*) laurea di secondo livello in pedagogia). **2** *Master of Education* (*graduate*) (laureato di secondo livello in pedagogia).

medal /'medəl/ **I** *n.* **1** medaglia *f.*, decorazione *f.* **2** (*with a religious emblem*) medaglia *f.* **II** *v.t.* (*past, p.p.* **medalled** /Am **medaled** /-d/) decorare con una medaglia, insignire di una decorazione. □ (*Am,Mil*) *Medal of Honor* medaglia d'onore, medaglia d'oro al valore militare; (*Sport*) ~ *play* (*in golf*) medal, partita in cui vince chi conclude il giro in meno colpi.

medalled /'medəld/ *a.* decorato con (una) medaglia.

medallic /mə'dælɪk/ *a.* di medaglia, simile a medaglia.

medallion /mə'dælɪən Br also med'æljən/ *n.* medaglione *m.* (*anche Arch,Numism*).

medallist /'medəlɪst/ *n.* **1** persona *f.* decorata di (una) medaglia, (vincitore di una) medaglia *f.* **2** (*Sport*) medaglia *f.* **3** (*designer or maker of medals*) medaglista *m./f.*

meddle /'medl/ *v.i.* **1** immischiarsi, intromettersi, impicciarsi, ingerirsi: *don't* ~ *in other people's affairs* non immischiarti negli affari altrui. **2** (*to touch without permission*) mettere le mani in, mettere le mani tra, toccare (senza permesso).

meddler /'medlər/ *n.* intrigante *m./f.*, ficcanaso *m./f.*, impiccione *m.* (*f.* -a).

meddlesome /'medlsəm/ *a.* intrigante, indiscreto, che si intromette.

meddling /'medlɪŋ/ **I** *n.* intromissione *f.*, ingerenza *f.* **II** *a.* intrigante, indiscreto, che si intromette.

Mede /miːd/ *n.* medo *m.* (*f.* -a), abitante *m./f.* della Media.

Medea /mɪ'dɪə *Am* mɪ'diːə/ *n.pr.f.* (*Mitol*) Medea.

medevac /'medəvæk/ *n.* (*Am*) (*medical evacuation*) evacuazione *f.* dei feriti mediante elicottero.

media[1] /'miːdɪə/ *n.pl.* **1** (*of communication, etc.*) mezzi *m.pl.* di comunicazione, mezzi *m.pl.* di divulgazione: *mass* ~ mezzi di comunicazione di massa, mass media. **2** (*costr.sing.* o *pl.*) (*in advertising*) mezzi *m.pl.* pubblicitari. □ ~ *blitz* assalto dei media; ~ *coverage* resoconto dato dai media; ~ *event* media event, spettacolo costruito in modo da attirare l'attenzione dei mass media; ~ *fatigue* disinteresse da parte dei media; ~ *man* esperto pubblicitario; ~ *planner* media planner, pianificatore dei media, responsabile della programmazione dei mezzi pubblicitari; ~ *planning* media planning, strategia operativa del pianificatore dei media; ~ *shy* (*of people*) che rifugge i media; ~ *star* figura mediatica, figura massmediatica; ~ *student* studente di scienze della comunicazione.

media[2] /'miːdiə/ (*pl.* **mediae** /'miːdiiː/) n. 1 (*Anat*) tonaca *f.* media, tunica *f.* media. 2 (*Gramm*) consonante *f.* media.

mediaeval /,mediˈiːvəl Am also ,miːdiˈiːvəl/ e der. → **medieval** e der.

mediagenic /,miːdiəˈdʒenɪk/ a. mediagenico, telegenico e fotogenico, dotato di tutte le caratteristiche per riuscire al meglio nei media.

medial /'miːdiəl/ a. 1 mediano, di mezzo, medio. 2 (*mean, average*) medio, mediano. 3 (*Fon*) mediano, medio. 4 (*Gramm,Anat*) mediale.

median /'miːdiən/ I a. 1 medio, di mezzo, mediano. 2 (*Fon*) mediano, medio. 3 (*Mat*) medio. II n. 1 (*Statist,Geom*) mediana *f.* 2 (*Anat*) (*median vein*) vena *f.* mediana; (*median nerve*) nervo *m.* mediano. □ (*Am,Strad*) ~ *strip* aiuola spartitraffico.

Median /'miːdiən/ I a. medo, della Media. II n. 1 medo *m.* (*f.* -a), abitante *m./f.* della Media. 2 (*language*) medo *m.*

mediant /'miːdiənt/ n. (*Mus*) mediante *f.*

mediastinal /,miːdiəˈstainəl/ a. (*Anat*) mediastinico.

mediastinum /,miːdiəˈstiːnəm/ (*pl.* **-na** /-nə/) n. (*Anat*) mediastino m.

mediate[1] /'miːdieit/ I v.i. 1 fare da mediatore, fare da intermediario, interporsi (*between* tra): *to* ~ *between workers and management* fare da intermediario tra gli operai e la direzione. 2 (*rar*) (*to be in the middle*) occupare un posto intermedio (fra). II v.t. 1 (*of a settlement, etc.*) ottenere con una mediazione, raggiungere con una mediazione. 2 (*of a dispute, etc.*) pacificare, comporre. 3 (*to convey as an intermediary*) trasmettere, far pervenire, inoltrare.

mediate[2] /'miːdiət/ a. 1 mediano, medio, di mezzo, intermedio, frapposto. 2 (*not direct*) mediato, indiretto.

mediation /,miːdiˈeiʃən/ n. 1 mediazione *f.*, buoni uffici *m.pl.* 2 (*Pol,Dir*) mediazione *f.*

mediatize /'miːdiətaiz/ v.t. (*Stor*) (*of a principality*) annettere; (*of a prince, state*) ridurre in vassallaggio mediato.

mediator /'miːdieitər Am 'miːdieitər/ n. 1 mediatore *m.* (*f.* -trice). 2 (*peacemaker*) paciere *m.* (*f.* -a). 3 (*intercessor*) mediatore *m.* (*f.* -trice), intercessore *m.* (*f.* interceditrice).

mediatorial /,miːdiəˈtɔːriəl/ a. di mediazione, riferito a mediazione.

mediatory /'miːdiətəri Am 'miːdiətɔːri/ a. di mediazione, riferito a mediazione.

medic[1] /'medik/ n. 1 (*sl*) (*medical student*) studente m. (*f.* -essa) di medicina; (*doctor*) medico m. 2 (*Am,Mil*) soldato m. di sanità.

medic[2] /medik/ n. (*Bot*) erba *f.* medica.

medicable /'medikəbl/ a. medicabile, curabile, sanabile, guaribile.

Medicaid /'medikeid/ n. (*US*) assistenza *f.* sanitaria (ai meno abbienti).

medical /'medikl/ I a. 1 medico, medicale, di medico, da medico. 2 (*of medicine*) medico, medicale, di medicina. II n. 1 (*colloq*) (*es-*

---

amination) esame m. medico, visita *f.* medica. 2 (*student*) studente m. (*f.* -essa) di medicina. □ *to seek* ~ *advice* ricorrere al medico: *against* ~ *advice* contro il parere del medico; ~ *adviser* consulente sanitario; *to have* ~ *attention* sottoporsi a cure mediche; ~ *bath* bagno medicato; (*Mil*) ~ *board* commissione sanitaria, commissione medica; ~ *care* assistenza sanitaria; ~ *certificate* certificato medico; ~ *chemistry* chimica medica; (*Mil*) ~ *corps* corpo sanitario, sanità; ~ *department* ufficio sanitario; ~ *doctor* dottore in medicina; ~ *electronics* elettronica medica; ~ *ethics* deontologia medica, etica medica; ~ *examination* visita medica; (*Am*) ~ *examiner* medico legale; ~ *expenses* insurance assicurazione malattia; *on* ~ *grounds* per motivi di salute; ~ *history*: 1 (*background*) anamnesi; 2 (*notes*) cartella clinica; ~ *information* informazioni di natura medica; ~ *inspection* visita medica; ~ *insurance* assicurazione sanitaria; ~ *jurisprudence* medicina legale; ~ *laboratory* laboratorio medico; (*colloq*) ~ *man* dottore, medico; ~ *officer*: 1 ufficiale sanitario; 2 (*Mil*) medico militare; ~ *orderly*: 1 (*in hospital*) inserviente; 2 (*Mil*) soldato di sanità; ~ *practitioner* medico di base, medico generico; ~ *press* stampa medica; ~ *record* cartella clinica; ~ *register* albo dell'ordine dei medici; (*Br*) *Medical Research Council* consiglio per la ricerca medica; ~ *school* facoltà di medicina, istituto di medicina; ~ *social worker* assistente sanitario; ~ *staff* personale medico; ~ *statistics* statistica medica; ~ *student* studente di medicina; ~ *technique* tecnica medica; ~ *unit*: 1 unità medica; 2 (*in hospital*) reparto di medicina generale; ~ *ward* reparto di medicina (generale).

medicalize /'medikəlaiz/ v.t. medicalizzare.

medically /'medikli/ avv. da medico.

medicament /məˈdikəmənt, 'medikəmənt/ n. (*Farm*) farmaco m., medicina *f.*, medicinale m.

Medicare /'medikeər Am 'mediker/ n. 1 (*US*) assicurazione *f.* sanitaria per gli anziani. 2 (*Canad,Aus*) assistenza *f.* sanitaria.

medicate /'medikeit/ v.t. medicare.

medicated /'medikeitid Am 'medikeitid/ a. (*Farm*) medicato: ~ *soap* sapone medicato; ~ *shampoo* shampoo medicato.

medication /,mediˈkeiʃən/ n. 1 (*Med*) medicazione *f.*, cura *f.*, trattamento m. 2 (*Farm*) (*medicament*) farmaco m., medicina *f.*, medicinale m.; (*collett.*) farmaci m.pl., medicinali m.pl.

medicative /'medikətiv Am 'medikətiv/ a. medicinale, medicamentoso.

Medicean /,mediˈtʃiːən/ a. (*Stor*) mediceo.

medicinal /məˈdisinəl/ a. 1 medicinale, medicamentoso. 2 (*of medicine*) medico, di medicina. □ (*Bot,Farm*) ~ *plant* pianta medicinale, pianta officinale.

medicinally /məˈdisinəli/ avv. con medicine e cure.

medicine /'medsən Am 'medisən/ n. 1 (*Farm*) medicina *f.*, farmaco m., medicinale m. 2 (*science*) medicina *f.*: *to study* ~ studiare medicina. 3 (*medical profession*) medicina *f.*, professione *f.* medica: *to practise* ~ esercitare la professione di medico. 4 (*fig*) medicina *f.*, rimedio m. 5 (*Folcl*) (*object*) oggetto m. che ha poteri magici; (*rite*) rito m. che ha poteri magici; (*magical power*) potere m. magico. □ (*Sport*) ~ *ball* palla medica, medicine ball; (*Farm*) ~ *bottle* flacone, boccetta; (*Farm*) ~ *box* cassetta del pronto soccorso; (*Farm*) ~ *cabinet* (o ~ *chest* o ~ *cupboard*) armadietto dei medicinali; (*Farm*) ~ *dropper* contagoc-

---

ce; (*Am*) ~ *man* stregone, sciamano; (*fig*) *to take one's* ~ inghiottire la pillola.

medico /'medikou/ (*pl.* **-s** /-z/) n. (*colloq*) 1 (*doctor*) medico m., dottore m. 2 (*medical student*) studente m. di medicina.

medieval /,mediˈiːvl Am also ,miːdiˈiːvl/ a. 1 medievale, medioevale: ~ *law* diritto medievale. 2 (*fig*) (*outdated*) antiquato, superato.

medievalism /,mediˈiːvlizəm Am also ,miːdiˈiːvlizəm/ n. 1 spirito m. medievale. 2 (*devotion to medieval practices*) medievalismo m.

medievalist /,mediˈiːvlist Am also ,miːdiˈiːvlist/ n. medievalista m./f.

medina /meˈdiːnə/ n. medina *f.*

mediocracy /,miːdiˈɒkrəsi Am ,miːdiˈɑːkrəsi/ n. mediocrazia *f.*

mediocre /,miːdiˈoukər, 'miːdioukər/ a. mediocre.

mediocrity /,miːdiˈɒkrəti Am ,miːdiˈɑːkrəti/ n. mediocrità *f.*

meditate /'mediteit/ I v.t. 1 riflettere su, meditare (su), considerare attentamente. 2 (*to plan*) meditare (*doing* di fare), tramare, progettare: *to* ~ *revenge* meditare la vendetta. II v.i. meditare, riflettere: *to* ~ *on* (o *upon*) *an issue* riflettere su un argomento.

meditation /,mediˈteiʃən/ n. 1 meditazione *f.*, riflessione *f.* (*on* su). 2 (*Rel*) meditazione *f.*

meditative /'meditətiv Am 'meditətiv/ a. meditativo, dedito alla meditazione, contemplativo.

meditator /'mediteitə Am 'mediteitər/ n. chi medita.

mediterranean /,meditəˈreiniən/ I a. 1 mediterraneo. 2 (*rar*) (*landlocked*) interno, mediterraneo. II n. mare m. interno.

Mediterranean /,meditəˈreiniən/ I a. 1 mediterraneo: ~ *peoples* popoli mediterranei. 2 (*Etnol*) mediterranide. II n.pr. (*Geog*) Mediterraneo m., mar m. Mediterraneo. □ ~ *climate* clima mediterraneo; ~ *countries* paesi mediterranei; ~ *diet* dieta mediterranea; (*Med*) ~ *fever* brucellosi; ~ *Sea* mare mediterraneo.

medium /'miːdiəm/ I n. (*pl.* **-s** /-z/ o **-dia** /-diə/) 1 veicolo m., mezzo m. (*di propagazione*): *air is a good* ~ *for sound waves* l'aria è un buon veicolo per le onde sonore. 2 (*Biol*) (*environment*) mezzo m., ambiente m.; (*habitat*) habitat m. 3 *spec.pl.* (*of communication, etc.*) (*pl.* **media**) mezzo m.sing. di comunicazione, mezzo m.sing. di divulgazione: *mass media* mezzi di comunicazione di massa. 4 (*means, method*) mezzo m., metodo m., procedimento m. 5 (*middle way, compromise*) compromesso m., via *f.* di mezzo. 6 (*average condition, mean*) media *f.* 7 (*intermediary*) intermediario m. (*f.* -a), mediatore m. (*f.* -trice). 8 (*Occult*) (*pl.* **mediums**) (*in spiritualism*) medium m./f. 9 (*Lett,Art*) mezzo m. espressivo, forma *f.* (espressiva): *he has chosen the autobiographical novel as his* ~ come mezzo espressivo ha scelto il romanzo autobiografico. 10 (*Chim,Biol*) (*pl.* **media**) (*for preserving specimens*) mezzo m. colturale; (*culture medium*) terreno m. di coltura. 11 (*Econ*) (*medium of exchange*) mezzo m. di scambio. 12 (*Pitt*) veicolo m.; (*liquid*) solvente m., liquido m. solvente. 13 *pl.* (*costr.sing.* o *pl.*) (*in advertising*) mezzi m.pl. pubblicitari. II a. 1 medio: *a man of* ~ *height* un uomo di statura media. 2 (*average*) medio, mediano. 3 (*Gastron*) (*of a steak*) non troppo cotto. □ *media blitz* assalto dei media; *media coverage* resoconto dato dai media; *media event* media event, spettacolo costruito in modo da attirare l'attenzione dei mass media; *media fatigue* disinteresse da parte dei media; (*Rad*) ~ *frequency* media frequenza; (*Cin*) *in* ~ in campo medio; *media man* esperto pubblicitario; *media planner* media planner, pianificatore dei media, responsabile della programmazione dei mezzi pubblicitari; *media planning* media planning, strategia operativa del pianificatore dei media; (*Gastron*) ~ *rare* (*of a steak*) poco cotto, un po' al sangue; (*Cin*) ~ *shot* campo medio; *media shy* (*of people*) che rifugge i media; *media star* figura mediatica, figura massmediatica; *media student* studente di scienze della comunicazione; *through the* ~ *of* per mezzo di, a mezzo (di), mediante, tramite; (*Br,Rad*) ~ *waves* onde medie; (*Gastron*) ~ *well* (*of a steak*) non troppo cotta (ma non al sangue).

medium-dry /'mi:dıəm,draı/ *a.* (*Enol*) semisecco.

medium-fine /'mi:dıəm,faın/ *a.* **1** (*of a pen*) con la punta medio-fine. **2** (*of a point*) medio.

mediumistic /,mi:dıə'mıstık/ *a.* (*Occult*) medianico.

medium-length /'mi:dıəm,leŋ(k)θ/ *a.* di media lunghezza. □ (*Cin*) ~ *film* mediometraggio.

medium-priced /'mi:dıəm,praıst/ *a.* di prezzo medio, che ha un prezzo medio.

medium-range /'mi:dıəm,reındʒ/ *a.* (*Mil*) a media gittata.

medium-scale /'mi:dıəm,skeıl/ *a.* a media scala. □ (*Inform*) ~ *integration* integrazione a media scala.

medium-sized /'mi:dıəm,saızd/ *a.* di media grandezza, di misura media, medio.

medium-term /'mi:dıəm,tɜːm *Am* 'mi:dıəm ,tɜːrm/ *a.* (*Econ*) a medio termine. □ (*Econ*) ~ *credit* credito a medio termine, mediocredito.

medlar /'medlər/ *n.* **1** (*Bot*) nespolo *m.* **2** (*fruit*) nespola *f.*

medley /'medlı/ **I** *n.* **1** miscuglio *m.*, accozzaglia *f.*, guazzabuglio *m.* **2** (*Mus*) medley *m.*, pot-pourri *m.* (*of* di). **3** (*rar*) (*literary miscellany*) miscellanea *f.* **4** (*Sport*) (*swimming*) staffetta *f.* mista. **II** *a.* **1** (*rar*) misto, eterogeneo. **2** (*ant*) (*of a mixed colour*) variegato, screziato.

medulla /me'dʌlə/ (*pl.* **-s** /-z/ o **-llae** /-li:/) *n.* (*Anat,Bot*) midollo *m.* □ (*Anat*) ~ *oblongata* midollo allungato.

medullary /me'dʌləri *Am* 'medəleri/ *a.* (*Biol, Med*) midollare. □ (*Bot*) ~ *ray* raggio midollare; (*Anat*) ~ *sheath* guaina mielinica, guaina midollare.

medusa /me'dju:zə *Am* mə'd(j)u:zə/ *n.* (*Zool*) medusa *f.*

Medusa /me'dju:zə *Am* mə'd(j)u:zə/ *n.pr.f.* (*Mitol*) Medusa.

medusoid /me'dju:zɔıd *Am* mə'd(j)u:zɔıd/ *a.* medusoide.

meed /mi:d/ *n.* (*ant*) **1** (*poet*) (*reward*) compenso *m.*, (*lett*) guiderdone *m.*; (*recompense*) ricompensa *f.*, premio *m.* **2** (*just desert*) ciò che uno merita.

meek /mi:k/ *a.* mite, mansueto, docile; (*overly submissive*) remissivo, sottomesso, umile. **II** *n.* (*costr.pl.*) mansueti *m.pl.*: (*Bibl*) *blessed are the* ~ beati i mansueti. □ ~ *and mild* molto mite, docilissimo; *as* ~ *as a lamb* docile come un agnello.

meekness /'mi:knəs/ *n.* **1** mansuetudine *f.*, mitezza *f.*, docilità *f.* **2** (*humility*) umiltà *f.*, remissività *f.*

meerschaum /'mıəʃəm, 'mıəʃaʊm *Am* 'mırʃɔːm/ *n.* **1** (*Min*) sepiolite *f.*, schiuma *f.* di mare. **2** (*meerschaum pipe*) pipa *f.* di schiuma di mare.

meet[1] /mi:t/ (*past, p.p.* **met** /met/) **I** *v.t.* **1** (*by chance*) incontrare, imbattersi in: *I met your*

brother today oggi ho incontrato tuo fratello. **2** (*by appointment*) vedere, incontrare: *I'll* ~ *you on the corner after work* ci vediamo all'angolo quando esco dal lavoro. **3** (*to await the arrival*) andare incontro a, andare a incontrare, andare a prendere, aspettare l'arrivo di: *he will* ~ *his mother at the station* andrà a prendere sua madre alla stazione. **4** (*of a vehicle*) andare all'arrivo di: *to* ~ *a train* andare all'arrivo di un treno. **5** (*to receive*) ricevere, accogliere. **6** (*to become acquainted with*) conoscere, incontrare, fare la conoscenza di. **7** (*to be introduced to*) essere presentato a: ~ *Mr. Brown* le presento il signor Brown. **8** (*to have a meeting with*) incontrare, avere un incontro con, avere una riunione con. **9** (*to encounter in competition, conflict*) affrontare, incontrare, misurarsi con. **10** (*to experience*) incontrare, trovare: *to* ~ *opposition* incontrare opposizione. **11** (*to touch, to come into contact with*) toccare, venire in contatto con, incontrare: *my hand met hers* la mia mano toccò la sua. **12** (*to join*) congiungersi con, unirsi a, confluire in. **13** (*of the senses: to come to, to impinge on*) presentarsi (davanti) a: *a strange sight met my eyes* uno strano spettacolo si presentò ai miei occhi. **14** (*to fulfil*) rispondere a, essere conforme a: *to* ~ *requirements* rispondere ai requisiti. **15** (*to accede to*) venire incontro a, andare incontro a, (cercare di) soddisfare. **16** (*to cope with, to deal with*) fare fronte a, fronteggiare: *to* ~ *a difficulty* far fronte a una difficoltà. **17** (*to face*) affrontare. **18** (*to discharge, to pay*) pagare, far fronte a, fare onore a: *to* ~ *one's bills at maturity* pagare le cambiali alla scadenza. **19** (*to oppose, to reply to*) opporre a, rispondere a: *to* ~ *an insult with indifference* opporre l'indifferenza a un insulto. **20** (*to collide with*) urtare contro, scontrarsi con: *I met the tree head-on* urtai frontalmente contro l'albero. **II** *v.i.* **1** incontrarsi. **2** (*by appointment*) incontrarsi, vedersi: *let's* ~ *at the restaurant* vediamoci al ristorante. **3** (*to become acquainted*) conoscersi, incontrarsi: *have you two met?* vi conoscete? **4** (*to assemble, to hold a meeting*) tenere una riunione, riunirsi, adunarsi. **5** (*to come together in conflict or opposition*) affrontarsi, scontrarsi: *the two armies met* i due eserciti si affrontarono. **6** (*to touch, to come into contact*) toccarsi, venire in contatto, incontrarsi. **7** (*Sport*) disputare un incontro. □ *to* ~ *again* rincontrarsi, rivedersi; *to* ~ *a deadline* rispettare una scadenza; *to* ~ *one's death in battle* trovare la morte in combattimento; *to* ~ *a demand* soddisfare una richiesta, soddisfare un'esigenza; *to* ~ *so.'s eye* incontrare lo sguardo di qcu.; *to* ~ *the eye* saltare all'occhio, attirare l'attenzione; (*scherz*) *there is more here than* ~*s the eye* qui c'è sotto qualcosa; *to* ~ *one's fate* essere ucciso, trovare la morte; (*fig*) *to* ~ *so. halfway*: **1** (*to make concession to*) arrivare a un compromesso con qcu., venire a un compromesso con qcu., venire incontro a qcu.; **2** (*to anticipate another's actions*) prevenire qcu., anticipare qcu.; *to* ~ *one's Maker* morire, andare al Creatore; *to* ~ *one's match* incontrare un degno avversario, incontrare un proprio pari; *to* ~ *so.'s needs* andare incontro alle esigenze di qcu.; *to* ~ *so. off a train* andare a prendere qcu. al treno; *to* ~ *trouble halfway* andare incontro a guai, andare incontro a seccature; *to* ~ *up* with imbattersi in, incontrare (per caso); *to* ~ *with*: **1** (*to come across by chance*) incontrare (per caso), trovare, imbattersi in: *to* ~ *with difficulties* trovare difficoltà; *to* ~ *with an acci-*

dent avere un incidente; **2** (*Am*) (*by appointment*) incontrarsi con; **3** (*to experience, to receive*) ricevere, incontrare, trovare: *to* ~ *with a good reception* ricevere una buona accoglienza; *to* ~ *with approval* ottenere l'approvazione; *to* ~ *with success*: **1** aver successo; **2** (*of people*) affermarsi, avere successo, riuscire.

meet[2] /mi:t/ *n.* **1** (*Caccia*) meet *m.*, raduno *m.* dei partecipanti a una caccia a cavallo. **2** (*Sport*) meeting *m.*, raduno *m.*, incontro *m.*

meet[3] /mi:t/ *a.* (*rar*) adatto, appropriato, conveniente.

meeting /'mi:tıŋ *Am* 'mi:tıŋ/ *n.* **1** incontro *m.*: *a chance* ~ un incontro casuale. **2** (*gathering, assembly*) riunione *f.*, assemblea *f.*, seduta *f.*: *a Cabinet* ~ una riunione di gabinetto; *to adjourn the* ~ aggiornare la seduta. **3** (*rendezvous*) incontro *m.*, convegno *m.* **4** (*persons assembled*) assemblea *f.*, adunanza *f.*, riunione *f.*: *to call a* ~ convocare un'assemblea; *to address the* ~ rivolgersi all'assemblea. **5** (*intersection, place of junction*) confluenza *f.*, congiunzione *f.*, incontro *m.*: *the* ~ *of two rivers* la confluenza di due fiumi. **6** (*Sport*) meeting *m.*, raduno *m.*, incontro *m.* □ *to be at a* ~ essere in riunione; (*fig*) *a* ~ *ground* un interesse in comune; ~ *hall* sala riunioni; (*Rel*) ~ *house* luogo di riunione, luogo di culto; *to be in a* ~ essere in riunione; ~ *of minds* armonia, consonanza di sentimenti; ~ *place* luogo di raduno, luogo di incontro, punto di incontro; (*Mat*) ~ *point* punto di intersezione.

meetness /'mi:tnəs/ *n.* (*rar*) adeguatezza *f.*, idoneità *f.*

me-first /'mi:fɜːst *Am* 'mi:fɜːrst/ *a.* (*sl*) egoistico, individualista: *the* ~ *generation* la generazione egoista, la generazione individualista.

Meg /meg/ *n.pr.f. dim. di* Margaret.

mega /'megə/ *a.* (*sl*) **1** (*used as a prefix*) mega. **2** mega, enorme, grandissimo, stupendo, eccellente, eccezionale.

megabit /'megəbıt/ *n.* (*Inform*) megabit *m.*

megabuck /'megəbʌk/ *n.* (*Am,sl*) **1** milione *m.* di dollari. **2** (*estens*) somma *f.* enorme, sacco *m.* di soldi: *a car like that must cost* ~*s* una macchina così costerà una cifra; *to be making* ~*s* (o *to be earning* ~*s*) guadagnare un sacco di soldi, fare soldi a palate.

megabyte /'megəbaıt/ *n.* (*Inform*) megabyte *m.*

megacarrier /'megəkærıər/ *n.* grande compagnia *f.* di trasporti.

megacephalic /,megəsef'ælık/ *a.* (*Anat*) megalocefalo.

megacephalous /,megə'sefələs/ *a.* (*Anat*) megalocefalo.

megacephaly /,megə'sefəli/ *n.* (*Med*) megalocefalia *f.*

megacycle /'megəsaıkl/ *n.* (*Rad,Inform*) megaciclo *m.*

megadeath /'megədeθ/ *n.* strage *f.*

megafauna /'megə,fɔːnə/ *n.* (*Zool*) megafauna *f.*

megaflop /'megəflop *Am* 'megəflɑːp/ *n.* (*Inform*) megaflop *m.*

megagamete /,megə'gæmi:t/ *n.* (*Biol*) macrogamete *m.*

megahertz /'megəhɜːts *Am* 'megəhɜːrts/ *n.* (*Rad*) megahertz *m.*

megalith /'megəlıθ/ *n.* (*Archeol*) megalite *m.*

megalithic /,megə'lıθık/ *a.* (*Archeol*) megalitico.

megaloblast /'megəlou,blæst/ *n.* (*Med*) megaloblasto *m.*

megalomania /,megəlou'meınıə/ *n.* (*Psic*) megalomania *f.*, mania *f.* di grandezza.

megalomaniac /ˌmegəloʊ'meɪniæk/ n. megalomane m./f.

megalopolis /ˌmegəl'ɒpəlɪs Am ˌmegəl'ɑːpəlɪs/ n. megalopoli f.

megalosaurus /ˌmegəloʊ'sɔːrəs/ n. (Paleont) megalosauro m.

megaphone /'megəfoʊn/ **I** n. megafono m. **II** v.t. annunciare con il megafono.

megapod, megapode /'megəpɒd Am 'megəpɑːd/ n. (Ornit) megapode m.

megaspore /'megəspɔːr Am 'megəspɔːr/ n. (Bot) megaspora f.

megass, megasse /mə'gæs/ n. (Ind) bagassa f.

megastar /'megəstɑːr Am 'megəstɑːr/ n. (colloq) superdivo m. (f. -a), megastar f., superstar f.

megastore /'megəstɔːr Am 'megəstɔːr/ n. ipermercato m., megastore m.

megastructure /ˌmegə'strʌktʃər/ n. megastruttura f.

megathere /'megəθɪər Am 'megəθɪr/ n. (Paleont) megaterio m.

megatherium /ˌmegə'θɪərɪəm Am ˌmegə'θɪrɪəm/ n. (Paleont) megaterio m.

megathon /'megəθɒn Am 'megəθɑːn/ n. (colloq) avvenimento m. di grandi dimensioni, programma m. televisivo molto lungo.

megaton /'megətʌn/ n. **1** mille tonnellate f.pl. **2** (Nucl) megatone m.

megavolt /'megəvoʊlt/ n. (El) megavolt m.

megawatt /'megəwɒt Am 'megəwɑːt/ n. (El) megawatt m.

megillah /mə'gɪlə/ n. (Am) spiegazione f. lunga, noiosa e dettagliata, spiegone m.: the whole ~ la solita tiritera.

Megillah /mə'gɪlə/ n. (Rel.ebr) Magillah f.

megilp /mə'gɪlp/ n. (Pitt) solvente m. per colori a olio.

megohm /'megoʊm/ n. (El) megaohm m.

megohmmeter /'megoʊˌmiːtər Am 'megoʊ ˌmiːtər/ n. (El) megaohmetro m.

megrim /'miːgrɪm/ **I** n. (rar) **1** (Med) emicrania f. **2** (fancy, whim) ghiribizzo m., capriccio m. **3** (low spirits) depressione f., malinconia f. **4** (Veter) capostorno m., capogatto m.

meiosis /maɪ'oʊsɪs/ (pl. -ses /-siːz/) n. **1** (Biol) meiosi f. **2** (Ret) litote f.

melamine /'meləmiːn/ n. (Ind) melammina f., (colloq) melamina f.

melancholia /ˌmelən'koʊlɪə/ n. (Med,ant) malinconia f., depressione f.

melancholiac /ˌmelən'koʊlɪæk/ a. malinconico, triste.

melancholic /ˌmelən'kɒlɪk Am ˌmelən'kɑːlɪk/ a. **1** malinconico, triste. **2** (of melancholia) della malinconia. **3** (causing depression) malinconico, mesto.

melancholy /'melənkɒli Am 'melənkɑːli/ **I** n. **1** malinconia f. **2** (pensiveness) pensosità f., mestizia f. **II** a. **1** (of temperament) malinconico. **2** (causing melancholy) malinconico, mesto, triste: a ~ place un posto malinconico; a ~ occasion un'occasione triste.

Melanesia /ˌmelə'niːʒ(i)ə Am ˌmelə'niːziə/ n.pr. (Geog) Melanesia f.

Melanesian /ˌmelə'niːʒ(i)ən Am ˌmelə'niːziən/ **I** a. melanesiano. **II** n. **1** melanesiano m. (f. -a). **2** (language) melanesiano m.

mélange /meɪ'lɑːnʒ/ n. melange m., mescolanza f., miscuglio m.

Melanie /'meləni/ n.pr.f. Melania.

melanin /'melənɪn/ n. (Biol) melanina f.

melanism /'melənɪzəm/ n. melanismo m.

melanoma /ˌmelə'noʊmə/ n. (Med) melanoma m.

melanosis /ˌmelə'noʊsɪs/ (pl. -ses /-siː/) n. (Med) melanosi f.

melanotic /ˌmelə'nɒtɪk Am ˌmelə'nɑːt̬ɪk/ a.

(Med) melanotico.

melatonin /ˌmelə'toʊnɪn/ n. (Biol,Chim) melatonina f.

Melbourne /'melbən Am 'melbərn/ n.pr. (Geog) Melbourne f.

meld[1] /meld/ **I** v.t. (in cards) dichiarare. **II** v.i. (in cards) dichiarare. **III** n. (in cards) combinazione f. dichiarata.

meld[2] /meld/ **I** v.i. (Am) (to blend) mescolarsi, unirsi, fondersi (with con). **II** v.t. (Am) (to blend) mescolare, unire.

melee, mêlée /'me(ɪ)leɪ Am meɪ'leɪ/ n. **1** mischia f. **2** (fig) confusione f., baraonda f., caos m.

melic /'melɪk/ a. **1** melodioso, musicale, lirico. **2** (Lett) melico.

melilot /'melɪlɒt Am 'melɪlɑːt/ n. **1** (Bot) meliloto m. **2** (sweet clover) meliloto m. di Buchara.

melinite /'melɪnaɪt/ n. (Chim) melinite f.

meliorate /'miːlɪəreɪt/ **I** v.t. migliorare, rendere migliore. **II** v.i. migliorare, diventare migliore.

melioration /ˌmiːlɪə'reɪʃən/ n. miglioramento m.

meliorism /'miːlɪəˌrɪzəm/ n. (Filos) migliorismo m., meliorismo m.

meliorist /'miːlɪərɪst/ n. (Filos) migliorista m./f., meliorista m./f.

melisma /mɪ'lɪzmə/ n. (Mus) melisma f.

melliferous /mɪ'lɪfərəs/ a. (Zool) mellifero.

mellifluence /mɪ'lɪfluəns/ n. (rar) dolcezza f., soavità f.

mellifluent /mɪ'lɪfluənt/ a. (rar) melato, soave, dolce.

mellifluous /mɪ'lɪfluəs/ a. melato, soave, dolce: ~ words parole melate.

mellifluousness /mɪ'lɪfluəsnəs/ n. dolcezza f., soavità f.

mellow /'meloʊ/ **I** a. **1** (of fruit) maturo, succoso, succulento; (sweet) dolce. **2** (of wine) maturo, pastoso, generoso. **3** (fig) ammorbidito dall'età, addolcito dall'età, maturato dall'esperienza. **4** (fig) (gentle) gentile, dolce, mite. **5** (of soil) grasso, fertile. **6** (of sound, colour, etc.) caldo, pastoso, morbido, suadente: the ~ colours of sunset i colori caldi del tramonto. **7** (Am,sl) rilassato, tranquillo, calmo (spec. per effetto di droga). **8** (colloq) (slightly drunk) alticcio, brillo. **9** (colloq) (jovial, convivial) socievole, gioviale. **II** v.t. **1** (fare) maturare. **2** (fig) addolcire, ammorbidire, rendere più mite. **3** (to relax) rilassare, distendere. **III** v.i. **1** maturare, diventare maturo. **2** (to relax) calmarsi, tranquillizzarsi; (of behaviour) moderarsi, calmarsi. **3** (fig) addolcirsi, ammorbidirsi: to ~ with age addolcirsi con l'età. □ to ~ out rilassarsi, calmarsi, lasciarsi andare.

mellowness /'meloʊnəs/ n. **1** (of fruits) maturità f., succosità f.; (of wine) pastosità f. **2** (fig) dolcezza f. **3** (of sounds, colours, etc.) morbidezza f., pastosità f., calore m. **4** (of soil) fertilità f.

melodeon /mɪ'loʊdɪən/ n. (Mus) melodion m., armonium m., piccola fisarmonica f.

melodic /mə'lɒdɪk Am mə'lɑːdɪk/ a. (Mus) **1** melodico. **2** (melodious) melodioso.

melodious /mə'loʊdɪəs/ a. melodioso.

melodiousness /mə'loʊdɪəsnəs/ n. melodiosità f.

melodist /'melədɪst/ n. **1** cantante m./f. di musica melodica. **2** (composer of melodies) melodista m./f.

melodize /'melədaɪz/ **I** v.t. **1** rendere melodioso, rendere melodico. **2** (provide with a melody) musicare, mettere in musica. **II** v.i. comporre melodie.

melodrama /'meloʊˌdrɑːmə Am also 'meloʊ

ˌdræmə/ n. **1** melodramma m. (anche Stor). **2** (fig) melodramma m., dramma m.

melodramatic /ˌmeloʊdrə'mætɪk Am ˌmeloʊdrə'mæt̬ɪk/ a. **1** melodrammatico. **2** (fig) melodrammatico, da melodramma, tragico, teatrale: don't be so ~ non fare il tragico.

melodramatically /ˌmeloʊdrə'mætɪkəli Am ˌmeloʊdrə'mæt̬ɪkəli/ avv. in modo melodrammatico, in maniera teatrale.

melodramatist /ˌmeloʊ'dræmətɪst Am ˌmeloʊ'drɑːmət̬ɪst/ n. autore m. (f. -trice) di melodrammi.

melodramatize /ˌmeloʊ'dræmətaɪz/ v.t. rendere melodrammatico.

melody /'melədi/ n. **1** melodia f., musicalità f. **2** (Mus) (succession of single notes) melodia f.; (part of a harmonic composition) canto m. **3** (tune, air) aria f., melodia f.

melon /'melən/ n. **1** (Bot) (musk-melon) melone m.; (fruit) melone m., (region) popone m. **2** (Bot) (water-melon) melone m. d'acqua; (fruit) cocomero m., anguria f. **3** (Am,sl) (large dividend) grosso dividendo m., profitto m.: to cut a ~ ritagliarsi una grossa fetta di dividendo. **4** pl. (Am,volg) (breasts) tettone f.pl., meloni m.pl.

melt[1] /melt/ (past **melted** /'meltɪd Am 'melt̬ɪd/, p.p. **melted** /rar **molten** /'moʊltən/) **I** v.i. **1** sciogliersi, liquefarsi, fondersi: the ice -ed in the sun il ghiaccio si sciolse al sole. **2** (of metal) fondersi. **3** (to dissolve) sciogliersi, dissolversi: sugar -s in hot coffee lo zucchero si scioglie nel caffè caldo. **4** (fig) (to disappear gradually) disperdersi, dissiparsi, sfumare, dileguarsi. **5** (fig) (to blend, to blur) confondersi, fondersi (into con). **6** (fig) (to become softened) intenerirsi, addolcirsi: her heart -ed at the sight il suo cuore s'intenerì a quella vista. **II** v.t. **1** sciogliere, liquefare, (fare) fondere, squagliare, struggere. **2** (to reduce by melting) fondere. **3** (to dissolve) dissolvere, sciogliere. **4** (fig) (to cause to fade) dissolvere, disperdere, dissipare, dileguare, fare svanire. **5** (fig) (to soften) intenerire, addolcire, ammorbidire. **6** (fig) (to cause to blend) confondere, fondere. □ (fig) to ~ away (to disappear gradually) disperdersi, dissiparsi, sfumare, dileguarsi: the crowd -ed away la folla si disperse; to ~ down: **1** (to reduce by melting) fondere (into in): to ~ down the family silver fondere l'argenteria di famiglia; **2** (to dissolve) dissolvere, sciogliere; to ~ into svanire, mischiarsi; (fig) to ~ into tears struggersi in lacrime, sciogliersi in lacrime.

melt[2] /melt/ n. **1** fusione f., scioglimento m., liquefazione f. **2** (Met) (cast) colata f.; (melted metal) metallo m. fuso. **3** (Vetr) fusione f. □ (Nucl) ~ down meltdown, fusione del nocciolo.

meltdown /'meltdaʊn/ n. **1** (Nucl) meltdown m., fusione f. del nocciolo. **2** (estens) sfascio m., catastrofe f., collasso m. totale. **3** (Econ) crollo m., tracollo m.

melter /'meltər Am 'melt̬ər/ n. **1** fonditore m. (f. -trice). **2** (of metal) camera f. di fusione, vasca f. di fusione.

melting /'meltɪŋ Am 'melt̬ɪŋ/ **I** n. (Met) fusione f. **II** a. **1** che fonde, che si scioglie. **2** (fig) (tender, gentle) tenero, dolce, delicato. **3** (fig) (softening) che addolcisce, che intenerisce, commovente. □ (Fis) ~ point punto di fusione; ~ pot: **1** (Met) crogiolo m.; **2** (fig) (place of racial assimilation) crogiolo di razze; **3** (fig) (situation of constant change) situazione f. mutevole: to throw sth. into the ~ pot rimettere qcs. in discussione.

melt-in-your-mouth /ˌmeltɪnˌjɔːr'maʊθ Am

,meltɪŋ,jɔːr'mauθ/ *a.* (*Dolc*) fondente, che si scioglie in bocca.

melton /'meltən/ *n.* (*Tess*) melton *m.*

meltwater /'melt,wɔːtə ᴬᵐ 'melt,wɔːtər/ *n.* acqua *f.* di disgelo, acqua *f.* di fusione.

member /'membər/ *n.* **1** membro *m.*, componente *m.*: *the -s of a family* i membri di una famiglia. **2** (*of a club, etc.*) socio *m.* (*f.* -a), iscritto *m.* (*f.* -a), membro *m.*: *to become a ~ of a club* iscriversi a un club, farsi socio di un club. **3** (*Parl*) (*of legislative body*) membro *m.*; (*of the House of Commons*) deputato *m.*: (*GB,Parl*) *the Member for Huyton* il deputato di Huyton; *the Honourable Member for Putney* l'onorevole rappresentante di Putney. **4** (*Am,Parl*) membro *m.* (del Congresso), deputato *m.* **5** (*Zool,Anat,Gramm,Mat*) membro *m.* **6** (*Mecc,Fal*) membro *m.*, elemento *m.*, parte *f.* **7** (*Mat*) (*of a set*) elemento *m.* □ *~ country* paese membro; (*Br,Pol*) *Members' Lobby* sala in cui i deputati incontrano il pubblico; (*Parl*) *Member of Parliament* membro del parlamento, deputato (*for* di); *~ of the public*: 1 (*in the streets*) passante; 2 (*in theatre, cinema*) spettatore; *-s only* ingresso riservato ai soci; (*Pol*) *~ states* stati membri.

memberless /'membələs ᴬᵐ 'membərləs/ *a.* senza membri, privo di soci.

membership /'membəʃɪp ᴬᵐ 'membərʃɪp/ *n.* **1** l'essere membro, l'essere socio, appartenenza *f.* a un circolo, iscrizione *f.* a un'associazione: *to apply for ~ to a club* far domanda di iscrizione a un circolo. **2** (*body of members*) soci *m.pl.*, iscritti *m.pl.*: *the club has a large ~* il circolo ha un gran numero di iscritti; *the club has a ~ of 500* il circolo ha 500 soci. □ *~ card* tessera di socio, tessera associativa, tessera di iscrizione; *~fee* tassa di iscrizione, quota associativa, tassa associativa; *~group* gruppo di appartenenza.

membranaceous /,membrə'neɪʃəs/ *a.* **1** membranoso, membraniforme. **2** (*of membrane*) membranaceo.

membrane /'membreɪn/ *n.* **1** (*Anat,Zool*) membrana *f.* **2** (*piece of parchment*) pergamena *f.*, cartapecora *f.*

membraneous /mem'breɪniəs/ *a.* **1** membranoso, membraniforme. **2** (*of membrane*) membranaceo.

membranous /mem'brənəs/ *a.* **1** membranoso, membraniforme. **2** (*of membrane*) membranaceo. □ (*Anat*) *~labyrinth* labirinto membranoso.

meme /'miːm/ *n.* (*Biol*) meme *m.*

memento /mə'mentoʊ *Br also* mem'entoʊ/ (*pl.* *-s/-es* /- z/) *n.* **1** ricordo *m.*, souvenir *m.* (*of* di). **2** (*memorial of the past, relic*) cimelio *m.*, reliquia *f.*, memoria *f.* **3** (*reminder*) promemoria *m.*; (*warning*) ammonimento *m.*

Memnon /'memnɒn ᴬᵐ 'memnɑːn/ *n.pr.m.* (*Mitol*) Memnone.

memo /'memoʊ/ *n.* (*colloq*) (*memorandum*) appunto *m.*, promemoria *m.*, nota *f.* (*on, about* su). □ *~board* bacheca, lavagnetta per messaggi; *~field* (*of a cheque*) matrice (di assegno); *~pad* bloc notes, blocchetto per gli appunti.

memoir /'memwɑːr ᴬᵐ 'memwɑːr/ *n.* **1** (*biography*) memoriale *m.*, biografia *f.* **2** (*learned dissertation*) memoria *f.*, dissertazione *f.* (*of* di; *on* su). **3** *pl.* memorie *f.pl.*, ricordi *m.pl.*: *the -s of a retired general* le memorie di un generale in pensione.

memoirist /'memwɑːrɪst/ *n.* memorialista *m./f.*

memorabilia /,memərə'bɪliə/ *n.pl.* cimeli *m.pl.*, memorabilia *m.pl.*: *~ from the 1950's* cimeli dagli anni '50.

memorability /,memərə'bɪlɪti ᴬᵐ ,memərə'bɪləti/ *n.* memorabilità *f.*, l'essere memorabile.

memorable /'memərəbl/ *a.* memorabile, indimenticabile, degno di ricordo.

memorandum /,memər'ændəm/ (*pl.* *-s* /-z/ o *-da* /-də/) *n.* **1** appunto *m.*, promemoria *m.*, nota *f.*, memorandum *m.* **2** (*Dir*) memorandum *m.*, nota *f.* (*to* a; *from* da). **3** (*diplomatic communication*) nota *f.* diplomatica, memorandum *m.* (diplomatico). **4** (*interoffice communication*) comunicazione *f.* di servizio, comunicazione *f.* interna, memorandum *m.* **5** (*Mil*) bollettino *m.* □ (*Econ*) *~ account* conto d'ordine; (*Econ*) *~of agreement* contratto di vendita (con patto riservato di dominio); (*Dir*) *~of association* atto costitutivo di società; *to draw up the ~ of association* redigere l'atto costitutivo di una società.

memorial /mə'mɔːriəl *Br also* mem'ɔːriəl/ *I n.* **1** commemorazione *f.*, memoria *f.* **2** (*monument*) monumento *m.* (commemorativo), lapide *f.*, memoriale *m.* (*to* a): *a war ~* un monumento ai caduti (in guerra). **3** (*accompanying a petition*) memoriale *m.* **4** (*petition*) supplica *f.*, petizione *f.* **5** (*donation*) donazione *f.* a istituzioni filantropiche (in memoria di una persona defunta). **6** (*Dir*) memoria *f.*, memoriale *m.* **7** *pl.* (*historical records*) memoriale *m.sing.* **II** *a.* commemorativo, alla memoria, in memoria: *a ~ tablet* una lapide commemorativa. □ (*US*) *Memorial Day* giorno di commemorazione dei caduti in guerra; *~park* cimitero; (*Rel*) *~service* commemorazione religiosa, funzione commemorativa; *~ stone* cippo sepolcrale, cippo funerario.

memorialist /mə'mɔːriəlɪst *Br also* mem'ɔːriəlɪst/ *n.* (*Lett,Stor*) memorialista *m./f.*

memorialize /mə'mɔːriəlaɪz *Br also* mem'ɔːriəlaɪz/ *v.t.* commemorare. **2** (*to address a memorial to*) inoltrare un memoriale a, presentare un memoriale a.

memorizable /'memˌraɪzəbl/ *a.* memorizzabile.

memorization /,memər(a)ɪ'zeɪʃən ᴬᵐ ,memˌrɪ'zeɪʃən/ *n.* memorizzazione *f.*

memorize /'memˌraɪz/ *v.t.* imparare a memoria, memorizzare, fissare nella memoria, imprimere nella memoria.

memory /'memˌri/ *n.* **1** memoria *f.*: *to have a good ~* avere una buona memoria; *to have a bad ~* (o *a poor ~*) avere cattiva memoria, avere poca memoria; *to lose one's ~* perdere la memoria. **2** (*something remembered*) ricordo *m.*, memoria *f.*, reminiscenza *f.*: *to have a pleasant ~ of so.* serbare un buon ricordo di qcu.; *a childhood ~* un ricordo d'infanzia. **3** (*commemoration*) memoria *f.*, commemorazione *f.*: *to dedicate a book to the ~ of one's father* dedicare un libro alla memoria del padre. **4** (*Inform*) memoria *f.* □ *~bank* banca dati; (*Inform*) *~capacity* capacità di memoria; (*Inform*) *~ card* scheda di memoria; (*Inform*) *~ chip* memoria a semiconduttori; *if my ~ is correct* se ben ricordo; *if my ~ doesn't fail me* se la memoria non mi tradisce, se la memoria non m'inganna; *~ for numbers* memoria numerica; *~ for persons* memoria per le persone; *to have a ~for faces* essere fisionomista; *from ~* a memoria; (*fig*) *down ~ lane* lungo il sentiero dei ricordi; *a ~ lapse* un vuoto di memoria; (*colloq*) *to have a ~like a sieve* essere smemorato, non avere memoria, non ricordarsi dal naso alla bocca; (*Inform*) *~location* indirizzo di memoria; (*Inform*) *~loss* perdita di memoria, amnesia; (*Inform*) *~ management* gestione memoria; (*Inform*) *~management program*

programma di gestione della memoria; (*Inform*) *~ mapping* mappatura di memoria; *he had no ~ of the accident* non ricordava niente dell'incidente; *in ~of* in memoria di, per ricordo di; (*colloq*) *to have a ~of an elephant* avere la memoria di un elefante; *~ phone* telefono con memoria; *if my ~serves me* (*right*) se ben ricordo, se la memoria non m'inganna; (*Psic*) *~ span* arco mnemonico; *~typewriter* macchina da scrivere elettronica.

Memphis /'mem(p)fɪs/ *n.pr.* **1** (*Geog.stor*) Menfi *f.* **2** (*Geog*) (*in Tennessee*) Memphis *f.*

memsahib /'mem,sɑː(h)ɪb/ *n.* (*in India: form of address to a European*) signora *f.*

men /men/ → **man**. □ *~'sroom* toilette per uomini, gabinetto per uomini; *~'swear* abbigliamento maschile.

menace /'menəs/ **I** *n.* **1** minaccia *f.*, pericolo *m.*: *he's a ~ to society* è un pericolo per la società; (*Dir*) *to demand money with -s* estorcere denaro con minacce. **2** (*colloq*) (*annoying person*) peste *f.*: *that boy's a ~* quel ragazzo è una peste. **II** *v.t.* minacciare (*with* con).

menacing /'menəsɪŋ/ *a.* minaccioso.

menage, ménage /meɪ'nɑːʒ *Br also* men'ɑːʒ/ *n.* **1** ménage *m.*, andamento *m.* familiare, situazione *f.* familiare. **2** (*housekeeping*) governo *m.* della casa.

menagerie /mə'nædʒəri/ *n.* serraglio *m.* (*anche fig*).

Menander /mə'nændər/ *n.pr.m.* (*Stor.gr*) Menandro.

menaquinone /,menə'kwɪnoʊn/ *n.* (*Biol, Chim*) menaquinone *m.*

menarche /men'ɑːki ᴬᵐ mə'nɑːrki/ *n.* (*Fisiol*) menarca *f.*

mend /mend/ **I** *v.t.* **1** aggiustare, accomodare, riparare: *to ~ a broken toy* aggiustare un giocattolo rotto. **2** (*of a hole, tear, etc.*) rattoppare, rammendare. **3** (*to correct*) correggere, emendare: *to ~ a text* correggere un testo. **4** (*to rectify*) accomodare, porre rimedio a, appianare. **5** (*to improve*) migliorare. **II** *v.i.* **1** (*to improve in health*) migliorare, rimettersi, ristabilirsi. **2** (*to heal*) guarire. **3** (*to get better*) migliorare. **4** (*to improve morally*) emendarsi, correggersi, (cercare di) migliorare. **III** *n.* **1** riparazione *f.*, aggiustatura *f.*, accomodatura *f.* **2** (*of a hole, tear, etc.*) rammendo *m.*, rattoppo *m.* □ (*fig*) *to ~ fences* fare la pace, riconciliarsi, sistemare le cose; *to make do and ~* accontentarsi (di situazioni non perfette); *you had better ~ your manners* faresti meglio a essere più educato, faresti meglio a essere più garbato; *to ~matters* migliorare la situazione, migliorare le cose; *to be on the ~*: 1 stare migliorando, migliorare, rimettersi: *his health is on the ~* la sua salute sta migliorando; *the patient is on the ~* il paziente si sta rimettendo; 2 (*to improve*) migliorare, andar meglio; *to ~ a road* riattare una strada; *to ~ one's ways* correggersi, ravvedersi; migliorare il proprio comportamento, comportarsi bene.

mendable /'mendəbl/ *a.* **1** riparabile, aggiustabile. **2** (*of a hole, etc.*) rammendabile. **3** (*improvable*) migliorabile.

mendacious /men'deɪʃəs/ *a.* **1** (*given to lying*) bugiardo, menzognero, mendace. **2** (*untrue*) menzognero, falso.

mendacity /men'dæsəti ᴬᵐ men'dæsəti/ *n.* **1** falsità *f.*, mendacità *f.*, mendacia *f.* **2** (*instance*) falsità *f.*, menzogna *f.*

Mendel /'mendl/ *n.* Mendel. □ (*Biol*) *~'s laws* leggi di Mendel.

mendelevium /,mendl'iːviəm/ *n.* (*Chim*) mendelevio *m.*

Mendelian /menˈdiːliən/ **I** *a.* (*Biol*) mendeliano, di Mendel. **II** *n.* seguace *m./f.* del mendelismo.

Mendelianism /menˈdiːliənɪzᵊm/ *n.* (*Biol*) mendelismo *m.*

Mendelism /ˈmendəlɪzᵊm/ *n.* (*Biol*) mendelismo *m.*

mender /ˈmendər/ *n.* **1** riparatore *m.* (*f.* -trice), accomodatore *m.* (*f.* -trice). **2** (*of a hole, tear, etc.*) rammendatore *m.* (*f.* -trice).

mendicancy /ˈmendɪkənsi/ *n.* **1** mendicità *f.*, accattonaggio *m.* **2** (*Rel*) questua *f.*

mendicant /ˈmendɪkənt/ **I** *a.* mendicante, questuante, mendico: ~ *friars* frati mendicanti. **II** *n.* **1** mendicante *m./f.*, accattone *m.* (*f.* -a). **2** (*Rel*) frate *m.* questuante, frate *m.* mendicante, mendicante *m.*, questuante *m.*

mendicity /menˈdɪsəti Am* menˈdɪsəti/ *n.* **1** mendicità *f.*, accattonaggio *m.* **2** (*Rel*) questua *f.*

mending /ˈmendɪŋ/ *n.* **1** riparazione *f.*, accomodatura *f.* **2** (*of clothes*) rammendo *m.* **3** (*articles to be mended*) cose *f.pl.* da rammendare.

Menelaus /ˌmenɪˈleɪəs/ *n.pr.m.* (*Mitol*) Menelao.

menfolk /ˈmenfoʊk/ *n.pl.* **1** uomini *m.pl.* (*spec.* di una famiglia, comunità ecc.). **2** (*male sex*) sesso *m.sing.* maschile.

menfolks /ˈmenfoʊks/ *n.pl.* **1** uomini *m.pl.* (*spec.* di una famiglia, comunità ecc.). **2** (*male sex*) sesso *m.sing.* maschile.

menhir /ˈmenhɪər Am* ˈmenhɪr/ *n.* (*Archeol*) menhir *m.*

menial /ˈmiːniəl/ **I** *a.* **1** umile, vile, misero: ~ *tasks* umili incombenze. **2** (*of or appropriate to a servant*) servile, da servo. **3** (*fig*) basso, meschino. **II** *n.* domestico *m.* (*f.* -a).

meningeal /menˈɪndʒiəl Am* məˈnɪndʒiəl/ *a.* (*Anat*) meningeo.

meninges /məˈnɪndʒiːz Br* *also* menˈɪndʒiːz/ → **meninx**.

meningitis /ˌmenɪnˈdʒaɪtɪs Am* ˌmenɪnˈdʒaɪtɪs/ (*pl.* **-tides** /-tɪdiːz Am* -tɪdiːz/) *n.* (*Med*) meningite *f.*

meningococcus /məˌnɪndʒoʊˈkɒkəs Am* məˌnɪŋɡoʊˈkɑːkəs/ (*pl.* **-cocci** /-ˈkɒksaɪ Am* -ˈkɑːksaɪ/) *n.* (*Med*) meningococco *m.*

meninx /ˈmenɪŋks Am* ˈmiːnɪŋks/ (*pl.* **meninges** /məˈnɪndʒiːz Br* *also* menˈɪndʒiːz/) *n.* (*Anat*) meninge *f.*

meniscus /məˈnɪskəs Br* *also* menˈɪskəs/ (*pl.* **-cuses** /-kəsɪz/ o **-sci** /-saɪ/) *n.* **1** (*Anat,Geom,Fis*) menisco *m.* **2** falce *f.* di luna, mezzaluna *f.*

menopausal /ˌmenoʊˈpɔːzᵊl/ *a.* **1** (*of a symptom*) della menopausa. **2** (*of a problem*) causato dalla menopausa. **3** (*of a woman*) in menopausa.

menopause /ˈmenoʊpɔːz/ *n.* (*Fisiol*) menopausa *f.*

menorrhagia /ˌmenoʊˈreɪdʒə/ *n.* (*Med*) menorragia *f.*

mensal /ˈmensᵊl/ *a.* (*rar*) mensile.

mensch /menʃ/ *n.* (*Am,colloq*) uomo *m.* rispettabile e consapevole.

menses /ˈmensiːz/ *n.pl.* (*costr.sing.* o *pl.*) (*Fisiol*) mestruazioni *f.pl.*

Menshevik /ˈmenʃəvɪk/ (*pl.* **-s** /-s/ o **-viki** /-ˈviːki/) *n.* (*Stor*) menscevico *m.*

menstrual /ˈmenstruəl/ *a.* (*Fisiol*) mestruale. □ (*Fisiol*) ~ *cycle* ciclo mestruale; (*Med*) ~ *pains* dolori mestruali.

menstruate /ˈmenstrueɪt/ *v.i.* (*Fisiol*) mestruare.

menstruation /ˌmenstruˈeɪʃᵊn/ *n.* (*Fisiol*) **1** mestruazione *f.* **2** (*period*) periodo *m.* mestruale.

mensurability /ˌmenʃᵊrəˈbɪlɪti Am* ˌmenʃᵊrəˈbɪləti/ *n.* misurabilità *f.*

mensurable /ˈmenʃᵊrəbl̩ Am* ˈmenʃᵊrəbl̩/ *a.* **1** misurabile. **2** (*Mus*) del mensuralismo, relativo al mensuralismo.

mensural /ˈmenʃᵊrᵊl Am* ˈmenʃᵊrᵊl/ *a.* **1** di misurazione, di misura. **2** (*Mus*) che ha un ritmo fisso.

mensuration /ˌmenʃᵊrˈeɪʃᵊn Am* ˌmenʃəˈreɪʃᵊn/ *n.* **1** (*Geom*) geometria *f.* elementare. **2** (*act of measuring*) misurazione *f.*

menswear /ˈmenzweər Am* ˈmenzwer/ *n.* abbigliamento *m.* da uomo, abiti *m.pl.* da uomo: ~ *department* reparto abbigliamento uomo.

mental[1] /ˈmentᵊl Am* ˈmentᵊl/ *a.* **1** mentale, della mente: ~ *state* stato mentale; ~ *reservations* riserve mentali. **2** (*of the intellect*) intellettuale, mentale, dell'intelletto. **3** (*of insanity or insane people*) di mente, mentale: *a* ~ *patient* un malato di mente. **4** (*colloq*) (*crazy*) un po' matto, tocco. □ (*Psic*) ~ *age* età mentale; ~ *arithmetic* calcolo mentale, calcolo a mente; ~ *block* blocco psichico, blocco mentale: *to have a* ~ *block for mathematics* essere negato per la matematica; ~ *capacity* facoltà mentali; (*Dir*) ~ *cruelty* crudeltà mentale; (*ant*) ~ *defective* menomato psichicamente; (*Med*) ~ *deficiency* deficienza mentale, oligofrenia; (*Med*) ~ *disease* (o ~ *disorder*) psicopatia; (*spreg*) ~ *handicap* handicap psichico, handicap mentale; ~ *healer* psicoterapeuta; ~ *healing* psicoterapia; ~ *health*: **1** psichiatria, igiene mentale; **2** (*of a person*) sanità mentale; ~ *home* clinica per malattie mentali, clinica psichiatrica, clinica neurologica; ~ *hospital* manicomio, ospedale psichiatrico, clinica neurologica; ~ *hygiene* igiene mentale; ~ *illness* malattia mentale; (*Ling*) ~ *lexicon* lessico mentale; ~ *powers* facoltà mentali; ~ *reservation* riserva mentale; ~ *specialist* alienista, psichiatra; ~ *telepathy* lettura del pensiero; ~ *test* test mentale; ~ *torture* sevizie mentali.

mental[2] /ˈmentᵊl Am* ˈmentᵊl/ *a.* (*Anat*) mentoniero, del mento, mentale.

mentalism /ˈmentᵊlɪzᵊm Am* ˈmentᵊlɪzᵊm/ *n.* (*Filos*) mentalismo *m.*

mentality /menˈtæləti Am* menˈtæləti/ *n.* **1** intelligenza *f.*, capacità *f.pl.* mentali, facoltà *f.pl.* mentali: *a person of average* ~ una persona di intelligenza media. **2** (*fig*) (*way of thinking*) mentalità *f.*

mentally /ˈmentᵊli Am* ˈmentᵊli/ *avv.* mentalmente, a mente: *to be* ~ *lazy* essere mentalmente pigro. □ ~ *challenged* con problemi psichici; (*ant,spreg*) ~ *defective* minorato (psichico), deficiente; (*ant,spreg*) ~ *deficient* minorato (psichico), deficiente; (*ant,spreg*) ~ *handicapped* handicappato mentale; (*ant, spreg*) ~ *ill* malato di mente; (*ant,spreg*) ~ *retarded* ritardato mentale.

mentation /menˈteɪʃᵊn/ *n.* (*rar*) attività *f.* mentale.

menthol /ˈmenθɒl Am* ˈmenθɔːl/ *n.* (*Chim*) mentolo *m.*

menticide /ˈmentɪsaɪd/ *n.* (*brainwashing*) lavaggio *m.* del cervello.

mention /ˈmenʃᵊn/ **I** *v.t.* **1** accennare a, menzionare, parlare di, nominare: *he didn't* ~ *the price* non ha accennato al prezzo; *to* ~ *sth. to so.* accennare qcs. a qcu., fare parola di qcs. a qcu. **2** (*to cite formally*) citare, menzionare: *to be -ed in dispatches* essere citato nei bollettini. **II** *n.* **1** menzione *f.*, accenno *m.* **2** (*formal citation*) menzione *f.*, segnalazione *f.*, citazione *f.* (*of* di): *honourable* ~ menzione onorevole, menzione d'onore. □ *don't* ~ *it* prego, figurati, non c'è di che; *to* ~ *sth. in passing* accennare casualmente qcs.; *to* ~ *so. in one's will* nominare qcu. nel testamento;

to ~ *of sth.* parlare di qcs., accennare a qcs.; *to* **make no** ~ *of sth.* non fare cenno di qcs.; *to* ~ *no names* non fare nomi; *did you hear my name -ed?* hai sentito fare il mio nome?; *not to* ~ per non parlare di; *without -ing* per non parlare di.

mentionable /ˈmenʃᵊnəbl̩/ *a.* citabile, che si può nominare, che si può menzionare.

mentioned /ˈmenʃᵊnd/ *a.* (*in compounds*) menzionato, citato, nominato: *above-~* soprammenzionato, sopraccitato.

mentor /ˈmentɔːr, ˈmentər/ *n.* **1** mentore *m.*, guida *f.* **2** (*teacher*) mentore *m.*

menu /ˈmenjuː/ *n.* **1** menu *m.*, lista *f.* (delle vivande). **2** (*meal*) menu *m.* **3** (*Inform*) menu *m.* □ (*Inform*) ~ *bar* barra dei menu; (*Inform*) ~ *item* voce di menu.

menu-driven /ˈmenjuːˌdrɪvᵊn/ *a.* (*Inform*) guidato da menu.

meow /miˈaʊ/ *n.* (*Am*) miagolio *m.*, miao *m.*

MEP /ˌemiˈpiː/ *Member of the European Parliament* (eurodeputato, deputato europeo).

Mephistophelean /ˌmefɪstəˈfiːliən/ *a.* mefistofelico (*anche fig*).

Mephistopheles /ˌmefɪˈstɒfɪliːz Am* ˌmefəˈstɑːfɪliːz/ *n.pr.m.* (*Lett*) Mefistofele.

Mephistophelian /ˌmefɪstəˈfiːliən/ *a.* mefistofelico (*anche fig*).

mephitic /mɪˈfɪtɪk Am* məˈfɪtɪk/ *a.* mefitico, pestilenziale.

mephitis /mɪˈfaɪtɪs Am* məˈfaɪtɪs/ *n.* **1** mefite *f.* **2** (*foul air*) aria *f.* malsana, aria *f.* mefitica. **3** (*foul smell*) fetore *m.*

mercantile /ˈmɜːkᵊntaɪl Am* ˈmɜːrkᵊntaɪl/ *a.* **1** mercantile, commerciale. **2** (*Econ*) mercantile. □ ~ *agency* agenzia di informazioni commerciali; (*Dir*) ~ *law* diritto commerciale, diritto mercantile; ~ *marine* marina mercantile; *a* ~ *nation* un paese dedito al commercio; (*Econ*) ~ *system* mercantilismo.

mercantilism /ˈmɜːkᵊntɪlɪzᵊm Am* ˈmɜːrkᵊntɪlɪzᵊm/ *n.* mercantilismo *m.*, sistema *m.* mercantilista.

mercantilist /ˈmɜːkᵊntɪlɪst Am* ˈmɜːrkᵊntɪlɪst/ *n.* mercantilista *m./f.*

mercantilistic /ˌmɜːkᵊntɪˈlɪstɪk Am* ˌmɜːrkᵊntɪˈlɪstɪk/ *a.* mercantilistico.

Mercator /mɜːˈkeɪtər Am* mərˈkeɪtər/ □ (*Topogr*) ~*'s projection* carta di Mercatore, proiezione di Mercatore.

mercenariness /ˈmɜːsᵊnᵊrɪnəs Am* ˈmɜːrsᵊnᵊrɪnəs/ *n.* mercenarismo *m.*

mercenary /ˈmɜːsᵊnᵊri Am* ˈmɜːrsᵊneri/ **I** *a.* mercenario, venale, prezzolato. **II** *n.* mercenario *m.*

mercer /ˈmɜːsər/ *n.* (*Br,stor*) commerciante *m./f.* di tessuti.

mercerization /ˌmɜːsᵊraɪˈzeɪʃᵊn Am* ˌmɜːrsᵊrɪˈzeɪʃᵊn/ *n.* (*Tess*) mercerizzazione *f.*

mercerize /ˈmɜːsᵊraɪz Am* ˈmɜːrsᵊraɪz/ *v.t.* (*Tess*) mercerizzare.

mercery /ˈmɜːsᵊri/ *n.* (*Br*) **1** negozio *m.* di tessuti. **2** (*wares*) tessuti *m.pl.*

merchandise /ˈmɜːtʃᵊndaɪz Am* ˈmɜːrtʃᵊndaɪz/ **I** *n.* merce *f.*, mercanzia *f.*, derrata *f.* **II** *v.i.* commerciare, fare il commerciante, fare il mercante. **III** *v.t.* commerciare in.

merchandiser /ˈmɜːtʃᵊndaɪzər Am* ˈmɜːrtʃᵊndaɪzər/ *n.* (*Comm*) merchandiser *m./f.*, chi si occupa di attività promozionali.

merchandising /ˈmɜːtʃᵊndaɪzɪŋ Am* ˈmɜːrtʃᵊndaɪzɪŋ/ *n.* (*Comm*) merchandising *m.*, attività *f.pl.* promozionali.

merchant /ˈmɜːtʃᵊnt Am* ˈmɜːrtʃᵊnt/ **I** *n.* **1** mercante *m.* (*f.* -essa), commerciante *m./f.*, trafficante *m./f.* **2** (*shopkeeper*) negoziante *m./f.*, bottegaio *m.* (*f.* -a). **3** (*retailer*) dettagliante *m./f.* **4** (*wholesaler*) grossista *m./f.* **II**

a. **1** mercantile, commerciale. **2** (*of a merchant navy*) della marina mercantile, mercantile. ☐ (*Stor*) ~ *adventurer* chi commercia con l'estero e crea imprese all'estero; (*Econ*) ~ *bank* merchant bank, banca d'affari, banca di investimenti; (*Econ*) ~ *banking* merchant banking; ~ *fleet* flotta mercantile; (*Am*) ~ *marine* (o ~ *navy*) marina mercantile; (*Lett*) *the Merchant of Venice* il Mercante di Venezia; (*Stor*) ~ *prince* commerciante ricco, mercante ricco; ~ *seaman* marinaio di una nave mercantile; ~ *service* marina mercantile; (*Mar*) ~ *ship* mercantile, nave mercantile; (*Stor*) ~ *venturer* mercante armatore.

merchantable /'mɜːtʃəntəbl *Am* 'mɜːrtʃəntəbl/ *a.* commerciabile.

merchantman /'mɜːtʃəntmən *Am* 'mɜːrtʃənt mən/ *n.irr.* (*Mar*) mercantile *m.*, nave *f.* mercantile.

Mercia /'mɜːʃ(i)ə *Br also* 'mɜːrsiə/ *n.pr.* (*Geog.stor*) Mercia *f.*

merciful /'mɜːsɪful *Am* 'mɜːrsɪful/ I *a.* **1** misericordioso, pietoso, clemente (*to, towards* verso, nei confronti di). **2** (*fortunate*) fausto, fortunato, propizio. II *n.* (*costr.pl.*) misericordiosi *m.pl.*: (*Bibl*) *blessed are the* ~ beati i misericordiosi. ☐ ~ *heavens!* misericordia!; ~ *powers!* santo cielo!, (*ant*) bontà divina!

mercifulness /'mɜːsɪfulnəs *Am* 'mɜːrsɪ fulnəs/ *n.* misericordia *f.*, clemenza *f.*

merciless /'mɜːsɪləs *Am* 'mɜːrsɪləs/ *a.* crudele, spietato (*to, towards* verso, nei confronti di), implacabile.

mercilessness /'mɜːsɪləsnəs *Am* 'mɜːrsɪləs nəs/ *n.* spietatezza *f.*, crudeltà *f.*

mercurial /mɜːˈkjuəriəl *Am* mɜːrˈkjuriəl/ *a.* **1** (*lively*) vivace, brillante, pronto. **2** (*changeable*) volubile, mutevole, incostante. **3** (*Chim*) mercurifero; (*compound*) mercuriale; (*poisoning*) da mercurio. **4** (*Farm*) mercuriale. ☐ (*Tecn*) ~ *barometer* barometro a mercurio.

Mercurial /mɜːˈkjuəriəl *Am* mɜːrˈkjuriəl/ *a.* **1** (*Mitol*) di Mercurio. **2** (*Astr*) mercuriale.

mercurialism /mɜːˈkjuəriəlɪzᵊm *Am* mɜːr ˈkjuriəlɪzᵊm/ *n.* (*Med*) mercurialismo *m.*, idrargiria *f.*, idrargirismo *m.*

mercurialize /mɜːˈkjuəriəlaɪz *Am* mɜːr ˈkjuriəlaɪz/ *v.t.* **1** rendere vivace. **2** (*Chim*) trattare con mercurio.

mercuric /mɜːˈkjuərɪk *Am* mɜːrˈkjurɪk/ *a.* (*Chim*) mercurico. ☐ (*Chim*) ~ *chloride* bicloruro di mercurio, sublimato corrosivo.

mercurify /mɜːˈkjuərɪfaɪ *Am* mɜːrˈkjurɪfaɪ/ *v.t.* (*Chim*) amalgamare.

mercurous /'mɜːkjurəs *Am* 'mɜːrkjurəs/ *a.* mercuroso: ~ *chloride* cloruro mercuroso.

mercury /'mɜːkjuri *Am* 'mɜːrkjəri/ *n.* **1** (*Chim*) mercurio *m.* **2** (*Farm*) preparato *m.* mercuriale. **3** (*Bot*) mercuriale *f.*, mercorella *f.* **4** (*fig*) (*thermometer*) termometro *m.*; (*barometer*) barometro *m.* **5** (*fig*) (*mercurial quality*) vivacità *f.*, argento *m.* vivo. ☐ (*Med*) ~ *poisoning* mercurialismo *m.*; ~ *vapour lamp* lampada a vapori di mercurio.

Mercury /'mɜːkjuri *Am* 'mɜːrkjəri/ I *n.pr.m.* (*Mitol*) Mercurio. II *n.pr.* (*Astr*) Mercurio *m.* III *n.* messaggero *m.*, nunzio *m.*

mercury-vapour /,mɜːkjuri'veɪpəʳ *Am* ,mɜːrkjəri'veɪpəʳ/ ☐ ~ *lamp* lampada a vapori di mercurio.

Mercutio /mɜːˈkjuːʃiou *Am* mɜːrˈkjuːʃiou/ *n.pr.m.* (*Lett*) Mercuzio.

mercy /'mɜːsi *Am* 'mɜːrsi/ I *n.* **1** misericordia *f.*, pietà *f.*, compassione *f.*, clemenza *f.* (*to, towards* di, verso, per): *to beg for* ~ implorare pietà; *a recommendation to* ~ un invito

alla clemenza. **2** (*colloq*) (*fortunate event*) grazia *f.*, benedizione *f.*, dono *m.* del cielo, fortuna *f.* **3** (*power*) mercé *f.*, balia *f.*: *to be at the* ~ *of* essere alla mercé di, essere in balia di. **4** (*Dir*) grazia *f.* II *intz.* caspita! ☐ ~ *dash* intervento umanitario immediato; ~ *flight* aerosoccorso, soccorso aereo; *to have* ~ *on so.* avere pietà di qcu., usare misericordia a qcu.: *Lord have* ~ *on us!* Signore, abbi pietà di noi!; (*colloq*) *it's a* ~ è una fortuna; ~ *killing* eutanasia; ~ *on us!* pietà di noi!; *for* ~ *'s sake* per pietà; ~ *seat*: **1** (*Rel*) trono di Dio; **2** (*Bibl*) coperchio (d'oro) propiziatorio dell'arca dell'Alleanza; (*colloq*) *that's a* ~ è una fortuna; *without* ~ senza pietà, senza misericordia, spietato.

mere[1] /mɪəʳ *Am* mɪr/ *a.* **1** solo, puro, semplice, (*lett*) mero: *she is a* ~ *child* è solo una bambina; *out of* ~ *spite* per puro dispetto. **2** (*in the superlative: least important*) minimo, il più piccolo: *he grants her* -st *wish* esaudisce ogni suo più piccolo desiderio. **3** (*no more than*) solo: *he sold it for a* ~ *ten shillings* l'ha venduto per soli dieci scellini. **4** (*Dir*) (*of a right*) di nuda proprietà. ☐ *the* ~ *thought of it* il solo pensiero.

mere[2] /mɪəʳ *Am* mɪr/ *n.* (*poet,rar*) stagno *m.*, laghetto *m.*

merely /'mɪəli *Am* 'mɪrli/ *avv.* soltanto, solo, semplicemente, meramente, solamente. ☐ *not* ~ non solo.

meretricious /,merəˈtrɪʃəs/ *a.* **1** che alletta con false attrazioni. **2** (*tawdry*) vistoso, appariscente. **3** (*worthless*) da poco (prezzo), da due soldi. **4** (*of a prostitute*) di prostituta, da prostituta.

meretriciousness /,merəˈtrɪʃəsnəs/ *n.* vistosità *f.*, appariscenza *f.*

merganser /mɜːˈgænsəʳ *Am* mɜːrˈgænsəʳ/ *n.* (*Ornit*) smergo *m.*, mergo *m.*

merge /mɜːdʒ *Am* mɜːrdʒ/ I *v.i.* **1** fondersi, unirsi, amalgamarsi (*together* con). **2** (*Comm*) fondersi (*with* con): *the two companies* -d le due società si sono fuse. **3** (*Strad*) confluire, unirsi. II *v.t.* **1** fondere, mescolare, unire, amalgamare (*into, with* in, con). **2** (*Comm*) fondere. **3** (*Dir*) incorporare. ☐ (*Inform*) ~ *program* programma di fusione.

mergee /mɜːˈdʒiː *Am* mɜːrˈdʒiː/ *n.* (*Econ*) azienda *f.* che partecipa a una incorporazione.

mergence /'mɜːdʒəns *Am* 'mɜːrdʒəns/ *n.* fusione *f.*, unione *f.*

merger /'mɜːdʒəʳ *Am* 'mɜːrdʒəʳ/ *n.* **1** (*Econ*) fusione *f.*, unione *f.* **2** (*Econ*) aggruppamento *m.* di imprese, incorporazione *f.* **3** (*Dir*) incorporazione *f.* **4** (*mergence*) fusione *f.*, unione *f.* ☐ (*Econ*) ~ *mania* corsa frenetica all'incorporazione di società; ~ *of newspapers* concentrazione delle testate; (*Econ*) ~ *talks* trattative sulla fusione.

meridian /məˈrɪdiən/ I *n.* **1** (*Geog*) (*great circle*) circolo *m.* meridiano; (*half a great circle*) meridiano *m.* **2** (*Astr*) meridiano *m.* celeste. **3** (*fig*) apice *m.*, culmine *m.*, apogeo *m.* II *a.* **1** di un meridiano. **2** (*of midday*) meridiano, di mezzogiorno. **3** (*fig*) all'apice, all'apogeo, al culmine. ☐ (*Astr*) ~ *circle* cerchio meridiano, meridiano.

meridional /məˈrɪdiənᵊl/ I *a.* **1** di un meridiano. **2** (*in, of the south*) meridionale, del sud; (*in or of southern Europe*) dell'Europa meridionale. II *n.* meridionale *m./f.*

meringue /məˈræŋ/ *n.* (*Dolc*) meringa *f.*

merino /məˈriːnou/ I *n.* (*pl.* -s /-z/) **1** (*wool*) lana *f.* merino. **2** (*Tess*) merino *m.*, tessuto *m.* di lana merino. **3** (*Zootecn*) (*breed*) merino *m.*; (*sheep*) pecora *f.* di razza merino. II *a.* merino.

meristem /'merɪstem/ *n.* (*Bot*) meristema *f.*

merit /'merɪt/ I *n.* **1** valore *m.*, merito *m.*, pregio *m.*: *the book is not without* ~ il libro non è senza valore; *to acquire* ~ (o *to gain* ~) acquistare merito; *to treat so. according to his* -s trattare qcu. secondo il merito. **2** (*excellent quality, virtue*) merito *m.*, virtù *f.*, pregio *m.*, qualità *f.*, dote *f.* **3** *pl.* (*Dir*) merito *m.sing.*, sostanza *f.sing.* II *v.t.* meritare, meritarsi, essere degno di: *to* ~ *punishment* meritarsi un castigo. ☐ ~ *award* premio di merito; ~ *increase* aumento per merito; ~ *list* albo d'onore; (*colloq*) *to make a* ~ *of sth.* farsi un merito di qcs., vantarsi di qcs.; (*Scol*) ~ *mark* voto di merito; *on its* (*own*) -s valutando(ne) il pro e il contro, per quello che vale; *to decide a question on its* -s decidere una questione valutandone il pro e il contro; (*Scol*) ~ *point* voto di merito; ~ *rating* valutazione di merito; ~ *system* meritocrazia, sistema meritocratico.

meritocracy /,merɪˈtɒkrəsi *Am* ,merə ˈtɑːkrəsi/ *n.* meritocrazia *f.*

meritocrat /'merɪtəkræt/ *n.* chi è importante per meriti personali.

meritocratic /,merɪtəˈkrætɪk *Am* ,merɪtə ˈkrætɪk/ *a.* meritocratico.

meritorious /,merɪˈtɔːriəs/ *a.* **1** meritevole, degno di lode, meritorio. **2** (*Am,Dir*) (*of an action*) con buone probabilità di essere vinto.

meritoriousness /,merɪˈtɔːriəsnəs/ *n.* l'essere meritevole, il meritare.

merlin /'mɜːlɪn *Am* 'mɜːrlɪn/ *n.* (*Ornit*) smeriglio *m.*

Merlin /'mɜːlɪn *Am* 'mɜːrlɪn/ *n.pr.m.* (*Lett*) Merlino.

merlon /'mɜːlən *Am* 'mɜːrlən/ *n.* (*Mil,ant*) merlone *m.*

mermaid /'mɜːmeɪd *Am* 'mɜːrmeɪd/ *n.* **1** sirena *f.*: (*Lett*) *the little* ~ la sirenetta. **2** (*colloq*) (*highly skilled girl swimmer*) abile nuotatrice *f.*, ondina *f.*

mermaiden /'mɜːmeɪdᵊn *Am* 'mɜːrmeɪdᵊn/ *n.* **1** sirena *f.* **2** (*colloq*) (*highly skilled girl swimmer*) abile nuotatrice *f.*, ondina *f.*

merman /'mɜːmæn *Am* 'mɜːrmæn/ *n.irr.* **1** tritone *m.* **2** (*colloq*) (*highly skilled male swimmer*) abile nuotatore *m.*

meroitic /,merəˈɪtɪk/ *a.* (*Archeol*) meroitico.

meromictic /,merəˈmɪktɪk/ *a.* (*of a lake*) meromittico.

meronym /'merənɪm/ *n.* (*Ling*) meronimo *m.*

meronymy /meˈrɒnɪmi/ *n.* (*Ling*) meronimia *f.*

Merovingian /,merouˈvɪndʒ(i)ən/ I *a.* (*Stor*) merovingico, merovingio. II *n.* (*Stor*) re *m.* merovingio, re *m.* della dinastia merovingica.

merrily /'merᵊli/ *avv.* **1** (*joyfully*) allegramente, gioiosamente. **2** (*unconcernedly*) incoscientemente, con noncuranza.

merriment /'merɪmənt/ *n.* **1** allegria *f.*, gaiezza *f.*, ilarità *f.* **2** (*merry occasion*) festa *f.*, baldoria *f.*, divertimento *m.*

merriness /'merɪnəs/ *n.* allegria *f.*, gaiezza *f.*

merry /'meri/ *a.* **1** allegro, gaio, lieto, festoso, gioioso. **2** (*Br,colloq*) (*slightly drunk*) allegro, brillo, alticcio. **3** (*pleasant*) piacevole, ameno. ☐ ~ *andrew* buffone, pagliaccio; *as ~ as a cricket* contento come una pasqua; *as ~ as a lark* contento come una pasqua; *Merry Christmas!* Buon Natale!; *Merry England* la ridente Inghilterra; (*fig*) *to get* ~ alzare il gomito; (*colloq*) *to give so.* ~ *hell* mettere qcu. nei casini; *to make* ~ fare baldoria, fare festa; *the* ~ *month of May* il festoso mese di maggio.

merry-go-round /'merigou,raund/ *n.* **1** (*at*

fairs) giostra *f.*, carosello *m.* **2** (*fig*) turbinio *m.*, vortice *m.*, turbine *m.*

merrymaker /'meri,meɪkər/ *n.* festaiolo *m.* (*f.* -a), allegrone *m.* (*f.* -a).

merrymaking /'meri,meɪkɪŋ/ *n.* **1** festa *f.*, baldoria *f.*, divertimento *m.* **2** (*merriment*) allegria *f.*, festosità *f.*

mesa /'meɪsə/ *n.* (*Geog*) mesa *f.*

mésalliance /meɪˈzæliəns *Br also* mezˈæliəns/ *n.* mésalliance *f.*

mescal /mesˈkæl *Br also* 'meskæl/ *n.* mescal *m.*

meseems /mɪˈsiːmz/ (*past* **meseemed** /-md/; *manca dell'inf. e del p.p.*) *v.i.impers.* (*rar,poet*) mi sembra, mi pare.

mesenchyme /'mezənkaɪm/ *n.* (*Biol*) mesenchima *m.*

mesenteric /,mezənˈterɪk/ *a.* (*Anat*) mesenteriale, mesenterico.

mesenteron /mɪˈsentərɒn *Am* mɪˈsentəraːn/ *n.* (*Zool*) mesenteron *m.*

mesentery /'mesəntəri *Am* 'mesənteri/ *n.* (*Anat,Biol*) mesentere *m.*, mesenterio *m.*

mesh /meʃ/ **I** *n.* **1** (*of a net, network, etc.*) maglia *f.* **2** (*fig*) (*network, web*) rete *f.*, struttura *f.* a rete, reticolato *m.* **3** (*Tecn*) (*size of screen*) maglia *f.*: *a sixty-~ screen* un vaglio a sessanta maglie (per pollice lineare). **4** (*Mecc*) ingranamento *m.*, presa *f.*: *in ~* ingranato, inserito. **5** (*Tess*) tessuto *m.* a rete. **6** *pl.* (*fabric of a net*) rete *f.sing.* **7** *pl.* (*fig*) (*trap, toils*) rete *f.sing.*, trappola *f.sing.*, laccio *m.sing.*: *to be caught in one's own -es* essere preso nelle proprie reti. **II** *v.t.* **1** prendere con la rete. **2** (*co-ordinate*) accordare, conciliare. **3** (*fig*) irretire, intrappolare. **4** (*Mecc*) ingranare. **III** *v.i.* **1** (*fig*) (*to be entangled*) rimanere intrappolato, rimanere irretito, impigliarsi. **2** (*fig*) (*fit together*) armonizzarsi, essere compatibile (*with* con). **3** (*Mecc*) ingranarsi, ingranare, incastrarsi (*with* con). □ *~ bag* retina (per la spesa); (*El*) *~ connection* connessione a triangolo; (*Mecc*) *in ~* ingranato; (*Mecc*) *out of ~* disingranato; *~ size* dimensione delle maglie.

meshed /meʃt/ *a.* **1** (*in compounds*) a maglie...: *a fine-~ screen* un vaglio a maglie fini. **2** (*Mecc*) accoppiato, ingranato.

meshwork /'meʃwɜːk *Am* 'meʃwɜːrk/ *n.* reticolo *m.*, rete *f.*, struttura *f.* retiforme.

meshy /'meʃi/ *a.* a maglie, a rete.

mesial /'miːziəl *Am also* 'meziəl/ *a.* **1** (*Anat*) mediano, medio. **2** (*Dent*) mesiale.

mesic /'miːsɪk/ *a.* (*Fis*) mesonico.

mesmeric /mezˈmerɪk/ *a.* **1** (*Med*) mesmerico. **2** (*fig*) magnetico, affascinante.

mesmerism /'mezmərɪzəm/ *n.* (*Stor*) **1** (*Med*) mesmerismo *m.* **2** (*estens*) (*hypnotism*) ipnotismo *m.* **3** (*fig*) fascino *m.*, incanto *m.*

mesmerist /'mezmərɪst/ *n.* **1** chi pratica il mesmerismo. **2** (*hypnotist*) ipnotizzatore *m.* (*f.* -trice), mesmeriano *m.* (*f.* -a).

mesmerization /,mezmər(a)ɪˈzeɪʃən *Am* ,mezmərɪˈzeɪʃən/ *n.* mesmerizzazione *f.*

mesmerize /'mezməraɪz/ *v.t.* **1** mesmerizzare, iptnotizzare. **2** (*fig*) affascinare, incantare.

mesne /miːn/ *a.* (*Dir*) intermedio. □ (*Br, Stor*) *~ lord* signore di un feudo secondario; (*Dir*) *~ profits* utili conseguiti durante un passaggio di proprietà.

mesoblast /'mesoublæst/ *n.* (*Biol*) mesoblasto *m.*

mesocarp /'mesoukaːp *Am* 'mesoukaːrp/ *n.* (*Bot*) mesocarpo *m.*

mesocephalic /,mesousəˈfælɪk/ *a.* (*Anat*) mesocefalo.

mesoderm /'mesoudɜːm *Am* 'mezoudɜːrm/ *n.* (*Anat*) mesoderma *m.*

mesodermal /,mesouˈdɜːməl *Am* ,mezou

'dɜːrməl/ *a.* (*Anat*) mesodermico.

mesodermic /,mesouˈdɜːmɪk *Am* ,mezou 'dɜːrmɪk/ *a.* (*Anat*) mesodermico.

mesoeconomic /,mesou,iːkəˈnɒmɪk *Am* ,mezou,iːkəˈnɑːmɪk/ *a.* (*Econ*) relativa a una entità di dimensioni intermedie: *~ firms* società di media grandezza.

mesogastrium /,mesouˈgæstriəm/ *n.* (*Anat*) mesogastrio *m.*

Mesolithic /,mesəˈlɪθɪk/ *a.* (*Geol*) mesolitico.

mesomorph /'mesoumɔːf *Am* 'mezoumɔːrf/ *n.* (*Fisiol*) mesomorfo *m.*, individuo *m.* mesomorfo.

meson /'miːzɒn, 'meɪsɒn *Am* 'mezaːn/ *n.* (*Fis*) mesone *m.*

mesonic /miːˈzɒnɪk, meɪˈsɒnɪk *Am* meˈzaːnɪk/ *a.* (*Fis*) mesonico.

mesophyll /'mesoufɪl/ *n.* (*Bot*) mesofillo *m.*

mesophyte /'mesəfaɪt/ *n.* (*Bot*) mesofita *f.*

Mesopotamia /,mesəpəˈteɪmiə/ *n.pr.* (*Geog*) Mesopotamia *f.*

Mesopotamian /,mesəpəˈteɪmiən/ **I** *a.* mesopotamico. **II** *n.* abitante *m./f.* della Mesopotamia.

mesosphere /'mesəsfɪər *Am* 'mesəsfɪr/ *n.* mesosfera *f.*

mesothelioma /,mesouˌθiːliˈoumə/ *n.* (*Med*) mesotelioma *m.*

mesothelium /,mezəˈθiːliəm/ *n.* (*Anat*) mesotelio *m.*

Mesozoic /,mesouˈzouɪk *Am* ,mezouˈzouɪk/ *n.* (*Geol*) era *f.* mesozoica, mesozoico *m.*

mess¹ /mes/ *n.* **1** (*confusion, disorder*) (grande) confusione *f.*, caos *m.*, (estremo) disordine *m.*: *the room was in a ~* la stanza era un caos. **2** (*dirty condition*) sudiciume *m.*, sporcizia *f.* **3** (*dirty, untidy place*) luogo *m.* sporco e disordinato. **4** (*confused person*) pasticcione *m.* (*f.* -a), confusionario *m.* (*f.* -a). **5** (*untidy, dirty person*) persona *f.* sporca e disordinata. **6** (*difficult situation*) guai *m.pl.*, pasticcio *m.*: *to be in a ~* essere nei guai; *the country is in a terrible ~* il paese è allo sbando. **7** (*group of persons eating together*) commensali *m.pl.*; (*meal taken*) pasto *m.* comune. **8** (*Am,Mil*) (*mess hall*) mensa *f.*: *the officers' ~* la mensa ufficiali; (*meal taken*) rancio *m.*; (*in the navy*) quadrato *m.* ufficiali. **9** (*colloq*) (*dish of soft food*) brodaglia *f.*, (*colloq*) sbobba *f.* **10** (*excrement*) cacca *f.*: *dog ~ cacca di cane.* □ (*Mil*) *~ dress* uniforme da gala; *to get into a ~* (o *to get oneself into a ~*) mettersi nei guai, mettersi nei pasticci; (*Mil*) *~ hall* mensa, refettorio; *in a ~* in disordine, sottosopra; *~ jacket* giacchetta corta e attillata; (*Mil*) *~ kit* gavetta, gamella, posate da viaggio; *to make a ~ of sth.*: **1** mettere sottosopra qcs., mettere in disordine qcs.; **2** (*to make a muddle of*) pasticciare qcs., abborracciare qcs.; **3** (*to wreck*) mandare a monte qcs., combinare un casino; (*Bibl*) *~ of pottage* piatto di lenticchie (*anche fig*); (*Mil*) *~ room* mensa, refettorio; *~ tin* gavetta, gamella.

mess² /mes/ **I** *v.t.* **1** (*to make confused, untidy*) scompigliare, mettere in disordine, buttare all'aria, mettere sottosopra. **2** (*to make dirty*) sporcare, insudiciare. **3** (*to botch, to make a muddle of*) pasticciare, abborracciare, raffazzonare. **4** (*to spoil*) rovinare, guastare, mandare a monte. **II** *v.i.* **1** (*to take meals*) mangiare alla stessa tavola, fare mensa comune. **2** (*to interfere*) intromettersi, interferire (*with, in* in). □ *to ~ about* (o *to ~ around*): **1** (*to dabble, to tinker*) dilettarsi, occuparsi (da dilettante) (*with* di): *to ~ about with boats* occuparsi di barche; **2** (*to waste time*) perdere tempo, oziare, gingillarsi, trastullarsi; **3** (*Br*) (*to treat roughly*) mal-

trattare, bistrattare; (*Am,colloq*) *to ~ so. up*: **1** creare problemi per qcu.; **2** (*to hit*) prendere a pugni qcu., fare del male a qcu.; *to ~ together* (*to take meals*) mangiare alla stessa tavola, fare mensa comune; *to ~ up*: **1** (*to make confused, untidy*) scompigliare, mettere in disordine, buttare all'aria, mettere sottosopra; **2** (*to make dirty*) sporcare, insudiciare; **3** (*to botch, to make a muddle of*) pasticciare, abborracciare, raffazzonare; **4** (*to spoil*) rovinare, guastare, mandare a monte, rovinare; **5** (*to get untidy*) mettere in disordine, mettere sottosopra, sporcare; *to ~ with* interferire con, mettere le mani in, mettere casino in.

message /'mesɪdʒ/ **I** *n.* **1** messaggio *m.*, comunicazione *f.*, annuncio *m.* (*about* su, circa): *a telephone ~* un messaggio telefonico; *to take a ~* prendere nota di un messaggio, riferire. **2** (*Inform*) messaggio *m.* **3** (*Rel*) messaggio *m.*: *the ~ of the Bible* il messaggio della bibbia. **4** (*Rel*) (*gospel*) vangelo *m.* **5** (*address, speech*) messaggio *m.*, allocuzione *f.* **6** (*errand*) commissione *f.*, ambasciata *f.*: *to go on a ~ for so.* fare una commissione per qcu. **II** *v.t.* **1** (*to send a message*) mandare un messaggio. **2** (*to send an e-mail*) mandare una e-mail. □ *to get the ~ accross*: **1** (*to be understood*) fare capire il proprio messaggio; **2** (*to convince people*) fare recepire il proprio messaggio; (*colloq*) *to get the ~* capire, afferrare; (*Inform*) *~ switching* commutazione dei messaggi; (*Am,Tel*) *~ unit* scatto telefonico; (*Am,Tel*) *~ unit counter* contascatti.

messaging /'mesɪdʒɪŋ/ *n.* (*Tel,Inform*) messaging *m.*, messaggistica *f.*: *instant ~* messaggistica in tempo reale.

messenger /'mesɪndʒər/ **I** *n.* **1** messaggero *m.* (*f.* -a), messo *m.* **2** (*official dispatch bearer*) messaggero *m.* (*f.* -a); (*in a business*) fattorino *m.* (*f.* -a). **3** (*Mar*) (*light line*) messaggera *f.*; (*endless belt*) viradore *m.* **II** *v.t.* (*Am*) inviare mediante un messaggero. □ (*Tel*) *~ cable* (o *~ wire*) cavo portante.

messiah /məˈsaɪə *Br also* mesˈaɪə/ *n.* messia *m.*, salvatore *m.*, liberatore *m.*

Messiah /məˈsaɪə *Br also* mesˈaɪə/ *n.* (*Bibl*) Messia *m.*

Messiahship /məˈsaɪəʃɪp *Br also* mesˈaɪəʃɪp/ *n.* messianicità *f.*

Messianic /,mesiˈænɪk/ *a.* messianico.

Messias /məˈsaɪəz *Br also* mesˈaɪəz/ *n.* (*Bibl*) Messia *m.*

messiness /'mesinəs/ *n.* **1** disordine *m.*, confusione *f.* **2** (*dirtiness*) sporcizia *f.*

messmate /'mesmeɪt/ *n.* **1** (*Mil*) commensale *m.*, compagno *m.* di mensa. **2** (*fig*) camerata *m.*, compagno *m.*, amico *m.*

Messrs /'mesəz *Am* 'mesərz/ *Messieurs* sigg. (signori).

messuage /'meswɪdʒ/ *n.* (*Dir*) podere *m.*, casa *f.* di abitazione con tenuta.

mess-up /'mesʌp/ *n.* (*colloq*) situazione *f.* confusa, imbroglio *m.*, (*colloq*) pasticcio *m.*

messy /'mesi/ *a.* **1** disordinato, in disordine: *a ~ room* una stanza disordinata. **2** (*of hair*) spettinato, arruffato. **3** (*of work*) malfatto, pasticciato. **4** (*dirty*) sporco, sudicio. **5** (*slovenly*) trasandato, trascurato, sciatto: *~ appearance* aspetto sciatto. **6** (*causing dirtiness*) che sporca, che imbratta. **7** (*confused*) complesso, difficile, ingarbugliato.

mestiza /mesˈtiːzə/ *n.* meticcia *f.*

mestizo /mesˈtiːzou/ (*pl.* -s /-z/) *n.* meticcio *m.* (*f.* -a).

met¹ /met/ → **meet¹**.

met² /met/ *a.* meteorologico: *~ report* bollettino meteorologico.

met. 1 *metal* (metallo). **2** *metallurgy* met. (metallurgia). **3** *metaphor* (metafora). **4** (*Filos*) *metaphysics* (metafisica). **5** *meteorology* meteor. (meteorologia).

metabolic /ˌmetəˈbɒlɪk *Am* ˌmetəˈbɑːlɪk/ *a.* (*Biol*) metabolico: ~ *rate* metabolismo basale.

metabolism /məˈtæbəlɪzm̩/ *n.* (*Biol*) metabolismo *m.*

metabolite /məˈtæbəlaɪt/ *n.* (*Biol,Chim*) metabolita *m.*

metabolize /məˈtæbəlaɪz/ *v.t.* (*Fisiol*) metabolizzare.

metacarpal /ˌmetəˈkɑːpəl *Am* ˌmetəˈkɑːrpəl/ **I** *a.* (*Anat*) (*bone*) metacarpale; (*ligament*) del metacarpo; (*vein*) metacarpeo. **II** *n.* (*Anat*) osso *m.* metacarpale.

metacarpus /ˌmetəˈkɑːpəs *Am* ˌmetəˈkɑːrpəs/ (*pl.* **-pi** /-paɪ/) *n.* (*Anat*) metacarpo *m.*

metachrosis /ˌmetəˈkrəʊsɪs *Am* ˌmetəˈkroʊsɪs/ *n.* (*Zool*) metacrosi *f.*

metacinnabar /ˌmetəˈsɪnəbɑːr *Am* ˌmetəˈsɪnəbɑːr/ *n.* (*Min*) metacinabro *m.*

metafiction /ˌmetəˈfɪkʃən *Am* ˌmetəˈfɪkʃən/ *n.* (*Lett*) metafiction *f.*, metanarrativa *f.*, narrativa *f.* autoriflessiva.

metage /ˈmiːtɪdʒ/ *n.* **1** pesatura *f.* artificiale, misurazione *f.* ufficiale. **2** (*charge*) somma *f.* pagata per la pesatura.

metagenesis /ˌmetəˈdʒenəsɪs *Am* ˌmetəˈdʒenəsɪs/ *n.* (*Biol*) metagenesi *f.*

metagenetic /ˌmetədʒəˈnetɪk *Am* ˌmetədʒəˈnetɪk/ *a.* (*Biol*) metagenetico.

metagenic /ˌmetəˈdʒenɪk *Am* ˌmetəˈdʒenɪk/ *a.* (*Biol*) metagenetico.

metal /ˈmetl̩ *Am* ˈmetl̩/ **I** *n.* **1** (*Chim,Min*) metallo *m.* **2** (*Strad,Ferr*) brecciame *m.*, pietrisco *m.* **3** (*Vetr*) vetro *m.* fuso, vetro *m.* incandescente. **4** (*Tip*) (*type metal*) piombo *m.* (per caratteri), lega *f.* tipografica; (*state of being in type*) composizione *f.* **5** (*fig*) (*formative material*) materia *f.*; (*mettle*) tempra *f.* **6** (*Mus*) (*heavy metal*) metal *m.* **7** *pl.* (*Ferr*) (*rails*) binari *m.pl.*, rotaie *f.pl.* **II** *a.* metallico. **III** *v.t.* (*past, p.p.* **metalled** /*Am* **metaled** /-ld/) **1** metallizzare. **2** (*Strad*) massicciare. **3** (*Ferr*) inghiaiare. □ ~*covering* rivestimento metallico; ~*detector* rivelatore di metalli, metal detector; (*Tecn*) ~*fatigue* fatica del metallo, usura del metallo; ~*foil* lamina di metallo; ~*founder* fonditore; (*Tip*) *to bein* ~ (o *to bein the* ~) essere in composizione; (*Am, sl*) ~*mouth* ragazzino che porta l'apparecchio dentario; ~*polish* prodotto per lucidare i metalli; (*Pitt*) ~ *spraying* metallizzazione (a spruzzo).

metal. **1** *metallurgical* met. (metallurgico). **2** *metallurgy* met. (metallurgia).

metalanguage /ˈmetl̩ˌæŋwɪdʒ *Am* ˈmetl̩ˌæŋwɪdʒ/ *n.* metalingua *f.*, metalinguaggio *m.*

metal-bearing /ˈmetl̩ˌbeərɪŋ *Am* ˈmetl̩ˌberɪŋ/ *a.* metallifero.

metaldehyde /mɪˈtældɪhaɪd/ *n.* (*Chim*) metaldeide *f.*

metalinguistics /ˈmetl̩ɪŋˌɡwɪstɪks *Am* ˈmetl̩ɪŋˌɡwɪstɪks/ *n.pl.* (*costr.sing.*) metalinguistica *f.sing.*

metalled /ˈmetl̩d *Am* ˈmetl̩d/ *a.* (*Strad,Ferr*) massicciato.

metallic /məˈtælɪk/ *a.* **1** metallico, di metallo. **2** (*of a sound, colour*) metallico. **3** (*of paint*) metallizzato. □ ~*alloy* lega metallica; (*Econ*) ~ *currency* valuta metallica; ~ *voice* voce metallica.

metallically /məˈtælɪkl̩i/ *avv.* in modo metallico.

metalliferous /ˌmetl̩ˈɪfərəs *Am* ˌmetl̩ˈɪfərəs/ *a.* metallifero.

metalliform /məˈtælɪfɔːm *Am* məˈtælɪfɔːrm/ *a.* metalliforme.

metalline /ˈmetl̩ɪn *Am* ˈmetl̩ɪn/ *a.* **1** metallico, di metallo. **2** (*Chim*) metallifero.

metalling /ˈmetl̩ɪŋ *Am* ˈmetl̩ɪŋ/ *n.* (*Strad*) **1** (*act*) il fare la massicciata. **2** (*stones used*) pietrisco *m.*

metallist /ˈmetl̩ɪst *Am* ˈmetl̩ɪst/ *n.* **1** chi lavora i metalli. **2** (*Econ*) metallista *m.*

metallization /ˌmetl̩(a)ɪˈzeɪʃən *Am* ˌmetl̩ɪˈzeɪʃən/ *n.* metallizzazione *f.*

metallize /ˈmetl̩aɪz *Am* ˈmetl̩aɪz/ *v.t.* **1** metallizzare. **2** (*Ind*) (*of rubber*) vulcanizzare.

metallographer /ˌmetl̩ˈɒɡrəfər *Am* ˌmetl̩ˈɑːɡrəfər/ *n.* metallografo *m.*

metallography /ˌmetl̩ˈɒɡrəfi *Am* ˌmetl̩ˈɑːɡrəfi/ *n.* metallografia *f.*

metalloid /ˈmetl̩ɔɪd *Am* ˈmetl̩ɔɪd/ **I** *n.* (*Chim*) metalloide *m.* **II** *a.* **1** (*Chim*) metalloidico. **2** (*resembling a metal*) simile a metallo, metallico.

metallurgic /ˌmetl̩ˈɜːdʒɪk *Am* ˌmetl̩ˈɜːrdʒɪk/ *a.* metallurgico, di metallurgia.

metallurgical /ˌmetl̩ˈɜːdʒɪkəl *Am* ˌmetl̩ˈɜːrdʒɪkəl/ *a.* metallurgico, di metallurgia. □ ~*coke* coke metallurgico.

metallurgist /məˈtælədʒɪst *Am* ˈmetl̩ˌɜːrdʒɪst/ *n.* metallurgista *m./f.*, esperto *m.* in metallurgia.

metallurgy /məˈtælədʒi *Am* ˈmetl̩ɜːrdʒi/ *n.* metallurgia *f.*

metal-oxide /ˌmetl̩ˈɒksaɪd *Am* ˌmetl̩ˈɒksaɪd/ *a.* (*Elettron*) ~*semiconductor* metallo-ossido-semiconduttore.

metalwork /ˈmetl̩wɜːk *Am* ˈmetl̩wɜːrk/ *n.* **1** lavoro *m.* in metallo, oggetto *m.* in metallo. **2** (*art*) fabbricazione *f.* di oggetti in metallo.

metalworker /ˈmetl̩wɜːkər *Am* ˈmetl̩wɜːrkər/ *n.* metallurgico *m.*, operaio *m.* (*f.* -a) metallurgico, lavoratore *m.* (*f.* -trice) metallurgico.

metalworking /ˈmetl̩wɜːkɪŋ *Am* ˈmetl̩wɜːrkɪŋ/ *n.* lavorazione *f.* del metallo.

metamathematics /ˌmetəˌmæθəˈmætɪks *Am* ˌmetəˌmæθəˈmætɪks/ *n.pl.* (*costr.sing.*) metamatematica *f.sing.*

metamessage /ˌmetəˈmesɪdʒ *Am* ˌmetəˈmesɪdʒ/ *n.* metamessaggio *m.*

metamorphic /ˌmetəˈmɔːfɪk *Am* ˌmetəˈmɔːrfɪk/ *a.* **1** metamorfo. **2** (*Geol*) metamorfico.

metamorphism /ˌmetəˈmɔːfɪzm̩ *Am* ˌmetəˈmɔːrfɪzm̩/ *n.* (*Geol*) metamorfismo *m.*

metamorphose /ˌmetəˈmɔːfəʊz *Am* ˌmetəˈmɔːrfoʊz/ **I** *v.t.* **1** metamorfosare, trasformare (*into* in). **2** (*Geol*) modificare per metamorfismo. **II** *v.i.* **1** trasformarsi. **2** (*Biol*) subire una metamorfosi, metamorfosarsi.

metamorphosis /ˌmetəˈmɔːfəsɪs *Am* ˌmetəˈmɔːrfəsɪs/ (*pl.* **-ses** /-siːz/) *n.* **1** trasformazione *f.*, metamorfosi *f.* (*into* in). **2** (*fig*) metamorfosi *f.*, cambiamento *m.*; trasformazione *f.* **3** (*Biol*) metamorfosi *f.*

metanoia /ˌmetəˈnɔɪə *Am* ˌmetəˈnɔɪə/ *n.* (*Rel, Filos*) metanoia *f.*

metaphase /ˈmetəfeɪz *Am* ˈmetəfeɪz/ *n.* (*Biol*) metafase *f.*

metaphor /ˈmetəfɔːr *Am* ˈmetəfɔːr/ *n.* metafora *f.* □ *to speakin* -*s* parlare per metafore.

metaphoric /ˌmetəˈfɒrɪk *Am* ˌmetəˈfɔːrɪk/ *a.* metaforico.

metaphorical /ˌmetəˈfɒrɪkəl *Am* ˌmetəˈfɔːrɪkəl/ *a.* metaforico: *I must put my* -*s on* devo, come si suol dire, mettere le ali ai piedi.

metaphrase /ˈmetəfreɪz *Am* ˈmetəfreɪz/ **I** *n.* traduzione *f.* letterale. **II** *v.t.* **1** tradurre letteralmente. **2** (*to change the phrasing of*) parafrasare.

metaphrastic /ˌmetəˈfræstɪk/ *a.* (*Am*) che concerne la parafrasi di opere poetiche.

metaphysic /ˌmetəˈfɪzɪk *Am* ˌmetəˈfɪzɪk/ **I** *n.* metafisica *f.* **II** *a.* **1** metafisico. **2** (*Filos*) metafisico, trascendentale. **3** (*abstract, abstruse*) astruso, astratto, metafisico. **4** (*Lett*) metafisico, della poesia metafisica.

metaphysical /ˌmetəˈfɪzɪkəl *Am* ˌmetəˈfɪzɪkəl/ *a.* **1** metafisico. **2** (*Filos*) metafisico, trascendentale. **3** (*abstract, abstruse*) astruso, astratto, metafisico. **4** (*Lett*) metafisico, della poesia metafisica.

metaphysician /ˌmetəfɪˈzɪʃən *Am* ˌmetəfɪˈzɪʃən/ *n.* metafisico *m.* (*f.* -a).

metaphysics /ˌmetəˈfɪzɪks *Am* ˌmetəˈfɪzɪks/ *n.pl.* (*costr.sing.*) metafisica *f.sing.*

metaplasm /ˈmetəˌplæzm̩ *Am* ˈmetəˌplæzm̩/ *n.* **1** (*Biol*) metaplasma *m.* **2** (*Ling*) metaplasmo *m.*

metapopulation /ˌmetəˌpɒpjuˈleɪʃən *Am* ˌmetəˌpɑːpjuˈleɪʃən/ *n.* metapopolazione *f.*

metapsychic /ˌmetəˈsaɪkɪk *Am* ˌmetəˈsaɪkɪk/ *a.* metapsichico, parapsicologico.

metapsychical /ˌmetəˈsaɪkɪkəl *Am* ˌmetəˈsaɪkɪkəl/ *a.* metapsichico, parapsicologico.

metapsychics /ˌmetəˈsaɪkɪks *Am* ˌmetəˈsaɪkɪks/ *n.pl.* (*costr.sing.*) metapsichica *f.sing.*

metastasis /məˈtæstəsɪs/ (*pl.* **-ses** /-siːz/) *n.* (*Med*) metastasi *f.*

metastasize /məˈtæstəsaɪz/ *v.i.* (*Med*) riprodursi per metastasi, metastatizzare, metastatizzarsi.

metastatic /ˌmetəˈstætɪk *Am* ˌmetəˈstætɪk/ *a.* metastatico.

metatarsal /ˌmetəˈtɑːsəl *Am* ˌmetəˈtɑːrsəl/ *a.* (*Anat*) metatarsale, metatarsico.

metatarsus /ˌmetəˈtɑːsəs *Am* ˌmetəˈtɑːrsəs/ (*pl.* **-si** /-saɪ/) *n.* (*Anat*) metatarso *m.*

metathesis /məˈtæθəsɪs/ (*pl.* **-ses** /-siːz/) *n.* (*Ling,Chim*) metatesi *f.*

métayage /meˈteɪjɑːdʒ/ *n.* (*Dir*) mezzadria *f.*

métayer /meˈteɪjə/ *n.* mezzadro *m.*

mete[1] /miːt/ *v.t.* (*rar*) (*to measure*) misurare. □ (*lett*) *to* ~*out* assegnare, distribuire, ripartire, dispensare.

mete[2] /miːt/ *n.* (*Dir,rar*) confine *m.*: -*s and bounds* confini e limiti.

metempsychosis /ˌmetem(p)saɪˈkəʊsɪs *Am* mɪˌtem(p)sɪˈkoʊsɪs/ (*pl.* **-ses** /-siːz/) *n.* metempsicosi *f.*

meteor /ˈmiːtɪər *Am* ˈmiːtiər/ *n.* **1** (*Astr*) meteora *f.*, bolide *m.*; (*shooting-star*) stella *f.* cadente, meteora *f.* **2** (*fig*) meteora *f.* □ ~ *crater* cratere meteoritico, cratere meteorico; (*Astr*) ~ *shower* pioggia meteoritica, sciame meteorico.

meteoric /ˌmiːtiˈɒrɪk *Am* ˌmiːtiˈɔːrɪk/ *a.* **1** (*dust, impact*) meteoritico; (*water*) meteorico. **2** (*fig*) rapidissimo: ~ *career* carriera rapidissima.

meteorically /ˌmiːtiˈɒrɪkl̩i *Am* ˌmiːtiˈɔːrɪkl̩i/ *avv.* come una meteora. □ *a* ~*rise to fame* un'ascesa meteorica alla fama; (*Astr*) ~ *shower* pioggia di meteoriti.

meteorism /ˈmiːtiərɪzm̩ *Am* ˈmiːtiərɪzm̩/ *n.* (*Med*) meteorismo *m.*

meteorite /ˈmiːtiəraɪt *Am* ˈmiːtiəraɪt/ *n.* (*Astr*) meteorite *m./f.*

meteoroid /ˈmiːtiərɔɪd *Am* ˈmiːtiərɔɪd/ *n.* (*Astr*) meteoroide *m.*

meteorologic /ˌmiːtiˈɒlədʒɪk *Am* ˌmiːtiˈɑːdʒɪk/ *a.* meteorologico.

meteorological /ˌmiːtiəˈlɒdʒɪkəl *Am* ˌmiːtiəˈlɑːdʒɪkəl/ *a.* meteorologico. □ ~ *balloon* pallone meteorologico; ~*observing unit* osservatorio meteorologico; ~ *office* stazione meteorologica; ~ *satellite* Meteosat.

meteorologist /ˌmiːtiəˈrɒlədʒɪst *Am* ˌmiːti-

'rɑːlədʒɪst/ *n.* meteorologo *m.* (*f.* -a).

meteorology /ˌmiːtiˈərˈplədʒi *Am* ˌmiˈtiə 'rɑːlədʒi/ *n.* meteorologia *f.*

meteoropath /ˌmiːtiˈərˈppæθ *Am* ˌmiˈtiə 'rɑːpæθ/ *n.* (*Med*) meteoropatico *m.* (*f.* -a).

meter /'miːtər *Am* 'miːtər/ **I** *n.* **1** (*Am*) (*unit of length*) metro *m.* **2** (*Am,Metr*) metro *m.*; (*fixed metrical pattern*) metro *m.*, schema *m.* metrico. **3** (*Am*) (*verse*) verso *m.*, metro *m.* **4** (*Am, Mus*) ritmo *m.*, tempo *m.* **5** (*Tecn*) contatore *m.*, misuratore *m.*, strumento *m.* di misurazione: *a gas ~* un contatore del gas; *to read the ~* fare la lettura del contatore. **II** *v.t.* **1** misurare con un contatore. **2** (*Mot*) (*of fuel, oil, etc.*) dosare. **3** (*Am,Post*) affrancare con l'affrancatrice. □ (*Am,colloq*) ~ *maid* ausiliaria della sosta; ~ *rate* tariffa a contatore; ~ *reading* lettura del contatore.

Meth. (*Rel.prot*) *Methodist* (metodista).

methadone /'meθədoʊn/ *n.* (*Farm*) metadone *m.*

methaemoglobin /metˌhimoʊˈgloʊbɪn *Am* metˈhiːmoʊgloʊbɪn/ *n.* (*Biol,Chim*) metaemoglobina *f.*

methane /'miːθeɪn *Am* 'meθeɪn/ *n.* metano *m.* □ ~ *pipeline* metanodotto; (*Mar*) ~ *tanker* metaniera.

methanogen /meˈθænoʊdʒen/ *n.* (*Biol*) metanogeno *m.*

methanol /'meθənɒl *Am* 'meθənɑːl/ *n.* (*Chim*) metanolo *m.* □ (*Med*) ~ *poisoning* intossicazione da metanolo.

methemoglobin /metˌhimoʊˈgloʊbɪn *Am* metˈhiːmoʊgloʊbɪn/ *n.* (*Am,Biol,Chim*) metaemoglobina *f.*

methinks /mɪˈθɪŋks/ (*past* **methought** /mɪ 'θɔːt/; *manca dell'inf. e del p.p.*) *v.i.impers.* (*rar, poet*) mi sembra, mi pare.

method /'meθəd/ *n.* **1** metodo *m.*, procedimento *m.*, criterio *m.*: *modern teaching -s* moderni metodi di insegnamento. **2** (*way of doing sth.*) sistema *m.*, modo *m.*, tecnica *f.*: *you have chosen the wrong ~* hai scelto il sistema sbagliato. **3** (*orderliness*) metodo *m.*, ordine *m.*, sistema *m.*, regola *f.*: *to work with ~* lavorare con metodo. **4** (*orderly arrangement*) disposizione *f.* regolare, disposizione *f.* ordinata. **5** (*Biol*) classificazione *f.* **6** (*Chim*) processo *m.*, procedimento *m.* □ (*Cin,Teat*) ~ *acting* metodo Stanislavski; *-s engineer* specialista in analisi dei metodi; *-s engineering* analisi dei metodi; *there is ~ in his madness* non è così matto come sembra; *a man of ~* un uomo metodico; *-s of payment* modalità di pagamento.

methodic /məˈθɒdɪk *Am* məˈθɑːdɪk/ *a.* **1** metodico, ordinato, sistematico: *to be ~* avere metodo. **2** (*of a person*) metodico, ordinato, meticoloso.

methodical /məˈθɒdɪkəl *Am* məˈθɑːdɪkəl/ *a.* **1** metodico, ordinato, sistematico. **2** (*of a person*) metodico, ordinato, meticoloso.

methodically /məˈθɒdɪkli *Am* məˈθɑːdɪkli/ *avv.* metodicamente, con metodo, con ordine: *to proceed ~* procedere con ordine.

Methodism /'meθədɪzəm/ *n.* (*Rel.prot*) metodismo *m.*

Methodist /'meθədɪst/ *n.* (*Rel.prot*) metodista *m./f.*

Methodistic /ˌmeθəˈdɪstɪk/ *a.* (*Rel.prot*) metodistico, metodista.

Methodistical /ˌmeθəˈdɪstɪkəl/ *a.* (*Rel.prot*) metodistico, metodista.

methodization /ˌmeθəd(a)ɪˈzeɪʃən *Am* ˌmeθədɪˈzeɪʃən/ *n.* il metodizzare.

methodize /'meθədaɪz/ *v.t.* (*rar*) metodizzare.

methodless /'meθədləs/ *a.* senza metodo, disordinato.

methodological /ˌmeθədəˈlɒdʒɪkəl *Am* ˌmeθədəˈlɑːdʒɪkəl/ *a.* metodologico.

methodologist /ˌmeθəˈdɒlədʒɪst *Am* ˌmeθə 'dɑːlədʒɪst/ *n.* metodologo *m.* (*f.* -a).

methodology /ˌmeθəˈdɒlədʒi *Am* ˌmeθə 'dɑːlədʒi/ *n.* metodologia *f.*

methought /mɪˈθɔːt/ → **methinks**.

meths /meθs/ *n.pl.* (*Br,colloq*) (*methylated spirits*) alcol *m.sing.* denaturato.

Methuselah /məˈθjuːzələ/ **I** *n.pr.m.* (*Bibl*) Matusalemme. **II** *n.* matusalemme *m.* □ *to be as old as ~* avere gli anni di Matusalemme, essere vecchio come Matusalemme.

methyl /'meθəl *Am* 'meθaɪl/ *n.* (*Chim*) metile *m.* □ (*Chim*) ~ *alcohol* alcol metilico, metanolo; (*Chim*) ~ *propane* metilpropano.

methylate /'meθəleɪt/ *v.t.* **1** (*Chim*) metilare. **2** (*to mix with methanol*) mescolare con alcol metilico, denaturare.

methylated /'meθəleɪtɪd *Am* 'meθəleɪtɪd/ □ (*Chim*) ~ *spirits* alcol denaturato.

methylene /'meθɪliːn/ *n.* (*Chim*) metilene *m.*

methylic /məˈθɪlɪk/ *a.* (*Chim*) metilico.

meticulous /məˈtɪkjʊləs/ *a.* **1** meticoloso, scrupoloso, minuzioso. **2** (*unduly fussy*) meticoloso, pignolo, pedante. □ *to be ~ about one's appearance* avere una cura meticolosa della propria persona.

meticulousness /məˈtɪkjʊləsnəs/ *n.* meticolosità *f.*, scrupolosità *f.*

métier /'meɪtieɪ *Am* meɪˈtjeɪ/ *n.* mestiere *m.*, professione *f.*, occupazione *f.*

metonym /'metənɪm *Am* 'metˌənɪm/ *n.* (*Ret*) metonimo *m.*

metonymic /ˌmetəˈnɪmɪk *Am* ˌmetəˈnɪmɪk/ *a.* (*Ret*) metonimico.

metonymical /ˌmetəˈnɪmɪkəl *Am* ˌmetə 'nɪmɪkəl/ *a.* (*Ret*) metonimico.

metonymy /məˈtɒnəmi *Am* məˈtɑːnəmi/ *n.* (*Ret*) metonimia *f.*

me-too /ˌmiːˈtuː/ □ ~ *products*: **1** (*marketing*) imitazioni di articoli già affermati sul mercato; **2** (*Econ*) (*minimerger*) minifusione.

me-tooism /ˌmiːˈtuːɪzəm/ *n.pl.* **1** (*Comm, collog*) adozione *f.sing.* di politiche o strategie simili a quelle adottate da un concorrente. **2** (*marketing*) imitazione *f.sing.* di articoli o servizi già affermati sul mercato.

metope /'metoʊp(i) *Am* 'metˌoʊp(i)/ *n.* (*Archeol*) metopa *f.*, metope *f.*

metre /'miːtər *Am* 'miːtər/ *n.* **1** (*unit of length*) metro *m.* **2** (*Metr*) metro *m.*; (*fixed metrical pattern*) metro *m.*, schema *m.* metrico; (*verse*) verso *m.*, metro *m.* **3** (*Mus*) ritmo *m.*, tempo *m.*

metre-candle /'miːtəˌkændl *Am* 'miːtər ˌkændl/ *n.* (*Fis*) lux *m.*

metric /'metrɪk/ *a.* **1** metrico, del sistema metrico decimale. **2** (*metrical*) metrico, della misurazione, di misura. □ *the ~ equivalent of the yard* l'equivalente in metri della iarda; *to go ~* adottare il sistema metrico decimale; ~ *system* sistema metrico decimale; ~ *ton* (~ *tonne*) tonnellata.

metrical[1] /'metrɪkəl/ *a.* metrico, della misurazione, di misura.

metrical[2] /'metrɪkəl/ *a.* (*Metr*) metrico, del metro, della metrica.

metrically[1] /'metrɪkli/ *avv.* secondo il sistema metrico.

metrically[2] /'metrɪkli/ *avv.* (*Metr*) metricamente.

metricate /'metrɪkeɪt/ *v.t.* convertire nel sistema metrico decimale.

metrician /me'trɪʃən/ *n.* metricista *m./f.*, metricologo *m.* (*f.* -a).

metrics /'metrɪks/ *n.pl.* (*costr.sing.* o *pl.*) **1** (*Metr*) metrica *f.sing.*, ritmica *f.sing.* **2** (*science*

of the metre) metricologia *f.sing.*

metrist /'metrɪst/ *n.* **1** chi scrive versi, chi compone versi, verseggiatore *m.* (*f.* -trice). **2** (*metrician*) metricologo *m.* (*f.* -a), metricista *m./f.*

metritis /mɪˈtraɪtɪs *Am* mɪˈtraɪtɪs/ *n.* (*Med*) metrite *f.*

metro /'metroʊ/ *n.* metrò *m.*, metropolitana *f.*, ferrovia *f.* metropolitana.

metroland /'metroʊlænd/ *n.* (*colloq*) sobborghi *m.pl.* di Londra.

metrological /ˌmetrəˈlɒdʒɪkəl *Am* ˌmetrə 'lɑːdʒɪkəl/ *a.* metrologico.

metrologist /meˈtrɒlədʒɪst *Am* me 'trɑːlədʒɪst/ *n.* metrologo *m.* (*f.* -a).

metrology /meˈtrɒlədʒi *Am* meˈtrɑːlədʒi/ *n.* **1** (*science*) metrologia *f.* **2** (*system*) sistema *m.* di pesi e misure.

metronome /'metrənoʊm/ *n.* (*Mus*) metronomo *m.*

metronymic /ˌmetrəˈnɪmɪk/ **I** *n.* matronimico *m.* **II** *a.* matronimico.

metropolis /məˈtrɒpəlɪs *Am* məˈtrɑːpəlɪs/ *n.* **1** metropoli *f.*; (*capital city*) capitale *f.*, metropoli *f.* **2** (*Rel*) metropoli *f.*

Metropolis /məˈtrɒpəlɪs *Am* məˈtrɑːpəlɪs/ *n.pr.* Londra *f.*

metropolitan /ˌmetrəˈpɒlɪtən *Am* ˌmetrə 'pɑːlətən/ **I** *a.* **1** metropolitano, di una metropoli. **2** (*Rel*) metropolitano: ~ *church* metropolitana. **II** *n.* **1** abitante *m./f.* di una metropoli. **2** (*Rel*) metropolita *m.*; (*in the Church of England*) arcivescovo *m.* □ (*Br*) ~ *county* contea metropolitana; (*Br*) ~ *magistrate* magistrato metropolitano.

metropolitanate /ˌmetrəˈpɒlɪtəneɪt *Am* ˌmetrəˈpɑːlətəneɪt/ *n.* (*Rel*) ufficio *m.* di metropolita.

metrorrhagia /ˌmiːtroʊˈrɑːdʒə/ *n.* (*Med*) metrorragia *f.*

mettle /'metl *Am* 'metl/ *n.* **1** coraggio *m.*, animo *m.*, fegato *m.* (*to do di fate*): *a man of ~* un uomo di fegato; *to try so.'s ~* mettere alla prova il coraggio di qcu. **2** (*spirit, temper*) tempra *f.*, temperamento *m.*, carattere *m.*: *he showed the ~ he was made of* mostrò di che tempra era. □ *to be on one's ~* essere impegnato a fondo; *to put so. on his ~* stimolare l'amor proprio di qcu., spingere qcu. a fare del suo meglio.

mettlesome /'metlsəm *Am* 'metlsəm/ *a.* **1** (*courageous*) animoso, coraggioso. **2** (*spirited*) impetuoso, focoso, irruente. **3** (*of a horse*) focoso.

mew[1] /mjuː/ **I** *n.* **1** (*of a cat*) miagolio *m.* **2** (*of a seabird*) stridio *m.* **II** *v.i.* **1** miagolare, fare miao. **2** (*estens*) stridere.

mew[2] /mjuː/ *n.* (*Ornit*) gavina *f.*; (*seagull*) gabbiano *m.*

mew[3] /mjuː/ **I** *n.* (*costr.sing.*) **1** gabbia *f.* per falchi durante la muda, muda *f.*; (*process of moulting*) muda *f.* **2** (*fig*) tana *f.*, nascondiglio *m.* **3** *pl.* scuderie *f.pl.*, stalle *f.pl.* (intorno a un cortile o lungo una strada). **4** *pl.* (*converted into flats*) abitazioni *f.pl.* ricavate da scuderie. **II** *v.t.* **1** mettere nella muda, mettere in gabbia. **2** (*fig*) confinare, segregare, rinchiudere. □ (*fig*) *to ~ up* confinare, segregare, rinchiudere.

mew[4] /mjuː/ **I** *v.t.* (*of feathers*) mutare. **II** *v.i.* mutare le penne, fare la muta.

mewl /mjuːl/ **I** *v.i.* frignare, piagnucolare, lamentarsi, (*scherz*) miagolare. **II** *n.* piagnucolio *m.*, lamento *m.*, (*scherz*) miagolamento *m.*

MEX *Mexico* MEX (Messico).

Mexican /'meksɪkən/ **I** *a.* messicano. **II** *n.* messicano *m.* (*f.* -a). □ (*Bot,Alim*) ~ *jumping bean* fagiolo saltatore, fagiolo salterino; ~ *standoff* punto morto, situazione di stallo;

~*wave* ola, onda dei tifosi in uno stadio.

Mexico /'meksɪkou/ *n.pr.* (*Geog*) Messico *m.* ☐ (*Geog*) ~*City* Città del Messico.

mezzanine /'metsəniːn/ *n.* **1** (*Arch*) mezzanino *m.*, piano *m.* ammezzato, ammezzato *m.* **2** (*Arch*) (*in a room*) soppalco *m.*: ~ *bed* letto a soppalco. **3** (*Teat*) piano *m.* sottostante al palcoscenico; (*Br*) sottoscena *m.*; (*Am*) palco *m.* di proscenio. ☐ (*Econ*) ~*financing* finanziamento mezzanino.

mezza voce /ˌmetsə'voutʃei/ *a./avv.* (*Mus*) a mezza voce.

mezzo forte /ˌmetsou'fɔːtei Am ˌmetsou'fɔːrtei/ *a./avv.* (*Mus*) mezzo forte.

mezzo-relievo, mezzo-rilievo /ˌmetsouri'liːvou, ˌmetsouriːl'jeivou/ *n.* (*Scult*) mezzorilievo *m.*

mezzo-soprano /ˌmetsousə'prɑːnou Am ˌmetsousə'prænou/ (*pl.* **-s** /-z/ o **-ni** /-niː/) *n.* (*Mus*) mezzosoprano *m./f.*

mezzotint /'metsoutɪnt/ **I** *n.* (*Art*) mezzatinta *f.* **II** *v.t.* (*Art*) incidere a mezzatinta.

mf (*Mus*) *mezzo forte* mf. (mezzo forte).

MF /ˌem'ef/ (*El*) *medium frequency* MF (media frequenza).

M.F.A. /ˌemef'ei/ (*Am,Univ*) **1** *Master of Fine Arts* (*degree*) (laurea di secondo livello in discipline artistiche). **2** *Master of Fine Arts* (*graduate*) (laureato di secondo livello in discipline artistiche).

mfd. *manufactured* (fabbricato).

mg *milligram* mg (milligrammo).

MG 1 (*GB*) *Order of St. Michael and St. George* (ordine di san Michele e san Giorgio). **2** (*Arm*) *machine-gun* (mitragliatrice).

Mgr. 1 *Manager* dir. (direttore). **2** (*Rel.catt*) *Monseigneur* Mons. (monsignore).

MH *Marshall* MH (Marshall).

M.H. (*Am*) *Medal of Honor* (medaglia al valor militare).

mho /mou/ *n.* (*El*) mho *m.*

MHR /ˌemeitʃ'ɑːr/ (*US,Aus*) *Member of the House of Representatives* (membro della Camera dei rappresentanti).

MHz *megahertz* MHz (megahertz).

mi /miː/ *n.* (*Mus*) mi *m.*

MI 1 (*Stor.brit*) *Military Intelligence* (servizio segreto militare). **2** (*Med*) *Myocardial Infarction* IM (infarto miocardico). **3** *Michigan* MI (Michigan).

MIA /ˌemai'ei/ (*Am,Mil*) *Missing in Action* (disperso durante un'azione bellica).

Miami /mai'æmi/ *n.pr.* (*Geog*) Miami *f.*

miaow /mi'au/ **I** *n.* miagolio *m.*, miao *m.* **II** *v.i.* miagolare.

miasma /m(a)ɪ'æzmə/ (*pl.* **-s** /-z/ o **-mata** /-mətə Am -mətə/) *n.* miasma *m.*

miasmal /m(a)ɪ'æzml/ *a.* miasmatico.

miasmatic /ˌmiəz'mætɪk Am ˌmiəz'mæṭɪk/ *a.* miasmatico.

miasmic /mi'æzmɪk/ *a.* miasmatico.

mic /maik/ *n.* (*sl*) microfono *m.*

mica /'maikə/ *n.* (*Min*) mica *f.* ☐ (*Geol*) ~ *schist* (o ~*slate*) micascisto.

micaceous /mai'keiʃəs/ *a.* micaceo.

Micah /'maikə/ *n.pr.m.* (*Bibl*) Michea.

Micawber /mɪ'kɔːbər/ *n.* (*Dicken's character*) inguaribile ottimista *m./f.*

mice /mais/ → **mouse**.

micelle /mi'sel/ *n.* (*Chim*) micella *f.*

Michael /'maikl/ *n.pr.m.* Michele (*anche Bibl*).

Michaelmas /'mɪklməs/ *n.* festa *f.* di san Michele. ☐ (*Bot*) ~*daisy* aster; (*Br,Univ*) ~*term* quadrimestre autunnale.

Michelangelo /ˌmaikl'ændʒəlou Am also ˌmɪkl'ændʒəlou/ *n.pr.m.* Michelangelo.

Michigan /'mɪʃigən/ *n.pr.* (*Geog*) Michigan *m.*

mick /mɪk/ *n.* (*sl,spreg*) irlandese *m.*

Mick /mɪk/ *n.pr.m.* dim. di Michael.

mickey /'mɪki/ *n.* (*Br,sl*) irlandese *m.* ☐ *to take the ~ out of so.* prendere in giro qcu.

Mickey /'mɪki/ *n.pr.m.* dim. di Michael.

Mickey Mouse /ˌmɪki'maus/ **I** *n.pr.m.* Topolino, Mickey Mouse. **II** *a.* (*collog*) **1** (*easy*) facilissimo, da ridere, elementare. **2** (*worthless*) poco importante, scadente, di scarso valore, scarso, che vale niente: *a ~ university* un'università poco seria; *a ~ watch* un orologio che non vale niente.

microampere /ˌmaikrou'æmpeər Am ˌmaikrou'æmper/ *n.* (*Fis*) microampere *m.*

microanalysis /ˌmaikrouə'næləsis/ *n.* (*Chim*) microanalisi *f.*

microanalyst /ˌmaikrou'ænəlist/ *n.* (*Chim*) microanalista *m./f.*

microbar /'maikroubɑː Am 'maikroubɑːr/ *n.* (*Fis*) microbar *m.*

microbe /'maikroub/ *n.* (*Biol*) microbo *m.*

microbial /mai'kroubiəl/ *a.* microbico.

microbic /mai'kroubɪk/ *a.* microbico.

microbicidal /ˌmaikroubɪ'saidl/ *a.* microbicida.

microbiologic /ˌmaikrou,baiə'lodʒik Am ˌmaikrou,baiə'lɑːdʒik/ *a.* microbiologico.

microbiological /ˌmaikrou,baiə'lodʒikl Am ˌmaikrou,baiə'lɑːdʒikl/ *a.* microbiologico.

microbiologist /ˌmaikroubai'ɑːlədʒist Am ˌmaikroubai'ɑːlədʒist/ *n.* microbiologo *m.* (*f.* -a).

microbiology /ˌmaikroubai'ɒlədʒi Am ˌmaikroubai'ɑːlədʒi/ *n.* microbiologia *f.*

microbiota /ˌmaikroubai'outə Am ˌmaikroubai'outə/ *n.* (*Geol*) microbiota *m.pl.*

microbore /ˌmaikrou'bɔː Am ˌmaikrou'bɔːr/ **I** *n.* (*Tecn*) microforo *m.* **II** *a.* (*Tecn*) a microforo, di diametro ridotto: *a ~ central heating system* un impianto di riscaldamento con tubi di diametro ridotto.

microcapsule /ˌmaikrou'kæpsjuːl Am ˌmaikrou'kæpsl/ *n.* microcapsula *f.*

microcard, Microcard /'maikrou,kɑːd Am 'maikrou,kɑːrd/ *n.* (*Inform*) microfiche *f.*, microscheda *f.*

microcellular /ˌmaikrou'seljolər/ *a.* microcellulare.

microcephalic /ˌmaikrə(u)sə'fælik/ *a.* (*Med*) microcefalo, microcefalico.

microcephalous /ˌmaikrou'sefələs/ *a.* (*Med*) microcefalo, microcefalico.

microcephaly /ˌmaikrou'sefəli/ *n.* (*Med*) microcefalia *f.*

microchemical /ˌmaikrou'kemikl/ *a.* microchimico.

microchemistry /ˌmaikrou'kemistri/ *n.* microchimica *f.*

microchip /'maikroutʃip/ **I** *n.* (*Elettron*) microchip *m.*, microprocessore *m.* **II** *a.* (*Elettron*) a microprocessore: *a ~ circuit* un circuito a microprocessore.

microcircuit /'maikrou,sɜːkit Am 'maikrou,sɜːrkit/ *n.* (*El*) microcircuito *m.*

microcircuitry /'maikrou,sɜːkitri Am 'maikrou,sɜːrkitri/ *n.* (*El*) circuiteria *f.* miniaturizzata, microcircuiti *m.pl.*

microclimate /'maikrou,klaimit/ *n.* (*Meteor*) microclima *m.*

microclimatic /'maikrouklai,mætik Am 'maikrouklai,mæṭik/ *a.* (*Meteor*) microclimatico.

microcode /'maikrou,koud Am 'maikrou,koud/ *n.* (*Inform*) microcodice *m.*

microcomputer /'maikroukəm,pjuːtər Am 'maikroukəm,pjuːṭər/ *n.* (*Inform*) microelaboratore *m.*, microcomputer *m.*, microcalcolatore *m.*

microcopy /'maikrou,kɒpi Am 'maikrou,

microcosm /'maikrou,kozəm Am 'maikrou,kɑːzəm/ *n.* microcosmo *m.* (*anche Filos*).

microcosmic /ˌmaikrou'kɒzmik Am ˌmaikrou'kɑːzmik/ *a.* microcosmico.

microcosmical /ˌmaikrou'kɒzmikəl Am ˌmaikrou'kɑːzmikəl/ *a.* microcosmico.

microcrack /'maikroukræk/ *n.* microfessura *f.*, microcricca *f.*

microcrystalline /ˌmaikrou'kristəlain/ *a.* (*Min*) microcristallino.

microculture /ˌmaikrou'kʌltʃər/ *n.* (*Biol*) microcoltura *f.*

microcyte /'maikrousait/ *n.* (*Biol*) microcito *m.*, microcita *m.*

microdot /'maikroudɒt Am 'maikroudɑːt/ *n.* **1** (*Fot*) micropunto *m.* **2** (*drug*) compressa *f.* di LSD.

microdrive /'maikroudraiv/ *n.* (*Elettron*) microlettore *m.*

microeconomic /ˌmaikroui:kə'nɒmik Am ˌmaikroui:kə'nɑːmik/ *a.* microeconomico: ~ *theory* teoria microeconomica.

microeconomics /ˌmaikroui:kə'nɒmiks Am ˌmaikroui:kə'nɑːmiks/ *n.pl.* (*costr.sing.*) microeconomia *f.sing.*

microeconomy /ˌmaikroui'kɒnəmi Am ˌmaikroui'kɑːnəmi/ *n.* microeconomia *f.*

microelectronic /ˌmaikrou,ilek'trɒnik Am ˌmaikrou,ilek'trɑːnik/ *a.* microelettronico.

microelectronics /ˌmaikrou,ilek'trɒniks Am ˌmaikrou,ilek'trɑːniks/ *n.pl.* (*costr.sing.*) microelettronica *f.sing.*

microengineering /ˌmaikrou,en(d)ʒi'niəriŋ Am ˌmaikrou,en(d)ʒi'niriŋ/ *n.* microingegneria *f.*

micro-environment /ˌmaikrə(u)in'vai(ə)rənmənt Am ˌmaikrouin'vairənmənt/ *n.* (*Biol*) microambiente *m.*

microevolution /ˌmaikrou,i:və'luːʃən Am ˌmaikrou,evə'luːʃən/ *n.* (*Biol*) microevoluzione *f.*

microevolutionary /ˌmaikrou,i:və'luːʃənəri Am ˌmaikrou,evə'luːʃəneri/ *a.* (*Biol*) microevolutivo.

microfarad /ˌmaikrou'færəd/ *n.* (*El*) microfarad *m.*

microfauna /ˌmaikrou'fɔːnə/ *n.* (*Biol*) microfauna *m.*

microfiber /ˌmaikrou'faibər/ *n.* (*Am,Tess*) microfibra *f.*

microfibre /ˌmaikrou'faibər/ *n.* (*Tess*) microfibra *f.*

microfiche /'maikrou,fiːʃ/ *n.* microscheda *f.*, microfiche *f.* ☐ ~*reader* lettore di microschede.

microfilm /'maikrou,film/ **I** *n.* (*Fot,Bibliot*) microfilm *m.* **II** *v.t.* microfilmare. **III** *v.i.* fotografare su microfilm. ☐ ~*file* archivio su microfilm; (*Fot*) ~*reader* lettore di microfilm; ~*viewer* lettore di microfilm.

microfilmed /'maikrou,filmd/ *a.* microfilmato.

microfilmer /'maikrou,filmər/ *n.* microfilmatrice *f.*

microfloppy /'maikrou,flɒpi Am 'maikrou,flɑːpi/ ☐ (*Inform*) ~ *disc* microdischetto, microfloppy.

microflora /'maikrou,flɔːrə/ *n.* (*Biol*) microflora *f.*

microform /'maikrou,fɔːm Am 'maikrou,fɔːrm/ *n.* **1** (*reproduction*) microriproduzione *f.* **2** (*process*) micrografia *f.* **3** (*microcopy*) micrografia *f.*

microfracture /ˌmaikrou'fræktʃər/ *n.* microfrattura *f.*

microfunction /ˌmaikrou'fʌnkʃən/ *n.* microfunzione *f.*

microglia /ˌmaɪkrou'glaɪə/ n. (Anat) microglia f.

microgram, microgramme /'maɪkrou græm/ n. (Fis) microgrammo m.

micrograph /'maɪkrougrɑːf Am 'maɪkrou græf/ n. **1** micrografo m., strumento m. per eseguire micrografie. **2** (Ott) microfotografia f.

micrographic /ˌmaɪkrou'græfɪk/ a. micrografico.

micrographical /ˌmaɪkrou'græfɪkəl/ a. micrografico.

micrography /maɪ'krɒgrəfi Am maɪ 'krɑːgrəfi/ n. micrografia f.

microgravity /ˌmaɪkrou'grævəti Am ˌmaɪkrou'grævəti/ n. microgravità f.

microgroove /'maɪkrougruːv/ n. (ant) microsolco m.: a ~ record un (disco a) microsolco.

microhabitat /ˌmaɪkrou'hæbɪtæt/ n. microhabitat m.

microinstruction /ˌmaɪkrouɪn'strʌkʃən/ n. (Inform) microistruzione f.

microjustification /ˌmaɪkrouˌdʒʌstɪfɪ 'keɪʃən/ n. (Inform) (microspace justification) microgiustificazione f.

microlepidoptera /ˌmaɪkroulepɪ'dɒptərə Am ˌmaɪkroulepɪ'dɑːptərə/ n.pl. (Entom) microlepidotteri m.pl.

microlight /'maɪkroulaɪt/ n. (Br) (aereo) ultraleggero m., ULM m.

microlinguistics /ˌmaɪkrə(ʊ)lɪŋ'gwɪstɪks/ n. (costr.sing.) microlinguistica f.

microliter /ˌmaɪkrou'liːtər/ n. (Am) microlitro m.

microlitre /ˌmaɪkrou'liːtər Am ˌmaɪkrou'liːtər/ n. microlitro m.

micrology /maɪ'krɒlədʒi Am ˌmaɪ'krɑːlədʒi/ n. pignoleria f., minuziosaggine f.

micromesh /'maɪkroumeʃ/ a. (of fabrics) a maglia finissima. ☐ (Abbigl) ~ **tights** collant velati.

micrometeorology /ˌmaɪkrouˌmiːtɪə 'rɒlədʒi Am ˌmaɪkrouˌmiːtɪə'rɑːlədʒi/ n. (Meteor) micrometeorologia f.

micrometer /maɪ'krɒmətər/ n. (Am,Tecn) micrometro m., micron m. ☐ (Tecn) ~ **calliper** calibro micrometrico.

micrometre /'maɪkrouˌmiːtər Am 'maɪkrou ˌmiːtər/ n. (Tecn) micrometro m., micron m. ☐ (Tecn) ~ **calliper** calibro micrometrico.

micrometric /ˌmaɪkrou'metrɪk/ a. micrometrico.

micrometrical /ˌmaɪkrou'metrɪkəl/ a. micrometrico.

micrometry /ˌmaɪ'krɒmətri Am ˌmaɪ 'krɑːmətri/ n. micrometria f.

micron /'maɪkrɒn Am 'maɪkrɑːn/ n. (pl. -s /-z/ o **micra** /'maɪkrə/) n. micron m.

Micronesia /ˌmaɪkrou'niːzɪə Am ˌmaɪkrou 'niːʒə/ n. (Geog) Micronesia f.

Micronesian /ˌmaɪkrou'niːzɪən Am ˌmaɪkrou 'niːʒən/ I a. micronesiano. II n. **1** micronesiano m. (f. -a). **2** (group of languages) lingua f. micronesiana.

micronize /'maɪkrənaɪz/ v.t. micronizzare.

micronutrient /ˌmaɪkrou'njuːtrɪənt/ n. micronutriente m., oligoelemento m.

micro-organism, microorganism /ˌmaɪkrou'ɔːgənɪzəm Am ˌmaɪkrou'ɔːrgənɪzəm/ n. (Biol) microorganismo m.

microphage /'maɪkroufeɪdʒ/ n. (Biol) microfago m.

microphone /'maɪkrəfoun/ n. microfono m. ☐ ~ **socket** presa per microfono.

microphonic /ˌmaɪkrə'fɒnɪk Am ˌmaɪkrə 'fɑːnɪk/ a. microfonico.

microphotograph /ˌmaɪkrou'foutəgrɑːf Am ˌmaɪkrou'foutəgræf/ n. **1** microfotogramma m.

2 (photomicrograph) microfotografia f.

microphotography /ˌmaɪkroufə'tɒgrəfi Am ˌmaɪkroufə'tɑːgrəfi/ n. microfotografia f.

microphysics /ˌmaɪkrou'fɪsɪks Am ˌmaɪkrou 'fɪsɪks/ n.pl. (costr.sing.) microfisica f.sing.

microphyte /'maɪkrəfaɪt/ n. (Bot) microfita f.

microprobe /'maɪkrəproub/ n. microsonda f. elettronica.

microprocessor /ˌmaɪkrou'prousesər Am 'maɪkrou,prɑːsesər/ n. (Inform) microprocessore m.

microprogram /ˌmaɪkrou'prougræm/ n. (Inform) microprogramma m.

microprogramming /ˌmaɪkrou'prou græmɪŋ/ n. (Inform) microprogrammazione f.

micropyle /'maɪkroupaɪl/ n. (Bot,Zool) micropilo m.

microreader /'maɪkrou,riːdər/ n. microlettore m.

microscooter /'maɪkrə,skuːtər Am 'maɪkrə ,skuːtər/ n. monopattino m.

microscope /'maɪkrəskoup/ n. (Ott) microscopio m. ☐ to examine **under the** ~ guardare al microscopio, osservare al microscopio; visible **under the** ~ visibile al microscopio.

microscopic /ˌmaɪkrə'skɒpɪk Am ˌmaɪkrə 'skɑːpɪk/, **microscopical** /ˌmaɪkrə'skɒpɪkəl Am ˌmaɪkrə'skɑːpɪkəl/ a. **1** microscopico. **2** (very small) microscopico, piccolissimo.

microscopically /ˌmaɪkrə'skɒpɪkəli Am ˌmaɪkrə'skɑːpɪkəli/ avv. al microscopio, con un microscopio.

microscopist /maɪ'krɒskəpɪst Am maɪ 'krɑːskəpɪst/ n. microscopista m./f.

microscopy /maɪ'krɒskəpi Am maɪ 'krɑːskəpi/ n. microscopia f.

microsecond /'maɪkrou,sekənd/ n. microsecondo m.

microseism /'maɪkrou,saɪzəm/ n. (Geol) microsisma m.

microseismic /ˌmaɪkrou'saɪzmɪk/ a. (Geol) microsismico.

microseismical /ˌmaɪkrou'saɪzmɪkəl/ a. (Geol) microsismico.

microseismograph /ˌmaɪkrou'saɪzməgrɑːf Am ˌmaɪkrou'saɪzməgræf/ n. (Tecn) microsismografo m.

microseismometer /ˌmaɪkrousaɪz'mɒ mɪtər Am ˌmaɪkrousaɪz'mɑːmətər/ n. (Tecn) microsismografo m.

microsome /'maɪkrəsoum/ n. (Biol) microsoma m.

microspora /maɪkrou,spɔːrə/ n. (Bot) microspora f.

microstate /'maɪkrou,steɪt/ n. ministato m.

microstructure /'maɪkrou,strʌktʃər/ n. microstruttura f.

microsurgery /ˌmaɪkrou'sɜːdʒəri Am ˌmaɪkrou'sɜːrdʒəri/ n. microchirurgia f.

microswitch /'maɪkrou,swɪtʃ/ n. (El) microinterruttore m.

microsystem /'maɪkrou'sɪstəm/ n. microsistema m.

microtechnique /ˌmaɪkroutek'niːk/ n. microtecnica f., tecnica f. microscopica.

microtelephone /ˌmaɪkrou'teləfoun/ n. microtelefono m.

microtext /'maɪkrou,tekst/ n. testo m. microfilmato.

microtome /'maɪkrə,toum/ n. (Biol) microtomo m.

microtomy /maɪ'krɒtəmi Am maɪ'krɑːtəmi/ n. microtomia f.

microtone /'maɪkrou,toun/ n. (Mus) microtono m.

microtubule /maɪkrou'tjuːbjuːl/ n. (Biol) microtubulo m.

microunit /ˌmaɪkrou'juːnɪt/ n. microunità f.

microvillus /'maɪkrou,vɪləs/ n. microvillo m.

microwave /'maɪkrou,weɪv/ I n. (Fis) microonda f. II v.t. cuocere nel forno a microonde. ☐ ~ **oven** forno a microonde; (Inform) ~ **relay** ripetitore a microonde; ~ **safe** adatto per (forno a) microonde.

microwaveable /'maɪkrou,weɪvəbl/ a. adatto per la cottura in un forno a microonde.

micturition /ˌmɪktjər'eɪʃən Am ˌmɪktjuː 'reɪʃən/ n. (Med) minzione f.

mid[1] /mɪd/ a. **1** (a) metà, (in) mezzo (anche in compounds): in ~ January a metà gennaio, verso il 15 gennaio. **2** (occupying the middle position) medio, di mezzo, che sta nel mezzo. ☐ in the ~ twentieth **century** a metà del ventesimo secolo; man in his ~ **thirties** un uomo sui trentacinque anni.

mid[2] /mɪd/ prep. (rar,poet) (amid) in mezzo a, tra, fra.

mid-afternoon /ˌmɪdɑːftə'nuːn Am ˌmɪdæftər 'nuːn/ n. metà pomeriggio m.

mid-air /ˌmɪd'eər Am ˌmɪd'er/ n. mezz'aria f. ☐ in ~: **1** (in mid-flight) in volo; **2** (in the air) a mezz'aria.

Midas /'maɪdəs/ I n.pr.m. (Mitol) Mida, Re Mida. II n. uomo m. ricchissimo, creso m. ☐ (colloq) to have the ~ **touch** fare diventare oro tutto quello che si tocca.

Mid-Atlantic /ˌmɪdət'læntɪk/ a. **1** medio Atlantico: the ~ **ridge** la dorsale medio Atlantica. **2** (fig) a metà strada fra gli Stati Uniti e la Gran Bretagna: a ~ **pronunciation** una pronuncia un po' americana, un po' inglese. ☐ ~ **accent** accento angloamericano.

midbrain /'mɪdbreɪn/ n. (Anat) mesencefalo m.

midday /ˌmɪd'deɪ/ I n. mezzogiorno m. II a. di mezzogiorno.

midden /'mɪdən/ n. **1** (dunghill) letamaio m., mucchio m. di letame. **2** (pile of rubbish) mucchio m. di immondizia. **3** (Archeol) tumulo m.

middle /'mɪdl/ I a. **1** medio, di mezzo, che sta in mezzo, centrale: the ~ **point** of a segment il punto medio di un segmento; to be in one's ~ **thirties** essere sui trentacinque (anni). **2** (intermediate) medio, intermedio, mediano. **3** (medium) medio. **4** (Gramm) medio. II n. **1** punto m. intermedio, metà f., mezzo m., centro m., parte f. di mezzo: the ~ of the month la metà del mese; in the ~ of the night nel cuore della notte, a notte fonda: (split) down the ~ (diviso) in due parti uguali. **2** (of the human body) vita f., cintura f., cintola f.: to grab so. round the ~ afferrare qcu. per la vita. **3** (sth. intermediate) via f. di mezzo. **4** (Pol) centro m. III v.t. **1** collocare nel centro, collocare nel mezzo. **2** (Mar) (sail) piegare in due. **3** (Sport) (in football) tirare al centro. ☐ of ~ **age** di mezza età; ~ **aged**: **1** (of a person) di mezza età; **2** (fig) (of an outlook) vecchio stile, superato; (Mus) ~ **C** do sotto il rigo, do centrale; ~ **class** ceto medio, classe media, (media) borghesia; ~ **course** via di mezzo; ~ **distance**: **1** (Pitt) secondo piano; **2** (Sport) gara di mezzofondo, mezzofondo; (Anat) ~ **ear** orecchio medio, (Anat) ~ **finger** medio, dito medio; (Pitt) ~ **ground**: **1** (Pitt) secondo piano; **2** (fig) compromesso; (in arguments) neutralità; **3** (Pol) area moderata; **in the** ~ of: **1** in mezzo a, nel (bel) mezzo di: in the ~ of the room in mezzo alla stanza; he was interrupted in the ~ of his speech fu interrotto nel bel mezzo del discorso; to be in the ~ of sth. essere a metà di qcs., essere nel bel mezzo di qcs.; **2** (of time) in pieno: in the ~ of the war in piena guerra; ~ **income**: **1** (of a person) a reddito medio; **2** (of a country) dal reddito nazionale medio; ~ **life** mezza età: *a man of ~ life* un uomo di mezz'età; ~ *management* quadri intermedi; *~ name* secondo nome (di battesimo); (*scherz*) *patience is my ~ name* sono la pazienza fatta persona; *the ~of nowhere* luogo isolato, casa del diavolo, luogo sperduto; (*colloq*) *to be thirty inchesround the ~* avere un giro vita di trenta pollici; *~ school*: 1 (*Br*) scuola media; 2 (*Am*) scuola media; *to take a ~* prendere una via di mezzo; *~term* (*of a syllogism*) termine medio; *to be up to one's ~ in water* essere nell'acqua fino alla cintola; (*Mar*) *~ watch* turno di guardia da mezzanotte alle quattro, seconda comandata.

Middle /'mɪdl̩/ *a.* (*Ling,Geol*) medio. ☐ *~ Ages* medio evo: *the early ~ Ages* l'alto medio evo; *the late ~ Ages* il basso medio evo; *~ America*: 1 (*Geog*) America Centrale; 2 (*Am*) (*middle class*) media borghesia americana; (*Geog*) *~ East* Medio Oriente; *the ~ East crisis* la crisi mediorientale; *the ~ East question* la questione mediorientale; *~Eastern* mediorientale; *~ England* media borghesia inglese; (*Ling*) *~ English* medio inglese; (*Ling*) *~ High German* medio alto tedesco; (*Stor*) *~Kingdom*: 1 (*in Egypt*) Medio Regno; 2 (*Chinese Empire*) impero di mezzo; *~ Latin* latino medievale; (*Geog*) *~ West* Midwest (stati dei Grandi Laghi e agricoli a ovest del Mississippi).

middle-age /ˌmɪdl̩'eɪdʒ/ ☐ (*colloq*) *~ spread* pancetta di mezza età.

middle-aged /ˌmɪdl̩'eɪdʒd/ *a.* di mezza età. ☐ (*colloq*) *~spread* pancetta della mezza età.

middle-bracket /ˌmɪdl̩'brækɪt/ *a.* di media categoria. ☐ *~income* reddito medio.

middlebrow /'mɪdl̩braʊ/ *a.* (*colloq,spreg*) per il grande pubblico. II *n.* (*colloq,spreg*) 1 persona *f.* di cultura media. 2 (*person with conventional intellectual tastes*) conformista *m./f.*, filisteo *m.* (*f.* -a).

middle-class /ˌmɪdl̩'klɑːs *Am* ˌmɪdl̩'klæs/ *a.* del ceto medio, borghese.

middle-distance /ˌmɪdl̩'dɪstᵊns/ *a.* (*Sport*) di mezzofondo. ☐ (*Sport*) *~runner* mezzofondista.

middleman /'mɪdl̩mæn/ *n.irr.* 1 (*Comm*) mediatore *m.*, sensale *m.* 2 (*intermediary*) intermediario *m.*, mediatore *m.*

middlemost /'mɪdl̩məʊst/ *a.* il più centrale, centralissimo.

middle-of-the-road /ˌmɪdl̩ə(v)ðə'rəʊd/ *a.* 1 moderato, di centro. 2 (*banal*) ordinario, banale, dozzinale. 3 (*with wide appeal*) popolare.

middle-of-the-roader /ˌmɪdl̩ə(v)ðə'rəʊdəʳ/ *n.* moderato *m.* (*f.* -a).

middle-range /'mɪdl̩reɪndʒ/ ☐ (*Mil*) *~ weapon* arma a medio raggio.

middle-ranking /ˌmɪdl̩'ræŋkɪŋ/ *a.* (*Mil*) intermedio.

middle-rate /'mɪdl̩reɪt/ *a.* mediocre.

middle-sized /'mɪdl̩saɪzd/ *a.* medio, di misura media, di grandezza media. ☐ (*Ind, Econ*) *~industry* media impresa.

middle-term /'mɪdl̩tɜːm *Am* 'mɪdl̩tɜːrm/ ☐ (*Econ*) *~loan* prestito a medio termine.

middleware /'mɪdl̩weəʳ *Am* 'mɪdl̩wer/ *n.* (*Inform*) middleware *m.*

middleweight /'mɪdl̩weɪt/ I *n.* (*Sport*) peso *m.* medio. II *a.* (*Sport*) dei pesi medi.

middling /'mɪdl̩ɪŋ/ I *a.* 1 (*of medium size, quality, etc.*) medio. 2 (*mediocre*) mediocre, modesto, passabile: *his work is ~* il suo lavoro è mediocre. 3 (*colloq*) (*of health*) così così, né bene né male. II *n.pl.* 1 merci *f.pl.* di seconda scelta. 2 (*ground wheat mixed with bran*) semola *f.sing* 3 (*Am,dial*) (*salt pork*) car-

---

ne *f.sing.* di maiale salata. III *avv.* (*colloq*) abbastanza, alquanto, piuttosto. ☐ *~good* discreto.

middy /'mɪdi/ *n.* 1 (*Mar.mil*) aspirante *m.* guardiamarina. 2 (*Am,Mar*) allievo *m.* dell'Accademia navale, cadetto *m.*

Mideast /ˌmɪd'iːst/ *n.pr.* (*Geog*) Medio Oriente *m.*

mid-engined /'mɪden(d)ʒɪn/ *a.* con motore centrale.

midfield /'mɪdfiːld/ I *n.* (*Sport*) centrocampo *m.* II *a.* (*Sport*) di centrocampo.

midfielder /'mɪdfiːldəʳ/ *n.* (*Sport*) centrocampista *m.*

midge /mɪdʒ/ *n.* 1 (*Entom*) moscerino *m.*: *~ bite* puntura d'insetto. 2 (*colloq*) (*midget*) persona *f.* minuscola, moscerino *m.*

midget /'mɪdʒɪt/ I *n.* 1 persona *f.* (di corporatura) minuscola, moscerino *m.* 2 (*dwarf*) nanerottolo *m.* (*f.* -a). 3 (*small thing*) cosa *f.* piccolissima, cosetta *f.*, cosina *f.* II *a.* piccolissimo, minuscolo, (*scherz*) tascabile.

midi /'mɪdi/ *n.* (*Abbigl*) midi *f.*, longuette *f.*, gonna *f.* a metà polpaccio.

MIDI /'mɪdi/ *Musical Instrument Digital Interface* MIDI (interfaccia digitale di strumento musicale).

Midian /'mɪdɪən/ *n.pr.m.* (*Bibl*) Madian.

Midianite /'mɪdɪənaɪt/ I *n.* Madianita *m./f.* II *a.* dei Madianiti.

midiron /'mɪdaɪən *Am* 'mɪdaɪəʳn/ *n.* (*Sport*) (*in golf*) ferro *m.* medio.

midiskirt /'mɪdiskɜːt *Am* 'mɪdiskɜːrt/ *n.* (*Abbigl*) longuette *f.*, gonna *f.* a metà polpaccio.

midland /'mɪdlənd/ I *n.* parte *f.* centrale di una regione, parte *f.* (interna) di un paese, interno *m.* II *a.* 1 centrale, interno. 2 (*Br*) dell'Inghilterra centrale. 3 (*Am*) dell'interno degli Stati Uniti.

Midlands /'mɪdləndz/ *n.pr.pl.* (*Geog*) Midlands *f.pl.*, Inghilterra *f.sing.* centrale, contee *f.pl.* dell'Inghilterra centrale.

midleg /'mɪdleg/ I *n.* parte *f.* mediana della gamba. II *avv.* a metà gamba, a mezza gamba.

Mid-Lent /'mɪdlent/ *n.* (*Rel*) mezza quaresima *f.*, metà quaresima *f.*

midlife[1] /ˌmɪd'laɪf/ *n.* mezza-età *f.*

midlife[2] /'mɪdlaɪf/ *a.* (di) mezza-età: *~ crisis* crisi di mezz'età.

midline /'mɪdlaɪn/ *n.* linea *f.* mediana.

midmorning /ˌmɪd'mɔːnɪŋ *Am* ˌmɪd'mɔːrnɪŋ/ I *a.* di metà mattina: *~ coffee* il caffè di metà mattina. II *avv.* (*Am*) a metà mattina.

midmost /'mɪdməʊst/ I *a.* il più centrale, centralissimo. II *avv.* proprio nel centro. III *prep.* nel bel mezzo di, proprio nel centro di.

midnight /'mɪdnaɪt/ I *n.* 1 mezzanotte *f.* 2 (*fig*) (*despair*) malinconia *f.*, depressione *f.* II *a.* di mezzanotte. ☐ *~ blue* blu notte; *a ~ feast* una mangiata a tarda ora; *the ~ hours* le ore nel cuore della notte; (*Rel*) *~ mass* messa di mezzanotte; *to burn the ~ oil* lavorare (o studiare) fino a tarda notte; *~ sun* il sole di mezzanotte.

mid-off /ˌmɪd'ɒf *Am* ˌmɪd'ɑːf/ *n.* (*Sport*) (*in baseball*) 1 (*position*) posizione *f.* a destra del battitore. 2 (*fielder*) giocatore *m.* (*f.* -trice) a destra del battitore.

mid-on /ˌmɪd'ɒn *Am* ˌmɪd'ɑːn/ *n.* (*Sport*) (*in baseball*) 1 (*position*) posizione *f.* a sinistra del battitore. 2 (*fielder*) giocatore *m.* (*f.* -trice) a sinistra del battitore.

midpoint /'mɪdpɔɪnt/ *n.* punto *m.* centrale.

midprice /'mɪdpraɪs/ *a.* di prezzo medio.

midrange /'mɪdreɪndʒ/ I *n.* (*Tecn*) campo *m.* intermedio. II *a.* (*Comm*) di livello intermedio.

---

midrib /'mɪdrɪb/ *n.* (*Bot*) (*of a leaf*) venatura *f.* centrale.

midriff /'mɪdrɪf/ *n.* 1 (*Anat*) parte *f.* media del tronco; (*diaphragm*) diaframma *m.* 2 (*Sart*) (*part of a garment*) bustino *m.*

mid-season /'mɪdsiːzᵊn/ *n.* (*Sport,Comm*) metà stagione *f.*

midship /'mɪdʃɪp/ I *n.* (*Mar*) parte *f.* centrale della nave. II *a.* (*Mar*) della parte centrale della nave, nella parte centrale della nave, a mezza nave. III *avv.* (*Mar*) al centro, nella parte centrale della nave, a mezza nave. ☐ (*Mar*) *~section* sezione maestra.

midshipman /'mɪdʃɪpmən/ *n.irr.* 1 (*Mar.mil*) aspirante *m.* guardiamarina. 2 (*Am,Mar*) allievo *m.* dell'Accademia navale, cadetto *m.*

midships /'mɪdʃɪps/ *avv.* (*Mar*) al centro, nella parte centrale della nave, a mezza nave.

mid-shot /'mɪdʃɒt *Am* 'mɪdʃɑːt/ *n.* 1 (*Cin*) campo *m.* medio. 2 (*Fot*) piano *m.* medio.

midst /mɪdst/ I *n.* 1 mezzo *m.*, centro *m.*, cuore *m.*: *in the ~ of the forest* nel cuore della foresta. 2 (*of time*) mezzo *m.*, metà *f.* II *prep.* (*rar,poet*) tra, fra, in mezzo a. ☐ *in their ~* in mezzo a loro; *in your ~* in mezzo a voi; *in our ~* in mezzo a noi; *in the ~ of* tra, fra, in mezzo a.

midstream /ˌmɪd'striːm/ *n.* 1 centro *m.* della corrente. 2 (*fig*) punto *m.* di mezzo, metà strada *f.*: *his career is in ~* è a metà strada della carriera.

midsummer /ˌmɪd'sʌməʳ/ *n.* 1 mezza estate *f.*, cuore *m.* dell'estate, piena estate. 2 (*summer solstice*) solstizio *m.* d'estate. ☐ (*GB*) *Midsummer Day* giorno di san Giovanni (24 giugno), festa di san Giovanni (24 giugno); *~madness* pazzia, esaltazione, stravaganza; *Midsummer Night* vigilia di san Giovanni, notte di mezza estate; (*Lett*) *Midsummer Night's Dream* Sogno di una notte di mezza estate.

midterm /'mɪdtɜːm *Am* 'mɪdtɜːrm/ *n.* (*Am*) 1 (*Scol*) metà trimestre *m.* 2 (*Parl*) metà mandato *m.*, metà incarico *m.* 3 *pl.* (*Scol,Univ*) (*examinations*) esami *m.pl.* di metà trimestre. ☐ (*Am,Parl*) *~ elections* elezioni di medio termine.

midtown /'mɪdtaʊn/ I *n.* (*Am*) centro *m.* (della) città. II *a.* (*Am*) del centro.

mid-Victorian /ˌmɪdvɪk'tɔːrɪən/ I *a.* (*Stor*) medio-vittoriano. II *n.* (*Stor*) appartenente *m.* all'epoca medio-vittoriana.

midway /'mɪdweɪ/ I *a.* 1 posto a mezza strada, posto a metà strada. 2 (*fig*) medio, intermedio. II *n.* (*Am*) (*at a carnival*) viale *m.* centrale; (*amusements in the midway*) attrazioni *f.pl.* lungo il viale centrale. III *avv.* a mezza strada, a metà strada, a metà distanza.

midweek[1] /ˌmɪd'wiːk/ *n.* metà *f.* della settimana.

midweek[2] /'mɪdwiːk/ *a.* che avviene a metà settimana, infrasettimanale.

midweekly /'mɪdwiːkli/ I *a.* che avviene a metà settimana, infrasettimanale. II *avv.* a metà settimana.

Midwest /ˌmɪd'west/ *n.pr.* (*Am,Geog*) Midwest *m.* (stati dei Grandi Laghi e agricoli a ovest del Mississippi).

Midwestern /ˌmɪd'westəʳn/ *a.* (*Am,Geog*) del Midwest.

Midwesterner /ˌmɪd'westəʳnəʳ/ *n.* (*Am,Geog*) abitante *m./f.* del Midwest.

midwicket /'mɪdwɪkɪt/ *n.* (*Sport*) 1 (*position*) seconda posizione *f.* a sinistra del battitore. 2 (*fielder*) secondo giocatore *m.* (*f.* -trice) a sinistra del battitore.

midwife /'mɪdwaɪf/ *n.irr.* ostetrica *f.*, levatrice *f.*

midwifery /ˌmɪd'wɪfəri Am ˌmɪd'wɪfəri/ n. ostetricia f.

midwinter /ˌmɪd'wɪntə Am ˌmɪd'wɪntər/ I n. 1 pieno inverno m., cuore m. dell'inverno. 2 (solstice) solstizio m. di inverno. II a. di pieno inverno, in pieno inverno.

midyear /ˌmɪd'jɪːə Am ˌmɪd'jɪr/ I n. 1 metà anno m. 2 pl. (Am,Scol) (examinations) esami m.pl. di metà anno. II a. di metà anno, che avviene a metà anno.

mien /miːn/ n. 1 aspetto m., aria f., sembianza f. 2 (carriage) portamento m., comportamento m., atteggiamento m., contegno m.

miff /mɪf/ I n. 1 (colloq) battibecco m., diverbio m., alterco m. 2 (bad temper) malumore m., stizza f. II v.t. 1 urtare, indisporre, irritare. 2 (to offend) offendere.

miffed /mɪft/ a. (colloq) 1 urtato, irritato, seccato, scocciato: to get ~ about (o over) sth. essere seccato per qcs., scocciarsi per qcs. 2 (offended) offeso.

miffy /'mɪfi/ a. (colloq) permaloso, suscettibile.

might[1] /maɪt/ I n. 1 forza f., potenza f., vigore m., energia f.: with all his ~ con tutta la sua forza. 2 (fig) potenza f., potere m. 3 (fig) (intensity of purpose) forze f.pl.: to wish for sth. with all one's ~ desiderare qcs. con tutte le proprie forze. 4 (fig) (power to do sth.) potere m. II avv. (dial) piuttosto, alquanto: it's ~ cold today fa piuttosto freddo oggi. □ with ~ and main con tutte le forze, vigorosamente, energicamente, con tutta la propria energia. Prov.: ~ is right la ragione sta dalla parte del più forte.

might[2] /maɪt/ → **may**[1].

might-have-been /'maɪt(h)əv,bɪn/ n. 1 ciò che sarebbe potuto accadere. 2 (person) chi avrebbe potuto fare grandi cose, fallito m. (f. -a).

mightily /'maɪtəli Am 'maɪtəli/ avv. 1 vigorosamente, energicamente, poderosamente. 2 (colloq) (very much) moltissimo, estremamente.

mightiness /'maɪtɪnəs Am 'maɪtənəs/ n. potere m., potenza f., forza f.

mightn't /'maɪtənt Am 'maɪtənt/ contraz. di might not.

mighty /'maɪti/ I a. 1 energico, vigoroso, violento: ~ blows colpi energici. 2 (strong) forte, vigoroso, gagliardo. 3 (fig) potente, poderoso, forte, possente: a ~ nation una nazione potente. 4 (colloq) (great in size) enorme, grandissimo, immenso: a ~ tree un albero enorme. 5 (colloq) (imposing) imponente, maestoso. 6 (great, extraordinary) grande, straordinario, eccezionale. II n.pl. potenti m.pl. III avv. (colloq) molto.

mignonette /ˌmɪnjə'net/ n. 1 (Bot) reseda f. 2 (Bot) amorino m., reseda f., miglionetto m. 3 (Tess) tipo m. di merletto a piccoli disegni.

migraine /'miːɡreɪn Am 'maɪɡreɪn/ n. (Med) emicrania f.

migrainous /'miːɡreɪnəs Am 'maɪɡreɪnəs/ a. (Med) 1 dell'emicrania. 2 (suffering from migraines) sofferente di emicrania.

migrant /'maɪɡrənt/ I a. migratore, migrante, migratorio: ~ birds uccelli migratori. II n. 1 animale m. migratore. 2 (rar) (person) migratore m. (f. -trice). □ ~ labour (o ~ workers) manodopera migrante.

migrate /maɪ'ɡreɪt Am 'maɪɡreɪt/ v.i. migrare (anche Zool,Nucl,Chim).

migration /maɪ'ɡreɪʃən/ n. 1 migrazione f. (anche Zool): seasonal ~ migrazione stagionale. 2 (persons) persone f.pl. migranti. 3 (animals) animali m.pl. migranti. □ ~ movement movimento migratorio; ~ wave ondata migratoria.

migrator /maɪ'ɡreɪtə Am 'maɪɡreɪtər/ n. 1 (person) migratore m. (f. -trice). 2 (bird) uccello m. migratore.

migratory /'maɪɡrətri Am 'maɪɡrətɔːri/ a. 1 migratore, migrante: ~ birds uccelli migratori; ~ tribes tribù migranti. 2 (of migration) migratorio, di migrazione. 3 (fig) vagabondo, girovago, vagante.

mikado, Mikado /mɪ'kɑːdəʊ/ (pl. -s /-z/) n. mikado m.

mike /maɪk/ I n. (colloq) (microphone) microfono m. II v.i. (colloq) piazzare un microfono. III v.t. (colloq) microfonare.

Mike /maɪk/ n.pr.m. dim. di Michael.

mil /mɪl/ n. 1 (Tecn) millesimo m. di pollice. 2 (Mat) millesimo m. di radiante.

milady /mɪ'leɪdi/ n. milady f., nobildonna f., signora f.

milage /'maɪlɪdʒ/ n. → **mileage**.

Milan /mɪ'læn/ n.pr. (Geog) Milano f.

Milanese /ˌmɪlə'niːz/ I a. 1 milanese. 2 (Gastron) alla milanese. II n.inv. 1 (person) milanese m./f. 2 (costr.pl.) (people) milanesi m.pl. 3 (dialect) milanese m.

Mil.Att. (Dipl) Military Attaché (addetto militare).

milch /mɪlʃ Am mɪltʃ/ a. (Zootecn) lattifero, da latte. □ ~ cow: 1 vacca lattifera, mucca da latte; 2 (fig) fonte di (facile) guadagno, gallina dalle uova d'oro.

mild /maɪld/ I a. 1 dolce, mite, gentile, mansueto: a ~ nature un carattere mite. 2 (gentle) gentile, amabile, garbato: a ~ man un uomo gentile. 3 (temperate) mite, temperato, dolce: a ~ climate un clima mite; to turn ~ (of the weather) mitigarsi, addolcirsi. 4 (moderate in strength, intensity) mite, moderato: a ~ reproof un mite rimprovero. 5 (moderate in effect, force) blando, leggero, lieve: a ~ stimulant uno stimolante blando; ~ punishment lieve punizione. 6 (of flavours) dolce, leggero, delicato: a ~ cheese un formaggio dolce; a ~ cigar un sigaro leggero. 7 (Med) leggero, lieve: a ~ attack un leggero attacco. 8 (Farm) (of sedative) blando, leggero. 9 (Met) dolce: ~ steel acciaio dolce. II n. (mild ale) birra f. scura leggera. □ ~ and bitter (beer) birra leggera e amara; (Met) ~ steel acciaio dolce.

milden /'maɪldən/ I v.t. (to make mild) mitigare, addolcire. II v.i. (to become mild) mitigarsi, addolcirsi.

mildew /'mɪldjuː/ I n. 1 (Agr) (disease) muffa f., ruggine f. 2 (Bot) penicillio m., muffa f. a pennello. 3 (of paper, fabric, etc.) muffa f. II v.t. fare ammuffire. III v.i. muffire, ammuffire, fare la muffa.

mildewed /'mɪldjuːd/ a. 1 ammuffito, coperto di muffa. 2 (colloq) (decaying from disuse, old age) ammuffito, vecchio, superato.

mildewy /'mɪldjuːi/ a. ammuffito, coperto di muffa.

mildly /'maɪldli/ avv. 1 dolcemente, gentilmente, mitemente: to speak ~ parlare dolcemente. 2 (moderately) un poco, moderatamente, leggermente. 3 (to a moderate extent) leggermente, limitatamente. □ to put it ~ a dir poco; ~ successful che ha un limitato successo.

mildness /'maɪldnəs/ n. 1 mitezza f., gentilezza f., dolcezza f. 2 (moderation) mitezza f., moderazione f.

Mildred /'mɪldrəd/ n.pr.f. Mildred.

mile /maɪl/ n. 1 miglio m. 2 (statute mile) miglio m. terrestre (pari a 1,609 km); (nautical mile) miglio m. nautico, miglio m. marino, miglio m. geografico (pari a 1,852 km). 3 (Sport) miglio m.: a four-minute ~ un miglio in quattro minuti. □ ~ after ~ per miglia

e miglia, miglio dopo miglio; for -s around per (molte) miglia; from -s around da (molte) miglia; (fig) to be -s away essere lontano mille miglia; for -s and -s per miglia e miglia; (colloq) -s from anywhere lontanissimo da qualsiasi luogo abitato, a casa del diavolo, in capo al mondo; (scherz) not a hundred -s from here molto vicino, qui accanto.

mileage /'maɪlɪdʒ/ n. 1 distanza f. misurata in miglia, chilometraggio m.: unlimited ~ chilometraggio illimitato; the car has done a ~ of thirty thousand l'automobile ha fatto trentamila miglia. 2 (travel allowance) indennità f. di viaggio (a un tanto al miglio). 3 (Aut) consumo m., miglia f.pl. percorse con un certo quantitativo di carburante. 4 (Ferr) tariffa f. per miglio, costo m. per miglio. 5 (colloq) (usefulness, advantage) profitto m., vantaggio m. □ ~ allowance indennità di percorso; (Ferr) ~ book carnet di biglietti validi per un certo numero di miglia; (Tecn) ~ counter (o ~ indicator) contamiglia.

milepost /'maɪlpəʊst/ n. (Strad) cartello m. indicatore messo a un miglio dal traguardo.

miler /'maɪlə/ n. 1 (Sport,colloq) (athlete) atleta m./f. che corre sulla distanza di un miglio. 2 (horse) miler m.

miles /maɪlz/ avv. (colloq) molto, di gran lunga, infinitamente: I feel ~ better mi sento molto meglio; ~ easier di gran lunga più facile.

Miles /maɪlz/ n.pr.m. Miles.

Milesian[1] /maɪ'liːziən Am maɪ'liːʒən/ I a. 1 milesio, di Mileto. 2 (Filos) milesio. II n. 1 abitante m./f. di Mileto. 2 (Filos) appartenente m./f. alla scuola di Mileto, appartenente m./f. alla scuola ionica.

Milesian[2] /maɪ'liːziən Am maɪ'liːʒən/ I n. irlandese m./f. II a. 1 (Mitol) dei primitivi abitatori d'Irlanda. 2 (estens) (Irish) irlandese.

milestone /'maɪlstəʊn/ n. 1 pietra f. miliare, miglio m., pietra f. segnamiglio. 2 (fig) pietra f. miliare.

Miletus /maɪ'liːtəs/ n.pr. (Geog,Stor.gr) Mileto f.

milfoil /'mɪlfɔɪl/ n. (Bot) millefoglie m., millefoglio m., achillea f.

miliary /'mɪliəri Am 'mɪliəri/ a. 1 simile a granellini di miglio. 2 (Med) miliare. □ (Med) ~ fever febbre miliare.

milieu /'miːljɜː Am ˌmiːl'jɜː/ (pl. -s/-x /-z/) n. milieu m., ambiente m., ambito m.

militancy /'mɪlɪtənsi/ n. 1 militanza f., attivismo m. 2 (combativeness) combattività f., aggressività f.

militant /'mɪlɪtənt/ I a. 1 militante, attivo: a ~ Communist un comunista militante. 2 (given to fighting) combattivo, battagliero, bellicoso. II n. militante m./f., attivista m./f.

militarily /'mɪlɪtərɪli Am 'mɪlɪterɪli/ avv. 1 militarmente. 2 (from a military standpoint) dal punto di vista militare.

militarism /'mɪlɪtərɪzəm/ n. militarismo m.

militarist /'mɪlɪtərɪst/ n. 1 militarista m./f. 2 (military expert) esperto m. (f. -a) nell'arte militare.

militaristic /ˌmɪlɪtər'ɪstɪk/ a. militarista, militaristico.

militarization /ˌmɪlɪt(ə)r(a)ɪ'zeɪʃən/ n. militarizzazione f.

militarize /'mɪlɪtəraɪz/ v.t. militarizzare.

military /'mɪlɪtri Am 'mɪlɪteri/ I a. 1 militare: ~ policy tattica militare. 2 (of soldiers) (da) militare, dei militari, militaresco: ~ life vita militare. II n. (costr.sing. o pl.) (armed forces) forze f.pl. armate, esercito m.sing.; (military people) militari m./f.pl., soldati m.pl. (f.pl. -esse); (army officers) ufficiali m./f.pl. □ ~ academy accademia militare; ~ adviser consigliere militare; ~ art arte della guerra, strategia; (*Dipl*) ~ *attaché* addetto militare; ~ *band* banda militare; ~ *conflict* conflitto armato; *Military Cross* Croce di guerra; ~ *engineering* genio militare; ~ *government* governo militare; ~ *intelligence* servizio segreto militare; ~ *law* codice militare; (*scherz*) ~ *man* soldato, militare; ~ *police* (*costr.sing. o pl.*) polizia militare; ~ *science* arte militare; (*gerg*) ~ *service* servizio militare, naia; *fit for* ~ *service* abile (al servizio militare); *to be called up for* ~ *service* essere chiamato sotto le armi; ~ *spending* spese militari; (*Dir.rom*) ~ *testament* (o ~ *will*) testamento nuncupativo di un soldato.

military-industrial /,mɪlɪtɛrɪɪn'dʌstrɪəl/ □ (*Am*) ~ *complex* industria bellica.

militate /'mɪlɪteɪt/ *v.i.* (*of evidence, circumstances, etc.*) militare (*against* contro; *in favour of* per, a favore di). □ *his youth -d against him* la giovinezza gli era di ostacolo; *public opinion -d in favour of severity* la pubblica opinione era per una linea di condotta severa.

militia /mɪ'lɪʃə/ *n.* **1** milizia *f.* nazionale. **2** (*Am*) (*body of persons eligible for military service*) cittadini *m.pl.* iscritti nelle liste di leva. **3** (*Stor*) milizia *f.* cittadina.

militiaman /mɪ'lɪʃəmən/ *n.irr.* milite *m.*, miliziano *m.*

milk /mɪlk/ **I** *n.* **1** latte *m.* **2** (*Fisiol*) latte *m.*: *breast* ~ latte materno; *to express* ~ tirare il latte. **3** (*Cosmet*) latte *m.*: *cleansing* ~ latte detergente. **4** (*Bot*) latice *m.* **II** *a.* del latte, lattiero: ~ *products* prodotti del latte; *the* ~ *industry* l'industria lattiera. **III** *v.t.* **1** mungere: *to* ~ *a cow* mungere una vacca. **2** (*colloq*) (*to exploit to the maximum*) sfruttare (al massimo), spremere (*for* per). **3** (*colloq*) (*of money*) mungere, spremere, spillare; (*of information*) cavare di bocca, strappare di bocca. **4** (*of a snake*) cavare il veleno a, estrarre il veleno da. **5** (*Bot*) (*of sap*) estrarre da una pianta. **IV** *v.i.* **1** produrre latte, dare latte. **2** (*dairyman, farmer*) fare la mungitura. □ *land flowing with* ~ *and honey* paese della cuccagna; ~ *and vegetable diet* dieta latteo-vegetariana; ~ *bar* latteria, cremeria; ~ *chocolate* cioccolato al latte; (*Med*) ~ *crust* crosta lattea; ~ *diet* dieta lattea; *to* ~ *so. dry* spremere qcu. come un limone; (*Med,Veter*) ~ *fever* galattopiria, febbre del latte; (*Br*) ~ *float* furgoncino del lattaio; (*Anat*) ~ *gland* ghiandola mammaria; (*Vetr*) ~ *glass* opalina, vetro opalino; *to be in* ~ essere in periodo di allattamento, allattare; ~ *jug* bricco del latte; (*Med*) ~ *leg* flegmasia, edema diffuso degli arti inferiori; ~ *loaf* pane al latte; *the* ~ *of human kindness* gentilezza connaturata all'uomo, generosità connaturata all'uomo; ~ *of magnesia* latte di magnesia; ~ *powder* latte in polvere; (*Br,Gastron*) ~ *pudding* budino (di riso) al latte; ~ *round*: 1 giro del lattaio; 2 (*visit to universities*) visite nelle università da parte di rappresentanti di grandi società per reclutare giovani laureati; (*Aer, colloq*) ~ *run* volo di routine; (*Fisiol*) ~ *secretion* secrezione lattea; ~ *shake* frullato, frappè; (*Chim*) ~ *sugar* lattosio; ~ *teeth* denti da latte; ~ *train* treno del mattino (che trasporta pendolari e latte); (*Bot*) ~ *vetch* astragalo; ~ *white* bianco latte, latteo.

milk-and-water /,mɪlkən'wɔːtər Am ,mɪlkən 'wɔːtər/ *a.* (*fig,colloq*) all'acqua di rose, insipido: *a* ~ *revolutionary* un rivoluzionario all'acqua di rose.

milker /'mɪlkər/ *n.* (*Zootecn*) **1** (*person*) mungitore *m.* (*f.* -trice). **2** (*machine*) mungitrice *f.* (meccanica). **3** (*animal*) animale *m.* lattifero, animale *m.* da latte.

milkiness /'mɪlkɪnəs/ *n.* **1** lattescenza *f.* **2** (*Tecn*) opalescenza *f.*

milking /'mɪlkɪŋ/ *n.* (*Zootecn*) mungitura *f.* □ (*Zootecn*) ~ *herd* mandria di vacche da latte; (*Zootecn*) ~ *machine* mungitrice (meccanica); (*Zootecn*) ~ *parlour* (o *Am* ~ *parlor*) mungitoio; (*Zootecn*) ~ *shed* mungitoio.

milkmaid /'mɪlkmeɪd/ *n.* mungitrice *f.*

milkman /'mɪlkmən/ *n.irr.* lattaio *m.*

milkshake /'mɪlkʃeɪk/ *n.* (*Am,Gastron*) frullato *m.*, frappè *m.*

milksop /'mɪlksɒp Am 'mɪlksɑːp/ *n.* femminuccia *f.*, smidollato *m.* (*f.* -a), pappamolle *m./ f.*

milkweed /'mɪlkwiːd/ *n.* **1** (*Bot*) asclepiade *f.* **2** (*Zool*) (*butterfly*) monarca *m.*

milkwort /'mɪlkwɜːt Am 'mɪlkwɜːrt/ *n.* (*Bot*) bozzolina *f.*, poligala *f.*

milky /'mɪlki/ *a.* **1** (*of milk*) latteo, di latte: ~ *secretion* secrezione lattea. **2** (*like milk*) latteo, lattiginoso, lattescente. **3** (*white, whitish*) (bianco) latteo. **4** (*Zootecn*) (*yielding milk*) lattifero, da latte. □ (*Astr*) *Milky Way* via lattea; ~ *white* latteo, bianco latte.

mill[1] /mɪl/ **I** *n.* **1** mulino *m.*; (*for coffee, pepper, etc.*) macinino *m.*; (*for expelling juice*) spremitore *m.*, spremifrutta *m.* **4** (*factory*) stabilimento *m.*, opificio *m.*, fabbrica *f.*: *a textile* ~ uno stabilimento tessile. **5** (*Mecc*) (*roller*) laminatoio *m.*; (*for coins*) godrone *m.*; (*on a milling machine*) fresa *f.*, fresatrice *f.*; (*for polishing*) pulitrice *f.*, lucidatrice *f.* **6** (*Tess*) follatrice *f.* **7** (*fig*) processo *m.* lento e laborioso. **8** (*colloq*) (*institution which mass-produces sth.*) fabbrica *f.*: *diploma* ~ fabbrica di diplomi, diplomificio. **9** (*sl*) (*boxing match*) incontro *m.* di pugilato; (*fist fight*) scambio *m.* di pugni, (*pop*) scazzottata *f.* **II** *v.t.* **1** macinare: *to* ~ *corn* macinare il grano. **2** (*Tecn, Mecc*) (*of a coin*) zigrinare; (*of steel*) trranciare; (*of paper*) tritare; (*of cotton*) filare; (*of textile*) tessere; (*of screw*) godronare; (*of nut, bolt*) fresare. **3** (*to beat, to churn to a froth*) frullare, montare (a neve). **4** (*sl*) (*to beat with the fists*) prendere a pugni, picchiare. **5** (*Met*) (*of steel*) laminare. **6** (*Tess*) follare. **III** *v.i.* girare in tondo disordinatamente. □ *to* ~ *about* (o *to* ~ *around*) girare in tondo disordinatamente, brulicare; ~ *board* cartone pressato; ~ *dam*: 1 chiusa di mulino; 2 (*millpond*) gora, bottaccio; ~ *hand* operaio tessile; ~ *owner* proprietario di un mulino, filandiere; ~ *pond* gora, bottaccio; ~ *race* gora, corrente d'acqua che aziona il mulino; (*fig*) *to go through the* ~ essere messo a dura prova; (*fig,colloq*) *to put so. through the* ~ mettere qcu. a dura prova, torchiare qcu.; ~ *worker* operaio tessile. *Prov.: the -s of God grind slowly, but they grind exceeding small* Dio non paga il sabato.

mill[2] /mɪl/ *n.* (*Econ*) millesimo *m.* di dollaro.

millboard /'mɪlbɔːd Am 'mɪlbɔːrd/ *n.* (*Legat*) cartone *m.* doppio pressato.

millefeuille /,mɪl'fɔɪ Am ,mɪl'fɜːjə/ *n.* (*Dolc*) millefoglie *m.*

millenarian /,mɪlə'neərɪən Am ,mɪlə'nerɪən/ **I** *a.* **1** millenario. **2** (*Rel*) millenaristico. **II** *n.* (*Rel*) millenarista *m./f.*

millenarianism /,mɪlə'neərɪənɪzəm Am ,mɪlə 'nerɪənɪzəm/ *n.* (*Rel*) millenarismo *m.*

millenary /mɪ'lenəri Am 'mɪləneri/ *a.* **1** millenario. **2** (*Rel*) relativo al millennio, millenaristico. **II** *n.* **1** millennio *m.* **2** (*Rel*) millenarista *m./f.* **3** (*anniversary*) millenario *m.*

millennial /mɪ'lenɪəl/ *a.* **1** relativo a un millennio. **2** (*Rel*) millenaristico.

millennium /mɪ'lenɪəm/ (*pl.* **-s** /-z/ o **-nnia**

/-nɪə/) *n.* **1** millennio *m.* (*anche Bibl*). **2** (*one thousandth anniversary*) millenario *m.* **3** (*fig*) (*hoped-for utopian age*) periodo *m.* di giustizia e prosperità, età *f.* felice. □ (*Inform*) ~ *bug* millennium bug.

millepede /'mɪlɪpiːd/ *n.* (*Zool*) millepiedi *m.*

millepore /'mɪlɪpɔːr Am 'mɪlɪpɔːr/ *n.* (*Zool*) millepora *f.*

miller /'mɪlər/ *n.* **1** mugnaio *m.* **2** (*Mecc*) fresatrice *f.* **3** (*Mecc*) (*worker*) fresatore *m.*; (*tool*) fresa *f.* **4** (*Entom*) nottuide *m.* □ (*Itt*) ~'*s thumb* scazzone, magnarone.

millesimal /mɪ'lesɪməl/ **I** *a.* millesimo. **II** *n.* millesimo *m.*

millet /'mɪlɪt/ *n.* (*Bot*) **1** (*Indian*) miglio *m.*; (*European*) panico *m.* **2** (*grain*) grano *m.* di miglio, granello *m.* di miglio.

milliammeter /,mɪlɪə(m)'mɪːtər Am ,mɪlɪə(m) 'mɪːtər/ *n.* (*El*) milliamperometro *m.*

milliampere /,mɪlɪ'æmpeər Am ,mɪlɪ'æmper/ *n.* (*El*) milliampere *m.*

milliard /'mɪlɪɑːd/ *n.* (*Br,ant*) miliardo *m.*

milliary /'mɪljəri/ *a.* miliare.

millibar /'mɪlɪbɑːr Am 'mɪlɪbɑːr/ *n.* (*Fis,Meteor*) millibar *m.*

milligram, **milligramme** /'mɪlɪgræm/ *n.* milligrammo *m.*

milliliter /'mɪlɪ,liːtər/ *n.* (*Am*) millilitro *m.*

millilitre /'mɪlɪ,liːtər/ *n.* (*Br*) millilitro *m.*

millimeter /'mɪlɪ,miːtər/ *n.* (*Am*) millimetro *m.*

millimetre /'mɪlɪ,miːtər/ *n.* (*Br*) millimetro *m.*

millimetric /,mɪlɪ'metrɪk/ *a.* millimetrico.

millimicron /'mɪlɪ,maɪkrɒn Am 'mɪlɪ ,maɪkrɑːn/ *n.* millimicron *m.*

milliner /'mɪlɪnər/ *n.* modista *f.*

millinery /'mɪlɪnəri Am 'mɪlɪneri/ *n.* **1** (*Mod*) articoli *m.pl.* di modisteria; (*women's headwear*) cappelli *m.pl.* (da donna), cappellini *m.pl.* **2** (*business*) modisteria *f.*, lavoro *m.* di modista.

milling /'mɪlɪŋ/ *n.* **1** macinatura *f.*, molitura *f.* **2** (*Mecc*) (*of metl*) fresatura *f.*; (*of paper*) trrituarione *f.*; (*of cloth*) tessitura *f.* **3** (*Tecn*) (*in coining*) zigrinatura *f.* **4** (*Tess*) follatura *f.* **5** (*Br,sl*) (*thrashing*) botte *f.pl.*, percosse *f.pl.*: *to give so. a* ~ dare un sacco di botte a qcu. □ (*Mecc*) ~ *cutter* fresa; (*Mecc*) ~ *machine* fresatrice.

million /'mɪljən/ **I** *a.* **1** (*preceduto da* a *o da un numero*) milione: *a* ~ *copies* un milione di copie; *four* ~ *dollars* quattro milioni di dollari. **2** (*fig*) (*preceduto da* a) un milione di, moltissimo, (*colloq*) un sacco di: *I have a* ~ *things to do* ho un sacco di cose da fare. **II** *n.* (*pl.inv.* o *-s* /-z/; *il pl. in* -s *si usa general. con valore collett.*) **1** milione *m.*: *three* ~ *men* tre milioni di uomini. **2** (*spreg*) (*mass, multitude*) popolo *m.*, massa *f.* □ (*fig*) *-s of* milioni di, moltissimi, (*colloq*) un sacco di.

millionaire /,mɪljə'neər Am ,mɪljə'ner/ *n.* **1** milionario *m.* **2** (*extremely rich man*) riccone *m.*, creso *m.*

millionairess /,mɪljənə'res Am ,mɪljə'nerɪs/ *n.* milionaria *f.*

millionfold /'mɪljənfould/ **I** *a.* milioni di volte. **II** *avv.* milioni di volte.

millionth /'mɪljənθ/ **I** *a.* milionesimo. **II** *n.* **1** milionesimo *m.*, milionesima *f./* parte. **2** (*millionth member*) milionesimo *m.* parte. (*f.* -a).

millipede /'mɪlɪpiːd/ *n.* (*Zool*) millepiedi *m.*

millisecond /'mɪlɪ,sekənd/ *n.* millisecondo *m.*

millivolt /'mɪlɪ,voult/ *n.* (*El*) millivolt *m.*

millpond /'mɪlpɒnd Am 'mɪlpɑːnd/ *n.* gora *f.*, bottaccio *m.*

millrace /'mɪlreɪs/ *n.* gora *f.*, corrente *f.* d'acqua che aziona la ruota di un mulino.

millrun /'mɪlrʌn/ *a.* (*Am*) normale, ordinario,

medio.

millstone /'mɪlstoʊn/ n. **1** macina f., mola f., pietra f. da macina. **2** (fig) grave peso m., peso opprimente. ☐ (fig) a ~ **around** one's **neck** una macina al collo, una palla al piede.

millstream /'mɪlstriːm/ n. corso m. d'acqua che aziona la ruota di un mulino.

millwright /'mɪlraɪt/ n. chi progetta o costruisce mulini.

Milo /'maɪloʊ/ **I** n.pr.m. (Stor) Milone. **II** n.pr. (Geog) Milo f.

milometer /,maɪ'lɒmɪtər/ n. (Br) contamiglia m.

milord /mɪ'lɔːd/ Am mɪ'lɔːrd/ n. milord m.

milquetoast /'mɪlktoʊst/ n. (Am) persona f. timida, coniglio m.

milt[1] /mɪlt/ **I** n. (Itt) latte m., liquido m. seminale. **II** v.t. (of roe) fecondare.

milt[2] /mɪlt/ n. (Anat,rar) (spleen) milza f.

milter /'mɪltər Am 'mɪltər/ n. (Itt) pesce m. maschio (nel periodo della riproduzione).

Miltiades /mɪl'taɪədiːz/ n.pr.m. (Stor.gr) Milziade.

Miltonian /mɪl'toʊnɪən/ a. (Lett) miltoniano.

Miltonic /mɪl'tɒnɪk Am mɪl'tɑːnɪk/ a. (Lett) miltoniano.

mime /maɪm/ **I** n. **1** mimica f., arte f. mimica. **2** (actor in a mime) mimo m.; (mimic) imitatore m. (f. -trice); (clown, jester) clown m., buffone m. **3** (Stor) (representation, player) mimo m. **II** v.t. **1** mimare. **2** (to mimic) imitare. **III** v.i. mimare, fare il mimo.

mimeograph /'mɪmɪoʊɡrɑːf Am 'mɪmɪəɡræf/ **I** n. **1** (machine) mimeografo m. **2** (copy) riproduzione f. eseguita con il mimeografo. **II** v.t. mimeografare, riprodurre usando un mimeografo.

mimesis /mɪ'miːsɪs/ n. **1** imitazione f. **2** (Ret) mimesi f. **3** (Biol) mimetismo m.

mimetic /m(a)ɪ'metɪk/ a. **1** (of mime) mimetico. **2** (imitative) imitativo. **3** (Zool,Min) mimetico.

mimic /'mɪmɪk/ **I** n. **1** (abile) imitatore m. (f. -trice). **2** (mime) mimo m. **3** (Zool) animale m. mimetico. **II** a. **1** finto, simulato. **2** (imitative) imitativo. **3** (of a mime) mimico. **III** v.t. (past, p.p. -ked /-t/) **1** imitare, copiare. **2** (ridicule by imitation) parodiare, scimmiottare, contraffare. **3** (to simulate) simulare, fingere. **4** (Biol,Zool) mimetizzarsi.

mimicry /'mɪmɪkri/ n. **1** mimica f.; (imitation) imitazione f. **2** (Zool) mimetismo m.

miminy-piminy /,mɪmɪni'pɪmɪni/ a. lezioso, affettato, smanceroso.

mimosa /mɪ'moʊzə/ n. (Bot) mimosa f.

min. 1 mineralogy miner. (mineralogia). **2** minimum min (minimo). **3** minor min. (minore). **4** minute min. (minuto). **5** minim (goccia, misura per liquidi).

Min. 1 Minister Min. (ministro). **2** Ministry Min. (ministero).

mina /'maɪnə/ (pl. **-s** /-z/ o **-nae** /-niː/) n. (Stor.gr) mina f.

minacious /mɪ'neɪʃəs/ a. minaccioso.

minaret /,mɪnə'ret/ n. (Arch) minareto m.

minatorial /,mɪnə'tɔːrɪəl/ a. minatorio.

minatory /'mɪnətəri Am 'mɪnətɔːri/ a. minatorio.

mince /mɪns/ **I** v.t. **1** tritare, triturare, sminuzzare: to ~ meat tritare (la) carne. **2** (fig) (to subdivide minutely) spezzettare. **3** (to pronounce affectedly) pronunciare affettatamente. **II** v.i. **1** camminare a passettini, muoversi a passettini. **2** (to speak affectedly) parlare con affettazione. **III** n. (Br,Gastron) carne f. tritata, macinato m. ☐ not to ~ **matters** parlare senza mezzi termini, parlare chiaro, dire le cose come stanno, non avere peli sulla lingua; to ~ **up** tritare, macinare; not to ~

words parlare senza mezzi termini, parlare chiaro, dire le cose come stanno, non avere peli sulla lingua.

mincemeat /'mɪnsmiːt/ n. **1** carne f. tritata, macinato m. **2** (Dolc) farcia f. di frutta secca, mele tritate, spezie ecc. ☐ (colloq) to **make** ~ of demolire, annientare, distruggere, fare a pezzettini.

mincepie /mɪns'paɪ/ n. (Dolc) torta f. farcita con frutta secca, mele tritate ecc.

mincer /'mɪnsər/ n. **1** (person) chi trita, tritatore m. (f. -trice). **2** (device) tritacarne m. ☐ (colloq) to **put** so. **through the** ~ mettere qcu. sotto torchio, torchiare qcu.

mincing /'mɪnsɪŋ/ a. **1** affettato, lezioso, smanceroso, manierato. **2** (of a person) smorfioso, lezioso.

mind /maɪnd/ **I** n. **1** mente f., intelletto m., intelligenza f., cervello m.: to have a keen ~ avere una mente acuta. **2** (intellectual outlook) mentalità f., mente f.: scientific ~ mentalità scientifica. **3** (fig) (person) ingegno m., mente f., cervello m.: the greatest ~ of the century il più grande ingegno del secolo. **4** (sanity) ragione f., senno m.: to lose one's ~ perdere la ragione. **5** (opinion, view) idea f., opinione f., punto m. di vista: to change one's ~ cambiare idea. **6** (mental disposition or mood) disposizione f. mentale, mente f. **7** (memory) memoria f., mente f.: it slipped my ~ mi è sfuggito di mente. **8** (attention, thoughts) mente f., animo m., pensiero m.: to have one's ~ on sth. else avere la mente altrove; to turn one's ~ to sth. volgere l'animo a qcs. **9** (Filos) spirito m.: ~ and matter lo spirito e la materia. **II** v.t. **1** badare a, occuparsi di: to ~ one's own business badare ai fatti propri. **2** (to give heed to) fare attenzione a, prestare attenzione a, dare importanza a, far caso a, badare a. **3** (to object to) spiacere (costr.impers.), rincrescere (costr.impers.), dispiacere (costr.impers.): do you ~ my smoking? ti spiace se fumo? **4** (to disturb oneself over) preoccuparsi di, darsi pensiero per, fare caso a, pensare a. **5** (to take care) fare attenzione a, stare attento a, aver cura di, badare a, badare di: ~ you're not late stai attento a non fare tardi. **6** (to look after) sorvegliare, badare a, accudire a: to ~ the shop badare al negozio. **III** v.i. **1** preoccuparsi, dar pensiero: don't ~ about me non preoccuparti per me. **2** (to object) avere qcs. in contrario, spiacere (costr.impers.), rincrescere (costr.impers.), dispiacere (costr.impers.): I'll stay a bit longer if you don't ~ mi fermerò ancora un po' se non hai nulla in contrario. **3** (to be attentive) stare attento, fare attenzione: you'll get hurt if you don't ~ ti farai male se non stai attento. ☐ to set so.'s ~ at rest tranquillizzare qcu.; to ~ one's own business farsi i fatti propri; ~ your own business! bada ai fatti tuoi!, fatti gli affari tuoi!; to come to ~ venire alla mente; in one's ~'s eye con la propria immaginazione; ~ games giochi psicologici (di manipolazione); to have sth. in ~ avere in mente qcs., avere intenzione di fare qcs.; to have it in ~ to do sth. avere intenzione di fare qcs., intendere fare qcs.; to keep in ~ tener presente, ricordare: I will keep your name in ~ ti terrò presente; to keep one's ~ on sth. concentrare la propria attenzione su qcs.: to keep one's ~ on an objective concentrarsi su un obiettivo; to keep one's ~ off sth. non pensare a qcs.; to know one's own ~ sapere ciò che si vuole; to make up one's ~ decidersi, prendere una risoluzione; to make up one's ~ to sth. rassegnarsi a qcs.; to be of so.'s ~ essere d'accordo con qcu.; to be of one ~ essere dello stesso parere; to be

on so.'s ~ preoccupare qcu., assillare qcu.: I have a lot on my ~ ho un sacco di preoccupazioni; ~ **out!** bada!, fa' attenzione!; to be out of one's ~ essere fuori di senno, essere fuori di sé; to get sth. out of one's ~ togliersi qcs. dalla testa, dimenticarsi; to go out of so.'s ~ (o to pass out of so.'s ~) passare di mente; it has to be ~ **over matter** bisogna razionalizzare, bisogna riuscire a controllare il proprio corpo; to ~ one's **p's and q's** essere educato, stare attento, rispettare le regole; to **put** so. **in** ~ of sth. far venire in mente qcs. a qcu.; to set so.'s ~ to **rest** dissipare i dubbi di qcu.; to set one's ~ on sth. mettersi in testa di fare qcs., mettersi in testa di avere qcs.; to **take** so.'s ~ **off** sth. distrarre qcu. dal pensiero di qcs., far dimenticare qcs. a qcu.; there is a tune running **through** my ~ ho in testa un motivo; **to my** ~: **1** secondo me, a mio avviso; **2** (in accordance with one's desires, etc.) di mio gradimento; ~ **you** intendiamoci, bada; (iron) do you ~? ti dispiace?

mind-bending /'maɪnd,bendɪŋ/ a. **1** (colloq, fig) (of drugs) allucinogeno. **2** (Am) (difficult) difficile da risolvere, che fa impazzire, complicato.

mind-bendingly /'maɪnd,bendɪŋli/ avv. (colloq) incredibilmente.

mindblower /'maɪn(d),bloʊər/ n. (colloq) (hallucinogen) allucinogeno m.

mind-blowing /'maɪn(d),bloʊɪŋ/ a. **1** (of drugs) allucinogeno. **2** (colloq,fig) (impressive)straordinario, stupefacente, incredibile, strepitoso, travolgente: a ~ film un film strepitoso. **3** (colloq,fig) (crazy) sconvolgente, pazzesco, allucinante.

mind-blowingly /'maɪn(d),bloʊɪŋli/ avv. (sl, colloq) in modo travolgente, in modo avvincente, in modo appassionato.

mind-boggling /'maɪn(d),bɒɡlɪŋ Am 'maɪn(d),bɑːɡlɪŋ/ a. (colloq) strabiliante, sbalorditivo.

mind-bogglingly /'maɪn(d),bɒɡlɪŋli Am 'maɪn(d),bɑːɡlɪŋli/ avv. (colloq) in modo strabiliante, in modo sbalorditivo.

minded /'maɪndɪd/ a. **1** (in compounds) di mente..., dalla mente..., di mentalità..., dalla mentalità...: open-~ di mente aperta, di ampie vedute, di larghe vedute. **2** (having intention, inclination) disposto a, incline a, che vuole, che ha intenzione di, che ha voglia di. ☐ he could win if he were so ~ potrebbe vincere se lo volesse.

mindedness /'maɪndɪdnəs/ n. (in compounds) inclinazione f., disposizione f. (mentale).

minder /'maɪndər/ n. **1** (in compounds) sorvegliante m./f., addetto m. (f. -a): machine ~ addetto alle macchine. **2** (sl) gorilla m., guardia f. del corpo.

mind-expanding /'maɪndɪk,spændɪŋ/ a. (colloq) psichedelico; (of drug) allucinogeno.

mindful /'maɪn(d)fʊl/ a. **1** attento (of a), sollecito, che ha cura (di): ~ of one's obligations essere attento ai propri doveri. **2** (remembering gratefully) memore, riconoscente (di).

mindfulness /'maɪndfʊlnəs/ n. attenzione f., cura f., consapevolezza f.

mindless /'maɪndləs/ a. **1** irragionevole, privo di ragione, irrazionale. **2** (stupid) stupido, sciocco. **3** (unthinking) irriflessivo. **4** (heedless) incurante, noncurante, dimentico (of di).

mind-reader /'maɪnd,riːdər/ n. chi legge nel pensiero.

mind-reading /'maɪnd,riːdɪŋ/ n. lettura f. del pensiero.

mindset /'maɪn(d)set/ n. mentalità f.

mine[1] /maɪn/ I pron. mio, mia: which is ~? qual è il mio?; this red pencil is not ~ questa matita rossa non è (la) mia. II a. (Bibl,rar,poet) mio: ~ eyes i miei occhi. ☐ me and ~ io e i miei (parenti); he's an old friend of ~ è un mio vecchio amico.

mine[2] /maɪn/ I n. 1 miniera f.: a gold ~ una miniera d'oro. 2 (ore deposit) giacimento m. 3 (fig) miniera f., fonte f. copiosa: the book is a ~ of information il libro è una miniera di informazioni. 4 (Mil) mina f.: to lay a ~ collocare una mina; to set off (o to spring) a ~ far brillare una mina. 5 (Mil) (under an enemy position, etc.) passaggio m. minato. II v.t. 1 estrarre, scavare: to ~ coal estrarre il carbone. 2 (of ground, rock, etc.) scavare (per estrarre minerali). 3 (Mil) minare: to ~ a road minare una strada. 4 (to burrow in) scavare passaggi sotterranei in. 5 (fig) minare, insidiare, indebolire. III v.i. 1 (scavare per) estrarre (for sth. qcs.): to ~ for gold estrarre oro. 2 (Mil) posare mine. ☐ ~ clearance (o ~ clearing) sminamento; (Mil) ~ detector cercamine, mine detector, rilevatore di mine; to go down the ~ fare il minatore; to ~ out esaurire: the pit is completely -d out la miniera è completamente esaurita; ~ workings (mine) miniera, cantiere di coltivazione.

mine-dredger /'maɪn,dredʒəʳ/ n. dragamine m.

minefield /'maɪnfiːld/ n. (Mil) campo m. minato (anche fig).

minelayer /'maɪnleɪəʳ/ n. (Mar.mil) posamine m./f., affondamine m., nave f. posamine.

miner /'maɪnəʳ/ n. 1 minatore m. 2 (Mil) minatore m., pioniere m. minatore. ☐ (Med) ~'s disease anemia dei minatori; ~'s lamp lampada da minatore, lampada da miniera.

mineral /'mɪnərəl/ I n. 1 mineralc m. 2 (inorganic substance) sostanza f. inorganica, sostanza f. minerale. 3 pl. (colloq) (carbonated drinks) bevande f.pl. gassate. II a. 1 minerale: ~ ore minerale grezzo. 2 (inorganic) inorganico. ☐ ~ deposit deposito di minerali; (Chim) ~jelly vaselina; ~kingdom regno minerale; (Chim) ~oil olio minerale, olio di paraffina; ~ rights diritti minerari; ~ spring sorgente di acqua minerale, fonte di acqua minerale; ~ water acqua minerale; ~ wool cotone silicato.

mineralization /,mɪnərəl(a)ɪ'zeɪʃən Am ,mɪnərəlɪ'zeɪʃən/ n. mineralizzazione f.

mineralize /'mɪnərəlaɪz/ I v.t. mineralizzare. II v.i. mineralizzarsi.

mineralizer /'mɪnərəlaɪzəʳ/ n. (Chim) mineralizzatore m.

mineralocorticoid /,mɪnərəlou'kɔːtɪkɔɪd Am ,mɪnərəlou'kɔːrtɪkɔɪd/ n. (Biol,Chim) mineralcorticoide m.

mineralogical /,mɪnərəl'ɒdʒɪkəl Am ,mɪnərə'laːdʒɪkəl/ a. mineralogico.

mineralogist /,mɪnər'ælədʒɪst Am ,mɪnə'raːlədʒɪst/ n. mineralogista m./f., mineralista m./f.

mineralogy /,mɪnər'ælədʒɪ Am ,mɪnə'raːlədʒɪ/ n. mineralogia f.

Minerva /mɪ'nɜːvə Am mɪ'nɜːrvə/ n.pr.f. (Mitol) Minerva.

mineshaft /'maɪnʃaːft Am 'maɪnʃæft/ n. (Min) pozzo m. di estrazione.

minesweeper /'maɪn,swiːpəʳ/ n. (Mar.mil) (ship) dragamine m.; (on tanks) rullo m. sminatore.

minesweeping /'maɪn,swiːpɪŋ/ n. (Mil) dragaggio m. di mine.

mineworker /'maɪn,wɜːkəʳ Am 'maɪn,wɜːrkəʳ/ n. (Min) minatore m. (f. -trice).

mingle /'mɪŋgl/ I v.i. 1 mescolarsi, unirsi, confondersi (with a, tra, con): to ~ with one's guests mescolarsi agli ospiti; to ~ with the crowd confondersi tra la folla. 2 (of things: to mix) fondersi, unirsi, mescolarsi, confondersi: poetry and prose ~ in his work nella sua opera poesia e prosa si fondono. 3 (colloq) socializzare: go to a party and ~ andare a una festa e socializzare. II v.t. 1 mescolare, mischiare, unire. 2 (of people: to cause to associate) mescolare, mettere insieme.

mingy /'mɪndʒɪ/ a. (colloq) tirchio, spilorcio, taccagno.

mini /'mɪnɪ/ n. (colloq) 1 oggetto m. piccolo, oggetto m. in miniatura. 2 (Aut) (minicar) mini f. 3 (Abbigl) (miniskirt) mini f., minigonna f.

miniate /'mɪnɪeɪt/ v.t. (Art) miniare.

miniature /'mɪnətʃəʳ Am 'mɪnɪətʃəʳ/ I n. 1 miniatura f., rappresentazione f. in scala ridotta. 2 (Pitt) miniatura f. 3 (Art) miniatura f., arte f. dell'illustrazione miniata. II a. 1 in miniatura: ~ portrait ritratto in miniatura. 2 (fig) in miniatura, piccolissimo, (scherz) tascabile: a ~ railway una ferrovia in miniatura. 3 (Fot) micro; (of television) a cristalli liquidi. ☐ ~ camera microcamera; (Sport) ~ golf minigolf; ~ model modello in scala ridotta; (Art) ~ painter miniaturista.

miniaturist /'mɪnətʃərɪst Am 'mɪnɪətʃərɪst/ n. miniaturista m./f., miniatore m. (f. -trice).

miniaturization /,mɪnətʃər(a)ɪ'zeɪʃən Am ,mɪnɪətʃərɪ'zeɪʃən/ n. (Tecn) miniaturizzazione f.

miniaturize /'mɪnətʃəraɪz Am 'mɪnɪətʃəraɪz/ v.t. (Tecn) miniaturizzare.

minibar /'mɪnɪbaːʳ Am 'mɪnɪbaːr/ n. frigobar m., minibar m.

minibus /'mɪnɪbʌs/ n. minibus m.

minicab /'mɪnɪkæb/ n. (Br) taxi m. (disponibile solo su prenotazione telefonica.

minicam /'mɪnɪkæm/ n. videocamera f. portatile.

minicamera /'mɪnɪkæmərə/ n. videocamera f. portatile.

minicar /'mɪnɪkaːr/ n. (Aut) mini f.

minicomputer /'mɪnɪkəm,pjuːtəʳ Am 'mɪnɪkəm,pjuːtəʳ/ n. (Inform) minicomputer m., minielaboratore m., minicalcolatore m.

minidisc /'mɪnɪdɪsk/ n. (Inform) minidisco m.

minidress /'mɪnɪdres/ n. (Abbigl) miniabito m.

minifloppy /'mɪnɪflɒpɪ/ n. (Inform) minidischetto m., minifloppy m.

minify /'mɪnɪfaɪ/ v.t. 1 ridurre, sminuire. 2 (to minimize) minimizzare.

minikin /'mɪnɪkɪn/ I n. 1 (rar,ant) persona f. minuscola, ometto m. (f. donnina). 2 (Tip) corpo m. 3 e mezzo. II a. 1 minuscolo, piccolissimo. 2 (dainty, mincing) affettato, lezioso.

minim /'mɪnɪm/ I n. 1 (Br,Mus) minima f. 2 (unit of liquid measure) un sessantesimo di dramma fluida (pari a una goccia circa). 3 (minute creature) persona f. minuscola; (minute thing) cosa f. minuscola. 4 (in penmanship) segno m. discendente, tratto m. discendente. II a. minimo.

Minim /'mɪnɪm/ n. (Rel.catt) appartenente m. all'ordine dei frati minimi.

minimal /'mɪnɪməl/ a. minimo, piccolissimo, minimale: there is a ~ charge c'è una tariffa minima. ☐ (Art) ~ art minimal art, minimalismo (nelle arti figurative); (Ling) ~ free form forma minima libera.

Minimalism /'mɪnɪməlɪzəm/ n. (Art,Pol) minimalismo m.

Minimalist /'mɪnɪməlɪst/ n. (Art,Pol) minimalista m./f.

minimarket /'mɪnɪ,maːkɪt Am 'mɪnɪ,maːrkɪt/ n. minimarket m.

minimart /'mɪnɪ,maːt/ n. (Am) minimarket m.

minimax /'mɪnɪ,mæks/ n. (Mat) minimax m., minimomassimo m.

minimerger /'mɪnɪ,mɜːdʒəʳ Am 'mɪnɪ,mɜːrdʒəʳ/ n. (Econ) minifusione f.

minimization /,mɪnɪm(a)ɪ'zeɪʃən Am ,mɪnɪm'zeɪʃən/ n. minimizzazione f., riduzione f. (al minimo).

minimize /'mɪnɪmaɪz/ v.t. 1 minimizzare, ridurre al minimo. 2 (to estimate at the minimum) minimizzare: to ~ the danger minimizzare il rischio. 3 (Inform) ridurre a icona, minimizzare.

minimum /'mɪnɪməm/ I n. (pl. -s /-z/ o -ma /-mə/) minimo m. (of di): overheads must be reduced to a ~ le spese generali devono essere ridotte al minimo. II a. 1 minimo, il più piccolo: ~ charge tariffa minima. 2 (least possible) minimo, piccolissimo: the plan involves ~ risk il progetto implica un rischio minimo. 3 (lowest) minimo, il più basso. ☐ ~ age (o ~ age requirement) età minima; (Farm) ~ dose dose minima; (Tess) ~ iron che si stira facilmente; (Econ) ~ lending rate tasso minimo di sconto; with a ~ of effort con il minimo sforzo; (Meteor) ~ thermometer termometro a minima; to cut down to a ~ ridurre al minimo; ~ wage: 1 minimo garantito, minimo di paga; 2 (living wage) salario minimo, minimo vitale, minimo salariale.

minimus /'mɪnɪməs/ a. (Scol,ant) (of three brothers) il più giovane.

mining /'maɪnɪŋ/ I n. 1 (Minier) estrazione f. (mineraria); (industry) industria f. mineraria. 2 (laying of mines) posa f. di mine. II a. minerario. ☐ (Minier) ~ claim concessione mineraria; (Minier) ~ engineer ingegnere minerario; (Minier) ~ engineering ingegneria mineraria; (Minier) ~ rights diritti minerari.

minion /'mɪnjən/ n. 1 servo m. (f. -a), (spreg) tirapiedi m./f., (spreg) scagnozzo m. 2 (favourite) favorito m. (f. -a), beniamino m. (f. -a). 3 (Tip) corpo m. 7. ☐ (colloq,spreg) ~ of the law piedipiatti, poliziotto.

minipill /'mɪnɪpɪl/ n. (Farm) minipillola f., pillola f. anticoncezionale a basso dosaggio.

miniseries /'mɪnɪ,sɪərɪz Am 'mɪnɪ,sɪrɪːz/ n. (TV) miniserie f.

miniskirt /'mɪnɪskɜːt Am 'mɪnɪskɜːrt/ n. (Abbigl) minigonna f., mini f.

ministate /'mɪnɪsteɪt/ n. ministato m.

minister /'mɪnɪstəʳ/ I n. 1 (Rel,Parl,Dipl) ministro m. 2 (Rel.prot) ministro m. di culto, pastore m. 3 (agent) strumento m.: a ~ of divine wrath uno strumento della collera divina. 4 (rar) (servant) servitore m. (f. -trice). II v.i. 1 (Rel) officiare: to ~ to a congregation officiare in una congregazione. 2 (to attend to the wants) assistere, servire (to so. qcu.), provvedere ai bisogni (di): to ~ to the sick assistere gli ammalati. 3 (of things) provvedere (a): to ~ to so.'s needs provvedere ai bisogni di qcu. ☐ Minister of Agriculture, Fisheries and Food ministro dell'Agricoltura, della Pesca e dell'Alimentazione; Minister of Defence ministro della Difesa; Minister of Health ministro della Sanità; Minister of Labour ministro del Lavoro; Minister of Pensions and National Insurance ministro della Previdenza Sociale; Minister of religion ministro di culto; (Br,Canad) Minister of the Crown ministro segretario di stato; (Dipl) ~ plenipotentiary ministro plenipotenziario; ~ resident ministro residente;

Minister without portfolio ministro senza portafoglio.

ministerial /ˌmɪnɪˈstɪərɪəl Am ˌmɪnɪˈstɪrɪəl/ a. 1 (*Rel*) di un ministro. 2 (*Parl*) ministeriale: *a meeting at ~ level* una riunione a livello ministeriale. 3 (*Parl*) (*government*) ministeriale, governativo. 4 (*acting as an agent*) strumentale. 5 (*Pol,Dir*) governativo.

ministerialist /ˌmɪnɪˈstɪərɪəlɪst Am ˌmɪnɪˈstɪrɪəlɪst/ n. (*Pol*) sostenitore m. (f. -trice) del governo (in carica).

ministering /ˈmɪnɪstərɪŋ/ □ *~ angel* angelo custode (*anche fig*).

ministorage /ˈmɪnɪˌstɔːrɪdʒ/ n. minimagazzino m. (comunitario).

ministrant /ˈmɪnɪstrənt/ I n. 1 soccorritore m. (f. -trice). 2 (*Rel*) celebrante m., officiante m. II a. che aiuta, che soccorre.

ministration /ˌmɪnɪˈstreɪʃən/ n. 1 assistenza f., soccorso m., aiuto m. 2 (*Rel*) (sacro) ministero m. sacerdotale.

ministry /ˈmɪnɪstrɪ/ n. 1 (*Rel*) ministero m., sacerdozio m.; (*body of ministers*) clero m. 2 (*Parl*) (*department*) ministero m., dicastero m. 3 (*building*) ministero m. 4 (*Parl*) (*body of ministers, government*) governo m., ministero m.; (*cabinet*) gabinetto m., ministero m. 5 (*agency, instrument*) strumento m., mezzo m. □ *Ministry of Defence* ministero della difesa; *~ of Economic Planning* ministero della pianificazione economica; *Ministry of Education* ministero della pubblica istruzione.

minium /ˈmɪnɪəm/ n. (*Min*) minio m.

minivan /ˈmɪnɪvæn/ n. (*Aut*) monovolume f.

miniver /ˈmɪnɪvər/ n. (*fur*) vaio m.; (*fur coat*) pelliccia f. di vaio.

mink /mɪŋk/ I n. (*pl.inv.* o **-s** /-s/; *il pl. inv. si usa general. con valore collett.*) 1 (*Zool*) visone m. 2 (*fur*) visone m., pelliccia f. di visone. 3 (*Am,colloq*) donna f. dotata di sex appeal, bonazza f. II a. di visone. □ (*Abbigl*) *~coat* pelliccia di visone; *~ farm* allevamento di visoni; (*Abbigl*) *~ stole* stola di visone.

minke /ˈmɪŋkɪ/ □ (*Zool*) *~ whale* balenottera minore.

Minnesota /ˌmɪnɪˈsəʊtə Am ˌmɪnɪˈsoʊṭə/ n.pr. (*Geog*) Minnesota m.

Minnie Mouse /ˌmɪnɪˈmaʊs/ n.pr.f. (*Disney character*) Minnie.

minnow /ˈmɪnəʊ/ n. (*pl.inv.* o **-s** /-z/; *il pl. inv. si usa general. con valore collett.*) n. 1 (*Itt*) sanguinerola f. 2 (*Itt*) piccolo pesce m. dei ciprinidi. 3 (*fig*) minutaglia f., gentucola f., persona f. insignificante, cosa f. insignificante.

Minoan /mɪˈnəʊən/ I a. (*Archeol*) minoico. II n. 1 cretese m./f., abitante m./f. dell'antica Creta. 2 (*language*) lingua f. della civiltà minoica.

minor /ˈmaɪnər/ I a. 1 minore, secondario, di minore importanza: *a ~ poet* un poeta minore; *these are ~ details* questi sono dettagli secondari. 2 (*inferior in status*) di grado inferiore. 3 (*inferior in gravity, etc.*) leggero, non grave, lieve: *~ injuries* ferite leggere; *a ~ defect* un lieve difetto, un difetto non grave. 4 (*Dir*) (*below legal age*) minorenne, minore. 5 (*Mus*) minore: *in a ~ key* in tono minore. 6 (*Am,Univ*) complementare, non fondamentale, secondario: *~ subject* materia complementare. II n. 1 (*Dir*) minore m./f., minorenne m./f. 2 (*Mus*) (*key*) chiave f. minore; (*chord*) accordo m. minore; (*scale*) scala f. minore; (*interval*) intervallo m. minore. 3 (*Filos*) premessa f. minore, minore f. 4 (*Filos*) termine m. minore. 5 (*Am,Univ*) seconda materia f. di specializzazione. 6 pl. (*Am,Sport*) associazione f.sing. di leghe minori. III v.i. (*Am,Univ*) frequentare un corso complemen-

tare: *to ~ in art history* frequentare un corso complementare di storia dell'arte. □ (*Mus*) *~ key* chiave minore: (*fig*) *in a ~ key* in tono minore; (*Am,Sport*) *~ league* associazione di leghe minori; (*Dir*) *~ offence* (o *Am ~ offense*) reato minore; (*Rel.catt*) *~ order* ordine minore; *~ piece* (*chess*) pezzo minore (alfiere, cavallo); (*Astr*) *~ planet* pianeta minore, asteroide, pianetino; (*Filos*) *~ premise* premessa minore, minore; (*Bibl*) *~ prophet* profeta minore; (*Mus*) *~ sixth* sesta minore; *~ suit* (*in bridge*) quadri e fiori; (*Med*) *~ surgery* piccola chirurgia; (*Filos*) *~ term* termine minore.

Minor /ˈmaɪnər/ I a. (*Br,Scol,ant*) (*younger of two brothers*) il più giovane, il più piccolo, il minore: *Jones ~* il minore dei Jones. II n. (*Rel.catt*) minorita m., frate m. minore.

Minorca /mɪˈnɔːkə Am mɪˈnɔːrkə/ n.pr. (*Geog*) Minorca f.

Minorcan /mɪˈnɔːkən Am mɪˈnɔːrkən/ I a. di Minorca. II n. abitante m./f. di Minorca.

Minorite /ˈmaɪnəraɪt/ n. (*Rel.catt*) minorita m., frate m. minore.

minority /maɪˈnɒrətɪ Am maɪˈnɔːrəṭɪ/ I n. 1 minoranza f. (*of*) di): *government by ~* governo di minoranza. 2 (*Dir*) minore età f., minorità f., l'essere minorenne, l'essere minore. II a. di minoranza: *~ parties* partiti di minoranza. □ *~ government* governo di minoranza; *~ group* gruppo di minoranza, minoranza; (*Dir*) *to be in one's ~* essere minorenne; *to be in a ~* (o *to be in the ~*) essere in minoranza; (*Parl*) *~ leader* leader della minoranza; (*scherz*) *to be in a ~ of one* essere il solo a pensarla in un certo modo; (*Rad,TV*) *~ programme* programma destinato alle minoranze; *~ report* relazione di minoranza, mozione di minoranza; (*Econ*) *~ rights* diritti delle minoranze; (*Econ*) *~ shareholder* azionista di minoranza; (*Econ*) *~ shareholding* azionariato di minoranza.

Minos /ˈmaɪnɒs Am ˈmaɪnɑːs/ n.pr.m. (*Mitol*) Minosse.

Minotaur /ˈmaɪnətɔːr Am ˈmɪnətɔːr/ n.pr.m. (*Mitol*) Minotauro.

minster /ˈmɪnstər/ n. 1 cattedrale f., duomo m. 2 (*monastery church*) chiesa f. di un monastero, chiesa f. annessa un monastero.

minstrel /ˈmɪnstrəl/ n. 1 (*Mediev*) menestrello m., giullare m. 2 (*Teat*) membro m. di una troupe di attori truccati da neri. □ *~ gallery*: 1 (*in castles*) palco dei cantori; 2 (*in churches*) cantoria; (*Teat*) *~ show* spettacolo di varietà presentato da una troupe di attori truccati da neri.

minstrelsy /ˈmɪnstrəlsɪ/ n. 1 (*art*) arte f. dei menestrelli; (*occupation*) giulleria f. 2 (*body of minstrels*) menestrelli m.pl., giullari m.pl. 3 (*minstrels' songs*) canzoni f.pl. giullaresche, canzoni f.pl. dei menestrelli.

mint[1] /mɪnt/ I n. 1 (*Bot*) menta f. 2 (*Dolc*) mentina f., caramella f. alla menta. II a. alla menta. □ *~ julep* bevanda alcolica alla menta; *~ sauce* salsa alla menta; *~ tea* tè alla menta.

mint[2] /mɪnt/ I n. 1 zecca f.: *the Royal Mint* la zecca reale. 2 (*fig*) miniera f., fonte f. inesauribile. 3 (*colloq*) (*great quantity*) grande quantità f., (*colloq*) sacco m. 4 (*colloq*) (*large sum*) forte somma f., mucchio m. di soldi: *to cost a ~* costare una fortuna. II a. (*Filat*) nuovo. 2 (*fig*) nuovo di zecca, nuovo fiammante, nuovissimo, nuovo di pacca, fior di conio. III v.t. 1 battere, coniare: *to ~ coins* battere moneta. 2 (*fig*) coniare, creare: *to ~ a word* coniare una parola. □ *in ~ condition* nuovo di zecca, nuovo fiammante, nuovissimo, nuovo di pacca; (*Numism*) *~*

mark marchio di zecca; *a ~ of money* fior di quattrini, quattrini a palate; (*Econ*) *~ par of exchange* parità di cambio di una moneta, parità monetaria; (*Econ*) *~ price* valore monetario intrinseco.

mintage /ˈmɪntɪdʒ Am ˈmɪnṭɪdʒ/ n. 1 coniazione f., coniatura f., conio m. 2 (*coins minted*) monete f.pl. coniate (in una zecca); (*issue of coins*) emissione f. di monete. 3 (*cost of minting*) monetaggio m., costo m. di coniazione.

minter /ˈmɪntər Am ˈmɪnṭər/ n. coniatore m. (f. -trice).

minting /ˈmɪntɪŋ Am ˈmɪnṭɪŋ/ □ (*Mecc*) *~ die* conio per monete.

mintmark /ˈmɪntmɑːk Am ˈmɪntmɑːrk/ n. marchio m. di zecca.

minuend /ˈmɪnjuend/ n. (*Mat*) minuendo m.

minuet /ˌmɪnjuˈet/ n. (*Mus*) minuetto m.

minus /ˈmaɪnəs/ I prep. 1 meno: *ten ~ four leaves six* dieci meno quattro fa sei. 2 (*without, lacking*) senza, privo di: *a book ~ its cover* un libro senza copertina. II a. 1 (*Mat*) (*requiring subtraction*) meno; (*negative*) negativo: *a ~ quantity* una quantità negativa. 2 (*somewhat less than; placed after the noun*) meno: *a six ~ mark* un sei meno. III n. 1 (*Mat*) segno m. meno, meno m. 2 (*negative quantity*) quantità f. negativa. 3 (*disadvantage*) svantaggio m.: *it has its pluses and -es* ha i suoi pro e i suoi contro. IV avv. meno, sotto zero: *~ ten degrees* meno dieci (gradi). □ (*Mat*) *~ sign* segno meno, meno.

minuscule /ˈmɪnəskjuːl Am mɪˈnʌskjuːl/ I a. minuscolo, piccolissimo. II n. 1 (*Tip*) minuscolo m., minuscola f. 2 (*Paleogr*) minuscolo m.; (*letter*) minuscola f.

minute[1] /ˈmɪnɪt/ I n. 1 minuto m. (*anche Geom*): *it is ten -s to six* mancano dieci minuti alle sei. 2 (*short space of time*) minuto m., momento m., istante m., attimo m.: *wait a ~!* aspetta un momento!; (*esclam.*) *just a ~!* un momento!, un minuto!, un attimo! 3 (*rough draft*) minuta f., bozza f. 4 (*written note*) nota f., appunto m.; (*memorandum*) promemoria m. 5 pl. (*Dir,Comm*) (*record of proceedings*) verbale m.sing.: *the -s of a meeting* il verbale di una riunione. II a. (*colloq*) che si prepara in pochissimo, che cuoce in pochissimo tempo. III v.t. 1 verbalizzare, redigere il verbale di, stendere il verbale di. 2 (*to make a rough draft of*) fare una minuta di, fare una bozza di. 3 (*to make a note on*) fare una nota su. 4 (*to time*) calcolare al minuto, cronometrare. □ *~ any* (o *any ~ now*) da un momento all'altro; *~ book* registro dei verbali, libro dei verbali; *~ gun* cannone che spara a salva a intervalli di un minuto; *~ hand* lancetta dei minuti; *in a ~* in un momento, tra un momento; *in a few -s* tra poco, tra qualche minuto; *at a ~'s notice*: 1 su due piedi, senza preavviso; 2 (*immediately*) subito, immediatamente; (*Gastron*) *~ steak* bistecca piccola e sottile, fettina (di carne); *the ~ (that)* (non) appena: *I'll ring you the ~ I arrive* appena arrivo ti telefono; *this ~* subito, immediatamente; *to the ~* esattamente, in punto: *he arrived at midnight to the ~* è arrivato a mezzanotte in punto; (*colloq*) *up to the ~* modernissimo.

minute[2] /maɪˈnjuːt Am maɪˈnuːt/ a. 1 minuscolo, minuto, piccolissimo: *~ specks of dust* minuscoli granelli di polvere. 2 (*meticulous*) minuzioso, minuto.

minutely[1] /maɪˈnjuːtlɪ Am maɪˈnuːtlɪ/ avv. 1 minutamente, a pezzetti. 2 (*meticulously*) minutamente, in modo particolareggiato, minuziosamente.

minutely[2] /ˈmɪnɪtlɪ Am ˈmɪnɪt̪lɪ/ I a. 1 a intervalli di un minuto. **2** (*continual*) continuo, incessante. **II** *avv.* **1** ogni minuto, di minuto in minuto. **2** (*unceasingly*) continuamente, incessantemente.

minuteman /'mɪnɪtmæn/ *n.irr.* **1** (*Stor.am*) volontario *m.* durante la guerra d'Indipendenza. **2** (*Am,Pol*) persona *f.* preparata a intervenire prontamente.

minuteness /maɪ'njuːtnəs *Am* maɪ'nuːtnəs/ *n.* **1** minutezza *f.*, piccolezza *f.* **2** (*attention to detail*) minuziosità *f.*, meticolosità *f.*, (estrema) precisione *f.*

minutia /maɪ'njuːʃiə/ (*pl.* **-e** /-iː/) *n.* minuzia *f.*, inezia *f.*, piccolezza *f.*

minx /mɪŋks/ *n.* (*spreg,scherz*) **1** sfacciata *f.*, impudente *f.* **2** (*flirtatious girl*) civetta *f.*

Miocene /'maɪəʊsiːn/ **I** *a.* (*Geol*) miocenico. **II** *n.* (*Geol*) miocene *m.*

miosis /maɪ'əʊsɪs/ *n.* (*Med*) miosi *f.*

MIPS, mips /mɪps/ *millions of instructions per second* MIPS (milioni di istruzioni al secondo).

miracle /'mɪrəkl/ *n.* **1** miracolo *m.*: *the ~ of Cana* il miracolo di Cana. **2** (*fig*) miracolo *m.*, portento *m.*: *an economic ~* un miracolo economico. **3** (*fig*) (*wonderful thing or person*) portento *m.*, miracolo *m.*, prodigio *m.*: *a ~ of learning* un portento di sapere. **4** (*fig*) un perfetto esempio *m.*: *a ~ of modesty* un fenomeno di riservatezza. □ *by a ~* per miracolo; *~ drug*: **1** medicina miracolosa, medicina portentosa; **2** (*fig*) ricetta miracolosa; *~ man*: **1** chi compie miracoli; **2** (*colloq*) portento, prodigio; (*Bibl*) *the ~ of the loaves* (*and fishes*) la moltiplicazione dei pani (e dei pesci); (*Lett*) *~ play* miracolo, sacra rappresentazione; *to a ~* in modo meraviglioso, meravigliosamente (bene); *~ worker*: **1** taumaturgo, chi opera miracoli; **2** (*fig*) persona che fa miracoli.

miraculous /mɪ'rækjələs/ *a.* **1** miracoloso, che fa miracoli: *a ~ medal* una medaglia miracolosa. **2** (*fig*) miracoloso, prodigioso, mirabolante, portentoso: *a ~ recovery* una guarigione miracolosa.

miraculousness /mɪ'rækjələsnəs/ *n.* carattere *m.* miracoloso.

mirage /'mɪrɑːʒ *Am* mɪ'rɑːʒ/ *n.* **1** miraggio *m.*, fata *f.* morgana. **2** (*fig*) miraggio *m.*, illusione *f.*, speranza *f.* ingannevole.

Miranda /mɪ'rændə/ **I** *n.pr.f.* Miranda. **II** *n.pr.* (*Astr*) Miranda *f.* □ (*Am,colloq*) *~ warning* lettura dei diritti all'arrestato.

Mirandize /mɪ'rændaɪz/ *v.t.* (*Am,colloq*) leggere a (qcu.) i suoi diritti.

mire /maɪə/ *Am* maɪr/ **I** *n.* **1** pantano *m.*, palude *f.* **2** (*thick mud*) fango *m.*, fanghiglia *f.*, melma *f.*, mota *f.* **3** (*fig*) fango *m.*, melma *f.*, pantano *m.*: *he had his name dragged through the ~* il suo nome fu trascinato nel fango. **II** *v.t.* **1** far impantanare. **2** (*to dirty with mire*) infangare, inzaccherare. **III** *v.i.* impantanarsi, affondare nella melma. □ (*fig*) *to be in the ~* trovarsi in difficoltà.

Miriam /'mɪriəm/ *n.pr.f.* Miriam (*anche Bibl*).

miriness /'maɪərɪnəs *Am* 'maɪrnəs/ *n.* l'essere fangoso.

mirliton /'mɜːlɪtən *Am* 'mɜːrlɪtɑːn/ *n.* (*Mus*) mirliton *m.*

mirror /'mɪrə/ **I** *n.* **1** specchio *m.*: *to look at oneself in the ~* guardarsi nello specchio, guardarsi allo specchio. **2** (*fig*) specchio *m.*, immagine *f.*: *the eyes are the ~ of the soul* gli occhi sono lo specchio dell'anima. **3** (*fig*) (*exemplar*) specchio *m.*, esemplare *m.*, modello *m.* **4** (*Aut*) specchietto *m.* **5** (*Inform*) mirror *m.* **II** *v.t* **1** rispecchiare, riflettere (*anche fig*). **2** (*Inform*) scaricare dalla rete l'intero contenuto di un sito. □ *~image* immagine

speculare; (*Met*) *~ iron* ghisa speculare; (*Inform*) *~ site* sito mirror; *~ symmetry* simmetria speculare; *~ writing* scrittura a specchio, scrittura speculare.

mirrorball /'mɪrəbɔːl *Am* 'mɪrəˈbɔːl/ *n.* palla *f.* a specchi (usata *spec.* in discoteche).

mirrored /'mɪrəd *Am* 'mɪrərd/ *a.* **1** ricoperto di specchi. **2** (*reflected*) rispecchiato, riflesso.

mirroring /'mɪrəˈrɪŋ/ *n.* (*Inform*) mirroring *m.*

mirth /mɜːθ *Am* mɜːrθ/ *n.* **1** gaiezza *f.*, allegria *f.*, giocondità *f.*, ilarità *f.* **2** (*amusement, laughter*) ilarità *f.*, riso *m.*

mirthful /'mɜːθfʊl *Am* 'mɜːrθfʊl/ *a.* **1** allegro, gaio, gioioso. **2** (*amusing*) divertente, spassoso.

mirthfulness /'mɜːθfʊlnəs *Am* 'mɜːrθfʊlnəs/ *n.* allegria *f.*, gaiezza *f.*

mirthless /'mɜːθləs *Am* 'mɜːrθləs/ *a.* mesto, malinconico, triste.

MIRV /mɜːv *Am* mɜːrv/ (*Am,Mil*) *Multiple Independently targeted Re-Entry Vehicle* MIRV (missile a testate multiple indirizzate su bersagli diversi).

miry /'maɪ(ə)ri/ *a.* **1** paludoso, pantanoso. **2** (*muddy*) fangoso, melmoso. **3** (*dirty with mud*) infangato, inzaccherato.

MIS /ˌemiː'es/ (*Inform*) *management information systems* MIS (sistema informatico gestionale).

misadventure /ˌmɪsəd'ventʃə/ *n.* **1** disavventura *f.*, disgrazia *f.* **2** (*bad luck*) sfortuna *f.*, malasorte *f.* □ *by ~* accidentalmente, in modo fortuito, in modo casuale; (*Dir*) *death by ~* morte accidentale.

misalign /ˌmɪsə'laɪn/ *v.t.* (*Aut*) disallineare: *to ~ the wheels of a car* disallineare le ruote di una macchina.

misalignment /ˌmɪsə'laɪnmənt/ *n.* disallineamento *m.*

misalliance /ˌmɪsə'laɪəns/ *n.* **1** (*union*) unione *f.* sfortunata. **2** (*marriage*) mésalliance *f.*, matrimonio *m.* male assortito.

misandry /mɪ'sændri *Br also* 'mɪsəndri/ *n.* misandria *f.*

misanthrope /'mɪsənθrəʊp *Am* 'mɪsənθrəʊp/ *n.* misantropo *m.* (*f.* -a).

misanthropic /ˌmɪsən'θrɒpɪk *Am* ˌmɪsən'θrɑːpɪk/, **misanthropical** /ˌmɪsən'θrɒpɪkəl *Am* ˌmɪsən'θrɑːpɪkəl/ *a.* **1** misantropico. **2** (*avoiding company*) misantropo.

misanthropist /mɪ'sænθrəpɪst/ *n.* misantropo *m.* (*f.* -a).

misanthropy /mɪ'sænθrəpi/ *n.* misantropia *f.*

misapplication /ˌmɪsæplɪ'keɪʃən/ *n.* **1** uso *m.* sbagliato. **2** (*of public money*) distrazione *f.*, storno *m.*

misapply /ˌmɪsə'plaɪ/ *v.t.* **1** usare male. **2** (*of public money*) distrarre, stornare.

misapprehend /ˌmɪsæprɪ'hend/ *v.t.* fraintendere, capire male.

misapprehension /ˌmɪsæprɪ'henʃən/ *n.* **1** interpretazione *f.* errata. **2** (*something misapprehended*) equivoco *m.*, malinteso *m.*

misapprehensive /ˌmɪsæprɪ'hensɪv/ *a.* incline a fraintendere, incline a equivocare.

misappropriate /ˌmɪsə'prəʊprieɪt/ *v.t.* appropriarsi indebitamente di, sottrarre, malversare.

misappropriation /ˌmɪsəˌprəʊpri'eɪʃən/ *n.* appropriazione *f.* indebita, malversazione *f.* □ *~ of funds* appropriazione indebita di fondi.

misbecome /ˌmɪsbɪ'kʌm/ *v.t.* essere sconveniente a, non addirsi a.

misbegotten /ˌmɪsbɪ'gɒtən *Am* ˌmɪsbɪ'gɑːtən/ *a.* **1** illegittimo, (*spreg*) bastardo. **2** (*fig*) mal concepito: *a ~ plan* un piano mal concepito.

misbehave /ˌmɪsbɪ'heɪv/ *v.i.* **1** comportarsi male, comportarsi in modo sconveniente. **2** (*of things*) funzionare male.

misbehavior /ˌmɪsbɪ'heɪvjə/ *n.* (*Am*) **1** comportamento *m.* scorretto, comportamento *m.* riprovevole. **2** (*Scol*) cattiva condotta *f.*

misbehaviour /ˌmɪsbɪ'heɪvjə/ *n.* (*Br*) **1** comportamento *m.* scorretto, comportamento *m.* riprovevole. **2** (*Scol*) cattiva condotta *f.*

misbelief /ˌmɪsbɪ'liːf/ *n.* **1** falsa credenza *f.*, miscredenza *f.* **2** (*Rel*) eresia *f.*

misbeliever /ˌmɪsbɪ'liːvə/ *n.* miscredente *m./f.*, empio *m.* (*f.* -a).

misc. **1** *miscellaneous* (miscellaneo). **2** *miscellany* (miscellanea).

miscalculate /ˌmɪs'kælkjʊleɪt/ **I** *v.t.* calcolare male. **II** *v.i.* sbagliare i calcoli.

miscalculation /ˌmɪskælkjʊ'leɪʃən/ *n.* **1** (*act*) calcolo *m.* errato, calcolo *m.* sbagliato. **2** (*instance*) errore *m.* di calcolo.

miscall /ˌmɪ'skɔːl/ *v.t.* **1** chiamare impropriamente, chiamare con un nome sbagliato. **2** (*in cards*) dichiarare in modo sbagliato, accusare in modo sbagliato. **3** (*dial*) (*to revile*) insultare, ingiuriare.

miscarriage /mɪ'skærɪdʒ *Am* 'mɪs,kerɪdʒ/ *n.* **1** cattiva amministrazione *f.* **2** (*failure*) fallimento *m.*, fiasco *m.*, insuccesso *m.* **3** (*Med*) aborto *m.* **4** (*Post*) (*of a letter*) disguido *m.* **5** (*Comm*) smarrimento *m.* □ (*Dir*) *~ of justice* errore giudiziario.

miscarry /mɪ'skæri/ *v.i.* **1** fallire, non riuscire, andar male: *the scheme miscarried* il piano è fallito. **2** (*to be unsuccessful*) fallire, fare fiasco. **3** (*Med*) abortire. **4** (*Post*) smarrirsi, perdersi.

miscast /ˌmɪ'skɑːst *Am* mɪs'kæst/ **I** *v.t.irr.* **1** (*of an actor*) assegnare un ruolo non adatto a. **2** (*of a play, film*) scegliere attori non adatti per. **3** (*of a role*) assegnare male. **II** *a.* **1** (*of an actor*) non adatto al ruolo. **2** (*of a role*) male assegnato.

miscegenation /ˌmɪsɪdʒɪ'neɪʃən/ *n.* **1** incrocio *m.* di razze. **2** (*marriage between races*) matrimonio *m.* misto.

miscellanea /ˌmɪsə'leɪniə/ *n.pl.* miscellanea *f.sing.*

miscellaneous /ˌmɪsə'leɪniəs/ *a.* **1** eterogeneo, miscellaneo: *~ reading* letture eterogenee. **2** (*having various aspects*) vario: *the letter was classified under "~"* la lettera venne classificata sotto "varie". **3** (*of a person*) versatile, eclettico.

miscellaneously /ˌmɪsə'leɪniəsli/ *avv.* variamente, in modo eterogeneo.

miscellaneousness /ˌmɪsə'leɪniəsnəs/ *n.* eterogeneità *f.*, varietà *f.*

miscellanist /mɪ'selənɪst *Am* 'mɪsəleɪnɪst/ *n.* scrittore *m.* (*f.* -trice) di miscellanea.

miscellany /mɪ'seləni *Am* 'mɪsəleɪni/ *n.* **1** scolanza *f.*, mistura *f.*, miscellanea *f.* **2** (*Lett*) miscellanea *f.*

mischance /mɪs'tʃɑːns *Am* mɪs'tʃæns/ *n.* **1** sfortuna *f.*, disdetta *f.*, scalogna *f.*, (*pop*) scarogna *f.* **2** (*instance*) disavventura *f.*, infortunio *m.*, disgrazia *f.* □ *by ~* per disgrazia, sfortunatamente.

mischief /'mɪstʃɪf/ *n.* **1** (*mischievous conduct*) birichinata *f.*, monelleria *f.* **2** (*wickedness*) cattiveria *f.*, malignità *f.*, malizia *f.*: *he did it out of pure ~* l'ha fatto per pura cattiveria. **3** (*harm, trouble*) maldestro *m.*, danno *m.*, guaio *m.*: *to work great ~* combinare grossi guai. **4** (*injury, evil*) torto *m.*, male *m.*, danno *m.*, offesa *f.* **5** (*colloq*) (*naughty child*) birichino *m.* (*f.* -a), monello *m.* (*f.* -a), (*colloq*) briccone *m.* (*f.* -a), (*ant*) birba *f.* □ *to do so.* *a ~* fare del male a qcu.; *to get into ~* combinare guai, combinare malanni; *to keep out* *of* ~ tenersi lontano dai guai: *this will keep the children out of* ~ questo eviterà che i bambini combinino guai; *to make* ~ intorbidare le acque; *to make* ~ *between two people* seminare zizzania tra due persone; ~ *maker:* 1 seminatore di discordie, chi semina zizzania; 2 (*spiteful gossip*) maldicente, linguaccia; ~ *making* il seminare zizzania; *there is no* ~ *in her* è senza malizia; *that boy is always up to* ~ quel ragazzo ne combina sempre qualcuna (delle sue).

mischievous /'mɪstʃɪvəs/ *a.* 1 birichino, birboncello, cattivello: *a* ~ *child* un bambino birichino. 2 (*malicious*) malizioso, maligno. 3 (*harmful*) dannoso, nocivo; (*of persons: doing harm*) malefico. 4 (*expressing playfulness*) malizioso: *a* ~ *glance* un'occhiata maliziosa. □ ~ *trick* monelleria, birichinata.

mischievousness /'mɪstʃɪvəsnəs/ *n.* 1 malignità *f.*, malizia *f.* 2 (*of a child*) vivacità *f.* eccessiva. 3 (*harmfulness*) dannosità *f.*

miscibility /ˌmɪsɪ'bɪləti *Am* ˌmɪsɪ'bɪləti/ *n.* (*Chim*) miscibilità *f.*

miscible /'mɪsɪbl/ *a.* (*Chim*) miscibile, mescolabile.

miscommunicate /ˌmɪskə'mju:nɪkeɪt/ *v.t.* communicare male o in modo sbagliato.

miscommunication /ˌmɪskəˌmju:nɪ'keɪʃən/ *n.* incapacità *f.* di communicare.

misconceive /ˌmɪskən'si:v/ I *v.t.* 1 formarsi un'idea sbagliata di, farsi un'idea sbagliata di, giudicare male. 2 (*to misunderstand*) fraintendere, capire male. II *v.i.* sbagliare, avere un'idea sbagliata.

misconception /ˌmɪskən'sepʃən/ *n.* 1 concezione *f.* erronea, idea *f.* sbagliata. 2 (*instance*) equivoco *m.*, malinteso *m.*

misconduct[1] /ˌmɪs'kɒndʌkt *Am* mɪs'kɑ:ndʌkt/ *n.* 1 cattiva condotta *f.*, comportamento *m.* riprovevole. 2 (*adultery*) adulterio *m.* 3 (*Dir*) illecito *m.*, condotta *f.* impropria. 4 (*Pol,Mil*) malgoverno *m.*, cattiva amministrazione *f.*, cattiva gestione *f.*

misconduct[2] /ˌmɪskən'dʌkt/ *v.t.* 1 condurre male, amministrare male. 2 (*rifl.*) *to* ~ *oneself* (*to behave badly*) comportarsi male. 3 (*rifl.*) *to* ~ *oneself* (*to commit adultery*) commettere adulterio.

misconstruction /ˌmɪskən'strʌkʃən/ *n.* 1 equivoco *m.*, malinteso *m.*, interpretazione *f.* sbagliata, interpretazione *f.* errata: *to be open to* ~ (*of words*) prestarsi a malintesi, essere ambiguo. 2 (*Gramm*) costruzione *f.* errata.

misconstrue /ˌmɪskən'stru:/ *v.t.* 1 interpretare male, fraintendere: *to* ~ *so.'s intentions* interpretare male le intenzioni di qcu. 2 (*Gramm*) costruire male.

miscount /ˌmɪs'kaʊnt/ I *v.t.* contare male. II *v.i.* sbagliare il conto, fare un conto sbagliato. III *n.* 1 conto *m.* sbagliato. 2 (*in an election*) conteggio *m.* erroneo dei voti.

miscreance /'mɪskriəns/ *n.* miscredenza *f.*

miscreant /'mɪskriənt/ I *a.* 1 infame, scellerato. 2 (*misbelieving*) miscredente, empio. 3 (*ant*) (*heretical*) eretico. II *n.* 1 canaglia *f.*, furfante *m./f.* 2 (*misbelieving person*) miscredente *m./f.*, empio *m.* (*f.* -a). 3 (*ant*) (*heretic*) eretico *m.* (*f.* -a).

miscue /ˌmɪs'kju:/ I *n.* 1 (*in billiards*) colpo *m.* di stecca sbagliato, errore *m.* 2 (*colloq*) (*mistake*) errore *m.*, sbaglio *m.* II *v.i.* 1 (*in billiards*) fare una stecca. 2 (*colloq*) (*to make a mistake*) sbagliare, commettere un errore.

misdate /ˌmɪs'deɪt/ *v.t.* 1 (*to date wrongly*) sbagliare la data di. 2 (*to affix a wrong date*) mettere una data sbagliata su (*o* a).

misdeal /ˌmɪs'di:l/ I *v.i.* sbagliare nel dare le

carte, sbagliare nel distribuire le carte. II *v.t.* (*of cards*) distribuire male, fare errori nella distribuzione di. III *n.* sbaglio *m.* nel dare le carte.

misdeed /ˌmɪs'di:d/ *n.* misfatto *m.*, malfatto *m.*

misdemean /ˌmɪsdɪ'mi:n/ *v.rifl.* (*rar*) *to* ~ *oneself* comportarsi male.

misdemeanant /ˌmɪsdɪ'mi:nənt/ *n.* 1 chi si comporta male. 2 (*Dir*) trasgressore *m.* (*f.* trasgreditrice), colpevole *m./f.* (di reato minore).

misdemeanor /ˌmɪsdɪ'mi:nər/ *n.* (*Am*) 1 misfatto *m.*, malfatto *m.* 2 (*Dir*) trasgressione *f.*, infrazione *f.*, violazione *f.*, reato *m.* minore.

misdemeanour /ˌmɪsdɪ'mi:nər/ *n.* 1 misfatto *m.*, malfatto *m.* 2 (*Dir*) trasgressione *f.*, infrazione *f.*, violazione *f.*, reato *m.* minore.

misdescription /ˌmɪsdɪ'skrɪpʃən/ *n.* (*Dir*) descrizione *f.* inesatta (dell'oggetto di un contratto).

misdiagnose /mɪs'daɪəgnoʊz *Am also* ˌmɪsdaɪəg'noʊs/ *v.t.* formulare una diagnosi errata di.

misdiagnosis /ˌmɪsdaɪəg'noʊsɪs/ *n.* diagnosi *f.* errata.

misdial /mɪs'daɪəl/ *v.i.* (*Tel*) comporre un numero sbagliato, sbagliare numero.

misdirect /ˌmɪsd(a)ɪ'rekt/ *v.t.* 1 indicare una direzione sbagliata a, far sbagliare strada a. 2 (*to give wrong instructions to*) dare istruzioni sbagliate a, indirizzare male. 3 (*to aim wrongly*) sbagliare, fallire, non mettere a segno: *to* ~ *a blow* sbagliare un colpo. 4 (*to apply wrongly*) far cattivo uso di: *to* ~ *one's energies* far cattivo uso delle proprie energie. 5 (*to address wrongly*) mettere un indirizzo sbagliato su, sbagliare l'indirizzo di. 6 (*Dir*) (*of a jury*) dare istruzioni errate a.

misdirection /ˌmɪsd(a)ɪ'rekʃən/ *n.* 1 direzione *f.* sbagliata. 2 (*wrong application*) uso *m.* errato. 3 (*Dir*) istruzioni *f.pl.* errate.

misdoing /mɪs'du:ɪŋ/ *n.spec.pl.* malefatte *f.pl.*, misfatti *m.pl.*

mise /maɪz/ *n.* 1 (*Dir*) spese *f.pl.* di un procedimento giudiziario. 2 (*Sport*) posta *f.* □ (*Stor.brit*) *the Mise of Lewes* il patto di Lewes.

mise en scène /ˌmi:zɑ:n'seɪn/ *n.* 1 (*Teat*) messinscena *f.* 2 (*fig*) (*setting*) scena *f.*, scenario *m.*

miser /'maɪzər/ *n.* avaro *m.* (*f.* -a), spilorcio *m.* (*f.* -a), taccagno *m.* (*f.* -a), (*colloq*) tirchio *m.* (*f.* -a).

miserable /'mɪzərəbl/ *a.* 1 (*wretched*) misero, miserabile, infelice, sventurato: ~ *peasants* miseri contadini; *a* ~ *existence* un'esistenza miserabile; *to feel* ~ sentirsi demoralizzato, sentirsi infelice, essere giù di corda; *to make so.'s life* ~ rendere insopportabile la vita a qcu. 2 (*wretchedly poor*) miserabile, misero, indigente, povero. 3 (*causing discomfort*) spiacevole, penoso, sgradevole. 4 (*attended by misery*) triste, misero, squallido. 5 (*poor: in quality*) misero, meschino; (*in quantity*) misero, meschino, insufficiente, scarso: *a* ~ *ten pounds a week* dieci misere sterline alla settimana. □ ~ *weather* tempo da cani.

miserableness /'mɪzərəblnəs/ *n.* miserabilità *f.*

miserably /'mɪzərəbli/ *avv.* 1 miseramente. 2 (*shamefully*) in modo spregevole, miserabilmente. 3 (*deplorably*) miseramente: *to fail* ~ fallire miseramente. □ *to be* ~ *poor* essere estremamente povero.

misericord /mɪ'zerɪkɔ:d *Am* mɪ'zerɪkɔ:rd/ *n.* 1 (*in a monastery*) refettorio *m.* per i monaci (temporaneamente) dispensati dall'astinen-

za. 2 (*of a choir stall*) misericordia *f.* 3 (*Stor*) (*dagger*) misericordia *f.*

miserliness /'maɪzəlɪnəs *Am* 'maɪzərlɪnəs/ *n.* avarizia *f.*, spilorceria *f.*, taccagneria *f.*

miserly /'maɪzəli *Am* 'maɪzərli/ *a.* avaro, spilorcio, tirchio, gretto, taccagno.

misery /'mɪzəri/ *n.* 1 miseria *f.*, squallore *m.*, povertà *f.* estrema, indigenza *f.*: *to live in* ~ vivere in miseria. 2 (*great unhappiness*) miseria *f.*, infelicità *f.* (estrema). 3 (*great pain*) sofferenza *f.*, tormento *m.* 4 (*cause of suffering, distress*) disgrazia *f.*, avversità *f.*, sventura *f.* 5 (*colloq*) (*person*) chi si lamenta sempre, (*colloq*) lagna *f.*, strazio *m.*, (*child*) piagnucolone *m.* (*f.* -a). □ ~ *guts* (*self-pitying*) lagna; *to be in* ~ *for a toothache* essere tormentato dal mal di denti; ~ *index* indice di indigenza (di una società); *to put an animal out of its* ~ dare il colpo di grazia a un animale, finire un animale. *Prov.:* ~ *loves company* mal comune, mezzo gaudio.

misfeasance /mɪs'fi:zəns/ *n.* 1 (*Dir*) infrazione *f.* alla legge. 2 (*wrongful performance*) abuso *m.* di diritto, abuso *m.* di autorità.

misfire /ˌmɪs'faɪər *Am* 'mɪsfaɪər/ I *v.i.* 1 (*Tecn*) fare cilecca, incepparsi, scattare a vuoto: *the gun* -*d* il fucile ha fatto cilecca. 2 (*Mot*) perdere colpi. 3 (*fig*) fallire, fare cilecca, andare a vuoto: *the plan* -*d* il piano fallì. 4 (*fig*) (*to be misdirected*) non avere, mancare l'effetto desiderato. II *n.* 1 (*Tecn*) scatto *m.* a vuoto, mancato scoppio *m.* 2 (*Mot*) accensione *f.* difettosa, accensione *f.* irregolare. 3 (*colloq*) (*something that fails*) fallimento *m.*, (*colloq*) fiasco *m.*

misfit /'mɪsfɪt/ *n.* 1 indumento *m.* che non calza bene. 2 (*of people*) disadattato *m.* (*f.* -a).

misfortune /mɪs'fɔ:tʃuːn, mɪs'fɔ:tʃən *Am* mɪs'fɔ:rtʃən/ *n.* sfortuna *f.*, sventura *f.*, disgrazia *f.* □ *Prov.:* -*s never come singly* le disgrazie non vengono mai sole.

misgive /mɪs'gɪv/ *v.t.irr.* (*rar,poet*) far sorgere un dubbio a, fare sorgere un timore a. □ *my mind* (*o my heart*) -*s me that* ... qualcosa mi dice che..., ho il presentimento che..., temo che...

misgiving /mɪs'gɪvɪŋ/ *n.* dubbio *m.*, timore *m.*, apprensione *f.*: *to have* -*s about sth.* nutrire dubbi circa qcs.

misgovern /ˌmɪs'gʌvən *Am* ˌmɪs'gʌvərn/ *v.t.* governare male, amministrare male.

misgovernment /ˌmɪs'gʌvənmənt *Am* ˌmɪs'gʌvərnmənt/ *n.* malgoverno *m.*, cattiva amministrazione *f.*

misguide /ˌmɪs'gaɪd/ *v.t.* 1 guidare mare, consigliare male, indurre in errore. 2 (*to mislead*) fuorviare, sviare.

misguided /ˌmɪs'gaɪdɪd/ *a.* 1 mal applicato, mal indirizzato. 2 (*of people*) fuorviato, sviato. □ *in a* ~ *moment* in un momento di debolezza.

misguidedly /ˌmɪs'gaɪdɪdli/ *avv.* senza giudizio.

mishandle /ˌmɪs'hændl/ *v.t.* 1 (*of people*) maltrattare, bistrattare; (*of things*) maltrattare, strapazzare. 2 (*to mismanage*) condurre male. 3 (*of appliances*) manovrare in modo sbagliato.

mishap /'mɪshæp/ *n.* contrattempo *m.*, disavventura *f.*, disgrazia *f.*, incidente *m.*

mishear /ˌmɪs'hɪər/ *v.t.irr.* capire male: *I* -*d "sea" as "tea"* ho capito "tea" invece di "sea".

mishit /ˌmɪs'hɪt/ I *n.* (*Sport*) colpo sbagliato. II *v.t.* (*Sport*) colpire male.

mishmash /'mɪʃmæʃ/ *n.* guazzabuglio *m.*, miscuglio *m.*

misidentify /ˌmɪsaɪ'dentɪfaɪ *Am* ˌmɪsaɪ'dentʃfaɪ/ *v.t.* identificare male.

misinform /ˌmɪsɪnˈfɔːm *Am* ˌmɪsɪnˈfɔːrm/ *v.t.* informare male, dare informazioni sbagliate a.

misinformation /ˌmɪsɪnfəˈmeɪʃən *Am* ˌmɪsɪnfərˈmeɪʃən/ *n.* **1** (*intentional*) disinformazione *f.* **2** (*unintentional*) informazione *f.* sbagliata (*about* su).

misinterpret /ˌmɪsɪnˈtɜːprɪt *Am* ˌmɪsɪnˈtɜːrprɪt/ *v.t.* interpretare male, fraintendere.

misinterpretation /ˌmɪsɪnˌtɜːprɪˈteɪʃən *Am* ˌmɪsɪnˌtɜːrprɪˈteɪʃən/ *n.* interpretazione *f.* errata: *open to ~* ambiguo, che si può travisare.

misjudge /ˌmɪsˈdʒʌdʒ/ *v.t.* **1** farsi un'idea sbagliata di, avere un'idea sbagliata di, valutare erroneamente, valutare male. **2** (*to have an unjust opinion of*) essere ingiusto nel giudicare.

misjudgement /ˌmɪsˈdʒʌdʒmənt/ *n.* errore *m.* di valutazione, opinione *f.* sbagliata.

miskick /ˌmɪsˈkɪk/ **I** *n.* (*Sport*) calcio *m.* sbagliato. **II** *v.t.* (*Sport*) dare un calcio sbagliato a.

mislay /mɪsˈleɪ/ *v.t.irr.* **1** non riuscire a trovare, smarrire (momentaneamente). **2** (*to lose*) perdere, smarrire.

mislead /mɪsˈliːd/ *v.t.irr.* **1** ingannare, trarre in inganno, indurre in errore. **2** (*to lead wrongly*) portare fuori strada, mettere fuori strada. **3** (*to lead astray*) sviare, fuorviare. □ *to ~ so. into believing sth.* far credere qcs. a qcu. con l'inganno.

misleading /mɪsˈliːdɪŋ/ *a.* ingannevole, illusorio, fallace: *a ~ statement* un'affermazione ingannevole.

mismanage /ˌmɪsˈmænɪdʒ/ *v.t.* **1** amministrare male, condurre male, dirigere male. **2** (*to manage dishonestly*) amministrare in modo disonesto.

mismanagement /ˌmɪsˈmænɪdʒmənt/ *n.* cattiva amministrazione *f.*, disamministrazione *f.*

mismatch[1] /ˈmɪsmætʃ/ *n.* **1** (*of styles, colours*) abbinamento *m.* sbagliato, abbinamento *m.* ingiusto (*between* di). **2** (*of concepts*) discrepanza (*between* tra).

mismatch[2] /ˌmɪsˈmætʃ/ *v.t.* abbinare male, appaiare male.

mismatched /ˌmɪsˈmætʃt/ *a.* spaiato, abbinato male, appaiato male: *her earrings were ~* aveva gli orecchini spaiati.

misname /ˌmɪsˈneɪm/ *v.t.* chiamare impropriamente, dare un nome sbagliato a.

misnomer /ˌmɪsˈnoʊmər/ *n.* **1** (*wrong name*) nome *m.* sbagliato, termine *m.* improprio. **2** (*use of a wrong name*) designazione *f.* erronea. **3** (*Dir*) errore *m.* di nome.

misogamist /mɪˈsɒɡəmɪst *Am* mɪˈsɑːɡəmɪst/ *n.* chi odia il matrimonio, chi ha avversione per il matrimonio.

misogamy /mɪˈsɒɡəmi *Am* mɪˈsɑːɡəmi/ *n.* misogamia *f.*

misogynic /ˌmɪsəˈdʒɪnɪk/ *a.* misogino.

misogynist /mɪˈsɒdʒɪnɪst *Am* mɪˈsɑːdʒɪnɪst/ *n.* misogino *m.*

misogynous /mɪˈsɒdʒɪnəs *Am* mɪˈsɑːdʒɪnəs/ *a.* misogino.

misogyny /mɪˈsɒdʒɪni *Am* mɪˈsɑːdʒɪni/ *n.* misoginia *f.*

misoneism /ˌmɪsəˈniːɪzəm/ *n.* misoneismo *m.*

misoneist /ˌmɪsəˈniːɪst/ *n.* misoneista *m./f.*

mispickel /ˈmɪspɪkəl/ *n.* (*Min*) arsenopirite *f.*, mispickel *m.*

misplace /ˌmɪsˈpleɪs/ *v.t.* **1** (*to mislay*) smarrire (momentaneamente), non riuscire a trovare. **2** (*to lose*) perdere, smarrire. **3** (*to put in a wrong place or position*) mettere nel (*o* in un) posto sbagliato. **4** (*of hopes, feelings, etc.*) riporre male: *to ~ one's affection* ripor-

re male il proprio affetto; *your trust will not prove -d* la tua fiducia non risulterà mal riposta.

misplacement /ˌmɪsˈpleɪsmənt/ *n.* **1** collocazione *f.* errata. **2** (*of hopes, feelings, etc.*) il riporre male.

misplay /ˌmɪsˈpleɪ/ *v.t.* (*of cards or sports*) giocare male.

misprint[1] /ˈmɪsprɪnt/ *n.* errore *m.* di stampa, refuso *m.*

misprint[2] /ˌmɪsˈprɪnt/ *v.t.* stampare male, fare errori di stampa in.

misprision[1] /mɪˈsprɪʒən/ *n.* **1** violazione *f.* degli obblighi professionali. **2** (*Dir*) mancata denuncia *f.*, omissione *f.* di denuncia: *~ of felony* occultamento di reato.

misprision[2] /mɪˈsprɪʒən/ *n.* (*ant*) dispregio *m.*, disprezzo *m.*

misprize /ˌmɪsˈpraɪz/ *v.t.* (*rar*) **1** disprezzare. **2** (*to undervalue*) sottovalutare.

mispronounce /ˌmɪsprəˈnaʊns/ *v.t.* pronunciare male, pronunciare in modo errato, storpiare.

mispronunciation /ˌmɪsprəˌnʌnsiˈeɪʃən/ *n.* **1** (*act*) pronuncia *f.* errata, pronuncia *f.* scorretta. **2** (*instance*) errore *m.* di pronuncia.

misquotation /ˌmɪskwoʊˈteɪʃən/ *n.* **1** (*act*) citazione *f.* sbagliata. **2** (*instance*) errore *m.* di citazione.

misquote /ˌmɪsˈkwoʊt/ **I** *v.t.* citare erroneamente. **II** *v.i.* fare citazioni sbagliate.

misread /ˌmɪsˈriːd/ *v.t.irr.* **1** leggere male. **2** (*to misinterpret*) interpretare male, fraintendere.

misreport /ˌmɪsrɪˈpɔːt *Am* ˌmɪsrɪˈpɔːrt/ *v.t.* riportare in modo sbagliato, comunicare in modo sbagliato.

misrepresent /ˌmɪsreprɪˈzent/ *v.t.* **1** travisare, svisare, distorcere, falsare, snaturare: *to ~ the facts* travisare i fatti. **2** (*to represent badly, improperly*) dare un'idea sbagliata di, mettere in falsa luce.

misrepresentation /ˌmɪsreprɪzenˈteɪʃən *Br also* ˌmɪsreprɪzənˈteɪʃən/ *n.* **1** travisamento *m.* **2** (*Dir*) dichiarazione *f.* falsa.

misrule /ˌmɪsˈruːl/ **I** *n.* **1** malgoverno *m.* **2** (*disorder, anarchy*) disordine *m.*, anarchia *f.* **II** *v.t.* governare male.

miss[1] /mɪs/ **I** *v.t.* **1** fallire, mancare: *to ~ the target* fallire il bersaglio; *I -ed him* l'ho mancato. **2** (*assol*) fallire, sbagliare (il colpo). **3** (*to avoid collision*) evitare, scansare, schivare. **4** (*to fail to meet*) non incontrare: *we must have -ed each other by seconds* credo che non ci siamo incontrati per pochi secondi. **5** (*to fail to be present at*) mancare a, perdere: *to ~ an appointment* mancare a un appuntamento. **6** (*to fail to catch*) perdere: *to ~ the bus* perdere l'autobus. **7** (*to fail to obtain*) non (riuscire a) ottenere: *he -ed first prize by one point* non ha ottenuto il primo premio per un punto. **8** (*to fail to see or experience*) lasciarsi sfuggire, perdere, tralasciare: *we've -ed a point* abbiamo tralasciato un punto. **9** (*to feel the lack of*) sentire la mancanza di, mancare (*costr.impers.*): *I ~ you* sento la tua mancanza, mi manchi. **10** (*to discover the absence of*) accorgersi della sparizione di, accorgersi della mancanza di. **11** (*to avoid, to escape*) evitare, sfuggire a: *he just -ed going to jail* ha evitato per un pelo di finire in prigione. **12** (*to omit*) omettere, saltare, tralasciare. **II** *v.i.* **1** fallire, fare fiasco, andare male. **2** (*Mot*) (*to misfire*) perdere colpi. □ *to ~ a beat*: 1 perdere (un evento): *she never -es a beat* sa sempre tutto, non le sfugge nulla; 2 (*to stop*) fare una pausa: *without -ing a beat* senza pausa, senza perdere un colpo; (*fig*) *my heart -ed a beat* ho

sentito un tuffo al cuore; (*colloq*) *not to ~ a trick* essere pronto a tutto, non lasciarsi sfuggire niente; *to ~ one's aim* fallire il bersaglio, mancare il bersaglio; *to ~ one's footing* mettere il piede in fallo; *to ~ one's mark*: 1 fallire il colpo, mancare il colpo; 2 (*Am,fig*) fare fiasco; *to ~ out*: 1 (*to omit*) omettere, tralasciare, saltare; 2 (*Am*) (*to fail to grasp*) non cogliere, lasciarsi sfuggire (*on sth.* qcs.): *to ~ out on an opportunity* non cogliere un'occasione; 3 (*to fail*) fallire, fare fiasco, andare male; 4 (*to get lost*) perdersi; (*colloq*) *I -ed my period* mi è saltato il ciclo mestruale; (*fig*) *to ~ the boat*: 1 perdere un'occasione, perdere il treno; 2 (*to fail to grasp*) non afferrare, non capire; (*fig*) *to ~ the bus* lasciarsi sfuggire un'occasione, (*colloq*) perdere il treno; *you've -ed the point* (*o you've -ed the whole point*) non hai capito niente.

miss[2] /mɪs/ *n.* **1** colpo *m.* mancato, colpo *m.* a vuoto. **2** (*colloq*) (*failure, flop*) fallimento *m.*, insuccesso *m.*, fiasco *m.* **3** (*Mot*) (*misfire*) accensione *f.* difettosa, accensione *f.* irregolare. **4** (*Am,colloq*) (*miscarriage*) aborto *m.* □ (*Br,colloq*) *to give sth. a ~* saltare qcs., rinunciare a qcs., evitare (di fare) qcs.: *I'll give coffee a ~* salterò il caffè; *a ~ is as good as a mile* piccolo o grande è sempre un errore, o per poco o per molto è pur sempre sbagliato, per un punto Martin perse la cappa; *he hit the target five times without a ~* colpì il bersaglio cinque volte senza mancare un colpo.

miss[3] /mɪs/ *n.* **1** (*scherz,spreg*) ragazza *f.*, giovane *f.*, signorina *f.*: *a saucy ~* una ragazza impertinente. **2** *pl.* (*Comm*) taglia *f.sing.* media per donne e ragazze.

Miss /mɪs/ *n.* **1** (*title*) signorina *f.*: *~ Jones* la signorina Jones; *the ~* (*o the -es*) *Brown* le sorelle Brown, le signorine Brown. **2** (*of a beauty queen*) miss *f.*: *~ France* miss Francia. **3** (*as a term of address*) signorina *f.*: *can I help you, ~?* posso esserle utile, signorina? □ (*colloq*) *~ Right* la donna giusta, la donna ideale.

missal /ˈmɪsəl/ *n.* (*Rel.catt*) messale *m.*

missel /ˈmɪzəl/ □ (*Ornit*) *~ thrush* tordela.

misshapen /mɪsˈʃeɪpən/ *a.* deforme, malfatto, sbilenco.

missile /ˈmɪsaɪl *Am* ˈmɪsəl/ **I** *n.* **1** missile *m.*, arma *f.* missile. **2** (*Aer.mil*) missile *m.* **II** *a.* **1** missile. **2** (*Aer.mil*) per missili, missilistico: *a ~ base* una base missilistica. □ (*Mil*) *~ launcher* lanciamissili; (*Mil*) *~ man* esperto di missili; (*Mil*) *~ range* poligono di lancio; (*Mil*) *~ weapons* armi missilistiche.

missilery, missilry /ˈmɪsəlri/ *n.* **1** (*Aer.mil*) (*science*) missilistica *f.* **2** (*collett.*) missili *m.pl.*

missing /ˈmɪsɪŋ/ **I** *a.* **1** mancante: *the ~ parts* le parti mancanti. **2** (*of a person*) mancante, che manca, disperso. **3** (*lost*) perduto, smarrito. **4** (*Mil*) disperso: *to be reported ~* essere dato per disperso. **II** *n.* (*costr.pl.*) (*Mil*) (*missing soldiers*) dispersi *m.pl.* □ *to be ~* mancare: *the date is ~* manca la data; (*Mil*) *~ in action* disperso durante un'azione bellica; *~ link* 1 elemento che manca per completare una serie, anello mancante; 2 (*Biol*) anello mancante (nella catena dell'evoluzione).

missiology /ˌmɪsiˈɒlədʒi *Am* ˌmɪsiˈɑːlədʒi/ *n.* (*Teol*) missiologia *f.*

mission /ˈmɪʃən/ *n.* **1** missione *f.*: *a trade ~* una missione commerciale. **2** (*embassy, legation*) legazione *f.*, ambasceria *f.*, ambasciata *f.* **3** (*Rel*) missione *f.*: *a Catholic ~ in Africa* una missione cattolica in Africa.

(*task, assignment*) missione f., compito m., incarico m. **5** (*self-imposed task, duty*) missione f., dovere m. **6** (*Mil*) missione f. (di guerra). **7** (*Aer.mil*) missione f. di volo. ☐ ~ *accomplished!* missione compiuta!; (*Astron*) ~ *control* sala di controllo; ~ *statement* mission statement, principi informatori, dichiarazione di intenti, obiettivi (di società, fondazione ecc.); *he's a man with a* ~ è una persona decisa e con obiettivi precisi.

missionary /'mɪʃənºri Am 'mɪʃºneri/ I n. (*Rel*) missionario m. (f. -a). II a. **1** (*Rel*) missionario: ~ *priests* preti missionari. **2** (*fig*) (da) missionario: ~ *zeal* zelo missionario. ☐ (*colloq*) ~ *position* (*in sexual intercourse*) posizione del missionario.

missioner /'mɪʃºnºr/ n. (*Rel*) missionario m. (f. -a).

missis /'mɪsɪz/ n. **1** (*dial,colloq*) (*wife*) moglie f., signora f.: *how's the ~?* come sta la signora? **2** (*mistress of a house*) padrona f., signora f.

missish /'mɪsɪʃ/ a. da ragazzina, da signorinella.

Mississippi /,mɪsɪ'sɪpi/ n.pr. (*Geog*) Mississippi m.

missive /'mɪsɪv/ n. **1** (*letter*) lettera f., missiva f. **2** (*official or formal letter*) messaggio m. ufficiale, comunicazione f. ufficiale.

Missouri /mɪ'zuəri Am mɪ'zuri/ n.pr. (*Geog*) Missouri m.

misspell /,mɪs'spel/ I v.t. sbagliare l'ortografia di. II v.i. fare errori di ortografia.

misspelling /,mɪs'spelɪŋ/ n. errore m. di ortografia.

misspend /,mɪs'spend/ v.t.irr. **1** spendere male, usare male, impiegare male (*on* per, su). **2** (*to squander*) sprecare, dissipare, sperperare.

misspent /,mɪs'spent/ a. speso male, buttato via, sprecato: ~ *youth* gioventù sprecata.

misstate /,mɪs'steɪt/ v.t. falsare, deformare, travisare.

misstatement /,mɪs'steɪtmənt/ n. esposizione f. falsa, esposizione f. inesatta.

misstep /,mɪs'step/ n. passo m. falso (*anche fig*).

missus /'mɪsɪz/ n. **1** (*dial,colloq*) (*wife*) moglie f., signora f.: *his* ~ la sua signora. **2** (*mistress of a house*) padrona f., signora f.

missy /'mɪsi/ n. (*scherz,spreg*) ragazzina f., signorinella f.

mist /mɪst/ I n. **1** foschia f., nebbiolina f. **2** (*Meteor*) foschia f.: ~ *and fog patches* banchi di nebbia e foschia. **3** (*fig*) (*sth. resembling mist*) nuvola f.: *a ~ of dust* una nuvola di polvere. **4** (*fig*) (*haze before the eyes*) velo m., nebbia f. **5** (*fig*) (*sth. that hides, obscures*) nebbia f., velo m.: *the ~ of ignorance* la nebbia dell'ignoranza; *lost in the -s of time* perduto nelle nebbie del tempo. II v.i. **1** annebbiarsi. **2** (*estens*) velarsi, annebbiarsi, appannarsi: *her eyes -ed* gli occhi le si velarono (di lacrime). III v.t. velare, annebbiare, appannare, offuscare. ☐ *to ~ over:* **1** annebbiarsi: *it -ed* (*over*) *in the evening* verso sera cadde la nebbia; **2** velarsi, annebbiarsi, appannarsi; *to ~ up* appannarsi.

mistakable /mɪ'steɪkəbļ/ a. che si può scambiare, confondibile (*for* per).

mistake[1] /mɪ'steɪk/ n. **1** errore m., sbaglio m. (*in* di; *about* su; *of doing* di fare): *to make a* ~ commettere un errore, sbagliarsi. **2** (*misunderstanding*) malinteso m., equivoco m. **3** (*Dir*) errore m. ☐ *by* ~ per sbaglio: *we learn by our -s* sbagliando s'impara; (*colloq*) *and no* ~ eccome, altro che, senza dubbio: *it's raining all right, and no* ~ piove forte, eccome; *I shall remember this, make no* ~ me lo

ricorderò, stanne pur certo. *Prov.*: *we all make -s* tutti possono sbagliare, tutti sbagliamo.

mistake[2] /mɪ'steɪk/ (*past* **mistook** /mɪ'stuk/, *p.p.* **mistaken** /mɪ'steɪkºn/) I v.t. **1** scambiare, prendere per, sbagliare, confondere: *he is often -n for his brother* viene spesso scambiato per suo fratello. **2** (*to fail to recognize*) non vedere, non riconoscere: *it's on the left, you can't* ~ *it* è sulla sinistra, non puoi non vederlo. **3** (*to misunderstand*) fraintendere: *don't* ~ *me* non fraintendermi. **4** (*to misinterpret*) interpretare male, capire male. **5** (*to misjudge*) farsi un'idea sbagliata di. II v.i. sbagliarsi, essere in errore, avere torto. ☐ *there is* **no** *mistaking* non c'è da sbagliare, non ci sono dubbi.

mistaken[1] /mɪ'steɪkºn/ → **mistake**[2].

mistaken[2] /mɪ'steɪkºn/ a. **1** in errore: *you are* ~ ti sbagli, hai torto, sei in errore. **2** (*erroneous*) sbagliato, errato, erroneo: ~ *ideas* idee sbagliate. **3** (*ill-judged*) frainteso. ☐ *to be* ~ *about sth.* (*o so.*) sbagliarsi su qcs. (*o* qcu.); ~ *identity* scambio di persona, errore di persona; *if I am not* ~ se non vado errato; *to be* ~ *in so.* sbagliarsi su qcu.

mistakenly /mɪ'steɪkºnli/ avv. erroneamente, in modo sbagliato, a torto.

Mister /'mɪstºr/ I n. **1** signore m.: *Mister Smith* il signor Smith. **2** (*dial,colloq*) (*as a term of address: sir*) signore m.; (*generalized term*) signore m. II v.t. (*colloq*) chiamare signore. ☐ ~ *Nice Guy* un bravo ragazzo; ~ *Right* l'uomo ideale, l'uomo dei propri sogni, l'uomo giusto.

mistime /,mɪs'taɪm/ v.t. **1** scegliere un momento poco opportuno per, cogliere un momento poco opportuno per. **2** (*to perform, to say, etc., at an inappropriate time*) fare (qcs.) a sproposito, dire (qcs.) a sproposito, dire (qcs.) fuori luogo. ☐ *to ~ one's arrival* arrivare in un momento poco opportuno.

mistiness /'mɪstinəs/ n. **1** foschia f., nebbiosità f. **2** (*fig*) nebulosità f., vaghezza f.

mistitle /,mɪs'taɪt̩ Am ,mɪs'taɪt̩l/ v.t. intitolare male.

mistle /'mɪsḷ/ ☐ (*Ornit*) ~ *thrush* tordela, tordella.

mistletoe /'mɪsḷtou/ n. (*Bot*) vischio m.

mistook /mɪ'stuk/ → **mistake**[2].

mistral /'mɪstrəl, 'mɪstra:l/ n. (*Meteor*) mistral m., maestrale m., vento m. maestrale.

mistranslate /,mɪstræn'sleɪt/ v.t. tradurre impropriamente, tradurre in modo sbagliato.

mistranslation /,mɪstræn'sleɪʃºn/ n. **1** (*incorrect translation*) traduzione f. errata. **2** (*mistake*) errore m. di traduzione.

mistreat /,mɪs'tri:t/ v.t. maltrattare, bistrattare, trattare male.

mistreatment /,mɪs'tri:tmənt/ n. maltrattamento m.

mistress /'mɪstrəs/ n. **1** (*ant*) (*head of a household, etc.*) signora f., padrona f. (di casa). **2** (*female owner*) padrona f., proprietaria f.: *the* ~ *of a dog* la padrona di un cane. **3** (*woman who controls or disposes*) padrona f.: *the* ~ *of a large fortune* la padrona di un grosso patrimonio. **4** (*Br*) (*schoolmistress*) insegnante f., professoressa f.: *the physics* ~ l'insegnante di fisica. **5** (*paramour*) amante f., (*eufem*) amica f. **6** (*woman skilled in sth.*) maestra f., esperta f.: ~ *of the art of cooking* maestra dell'arte culinaria. **7** (*fig*) dominatrice f., padrona f.: *when Rome was* ~ *of the world* quando Roma era la dominatrice del mondo. ☐ (*GB*) *Mistress of the Robes* duchessa che si occupa del guardaroba della regina; (*fig*) *to be* ~ *of the sea* (o *to be* ~ *of*

the seas) essere una potenza navale, dominare i mari; *to be* ~ *of the situation* essere padrona della situazione, dominare la situazione; *to be one's own* ~ essere padrona di sé.

Mistress /'mɪstrəs/ n. (*dial,ant*) signora f.

mistress-ship /'mɪstrəsʃɪp/ n. condizione f. di patrona, stato m. di signora.

mistrial /mɪ'straɪəl Am 'mɪstraɪl/ n. (*Dir*) **1** (*trial rendered invalid*) processo m. annullato. **2** (*inconclusive trial*) processo m. in cui la giuria non riesce ad arrivare a un verdetto.

mistrust /,mɪs'trʌst/ I n. sfiducia f., sospetto m., diffidenza f. (*of, towards* verso, nei confronti di). II v.t. **1** diffidare di, guardare con sospetto, sospettare di. **2** (*rifl.*) *to* ~ *oneself* mancare di fiducia in se stessi. **3** (*of things*) non aver fiducia in: *he -s his own capacities* non ha fiducia nelle proprie capacità.

mistrustful /,mɪs'trʌstfuļ/ a. sospettoso, diffidente. ☐ *to be* ~ *of so.* sospettare di qcu.

mistrustfully /,mɪs'trʌstfuli/ avv. sospettosamente, con diffidenza.

mistrustfulness /,mɪs'trʌstfulnəs/ n. sospettosità f., diffidenza f.

misty /'mɪsti/ a. **1** nebbioso, brumoso, fosco: *a ~ day* un giorno nebbioso. **2** (*covered with mist*) nebbioso: *a ~ valley* una valle nebbiosa. **3** (*fig*) (*of eyes*) annebbiato, velato. **4** (*fig*) (*indistinct*) confuso, indistinto; (*vague*) nebuloso, vago.

misty-eyed /'mɪsti,aɪd/ a. sentimentale, romantico, tenero.

misunderstand /,mɪsʌndə'stænd Am ,mɪsʌndºr'stænd/ v.t.irr. fraintendere, capire male, intendere male: *his motives have been misunderstood* i suoi motivi sono stati fraintesi.

misunderstanding /,mɪsʌndə'stændɪŋ Am ,mɪsʌndºr'stændɪŋ/ n. **1** malinteso m., equivoco m.: *to clear up a* ~ chiarire un malinteso. **2** (*instance*) contrasto m., disaccordo m., dissapore m. **3** (*failure to understand*) incomprensione f.

misunderstood /,mɪsʌndə'stud Am ,mɪsʌndºr'stud/ a. **1** malinteso, frainteso. **2** (*unappreciated*) incompreso: *to feel* ~ sentirsi incompreso.

misusage /,mɪs'ju:zɪdʒ/ n. (*ant*) **1** (*of words*) uso m. errato, uso m. scorretto. **2** (*maltreatment*) maltrattamento m.

misuse[1] /,mɪs'ju:s/ n. uso m. errato, uso m. improprio.

misuse[2] /,mɪs'ju:z/ v.t. **1** usare impropriamente, usare male, sbagliare l'uso di: *to* ~ *a word* usare impropriamente una parola. **2** (*to use for a wrong purpose*) fare (un) cattivo uso di, abusare di: *to* ~ *one's powers* abusare dei propri poteri. **3** (*to maltreat*) maltrattare, bistrattare.

misvalue /,mɪs'vælju:/ v.t. valutare incorrettamente.

MIT /,emaɪ'ti:/ (*Am,Univ*) *Massachusetts Institute of Technology* MIT (Istituto di tecnologia del Massachusetts).

mite[1] /maɪt/ n. (*Entom*) acaro m.

mite[2] /maɪt/ I n. **1** obolo m., piccolo contributo m. **2** (*very small child*) piccino m. (f. -a), bimbo m. (f. -a). **3** (*small animal*) bestiola f., animaletto m.; (*small object*) cosuccia f., cosetta f. **4** (*very small quantity*) briciola f., briciolo m. **5** (*coin of very small value*) soldino m., centesimo m. II avv. piuttosto, un po', abbastanza: *he's a ~ stingy* è un po' tirchio.

miter /'maɪtºr/ n./v.t. (*Am*) → **mitre**.

Mithras /'mɪθræs/ n.pr.m. (*Rel*) Mitra.

mithridate /'mɪθrɪdeɪt/ n. antidoto m.

Mithridates /,mɪθrɪdeɪts/ n.pr.m. (*Stor.gr*) Mitridate.

mitigable /ˈmɪtɪgəbļ Am ˈmɪtɪgəbļ/ a. mitigabile.

mitigate /ˈmɪtɪgeɪt Am ˈmɪtɪgeɪt/ v.t. 1 mitigare, attenuare. 2 (to make less painful) mitigare, attenuare, lenire, alleviare, calmare. 3 (of weather) mitigare, temperare, addolcire.

mitigating /ˈmɪtɪgeɪtɪŋ Am ˈmɪtɪgeɪtɪŋ/ a. attenuante: ~ circumstances circostanze attenuanti.

mitigation /ˌmɪtɪˈgeɪʃən Am ˌmɪtɪˈgeɪʃən/ n. 1 mitigazione f., alleviamento m. 2 (Dir) riduzione f.

mitigative /ˈmɪtɪgeɪtɪv Am ˈmɪtɪgeɪtɪv/ a. lenitivo, calmante, sedativo.

mitigator /ˈmɪtɪgeɪtər Am ˈmɪtɪgeɪtər/ n. mitigatore m. (f. -trice).

mitigatory /ˈmɪtɪgeɪtəri Am ˈmɪtɪgətɔːri/ a. lenitivo, calmante, sedativo.

mitochondrion /ˌmaɪtouˈkɒndrɪən Am ˌmaɪtəˈkɑːndrɪən/ n. (Biol) mitocondrio m.

mitosis /mɪˈtousɪs/ (pl. -ses /-siːz/) n. (Biol) mitosi f.

mitotic /mɪˈtɒtɪk Am mɪˈtɑːtɪk/ a. (Biol) mitotico.

mitral /ˈmaɪtrəl/ a. 1 a forma di mitra. 2 (Anat, Biol) mitrale f. ☐ (Med) ~ insufficiency insufficienza mitralica; (Med) ~ stenosis stenosi mitralica; (Anat) ~ valve valvola mitrale, mitrale.

mitre /ˈmaɪtər Am ˈmaɪtər/ I n. 1 (Lit,Stor,gr) mitra f. 2 (office, rank of a bishop) mitra f., dignità f. episcopale. 3 (Fal) giunto m. a quartabuono. II v.t. 1 (to bestow a mitre upon) imporre la mitra a, (lett) mitrare, mitriare. 2 (to raise to a bishopric) elevare alla dignità episcopale. 3 (Fal) (to cut to a mitre) tagliare a quartabuono. ☐ (Fal) ~ box maschera per segare a quartabuono; (Fal) ~ joint giunto a quartabuono; (Zool) ~ shell mitra; (Tecn) ~ square squadra zoppa, squadra a ugnatura.

mitred /ˈmaɪtəd Am ˈmaɪtərd/ a. (wearing a mitre) mitrato.

mitt /mɪt/ n. 1 mezzoguanto m. 2 (mitten) manopola f. 3 (Sport) (in baseball) guanto m. per ricevitori e prima base; (boxing glove) guantone m. (da pugile). 4 (sl) (hand) mano f., zampa f.

mitten /ˈmɪtən/ n. 1 manopola f., guanto m. a manopola. 2 pl. (Sport) (boxing gloves) guantoni m.pl. ☐ (sl) to give so. the ~ licenziare qcu.

mittimus /ˈmɪtɪməs Am ˈmɪtɪməs/ n. 1 (Dir) mandato m. di arresto, mandato m. di cattura. 2 (colloq) (dismissal) licenziamento m.

mix[1] /mɪks/ (past, p.p. -ed /-t/) I v.t. 1 mescolare, mischiare, miscelare (with con; and e): to ~ flour, eggs and water mescolare farina, uova e acqua. 2 (to add as an ingredient) unire, mescolare, aggiungere a: to ~ an egg into the batter unire un uovo alla pastella. 3 (to combine) unire, combinare: to ~ business with pleasure unire l'utile al dilettevole. 4 (to prepare by mixing) impastare, preparare (mescolando), amalgamare: to ~ cement impastare il cemento. 5 (Biol) incrociare, ibridare. 6 (Enol) tagliare. II v.i. 1 miscelarsi, mescolarsi (with con): oil and water do not ~ l'olio non si miscela con l'acqua. 2 (fig) (to be compatible) andare d'accordo, conciliarsi, essere compatibile (con). 3 (to associate) frequentare, praticare (qcu.), (spreg) mescolarsi (a): he only -es with people of his own class frequenta solo i suoi pari. 4 (Am,sl) (to fight) azzuffarsi, fare a pugni (with con). ☐ (Comm) to ~ and match abbinare due articoli diversi; (Am,colloq) to ~ -ing apples and oranges stai facendo una gran confusione; to ~ around: 1 (blend) mescolare; 2 (jumble up) scambiare; to ~ a cocktail preparare un cocktail; to ~ in aggiungere, unire: ~ in two eggs with a cup of sugar aggiungere due uova allo zucchero; to ~ up: 1 mescolare, impastare, unire; 2 (to confuse) confondere; 3 (to mistake for another) confondere, scambiare: I often ~ him up with his brother lo scambio spesso per suo fratello; 4 (to involve) immischiare, coinvolgere, implicare; (sl) to ~ it up azzuffarsi, rissare; 5 (to disorder) mettere in confusione: please don't ~ up the documents per favore, non mischiare i documenti; (fig) he doesn't ~ well è poco socievole, non lega molto con gli altri.

mix[2] /mɪks/ n. 1 impasto m., miscela f.: cement ~ impasto di cemento. 2 (Gastron) miscela f. (dosata), preparato m.: cake ~ miscela per torte.

mixed /mɪkst/ a. 1 misto, di diversa specie: ~ load carico misto. 2 (formed by mixing) misto, mischiato. 3 (assorted) misto, assortito: ~ chocolates cioccolatini assortiti. 4 (made up of different races, sorts of people) eterogeneo, misto: ~ company compagnia eterogenea. 5 (of different sexes) misto, promiscuo: ~ class classe mista. 6 (including incompatible elements) contrastante, misto, confuso: ~ feelings sentimenti contrastanti. ☐ ~ bag miscellanea, miscuglio, mescolanza; ~ blessing situazione favorevole che comporta anche qualche svantaggio, fortuna a metà, cosa che ha i suoi pro e i suoi contro, cosa che ha lati positivi e negativi; ~ blood sanguemisto, meticcio; (Sport) ~ doubles (in tennis) doppio misto, misto; ~ drink cocktail; ~ economy economia mista; ~ farming agricoltura mista; (Gastron) ~ grill misto alla griglia, grigliata mista; ~ marriage matrimonio misto; ~ media multimediale; (Ret) ~ metaphor figura retorica contenente metafore contrastanti; ~ motives motivi secondi fini; (Mat) ~ number numero misto; (Alim) ~ pickles sottaceti, giardiniera; ~ race (used as an adjective) meticcio; ~ school scuola mista; ~ up: 1 confuso: a ~ up child un bambino difficile; 2 (colloq) (mentally confused) confuso, turbato, sconcertato, smarrito; 3 (involved) coinvolto, implicato; to get ~ up in sth. essere coinvolto in qcs.

mixed-blood /ˌmɪkstˈblʌd/ a. di sangue misto.

mixedly /ˈmɪksɪdli/ avv. confusamente, alla rinfusa.

mixedness /ˈmɪksɪdnəs/ n. 1 mescolanza f., eterogeneità f., promiscuità f. 2 (state of being confused) confusione f.

mixed-up /ˈmɪksʌp/ a. (colloq) 1 confuso, disorientato. 2 implicato, coinvolto: ~ with the Mafia coinvolto con la mafia.

mixer /ˈmɪksər/ n. 1 mescolatore m. (f. -trice). 2 (mixing device, machine) miscelatore m., mescolatore m., mescolatrice f. 3 (kitchen utensil) frullatore m., frullino m. 4 (cement mixer) impastatrice f. (di cemento), betoniera f. 5 (soft drink that can be mixed with alcohol) bibita f. analcolica (per diluirne una alcolica). 6 (Am) (party) ricevimento m. (o festa f.) con lo scopo di fare incontrare persone diverse. 7 (El,Rad,TV,Mus) (device) mixer m.; (sound technician) tecnico m. (f. -a) del missaggio. ☐ (Br,Ind) ~ tap miscelatore.

mixing /ˈmɪksɪŋ/ ☐ (Cin,TV) ~ table tavolo di missaggio.

mixologist /mɪkˈsɒlədʒɪst/ n. (Am,colloq) barista m./f.

mixture /ˈmɪkstʃər/ n. 1 (act) mescolanza f.; (product) mistura f., impasto m., miscela f., miscuglio m. 2 (combination) miscuglio m., mescolanza f., misto m.: a ~ of good and bad un miscuglio di buono e (di) cattivo. 3 (Mot) miscela f. 4 (Chim) miscuglio m., mistura f. 5 (Farm) sciroppo m.: a cough ~ uno sciroppo per la tosse. 6 (Farm) (potion) pozione f. 7 (of tea, tobacco) miscela f.: a smoking ~ una miscela di tabacco.

mix-up /ˈmɪksʌp/ n. (colloq) confusione f. (over su), pasticcio m. (over con), guazzabuglio m.

mizen, mizzen /ˈmɪzən/ I n. (Mar) 1 (sail) vela f. di mezzana, mezzana f. 2 (mizzen mast) albero m. di mezzana. II a. (Mar) di mezzana.

mizzenmast /ˈmɪzənmɑːst Am ˈmɪzənmæst/ n. (Mar) albero m. di mezzana.

mizzle[1] /ˈmɪzl/ I n. (Am,dial) pioggerella f., acquerugiola f. II v.i. (costr.impers.) (Am,dial) piovigginare.

mizzle[2] /ˈmɪzl/ v.i. (Am,dial,sl) squagliarsela, svignarsela, filarsela.

mizzly /ˈmɪzli/ a. (Am,dial) (drizzly) piovigginoso.

MKS metre-kilogram-second MKS (metro kilogrammo secondo).

ml millilitre ml (millilitro).

MLitt (Univ) 1 Master of Letters (degree) laurea (di secondo livello) in lettere. 2 Master of Letters (graduate) laureato (di secondo livello) in lettere.

Mlle Mademoiselle Sig.na (signorina).

Mlles Mesdemoiselles Sigg.ne (signorine).

mm millimetre mm (millimetro).

MM 1 Majesties (Maestà). 2 Messieurs Sigg. (signori). 3 Month MM (mese). 4 Military Medal medaglia al valor militare.

Mme Madame Sig.ra (signora).

Mmes Mesdames Sigg.re (signore).

MMus (Univ) 1 Master of Music (degree) laurea (di secondo livello) in musica. 2 Master of Music (graduate) laureato (di secondo livello) in musica.

MN 1 Merchant Navy MM (marina mercantile). 2 Minnesota MN (Minnesota).

mnemonic /nɪˈmɒnɪk Am nɪˈmɑːnɪk/ I a. mnemonico. II n. 1 (device) mezzo m. mnemonico. 2 (Inform) codice m. mnemonico.

mnemonics /nɪˈmɒnɪks Am nɪˈmɑːnɪks/ (costr.sing. o pl.) mnemonica f.sing., mnemotecnica f.sing.

mnemonist /ˈniːmənɪst/ n. mnemonista m./f.

Mnemosyne /nɪˈmɒzɪni Am nɪˈmɑːsɪni/ n.pr.f. (Mitol) Mnemosine.

mnemotechnic /ˌniːməˈteknɪk/ a. mnemonico.

mnemotechnical /ˌniːməˈteknɪkəl/ a. mnemonico.

mnemotechny /ˌniːməˈtekni/ n. mnemonica f., mnemotecnica f.

MNG Mongolia MNG (Mongolia).

Mngr. (Rel.catt) Monsignor Mons. (Monsignore).

mo /mou/ n. (Br,colloq) momento m., minuto m., attimo m.: wait a ~! aspetta un momento!

MO /emˈou/ 1 (Inform) Magneto-Optical magneto-ottico: ~ erasable disk disco ottico cancellabile. 2 Missouri MO (Missouri). 3 medical officer (ufficiale medico). 4 modus operandi (modus operandi, maniera di fare). 5 (Am,Comm) mail order (ordinazione per corrispondenza). 6 money order (vaglia, mandato di pagamento).

mo. (Am) month m. (mese).

Mo. Monday lun., l. (lunedì).

moa /ˈmouə/ n. (Paleont) moa m.

Moabite /ˈmouəbaɪt/ I n. 1 (person) moabita m./f. 2 (language) moabitico m., lingua f. moabitica. II a. moabitico.

moan /moun/ I n. 1 gemito m., lamento m. 2

(*of the wind, etc.*) gemito *m.* **3** (*colloq*) (*complaint*) lagnanza *f.*, lamentela *f.*, rimostranza *f.* (*about* su, circa). **II** *v.i.* **1** gemere, lamentarsi (*with* di). **2** (*of the wind, etc.*) gemere. **3** (*colloq*) (*to complain*) lagnarsi, lamentarsi, bofonchiare. **III** *v.t.* **1** lamentare, lamentarsi di. **2** (*to utter in a moan*) dire con tono lamentoso. ☐ *to ~ and groan* brontolare.

moaning /'mɔʊnɪŋ/ ☐ (*colloq*) ~ *Minnie* brontolone, pittima, mugugnone.

moat /mɔʊt/ **I** *n.* fossato *m.* **II** *v.t.* circondare con un fossato.

mob[1] /mɒb *Am* mɑ:b/ *n.* **1** folla *f.*, moltitudine *f.* disordinata, calca *f.* **2** (*crowd bent on violence*) folla *f.* in tumulto, folla *f.* eccitata. **3** (*spreg*) (*populace, masses*) popolino *m.*, plebe *f.*, plebaglia *f.* **4** (*sl*) (*criminal set or gang*) banda *f.* di delinquenti, massa *f.* di delinquenti, teppaglia *f.* **5** (*sl*) (*clique, set*) cricca *f.*, combriccola *f.*: *John, Paul, and all the ~* John, Paul e compagnia bella. ☐ (*Mod*) ~ *cap* cuffietta con pizzi, cuffia con pizzi; ~ *rule* dominio della piazza; ~ *scene*: 1 concorso di folla; 2(*Cin*) (*in films*) scena di massa.

mob[2] /mɒb *Am* mɑ:b/ (*past, p.p.* **mobbed** /-d/) **I** *v.t.* **1** fare ressa intorno a, assediare, affollarsi intorno a, circondare: *the singer was -bed by autograph hunters* il cantante fu assediato dai cacciatori di autografi. **2** (*to attack in a mob*) assalire in massa, attaccare in massa. **II** *v.i.* accalcarsi, fare ressa.

Mob /mɒb *Am* mɑ:b/ *n.* Mafia *f.*

mobbish /'mɒbɪʃ *Am* 'mɑ:bɪʃ/ *a.* **1** senza legge. **2** (*tumultuous*) sfrenato, tumultuoso.

mobile /'mɔʊbaɪl *Am* 'mɔʊbl/ **I** *a.* **1** mobile, che si può muovere, movibile, spostabile. **2** (*designed as or mounted on a vehicle*) viaggiante, mobile, ambulante; (*scherz*) *are you ~?* hai un mezzo?, sei motorizzato? **3** (*of a liquid*) molto fluido. **4** (*changeable: in expression, etc.*) mobile, mutevole: *a ~ face* un viso mobile. **5** (*in feeling, purpose, etc.*) mobile, volubile, incostante, instabile. **6** (*fig*) che tende a migliorare la propria posizione sociale. **II** *n.* **1** (*Art*) composizione *f.* mobile, mobile *m.* **2** (*mobile phone*) telefonino *m.*, telefono *m.* cellulare. ☐ ~ *blood bank* autoemoteca; (*Tel*) ~ *communication* telefonia mobile; (*Inform*) ~ *computing* informatica mobile; (*Am*) ~ *home* roulotte (usata come casa), casa mobile; ~ *library* bibliobus, biblioteca ambulante; (*Tel*) ~ *phone* telefono cellulare; ~ *radio unit* radiofurgone; (*TV*) ~ *unit* unità mobile, squadra esterna.

mobility /mɔʊ'bɪləti *Am* mɔʊ'bɪləʈi/ *n.* **1** (*ability to move*) mobilità *f.* **2** (*of features*) espressività *f.* **3** (*agility*) agilità *f.*: ~ *of labour* mobilità della manodopera. ☐ (*Br*) ~ *allowance* indennità (che spetta ai disabili) per le spese di assistenza negli spostamenti.

mobilizable /'mɔʊbɪlaɪzəbl/ *a.* (*Mil*) mobilitabile.

mobilization /ˌmɔʊbɪl(a)ɪ'zeɪʃn/ *n.* mobilitazione *f.*

mobilize /'mɔʊbɪlaɪz/ **I** *v.t.* (*Mil,fig*) mobilitare. **II** *v.i.* (*Mil*) mobilitarsi.

Möbius /'mɔʊbiəs *Am* 'meɪbiəs/ ☐ (*Mat*) ~ *strip* nastro di Möbius.

mobocracy /mɒ'bɒkrəsi *Am* mɑ:'bɑ:krəsi/ *n.* **1** (*Stor*) governo *m.* della plebe, oclocrazia *f.* **2** (*Am*) (*rule by mobsters*) dominio *m.* di gangster.

mobster /'mɒbstər *Am* 'mɑ:bstər/ *n.* (*sl*) gangster *m./f.*, criminale *m./f.*

MOC *Mozambique* MOC (Mozambico).

moccasin /'mɒkəsɪn *Am* 'mɑ:kəsɪn/ *n.* (*Etnol, Calz*) mocassino *m.*

mocha /'mɒʊkə *Br also* 'mɒkə/ **I** *n.* **1** moca *m.*,

---

caffè *m.* moca. **2** (*flavouring*) caffè *m.* **II** *a.* **1** (*in taste*) di gusto caffè. **2** (*in colour*) color caffè.

mock[1] /mɒk *Am* mɑ:k/ **I** *v.t.* **1** deridere, schernire, beffare, canzonare. **2** (*to imitate, to mimic*) imitare, contraffare, rifare; (*to mimic derisively*) scimmiottare, parodiare. **3** (*to delude*) deludere, ingannare. **4** (*to defy, to disregard*) sfidare, non curarsi di, disprezzare: *to ~ social conventions* sfidare le convenzioni sociali. **II** *v.i.* beffarsi, prendersi gioco, farsi beffe (*at* di), schernire (qcu.). ☐ *to ~ up*: 1 (*to make a mock-up of*) fare un modello di; 2 (*colloq*) (*to improvise*) improvvisare.

mock[2] /mɒk *Am* mɑ:k/ **I** *n.* **1** scherno *m.*, beffa *f.*, derisione *f.*, dileggio *m.* **2** (*person mocked*) zimbello *m.*, scherno *m.* **3** (*imitation*) imitazione *f.*, scimmiottatura *f.*, contraffazione *f.* **II** *a.* finto, falso, simulato: *a ~ battle* una finta battaglia. ☐ ~ *auction* asta truccata, asta simulata; (*Gastron*) ~ *chicken* carne preparata e cucinata in modo da sembrare pollo; ~ *exam* simulazione di esame; *to make a ~ of so.* deridere qcu., farsi beffe di qcu.; (*Astr*) ~ *moon* paraselene, paraselenio; (*Bot*) ~ *orange* philadelphus coronarius; (*Astr*) ~ *sun* parelio; ~ *trial* processo farsa; (*Gastron*) ~ *turtle soup* finta zuppa di tartaruga; (*Abbigl*) ~ *turtleneck* lupetto.

mocker /'mɒkər *Am* 'mɑ:kər/ *n.* canzonatore *m.* (*f.* -trice), dileggiatore *m.* (*f.* -trice), beffeggiatore *m.* (*f.* -trice), burlone *m.* (*f.* -a).

mockery /'mɒkəri *Am* 'mɑ:kəri/ *n.* **1** derisione *f.*, scherno *m.*, dileggio *m.* **2** (*object of derision*) zimbello *m.*, scherno *m.* **3** (*travesty*) parodia *f.*: *the trial was a ~ of justice* il processo non fu che una parodia della giustizia. **4** (*ridiculous imitation*) scimmiottatura *f.*, parodia *f.*, presa *f.* in giro. ☐ *to make a ~ of* beffarsi di, prendere in giro.

mock-heroic /ˌmɒkhɪ'rɒʊɪk *Am* ˌmɑ:kh ɪ 'rɒʊk/ *a.* eroicomico (*anche Lett*).

mocking /'mɒkɪŋ *Am* 'mɑ:kɪŋ/ **I** *n.* scherno *m.*, derisione *f.*, dileggio *m.* **II** *a.* beffardo, derisorio, schernitore.

mockingbird /'mɒkɪŋbɜːd *Am* 'mɑ:kɪŋbɜːrd/ *n.* (*Ornit*) mimo *m.*

mockney /'mɒkni/ *n.* (*Br,colloq*) imitazione *f.* dell'accento cockney.

mock-turtle /ˌmɒk'tɜːtl *Am* ˌmɑ:k'tɜːrtl/ *n.* (*Gastron*) finta zuppa *f.* di tartaruga. ☐ (*Gastron*) ~ *soup* finta zuppa di tartaruga.

mock-up /'mɒkʌp *Am* 'mɑ:kʌp/ *n.* **1** modello *m.* al naturale, modello *m.* a grandezza naturale. **2** (*Tecn*) (*for design purposes*) manichino *m.*, sagoma *f.*, menabò *m.* **3** (*Tecn*) (*for instructional purposes*) modello *m.* dimostrativo. **4** (*colloq*) (*improvisation*) improvvisazione *f.*

mod /mɒd/ **I** *n.* (*Br,ant,colloq*) mod *m.* **II** *a.* **1** (*colloq*) (*modern*) moderno. **2** (*Br,ant,colloq*) di stile mod. ☐ (*colloq*) ~ *cons* comodità moderne.

MOD **1** (*GB*) *Ministry of Defence* (ministero della difesa). **2** *movies on demand* (film a pagamento).

mod. **1** *moderate* (moderato). **2** *modern* (moderno).

modal /'mɒʊdəl/ *a.* (*Mus,Filos,Gramm,Dir*) modale. ☐ (*Gramm*) ~ *auxiliary* verbo modale.

modalism /'mɒʊdəlɪzəm/ *n.* (*Teol,Mus*) modalismo *m.*

modality /mɒʊ'dæləti *Am* mɒʊ'dæləʈi/ *n.* modalità *f.*

mode[1] /mɒʊd/ *n.* **1** (*manner*) modo *m.*, maniera *f.*; (*method*) modo *m.*, metodo *m.*, procedimento *m.* **2** (*manner of living, custom*)

---

uso *m.*, usanza *f.*, abitudine *f.* **3** (*manner of expression*) forma *f.*, stile *m.*: *a literary ~* una forma letteraria. **4** (*Filos,Mus,Gramm*) modo *m.* **5** (*Inform,Tecn*) modalità *f.*, modo *m.*: *in printing ~* in modalità di stampa; (*fig,scherz*) *he's in the play ~* è in vena di giocare. **6** (*Statist*) moda *f.* ☐ ~ *of operation* modo di funzionamento, modalità di funzionamento; (*Dir*) ~ *of trial* tipo di giudizio.

mode[2] /mɒʊd/ *n.* **1** moda *f.*, costume *m.*, usanza *f.* **2** (*fashion*) moda *f.*

model[1] /'mɒdl *Am* 'mɑ:dəl/ **I** *n.* **1** modello *m.*, esempio *m.* **2** (*pattern*) schema *m.*, modello *m.*: *a constitution on the American ~* una costituzione sullo schema di quella americana. **3** (*small-scale representation*) modellino *m.*, modello *m.* (in miniatura). **4** (*three-dimensional plan*) plastico *m.*, modello *m.*: *a ~ of ancient Rome* un plastico dell'antica Roma. **5** (*in clay, wax, etc.*) modello *m.*, plastico *m.*, bozzetto *m.* **6** (*exemplary person or thing*) modello *m.*, esempio *m.*: *she is a ~ of efficiency* è un modello di efficienza. **7** (*mannequin*) indossatore *m.* (*f.* -trice), modello *m.* (*f.* -a). **8** (*Art*) (*one who poses*) modello *m.* (*f.* -a). **9** (*Abbigl,Mod*) modello *m.*: *the latest -s from Milan* gli ultimi modelli di Milano. **10** (*Mat, Inform*) modello *m.*: *computer ~* modello informatico. **11** (*of a vehicle*) modello *m.*, tipo *m.*: *a sports ~* un modello sportivo. **12** (*colloq*) (*copy, image*) ritratto *m.*, copia *f.*, immagine *f.*: *he is the ~ of his father* è il ritratto di suo padre. **II** *a.* **1** in miniatura, che riproduce in scala ridotta: *a ~ train* un modellino di treno. **2** (*exemplary*) esemplare, modello, perfetto: *a ~ husband* un marito esemplare. ☐ ~ *aeronautics* (*costr.sing.*) aeromodellismo; ~ *aircraft* modello volante, aeromodello; (*Agr*) ~ *farm* fattoria modello; *on the ~ of* a imitazione di; ~ *railway collecting* ferromodellismo, collezione di modelli ferroviari; ~ *railway collector* ferromodellista, collezionista di modelli ferroviari; ~ *railway construction* ferromodellismo, costruzione di modelli ferroviari; ~ *railway constructor* ferromodellista, costruttore di modelli ferroviari; ~ *school* scuola modello; ~ *soldier* soldatino; ~ *theory* teoria dei modelli.

model[2] /'mɒdl *Am* 'mɑ:dəl/ (*past, p.p.* **modelled** /*Am* **modeled** /-d/) **I** *v.t.* **1** modellare, formare, conformare: *he -led his style on T.S. Eliot* ha modellato il suo stile su quello di T.S. Eliot. **2** (*rifl.*) *to ~ oneself* prendere a modello, modellarsi, imitare: *to ~ oneself on one's father* prendere a modello il proprio padre. **3** (*to make a model of*) modellare, foggiare, plasmare. **4** (*Art*) dare rilievo a, dare evidenza plastica a. **5** (*Mat,Inform*) impostare su un modello. **II** *v.i.* **1** (*of a woman*) fare l'indossatrice, fare la modella; (*of a man*) fare l'indossatore, fare il modello. **2** (*Art*) (*of a woman*) fare da modella; (*of a man*) fare da modello.

modeler /'mɑ:dələr/ *n.* (*Am*) modellista *m./f.*, modellatore *m.* (*f.* -trice).

modeling /'mɑ:dəlɪŋ/ *n./a.* (*Am*) → **modelling**.

modeller /'mɒdlər *Am* 'mɑ:dələr/ *n.* modellista *m./f.*, modellatore *m.* (*f.* -trice).

modelling /'mɒdlɪŋ *Am* 'mɑ:dəlɪŋ/ **I** *n.* **1** modellatura *f.* **2** (*profession of a model: of a woman*) professione *f.* di indossatrice, professione *f.* di modella, lavoro *m.* da fotomodella; (*of a man*) professione *f.* di indossatore, professione *f.* di modello, lavoro *m.* da fotomodello. **3** (*Inform*) modellazione *f.* su elaboratore. **II** *a.* per modellare: ~ *clay* creta per modellare.

modem /'mɒʊdem/ *n.* (*Inform*) modem *m.* ☐

(Inform) ~ **board** scheda modem; (Inform) ~ **port** porta modem.

moderate[1] /'mɒdərət Am 'mɑ:dərət/ I a. 1 moderato, modico: a ~ income un reddito modico; ~ prices prezzi moderati. 2 (not tending to excess) sobrio, moderato, misurato, temperato, parco: ~ habits abitudini sobrie; to be a ~ drinker essere moderato nel bere; a ~ speech un discorso misurato. 3 (of climate, weather) moderato, temperato, mite; (of winds) moderato. II n. moderato m. (f. -a) (anche Pol).

moderate[2] /'mɒdəreɪt Am 'mɑ:dəreɪt/ I v.t. 1 moderare, mitigare, attenuare, temperare: to ~ one's language moderare i termini. 2 (of the voice) moderare, abbassare. 3 (to preside over) presiedere, dirigere, fare da moderatore in. 4 (Nucl) moderare, rallentare. II v.i. 1 calmarsi, moderarsi, attenuarsi, mitigarsi. 2 (to act as a moderator) fare da moderatore. ☐ (Meteor) ~ breeze vento moderato; (Meteor) ~ gale vento forte; (Mar,Meteor) ~ sea mare mosso.

moderated /'mɒdəreɪtɪd Am 'mɑ:dəreɪtɪd/ ☐ ~ discussion discussione con moderatore.

moderately /'mɒdərɪtli Am 'mɑ:dərɪtli/ avv. 1 con moderazione, moderatamente. 2 (fairly, quite) discretamente, abbastanza.

moderateness /'mɒdərɪtnəs Am 'mɑ:dərɪtnəs/ n. 1 moderatezza f., modicità f., moderazione f. 2 (sobriety) sobrietà f., moderatezza f.

moderation /,mɒdə'reɪʃən Am ,mɑ:də'reɪʃən/ n. 1 moderazione f., misura f., discrezione f.: ~ of speech moderazione di linguaggio. 2 (temperance) moderazione f., sobrietà f., temperanza f. 3 (act of moderating, alleviating) moderazione f., attenuazione f., mitigazione f. 4 pl. (Br,Univ) (at Oxford) primo esame m.sing. per il baccellicrato in lettere. ☐ in ~ con moderazione, senza eccesso; ~ in all things sit modus in rebus, moderazione in tutte le cose; without ~ smoderatamente.

moderator /'mɒdəreɪtər Am 'mɑ:dəreɪtər/ n. 1 chi modera, moderatore m. (f. -trice). 2 (one who presides at a meeting) moderatore m. (f. -trice). 3 (one who arbitrates) mediatore m. (f. -trice), arbitro m. 4 (Univ) (at Oxford) presidente m. (f. -essa) della commissione d'esami. 5 (Rad,TV) moderatore m. (f. -trice). 6 (Nucl) moderatore m., rallentatore m. 7 (Rel.prot) moderatore m.

moderatorship /'mɒdəreɪtəʃɪp Am 'mɑ:dəreɪtəʃɪp/ n. posizione f. di moderatore, ufficio m. di moderatore.

modern /'mɒdən Am 'mɑ:dərn/ I a. 1 moderno, attuale, di oggi, presente: ~ life vita moderna; the ~ era l'era moderna. 2 (not old-fashioned) moderno, attuale: ~ outlooks vedute moderne; (up-to-date) moderno, aggiornato. 3 (Art,Lett) moderno, contemporaneo. II n. 1 moderno m. 2 (person of modern views) persona f. di vedute moderne. ☐ ~ art arte moderna; ~ conveniences comodità moderne; ~ dance danza moderna; ~ English inglese moderno; ~ Greek greco moderno; ~ history storia moderna; ~ jazz jazz moderno; ~ language: 1 lingua moderna; 2 (costr.sing. o pl.) (Univ) lingue moderne.

modern-day /'mɒdədeɪ Am 'mɑ:dərndeɪ/ a. di oggi, attuale, dei nostri giorni.

modern-dress /'mɒdədres Am 'mɑ:dərndres/ a. (Teat) in abiti moderni.

modernism /'mɒdənɪzəm Am 'mɑ:dərnɪzəm/ n. 1 modernismo m. 2 (modern usage) usanza f. moderna. 3 (modern expression) neologismo m.

Modernism /'mɒdənɪzm Am 'mɑ:dərnɪzm/

n. (Rel,Lett) modernismo m.

modernist /'mɒdnɪst Am 'mɑ:dərnɪst/ I n. modernista m./f. (anche Rel). II a. modernista, modernistico.

modernistic /,mɒdən'ɪstɪk Am ,mɑ:dər'nɪstɪk/ a. 1 modernistico, modernista. 2 (falsely contemporary) finto moderno.

modernity /mɒd'ɜ:nəti Am mɑ:'dɜ:rnəti/ n. modernità f.

modernization /,mɒdən(a)ɪ'zeɪʃən Am ,mɑ:dərnɪ'zeɪʃən/ n. 1 (act) rimodernamento m., modernizzazione f. 2 (result) rimodernamento m., rinnovamento m.

modernize /'mɒdənaɪz Am 'mɑ:dərnaɪz/ I v.t. 1 rimodernare, ammodernare, rinnovare: to ~ a factory rimodernare una fabbrica. 2 (to make modern) modernizzare, adeguare ai tempi (moderni), rimodernare. II v.i. modernizzarsi.

modernness /'mɒdə(n)nəs Am 'mɑ:də(n)nəs/ n. modernità f.

modest /'mɒdɪst Am 'mɑ:dɪst/ a. 1 modesto (about riguardo a, circa): a ~ person una persona modesta. 2 (moderate) modesto, moderato: a ~ income un reddito modesto. 3 (reasonable) ragionevole, modico, modesto: ~ demands richieste ragionevoli. 4 (unpretentious) modesto, semplice, senza pretese: a ~ house una casa modesta. 5 (decent, chaste) modesto, pudico, costumato. ☐ to be ~ in speech parlare con modestia; to be ~ in one's tastes avere dei gusti semplici.

modestly /'mɒdɪstli Am 'mɑ:dɪstli/ avv. 1 modestamente. 2 (simply) modestamente, senza pretese, con semplicità.

modesty /'mɒdɪsti Am 'mɑ:dɪsti/ n. 1 modestia f., umiltà f.: false ~ falsa modestia; in all ~ modestia a parte. 2 (decency) modestia f., pudore m., costumatezza f. 3 (limitation) modestia f., moderazione f.

modicum /'mɒdɪkəm Am 'mɑ:dɪkəm/ n. piccola quantità f., poco m., po' m.: a ~ of good sense un po' di buonsenso.

modifiability /,mɒdɪ,faɪə'bɪlɪti Am ,mɑ:dɪ,faɪə'bɪlɪti/ n. modificabilità f., variabilità f.

modifiable /'mɒdɪ,faɪəbl Am 'mɑ:dɪ,faɪəbl/ a. modificabile, variabile.

modification /,mɒdɪfɪ'keɪʃən Am ,mɑ:dɪfɪ'keɪʃən/ n. 1 modificazione f., modifica f. 2 (modified form) variante f.

modificative /'mɒdɪfɪ,keɪtɪv Am 'mɑ:dɪfɪ,keɪtɪv/ a. modificativo, che modifica.

modificatory /'mɒdɪfɪ,keɪtri Am 'mɑ:dɪfɪ,kətɔ:ri/ a. modificativo, che modifica.

modifier /'mɒdɪfaɪər Am 'mɑ:dɪfaɪər/ n. 1 modificatore m. (f. -trice). 2 (Ling) modificatore m. 3 (Chim) modificatore m., agente m. modificatore.

modify /'mɒdɪfaɪ Am 'mɑ:dɪfaɪ/ v.t. 1 (to change partially) modificare, variare, ritoccare: to ~ a law modificare una legge. 2 (to change radically) cambiare, mutare. 3 (to moderate) moderare, frenare, temperare, mitigare, attenuare. 4 (Gramm) modificare. 5 (Fon) modificare per metafonesi.

modillion /mou'dɪljen/ n. (Arch) modiglione m.

modish /'moudɪʃ/ a. 1 di moda, alla moda, moderno. 2 (extravagant) stravagante, ridicolo.

modishly /'moudɪʃli/ avv. alla moda.

modishness /'moudɪʃnəs/ n. l'essere alla moda.

modiste /mou'di:st/ n. 1 sarta f. 2 (milliner) modista f.

Mods /mɒdz/ n.pl. (costr.sing.) (Br,Univ) (at Oxford) primo esame m.sing. per il baccelierato in lettere.

modular /'mɒdjulə Am 'mɑ:dʒələr/ a. modu-

lare (anche Arch). ☐ ~ design: 1 (Ind) progettazione modulare; 2 (Inform) programmazione modulare.

modularity /,mɒdju'lærəti Am ,mɑ:dʒə'lerəti/ n. modularità f.

modulate /'mɒdjuleɪt Am 'mɑ:dʒəleɪt/ I v.t. 1 adattare, adeguare, conformare. 2 (of the voice) modulare, variare di tono. 3 (Mus,Rad) modulare. II v.i. 1 variare armonicamente il suono, variare armonicamente il tono. 2 (Mus) variare l'armonia, modulare (from da; to a).

modulation /,mɒdju'leɪʃən Am ,mɑ:dʒə'leɪʃən/ n. 1 adattamento m., adeguamento m. 2 (of the voice: inflection) modulazione f., inflessione f., intonazione f.; (particular type of inflection) tono m. 3 (Fon) accentuazione f. 4 (Mus,Rad) modulazione f.

modulator /'mɒdjuleɪtər Am 'mɑ:dʒəleɪtər/ n. 1 modulatore m. (f. -trice). 2 (Mus,Rad) modulatore m.

module /'mɒdju:l Am 'mɑ:dʒu:l/ n. modulo m. (anche Arch,Astron).

modulo /'mɒdjulou Am 'mɑ:dʒəlou/ n. (Mat) modulo m.: ~ N arithmetic aritmetica modulo N.

modulus /'mɒdjuləs Am 'mɑ:dʒələs/ (pl. -li /-laɪ/) n. (Fis,Mat) modulo m. ☐ (Fis) ~ of efficiency coefficiente di rendimento; (Fis) ~ of rigidity modulo di rigidità, modulo di elasticità tangenziale.

modus operandi /,moudəs,ɒpə'rændi Am ,moudəs,oupə'ra:ndi/ n. modus operandi m.

modus vivendi /,moudəsvi:'vendi/ n. modus vivendi m.

mofette /mou'fet/ n. (Geol) mofeta f.

mogul /'mougəl, 'mougʌl/ n. 1 titano m., colosso m., gigante m. 2 (Am,Ferr) tipo m. di locomotiva.

Mogul /'mougəl/ n. 1 (Stor) mogol m.; (Great Mogul) gran mogol m. 2 (Mongol) mongolo m. (f. -a).

MOH (GB) 1 Minister of Health (ministero della sanità). 2 Medical Officer of Health (ufficiale medico della sanità).

mohair /'mouheə Am 'mouher/ n. (Tess) 1 mohair m. 2 (fabric) mohair m., tessuto m. (di) mohair.

Mohammed /mou'hæmɪd/ n.pr.m. (Stor) Maometto.

Mohammedan /mou'hæmɪdən/ I a. (Rel.islam) maomettano, musulmano. II n. (Rel.islam) maomettano m. (f. -a), musulmano m. (f. -a).

Mohammedanism /mou'hæmɪdənɪzəm/ n. (Rel.islam) islamismo m.

Mohammedanize /mou'hæmɪdənaɪz/ v.t. (Rel.islam) islamizzare, convertire all'islam.

Mohican /mou'hi:kən/ I n. (pl.inv. o -s /-z/) 1 mohican m./f., moicano m. (f. -a). 2 (language) lingua f. dei moicani. 3 (hairstyle) cresta f., pettinatura f. alla moicano. II a. dei moicani.

Moho /'mouhou/ n. (Geol) moho m.

Mohs /mɒz/ ☐ (Geol) ~' scale scala Mohs.

moiety /'mɔɪəti Am 'mɔɪəti/ n. 1 (Dir,Lett) (half) metà f. 2 (portion) parte f., porzione f.

moil /mɔɪl/ I v.i. (Am,ant,dial) (to toil and moil) sfacchinare, sgobbare, faticare. II n. (Am,ant,dial) duro lavoro m., (colloq) sgobbata f., (colloq) sfacchinata f.

Moira /'mɔɪ(ə)rə/ n.pr.f. Moira.

moire /mwɑ:r/ n. (Tess) amoerro m., moire m.

moiré /'mwɑ:reɪ Am mwɑ:'reɪ/ I a. (Tess) marezzato, moiré. II n. (Tess) (design) marezzatura f., marezzo m.; (fabric) amoerro m., moire m.

moist /mɔɪst/ a. 1 umido, coperto di umidità. 2 (of a climate: humid) umido; (rainy) pio-

voso. 3 (*of the eyes*) umido; (*of hands*) madido; (*of skin*) idratato. **4** (*of cake*) morbido; (*of meat*) succulento. **5** (*estens*) (*tearful*) lacrimoso. **6** (*Med*) umido, essudante.

moisten /'mɔɪsən/ **I** *v.t.* inumidire, umettare. **II** *v.i.* inumidirsi, diventare umido.

moistness /'mɔɪsə(n)nəs/ *n.* (*of air, soil*) umidità *f.*; (*of hand*) sudore *m.*; (*of skin*) idratazione *f.*

moisture /'mɔɪstʃər/ *n.* **1** (*of soil, in walls*) umidità *f.*, umido *m.*, umidezza *f.*; (*on glass*) condensa *f.* **2** (*of skin*) idratazione *f.*; (*sweat*) sudore *m.* **3** (*Fis*) umidità *f.*

moistureproof /'mɔɪstʃərpruːf/ *a.* a prova di umidità.

moisturize /'mɔɪstʃəraɪz/ *v.t.* **1** inumidire, umidificare. **2** (*Cosmet*) idratare.

moisturizer /'mɔɪstʃəraɪzər/ *n.* (*Cosmet*) idratante *m.*, (*lotion*) lozione *f.* idratante; (*cream*) crema *f.* idratante.

moke /məʊk/ *n.* **1** (*Br,sl*) ciuco *m.*, somaro *m.* **2** (*Am,spreg*) negro *m.* (*f.* -a). **3** (*Aus*) (*horse*) ronzino *m.*

MOL *Moldavia* MOL (Moldavia).

molar[1] /'məʊlər/ **I** *n.* (*Dent*) molare *m.*, dente *m.* molare. **II** *a.* (*Dent*) molare: ~ *tooth* molare, dente molare.

molar[2] /'məʊlər/ *a.* (*Chim*) molare.

molarity /,məʊ'lærəti Am ,məʊ'lærəti/ *n.* (*Chim*) molarità *f.*

molasse /'məlæs/ *n.* (*Geol*) molassa *f.*

molasses /məʊ'læsɪz Am mə'læsɪz/ *n.pl.* (*costr.sing.*) (*treacle*) melassa *f.*

mold /məʊld/ *e der. (Am)* → **mould** *e der.*

Moldavian /mɒl'deɪvɪən Am mɑːl'deɪvɪən/ **I** *a.* (*Geog*) moldavo. **II** *n.* (*Geog*) moldavo *m.* (*f.* -a).

molder /'məʊldər/ *n.* (*Am*) **1** chi forma. **2** (*Met*) formatore *m.*; (*machine*) formatrice *f.*

Moldova /mɒl'dəʊvə Am mɑːl'dəʊvə/ *n.pr.* (*Geog*) Moldavia *f.*

mole[1] /məʊl/ *n.* (*on the skin*) neo *m.*

mole[2] /məʊl/ *n.* **1** (*Zool*) talpa *f.* **2** (*fig*) (*spy*) spia *f.*, talpa *f.*, infiltrato *m.* (*f.* -a). **3** (*rar*) (*blind man*) cieco *m.* ☐ (*Entom*) ~ *cricket* croccia, grillotalpa; ~ *grey* grigio talpa.

mole[3] /məʊl/ *n.* (*Edil,Mar*) molo *m.*, frangiflutti *m.*; (*harbour*) porto *m.* artificiale.

mole[4] /məʊl/ *n.* (*Chim*) mole *f.*, grammomolecola *f.*

mole[5] /məʊl/ *n.* (*Med*) mola *f.*

molecular /məʊ'lekjʊlər/ *a.* (*Chim,Fis*) molecolare. ☐ (*Biol*) ~ *biology* biologia molecolare; (*Chim*) ~ *sieve* filtro molecolare; (*Chim*) ~ *weight* peso molecolare.

molecularity /,məʊlekjʊ'lærəti Am ,məʊlekjʊ'lærəti/ *n.* molecolarità *f.*

molecule /'mɒlɪkjuːl Am 'mɑːlɪkjuːl/ *n.* **1** (*Chim,Fis*) molecola *f.* **2** (*fig*) pezzetto *m.*, piccolissima parte *f.*, molecola *f.*

molehill /'məʊlhɪl/ *n.* **1** cumulo *m.* di terra sopra una tana di talpa. **2** (*fig*) inezia *f.*, nonnulla *m.*

moleskin /'məʊlskɪn/ *n.* **1** pelle *f.* di talpa. **2** (*Tess*) moleskin *m.*, tipo *m.* di fustagno. **3** *pl.* (*Abbigl*) pantaloni *m.pl.* di fustagno. **4** (*Am*) (*to protect feet against chafing*) cerotto *m.* protettivo (per vesciche).

molest /məʊ'lest/ *v.t.* **1** molestare, infastidire, importunare, disturbare. **2** (*sexually*) molestare, importunare.

molestation /,məʊles'teɪʃən/ *n.* molestia *f.*, azione *f.* molesta.

molester /məʊ'lestər/ *n.* molestatore *m.* (*f.* -trice): *child* ~ pedofilo.

Molinism /'mɒlɪnɪzəm Am 'mɑːlɪnɪzəm/ *n.* (*Teol*) molinismo *m.*

Molinist /'mɒlɪnɪst Am 'mɑːlɪnɪst/ *n.* (*Teol*) molinista *m./f.*

moll /mɒl Am mɑːl/ *n.* **1** (*sl*) amante *f.* di un gangster, donna *f.* di un gangster. **2** (*girl friend*) ragazza *f.* **3** (*prostitute*) prostituta *f.*, puttana *f.*

Moll /mɒl Am mɑːl/ *n.pr.f.* dim. di Mary.

mollifiable /'mɒlɪfaɪəbl̩ Am 'mɑːlɪfaɪəbl̩/ *a.* placabile, che può essere placato, che può essere raddolcito.

mollification /,mɒlɪfɪ'keɪʃən Am ,mɑːləfɪ'keɪʃən/ *n.* **1** (*act*) addolcimento *m.*, raddolcimento *m.*, il placare. **2** (*state*) l'essere placato, l'essere addolcito.

mollify /'mɒlɪfaɪ Am 'mɑːləfaɪ/ *v.t.* **1** (*to soothe in temper*) addolcire, raddolcire, rabbonire, ammansire. **2** (*to pacify*) pacificare. **3** (*to temper*) moderare, temperare, mitigare, attenuare. **4** (*to soften*) ammorbidire, ammollire.

mollusc /'mɒləsk Am 'mɑːləsk/ *n.* (*Zool*) mollusco *m.*

molluscan /mə'lʌskən Br also mɒ'lʌskən/ *a.* dei molluschi.

molluscoid /mə'lʌskɔɪd Br also mɒl'lʌskɔɪd/ **I** *a.* dei molluscoidi. **II** *n.* (*Zool*) molluscoide *m.*

molluscum /mə'lʌskəm Br also mɒ'lʌskəm/ (*pl.* -**sca** /-skə/) *n.* (*Zool*) mollusco *m.* ☐ (*Med*) ~ *contagiosum* mollusco contagioso.

mollusk /'mɒləsk Am 'mɑːləsk/ *n.* (*Zool*) mollusco *m.*

molly /'mɒli Am 'mɑːli/ *n.* **1** (*sl*) amante *f.* di un gangster, donna *f.* di un gangster. **2** (*Am*) (*mollycoddle*) bambino *m.* viziato, ragazzo *m.* viziato, cocco *m.* di mamma.

Molly /'mɒli Am 'mɑːli/ *n.pr.f.* dim. di Mary.

mollycoddle /'mɒli,kɒdl̩ Am 'mɑːli,kɑːdl̩/ **I** *v.t.* viziare, coccolare troppo. **II** *n.* **1** bambino *m.* (*f.* -a) viziato, ragazzo *m.* (*f.* -a) viziato, cocco *m.* (*f.* -a) di mamma. **2** (*milksop*) femminuccia *f.*

moloch /'məʊlɒk Am 'məʊlɑːk/ *n.* (*Zool*) moloc *m.*

Moloch /'məʊlɒk Am 'məʊlɑːk/ **I** *n.pr.* (*Mitol*) Moloc *m.*, Moloch *m.* **II** *n.* moloc *m.*: *the* ~ *of war* il moloc della guerra.

molossus /mə'lɒsəs Am mə'lɑːsəs/ (*pl.* -**ssi** /-saɪ/) *n.* (*Metr*) molosso *m.*

Molotov /'mɒlətɒf Am 'mɑːlətɔːf/ ☐ ~ *cocktail* bottiglia Molotov, molotov.

molt /məʊlt/ **I** *v.i.* (*Am*) (*of birds, etc.*) fare la muta, mutare livrea. **II** *v.t.* (*Am*) (*of feathers, etc.*) mutare, cambiare. **III** *n.* (*Am*) muta *f.*; (*of birds*) muda *f.*

molten[1] /'məʊltən/ → **melt**[1].

molten[2] /'məʊltən/ *a.* **1** fuso: ~ *lead* piombo fuso. **2** (*fig*) infuocato, ardente.

molting /'məʊltɪŋ/ **I** *n.* (*Am*) muta *f.*; (*of birds*) muda *f.* **II** *a.* (*Am*) della muta.

moly /'məʊli/ *n.* **1** (*Mitol*) moli *m.* **2** (*Bot*) moli *m.*

molybdate /mə'lɪbdeɪt/ *n.* (*Chim*) molibdato *m.*

molybdenite /mə'lɪbdənaɪt/ *n.* (*Min*) molibdenite *f.*

molybdenum /mə'lɪbdənəm/ *n.* (*Chim*) molibdeno *m.*

mom /mɒm/ *n.* (*Am,colloq*) mamma *f.* ☐ (*Am*) ~ *and pop store* negozio a conduzione familiare.

MOMA /'mɒ(ʊ)mə/ *Museum of Modern Art* (Museo di arte moderna di New York).

moment /'məʊmənt/ *n.* **1** momento *m.*, attimo *m.*, istante *m.*, minuto *m.*: *wait a* ~ attenda un momento; *he'll be here in a* ~ sarà qui fra un attimo. **2** (*the present*) presente *m.*, momento *m.* attuale: *they are the men of the* ~ sono gli uomini del momento. **3** (*stage*) momento *m.*, fase *f.*: *at this* ~ *of history* nell'attuale momento storico; *to arrive at an awkward* ~ arrivare in un brutto momento. **4** (*im-*

portance, weight) importanza *f.*, rilievo *m.*, gravità *f.*: *it is of no* ~ non ha alcuna importanza. **5** (*Fis,Filos,Statist*) momento *m.* ☐ *any* ~ (*o at any* ~) da un momento all'altro; *at that very* ~ proprio in quel momento; *at the* ~ per il momento, in questo momento, attualmente; *for the* ~ per ora, per il momento: *that will do for the* ~ basta così per il momento; *to have one's* -*s* (o *to have its* -*s*) andare a momenti; *in a few* -*s* fra poco, fra pochi minuti; *just a* ~ un momento, un attimo; *just this* ~ proprio adesso, proprio ora, or ora, proprio in questo momento; *not for a* ~: 1 neppure per un istante, nemmeno per un istante, neanche per un attimo; 2 (*esclam.*) mai!, per nulla al mondo!, (*ant*) giammai!; (*Fis*) ~ *of inertia* momento di inerzia; (*Fis*) ~ *of momentum* momento angolare; *things of the* ~ attualità; *the* ~ *of truth* il momento della verità; *one* ~! un momento!; *the* ~ (*that*) (non) appena: *I'll tell him the* ~ *he arrives* glielo dirò non appena arriva; *this* ~ subito, immediatamente, all'istante; *to the* ~ al minuto: *his intervention was timed to the* ~ il suo intervento era calcolato al minuto; *from one* ~ *to the next* da un momento all'altro.

momentarily /'məʊmənt(ə)rəli Am ,məʊmən'terəli/ *avv.* **1** per un momento, per un istante, per un attimo, momentaneamente. **2** (*at any moment*) da un momento all'altro, momento in momento, tra poco. **3** (*every moment*) a ogni momento, a ogni istante.

momentariness /'məʊmənt(ə)rɪnəs Am 'məʊmənternəs/ *n.* transitorietà *f.*, fugacità *f.*

momentary /'məʊmənt(ə)ri Am 'məʊmənteri/ *a.* **1** momentaneo, passeggero, brevissimo. **2** (*occurring at every moment*) continuo, ininterrotto, incessante.

momently /'məʊməntli/ *avv.* **1** di momento in momento, a ogni momento. **2** (*for a moment*) per un momento, per un istante.

momentous /məʊ'mentəs Am məʊ'mentəs/ *a.* molto importante, (*assai*) rilevante, di grande rilievo.

momentousness /məʊ'mentəsnəs Am məʊ'mentəsnəs/ *n.* importanza *f.*, peso *m.*, rilievo *m.*

momentum /məʊ'mentəm Am məʊ'mentəm/ (*pl.* -**s** /-z/ o -**ta** /-tə/) *n.* **1** velocità *f.* (acquisita): *the boulder gained* ~ il masso acquistò velocità. **2** (*fig*) impeto *m.*, slancio *m.* **3** (*Mecc*) quantità *f.* di moto.

momism /'mɑːmɪzəm/ *n.* (*Am*) mammismo *m.*

momma /'mɑːmə/ *n.* (*Am,colloq*) mamma *f.*

mommy /'mɑːmi/ *n.* (*Am,colloq*) mamma *f.* ☐ (*Am,sl*) ~ *track* carriera (di una donna) determinata dalle esigenze familiari.

momus /'məʊməs/ (*pl.* -**mi** /-maɪ/ o -**muses** /-məsɪz/) *n.* criticone *m.*

Momus /'məʊməs/ *n.pr.m.* (*Mitol*) Momo.

mon. 1 *monastery* (monastero). **2** *monetary* (monetario).

Mon. *Monday* lun., l. (lunedì).

monachal /'mɒnɪkəl Am 'mɑːnɪkəl/ *a.* monacale, monastico.

monachism /'mɒnəkɪzəm Am 'mɑːnəkɪzəm/ *n.* monachesimo *m.*, monachismo *m.*

Monaco /'mɒnəkəʊ Am 'mɑːnəkəʊ/ *n.pr.* (*Geog*) (Principato di) Monaco *m.*

monad /'mɒnæd Am 'mɑːnæd/ *n.* (*Biol,Filos, Zool*) monade *f.*

monadelphous /,mɒnə'delfəs Am ,mɑːnə'delfəs/ *a.* (*Bot*) monadelfo.

monadic /mɒn'ædɪk Am mə'nædɪk/ *a.* monadico.

monadical /mɒn'ædɪkəl Am mə'nædɪkəl/ *a.* monadico.

monadism /'mɒnədɪzəm *Am* 'mɒunædɪzᵊm/ *n.* (*Filos*) **1** monadismo *m.* **2** (*Leibnitzian theory*) monadologia *f.*

monadology /ˌmɒnə'dɒlədʒi *Am* ˌmɒunə'dɑːlədʒi/ *n.* (*Filos*) **1** monadismo *m.* **2** (*Leibnitzian theory*) monadologia *f.*

monadnock /məˈnædnɒk *Am* məˈnædnɑːk/ *n.* (*Geol*) monadnock *m.*

Monaghan /'mɒnəhən *Am* 'mɑːnəgən/ *n.pr.* (*Geog*) Monaghan *m.*

monandrous /məˈnændrəs/ *a.* (*Bot*) monandro.

monandry /'mɒnændri *Am* 'mɑːnændri/ *n.* **1** l'avere un solo marito. **2** (*Bot*) monandria *f.*

monarch /'mɒnək *Am* 'mɑːnəᵊk/ *n.* **1** monarca *m.*, sovrano *m.* (*f.* -a), re *m.* (*f.* regina). **2** (*fig*) re *m.* (*f.* regina). **3** (*Entom*) monarca *m.* □ *the ~ of all beasts* il re degli animali, il leone; *the ~ of the forest* la regina del bosco, la quercia.

monarchal /mɒnˈɑːkᵊl *Am* məˈnɑːᵊrkᵊl/ *a.* **1** (*befitting a monarch*) monarchico, da monarca. **2** (*rar*) (*monarchic*) monarchico.

monarchic /mɒnˈɑːkɪk *Am* məˈnɑːᵊrkɪk/, **monarchical** /mɒnˈɑːkɪkᵊl *Am* məˈnɑːᵊrkɪkᵊl/ *a.* monarchico.

monarchism /'mɒnəkɪzᵊm *Am* 'mɑːnəᵊkɪzᵊm/ *n.* **1** principi *m.pl.* monarchici. **2** (*advocacy*) fede *f.* monarchica.

monarchist /'mɒnəkɪst *Am* 'mɑːnəᵊkɪst/ *n.* monarchico *m.* (*f.* -a).

monarchy /'mɒnəki *Am* 'mɑːnəᵊki/ *n.* **1** monarchia *f.* **2** (*territory*) regno *m.*

monasterial /ˌmɒnəˈstɪəriəl *Am* ˌmɑːnəˈstɪriəl/ *a.* monastico, conventuale, claustrale.

monastery /'mɒnəstᵊri *Am* 'mɑːnəsteri/ *n.* monastero *m.*, convento *m.*

monastic /məˈnæstɪk/ **I** *a.* **1** monastico, monacale: ~ *vows* voti monastici. **2** (*of a monastery*) monastico, conventuale. **3** (*fig*) austero, monastico, cenobitico. **II** *n.* monaco *m.*, cenobita *m.*

monastical /məˈnæstɪkᵊl/ **I** *a.* **1** monastico, monacale. **2** (*of a monastery*) monastico, conventuale. **3** (*fig*) austero, monastico, cenobitico. **II** *n.* monaco *m.*, cenobita *m.*

monasticism /məˈnæstɪsɪzᵊm/ *n.* monachesimo *m.*, monachismo *m.*

monatomic /ˌmɒnəˈtɒmɪk *Am* ˌmɑːnəˈtɑːmɪk/ *a.* (*Chim*) **1** (*having one atom*) monoatomico; (*having one replaceable atom*) avente un atomo sostituibile. **2** (*univalent*) monovalente.

monaural /mɒnˈɔːrᵊl *Am* mɑːnˈɔːrᵊl/ *a.* **1** monoaurale. **2** (*Acus*) monofonico, monoaurale.

Monday /'mʌndei, 'mʌndi/ *n.* lunedì *m.*: *on* ~ lunedì; *on* -s (o *Am* -s) di lunedì, il lunedì, tutti i lunedì. □ (*colloq*) ~ *morning blues* riluttanza a riprendere il lavoro (dopo un giorno festivo), (*scherz*) crisi del lunedì mattina; (*Am,colloq*) ~ *morning quarterback* (o ~ *quarterback*) chi usa il senno di poi.

Mondayish /'mʌndiɪʃ/ *a.* (*colloq*) riluttante a riprendere il lavoro (dopo un giorno festivo).

mondo /'mɒndoʊ/ *a./avv.* (*Am,sl*) da sballo, follemente: *it was* ~ *party time* abbiamo fatto delle feste da sballo.

moneme /'mouniːm/ *n.* (*Ling*) monema *m.*

monetarism /'mʌnɪtᵊrɪzᵊm/ *n.* (*Econ*) monetarismo *m.*

monetarist /'mʌnɪtᵊrɪst/ *n.* (*Econ*) monetarista *m./f.*

monetary /'mʌnɪtᵊri *Am* 'mʌnɪteri/ *a.* **1** monetario, valutario: ~ *system* sistema monetario. **2** (*of money*) pecuniario. **3** (*financial*) finanziario, economico. □ ~ *policy* politica monetaria; ~ *standard* tipo monetario; *Monetary Union* Unione Monetaria.

monetization /ˌmʌnɪt(a)ɪˈzeɪʃᵊn *Am* ˌmʌnɪti-'zeɪʃᵊn/ *n.* monetizzazione *f.*

monetize /'mʌnɪtaɪz/ *v.t.* monetizzare.

money /'mʌni/ *n.* (*pl.* -s /-z/ o **monies** /'mʌnɪz/) **1** moneta *f.*, valuta *f.*; (*amount of money*) denaro *m.*, soldi *m.pl.*, quattrini *m.pl.*: *to spend a lot of* ~ spendere un mucchio di soldi. **2** (*salary*) stipendio *m.*: *to earn good* ~ guadagnare bene. **3** (*Econ*) (*money of account*) moneta *f.* di conto; (*official currency*) moneta *f.*, valuta *f.*: *foreign* ~ moneta estera. **4** (*property*) averi *m.pl.*, patrimonio *m.*, proprietà *f.pl.*: *to leave one's* ~ *to charity* lasciare i propri averi a opere di bene. **5** (*fig*) (*wealth*) molto denaro *m.*, molti soldi *m.pl.*, molti quattrini *m.pl.*, ricchezza *f.*, ricchezze *f.pl.*: *his family has* ~ la sua famiglia ha molto denaro. **6** (*fig*) (*moneyed people*) persone *f.pl.* danarose, facoltosi *m.pl.* **7** (*Econ*) (*capital*) capitale *m.* **8** *pl.* (*Dir*) (*funds*) fondi *m.pl.* □ (*sl,fig*) ~ *bag* (o ~ *bags*) persona ricca sfondata, riccone; (*Parl*) ~ *bill* legge finanziaria; (*Econ*) ~ *broker* agente di cambio; (*Econ*) ~ *contribution* apporto in denaro, contributo in denaro; (*sl,fig*) ~ *cow* fonte di grossi profitti, miniera d'oro; (*Econ*) ~ *dealer* cambiavalute; (*Econ*) *for* ~ in contanti, per contanti, a contanti; *to do sth. for* ~ fare qcs. per denaro; (*Br,sl*) ~ *for jam* denaro guadagnato senza fatica; (*colloq*) *for my* ~ secondo me: *he's the man for my* ~ è l'uomo che fa per me, secondo me è l'uomo giusto; (*colloq*) *to be in the* ~ stare bene a quattrini, essere pieno di soldi; *to come into* ~ ereditare denaro; ~ *laundering* riciclaggio di denaro sporco; ~ *lender* finanziatore, prestasoldi; ~ *lending* finanziamento; *to make* ~ far denaro, far quattrini, arricchirsi; ~ *makes* ~ denaro chiama denaro; (*Econ*) ~ *market* mercato monetario; (*Econ*) ~ *market fund* fondo comune di investimento; (*Econ*) ~ *matters* questioni di soldi; (*Econ*) ~ *of account* moneta di conto; *I have no* ~ *on me* non ho denaro con me; (*Econ*) ~ *on call* (o ~ *on demand*) denaro a vista, denaro a richiesta; (*Am,colloq*) (*right*) *on the* ~ preciso, giusto, azzeccato, esatto, perfetto; ~ *order*: **1** (*Econ*) mandato, ordine di pagamento; **2** (*Post*) vaglia (postale); *to put* ~ *down* on a *house* dare una caparra per una casa; *to put* ~ *into sth.* investire denaro in qcs.; (*Econ*) ~ *rate* tasso di interesse monetario; ~ *spider* ragno portafortuna, ~ *spinner*: **1** ragno portafortuna; **2** (*fig*) (*person*) chi fa quattrini, chi ha successo negli affari; **3** (*fig*) (*enterprise which is very profitable*) miniera d'oro; (*Econ*) ~ *stock* massa monetaria; (*Econ*) ~ *supply* massa monetaria; *to have more* ~ *than sense* essere uno spendaccione; (*Econ*) ~ *wage* salario nominale, salario monetario; (*colloq*) *to get one's* ~'s *worth* spendere bene il proprio denaro. *Prov.*: ~ *is the root of all evil* il denaro è la fonte di tutti i mali; ~ *doesn't grow on trees* i soldi non si trovano per strada; ~ *isn't everything* il denaro non è tutto; ~ *talks* il denaro apre tutte le porte, con i soldi si può fare tutto.

moneyback /'mʌnibæk/ □ (*Comm*) ~ *guarantee* garanzia di rimborso.

moneybag /'mʌnibæg/ *n.* **1** borsa *f.* per riporvi il denaro. **2** *pl.* (*colloq*) (*wealth*) soldi *m.pl.*, quattrini *m.pl.*, denaro *m.sing.*, ricchezza *f.sing.*, ricchezze *f.pl.* **3** *pl.* (*costr.sing.*) (*colloq*) (*wealthy person*) riccone *m.sing.* (*f.* -a), creso *m.sing.*

moneybox /'mʌniboks *Am* 'mʌnibɑːks/ *n.* salvadanaio *m.*

moneychanger /'mʌniˌtʃeɪndʒᵊr/ *n.* cambiavalute *m.*

moneychanging /'mʌniˌtʃeɪndʒɪŋ/ *n.* cambio *m.*

moneyed /'mʌnid/ *a.* **1** ricco, facoltoso, danaroso. **2** (*consisting of or derived from money*) finanziario, in denaro: ~ *resources* risorse finanziarie. □ ~ *corporation* società di investimento; ~ *interest* mondo finanziario, mondo della finanza.

moneygrubber /'mʌniˌgrʌbᵊr/ *n.* persona *f.* avida di denaro.

moneygrubbing /'mʌniˌgrʌbɪŋ/ **I** *n.* cupidigia *f.* di denaro, avidità *f.* di denaro. **II** *a.* avido di denaro.

moneyless /'mʌnɪləs/ *a.* senza soldi, senza quattrini, privo di mezzi.

money-maker /'mʌniˌmeɪkᵊr/ *n.* **1** chi fa quattrini, chi ha successo negli affari, affarista *m./f.* **2** (*something that makes profit*) affarone *m.*, affare *m.* d'oro.

moneyman /'mʌniˌmæn/ *n.* finanziere *m.*

moneywort /'mʌniˌwɜːt *Am* 'mʌniˌwɜːrt/ *n.* (*Bot*) lisimachia *f.*, nummularia *f.*

monger /'mʌngᵊr/ *n.* **1** (*in compounds*) commerciante *m./f.*, negoziante *m./f.*, mercante *m.* (*f.* -essa): *ironmonger* negoziante di ferramenta. **2** (*fig*) (*in compounds*) faccendiere *m.* (*f.* -a), armeggione *m.* (*f.* -a).

mongering /'mʌngᵊrɪŋ/ *n.* (*in compounds*) commercio *m.*, traffico *m.*

mongol /'mɒngᵊl *Am* 'mɑːngᵊl/ **I** *n.* (*Med,spreg, ant*) mongoloide *m./f.*, mongolide *m./f.* **II** *a.* (*Med,spreg,ant*) mongoloide, mongolide.

Mongol /'mɒngᵊl *Am* 'mɑːngᵊl/ **I** *n.* **1** mongolo *m.* (*f.* -a). **2** (*language*) mongolo *m.* **II** *a.* mongolo, mongolico.

Mongolia /mɒnˈgoʊliə *Am* mɑːŋˈgoʊliə/ *n.pr.* (*Geog*) Mongolia *f.*

Mongolian /mɒnˈgoʊliən *Am* mɑːŋˈgoʊliən/ **I** *a.* mongolico, mongolo. **II** *n.* **1** mongolo *m.* (*f.* -a). **2** (*language*) mongolico *m.*

Mongolic /mɒnˈgɒlɪk *Am* mɑːŋˈgɑːlɪk/ **I** *a.* mongolo, mongolico. **II** *n.* (*group of languages*) mongolico *m.*

mongolism /'mɒngᵊlɪzᵊm *Am* 'mɑːŋgᵊlɪzᵊm/ *n.* (*Med,spreg*) mongolismo *m.*

mongoloid /'mɒngᵊlɔɪd *Am* 'mɑːngᵊlɔɪd/ **I** *n.* (*Med,spreg,ant*) mongoloide *m./f.*, mongolide *m./f.* **II** *a.* (*Med,spreg,ant*) mongoloide, mongolide.

mongoose /'mɒnguːs *Am* 'mɑːnguːs/ *n.* (*Zool*) mangusta *f.*

mongrel /'mʌngrᵊl *Am* 'mɑːngrᵊl/ **I** *n.* **1** (*Biol*) (*animal, plant*) ibrido *m.*, bastardo *m.*, incrocio *m.*; (*dog*) bastardo *m.* **2** (*fig,spreg*) ibrido *m.*, mescolanza *f.*, incrocio *m.* **II** *a.* **1** ibrido, bastardo. **2** (*fig*) ibrido.

mongrelism /'mʌngrᵊlɪzᵊm *Am* 'mɑːŋgrᵊlɪzᵊm/ *n.* ibridismo *m.*

mongrelize /'mʌngrᵊlaɪz *Am* 'mɑːŋgrᵊlaɪz/ *v.t.* ibridare, incrociare.

'mongst /mʌŋst/ *prep.* (*poet*) tra, fra.

monic /'mɒnɪk *Am* 'mɑːnɪk/ *a.* (*Mat*) monico: ~ *polynomial* polinomio monico.

Monica /'mɒnɪkə *Am* 'mɑːnɪkə/ *n.pr.f.* Monica.

monied /'mʌnid/ *a.* **1** ricco, facoltoso, danaroso. **2** (*consisting of or derived from money*) finanziario, in denaro.

monies /'mʌnɪz/ *n.pl.* (*funds*) fondi *m.pl.*; (*sums*) somme *f.pl.*

moniker /'mɒnɪkᵊr *Am* 'mɑːnɪkᵊr/ *n.* (*sl*) (*name*) nome *m.*; (*nickname*) soprannome *m.*, nomignolo *m.*

moniliform /mɒˈnɪlɪfɔːm *Am* məˈnɪlɪfɔːrm/ *a.* moniliforme (*anche Biol*).

monism /'mɒnɪzᵊm *Am* 'moʊnɪzᵊm/ *n.* (*Filos*) monismo *m.*

monist /'mɒnɪst *Am* 'moʊnɪst/ *n.* (*Filos*) monista *m./f.*

monistic /mɒnˈɪstɪk *Am* moʊnˈɪstɪk/, **monistical** /mɒnˈɪstɪkᵊl *Am* moʊnˈɪstɪkᵊl/ *a.* (*Filos*) monistico.

monition /mou'nɪʃən/ n. **1** (rar) ammonimento m., ammonizione f., avvertimento m. **2** (Dir) citazione f., mandato m. di comparizione. **3** (Rel) ammonizione f.

monitor /'mɒnɪtər Am 'maːnɪtər/ **I** n. **1** (Scol, Mar.mil) monitore m. **2** (Inform,Rad,TV) monitor m., video m.: ~ program programma di controllo. **3** (Mecc) (automatic control system) impianto m. di controllo automatico, monitor m. **4** (one who admonishes) ammonitore m. (f. -trice). **5** (Rad) addetto m. (f. -a) all'intercettazione. **6** (Tecn) (instrument for detecting sth.) monitor m. **7** (Zool) varano m. **II** v.t. **1** (Rad,TV) intercettare: to ~ enemy broadcasts intercettare le trasmissioni nemiche. **2** (to check for quality, etc.) monitorare, controllare. **3** (Mecc) controllare. **4** (Nucl) provare, determinare. **5** (Mil,Aer) controllare, seguire (sul radar). **6** (Med) monitorizzare, monitorare. □ (Zool) ~ lizard varano.

monitoring /'mɒnɪtərɪŋ Am 'maːnɪtərɪŋ/ n. **1** sorveglianza f. **2** (Rad,TV) intercettazione f. **3** (Inform) controllo m. **4** (Med) monitoraggio m.

monitorship /'mɒnɪtəʃɪp Am 'maːnɪtərʃɪp/ n. **1** controllo m., sorveglianza f. **2** (Scol) ufficio m. di monitore.

monitory /'mɒnɪtəri Am 'maːnɪtɔːri/ **I** a. (rar) monitorio, ammonitorio, ammonitivo. **II** n. (Dir.can) (monitory letter) monitorio m., lettera f. monitoria.

monk /mʌŋk/ n. (Rel) monaco m. □ (Zool) ~ seal foca monaca.

monkery /'mʌŋkəri Am 'mʌŋkeri/ n. (Rel) **1** monacato m., vita f. monastica. **2** (body of monks) monastero m., convento m., comunità f. di monaci.

monkey /'mʌŋki/ **I** n. **1** scimmia f. **2** (fig) (mischievous child) scimmiotto m., monello m. (f. -a) birichino m. (f. -a). **3** (Tecn) (in pile-driving) mazza f. battente. **4** (Br,sl) (five hundred pounds) cinquecento sterline f.pl.; (five hundred dollars) cinquecento dollari m.pl. **II** v.i. **1** (colloq) (to tamper) manomettere (with sth. qcs.), giocherellare (with sth. con qcs.). **2** (to trifle, to fool) scherzare, fare lo stupido (with con). **III** v.t. scimmiottare. □ (colloq) to ~ about giocherellare (with sth. con qcs.); (colloq) to ~ around: 1 (to tamper) manomettere (with sth. qcs.), giocherellare (with sth. con qcs.); 2 (to trifle, to fool) scherzare, fare lo stupido (with con); ~ bread: 1 (Bot) baobab; 2 (fruit) frutto del baobab, pane delle scimmie; (colloq) ~ business: 1 birbonata, bricconata; 2 (underhand dealings) manovre sottobanco, intrighi; (Mecc) ~ engine motore di sollevamento della mazza; (Mecc) ~ hammer maglio a caduta libera, berta; ~ house recinto delle scimmie, gabbia delle scimmie; ~ jacket giacchetta corta e attillata; (Br,Bot) ~ nut arachide, nocciolina americana; to have a ~ on one's back: 1 avere un grosso problema; 2 (drug addiction) avere un scimmia sulla schiena, essere tossidipendente; 3 (to hold a grudge) covare astio; (colloq) to make a ~ out of qcu. far fare a qcu. la figura dello stupido; (Bot) ~ puzzle: 1 araucaria; 2 (Chile pine) araucaria del Cile; ~ suit: 1 (evening dress) smoking; 2 (formal suit) abbigliamento formale (da uomo); (colloq) ~ tricks birbonate, bricconate; (Br,sl) to get one's ~ up montare in bestia, andare in bestia; (Br,sl) to have one's ~ up essere imbestialito; (sl) to put so.'s ~ up far saltare la mosca al naso a qcu., mandare in bestia qcu.; ~ wrench: 1 (Mecc) chiave inglese; 2 (Am,colloq,fig) bastone tra le ruote, ostacolo.

monkeyish /'mʌŋkiɪʃ/ a. scimmiesco, da scimmia.

monkeyshines /'mʌŋki,ʃaɪnz/ n. (Am, colloq) birbonate f.pl., bricconate f.pl.

monkey-wrench /'mʌŋki,rentʃ/ v.t. (colloq) sabotare, ostacolare.

monkhood /'mʌŋkhʊd/ n. (Rel) monacato m., stato monastico.

monkish /'mʌŋkɪʃ/ a. (Rel) di monaco, da monaco, monacale, monastico (anche spreg).

monkseal /'mʌŋk,siːl/ n. (Zool) foca f. monaca.

monkshood /'mʌŋkshʊd/ n. (Bot) napello m., aconico m.

mono /'mɒnoʊ Am 'maːnoʊ/ a. (Acus) mono, monoaurale, monofonico. □ (Acus) ~ equipment impianto mono.

monoamine /,mɒnoʊ'eɪmiːn Am ,maːnoʊ'eɪmiːn/ n. (Chim) monoammina f. □ (Biol, Chim) ~ oxidase monoamminossidasi; (Farm) ~ oxidase inhibitor inibitori della monoamminossidasi.

monobasic /,mɒnoʊ'beɪsɪk Am ,maːnə'beɪsɪk/ a. (Chim) monobasico.

monobloc /,mɒnoʊ'blɒk Am 'maːnə'blaːk/ a. monoblocco.

monocable /'mɒnoʊkeɪbl Am 'maːnəkeɪbl/ n. teleferica f. monofune.

monocarp /'mɒnoʊkaːp Am 'maːnəkaːrp/ n. (Bot) pianta f. monocarpica.

monocarpic /,mɒnoʊ'kaːpɪk Am ,maːnə'kaːrpɪk/, **monocarpous** /,mɒnoʊ'kaːrpəs Am ,maːnə'kaːrpəs/ a. (Bot) monocarpo, monocarpico.

monochasium /,mɒnoʊ'keɪziəm Am ,maːnə'keɪziəm/ n. (Bot) monocasio m.

monochord /'mɒnoʊkɔːd Am 'maːnəkɔːrd/ n. (Mus) monocordo m.

monochromatic /,mɒnəkroʊ'mætɪk Am ,maːnəkroʊ'mætɪk/ a. monocromatico.

monochromatism /,mɒnə'kroʊmætɪzəm Am ,maːnə'kroʊmætɪzəm/ n. monocromatismo m.

monochromator /,mɒnoʊ'kroʊ,meɪtər Am ,maːnoʊ'kroʊ,meɪtər/ n. (Fis) monocromatore m.

monochrome /'mɒnəkroʊm Am 'maːnəkroʊm/ **I** (Pitt) (art) monocromia f.; (painting) monocromo m.; (in black and white) in bianco e nero. **II** a. **1** monocromatico. **2** (Art) monocromo. **3** (Cin,TV) in bianco e nero.

monocle /'mɒnəkl Am 'maːnəkl/ n. monocolo m., (colloq) caramella f.

monocled /'mɒnəkld Am 'maːnəkld/ a. che porta il monocolo.

monoclinal /,mɒnoʊ'klaɪnəl Am ,maːnoʊ'klaɪnəl/ a. (Geol) monoclinale.

monocline /'mɒnoʊklaɪn Am 'maːnoʊklaɪn/ n. (Geol) monoclinale f., piega f. monoclinale, flessura f.

monoclinic /,mɒnoʊ'klɪnɪk Am ,maːnoʊ'klɪnɪk/ a. (Min) monoclino.

monoclonal /,mɒnoʊ'kloʊnəl Am ,maːnə'kloʊnəl/ a. (Biol) monoclonale: ~ antibody anticorpo monoclonale.

monococque /'mɒnoʊkɒk Am 'maːnəkaːk/ n. **1** (Aer) monoguscio m. **2** (Aut) monoscocca f. **3** (Mar) monoscafo m.

monocotyledon /,mɒnoʊ,kɒtɪ'liːdən Am ,maːnə,kaːtəl'iːdən/ n. (Bot) monocotiledone m.

monocotyledonous /,mɒnoʊ,kɒtɪ'liːdənəs Am ,maːnə,kaːtəl'iːdənəs/ a. (Bot) monocotiledone, monocotile.

monocracy /mə'nɒkrəsi Am mə'naːkrəsi/ n. autocrazia f.

monocular /mə'nɒkjʊlər Am mə'naːkjʊlər/ a. **1** monoculare: ~ microscope microscopio monoculare. **2** (having one eye) monocolo.

monoculture /,mɒnoʊ'kʌltʃər Am ,maːnə'kʌltʃər/ n. (Agr) monocoltura f.

monocyclic /,mɒnoʊ'saɪklɪk Am ,maːnə'saɪklɪk/ a. (Chim) monociclico.

monocyte /'mɒnoʊsaɪt Am 'maːnəsaɪt/ n. (Fisiol) monocito m.

monodactyl /,mɒnoʊ'dæktɪl Am ,maːnə'dæktɪl/, **monodactylous** /,mɒnoʊ'dæktɪləs Am ,maːnə'dæktɪləs/ a. (Zool) monodattilo.

monodrama /'mɒnoʊdraːmə Am 'maːnoʊdraːmə/ n. (Teat) monodramma m.

monody /'mɒnədi Am 'maːnədi/ n. **1** (Teat) (in a Greek tragedy) monodia f. **2** (funeral song) canto m. funebre, lamento m. funebre; (funeral poem) poema m. funebre monodico. **3** (Mus) (style) monodia f., omofonia f.; (composition) monodia f., composizione f. monodica.

monoecious /mə'niːʃəs/ a. **1** (Biol,Med) monoico, ermafrodito. **2** (Bot) monoico.

monoeciousness /mə'niːʃəsnəs/ n. (Bot) monoecismo m.

monoecism /mə'niːsɪzəm/ n. (Bot) monoecismo m.

monofilament /,mɒnoʊ'fɪləmənt Am ,maːnə'fɪləmənt/ n. (Tess) monofilo m., monofilamento m.

monogamic /,mɒnoʊ'gæmɪk Am ,maːnə'gæmɪk/ a. **1** monogamo. **2** (of monogamy) monogamico.

monogamist /mə'nɒgəmɪst Am mə'naːgəmɪst/ n. monogamo m. (f. -a).

monogamous /mə'nɒgəməs Am mə'naːgəməs/ a. **1** monogamo. **2** (of monogamy) monogamico.

monogamy /mə'nɒgəmi Am mə'naːgəmi/ n. monogamia f. (anche Zool).

monogenesis /,mɒnoʊ'dʒenəsɪs Am ,maːnə'dʒenəsɪs/ n. monogenesi f., monogenismo m.

monogenetic /,mɒnoʊdʒɪ'netɪk Am ,maːnə dʒɪ'netɪk/ a. monogenico, monogenetico.

monogenic /,mɒnoʊ'dʒenɪk Am ,maːnə'dʒenɪk/ a. monogenico.

monoglot /'mɒnəglɒt Am 'maːnəglaːt/ **I** a. monoglotta. **II** n. monoglotta m./f.

monogram /'mɒnəgræm Am 'maːnəgræm/ **I** n. monogramma m. **II** v.t. (past, p.p. **monogrammed** /-d/) cifrare, decorare con un monogramma.

monogrammatic /,mɒnəgrə'mætɪk Am ,maːnəgrə'mætɪk/ a. monogrammatico.

monogrammatical /,mɒnəgrə'mætɪkəl Am ,maːnəgrə'mætɪkəl/ a. monogrammatico.

monogrammed /'mɒnəgræmd Am 'maːnəgræmd/ a. cifrato, con le cifre.

monograph /'mɒnəgraːf Am 'maːnəgræf/ **I** n. monografia f. **II** v.t. scrivere una monografia su, comporre una monografia su.

monographer /mə'nɒgrəfər Am mə'naː grəfər/ n. monografista m./f.

monographic /,mɒnoʊ'græfɪk Am ,maːnə'græfɪk/, **monographical** /,mɒnoʊ'græfɪkəl Am ,maːnə'græfɪkəl/ a. monografico.

monographist /mə'nɒgrəfɪst Am mə'naː grəfɪst/ n. monografista m./f.

monogynous /mə'nɒdʒɪnəs Am mə'naː dʒɪnəs/ a. **1** che ha una sola moglie. **2** (Bot) monogino.

monohull /'mɒnəhʌl Am 'maːnəhʌl/ n. (Mar) monoscafo m.

monohybrid /'mɒnəhaɪbrɪd Am 'maːnə haɪbrɪd/ n. (Biol) monoibrido m.

monohydrate /,mɒnəhaɪ'dreɪt Am ,maːnəhaɪ 'dreɪt/ n. (Chim) monoidrato m.

monokini /,mɒnoʊ'kiːni Am ,maːnoʊ'kiːni/ n. monokini m.

monolatry /mə'nɒlətri Am mə'naːlətri/ n. (Rel) monolatria f.

monolayer /'mɒnoʊleɪər Am 'maːnəleɪər/ n. **1** (Biol,Chim) monostrato m. **2** (Tecn) monofaccia.

monolingual /ˌmɒnoʊˈlɪŋgwəl *Am* ˌmɑːnəˈlɪŋgwəl/ *a.* monolingue.

monolith /ˈmɒnoʊlɪθ *Am* ˈmɑːnəlɪθ/ *n.* **1** monolito *m.* **2** (*fig*) struttura *f.* monolitica.

monolithic /ˌmɒnoʊˈlɪθɪk *Am* ˌmɑːnəˈlɪθɪk/ *a.* **1** monolitico (*anche Edil*). **2** (*fig*) monolitico, unitario, compatto.

monologic /ˌmɒnoʊˈlɒdʒɪk *Am* ˌmɑːnəˈlɑːdʒɪk/ *a.* di monologo, del monologo.

monological /ˌmɒnoʊˈlɒdʒɪkəl *Am* ˌmɑːnəˈlɑːdʒɪkəl/ *a.* di monologo, del monologo.

monologist /məˈnɒlədʒɪst *Am* məˈnɑːlədʒɪst/ *n.* **1** chi fa soliloqui, chi parla da solo, chi parla tra sé. **2** (*Teat*) chi recita monologhi.

monologize /ˈmɒnələdʒaɪz *Am* ˈmɑːnələdʒaɪz/ *v.i.* monologare.

monologue /ˈmɒnəlɒg *Am* ˈmɑːnələːg/ *n.* **1** (*Teat*) monologo *m.* **2** (*long speech by a single speaker*) monologo *m.*, tirata *f.*

monomania /ˌmɒnoʊˈmeɪnɪə *Am* ˌmɑːnoʊˈmeɪnɪə/ *n.* (*Psic*) monomania *f.*, fissazione *f.*

monomaniac /ˌmɒnoʊˈmeɪnɪæk *Am* ˌmɑːnoʊˈmeɪnɪæk/ **I** *n.* monomaniaco *m.* (*f.* -a), monomane *m./f.* **II** *a.* monomaniaco, monomane.

monomaniacal /ˌmɒnoʊˈmeɪnɪækəl *Am* ˌmɑːnoʊˈmeɪnɪækəl/ *a.* monomaniaco, monomane.

monomer /ˈmɒnəmər *Am* ˈmɑːnəmər/ *n.* (*Chim*) monomero *m.*

monometallic /ˌmɒnoʊməˈtælɪk *Am* ˌmɑːnoʊməˈtælɪk/ *a.* **1** di un solo metallo. **2** (*Econ*) monometallico.

monometallism /ˌmɒnoʊˈmetəlɪzəm *Am* ˌmɑːnoʊˈmetəlɪzəm/ *n.* (*Econ*) monometallismo *m.*

monometer /ˌmɒnoʊˈmiːtər *Am* ˌmɑːnoʊˈmiːtər/ *n.* (*Metr*) monometro *m.*

monomial /məˈnoʊmɪəl/ **I** *a.* (*Mat*) monomiale, monomio. **II** *n.* (*Mat*) monomio *m.*, espressione *f.* monomia.

monomolecular /ˌmɒnoʊmoʊˈlekjʊlər *Am* ˌmɑːnoʊmoʊˈlekjʊlər/ *a.* (*Chim*) monomolecolare.

monomorphic /ˌmɒnoʊˈmɔːfɪk *Am* ˌmɑːnoʊˈmɔːrfɪk/, **monomorphous** /ˌmɒnoʊˈmɔːfəs *Am* ˌmɑːnoʊˈmɔːrfəs/ *a.* (*Biol*) monomorfico.

mononuclear /ˌmɒnoʊˈnjuːklɪər *Am* ˌmɑːnoʊˈnuːklɪər/ *a.* (*Biol*) mononucleare, mononucleato.

mononucleosis /ˌmɒnoʊˌnjuːkliˈoʊsɪs *Am* ˌmɑːnoʊˌnuːkliˈoʊsɪs/ *n.* (*Med*) mononucleosi *f.*

monopetalous /ˌmɒnoʊˈpetələs *Am* ˌmɑːnoʊˈpetələs/ *a.* (*Bot*) monopetalo.

monophagous /məˈnɒfəgəs *Am* məˈnɑːfəgəs/ *a.* (*Zool*) monofago.

monophonic /ˌmɒnoʊˈfɒnɪk *Am* ˌmɑːnəˈfɑːnɪk/ *a.* **1** (*Mus*) monofonico. **2** (*Acus*) monoaurale, monofonico.

monophony /məˈnɒfəni *Am* məˈnɑːfəni/ *n.* monofonia *f.*

monophthong /ˈmɒnəfθɒŋ *Am* ˈmɑːnəfθɑːŋ/ *n.* (*Fon*) monottongo *m.*

monophyletic /ˌmɒnoʊfaɪˈletɪk *Am* ˌmɑːnəfaɪˈletɪk/ *a.* (*Biol*) monofiletico.

Monophysite /məˈnɒfɪsaɪt *Am* məˈnɑːfəsaɪt/ *n.* (*Rel*) monofisita *m./f.*

Monophysitic /ˌməˌnɒfəˈsɪtɪk *Am* məˌnɑːfəˈsɪtɪk/ *a.* (*Rel*) monofisita, monofisitico.

Monophysitism /məˈnɒfəsaɪtɪzəm *Am* məˈnɑːfəsaɪtɪzəm/ *n.* (*Rel*) monofisismo *m.*

monoplane /ˈmɒnoʊpleɪn *Am* ˈmɑːnəpleɪn/ *n.* (*Aer*) monoplano *m.*

monoplegia /ˌmɒnoʊˈpliːdʒə *Am* ˌmɑːnəˈpliːdʒə/ *n.* (*Med*) monoplegia *f.*

monopodium /ˌmɒnoʊˈpoʊdɪəm *Am* ˌmɑːnəˈpoʊdɪəm/ *n.* (*Bot*) monopodio *m.*, ramificazione *f.* monopodiale.

monopole /ˈmɒnəpoʊl *Am* ˈmɑːnəpoʊl/ *n.* (*Fis*) monopolo *m.*

monopolist /məˈnɒpəlɪst *Am* məˈnɑːpəlɪst/ *n.* (*Econ*) **1** monopolista *m./f.* **2** (*advocate of monopolism*) fautore *m.* (*f.* -trice) del sistema dei monopoli.

monopolistic /məˌnɒpəˈlɪstɪk *Am* məˌnɑːpəˈlɪstɪk/ *a.* (*Econ*) monopolistico.

monopolization /məˌnɒpəl(ə)ɪˈzeɪʃən *Am* məˌnɑːpələˈzeɪʃən/ *n.* monopolizzazione *f.* (*anche fig*).

monopolize /məˈnɒpəlaɪz *Am* məˈnɑːpəlaɪz/ *v.t.* monopolizzare, avere il monopolio di (*anche fig*).

monopolizer /məˈnɒpəlaɪzər *Am* məˈnɑːpəlaɪzər/ *n.* monopolizzatore *m.* (*f.* -trice).

monopoly /məˈnɒpəli *Am* məˈnɑːpəli/ *n.* **1** (*Econ*) monopolio *m.* **2** (*Econ*) (*commodity*) genere *m.* di monopolio: *tobacco is a ~ in this country* in questo paese il tabacco è un genere di monopolio. **3** (*Econ*) (*company*) monopolio *m.* **4** (*exclusive privilege*) privilegio *m.* monopolistico. **5** (*fig*) (*exclusive right*) monopolio *m.*, privilegio *m.*, prerogativa *f.*, diritto *m.* riservato. **6** (*fig*) (*exclusive control*) controllo *m.* esclusivo, monopolio *m.* □ *~ agreement* accordo monopolistico; (*Br*) *Monopolies and Mergers Commission* Commissione per i monopoli.

Monopoly /məˈnɒpəli *Am* məˈnɑːpəli/ *n.* (*board game*) monopoli *m.*

monopropellant /ˌmɒnə(ʊ)prəˈpelənt *Am* ˌmɑːnoʊprəˈpelənt/ **I** *n.* monopropellente *m.* **II** *a.* a monopropellente.

monorail /ˈmɒnoʊreɪl *Am* ˈmɑːnoʊreɪl/ *n.* (*Ferr*) **1** monorotaia *f.*, ferrovia *f.* monorotaia. **2** (*rail*) monorotaia *f.*

monorchid /mɒˈnɔːkɪd *Am* mɑːˈnɔːrkɪd/ **I** *n.* (*Med*) monorchide *m.* **II** *a.* (*Med*) monorchide.

monosaccharide /ˌmɒnoʊˈsækəraɪd *Am* ˌmɑːnoʊˈsækəraɪd/ *n.* (*Chim*) monosaccaride *m.*

monosemy /ˈmɒnoʊsiːmi *Am* ˈmɑːnoʊsiːmi/ *n.* (*Ling*) monosemia *f.*

monosepalous /ˌmɒnoʊˈsepələs *Am* ˌmɑːnoʊˈsepələs/ *a.* (*Bot*) monosepalo.

monoski /ˈmɒnoʊski: *Am* ˈmɑːnoʊski:/ *n.* (*Sport*) monosci *m.*

monosodium /ˌmɒnoʊˈsoʊdɪəm *Am* ˌmɑːnoʊˈsoʊdɪəm/ □ (*Chim*) *~ glutamate* glutammato monosodico.

monosome /ˈmɒnoʊsoʊm *Am* ˈmɑːnoʊsoʊm/ *n.* (*Biol*) monosoma *m.*

monosomy /məˈnɒsəmi *Am* məˈnɑːsəmi/ *n.* (*Biol*) monosomia *f.*

monospace /ˈmɒnoʊˌspeɪs *Am* ˈmɑːnoʊˌspeɪs/ *n.* (*Aut*) monovolume *f.*

monospecific /ˌmɒnoʊspəˈsɪfɪk *Am* ˌmɑːnoʊspəˈsɪfɪk/ *a.* (*Biol*) monospecifico: *~ antibody* anticorpo monospecifico.

monostable /ˌmɒnoʊˈsteɪbl *Am* ˌmɑːnoʊˈsteɪbl/ *a.* (*Inform*) monostabile.

monostrophe /ˌmɒnoʊˈstroʊfi *Am* ˌmɑːnoʊˈstroʊfi/ *n.* (*Metr*) componimento *m.* monostrofico.

monostrophic /ˌmɒnoʊˈstrɒfɪk *Am* ˌmɑːnoʊˈstrɑːfɪk/ *a.* (*Metr*) monostrofico.

monosyllabic /ˌmɒnoʊsɪˈlæbɪk *Am* ˌmɑːnoʊsɪˈlæbɪk/ *a.* **1** monosillabico, monosillabo. **2** (*fig*) estremamente conciso, che parla a monosillabi, che risponde a monosillabi.

monosyllabically /ˌmɒnoʊsɪˈlæbɪkəli *Am* ˌmɑːnoʊsɪˈlæbɪkəli/ *avv.* a monosillabi (*anche fig*).

monosyllabism /ˌmɒnoʊˈsɪləbɪzəm *Am* ˌmɑːnoʊˈsɪləbɪzəm/ *n.* estrema concisione *f.*

monosyllabize /ˌmɒnoʊˈsɪləbaɪz *Am* ˌmɑːnoʊˈsɪləbaɪz/ *v.t.* rendere monosillabo, rendere monosillabico.

monosyllable /ˈmɒnoʊˌsɪləbl *Am* ˈmɑːnoʊˌsɪləbl/ *n.* monosillabo *m.*: *in -s* a monosillabi.

monotheism /ˈmɒnoʊθiˌɪzəm *Am* ˈmɑːnoʊθiˌɪzəm/ *n.* (*Rel*) monoteismo *m.*

monotheist /ˈmɒnoʊθiˌɪst *Am* ˈmɑːnoʊθiˌɪst/ *n.* (*Rel*) monoteista *m./f.*

monotheistic /ˌmɒnoʊθiˈɪstɪk *Am* ˌmɑːnoʊθiˈɪstɪk/ *a.* (*Rel*) monoteistico, monoteista.

monotheistical /ˌmɒnoʊθiˈɪstɪkəl *Am* ˌmɑːnoʊθiˈɪstɪkəl/ *a.* (*Rel*) monoteistico, monoteista.

monotint /ˈmɒnoʊtɪnt *Am* ˈmɑːnoʊtɪnt/ **I** *n.* (*Pitt, ant*) (*art*) monocromia *f.*; (*painting*) monocromato *m.*, monocromo *m.*; (*in black and white*) in bianco e nero.

monotone /ˈmɒnoʊtoʊn *Am* ˈmɑːnoʊtoʊn/ **I** *n.* **1** tono *m.* monotono, tono *m.* uniforme: *to speak in a ~* parlare in tono monotono. **2** (*Mus*) (*single tone*) tono *m.* uniforme, tono *m.* senza modulazioni; (*intoning*) intonazione *f.* monotona. **3** (*fig*) (*of style*) monotonia *f.*, uniformità *f.* **II** *a.* monotono. **III** *v.i.* cantilenare. **IV** *v.t.* dire con voce monotona, recitare con voce monotona, cantare con voce monotona.

monotonic /ˌmɒnəˈtɒnɪk *Am* ˌmɑːnəˈtɑːnɪk/ *a.* monotono (*anche Mus*).

monotonous /məˈnɒtənəs *Am* məˈnɑːtənəs/ *a.* **1** monotono. **2** (*lacking in variety*) monotono, uniforme, noioso.

monotonously /məˈnɒtənəsli *Am* məˈnɑːtənəsli/ *avv.* uniformemente, con monotonia, monotonamente.

monotony /məˈnɒtəni *Am* məˈnɑːtəni/ *n.* monotonia *f.*: *to break the ~* spezzare la monotonia.

monotreme /ˈmɒnoʊtriːm *Am* ˈmɑːnoʊtriːm/ *n.* (*Zool*) monotremo *m.*

monotropy /məˈnɒtrəpi *Am* məˈnɑːtrəpi/ *n.* (*Chim*) monotropia *f.*

monotype /ˈmɒnoʊtaɪp *Am* ˈmɑːnoʊtaɪp/ *n.* **1** (*Tip*) monotipo *m.*, monotype *m.* **2** (*Biol*) monotipo *m.*

monotyper /ˈmɒnoʊtaɪpər *Am* ˈmɑːnoʊtaɪpər/ *n.* (*Tip*) monotipista *m./f.*

monotypic /ˌmɒnoʊˈtɪpɪk *Am* ˌmɑːnoʊˈtɪpɪk/ *a.* (*Tip,Biol*) monotipico.

monovalent /ˌmɒnoʊˈveɪlənt *Am* ˌmɑːnoʊˈveɪlənt/ *a.* (*Chim*) monovalente.

monovular /mɒˈnɒvjʊlər *Am* mɑːnˈɑːvjuːlər/ *a.* (*Biol*) monovulare: *~ twins* gemelli monovulari.

monoxide /məˈnɒksaɪd *Am* məˈnɑːksaɪd/ *n.* (*Chim*) monossido *m.*

monozygotic /ˌmɒnoʊzaɪˈgɒtɪk *Am* ˌmɑːnoʊzaɪˈgɑːtɪk/ *a.* (*Biol*) monozigotico.

monozygous /ˌmɒnoʊˈzaɪgəs *Am* ˌmɑːnoʊˈzaɪgəs/ *a.* (*Biol*) monozigotico.

Monroe /mənˈroʊ *Br* mʌnˈroʊ/ □ (*Stor.am*) *~ Doctrine* dottrina di Monroe.

Monsig. (*Rel.catt*) *Monsignor* mons. (monsignore).

Monsignor /mɒnˈsiːnjər *Am* mɑːnˈsiːnjər/ (*pl.* **-s** /-z/ o **-i** /ˌmɒnsiːˈnjɔːri: *Am* ˌmɑːnsiːˈnjɔːri:/) *n.* (*Rel.catt*) monsignore *m.*

monsoon /mɒnˈsuːn *Am* mɑːnˈsuːn/ *n.* **1** (*Meteor*) monsone *m.*; (*season*) stagione *f.* dei monsoni. □ *~ rain* (o *~ rains*) piogge monsoniche.

monster /ˈmɒnstər *Am* ˈmɑːnstər/ **I** *n.* **1** mostro *m.* (*anche fig*): *a ~ of cruelty* un mostro di crudeltà. **2** (*fig*) (*sth. huge*) cosa *f.* enorme, cosa *f.* colossale. **3** (*scherz*) bambino *m.* (*f.* -a) che si comporta male, peste *f.* **II** *a.* colossale, mostruoso, enorme.

monstrance /ˈmɒnstrəns *Am* ˈmɑːnstrəns/ *n.* (*Lit*) ostensorio *m.*

monstrosity /mɒnˈstrɒsəti *Am* mɑːnˈstrɑːsəti/ *n.* **1** mostruosità *f.*, atrocità *f.*, efferatezza *f.* **2** (*something hideous*) mostruosità *f.*, orrore *m.*: *architectural monstrosities* mostruosità architettoniche.

monstrous /'mɒnstrəs *Am* 'mɑːnstrəs/ *a.* **1** mostruoso, atroce, efferato: *a ~ crime* un delitto efferato. **2** (*hideous*) mostruoso, orrendo. **3** (*extremely large*) colossale, mostruoso, enorme. **4** (*as an intensive*) straordinario, mostruoso, assurdo, pazzesco. **5** (*colloq*) (*scandalous*) scandaloso, ignominioso: *his behaviour is quite ~* il suo comportamento è veramente scandaloso.

monstrousness /'mɒnstrəsnəs *Am* 'mɑːnstrəsnəs/ *n.* mostruosità *f.*

montage /mɒn'tɑːʒ, 'mɒntɪdʒ *Am* 'mɑːntɑːʒ/ *n.* **1** (*Fot,Lett*) fotomontaggio *m.* **2** (*Cin,TV*) (*editing technique*) montaggio *m.*; (*sequence*) sequenza *f.* **3** (*Rad*) montaggio *m.*

Montague /'mɒntəgjuː *Am* 'mɑːntəgjuː/ *n.pr.* (*Lett*) Montecchi.

Montana /mɒn'tænə, mɒn'tɑːnə *Am* mɑːn'tænə/ *n.pr.* (*Geog*) Montana *m.*

montane /mɒn'teɪn *Am* 'mɒnteɪn/ **I** *a.* (*Geog*) montano. **II** *n.* flora *f.* montana inferiore.

Mont Cenis /,mɒnsə'niː/ *n.pr.* (*Geog*) Moncenisio *m.*

Monte Carlo /,mɒnti'kɑːləʊ *Am* ,mɑːnti 'kɑːrləʊ/ *n.pr.* (*Geog*) Montecarlo *f.* ◻ (*Statist*) ~ *method* metodo montecarlo.

Montenegro /,mɒnti'niːgrəʊ *Am* ,mɑːntə 'niːgrəʊ/ *n.pr.* (*Geog*) Montenegro *m.*

Monterey /,mɒntə'reɪ *Am* ,mɑːntə'reɪ/ *n.pr.* (*Geog*) Monterey *f.* ◻ (*Am,Alim*) *monterey jack* formaggio a pasta semidura di gusto delicato.

Montessorian /,mɒntes'ɔːrɪən *Am* ,mɑːntə 'sɔːrɪən/ *a.* (*Scol*) montessoriano.

Montezuma /,mɒntɪ'zuːmə *Am* ,mɑːntə 'zuːmə/ *n.pr.* (*Geog*) Montezuma *m.* ◻ (*fig, colloq*) ~*'s revenge* la vendetta di Montezuma.

month /mʌnθ/ *n.* **1** mese *m.*: *the ~ of August* il mese di agosto; *what day of the ~ is today?* quanti ne abbiamo oggi? **2** *pl.* (*long period of time*) mesi *m.pl.* (e mesi), molto tempo *m.sing.*, lungo tempo *m.sing.*: *I have been working on it for -s* ci lavoro da mesi. ◻ (*Br*) *a ~ today* (o *Am this day a ~*) tra un mese, oggi a un mese; *by the ~* mensilmente, al mese; *to be three -s gone* (*of a pregnant woman*) essere di tre mesi; *~ in, ~ out* ogni mese; (*Rel.catt*) ~*'s mind* trigesimo (*m*.); (*colloq*) *a ~of Sundays*: 1 (*never*) mai; 2 (*very long time*) un periodo di tempo molto lungo, un'eternità, un secolo, secoli.

monthly /'mʌnθlɪ/ **I** *a.* mensile. **II** *n.* **1** (*periodical*) mensile *m.* **2** *pl.* (*colloq*) (*menstrual period*) mestruazioni *f.pl.*, cose *f.pl.* **III** *avv.* mensilmente, ogni mese.

monticule /'mɒntɪkjuːl *Am* 'mɑːntəkjuːl/ *n.* **1** (*small hill*) monticciolo *m.*, monticello *m.* **2** (*of a volcano*) cono *m.* secondario.

Montreal /,mɒntrɪ'ɔːl *Am* ,mɑːntrɪ'ɔːl/ *n.pr.* (*Geog*) Montreal *f.*

monty /'mɒntɪ/ ◻ (*Br,sl*) *the full* ~ servizio completo, tutto quanto, tutto: *we sell books, magazines, newspapers - the full* ~ vendiamo libri, riviste, giornali - tutto quanto.

monument /'mɒnjʊmənt *Am* 'mɑːnjʊmənt/ *n.* **1** monumento *m.* **2** (*area set aside and preserved*) monumento *m.* nazionale. **3** (*sepulchre*) monumento *m.* funebre. **4** (*fig*) testimonianza *f.* imperitura, prova *f.* imperitura: *a ~ to man's spirit of adventure* una testimonianza imperitura dell'intraprendenza dell'uomo. **5** (*fig*) (*great work*) monumento *m.*: *his book is a ~ of learning* il suo libro è un monumento di erudizione.

Monument /'mɒnjʊmənt *Am* 'mɑːnjʊmənt/ *n.* (*in London*) colonna *f.* commemorativa

dell'incendio del 1666.

monumental /,mɒnjʊ'mentəl *Am* ,mɑːnjʊ 'mentəl/ *a.* **1** monumentale, grandioso, imponente. **2** (*very great*) colossale, enorme, immenso; (*iperb,scherz*) monumentale: ~ *stupidity* stupidità colossale. **3** (*serving as a monument*) monumentale: *a ~ chapel* una cappella monumentale. **4** (*of a monument*) monumentale, di (un) monumento. ◻ (*Br*) ~ *mason* lapidario, marmista funebre.

monumentalize /,mɒnjʊ'mentəlaɪz *Am* ,mɑːnjʊ'mentəlaɪz/ *v.t.* immortalare con un monumento.

monumentally /,mɒnjʊ'mentəli *Am* ,mɑːnjʊ 'mentəli/ *avv.* **1** in maniera monumentale. **2** (*exceedingly*) enormemente, straordinariamente.

moo /muː/ **I** *n.* **1** (*of a cow*) muggito *m.*, mugghio *m.* **2** (*Br,sl*) (*irritating woman*) donna *f.* insopportabile, donna *f.* antipatica, strega *f.* **II** *v.i.* muggire, mugghiare. ◻ (*infant*) ~ *cow* mucca.

mooch /muːtʃ/ **I** *v.i.* (*Br,colloq*) **1** (*to loiter, to idle*) oziare, bighellonare, ciondolare, gironzolare. **2** (*to sneak, to slink*) aggirarsi di soppiatto, aggirarsi furtivo. **II** *v.t.* (*Am,sl*) **1** (*to cadge*) scroccare (*from, off* da). **2** (*to sneak, to steal*) rubare, (*gerg*) sgraffignare. **III** *n.* (*Am,sl*) scroccone *m.* (*f.* -a), mendicante *m./f.*, bighellone *m.* (*f.* -a). ◻ (*Br,colloq*) *to ~about* (o *to ~around*): 1 (*to loiter, to idle*) oziare, bighellonare, ciondolare, gironzolare; 2 (*to sneak, to slink*) aggirarsi di soppiatto, aggirarsi furtivo.

moocher /'muːtʃər/ *n.* **1** (*sl*) (*loiterer*) fannullone *m.* (*f.* -a), scioperato *m.* (*f.* -a). **2** (*Am, sl*) (*cadger*) scroccone *m.* (*f.* -a), mendicante *m./f.*

mood[1] /muːd/ *n.* **1** umore *m.*, stato *m.* d'animo, disposizione *f.* (d'animo), vena *f.* **2** (*general attitude*) atteggiamento *m.*, umore *m.*: *the ~ of the country has changed* l'atteggiamento del paese è cambiato. **3** (*quality, character*) tono *m.*, stile *m.*, carattere *m.*: *a musical composition in a gay ~* una composizione musicale di tono gaio. **4** (*atmosphere*) atmosfera *f.* **5** *pl.* (*changeable temper*) umore *m.sing.* instabile, umore *m.sing.* mutevole: *a man of -s* un uomo di umore instabile. **6** *pl.* (*aspects*) aspetti *m.pl.*, volti *m.pl.*: *the sea and its ever-changing -s* il mare con i suoi aspetti sempre diversi. ◻ (*Farm*) ~*elevating* psicotonico; (*Farm*) ~ *elevator* psicotonico, farmaco psicotonico; *to be in a bad ~* essere di cattivo umore, avere la luna; *to be in a good ~* essere di buon umore; *to be in a generous ~* essere in vena di generosità; *to be in no ~ to study* non essere in vena di studiare; *to be in no laughing ~* non avere voglia di ridere; *in the right ~* in vena, di buon umore; *to be in the ~ for joking* essere in vena di scherzi, essere in vena di scherzare; ~ *swing* cambiamento di umore, sbalzo di umore.

mood[2] /muːd/ *n.* (*Gramm,Filos*) modo *m.*: *in the subjunctive ~* al congiuntivo.

mood-altering /'muːd,ɔːltərɪŋ *Am* 'muːd ,ɔːltərɪŋ/ *a.* (*Farm*) psicotropo, psicoattivo.

moodily /'muːdɪli/ *avv.* in modo imbronciato, di malumore, con aria cupa, con risentimento.

moodiness /'muːdɪnəs/ *n.* **1** umore *m.* nero, luna *f.* **2** (*changeable temper*) umore *m.* instabile, umore *m.* mutevole.

moody /'muːdi/ *a.* **1** (*bad-tempered*) imbronciato, di malumore, immusonito. **2** (*temperamental*) lunatico, capriccioso, incostante.

moolah /'muːlə/ *n.* (*Am,colloq*) denaro *m.*,

grana *f.*, quattrini *m.pl.*

moon /muːn/ **I** *n.* **1** (*Astron*) luna *f.* **2** (*Astron*) (*satellite*) luna *f.*, satellite *m.*: *the -s of Saturn* le lune di saturno. **3** (*moonlight*) luna *f.*, chiaro *m.* di luna, lume *m.* di luna: *there is a ~ tonight* c'è la luna stasera. **4** (*month*) mese *m.*, luna *f.* **5** (*fig*) (*something orb-shaped*) globo *m.*, sfera *f.*; (*something crescent-shaped*) mezzaluna *f.*, falce *f.* **6** (*sl*) (*buttocks*) chiappe *f.pl.*, natiche *f.pl.* **II** *v.i.* **1** (*colloq*) vagare con aria trasognata, bighellonare, ciondolare. **2** (*colloq*) (*to gaze dreamily*) guardare con aria trasognata. **3** (*Astron*) scendere sulla luna, allunare. **III** *v.t.* (*sl*) (*to show one's buttock*) mostrare il sedere nudo attraverso un vetro (*spec.* il finestrino della macchina). ◻ (*colloq*) *to ~about* vagare con aria trasognata, bighellonare, ciondolare; (*lett*) *many -s ago* anni or sono; (*colloq*) *to ~around* vagare con aria trasognata, bighellonare, ciondolare; *to ~away*: 1 (*of time*) passare fantasticando, trascorrere fantasticando; 2 (*to daydream*) fantasticare (*over* su); (*Calz*) ~ *boots* moon boots, doposci; (*Bot*) ~*flower* margherita (dei campi); (*Astron*) ~ *landing* allunaggio; (*colloq*) ~ *lighting* doppio lavoro; *the ~ is out* c'è la luna;(*colloq*) *to ~over so.* pensare continuamente a qcu., non fare altro che pensare a qcu.; (*Astron*) ~ *probe* sonda lunare; (*Astron*) ~ *rocket* razzo lunare; (*Astron*) ~ *rover* veicolo per l'esplorazione lunare; (*Astron*) ~ *shot* lancio sulla luna; (*Astron*) ~ *station* stazione lunare; (*Astron*) ~ *walk* passeggiata sulla luna.

moonbeam /'muːnbiːm/ *n.* raggio *m.* lunare, raggio *m.* di luna.

mooncalf /'muːnkɑːf *Am* 'muːnkæf/ *n.irr.* **1** persona *f.* svagata. **2** (*fool*) sciocco *m.* (*f.* -a), babbeo *m.* **3** (*imbecile*) imbecille *m./f.*

mooned /muːnd/ *a.* **1** ornato di mezzelune. **2** (*crescent-shaped*) lunato, falcato.

moon-faced /'muːnfeɪst/ *a.* con una faccia di luna piena.

moonfish /'muːnfɪʃ/ *n.* (*Itt*) **1** pesce *m.* luna. **2** (*opah*) pesce *m.* re.

moonflower /'muːnflaʊər/ *n.* (*Bot*) **1** (*daisy*) margherita *f.* **2** (*tropical flower*) bella *f.* di notte.

moonish /'muːnɪʃ/ *a.* capriccioso, volubile, lunatico.

moonless /'muːnləs/ *a.* senza luna: *a ~ night* una notte senza luna.

moonlight /'muːnlaɪt/ **I** *n.* chiaro *m.* di luna: *in the ~* (o *by ~*) al chiaro di luna. **II** *a.* **1** di luna, illuminato dalla luna: *a ~ night* una notte di luna. **2** (*occurring by moonlight*) (*che avviene*) al chiaro di luna: *a ~ party* una festa al chiaro di luna. **III** *v.i.* (*colloq*) fare un secondo lavoro in nero. ◻ (*sl*) ~*flit* (o ~ *flitting*) trasloco notturno (per non pagare l'affitto).

moonlighter /'muːnlaɪtər *Am* 'muːnlaɪtər/ *n.* **1** (*colloq*) chi si dedica a una seconda occupazione. **2** (*Am*) (*illegal distiller*) distillatore *m.* (*f.* -trice) clandestino. **3** (*Stor*) devastatore *m.* notturno (in Irlanda).

moonlit /'muːnlɪt/ *a.* illuminato dalla luna, rischiarato dalla luna: *a ~ night* una notte di luna.

moon-orbiting /'muːn,ɔːbɪtɪŋ *Am* 'muːn ,ɔːrbɪtɪŋ/ *a.* (*Astr*) in orbita attorno alla luna.

moonquake /'muːnkweɪk/ *n.* (*Astr*) sisma *m.* lunare.

moonraker /'muːnreɪkər/ *n.* sempliciotto *m.* (*f.* -a), semplicione *m.* (*f.* -a).

moonrise /'muːnraɪz/ *n.* il sorgere della luna.

moonscape /'muːnskeɪp/ *n.* paesaggio *m.* lunare.

moonset /'muːnset/ n. tramonto m. della luna.

moonshine /'muːnʃaɪn/ n. 1 chiaro m. di luna. 2 (colloq) (empty talk) chiacchiere f.pl., ciance f.pl.; (nonsense) balordaggini f.pl., stupidaggini f.pl. 3 (Am,colloq) (illicit liquor) distillato m. clandestino, liquore m. di contrabbando.

moonshiner /'muːnʃaɪnər/ n. (Am,colloq) 1 distillatore m. (f. -trice) clandestino. 2 (smuggler of whisky) contrabbandiere m. (f. -a) di whisky.

moonshiny /'muːnʃaɪni/ a. 1 illuminato dalla luna, rischiarato dalla luna. 2 (fig) fantastico, visionario.

moonstone /'muːnstoʊn/ n. (Min) (moon rock) pietra f. di luna, lunaria f.

moonstricken /'muːnstrɪkən/ a. matto, pazzo.

moonstruck /'muːnstrʌk/ a. matto, pazzo.

moonwalk /'muːnwɔːk/ n. 1 (Astron) passeggiata f. lunare. 2 (dance) ballo m. che imita la passeggiata lunare.

moonwort /'muːnwɜːt Am 'muːnwɜːrt/ n. (Bot) lunaria f., botrichio m.

moony /'muːni/ a. 1 a forma di luna; (crescent-shaped) lunato. 2 (colloq) (dreamy) svagato, trasognato. 3 (sl) (crazy) pazzo, matto.

moor[1] /mɔːr, mʊər Am mʊr/ n. 1 brughiera f., landa f. 2 (boggy area) paludi f.pl., regione f. paludosa. 3 (Caccia) riserva f. di caccia in brughiera. □ (Ornit) ~ cock maschio della pernice bianca di Scozia.

moor[2] /mɔːr Am mʊr/ I v.t. (Mar) ormeggiare, attraccare: to ~ a boat to a buoy ormeggiare una barca a una boa. II v.i. (Mar) ormeggiarsi.

Moor /mɔːr, mʊər Am mʊr/ n. 1 (Stor) moro m. 2 (esing) (Moslem) musulmano m. (f. -a).

moorage /'mɔːrɪdʒ Am 'mʊrɪdʒ/ n. (Mar) 1 (act) ormeggio m., attracco m. 2 (place) ormeggio m. 3 (charge) diritti m.pl. d'ormeggio, tassa f. di ancoraggio.

moorfowl /'mʊəfaʊl Am 'mʊrfaʊl/, **moorgame** /'mʊəgeɪm Am 'mʊrgeɪm/ n.inv. (Ornit) pernice f. bianca di Scozia.

moorhen /'mɔːhen Am 'mʊrhen/ n. (Ornit) 1 gallinella f. d'acqua. 2 (female red grouse) femmina f. della pernice bianca di Scozia.

mooring /'mɔːrɪŋ Am 'mʊrɪŋ/ n. (Mar) ormeggio m., attracco m. □ (Mar) ~ buoy boa d'ormeggio; (Aer) ~ mast pilone d'ormeggio.

Moorish /'mʊərɪʃ, 'mɔːrɪʃ Am 'mʊrɪʃ/ a. moresco. □ (Arch) ~ arch arco moresco, arco a ferro di cavallo.

moorland /'mɔːlənd, mʊələnd Am 'mʊrlənd/ n. brughiera f., landa f.

moose /muːs/ n.inv. (Zool) 1 alce m. americano. 2 (elk) alce m. comune, alce m. europeo.

moot /muːt/ I a. 1 discutibile, opinabile: a ~ point un punto discutibile. 2 (controversial) controverso, discusso. 3 (of no practical significance) accademico, teorico. 4 (hypothetical) ipotetico, immaginario. II n. 1 (Stor.brit) assemblea f. popolare, consiglio m. popolare. 2 (Univ) dibattito m. su un caso legale teorico. III v.t. 1 (to bring up for discussion) ventilare, sollevare, suggerire, proporre. 2 (to discuss) discutere, dibattere. □ ~ court tribunale fittizio, in cui gli studenti di legge discutono casi legali teorici; (Stor) ~ hall palazzo del consiglio del popolo; a ~ point un punto discutibile, questione controversa.

mop[1] /mɒp Am maːp/ n. 1 (for washing floors, etc.) scopa f. di filacce, scopa f. di cotone. 2 (for washing dishes, etc.) straccio m., strofinaccio m., spazzolone m. 3 (colloq) (thick, unruly hair) massa f. (incolta) di capelli, (scherz) zazzera f. 4 (Tecn) disco m. per

pulitrici. 5 (Mar) radazza f. □ (scherz) ~ headed capellone, zazzeruto.

mop[2] /mɒp Am maːp/ (past, p.p. mopped /-t/) I v.t. 1 passare lo straccio su, pulire con lo straccio. 2 (to wipe) asciugare: to ~ one's face with a handkerchief asciugarsi il viso con un fazzoletto. 3 (to remove by wiping) asciugare, tergere, detergere, togliere (asciugando): to ~ sweat from one's face detergersi il sudore dal viso. II v.i. passare lo straccio. □ to ~ down lavare a fondo, lavare perfettamente; (fig,colloq) to ~ the floor with so. trattare qcu. come una pezza da piedi; to ~ up: 1 togliere con lo straccio, passare lo straccio; 2 (colloq) (to clean up) fare pulizia; 3 (to dispose of sth. quickly) sbrigare, finire in fretta; 4 (sl) (to eat, to drink greedily) ingollare, ingoiare, trangugiare; 5 (Mil) rastrellare, fare rastrellamenti.

mop[3] /mɒp Am maːp/ I n. (rar) smorfia f., boccaccia f. II v.i. (past, p.p. mopped /-t/) fare smorfie, fare boccacce, fare versacci. □ to ~ and mow fare le boccacce.

mopboard /'mɒpbɔːd/ n. (Am) battiscopa m.

mope /moʊp/ I v.i. 1 essere abbattuto, essere avvilito, essere giù di morale. 2 (to move aimlessly) ciondolare, bighellonare. II n. 1 persona f. abbattuta, persona f. avvilita. 2 pl. (fit of depression) abbattimento m.sing., depressione f.sing. □ to ~ about sth. rimuginare su qcs.; to ~ around the house girare per casa con aria depressa, aggirarsi per casa come un'anima in pena; to ~ away an afternoon passare un pomeriggio in stato di avvilimento; to get the -s essere giù di corda.

moped /'moʊped/ n. ciclomotore m., motorino m. □ ~ rider ciclomotorista.

mophead /'mɒphed Am 'maːphed/ n. 1 massa f. (incolta) di capelli, (scherz) zazzera f. 2 (colloq) (person) capellone m. (f. -a).

mopish /'moʊpɪʃ/ a. depresso, abbattuto, avvilito.

moppet /'mɒpɪt Am 'maːpɪt/ n. 1 (colloq) bimbo m. (f. -a), pupo m. (f. -a). 2 (rar) (young woman) fanciulla f. frivola, ragazza f. frivola, farfallina f.

mopping-up /'mɒpɪŋʌp Am 'maːpɪŋʌp/ I a. 1 di rifinitura, che dà l'ultimo tocco. 2 (Mil, anche fig) di rastrellamento: ~ operations operazioni di rastrellamento. II n. (Mil) rastrellamento m.

moquette /mɒk'et, moʊk'et Am moʊk'et/ n. (Arred) moquette f.

moraine /mə'reɪn Br also mɒr'eɪn/ n. (Geol) morena f.

morainic /mə'reɪnɪk Br also mɒr'eɪnɪk/ a. (Geol) morenico.

moral /'mɒrəl Am 'mɔːrəl/ I a. 1 morale, etico: ~ values valori morali. 2 (moralizing) didascalico, moraleggiante, istruttivo: a ~ poem un poema didascalico. 3 (virtuous, good) conforme alla morale, morale, retto, onesto. 4 (of the conscience) morale, di coscienza, della coscienza: to be under a ~ obligation to do sth. avere l'obbligo morale di fare qcs.; a ~ victory una vittoria morale; to give so. ~ support dare un appoggio morale a qcu. II n. 1 morale f., insegnamento m.: the ~ of the story la morale della favola; to draw a ~ from sth. trarre la morale da qcs. 2 pl. (moral practices, habits) morale f.sing., moralità f.sing.; (sexual conduct) costumi m.pl., morale f.sing., moralità f.sing.: loose -s costumi rilassati. 3 pl. (ethics) morale f.sing., etica f.sing. □ ~ code codice morale; ~ damages danni morali; ~ fibre (o Am ~ fiber) tempra morale; (Assic) ~ hazard rischio morale; to take the ~ high ground prendere una posizione mo-

ralista; ~ law legge morale; ~ majority maggioranza benpensante; ~ philosophy filosofia morale, etica; ~ risk rischio morale; ~ sense senso morale; ~ support sostegno morale; ~ turpitude immoralità (anche Dir).

morale /mɒr'aːl Am mə'ræl/ n. 1 morale m., stato m. d'animo: the ~ of the troops was high il morale delle truppe era alto. 2 (of an individual) morale m., spirito m., animo m.: to boost so.'s ~ sollevare lo spirito di qcu.; to recover one's ~ rinfrancarsi, riprendere animo, tirarsi su (di morale). □ ~ booster cosa che tira su il morale, cosa per tirarsi su.

moralism /'mɒrəlɪzəm Am 'mɔːrəlɪzəm/ n. moralismo m.

moralist /'mɒrəlɪst Am 'mɔːrəlɪst/ n. 1 moralista m./f. 2 (one who is moral) persona f. morale, persona f. retta, persona f. onesta.

moralistic /ˌmɒrəl'ɪstɪk Am ˌmɔːrəl'ɪstɪk/ a. 1 morale. 2 (narrowly moral) moralistico, moralista.

morality /mə'ræləti Am mɔr'æləti/ n. 1 moralità f., probità f. 2 (sexual virtue) moralità f., castigatezza f. 3 (moral quality) moralità f., eticità f.: the ~ of a law la moralità di una legge. 4 (doctrine, system) morale f., sistema m. morale. 5 (Lett,Teat) moralità f. 6 pl. (moral principles, rules) principi m.pl. morali, principi m.pl. di etica. □ (Lett,Teat) ~ play moralità; (Lett) ~ tale racconto morale.

moralization /ˌmɒrəl(a)r'zeɪʃən Am ˌmɔːrəlɪ'zeɪʃən/ n. 1 moralizzazione f. 2 (moral interpretation) interpretazione f. morale.

moralize /'mɒrəlaɪz Am 'mɔːrəlaɪz/ I v.i. fare del moralismo, moraleggiare (about su), fare il moralista. II v.t. 1 spiegare in chiave morale, dare una spiegazione morale a, dare una interpretazione morale a. 2 (to improve the morals of) moralizzare.

morally /'mɒrəli Am 'mɔːrəli/ avv. 1 moralmente. 2 (from the moral point of view) moralmente, dal punto di vista della morale: ~ bad moralmente cattivo; ~ correct moralmente corretto. 3 (practically) praticamente, in realtà, in sostanza: it is ~ certain è praticamente sicuro. □ (Am,colloq) ~ bankrupt privo di principi morali.

morass /mə'ræs/ n. 1 acquitrino m., palude f., pantano m. 2 (fig) (state of entanglement) pantano m., imbroglio m., intrigo m.

moratorium /ˌmɒrə'tɔːriəm Am ˌmɔːrə'tɔːriəm/ (pl. -s /-z/ o -ria /-riə/) n. 1 moratoria f., dilazione f., sospensione f. (on di): a ~ on nuclear testing una moratoria degli esperimenti nucleari. 2 (Dir) moratoria f.; (period) periodo m. di moratoria.

moratory /'mɒrətəri Am 'mɔːrətɔːri/ a. moratorio.

Moravia /mə'reɪviə Am mɔr'eɪviə/ n.pr. (Geog) Moravia f.

Moravian /mə'reɪviən Am mɔr'eɪviən/ I a. moravo, della Moravia. II n. 1 moravo m. (f. -a). 2 (dialect) dialetto m. moravo.

moray /'mɒreɪ Am 'mɔːreɪ/ n. (Itt) murena f. □ (Itt) ~ eel murena.

morbid /'mɔːbɪd Am 'mɔːrbɪd/ a. 1 morboso, malsano: ~ jealousy gelosia morbosa. 2 (gruesome) macabro, raccapricciante. 3 (of disease) morboso, patologico. 4 (diseased) ammalato, malato, infermo. □ (Med) ~ anatomy anatomia patologica; ~ curiosity curiosità morbosa.

morbidity /mɔː'bɪdəti Am mɔːr'bɪdəti/ n. 1 morbosità f. 2 (proportion of sickness) morbosità f., morbilità f. 3 (diseased state) stato m. patologico.

morbidness /'mɔːbɪdnəs Am 'mɔːrbɪdnəs/ n. morbidezza f.

morbific /mɔː'bɪfɪk Am mɔːr'bɪfɪk/ a. patogeno, morboso; (*diseased*) patologico.

morbillivirus /mɔː'bɪlɪ,vaɪ(ə)rəs *Am* mɔːr'bɪlɪ ,vaɪrəs/ *n.* (*Med*) morbillivirus *m.*: *equine* ~ morbillivirus del cavallo.

mordacious /mɔː'deɪʃəs *Am* mɔːr'deɪʃəs/ *a.* mordace, caustico.

mordacity /mɔː'dæsəti *Am* mɔːr'dæsəti/ *n.* mordacità *f.*, causticità *f.*

mordancy /'mɔːdənsi *Am* 'mɔːrdənsi/ *n.* mordacità *f.*, causticità *f.*

mordant /'mɔːdənt *Am* 'mɔːrdənt/ **I** *a.* **1** mordace, caustico, pungente, mordente: *a* ~ *style* uno stile mordace. **2** (*Tecn*) (*in dyeing*) mordente. **II** *n.* **1** (*Tecn*) mordente *m.* **2** (*Art*) sostanza *f.* corrosiva, mordente *m.* **III** *v.t.* (*Tecn*) mordenzare, trattare con mordente.

mordent /'mɔːdənt *Am* 'mɔːrdənt/ *n.* (*Mus*) mordente *m.*

more /mɔːr *Am* mɔːr/ **I** *a.* **1** (*compar. di much*) più: *I have* ~ *money than you* ho più denaro di te. **2** (*additional*) ancora, altro, dell'altro, in aggiunta: *would you like some* ~ *coffee?* gradisci ancora un po' di caffè?; *ten* ~ *minutes* altri dieci minuti; *wait two* ~ *days* aspetta ancora due giorni. **II** *n.* **1** (*di*) più, maggior parte *f.*, maggior numero *m.*, quantità *f.* più grande, quantità *f.* maggiore: *he would give me* ~ *if he had it* me ne darebbe di più se ne avesse. **2** (*additional amount, number, etc.*) altro *m.*, più, ancora: *have some* ~ prendine dell'altro, prendine ancora; *he said this and* ~ *besides* ha detto questo e altro. **3** (*sth. more important or more serious*) qcs. di più, più: *it was* ~ *than a slight* era qualcosa di più di una mancanza di rispetto; *you are* ~ *to me than life itself* per me sei più della vita stessa. **4** (*costr.pl.*) (*more people*) più gente *f.*, più persone *f.pl.* **III** *avv.* **1** (*to form the comparative*) più: ~ *interesting* più interessante. **2** (*to a greater extent*) più, di più: *you should sleep* ~ dovresti dormire di più. **3** (*in addition*) in più, ancora: *three times* ~ ancora tre volte. **4** (*again*) di nuovo, ancora: *once* ~, *please* ancora una volta, per piacere. **5** (*in negatives*) più: *he doesn't go to school any* ~ non va più a scuola. **6** (*besides, moreover*) inoltre, per di più. □ *all the* ~ *so* ancor più, tanto più; *all the* ~ *reason for you to refuse* a maggior ragione dovresti rifiutare; ~ *and* ~ sempre più; ~ *often than not* il più delle volte, per lo più, di solito; ~ *or less* più o meno, pressappoco, all'incirca; *to be* ~ *than a match for* essere superiore a; *the* ~ ancor più, tanto più: *the* ~ *fool you!* ancor più stupido tu!; ~ *'s the pity!* ancora peggio!; *the* ~... *the* ~..., più... più..., quanto più... tanto più...: *the* ~ *you give him the* ~ *he wants* più gli dai, più vuole; *the* ~ *you know the* ~ *you are worth* quanto più sai tanto più vali; *the* ~... *the less* più... meno...: *the* ~ *I read the less I understand* più leggo, meno capisco; *the* ~ *the merrier* più siamo meglio è; (*and*) *what is* ~ e inoltre, e per di più, e ciò che più conta. *Prov.*: *the* ~ *you have, the* ~ *you want* l'appetito vien mangiando.

moreen /mɔː'riːn/ *n.* (*Tess*) stoffa *f.* marezzata per tappezzeria.

moreish /'mɔːrɪʃ/ *a.* (*colloq*) invitante, che invoglia ad averne, che invoglia a prenderne ancora, appetitoso.

morel /mɒr'el *Am* mɔːr'el/ *n.* (*Bot*) **1** morchella *f.*, spugnola *f.* **2** (*edible morel*) spugnola *f.* gialla.

morello /mə'reloʊ/ (*pl.* **-s** /-z/) *n.* **1** (*Bot*) marasco *m.*, amarasco *m.*, visciolo *m.* **2** (*cherry*) marasca *f.*, amarasca *f.*, visciola *f.*

moreover /mɔːr'oʊvər *Am* mɔːr'oʊvər/ *avv.* inoltre, per di più, oltre a ciò, per giunta.

Moresque /mɔː'resk/ *a.* (*Art,Arch*) moresco,

in stile moresco.

morganatic /,mɔːgə'nætɪk *Am* ,mɔːrgə'nætɪk/ *a.* (*of a marriage*) morganatico.

morgue /mɔːg *Am* mɔːrg/ *n.* **1** (*Am*) obitorio *m.*; (*colloq*) mortorio *m.* **2** (*Giorn,colloq*) archivio *m.* (di consultazione).

MORI /'mɔːri/ (*Br*) *Market and Opinion Research Institute* (istituto di sondaggi britannico).

moribund /'mɒrɪbʌnd *Am* 'mɔːrɪbʌnd/ *a.* moribondo, morente (*anche fig*).

Morisco /mə'rɪskoʊ/ **I** *n.* (*pl.* **-s/-es** /-z/) **1** (*Moor*) moro *m.* (*f.* -a). **2** (*Spanish Moor*) moro *m.* (*f.* -a) di Spagna. **II** *a.* moresco.

Mormon /'mɔːmən *Am* 'mɔːrmən/ **I** *n.* (*Rel*) mormone *m./f.* **II** *a.* (*Rel*) mormonico: ~ *Church* chiesa mormonica.

Mormonism /'mɔːmənɪzᵊm *Am* 'mɔːrmənɪzᵊm/ *n.* (*Rel*) mormonismo *m.*

morn /mɔːn *Am* mɔːrn/ *n.* **1** (*poet*) mattina *f.*, mattino *m.* **2** (*Scott*) (*tomorrow*) domani *m.*

morning /'mɔːnɪŋ *Am* 'mɔːrnɪŋ/ **I** *n.* **1** mattina *f.*, mattino *m.*: *ten o'clock in the* ~ le dieci di mattina; *early in the* ~ di prima mattina, di buon mattino. **2** (*with reference to the weather, etc.*) mattinata *f.*, mattino *m.*: *a beautiful* ~ una bella mattinata. **3** (*dawn*) alba *f.* **4** (*fig*) alba *f.*, albori *m.pl.* **II** *a.* del mattino, mattutino: *the* ~ *train* il treno del mattino. □ ~ *after* postumi di una sbornia, (*scherz*) the ~ *after the night before* la crisi del giorno dopo (una notte di sesso); *all* ~ (o *all the* ~) (per) tutta la mattina; ~ *coat* giacca a coda di rondine; ~ *coffee* caffè di metà mattina; ~ *dress*: 1 tight, abito a coda di rondine; 2 (*Am*) (*housedress*) abito da casa; (*Bot*) ~ *glory* 1 ipomea; 2 (*bindweed*) convolvolo; *in the* ~: 1 di mattina, al mattino; 2 (*tomorrow morning*) domani mattina; ~, *noon and night* dalla mattina alla sera; (*Teat*) ~ *performance* mattinata, matinée; (*Rel.catt*) *Morning Prayer* mattutino; ~ *room* soggiorno; ~ *service*: 1 (*Rel.catt*) (*prayer*) mattutino; 2 (*mass*) messa del mattino; 2 (*Rel.prot*) culto del mattino; (*Med*) ~ *sickness* nausea mattutina (delle donne in stato di gravidanza); (*Astr*) ~ *star* stella del mattino (*spec.* Venere); *from* ~ *till night* dalla mattina alla sera; (*Mar*) ~ *watch* diana.

morning-after /,mɔːnɪŋ'ɑːftər *Am* ,mɔːrnɪŋ 'æftər/ □ (*Farm*) ~ *pill* pillola del giorno dopo.

mornings /'mɔːnɪŋz/ *avv.* (*Am*) la mattina, di mattina, al mattino.

Moroccan /mə'rɒkən *Am* mə'rɑːkən/ **I** *a.* marocchino. **II** *n.* marocchino *m.* (*f.* -a).

morocco /mə'rɒkoʊ *Am* mə'rɑːkoʊ/ *n.* **1** marocchino *m.* **2** (*imitation*) finto marocchino *m.* □ (*Legat*) ~ *bound* rilegato in marocchino; (*Pell*) ~ *leather*: 1 marocchino; 2 (*imitation*) finto marocchino.

Morocco /mə'rɒkoʊ *Am* mə'rɑːkoʊ/ *n.pr.* (*Geog*) Marocco *m.*

moron /'mɔːrɒn *Am* 'mɔːrɑːn/ *n.* **1** (*Med*) ritardato *m.* (*f.* -a) mentale. **2** (*colloq,spreg*) (*stupid person*) deficiente *m./f.*, cretino *m.* (*f.* -a).

moronic /mɔː'rɒnɪk *Am* mɔː'rɑːnɪk/ *a.* (*colloq*) (*stupid*) deficiente, cretino.

morose /mə'roʊs/ *a.* **1** cupo, tetro. **2** (*expressive of gloom*) imbronciato, immusonito, scuro: *a* ~ *face* una faccia imbronciata.

moroseness /mə'roʊsnəs/ *n.* malumore *m.*, tetraggine *f.*

morpheme /'mɔːfiːm *Am* 'mɔːrfiːm/ *n.* (*Ling*) morfema *m.*

morphemic /mɔː'fiːmɪk *Am* mɔːr'fiːmɪk/ *a.* (*Ling*) morfematico, morfemico.

Morpheus /'mɔːfiəs *Am* 'mɔːrfiəs/ **I** *n.pr.m.* (*Mitol*) Morfeo. **II** *n.* (*fig*) sonno *m.*

morphia /'mɔːfiə *Am* 'mɔːrfiə/ *n.* (*pop,ant, Farm*) morfina *f.*

morphine /'mɔːfiːn *Am* 'mɔːrfiːn/ *n.* (*Farm*) morfina *f.* □ ~ *addict* morfinomane; ~ *addiction* morfinomania.

morphinism /'mɔːfɪnɪzᵊm *Am* 'mɔːrfiːnɪzᵊm/ *n.* (*Med*) **1** (*condition*) morfinismo *m.* **2** (*morphine habit*) morfinomania *f.*, morfinismo *m.*

morphinomania /,mɔːfɪnou'meɪniə *Am* ,mɔːrfɪnou'meɪniə/ *n.* (*Med*) morfinomania *f.*

morphinomaniac /,mɔːfɪnou'meɪniæk *Am* ,mɔːrfɪnou'meɪniæk/ *n.* (*Med*) morfinomane *m./f.*

morphogen /'mɔːfoudʒən *Am* 'mɔːrfədʒən/ *n.* (*Biol*) morfogeno *m.*

morphogenesis /,mɔːfou'dʒenəsɪs *Am* ,mɔːrfou'dʒenəsɪs/ *n.* (*Biol*) morfogenesi *f.*

morpholine /'mɔːfou,laɪn *Am* 'mɔːrfə,laɪn/ *n.* (*Chim*) morfolina *f.*

morphologic /,mɔːfə'lɒdʒɪk *Am* ,mɔːrfə 'lɑːdʒɪk/, **morphological** /,mɔːfə'lɒdʒɪkᵊl *Am* ,mɔːrfə'lɑːdʒɪkᵊl/ *a.* morfologico.

morphology /mɔː'fɒlədʒi *Am* mɔːr'fɑːlədʒi/ *n.* **1** (*Biol*) morfologia *f.* **2** (*Gramm*) (*system of word formation*) sistema *m.* morfologico; (*study, description*) morfologia *f.*

morphometry /mɔː'fɒmɪtri *Am* mɔːr 'fɑːmɪtri/ *n.* (*Biol*) morfometria *f.*

morris /'mɒrɪs/ □ (*Br*) ~ *dance* danza folcloristica inglese.

Morris /'mɒrɪs *Am* 'mɔːrɪs/ *n.pr.m.* Maurizio.

morrow /'mɒroʊ *Am* 'mɑːroʊ/ *n.* **1** (*lett*) giorno *m.* dopo, giorno *m.* seguente, indomani *m.*, domani *m.*: *on the* ~ all'indomani. **2** (*rar*) (*morning*) mattina *f.*, mattino *m.* □ (*lett*) *on the* ~ *of* (subito) dopo.

morse¹ /mɔːs *Am* mɔːrs/ *n.* (*Rel*) fermaglio *m.* del piviale.

morse² /mɔːs *Am* mɔːrs/ *n.* (*Zool*) (*walrus*) tricheco *m.*

Morse /mɔːs *Am* mɔːrs/ **I** *n.* alfabeto *m.* Morse. **II** *a.* (di) Morse. □ ~ *code* alfabeto Morse; ~ *lamp* lampada per segnali Morse; ~ *set* apparecchio Morse; ~ *telegraph* telegrafo Morse.

morsel /'mɔːsᵊl *Am* 'mɔːrsᵊl/ *n.* **1** pezzetto *m.* (di cibo), morso *m.*, boccone *m.* **2** (*tasty bit*) bocconcino *m.*, cibo *m.* prelibato, cibo *m.* squisito. **3** (*fig*) briciolo *m.*, pizzico *m.* (*of* di). □ *a* ~ *of bread* un tozzo di pane.

mort¹ /mɔːt *Am* mɔːrt/ *n.* (*Caccia,ant*) suono *m.* di corno che annuncia l'uccisione del cervo.

mort² /mɔːt *Am* mɔːrt/ *n.* (*Itt*) salmone *m.* di tre anni.

mort³ /mɔːt *Am* mɔːrt/ *n.* (*lot*) grande quantità *f.*, mucchio *m.*, (*colloq*) sacco *m.*

mortal /'mɔːtᵊl *Am* 'mɔːrtᵊl/ **I** *a.* **1** mortale, (che è) soggetto a morire: *man is* ~ l'uomo è mortale. **2** (*causing death*) mortale, letale, fatale: *a* ~ *blow* un colpo mortale. **3** (*liable to cause death*) mortale: ~ *danger* pericolo mortale. **4** (*fought to the death*) mortale, (combattuto) fino alla morte, all'ultimo sangue. **5** (*fig*) implacabile, mortale, inesorabile: *a* ~ *enemy* un nemico implacabile. **6** (*colloq*) (*humanly possible*) (tutto il) possibile: *we tried every* ~ *thing* tentammo tutto il possibile. **7** (*colloq*) (*very great*) terribile, enorme, smisurato: *to be in a* ~ *hurry* avere una fretta terribile. **8** (*colloq*) (*long, tedious*) interminabile, eterno, lunghissimo: *he spoke for two* ~ *hours* parlò per due interminabili ore. **II** *n.* **1** mortale *m.* **2** (*scherz*) (*person*) persona *f.*, individuo *m.* □ ~ *agony* in agonia; ~ *combat* duello mortale; *this* ~ *life* questa vita mortale; (*colloq*) *by no* ~ *means* in nessun modo, neanche per idea, neanche per sogno; ~ *remains* spoglie mortali; (*Rel.catt*) ~ *sin* peccato mortale; ~

wound ferita mortale.

mortality /mɔːˈtælətɪ *Am* mɔːrˈtælətɪ/ *n.* 1 l'essere mortale. 2 (*mankind*) mortali *m.pl.*, umanità *f.*, genere *m.* umano. 3 (*death on a large scale*) alta mortalità *f.*, gran numero *m.* di morti: ~ *on our roads* l'alta mortalità sulle nostre strade. 4 (*Statist*) mortalità *f.*: *infant* ~ mortalità infantile. □ (*Statist*) ~ *rate* tasso di mortalità; (*Statist*) ~ *table* tavola di mortalità.

mortally /ˈmɔːtəlɪ *Am* ˈmɔːrtəlɪ/ *avv.* 1 a morte, mortalmente: *to wound* ~ ferire a morte. 2 (*fig*) mortalmente, terribilmente: ~ *offended* mortalmente offeso.

mortar[1] /ˈmɔːtər *Am* ˈmɔːrtər/ I *n.* 1 mortaio *m.*: *a* ~ *and pestle* un mortaio col pestello. 2 (*Mil*) mortaio *m.* 3 (*Tecn*) (*for throwing a lifeline, etc.*) cannone *m.* II *v.t.* (*Mil*) attaccare con i mortai, bombardare con i mortai. □ ~ *board*: 1 (*Edil*) sparviere, vassoio; 2 (*academic cap*) tocco accademico.

mortar[2] /ˈmɔːtər *Am* ˈmɔːrtər/ I *n.* (*Edil*) malta *f.* II *v.t.* (*Edil*) 1 (*to plaster with mortar*) intonacare con malta. 2 (*to fix with mortar*) fissare con malta.

mortarman /ˈmɔːtərmæn/ *n.irr.* (*Am,Mil*) mortaista *m.*

mortgage /ˈmɔːɡɪdʒ *Am* ˈmɔːrɡɪdʒ/ I *n.* 1 (*Dir*) ipoteca *f.*: *to raise a* ~ *on a property* accendere un'ipoteca su un fondo; *to pay off a* ~ estinguere un'ipoteca. 2 (*Dir*) (*deed*) contratto *m.* ipotecario, mutuo *m.* ipotecario (*on* su). 3 (*fig*) obbligo *m.*, impegno *m.* II *v.t.* 1 ipotecare (*for* per): *to* ~ *one's house* ipotecare la propria casa. 2 (*fig*) impegnare, vincolare. □ ~ *bond* cartella ipotecaria, obbligazione ipotecaria; ~ *broker* intermediario per mutui ipotecari; ~ *by court order* ipoteca giudiziaria; ~ *charge* privilegio ipotecario; (*Econ*) ~ *credit* credito ipotecario; ~ *debt* debito ipotecario; ~ *deed* atto d'ipoteca; ~ *lien* vincolo ipotecario; ~ *loan* mutuo ipotecario; *to borrow on* ~ prendere a prestito su garanzia ipotecaria; ~ *rate* tasso di interesse ipotecario; ~ *relief* detrazione fiscale per il pagamento di interessi ipotecari; ~ *repayment* rata del mutuo.

mortgageable /ˈmɔːɡɪdʒəbl *Am* ˈmɔːrɡɪdʒəbl/ *a.* (*Dir*) ipotecabile.

mortgagee /ˌmɔːɡɪˈdʒiː *Am* ˌmɔːrɡɪˈdʒiː/ *n.* (*Dir*) creditore *m.* (*f.* -trice) ipotecario.

mortgager /ˈmɔːɡɪdʒər *Am* ˈmɔːrɡɪdʒər/, **mortgagor** /ˌmɔːɡɪˈdʒɔːr *Am* ˌmɔːrɡɪˈdʒɔːr/ *n.* (*Dir*) debitore *m.* (*f.* -trice) ipotecario.

mortice /ˈmɔːtɪs *Am* ˈmɔːrtɪs/ *n.* (*Fal*) mortasa *f.*, mortisa *f.*

mortician /mɔːrˈtɪʃən/ *n.* (*Am*) impresario *m.* di pompe funebri; (*undertaker*) becchino *m.*, necroforo *m.*

mortification /ˌmɔːtɪfɪˈkeɪʃən *Am* ˌmɔːrtʃfɪˈkeɪʃən/ *n.* 1 mortificazione *f.*, umiliazione *f.* 2 (*Med*) mortificazione *f.*, necrosi *f.*

mortified /ˈmɔːtɪfaɪd *Am* ˈmɔːrtʃfaɪd/ *a.* 1 mortificato, umiliato. 2 (*Med*) necrotico, necrotizzato.

mortify /ˈmɔːtɪfaɪ *Am* ˈmɔːrtʃfaɪ/ I *v.t.* 1 mortificare, umiliare. 2 (*Rel*) mortificare: *to* ~ *the flesh* mortificare la carne. 3 (*Med*) necrotizzare, mortificare. II *v.i.* (*Med*) necrotizzarsi, andare in necrosi.

mortifying /ˈmɔːtɪfaɪɪŋ *Am* ˈmɔːrtʃfaɪɪŋ/ *a.* mortificante, umiliante.

Mortimer /ˈmɔːtɪmər *Am* ˈmɔːrtʃmər/ *n.pr.m.* Mortimer.

mortise /ˈmɔːtɪs *Am* ˈmɔːrtəs/ I *n.* (*Fal*) mortasa *f.*, mortisa *f.* II *v.t.* (*Fal*) congiungere a mortasa, unire a mortasa; (*to cut a mortise in*) mortasare. □ (*Fal*) ~ *and tenon joint* incastro a tenone e mortasa; (*Fal*) ~ *joint*

giunto a tenone e mortasa; ~ *lock* serratura incastrata (in una mortasa).

mortiser /ˈmɔːtɪsər *Am* ˈmɔːrtəsər/ *n.* (*Fal*) 1 mortasatore *m.* 2 (*machine*) mortasatrice *f.*

mortmain /ˈmɔːtmeɪn *Am* ˈmɔːrtmeɪn/ *n.* (*Dir*) manomorta *f.*

mortuary /ˈmɔːtʃʊərɪ *Am* ˈmɔːrtʃʊeri/ I *n.* obitorio *m.*, camera *f.* mortuaria, camera *f.* ardente. II *a.* 1 (*of burial*) funerario. 2 (*of death*) mortuario, funebre. □ ~ *chapel* camera ardente; ~ *rite* rito funebre.

morula /ˈmɔːr(j)ʊlə/ *n.* (*Biol*) morula *f.*

MOS /ˌemoʊˈes/ (*Elettron*) *Metal-Oxide Semiconductor* MOS (metallo-ossido-semiconduttore).

mosaic /moʊˈzeɪɪk/ I *n.* 1 (*Art,fig*) mosaico *m.* 2 (*Topogr*) (*aerial mosaic*) mosaico *m.* aerofotografico, mosaico *m.* planimetrico, rilevamento *m.* fotopanoramico. 3 (*Biol*) mosaico *m.* 4 (*TV*) mosaico *m.* fotoelettrico. II *a.* 1 (*Art*) mosaicato, a mosaico, musivo: *a* ~ *floor* un pavimento mosaicato. 2 (*fig*) composto da un insieme di elementi diversi. III *v.t.* (*past, p.p.* -ed/-ked /-t/) 1 decorare a mosaico, ornare di mosaici. 2 (*to form into a mosaic*) fare a mosaico, comporre a mosaico. □ (*Agr*) ~ *disease* mosaico; (*Arch*) ~ *floor* pavimento a mosaico; ~ *gold* oro musivo.

Mosaic /moʊˈzeɪɪk/ *a.* (*Bibl*) mosaico. □ (*Bibl*) ~ *law* legge mosaica.

mosaicism /moʊˈzeɪɪsɪzm/ *n.* (*Biol*) mosaicismo *m.*

mosaicist /moʊˈzeɪɪsɪst/ *n.* (*Biol*) mosaicista *m./f.*

moschatel /ˌmɒskəˈtel *Am* ˌmɑːskəˈtel/ *n.* (*Bot*) ranuncolino *m.* muschiato.

Moscow /ˈmɒskoʊ *Am* ˈmɑːskaʊ/ *n.pr.* (*Geog*) Mosca *f.*

Moselle /moʊˈzel/ I *n.pr.* (*Geog*) Mosella *f.* II *n.* (*Enol*) vino *m.* della Mosella.

Moses /ˈmoʊzɪz/ *n.pr.m.* (*Bibl*) Mosè. □ ~ *basket* culla di vimini.

mosey /ˈmoʊzɪ/ *v.i.* (*Am*) 1 (*colloq*) andarsene precipitosamente, levare le tende. 2 (*to amble*) bighellonare, gironzolare. □ *to* ~ *along* (*to amble*) bighellonare, gironzolare.

mosh /mɒʃ/ I *v.i.* (*colloq*) pogare. II *v.t.* (*colloq*) andare addosso a (qcu.) pogando. □ (*colloq*) ~ *pit* parte davanti al palco di un concerto dove si poga.

Moslem /ˈmɒzləm *Am* ˈmɑːzləm/ I *n.* (*pl.inv.* o -s /-z/) musulmano *m.* (*f.* -a), (*rar*) maomettano *m.* (*f.* -a), islamita *m./f.* II *a.* musulmano, (*rar*) maomettano.

Moslemism /ˈmɒzləmɪzm *Am* ˈmɑːzləmɪzm/ *n.* musulmanesimo *m.*, maomettismo *m.*, islamismo *m.*

mosque /mɒsk *Am* mɑːsk/ *n.* moschea *f.*

mosquito /mɒsˈkiːtoʊ *Am* məsˈkiːtoʊ/ *n.* (*pl.* -es/-s /-z/) 1 (*Entom*) zanzara *f.* 2 (*Aer*) mosquito *m.*, moschito *m.* □ (*Mar.mil*) ~ *boat* motosilurante; ~ *net* zanzariera; ~ *repellent* (repellente) antizanzare.

moss /mɒs *Am* mɑːs/ I *n.* 1 (*Bot*) muschio *m.* 2 (*dial*) (*bog, swamp*) palude *f.*, acquitrino *m.* II *v.t.* ricoprire di muschio. □ (*Scott*) ~ *hag* torbiera; (*Bot*) ~ *rose* rosa borracina, rosa muscosa; ~ *stitch* (*in knitting*) punto riso.

mossback /ˈmɒsbæk *Am* ˈmɑːsbæk/ *n.* (*Am,colloq*) (*fogey*) persona *f.* all'antica, retrogrado *m.* (*f.* -a), parruccone *m.* (*f.* -a), reazionario *m.* (*f.* -a).

mossgrown /ˈmɒsɡroʊn *Am* ˈmɑːsɡroʊn/ *a.* 1 coperto di muschio, muscoso. 2 (*fig*) antiquato, vecchiotto, fossile.

moss-grown /ˈmɒsɡroʊn *Am* ˈmɑːsɡroʊn/ *a.* 1 coperto di muschio, muscoso. 2 (*fig*) antiquato, vecchiotto, fossile.

mossiness /ˈmɒsɪnəs *Am* ˈmɑːsɪnəs/ *n.* l'essere muscoso, l'essere coperto di musco.

mossy /ˈmɒsɪ *Am* ˈmɑːsɪ/ *a.* 1 coperto di muschio, muscoso: *a* ~ *hillside* un declivio muscoso. 2 (*resembling moss*) simile al muschio.

most /moʊst/ I *a.* (*sup.* di *much* e *many*) 1 (*the majority of*) la maggior parte di, la maggioranza di, il più di, quasi tutto, il maggior numero di: ~ *women* la maggior parte delle donne; ~ *problems can be solved* quasi tutti i problemi si possono risolvere. 2 (*greatest in quantity, etc.*) (il) più, il maggiore, il più grande: *I made the* ~ *mistakes* sono quello che ha fatto più sbagli; *who has (the)* ~ *talent?* chi ha (il) maggior talento? 3 (*dial*) (*chief*) principale, maggiore. 4 (*ant*) (*greatest*) massimo, sommo, il più grande. II *n.* 1 la maggior parte, il più, la maggioranza: ~ *of it is wrong* la maggior parte è sbagliata; ~ *of it is done* il più è fatto. 2 (*greatest number*) massimo *m.*, il maggior numero, il più: *the* ~ *I can carry is five* il massimo che posso portare è cinque. 3 (*greatest amount*) massimo *m.*, il più: *this is the* ~ *I can do* questo è il massimo che posso fare. 4 (*costr.pl.*) (*majority of people*) maggioranza *f.*, i più: ~ *were in agreement* la maggioranza era d'accordo. 5 (*sl*) (*best*) il migliore, il meglio, cosa *f.* migliore. III *avv.* (*sup.* di *much*) 1 (*to form the superlative*) il più: *the* ~ *beautiful of all* il più bello di tutti. 2 (*to the greatest degree*) più di tutti, di più, soprattutto: *I like this one* ~ questo mi piace più di tutti. 3 (*very*) molto, assai, veramente: *a* ~ *interesting play* una commedia molto interessante; *you have been* ~ *kind* sei stato molto gentile. 4 (*modifying an adverb*) proprio, davvero, *often not translated*: *I* ~ *certainly did go* certo che ci sono andato. 5 (*Am,colloq*) (*almost*) quasi, pressoché: ~ *every day* quasi tutti i giorni. 6 (*ant*) (*mostly*) perlopiù. □ *at* ~ (o *at the* ~ o *at the very* ~) al massimo, tutt'al più, a dir tanto; *in* ~ *cases* nella maggioranza dei casi, in genere, in generale; (*Bibl*) *the Most High* l'Altissimo; *to make the* ~ *of sth.* sfruttare qcs. al massimo, utilizzare qcs. al massimo, trarre il massimo vantaggio da qcs., approfittare al massimo di qcs.: *to make the* ~ *of the time available* approfittare al massimo del tempo disponibile; *to make the* ~ *of oneself* realizzare il proprio potenziale; ~ *of all* soprattutto, più di ogni altra cosa; ~ *of the time* per la maggior parte del tempo, quasi sempre; *for the* ~ *part* prevalentemente, più che altro, per la maggior parte: *our workers are, for the* ~ *part, immigrants* i nostri lavoratori sono prevalentemente immigranti; (*Inform*) ~ *significant bit* bit più significativo.

most-favoured-nation /ˌmoʊstˈfeɪvəd ˈneɪʃən *Am* ˌmoʊstˈfeɪvərdˈneɪʃən/ □ (*Econ*) ~ *clause* clausola della nazione più favorita.

mostly /ˈmoʊstlɪ/ *avv.* 1 (*for the most part*) prevalentemente, in prevalenza, per la maggior parte, più che altro. 2 (*generally*) in genere, perlopiù, generalmente, di solito: *he is* ~ *away at week-ends* in genere è fuori per il fine settimana.

MOT /ˌemoʊˈtiː/ I (*Br,colloq*) *Ministry of Transport* (Ministero dei trasporti). II *n.* (*Br, colloq*) revisione *f.* annuale, collaudo *m.* tecnico periodico. □ (*Br,colloq*) ~ *test* revisione annuale, collaudo tecnico periodico.

mote /moʊt/ *n.* 1 (*speck, particle*) bruscolo *m.*, briciola *f.*, pagliuzza *f.*; (*of dust*) granellino *m.* di polvere. 2 (*Bibl*) pagliuzza *f.*, festuca *f.*, fuscello *m.*: *to see the* ~ *in one's brother eye but not the beam in one's own* vedere la pagliuzza nell'occhio del prossimo e non la trave nel proprio.

motel /moʊˈtel/ *n.* motel *m.*

motet /mou'tet/ n. (Mus) mottetto m.

moth /mɒθ Am mɑːθ/ n. **1** (Entom) lepidottero m. **2** (clothes-moth) tarma f. □ ~ -ball pallina di naftalina; (colloq,fig) in ~ balls: 1 sotto naftalina: to put a plan in ~ balls mettere un progetto sotto naftalina; 2 (of a ship) in disarmo.

moth-eaten /'mɒθˌiːtən Am 'mɑːθˌiːtən/ a. **1** tarmato, mangiato dalle tarme, roso dalle tarme. **2** (colloq) (decayed) cadente, in rovina. **3** (colloq) (old-fashioned) antiquato, fuori moda, superato.

mother /'mʌðər/ I n. **1** madre f., (colloq) mamma f. **2** (elderly woman) donna f. anziana, (colloq) nonna f. **3** (fig) (parent, source) madre f., fonte f., origine f. **4** (fig) (maternal qualities) istinti m.pl. materni: small children bring out the ~ in her i bambini piccoli risvegliano i suoi istinti materni. **5** (Rel.catt) madre f.; (mother superior) madre f. superiora. **6** (of vinegar) madre f. (dell'aceto). II a. **1** madre: a ~ tigress una tigre madre. **2** (characteristic of a mother) materno, di madre, da madre: ~ love amore materno. **3** (derived from one's mother, native) materno, nativo, natio. **4** (fig) madre, principale, primo. III v.t. **1** fare da madre a, dare da mamma a, avere cure materne per, aver cura come una madre di. **2** (to give birth to) generare, mettere al mondo. **3** (fig) dare origine a, dare vita a, produrre, originare. **4** (colloq,fig) (to look after excessively) fare da madre in modo eccessivo: stop -ing me! smettila di farmi da mamma! □ (Br,colloq) ~ 's boy ragazzo eccessivamente attaccato alla madre, mammone; (Ornit) Mother Carey's chicken uccello delle tempeste di Wilson; (Ornit) Mother Carey's goose ossifraga, grande procellaria; (Biol) ~ cell cellula madre; Mother Church: 1 Chiesa madre; 2 (Rel.catt) Santa Madre Chiesa; 3 (one's original church) fede materna, religione materna; 4 (cathedral) chiesa principale, cattedrale; ~ company casa madre; ~ country: 1 (native country) patria, paese, terra natale; 2 (country of origin of colonists) madrepatria; Mother's Day festa della mamma; ~ earth madre terra; ~ 's help (o Am ~ 's helper) governante, bambinaia; ~ hen chioccia (anche fig); (Abbigl) Mother Hubbard veste lunga e sciolta; (Chim) ~ liquid (o ~ liquor) acqua madre; (Minier) ~ lode filone principale; Mother Nature madre natura; a ~ of three madre di tre figli; (Rel.catt) Mother of God Madre di Dio; (Mar) ~ ship: 1 scorta navale; 2 (tender) nave appoggio; (Rel.catt) ~ superior madre superiora, superiora; (Farm) ~ tincture tintura madre; ~ tongue madrelingua, lingua materna; ~ wit intelligenza naturale, buonsenso.

motherboard /'mʌðəbɔːd Am 'mʌðərbɔːrd/ n. (Inform) scheda f. madre.

mothercraft /'mʌðəkrɑːft Am 'mʌðərkræft/ n. puericultura f.

motherfucker /'mʌðərˌfʌkər/ n. (Am,sl,volg) figlio m. di puttana, carogna f., bastardo m.

motherfucking /'mʌðərˌfʌkɪŋ/ a. (Am,sl,volg) schifoso, del cazzo, di merda.

motherhood /'mʌðəhud Am 'mʌðərhud/ n. **1** maternità f. **2** (motherly qualities) istinti m.pl. materni.

Mothering /'mʌðərɪŋ/ □ (Br) ~ Sunday domenica f. di mezza quaresima.

mother-in-law /'mʌðərɪnˌlɔː/ (pl. **mothers-in-law** /'mʌðərzɪnˌlɔː/) n. suocera f.

motherland /'mʌðəlænd Am 'mʌðərlænd/ n. **1** (native land) patria f., paese m. (nativo), terra f. natale. **2** (of colonists) madrepatria f. **3** (country of origin) patria f., paese m. di origine, terra f. di origine.

motherless /'mʌðələs Am 'mʌðərləs/ a. orfano (di madre), senza madre.

motherliness /'mʌðəlɪnəs Am 'mʌðərlɪnəs/ n. sentimento m. materno, senso m. materno.

motherly /'mʌðəli Am 'mʌðərli/ a. **1** materno, di madre: ~ affection affetto materno. **2** (like a mother) materno, da madre: to take a ~ interest in so. avere un interesse materno per qcu.

mother-naked /ˌmʌðə'neɪkɪd Am ˌmʌðər'neɪkɪd/ a. nudo come un verme, (nudo) come mamma l'ha fatto.

mother-of-pearl /ˌmʌðərəv'pɜːl Am ˌmʌðərəv'pɜːrl/ I n. madreperla f. II a. madreperlaceo, di madreperla, simile a madreperla.

mother-of-thousands /ˌmʌðərəv'θauzəndz/ n.pl. (costr.sing.) (Bot) cimbalaria f.sing.

mother-to-be /ˌmʌðətə'biː Am ˌmʌðərtə'biː/ n. (colloq) futura mamma f., gestante f.

mothery /'mʌðəri/ a. feccioso.

mothproof /'mɒθˌpruːf Am 'mɑːθˌpruːf/ I a. inattaccabile dalle tarme, antitarmico. II v.t. rendere inattaccabile dalle tarme, trattare con sostanze antitarmiche.

mothy /'mɒθi Am 'mɑːθi/ a. pieno di tarme; (moth-eaten) mangiato dalle tarme.

motif /mou'tiːf/ (pl. -s /-s/ o **motives** /'moutivz Am 'moutiːvz/) n. **1** (in a work of art) motivo m., tema m., elemento m. dominante. **2** (Mus, Lett) motivo m., tema m. **3** (repeated design, pattern, etc.) motivo m., disegno m. **4** (Biol) motivo m. strutturale.

motile /'moutaɪl Am 'moutəl/ a. (Biol,Zool) mobile.

motility /mou'tɪləti Am mou'tɪləti/ n. (Fisiol) motilità f.

motion /'mouʃən/ I n. **1** moto m. (anche Fis): the laws of ~ le leggi del moto. **2** (movement) moto m., movimento m.: the ~ of the sea il moto del mare. **3** (gesture) gesto m., moto m., atto m., mossa f.: with a ~ of his arm con un gesto del braccio. **4** (gait) passo m., andatura f. **5** (to a deliberative assembly) mozione f.: to propose a ~ (o to move a ~) presentare una mozione; the ~ was carried (o the ~ was adopted) la mozione fu approvata. **6** (Dir) istanza f. **7** (Filos,Mus,Astr) moto m.: ~ of the planets moto planetario. **8** (Mecc) meccanismo m., movimento m. **9** (Br,Fisiol) (evacuation) defecazione f., evacuazione f. (intestinale); (feces) feci f.pl. II v.t. fare cenno a, accennare a: to ~ so. to sit down fare cenno a qcu. di sedere. III v.i. fare (un) cenno, fare cenni: he -ed to me to come in mi fece cenno di entrare. □ to be in ~: 1 essere in moto, muoversi: the bus was already in ~ l'autobus era già in moto; 2 (fig) essere avviato, aver preso il via; to put in ~ (o to set in ~): 1 mettere in moto, avviare; 2 (fig) dare il via: to set a scheme in ~ dare il via a un progetto; ~ of censure mozione di censura; on the ~ of the Chairman su mozione del Presidente; (Am) ~ picture: 1 spettacolo cinematografico, film, pellicola; 2 (art of cinema) cinematografia; to put the ~ presentare la mozione; (Med) ~ sickness malessere da viaggio, chinetosi; ~ study analisi dei tempi e movimenti; (colloq) to go through the -s fare finta, fare la mossa.

motional /'mouʃənəl/ a. del moto, relativo al moto, cinetico.

motionless /'mouʃənləs/ a. immobile, fermo.

motionlessly /'mouʃənləsli/ avv. senza muoversi.

motionlessness /'mouʃənləsnəs/ n. immobilità f.

motivate /'moutiveit Am 'moutəveit/ v.t. **1**

motivare, causare, dare motivo a. **2** (to impel, to incite) spingere, stimolare, indurre. **3** (Scol) stimolare l'interesse di, risvegliare l'interesse di.

motivation /ˌmoutɪ'veɪʃən Am ˌmoutə'veɪʃən/ n. **1** motivazione f., motivo m. (for per, for doing, to do di fare). **2** (motivating force) spinta f., stimolo m., impulso m.

motivational /ˌmoutɪ'veɪʃənəl Am ˌmoutə'veɪʃənəl/ a. motivazionale. □ ~ therapy terapia motivazionale.

motive /'moutɪv Am 'moutɪv/ I n. **1** motivo m., movente m., ragione f. (for per; behind che sta dietro). **2** (Art,Lett,Mus) (motif) motivo m. **3** (Dir) movente m. (for di). II a. **1** (causing motion) motore. **2** (of motion) motorio, del moto. III v.t. motivare, causare, dare motivo a. □ ~ power forza motrice.

motiveless /'moutɪvləs Am 'moutɪvləs/ a. immotivato, gratuito, ingiustificato.

motivic /'moutɪvɪk Am 'moutɪvɪk/ a. (Mus) motivico.

motivity /mou'tɪvəti Am mou'tɪvəti/ n. energia f. motrice.

motley /'mɒtli Am 'mɑːtli/ I a. **1** eterogeneo, disparato, misto, molto vario: a ~ company una compagnia eterogenea. **2** (particoloured) variopinto, multicolore, variegato, screziato: ~ dress abito variopinto. II n. **1** abito m. variopinto da buffone: (fig) to wear the ~ fare il pagliaccio. **2** (Stor) (fool, jester) buffone m., pagliaccio m., arlecchino m. **3** (heterogeneous collection) accozzaglia f., congerie f., farragine f., miscuglio m. □ a ~ crew una masnada, una ciurma eterogenea.

motocross /'moutoukrɒs Am 'moutoukrɑːs/ n. (Sport) motocampestre f., motocross m. □ (Sport) ~ racer crossista.

motor /'moutər Am 'moutər/ I n. **1** motore m.; (internal combustion engine) motore m. a scoppio. **2** (Br,colloq) auto f., macchina f. **3** (El) motore m. elettrico, elettromotore m. **4** (Anat) (nerve) nervo m. motore. **5** (Anat) (muscle) muscolo m. motore. **6** pl. (Am,Econ) azioni f.pl. di società automobilistiche, titoli m.pl. di società automobilistiche. II a. **1** motore: ~ power forza motrice. **2** (equipped with a motor) a motore. **3** (of motor vehicles, motorcars) automobilistico; (insurance, show) dell'auto. **4** (Fisiol) motorio, motore. III v.i. (Br) andare in automobile. IV v.t. (Br) portare in automobile, accompagnare in automobile. □ (colloq) ~ bicycle (o ~ bike) ciclomotore, motorino, motoretta; ~ bicyclist ciclomotorista; (Mar) ~ boat motoscafo; ~ car: 1 (Br) auto, automobile, macchina; 2 (Am,Ferr) automotrice; ~ coach (auto)pullman, torpedone; (Mil) ~ column autocolonna; (Am) ~ court motel; to ~ down to the coast raggiungere la costa in automobile; (Fot) ~ drive motore (per avanzamento automatico); (El) ~ generator gruppo convertitore, gruppo motore dinamo, motogeneratore; (Mar.mil) ~ gunboat motocannoniera; ~ home camper; (Mar) ~ launch motolancia, motovedetta; (Am) ~ lodge motel; (Br) ~ lorry autocarro, camion; ~ mechanic meccanico; (Anat) ~ muscle muscolo motore; (Anat) ~ nerve nervo motore; (Anat) ~ neuron motoneurone; (Med) ~ neuron disease malattia dei neuroni motori; ~ oil olio lubrificante; (Mar) ~ patrolboat motovedetta; (Mil) ~ pool autoparco, autorimessa; (Mar) ~ sailer motoveliero; ~ saw motosega; ~ scooter motoretta, scooter; (Mar) ~ ship motonave; ~ show salone dell'automobile; ~ spirit carburante; to ~ through France attraversare la Francia in macchina; (Mar.mil) ~ torpedo boat motosilurante; ~ *traction* mototrazione; ~ *trawler* motopeschereccio; ~ *truck* autocarro, camion; ~ *van* motofurgone; ~ *vehicle*. 1 motore, veicolo a motore; 2 (*four-wheeled motor vehicle*) automezzo, autoveicolo; (*Am*) *Motor Vehicle Code* codice della strada; (*Assic*) ~ *vehicle passenger insurance* assicurazione terzi trasportati; (*Mar*) ~ *vessel* motonave; (*Mar*) ~ *yacht* yacht a motore.

motorbike /ˈmoutəbaɪk *Am* ˈmoutərbaɪk/ *n.* motociclo *m.*, moto *f.*

motor-boating /ˈmoutəˌboutɪŋ *Am* ˈmoutərˌboutɪŋ/ *n.* 1 motonautica *f.* 2 (*Rad*) crepitio *m.*

motor-bus /ˈmoutəbʌs *Am* ˈmoutərbʌs/ *n.* autobus *m.*

motorcade /ˈmoutəkeɪd/ *n.* (*Am*) corteo *m.* di automobili.

motorcaravan /ˈmoutəˌkærəvæn *Am* ˈmoutərˌkerəvæn/ *n.* motorcaravan *m.*

motorcycle /ˈmoutəˌsaɪkl *Am* ˈmoutərˌsaɪkl/ I *n.* motocicletta *f.*, (*colloq*) moto *f.* II *v.i.* andare in motocicletta. □ ~ *messenger*. 1 pony express; 2 (*ant*) (*soldier*) messaggero in motocicletta.

motorcyclist /ˈmoutəˌsaɪklɪst *Am* ˈmoutərˌsaɪklɪst/ *n.* motociclista *m./f.*

motor-drive /ˈmoutəˌdraɪv *Am* ˈmoutərˌdraɪv/ □ ~ *compressor* motocompressore.

motor-driven /ˈmoutəˌdrɪvⁿ *Am* ˈmoutərˌdrɪvⁿ/ *a.* con comando a motore.

motordrome /ˈmoutəˌdroum *Am* ˈmoutərˌdroum/ *n.* 1 (*for motorcars*) autodromo *m.* 2 (*for motorcycles*) motodromo *m.*

motored /ˈmoutəd *Am* ˈmoutərd/ *a.* (*in compounds*) a... motore: *one*-~ a un motore; *a two*-~ *aeroplane* un bimotore.

motorhome /ˈmoutəhoum *Am* ˈmoutərhoum/ *n.* autocaravan *m.*, motorcaravan *m.*, motorhome *m.*

motorial /mouˈtɔːriəl/ *a.* (*causing motion*) motore.

motoring /ˈmoutərɪŋ *Am* ˈmoutərɪŋ/ I *n.* automobilismo *m.*, turismo *m.* automobilistico. II *a.* 1 automobilistico: ~ *map* carta automobilistica. 2 (*of drivers*) da automobilista, da guida: ~ *gloves* guanti da automobilista. □ *a* ~ *offence* una violazione del codice della strada.

motorist /ˈmoutərɪst *Am* ˈmoutərɪst/ *n.* 1 automobilista *m./f.* 2 (*one who travels by car*) chi viaggia in automobile.

motorization /ˌmoutəˈr(a)ɪˈzeɪʃⁿ *Am* ˌmoutərɪˈzeɪʃⁿ/ *n.* motorizzazione *f.*

motorize /ˈmoutəraɪz *Am* ˈmoutəraɪz/ *v.t.* 1 motorizzare (*anche Mecc*). 2 (*to equip with motor vehicles*) munire di automezzi, motorizzare (*anche Mil*).

motorized /ˈmoutəraɪzd *Am* ˈmoutəraɪzd/ □ (*Mil*) ~ *unit* autoreparto.

motorman /ˈmoutərmæn/ *n.irr.* (*Am*) 1 (*Mecc*) motorista *m.* 2 (*of a tram, etc.*) conducente *m.*, conduttore *m.*, manovratore *m.* 3 (*Ferr*) (*of a locomotive*) macchinista *m.*

motormouth /ˈmoutəmauθ/ *n.* (*Am,sl*) chiacchierone *m.*, chi parla a mitraglia, persona *f.* dalla parlantina inarrestabile.

motorway /ˈmoutəweɪ/ *n.* (*Br,Strad*) autostrada *f.* □ (*Br,Strad*) ~ *intersection* nodo autostradale.

motory /ˈmoutəri *Am* ˈmoutəri/ *a.* motorio.

Motown /ˈmoutaun/ *n.* (soprannome della città di) Detroit *f.* □ ~ *sound* musica stile rhythm and blues degli anni '60.

mottle /ˈmɒtl *Am* ˈmɑːtl/ I *v.t.* screziare, chiazzare. II *n.* 1 macchia *f.*, chiazza *f.* (di colore). 2 (*mottled pattern*) screziatura *f.*

mottled /ˈmɒtld *Am* ˈmɑːtld/ *a.* screziato, chiazzato, variegato, marmorizzato.

motto /ˈmɒtou *Am* ˈmɑːtou/ (*pl.* **-s/-es** /-z/) *n.* 1

(*short saying, maxim*) motto *m.*, massima *f.*, sentenza *f.* 2 (*phrase, etc., inscribed on sth.*) motto *m.*

moufflon, mouflon /ˈmuːflɒn *Am* ˈmuːflɑːn/ (*pl.inv.* o **-s** /-z/) *n.* (*Zool*) muflone *m.*

moujik /muːˈʒiːk/ *n.* mugic *m.*

mould[1] /mould/ I *n.* 1 stampo *m.*, forma *f.* 2 (*sth. formed in a mould*) pezzo *m.* formato, pezzo *m.* stampato. 3 (*shape imparted by a mould*) forma *f.*, sagoma *f.* 4 (*fig*) stampo *m.*, carattere *m.*, tempra *f.*: *to be cast in the same* ~ essere dello stesso stampo. 5 (*Dolc*) (*blancmange*) biancomangiare *m.*; (*jelly*) gelatina *f.* 6 (*moulding*) modanatura *f.* (*anche Arch*). 7 (*Tecn*) (*in shipbuilding*) sagoma *f.*, sesta *f.* 8 (*Mecc*) (*of a press die*) matrice *f.* 9 (*Edil*) cassaforma *f.* II *v.t.* 1 (*to shape in a mould*) formare, fondere. 2 (*to shape*) plasmare, modellare (*out of, from, in* in), foggiare, sagomare: *to* ~ *a clay statuette* plasmare una statuetta di argilla. 3 (*fig*) plasmare, formare, modellare. 4 (*Met*) formare, costruire la forma di. 5 (*Arch*) modanare.

mould[2] /mould/ I *n.* (*Bot*) muffa *f.* II *v.t.* coprire di muffa. III *v.i.* ammuffire.

mould[3] /mould/ *n.* (*Br,Agr*) terriccio *m.*, terra *f.*

mouldable /ˈmouldəbl/ *a.* 1 modellabile. 2 (*fig*) malleabile, plasmabile.

mouldboard /ˈmouldbɔːd *Am* ˈmouldbɔːrd/ *n.* 1 (*of a plough*) versoio *m.*, orecchio *m.* 2 (*of a bulldozer*) lama *f.* a profilo. 3 (*Edil*) tavolozza *f.* in legno.

mould-breaker /ˈmouldbreɪkər/ *n.* innovatore *m.* (*f.* -trice): *to be a* ~ non rientrare negli schemi.

moulder[1] /ˈmouldər/ *v.i.* ridursi in polvere, sgretolarsi, polverizzarsi.

moulder[2] /ˈmouldər/ *n.* 1 chi forma. 2 (*Met*) formatore *m.*; (*machine*) formatrice *f.*

mouldiness /ˈmouldɪnəs/ *n.* l'essere ammuffito.

moulding /ˈmouldɪŋ/ *n.* 1 (*act of moulding*) formatura *f.*; (*result*) pezzo *m.* formato. 2 (*Arch,Arred*) modanatura *f.*; (*strip of wood, stone*) listello *m.*; (*on a wall*) cornice *f.* 3 (*Met*) formatura *f.* □ ~ *board*. 1 asse per impastare il pane; 2 (*Met*) piano per formare; (*Met*) ~ *box* staffa; ~ *sand* sabbia da forme, terra da forme.

mouldy /ˈmouldi/ *a.* 1 ammuffito, coperto di muffa, muffito: ~ *cheese* formaggio ammuffito; *to smell* ~ puzzare di muffa. 2 (*decaying*) che va in rovina, cadente. 3 (*colloq*) (*antiquated*) superato, antiquato, fossilizzato, ammuffito: ~ *ideas* idee superate. 4 (*sl*) (*wretched*) pessimo, schifoso, deprimente. □ *to go* ~ ammuffire, fare la muffa.

moult /moult/ I *v.i.* (*of birds, etc.*) fare la muta, mutare livrea. II *v.t.* (*of feathers, etc.*) mutare, cambiare. III *n.* muta *f.*; (*of birds*) muda *f.*

moulting /ˈmoultɪŋ *Am* ˈmoultɪŋ/ I *n.* muta *f.*; (*of birds*) muda *f.* II *a.* della muta.

mound /maund/ I *n.* 1 mucchio *m.*, cumulo *m.*, ammasso *m.*: *a* ~ *of earth* un mucchio di terra. 2 (*over a grave*) tumulo *m.* 3 (*earthwork, rampart*) terrapieno *m.* 4 (*hillock*) collinetta *f.*, monticello *m.*, poggio *m.* 5 (*Am, Sport*) (*in baseball*) monte *m.*, monte *m.* di lancio. II *v.t.* 1 ammucchiare, ammassare, ammonticchiare. 2 (*ant*) (*to enclose, to fortify with a mound*) cingere con un terrapieno, fortificare con un terrapieno.

mount[1] /maunt/ I *v.t.* 1 salire, montare: *to* ~ *a hill* salire una collina. 2 (*to climb*) salire su, arrampicarsi per, arrampicarsi su. 3 (*to get up on*) salire su, salire sopra, montare su: *to* ~ *a platform* salire su una piattaforma. 4

(*of an animal*) montare, salire su, salire in groppa a, inforcare. 5 (*of a vehicle*) salire su, montare su, montare in: *to* ~ *a bicycle* montare in bicicletta. 6 (*to set high*) sistemare (in alto): *to* ~ *a statue on its pedestal* sistemare una statua sul piedistallo. 7 (*to equip with horses*) fornire la cavalcatura a, dotare di cavalli, provvedere di cavalli. 8 (*Arm*) (*to raise*) mettere in posizione di tiro. 9 (*Tecn*) (*to attach, to assemble*) montare. 10 (*to attach for reinforcement, to display*) montare, fissare, attaccare: *to* ~ *a photograph* montare una fotografia. 11 (*to frame*) incorniciare, munire di cornice, montare. 12 (*to set*) montare, incastonare. 13 (*to put on view*) esporre, mostrare, presentare: *to* ~ *an exhibition* esporre una mostra. 14 (*Teat*) (*to provide scenery, etc., for*) allestire, preparare; (*to produce*) presentare, mettere in scena. 15 (*in microscopy: of a slide, specimen*) preparare. 16 (*Mil*) (*to dispose in battle array*) piazzare in ordine di battaglia. 17 (*Mil*) (*to be equipped with*) essere armato di, essere dotato di, disporre di. 18 (*Mil*) (*to launch, to carry out*) sferrare, lanciare: *to* ~ *an attack* sferrare un attacco. 19 (*Zootecn*) (*to cover*) montare, coprire. 20 (*Zootecn*) (*of a male animal*) montare, accoppiarsi con. II *v.i.* 1 salire, andare su, montare. 2 (*to increase*) salire, aumentare, crescere: *costs have* -*ed* i costi sono saliti. 3 (*to total*) ammontare, assommare, ascendere (*to* a). 4 (*to grow*) crescere, aumentare. 5 (*to mount a horse*) salire a cavallo, inforcare il cavallo. 6 (*to be promoted*) salire di grado, avanzare di grado. 7 (*Zootecn*) accoppiarsi. 8 (*of blood: to rise to the cheeks*) salire al viso. III *n.* 1 cavallo *m.*, cavalcatura *f.* 2 (*frame, support*) montatura *f.*: *a pearl in a diamond* ~ una perla con una montatura di diamanti. 3 (*Tecn*) incastellatura *f.* di sostegno, incastellatura *f.* di supporto. 4 (*Arm*) affusto *m.* 5 (*Filat*) linguella *f.* 6 (*Tip*) zoccolatura *f.* 7 (*glass slide*) vetrino *m.*; (*mounted specimen*) preparato *m.* (per microscopia). 8 (*Zootecn*) monta *f.*, accoppiamento *m.* □ (*Mil*) *to* ~ *guard* montare la guardia; (*fig*) *to* ~ *the throne* salire al trono; *to* ~ *up*: 1 (*to increase*) salire, aumentare, crescere; 2 (*to total*) ammontare, assommare, ascendere (*to* a); 3 (*to grow*) crescere, aumentare.

mount[2] /maunt/ *n.* (*lett*) (*mountain*) monte *m.*, montagna *f.*; (*hill*) collina *f.*

Mount /maunt/ *n.* 1 (*in place names*) monte *m.*, *often not translated*: ~ *Everest* il monte Everest, l'Everest. 2 (*in palmistry*) monte *m.* □ (*Bibl*) ~ *of Olives* monte degli Olivi.

mountain /ˈmauntɪn *Am* ˈmauntⁿ/ I *n.* 1 montagna *f.*, monte *m.* 2 (*fig*) montagna *f.*, mucchio *m.* (of di), (*colloq*) sacco *m.*: *a* ~ *of ice cream* una montagna di gelato; *I have a* ~ *of work* ho un mucchio di lavoro. 3 *pl.* (*mountainous region*) montagna *f.sing.*, regione *f.sing.* montuosa, zona *f.sing.* montuosa. II *a.* 1 montuoso, di montagne, montagnoso: *a* ~ *range* una catena montuosa. 2 (*characteristic of mountains*) di montagna, montano, alpino: ~ *scenery* paesaggio montano. 3 (*living or located in mountains*) montanaro: ~ *dwellers* popolazioni montanare. 4 (*Mil*) di montagna: ~ *troops* truppe di montagna. □ (*Bot*) ~ *ash* sorbo degli uccellatori; ~ *bike* mountain bike; (*Zool*) ~ *cat*: 1 puma, coguaro, leone d'America; 2 (*bobcat*) lince rossa; (*Geog*) ~ *chain* catena montuosa; ~ *climber* scalatore, alpinista, arrampicatore; ~ *climbing* alpinismo; (*Ornit*) ~ *cock* gallo cedrone; *Mountain Daylight Time* ora legale adottata nella zona delle Montagne Rocciose; (*colloq*) ~ *dew* whisky (di contrabbando);

(*Ornit*) ~ **eagle** aquila reale; (*Zool*) ~ **goat** aplocero, capra delle nevi, capra bianca; (*Bot*) ~ **laurel** alloro di montagna, alloro americano; (*Zool*) ~ **lion** puma, coguaro, leone d'America; (*fig*) *to make a ~ out of a molehill* fare di qcs. un affare di stato, fare di una mosca un elefante; ~ **pass** valico di montagna, passo di montagna; ~ **range** catena di montagne, catena montuosa; (*Zool*) ~ **sheep** pecora delle montagne rocciose; (*Med*) ~ **sickness** mal di montagna, ipobaropatia; *Mountain Standard Time* ora solare della zona delle Montagne Rocciose; *Mountain Time* ora del 105° meridiano, tempo medio della zona delle Montagne Rocciose. *Prov.*: *if the ~ will not come to Mohammed, then Mohammed must go to the ~* se la montagna non va (d)a Maometto, Maometto andrà (d)alla montagna.

mountaineer /ˌmaʊntɪˈnɪər *Am* ˌmaʊntənˈɪr/ I *n.* 1 scalatore *m.* (*f.* -trice), alpinista *m./f.*, arrampicatore *m.* (*f.* -trice). 2 (*dweller*) montanaro *m.* (*f.* -a). II *v.i.* fare dell'alpinismo.

mountaineering /ˌmaʊntɪˈnɪərɪŋ *Am* ˌmaʊntənˈɪrɪŋ/ *n.* alpinismo *m.*

mountainous /ˈmaʊntɪnəs *Am* ˈmaʊntənəs/ *a.* 1 montagnoso, montuoso. 2 (*fig*) (*huge*) grande come una montagna, enorme, colossale.

mountainside /ˈmaʊntɪnsaɪd *Am* ˈmaʊntənsaɪd/ *n.* fianco *m.* di una montagna, versante *m.* di una montagna.

mountaintop /ˈmaʊntɪntɒp *Am* ˈmaʊntəntɑːp/ I *n.* vetta *f.*, cima *f.* di una montagna. II *a.* situato sulla vetta, posto sulla vetta.

mountebank /ˈmaʊntɪbæŋk *Am* ˈmaʊntəbæŋk/ *n.* 1 (*quack*) ciarlatano *m.* (*f.* -a). 2 (*impostor, charlatan*) ciarlatano *m.* (*f.* -a), imbroglione *m.* (*f.* -a), (*spreg*) saltimbanco *m.*

mountebankery /ˈmaʊntɪbæŋkəri *Am* ˈmaʊntəbæŋkeri/ *n.* ciarlataneria *f.*, ciarlatanismo *m.*

mounted /ˈmaʊntɪd *Am* ˈmaʊntɪd/ *a.* 1 a cavallo, in sella; (*of police, soldiers*) a cavallo, montato. 2 (*in a frame*) incorniciato, montato. 3 (*in a setting*) montato, incastonato. 4 (*Mil*) (*of a unit, etc.: on horseback*) di cavalleria; (*equipped with vehicles*) motorizzato.

Mountie /ˈmaʊnti *Am* ˈmaʊnti/ *n.* (*colloq*) agente *m.* della polizia canadese a cavallo.

mounting /ˈmaʊntɪŋ *Am* ˈmaʊntɪŋ/ *n.* 1 il montare (a cavallo). 2 (*Tecn*) (*support*) supporto *m.*; (*frame*) incorniciatura *f.*; (*setting*) incastonatura *f.*, montatura *f.* 3 (*Teat*) allestimento *m.* □ ~ **block** montatoio.

Mounty /ˈmaʊnti *Am* ˈmaʊnti/ *n.* (*colloq*) agente *m.* della polizia canadese a cavallo.

mourn /mɔːn *Am* mɔːrn/ I *v.i.* 1 addolorarsi, affliggersi, rammaricarsi, dolersi. 2 (*to grieve*) lamentare, deplorare, compiangere (*over, for sth.* qcs.): *to ~ for the loss of a friend* lamentare la perdita di un amico. 3 (*to be in mourning*) essere in lutto. 4 (*to wear mourning*) portare il lutto, vestire a lutto. II *v.t.* (*to lament over*) compiangere, rimpiangere: *few will ~ his loss* pochi compiangeranno la sua perdita.

mourner /ˈmɔːnər *Am* ˈmɔːrnər/ *n.* 1 chi si lamenta. 2 (*one who mourns a death*) chi piange la morte di qcu. 3 (*person attending a funeral*) chi partecipa a un funerale. 4 (*hired mourner*) prefica *f.*

mournful /ˈmɔːnfʊl *Am* ˈmɔːrnfʊl/ *a.* 1 dolente, addolorato, afflitto; ~ *eye* sguardo dolente. 2 (*saddening*) doloroso, triste. 3 (*gloomy*) malinconico, triste, lugubre.

mournfulness /ˈmɔːnfʊlnəs *Am* ˈmɔːrnfʊlnəs/ *n.* tristezza *f.*, malinconia *f.*, mestizia *f.*, dolore *m.*

mourning /ˈmɔːnɪŋ *Am* ˈmɔːrnɪŋ/ I *n.* 1 cordoglio *m.*, (*profondo*) dolore *m.* 2 (*observances accompanying a death*) lutto *m.* 3 (*clothing*) lutto *m.*, abiti *m.pl.* da lutto, gramaglie *f.pl.*: *to wear* ~ portare il lutto. 4 (*period*) lutto *m.*, periodo *m.* di lutto. 5 (*crying*) pianto *m.* II *a.* da lutto: ~ *clothes* abiti da lutto, gramaglie. □ ~ **band** fascia nera (portata in segno di lutto); (*Zool*) ~ **dove** tortora lamentosa americana, tortora luttuosa americana; *in* ~ vestito a lutto; *to be in* ~ *for* essere in lutto per qcu.; *to go into* ~ prendere il lutto; *to come out of* ~ togliersi il lutto, smettere il lutto; ~ *paper* carta listata a lutto.

mouse[1] /maʊs/ *n.* (*pl.* **mice** /maɪs/) 1 (*Zool*) topo *m.*, sorcio *m.* 2 (*Zool*) (*house mouse*) topo *m.* comune, topo *m.* delle case. 3 (*fig*) persona *f.* timida, coniglio *m.* 4 (*sl*) (*black eye*) occhio *m.* pesto. 5 (*Edil*) contrappeso *m.* 6 (*Inform*) (*pl.* **mice** /maɪs/, **-s** /-ɪz/) mouse *m.* □ ~ **colour** (*color*) grigio topo; (*Zool*) ~ **deer** tragulo; (*Bot*) ~ **ear** miosotide, non ti scordar di me, orecchio di sorcio, orecchio di topo; (*Inform*) ~ **pad** tappetino per il mouse; (*Inform*) ~ **pointer** puntatore del mouse; (*Inform,sl*) ~ **potato** chi passa molto tempo davanti al computer; (*Inform,sl*) ~ **shoulder** affaticamento della spalla per uso eccessivo del mouse.

mouse[2] /maʊz/ I *v.t.* (*colloq*) scovare, scoprire, riuscire a trovare. II *v.i.* 1 (*of cats*) dare la caccia ai topi, cacciare (i) topi. 2 (*colloq*) (*to go exploring or snooping*) curiosare, spiare. 3 (*Inform*) puntare con il mouse (*over* su). □ (*colloq*) *to ~ out* scovare, scoprire, riuscire a trovare.

mouse-coloured /ˈmaʊskʌləd *Am* ˈmaʊskʌlərd/ *a.* (*color*) grigio topo, sorcino.

mousehole /ˈmaʊshəʊl *Am* ˈmaʊshoʊl/ *n.* 1 tana *f.* di topi, nido *m.* di topi, topaia *f.* 2 (*entrance*) buco *m.* di tana di topo. 3 (*fig*) (*small hole*) sgabuzzino *m.*, buco *m.*

mouselike /ˈmaʊslaɪk/ *a.* 1 di topo, da topo, sorcino. 2 (*timid*) timido.

mouser /ˈmaʊsər/ *n.* 1 cacciatore *m.* (*f.* -trice) di topi. 2 (*fig*) curiosone *m.* (*f.* -a).

mousetrap /ˈmaʊstræp/ *n.* 1 trappola *f.* da topi, trappola *f.* per topi. 2 (*fig*) trappola *f.*, trabocchetto *m.* 3 (*scherz*) (*stale cheese*) formaggio *m.* stantio.

mousiness /ˈmaʊsɪnəs/ *n.* 1 monotonia *f.*, grigiore *m.* 2 (*shyness*) timidezza *f.*

mousse /muːs/ *n.* 1 (*Gastron*) mousse *f.*, schiuma *f.* 2 (*Dolc*) spumone *m.*, spuma *f.* 3 (*for hair*) mousse *f.*

mousseline /ˈmuːslɪn *Am* ˌmuːsˈliːn/ *n.* (*Tess*) mussolina *f.*, mussola *f.*

moustache /məˈstɑː *Am* ˈmʌstæʃ/ *n.* baffi *m.pl.*, (*scherz*) mustacchi *m.pl.*: *to wear a* ~ portare i baffi.

moustached /məˈstɑːʃt *Am* ˈmʌstæʃt/ *a.* baffuto, coi baffi.

mousy /ˈmaʊsi/ *a.* 1 da topo. 2 (*mouse-coloured*) (*color*) grigio topo, sorcino. 3 (*colourless, drab*) incolore, monotono, grigio. 4 (*timid, shy*) timido. 5 (*infested with mice*) infestato dai topi.

mouth[1] /maʊθ/ *n.* (*pl.* **-s** /maʊðz/) 1 bocca *f.* 2 (*fig*) bocca *f.*, persona *f.* a carico: *he has four -s to feed* ha quattro bocche da sfamare. 3 (*opening*) bocca *f.*, apertura *f.*, orifizio *m.*, imboccatura *f.*: *the ~ of a cave* la bocca di una caverna. 4 (*entrance*) entrata *f.*, imboccatura *f.*, ingresso *m.*: *the ~ of the tunnel* l'imboccatura della galleria. 5 (*of a river*) bocca *f.*, foce *f.* 6 (*of a valley*) imboccatura *f.*, entrata *f.* 7 (*of a horse*) morso *m.*: *to have a good* ~ essere docile al morso; *to have a hard* ~ essere ribelle al morso. 8 (*Tecn*) bocchetta *f.*,

bocchettone *m.* 9 (*colloq*) (*insolence*) insolenza *f.*, villania *f.*, sgarbo *m.*: *I've had enough of your* ~ ne ho abbastanza della tua insolenza. 10 (*colloq*) (*boastful talk*) spacconata *f.*, smargiassata *f.* □ (*colloq*) *to be down in the* ~ essere depresso, essere giù di morale; *the news spread quickly from* ~ *to* ~ la notizia passò rapidamente di bocca in bocca; *don't speak with your* ~ *full* non parlare con la bocca piena; *to give* ~ *to one's ideas* esprimere le proprie idee, manifestare le proprie idee; *to make a* ~ fare le boccacce, fare smorfie; (*Mus*) ~ *organ* armonica a bocca; (*colloq*) *to keep one's* ~ *shut* tenere la bocca chiusa; *to set -s wagging* suscitare pettegolezzi, far parlare di sé.

mouth[2] /maʊð/ I *v.t.* 1 esprimere col semplice movimento delle labbra. 2 (*to utter pompously*) dire con enfasi, declamare con enfasi, proferire in tono declamatorio. 3 (*to hold in the mouth*) tenere in bocca. 4 (*to take into the mouth*) mettere in bocca. 5 (*of a horse*) abituare al morso, avvezzare al morso. II *v.i.* 1 declamare, parlare in modo enfatico. 2 (*to grimace*) fare le boccacce, fare smorfie. □ *to ~ off* 1 (*to shout*) blaterare; 2 (*to complain*) lamentarsi (*about* di,su); 3 (*Am,sl*) (*to be impudent*) rispondere male; 4 (*to speak indiscreetly*) raccontare cose in giro.

mouthed /maʊðd/ *a.* (*in compounds*) dalla bocca..., con la bocca...: *wide-~* dalla bocca larga.

mouther /ˈmaʊðər/ *n.* declamatore *m.* (*f.* -trice).

mouthful /ˈmaʊθfʊl/ *n.* 1 boccata *f.* 2 (*bite*) boccone *m.*, morso *m.* 3 (*of liquid*) sorsata *f.*: *to swallow sth. in a* ~ divorare qcs. in un boccone. 4 (*fig*) piccola quantità *f.*, boccone *m.*, pezzetto *m.* 5 (*colloq*) (*unpronounceable word or phrase*) scioglilingua *m.* 6 (*Am, colloq*) (*significant remark*) osservazione *f.* centrata, osservazione *f.* azzeccata: *you said a ~!* l'hai detta giusta!

mouthing /ˈmaʊðɪŋ/ *n.* 1 (*bombastic speaking*) il parlare altisonante. 2 (*bombastic speech or phrase*) discorsi *m.pl.* reboanti, frasi *f.pl.* reboanti. 3 (*grimace*) boccacce *f.pl.*, smorfie *f.pl.*

mouthless /ˈmaʊθləs/ *a.* senza bocca, privo di bocca.

mouthpiece /ˈmaʊθpiːs/ *n.* 1 bocchino *m.*, imboccatura *f.*: *the ~ of a pipe* il bocchino di una pipa. 2 (*cigar or cigarette holder*) bocchino *m.* 3 (*Mus*) bocchino *m.*, bocchetta *f.* 4 (*of a telephone*) imboccatura *f.*; (*of a respirator, megaphone*) boccaglio *m.* 5 (*fig*) (*spokesman*) portavoce *m./f.* (*of, for* di): *a government* ~ un portavoce del governo.

mouth-to-mouth /ˌmaʊθtəˈmaʊθ/ □ (*Med*) ~ *respiration* respirazione bocca a bocca.

mouth-to-nose /ˌmaʊθtəˈnoʊz/ □ (*Med*) ~ *respiration* respirazione bocca-naso.

mouthwash /ˈmaʊθwɒʃ *Am* ˈmaʊθwɑːʃ/ *n.* (*Farm*) collutorio *m.*

mouth-watering /ˈmaʊθˌwɔːtərɪŋ *Am* ˈmaʊθˌwɔːtərɪŋ/ *a.* che fa venir l'acquolina in bocca, appetitoso.

mouthy /ˈmaʊði/ *a.* 1 (*colloq*) chiacchierone, ciarliero, loquace. 2 (*pompous*) ampolloso, magniloquente, reboante.

movability /ˌmuːvəˈbɪlɪti *Am* ˌmuːvəˈbɪləti/ *n.* mobilità *f.*

movable /ˈmuːvəbl/ I *a.* 1 mobile, movibile, non fisso. 2 (*Dir*) (*of property*) mobile. II *n.* (*Dir*) mobile *m.*, bene *m.* mobile. □ (*Lit*) ~ *feast* festa mobile.

move /muːv/ I *v.i.* 1 muoversi, spostarsi; *don't ~!* non muoverti!; *he -d quickly to the* *door* si mosse rapidamente verso la porta. **2** (*to stir*) muoversi, agitarsi: *the leaves -d slowly in the breeze* le foglie si muovevano piano nella brezza. **3** (*to change one's residence*) trasferirsi, spostarsi, traslocare: *to ~ to a new district* traslocare in un nuovo quartiere. **4** (*to live in a specified environment*) frequentare (*in sth.* qcs.): *to ~ in literary circles* frequentare gli ambienti letterari. **5** (*colloq*) (*to leave, to depart*) muoversi, andarsene: *it's time to ~* è ora di muoversi. **6** (*to make progress*) andare avanti, avanzare, progredire: *our work is moving quickly* il nostro lavoro va avanti in fretta. **7** (*to make a formal request*) presentare un'istanza (*for* di), chiedere (formalmente) (qcs.): *to ~ for an adjournment* presentare un'istanza di aggiornamento; *I so ~* tanto chiedo. **8** (*Fisiol*) evacuare, defecare. **9** (*Comm*) (*of goods*) smerciarsi, essere venduto. **II** *v.t.* **1** muovere, spostare, cambiare posto a: *he -d his chair nearer the fire* spostò la sedia più vicino al fuoco. **2** (*of parts of the body*) muovere: *don't ~ your head* non muovere la testa. **3** (*to stir*) (far) muovere, agitare. **4** (*to cause to go*) mandare, inviare: *to ~ troops to the front* mandare truppe al fronte. **5** (*fig*) (*to impel, to prompt*) spingere, indurre, muovere: *to ~ so. to action* spingere qcu. ad agire. **6** (*fig*) (*to affect emotionally*) commuovere, toccare: *the funeral -d me deeply* il funerale mi commosse profondamente. **7** (*fig*) (*to rouse*) suscitare, muovere, provocare: *to ~ so. to tears* suscitare il pianto di qcu.; *to ~ so. to anger* muovere a ira qcu. **8** (*to propose formally*) proporre (formalmente): *I ~ that the matter be reconsidered* propongo di rivedere la questione. **9** (*to submit a proposal to*) presentare una proposta a, proporre: *to ~ the assembly for an adjournment* presentare all'assemblea una proposta di aggiornamento. **10** (*in chess, etc.*) muovere (anche *assol*): *it's your turn to ~* tocca a te muovere. **11** (*to set in motion*) muovere, azionare, far funzionare, mettere in funzione, mettere in moto. **12** (*Fisiol*) fare evacuare. **13** (*Comm*) (*to dispose of*) vendere, smerciare, collocare. ☐ *not to ~ a muscle* stare fermo, stare immobile; *to ~ about*: **1** andare in giro, andare qua e là; **2** (*to displace*) spostare, rimuovere; *to ~ ahead* avanzare, progredire, superare; *to ~ along*: **1** circolare, muoversi: *the police asked the crowd to ~ along* la polizia invitò la folla a circolare; **2** (*to cause to go on*) far andare avanti, far circolare; *to ~ around* muoversi, spostarsi; *to ~ sth. around* spostare qcs.: *we -d the paintings around* abbiamo spostato i quadri; *to ~ around sth.* girare intorno a qcs., evitare qcs.; (*Br,volg*) *to ~ one's arse* spostare il culo; (*Am,volg*) *to ~ one's ass* spostare il culo; *to ~ away*: **1** allontanarsi; **2** (*to cause to go away*) allontanare, mandare via; **3** (*to change one's residence*) trasferirsi, cambiare residenza, cambiare sede, traslocare; *to ~ back*: **1** tornare indietro; **2** (*to cause to go back*) far tornare indietro; (*eufem*) *to ~ one's bowels* andare di corpo; *to ~ down*: **1** scendere, andare giù; **2** (*to cause to go down*) far scendere; *to ~ forward* andare avanti, avanzare; *to ~ house* cambiare casa, traslocare, trasferirsi; *to ~ in*: **1** entrare: *they -d in the new flat last week* entrarono nel nuovo appartamento la settimana scorsa; **2** (*advance, attack*) avanzare, attaccare, aggredire, andare all'attacco; **3** (*to intervene*) intervenire; *to keep moving* (continuare a) muoversi; *to ~ off* partire, muoversi, mettersi in marcia: *the train -d off* il treno partì; *to ~ on*: **1** andare avanti, avanzare; **2** (*to cause*

to go on) far andare avanti, far circolare; *~ on please!* circolare!; *to ~ out*: **1** (*to leave a residence*) sgombrare; **2** (*to leave*) partire, andarsene (*of* da); *to ~ over* spostarsi, cedere il posto (*for* a); *~ over!* spostati!; *to ~ so. to pity* muovere qcu. a pietà, impietosire qcu.; *to ~ towards* avvicinarsi: *we are moving towards a new era* ci stiamo avvicinando a una nuova era; *to ~ up*: **1** andare su, salire; **2** (*to cause to go up*) far salire; **3** (*to be promoted*) avere una promozione; **4** (*to make room for another person*) spostarsi; *to ~ with the times* tenere il passo coi tempi, andare coi tempi.

move[2] /muːv/ *n.* **1** movimento *m.*, mossa *f.*: *to watch so.'s every ~* osservare tutti i movimenti di qcu.; *a false ~* una mossa falsa. **2** (*change of residence*) trasloco *m.*, trasferimento *m.*, cambiamento *m.* di casa. **3** (*in chess*) mossa *f.*: *a bad ~* una cattiva mossa. **4** (*in chess: turn*) turno *m.* (di muovere). **5** (*step, manoeuvre*) mossa *f.*, azione *f.*, passo *m.*: *it was a clever ~* è stata una mossa intelligente. ☐ (*sl*) *to get a ~ on* muoversi, sbrigarsi; *to make a ~*: **1** muoversi, fare una mossa: *he lay without making a ~* giaceva immobile; **2** (*Br*) (*to depart*) partire, andarsene; **3** (*to begin to act*) mettersi in moto, entrare in azione, muoversi; *to be on the ~*: **1** essere in movimento, essere in moto; **2** (*colloq*) (*to be busy, to be active*) essere in movimento, essere in moto, darsi da fare; *it's your ~* (*in games*) tocca a te.

moveability /ˌmuːvəˈbɪlɪti Am ˌmuːvəˈbɪləti/ *n.* mobilità *f.*

moveable /ˈmuːvəbl/ *a.* **1** mobile, movibile, non fisso. **2** (*Dir*) (*of property*) mobile.

movement /ˈmuːvmənt/ *n.* **1** moto *m.*, movimento *m.*: *the ~ of the planets* il moto dei pianeti. **2** (*instance*) movimento *m.*, moto *m.*, mossa *f.*, gesto *m.*: *he made a slight ~ of his head* fece un leggero movimento con la testa. **3** (*manner*) movenza *f.*, mossa *f.*: *the graceful -s of a dancer* le movenze aggraziate di una ballerina. **4** (*trend*) tendenza *f.*, orientamento *m.*, corrente *f.*, indirizzo *m.*: *there is a strong ~ towards materialism* c'è una forte tendenza verso il materialismo. **5** (*of a person: impulse*) moto *m.*, impulso *m.* **6** (*concerted action*) movimento *m.* (anche *Lett,Art*): *the civil rights ~* il movimento per i diritti civili. **7** (*Mil*) movimento *m.*, spostamento *m.*, manovra *f.*: *~ of troops* movimento di truppe. **8** (*Mecc*) (*mechanism*) movimento *m.*, meccanismo *m.*; (*action*) corsa *f.*, movimento *m.* **9** (*Orol*) movimento *m.* **10** (*Fisiol*) evacuazione *f.*, defecazione *f.* **11** (*Econ*) movimento *m.* **12** (*Mus*) (*division of a work*) tempo *m.*, movimento *m.*: *in the first ~ of the symphony* nel primo tempo della sinfonia. **13** *pl.* (*activities, actions*) movimenti *m.pl.*, mosse *f.pl.*: *a detective was assigned to watch his -s* un investigatore fu incaricato di sorvegliare i suoi movimenti. ☐ (*Econ*) *~ of capital* movimento di capitali; (*Econ*) *the free ~ of goods* la libera circolazione delle merci; (*Dir*) *free ~ of labour* libera circolazione della manodopera.

mover /ˈmuːvər/ *n.* **1** chi muove. **2** (*of a resolution*) proponente *m.* **3** (*one who incites to action*) animatore *m.* (*f.* -trice), promotore *m.* (*f.* -trice). **4** (*Rel,Filos*) motore *m.* **5** (*Am*) (*house mover*) chi effettua traslochi, traslocatore *m.* (*f.* -trice). ☐ (*fig*) *~ and shaker* persona dinamica e influente, pezzo grosso, trascinatore *m.*

movie /ˈmuːvi/ **I** *n.* (*Am*) **1** film *m.*, pellicola *f.* cinematografica, opera *f.* cinematografica. **2** (*art of cinema*) cinematografia *f.*, cinema

m. **3** *pl.* (*film, cinema*) cinema *m.sing.*, cinematografo *m.sing.*: *to go to the -s* andare al cinema. **4** *pl.* (*film industry*) industria *f.sing.* cinematografica, cinematografia *f.sing.* **II** *a.* del cinema, cinematografico, del mondo della celluloide: *a ~ star* una stella del cinema. ☐ (*colloq*) *~ camera* macchina da presa, cinecamera; (*Cin*) *~ director* regista cinematografico; (*colloq*) *~ house* cinematografo, cinema; (*Cin*) *~ mogul* colosso della produzione cinematografica; (*Cin*) *~ producer* produttore cinematografico; (*Cin*) *~ star* diva del cinema; (*Cin*) *~ theater* cinema, cinematografo.

movie-buff /ˈmuːviˌbʌf/ *n.* (*Am,colloq*) fanatico *m.* (*f.* -a) del cinema.

movie-goer /ˈmuːviˌɡoʊər/ *n.* (*Am,colloq*) frequentatore *m.* (*f.* -trice) di cinematografi.

movieland /ˈmuːviˌlænd/ *n.* **1** cinelandia *f.*, mondo *m.* del cinema, mondo *m.* della celluloide. **2** (*film industry*) cinematografia *f.*, industria *f.* cinematografica.

moviemaker /ˈmuːviˌmeɪkər/ *n.* cineasta *m./ f.*

moviemaking /ˈmuːviˌmeɪkɪŋ/ *n.* produzione *f.* cinematografica.

moving /ˈmuːvɪŋ/ *a.* **1** (*that moves*) in moto, in movimento: *a ~ bus* un autobus in moto. **2** (*capable of moving*) mobile: *a motor with no ~ parts* un motore privo di parti mobili. **3** (*that incites*) animatore, che incita. **4** (*fig*) commovente, toccante, patetico: *a ~ ceremony* una cerimonia commovente. ☐ (*Am*) *~ company* ditta di traslochi; (*Tecn*) *~ part* elemento mobile; (*Br*) *~ pavement* tapis roulant; *~ picture*: **1** spettacolo cinematografico, film, pellicola; **2** (*art of cinema*) cinematografia; (*Am*) *~ sidewalk* tapis roulant; *the ~ spirit of the enterprise* l'animatore dell'impresa; *~ staircase* (o *~ stairway*) scala mobile; (*Mil*) *~ target* bersaglio mobile; (*Am*) *~ van* furgone per traslochi.

movingly /ˈmuːvɪŋli/ *avv.* in modo commovente, in maniera toccante.

mow[1] /moʊ/ (*past* -**ed** /-d/, *p.p.* -**ed** o -**n** /-n/) *v.t.* **1** falciare, tagliare: *to ~ the grass* falciare l'erba, tagliare l'erba; *to ~ a lawn* falciare un prato. **2** (*Agr*) (*of grain*) mietere. **II** *v.i.* **1** fare la falciatura. **2** (*Agr*) (*of grain*) fare la mietitura. ☐ (*fig*) *to ~ down* falciare, mietere: *the troop were -ed down* le truppe furono falciate.

mow[2] /maʊ/ *n.* (*Agr*) **1** (*of hay, straw*) mucchio *m.* di fieno, mucchio *m.* di paglia ammassato in un fienile. **2** (*of grain*) cumulo *m.* di covoni di grano. **3** (*part of a barn*) fienile *m.*, granaio *m.*

mow[3] /maʊ Am also moʊ/ **I** *n.* (*ant*) smorfia *f.*, boccaccia *f.* **II** *v.i.* (*ant*) fare le boccacce, fare smorfie.

mower /ˈmoʊər/ *n.* **1** falciatore *m.* (*f.* -trice); (*of grain*) mietitore *m.* (*f.* -trice). **2** (*Agr*) falciatrice *f.*, tosaerba *f.*, tagliaerba *m.*

mowing /ˈmoʊɪŋ/ *n.* falciatura *f.*, taglio *m.*; (*of grain*) mietitura *f.* ☐ (*Agr*) *~ machine* falciatrice.

mown /moʊn/ → **mow**[1].

moxie /ˈmɑːksi/ *n.* (*Am,colloq*) **1** (*courage*) coraggio *m.*, sangue *m.* freddo, fegato *m.*, grinta *f.* **2** (*force of character*) energia *f.*, intraprendenza *f.*, abilità *f.*

Mozambique /ˌmoʊzæmˈbiːk/ *n.pr.* (*Geog*) Mozambico *m.*

Mozarabic /moʊˈzæræbɪk/ *a.* mozarabico, dei mozarabi.

Mozartean, Mozartian /ˌmoʊtˈsɑːtiən Am ˌmoʊtˈsɑːtiən/ *a.* mozartiano, di Mozart.

mozzie /ˈmɒzi/ *n.* (*Aus,colloq*) zanzara *f.*

mp (*Mus*) *mezzo piano* mp (mezzo piano)

MP /ˌemˈpiː/ **I 1** *Member of Parliament* (deputato). **2** *Metropolitan Police* (polizia metropolitana). **3** *Military Police* PM (polizia militare). **II** *n.* (*Member of Parliament*) deputato *m.*, parlamentare *m./f.*, onorevole *m.*

m.p. (*Met*) *melting point* (punto di fusione).

mpg *miles per gallon* (miglia per gallone).

mph *miles per hour* (miglia all'ora).

MPhil /emˈfɪl/ (*Univ*) **1** *Master of Philosophy* (*degree*) laurea (di secondo livello) in filosofia. **2** *Master of Philosophy* (*graduate*) laureato (di secondo livello) in filosofia.

MPV /emˈpiːˈviː/ (*Aut*) *Multi-purpose Vehicle* MPV (veicolo multifunzionale).

Mr, Mr. /ˈmɪstər/ *Mister* Sig. (Signore). □ *~ **Big*** grande capo, pezzo grosso; (*Am*) *~ **Clean*** uomo onestissimo, uomo al di sopra di ogni sospetto; *~ **Right*** l'uomo ideale, l'uomo dei propri sogni, l'uomo giusto.

MRBM (*Mil*) *Medium Range Ballistic Missile* MRBM (missile balistico a medio raggio).

MRCA (*Mil*) *Multi-role Combat Aircraft* MRCA (aereo da combattimento a impiego plurimo).

MRF (*Inform*) *Machine-readable Form* MRF (formato leggibile dalla macchina).

MRI /ˌemɑːˈraɪ *Am* ˌemɑːrˈraɪ/ *Magnetic Resonance Imaging* RM (risonanza magnetica).

Mrs, Mrs. /ˈmɪsɪz/ *Mistress* Sig.ra (Signora).

MS /ˌemˈes/ **1** (*Mar*) *motor ship* M/n, m/n (motonave). **2** (*Med*) *Multiple Sclerosis* SM (sclerosi multipla). **3** *manuscript* MS (manoscritto). **4** (*Univ*) *Master of Science* (*degree*) laurea (di secondo livello) in scienze. **5** (*Univ*) *Master of Science* (*graduate*) laureato (di secondo livello) in scienze. **6** *Mississippi* MS (Mississippi). **7** *Mauritius* MS (Maurizio).

Ms., Ms /mɪz/ *Mrs. or Miss* Sig.ra (Signora, senza specificare se sposata o no).

MSB (*Inform*) *most significant bit* MSB (bit più significativo).

M.Sc. (*Univ*) **1** *Master of Science* (*degree*) laurea (di secondo livello) in scienze. **2** *Master of Science* (*graduate*) laureato (di secondo livello) in scienze.

MS-DOS /ˌeməsˈdɒs *Am* ˌeməsˈdɑːs/ (*Inform*) *Microsoft Disk Operating System* MS-DOS (sistema operativo Microsoft).

MSG /ˌeməsˈdʒiː/ **1** (*Chim*) *Monosodium Glutamate* (glutammato monosodico). **2** (*Am,Mil*) *Master Sergeant* Serg. Magg. (sergente maggiore).

Msgr. *Monsignor* mons. (monsignore).

MSgt (*Am,Mil*) *Master Sergeant* Serg. Magg. (sergente maggiore).

mss, MSS *manuscripts* mss, MSS (manoscritti).

MST /ˌeməsˈtiː/ *Mountain Standard Time* (ora solare della zona delle Montagne Rocciose).

MT 1 (*Nucl*) *megaton* MT (megaton). **2** *motor transport* (autotrasporto). **3** *mean time* TM (tempo medio). **4** (*Inform*) *machine translation* MT (traduzione automatica). **5** *Montana* MT (Montana). **6** *mechanical transport* (trasporto meccanico).

mt. 1 *mount* m (monte). **2** *mountain* m (montagna). **3** *month* m. (mese).

MTB 1 (*Br*) *motor torpedo boat* (moto-torpediniera). **2** *mountain bike* (mountain bike).

MTech (*Univ*) **1** *Master of Technology* (*degree*) laurea (di secondo livello) in ingegneria. **2** *Master of Technology* (*graduate*) laureato (di secondo livello) in ingegneria.

much /mʌtʃ/ **I** *a.* (*compar.* **more** /mɔː *Am* mɔːr/, *sup.* **most** /moʊst/) molto, assai, parec-

chio, tanto: *he doesn't drink ~ milk* non beve molto latte. **II** *n.* **1** molto *m.*, grande parte *f.*, grande quantità *f.*: *you haven't eaten ~* non hai mangiato molto; *~ of it is correct* gran parte di ciò è giusto. **2** (*sth. important, impressive, etc.*) grande cosa *f.*, (*colloq*) gran che *m.*: *it's not ~* non è un gran che. **III** *avv.* **1** (*to modify comparatives*) molto, assai: *I feel ~ better* mi sento molto meglio. **2** (*to modify superlatives*) di gran lunga: *this one is ~ the best* questo è di gran lunga il migliore. **3** (*to modify adjectival past participles*) molto, assai, grandemente: *I was ~ surprised to see him* ero molto sorpreso di vederlo. **4** (*to modify verbs*) molto: *I don't like beer ~* non mi piace molto la birra. **5** (*often*) spesso, molto: *he doesn't go out ~* non esce spesso. **6** (*a long time*) molto (tempo), a lungo, per lungo tempo: *he hasn't lived here ~* non ha vissuto molto qui. **7** (*nearly*) quasi come, più o meno: *he thinks ~ as I do* la pensa quasi come me. **8** (*approximately*) quasi, all'incirca, pressappoco, su per giù, più o meno: *the two are ~ the same* i due sono quasi uguali; *it was (very) ~ what I expected* era pressappoco quello che mi aspettavo. **9** (*in compounds*) molto..., tanto...: *a ~-loved man* un uomo molto amato. □ *~ **as*** per quanto; *~ as I would like to, I can't help you* vorrei, ma non ti posso aiutare; *as ~ as*: **1** (*tanto...*) quanto: *take as ~ as you want* prendine quanto (ne) vuoi; **2** (*all*) il massimo, tutto quello: *this is as ~ as I can manage* questo è il massimo che posso fare; **3** (*equally*) (*tanto...*) quanto, ugualmente, allo stesso modo: *it's as ~ your fault as mine* la colpa è tua quanto mia; *if you help me I will do as ~ for you* se mi aiuti farò lo stesso per te; (*iron*) *~ good may it do you!* buon pro ti faccia!; *~ less*: **1** molto meno, assai meno: *I earn ~ less than I spend* guadagno molto meno di quanto spendo; **2** (*even less*) meno che meno, meno che mai, ancora meno, tanto meno: *he didn't even thank me, ~ less pay me* non mi ha (neppure) ringraziato, e tanto meno pagato; *she can't afford a holiday at the sea, ~ less a cruise* non può permettersi una vacanza al mare, tanto meno una crociera; *to make ~ of*: **1** (*to understand*) afferrare bene, capire bene: *I couldn't make ~ of his speech* non sono riuscito ad afferrare bene il suo discorso; **2** (*to attach importance to*) tenere in grande considerazione, dare peso a, dare importanza a; **3** (*to pay attention to*) fare festa a; *~ **more***: **1** molto più, assai più; **2** (*even more*) ancora più, molto più; (*colloq*) *there is not ~ in it* non c'è molta differenza, (*colloq*) più o meno siamo lì; *I don't see ~ of him* lo vedo spesso; *he is not ~ of a poet* non è un gran che come poeta; *to be ~ of an age* essere più o meno della stessa età, essere quasi coetanei; *~ remains to be done* resta ancora molto da fare; *so ~ for that* (a questo proposito) basta così; *~ the same* praticamente uguale; *so ~ the worse* (tanto) peggio; *I only want this ~* ne voglio solo tanto così; *~ to my surprise* con mio grande stupore, con mia grande sorpresa.

muchness /ˈmʌtʃnəs/ *n.* (*rar*) grandezza *f.*, mole *f.*, entità *f.* □ (*colloq*) *to be much of a ~* essere più o meno uguale, non esserci molta differenza: *the candidates were much of a ~* i candidati erano più o meno allo stesso livello.

mucho /ˈmʊtʃoʊ, ˈmʌtʃoʊ/ *avv.* (*scherz,sl*) molto.

mucilage /ˈmjuːsəlɪdʒ/ *n.* (*Bot,Farm*) mucillagine. *f.*

mucilaginous /ˌmjuːsəˈlædʒɪnəs/ *a.* mucil-

laginoso (*anche Bot*).

mucin /ˈmjuːsɪn/ *n.* (*Biol,Chim*) mucina *f.*

muck[1] /mʌk/ *n.* **1** (*Agr*) concime *m.* organico, letame *m.*, stallatico *m.* **2** (*dirt, filth*) letame *m.*, sudiciume *m.*, sporcizia *f.*, porcheria *f.* **3** (*soft mud*) fanghiglia *f.*, fango *m.* **4** (*colloq*) (*rubbish*) ciarpame *m.*, robaccia *f.*, porcheria *f.* **5** (*colloq*) (*slop, swill*) cibo *m.* disgustoso, bevanda *f.* disgustosa, porcheria *f.*, schifezza *f.* **6** (*colloq*) (*state of confusion*) disordine *m.*, confusione *f.* **7** (*Am,Agr*) terreno *m.* ad alto contenuto organico. □ *~ **heap*** mucchio di letame, letamaio; (*colloq*) *to **make a** ~ of*: **1** pasticciare, abborracciare; **2** (*to make filthy*) sporcare, insozzare, insudiciare; *~ **raker*** chi scopre e denuncia scandali, chi scopre e denuncia abusi; (*colloq*) *~ **sweat*** bagno di sudore. *Prov.*: (*Br*) *where there's ~ there's brass* dove c'è il lerciume ci sono anche i soldi.

muck[2] /mʌk/ *v.t.* **1** (*Agr*) concimare, fertilizzare. **2** (*Br*) (*to clear of manure*) pulire (togliendo il letame), levare il letame da: *to ~ out the stables* pulire le stalle. □ (*Br,colloq*) *to ~ **about*** (o *to ~ **around***): **1** baloccarsi, gingillarsi, trastullarsi; **2** (*to push around*) sballottare, sbattere di qua e di là; **3** (*to disturb, to mess up*) mettere in disordine, mettere sottosopra, scompigliare, scombinare; *to ~ **in***: **1** collaborare, dare una mano; **2** (*Br, colloq*) (*to share lodgings, food, etc.*) stare con, coabitare con, dividere (*with* con); (*Br*) *to ~ **out*** (*to clear of manure*) pulire (togliendo il letame), levare il letame da: *to ~ out the stables* pulire le stalle; (*Br,colloq*) *to ~ **up***: **1** sporcare, imbrattare, insudiciare, insozzare; **2** (*to disturb, to mess up*) mettere sottosopra, mettere indisordine, scompigliare; **3** (*to botch*) pasticciare, abborracciare, rovinare.

muckamuck /ˈmʌkəmʌk/ *n.* (*Am,colloq*) persona *f.* di grande importanza, alto papavero *m.*, pezzo *m.* grosso.

mucker /ˈmʌkər/ *n.* **1** (*Am,colloq*) cafone *m.* (*f.* -a), individuo *m.* rozzo e volgare. **2** (*Br,colloq*) amico *m.*, compagno *m.* □ (*colloq*) *to **come** a ~*: **1** fare un capitombolo; **2** (*fig*) fare fiasco, non riuscire.

muckiness /ˈmʌkɪnəs/ *n.* sudiciume *m.*, sporcizia *f.*, sudiceria *f.*

muckle /ˈmʌkl/ *n.* (*Scott*) grande quantità *f.*, mucchio *m.*

muckrake /ˈmʌkreɪk/ *v.i.* (*colloq*) scoprire e denunciare scandali (o abusi ecc.).

muckraker /ˈmʌkreɪkər/ *n.* chi ama divulgare notizie scandalose.

muckraking /ˈmʌkreɪkɪŋ/ *a.* scandalistico, di diffamazione.

muckworm /ˈmʌkwɜːm *Am* ˈmʌkwɜːrm/ *n.* **1** (*Zool*) verme *m.* che vive nel letame. **2** (*fig*) (*miser*) spilorcio *m.* (*f.* -a), taccagno *m.* (*f.* -a).

mucky /ˈmʌki/ *a.* **1** sporco, sudicio, sozzo, lurido. **2** (*muddy*) fangoso, melmoso.

mucopolysaccharide /ˌmjuːkoʊpɒlɪˈsækəraɪd *Am* ˌmjuːkoʊpəˈlɪˈsækəraɪd/ *n.* (*Biol, Chim*) mucopolisaccaride *m.*

mucosa /mjuːˈkoʊsə/ *n.* (*pl.* **-sae** /-siː/ o **-s** /-z/) (*Anat*) mucosa *f.*, membrana *f.* mucosa.

mucosity /mjuːˈkɒsəti *Am* mjuːˈkɑːsəti/ *n.* mucosità *f.*, l'essere mucoso.

mucous /ˈmjuːkəs/ *a.* **1** coperto di muco. **2** (*of or resembling mucus*) mucoso, relativo al muco, simile al muco. **3** (*Anat*) muciparo, mucifero. □ (*Anat*) *~ **membrane*** mucosa, membrana mucosa.

mucro /ˈmjuːkroʊ/ (*pl.* **-s** /-z/ o **-crones** /-ˈkroʊniːz/) *n.* (*Biol,Zool*) mucrone *m.*

mucus /ˈmjuːkəs/ *n.* (*Biol*) muco *m.*

mud[1] /mʌd/ *n.* **1** fango *m.*, limo *m.*, mota *f.*, melma *f.*, fanghiglia *f.* **2** (*fig*) feccia *f.*, scorie *f.pl.*, rifiuti *m.pl.* **3** (*fig*) (*degradation, depths*) abbrutimento *m.*, degradazione *f.*, fango *m.* **4** (*Geol, Minier*) fango *m.* **5** (*sl*) (*opium*) oppio *m.*

□ ~*bath*: 1 bagno di fango (termale), fangatura; 2 (*fig*) pantano, impiccio; *to get stuck in the* ~ impantanarsi, rimanere impantanato; (*Br,colloq*) ~*in your eye!* (*as a toast*) cincin!, alla salute!, salute!, prosit!; (*fig*) *to drag so. into the* ~ (o *to drag so.'s name into the* ~) infangare il nome di qcu., trascinare il nome di qcu. nel fango; (*Cosmet*) ~*pack* maschera di fango; ~*pie* formina di terra o sabbia (fatta dai bambini); ~*volcano* vulcano di fango, salsa; ~*wall* muro di fango e paglia.

mud[2] /mʌd/ (*past, p.p.* **mudded** /ˈmʌdɪd/) *v.t.* **1** coprire di fango, infangare. **2** (*to stir up the mud*) intorbidire, rendere torbido.

mudbank /ˈmʌdbæŋk/ *n.* (*of a river or the sea*) banco *m.* di fango.

mudbath /ˈmʌdbɑːθ *Am* ˈmʌdbæθ/ *n.* bagno *m.* di fango, fangatura *f.*

muddiness /ˈmʌdɪnəs/ *n.* fangosità *f.*, torbidità *f.*

muddle[1] /ˈmʌdl/ *n.* **1** disordine *m.*, scompiglio *m.*, confusione *f.*: *the papers were in a* ~ le carte erano in disordine. **2** (*confused mess*) pasticcio *m.*, imbroglio *m.* **3** (*state of mental confusion*) confusione *f.*, disordine *m.*: *his mind is in a complete* ~ nella sua mente c'è una gran confusione. □ *to get into a* ~: 1 (*of people*) cacciarsi in un pasticcio; 2 (*of things*) ingarbugliarsi; *to make a* ~ *of sth.* impasticciare qcs., ingarbugliare qcs.

muddle[2] /ˈmʌdl/ **I** *v.t.* **1** pasticciare, abborracciare, raffazzonare. **2** (*to mix confusedly*) confondere, mescolare, mischiare. **3** (*to confuse*) confondere, sconcertare, disorientare: *his questions -d me* le sue domande mi confusero. **4** (*to confuse with alcohol*) stordire, intontire, annebbiare. **5** (*Am*) (*to mix a drink*) mischiare (una bibita). **II** *v.i.* agire in modo disordinato. □ *to* ~ *along* tirare avanti; *to* ~*away* sciupare, sperperare, sprecare; *to* ~ *on* tirare avanti; (*Br*) *to* ~*through* cavarsela (alla meno peggio), farcela (a mala pena); *to* ~*together* (*to mix confusedly*) confondere, mescolare, mischiare; *to* ~ *up* (*to mix confusedly*) confondere, mescolare, mischiare.

muddle-headed /ˈmʌdlˌhedɪd/ *a.* **1** (*colloq*) dalla testa di legno, dalla testa di rapa, stupido, tonto. **2** (*blundering*) confusionario, pasticcione.

muddler /ˈmʌdlə/ *n.* **1** confusionario *m.* (*f.* -a), pasticcione *m.* (*f.* -a). **2** (*Am*) (*stick*) bastoncino *m.* per mescolare bibite alcoliche.

muddy /ˈmʌdi/ **I** *a.* **1** fangoso, imbrattato di fango, sporco di fango, infangato, inzaccherato: ~ *shoes* scarpe fangose. **2** (*abounding in mud*) fangoso, melmoso, limaccioso: *a* ~ *road* una strada fangosa. **3** (*turbid*) torbido: ~ *coffee* caffè torbido. **4** (*like mud in colour*) smorto, opaco: *a* ~ *complexion* una carnagione smorta; ~ *pink* rosa tendente al beige; ~ *green* verdastro; ~ *yellow* (giallo) ocra. **5** (*dull, murky*) fosco, scuro: ~ *sky* cielo fosco. **6** (*fig*) confuso, disordinato: ~ *ideas* idee confuse. **II** *v.t.* **1** infangare, sporcare di fango. **2** (*fig*) confondere, rendere confuso. □ (*fig*) *to* ~ *the waters* causare confusione, turbare le acque.

mudflap /ˈmʌdflæp/ *n.* (*Aut*) paraspruzzi *m.*

mudflat /ˈmʌdflæt/ *n.* (*Geol*) distesa *f.* fangosa.

mudflow /ˈmʌdfloʊ/ *n.* (*Geol*) colata *f.* di fango, massa *f.* fangosa.

mudguard /ˈmʌdgɑːd *Am* ˈmʌdgɑːrd/ *n.* (*Aut*) parafango *m.*

mudlark /ˈmʌdlɑːk *Am* ˈmʌdlɑːrk/ *n.* **1** chi fruga nel fango in cerca di oggetti da vendere.

2 (*Br*) (*street urchin*) monello *m.*, ragazzo *m.* di strada. **3** (*Ornit*) allodola *f.* gazza.

mudslide /ˈmʌdslaɪd/ *n.* colata *f.* di fango.

mud-slinging /ˈmʌdslɪŋɪŋ/ *n.* diffamazione *f.*, denigrazione *f.*, pettegolezzo *m.* infamante.

muesli /ˈmjuːzli/ *n.* (*Br*) muesli *m.*, müsli *m.*

muezzin /mˈ(j)uˈezɪn/ *n.* muezzin *m.*

muff[1] /mʌf/ *n.* (*Abbigl,Mecc*) manicotto *m.*

muff[2] /mʌf/ **I** *n.* **1** atleta *m./f.* maldestro, brocco *m.* **2** (*clumsy person*) persona *f.* goffa, persona *f.* maldestra; (*bungler*) pasticcione *m.* (*f.* -a). **3** (*Sport*) presa *f.* fallita, colpo *m.* mancato. **4** (*colloq*) (*failure, bungle*) fiasco *m.*, cilecca *f.* **II** *v.t.* **1** sciupare, pasticciare, rovinare. **2** (*Sport*) (*of a catch*) mancare, fallire. **III** *v.i.* (*colloq*) pasticciare, abborracciare.

muffin /ˈmʌfɪn/ *n.* (*Am,Dolc*) muffin *m.*, focaccina *f.* di pasta lievitata. □ ~*man* venditore di muffin.

muffineer /ˌmʌfɪˈnɪə *Am* ˌmʌfɪˈnɪr/ *n.* **1** scaldavivande *m.* per focaccine. **2** (*shaker for sifting sugar on muffins*) spolverino *m.* (per focaccine).

muffle /ˈmʌfl/ **I** *v.t.* **1** (*to wrap up warmly*) imbacuccare (*in* in), infagottare, coprire bene. **2** (*to wrap so as to dull sound*) ricoprire per smorzare il suono, avvolgere per smorzare il suono. **3** (*to deaden by wrapping, padding, etc.*) smorzare, attutire, attenuare. **4** (*colloq*) (*to silence*) imbavagliare, mettere il bavaglio a: *to* ~ *the press* imbavagliare la stampa. **5** (*fig*) (*to suppress*) reprimere, domare, soffocare: *to* ~ *one's feelings* reprimere i propri sentimenti. **II** *n.* **1** (*Tecn*) (*in a furnace*) muffola *f.* **2** (*Abbigl*) muffola *f.* **3** (*Zool*) (*of ruminants, rodents*) labbro *m.* superiore e naso. **4** (*rar*) (*boxing glove*) guantone *m.* □ *to* ~ *up* (*to wrap up warmly*) imbacuccare, infagottare, coprire bene.

muffled /ˈmʌfld/ *a.* **1** avviluppato, imbacuccato, avvolto: ~ *in a heavy overcoat* avviluppato in un pesante cappotto. **2** (*wrapped to deaden sound*) ricoperto in modo da smorzare il suono, avvolto in modo da smorzare il suono. **3** (*of sound*) soffocato, smorzato, attenuato: ~ *voices* voci soffocate.

muffler /ˈmʌflə/ *n.* **1** sciarpone *m.*, sciarpa *f.* pesante. **2** (*Am,Mot*) silenziatore *m.* (da scarico), marmitta *f.* **3** (*Mus*) (*of a piano*) feltro *m.*

mufti[1] /ˈmʌfti/ *n.* (*Rel.islam*) muftì *m.*

mufti[2] /ˈmʌfti/ *n.* abito *m.* civile, abito *m.* borghese. □ *in* ~ in borghese.

Mufti /ˈmʌfti/ *n.* (*Rel.islam*) (*Grand Mufti*) gran muftì *m.*

mug[1] /mʌg/ *n.* **1** tazza *f.* col manico, tazzona *f.*, bicchiere *m.* col manico. **2** (*for beer*) boccale *m.* **3** (*sl*) (*face*) faccia *f.*, muso *m.*, grugno *m.* **4** (*sl*) (*mouth*) bocca *f.*, (*scherz,colloq*) becco *m.*: *what an ugly* ~! che brutto ceffo! **5** (*Br, colloq*) (*stupid person*) zuccone *m.* (*f.* -a), testa *f.* di legno, testa *f.* di rapa. **6** (*Br,colloq*) (*gullible person*) gonzo *m.* (*f.* -a), babbeo *m.* (*f.* -a), semplicione *m.* (*f.* -a): *it's a* ~'s *game* è tempo perso. **7** (*Am,sl*) (*thug*) criminale *m./f.*, delinquente *m./f.*, teppista *m./f.* □ (*sl*) ~*shot* fotografia segnaletica.

mug[2] /mʌg/ (*past, p.p.* **mugged** /-d/) **I** *v.i.* far smorfie, fare le boccacce. **II** *v.t.* (*sl*) **1** (*of a criminal*) fotografare. **2** (*Am*) (*to attack*) assalire, aggredire una persona per derubarla.

mug[3] /mʌg/ (*past, p.p.* **mugged** /-d/) (*colloq*) *to* ~ *up*: 1 (*used intransitively*) studiare molto, sudare sui libri, sgobbare: *to* ~ *up for an examination* sgobbare per un esame; 2 (*used transitively*) studiare, preparare.

mugful /ˈmʌgfʊl/ *n.* contenuto *m.* di un tazzone.

mugger /ˈmʌgə/ *n.* rapinatore *m.* (*f.* -trice).

mugginess /ˈmʌgɪnəs/ *n.* (*of weather*) afa *f.*, umidità *f.*

mugging /ˈmʌgɪn/ *n.* (*colloq*) aggressione *f.* a scopo di rapina.

muggins /ˈmʌgɪnz/ *n.* (*Br,colloq*) **1** semplicione *m.* (*f.* -a), babbeo *m.* (*f.* -a), (*region*) grullo *m.* (*f.* -a). **2** (*card game*) gioco di carte per bambini. **3** (*in dominoes*) muggins *m.*, sempre cinque *m.*

muggy /ˈmʌgi/ *a.* (*of weather*) umido e afoso, umido e pesante, caldo umido, soffocante.

mugwump /ˈmʌgwʌmp/ *n.* (*Am*) **1** grande capo *m.* indiano. **2** (*Pol*) repubblicano *m.* (*f.* -a) indipendente. **3** (*sl*) (*self-important person*) persona *f.* piena di sé. **4** (*sl*) (*important person*) persona *f.* importante, pezzo *m.* grosso, padreterno *m.*

Muhammad /moˈhæmɪd/ *n.pr.m.* (*Stor*) Maometto.

Muhammadan /moˈhæmɪdən/ **I** *a.* (*Rel. islam*) maomettano, musulmano. **II** *n.* (*Rel. islam*) maomettano *m.* (*f.* -a), musulmano *m.* (*f.* -a).

mulatto /mjuˈlætoʊ *Am* məˈlætoʊ/ **I** *n.* (*pl.* -**es** /-z/) mulatto *m.* (*f.* -a). **II** *a.* **1** mulatto. **2** (*of a light-brown colour*) marrone (chiaro).

mulberry /ˈmʌlbəri *Am* ˈmʌlberi/ *n.* **1** (*Bot*) moro *m.*, gelso *m.* **2** (*Bot*) (*fruit*) mora *f.* **3** (*dark purple colour*) vermiglio *m.* scuro, porpora *m.* scuro.

mulch /mʌltʃ/ **I** *n.* (*Agr*) pacciame *m.* **II** *v.t.* (*Agr*) ricoprire di pacciame, pacciamare.

mulching /ˈmʌltʃɪŋ/ *n.* (*Agr*) pacciamatura *f.*

mulct /mʌlkt/ **I** *n.* (*lett*) multa *f.*, ammenda *f.*, penale *f.* pecuniaria; (*penalty*) penalità *f.* **II** *v.t.* multare, infliggere una multa a, infliggere un'ammenda a. **2** (*sl*) (*to obtain money by fraud*) truffare denaro a, estorcere denaro a. **3** (*sl*) (*of money: to obtain by fraud*) truffare, estorcere, (*pop*) fregare.

mule[1] /mjuːl/ *n.* **1** (*Zool*) mulo *m.* (*f.* -a). **2** (*fig*) mulo *m.*, testone *m.* (*f.* -a), cocciuto *m.* (*f.* -a). **3** (*Biol*) (*hybrid*) ibrido *m.* **4** (*Tess*) filatoio *m.*, filato *m.* intermittente (per filare e torcere). □ (*Am,Zool*) ~ *deer* cervo mulo; ~ *driver* mulattiere; ~ *path* mulattiera; (*Am*) ~*skinner* mulattiere; ~ *track* mulattiera; ~ *train* carovana di muli.

mule[2] /mjuːl/ *n.* (*Calz*) pantofola *f.*, pianella *f.*, ciabatta *f.*

muleteer /ˌmjuːlɪˈtɪə *Am* ˌmjuːləˈtɪr/ *n.* mulattiere *m.* (*f.* -a).

muliebrity /ˌmjuːlɪˈebrɪti *Am* ˌmjuːlɪˈebrəti/ *n.* (*poet,lett*) **1** (*womanhood*) l'essere donna. **2** (*womanly qualities*) femminilità *f.*

mulish /ˈmjuːlɪʃ/ *a.* testardo, ostinato, caparbio, cocciuto, da mulo.

mulishness /ˈmjuːlɪʃnəs/ *n.* testardaggine *f.*, ostinazione *f.*

mull[1] /mʌl/ *v.t.* **1** (*Br,colloq*) pasticciare, sciupare, abborracciare. **2** (*to grind, to pulverize*) macinare, polverizzare. □ *to* ~ *over* (*to ponder*) rimuginare, ruminare: *to* ~ *over an idea* rimuginare un'idea.

mull[2] /mʌl/ *v.t.* (*of wine, beer*) scaldare e aromatizzare.

mull[3] /mʌl/ *n.* (*Tess*) tipo *m.* di mussola leggera.

mulled /mʌld/ □ ~*wine* vin brulé.

mullein /ˈmʌlɪn/ *n.* (*Bot*) verbasco *m.*, tassobarbasso *m.* □ (*Bot*) ~*pink* coronaria.

muller /ˈmʌlə/ *n.* **1** (*kind of pestle*) tipo *m.* di pestello piatto. **2** (*Tecn*) mescolatore *m.* a molazza, molazza *f.*

mullet /ˈmʌlɪt/ *n.* (*pl.inv.* o **-s** /-s/; *il pl. inv. si usa general. con valore collett.*) *n.* (*Itt*) **1** muggine *m.* **2** (*red mullet*) triglia *f.*

mulligan /ˈmʌlɪgən/ □ (*Am,Gastron*) ~*stew*

stufato fatto con gli avanzi.

mulligatawny /ˌmʌlɪgə'tɔːni/ n. (Gastron) zuppa f. al curry.

mulligrubs /'mʌlɪgrʌbz/ n.pl. (costr.sing. o pl.) (Am) umore m.sing. nero, malumore m.sing., luna f.sing.

mullion /'mʌljən/ n. (Arch) montante m. (in legno o muratura), colonnina f. divisoria.

mullock /'mʌlək/ n. (Aus,NZ) 1 (nonsense) sciocchezze f.pl., stupidaggini m.pl. 2 (rock which contains no gold) roccia f. sterile.

multangular /mʌlt'æŋgjʊləʳ/ a. (Geom) pluriangolare.

multi-access /ˌmʌlti'ækses Am ˌmʌlti'ækses/ a. (Inform) ad accesso multiplo.

multiblade /'mʌlti,bleɪd Am 'mʌlti,bleɪd/ a. (Mecc) multilama.

multibrand /'mʌlti,brænd Am 'mʌlti,brænd/ □ (Comm) ~ strategy strategia multimarca.

multicast /'mʌlti,kɑːst Am 'mʌlti,kæst/ v.t. (Inform) trasmettere in multicasting.

multicasting /ˌmʌlti'kæstɪŋ Am ˌmʌlti 'kæstɪŋ/ v.t. (Inform) multicasting m.

multicellular /ˌmʌlti'seljʊləʳ Am ˌmʌlti 'seljʊləʳ/ a. (Biol) multicellulare.

multichannel /ˌmʌlti'tʃænəl Am ˌmʌlti 'tʃænəl/ a. (TV) multicanali, pluricanale.

multicoloured /'mʌlti,kʌləd Am 'mʌlti ,kʌləʳd/ a. multicolore, a più colori, policromo.

multicomponent /ˌmʌltikəm'pəʊnənt Am ˌmʌltikəm'pəʊnənt/ a. a più componenti.

multicultural /ˌmʌlti'kʌltʃərəl Am ˌmʌlti 'kʌltʃərəl/ a. multiculturale.

multiculturalism /ˌmʌlti'kʌltʃərəlɪzəm Am ˌmʌlti'kʌltʃərəlɪzəm/ n. multiculturalismo m.

multidimensional /ˌmʌltid(a)ɪ'menʃənəl Am ˌmʌltid(a)ɪ'menʃənəl/ a. multidimensionale, pluridimensionale.

multidimensionality /ˌmʌltid(a)ɪˌmenʃən 'æləti Am ˌmʌltid(a)ɪˌmenʃən'æləti/ n. multidimensionalità f., pluridimensionalità f.

multidisciplinary /ˌmʌltidɪsə'plɪnəri Am ˌmʌltidɪsə'plɪnəri/ a. (Scol) multidisciplinare, pluridisciplinare.

multi-ethnic /ˌmʌlti'eθnɪk Am ˌmʌlti'eθnɪk/ a. multietnico.

multifaceted /ˌmʌlti'feɪsɪtɪd Am ˌmʌlti 'feɪsɪtɪd/ a. sfaccettato.

multifactorial /ˌmʌltifæk'tɔːrɪəl Am ˌmʌltifæk'tɔːrɪəl/ a. multifattoriale.

multifamily /ˌmʌlti'fæmɪli Am ˌmʌlti'fæmɪli/ a. per più famiglie, plurifamiliare: ~ house casa plurifamiliare.

multifarious /ˌmʌltɪ'feərɪəs Am ˌmʌltə'ferɪəs/ a. 1 molteplice, vario. 2 (diverse) svariato, vario.

multifariousness /ˌmʌltɪ'feərɪəsnəs Am ˌmʌltə'ferɪəsnəs/ n. molteplicità f., varietà f.

multifid /'mʌltifɪd Am 'mʌltifɪd/ a. (Bot,Zool) multifido.

multifocal /ˌmʌlti'fəʊkəl Am ˌmʌlti'fəʊkəl/ I a. (Ott) varifocale, multifocali. II n. (Ott) lente f. varifocale, lente f. multifocale.

multiform /'mʌltifɔːm Am 'mʌltifɔːrm/ a. multiforme, poliedrico.

multiformity /ˌmʌlti'fɔːməti Am ˌmʌlti 'fɔːrməti/ n. l'essere multiforme, poliedricità f., multiformità f.

multifunction /ˌmʌlti'fʌn(k)ʃən Am ˌmʌlti 'fʌn(k)ʃən/ a. (Inform) multifunzione, multifunzionale: ~ board scheda multifunzione.

multigenerational /ˌmʌlti,dʒenə'reɪʃənəl Am ˌmʌlti,dʒenə'reɪʃənəl/ a. multigenerazionale.

multigravida /ˌmʌlti'grævɪdə Am ˌmʌlti 'grævɪdə/ n. (Med,Zool) multigravida f.

multi-head /'mʌlti,hed Am 'mʌlti,hed/ a. (Mecc) a testa multipla.

multilateral /ˌmʌlti'lætərəl Am ˌmʌlti'lætərəl/ a. multilaterale: ~ treaty trattato multilaterale; ~ disarmament disarmo multilaterale.

multilateralism /ˌmʌlti'lætərəlɪzəm Am ˌmʌlti'lætərəlɪzəm/ n. multilateralità f., multilateralismo m.

multilaterally /ˌmʌlti'lætərəli Am ˌmʌlti 'lætərəli/ avv. in modo multilaterale.

multilevel /ˌmʌlti'levl Am ˌmʌlti'levl/ a. a più livelli, multilivello, multipiano. □ (Inform) ~ address indirizzo a più livelli.

multilinear /ˌmʌlti'lɪnɪəʳ Am ˌmʌlti'lɪnɪəʳ/ a. multilineare.

multilingual /ˌmʌlti'lɪŋgwəl Am ˌmʌlti 'lɪŋgwəl/ I a. 1 plurilingue, multilingue. 2 (of a person) multilingue, poliglotta. II n. poliglotta m./f.

multilingualism /ˌmʌlti'lɪŋgwəlɪzəm Am ˌmʌlti'lɪŋgwəlɪzəm/ n. plurilinguismo m., multilinguismo m.

multimedia /ˌmʌlti'miːdɪə Am ˌmʌlti'miːdɪə/ I a. multimediale, multimedia: ~ display esposizione multimedia. II n. multimedia m.

multimillionaire /ˌmʌlti,mɪljə'neəʳ Am ˌmʌlti ,mɪljə'nerʳ/ n. multimilionario m. (f. -a), plurimilionario m. (f. -a).

multimodal /ˌmʌlti'məʊdəl Am ˌmʌlti'məʊdəl/ a. multimodale: ~ transport trasporto multimodale.

multinational /ˌmʌlti'næʃənəl Am ˌmʌlti 'næʃənəl/ I a. multinazionale (anche Econ): ~ project progetto multinazionale; ~ peace-keeping force forza di pace multinazionale. II n. (multinational corporation) multinazionale f., società f. multinazionale.

multinomial /ˌmʌlti'nəʊmɪəl Am ˌmʌlti 'nəʊmɪəl/ I a. (Mat) polinomiale. II n. (Mat) polinomio m.

multipack /'mʌlti,pæk Am 'mʌlti,pæk/ a. in confezione multipla.

multipara /mʌl'tɪpərə/ n. (Med,Zool) multipara f.

multiparous /mʌl'tɪpərəs/ a. (Biol) multipara, pluripara. □ ~ birth parto plurigemino.

multipartite /ˌmʌlti'pɑːtaɪt Am ˌmʌlti 'pɑːrtaɪt/ a. 1 con molte parti, con molte divisioni. 2 (of a virus) multipartito.

multiparty /ˌmʌlti'pɑːti Am ˌmʌlti'pɑːrti/ a. (Pol) pluripartitico.

multiple /'mʌltɪpl Am 'mʌltɪpl/ I a. 1 multiplo, plurimo, molteplice. 2 (complex, various) complesso, multiforme, vario. 3 (El) (of a circuit) multiplo; (of circuits: arranged in parallel) collegati in parallelo. 4 (Bot,Mat) multiplo m. (of di). II n. (Mat,El) multiplo m. □ ~ birth parto (pluri)gemellare; ~ entry visa visto (di ingresso) multiplo; (Biol) ~ fission (of a cell) scissione multipla; (Med) ~ fractures fratture multiple; (Bot) ~ fruit frutto multiplo; ~ ownership multiproprietà; (Psic) ~ personality personalità multipla; (Med) ~ recipients destinatari multipli; (Med) ~ sclerosis sclerosi a placche, sclerosi multipla; ~ shop negozio a catena; (Astr) ~ star stella multipla; (Ferr) ~ unit multiplo.

multiple-choice /ˌmʌltɪpl'tʃɔɪs Am ˌmʌltɪpl 'tʃɔɪs/ a. a scelte multiple. □ (Pedag) ~ test test a scelte multiple.

multiple-user /ˌmʌltɪpl'juːzəʳ Am ˌmʌltɪpl 'juːzəʳ/ □ (Inform) ~ system sistema multiutente.

multiple-warhead /ˌmʌltɪpl'wɔːhed Am ˌmʌltɪpl'wɔːrhed/ □ (Mil) ~ missile missile a testata multipla.

multiplex /'mʌltɪpleks Am 'mʌltɪpleks/ I a. 1 multiplo, molteplice, plurimo. 2 (Tel) multiplo: ~ telegraphy telegrafia multipla. 3 (Cin) multisala. II n. 1 (Tel) multiplex m., sistema m. multiplex. 2 (Cin) cinema m. multisala. III

v.t. (Tel) trasmettere contemporaneamente sullo stesso circuito. IV v.i. (Tel) trasmettere segnali contemporaneamente sullo stesso circuito.

multiplexer /'mʌltɪpleksəʳ Am 'mʌltɪpleksəʳ/ n. (Tel) multiplessatore m., multiplexer m.

multiplexing /'mʌltɪpleksɪŋ Am 'mʌltɪ pleksɪŋ/ n. multiplessazione f.

multipliable /'mʌltɪ,plaɪəbl/ a. moltiplicabile (by per).

multiplicable /'mʌltɪ,plɪkəbl/ a. moltiplicabile (by per).

multiplicand /ˌmʌltɪplɪ'kænd Am ˌmʌltəplɪ 'kænd/ n. (Mat) moltiplicando m.

multiplication /ˌmʌltɪplɪ'keɪʃən Am ˌmʌltəplɪ 'keɪʃən/ n. moltiplicazione f. (anche Mat). □ (Bibl) the ~ of the loaves and the fishes la moltiplicazione dei pani e dei pesci; (Mat) ~ sign segno di moltiplicazione; (Mat) ~ table tavola pitagorica.

multiplicative /ˌmʌltɪ'plɪkətɪv Am ˌmʌlti 'plɪkətɪv/ a. moltiplicativo (anche Mat).

multiplicity /ˌmʌltɪ'plɪsəti Am ˌmʌlti'plɪsəti/ n. 1 moltitudine f., (grande) quantità f., gran numero m. 2 (multifariousness) molteplicità f., varietà f. (of di).

multiplier /'mʌltɪplaɪəʳ Am 'mʌltəplaɪəʳ/ n. 1 chi moltiplica. 2 (Mat,Mecc,Econ) moltiplicatore m. □ ~ effect effetto moltiplicatore.

multiply[1] /'mʌltɪplaɪ Am 'mʌltəplaɪ/ I v.t. moltiplicare: to ~ 9 by 6 moltiplicare 9 per 6. II v.i. 1 moltiplicarsi, aumentare (sempre più). 2 (to breed) moltiplicarsi, riprodursi.

multiply[2] /'mʌltɪplaɪ Am 'mʌltəplaɪ/ □ ~ handicapped portatore di diversi handicap.

multiplying /'mʌltɪplaɪɪŋ Am 'mʌltəplaɪɪŋ/ □ ~ farm azienda di riproduzione; (Inform) ~ punch perforatrice duplicatrice.

multiprocessing /ˌmʌlti'prəʊsesɪŋ Am ˌmʌlti'prɑːsesɪŋ/ n. (Inform) multielaborazione f., multiprogrammazione f.

multiprocessor /ˌmʌlti'prəʊsesəʳ Am ˌmʌlti 'prɑːsesəʳ/ n. (Inform) multiprocessore m.

multi-purpose /ˌmʌlti'pɜːpəs Am ˌmʌlti 'pɜːrpəs/ a. pluriuso, polivalente, multiuso. □ ~ room sala polivalente; ~ scissors forbici universali; (Aut) ~ vehicle veicolo multifunzionale, monovolume, MPV.

multiracial /ˌmʌlti'reɪʃəl Am ˌmʌlti'reɪʃəl/ a. multirazziale.

multirole /'mʌltɪrəʊl Am 'mʌltɪrəʊl/ a. polivalente.

multiscreen /ˌmʌlti'skriːn Am ˌmʌlti'skriːn/ a. (Cin) multischermo.

multiseat /ˌmʌlti,siːt Am 'mʌlti,siːt/ a. (Aer) pluriposto.

multisession /ˌmʌlti'seʃən Am ˌmʌlti'seʃən/ a. (Inform) multisessione f.

multistage /ˌmʌlti,steɪdʒ Am 'mʌlti,steɪdʒ/ a. 1 graduale, per gradi. 2 (Aer.mil,Astron) polistadio, pluristadio, a più stadi.

multistorey, **multistory** /ˌmʌlti'stɔːri Am ˌmʌlti'stɔːri/ I a. a più piani, a vari piani, di molti piani. II n. (Br) parcheggio m. a più piani, silo m.

multitape /ˌmʌlti,teɪp Am 'mʌlti,teɪp/ a. (Inform) a bande multiple.

multitasking /ˌmʌlti'tɑːskɪŋ Am 'mʌlti ,tæskɪŋ/ n. (Inform) multitasking m., multiprogrammazione f.

multithreading /'mʌlti,θredɪŋ Am 'mʌlti ,θredɪŋ/ n. (Inform) multithreading m.

multitude /'mʌltɪtjuːd Am 'mʌltətuːd/ n. 1 moltitudine f., (gran) quantità f., gran numero m. 2 (great crowd, throng) moltitudine f., folla f., schiera f., stuolo m. 3 (common people, masses) popolo m., masse f.pl.

multitudinous /ˌmʌltɪ'tjuːdɪnəs Am ˌmʌltə 'tuːdɪnəs/ a. 1 numerosissimo, innumerevole, infinito. **2** (*consisting of many elements*) molteplice, plurimo.

multitudinousness /ˌmʌltɪ'tjuːdɪnəsnəs Am ˌmʌltə'tuːdɪnəsnəs/ *n.* estrema numerosità *f.*, l'essere innumerevole.

multiuser /ˌmʌltɪ'juːzə^r Am ˌmʌlti'juːzə^r/ *a.* multiutente: ~ *system* sistema multiutente.

multivalence /ˌmʌltɪ'veɪləns Am ˌmʌlti 'veɪləns/ *n.* (*Chim*) polivalenza *f.*

multivalent /ˌmʌltɪ'veɪlənt Am ˌmʌlti'veɪlənt/ *a.* (*Chim,Med*) polivalente, multivalente.

multivariate /ˌmʌlti'veriət Am ˌmʌlti'veriət/ *a.* (*Statist*) multivariato.

multivitamin /ˌmʌlti'vɪtəmɪn Am ˌmʌlti 'vaɪtəmɪn/ *a.* polivitaminico.

multiwall /'mʌlti,wɔːl Am 'mʌlti,wɔːl/ *a.* (*Tecn*) a pareti multiple.

multure /'mʌltʃə^r/ *n.* (*Scott*) imposta *f.* sul macinato, tassa *f.* sul macinato.

mum[1] /mʌm/ *n.* (*Br,colloq*) madre *f.*, mamma *f.*, mà *f.*

mum[2] /mʌm/ **I** *a.* (*colloq*) zitto. **II** *intz.* (*colloq*) silenzio!, zitto! □ (*colloq*) ~ *'s the word!* zitto e mosca!, acqua in bocca! resti fra noi!

mum[3] /mʌm/ *n.* (*past, p.p.* **mummed** /-d/) *v.i.* **1** (*to act in mask*) recitare in maschera. **2** (*to act as a mummer*) fare il mimo. **3** (*to go merrymaking in disguise*) andare in giro in maschera (a fare baldoria).

mum[4] /mʌm/ *n.* (*colloq*) (*chrysanthemum*) crisantemo *m.*

mum[5] /mʌm/ *n.* (*Br*) (*beer*) birra *f.* di malto (ad alta gradazione).

mumble /'mʌmbl/ **I** *v.i.* borbottare, bofonchiare, cianciare, masticare le parole. **II** *v.t.* **1** borbottare, biascicare, mormorare confusamente, bisbigliare confusamente: *to ~ one's thanks* borbottare un grazie. **2** (*to chew with toothless gums*) biascicare. **III** *n.* borbottio *m.*, mormorio *m.* confuso.

mumbo-jumbo /ˌmʌmbou'dʒʌmbou/ (*pl.* -**s** /-z/) *n.* **1** cerimoniale *m.* elaborato. **2** (*object of superstitious reverence*) feticcio *m.*, idolo *m.* **3** (*gibberish*) gergo *m.* incomprensibile, linguaggio *m.* incomprensibile.

mummer /'mʌmə^r/ *n.* **1** chi va in giro in maschera (a fare baldoria). **2** (*pantomimist*) pantomimo *m.*, mimo *m.* **3** (*scherz*) (*actor*) attore *m.* (*f.* -trice).

mummery /'mʌm^əri/ *n.* **1** pantomima *f.* **2** (*fig*) mascherata *f.*, ridicola messinscena *f.*

mummification /ˌmʌmɪfɪ'keɪʃ^ən/ *n.* **1** mummificazione *f.* **2** (*Med*) mummificazione *f.*, cancrena *f.* secca.

mummify /'mʌmɪfaɪ/ **I** *v.t.* **1** mummificare. **2** (*fig*) far diventare una mummia, far incartapecorire. **II** *v.i.* mummificarsi, incartapecorirsi.

mummy[1] /'mʌmi/ *n.* (*Br,infant*) mamma *f.*, mammina *f.*

mummy[2] /'mʌmi/ *n.* mummia *f.* (*anche Bot*). □ ~ *case* sarcofago.

mumps[1] /mʌmps/ *n.pl.* (*costr.sing.*) (*Med*) parotite *f.sing.* (epidemica), (*colloq*) orecchioni *m.pl.*

mumps[2] /mʌmps/ *n.pl.* (*colloq*) malumore *m.sing.*, umore *m.sing.* nero, luna *f.sing.* □ (*colloq*) *to have the* ~ avere la luna (di traverso).

munch /mʌnʃ/ **I** *v.t.* masticare rumorosamente, sgranocchiare. **II** *v.i.* mangiare rumorosamente.

munchies /'mʌnʃiz/ *n.pl.* (*Am,sl*) **1** stuzzichini *m.pl.*, spuntini *m.pl.*, snack *m.sing.* **2** (*appetite*) appetito *m.sing.*, languorino *m.sing.* (*spec.* provocato da droga): *to have the* ~ avere un languorino.

munchkin /'mʌnʃkɪn/ *n.* nanerottolo *m.* (*f.* -a).

mundane /mʌn'deɪn, 'mʌndeɪn/ *a.* **1** del mondo, terreno, terrestre. **2** (*worldly, earthly*) mondano, terreno. **3** (*lacking interest or excitement*) ordinario, banale.

mundanity /mən'dænəti Am mən'deɪnəti/ *n.* mondanità *f.*

mungo /'mʌngou/ *n.* (*inferior wool*) lana *f.* a fibra corta, lana *f.* rigenerata.

Munich /'mjuːnɪk/ *n.pr.* (*Geog*) Monaco *f.* (di Baviera).

municipal /mjuː'nɪsɪp^əl/ *a.* **1** municipale, comunale. **2** (*Pol*) interno, nazionale. □ (*Am*) ~ *bond* obbligazione municipale; ~ *corporation*: 1 comune; 2 (*local corporation*) ente locale; ~ *council* consiglio municipale, giunta comunale, giunta municipale; ~ *court*: 1 (*community of a town*) municipalità; 2 (*governing body*) giunta comunale; ~ *engineer* ingegnere civile; (*Dir*) ~ *law* ordinamento giuridico interno di uno stato.

municipalism /mjuː'nɪsɪp^əlɪz^əm/ *n.* **1** sistema *m.* municipalistico. **2** (*advocacy*) municipalismo *m.*

municipality /mjuːˌnɪsɪ'pæləti Am mjuːˌnɪsɪ 'pæləti/ *n.* **1** municipio *m.*, comune *m.* **2** (*governing body*) municipio *m.*, amministrazione *f.* comunale, municipalità *f.*

municipalization /mjuːˌnɪsɪp^əl(aɪ)'zeɪʃ^ən Am mjuːˌnɪsəp^əl'zeɪʃ^ən/ *n.* municipalizzazione *f.*

municipalize /mjuː'nɪsɪp^əlaɪz/ *v.t.* municipalizzare.

munificence /mjuː'nɪfɪs^əns/ *n.* munificenza *f.*, generosità *f.*

munificent /mjuː'nɪfɪs^ənt/ *a.* **1** munifico, liberale, largo, generoso. **2** (*characterized by generosity*) munifico, generoso: *a ~ gift* un dono munifico.

muniment /'mjuːnɪmənt/ *n.pl.* **1** (*Dir*) documenti *m.pl.* probatori; (*burocr*) pezze *f.pl.* d'appoggio. **2** (*archives*) archivi *m.pl.* □ ~ *room* archivio.

munition /mjuː'nɪʃ^ən/ **I** *n.pl.* (*Mil*) materiale *m.sing.* bellico, munizioni *f.pl.* **II** *v.t.* (*Mil*) fornire di munizioni, fornire materiale bellico. □ ~ *factory* fabbrica di munizioni.

munitioner /mjuː'nɪʃ^ənə^r/ *n.* chi fabbrica munizioni.

munnion /'mʌnjən/ *n.* (*Arch*) montante *m.* (in legno o muratura), colonnina *f.* divisoria.

muon /'mjuːɒn Am 'mjuːɑːn/ *n.* (*Fis*) muone *m.*

muraena /mjuː'riːnə/ *n.* (*Itt*) murena *f.*

mural /'mjuər^əl Am 'mjur^əl/ *a.* murale. **II** *n.* (*Pitt*) pittura *f.* murale, dipinto *m.* murale, murale *m.*; (*in cave*) pittura *f.* rupestre.

muralism /'mjuər^əlɪz^əm Am 'mjur^əlɪz^əm/ *n.* (*Pitt*) arte *f.* murale.

muralist /'mjuər^əlɪst Am 'mjur^əlɪst/ *n.* (*Pitt*) pittore *m.* murale.

murder /'mɜːdə^r Am 'mɜːrdə^r/ **I** *a.* di omicidio, di delitto, omicida. **II** *n.* **1** omicidio *m.*, assassinio *m.*: *to commit* ~ commettere omicidio. **2** (*unjustifiable sacrifice of life*) strage *f.*, massacro *m.*, carneficina *f.* **3** (*colloq*) (*sth. very hard or unpleasant*) massacro *m.*, (*scherz*) macello *m.* **4** (*colloq*) (*hell*) inferno *m.*: *it's ~ in town today!* oggi in città è un inferno. **III** *v.t.* **1** assassinare, uccidere. **2** (*to kill brutally*) trucidare, massacrare. **3** (*colloq*) (*to spoil by lack of skill*) massacrare, assassinare, maltrattare, storpiare, straziare: *to ~ a language* maltrattare una lingua. **4** (*to win*) sconfiggere, stravincere: *the other team -ed us* l'altra squadra ci ha stracciati. □ ~ *attempt* tentato omicidio; ~ *case*: 1 (*for the police*) caso di omicidio; 2 (*Dir*) processo per omicidio; *to stand on* ~ *charges* essere processato per omicidio; ~ *hunt* caccia all'assassino; (*Am,Dir*) ~ *in the first degree* omicidio di primo grado; ~ *mys-*

tery giallo, poliziesco; *to be ~ on nerves* logorare i nervi; (*Am,colloq*) ~ *one* omicidio di primo grado; ~ *story* giallo, poliziesco; ~ *weapon* arma del delitto; (*colloq*) *he can get away with* ~ se la cava sempre. *Prov.*: ~ *will out* tutti i nodi vengono al pettine.

murderer /'mɜːd^ərə^r Am 'mɜːrdərə^r/ *n.* **1** (*Dir*) omicida *m.* **2** (*killer*) assassino *m.*

murderess /'mɜːd^ərəs Am 'mɜːrdərəs/ *n.* **1** (*Dir*) omicida *f.* **2** (*killer*) assassina *f.*

murderous /'mɜːd^ərəs Am 'mɜːrd^ərəs/ *a.* **1** omicida, assassino, criminale: *a ~ act* un gesto omicida. **2** (*causing murder*) mortale, micidiale. **3** (*causing bloodshed*) sanguinario. **4** (*Am,fig*) micidiale, terribile, orribile, massacrante.

murderously /'mɜːd^ərəsli Am 'mɜːrd^ərəsli/ *avv.* con intenzione omicida.

mure /'mjuə^r Am 'mjur/ *v.t.* (*rar*) murare, immurare.

murex /'mjureks/ (*pl.* -**es** /-ɪz/ o **murices** /'mjurɪsɪz/) *n.* (*Zool*) murice *m.*

muriate /'mjuəriət Am 'mjuriət/ *n.* (*Chim*) cloruro *m.*; (*potassium chloride*) cloruro *m.* di potassio.

muriatic /ˌmjuəri'ætɪk Am ˌmjuri'ætɪk/ □ (*Chim,ant*) ~ *acid* acido muriatico.

murk /mɜːk Am mɜːrk/ *n.* **1** oscurità *f.*, buio *m.*, tenebre *f.pl.* **2** (*of water*) torbidezza *f.* **3** (*of sound*) profondità *f.*

murkiness /'mɜːkɪnəs Am 'mɜːrkɪnəs/ *n.* oscurità *f.*

murky /'mɜːki Am 'mɜːrki/ *a.* **1** oscuro, buio, tenebroso: *a ~ room* una stanza buia. **2** (*misty*) nebuloso, caliginoso. **3** (*dark*) fosco, scuro. **4** (*fig*) oscuro, confuso, nebuloso. **5** (*colloq*) (*shameful*) vergognoso.

murmur /'mɜːmə^r Am 'mɜːrmə^r/ **I** *n.* **1** rumore (*of* di), mormorio *m.*, sussurro *m.*, brusio *m.* **2** (*mumbled complaint*) borbottio *m.*, brontolio *m.* **II** *v.i.* **1** mormorare, sussurrare, brusire. **2** (*to grumble*) brontolare, lagnarsi, mormorare, borbottare. **III** *v.t.* mormorare, bisbigliare, sussurrare. □ ~ *s of discontent* brontolamenti di malcontento; *to accept a rebuke without a* ~ accettare un rimprovero senza fiatare.

murmurer /'mɜːmərə^r Am 'mɜːrmərə^r/ *n.* mormoratore *m.* (*f.* -trice).

murmuring /'mɜːmərɪŋ Am 'mɜːrmərɪŋ/ **I** *n.* mormorio *m.* **II** *a.* che mormora, che bisbiglia, mormorante.

murmurous /'mɜːmərəs Am 'mɜːrmərəs/ *a.* **1** pieno di mormorii, pieno di bisbigli. **2** (*low, indistinct*) sussurrato, bisbigliato.

murphy /'mɜːrfi/ *n.* (*Am,sl*) patata *f.* □ (*Arred*) ~ *bed* letto a scomparsa.

Murphy /'mɜːfi Am 'mɜːrfi/ □ ~ *'s law* legge di Murphy (secondo cui, se è possibile che qualcosa vada storto, andrà sicuramente storto).

murrain /'mʌrɪn Am 'mɜːrɪn/ *n.* **1** (*Veter*) moria *f.* del bestiame. **2** (*Agr*) moria *f.* **3** (*rar*) (*plague*) peste *f.*, pestilenza *f.*

murrhine /'mʌrɪn/ *a.* murrino, di murra.

mus. **1** *museum* (museo). **2** *music* mus. (musica). **3** *musical* mus. (musicale).

Mus.B., **Mus.Bac.** *Bachelor of Music* laureato (di primo livello) in musica.

muscadel, **muscadelle** /ˌmʌskə'del/ *n.* (*Enol*) moscatello *m.*, moscato *m.*

muscadine /'mʌskədaɪn/ *n.* **1** (*Bot*) specie *f.* di vite. **2** (*Enol*) moscatello *m.*, moscato *m.* □ ~ *grape*: 1 (*Bot*) specie di vite; 2 (*Enol*) moscatello, moscato.

muscardine /mʌ'skɑːdiːn Am mʌ'skɑːrdiːn/ *n.* moscardina *f.*, calcino *m.*

muscarine /'mʌskəriːn/ *n.* (*Chim*) muscarina *f.*

muscat /'mʌskət, 'mʌskæt/ n. **1** (Enol) moscatello m., moscato m. **2** (grape) vitigno m. moscatello. **3** (raisin) uva f. moscata.

muscatel /ˌmʌskə'tel/ n. **1** (Enol) moscatello m., moscato m. **2** (grape) vitigno m. moscatello. **3** (raisin) uva f. moscata.

muscle /'mʌsl/ **I** n. **1** (Anat,Macell) muscolo m. **2** (fig) muscoli m.pl., forza f., vigoria f. **3** (clout) potenza f., potere m.: financial ~ potenza finanziaria. **II** v.i. (Am,colloq) farsi strada, imporsi con la forza, farsi largo con la forza. □ ~ beach spiaggia di culturisti; (Am,colloq) to ~ in: **1** penetrare con la forza (on in), aprirsi un varco con la forza (on in); **2** (to poach on so.'s preserves) invadere, intromettersi (on in), immischiarsi (on in); ~s of steel muscoli di acciaio; (Am) to ~ out cacciare via, espellere in malo modo: to ~ out the competition cacciare via la concorrenza; (Psic,Fisiol) ~ sense senso cinestesico, cinestesi; (Med) ~ strain strappo muscolare; (colloq) to ~ one's way through a crowd farsi largo a spintoni tra la folla, farsi largo a gomitate tra la folla.

muscle-bound /'mʌslˌbaʊnd/ a. dai muscoli legati per lo sforzo, dai muscoli irrigiditi per lo sforzo.

muscleman /'mʌslˌmæn/ n.irr. **1** (colloq) (well-built man) giovane m. atletico, fusto m. **2** (colloq) (strong man) uomo m. forte, ercole m., (scherz) maciste m. **3** (sl) (man hired by a gangster) gorilla m.

muscologist /mʌs'kɒlədʒɪst Am mʌs'kɑːlədʒɪst/ n. briologo m.

muscology /mʌs'kɒlədʒi Am mʌs'kɑːlədʒi/ n. briologia f.

muscovado /ˌmʌskə'vɑːdoʊ/ (pl. -s /-z/) n. (raw sugar) mascavato m.

muscovite /'mʌskəvaɪt/ n. (Min) muscovite f.

Muscovite /'mʌskəvaɪt/ **I** n. **1** moscovita m./f. **2** (estens) (Russian) russo m. (f. -a). **3** (Stor) abitante m./f. della Moscovia. **4** (Min) muscovite f. **II** a. **1** moscovita. **2** (estens) (Russian) russo.

Muscovy /'mʌskəvi/ n.pr. **1** (Stor) Moscovia f. **2** (estens) (Moscow) Mosca f.; (Russia) Russia f. □ (Ornit) ~ duck anatra muta, anatra muschiata.

muscular /'mʌskjʊlər/ a. **1** muscolare (anche Med); ~ strength forza muscolare. **2** (brawny) muscoloso, nerboruto. **3** (fig) vigoroso, robusto, gagliardo. □ (Med) ~ atrophy atrofia muscolare; (Med) ~ dystrophy distrofia muscolare; (Med) ~ rheumatism reumatismo muscolare.

muscularity /ˌmʌskjʊ'lærəti Am ˌmʌskjʊ'lerəti/ n. **1** muscolosità f. **2** (brawniness, vigour) muscolosità f., robustezza f., forza f.

musculature /'mʌskjʊlətʃər/ n. muscolatura f., muscoli m.pl.

musculoskeletal /ˌmʌskjʊloʊ'skelɪtəl Am ˌmʌskjʊloʊ'skelɪtəl/ a. (Anat) musculoscheletrico: ~ disorders disturbi muscoloscheletrici.

MusD (Univ) Doctor of Music (dottore in musica, in possesso di PhD).

muse /mjuːz/ v.i. **1** meditare, riflettere (on, over, about su). **2** (aloud) riflettere, pensare ad alta voce. **3** (to gaze reflectively) contemplare.

Muse /mjuːz/ n. **1** (Mitol) musa f. **2** (fig) musa f., ispirazione f. poetica. **3** (fig) (one who inspires) musa f., ispiratrice f.

musette /mju'zet/ n. (Mus) musette f. □ (Am) ~ bag zainetto.

museum /mju'ziəm/ n. museo m.: natural history ~ museo di storia naturale. □ ~ piece: **1** oggetto da museo, pezzo da museo;

2 (fig,scherz) pezzo da museo.

mush¹ /mʌʃ/ n. **1** poltiglia f., pappa f., pappetta f.: boiled to a ~ ridotto in poltiglia. **2** (Am,Gastron) specie f. di farinata, specie f. di porridge. **3** (colloq) (mawkish sentimentality) svenevolezza f., sdolcinatezza f., sentimentalismo m. **4** (Rad) interferenza f. **5** (Br, colloq) (face) faccia f.; (mouth) bocca f.

mush² /mʌʃ/ **I** v.i. (Am) viaggiare su una slitta (trainata da cani). **II** intz. (Am) (cry) dai!, via! **III** n. (Am) viaggio m. su una slitta (trainata da cani).

musher /'mʌʃər/ n. (Am) conduttore m. (f. -trice) di slitta (trainata da cani).

mushroom /'mʌʃruːm Am 'mʌʃrʊm/ **I** n. fungo m. (anche fig). **II** a. **1** di funghi, con funghi, ai funghi. **2** (mushroom-shaped) fungoso, a (forma di) fungo. **III** v.i. **1** raccogliere funghi, andare per funghi: to go -ing andare a funghi. **2** (fig) (to take the shape of a mushroom) prendere forma di fungo. **3** (fig) (to spread quickly) espandersi rapidamente. **4** (fig) (to spring up rapidly) venire su rapidamente, venire su in fretta, spuntare come i funghi. □ ~ cloud fungo atomico; (fig) ~ growth sviluppo rapido; (Med) ~ poisoning avvelenamento da funghi; to ~ up (to spring up rapidly) venir su rapidamente, venire su in fretta, spuntare come i funghi.

mushy /'mʌʃi/ a. **1** pastoso, morbido, molle. **2** (colloq) (mawkish) sdolcinato, svenevole: to go (all) ~ fare il sentimentale (over, about su).

music /'mjuːzɪk/ n. **1** musica f.: to set a poem to ~ mettere una poesia in musica, musicare una poesia; a piece of ~ un brano musicale, un componimento musicale; to make ~ (o to play ~) fare (della) musica, suonare. **2** (fig) musica f., melodia f.: her words were ~ to my ears le sue parole erano (una) musica per le mie orecchie. □ ~ box carillon; (Br) ~ centre impianto stereo; (Univ) ~ college conservatorio; (Mus) ~ drama dramma musicale, melodramma; ~ hall music-hall; ~ hater melofobo; ~ lover amante della musica, appassionato di musica; (Filos) the ~ of the spheres l'armonia celeste, l'armonia delle sfere; ~ room sala da musica; ~ stand leggio; ~ stool sgabello per pianoforte, sgabello del pianoforte; ~ teacher insegnante di musica; ~ while you work musica sul lavoro.

musical /'mjuːzɪkəl/ **I** a. **1** musicale: ~ instruments strumenti musicali. **2** (fig) musicale, melodioso, armonioso: a ~ voice una voce musicale. **3** (fond of or skilled in music) musicale, che ha inclinazione per la musica, amante della musica. **II** n. **1** film m. musicale, commedia f. musicale. **2** (genre) musical m. □ ~ box carillon; ~ chairs (costr.sing.) sedie musicali, gioco delle sedie; (Orol) ~ clock carillon; ~ comedy: **1** (Cin,TV) film musicale, commedia musicale; **2** (Cin,TV,Teat) (genre) musical; ~ director direttore musicale; ~ evening serata musicale; ~ glasses (glass harmonica) armonica a calici; ~ instrument strumento musicale; ~ play: **1** (Cin,TV) film musicale, commedia musicale; **2** (Cin,TV, Teat) (genre) musical; ~ score spartito.

musicale /ˌmjuːzɪ'kæl Br also ˌmjuːzɪ'kɑːl/ n. serata f. musicale.

musicality /ˌmjuːzɪ'kæləti Am ˌmjuːzɪ'kæləti/ n. **1** musicalità f., armoniosità f., melodia f. **2** (musical talent or sensitivity) talento m. musicale, senso m. musicale, disposizione f. per la musica.

musicalness /'mjuːzɪkəlnəs/ n. **1** musicalità f., armoniosità f., melodia f. **2** (musical talent or sensitivity) talento m. musicale, senso m. musicale, disposizione f. per la musica.

musicassette /'mjuːzɪkəˌset/ n. musicassetta f.

musician /mju'zɪʃən/ n. **1** (performer) musicista m./f., suonatore m. (f. -trice). **2** (composer) compositore m. (f. -trice), musicista m./f.

musicianly /mju'zɪʃənli/ a. di musicista, da musicista.

musicological /ˌmjuːzɪkə'lɒdʒɪkəl Am ˌmjuːzɪkə'lɑːdʒɪkəl/ a. musicologico.

musicologist /ˌmjuːzɪ'kɒlədʒɪst Am ˌmjuːzɪ'kɑːlədʒɪst/ n. musicologo m. (f. -a).

musicology /ˌmjuːzɪ'kɒlədʒi Am ˌmjuːzɪ'kɑːlədʒi/ n. musicologia f.

musicotherapy /ˌmjuːzɪkoʊ'θerəpi/ n. (Psic, rar) musicoterapia f.

musing /'mjuːzɪŋ/ **I** n. meditazione f., riflessione f. **II** a. meditabondo, pensieroso, pensoso.

musingly /'mjuːzɪŋli/ avv. pensosamente.

musk /mʌsk/ n. **1** (Zool) muschio m. **2** (Bot) musco m., muschio m. □ (Zool) ~ bag sacchetto del muschio; (Zool) ~ deer mosco (moschifero); (Ornit) ~ duck anatra muta, anatra muschiata; (Zool) ~ gland sacchetto del muschio; (Bot,Alim) ~ melon melone retato; (Zool) ~ ox bue muschiato; (Bot) ~ rose rosa muschiata.

musket /'mʌskɪt/ n. (Mil,ant) moschetto m.

musketeer /ˌmʌskɪ'tɪər Am ˌmʌskə'tɪr/ n. moschettiere m.

musketry /'mʌskɪtri Am 'mʌskətri/ n. **1** (Mil) esercitazioni f.pl. di tiro; (rifle shooting) moschetteria f. **2** (Mil,ant) (musketeers) moschettieri m.pl.

muskrat /'mʌskræt/ n. **1** (Zool) topo muschiato, ondatra. **2** (fur) rat musqué, pelliccia f. del top muschiato.

musky /'mʌski/ a. muschiato, che ha odore di muschio.

Muslim /'mʊzlɪm Am 'mʌzləm/ **I** n. (pl.inv. o -s /-z/) musulmano m. (f. -a), (rar) maomettano m. (f. -a), islamita m./f. **II** a. musulmano, (rar) maomettano.

muslin /'mʌzlɪn/ **I** n. (Tess) mussola f. (di cotone), mussolina f. **II** a. (Tess) di mussola. □ ~ bag sacchetto di garza per infusioni.

musquash /'mʌskwɒʃ Am 'mʌskwɑːʃ/ n. (ant) **1** (Zool) topo m. muschiato, ondatra f. **2** (fur) rat musqué m.

muss /mʌs/ **I** v.t. (Am,colloq) mettere in disordine, scompigliare. **II** n. (Am) **1** (colloq) scompiglio m., confusione f., disordine m., casino m. **2** (sl) (brawl, fight) baruffa f., lite f. □ (colloq) to ~ up mettere in disordine, scompigliare.

mussel /'mʌsəl/ n. (Zool,Gastron) mitilo m., cozza f.

Mussulman /'mʌsəlmən/ (pl. -men /mən/ /-s /z/) n. (ant) musulmano m. (f. -a), maomettano m. (f. -a), islamico m. (f. -a).

mussy /'mʌsi/ a. (colloq,ant) in disordine, sciatto, trasandato.

must¹ /mʌst/ **I** v.aus. (3ª pers. sing. pres., past **must**; manca dell'inf. e del p.p.; forma negativa **must not/mustn't** /'mʌsənt/) **1** (to express obligation) devo, devi ecc., suon, sei ecc. obbligato a, tenuto a: you ~ work harder devi lavorare di più. **2** (to express necessity) occorre, è necessario, bisogna (costr.impers.): we ~ eat to live dobbiamo mangiare per vivere. **3** (in negatives: to express prohibition) non devo ecc., non posso ecc.: he ~ not come home late non deve venire a casa tardi. **4** (to express necessity, obligation in the past) devo ecc., ho l'obbligo di: he agreed he ~ work harder convenne che doveva lavorare di più. **5** (to express strong probability) devo ecc.: you ~ be tired devi essere stanco. **6** (to *express resolution*) devo ecc., sono (proprio) deciso a, voglio proprio: ~ *you go?* devi proprio andare?, vuoi proprio andare? **7** (*to express inevitability*) devo ecc., non posso fare a meno di, è inevitabile. **II** *n.* **1** must m., cosa *f.* che va fatta (*o* vista *o* letta ecc.): *this book is a ~ for dog lovers* questo libro non può essere ignorato dai cinofili; *this film is a ~* è un film che bisogna vedere. **2** (*imperative need or duty*) necessità *f.* (assoluta). **3** (*obligation*) obbligo *m.*, dovere *m.* □ (*rar,scherz*) *I ~ away* debbo proprio andare.

must² /mʌst/ *n.* (*Enol*) mosto *m.*

must³ /mʌst/ **I** *n.* **1** (*mould*) muffa *f.* **2** (*mouldiness*) l'essere ammuffito. **II** *v.i.* (*to become musty*) ammuffire, muffire, fare la muffa.

must⁴ /mʌst/ **I** *n.* (*of male elephants*) fregola *f.*, stato *m.* di eccitazione (sessuale), frenesia *f.* **II** *a.* eccitato, infuriato.

mustache /mʌsˈtæʃ/ *n.* (*Am*) baffi *m.pl.*

mustached /mʌsˈtæʃt/ *a* (*Am*) con i baffi.

mustang /ˈmʌstæŋ/ *n.* (*Zool*) mustang *m.*

mustard /ˈmʌstəd *Am* ˈmʌstərd/ *n.* **1** (*Gastron*) mostarda *f.*, senape *f.* **2** (*Bot*) brassica *f.* **3** (*Bot*) (*black mustard*) senape *f.* nera. **4** (*colour*) color *m.* senape, senape *m.* □ (*Chim*) ~ *gas* iprite, gas mostarda; (*Am*) ~ *greens* cime di senape; (*Med*) ~ *plaster* senapismo, cataplasma senapato; ~ *pot* senapiera, vasetto della senape; ~ *seed*: **1** (*Bot*) seme di senape; **2** (*Bibl*) granello di senape.

muster /ˈmʌstər/ **I** *v.t.* **1** (*Mil,Mar*) adunare, radunare, chiamare a raccolta, riunire: *to ~ troops* radunare le truppe. **2** (*Mil,Mar*) (*to inspect*) ispezionare, passare in rassegna (*o* passare in rivista). **3** (*to collect*) raccogliere, mettere insieme, radunare. **4** (*fig*) fare appello a. **5** (*Am,Mil*) (*to enlist*) arruolare. **6** (*Aus*) (*to round up*) radunare bestiame. **II** *v.i.* **1** (*Mil*) adunarsi, radunarsi. **2** (*to come together*) riunirsi, adunarsi. **III** *n.* **1** (*Mil*) adunata *f.*; (*inspection*) rassegna *f.*, rivista *f.*, ispezione *f.* **2** (*assembled group*) raccolta *f.*, adunata *f.*, assembramento *m.* **3** (*Comm*) (*sample*) campione *m.*, saggio *m.* □ (*Mar*) ~ *book* registro del ruolo dell'equipaggio; (*Am,Mil*) *to ~ in* (*to enlist*) arruolare; (*Am,Mil*) *to ~ out* (*to discharge from service*) congedare; ~ *roll*: **1** (*Mil*) ruolo; **2** (*Mar*) ruolo dell'equipaggio; ~ *station* punto di riunione; (*fig*) *to ~ up* fare appello a: *he had to ~ up all his courage* dovette fare appello a tutto il suo coraggio.

mustiness /ˈmʌstɪnəs/ *n.* l'essere ammuffito, odore *m.* di muffa, odore *m.* di chiuso.

mustn't /ˈmʌsᵊnt/ *contraz. di* must not.

musty /ˈmʌstɪ/ *a.* **1** ammuffito, muffito, coperto di muffa. **2** (*fusty*) stantio, che sa di muffa. **3** (*fig*) stantio, superato, antiquato, vecchio.

mutability /ˌmjuːtəˈbɪltɪ *Am* ˌmjuːtᵊˈbɪltɪ/ *n.* **1** mutabilità *f.*, mutevolezza *f.* **2** (*inconstancy*) incostanza *f.*, mutabilità *f.*

mutable /ˈmjuːtəbl *Am* ˈmjuːtᵊbl/ *a.* **1** mutabile (*into*), variabile. **2** (*fickle, inconstant*) mutabile, mutevole, incostante.

mutagen /ˈmjuːtədʒən *Am* ˈmjuːtᵊdʒən/ *n.* (*Biol*) mutageno *m.*, agente *m.* mutageno.

mutant /ˈmjuːtᵊnt/ *a.* **1** (*Biol*) mutante. **2** (*Ling*) metafonetico.

mutate /mjuːˈteɪt *Am* ˈmjuːteɪt/ **I** *v.t.* cambiare, mutare. **II** *v.i.* cambiare, mutare, tramutarsi (*into* in).

mutation /mjuːˈteɪʃᵊn/ *n.* **1** mutamento *m.*, cambiamento *m.*, mutazione *f.* **2** (*alteration*) alterazione *f.*, trasformazione *f.* **3** (*Biol,Mus*) mutazione *f.* **4** (*Fon*) metafonia *f.*, metafonesi *f.*

mutative /ˈmjuːtətɪv *Am* ˈmjuːtᵊtɪv/ *a.* **1** di mutazione, di mutamento. **2** (*marked by mutation*) caratterizzato da mutazione. **3** (*Gramm*) mutativo.

mute /mjuːt/ **I** *a.* **1** (*ant*) (*dumb*) muto. **2** (*temporarily unable to speak*) muto, ammutolito, senza parole. **3** (*not speaking, silent*) muto, silenzioso, taciturno. **4** (*not expressed*) tacito, muto, sottinteso: ~ *adoration* muta adorazione. **5** (*Ling*) muto. **6** (*Ling*) (*plosive*) esplosivo. **II** *n.* **1** muto *m.* (*f.* -a). **2** (*Mus*) sordina *f.* **3** (*Stor*) (*hired mourner*) prefica *f.* **4** (*Fon*) consonante *f.* esplosiva, esplosiva *f.* **5** (*Teat*) comparsa *f.* **III** *v.t.* **1** smorzare il suono di, attenuare il suono di, stemperare, indebolire. **2** (*Mus*) mettere la sordina a. **3** (*of a colour*) smorzare. □ (*Ornit*) ~ *swan* cigno reale.

muted /ˈmjuːtɪd *Am* ˈmjuːtɪd/ *a.* **1** smorzato, attutito. **2** (*silent*) tacito, muto, silenzioso. **3** (*Mus*) provvisto di sordina, in sordina. □ *to speak in ~ whispers* parlare bisbigliando.

muteness /ˈmjuːtnəs/ *n.* mutismo *m.*

mutilate /ˈmjuːtɪleɪt *Am* ˈmjuːtᵊleɪt/ *v.t.* **1** mutilare (*anche fig*). **2** sfigurare, danneggiare: *to ~ an application form* danneggiare un modulo.

mutilated /ˈmjuːtɪleɪtɪd *Am* ˈmjuːtᵊleɪtɪd/ *a.* **1** (*mutilated*) mutilato. **2** (*fig*) mutilo, mutilato.

mutilation /ˌmjuːtɪˈleɪʃᵊn *Am* ˌmjuːtᵊˈleɪʃᵊn/ *n.* mutilazione *f.*

mutilator /ˈmjuːtɪleɪtər *Am* ˈmjuːtᵊleɪtər/ *n.* chi mutila, mutilatore *m.* (*f.* -trice).

mutineer /ˌmjuːtɪˈnɪər *Am* ˌmjuːtᵊˈnɪr/ *n.* ammutinato *m.* (*f.* -a).

mutinous /ˈmjuːtɪnəs/ *a.* **1** ammutinato, ribelle: ~ *troops* truppe ammutinate; (*inciting to mutiny*) sedizioso, sovversivo: *a ~ speech* un discorso sedizioso. **2** (*fig*) insubordinato, ribelle.

mutinousness /ˈmjuːtɪnəsnəs/ *n.* l'essere ribelle.

mutiny /ˈmjuːtɪnɪ/ **I** *n.* **1** ammutinamento *m.* **2** (*fig*) ribellione *f.*, rivolta *f.* **II** *v.i.* **1** ammutinarsi. **2** (*fig*) ribellarsi, insorgere.

mutism /ˈmjuːtɪzᵊm/ *n.* mutismo *m.*

mutt /mʌt/ *n.* **1** (*sl*) cane *m.* bastardo. **2** (*colloq*) stupido *m.* (*f.* -a), zuccone *m.* (*f.* -a), testa *f.* di legno.

mutter /ˈmʌtər *Am* ˈmʌtər/ **I** *v.i.* **1** mormorare, bisbigliare. **2** (*to murmur complaints*) brontolare, borbottare, bofonchiare. **3** (*of things*) brontolare, rumoreggiare. **II** *v.t.* borbottare, brontolare. **III** *n.* **1** mormorio *m.*, bisbiglio *m.* **2** (*of things*) mormorio *m.*, brontolio *m.* □ *to ~ under one's breath* borbottare sottovoce.

mutton¹ /ˈmʌtᵊn/ *n.* (*Macell,Gastron*) **1** (*flesh of a mature sheep*) montone *m.*, castrato *m.*: *roast ~* montone arrosto. **2** (*flesh of any sheep*) pecora *f.* □ (*Gastron,Macell*) ~ *chop* costoletta di montone; ~ *chops* favoriti, fedine, basettoni; (*colloq*) ~ *dressed as a lamb* (*of a woman*) tardona, vecchia vestita in modo giovanile.

mutton² /ˈmʌtᵊn/ *n.* (*Tip*) quadratone *m.*, quadrato *m.*

muttonhead /ˈmʌtᵊnhed/ *n.* (*colloq,ant*) stupido *m.* (*f.* -a), zuccone *m.* (*f.* -a), testa *f.* di legno.

mutton-headed /ˈmʌtᵊnhedɪd/ *a.* (*colloq*) stupido, imbecille.

muttony /ˈmʌtᵊnɪ/ *a.* **1** di montone, da montone. **2** (*Macell*) (*of a sheep*) da carne.

mutual /ˈmjuːtʃʊəl/ *a.* **1** reciproco, mutuo, scambievole, vicendevole: ~ *trust* reciproca fiducia; *the feeling is ~* la cosa è reciproca, lo stesso vale per me. **2** (*of two people: having the same relationship*) l'uno dell'altro,

tra di loro: ~ *enemies* nemici l'uno dell'altro. **3** (*shared in common*) (in) comune: ~ *acquaintances* conoscenze comuni. **4** (*joint*) congiunto, unito: ~ *efforts* sforzi congiunti. **5** (*Assic*) mutuo. □ ~ *by agreement* di comune accordo; (*Sociol*) ~ *aid* (*o* ~ *assistance*) mutuo soccorso; ~ *company* (società) cooperativa; (*Dir*) ~ *consent* consenso contrattuale: *by ~ consent* consenso contrattuale; *to get divorced by ~ consent* divorziare consensualmente; (*Am,Econ*) ~ *fund* fondo comune di investimento; (*Fis*) ~ *induction* mutua induzione; ~ *insurance* mutua assicurazione; (*Am*) ~ *respect* rispetto reciproco; (*Am*) ~ *savings bank* cassa di risparmio cooperativa; (*Econ*) ~ *shareholding* partecipazione incrociata.

mutualism /ˈmjuːtʃʊəlɪzᵊm/ *n.* **1** (*Biol*) mutualismo *m.* **2** (*Pol,Sociol*) mutualità *f.*

mutuality /ˌmjuːtʃʊˈælətɪ *Am* ˌmjuːtʃʊˈælətɪ/ *n.* l'essere mutuo, reciprocità *f.*, mutualità *f.* (*anche Dir*).

mutualize /ˈmjuːtʃʊəlaɪz/ *v.t.* organizzare (un'attività o azienda) su principi reciproci.

mutually /ˈmjuːtʃʊəlɪ/ *avv.* mutualmente, reciprocamente, scambievolmente. □ ~ *exclusive* che si escludono a vicenda.

mutule /ˈmjuːtjuːl/ *n.* (*Arch*) mutulo *m.*

muzak /ˈmjuːzæk/ *n.* programma *m.* registrato di musica leggera (trasmesso in treno, aereo, sale di aspetto ecc.), musica *f.* di sottofondo (registrata).

muzhik /muːˈʒiːk/ *n.* mugic *m.*

muzz /mʌz/ *v.t.* (*Br,colloq*) (*to make muzzy*) intontire, istupidire.

muzziness /ˈmʌzɪnəs/ *n.* intontimento *m.*, stordimento *m.*

muzzle /ˈmʌzl/ **I** *n.* **1** (*of an animal: snout*) muso *m.* **2** (*for a dog*) museruola *f.* **3** (*Arm*) bocca *f.*, volata *f.* **II** *v.t.* **1** (*of an animal*) mettere la museruola a. **2** (*fig*) imbavagliare, mettere il bavaglio a. □ ~ *loader* arma da fuoco ad avancarica; (*Arm*) ~ *velocity* velocità iniziale.

muzzy /ˈmʌzɪ/ *a.* **1** (*muddled*) intontito, stordito, istupidito. **2** (*confused with drink*) stordito, annebbiato. **3** (*blurred*) confuso, offuscato.

MV 1 *motor vessel* M/N (motonave). **2** *Maldives* MV (Maldive).

MVP /ˌemviːˈpiː/ (*Am,Sport*) *most valued player* MVP (miglior giocatore della stagione, giocatore determinante in una partita).

MW 1 (*Rad*) *Medium Waves* OM (onde medie). **2** (*Fis*) *megawatt* MW (megawatt). **3** *Malawi* MW (Malawi).

Mx (*Fis*) *maxwell* Mx (maxwell).

my /maɪ/ **I** *a.poss.* **1** mio: ~ *house* la mia casa; ~ *dog* il mio cane. **2** (*in terms of address*) mio: *come now, ~ boy* su, andiamo, ragazzo mio. **II** *intz.* (*to express surprise*) perbacco!, accidenti!, perdinci!: ~, *it's a hot day!* accidenti che caldo! □ ~ *own* (*o* ~ *very own*) proprio mio, proprio il mio.

myalgia /maɪˈældʒ(i)ə/ *n.* (*Med*) mialgia *f.*

myalgic /maɪˈældʒɪk/ *a.* (*Med*) mialgico. □ (*Med*) ~ *encephalomyelitis* encefalomielite mialgica.

myall /ˈmaɪɔːl/ *n.* **1** (*Bot*) acacia *f.* **2** (*wood*) acacia *f.*, legno *m.* di acacia.

Myanmar /ˈmjænmɑːr *Am* mjɑːnˈmɑːr/ *n.pr.* (*Geog*) Myanmar *m.*

myasthenia /ˌmaɪəsˈθiːnɪə/ *n.* (*Med*) miastenia *f.*

mycelial /maɪˈsiːlɪəl/ *a.* (*Bot*) micelio.

mycelium /maɪˈsiːlɪəm/ (*pl.* -**lia** /-lɪə/) *n.* (*Bot*) micelio *m.*

Mycenae /maɪˈsiːnɪ/ *n.pr.* (*Geog*) Micene *f.*

Mycenaean /ˌmaɪsɪˈniːən/ **I** *a.* miceneo

(*anche Stor.gr*). **II** *n.* miceneo *m.* (*f.* -a).

mycobacterium /ˌmaɪkoʊbækˈtɪəriəm *Am* ˌmaɪkoʊbækˈtɪriəm/ *n.* (*Med*) micobatterio *m.*

mycologic /ˌmaɪkəˈlɒdʒɪk *Am* ˌmaɪkəˈlɑːdʒɪk/ *a.* micologico.

mycological /ˌmaɪkəˈlɒdʒɪkəl *Am* ˌmaɪkəˈlɑːdʒɪkəl/ *a.* micologico.

mycologist /maɪˈkɒlədʒɪst *Am* maɪˈkɑːlədʒɪst/ *n.* micologo *m.* (*f.* -a).

mycology /maɪˈkɒlədʒi *Am* maɪˈkɑːlədʒi/ *n.* micologia *f.*, micetologia *f.*

mycoplasma /ˌmaɪkoʊˈplæzmə/ *n.* (*Med, Biol*) micoplasma *m.*

mycosis /maɪˈkoʊsɪs/ (*pl.* **-ses** /-siːz/) *n.* (*Med, Biol*) micosi *f.*

mycotic /maɪˈkɒtɪk *Am* maɪˈkɑːtɪk/ *a.* (*Med*) micotico.

mydriasis /mɪˈdraɪəsɪs/ (*pl.* **-ses** /-siːz/) *n.* (*Med*) midriasi *f.*

myelin /ˈmaɪəlɪn/ *n.* (*Anat, Fisiol*) mielina *f.*: ~ *sheath* guaina mielinica.

myelitis /ˌmaɪəˈlaɪtɪs *Am* ˌmaɪəˈlaɪtɪs/ *n.* (*Med*) mielite *f.*

myeloma /ˈmaɪəloʊmə/ *n.* (*Med*) mieloma *m.*

mylodon /ˈmaɪloʊˌdɒn/ *n.* (*Paleont*) milodonte *m.*

mylodont /ˈmaɪloʊˌdɒnt/ *n.* (*Paleont*) milodonte *m.*

mylonite /ˈmaɪlənaɪt/ *n.* (*Geol*) milonite *f.*

mynheer /maɪnˈhɪər *Am* mɪˈner/ *n.* (*colloq*) olandese *m.*

Mynheer /məˈnɪər *Am* məˈner/ *n.* signore *m.*

myocarditis /ˌmaɪoʊkɑːrˈdaɪtɪs *Am* ˌmaɪoʊkɑːrˈdaɪtɪs/ *n.* (*Med*) miocardite *f.*

myocardium /ˌmaɪoʊˈkɑːdiəm *Am* ˌmaɪoʊˈkɑːrdiəm/ (*pl.* **-dia** /-diə/) *n.* (*Anat*) miocardio *m.*

myoclonus /maɪoʊˈkloʊnəs/ *n.* (*Med*) mioclono *m.*

myofibril /ˌmaɪoʊˈfaɪbrɪl/ *n.* (*Biol*) miofibrilla *f.*

myogenic /ˌmaɪoʊˈdʒenɪk/ *a.* (*Fisiol*) miogeno.

myoglobin /ˌmaɪoʊˈgloʊbɪn/ *n.* (*Biol,Chim*) mioglobina *f.*

myogram /ˈmaɪəgræm/ *n.* miogramma *m.*

myograph /ˈmaɪəɡrɑː *Am* ˈmaɪəɡræf/ *n.* miografo *m.*

myographic /ˌmaɪəˈɡræfɪk/ *a.* miografico.

myographical /ˌmaɪəˈɡræfɪkəl/ *a.* miografico.

myology /maɪˈɒlədʒi *Am* maɪˈɑːlədʒi/ *n.* (*Anat*) miologia *f.*

myoma /maɪˈoʊmə/ (*pl.* **-s** /-z/ o **-mata** /-mətə/ *Am* -mətə/) *n.* (*Med*) mioma *m.*

myopathy /maɪˈɒpəθi *Am* maɪˈɑːpəθi/ *n.* (*Med*) miopatia *f.*

myope /ˈmaɪoʊp/ *n.* (*Med*) miope *m./f.*, ipometrope *m./f.*

myopia /maɪˈoʊpiə/ *n.* (*Med*) miopia *f.* (*anche fig*).

myopic /maɪˈɒpɪk *Am* maɪˈɑːpɪk/ *a.* (*Med*) miope.

myosis /maɪˈoʊsɪs/ *n.* (*Med*) miosi *f.*

myositis /ˌmaɪoʊˈsaɪtɪs *Am* ˌmaɪoʊˈsaɪtɪs/ *n.* (*Med*) miosite *f.*

myosotis /ˌmaɪoʊˈsoʊtɪs *Am* ˌmaɪoʊˈsoʊtɪs/ *n.* (*Bot*) miosotide *f.*, non ti scordar di me.

myriad /ˈmɪriəd/ **I** *n.* (*poet,lett*) **1** miriade *f.*, grande moltitudine *f.* **2** (*ten thousand*) diecimila *m.* **II** *a.* innumerevole.

myriapod /ˈmɪriəpɒd *Am* ˈmɪriəpɑːd/ **I** *a.* (*Zool*) dei miriapodi. **II** *n.* (*Zool*) miriapode *m.*

myrmecology /ˌmɜːmɪˈkɒlədʒi *Am* ˌmɜːrmɪˈkɑːlədʒi/ *n.* (*Entom*) mirmecologia *f.*

myrmidon /ˈmɜːmɪdən *Am* ˈmɜːrmɪdən/ *n.* sgherro *m.*, sbirro *m.*

Myrmidon /ˈmɜːmɪdən *Am* ˈmɜːrmɪdən/ (*pl.* **-s** /-z/ o **-midones** /ˈmɪdəniːz/) *n.* (*Stor.gr*) mirmidone *m.*

myrobalan /maɪˈrɒbələn *Am* maɪˈrɑːbələn/ *n.* (*Pell,Farm*) mirabolano *m.*

myrrh /mɜːr *Am* mɜːr/ *n.* **1** mirra *f.* (*anche Bibl*). **2** (*Bot*) (*sweet cicely*) finocchiella *f.*

myrrhic /ˈmɜːrɪk/ *a.* di mirra.

myrtaceous /mɜːˈteɪʃəs *Am* mɜːrˈteɪʃəs/ *a.* (*Bot*) delle mirtacee.

myrtle /ˈmɜːtl̩ *Am* ˈmɜːrtl̩/ *n.* **1** (*Bot*) mirto *m.*, mortella *f.* **2** (*Am,Bot*) (*periwinkle*) pervinca *f.* minore. □ ~ *oil* olio di mirto.

myrtleberry /ˈmɜːtl̩beri *Am* ˈmɜːrtl̩beri/ *n.* bacca *f.* del mirto.

myself /maɪˈself/ *pron.pers.* **1** (*used reflexively*) mi, me, me stesso: *I hurt* ~ mi sono fatto male; *I did it for* ~ *alone* l'ho fatto soltanto per me. **2** (*as an emphatic appositive*) io (stesso), proprio io, io in persona: *I'll do it* ~ lo farò (proprio) io. **3** (*instead of me*) me: *he invited my wife and* ~ ha invitato mia moglie e me. **4** (*instead of I*) me, io: *my wife is older than* ~ mia moglie è più vecchia di me. **5** (*alone*) da solo, per conto mio. **6** (*without help*) da me, da solo: *I did it all by* ~ l'ho fatto tutto da solo.

mysterious /mɪˈstɪəriəs *Am* mɪˈstɪriəs/ *a.* **1** misterioso, oscuro: *a* ~ *letter* una lettera misteriosa. **2** (*of a person*) misterioso, enigmatico: *don't be so* ~ non fare il misterioso. **3** (*of a mystery, rite*) misterioso, arcano, mistico.

mysteriousness /mɪˈstɪəriəsnəs *Am* mɪˈstɪriəsnəs/ *n.* misteriosità *f.*

mystery[1] /ˈmɪstəri/ *n.* **1** mistero *m.*, enigma *m.*, arcano *m.*: *it is a* ~ *to me* per me è un mistero; *to solve a* ~ svelare l'arcano. **2** (*mysteriousness*) misteriosità *f.* **3** (*book*) romanzo *m.* giallo, racconto *m.* giallo, giallo *m.* **4** (*film*) giallo *m.*, film *m.* giallo. **5** (*Rel.catt*) sacramento *m.*, eucarestia *f.* **6** (*Teol*) mistero *m.* **7** (*Lett*) mistero *m.* **8** *pl.* (*secret or specialized operations*) segreti *m.pl.*, misteri *m.pl.*: *the mysteries of Oriental cooking* i segreti della cucina orientale. **9** *pl.* (*Rel*) (*secret rites*) misteri *m.pl.*: *the Eleusinian mysteries* i misteri eleusini. □ (*Am,sl*) ~ *meat* carne di provenienza o natura sospetta (*spec.* nelle mense); *to make a* ~ *out of sth.* fare mistero di qcs., tenere qcs. segreto; (*Lett*) ~ *play* mistero, sacra rappresentazione; (*Mar.mil*) ~ *ship* nave civetta; ~ *story* racconto giallo, romanzo giallo, giallo.

mystery[2] /ˈmɪstəri/ *n.* (*ant*) **1** (*rar*) mestiere *m.* **2** (*guild*) corporazione *f.*

mystic /ˈmɪstɪk/ **I** *a.* **1** mistico. **2** (*of ancient religious mysteries*) mistico, arcano. **3** (*occult*) occulto. **4** (*fig*) misterioso, oscuro, enigmatico. **II** *n.* mistico *m.* (*f.* -a).

mystical /ˈmɪstɪkəl/ *a.* **1** mistico. **2** (*symbolical*) simbolico. **3** (*Teol*) mistico: *the* ~ *union between Christ and his Church* l'unione mistica di Cristo con la chiesa.

mystically /ˈmɪstɪkli/ *avv.* misticamente.

mysticism /ˈmɪstɪsɪzəm/ *n.* **1** misticismo *m.* **2** (*Teol*) mistica *f.*, misticismo *m.* **3** (*fig*) idee *f.pl.* vaghe, nozioni *f.pl.* confuse.

mysticize /ˈmɪstɪsaɪz/ *v.t.* rendere mistico.

mystification /ˌmɪstɪfɪˈkeɪʃən/ *n.* **1** mistificazione *f.*, inganno *m.* **2** (*act of perplexing*) il confondere, il rendere perplesso.

mystified /ˈmɪstɪfaɪd/ *a.* sconcertato, confuso, disorientato, perplesso.

mystifier /ˈmɪstɪfaɪər/ *n.* mistificatore *m.* (*f.* -trice).

mystify /ˈmɪstɪfaɪ/ *v.t.* **1** (*to bewilder purposely*) mistificare, trarre in inganno, ingannare. **2** (*to bewilder*) confondere, rendere perplesso, sconcertare. **3** (*to make mysterious*) avvolgere nel mistero, rendere misterioso, rendere incomprensibile.

mystique /mɪˈstiːk/ *n.* **1** mistica *f.* **2** (*estens*) aria *f.* di mistero, fascino *m.*

myth /mɪθ/ *n.* **1** mito *m.* **2** (*body of myths*) miti *m.pl.*, mitologia *f.* **3** (*fig*) (*invented story, etc.*) leggenda *f.*, mito *m.*; (*imaginary person*) mito *m.*, figura *f.* mitica.

mythical /ˈmɪθɪkəl/ *a.* **1** mitico, leggendario: *a* ~ *hero* un eroe mitico. **2** (*fig*) mitico, favoloso, leggendario: ~ *treasure* il mitico tesoro.

mythicist /ˈmɪθɪsɪst/ *n.* mitologo *m.* (*f.* -a).

mythicize /ˈmɪθɪsaɪz/ *v.t.* **1** miticizzare, mitizzare, rendere mitico. **2** (*to represent as mythical*) interpretare miticamente.

mythographer /mɪˈθɒgrəfər *Am* mɪˈθɑːgrəfər/ *n.* mitografo *m.* (*f.* -a).

mythography /mɪˈθɒgrəfi *Am* mɪˈθɑːgrəfi/ *n.* mitografia *f.* (*anche Art*).

mythologic /ˌmɪθəˈlɒdʒɪk *Am* ˌmɪθəˈlɑːdʒɪk/ *a.* **1** mitologico. **2** (*fig*) mitologico, mitico, favoloso, fantastico.

mythological /ˌmɪθəˈlɒdʒɪkəl *Am* ˌmɪθəˈlɑːdʒɪkəl/ *a.* **1** mitologico. **2** (*fig*) mitologico, mitico, favoloso, fantastico.

mythologist /mɪˈθɒlədʒɪst *Am* mɪˈθɑːlədʒɪst/ *n.* mitologo *m./f.*, mitologo *m.* (*f.* -a).

mythologize /mɪˈθɒlədʒaɪz *Am* mɪˈθɑːlədʒaɪz/ **I** *v.t.* **1** rappresentare in modo mitico, rappresentare in modo leggendario. **2** (*to make mythical*) miticizzare, mitizzare, rendere mitico. **II** *v.i.* mitizzare, comporre miti.

mythology /mɪˈθɒlədʒi *Am* mɪˈθɑːlədʒi/ *n.* **1** mitologia *f.*, miti *m.pl.*: *Greek* ~ mitologia greca. **2** (*study of myths*) mitologia *f.*

mythomania /ˌmɪθəˈmeɪniə/ *n.* (*Psic*) mitomania *f.*

mythomaniac /ˌmɪθəˈmeɪniæk/ **I** *n.* mitomane *m./f.* **II** *a.* mitomane.

mythopoeia /ˌmɪθəˈpiːə/ *n.* mitopoiesi *f.*

mythos /ˈm(a)ɪθɒs *Am* ˈm(a)ɪθɑːs/ *n.* **1** (*myth*) mito *m.*; (*mythology*) mitologia *f.* **2** (*ideology*) ideologia *f.*

myxoedema /ˌmɪksoʊˈdiːmə/ *n.* (*Med*) mixedema *m.*

myxoma /mɪkˈsoʊmə/ (*pl.* **-s** /-z/ o **-mata** /-mətə *Am* -mətə/) *n.* (*Med*) mixoma *m.*

myxomatosis /ˌmɪksoʊməˈtoʊsɪs/ (*pl.* **-ses** /-siːz/) *n.* (*Med,Veter*) mixomatosi *f.*

myxomycete /ˌmɪksoʊˈmaɪsiːt/ *n.* (*Bot*) mixomiceto *m.*

myxovirus /ˈmɪksəˌvaɪ(ə)rəs *Am* ˈmɪksəˌvaɪrəs/ *n.* (*Biol*) mixovirus *m.*

N

n, N[1] /en/ (pl. **n's/ns, N's/Ns** /enz/) n. (letter of the alphabet) n, N f./m.: (Tel) N for Nellie (o Am N as in Nancy) n come Napoli.

N[2] **1** New (nuovo). **2** North N (nord). **3** (Chim) (of solutions) normality (normalità). **4** (in recording chess moves) knight C (cavallo). **5** Norway N (Norvegia).

'n /ən/ contraz. di and, than.

n. **1** born n. (nato). **2** name n. (nome). **3** (Gramm) noun s., sost. (sostantivo). **4** (Gramm) neuter n. (neutro). **5** (Gramm) nominative nom. (nominativo). **6** northern sett. (settentrionale). **7** number N° (numero). **8** note n. (nota).

n/a /en'eɪ/ **1** not applicable NA (non applicabile). **2** not available N.D., nd (non disponibile).

NAACP /,endʌbl̩,eɪsiː'piː/ (US) National Association for the Advancement of Colored People (associazione nazionale per l'affermazione dei diritti dei neri americani).

nab /næb/ (past, p.p. **nabbed** /-d/) v.t. **1** (sl) afferrare, acchiappare, agguantare. **2** (to arrest) arrestare, acciuffare. **3** (to steal) rubare.

Nabataean /,næbə'tiːən/ **I** n. (Stor) nabateo m. **II** a. (Stor) nabateo.

nabob /'neɪbɒb/ Am 'neɪbɑːb/ n. **1** (Stor) nababbo m. **2** (fig) nababbo m., riccone m.

nacelle /nə'sel/ n. (Aer) **1** (of an aeroplane: for the engine) gondola f. (motore). **2** (for the passengers, crew) navicella f., carlinga f. **3** (of a balloon) navicella f.

nachos /'nɑːtʃəʊz/ n.pl. (Gastron) patatine f.pl. di mais, nachos m.pl.

nacre /'neɪkər/ n. madreperla f.

nacreous /'neɪkriəs/ a. **1** madreperlaceo, (di) madreperla. **2** (resembling nacre) madreperlaceo.

nacrous /'neɪkriəs/ a. **1** madreperlaceo, (di) madreperla. **2** (resembling nacre) madreperlaceo.

nadir /'neɪdɪər, 'neɪdər/ n. **1** (Astr) nadir m. **2** (fig) punto m. più basso. □ (fig) to be at the ~ of one's hopes non avere quasi più speranza.

naevus /'niːvəs/ (pl. **-vi** /-vaɪ/) n. (Med) neo m., nevo m.

naff[1] /næf/ a. (sl) di pessimo gusto, assurdo, grottesco.

naff[2] /næf/ □ (Br,sl) to ~ off alzare le chiappe, andarsene.

NAFTA /'næftə/ North American Free Trade Agreement (accordo nordamericano di libero scambio tra Stati Uniti, Messico e Canada).

nag[1] /næg/ **I** v.t. (past, p.p. **nagged** /-d/) tormentare, scocciare, rompere, assillare: to ~ so. to do sth. tormentare qcu. perché faccia qcs. **II** v.i. (past, p.p. **nagged** /-d/) **1** tormentare, assillare (at so. qcu.). **2** (to criticize) criticare (about sth. qcs.), lamentarsi (about sth. di qcs.). **III** n. **1** (nagger) seccatore m. (f. -trice), scocciatore m. (f. -trice), persona f. petulante. **2** (feeling of anxiety) fastidio m., assillo m.

nag[2] /næg/ n. (colloq) (small horse) cavallino m.; (inferior horse) ronzino m., brocco m., rozza f.

nagana /nə'gɑːnə/ n. (Veter) nagana f.

nagger /'nægər/ n. seccatore m. (f. -trice), scocciatore m. (f. -trice).

nagging /'nægɪŋ/ **I** n. fastidio m., assillo m. **II** a. **1** seccante, che scoccia: a ~ wife una moglie petulante. **2** (persistent) persistente, fastidioso, molesto: ~ pain dolore persistente.

naggingly /'nægɪŋli/ avv. fastidiosamente, in modo assillante.

nagor /'neɪgɔːr/ n. (Zool) redunca f.

Nahum /'neɪəm/ n. (Bibl) Nahum m.

naiad /'naɪæd/ (pl. **-s** /-z/, **naiades** /'naɪə,diːz/) n. (Mitol,Zool,Bot) naiade f.

naiant /'neɪənt/ a. (Arald) natante.

naif /nɑː'iːf/ a. **1** ingenuo, candido, innocente. **2** (artless) semplice, naturale. **3** (credulous) ingenuo, credulone, semplicione.

nail[1] /neɪl/ n. **1** chiodo m. **2** (Anat) unghia f. **3** (Calz) chiodo m., bulletta f. **4** (Zool) artiglio m., unghia f. (ad artiglio). □ (Anat) ~ bed letto ungueale, letto dell'unghia; (Med) ~ biting onicofagia, il mordersi le unghie; ~ brush spazzolino per le unghie; ~ clippers tronchesina; ~ enamel smalto per unghie; ~ file lima da unghie, limetta; ~ head: 1 testa del chiodo, capocchia del chiodo; 2 (ornament) borchia (ornamentale); (Br,colloq) on the ~ subito, sull'unghia: to pay on the ~ pagare sull'unghia; ~ polish smalto per unghie; ~ polish remover solvente per smalto, acetone; (Br) ~ scissors forbicine per unghie; (Br,colloq) to the ~ completamente, fino in fondo; (Br) ~ varnish smalto per unghie; (Br) ~ varnish remover solvente per smalto, acetone.

nail[2] /neɪl/ v.t. **1** inchiodare (on, to su, a). **2** (Am,colloq) (to accomplish perfectly) realizzare, compiere, concretizzare. **3** (colloq) (to catch red-handed) cogliere (qcu.) con le mani nel sacco, beccare. **4** (colloq) (of a lie, scandal) scoprire, smascherare. □ (Br) to ~ a lie to the counter dimostrare la falsità di un'affermazione, smascherare una menzogna; (fig) to ~ one's colours to the mast dichiarare la propria posizione in modo netto e definitivo, prendere una posizione inequivocabile; to ~ down: 1 inchiodare (to a), chiudere con chiodi: to ~ down a lid inchiodare un coperchio; 2 (fig) definire precisamente: we should ~ down our itinerary before we purchase our airline tickets prima di comprare i biglietti dell'aereo dovremmo definire per bene il nostro itinerario; 3 (fig) (get a firm committment from so.) assicurarsi la presenza: I've been trying to ~ down the keynote speaker for the convention for six months sono sei mesi che cerco di ottenere una conferma dall'oratore principale della conferenza; how did you do on the exam? - I nailed it! com'è andato l'esame? - Benissimo!; (colloq) to ~ so. to the wall dare una girata a qcu.; to ~ up chiudere con chiodi, fissare con chiodi, inchiodare.

nail-biting /'neɪl,baɪtɪŋ Am 'neɪl,baɪtɪŋ/ **I** n. **1** (Med) onicofagia f., il mangiarsi le unghie. **2** (anxiety) angoscia f., tensione f. **II** a. angosciante.

nailer /'neɪlər/ n. chiodaio m., chiodaiolo m.

nailery /'neɪləri/ n. chioderia f., fabbrica f. di chiodi.

Nairobi /naɪ'rəʊbi/ n.pr. (Geog) Nairobi f.

naive, naïve /naɪ'iːv/ a. **1** ingenuo, candido, innocente. **2** (artless) semplice, naturale. **3** (credulous) ingenuo, credulone, semplicione.

naively /naɪ'iːvli/ avv. ingenuamente, candidamente: I thought, ~, that this would be a nine-to five job ingenuamente ho pensato che fosse un lavoro da impiegata.

naiveté, naïveté /naɪ'iːvəteɪ Am ,nɑːiː'veɪ/ n. **1** candore m., ingenuità f., semplicità f., innocenza f. **2** (credulousness) ingenuità f., semplicioneria f.

naïvety /naɪ'iːvəti Am nɑː'iːvəti/ n. **1** candore m., ingenuità f., semplicità f., innocenza f. **2** (credulousness) ingenuità f., semplicioneria f.

naked /'neɪkɪd/ a. **1** nudo, svestito: a ~ child un bambino nudo. **2** (of parts of the body) nudo, scoperto: ~ arms braccia nude. **3** (of a light, flame) scoperto. **4** (of a sword, etc.) nudo, sguainato. **5** (bare of vegetation or foliage) privo di vegetazione, spoglio: ~ trees alberi spogli. **6** (fig) (without embellishment) nudo, schietto, semplice, disadorno. **7** (fig) (manifest) palese, manifesto: a ~ lie una palese menzogna. **8** (empty, unadorned: of walls) nudo; (of rooms) nudo, vuoto. **9** (fig) (devoid) privo, mancante (of di): ~ of comfort privo di comodità. **10** (fig) (defenceless) inerme, indifeso, disarmato. **11** (Dir) non valido. □ as ~ as the day he was born nudo come un verme, (nudo) come mamma l'ha fatto; with the ~ eye a occhio nudo; to fight with ~ fists combattere senza guantoni; togo ~ andare (in giro) nudo; (Econ) ~ short selling vendita allo scoperto, vendita nuda.

nakedly /'neɪkɪdli/ avv. **1** senza vestiti, nudo. **2** (fig) (manifestly) palesemente, evidentemente. **3** (fig) (defencelessly) in modo indifeso.

nakedness /'neɪkɪdnəs/ n. **1** nudità f. **2** (barrenness) aridità f., sterilità f. **3** (fig) evidenza f.

naloxone /nə'lɒksəʊn Am 'næləks,ɑːn/ n. (Farm) naloxone m.

NAM Namibia NAM (Namibia).

namable /'neɪməbl/ a. **1** nominabile, che si può nominare. **2** (memorable) memorabile, degno di nota.

namby-pamby /,næmbi'pæmbi/ **I** a. **1** sdolcinato, languido, svenevole, stucchevole. **2** (of people) lezioso, svenevole, smorfioso. **II** n. **1** sdolcinatezza f. **2** (person) persona f. leziosa, persona f. svenevole.

name[1] /neɪm/ n. **1** nome m.: the -s of the planets i nomi dei pianeti. **2** (descriptive appellation) denominazione f., appellativo m., nome m. **3** (fig) (reputation) nome m., reputazione f., fama f.: to protect one's good ~ salvaguardare il proprio buon nome. **4** (family name) cognome m., nome m., casato m.; (family, race) nome m. **5** (famous person) nome m., personalità f. **6** (Gramm) nome m., sostantivo m. **7** pl. (abuse) ingiurie f.pl.: to call so. -s coprire qcu. di ingiurie, ingiuriare qcu. **8** (Inform) nome m., identificatore m., indicatore m. □ inall but ~ di fatto; by ~: 1 per nome: he knows all his employees by ~ conosce per nome tutti i suoi impiegati; 2 (with specific designation) (chiamando) per nome: to call *so. ~ name* chiamare qcu. per nome; *to address so.* by ~ rivolgersi a qcu. chiamandolo per nome; 3 (*not personally*) di nome: *I know him by ~ only* lo conosco solo di nome; *to go by ~ of* andare sotto il nome di, essere noto col nome di; *~ caller* chi ingiuria; *~ calling* l'ingiuriare; *~ day* onomastico; *~ dropper* chi fa sfoggio delle proprie conoscenze di persone influenti; *in* ~ di nome, nominalmente; *a king in ~ only* un re solo di nome; *in the ~ of:* 1 in nome di, nel nome di: *in the ~ of the freedom* in nome della libertà; 2 (*on behalf of*) per conto di; 3 (*belonging to, reserved for*) a nome di: *the house is in my husband's ~ la* casa è a nome di mio marito; *to book tickets in one's own ~* prenotare biglietti a proprio nome; (*Bibl*) *to take the ~ of God in vain* pronuciare il nome di Dio invano; *my ~ is Albert* mi chiamo Alberto; *to make a ~ for oneself* farsi un nome come, diventare famoso (*as come*); (*colloq*) *his ~ is mud* with me non lo voglio neppure sentire nominare; (*colloq*) *no ~* (*not famous or well-known*) sconosciuto, emerito sconosciuto; *in the ~ of heaven, what is going on?* in nome del cielo, che cosa sta succedendo?; (*Am,colloq*) *- of the game* nocciolo della questione, aspetto principale; *of the ~ of* chiamato, che ha il nome di; (*Teat*) *~ part* ruolo principale, parte principale; (*Inform*) *~ server* name server; *to set one's ~ to a document* firmare un documento; *to take so.'s ~* prendere il nome di: *rather than take her husband's ~, she kept her maiden ~* piuttosto che prendere il nome di suo marito, ha preferito tenere il suo cognome da ragazza; *under the ~ of* con lo pseudonimo di; *what is your ~* (o *what's your ~*)? come ti chiami?

name[2] /neɪm/ *v.t.* 1 (*to give a name to*) dare un nome a. 2 (*to call*) chiamare, mettere nome a: *they -d their son John* chiamarono il figlio Giovanni. 3 (*to identify by name*) nominare, rivelare l'identità di. 4 (*to mention*) fare il nome di, menzionare, nominare. 5 (*to give, to tell the name of*) dire il nome di: *can you ~ that star?* sai dire il nome di quella stella? 6 (*to specify*) stabilire, fissare: *to ~ a price* fissare un prezzo. □ *to ~ so. after so.* dare a qcu. il nome di qcu.; *to ~ but one* per citare un solo esempio; (*Am*) *to ~ so. for so.* dare a qcu. il nome di qcu.: *the town is -d for its founder* la città ha preso il nome dal suo fondatore; *to ~ names* fare (i) nomi; (*fig*) *to ~ the day* stabilire il giorno delle nozze, fissare il giorno del matrimonio; *I haven't a penny to my ~* non ho un soldo; *to write under the ~ of Saki* scrivere con lo pseudonimo di Saki; *what ~ shall I say?* (*to a caller*) chi devo annunciare?, chi devo dire?

nameable /ˈneɪməbl/ *a.* 1 nominabile, che si può nominare. 2 (*memorable*) memorabile, degno di nota.

nameless /ˈneɪmləs/ *a.* 1 ignoto, sconosciuto: *a ~ poet* un ignoto poeta; *the ~ millions who died in war* i milioni di sconosciuti morti in guerra. 2 (*left unnamed*) sconosciuto, innominato, non nominato: *a politician who shall remain ~* un uomo politico di cui non verrà reso noto il nome. 3 (*having no name*) senza nome, che non ha un nome. 4 (*not marked*) anonimo, senza nome: *a ~ grave* una tomba anonima. 5 (*fig*) (*too vague to name*) indefinibile: *~ fears* paure indefinibili. 6 (*indescribable*) indescrivibile, indicibile, inesprimibile: *~ horrors* indescrivibili orrori. 7 (*too bad to name, abominable*) abominevole, nefando.

namelessness /ˈneɪmləsnəs/ *n.* anonimato

m., anonimia *f.*

namely /ˈneɪmli/ *avv.* cioè, vale a dire.

nameplate /ˈneɪmpleɪt/ *n.* 1 targa *f.*, targhetta *f.* 2 (*Giorn*) testata *f.*

namesake /ˈneɪmseɪk/ *n.* omonimo *m.* (*f.* -a).

Namibia /nəˈmɪbiə/ *n.pr.* (*Geog*) Namibia *f.*

Namibian /nəˈmɪbiən/ **I** *a.* (*Geog*) namibiano. **II** *n.* namibiano *m.* (*f.* -a).

naming /ˈneɪmɪŋ/ □ *~ and shaming* il fare nomi, l'accusare pubblicamente.

nan /næn/ *n.* (*Br,colloq*) (*grandmother*) nonna *f.*

nana /ˈnænə/ *n.* (*Br,colloq*) (*grandmother*) nonna *f.*

Nancy /ˈnænsi/ *n.pr.f.* dim. di Ann, Agnes.

nankeen /næŋˈkiːn/ *n.* 1 (*Tess*) nanchino *m.*, nanchina *f.* 2 *pl.* (*trousers*) calzoni *m.pl.* di nanchino.

Nanking /nænˈkɪŋ/ *n.pr.* (*Geog*) Nanchino *f.*

nanna /ˈnænə/ *n.* (*infant*) (*grandmother*) nonna *f.*

nannie /ˈnæni/ *n.* bambinaia *f.*, (*infant*) tata *f.*

nanny /ˈnæni/ *n.* bambinaia *f.*, (*infant*) tata *f.* □ *~ goat* capra (femmina).

nanocephalus /ˌnænouˈsefələs/ *n.* (*Med*) nanocefalo *m.*

nanocephaly /ˌnænouˈsefəli/ *n.* (*Med*) nanocefalia *f.*

nanofarad /ˌnænouˈfærəd/ *n.* (*Fis*) nanofarad *m.*

nanogram /ˌnænouˈgræm/ *n.* (*Fis*) nanogrammo *m.*

nanometre /ˌnænouˈmiːtər *Am* ˌnænouˈmiːt̬ər/ *n.* (*Fis*) nanometro *m.*

nanosecond /ˈnænouˌsekənd/ *n.* (*Fis*) nanosecondo *m.*

nanotechnological /ˌnænouteknəˈlɒdʒɪkl *Am* ˌnænouteknəˈlɒdʒɪkəl/ *a.* nanotecnologico.

nanotechnology /ˌnænoutekˈnɒlədʒi *Am* ˌnænoutekˈnɑːlədʒi/ *n.* nanotecnologia *f.*

Naomi /ˈneɪəmi, neɪˈoumi/ *n.pr.f.* Noemi , Naomi (*anche Bibl*).

naos /ˈneɪɒs/ *n.* (*Archeol*) naos *m.*

nap[1] /næp/ **I** *n.* sonnellino *m.*, dormitina *f.*, (*colloq*) pisolino *m.*: *to take a ~ after dinner* schiacciare un pisolino dopo pranzo. **II** *v.i.* (*past, p.p.* **napped** /-t/) sonnecchiare, fare un pisolino, schiacciare un pisolino.

nap[2] /næp/ **I** *n.* 1 (*on yarn, cloth*) pelo *m.*, peluria *f.* 2 (*Bot*) peluria *f.*, lanugine *f.* **II** *v.t.* (*past, p.p.* **napped** /-t/) (*to raise a nap on*) felpare.

nap[3] /næp/ *n.* (*colloq*) (*card game*) napoleone *m.* □ *to go ~:* 1 (*in cards*) fare napoleone; 2 (*fig*) dare per certo (*on sth. qcs.*).

nap[4] /næp/ (*past, p.p.* **napped** /-t/) *v.t.* (*Sport*) dare vincente.

napalm /ˈneɪpɑːm/ *n.* (*Chim*) napalm *m.* □ *~ bomb* bomba al napalm.

nape /neɪp/ *n.* (*back of the neck*) nuca *f.*

napery /ˈneɪpəri/ *n.* (*rar*) 1 (*table linen*) biancheria *f.* da tavola. 2 (*household linen*) biancheria *f.*

naphtha /ˈnæfθə, ˈnæpθə/ *n.* (*Chim*) nafta *f.*

naphthalene /ˈnæfθəˌliːn, ˈnæpθəˌliːn/ *n.* (*Chim*) naftalina *f.*, naftalene *m.*

naphthalic /næfˈθælɪk/ *a.* (*Chim*) ftalico, naftalico. □ (*Chim*) *~ acid* acido ftalico.

naphthene /ˈnæfθiːn/ *n.* (*Chim*) naftene *m.*

naphthenic /næfˈθiːnɪk/ *a.* (*Chim*) naftenico.

naphthol /ˈnæfθɒl *Am* ˈnæfθɑːl/ *n.* (*Chim*) naftolo *m.*

Napierian → **Neperian**.

napkin /ˈnæpkɪn/ *n.* 1 (*at table*) tovagliolo *m.* 2 (*paper napkin*) tovagliolo *m.* di carta, salvietta *f.* 3 (*baby's nappy*) pannolino *m.* 4 (*Am*) (*sanitary towel*) assorbente *m.* igienico. □

~ ring portatovagliolo (ad anello).

Naples /ˈneɪplz/ *n.pr.* (*Geog*) Napoli *f.*

napless /ˈnæpləs/ *a.* (*Tess*) rasato, liscio.

napoleon /nəˈpouliən/ *n.* 1 (*card game*) napoleone *m.* 2 (*Numism*) napoleone *m.* 3 (*Calz*) stivale *m.* alto.

Napoleon /nəˈpouliən/ *n.pr.m.* (*Stor*) Napoleone.

Napoleonic /nə,pouliˈɒnɪk *Am* nə,pouliˈɑːnɪk/ *a.* napoleonico: *~ Wars* guerre napoleoniche.

Napoleonism /nəˈpouliənˌɪzəm/ *n.* 1 (*Stor*) politica *f.* napoleonica. 2 (*Bonapartism*) bonapartismo *m.*

Napoleonist /nəˈpouliənɪst *Am* nə,pouliˈɑːnɪst/ *n.* bonapartista *m./f.*

nappa /ˈnæpə/ *n.* (*Pell*) nappa *f.*

nappe /næp/ *n.* (*Geol*) falda *f.* (di ricoprimento).

napped /næpt/ *a.* (*Gastron*) nappato, coperto con una salsa.

nappiness /ˈnæpɪnəs/ *n.* pelosità *f.*

napping /ˈnæpɪŋ/ *n.* (*Tess*) felpatura *f.*

nappy[1] /ˈnæpi/ *n.* (*colloq*) (*for a baby*) pannolino *m.* □ *~ rash* eritema da pannolino.

nappy[2] /ˈnæpi/ *a.* 1 (*having a nap*) peloso. 2 (*downy*) coperto di peluria. 3 (*Am,colloq*) (*of a black person's hair*) crespo, dai capelli crespi.

nappy[3] /ˈnæpi/ *a.* (*of ale: foaming*) schiumoso; (*strong*) forte.

narc /nɑːrk/ *n.* (*abbr. di* narcotics) (*Am, colloq*) (*undercover narcotics agent*) agente *m.* della (sezione) narcotici.

narcissism /ˈnɑːsɪsɪzəm, nɑːˈsɪsɪzəm *Am* ˈnɑːrsəsɪzəm/ *n.* (*Psic*) narcisismo *m.*

narcissist /ˈnɑːsɪsɪst, nɑːˈsɪsɪst *Am* ˈnɑːrsɪsɪst/ *n.* narcisista *m./f.*

narcissistic /ˌnɑːsɪˈsɪstɪk *Am* ˌnɑːrsɪˈsɪstɪk/ *a.* narcisistico.

narcissistically /ˌnɑːsɪˈsɪstɪkəli *Am* ˌnɑːrsɪˈsɪstɪkəli/ *avv.* narcisisticamente.

narcissus /nɑːˈsɪsəs *Am* nɑːrˈsɪsəs/ *n.* (*Bot*) narciso *m.*

Narcissus /nɑːˈsɪsəs *Am* nɑːrˈsɪsəs/ *n.pr.m.* (*Mitol*) Narciso.

narcodollars /ˌnɑːkouˈdɒlərz *Am* ˌnɑːrkouˈdɑːlərz/ *n.pl.* narcodollari *m.pl.*

narcolepsy /ˈnɑːkoulepsi *Am* ˈnɑːrkoulepsi/ *n.* (*Med*) narcolessia *f.*

narcosis /nɑːˈkousɪs *Am* nɑːrˈkousɪs/ (*pl.* -ses /-siːz/) *n.* (*Med*) narcosi *f.*

narcoterrorism /ˌnɑːkouˈterərɪzəm *Am* ˌnɑːrkouˈterərɪzəm/ *n.* narcoterrorismo *m.*

narcotic /nɑːˈkɒtɪk nɑːrˈkɑːtɪk/ **I** *a.* 1 narcotico. 2 (*fig*) soporifero, che intorpidisce. **II** *n.* 1 narcotico *m.*, stupefacente *m.*, droga *f.* 2 (*Farm*) narcotico *m.* □ *-s addict* tossicomane, drogato; *-s addiction* tossicomania; *-s agent* agente della sezione narcotici; *-s division* sezione narcotici; *~ effect* effetto narcotico.

narcotics-sniffing /nɑːˌkɒtɪkˈsnɪfɪŋ *Am* nɑːrˌkɑːtɪkˈsnɪfɪŋ/ □ *~ dog* cane antidroga.

narcotisation /ˌnɑːkətaɪˈzeɪʃən/ *n.* (*Br*) narcotizzazione *f.*

narcotise /ˈnɑːkətaɪz/ *v.t.* (*Br*) narcotizzare.

narcotism /ˈnɑːkətɪzəm *Am* ˈnɑːrkətɪzəm/ *n.* 1 tossicomania *f.* 2 (*narcosis*) narcosi *f.* 3 (*Med*) narcotismo *m.*

narcotization /ˌnɑːkətaɪˈzeɪʃən *Am* ˌnɑːrkətaɪˈzeɪʃən/ *n.* narcotizzazione *f.*

narcotize /ˈnɑːkətaɪz *Am* ˈnɑːrkətaɪz/ *v.t.* narcotizzare.

nard /nɑːd *Am* nɑːrd/ *n.* 1 (*Bot*) valeriana *f.* 2 (*Bot*) (*spikenard*) nardo *m.* indiano. 3 (*ointment*) unguento *m.* di nardo.

nares /ˈnɛəriːz *Am* ˈnɛriːz/ *n.pl.* (*Anat*) narici *f.pl.*

narghile /'nɑːgɪleɪ *Am* 'nɑːrgəleɪ/ *n.* narghilè *m.*

nargileh /'nɑːgɪleɪ *Am* 'nɑːrgəleɪ/ *n.* narghilè *m.*

nark[1] /nɑːk *Am* nɑːrk/ **I** *n.* (*Br,sl*) informatore *m.* (*f.* -trice) della polizia, spia *f.* **II** *v.t.* (*Br,sl*) fare la spia contro.

nark[2] /nɑːk *Am* nɑːrk/ *v.t.* (*Br,sl*) infastidire, seccare, scocciare. □ (*Br,sl*) ~ *it!* basta!, piantala!

narky /'nɑːki *Am* 'nɑːrki/ *a.* (*Br,sl*) irritabile, irascibile.

narrate /nə'reɪt, næɾ'eɪt *Am also* 'nereɪt/ *v.t.* **1** narrare, raccontare. **2** (*a film or programme*) fare il narratore di, fare il commento parlato di.

narrated /nə'reɪtɪd *Am* nə'reɪtɪd/ *a.* con commento narrato, accompagnato da commento (narrato).

narration /nə'reɪʃən, næɾ'eɪʃən/ *n.* **1** narrazione *f.*, racconto *m.* **2** (*of a film or programme*) commento *m.* parlato.

narrative /'næɾətɪv *Am* 'neɾətɪv/ **I** *n.* **1** racconto *m.*, narrazione *f.* **2** (*art of narrating*) narrativa *f.*, arte *f.* narrativa. **II** *a.* **1** narrativo: ~ *poem* poesia narrativa. **2** (*being a narrative*) in forma narrativa. □ ~*art* arte narrativa.

narratological /ˌnæɾətə'lɒdʒɪkəl *Am* ˌnæɾətə'lɑːdʒɪkəl/ *a.* narratologico.

narratologist /ˌnæɾə'tɒlədʒɪst *Am* ˌnæɾə'tɑːlədʒɪst/ *n.* narratologo *m.* (*f.* -a).

narratology /ˌnæɾə'tɒlədʒi *Am* ˌnæɾə'tɑːlədʒi/ *n.* narratologia *f.*

narrator /nə'reɪtər, næɾ'eɪtər *Am* 'nereɪtər/ *n.* narratore *m.* (*f.* -trice).

narrow /'næɾoʊ/ **I** *a.* **1** stretto: *a ~ bridge* un ponte stretto. **2** (*affording little room*) stretto, ristretto, angusto. **3** (*having little margin*) di (stretta) misura, ottenuto a stento: *a ~ victory* una vittoria di stretta misura. **4** (*limited in size or scope*) ristretto, limitato, stretto: *a ~ circle of friends* una ristretta cerchia di amici; *in a ~ sense* in senso ristretto. **5** (*meagre*) misero, scarso, striminzito: *a ~ income* un reddito misero. **6** (*fig*) (*lacking broad-mindedness*) ristretto, gretto, meschino: *a person of ~ outlook* una persona di idee ristrette. **7** (*Br*) minuzioso, accurato, meticoloso: *a ~ inspection* un'ispezione minuziosa. **8** (*Br*) (*miserly*) avaro, spilorcio, tirchio. **9** (*Fon*) teso. **10** (*Comm*) stagnante, poco attivo: *a ~ market* un mercato stagnante. **II** *v.i.* **1** stringersi, restringersi: *the road -s here* qui la strada si restringe. **2** (*be reduced*) ridursi, limitarsi. **III** *v.t.* **1** restringere, ridurre, rendere più stretto. **2** (*to limit further*) limitare, ridurre, restringere. **3** (*to make narrow-minded*) rendere gretto, rendere di idee ristrette. **4** (*in knitting*) diminuire. □ (*Br*) *to live in ~circumstances* vivere in ristrettezze, vivere in povertà; *to ~down* limitare, ridurre, restringere: *the choice -ed down to just three people* la scelta si è ristretta a sole tre persone; *to have a ~escape* cavarsela per un pelo, scamparla per miracolo; *that was a ~ escape!* c'è mancato poco!; *to ~ one's eyes* strizzare gli occhi; ~ *goods* (*ribbons, braid, etc.*) mercerie, articoli di merceria; (*fig*) *by a ~ margin* per un pelo; (*Econ*) ~ *money* moneta in senso stretto; *in the -est sense of the word* nel senso stretto della parola; *a ~shave* il cavarsela per un pelo, il cavarsela per il rotto della cuffia; (*colloq*) *to have a ~squeak* cavarsela per un pelo, salvarsi per il rotto della cuffia; *to ~the field*: **1** (*Fot*) restringere il campo; **2** (*fig*) ridurre le alternative; (*Fon*) ~*transcription* trascrizione stretta.

narrowband /'næɾoʊˌbænd/ **I** *a.* (*Elettron,Tel*) a banda stretta. **II** *n.* (*Elettron,Tel*) banda *f.* stretta.

narrowcasting /ˌnæɾoʊ'kɑːstɪŋ *Am* ˌneɾoʊ'kæstɪŋ/ *n.* (*Inform*) narrowcasting *m.*, trasmissione *f.* a gruppi ristretti.

narrow-fisted /ˌnæɾoʊ'fɪstɪd/ *a.* avaro, spilorcio, tirchio.

narrow-gage /'næɾoʊˌgeɪdʒ/ **I** *a.* (*Ferr*) a scartamento ridotto. **II** *n.* scartamento *m.* ridotto.

narrow-gauge /'næɾoʊˌgeɪdʒ/ **I** *a.* (*Ferr*) a scartamento ridotto. **II** *n.* scartamento *m.* ridotto.

narrowly /'næɾoʊli/ *avv.* **1** per poco, per un pelo, a malapena: *he ~ escaped death* è scampato alla morte per un pelo. **2** (*strictly*) letteralmente, alla lettera, strettamente, in senso stretto: *to interpret sth.* ~ interpretare qcs. alla lettera. **3** (*Br*) (*carefully*) accuratamente, minuziosamente.

narrow-minded /ˌnæɾoʊ'maɪndɪd/ *a.* **1** di vedute ristrette, meschino, gretto: *he accused his parents of being* ~ accusò i genitori di avere una mentalità ristretta. **2** (*prejudiced*) prevenuto.

narrow-mindedly /ˌnæɾoʊ'maɪndɪdli/ *avv.* in modo meschino, con una mentalità ristretta.

narrow-mindedness /ˌnæɾoʊ'maɪndɪdnəs/ *n.* meschinità *f.*, grettezza *f.*, mentalità *f.* ristretta.

narrowness /'næɾoʊnəs/ *n.* **1** strettezza *f.*, l'essere stretto. **2** (*fig*) grettezza *f.*, meschinità *f.*

narrows /'næɾoʊz/ *n.pl.* **1** parte *f.sing.* più stretta. **2** (*narrow passage*) strettoia *f.sing.* **3** (*in mountains*) stretta *f.sing.*, gola *f.sing.* **4** (*between two bodies of water*) stretto *m.sing.*

Narrows /'næɾoʊz/ *n.pl.* (*Geog*) (*in New York Bay*) Narrows *m.sing.* (stretto fra Staten Island e Long Island).

narthex /'nɑːθeks/ *n.* (*Arch*) nartece *m.*

narwal /'nɑːwəl *Am* 'nɑːrwəl/ *n.* (*Zool*) narvalo *m.*

narwhal /'nɑːwəl *Am* 'nɑːrwəl/ *n.* (*Zool*) narvalo *m.*

narwhale /'nɑːwəl *Am* 'nɑːrwəl/ *n.* (*Zool*) narvalo *m.*

NASA /'næsə/ (*US*) *National Aeronautics and Space Administration* NASA (Ente nazionale aeronautico e spaziale).

nasal /'neɪzəl/ **I** *a.* **1** nasale, del naso. **2** (*Fon*) nasale. **3** (*characterized by nasal sound*) nasale: ~ *voice* voce nasale. **II** *n.* **1** (*Fon*) nasale *f.*, suono *m.* nasale. **2** (*Anat*) osso *m.* nasale. **3** (*on a helmet*) nasale *m.* □ (*Anat*) ~*bone* osso nasale; ~*index* indice nasale; (*Anat*) ~ *septum* setto nasale; (*Med*) ~*spray* spray nasale; ~*twang* pronuncia nasale.

nasalisation /ˌneɪzəlaɪ'zeɪʃən/ *n.* (*Br*) nasalizzazione *f.*

nasalise /'neɪzəlaɪz/ **I** *v.t.* (*Br*) nasalizzare, dare un suono nasale. **II** *v.i.* (*Br*) parlare con voce nasale.

nasality /neɪ'zælɪti *Am* neɪ'zæləti/ *n.* (*Fon*) nasalità *f.*

nasalization /ˌneɪzəlaɪ'zeɪʃən/ *n.* (*Fon*) nasalizzazione *f.*

nasalize /'neɪzəlaɪz/ **I** *v.t.* nasalizzare, dare un suono nasale a. **II** *v.i.* parlare con voce nasale.

nasally /'neɪzəli/ *avv.* con voce nasale, con suono nasale.

nascency /'næsənsi, 'neɪsənsi/ *n.* nascita *f.*, origine *f.*

nascent /'næsənt, 'neɪsənt/ *a.* nascente (*anche Chim*). □ (*Econ*) ~*industry* industria nascente.

NASDAQ /'næzdæk/ (*Am,Econ*) *National association of securities dealers automated quotations* indice NASDAQ (associazione nazionale degli operatori di titoli a quotazioni automatizzate).

naseberry /'neɪzˌberi/ *n.* **1** (*Bot*) sapota *f.* **2** (*fruit*) sapota *f.*, sapotiglia *f.*

Nashville /'næʃvɪl/ *n.pr.* (*Geog*) Nashville *f.*

nasofrontal /ˌneɪzoʊ'frʌntəl *Am* ˌneɪzoʊ'frʌntəl/ *a.* (*Anat*) nasofrontale.

nastily /'nɑːstɪli *Am* 'næstɪli/ *avv.* **1** in modo disgustoso, sgradevolmente. **2** (*maliciously*) con cattiveria, malignamente. **3** (*indecently*) indecentemente, in modo osceno.

nastiness /'nɑːstɪnəs *Am* 'næstɪnəs/ *n.* **1** l'essere disgustoso, l'essere nauseante. **2** (*malice*) cattiveria *f.*, malignità *f.*, malanimo *m.* **3** (*indecency*) indecenza *f.*, oscenità *f.*

nasturtium /nə'stɜːʃəm *Am* nə'stɜːrʃəm/ *n.* **1** (*Bot*) tropeolo *m.* **2** (*Indian cress*) nasturzio *m.* del Perù, cappuccina *f.*

nasty /'nɑːsti *Am* 'næsti/ **I** *a.* **1** (*unpleasant to the senses*) sgradevole, disgustoso, cattivo, nauseante, ripugnante: *a ~ smell* un odore sgradevole; *a ~ taste* un sapore disgustoso. **2** (*filthy*) sporco, sudicio. **3** (*morally dirty*) sconcio, indecente. **4** (*ill-bred, oafish*) scortese, villano, maleducato. **5** (*very unpleasant*) brutto, cattivo: ~ *weather* brutto tempo. **6** (*of person*) cattivo, antipatico, dispettoso. **7** (*serious*) pericoloso, brutto, serio: *a ~ injury* una brutta ferita. **8** (*mean, vicious*) maligno, cattivo, malevolo, malvagio: *a ~ remark* un'osservazione maligna. **9** (*prone to petty maliciousness*) astioso, malevolo, animoso, ostile. **10** (*causing difficulty*) difficile, pericoloso, brutto: *a ~ curve* una curva pericolosa; *a ~ situation* una brutta situazione. **II** *n.pl.* **1** (*colloq*) (*people*) persone *f.pl.* sgradevoli, tipi *m.pl.* sgradevoli. **2** (*colloq*) (*things*) cose *f.pl.* sgradevoli, schifezze *f.pl.* □ *to take* (o *to have*) *a ~fall* fare una brutta caduta; *to give so. a ~look* lanciare un'occhiataccia a qcu.; *to have a ~ look in one's eye* avere negli occhi una luce cattiva; (*colloq*) *a ~piece of work* un tipo sgradevole; *to turn* ~: **1** diventare cattivo, diventare dispettoso; **2** (*of weather*) mettersi al brutto.

nat. **1** *national* naz. (nazionale). **2** *natural* (naturale).

natal[1] /'neɪtəl *Am* 'neɪtəl/ *a.* (*relating to one's birth*) natale, nativo.

natal[2] /'neɪtəl *Am* 'neɪtəl/ *a.* (*Anat*) delle natiche, riferito alle natiche.

Natalia /nə'tɑːliə/ *n.pr.f.* Natalia.

Natalie /'nætəli *Am* 'nætəli/ *n.pr.f.* Natalia.

natality /neɪ'tælɪti/ *n.* (*Am*) natalità *f.*, quoziente *m.* di natalità.

natant /'neɪtənt/ *a.* natante (*anche Bot*).

natation /neɪ'teɪʃən/ *n.* (*rar*) nuoto *m.*, natazione *f.*

natatorial /ˌnætə'tɔːriəl/ *a.* **1** natatorio, del nuoto. **2** (*Zool*) natatorio: ~ *birds* uccelli natatori.

natatory /nə'teɪtəri, 'neɪtətəri/ *a.* (*Zool*) natatorio.

natch /nætʃ/ *avv.* (*Am,sl*) (*naturally*) naturalmente, ovviamente.

nates /'neɪtiːz/ *n.pl.* (*Anat*) natiche *f.pl.*

Nathan /'neɪθən/ *n.pr.m.* Nathan.

Nathaniel /nə'θænjəl/ *n.pr.m.* Nataniele.

natheless /'neɪθləs/ *avv.* (*rar*) nondimeno, tuttavia, ciononostante.

nathless /'næθləs/ *avv.* (*rar*) nondimeno, tuttavia, ciononostante.

nation /'neɪʃən/ *n.* nazione *f.* □ ~ *state* stato-nazione, stato nazionale.

national /'næʃənəl/ *a.* **1** nazionale. **2** (*nationwide*) su scala nazionale, nazionale. **3** (*of a newspaper*) a diffusione nazionale. **4** (*Pol,Econ*) (*domestic*) interno, nazionale. **5**

(*maintained by the State*) statale, nazionale, dello stato: *a ~ theatre* un teatro statale. **6** (*patriotic*) nazionale, patriottico. **7** (*nationalist*) nazionalista, nazionalistico. **II** *n.* **1** cittadino *m.* (*f.* -a): *Italian -s in Argentina* cittadini italiani residenti in Argentina. **2** (*national newspaper*) giornale *m.* (a diffusione) nazionale. □ (*Econ*) *~ accounts* conti nazionali; (*US*) *National Aeronautics and Space Administration* Ente nazionale aeronautico e spaziale (NASA); *~ anthem* inno nazionale; (*Pol*) *~ assembly* assemblea nazionale; *~ bank* banca nazionale; *~ budget* bilancio dello stato; (*US,Pol*) *~ committee* comitato nazionale; *National Convention*: 1 (*US,Pol*) convegno di delegati eletti nelle primarie, convention; 2 (*Stor*) Convenzione nazionale (francese); (*Stor*) (*Scottish*) *National Covenant* convenzione nazionale (scozzese); *~ currency* moneta nazionale; (*GB,Scol*) *~ curriculum* programma nazionale (dei corsi); (*Econ*) *~ debt* debito pubblico, debito nazionale; (*US*) *National Education Association* sindacato nazionale per la scuola; *~ emergency* stato di emergenza (nazionale); *~ forest* foresta protetta; (*Pol*) *National Front* Fronte nazionale; *~ government* governo di unità nazionale; (*US*) *National Guard* guardia nazionale; (*GB*) *National Health Service* servizio sanitario statale, servizio sanitario nazionale; (*GB*) *National Heritage* ministero per l'ambiente; *~ income* reddito nazionale; (*GB*) *National Insurance Act* legge costitutiva del sistema previdenziale; (*GB*) *National Insurance Fund* contributi statali della previdenza nazionale; *~ liberation front* fronte di liberazione nazionale; (*US*) *National Organization for Women* associazione per i diritti delle donne; *~ park* parco nazionale; (*US*) *National Rifle Association* associazione dei produttori di armi; (*US*) *National Security Council* consiglio di sicurezza nazionale; (*Mil*) *~ service* servizio militare; (*Stor*) *National Socialism* nazionalsocialismo; (*Stor*) *National Socialist* nazionalsocialista; (*US*) *National Urban League* organizzazione contro la discriminazione razziale.

nationalisation /ˌnæʃənəlaɪˈzeɪʃən, ˌnæʃənəlɪˈzeɪʃən/ *n.* (*Br,Pol,Econ*) nazionalizzazione *f.*, statalizzazione *f.*: *the ~ of the railways* la nazionalizzazione delle ferrovie.

nationalise /ˈnæʃənəlaɪz/ *v.t.* (*Br*) **1** (*Pol, Econ*) nazionalizzare, statalizzare, statizzare. **2** (*to make national in character*) dare un carattere nazionale a.

nationalism /ˈnæʃənəlɪzm/ *n.* **1** nazionalismo *m.* **2** (*patriotism*) patriottismo *m.* **3** (*national character*) l'essere nazionale.

nationalist /ˈnæʃənəlɪst/ **I** *n.* nazionalista *m./f.* **II** *a.* nazionalista, nazionalistico. □ (*Geog*) *Nationalist China* Cina nazionalista.

nationalistic /ˌnæʃənəˈlɪstɪk/ *a.* nazionalistico, nazionalista.

nationality /ˌnæʃəˈnæləti, ˌnæʃˈnæləti/ *n.* **1** nazionalità *f.*, cittadinanza *f.*: *to acquire American ~* prendere la cittadinanza americana; *dual ~* doppia nazionalità. **2** (*nation*) nazione *f.*, nazionalità *f.*

nationalization /ˌnæʃənəlaɪˈzeɪʃən, ˌnæʃənəlɪˈzeɪʃən/ *n.* (*Pol,Econ*) nazionalizzazione *f.*, statalizzazione *f.*, statizzazione *f.*: *the ~ of the railways* la nazionalizzazione delle ferrovie.

nationalize /ˈnæʃənəlaɪz/ *v.t.* **1** (*Pol,Econ*) nazionalizzare, statalizzare, statizzare. **2** (*to make national in character*) dare un carattere nazionale a. **3** (*to naturalize*) nazionalizzare.

nationally /ˈnæʃnəli/ *avv.* in tutta la nazione,

---

su scala nazionale.

nationhood /ˈneɪʃənˌhʊd/ *n.* l'essere una nazione, carattere *m.* nazionale: *to achieve ~* conseguire l'indipendenza nazionale.

nation-state /ˌneɪʃənˈsteɪt Am ˈneɪʃnsteɪt/ *n.* stato-nazione *m.*, stato *m.* nazionale.

nationwide /ˌneɪʃənˈwaɪd/ **I** *a.* nazionale, su scala nazionale. **II** *avv.* su scala nazionale.

native /ˈneɪtɪv Am ˈneɪtɪv/ **I** *a.* **1** natale, nativo: *one's ~ town* la propria città natale. **2** (*inherent, inborn*) innato, spontaneo, naturale: *~ ability* abilità innata. **3** (*natural*) tipico, proprio (*to* di): *prevarication is ~ to his character* la prevaricazione è tipica del suo carattere. **4** (*belonging to a particular place*) nativo, locale, del luogo. **5** (*being an original inhabitant*) indigeno, nativo, locale, aborigeno: *~ guides* guide indigene; *~ labour* manodopera locale. **6** (*of or belonging to natives*) locale, degli indigeni: *~ customs* usanze locali; *a ~ uprising* una sommossa degli indigeni. **7** (*Min*) nativo: *copper in the ~ state* rame allo stato nativo. **II** *n.* **1** (*original inhabitant*) indigeno *m.* (*f.* -a), aborigeno *m.* (*f.* -a), nativo *m.* (*f.* -a). **2** (*ant,spreg*) (*non-European*) non europeo *m.* (*f.* -a), persona *f.* non europea. **3** (*person born in a particular place*) persona *f.* nativa, nativo *m.* (*f.* -a): *a ~ of New York* una persona nata a New York. **4** (*local resident*) abitante *m./f.* del luogo, nativo *m.* (*f.* -a). **5** (*animal*) animale *m.* indigeno, animale *m.* originario; (*plant*) pianta *f.* indigena. **6** (*in Britain: local oyster*) ostrica *f.* locale. □ *Native American* indiano americano, amerindio, nativo americano; (*Aus, Zool*) *~ bear* koala, orso d'Australia; (*Aus, Zool*) *~ dog* dingo; (*colloq*) *to go ~* assumere i costumi indigeni; *one's ~ land* la propria terra natia, la patria; *one's ~ language* la propria lingua madre; *to speak a language like a ~* parlare una lingua come uno del luogo; *~ speaker* madrelingua; (*Stor*) *~ state* (*in India*) stato governato da un principe locale.

native-born /ˌneɪtɪvˈbɔːn Am ˈneɪtɪvˌbɔːrn/ *a.* nativo, indigeno, autoctono.

nativism /ˈneɪtɪˌvɪzm/ *n.* **1** (*Filos*) innatismo *m.*, nativismo *m.* **2** (*Stor.am*) politica *f.* in favore degli interessi delle popolazioni indigene. **3** (*return to traditional customs*) ritorno *m.* ai costumi tradizionali.

nativist /ˈneɪtɪvɪst/ *n.* (*Filos*) innatista *m./f.*, nativista *m./f.*

nativistic /ˌneɪtɪˈvɪstɪk/ *a.* (*Filos*) innatista.

nativity /nəˈtɪvəti Am nəˈtɪvəti/ *n.* **1** nascita *f.* **2** (*horoscope*) oroscopo *m.* □ (*Teat*) *~ play* natività; *~ scene* presepe.

Nativity /nəˈtɪvəti Am nəˈtɪvəti/ *n.* **1** (*Rel*) natività *f.* **2** (*Christmas*) Natale *m.*

NATO /ˈneɪtəʊ Am ˈneɪtoʊ/ *North Atlantic Treaty Organization* NATO (Organizzazione del trattato nord atlantico).

NATO-headquarters /ˌneɪtəʊˈhedkwɔːtəz Am ˌneɪtoʊˈhedkwɔːrtərz/ *n.pl.* quartier *m.sing.* generale della NATO.

natriuresis /ˌneɪtrɪjʊ(ə)ˈriːsɪs/ *n.* (*Fisiol*) natriuresi *f.*

natriuretic /ˌneɪtrɪjʊ(ə)ˈretɪk Am ˌneɪtrɪjʊ(ə)ˈretɪk/ *a.* (*Farm,Fisiol*) natriuretico.

natron /ˈneɪtrən Am ˈneɪtrɑːn/ *n.* (*Chim*) natron *m.*

natter /ˈnætər/ **I** *v.i.* (*Br,colloq*) chiacchierare, cianciare. **II** *n.* (*Br,colloq*) chiacchierata *f.*, quattro chiacchiere *f.pl.*: *to have a ~ with so.* fare una chiacchierata con qcu.

nattily /ˈnætɪli/ *avv.* (*Br*) con eleganza, in modo ricercato: *to dress ~* vestire con eleganza.

nattiness /ˈnætɪnəs/ *n.* (*Br*) eleganza *f.*, ricercatezza *f.*

---

natty /ˈnæti/ *a.* (*Br*) elegante, azzimato, ricercato.

natural /ˈnætʃərəl, ˈnætʃʊrəl Am ˈnætʃərəl/ **I** *a.* **1** (*of, existing in nature*) naturale: *a ~ watercourse* un corso d'acqua naturale. **2** (*in accordance with nature*) di natura, naturale: *~ laws* leggi di natura. **3** (*to be expected*) ovvio, naturale, che va da sé: *a ~ conclusion* una conclusione ovvia. **4** (*free from affectation*) semplice, naturale, spontaneo, schietto. **5** (*inborn*) naturale, innato, congenito, connaturato: *~ talents* doti naturali. **6** (*being so by nature*) nato, per natura: *he is a ~ idiot* un cretino nato. **7** (*characteristic*) caratteristico, tipico, proprio (*to* di): *aggression is ~ to man* l'aggressività è caratteristica dell'uomo. **8** (*Mus*) naturale. **9** (*related by blood*) naturale. **10** (*ant*) (*of a child: illegitimate*) illegittimo, naturale. **II** *n.* **1** (*colloq*) (*one having natural talent*) chi ha doti naturali. **2** (*colloq*) (*one naturally suited for sth.*) persona *f.* adatta. **3** (*Br,colloq*) (*life*) vita *f.*, esistenza *f.*: *I've never seen such a thing in all my ~* non ho mai visto una cosa simile in vita mia. **4** (*Mus*) (*sign*) bequadro *m.* **5** (*Mus*) (*note affected*) nota *f.* naturale. **6** (*Br,ant,colloq*) (*idiot, half-wit*) idiota *m./f.*, deficiente *m./f.* **7** *pl.* prodotti *m.pl.* naturali, prodotti *m.pl.* ecologici. **III** *avv.* (*colloq*) con naturalezza, spontaneamente, naturalmente: *acting comes ~ to him* recita con naturalezza, recitare gli viene naturale. □ *a ~ blonde* una bionda naturale; *from ~ causes* (*o of ~ causes*) per cause naturali; *~ childbirth* parto naturale; *~ death* morte naturale; *to have a ~ disposition to catch cold* avere tendenza al raffreddore, avere predisposizione per il raffreddore; *~ environment* ambiente naturale; (*Tess*) *~ fibre* fibra naturale; *~ foods* alimenti naturali; (*Fis*) *~ frequency* frequenza naturale; *~ gas* gas naturale; *~ history* storia naturale; *~ justice* giustizia naturale; *~ language*: 1 (*Br*) linguaggio naturale; 2 (*Br*) (*mothertongue*) lingua madre, madrelingua; *~ law*: 1 diritto naturale; 2 (*relating to natural phenomena*) legge naturale; *~ life* durata della vita (in circostanze normali); (*colloq*) *for the rest of my ~ life* per il resto dei miei giorni, vita natural durante; (*Mat*) *~ logarithm* logaritmo naturale; (*Mat*) *~ numbers* numeri naturali; (*Dir*) *~ person* persona fisica; *~ philosopher*: 1 naturalista; 2 (*physicist*) fisico; *~ philosophy*: 1 scienze naturali; 2 (*physics*) fisica; *~ radioactivity* radioattività naturale; *~ religion* religione naturale; *~ resources*: 1 (*of a country*) risorse naturali; 2 (*of a person*) doti di natura, doti naturali; *~ right* diritto naturale, diritto di natura; *~ science* scienze naturali; *~ scientist* naturalista; (*Biol*) *~ selection* selezione naturale; *~ theology* teologia naturale; *~ year* anno tropico, anno solare.

natural-born /ˈnætʃərəlˌbɔːn Am ˈnætʃərəlˌbɔːrn/ *a.* (*colloq*) (*having natural talent for sth.*) nato, per natura, di natura: *a ~ orator* un oratore nato.

naturalisation /ˌnætʃərəlaɪˈzeɪʃən, ˌnætʃʊrəlaɪˈzeɪʃən/ *n.* (*Br*) **1** (*of an alien: act*) naturalizzazione *f.*; (*state*) l'essere naturalizzato. **2** (*Biol*) (*act*) acclimatarsi; (*state*) acclimatamento *m.*, acclimatazione *f.*, naturalizzazione *f.*

naturalise /ˈnætʃərəlaɪz, ˈnætʃʊrəlaɪz/ *v.* (*Br*) → **naturalize**.

naturalism /ˈnætʃərəlɪzm, ˈnætʃʊrəlɪzm Am ˈnætʃərəlɪzm/ *n.* (*Art,Lett,Filos*) naturalismo *m.*

naturalist /ˈnætʃərəlɪst, ˈnætʃʊrəlɪst Am ˈnætʃərəlɪst/ *n.* **1** (*scientist*) naturalista *m./f.* **2** (*Art,Lett,Filos*) naturalista *m./f.*

naturalistic /ˌnætʃərəˈlɪstɪk, ˌnætʃʊrəˈlɪstɪk

naturalistically /ˌnætʃərəˈlɪstɪk/ *a.* **1** naturalistico. **2** (*simulating the effects of nature*) naturale, che imita le condizioni naturali. **3** (*of naturalism*) naturalista.

naturalistically /ˌnætʃərəˈlɪstɪkəli, ˌnætʃurəl ˈɪstɪkli *Am* ˌnætʃərəlˈɪstɪkli/ *avv.* da naturalista, in modo naturalista.

naturalization /ˌnætʃərəlaɪˈzeɪʃən, ˌnætʃurəli ˈzeɪʃən/ *n.* **1** (*of an alien: act*) naturalizzazione *f.*; (*state*) l'essere naturalizzato. **2** (*Biol*) (*act*) l'acclimatarsi; (*state*) acclimatamento *m.*, acclimatazione *f.*, naturalizzazione *f.*

naturalize /ˈnætʃərəlaɪz, ˈnætʃurəlaɪz/ I *v.t.* **1** (*of an alien*) naturalizzare. **2** (*to introduce into a new area*) adottare, accettare, ammettere: *to ~ a foreign word* adottare una parola straniera. **3** (*to bring into conformity with nature*) rendere naturale, rendere spontaneo. **4** (*to treat or regard as natural*) considerare naturale, dare una spiegazione naturale di. **5** (*Biol*) acclimatare. II *v.i.* **1** (*of an alien*) naturalizzarsi. **2** (*to study natural history*) studiare (le) scienze naturali.

naturally /ˈnætʃərəli, ˈnætʃurəli/ *avv.* **1** (*by nature*) per natura, di natura, naturalmente: *he is ~ ambitious* è ambizioso per natura. **2** (*not artificially*) naturalmente, al naturale. **3** (*as a natural result*) naturalmente, ovviamente, com'è logico. **4** (*esclam.*) certo!, certamente!, sì capisce!, s'intende!: *do you agree? - ~!* sei d'accordo! - certo! **5** (*without affectation*) con naturalezza, spontaneamente: *to act ~* comportarsi con naturalezza. **6** (*with truth to nature*) con realismo, realisticamente: *to paint ~* dipingere con realismo.

naturalness /ˈnætʃərəlnəs, ˈnætʃurəlnəs/ *n.* naturalezza *f.*, spontaneità *f.*

nature /ˈneɪtʃər/ *n.* **1** (*natural world*) natura *f.* **2** (*natural forces*) forze *f.pl.* della natura, natura *f.* **3** (*natural scenery*) paesaggio *m.* naturale, natura *f.* **4** (*essential character*) natura *f.: the ~ of man* la natura dell'uomo. **5** (*character, temperament*) indole *f.*, carattere *m.*, temperamento *m.*, natura *f.: it is not in his ~ to lie* non è nel suo carattere mentire. **6** (*instinct*) natura *f.*, istinto *m.* (naturale): *it is a dog's ~ to bark* abbaiare è nella natura del cane. **7** (*kind, type*) genere *m.*, specie *f.*, tipo *m.* **8** (*reality*) realtà *f.*, vero *m.*, natura *f.: to paint from ~* dipingere dal vero. □ *back to ~* torniamo alla natura; *by ~* di natura, per natura: *he is by ~ a proud man* è orgoglioso per natura; *~cure* naturopatia, medicina naturale; *to be in the ~of* aver l'aria di, avere l'aspetto di, sembrare; *to be of the ~of* aver l'aria di, avere l'aspetto di, sembrare; *in the ~ of things* inevitabilmente, secondo la logica degli eventi; *~or nurture ?* dovuto a un fattore genetico oppure causato dall'ambiente?, natura o cultura?; (*Filos*) *~philosophy* naturismo *m.*; *~poet* poeta della natura; *~ reserve* riserva naturale; (*Scol*) *~ study* studio della natura, osservazione della natura; *~trail* (o *~walk*) percorso naturalistico, passeggiata naturalistica; *~worship* adorazione della natura.

natured /ˈneɪtʃərd/ *a.* (*in compounds*) di indole..., di carattere...: *good-~* di indole gentile, buono.

naturism /ˈneɪtʃərɪzəm/ *n.* **1** (*nudism*) nudismo *m.*, naturismo *m.* **2** (*Rel*) naturismo *m.*

naturist /ˈneɪtʃərɪst/ I *n.* nudista *m./f.*, naturista *m./f.* II *a.* naturistico, nudista.

naturopath /ˈneɪtʃəroupæθ, ˈneɪtʃuroupæθ/ *n.* (*Med*) naturopata *m./f.*

naturopathic /ˌneɪtʃəˈrouˈpæθɪk, ˌneɪtʃuˈrou ˈpæθɪk/ *a.* (*Med*) naturopatico.

naturopathy /ˌneɪtʃəˈrɒpəθi, ˌneɪtʃuˈrɒpəθi *Am* ˌneɪtʃəˈrɑːpəθi/ *n.* (*Med*) naturopatia *f.*, medicina *f.* naturale.

NAU *Nauru* NAU (Nauru).

naught /nɔːt *Am also* naːt/ *n.* **1** (*zero*) zero *m.* **2** (*lett*) (*nothing*) niente *m.*, nulla *m.*: *to care ~ for* non curarsi affatto di. □ *to bring to ~* far fallire: *to be brought to ~* fallire, finire in niente; *all her work was for ~* tutto il suo lavoro è stato inutile, ha lavorato per niente.

naughtily /ˈnɔːtɪli *Am* ˈnɔːtɪli, naːtɪli/ *avv.* con cattiveria, in modo cattivo.

naughtiness /ˈnɔːtɪnəs *Am* ˈnɔːtɪnəs, naːtɪnəs/ *n.* cattiveria *f.*

naughty /ˈnɔːti *Am* ˈnɔːti, ˈnaːti/ *a.* **1** birichino, cattivello, capriccioso: *a ~ child* un bambino birichino. **2** (*disobedient*) disubbidiente. **3** (*improper*) sconveniente. □ *to be ~* fare i capricci: *don't be ~* non fare i capricci; *don't be a ~ boy* non fare il bambino cattivo.

Nauru /naːˈuːruː/ *n.pr.* (*Geog*) Nauru *m.*

nausea /ˈnɔːsiə, ˈnɔːʒə *Am* ˈnaːziə/ *n.* **1** nausea *f.* **2** (*extreme disgust*) disgusto *m.*, nausea *f.*, schifo *m.*

nauseate /ˈnɔːsieɪt, ˈnɔːʒeɪt *Am* ˈnaːzieɪt/ *v.t.* nauseare, stomacare, disgustare.

nauseating /ˈnɔːsieɪtɪŋ, ˈnɔːʒeɪtɪŋ *Am* ˈnaːzieɪtɪŋ/ *a.* **1** nauseabondo, nauseante: *a ~ smell* un odore nauseabondo. **2** (*causing disgust*) disgustoso, nauseante, stomachevole.

nauseatingly /ˈnɔːsiˌeɪtɪŋli, ˈnɔːʒiˌeɪtɪŋli *Am* ˈnaːziˌeɪtɪŋli/ *avv.* in modo nauseante, disgustosamente, in modo nauseabondo: *~ sweet* troppo dolce, nauseante.

nauseous /ˈnɔːsiəs, ˈnɔːʃəs *Am* ˈnaːʃəs/ *a.* **1** nauseato, che ha la nausea: *to be ~* avere la nausea. **2** (*Br*) (*causing nausea*) nauseante, che procura nausea. **3** (*Br*) (*offensive to taste or smell*) nauseabondo, nauseante, disgustoso.

nauseously /ˈnɔːsiəsli, ˈnɔːʃəsli *Am* ˈnaːʃəsli/ *avv.* (*filled with nausea*) fino alla nausea.

nauseousness /ˈnɔːsiəsnəs, ˈnɔːʃəsnəs *Am* ˈnaːʃəsnəs/ *n.* **1** nausea *f.* **2** (*extreme disgust*) disgusto *m.*, nausea *f.*, schifo *m.*

nautical /ˈnɔːtɪkəl *Am* ˈnaːtɪkəl, ˈnɔːtɪkəl/ *a.* **1** nautico, della navigazione, marino: *~ terms* termini nautici. **2** (*of ships*) navale. **3** (*of seamen*) marinaresco, marinaro. □ (*Mar*) *~ almanac* effemeridi nautiche; *~mile* miglio marino (internazionale).

nautiloid /ˈnɔːtɪlɔɪd/ *n.* **1** (*Zool*) nautilo *m.* **2** (*Zool*) (*paper nautilus*) argonauta *m.*

nautilus /ˈnɔːtɪləs *Am* ˈnaːtɪləs, ˈnɔːtɪləs/ (*pl.* -ses /-sɪz/, -li /-laɪ/) *n.* **1** (*Zool*) nautilo *m.* **2** (*Zool*) (*paper nautilus*) argonauta *m.* **3** (*Ginn*) *Nautilus equipment* macchine Nautilus (per il fitness); (*Ginn*) *Nautilus training* programma di allenamento basato sull'uso di macchine Nautilus.

nav. **1** *naval* (navale). **2** *navigation* (navigazione). **3** *navy* (marina).

Navaho /ˈnævəhou/ *n.* **1** navajo *m./f.* **2** (*language*) navajo *m.*, lingua *f.* navajo.

Navajo /ˈnævəhou/ (*pl.inv.* o *-s* /-z/) *n.* **1** navajo *m./f.* **2** (*language*) navajo *m.*, lingua *f.* navajo.

naval /ˈneɪvəl/ *a.* **1** (*of a navy*) di marina, navale, della marina militare: *a ~ officer* un ufficiale della marina. **2** (*of warships*) navale: *a ~ battle* una battaglia navale. **3** (*having a navy*) navale, marittimo: *~ power* potenza navale. **4** (*nautical*) nautico, navale. □ *~ academy* accademia navale; *~ architecture* architettura navale; (*Dipl*) *~attaché* addetto navale; *~ aviation* aviazione navale, aviazione di marina; *~cadet* allievo dell'accademia navale, cadetto; *Naval College* accademia navale; *~dockyard* arsenale marittimo; *~officer* ufficiale di marina; *~stores* : 1 materiali per navi di legno; 2 prodotti dell'industria resiniera.

Navarre /nəˈvɑːr *Am* nəˈvɑːr/ *n.pr.* (*Geog*) Navarra *f.*

nave [1] /neɪv/ *n.* (*Arch*) navata *f.* (centrale).

nave [2] /neɪv/ *n.* (*Tecn*) (*of a wheel*) mozzo *m.*

navel /ˈneɪvəl/ *n.* **1** (*Anat*) ombelico *m.* **2** (*fig*) punto *m.* centrale, punto *m.* mediano, centro *m.* □ (*Bot*) *~orange* navel, arancia navel; (*Anat*) *~string* cordone ombelicale.

navel-gazing /ˈneɪvəlˌgeɪzɪŋ/ I *a.* **1** (*focusing too much inwardly*) troppo introspettivo. **2** (*overly analytical*) troppo analitico. II *n.* l'essere troppo introspettivo.

navicert /ˈnævɪˌsɜːt *Am* ˈnævɪˌsɜːrt/ *n.* (*Econ, Mar*) navicert *m.*

navicular /nəˈvɪkjələr, nəˈvɪkjʊlər/ I *a.* **1** (*Anat*) navicolare. **2** (*ant*) a forma di nave, navicolare. II *n.* (*Anat*) osso *m.* navicolare. □ (*Anat*) *~disease* sindrome navicolare; (*Veter*) *~syndrome* sindrome navicolare.

navigability /ˌnævɪgəˈbɪləti *Am* ˌnævɪgə ˈbɪləti/ *n.* navigabilità *f.*

navigable /ˈnævɪgəbl/ *a.* **1** (*of a river, etc.*) navigabile. **2** (*of a vessel, etc.*) atto a navigare.

navigate /ˈnævɪgeɪt/ I *v.t.* **1** (*Mar,Aer*) (*to direct or to manage on its course*) governare, pilotare, condurre, manovrare; (*to control the course of*) tenere in rotta, regolare la rotta di. **2** (*Mar*) (*sail*) traversare, attraversare, percorrere (navigando): *to ~ the Pacific* traversare il Pacifico. **3** (*estens*) (*to guide*) guidare, condurre. **4** (*fig*) far passare (leggi ecc.): *to ~ a bill through Parliament* far passare un progetto di legge in parlamento. **5** (*Inform*) (*to research*) navigare: *~ the Internet* navigare in Internet. II *v.i.* **1** (*Mar,Aer*) dirigere la rotta. **2** (*Mar*) (*to voyage in a ship*) navigare (per mare). **3** (*in a car*) fare da navigatore.

navigating /ˈnævɪgeɪtɪŋ *Am* ˈnævɪgeɪtɪŋ/ □ *~ officer*: 1 (*Mar*) ufficiale di rotta; 2 (*Aer*) ufficiale di rotta, navigatore.

navigation /ˌnævɪˈgeɪʃən/ *n.* (*Mar,Aer,Inform*) navigazione *f.* □ (*Stor*) *Navigation Act* Atto di navigazione; (*Inform*) *~key* tasto di navigazione; (*Aer*) *~light* luce di posizione, luce di via, fanale di via; (*Mar,Aer*) *~radar* radar di navigazione.

navigational /ˌnævɪˈgeɪʃənəl/ *a.* (*Mar,Aer*) navigatorio, della navigazione, relativo alla navigazione: *~ errors* errori di navigazione; *~ aids* aiuti alla navigazione.

navigationally /ˌnævɪˈgeɪʃənəli/ *avv.* dal punto di vista della navigazione.

navigator /ˈnævɪgeɪtər *Am* ˈnævɪgeɪtər/ *n.* **1** navigatore *m.* (*f.* -trice). **2** (*Mar*) ufficiale *m.* di rotta. **3** (*Aer*) ufficiale *m.* di rotta, navigatore *m.* **4** (*navvy*) scavatore *m.*, sterratore *m.* **5** (*Inform*) navigatore *m.*, browser *m.*

navvy /ˈnævi/ I *n.* (*Br,ant*) **1** scavatore *m.*, sterratore *m.*, terrazziere *m.* **2** (*Mecc*) scavatrice *f.* meccanica. II *v.i.* fare lo sterratore.

navy /ˈneɪvi/ I *n.* **1** (*Mar,mil*) marina *f.* (militare). **2** (*lett*) (*body of warships*) flotta *f.* da guerra. **3** (*government department*) ministero *m.* della marina. **4** (*navy blue*) blu *m.* marino. II *a.* blu marino. □ *~blu* blu marino; *~ cut* tabacco trinciato fino; *Navy Department* ministero della marina; (*Mar*) *~yard* arsenale.

navy-beans /ˈneɪviˌbiːnz/ *n.* (*haricot*) cannellini *m.pl.*, fagioli *m.pl.* bianchi.

navy-blue /ˈneɪviˌbluː/ *a.* blu navy, blu scuro.

nawab /nəˈwɑːb/ *n.* **1** (*Stor*) (*under the Mongols*) viceré *m.* **2** (*Moslem prince*) principe *m.* musulmano (in India). **3** (*nabob*) nababbo *m.*

Naxos /'næksɒs *Am* 'næksɑ:s/ *n.pr.* (*Geog*) Nasso *f.*

nay /neɪ/ **I** *avv.* **1** no. **2** (*lett*) (*indeed*) anzi, o meglio: *a good, ~, excellent example* un buon esempio, anzi eccellente. **II** *n.* **1** (*vote*) no *m.*, voto *m.* contrario. **2** (*voter*) chi vota contro, contrario *m.* **3** (*Lett*) (*denial, refusal*) rifiuto *m.*, no *m.*, risposta *f.* negativa. ☐ *~ sayer* pessimista.

Nazarene /,næzə'ri:n, 'næzə'ri:n/ **I** *n.* **1** nazareno *m.* (*f.* -a) (*anche Art*). **2** (*Christian*) cristiano *m.* (*f.* -a), nazareno *m.* (*f.* -a). **3** (*Stor*) nazareno *m.* (*f.* -a), giudeo-cristiano (*f.* -a). **4** (*Jesus Christ*) Nazareno *m.* **II** *a.* di Nazaret(h), nazareno.

Nazareth /'næzərəθ/ *n.pr.* (*Geog*) Nazaret(h) *f.*

Nazarite /'næzʳraɪt/ *n.* **1** (*Rel.ebr*) nazireo *m.* **2** (*Nazarene*) nazareno *m.* (*f.* -a).

naze /neɪz/ *n.* (*Geog*) promontorio *m.*

Nazi /'nɑ:tsi/ **I** *n.* nazista *m./f.*, nazionalsocialista *m./f.* **II** *a.* nazista, nazionalsocialista.

Nazification /,nɑ:tsɪfɪ'keɪʃən/ *n.* nazificazione *f.*

Nazify /'nɑ:tsɪfaɪ/ *v.t.* nazificare.

Naziism /'nɑ:tsɪ,ɪzʳm/ *n.* nazismo *m.*, nazionalsocialismo *m.*

Nazism /'nɑ:tsɪˌzʳm/ *n.* nazismo *m.*, nazionalsocialismo *m.*

N.B. /,en'bi:/ **1** *nota bene* N.B. (nota bene). **2** (*Geog*) New Brunswick (New Brunswick, Nuovo Brunswick).

NBA /,enbi:'eɪ, ˌembi:'eɪ/ **1** (*US*) *National Basketball Association* (associazione nazionale di basket). **2** (*US*) *National Boxing Association* (associazione nazionale di pugilato).

NBC /,enbi:'si:, ˌembi:'si:/ **1** (*US*) *National Broadcasting Company* (ente radiofonico nazionale). **2** (*Mil*) *Nuclear, Bacteriological and Chemical* (nucleare, batteriologico e chimico).

NC /,en'si:/ **1** (*Inform*) *network computer* (network computer). **2** *numerical control* CN (controllo numerico).

N.C. *North Carolina* N.C. (North Carolina, Carolina del Nord).

NC-17 (*Am*) (*film classification*) *no children under 17* vietato ai minori di 17 anni.

NCAA /,ensi:'dʌbl̩eɪ/ (*US*) *National Collegiate Athletic Association* (associazione nazionale universitaria di atletica).

NCB /,ensi:'bi:/ *National Coal Board* (ente nazionale per il carbon fossile).

NCO /,ensi:'oʊ/ (*Mil*) *non-commissioned officer* (sottufficiale).

ND (*US*) *Navy Department* (ministero della marina).

n.d. /,en'di:/ (*Econ*) *no date* s.d. (senza data).

N.D. *North Dakota* N.D. (North Dakota).

NDE *Near-Death Experience* (esperienza di pre-morte).

NE /,en'i:/ **1** *North-East* NE (nord-est). **2** *New England* (Nuova Inghilterra). **3** *Nebraska* NE (Nebraska).

Neanderthal /ni'ændətɑːl *Am* ni'ændərθɔːl/ **I** *a.* **1** (*Paleont*) neandertaliano. **2** (*fig*) (*uncivilized*) incivile, barbaro, brutale. **II** *n.pl.* (*Paleont*) uomini *m.pl.* di Neandertal, neandertaliani *m.pl.* ☐ (*Paleont*) *~ man* uomo di Neandertal.

neap /ni:p/ **I** *a.* (*of a tide*) di quadratura, minimo. **II** *n.* marea *f.* di quadratura. **III** *v.i.* (*of a tide*) (tendere ad) abbassarsi. ☐ *~ tide* marea di quadratura.

Neapolitan /,ni:ə'pɒlɪtən *Am* ,ni:ə'pɑːlətʳn/ **I** *a.* napoletano. **II** *n.* napoletano *m.* (*f.* -a). ☐ *~ ice cream* gelato misto, variegato alla frutta; cassata napoletana; (*Mus*) *~ sixth chord* accordo di sesta napoletana.

near /nɪəʳ *Am* nɪr/ **I** *avv.* **1** vicino, a poca distanza: *he lives ~* abita vicino; *the station is very ~* la stazione è a pochissima distanza. **2** (*of time*) vicino, imminente, prossimo: *Christmas is ~* Natale è vicino. **3** (*almost*) quasi. **4** (*thriftily*) con parsimonia. **5** (*Mar*) (*close to the wind*) stretto di bolina. **II** *a.* **1** (*not far in place*) vicino. **2** (*being the closer*) più vicino. **3** (*not far in time*) vicino, prossimo, imminente: *in the ~ future* nel prossimo futuro. **4** (*close in relationship*) stretto, prossimo: *a ~ relative* un parente stretto. **5** (*intimate*) intimo. **6** (*short, direct*) breve, diretto: *the -est way to the station* la via più breve per la stazione. **7** (*closely resembling, faithful*) fedele, esatto, molto somigliante. **8** (*close to an original*) letterale: *~ translation* traduzione letterale. **9** (*that barely misses or avoids*) mancato per poco, evitato per un pelo. **10** (*almost*) quasi, quasi totale: *in ~ darkness* nell'oscurità quasi totale. **11** (*on the left*) sinistro, di sinistra. **12** (*thrifty*) economo, frugale, parco, parsimonioso. **13** (*niggard*) avaro, tirchio. **14** (*Aut*) sul lato vicino al marciapiede. **III** *prep.* **1** (*of place*) vicino a, in prossimità di, accanto a, presso: *I live ~ the river* vivo vicino al fiume; *come and sit ~ the fire* vieni a sederti accanto al fuoco. **2** (*of time*) verso, vicino: *~ midnight* verso mezzanotte; *~ Christmas* vicino a Natale. **3** (*of degree*) vicino a, prossimo a, presso: *to be ~ death* essere vicino alla morte. **IV** *v.t.* **1** (*of place*) avvicinarsi a, avvicinare, accostare: *the ship -ed the land* la nave si avvicinò a terra. **2** (*of degree*) approssimarsi a, avvicinarsi a: *to ~ one's end* approssimarsi alla fine. **V** *v.i.* **1** (*in space*) avvicinarsi, accostarsi. **2** (*in time*) avvicinarsi, approssimarsi. ☐ (*colloq*) *it was a ~ go* ce la siamo cavata per un pelo, l'abbiamo scampata bella; *one's -est and dearest* i propri cari; *~ and far* in lungo e in largo; *~ at hand*: **1** (*of place*) vicinissimo, a portata di mano; **2** (*of time*) imminente, prossimo; *to come ~*: **1** avvicinarsi, farsi più vicino; **2** (*of a guess, etc.*) andarci vicino; *to come ~ to doing sth.* stare (quasi) per fare qcs., essere vicino a fare qcs.; *he comes ~ to being the best one* è quasi il migliore; *the work is -ing completion* il lavoro è quasi finito; (*Geog*) *Near East* Medio Oriente; *Near Eastern* del Medio Oriente; *~ enough* quasi; *to get ~*: **1** (*of place*) avvicinarsi, farsi vicino; **2** (*of time*) avvicinarsi, essere vicino; *to go ~* avvicinarsi; *it's ~ my heart* mi sta molto a cuore; (*fig*) *-er home* senza andare tanto lontano: *when the question comes -er home* quando la questione li toccherà (più) da vicino; (*colloq*) *~ the knuckle* (*of a joke, etc.*) spinto, sporco; *~ miss*: **1** (*Aer.mil*) tiro non andato completamente a segno; **2** (*collision*) mancata collisione, collisione evitata per un pelo; **3** (*accident*) mancato incidente, incidente evitato per un pelo; **4** (*fig*) mancato successo; (*Econ*) *~ money* quasi-moneta; (*Br,Comm*) *or -est offer* trattabile; *it's ~ on five o'clock* sono quasi le cinque; *~ side*: **1** (*Aut*) lato vicino al marciapiede; **2** (*left side*) lato sinistro; (*Br*) *to have ~ sight*: **1** avere la vista corta; **2** (*to be near-sighted*) essere miope; (*colloq*) *to have a ~ squeak* cavarsela per un pelo, salvarsi per il rotto della cuffia; (*colloq*) *his criticism was ~ the bone* la sua critica ha colpito nel segno; *to be ~ the mark* (*of a guess, etc.*) cogliere quasi nel segno, colpire quasi nel segno; *a ~ thing*: **1** (*nearly a failure*) un mezzo disastro; **2** (*a narrow escape*) lo scamparla per miracolo, lo scamparla per un pelo; **3** (*almost too late*) il farcela per un pelo, il far-

cela a malapena; *~ to*: **1** (*of place*) vicino a: *to sit ~ to the fire* sedere vicino al fuoco; **2** (*of time*) sotto, vicino: *~ to Easter* sotto Pasqua; **3** (*of degree*) prossimo: *~ to death* prossimo alla morte.

nearby /,nɪə'baɪ *Am* ,nɪr'baɪ/ **I** *a.* vicino, attiguo: *the ~ town* la città vicina. **II** *avv.* qui vicino, nelle vicinanze, qui presso: *the park ~* il parco qui vicino.

Nearctic /nɪ'ɑːktɪk *Am* nɪ'ɑːrktɪk/ *a.* (*Zool*) neartico.

near-death /'nɪədeθ *Am* 'nɪrdeθ/ ☐ *~ experience* esperienza di pre-morte.

nearly /'nɪəli *Am* 'nɪrli/ *avv.* **1** (*almost*) quasi, per poco: *it's ~ ten o'clock* sono quasi le dieci; *he ~ died from hunger* per poco non morì di fame. **2** (*closely*) strettamente, da vicino, intimamente. **3** (*at close range*) attentamente. ☐ (*fig*) *I ~ died* mi sono sentito morire; *not ~* affatto, per niente, minimamente: *he is not ~ as stupid as he looks* non è affatto stupido come sembra; *your work is not ~ good enough* il tuo lavoro non è per niente soddisfacente.

near-money /,nɪə'mʌni *Am* ,nɪr'mani/ *n.* (*Econ*) quasi-moneta *f.*

nearness /'nɪənəs *Am* 'nɪrnəs/ *n.* **1** vicinanza *f.*, prossimità *f.* **2** (*intimacy*) intimità *f.* **3** (*close resemblance*) stretta somiglianza *f.* **4** (*Br*) (*frugality*) parsimonia *f.*, frugalità *f.* **5** (*Br*) (*stinginess*) avarizia *f.*, tirchieria *f.*

nearside /'nɪə'saɪd *Am* 'nɪr'saɪd/ *n.* **1** (*Aut*) lato *m.* vicino al marciapiede. **2** (*left side*) lato *m.* sinistro.

near-sighted /,nɪə'saɪtɪd *Am* ,nɪr'saɪtɪd/ *a.* miope.

near-sightedness /,nɪə'saɪtɪdnəs *Am* ,nɪr'saɪtɪdnəs/ *n.* miopia *f.*

neat[1] /ni:t/ *a.* **1** (*tidy*) ordinato, lindo, pulito: *a ~ stack of clothes* una pila ordinata di abiti, *she keeps her room so ~ and organized* tiene la sua stanza sempre ordinata e pulita. **2** (*Am, sl*) (*interesting, pleasing*) bello, meraviglioso, splendido: *he's such a ~ guy, it's no wonder he was voted class president* è un ragazzo talmente in gamba che non c'è da stupirsi se è stato eletto rappresentante di classe; *he has so many ~ ideas for vacations* ha un sacco di belle idee per le vacanze. **3** (*legible, clear*) nitido, chiaro: *~ handwriting* scrittura nitida. **4** (*trim, smart*) accurato (nel vestire), ordinato, ben curato: *a ~ appearance is essential to professionalism* avere una figura ben curata è molto importante per essere professionale. **5** (*doing orderly work*) accurato, preciso: *she is very ~ when she cooks* mentre cucina è sempre molto precisa. **6** (*Br*) (*pleasing in shape*) piacevole, armonioso, ben fatto, ben proporzionato: *she has a ~ figure* ha un corpo armonioso. **7** (*Br*) (*deft, skilful*) agile, svelto: *to work with ~ fingers* lavorare con dita agili. **8** (*of drinks*) liscio: *to take a brandy ~* prendere un brandy liscio. ☐ *as ~ as a new pin* lucido come uno specchio.

neat[2] /ni:t/ *n.inv.* (*ant,Zool*) bovino *m.*

neath, 'neath /ni:θ/ *prep.* (*poet,dial*) (*beneath*) sotto, al di sotto di.

neatly /'ni:tli/ *avv.* **1** accuratamente, con cura, ordinatamente. **2** (*deftly, cleverly*) abilmente, destramente. **3** (*trim, smart*) accurato (nel vestire), ordinato, ben curato: *a ~ trimmed garden* un giardino ben curato. **4** (*fig*) (*without complication*) in modo semplice, liscio: *after twelve years of marriage and three children how could he expect to end things so ~?* dopo dodici anni di matrimonio e tre figli, come può pensare di mettere fine a tutto in modo così semplice?

neatness /'niːtnəs/ n. **1** ordine m., accuratezza f. **2** (deftness, cleverness) destrezza f., abilità f.

neat's-foot /'niːtsfʊt/ □ ~oil olio di piede di bue.

neb /neb/ n. (ant) **1** (of a bird) becco m., rostro m. **2** (nose) naso m. **3** (of an animal) muso m., naso m. **4** (tip, point) punta f., estremità f.

nebbish /'nebɪʃ/ I a. **1** (weak-willed) debole, sottomesso. **2** (timid) timido. II n. persona f. insignificante: he was a ~ in high school, painfully shy and insecure al liceo era goffo, terribilmente timido e insicuro.

Nebraska /nɪ'bræskə, nə'bræskə/ n.pr. (Geog) Nebraska m.

Nebuchadnezzar /ˌnebjəkəd'nezəʳ/ I n.pr.m. (Stor) Nabucodonosor. II n. (Enol) nabuchodonosor m.

nebula /'nebjələ/ (pl. **-lae** /-liː/, **-s** /-z/) n. **1** (Astr) nebulosa f., nebula f. **2** (Med) opacità f. corneale, nubecola f. **3** (Med) (substance) sostanza f. nebulizzata, spray m.

nebular /'nebjələʳ/ a. nebulare (anche Astr). □ (Astr) ~hypothesis ipotesi nebulare.

nebulisation /ˌnebjʊlaɪ'zeɪʃən/ n. (Br,Tecn) nebulizzazione f.

nebulise /'nebjəlaɪz/ v.t. (Br,Tecn) nebulizzare.

nebuliser /'nebjəlaɪzəʳ/ n. (Br,Tecn) nebulizzatore m., atomizzatore m.

nebulization /ˌnebjʊlaɪ'zeɪʃən/ n. (Tecn) nebulizzazione f.

nebulize /'nebjəlaɪz/ v.t. (Tecn) nebulizzare.

nebulizer /'nebjəlaɪzəʳ/ n. (Tecn) nebulizzatore m., atomizzatore m.

nebulosity /ˌnebjə'lɒsəti Am ˌnebjə'lɑːsəti/ n. **1** (Astr) nebulosità f. **2** (rar) nuvolosità f., nebulosità f.

nebulous /'nebjələs, 'nebjʊləs/ a. **1** (fig) vago, indistinto, nebuloso. **2** (Astr) nebuloso. **3** (rar) caliginoso, nebbioso, fosco.

nebulously /'nebjələsli, 'nebjʊləsli/ avv. (fig) vagamente, indistintamente.

nebulousness /'nebjələsnəs, 'nebjʊləsnəs/ n. **1** (fig) vaghezza. **2** (Astr) nebulosità f. **3** (rar) nuvolosità f., nebulosità f.

necessarian /ˌnesə'seriən/ I a. (Filos) deterministico. II n. (Filos) determinista m./f.

necessarianism /ˌnesə'seriəˌnɪzəm/ n. (Filos) determinismo m.

necessarily /'nesəsərəli, ˌnesə'serəli/ avv. **1** necessariamente, di necessità, per forza.: that's not ~ so non è necessariamente così. **2** (inevitably) inevitabilmente.

necessary /'nesəsəri, 'nesəseri/ I a. **1** necessario: it is not ~ for you to apologize non è necessario che ti scusi. **2** (inevitable) inevitabile: a ~ result un risultato inevitabile. **3** (indispensable) indispensabile (to, for a, per), necessario (a), essenziale (per): air is ~ to life l'aria è indispensabile alla vita. **4** (Filos) necessario: a ~ condition una condizione necessaria. II n. **1** necessità f., ciò che è necessario. **2** (Dir) necessario m. **3** pl. (essentials) necessario m.sing., indispensabile m.sing., ciò che occorre: the necessaries of life il necessario per vivere. **4** (Br,colloq) soldi m.pl. necessari. □ (Dir) ~and proper necessario e adeguato; ~condition condizione essenziale; a ~evil un male necessario; if ~ se sarà il caso, se (è) necessario, all'occorrenza.

necessitarian /nɪˌsesɪ'teriən/ I a. (Filos) deterministico. II n. (Filos) determinista m./f.

necessitarianism /nɪˌsesɪ'teriəˌnɪzəm/ n. (Filos) determinismo m.

necessitate /nə'sesɪteɪt/ v.t. **1** rendere necessario, richiedere necessariamente, necessitare: this ~s a change in our plans que-

sto rende necessario un cambiamento nei nostri piani. **2** (to make inevitable) implicare necessariamente, rendere inevitabile.

necessitous /nə'sesɪtəs Am nə'sesətəs/ a. bisognoso, indigente, povero.

necessity /nə'sesəti Am nə'sesəti/ n. **1** necessità f., necessario m.: food is a ~ il cibo è una necessità; the necessities of life le necessità della vita. **2** (dire need) necessità f.: to do sth. from ~ not from choice fare qcs. per necessità, non per scelta. **3** (inevitableness) ineluttabilità f. **4** (state of being in need) necessità f., miseria f., povertà f., indigenza f.: to be in ~ trovarsi in necessità. **5** (Filos) (absence of free will) determinismo m., necessitismo m. **6** (Filos) (compulsion by the nature of things) necessità f. □ by ~ inevitabilmente, necessariamente, di (o per) necessità, per forza di cose; there is no ~ for you to attend non è necessario che tu sia presente; of ~ inevitabilmente, necessariamente, di necessità; out of ~ per bisogno. Prov.: ~ is the mother of invention il bisogno aguzza l'ingegno; ~ knows no law necessità fa legge; la necessità non conosce legge.

neck /nek/ I n. **1** collo m. **2** (of a garment) collo m., colletto m. **3** (neckline) scollatura f., scollo m. **4** (of a bottle, etc.) collo m. **5** (Geog) (narrow stretch of land) lingua f. di terra. **6** (Geog) (strait) stretto m. **7** (Geog) (mountain pass) collo m. **8** (sl) (impudence) sfacciataggine f., faccia f. tosta. **9** (Mar) (strait) stretto m., braccio m. **10** (Equit) incollatura f.: the favourite won by a ~ il favorito ha vinto per un'incollatura. **11** (Mus) (of a stringed instrument) manico m. **12** (Anat,Arch) collo m.: ~ of the uterus collo dell'utero. **13** (Dent) colletto m. **14** (Geol) neck m. II v.i. (colloq) sbaciucchiarsi, abbandonarsi a effusioni amorose, (pop) pomiciare. III v.t. (colloq) tracannare, tranguggiare. □ (fig) ~and ~ testa a testa, alla pari; (Br) ~and crop senza tanti complimenti: she turned him out of the house ~ and crop lo buttò fuori di casa senza tanti complimenti; (Br) he won the election campaign by a ~ ha vinto la campagna elettorale di stretta misura; ~cloth fazzoletto da collo; (Br,colloq) to have a ~ sbaciucchiarsi, (pop) pomiciare; (sl) to catch (o to get) it in the ~: **1** (to be reprimanded) essere rimproverato severamente; **2** (to be punished) essere punito duramente; (Br) in the ~ of sulle orme di, sulla scia di; ~microphone microfono da collo; (colloq) your ~of the woods la tua zona, (colloq) le tue parti; (Br,colloq) ~or nothing a rischio di perdere tutto, a costo di rimetterci l'osso del collo, o la va o la spacca; (Br,sl) to be out on one's ~ essere buttato fuori; (colloq) to be up to one's ~ in work essere immerso fino al collo nel lavoro.

neckband /'nekbænd/ n. **1** collare m. **2** (of a garment) collo m. **3** (Rel) collarina f., collare m.

neckcloth /'nekklɒθ Am 'nekklɑːθ/ n. (Abbigl) **1** (soft cravat) sciarpa f. da collo. **2** (Stor) colletto m. rigido in pizzo (o a pieghe), gorgiera f.

necked /nekt/ a. (in compounds) **1** dal collo...: long-~ dal collo lungo. **2** (Sart) scollato..., dalla (o con la) scollatura...: a V-~ dress un vestito scollato a V.

neckerchief /'nekətʃɪf Am 'nekəʳtʃɪf/ n. fazzoletto m. da collo.

necking /'nekɪŋ/ n. **1** (colloq) sbaciucchiamenti m.pl., (pop,scherz) pomiciata f. **2** (Arch) collarino m.

necklace /'nekləs/ n. collana f.: a pearl ~ una collana di perle.

necklet /'neklət/ n. **1** colletto m. di pelliccia. **2** (small, tight necklace) collana f. a girocol-

lo.

neckline /'neklaɪn/ n. scollatura f.

necktie /'nektaɪ/ n. cravatta f.

neckwear /'nekweəʳ Am 'nekwer/ n. (collett.) accessori m.pl. da portare al collo (cravatte, sciarpe ecc.).

necrologic /ˌnekrə'lɒdʒɪk Am ˌnekrəlɑːdʒɪk/ a. necrologico.

necrological /ˌnekrə'lɒdʒɪkəl Am ˌnekrəlɑːdʒɪkəl/ a. necrologico.

necrologist /nek'rɒlədʒɪst Am nek'rɑːlədʒɪst/ n. necrologista m./f.

necrology /nek'rɒlədʒi Am nek'rɑːlədʒi/ n. **1** necrologio m. **2** (obituary) necrologio m., necrologia f. **3** (Rel) registro m. dei morti, necrologio m., obituario m.

necromancer /'nekroumænsəʳ/ n. (Occult) negromante m./f.

necromancy /'nekroumænsi/ n. (Occult) negromanzia f.

necromantic /ˌnekrou'mæntɪk/ a. (Occult) negromantico.

necrophile /'nekroufaɪl/ n. (Psic) necrofilo m. (f. -a).

necrophilia /ˌnekrou'fɪliə/ n. (Psic) necrofilia f.

necrophiliac /ˌnekrou'fɪliæk/ I n. (Psic) necrofilo m. (f. -a). II a. (Psic) necrofilo.

necrophilic /ˌnekrou'fɪlɪk/ a. (Psic) necrofilo.

necrophilism /nek'rɒfɪlɪzəm Am nek'rɑːfəlɪzəm/, **necrophily** /ne'krɒfɪli Am ne'krɑːfɪli/ n. (Psic) necrofilia f.

necrophobia /ˌnekrou'foubiə/ n. (Psic) necrofobia f.

necrophore /'nekrofɔːʳ/ n. (Entom) necroforo m.

necropolis /nek'rɒpəlɪs Am nek'rɑːpəlɪs/ (pl. **-es** /-ɪz/, **-les** /-lɪːz/) n. (Archeol) necropoli f.

necropsy /'nekrɒpsi Am 'nekrɑːpsi/, **necroscopy** /ne'krɒskəpi Am ne'krɑːskəpi/ n. (Med) necroscopia f., autopsia f.

necrosis /nek'rousɪs/ (pl. **-ses** /-siːz/) n. (Biol) necrosi f.

necrotic /nek'rɒtɪk/ a. (Biol) necrotico.

necrotizing /'nekrəˌtaɪzɪŋ/ a. (Med) (causing or undergoing necrosis) necrotizzante, a carattere necrotico. □ (Med) ~fasciitis fascite necrotizzante; (Med) ~otitis media otite media necrotizzante.

necrotomy /ne'krɒtəmi Am ne'krɑːtəmi/ n. **1** necrotomia f., dissezione f. di cadavere. **2** (Chir) sequestrectomia f.

nectar /'nektəʳ/ n. **1** (Bot,Alim) nettare m. **2** (Mitol,fig) nettare m., ambrosia f. □ (scherz) ~ of the gods (alcoholic beverage) ambrosia, nettare divino.

nectarean /nek'teriən/, **nectareous** /nek'teriəs/ a. **1** (Bot) del nettare. **2** (fig) dolce e squisito, delizioso, (lett) nettareo.

nectarine /'nektəriːn Am also ˌnektə'riːn/ n. (Bot,Alim) pesca f. nettarina, nettarina f., pescanoce f.

nectarivorous /ˌnektə'rɪvərəs/ a. (Ornit) nettarivoro.

nectarous /'nektərəs/ a. **1** (Bot) del nettare. **2** (fig) dolce e squisito, delizioso, (lett) nettareo.

nectary /'nektəri/ n. (Bot) nettario m.

Ned /ned/ n.pr.m. dim. di Edward.

neddy /'nedi/ n. (colloq,infant) asinello m.

née, nee /neɪ/ a. nata: Mrs Jane Brown ~ Robinson la signora Jane Brown nata Robinson.

need /niːd/ I n. **1** bisogno m., necessità f.: to feel the ~ of (o for) sth. sentire il bisogno di qcs.; there is no ~ to shout non c'è bisogno di gridare. **2** (destitution, poverty) (of, for di) bisogno m., ristrettezze f.pl., povertà f.

(*requirements*) bisogni *m.pl.*, esigenze *f.pl.*, necessità *f.pl.* **II** *v.t.* **1** avere bisogno di, occorrere (*costr.impers.*), necessitare di: *to ~ help* avere bisogno di aiuto; *do you ~ any money?* ti occorre del denaro? **2** (*to have use for*) occorrere (*costr.impers.*), servire (*costr. impers.*): *I don't ~ this, you can have it* questo non mi serve, lo puoi prendere. **3** (*followed by gerunds*) avere bisogno: *your hair -s cutting* i tuoi capelli hanno bisogno di essere tagliati. **4** (*followed by infinitives*) esserci bisogno (*costr.impers.*), occorrere (*costr.impers.*), essere necessario (*costr.impers.*), dovere: *I do not ~ to be told my duty* non c'è bisogno che mi si dica qual è il mio dovere; *does he ~ to know?* è necessario che lui lo sappia?; *we ~ to find a solution to the problem* dobbiamo trovare una soluzione al problema. **III** *v.i.* (*rar*) essere necessario (*costr.impers.*), esserci bisogno (*costr.impers.*): *there -s no apology* non c'è bisogno di scuse. **IV** *v.aus.* (*3ª pers. sing. pres.* **need**; *forma negativa* **need not, needn't** /'ni:dnt/) **1** (*in interrogatives*) è necessario (*costr.impers.*), occorre (*costr.impers.*), dovere: *~ he go so soon?* è necessario che vada via così presto? **2** (*in negatives*) non occorre (*costr.impers.*), non è necessario (*costr.impers.*), non dovere: *you -n't do it now* non occorre che tu lo faccia adesso; *you -n't worry* non devi preoccuparti; *I -n't add that* non è necessario aggiungere che. **3** (*in negatives; with the perfect infinitive*) non era necessario (*costr.impers.*), non c'era bisogno (*costr.impers.*), non dovere: *you -n't have come so early* non era necessario che (tu) venissi così presto; *he -n't have gone to the party if he didn't want to* non c'era bisogno che andasse al ricevimento se non ne aveva voglia. □ *my -s are few* non ho molte esigenze, mi accontento di poco; *whenever the ~ arises* ogni volta che se ne presenti la necessità; *I ~ hardly tell you that* non te lo necessario che io ti dica che, è inutile dire che; *to have ~ of sth.* avere bisogno di qcs.; *I say* naturalmente; (*iron*) *~ I say more?* ti dico solo questo!, occorre che aggiunga altro?; *if ~ be* se necessario, all'occorrenza, in caso di bisogno; *to be in ~* vivere in ristrettezze; *to be in ~ of sth.* avere bisogno di qcs.; *I am not in ~ of anything* non mi occorre niente; (*lett*) *I must ~* devo proprio.

need-blind /'ni:d,blaɪnd/ □ (*Am,Univ*) *~ admission* ammissione degli studenti svincolata dalla loro possibilità di pagare i costi della frequenza.

needful /'ni:dfʊl/ *I a.* **1** necessario, indispensabile, occorrente. **2** (*rar*) (*needy*) bisognoso. **II** *n.* **1** (*Br,colloq*) necessario *m.*, occorrente *m.*: *to do the ~* fare quanto occorre, fare il necessario. **2** (*Br,sl*) (*money*) quattrini *m.pl.*, soldi *m.pl.*

needfully /'ni:dfʊli/ *avv.* necessariamente.

needfulness /'ni:dfʊlnəs/ *n.* necessità *f.*, bisogno *m.*

neediness /'ni:dɪnəs/ *n.* bisogno *m.*, ristrettezze *f.pl.*, povertà *f.*

needle /'ni:dl/ *I n.* **1** ago *m.*: *to thread a ~* infilare un ago. **2** (*knitting needle*) ferro *m.* da calza, ago *m.* da calza; (*in crocheting*) uncinetto *m.*, ago *m.* torto. **3** (*Chir*) (*surgical needle*) ago *m.* da sutura. **4** (*colloq*) (*syringe*) siringa. **5** (*in etching, engraving*) bulino *m.*, punta *f.* per incidere. **6** (*obelisk*) obelisco *m.* **7** (*Alp,Geol*) guglia *f.* **8** (*Min*) cristallo *m.* aghiforme. **9** (*Bot*) ago *m.* **10** (*ant*) (*in a gramophone, etc.*) puntina *f.* **II** *a.* (*Br,Sport*) decisivo: *a ~ match* un incontro decisivo. **III** *v.t.* **1** punzecchiare, stuzzicare. **2** (*to compel by goading*) spingere, pungolare, stimolare. **3**

(*Br*) (*to sew*) cucire; (*to embroider*) ricamare. **IV** *v.i.* (*Min*) cristallizzarsi in aghi. □ *~ and thread* ago e filo; *~exchange* centro per lo scambio di siringhe; (*Br,colloq*) *to get the ~*: **1** (*to be teased, to be goaded*) essere preso in giro, essere canzonato; **2** (*to become nervous*) innervosirsi, farsi venire i nervi; (*colloq*) *to give so. the ~* (*to tease, to goad*) punzecchiare qcu., stuzzicare qcu.; (*Mil,ant*) *~gun* fucile ad ago; (*fig*) *to look for a ~ in a haystack* cercare un ago nel pagliaio; *~point*: **1** (*embroidery*) ricamo ad ago; **2** (*lace*) merletto ad ago; *~point lace* merletto ad ago; *~ threader* infilaaghi; *~valve* valvola ad ago.

needlecraft /'ni:dlkrɑːft *Am* 'ni:dlkræft/ *n.* **1** il cucire, cucito *m.*, lavoro *m.* d'ago, lavoro *m.* di cucito. **2** (*embroidery*) ricamo *m.*

needlefish /'ni:dəl,fɪʃ/ *n.* (*Itt*) **1** (*garfish*) aguglia *f.* **2** (*pipefish*) pesce-ago *m.*

needlelike /'ni:dlaɪk/ *a.* (*Bot*) aghiforme.

needlepoint /'ni:dlpɔɪnt/ *n.* **1** (*embroidery*) ricamo *m.* ad ago. **2** (*lace*) merletto *m.* ad ago.

needless /'ni:dləs/ *a.* inutile, superfluo, non necessario: *~ waste* spreco inutile. □ *~to say* inutile dire, va da sé.

needlessly /'ni:dləsli/ *avv.* inutilmente, invano.

needlessness /'ni:dləsnəs/ *n.* inutilità *f.*

needlewoman /'ni:dlˌwʊmən/ *n.irr.* **1** donna *f.* che sa cucire. **2** (*Br*) (*professional seamstress*) sarta *f.*, cucitrice *f.*

needlework /'ni:dlˌwɜːk *Am* 'ni:dlˌwɜːrk/ *n.* **1** il cucire, cucito *m.*, lavoro *m.* d'ago, lavoro *m.* di cucito. **2** (*embroidery*) ricamo *m.*

needments /'ni:dmənts/ *n.pl.* (*Br,ant*) effetti *m.pl.* personali.

needn't /'ni:dənt/ *contraz. di* need not.

needs /ni:dz/ *avv.* necessariamente, per forza. □ *it must ~ be done* si deve fare, va fatto; (*iron*) *he ~ must turn on the light just as I was taking out the film* ma guarda se doveva accendere la luce proprio quando stavo estraendo la pellicola. *Prov.: ~ must when the devil drives* necessità non conosce legge.

needy /'ni:di/ *I a.* bisognoso, indigente, povero. **II** *n.* (*costr.pl.*) bisognosi *m.pl.*, indigenti *m.pl.*, poveri *m.pl.*

ne'er /neə*r Am* ner/ *avv.* (*poet*) mai, giammai. □ (*poet*) *~a* non uno (solo).

ne'er-do-well /'neədu,wel *Am* 'nerdu,wel/ *n.* buono *m.* (*f.* -a) a nulla, fannullone *m.* (*f.* -a).

nefarious /nɪ'feəriəs, nef'eəriəs *Am* nə'feriəs/ *a.* efferato, atroce, nefasto: *~ crimes* delitti efferati.

nefariousness /nɪ'feəriəsnəs, nef'eəriəsnəs *Am* nə'feriəsnəs/ *n.* nefandezza *f.*, atrocità *f.*

neg. /neg/ **1** *negative* (negativo). **2** *negatively* (negativamente).

negate /nɪ'geɪt/ *v.t.* **1** negare, non riconoscere, non ammettere. **2** (*to nullify*) annullare, privare di efficacia, privare di validità.

negation /nɪ'geɪʃən/ *n.* **1** negazione *f.* (*anche Gramm*). **2** (*denial*) negazione *f.*, diniego *m.* **3** (*opposite of that which is positive*) negazione *f.*, contrario *m.*

negative /'negətɪv *Am* 'negətɪv/ *I a.* **1** negativo: *a ~ answer* una risposta negativa; *~ criticism* critica negativa. **2** (*pessimistic*) negativo, pessimistico: *a ~ attitude* un atteggiamento negativo. **3** (*Mat,Fis,Fot,Gramm*) negativo. **II** *n.* **1** negazione *f.*: *to reply with a ~* rispondere con una negazione. **2** (*refusal*) negazione *f.*, diniego *m.* **3** (*Gramm*) negazione *f.* **4** (*Fot*) negativa *f.*, negativo *m.* **5** (*Mat*) quantità *f.* negativa. **6** (*El*) polo *m.* negativo. **7** (*rar*) (*right of veto*) diritto *m.* di veto. **III** *v.t.* **1** rifiutare, respingere, ricusare: *to ~ a proposal* rifiutare una proposta. **2** (*to veto*) porre il

veto a. **3** (*to neutralize*) neutralizzare, rendere vano. □ *~ advertisement* pubblicità negativa; (*Econ*) *~ equity* disvalore di una proprietà ipotecata; (*Rad*) *~ feedback* controreazione; *in the ~* negativamente, di no: *to answer in the ~* rispondere negativamente; *his reply was in the ~* ha risposto di no, ha risposto negativamente; (*Comm*) *~option* opzione negativa; (*El*) *~pole* polo negativo; (*Nucl*) *~proton* antiprotone; (*GB,Parl*) *~resolution* risoluzione negativa; (*Mat*) *~ sign* segno negativo, segno meno.

negatively /'negətɪvli *Am* 'negətɪvli/ *avv.* **1** negativamente: *to answer ~* rispondere negativamente. **2** (*fig*) sterilmente, in modo non costruttivo.

negativeness /'negətɪvnəs *Am* 'negətɪvnəs/ *n.* negatività *f.*

negativism /'negətɪvɪzəm *Am* 'negətɪvɪzəm/ *n.* **1** negativismo *m.* **2** (*Filos*) agnosticismo *m.*, scetticismo *m.*

negativist /'negətɪvɪst *Am* 'negətɪvɪst/ *I n.* **1** chi ha un atteggiamento negativo. **2** (*Filos*) agnostico *m.* (*f.* -a). **II** *a.* **1** del negativismo. **2** (*Filos*) agnostico, scettico.

negativity /ˌnegə'tɪvəti *Am* ˌnegə'tɪvəti/ *n.* negatività *f.*

negator /nɪ'geɪtə*r Am* nɪ'geɪtər/ *n.* (*Gramm*) particella *f.* negativa.

negatory /nɪ'geɪtəri *Am* nɪ'geɪtəri/ *a.* **1** negatore. **2** (*negative*) negativo.

negatron /'negətrɒn/ *n.* (*Fis,ant*) negatrone *m.*

neglect /nɪ'glekt/ *I v.t.* **1** trascurare, non curare: *to ~ one's wife* trascurare la (propria) moglie; *to ~ one's studies* trascurare gli studi. **2** (*to omit carelessly*) tralasciare, omettere, trascurare: *to ~ to reply to a letter* tralasciare di rispondere a una lettera. **3** (*to fail to take*) lasciarsi sfuggire, non approfittare di: *to ~ an opportunity* lasciarsi sfuggire un'occasione. **II** *n.* **1** incuria *f.*, trascuratezza *f.*, negligenza *f.*: *~ of duty* incuria nell'adempimento del dovere. **2** (*disuse*) disuso *m.*, abbandono *m.*: *the house fell into ~* la casa cadde nell'abbandono.

neglectful /nɪ'glektfʊl/ *a.* incurante (*of* di), negligente, trascurato (in), noncurante (di): *~ of one's duty* incurante del proprio dovere.

neglectfully /nɪ'glektfʊli/ *avv.* negligentemente.

neglectfulness /nɪ'glektfʊlnəs/ *n.* incuria *f.*, noncuranza *f.*, trascuratezza *f.*

negligé /'neglʒeɪ/ *n.* **1** (*Abbigl*) négligé *m.*, veste *f.* da camera (leggera). **2** (*carelessly informal attire*) abbigliamento *m.* trascurato.

negligée /'neglʒeɪ/ *n.* **1** (*Abbigl*) négligé *m.*, veste *f.* da camera (leggera). **2** (*carelessly informal attire*) abbigliamento *m.* trascurato.

negligence /'neglɪdʒəns/ *n.* **1** negligenza *f.*, trascuratezza *f.*, incuria *f.* **2** (*Dir*) negligenza *f.*

negligent /'neglɪdʒənt/ *a.* **1** negligente, trascurato (*of* in), incurante, noncurante (di). **2** (*Dir*) negligente. □ (*Dir*) *~homicide* omicidio involontario.

negligently /'neglɪdʒəntli/ *avv.* negligentemente.

negligible /'neglɪdʒəbl/ *a.* **1** trascurabile, insignificante, irrilevante: *the difference is ~* la differenza è trascurabile. **2** (*almost non-existent*) quasi inesistente: *the opposition was ~* l'opposizione era quasi inesistente. □ *~ quantity*: **1** quantità trascurabile; **2** (*fig*) persona senza importanza.

negligibly /'neglɪdʒəbli/ *avv.* in modo trascurabile.

negotiability /nɪˌgoʊʃiə'bɪləti *Am* nɪˌgoʊʃiə'bɪləti/ *n.* negoziabilità *f.*

negotiable /nɪ'goʊʃiəbl/ *a.* **1** (*Econ*) negoziabile: ~ *instrument* effetto negoziabile. 2 (*attainable by negotiation*) negoziabile. 3 (*open to negotiation*) trattabile. 4 (*traversable*) transitabile, percorribile: *a ~ road* una strada transitabile. 5 (*surmountable*) sormontabile, superabile (*anche fig*): ~ *difficulties* difficoltà superabili.

negotiate /nɪ'goʊʃɪeɪt/ I *v.i.* intavolare le trattative, aprire le trattative, trattare: *to ~ with a foreign power* trattare con una potenza straniera. II *v.t.* 1 negoziare (*with* con; *for, about, on* su), condurre le trattative di: *to ~ a truce* negoziare una tregua. 2 (*to manage, to handle*) trattare, condurre. 3 (*to transfer*) negoziare. 4 (*to move over or round*) superare, passare: *to ~ a dangerous curve* superare una curva pericolosa. 5 (*of an obstacle*) superare.

negotiated /nɪ'goʊʃɪeɪtɪd *Am* nɪ'goʊʃɪeɪtɪd/ *a.* negoziato: ~ *solution* soluzione negoziata.

negotiating /nɪ'goʊʃɪeɪtɪŋ *Am* nɪ'goʊʃɪeɪtɪŋ/ □ (*Pol*) ~ *table* tavolo delle trattative.

negotiation /nɪ,goʊʃɪ'eɪʃ°n/ *n.* negoziato *m.*, trattativa *f.*: (*Pol*) *to conduct the -s* condurre le trattative; *to resume the -s* riprendere le trattative. □ *to be in ~ with so.* essere in trattative con qcu.; *to enter into -s with so.* intavolare negoziati con qcu., entrare in trattative con qcu.; *to be under ~* essere in trattative, in discussione.

negotiator /nɪ'goʊʃɪeɪtə' *Am* nɪ'goʊʃɪeɪtə'/ *n.* negoziatore *m.* (*f.* -trice).

Negress /'niːgrɪs/ *n.* (*spreg*) donna *f.* nera, negra *f.*

Negro /'niːgroʊ/ I (*spreg*) *n.* (*pl.* -**es** /-z/) nero *m.*, negro *m.* II (*spreg*) *a.* nero, dei negri.

Negroid /'niːgrɔɪd/ I *a.* negroide. II *n.* negroide *m.*

negrophil /'niːgroʊfɪl/, **negrophile** /'niːgroʊfaɪl/ *n.* chi nutre simpatia per i neri.

negrophilism /niː'grɒfɪ,lɪz°m/ *n.* simpatia *f.* per i neri.

negrophobe /'niːgroʊfoʊb/ *n.* chi ha avversione per i neri.

negrophobia /,niːgroʊ'foʊbɪə/ *n.* avversione *f.* per i neri.

negus /'niːgəs/ *n.* vino *m.* caldo con spezie e succo di limone.

Negus /'niːgəs/ *n.* (*Stor*) negus *m.*

Nehemiah /niːɪ'maɪə/ *n.pr.m.* Nehemia (*anche Bibl*).

neigh /neɪ/ I *v.i.* (*of a horse*) nitrire. II *n.* nitrito *m.*

neighbor /'neɪbə'/ *e der.* (*Am*) → **neighbour** *e der.*

neighbour /'neɪbə'/ I *n.* 1 vicino *m.* (*f.* -a) (di casa). 2 (*person near another*) vicino *m.* (*f.* -a): *-s at table* vicini di tavola. 3 (*thing near another*) cosa *f.* vicina. 4 (*country near another*) paese *m.* vicino, paese *m.* confinante, nazione *f.* vicina. 5 (*fellow creature*) prossimo *m.* (*anche Bibl*). 6 (*one who shows kindness to so.*) amico *m.* (*f.* -a). 7 (*Am,colloq*) (*as a term of address*) amico *m.* (*f.* -a). II *a.* 1 vicino, adiacente, attiguo, confinante. 2 (*of countries*) limitrofo. III *v.t.* 1 confinare con. 2 (*to place near*) avvicinare, mettere vicino. IV *v.i.* 1 abitare vicino. 2 (*to be near*) essere vicino (*upon* a).

neighbourhood /'neɪbəhʊd/ *n.* 1 (*district*) quartiere *m.*, zona *f.*: *a fashionable ~* un quartiere alla moda. 2 (*inhabitants*) vicinato *m.*, vicini *m.pl.* 3 (*area of vague limits*) dintorni *m.pl.*, paraggi *m.pl.*, vicinanze *f.pl.* 4 (*nearness*) vicinanza *f.*, prossimità *f.* □ ~ *centre* centro sociale; *in the ~ of:* 1 (*of place*) vicino a, nelle vicinanze di; 2 (*colloq*) (*about*) all'incirca, approssimativamente; ~ *watch* vigilanza di quartiere.

neighbouring /'neɪbərɪŋ/ *a.* 1 vicino, adiacente, attiguo, confinante: *the ~ village* il villaggio vicino. 2 (*of countries*) limitrofo.

neighbourliness /'neɪbəlɪnəs *Am* 'neɪbə'lɪnəs/ *n.* affabilità *f.*, cordialità *f.*

neighbourly /'neɪbli *Am* 'neɪbə'li/ *a.* 1 cordiale, amichevole. 2 (*sociable*) socievole.

neither /'naɪðə', 'niːðə'/ I *a.* né l'uno né l'altro, nessuno dei due: ~ *statement is correct* né l'una né l'altra affermazione è esatta, né l'una né l'altra affermazione sono esatte; ~ *train goes to London* nessuno dei due treni va a Londra. II *pron.* né l'uno né l'altro, nessuno ne. dei due: ~ *will do* né l'uno né l'altro andrà bene; ~ *of you is right* nessuno di voi due ha ragione. III *congz.* 1 (*used with nor*) né..., non...: ~ *my wife nor I was present* né mia moglie né io eravamo presenti; *I ~ know nor care* non lo so e non m'interessa; ~ *more nor less* né più né meno. 2 (*nor yet, no more*) nemmeno, neppure, neanche: *I don't believe it, and ~ do you* io non ci credo, e tu nemmeno; *if you don't go, ~ will I* se tu non (ci) vai, non (ci) andrò neppure io. □ (*fig*) *to be ~ fish, flesh nor fowl* (o *to be ~ fish nor fowl nor good red herring*) non essere né carne né pesce; (*colloq*) *that's ~ here nor there* non c'entra niente, è totalmente irrilevante.

Nell /nel/, **Nellie**, **Nelly** /'neli/ *n.pr.f.* dim. di Helen, Ellen, Eleanor.

nelly /'neli/ □ (*Br,sl*) *not on your ~* neanche per sogno.

nelson /'nels°n/ *n.* (*Sport*) elson *f.*: *double ~* (o *full ~*) doppia elson; *half ~* elson.

nemathelminth /,nemə'θelmɪnθ/ *n.* (*Zool*) nematelminto *m.*

nemesis /'neməsɪs/ *n.* 1 giustizia *f.* punitrice, nemesi *f.* 2 (*just punishment*) giusta punizione *f.*, castigo *m.*

Nemesis /'neməsɪs/ *n.pr.f.* (*Mitol*) Nemesi.

nenuphar /'nenjʊfɑ:'/ *n.* (*Bot*) nenufaro *m.*, carfano *m.*, ninfea *f.* gialla.

neocapitalism /,niːoʊ'kæpɪt°,lɪz°m *Am* ,niːoʊ'kæpɪt°,lɪz°m/ *n.* (*Pol*) neocapitalismo *m.*

Neo-Catholic /,niːoʊ'kæθ°lɪk/ I *a.* (*Rel*) neocattolico. II *n.* neocattolico *m.* (*f.* -a), modernista *m./f.*

Neocene /'niːə,siːn/ I *a.* (*Geol*) neogenico. II *n.* (*Geol*) neogene *m.*

neoclassic /,niːoʊ'klæsɪk/, **neoclassical** /,niːoʊ'klæsɪk°l/ *a.* neoclassico.

neoclassicism /,niːoʊ'klæsɪsɪz°m/ *n.* neoclassicismo *m.*

neoclassicist /,niːoʊ'klæsɪsɪst/ *n.* neoclassicista *m./f.*

neo-colonialism /,niːoʊkə'loʊnɪ°lɪz°m/ *n.* (*Pol*) neocolonialismo *m.*

neo-colonialist /,niːoʊkə'loʊnɪ°lɪst/ *n.* (*Pol*) neocolonialista *m./f.*

neo-colonialistic /,niːoʊkə,loʊnɪ°'lɪstɪk/ *a.* (*Pol*) neocolonialistico, neocolonialista.

neo-Darwinism /,niːoʊ'dɑːwɪn,ɪz°m/ *n.* neodarwinismo *m.*

neodymium /,niːoʊ'dɪmɪəm *Am* ,niːoʊ'dɪmɪəm/ *n.* (*Chim*) neodimio *m.*

Neofascism /,niːoʊ'fæsɪz°m/ *n.* (*Pol*) neofascismo *m.*

Neofascist /niːoʊ(o)'fæsɪst/ I *a.* (*Pol*) neofascista. II *n.* (*Pol*) neofascista *m./f.*

neo-imperialism /,niːoʊɪm'pɪərɪəlɪz°m *Am* ,niːoʊɪm'pɪərɪəlɪz°m/ *n.* (*Pol*) neoimperialismo *m.*

neo-imperialist /,niːoʊɪm'pɪərɪəlɪst *Am* ,niːoʊɪm'pɪərɪəlɪst/ I *a.* (*Pol*) neoimperialista. II *n.* (*Pol*) neoimperialista *m./f.*

neo-imperialistic /,niːoʊɪm,pɪərɪə'lɪstɪk *Am* ,niːoʊɪm,pɪərɪə'lɪstɪk/ *a.* (*Pol*) neoimperialistico.

neoimpressionism /,niːoʊɪm'preʃ°nɪz°m/ *n.* (*Pitt*) neoimpressionismo *m.*

neoimpressionist /,niːoʊɪm'preʃ°nɪst/ *a.* (*Pitt*) neoimpressionista. II *n.* (*Pitt*) neoimpressionista *m./f.*

neolith /'niːoʊlɪθ/ *n.* (*Archeol*) utensile *m.* in pietra del periodo neolitico.

neolithic /,niːoʊ'lɪθɪk/ *a.* (*Geol*) neolitico. □ (*Geol*) *Neolithic Period* neolitico, periodo neolitico.

neologic /,niːoʊ'lɒdʒɪk, /, **neological** /,niːoʊ'lɒdʒɪk°l/ *a.* (*Ling*) neologico.

neologism /nɪ'ɒlədʒɪz°m *Am* nɪ'ɑ:lədʒɪz°m/ *n.* (*Ling*) neologismo *m.*

neologist /nɪ'ɒlədʒɪst *Am* nɪ'ɑ:lədʒɪst/ I *n.* (*Ling*) neologista *m./f.* II *a.* (*Ling*) neologico.

neologize /nɪ'ɒlədʒaɪz *Am* nɪ'ɑ:lədʒaɪz/ *v.i.* (*Ling*) usare neologismi, introdurre neologismi.

neology /nɪ'ɒlədʒi *Am* nɪ'ɑ:lədʒi/ *n.* 1 uso *m.* di neologismi. 2 (*neologism*) neologismo *m.*

neon /'niːɒn *Am* 'niːɑ:n/ I *n.* 1 (*Chim*) neon *m.* 2 (*lighting*) lampada *f.* al neon. II *a.* 1 al neon. 2 (*colloq*) (*extremely bright*) brillante: *she wore a ~ lipstick* portava un rossetto brillante. □ ~ *lamp* (o ~ *light*) lampada al neon, luce al neon; ~ *sign* insegna al neon, insegna luminosa; ~ *tube* tubo al neon.

neonatal /,niːoʊ'neɪt°l *Am* ,niːoʊ'neɪt°l/ *a.* neonatale.

neonate /'niːoʊneɪt/ *n.* (*Med*) neonato *m.* (*f.* -a).

neonatologist /,niːoʊnə'tɒlədʒɪst *Am* ,niːoʊnə'tɑ:lədʒɪst/ *n.* (*Med*) neonatologo *m.* (*f.* -a).

neonatology /,niːoʊnə'tɒlədʒi *Am* ,niːoʊnə'tɑ:lədʒi/ *n.* (*Med*) neonatologia *f.*

Neo-Nazi /,niːoʊ'nɑːtsi/ I *a.* (*Pol*) neonazista. II *n.* (*Pol*) neonazista *m./f.*

Neo-Naziism /,niːoʊ'nɑːtsɪz°m/ *n.* (*Pol*) neonazismo *m.*

Neo-Nazism /,niːoʊ'nɑːtsɪz°m/ *n.* (*Pol*) neonazismo *m.*

neophilia /,niːoʊ'fɪlɪə/ *n.* neofilia *f.*

neophobia /,niːoʊ'foʊbɪə/ *n.* neofobia *f.*, misoneismo *m.*

neophobic /,niːoʊ'foʊbɪk/ *a.* neofobico, misoneista.

neophyte /'niːoʊfaɪt/ *n.* 1 (*Rel*) (*new convert*) neofita *m./f.*, neofito *m.* (*f.* -a), proselito *m.* (*f.* -a). 2 (*fig*) principiante *m./f.*, novizio *m.* (*f.* -a).

neoplasia /,niːoʊ'pleɪʒə/ *n.* (*Med*) neoplasia *f.*

neoplasm /'niːoʊ,plæz°m/ *n.* (*Med*) neoplasma *m.*, tumore *m.*

neoplastic /,niːoʊ'plæstɪk/ *a.* (*Med*) neoplastico, neoplasico, tumorale.

neoplatonic /,niːoʊplə'tɒnɪk *Am* ,niːoʊplə'tɑːnɪk/ *a.* (*Filos*) neoplatonico.

neoplatonism /,niːoʊ'pleɪtə,nɪz°m/ *n.* (*Filos*) neoplatonismo *m.*

neoplatonist /,niːoʊ'pleɪtənɪst/ *n.* (*Filos*) neoplatonico *m.* (*f.* -a).

neoprene /'niːoʊ,priːn/ *n.* (*Ind*) neoprene *m.*

neorealism /,niːoʊ'riːəlɪz°m/ *n.* (*Cin,Lett*) neorealismo *m.*

neorealist /,niːoʊ'riːəlɪst/ *n.* (*Cin,Lett*) neorealista *m./f.*

neorealistic /,niːoʊ,riːə'lɪstɪk/ *a.* (*Cin,Lett*) neorealista, neorealistico.

Neorican /,niːoʊ'riːkən/ *n.* portoricano *m.* (*f.* -a) proveniente da New York.

neoteric /,niːoʊ'terɪk/ *a.* (*rar*) 1 nuovo, moderno. 2 (*Lett*) neoterico.

Neotropic /,niːoʊ'trɒpɪk *Am* ,niːoʊ'trɑ:pɪk/, **Neotropical** /,niːoʊ'trɒpɪk°l *Am* ,niːoʊ'trɑːpɪk°l/ *a.* (*Zool*) neotropicale.

Neotropics /,niːoʊ'trɒpɪk *Am* ,niːoʊ'trɑ:pɪk/ *n.pl.* (*Zool*) regno *m.sing.* neotropicale.

Neozoic /,niːoʊ'zoʊɪk/ I *a.* (*Geol*) neozoico.

II *n.* (*Geol*) neozoico *m.*, era *f.* neozoica.

NEP *Nepal* NEP (Nepal).

Nepal /nə'pɔːl/ *n.pr.* (*Geog*) Nepal *m.*

Nepalese /ˌnepə'liːz/ **I** *a.* nepalese, del Nepal. **II** *n.inv.* **1** (*costr.pl.*) (*people*) nepalesi *m.pl.* **2** (*person*) nepalese *m./f.* **3** (*language*) nepalese *m.*

Nepali /nɪ'pɔːli/ **I** *a.* nepalese, del Nepal. **II** *n.inv.* **1** (*costr.pl.*) (*people*) nepalesi *m.pl.* **2** (*person*) nepalese *m./f.* **3** (*language*) nepalese *m.*

nepenthe /nɪ'penθi/ *n.* **1** (*Stor.gr*) nepente *m.* **2** (*fig*) cosa *f.* che dà l'oblio.

neper /'neɪpər, niːpər/ *n.* (*Fis*) neper *m.*

Neper /'neɪpər, niːpər/ *n.pr.m.* (*Stor*) Nepero.

Neperian /nə'pɪərɪən *Am* nə'pɪriən/ □ (*Mat*) *~ logarithm* logaritmo naturale.

nephelometer /ˌnefɪ'lɒmɪtər/ *n.* (*Tecn*) nefelometro *m.*

nephelometry /ˌnefɪ'lɒmɪtri/ *n.* nefelometria *f.*

nephew /'nefjuː, 'nevjuː/ *n.* nipote *m.* (di zii).

nephrite /'nefraɪt/ *n.* (*Min*) nefrite *f.*

nephritic /nɪ'frɪtɪk, nef'rɪtɪk *Am* nɪ'frɪtɪk/ **I** *a.* (*Med*) nefritico. **II** *n.* (*Med*) nefritico *m.* (*f.* -a).

nephritis /nɪ'fraɪtɪs, nef'raɪtɪs *Am* nɪ'fraɪtəs/ (*pl.* **-es** /-ɪz/, **-tides** /-tɪdiːz/) *n.* (*Med*) nefrite *f.*

nephrologist /nɪ'frɒlədʒɪst *Am* nɪ'frɑːlədʒɪst/ *n.* (*Med*) nefrologo *m.*

nephrology /nɪ'frɒlədʒi *Am* nɪ'frɑːlədʒi/ *n.* (*Med*) nefrologia *f.*

nephrosis /nɪ'frəʊsɪs/ *n.* (*Med*) nefrosi *f.*

nephrotic /nɪ'frɒtɪk *Am* nɪ'frɑːtɪk/ *a.* (*Med*) nefrotico.

nepotism /'nepətɪzəm/ *n.* nepotismo *m.*

nepotist /'nepətɪst/ *n.* nepotista *m./f.*

nepotistic /nepə'tɪstɪk/ *n.* nepotista *m./f.*

Neptune /'neptjuːn/ **I** *n.pr.m.* (*Mitol*) Nettuno. **II** *n.pr.* (*Astr*) Nettuno *m.*

Neptunian /nep'tjuːnɪən/ *a.* **1** (*Mitol*, *Astr*, *Geol*) nettuniano. **2** (*of the sea*) marino.

neptunium /nep'tjuːnɪən *Am also* nep'tuːnɪən/ *n.* (*Chim*) nettunio *m.*

nerd /nɜːd *Am* nɜːrd/ *n.* **1** (*Am*, *colloq*) imbranato *m.*, personaggio *m.* fantozziano. **2** (*sl*, *Inform*) nerd *m.*, persona *f.* fissata con il computer.

nerdy /'nɜːdi *Am* 'nɜːrdi/ *a.* **1** (*Am*, *colloq*) convenzionale, noioso. **2** (*Am*, *colloq*) (*awkward*) goffo, imbranato. **3** (*sl*, *Inform*) (da) fanatico dell'informatica.

nereid /'nɪəriɪd *Am* 'nɪriɪd/ **I** *a.* (*Zool*) delle nereidi. **II** *n.* (*Zool*) nereide *f.*

Nereid /'nɪəriɪd *Am* 'nɪriɪd/ *n.* (*Mitol*) nereide *f.*, ninfa *f.* del mare.

Nero /'nɪərəʊ *Am* 'nɪroʊ/ *n.pr.m.* (*Stor.rom*) Nerone.

Neronian /nɪ'rəʊnɪən/ *a.* **1** neroniano. **2** (*fig*) crudele, feroce, neroniano.

nervate /'nɜːveɪt *Am* 'nɜːrveɪt/ *a.* (*Bot*) nervato.

nervation /ˌnɜː'veɪʃən *Am* ˌnɜːr'veɪʃən/ *n.* (*Biol*) nervazione *f.*, nervatura *f.*

nerve /nɜːv *Am* nɜːrv/ **I** *n.* **1** (*Anat*) nervo *m.*: *optic ~* nervo ottico. **2** (*fig*) (*courage*) coraggio *m.*, sangue *m.* freddo, fegato *m.* **3** (*colloq*) (*impertinence*) faccia *f.* tosta, sfacciataggine *f.*, impudenza *f.*: *he had the ~ to complain* ha avuto la faccia tosta di lamentarsi; *you've got ~!* hai una bella faccia tosta!, hai un bel coraggio! **4** (*Bot*) nervo *m.*, nervatura *f.* **5** *pl.* (*colloq*) (*nervousness*) nervi *m.pl.*: *to get on so.'s -s* dare ai nervi a qcu., far venire i nervi a qcu.; *an attack of -s* (o *a fit of -s*) una crisi di nervi. **II** *v.t.* infondere coraggio a, fare animo a, dare forza a, dare vigore a. □ *to be all -s* avere i nervi a fior di pelle; *~ case* nevropatico; *~ cell* neurone; *~ centre*: **1** (*Anat*) centro nervoso; **2** (*fig*) centro vitale, parte es-

senziale; *~ fibre* (o *Am ~ fiber*) fibra nervosa; (*Mil*) *~ gas* gas nervino; (*fig*) *to get on so.'s -s* dare ai (o sui) nervi a qcu.; (*Biol*) *~ growth factor* fattore di accrescimento nervoso; (*Fisiol*) *~ impulse* stimolo nervoso; (*fig*) *-s of steel* nervi di acciaio; *~ specialist* neurologo; *~ strain* tensione nervosa.

nerved /nɜːvd *Am* nɜːrvd/ *a.* (*in compounds*) dai nervi..., che ha nervi...: *strong-~* dai nervi saldi.

nerveless /'nɜːvləs *Am* 'nɜːrvləs/ *a.* **1** (*calm*) calmo. **2** (*weak*) debole, fiacco, snervato, sfibrato. **3** (*Anat*) senza nervi. **4** (*Bot*) senza nervatura, privo di nervatura.

nervelessness /'nɜːvləsnəs *Am* 'nɜːrvləsnəs/ *n.* **1** calma. **2** (*weakness*) snervatezza *f.*, debolezza *f.* **3** (*Anat*) mancanza *f.* di nervi. **4** (*Bot*) mancanza *f.* di nervatura.

nerve-racking, **nerve-wracking** /'nɜːv ˌrækɪŋ *Am* 'nɜːrv ˌrækɪŋ/ *a.* esasperante, snervante, che dà sui nervi.

nervine /'nɜːviːn *Am* 'nɜːrviːn/ **I** *a.* (*Farm*) nervino. **II** *n.* (*Farm*) farmaco *m.* nervino.

nervous /'nɜːvəs *Am* 'nɜːrvəs/ *a.* **1** nervoso: *~ tension* tensione nervosa. **2** (*easily agitated*) nervoso, agitato: *to feel ~ before an examination* essere nervoso (o essere agitato) prima di un esame. **3** (*anxious*) inquieto, ansioso. **4** (*apprehensive*) apprensivo, pauroso, timoroso. **5** (*Anat*, *Med*) nervoso: *a ~ disease* una malattia nervosa. □ (*Med*) *~ breakdown* esaurimento nervoso; *to get ~* innervosirsi; *to make so. ~* rendere qcu. nervoso, innervosire qcu.; (*Med*) *~ prostration*: **1** (*Med*) esaurimento nervoso; **2** (*Med*) (*neurasthenia*) nevrastenia; (*Anat*) *~ system* sistema nervoso; (*colloq*) *~ wreck*: **1** (*stressed person*) fascio di nervi; **2** (*emotionally exhausted person*) persona con i nervi a pezzi.

nervously /'nɜːvəsli *Am* 'nɜːrvəsli/ *avv.* nervosamente: *she laughed ~ rise* nervosamente; *he was ~ shuffling the papers on his desk* rimescolava nervosamente le carte sulla sua scrivania; *they moved ~ about the room* si agitavano per la stanza.

nervousness /'nɜːvəsnəs *Am* 'nɜːrvəsnəs/ *n.* **1** nervosismo *m.*, irritabilità *f.*, nervosità *f.* **2** (*apprehension*) apprensione *f.*, paura *f.*

nervure /'nɜːvjʊər *Am* 'nɜːrvjər/ *n.* (*Biol*) nervatura *f.*

nervy /'nɜːvi *Am* 'nɜːrvi/ *a.* **1** (*colloq*) (*courageous*) coraggioso, audace. **2** (*Am*, *colloq*) (*brash*) sfacciato, sfrontato. **3** (*Br*, *colloq*) (*tense*) teso, apprensivo. □ *to be ~ enough to do sth.* avere il coraggio di fare qcs.

nescience /'nesɪəns *Am* 'neʃəns/ *n.* (*ant*) ignoranza *f.*, (*lett*) nescienza *f.*

nescient /'nesɪənt *Am* 'neʃənt/ *a.* (*ant*) ignorante, ignaro, (*lett*) nesciente.

ness /nes/ *n.* (*Geog*, *ant*) promontorio *m.*, capo *m.*, punta *f.*

nest /nest/ **I** *n.* **1** nido *m.*: *a thrush's ~* un nido di tordo. **2** (*animals occupying the nest*) nidiata *f.* **3** (*fig*) (*refuge*) rifugio *m.*, ricovero *m.*, nido *m.*; (*den*) covo *m.*, nascondiglio *m.*: *a ~ of criminals* un covo di criminali. **4** (*series of objects fitting together*) serie *f.* di oggetti che possono essere contenuti l'uno nell'altro. **5** (*Mil*) nido *m.*, postazione *f.*: *a machine-gun ~* un nido di mitragliatrice. **6** (*Mar*) (*crow's nest*) coffa *f.* **7** (*Arm*) appostamento *m.* **II** *v.i.* **1** nidificare, fare il nido, farsi il nido, annidarsi. **2** (*to fit together*) andare l'uno nell'altro, inserirsi l'uno nell'altro. **3** (*to search for birds' nests*) andare in cerca di nidi, andare a caccia di nidi: *to go -ing* andare a (caccia di) nidi. **III** *v.t.* **1** sistemare: *to ~ eggs in straw* sistemare le uova nella paglia. **2** (*to fit together*) inserire l'uno nell'altro.

□ *~ egg*: **1** (*Zootecn*) nidiandolo, endice; **2** (*fig*) gruzzolo; (*Br*, *Arred*) *~ of tables* tavoli cicogna, trittico.

nested /'nestɪd/ *a.* (*Inform*) annidato.

nester /'nestər/ *n.* animale *m.* che nidifica.

nesting /'nestɪŋ/ *n.* nidificazione *f.* □ *~ instinct*: **1** tendenza a fare incetta di generi alimentari (per paura di rimanere isolati a causa del maltempo); **2** (*in gravidanza*) istinto di nidificazione.

nestle /'nesl/ **I** *v.i.* **1** accoccolarsi, rannicchiarsi: *the kitten -d among the cushions* il gattino si accoccolò tra i cuscini. **2** (*to press closely*) stringersi a: *the baby -d against his mother* il bambino si strinse alla madre. **3** (*to lie sheltered*) essere nascosto, nascondersi, annidarsi: *three or four houses -d among the trees* tre o quattro case erano nascoste tra gli alberi. **II** *v.t.* **1** sistemare come in un nido. **2** (*to press closely, affectionately*) stringere affettuosamente.

nestling /'neslɪŋ/ *n.* pulcino *m.*, uccellino *m.* implume, uccellino *m.* di nido.

Nestor /'nestɔːr, 'nestər/ *n.pr.m.* (*Mitol*) Nestore.

Nestorian /nes'tɔːriən/ **I** *n.* (*Rel*) nestoriano *m.* (*f.* -a). **II** *a.* (*Rel*) nestoriano.

Nestorianism /nes'tɔːriənˌɪzəm/ *n.* (*Rel*) nestorianesimo *m.*, nestorianismo *m.*

net[1] /net/ **I** *n.* **1** rete *f.* (*anche Pesc*): *to haul in the -s* raccogliere le reti. **2** (*bag-shaped piece*) retino *m.*, reticella *f.*: *a shrimp ~* un retino per gamberetti. **3** (*Sport*) rete *f.* **4** (*Tess*) rete *f.*, filet *m.* **5** (*fig*) (*trap*) rete *f.*, trappola *f.*, maglie *f.pl.*: *to catch so. in the ~* prendere qcu. nella rete. **6** (*fig*) (*network*) rete *f.* **7** *pl.* (*Sport*) (*in hockey, lacrosse*) rete *f.sing.*, porta *f.sing.* **II** *a.* di rete: *~ curtains* tende di rete. □ (*Tess*) *~ silk* seta ritorta.

net[2] /net/ (*past, p.p.* **netted** /'netɪd *Am* 'netɪd/) **I** *v.t.* **1** (*Pesc*) prendere con la rete; (*of a river*) sbarrare con reti. **2** (*Agr*, *Giard*) proteggere con reti, coprire con reti. **3** (*in tennis, etc.*) mandare in rete. **4** (*to make in network*) lavorare a rete. **5** (*fig*) (*to ensnare*) intrappolare, irretire. **6** (*fig*) (*to cover with a network*) coprire con una rete, coprire con un reticolato: *hands -ted with fine veins* delle mani coperte da una rete di vene sottili. **II** *v.i.* **1** lavorare a rete. **2** (*to make a net*) fare una rete, tessere una rete. **3** (*Sport*) mandare a rete; (*to score a goal*) segnare, fare gol, fare rete.

net[3] /net/ **I** *a.* **1** (*Econ*, *Comm*) netto: *~ earnings* guadagni netti. **2** (*fig*) finale, ultimo: *the ~ result* il risultato finale. **II** *n.* (*Econ*, *Comm*) netto *m.* **III** *v.t.* (*past, p.p.* **netted** /'netɪd *Am* 'netɪd/) **1** ricavare un guadagno (o ricavare un utile) netto da. **2** (*to produce as net profit*) dare un utile netto di, rendere al netto. □ (*Comm*) *~ price* prezzo netto; (*Econ*) *~ profit* utile netto; *~ weight* peso netto; (*Econ*) *~ worth* capitale netto; (*Econ*) *~ yield* rendimento netto.

Net /net/ *n.* (*Inform*) rete *f.*, Internet *f.*: *to surf the ~* navigare su (o in) Internet.

net. (*in web site addresses*) network-related domain edu. (dominio di centro di appoggio e servizio tecnico per la rete).

netball /'netbɔːl/ *n.* **1** (*Sport*) (*game*) netball *m.*, gioco *m.* del netball. **2** (*Sport*) (*ball*) pallone *m.* per netball.

netful /'netfʊl/ *n.* retata *f.*: *a ~ of fish* una retata di pesci.

nether /'neðər/ *a.* inferiore, più basso. □ *~ limbs* arti inferiori, gambe; *the ~ regions* gli inferi; *~ world* inferno, inferi.

Netherlander /'neðələndər/ *n.* olandese *m./f.*

Netherlandish /'neðələndɪʃ/ *a.* olandese,

dei Paesi Bassi.

Netherlands /'neðələn(d)z/ *n.pr.pl.* (*costr.sing. o pl.*) (*Geog*) Paesi *m.pl.* Bassi.

nethermost /'neðə,moust/ *a.* il più basso, il più profondo.

netiquette /'netɪket *Am* 'netɪket/ *n.* (*Inform*) galateo *m.* di Internet, netiquette *f.*

netizen /'netɪz²n *Am* 'netɪz²n/ *n.* (*Inform*) netizen *m.*, cittadino *m.* della rete.

nett /net/ *a./n./v.* → **net³**.

netting /'netɪŋ *Am* 'netɪŋ/ *n.* **1** il fare una rete. **2** (*act*) il lavorare a rete. **3** (*Tess*) filet *m.*, rete *f.* **4** (*wire netting*) rete *f.* metallica.

nettle /'netḷ *Am* 'netḷ/ **I** *n.* (*Bot*) ortica *f.* **II** *v.t.* **1** pungere con le ortiche. **2** (*fig*) pungere nel vivo, offendere, irritare. □ (*Med*) ~ *rash* orticaria.

network /'netwз:k *Am* 'netwз:rk/ **I** *n.* **1** (*Tess*) filet *m.*, rete *f.* **2** (*fig*) rete *f.*: *a ~ of roads* una rete stradale; *a ~ of spies* una rete di spie. **3** (*El,Inform*) rete *f.* **4** (*TV*) rete *f.* di emittenti televisive, network *m.* **II** *v.t.* **1** (*TV*) (*to broadcast on a television network*) diffondere in rete. **2** (*Inform*) collegare in rete. **III** *v.i.* (*fig*) crearsi dei contatti, sfruttare le proprie conoscenze per avere appoggi. □ (*Inform*) ~ *administrator* amministratore di rete; (*Econ*) ~ *analysis* indagine preliminare sui costi; (*Inform*) ~ *architecture* architettura di rete; (*Inform*) ~ *computer* computer di rete; (*Inform*) ~ *protocol* protocollo di rete; (*Inform*) ~ *server* server di rete.

networked /'net,wз:kt *Am* 'net,wз:rkt/ *a.* (*Inform*) in rete.

networker /'net,wз:kər *Am* 'net,wз:rkər/ *n.* **1** (*Inform*) (*so. who works at home via a computer network*) telelavoratore *m.* (*f.* -trice). **2** (*so. who networks with others in a similar profession*) chi opera in una rete.

networking /'net,wз:kɪŋ *Am* 'net,wз:rkɪŋ/ *n.* **1** (*Inform*) networking *m.*, lavoro *m.* in rete, operatività *f.* in rete. **2** (*business connections*) sistema *m.* di mutuo soccorso, sistema *m.* di aiuto reciproco.

neum /nju:m/, **neume** /nju:m/ *n.* (*Mus*) neuma *m.*

neural /'njʊərᵊl, 'njɔːrᵊl *Am* 'nʊrᵊl, 'nɜːrᵊl/ *a.* (*Anat*) neurale. □ (*Inform*) ~ *net* (o ~ *network*) rete neurale; (*Zool,Med*) ~ *tube* tubo neurale.

neuralgia /njʊə'rældʒə *Am* nʊ'rældʒə/ *n.* (*Med*) nevralgia *f.*

neuralgic /njʊə'rældʒɪk *Am* nʊ'rældʒɪk/ *a.* (*Med*) nevralgico.

neurally /'njʊərᵊli *Am* 'nʊrᵊli/ *avv.* (*Anat*) neuralmente, neurologicamente: ~ *mediated hypotension* ipotensione mediata neuralmente.

neurasthenia /,njʊərəs'θi:nɪə *Am* ,nʊræs'θi:ni:ə/ *n.* (*Med,ant*) nevrastenia *f.*

neurasthenic /,njʊərəs'θenɪk *Am* ,nʊræs'θenɪk/ **I** *a.* (*Med,ant*) nevrastenico. **II** *n.* nevrastenico *m.* (*f.* -a).

neuration /,njʊə'reɪʃᵊn/ *n.* (*Biol*) (*nervation*) nervatura *f.*

neurine /'njʊəraɪn/ *n.* (*Biol*) neurina *f.*

neuritis /njʊə'raɪtɪs *Am* nʊ'raɪtᵊs/ (*pl.* **-tides** /-tɪdiːz/ o **-es** /-ɪz/) *n.* (*Med*) neurite *f.*, nevrite *f.*

neurobiological /,njʊərəʊbaɪə'lɒdʒɪkᵊl *Am* ,nʊrəʊbaɪə'lɑːdʒɪkᵊl/ *a.* neurobiologico.

neurobiologist /,njʊərəʊbaɪ'ɒlədʒɪst *Am* ,nʊrəʊbaɪ'ɑːlədʒɪst/ *n.* neurobiologo *m.*

neurobiology /,njʊərəʊbaɪ'ɒlədʒi *Am* ,nʊrəʊbaɪ'ɑːlədʒi/ *n.* neurobiologia *f.*

neurochemistry /,njʊərəʊ'kemɪstri *Am* ,nʊrəʊ'kemɪstri/ *n.* neurochimica *f.*

neuroleptic /,njʊərəʊ'leptɪk *Am* ,nʊrəʊ'leptɪk/ **I** *a.* (*Farm*) neurolettico. **II** *n.* (*Farm*) neurolettico *m.*

neurolinguistic /,njʊərəʊlɪŋ'gwɪstɪk *Am* ,nʊrəʊlɪŋ'gwɪstɪk/ *a.* neurolinguistico. □ (*Psic*) ~ *programming* programmazione neurolinguistica.

neurolinguistics /,njʊərəʊlɪŋ'gwɪstɪks *Am* ,nʊrəʊlɪŋ'gwɪstɪks/ *n.pl.* (*costr.sing.*) neurolinguistica *f.*

neurologic /,njʊərə'lɒdʒɪk *Am* ,nʊrəʊ'lɑːdʒɪk/ *a.* (*Med*) neurologico.

neurological /,njʊərə'lɒdʒɪkᵊl *Am* ,nʊrə'lɑːdʒɪkᵊl/ *a.* (*Med*) neurologico. □ ~ *clinic* clinica neurologica; ~ *surgery* neurochirurgia.

neurologist /njʊə'rɒlədʒɪst *Am* nʊ'rɑːlədʒɪst/ *n.* (*Med*) neurologo *m.* (*f.* -a).

neurology /njʊə'rɒlədʒi *Am* nʊ'rɑːlədʒi/ *n.* (*Med*) neurologia *f.*

neuromuscular /,njʊərəʊ'mʌskjʊlər/ *a.* neuromuscolare.

neuron /'njʊərɒn *Am* 'nʊrɑːn/ *n.* (*Anat*) neurone *m.*

neuropath /'njʊərəʊ,pæθ/ *n.* (*Med*) neuropatico *m.* (*f.* -a).

neuropathic /,njʊərəʊ'pæθɪk/ *a.* (*Med*) neuropatico.

neuropathologic /,njʊərəʊ,pæθə'lɒdʒɪk *Am* ,njʊərəʊ,pæθə'lɑːdʒɪk/, **neuropathological** /,njʊərəʊ,pæθə'lɒdʒɪkᵊl *Am* ,njʊərəʊ,pæθə'lɑːdʒɪkᵊl/ *a.* (*Med*) neuropatologico.

neuropathologist /,njʊərəʊpæ'θɒlədʒɪst *Am* ,njʊərəʊpæ'θɑːlədʒɪst/ *n.* (*Med*) neuropatologo *m.* (*f.* -a).

neuropathology /,njʊərəʊpə'θɒlədʒi *Am* ,njʊərəʊpə'θɑːlədʒi/ *n.* (*Med*) neuropatologia *f.*

neuropathy /njʊə'rɒpəθi *Am* njʊə'rɑːpəθi/ *n.* (*Med*) neuropatia *f.*

neurophysiologist /,njʊərəʊ,fɪzɪ'ɒlədʒɪst *Am* ,njʊərəʊ,fɪzɪ'ɑːlədʒɪst/ *n.* neurofisiologo *m.* (*f.* -a).

neurophysiology /,njʊərəʊ,fɪzɪ'ɒlədʒi *Am* ,njʊərəʊ,fɪzɪ'ɑːlədʒi/ *n.* fisiologia *f.* del sistema nervoso, neurofisiologia *f.*

neuropsychiatrist /,njʊərəʊsaɪ'kaɪətrɪst/ *n.* (*Med*) neuropsichiatra *m./f.*

neuropsychiatry /,njʊərəʊsaɪ'kaɪətri/ *n.* (*Med*) neuropsichiatria *f.*

neuropsychology /,njʊərəʊsaɪ'kɒlədʒi *Am* ,njʊərəʊsaɪ'kɑːlədʒi/ *n.* neuropsicologia *f.*

neurosis /njʊə'rousɪs *Am* nʊ'roʊsɪs/ (*pl.* **-ses** /-siːz/) *n.* (*Med,Psic*) nevrosi *f.*

neurosurgeon /,njʊərəʊ'sɜːdʒᵊn *Am* ,nʊrəʊ'sɜːrdʒᵊn/ *n.* (*Med*) neurochirurgo *m.*

neurosurgery /,njʊərəʊ'sɜːdʒᵊri *Am* ,nʊrəʊ'sɜːrdʒᵊri/ *n.* (*Med*) neurochirurgia *f.*

neurotic /njʊə'rɒtɪk *Am* nʊ'rɑːtɪk/ **I** *a.* **1** (*Psic, Med*) nevrotico. **2** (*of the nerves*) nervoso. **II** *n.* nevrotico *m.* (*f.* -a).

neurotically /njʊə'rɒtɪkᵊli *Am* nʊ'rɑːtɪkᵊli/ *avv.* in modo nevrotico.

neurotomy /njʊə'rɒtəmi *Am* njʊə'rɑːtəmi/ *n.* (*Med*) neurotomia *f.*

neurotoxic /,njʊərəʊ'tɒksɪk *Am* ,njʊərəʊ'tɑːksɪk/ *a.* neurotossico.

neurotoxin /,njʊərəʊ'tɒksɪn *Am* ,njʊərəʊ'tɑːksɪn/ *n.* neurotossina *f.*

neurotransmitter /,njʊərəʊtrænz'mɪtər *Am* ,nʊrəʊtræn'smɪtər/ *n.* (*Biol*) neurotrasmettitore *m.*

neut. 1 (*Gramm*) *neuter* n. (neutro). **2** *neutral* (neutrale).

neuter /'njuːtər *Am* 'nuːtᵊr/ **I** *a.* **1** (*Gramm*) neutro. **2** (*Gramm,rar*) (*of a verb*) intransivo. **3** (*Biol,Bot*) neutro. **4** (*neutral*) neutrale, neutro. **II** *n.* **1** (*Gramm*) (*gender*) neutro *m.*, genere *m.* neutro; (*noun*) neutro *m.*; (*verb*) verbo *m.* intransivo. **2** (*Entom*) insetto *m.* neutro. **3** (*Bot*) pianta *f.* neutra. **III** *v.t.* (*Veter*) castrare.

neutral /'njuːtrᵊl *Am* 'nuːtrᵊl/ **I** *a.* **1** (*Pol*) neu-

trale: *a ~ country* un paese neutrale. **2** (*fig*) insignificante, incolore, scialbo: *a ~ personality* una personalità insignificante. **3** (*of a colour*) neutro. **4** (*Mecc*) (*of gears*) in folle: *to put the car into ~* mettere la macchina in folle. **5** (*Biol*) neutro, non sessuato. **6** (*Chim, El,Fon*) neutro. **7** (*Fis*) neutro, neutrale. **II** *n.* **1** (*Pol*) stato *m.* neutrale, nazione *f.* neutrale, neutrale *m.* **2** (*person*) persona *f.* neutrale. **3** (*Mecc*) posizione *f.* di folle. □ (*fig*) ~ *ground* terreno neutrale; (*fig*) ~ *territory* territorio neutrale.

neutralism /'njuːtrᵊlɪzᵊm *Am* 'nuːtrᵊlɪzᵊm/ *n.* (*Pol*) neutralismo *m.*

neutralist /'njuːtrᵊlɪst *Am* 'nuːtrᵊlɪst/ *n.* (*Pol*) neutralista *m./f.*

neutrality /njuː'træləti *Am* nuː'træləti/ *n.* neutralità *f.*

neutralization /,njuːtrᵊlaɪ'zeɪʃᵊn *Am* ,nuːtrᵊli'zeɪʃᵊn/ *n.* neutralizzazione *f.* (*anche Ling,Chim, El*).

neutralize /'njuːtrᵊlaɪz *Am* 'nuːtrᵊlaɪz/ *v.t.* **1** neutralizzare, rendere vano. **2** (*Pol*) dichiarare neutrale. **3** (*Mil,Chim,El*) neutralizzare.

neutralized /'njuːtrᵊlaɪzd *Am* 'nuːtrᵊlaɪzd/ *a.* □ (*Pol,Mil*) ~ *zone* zona neutra (o neutralizzata).

neutralizer /'njuːtrᵊlaɪzər *Am* 'nuːtrᵊlaɪzᵊr/ *n.* (*Chim,El*) neutralizzatore *m.*

neutrally /'njuːtrᵊli *Am* 'nuːtrᵊli/ *avv.* in modo neutro, in modo neutrale.

neutron /'njuːtrɒn *Am* 'nuːtrɑːn/ *n.* (*Nucl*) neutrone *m.* □ ~ *bomb* bomba al neutrone, bomba N; ~ *weapons* armi neutroniche, armi al neutrone.

Nevada /nə'vɑːdə/ *n.pr.* (*Geog*) Nevada *m.*

névé /'neveɪ *Am* neɪ'veɪ/ *n.* (*Geol*) neve *f.* granulosa dei ghiacciai, firn *m.*

never /'nevər/ *avv.* **1** non... mai, mai: *she ~ goes out* non esce mai; ~ *in* (*all*) *my life* mai in vita mia. **2** (*in past sentences*) non... (mai) più: *he ~ came back* non ritornò più. **3** (*as an emphatic negation*) non...: *he answered ~ a word* non rispose parola; *this will ~ do* così non può andare, così non va. □ ~ *a* non uno, nessuno, neanche uno; ~ *after* mai più da allora; ~... *again* non... (mai) più: *I shall ~ speak to him again* non gli parlerò (mai) più; ~... *before* non... mai prima (d'ora, di allora): *this has ~ happened before* questo non è mai successo prima; *you ~ can tell* non si può mai dire; (*colloq*) *I've ~ ever heard such a thing* mai e poi mai ho sentito una cosa del genere; ~ *fear!* niente paura!, stai tranquillo!; ~ *in all my days* (o ~ *in all my born days*) mai in tutta la mia vita; ~ *is a long time* prima di dire "mai" pensaci; *you ~ know* non si sa mai; ~ *mind* non preoccuparti, non importa, pazienza, lascia perdere; ~ *say*... mai dire mai; *he ~ so much as offered to help* non si è neppure offerto di aiutare un po'; (*colloq*) ~ *you mind* non è affar tuo. *Prov.*: *you ~ know till you have tried* finché non provi non sai com'è, se non provi non saprai mai com'è; ~ *say die* non mollare mai; *it's ~ too late to mend* non è mai troppo tardi per ravvedersi; ~ *look a gift horse in the mouth* a caval donato non si guarda in bocca; ~ *too old to learn* non è mai (troppo) tardi per imparare; *it ~ rains but it pours* piove sempre sul bagnato, le disgrazie non vengono mai sole; ~ *swap horses in midstream* non fare mai cambiamenti in un momento critico.

never-ending /,nevᵊr'endɪŋ/ *a.* interminabile, infinito, senza fine.

never-fading /,nevᵊr'feɪdɪŋ/ *a.* **1** (*of a flower*) che non sfiorisce. **2** (*fig*) immortale, eterno, imperituro, perpetuo.

never-failing /,nevᵊr,feɪlɪŋ/ *a.* infallibile.

nevermore /ˌnevə'mɔːr Am ˌnevər'mɔːr/ avv. (lett) mai più.

never-never /ˌnevə'nevər Am ˌnevər'nevər/ n. **1** luogo m. immaginario. **2** (Utopia) paese m. dei sogni. **3** (Aus) interno m. dell'Australia. **4** (sl) (hire purchase) sistema m. di vendita rateale. □ **~ land**: 1 la terra che non c'è, paese immaginario; 2 (Utopia) paese dei sogni; 3 (Aus) interno dell'Australia; to buy sth. on the ~ comprare qcs. a rate.

nevertheless /ˌnevəðə'les Am ˌnevərðə'les/ avv. tuttavia, ciò nonostante, nondimeno.

never-to-be-forgotten /ˌnevətəbɪfə'gɒtʰn/ a. indimenticabile, memorabile.

new /njuː Am also nuː/ I a. **1** nuovo: a ~ hat un cappello nuovo. **2** (novel) originale: a ~ theory una nuova teoria. **3** (unused) nuovo, altro: a ~ sheet of paper un foglio nuovo. **4** (unfamiliar) nuovo: the idea is ~ to me quest'idea mi è nuova. **5** (unaccustomed) nuovo (to di): to be ~ to the job essere nuovo del mestiere. **6** (lately arrived) nuovo, appena arrivato (from da): a ~ maid una nuova cameriera; ~ from the country appena arrivato dalla campagna. **7** (different) diverso, differente: a ~ dress every day ogni giorno un abito diverso. **8** (modern) moderno, nuovo, attuale: the ~ woman la donna moderna. **9** (renewed) rinnovato, nuovo: with ~ energy con rinnovata energia. **10** (fresh, clean) fresco: ~ sheets lenzuola pulite. **11** (Agr) novello, nuovo, primaticcio; (of land) vergine. **12** (second) secondo, nuovo, novello: a ~ Golden Age una seconda età dell'oro. **II** n. nuovo m., novità f.: the old and the ~ il vecchio e il nuovo. **III** avv. (in compounds) di recente, da poco, appena, di fresco: ~-mown hay fieno falciato di fresco. □ New Age New Age, Nuova Era; New Age music musica New Age; (fig) a ~ ball game una situazione del tutto diversa, un altro paio di maniche: with the development of the Internet, commerce is a whole ~ ball game con l'arrivo di Internet il commercio ha assunto aspetti nuovissimi; to make a ~ beginning ricominciare da zero; (fig) ~ blood nuovo impulso, nuova linfa, nuova vita: to put ~ blood into an organization dare nuovo impulso a un'organizzazione, to infuse ~ blood into an enterprise dare nuova energia a un'impresa; (Scol) ~ boy allievo nuovo; (Geog) New Britain Nuova Britannia; (Geog) New Brunswick Nuova Brunswick; (Geog) New Caledonia Nuova Caledonia; (Aus,sl) ~ chum immigrato da poco; (Stor.am) New Deal New Deal, nuovo corso; (Geog) New Delhi Nuova Delhi; (Geog) New England Nuova Inghilterra (Maine, Vermont, New Hampshire, Massachusetts, Connecticut e Rhode Island); New Englander abitante della Nuova Inghilterra; ~ entrants nuove leve (del lavoro); (fig) to put a ~ face on sth. conferire un aspetto nuovo a qcs., dare un aspetto nuovo a qcs., cambiare l'aspetto di qcs.; (Am) ~ federalism nuovo federalismo; (Geog) New Georgia Nuova Georgia; (Geog) New Ireland Nuova Irlanda; (Econ) ~ issue nuova emissione; (Geog) New Jersey New Jersey; (GB,Pol) New Labour nuovo Partito laburista; (Ling) New Latin neolatino; (Lett) New Learning primo Rinascimento inglese; (Pol) New Left nuova sinistra; to put ~ life into sth. rinvigorire qcs., ravvivare qcs.; ~ like ~ quasi nuovo, come nuovo: it looks like ~ sembra nuovo; ~ look: 1 (in fashion) ultimo grido, ultima moda; 2 (estens) nuovo aspetto, nuova tendenza, idee nuove: the Conservative party's ~ look il nuovo aspetto del partito conservatore; New Man uomo più sensibile, disposto a svolgere mansioni tipicamente femminili (come accudire i bambini od occuparsi delle faccende domestiche); to feel like a ~ man sentirsi rinato; (colloq) a drop of whisky will make a ~ man of you un sorso di whisky ti rimetterà in sesto; (Inform) ~ media nuovi media; (Geog) New Mexico Nuovo Messico; ~ moon: 1 luna nuova; 2 (phase) novilunio; (Geog) New Orleans New Orleans; under ~ ownership nuova gestione; ~ paragraph (in dictating) a capo: to start a ~ paragraph andare a capo; (GB,Pol) New Right nuova destra; (Econ) ~ share azione di nuova emissione; (Geog) New South Wales Nuovo Galles del Sud; to make a ~ start ricominciare daccapo; (Econ) ~ stock azione di nuova emissione; (Geol) New Stone Age età neolitica; (Br) New Style: 1 (used as a noun) tempo calcolato secondo il calendario gregoriano; 2 (used as an adjective) (of time) calcolato secondo il calendario gregoriano; (Bibl) New Testament nuovo testamento; he is ~ to his trade è nuovo del mestiere; (GB) ~ town città nuova, città industriale progettata e fondata ex novo; (Cin) New Wave Nouvelle Vague; ~ wave new wave (anche Mus); (fig) ~ wine in old bottles nuove idee costrette in vecchie strutture; New World Nuovo Mondo, America; New year: 1 primi giorni di gennaio; 2 (New Year's Day) capodanno, primo dell'anno; (GB) New Year honours onorificenze conferite dal sovrano all'inizio dell'anno; New Year's Day capodanno, primo dell'anno; New Year's Eve ultimo dell'anno, san Silvestro, vigilia di capodanno; (Geog) New York: 1 (New York State) New York; 2 (New York City) New York, (ant) Nuova York; New Yorker abitante di New York, newyorkese; New Yorkese: 1 (speech) parlata tipica di New York; 2 (pronunciation) accento di New York; (Geog) New Zealand Nuova Zelanda; New Zealand English inglese della Nuova Zelanda; New Zealander neozelandese. Prov.: a ~ broom sweeps clean scopa nuova scopa bene.

Newark /njuːək Am 'nuːərk/ n.pr. Newark f.

newbie /njuːbi/ n. (Inform) neofita m./f., novellino m. (f. -a).

new-blown /njuːbləʊn Am 'nuːbləʊn/ a. appena sbocciato.

new-born /ˌnjuːbɔːn Am 'nuːbɔːrn/ I a. appena nato. **2** (reborn) rinato, rigenerato. **II** n. (pl.inv. o -s) neonato m. (f. -a).

Newcastle /njuːˌkɑːsl Am 'nuːˌkæsl/ n.pr. (Geog) Newcastle f.

newcomer /njuːkʌmər/ n. **1** nuovo venuto m. (f. -a), nuovo arrivato m. (f. -a). **2** (novice) novizio m. (f. -a), principiante m./f.

newel /njuːəl Am also 'nuːəl/ n. **1** (of a flight of stairs) montante m. di ringhiera. **2** (of a spiral staircase) colonna f. di appoggio. □ ~ post (of a flight of stairs) montante di ringhiera.

newfangled /ˌnjuː'fæŋgld Am also ˌnuː'fæŋgld/ a. (spreg) moderno, nuovo (e strano).

new-fledged /njuː'fledʒd Am also 'nuː'fledʒd/ a. **1** (Ornit) che ha appena messo le ali. **2** (fig) novello, fresco, recente.

newfound /ˌnjuː'faʊnd Am also 'nuː'faʊnd/ a. recente, scoperto da poco, ritrovato da poco: when he learned that Jennifer loved poetry he took ~ interest in his English class quando ha scoperto che Jennifer adora la poesia ha ritrovato l'interesse per le lezioni di inglese.

Newfoundland /njuː'fʌn(d)lənd Am also 'nuːfændlænd/ I n.pr. (Geog) Terranova f. II n. (Zool) terranova m.

Newfoundlander /ˌnjuː'fʌn(d)'ləndər Am also ˌnuː'fənd'lændər/ n. abitante m./f. di Terranova.

newish /njuːɪʃ/ a. piuttosto nuovo.

new-laid /ˌnjuː'leɪd Am also ˌnuː'leɪd/ a. (of eggs) fresco, appena fatto, appena deposto.

newly /njuːli Am also 'nuːli/ avv. **1** (lately) appena, da poco (tempo), di recente, di fresco: ~ married appena sposati. **2** (afresh) di fresco: ~ painted verniciato di fresco. **3** (in a new way) in modo nuovo. □ ~ married couple sposi novelli, sposini.

newly-elected /ˌnjuːlɪ'lektɪd Am also ˌnuːliˈlektɪd/ a. neoeletto.

newly-industrialized /ˌnjuːliɪn'dʌstriəlaɪzd Am also 'nuːliːɪnˈdʌstriəlaɪzd/ a. di nuova industrializzazione. □ ~ countries paesi di nuova industrializzazione.

newly-weds /njuːliwedz Am also 'nuːliwedz/ n.pl. (colloq) sposi m.pl. novelli, sposini m.pl.

newness /njuːnɪs Am also 'nuːnɪs/ n. novità f.

Newport /njuːpɔːt Am also 'nuːpɔːrt/ n.pr. (Geog) Newport f.

new-rich /njuːˌrɪtʃ Am also 'nuːˌrɪtʃ/ I a. arricchito (da poco), nuovo ricco. **II** n. arricchito m. (f. -a), nuovo ricco m. (f. -a).

news /njuːz Am also nuːz/ n. (costr.sing. o pl.) **1** notizia f., notizie f.pl., nuova f., novità f.: we have had no ~ from him non abbiamo avuto sue notizie; a piece of ~ una notizia. **2** (information) notizie f.pl., informazione f. **3** (Rad) notizie f.pl., notiziario m., giornale m. radio: here is the latest ~ ecco le ultime notizie. **4** (TV) telegiornale m., notiziario m., notizie f.pl.: I heard it on the ~ l'ho sentito al telegiornale. **5** (Giorn) cronaca f. **6** (colloq) (newsworthy person) persona f. che fa notizia; (newsworthy event) avvenimento m. che fa notizia, fatto m. di cronaca. **7** (Giorn) (in titles: newspaper) giornale m. □ ~ agency agenzia di informazioni, agenzia di stampa; ~ analyst: 1 (Rad) radiocronista; 2 (TV) telecronista; ~ editor capocronista; (Giorn) ~ flash flash, notizia urgente; (Am,colloq) ~ hound cronista, reporter, giornalista; it is in the ~ ne parla la stampa; ~ item fatto di cronaca; ~ magazine rivista di informazione; to make ~ fare notizia; ~ man giornalista, cronista, reporter; no ~ nessuna novità, niente di nuovo; (Giorn) ~ room: sala stampa; (Inform) ~ server server di news; ~ service agenzia di informazioni, agenzia di stampa; (Giorn) ~ story articolo di cronaca, reportage; ~ summary notiziario; ~ theatre cinema dove si proiettano documentari e servizi di attualità; (fig) that's ~ to me (o it's ~ to me) questa mi giunge nuova, questa mi è nuova; it's no ~ to me non è una novità per me, non mi giunge nuovo; ~ vendor strillone, venditore di giornali; what ~? (o what is the ~?) che c'è di nuovo?, che novità ci sono? Prov.: no ~ is good ~ nessuna nuova buona nuova; bad ~ travels fast le cattive notizie hanno le ali, le cattive notizie volano.

newsagent /njuːzˌeɪdʒənt Am also 'nuːzˌeɪdʒnt/ n. giornalaio m. (f. -a).

newsboy /njuːzbɔɪ Am also 'nuːzbɔɪ/ n. ragazzo m. che vende i giornali, strillone m.

newsbreak /njuːzbreɪk Am also 'nuːzbreɪk/ n. avvenimento m. che fa notizia, fatto m. di cronaca.

newscast /njuːzkɑːst Am 'nuːzkæst/ n. **1** (Rad) notiziario m., giornale m. radio. **2** (TV) notiziario m., telegiornale m.

newscaster /njuːzkɑːstər Am 'nuːzkæstər/ n. commentatore m. (f. -trice) del notiziario.

newscasting /njuːzkɑːstɪŋ Am 'nuːzˌkæstɪŋ/ n. trasmissione f. del notiziario, diffusione f. del notiziario.

newsdealer /nuːzˌdiːlər/ n. (Am) giornalaio

m. (f. -a).

newsgroup /'nju:zgru:p *Am* 'nu:zgru:p/ *n.* (*Inform*) newsgroup *m.*, gruppo *m.* di interesse, gruppo *m.* di discussione.

newshawk /'nju:zhɔ:k/ *n.* (*Am,colloq*) cronista *m.*, reporter *m.*, giornalista *m.*

newshen /'nju:zhen/ *n.* (*Br,colloq*) cronista *f.*, reporter *f.*, giornalista *f.*

newsiness /'nju:zɪnəs/ *n.* (*Br,colloq*) ricchezza *f.* di notizie, abbondanza *f.* di notizie.

newsletter /'nju:z,letər *Am* 'nu:z,letər/ *n.* **1** bollettino *m.* di informazioni, newsletter *f.* (*anche Inform*). **2** (*Comm*) notiziario *m.*

newsmonger /'nju:z,mʌŋgər *Am also* 'nu:z ,mʌŋgər/ *n.* (*ant*) pettegolo *m.* (*f.* -a), chiacchierone *m.* (*f.* -a), gazzetta *f.*

newsmongering /'nju:z,mʌŋgərɪŋ *Am also* 'nu:z,mʌŋgərɪŋ/ *n.* (*ant*) il pettegolare.

newspaper /'nju:s,peɪpər *Am also* 'nu:z ,peɪpər/ **I** *n.* **1** giornale *m.*: *a daily* ~ un quotidiano; *a weekly* ~ un (giornale) settimanale. **2** (*paper, newsprint*) carta *f.* di giornale. **II** *a.* giornalistico: ~ *slang* gergo giornalistico.

newspaperman /'nju:z,peɪpə,mən *Am also* 'nu:z,peɪpər,mən/ *n.irr.* giornalista *m.*, cronista *m.*, reporter *m.*

newsperson /'nju:z,pɜ:sən *Am also* 'nu:z ,pɜ:rsən/ *n.* giornalista *m./f.*

newsprint /'nju:zprɪnt *Am also* 'nu:zprɪnt/ *n.* (*Cart*) carta *f.* da giornale.

newsreader /'nju:z,ri:dər *Am also* 'nu:z ,ri:dər/ *n.* **1** (*Rad,TV*) speaker *m./f.* (di notiziario o telegiornale). **2** (*Inform*) newsreader *m.*, utente *m./f.* di newsletter.

newsreel /'nju:zri:l *Am also* 'nu:zri:l/ *n.* (*Cin*) cinegiornale *m.*

news-sheet /'nju:zʃi:t *Am also* 'nu:zʃi:t/ *n.* notiziario *m.*, bollettino *m.*

newsspeak /'nju:spi:k/ *n.* linguaggio *m.* giornalistico.

news-stand /'nju:zstænd *Am also* 'nu:zstænd/ *n.* edicola *f.*, chiosco *m.* di giornali.

newswoman /'nju:z,wumən *Am also* 'nu:z ,wumən/ *n.irr.* giornalista *f.*

newsworthy /'nju:z,wɜ:ði *Am* 'nu:z,wɜ:rði/ *a.* interessante, che fa notizia, degno di essere pubblicato. ☐ ~ *event* fatto di cronaca.

newsy /'nju:zi *Am also* 'nu:zi/ *a.* **1** (*colloq*) ricco di notizie, pieno di notizie: *a* ~ *letter* una lettera ricca di notizie. **2** (*gossipy*) pettegolo, chiacchierone. **3** (*causing gossip*) che è fonte di pettegolezzi, che suscita chiacchiere.

newt /nju:t *Am also* nu:t/ *n.* (*Zool*) tritone *m.*

newton /'nju:tən *Am also* 'nu:tən/ *n.* (*Fis*) newton *m.*

Newtonian /nju:'təʊniən *Am also* nu:'təʊniən/ **I** *a.* newtoniano. **II** *n.* seguace *m./f.* di Newton.

next /nekst/ **I** *a.* **1** (*in place*) prossimo, più vicino: *the* ~ *street* la prossima via; *the* ~ *village* il villaggio più vicino. **2** (*nearest*) accanto, contiguo, attiguo (*to* a): *the house* ~ *to ours* la casa accanto alla nostra. **3** (*in order of time*) prossimo, successivo, seguente: *the* ~ *stop* la prossima fermata; *the* ~ *chapter* il capitolo seguente; ~ *week* la settimana prossima. **4** (*in future time*) prossimo, venturo, futuro. **5** (*in the past*) dopo, successivo, seguente: *he left the* ~ *day* partì il giorno dopo. **II** *n.* prossimo *m.* (*f.* -a), primo *m.* (*f.* -a): *take the* ~ *to the left* prenda la prossima (strada) a sinistra; ~, *please!* avanti il prossimo! **III** *avv.* **1** (*after this*) dopo, appresso, in seguito, poi: *who comes* ~? chi viene dopo? **2** (*referring to the past: after that*) poi: ~ *he closed the door* poi chiuse la porta. **3** (*on the first occasion to follow*) la prossima volta, la volta dopo: *when* ~ *we meet* quando c'incontreremo la prossima volta. **4** (*with superla-*

tives: second) secondo, *often not translated*: *the* ~ *largest city after London* la città più grande dopo Londra. **IV** *prep.* vicino a, accanto a. ☐ *the year after* ~ tra due anni; *the* ~ *best* (o *the* ~ *best thing*) la migliore alternativa, la seconda scelta; (*Br*) *the* ~ *but one* il secondo (di una serie); ~ *door* accanto, porta a porta, nella casa accanto: *in the shop* ~ *door* nel negozio accanto; (*Br*) ~ *door but one* due case più in là; ~ *door to*: 1 vicino a, accanto a, porta a porta con, nella casa accanto a; 2 (*colloq*) (*almost*) quasi: *it's* ~ *door to impossible* è quasi impossibile; 3 (*colloq*) (*virtually*) quasi, praticamente, poco ci manca; (*Br*) *such ideas are* ~ *door to madness* idee simili rasentano la pazzia; *within the* ~ *few days* entro i prossimi giorni; (*Am, colloq*) *to get* ~ *to so.* diventare intimo di qcu.; ~ *in line* il prossimo, il successivo: ~ *in line at the supermarket* il cliente successivo al supermercato; ~ *in line to succeed to the throne* l'erede diretto nella successione al trono; ~ *line* (*in dictating*) a capo; (*the*) ~ *moment* subito dopo; *what's our* ~ *move?* cosa facciamo adesso?; *the* ~ *of kin* i parenti (più) stretti; *in the* ~ *place* inoltre, in secondo luogo, poi dopo, in seguito; *the* ~ *size* (*of shoes, etc.*) la misura più grande; ~ *thing you know* tutt'a un tratto, di punto in bianco; (*the*) ~ *time* la prossima volta; ~ *to*: 1 accanto a, vicino a: *come and sit* ~ *to me* vieni a sederti accanto a me; 2 (*in importance*) (*subito*) dopo: *the richest country* ~ *to America* il paese più ricco dopo l'America; 3 (*fig*) (*almost*) quasi: *he eats* ~ *to nothing* non mangia quasi niente; ~ *to impossible* quasi impossibile; ~ *to last* penultimo; *in* ~ *to no time* in un attimo, in un minuto, in poco tempo; ~ *to nothing* quasi nulla, quasi niente; *what* ~? e poi?, che altro?; *what will he say* ~? cosa dirà ancora?; *what else avrà da dire?; who's* ~? chi è il prossimo?, a chi tocca?; *the* ~ *world* l'aldilà.

next-door /,nekst'dɔ:r *Am* ,nekst'dɔːr/ *a.* vicino, che abita accanto, della porta accanto. ☐ *the* ~ *neighbours* i vicini di casa; ~ *to* vicino, accanto, di fianco: *they live* ~ *to us* vivono di fianco a noi.

next-of-kin /,nekstəv'kɪn/ *n.inv.* **1** parente *m./ f.* (più) stretto, familiare *m./f.* **2** (*costr.pl.*) (*nearest relatives*) parenti *m.pl.* (più) stretti, familiari *m.pl.* **3** (*Dir*) erede *m.* diretto, erede *m.* naturale.

nexus /'neksəs/ (*pl.inv.* o *-es* /-ɪz/) *n.* **1** nesso *m.*, connessione *f.*, legame *m.* **2** (*connected group*) gruppo *m.* (o serie *f.*) di cose connesse tra loro.

NFL /,enef'el/ (*US,Sport*) *National Football League* (lega nazionale football americano).

NG /,en'dʒi:/ (*US*) *National Guard* (milizia nazionale).

NGF (*Biol*) *Nerve Growth Factor* NGF (fattore di accrescimento nervoso).

NGO /,endʒi:'əʊ/ *Non-governmental Organazation* NGO (organizzazione non governativa).

N.H. *New Hampshire* N.H. (New Hampshire).

NHL /,eneɪtʃ'el/ (*US,Sport*) *National Hockey League* (lega nazionale hockey).

NHS /,eneɪtʃ'es/ (*Br*) *National Health Service* (servizio sanitario nazionale).

NI /,en'aɪ/ *Northern Ireland* (Irlanda del Nord).

Niagara /naɪ'ægrə/ *n.pr.* (*Geog*) Niagara *m.* ☐ (*Geog*) ~ *Falls* cascate del Niagara.

nib /nɪb/ **I** *n.* **1** (*of a pen*) punta *f.* da penna (d'oca). **2** (*for insertion in a pen*) pennino *m.* **2** (*pointed part*) parte *f.* appuntita, punta *f.* **3**

(*Edil*) (*of a tile*) sporgenza *f.* **4** *pl.* (*crushed cocoa or coffee beans*) chicchi *m.pl.* (di cacao *o* di caffè) frantumati. **II** *v.t.* (*past, p.p.* **nibbed** /-d/) **1** appuntire, affilare, fare la punta a. **2** (*to furnish with a nib*) mettere il pennino a; (*to mend the nib of*) aggiustare il pennino di.

nibbed /'nɪbd/ *a.* (*in compounds*) dal pennino...: *gold-* ~ dal pennino d'oro.

nibble /'nɪbl/ **I** *v.t.* **1** rosicchiare, rodere, rosicare: *the mice had -d the cheese* i topi avevano rosicchiato il formaggio. **2** (*to bite in small bits*) mordicchiare, morsicare. **II** *v.i.* **1** rosicchiare, morsicchiare, mordicchiare (*on, at sth.* qcs.). **2** (*to eat fastidiously*) mangiucchiare (*at sth.* qcs.). **III** *n.* **1** il rosicchiare. **2** (*small bit*) bocconcino *m.*, piccolo morso *m.* **3** (*Inform*) nibble *m.*, mezzo byte *m.*

Nibelungs /'ni:bəluŋz/ *n.pl.* (*Mitol.nord*) nibelunghi *m.pl.*

niblick /'nɪblɪk/ *n.* (*Sport*) bastone *m.* (da golf) con la spatola in ferro.

nibs /nɪbz/ ☐ (*Br,sl*) *his* ~: 1 uomo distinto, signore; 2 (*scherz*) (*person of importance*) persona importante, sua maestà, sua signoria.

NIC *Nicaragua* NIC (Nicaragua).

Nicaragua /,nɪkər'ægjuə *Am* ,nɪkə'rɑ:gwə/ *n.pr.* (*Geog*) Nicaragua *m.*

Nicaraguan /,nɪkər'ægjuən *Am* ,nɪkə 'rɑ:gwən/ **I** *a.* nicaraguese, nicaraguegno. **II** *n.* nicaraguese *m./f.*, nicaraguegno *m.* (*f.* -a).

nice /naɪs/ *a.* **1** (*of things*) piacevole, simpatico, gradevole: *it was a* ~ *party* è stata una festa piacevole; ~ *taste* un sapore piacevole. **2** (*of people*) simpatico, piacevole, affabile: *a* ~ *man* un uomo simpatico; ~ *clothes* graziosi vestiti. **3** (*of weather*) bello: *a* ~ *day* una bella giornata. **4** (*considerate, kind*) gentile, garbato, cortese, amabile, disponibile (*to* con, verso, nei confronti di): *they have been very* ~ *to us* sono stati molto gentili con noi. **5** (*good, well-executed*) ben fatto: ~ *shot!* bel colpo! **6** (*iron*) bello: *we're in a* ~ *mess* siamo in un bel pasticcio. **7** (*proper*) raffinato, fine: ~ *language* linguaggio raffinato. **8** (*tactful*) garbato, pieno di tatto, delicato: ~ *handling of a difficult situation* un modo garbato di trattare una situazione difficile. **9** (*of eyes*) (*handsome, beautiful*) bello: ~ *eyes* begli occhi. **10** (*Br,rar*) (*fastidious*) esigente, incontentabile, schizzinoso: *to be* ~ *about one's food* essere esigente in fatto di cibo. ☐ (*Br, iron*) *you're a* ~ *one to talk about honesty* proprio tu parli di onestà; (*colloq*) ~ *and* (*used as an intensive*) gradevolmente, piacevolmente; *it's* ~ *and warm in here* c'è un bel calduccio qui dentro, fa un caldo piacevole qui dentro; ~ *and cool* bello fresco; *a* ~ *guy* un ragazzo simpatico; ~ *to meet you!* piacere (di conoscerla)!

Nice /ni:s/ *n.pr.* (*Geog*) Nizza *f.*

nice-looking /,naɪs'lukɪŋ/ *a.* grazioso, carino.

nicely /'naɪsli/ *avv.* **1** bene: (*colloq*) *how are you?* - ~, *thank you* come stai? - bene, grazie; *she dresses* ~ si veste bene; (*colloq*) *he is doing* ~ se la cava bene. **2** (*with kindness*) gentilmente, amabilmente. **3** (*tactfully*) con tatto. **4** (*precisely*) con precisione, esattamente, a puntino: ~ *calculated stroke* colpo calcolato con precisione.

Nicene /'naɪsi:n/ *a.* niceno. ☐ (*Stor*) *Council* consiglio niceno; (*Rel*) ~ *Creed* simbolo niceno, credo niceno.

niceness /'naɪsnəs/ *n.* **1** piacevolezza *f.*, amabilità *f.*, fascino *m.* **2** (*refined quality*) raffinatezza *f.*, finezza *f.* **3** (*rar*) (*fastidiousness*) l'essere esigente, l'essere incontentabile: ~ *of dress* l'essere esigente nel vestirsi. **4** (*precision*) esattezza *f.*, precisione *f.*

nicety /'naɪsəti *Am* 'naɪsəṭi/ *n.* **1** (*refinement*) raffinatezza *f.*, finezza *f.*: *the niceties of civilized life* le raffinatezze della vita civilizzata. **2** (*subtle point, detail*) sottigliezza *f.*, finezza *f.* **3** (*quality of requiring tact*) delicatezza *f.*: *a problem of some* ~ una questione di una certa delicatezza. **4** (*precision, accuracy*) precisione *f.*, accuratezza *f.*, esattezza *f.* **5** (*fastidiousness*) incontentabilità *f.*, l'essere esigente, l'essere schizzinoso. **6** *n.pl.* (*pleasantries, polite things*) frasi *f.pl.* di cortesia. ☐ (*Br*) *to a* ~ con (estrema) precisione, esattamente, in modo preciso; *to fit to a* ~ stare a pennello.

niche /niːʃ *Am also* nɪtʃ/ I *n.* **1** (*Arch,Biol*) nicchia *f.* **2** (*fig*) nicchia *f.*, posto *m.* adatto, buon posticino *m.* II *v.t.* collocare in una nicchia. ☐ (*fig*) *to find one's* ~ trovare il proprio posto (nel lavoro, nella vita).

Nicholas /'nɪkələs/ *n.pr.m.* Nicola, Niccolò, Nicolò.

nick /nɪk/ I *n.* **1** tacca *f.*, intaccatura *f.*, incisione *f.*, intaglio *m.* **2** (*in the skin*) taglietto *m.* **3** (*Br,sl*) (*in dicing*) colpo *m.* favorevole. **4** (*Br, sl*) (*prison*) prigione *f.*, galera *f.*, gattabuia *f.* **5** (*Br,sl*) (*condition*) stato *m.*, condizione *f.*: *in good* ~ in buone condizioni. II *v.t.* **1** intaccare, fare una tacca, fare un'incisione in. **2** (*to cut into slightly*) scalfire, graffiare, ferire leggermente. **3** (*sl*) (*to steal*) rubare, grattare. **4** (*sl*) (*to catch*) catturare, prendere, pizzicare; (*to arrest*) arrestare. **5** (*of a horse's tail*) incidere alla base. **6** (*to record by a notch*) segnare facendo una tacca, segnare facendo un'incisione. III *v.i.* **1** (*in racing*) tagliare. **2** (*Br,colloq*) (*to slip in*) intrufolarsi, introdursi di soppiatto. ☐ *in the* ~ *of time* (o *in the very* ~ *of time*): **1** (*at the critical moment*) (proprio) al momento giusto; **2** (*at the last possible moment*) all'ultimo momento, in extremis.

Nick /nɪk/ *n.pr.m.* dim. di Nicholas.

nickel /'nɪkl/ I *n.* **1** (*Chim*) nichel *m.* **2** (*Am, Econ*) moneta *f.* da cinque centesimi, (*ant*) nichelino. II *a.* **1** (*made of nickel*) di nichel. **2** (*with nickel*) al nichel. III *v.t.* (*past, p.p.* **nick-elled** /*Am* 'nɪkəld/) nichelare. ☐ (*colloq*) ~ *and dime* da quattro soldi, di nessuna importanza; (*Met*) ~ *iron* ferronichel; (*Met*) ~ *plate* nichelatura; (*Met*) ~ *silver* argentone; (*Met*) ~ *steel* acciaio al nichel.

nickelodeon /ˌnɪkl'oʊdiən/ *n.* (*Am*) **1** juke-box *m.* **2** (*theatre, cinema*) teatro *m.* (o cinema *f.*) in cui si pagavano cinque centesimi (per entrare).

nickel-plate /ˌnɪkəl'pleɪt/ *v.t.* (*Met*) nichelare.

nicker[1] /'nɪkəʳ/ I *v.i.* (*Scott*) nitrire. II *n.* (*Scott*) nitrito *m.*

nicker[2] /'nɪkəʳ/ (*pl.inv.* o **-s** /-z/) *n.* (*Br,sl*) (*pound*) sterlina *f.*

nick-nack /'nɪknæk/ *n.* (*knick-knack*) gingillo *m.*, ninnolo *m.*

nickname /'nɪkneɪm/ I *n.* **1** soprannome *m.*, nomignolo *m.* **2** (*familiar form of a proper name*) vezzeggiativo *m.* II *v.t.* soprannominare, dare un nomignolo a.

Nicodemus /ˌnɪkoʊ'diːməs/ *n.pr.m.* (*Bibl*) Nicodemo.

nicotine /'nɪkətiːn, ˌnɪkə'tiːn/ *n.* nicotina *f.* ☐ ~ *gum* gomma (da masticare) alla nicotina (per smettere di fumare); ~ *patch* cerotto alla nicotina (per smettere di fumare).

nictate /'nɪkteɪt/ *v.i.* battere le palpebre, sbattere le palpebre.

nictation /nɪk'teɪʃən/ *n.* (*Med*) nittitazione *f.*

nictitate /'nɪktɪteɪt *Am* 'nɪktəteɪt/ *v.i.* battere le palpebre, sbattere le palpebre.

nictitation /ˌnɪktɪ'teɪʃən *Am* ˌnɪktə'teɪʃən/ *n.* (*Med*) nittitazione *f.*

nidificate /'nɪdɪfɪˌkeɪt/ *v.i.* nidificare, fare il nido.

nidification /ˌnɪdɪfɪ'keɪʃən/ *n.* nidificazione *f.*

nidify /'nɪdɪˌfaɪ/ *v.i.* nidificare, fare il nido.

nid-nod /'nɪdˌnɒd/ *v.i.* (*Br*) ciondolare il capo (per il sonno).

nidus /'naɪdəs/ (*pl.* **-di** /-daɪ/, **-es** /-ɪz/) *n.* **1** (*Entom,Zool*) nido *m.* **2** (*Biol*) luogo *m.* favorevole allo sviluppo delle spore. **3** (*Med*) focolaio *m.* (*anche fig*).

niece /niːs/ *n.* nipote *f.* (di zii).

niello /nɪ'eloʊ/ I *n.* (*pl.* **-li** /-li/, **-es** /-z/) **1** (*Met*) niello *m.* **2** (*Art*) niellatura *f.*; (*result*) niello *m.*, lastra *f.* niellata. II *v.t.* niellare.

Nielsen /'niːlsən/ *n.* ~ *rating* rapporto Nielsen (indice di gradimento secondo i dati forniti dalla società A.C. Nielsen).

Nietzschean /'niːtʃɪən/ I *a.* (*Filos*) nietzschiano. II *n.* (*Filos*) nietzschiano *m.* (*f.* -a).

Nietzscheanism /'niːtʃɪənˌɪzəm/ *n.* (*Filos*) nietzschianesimo *m.*

nifty /'nɪfti/ *a.* **1** (*colloq*) abile, destro, ingegnoso *a* ~ *idea* un'idea ingegnosa. **2** (*smart*) elegante, che ha stile.

Nigel /'naɪdʒəl/ *n.pr.m.* Nigel.

nigella /naɪ'dʒelə/ *n.* (*Bot*) nigella *f.*

Niger /'naɪdʒəʳ, nɪ'ʒeəʳ/ *n.pr.* (*Geog*) Niger *m.*

Nigeria /naɪ'dʒɪərɪə *Am* naɪ'dʒɪrɪə/ *n.pr.* (*Geog*) Nigeria *f.*

Nigerian /naɪ'dʒɪərɪən *Am* naɪ'dʒɪrɪən/ I *a.* nigeriano. II *n.* nigeriano *m.* (*f.* -a).

niggard /'nɪgəd *Am* 'nɪgəʳd/ I *n.* avaro *m.* (*f.* -a), tirchio *m.* (*f.* -a), spilorcio *m.* (*f.* -a), taccagno *m.* (*f.* -a). II *a.* **1** (*of a person*) avaro, tirchio, spilorcio, taccagno. **2** (*scanty*) scarso, misero.

niggardliness /'nɪgədlɪnəs *Am* 'nɪgəʳdlɪnəs/ *n.* avarizia *f.*, taccagneria *f.*, tirchieria *f.*, spilorceria *f.*

niggardly /'nɪgədli *Am* 'nɪgəʳdli/ I *a.* **1** (*of a person*) avaro, tirchio, spilorcio, taccagno. **2** (*scanty*) scarso, misero. II *avv.* avaramente, con tirchieria.

nigger /'nɪgəʳ/ *n.* (*spreg*) (*Negro*) negro *m.*; (*coloured person*) uomo *m.* (o donna *f.*) di colore. ☐ (*ant*) ~ *brown* (*colour*) testa di moro, marrone scuro; (*fig*) ~ *in the woodpile* punto oscuro, cosa non chiara; (*spreg*) ~ *lover* chi sostiene i diritti civili dei neri; (*Teat*) ~ *minstrel* cantante truccato da nero.

niggle /'nɪgl/ I *n.* (*worry*) preoccupazione *f.* II *v.i.* **1** essere pignolo, prestare eccessiva attenzione ai dettagli. **2** (*to carp*) criticare, cavillare. III *v.t.* preoccupare, assillare, rodere.

niggling /'nɪglɪŋ/ *a.* **1** pedante, pignolo, troppo meticoloso. **2** (*trifling*) insignificante, da nulla. **3** (*worrying*) che preoccupa, che assilla, che rode.

nigh /naɪ/ I *avv.* (*rar,poet*) vicino. II *a.* vicino: *the hour is* ~ l'ora è vicina. III *prep.* vicino a, accanto a. ☐ (*poet,scherz*) ~ *on* quasi.

night /naɪt/ I *n.* **1** notte *f.*: *when* ~ *comes* quando si fa notte. **2** (*particular night*) notte *f.*, nottata *f.* **3** (*evening*) sera *f.*: *she watches television every* ~ guarda la televisione ogni sera. **4** (*particular evening*) serata *f.*, sera *f.*: *a* ~ *at the opera* una serata all'opera. **5** (*evening set aside for sth.*) serata *f.*: *ladies'* ~ *at the club* serata delle signore al circolo. **6** (*darkness*) tenebre *f.pl.*, oscurità *f.*, buio *m.*, notte *f.*: *under cover of* ~ col favore delle tenebre. **7** (*fig*) tenebre *f.pl.*, buio *m.*, notte *f.* **8** (*fig*) (*death*) morte *f.* II *a.* **1** notturno, della notte: *the* ~ *hours* le ore notturne; *the cool* ~ *air* l'aria fresca della notte. **2** (*operating at night*) della notte, notturno: *the* ~ *train* il tre-

no della notte. **3** (*working at night*) di notte, notturno: ~ *nurse* infermiera di notte. ☐ *all* ~ (o *all* ~ *long*) (per) tutta la notte; ~ *and day* giorno e notte, continuamente; *at* ~: **1** di notte, la notte, nottetempo; **2** (*in the evening*) di sera, la sera; *the* ~ *before* la notte prima, la sera prima; *the* ~ *before last*: **1** l'altra notte, l'altro ieri notte; **2** (*the evening before last*) l'altra sera; ~ *bird*: **1** uccello notturno; **2** (*colloq,fig*) nottambulo; *by* ~ di notte, durante la notte, (*lett*) nottetempo; ~ *clothes* indumenti da letto; (*Zool*) ~ *crawler* lombrico; ~ *differential* indennità di turno notturno; (*Aer.mil*) ~ *fighter* caccia notturno; *in the* ~ durante la notte; ~ *life* vita notturna; ~ *light* lumino da notte, lampada (schermata) per la notte; (*Pesc*) ~ *line* lenza per la pesca notturna; (*colloq*) *to make a* ~ *of it* fare nottata, passare la notte facendo baldoria; (*Br,sl*) *a* ~ *on the tiles* una notte di baldoria, una notte di follia; *to have a* ~ *out* avere una sera di libertà; (*colloq,fig*) ~ *owl* nottambulo; (*Pitt*) ~ *piece* notturno; ~ *porter* portiere di notte; *a good* ~ *'s rest* una bella dormita; ~ *safe* cassa continua; ~ *school* scuola serale; (*Agr*) ~ *soil* bottino; ~ *spot* locale notturno, night-club, night; ~ *stand* comodino, tavolino da notte; (*Aer*) ~ *stop* fermata notturna; ~ *table* comodino, tavolino da notte; ~ *watchman* guardiano notturno, guardia di notte, guardia notturna; ~ *work* lavoro notturno.

night-blindness /ˌnaɪt'blaɪndnəs/ *n.* (*Med*) nictalopia *f.*

nightcap /'naɪtkæp/ *n.* **1** berretto *m.* da notte, cuffia *f.* da notte. **2** (*colloq*) (*drink*) bicchierino *m.* (che si beve) prima di andare a letto.

nightclub /'naɪtklʌb/ *n.* locale *m.* notturno, night-club *m.*, night *m.*

nightclubbing /'naɪtklʌbɪŋ/ *n.* il frequentare locali notturni.

nightdress /'naɪtdres/ *n.* camicia *f.* da notte (da donna o da bambina).

nightfall /'naɪtfɔːl *Am also* 'naɪtfɑːl/ *n.* imbrunire *m.*, crepuscolo *m.* ☐ *at* ~ al calar della notte.

nightgown /'naɪtgaʊn/ *n.* camicia *f.* da notte (da donna o da bambina).

nighthawk /'naɪtθɔːk *Am also* 'naɪthɑːk/ I *n.* **1** (*Ornit*) caprimulgo *m.* **2** (*colloq,fig*) nottambulo *m.* (*f.* -a).

nightie /'naɪti *Am* 'naɪṭi/ *n.* (*colloq*) (*nightgown*) camicia *f.* da notte.

nightingale /'naɪtɪŋgeɪl *Am* 'naɪtɪ̃ŋgeɪl/ *n.* (*Ornit*) usignolo *m.* (*anche fig*).

nightjar /'naɪtdʒɑːʳ *Am* 'naɪtdʒɑːʳr/ *n.* (*Ornit*) caprimulgo *m.*, nottolone *m.*, succiacapre *m.*

nightlight /'naɪtlaɪt/ *n.* lumino *m.* da notte, lampada *f.* (schermata) per la notte.

nightlong /'naɪtlɒŋ *Am* 'naɪtlɑːŋ/ I *a.* che dura tutta la notte. II *avv.* durante tutta la notte, per tutta la notte.

nightly /'naɪtli/ I *a.* **1** (*every night*) notturno, di ogni notte. **2** (*every evening*) serale, di ogni sera. **3** (*at night*) notturno. **4** (*in the evening*) serale. II *avv.* **1** (*every night*) di notte, ogni notte. **2** (*every evening*) di sera, ogni sera, seralmente: *performances* ~ si danno spettacoli ogni sera. **3** (*at night*) nottetempo, la notte, di notte. **4** (*in the evening*) di sera, la sera.

nightmare /'naɪtmeəʳ *Am* 'naɪtmer/ *n.* incubo *m.* (*anche fig*): *to have a* ~ avere un incubo.

nightmarish /'naɪtmeərɪʃ *Am* 'naɪtmerɪʃ/ *a.* angoscioso, da incubo.

nightmarishly /'naɪtˌmeərɪʃli *Am* 'naɪtˌmerɪʃli/ *avv.* spaventosamente, terribilmente: *a* ~ *hot day* una giornata spaventosamente calda.

night-night /'naɪtˌnaɪt/ *intz.* buona notte!,

(*colloq*) notte! ☐ (*Am,infant*) *to go* ~ andare a nanna.

nights /naɪts/ *avv.* (*Am*) **1** (*at night*) di notte, la notte, nottetempo. **2** (*in the evening*) di sera, la sera.

nightshade /ˈnaɪtʃeɪd/ *n.* (*Bot*) solano *m.*

nightshift /ˈnaɪtʃɪft/ *n.* turno *m.* di notte.

nightshirt /ˈnaɪtʃɜːt/ *Am* ˈnaɪtʃɜːrt/ *n.* camicia *f.* da notte (da uomo *o* da bambino).

nightstand /ˈnaɪtstænd/ *n.* (*Arred*) comodino *m.*

nightstick /ˈnaɪtstɪk/ *n.* (*Am*) sfollagente *m.*

night-time /ˈnaɪttaɪm/ *n.* notte *f.*, ore *f.pl.* notturne.

nightwalking /ˈnaɪtwɔːkɪŋ/ *n.* l'andare in giro di notte con intenzioni criminali.

nightwatch /ˈnaɪtwɒtʃ *Am* ˈnaɪtwɑːtʃ/ **I** *n.* **1** vigilanza *f.* notturna, guardia *f.* **2** (*person*) guardiano *m.* notturno, guardia *f.* notturna (*o* di notte). **3** *pl.* (*sleepless period of the night*) ore *f.pl.* di veglia.

nightwatchman /ˈnaɪtwɒtʃmən *Am* ˌnaɪt ˈwɑːtʃmən/ *n.irr.* guardiano *m.* notturno, guardia *f.* notturna.

nightwear /ˈnaɪtweəʳ *Am* ˈnaɪtwer/ *n.* indumenti *m.pl.* da letto.

night-work /ˈnaɪtwɜːk *Am* ˈnaɪtwɜːrk/ *n.* lavoro *m.* notturno. ☐ ~ *allowance* indennità di turno notturno.

nighty /ˈnaɪti *Am* ˈnaɪti/ *n.* (*colloq*) camicia *f.* da notte.

nighty-night /ˈnaɪti,naɪt/ *intz.* buona notte!, (*colloq*) notte!

nigrescence /naɪˈgresⁿns/ *n.* **1** il diventare nero, annerimento *m.* **2** (*blackness*) nero *m.*, nerezza *f.*

nigrescent /naɪˈgresⁿnt/ *a.* **1** (*blackish*) nerastro, nericcio. **2** (*becoming black*) che diventa nero, che annerisce.

nigritude /ˈnɪgrɪˌtjuːd/ *n.* (*rar*) nero *m.*, nerezza *f.*

nihilism /ˈniːɪlɪzᵐm *Am* ˈnaɪəlɪzᵐm/ *n.* (*Pol, Filos*) nichilismo *m.*

nihilist /ˈniːɪlɪst *Am* ˈnaɪəlɪst/ **I** *n.* nichilista *m./f.* **II** *a.* nichilista.

nihilistic /ˌniːɪˈlɪstɪk *Am* ˌnaɪəˈlɪstɪk/ *a.* nichilista.

nihility /naɪˈhɪlɪti *Am* naɪˈhɪlɪti/ *n.* (*rar*) nulla *m.*, niente *m.*

Nike /ˈnaɪkiː/ *n.pr.f.* (*Mitol*) Nike.

nil /nɪl/ **I** *n.* **1** (*colloq*) niente *m.*, nulla *m.* **2** (*zero*) zero *m.*: *the score was three* ~ il punteggio era di tre a zero. **II** *a.* zero.

Nile /naɪl/ *n.pr.* (*Geog*) Nilo *m.* ☐ ~ *blue* (*o* ~ *green*) verde Nilo.

Nilotic /naɪˈlɒtɪk *Am* naɪˈlɑːtɪk/ *a.* nilotico, del Nilo.

nimble /ˈnɪmbl/ *a.* **1** agile, sciolto, lesto, svelto: ~ *fingers* dita agili. **2** (*quick in comprehending*) agile, svelto, pronto, vivace: *a* ~ *mind* una mente agile.

nimbleness /ˈnɪmblnəs/ *n.* **1** agilità *f.*, sveltezza *f.*, vivacità *f.* **2** (*alertness*) prontezza *f.*, sveltezza *f.*, vivacità *f.*

nimbus /ˈnɪmbəs/ *n.* (*pl.* **-es** /-ɪz/, **-bi** /-baɪ/) *n.* **1** (*Meteor*) nembo *m.* **2** (*Art*) (*halo*) aureola *f.*, (*lett*) nimbo *m.*

NIMBY, Nimby /ˈnɪmbi/ **I** *n.* (*not in my backyard*) persona *f.* che protesta contro l'installazione di impianti o strutture presso la propria abitazione.

niminy-piminy /ˌnɪmɪnɪˈpɪmɪni/ *a.* (*Br*) affettato, lezioso, smanceroso.

Nimrod /ˈnɪmrɒd *Am* ˈnɪmrɑːd/ **I** *n.pr.m.* (*Bibl*) Nembrotte, Nimrod. **II** *n.* (*fig*) (*bravo*) cacciatore *m.*

nincompoop /ˈnɪŋkəmpuːp/ *n.* (*colloq*) sciocco *m.*, stupido *m.*, sempliciotto *m.*, (*ant*) babbeo *m.*: *he is a real* ~: *everyone wants to*

---

go out and he just wants to go home è davvero uno stupido: tutti vogliono uscire e lui vuole tornare a casa.

nine /naɪn/ **I** *a.* nove. **II** *n.* (*pl.inv.* o **-s** /-z/; *il pl. in* -s *si usa general. con valore collett.*) **1** nove *m.* **2** (*nine o'clock*) nove *f.pl.* **3** (*age*) nove anni *m.pl.*: *a child of* ~ un bambino di nove anni. ☐ (*fig*) *a* ~ *days' wonder* un fuoco di paglia.

Nine /naɪn/ *n.* (*costr.pl.*) le nove Muse *f.pl.*

nine-day /ˈnaɪndeɪ/ ☐ (*fig*) *a* ~ *wonder* un fuoco di paglia.

ninefold /ˈnaɪnfəʊld/ **I** *a.* **1** (*being nine times as large*) nove volte tanto. **2** (*with nine parts*) che ha nove parti. **II** *avv.* nove volte tanto.

ninepence /ˈnaɪnpəns, ˈnaɪmpəns/ *n.pl.* (*costr.sing.*) (*ant*) somma *f.* di nove penny.

ninepin /ˈnaɪnpɪn, ˈnaɪmpɪn/ *n.* **1** birillo *m.* **2** *pl.* (*costr.sing.*) (*game*) gioco *m.* dei birilli, birilli *m.pl.* ☐ *to go down like* -s (o *to be knocked like* -s) cadere come birilli.

nineteen /ˌnaɪnˈtiːn/ **I** *a.* diciannove. **II** *n.* (*pl.inv.* o **-s** /-z/; *il pl. in* -s *si usa general. con valore collett.*) diciannove *m.* ☐ *to talk* ~ *to the dozen* ciarlare, parlare in continuazione.

nineteenth /ˌnaɪnˈtiːnθ/ **I** *a.* diciannovesimo. **II** *n.* **1** diciannovesimo *m.*, diciannovesima parte *f.* **2** (*nineteenth member*) diciannovesimo *m.* (*f.* -a). ☐ (*scherz*) ~ *hole* bar di un circolo di golf, ritrovo di un circolo di golf.

ninetieth /ˈnaɪntiəθ *Am* ˈnaɪntiəθ/ *a.* novantesimo. **II** *n.* novantesimo *m.*

nine-to-fiver /ˌnaɪntəˈfaɪvəʳ/ *n.* (*Am*) persona *f.* che lavora in ufficio (dalle nove del mattino alle cinque del pomeriggio).

ninety /ˈnaɪnti *Am* ˈnaɪnti/ **I** *a.* novanta. **II** *n.* (*pl.inv.* o **-ties** /-tɪz/; *il pl. in* -ties *si usa general. con valore collett.*) **1** novanta *m.* **2** *pl.* (*of age*) novantina *f.sing* : *to be in one's nineties* avere passato la novantina; *to be in one's early nineties* essere sulla novantina. **3** *pl.* (*of time*) anni *m.pl.* novanta.

ninety-nine /ˌnaɪntinaɪn *Am* ˈnaɪntinaɪn/ *a.* novantanove. ☐ *say* ~ (*of a doctor to a patient*) dica trentatré.

Nineveh /ˈnɪnɪvə, ˈnɪnəvə/ *n.pr.* (*Geog.stor*) Ninive *f.*

Ninevite /ˈnɪnɪvaɪt, ˈnɪnəvaɪt/ *n.* abitante *m./f.* di Ninive.

ninny /ˈnɪni/ *n.* **1** (*babish person*) sciocco *m.* (*f.* -a), stupido *m.* (*f.* -a): *don't be such a ninny!* non fare lo stupido! **2** (*easily scared*) pappamolla *m./f.*, fifone *m.* (*f.* -a).

ninth /naɪnθ/ **I** *a.* nono. **II** *n.* **1** nono *m.*, nona parte *f.* **2** (*ninth member*) nono *m.* (*f.* -a). **3** (*Mus*) nona *f.*

ninthly /ˈnaɪnθli/ *avv.* in nono luogo, nono.

Niobe /ˈnaɪəʊbi/ *n.pr.f.* (*Mitol*) Niobe.

niobium /naɪˈəʊbiəm/ *n.* (*Chim*) niobio *m.*, columbio *m.*

nip[1] /nɪp/ (*past, p.p.* **nipped** /-t/) **I** *v.t.* **1** pizzicare, dare un pizzicotto a. **2** (*of animals*) pinzare, pizzicare, pungere: *the crab -ped his finger* il granchio gli pinzò un dito. **3** (*to bite*) mordere, morsicare, dare un morsetto a. **4** (*fig*) stroncare sul nascere, distruggere sul nascere. **5** (*Giard,Agr*) (*of a bud, etc.*) staccare, strappare. **6** (*to make numb with cold*) intirizzire, gelare. **7** (*of vegetation*) bruciare, (*far*) gelare. **8** (*colloq*) (*to seize, to snatch*) catturare, acciuffare; (*to catch in the act*) cogliere sul fatto, pizzicare. **9** (*colloq*) (*to steal*) rubare, sgraffignare. **II** *v.i.* (*Br,colloq*) **1** (*to rush*) fare un salto, fare una corsa: *he -ped down the road for a packet of cigarettes* fece un salto giù (in strada) per comprare le sigarette. **2** (*to hurry*) sbrigarsi, affrettarsi, cor-

---

rere. ☐ (*Br,colloq*) *to* ~ *along* andare in fretta; (*Br,colloq*) *to* ~ *in*: **1** entrare in fretta; **2** (*to slip in*) intrufolarsi, introdursi di soppiatto; **3** (*to interrupt*) interrompere; (*colloq*) *to* ~ *in and out of the traffic* destreggiarsi in mezzo al traffico; (*fig*) *to* ~ *sth. in the bud* stroncare qcs. sul nascere, soffocare qcs. sul nascere; *to* ~ *off*: **1** (*Br,colloq*) andarsene in (tutta) fretta, scappare di corsa; **2** (*Giard,Agr*) (*of a bud, etc.*) staccare, strappare; (*Br,colloq*) *to* ~ *up* arrampicarsi in fretta, salire con agilità.

nip[2] /nɪp/ *n.* **1** pizzico *m.*, pizzicotto *m.* **2** (*bite*) morso *m.* **3** (*biting cold*) freddo *m.* pungente, freddo *m.* tagliente: *there was a* ~ *in the air* faceva un freddo pungente. **4** (*touch of frost*) gelo *m.*, gelata *f.* ☐ (*Am,colloq*) *a* ~ *and tuck* (*facelift*) chirurgia plastica, lifting; (*Am,fig*) *to be* ~ *and tuck* essere testa a testa, essere alla pari.

nip[3] /nɪp/ *n.* **1** bicchierino *m.*, cicchetto *m.*: *a* ~ *of brandy* un bicchierino di brandy. **2** (*sip*) sorso *m.*, goccio *m.*

Nip /nɪp/ **I** *a.* (*Am,spreg*) giapponese. **II** *n.* (*Am, spreg*) giapponese *m./f.*

nipper /ˈnɪpəʳ/ **I** *n.* **1** (*Br,sl*) (*small boy*) ragazzino *m.* **2** (*colloq*) (*of a crustacean*) chela *f.*, pinza *f.*; (*of a horse*) dente *m.* incisivo. **3** *pl.* pinzette *f.pl.*; (*pincers*) tenaglia *f.sing*.

nipping /ˈnɪpɪŋ/ *a.* **1** pungente, tagliente, gelido. **2** (*fig*) pungente, tagliente, sarcastico.

nipple /ˈnɪpl/ *n.* **1** (*Anat*) capezzolo *m.* **2** (*artificial teat of a biberon*) tettarella *f.* **3** (*Tecn*) (*for oiling, greasing*) ingrassatore *m.* **4** (*Mecc*) nipplo *m.* **5** (*Tecn*) rubinetto *m.* di regolazione.

Nippon /ˈnɪpɒn *Am* ˈnɪpɑːn, nɪˈpɑːn/ *n.pr.* (*Geog*) Giappone *m.*

Nipponese /ˌnɪpɒˈniːz *Am* ˌnɪpɑːˈniːz/ **I** *a.* giapponese, nipponico. **II** *n.inv.* giapponese *m./f.*

nippy /ˈnɪpi/ *a.* gelido, pungente, tagliente: *it's a bit* ~ *outside* fuori fa decisamente freddino.

Nirvana /nɪəˈvɑːnə *Am* nɪrˈvɑːnə/ *n.* nirvana *m.*

nisi /ˈnaɪsaɪ/ **I** *congz.* (*Dir*) (*of a judgement or decree*) a meno che, se non. **II** *a.* provvisorio.

nit /nɪt/ *n.* (*Entom*) **1** (*egg*) lendine *m.* **2** (*insect*) pidocchio *m.*

nitpick /ˈnɪtpɪk/ *v.i.* (*colloq*) fare il pedante, cercare il pelo nell'uovo, cavillare: *I can't stand to be around so. who -s all the time* non sopporto di andare in giro con uno che cerca sempre il pelo nell'uovo.

nitpicker /ˈnɪtpɪkəʳ/ *n.* (*colloq*) pedante *m./f.*, pignolo *m.* (*f.* -a).

nitpicking /ˈnɪtpɪkɪŋ/ **I** *n.* (*colloq*) pedanteria *f.*, pignoleria *f.*, cavillosità *f.*: *I've had enough of all this* ~ ne ho abbastanza di tutta questa pignoleria. **II** *a.* (*colloq*) pignolo, cavilloso.

nitrate /ˈnaɪtreɪt/ **I** *n.* **1** (*Chim*) nitrato *m.* **2** (*colloq*) (*nitrate fertilizer*) fertilizzante *m.* azotato. **II** *v.t.* (*Chim*) nitrare.

nitre /ˈnaɪtəʳ *Am* ˈnaɪtəʳ/ *n.* (*Chim*) **1** (*potassium nitrate*) nitrato *m.* di potassio. **2** (*sodium nitrate*) nitrato *m.* di sodio; (*Chile saltpetre*) nitrato *m.* del Cile, nitro *m.*

nitric /ˈnaɪtrɪk/ *a.* (*Chim*) nitrico. ☐ (*Chim*) ~ *acid* acido nitrico.

nitride /ˈnaɪtraɪd/ **I** *n.* (*Chim*) nitruro *m.* **II** *v.t.* (*Chim*) nitrurare.

nitrification /ˌnaɪtrɪfɪˈkeɪʃⁿn/ *n.* (*Biol,Chim*) nitrificazione *f.*

nitrify /ˈnaɪtrɪˌfaɪ/ *v.t.* (*Chim*) nitrificare.

nitrite /ˈnaɪtraɪt *Am* ˈnaɪtraɪt/ *n.* (*Chim*) nitrito *m.*

nitro /ˈnaɪtrəʊ/ *n.* (*Chim*) ~ *group* nitrile *m.*

nitrobacter /ˌnaɪtrəʊˈbæktəʳ/ *n.* (*Biol*) nitrobatterio *m.*

nitrocellulose /ˌnaɪtrou'selju,lous/ *n.* (*Chim*) nitrocellulosa *f.*

nitrocompound /ˌnaɪtrou'kɒmpaund *Am* ˌnaɪtrou'kɑːmpaund/ *n.* (*Chim*) nitroderivato *m.*

nitrogen /'naɪtrədʒən/ *n.* (*Chim*) azoto *m.* □ (*Chim*) ~ *cycle* ciclo dell'azoto; (*Chim*) ~ *fixation* fissazione dell'azoto.

nitrogenous /naɪ'trɒdʒɪnəs *Am* naɪ'trɑːdʒənəs/ *a.* (*Chim*) azotico, azotato.

nitroglycerin /ˌnaɪtrou'glɪsərɪn/ *n.* (*Chim*) nitroglicerina *f.*

nitroglycerine /ˌnaɪtrou'glɪsəriːn/ *n.* (*Chim*) nitroglicerina *f.*

nitrous /'naɪtrəs/ *a.* (*Chim*) nitroso. □ (*Chim*) ~ *acid* acido nitroso; (*Chim*) ~ *oxide* ossido di diazoto.

nitty-gritty /ˌnɪti'grɪti *Am* ˌnɪti'grɪti/ *n.* succo *m.*, nocciolo *m.*, l'essenziale, fatti *m.pl.* concreti, sostanza *f.*: *his weakness was his lack of interest in the ~ of everyday politics* il suo punto debole era lo scarso interesse per gli aspetti pratici della politica. □ (*colloq*) *to get down to the ~* venire al punto, venire al dunque.

nitwit /'nɪtwɪt/ *n.* (*sl*) stupido *m.* (*f.* -a), imbecille *m./f.*, zuccone *m.* (*f.* -a).

niveous /'nɪvɪəs/ *a.* **1** (*of snow*) nevoso. **2** (*resembling snow*) niveo.

nix /nɪks/ **I** *v.t.* (*sl*) respingere, bocciare: ~ *that* (*idea*) scordatelo; *we -ed our New Year's plans* abbiamo abbandonato i nostri progetti per il capodanno. **II** *pron.* nessuno *m.* (*f.* -a). **III** *avv.* (*sl*) no, nix. **IV** *intz.* (*Br*) (*as a warning*) attenzione!

N.J. *New Jersey* N.J. (New Jersey).

NL *Netherlands* NL (Paesi Bassi).

NLF (*Pol*) *National Liberation Front* (fronte di liberazione nazionale).

NM, n.m., nm *nautical mile* n mi (miglio nautico).

N.M. *New Mexico* N.M. (New Mexico, Nuovo Messico).

NMD (*Mil*) *National Missile Defence* (difesa missilistica nazionale).

NMR (*Fis*) *Nuclear Magnetic Resonance* RMN (Risonanza Magnetica Nucleare).

NNE, N.N.E. *north-north-east* NNE (nord-nord-est).

NNP /ˌenen'piː/ (*Econ*) *net national product* PNN (prodotto nazionale netto).

NNW, N.N.W. *north-north-west* NNO (nord-nord-ovest).

no /nou/ **I** *avv.* **1** no: *am I right? - ~* ho ragione? - no; *to answer ~* rispondere di no. **2** (*to express doubt, incredulity*) no, ma no, questa poi. **3** (*with comparatives*) non: *he is ~ better than his brother* non è migliore di suo fratello. **4** (*to emphasize a negative*) no: *I have never tasted better wine, ~, not even in France* non ho mai assaggiato un vino migliore, no, neppure in Francia. **5** (*to emphasize a positive*) no, anzi: *he has a weakness, ~ a passion, for gambling* ha una debolezza, anzi una passione, per il gioco d'azzardo. **6** (*to invert the meaning of an adjective*) non, tutt'altro che: *a matter of ~ small importance* una faccenda di non poca importanza. **7** (*Scott*) (*not*) non. **II** *a.* **1** (*not any: with singular nouns*) alcuno, nessuno: *there is ~ solution* non c'è alcuna soluzione. **2** (*with plural nouns*) nessuno, non, niente: *they have ~ children* non hanno figli; ~ *potatoes for me* niente patate per me. **3** (*with numerals*) non: ~ *two people are alike* non esistono due persone uguali. **4** (*with other*) nessuno: ~ *other man could have done it* nessun altro avrebbe potuto farlo. **5** (*to invert the meaning of a noun*) non: *he's ~ friend of mine* non è mio amico. **6** (*far from being*) non... certo, non,

tutt'altro che: *I'm ~ expert* non sono certo un esperto; *he's ~ fool* è tutt'altro che stupido, non è affatto stupido; *she is ~ teacher* non sa insegnare per niente. **7** (*modifying a gerund*) non si può, non è possibile: *there's ~ saying when he will arrive* non si può dire quando arriverà. **8** (*in elliptical constructions*) no, non, niente: ~ *war!* no alla guerra!; ~ *surrender!* non ci arrenderemo mai!, niente resa! **9** (*to express prohibition*) vietato, proibito: ~ *smoking* vietato fumare. **III** *n.* (*pl.* **-s/-es** /nouz/) **1** no *m.*, rifiuto *m.* **2** (*negative vote*) no *m.*, voto *m.* contrario: *the -es have it* i no prevalgono. **3** (*negative voter*) chi vota contro. □ (*sl*) ~ *can do* è impossibile; *it's ~ distance* è vicinissimo, è a due passi; ~ *entry* 1 vietato l'ingresso; 2 (*Strad*) divieto di accesso; *in ~ way* niente affatto, in nessun modo; ~ *less than* non meno che, niente di meno che, nientemeno che: *it was ~ less a person than the Prime Minister* era nientemeno che il primo ministro; ~ *longer* non più: ~ *longer than five months* non più di cinque mesi; ~ *man* nessuno; ~ *man alive* nessuno al mondo; ~ *more*: 1 non... (di) più, non... altro: *he could do ~ more* non poteva fare di più; *you need say ~ more* non occorre che tu aggiunga altro, 2 (*never again*) non... (mai) più: *we saw him ~ more* non lo abbiamo mai più visto; 3 (*neither*) neppure, nemmeno, neanche: *I can't swim - ~ more can I* non so nuotare - neppure io; 4 (*dead*) morto, non... più: *he is ~ more* è morto, non c'è più; 5 (*destroyed*) distrutto; ~ *one* nessuno; ~ *other*: 1 nessun altro; 2 (*no other person, thing*) nessun'altra persona, nessun'altra cosa; ~ *other than* proprio, niente meno che: *it was ~ other than the king himself* era proprio il re in persona; ~ *sooner... than* (non) appena...; ~ *such thing* nient'affatto, certamente no; *in ~ time*: in un attimo, in un baleno, in un batter d'occhio: *he did it in ~ time* lo ha fatto in un batter d'occhio, lo ha fatto in un baleno; (*Am,colloq*) ~ *way*: 1 (*it doesn't work*) (non c'è) niente da fare, non funziona assolutamente; 2 (*certainly not*) non ci penso neanche, ma neanche per sogno; 3 (*to express incredulity*) ma non mi dire!, ma va!, ma no!; (*Aus*) ~ *worries* non c'è problema, non preoccuparti.

no., No. **1** *north* N. (nord). **2** *northern* sett. (settentrionale). **3** *number* no., n° (numero).

no-account /'nouəˌkaunt/ *a.* (*Am,colloq*) **1** (*worthless*) di nessun valore, insignificante, trascurabile. **2** (*of people*) incapace, buono a nulla.

Noachian /nou'eɪkiən/, **Noachic** /nou'ækɪk/ *a.* (*Bibl*) noetico, di Noè.

Noah /'nouə/ *n.pr.m.* (*Bibl*) Noè. □ (*Bibl*) ~ *'s Ark* l'arca di Noè.

nob[1] /nɒb *Am* nɑːb/ **I** *n.* **1** (*sl*) testa *f.*, (*scherz*) zucca *f.* **2** (*in cribbage*) fante *m.* **II** *v.t.* (*past, p.p.* **nobbed** /-d/) (*sl*) colpire sulla (*o* alla) testa.

nob[2] /nɒb/ *n.* (*Br,sl*) nobile *m.*, aristocratico *m.*, signore *m.*, (*vero*) gentiluomo *m.*

no-ball /ˌnou'bɔːl/ *n.* (*Sport*) battuta *f.* non valida.

nobble /'nɒbl/ *v.t.* (*Br*) **1** (*sl*) (*of a racehorse*) drogare (*o* azzoppare) per impedirne la vittoria. **2** (*sl*) (*to prevent from winning by bribery*) impedire la vittoria a (corrompendo il fantino). **3** (*to swindle*) raggirare, truffare, fregare. **4** (*to steal*) rubare. **5** (*to kidnap*) rapire (a scopo di estorsione). **6** (*to seize, to hold for arrest*) arrestare, prendere, pizzicare.

nobbler /'nɒblər/ *n.* (*Br*) **1** (*sl*) chi droga (*o* azzoppa) i cavalli da corsa. **2** (*swindler*) im-

broglione *m.* (*f.* -a), truffatore *m.* (*f.* -trice).

nobbut /'nɒbət/ *avv.* (*Br*) **1** (*dial*) soltanto. **2** (*nothing but*) niente altro che.

nobby /'nɒbi/ *a.* (*Br*) **1** (*sl*) elegante, alla moda. **2** (*first rate*) eccellente.

Nobel /nou'bel/ *n.* Nobel *m.* □ ~ *Laureate for peace* premio Nobel per la pace, vincitore del premio Nobel per la pace; ~ *Prize* premio Nobel.

Nobelist /nou'bəlɪst/ *n.* vincitore *m.* (*f.* -trice) del premio Nobel, Nobel *m.*

nobelium /nou'biːliəm/ *n.* (*Chim*) nobelio *m.*

nobiliary /nə'bɪliəri/ *a.* nobiliare.

nobility /nou'bɪləti *Am* nou'bɪləti/ *n.* **1** nobiltà *f.*, elevatezza *f.* **2** (*body of nobles*) nobiltà *f.*, nobili *m.pl.* **3** (*GB*) (*peerage*) pari *m.pl.*, paria *f.*

noble /'noubl/ **I** *a.* **1** nobile: *a ~ family* una famiglia nobile. **2** (*of high moral character*) nobile, eletto, elevato. **3** (*impressive, magnificent, admirable*) maestoso, superbo, imponente: *a ~ building* una costruzione maestosa; *a ~ work* un lavoro pregiato; *wisdom is a ~ trait* la saggezza è una qualità ammirevole. **4** (*superior*) nobile, superiore, eccellente. **5** (*Chim*) nobile. **II** *n.* **1** nobile *m./f.*; (*nobleman*) nobiluomo *m.*, nobile *m.*; (*noblewoman*) nobildonna *f.*, nobile *f.* **2** (*Numism*) nobile *m.* □ ~ *art* arte nobile, boxe, pugilato; (*Chim*) ~ *gas* gas nobile.

nobleman /'noublmən/ *I n.irr.* **1** nobiluomo *m.*, nobile *m.* **2** (*GB*) (*peer*) pari *m.* **3** *pl.* (*in chess*) figure *f.pl.*

noble-minded /ˌnoubl'maɪndɪd/ *a.* di animo nobile.

noble-mindedness /ˌnoubl'maɪndɪdnəs/ *n.* nobiltà *f.* d'animo.

nobleness /'noublnəs/ *n.* nobiltà *f.*, elevatezza *f.*

noblesse /nou'bles/ *n.* nobili *m.pl.*, nobiltà *f.*

noblewoman /'noubl,wumən/ *n.irr.* nobile *f.*, nobildonna *f.*

nobly /'noubli/ *avv.* **1** (*gallantly*) valorosamente. **2** (*magnificently*) maestosamente, con imponenza. □ ~ *born* di nobili natali.

nobody /'noubədi, 'noubɒdi *Am* 'noubəˌdi/ **I** *pron.* nessuno: ~ *answered* nessuno ha risposto. **II** *n.* (*colloq*) nessuno *m.*, persona *f.* di nessun valore, persona *f.* che non conta nulla, nullità *f.* □ (*colloq*) *like ~'s business* con grande energia, con grande entusiasmo; (*colloq*) ~ *but you* solo tu, soltanto tu; ~ *else* nessun altro; ~ *excepted* nessuno escluso; (*colloq*) *to be ~'s fool* non essere uno stupido.

no-brainer /ˌnou'breɪnər/ *n.* (*Am,colloq*) risultato *m.* che si ottiene senza fare lavorare troppo il cervello, stupidaggine *f.*, problema *m.* facile da risolvere.

nock /nɒk *Am* nɑːk/ **I** *n.* **1** (*of an arrow*) cocca *f.*, tacca *f.* della freccia. **2** (*of a bow*) cocca *f.* **II** *v.t.* **1** fornire di cocca. **2** (*to fit to the bowstring*) accoccare.

no-claims /ˌnou'kleɪmz/ □ (*Assic*) ~ *bonus* bonus-malus.

no-confidence /ˌnou'kɒnfɪdəns *Am* ˌnou'kɑːnfədəns/ □ (*Parl*) ~ *vote* voto di sfiducia.

noctambulism /nɒk'tæmbjəlɪzəm *Am* nɑːk'tæmbjuːlɪzəm/ *n.* sonnambulismo *m.*

noctambulist /nɒk'tæmbjəlɪst *Am* nɑːk'tæmbjuːlɪst/ *n.* sonnambulo *m.* (*f.* -a).

noctiluca /ˌnɒktɪ'luːkə/ (*pl.* **-s** /-z/, **-cae** /-siː/) *n.* (*Zool*) nottiluca *f.*

noctivagant /nɒk'tɪvəgənt *Am* nɑːk'tɪvəgənt/ *a.* che va in giro la notte, (*lett*) nottivago.

noctule /'nɒktjuːl *Am* 'nɑːktjuːl/ *n.* (*Zool*) nottola *f.*

nocturn /'nɒktɜːn, ˌnɒk'tɜːn *Am* 'nɑːktɜːrn/ *n.* (*Rel.catt,Mus,Art*) notturno *m.*

nocturnal /nɒk'tɜːnəl *Am* nɑːk'tɜːrnəl/ **I** *a.* **1**

notturno, della notte. **2** (*Biol*) notturno. **II** *n.* nottambulo *m.* (*f.* -a).

nocturne /'nɒktɜːn, ˌnɒk'tɜːn *Am* 'nɑːktɜːrn/ *n.* (*Mus,Art*) notturno *m.*

nod[1] /nɒd *Am* nɑːd/ (*past, p.p.* **nodded** /'nɒdɪd *Am* 'nɑːdɪd/) **I** *v.i.* **1** accennare col capo, fare cenno col capo: *to ~ in agreement* accennare di sì col capo. **2** (*in greeting*) salutare con un cenno del capo (*to so.* qcu.). **3** (*to incline the head from drowsiness*) ciondolare il capo (per il sonno). **4** (*to drowse*) sonnecchiare, dormicchiare. **5** (*fig*) sonnecchiare, commettere un errore di distrazione. **6** (*of trees, plumes, etc.*) ondeggiare, dondolare, oscillare. **7** (*to incline from the vertical*) essere inclinato, pendere. **II** *v.t.* **1** (*of the head*) chinare, abbassare. **2** (*to express by inclining the head*) fare (col capo) un cenno di: *to ~ one's assent* fare un cenno di assenso, esprimere il proprio consenso con un cenno del capo; *to ~ a greeting* fare un cenno di saluto, salutare con un cenno del capo. **3** (*to summon by nodding*) chiamare con un cenno del capo; (*to cause to go by nodding*) fare andare con un cenno del capo. □ *to ~ approval* fare un cenno di approvazione con la testa; *to ~ off* addormentarsi, appisolarsi (da seduti, con la testa che ciondola).

nod[2] /nɒd *Am* nɑːd/ *n.* **1** cenno *m.* (col capo): *to answer with a ~* rispondere con un cenno del capo. **2** (*inclination of the head*) il ciondolare il capo (per il sonno). **3** (*nap*) pisolino *m.*, sonnellino *m.* **4** (*signal of approval*) cenno *m.* di approvazione, cenno *m.* di consenso. **5** (*swaying movement*) dondolio *m.*, oscillazione *f.* **6** (*fig*) svista *f.*, errore *m.* di distrazione. □ *to give a ~ of assent* annuire (con un cenno della testa); (*Am,sl*) *on the ~* a credito.

nodal /'noʊdəl/ *a.* (*Tecn*) nodale, di un nodo, relativo a un nodo.

nodding /'nɒdɪŋ *Am* 'nɑːdɪŋ/ *a.* **1** (*of one's head*) con la testa ciondolante (per il sonno). **2** (*pendulous*) che pende. □ *~ acquaintance*: **1** (*of people, things*) conoscenza superficiale; **2** (*person*) persona che si conosce appena, persona che si conosce superficialmente; *to have a ~ acquaintance with so.* conoscere qcu. solo di vista.

noddy /'nɒdi/ *n.* (*Br*) babbeo *m.* (*f.* -a), sciocco *m.* (*f.* -a), sempliciotto *m.* (*f.* -a).

node /noʊd/ *n.* **1** protuberanza *f.*, bozza *f.*, sporgenza *f.* **2** (*Bot*) (*on a stem*) nodo *m.*, giuntura *f.*; (*on a tree trunk*) nodo *m.*, nocchio *m.* **3** (*Med*) nodo *m.*, nodosità *f.* **4** (*Astr,Biol,Fis*) nodo *m.* **5** (*Mat*) nodo *m.*, punto *m.* doppio. **6** (*Inform*) nodo *m.* di rete.

nodical /'noʊdɪkəl/ *a.* (*Astr*) nodale.

nodiform /'noʊdiˌfɔːm *Am* 'noʊdiˌfɔːrm/ *a.* a forma di nodo.

nodose /'noʊdoʊs/ *a.* nodoso, nocchieruto.

nodosity /noʊ'dɒsɪti *Am* noʊ'dɑːsəti/ *n.* **1** nodosità *f.* **2** (*node*) protuberanza *f.*

nodous /'noʊdəs/ *a.* nodoso, nocchieruto.

nodular /'nɒdjələr *Am* 'nɑːdʒələr/ *a.* nodulare.

nodule /'nɒdjuːl *Am* 'nɑːdʒuːl/ *n.* **1** piccola protuberanza *f.*, piccola sporgenza *f.* **2** (*small mass, lump*) grumo *m.* **3** (*Min,Med*) nodulo *m.* **4** (*Bot*) (*tubercle*) tubercolo *m.*

nodulose /'nɒdjuːloʊs *Am* 'nɑːdʒəloʊs/, **nodulous** /'nɒdjuːləs *Am* 'nɑːdʒələs/ *a.* noduloso.

nodulus /'nɒdjuːləs *Am* 'nɑːdʒələs/ (*pl.* -**li** /-laɪ/) *n.* (*Anat*) nodulo *m.*

nodus /'noʊdəs/ (*pl.* **nodi** /'noʊdaɪ/) *n.* **1** → **node**. **2** (*fig*) complicazione *f.*

Noel[1] /noʊəl/ *n.pr.m.* Natale.

Noel[2] /noʊ'el/ *n.* periodo *m.* natalizio, Natale *m.*

noesis /noʊ'iːsɪs/ *n.* (*Filos*) noesi *f.*

noetic /noʊ'etɪk *Am* noʊ'eṭɪk/ *a.* (*Filos*) noetico.

no-fly /ˌnoʊ'flaɪ/ □ (*Aer*) *~ zone* no-fly zone, zona di interdizione al volo, zona di non sorvolo.

no-frills /ˌnoʊ'frɪlz/ *a.* (*colloq*) basilare, essenziale, senza fronzoli, spartano.

nog[1] /nɒg *Am* nɑːg/ *n.* bevanda *f.* calda a base di latte (*o* birra) e uova.

nog[2] /nɒg *Am* nɑːg/ **I** *n.* (*Fal*) tassello *m.*; (*peg, pin*) cavicchio *m.*, piolo *m.* **II** *v.t.* (*Edil*) (*of a framed wall or partition*) riempire con mattoni.

noggin /'nɒgɪn *Am* 'nɑːgɪn/ *n.* **1** piccolo boccale *m.* **2** (*liquid measure*) quarto *m.* di pinta. **3** (*scherz*) (*a person's head*) testa *f.*, cervello *m.*, zucca *f.*, capoccia *f.*

nogging /'nɒgɪŋ *Am* 'nɑːgɪŋ/ *n.* (*Edil*) muratura *f.* di riempimento.

no-go /ˌnoʊ'goʊ/ *a.* (*colloq*) **1** (*not working*) non funzionante. **2** (*not taking place*) che non ha avuto luogo. □ *~ area* zona con divieto di accesso.

no-good /ˌnoʊ'gʊd/ **I** *a.* (*colloq*) **1** (*useless*) inutile. **2** (*of people*) inetto, incapace, buono a nulla. **II** *n.* incapace *m./f.*, inetto *m.* (*f.* -a), buono *m.* (*f.* -a) a nulla.

no-hit /ˌnoʊ'hɪt/ □ (*Am,Sport*) *~ game* (in baseball) (partita) no-hit.

no-hitter /ˌnoʊ'hɪtər/ *n.* (*Am,Sport*) (in baseball) partita *f.* no-hit.

no-hoper /ˌnoʊ'hoʊpər/ *n.* persona *f.* incapace, fallimento *m.*, fallito *m.* (*f.* -a).

nohow /'noʊhaʊ/ *avv.* (*colloq*) in nessun modo.

noil /nɔɪl/ *n.* (*Tess*) cascame *m.* di pettinatura.

no-iron /ˌnoʊ'aɪərn/ *a.* (*Tess*) non stiro, che non si stira.

noise /nɔɪz/ **I** *n.* **1** rumore *m.* **2** (*loud noise*) frastuono *m.*, chiasso *m.*, baccano *m.* **3** (*loud shouting*) clamore *m.*, strepito *m.* **4** (*Rad,Acus*) rumore *m.*: *~ background ~* rumore di fondo. **II** *v.t.* diffondere, divulgare. □ *~ abatement* lotta contro i rumori; *~ abatement campaign* campagna contro il rumore; *~ abatement society* associazione per la lotta contro i rumori; *~ abatement zone* zona di silenzio; *to ~ about* diffondere, divulgare; *to ~ abroad* diffondere, divulgare: *it was -d abroad that* si sparse la voce che; *to ~ around* diffondere, divulgare; *~ control* lotta contro il rumore; *~ insulation* isolamento acustico; *~ insulator* isolante acustico; *~ intensive* rumoroso; *~ level* livello del suono, livello sonoro; *to make a big ~* fare un gran chiasso, fare scalpore; *~ maker*: **1** chi fa rumore; **2** (*rattle, horn, etc.*) sonaglio usato per fare rumore, corno usato per fare rumore; *~ peak* livello di massimo rumore; *~ pollution* inquinamento da rumore, inquinamento acustico.

noise-induced /ˌnɔɪzɪn'djuːst/ □ *~ stress* stress da rumore.

noiseless /'nɔɪzləs/ *a.* silenzioso. □ *~ step* passo felpato.

noiselessly /'nɔɪzləsli/ *avv.* senza (far) rumore, silenziosamente.

noiselessness /'nɔɪzləsnəs/ *n.* silenziosità *f.*

noisily /'nɔɪzɪli/ *avv.* rumorosamente.

noisiness /'nɔɪzɪnəs/ *n.* rumorosità *f.*

noisome /'nɔɪsəm/ *a.* **1** disgustoso, nauseante: *a ~ smell* un odore disgustoso. **2** (*having a bad smell*) puzzolente, fetido.

noisomeness /'nɔɪsəmnəs/ *n.* **1** l'essere disgustoso. **2** (*bad smell*) fetore *m.*, puzzo *m.* (disgustoso).

noisy /'nɔɪzi/ *a.* rumoroso, chiassoso.

no-load /ˌnoʊ'loʊd/ *n.* (*Econ*) (*of shares in a mutual fund*) senza spese di acquisizione: *~ funds* fondi di investimento senza spese di acquisizione.

nom. (*Gramm*) *nominative* nom. (nominativo).

nomad /'noʊmæd/ *n.* nomade *m./f.* (*anche fig*).

nomadic /noʊ'mædɪk/, **nomadical** /noʊ'mædɪkəl/ *a.* nomade: *~ tribes* tribù nomadi.

nomadically /noʊ'mædɪkəli/ *avv.* da nomade: *aborigenes lived ~ in this region* gli aborigeni vivevano nomadi in questa regione; *for the past ten years I have been ~ living between England and USA* negli ultimi dieci anni sono stato un nomade tra Inghilterra e Stati Uniti.

nomadism /'noʊmæˌdɪzəm/ *n.* nomadismo *m.*

no-man's-land /'noʊmænzlænd/ *n.* terra *f.* di nessuno (*anche Mil*).

nom de plume /ˌnɒmdə'pluːm *Am* ˌnɑːmdə'pluːm/ *n.* pseudonimo *m.*, nome *m.* d'arte.

nomenclator /'n(ə)oʊmən'kleɪtər/ *n.* **1** nomenclatore *m.* (*anche Stor.rom*). **2** (*classifier*) classificatore *m.* (*f.* -trice).

nomenclatural /noʊˌmən'kleɪtʃərəl/ *a.* (*concerning the given scientific name of sth.*) nomenclaturale.

nomenclature /noʊ'meŋklətʃər, 'noʊmenkleɪtʃər/ *n.* **1** nome *m.* **2** (*system of names*) nomenclatura *f.* **3** (*terminology*) terminologia *f.*

nominal /'nɒmɪnəl *Am* 'nɑːmənəl/ *a.* **1** (*solo*) di nome, nominale: *the ~ leader* il capo di nome. **2** (*very slight*) irrisorio, simbolico, (soltanto) nominale: *a ~ fee* una quota irrisoria. **3** (*of or being a name*) nominale, del nome. **4** (*bearing a person's name*) nominativo: *~ share* azione nominativa. **5** (*Gramm, Econ*) nominale. □ (*Econ*) *~ authorized capital* capitale nominale; (*Filos*) *~ definition* definizione nominale; (*Econ*) *~ value* valore nominale.

nominalism /'nɒmɪnəˌlɪzəm *Am* 'nɑːmənˌlɪzəm/ *n.* (*Filos*) nominalismo *m.*

nominalist /'nɒˌmɪnəlɪst *Am* 'nɑːˌmənəlɪst/ *n.* (*Filos*) nominalista *m./f.*

nominalistic /ˌnɒmɪnə'lɪstɪk *Am* 'nɑːˌmənəlɪstɪk/ *a.* (*Filos*) nominalista, nominalistico.

nominalize /'nɒmɪnəlaɪz *Am* 'nɑːmɪnəlaɪz/ *v.t.* (*Gramm*) nominalizzare.

nominally /'nɒmɪnəli *Am* 'nɑːmənəli/ *avv.* nominalmente, (soltanto) di nome.

nominate /'nɒmɪneɪt *Am* 'nɑːməneɪt/ *v.t.* **1** nominare (*for* a; *as* come): *to be -d chairman* essere nominato presidente. **2** (*to propose for appointment*) proporre come candidato, designare: *to ~ so. for the presidency* proporre qcu. come candidato alla presidenza.

nomination /ˌnɒmɪ'neɪʃən *Am* ˌnɑːmə'neɪʃən/ *n.* **1** (*act*) designazione *f.*, candidatura *f.* (*for* a). **2** (*state of being appointed or proposed*) designazione *f.*, nomina *f.* **3** (*right of nominating*) diritto *m.* di nomina. **4** (*US,Pol*) nomination *f.*, nomina *f.* **5** (*for award*) nomination *f.*, candidatura *f.*: *to get four Oscar -s* essere candidato a quattro premi Oscar.

nominative /'nɒmɪnətɪv *Am* nɑːmənəṭɪv/ **I** *a.* **1** (*Gramm*) nominativo: *~ case* caso nominativo. **2** (*Gramm*) (*of a word or word group*) al nominativo: *a ~ noun* un sostantivo al nominativo. **3** (*nominated*) nominato, designato. **II** *n.* (*Gramm*) nominativo *m.*, caso *m.* nominativo.

nominator /'nɒmɪˌneɪtər *Am* 'nɑːməˌneɪtər/ *n.* nominatore *m.* (*f.* -trice).

nominee /ˌnɒmɪ'niː *Am* ˌnɑːmə'niː/ *n.* persona *f.* nominata, persona *f.* designata, candidato *m.* (*f.* -a) ufficiale.

nomogram /'nɒmə,græm *Am* 'nɑːmə,græm/ *n.* nomogramma *m.*

nomothetic /'nɒmə,θetɪk *Am* 'nɑːmə,θetɪk/ *a.* **1** (*Dir*) nomotetico, normativo. **2** (*Filos*) nomotetico.

non-acceptance /,nɒnək'septəns *Am* ,nɑːnək'septəns/ *n.* mancata accettazione *f.*

nonage /'nəʊnɪdʒ/ *n.* **1** (*Dir*) minorità *f.*, età *f.* minore. **2** (*immaturity*) immaturità *f.*, mancanza *f.* di maturità.

nonagenarian /,nəʊnədʒə'neəriən/ **I** *a.* nonagenario. **II** *n.* nonagenario *m.* (*f.* -a).

nonaggression /,nɒnə'greʃən *Am* ,nɑːnə'greʃən/ *n.* non aggressione *f.*: ~ *pact* patto di non aggressione.

nonagon /'nɒnəgɒn *Am* 'nɑːnəgɑːn/ *n.* (*Geom*) nonagono *m.*, ennagono *m.*

nonagonal /'nɒnə,gɒnəl *Am* 'nɑːnə,gɑːnəl/ *a.* (*Geom*) ennagonale.

nonalcoholic /,nɒnælkə'hɒlɪk *Am* ,nɑːnælkə'hɑːlɪk/ *a.* analcolico: ~ *beverages* bevande analcoliche.

nonaligned /,nɒnəl'aɪnd *Am* ,nɑːnə'laɪnd/ *a.* (*Pol*) non allineato.

nonalignment /,nɒnəl'aɪnmənt *Am* ,nɑːnə'laɪnmənt/ *n.* (*Pol*) non-allineamento *m.*

non-allergenic /,nɒnælə'dʒenɪk *Am* ,nɑːnælə'dʒenɪk/ *a.* non anallergenico.

nonappearance /,nɒnə'pɪərəns *Am* ,nɑːnə'pɪrəns/ *n.* (*Dir*) contumacia *f.*

non-arrival /,nɒnə'raɪvəl *Am* ,nɑːnə'raɪvəl/ *n.* mancato arrivo *m.*

nonary /'nəʊnəri/ *a.* **1** di nove. **2** (*of a numerical system*) nonario.

nonassessable /,nɒnə'sesəbl̩ *Am* ,nɑːnə'sesəbl̩/ *a.* (*Econ*) non tassabile.

nonattendance /,nɒnə'tendəns *Am* ,nɑːnə'tenəns/ *n.* assenza *f.*

non-attributable /,nɒnə'trɪbjətəbl̩ *Am* ,nɑːnə'trɪbjətəbl̩/ *a.* non attribuibile.

non-banks /,nɒn'bæŋks *Am* ,nɑːn'bæŋks/ *n.pl.* operatori *m.pl.* non bancari.

non-being /,nɒn'biːɪŋ *Am* ,nɑːn'biːɪŋ/ *n.* (*state of non-existence*) non essere *m.*

nonbeliever /,nɒnbə'liːvə* *Am* ,nɑːnbə'liːvər/ *n.* **1** persona *f.* incredula. **2** (*atheist*) non credente *m./f.*, miscredente *m./f.*, ateo *m.* (*f.* -a).

nonbelligerence /,nɒnbə'lɪdʒ³rəns *Am* ,nɑːnbə'lɪdʒ³rəns/ *n.* (*Pol*) non belligeranza *f.*

nonbelligerent /,nɒnbə'lɪdʒ³rənt *Am* ,nɑːnbə'lɪdʒ³rənt/ **I** *a.* (*Pol*) non belligerante. **II** *n.* (*Pol*) non belligerante *m./f.*

non-binding /,nɒn'baɪndɪŋ *Am* ,nɑːn'baɪndɪŋ/ *a.* (*Pol*) non vincolante: *the resolution is* ~ la risoluzione non è vincolante.

noncaloric /,nɒnkə'lɒrɪk *Am* ,nɑːnkə'lɔːrɪk/ *a.* a basso contenuto calorico: ~ *beverage* bevanda a basso contenuto calorico.

noncapital /,nɒn'kæpɪtəl *Am* ,nɑːn'kæpətəl/ *a.* (*Dir*) non soggetto a pena capitale.

nonce /nɒns *Am* nɑːns/ □ (*Br,dial,scherz*) *for the* ~: **1** per una volta, per questa volta; **2** (*for the time being*) per adesso, per il momento; **3** (*for the express purpose*) per l'occasione.

nonce-word /'nɒns,wɜːd/ *n.* (*Br*) parola *f.* coniata per l'occasione.

nonchalance /'nɒnʃələns *Am* ,nɑːnʃə'lɑːns/ *n.* indifferenza *f.*, noncuranza *f.*

nonchalant /'nɒnʃələnt *Am* ,nɑːnʃə'lɑːnt/ *a.* indifferente, noncurante.

nonchalantly /'nɒnʃələntli *Am* ,nɑːnʃə'lɑːntli/ *avv.* con indifferenza, con noncuranza.

nonclassified /,nɒn'klæsɪfaɪd *Am* ,nɑːn'klæsɪfaɪd/ *a.* non classificato: ~ *information* informazioni di carattere non classificato.

noncollegiate /,nɒnkə'liːdʒɪət *Am* ,nɑːnkə'liːdʒɪt/ *a.* **1** (*of a student*) non appartenente a

---

un college. **2** (*of a university*) non formato da college.

non-com /'nɒn,kɒm *Am* 'nɑːn,kɑːm/ *n.* (*Mil, colloq*) (*non-commissioned officer*) sottufficiale *m.*

noncombatant /,nɒn'kɒmbətənt *Am* ,nɑːnkəm'bætənt/ **I** *a.* (*Mil*) non combattente. **II** *n.* **1** (*Mil*) non combattente *m.* **2** (*civilian*) civile *m.*

noncommissioned /,nɒnkə'mɪʃ³nd *Am* ,nɑːnkə'mɪʃ³nd/ *a.* (*Mil*) (*of an officer*) senza brevetto (di nomina). □ (*Mil*) ~ *officer* sottufficiale.

noncommittal /,nɒnkə'mɪt³l *Am* ,nɑːnkə'mɪt³l/ *a.* **1** non impegnativo, non compromettente: *a* ~ *answer* una risposta non impegnativa. **2** (*fig*) vago, indefinito.

noncommunicant /,nɒnkə'mjuːnɪkənt *Am* ,nɑːnkə'mjuːnɪkənt/ *n.* **1** (*Rel.catt*) chi non riceve la comunione. **2** (*Rel.prot*) persona *f.* non in comunione.

noncompliance /,nɒnkəm'plaɪəns *Am* ,nɑːnkəm'plaɪəns/ *n.* inadempienza *f.*, inosservanza *f.*

non-compliant /,nɒnkəm'plaɪənt *Am* ,nɑːnkəm'plaɪənt/ *a.* inadempiente, che non osserva (le regole).

nonconducting /,nɒnkən'dʌktɪŋ *Am* ,nɑːnkən'dʌktɪŋ/ *a.* (*El*) coibente, isolante, non conduttore.

nonconductor /,nɒnkən'dʌktə* *Am* ,nɑːnkən'dʌktər/ *n.* (*El*) (*materiale*) coibente *m.*, isolante *m.*

nonconformism /,nɒnkən'fɔːmɪzəm *Am* ,nɑːnkən'fɔːrmɪz³m/ *n.* anticonformismo *m.*

nonconformist /,nɒnkən'fɔːmɪst *Am* ,nɑːnkən'fɔːrmɪst/ *n.* **1** anticonformista *m./f.*, nonconformista *m./f.* **2** (*Rel.prot*) nonconformista *m./f.*

Nonconformist /,nɒnkən'fɔːmɪst *Am* ,nɑːnkən'fɔːrmɪst/ *n.* **1** (*Stor.brit*) nonconformista *m./f.*, dissidente *m./f.* **2** (*Rel.prot*) nonconformista *m./f.*

nonconformity /,nɒnkən'fɔːməti *Am* ,nɑːnkən'fɔːrməti/ *n.* **1** anticonformismo *m.* **2** (*absence of agreement*) discordanza *f.*

Nonconformity /,nɒnkən'fɔːməti *Am* ,nɑːnkən'fɔːrməti/ *n.* (*Stor.brit*) nonconformismo *m.*

non-content /,nɒnkən'tent *Am* ,nɑːnkən'tent/ *n.* (*Parl*) (*in the House of Lords*) voto *m.* contrario.

noncooperation /,nɒnkoʊ,ɒp³r'eɪʃ³n *Am* ,nɑːnkoʊ,ɑːp³reɪʃ³n/ *n.* **1** mancanza *f.* di collaborazione. **2** (*Pol*) non collaborazione *f.*

nondairy /,nɒn'deəri *Am* ,nɑːn'deri/ *a.* che non contiene latte.

nondelivery /,nɒndɪ'lɪv³ri *Am* ,nɑːndə'lɪv³ri/ *n.* mancata consegna *f.*

non-departmental /,nɒndiːpɑːt'ment³l *Am* ,nɑːndiːpɑːrt'ment³l/ *a.* □ ~ *minister* ministro senza portafoglio.

nondescript /'nɒndɪskrɪpt *Am* 'nɑːndɪskrɪpt/ **I** *a.* **1** indefinito, indeterminato, vago. **2** (*anonymous*) anonimo, insignificante. **3** (*not easily described*) indefinibile, indescrivibile. **II** *n.* **1** (*person*) persona *f.* indefinibile. **2** (*thing*) cosa *f.* indefinibile.

nondescriptly /'nɒndɪ,skrɪptli *Am* 'nɑːndɪ,skrɪptli/ *a.* in modo indefinito, in modo indeterminato, vagamente, in modo indescrivibile.

nondescriptness /'nɒndɪ,skrɪptnəs *Am* 'nɑːndɪ,skrɪptnəs/ *n.* vaghezza *f.*, non specificità *f.*

non-directive /'nɒndaɪ,rektɪv *Am* 'nɑːndɪ,rektɪv/ *a.* (*Psic*) non direttivo.

non-discrimination /'nɒndɪskrɪmɪ,neɪʃ³n *Am* 'nɑːndɪskrɪmɪ,neɪʃ³n/ *n.* (*Psic*) non discri-

---

minazione *f.*

nondrinker /,nɒn'drɪŋkə* *Am* ,nɑːn'drɪŋkər/ *n.* astemio *m.* (*f.* -a).

nondrip /,nɒn'drɪp *Am* ,nɑːn'drɪp/ *a.* (*of paint, etc.*) antigoccia.

non-durable /,nɒn'djʊərəbl̩ *Am* ,nɑːn'dʊrəbl̩/ *a.* (*of consumer goods*) non durevole, deperibile.

none /nʌn/ **I** *pron.* **1** (*costr.sing. o pl.*) (*not any, not one*) nessuno: ~ *of you understand(s)* nessuno di voi capisce; *we are* ~ *of us perfect* nessuno di noi è perfetto. **2** (*no one*) non uno, nessuno: ~ *remained* non uno rimase. **3** (*of things: not any*) non ne: *have you any cigarettes?* - *no*, ~ hai una sigaretta? - no, non ne ho. **4** (*nothing*) niente, nulla: ~ *of this concerns you* niente di (tutto) questo ti riguarda. **5** (*not any such thing or person*) niente, nessuno: *any occupation is better than* ~ un'occupazione qualsiasi è meglio che niente. **6** (*in elliptical construction*) basta: ~ *of your insolence!* basta con la tua insolenza! **II** *avv.* non... affatto, non, per niente, niente affatto. □ ~ *at all*: **1** (*of people*) nessuno, neanche uno; **2** (*of things*) niente; ~ *better* meglio di chiunque altro; ~ *but* solo, soltanto; ~ *but the best* solo il meglio; *for this reason, if for* ~ *other* per questa ragione se non per altro; *to have* ~ *of* non voler sentire parlare di; *it's* ~ *of your business* non sono affari tuoi; *it was* ~ *of my doing* non è stata colpa mia; (*scherz*) ~ *of your little games* (*with me*) niente giochetti (con me); ~ *of that!* basta!, smettila!; ~ *other than* proprio, niente meno che: *the speaker was* ~ *other than the president himself!* l'oratore era nientemeno che il presidente stesso!; *to be* ~ *the better for sth.* non aver ricevuto nessun giovamento (o beneficio) da qcs.; ~ *the less* ciò nonostante, tuttavia, nondimeno; *to be* ~ *the richer for sth.* non averci guadagnato nulla; *to be* ~ *the wiser* non saperne più di prima; ~ *the worse* ugualmente, lo stesso; *to think* ~ *the worse of so.* avere sempre stima di qcu.; *to be* ~ *the worse for* non soffrire le conseguenze di; ~ *too* tutt'altro che, per niente, affatto; ~ *too soon* appena in tempo, all'ultimo momento. *Prov.: there are* ~ *so blind as those that will not see* non v'è peggior cieco di chi non vuol vedere; ~ *so deaf as those that will not hear* (o ~ *so deaf as he who will not hear*) non c'è peggior sordo di chi non vuol sentire.

non-EEC /,nɒniːiː'siː *Am* ,nɑːniːiː'siː/ *a.* (*ant*) non appartenente alla Comunità (europea), extra-comunitario.

noneffective /,nɒnɪ'fektɪv *Am* ,nɑːnɪ'fektɪv/ **I** *a.* **1** inefficace. **2** (*Mil*) inabile al servizio militare. **II** *n.* (*Mil*) inabile *m.* al servizio militare.

non-ego /,nɒn'egəʊ *Am* nɑːn'iːgoʊ/ *n.* (*Filos*) non-io *m.*

non-enforcement /,nɒnɪn'fɔːsmənt *Am* ,nɑːnen'fɔːrsmənt/ *n.* (*Dir*) non applicazione *f.*, mancata applicazione *f.*: ~ *of existing laws* mancata applicazione delle leggi vigenti.

nonentity /,nɒn'entəti *Am* ,nɑːn'nentəti/ *n.* **1** (*person or thing of no importance*) nullità *f.* **2** (*sth. nonexistent*) cosa *f.* inesistente. **3** (*sth. imaginary*) cosa *f.* immaginaria. **4** (*nonexistence*) inesistenza *f.*, non essere *m.*

nones /nəʊnz/ *n.pl.* (*costr.sing. o pl.*) (*Lit*) nona *f.*

non-essential /,nɒnɪ'senʃ³l *Am* ,nɑːnɪ'senʃ³l/ **I** *a.* non essenziale. **II** *n.* cosa *f.* non essenziale.

nonesuch /'nʌnsʌtʃ/ **I** *n.* **1** (*ant*) (*person*) persona *f.* che non ha l'uguale, persona *f.* ineguagliabile. **2** (*ant*) (*thing*) cosa *f.* che non ha l'uguale, cosa *f.* ineguagliabile. **3** (*Bot*) lupolina *f.* **II** *a.* ineguagliabile, incomparabile, impareggiabile.

nonet /nou'net/ *n.* (*Mus*) nonetto *m.*

nonetheless /ˌnʌnðə'les/ *avv.* nondimeno, ciò nonostante, tuttavia.

non-EU /ˌnɒniː'juː Am ˌnaːniː'juː/ *a.* non appartenente all'Unione Europea, extra-comunitario.

nonevent /ˌnɒnɪ'vent Am ˌnaːnɪ'vent/ *n.* avvenimento *m.* di scarso interesse, fatto *m.* meno importante del previsto, avvenimento *m.* deludente, niente di particolare: *why didn't you tell me that you had coffee with him? - It was a* ~ perché non mi hai detto che hai preso un caffè con lui? - Non aveva importanza.

non-existence /ˌnɒnɪg'zɪstəns Am ˌnaːnɪg'zɪstəns/ *n.* **1** inesistenza *f.*, non essere *m.* **2** (*Filos*) non essere *m.*

non-existent /ˌnɒnɪg'zɪstənt Am ˌnaːnɪg'zɪstənt/ *a.* inesistente, insussistente.

nonexpendable /ˌnɒnɪk'spendəbl̩ Am ˌnaːnɪk'spendəbl̩/ *a.* che non si consuma (con l'uso).

nonfat /ˌnɒn'fæt Am ˌnaːn'fæt/ *a.* **1** senza grassi. **2** (*having the fat content removed*) senza grassi, sgrassato; (*of milk*) scremato, magro.

non-feasance /ˌnɒn'fiːzəns *f.* Am /ˌnaːn'fiːzəns/ *n.* (*Br,Dir*) reato *m.* di omissione.

non-fiction /ˌnɒn'fɪkʃən Am ˌnaːn'fɪkʃən/ **I** *n.* (*Edit*) saggistica *f.* **II** *a.* (*Edit*) (di) saggistica, non di narrativa: ~ *literature* saggistica.

non-fictional /ˌnɒn'fɪkʃənl̩ Am ˌnaːn'fɪkʃənl̩/ *a.* (*Edit*) di saggistica, non di carattere narrativo.

non-figurative /ˌnɒn'fɪgjərətɪv Am ˌnaːn'fɪgjərətɪv/ *a.* (*Art*) non figurativo.

non-finite /ˌnɒn'faɪnaɪt Am ˌnaːn'faɪnaɪt/ *a.* **1** (*not limited in size or extent*) infinito. **2** (*Gramm*) indefinito.

non-flammable /ˌnɒn'flæməbl̩ Am ˌnaːn'flæməbl̩/ *a.* (*flame resistant, not igniting easily*) ininfiammabile, non infiammabile.

non-freezing /ˌnɒn'friːzɪŋ Am ˌnaːn'friːzɪŋ/ *a.* incongelabile: ~ *solution* soluzione incongelabile.

nonfulfillment /ˌnɒnfʊl'fɪlmənt Am ˌnaːnfʊl'fɪlmənt/ *n.* inadempienza *f.*: ~ *of a contract* inadempienza contrattuale.

non-glare /ˌnɒn'gleər Am ˌnaːn'gler/ *a.* **1** (*Aut*) antiabbagliante, non abbagliante, anabbagliante. **2** (*of glass*) antiriflesso. □ (*Aut*) ~ *mirror* specchietto anabbagliante.

non-governmental /ˌnɒngʌvən'mentəl Am ˌnaːngʌvərn'mentəl/ *a.* non governativo: ~ *organization* associazione non governativa.

non-human /ˌnɒn'hjuːmən Am ˌnaːn'hjuːmən/ *a.* (*not human*) inumano, non umano.

non-infectious /ˌnɒnɪn'fekʃəs Am ˌnaːnɪn'fekʃəs/ *a.* non infettivo.

non-inflammable /ˌnɒnɪn'flæməbl̩ Am ˌnaːnɪn'flæməbl̩/ *a.* non infiammabile, ininfiammabile.

non-interest-bearing /ˌnɒn'ɪntrəst,beərɪŋ Am ˌnaːn'ɪntrəst,berɪŋ/ *a.* (*Econ*) infruttifero.

non-interference /ˌnɒnɪntə'fɪərəns Am ˌnaːnɪntər'fɪrəns/ *n.* non interferenza *f.*

nonintervention /ˌnɒnɪntə'venʃən Am ˌnaːnɪntər'venʃən/ *n.* (*Pol*) non intervento *m.*

noninterventionism /ˌnɒnɪntə'venʃənɪzəm Am ˌnaːnɪntər'venʃənɪzəm/ *n.* (*Pol*) politica *f.* di non intervento.

noninterventionist /ˌnɒnɪntə'venʃənɪst Am ˌnaːnɪntər'venʃənɪst/ **I** *a.* (*Pol*) non interventista. **II** *n.* (*Pol*) non interventista *m./f.*

noninvasive /ˌnɒnɪn'veɪsɪv Am ˌnaːnɪn'veɪsɪv/ *a.* (*Med*) non invasivo.

noniron /ˌnɒn'aɪən Am ˌnaːn'aɪərn/ *a.* (*of clothes*) che asciuga rapidamente e non si

stira.

nonius /'nouniəs/ *n.* (*Tecn*) nonio *m.*

nonjoinder /ˌnɒn'dʒɔɪndər Am ˌnaːn'dʒɔɪndər/ *n.* (*Dir*) mancata citazione *f.* di una parte in causa.

non-judgemental /ˌnɒndʒʌdʒ'mentəl Am ˌnaːndʒʌdʒ'mentəl/ *a.* (*avoiding criticizing another based on moral judgment*) libero da pregiudizi morali, libero da preconcetti morali, imparziale, neutrale, senza giudizi.

non-logical /ˌnɒn'lɒdʒɪkəl Am ˌnaːn'laːdʒɪkəl/ *a.* non basato sulla logica, intuitivo.

non-malignant /ˌnɒnmə'lɪgnənt Am ˌnaːnmə'lɪgnənt/ *a.* (*Med*) benigno.

non-material /ˌnɒnmə'tɪəriəl Am ˌnaːnmə'tɪriəl/ □ ~ *goods* beni immateriali.

nonmember /ˌnɒn'membər Am ˌnaːn'membər/ *a.* non socio.

nonmembership /ˌnɒn'membərʃɪp Am ˌnaːn'membərʃɪp/ *n.* il non essere socio.

non-metal /ˌnɒn'metəl Am ˌnaːn'metəl/ *n.* (*Chim*) non metallo *m.*, metalloide *m.*

non-metallic /ˌnɒnmə'tælɪk Am ˌnaːnmə'tælɪk/ *a.* (*Chim*) non metallico.

non-monetary /ˌnɒn'mʌnɪtəri Am ˌnaːn'maːnəteri/ □ ~ *investment* investimento in beni rifugio.

non-moral /ˌnɒn'mɒrəl Am ˌnaːn'mɔːrəl/ *a.* **1** non morale. **2** (*amoral*) amorale.

non-native /ˌnɒn'neɪtɪv Am ˌnaːn'neɪtɪv/ *a.* **1** (*not native to a particular place*) straniero, forestiero. **2** (*not having spoken a given language since early childhood*) non di madrelingua.

non-negotiable /ˌnɒnnɪ'gouʃiəbl̩ Am ˌnaːnnɪ'gouʃəbl̩/ *a.* (*not open for discussion*) non negoziabile.

non-nuclear /ˌnɒn'njuːkliər Am ˌnaːn'nuːkliər/ *a.* non nucleare, che non ha la bomba atomica: ~ *states* stati non nucleari. □ ~ *fuel* combustibile non nucleare.

no-no /'nounou/ *n.* (*colloq*) cosa *f.* poco consigliabile, tabù *m.*, cosa *f.* proibita, cosa *f.* da non fare: *going out with your best friend's ex is a* ~ non è consigliabile uscire con la ex fidanzata del tuo miglior amico.

non-observance /ˌnɒnəb'zɜːvəns Am ˌnaːnəb'zɜːrvəns/ *n.* inosservanza *f.*

non-oil /ˌnɒn'ɔɪl Am ˌnaːn'ɔɪl/ □ ~ *countries* paesi non petroliferi.

no-nonsense /ˌnou'nɒnsəns Am ˌnou'naːnsəns/ *a.* (*colloq*) (*of a person*) pratico, con molto buon senso, che usa il cervello.

non-operating /ˌnɒnɒpə'reɪtɪŋ Am ˌnaːnaːpə'reɪtɪŋ/ □ ~ *profit* sopravvenienza attiva.

non-operational /ˌnɒnɒpə'reɪʃənl̩ Am ˌnaːnaːpə'reɪʃənl̩/ *a.* **1** (*not involving active duties*) non operativo. **2** (*not in working order*) che non funziona, non operativo.

non-oxidizing /ˌnɒn'ɒksɪdaɪzɪŋ Am ˌnaːn'aːksɪdaɪzɪŋ/ *a.* non ossidabile.

nonpareil /ˌnɒnpə'reɪl Am ˌnaːnpə'rel/ **I** *a.* impareggiabile, ineguagliabile, senza pari, senza eguale. **II** *n.* **1** (*person*) persona *f.* che non ha l'uguale, persona *f.* impareggiabile. **2** (*thing*) cosa *f.* che non ha l'uguale, cosa *f.* impareggiabile. **3** (*Tip,ant*) corpo *m.* 6.

nonpartisan /ˌnɒnpaːtɪ'zæn Am ˌnaːn'paːrtɪzən/ **I** *a.* **1** che non parteggia. **2** (*Pol*) indipendente. **3** (*impartial*) imparziale, obiettivo. **II** *n.* indipendente *m./f.*

nonparty /ˌnɒn'paːti Am ˌnaːn'paːrti/ *a.* (*Pol*) che non appartiene a un partito, indipendente.

non-payment /ˌnɒn'peɪmənt Am ˌnaːn'peɪmənt/ *n.* mancato pagamento *m.*

non-performance /ˌnɒnpə'fɔːməns Am ˌnaːnpər'fɔːrməns/ *n.* inadempienza *m.*, inadempienza *f.*

non-performing /ˌnɒnpə'fɔːmɪŋ Am ˌnaːnpər'fɔːrmɪŋ/ *a.* (*Econ*) che non frutta interessi.

nonperson /ˌnɒnpɜːsən Am ˌnaːnpɜːrsən/ *n.* non persona *f.*

non-plastic /ˌnɒn'plæstɪk Am ˌnaːn'plæstɪk/ *a.* a struttura rigida.

nonplus /ˌnɒn'plʌs Am ˌnaːn'plʌs/ **I** *v.t.* (*past, p.p.* **nonplussed** /Am **nonplused** /-t/) lasciare perplesso, imbarazzare, confondere. **II** *n.* imbarazzo *m.*, perplessità *f.*: *to be in* (o *at*) *a* ~ essere in imbarazzo.

non-poisonous /ˌnɒn'pɔɪzənəs Am ˌnaːn'pɔɪzənəs/ *a.* atossico, non tossico.

nonpolitical /ˌnɒnpə'lɪtɪkəl Am ˌnaːnpə'lɪtəkəl/ *a.* apolitico.

nonpolluting /ˌnɒnpə'luːtɪŋ Am ˌnaːnpə'luːtɪŋ/ *a.* non inquinante.

non-prescription /ˌnɒnprɪ'skrɪpʃən Am ˌnaːnprɪ'skrɪpʃən/ *a.* (*Farm*) non soggetto a obbligo di ricetta medica, da banco: ~ *drug* farmaco da banco.

non-productive /ˌnɒnprə'dʌktɪv Am ˌnaːnprə'dʌktɪv/ *a.* **1** (*Econ*) che non concerne direttamente la produzione. **2** (*unproductive*) improduttivo.

non-professional /ˌnɒnprə'feʃənl̩ Am ˌnaːnprə'feʃənl̩/ **I** *a.* (*not profesional*) non professionale. **II** *n.* non professionista *m./f.*

non-profit /ˌnɒn'prɒfɪt Am ˌnaːn'praːfɪt/ *a.* senza scopo di lucro, che non ha scopo di lucro, non lucrativo: ~ *organization* organizzazione senza scopo di lucro.

non-profit-making /ˌnɒn'prɒfɪt,meɪkɪŋ Am ˌnaːn'praːfɪt,meɪkɪŋ/ *a.* senza scopo di lucro, che non ha scopo di lucro, non lucrativo.

nonproliferation /ˌnɒnprə,lɪfə'reɪʃən Am ˌnaːnprə,lɪfə'reɪʃən/ *n.* (*Pol*) non proliferazione *f.* □ (*Pol*) ~ *treaty* trattato di non proliferazione.

non-refundable /ˌnɒnrɪ'fʌndəbl̩ Am ˌnaːnrɪ'fʌndəbl̩/ *a.* non rimborsabile, non restituibile: ~ *deposit* cauzione non rimborsabile.

non-renewable /ˌnɒnrɪ'njuːəbl̩ Am ˌnaːnrɪ'njuːəbl̩/ *a.* non rinnovabile: ~ *natural resources* risorse naturali non rinnovabili.

non-residence /ˌnɒn'rezɪdəns Am ˌnaːn'rezɪdəns/ *n.* il non essere residente (*anche Univ*).

non-resident /ˌnɒn'rezɪdənt Am ˌnaːn'rezɪdənt/ **I** *a.* **1** (*not residing in a particular country*) non residente. **2** (*Dir.can*) non residenziale. **3** (*Univ*) non residente. **4** (*Inform*) (*of software*) non residente (in memoria): ~ *program* programma non residente in memoria; ~ *server* server non residente. **II** *n.* (*of a hotel*) non residente, chi non pernotta, chi non soggiorna: *the hotel bar is open to -s* il bar dell'hotel è aperto al pubblico. □ ~ *company* società istituita all'estero.

non-residential /ˌnɒnrezɪ'denʃəl/ □ (*GB*) ~ *university* università non residenziale, università che non ha internato.

non-resistance /ˌnɒnrɪ'zɪstəns Am ˌnaːnrɪ'zɪstəns/ *n.* resistenza *f.* passiva, non violenza *f.*, non resistenza *f.*

non-resistant /ˌnɒnrɪ'zɪstənt Am ˌnaːnrɪ'zɪstənt/ *a.* **1** che non oppone resistenza. **2** (*Med*) non resistente.

non-restrictive /ˌnɒnrɪ'strɪktɪv Am ˌnaːnrɪ'strɪktɪv/ *a.* **1** non restrittivo: ~ *practices* pratiche non dirette a limitare la concorrenza. **2** (*Gramm*) (*of a clause or phrase*) non restrittivo.

non-retroactive /ˌnɒnretrou'æktɪv Am ˌnaːnretrou'æktɪv/ *a.* (*Dir*) irretroattivo.

non-returnable /ˌnɒnrɪ'tɜːnəbl̩ Am ˌnaːnrɪ'tɜːrnəbl̩/ *a.* **1** non restituibile, non rimborsabile: ~ *deposit* cauzione non rimborsabile. **2** (*of bottles*) a perdere.

non-rhotic /ˌnɒnˈroʊtɪk, ˌnɑːnˈroʊtɪk/ *a.* (*Fon*) (*r-less*) non rotico.

non-rigid /ˌnɒnˈrɪdʒɪd *Am* ˌnɑːnˈrɪdʒɪd/ *a.* (*Aer*) floscio: ~ *airship* dirigibile floscio.

non-scheduled /ˌnɒnˈʃedjuːld *Am* ˌnɑːnˈskedʒuːld/ *a.* **1** imprevisto, non in programma. **2** (*Aer*) (*of an airline*) non di linea.

nonsense /ˈnɒnsəns *Am* ˈnɑːnsens/ **I** *n.* **1** cosa *f.* insensata, cosa *f.* assurda, assurdità *f.*, controsenso *m.*, (*rar*) nonsenso *m.*: *a piece of* ~ un'assurdità; *they said that our report was* ~ hanno detto che il nostro resoconto era assurdo; *it's absolute* ~ (o *it's complete* ~ o *it's mere* ~ o *it's utter* ~) è (una) pura assurdità; *it's (a)* ~ *to do sth.* è assurdo fare qcs. **2** (*foolish behaviour*) comportamento *m.* da stupido: *stop this* ~! smettila di fare lo stupido! **3** (*meaningless words*) sciocchezze *f.pl.*, stupidaggini *f.pl.*, corbellerie *f.pl.*: *you are talking a lot of* ~ stai dicendo un mucchio di sciocchezze. **4** (*language which cannot be understood*) linguaggio *m.* incomprensibile, linguaggio *m.* senza senso. **II** *intz.* sciocchezze!, stupidaggini! ☐ *to make a* ~ *of sth.*: **1** rendere assurdo qcs; **2** (*to spoil*) rovinare qcs.; *to make* ~ *of* rendere assurdo; (*Lett*) *poetry* poesia nonsense, nonsense; ~ *rhymes* (o ~ *verse*) filastrocca in versi (senza capo né coda); ~ *word* parola senza senso.

nonsensical /ˌnɒnˈsensɪkl *Am* ˌnɑːnˈsensɪkl/ *a.* **1** insensato, privo di senso: *don't be nonsensical, no-one would agree!* non essere ingenuo, nessuno sarebbe d'accordo! **2** (*absurd*) assurdo, irragionevole: *a* ~ *idea* un'idea assurda; *it's nonsensical to do sth.* non ha senso fare qcs.

non-shrink /ˌnɒnˈʃrɪŋk *Am* ˌnɑːnˈʃrɪŋk/ *a.* (*Tess*) irrestringibile.

non-sked /ˌnɒnˈsked *Am* ˌnɑːnˈsked/ *n.* (*Aer*) (*non-scheduled airline*) linea *f.* autorizzata a voli saltuari.

non-skid /ˌnɒnˈskɪd *Am* ˌnɑːnˈskɪd/ *a.* (*Aut*) antisdrucciolevole.

nonsmoker /ˌnɒnˈsmoʊkər *Am* ˌnɑːnˈsmoʊkər/ *n.* non fumatore *m.* (*f.* -trice).

nonsmoking /ˌnɒnˈsmoʊkɪŋ *Am* ˌnɑːnˈsmoʊkɪŋ/ *a.* non fumatori. ☐ (*Ferr*) ~ *car* carrozza per non fumatori; ~ *section* zona non fumatori.

nonspecific /ˌnɒnspəˈsɪfɪk *Am* ˌnɑːnspəˈsɪfɪk/ *a.* **1** (*vague, not clear*) aspecifico. **2** (*Med*) aspecifico. **3** (*Farm*) non specifico.

nonstandard /ˌnɒnˈstændəd *Am* ˌnɑːnˈstændərd/ *a.* **1** (*not average, normal or expected*) non nella media, anormale. **2** (*Gramm*) non della lingua standard; (*colloquial*) del linguaggio popolare, del linguaggio colloquiale; (*dialectal*) dialettale.

nonstarter /ˌnɒnˈstɑːtə *Am* ˌnɑːnˈstɑːrtər/ *n.* **1** (*Equit*) cavallo *m.* iscritto che non partecipa alla corsa. **2** (*colloq*) (*person with no chance*) chi non ha possibilità (di successo); (*idea or plan with no chance*) progetto *m.* senza possibilità di successo, progetto *m.* destinato al fallimento.

non-stick /ˌnɒnˈstɪk *Am* ˌnɑːnˈstɪk/ *a.* antiaderente: ~ *coating* rivestimento antiaderente; ~ *frying-pan* padella antiaderente.

nonstop /ˌnɒnˈstɒp *Am* ˌnɑːnˈstɑːp/ **I** *a.* **1** (*of a journey*) ininterrotto, senza soste, senza fermate. **2** (*Aer*) senza scalo: *a* ~ *flight* un volo senza scalo, volo non stop. **3** (*Ferr*) rapido, senza fermate. **4** (*without interruption*) continuato, continuo, ininterrotto: ~ *performance* spettacolo continuato. **II** *n.* **1** viaggio *m.* senza fermate. **2** (*Ferr*) treno *m.* rapido, rapido *m.* **III** *avv.* **1** senza fermate, senza scalo. **2** (*without interruption*) ininterrottamente, senza interruzione: *he spoke* ~ *for an hour* ha parlato ininterrottamente per un'ora.

non-stretching /ˌnɒnˈstretʃɪŋ *Am* ˌnɑːnˈstretʃɪŋ/ *a.* inestensibile.

nonsuch /ˈnʌnsʌtʃ/ *n.* **1** (*ant*) (*person*) persona *f.* che non ha l'uguale, persona *f.* ineguagliabile. **2** (*ant*) (*thing*) cosa *f.* che non ha l'uguale, cosa *f.* ineguagliabile. **3** (*Bot*) lupolina *f.*

nonsuit /ˌnɒnˈsjuːt *Am* ˌnɑːnˈsuːt/ **I** *n.* (*Dir*) non luogo a procedere *m.*: *to enter a* ~ dichiarare un non luogo a procedere. **II** *v.t.* mettere fuori ruolo.

non-symmetrical /ˌnɒnsɪˈmetrɪkl *Am* ˌnɑːnsɪˈmetrɪkl/ *a.* asimmetrico.

non-tariff /ˌnɒnˈtærɪf *Am* ˌnɑːnˈterɪf/ *a.* (*Econ*) extratariffario: ~ *barriers* barriere extratariffarie.

non-taxable /ˌnɒnˈtæksəbl *Am* ˌnɑːnˈtæksəbl/ *a.* (*Econ*) non tassabile.

non-technical /ˌnɒnˈteknɪkl *Am* ˌnɑːnˈteknɪkl/ *a.* (*not technical*) non tecnico.

non-transferable /ˌnɒntrænsˈfɜːrəbl *Am* ˌnɑːntrænsˈfɜːrəbl/ *a.* non trasmissibile, non cedibile; (*of shares*) nominativo.

non-transportable /ˌnɒntrænˈspɔːtəbl *Am* ˌnɑːntrænˈspɔːrtəbl/ *a.* non trasportabile, intrasportabile.

non-U /ˌnɒnˈjuː/ *a.* (*Br,colloq,ant*) che non si fa, non fine, non da persona per bene.

nonunion /ˌnɒnˈjuːnjən *Am* ˌnɑːnˈjuːnjən/ *a.* **1** non appartenente a un sindacato. **2** (*not recognizing trade-unions*) che non riconosce i sindacati.

non-unionist /ˌnɒnˈjuːnjənɪst *Am* ˌnɑːnˈjuːnjənɪst/ *n.* chi non appartiene a un sindacato.

non-use /ˌnɒnˈjuːs *Am* ˌnɑːnˈjuːs/ *n.* (*failure to use sth.*) mancato utilizzo *m.*, il non essere utilizzato *m.*: *the car wouldn't start due to* ~ la macchina non partiva perché non veniva mai usata.

non-user /ˌnɒnˈjuːzər *Am* ˌnɑːnˈjuːzər/ *n.* (*Dir*) non uso *m.*

non-utilization /ˌnɒnjuːtɪlaɪˈzeɪʃən *Am* ˌnɑːnjuːtɪlɪˈzeɪʃən/ *n.* non uso *m.*, mancato uso *m.*

non-verbal /ˌnɒnˈvɜːbl *Am* ˌnɑːnˈvɜːrbl/ *a.* non verbale, che non implica l'uso della lingua parlata: *non-verbal communication* comunicazione non verbale.

non-verbally /ˌnɒnˈvɜːbli *Am* ˌnɑːnˈvɜːrbli/ *avv.* in modo non verbale, non verbalmente.

non-viable /ˌnɒnˈvaɪəbl *Am* ˌnɑːnˈvaɪəbl/ *a.* (*Med*) non vitale.

nonviolence /ˌnɒnˈvaɪələns *Am* ˌnɑːnˈvaɪələns/ *n.* non violenza *f.*

nonviolent /ˌnɒnˈvaɪələnt *Am* ˌnɑːnˈvaɪələnt/ *a.* non violento.

nonviolently /ˌnɒnˈvaɪələntli *Am* ˌnɑːnˈvaɪələntli/ *avv.* pacificamente: *they* ~ *demonstrated* hanno fatto una dimostrazione pacifica.

nonvolatile /ˌnɒnˈvɒlətaɪl *Am* ˌnɑːnˈvɑːlət̬l/ *a.* (*Inform*) non volatile, permanente: ~ *storage* memoria non volatile.

non-voting /ˌnɒnˈvoʊtɪŋ *Am* ˌnɑːnˈvoʊtɪŋ/ *a.* senza diritto di voto. ☐ (*Econ*) ~ *share* (o ~ *stock*) azione senza diritto di voto.

non-white /ˌnɒnˈwaɪt *Am* ˌnɑːnˈwaɪt/ **I** *n.* persona *f.* non di razza bianca. **II** *a.* non di razza bianca.

non-word /ˌnɒnˈwɜːd *Am* ˌnɑːnˈwɔːrd/ *n.* parola *f.* inesistente.

noodle /ˈnuːdl/ *n.* **1** *pl.* (*Alim*) tagliatelle *f.pl.*, fettuccine *f.pl.* **2** (*sl*) (*head*) testa *f.*, capoccia *f.*, zucca *f.*: *use your* ~, *dearie!* usa la zucca, tesoro! **3** (*Br*) (*fool*) sciocco *m.* (*f.* -a), sempliciotto *m.* (*f.* -a).

nook /nʊk/ *n.* **1** (*corner of a room*) angolo *m.*, canto *m.* **2** (*sheltered place*) cantuccio *m.*, angolino *m.*: *a shady* ~ un angolino all'ombra. ☐ *to search in every* ~ *and cranny* cercare in tutti gli angoli.

nookie, nooky /ˈnʊki/ *n.* (*scherz*) sesso *m.*

noon /nuːn/ *n.* **1** mezzogiorno *m.* **2** (*fig*) culmine *m.*, apice *m.*, acme *f.*

noonday /ˈnuːndeɪ/ **I** *n.* mezzogiorno *m.* **II** *a.* di mezzogiorno.

no-one /ˈnoʊwʌn/ *pron.* nessuno: ~ *was there* non c'era nessuno; ~ *but he* nessuno tranne lui; ~ *else* nessun altro.

noontide /ˈnuːntaɪd/, **noontime** /ˈnuːntaɪm/ *n.* mezzogiorno *m.*

noose /nuːs/ **I** *n.* **1** cappio *m.*, capestro *m.*, laccio *m.*: *the hangman's* ~ il cappio del boia. **2** (*fig*) (*bond*) legame *m.*, nodo *m.*, laccio *m.* **3** (*snare for animals*) trappola *f.*, laccio *m.* **II** *v.t.* **1** accalappiare, intrappolare, prendere al laccio. **2** (*to make a noose in*) fare un cappio a, fare un nodo scorsoio a. ☐ (*fig*) *to put one's head in a* ~ cadere in una trappola.

no-par /noʊˈpɑːr *Am* noʊˈpɑːr/ *a.* (*Econ*) senza valore nominale.

no-parking /noʊˈpɑːkɪŋ *Am* noʊˈpɑːrkɪŋ/ ☐ (*Strad*) ~ *sign* divieto di parcheggio; (*Strad*) ~ *zone* zona di sosta vietata.

nope /noʊp/ *avv.* (*Am,sl*) (*no*) no.

nor[1] /nɔːr, nər *Am* nɔːr, nər/ *congz.* **1** (*after neither, not*) né: *he neither smokes* ~ *drinks* non fuma né beve. **2** (*and not*) e non: *I shall not see her again,* ~ *do I care* non la vedrò più e non me ne importa niente. **3** (*neither*) neppure, neanche, nemmeno: *I don't like cats* - ~ *do I* non mi piacciono i gatti - neppure a me.

nor[2] /nɔːr/ *n.* accorc. di north.

Nor. Norman (normanno).

NORAD /ˈnɔːræd/ North American Air Defense Command (comando della difesa aerea nordamericana).

Nordic /ˈnɔːdɪk *Am* ˈnɔːrdɪk/ **I** *a.* nordico, di razza nordica. **II** *n.* nordico *m.* (*f.* -a). ☐ (*Met*) ~ *gold* oro nordico, lega nordica; (*Sport*) ~ *skiing* sci nordico.

noreaster, nor'easter /nɔːˈriːstər/ *n.* (*Meteor*) vento *m.* di nord-est, greco *m.*, grecale *m.*

Noreen /ˈnɔːriːn/ *n.pr.* Norina.

Norfolk /ˈnɔːfək *Am* ˈnɔːrfək/ *n.pr.* Norfolk. ☐ (*Abbigl*) ~ *coat* (o ~ *jacket*) giacca sciolta a un petto (con cintura e cannoni).

nori /ˈnɔːri/ *n.* alga *f.* marina (usata per il sushi).

norland /ˈnɔːlənd *Am* ˈnɔːrlənd/ *n.* (*dial,ant*) paese *m.* del nord, regione *f.* nordica.

norm /nɔːm *Am* nɔːrm/ *n.* **1** norma *f.*, regola *f.*: *to become the* ~ diventare la norma, diventare normale; *to deviate from the* ~ scostarsi dalla norma. **2** (*standard, pattern*) modello *m.*, standard *m.*, tipo *m.* **3** (*Econ*) minimo *m.* di produzione, norma *f.*

normal /ˈnɔːml *Am* ˈnɔːrml/ **I** *a.* **1** normale: *a* ~ *reaction* una reazione normale; *perfectly* ~ perfettamente normale, perfettamente nella norma. **2** (*regular*) regolare. **3** (*average*) medio: ~ *seasonal temperatures* le temperature medie stagionali. **4** (*Psic*) normale: (*sane*) sano di mente. **5** (*Geom*) normale, perpendicolare. **6** (*Chim*) normale. **II** *n.* **1** norma *f.*: *to return to* ~ tornare alla normalità, tornare nella norma. **2** (*Geom*) normale *f.*, perpendicolare *f.* ☐ ~ *business* affari di ordinaria amministrazione; (*Br*) ~ *school* scuola normale.

normalcy /ˈnɔːrmlsi/ *n.* (*Am*) normalità *f.*

normality /nɔːˈmælɪti/ *n.* (*Br*) normalità *f.*

normalization /ˌnɔːməlaɪˈzeɪʃən *Am* ˌnɔːrmlɪˈzeɪʃən/ *n.* normalizzazione *f.*

normalize /'nɔ:mºlaɪz Am 'nɔ:rmºlaɪz/ v.t. normalizzare, riportare alla normalità, ricondurre alla normalità.

normally /'nɔ:mºli Am 'nɔ:rmºli/ avv. 1 normalmente, di regola, di norma. 2 (under normal circumstances) in circostanze normali: I would not ~ agree in circostanze normali non sarei d'accordo. 3 (in a normal way) normalmente: to behave ~ comportarsi normalmente.

Norman /'nɔ:mən Am 'nɔ:rmən/ I n. 1 normanno m. (f. -a) (anche Stor). 2 (language) franco-normanno m., normanno m. II a. 1 (Stor,Arch) normanno. 2 (of Normandy) normanno, della Normandia. □ ~ architecture architettura normanna; (Stor.brit) ~ Conquest conquista normanna.

Normandy /'nɔ:məndi Am 'nɔ:rməndi/ n.pr. (Geog) Normandia f.

Norman-French /,nɔ:mən'frenʃ Am ,nɔ:rmən'frenʃ/ n. (language) franco-normanno m., normanno m.

normative /'nɔ:mətɪv Am 'nɔ:rmətɪv/ I a. 1 (of norms) delle norme. 2 (establishing a norm) normativo: ~ grammar grammatica normativa. II n. normativa f.

normatively /'nɔ:mətɪvli Am 'nɔ:rmətɪvli/ avv. da un punto di vista normativo.

Norn /nɔ:n Am nɔ:rn/ n.pr.f. (Mitol.nord) Norna.

Norse /nɔ:s Am nɔ:rs/ I a. 1 (Stor) norreno. 2 (Norwegian) norvegese. II n.inv. 1 (costr. pl.) (Norwegians) norvegesi m.pl. 2 (costr. pl.) (Stor) (ancient Scandinavians) antichi scandinavi m.pl., norvegesi m.pl. 3 (Ling) (language of medieval Scandinavia) norreno m.: Old ~ norreno antico. □ ~ mythology mitologia nordica.

Norseman /'nɔ:smən Am 'nɔ:rsmən/ n.irr. 1 (Stor) nordico m., antico scandinavo m.; (Viking) vichingo m. 2 (Scandinavian) scandinavo m. (f. -a).

north /nɔ:θ Am nɔ:rθ/ I n. 1 nord m., settentrione m. 2 (north wind) vento m. del nord, tramontana f. II a. 1 (del) nord, settentrionale. 2 (coming from the north) del nord, settentrionale. III avv. a nord, a settentrione. □ (Mar) ~ by east nord per est, una quarta a est rispetto a nord; (Mar) ~ by west nord per ovest, una quarta a ovest rispetto a nord; (to the) ~ of a nord di; in the ~ of the country nel nord del paese; ~ pole (of a magnet) polo nord; (colloq) to live up ~ vivere a nord.

North /nɔ:θ Am nɔ:rθ/ I n. 1 (rich industrial countries) nord m. (industrializzato) del mondo, nord m. ricco. 2 (Stor.am) (northeastern states) stati m.pl. del nord. II a. del Nord, settentrionale. □ (Geog) ~ Africa Nord Africa; ~ African nordafricano; (Geog) ~ America Nord America, America del nord, America settentrionale; ~ American nordamericano; (Geog) ~ Atlantic: 1 (used as a noun) Atlantico settentrionale; 2 (used as an adjective) nordatlantico, dell'Atlantico settentrionale; ~ Atlantic Treaty Organization Organizzazione del trattato nord atlantico (NATO); (Geog) ~ Carolina North Carolina, Carolina del Nord; (Geog) ~ Channel Canale del Nord; (Geog) ~ Country: 1 (in England) Inghilterra del nord, Inghilterra settentrionale; 2 (in North America) Alaska e territorio canadese dello Yukon; (Br) ~ Countryman inglese del nord; (Geog) ~ Dakota North Dakota, Dakota del Nord; (Geog) ~ Island Isola del Nord; (Geog) ~ Korea Corea del Nord; ~ Korean: 1 (used as a noun) nordcoreano; 2 (used as an adjective) nordcoreano, della Corea del nord; (Geog) ~ Pole polo nord; (Geog) ~ Sea mare del Nord; (Astr) ~ Star Stella Polare; (Geog) ~ Vietnam Vietnam del nord.

Northamptonshire /,nɔ:'θæm(p)tənʃər Am ,nɔ:r'θæm(p)tənˌʃɪr/ n.pr. (Geog) Northamptonshire m., contea f. di Northampton.

northbound /'nɔ:θˌbaʊnd Am 'nɔ:rθˌbaʊnd/ a. diretto a nord, verso nord.

northeast /,nɔ:θ'i:st Am ,nɔ:rθ'i:st/ I n. 1 nord-est m. 2 (region) nord-est m., regione f. nordorientale. II a. di nord-est, nordorientale. III avv. verso nord-est, a nord-est.

Northeast /,nɔ:θ'i:st Am ,nɔ:rθ'i:st/ n.pr. (Geog) Northeast m. (parte nordorientale degli USA, che include gli stati del Mid-Atlantic e della Nuova Inghilterra). □ (Geog) ~ England contee inglesi del nord-est (Northumberland e Durham); (Geog) ~ Passage Passaggio a nord-est.

northeaster /,nɔ:θ'i:stər Am ,nɔ:rθ'i:stər/ n. (Meteor) vento m. di nord-est, greco m., grecale m.

northeasterly /,nɔ:θ'i:stºli Am ,nɔ:rθ'i:stºli/ a. 1 diretto a nord-est. 2 (from the north-east) (proveniente) da nord-est, nordorientale. □ ~ gale mareggiata da nord-est.

north-eastern /,nɔ:θ'i:stən Am ,nɔ:rθ'i:stºrn/ a. nordorientale, di nord-est.

northeastward /,nɔ:θ'i:stwəd Am ,nɔ:rθ'i:stwºrd/ I a. diretto a nord-est. II avv. verso nord-est, in direzione nord-est. III n. nord-est m.

northeastwards /,nɔ:θ'i:stwədz Am ,nɔ:rθ'i:stwºrdz/ avv. verso nord-est, in direzione nord-est.

norther /'nɔ:rðər/ n. (Am,Meteor) forte vento m. di tramontana.

northerliness /'nɔ:ðºlinəs Am 'nɔ:rðºrlinəs/ n. l'essere del nord.

northerly /'nɔ:ðºli Am 'nɔ:rðºrli/ I a. 1 diretto a nord. 2 (from the north) (proveniente) da nord. II avv. 1 verso nord. 2 (from the north) da nord.

northern /'nɔ:ðən Am 'nɔ:rðºrn/ a. (del) nord, settentrionale, nordico. □ ~ lights aurora boreale.

Northern /'nɔ:ðºn Am 'nɔ:rðºrn/ a. 1 del nord, settentrionale. 2 (in Great Britain) dell'Inghilterra settentrionale. 3 (in the U.S.) degli Stati del nord. □ (Geog) ~ Hemisphere emisfero boreale; (Geog) ~ Ireland Irlanda del nord; ~ Lights aurora boreale; (Geog) ~ Marianas Marianne settentrionali; (Geog) ~ Territory.

northerner /'nɔ:ðºnər Am 'nɔ:rðºrnər/ n. abitante m./f. del nord, settentrionale m./f.

Northerner /'nɔ:ðºnər Am 'nɔ:rðºrnər/ n. 1 (in England) inglese m./f. del nord. 2 (in the U.S.) abitante m./f. degli Stati del nord. 3 (Stor.am) nordista m./f.

northernmost /'nɔ:ðºnˌməʊst Am 'nɔ:rðºrnˌməʊst/ a. il più a nord, che è all'estremo nord.

northing /'nɔ:θɪŋ Am 'nɔ:rθɪŋ/ n. (Mar) (distance) distanza f. percorsa verso nord (misurata in gradi di latitudine).

northland /'nɔ:θlənd Am 'nɔ:rθlænd/ n. (poet) nord m., terra f. settentrionale.

Northman /'nɔ:θmən Am 'nɔ:rθmən/ n.irr. 1 (Stor) nordico m., antico scandinavo m.; (Viking) vichingo m. 2 (Scandinavian) scandinavo m. (f. -a).

north-north-east /,nɔ:θnɔ:θ'i:st Am ,nɔ:rθnɔ:rθ'i:st/ I n. nord-nordest m. II a. 1 diretto a nord-nordest. 2 (from north-north-east) (proveniente) da nord-nordest. III avv. 1 verso nord-nordest. 2 (from the north-north-east) da nord-nordest.

north-north-west /,nɔ:θnɔ:θ'west Am ,nɔ:rθnɔ:rθ'west/ I n. nord-nordovest m. II a. 1 diretto a nord-nordovest. 2 (from north-north-west) (proveniente) da nord-nordovest. III avv. 1 verso nord-nordovest. 2 (from north-north-west) da nord-nordovest.

North-South /,nɔ:θ'saʊθ Am ,nɔ:rθ'saʊθ/ □ ~ dialogue dialogo nord-sud; ~ divide differenza tra nord e sud; ~ gap divario nord sud.

Northumberland /nɔ:'θʌmbºlənd Am nɔ:r'θʌmbºrlənd/ n.pr. (Geog) Northumberland m., contea f. di Northumberland.

Northumbria /nɔ:'θʌmbriə Am nɔ:r'θʌmbriə/ n.pr. (Geog.stor) Northumbria m.

Northumbrian /nɔ:'θʌmbriən Am nɔ:r'θʌmbriən/ I a. 1 (Geog) del Northumberland. 2 (Stor) della Northumbria. II n. 1 abitante m./f. del Northumberland. 2 (Stor) abitante m./f. della Northumbria. 3 (dialect of Northumberland) dialetto m. del Northumberland. 4 (Stor) (dialect of Northumbria) northumbriano m.

northward /'nɔ:θwəd Am 'nɔ:rθwºrd/ I a. diretto a nord. II n. nord m., direzione f. nord. III avv. verso nord, in direzione nord.

northwardly /'nɔ:θwədli Am 'nɔ:rθwºrdli/ I a. diretto a nord. II avv. verso nord, in direzione nord.

northwards /'nɔ:θwədz Am 'nɔ:rθwºrdz/ avv. verso nord, in direzione nord.

northwest /,nɔ:θ'west Am ,nɔ:rθ'west/ I n. nord-ovest m. II a. di nord-ovest, nordoccidentale. □ (Mar) ~ by north nord-ovest per nord, una quarta a nord rispetto a nord-ovest.

Northwest /,nɔ:θ'west Am ,nɔ:rθ'west/ n.pr. □ (Geog) ~ Passage Passaggio a nord-ovest; (Geog) ~ Territory Territorio del nord-ovest.

northwester /,nɔ:θ'westər Am ,nɔ:rθ'westər/ n. (Meteor) forte vento m. di nord-ovest.

northwesterly /,nɔ:θ'westºli Am ,nɔ:rθ'westºli/ I a. 1 diretto a nord ovest. 2 (from the northwest) proveniente da nord-ovest, da nord-ovest. II avv. 1 verso nord-ovest. 2 (from the northwest) da nord-ovest.

northwestern /,nɔ:θ'westən Am ,nɔ:rθ'westºrn/ a. nordoccidentale, di nord-ovest.

northwestward /,nɔ:θ'westwəd Am ,nɔ:rθ'westwºrd/ I a. diretto a nord-ovest. II n. nord-ovest m. III avv. verso nord-ovest, in direzione nord-ovest.

northwestwardly /,nɔ:θ'westwədli Am ,nɔ:rθ'westwºrdli/ I a. 1 diretto a nord-ovest. 2 (from the northwest) proveniente da nord-ovest, da nord-ovest. II avv. 1 verso nord-ovest. 2 (from the northwest) da nord-ovest.

northwestwards /,nɔ:θ'westwədz Am ,nɔ:rθ'westwºrdz/ avv. verso nord-ovest, in direzione nord-ovest.

Norway /'nɔ:weɪ Am 'nɔ:rweɪ/ n.pr. (Geog) Norvegia f. □ (Zool) ~ lobster scampo, nefrope; ~ pine: 1 (Bot) pino silvestre; 2 (wood) legno di pino; (Zool) ~ rat topo delle fogne; (Bot) ~ spruce abete rosso.

Norwegian /nɔ:'wi:dʒºn Am nɔ:r'wi:dʒºn/ I a. norvegese. II n. 1 norvegese m./f. 2 (language) norvegese m.

nos., **Nos.** numbers nn. (numeri).

nose /nəʊz/ n. 1 (Anat) naso m. 2 (Zool) muso m. 3 (fig) odorato m., naso m., fiuto m. 4 (colloq) (flair for discovering) naso m., fiuto m.: to have a good ~ for business avere buon naso per gli affari. 5 (front end) naso m., parte f. anteriore, estremità f. anteriore; (projecting part) parte f. sporgente. 6 (Aut,Aer) muso m. 7 (Mar) prua f., (ant) prora f. 8 (Mecc) (nozzle) becco m., beccuccio m., naso m. 9 (Tecn) (of a tool, machine part) punta f. 10 (Mil) (of a firearm) ogiva f.; (of a torpedo) punta f. □

to win by a ~: 1 (*Equit*) vincere di un naso; 2 (*sl*) vincere di stretta misura; (*colloq*) *to lead so.* (*around*) *by the* ~ menare per il naso (qcu.), raggirare qcu.; (*fig*) *to cut off one's* ~ *to spite one's face* darsi la zappa sui piedi; ~ *dropper* contagocce per il naso; (*Farm*) ~ *drops* gocce nasali; (*Sport*) ~ *guard* (*a nose tackle in American football*) nose guard; (*colloq*) *with one's* ~ *in the air* pieno di sé, presuntuoso, arrogante; (*colloq*) ~ *job* plastica al naso; (*colloq*) *to keep one's* ~ *clean* stare fuori dai guai, rigare dritto; (*colloq*) *to keep one's* ~ *out of* non ficcare il naso in; (*sl*) *on the* ~ in punto, esattamente; (*colloq*) *to put so.'s* ~ *out of joint* indispettire qcu., far saltare la mosca al naso a qcu.; ~ *ring*: 1 (*Zootecn*) nasiera; 2 (*Etnol*) anello al naso; (*colloq*) *to pay through the* ~ pagare un occhio della testa, pagare profumatamente; *to speak through one's* ~ parlare nel naso, parlare con voce nasale; (*colloq*) *to keep one's* ~ *to the grindstone* lavorare sodo, sgobbare; (*colloq*) (*right*) *under his* ~ (o *under his very* ~) (proprio) sotto il suo naso.

nose[2] /nouz/ **I** *v.t.* **1** fiutare, annusare, odorare, sentire con il fiuto. **2** (*colloq*) (*to perceive*) fiutare, intuire, annusare: *to ~ danger* fiutare il pericolo; (*to discover*) scoprire, scovare. **3** (*to push or move with the nose or muzzle*) spingere col muso, muovere col naso. **4** (*to touch with the nose or muzzle*) strofinare il naso (o il muso) contro. **II** *v.i.* **1** annusare, fiutare. **2** (*fig*) ficcare il naso, curiosare (*in, into* in). **3** (*to seek by smelling*) cercare annusando, cercare fiutando (*for, after* sth. qcs.). **4** (*to move ahead slowly*) procedere lentamente. ☐ *to ~ about* (o *to ~ around*) ficcare il naso, curiosare (*in, into* in); (*Aer*) *to ~ down* dirigere la prua verso terra; *to ~ out*: 1 fiutare, annusare, odorare, sentire con il fiuto: *the dog -d out a rabbit* il cane fiutò un coniglio; 2 (*colloq*) (*to perceive*) fiutare, intuire, annusare; (*Aer*) *to ~ over* capottare.

nosebag /'nouz,bæg/ *n.* musetta *f.*, sacchetta *f.*

noseband /'nouz,bænd/ *n.* museruola *f.*

nosebleed /'nouzbli:d/ *n.* (*Med*) emorragia *f.* nasale, epistassi *f.*

nosecandy /'nouzkændi/ *n.* (*Am,sl*) cocaina. *f.*

noseclip /'nouzklip/ *n.* (*in swimming*) stringinaso *m.*

nosed /nouzd/ *a.* (*only in compounds*) dal naso...: *snub-*~ dal naso camuso.

nosedive /'nouzdaiv/ **I** *n.* (*Aer*) picchiata *f.* (in candela). **II** *v.i.* (*Aer*) scendere in picchiata.

nosegay /'nouzgei/ *n.* mazzolino *m.* di fiori, bouquet *m.* ☐ (*fig*) *a ~ of poems* una bella raccolta di poesie.

nose-heavy /'nouzhevi/ *a.* (*Aer*) appruato.

noseless /'nouzləs/ *a.* senza naso, privo di naso (*anche fig*).

nosepiece /'nouzpi:s/ *n.* **1** (*Mil,ant*) nasale *m.* **2** (*of a microscope*) portaobiettivo *m.* **3** museruola *f.*

nosey /'nouzi/ **I** *a.* (*colloq*) curioso, indiscreto, ficcanaso, invadente. **II** *n.* (*inquisitive person*) ficcanaso *m./f.*, curiosone *m.* (*f.* -a). ☐ (*colloq*) ~ *parker* ficcanaso, curiosone.

nosh /noʃ/ **I** *n.* (*Br,sl*) spuntino *m.* **II** *v.t.* mangiucchiare, spiluccare, sbocconcellare. **III** *v.i.* mangiucchiare, spiluccare, sbocconcellare (*on sth.* qcs.).

no-show /,nou'ʃou Am 'nou,ʃou/ *n.* (*colloq*) passeggero *m.* (*f.* -a) o aereo che non si presenta alla partenza.

nosiness /'nouzinəs/ *n.* invadenza *f.*, il fic-

---

care il naso.

nosing /'nouziŋ/ *n.* **1** (*of a stair tread*) sporgenza *f.* **2** (*Arch*) aggetto *m.*, sporto *m.* **3** (*Ferr*) serpeggiamento *m.* **4** (*Idr*) taglia-acqua *m.*

nosocomial /,nɒsə'koumiəl Am ,nousə'koumiəl/ *a.* (*Med*) (*of a disease*) nosocomiale.

nosological /,nɒsə'lɒdʒikəl Am ,nousə'lɑːdʒikəl/ *a.* (*Med*) nosologico.

nosologist /nɒ'sɒlədʒist Am nou'sɑːlədʒist/ *n.* (*Med*) patologo *m.* (*f.* -a).

nosology /nɒ'sɒlədʒi Am nou'sɑːlədʒi/ *n.* (*Med*) nosologia *f.*, patologia *f.*

nostalgia /nɒs'tældʒiə Am nɑː'stældʒiə/ *n.* **1** rimpianto *m.*, nostalgia *f.* **2** (*homesickness*) nostalgia *f.* della patria, nostalgia *f.* di casa.

nostalgic /nɒs'tældʒik Am nɑː'stældʒik/ *a.* nostalgico. ☐ *to feel ~ for* sth. sentire la nostalgia di qcs., avere nostalgia di qcs.

nostalgically /nɒs'tældʒikəli Am nɑː'stældʒikəli/ *avv.* con nostalgia.

nostalgist /nɒs'tældʒist Am nɑː'stældʒist/ *n.*

nostril /'nɒstrəl Am 'nɑːstrəl/ *n.* (*Anat*) narice *f.*

nostrum /'nɒstrəm Am 'nɑːstrəm/ *n.* **1** (*spreg*) rimedio *m.* da ciarlatani. **2** (*fig*) (*cureall*) panacea *f.*, toccasana *m.*

nosy /'nouzi/ **I** *a.* (*colloq*) curioso, indiscreto, ficcanaso, invadente. **II** *n.* (*inquisitive person*) ficcanaso *m./f.*, curiosone *m.* (*f.* -a).

not /nɒt Am nɑːt/ *avv.* **1** (*con l'ausiliare si contrae general. in* n't) non: *I do ~ know* non (lo) so; *he wouldn't answer* non volle rispondere; (*ant,rar*) *I know ~* non so. **2** (*after the verbs hope, suppose, etc.*) di no: *I hope ~* spero di no; *he thinks ~* pensa di no. **3** (*elliptical expressions*) no: *sometimes he talks, sometimes ~* qualche volta parla, qualche volta no; *perhaps ~* forse no. **4** (*in understatements*) non: *~ a few* non pochi; *the ~-too-distant future* un futuro non troppo lontano. **5** (*not even*) neanche, neppure. **II** *intz.* (*iron*) no!, ma va?, non mi dire!: *I know you love Neil - Not!* so che sei innamorata di Neil - Ma va? ☐ (*ant*) ~ *but what* non che... non, per quanto, tuttavia: *I failed, ~ but what you might succeed* non che tu non possa farcela, ma io non ci sono riuscito; (*esclam., colloq*) ~ *much* no davvero!, figuriamoci!; ~ *that* non (già) che: ~ *that it matters* non che abbia importanza.

notability /,noutə'biləti Am ,noutə'biləti/ *n.* **1** (*state of being notable*) notabilità *f.*, ragguardevolezza *f.* **2** (*notable person*) notabile *m.*

notable /'noutəbl Am 'noutəbl/ **I** *a.* **1** (*remarkable*) rilevante, notevole, considerevole; (*worthy of note*) degno di nota. **2** (*of people*) notevole, insigne, illustre, eminente. **3** (*Chim*) (*of quantity*) percettibile. **II** *n.* persona *f.* eminente, persona *f.* insigne.

Notable /'noutəbl Am 'noutəbl/ **I** *n.* **1** (*Stor*) notabile *m.* **2** *pl.* (*Assembly of Notables*) notabili *m.pl.*, assemblea *f.sing.* dei notabili.

notably /'noutəbli Am 'noutəbli/ *avv.* **1** notevolmente, considerevolmente. **2** (*particularly*) particolarmente, specialmente. **3** (*noticeably*) in modo evidente.

notam /'noutəm/ *n.* (*Aer*) notam *m.*

notarial /nou'teəriəl Am nou'teriəl/ *a.* notarile.

notarize /'noutəraiz Am 'noutəraiz/ *v.t.* (*Am*) fare autenticare (*o* fare vidimare) da un notaio.

notary /'noutəri Am 'noutəri/ *n.* notaio *m.*: *in the presence of a ~* in presenza di un notaio. ☐ ~ *public* notaio.

notate /nou'teit Am 'nouteit/ *v.t.* (*to write or*

---

transcribe information) notare, annotare.

notation /nou'teiʃən Am nou'teiʃən/ *n.* **1** (*note*) notazione *f.*, annotazione *f.*, nota *f.* **2** (*setting down: by special signs*) notazione *f.*; (*by numerals*) numerazione *f.* **3** (*Mus,Filos*) notazione *f.*

notational /nou'teiʃənl Am nou'teiʃənl/ *a.* notazionale: ~ *conventions* convenzione notazionali; (*Mus*) ~ *system* sistema notazionale.

notch /nɒtʃ Am nɑːtʃ/ **I** *n.* **1** tacca *f.*, incavo *m.*, intaglio *m.*: *to make a ~ in a tree trunk* fare una tacca in un tronco. **2** (*to serve as a record*) tacca *f.* **3** (*fig*) passo *m.*, gradino *m.* **4** (*Mecc*) (*tooth*) dentello *m.*; (*V-shaped indentation*) dentellatura *f.* a V. **5** (*Am,Geog*) (*defile*) gola *f.*, stretto *m.* **II** *v.t.* **1** intaccare, intagliare, dentellare. **2** (*by way of record*) fare una tacca in. **3** (*to record by a notch*) segnare con una tacca. **4** (*fig*) ottenere, segnare (un punteggio). **5** (*of an arrow: to nock*) accoccare. ☐ (*fig*) *to make a ~ in the bedpost* (o *to keep score of sexual conquests*) fare una x sul calendario (per registrare le proprie conquiste sessuali); *to ~ up*: 1 (*to record by a notch*) segnare con una tacca; 2 (*fig*) ottenere, riportare: *to ~ up another victory* ottenere un'altra vittoria; *we -ed up five points* abbiamo ottenuto cinque punti.

notched /nɒtʃt Am nɑːtʃt/ *a.* dentellato, segnato con tacche, intaccato, intagliato.

notching /'nɒtʃiŋ Am 'nɑːtʃiŋ/ *n.* **1** (*act of notching*) intagliatura *f.*, dentellatura *f.*; (*notch*) tacca *f.*, incavo *m.*, intaglio *m.* **2** (*Fal*) (*method of joining*) incastro *m.* a intaglio; (*joint*) giunto *m.* a intaglio.

note /nout/ **I** *n.* **1** nota *f.*, appunto *m.*, annotazione *f.*: *to make a ~ of* sth. prendere nota di qcs.; *to take -s* prendere appunti. **2** (*explanatory, critical comment*) nota *f.*, glossa *f.*, commento *m.* **3** (*short letter*) biglietto *m.*, breve lettera *f.*: *a ~ of thanks* un biglietto di ringraziamento. **4** (*Dipl*) nota *f.* (diplomatica). **5** (*tone*) nota *f.*, tono *m.*, accento *m.*: *there was a ~ of anger in his voice* c'era una nota di rabbia nella sua voce. **6** (*of a bird*) canto *m.* **7** (*Mus*) (*sign*) nota *f.*; (*of a piano, etc.: key*) chiave *f.* **8** (*fig*) (*distinctive feature*) caratteristica *f.*, peculiarità *f.*; (*dominant theme*) tema *m.* dominante, motivo *m.* dominante. **9** (*fig*) (*distinction*) eminenza *f.*; (*importance*) importanza *f.*, rilievo *m.* **10** (*Econ*) (*banknote*) banconota *f.*, biglietto *m.* **11** (*Econ*) (*promissory note*) pagherò *m.* (cambiario). **12** (*Comm*) avviso *m.* **II** *v.t.* **1** (*to notice*) notare, accorgersi di, osservare: *the doctor -d the symptoms at once* il medico notò subito i sintomi. **2** (*to pay attention to*) fare attenzione a, badare a. **3** (*to call attention to*) far rilevare, fare notare, richiamare l'attenzione su, sottolineare. **4** (*to record in writing*) prendere nota di, annotare. **5** (*to annotate*) annotare postillare, corredare di note. ☐ *to ~ down* prendere nota di, annotare: *to ~ down the time and place* prendere nota dell'ora e del luogo; *of* ~: 1 illustre, eminente, di chiara fama, insigne: *a man of* ~ un uomo illustre; 2 (*important*) importante, di rilievo; (*Econ*) ~ *of hand* lettera di cambio; (*Gramm*) ~ *of interrogation* punto interrogativo; (*Comm*) ~ *payable* effetto passivo; (*Am, Comm*) ~ *receivable* cambiale all'incasso; *to take* ~ *of* fare attenzione a, prendere nota di; (*Pol*) ~ *verbale* nota verbale.

notebook /'noutbuk/ *n.* **1** quaderno *m.* (degli appunti), taccuino *m.* (per note), notes *m.* **2** (*Inform*) notebook *m.*

noted /'noutid Am 'noutid/ *a.* celebre, famoso, rinomato.

notedly /'nəʊtɪdli *Am* 'nəʊţɪdli/ *avv.* specialmente, particolarmente.

noteless /'nəʊtləs/ *a.* non degno di nota, senza (particolare) interesse.

notepad /'nəʊtpæd/ *n.* **1** blocchetto *m.* per appunti, bloc-notes *m.*, taccuino *m.* **2** (*Inform*) computer *m.* palmare, palmare *m.*

notepaper /'nəʊt,peɪpər/ *n.* carta *f.* da lettere.

noteworthiness /'nəʊt,wɜːðɪnəs *Am* 'nəʊt,wɜːrðɪnəs/ *n.* l'essere notevole, l'essere considerevole.

noteworthy /'nəʊt,wɜːði *Am* 'nəʊt,wɜːrði/ *a.* degno di nota, notevole, considerevole.

nothing /'nʌθɪŋ/ **I** *pron.* **1** niente, nulla: *I have ~ to say* non ho niente da dire; *there is ~ to be done* non c'è nulla da fare. **2** (*followed by an adjective*) niente di, nulla di: *~ new* niente di nuovo; *~ special* niente di speciale; *there is ~ of the diplomat in him* non ha niente del diplomatico. **3** (*so. or sth. of no importance*) niente: *she is ~ to me* (lei) non è niente per me. **II** *n.* **1** niente *m.*, nulla *m.*: *it all came to ~* la cosa finì in niente. **2** (*zero*) zero *m.* (*anche Mat.*). **3** (*Am,Sport*) zero: *the score was five ~* il punteggio fu di cinque a zero. **4** (*trifle*) nonnulla *m.*, nulla *m.*, niente *m.*, inezia *f.*: *he gets angry over ~* se la prende per un nonnulla. **5** (*person of no importance*) nessuno *m.*, nullità *f.*, niente *m.* **6** (*colloq*) (*not anything of interest or importance*) niente *m.* (di importante, di interessante). **III** *avv.* (*lett, colloq,scherz*) per niente, per nulla, (niente) affatto: (*Br*) *~ daunted, he plunged into the fray* per nulla intimorito si gettò nella mischia. □ *~ at all* un bel niente, assolutamente nulla; *~ but* nient'altro che, non... altro che, solo: *I drink ~ but milk* non bevo altro che latte; *~ but the facts, ma'am* nient'altro che i fatti, signora; *~ but the truth* nient'altro che la verità; *the baby does ~ but cry* il bambino non fa altro che piangere; (*colloq,scherz*) *~ doing!* niente da fare!, nemmeno per sogno!; *~ else* nient'altro; *for ~:* **1** (*for no reason*) senza ragione, senza motivo: *he loses his temper for ~* si arrabbia senza ragione; **2** (*to no purpose*) senza scopo, per niente; **3** (*free*) per niente, gratuitamente, gratis: *we got it for ~* l'abbiamo avuto gratuitamente; *there is ~ for it but to go back* non c'è altro da fare che tornare indietro; *to have ~ to do with:* **1** non avere niente a che fare con, non avere niente a che vedere con; **2** (*to be no concern of*) non riguardare, non interessare; *if not* molto, estremamente: *he was ~ if not discreet* fu molto discreto; *~ in life* niente di niente, un bel niente; *there is ~ in the rumour* non c'è niente di vero in quello che si dice; *~ in the world* nulla al mondo, niente al mondo, assolutamente niente; *~ less than* niente di meno che, nientemeno che, nient'altro che: *it's ~ less than a scandal* è un vero scandalo; *è davvero scandaloso, it's ~ less than monstrous* è semplicemente mostruoso; *~ like:* **1** non... affatto, per niente: *it is ~ like as difficult as you think* non è affatto difficile come credi; **2** (*nothing to equal*) niente di meglio di, nulla che valga, nulla di simile a; *she is ~ like so pretty as you* è ben lontana dall'essere carina come te; *to make ~ of it:* **1** non capire niente di; **2** (*to treat lightly*) non dare peso a, prendere alla leggera; **3** (*to make no use of*) non trarre profitto da; **4** (*to overcome easily*) superare facilmente, superare come niente; *~ much:* **1** non molto, poco o nulla; **2** (*nothing serious*) niente di grave, niente di importante; *that's ~ new* non è una novità; *there is nothing ~ under the sun* nulla di nuovo sotto il sole, niente di nuovo sotto il sole; *there is*

~ of the coward in him non c'è traccia di vigliaccheria in lui; *~ of the sort:* **1** niente del genere, niente di simile, **2** (*esclam.*) nemmeno per sogno!, assolutamente no!; *to have ~ on:* **1** (*to be naked*) non avere niente addosso, essere nudo; **2** (*to be free*) non avere impegni, non avere appuntamenti; (*colloq*) *to have ~ on so.:* **1** non essere per niente superiore a, non essere per niente migliore di; **2** (*to have no evidence against*) non avere prove contro; (*colloq*) *like ~ on earth* unico al mondo; *~ remains for me but to accept* non mi rimane (altro) che accettare; *is ~ sacred?* non c'è più religione!; *~ short of* addirittura, senz'altro, nient'altro che: *his reply was ~ short of an insult* la sua risposta fu addirittura un insulto; *as if ~ was the matter* come se niente fosse; (*iron*) *there's ~ like being modest!* viva la modestia!; *there's ~ to it* non è difficile; *it's ~ to me* mi è indifferente; (*colloq*) *that's ~ to make a song and dance about:* **1** (*it's not worth troubling about*) non ne vale la pena, **2** (*it's of no importance*) non è niente di importante, è una cosa da nulla; *to have ~ to one's name* non avere un soldo, non avere il becco di un quattrino; *to have ~ to show for it* non avere niente in mano per dimostrare ciò che si è fatto; *to have ~ to spare* avere lo stretto necessario. *Prov.:* *~ ventured, ~ gained* chi non risica non rosica; *~ succeeds like success* un successo ne chiama un altro.

nothingness /'nʌθɪŋnəs/ *n.* **1** nulla *m.*, niente *m.*, inesistenza *f.* **2** (*utter insignificance*) nullità *f.* **3** (*sth. insignificant*) inezia *f.*, bazzecola *f.*

notice /'nəʊtɪs *Am* 'nəʊţɪs/ **I** *n.* **1** avviso *m.*, annuncio *m.*, comunicazione *f.* **2** (*advance warning*) preavviso *m.*, preannuncio *m.*, avvertimento *m.*: *three months' ~* un preavviso di tre mesi; *to give so. a week's ~* dare gli otto giorni a qcu. **3** (*written announcement*) avviso *m.*, inserzione *f.* **2** (*placard, etc.*) manifesto *m.*, avviso *m.*, cartellone *m.*: *to pin up a ~* affiggere un manifesto. **5** (*for marriage*) pubblicazione *f.* **6** (*warning of termination of a contract*) disdetta *f.* (con preavviso). **7** (*dismissal*) licenziamento *m.*: *immediate ~* licenziamento in tronco. **8** (*attention*) attenzione *f.*, considerazione *f.*: *to bring sth. to so.'s ~* segnalare qcs. all'attenzione di qcu. **9** (*critical attention*) esame *m.*, valutazione *f.* **10** (*review*) critica *f.*, giudizio *m.*; (*book review*) recensione *f.* **II** *v.t.* **1** notare, osservare, accorgersi. **2** (*to see*) vedere: *I didn't ~ you* non ti avevo visto. **3** (*assol*) vedere, accorgersi. **4** (*to pay attention to*) prestare attenzione a, fare attenzione a. **5** (*to treat with attention*) interessarsi di, occuparsi di, avere attenzioni per (*o* verso): *she was too proud to ~ him* era troppo superba per interessarsi di lui. **6** (*to point out*) far notare, far rilevare. **7** (*to review*) recensire. □ (*Comm*) *at ~* con preavviso; *~ board* tabellone, albo, bacheca; *to get oneself ~d* attirare l'attenzione su di sé, farsi notare; *to give ~:* **1** (*to advise of termination of contract or dismissal*) dare il preavviso a: *the company has given me ~* la società mi ha dato il preavviso; **2** (*to inform*) informare (*of* di): *to give ~ of one's intention to appeal* informare dell'intenzione di appellarsi; **3** (*to advise of resignation*) dare le dimissioni; **4** (*to dismiss*) licenziare; (*Dir*) *~ of action* citazione, (*Dir*) *~ of appeal* dichiarazione di appello, *to give ~ of appeal* ricorrere in appello; (*Dir*) *~ of intended prosecution* comunicazione giudiziaria; (*Dir*) *~ of lien* avviso di pegno; (*Post*) *~ of non delivery* avviso di giacenza; *to take ~ of* badare a,

dare importanza a, far caso a, notare, prestare attenzione a: *no one took any ~ of him* nessuno gli badò; *to take no ~* non far caso (*of* a), ignorare; *take ~!* avviso al pubblico; (*Dir*) *~ to quit* disdetta (del contratto di locazione); *to be under ~:* **1** aver ricevuto il preavviso; **2** (*under review*) essere in recensione.

noticeable /'nəʊtɪsəbl *Am* 'nəʊţɪsəbl/ *a.* **1** evidente, visibile. **2** (*worthy of notice*) notevole (*for* per).

noticeably /'nəʊtɪsəbli *Am* 'nəʊţɪsəbli/ *avv.* in modo evidente, visibilmente.

notifiable /'nəʊtɪfaɪəbl, ,nəʊtɪ'faɪəbl *Am* ,nəʊţəfaɪəbl/ *a.* **1** che deve essere notificato. **2** (*Dir,Med*) da denunciare (alle autorità sanitarie).

notification /,nəʊtɪfɪ'keɪʃən *Am* ,nəʊţəfɪ'keɪʃən/ *n.* **1** notificazione *f.* **2** (*written matter*) notificazione *f.*, notifica *f.* **3** (*Econ,Dir*) notificazione *f.* **4** (*Inform*) notifica *f.*

notify /'nəʊtɪfaɪ *Am* 'nəʊţəfaɪ/ *v.t.* **1** avvisare, informare, notificare a: *to ~ so. of a decision* informare qcu. di una decisione. **2** (*of things: to make known*) rendere noto, annunciare, far sapere. **3** (*Dir*) notificare, denunciare.

noting /'nəʊtɪŋ *Am* 'nəʊţɪŋ/ □ (*Comm*) *~ of a bill* protesto preliminare di una cambiale.

notion /'nəʊʃən/ **I** *n.* **1** (*idea*) concetto *m.*, idea *f.*, nozione *f.* **2** (*opinion*) idea *f.*, opinione *f.*: *to form a ~ of sth.* farsi un'idea di qcs. **3** (*whim, fancy*) capriccio *m.*, ghiribizzo *m.*, fantasia *f.* **4** *pl.* (*Am,Comm*) articoli *m.pl.* per cucire, mercerie *f.pl.* □ *I have no ~ of where he went* non ho (la minima) idea di dove sia andato; *to take a ~ to sth.* incapricciarsi di qcs.; *to take a ~ to doing* (*o to do*) *sth.* mettersi in testa di fare qcs.; *as the ~ takes him* quando gli salta il ticchio.

notional /'nəʊʃənl/ *a.* **1** nozionale. **2** (*speculative*) teorico, speculativo. **3** (*imaginary*) immaginario, fittizio, irreale. **4** (*whimsical*) fantasioso, bizzarro, capriccioso.

notionally /'nəʊʃənli/ *avv.* in modo teorico.

notoriety /,nəʊtər'aɪəti *Am* ,nəʊţə'raɪəti/ *n.* **1** cattiva fama *f.*, nomea *f.* **2** (*notorious person*) persona *f.* famigerata, persona *f.* che gode di cattiva fama.

notorious /nəʊ'tɔːrɪəs/ *a.* **1** famigerato, che gode di cattiva fama, tristemente noto, (*spreg*) notorio (*for* per): *a ~ criminal* un famigerato delinquente. **2** (*rar*) (*well-known*) noto, rinomato (*per*).

notoriously /nəʊ'tɔːrɪəsli/ *avv.* notoriamente: *he's ~ unreliable* si sa che è poco affidabile.

no-trump /,nəʊ'trʌmp/ **I** *a.* (*in bridge*) senza atout. **II** *n.* (*pl.inv.* o *-s* /-s/) dichiarazione *f.* senza atout.

no-trumper /,nəʊ'trʌmpər/ *n.* (*in bridge*) mano *f.* adatta a una dichiarazione di senza atout.

Nottinghamshire /'nɒtɪŋəm,ʃɪər *Am* 'nɑːtɪŋəm,ʃɪr/ *n.pr.* (*Geog*) Nottinghamshire *m.*, contea *f.* di Nottingham.

notwithstanding /,nɒtwɪθ'stændɪŋ *Am* ,nɑːtwɪθ'stændɪŋ/ **I** *prep.* nonostante, a dispetto di. **II** *avv.* nondimeno, ciononostante. **III** *congz.* sebbene, benché, quantunque.

nougat /'nuːgɑː, 'nʌgət/ *n.* (*Dolc*) nougat *m.*

nought /nɔːt/ **I** *n.* **1** (*zero*) zero *m.* **2** (*nothingness*) nulla *m.*, niente *m.* **II** *pron.* niente, nulla. □ *to bring to ~* far fallire; *to come to ~* finire in nulla; *to set at ~* tenere in poco conto, non dare importanza a, disprezzare.

noughts-and-crosses /,nɔːtsən(d)'krɒsɪz/ *n.pl.* (*Br*) (*game*) tris *m.sing.*

noumenon /'nuːmənən/ (*pl.* **-na** /-nə/) *n.*

(*Filos*) noumeno *m*.

noun /naʊn/ **I** *n*. (*Gramm*) nome *m*., sostantivo *m*. **II** *a*. (*Gramm*) nominale: ~ *clause* frase nominale.

nounal /'naʊnəl/ *a*. (*Gramm*) sostantivale: ~ *verb* verbo sostantivale.

nourish /'nʌrɪʃ *Am* 'nɜːrɪʃ/ *v.t.* 1 nutrire, alimentare. 2 (*fig*) nutrire, alimentare, coltivare: *to* ~ *a hope* nutrire una speranza. 3 (*fig*) (*to strengthen*) rafforzare, consolidare. 4 (*of soil*) concimare. □ (*fig*) *to* ~ *a viper in one's bosom* nutrire una serpe in seno.

nourishing /'nʌrɪʃɪŋ *Am* 'nɜːrɪʃɪŋ/ *a*. 1 nutriente, nutritivo: ~ *food* cibo nutriente. 2 (*rich*) nutriente, sostanzioso.

nourishingly /'nʌrɪʃɪŋli *Am* 'nɜːrɪʃɪŋli/ *avv.* 1 a livello nutritivo. 2 (*healthily*) in modo sano: *he's now eating regularly and* ~ ora mangia regolarmente e in modo sano.

nourishment /'nʌrɪʃmənt *Am* 'nɜːrɪʃmənt/ *n*. 1 alimento *m*., nutrimento *m*., cibo *m*. (*anche fig*). 2 (*feeding*) nutrizione *f*., alimentazione *f*. □ *to take* ~ mangiare, alimentarsi, nutrirsi.

nous /naʊs/ *n*. 1 (*Filos*) nous *m*. 2 (*Br,colloq*) (*common sense*) buonsenso *m*.

nouveau-riche /ˌnuːvoʊ'riːʃ/ (*pl.* **nouveaux-riches** /ˌnuːvoʊ'riːʃ/) *n*. (*spreg*) nuovo ricco *m*. (*f.* -a), arricchito *m*. (*f.* -a).

Nov. /nɒv/ *November* nov. (novembre).

Nova Scotia /ˌnoʊvə'skoʊʃə/ *n.pr.* (*Geog*) Nuova Scozia *f*.

novation /noʊ'veɪʃən/ *n*. (*Dir*) novazione *f*.

novel /'nɒvəl *Am* 'nɑːvəl/ **I** *n*. (*Lett*) 1 romanzo *m*.: *a detective* ~ un romanzo poliziesco. 2 (*literary genre*) narrativa *f*. **II** *a*. 1 nuovo, originale, insolito. 2 (*new*) nuovo, recente, (*lett*) novello.

novelette /ˌnɒvə'let *Am* ˌnɑːvə'let/ *n*. 1 romanzo *m*. breve; (*short sentimental novel*) romanzo *m*. rosa. 2 (*Mus*) novelletta *f*.

novelettish /ˌnɒvə'etɪʃ *Am* ˌnɑːvə'etɪʃ/ *a*. 1 relativo a romanzo breve, tipico di un romanzo breve. 2 (*mawkishly romantic*) sdolcinato, stucchevole, svenevole.

novelist /'nɒvəlɪst *Am* 'nɑːvəlɪst/ *n*. romanziere *m*. (*f.* -a).

novelistic /ˌnɒvəl'ɪstɪk *Am* ˌnɑːvə'lɪstɪk/ *a*. romanzesco.

novelization /ˌnɒvəlaɪ'zeɪʃən *Am* ˌnɑːvəli'zeɪʃən/ *n*. (*TV,Cin*) novellizzazione *f*.

novelize /'nɒvəlaɪz *Am* 'nɑːvəlaɪz/ *v.t.* 1 trasformare in romanzo, trarre un romanzo da. 2 (*to make fictional*) romanzare.

novella /noʊ'velə/ *n*. (*Lett*) romanzo *m*. breve.

novelty /'nɒvəlti *Am* 'nɑːvəlti/ **I** *n*. 1 novità *f*. 2 (*sth. novel*) cosa *f*. nuova, novità *f*. 3 (*Comm*) gadget *m*., articolo *m*. di moda (di scarso valore). **II** *a*. 1 (*Comm*) di moda, novità: ~ *goods* gadget, articoli di moda (di scarso valore). 2 (*Tess*) novità.

November /noʊ'vembər/ *n*. novembre *m*.: *in* ~ a novembre.

novena /noʊ'viːnə/ (*pl.* **-nae** /-niː/) *n*. (*Rel.catt*) novena *f*.

novercal /noʊ'vɜːkəl/ *a*. (*rar*) di matrigna, da matrigna.

novice /'nɒvɪs *Am* 'nɑːvɪs/ *n*. 1 principiante *m./f.*, novizio *m*. (*f.* -a), novellino *m*. (*f.* -a): *to be a* ~ (*at sth.*) essere alle prime armi (con qcs.). 2 (*Rel*) novizio *m*. (*f.* -a). 3 (*Rel*) (*new member of a church*) neofita *m./f.*

noviciate, novitiate /noʊ'vɪʃieɪt/ *n*. 1 (*Rel*) noviziato *m*.; (*novice*) novizio *m*. (*f.* -a). 2 (*period of apprenticeship*) noviziato *m*., periodo *m*. di tirocinio.

novocaine /'noʊvoʊkeɪn/ *n*. (*Farm*) novocaina *f*.

---

now /naʊ/ **I** *avv.* 1 adesso, ora, in questo momento: ~ *I understand* adesso capisco; ~... ~..., ora... ora...: *the weather was variable,* ~ *bright* ~ *cloudy* il tempo era ora sereno, ora nuvoloso. 2 (*immediately*) subito, immediatamente: *I'll do it* ~ lo faccio subito. 3 (*at this point*) ora, a questo punto. 4 (*up till the present time*) ormai, oramai, già: *I've been here for six years* ~ sono qui ormai da sei anni. 5 (*nowadays*) ora, al giorno d'oggi, oggigiorno. 6 (*in the present circumstances*) ora come ora, così come stanno le cose. 7 (*to introduce a statement*) dunque, allora, ora: ~ *listen to me!* allora, ascoltami! 8 (*to introduce a command, a warning, etc.*) (or) via, suvvia, orsù: ~, *don't misunderstand me* via, non fraintendermi. **II** *congz.* ora che, adesso che: ~ *you're here you'd better stay* ora che sei qui è meglio che tu rimanga. **III** *intz.* via!, dai! **IV** *n*. momento *m*. attuale, presente *m*. □ ~ *and again* di quando in quando, di tanto in tanto, ogni tanto; ~ *and then* di quando in quando, di tanto in tanto, ogni tanto; *by* ~ ormai, a quest'ora; ~ *is your chance* questa è la tua (grande) occasione; *from* ~ *on* (*from* ~ *onwards*) d'ora in poi, d'ora in avanti, d'ora innanzi; ~, *now:* 1 (*Br*) dunque, allora: ~, *now, what's next on the agenda?* dunque, qual è il punto seguente all'ordine del giorno?; 2 (*Br*) (*to imply a warning, protest, etc.*) ehi, orsù, suvvia, via: ~, *now, children, less noise* ehi, bambini, meno chiasso; ~ *or never* ora o mai più; (*colloq*) ~ *you're talking!* così si parla!, questo sì che si chiama parlare!, così va bene!, adesso ci siamo!; ~ *that* ora che; ~ *that I come to think of it* ora che ci penso; ~... *then* ora... ora.

nowadays /'naʊədeɪz *Am* 'nɑːwə-/ **I** *avv.* oggi, oggigiorno, al giorno d'oggi. **II** *a*. attuale, di oggi. **III** *n*. oggi *m*., momento *m*. attuale, presente *m*.

noway /'noʊweɪ/ *avv.* per niente, in nessun modo. □ ~ *nohow* assolutamente: *I was unable to connect my PC,* ~ *nohow* non sono assolutamente stato capace di collegare il computer; *a person cannot survive like that,* ~ *nohow* una persona non può sopravvivere in quel modo, assolutamente.

noways /'noʊweɪz/ *avv.* per niente, in nessun modo.

nowel /'noʊəl/ *n*. (*Tecn*) (*of a mould*) fondo *m*., staffa *f*. inferiore.

nowhere /'noʊ(h)weər *Am* 'noʊ(h)wer/ **I** *avv.* in nessun posto, in nessun luogo, da nessuna parte: *it's* ~ *to be found* non si trova da nessuna parte. **II** *n*. 1 luogo *m*. inesistente, luogo *m*. sconosciuto. 2 (*fig*) nulla *m*., niente *m*. 3 (*colloq*) (*state of obscurity*) oscurità *f*., anonimato *m*., nulla *m*. □ ~ *else* in nessun altro posto, da nessun'altra parte; (*colloq*) *to come from* ~ apparire improvvisamente, venire da chissà dove; (*fig*) *to get* ~ non arrivare a nulla, non approdare a nulla: *flattery will get you* ~ con le lusinghe non otterrai nulla; *to be going* ~: 1 (*to have no direction in life*) non sapere dove si va; 2 (*to be making no progress*) non fare progressi; ~ *near.* 1 non... affatto, neanche lontanamente, per niente: *ten pounds is* ~ *near enough* dieci sterline non sono per niente sufficienti; 2 (*at a considerable distance from*) molto lontano da.

nowise /'noʊwaɪz/ *avv.* per niente, in nessun modo.

nowt /naʊt/ *n*. (*Br,dial*) (*nothing*) niente *m*., nulla *m*.

noxious /'nɒkʃəs *Am* 'nɑːkʃəs/ *a*. 1 (*harmful to the health*) nocivo, dannoso (*to* a): ~ *drugs* farmaci dannosi. 2 (*morally harmful*) malefico, dannoso, pernicioso.

noxiously /'nɒkʃəsli *Am* 'nɑːkʃəsli/ *avv.* in

---

modo nocivo.

noxiousness /'nɒkʃəsnəs *Am* 'nɑːkʃəsnəs/ *n*. dannosità *f*., nocività *f*.

nozzle /'nɒzl *Am* 'nɑːzl/ *n*. 1 becco *m*., beccuccio *m*., naso *m*.; (*of a sprinkler, etc.*) boccaglio *m*., bocchetta *f*. 2 (*Mecc*) (*of an injector*) ugello *m*. 3 (*colloq*) (*nose*) naso *m*.

n.p. 1 (*Econ*) *net proceeds* (profitto netto). 2 (*Tip*) *new paragraph* a.c. (a capo).

N.P. *Notary Public* (notaio).

n.p. or d. *no place or date* s.l., s.d. (senza luogo né data).

NPT (*Pol*) *Nonproliferation Treaty* (trattato di non proliferazione).

nr. *near* (vicino, vicino a).

NSW (*Geog*) *New South Wales* (Nuovo Galles del Sud).

n't /ənt/ *avv. accorc. di* not.

NT (*Bibl*) *New Testament* NT (nuovo testamento).

nth /enθ/ *a*. (*Mat*) ennesimo. □ (*Mat*) ~ *degree* ennesima potenza: *to the* ~ *degree:* 1 all'ennesima potenza; 2 (*fig*) al massimo, all'ennesima potenza, in massimo grado; (*Mat*) ~ *power* ennesima potenza: *to the* ~ *power:* 1 all'ennesima potenza; 2 (*fig*) al massimo, all'ennesima potenza, in massimo grado; (*colloq*) *for the* ~ *time* per l'ennesima volta.

Nth *North* N (nord).

nt.wt. *net weight* e (peso netto).

nuance /'njuːɑːns *Am also* 'nuːɑːns/ *n*. 1 sfumatura *f*., tonalità *f*., gradazione *f*., nuance *f*.: ~ *of colour* sfumatura di colore. 2 (*nicety*) sottigliezza *f*., finezza *f*.: *the* -*s of diplomatic language* le sottigliezze del linguaggio diplomatico. 3 (*shade of meaning*) sfumatura *f*.

nub /nʌb/ *n*. 1 protuberanza *f*., sporgenza *f*. 2 (*nubbin*) pezzetto *m*., mozzicone *m*. 3 (*fig*) (*heart, core*) nocciolo *m*., nucleo *m*.

nubbly /'nʌbli/, **nubby** /'nʌbi/ *a*. nodoso, pieno di protuberanze.

Nubia /'njuːbiə/ *n.pr.* (*Geog*) Nubia *f*.

Nubian /'njuːbiən/ **I** *a*. nubiano. **II** *n*. 1 nubiano *m*. (*f.* -a). 2 (*language*) nubiano *m*.

nubile /'njuːbaɪl *Am also* 'nuːbɪl/ *a*. 1 (*ready for marriage*) in età da marito, da maritare. 2 (*attractive*) attraente.

nubility /nju:'bɪləti *Am* nu:'bɪləti/ *n*. l'essere in età da marito.

nubilous /'njuːbɪləs *Am also* 'nuːbɪləs/ *a*. 1 nebuloso, nuvoloso. 2 (*fig*) nebuloso.

nubuck /'njuːbʌk *Am* 'nuː-/ *n*. (*Pell*) nabuk *m*.

nuclear /'njuːkliər *Am also* 'nuːkliər/ **I** *a*. 1 nucleare, del nucleo. 2 (*Mil*) nucleare: ~ *weapons* armi nucleari. 3 (*Mil*) (*powered by atomic energy*) nucleare, (a propulsione) nucleare: *a* ~ *submarine* un sommergibile atomico. 4 (*Pol*) (*of a nation: having nuclear weapons*) atomico, nucleare. 5 (*Biol*) nucleare: ~ *membrane* membrana nucleare. **II** *n*. 1 arma *f*. nucleare. 2 (*nuclear power*) energia *f*. nucleare. □ ~ *accident* incidente nucleare; ~ *arms race* corsa agli armamenti nucleari; ~ *arsenal* arsenale nucleare; ~ *balance* equilibrio atomico, equilibrio nucleare; ~ *bomb* bomba atomica; ~ *conflict* conflitto nucleare, conflitto atomico; ~ *contamination* inquinamento da sostanze radioattive; (*Mil, Pol*) ~ *deterrent* deterrente nucleare, deterrente atomico; (*Pol,Mil*) ~ *disarmament* disarmo atomico; (*Pol*) ~ *disaster* fautore del disarmo nucleare; ~ *disaster* catastrofe nucleare; (*Nucl*) ~ *energy* energia atomica, energia nucleare; *utilization of* ~ *energy for peaceful uses* uso pacifico dell'energia nucleare; ~ *family* famiglia nucleare, nucleo famigliare; (*Nucl*) ~ *fission* fissione nucleare; ~ *freeze* congelamento degli armamenti nucleari; (*Nucl*) ~ *fusion* fusione nucleare; ~ *industry* industria nucleare; (*Fis*) ~ *magnetic resonance* risonanza magnetica nucleare; ~ *medicine* medicina nucleare; ~ *parity* parità nucleare; ~ *physics* fisica nucleare; ~ *potential* potenziale nucleare, potenziale atomico; ~ *power*: 1 (*Nucl*) energia nucleare; 2 (*Pol*) (*nation*) potenza nucleare; ~ *power plant* centrale nucleare; ~ *programme* programma nucleare; ~ *propulsion* propulsione nucleare; (*Nucl*) ~ *reaction* reazione nucleare; (*Nucl*) ~ *reactor* reattore nucleare, pila atomica; ~ *ship* nave a propulsione atomica; ~ *spectroscopy* spettroscopia nucleare; ~ *stalemate* parità nucleare; (*Nucl*) ~ *test* esperimento nucleare; ~ *test ban* blocco degli esperimenti nucleari; (*Mil,Pol*) ~ *threshold* soglia nucleare; ~ *umbrella* ombrello atomico; ~ *war* guerra nucleare; ~ *warfare* guerra atomica; (*Nucl*) ~ *warhead* testata nucleare; (*Nucl*) ~ *waste* residui radioattivi; ~ *winter* inverno nucleare.

nuclearism /ˈnjuːklɪəˌrɪzəm *Am also* ˈnuːklɪəˌrɪzəm/ *n.* sostegno *m.* della politica degli armamenti nucleari.

nuclearist /ˈnjuːklɪərɪst *Am also* ˈnuːklɪərɪst/ *n.* filonucleare *m./f.*, nuclearista *m./f.*

nuclear-powered /ˈnjuːklɪəˌpaʊəd *Am also* ˈnuːklɪəˌpaʊəd/ *a.* atomico, (a propulsione) nucleare.

nucleate[1] /ˈnjuːklɪət *Am also* ˈnuːklɪət/ **I** *a.* (*Biol*) nucleato.

nucleate[2] /ˈnjuːklɪ.eɪt *Am also* ˈnuːklɪ.eɪt/ **I** *v.t.* raccogliere in un nucleo. **II** *v.i.* formare un nucleo.

nucleation /njuːklɪˈeɪʃən *Am also* nuːklɪˈeɪʃən/ *n.* (*the creation of a nucleus*) nucleazione *f.*, formazione *f.* di un nucleo.

nucleic /njuːˈkliːɪk, njuːˈkleɪk *Am also* nuː-ˈkliːɪk/ *a.* (*Chim*) nucleico: ~ *acid* acido nucleico.

nuclein /ˈnjuːklɪɪn *Am also* ˈnuːklɪɪn/ *n.* (*Biol*) nucleina *f.*

nucleolar /njuːˈkliːələ *Am also* nuːˈkliːələ/ *a.* (*Biol*) del nucleo.

nucleolate /ˈnjuːklɪˌoʊlɪt *Am also* ˈnuːklɪˌoʊlɪt/, **nucleolated** /ˈnjuːklɪˌeɪtɪd *Am also* ˈnuːklɪˌeɪtɪd/ *a.* contenente un nucleolo.

nucleole /ˈnjuːklɪoʊl *Am also* ˈnuːklɪoʊl/, **nucleolus** /ˈnjuːklɪˌoʊləs *Am also* ˈnjuːklɪˌoʊləs/ (*pl.* -**li** /-laɪ/) *n.* (*Biol*) nucleolo *m.*

nucleon /ˈnjuːklɪˌɒn *Am also* ˈnuːklɪˌɑːn/ *n.* (*Nucl*) nucleone *m.*

nucleonics /ˌnjuːklɪˈɒnɪks *Am* ˌnuːklɪˈɑːnɪks/ *n.pl.* (*costr.sing.*) nucleonica *f.sing.*

nucleus /ˈnjuːklɪəs *Am also* ˈnuːklɪəs/ (*pl.* **nuclei** /ˈnjuːklɪaɪ/, -**es** /-ɪz/) *n.* 1 nucleo *m.* (*anche Fis,Biol,Astr,Chim*). 2 (*central point, core*) nucleo *m.*, nocciolo *m.*, centro *m.* 3 (*fig*) punto *m.* di partenza.

nuclide /ˈnjuːklaɪd *Am also* ˈnuːklaɪd/ *n.* (*Fis*) nuclide *m.*

nuclidic /ˈnjuːklɪdɪk *Am also* ˈnuːklɪdɪk/ *a.* (*Fis*) nuclidico.

nude /njuːd *Am also* nuːd/ **I** *a.* 1 nudo. 2 (*bare*) nudo, spoglio. 3 (*of a magazine, show, etc.*) di nudo. 4 (*of the colour nude*) color carne. 5 (*Dir*) (*void*) nullo. **II** *n.* 1 persona *f.* svestita, persona *f.* nuda. 2 (*Art*) nudo *m.* 3 (*condition of being unclothed*) nudità *f.* □ *in the* ~ nudo, svestito.

nudge /nʌdʒ/ **I** *v.t.* 1 toccare col gomito, dare una gomitata a, dare un colpetto col gomito a. 2 (*fig*) (*to draw the attention of*) richiamare l'attenzione di. 3 (*fig*) (*to approach*) toccare, avvicinarsi a. 4 (*to push*) spingere lentamente. **II** *n.* colpetto *m.* di gomito, gomitata *f.* (per richiamare l'attenzione). □ *to* ~ *along*

spingere lentamente; *to give so. a* ~ dare una gomitata a qcu.

nudism /ˈnjuːdɪzəm *Am also* ˈnuːdɪzəm/ *n.* nudismo *m.*

nudist /ˈnjuːdɪst *Am also* ˈnuːdɪst/ **I** *n.* nudista *m./f.* **II** *a.* nudista, del nudismo. □ ~ *camp* (o ~ *colony*) colonia di nudisti, campo di nudisti.

nudity /ˈnjuːdəti *Am* ˈnuːdəti/ *n.* 1 nudità *f.* 2 (*Art*) nudo *m.*

'nuff /nʌf/ *avv.* (*Am,sl*) abbastanza: ~ *said* non dico altro, ti basti questo.

nugatory /ˈnjuːgətəri *Am* ˈnuːgətɔːri/ *a.* 1 insignificante, trascurabile. 2 (*futile*) futile, frivolo. 3 (*of no force or effect*) inefficace, vano, inutile. 4 (*Dir*) senza effetto (*o* valore) giuridico.

nugget /ˈnʌgɪt/ *n.* (*Min*) pepita *f.* □ (*fig*) *a* ~ *of wisdom* una perla di saggezza.

nuisance /ˈnjuːsəns *Am also* ˈnuːsəns/ **I** *n.* 1 (*of things*) fastidio *m.*, molestia *f.*, seccatura *f.*, disturbo *m.*, seccatura *f.* 2 (*of people*) seccatore *m.* (*f.* -trice), scocciatore *m.* (*f.* -trice), rompiscatole *m./f.*, peste *f.*: *that child is a perfect* ~ quel bambino è una vera peste. 3 (*Dir*) danno *m.*, offesa *f.* (di un diritto). **II** *a.* molesto, fastidioso, importuno, scocciante. □ (*colloq*) *to be a* ~ seccare, dare fastidio, scocciare; *to make a* ~ *of oneself* essere molesto, essere importuno; (*colloq*) *what a* ~*!* che seccatura!, che scocciatura!

nuke /nuːk, njuːk/ **I** *n.* (*Am*) 1 (*colloq*) arma *f.* nucleare. 2 (*nuclear power station*) centrale *f.* nucleare. **II** *v.t.* (*Am*) 1 attaccare con armi nucleari. 2 (*colloq*) cuocere a microonde, cuocere nel forno a microonde. □ (*sl*) ~ *power station* (o ~ *power plant*) centrale elettronucleare.

null /nʌl/ *a.* nullo, non valido. □ ~ *and void* nullo, senza valore legale: *to declare* ~ *and void* dichiarare nullo; (*Inform*) ~ *character* carattere nullo; (*Inform*) ~ *link* collegamento nullo; (*Inform*) ~ *modem cable* cavo null modem.

nullification /ˌnʌlɪfɪˈkeɪʃən/ *n.* annullamento *m.*

nullify /ˈnʌlɪfaɪ/ *v.t.* 1 annullare, rendere nullo: *to* ~ *a contract* annullare un contratto. 2 (*to deprive of value or effectiveness*) invalidare.

nullipara /nʌˈlɪpərə/ *n.* (*Med*) nullipara *f.*

nullity /ˈnʌləti *Am* ˈnʌləti/ *n.* 1 nullità *f.* 2 (*Dir*) nullità *f.*, invalidità *f.* 3 (*Dir*) (*sth. invalid*) atto *m.* invalido, atto *m.* nullo.

numb /nʌm/ **I** *a.* 1 intirizzito, intorpidito, (*rar*) intormentito: *my hands are* ~ *with cold* ho le mani intirizzite dal freddo. 2 (*fig*) inebetito, intontito, stordito: *to be* ~ *with grief* essere inebetito dal dolore. 3 (*causing numbness*) che stordisce. **II** *v.t.* 1 intirizzire, intorpidire, (*rar*) intormentire. 2 (*fig*) inebetire, intontire, stordire.

number /ˈnʌmbər/ **I** *n.* 1 numero *m.*: *the* ~ *seven* il numero sette. 2 (*numeral*) cifra *f.*, numero *m.* 3 (*telephone number*) numero *m.* (telefonico) numero *m.* di telefono: *the* ~ *is engaged* il numero è occupato. 4 (*group of people*) gruppo *m.*, numero *m.*: *we welcome a new member to our* ~ diamo il benvenuto a un nuovo membro del nostro gruppo. 5 (*of a periodical: issue*) numero *m.*; (*part*) fascicolo *m.*, dispensa *f.*, numero *m.* 6 (*tune, song*) motivo *m.*, melodia *f.* 7 (*Teat*) (*item of a show*) numero *m.*: *a dance* ~ un numero di ballo. 8 (*Comm*) (*article for sale*) articolo *m.* 9 (*Gramm*) numero *m.* 10 (*sl*) (*girl*) ragazza *f.* 11 *pl.* (*large quantity*) moltissimi *m.pl.*, gran numero *m.sing.*, moltitudine *f.sing.*: ~*s of people lost their lives* moltissimi persero la vita. 12

pl. (*numerical preponderance*) numero *m.sing.*, superiorità *f.sing.* numerica. 13 *pl.* (*arithmetic*) aritmetica *f.sing.*: *to be good at* -*s* essere bravo in aritmetica; *the child does not know his* -*s* il bambino non sa l'aritmetica. **II** *v.t.* 1 (*to count*) contare, calcolare, conteggiare. 2 (*to include*) annoverare, includere nel numero. 3 (*to total*) essere in totale, ammontare a, assommare a: *the spectators* -*ed ten thousand* gli spettatori erano in totale diecimila. 4 (*to assign a number to or to mark with a number*) numerare: *to* ~ *pages* numerare le pagine. 5 (*to enumerate*) enumerare, elencare. 6 (*to limit in number*) contare, limitare: *his days are* -*ed* ha i giorni contati. 7 (*to apportion*) suddividere, dividere, spartire. **III** *v.i.* 1 ammontare, arrivare (*in* a), raggiungere un totale (di). 2 (*to be included*) essere incluso, essere annoverato (*among, with* tra, fra). 3 (*Mil*) chiamare il proprio numero (nell'appello ecc.). □ *a* ~ *of* parecchi, molti, numerosi: *a* ~ *of times* molte volte; *any* ~ *of* un buon numero di, un gran numero di, molti; (*Br,Aus*) *by* -*s* (o *Am by the* -*s*): 1 (*in unison*) all'unisono; 2 (*in a systematic manner*) sistematicamente, in base a un progetto predefinito; ~ *cruncher*: 1 (*colloq*) (*accountant, bookkeeper*) contabile, ragioniere, macinatore di numeri, mago delle cifre; 2 (*Inform,colloq*) elaboratore di grandi dimensioni; (*Inform,colloq*) ~ *crunching* elaborazione di grandi cifre; (*colloq*) -*s game* lotteria, lotto; (*Am,sl*) *to get so.'s* ~: 1 conoscere le vere intenzioni di qcu.; 2 (*get so.'s phone number*) ottenere il numero di telefono di qcu.; *in* ~ in (numero di), di numero: *they were ninety in* ~ erano in novanta; *six in* ~ sei di numero; *they are few in* ~ sono pochi, sono poco numerosi; *to* ~ *off*: 1 (*to enumerate*) enumerare, elencare; 2 (*Mil*) chiamare il proprio numero (nell'appello ecc.); (*colloq*) ~ *one*: 1 numero uno, cosa più importante, persona più importante; 2 (*oneself*) se stesso: *to look after* ~ *one* (o *to take care of* ~ *one*) pensare a se stesso, pensare al proprio interesse; (*Br,Aus,Aut*) ~ *plate* numero di targa, targa; (*colloq*) -*s racket* lotteria, lotto; (*Br, Giorn*) *Number Ten* primo ministro inglese (dal numero civico della casa in cui risiede); *to the* ~ *of* fino a, fino al numero di: *to the* ~ *of ten* fino a dieci; (*colloq*) ~ *two* numero due, cosa meno importante, persona meno importante; (*sl*) *his* ~ *is up*: 1 è venuta la sua ora; 2 (*in serious trouble*) è in un grosso pasticcio; *without* ~ innumerevole, senza numero.

numbered /ˈnʌmbəd *Am* ˈnʌmbərd/ *a.* 1 numerato: (*Econ*) ~ *account* conto numerato. 2 (*of days, hours, etc.*) contato, limitato: *his days are* ~ ha i giorni contati.

numberer /ˈnʌmbərər/ *n.* numeratore *m.* (*f.* -trice).

numbering /ˈnʌmbərɪŋ/ *n.* numerazione *f.*

numberless /ˈnʌmbələs/ *a.* innumerevole, senza numero.

number-one /ˌnʌmbəˈwʌn/ *a.* 1 (*colloq*) il primo, il più importante, il numero uno. 2 (*of the best quality*) eccellente, eccezionale.

Numbers /ˈnʌmbəz *Am* ˈnʌmbərz/ *n.pl.* (*Bibl*) Numeri *m.pl.*, libro *m.sing.* dei Numeri: *the book of* ~ il libro dei Numeri.

numbing /ˈnʌmɪŋ/ *a.* che intirizzisce, che intorpidisce.

numbly /ˈnʌmli/ *avv.* come intontito.

numbness /ˈnʌmnəs/ *n.* 1 intirizzimento *m.*, intorpidimento *m.* 2 (*fig*) stordimento *m.*, intontimento *m.*

numbskull /ˈnʌmskʌl/ *n.* (*colloq*) stupido *m.* (*f.* -a), zuccone *m.* (*f.* -a), testa *f.* di legno.

numerable /'nju:m^ərəbl/ a. numerabile, che si può contare.

numeracy /'nju:m^ərəsi/ a. con una buona conoscenza dell'aritmetica.

numeral /'nju:m^ər^əl/ **I** n. numerale m., numero m., cifra f. **II** a. numerale.

numerate /'nju:m^əreɪt/ v.t. enumerare, elencare.

numeration /ˌnju:m^ər'eɪʃ^ən/ n. numerazione f.

numerator /'nju:m^əreɪtə^r Am 'nu:məreɪtə^r/ n. (Mat) numeratore m.

numeric /nju:'merɪk/ a. numerico. ☐ (Inform) ~ keypad tastierino numerico.

numerical /nju:'merɪkl/ a. numerico: ~ superiority superiorità numerica; a ~ code un codice numerico. ☐ ~ analysis analisi numerica; ~ order ordine numerico.

numerically /nju:'merɪkḷi/ avv. numericamente: the French army was ~ superior l'esercito francese era numericamente superiore.

numerological /ˌnju:m^ərə'lɒdʒɪk^əl Am ˌnu:m^ərə'lɑːdʒɪkl/ a. (Occult) numerologico.

numerologist /ˌnju:m^ər'ɒlədʒɪst Am ˌnu:mə'rɑːlədʒɪst/ n. (Occult) numerologo m. (f. -a).

numerology /ˌnju:m^ər'ɒlədʒi Am ˌnu:mə'rɑːlədʒi/ n. (Occult) numerologia f.

numero uno /ˌnu:m^ərou'u:nou/ n. (Am,fig) **1** numero m. uno, cosa f. più importante, persona f. più importante. **2** (oneself) se stesso: to look after ~ badare a se stessi.

numerous /'nju:m^ərəs/ a. **1** numeroso, molteplice, svariato: after ~ attempts dopo numerosi tentativi. **2** (consisting of large numbers) numeroso: a ~ crowd una folla numerosa; to become more ~ diventare più numerosi, aumentare di numero.

numerously /'nju:m^ərəsli/ avv. numerosamente, in gran numero.

numerousness /'nju:m^ərəsnəs/ n. numerosità f.

Numidia /nju:'mɪdɪə/ n.pr. (Geog) Numidia f.

Numidian /nju:'mɪdɪən/ **I** a. numidico, numida. **II** n. **1** numida m./f. **2** (language) lingua f. numida.

numismatic /ˌnju:mɪz'mætɪk Am ˌnu:mɪz'mætɪk/ a. numismatico.

numismatical /ˌnju:mɪz'mætɪkəl Am ˌnu:mɪz'mætɪkəl/ a. numismatico.

numismatics /ˌnju:mɪz'mætɪks Am ˌnu:mɪz'mætɪks/ n.pl. (costr.sing.) numismatica f.sing.

numismatist /nju:'mɪzmətɪst/ n. numismatico m. (f. -a).

nummary /'nʌmərɪ/ a. (of a coin) monetario, nummario.

nummulite /'nʌmjuˌlaɪt/ n. (Paleont) nummulite f.

nummulitic /ˌnʌmju'lɪtɪk/ a. (Paleont) nummulitico.

numskull /'nʌmskʌl/ n. (colloq) stupido m. (f. -a), zuccone m. (f. -a), testa f. di legno.

nun /nʌn/ n. **1** (Rel) suora f., monaca f. **2** (Ornit) (blue titmouse) cinciarella f.

nunciature /'nʌnsɪətjʊə^r/ n. (Dir.can) nunziatura f.

nuncio /'nʌnˌʃiou/ (pl. -s /-z/) n. nunzio m.

nuncle /'nʌŋkəl/ n. (dial,scherz) (uncle) zio m.

nuncupate /'nʌnkjuˌpeɪt/ v.t. (of a will) fare a voce, fare oralmente.

nuncupation /ˌnʌnkju'peɪʃ^ən/ n. (Dir) testamento m. orale, testamento m. nuncupativo.

nuncupative /'nʌnkju̇ˌpeɪtɪv, nʌn'kju:pətɪv Am 'nʌŋkjəˌpeɪtɪv, nʌn'kju:pətɪv/ a. (Dir) (of a will) orale, nuncupativo.

nunhood /'nʌnhʊd/ n. (Rel) monacato m.

nunlike /'nʌnlaɪk/ a. (Rel) monacale.

nunnery /'nʌn^əri/ n. convento m., monastero m. (di suore).

nuphar /'nju:fə^r Am also 'nu:fə^r/ n. (Bot) ninfea f. della Cina, ninfea f. gialla.

nuptial /'nʌpʃ^əl/ a. **1** nuziale, matrimoniale. **2** (Entom) nuziale.

nuptiality /nʌpʃ'ɒləti Am nup'ʃɒləti/ n. (frequency of marriage within a population) nuzialità f.

nuptials /'nʌpʃ^əlz/ n.pl. nozze f.pl., sposalizio m.sing.

nurse /nɜːs Am nɜːrs/ **I** n. **1** infermiera f.; (male nurse) infermiere m. **2** (dry nurse) bambinaia f., governante f., nurse f.; (wet nurse) balia f., nutrice f. **3** (Entom) (bee) ape f. operaia; (ant) formica f. operaia. **4** (Agr) albero m. piantato a protezione di una pianta giovane. **II** v.t. **1** assistere, curare, fare da infermiera (o da infermiere) a: to ~ a sick child assistere un bambino malato. **2** (to suckle) allattare; (of a baby: to take milk from) poppare. **3** (of an ailment) curare, curarsi. **4** (to bring up) allevare, educare. **5** (to clasp tenderly) stringere al seno, coccolare. **6** (of things: to take special care of) maneggiare con cura, trattare con cura. **7** (fig) (to tend) curare: to ~ a wound curare una ferita. **8** (fig) (to hold in the mind or heart) covare, nutrire: to ~ hatred covare l'odio; to ~ a grudge covare rancore. **9** (fig) (to cherish) accarezzare, vagheggiare. **10** (colloq) (of a drink) sorseggiare, sorbire. **III** v.i. **1** fare da infermiera (o da infermiere). **2** (to suckle a child) allattare; (of a child) poppare. ☐ (fig) to ~ a drink sorseggiare una bevanda molto lentamente; ~'s aide portantina; to ~ so. back to health guarire qcu., rimettere in salute qcu.; to ~ so. over an illness assistere qcu. durante una malattia; (ltt) ~ shark squalo nutrice.

nurseling /'nɜːslɪŋ Am 'nɜːrslɪŋ/ n. **1** (ant) lattante m./f., poppante m./f. **2** (carefully nurtured person) beniamino m. (f. -a), prediletto m. (f. -a).

nursemaid /'nɜːsmeɪd Am 'nɜːrsmeɪd/ n. bambinaia f.

nursery /'nɜːs^əri Am 'nɜːrs^əri/ n. **1** camera f. dei bambini. **2** (nursery school) asilo m. infantile, nido m. d'infanzia. **3** (fig) (place that fosters) culla f.; (place that trains, educates) vivaio m. **4** (Agr,Zootecn) vivaio m. ☐ (Br, Agr) ~ garden serra, vivaio; (Br) ~ governess istitutrice; ~ language linguaggio infantile; ~ rhyme filastrocca; ~ school scuola materna; (Sport) ~ slopes (in skiing) piste baby.

nurseryman /'nɜːs^ərimən Am 'nɜːrs^ərimən/ n.irr. vivaista m.

nursing /'nɜːsɪŋ Am 'nɜːrsɪŋ/ **I** n. **1** cura f., assistenza f. **2** (profession) professione f. di infermiera, professione f. di infermiere. **3** (instance) assistenza f. (infermieristica): school of ~ scuola per infermieri, scuola per infermiere. **II** a. **1** infermieristico: the ~ staff il personale infermieristico. **2** (of a mother: giving breast milk) che allatta. ☐ ~ bottle poppatoio, biberon; ~ home: 1 clinica, casa di cura (privata); 2 (rest home) casa di riposo; sister of a ~ order suora infermiera; ~ staff personale infermieristico.

nursling /'nɜːslɪŋ Am 'nɜːrslɪŋ/ n. **1** (ant) lattante m./f., poppante m./f. **2** (carefully nurtured person) beniamino m. (f. -a), prediletto m. (f. -a).

nurture /'nɜːtʃə^r Am 'nɜːrtʃə^r/ **I** v.t. **1** nutrire, alimentare. **2** (to educate) allevare, educare. **II** n. **1** allevamento m., educazione f. **2** (nourishment, food) nutrimento m., vitto m., cibo m.

nut /nʌt/ **I** n. **1** (Bot,Alim) noce f.; (kernel) gheriglio m. **2** pl. (Alim) frutta f.sing. in guscio. **3** (Mecc) dado m. **4** (sl) (eccentric person) stravagante m./f., svitato m. (f. -a); (insane person) pazzo m. (f. -a), matto m. (f. -a); (fan, fanatic) fanatico m. (f. -a), patito m. (f. -a). **5** (sl,rar) (dandy) damerino m., elegantone m. **6** (Mus) capotasto m.; (of a bow) tallone m., nasetto m. **7** (Tip) quadratino m., spazio m. fino, fino m. **8** pl. (of coal) pezzatura f.sing. noce. **9** pl. (Am,sl) (source of pleasure) delizia f.sing.: it's the ~s è una delizia. **10** pl. (volg) (balls) balle f.pl., coglioni m.pl. **II** v.i. (past, p.p. **nutted** /'nʌtɪd/) raccogliere noci. ☐ (Dolc) ~ cake torta di noci: 1 (difficult problem) un osso duro; 2 (stubborn person) un testone, un testardo, uno zuccone; (on one's ~) andare su tutte le furie; (Br,sl) to go off one's ~ ammattire, impazzire; (Br,sl) he is off his ~ gli manca una rotella; ~ oil olio di noci; (Bot) ~ tree avellano.

nutant /'nju:t^ənt/ a. (Bot) nutante.

nutation /nju:'teɪʃ^ən/ n. (Astr,Bot,Med) nutazione f.

nut-brown /ˌnʌt'braun/ a. castano, color noce.

nutcase /'nʌtˌkeɪs/ n. (sl) matto m., pazzo m.

nutcracker /'nʌtˌkrækə^r/ n. **1** schiaccianoci m. **2** (Ornit) nocciolaia f.

nutcrackers /'nʌtˌkrækə^rz/ n.pl. schiaccianoci m.sing.

nutgall /'nʌtgɔːl/ n. (Bot) galla f. di quercia.

nuthatch /'nʌthætʃ/ n. (Ornit) picchiotto m., picchio m. muratore.

nuthouse /'nʌthaus/ n. (sl) manicomio m.

nutmeg /'nʌtmeg/ n. **1** noce f. moscata. **2** (nutmeg tree) albero m. della noce moscata.

nutria /'nju:triə/ n. **1** (Zool) nutria f., castorino m. **2** (fur) castorino m.

nutrient /'nju:triənt/ **I** a. nutriente, nutritivo. **II** n. sostanza f. nutriente, sostanza f. nutritiva.

nutriment /'nju:trimənt/ n. nutrimento m., alimento m., cibo m.

nutrimental /ˌnju:tri'ment^əl/ a. nutritivo, nutrizionale: ~ values valori nutrizionali.

nutrition /nju:'trɪʃ^ən/ n. **1** nutrizione f., alimentazione f. **2** (nutriment, food) nutrimento m., alimento m., cibo m. **3** (science, study) dietetica f. ☐ ~ science scienza della nutrizione.

nutritional /nju:'trɪʃ^ən^əl/ a. nutrizionale. ☐ ~ deficiency carenza alimentare; ~ habits abitudini alimentari; ~ healing nutritcrapia; ~ value valore nutritivo.

nutritionally /nju:'trɪʃ^ən^əli/ avv. dal punto di vista nutrizionale.

nutritionist /nju:'trɪʃ^ənɪst/ n. nutrizionista m./f.

nutritious /nju:'trɪʃəs/ a. nutriente, sostanzioso, nutritivo.

nutritiously /nju:'trɪʃəsli/ avv. in modo nutriente, in modo sano: to eat regularly and ~ mangiare regolarmente e in modo sano.

nutritiousness /nju:'trɪʃəsnəs/ n. sostanziosità, potere nutritivo: a major reason to eat more fruits and vegetables is their ~ una delle principali ragioni per mangiare più frutta e verdura è il loro potere nutritivo.

nutritive /'nju:trətɪv/ a. **1** (of nutrition) nutritivo. **2** (nutritious) nutriente, sostanzioso, nutritivo. **II** n. cibo m. nutriente. ☐ ~ value valore nutrizionale.

nuts /nʌts/ **I** a. (colloq) **1** (crazy) matto, pazzo, suonato, picchiatello. **2** (keen) pazzo, matto (about, for, on per), patito, fanatico (di). **II** intz. **1** sciocchezze!, stupidaggini! **2** (to express defiance, etc.) non ci penso neppure, neanche per sogno!

nutshell /'nʌtʃel/ n. (of walnut) guscio m. di noce, (of hazelnut) guscio m. di nocciola, (of almond) guscio m. di mandorla. ☐ (fig) in a ~ in poche parole, brevemente, in breve.

nutty /'nʌti *Am* 'nʌṭi/ *a.* **1** (*with walnuts*) con le noci; (*with hazelnuts*) con le nocciole. **2** (*like walnuts in taste*) che sa di noce; (*like hazelnuts in taste*) che sa di nocciola. **3** (*colloq*) (*eccentric*) eccentrico, svitato; (*mad*) matto, pazzo, suonato.

nutwood /'nʌt,wʊd/ *n.* legno *m.* di noce.

nux vomica /,nʌks'vɒmɪkə *Am* ,nʌks 'vɑːmɪkə/ *n.* (*Bot*) noce *f.* vomica.

nuzzle /'nʌzl/ **I** *v.i.* **1** (*to root with the nose*) scavare col muso, frugare col muso. **2** (*of pigs*) grufolare. **3** (*to rub with the nose*) strofinare il muso (*o* naso) contro. **4** (*fig*) (*to snuggle*) rannicchiarsi, accoccolarsi. **II** *v.t.* **1** (*to rub with the nose*) strofinare il muso contro, strofinare il naso contro. **2** (*to root up with the nose*) sradicare scavando col muso. **3** (*fig*) (*to lie close to*) stringersi a, rannic-

chiarsi contro.

NV *Nevada* NV (Nevada).

NW, n.w., N.W. 1 *northwest* NO (nordovest). **2** *northwestern* (nordoccidentale).

N.Y. *New York* N.Y. (New York).

Nyasaland /naɪˈæsəlænd/ *n.pr.* (*Geog*) Niassa *m.*

nyctalopia /,nɪktəˈloʊpiə/ *n.* (*Med*) nictalopia *f.*

nyctalopic /,nɪktəˈloʊpɪk/ *a.* (*Med*) nictalope.

nyctitropic /,nɪktɪˈtrɒpɪk *Am* ,nɪktɪˈtrɑːpɪk/ *a.* (*Bot*) nictitropico.

nyctitropism /nɪkˈtɪtrə,pɪzəm/ *n.* (*Bot*) nictitropismo *m.*, nictinastia *f.*

nylghai /'nɪlgaɪ/, **nylghau** /'nɪlgɔː/ (*pl.inv.* o -s /-z/) *n.* (*Zool*) nilgai *m.*, nilgau *m.*

nylon /'naɪlɒn *Am* 'naɪlɑːn/ *n.* **1** nylon *m.* **2** *pl.* (*stockings*) calze *f.pl.* di nylon, collant *m.pl.*

nymph /nɪm(p)f/ *n.* **1** (*Mitol,Entom*) ninfa *f.* **2** (*fig*) (*beautiful girl*) giovanetta *f.* leggiadra, (*lett*) ninfa *f.*; (*girl*) giovanetta *f.*

nymphal /'nɪm(p)fəl/ *a.* **1** (*nymphean*) ninfale, di ninfa. **2** (*Entom*) ninfale.

nymphean /nɪm(p)ˈfiən/ *a.* ninfale, di ninfa.

nymphet /'nɪm(p)fət/ *n.* **1** ninfetta *f.* **2** (*sexually attractive young girl*) ninfetta *f.*, lolita *f.*

nymphish /'nɪm(p)fɪʃ/, **nymphlike** /'nɪm(p)f,laɪk/ *a.* simile a ninfa, (*lett*) ninfale.

nymphomania /,nɪm(p)foʊˈmeɪniə/ *n.* (*Psic*) ninfomania *f.*

nymphomaniac /,nɪm(p)foʊˈmeɪniæk/ **I** *n.* (*Psic*) ninfomane *f.* **II** *a.* (*Psic*) ninfomane.

NYSE /,enwaɪ,esˈiː/ *New York Stock Exchange* NYSE (Borsa di New York).

NZ *New Zealand* NZ (Nuova Zelanda).

O

o, O[1] /oʊ/ (*pl.* **o's/os, O's/Os** /oʊz/) *n.* (*letter of the alphabet*) o, O *f./m.*: (*Tel*) *O for Oliver* (o *Am O as in Oboe*) o come Otranto.

O[2] /oʊ/ **I** *a.* (*O-shaped*) a (forma di) O. **II** *n.* (*something O-shaped*) O *f./m.*, oggetto *m.* a forma di O.

O[3] /oʊ/ *intz.* **1** (*poet*) (*in direct address*) o: *O men of little faith* o uomini di poca fede. **2** (*to express surprise, pain, etc.*) o!, oh!, ah!: *O no!* oh no!; *O for an iced drink!* oh, cosa non darei per una bibita ghiacciata!

o' /ə/ *prep.* (*dial,rar*) *contraz.* di of, on.

OA (*Inform*) *Office Automation* (automazione d'ufficio).

oaf /oʊf/ *n.* **1** sempliciotto *m.* (*f.* -a), credulone *m.* (*f.* -a). **2** (*clumsy person*) persona *f.* goffa e sciocca, mestolone *m.*

oafish /'oʊfɪʃ/ *a.* stupido, tonto, balordo.

oafishness /'oʊfɪʃnəs/ *n.* stupidità *f.*, balordaggine *f.*

oak /oʊk/ **I** *n.* **1** (*Bot*) quercia *f.* **2** (*wood*) quercia *f.* **3** (*leaves used as decoration*) foglie *f.pl.* di quercia. **4** (*Univ*) porta *f.* (dell'alloggio): *to sport one's ~* chiudere la porta per non ricevere visite. **II** *a.* di quercia, quercino. □ (*Bot*) *~ apple* (o *~ gall*) galla di quercia; (*Bot, Alim*) *~ leaf* (o *~ leaf lettuce*) tipo di cicorino.

oaken /'oʊkən/ *a.* **1** di quercia, quercino. **2** (*of the oak tree*) della quercia.

Oaks /oʊks/ *n.pl.* (*costr.sing.*) (*Sport*) corsa *f.sing.* per puledre di tre anni.

oakum /'oʊkəm/ *n.* stoppa *f.* per calafataggio: *to pick ~* fare stoppa.

oakwood /'oʊkwʊd/ *n.* **1** quercia *f.*, legno *m.* di quercia. **2** (*forest*) querceto *m.*, bosco *m.* di quercie.

OAP /ˌoʊeɪ'piː/ *n.* (*Br*) (*old-age pensioner*) pensionato *m.* (*f.* -a).

OAPEC /oʊ'pek/ *Organization of Arab Petroleum Exporting Countries* OAPEC (organizzazione dei paesi arabi esportatori di petrolio).

oar /ɔː Am ɔːr/ **I** *n.* **1** (*Mar*) remo *m.* **2** (*Sport*) (*oarsman*) rematore *m.* (*f.* -trice), vogatore *m.* (*f.* -trice): *he is a good ~* è un buon rematore. **II** *v.i.* remare, vogare. □ *blade* pala di remo; *to lie on one's -s* (o *to rest on one's -s*): 1 (*Sport,Mar*) levare i remi; 2 (*fig*) (*to relax*) rilassarsi, concedersi un po' di riposo, concedersi un po' di respiro; 3 (*fig*) (*to rest on one's laurels*) dormire sugli allori, riposare sugli allori; *-s out!* arma remi!; (*colloq*) *to put in one's ~* intromettersi, immischiarsi, metterci il becco; *to put out the -s* armare i remi.

oarage /'ɔːrɪdʒ/ *n.* **1** (*ant*) il remare, il vogare, remata *f.* **2** (*ant*) (*rowing equipment*) remeggio *m.*, palamento *m.*

oared /ɔːd Am ɔːrd/ *a.* **1** a remi: *~ boat* barca a remi. **2** (*in compounds*) a... remi: *a four-~ boat* una barca a quattro remi.

oarless /'ɔːləs Am'ɔːrləs/ *a.* senza remi, privo di remi.

oarlock /'ɔːlɒk Am'ɔːrlɑːk/ *n.* (*Mar*) scalmiera *f.*, scalmo *m.*

oars /ɔːz Am ɔːrz/ *intz.* (*Mar,Sport*) leva remi!, fila remi!

oarsman /'ɔːzmən Am'ɔːrzmən/ *n.irr.* rematore *m.*, vogatore *m.*, voga *f.*

oarsmanship /'ɔːzmənʃɪp Am'ɔːrzmənʃɪp/ *n.*

---

abilità *f.* di vogatore.

oarswoman /'ɔːzˌwʊmən Am 'ɔːrzˌwʊmən/ *n.irr.* rematrice *f.*, vogatrice *f.*

oary /'ɔːri/ *a.* **1** (*ant*) simile a un remo. **2** (*ant*) (*having oars*) a remi.

OAS /ˌoʊeɪ'es/ *Organization of American States* OSA (Organizzazione degli Stati americani).

oasis /oʊ'eɪsɪs/ (*pl.* **-ses** /-siːz/) *n.* oasi *f.* (*anche fig*).

oast /oʊst/ *n.* forno *m.* per l'essiccazione del luppolo.

oasthouse /'oʊsthaʊs/ *n.* essiccatoio *m.* per il luppolo.

oat /oʊt/ *n.* **1** (*Bot*) avena *f.* **2** (*lett*) (*pipe*) zampogna *f.*, avena *f.* **3** *pl.* (*Bot,Alim*) (*as food*) avena *f.sing.*

oatcake /'oʊtkeɪk/ *n.* (*Gastron*) focaccia *f.* di farina d'avena.

oaten /'oʊtən/ *a.* **1** (*Gastron*) (*made of oats*) d'avena; (*made of oatmeal*) di farina d'avena. **2** (*made of oat straw*) fatto di paglia d'avena.

oater /'oʊtər/ *n.* (*spec. Am,Cin*) film *m.* western.

oath /oʊθ/ (*pl.* **oaths** /oʊðz/) *n.* **1** giuramento *m.*: *the witness took the ~* il testimone prestò giuramento; *to swear an ~* fare giuramento, giurare; *to take an ~* fare giuramento, giurare; *to break one's ~* violare il giuramento. **2** (*profane expression*) bestemmia *f.*, imprecazione *f.* □ *to bind so. by~* vincolare qcu. con (un) giuramento; *to take an ~ of so.* obbligare qcu. con un giuramento; (*Dir*) *to be under ~* essere sotto (il vincolo del) giuramento; (*poet*) *upon my ~!* parola mia!

oatmeal /'oʊtmiːl/ *n.* **1** farina *f.* d'avena. **2** (*porridge*) farinata *f.* d'avena. **3** (*colour*) colore *m.* grigio-giallo.

OAU /ˌoʊeɪ'juː/ (*Geog*) *Organization of African Unity* OUA (Organizzazione per l'unità africana).

ob. *obiit* ob. (morì, è deceduto).

Obadiah /ˌoʊbə'daɪə/ *n.pr.m.* (*Bibl*) Abdia.

obbligato, obligato /ˌɒblɪ'ɡɑːtoʊ Am ˌɑːblɪ'ɡɑːtoʊ/ **I** *a.* (*Mus*) obbligato. **II** *n.* (*pl.* **-s** /-z/) **1** accompagnamento *m.* obbligato. **2** (*motif*) motivo *m.* di fondo persistente.

obduracy /'ɒbdjʊrəsi Am 'ɑːbd(j)ʊrəsi/ *n.* **1** durezza *f.*, insensibilità *f.* **2** (*stubbornness*) ostinazione *f.*, caparbietà *f.*

obdurate /'ɒbdjʊr(e)ɪt Am 'ɑːbd(j)ʊrɪt/ *a.* **1** duro, insensibile. **2** (*stubborn*) ostinato, caparbio. **3** (*impenitent*) incallito, inveterato, impenitente: *an ~ sinner* un peccatore incallito.

obedience /oʊ'biːdiəns/ *n.* **1** ubbidienza *f.*, obbedienza *f.* (*to* a). **2** (*sphere of jurisdiction*) sfera *f.* di giurisdizione. □ *in ~ to* secondo, in conformità a, in osservanza a, attenendosi a: *to act in ~ to orders* agire secondo gli ordini; (*epist*) *in ~ to your wishes* conformemente ai vostri desideri.

obedient /oʊ'biːdiənt/ *a.* **1** ubbidiente, obbediente (*to* a): *an ~ child* un bambino ubbidiente. **2** (*subservient*) soggetto, sottomesso, docile. □ (*epist,ant*) *your ~ servant* Vostro devotissimo, Suo devotissimo.

obeisance /oʊ'beɪsəns Am also oʊ'biːsəns/ *n.* **1** (*fig*) deferenza *f.*, riverenza *f.* **2** (*bowing*)

---

inchino *m.*, riverenza *f.* □ (*fig*) *to do ~ to so.* rendere omaggio a qcu., inchinarsi a qcu.; *to make one's -s to so.* fare l'inchino a qcu.; (*fig*) *to pay ~ to so.* rendere omaggio a qcu., inchinarsi a qcu.

obeisant /oʊ'beɪsənt Am also oʊ'biːsənt/ *a.* deferente, riverente.

obelisk /'ɒbəlɪsk Am 'ɑːbəlɪsk/ *n.* **1** obelisco *m.* **2** (*Filol*) (*obelus*) obelo *m.*, obelisco *m.* **3** (*Tip*) croce *f.* (mortuaria).

obelize /'ɒbəlaɪz Am 'ɑːbəlaɪz/ *v.t.* (*Tip*) segnare con una croce (mortuaria).

obelus /'ɒbələs Am 'ɑːbələs/ (*pl.* **-li** /-laɪ/) *n.* (*Filol*) obelo *m.*, obelisco *m.*

obese /oʊ'biːs/ *a.* (*Med*) obeso.

obesity /oʊ'biːsɪti Am oʊ'biːsəti/ *n.* (*Med*) obesità *f.*

obey /oʊ'beɪ/ **I** *v.t.* **1** ubbidire a, obbedire a: *to ~ one's parents* ubbidire ai propri genitori. **2** (*to act in accordance with*) seguire, osservare, rispettare, attenersi a: *to ~ the dictates of conscience* seguire i dettami della coscienza. **3** (*of things: to respond to*) ubbidire a, rispondere a: *the ship -ed the helm* la nave ubbidì al timone. **II** *v.i.* ubbidire, obbedire.

obfuscate /'ɒbfəskeɪt Am 'ɑːbfəskeit/ *v.t.* **1** confondere, sconcertare, disorientare. **2** (*of the mind, etc.*) offuscare, annebbiare. **3** (*to make obscure*) oscurare, rendere oscuro, rendere confuso. **4** (*to darken*) offuscare, oscurare, ottenebrare.

obfuscation /ˌɒbfə'skeɪʃən Am ˌɑːbfə'skeɪʃən/ *n.* **1** confusione *f.*, disorientamento *m.*, annebbiamento *m.* **2** (*obscurity*) oscurità *f.*

ob-gyn /ˌoʊbiːdʒiːˌwaɪ'en/ *n.* **1** (*obstetrician-gynaecologist*) ostetrico-ginecologo *m.* **2** (*obstetrics and gynaecology*) ostetricia *f.* e ginecologia.

obit /oʊ'bɪt Br also 'ɒbɪt/ *n.* (*colloq*) (*obituary*) necrologio *m.*

obituarist /oʊ'bɪtjʊərɪst, ɒb'ɪtʃʊərɪst Am oʊ'bɪtʃʊərɪst/ *n.* necrologista *m./f.*

obituary /oʊ'bɪtjʊəri, ɒb'ɪtʃʊəri Am oʊ'bɪtʃʊeri/ **I** *n.* **1** (*Giorn*) necrologio *m.* **2** (*record of a death*) annuncio *m.* mortuario. **II** *a.* necrologico. □ *~ notice* necrologio.

object[1] /'ɒbdʒekt Am 'ɑːbdʒekt/ *n.* **1** oggetto *m.*, cosa *f.*: *a strange-looking ~* un oggetto dall'aspetto strano. **2** (*person or thing to which action or feeling is directed*) oggetto *m.*: *he was an ~ of pity to all* era oggetto di pietà per tutti. **3** (*end, aim*) obiettivo *m.*, fine *m.*, scopo *m.*, intento *m.*: *what is the ~ of this?* qual è lo scopo di ciò? **4** (*Gramm,Filos,Psic*) oggetto *m.* □ *~ ball* (*in billiards*) palla da colpire; (*Inform*) *~ code* codice oggetto; (*Tecn*) *~ finder* vite micrometrica; (*Ott*) *~ glass* obiettivo; (*Inform*) *~ language* linguaggio oggetto; (*Ott*) *~ lens* obiettivo; *~ lesson*: 1 dimostrazione pratica, esempio pratico; 2 (*Pedag*) (*lesson using a material object*) lezione pratica; *to make it one's ~ to do sth.* prefiggersi lo scopo di fare qcs.; *money is no ~* (*in job advertisements*) la retribuzione non costituirà ostacolo alla selezione; *when he goes on holiday expense is no ~* quando va in vacanza non bada a spese; *there is no ~ in wasting our money* non ha senso sprecare così il nostro denaro; (*Tecn*) *~ plate* piatto portaoggetti, tavolino portaoggetti; (*Tecn*) ~ *slide* vetrino portaoggetti; (*Topogr*) ~ *staff* stadia; *to do sth. with the* ~ *of* fare qcs. con l'intento di, fare qcs. allo scopo di; *with this* ~ a questo scopo, con questo fine.

object[2] /əb'dʒekt/ **I** *v.i.* **1** opporsi (*to* a), avere da obiettare, avere da eccepire (circa, su): *if you don't* ~ se non hai niente in contrario, se non ti dispiace; *do you* ~ *to my opening the window?* hai qualcosa in contrario se apro la finestra? **2** (*to be averse to*) essere contrario (a), non garbare (*costr.pers.*), non andare a genio: *I* ~ *to bad language* sono contrario al parlare sboccato. **3** (*Dir*) opporsi, sollevare un'obiezione. **II** *v.t.* obiettare, osservare.

objectification /əb,dʒektɪfɪ'keɪʃən/ *n.* oggettivazione *f.* (*anche Filos*).

objectify /əb'dʒektɪfaɪ/ *v.t.* oggettivare (*anche Filos*).

objection /əb'dʒekʃən/ **I** *n.* **1** obiezione *f.*, eccezione *f.*, opposizione *f.*: *if you have no* ~ se non hai niente da ridire, se non hai niente in contrario. **2** (*cause for objecting*) inconveniente *m.*, lato *m.* negativo, aspetto *m.* negativo, svantaggio *m.* **3** (*Dir*) obiezione *f.*, eccezione *f.* (processuale): *to raise an* ~ fare un'obiezione, muovere un'obiezione. **II** *intz.* (*Dir*) mi oppongo!, opposizione! □ (*Dir*) ~ *overruled* obiezione respinta; (*Dir*) ~ *sustained* obiezione accolta; *to take* ~ *to sth.* avere da obiettare su qcs.

objectionable /əb'dʒekʃənəbl/ *a.* **1** (*unpleasant*) antipatico, sgradevole, spiacevole. **2** (*offensive to good taste, etc.*) (di gusto) discutibile, di dubbio gusto. **3** (*that can be objected to*) che si può obiettare.

objective /əb'dʒektɪv/ **I** *n.* **1** obiettivo *m.*, fine *m.*, scopo *m.*, intento *m.*: *our main* ~ *was...* il nostro obiettivo principale era... **2** (*Mil,Ott,Fot*) obiettivo *m.* **3** (*Gramm*) caso *m.* oggettivo. **4** (*Filos*) oggetto *m.* **II** *a.* **1** (*unbiased,real*) obiettivo, oggettivo: ~ *criticism* critica obiettiva. **2** (*Gramm,Filos*) oggettivo.

objectiveness /əb'dʒektɪvnəs/ *n.* **1** obiettività *f.*, oggettività *f.* **2** (*impartiality*) obiettività *f.*, imparzialità *f.*, oggettività *f.*

objectivism /əb'dʒektɪvɪzm/ *n.* (*Filos,Art, Lett*) oggettivismo *m.*, obiettivismo *m.*

objectivist /əb'dʒektɪvɪst/ *n.* oggettivista *m./f.*

objectivity /,ɒbdʒek'tɪvɪti Am ,ɑ:bdʒek'tɪvəti/ *n.* **1** obiettività *f.*, oggettività *f.* **2** (*impartiality*) obiettività *f.*, imparzialità *f.*, oggettività *f.*

objectless /'ɒbdʒektləs Am ɑ:b'dʒektləs/ *a.* **1** (*aimless*) senza scopo, vuoto, inutile. **2** (*having no object*) senza oggetto.

objector /əb'dʒektər/ *n.* obiettore *m.* (*f.* -trice).

object-oriented /,ɒbdʒekt'ɔ:rientɪd Am ,ɑ:bdʒekt'ɔ:rientɪd/ *a.* (*Inform*) orientato a oggetti. □ (*Inform*) ~ *programming* programmazione orientata agli oggetti.

objet d'art /,ɒbʒer'dɑ: Am ,ɑ:bʒer'dɑ:r/ *n.* oggetto *m.* d'arte.

objet trouvé /,ɒbʒeitru:'vei Am ,ɑ:bʒeitru:'vei/ *n.* objet trouvé *m.* (oggetto comune trovato casualmente e trattato come arte).

objurgate /'ɒbdʒəgeit Am 'ɑ:bdʒərgeit/ *v.t.* (*lett,rar*) richiamare aspramente, riprendere aspramente, censurare.

objurgation /,ɒbdʒə'geiʃən Am ,ɑ:bdʒər'geiʃən/ *n.* (*lett,rar*) aspro richiamo *m.*, duro rimprovero *m.*

objurgatory /ɒb'dʒɜ:gətəri Am əb'dʒɜ:gətɔ:ri/ *a.* (*lett,rar*) duramente critico, di aspro biasimo.

oblate[1] /ou'bleit Am ɑ:'bleit/ *a.* (*Geom*) schiacciato ai poli.

oblate[2] /'ɒbleit Am 'ɑ:bleit/ *n.* (*Rel.catt*) oblato

m. (*f.* -a).

oblation /ou'bleiʃən/ *n.* (*Rel*) oblazione *f.*, offerta *f.*

oblational /ou'bleiʃənl/ *a.* (*Rel*) oblatorio.

oblatory /'ɒblətri Am 'ɑ:blətɔ:ri/ *a.* (*Rel*) oblatorio.

obligate[1] /'ɒbligeit Am 'ɑ:bligeit/ *v.t.* obbligare, vincolare.

obligate[2] /'ɒbligət Am 'ɑ:bligət/ *a.* (*Biol*) obbligatorio.

obligation /,ɒblɪ'geiʃən Am ,ɑ:blɪ'geiʃən/ *n.* **1** obbligo *m.*, vincolo *m.*, obbligazione *f.* **2** (*commitment*) obbligo *m.*, impegno *m.*, dovere *m.*: *to meet one's* -*s* far fronte ai propri impegni; *to fail to meet one's* -*s* non tener fede ai propri impegni. **3** (*indebtedness*) obbligo *m.*, debito *m.* di riconoscenza. **4** (*Dir, Econ*) obbligazione *f.*, impegno *m.* □ ~ *of contract* obblighi contrattuali; ~ *to notify* obbligo di denuncia; *to be under an* ~ *to so.* avere degli obblighi verso qcu.; *to be under an* ~ *to do sth.* essere nel dovere di fare qcs., essere tenuto a fare qcs.; *without* ~ senza impegno.

obligatoriness /ə'blɪgətərinəs Am ə'blɪg ətɔ:rinəs/ *n.* obbligatorietà *f.*

obligatory /ə'blɪgətəri Am ə'blɪgətɔ:ri/ *a.* **1** obbligatorio, d'obbligo: *voting is* ~ votare è obbligatorio. **2** (*incumbent*) obbligatorio (*on, upon* per). **3** (*binding*) vincolante (per).

oblige /ou'blaidʒ/ **I** *v.t.* **1** obbligare, fare obbligo a. **2** (*to compel*) costringere, obbligare: *I was -d to ask for help* fui costretto a chiedere aiuto. **3** (*to put under a debt of gratitude*) obbligare, far sentire in debito, rendere debitore: *your kindness -s me* la tua cortesia mi obbliga. **4** (*to do a favour*) fare un favore a, fare una cortesia a: *to* ~ *a friend* fare un favore a un amico. **5** (*Dir,rifl.*) *to* ~ *oneself* esporsi ai rigori della legge. **II** *v.i.* **1** essere servizievole, essere compiacente. **2** (*to do the favour of performing*) prestarsi gentilmente a eseguire (*with sth.* qcs.): *he -d with a piece on the piano* si prestò gentilmente a eseguire un pezzo al pianoforte. □ *to* ~ *so. with sth.* fare il piacere di prestare qcs. a qcu., fare il piacere di dare qcs. a qcu.

obliged /ou'blaidʒd/ *a.* **1** obbligato, grato, riconoscente: (*colloq*) *much* ~, *I'm sure!* obbligatissimo! **2** (*compelled*) obbligato, costretto: *to be* ~ *to do sth.* essere costretto a fare qcs.

obligee /,ɒblɪ'dʒi: Am ,ɑ:blɪ'dʒi:/ *n.* (*Dir*) obbligatario *m.* (*f.* -a).

obliger /ə'blaidʒər/ *n.* chi obbliga, chi costringe.

obliging /ə'blaidʒɪŋ/ *a.* servizievole, cortese, gentile, compiacente, condiscendente.

obligingness /ə'blaidʒɪŋnəs/ *n.* compiacenza *f.*, cortesia *f.*

obligor /,ɒblɪ'gɔ:r Am ,ɑ:blə'gɔ:r/ *n.* (*Dir*) obbligato *m.* (*f.* -a).

oblique /ou'bli:k/ **I** *a.* **1** obliquo. **2** (*inclined*) obliquo, inclinato, sghembo. **3** (*fig*) (*not straightforward*) indiretto: ~ *accusation* accusa indiretta. **4** (*fig*) (*underhand*) subdolo, sleale. **5** (*Gramm,Anat,Geom*) obliquo. **II** *n.* **1** cosa *f.* obliqua. **2** (*Anat*) muscolo *m.* obliquo. **III** *v.i.* (*Mil*) avanzare in senso obliquo. □ (*Geom*) ~ *angle* angolo obliquo; (*Geom*) ~ *angled* obliquangolo; (*Gramm*) ~ *case* caso obliquo; ~ *drawing* disegno in proiezione sghemba; (*Gramm*) ~ *speech* discorso indiretto.

obliquely /ou'bli:kli/ *avv.* **1** obliquamente, in senso obliquo, di sbieco. **2** (*fig*) indirettamente.

obliqueness /ou'bli:knəs/ *n.* **1** obliquità *f.* **2** (*fig*) tortuosità *f.*, ambiguità *f.*

obliquity /ou'blɪkwɪti Am ə'blɪkwəti/ *n.* **1** obliquità *f.* **2** (*fig*) aberrazione *f.*, perversione *f.*

obliterate /ə'blɪtəreit Am ou'blɪtəreit/ *v.t.* **1** distruggere, annientare, annullare, cancellare: *to* ~ *sth. from one's memory* cancellare qcs. dalla propria memoria. **2** (*to make undecipherable*) cancellare, rendere illeggibile, rendere indecifrabile. **3** (*of stamp, ticket*) obliterare.

obliteration /ə,blɪtə'reiʃən Am ou'blɪtə'reiʃən/ *n.* **1** cancellazione *f.*, distruzione *f.*, annientamento *m.* **2** (*cancelling*) obliterazione *f.*

oblivion /ə'blɪviən/ *n.* oblio *m.*, dimenticanza *f.* □ *to fall into* ~ (o *to sink into* ~) cadere nell'oblio; *we drank ourselves into* ~ *on New Year's Eve* a capodanno abbiamo bevuto tanto da non poterne più.

oblivious /ə'blɪviəs/ *a.* **1** (*unaware*) ignaro, inconsapevole (*to, of* di): ~ *to danger* ignaro del pericolo. **2** (*forgetful*) immemore, dimentico (*of* di).

obliviousness /ə'blɪviəsnəs/ *n.* oblio *m.*, dimenticanza *f.*

oblong /'ɒblɒŋ Am 'ɑ:blɑ:ŋ/ **I** *a.* **1** rettangolare. **2** (*Am*) oblungo. **II** *n.* **1** figura *f.* rettangolare. **2** (*Am*) figura *f.* oblunga.

obloquy /'ɒbləkwi Am 'ɑ:blɑ:kwi/ *n.* **1** onta *f.*, vergogna *f.*, infamia *f.* **2** (*censure*) calunnia *f.*; (*abuse*) insulto *m.*, ingiuria *f.*: *to heap* ~ *on so.* coprire qcu. d'insulti.

obmutescence /,ɒbmju:'tesəns Am ,ɑ:bmju: 'tesəns/ *n.* (*ant*) l'essere taciturno, l'essere silenzioso.

obmutescent /,ɒbmju:'tesənt Am ,ɑ:bmju: 'tesənt/ *a.* (*ant*) taciturno, silenzioso.

obnoxious /əb'nɒkʃəs Am əb'nɑ:kʃəs/ *a.* **1** (*offensive*) odioso, detestabile, sgradevole, antipatico. **2** (*annoying by being a show-off, etc.*) impertinente, petulante. **3** (*reprehensible*) biasimevole, riprovevole.

obnoxiousness /əb'nɒkʃəsnəs Am əb 'nɑ:kʃəsnəs/ *n.* odiosità *f.*, antipatia *f.*

oboe /'oubou/ *n.* **1** (*Mus*) oboe *m.* **2** (*in an organ*) registro *m.* dell'oboe.

oboist /'oubouist/ *n.* (*Mus*) oboista *m./f.*, oboe *m.*

obol /'ɒbəl Am 'ɑ:bəl/, **obolus** /'ɒbələs, 'ɑ: bələs/ (*pl.* **-li** /-lai/) *n.* (*Stor.gr*) obolo *m.*

obovate /ɒb'ouveit Am ɑ:b'ouveit/ *a.* (*Bot*) obovato.

obs. **1** *observation* (osservazione). **2** *observatory* (osservatorio). **3** *obsolete* ant. (antiquato).

obscene /əb'si:n/ *a.* **1** osceno, sconcio, indecente, (*ant*) impudico, licenzioso. **2** (*repulsive*) ripugnante, repellente.

obscenity /əb'seniti Am əb'senəti/ *n.* **1** oscenità *f.*, sconcezza *f.*, (*ant*) impudicizia *f.* **2** *pl.* (*obscene language*) oscenità *f.pl.*, sconcezze *f.pl.*

obscurant /ɒb'skjuərənt Am ɑ:b'skjurənt/ *n.* oscurantista *m./f.*

obscurantism /ɒb'skjuərəntɪzm Am ɑ:b 'skjurəntɪzm/ *n.* oscurantismo *m.*

obscurantist /ɒb'skjuərəntɪst Am ɑ:b 'skjurəntɪst/ **I** *n.* oscurantista *m./f.* **II** *a.* oscurantistico.

obscuration /,ɒbskju(ə)'reiʃən Am ,ɑ:bskju 'reiʃən/ *n.* **1** (*act of obscuring*) oscuramento *m.* **2** (*state of being obscure*) oscurità *f.*

obscure /əb'skjuə Am əb'skjur/ **I** *a.* **1** oscuro, incomprensibile: *an* ~ *passage* un brano oscuro. **2** (*ambiguous*) ambiguo, equivoco. **3** (*not well-known*) oscuro, sconosciuto, ignoto: *an* ~ *French novelist* un oscuro romanziere francese. **4** (*insignificant*) inglorioso, oscuro: ~ *death* morte ingloriosa. **5** (*indistinct*) indistinto, confuso, vago: *an* ~

figure una figura indistinta. **6** (*dark, gloomy*) oscuro, scuro, cupo, tenebroso. **II** *v.t.* **1** rendere oscuro, rendere poco chiaro, oscurare. **2** (*to hide from view*) nascondere. **3** (*to darken*) oscurare, offuscare. **4** (*fig*) oscurare, eclissare, mettere in ombra: *to ~ so.'s glory* oscurare la gloria di qcu.

obscureness /əb'skjʊəʳnəs *Am* əb'skjʊrnəs/ *n.* oscurità *f.* (*anche fig*).

obscurity /əb'skjʊərɪti *Am* əb'skjʊrəti/ *n.* **1** oscurità *f.*, incomprensibilità *f.* **2** (*inconspicuousness*) oscurità *f.*, ombra *f.*: *to live in ~* vivere nell'oscurità.

obsecration /ˌɒbsɪ'kreɪʃən *Am* ˌɑːbsɪ'kreɪʃən/ *n.* (*ant*) supplica *f.*, implorazione *f.*

obsequies /'ɒbsɪkwiz *Am* 'ɑːbsɪkwiz/ *n.pl.* esequie *f.pl.*

obsequious /əb'siːkwiəs/ *a.* servile, strisciante, adulatore, (*eccessivamente*) ossequioso: *~ courtiers* cortigiani servili.

obsequiousness /əb'siːkwiəsnəs/ *n.* atteggiamento *m.* servile, servilismo *m.*

observable /əb'zɜːvəbl *Am* əb'zɜːrvəbl/ *a.* **1** osservabile, visibile, distinguibile. **2** (*requiring observance*) da osservare. **3** (*of a holiday*) da rispettare, da osservare.

observably /əb'zɜːvəbli *Am* əb'zɜːrvəbli/ *avv.* visibilmente.

observance /əb'zɜːvəns *Am* əb'zɜːrvəns/ *n.* **1** osservanza *f.*, rispetto *m.*: *the ~ of a custom* il rispetto di un'usanza. **2** (*compliance*) osservanza *f.*, adempimento *m.*: *~ of the law* osservanza della legge. **3** (*performance of a ceremony, etc.*) celebrazione *f.* **4** (*ceremony, rite*) cerimonia *f.*, rito *m.*: *religious -s* cerimonie religiose. **5** (*rule, practice to be observed*) regola *f.* da osservare, norma *f.* da osservare. **6** (*act of observing*) osservazione *f.*

observant /əb'zɜːvənt *Am* əb'zɜːrvənt/ *a.* **1** dotato di spirito d'osservazione, pronto, sveglio. **2** (*attentive*) attento. **3** (*careful in observing*) osservante, rispettoso (*of* di): *to be ~ of the laws* essere osservante delle leggi.

Observant /əb'zɜːvənt *Am* əb'zɜːrvənt/ *n.* (*Rel.catt*) osservante *m.*, minore *m.* osservante.

observation /ˌɒbzə'veɪʃən *Am* ˌɑːbzəʳ'veɪʃən/ **I** *n.* **1** (*act*) osservazione *f.* **2** (*power*) spirito *m.* d'osservazione. **3** (*for scientific purposes*) osservazione *f.*: *~ of bird life* l'osservazione della vita degli uccelli. **4** (*result of scientific observation*) dato *m.*: *temperature -s* dati della temperatura. **5** (*examining, studying*) osservazione *f.*, esame *m.*, indagine *f.* (*anche Med*): *to be kept under ~* essere tenuto in osservazione. **6** (*remark*) osservazione *f.*, commento *m.* (*on* su). **7** (*observance*) osservanza *f.*, adempimento *m.* **8** (*Mar*) punto *m.* (nave): *to take an ~* fare il punto. **II** *a.* di osservazione, relativo all'osservazione. □ (*Aer*) *~ balloon* pallone osservatorio; (*Ferr*) *~ car* carrozza belvedere; (*Mil*) *~ post* osservatorio; (*Astron*) *~ satellite* satellite di osservazione; (*Ferr*) *~ train* treno con carrozze panoramiche per seguire le gare nautiche; *to be under ~* essere sotto osservazione; *to come under ~* cadere sotto gli occhi; *to keep under ~*: **1** (*Med*) tenere in osservazione; **2** (*to watch*) tenere d'occhio, sorvegliare; (*Med*) *~ ward* reparto osservazione.

observational /ˌɒbzə'veɪʃənəl *Am* ˌɑːbzəʳ'veɪʃənəl/ *a.* d'osservazione.

observatory /əb'zɜːvətəri *Am* əb'zɜːrvətɔːri/ *n.* osservatorio *m.*

observe /əb'zɜːv *Am* əb'zɜːrv/ **I** *v.t.* **1** osservare, guardare con attenzione. **2** (*to examine*) osservare, esaminare. **3** (*to comment, to*

remark) osservare, notare, rilevare. **4** (*to celebrate*) celebrare, festeggiare, commemorare; (*of a ceremony*) celebrare. **5** (*to obey, to comply with*) rispettare, seguire, osservare: *to ~ the law* rispettare la legge. **II** *v.i.* **1** essere attento, stare attento. **2** (*to act as an observer*) stare a osservare, essere in osservazione. **3** (*to comment, to remark*) fare commenti, fare osservazioni, esprimere un giudizio (*on, upon* su).

observer /əb'zɜːvəʳ *Am* əb'zɜːrvəʳ/ *n.* **1** osservatore *m.* (*f.* -trice). **2** (*onlooker*) osservatore *m.* (*f.* -trice), spettatore *m.* (*f.* -trice). **3** (*one that complies with a custom, etc.*) persona *f.* osservante.

observing /əb'zɜːvɪŋ *Am* əb'zɜːrvɪŋ/ *a.* osservatore.

obsess /əb'ses/ *v.t.* ossessionare, tormentare, perseguitare.

obsessed /əb'sest/ *a.* ossessionato (*with* da).

obsession /əb'seʃən/ *n.* ossessione *f.*, (*colloq*) fissazione *f.*, chiodo *m.* fisso: *to have an ~ with sth.* avere un'ossessione per qcs., essere ossessionato da qcs.

obsessional /əb'seʃənəl/ *a.* ossessivo.

obsessive /əb'sesɪv/ *a.* **1** ossessivo. **2** (*causing obsession*) ossessivo, ossessionante.

obsessive-compulsive /əbˌsesɪvkəm'pʌlsɪv/ *a.* (*Psic*) ossessivo compulsivo.

obsidian /əb'sɪdiən/ *n.* ossidiana *f.*

obsolescence /ˌɒbsə'lesəns *Am* ˌɑːbsə'lesəns/ *n.* obsolescenza *f.*

obsolescent /ˌɒbsə'lesənt *Am* ˌɑːbsə'lesənt *a.* **1** che sta cadendo in disuso, obsolescente. **2** (*becoming out-dated*) che sta diventando antiquato, che sta diventando sorpassato.

obsolete /'ɒbsəliːt *Am* ˌɑːbsə'liːt/ **I** *a.* **1** antiquato, caduto in disuso, disusato: *an ~ word* un vocabolo antiquato. **2** (*out-of-date*) antiquato, sorpassato, vecchio. **3** (*Biol*) rudimentale, obsoleto. **II** *v.t.* (*Am*) fare diventare obsoleto.

obsoletely /'ɒbsəliːtli *Am* ˌɑːbsə'liːtli/ *avv.* in modo antiquato.

obsoleteness /'ɒbsəliːtnəs *Am* ˌɑːbsə'liːtnəs/ *n.* l'essere antiquato.

obsoletism /'ɒbsəliːtɪzəm *Am* ˌɑːbsə'liːtɪzəm/ *n.* **1** (*obsoleteness*) l'essere antiquato. **2** (*obsolete thing*) cosa *f.* antiquata. **3** (*obsolete word*) parola *f.* antiquata, arcaismo *m.*

obstacle /'ɒbstəkl *Am* 'ɑːbstəkl/ *n.* ostacolo *m.*, impedimento *m.*, intralcio *m.*: *to be an ~ to sth.* essere un ostacolo per qcs. □ *to put -s in so.'s way* mettere i bastoni fra le ruote a qcu.; (*Sport*) *~ race* corsa a ostacoli.

obstetric /ɒb'stetrɪk *Am* ɑːb'stetrɪk/, **obstetrical** /ɒb'stetrɪkəl *Am* ɑːb'stetrɪkəl/ *a.* ostetrico.

obstetrician /ˌɒbstə'trɪʃən *Am* ˌɑːbstə'trɪʃən/ *n.* ostetrico *m.* (*f.* -a).

obstetrics /ɒb'stetrɪks *Am* ɑːb'stetrɪks/ *n.pl.* (*costr.sing.*) ostetricia *f.sing.*

obstinacy /'ɒbstɪnəsi *Am* 'ɑːbstɪnəsi/ *n.* ostinazione *f.*, caparbietà *f.*, testardaggine *f.*

obstinate /'ɒbstɪnət *Am* 'ɑːbstənət/ *a.* **1** ostinato, caparbio, testardo, cocciuto. **2** (*Med*) ostinato, ribelle.

obstreperous /əb'strepərəs/ *a.* **1** (*noisy*) chiassoso, rumoroso. **2** (*unmanageable*) turbolento, ribelle, indisciplinato.

obstreperousness /əb'strepərəsnəs/ *n.* **1** (*noisiness*) chiassosità *f.* **2** (*unmanageability*) turbolenza *f.*, indisciplinatezza *f.*

obstruct /əb'strʌkt/ *v.t.* **1** bloccare, ostruire, intasare, occludere: *to ~ the traffic* bloccare il traffico. **2** (*to hinder*) ostacolare, impedire, intralciare; (*of a person*) ostacolare. **3** (*to cut off from sight*) coprire, nascondere alla vista:

the lady's hat -ed my view il cappello della signora mi toglieva la visuale.

obstruction /əb'strʌkʃən *Am* ɑːb'strʌkʃən/ *n.* **1** ostruzione *f.*, blocco *m.*, intasamento *m.*, occlusione *f.* **2** (*hindrance*) ostacolo *m.*, impedimento *m.*, intralcio *m.*

obstructionism /əb'strʌkʃənɪzəm/ *n.* (*Parl*) ostruzionismo *m.*

obstructionist /əb'strʌkʃənɪst/ **I** *n.* ostruzionista *m./f.* (*anche Pol*). **II** *a.* ostruzionistico, ostruzionista.

obstructive /əb'strʌktɪv/ **I** *a.* che ostacola, che intralcia, che è d'intralcio, ostruttivo. **II** *n.* **1** (*thing*) ostacolo *m.*, intralcio *m.*, impedimento *m.* **2** (*person*) persona *f.* che ostacola, persona *f.* che intralcia. **3** (*Pol*) ostruzionista *m./f.*

obstructor /əb'strʌktəʳ/ *n.* **1** persona *f.* che ostacola, persona *f.* che intralcia. **2** (*opponent of progress*) oscurantista *m./f.*, retrivo *m.* (*f.* -a).

obstruent /'ɒbstruənt *Am* 'ɑːbstruənt/ *a.* **1** (*Med,rar*) ostruente. **2** (*Fon*) occlusivo. **II** *n.* (*Fon*) consonante *f.* occlusiva, occlusiva *f.*

obtain /əb'teɪn/ **I** *v.t.* **1** ottenere, conseguire, procurarsi: *to ~ information* ottenere informazioni. **2** (*a result*) raggiungere, conseguire. **3** (*to bring into being*) valere, procurare: *the speech -ed him a reputation for extremism* il discorso gli valse la fama di estremista. **II** *v.i.* (*of a custom, etc.*) essere praticato, essere in uso, essere in voga.

obtainable /əb'teɪnəbl/ *a.* **1** ottenibile, conseguibile, raggiungibile. **2** (*available*) disponibile (*anche Econ*).

obtainment /əb'teɪnmənt/ *n.* (*rar*) ottenimento *m.*, conseguimento *m.*, raggiungimento *m.*

obtected /ɒb'tektɪd *Am* ɑːb'tektɪd/ *a.* (*Entom*) coperto da un involucro chitinoso.

obtrude /əb'truːd/ **I** *v.t.* **1** imporre: *to ~ one's opinions on others* imporre le proprie opinioni agli altri. **2** (*to thrust out*) spingere (in) fuori, mettere fuori, sporgere, protendere. **II** *v.i.* imporsi.

obtruder /əb'truːdəʳ/ *n.* persona *f.* invadente.

obtrusion /əb'truːʒən/ *n.* (*something obtruded*) imposizione *f.*

obtrusive /əb'truːsɪv/ *a.* **1** invadente, importuno. **2** (*protruding*) sporgente, proteso.

obtund /ɒb'tʌnd *Am* ɑːb'tʌnd/ *v.t.* (*rar*) **1** ottundere, rendere ottuso, intorpidire. **2** (*Med*) (*of pain*) calmare, sedare.

obtundent /ɒb'tʌndənt *Am* ɑːb'tʌndənt/ **I** *a.* (*Farm*) calmante, sedativo, lenitivo. **II** *n.* (*Farm*) calmante *m.*, sedativo *m.*, lenitivo *m.*

obturate /'ɒbtjʊ(ə)reɪt *Am* 'ɑːbt(j)ʊreɪt/ *v.t.* (*rar*) otturare, chiudere, occludere, ostruire.

obturation /ˌɒbtjʊ(ə)'reɪʃən *Am* ˌɑːbt(j)ʊ'reɪʃən/ *n.* otturazione *f.*, occlusione *f.*

obturator /'ɒbtjʊ(ə)reɪtəʳ *Am* 'ɑːbt(j)ʊreɪtəʳ/ *n.* **1** otturatore *m.* (*anche Arm*). **2** (*Anat*) muscolo *m.* otturatore.

obtuse /ɒb'tjuːs *Am* ɑːb't(j)uːs/ *a.* **1** (*of people*) ottuso, tardo, lento. **2** (*Geom,Bot*) ottuso: *~ angle* angolo ottuso. **3** (*blunt*) smussato, arrotondato. **4** (*of pain*) sordo.

obtuse-angled /ɒbˌtjuːs'æŋgld *Am* ɑːbˌt(j)uːs'æŋgld/ *a.* (*Geom*) ottusangolo.

obtuseness /ɒb'tjuːsnəs *Am* ɑːb't(j)uːsnəs/ *n.* ottusità *f.*

obtusity /ɒb'tjuːsɪti *Am* ɑːb't(j)uːsəti/ *n.* ottusità *f.*

obverse /'ɒbvɜːs *Am* 'ɑːbvɜːrs/ **I** *n.* **1** (*of a coin, medal*) dritto *m.* **2** (*front surface*) dritto *m.*, davanti *m.* **3** (*Filos*) proposizione *f.* contraria. **II** *a.* **1** frontale, anteriore. **2** (*being a counterpart*) complementare.

obviate /'ɒbvɪeɪt *Am* 'ɑːbvɪeɪt/ *v.t.* **1** prevenire, evitare. **2** (*of a difficulty, etc.*) risolvere.

obvious /'ɒbvɪəs *Am* 'ɑ:bvɪəs/ *a.* **1** ovvio, evidente, chiaro, manifesto, lampante: *an ~ conclusion* una conclusione ovvia. **2** (*natural, clear*) logico, naturale, evidente: *the ~ thing to do* la cosa più logica da fare. **3** (*self-evident*) ovvio, evidente, lapalissiano: *an ~ remark* un'osservazione ovvia.

obviously /'ɒbvɪəsli *Am* 'ɑ:bvɪəsli/ *avv.* **1** ovviamente, evidentemente. **2** (*esclam.*) (ma) certo!, sicuro!, ovvio!

obviousness /'ɒbvɪəsnəs *Am* 'ɑ:bvɪəsnəs/ *n.* ovvietà *f.*, evidenza *f.*

OC /,ou'si:/ (*Mil*) *officer commanding* Com. (comandante).

Oc. *ocean* (oceano).

o.c. *only child* (figlio unico).

ocarina /,ɒkə'ri:nə *Am* ,ɑ:kə'ri:nə/ *n.* (*Mus*) ocarina *f.*

occasion /ə'keɪʒ(ə)n/ **I** *n.* **1** occasione *f.*, circostanza *f.*: *on the ~ of our last meeting* in occasione del nostro ultimo incontro; *on great -s* nelle grandi occasioni, nelle occasioni importanti. **2** (*suitable time*) occasione *f.*, momento *m.* adatto, momento *m.* (opportuno). **3** (*opportunity*) occasione *f.*, opportunità *f.*: *I have few -s to travel* ho poche occasioni di viaggiare. **4** (*event*) evento *m.*, circostanza *f.*, occasione *f.*; (*special, important event*) avvenimento *m.* **5** (*incidental, contributing cause*) occasione *f.*, causa *f.* immediata, pretesto *m.*, spunto *m.*, motivo *m.*, ragione *f.*: *to be the ~ for sth.* essere motivo di qcs., essere occasione di qcs.; *the border incident was the ~, not the cause, of the war* l'incidente di frontiera fu l'occasione, non la causa, della guerra. **6** (*need*) bisogno *m.*, necessità *f.*: *there is no ~ for worrying* non c'è bisogno di preoccuparsi. **7** (*time*) volta *f.*: *on the last ~* l'ultima volta. **II** *v.t.* provocare, causare, dare occasione a. □ *if the ~ arises* all'occasione, eventualmente, all'occorrenza; *for the ~* per l'occasione; *to give ~ to sth.* dare luogo a qcs., dare occasione a qcs., provocare qcs., causare qcs.; *to have ~ to*: **1** (*to have the opportunity*) avere occasione di, avere modo di; **2** (*in negatives: to have no reason*) non avere motivo di; *on ~* occasionalmente, di quando in quando, ogni tanto; *on rare -s* qualche rara volta, raramente; *on one ~* in un'occasione, una volta; *on the ~ of* in occasione di; *on this ~* in questa occasione, una volta; *as ~ requires* all'occorrenza, al bisogno, al caso; *to take ~ (to take the ~)* cogliere l'opportunità per fare qcs.; *if there is ~* all'occasione, eventualmente, all'occorrenza; *to rise to the ~* essere all'altezza della situazione.

occasional /ə'keɪʒ(ə)nəl/ *a.* **1** sporadico, saltuario, discontinuo: *~ labour* lavoro saltuario; *I like an ~ glass of wine* di tanto in tanto mi piace bere un bicchiere di vino. **2** (*occurring at a particular occasion*) d'occasione, di circostanza: *an ~ poem* una poesia d'occasione; *~ visit* visita di circostanza.

occasionalism /ə'keɪʒ(ə)nəlɪz(ə)m/ *n.* (*Filos*) occasionalismo *m.*

occasionalist /ə'keɪʒ(ə)nəlɪst/ *n.* (*Filos*) occasionalista *m./f.*

occasionally /ə'keɪʒ(ə)nəli/ *avv.* di tanto in tanto, di quando in quando, ogni tanto, occasionalmente.

occident /'ɒksɪd(ə)nt *Am* 'ɑ:ksədənt/ *n.* (*lett*) occidente *m.*, ovest *m.*, ponente *m.*

Occident /'ɒksɪd(ə)nt *Am* 'ɑ:ksɪdənt/ *n.* **1** Occidente *m.* **2** (*lett*) occidente *m.*, ovest *m.*, ponente *m.*

Occidental /,ɒksɪ'dent(ə)l *Am* ,ɑ:ksɪ'dentl/ **I** *a.* **1** (*Geog*) occidentale, dell'Occidente. **II** *n.* oc-

cidentale *m./f.*

Occidentalism /,ɒksɪ'dent(ə)lɪz(ə)m *Am* ,ɑ:ksɪ'dent(ə)lɪz(ə)m/ *n.* occidentalismo *m.*

Occidentalist /,ɒksɪ'dent(ə)lɪst *Am* ,ɑ:ksɪ'dent(ə)lɪst/ *n.* occidentalista *m./f.*

Occidentalize /,ɒksɪ'dent(ə)laɪz *Am* ,ɑ:ksə'dent(ə)laɪz/ *v.t.* occidentalizzare.

occipital /ɒk'sɪpɪt(ə)l *Am* ɑ:k'sɪpɪt(ə)l/ *a.* (*Anat*) occipitale.

occiput /'ɒksɪpʌt *Am* 'ɑ:ksɪpʌt/ (*pl.* **-s** /-s/ o **occipita** /ɒk'sɪpɪtə *Am* ɑ:k'sɪpɪtə/) *n.* (*Anat*) occipite *m.*

occlude /ə'klu:d/ **I** *v.t.* **1** occludere, ostruire, chiudere. **2** (*Dent*) occludere. **3** (*Chim*) assorbire, occludere. **II** *v.i.* **1** (*Dent*) occludere. **2** (*Meteor*) formare un fronte occluso. □ (*Meteor*) *-d front* fronte occluso.

occlusion /ə'klu:ʒ(ə)n/ *n.* **1** occlusione *f.*, ostruzione *f.* **2** (*Ling*) occlusione *f.* **3** (*Meteor*) fronte *m.* occluso. **4** (*Dent*) occlusione *f.* dentale. **5** (*Chim*) assorbimento *m.*, occlusione *f.* **6** (*Med*) occlusione *f.*

occult /ə'kʌlt/ **I** *a.* **1** occulto: *the ~ sciences* le scienze occulte. **2** (*mysterious*) occulto, arcano, misterioso. **3** (*secret*) occulto, segreto. **4** (*hidden*) nascosto (alla vista). **II** *n.* scienze *f.pl.* occulte. **III** *v.t.* **1** occultare, nascondere. **2** (*Astr*) occultare. **IV** *v.i.* essere occultato, essere celato alla vista.

occultation /,ɒkʌl'teɪʃ(ə)n *Am* ,ɑ:kʌl'teɪʃ(ə)n/ *n.* (*Astr*) occultazione *f.*

occulting /ə'kʌltɪŋ *Am* ə'kʌltɪŋ/ □ (*Mar*) *~ light* luce intermittente.

occultism /ə'kʌltɪz(ə)m/ *n.* occultismo *m.*

occultist /ə'kʌltɪst/ *n.* occultista *m./f.*

occultness /ə'kʌltnəs/ *n.* **1** l'essere occulto. **2** (*secrecy*) segretezza *f.*

occupancy /'ɒkjupənsi *Am* 'ɑ:kjupənsi/ *n.* **1** l'occupare, occupazione *f.* **2** (*of a house, hotel*) occupazione *f.* **3** (*Dir*) presa *f.* di possesso; (*of unowned property*) occupazione *f.*

occupant /'ɒkjupənt *Am* 'ɑ:kjupənt/ *n.* **1** occupante *m./f.*, abitante *m./f.*: *the -s of a house* gli occupanti di una casa. **2** (*one who has use, possession of something*) chi occupa, occupante *m./f.*: *the ~ of a telephone box* chi occupa una cabina telefonica. **3** (*one who holds a post, an office*) titolare *m./f.*

occupation /,ɒkju'peɪʃ(ə)n *Am* ,ɑ:kju'peɪʃ(ə)n/ *n.* **1** professione *f.*, occupazione *f.*, lavoro *m.*, impiego *m.* **2** (*activity in which one engages*) occupazione *f.*, attività *f.* **3** (*of a position: tenure*) permanenza *f.* in carica. **4** (*occupancy, tenancy*) possesso *m.* (di immobile). **5** (*Mil, Pol*) occupazione *f.*: *army of ~* esercito d'occupazione. □ *~bridge* cavalcavia privato, ponte privato; *by ~* di professione, di mestiere; (*Mil*) *~troops* truppe d'occupazione.

occupational /,ɒkju'peɪʃ(ə)nəl *Am* ,ɑ:kju'peɪʃ(ə)nəl/ *a.* professionale, occupazionale, del lavoro. □ *~ disease* malattia professionale; *~ hazard* rischio professionale, rischio del mestiere; (*Psic*) *~ neurosis* nevrosi professionale; (*Br*) *~ pension* pensione di lavoro; *~ psychology* psicologia del lavoro; *~ therapist* terapista, terapista occupazionale; *~ therapy* terapia occupazionale, ergoterapia; *~ training* addestramento professionale.

occupied /'ɒkjupaɪd *Am* 'ɑ:kju:paɪd/ *a.* **1** occupato (*anche Mil*). **2** (*busy*) occupato, impegnato (*with, in* con, a).

occupier /'ɒkjupaɪə *Am* 'ɑ:kju:paɪə/ *n.* **1** occupatore *m.* (*f.* -trice), occupante *m./f.* **2** (*Dir*) locatario *m.* (*f.* -a), affittuario *m.* (*f.* -a); (*owner*) proprietario *m.* (*f.* -a).

occupy /'ɒkjupaɪ *Am* 'ɑ:kju:paɪ/ *v.t.* **1** occupare (*anche Mil, Pol*). **2** (*of place: to fill up*) occupare, ingombrare, riempire: *the wardrobe*

occupies the whole corridor l'armadio occupa tutto il corridoio. **3** (*of time*) occupare. **4** (*rifl.*) *to ~ oneself* essere occupato, essere intento: *I occupied myself with gardening* mi occupai del giardinaggio. **5** (*of a post, an office*) occupare, coprire, ricoprire, rivestire.

occur /ə'kɜ:r *Am* ə'kɜ:r/ (*past, p.p.* **occurred** /-d/) *v.i.* **1** succedere, accadere, verificarsi, avvenire, capitare. **2** (*to be found, to appear*) presentarsi, trovarsi (in natura). **3** (*to come to mind*) venire in mente, saltare in mente (*to* a): *it did not ~ to me to call* non mi è venuto in mente di telefonare.

occurence /ə'kʌrəns *Am* ə'kɜ:rəns/ *n.* **1** (*event*) evento *m.*, avvenimento *m.*, fatto *m.*, caso *m.* **2** (*the fact of occurring*) il verificarsi.

ocean /'ouʃ(ə)n/ *n.* **1** oceano *m.*: *the Atlantic Ocean* l'oceano Atlantico. **2** (*fig*) immensità *f.*, oceano *m.*, mare *m.* **3** *pl.* (*colloq*) (*large amount*) (grande) quantità *f.*, oceano *m.sing.*: *sacco m.sing.*: *-s of money* un sacco di soldi. **4** (*Am*) (*the sea*) mare *m.* □ (*Am,fig*) *to be -s apart* essere lontanissimi; *~ current* corrente oceanica; *~ deep* fossa oceanica; (*Mus*) *~ drum* ocean drum; (*Mar*) *~ lane* rotta oceanica; *~ liner* transatlantico; (*Itt*) *~ sunfish* mola.

oceanarium /,ouʃə'neərɪəm *Am* ,ouʃə'nerɪəm/ *n.* acquario *m.* all'aperto.

ocean-going /'ouʃ(ə)n,gouɪŋ/ *a.* (*Mar*) alturiero, d'altura, d'alto mare: *~ ship* nave alturiera.

Oceania /,ouʃi'eɪnɪə *Am* ,ouʃi'ænɪə/ *n.pr.* (*Geog*) Oceania *f.*

Oceanian /,ouʃi'eɪnɪən *Am* ,ouʃi'ænɪən/ **I** *a.* oceaniano, dell'Oceania. **II** *n.* oceaniano *m.* (*f.* -a).

oceanic /,ouʃi'ænɪk/ *a.* **1** oceanico, dell'oceano: *~ fish* pesci oceanici. **2** (*of climate*) oceanico. **3** (*fig*) immenso, oceanico. **II** *n.pl.* (*costr.sing.*) oceanografia *f.*

Oceanid /ou'si:ənɪd/ (*pl.* **Oceanides** /,ousi'ænɪdi:z/) *n.* (*Mitol*) Oceanide *f.*, Oceanina *f.*

oceanographer /,ouʃ(i)ə'nɒgrəfə *Am* ,ouʃ(i)ə'grɑ:fər/ *n.* oceanografo *m.* (*f.* -a).

oceanographic /,ouʃ(i)ə'nou'græfɪk/ *a.* oceanografico.

oceanographical /,ouʃ(i)ə'nou'græfɪk(ə)l/ *a.* oceanografico.

oceanography /,ouʃ(i)ə'nɒgrəfi *Am* ,ouʃ(i)ə'nɑ:grəfi/ *n.* oceanografia *f.*

oceanology /,ouʃ(i)ə'nɒlədʒi *Am* ,ouʃ(i)ə'nɑ:lədʒi/ *n.* oceanologia *f.*

Oceanus /ou'si:ənəs/ *n.pr.m.* (*Mitol*) Oceano.

ocellate /'ɒsɪleɪt *Am* 'ɑ:sɪleɪt/, **ocellated** /'ɒsɪleɪtɪd *Am* 'ɑ:sɪleɪtɪd/ *a.* **1** (*Zool*) ocellato. **2** (*eyelike*) simile a un occhio, oculiforme.

ocellus /ou'seləs/ (*pl.* **-li** /-laɪ/) *n.* (*Zool*) ocello *m.*

ocelot /'ɒsɪlɒt *Am* 'ɑ:sələ:t/ *n.* (*Zool*) gattopardo *m.* americano, ozelot *m.*

och /ɑ:x/ *intz.* (*Scott,Ir*) **1** (*to express regret*) oh!, ohi!, ahimè! **2** (*to express surprise*) oh!, ah!

ocher /'oukər/ *n.* (*Am*) **1** (*Min*) ocra *f.* **2** (*colour*) ocra *m.*, color *m.* ocra.

ocherous /'oukərəs/ *n.* (*Am*) **1** ocraceo. **2** (*in colour*) ocraceo, color ocra.

ochlocracy /ɒk'lɒkrəsi *Am* ɑ:k'lɑ:krəsi/ *n.* (*lett*) oclocrazia *f.*

ochlocrat /'ɒkləkræt *Am* 'ɑ:kləkræt/ *n.* (*lett*) sostenitore *m.* (*f.* -trice) dell'oclocrazia.

ochlocratic /ɒklə'krætɪk *Am* ɑ:klə'krætɪk/ *a.* (*lett*) oclocratico.

ochre /'oukər/ *n.* **1** (*Min*) ocra *f.* **2** (*colour*) ocra *m.*, color *m.* ocra.

ochreous /'oukrɪəs, 'oukrəs/ *a.* **1** ocraceo. **2** (*in colour*) ocraceo, color ocra.

o'clock /ə'klɒk *Am* ə'klɑ:k/ *avv.* secondo l'orologio, in punto: *it is eleven ~* sono le undici (in punto). □ (*Br*) *what ~ is it?* che ore sono?; che ora è?

OCR /ˌousi:'ɑ:r/ *Optical Character Recognition* OCR (riconoscimento ottico di caratteri).

oct. (*Tip*) *octavo* in-8 (in-ottavo).

Oct. *October* ott. (ottobre).

octachord /'ɒktəkɔ:rd/ *n.* **1** (*Mus*) ottacordo *m.* **2** (*series of eight tones*) serie *f.* di otto toni.

octad /'ɒktæd *Am* 'ɑ:ktæd/ *n.* **1** ottetto *m.*, gruppo *m.* di otto unità. **2** (*Chim*) elemento *m.* ottovalente, radicale *m.* ottovalente.

octagon /'ɒktəgən *Am* 'ɑ:ktəgɑ:n/ *n.* (*Geom*) ottagono *m.*

octagonal /ɒk'tægənəl *Am* ɑ:k'tægənəl/ *a.* ottagonale.

octahedral /ˌɒktə'hi:drəl, ˌɒktə'hedrəl *Am* ˌɑ:ktə'hi:drəl/ *a.* (*Geom,Min*) ottaedrico.

octahedron /ˌɒktə'hi:drən, ˌɒktə'hedrən *Am* ˌɑ:ktə'hi:drən/ (*pl.* **-s** /-z/ o **-dra** /-drə/) *n.* (*Geom*) ottaedro *m.*

octal /'ɒktəl *Am* 'ɑ:ktəl/ *a.* ottale. □ (*Inform*) *~ digit* cifra ottale.

octane /'ɒkteɪn *Am* 'ɑ:kteɪn/ *n.* (*Chim*) ottano *m.* □ (*Mot*) *~ number* (o *~ rating*) numero di ottano.

octangular /ɒk'tæŋgjulər *Am* ɑ:k'tæŋgjulər/ *a.* (*ant*) ottangolare, ottagonale.

octant /'ɒktənt *Am* 'ɑ:ktənt/ *n.* (*Geom,Astr,Mar*) ottante *m.*

octave /'ɒkt(e)ɪv *Am* 'ɑ:kt(e)ɪv/ *n.* **1** (*Mus,Lit*) ottava *f.* **2** (*Metr*) (*stanza*) ottava *f.*, ottava rima *f.*; (*of a sonnet*) primi otto versi *m.pl.* **3** (*group of eight*) ottetto *m.* □ (*Mus*) *~ flute* ottavino, flauto piccolo.

Octavia /ɒk'teɪviə *Am* ɑ:k'teɪviə/ *n.pr.f.* Ottavia.

Octavian /ɒk'teɪviən *Am* ɑ:k'teɪviən/ *n.pr.m.* Ottaviano.

Octavius /ɒk'teɪviəs *Am* ɑ:k'teɪviəs/ *n.pr.m.* Ottavio.

octavo /ɒk'teɪvou *Am* ɑ:k'teɪvou/ **I** *n.* (*pl.* **-s** /-z/) **1** (*Cart*) (*size*) formato *m.* in ottavo. **2** (*page*) foglio *m.* in ottavo, pagina *f.* in ottavo. **II** *a.* in ottavo.

octennial /ɒk'teniəl *Am* ɑ:k'teniəl/ *a.* **1** (*occurring every eight years*) che ha luogo ogni otto anni. **2** (*lasting eight years*) che dura otto anni.

octet /ɒk'tet *Am* ɑ:k'tet/ *n.* **1** (*Mus,Chim*) ottetto *m.* **2** (*group of eight*) ottetto *m.*, gruppo *m.* di otto unità. **3** (*Metr*) (*of a sonnet*) primi otto versi *m.pl.*

octette /ɒk'tet *Am* ɑ:k'tet/ *n.* **1** (*Mus,Chim*) ottetto *m.* **2** (*group of eight*) ottetto *m.*, gruppo *m.* di otto unità. **3** (*Metr*) (*of a sonnet*) primi otto versi *m.pl.*

October /ɒk'toubər *Am* ɑ:k'toubər/ *n.* ottobre *m.*: *in ~* in ottobre, a ottobre. □ (*Stor*) *Revolution* rivoluzione d'ottobre.

Octobrist /ɒk'toubrɪst *Am* ɑ:k'toubrɪst/ *n.* (*Stor*) ottobrista *m.*

octodecimo /ˌɒktou'desɪmou *Am* ˌɑ:ktou'desɪmou/ **I** *n.* (*pl.* **-s** /-z/) **1** (*Cart*) formato *m.* in diciottesimo. **2** (*page*) foglio *m.* in diciottesimo. **II** *a.* in diciottesimo.

octogenarian /ˌɒktoudʒɪ'neəriən *Am* ˌɑ:ktoudʒɪ'neriən/ **I** *a.* ottuagenario. **II** *n.* ottuagenario *m.* (*f.* -a).

octogenary /ɒk'tɒdʒɪnəri *Am* ɑ:k'tɑ:dʒineri/ **I** *a.* ottuagenario. **II** *n.* ottuagenario *m.* (*f.* -a).

octonary /'ɒktounəri *Am* 'ɑ:ktəneri/ **I** *a.* **1** del numero otto. **2** (*consisting of eight*) costituito da otto elementi, costituito da otto parti. **3** (*in sets of eight*) in serie di otto. **4** (*Metr*) ottonario. **II** *n.* (*Metr*) ottonario *m.*,

ottosillabo *m.*

octopus /'ɒktəpəs *Am* 'ɑ:ktəpəs/ (*pl.* **-puses** /-pəsɪz/ o **-pi** /-paɪ/) *n.* **1** (*Zool*) polpo *m.*, piovra *f.* **2** (*fig*) piovra *f.*

octoroon /ˌɒktə'ru:n *Am* ˌɑ:ktə'ru:n/ *n.* (*ant, spreg*) meticcio *m.* (*f.* -a) con un ottavo di sangue nero.

octosyllabic /ˌɒktousɪ'læbɪk *Am* ˌɑ:ktousɪ'læbɪk/ **I** *a.* (*Metr*) di otto sillabe, ottonario; (*of poetry*) in ottonari. **II** *n.* ottonario *m.*, ottosillabo *m.*

octosyllable /'ɒktou,sɪləbl *Am* 'ɑ:ktou,sɪləbl/ *n.* **1** parola *f.* di otto sillabe. **2** (*Metr*) ottonario *m.*

octroi /'ɒktrɔɪ, 'ɒktrwɑ: *Am* 'ɑ:ktrɔɪ/ *n.* **1** dazio *m.* comunale. **2** (*place*) dazio *m.*

octuple /'ɒktjupl *Am* 'ɑ:ktjə:pl/ **I** *a.* ottuplo. **II** *n.* ottuplo *m.* **III** *v.t.* ottuplicare.

octyl /'ɒkt(a)ɪl *Am* 'ɑ:ktəl/ *n.* (*Chim*) *~ phenol* ottilfenolo.

ocular /'ɒkjulər *Am* 'ɑ:kjulər/ **I** *a.* **1** oculare. **2** (*visible*) visibile. **II** *n.* oculare *m.*

oculate /'ɒkjul(e)ɪt *Am* 'ɑ:kjul(e)ɪt/ *a.* (*Zool*) ocellato.

oculist /'ɒkjulɪst *Am* 'ɑ:kjulɪst/ *n.* oculista *m./f.*, oftalmologo *m.* (*f.* -a).

oculistic /ˌɒkju'lɪstɪk *Am* ˌɑ:kju'lɪstɪk/ *a.* oculistico, oftalmico.

OD /ˌou'di:/ **I** *n.* (*Am,sl*) (*overdose*) overdose *f.* **II** *v.i.* prendere una dosa eccessiva (*on* di).

o/d. (*Econ*) *on demand* a/v (a vista).

odalisk, odalisque /'oudəlɪsk/ *n.* odalisca *f.*

odd /ɒd *Am* ɑ:d/ **I** *a.* **1** (*of a number*) dispari. **2** (*strange*) strano, originale, singolare, curioso: *the ~ thing (about it) is that...* la cosa strana è che...; *an ~ idea* una strana idea. **3** (*eccentric*) eccentrico, stravagante, bizzarro. **4** (*lacking its mate or mates*) scompagnato: *an ~ shoe* una scarpa scompagnata. **5** (*of a pair: not matching*) spaiato, scompagnato: *to wear ~ socks* portare calzini spaiati. **6** (*left over*) (che è) in più, (che è) in soprannumero, che avanza. **7** (*after a number*) poco più, e rotti: *the audience numbered fifty ~* il pubblico ammontava a poco più di cinquanta persone; *twelve pounds ~* dodici sterline e rotti. **8** (*miscellaneous*) vario, misto, assortito: *~ bits of information* informazioni varie. **9** (*occasional*) sporadico, saltuario: *I like the ~ drink* ogni tanto mi piace bere qualcosa. **10** (*unusual*) insolito, singolare: *an ~ choice* una scelta insolita. **11** (*of places*) appartato, (che è) fuori mano, isolato. **II** *n.* (*Sport*) colpo *m.* extra; (*stroke deducted*) colpo *m.* detratto dal punteggio (di un giocatore in vantaggio). □ *~ and even* pari e dispari; *to give -s* scommettere; *~ job:* 1 lavoro occasionale (riparazioni, giardinaggio); 2 (*household chore*) lavoretto; *~ jobbing* il fare dei lavori occasionali (riparazioni, giardinaggio); *~ lot:* 1 mescolanza casuale di cose; 2 (*Am,Econ*) spezzatura; *~ man out:* 1 (*fig*) intruso, elemento che non centra; 2 (*system of choice*) sistema di scelta di qcu., sistema di eliminazione di qcu. (tirando a sorte ecc.); *at ~ moments* a tempo perso, nei ritagli di tempo; *~ one out* estraneo, elemento che non centra.

oddball /'ɒdbɔ:l *Am* 'ɑ:dbɔ:l/ *n.* (*colloq*) persona *f.* strana, persona *f.* stramba, stravagante *m./f.*, caso *m.* patologico. **II** *a.* (*colloq*) strano, strambo, eccentrico.

Oddfellow /'ɒd,felou *Am* 'ɑ:d,felou/ *n.* (*Stor*) membro *m.* di una società segreta.

oddish /'ɒdɪʃ *Am* 'ɑ:dɪʃ/ *a.* piuttosto strano, piuttosto bizzarro, piuttosto stravagante.

oddity /'ɒdɪti *Am* 'ɑ:dəti/ *n.* **1** singolarità *f.*, particolarità *f.*, stranezza *f.* **2** (*bizarreness*) eccentricità *f.*, stravaganza *f.*, bizzarria *f.* **3**

(*strange thing*) stranezza *f.*, cosa *f.* strana. **4** (*eccentric person*) originale *m./f.*, stravagante *m./f.*

odd-job /ɒd'dʒɒb *Am* 'ɑ:dˌdʒɑ:b/ □ *~ man* uomo tuttofare.

odd-looking /ɒd'lukɪŋ *Am* ɑ:d'lukɪŋ/ *a.* dall'aspetto strano.

oddly /'ɒdli *Am* 'ɑ:dli/ *avv.* stranamente. □ *~ enough* strano a dirsi, stranamente.

oddment /'ɒdmənt *Am* 'ɑ:dmənt/ *n.* **1** rimanenza *f.* **2** *pl.* (*odds and ends*) cianfrusaglie *f.pl.* **3** *pl.* (*Comm*) rimanenze *f.pl.*, scampoli *m.pl.*, fondi *m.pl.* di magazzino.

oddness /'ɒdnəs *Am* 'ɑ:dnəs/ *n.* stranezza *f.*, originalità *f.*, bizzarria *f.*

odds /ɒdz *Am* ɑ:dz/ *n.pl.* **1** (*in betting*) quotazione *f.sing.* **2** (*in horse betting*) quotazione *f.sing.*, quota *f.sing.*: *the ~ are six to one against this horse* la quotazione di questo cavallo è di sei a uno. **3** (*probability*) probabilità *f.pl.*: *the ~ are that they will draw* ci sono molte probabilità che pareggino; *the ~ are in your favour* le probabilità sono in tuo favore, le probabilità sono a tuo favore, la bilancia pende dalla tua parte; *the ~ are five to one* le probabilità sono cinque a uno; *the odds are even* le probabilità sono pari. **4** (*balance of advantage, disadvantage*) circostanze *f.pl.* (favorevoli, sfavorevoli): *to win against heavy ~* vincere a dispetto delle circostanze avverse. **5** (*margin*) margine *m.*: *to win an election by long ~* vincere un'elezione con un grosso margine. **6** (*Sport*) vantaggio *m.*, abbuono *m.*; (*handicap*) handicap *m.* **7** (*inequalities*) disuguaglianze *f.pl.*, differenze *f.pl.*, disparità *f.pl.* □ *the ~ against sth.* le possibilità di insuccesso di qcs.; *~ and ends:* 1 avanzi d'ogni genere, rimasugli vari; 2 (*trifles*) cianfrusaglie (*Br,sl*) *~ and sods:* 1 articoli vari; 2 (*people*) persone varie; *to be at ~ with so. over sth.* trovarsi in disaccordo con qcu. su qcs.; *to be at ~ with sth.* essere in contraddizione con qcs.; *to set two people at ~* mettere in contrasto due persone, mettere zizzania fra due persone; (*Am*) *by all ~* certamente, sicuramente, senz'altro; *to give ~* scommettere; (*Br,colloq*) *it makes no ~* non fa differenza, è la stessa cosa; *what ~ does it make?* che differenza fa?; *over the ~* di troppo, in più; *to take ~* accettare scommesse; *the ~ are* molto probabilmente; *what's the ~?* che differenza fa?

odds-on /ˌɒdz'ɒn *Am* ˌɑ:dz'ɑ:n/ *a.* **1** dato per vincente, favorito. **2** (*of a chance, bet*) piuttosto certo, piuttosto sicuro. □ *the ~ favourite* il gran favorito.

ode /oud/ *n.* (*Lett*) ode *f.* □ (*Mus*) *Ode to Joy* Inno alla gioia.

odeum /ou'di:əm, 'oudiəm/ (*pl.* **odea** /ou'di:ə, 'oudiə/ o **-s** /-z/) *n.* **1** auditorio *m.* **2** (*Archeol*) odeon *m.*, odeo *m.*

Odin /'oudɪn/ *n.pr.m.* (*Mitol.nord*) Odino.

odious /'oudiəs/ *a.* odioso, detestabile. **2** (*disgusting*) disgustoso, ripugnante.

odiousness /'oudiəsnəs/ *n.* odiosità *f.*

odium /'oudiəm/ *n.* **1** odio *m.*, abominio *m.*, avversione *f.* profonda. **2** (*opprobrium*) ignominia *f.*, infamia *f.*, obbrobrio *m.* □ *to bring ~ on* (o *to bring ~ upon*) *so.* coprire qcu. d'infamia.

odometer /ou'dɑ:mətər/ *n.* (*Am*) odometro *m.*; (*in automobiles, etc.*) contachilometri *m.*

odontalgia /ˌoudn'tældʒiə *Am* ˌoudɑ:n'tældʒ(i)ə/ *n.* (*Med*) odontalgia *f.*

odontalgic /ˌoudn'tældʒɪk *Am* ˌoudɑ:n'tældʒɪk/ *a.* (*Med*) odontalgico.

odontological /ˌoudɒntə'lɒdʒɪkəl *Am* ˌoudɑ:ntə'lɑ:dʒɪkəl/ *a.* (*Med*) odontologico.

odontologist /ˌoudɒn'tɒlədʒɪst *Am* ˌoudɑ:n-

'tɑːlədʒɪst/ *n*. (*Med*) odontoiatra *m./f.*

odontology /ˌoʊdɒnˈtɒlədʒi *Am* ˌoʊdɑːn- 'tɑːlədʒi/ *n*. (*Med*) odontologia *f.*, odontoiatria *f.*

odor /ˈoʊdər/ *n*. (*Am*) **1** odore *m*. **2** (*sweet smell*) profumo *m*., fragranza *f*., buon odore *m*. **3** (*bad smell*) puzzo *m*., tanfo *m*., cattivo odore *m*.

odoriferous /ˌoʊdərˈɪfərəs *Am* ˌoʊdəˈrɪfərəs/ *a*. **1** odorifero. **2** (*sweet-smelling*) odoroso, profumato, fragrante.

odorous /ˈoʊdərəs/ *a*. **1** che emana un odore. **2** (*sweet-smelling*) odoroso, profumato, fragrante.

odorousness /ˈoʊdərəsnəs/ *n*. l'essere odoroso.

odour /ˈoʊdər/ *n*. **1** odore *m*. **2** (*sweet smell*) profumo *m*., fragranza *f*., buon odore *m*. **3** (*bad smell*) puzzo *m*., tanfo *m*., cattivo odore *m*. □ *to die in* (*the*) ~ *of sanctity* morire in odore di santità.

odourless /ˈoʊdərləs/ *a*. inodoro, privo di odore.

Odyssean /ˌɒdɪˈsiːən *Am* ˌɑːdɪˈsiːən/ *a*. dell'Odissea, odisseico.

Odyssey /ˈoʊdɪsjuːs *Am also* oʊˈdɪsiəs/ *n.pr.m.* (*Mitol*) Odisseo.

odyssey /ˈɒdɪsi *Am* ˈɑːdɪsi/ *n*. (*fig*) odissea *f.*

Odyssey /ˈɒdɪsi *Am* ˈɑːdɪsi/ *n*. (*Lett*) Odissea *f.*

OE (*Ling*) *Old English* (antico inglese).

OECD /ˌoʊiːsiːˈdiː/ *Organization for Economic Co-operation and Development* OCSE (Organizzazione per la cooperazione e lo sviluppo economico).

OED /ˌoʊiːˈdiː/ *Oxford English Dictionary* OED (dizionario inglese della Oxford University Press).

oedema /ɪˈdiːmə/ (*pl*. **-ta** /-tə *Am* -ṭə/) *n*. (*Med*) edema *m.*

oedematous /ɪˈdiːmətəs, ɪˈdemətəs *Am* ɪˈdemətəs/ *a*. (*Med*) edematoso.

Oedipus /ˈiːdɪpəs *Am also* ˈedɪpəs/ *n.pr.m.* (*Mitol*) Edipo. □ (*Psic*) ~ *complex* complesso di Edipo.

OEEC /ˌoʊiːiːˈsiː/ (*Stor*) *Organization for European Economic Co-operation* OECE (Organizzazione europea per la cooperazione economica).

oeil-de-boeuf /ˌœdəˈbœf/ *n*. (*Arch*) occhio *m*. di bue, occhio *m.*

OEM /ˌoʊiːˈem/ *original equipment manufacturer* OEM (produttore di apparecchiature originali).

oenological /ˌiːnəˈlɒdʒɪkəl *Am* ˌiːnəˈlɑːdʒɪkəl/ *a*. enologico.

oenologist /iːˈnɒlədʒɪst *Am* iːˈnɑːlədʒɪst/ *n*. enologo *m*. (*f*. -a).

oenology /iːˈnɒlədʒi *Am* iːˈnɑːlədʒi/ *n*. enologia *f.*

oenophile /ˈiːnoʊfaɪl/ *n*. enofilo *m.*

o'er /ɔər, ɔːr, əʊər *Am* ɔːr, oʊər/ *prep./avv.* (*poet*) (*over*) su, sopra.

oesophageal /ˌiːsɒfəˈdʒiːəl *Am* ɪˌsɑːfəˈdʒiːəl/ *a*. (*Anat*) esofageo, dell'esofago.

oesophagus /ɪˈsɒfəgəs *Am* ɪˈsɑːfəgəs/ (*pl*. **-gi** /-dʒaɪ/ *o* **-guses** /-gəsɪz/) *n*. (*Anat*) esofago *m.*

oestradiol /ˌiːstrəˈdaɪɒl, ˌestrəˈdaɪɒl *Am* ˌestrəˈdaɪɒl/ *n*. (*Biol*) estradiolo *m.*

oestrogen /ˈestroʊdʒən *Br also* ˈiːstroʊdʒən/ *n*. (*Biol*) estrogeno *m.*

oestrous /ˈiːstrəs *Am* ˈestrəs/ *a*. (*Zool*) estrale.

oestrum /ˈiːstrəm *Am* ˈestrəm/ *n*. (*Zool*) estro *m*. (venereo), calore *m.*

oestrus /ˈiːstrəs *Am* ˈestrəs/ *n*. (*Zool*) estro *m*. (venereo), calore *m.*

of /əv *emphatic* ɒv/ *prep*. **1** di: *the capital* ~ *France* la capitale della Francia; *give me some* ~ *that bread* dammi un po' di quel pane; *a painter* ~ *landscapes* un pittore di pa-

esaggi; *the love* ~ *a mother* l'amore di una madre. **2** (*to indicate inclusion*) di, tra, fra: *one* ~ *us* uno di noi. **3** (*out of*) tra, fra: *you*, ~ *all people* proprio tu, fra tutti. **4** (*descriptive genitive*) di: *the city* ~ *Palermo* la città di Palermo. **5** (*having as a quality*) di, *often translated with the corresponding adjective*: *a painter* ~ *genius* un pittore di talento; *a man* ~ *ability* un uomo abile. **6** (*to indicate material, contents*) di, in: *made* ~ *plastic* fatto di plastica; *a house* ~ *wood* una casa in (*o* di) legno. **7** (*to indicate distance, separation*) da, di: *within a month* ~ *his death* a un mese dalla sua morte; *north* ~ *Newcastle* a nord di Newcastle. **8** (*to indicate origin*) di, da: *a man* ~ *good birth* un uomo di buona famiglia. **9** (*to indicate cause*) di, per, da: *to die* ~ *hunger* morire di fame; *to do sth. out* ~ *necessity* fare qcs. per necessità. **10** (*to indicate riddance, deprivation*) di, da: *to get rid* ~ *so.* liberarsi di qcu.; *free* ~ *duty* esente da dazio. **11** (*relating to, about*) di, su, circa: *tales* ~ *the sea* racconti del mare; *to talk* ~ *politics* parlare di politica. **12** (*in respect to*) in, di, a: *to be slow* ~ *speech* essere lento nel parlare. **13** (*in time expressions about habitual activities*) di, *often not translated*: *what do you do* ~ *an evening?* come passi la sera?; *to work* ~ *nights* lavorare di notte. **14** (*on the part of*) da parte di: *it was kind* ~ *you* è stato gentile da parte tua. **15** (*rar*) (*by*) da: *beloved* ~ *all* amato da tutti.

off /ɔːf/ **I** *avv*. **1** (*to indicate distance*) lontano, distante, a... di distanza: *ten miles* ~ lontano dieci miglia, a dieci miglia di distanza. **2** (*of time*) lontano (nel tempo): *the end is not far* ~ la fine non è lontana. **3** (*away from a place*) via: *the dog ran* ~ il cane corse via. **4** (*aside*) da (una) parte, di fianco, di lato, *often translated with the corresponding verb*: *he turned* ~ *instead of following the main road* voltò invece di seguire la strada principale. **5** (*to indicate departure, separation*) via, *often translated with the corresponding verb*: *I must be* ~ devo andare via; *we set* ~ *at dawn* partimmo all'alba; *the wind blew the roof* ~ il vento portò via il tetto. **6** (*to indicate completion, thoroughness*) (del) tutto, completamente, interamente: *the rats were killed* ~ i topi furono tutti uccisi. **7** (*to indicate cancellation, disconnection*) *translated with the corresponding verb*: *the match was called* ~ l'incontro fu annullato; *the light went* ~ la luce si spense. **8** (*in absence from work*) di vacanza, in vacanza: *to take the day* ~ prendersi un giorno di vacanza. **9** (*deducted, discounted*) di sconto: *five per cent* ~ il cinque per cento di sconto. **10** (*Teat*) (*offstage*) dietro le quinte, fuori scena: *noises* ~ rumori fuori scena. **11** (*Mar*) al largo: *the ship stood* ~ la nave si teneva al largo. **II** *prep*. **1** (*down from*) giù da: *the baby fell* ~ *the bed* il bambino cadde giù dal letto; *take your feet* ~ *the table* metti giù i piedi dal tavolo. **2** (*away from*) via da: *the handle came* ~ *the door* la maniglia venne via, la maniglia si staccò dalla porta. **3** (*from*) (via) da: *he took fifteen per cent* ~ *the marked price* detrasse il quindici per cento dal prezzo segnato. **4** (*diverging, leading from*) si diparte da, che si discosta da, che deriva da: *a small street* ~ *the main road* una strada che si diparte dalla strada principale. **5** (*deviating from*) fuori: *to be* ~ *course* essere fuori rotta. **6** (*at a short distance from*) vicino a, presso, in prossimità di: *a restaurant* ~ *Oxford Street* un ristorante vicino a Oxford Street. **7** (*at the expense of*) alle spalle di, a spese di: *he lives* ~ *his rich wife* vive alle

spalle della moglie ricca. **8** (*abstaining from*) lontano da, alla larga da: *to keep* ~ *spirits* tenersi lontano dall'alcool. **9** (*colloq*) (*from*) da: *I bought it* ~ *him* l'ho comprato da lui. **10** (*of food*) a base di, con: *to feed* ~ *vegetables* cibarsi di verdure. **11** (*Mar*) al largo di: ~ *the coast* al largo della costa. **12** (*Sport*) con uno svantaggio di. **III** *a*. **1** (*farther*) più distante, più lontano: *the* ~ *side of the house* la parte più distante della casa. **2** (*cancelled*) sospeso, disdetto, revocato, annullato: *the match is* ~ l'incontro è sospeso. **3** (*closed*) chiuso: *the tap is* ~ il rubinetto è chiuso. **4** (*disconnected*) spento. **5** (*in motion, started*) in moto, partito, avviato: *the whistle blew, and they were* ~ suonò il fischietto e si misero in moto. **6** (*free from work*) di vacanza, di libertà, libero (dal lavoro): *a day* ~ un giorno di libertà. **7** (*distant from the truth, correctness*) impreciso, inesatto, approssimativo. **8** (*wrong*) errato, sbagliato: (*colloq*) *that's a bit* ~ non è proprio giusto, non sta bene. **9** (*of people*) in errore, fuori strada. **10** (*unlucky*) sfortunato, infelice. **11** (*of food*) guasto, avariato, andato a male. **12** (*colloq*) (*eccentric*) strano, strambo, eccentrico. **13** (*not main or principal*) secondario: *an* ~ *road* una strada secondaria. **14** (*Sport*) (*in cricket: on the right*) destro, di destra, a destra, (che sta) sulla destra. **15** (*Aut*) sul lato opposto al marciapiede. **16** (*Mecc*) (*of brakes*) disinnestato. **17** (*Comm*) (*slack*) morto, senza attività: ~ *season* stagione morta. **18** (*Mar*) (*seaward*) (che si trova) verso il mare. **IV** *intz*. via!, fuori!: (*esclam.*) ~ *with you!* togliti di mezzo!, va via!; ~ *you go!* e via! **V** *v.t.* (*Am,sl*) uccidere, assassinare. □ ~ *and on* di tanto in tanto, a intervalli; *he is* ~ *his food* non gli va di mangiare; (*Inform*) ~ *line* non collegato, off line.

offal /ˈɒfəl/ *n*. **1** (*Macell, Gastron*) frattaglie *f.pl.*, interiora *f.pl.*; (*of fowl*) rigaglie *f.pl.* **2** (*waste material*) scarto *m*., scarti *m.pl.*, rifiuti *m.pl.* **3** (*fig*) (*rubbish*) ciarpame *m*., robaccia *f.* **4** (*fig*) (*person*) reietto *m*. (*f*. -a).

off-balance /ˌɔːfˈbæləns/ *a*. **1** sbilanciato, non in equilibrio. **2** (*fig*) mancante di armonia, sproporzionato.

offbeat /ˌɔːfˈbiːt/ *a*. **1** (*Mus*) sincopato. **2** (*fig*) anticonformistico, diverso, (che è) fuori dai soliti schemi: ~ *humour* umorismo non convenzionale.

off-brand /ˈɔːfbrænd/ *n*. (*Am*) sottomarca *f.*

Off-Broadway /ˌɔːfˈbrɔːdweɪ/ *a*. **1** (*Am, Teat*) di lavoro teatrale che si rappresenta fuori Broadway. **2** (*estens*) non commerciale.

off-campus /ˌɔːfˈkæmpəs/ *a*. (*Am*) fuori dell'università, extrauniversitario.

off-centre /ˌɔːfˈsentər *Am* ˈɔːfˌsentər/ *a*. **1** eccentrico, fuori centro. **2** (*fig*) zoppicante, zoppo, sballato: *an* ~ *argument* un ragionamento zoppicante.

off-chance /ˈɔːftʃɑːns *Am* ˈɔːftʃæns/ *n*. piccolissima probabilità *f*., minima probabilità *f.*

off-circuit /ˈɔːfsɜːkɪt *Am* ˈɔːfsɜːrkɪt/ *a*. (*El*) fuori circuito.

off-colour /ˌɔːfˈkʌlər/ *a*. **1** (*colloq*) poco bene (di salute), indisposto. **2** (*colloq*) (*risqué*) spinto, equivoco, volgare: ~ *jokes* barzellette spinte. **3** (*not having right colour*) che non ha il colore giusto, che non è del colore giusto.

off-day /ˈɔːfˌdeɪ/ *n*. (*colloq*) giornataccia *f.*, giornata *f*. sfortunata, giornata *f*. balorda.

off-duty /ˈɔːfdjuːti *Am* ˈɔːfd(j)uːṭi/ *a./avv.* fuori servizio.

offence /əˈfens/ *n*. **1** infrazione *f*., trasgressione *f*., violazione *f*. (*against* contro): *to* *commit an* ~ commettere un'infrazione. **2** (*sin*) colpa *f.*, peccato *m.* **3** (*Dir*) reato *m.*, illecito *m.* penale. **4** (*something that offends, displeases*) offesa *f.*, oltraggio *m.*, affronto *m.*, insulto *m.*: *the building is an ~ to good taste* questo edificio è un'offesa al buon gusto; *to give ~ to so.* fare un'offesa a qcu.; *to cause ~ to so.* recare offesa a qcu. **5** (*attack*) offesa *f.*, attacco *m.* **6** (*Am,Sport*) attacco *m.*, azione *f.* offensiva. □ ~ *against the environment* delitto contro l'ambiente; ~ *against property* reato contro il patrimonio; ~ *against the security of the state* delitto contro la sicurezza dello stato; *no ~!* senza offesa!: *no ~ intended* (o *no ~ meant*)! - *And none taken!* (sia detto) senza offesa! - Ma certo!; *to take ~ at sth.* offendersi per qcs.; *to be quick to take* ~ aversela subito a male, essere permaloso, offendersi per un nonnulla.

offenceless /ə'fɛnsləs/ *a.* inoffensivo, innocuo.

offend /ə'fɛnd/ **I** *v.t.* **1** offendere, far risentire: *I didn't mean to ~ you* non intendevo offenderti; *he was deeply -ed by my criticism* si risentì molto per le mie critiche. **2** (*to displease*) offendere, essere un'offesa a (o per): *a building that -s the eye* un edificio che offende la vista. **II** *v.i.* **1** trasgredire, contravvenire (*against* a): *to ~ against the law* trasgredire alla legge, trasgredire la legge. **2** (*to cause resentment, to dislike, etc.*) suscitare risentimento.

offended /ə'fɛndɪd/ *a.* **1** offeso: *to be ~ by* (o *to be ~ at*) *so.'s remarks* sentirsi offeso per le osservazioni di qcu.; *to be easily ~* offendersi facilmente, essere permaloso, offendersi per un nonnulla. **2** (*expressing displeasure*) irritato, risentito: *an ~ look* un'occhiata risentita.

offendedly /ə'fɛndɪdli/ *avv.* con tono offeso, con aria risentita.

offender /ə'fɛndər/ *n.* **1** offensore *m.* (*f.* offenditrice). **2** (*one who infringes the law*) trasgressore *m.* (*f.* trasgreditrice), contravventore *m.* (*f.* -trice). **3** (*Dir*) reo *m.* (*f.* -a), colpevole *m./f.*, responsabile *m./f.* **4** (*Dir*) (*criminal*) delinquente *m./f.*, criminale *m./f.*

offending /ə'fɛndɪŋ/ *a.* offensivo, ingiurioso, oltraggioso.

offense /ə'fɛns/ *n.* (*Am*) → **offence**.

offensive /ə'fɛnsɪv/ **I** *a.* **1** offensivo, ingiurioso, oltraggioso. **2** (*of language*) indecente, sconveniente. **3** (*disgusting*) rivoltante, ripugnante, sgradevole, disgustoso: *an ~ smell* un odore rivoltante. **4** (*Mil*) offensivo, di offesa, di attacco. **5** (*Am,Sport*) di attacco, offensivo. **II** *n.* **1** (*attitude*) atteggiamento *m.* aggressivo. **2** (*action*) attacco *m.* **3** (*Mil,Pol*) offensiva *f.*: *to take the* ~ passare all'offensiva; *a peace* ~ un'offensiva di pace. □ *to go on the* ~ partire all'attacco.

offensively /ə'fɛnsɪvli/ *avv.* offensivamente, in modo offensivo.

offensiveness /ə'fɛnsɪvnəs/ *n.* **1** l'essere offensivo, l'essere ingiurioso. **2** (*disgustingness*) l'essere disgustoso, l'essere ripugnante.

offer /'ɒfər/ *Am* /'ɔːfər/ **I** *v.t.* **1** offrire, porgere, presentare: *may I ~ you a drink?* posso offrirti da bere?; *I was -ed a post in the firm* mi fu offerto un posto nella ditta. **2** (*to put forward, to propose*) presentare, proporre, offrire. **3** (*seguito dall'inf.*) (*to declare willingness*) offrirsi di, dichiararsi disposto a: *nobody -ed to help me* nessuno si offrì di aiutarmi. **4** (*to afford*) offrire, fornire: *a job which -s good prospects* un impiego che offre buone prospettive. **5** (*to make, to give*)

opporre, fare: *to ~ resistance* opporre resistenza; *without -ing any resistance* senza opporre resistenza. **6** (*to attempt, to make as if to*) fare l'atto di, fare per, accennare: *he -ed to hit me* fece l'atto di colpirmi. **7** (*of a blow*) cercare di dare. **8** (*Comm*) offrire, mettere in vendita; (*of a price: to tender*) offrire, fare un'offerta di. **9** (*Scol*) portare, presentare, scegliere come materia d'esame, scegliere come materia di studio. **II** *v.i.* presentarsi, capitare, offrirsi: *whenever the opportunity -s* ogni volta che si presenta l'occasione. **III** *n.* **1** offerta *f.*: *an ~ of assistance* un'offerta di aiuto; *to accept an* ~ accettare un'offerta. **2** (*proposal of marriage*) proposta *f.* di matrimonio. **3** (*show*) gesto *m.*, atto *m.*, cenno *m.*: *to make an ~ of hitting so.* fare l'atto di colpire qcu. **4** (*attempt*) tentativo *m.*, prova *f.* □ *to ~ a suggestion* dare un suggerimento, proporre un'indicazione; *to ~ an apology* presentare delle scuse, presentare le proprie scuse, scusarsi; *to ~ battle* invitare a battaglia, sfidare; *to ~ for sale* mettere in vendita; *to ~ one's hand*: **1** porgere la mano; **2** (*in marriage*) fare una proposta di matrimonio; (*Comm*) *to make so. an* ~ fare un'offerta a qcu.; *to ~ marriage to so.* fare domanda di matrimonio a qcu.; *to ~ no hope* non offrire (alcuna) speranza; (*Comm*) *on* ~ in offerta, scontato; *to ~ thanks* ringraziare; *to ~ up*: **1** (*to sacrifice*) sacrificare, offrire in sacrificio; **2** (*of prayers*) offrire; (*Comm*) *to close with an* ~ accettare un'offerta.

offerer /'ɒfərər/ *Am* /'ɔːfərər/ *n.* offerente *m./f.*, chi fa un'offerta.

offering /'ɒfərɪŋ/ *Am* /'ɔːfərɪŋ/ *n.* **1** (*Rel*) offerta *f.*; (*gift to a church*) offerta *f.*, oblazione *f.* **2** (*sth. presented*) novità *f.*, proposta, novità *f.* presentata: *the latest -s from the Paris houses* le ultimissime novità proposte dalle case parigine.

offertory /'ɒfətəri/ *Am* /'ɑːfətɔːri/ *n.* (*Lit*) **1** (*offering of the bread and wine*) oblazione *f.*, offertorio *f.* **2** (*collection of money*) offertorio *m.*

off-hand /ˌɒf'hænd/ **I** *a.* **1** disinvolto, alla buona, senza cerimonie, semplice. **2** (*curt*) secco, brusco, spiccio. **3** (*aloof*) distaccato, freddo, distante. **4** (*extemporaneous*) estemporaneo, improvvisato. **II** *avv.* **1** (*extempore*) all'improvviso, estemporaneamente. **2** (*on the spur of the moment*) su due piedi, lì per lì. **3** (*casually*) senza cerimonie, alla buona.

off-handed /ˌɒf'hændɪd/ *a.* **1** disinvolto, alla buona, senza cerimonie, semplice. **2** (*curt*) secco, brusco, spiccio. **3** (*aloof*) distaccato, freddo, distante. **4** (*extemporaneous*) estemporaneo, improvvisato.

off-handedly /ˌɒf'hændɪdli/ *avv.* disinvoltamente, con disinvoltura, alla buona.

off-handedness /ˌɒf'hændɪdnəs/ *n.* **1** disinvoltura *f.*, modi *m.pl.* alla buona. **2** (*curtness*) bruschezza *f.*, secchezza *f.*

office /'ɒfɪs/ *Am* /'ɑːfɪs/ *n.* **1** ufficio *m.*: *to work in an* ~ lavorare in un ufficio; *at the* ~ in ufficio; *to go to the* ~ andare in ufficio. **2** (*headquarters*) ufficio *m.*, sede *f.* **3** (*of a professional*) studio *m.*, (*rar*) gabinetto *m.*: *a lawyer's* ~ lo studio di un avvocato. **4** (*staff*) personale *m.*, ufficio *m.*, impiegati *m.pl.* **5** (*government department, ministry*) ministero *m.*, dicastero *m.*: *the Home Office* il ministero degli interni. **6** (*position of authority*) ufficio *m.*, carica *f.*, posto *m.*: *a public* ~ un pubblico ufficio; *the* ~ *of Prime Minister* la carica di primo ministro. **7** (*Parl*) potere *m.*, carica *f.*: *the Conservatives held ~ for thirteen years* i conservatori rimasero al potere per tredici anni. **8** (*Rel*) (*ceremony, rite*) cerimonia *f.*,

rito *m.*, funzione *f.*, ufficio *m.* **9** (*Rel*) (*set form of service*) rito *m.* **10** (*Lit*) (*divine office*) ufficio *m.* divino, uffizio *m.* (divino). **11** (*duty, task*) incarico *m.*, incombenza *f.*, compito *m.*, ufficio *m.* **12** (*function*) funzione *f.*, compito *m.*, mansione *f.*: *to perform the ~ of Chairman* svolgere la funzione di presidente. **13** (*sl*) (*lavatory*) gabinetto *m.* **14** (*sl*) (*hint*) segnale *m.*, segno *m.* d'intesa, segno *m.* d'avvertimento: *to give so. the* ~ fare un segnale a qcu. **15** *pl.* (*service parts of a house*) servizi *m.pl.* □ ~ *automation* automazione d'ufficio, burotica; ~ *block* palazzo adibito a uffici; ~ *boy* fattorino; ~ *building* palazzo adibito a uffici; ~ *copy* copia per l'ufficio; ~ *equipment* attrezzature da ufficio; (*Rel*) ~ *for the dead* ufficio dei defunti, ufficio funebre; ~ *furniture* mobili da ufficio; ~ *hours* orario di apertura, orario d'ufficio; *in* ~: **1** in carica; **2** (*Pol*) al governo; *to continue* (o *to remain*) *in* ~ restare in carica; ~ *machine* macchina da ufficio; *to be out of* ~: **1** non essere più in carica; **2** (*Pol*) essere all'opposizione, non essere al governo; ~ *personnel* personale d'ufficio; ~ *seeker* aspirante a una carica pubblica; ~ *staff* personale impiegatizio; *to take* ~ entrare in carica; (*burocr*) *to be called to* ~ essere chiamato in carica; ~ *work* lavoro d'ufficio; ~ *worker* impiegato.

office-bearer /'ɒfɪsˌbeərər/ *Am* /'ɑːfɪsˌbeərər/ *n.* funzionario *m.* (*f.* -a) statale, pubblico ufficiale *m./f.*

officer /'ɒfɪsər/ *Am* /'ɑːfɪsər/ **I** *n.* **1** (*Mil,Mar*) ufficiale *m.*: *-s and men* ufficiali e soldati. **2** (*policeman*) poliziotto *m.* (*f.* -a), agente *m./f.* (di polizia). **3** (*official*) dirigente *m./f.*, funzionario *m.* (*f.* -a). **II** *v.t.* (*Mil*) **1** (*to appoint officers for*) nominare gli ufficiali in forza presso (o in). **2** (*to command as an officer*) comandare. □ ~ *in charge* funzionario responsabile; (*Arald*) ~ *of arms* araldo; (*Parl*) ~ *of state* ministro; (*GB*) *an ~ of the crown* funzionario della corona; (*Mar.mil*) ~ *of the deck* ufficiale di coperta; (*GB*) *Officer of the Household* dignitario della casa reale; (*Mil*) *Officer's Training Corps* scuola allievi ufficiali.

official /oʊ'fɪʃəl/ **I** *n.* **1** funzionario *m.*: *a government* ~ un pubblico funzionario; *a bank* ~ un funzionario di banca. **2** (*Am,Sport*) arbitro *m.*, giudice *m.* **II** *a.* **1** (*of an office*) d'ufficio, inerente a un ufficio, inerente a una carica: ~ *duties* doveri d'ufficio. **2** (*holding an office, authorized*) ufficiale, autorizzato: ~ *strike* sciopero autorizzato. **3** (*authoritative*) ufficiale: *an ~ statement* una dichiarazione ufficiale. **4** (*bureaucratic*) burocratico, da burocrate: ~ *language* linguaggio burocratico. **5** (*Am,Farm*) autorizzato dalla farmacopea ufficiale. □ (*Dir*) ~ *action* atto amministrativo; *in an ~ capacity* a titolo ufficiale; (*Br*) ~ *secret* segreto d'ufficio; ~ *visit* visita ufficiale.

officialdom /ə'fɪʃəldəm/ *n.* **1** (*collett.*) burocrazia *f.*, burocrati *m.pl.* **2** (*red tape*) burocrazia *f.*

officialese /əˌfɪʃə'liːz/ *n.* linguaggio *m.* burocratico, burocratese *m.*

officialism /ə'fɪʃəlɪzəm/ *n.* **1** burocrazia *f.* **2** (*collett.*) (*officials*) burocrazia *f.*, burocrati *m.pl.*

officialize /ə'fɪʃəlaɪz/ *v.t.* rendere ufficiale, ufficializzare.

officiant /ə'fɪʃiənt *Am also* ə'fɪʃənt/ *n.* (*Lit*) officiante *m.*, celebrante *m.*

officiate /ə'fɪʃieɪt/ *v.i.* **1** (*Lit*) ufficiare, officiare: *to ~ at a funeral* ufficiare un funerale. **2** (*to perform a function*) fare (*as da*), svolgere le funzioni, ricoprire la carica (di): *to* ~

as *Chairman* fare da presidente. **3** (*Am,Sport*) fare da arbitro.

officiator /ə'fɪʃieɪtər *Am* ə'fɪʃieɪtər/ *n.* officiante *m.*

officinal /ɒfɪ'saɪnəl *Am* ɑ:fɪ'saɪnəl/ *a.* **1** (*Farm*) officinale; (*official*) autorizzato dalla farmacopea ufficiale. **2** (*Bot*) officinale.

officious /ə'fɪʃəs/ *a.* **1** (*meddlesome*) invadente, intrigante, che si intromette. **2** (*authoritarian*) autoritario, dispotico. **3** (*of talks, etc.*) ufficioso.

officiousness /ə'fɪʃəsnəs/ *n.* **1** invadenza *f.*, intromissione *f.*, ingerenza *f.* **2** (*authoritarian quality*) autoritarismo *m.*

offie /ɒfi/ *n.* (*Br,colloq*) abbr. di off licence.

offing /'ɔ:fɪŋ/ *n.* (*Mar*) mare *m.* aperto (in vista di costa), distanza *f.* dalla costa (in vista). □ (*fig*) **in the ~** in vista, nell'aria, imminente.

offish /'ɔ:fɪʃ/ *a.* (*colloq*) distaccato, che sta sulle sue.

off-key /ɔ:f'ki:/ *a.* **1** (*Mus*) stonato. **2** (*fig*) fuori posto, stonato.

off-licence /'ɔ:f,laɪsəns/ *n.* (*Br*) **1** (*shop*) negozio *m.* di alcolici. **2** (*licence*) licenza *f.* per la vendita di bevande alcoliche da asporto.

off-limits /,ɔ:f'lɪmɪts/ *a.* interdetto all'accesso, in cui è vietato l'accesso (*anche Mil*).

off-line /,ɔ:f'laɪn/ *a./avv.* (*Inform*) non in linea, off-line.

off-liner /'ɔ:flaɪnər/ *n.* (*colloq*) chi non ha intenzione di usare Internet.

off-load /,ɔ:f'ləʊd *Am* 'ɔ:fləʊd/ *v.t.* **1** (*Inform*) scaricare. **2** (*fig*) scaricarsi di, liberarsi di.

off-message /,ɔ:f'mesɪdʒ/ *a.* (*Pol*) eterodosso, fuori linea.

off-peak /,ɔ:f'pi:k/ *a.* non di punta, inferiore al valore massimo; (*of a fee*) a tariffa ridotta. □ **~ electricity** corrente elettrica a tariffa ridotta; **~ hours** ore non di punta; **~ season** bassa stagione.

off-piste /,ɔ:f'pi:st/ *a./avv.* (*Sport*) fuoripista.

off-price /'ɔ:fpraɪs/ *a.* (*Comm*) **1** (*of a store*) che tratta merci a prezzi bassi. **2** (*of goods*) venduto sottocosto, venduto a basso prezzo.

offprint /'ɔ:fprɪnt/ **I** *n.* (*Tip*) estratto *m.*, ristampa *f.* a parte. **II** *v.t.* (*Tip*) ristampare in estratto, ristampare a parte.

off-putting /,ɔ:f'pʊtɪŋ *Am* 'ɔ:f,pʊtɪŋ/ *a.* (*colloq*) sconcertante, che mette in imbarazzo, che lascia perplesso.

off-ramp /'ɔ:fræmp/ *n.* (*Am,Strad*) rampa *f.* di uscita.

off-road /,ɔ:f'rəʊd/ *a.* fuoristrada. □ (*Aut*) **~ vehicle** veicolo fuoristrada, fuoristrada.

off-sales /'ɔ:fseɪlz/ *n.* (*Br*) vendita *f.* di bevande alcoliche da asporto.

offscourings /'ɔ:f,skaʊərɪŋz/ *n.pl.* **1** rifiuti *m.pl.*, immondizia *f.sing.* **2** (*fig*) rifiuti *m.pl.*, feccia *f.sing.*

offscreen /,ɔ:f'skri:n/ *a.* (*TV,Cin*) fuori campo.

off-season /'ɔ:f,si:zən/ *n.* bassa stagione *f.*

offset[1] /'ɔ:fset/ **I** *n.* **1** compenso *m.*, compensazione *f.* (*anche Comm*). **2** (*Tip*) offset *m.*, stampa *f.* offset; (*impression*) stampa *f.* in offset; (*set off*) controstampa *f.* **3** (*Bot*) getto *m.*, germoglio *m.*, gettata *f.* **4** (*of a family*) ramo *m.* collaterale. **5** (*Geol*) (*spur*) contrafforte *m.*, sperone *m.* **6** (*Tecn*) (*of a pipe, road*) brusca deviazione *f.*, gomito *m.* **7** (*Arch*) risega *f.* **8** (*El*) linea *f.* secondaria, linea *f.* di derivazione. **9** (*Topogr*) deviazione *f.* ortogonale. **II** *a.* (*Tip*) (*printed by offset*) stampato in offset.

offset[2] /'ɔ:fset/ (*past, p.p.* **offset**) *v.t.irr.* (*Tip*) stampare in offset. □ (*Tip*) *~ lithography* offset, stampa offset; (*Tip*) *~ press* macchina (da stampa) offset; (*Tip*) *~ printing* stampa

offset; (*Tip*) *~ sheet* foglio antiscartino.

offset[3] /'ɔ:f'set/ (*past, p.p.* **offset**) *v.t.irr.* **1** (*to balance*) bilanciare, contrapporre. **2** (*to counterbalance*) compensare, bilanciare, controbilanciare, pareggiare: *the gains ~ the losses* i profitti compensano le perdite. **3** (*Tecn*) (*of a pipe, road*) deviare, piegare.

offshoot /'ɔ:fʃu:t/ *n.* **1** (*Bot*) (*branch*) ramo *m.*; (*shoot*) germoglio *m.* **2** (*lateral branch of a family*) ramo *m.* collaterale; (*person*) rampollo *m.*, discendente *m./f.* **3** (*fig*) ramo *m.*, diramazione *f.*, propaggine *f.*

offshore /,ɔ:f'ʃɔ:r *Am* ,ɔ:f'ʃɔ:r/ **I** *a.* **1** di terra: *an ~ wind* un vento di terra. **2** (*at a distance from the shore*) (che sta) in mare aperto, (che si trova) al largo (della costa): *~ islands* isole al largo della costa. **3** (*Am,Econ*) offshore, estero. **II** *avv.* **1** verso il largo, verso il mare aperto. **2** (*at a distance from the shore*) al largo, a una certa distanza dalla costa. **3** (*Am, Econ*) offshore, all'estero. □ *~ drilling* trivellazione sottomarina, perforazione sottomarina, perforazione in mare aperto, sondaggio sottomarino; *~ fishing* pesca d'altura; (*Am,Econ*) *~ purchases* acquisti fatti all'estero; *~ rig* impianto di perforazione in mare aperto, impianto di perforazione sottomarino.

offside /'ɔ:f'saɪd/ *n.* **1** lato *m.* destro. **2** (*Sport*) fuorigioco *m.*

off-side /,ɔ:f'saɪd/ *a./avv.* (*Sport*) in fuorigioco.

offspring /'ɔ:fsprɪŋ/ (*pl.inv.* o *-s* /-z/) *n.* **1** discendente *m./f.*; (*costr.pl.*) (*children*) prole *f.*, discendenza *f.*, figliolanza *f.* **2** (*fig*) risultato *m.*, prodotto *m.*, frutto *m.*

offstage /'ɔ:f'steɪdʒ/ **I** *a.* (*Teat*) dietro le quinte. **II** *avv.* **1** (*Teat*) dietro le quinte. **2** (*fig*) (*in private life*) nella vita privata, fuori del teatro: *an actress known ~ by another name* un'attrice conosciuta con altro nome fuori del teatro. **3** (*behind the scenes*) in privato: *the meeting between the ministers took place ~* l'incontro tra i due ministri ha avuto luogo in privato.

off-street /'ɔ:f'stri:t/ *a./avv.* lontano dalla strada, non sulla strada.

off-the-cuff /,ɔ:fðə'kʌf/ *a./avv.* (*colloq*) improvvisato, a braccio.

off-the-face /,ɔ:fðə'feɪs/ *a.* (*of a hat, hairstyle*) che lascia il viso scoperto.

off-the-peg /,ɔ:fðə'peg/ *a.* (*Br,Sart*) confezionato, prêt-à-porter.

off-the-rack /,ɔ:fðə'ræk/ *a.* (*Am,Sart*) confezionato, prêt-à-porter.

off-the-record /,ɔ:fðə'rekɔ:d *Am* ,ɔ:fðə'rekɔ:d/ **I** *a.* ufficioso. **II** *avv.* ufficiosamente, in forma ufficiosa.

off-the-wall /,ɔ:fðə'wɔ:l/ *a.* (*colloq*) fuori del consueto, non convenzionale.

offward /'ɔ:fwɜ:d *Am* 'ɔ:fwɔ:rd/ *avv.* (*Mar*) verso il largo.

off-white /,ɔ:f'(h)waɪt/ **I** *a.* bianco sporco, biancastro, bianchiccio. **II** *n.* colore *m.* bianco sporco.

off-year /'ɔ:fjɪər *Am* 'ɔ:fjɪr/ *n.* **1** annata *f.* fiacca. **2** (*Am,Pol*) anno *m.* senza elezioni presidenziali.

oft /ɒft *Am* ɑ:ft/ *avv.* **1** (*poet*) (*in compounds: often*) spesso, ripetute volte: *~-recurring* che capita spesso; *an ~-told tale* una storia narrata più volte. **2** (*ant,poet*) (*often*) spesso.

often /'ɒfən *Am* 'ɑ:fən/ *avv.* spesso, di frequente, sovente: *he is ~ wrong* ha spesso torto; *quite ~* piuttosto spesso, piuttosto di frequente; *very ~* molto spesso, spessissimo; *spesso e volentieri*. □ *all too ~* troppo spesso; *I don't play tennis as ~ as she does* non gioco a tennis spesso come lei; *as ~ as*

you like tutte le volte che vuoi; *as ~ as not* il più delle volte, per lo più, di solito.

oftentimes /'ɑ:fəntaɪmz/ *avv.* (*Am,ant*) → **often**.

oft-recurring /'ɒftrɪ,kɜ:rɪŋ *Am* 'ɑ:ftrɪ,kɜ:rɪŋ/ *a.* che capita spesso.

oft-time /'ɒftaɪm *Am* 'ɑ:ftaɪm/, **oft-times** /'ɒftaɪmz *Am* 'ɑ:ftaɪmz/ *avv.* (*ant*) → **often**.

oft-told /'ɒf,təʊld *Am* 'ɑ:f,təʊld/ *a.* narrato più volte, detto più volte.

ogee /'əʊdʒi:, əʊ'dʒi:/ *n.* (*Arch*) (*moulding*) modanatura *f.* a S; (*cyma*) gola *f.*, onda *f.* □ (*Arch*) *~ arch* arco a ogiva, arco ogivale.

ogival /əʊ'dʒaɪvəl/ *a.* (*Arch*) ogivale, a sesto acuto, archiacuto.

ogive /'əʊdʒaɪv, əʊ'dʒaɪv/ *n.* (*Arch*) **1** ogiva *f.* **2** (*arch*) arco *m.* (a sesto) acuto, arco *m.* gotico, arco *m.* ogivale.

ogle /'əʊgl/ **I** *v.t.* occhieggiare, adocchiare, covare con gli occhi, guardare con desiderio (sessuale). **II** *n.* (*lecherous look*) sguardo *m.* lascivo.

ogler /'əʊglər/ *n.* chi lancia sguardi lascivi.

ogre /'əʊgər/ *n.* orco *m.* (*anche fig*).

ogreish /'əʊgərɪʃ/ *a.* di orco, da orco.

ogress /'əʊgrəs/ *n.* orchessa *f.*

ogrish /'əʊgrɪʃ/ *a.* di orco, da orco.

oh[1] /əʊ/ *intz.* **1** oh!, ah! **2** (*in direct address*) ehi!, ehilà!

oh[2] /əʊ/ *n.* (*zero*) zero *m.*: *six ~ seven ~* sei zero sette zero.

OH *Ohio* OH (Ohio).

Ohio /əʊ'haɪəʊ/ *n.pr.* (*Geog*) Ohio *m.*

ohm /əʊm/ *n.* (*El*) ohm *m.*

Ohm /əʊm/ □ (*El*) *~'s law* legge di Ohm.

ohmage /'əʊmɪdʒ/ *n.* (*El*) resistenza *f.* espressa in ohm.

ohmic /'əʊmɪk/ *a.* (*Fis*) ohmico: *~ resistance* resistenza ohmica.

ohmmeter /'əʊm,mi:tər *Am* 'əʊm,mi:tər/ *n.* (*Fis*) ohmetro *m.*

OHMS /,əʊeɪtʃem'es/ (*GB*) *On His* (o *Her*) *Majesty's Service* al servizio di Sua Maestà.

ohnosecond /'əʊnəʊ,sekənd/ *n.* (*Inform, colloq*) nanosecondo *m.*, tempo *m.* brevissimo necessario a rendersi conto di aver fatto un grosso errore.

oho /əʊ'həʊ/ *intz.* oh!, ah!

oik /ɔɪk/ *n.* (*Br,colloq,spreg*) buzzurro *m.* (*f.* -a), burino *m.* (*f.* -a), persona *f.* grezza.

oil /ɔɪl/ **I** *n.* **1** olio *m.*: *cooking ~* olio da cucina. **2** (*petroleum*) petrolio *m.*; (*crude petroleum*) greggio *m.* **3** (*Cosmet*) olio *m.*: *sun tan ~* olio abbronzante, olio solare. **4** (*Pitt*) (*oil colour*) colore *m.* a olio; (*oil painting*) pittura *f.* a olio, quadro *m.* a olio, olio *m.* **5** (*sl*) (*flattery*) untuosità *f.*, modi *m.pl.* melliflui. **6** (*sl*) (*bribe*) dono *m.* per corrompere, denaro *m.* per corrompere, bustarella *f.* **7** *pl.* (*oilskins*) completo *m.sing.* di tela cerata. **II** *a.* **1** (*of oil*) di olio, dell'olio, oleario. **2** (*of petroleum*) petrolifero, di petrolio, del petrolio: *an ~ stove* una stufa a petrolio. **3** (*made from or obtained from oil*) derivato dal petrolio, ricavato dal petrolio. **III** *v.t.* **1** (*Mecc*) lubrificare, oliare, ungere, ingrassare: *to ~ a lock* oliare una serratura. **2** (*to convert into oil*) trasformare in olio, sciogliere. **3** (*sl*) (*bribe*) corrompere; (*colloq*) comprare; (*spreg*) ungere le ruote a: *to ~ so.'s palm* corrompere qcu., comprare qcu., ungere (le ruote a) qcu. **IV** *v.i.* **1** (*Mar,Ferr*) fare il pieno di nafta, fare rifornimento. **2** (*to separate into oil*) trasformarsi in olio. □ (*Entom*) *~ beetle* meloe; *~ boom* boom petrolifero; (*Mecc*) *~ box* ingrassatore; *~ burner*: **1** bruciatore a olio; **2** (*stove*) stufa a combustibile liquido; **3** (*Mar*) nave (con motori) a nafta; (*Zootecn*) *~ cake* panello di sansa; *~ can* oleatore; (*Pitt*) *~ col-*

our colore a olio; ~ *company* società petrolifera; ~ *concession* concessione petrolifera; ~ *crisis* crisi petrolifera; (*Mecc*) ~ *cup* oliatore a tazza; ~ *derrick* torre di sondaggio, torre di trivellazione; (*Mecc*) ~ *feeder* oliatore; ~ *field* zona petrolifera; (*Mot*) ~ *filter* filtro dell'olio; (*Ornit*) ~ *gland* ghiandola sebacea; ~ *heating* riscaldamento a gasolio; ~ *import bill* fattura petrolifera; ~ *industry* industria petrolifera; ~ *lamp* lume a petrolio, lampada a petrolio; ~ *loading terminal* terminale di carico degli idrocarburi; ~ *mill*: 1 frantoio (da olio); 2 (*factory*) oleificio, frantoio; ~ *minister* ministro del petrolio; (*Bot*) ~ *nut* noce oleifera, noce oleosa; (*Chim*) ~ *of turpentine* acquaragia; (*Chim*) ~ *of vitriol* olio di vetriolo; *to* ~ *off* trasformarsi in olio; ~ *paint*: 1 (*Tecn*) vernice a olio; 2 (*Pitt*) (*oil colour*) colore a olio; (*Pitt*) ~ *painting*: 1 (*art*) pittura a olio; 2 (*picture*) quadro a olio, dipinto a olio, olio; (*Bot*) ~ *palm* palma da olio; (*Mot*) ~ *pan* coppa dell'olio, carter; (*Bot*) ~ *plant* pianta oleosa, pianta oleifera; ~ *pollution* inquinamento da petrolio; (*Tecn*) ~ *press* torchio per olio; ~ *prospecting* prospezione petrolifera; ~ *refinery* raffineria di petrolio; ~ *refuse* residui di petrolio; ~ *requirements* fabbisogno petrolifero; ~ *reserves* riserve petrolifere; ~ *resources* risorse petrolifere; ~ *rig* piattaforma petrolifera; ~ *sheikh* sceicco del petrolio; ~ *silk* seta impermeabilizzata; ~ *slick* chiazza di petrolio sull'acqua, ~ *slick pollution* inquinamento da petrolio, marea nera; ~ *spill* fuoriuscita di petrolio; ~ *stove*: 1 (*for heating*) stufa a petrolio; 2 (*for cooking*) fornello a petrolio; (*Mot*) ~ *sump* coppa dell'olio, carter; ~ *supply* fornitura petrolifera; (*Mot*) ~ *tank* serbatoio dell'olio; (*Mar*) ~ *tanker* petroliera; (*fig*) *to* ~ *the wheels* (o *to* ~ *the works*) ungere le ruote; ~ *well* pozzo petrolifero; (*fig*) *to* ~ *one's words* parlare con tono untuoso, parlare con tono mellifluo.

oil-bearing /'ɔɪl,beərɪŋ *Am* 'ɔɪl,berɪŋ/ *a.* (*Minier*) contenente petrolio.

oil-bird /'ɔɪlbɜːd *Am* 'ɔɪlbɜːrd/ *n.* (*Ornit*) guacharo *m.*, guaciaro *m.*

oilcloth /'ɔɪlklɒθ *Am* 'ɔɪlklɑːθ/ *n.* 1 (*Tess*) tela *f.* cerata, incerata *f.* 2 (*article*) incerata *f.* 3 (*tablecloth*) tovaglia *f.* d'incerata.

oil-consuming /'ɔɪlkən,s(j)uːmɪŋ/ □ ~ *countries* paesi consumatori di petrolio.

oil-cooled /'ɔɪlkuːld/ *a.* raffreddato a olio.

oil-cooling /'ɔɪlkuːlɪŋ/ *n.* raffreddamento *m.* a olio.

oiled /ɔɪld/ *a.* 1 (*lubricated*) oleato, lubrificato, ingrassato, unto. 2 (*coated or treated with oil*) oleato. 3 (*colloq*) (*slightly drunk*) brillo, alticcio.

oiler /'ɔɪlər/ *n.* 1 (*person*) ingrassatore *m.* 2 (*device*) oliatore *m.*, ingrassatore *m.* 3 (*oil well*) pozzo *m.* petrolifero. 4 (*Mar*) nave *f.* (con motori) a nafta; (*oil tanker*) petroliera *f.*

oil-fired /'ɔɪlfaɪəd *Am* 'ɔɪlfaɪərd/ *a.* a nafta. □ (*Tecn*) ~ *boiler* caldaia a fiamma d'olio, caldaia a nafta.

oil-importing /'ɔɪlɪm,pɔːtɪŋ *Am* 'ɔɪlɪm,pɔːrtɪŋ/ □ ~ *countries* paesi importatori di petrolio.

oiliness /'ɔɪlnəs/ *n.* 1 oleosità *f.* 2 (*fig*) untuosità *f.*, modi *m.pl.* melliflui.

oiling /'ɔɪlɪŋ/ *n.* (*Mot*) lubrificazione *f.* a olio.

oilman /'ɔɪlmən/ *n.irr.* 1 commerciante *m.* di olio. 2 (*industrialist*) industriale *m.* petrolifero.

oilmeal /'ɔɪlmiːl/ *n.* (*Zootecn*) farina *f.* di semi di lino.

oil-producing /'ɔɪlprə,d(j)uːsɪŋ/ *a.* 1 (*Bot*) oleifero. 2 (*petroleum-producing*) produtto-

re di petrolio: ~ *countries* paesi produttori di petrolio.

oilseed /'ɔɪlsiːd/ *n.* 1 seme *m.* oleifero. 2 (*castor oil plant*) seme *m.* di ricino. 3 (*linseed*) seme *m.* di lino.

oilskin /'ɔɪlskɪn/ *n.* 1 tela *f.* cerata, incerata *f.* 2 (*raincoat*) impermeabile *m.* (in tela cerata). 3 *pl.* (*suit*) completo *m.sing.* di tela cerata.

oily /'ɔɪli/ *a.* 1 oleoso. 2 (*covered with oil*) unto, sporco di olio: ~ *hands* mani unte. 3 (*resembling oil*) oleoso, untuoso. 4 (*fig*) untuoso, mellifluo.

ointment /'ɔɪntmənt/ *n.* (*Farm*) unguento *m.*, pomata *f.*

OK *Oklahoma* OK (Oklahoma).

o.k., OK, O.K. /'oʊ'keɪ/ → **okay.**

okay /oʊ'keɪ/ I *avv.* (*colloq*) 1 d'accordo, (va) bene, okay. 2 (*all right*) bene, discretamente: *he's getting on* ~ sta andando bene. 3 (*correctly*) bene, in modo giusto. II *a.* (*colloq*) 1 giusto, corretto, esatto. 2 (*acceptable*) accettabile, discreto, non male. 3 (*of people*) a posto, come si deve. III *n.* (*colloq*) approvazione *f.*, consenso *m.*, autorizzazione *f.*, okay *m.* IV *v.t.* (*colloq*) 1 approvare, dare il consenso a, autorizzare. 2 (*of a bill, cheque, etc.*) autenticare, vistare. □ ~ *to give the* ~ (*to sth.*) dare l'approvazione (a qcs.), approvare (qcs.); *that's* ~ *with us* per noi va bene.

okey-doke /,oʊki'doʊk/, **okey-dokey** /,oʊki'doʊki/ *a./avv.* (*sl*) → **okay.**

Okie /'oʊki/ *n.* (*Am,colloq,spreg*) campagnolo *m.* (*f.* -a), buzzurro *m.* (*f.* -a), cafone *m.* (*f.* -a).

Oklahoma /,oʊklə'hoʊmə/ *n.pr.* (*Geog*) Oklahoma *m.*

okra /'oʊkrə *Br also* 'ɒkrə/ *n.* 1 (*Bot*) gombo *m.*, abelmosco *m.*; (*pods*) semi *m.pl.* di gombo. 2 (*Gastron*) zuppa *f.* di gombo.

old /oʊld/ I *a.* (*compar.* **older** /'oʊldər/ o **elder** /'eldər/, *sup.* **oldest** /'oʊldɪst/ o **eldest** /'eldɪst/) 1 (*not new*) vecchio: *an* ~ *house* una vecchia casa. 2 (*having existed a specific time*) vecchio, *often not translated*: *three centuries* ~ vecchio di tre secoli; *that castle is five hundred years* ~ quel castello ha cinquecento anni. 3 (*not young*) vecchio, anziano: *he is three years -er than I am* è più anziano di me di tre anni. 4 (*having a specific age*) *not translated*: *he is thirty years* ~ ha trent'anni; *a ten year-* ~ *child* un bambino di dieci anni. 5 (*of long standing*) vecchio, d'antica data, antico: *an* ~ *tradition* una vecchia tradizione; *an* ~ *friend of mine* un mio vecchio amico. 6 (*previous*) vecchio, di prima, precedente. 7 (*antiquated*) vecchio, superato, antiquato. 8 (*past*) andato, passato, antico, di un tempo: *the good* ~ *days* i bei tempi andati. 9 (*near to adulthood*) grande, vecchio: *you are too* ~ *for such toys* sei troppo grande per giocattoli del genere. 10 (*former*) ex, antico: *an* ~ *Etonian* un ex alunno di Eton. 11 (*colloq*) (*to express familiarity, etc.*) vecchio: *how's* ~ *Henry?* come sta il vecchio Enrico? 12 (*as an intensive*) *not translated*: *wear any* ~ *thing* indossa una cosa qualunque; *any* ~ *thing will do* qualunque cosa andrà bene. 13 (*dilapidated with age*) vecchio, usato, consunto, logoro, frusto: ~ *clothes* abiti vecchi. 14 (*experienced*) esperto, pratico, vecchio. 15 (*inveterate*) incallito, inveterato, radicato: ~ *in vice* incallito nel vizio. 16 (*aged*) vecchio, invecchiato, stagionato: ~ *wine* vino vecchio. 17 (*stale*) stantio, vecchio, non fresco: ~ *bread* pane stantio. II *n.* 1 (*costr.pl.*) (*old people*) vecchi *m.pl.*, anziani *m.pl.*: *the needs of the* ~ i bisogni degli anziani. 2 (*in compounds: one who has a specific age*) *translated with the corresponding noun*: *a fifteen-year-* ~ un quindicenne. III

avv. (*in compounds*) molto tempo fa, da molto tempo, anticamente: *an* ~*-established firm* una ditta fondata molto tempo fa. □ ~ *age* età avanzata, vecchiaia: *in one's* ~ *age* nella vecchiaia; ~ *and young* grandi e piccoli, vecchi e giovani; *to be as* ~ *as Methuselah* avere gli anni di Matusalemme, essere vecchio come Matusalemme; *as* ~ *as the hills* vecchio come il mondo; (*Br,colloq*) *Old Bailey* tribunale penale di Londra; *an* ~ *bat* una vecchia befana, una vecchia mattacchiona; (*colloq*) ~ *bean* (*in direct address*) caro mio, vecchio mio; (*Br*) *the Old Bill* la polizia, (*colloq*) la pula; ~ *bird* vecchietta; (*colloq,fig*) *he won't make* ~ *bones* non camperà molto; (*Br,spreg*) ~ *boot* vecchia strega, vecchia megera, befana; ~ *boy*: 1 (*colloq*) (*in direct address*) vecchio mio, caro mio; 2 (*ex pupil*) ex allievo; (*colloq*) ~ *chap* (*in direct address*) vecchio mio, caro mio; ~ *country*: 1 madrepatria; 2 (*Am*) (*Europe*) Europa, vecchio continente; 3 (*European country*) paese d'Europa, paese del vecchio continente; (*Bibl*) *Old Covenant* antico Testamento, vecchio Testamento; *he's an* ~ *dear* è un carissimo uomo; *Old English*: 1 (*Ling*) inglese antico, anglosassone; 2 (*Tip*) carattere gotico, carattere in stile inglese; *you are* ~ *enough to know better* ormai sei grande, dovresti avere più giudizio; (*Tip,ant*) ~ *face* elzeviro; (*colloq,spreg*) ~ *fart* vecchio antipatico, vecchiaccio; (*colloq*) ~ *fellow* (*in direct address*) vecchio mio, caro mio; (*colloq*) ~ *fogey* (o ~ *fogy*) persona di idee sorpassate, persona di idee antiquate; (*scherz*) parruccone, matusa; ~ *folks*: 1 vecchi; 2 (*colloq*) (*one's parents*) i genitori, (*colloq*) i vecchi; (*Am*) ~ *folks' home* ospizio per vecchi; *to get* ~ invecchiare, diventare vecchio; ~ *girl*: 1 ex alunna; 2 (*colloq*) (*elderly woman*) vecchia; *Old Glory* bandiera degli Stati Uniti; ~ *gold* colore oro vecchio, oro antico; *to grow* ~: 1 invecchiare; 2 (*to go out-of-date*) passare di moda, invecchiare; (*Mil*) ~ *guard* guardia smontante; (*fig*) vecchia guardia; (*colloq*) ~ *hand* veterano, esperto, intenditore: *to be an* ~ *hand* (*at the job*) essere vecchio del mestiere; (*colloq*) *Old Harry* il diavolo; (*colloq*) ~ *hat*: 1 antiquato, fuori moda, passato di moda, sorpassato; 2 (*hackneyed*) trito, banale, fritto e rifritto; (*fig*) *an* ~ *head on young shoulders* un giovane maturo, un giovane pieno di saggezza; ~ *lady*: 1 vecchia signora, signora anziana; 2 (*colloq*) (*wife or mother*) vecchia; (*fig*) *the* ~ *lady of Threadneedle Street* la banca d'Inghilterra; (*sl*) *an* ~ *lag* una vecchia conoscenza della polizia, un recidivo; ~ *maid*: 1 (*vecchia*) zitella; 2 (*fig*) persona pedante e meticolosa; 3 (*card game*) gioco di carte con un mazzo privato di una regina in cui, scartate le coppie di carte uguali, perde chi rimane con la regina non accoppiabile; ~ *man*: 1 vecchio; 2 (*colloq*) (*husband*) marito, vecchio; (*father*) padre, vecchio; 3 (*as a term of address*) vecchio mio, caro mio; 4 (*colloq*) (*employer, boss*) padrone, capo; 5 (*Mar.mil*) (*commander*) comandante; (*Am,vezz*) ~ *man River* il (fiume) Mississippi; (*fig*) *the* ~ *man of the sea* persona di cui è difficile sbarazzarsi; (*Pitt*) ~ *master*: 1 (*artist*) grande maestro del passato; 2 (*painting*) quadro di un grande maestro del passato; ~ *moon* luna calante; *the* ~ *moon in the arms of the new* luna al primo quarto; (*colloq*) *Old Nick* il diavolo; (*Ling*) *Old Norse* norreno; *of* ~ molto tempo fa, al tempo dei tempi; *in days of* ~ ai vecchi tempi, in passato, una volta, anticamente; ~ *offender* recidivo; (*colloq*) *Old One* il diavolo; ~ *people* gli anziani, i vecchi; ~ *people's home* casa di riposo per anziani; (*Stor*) *Old Pretender* Vecchio Pretendente (Giacomo III Stuart); (*eufem*) *the -est profession* (*prostitution*) il mestiere più vecchio del mondo; ~ *rose* rosa antico; (*Mar*) ~ *salt* vecchio marinaio, lupo di mare; ~ *school* vecchia scuola, vecchio stile, vecchio stampo: *a politician of the ~ school* un politico di vecchio stampo, un politico che appartiene alla vecchia scuola; ~ *school tie*: 1 cravatta con i colori di una scuola privata inglese; 2 (*fig*) (*attitude of conservatism*) tradizionalismo; 3 (*fig*) (*former public school boy*) ex alunno; *to feel one's ~ self again* sentirsi di nuovo quello di una volta; *an ~ soldier*: 1 un vecchio soldato, un veterano; 2 (*fig*) uomo di grande esperienza, uomo di molte risorse; (*colloq*) *to come the ~ soldier over* darsi l'aria di saperla lunga; (*colloq*) ~ *stager* veterano, esperto: *to be an ~ stager* (*at the job*) essere vecchio del mestiere; (*fig*) ~ *story* fatto vecchio, vecchia storia; (*Tip,ant*) ~ *style* elzeviro; *Old Style* vecchio stile, calendario giuliano; (*Bibl*) *Old Testament* antico Testamento, vecchio Testamento; (*colloq*) ~ *thing* (*in direct address*) vecchio mio, caro mio; *to be very ~* avere una bella età, essere in là con gli anni; ~ *wives' tale* credenza popolare antiquata, racconto di vecchie comari, storia fantastica, storia inverosimile; ~ *woman*: 1 vecchia, donna anziana; 2 (*colloq*) (*wife*) moglie, vecchia; (*mother*) madre, vecchia; 3 (*fig,spreg*) (*of a man*) femminuccia, donnicciola; 4 (*fussy person*) persona pedante; *Old World*: 1 vecchio mondo, Europa; 2 (*Eastern hemisphere*) emisfero orientale; ~ *year* anno che sta per finire, anno vecchio.

old-age /'ould,eɪdʒ/ □ ~ *house* pensionato per anziani; ~ *pension* pensione di vecchiaia; ~ *pensioner* pensionato.

old-clothesman /ould'klou(ð)zmən/ *n.irr.* rivenditore *m.* di abiti usati, rigattiere *m.*

olden /'ouldən/ *a.* (*rar,poet*) antico, andato, passato. □ *in ~ days* (o *in ~ times*) nei tempi antichi, nel tempo andato, un tempo.

old-established /,ouldɪs'tæblɪft/ *a.* antico, di vecchia data, che esiste da molti anni: *an ~ firm* una ditta fondata molto tempo fa.

old-fashioned /,oul(d)'fæʃənd/ I *a.* 1 antiquato, fuori moda, sorpassato. 2 (*of people*) (di) vecchio stampo, vecchio stile, all'antica. II *n.* cocktail *m.* a base di whisky.

oldie /'ouldi/ *n.* (*Am,colloq*) 1 (*person*) persona *f.* vecchia; (*thing*) cosa *f.* vecchia. 2 (*movie*) vecchio caro film *m.*

oldish /'ouldɪʃ/ *a.* di una certa età, vecchiotto.

old-maidish /,oul(d)'meɪdɪʃ/ *a.* pedante, meticoloso.

old-man's-beard /,oul(d),mænz'bɪəd *Am* ,oul(d),mænz'bɪrd/ *n.* (*Bot*) vitalba *f.*

oldster /'ouldstər/ *n.* (*Am,colloq*) 1 persona *f.* anziana, persona *f.* d'una certa età. 2 (*old hand*) veterano *m.*, esperto *m.*

old-time /,oul(d)'taɪm/ *a.* dei tempi antichi, all'antica, vecchio stile.

old-timer /,oul(d)'taɪmər/ *n.* 1 (*colloq*) (*old hand*) veterano *m.* 2 (*Am,colloq*) (*elderly man*) vecchio *m.*, anziano *m.*

old-womanish /,oul(d)'wumənɪʃ/ *a.* pedante, meticoloso.

old-world /,ould'wɜːld *Am* ,ould'wɜːrld/ *a.* 1 (di) vecchio stile, all'antica. 2 (*of the Old World*) del Vecchio Mondo, del Vecchio Continente.

ole /oul/ *a.* (*Am,colloq*) antico, vecchio.

oleaceous /,ouli'eɪʃəs/ *a.* (*Bot*) delle oleacee.

oleaginous /,ouli'ædʒɪnəs/ *a.* 1 (*containing oil*) oleoso; (*producing oil*) oleifero. 2 (*resembling oil*) oleoso. 3 (*fig*) untuoso, mellifluo.

oleander /,ouli'ændər/ *n.* (*Bot*) oleandro *m.*

oleaster /,ouli'æstər/ *n.* (*Bot*) eleagno *m.*, olivagno *m.*

oleic /ou'liːɪk/ *a.* (*Chim*) oleico: ~ *acid* acido oleico.

oleiferous /,ouli'ɪfərəs/ *a.* (*Bot*) oleifero.

olein /'ouliːɪn/ *n.* (*Chim,Ind*) oleina *f.*

oleine /'ouliːɪn/ *n.* (*Chim,Ind*) oleina *f.*

oleo /'ouliou/ □ (*Ind*) ~ *oil* oleomargarina *f.*

oleograph /'ouliougraːf *Am* 'ouliougræf/ *n.* oleografia *f.*, riproduzione *f.* oleografica.

oleographic /,ouliou'græfɪk/ *a.* oleografico.

oleography /,ouli'ɒgrəfi *Am* ,ouli'aːgrəfi/ *n.* oleografia *f.*, oleocromia *f.*

oleomargarine /,ouliou'maːdʒəriːn *Am* ,ouliou'maːdʒəˈrɪn/ *n.* 1 (*Ind*) oleomargarina *f.* 2 (*Am,ant*) margarina *f.*

oleoresin /,ouliou'rezɪn/ *n.* (*Chim*) oleoresina *f.*

O-levels /'ou,levlz/ *n.pl.* (*GB,Scol,Stor*) esame *m.sing.* finale (della scuola dell'obbligo).

olfaction /ɒl'fækʃən *Am* aːl'fækʃən/ *n.* 1 (*sense of smell*) olfatto *m.* 2 (*act of smelling*) l'odorare.

olfactive /ɒl'fæktɪv *Am* aːl'fæktɪv/ *a.* (*Anat*) olfattivo, olfattorio.

olfactometer /ɒl,fæk'tɒmɪtər *Am* aːl,fæk'taːmətər/ *n.* olfattometro *m.*

olfactometry /ɒl,fæk'tɒmɪtri *Am* aːl,fæk'taːmɪtri/ *n.* olfattometria *f.*

olfactory /ɒl'fæktəri *Am* aːl'fæktəri/ I *a.* (*Anat*) olfattivo, olfattorio. II *n.* (*Anat*) nervo *m.* olfattorio.

oligarch /'ɒligaːk *Am* 'aːligaːrk/ *n.* oligarca *m.*

oligarchic /,ɒli'gaːkɪk *Am* ,aːli'gaːrkɪk/ *a.* oligarchico.

oligarchical /,ɒli'gaːkɪkəl *Am* ,aːli'gaːrkɪkəl/ *a.* oligarchico.

oligarchy /'ɒligaːki *Am* 'aːligaːrki/ *n.* oligarchia *f.*

oligist /'ɒlɪdʒɪst *Am* 'aːlɪdʒɪst/ *n.* (*Min*) oligisto *m.*, ferro *m.* oligisto. □ (*Min*) ~ *iron* oligisto, ferro oligisto.

Oligocene /'ɒligousiːn *Am* 'aːligousiːn/ I *n.* (*Geol*) oligocene *m.* II *a.* (*Geol*) dell'oligocene.

Oligochaeta /,ɒligou'kiːtə *Am* ,aːligou'kiːtə/ *n.pl.* (*Zool*) oligocheti *m.pl.*

oligoclase /'ɒligoukleɪz *Am* 'aːligoukleɪz/ *n.* (*Geol*) oligoclasio *m.*

oligodendrocyte /,ɒligou'dendrəsaɪt *Am* ,aːligou'dendrəsaɪt/ *n.* (*Biol*) oligodendrocita *m.*

oligodendroglia /,ɒligou,dendrə'glaɪə *Am* ,aːligouden'draːgliə/ *n.* (*Anat*) oligodendroglia *f.*

oligodendroglioma /,ɒligou,dendrougli'oumə *Am* ,aːligou,dendrougli'oumə/ *n.* (*Med*) oligodendroglioma *m.*

oligomer /ə'lɪgəmər/ *n.* (*Chim*) oligomero *m.*

oligopolist /ɒli'gɒpəlɪst *Am* ,aːli'gaːpəlɪst/ *n.* oligopolista *m.*

oligopolistic /,ɒligɒpə'lɪstɪk *Am* ,aːliga:pə'lɪstɪk/ *a.* oligopolistico.

oligopoly /,ɒli'gɒpəli *Am* ,aːli'gaːpəli/ *n.* oligopolio *m.*

oligopsonist /,ɒli'gɒpsənɪst *Am* ,aːli'gaːpsənɪst/ *n.* oligopsonista *m.*

oligopsony /,ɒli'gɒpsəni *Am* ,aːli'gaːpsəni/ *n.* oligopsonio *m.*

oligospermia /,ɒligou'spɜːmiə *Am* ,aːligou'spɜːrmiə/ *n.* (*Med*) oligospermia *f.*

oligotrophic /,ɒligou'trɒfɪk *Am* ,aːligou'traːfɪk/ *a.* (*Biol*) oligotrofo.

oliguria /ɒli'gjuəriə *Am* aːli'gjuriə/ *n.* (*Med*)

oliguria *f.*

olio /'ouliou/ (*pl.* **-s** /-z/) *n.* 1 (*Gastron*) stufato *m.* di carne con verdure e spezie. 2 (*fig*) accozzaglia *f.*, farragine *f.*, miscuglio *m.*

olivaceous /,ɒlɪ'veɪʃəs *Am* ,aːlɪ'veɪʃəs/ *a.* 1 simile a un'oliva. 2 (*olive-green*) olivaceo, verde oliva.

olivary /'ɒlɪvəri *Am* 'aːlɪveri/ *a.* (*Anat*) olivare. □ ~ *body* corpo olivare.

olive /'ɒlɪv *Am* 'aːlɪv/ I *n.* 1 (*Bot*) olivo *m.*, ulivo *m.* 2 (*fruit*) oliva *f.* 3 (*wood*) olivo *m.*, ulivo *m.*, legno *m.* d'olivo. 4 (*colour*) verde *m.* oliva. II *a.* 1 d'oliva. 2 verde oliva, olivaceo. 3 (*of a complexion*) olivastro. □ ~ *branch*: 1 ramo d'olivo, ramoscello d'olivo, 2 (*fig*) ramoscello d'olivo: *to hold out the ~ branch* offrire un ramoscello d'olivo, fare proposte di pace; ~ *drab* (di colore) grigio-verde; (*Agr*) ~ *grove* oliveto, uliveto; (*Agr*) ~ *growing* olivicoltura, oleicoltura; (*Alim*) ~ *oil* olio d'oliva; (*Bot*) ~ *tree* olivo, ulivo; ~ *wood* olivo, legno d'olivo.

Olive /'ɒlɪv *Am* 'aːlɪv/ *n.pr.f.* Olivia.

olive-green /,ɒlɪv'griːn *Am* ,aːlɪv'griːn/ I *a.* verde oliva, olivaceo. II *n.* color *m.* verde oliva, verde *m.* oliva.

Oliver /'ɒlɪvər *Am* 'aːlɪvər/ *n.pr.m.* 1 Oliver. 2 (*Stor*) Oliviero.

olivet /'ɒlɪvet *Am* 'aːlɪvet/ *n.* perla *f.* falsa (a forma di oliva).

Olivia /ɒl'ɪviə *Am* ou'lɪviə/ *n.pr.f.* Olivia.

olivine /'ɒlɪviːn *Am* 'aːlɪviːn/ *n.* (*Geol*) olivina *f.*

ology /'ɒlədʒi *Am* 'aːlədʒi/ *n.* (*scherz*) (*any science or branch of knowledge*) scienza *f.*

Olympia /ou'lɪmpiə/ I *n.pr.f.* Olimpia. II *n.pr.* (*Geog*) Olimpia *f.*

Olympiad /ou'lɪmpiæd/ *n.* 1 (*Stor.gr*) olimpiade *f.* 2 (*Sport*) olimpiadi *f.pl.*, olimpiade *f.*

Olympian /ou'lɪmpiən/ I *a.* 1 (*of Olympus*) olimpio, olimpico, dell'Olimpo. 2 (*fig*) olimpico, maestoso. II *n.* 1 (*Mitol*) divinità *f.* olimpica. 2 (*fig*) persona *f.* importante, persona *f.* maestosa. 3 (*Sport*) olimpionico *m.* (*f.* -a). 4 (*inhabitant of Olympia*) abitante *m./f.* di Olimpia. □ (*Sport*) ~ *games* olimpiade.

Olympic /ou'lɪmpɪk/ I *a.* 1 olimpico, olimpio. 2 (*Sport*) olimpico. II *n.pl.* 1 (*Sport*) (*Olympic games*) giochi *m.pl.* olimpici, olimpiadi *f.pl.*; *Winter -s* Olimpiadi invernali. 2 (*Mitol*) divinità *f.pl.* olimpiche. □ (*Sport*) ~ *champion* campione olimpionico; ~ *games*: 1 (*Sport*) giochi olimpici, olimpiadi; 2 (*Stor.gr*) olimpiade; ~ *stadium* stadio olimpico; (*Sport*) ~ *team* squadra olimpionica; ~ *village* villaggio olimpico.

Olympic-size /ou'lɪmpɪksaɪz/ □ ~ *swimming pool* piscina olimpionica.

Olympus /ou'lɪmpəs/ *n.pr.* (*Geog,Mitol*) Olimpo *m.*

OM *Oman* OM (Oman).

Oman /ou'maːn/ *n.pr.* (*Geog*) Oman *m.*

Omani /ou'maːni/ *n.* abitante *m./f.* dell'Oman.

omasum /ou'meɪsəm/ (*pl.* **-sa** /-sə/) *n.* (*Zool*) omaso *m.*

ombre /'ɒmbər *Am* 'aːmbər/ *n.* (*Stor*) (*card game*) ombra *f.*; (*player*) giocatore *m.* di ombra.

ombrometer /ɒm'brɒmɪtər *Am* aːm'braːmətər/ *n.* ombrometro *m.*, pluviometro *m.*

ombudsman /'ɒmbudzmən *Am* 'aːmbədzmən/ *n.irr.* difensore *m.* civico del cittadino nei confronti della pubblica amministrazione), ombudsman *m.*

ombudsperson /'ɒmbudz,pɜːsən *Am* 'aːmbudz,pɜːrsən/ *n.* difensore *m.* civico (del cittadino nei confronti della pubblica amministrazione), ombudsman *m.*

omega /'oʊmɪgə 'oʊmegə Am oʊ'me(ɪ)gə, oʊ 'miːgə/ n. 1 (*letter of the Greek alphabet*) omega m. 2 (*fig*) omega m., fine f.

omelet /'ɑːmlɪt/ n. (*Am*) omelette f., frittata f.

omelette /'ɒmlɪt/ n. (*Br,Gastron*) omelette f., frittata f.: *savoury ~* omelette salata; *sweet ~* omelette con marmellata. ☐ *Prov.: you can't make an ~ without breaking eggs* non si può fare una frittata senza rompere le uova.

omen /'oʊmən, 'oʊmen/ I n. 1 auspicio m., segno m. premonitore, presagio m., pronostico m. 2 (*augury*) augurio m., presagio m. II v.t. far presagire, far prevedere. ☐ (*Stor*) to **make** *-s* trarre gli auspici.

omened /'oʊmənd, 'oʊmend/ a. (*in compounds*) di... augurio: *ill-~* di cattivo augurio.

omental /oʊ'mentəl/ a. (*Anat*) omentale.

omentum /oʊ'mentəm/ (*pl.* **-s** /-z/ o **-ta** /-tə/) n. (*Anat*) omento m.

omicron, omikron /oʊ'maɪkrɒn, oʊ 'maɪkrən Am oʊ'maɪkrɑːn/ n. (*letter of the Greek alphabet*) omicron m.

ominous /'ɒmɪnəs Am 'ɑːmɪnəs/ a. 1 minaccioso, sinistro, infausto, di cattivo augurio: *an ~ silence* un silenzio minaccioso; (*threatening*) minaccioso: *~ clouds* nubi minacciose. 2 (*being an omen*) che è un presagio, che è un auspicio.

ominousness /'ɒmɪnəsnəs Am 'ɑːmɪnəsnəs/ n. l'essere sinistro, l'essere minaccioso.

omissible /oʊ'mɪsɪbl/ a. che si può omettere, che si può tralasciare, tralasciabile.

omission /oʊ'mɪʃ°n/ n. 1 l'omettere, il tralasciare, omissione f. 2 (*something omitted*) omissione f. 3 (*failure to do one's duty*) omissione f., negligenza f.: *sins of ~* peccati di omissione.

omissive /oʊ'mɪsɪv/ a. omissivo.

omit /oʊ'mɪt/ (*past, p.p.* **omitted** /oʊ'mɪtɪd Am oʊ'mɪṭɪd/) v.t. tralasciare, omettere, trascurare.

omnibus /'ɒmnɪbʌs Am 'ɑːmnɪbʌs/ I n. 1 (*rar*) autobus m. 2 (*Lett*) omnibus m., raccolta f. di opere (di uno stesso autore o su uno stesso argomento). II a. 1 che include più casi, che riguarda più voci. 2 (*multipurpose*) che serve a più scopi. ☐ (*Parl*) *~ bill* progetto di legge riguardante vari temi; (*Lett*) *~ book* omnibus, raccolta di opere (di uno stesso autore o su uno stesso argomento); (*Teat*) *~ box* palco di proscenio; (*Assic*) *~ clause* clausola relativa a rischi contro terzi; (*Ferr,ant*) *~ train* omnibus, treno omnibus; (*Lett*) *~ volume* omnibus, raccolta di opere (di uno stesso autore o su uno stesso argomento).

omnifarious /ˌɒmnɪ'feəriəs Am ˌɑːmnɪ'feriəs/ a. di ogni genere, svariato, multiforme.

omnipotence /ɒm'nɪpətəns Am ɑːm 'nɪpətəns/ n. onnipotenza f.

omnipotent /ɒm'nɪpətənt Am ɑːm'nɪpətənt/ a. onnipotente.

Omnipotent /ɒm'nɪpətənt Am ɑːm'nɪpətənt/ n. (*Rel*) Onnipotente m.

omnipresence /ˌɒmnɪ'prez°ns Am ˌɑːmnɪ 'prez°ns/ n. onnipresenza f.

omnipresent /ˌɒmnɪ'prez°nt Am ˌɑːmnɪ 'prez°nt/ a. onnipresente.

omniscience /ɒm'nɪʃ°ns Am ɑːm'nɪʃ°ns/ n. onniscienza f.

omniscient /ɒm'nɪʃ°nt Am ɑːm'nɪʃ°nt/ a. onnisciente.

Omniscient /ɒm'nɪʃ°nt Am ɑːm'nɪʃ°nt/ n. Onnisciente m.

omnium /'ɒmniəm Am 'ɑːmniəm/ n. (*Econ*) valore m. complessivo dei vari titoli a garanzia di un prestito. ☐ (*ant*) *~ gatherum* raccolta eterogenea, miscuglio, mescolanza.

omnivorous /ɒm'nɪv°rəs Am ɑːm'nɪv°rəs/ a. 1 (*Biol*) onnivoro. 2 (*fig*) non esigente in fatto di divertimenti. ☐ *an ~ reader* uno che legge di tutto.

omophagy /oʊ'mɒfədʒi Am oʊ'mɑːfədʒi/ n. omofagia f.

omoplate /'oʊməpleɪt/ n. (*Anat,ant*) omoplata f., scapola f.

omphalocele /'ɒm(p)fəloʊsiː Am 'ɑːm(p) fəloʊsiːl/ n. (*Med*) onfalocele m., ernia f. ombelicale.

omphalocoele /'ɒm(p)fəloʊsiːl Am 'ɑːm(p) fəloʊsiːl/ n. (*Med*) onfalocele m., ernia f. ombelicale.

omphalos /'ɒm(p)fəlɒs Am 'ɑːm(p)fəlɑːs/ n. 1 (*Anat*) ombelico m. 2 (*fig*) centro m., parte f. centrale. 3 (*Mil,ant*) (*shield boss*) onfalo m., umbone m.

on /ɒn Am ɑːn/ I prep. 1 su, sopra: *to sit ~ the grass* sedere sull'erba. 2 (*on top of*) su, sopra: *the house stands ~ a hill* la casa è su una collina. 3 (*attached to*) appeso a, su, a: *a picture ~ the wall* un quadro appeso al muro. 4 (*to express location*) in, su, a: *to spend a holiday ~ the Continent* trascorrere una vacanza sul continente; *to live ~ an island* vivere su un'isola; *~ the right-hand side* sulla destra, a destra; *to have lunch ~ the train* far colazione in treno. 5 (*with parts of the body*) su, a, in: *a ring ~ one's finger* un anello al dito; *a hat ~ one's head* un cappello in testa; *a smile ~ one's lips* un sorriso sulle labbra. 6 (*on the person*) con, addosso, appresso: *I have no money ~ me* non ho denaro con me. 7 (*in time expressions*) *not translated*: *~ December 30th* il 30 dicembre; *~ Tuesday* martedì; *~ Sundays* la domenica, di domenica, tutte le domeniche; *~ my birthday* il giorno del mio compleanno. 8 (*at the time of*) a: *~ their arrival* al loro arrivo. 9 (*to indicate proximity*) su, vicino a: *a house ~ the river* una casa sul fiume; *to live ~ the coast* vivere sulla costa. 10 (*with means of conveyance*) a, con, in: *~ foot* a piedi; *~ horseback* a cavallo; *he arrived ~ the midnight flight* arrivò con il volo di mezzanotte. 11 (*to indicate direction*) su, sopra: *the march ~ Rome* la marcia su Roma. 12 (*to indicate an object or end*) su, per, di: *to be keen ~ sports* essere appassionato di sport; *to insist ~ punctuality* insistere sulla puntualità. 13 (*to indicate membership*) in, fra: *to be ~ the staff* essere nell'organico; *he is ~ the committee* è nel comitato. 14 (*to indicate engagement, occupation*) in: *to go ~ a mission* andare in missione; *~ holiday* in vacanza; *~ duty* in servizio. 15 (*about, concerning*) di, su, a: *to speak ~ foreign policy* parlare di politica estera; *an article ~ fashion* un articolo sulla moda; *ode ~ spring* ode alla primavera. 16 (*to indicate state, condition*) in: *~ sale* in vendita; *~ fire* in fiamme; *~ strike* in sciopero. 17 (*to indicate manner*) a, in: *~ the sly* alla chetichella; *to buy sth. ~ the cheap* comprare qcs. a buon mercato. 18 (*to indicate source*) su: *based ~ facts* basato sui fatti; *a tax ~ imports* una tassa sulle importazioni. 19 (*to indicate aggression*) su, contro, a: *to fire ~ so.* sparare su qcu.; *to come down ~ so.* scagliarsi contro qcu. 20 (*to indicate ground, basis*) su, sotto, a, per: *to be arrested ~ a charge of murder* essere arrestato sotto l'accusa di omicidio; *to rely ~ so.* contare su qcu.; *to swear ~ the Bible* giurare sulla Bibbia; *~ one condition* a una sola condizione; *to object ~ principle* opporsi per principio. 21 (*to indicate agency*) di, con, su: *to be drunk ~ wine* essere ubriaco di vino; *to cut oneself ~ a piece of glass* tagliarsi con un

pezzo di vetro; *to play a tune ~ the guitar* suonare un motivo sulla (o con la) chitarra. 22 (*to indicate reduplication*) su..., dietro...: *blow ~ blow* colpo su colpo. II avv. 1 su, *often not translated*: *put the pot ~* metti su la pentola; *to put a record ~* mettere (su) un disco. 2 (*on the person*) addosso, su di sé, *often not translated*: *he had a red tie ~* portava una cravatta rossa; *he had nothing ~* non aveva niente addosso; *put your shoes ~* mettiti le scarpe; *to keep one's hat ~* tenere il cappello (in testa). 3 (*to express advance or progress*) avanti, innanzi: *he walked ~ a few miles* andò avanti per qualche miglio. 4 (*in function or activity*) in azione, in funzione, acceso, avviato, inserito: *to put the brakes ~* mettere in azione i freni; *to keep the engine ~* tenere il motore acceso. III a. 1 (*of lights, etc.*) acceso. 2 (*of taps, etc.*) aperto. 3 (*in use*) in azione, avviato, in funzione. 4 (*scheduled, planned*) in vista, in programma, organizzato: *there's nothing ~ tonight* non c'è niente in programma per stasera. 5 (*scheduled for performance*) in programma, *often not translated*: *what's ~ at the theatre?* cosa c'è (in programma) a teatro?, cosa danno a teatro?; *there's nothing good ~ at the cinema* non c'è niente di buono al cinema. 6 (*not cancelled*) fissato, valido: *the match is ~* l'incontro rimane fissato. 7 (*begun*) cominciato. 8 (*taking place*) in corso, in atto: *there is a war ~* c'è una guerra in atto. 9 (*Teat*) in scena: *she is ~ in the second act* è di scena nel secondo atto. 10 (*Rad,TV*) in onda, in trasmissione: *we're ~* siamo in onda. 11 (*Sport*) (*in cricket*) a sinistra (del campo). 12 (*colloq*) (*willing*) pronto, disposto, disponibile. IV *intz.* su!, avanti!, suvvia! ☐ *~ and ~* senza fine, senza sosta, ininterrottamente: *she talked ~ and ~* non la smetteva (più) di parlare; *~ and after the 10th of June* a partire dal 10 giugno, dal 10 giugno in poi; (*colloq*) *to be ~ at so.* non dare pace a qcu.; (*colloq*) *I'm ~!* io ci sto!; *this one's ~ me* questo lo pago io, offro io questa volta; *it's simply not ~* è semplicemente impossibile; *~ or about the 15th of May* verso il 15 maggio; (*colloq*) *to be ~ to* capire, afferrare, vederci chiaro; *to* su, sopra; *~ with your coat* mettiti la giacca; *~ with the show* si dia inizio allo spettacolo; (*colloq*) *you're ~!* siamo d'accordo!, affare fatto!

onager /'ɒnəgər Am 'ɑːnəgər/ (*pl.* **-s** /-z/ o **-gri** /-graɪ/) n. 1 (*Zool*) asino m. selvatico, onagro m. 2 (*Mil,ant*) onagro m.

onanism /'oʊnənɪz°m, 'oʊnænɪz°m/ n. onanismo m.

onanist /'oʊnənɪst, 'oʊnænɪst/ n. onanista m./f.

on-board /'ɒnbɔːd Am 'ɑːnbɔːrd/ a. (*Tecn*) di bordo.

once /wʌns/ I avv. 1 una volta: *~ a week* una volta alla settimana. 2 (*at one time in the past*) una volta, un tempo: *he ~ lived in Berlin* un tempo viveva a Berlino. 3 (*formerly*) una volta, in precedenza, già: *a ~ famous writer* uno scrittore una volta famoso. 4 (*ever*) mai, (mai) una volta: *if we ~ relax, we are lost* se mai ci lasciamo andare, siamo perduti; *she didn't ~ offer to help* non si è offerta (neppure) una volta di aiutare. II *congz.* quando, una volta che, non appena: *all will be well ~ he arrives* tutto andrà a posto quando arriverà; *you learn how to drive you'll never forget* una volta che hai imparato a guidare non lo dimentichi più; *~ he starts, there's no stopping him* una volta che incomincia non c'è modo di fermarlo. III a. (*former*) ex, antico: *the ~ king* l'ex re. IV n.

(sola) volta *f.*: ~ *is enough* una sola volta basta. ☐ ~ *again* ancora una volta, un'altra volta; ~ *a policeman, always a policeman* un poliziotto resta sempre un poliziotto; ~ *and for all* una volta per sempre, una volta per tutte, una buona volta: *I'm telling you ~ and for all* te lo dico una volta per sempre; *at* ~: 1 (*immediately*) subito, immediatamente; 2 (*simultaneously*) contemporaneamente, nello stesso tempo, allo stesso tempo, insieme: *don't try to do two things at ~* non cercare di fare due cose contemporaneamente; *at ~ beautiful and good* bravo e bello al tempo stesso; *don't all speak at ~* non parlate tutti insieme, uno alla volta (*anche iron*); *for ~* una volta tanto, per una volta; ~ *for all* una volta per sempre, una volta per tutte, una buona volta; *for this* ~ (per) questa volta; ~ *in a lifetime* una volta nella vita; (*Am*) ~ *in a way* una volta ogni tanto, di quando in quando; ~ *in a way won't hurt* per una volta, passi; (*every*) ~ *in a while* di quando in quando, (una volta) ogni tanto, occasionalmente; ~ *more* ancora una volta, un'altra volta; *not* ~ neppure una volta; ~ *or twice* una volta o due, un paio di volte, qualche volta; ~ *too often* una volta di troppo; ~ *upon a time* c'era una volta. *Prov.*: ~ *a thief, always a thief* il lupo perde il pelo ma non il vizio; ~ *bitten, twice shy* il cane scottato dall'acqua calda ha paura anche dell'acqua fredda.

once-over /ˈwʌnsˌoʊvəʳ/ *n.* (*colloq*) rapida occhiata *f.*, scorsa *f.*

oncer /ˈwʌnsəʳ/ *n.* chi fa le cose una volta sola.

onchocerciasis /ˌɒŋkoʊsɜːˈkaɪəsɪs *Am* ˌɑːŋkəsɜːrˈkaɪəsɪs/ *n.* (*Med*) oncocerciasi *f.*, oncocercosi *f.*

oncogene /ˈɒŋkoʊdʒiːn *Am* ˈɑːŋkədʒiːn/ *n.* (*Biol*) oncogeno *m.*

oncogenesis /ˌɒŋkoʊˈdʒenəsɪs *Am* ˌɑːŋkəˈdʒenəsɪs/ *n.* (*Med*) oncogenesi *f.*

oncogenic /ˌɒŋkoʊˈdʒenɪk *Am* ˌɑːŋkəˈdʒenɪk/ *a.* (*Biol*) oncogeno.

oncogenous /ɒŋˈkɒdʒənəs *Am* ˌɑːŋˈkɑːdʒənəs/ *a.* (*Biol*) oncogeno.

oncologic /ˌɒŋkoʊˈlɒdʒɪk *Am* ˌɑːŋkəˈlɑːdʒɪk/ *a.* (*Med*) oncologico.

oncological /ˌɒŋkoʊˈlɒdʒɪkəl *Am* ˌɑːŋkəˈlɑːdʒɪkəl/ *a.* (*Med*) oncologico.

oncologist /ɒŋˈkɒlədʒɪst *Am* ɑːŋˈkɑːlədʒɪst/ *n.* (*Med*) oncologo *m.* (*f.* -a).

oncology /ɒŋˈkɒlədʒɪ *Am* ɑːŋˈkɑːlədʒɪ/ *n.* (*Med*) oncologia *f.*

oncoming /ˈɒnˌkʌmɪŋ *Am* ˈɑːnˌkʌmɪŋ/ **I** *a.* **1** che sopraggiunge, che si avvicina, che avanza, in arrivo. **2** (*of time*) imminente, futuro, prossimo: *the ~ winter* l'inverno imminente. **3** (*sl*) (*friendly*) amichevole. **II** *n.* l'avvicinarsi, l'approssimarsi. ☐ ~ *traffic* traffico in senso contrario: *pedestrians should face ~ traffic* i pedoni dovrebbero procedere in direzione opposta al traffico.

ondoscope /ˈɒndəskoʊp *Am* ˈɑːndəskoʊp/ *n.* (*Elettron*) ondoscopio *m.*

one /wʌn/ **I** *a.* **1** un, uno: ~ *man and two women* un uomo e due donne. **2** (*before numbers*) un, uno, *often not translated*: ~ *million* un milione; ~ *thousand* mille; ~ *hundred* cento; ~ *third* un terzo. **3** (*intens*) (*only, unique*) un, uno, (uno) solo, unico: *there's only ~ solution* c'è un'unica soluzione, c'è solo una soluzione; *as ~ man* come un sol uomo; *his ~ idea is to get rich* la sua unica idea è diventare ricco. **4** (*very*) proprio, giusto: *he is the ~ person I don't want to see* è proprio la persona che non desidero vedere. **5** (*the same, identical*) stesso, identico: *the troops were all quartered in ~ town* le truppe

erano tutte acquartierate nella stessa città. **6** (*to indicate a contrast with other or another*) questo, un, uno: *let's settle ~ problem and ignore the other* risolviamo questo problema e lasciamo da parte l'altro. **7** (*in agreement*) d'accordo (*with* con): *I am ~ with you on this point* sono d'accordo con te su questo punto. **8** (*a certain*) un certo: ~ *James Jones has called* ha telefonato un certo James Jones. **II** *n.* **1** uno *m.*: ~ *and ~ make two* uno più (o e) uno fanno due; *thirty-~* trentuno. **2** (*single person or thing*) uno *m.* (*f.* -a): ~ *of my friends* uno dei miei amici. **3** (*colloq*) (*extraordinary person*) bel tipo *m.*, persona *f.* straordinaria: *oh you are a ~!* lei è un bel tipo! **4** (*one o'clock*) una *f.* **III** *pron.* **1** uno, una: ~ *of the great names in sports* uno dei grandi nomi dello sport. **2** (*as a demonstrative*) quello, quella: *give me the ~ that costs least* mi dia quello che costa (di) meno; *I'll take the -s with the red stripe* prenderò quelli con la striscia rossa. **3** (*after this or that, with adjectives*) *not translated*: *give me that ~* dammi quello; *this is the best ~* questo è il migliore; *the idea is a stupid ~* l'idea è stupida, è un'idea stupida. **4** (*a person*) un, uno, una, *often not translated*: *to work like ~ possessed* lavorare come un ossesso. **5** (*used impersonally*) si: ~ *must eat to live* si deve mangiare per vivere. **6** (*in the possessive case*) proprio, propria, *often not translated*: *to express ~'s opinion* esprimere la propria opinione; *to put on ~'s hat* mettersi il cappello. **7** (*colloq*) (*blow*) pugno *m.*, uno *m.*, cazzotto *m.*: *he landed me ~ on the chin* mi sferrò un pugno al mento, me ne ha mollato uno sul mento. ☐ ~ *after the other* uno dopo l'altro; ~ *and all* tutti (quanti); ~ *and only* unico (e solo): *reading is my ~ and only relaxation* leggere è il mio unico svago; (*colloq*) ~ *and the same* lo stesso (identico), il medesimo; ~ *another*: 1 l'un l'altro, a vicenda; 2 (*rif. a più persone*) vicendevolmente: *they helped ~ another* si aiutavano tra di loro; *as ~*: tutti insieme, come un sol uomo; *to be at ~*: 1 essere in armonia, armonizzare (*with* con); 2 (*to be in agreement*) essere d'accordo (con); *by -s and twos* uno o due alla volta, alla spicciolata; ~ *day* un giorno, uno di questi giorni; *in ~* (tutto) insieme, allo stesso tempo; (*fig*) *to be made ~* essere uniti in matrimonio; *no ~ man could have done it* nessuno avrebbe potuto farlo da solo; ~ *too many* uno di troppo; (*fig*) *he's had ~ too many* ne ha bevuto uno di troppo; (*colloq*) *to be ~ too many for* essere di gran lunga superiore a, essere troppo forte per; (*Mil,Ginn*) *two! ~, two!* un, due!, due!; (*colloq*) *to be ~ up on so.* essere sempre un passo avanti rispetto a qcu.; ~ *way or another* in un modo o nell'altro. *Prov.*: ~ *for all and all for ~* uno per tutti, tutti per uno.

One /wʌn/ *n.* (*Filos*) Uno *m.*

one-act /ˈwʌnækt/ ☐ (*Teat*) ~ *play* atto unico.

one-acter /ˌwʌnˈæktəʳ/ *n.* (*Teat*) atto *m.* unico.

one-armed /ˌwʌnˈɑːmd *Am* ˌwʌnˈɑːrmd/ *a.* monco, privo di un braccio. ☐ ~ *bandit* slot machine, macchinetta (per giochi d'azzardo).

one-class /ˌwʌnˈklɑːs *Am* ˌwʌnˈklæs/ *a.* a classe unica.

one-dimensional /ˌwʌnd(a)ɪˈmenʃənəl/ *a.* **1** superficiale, che manca di profondità, privo di profondità. **2** (*Geom,Fis*) unidimensionale.

one-eyed /ˌwʌnˈaɪd/ *a.* **1** (*having one eye*) monocolo, che ha un solo occhio. **2** (*blind in one eye*) cieco da un occhio, (*rar*) monocolo. **3** (*colloq*) (*narrow in outlook*) di vedute ri-

strette.

one-family /ˌwʌnˈfæməlɪ/ ☐ ~ *house* villino unifamiliare.

onefold /ˈwʌnfoʊld/ *a.* semplice, singolo.

one-handed /ˌwʌnˈhændɪd/ *a.* **1** con una mano sola. **2** (*having only one hand*) monco di una mano.

one-horse /ˌwʌnˈhɔːs *Am* ˌwʌnˈhɔːrs/ *a.* **1** a un tiro. **2** (*sl*) (*second-rate*) scadente, mediocre. ☐ (*fig*) ~ *race* gara impari, gara a senso unico; (*sl*) ~ *town* paese piccolo o poco importante.

one-idea'd, one-ideaded /ˌwʌnaɪˈdɪəd *Am* ˌwʌnaɪˈdɪəd/ *a.* con una sola idea fissa.

oneiric /oʊˈnaɪrɪk/ *a.* onirico.

oneirocritic /oʊˌnaɪəroʊˈkrɪtɪk *Am* oʊˌnaɪərouˈkrɪtɪk/ *n.* chi interpreta i sogni.

oneirocriticism /oʊˌnaɪəroʊˈkrɪtɪsɪzᵊm *Am* oʊˌnaɪərouˈkrɪtɪsɪzᵊm/ *n.* interpretazione *f.* dei sogni.

oneiromancy /əˈnaɪroʊˌmænsɪ *Am* oʊˈnaɪərəˌmænsɪ/ *n.* (*rar*) oniromanzia *f.*

one-legged /ˌwʌnˈleg(ɪ)d/ *a.* **1** monco di una gamba, mutilato di una gamba, con una gamba sola. **2** (*fig*) difettoso, zoppicante.

one-liner /ˌwʌnˈlaɪnəʳ/ *n.* barzelletta *f.* breve, battuta *f.* (spiritosa).

one-man /ˌwʌnˈmæn/ *a.* individuale, di un singolo. ☐ ~ *band*: 1 complesso di strumenti suonati da una sola persona; 2 (*fig*) impresa individuale; ~ *business* ditta individuale; ~ *company* società individuale; ~ *organization* autocrazia aziendale; ~ *show* mostra personale, personale; ~ *undertaking* società individuale.

oneness /ˈwʌnnəs/ *n.* **1** (*singleness*) singolarità *f.*, unicità *f.* **2** (*wholeness*) interezza *f.*, unità *f.* **3** (*sameness*) identità *f.* **4** (*agreement, harmony*) concordia *f.*, accordo *m.*

one-night stand /ˌwʌnnaɪtˈstænd/ *n.* **1** (*sl*) avventura *f.*, relazione *f.* (sessuale) che dura una sola notte. **2** (*Teat*) rappresentazione *f.* unica.

one-off /ˌwʌnˈɔːf/ **I** *a.* (*Br,colloq*) unico nel suo genere, che succede una volta sola. **II** *n.* (*Br,colloq*) pezzo *m.* unico, avvenimento *m.* unico.

one-phase /ˌwʌnˈfeɪz/ *a.* (*El*) monofase.

one-piece /ˈwʌnpiːs/ **I** *a.* intero, a un pezzo: *a ~ swim suit* un costume da bagno intero. **II** *n.* (*Abbigl*) vestito *m.* intero.

one-price /ˈwʌnpraɪs/ *a.* (*Comm*) a prezzo unico.

oner /ˈwʌnəʳ/ *n.* (*Br*) **1** (*colloq*) (*person*) persona *f.* eccezionale, persona *f.* straordinaria, fenomeno *m.*, tipo *m.* unico (nel suo genere). **2** (*thing*) cosa *f.* eccezionale, cosa *f.* unica, fenomeno *m.* **3** (*colloq*) (*expert*) asso *m.*, fenomeno *m.* **4** (*sl*) (*knock-out blow*) colpo *m.* che mette fuori combattimento.

one-room /ˈwʌnruːm/ ☐ ~ *apartment* (o ~ *flat*) monolocale.

onerous /ˈoʊnərəs/ *a.* **1** gravoso, oneroso, pesante. **2** (*Dir*) oneroso.

onerousness /ˈoʊnərəsnəs/ *n.* onerosità *f.*, gravosità *f.*

oneself /wʌnˈself/ *pron.pers.* **1** (*used reflexively*) si, sé, se stesso, se stessa: *to hurt ~* farsi male; *to have confidence in ~* avere fiducia in se stessi. **2** (*for emphasis*) sé, se stesso, se stessa, *often not translated*: *to trust no one but ~* fidarsi solo di se stessi. ☐ *to be ~*: 1 essere se stesso; 2 (*to behave naturally*) essere spontaneo, essere naturale; *by ~* da solo; *to ~* tra sé e sé.

one-sided /ˌwʌnˈsaɪdɪd/ *a.* **1** unilaterale (*anche Dir,Bot*). **2** (*fig*) (*of a game, match, etc.*) impari, disuguale. **3** (*fig*) (*biased*) unilaterale, parziale. **4** (*of a street*) con case su un solo lato.

one-sidedness /ˌwʌnˈsaɪdɪdnəs/ n. 1 unilateralità f. 2 (of a game, etc.) imparità f., disparità f., disuguaglianza f. 3 (bias) parzialità f., unilateralità f.

one-step /ˈwʌnstep/ n. one-step m.

one-stop /ˈwʌnˈstɒp Am wʌnˈstɑːp/ I a. che offre un'intera gamma di servizi, dove si trova tutto ciò che serve, che offre prestazioni a 360°. II avv. in un'unica volta. □ ~shop: 1 interlocutore unico, sportello unico; 2 (Comm) fornitore unico (che copre tutte le esigenze); ~ shopping possibilità di rivolgersi a un solo fornitore (per tutte le esigenze), accesso unitario a un complesso di servizi.

one-time /ˈwʌntaɪm/ a. ex, di un tempo, di una volta.

one-track /ˈwʌntræk/ a. (Ferr) a un solo binario. □ (fig) to have a ~ mind avere un'idea fissa, pensare sempre a una sola cosa.

one-trip /ˈwʌntrɪp/ a. (Am) non riutilizzabile, a perdere: ~ product prodotto non riutilizzabile.

one-up /ˌwʌnˈʌp/ a. (colloq) che ha un vantaggio (psicologico): to be ~ on so. avere un vantaggio su qcu.

one-upmanship /ˌwʌnˈʌpmənʃɪp/ n. il voler sempre mantenere un vantaggio sugli altri, il voler sempre fare meglio degli altri.

one-way /ˌwʌnˈweɪ/ a. 1 (Strad) a senso unico: a ~ street una strada a senso unico. 2 (of a ticket) di sola andata. 3 (fig) senza possibilità di tornare indietro: a ~ decision una decisione irrevocabile. 4 (fig) (from one side only) unilaterale. 5 (non reusable) monouso, a perdere, non riutilizzabile: ~ bottle bottiglia a perdere; ~ pack confezione monouso. □ (Am) ~ mirror specchio segreto.

onfall /ˈɒnfɔːl Am ˈɑːnfɔːl/ n. (rar) attacco m., assalto m.

onflow /ˈɒnfləʊ Am ˈɑːnfloʊ/ n. scorrimento m., flusso m.

ongoing /ˌɒnˈɡəʊɪŋ Am ˈɑːnˌɡoʊɪŋ/ I a. 1 in corso, che procede. 2 (growing) in sviluppo, in aumento. II n.pl. (goings-on) vicende f.pl., fatti m.pl.

o'nights /əʊˈnaɪts/ avv. (dial,colloq) di notte.

onion /ˈʌnjən/ I n. 1 (Bot,Alim) cipolla f. 2 (Am, sl) (person) tipo m., soggetto m., tizio m. 3 (sl) (head) testa f., zucca f. 4 (Aer.mil) razzo m. incendiario. II a. di cipolle: ~ soup minestra di cipolle. □ (Arch) ~ dome cupola m. bulbo; ~ marble (marmo) cipollino m; (sl) to be off one's ~ essere un po' suonato, essere fuori di melone.

onionskin /ˈʌnjənskɪn/ n. 1 velo m. di cipolla. 2 (Cart) carta f. pelure.

oniony /ˈʌnjəni/ a. che sa di cipolla.

on-licence /ˈɒnlaɪsəns Am ˈɑːnlaɪsəns/ n. licenza f. per la vendita di bevande alcoliche da consumare sul posto.

online /ˌɒnˈlaɪn Am ˌɑːnˈlaɪn/ a. (Inform) in linea, on-line, collegato. □ (Inform) ~ help guida in linea; (Inform) to put ~ collegare.

onlooker /ˈɒnˌlʊkər Am ˈɑːnˌlʊkər/ n. spettatore m. (f. -trice), astante m./f.

only /ˈəʊnli/ I a. 1 solo, unico: the ~ thing to do l'unica cosa da fare. 2 (having no brothers or sisters) unico: an ~ child un figlio unico. II avv. 1 solamente, soltanto, solo: there are ~ three left ne sono rimasti soltanto tre; ~ then did he speak soltanto allora parlò; I saw ~ him vidi solamente lui; I ~ saw him l'ho soltanto visto (non gli ho parlato). 2 (exclusively) soltanto, unicamente, esclusivamente, solo, solamente: ~ the best is good enough for me soltanto il meglio mi soddi-

---

sfa. 3 (as recently as) solo, soltanto, appena: ~ yesterday solo ieri. III congz. 1 (but) solo, ma, però. 2 (were it not that) solo che, senonché, se non fosse (stato) che. □ it's ~ fair to say that bisogna riconoscere che; to ~ have eyes for: 1 (to look at nothing else) non aver occhi che per; 2 (estens) non desiderare altro che; ~just (proprio) per un pelo, appena appena, giusto giusto: we ~ just caught the train abbiamo preso il treno per un pelo; not ~ ... but also... non solo..., ma anche...; you're ~ young once si è giovani una volta sola; it is ~ right to tell you that è doveroso dirti che, è giusto dirti che; as was ~ right and proper com'era giusto, come doveva essere; the ~ thing is... solo che...; it's ~ to be expected non ci si può aspettare altro; ~ too: 1 (very) molto, assai, estremamente: I should be ~ too pleased sarei molto contento; 2 (unfortunately) purtroppo, disgraziatamente: it is ~ too true purtroppo è vero; ~ too often fin troppo spesso; ~ trust! abbi fede!

o.n.o. (Br,Comm) (or near offer) trattabile: £ 100 ~ 100 sterline trattabili.

on-off /ˌɒnˈɒf Am ˌɑːnˈɔːf/ a. (Tecn) intermittente. □ (El) ~ switch interruttore acceso-spento.

onomasiology /ˌɒnəʊˌmeɪsiˈɒlədʒi Am ˌɑːnəʊˌmeɪsiˈɑːlədʒi/ n. onomasiologia f.

onomastic /ˌɒnəʊˈmæstɪk Am ˌɑːnoʊˈmæstɪk/ a. (Ling) onomastico.

onomastics /ˌɒnəʊˈmæstɪks Am ˌɑːnoʊˈmæs tɪks/ n.pl. (costr.sing.) onomastica f.sing.

onomatope /ˌɒnəʊˈmætəpi Am ˌɑːnoʊˈmɑː təpi/ n. (Ling) parola f. onomatopeica, onomatopea f.

onomatopoeia /ˌɒnəʊˌmætəˈpiːə Am ˌɑːnoʊ ˌmɑːtoʊˈpiːə/ n. (Ling) onomatopea f.

onomatopoeic /ˌɒnəʊˌmætəˈpiːɪk Am ˌɑːnoʊ ˌmætoʊˈpiːɪk/ a. (Ling) onomatopeico.

onomatopoeical /ˌɒnəʊˌmætəˈpiːɪkəl Am ˌɑːnoʊˌmætoʊˈpiːɪkəl/ a. (Ling) onomatopeico.

onomatopoeically /ˌɒnəʊˌmætəˈpiːɪkəli Am ˌɑːnoʊˌmætoʊˈpiːɪkəli/ avv. in modo onomatopeico, onomatopeicamente.

onomatopoetic /ˌɒnəʊˌmætəˈpoʊetɪk Am ˌɑːnoʊˌmætoʊpoʊˈetɪk/ a. (Ling) onomatopeico.

onpack /ˈɒnpæk Am ˈɑːnpæk/ n. (Comm) omaggio m. attaccato all'esterno di una confezione di prodotto.

onrush /ˈɒnrʌʃ Am ˈɑːnrʌʃ/ n. assalto m., attacco m.

onscreen /ˈɒnskriːn Am ˈɑːnskriːn/ avv./a. a video.

onset /ˈɒnset Am ˈɑːnset/ n. 1 inizio m., principio m.: the ~ of winter l'inizio dell'inverno. 2 (attack) attacco m., assalto m. 3 (Med) (of a disease) sintomi m.pl. iniziali, prodromi m.pl.

onshore /ˌɒnˈʃɔːr Am ˈɑːnʃɔːr/ I a. 1 dal largo (verso terra): ~ wind vento dal largo. 2 (situated on the shore) a riva, sulla riva. 3 (near the shore) vicino alla riva. 4 (Am,Econ) interno, nazionale. II avv. 1 verso riva, verso terra. 2 (close to the shore) vicino alla riva. 3 (ashore) a riva, a terra, sulla terraferma. 4 (Am,Econ) all'interno.

onside /ˌɒnˈsaɪd Am ˈɑːnsaɪd/ a./avv. (Sport) non in fuori gioco.

onslaught /ˈɒnslɔːt Am ˈɑːnslɔːt/ n. 1 assalto m. violento, attacco m. furioso. 2 (Med) (of a disease) attacco m.

onstage /ˈɒnsteɪdʒ Am ˈɑːnsteɪdʒ/ a./avv. (Teat) in scena.

Ontarian /ɒnˈteəriən Am ɑːnˈteriən/ I a. (caratteristico) dell'Ontario. II n. abitante m./f. dell'Ontario.

Ontario /ɒnˈteəriəʊ Am ɑːnˈterioʊ/ n.pr. (Geog) Ontario m.

---

ontic /ˈɒntɪk Am ˈɑːntɪk/ a. (Filos) ontico.

onto /ˈɒntu Am ˈɑːntuː/ prep. su, sopra.

ontogenesis /ˌɒntəʊˈdʒenəsɪs Am ˌɑːntoʊ ˈdʒenəsɪs/ n. (Biol) ontogenesi f., ontogenia f.

ontogenetic /ˌɒntəʊdʒəˈnetɪk Am ˌɑːntoʊdʒə ˈnetɪk/ a. (Biol) ontogenetico.

ontogeny /ɒnˈtɒdʒəni Am ɑːnˈtɑːdʒəni/ n. (Biol) ontogenesi f., ontogenia f.

ontologic /ˌɒntəˈlɒdʒɪk Am ˌɑːntoʊˈlɑːdʒɪk/ a. (Filos) ontologico.

ontological /ˌɒntəˈlɒdʒɪkəl Am ˌɑːntoʊ ˈlɑːdʒɪkəl/ a. (Filos) ontologico.

ontologist /ɒnˈtɒlədʒɪst Am ɑːnˈtɑːlədʒɪst/ n. (Filos) ontologista m./f.

ontology /ɒnˈtɒlədʒi Am ɑːnˈtɑːlədʒi/ n. (Filos) ontologia f.

onus /ˈəʊnəs/ n. 1 peso m., gravame m., obbligo m.; (lett) onere m. 2 (Dir) onere m. della prova. □ (Dir) ~ probandi onere della prova.

onward /ˈɒnwəd Am ˈɑːnwərd/ I a. in avanti. II avv. 1 in avanti. 2 (of time) in poi, in avanti.

onwards /ˈɒnwədz Am ˈɑːnwərdz/ avv. 1 in avanti. 2 (of time) in poi, in avanti: from today ~ da oggi in poi.

onychophagia /ˌɒnɪkəˈfeɪdʒiə Am ˌɑːnɪkə ˈfeɪdʒiə/ n. (Med) onicofagia f.

onychophagy /ˌɒnɪˈkɒfədʒi Am ˌɑːnɪˈkɑː fədʒi/ n. (Med) onicofagia f.

onyx /ˈɒnɪks Am ˈɑːnɪks/ n. (Min) onice f.

oodles /ˈuːdlz/ n.pl. (costr.sing. o pl.) (colloq) gran quantità f., sacco m.sing., mucchio m.sing.: ~ of money un sacco di soldi.

oof /uːf/ n. (sl) quattrini m.pl., grana f.

oogenesis /ˌoʊəˈdʒenəsɪs/ n. (Biol) ovogenesi f., oogenesi f.

ooh /uː/ intz. 1 (to express surprise) oh!, ah!, ohi! 2 (to express delight) oh!, ah! 3 (to express pain) oh!, ohi!, ahi!, oddio!

oomph /uːm(p)f/ n. (colloq) 1 (energy, vitality) energia f., carica f., brio m. 2 (sl) (sex appeal) attrattiva f. fisica, sex-appeal m.

OOP (Inform) object oriented programming OOP (programmazione orientata agli oggetti).

oophorectomy /ˌoʊəfəˈrektəmi/ n. (Med) ooforectomia f., ovariotomia f.

oophoritis /ˌoʊəfəˈraɪtɪs Am ˌoʊəfəˈraɪtəs/ n. (Med) ooforite f., ovarite f.

oops /uːps, ʊps/ intz. (to express dismay, surprise) oh!, ohi!, ah!, oddio!

oosperm /ˈoʊəspɜːm Am ˈoʊəspɜːrm/ n. (Biol) zigote m.

oosphere /ˈoʊəsfɪər Am ˈoʊəsfɪr/ n. oosfera f.

oospore /ˈoʊəspɔːr Am ˈoʊəspɔːr/ n. (Bot) oospora f.

ooze /uːz/ I v.i. 1 colare, stillare, fluire lentamente, filtrare: blood -d from the wound il sangue colava dalla ferita. 2 (to exude moisture) trasudare. 3 (of air, sound, etc.) filtrare, trapelare. 4 (fig) (to exude) rivelare, far trasparire, far trapelare, trasudare (with sth. qcs.): an expression that -s with hostility un'espressione che rivela animosità. 5 (fig) (to disappear slowly) svanire lentamente, scomparire lentamente, dileguarsi. II v.t. 1 stillare, grondare: to ~ blood stillare sangue. 2 (fig) (to give off) trasudare, far trapelare, rivelare. III n. 1 stillicidio m. 2 (something that oozes) liquido m. che filtra, liquido m. che trasuda. 3 (on the seabed) melma f. 4 (mud, slime) fango m., fanghiglia f., mota f., limo m. 5 (muddy ground) pantano m., palude f. 6 (Pell) liquido m. da concia. □ to ~away (o to ~ out) svanire lentamente, scomparire lentamente, dileguarsi.

oozy /ˈuːzi/ a. 1 che trasuda umidità. 2 (damp with moisture) umido. 3 (slimy) limaccioso, fangoso, melmoso.

op /ɒp Am ɑ:p/ n. (colloq,Med,Mil) operazione f.

op. **1** opera op. (opera). **2** opposite (di fronte). **3** opus op. (opus, opera).

o.p. (Edit) out of print esaurito.

opacify /ou'pæsɪfaɪ Am ou'pæsɪfaɪ/ v.t. opacificare.

opacity /ou'pæsɪti Am ou'pæsəti/ n. **1** opacità f. **2** (fig) (obscurity of meaning) oscurità f., mancanza f. di chiarezza. **3** (fig,rar) (mental dullness) ottusità f. (di mente), mancanza f. di acume, stupidità f.

opah /'oupə/ n. (Itt) pesce m. re.

opal /'oupəl/ n. **1** (Min) opale m./f. **2** (Vetr) opalina f., vetro m. opalino. □ (Vetr) ~ **glass** opalina, vetro opalino.

opalescence /,oupə'les°ns/ n. opalescenza f.

opalescent /,oupə'les°nt/, **opalesque** /,oupə'lesk/ a. opalescente.

opaline[1] /'oupəlaɪn Am also 'oupə'li:n, 'oupə'lɪn/ a. opalino.

opaline[2] /'oupə'li:n,'oupə'laɪn/ n. (Vetr) opalina f., vetro m. opalino.

opalize /'oupəlaɪz/ v.t. opalizzare.

opaque /ou'peɪk/ a. **1** opaco, non trasparente: ~ **glass** vetro opaco. **2** (fig) (obscure) oscuro, poco chiaro. **3** (fig,rar) (of a person) ottuso, poco intelligente, stupido.

opaqueness /ou'peɪknəs/ n. opacità f.

op art /'ɒp,ɑ:t Am 'ɑ:p,ɑ:rt/ n. (optical art) op art f.

op cit. /,ɒp'sɪt Am ,ɑ:p'sɪt/ opere citato op. cit. (opera citata).

ope /oup/ a./v. (rar,poet) → **open**.

OPEC /'oupek/ Organization of Petroleum Exporting Countries OPEC (Organizzazione dei paesi esportatori di petrolio).

open[1] /'oupən/ **I** a. **1** aperto: the window is ~ la finestra è aperta; to keep ~ tenere aperto; to stay ~ restare aperto, rimanere aperto. **2** (not closed or covered) aperto, scoperto: an ~ veranda una veranda aperta; an ~ carriage una carrozza scoperta. **3** (exposed, unfenced) aperto, libero, spazioso: ~ country aperta campagna. **4** (allowing passage) libero, sgombro: the road is ~ la strada è libera. **5** (of shops, etc.) aperto: the museum is not yet ~ il museo non è ancora aperto. **6** (accessible to all) pubblico, libero, aperto a tutti, aperto al pubblico (anche Sport): an ~ meeting una riunione pubblica; an ~ tournament un torneo pubblico. **7** (unfolded, spread out) aperto, spiegato: the book lay ~ il libro era aperto. **8** (of flowers) aperto, dischiuso, schiuso. **9** (having no protective cover) scoperto, nudo: an ~ wire un filo scoperto. **10** (fig) (not concealed) manifesto, aperto, chiaro, palese: ~ hostility manifesta ostilità; ~ war guerra aperta. **11** (of public knowledge) di dominio pubblico, noto a tutti; an ~ scandal uno scandalo di dominio pubblico. **12** (fig) (free from reserve) franco, aperto, schietto, sincero. **13** (fig) (broad-minded) di larghe vedute, di mentalità aperta, aperto. **14** (fig) (liable, exposed) esposto, soggetto (to a): to be ~ to criticism essere esposto a critiche. **15** (fig) (available to use) disponibile (to per), accessibile (a). **16** (fig) (free, not taken) libero, vacante, scoperto, disponibile. **17** (fig) (of an invitation, offer) sempre valido. **18** (fig) (not settled) aperto, insoluto, in sospeso: an ~ question una questione aperta. **19** (fig) (responsive) pronto, disposto, disponibile: I am always ~ to suggestions sono sempre pronto ad accogliere i suggerimenti. **20** (having voids, spaces) rado, largo, distanziato: ~ ranks file rade. **21** (scattered) rado, sparso. **22** (porous) poroso; (granular) granulare; (loose-textured) rado. **23** (of a

code, message) in chiaro. **24** (Inform) aperto. **25** (Mar) (free of ice) sgombro dai ghiacci, navigabile; (high) alto, aperto; (free of hazards) con fondale profondo, senza secche. **26** (Mil) (undefended) indifeso, scoperto, esposto. **27** (Med) (of a lesion, etc.) aperto. **28** (Ling) (of a vowel) libero; (of a consonant) spirante, costrittiva; (of a syllable) aperto. **29** (Mus) (of a string) libero; (of a tone, note) aperto. **30** (Chim) a catena aperta. **II** n. **1** (open space) scoperto m., aperto m. **2** (open country) aperta campagna f. **3** (open air) aperto m., aria f. aperta. **4** (open water) acque f.pl. libere, acque f.pl. aperte. **5** (Sport) gara f. libera. **II** (Econ) ~ **account**: 1 conto aperto; 2 (current account) conto corrente; (Univ) ~ **admission** libero accesso; in the ~ **air** all'aperto, all'aria aperta; with ~ **arms** a braccia aperte: to greet so. with ~ arms accogliere qcu. a braccia aperte; (fig) his face was an ~ **book** la sua faccia era un libro aperto; (Rel.prot) Open **Brethren** Fratelli aperti; ~ **cheque** assegno ordinario, assegno non sbarrato; (Mil) ~ **city** città aperta; (Astr) ~ **cluster** ammasso aperto; in ~ **competition** in gara libera, in concorso aperto, in concorso pubblico; (Arch) ~ **concept** open space; (Dir) ~ **court** processo a porte aperte; (Dir) in ~ court a porte aperte; (Econ) ~ **credit** credito allo scoperto; (Br) ~ **day** giorno di apertura straordinaria (di scuola, ente ecc.), porte aperte; ~ **door**: 1 (Pol) politica liberistica, politica della porta aperta; 2 (freedom of access) libero accesso; (fig) he keeps ~ **doors** la sua casa è aperta a tutti; an ~ **enemy** un nemico dichiarato; (Univ) ~ **enrolment** libero accesso; (Inform) ~ **file** aperto; (fig) to give with an ~ **hand** (o to give with ~ **hands**) dare a piene mani, essere generoso; (Chir) ~ **heart surgery** chirurgia a cuore aperto; ~ **house**: 1 festa a cui si può partecipare anche senza invito; (fig) to keep ~ **house** avere la casa sempre aperta agli ospiti, avere casa aperta, ricevere ospiti molto spesso; 2 (in a school) festa informale; in the ~: 1 all'aperto, all'aria aperta, allo scoperto: to sleep in the ~ dormire all'aperto, dormire alla bella stella; to fight in the ~ combattere in campo aperto; 2 (fig) di dominio pubblico, noto a tutti; to come out into the ~ essere franco, mettere le carte in tavola; an ~ **invitation**: 1 un invito sempre aperto; 2 (estens) (clear and strong suggestion) un invito a nozze; ~ **letter** lettera aperta; (Comm) ~ **market** mercato aperto, mercato libero; ~ **marriage** matrimonio aperto; (Mil) ~ **order** formazione aperta; (Edil) ~ **plan school** scuola open space; (Inform) ~ **platform** piattaforma aperta; ~ **question** questione aperta, faccenda ancora da decidere; (Am) ~ **range** distesa di terreno senza barriere; (Gastron) ~ **sandwich** tartina; ~ **sea** mare aperto; ~ **season**: 1 (Pesc) stagione in cui la pesca è aperta; 2 (Caccia) stagione in cui la caccia è aperta; (fig) ~ **secret** segreto di Pulcinella; ~ **shop** azienda che impiega anche operai non iscritti ai sindacati; (Arch) ~ **space** open space; ~ **to bribery** corruttibile; ~ **to improvement** passibile di miglioramento; ~ **to objections** passibile di obiezioni; to be ~ **to offer** essere disposto a prendere in considerazione l'offerta; ~ **to question** discutibile; ~ **to the public** aperto al pubblico; (GB) Open **University** università a distanza; (Dir) ~ **verdict** verdetto di morte per cause ignote; ~ **weave** trama larga; an ~ **wound** una ferita non rimarginata, una ferita aperta (anche fig).

open[2] /'oupən/ **I** v.t. aprire, schiudere, dischiudere: to ~ one's eyes aprire gli occhi

(anche fig). **2** (to unwrap, to unfasten) disfare, sciogliere, aprire: to ~ a parcel disfare un pacco. **3** (to declare open to the public) inaugurare, aprire: to ~ Parliament aprire il Parlamento. **4** (to unfold, to spread out) aprire, spiegare, allargare: to ~ a newspaper aprire un giornale; to ~ one's arms aprire le braccia. **5** (to clear of obstacles) sgombrare. **6** (to make an opening in) aprire, fare un'apertura in. **7** (to begin) aprire, dare inizio a, cominciare, iniziare: to ~ peace talks aprire negoziati di pace. **8** (to enlighten) illuminare, aprire gli occhi a. **9** (to divulge) rivelare, svelare, palesare: to ~ one's designs rivelare i propri piani. **10** (Inform) aprire. **11** (Fisiol) (of bodily passages) liberare, svuotare, evacuare. **12** (Econ) (of an account) aprire, accendere. **II** v.i. **1** aprirsi, schiudersi: the door ed la porta si aprì. **2** (to be available for business, etc.) aprire, venire aperto: the shops ~ at nine i negozi aprono alle nove. **3** (to begin) cominciare, iniziare, aprire. **4** (to unfold, to spread out) aprirsi, spiegarsi. **5** (of flowers) aprirsi, sbocciare, schiudersi. **6** (to separate) dischiudersi, schiudersi: her lips ed le sue labbra si dischiusero. **7** (fig) (to become revealed) schiudersi, manifestarsi, rivelarsi. **8** (fig) (to make plain one's thoughts) aprirsi, confidarsi. **9** (fig) (to give access) aprirsi, dare, guardare (on to su): the bedrooms ~ on to the garden le stanze da letto danno sul giardino. **10** (fig) (to have a door leading to) aprirsi, dare (into su): the room -s into a corridor la stanza si apre su un corridoio. **11** (to become less compact) allargarsi. **12** (to come into view) apparire. **13** (in card games) aprire, iniziare la partita. **14** (Mar) (to come into sight) comparire alla vista. □ (fig) to ~ **the floodgates** to sth. dare libero sfogo a qcs.; (fig) to ~ one's **heart** to so. aprire il proprio cuore a qcu., confidarsi con qcu.; to ~ one's **lips** (to speak) aprire bocca; (colloq) to ~ so.'s **mouth** costringere qcu. a parlare, far parlare qcu.; (fig) to ~ an old **wound** riaprire una vecchia ferita; to ~ **out**: 1 (to unfold) spiegare, aprire, dispiegare; 2 (of a view) apparire, rivelarsi; (Mil) to ~ **ranks** rompere le righe, rompere le file; ~ **sesame**: 1 apriti sesamo; 2 (fig) aiuto miracoloso, apriti sesamo; to ~ **the ball**: 1 aprire le danze; 2 (fig) dare inizio a un'attività; to ~ **the bidding**: 1 (in cards) aprire (la dichiarazione o la licitazione); 2 (in an auction) aprire le offerte; (fig) to ~ **the door** to aprire la strada a, rendere possibile; (Agr) to ~ **the soil** dissodare il terreno; to ~ **up**: 1 aprire: to ~ up a wound aprire una ferita; 2 (to open surgically) incidere; 3 (to bring into view) scoprire, offrire alla vista; 4 (to disclose, to reveal) rivelare, svelare: to ~ up new horizons aprire nuovi orizzonti; 5 (to start) avviare, iniziare, intraprendere; 6 (to begin firing) aprire il fuoco (on su); 7 (colloq) (to speak freely) aprirsi, confidarsi, parlare apertamente, sbottonarsi; 8 (colloq) (to increase speed) aumentare la velocità, dare gas; 9 (Sport) allargare il gioco.

openable /'oupənəbḷ/ a. apribile, che si può aprire.

open-air /,oupən'eə Am ,oupən'er/ a. all'aperto, all'aria aperta: an ~ concert un concerto all'aperto; ~ school scuola all'aperto.

open-and-shut /'oupənən(d)'ʃʌt/ a. (colloq) ovvio, scontato, evidente.

open-armed /,oupən'ɑ:md Am ,oupən'ɑ:rmd/ a. a braccia aperte.

open-cast /'oupənkɑ:st Am 'oupənkæst/ a. (Minier) a cielo aperto, a giorno: ~ mining scavo a cielo aperto.

open-circuit /ˌoʊpᵊn'sɜːkɪt Am ˌoʊpᵊn'sɜːrkɪt/ a. (El) a circuito aperto.

open-collared /ˌoʊpᵊn'kɒləd Am ˌoʊpᵊn'kɑːlərd/ a. con il colletto della camicia sbottonato.

open-eared /ˌoʊpᵊnɪəd Am 'oʊpᵊnɪrd/ a. con le orecchie tese, tutt'orecchi.

open-end /ˌoʊpᵊn'end/ a. 1 senza limiti precisi, senza limiti di tempo, illimitato, indeterminato, indefinito. 2 (free for interpretation) aperto a qualsiasi interpretazione. □ ~ question domanda aperta; (Econ) ~ trust fondo comune d'investimento aperto.

open-ended /ˌoʊpᵊn'endɪd/ a. 1 senza limiti precisi, senza limiti di tempo, illimitato, indeterminato, indefinito. 2 (free for interpretation) aperto a qualsiasi interpretazione.

opener /'oʊpᵊnə/ n. 1 chi apre. 2 (device for opening) arnese m. per aprire, utensile m. per aprire. 3 (tin opener) apriscatole m. 4 (bottle opener) apribottiglie m. 5 (Teat) numero m. d'apertura. 6 (Sport) partita f. d'apertura, partita f. d'inizio. 7 pl. (in poker) apertura f.sing.

open-eyed /ˌoʊpᵊn'aɪd/ I a. 1 con gli occhi aperti. 2 (watchful) guardingo, vigile. 3 (aware) consapevole, conscio. 4 (surprised) sorpreso, con gli occhi spalancati. II avv. 1 con piena consapevolezza, a occhi aperti. 2 (in amazement) con sorpresa.

open-faced /ˌoʊpᵊn'feɪst/ a. 1 dal viso aperto, dal viso leale. 2 (barefaced) a viso scoperto. 3 (sandwich) con una singola fetta di pane.

open-handed /ˌoʊpᵊn'hændɪd Am 'oʊpᵊnˌhændɪd/ a. munifico, generoso, liberale.

open-handedly /ˌoʊpᵊn'hændɪdlɪ Am 'oʊpᵊnˌhændɪdlɪ/ avv. con liberalità, con generosità.

open-handedness /ˌoʊpᵊn'hændɪdnəs Am 'oʊpᵊnˌhændɪdnəs/ n. munificenza f., liberalità f., generosità f.

open-hearted /ˌoʊpᵊn'hɑːtɪd Am 'oʊpᵊnˌhɑːrtɪd/ a. 1 sincero, franco, aperto, schietto. 2 (generous) generoso, magnanimo.

open-heartedly /ˌoʊpᵊn'hɑːtɪdlɪ Am 'oʊpᵊnˌhɑːrtɪdlɪ/ avv. a cuore aperto, sinceramente, con franchezza.

open-heartedness /ˌoʊpᵊn'hɑːtɪdnəs Am 'oʊpᵊnˌhɑːrtɪdnəs/ n. 1 franchezza f., schiettezza f., sincerità f. 2 (generosity) generosità f.

open-hearth /ˌoʊpᵊn'hɑːθ Am ˌoʊpᵊn'hɑːrθ/ □ (Met) ~ process processo Martin-Siemens; (Met) ~ steel acciaio Martin.

opening /'oʊpᵊnɪŋ/ I n. 1 apertura f. 2 (of a flower) lo sbocciare. 3 (formal opening) apertura f., inaugurazione f.: the ~ of a new motorway l'apertura di una nuova autostrada. 4 (beginning) apertura f., inizio m. 5 (initial part) inizio m., principio m.: the ~ of a speech l'inizio di un discorso. 6 (open space, gap) varco m., apertura f., spacco m.: an ~ in the hedge un varco nella siepe. 7 (hole) buco m., apertura f., imboccatura f. 8 (forest clearing) radura f. 9 (employment vacancy) posto m. disponibile, posto m. vacante. 10 (fig) (opportunity) momento m. adatto, opportunità f., occasione f. (favorevole). 11 (in chess, cards) apertura f., fase f. iniziale. 12 (Teat) (of a play) prima f.; (of an artist) esordio m., debutto m. 13 (Art) (of an exhibition) vernissage m. 14 (Dir) esposizione f. dei fatti. 15 (Econ,Pol) apertura f.: ~ of books apertura dei libri contabili. II a. 1 inaugurale, di apertura: the ~ ceremony la cerimonia inaugurale; ~ party festa di inaugurazione. 2 (introductory) introduttivo, d'apertura: ~ remarks osservazioni introduttive. 3 (Farm) lassativo. □ ~ bid: 1 (in cards) dichiarazione d'apertura, dichiarazione iniziale; 2

(in an auction) offerta di apertura; ~ ceremony cerimonia di apertura; ~ hours orario di apertura; (Teat) ~ night prima; ~ speech discorso di apertura (anche Parl); ~ time orario d'apertura.

openly /'oʊpᵊnlɪ/ avv. 1 apertamente, con franchezza, a viso aperto. 2 (without concealment) apertamente. 3 (publicly) pubblicamente.

open-minded /ˌoʊpᵊn'maɪndɪd/ a. 1 di mentalità aperta, di larghe vedute. 2 (unprejudiced) senza pregiudizi, senza preconcetti.

open-mindedness /ˌoʊpᵊn'maɪndɪdnəs/ n. 1 larghezza f. di vedute, mentalità f. aperta, apertura f. mentale. 2 (freedom from prejudice) l'essere privo di pregiudizi, spregiudicatezza f.

open-mouthed /ˌoʊpᵊn'maʊðd Am 'oʊpᵊnˌmaʊðd/ a. 1 con la bocca aperta. 2 (amazed) a bocca aperta. 3 (greedy) vorace, avido. 4 (vociferous) chiassoso, rumoroso.

open-necked /ˌoʊpᵊn'nekt/ a. (of a shirt) con il collo aperto.

openness /'oʊpᵊnnəs/ n. 1 franchezza f., schiettezza f., sincerità f. 2 (open-mindedness) apertura f. mentale, larghezza f. di vedute.

open-pit /ˌoʊpᵊn'pɪt/ a. (Am,Minier) a cielo aperto.

open-shelf /ˌoʊpᵊn'ʃelf/ a. (Bibliot) a scaffale aperto, a scaffali aperti.

openwork /'oʊpᵊnwɜːk Am 'oʊpᵊnwɜːrk/ I n. 1 (in embroidery) lavoro m. a giorno, à jour m. 2 (Minier) lavorazione f. a cielo aperto. II a. traforato, a traforo, a giorno: ~ stockings calze traforate.

opera /'ɒpᵊrə Am 'ɑːpᵊrə/ n. 1 opera f., lirica f. 2 (composition) opera f. (lirica), opera f. musicale. 3 (performance) opera f.: to go to the ~ andare all'opera. 4 teatro m. lirico, teatro m. dell'opera, opera f. □ (Mus) ~ bouffe opera comica, opera buffa; (Abbigl) ~ cloak mantello da sera; ~ comique opera comique; ~ glasses binocolo da teatro; (Mod) ~ hat gibus; ~ house teatro dell'opera, teatro lirico, opera.

operable /'ɒpᵊrəbᴌ Am 'ɑːpᵊrəbᴌ/ a. 1 che si può mettere in funzione. 2 (capable of being put into practice) fattibile. 3 (Chir) operabile.

operand /'ɒpᵊrænd Am 'ɑːpᵊrænd/ n. (Inform) operando m.

operate /'ɒpᵊreɪt Am 'ɑːpᵊreɪt/ I v.i. 1 operare, agire, influire, avere effetto. 2 (to work) operare, lavorare. 3 (to perform a process of work) lavorare (on, upon sth. qcs.). 4 (to be in operation) essere in funzione, funzionare: this television ~s on batteries questa televisione funziona a batterie. 5 (of a person: to conduct activity) svolgere la propria attività, operare. 6 (Farm) (of a drug) agire, avere efficacia. 7 (Chir) operare (on so. qcu.): to ~ on so. for appendicitis operare qcu. di appendicite. 8 (Mil) operare. 9 (Econ) operare (in borsa). II v.t. 1 (to cause to function) azionare, far funzionare. 2 (to run, to manage) dirigere, condurre, gestire. 3 (to perform, to carry out) operare, compiere, fare. 4 (to bring about) produrre, causare, provocare. 5 (Chir) operare (anche assol).

operatic /ˌɒpᵊr'ætɪk Am ˌɑːpᵊr'ætɪk/ a. (Mus) d'opera, operistico, lirico.

operatics /ˌɒpᵊr'ætɪks Am ˌɑːpᵊr'ætɪks/ n.pl. (costr.sing. o pl.) 1 (Mus) esecuzione f.sing. di un'opera. 2 (fig) atteggiamenti m.pl. melodrammatici, scene f.pl.

operating /'ɒpᵊreɪtɪŋ Am 'ɑːpᵊreɪtɪŋ/ a. 1 operante, attivo, funzionante. 2 (Econ) di gestione, d'esercizio: ~ costs spese di gestione, co-

sti d'esercizio. 3 (Chir) operatorio. 4 (Ind) operativo: ~ cycle ciclo operativo. □ (Mil) ~ base base operativa; (Econ) ~ deficit perdita di gestione; ~ expenses spese di gestione, costi d'esercizio; ~ instructions istruzioni per il funzionamento; (Econ) ~ loss perdita di esercizio, perdita di gestione; (Chir) ~ mask maschera chirurgica; (Econ) ~ profit utile d'esercizio; (Inform) ~ programme programma operativo; (Am,Chir) ~ room sala operatoria; ~ statistics statistica aziendale; (Inform) ~ system sistema operativo; (Chir) ~ table tavolo operatorio; (Br,Chir) ~ theatre sala operatoria; (Chir) ~ theatre block blocco operatorio.

operation /ˌɒpᵊr'eɪʃᵊn Am ˌɑːpᵊr'eɪʃᵊn/ n. 1 funzionamento m., azione f. 2 (running, managing) gestione f., direzione f., conduzione f. 3 (series of actions) operazione f.: rescue ~s operazioni di salvataggio. 4 (act of producing an effect) influenza f., azione f. 5 (efficacy) effetto m., efficacia f. 6 (method of functioning) funzionamento m. 7 (Chir) operazione f., intervento m. chirurgico: to perform an ~ on so. operare qcu., sottoporre qcu. a un'operazione; to have an ~ subire un'operazione, sottoporsi a un intervento. 8 (Mil,Mat,Econ) operazione f.: Operation Tiger operazione Tigre. 9 pl. (Mil) (conduct of a campaign, etc.) operazioni f.pl. (belliche): theatre of ~s teatro delle operazioni. 10 pl. (Mil,Aer) (headquarters) base f.sing. di operazione. □ (Inform) ~ code codice operativo; in ~: 1 in funzione, in azione: to set in ~ mettere in funzione, mettere in azione; 2 (in force, effect) in vigore, in forza; to come into ~ entrare in vigore; ~ research (o ~s research) ricerca operativa.

operational /ˌɒpᵊr'eɪʃᵊnᴌ Am ˌɑːpᵊr'eɪʃᵊnᴌ/ a. 1 in attività, in funzione, in azione. 2 (Mil) operativo, d'operazione, relativo a operazioni belliche. 3 (Comm) di gestione, d'esercizio. 4 (Mat) operatorio, operazionale. □ (Elettron) ~ amplifier amplificatore operazionale; ~ criteria criteri operativi; ~ flexibility versatilità; ~ research ricerca operativa.

operative /'ɒpᵊrətɪv Am 'ɑːpᵊrətɪv/ I a. 1 (functioning) operante, funzionante, attivo. 2 (in force) operante, in vigore, valido; the law is not yet ~ la legge non è ancora operante. 3 (in effect) operativo, vigente. 4 (producing an effect) efficace, operante: an ~ drug un farmaco efficace. 5 (involving physical operations) manuale: ~ arts arti manuali. 6 (Chir) operatorio. II n. 1 (factory hand) operaio m. (f. -a) (di una fabbrica). 2 (worker) operaio m. (f. -a), lavoratore m. (f. -trice). 3 (artisan) artigiano m. (f. -a). 4 (Am) (private detective) investigatore m. (f. -trice) privato. □ (Chir) ~ surgery chirurgia; (Chir) ~ technique tecnica operatoria.

operator /'ɒpᵊreɪtə Am 'ɑːpᵊreɪtər/ n. 1 operatore m. (f. -trice) (anche Rad,Econ). 2 (Tel) (switchboard operator) operatore m. (f. -trice), centralinista m./f., telefonista m./f.: to call the ~ chiamare il centralino; to place a call through the ~ telefonare tramite operatore. 3 (Mat,Inform) operatore m. 4 (Comm) gestore m., dirigente m. 5 (Chir) operatore m., chirurgo m. operatore. 6 (sl) (crafty person) furbo m. (f. -a); (colloq) dritto m. (f. -a); (shrewd person) (spreg) trafficante m./f. 7 (Am,Aut) (driver) autista m./f., conducente m./f.

opercular /oʊ'pɜːkjʊlə Am oʊ'pɜːrkjʊlər/ a. (Biol) opercolare.

operculate /oʊ'pɜːkjʊlɪt Am oʊ'pɜːrkjʊlɪt/ a. (Biol) opercolato.

operculated /oʊ'pɜːkjʊleɪtɪd Am oʊ'pɜːrkjʊ

leıtıd/ a. (Biol) opercolato.

operculum /ou'pɜːkjuləm Am ou'pɜːrkjuləm/ (pl. **-s** /-z/ o **-la** /-lə/) n. opercolo m.

operetta /ˌɒpəˈretə Am ˌɑːpəˈretə/ n. (Mus) operetta f.

operose /ˈɒpərous Am 'ɑːpərous/ a. (rar) 1 faticoso. 2 (industrious) operoso, laborioso.

Ophelia /ou'fiːlɪə Am ou'fiːljə/ n.pr.f. Ofelia.

ophidian /ou'fɪdɪən Br also ɒf'ɪdɪən/ I a. (Zool) degli ofidi. II n. (Zool) ofide m.

ophiolite /'ɒfɪəlaɪt Am 'ɑːfɪəlaɪt/ n. (Geol) ofiolite f.

ophite /'ɒfaɪt Am 'ɑːfaɪt/ n. (Min) ofite f.

ophthalmia /ɒf'θælmɪə Am ɑːf'θælmɪə/ n. (Med) oftalmia f.

ophthalmic /ɒf'θælmɪk Am ɑːf'θælmɪk/ a. oftalmico: ~ nerve nervo oftalmico.

ophthalmologic /ɒfˌθælmou'lɒdʒɪk Am ɑːfˌθælmou'lɑːdʒɪk/, **ophthalmological** /ɒfˌθælmou'lɒdʒɪkəl Am ɑːfˌθælmou'lɑːdʒɪkəl/ a. (Med) oftalmologico.

ophthalmologist /ˌɒfθæl'mɒlədʒɪst Am ˌɑːfθæl'mɑːlədʒɪst/ n. (Med) oftalmologo m. (f. -a).

ophthalmology /ˌɒfθæl'mɒlədʒɪ Am ɑːfθæl'mɑːlədʒɪ/ n. oftalmologia f.

ophthalmoplegia /ɒfˌθælmou'pliːdʒ(i)ə Am ɑːfˌθælmou'pliːdʒ(i)ə/ n. (Med) oftalmoplegia f.

ophthalmoscope /ɒf'θælməskoup Am ɑːf'θælməskoup/ n. (Med) oftalmoscopio m.

ophthalmoscopic /ˌɒfθælmə'skɒpɪk Am ˌɑːfθælmə'skɑːpɪk/, **ophthalmoscopical** /ˌɒfθælmə'skɒpɪkəl Am ˌɑːfθælmə'skɑːpɪkəl/ a. (Med) oftalmoscopico.

ophthalmoscopy /ˌɒfθæl'mɒskəpɪ Am ˌɑːfθæl'mɑːskəpɪ/ n. (Med) oftalmoscopia f.

ophthalmotomy /ˌɒfθæl'mɒtəmɪ Am ˌɑːfθæl'mɑːtəmɪ/ n. (Chir) oftalmotomia f.

opiate[1] /'oupi(e)ɪt/ I n. 1 (Farm,fig) oppiato m. 2 (soporific) sonnifero m., soporifero m.; (narcotic) narcotico m. II a. /'oupiɪt/ 1 oppiato. 2 (inducing sleep) soporifero. 3 (fig) stuporoso, che intorpidisce.

opiate[2] /'oupieɪt/ v.t. (rar) oppiare.

opine /ou'paɪn/ I v.t. (lett) 1 ritenere, essere dell'opinione che, opinare. 2 (to give as an opinion) esprimere il parere che, esprimere l'opinione che. II v.i. (lett) farsi delle opinioni, avere delle opinioni.

opinion /ə'pɪnjən Am also ou'pɪnjən/ n. 1 opinione f., parere m.: to have a good ~ of so. avere una buona opinione di qcu.; to have a high ~ of so. avere un'alta opinione di qcu.; to have a low ~ of so. avere una cattiva opinione di qcu. 2 (belief, view) opinione f., convinzione f. 3 (accepted view) opinione f. (comune): ~ has it that è opinione comune che; public ~ l'opinione pubblica. 4 (professional, expert judgement) parere m., consiglio m.: to seek a specialist's ~ chiedere il parere di un esperto. 5 (estimation) stima f., opinione f., considerazione f. 6 (Dir) parere m. □ to give one's ~ esprimere la propria opinione; in my ~ secondo me, a parer mio, a mio modo di vedere; in the ~ of so. secondo qcu.; ~ leader (o ~ maker) formatore d'opinione, opinion-maker; to be of the ~ that... essere dell'idea che...; ~ poll sondaggio d'opinione, indagine demoscopica; ~ research ricerca d'opinione.

opinionated /ə'pɪnjəneɪtɪd Am ə'pɪnjəneɪtɪd/ a. 1 ostinato, caparbio, tenace. 2 (dogmatic) dogmatico.

opinionative /ə'pɪnjəneɪtɪv Am ə'pɪnjəneɪtɪv/ a. (rar) 1 d'opinione. 2 → **opinionated**.

opioid /'oupiɔɪd/ n. (Farm) oppioide m.

opium /'oupiəm/ n. oppio m. (anche fig). □ ~ addict oppiomane; ~ den fumeria d'oppio; ~ eater mangiatore d'oppio, oppiofago;

(Bot) ~ **poppy** papavero da oppio, papavero officinale; (Stor) Opium War guerra dell'oppio.

opiumism /'oupiəmɪzᵊm/ n. oppiomania f.

opossum /ə'pɒsəm Am ə'pɑːsəm/ (pl.inv. o **-s** /-z/; il pl. inv. si usa general. con valore collett.) n. 1 (Zool) opossum m. 2 (fur) pelliccia f. di opossum.

opp. opposed, opposite (opposto).

oppidan /'ɒpɪdən Am 'ɑːpɪdᵊn/ I a. (rar) cittadino, urbano. II n. (rar) 1 chi vive in città, cittadino m. 2 (Scol) (at Eton) studente m. esterno.

oppilate /'ɒpɪleɪt Am 'ɑːpɪleɪt/ v.t. ostruire, occludere.

oppilation /ˌɒpɪ'leɪʃᵊn Am ˌɑːpɪ'leɪʃᵊn/ n. ostruzione f., occlusione f.

opponent /ə'pounənt/ I n. 1 oppositore m. (f. -trice), avversario m. (f. -a) (anche Sport). 2 (adversary) oppositore m. (f. -trice), antagonista m./f. II a. avversario, antagonista.

opportune /'ɒpə'tjuːn Am ˌɑːpə'(t)juːn/ a. 1 opportuno, adatto, conveniente: an ~ moment un momento opportuno. 2 (timely) tempestivo, opportuno: ~ assistance aiuto tempestivo.

opportuneness /ˌɒpə'tjuːnnəs Am ˌɑːpə'(t)juːnnəs/ n. opportunità f., convenienza f.

opportunism /ˌɒpə'tjuːnɪzᵊm Am ˌɑːpə'(t)juːnɪzᵊm/ n. opportunismo m.

opportunist /ˌɒpə'tjuːnɪst Am ˌɑːpə'(t)juːnɪst/ I n. opportunista m./f. II a. opportunistico (anche Med).

opportunistic /ˌɒpətjuː'nɪstɪk Am ˌɑːpə'(t)juː'nɪstɪk/ a. opportunistico (anche Med).

opportunity /ˌɒpə'tjuːnɪtɪ Am ˌɑːpə'(t)juːnəti/ n. 1 opportunità f., occasione f.: to give so. the ~ to do sth. dare (o offrire) a qcu. l'opportunità di fare qcs.; to take the ~ to do sth. cogliere l'occasione per fare qcs., sfruttare l'occasione per fare qcs.; at the earliest ~ alla prima occasione; at the first ~ alla prima occasione. 2 (prospect or condition favouring progress) possibilità f., prospettiva f.: unlimited opportunities possibilità illimitate. □ when the ~ occurs quando capita l'occasione. Prov.: ~ makes the thief l'occasione fa l'uomo ladro.

opposability /əˌpouzə'bɪlɪtɪ Am əˌpouzə'bɪləti/ n. opponibilità f., l'essere opponibile.

opposable /ə'pouzəbl/ a. 1 opponibile, che si può opporre, che si può combattere. 2 (capable of being placed opposite) che può stare in opposizione, che può stare di fronte. 3 (Zool) (of a thumb) opponibile.

oppose /ə'pouz/ I v.t. 1 opporsi a, contrastare, essere contrario a: to ~ the enemy opporsi al nemico; to ~ so.'s wishes contrastare i desideri di qcu. 2 (to place over against) contrapporre, opporre: to ~ advantages to disadvantages contrapporre i vantaggi agli svantaggi. 3 (to put in the way of) opporre: to ~ resistance to the enemy opporre resistenza al nemico. II v.i. opporsi, fare opposizione.

opposed /ə'pouzd/ a. 1 contrario, avverso: to be ~ to so. doing sth. essere contrario a che qcu. faccia qcs. 2 (opposite) opposto, contrastante: diametrically ~ theories teorie diametralmente opposte. □ as ~ to in confronto a, rispetto a, in contrasto con: town as ~ to country life la vita di città in confronto a quella di campagna; the issue has come out now as ~ to 30 years ago il problema è sorto oggi e non 30 anni fa.

opposer /ə'pouzər/ n. oppositore m. (f. -trice), antagonista m./f., avversario m. (f. -a).

opposing /ə'pouzɪŋ/ a. 1 avversario, antagonista: the ~ team la squadra avversaria. 2

(opposite) contrapposto, opposto, posto di fronte. 3 (contrary) contrario, opposto.

opposite /'ɒpəzɪt Am 'ɑːpəzɪt/ I a. 1 opposto, (posto) di fronte, contrapposto (to a): the ~ sides of a square i lati opposti di un quadrato. 2 (contrary) opposto, contrario, inverso (a): in ~ directions in direzioni opposte. 3 (contrasting) contrario, contrastante, opposto: I take the ~ view io sono di parere contrario. II n. 1 opposto m., contrario m.: the ~ is true è vero il contrario. 2 (of a person) opposto m.: the son is the ~ of his father il figlio è l'opposto del padre. III avv. di fronte, di fronte, di faccia. IV prep. di fronte a, dirimpetto a: the cinema is ~ the station il cinema è di fronte alla stazione. □ ~ number controparte, omologo: the British Foreign Secretary met his ~ number in Paris il Segretario degli Esteri britannico si è incontrato con il suo omologo francese; the ~ sex l'altro sesso.

oppositeness /'ɒpəzɪtnəs Am 'ɑːpəzɪtnəs/ n. l'essere opposto, l'essere contrario.

opposition /ˌɒpə'zɪʃᵊn Am ˌɑːpə'zɪʃᵊn/ I n. 1 opposizione f., resistenza f., ostilità f., contrasto m.: the measure has met with stiff ~ il provvedimento ha incontrato una decisa opposizione. 2 (Parl) opposizione f.; (party) opposizione f., partito m. all'opposizione, partito m. d'opposizione: leader of the ~ il capo dell'opposizione; member of the ~ politico all'opposizione; to go into ~ passare all'opposizione. 3 (setting over against) contrapposizione f. 4 (Astr,Filos,Dir,Fis) opposizione f. II a. (Parl) dell'opposizione, d'opposizione. □ in ~: 1 contro (to sth. qcs.), in opposizione (a); 2 (Parl) all'opposizione: which party is in ~? qual è il partito all'opposizione?

oppositional /ˌɒpə'zɪʃᵊnᵊl Am ˌɑːpə'zɪʃᵊnᵊl/ a. d'opposizione, in opposizione.

oppositionism /ˌɒpə'zɪʃᵊnɪzᵊm Am ˌɑːpə'zɪʃᵊnɪzᵊm/ n. politica f. di opposizione.

oppositionist /ˌɒpə'zɪʃᵊnɪst Am ˌɑːpə'zɪʃᵊnɪst/ n. membro m. dell'opposizione.

oppositive /ə'pɒzɪtɪv Am ə'pɑːzɪtɪv/ a. che si oppone, che contrasta.

oppress /ə'pres/ v.t. 1 opprimere, angariare, tiranneggiare. 2 (to burden mentally) opprimere, angustiare, angosciare. 3 (to weigh down) opprimere, gravare su. 4 (to make weary) estenuare, opprimere: the heat -ed them il caldo li stremava.

oppression /ə'preʃᵊn/ n. 1 oppressione f., tirannia f. 2 (instance) angheria f., atto m. di prepotenza, sopruso m. 3 (feeling of being weighed down) oppressione f., angoscia f. 4 (Dir) abuso m. di potere.

oppressive /ə'presɪv/ a. 1 oppressivo, tirannico. 2 (burdensome) gravoso, oppressivo: ~ taxes tasse gravose. 3 (exhausting) opprimente, spossante, opprimente.

oppressiveness /ə'presɪvnəs/ n. l'essere oppressivo, l'essere opprimente.

oppressor /ə'presər/ n. oppressore m.

opprobrious /ə'proubriəs/ a. 1 vergognoso, obbrobrioso, infamante. 2 (abusive) ingiurioso, oltraggioso, insolente, offensivo: ~ language linguaggio ingiurioso.

opprobrium /ə'proubriəm/ n. 1 obbrobrio m. 2 (cause of disgrace) vergogna f., disonore m., vituperio m. 3 (contempt) disprezzo m., spregio m. 4 (abusive language) linguaggio m. ingiurioso: a term of ~ un'ingiuria.

oppugn /ə'pjuːn/ v.t. (ant) 1 contestare, mettere in dubbio, mettere in discussione, oppugnare. 2 (to oppose) opporsi a, osteggiare.

oppugnancy /ə'pʌgnənsi/ n. (rar) opposizione f., resistenza f.

oppugnant /ə'pʌgnənt/ **I** *a.* (*ant*) avversario, antagonista. **II** *n.* (*ant*) oppositore *m.* (*f.* -trice).

opsonin /'ɒpsənɪn *Am* 'ɑ:psənɪn/ *n.* (*Biol*) opsonina *f.*

opt /ɒpt *Am* ɑ:pt/ *v.i.* **1** optare (*between, for* tra, per), scegliere (*between* tra). **2** (*Pol,Dir*) optare (*for* per). □ *to ~ out of sth.* decidere di non partecipare a qcs., decidere di non fare qcs.

opt. **1** (*Gramm*) *optative* (ottativo). **2** *optical* (ottico). **3** *optics* ott. (ottica).

optant /'ɒptənt *Am* 'ɑ:ptənt/ *n.* chi può scegliere la propria nazionalità.

optative /'ɒptətɪv *Am* 'ɑ:ptətɪv/ **I** *a.* (*Gramm*) ottativo. **II** *n.* (*Gramm*) **1** (*mood*) ottativo *m.*, modo *m.* ottativo. **2** (*verbal form*) forma *f.* ottativa.

optic /'ɒptɪk *Am* 'ɑ:ptɪk/ **I** *a.* **1** ottico. **2** (*of the eye*) oculare, dell'occhio. **II** *n.* **1** (*scherz*) occhio *m.* **2** (*optical system*) sistema *m.* ottico. **3** (*Br*) misurino *m.* per erogare alcolici, tappo *m.* dosatore.

optical /'ɒptɪkəl *Am* 'ɑ:ptɪkəl/ *a.* **1** ottico. **2** (*of vision*) ottico, della vista: ~ *illusion* illusione ottica. **3** (*constructed to aid vision*) da vista: ~ *lenses* lenti da vista. □ ~ *art* op art; (*Inform*) ~ *character reader* lettore ottico di caratteri a stampa; (*Inform*) ~ *character recognition* lettura ottica di caratteri; (*Inform*) ~ *disk* disco ottico; ~ *fibre* fibra ottica; ~ *glass* vetro ottico; (*Chim*) ~ *isomer* isomero ottico; ~ *laser* laser ottico; (*Inform*) ~ *mouse* mouse ottico; (*Inform*) ~ *reader* lettore ottico; ~ *telegraph* telegrafo ottico.

optician /ɒp'tɪʃən *Am* ɑ:p'tɪʃən/ *n.* ottico *m.*

optics /'ɒptɪks *Am* 'ɑ:ptɪks/ *n.pl.* (*costr.sing.*) ottica *f.sing.*

optimal /'ɒptɪməl *Am* 'ɑ:ptɪml/ *a.* ottimale, ottimo.

optimalization /ˌɒptɪml(a)ɪ'zeɪʃən *Am* ˌɑ:ptɪml'zeɪʃən/ *n.* ottimizzazione *f.*

optimalize /'ɒptɪməlaɪz *Am* 'ɑ:ptɪməlaɪz/ *v.t.* ottimizzare.

optimate /'ɒptɪmɪt *Am* 'ɑ:ptɪmɪt/ *n.* (*Stor*) ottimate *m.*

optimism /'ɒptɪmɪzəm *Am* 'ɑ:ptɪmɪzəm/ *n.* ottimismo *m.*

optimist /'ɒptɪmɪst *Am* 'ɑ:ptɪmɪst/ *n.* ottimista *m./f.*

optimistic /ˌɒptɪ'mɪstɪk *Am* ˌɑ:ptɪ'mɪstɪk/ *a.* ottimista, ottimistico (*anche Filos*): *an ~ boy* un ragazzo ottimista; *an ~ person* un ottimista; *an ~ outlook on life* una visione ottimistica della vita.

optimistical /ˌɒptɪ'mɪstɪkəl, ˌɑ:ptɪ'mɪstɪkəl/ *a.* ottimista, ottimistico (*anche Filos*).

optimistically /ˌɒptɪ'mɪstɪkəli *Am* ˌɑ:ptɪ'mɪstɪkəli/ *avv.* ottimisticamente, con ottimismo.

optimization /ˌɒptɪm(a)ɪ'zeɪʃən *Am* ˌɑ:ptɪmɪ'zeɪʃən/ *n.* ottimizzazione *f.*

optimize /'ɒptɪmaɪz *Am* 'ɑ:ptɪmaɪz/ **I** *v.i.* essere ottimista. **II** *v.t.* ottimizzare.

optimum /'ɒptɪməm *Am* 'ɑ:ptɪməm/ **I** *n.* (*pl.* -**s** /-z/ o -**ma** /-mə/) optimum *m.* (*anche Biol*). **II** *a.* ottimale, ottimo.

option /'ɒpʃən *Am* 'ɑ:pʃən/ *n.* **1** possibilità *f.* di scelta, diritto *m.* di scelta, alternativa *f.*: *he has no ~ in this matter* non ha possibilità di scelta in questa faccenda; *I had no ~ but to accept the proposal* non avevo altra scelta che accettare la proposta. **2** (*act of choosing*) scelta *f.*, opzione *f.*: *to make one's ~* scegliere, fare la propria scelta. **3** (*that which is chosen*) scelta *f.*, selezione *f.* **4** (*Comm,Dir,Assic*) opzione *f.* **5** (*Econ*) diritto *m.* d'opzione. □ *at the ~ of* a scelta di; (*Econ*) ~ *buyer* acquirente a premio; (*Econ*) ~ *for the*

call (o ~ *for the put*) opzione per l'acquisto; *to keep one's -s open* non impegnarsi, non pronunciarsi.

optional /'ɒpʃənl *Am* 'ɑ:pʃənl/ **I** *a.* **1** facoltativo, opzionale, libero, non obbligatorio: *attendance is* ~ la frequenza è facoltativa; ~ *subject* materia facoltativa; *evening dress is* ~ l'abito da sera non è obbligatorio. **2** (*Comm*) facoltativo, a richiesta. **II** *n.* accessorio *m.* a richiesta, optional *m.* (*anche Aut*).

optionally /'ɒpʃənli *Am* 'ɑ:pʃənli/ *avv.* **1** facoltativamente, a scelta. **2** (*Comm*) a richiesta.

optoelectronic /ˌɒptoʊɪlek'trɒnɪk *Am* ˌɑ:ptoʊlek'trɑ:nɪk/ *a.* optoelettronico.

optoelectronics /ˌɒptoʊɪlek'trɒnɪks *Am* ˌɑ:ptoʊlek'trɑ:nɪks/ *n.pl.* (*costr.sing.*) optoelettronica *f.sing.*

optometrist /ɒp'tɒmətrɪst *Am* ɑ:p'tɑ:mətrɪst/ *n.* optometrista *m./f.*

optometry /ɒp'tɒmɪtri *Am* ɑ:p'tɑ:mɪtri/ *n.* optometria *f.*

opulence /'ɒpjʊləns *Am* 'ɑ:pjʊləns/ *n.* **1** ricchezza *f.*; (*lett*) opulenza *f.* **2** (*abundance*) abbondanza *f.*

opulency /'ɒpjʊlənsi *Am* 'ɑ:pjʊlənsi/ *n.* **1** ricchezza *f.*; (*lett*) opulenza *f.* **2** (*abundance*) abbondanza *f.*

opulent /'ɒpjʊlənt *Am* 'ɑ:pjʊlənt/ *a.* **1** ricco, facoltoso. **2** (*abundant*) abbondante. **3** (*luxuriant*) lussureggiante.

opulently /'ɒpjʊləntli *Am* 'ɑ:pjʊləntli/ *avv.* con opulenza.

opuntia /oʊ'pʌnʃiə/ *n.* (*Bot*) opunzia *f.*

opus /'oʊpəs *Br also* 'ɒpəs/ (*pl.* **opera** /'ɒpərə *Am* 'oʊpərə, 'ɑ:pərə/ o -**puses** /-pəsɪz/) *n.* **1** opera *f.* (letteraria). **2** (*Mus,Archeol*) opus *m.*, opera *f.*

opuscule /oʊ'pʌskju:l/ *n.* (*rar,Lett,Mus*) opera *f.* minore.

opusculum /oʊ'pʌskjʊləm/ (*pl.* -**la** /-lə/) *n.* (*Lett,Mus*) opera *f.* minore.

or[1] /ɔ:r *Am* ɔ:r, *occasionally* ər/ *congz.* **1** o, oppure, o invece: *tea ~ coffee?* tè o caffè? **2** (*in negative sentences*) e non, né: *he doesn't smoke ~ drink* non fuma e non beve. **3** (*in correction*) o meglio, o per meglio dire, ovvero, ossia: *his ideas, ~ lack of ideas, cost him the job* ha perso il posto per le sue idee, o meglio, per la mancanza di idee. **4** (*otherwise*) o, altrimenti, se no, oppure: *come early, ~ you won't find a seat* vieni presto, se no non troverai posto. □ ~ *rather* o meglio, o piuttosto; ~ *so* più o meno, o giù di lì, circa: *an hour ~ so* più o meno un'ora; *thirty ~ so* trenta o giù di lì, una trentina; (*colloq*) ~ *what?* o no?, o che cosa?: *are you coming ~ what?* vieni (sì) o no?; *are you stupid, ~ what?* sei stupido o lo fai?; *I couldn't decide whether he was being serious, ironic, ~ what* non riuscivo a stabilire se era serio, ironico o che altro.

or[2] /ɔ:r/ **I** *prep.* (*rar,poet*) davanti a. **II** *congz.* (*rar,poet*) prima che, innanzi che.

or[3] /ɔ:r/ **I** *n.* (*Arald*) oro *m.* **II** *a.* d'oro, in oro.

OR /ˌoʊ'ɑ:r/ **1** *Operational Research* (ricerca operativa). **2** (*Am,Med*) *operating room* (sala operatoria). **3** *Oregon* OR (Oregon).

orach /'ɒrɪtʃ *Am* 'ɔ:rətʃ/ *n.* (*Bot*) atreplice *m.*, bietolone *m.*

orache /'ɒrɪtʃ *Am* 'ɔ:rətʃ/ *n.* (*Bot*) atreplice *m.*, bietolone *m.*

oracle /'ɒrəkl *Am* 'ɔ:rəkl/ *n.* (*Stor,fig*) oracolo *m.*: *the Delphic ~* l'oracolo delfico.

oracular /ɒ'rækjʊlər *Am* ɔ:'rækju:lər/ *a.* **1** di oracolo, da oracolo. **2** (*fig*) (*prophetic*) profetico. **3** (*fig*) (*solemn*) solenne, maestoso. **4** (*fig*) (*obscure*) oscuro, sibillino, misterioso.

oracularity /ɒrˌækjʊ'lærɪti *Am* ɔ:ˌrækju:'lerəti/, **oracularness** /ɒr'ækjʊlənəs *Am* ɔ:-

'rækju:lərnəs/ *n.* **1** tono *m.* da oracolo, autorità *f.* da oracolo. **2** (*fig*) (*solemnity*) solennità *f.*, maestosità *f.* **3** (*fig*) (*obscurity*) oscurità *f.*, misteriosità *f.*

oracy /'ɔ:rəsi/ *n.* (*Br*) capacità *f.* di esprimersi correttamente (nella lingua parlata), il saper parlare.

oral /'ɔ:rəl/ **I** *a.* **1** (*spoken*) orale, verbale: ~ *examination* esame orale. **2** (*using speech*) parlato. **3** (*Anat*) orale, della bocca, boccale. **4** (*Med,Farm*) per via orale, per bocca. **II** *n.* (*Scol,Univ*) orale *m.*, esame *m.* orale. □ (*Farm*) ~ *contraceptive* contraccettivo orale; ~ *history* evento storico raccontato da chi l'ha vissuto; ~ *sex* sesso orale, rapporto orale; (*Chir*) ~ *surgery* chirurgia orale.

orally /'ɔ:rəli/ *avv.* **1** oralmente, a voce. **2** (*by the mouth*) per via orale, per bocca.

orang /ɔ:'ræŋ/ *n.* (*Zool*) orango *m.*, orangutan *m.*

orange /'ɒrɪndʒ *Am* 'ɔ:rɪndʒ/ **I** *n.* **1** (*Bot*) arancio *m.* **2** (*fruit*) arancia *f.* **3** (*colour*) arancio *m.*, arancione *m.*, color *m.* arancione. **II** *a.* **1** di arancia. **2** (*in colour*) arancione, arancio, aranciato. □ (*Bot*) ~ *blossom* fiore d'arancio, zagara; (*Agr*) ~ *grove* aranceto; (*Alim*) ~ *juice* succo d'arancia; *Orange Julius* bevanda a base di succo di arancia e uova; (*Alim*) ~ *marmalade* marmellata di arance; ~ *peel* buccia di arancia, scorza di arancia; ~ *pekoe* pekoe; (*Br*) ~ *squash* aranciata (non gassata); (*Cosmet*) ~ *stick* bastoncino di legno d'arancio, scalzapelli; ~ *wood* legno d'arancio.

Orange /'ɒrɪndʒ *Am* 'ɔ:rɪndʒ/ *n.pr.* **1** (*Stor*) Orange *m.* **2** (*Geog*) Orange *f.*

orangeade /ˌɒrɪndʒ'eɪd *Am* ˌɔ:rɪndʒ'eɪd/ *n.* aranciata *f.*, bibita *f.* all'arancio (gassata).

Orangeism /'ɒrɪndʒɪzəm *Am* 'ɔ:rɪndʒɪzəm/ *n.* (*Stor*) (*in Northern Ireland*) Orangismo *m.*

Orangeist /'ɒrɪndʒɪst *Am* 'ɔ:rɪndʒɪst/ *n.* **1** (*Stor*) orangista *m./f.* **2** (*Protestant Irishman*) protestante *m.* (dell'Irlanda del Nord).

Orangeman /'ɒrɪndʒmən *Am* 'ɔ:rɪndʒmən/ *n.irr.* **1** (*Stor*) orangista *m./f.* **2** (*Protestant Irishman*) protestante *m.* (dell'Irlanda del Nord).

orangery /'ɒrɪndʒəri *Am* 'ɔ:rɪndʒri/ *n.* aranciera *f.*

orang-outang /ɔ:ˌræŋu:'tæŋ *Am* ɔ:'ræŋoʊtæŋ/ *n.* (*Zool*) orango *m.*, orangutan *m.*

orang-utan /ɔ:'ræŋu:tæn *Am* ɔ:'ræŋoʊtæn/ *n.* (*Zool*) orango *m.*, orangutan *m.*

orangy /'ɒrɪndʒi *Am* 'ɔ:rɪndʒi/ *a.* **1** aranciato, che ha il colore dell'arancia, arancio. **2** (*orange-like*) arancino, simile a un'arancia.

orate /ɔ:'reɪt/ *v.i.* (*colloq*) parlare con tono pomposo, declamare.

oration /ɔ:'reɪʃən/ *n.* orazione *f.*, discorso *m.* solenne: *funeral ~* orazione funebre.

orator /'ɒrətər *Am* 'ɔ:rətər/ *n.* oratore *m.*

Oratorian /ˌɒrə'tɔ:riən *Am* ˌɔ:rə'tɔ:riən/ **I** *n.* (*Rel.catt*) oratoriano *m.* **II** *a.* (*Rel.catt*) oratoriano.

oratoric /ˌɒrə'tɒrɪk *Am* ˌɔ:rə'tɔ:rɪk/ *a.* oratorio, retorico, ampolloso.

oratorical /ˌɒrə'tɒrɪkəl *Am* ˌɔ:rə'tɔ:rɪkəl/ *a.* oratorio, retorico, ampolloso.

oratorio /ˌɒrə'tɔ:rioʊ *Am* ˌɔ:rə'tɔ:rioʊ/ *it.* (*pl.* -**s** /-z/) *n.* (*Mus*) oratorio *m.*

oratory[1] /'ɒrətəri *Am* 'ɔ:rətɔ:ri/ *n.* **1** (*art*) oratoria *f.*, arte *f.* oratoria, eloquenza *f.* **2** (*language*) retorica *f.*, linguaggio *m.* retorico.

oratory[2] /'ɒrətəri *Am* 'ɔ:rətɔ:ri/ *n.* (*Rel*) oratorio *m.*

Oratory /'ɒrətəri *Am* 'ɔ:rətɔ:ri/ *n.* (*Rel.catt*) Oratorio *m.*

oratress /'ɒrətrəs *Am* 'ɔ:rətrəs/ *n.* oratrice *f.*

orb /ɔ:b *Am* ɔ:rb/ *n.* **1** sfera *f.*, globo *m.*; (*lett*)

orbe *m.* **2** (*cross-topped sphere*) globo *m.* imperiale. **3** (*poet*) (*celestial body*) corpo *m.* celeste; (*earth*) orbe *m.* terrestre, terra *f.* **4** (*poet*) (*eye*) occhio *m.* **II** *v.t.* **1** dare forma di cerchio a. **2** (*poet*) (*to encircle*) circondare, racchiudere.

orbed /ɔːbd *Am* ɔːrbd/ *a.* sferico; (*round*) rotondo.

orbicular /ɔːˈbɪkjʊləʳ *Am* ɔːrˈbɪkjuːləʳ/ *a.* **1** (*spherical*) sferico; (*circular*) circolare. **2** (*Anat,Min*) orbicolare.

orbicularity /ɔːˌbɪkjuˈlærɪti *Am* ɔːrˌbɪkjuːˈlerəti/ *n.* sfericità *f.*

orbiculate /ɔːˈbɪkjʊlɪt *Am* ɔːrˈbɪkjuːlɪt/ *a.* circolare.

orbiculated /ɔːˈbɪkjʊleɪtɪd *Am* ɔːrˈbɪkjuːleɪtɪd/ *a.* circolare.

orbit /ˈɔːbɪt *Am* ˈɔːrbɪt/ **I** *n.* **1** (*Astr,Astron*) orbita *f.* **2** (*fig*) orbita *f.*, ambito *m.*, sfera *f.*, campo *m.* **3** (*Anat*) (*eye socket*) orbita *f.*, cavità *f.* orbitaria. **4** (*Fis*) orbita *f.*, traiettoria *f.* **II** *v.t.* **1** (*Astr, Astron*) descrivere un'orbita intorno a, orbitare attorno a. **2** (*to send into orbit*) mandare in orbita, mettere in orbita. **III** *v.i.* descrivere un'orbita, orbitare. ☐ *to go into* ~: **1** (*Astron*) entrare in orbita; **2** (*colloq*) (*to lose one's temper*) perdere le staffe.

orbital /ˈɔːbɪtᵊl *Am* ˈɔːrbɪtᵊl/ *a.* **1** (*Astr,Fis*) orbitale: ~ *velocity* velocità orbitale. **2** (*Anat*) orbitario, orbitale. ☐ (*Astron*) ~ *capsule* capsula orbitale; ~ *index* indice orbitale.

orc /ɔːk *Am* ɔːrk/ *n.* **1** (*Zool*) orca *f.* **2** (*Folcl*) (*sea monster*) orca *f.*; (*ogre*) orco *m.*

orca /ˈɔːkə *Am* ˈɔːrkə/ *n.* (*Zool*) orca *f.*

Orcadian /ɔːˈkeɪdiən *Am* ɔːrˈkeɪdiən/ **I** *n.* abitante *m./f.* delle Orcadi. **II** *a.* delle Orcadi.

orchard /ˈɔːtʃəd *Am* ˈɔːrtʃərd/ *n.* (*Agr*) frutteto *m.* ☐ (*Agr*) ~ *man* frutticoltore.

orcharding /ˈɔːtʃədɪŋ *Am* ˈɔːrtʃərdɪŋ/ *n.* **1** frutticoltura *f.* **2** (*collett.*) (*orchards*) frutteti *m.pl.*

orchardist /ˈɔːtʃədɪst *Am* ˈɔːrtʃərdɪst/ *n.* frutticoltore *m.* (*f.* -trice).

orchestra /ˈɔːkɪstrə, ˈɔːkestrə *Am* ˈɔːrkɪstrə, ˈɔːrkestrə/ *n.* **1** (*Mus,Archeol*) orchestra *f.*: *symphony* ~ orchestra sinfonica. **2** (*Teat*) golfo *f.* mistico, fossa *f.* orchestrale, fossa *f.* d'orchestra. **3** (*Am,Teat*) (*main floor*) platea *f.*; (*section nearest the stage*) prime file *f.pl.* di platea. ☐ (*Teat*) ~ *pit* golfo mistico, fossa orchestrale, fossa d'orchestra; (*Teat*) ~ *stalls* poltrone delle prime file.

orchestral /ɔːˈkestrᵊl *Am* ɔːrˈkestrᵊl/ *a.* orchestrale.

orchestrate /ˈɔːkɪstreɪt, ˈɔːkestreɪt *Am* ˈɔːrkɪstreɪt, ˈɔːrkestreɪt/ **I** *v.t.* **1** (*Mus*) orchestrare; (*to instrument*) strumentare. **2** (*fig*) (*to arrange*) orchestrare. **II** *v.i.* comporre musica per orchestra.

orchestration /ˌɔːkɪˈstreɪʃᵊn, ˌɔːkesˈtreɪʃᵊn *Am* ˌɔːrkɪˈstreɪʃᵊn, ˌɔːrkesˈtreɪʃᵊn/ *n.* **1** orchestrazione *f.* **2** (*instrumentation*) strumentazione *f.*

orchestrator /ˈɔːkɪstreɪtəʳ, ˈɔːkestreɪtəʳ *Am* ˈɔːrkɪstreɪtəʳ, ˈɔːrkestreɪtəʳ/ *n.* (*Mus*) **1** chi compone musica per orchestra. **2** (*instrumentator*) strumentatore *m.* (*f.* -trice).

orchestrion /ɔːˈkestriən *Am* ɔːrˈkestriən/ *n.* (*Mus*) orchestrion *m.*, organo *m.* portatile.

orchid /ˈɔːkɪd *Am* ˈɔːrkɪd/ *n.* **1** (*Bot*) orchidea *f.* **2** *pl.* (*fig*) complimenti *m.pl.*, lodi *f.pl.*, elogi *m.pl.*

orchidaceous /ˌɔːkɪˈdeɪʃəs *Am* ˌɔːrkɪˈdeɪʃəs/ *a.* (*Bot*) orchidaceo.

orchidectomy /ˌɔːkɪˈdektəmi *Am* ˌɔːrkɪˈdektəmi/ *n.* (*Med*) orchiectomia *f.*

orchidist /ˈɔːkɪdɪst *Am* ˈɔːrkɪdɪst/ *n.* coltivatore *m.* (*f.* -trice) di orchidee.

orchis /ˈɔːkɪs *Am* ˈɔːrkɪs/ *n.* (*Bot*) orchidea *f.*

orchitic /ɔːˈkɪtɪk *Am* ɔːrˈkɪtɪk/ *a.* (*Med*) orchitico.

orchitis /ɔːˈkaɪtɪs *Am* ɔːrˈkaɪtɪs/ *n.* (*Med*) orchite *f.*

ord. **1** *ordained* (ordinato). **2** *order* ord. (ordine). **3** *ordinal* ord. (ordinale).

ordain /ɔːˈdeɪn *Am* ɔːrˈdeɪn/ *v.t.* **1** (*Rel*) ordinare: *to be -ed a priest* essere ordinato sacerdote. **2** (*of God, fate, etc.*) destinare, predestinare. **3** (*to establish, to enact by law*) ordinare, decretare.

ordainer /ɔːˈdeɪnəʳ *Am* ɔːrˈdeɪnəʳ/ *n.* ordinante *m.*

ordainment /ɔːˈdeɪnmənt *Am* ɔːrˈdeɪnmənt/ *n.* l'ordinare, il decretare.

ordeal /ɔːˈdiːl *Am* ɔːrˈdiːl/ *n.* **1** (*severe test*) prova *f.* ardua, cimento *m.* **2** (*painful experience*) tormento *m.*, pena *f.*, travaglio *m.* **3** (*Dir.mediev*) ordalia *f.*, giudizio *m.* di Dio.

order[1] /ˈɔːdəʳ *Am* ˈɔːrdəʳ/ *n.* **1** ordine *m.*, successione *f.*, ordinamento *m.*: *alphabetical* ~ ordine alfabetico. **2** (*arrangement*) ordine *m.*, disposizione *f.*, sistemazione *f.*, assetto *m.*: *the* ~ *of a sentence* l'ordine di una frase. **3** (*Mil*) (*formation, array*) ordine *m.*, formazione *f.*, schieramento *m.*: ~ *of battle* ordine di battaglia. **4** (*social arrangement or system*) ordine *m.*, sistema *m.*, ordinamento *m.*, compagine *f.*: *the established* ~ l'ordine costituito; *the present political* ~ l'attuale ordinamento politico. **5** (*condition*) ordine *m.*, stato *m.*, condizione *f.* **6** (*rule of law*) ordine *m.*, quiete *f.* pubblica: *the police soon restored* ~ la polizia ristabilì presto l'ordine. **7** (*in a debate, meeting, etc.: procedure*) procedura *f.*, prassi *f.*: *a point of* ~ una questione di procedura. **8** (*command*) ordine *m.*, comando *m.* (*anche Mil*): *to give so. an* ~ dare un ordine a qcu. **9** (*authorization*) permesso *m.*, autorizzazione *f.*: ~ *to view a house* (il) permesso di visitare una casa. **10** (*importance*) ordine *m.*, livello *m.*, importanza *f.*: *a discovery of the first* ~ una scoperta di prim'ordine. **11** (*type*) genere *m.*, tipo *m.*: *people of this* ~ *are not to be trusted* non c'è da fidarsi di gente del genere. **12** (*social class*) classe *f.*, ceto *m.*, ordine *m.*: *higher -s* classi alte; *lower* ~ basso ceto. **13** (*homogeneous group*) ordine *m.*, associazione *f.*: *the medical* ~ l'ordine dei medici. **14** (*fraternal, honorary society*) ordine *m.* **15** (*badge, insignia*) distintivo *m.* di un ordine, insegna *f.* di un ordine. **16** (*serving of food ordered in a restaurant*) piatto *m.* ordinato. **17** (*direction to serve food*) ordinazione *f.*: *to take so.'s* ~ prendere l'ordinazione di qcu. **18** (*Dir*) ingiunzione *f.*, ordine *m.*, ordinanza *f.*; (*mandate*) mandato *m.*, ordine *m.* (scritto): ~ *for arrest* mandato di cattura. **19** (*Comm*) ordine *m.*, ordinazione *f.*, commissione *f.*, ordinativo *m.*: *to place an* ~ *with a firm* fare (*o* passare) un'ordinazione a una ditta. **20** (*Comm*) (*goods ordered*) merce *f.* ordinata. **21** (*Comm*) (*for payment*) mandato *m.* **22** (*Econ,Arch,Biol*) ordine *m.* **23** (*Inform*) ordine, grado, peso. **24** (*Mil*) (*decoration*) decorazione *f.*, medaglia *f.* **25** (*Rel*) ordine *m.*, regola *f.*: *the Dominican* ~ l'ordine domenicano. **26** *pl.* (*Rel*) (*ordination*) ordine *m.sing.* (sacro), sacramento *m.sing.* dell'ordine: *to take* (*holy*) *-s* prendere gli ordini. **27** *pl.* (*Rel*) (*office of a priest*) sacerdozio *m.sing.* ☐ (*Mil*) ~ *arms* fianc'arm'; ~ *buying* acquisto su ordinazione; *by* ~ *of*: **1** per ordine di, dietro ordine di; **2** (*Comm*) d'ordine, per conto di; ~ *for remittance* ordine di rimessa; (*Comm*) ~ *form* cedola di commissione; *in* ~: **1** in ordine: *in* ~ *of importance* in ordine d'importanza; **2** (*in proper condition*) in or-

dine, in regola: *are your documents in* ~? i tuoi documenti sono in ordine?; **3** (*tidy, neat*) in ordine, pulito, ordinato; **4** (*in accordance with procedure*) regolare, in regola, regolamentare; **5** (*appropriate, required*) opportuno, appropriato, giusto; (*GB*) *Order in Council* ordinanza reale (del consiglio privato della Corona); *in* ~ *that* perché, affinché: *he died in* ~ *that we might live* morì perché noi vivessimo; *in* ~ *to* per, allo scopo di, al fine di: *in* ~ *to avoid problems* per evitare problemi; *to keep* ~ mantenere l'ordine; ~ *of business*: **1** ordine dei lavoratori; **2** (*programme*) agenda, ordine del giorno; **3** (*particular item, task*) compito, incombenza; (*GB*) *the Order of Merit* l'ordine al merito; *in* ~ *of seniority* per ordine di anzianità; *of the* ~ *of* dell'ordine di, che ammonta a circa; (*GB*) *the Order of the Bath* l'Ordine del Bagno; ~ *of the day*: **1** (*of a meeting*) ordine del giorno, agenda; **2** (*Parl,Mil,fig*) ordine del giorno: *to be the order of the day* essere all'ordine del giorno; (*GB*) *the Order of the Garter* l'Ordine della Giarrettiera; (*Scott*) *Order of the Thistle* ordine del Cardo; *on* ~ ordinato, commissionato: *they're on* ~ sono stati ordinati; *out of* ~: **1** guasto, fuori servizio, che non funziona: *the lift is out of* ~ l'ascensore è fuori servizio; **2** (*not arranged properly*) non in ordine, fuori posto: *the names are out of* ~ i nomi non sono in ordine; **3** (*not according to procedure*) non regolamentare, irregolare; (*Parl*) ~ *paper* registro delle mozioni; *to set in* ~ mettere (in) ordine, ordinare; *to* ~: **1** su commissione, su ordinazione: *made to* ~ fatto su ordinazione; **2** (*of clothes*) su misura, su ordinazione; ~ *to pay* ordine di pagamento; ~ *to purchase* ordine d'acquisto; (*Econ*) *pay to the* ~ *of* pagare all'ordine di; *to be under -s* avere (ricevuto) l'ordine di; (*Mil*) *under the -s of* agli ordini di, sotto il comando di.

order[2] /ˈɔːdəʳ *Am* ˈɔːrdəʳ/ *v.t.* **1** ordinare a, comandare a, ingiungere a: *to* ~ *so. to do sth.* ordinare a qcu. di fare qcs. **2** (*to require by a command*) imporre, ordinare, ingiungere: *to* ~ *silence* imporre il silenzio. **3** (*Comm*) (*to give an order for*) ordinare, commissionare. **4** (*in a restaurant*) ordinare: *have you -ed yet?* i signori hanno già ordinato? **5** (*to prescribe*) ordinare, prescrivere. **6** (*to regulate, to manage*) regolare, ordinare, organizzare. **7** (*to arrange*) ordinare, disporre, sistemare. **8** (*to destine*) destinare. ☐ *to* ~ *so. about*: **1** dare ordini a qcu., comandare qcu.; **2** (*bully*) angariare qcu., tiranneggiare qcu.; (*Mil*) *to* ~ *arms* ordinare il fianc'arm; *to* ~ *so. around*: **1** dare ordini a qcu., comandare qcu.; **2** (*to bully*) angariare qcu., tiranneggiare qcu.; *to* ~ *so. away* mandare via qcu., ordinare a qcu. di andare via; *to* ~ *so. off* ordinare a qcu. di andarsene, mandare via qcu.; (*Sport*) *to* ~ *a player off* (*the field*) allontanare un giocatore dal campo (per comportamento scorretto), espellere; *to* ~ *out* mandar fuori, cacciare, espellere; (*Mil*) *to* ~ *up* chiamare alle armi.

order-book /ˈɔːdəbʊk *Am* ˈɔːrdərbʊk/ *n.* **1** (*Comm*) libro *m.* delle commissioni, copiacommissione *m.* **2** (*Parl*) registro *m.* delle mozioni.

ordered /ˈɔːdəd *Am* ˈɔːrdərd/ *a.* **1** ordinato, in ordine. **2** (*well regulated*) ordinato, regolato: *an* ~ *life* una vita ordinata.

ordering /ˈɔːdərɪŋ *Am* ˈɔːrdərɪŋ/ *n.* (*arrangement*) ordinamento *m.*, disposizione *f.*

orderliness /ˈɔːdəlɪnəs *Am* ˈɔːrdərlɪnəs/ *n.* ordine *m.*, regolatezza *f.*

orderly /ˈɔːdəli *Am* ˈɔːrdərli/ **I** *a.* **1** ordinato, regolare. **2** (*of life, etc.: regular*) regolato, ordinato. **3** (*neat*) ordinato, in ordine: *an ~ room* una stanza ordinata. **4** (*tidy*) amante dell'ordine, ordinato. **5** (*methodical*) metodico, ordinato, sistematico: *an ~ mind* una mente metodica. **6** (*law-abiding*) disciplinato, ordinato: *an ~ crowd* una folla disciplinata. **II** *n.* **1** (*Mil*) ordinanza *f.*, attendente *m.* **2** (*in a hospital*) inserviente *m./f.* ☐ (*Mil*) *~ book* registro degli ordini dati; (*Mil*) *~ officer* ufficiale d'ordinanza, ufficiale di giornata; (*Mil*) *~ room* ufficio di compagnia, fureria.

ordinal¹ /'ɔ:dɪnəl *Am* 'ɔ:rdənəl/ **I** *a.* **1** ordinale. **2** (*Biol*) di un ordine. **II** *n.* (*Mat*) ordinale *m.*, numero *m.* ordinale. ☐ (*Mat*) *~ number* ordinale, numero ordinale.

ordinal² /'ɔ:dɪnəl *Am* 'ɔ:rdənəl/ *n.* (*Rel*) ordinale *m.*

ordinance /'ɔ:dɪnəns *Am* 'ɔ:rdənəns/ *n.* **1** ordinanza *f.*, decreto *m.*, ingiunzione *f.* **2** (*Rel*) rito *m.*, cerimonia *f.* religiosa.

ordinand /'ɔ:dɪnænd *Am* 'ɔ:rdənænd/ *n.* (*Rel*) ordinando *m.*

ordinarily /'ɔ:dɪnərəli, ˌɔ:dɪ'nerɪli *Am* 'ɔ:r dənərəli, ˌɔ:rdən'erəli/ *avv.* ordinariamente, di solito.

ordinariness /'ɔ:dɪnərɪnəs *Am* 'ɔ:rdən'erɪnəs/ *n.* ordinarietà *f.*, l'essere ordinario, l'essere comune.

ordinary /'ɔ:dɪnəri *Am* 'ɔ:rdəneri/ **I** *a.* **1** solito, ordinario, comune, consueto: *~ food* il solito cibo. **2** (*normal*) comune, normale, ordinario: *~ people* gente comune. **II** *n.* **1** ordinario *m.*, consuetudine *f.*, normalità *f.* **2** (*something ordinary, customary*) cosa *f.* ordinaria, cosa *f.* normale. **3** (*Rel*) ordinario *m.* ☐ (*Dir*) *~ care* diligenza ordinaria; *in ~*: **1** in servizio regolare, in servizio permanente, fisso, stabile: *the hairdresser in ~ to the Queen* il parrucchiere della regina; **2** (*Mar*) (*of a ship*) in disarmo; (*colloq*) *an ~ Joe* un signor Nessuno, chiunque; *~ life insurance* assicurazione vita ordinaria; (*Dir*) *~ negligence* lieve negligenza; *out of the ~* fuori dell'ordinario, straordinario, eccezionale: *nothing out of the ~* niente di eccezionale; (*Ott*) *~ ray* raggio ordinario; (*Mar*) *~ seaman* marinaio semplice; (*Econ*) *~ share* azione ordinaria; (*Econ*) *~ stock* titoli ordinari; *~ voting* votazione ordinaria; *in the ~ way* normalmente, di norma.

ordinate /'ɔ:dɪnɪt *Am* 'ɔ:rdən(e)ɪt/ *n.* (*Mat*) ordinata *f.*

ordination /ˌɔ:dɪ'neɪʃn *Am* ˌɔ:rdən'eɪʃn/ *n.* **1** (*Rel*) ordinazione *f.* **2** (*arrangement*) ordinamento *m.*, sistemazione *f.*, disposizione *f.*

ordinee /ˌɔ:dɪ'ni: *Am* ˌɔ:dɪ'ni:/ *n.* (*Rel*) diacono *m.* ordinato di recente.

ordnance /'ɔ:dnəns *Am* 'ɔ:rdnəns/ *n.* **1** (*Mil*) artiglieria *f.* **2** (*Am,Mil*) (*military supplies, weapons, etc.*) materiale *m.* militare. **3** (*Mil*) (*branch of an army*) sussistenza *f.* ☐ *~ datum* livello medio del mare (sulle carte britanniche); *~ map* carta topografica ufficiale; *~ survey* rilievo topografico ufficiale.

ordure /'ɔ:dj(ʊ)ə *Am* 'ɔ:rdʒə, 'ɔ:rdjʊr/ *n.* **1** escremento *m.*, sterco *m.* **2** (*fig*) oscenità *f.*

ore /ɔ: *Am* ɔ:r/ *n.* (*Min*) **1** (*mineral*) minerale *m.* (grezzo). **2** (*metalliferous rock*) minerale *m.* metallifero. ☐ (*Min*) *~ body* giacimento minerario; (*Min*) *~ dressing* trattamento dei minerali, preparazione dei minerali.

oread /'ɔ:rɪæd/ *n.* (*Mitol*) oreade *f.*

oregano /ˌɒrɪ'ga:nəʊ *Am* ˌɔ:'regənəʊ/ *n.* (*Alim, Bot*) origano *m.*

Oregon /'ɒrɪgən, 'ɒregən *Am* 'ɔ:rɪgən, 'ɔ:rɪgɒn/ *n.pr.* (*Geog*) Oregon *m.*

Orestes /ɔ:'resti:z *Br also* ɒr'esti:z/ *n.pr.m.*

(*Mitol*) Oreste.

org. /ɔ:g/ **1** *organic* (organico). **2** *organized* (organizzato). **3** (*in web site addresses*) *all other organizations* org. (dominio di organizzazioni di varia natura).

organ /'ɔ:gən *Am* 'ɔ:rgən/ *n.* **1** (*Anat,Biol*) organo *m.* **2** (*Mus*) organo *m.*; (*reed organ*) armonium *m.*; (*barrel organ*) organetto *m.* (di Barberia). **3** (*instrument or means of action*) organo *m.*: *an ~ of government* un organo del governo. **4** (*Giorn*) organo *m.*, giornale *m.*, pubblicazione *f.* ☐ (*Med*) *~ bank* banca degli organi; *~ donor* donatore di organi; (*Arch*) *~ loft* tribuna dell'organo; (*Anat*) *~ of Corti* organo del Corti; (*Anat*) *-s of speech* organi della fonazione; (*Mus*) *~ pipe* canna d'organo; (*Mus*) *~ recital* concerto d'organo; (*Arch*) *~ screen* tramezzo dell'organo; (*Mus*) *~ stop* registro d'organo; (*Chir*) *~ transplant* trapianto di organi.

organblower /'ɔ:gənbləʊə *Am* 'ɔ:rgən bləʊə/ *n.* (*rar*) suonatore *m.* (*f.* -trice) di organo.

organdie, organdy /'ɔ:gəndi, ɔ:'gændi *Am* 'ɔ:rgəndi/ *n.* (*Tess*) organdi *m.*, organza *f.*

organelle /ˌɔ:gə'nəl *Am* ˌɔ:rgə'nəl/ *n.* (*Biol*) organello *m.*

organ-grinder /'ɔ:gənˌgraɪndə *Am* 'ɔ:rgən ˌgraɪndər/ *n.* suonatore *m.* (*f.* -trice) di organetto.

organic /ɔ:'gænɪk *Am* ɔ:r'gænɪk/ *a.* **1** (*Biol, Chim,Med*) organico: *~ matter* sostanza organica. **2** (*organized*) organico, ben ordinato, coordinato: *an ~ whole* un tutto organico. **3** (*fundamental*) fondamentale, essenziale. ☐ (*Chim*) *~ chemistry* chimica organica; (*Med*) *~ medicine* medicina organica; (*~ pollutant* inquinante organico; *~ waste* rifiuti organici, rifiuti biologici.

organically /ɔ:'gænɪkli *Am* ɔ:r'gænɪkəli/ ☐ (*Agr*) *~ grown* organico: *~ grown food* cibo proveniente da agricoltura organica.

organisation /ˌɔ:gən(a)ɪ'zeɪʃən/ *n.* (*Br*) → **organization**

organise /'ɔ:gənaɪz/ **I** *v.t.* (*Br*) **1** organizzare, preparare, allestire: *to ~ a lecture tour* organizzare un giro di conferenze. **2** (*of people*) organizzare. **3** (*fig*) organizzarsi. **II** *v.i.* (*Br*) (*of workers*) organizzarsi in un sindacato. ☐ (*Br.sl*) *he couldn't ~ a piss-up in a brewery* non sa fare neanche la cosa più semplice.

organised /'ɔ:gənaɪzd/ *a.* (*Br*) organizzato.

organism /'ɔ:gənɪzəm *Am* 'ɔ:rgə'nɪzəm/ *n.* organismo *m.* (*anche fig*).

organist /'ɔ:gənɪst *Am* 'ɔ:rgənɪst/ *n.* (*Mus*) organista *m./f.*

organizable /'ɔ:gənaɪzəbl *Am* 'ɔ:rgənaɪzəbl/ *a.* che può essere organizzato, organizzabile.

organization /ˌɔ:gən(a)ɪ'zeɪʃən *Am* ˌɔ:rgənɪ 'zeɪʃən/ *n.* **1** organizzazione *f.*, ordinamento *m.* **2** (*organized group of people*) organizzazione *f.*, associazione *f.*, organismo *m.*: *a youth ~* un'organizzazione giovanile. **3** (*organic structure*) organismo *m.* ☐ (*burocr*) *~ chart* organigramma; *Organization for Economic Co-operation and Development* Organizzazione per la cooperazione e lo sviluppo economico; (*Stor*) *Organization for European Economic Co-operation* Organizzazione europea di cooperazione economica; *Organization of African Unity* Organizzazione dell'unità africana; *Organization of American States* Organizzazione degli Stati americani.

organizational /ˌɔ:gən(a)ɪ'zeɪʃənl *Am* ˌɔ:rgənɪ'zeɪʃənl/ *a.* organizzativo, di organizzazione; di organizzatore: *~ ability* capacità organizzativa; *~ problems* problemi di organizzazione.

---

organize /'ɔ:gənaɪz *Am* 'ɔ:rgənaɪz/ **I** *v.t.* **1** organizzare, preparare, allestire: *to ~ a lecture tour* organizzare un giro di conferenze. **2** (*of people*) organizzare. **3** (*fig*) organizzarsi. **II** *v.i.* (*of workers*) organizzarsi in un sindacato.

organized /'ɔ:gənaɪzd *Am* 'ɔ:rgənaɪzd/ *a.* organizzato: *she's very ~ and efficient* è molto organizzata ed efficiente. ☐ *~ crime* crimine organizzato; *~ tour* viaggio organizzato.

organizer /'ɔ:gənaɪzə *Am* 'ɔ:rgənaɪzər/ *n.* **1** organizzatore *m.* (*f.* -trice). **2** (*Filofax*) organizer *m.*, agenda *f.* ad anelli.

organogenesis /ˌɔ:gənoʊ'dʒenəsɪs *Am* ˌɔ:r gənoʊ'dʒenəsɪs/ *n.* (*Biol*) organogenesi *f.*

organogeny /ˌɔ:gə'nɒdʒəni *Am* ˌɔ:rgə 'na:dʒəni/ *n.* (*Biol*) organogenesi *f.*

organoleptic /ˌɔ:gənoʊ'leptɪk *Am* ˌɔ:rgənoʊ 'leptɪk/ *a.* organolettico.

organometallic /ˌɔ:gənoʊmə'tælɪk *Am* ˌɔ:r gənoʊmə'tælɪk/ *a.* (*Chim*) organometallico.

organon /'ɔ:gənən *Am* 'ɔ:rgɑ:nɑ:n/ *n.* (*Filos*) insieme *m.* di metodi filosofici.

organopathy /ˌɔ:gə'nɒpəθi *Am* ˌɔ:rgə 'nɑ:pəθi/ *n.* (*Med*) organopatia *f.*

organophosphorus /ˌɔ:gənoʊ'fɒsfərəs *Am* ˌɔ:rgənoʊ'fu:sfərəs/ *a.* organofosforato.

organotherapy /ˌɔ:gənoʊ'θerəpi *Am* ˌɔ:r gənoʊ'θerəpi/ *n.* (*Med*) organoterapia *f.*

organum /'ɔ:gənəm *Am* 'ɔ:rgənəm/ *n.* (*Mus*) organum *m.*

organza /ɔ:'gænzə *Am* ɔ:r'gænzə/ *n.* (*Tess*) organza *f.*

organzine /'ɔ:gənzi:n *Am* 'ɔ:rgənzi:n/ *n.* (*Tess*) organzino *m.*

orgasm /'ɔ:gæzəm *Am* 'ɔ:rgæzəm/ *n.* **1** (*Fisiol*) orgasmo *m.* **2** (*fig*) orgasmo *m.*, agitazione *f.*, eccitazione *f.*

orgasmic /ɔ:'gæzmɪk *Am* ɔ:r'gæzmɪk/ *a.* (*Fisiol*) orgasmico.

orgastic /ɔ:'gæstɪk *Am* ɔ:r'gæstɪk/ *a.* (*Fisiol*) orgasmico.

orgeat /'ɔ:dʒɪət *Am* 'ɔ:rʒɑ:t/ *n.* orzata *f.*

orgiastic /ˌɔ:dʒi'æstɪk *Am* ˌɔ:rdʒi'æstɪk/ *a.* orgiastico.

orgy /'ɔ:dʒi *Am* 'ɔ:rdʒi/ *n.* **1** (*Stor.gr*) orgia *f.* (*anche fig*). **2** (*drunken revelry*) orgia *f.*, bagordo *m.*, crapula *f.*

oriel /'ɔ:rɪəl/ *n.* (*Arch*) bovindo *m.* ☐ (*Arch*) *~ window* bovino.

orient /'ɔ:rɪənt/ **I** *n.* **1** (*lett*) (*east*) est *m.*, oriente *m.*, levante *m.* **2** (*orient pearl*) perla *f.* orientale. **II** *a.* **1** (*of gems, pearls*) lucente, splendente. **2** (*of the sun, moon: rising*) che sorge; (*lett*) oriente. **3** (*rar*) (*eastern*) orientale, dell'oriente. **III** *v.t.* **1** orientare. **2** (*rifl.*) *to ~ oneself* orientarsi. **3** (*to direct*) orientare, indirizzare: *to ~ youth towards social work* indirizzare i giovani verso l'assistenza sociale. **4** (*to place facing east*) volgere a (*o* verso) oriente, rivolgere a (*o* verso) oriente.

Orient /'ɔ:rɪənt/ *n.* (*Geog*) Oriente *m.*

oriental /ˌɔ:rɪ'entəl/ **I** *a.* orientale, dell'oriente. **II** *n.* (*spreg*) orientale *m./f.*

orientalia /ˌɔ:rɪen'teɪlɪə/ *n.pl.* articoli *m.pl.* (*spec.* libri) provenienti dall'Oriente.

orientalise /ˌɔ:rɪ'entəlaɪz/ **I** *v.t.* (*Br*) orientalizzare. **II** *v.i.* (*Br*) orientalizzarsi.

orientalism /ˌɔ:rɪ'entəlɪzəm *Am* ˌɔ:rɪ 'entəlɪzəm/ *n.* **1** tratto *m.* orientale, caratteristica *f.* orientale. **2** (*study of Oriental languages*) orientalistica *f.* **3** (*Art*) orientalismo *m.*

orientalist /ˌɔ:rɪ'entəlɪst *Am* ˌɔ:rɪ'entəlɪst/ *n.* orientalista *m./f.*

orientalize /ˌɔ:rɪ'entəlaɪz *Am* ˌɔ:rɪ'entəlaɪz/ *v.t.* orientalizzare. **II** *v.i.* orientalizzarsi.

orientally /ˌɔ:rɪ'entəli/ *avv.* a oriente.

orientate /'ɔ:rɪənteɪt/ **I** *v.t.* **1** orientare. **2**

orientation *(rifl.) to ~ oneself* orientarsi. **3** *(to direct)* orientare, indirizzare: *to ~ youth towards social work* indirizzare i giovani verso l'assistenza sociale. **4** *(to place facing east)* volgere a *(o verso)* oriente, rivolgere a *(o verso)* oriente. **5** *(of a church)* costruire con l'altare rivolto verso est. **II** *v.i.* volgersi verso *(o a)* oriente.

orientation /ˌɔːrienˈteɪʃᵊn/ *n.* **1** orientamento *m.* **2** *(awareness of spatial relationship)* orientamento *m.*, senso *m.* dell'orientamento. **3** *(placing in a position)* orientamento *m.*, orientazione *f.* **4** *(placing to face east)* il volgere a *(o verso)* oriente, il rivolgere a *(o verso)* oriente. **5** *(of a church)* orientazione *f.* a est. **6** *(guidance)* orientamento *m.*, indirizzo *m.* **7** *(attitude, tendency)* orientamento *m.*, tendenza *f.* **8** *(Inform,Tip)* orientamento *m.* ☐ *(Am,Univ)* ~ *course* corso di orientamento.

orienteering /ˌɔːrienˈtɪərɪŋ *Am* ˌɔːrienˈtɪrɪŋ/ *n.* *(Sport)* orienteering *m.*

orifice /ˈɒrɪfɪs *Am* ˈɔːrəfɪs/ *n.* orificio *m.*, orifizio *m.*

oriflamme /ˈɒrɪflæm *Am* ˈɔːrɪflæm/ *n.* **1** *(Stor)* orifiamma *f.* **2** *(fig)* insegna *f.*, bandiera *f.*, vessillo *m.*

orig. **1** *origin* (origine). **2** *original* (originale).

origami /ˌɒrɪˈɡɑːmi, ˌɒrɪˈɡæmi *Am* ˌɔːrɪˈɡɑːmi/ *n.* *(Art)* origami *m.*

origan /ˈɒrɪɡən *Am* ˈɑːrɪɡən/ *n.* *(Bot)* maggiorana *f.*

origanum /ˈɒrɪɡᵊnəm *Am* əˈrɪɡənəm/ *n.* *(Bot)* maggiorana *f.*

origin /ˈɒrɪdʒɪn *Am* ˈɔːrədʒɪn/ *n.* **1** origine *f.*, derivazione *f.*: *the ~ of a word* l'origine di una parola; *country of ~* paese di origine. **2** *(first stage of existence)* origine *f.*, nascita *f.*: *to trace sth. back to its -s* risalire alle origini di qcs. **3** *(cause, source)* origine *f.*, causa *f.*: *to have one's ~ in sth.* avere origine in qcs. **4** *(birth, parentage)* origini *f.pl.*, nascita *f.*, stirpe *f.*

original /əˈrɪdʒᵊnᵊl *Br also* ɒrˈɪdʒɪnᵊl/ **I** *a.* **1** originale: *the ~ copy of a letter* la copia originale di una lettera. **2** *(authentic)* autentico, originale, originario. **3** *(former)* originario, primitivo: *to restore a city to its ~ splendour* riportare una città al suo originario splendore. **4** *(initial)* iniziale: *the ~ plan* il progetto iniziale. **5** *(novel)* originale, nuovo: *an ~ interpretation* un'interpretazione originale. **II** *n.* **1** originale *m.*: *the ~ of a painting* l'originale di un dipinto. **2** *(language)* originale *m.*, lingua *f.* originale: *to read Virgil in the ~* leggere Virgilio nell'originale. **3** *(colloq)* *(person)* tipo *m.* originale, originale *m./f.*, stravagante *m./f.* ☐ *(Dir)* ~ *deed* atto autentico; *(Farm)* ~ *drug* farmaco originale; *(Teol)* ~ *sin* peccato originale.

originality /əˌrɪdʒɪˈnælɪti, ɒrˌɪdʒɪˈnælɪti *Am* əˌrɪdʒɪˈnæləti/ *n.* originalità *f.*

originally /əˈrɪdʒɪnᵊli *Br also* ɒrˈɪdʒɪnᵊli/ *avv.* **1** all'origine, in origine, originariamente, a suo tempo. **2** *(in an original way)* in modo originale, originalmente, con originalità.

originate /əˈrɪdʒɪneɪt *Br also* ɒrˈɪdʒɪneɪt/ **I** *v.i.* **1** avere origine, prendere origine, originarsi, nascere *(from, with, in* da): *where did the custom ~?* dove ha avuto origine l'usanza? **2** *(Am)* *(of a bus, train)* partire *(at, in* da). **II** *v.t.* originare, dare origine a, causare, far nascere.

origination /əˌrɪdʒɪˈneɪʃᵊn *Br also* ɒrˌɪdʒɪˈneɪʃᵊn/ *n.* **1** origine *f.*, nascita *f.*, prima apparizione *f.*, fase *f.* iniziale. **2** *(creation)* creazione *f.*, invenzione *f.*

originative /əˈrɪdʒɪneɪtɪv/ *a.* *(Am)* creativo, dotato di inventiva.

originator /əˈrɪdʒɪneɪtər, ɒrˈɪdʒɪneɪtər *Am* əˈrɪdʒɪneɪtər/ *n.* chi dà origine.

orinasal /ˌɒrɪˈneɪzᵊl/ **I** *a.* *(Fon)* orale e nasale. **II** *n.* *(Fon)* suono *m.* orale e nasale.

oriole /ˈɔːrioʊl/ *n.* *(Ornit)* rigogolo *m.*

Orion /əˈraɪən, ɒrˈaɪən, ɔːˈraɪən *Am* oʊˈraɪən, əˈraɪən/ *n.pr.m.* *(Mitol,Astr)* Orione.

orison /ˈɒrɪzᵊn *Am* ˈɔːrɪzᵊn/ *n.* *(rar)* orazione *f.*, preghiera *f.*

Orkney /ˈɔːkni *Am* ˈɔːrkni/ ☐ *(Geog)* ~ *Islands* Orcadi, isole Orcadi.

Orlando /ɔːˈlændoʊ *Am* ɔːrˈlændoʊ/ *n.pr.m.* Orlando.

ormolu /ˈɔːməl(j)uː *Am* ˈɔːrməluː/ *n.* bronzo *m.* dorato, ottone *m.* dorato.

ornament¹ /ˈɔːnəmənt *Am* ˈɔːrnəmənt/ *n.* **1** ornamento *m.*, decorazione *f.* **2** *(collett.)* ornamenti *m.pl.* **3** *(decorative object)* ninnolo *m.*, soprammobile *m.* **4** *(fig)* *(of a person)* onore *m.*, gloria *f.*, lustro *m.*: *he was an ~ to his profession* faceva onore alla sua professione. **5** *(Rel)* arredo *m.* sacro. **6** *(Mus)* ornamento *m.*, abbellimento *m.* ☐ *by way of* ~ per ornamento.

ornament² /ˈɔːnəmənt *Am* ˈɔːrnəmənt/ *v.t.* ornare, adornare, abbellire.

ornamental /ˌɔːnəˈmentᵊl *Am* ˌɔːrnəˈmentᵊl/ *a.* **1** ornamentale, decorativo. **2** *(of plants)* ornamentale.

ornamentalist /ˌɔːnəˈmentᵊlɪst *Am* ˌɔːrnəˈmentᵊlɪst/ *n.* *(Art)* ornatista *m.*

ornamentally /ˌɔːnəˈmentᵊli *Am* ˌɔːrnəˈmentᵊli/ *avv.* in modo ornamentale, in modo decorativo.

ornamentation /ˌɔːnəmenˈteɪʃᵊn *Am* ˌɔːrnəmenˈteɪʃᵊn/ *n.* ornamentazione *f.*, decorazione *f.*, ornamento *m.*, abbellimento *m.*

ornate /ɔːˈneɪt *Am* ɔːrˈneɪt/ *a.* **1** riccamente ornato, riccamente decorato. **2** *(of language, style, etc.)* ornato, ricercato.

ornateness /ɔːˈneɪtnəs *Am* ɔːrˈneɪtnəs/ *n.* **1** ornatezza *f.* **2** *(of style, etc.)* ornatezza *f.*, ricercatezza *f.*

orneriness /ˈɔːnərɪnəs/ *n.* *(Am)* **1** *(colloq)* irascibilità *f.*, irritabilità *f.* **2** *(stubbornness)* testardaggine *f.*, cocciutaggine *f.*, ostinazione *f.*

ornery /ˈɔːrnəri/ *a.* *(Am)* **1** *(colloq)* *(bad-tempered)* irascibile, irritabile. **2** *(stubborn)* ostinato, caparbio, testardo, cocciuto.

ornithine /ˈɔːnɪθiːn *Am* ˈɔːrnɪθiːn/ *n.* *(Chim)* ornitina *f.*

ornithologic /ˌɔːnɪθəˈlɒdʒɪk *Am* ˌɔːrnəθəˈlɑːdʒɪk/, **ornithological** /ˌɔːnɪθəˈlɒdʒɪkᵊl *Am* ˌɔːrnəθəˈlɑːdʒɪkᵊl/ *a.* ornitologico.

ornithologist /ˌɔːnɪˈθɒlədʒɪst *Am* ˌɔːrnɪˈθɑːlədʒɪst/ *n.* ornitologo *m.* (*f.* -a).

ornithology /ˌɔːnɪˈθɒlədʒi *Am* ˌɔːrnəˈθɑːlədʒi/ *n.* ornitologia *f.*

ornithorhynchus /ˌɔːnɪθəˈrɪŋkəs/ *n.* *(Zool)* ornitorinco *m.*

orogenesis /ˌɔːroʊˈdʒenəsɪs *Br also* ˌɒroʊˈdʒenəsɪs/ *n.* *(Geol)* orogenesi *f.*

orogeny /ɔːˈrɒdʒəni *Am* ɔːˈrɑːdʒəni/ *n.* *(Geol)* orogenesi *f.*

orographic /ˌɔːroʊˈɡræfɪk *Am* ˌɒroʊˈɡræfɪk/ *a.* *(Geog)* orografico.

orographical /ˌɔːroʊˈɡræfɪkᵊl *Br also* ˌɒroʊˈɡræfɪkᵊl/ *a.* *(Geog)* orografico.

orography /ɒrˈɒɡrəfi, ɔːˈrɒɡrəfi *Am* ɔːˈrɑːɡrəfi/ *n.* *(Geog)* orografia *f.*

oroide /ˈɔːrɔɪd/ *n.* *(Met)* lega *f.* di rame e zinco.

orometer /ɒˈrɒmɪtər, ɔːˈrɒmɪtər *Am* ɔːˈrɑːmətər/ *n.* *(Meteor)* altimetro *m.*

orometry /ɒˈrɒmɪtri, ɔːˈrɒmɪtri *Am* ɔːˈrɑːmɪtri/ *n.* *(Geog)* orometria *f.*

oropharynx /ˌɔːroʊˈfærɪŋks *Br also* ˌɒroʊˈfærɪŋks/ *n.* *(Anat)* orofaringe *f.*

orotund /ˈɔːroʊtʌnd *Br also* ˈɒroʊtʌnd/ *a.* **1** *(of voice)* sonoro, pieno. **2** *(of speech)* magniloquente, ampolloso, retorico.

orphan /ˈɔːfən *Am* ˈɔːrfən/ **I** *n.* orfano *m.* (*f.* -a). **II** *a.* orfano. **III** *v.t.* rendere orfano. ☐ *an ~ child* un orfanello; *~ drug* farmaco orfano, farmaco mai sviluppato commercialmente.

orphanage /ˈɔːfənɪdʒ *Am* ˈɔːrfənɪdʒ/ *n.* **1** *(institution)* orfanotrofio *m.* **2** *(orphanhood)* l'essere orfano.

orphaned /ˈɔːfənd *Am* ˈɔːrfənd/ ☐ *to be ~* rimanere orfano.

orphanhood /ˈɔːfənhʊd *Am* ˈɔːrfənhʊd/ *n.* l'essere orfano.

Orphean /ɔːˈfiːən *Am* ɔːrˈfiːən/ *a.* **1** orfico, di Orfeo. **2** *(fig)* *(of music, etc.)* che incanta, che rapisce.

Orpheus /ˈɔːfiəs, ˈɔːfjuːs *Am* ˈɔːrfiəs, ˈɔːrfjuːs/ *n.pr.m.* *(Mitol)* Orfeo.

Orphic /ˈɔːfɪk *Am* ˈɔːrfɪk/ *a.* **1** orfico, di Orfeo. **2** *(fig)* *(of music, etc.)* che incanta, che rapisce. **3** *(fig)* *(oracular)* misterioso, occulto, orfico; *(esoteric)* esoterico.

Orphicism /ˈɔːfɪsɪzᵊm *Am* ˈɔːrfɪsɪzᵊm/ *n.* *(Stor.gr,Art)* orfismo *m.*

Orphism /ˈɔːfɪzᵊm *Am* ˈɔːrfɪzᵊm/ *n.* *(Stor.gr, Art)* orfismo *m.*

orphrey /ˈɔːfri *Am* ˈɔːrfri/ *n.* *(Rel)* stolone *m.*

orpiment /ˈɔːpɪmənt *Am* ˈɔːrpɪmənt/ *n.* *(Min)* orpimento *m.*

orpine /ˈɔːpɪn *Am* ˈɔːrpɪn/ *n.* *(Bot)* erba *f.* da calli.

orrery /ˈɒrəri *Am* ˈɔːrəri/ *n.* *(Astr)* planetario *m.*

orris /ˈɒrɪs *Am* ˈɔːrɪs/ *n.* **1** *(Bot)* giglio *m.* fiorentino, iride *f.* fiorentina, giaggiolo *m.* **2** *(orrisroot)* radice *f.* di giaggiolo.

orthicon /ˈɔːθɪkən *Am* ˈɔːrθɪkɑːn/ *n.* *(TV)* orticonoscopio *m.*, orthicon *m.*

orthochromatic /ˌɔːθoʊkroʊˈmætɪk *Am* ˌɔːrθoʊkroʊˈmætɪk/ *a.* *(Fot)* ortocromatico.

orthochromatism /ˌɔːθoʊˈkroʊmətɪzᵊm *Am* ˌɔːrθoʊˈkroʊmətɪzᵊm/ *n.* *(Biol)* ortocromatismo *m.*

orthoclase /ˈɔːθəkleɪs *Am* ˈɔːrθəkleɪs/ *n.* *(Min)* ortoclasio *m.*

orthodontic /ˌɔːθoʊˈdɒntɪk *Am* ˌɔːrθoʊˈdɑːntɪk/ *a.* ortodontico.

orthodontics /ˌɔːθoʊˈdɒntɪks *Am* ˌɔːrθoʊˈdɑːntɪks/ *n.pl.* *(costr.sing.)* ortodonzia *f.sing.*

orthodontist /ˌɔːθoʊˈdɒntɪst *Am* ˌɔːrθoʊˈdɑːntɪst/ *n.* ortodontista *m.*

orthodox /ˈɔːθədɒks *Am* ˈɔːrθədɑːks/ **I** *a.* **1** ortodosso *(anche Rel)*: *an ~ Christian* un cristiano ortodosso. **2** *(conservative)* ortodosso, conservatore. **3** *(conventional)* ortodosso, convenzionale, tradizionale. **II** *n.* ortodosso *m.* (*f.* -a).

Orthodox /ˈɔːθədɒks *Am* ˈɔːrθədɑːks/ *a.* *(Rel)* ortodosso.

orthodoxy /ˈɔːθədɒksi *Am* ˈɔːrθədɑːksi/ *n.* **1** ortodossia *f.* *(anche Rel)*. **2** *(orthodox belief)* opinione *f.* ortodossa.

orthodromic /ˌɔːθəˈdrɒmɪk *Am* ˌɔːrθəˈdrɑːmɪk/ *a.* ortodromico.

orthoepic /ˌɔːθoʊˈepɪk *Am* ˌɔːrθoʊˈepɪk/ *a.* *(Ling)* ortoepico.

orthoepical /ˌɔːθoʊˈepɪkᵊl *Am* ˌɔːrθoʊˈepɪkᵊl/ *a.* *(Ling)* ortoepico.

orthoepy /ˈɔːθoʊepi *Am* ˈɔːrθoʊepi/ *n.* *(Ling)* ortoepia *f.*, ortofonia *f.*

orthogenesis /ˌɔːθoʊˈdʒenəsɪs *Am* ˌɔːrθoʊˈdʒenəsɪs/ *n.* *(Biol)* ortogenesi *f.*

orthogonal /ɔːˈθɒɡᵊnᵊl *Am* ɔːrˈθɑːɡᵊnᵊl/ *a.* *(Geom)* ortogonale.

orthographic /ˌɔːθoʊˈɡræfɪk *Am* ˌɔːrθoʊˈɡræfɪk/ *a.* **1** *(Geom)* ortogonale. **2** *(Gramm)* ortografico. **3** *(Gramm)* *(spelled correctly)* ortograficamente corretto. ☐ *~ projection*: **1** *(Geom)* proiezione ortogonale; **2** *(Geog)* proiezione ortografica.

orthographical /ˌɔːθoʊˈgræfɪkəl Am ˌɔːrθoʊ ˈgræfɪkəl/ a. **1** (Geom) ortogonale. **2** (Gramm) ortografico. **3** (Gramm) (spelled correctly) ortograficamente corretto.

orthography /ɔːˈθɒgrəfi Am ɔːrˈθɑːgrəfi/ n. **1** (Gramm) ortografia f. **2** (Geom) proiezione f. ortogonale.

orthopaedic /ˌɔːθoʊˈpiːdɪk Am ˌɔːrθoʊˈpiːdɪk/ a. ortopedico.

orthopaedics /ˌɔːθoʊˈpiːdɪks Am ˌɔːrθoʊ ˈpiːdɪks/ n.pl. (costr.sing.) ortopedia f.sing.

orthopaedist /ˌɔːθoʊˈpiːdɪst Am ˌɔːrθoʊ ˈpiːdɪst/ n. ortopedico m. (f. -a).

orthopaedy /ˌɔːθoʊˈpiːdi Am ˌɔːrθoʊˈpiːdi/ n. (rar) ortopedia f.

orthopedic /ˌɔːrθoʊˈpiːdɪk/ e der. (Am) → **orthopaedic** e der.

orthopteron /ɔːˈθɒptərən Am ɔːrˈθɑːptərən/ (pl. **-ra** /-rə/) n. (Entom) ortottero m.

orthoptics /ɔːˈθɒptɪks Am ɔːrˈθɑːptɪks/ n.pl. (costr.sing. o pl.) (Med) ortottica f.sing.

orthoptist /ɔːˈθɒptɪst Am ɔːrˈθɑːptɪst/ n. (Med) ortottista m./f.

orthorhombic /ˌɔːθoʊˈrɒmbɪk Am ˌɔːrθoʊ ˈrɑːmbɪk/ a. ortorombico.

orthostat /ˈɔːθoʊstæt Am ˈɔːrθoʊstæt/ n. orto-stata m.

orthostatic /ˌɔːθoʊˈstætɪk Am ˌɔːrθoʊˈstætɪk/ a. (Med,Archeol) ortostatico.

orthotic /ɔːˈθɒtɪk Am ɔːrˈθɑːtɪk/ a. (Med) or-totico, di ortesi.

orthotics /ɔːˈθɒtɪks Am ɔːrˈθɑːtɪks/ n.pl. (costr.sing.) (Med) ortesi f.sing.

ortolan /ˈɔːtələn, ˈɔːtələn Am ˈɔːrtələn/ n. (Ornit) ortolano m.

ORV /ˌoʊɑːrˈviː/ (Aut) off-road vehicle (vei-colo fuoristrada).

oryx /ˈɒrɪks Am ˈɔʊrɪks, ˈɔːrɪks/ (pl.inv. o **-es** /-ɪz/; il pl. inv. si usa general. con valore col-lett.) n. (Zool) orice m.

OS /ˌoʊˈes/ (Inform) Operating System OS (sistema operativo).

o/s (Comm) out of stock (esaurito).

O.S. 1 (Ling) Old Saxon antico sassone. **2** old style (vecchio stile).

Oscan /ˈɒskən Am ˈɒːskən/ **I** n. **1** osco m. (f. -a). **2** (language) lingua f. osca, osco m. **II** a. osco.

Oscar[1] /ˈɒskər Am ˈɒːskər/ n.pr.m. Oscar.

Oscar[2] /ˈɒskər Am ˈɒːskər/ n. (Academy Award) premio m. Oscar, Oscar m. □ ~ Nomination candidatura al premio Oscar, nomination.

oscillate /ˈɒsəleɪt Am ˈɒːsəleɪt/ **I** v.i. **1** oscillare (anche Fis). **2** (fig) oscillare, tentennare, esita-re. **II** v.t. far oscillare.

oscillating /ˈɒsəleɪtɪŋ Am ˈɒːsəleɪtɪŋ/ a. **1** oscillante: ~ rate of exchange corso di cambi oscillante. **2** (fig) oscillante, tentennante, esi-tante. **3** (Tecn) oscillatorio.

oscillation /ˌɒsəˈleɪʃən Am ˌɒːsəˈleɪʃən/ n. **1** oscillazione f. (anche Fis,El,Mat). **2** (fig) ten-tennamento m., esitazione f.

oscillator /ˈɒsəleɪtər Am ˈɒːsəleɪtər/ n. oscil-latore m. (anche El).

oscillatory /ˈɒsəleɪtəri Am ˈɒːsələtɔːri/ a. oscillatorio.

oscillogram /əˈsɪləgraem Br also ˈɒsɪləgræm/ n. (El) oscillogramma m.

oscillograph /əˈsɪləgrɑːf, ˈɒsɪləgrɑːf Am əˈsɪləgræf/ n. (El) oscillografo m.

oscillography /əˌsɪˈlɒgrəfi, ˌɒsɪˈlɒgrəfi Am əˌsɪˈlɑːgrəfi/ n. (El) oscillografia f.

oscillometer /əˌsɪˈlɒmɪtər, ˌɒsɪˈlɒmɪtər Am əˌsɪˈlɑːmətər/ n. **1** (Med) oscillometro m. **2** (Mar) oscillometro m., rollometro m.

oscilloscope /əˈsɪləskoʊp Br also ɒsˈɪlə skoʊp/ n. oscilloscopio m.

oscitance /ˈɒsɪtəns Am ˈɒːsɪtəns/, **oscitan-cy** /ˈɒsɪtənsi Am ˈɑːsɪtənsi/ n. **1** lo sbadigliare. **2** (drowsiness) sonnolenza f., torpore m. **3** (sluggishness) indolenza f., pigrizia f.

osculant /ˈɒskjulənt Am ˈɑːskjuːlənt/ a. **1** (Biol) intermedio (tra due specie, gruppi ecc.). **2** (Zool) che aderisce strettamente, che combacia.

oscular /ˈɒskjulər Am ˈɑːskjuːlər/ a. **1** del ba-ciare, del bacio. **2** (Zool) di un osculo. **3** (of the mouth) della bocca.

osculate /ˈɒskjuleɪt Am ˈɑːskjuːleɪt/ **I** v.i. **1** (lett) baciare. **2** (Mat) oscularsi. **II** v.t. **1** (lett) baciare. **2** (Mat) osculare.

osculation /ˌɒskjuˈleɪʃən Am ˌɑːskjuːˈleɪʃən/ n. **1** (lett) bacio m.; (lett,scherz) osculo m. **2** (close contact) combaciamento m. **3** (Mat) osculazione f.

osculatory /ˈɒskjulətəri, ˌɒskjuˈleɪtəri Am ˈɑːskjuːlətɔːri/ a. **1** (lett) del baciare. **2** (Mat) osculatore.

osculum /ˈɒskjuləm Am ˈɑːskjuːləm/ n. (Zool) osculo m.

osier /ˈoʊzər Br also ˈoʊziər/ **I** n. **1** (Bot) vinco m. **2** (twig) vimine m. **II** a. di vimini: an ~ basket un cesto di vimini. □ ~ bed vin-cheto.

Osiris /oʊˈsaɪrɪs, ɒsˈaɪrɪs Am oʊˈsaɪrɪs/ n.pr.m. (Mitol) Osiride.

osmic /ˈɒzmɪk Am ˈɑːzmɪk/ a. (Chim) osmico. □ (Chim) ~ acid acido osmico.

osmium /ˈɒzmiəm Am ˈɑːzmiəm/ n. (Chim) osmio m.

osmolality /ˌɒzmoʊˈlæliti Am ˌɑːzmoʊˈlæləti/ n. (Chim) osmolalità f.

osmolarity /ˌɒzmoʊˈlærɪti Am ˌɑːzmoʊˈlærəti/ n. (Chim) osmolarità f.

osmoregulation /ˌɒzmoʊˌregjuˈleɪʃən Am ˌɑːzmoʊˌregjuˈleɪʃən/ n. (Fisiol) osmoregola-zione f.

osmosis /ɒzˈmoʊsɪs Am ɑːzˈmoʊsɪs/ (pl. **-ses** /-siːz/) n. (Chim) osmosi f.

osmotic /ɒzˈmɒtɪk Am ɑːzˈmɑːtɪk/ a. osmoti-co: ~ pressure pressione osmotica.

osprey /ˈɒspreɪ, ˈɒspri Am ˈɑːspri, ˈɑːspreɪ/ n. (Ornit) falco m. pescatore.

ossein /ˈɒsiɪn Am ˈɑːsiɪn/ n. (Biol) osseina f.

osseous /ˈɒsiəs Am ˈɑːsiəs/ a. **1** osseo. **2** (Paleont) ossifero.

Ossetia /ɒˈsiːʃiə Am ɑːˈsiːʃiə/ n.pr. (Geog) Os-sezia f.

Ossetian /ɒˈsiːʃiən Am ɑːˈsiːʃiən/ n. (Geog) abitante m./f. dell'Ossezia, osseto m. (f. -a).

Ossian /ˈɒsiən Am ˈɑːsiən/ n.pr.m. (Lett) Os-sian.

Ossianic /ˌɒsiˈænɪk, ɑːsiˈænɪk/ a. ossianico.

ossicle /ˈɒsɪkl Am ˈɑːsɪkl/ n. (Anat,Zool) ossi-cino m.

ossiferous /ɒˈsɪfərəs Am ɑːˈsɪfərəs/ a. (Paleont) ossifero: ~ caves caverne ossifere.

ossific /ɒˈsɪfɪk Am ɑːˈsɪfɪk/ a. ossificante.

ossification /ˌɒsɪfɪˈkeɪʃən Am ˌɑːsɪfɪˈkeɪʃən/ n. **1** ossificazione f. **2** (bony formation) for-mazione f. ossea.

ossifrage /ˈɒsɪfr(e)ɪdʒ Am ˈɑːsɪfr(e)ɪdʒ/ n. (Ornit) gipeto m., avvoltoio m. degli agnelli.

ossify /ˈɒsɪfaɪ Am ˈɑːsɪfaɪ/ **I** v.t. **1** ossificare. **2** (fig) cristallizzare, fossilizzare. **II** v.i. **1** ossi-ficarsi. **2** (fig) cristallizzarsi, fossilizzarsi, ir-rigidirsi.

ossuary /ˈɒsjuəri Am ˈɑːsjuːeri/ n. ossario m. (anche Archeol).

osteitis /ˌɒstiˈaɪtɪs Am ˌɑːstiˈaɪtɪs/ (pl. **-tides** /-tɪdiːz/) n. (Med) osteite f.

Ostend /ɒsˈtend Am ɑːˈstend, ˈɑːstend/ n.pr. (Geog) Ostenda f.

ostensible /ɒsˈtensəbl Am ɑːˈstensəbl/ a. ap-parente: the ~ reason il motivo apparente.

ostensory /ɒˈstensəri Am ɑːˈstensəri/ n. (Lit)

ostensorio m.

ostentation /ˌɒstenˈteɪʃən Am ˌɑːstənˈteɪʃən/ n. **1** ostentazione f. **2** (elaborate decoration) pretenziosità f.

ostentatious /ˌɒstenˈteɪʃəs Am ˌɑːstənˈteɪʃəs/ a. **1** (fond of display) ostentatore. **2** (intended to attract notice) appariscente, pomposo.

ostentatiously /ˌɒstenˈteɪʃəsli Am ˌɑːstən ˈteɪʃəsli/ avv. ostentatamente, con ostentazio-ne.

ostentatiousness /ˌɒstenˈteɪʃəsnəs Am ˌɑːstənˈteɪʃəsnəs/ n. ostentazione f.

osteoarthritis /ˌɒstioʊɑːˈθraɪtɪs Am ˌɑːstiou ɑːrˈθraɪtɪs/ n. (Med) osteoartrite f.

osteoarticular /ˌɒstioʊɑːˈtɪkjulər Am ˌɑːstiou ɑːrˈtɪkjulər/ a. (Anat) osteoarticolare.

osteogenesis /ˌɒstioʊˈdʒenəsɪs Am ˌɑːstiə ˈdʒenəsɪs/ n. (Biol) osteogenesi f. □ (Med) ~ imperfecta osteogenesi imperfetta.

osteologic /ˌɒstiəˈlɒdʒɪk Am ˌɑːstioʊˈlɑːdʒɪk/, **osteological** /ˌɒstiəˈlɒdʒɪkəl Am ˌɑːstiou ˈlɑːdʒɪkəl/ a. (Anat) osteologico.

osteologist /ˌɒstiˈɒlədʒɪst Am ˌɑːstiˈɑːlədʒɪst/ n. (Med) osteologo m. (f. -a).

osteology /ˌɒstiˈɒlədʒi Am ˌɑːstiˈɑːlədʒi/ n. (Med) osteologia f.

osteomalacia /ˌɒstioʊməˈleɪʃiə Am ˌɑːstiouməˈleɪʃiə/ n. (Med) osteomalacia f.

osteomyelitis /ˌɒstioʊmaɪəˈlaɪtɪs Am ˌɑːstiou maɪəˈlaɪtɪs/ n. (Med) osteomielite f.

osteopath /ˈɒstioupæθ Am ˈɑːstioupæθ/ n. (Med) osteopata m./f.

osteopathic /ˌɒstiouˈpæθɪk Am ˌɑːstiou ˈpæθɪk/ a. (Med) osteopatico.

osteopathist /ˌɒstiˈɒpəθɪst Am ˌɑːstiˈɑːpəθɪst/ n. (Med) osteopata m./f.

osteopathy /ˌɒstiˈɒpəθi Am ˌɑːstiˈɑːpəθi/ n. (Med) osteopatia f.

osteoporosis /ˌɒstioupəˈroʊsɪs, ˌɒstioupə ˈroʊsɪs Am ˌɑːstioupəˈroʊsɪs/ n. (Med) osteopo-rosi f.

ostiary /ˈɒstiəri Am ˈɑːstieri/ n. (Rel.catt) **1** ostiario m. **2** (order) ostiariato m.

ostler /ˈɒslər Am ˈɑːslər/ n. (ant) (hostler) stal-liere m.

Ostpolitik /ˈɒstpɒlɪˌtiːk Am ˈɑːstpɑːlɪˌtiːk/ ted. n. (Stor) ostpolitik f.

ostracism /ˈɒstrəsɪzəm Am ˈɑːstrəsɪzəm/ n. ostracismo m.

ostracize /ˈɒstrəsaɪz Am ˈɑːstrəsaɪz/ v.t. dare l'ostracismo a, bandire, esiliare, mettere al bando.

ostreiculture /ˌɒstriˈkʌltʃər Am ˌɑːstri ˈkʌltʃər/ n. ostricoltura f.

ostreiform /ˈɒstriifɔːrm Am ˈɑːstriifɔːrm/ a. a forma di ostrica.

ostrich /ˈɒstrɪtʃ Am ˈɑːstrɪtʃ/ **I** n. **1** (Ornit) struzzo m. **2** (fig) chi fa la politica dello struz-zo. **II** a. (fig) di struzzo, da struzzo: ~ attitude politica dello struzzo. □ ~ feather piuma di struzzo.

Ostrogoth /ˈɒstroʊgɒθ Am ˈɑːstrəgəθ/ n. (Stor) ostrogoto m. (f. -a).

Ostrogothian /ˌɒstrəˈgɒθiən Am ˌɑːstrə ˈgɑːθiən/ a. (Stor) ostrogoto, ostrogotico.

Ostrogothic /ˌɒstrəˈgɒθɪk Am ˌɑːstrəˈgɑːθɪk/ a. (Stor) ostrogoto, ostrogotico.

Oswald /ˈɒzwəld Am ˈɑːzwɔld, ˈɑːzwɔːld/ n.pr.m. Osvaldo.

OT /ˌoʊˈtiː/ **1** Old Testament A.T. (Antico Te-stamento). **2** occupational therapy (terapia occupazionale).

otalgia /oʊˈtældʒ(i)ə/ n. (Med) otalgia f.

otalgic /oʊˈtældʒɪk/ a. (Med) otalgico.

otary /ˈoʊtəri Am ˈoʊtəri/ n. (Zool) otaria f.

OTC 1 (Farm) Over The Counter (da banco). **2** (Econ) Over The Counter (fuori borsa).

Othello /oʊˈθeloʊ, ɒˈθeloʊ Am oʊˈθeloʊ/ n.pr.m. (Lett) Otello.

other /'ʌðəʳ/ **I** a. **1** altro, opposto (a questo): on the ~ side dall'altra parte. **2** (with reference to two or more) altro: the ~ members of the Cabinet gli altri membri del gabinetto. **3** (distinct from that or those first mentioned) altro, restante, rimanente: there is no ~ explanation non c'è altra spiegazione; the ~ applicants were rejected gli altri candidati sono stati respinti. **4** (different) altro, diverso, differente: I did it for ~ reasons l'ho fatto per altre ragioni. **5** (in time expressions: just past) altro: the ~ day l'altro giorno. **6** (former) andato, passato: in ~ times nei tempi andati. **II** pron. **1** altro: the ~ s stayed behind gli altri rimasero indietro. **2** (different one) altro: haven't you any ~ s? non ne avete (degli) altri? **III** avv. **1** (otherwise) diversamente, altrimenti: he could not do ~ than he did non poté fare diversamente (da come fece). **2** (besides) oltre a, in aggiunta a: is anyone ~ than yourself coming? c'è qualcuno che viene oltre a te? □ **any~:** 1 qualche altro: have you any ~ evidence? avete qualche altra prova?; 2 (no matter which other) qualsiasi altro, qualunque altro: any ~ day will do qualsiasi altro giorno andrà bene; 3 (every other) ogni altro, tutti gli altri: you are better than any ~ painter I know sei più bravo di tutti gli altri pittori che conosco; (Bibl) to turn the ~ cheek porgere l'altra guancia; the ~ day l'altro giorno; to have ~ fish to fry avere altre gatte da pelare; ~ half: 1 altri, altra gente: to see how the ~ half lives vedere come vivono gli altri; 2 (scherz) (husband, wife) metà; (fig) on the ~ hand d'altra parte, d'altro canto; the ~ man l'altro, l'altro uomo (l'amante di una donna sposata); some ~ qualche altro: some ~ place qualche altro posto; ~ than: 1 all'infuori di, altro... che, tranne: he has no money ~ than what his father gives him non ha altri soldi all'infuori di quelli che gli dà il padre; 2 (besides) oltre a, in aggiunta a; 3 (otherwise) diversamente, altrimenti; ~ things being equal a parità di condizioni; at ~ times altre volte, in altre occasioni; the ~ way: 1 nell'altro modo, nell'altra maniera; 2 (in the other direction) nell'altro verso, dall'altro verso, dall'altra parte, nell'altra direzione; (fig) to look the ~ way guardare dall'altra parte, far finta di non vedere; the ~ way around (o the ~ way round) al contrario, all'incontrario, al rovescio, all'opposto; the ~ woman l'altra, l'altra donna (l'amante di un uomo sposato); in ~ words in altre parole, in altri termini, per dirla altrimenti; ~ world altro mondo, aldilà, vita ultraterrena.

otherness /'ʌðənəs Am 'ʌðəʳnəs/ n. (quality of being different) l'essere altro, differenza f., diversità f.

otherwise /'ʌðəwaɪz Am 'ʌðəʳwaɪz/ **I** avv. **1** (or else) altrimenti, se no. **2** (in other circumstances) in altre circostanze. **3** (differently) diversamente, altrimenti, in altro modo: to think ~ pensarla diversamente. **4** (in other respects) a parte ciò, per altri aspetti, sotto altri punti di vista, per il resto. **5** (in correlative sentences) no, diversamente, meno: state whether married or ~ specificare se si è sposati o no. **II** a. **1** diverso, differente. **2** (in different circumstances) in circostanze diverse, in altre circostanze. □ to be ~ engaged avere già un altro impegno, avere già un altro programma; unless ~ stated salvo indicazione contraria.

other-worldliness /,ʌðə'wɜːldlɪnəs Am ,ʌðəʳ'wɜːrldlɪnəs/ n. distacco m. dalle cose terrene.

other-worldly /,ʌðə'wɜːldli Am ,ʌðəʳ'wɜːrld

li/ a. **1** ultraterreno, dell'aldilà, dell'altro mondo. **2** (being apart from material interest) distaccato dalle cose terrene. **3** (spiritual) spirituale.

otiose /'ouʃiəs, outiouz Am 'ouʃiəus, 'outious/ a. **1** (futile, superfluous) vano, inutile, superfluo. **2** (rar) (idle) ozioso, sfaccendato. **3** (rar) (indolent) pigro, indolente.

otiosity /,outi'ɒsɪti, ouʃi'ɒsɪti Am ,ouʃi'ɑːsəti, ,outi'ɑːsəti/ n. **1** (futility) inutilità f., vanità f. **2** (idleness) oziosità f.

otitis /ou'taɪtɪs Am ou'taɪtɪs/ n. (Med) otite f.

otolaryngological /,outou,lærɪŋgou'lɒdʒɪkəl Am ,outou,lærɪŋgə'lɑːdʒɪkəl/ a. (Med) otorinolaringoiatrico.

otolaryngologist /,outou,lærɪŋ'gɒlədʒɪst Am ,outou,lærɪŋ'gɑːlədʒɪst/ n. (Med) otorinolaringoiatra m./f.

otolaryngology /,outou,lærɪŋ'gɒlədʒi Am ,outou,lærɪŋ'gɑːlədʒi/ n. (Med) otorinolaringoiatria f.

otolith /'outʰlɪθ Am 'outʰlɪθ/ n. (Anat) otolite m.

otologic /,outə'lɒdʒɪk Am ,outə'lɑːdʒɪk/ a. (Med) otologico.

otological /,outə'lɒdʒɪkʰl Am ,outə'lɑːdʒɪkʰl/ a. (Med) otologico.

otologist /ou'tɒlədʒɪst Am ou'tɑːlədʒɪst/ n. (Med) otoiatra m./f.

otology /ou'tɒlədʒi Am ou'tɑːlədʒi/ n. (Med) otoiatria f.

otoscope /'outəskoup Am 'outouskoup/ n. (Med) otoscopio m.

Ottawa /'ɒtəwə Am 'ɑːtəwə, 'ɑːtəwɑː/ n.pr. (Geog) Ottawa f.

otter /'ɒtəʳ Am 'ɑːtəʳ/ (pl.inv. o -s /-z/; il pl. inv. si usa general. con valore collett.) n. **1** (Zool) lontra f. **2** (fur) pelliccia f. di lontra, lontra f.

otterhound /'ɒtəhaund Am 'ɑːtəʳhaund/ n. cane m. per la caccia alle lontre.

otto /'ɒtou Am 'ɑːtou/ n. essenza f. (di fiori).

ottoman /'ɒtoumən Am 'ɑːtəmən/ n. (Arred) ottomana f.

Ottoman /'ɒtoumən Am 'ɑːtəmən/ **I** a. ottomano, turco: the ~ Empire l'impero ottomano. **II** n. ottomano m. (f. -a).

ouch /autʃ/ **I** n. (ant) (clasp, buckle) fermaglio m., fibbia f.; (brooch) spilla f. **II** intz. (to express pain) ohi!, ahi!, oh!

ought /ɔːt/ **I** v.aus. (forma negativa **ought not, oughtn't** /'ɔːtʰnt/; manca dell'inf., del past e del p.p.) **1** (to express moral obligation, duty) devo ecc. dovrei ecc., è necessario che io, che tu ecc.: you ~ to say it dovresti dirlo. **2** (to express desirability, propriety) devo ecc.: we ~ not to make fun of him non dovremmo prenderlo in giro. **3** (to express probability) dovere, essere probabile. **II** pron. (ant) (aught) qualcosa. **III** avv. (ant) affatto, in nessun modo.

oughtn't /'ɔːtʰnt/ contraz. di ought not.

Ouija /'wiːdʒə, 'wiːdʒi/ □ (Occult) ~ board tavoletta Ouija.

ounce /auns/ n. **1** (in avoirdupois weight) oncia f. avoirdupois (pari a 28,35 gr); (in troy weight) oncia f. troy (pari a 31,1 gr). **2** (fluid ounce) oncia f. fluida. **3** (fig) oncia f., grammo m., briciolo m.: he hasn't an ~ of common sense non ha un briciolo di buonsenso. **4** (Zool) leopardo m. delle nevi.

OUP Oxford University Press (edizioni dell'università di Oxford).

our /auəʳ, ɑːʳ Am auəʳ/ a.poss. nostro: ~ house la nostra casa; ~ books i nostri libri.

□ (Rel) Our Father(Lord's Prayer) padrenostro; (Rel) Our LadyMadonna, Nostra Signora; (Rel) Our LordNostro Signore.

ours /auəz, ɑːz Am auəʳz, ɑːrz/ pron.poss. nostro: a friend of ~ un nostro amico; these red

pencils are not ~ queste matite rosse non sono (le) nostre.

ourself /,auə'self, ɑːʳ'self Am ,auəʳ'self, ,ɑːr'self/ pron.pers. (ant) **1** (used where we, us refer to a single person) ci, noi: we do hereby declare ~ sovereign king con quest'atto ci proclamiamo re e sovrano. **2** (emphatic) noi.

ourselves /,auə'selvz, ɑːʳ'selvz Am ,auəʳ'selvz, ,ɑːr'selvz/ pron.pers.pl. **1** (used reflexively) ci, noi (stessi): we must not deceive ~ non dobbiamo illuderci; we did it only for ~ lo abbiamo fatto soltanto per noi. **2** (as an emphatic appositive) noi (stessi), proprio noi, noi in persona: we did it ~ l'abbiamo fatto proprio noi. **3** (we, us) noi (stessi): no one appreciates it more than ~ nessuno lo apprezza più di noi. **4** (alone) da soli: we went by ~ siamo andati da soli. **5** (without help) da noi, (noi) da soli.

ousel /'uːzl/ n. (Ornit) **1** merlo m. **2** (ring ouzel) merlo m. dal collare, merlo m. forestiero. **3** (water ouzel) merlo m. acquaiolo.

oust /aust/ v.t. **1** espellere, estromettere, cacciare: he was -ed from the party's committee fu espulso dal comitato del partito. **2** (to take the place of) spodestare, scalzare, soppiantare. **3** (Dir) (to dispossess) espropriare.

ouster /'austəʳ/ n. (Dir) espropriazione f. indebita.

out /aut/ **I** avv. **1** fuori (di casa): to put the cat ~ mettere fuori il gatto; to take a girl ~ to dinner portare una ragazza a cena fuori. **2** (away from one's office, home, etc.) libero, di libertà: to have an evening ~ avere una serata libera. **3** (away from one's country) fuori, all'estero, often not translated: he is ~ in Hong Kong at the moment attualmente si trova a Hong Kong. **4** (out-of-doors) fuori, all'aperto: it's very cold ~ fuori fa molto freddo. **5** (to emphasize the idea of distance) lontano, fuori: ~ in space lontano nello spazio; ~ of sight fuori di vista, non visibile. **6** (to indicate departure) via, often translated with the corresponding verb: we'll start ~ at dawn partiremo all'alba; to set ~ mettersi in viaggio. **7** (out of prison) in libertà, often translated with the corresponding verb: to be ~ on bail essere in libertà provvisoria; the prisoners were let ~ i prigionieri furono rilasciati. **8** (to indicate extinction) spento: the fire has gone ~ il fuoco si è spento; to drive with the lights ~ guidare a fari spenti. **9** (to indicate completion, thoroughness) fino in fondo, (del) tutto, completamente, interamente: please hear me ~ per favore ascoltami fino in fondo. **10** (finished) finito, terminato: before the summer is ~ prima che l'estate sia finita; (Am) school is ~ la scuola è finita. **11** (intens) a fondo, ben bene: to clean ~ a room pulire a fondo una stanza. **12** (known, public) svelato, rivelato, scoperto, di dominio pubblico. **13** (published) uscito, pubblicato, edito. **14** (issued) emesso: there is a warrant ~ for his arrest nei suoi confronti è stato emesso un mandato di cattura. **15** (out of fashion) fuori moda, passato di moda, superato. **16** (into society) in società: she comes ~ this year debutta in società quest'anno. **17** (on loan) in prestito, fuori: the book is ~ at present il libro al momento è in prestito. **18** (unconscious) senza conoscenza, privo di sensi, often translated with the corresponding verb: to knock so. ~ mettere qcu. fuori combattimento. **19** (wrong) in errore. **20** (out of the question) fuori discussione, escluso. **21** (seeking) in cerca (for di): I am not ~ for trouble non vado in cerca di guai; to be ~ to do sth. essere fortemente intenzionato a fare qcs. **22** (not on good *terms*) in rotta, in lite (*with* con). **23** (*out-of-pocket*) in perdita, fuori: *he was a thousand dollars* ~ era in perdita di mille dollari. **24** (*on strike*) in sciopero. **25** (*aloud*) ad alta voce. **26** (*to indicate selection, division*) *translated with the corresponding verb: to divide* ~ *a sum of money* ripartire una somma di denaro; *to pick* ~ *the best* scegliere il migliore. **27** (*of the tide*) bassa. **28** (*of clothes*) consunto, liso, consumato, logoro: *it's* ~ *at the elbows* è consumato nei gomiti. **29** (*in blossom, flower*) in fiore: *the roses are* ~ le rose sono in fiore. **30** (*Mar*) (*away from the shore*) al largo, distante, lontano, *often not translated: we are now two days* ~ *from Southampton* siamo a due giorni di navigazione da Southampton. **31** (*Sport*) fuori. **II** *a.* **1** (*outgoing*) in partenza: ~ *mail* la posta in partenza. **2** (*external*) esterno, esteriore. **3** (*outlying*) lontano, remoto. **4** (*Am*) (*of sizes of clothing*) più grande del normale, fuori del comune, fuori dell'ordinario. **III** *n.* **1** (*colloq*) (*way out*) via *f.* d'uscita, scappatoia *f.* **2** (*outside*) fuori *m.*, esterno *m.* **3** (*Tip*) (*omission of a word*) pesce *m.*, (*rar*) lasciatura *f.* **4** *pl.* (*persons not in power*) opposizione *f.sing.*, partito *m.sing.* all'opposizione. **IV** *v.i.* **1** essere svelato, essere reso di pubblico dominio. **2** (*to go out*) uscire, andare fuori. **3** (*to declare one's homosexuality*) uscire allo scoperto, dichiarare apertamente la propria omosessualità. **V** *v.t.* **1** cacciare, espellere. **2** (*colloq*) (*to knock out*) mettere fuori combattimento. **3** (*Sport*) (*to eliminate*) eliminare. **4** (*to declare so.'s homosexuality*) dichiarare apertamente l'omosessualità di. **VI** *intz.* fuori!, via! **VII** *prep.* **1** (*Am*) (*out of*) fuori, fuori di, fuori da. **2** (*to indicate movement away from a centre*) (fuori) da. □ ~ *and* ~ vero (e proprio), completo, perfetto, in tutto e per tutto: ~ *and* ~ *liar* un vero bugiardo; *to be* ~ *and about* (*of a person*) essere ristabilito, essere di nuovo in piedi; ~ *and away* di gran lunga; (*Am,colloq*) *to get* ~ *from under* cavarsi d'impiccio, cavarsela; *to be* ~ *in one's calculations* sbagliarsi nei calcoli, far male i calcoli; ~ *loud* a voce alta; ~ *of*: 1 (*of place*) fuori, fuori di, fuori da: *he is* ~ *of town* è fuori città; 2 (*of movement*) da, fuori di, fuori da: *he threw the book* ~ *of the window* gettò il libro dalla finestra; 3 (*from*) da: *to drink* ~ *of a bottle* bere da una bottiglia; 4 (*from among*) tra, da, di: *you can choose any three* ~ *of all these* puoi scegliere tre qualsiasi tra tutti questi; 5 (*from a total of*) su; *ninety-nine* ~ *of a hundred* novantanove su cento; *he got nine points* ~ *of ten* ha avuto nove su dieci; 6 (*to indicate motive*) per: *I did it* ~ *of pity* l'ho fatto per pietà; ~ *of spite* per dispetto; 7 (*to indicate source, origin*) da, con: *to make money* ~ *of tourism* fare soldi col turismo; 8 (*to indicate material*) di, in: *it is made* ~ *of wood* è (fatto) di legno; *to carve a statue* ~ *of marble* sculpire una statua nel marmo; 9 (*to indicate a change in condition*) fuori: *the patient is* ~ *of danger* il paziente è fuori pericolo; ~ *of fashion* fuori moda; 10 (*to indicate an abnormal, incorrect condition*) fuori, *often translated with the corresponding verb; the drawing is* ~ *of perspective* il disegno manca di prospettiva; *the soldier at the end is* ~ *of line* il soldato in fondo non è allineato; 11 (*without*) senza: *to be* ~ *of work* essere senza lavoro; *we are* ~ *of sugar* siamo senza zucchero; 12 (*Mar*) al largo di: *five miles* ~ *of Portsmouth* cinque miglia al largo di Portsmouth; *to be* ~ *of it* non esserci dentro, non entrarci; *to be* ~ *of one's mind* aver perso la ragione; (*colloq*) *to be* ~ *on one's feet*

essere stanco morto; (*Am,colloq*) *to be on the* ~*s with so.* essere in rotta con qcu.; ~ *there* laggiù, là fuori; (*esclam.*) ~ *with it!* sputa il rospo!; ~ *with his name!* fuori il nome!; ~ *you go!* fuori!

out-and-outer /ˌaʊtən(d)ˈaʊtər *Am* ˌaʊtˈn(d) ˈaʊtər/ *n.* (*colloq,ant*) oltranzista *m./f.*, estremista *m./f.*

outargue /ˌaʊtˈɑːgjuː *Am* ˌaʊtˈɑːrgjuː/ *v.t.* (*in arguing*) avere la meglio su.

outback /ˈaʊtbæk/ **I** *n.* interno *m.*, entroterra *m.*, retroterra *m.* (*spec.* in Australia). **II** *a.* dell'entroterra (*spec.* australiano).

outbalance /ˌaʊtˈbæləns/ *v.t.* **1** avere più importanza di, avere più peso di. **2** (*to exceed in weight*) superare in peso, pesare più di.

outbid /ˌaʊtˈbɪd/ *v.t.irr.* **1** fare un'offerta maggiore di, offrire di più di, fare un'offerta più alta. **2** (*in cards*) rilanciare.

outboard /ˈaʊtbɔːd *Am* ˈaʊtbɔːrd/ **I** *n.* (*Mar*) fuoribordo *m.* **II** *a.* (*Mar,Aer*) fuoribordo: ~ *motor* motore fuoribordo, fuoribordo. **III** *avv.* (*Mar,Aer*) fuori bordo.

outbound /ˈaʊtbaʊnd/ *a.* (*Mar*) diretto all'estero, nel viaggio di andata.

outbrave /ˌaʊtˈbreɪv/ *v.t.* **1** sfidare. **2** (*to surpass in courage*) superare in coraggio.

outbreak /ˈaʊtbreɪk/ *n.* **1** scoppio *m.*, esplosione *f.*: *the* ~ *of war* lo scoppio della guerra. **2** (*Med*) epidemia *f.*, esplosione *f.* (di epidemia). **3** (*revolt*) rivolta *f.*, insurrezione *f.*

outbuilding /ˈaʊtˌbɪldɪŋ/ *n.* fabbricato *m.* annesso, dipendenza *f.*

outburst /ˈaʊtbɜːst *Am* ˈaʊtbɜːrst/ *n.* **1** scoppio *m.*, esplosione *f.*: *an* ~ *of anger* uno scoppio d'ira; -*s of joy* esplosioni di gioia. **2** (*violent expression of emotion*) impulso *m.* (improvviso), scatto *m.* **3** (*concr*) eruzione *f.*

outcast /ˈaʊtkɑːst *Am* ˈaʊtkæst/ **I** *n.* **1** reietto *m.* (*f.* -a), paria *m.*: *a social* ~ un reietto della società. **2** (*vagabond*) vagabondo *m.* (*f.* -a), senzatetto *m./f.* **II** *a.* reietto, emarginato.

outcaste /ˈaʊtkɑːst *Am* ˈaʊtkæst/ **I** *n.* (*in India: one who has no class*) paria *m.*; (*person expelled from his caste*) chi è cacciato dalla propria casta. **II** *a.* che non appartiene a nessuna casta.

outclass /ˌaʊtˈklɑːs *Am* ˌaʊtˈklæs/ *v.t.* essere nettamente superiore a, surclassare, stravincere.

outcome /ˈaʊtkʌm/ *n.* **1** (*result*) risultato *m.*, esito *m.* **2** (*consequence*) conseguenza *f.*, risultato *m.* **3** (*conclusion*) conclusione *f.*, esito *m.* (finale).

outcrop /ˈaʊtkrɒp *Am* ˈaʊtkrɑːp/ **I** *n.* (*Geol, Minier*) affioramento *m.* superficiale. **II** *v.i.* (*Geol*) affiorare.

outcry /ˈaʊtkraɪ/ *n.* **1** clamore *m.*, baccano *m.* **2** (*loud protest*) proteste *f.pl.*, risentimento *m.*, indignazione *f.*, scalpore *m.*

outdare /ˌaʊtˈdeər *Am* ˌaʊtˈder/ *v.t.* **1** sfidare. **2** (*to surpass in daring*) essere più coraggioso di, superare (qcu.) in coraggio.

outdated /ˌaʊtˈdeɪtɪd *Am* ˌaʊtˈdeɪtɪd/ *a.* antiquato, sorpassato, datato.

outdistance /ˌaʊtˈdɪstəns/ *v.t.* distanziare, staccare, distaccare.

outdo /ˌaʊtˈduː/ *v.t.irr.* **1** sorpassare, superare, distanziare, fare meglio di. **2** (*rifl.*) *to* ~ *oneself* superare se stesso.

outdoor /ˈaʊtdɔː *Am* ˌaʊtˈdɔːr/ *a.* **1** all'aperto, all'aria aperta: *an* ~ *sport* uno sport all'aperto. **2** (*not covered*) scoperto, all'aperto: *an* ~ *swimming pool* una piscina all'aperto. **3** (*of a person: fond of outdoor life*) amante della vita all'aperto. **4** (*of aid, relief, etc.*) esterno. □ ~ *advertising* pubblicità esterna.

outdoors /ˌaʊtˈdɔːz *Am* ˌaʊtˈdɔːrz/ **I** *avv.* **1**

fuori (di casa). **2** (*in the open air*) all'aperto, fuori, all'aria aperta. **II** *n.pl.* (*costr.sing.*) aria *f.sing.* aperta, aperto *m.sing.*, spazi *m.pl.* aperti.

outer /ˈaʊtər *Am* ˈaʊtər/ **I** *a.* **1** esterno, esteriore: ~ *wall* parete esterna. **2** (*farther out*) più esterno, più lontano. **3** (*fig*) (*objective*) ~ *reality* realtà oggettiva. **4** (*Geom*) esterno. **II** *n.* (*of a target: outside ring*) cerchio *m.* più lontano dal centro; (*shot*) colpo *m.* sul cerchio più lontano dal centro. □ *the* ~ *man*: 1 (*Teol*) l'uomo esteriore, il corpo; 2 (*estens*) l'aspetto fisico, l'aspetto esteriore; (*Geog*) *Outer* **Mongolia** Mongolia esterna; ~ *space* spazio extra-atmosferico, spazio cosmico; *the* ~ *suburbs* l'estrema periferia.

outermost /ˈaʊtəmoʊst *Am* ˈaʊtərmoʊst/ *a.* estremo, il più remoto, il più lontano: *the* ~ *bounds of the earth* gli estremi confini del mondo.

outerwear /ˈaʊtəweər *Am* ˈaʊtərwer/ *n.* vestiti *m.pl.*, indumenti *m.pl.*

outface /ˌaʊtˈfeɪs/ *v.t.* **1** far abbassare lo sguardo a. **2** (*to defy successfully*) sfidare con successo.

outfall /ˈaʊtfɔːl/ *n.* **1** (*of a river*) foce *f.* **2** (*of a drain, sewer*) bocca *f.* di scarico.

outfield /ˈaʊtfiːld/ *n.* **1** (*Sport*) (*in cricket*) parte *f.* del campo distante dal battitore. **2** (*Sport*) (*in baseball, players*) esterni *m.pl.*

outfight /ˈaʊtfaɪt/ (*past, p.p.* **outfought** /ˌaʊtˈfɔːt/) *v.t.irr.* superare nella lotta (grazie a una tattica migliore).

outfighting /ˈaʊtfaɪtɪŋ *Am* ˈaʊtfaɪtɪŋ/ *n.* (*Sport*) combattimento *m.* a distanza.

outfit /ˈaʊtfɪt/ **I** *n.* **1** attrezzatura *f.*, equipaggiamento *m.*, (*ant*) corredo *m.*: *skiing* ~ equipaggiamento da sci. **2** (*set of clothes and accessories*) completo *m.*, insieme *m.*, (*ant*) toletta *f.* **3** (*Am,colloq*) (*commercial organization*) compagnia *f.*, società *f.* **4** (*sl*) (*group, gang*) gruppo *m.*, combriccola *f.*, cricca *f.* **II** *v.t.* equipaggiare, attrezzare, corredare.

outfitter /ˈaʊtfɪtər *Am* ˈaʊtfɪtər/ *n.* **1** chi vende attrezzature. **2** (*Br*) (*one who sells men's clothes*) chi vende articoli di abbigliamento maschile.

outflank /ˌaʊtˈflæŋk/ *v.t.* **1** (*Mil*) aggirare il fianco di. **2** (*fig*) aggirare.

outflow /ˈaʊtfloʊ/ *n.* efflusso *m.*, uscita *f.*

outfox /ˌaʊtˈfɒks *Am* ˌaʊtˈfɑːks/ *v.t.* (*colloq*) farla in barba a.

outgas /ˌaʊtˈgæs *Am* ˈaʊtgæs/ *v.t.* degassare.

outgassing /ˌaʊtˈgæsɪŋ *Am* ˈaʊtgæsɪŋ/ *n.* degassamento *m.*

outgeneral /ˌaʊtˈdʒenərəl/ *v.t.* **1** (*Mil*) superare in strategia. **2** (*fig*) essere più abile di.

outgo[1] /ˈaʊtgoʊ/ (*pl.* -es /-z/) *n.* (*ant*) efflusso *m.*, uscita *f.* **2** (*expenditures*) uscite *f.pl.*, spese *f.pl.*: *income* and ~ entrate e uscite. **3** (*outlet*) scarico *m.*, sbocco *m.*, uscita *f.*

outgo[2] /ˌaʊtˈgoʊ/ (*past* **outwent** /ˌaʊtˈwent/, *p.p.* **outgone** /ˌaʊtˈgɒn *Am* ˌaʊtˈgɔːn/) *v.t.irr.* (*ant*) superare, sorpassare.

outgoing /ˌaʊtˈgoʊɪŋ/ **I** *a.* **1** in partenza: ~ *mail* posta in partenza. **2** (*retiring*) uscente, che si ritira: *the* ~ *chairman* il presidente uscente. **3** (*resigning*) dimissionario. **4** (*of people: not reserved*) estroverso, espansivo, socievole. **II** *n.* **1** uscita *f.* **2** *pl.* (*expenditures*) uscite *f.pl.*, spese *f.pl.*

outgrow /ˌaʊtˈgroʊ/ (*past* **outgrew** /ˌaʊtˈgruː/, *p.p.* **outgrown** /ˌaʊtˈgroʊn/) *v.t.irr.* **1** perdere con l'età: *to* ~ *a childish habit* perdere con l'età un'abitudine infantile. **2** (*to grow too large for*) non entrare più in, diventare troppo grande per: *to* ~ *one's clothes* non entrare più nei abiti. **3** (*to grow faster than*) crescere più di, superare nella crescita.

outgrowth /ˈaʊtgroʊθ/ *n.* **1** escrescenza *f.* **2**

(*fig*) conseguenza *f.*, risultato *m.*, prodotto *m.*

outguess /ˌaʊt'ges/ *v.t.* superare (qcu.) in astuzia, essere più furbo di.

out-herod /ˌaʊt'herəd/ *v.t.* superare in crudeltà. □ (*fig*) *to ~ Herod* essere più crudele di chiunque altro, superare tutti in crudeltà.

outhouse /'aʊthaʊs/ *n.* **1** fabbricato *m.* annesso, dipendenza *f.* **2** (*Am*) (*outdoor toilet*) gabinetto *m.* esterno.

outing /'aʊtɪŋ *Am* 'aʊtɪŋ/ *n.* **1** gita *f.*, escursione *f.: an ~ to the seaside* una gita al mare; *to go for an ~* fare una gita. **2** (*walk*) passeggiata *f.* all'aria aperta.

outjockey /ˌaʊt'dʒɒki *Am* ˌaʊt'dʒɑːki/ *v.t.* superare (qcu.) in strategia, manovrare più abilmente di.

outlandish /ˌaʊt'lændɪʃ/ *a.* stravagante.

outlandishness /ˌaʊt'lændɪʃnəs/ *n.* stranezza *f.*, stravaganza *f.*

outlast /ˌaʊt'lɑːst *Am* ˌaʊt'læst/ *v.t.* sopravvivere a, superare in durata, durare più (a lungo) di.

outlaw /'aʊtlɔː/ **I** *n.* **1** (*Stor*) proscritto *m.*, bandito *m.*, esule *m.* **2** (*fugitive from the law*) fuorilegge *m.*, bandito *m.*, brigante *m.* **II** *v.t.* **1** bandire, mettere al bando, esiliare, proscrivere. **2** (*of things: to declare to be illegal*) dichiarare illegale, dichiarare fuori legge: *to ~ gambling* dichiarare illegale il gioco d'azzardo. **3** (*to prohibit*) proibire, vietare. **4** (*fig*) dare l'ostracismo a. **5** (*Am,Dir*) rendere nullo, invalidare.

outlawry /'aʊtlɔːri/ *n.* **1** (*outlawing*) bando *m.*, proscrizione *f.*, esilio *m.* **2** (*being outlawed*) l'essere al bando, l'essere bandito, condizione *f.* di proscritto. **3** (*state of defying the law*) l'essere fuori legge.

outlay[1] /'aʊtleɪ/ *n.* **1** sborso *m.* **2** (*expenditure*) spesa *f.*, uscita *f.*

outlay[2] /ˌaʊt'leɪ/ *v.t.* (*past, p.p.* **outlaid** /ˌaʊt'leɪd/) (*Am*) spendere.

outlet /'aʊtlet, 'aʊtlət/ *n.* **1** scarico *m.*, sbocco *m.*, uscita *f.* **2** (*fig*) sbocco *m.*, sfogo *m.: to seek an ~ for one's energies* cercare uno sbocco per le proprie energie. **3** (*Geog*) (*stream flowing out of a lake*) emissario *m.*; (*lower end of a river*) foce *f.* **4** (*Am,El*) presa *f.* (di corrente). **5** (*Comm*) (*market*) mercato *m.*, sbocco *m.* **6** (*Am,Comm*) (*selling point*) punto *m.* di vendita, spaccio *m.*; (*shop*) negozio *m.* **7** (*Am,Rad, TV*) attacco *m.*

outlier /'aʊtlaɪər/ *n.* **1** persona *f.* che è esclusa, persona *f.* che si esclude da un gruppo. **2** (*one who lives away from his place of work*) chi risiede lontano dal posto di lavoro, non residente *m./f.*

outline[1] /'aʊtlaɪn/ *n.* **1** contorno *m.*, profilo *m.*, sagoma *f.: the -s of the houses* i contorni delle case. **2** (*Art*) (*style of drawing*) disegno *m.* al tratto. **3** (*sketch in outline*) schizzo *m.*, abbozzo *m.* **4** (*fig*) (*brief treatment*) lineamenti *m.pl.: an ~ of European history* lineamenti di storia europea. **5** (*fig*) (*preliminary sketch*) schema *m.*, abbozzo *m.* **6** *pl.* (*fig*) (*main features*) punti *m.pl.* essenziali, elementi *m.pl.* essenziali, linee *f.pl.* principali. □ *in ~* schematicamente.

outline[2] /'aʊtlaɪn *Br also* ˌaʊt'laɪn/ *v.t.* **1** disegnare il contorno di, tracciare il contorno di, sbozzare. **2** (*fig*) descrivere a grandi linee, tratteggiare, schizzare, tracciare: *he -d his plan to us* ci descrisse a grandi linee il suo piano.

outlive /aʊt'lɪv/ *v.t.* **1** sopravvivere a: *he -d all his friends* sopravvisse a tutti i suoi amici. **2** (*ant*) (*to live through*) scampare a, sopravvivere a.

outlook /'aʊtlʊk/ *n.* **1** veduta *f.*, vista *f.* **2** (*fig*) modo *m.* di vedere, visione *f.*, concezione *f.:*

a pessimistic ~ on life una visione pessimistica della vita. **3** (*fig*) (*prospect*) prospettiva *f.*, previsione *f.: the ~ for the future is not hopeful* le prospettive per il futuro non sono promettenti. **4** (*observation point*) osservatorio *m.*, punto *m.* d'osservazione.

outlying /'aʊtˌlaɪɪŋ *Br also* ˌaʊt'laɪɪŋ/ *a.* **1** remoto, lontano, fuori mano: *~ villages* villaggi remoti. **2** (*fig*) (*lying outside*) esterno, esteriore.

outmaneuver, outmanoeuvre /ˌaʊtmə'nuːvər/ *v.t.* superare (qcu.) in strategia, manovrare più abilmente di.

outmarch /ˌaʊt'mɑːtʃ *Am* ˌaʊt'mɑːrtʃ/ *v.t.* **1** marciare più in fretta di. **2** (*to leave behind*) superare, lasciarsi indietro.

outmatch /ˌaʊt'mætʃ/ *v.t.* essere superiore a, superare, sorpassare.

outmoded /ˌaʊt'məʊdɪd/ *a.* **1** fuori moda, passato di moda, superato. **2** (*obsolete*) superato, antiquato: *~ techniques* tecniche superate.

outmost /'aʊtməʊst/ *a.* estremo, il più remoto, il più lontano.

outnumber /ˌaʊt'nʌmbər/ *v.t.* superare di numero, essere più numeroso di: *we were -ed by ten to one* la loro superiorità nei nostri confronti era di dieci a uno; *to be -ed by another group* essere numericamente inferiori a un altro gruppo.

out-of-bounds /ˌaʊtəv'baʊndz *Am* ˌaʊtəv 'baʊndz/ *a.* **1** (*Mil,Scol*) in cui è vietato l'accesso. **2** (*Sport*) fuori area, fuori campo.

out-of-court /ˌaʊtəv'kɔːt *Am* ˌaʊtəv'kɔːrt/ □ (*Dir*) *~ settlement* concordato stragiudiziale.

out-of-date /ˌaʊtəv'deɪt *Am* ˌaʊtəv'deɪt/ *a.* antiquato, superato, fuori moda, passato di moda, sorpassato.

out-of-door /ˌaʊtəv'dɔːr *Am* ˌaʊtəv'dɔːr/ *a.* all'aperto, all'aria aperta.

out-of-doors /ˌaʊtəv'dɔːz *Am* ˌaʊtəv'dɔːrz/ **I** *n.pl.* (*costr.sing.*) aperto *m.sing.*, aria *f.sing.* aperta. **II** *a.* all'aperto, all'aria aperta.

out-of-phase /ˌaʊtəv'feɪz *Am* ˌaʊtəv'feɪz/ *a.* (*El*) fuori fase, sfasato.

out-of-pocket /ˌaʊtəv'pɒkɪt *Am* ˌaʊtəv 'pɑːkɪt/ *a.* **1** (*of expenses*) vivo. **2** (*of a person: broke*) a corto di quattrini, squattrinato; (*colloq*) al verde. **3** (*having lost money, e.g. in a business venture*) che ci ha rimesso dei soldi.

out-of-print /ˌaʊtəv'prɪnt *Am* ˌaʊtəv'prɪnt/ *a.* esaurito: *this edition is ~* questa edizione è esaurita.

out-of-school /ˌaʊtəv'skuːl *Am* ˌaʊtəv'skuːl/ *a.* extrascolastico: *~ education* istruzione extrascolastica.

out-of-the-way /ˌaʊtəvðə'weɪ *Am* ˌaʊtəvðə 'weɪ/ *a.* **1** (*of place*) fuori mano, distante, remoto. **2** (*unusual*) insolito, fuori del comune. **3** (*colloq*) (*of prices*) esorbitante.

out-of-town /ˌaʊtəv'taʊn *Am* ˌaʊtəv'taʊn/ *a.* fuori città, extraurbano.

out-of-work /ˌaʊtəv'wɜːk *Am* ˌaʊtəv'wɜːrk/ *a.* disoccupato, senza lavoro.

outpace /ˌaʊt'peɪs/ *v.t.* camminare più velocemente di, superare.

out-party /'aʊtpɑːti *Am* 'aʊtpɑːrti/ *n.* (*Pol*) partito *m.* all'opposizione.

outpatient /'aʊtˌpeɪʃənt/ *n.* (*Med*) paziente *m./f.* ambulatoriale, paziente *m./f.* esterno. □ (*Med*) *-s' department* day hospital, reparto pazienti esterni.

outperform /ˌaʊtpə'fɔːm *Am* ˌaʊtpər'fɔːrm/ *v.t.* superare (qcu.) in prestazioni.

outplacement /'aʊtˌpleɪsmənt/ *n.* assistenza *f.* occupazionale per personale in esubero.

outplay /ˌaʊt'pleɪ/ *v.t.* **1** (*Sport*) giocare meglio di. **2** (*to defeat*) battere, sconfiggere.

outpoint /ˌaʊt'pɔɪnt/ *v.t.* (*Sport*) segnare più punti di; (*in boxing*) vincere ai punti.

outpoll /ˌaʊt'pəʊl/ *v.t.* vincere (alle elezioni).

outpost /'aʊtpəʊst/ *n.* **1** (*Mil*) avamposto *m.*; (*base in another country*) base *f.* **2** (*fig*) posizione *f.* avanzata: *the -s of science* le posizioni avanzate della scienza.

outpour[1] /'aʊtpɔːr *Am* 'aʊtpɔːr/ *n.* **1** sfogo *m.*, manifestazione *f.*, effusione *f.* **2** (*concr*) versamento *m.*

outpour[2] /ˌaʊt'pɔːr *Am* ˌaʊt'pɔːr/ *v.t.* versare, spargere.

outpouring /'aʊtˌpɔːrɪŋ *Br also* ˌaʊt'pɔːrɪŋ/ *n.* **1** sfogo *m.*, manifestazione *f.*, effusione *f.: an ~ of one's feelings* uno sfogo del cuore. **2** (*concr*) versamento *m.*, fuoriuscita *f.*

output[1] /'aʊtpʊt/ *n.* **1** produzione *f.: the annual ~ of a factory* la produzione annua di una fabbrica. **2** (*of a person*) rendimento *m.*, resa *f.: a worker's daily ~* il rendimento giornaliero di un operaio. **3** (*artistic production*) produzione *f.: literary ~* produzione letteraria. **4** (*Inform*) output *m.*, uscita *f.* **5** (*El*) energia *f.* erogata, erogazione *f.* **6** (*Mecc*) resa *f.* **7** (*Fis*) lavoro *m.* utile. **8** (*Tecn*) uscita *f.* □ (*Inform*) *~ device* dispositivo di output.

output[2] /'aʊtpʊt/ *v.t.irr.* (*past, p.p.* **output**) (*Inform*) estrarre dati.

outrage[1] /'aʊtreɪdʒ/ *n.* **1** violenza *f.*, soverchieria *f.*, oltraggio *m.* **2** (*injury, insult*) oltraggio *m.*, offesa *f.*, insulto *m.*, ingiuria *f.: his conduct is an ~ against our profession* la sua condotta è un oltraggio alla nostra professione. **3** (*scandal*) scandalo *m.* **4** (*act that transgresses propriety*) oltraggio *m.*, offesa *f.: ~ upon decency* oltraggio al pudore. **5** (*feeling of resentment*) risentimento *m.*, indignazione *f.*, sdegno *m.*

outrage[2] /'aʊtreɪdʒ *Br also* ˌaʊt'reɪdʒ/ *v.t.* **1** fare un oltraggio a, oltraggiare. **2** (*to shock*) suscitare l'indignazione di, scandalizzare. **3** (*of feelings, etc.*) offendere. **4** (*to rape*) violentare.

outraged /'aʊtreɪdʒd/ *a.* indignato (*at* per).

outrageous /aʊt'reɪdʒəs/ *a.* **1** atroce, feroce, scellerato: *~ crimes* delitti atroci. **2** (*highly offensive*) oltraggioso, offensivo, ingiurioso. **3** (*shocking*) scandaloso, vergognoso: *~ conduct* condotta scandalosa. **4** (*violent*) violento, furioso. **5** (*completely unreasonable*) esagerato, esorbitante, eccessivo; (*iperb*) scandaloso.

outrageousness /aʊt'reɪdʒəsnəs/ *n.* **1** atrocità *f.*, scelleratezza *f.* **2** (*offensiveness*) l'essere oltraggioso, l'essere offensivo. **3** (*unreasonableness*) eccessività *f.*, enormità *f.*

outrange /aʊt'reɪndʒ/ *v.t.* **1** (*Arm*) avere una gittata superiore a, superare in gittata. **2** (*fig*) essere superiore a, superare, sorpassare.

outrank /aʊt'ræŋk/ *v.t.* (*Mil*) essere superiore in grado a.

outré /'uːtreɪ *Am* uː'treɪ/ *a.* **1** stravagante, eccentrico, bizzarro. **2** (*in bad taste*) di cattivo gusto, sconveniente.

outreach[1] /ˌaʊt'riːtʃ/ *v.t.* **1** (*to reach further*) estendersi oltre, sorpassare. **2** (*ant*) (*to reach out*) stendere, allungare.

outreach[2] /ˌaʊt'riːtʃ/ *n.* **1** estensione *f.* **2** (*an organization's involvement in the community*) campagna *f.* (di solidarietà), azione *f.* (umanitaria), azione *f.* di aiuto: *an educational ~ to illiterate adults* campagna di alfabetizzazione degli adulti; *~ to the homeless* azione di solidarietà nei confronti dei senza casa.

out-relief /ˌaʊtrɪ'liːf/ *n.* (*Stor.brit*) assistenza *f.* concessa a persone non ricoverate in istituti di carità.

outride /ˌaʊt'raɪd/ (*past* **outrode** /ˌaʊt'rəʊd/,

rar. **outrid** /ˌoʊt'rɪd/; *p.p.* **outridden** /ˌoʊt'rɪdən/, *rar.* **outrid** /ˌoʊt'rɪd/) *v.t.irr.* **1** superare cavalcando, distanziare cavalcando. **2** (*Mar*) (*of a storm*) reggere bene.

outrider /'oʊtˌraɪdər/ *n.* battistrada *m.*

outrigger /'oʊtˌrɪgər/ *n.* **1** (*Mar*) (*of a canoe*) bilanciere *m.* **2** (*Mar*) (*to support an oar lock*) outrigger *m.*; (*bat*) fuoriscalmo *m.* **3** (*Aer*) intelaiatura *f.* di sostegno. **4** (*Mecc*) sporgenza *f.* esterna.

outright[1] /'oʊtraɪt/ *avv.* **1** apertamente, francamente, senza riserve, chiaro e tondo. **2** (*completely*) completamente, interamente, del tutto. **3** (*instantly*) sul colpo, subito: *he was killed ~* morì sul colpo. **4** (*in one transaction*) in contanti, in un'unica soluzione: *to buy a car ~* comprare un'automobile in contanti.

outright[2] /'oʊtraɪt/ *a.* **1** autentico, vero e proprio, puro e semplice, bell'e buono: *an ~ disaster* un autentico disastro. **2** (*direct, frank*) schietto, franco. **3** (*total*) totale, integrale, completo, assoluto: *an ~ loss* una perdita totale.

outrival /ˌoʊt'raɪvəl/ *v.t.* far meglio di, avere la meglio su, superare.

outrun /ˌoʊt'rʌn/ (*past* **outran** /oʊt'ræn/, *p.p.* **outrun** /ˌoʊt'rʌn/, *p.pres.* **outrunning** /ˌoʊt'rʌnɪŋ/) *v.t.irr.* **1** correre più veloce di, superare nella corsa. **2** (*to go beyond*) superare.

outrunner /ˌoʊt'rʌnər/ *n.* **1** battistrada *m.* **2** (*of a team of dogs*) cane *m.* di testa.

outrush /'oʊtrʌʃ/ *n.* il riversarsi improvviso e violento.

outsail /ˌoʊt'seɪl/ *v.t.* (*Mar*) navigare più veloce di, superare navigando (a vela).

outsell /ˌoʊt'sel/ (*past, p.p.* **outsold** /ˌoʊt'soʊld/) *v.t.irr.* **1** superare nelle vendite, vendere più di. **2** (*of things: to be sold more than*) vendersi più di, superare nelle vendite.

outset /'oʊtset/ *n.* inizio *m.*, principio *m.*, esordio *m.*: *at the ~* all'inizio; *from the ~* fin dall'inizio.

outshine /ˌoʊt'ʃaɪn/ (*past, p.p.* **outshone** /ˌoʊt'ʃɒn Am* /oʊt'ʃoʊn/ *o* **-d** /-d/) *v.t.irr.* **1** superare in splendore, essere più brillante di. **2** (*fig*) eclissare, offuscare, oscurare.

outshoot /ˌoʊt'ʃuːt/ (*past, p.p.* **outshot** /ˌoʊt'ʃɒt Am* /oʊt'ʃɑːt/) *v.t.irr.* **1** superare nel tiro, tirare meglio di. **2** (*to shoot out*) mandare fuori. **3** (*of roots*) gettare, mettere.

outside[1] /ˌoʊt'saɪd, 'oʊtsaɪd/ **I** *n.* **1** parte *f.* esterna, esterno *m.*, fuori *m.*: *the ~ of a box* la parte esterna di una scatola; *to paint the ~ of a house* dipingere l'esterno di una casa. **2** (*external appearance*) apparenze *f.pl.*, aspetto *m.* esteriore, scorza *f.*, facciata *f.* **3** (*outside world*) mondo *m.* esterno. **4** (*Sport*) ala *f.* **II** *a.* **1** esterno. **2** (*out-of-doors*) esterno, all'aperto: *an ~ television aerial* un'antenna televisiva esterna. **3** (*not connected with a group, etc.*) esterno, dall'esterno: *~ help* assistenza esterna. **4** (*extraneous*) esterno, estraneo, dal di fuori: *~ influences* influenze esterne. **5** (*not connected with one's occupation, etc.*) particolare, a parte: *~ interests* interessi particolari. **6** (*Scol*) extrascolastico. **7** (*Tel*) esterno: *an ~ line* una linea esterna. **8** (*remote*) remoto, minimo, piccolissimo: *an ~ chance* una possibilità remota. **9** (*unlikely*) improbabile. **10** (*maximum*) massimo, estremo, il maggiore, il più alto: *~ prices* prezzi massimi. **11** (*of a seat*) sull'imperiale. □ *~ activity* attività secondaria; *at the ~* (o *at the very ~*) al massimo, tutt'al più; *~ broadcast*: 1 (*Rad*) trasmissione in esterni; 2 (*TV*) ripresa dall'esterno; (*Econ*) *~ broker* agente (di cambio) non autorizzato; *~ chance* remota possibilità; *from the ~* dal-

l'esterno; (*Sport*) *~ left* ala sinistra; *~ occupation* attività secondaria; *on the ~* all'esterno, di fuori; (*Sport*) *~ right* ala destra; *it is ~ my scope* non è di mia competenza.

outside[2] /ˌoʊt'saɪd, 'oʊtsaɪd/ *avv.* **1** (di) fuori: *come ~* vieni fuori. **2** (*in the open air*) fuori, all'aperto, all'aria aperta: *let's eat ~* mangiamo fuori. **3** (*externally*) esternamente, fuori, nella parte esterna. **4** (*on the outside seat*) sull'imperiale. □ (*Am,colloq*) *~ of:* 1 all'infuori di, tranne, fuorché, eccetto; 2 (*beyond the limits of*) oltre i limiti di; *~ of the law* oltre i limiti consentiti dalla legge.

outside[3] /ˌoʊt'saɪd, 'oʊtsaɪd/ *prep.* **1** fuori di, all'esterno di: *~ the door* fuori della porta. **2** (*beyond the limits of*) oltre i limiti di. **3** (*colloq*) (*except*) all'infuori di, tranne, fuorché, eccetto: *no one ~ you* nessuno all'infuori di te.

outsider /ˌoʊt'saɪdər/ *n.* **1** estraneo *m.* (*f.* -a), intruso *m.* (*f.* -a). **2** (*colloq*) (*socially unacceptable person*) intruso *m.* (*f.* -a). **3** (*of a candidate, etc.*) candidato *m.* (*f.* -a) con scarse probabilità di vittoria. **4** (*Sport*) outsider *m.*

outsing /ˌoʊt'sɪŋ/ (*past* **outsang** /ˌoʊt'sæŋ/, *p.p.* **outsung** /ˌoʊt'sʌŋ/) *v.t.irr.* **1** (*to sing better than*) cantare meglio di. **2** (*to sing louder than*) cantare più forte di.

outsize /ˌoʊt'saɪz/ **I** *n.* **1** misura *f.* superiore al normale. **2** (*Abbigl*) taglia *f.* forte. **II** *a.* **1** fuori misura, di misura fuori del comune. **2** (*too large*) troppo grande.

outskirts /'oʊtskɜːts Am* /oʊtskɜːrts/ *n.pl.* **1** periferia *f.sing.*, sobborghi *m.pl.*: *the ~ of a town* la periferia di una città. **2** (*fig*) confini *m.pl.*, margini *m.pl.*

outsmart /ˌoʊt'smɑːt Am* /oʊt'smɑːrt/ *v.t.* (*colloq*) superare (qcu.) in astuzia, farla in barba a, essere più furbo di.

outsource /'oʊtsɔːs Am* /oʊtsɔːrs/ *v.t.* subappaltare il lavoro a.

outspan /ˌoʊt'spæn/ *v.t.* (*of oxen, horses*) staccare (*anche assol.*).

outspoken /ˌoʊt'spoʊkən/ *a.* franco, esplicito, schietto: *to be ~ in one's criticism* criticare apertamente.

outspokenness /ˌoʊt'spoʊkənnəs/ *n.* franchezza *f.*, schiettezza *f.*

outspread /ˌoʊt'spred/ **I** *a.* disteso, spiegato. **II** *n.* spiegatura *f.*

outstanding /ˌoʊt'stændɪŋ/ *a.* **1** insigne, eccezionale, straordinario: *an ~ example of courage* un esempio insigne di coraggio. **2** (*pre-eminent*) eminente, insigne, illustre: *an ~ writer* un eminente scrittore. **3** (*remaining to be dealt with*) insoluto, in sospeso, irrisolto, non risolto: *~ problems* problemi insoluti. **4** (*standing out*) prominente, che sporge. **5** (*Comm*) (*of debts, etc.*) insoluto, scaduto, arretrato. **6** (*Econ*) (*of stocks, bonds*) in circolazione.

outstandingly /ˌoʊt'stændɪŋli/ *avv.* in modo insigne, in modo eccezionale, in modo straordinario.

outstare /ˌoʊt'steər Am* /oʊt'ster/ *v.t.* fissare (qlcu.) più a lungo del dovuto.

outstay /ˌoʊt'steɪ/ *v.t.* trattenersi (in visita) più a lungo di. □ *to ~ one's welcome* diventare un ospite sgradito (trattenendosi più del dovuto), abusare dell'ospitalità altrui.

outstep /ˌoʊt'step/ *v.t.* superare, oltrepassare.

outstretched /ˌoʊt'stretʃt/ *a.* disteso, steso, allungato.

outstrip /ˌoʊt'strɪp/ *v.t.* **1** (*to surpass in speed*) staccare, distanziare, distaccare. **2** (*to run faster than*) correre più veloce di. **3** (*to surpass*) sorpassare, superare.

out-take /'oʊtteɪk/ *n.* (*Cin,TV*) scarto *m.*, inquadratura *f.* scartata durante il montaggio.

out-talk /ˌoʊt'tɔːk/ *v.t.* **1** (*to talk louder*) parlare più forte di. **2** (*to talk longer*) parlare più (a lungo) di. **3** (*to talk down*) ridurre al silenzio (parlando più forte o più a lungo).

out-think /ˌoʊt'θɪŋk/ (*past, p.p.* **out-thought** /ˌoʊt'θɔːt/) *v.t.irr.* **1** superare in raziocinio. **2** (*to outwit*) superare (qcu.) in astuzia, essere più furbo di.

outvote /ˌoʊt'voʊt/ *v.t.* **1** avere la maggioranza rispetto a. **2** (*to defeat by voting*) sconfiggere in una votazione, mettere in minoranza.

outward /'oʊtwəd Am* /oʊtwərd/ **I** *a.* **1** diretto all'esterno, verso l'esterno. **2** (*external, superficial*) esterno, esteriore: *an ~ show of grief* una manifestazione esteriore di dolore. **3** (*physical, bodily*) esteriore, fisico, del corpo. **4** (*situated on the outside*) esterno, esteriore. **II** *avv.* → **outwards**. □ *~ appearances* esteriorità, apparenze; (*Mar*) *~ bound* in partenza, nel viaggio di andata; (*Comm*) *~ freight* nolo di andata; (*Teol*) *the ~ man* l'uomo esteriore, il corpo.

outwardly /'oʊtwədli Am* /oʊtwərdli/ *avv.* **1** apparentemente, in apparenza, esteriormente: *he was ~ calm* era apparentemente calmo. **2** (*externally*) esternamente, esteriormente.

outwardness /'oʊtwədnəs Am* /oʊtwərdnəs/ *n.* **1** esteriorità *f.*, apparenza *f.* **2** (*extrovert quality*) esteriorizzazione *f.*

outwards /'oʊtwədz Am* /oʊtwərdz/ *avv.* verso l'esterno, di fuori, diretto all'esterno.

outwash /'oʊtwɒʃ Am* /oʊtwɑːʃ/ *n.* (*Geol*) outwash *m.*, materiale *m.* di dilavamento glaciale.

outwear /ˌoʊt'weə Am* /oʊt'wer/ *v.t.irr.* **1** durare più a lungo di, resistere a più a lungo di: *this cloth will ~ any other* questa stoffa resisterà più a lungo di qualsiasi altra. **2** (*to wear out*) consumare, logorare.

outweigh /ˌoʊt'weɪ/ *v.t.* **1** avere più importanza di, avere più peso di. **2** (*to exceed in weight*) superare in peso, pesare più di.

outwit /ˌoʊt'wɪt/ *v.t.* superare (qcu.) in astuzia, essere più furbo di, farla in barba a.

outwork[1] /'oʊtwɜːk Am* /oʊt'wɜːrk/ *v.t.* **1** lavorare meglio di. **2** (*to work quicker*) lavorare più in fretta di. **3** (*to complete*) portare a termine, completare.

outwork[2] /'oʊtwɜːk Am* /oʊt'wɜːrk/ *n.* **1** (*Mil*) fortificazione *f.* esterna. **2** (*work done outside the factory, shop, etc.*) lavoro *m.* a domicilio.

outworker /'oʊtˌwɜːkər Am* /oʊtˌwɜːrkər/ *n.* chi lavora a domicilio.

outworn /ˌoʊt'wɔːn Am* /oʊt'wɔːrn/ *a.* **1** superato, disusato, fuori moda, passato di moda. **2** (*worn-out*) logoro, consunto. **3** (*exhausted*) esaurito, spossato.

ouzel /'uːzəl/ *n.* (*Ornit*) **1** merlo *m.* **2** (*ring ouzel*) merlo dal collare, merlo *m.* forestiero. **3** (*water ouzel*) merlo *m.* acquaiolo.

oval /'oʊvəl/ **I** *a.* ovale. **II** *n.* ovale *m.* □ *the Oval Office* l'Ufficio ovale, l'ufficio del Presidente degli Stati Uniti; 2 (*estens*) (*presidency*) presidenza degli Stati Uniti.

ovalness /'oʊvəlnəs/ *n.* l'essere ovale.

ovarian /oʊ'veəriən Am* /oʊ'veriən/ *a.* (*Anat*) ovarico.

ovariotomy /oʊˌveəri'ɒtəmi Am* /oʊˌveri'ɑːtəmi/ *n.* (*Chir*) ovariotomia *f.*

ovary /'oʊvəri/ *n.* **1** (*Anat*) ovaia *f.*, ovario *m.* **2** (*Bot*) ovario *m.*

ovate /'oʊveɪt/ *a.* **1** ovale, a uovo, a forma di uovo. **2** (*Bot*) ovato.

ovation /oʊ'veɪʃən/ *n.* ovazione *f.* (*anche Stor.rom*).

oven /'ʌvən/ *n.* **1** forno *m.* (*anche Tecn*). **2**

(colloq) (hot place) forno *m.*, fornace *f.: this room is an ~* questa stanza è un forno.

ovenable /ˈʌvənəbl/ *a. (Am)* che può essere messo in forno, resistente al calore, pirofilo.

ovenbird /ˈʌvnbɜːd *Am* ˈʌvnbɜːrd/ *n. (Ornit)* fornaio *m.*

oven-dressed /ˈʌvəndrest/ *a. (Macell)* pronto per la cottura.

oven-dry /ˈʌvndraɪ/ *a. (Tecn)* essiccato al forno.

ovenproof /ˈʌvnpruːf/ *a.* resistente al calore, pirofilo.

oven-ready /ˈʌvənˈredɪ/ *a.* pronto per il forno.

ovenware /ˈʌvnweə *Am* ˈʌvnwer/ *n.* vasellame *m.* resistente al calore.

over /ˈoʊvə/ **I** *prep.* **1** *(resting on the surface of)* su, sopra: *to pull one's hat down ~ one's eyes* tirarsi il cappello sugli occhi. **2** *(to indicate a position higher up)* sopra, su, al di sopra: *a light hangs ~ the table* un lume pende sopra il tavolo; *the house looks ~ the valley* la casa guarda sulla valle; *the bridge ~ the river* il ponte sul fiume. **3** *(on)* su, sopra: *to hit so. ~ the head* colpire qcu. sulla testa. **4** *(from one side to the other)* di là da, sopra, *usually translated with the corresponding verb: Hannibal brought elephants ~ the Alps* Annibale fece valicare le Alpi agli elefanti; *to jump ~ a wall* saltare un muro. **5** *(on the other side of)* dall'altra parte, di là da, oltre: *~ the river* dall'altra parte del fiume. **6** *(near)* vicino a: *to sit ~ the fire* starsene seduto vicino al fuoco. **7** *(throughout)* in tutto, per tutto, in ogni parte di: *all ~ the world* in tutto il mondo; *to travel all ~ Europe* viaggiare per tutta l'Europa. **8** *(to indicate authority, domination)* su, sopra: *to rule ~ many peoples* regnare sopra molti popoli. **9** *(more than)* più di, oltre: *he is ~ fifty* ha più di cinquant'anni; *~ four million* oltre quattro milioni. **10** *(in excess of)* oltre, sopra, più di, superiore a. **11** *(of time: during)* durante, nel corso di, per: *~ the last few months* durante gli ultimi mesi; *~ several days* per diversi giorni. **12** *(until the end of)* per (tutto), fino alla fine di: *our guest stayed ~ the holidays* il nostro ospite si è fermato per tutte le vacanze. **13** *(until after the end of)* fin dopo, oltre. **14** *(to indicate change, difference, variation)* rispetto a: *exports have gone up fifty per cent ~ last year* le esportazioni sono salite del cinquanta per cento rispetto all'anno passato. **15** *(to indicate a means of communication)* per (mezzo di), mediante, via: *~ the telephone* per telefono; *the news was given ~ the radio* la notizia venne data per radio. **16** *(to indicate occupation, activity)* nel corso di, durante: *the matter was settled ~ a good dinner* la faccenda fu sistemata nel corso di una buona cena. **17** *(about)* di, per, su, intorno a: *to get into trouble ~ a woman* mettersi nei guai per una donna. **II** *avv.* **1** *(di)* sopra, al di sopra: *the plane was directly ~* l'aeroplano era proprio sopra. **2** *(so as to reveal a different side)* dall'altra parte, *usually translated with the corresponding verb: to turn sth. ~* rivoltare qcs. **3** *(down)* giù: *to fall ~* cadere giù. **4** *(to indicate movement across)* translated with the corresponding verb: *he signed the company ~ to his son* ha trasferito l'azienda al figlio. **5** *(remaining)* d'avanzo, rimanente, che resta, often translated with the corresponding verb or noun: *to have sth. ~* avere qcs. d'avanzo; *how much is left ~?* quanto è rimasto?; *two goes into five twice with one ~* il due nel cinque sta due volte con l'avanzo di uno. **6** *(in addition)* (in) più, in aggiunta: *ten pounds and a few shil-*

lings *~* dieci sterline più qualche scellino. **7** *(in excess)* e più, e oltre: *boys of twelve and ~ ragazzi* di dodici anni e più. **8** *(from beginning to end)* da cima a fondo, dal principio alla fine: *do it ~!* rifallo! **9** *(thoroughly)* a fondo: *to talk a matter ~* discutere a fondo una questione. **10** *(to indicate change, transference) translated with the corresponding verb: to go ~ to the enemy* passare al nemico; *to take a business ~* rilevare un'azienda. **11** *(to indicate repetition)* più volte: *to count sth. ~* contare più volte qcs. **12** *(once more)* ancora una volta, di nuovo: *this work will have to be done all ~ again* questo lavoro dovrà essere fatto ancora una volta. **13** *(excessively; general. in compounds)* troppo, eccessivamente: *~ quick decisions* decisioni troppo rapide. **14** *(Rad)* passo: *~ to you* passo a voi la linea; *~ and out* passo e chiudo. **III** *a.* **1** laggiù, *often not translated: he is ~ in the United States* è negli Stati Uniti. **2** *(remaining)* che resta, che avanza, *often translated with the corresponding verb: if there is any ~, keep it for me* se ne avanza, conservalo per me. **3** *(finished, ended)* finito, terminato: *the lesson is ~* la lezione è finita. **4** *(past)* passato: *the storm is ~* il temporale è passato. **5** *(in compounds: excessive)* eccessivo, che supera la norma: *~ animation* animazione eccessiva. **6** *(upper, superior)* superiore, che sta sopra. **IV** *n.* **1** *(Sport)* over *m.* **2** *(Arm)* colpo *m.* lungo. □ *~ again* di nuovo, ancora una volta; *~ against:* 1 *(opposite to)* di fronte a, dirimpetto a; 2 *(as opposed)* nei confronti di, rispetto a; *~ age:* 1 *(too old)* troppo vecchio; 2 *(beyond a specified age)* che ha superato una determinata età; *(sl) to be all ~ so.* essere pieno di attenzioni per qcu.; *(Am) all ~ the lot* dappertutto, in ogni angolo; *(colloq) it's all ~ with him* è finita per lui; *~ and ~* ripetutamente, più e più volte: *the log rolled ~ and ~* il tronco rotolò ripetutamente; *I have told you ~ and ~ again* te l'ho detto mille volte; *~ and above* oltre (a), in aggiunta a, senza calcolare; *~ here* qui, da questa parte; *~ the sea* (al) di là del mare, oltre il mare. *Prov.: it isn't ~ until the fat lady sings* finché c'è vita c'è speranza.

overabundance /ˌoʊvərəˈbʌndəns *Am* ˌoʊvərəˈbʌndəns/ *n.* sovrabbondanza *f.*, quantità *f.* eccessiva, esubero *m.*

overabundant /ˌoʊvərəˈbʌndənt *Am* ˌoʊvərəˈbʌndənt/ *a.* sovrabbondante, in esubero.

overachieve /ˌoʊvərəˈtʃiːv *Am* ˌoʊvərəˈtʃiːv/ *v.i.* dare risultati superiori alle attese.

overachiever /ˌoʊvərəˈtʃiːvə *Am* ˌoʊvərəˈtʃiːvər/ *n.* chi dà risultati superiori alle attese.

overact /ˌoʊvərˈækt *Am* ˌoʊvərˈækt/ **I** *v.i. (Teat, Cin)* caricare la recitazione. **II** *v.t. (Teat, Cin)* recitare con troppa enfasi.

overactive /ˌoʊvərˈæktɪv *Am* ˌoʊvərˈæktɪv/ *a.* troppo attivo, iperattivo.

overactivity /ˌoʊvəræktˈɪvɪtɪ *Am* ˌoʊvəræk ˈtɪvəti/ *n.* iperattività *f.*

overage /ˈoʊvərɪdʒ *Am* ˈoʊvərɪdʒ/ *n. (Comm)* eccedenza *f.* (nella fornitura di una merce).

overall¹ /ˈoʊvərɔːl/ **I** *n. (Abbigl)* **1** *(smock)* grembiule *m.*, camice *m.* **2** *pl. (workman's suit)* tuta *f.sing.* (da lavoro). **II** *a.* **1** complessivo, totale, globale. **2** *(general, comprehensive)* generale, complessivo, globale: *survey of the ~ situation* visione generale della situazione. □ *~ dimension* ingombro *m.*, dimensione d'ingombro; *~ height* altezza di ingombro; *~ length:* 1 lunghezza totale; 2 *(Mar)* lunghezza fuori tutto.

overall² /ˌoʊvərˈɔːl *Am* ˌoʊvərˈɔːl/ *avv.* **1** in tutto, in totale, complessivamente: *it is nine metres long ~* in tutto è lungo nove metri. **2**

(as a whole) globalmente, complessivamente.

overambitious /ˌoʊvəræmˈbɪʃəs *Am* ˌoʊvər æmˈbɪʃəs/ *a.* troppo ambizioso.

overanxiety /ˌoʊvəræŋ(g)ˈzaɪəti *Am* ˌoʊvər æŋˈzaɪəti/ *n.* ansia *f.* eccessiva, trepidazione *f.* eccessiva.

overanxious /ˌoʊvərˈæŋ(k)ʃəs *Am* ˌoʊvər ˈæŋ(k)ʃəs/ *a.* troppo ansioso, troppo trepidante.

overarch /ˌoʊvərˈɑːtʃ *Am* ˌoʊvərˈɑːrtʃ/ *v.t.* formare un arco sopra.

overarm /ˈoʊvərɑːm *Am* ˈoʊvərɑːrm/ *a.* **1** *(Sport) (of a pitch, etc.)* fatto portando il braccio sopra la spalla. **2** *(Sport) (of a swimming stroke)* alla marinara.

overawe /ˌoʊvərˈɔː *Am* ˌoʊvərˈɔː/ *v.t.* incutere soggezione a, intimidire.

overbalance /ˌoʊvəˈbæləns *Am* ˌoʊvər ˈbæləns/ **I** *v.t.* far perdere l'equilibrio a, sbilanciare. **II** *v.i.* perdere l'equilibrio. **III** *n.* eccesso *m.* di peso.

overbear /ˌoʊvəˈbeə *Am* ˌoʊvərˈber/ *(past* **overbore** /ˌoʊvəˈbɔː *Am* ˌoʊvərˈbɔːr/, *p.p.* **overborne** /ˌoʊvəˈbɔːn *Am* ˌoʊvərˈbɔːrn/) **I** *v.t.* **1** schiacciare, annientare. **2** *(to overcome)* sopraffare, superare. **3** *(fig) (to prevail over)* prevalere su, avere il sopravvento su. **4** *(fig) (to treat domineeringly)* trattare dispoticamente; *(to dominate)* dominare. **II** *v.i. (Bot, Agr)* produrre frutti in quantità eccessiva.

overbearing /ˌoʊvəˈbeərɪŋ *Am* ˌoʊvərˈberɪŋ/ *a.* autoritario, imperioso, prepotente, dispotico.

overbid¹ /ˌoʊvəˈbɪd *Am* ˌoʊvərˈbɪd/ *(past* **overbade** /ˌoʊvəˈbæd *Am* ˌoʊvərˈbæd/, *p.p.* **overbidden** /ˌoʊvəˈbɪdən *Am* ˌoʊvərˈbɪdən/) **I** *v.t.* **1** *(to bid more than)* offrire più di, fare un'offerta superiore, *(at an auction)* rilanciare. **2** *(in cards)* fare una dichiarazione più alta di, dichiarare di più di. **II** *v.i.* **1** offrire troppo, offrire più del valore effettivo. **2** *(in cards)* fare una dichiarazione superiore al valore delle proprie carte; *(to overcall)* fare una dichiarazione superiore a quella dell'avversario.

overbid² /ˈoʊvəbɪd *Am* ˈoʊvərbɪd/ *n.* **1** *(in an auction)* rilancio *m.*, offerta *f.* superiore. **2** *(in cards)* dichiarazione *f.* troppo alta.

overblow /ˌoʊvəˈbloʊ/ *(past* **overblew** /ˌoʊvə ˈbluː *Am* ˌoʊvərˈbluː/, *p.p.* **overblown** /ˌoʊvə ˈbloʊn *Am* ˌoʊvərˈbloʊn/) **I** *v.t.* **1** gonfiare, dilatare. **2** *(Mus) (of a wind instrument)* soffiare con troppa forza in. **3** *(to cover by blowing)* ricoprire (di uno strato) soffiando. **4** *(to blow away)* soffiare via, disperdere. **II** *v.i.* **1** *(Mus)* suonare uno strumento a fiato soffiando troppo forte. **2** *(of a storm, etc.)* passare, cessare.

overblown /ˌoʊvəˈbloʊn *Am* ˌoʊvərˈbloʊn/ *a.* **1** *(exaggerated)* eccessivo. **2** *(of flowers)* spampanato.

overboard /ˈoʊvəbɔːd *Am* ˈoʊvərbɔːrd/ *avv. (Mar)* in mare, fuori bordo, a mare: *to fall ~* cadere in mare; *man ~!* uomo in mare! □ *(colloq) to go ~:* 1 cadere in acqua, cadere in mare; 2 *(to exaggerate)* eccedere, esagerare *(for in)*.

overbold /ˌoʊvəˈboʊld *Am* ˌoʊvərˈboʊld/ *a.* sfacciato, impudente, insolente.

overbook /ˌoʊvəˈbʊk *Am* ˌoʊvərˈbʊk/ *v.i./i.* prenotare in numero superiore ai posti disponibili.

overbooking /ˌoʊvəˈbʊkɪŋ *Am* ˌoʊvərˈbʊkɪŋ/ *a.* overbooking *m.*, prenotazione *f.* in numero superiore ai posti disponibili.

over-bought /ˌoʊvəˈbɔːt *Am* ˌoʊvərˈbɔːt/ *a. (Comm) (of a market, stock, etc.)* ipercomprato, con prezzi che tendono al rialzo (per i massicci acquisti).

overbridge /'ouvəbrɪdʒ *Am* 'ouvə^rbrɪdʒ/ *n.* (*Strad*) cavalcavia *m.*

over-build /,ouvə'bɪld *Am* ,ouvə^r'bɪld/ (*past, p.p.* **overbuilt** /,ouvə'bɪlt *Am* ,ouvə^r'bɪlt/) *v.t.* **1** costruire sopra, soprelevare. **2** (*to supply with too many buildings*) costruire troppi edifici in.

overburden /,ouvə'bɜ:dən *Am* ,ouvə^r'bɜ:rdən/ **I** *v.t.* sovraccaricare, oberare. **II** *n.* sovraccarico *m.*, peso *m.* eccedente.

overbusy /,ouvə'bɪzi *Am* ,ouvə^r'bɪzi/ *a.* troppo occupato.

overbuy /,ouvə'baɪ *Am* ,ouvə^r'baɪ/ (*past, p.p.* **overbought** /,ouvə'bɔ:t *Am* ,ouvə^r'bɔ:t/) **I** *v.t.* (*Econ*) comprare in quantità superiore alla necessità, ipercomprare. **II** *v.i.* comprare troppa merce.

overcall[1] /,ouvə'kɔ:l *Am* ,ouvə^r'kɔ:l/ **I** *v.t.* (*in cards*) fare una dichiarazione più alta di, dichiarare di più di. **II** *v.i.* fare una dichiarazione superiore a quella dell'avversario.

overcall[2] /,ouvə'kɔ:l *Am* 'ouvə^rkɔ:l/ *n.* dichiarazione *f.* troppo alta.

overcapacity /,ouvəkə'pæsɪti *Am* ,ouvə^rkə'pæsəti/ *n.* sovraccapacità *f.*

overcapitalise /,ouvə'bɔ:t *Am* ,ouvə^r'kæpɪt^əlaɪz/ *v.t.* (*Br, Econ*) sovracapitalizzare.

overcapitalization /,ouvə,kæpɪtəlaɪ'zeɪʃn *Am* ,ouvə^r,kæpɪt^əlɪ'zeɪʃn/ *n.* (*Econ*) sovracapitalizzazione *f.*, supercapitalizzazione *f.*

overcapitalize /,ouvə'kæpɪtəlaɪz *Am* ,ouvə^r'kæpɪt^əlaɪz/ *v.t.* (*Econ*) sovracapitalizzare.

over-careful /,ouvə'keəful *Am* ,ouvə^r'kerful/ *a.* troppo cauto.

overcast[1] /'ouvəka:st, ,ouvə'ka:st *Am* 'ouvə^rkæst, ,ouvə^r'kæst/ *a.* **1** (*of the sky, weather*) nuvoloso, coperto, (*ant*) rannuvolato. **2** (*gloomy*) tetro, cupo. **3** (*fig*) (*depressed*) depresso, abbattuto. □ ~ *stitch* (*in sewing*) punto sopraggitto.

overcast[2] /'ouvəka:st *Am* 'ouvə^rkæst/ *n.* annuvolamento *m.*

overcast[3] /,ouvə'ka:st, 'ouvəka:st *Am* ,ouvə^r'kæst, 'ouvə^rkæst/ (*past, p.p.* **overcast**) *v.t.* **1** oscurare, offuscare. **2** (*to overcloud*) rannuvolare, annuvolare. **3** (*in sewing*) fare il sopraggitto a, sopraggittare, sopraffilare.

overcasting /'ouvəka:stɪŋ *Am* 'ouvə^rkæstɪŋ/ *n.* (*in sewing*) sopraggitto *m.*, soprammano *m.*, sopraffilo *m.*

overcautious /,ouvə'kɔ:ʃəs *Am* ,ouvə^r'kɔ:ʃəs/ *a.* troppo cauto, eccessivamente prudente.

overcautiousness /,ouvə'kɔ:ʃəsnəs *Am* ,ouvə^r'kɔ:ʃəsnəs/ *n.* prudenza *f.* eccessiva.

overcharge[1] /,ouvə'tʃa:dʒ *Am* ,ouvə^r'tʃa:rdʒ/ *v.t.* **1** fare pagare un prezzo troppo alto a, far pagare troppo a: *he claims he was -d by 100 dollars* sostiene di aver dovuto pagare 100 dollari di troppo. **2** (*assol*) fare pagare troppo, fare prezzi troppo alti. **3** (*to overload*) sovraccaricare (*anche El*).

overcharge[2] /'ouvətʃa:dʒ *Am* 'ouvə^rtʃa:rdʒ/ *n.* **1** prezzo *m.* eccessivo, eccedenza *f.* di prezzo, sovrapprezzo *m.* **2** (*excessive load*) carico *m.* eccessivo, sovraccarico *m.*

overclass /'ouvəkla:s *Am* 'ouvə^rklæs/ *n.* classe *f.* ricca e privilegiata.

overcloud /,ouvə'klaud *Am* ,ouvə^r'klaud/ **I** *v.t.* **1** annuvolare, rannuvolare. **2** (*fig*) gettare un'ombra su. **II** *v.i.* annuvolarsi, rannuvolarsi.

overcoat /'ouvəkout *Am* 'ouvə^rkout/ *n.* soprabito *m.*, cappotto *m.*

overcome /,ouvə'kʌm *Am* ,ouvə^r'kʌm/ (*past* **overcame** /,ouvə'keɪm *Am* ,ouvə^r'keɪm/, *p.p.* **overcome**) *v.t.* **1** superare, sormontare, vincere: *to ~ a difficulty* superare una difficoltà; *to ~ the opposition* vincere l'opposizione. **2**

(*to overpower*) sopraffare, vincere: *to be ~ by grief* essere sopraffatto dal dolore. **3** (*to defeat*) sconfiggere, sopraffare: *to ~ the enemy* sconfiggere il nemico. **II** *v.i.* vincere, prevalere.

overcoming /,ouvə'kʌmɪŋ *Am* ,ouvə^r'kʌmɪŋ/ *n.* superamento *m.*

overcommit /,ouvəkə'mɪt *Am* ,ouvə^rkə'mɪt/ *v.r. to ~ oneself* sovraccaricarsi, prendere troppi impegni: *I believe I've -ted myself for the weekend* credo di avere preso troppi impegni per il weekend.

overcompensate /,ouvə'kɒmpənseɪt *Am* ,ouvə^r'ka:mpənseɪt/ *v.t.* compensare eccessivamente.

overcompensation /,ouvə,kɒmpən'seɪʃn *Am* ,ouvə^r,ka:mpən'seɪʃn/ *n.* sovracompensazione *f.*

overcompress /,ouvəkəm'pres *Am* ,ouvə^rkəm'pres/ *v.t.* (*Tecn*) comprimere eccessivamente.

overcompression /,ouvəkəm'preʃn *Am* ,ouvə^rkəm'preʃn/ *n.* (*Tecn*) supercompressione *f.*

over-confidence /,ouvə'kɒnfɪdəns *Am* ,ouvə^r'ka:nfɪdəns/ *n.* **1** eccessiva sicurezza *f.* di sé. **2** (*self-conceit*) presunzione *f.*

over-confident /,ouvə'kɒnfɪdənt *Am* ,ouvə^r'ka:nfɪdənt/ *a.* **1** troppo sicuro di sé. **2** (*self-conceited*) presuntuoso.

overcongested /,ouvəkən'dʒestɪd *Am* ,ouvə^rkən'dʒestɪd/ *a.* eccessivamente affollato, sovraffollato.

overcongestion /,ouvəkən'dʒestʃn *Am* ,ouvə^rkən'dʒestʃn/ *n.* eccessivo affollamento *m.*, sovraffollamento *m.*

overconsumption /,ouvəkən'sʌm(p)ʃn *Am* ,ouvə^rkən'sʌm(p)ʃn/ *n.* consumo *m.* eccessivo.

over-cooked /,ouvə'kukt *Am* ,ouvə^r'kukt/ *a.* (*Gastron*) troppo cotto, scotto.

overcool /,ouvə'ku:l *Am* ,ouvə^r'ku:l/ *v.t.* surraffreddare.

overcooling /,ouvə'ku:lɪŋ *Am* ,ouvə^r'ku:lɪŋ/ *n.* surraffreddamento *m.*

over-credulity /,ouvəkrɪ'dju:lɪti *Am* ,ouvə^rkrə'd(j)u:ləti/ *n.* credulità *f.* eccessiva, dabbenaggine *f.*

over-credulous /,ouvə'kredjuləs *Am* ,ouvə^r'kredjuləs, ,ouvə^r'kredʒələs/ *a.* credulone.

over-critical /,ouvə'krɪtɪkəl *Am* ,ouvə^r'krɪtɪkəl/ *a.* ipercritico, troppo critico.

overcrop /,ouvə'krɒp *Am* ,ouvə^r'kra:p/ *v.t.* (*Agr*) impoverire con una coltivazione troppo estensiva.

overcrowd /,ouvə'kraud *Am* ,ouvə^r'kraud/ *v.t.* sovraffollare, gremire, stipare.

overcrowded /,ouvə'kraudɪd *Am* ,ouvə^r'kraudɪd/ *a.* (*of places*) sovraffollato, superaffollato, gremito.

overcrowding /,ouvə'kraudɪŋ *Am* ,ouvə^r'kraudɪŋ/ *n.* superaffollamento *m.*, affollamento *m.* eccessivo.

over-curious /,ouvə'kjuəriəs *Am* ,ouvə^r'kjuriəs/ *a.* troppo curioso.

over-delicacy /,ouvə'delɪkəsi *Am* ,ouvə^r'delɪkəsi/ *n.* delicatezza *f.* eccessiva.

overdevelop /,ouvədɪ'veləp *Am* ,ouvə^rdɪ'veləp/ *v.t.* **1** sviluppare eccessivamente. **2** (*Fot*) sovrasviluppare.

overdevelopment /,ouvədɪ'veləpmənt *Am* ,ouvə^rdɪ'veləpmənt/ *n.* sviluppo *m.* eccessivo.

overdo /,ouvə'du: *Am* ,ouvə^r'du:/ (*past* **overdid** /,ouvə'dɪd *Am* ,ouvə^r'dɪd/, *p.p.* **overdone** /,ouvə'dʌn *Am* ,ouvə^r'dʌn/) *v.t.irr.* **1** eccedere in, esagerare in. **2** (*to use excessively*) usare troppo, fare eccessivo uso di: *don't ~ the salt* non usare troppo sale; *don't ~ the irony* non ironizzare tanto. **3** (*Teat, Cin*) recitare con

troppa enfasi. **4** (*to cook too long*) cuocere troppo, scuocere. **5** (*to exaggerate*) esagerare, caricare. □ *to ~ it*: 1 (*to work too hard*) lavorare troppo, ammazzarsi di lavoro; 2 (*to exaggerate*) esagerare, eccedere, strafare; *to ~ things* esagerare, eccedere.

overdone /,ouvə'dʌn *Am* ,ouvə^r'dʌn/ *a.* **1** esagerato, eccessivo. **2** (*over-cooked*) troppo cotto, scotto.

overdose[1] /'ouvədous *Am* 'ouvə^rdous/ *n.* dose *f.* eccessiva, overdose *f.*

overdose[2] /,ouvə'dous *Am* ,ouvə^r'dous/ *v.t.* **1** (*to give an overdose*) somministrare una dose eccessiva di. **2** (*to take an overdose*) prendere una dose eccessiva di.

overdraft /'ouvədra:ft *Am* 'ouvə^rdræft/ *n.* (*Econ*) scoperto *m.* (di conto), numeri *m.pl.* rossi: *bank ~* scoperto bancario; *maximum ~* massimo scoperto.

overdraw /,ouvə'drɔ: *Am* ,ouvə^r'drɔ:/ (*past* **overdrew** /,ouvə'dru: *Am* ,ouvə^r'dru:/, *p.p.* **overdrawn** /,ouvə'drɔ:n *Am* ,ouvə^r'drɔ:n/) *v.t.irr.* **1** (*Econ*) emettere assegni per una somma eccedente: *to ~ one's account* emettere assegni per una somma eccedente il proprio conto. **2** (*Econ*) (*assol*) trarre allo scoperto, andare allo scoperto, andare in rosso. **3** (*to exaggerate in depicting*) esagerare nel ritrarre, rappresentare in modo esagerato. **4** (*of a bow*) tendere troppo.

overdrawn /,ouvə'drɔ:n *Am* ,ouvə^r'drɔ:n/ *a.* **1** (*Econ*) scoperto, in rosso: *an ~ account* un conto scoperto. **2** (*Econ*) (*of a person*) in debito, con il conto corrente scoperto, in rosso. **3** (*exaggerated*) esagerato, eccessivo.

overdress /,ouvə'dres *Am* ,ouvə^r'dres/ **I** *v.i.* **1** (*too ostentatiously*) vestirsi in modo troppo vistoso. **2** (*too formally*) vestirsi in modo troppo elegante (per l'occasione). **II** *v.t.* **1** (*too showily*) vestire in modo troppo vistoso. **2** (*too smartly*) vestire in modo troppo elegante.

overdrive[1] /,ouvə'draɪv *Am* ,ouvə^r'draɪv/ *v.t.irr.* **1** affaticare, estenuare, strapazzare. **2** (*to drive too hard*) sfruttare troppo.

overdrive[2] /'ouvədraɪv *Am* 'ouvə^rdraɪv/ *n.* (*Mot*) marcia *f.* sovramoltiplicata, overdrive *m.*

overdub /,ouvə'dʌb *Am* ,ouvə^r'dʌb/ **I** *v.t.* sovraregistrare. **II** *n.* sovraregistrazione *f.*

overdue /,ouvə'dju: *Am* ,ouvə^r'd(j)u:/ *a.* **1** in ritardo: *the train is ~* il treno è in ritardo. **2** (*of a sum of money*) arretrato. **3** (*of a bill*) scaduto. **4** (*of a cheque*) scaduto, prescritto. **5** (*of an invoice*) scoperto, scaduto e non pagato. **6** (*of interest*) moratorio. **7** (*of credits*) in sofferenza. **8** (*of debtor*) moroso. **9** (*too long awaited*) atteso da troppo tempo, di cui c'era bisogno da troppo tempo: *the reform was long ~* da troppo tempo era necessaria la riforma. **10** (*more than ready*) maturo, più che pronto (*for* per): *a colony ~ for independence* una colonia matura per l'indipendenza.

over-eager /,ouvə^r'i:gə^r *Am* ,ouvə^r'i:gə^r/ *a.* troppo ansioso, che non riesce ad aspettare, troppo impaziente.

overeat /,ouvə^r'i:t *Am* ,ouvə^r'i:t/ (*past* **overate** /,ouvə^r'e(ɪ)t *Am* ,ouvə^r'e(ɪ)t/, *p.p.* **overeaten** /,ouvə^r'i:tən *Am* ,ouvə^r'i:tən/) *v.i.irr.* mangiare troppo, esagerare nel mangiare, rimpinzarsi.

over-elaborate /,ouvə^rɪ'læbərɪt *Am* ,ouvə^rɪ'læbərɪt/ *a.* troppo elaborato.

over-emotional /,ouvə^rɪ'mouʃənl *Am* ,ouvə^rɪ'mouʃənl/ *a.* troppo emotivo.

over-emphasis /,ouvə^r'em(p)fəsɪs *Am* ,ouvə^r'em(p)fəsɪs/ *n.* eccessiva enfasi *f.*

over-emphasize /,ouvə^r'em(p)fəsaɪz *Am* ,ouvə^r'em(p)fəsaɪz/ *v.t.* dare troppa enfasi a.

over-employment /ˌouvərɪm'plɔɪmənt *Am* ˌouvərɪm'plɔɪmənt/ *n.* (*Econ*) sovraoccupazione *f.*

over-enthusiastic /ˌouvərɪnˌθ(j)uːzi'æstɪk *Am* ˌouvərɪnˌθ(j)uːzi'æstɪk/ *a.* eccessivamente entusiasta.

overestimate[1] /ˌouvər'estɪmeɪt *Am* ˌouvər'estɪmeɪt/ *v.t.* sopravvalutare, sovrastimare, supervalutare: *you ~ his generosity* sopravvaluti la sua generosità.

overestimate[2] /ˌouvər'estɪmɪt *Am* ˌouvər'estɪmɪt/ *n.* valutazione *f.* esagerata, stima *f.* eccessiva.

over-excitable /ˌouvərɪk'saɪtəbl̩ *Am* ˌouvərɪk'saɪtəbl̩/ *a.* ipereccitabile, sovreccitabile.

over-excite /ˌouvərɪk'saɪt *Am* ˌouvərɪk'saɪt/ *v.t.* sovreccitare.

over-excitement /ˌouvərɪk'saɪtmənt *Am* ˌouvərɪk'saɪtmənt/ *n.* sovreccitazione *f.*

over-exert /ˌouvərɪg'zɜːt *Am* ˌouvərɪg'zɜːrt/ *v.t.* sforzare eccessivamente.

over-exploitation /ˌouvərˌeksplɔɪ'teɪʃən *Am* ˌouvərˌeksplɔɪ'teɪʃən/ *n.* sfruttamento *m.* eccessivo.

over-expose /ˌouvərɪk'spouz *Am* ˌouvərɪk'spouz/ *v.t.* **1** esporre troppo. **2** (*Fot*) sovraesporre.

over-exposure /ˌouvərɪk'spouʒər *Am* ˌouvərɪk'spouʒər/ *n.* (*Fot*) sovraesposizione *f.*

over-extended /ˌouvərɪk'stendɪd *Am* ˌouvərɪk'stendɪd/ *a.* (*Econ*) sovraesposto, con indebitamento eccessivo.

overfall /ˈouvərfɔːl *Am* ˈouvərfɔːl/ *n.* **1** (*Idr*) stramazzo *m.* **2** *pl.* (*Mar*) frangenti *m.pl.* di marea.

over-familiar /ˌouvərfə'mɪliər *Am* ˌouvərfə'mɪliər/ *a.* che tratta con eccessiva confidenza, sfacciato. □ *to be ~ with so.* trattare qcu. con troppa confidenza.

over-familiarity /ˌouvərfəˌmɪli'ærɪti *Am* ˌouvərfəˌmɪli'ærɪti/ *n.* eccessiva confidenza *f.*

overfeed /ˌouvə'fiːd *Am* ˌouvər'fiːd/ (*past, p.p.* **overfed** /ˌouvə'fed *Am* ˌouvər'fed/) **I** *v.t.* nutrire troppo. **II** *v.i.* nutrirsi eccessivamente, mangiare troppo.

overfeeding /ˌouvə'fiːdɪŋ *Am* ˌouvər'fiːdɪŋ/ *n.* superalimentazione *f.*

overfill /ˌouvə'fɪl *Am* ˌouvər'fɪl/ *v.t.* riempire troppo (fino a far traboccare).

overfish /ˌouvə'fɪʃ *Am* ˌouvər'fɪʃ/ *v.t.* esaurire le risorse ittiche di.

over-fishing /ˌouvə'fɪʃɪŋ *Am* ˌouvər'fɪʃɪŋ/ *n.* depauperamento *m.* delle risorse ittiche.

overflow[1] /ˌouvə'flou *Am* ˌouvər'flou/ **I** *v.t.* **1** inondare, sommergere: *the river -ed its banks* il fiume ha straripato. **2** (*to cause to overflow*) far traboccare, far andare (di) fuori. **II** *v.i.* **1** straripare, traboccare. **2** (*fig*) (*to be extremely full*) traboccare (*with* di): *the room was -ing with people* la stanza traboccava di gente. **3** (*fig*) (*to spread as if overflowing*) riversarsi: *the guests -ed into the garden* gli ospiti si riversarono in giardino. **4** (*fig*) (*to be well-supplied with*) traboccare, essere colmo (*with* di): *his heart -ed with joy* il cuore gli traboccava di gioia.

overflow[2] /ˈouvəflou *Am* ˈouvərflou/ **I** *n.* **1** (*of water, etc.*) inondazione *f.*, piena *f.* **2** (*excess, surplus*) eccesso *m.*, sovrabbondanza *f.*: *a population ~* un eccesso di popolazione. **3** (*Idr*) (*outlet for surplus liquid*) troppo pieno *m.* **4** (*act of flowing*) straripamento *m.* **5** (*Tecn*) tubo *m.* di troppo pieno. **6** (*Inform*) overflow *m.*, superamento *m.* della capacità. **II** *a.* in eccesso, in eccedenza. □ *~ meeting* riunione supplementare (per coloro che non hanno trovato posto); (*Tecn*) *~ pipe* tubo di troppo pieno.

overflowing /ˌouvə'flouɪŋ *Am* ˌouvər'flouɪŋ/ **I**

a. **1** traboccante, straripante. **2** (*superabundant*) sovrabbondante, esuberante. **II** *n.* **1** l'essere traboccante, l'essere straripante. **2** (*overflow, excess*) eccesso *m.*, sovrabbondanza *f.* □ *full to ~*: **1** straripante, traboccante; **2** (*di stanza*) strapieno, sovraffollato.

overfond /ˌouvə'fɒnd *Am* ˌouvər'fɑːnd/ *a.* troppo affezionato: *an ~ mother* una madre troppo affettuosa; *I am not ~ of Chinese food* non vado proprio pazzo per la cucina cinese.

overfull /ˌouvə'ful *Am* ˌouvər'ful/ *a.* troppo pieno, pieno zeppo.

overgeneralize /ˌouvə'dʒenərəlaɪz *Am* ˌouvər'dʒenərəlaɪz/ *v.t.* generalizzare troppo.

overglaze /ˈouvəgleɪz *Am* ˈouvərgleɪz/ *n.* (*Ceram*) decorazione *f.* sopra smalto.

overgraze /ˌouvə'greɪz *Am* ˌouvər'greɪz/ *v.t.* impoverire (un pascolo).

overgrow /ˌouvə'grou *Am* ˌouvər'grou/ (*past* **overgrew** /ˌouvə'gru *Am* ˌouvər'gruː/, *p.p.* **overgrown** /ˌouvə'groun *Am* ˌouvər'groun/) **I** *v.t.* **1** (*of weeds, etc.*) coprire, ricoprire. **2** (*to grow too large for*) diventare troppo grande per. **3** (*to outgrow*) crescere più di, superare nella crescita. **II** *v.i.* diventare troppo grande.

overgrown /ˌouvə'groun *Am* ˌouvər'groun/ *a.* **1** coperto di vegetazione. **2** (*excessively grown*) cresciuto troppo. **3** (*colloq*) (*of a person: tall and lanky*) allampanato.

overgrowth /ˈouvəgrouθ *Am* ˈouvərgrouθ/ *n.* **1** crescita *f.* eccessiva. **2** (*growth covering something*) vegetazione *f.* densa, vegetazione *f.* rigogliosa.

overhand[1] /ˈouvəhænd *Am* ˈouvərhænd/ **I** *a.* (*Am*) **1** (*Sport*) (*of a pitch, etc.*) fatto portando il braccio sopra la spalla. **2** (*Sport*) (*of a swimming stroke*) alla marinara. **II** *n.* (*Sport*) bracciata *f.* alla marinara.

overhand[2] /ˌouvə'hænd *Am* ˌouvər'hænd/ *avv.* (*Am,Sport*) portando (*o* alzando) il braccio sopra la spalla.

overhang[1] /ˌouvə'hæŋ *Am* ˌouvə'hæŋ/ (*past, p.p.* **overhung** /ˌouvə'hʌŋ *Am* ˌouvər'hʌŋ/) **I** *v.t.* **1** (*to be suspended over*) essere sospeso su. **2** (*to project over*) strapiombare su: *cliffs which ~ the sea* rocce che strapiombano sul mare. **3** (*fig*) incombere su, essere imminente, minacciare. **II** *v.i.* **1** essere sospeso sopra. **2** (*to jut out*) strapiombare, sporgere.

overhang[2] /ˈouvəhæŋ *Am* ˈouvərhæŋ/ *n.* **1** sporgenza *f.*, strapiombo *m.* **2** (*Edil*) aggetto *m.*, strapiombo *m.*, sporgenza *f.* **3** (*Aer*) sbalzo *m.*

overhanging /ˌouvə'hæŋɪŋ *Am* ˌouvər'hæŋɪŋ/ *a.* **1** sporgente, a strapiombo. **2** (*Edil*) a sbalzo, in aggetto.

over-hasty /ˌouvə'heɪsti *Am* ˌouvər'heɪsti/ *a.* precipitato, troppo frettoloso, affrettato.

overhaul[1] /ˌouvə'hɔːl *Am* ˌouvər'hɔːl/ *v.t.* **1** (*of machines*) revisionare; (*to repair*) riparare, aggiustare. **2** (*to examine thoroughly*) esaminare accuratamente, esaminare a fondo. **3** (*to overtake*) oltrepassare, sorpassare, superare. **4** (*Mar*) (*to gain upon*) superare.

overhaul[2] /ˈouvəhɔːl *Am* ˈouvərhɔːl/ *n.* **1** (*of machines*) revisione *f.* **2** (*thorough examination*) esame *m.* accurato.

overhead[1] /ˌouvə'hed *Am* ˌouvər'hed/ *avv.* **1** in cielo, in alto, sopra la testa, lassù. **2** (*on the floor above*) (al piano) di sopra.

overhead[2] /ˈouvəhed *Am* ˈouvərhed/ **I** *a.* **1** aereo, posto in alto, sopraelevato: *~ electric cables* cavi elettrici aerei. **2** (*Comm*) (*of an expense*) generale; (*of a price*) complessivo, globale. **II** *n.* **1** (*for projector*) lucido *m.* **2** *pl.* (*Comm*) spese *f.pl.* generali, spese *f.pl.* di esercizio. □ (*Comm*) *~ charges* (*o ~ expenses*) spese generali; (*El*) *~ line* linea aerea di con-

tatto; *~ locker* (*on a plane*) cappelliera; *~ projector* lavagna luminosa; (*Ferr*) *~ railway* ferrovia sopraelevata; (*Strad*) *~ road* sopraelevata, strada sopraelevata; (*Mot*) *~ valve* valvola in testa.

overhear /ˌouvə'hɪər *Am* ˌouvər'hɪr/ (*past, p.p.* **overheard** /ˌouvə'hɜːd *Am* ˌouvər'hɜːrd/) *v.t.irr.* udire per caso.

overheat /ˌouvə'hiːt *Am* ˌouvər'hiːt/ *v.t.* **1** surriscaldare. **2** (*fig*) infiammare, infervorare, surriscaldare. **II** *v.i.* **1** surriscaldarsi. **2** (*fig*) scaldarsi, accalorarsi, infervorarsi. **III** *n.* surriscaldamento *m.*

overheating /ˌouvə'hiːtɪŋ *Am* ˌouvər'hiːtɪŋ/ *n.* surriscaldamento *m.* (*anche fig*): *~ of the economy* surriscaldamento dell'economia.

over-indulge /ˌouvərɪn'dʌldʒ *Am* ˌouvərɪn'dʌldʒ/ *v.t.* **1** abbandonarsi troppo a, lasciarsi andare a. **2** (*to spoil*) viziare. **3** (*rifl.*) *to ~ oneself* essere troppo indulgente verso se stesso.

over-indulgence /ˌouvərɪn'dʌldʒəns *Am* ˌouvərɪn'dʌldʒəns/ *n.* eccessiva indulgenza *f.*

over-indulgent /ˌouvərɪn'dʌldʒənt *Am* ˌouvərɪn'dʌldʒənt/ *a.* troppo indulgente.

overinflated /ˌouvərɪn'fleɪtɪd *Am* ˌouvərɪn'fleɪtɪd/ *a.* **1** (*of a price or value*) eccessivo, esagerato. **2** (*filled with too much air*) troppo gonfio.

over-issue /ˌouvər'ɪʃuː *Am* ˌouvər'ɪʃuː/ **I** *n.* (*Econ*) emissione *f.* eccessiva, sovraemissione *f.* **II** *v.t.* (*Econ*) emettere in quantità eccessiva.

overjoyed /ˌouvə'dʒɔɪd *Am* ˌouvər'dʒɔɪd/ *a.* felicissimo, pieno di gioia.

overkill /ˈouvəkɪl *Am* ˈouvərkɪl/ *n.* **1** (*Mil*) eccesso *m.* di potenziale distruttivo. **2** (*fig*) esagerazione *f.*, eccesso *m.*

over-kind /ˌouvə'kaɪnd *Am* ˌouvər'kaɪnd/ *a.* troppo gentile.

over-knee /ˌouvə'niː *Am* ˌouvər'niː/ *a.* (*Calz*) (*fin*) sopra il ginocchio.

over-labour /ˌouvə'leɪbər *Am* ˌouvər'leɪbər/ *v.t.* elaborare troppo.

overladen /ˌouvə'leɪdən *Am* ˌouvər'leɪdən/ *a.* sovraccarico, stracarico (*with* di).

overland[1] /ˈouvəlænd *Am* ˈouvərlænd/ *a.* via terra, terrestre: *an ~ journey* un viaggio via terra; *~ route* via terrestre.

overland[2] /ˌouvə'lænd,*Am* ˌouvər'lænd/ *avv.* via terra, per terra.

overlap[1] /ˌouvə'læp *Am* ˌouvər'læp/ **I** *v.t.* **1** sovrapporre, accavallare: *the roof tiles ~ each other* le tegole del tetto si sovrappongono. **2** (*to extend beyond*) ricoprire. **3** (*to cause to overlap*) far sovrapporre. **II** *v.i.* **1** sovrapporsi, accavallarsi. **2** (*fig*) coincidere in parte, avere qualcosa in comune (*with* con).

overlap[2] /ˈouvəlæp *Am* ˈouvərlæp/ *n.* **1** sovrapposizione *f.* **2** (*overlapping part*) parte *f.* sovrapposta.

overlapping /ˌouvə'læpɪŋ *Am* ˌouvər'læpɪŋ/ *a.* **1** che si sovrappone, sovrapposto. **2** (*fig*) che coincide in parte. **II** *n.* **1** sovrapposizione *f.* **2** (*fig*) coincidenza *f.* (parziale).

overlay[1] /ˌouvə'leɪ *Am* ˌouvər'leɪ/ (*past, p.p.* **overlaid** /ˌouvə'leɪd *Am* ˌouvər'leɪd/) *v.t.irr.* **1** coprire, ricoprire. **2** (*Art*) rivestire, ricoprire. **3** (*Tip*) taccheggiare.

overlay[2] /ˈouvəleɪ *Am* ˈouvərleɪ/ *n.* **1** copertura *f.*; (*covering*) coperta *f.* **2** (*Art*) rivestimento *m.* **3** (*second tablecloth*) sopratovaglia *f.* **4** (*Inform*) overlay *m.*, sovrapposizione *f.* di programmi.

overleaf /ˌouvə'liːf *Am* ˈouvərliːf/ *avv.* sul retro, a tergo: *see ~* vedi retro.

overleap /ˌouvə'liːp *Am* ˌouvər'liːp/ (*past* **overleaped**, *p.p.* **overleapt** /ˌouvə'lept *Am* ˌouvər'lept/) *v.t.irr.* **1** saltare oltre, saltare al di là di. **2** (*to omit*) tralasciare, omettere, saltare.

overlie /ˌouvəˈlaɪ Am ˌouvəˈlaɪ/ (*past* **overlay** /ˌouvəˈleɪ Am ˌouvəˈleɪ/, p.p. **overlain** /ˌouvəˈleɪn Am ˌouvəˈleɪn/ v.t.irr. **1** stare sopra a, stare su. **2** (*of a baby, etc.*) soffocare (girandosi nel sonno).

overload[1] /ˌouvəˈloud Am ˌouvəˈloud/ v.t. sovraccaricare (*anche El*).

overload[2] /ˈouvəloud Am ˈouvəˈloud/ n. sovraccarico m. (*anche El*).

overlong /ˌouvəˈlɒŋ Am ˌouvəˈlɑːŋ/ **I** a. troppo lungo. **II** avv. troppo a lungo.

overlook /ˌouvəˈluk Am ˌouvəˈluk/ **I** v.t. **1** (*to fail to notice*) lasciarsi sfuggire, non rilevare: *you have -ed several mistakes* ti sei lasciato sfuggire parecchi errori. **2** (*to ignore, to disregard*) non tener conto di, trascurare, ignorare: *I will ~ your indiscretion this time* per questa volta non terrò conto della tua indiscrezione. **3** (*to pass over*) chiudere un occhio su, passare sopra a. **4** (*to look over from above*) dominare (con lo sguardo), godere la vista di: *from his room he -ed the harbour* dalla stanza dominava il porto. **5** (*to afford a view down over*) sovrastare, dominare: *a hill -ing the sea* una collina che sovrasta il mare. **6** (*to watch over*) sorvegliare, controllare. **II** n. (*Am*) vista f. panoramica, posizione f. panoramica.

overlooker /ˌouvəˈlukər Am ˌouvəˈlukər/ n. soprintendente m./f., sorvegliante m./f.

overlord /ˈouvəlɔːd Am ˈouvəˈlɔːrd/ n. **1** signore m. supremo, sovrano m. **2** (*Stor*) grande feudatario m. **3** (*fig*) magnate m., re m.

overly /ˈouvəli Am ˈouvəˈli/ avv. eccessivamente, troppo.

overman[1] /ˈouvəmæn Am ˈouvəˈmæn/ n.irr. **1** capo m.; (*foreman*) caposquadra m., capo m. **2** (*Scott*) (*arbiter*) arbitro m. **3** (*Filos,rar*) (*superman*) superuomo m.

overman[2] /ˌouvəˈmæn Am ˌouvəˈmæn/ v.t. fornire di troppi uomini.

overmanning /ˌouvəˈmænɪŋ Am ˌouvəˈmænɪŋ/ n. eccedenza f. di personale, personale m. in sovrannumero.

overmantel /ˈouvəˌmæntəl Am ˈouvəˈmæntəl/ n. (*Arch*) struttura f. ornamentale sopra un caminetto.

overmaster /ˌouvəˈmɑːstər Am ˌouvəˈmæstər/ v.t. (*poet*) sopraffare, dominare, travolgere.

overmastering /ˌouvəˈmɑːstərɪŋ Am ˌouvəˈmæstərɪŋ/ a. travolgente: *an ~ passion* una passione travolgente.

overmatch /ˌouvəˈmætʃ Am ˌouvəˈmætʃ/ v.t. superare facilmente.

overmeasure /ˌouvəˈmeʒər Am ˌouvəˈmeʒər/ n. sovrappiù m., eccesso m., eccedenza f.

over-modest /ˌouvəˈmɒdɪst Am ˌouvəˈmɑːdɪst/ a. troppo modesto.

overmodulated /ˌouvəˈmɒdjuleɪt Am ˌouvəˈmɑːdʒəleɪt/ a. (*Tecn*) sovramodulato.

overmodulation /ˌouvəˌmɒdjuˈleɪʃən Am ˌouvəˈmɑːdʒəˈleɪʃən/ n. (*Tecn*) sovramodulazione f.

over-much /ˌouvəˈmʌtʃ Am ˌouvəˈmʌtʃ/ **I** a. troppo, eccessivo. **II** n. troppo m., eccesso m., quantità f. eccessiva. **III** avv. troppo, eccessivamente.

over-nice /ˌouvəˈnaɪs Am ˌouvəˈnaɪs/ a. (*ant*) **1** (*excessively fastidious*) troppo esigente, incontentabile. **2** (*excessively scrupulous*) troppo meticoloso, troppo preciso, pignolo.

overniceness /ˌouvəˈnaɪsnəs Am ˌouvəˈnaɪsnəs/, **overnicety** /ˌouvəˈnaɪsəti Am ˌouvəˈnaɪsəti/ n. **1** (*fastidiousness*) incontentabilità f. **2** (*scrupulousness*) pignoleria f., (*eccessiva*) meticolosità f.

overnight[1] /ˌouvəˈnaɪt Am ˌouvəˈnaɪt/ avv. **1**

durante la notte, di notte. **2** (*for one night only*) per una notte (soltanto). **3** (*fig*) improvvisamente, d'un tratto, da un giorno all'altro: *to become famous ~* diventare improvvisamente famoso. □ *to stay ~* pernottare.

overnight[2] /ˌouvəˈnaɪt Am ˌouvəˈnaɪt/ **I** a. **1** (*fatto*) di notte: *an ~ journey* un viaggio di notte. **2** (*staying, lasting one night*) per (o di) una notte: *an ~ guest* un ospite per una notte. **3** (*fig*) improvviso, subitaneo, repentino, immediato: *~ success* successo immediato. **II** v.t. (*Am*) spedire in ventiquatt'ore, spedire in una notte. □ *~ bag* (o *~ case*) borsa da viaggio, ventiquattrore; (*Econ*) *~ money* credito overnight; (*Econ*) *~ rate* tasso overnight.

over-nutrition /ˌouvənjuːˈtrɪʃən Am ˌouvənˌ(j)uːˈtrɪʃən/ n. superalimentazione f.

over-occupied /ˌouvəˈrɒkjupaɪd Am ˌouvəˈrɑːkjuːpaɪd/ a. sovraffollato.

overpaid /ˌouvəˈpeɪd Am ˌouvəˈpeɪd/ a. pagato troppo, strapagato.

overpass[1] /ˈouvəpɑːs Am ˈouvəˈpæs/ n. (*Strad*) cavalcavia m.

overpass[2] /ˌouvəˈpɑːs Am ˌouvəˈpæs/ v.t.irr. (*rar*) **1** attraversare, traversare, valicare. **2** (*fig*) (*to transgress*) oltrepassare, andare oltre. **3** (*to exceed*) superare, sorpassare. **4** (*of difficulties, etc.*) sormontare, superare.

overpay /ˌouvəˈpeɪ Am ˌouvəˈpeɪ/ v.t.irr. **1** (*of a bill, etc.*) pagare troppo caro. **2** (*of a person*) pagare troppo, strapagare, retribuire eccessivamente.

over-people /ˌouvəˈpiːpl̩ Am ˌouvəˈpiːpl̩/ v.t. sovrappopolare.

over-peopled /ˌouvəˈpiːpl̩d Am ˌouvəˈpiːpl̩d/ a. sovrappopolato, troppo popolato.

overpersuade /ˌouvəpəˈsweɪd Am ˌouvəpəˈsweɪd/ v.t. convincere a mutare parere.

overplay /ˌouvəˈpleɪ Am ˌouvəˈpleɪ/ v.t. **1** (*Teat,Cin*) recitare con troppa enfasi. **2** (*to give undue emphasis*) dare eccessivo rilievo a.

overplus /ˈouvəplʌs Am ˈouvəˈplʌs/ n. (*ant*) eccesso m., eccedenza f., sovrappiù m.

over-populate /ˌouvəˈpɒpjuleɪt Am ˌouvəˈpɑːpjuleɪt/ v.t. sovrappopolare.

over-population /ˌouvəˌpɒpjuˈleɪʃən Am ˌouvəˌpɑːpjuˈleɪʃən/ n. sovrappopolazione f.

overpower /ˌouvəˈpauər Am ˌouvəˈpauər/ v.t. **1** schiacciare, superare, sopraffare, vincere. **2** (*fig*) sopraffare, vincere: *to be -ed by fatigue* essere sopraffatto dalla stanchezza.

overpowering /ˌouvəˈpauərɪŋ Am ˌouvəˈpauərɪŋ/ a. insopportabile, opprimente: *~ grief* pena insopportabile; *~ heat* caldo opprimente.

overpraise /ˌouvəˈpreɪz Am ˌouvəˈpreɪz/ **I** v.t. lodare troppo, esagerare nelle lodi di. **II** n. lode f. eccessiva, lode f. smodata.

overpressure /ˈouvəˌpreʃər Am ˈouvəˈpreʃər/ n. **1** (*Tecn*) sovrapressione f. **2** (*Fis*) sovrappressione f.

overpriced /ˌouvəˈpraɪst Am ˌouvəˈpraɪst/ a. troppo costoso, eccessivamente costoso.

overprint[1] /ˌouvəˈprɪnt Am ˌouvəˈprɪnt/ v.t. **1** (*Tip*) sovrastampare. **2** (*print too many copies of*) stampare troppe copie di.

overprint[2] /ˈouvəprɪnt Am ˈouvəˈprɪnt/ n. **1** sovrastampa f. **2** (*Tip*) sovrimpressione f.

overprinting /ˌouvəˈprɪntɪŋ Am ˌouvəˈprɪntɪŋ/ n. (*Tip*) sovrastampa f.

over-produce /ˌouvəprəˈdjuːs Am ˌouvəprəˈd(j)uːs/ v.t. produrre in eccesso, sovrapprodurre.

over-production /ˌouvəprəˈdʌkʃən Am ˌouvəprəˈdʌkʃən/ n. (*Econ*) sovrapproduzione f., eccedenza f. di produzione.

overproof /ˌouvəˈpruːf Am ˌouvəˈpruːf/ a. di gradazione alcolica eccessiva.

overprotect /ˌouvəprəˈtekt Am ˌouvəˈprəˈtekt/ v.t. essere iperprotettivo nei confronti di.

overprotective /ˌouvəprəˈtektɪv Am ˌouvəprəˈtektɪv/ a. iperprotettivo.

over-qualified /ˌouvəˈkwɒlɪfaɪd Am ˌouvəˈkwɑːlɪfaɪd/ a. con una qualifica troppo alta (per un lavoro).

over-quick /ˌouvəˈkwɪk Am ˌouvəˈkwɪk/ a. **1** (*excessively ready*) troppo pronto, troppo rapido. **2** (*excessively willing*) troppo disposto, troppo pronto.

overrate /ˌouvəˈreɪt Am ˌouvəˈreɪt/ v.t. sopravvalutare, sovrastimare, stimare troppo: *he -d my abilities* ha sopravvalutato le mie capacità.

overreach /ˌouvəˈriːtʃ Am ˌouvəˈriːtʃ/ **I** v.t. **1** oltrepassare, andare oltre, superare. **2** (*rifl.*) *to ~ oneself* cercare di fare più del possibile. **3** (*fig*) superare in astuzia, mettere nel sacco. **II** v.i. **1** andare troppo oltre, spingersi troppo oltre. **2** (*of a horse*) ferirsi la zampa anteriore con lo zoccolo posteriore.

over-react /ˌouvəriˈækt Am ˌouvəriˈækt/ v.i. reagire in modo esagerato.

over-reaction /ˌouvəriˈækʃən Am ˌouvəriˈækʃən/ n. reazione f. esagerata, reazione f. eccessiva.

over-refine /ˌouvərɪˈfaɪn Am ˌouvərɪˈfaɪn/ v.t. raffinare troppo.

over-refinement /ˌouvərɪˈfaɪnmənt Am ˌouvərɪˈfaɪnmənt/ n. raffinamento m. eccessivo.

override /ˌouvəˈraɪd Am ˌouvəˈraɪd/ (*past* **overrode** /ˌouvəˈroud Am ˌouvəˈroud/, p.p. **overriden** /ˌouvəˈrɪdn Am ˌouvəˈrɪdn/) v.t.irr. **1** non tenere in nessun conto, ignorare: *to ~ a veto* ignorare un veto. **2** (*of a person*) calpestare i diritti di; *to ~ all objections* passare sopra a tutte le obiezioni. **3** (*to take precedence over*) avere la precedenza su: *cost must ~ other considerations* il costo deve avere la precedenza su ogni altra considerazione. **4** (*Equit*) calpestare cavalcando. **5** (*to ride over*) percorrere a cavallo. **6** (*of a horse*) affaticare cavalcando. **7** (*Chir*) sovrapporre.

overriding /ˌouvəˈraɪdɪŋ Am ˌouvəˈraɪdɪŋ/ a. **1** di primaria importanza, primario, principale: *an ~ condition* una condizione di primaria importanza. **2** (*of a person: domineering*) prepotente, dispotico.

overripe /ˌouvəˈraɪp Am ˌouvəˈraɪp/ a. troppo maturo, strafatto.

over-ripeness /ˌouvəˈraɪpnəs Am ˌouvəˈraɪpnəs/ n. (*Agr*) ultramaturazione f.

overrule /ˌouvəˈruːl Am ˌouvəˈruːl/ v.t. **1** (*of a person*) respingere gli argomenti di, decidere contro il parere di. **2** (*of a plea, objection*) respingere, non accettare. **3** (*of a previous decision*) annullare, revocare. **4** (*to prevail over*) prevalere su, predominare su. **5** (*to rule over*) governare, reggere.

overruling /ˌouvəˈruːlɪŋ Am ˌouvəˈruːlɪŋ/ a. primario, principale, di primaria importanza.

overrun[1] /ˌouvəˈrʌn Am ˌouvəˈrʌn/ v.t.irr. **1** (*Mil*) sopraffare, schiacciare, annientare. **2** (*to invade and ravage*) infestare: *pirates overran the coastal regions* i pirati infestarono le regioni costiere. **3** (*to infest*) infestare: *the cellar was ~ by mice* la cantina era infestata dai topi. **4** (*fig*) diffondersi rapidamente in, propagarsi rapidamente in, invadere. **5** (*to grow rapidly over*) infestare, invadere. **6** (*to exceed*) superare, oltrepassare, eccedere: *not to ~ one's allotted time* non superare il tempo assegnato. **7** (*to run or go beyond*) oltrepassare, andare oltre: *to ~ a landing strip* oltrepassare una pista d'atterraggio. **8** (*to overflow*) inondare, sommergere. **9** (*Tip*) (*of lines, columns: to readjust*) rimaneggiare. **10** (*Mot*) (*of an engine*) imballare. **I** *v.i.* **1** (*to overflow*) straripare. **2** (*to go beyond limits*) eccedere, andare oltre il giusto limite. **3** (*Mot*) (*of an engine*) imballarsi.

overrun² /'ouvərʌn *Am* 'ouvə'rʌn/ *n.* **1** l'eccedere, eccedenza *f.*, sconfinamento *m.* **2** (*Aer*) area *f.* (al di là della pista) per atterraggi d'emergenza.

oversampling /ouvə'sɑːmplɪŋ *Am* ouvə'sæmplɪŋ/ *n.* (*Elettron*) sovracampionamento *m.*

overseas /ouvə'siːz *Am* ouvə'siːz/ **I** *avv.* **1** oltremare, oltreoceano: *to go* ~ andare oltremare. **2** (*abroad*) all'estero. **II** *a.* **1** d'oltremare, d'oltreoceano: ~ *trade* commercio d'oltremare. **2** (*situated overseas*) (all')estero, oltremarino, d'oltre mare: *our* ~ *branches* le nostre filiali all'estero. **3** (*of troops*) coloniale, d'oltremare. **4** (*Br*) straniero: ~ *students* gli studenti stranieri. □ (*Econ*) ~ *bank* banca estera; (*Econ*) ~ *investment* investimento all'estero.

oversee /ouvə'siː *Am* ouvə'siː/ (*past* **oversaw** /ouvə'sɔː *Am* ouvə'sɔː/, *p.p.* **overseen** /ouvə'siːn *Am* ouvə'siːn/) *v.t.irr.* sorvegliare, soprintendere, seguire, avere la soprintendenza di.

overseer /'ouvə.siːə *Am* 'ouvə'siːə/ *n.* **1** (*supervisor*) soprintendente *m./f.*, sorvegliante *m./f.* **2** (*foreman*) caposquadra *m./f.*

oversell /ouvə'sel *Am* ouvə'sel/ (*past, p.p.* **oversold** /ouvə'sould *Am* ouvə'sould/) *v.t.irr.* **1** vendere più di quello che si ha in magazzino. **2** (*fig*) lodare esageratamente, tessere lodi sperticate di.

over-sensitive /ouvə'sensɪtɪv *Am* ouvə'sensətɪv/ *a.* eccessivamente suscettibile, ipersensibile.

over-sensitiveness /ouvə'sensɪtɪvnəs *Am* ouvə'sensətɪvnəs/ *n.* ipersensibilità *f.*

overset /ouvə'set *Am* ouvə'set/ *v.t.irr.* **1** (*ant*) rovesciare, capovolgere. **2** (*fig*) sconvolgere, turbare (gravemente).

oversew /'ouvəsou *Am* 'ouvə'sou/ (*past* **oversewed** /'ouvəsoud *Am* 'ouvə'soud/, *p.p.* **oversewn** /'ouvəsoun *Am* 'ouvə'soun/) *v.t.irr.* **1** (*in sewing*) sopraggittare, fare il sopraggitto a, sopraffilare. **2** (*Legat*) rilegare a sopraggitto.

over-sexed /ouvə'sekst *Am* ouvə'sekst/ *a.* (*colloq*) dagli istinti sessuali smodati, fissato col sesso, (*colloq*) allupato.

overshadow /ouvə'ʃædou *Am* ouvə'ʃædou/ *v.t.* **1** (*fig*) mettere in ombra, oscurare, offuscare, eclissare. **2** (*fig*) (*to outweigh*) avere più importanza di, avere più peso di. **3** (*to overshade*) ombreggiare, proiettare ombra su. **4** (*to shade over*) adombrare, coprire d'ombra.

overshoe /'ouvəʃuː *Am* 'ouvə'ʃuː/ *n.* (*Calz*) **1** soprascarpa *f.* **2** (*galosh*) caloscia *f.*

overshoot /ouvə'ʃuːt *Am* ouvə'ʃuːt/ (*past, p.p.* **overshot** /ouvə'ʃɒt *Am* ouvə'ʃɑːt/) **I** *v.t.* **1** (*to go beyond*) oltrepassare, andare oltre. **2** (*to shoot above*) tirare di là, tirare sopra di. **3** (*to miss*) fallire, mancare: *the missile overshot its target* il missile fallì il bersaglio. **4** (*Aer*) (*of a designated point or area*) andare oltre (nell'atterraggio). **5** (*rifl.*) (*fig*) *to* ~ *oneself* passare ogni limite. **II** *v.i.* andare oltre. □ (*fig*) *to* ~ *the mark* passare la misura, passare il segno.

overshot /ouvə'ʃɒt *Am* ouvə'ʃɑːt/ *a.* **1** (*Idr*) colpito al vertice: ~ *wheel* ruota colpita al vertice. **2** (*of a person or animal*) con la mascella superiore sporgente.

overside¹ /'ouvəsaɪd *Am* 'ouvə'saɪd *avv.* **1** (*Mar*) a fianco della nave, lungo il fianco della nave. **2** (*Am*) (*of a record*) sull'altro lato (di un disco).

overside² /'ouvəsaɪd *Am* 'ouvə'saɪd/ *a.* **1** (*Mar*) (*of loading, unloading*) fatto a fianco della nave. **2** (*Am*) (*of a record*) inciso sull'altro lato (di un disco).

oversight /'ouvəsaɪt *Am* 'ouvə'saɪt/ *n.* **1** svista *f.*, disattenzione *f.*: *due to an* ~ per una svista. **2** (*mistake*) errore *m.*, sbaglio *m.* **3** (*forgetfulness*) dimenticanza *f.* **4** (*supervision*) sorveglianza *f.*, supervisione *f.*

over-simplification /ouvə.sɪmplɪfɪ'keɪʃ n *Am* ouvə.sɪmplɪfɪkeɪʃ n/ *n.* eccessiva semplificazione *f.*

over-simplify /ouvə'sɪmplɪfaɪ *Am* ouvə'sɪmplɪfaɪ/ *v.t.* semplificare eccessivamente.

oversize /ouvə'saɪz *Am* ouvə'saɪz/ *n.* oversize *m.*, misura *f.* più grande del normale, taglia *f.* più grande del normale.

oversized /ouvə'saɪzd *Am* ouvə'saɪzd/ *a.* più grande del normale.

overskirt /'ouvəskɜːt *Am* 'ouvə'skɜːrt/ *n.* (*Abbigl*) sopraggonna *f.*

overslaugh /ouvə'slɔː *Am* ouvə'slɔːt/ **I** *n.* **1** (*Mil*) esenzione *f.* da un dovere (per un altro più importante). **2** (*Am*) (*in a river*) secca *f.* che impedisce la navigazione. **II** *v.t.* **1** (*Mil*) esentare da un dovere (per un altro più importante). **2** (*Am*) (*to pass over for promotion, etc.*) scavalcare, passare davanti a. **3** (*Am*) (*to obstruct*) intralciare, ostacolare.

oversleep /ouvə'sliːp *Am* ouvə'sliːp/ (*past, p.p.* **overslept** /ouvə'slept *Am* ouvə'slept/) **I** *v.i.* continuare a dormire oltre l'ora stabilita, restare addormentato, non svegliarsi in tempo. **II** *v.t.* (*of a time*) dormire oltre.

oversold /ouvə'sould *Am* ouvə'sould/ *a.* **1** (*Comm*) (*of a market, stock, etc.*) supervenduto, caratterizzato da prezzi bassissimi (per la forte vendita).

over-specialization /ouvə.speʃ l(a)ɪ'zeɪ ʃ n *Am* ouvə.speʃ lɪ'zeɪ ʃ n/ *n.* eccessiva specializzazione *f.*

overspend /ouvə'spend *Am* ouvə'spend/ (*past, p.p.* **overspent** /ouvə'spent *Am* ouvə'spent/) **I** *v.i.* spendere troppo, spendere oltre le proprie possibilità, sbilanciarsi. **II** *v.t.* spendere più di: *to* ~ *one's salary* spendere più della propria paga.

overspill /'ouvəspɪl *Am* 'ouvə'spɪl/ *n.* **1** (*surplus*) sovrappiù *m.*, eccedenza *f.* **2** (*excess population*) eccesso *m.* di popolazione, popolazione *f.* in eccesso.

overspread /ouvə'spred *Am* ouvə'spred/ (*past, p.p.* **overspread**) *v.t.irr.* **1** cospargere, coprire. **2** (*to be diffused over*) diffondersi su.

overstaffed /ouvə'stɑːft *Am* ouvə'stæft/ *a.* con troppo personale, con esubero di personale.

overstate /ouvə'steɪt *Am* ouvə'steɪt/ *v.t.* ingrandire, esagerare; (*colloq*) gonfiare.

overstatement /ouvə'steɪtmənt *Am* ouvə'steɪtmənt/ *n.* esagerazione *f.*, affermazione *f.* esagerata, gonfiatura *f.*

overstay /ouvə'steɪ *Am* ouvə'steɪ/ *v.t.* trattenersi oltre: *he -ed his leave* si trattenne oltre lo scadere della propria licenza. □ *to* ~ *one's welcome* abusare dell'ospitalità, trattenersi più del dovuto.

oversteer /ouvə'stɪə *Am* ouvə'stɪr/ *v.i.* (*Aut*) sovrasterzare.

oversteering /ouvə'stɪərɪŋ *Am* ouvə'stɪrɪŋ/ **I** *a.* (*Aut*) sovrasterzante. **II** *n.* (*Aut*) sovrasterzatura *f.*

overstep /ouvə'step *Am* ouvə'step/ *v.t.* **1** oltrepassare, varcare. **2** (*fig*) oltrepassare, passare, andare oltre: *to* ~ *the mark* oltrepassare il segno; *to* ~ *the line of good taste* oltrepassare i limiti del buon gusto.

overstock /ouvə'stɒk *Am* ouvə'stɑːk/ **I** *v.t.* rifornire in quantità eccessiva, saturare. **II** *n.* eccesso *m.* di merce.

overstrain /ouvə'streɪn *Am* ouvə'streɪn/ **I** *v.t.* strapazzare, affaticare eccessivamente, sforzare troppo. **II** *v.i.* strapazzarsi, affaticarsi troppo, sforzarsi eccessivamente.

over-strict /ouvə'strɪkt *Am* ouvə'strɪkt/ *a.* eccessivamente severo, troppo severo.

overstrung /ouvə'strʌŋ *Am* ouvə'strʌŋ/ *a.* **1** (*of nerves*) (troppo) teso. **2** (*of people*) dai nervi tesi, sovreccitato. **3** (*Mus*) (*of a piano*) a corde incrociate.

over-subscribe /ouvəsəb'skraɪb *Am* ouvə səb'skraɪb/ *v.t.* (*Econ*) sottoscrivere in eccesso.

over-subscription /ouvəsəb'skrɪpʃ n *Am* ouvə səb'skrɪpʃ n/ *n.* (*Econ*) sottoscrizione *f.* eccessiva.

oversubtle /ouvə'sʌtl *Am* ouvə'sʌtl/ *a.* troppo sottile.

oversupply /ouvəsə'plaɪ/ **I** *v.t.* fornire in quantità eccessiva, rifornire in quantità eccessiva. **II** *n.* fornitura *f.* eccessiva, fornitura *f.* eccedente, rifornimento *m.* eccessivo.

over-sweet /ouvə'swiːt *Am* ouvə'swiːt/ *a.* troppo dolce.

overt /ou'vɜːt, 'ouvɜːt *Am* ou'vɜːrt, 'ouvɜːrt/ *a.* aperto, dichiarato, manifesto. □ (*Dir*) ~ *act* atto manifesto.

overtake /ouvə'teɪk *Am* ouvə'teɪk/ *v.t.irr.* **1** (*to catch up with and pass*) sorpassare, superare, oltrepassare. **2** (*assol*) sorpassare, effettuare un sorpasso: *don't* ~ *on a bend* non sorpassare in curva. **3** (*to catch up with*) raggiungere. **4** (*to befall suddenly*) sorprendere, cogliere inaspettatamente: *we were -n by a storm* fummo sorpresi da una tempesta. □ (*Br,Strad*) ~ *lane* corsia di sorpasso.

overtaking /ouvə'teɪkɪŋ *Am* ouvə'teɪkɪŋ/ *n.* sorpasso *m.* □ (*Br,Strad*) ~ *lane* corsia di sorpasso; (*Strad*) *no* ~ divieto di sorpasso.

overtask /ouvə'tɑːsk *Am* ouvə'tæsk/ *v.t.* assegnare un compito troppo gravoso a.

overtax /ouvə'tæks *Am* ouvə'tæks/ *v.t.* **1** gravare di tasse, tassare eccessivamente. **2** (*fig*) abusare di, chiedere troppo a, pretendere troppo da: *to* ~ *one's strength* abusare delle proprie forze.

over-the-counter /ouvəðə'kauntə *Am* ouvə ðə'kauntə/ *a.* **1** (*Farm*) (*of a drug*) che non necessita di ricetta medica, da banco. **2** (*Econ*) fuori borsa. □ (*Econ*) ~ *market* mercato dei titoli fuori borsa; (*Farm*) ~ *products* medicinali da banco.

overthrow¹ /ouvə'θrou *Am* ouvə'θrou/ (*past* **overthrew** /ouvə'θruː *Am* ouvə'θruː/, *p.p.* **overthrown** /ouvə'θroun *Am* ouvə'θroun/) *v.t.irr.* **1** rovesciare, abbattere, far cadere: *to* ~ *the government* rovesciare il governo. **2** (*to knock over*) abbattere, gettare a terra.

overthrow² /ouvə'θrou *Am* ouvə'θrou/ *n.* **1** rovesciamento *m.*, abbattimento *m.* **2** (*defeat, destruction*) disfatta *f.*, sconfitta *f.* **3** (*Sport*) (*in cricket*) palla *f.* che rimbalza indietro; (*in baseball*) tiro *m.* alto.

overthrust /'ouvəθrʌst *Am* 'ouvə'θrʌst/ *n.* (*Geol*) faglia *f.* di sovrascorrimento. □ (*Geol*) ~ *fault* faglia di sovrascorrimento.

overtime¹ /'ouvətaɪm *Am* 'ouvə'taɪm/ **I** *n.* **1** lavoro *m.* straordinario, straordinario *m.*: *to be on* ~ fare lo straordinario. **2** (*pay*) straordinario *m.* **3** (*Am,Sport*) tempo *m.* supplementare. **II** *a.* dello straordinario. **III** *avv.* **1** oltre l'orario (di lavoro), fuori orario: *to work* ~ fare lo straordinario. **2** (*Am,Sport*) fuori tempo. □ ~ *pay* straordinario, indennità di lavoro straordinario.

overtime² /ouvə'taɪm *Am* ouvə'taɪm/ *v.t.*

(*Fot*) sovresporre.

overtire /ˌouvəˈtaɪəʳ *Am* ouvərˈtaɪr/ *v.t.* affaticare troppo, sovraffaticare.

overtone /ˈouvətoun *Am* ˈouvərtoun/ *n.* **1** (*Mus*) suono *m.* armonico. **2** (*fig*) significati *m.pl.* reconditi, sottintesi *m.pl.*, allusioni *f.pl.*

overtop /ˌouvəˈtɒp *Am* ˌouvərˈtɑːp/ *v.t.* **1** sovrastare, superare in altezza, elevarsi sopra. **2** (*fig*) (*to rise above in authority*) superare in importanza. **3** (*fig*) (*to overshadow*) mettere in ombra, offuscare, oscurare. ☐ *the river -ped its banks* il fiume straripò.

overtrain /ˌouvəˈtreɪn *Am* ˌouvərˈtreɪn/ *v.t.* allenare eccessivamente, sottoporre a un superallenamento.

overtrump /ˌouvəˈtrʌmp *Am* ˌouvərˈtrʌmp/ **I** *v.t.* (*in cards*) giocare un atout più alto di. **II** *v.i.* giocare un atout più alto.

overture /ˈouvətjuəʳ, ˈouvətʃuəʳ *Am* ˌouvərtʃər, ˌouvərˈtʃur/ *n.* **1** (*Mus*) ouverture *f.* **2** (*Comm*) offerta *f.* di trattare, proposta *f.* di negoziazione. **3** *pl.* (*opening move, approach*) approccio *m.sing.*

overturn[1] /ˌouvəˈtɜːn *Am* ˌouvərˈtɜːrn/ **I** *v.t.* **1** capovolgere, rovesciare: *the wave -ed the boat* l'onda capovolse la barca. **2** (*to overthrow*) rovesciare, abbattere. **II** *v.i.* **1** capovolgersi, rovesciarsi. **2** (*Aut*) cappottare.

overturn[2] /ˈouvətɜːn *Am* ˈouvərtɜːrn/ *n.* capovolgimento *m.*, rovesciamento *m.*

overturning /ˌouvəˈtɜːnɪŋ *Am* ˌouvərˈtɜːrnɪŋ/ *n.* capovolgimento *m.*, rovesciamento *m.*

overuse /ˌouvəˈjuːs *Am* ˌouvərˈjuːs/ *n.* uso eccessivo.

over-valuation /ˌouvəˌvæljuˈeɪʃən *Am* ˌouvərˌvæljuˈeɪʃən/ *n.* sopravvalutazione *f.*, valutazione *f.* troppo alta.

over-value /ˌouvəˈvælju: *Am* ˌouvərˈvælju:/ *v.t.* sopravvalutare, valutare troppo.

overview /ˈouvəvju: *Am* ˈouvərvju:/ *n.* visione *f.* d'insieme, panoramica *f.*

overvoltage /ˌouvəˈvoultɪdʒ *Am* ˌouvərˈvoultɪdʒ/ *n.* (*El*) sovratensione *f.*

overwalk /ˌouvəˈwɔːk *Am* ˌouvərˈwɔːk/ *v.i.* stancarsi per il troppo camminare.

overwarm /ˌouvəˈwɔːm *Am* ˌouvərˈwɔːrm/ *a.* troppo caldo.

overweary /ˌouvəˈwɪəri *Am* ˌouvərˈwɪri/ **I** *a.* troppo stanco, esausto. **II** *v.t.* stremare, sfinire, estenuare.

overweening /ˌouvəˈwi:nɪŋ *Am* ˌouvərˈwi:nɪŋ/ *a.* **1** (*of a person*) arrogante, presuntuoso. **2** (*of emotions, etc.*) smisurato, eccessivo, esagerato, smodato: *~ pride* orgoglio smisurato.

overweight[1] /ˌouvəˈweɪt *Am* ˌouvərˈweɪt/ *a.* **1** che supera il peso, eccedente il peso, in eccesso: *your luggage is ~* il vostro bagaglio supera il peso (consentito). **2** (*of a person*) sovrappeso.

overweight[2] /ˈouvəweɪt *Am* ˈouvərweɪt/ *n.* **1** eccesso *m.* di peso, sovraccarico *m.* **2** (*of a person*) peso *m.* eccessivo.

overweighted /ˌouvəˈweɪtɪd *Am* ˌouvərˈweɪtɪd/ *a.* sovraccarico, stracarico: *~ with parcels* sovraccarico di pacchi.

overwhelm /ˌouvəˈ(h)welm *Am* ˌouvərˈ(h)welm/ *v.t.* **1** (*to destroy*) distruggere, annientare: *our army was -ed* il nostro esercito fu distrutto. **2** (*to overpower mentally*) sopraffare, schiacciare, annientare: *-ed by sorrow* sopraffatto dal dolore. **3** (*to engulf*) sommergere, seppellire, inghiottire. **4** (*to bring to ruin*) travolgere: *the crisis -ed the country* la crisi travolse il paese. **5** (*fig*) sommergere, coprire, colmare: *he was -ed by offers of jobs* fu sommerso da offerte di lavoro.

overwhelming /ˌouvəˈ(h)welmɪŋ *Am* ˌouvərˈ(h)welmɪŋ/ *a.* **1** (*of a desire*) travolgente, ir-

resistibile. **2** (*rendering opposition useless*) schiacciante, travolgente: *~ superiority* superiorità schiacciante; *~ majority* maggioranza schiacciante. **3** (*oppressive*) opprimente.

overwhelmingly /ˌouvəˈ(h)welmɪŋli *Am* ˌouvərˈ(h)welmɪŋli/ *avv.* in modo schiacciante, in modo travolgente.

overwind /ˌouvəˈwaɪnd *Am* ˌouvərˈwaɪnd/ *v.t.irr.* caricare troppo: *to ~ a watch* caricare troppo un orologio.

overwork[1] /ˌouvəˈwɜːk *Am* ˌouvərˈwɜːrk/ **I** *v.t.* **1** sovraccaricare di lavoro, oberare di lavoro, far lavorare troppo. **2** (*fig*) servirsi troppo spesso di, fare uso eccessivo di: *he -s that excuse* si serve troppo spesso di quella scusa. **II** *v.i.* lavorare troppo, affaticarsi, strapazzarsi.

overwork[2] /ˈouvəwɜːk *Am* ˈouvərwɜːrk/ *n.* eccesso *m.* di lavoro, lavoro *m.* eccessivo.

overworked /ˌouvəˈwɜːkt *Am* ˌouvərˈwɜːrkt/ *a.* sovraccarico di lavoro, oberato di lavoro, stressato.

overwrite /ˌouvəˈraɪt *Am* ˌouvərˈaɪt/ (*past* **overwrote** /ˌouvəˈrout *Am* ˌouvərˈrout/, *p.p.* **overwritten** /ˌouvəˈrɪtən *Am* ˌouvərˈrɪtən/) *v.t.irr.* **1** scrivere sopra. **2** (*assol*) (*to write too elaborately*) scrivere con un linguaggio troppo ricercato. **3** (*Inform*) sovrascrivere.

overwrought /ˌouvəˈrɔːt *Am* ˌouvərˈrɔːt/ *a.* **1** eccitato, agitato. **2** (*of style, etc.*) troppo elaborato, ricercato.

over-zealous /ˌouvəˈzeləs *Am* ˌouvərˈzeləs/ *a.* troppo zelante.

Ovid /ˈɒvɪd *Am* ˈɑːvɪd/ *n.pr.m.* (*Lett*) Ovidio.

Ovidian /ouˈvɪdiən *Am* ouˈvɪdiən/ *a.* di Ovidio.

oviduct /ˈɒvɪdʌkt/ *n.* (*Anat*) ovidotto *m.*, ovidutto *m.*

oviferous /ouˈvɪfərəs/ *a.* (*Zool*) ovifero.

oviform /ˈɒvɪfɔːm *Am* ˈouvɪfɔːrm/ *a.* ovale, a (forma d') uovo.

ovine /ˈouvaɪn/ *a.* **1** ovino. **2** (*like sheep*) di pecora, simile a pecora.

oviparous /ouˈvɪpərəs/ *a.* (*Zool*) oviparo.

ovoid /ˈouvɔɪd/ **I** *a.* **1** ovoidale, ovoide. **2** (*Bot*) ovato. **II** *n.* ovoide *m.*

ovolo /ˈouvəlou/ *n.* (*Arch*) ovolo *m.*

ovonic /ouˈvɒnɪk *Am* ouˈvɑːnɪk/ *a.* ovonico.

ovonics /ouˈvɒnɪks *Am* ouˈvɑːnɪks/ *n.* ovonica *f.*

ovotestis /ˌouvouˈtestɪs/ *n.* (*Zool*) ovariotestis *m.*

ovoviviparous /ˌouvouvɪˈvɪpərəs/ *a.* (*Zool*) ovoviviparo.

ovular /ˈɒvjulər, ˈouvjulər *Am* ˈɑːvjuːlər, ˈouvjuːlər/ *a.* (*Biol*) ovale.

ovulate /ˈɒvjuleɪt, ˈouvjəleɪt *Am* ˈɑːvjuleɪt, ˈouvjuːleɪt/ *v.i.* (*Fisiol*) ovulare.

ovulation /ˌɒvjuˈleɪʃən, ˌouvjuˈleɪʃən *Am* ˌɑːvjuːˈleɪʃən, ˌouvjuːˈleɪʃən/ *n.* (*Fisiol*) ovulazione *f.*

ovule /ˈɒvjuːl, ˈouvjuːl *Am* ˈɑːvjuːl, ˈouvjuːl/ *n.* ovulo *m.*

ovum /ˈouvəm/ (*pl.* **ova** /ˈouvə/) *n.* **1** (*Biol*) uovo *m.* **2** (*Bot,Arch*) ovulo *m.*

ow /au, u:/ *intz.* **1** (*to express sudden pain*) ahi!, ohi!: *~, how it hurts!* ahi, che male! **2** (*to express surprise*) oh!, ah!

owe /ou/ *v.t.* **1** dovere, essere debitore di: *how much do I ~ you?* quanto ti devo?; *you ~ me ten pounds* mi devi dieci sterline. **2** (*to be in debt to*) essere in debito con (*o* verso), dovere (pagare) a: *to ~ the butcher for a week's meat* essere in debito con il macellaio per la carne di una settimana. **3** (*to be indebted for*) dovere: *I ~ much to my father* devo molto a mio padre; *to ~ so. gratitude* dovere gratitudine a qcu.; *to what do I ~ this hon-*

our? a che devo questo onore? **II** *v.i.* dovere pagare (*for sth.* qcs.). ☐ *to ~ it to oneself* meritare, dovere a se stesso; *I ~ it to you that I am still alive* lo devo a te se sono ancora vivo.

owing /ˈouɪŋ/ *a.* **1** dovuto, spettante, da pagare: *to pay what is ~* pagare quanto è dovuto. **2** (*attributable*) dovuto, attribuibile (*to* a): *I have ten pounds ~ to me* mi devono dare dieci sterline. ☐ *~ to* a causa di, in seguito a; *~ to the fact that* per via del fatto che.

owl /aul/ **I** *n.* **1** (*Ornit*) gufo *m.* **2** (*Ornit*) (*little owl*) civetta *f.*; (*tawny owl*) allocco *m.* **3** (*fig*) (*person who stays up at night*) nottambulo *m.* (*f.* -a). **4** (*fig*) (*wise person*) vecchio gufo *m.* **5** (*fig*) (*serious-looking person*) persona *f.* dall'aria solenne. **II** *a.* (*Am*) (*of buses, trains*) notturno.

owlet /ˈaulɪt/ *n.* **1** giovane gufo *m.* **2** (*Ornit*) civetta *f.*

owlish /ˈaulɪʃ/ *a.* **1** simile a un gufo. **2** (*of a look, stare*) fisso.

own[1] /oun/ **I** *a.* **1** proprio, *often not translated*: *to do sth. with one's ~ hands* fare qcs. con le proprie mani; *your ~ money* il vostro denaro; *this car is my ~* questa macchina è mia. **2** (*intens*) proprio, *often not translated*: *I saw it with my ~ eyes* l'ho vista coi miei (propri) occhi. **3** (*in vocatives*) caro: *my ~ dear wife* mia cara moglie; *my ~!* mio caro! **II** *pron.poss. not translated*: *don't use mine, buy your ~* non usare il mio, compratene uno tuo.

☐ *all one's ~* del tutto particolare, tutto proprio; (*Br*) *~ brand* marchio commerciale, marchio di commercio; *to come into one's ~*: 1 venire in possesso di ciò a cui si ha diritto; 2 (*to receive due recognition, etc.*) avere i dovuti riconoscimenti; 3 (*to fulfil oneself*) realizzarsi, mettere a frutto il proprio potenziale; *to have sth. for one's ~* (o *to have sth. for one's very ~*) avere qcs. tutto per sé; *to give of one's ~* dare di tasca propria; (*Sport*) *~ goal* autogol; *to have sth. of one's ~* avere qcs. in proprio; *to be one's ~ man*: 1 essere indipendente, essere padrone di se stesso; 2 (*to be oneself again*) ritornare a essere se stesso; *my time is my ~* io sono padrone del mio tempo; *a home of our ~* una casa tutta nostra; *on one's ~*: 1 (*independent*) per conto proprio, in proprio: *to set up business on one's ~* mettersi in proprio; *to live* (*all*) *on one's ~* vivere da solo; 2 (*independently*) in modo indipendente.

own[2] /oun/ *v.t.* **1** avere, possedere: *I ~ a car* ho una macchina, possiedo una macchina; *who -s this dog?* di chi è questo cane? **2** (*to admit*) riconoscere, ammettere: *to ~ a mistake* riconoscere un errore. **3** (*to acknowledge as one's own*) riconoscere, considerare legittimo: *to ~ one's child* riconoscere il proprio figlio. ☐ *to ~ up* confessare (*to sth.* qcs.), riconoscersi colpevole (di).

owner /ˈounər/ *n.* **1** proprietario *m.* (*f.* -a), titolare *m./f.*, possessore *m.*, padrone *m.* (*f.* -a): *at ~'s risk* a rischio del proprietario. **2** (*Dir*) avente *m.* diritto. ☐ *~ driver* conducente proprietario; (*Br*) *~ occupied* (*of a house*) abitato dal proprietario; (*Comm*) *at ~'s risk* a rischio e pericolo del committente.

ownerless /ˈounələs *Am* ˈounərləs/ *a.* senza padrone.

owner-occupied /ˌounərˈɒkjupaɪd/ *a.* (*Br*) occupato dal proprietario.

owner-occupier /ˌounərˈɒkjupaɪər/ *n.* (*Br*) proprietario-occupante *m.*

ownership /ˈounəʃɪp *Am* ˈounərʃɪp/ *n.* **1** (*right*) padronanza *f.*, diritto *m.* del padrone. **2** (*possession*) proprietà *f.*, possesso *m.*

ox /ɒks *Am* ɑːks/ (*pl.* **oxen** /ˈɒksən *Am* ˈɑːksən/,

oxes /ˈɒksɪz *Am* ˈɑːksɪz/) *n.* **1** bue *m.* **2** (*Zool*) bue *m.* domestico. **3** (*colloq*) (*clumsy person*) persona *f.* goffa; (*strong person*) persona *f.* forte, toro *m.* □ ~ *hide*: 1 pelle di bue; 2 (*Pell*) cuoio di bue; (*Gastron*) ~ *tail* coda di bue; (*Gastron*) ~ *tail soup* minestra di coda di bue.

oxalate /ˈɒksəl(e)ɪt *Am* ˈɑːksəleɪt/ *n.* (*Chim*) ossalato *m.*

oxalic /ɒkˈsælɪk *Am* ɑːkˈsælɪk/ *a.* (*Chim*) ossalico: ~ *acid* acido ossalico.

oxbird /ˈɒksbɜːd *Am* ˈɑːksbɜːrd/ *n.* (*Ornit*) piovanello *m.* pancianera.

oxbow /ˈɒksbou *Am* ˈɑːksbou/ *n.* giogo *m.* per buoi. □ (*Geol*) ~ *lake* lago di meandro abbandonato.

Oxbridge /ˈɒksbrɪdʒ *Am* ˈɑːksbrɪdʒ/ **I** *n.* (*colloq*) Oxford e Cambridge *f.pl.* **II** *a.* di Oxford e Cambridge.

ox-cart /ˈɒkskɑːt *Am* ˈɑːkskɑːrt/ *n.* carro *m.* trainato da buoi.

oxen /ˈɒksᵊn *Am* ˈɑːksᵊn/ → **ox**.

ox-eye /ˈɒksaɪ *Am* ˈɑːksaɪ/ *n.* **1** (*Bot*) margherita *f.* **2** (*Bot,Arch*) occhio *m.* di bue. **3** (*Ornit*) cinciallegra *f.* □ (*Bot*) ~ *daisy* margherita.

ox-eyed /ˈɒksaɪd *Am* ˈɑːksaɪd/ *a.* dagli occhi bovini.

oxfly /ˈɒksflaɪ *Am* ˈɑːksflaɪ/ *n.* (*Entom*) estro *m.* bovino.

Oxford /ˈɒksfəd *Am* ˈɑːksfᵊrd/ **I** *n.pr.* **1** (*Geog*) Oxford *f.* **2** (*Oxford University*) università *f.* di Oxford. **II** *n.* **1** (*Tess*) tela *f.* Oxford. **2** (*Calz*) scarpe *f.pl.* basse allacciate. □ (*Abbigl*) ~ *bags* pantaloni larghi di flanella; ~ *blue* (*colour*) blu scuro; (*Tess*) ~ *cloth* tela Oxford; ~ *grey* grigio scuro; (*Rel,Stor*) ~ *Group* gruppo di Oxford; (*Tess*) ~ *mixture* tessuto di lana grigio scuro; (*Rel,Stor*) ~ *movement* movimento di Oxford; (*Calz*) ~ *shoes* scarpe allacciate basse.

Oxfordshire /ˈɒksfədʃ(ɪ)ᵊr *Am* ˈɑːksfᵊrdʃɪr/ *n.pr.* (*Geog*) Oxfordshire *m.*, contea *f.* di Oxford.

oxhide /ˈɒkshaɪd *Am* ˈɑːkshaɪd/ *n.* (*Pell*) cuoio *m.* di bue.

oxic /ˈɒksɪk *Am* ˈɑːksɪk/ *a.* (*Chim*) contenente ossigeno.

oxidate /ˈɒksɪdeɪt *Am* ˈɑːksɪdeɪt/ **I** *v.t.* ossidare. **II** *v.i.* ossidarsi.

oxidation /ˌɒksɪˈdeɪʃᵊn *Am* ˌɑːksɪˈdeɪʃᵊn/ *n.* (*Chim*) ossidazione *f.* □ (*Chim*) ~ *catalyst* catalizzatore ossidante.

oxidation-reduction /ˌɒksɪˌdeɪʃᵊnrɪˈdʌk

ʃᵊn *Am* ˌɑːksɪˌdeɪʃᵊnrɪˈdʌkʃᵊn/ *n.* (*Chim*) ossido-riduzione *f.*

oxide /ˈɒksaɪd *Am* ˈɑːksaɪd/ *n.* (*Chim*) ossido *m.*

oxidizable /ˈɒksɪdaɪzəbḷ *Am* ˈɑːksɪdaɪzəbḷ/ *a.* (*Chim*) ossidabile.

oxidization /ˌɒksɪd(a)ɪˈzeɪʃᵊn *Am* ˌɑːksɪdɪˈzeɪʃᵊn/ *n.* (*Chim*) ossidazione *f.*

oxidize /ˈɒksɪdaɪz *Am* ˈɑːksɪdaɪz/ **I** *v.t.* ossidare. **II** *v.i.* ossidarsi.

oxidizer /ˈɒksɪdaɪzᵊr *Am* ˈɑːksɪdaɪzəʳ/ *n.* (*Chim*) ossidante *m.*

oxidizing /ˈɒksɪdaɪzɪŋ *Am* ˈɑːksɪdaɪzɪŋ/ *a.* (*Chim*) ossidante: ~ *agent* agente ossidante.

oxlip /ˈɒkslɪp *Am* ˈɑːkslɪp/ *n.* (*Bot*) primula *f.* elatior.

Oxonian /ɒkˈsounɪən *Am* ˈɑːkˈsounɪən/ **I** *a.* di Oxford; (*lett*) oxoniense. **II** *n.* **1** abitante *m./f.* di Oxford. **2** (*student*) studente *m.* dell'università di Oxford.

oxyacetylene /ˌɒksɪəˈsetᵊliːn *Am* ˌɑːksɪəˈsetᵊliːn/ *a.* (*Chim*) ossiacetilenico. □ (*Tecn*) ~ *blowpipe* (o ~ *torch*) cannello ossiacetilenico; (*Tecn*) ~ *welding* saldatura ossiacetilenica.

oxygen /ˈɒksɪdʒən *Am* ˈɑːksɪdʒən/ *n.* (*Chim*) ossigeno *m.* □ ~ *bottle* (o ~ *cylinder*) bombola di ossigeno; ~ *mask* maschera per ossigeno; (*Med*) ~ *tent* tenda a ossigeno; (*Med*) ~ *therapy* ossigenoterapia.

oxygenate /ˈɒksɪdʒəneɪt *Am* ˈɑːksɪdʒəneɪt/ *v.t.* ossigenare.

oxygenation /ˌɒksɪdʒəˈneɪʃᵊn *Am* ˌɑːksɪdʒəˈneɪʃᵊn/ *n.* ossigenazione *f.*

oxygenator /ˌɒksɪdʒəˈneɪtᵊr *Am* ˌɑːksɪdʒəˈneɪtᵊʳ/ *n.* ossigenatore *m.*

oxygen-hydrogen /ˌɒksɪdʒənˈhaɪdrədʒən *Am* ˌɑːksɪdʒənˈhaɪdrədʒən/ □ (*Tecn*) ~ *welding* saldatura ossidrica.

oxygenize /ˈɒksɪdʒənaɪz *Am* ˈɑːksɪdʒənaɪz/ *v.t.* ossigenare.

oxyhaemoglobin /ˌɒksi,hiːmouˈgloubɪn *Am* ˌɑːksi,hiːmouˈgloubɪn/ *n.* (*Biol*) ossiemoglobina *f.*

oxyhydrogen /ˌɒksiˈhaɪdrədʒən *Am* ˌɑːksiˈhaɪdrədʒən/ **I** *a.* (*Chim*) ossidrico. **II** *n.* mescolanza *f.* di idrogeno e ossigeno. □ (*Tecn*) ~ *blowpipe* cannello ossidrico; (*Tecn*) ~ *light* fiamma ossidrica; (*Tecn*) ~ *torch* cannello ossidrico.

oxymoron /ˌɒksiˈmɔːrɒn, ˌɒksiˈmɔːrᵊn *Am* ˌɑːksiˈmɔːrɑːn/ *n.* (*Ret*) ossimoro *m.*

oxyntic /ɒkˈsɪntɪk *Am* ɑːkˈsɪntɪk/ *a.* (*Anat*) ossintico.

oxytetracycline /ˌɒksitetrəˈsaɪkliːn *Am* ˌɑːksitetrəˈsaɪkliːn/ *n.* (*Med*) ossitetraciclina *f.*

oxytocin /ˌɒksiˈtousɪn *Am* ˌɑːksiˈtousɪn/ *n.* (*Biol*) oxitocina *f.*, ossitocina *f.*

oxytone /ˈɒksɪtoun *Am* ˈɑːksɪtoun/ **I** *a.* (*Gramm*) ossitono. **II** *n.* (*Gramm*) ossitona *f.*

oyer /ˈɔɪᵊʳ/ *n.* **1** (*Dir*) udienza *f.* **2** (*oyer and terminer*) tribunale *m.* penale.

oyes, oyez /ou'jes, ou'jez *Am* 'oujes, 'oujez/ *intz.* udite!, ascoltate!

oyster /ˈɔɪstᵊʳ/ *n.* **1** (*Zool*) ostrica *f.* **2** (*colloq*) (*person*) persona *f.* taciturna. □ ~ *bank* banco di ostriche; ~ *bar* (*in a restaurant*) banco dove vengono servite le ostriche; ~ *bay* ristorante dove vengono servite ostriche e altri frutti di mare; ~ *bed* banco di ostriche; (*Ornit*) ~ *catcher* beccaccia di mare; ~ *culture* ostricoltura; ~ *farm* allevamento di ostriche; ~ *knife* coltello per ostriche; (*Bot*) ~ *plant* barba di becco; ~ *white* color biancastro.

oysterman /ˈɔɪstəmən *Am* ˈɔɪstᵊrmən/ *n.irr.* ostricaio *m.*

oysterwoman /ˈɔɪstə,wumən *Am* ˈɔɪstᵊʳ,wumən/ *n.irr.* ostricaia *f.*

oz. *ounce* oz. (oncia).

oz.av. *ounce avoirdupois* oz.av. (oncia avoirdupois).

ozone /ˈouzoun/ *n.* **1** (*Chim*) ozono *m.* **2** (*colloq*) (*sea air*) aria *f.* di mare; (*fresh air*) aria *f.* pura. **3** (*fig*) effetto *m.* esilarante. □ ~ *alert* allarme ozono; ~ *apparatus* ozonizzatore; ~ *friendly* che non danneggia l'ozono; ~ *hole* buco dell'ozono; ~ *layer* strato di ozono; (*Med*) ~ *treatment* ozonoterapia.

ozonic /ou'zɒnɪk *Am* ou'zɑːnɪk/ *a.* (*Chim*) contenente ozono.

ozoniferous /ˌouzou'nɪfᵊrəs/ *a.* (*Chim*) che produce ozono.

ozonization /ˌouzoun(a)ɪˈzeɪʃᵊn/ *n.* ozonizzazione *f.*

ozonize /ˈouzounaɪz/ *v.t.* ozonizzare.

ozonizer /ˈouzounaɪzᵊʳ/ *n.* ozonizzatore *m.*

ozonometer /ˌouzəˈnɒmɪtᵊr *Am* ˌouzəˈnɑːmətᵊʳ/ *n.* (*Fis*) ozonometro *m.*

ozonometric /ˌouzənəˈmetrɪk/ *a.* (*Fis*) ozonometrico.

ozonometry /ˌouzəˈnɒmɪtri *Am* ˌouzəˈnɑːmɪtri/ *n.* (*Fis*) ozonometria *f.*

ozonosphere /ou'zounəsfɪᵊr *Am* ou'zounəsfɪr/ *n.* (*Astr*) ozonosfera *f.*

oz.tr. *ounce troy* oz.tr. (oncia troy).

P

p¹, P¹ /piː/ (*pl.* **p's/ps, P's/Ps** /piːz/) *n.* (*letter of the alphabet*) p, P *m./f.*: (*Tel*) *P for Peter* (o *Am P as in Peter*) p come Palermo.

p² **1** (*Mus*) *piano* p (piano). **2** (*Fis*) *pressure* p (pressione).

P² **1** *parking place* P (parcheggio). **2** (*Aut*) (*on automatic gear shift*) *park* P (parcheggio, su cambio automatico). **3** *Portugal* P (Portogallo).

p. **1** *page* p., pag. (pagina). **2** (*Br*) *pence* (penny). **3** (*Statist*) *probability* (probabilità). **4** *part* p. (parte). **5** *pint* pt (pinta). **6** (*Br*) *pole, perch* pl (pertica). **7** (*Comm*) *portage* (spese di trasporto, spese di spedizione). **8** (*Comm*) *packing* (spese di imballaggio). □ (*Comm*) *including ~ and ~* (*portage and packing*) incluse le spese di spedizione e di imballaggio.

P. **1** (*Rel.prot*) *pastor* past. (pastore). **2** *Pope* P, P. (papa). **3** *post* PT, P.T. (posta). **4** *president* Pres. (presidente).

pa /paː/ *n.* (*colloq*) (*father*) papà *m.*, (*infant*) papi *m.*, paparino *m.*

PA **1** *Pennsylvania* PA (Pennsylvania). **2** *public announcement system* altoparlante: *to announce sth. over the ~ system* annunciare qcs. con l'altoparlante. **3** *personal assistant* (segretario particolare). **4** *Panama* PA (Panama).

p.a. *per annum* (per anno).

P.A. /ˌpiːˈeɪ/ **1** *press agent* (agente pubblicitario). **2** (*Dir*) *power of attorney* (procura). **3** *Press Association* (associazione della stampa). **4** (*Econ*) *private account* conto personale.

pablum /ˈpæbləm/ *n.* **1** (*fig*) (*bland intellectual matter or entertainment*) roba *f.* leggera, robetta *f.* **2** (*rar*) (*food*) nutrimento *m.*, cibo *m.* (*spec.* per bambini).

pabulum /ˈpæbjələm/ *n.* **1** (*fig*) (*bland intellectual matter or entertainment*) roba *f.* leggera, robetta *f.* **2** (*rar*) (*food*) nutrimento *m.*, cibo *m.* (*spec.* per bambini).

PAC /ˌpiːeɪˈsiː/ *Political Action Committee* (comitati di azione politica, formati da gruppi d'interesse che distribuiscono ai candidati contributi privati per le campagne elettorali).

paca /ˈpækə/ *n.* (*Zool*) paca *m.*

pace¹ /peɪs/ **I** *n.* **1** andatura *f.*, passo *m.*: *to walk at a good ~* (o *to walk at a fast ~*) camminare di buon passo, camminare rapidamente. **2** (*speed*) velocità *f.*, rapidità *f.* **3** (*fig*) ritmo *m.*, andamento *m.*: *the breakneck ~ of modern life* il ritmo frenetico della vita moderna. **4** (*step*) passo *m.*: *to take a ~ forwards* fare un passo avanti. **5** (*Equit*) (*of a quadruped animal*) ambio *m.*, ambiatura *f.* **II** *v.t.* **1** (*Sport*) fare l'andatura per, fare il passo per. **2** (*fig*) regolare il ritmo di, regolare l'andatura di. **3** (*to move across at a walk*) andare su e giù per, misurare, percorrere: *he -d the room nervously* andava su e giù per la stanza nervosamente. **4** (*to measure by pacing*) misurare (a passi). **5** (*rifl.*) *to ~ oneself* dosare le forze, gestirsi (*anche Sport,fig*): *sprinters often have trouble pacing themselves for a long-distance run* i velocisti sono spesso in difficoltà nel dosare le forze sulla lunga distanza. **III** *v.i.* **1** passeggiare, camminare: *to*

~ to and fro passeggiare avanti e indietro. **2** (*Equit*) ambiare, andare all'ambio. □ (*Sport,Aut*) *~ car* safety car, pace car; *to go the ~*: **1** andare a grande velocità; **2** (*fig*) darsi alla bella vita; *to keep ~*: **1** procedere di pari passo, andare al passo (*with* con); **2** (*fig*) andare di pari passo (*with* con); (*Sport,Aut*) *~ notes* note del navigatore; *to ~ off* misurare (a passi); *to ~ out* misurare (a passi): *to ~ out a distance of one hundred yards* misurare a passi una distanza di cento iarde; (*fig*) *to put so. through his -s* mettere alla prova qcu.; *to set the ~*: **1** fare l'andatura, fare il passo (*anche Sport*); **2** (*fig*) fare da battistrada, trainare; *to ~ up and down* camminare su e giù.

pace² /ˈpeɪsi/ *prep.* **1** (*with all due respect to*) con tutto il rispetto per, nel dovuto rispetto per, con buona pace di. **2** (*with the consent of*) con il consenso di.

paced /peɪst/ *a.* **1** (*in compounds*) dal passo..., dall'andatura...: *slow-~* dal passo lento, a passo misurato. **2** (*counted out by paces*) misurato a passi.

pacemaker /ˈpeɪsˌmeɪkər/ *n.* **1** (*Sport*) battistrada *m.*, lepre *f.* **2** (*fig*) pioniere *m.* (*f.* -a). **3** (*Med*) stimolatore *m.* cardiaco, cardiostimolatore *m.*, pacemaker *m.*

pacemaking /ˈpeɪsˌmeɪkɪŋ/ *n.* (*Med*) stimolazione *f.* cardiaca.

pacer /ˈpeɪsər/ *n.* **1** (*Sport*) battistrada *m.*, lepre *f.* **2** (*spec. Am,Equit*) ambiatore *m.*

pacesetter /ˈpeɪsˌsetər/ *Am* ˈpeɪsˌset̬ər/ *n.* **1** (*Sport*) battistrada *m.*, lepre *f.* **2** (*fig*) pioniere *m.* (*f.* -a).

pacha /ˈpɑːʃə, pəˈʃɑː/ *n.* (*Stor*) pascià *m.*

pachalic, pachalik /pəˈʃɑːlɪk/ *n.* (*Stor*) giurisdizione *f.* di un pascià.

pachyderm /ˈpækɪdɜːm *Am* ˈpækɪdɜːrm/ *n.* (*Zool*) pachiderma *m.*

pachydermal /ˌpækɪˈdɜːməl *Am* ˌpækɪˈdɜːrməl/ *a.* **1** pachidermico, di pachiderma, da pachiderma (*anche Zool*). **2** (*fig*) poco sensibile, pachidermico, dalla scorza dura.

pachydermatous /ˌpækɪˈdɜːmətəs *Am* ˌpækɪˈdɜːrmətəs/ *a.* **1** pachidermico, di pachiderma, da pachiderma (*anche Zool*). **2** (*fig*) poco sensibile, pachidermico, dalla scorza dura.

pachydermic /ˌpækɪˈdɜːmɪk *Am* ˌpækɪˈdɜːrmɪk/ *a.* **1** pachidermico, di pachiderma, da pachiderma (*anche Zool*). **2** (*fig*) poco sensibile, pachidermico, dalla scorza dura.

pacifiable /ˈpæsɪfaɪəbl/ *a.* pacificabile.

pacific /pəˈsɪfɪk/ *a.* pacifico, tranquillo, calmo, quieto.

Pacific /pəˈsɪfɪk/ **I** *n.pr.* (*Geog*) oceano *m.* Pacifico, Pacifico *m.* **II** *a.* (*Geog*) del Pacifico, dell'oceano Pacifico: *a ~ island* un'isola del Pacifico. □ (*Geog*) *~ Coast* costa del Pacifico; *~ daylight time* ora legale adottata nell'America settentrionale affacciata sul Pacifico; (*Geog*) *~ Northwest* stati nordoccidentali degli USA sul Pacifico (Oregon e Washington); (*Geog*) *the ~ Ocean* l'oceano Pacifico, il Pacifico; (*Geog*) *~ Rim* paesi che si affacciano sul Pacifico; *~ standard time* (o *~ time*) ora solare dell'America settentrionale affacciata sul Pacifico.

pacifically /pəˈsɪfɪkəli/ *avv.* (*calmly*) pacificamente.

pacificate /pəˈsɪfɪkeɪt/ *v.t.* pacificare.

pacification /ˌpæsɪfɪˈkeɪʃən/ *n.* **1** pacificazione *f.* **2** (*peace treaty*) pace *f.*, trattato *m.* di pace.

pacificator /pəˈsɪfɪkeɪtər *Am* pəˈsɪfɪkeɪt̬ər/ *n.* pacificatore *m.* (*f.* -trice).

pacificatory /pəˈsɪfɪkətəri *Am* pəˈsɪfɪkətɔːri/ *a.* conciliativo, pacificatore.

pacifier /ˈpæsɪfaɪər/ *n.* **1** pacificatore *m.* (*f.* -trice). **2** (*for a baby*) succhiotto *m.*, (*colloq*) ciuccio *m.*

pacifism /ˈpæsɪfɪzəm/ *n.* pacifismo *m.*

pacifist /ˈpæsɪfɪst/ **I** *a.* pacifista, pacifistico. **II** *n.* pacifista *m./f.*

pacify /ˈpæsɪfaɪ/ *v.t.* **1** calmare, pacificare, sedare. **2** (*of feelings, appetites*) placare, acquietare. **3** (*Mil,Pol*) pacificare.

pack¹ /pæk/ *n.* **1** (*package, container*) confezione *f.*, involucro *m.*, imballaggio *m.* **2** (*bundle*) involto *m.*, pacco *m.*, fagotto *m.* **3** (*knapsack, haversack*) zaino *m.*, sacco *m.*, tascapane *m.* (*anche Mil*). **4** (*for an animal*) soma *f.*, carico *m.* **5** (*objects packed for marketing*) pacco *m.* **6** (*Am*) (*packet*) pacchetto *m.* **7** (*group of animals*) branco *m.*: *a ~ of wolves* un branco di lupi; *to hunt in -s* cacciare in branco. **8** (*Caccia*) muta *f.*: *a ~ of hounds* una muta di cani da caccia. **9** (*spreg*) (*group of people*) massa *f.*, branco *m.*, masnada *f.*, banda *f.*: *a ~ of fools* una massa di stupidi. **10** (*fig*) (*great quantity*) mucchio *m.*, massa *f.*, (*colloq*) sacco *m.*: *it's a ~ of lies* non sono altro che bugie. **11** (*of boy scouts, cubs*) branco *m.* **12** (*Sport*) (*in rugby*) pacchetto *m.* **13** (*Sport*) (*in race main body of competitors*) gruppo *m.* **14** (*Mar.mil*) (*of submarines*) squadriglia *f.* **15** (*of cards*) mazzo *m.* **16** (*Med*) impacco *m.*; compressa *f.* **17** (*Cosmet*) maschera *f.*: *a mud ~* una maschera di argilla. □ *~ animal* bestia da soma; (*Mil*) *~ drill* marcia forzata; (*Geol*) *~ ice* pack; *~ rat*: **1** (*Zool*) (*woodrat*) neotoma cinerea; **2** (*Am,fig,colloq*) (*thief*) ladruncolo; **3** (*fig,colloq*) (*person who keeps everything*) persona che conserva tutto, persona che tiene tutto; *~ saddle* basto.

pack² /pæk/ **I** *v.t.* **1** impaccare, impacchettare. **2** (*to package for marketing*) imballare, impacchettare. **3** (*to tin*) inscatolare. **4** (*to make compact*) pressare, comprimere. **5** (*fig*) (*to fill, to cram*) gremire, stipare, riempire, affollare: *the crowd -ed the theatre* la folla gremiva il teatro. **6** (*to load with a pack*) mettere la soma a, caricare: *to ~ a donkey* mettere la soma a un asino. **7** (*Am*) (*to convey on the back of an animal*) someggiare, trasportare a soma. **8** (*Am*) (*to convey on foot*) trasportare (a piedi). **9** (*colloq*) (*of a punch, a blow*) essere capace di sferrare, essere capace di tirare. **10** (*Am,colloq*) (*to wear or to carry*) portare: *to ~ a gun* portare un fucile. **11** (*Am,colloq*) (*to make and carry*) preparare per portare via: *to ~ your lunch* prepararsi il pranzo al sacco. **12** (*Med*) fare un impacco a. **13** (*Inform*) compattare. **14** (*Mecc*) lubrificare, ingrassare. **II** *v.i.* **1** poter essere imballato: *articles that ~ well* articoli che si possono imballare bene. **2** (*to place in a suitcase, etc.*) fare i bagagli, fare le valigie: *have you -ed yet?* hai già fatto i bagagli? **3** (*fig*) (*to crowd*) affollarsi, stiparsi, pigiarsi, accalcarsi: *the crowd -ed into the stadium* la folla si accalcò nello stadio. **4** (*to become compacted*) divenire compatto, compattarsi. □ *to ~ away*: 1 (*to store away*) mettere via, riporre; 2 (*colloq*) (*to eat in large quantities*) strafogarsi; *to ~ in*: 1 (*colloq*) (*to stop doing sth.*) smettere di, interrompere: *she's -ed in her job* ha smesso di lavorare; 2 (*colloq*) (*to stop*) fermarsi, arrestarsi; 3 (*to attract in large numbers*) attirare molte persone: *the show has been running three years and is still -ing them in night after night* lo spettacolo è in programmazione da tre anni eppure attira tante persone ogni sera; 4 (*colloq*) (*to end a relationship*) troncare (*with so.* con qcu.); (*sl*) *~ it in!* piantala!, smettila!; *to ~ off*: 1 (*fig, colloq*) mandare, spedire: *they were -ed off to boarding school at the age of seven* sono stati spediti in collegio a sette anni; 2 (*rifl.*) *to ~ oneself off* fare fagotto, andarsene; (*Mar*) *to ~ on sail* spiegare le vele; *to ~ a suitcase* fare la valigia; (*Br*) *to ~ up*: 1 fare le valigie, fare i bagagli; 2 (*colloq*) (*to stop*) smettere di, cessare di: *to ~ up work* smettere di lavorare; 3 (*colloq*) (*to stop functioning*) fermarsi, arrestarsi, tirare le cuoia.

pack³ /pæk/ *v.t.* **1** (*of a committee, jury, etc.: to fill with one's own supporters*) manipolare la formazione di. **2** (*to arrange to one's own advantage*) predisporre a proprio favore.

package /'pækɪdʒ/ **I** *n.* **1** pacco *m.*, pacchetto *m.*, involto *m.* **2** (*container*) confezione *f.*, involucro *m.*, imballaggio *m.* **3** (*act of packing*) imballaggio *m.* **4** (*Tecn*) (*pre-assembled unit*) impianto *m.* pronto per l'installazione. **5** (*Am, Rad, TV*) package *m.*, programma *m.* organizzato e venduto in blocco. **6** (*Pol*) pacchetto *m.* **7** (*Inform*) pacchetto *m.*, software *m.* applicativo. **8** (*in tourism*) viaggio *m.* organizzato (tutto compreso), viaggio *m.* pacchetto, pacchetto *m.* **II** *v.t.* **1** imballare, impacchettare, confezionare. **2** (*of goods*) confezionare. **3** (*of proposal, policy*) presentare. **4** (*Rad, TV*) produrre (per conto terzi). □ *~ deal*: 1 (*in collective bargaining, etc.*) pacchetto; 2 (*agreement to purchase a group of goods*) affare in blocco; 3 (*goods supplied*) merce in blocco, blocco; *~ holiday* viaggio organizzato, viaggio tutto compreso, viaggio pacchetto, pacchetto; (*Assic*) *~ insurance* assicurazione in abbonamento; (*Am*) *~ tour* viaggio organizzato, viaggio tutto compreso, viaggio pacchetto, pacchetto.

packaged /'pækɪdʒd/ *a.* imballato, confezionato, impacchettato: (*Alim, Ind*) *~ in a protective atmosphere* confezionato in atmosfera protettiva.

packaging /'pækɪdʒɪŋ/ *n.* **1** imballaggio *m.*, confezione *f.*, confezionamento *m.* **2** (*material used*) imballaggio *m.* □ *~ date* data di confezione; *~ machine* macchina per imballaggio.

packed /pækt/ *a.* strapieno, stipato, gremito: *the stadium was ~* lo stadio era strapieno. □ *to be ~ as close as herrings* essere pigiati come le sardine; (*Teat*) *~ house* (o *~ houses*) tutto esaurito, (*colloq*) pienone: *to play to ~ house(s)* registrare il tutto esaurito; *~ like sardines* stretti come acciughe, pigiati come sardine; *~ lunch* pranzo al sacco.

packer /'pækər/ *n.* **1** (*worker*) imballatore *m.* (*f.* -trice), impaccatore *m.* (*f.* -trice). **2** (*machine*) imballatrice *f.*, impacchettatrice *f.* **3** (*Am, Comm*) (*of wholesale goods*) produttore *m.* (*f.* -trice) di prodotti in scatola.

packet /'pækɪt/ **I** *n.* **1** pacchetto *m.*, pacco *m.*, confezione *f.*: *a ~ of cigarettes* un pacchetto di sigarette. **2** (*small bundle*) pacco *m.*, mazzetto *m.*: *a ~ of letters* un pacchetto di lettere. **3** (*Inform*) pacchetto *m.* **4** (*Mar*) posta-le *m.* **5** (*Br, colloq*) (*large sum of money*) fortuna *f.*, sacco *m.* di soldi, cifra *f.*: *to lose a ~ at the races* perdere una fortuna alle corse. **6** (*sl*) (*trouble*) disgrazia *f.*, guaio *m.*: *to get a ~* cacciarsi nei guai. **II** *v.t.* impacchettare, confezionare. □ (*Mar*) *~ boat* postale; (*Inform*) *~ switching* commutazione di pacchetto.

packhorse /'pækhɔːs *Am* 'pækhɔːrs/ *n.* cavallo *m.* da soma.

packhouse /'pækhaʊs/ *n.* (*Am*) (*warehouse*) deposito *m.*, magazzino *m.*

packing /'pækɪŋ/ *n.* **1** confezionamento *m.* **2** (*material for protecting packed objects*) imballaggio *m.*, confezione *f.*, materiale *m.* per imballaggio. **3** (*packaging of food, etc.*) imballaggio *m.*, confezione *f.* **4** (*Tecn*) (*for closing joints, etc.*) guarnizione *f.* **5** (*Med*) tampone *m.* □ *~ box* (o *~ case*) cassa da imballaggio; *~ charges* spese di imballaggio; *~ crate* cassa da imballaggio; (*Inform*) *~ density* densità d'impaccamento; *to do one's ~* fare le valigie, fare i bagagli; *~ house*: 1 servificio; 2 (*for meat products*) stabilimento per la lavorazione della carne; *~ needle* ago per imballaggio; (*Cart*) *~ paper* carta da pacchi; (*Mecc*) *~ press* pressa per imballaggio; *~ sheet* foglio per imballaggio.

packman /'pækmən/ *n.irr.* (*ant*) venditore *m.* ambulante, ambulante *m.*

packsack /'pæksæk/ *n.* zaino *m.*

packthread /'pækθred/ *n.* spago *m.* per imballaggio, corda *f.* per imballaggio.

packtrain /'pæktreɪn/ *n.* colonna *f.* di bestie da soma, carovana *f.* di bestie da soma.

pact /pækt/ *n.* **1** (*Pol*) patto *m.*, trattato *m.*, convenzione *f.* **2** (*estens*) patto *m.*, accordo *m.*

pad¹ /pæd/ **I** *n.* **1** (*Med*) tampone *m.*, (*rar*) zaffo *m.*, (*rar*) stuello *m.* **2** (*for feminine hygiene*) assorbente *m.* **3** (*Zool*) (*fleshy underparts of a paw*) cuscinetto *m.* carnoso; (*foot*) zampa *f.* **4** (*Anat*) (*underside of the fingers, thumb*) polpastrello *m.* **5** (*padded part*) imbottitura *f.*; (*flat cushion*) cuscinetto *m.* **6** (*Sart*) cuscinetto *m.* per imbottiture: *shoulder ~* spallina. **7** (*Sport*) protezione *m.*; (*nel calcio*) parastinchi *m.* **8** (*inking-pad*) tampone *m.* per timbri, cuscinetto *m.* per timbri. **9** (*block of sheets of paper*) blocco *m.*, blocchetto *m.*, bloc-notes *m.* **10** (*Am, sl*) (*apartment*) appartamento *m.*; (*home*) casa *f.*: *bachelor ~* appartamento da scapolo. **11** (*Am, sl*) (*drug addicts' den*) fumeria *f.* **12** (*Aer*) pista *f.* di rullaggio; (*launching pad*) rampa *f.* di lancio, piattaforma *f.* di lancio. **13** (*Mecc*) (*of a disc brake*) pattino *m.* **II** *v.t.* (*past, p.p.* **padded** /'pædɪd/) **1** imbottire (*anche Sart*). **2** (*fig*) (*of a book, speech, etc.*) infarcire, riempire, lardellare: *to ~ an essay with quotations* infarcire un saggio di citazioni. **3** (*fig*) (*to magnify*) gonfiare, esagerare. **4** (*fig*) (*to add invented entries*) maggiorare: *to ~ an expense account* maggiorare un conto spese. **5** (*Med*) tamponare, zaffare. **6** (*Mecc*) applicare pattini a. **7** (*Tess*) impermeabilizzare. □ (*fig*) *to ~ out*: 1 (*Br*) (*to magnify*) gonfiare, esagerare; 2 (*Br*) (*to add invented entries*) maggiorare; 3 (*of a book, speech, etc.*) infarcire, riempire, lardellare: *he -ded out the speech with anecdotes* ha infarcito il discorso di aneddoti; (*Am, fig*) *to ~ up*: 1 (*to magnify*) gonfiare, esagerare; 2 (*to add invented entries*) maggiorare.

pad² /pæd/ **I** *v.i.* (*past, p.p.* **padded** /'pædɪd/) **1** (*to walk making a soft sound*) muoversi a passi felpati. **2** (*Equit*) andare al passo. **3** (*sl*) (*to go on foot*) andare a piedi, camminare. **II** *n.* **1** (*sound*) rumore *m.* sordo, rumore *m.* smorzato, rumore *m.* soffocato. **2** (*sl*) (*road, path*) strada *f.*, sentiero *m.* **3** (*Equit, rar*) (*easy-paced horse*) cavallo *m.* che va al pas-

so. **4** (*estens*) (*rundown horse*) ronzino *m.* □ *to ~ along* camminare con passo felpato; (*colloq*) *to ~ it* andare a piedi, andare col cavallo di san Francesco.

padded /'pædɪd/ *a.* imbottito (*anche Sart*). □ (*Abbigl*) *~ bra* reggiseno imbottito; *~ cell* (*in psychiatric hospitals*) cella con pareti imbottite per malati mentali; (*Post*) *~ envelope* busta imbottita; (*Sart*) *~ shoulders* spalline, spalle imbottite.

padding /'pædɪŋ/ *n.* **1** imbottitura *f.* **2** (*on large surface*) rivestimento *m.* **3** (*fig*) (*filling out a speech, etc.*) infarcimento *m.*; (*material used*) riempitivo *m.* □ (*Am*) *~ pool* piscina per bambini.

paddle¹ /'pædl/ **I** *n.* **1** pagaia *f.* **2** (*Am, colloq*) (*flat wooden board used to spank a child*) paletta *f.* per sculacciare i bambini. **3** (*Sport*) (*flat wooden racket*) racchetta *f.* da ping-pong. **4** (*mixing, stirring instrument*) spatola *f.* **5** (*act of paddling*) il remare con la pagaia. **6** (*Idr*) (*of a paddle wheel, water wheel*) pala *f.* **7** (*Itt*) pinna *f.*, natatoia *f.* **II** *v.i.* **1** pagaiare, remare con la pagaia. **2** (*to row gently*) remare lentamente, vogare lentamente. **III** *v.t.* **1** spingere con la pagaia, muovere con la pagaia. **2** (*to transport in a canoe*) trasportare su una canoa. **3** (*Am*) (*to spank a child*) sculacciare. □ (*Mar*) *~ boat*: 1 pedalò; 2 (*paddle steamer*) piroscafo a ruota; (*Mar*) *~ box* tamburo di ruota a pale; (*colloq, fig*) *to ~ one's own canoe* cavarsela da solo, fare da sé, contare solo sulle proprie forze; (*Mar*) *~ steamer* piroscafo a ruota; (*Mar*) *~ wheel* ruota a pale; (*Am, Mar*) *~ wheeler* piroscafo a ruota.

paddle² /'pædl/ *v.i.* **1** sguazzare, guazzare: *the children -d in the stream* i bambini sguazzavano nel ruscello. **2** (*to dabble in water*) muovere l'acqua immergendovi le mani o i piedi. **3** (*to toddle*) trotterellare, camminare con passi incerti.

paddleboard /'pædlbɔːd *Am* 'pædlbɔːrd/ *n.* (*Mar*) tavola *f.* galleggiante (per il surf o di salvataggio).

paddling /'pædlɪŋ/ □ (*Br*) *~ pool* piscina gonfiabile (per bambini).

paddock¹ /'pædək/ *n.* **1** (*Equit*) recinto *m.* per cavalli, paddock *m.* **2** (*Aut*) (*in motor racing*) paddock *m.* **3** (*Zootecn*) (*field for exercising or pasturing animals*) recinto *m.*, chiuso *m.*

paddock² /'pædək/ *n.* (*Scott, dial*) **1** (*frog*) rana *f.* **2** (*toad*) rospo *m.*

paddy¹ /'pædi/ *n.* **1** (*Agr*) (*rice field*) risaia *f.* **2** (*rice*) riso *m.*; (*unmilled rice*) riso *m.* greggio, risone *m.* □ (*Agr*) *~ field* risaia; (*sl*) *~ wagon* furgone cellulare, cellulare.

paddy² /'pædi/ *n.* (*colloq*) (*fit of temper*) scatto *m.* (d'ira). □ (*colloq*) *to get in a ~* montare in collera, avere i cinque minuti.

Paddy /'pædi/ **I** *n.pr.m.* dim. di Patrick. **II** *n.* (*sl, spreg*) irlandese *m./f.*

paddy-bird /'pædibɜːd *Am* 'pædibɜːrd/ *n.* (*Ornit*) padda *f.*

paddyfield /'pædifiːld/ *n.* (*Agr*) risaia *f.*

paddywhack /'pædi(h)wæk/ *n.* **1** (*colloq*) scatto *m.* (d'ira). **2** (*thrashing*) percosse *f.pl.*, (*colloq*) botte *f.pl.*

padlock /'pædlɒk *Am* 'pædlɑːk/ *n.* lucchetto *m.* **II** *v.t.* chiudere con un lucchetto.

padre /'pɑːdreɪ, 'pɑːdri/ (*pl.* -s /-z/) *n.* **1** (*Rel.catt*) (*title*) padre *m.* **2** (*colloq*) (*military chaplain*) cappellano *m.* militare.

padsaw /'pædsɔː/ *n.* (*Tecn*) saracco *m.*

Padua /'pædjuə/ *n.pr.* (*Geog*) Padova *f.*

Paduan /'pædjuən/ **I** *a.* padovano. **II** *n.* padovano *m.* (*f.* -a).

paduasoy /'pædjuəsɔɪ/ *n.* (*Tess*) seta *f.* preziosa.

paean/'pi:ən/ n. 1 (Stor.gr) peana m. 2 (estens) (song of praise, triumph, etc.) inno m. di lode, canto m. di vittoria, peana m.

paedagogic/ˌpedə'gɒdʒɪk Am ˌpedə'gɑːdʒɪk/ a. pedagogico.

paedagogical /ˌpedə'gɒdʒɪkəl Am ˌpedə'gɑːdʒɪk/ a. pedagogico.

paedagogically /ˌpedə'gɒdʒɪkəli Am ˌpedə'gɑːdʒɪkli/ avv. pedagogicamente.

paedagogics /ˌpedə'gɒdʒɪks Am ˌpedə'gɑːdʒɪks/ n.pl. (costr.sing.) pedagogia f.sing.

paedagogue /'pedəgɒg Am 'pedəgɑːg/ n. 1 pedagogo m. (f. -a). 2 (fig) pedante m./f.

paedagogy /'pedəgɒdʒi Am 'pedəgɑːdʒi/ n. pedagogia f.

paederast /'pedəræst Am 'pedəræst/ n. pederasta m.

paederastic/ˌpedər'æstɪk Am ˌpedə'ræstɪk/ a. pederastico.

paederasty/'pedəræsti/ n. pederastia f.

paediatric/ˌpiːdi'ætrɪk/ a. pediatrico: ~ surgery chirurgia pediatrica.

paediatrician/ˌpiːdiə'trɪʃən/ n. pediatra m./f.

paediatrics/ˌpiːdi'ætrɪks/ n.pl. (costr.sing.) pediatria f.sing.

paediatrist/ˌpiːdi'ætrɪst/ n. pediatra m./f.

paedodontic /ˌpedə'dɒntɪk Am ˌpedə'dɑːntɪk/ a. ortodontico.

paedodontics /ˌpedə'dɒntɪks Am ˌpedə'dɑːntɪks/ n.pl. (costr.sing.) ortodonzia f.sing. infantile, pedodonzia f.sing.

paedodontist /ˌpedə'dɒntɪst Am ˌpedə'dɑːntɪst/ n. odontoiatra m./f. infantile.

paedophile /'piːdoʊfaɪl Am also 'pedoʊfaɪl/ n. pedofilo m. (f. -a).

paedophilia /ˌpiːdoʊ'fɪliə Am also ˌpedoʊ'fiːliə/ n. pedofilia f.

paedophiliac /ˌpiːdə'fɪliæk Am also ˌpedoʊ'fiːliæk/ I n. pedofilo m. (f. -a). II a. pedofilo, da pedofilo.

paella /paɪ'elə Am pɑː'jelə/ n. (Gastron) paella f.

paeon /'piːən/ n. (Metr) peone.

pagan /'peɪgən/ I n. 1 pagano m. (f. -a). 2 (estens,spreg) ateo m. (f. -a). II a. 1 pagano. 2 (estens,spreg) (irreligious) miscredente, ateo.

pagandom/'peɪgəndəm/ n. (rar) 1 (pagans) pagani m.pl., gente f. pagana. 2 (pagan part of the world) mondo m. pagano.

paganisation/'peɪgənaɪzeɪʃən/ n. (Br) paganizzazione f.

paganise/'peɪgənaɪz/ I (Br) v.t. paganizzare, ridurre al paganesimo. II (Br) v.i. diventare pagano.

paganish /'peɪgənəʃ/ a. pagano, paganeggiante.

paganism/'peɪgənɪzm/ n. 1 (pagan beliefs, customs) paganesimo m. 2 (quality of being pagan) l'essere pagano. 3 (quality of being irreligious) l'essere ateo.

paganization /'peɪgənaɪzeɪʃən/ n. paganizzazione f.

paganize /'peɪgənaɪz/ I v.t. paganizzare, ridurre al paganesimo. II v.i. diventare pagano.

page[1] /peɪdʒ/ I n. 1 (side of a leaf) pagina f. (anche Tip): ~ one pagina uno. 2 (leaf of a book, etc.) pagina f.: to turn over the ~ voltare pagine, voltare la pagina; sports ~ pagina sportiva. 3 (sheet of paper) foglio m. 4 (fig) pagina f., vicenda f., episodio m.: antibiotics wrote an important ~ in the history of medical research gli antibiotici hanno scritto una pagina importante nella storia della ricerca medica. 5 (Inform) pagina f., schermata f. II v.t. (Tip) numerare le pagine di. ☐ (Inform) ~ break interruzione di pagina; ~ (Inform,Tip) ~ layout impaginazione; ~

number numero di pagina; (Tip) ~ proof impaginato; (Tip) ~ setting impaginazione; (Inform) ~ setup formato di pagina; (Br,Giorn) ~ three terza pagina di giornale popolare con foto di ragazza seminuda; (Br,Giorn) ~ three girl ragazza seminuda che compare sulla terza pagina di un giornale popolare; (Tip,Inform) to ~ up (to make up into pages) impaginare.

page[2] /peɪdʒ/ I n. 1 (boy attendant for a bride, aristocrat, etc.) paggio m. 2 (at a hotel, club) fattorino m. 3 (Stor) paggio m. II v.t. 1 chiamare, fare chiamare (con altoparlante ecc.). 2 (Stor) (to wait on as a page) fare da paggio a, servire come paggio.

pageant/'pædʒənt/ n. 1 (play) ricostruzione f. storica (all'aperto). 2 (parade) corteo m. in maschera, sfilata f. in maschera. 3 (fig) (colourful display) spettacolo m. sontuoso, spettacolo m. fastoso. 4 (fig) (pretentious display) pompa f., sfarzo m., sfoggio m. 5 (Am) (contest) concorso m.: beauty ~ concorso di bellezza.

pageantry/'pædʒəntri/ n. 1 spettacolo m. fastoso, spettacolo m. sontuoso, esibizione f. di sfarzo. 2 (ant) (pageants) spettacoli m.pl. teatrali storici (all'aperto).

pageboy/'peɪdʒbɔɪ/ n. 1 paggio m., paggetto m. 2 (hairstyle) taglio m. alla paggetto, capelli m.pl. alla paggetto.

pager /'peɪdʒər/ n. cercapersone m., beeper m., cicalino m.

page-turner /'peɪdʒˌtɜːnər/ n. (Br,colloq) (of a book) libro m. che si legge tutto d'un fiato, libro m. che non si riesce più a posare.

paginal/'pædʒɪnəl Am 'pædʒənəl/ a. 1 di una pagina, riferito a una pagina. 2 (page for page) pagina per pagina.

paginary /'pædʒɪnəri Am 'pædʒəneri/ a. 1 di una pagina, riferito a una pagina. 2 (page for page) pagina per pagina.

paginate/'pædʒɪneɪt Am 'pædʒəneɪt/ v.t. (Tip) numerare le pagine di.

pagination/ˌpædʒɪ'neɪʃən Am ˌpædʒən'eɪʃən/ n. 1 (Tip) paginatura f., paginazione f. 2 (page numbers) numeri m.pl. di pagina.

paging /'peɪdʒɪŋ/ n. 1 (Inform) paginazione f. 2 (calling over a loud speaker) il chiamare qcu. all'altoparlante. 3 (call over a loud speaker) annuncio m. all'altoparlante.

pagoda /pə'goʊdə/ n. (Arch) pagoda f. ☐ (Bot) ~ tree sofora.

pagurian /pə'gjʊəriən/ n. (Zool) paguro m.

pah /pɑː/ intz. 1 (to express disgust, contempt) puah!, puh! 2 (to express disbelief) bah?!, mah?

paid[1] /peɪd/ → **pay**[1].

paid[2] /peɪd/ a. 1 pagato: ~ holidays ferie pagate. 2 (receiving payment) retribuito, pagato, remunerato: well ~ ben pagato. 3 (Econ) incassato. ☐ ~ assassin sicario, killer; ~ in full estinto, pagato (totalmente); (Br, colloq) to put ~ to sth. mandare all'aria qcs., fare fallire qcs., mettere fine a qcs.

paid-in /'peɪd,ɪn/ ☐ (Am,Econ) ~ capital capitale (interamente) versato.

paid-up /'peɪd,ʌp/ a. 1 (not owing anything) (che è) in regola con le quote, (che è) in regola con i pagamenti. 2 (fully paid for) pagato, versato. ☐ (Econ) ~ capital capitale (interamente) versato.

pail/peɪl/ n. secchio m., secchia f.

pailful/'peɪlfʊl/ n. secchiata f., secchio m.

paillasse/'pæliæs Am pæl'jæs/ n. pagliericcio m.

paillette /pæl'jet/ n. (Abbigl) paillette f., lustrino m.

pain/peɪn/ I n. 1 pena f., sofferenza f., dolore m., male m.: to have a ~ in one's shoulder

avere un dolore alla spalla; stomach -s mal di pancia; where's the ~? dove ti fa male? 2 (emotional distress) sofferenza f., pena f., patimento m. 3 (colloq) (troublesome person or thing) scocciatura f., noia f. 4 pl. (effort) sforzo m.sing., fatica f.sing. 5 pl. (care) impegno m.sing., cura f.sing. 6 pl. (Fisiol) doglie f.pl. II v.t. 1 fare soffrire, fare male a, fare del male a, causare dolore a. 2 (to cause mental suffering) fare soffrire, addolorare, affliggere, dispiacere (costr.impers.): it -s me to hear you speak that way mi addolora sentirti parlare in quel modo, mi dispiace sentirti parlare in quel modo. ☐ (Dir) -s and penalties pene, punizioni; (Br) to be at -s darsi da fare, affannarsi, darsi pena; for one's -s per tutta ricompensa, come ricompensa (a sforzi, fatiche ecc.), in cambio; to give so. ~ fare soffrire qcu., fare male a qcu.; to go to -s darsi da fare, affannarsi, darsi pena, prendersi la briga, farsi in quattro; to be in ~ soffrire: she was crying out in ~ urlava dal dolore, urlava per il dolore; (Br,volg) ~ in the arse: 1 rottura, scocciatura, menata; 2 (person) rompiscatole, rompipalle; (Am,volg) ~ in the ass: 1 rottura, scocciatura, menata; 2 (person) rompiscatole, rompipalle; (volg) ~ in the backside rottura di palle, menata; (colloq) ~ in the neck: 1 rottura, scocciatura, menata; 2 (person) persona noiosa, scocciatore, rompiscatole; on~ of sotto pena di: on ~ of death sotto pena di morte; to be out of ~ non soffrire più; to take -s darsi da fare, affannarsi, darsi pena, prendersi la briga, farsi in quattro; to take -s over sth. applicarsi a qcs., fare qcs. con molta diligenza; under ~ of sotto pena di. Prov.: no ~ no gain via il dente via il dolore.

pained /peɪnd/ a. 1 addolorato, sofferente. 2 (offended) offeso, risentito. 3 (expressing hurt) doloroso, afflitto: ~ look sguardo doloroso.

painful /'peɪnfʊl/ a. 1 doloroso, dolente. 2 (causing mental suffering) penoso, doloroso: ~ memories ricordi penosi. 3 (disagreeable) spiacevole, sgradevole, molesto, penoso: a ~ duty un dovere spiacevole. 4 (showing effort, exertion) faticoso, penoso, gravoso. 5 (colloq) (irritating) esasperante, irritante: ~ slowness una lentezza esasperante.

painfully /'peɪnfʊli/ avv. penosamente, tremendamente, terribilmente.

painfulness/'peɪnfʊlnəs/ n. dolore m., pena f.

painkiller/'peɪnkɪlər/ n. (Farm) antidolorifico m., analgesico m.

painkilling /'peɪnkɪlɪŋ/ a. (Farm) antidolorifico, analgesico, antalgico.

painless /'peɪnləs/ a. 1 indolore. 2 (colloq) (trouble-free) facile, semplice, indolore.

painlessly /'peɪnləsli/ avv. 1 senza dolore, senza soffrire. 2 (effortlessly) senza sforzo.

painlessness /'peɪnləsnəs/ n. assenza f. di dolore, l'essere indolore.

painstaking /'peɪnzˌteɪkɪŋ/ a. scrupoloso, coscienzioso, accurato, attento, minuzioso, pignolo: ~ research una ricerca accurata; a ~ student uno studente diligente.

painstakingly/'peɪnzˌteɪkɪŋli/ avv. minuziosamente, accuratamente.

paint/peɪnt/ I n. 1 colore m., tinta f., vernice f.: a coat of ~ una mano di colore. 2 (cake of dried pigment) colore m.: a child's box of -s la scatola dei colori di un bambino. 3 (act of painting) verniciatura f., mano f. di vernice. 4 (Cosmet) (make-up) trucco m., (ant) belletto m. 5 (Teat) (greasepaint) cerone m. II v.t. 1 pitturare, verniciare, dipingere, tinteggiare: to ~ the kitchen pitturare la cucina; to ~ sth.

red dipingere qcs. di rosso. **2** (*Art*) dipingere: *to ~ a portrait* dipingere un ritratto. **3** (*Art*) (*to make a painting of*) dipingere, ritrarre. **4** (*Art*) (*to decorate with painting*) dipingere, pitturare, ornare con pitture. **5** (*estens*) (*to colour as if by painting*) colorare, dipingere, colorire: *the sunset -ed the clouds pink* il tramonto colorò le nubi di rosa. **6** (*to apply liquid to*) spennellare (*anche Med*): *to ~ a pie with egg white* spennellare una torta con l'albume. **7** (*Cosmet*) truccare, truccarsi, (*ant*) imbellettare, dipingere, tingere, pitturare: *to ~ one's lips* dipingersi le labbra. **8** (*Cosmet*) (*of nails*) mettere lo smalto su, dipingere, smaltare, pitturare. **9** (*fig*) (*to create an impression, to describe in words*) dipingere, descrivere: *the press secretary -ed an optimistic picture for the media* il portavoce ha dipinto un quadro ottimistico per la stampa; *in his autobiography, he -s his uncle's home as a palace* nella sua autobiografia, descrive la casa dello zio come una reggia. **III** *v.i.* darsi alla pittura, dedicarsi alla pittura, dipingere; (*to be a painter*) essere un pittore. □ (*Am*) *~ ball* paint-ball (gioco in cui si conquista la bandiera avversaria con pistole a pallottole di vernice); *~ box* scatola di colori; *~ brush* pennello (da pittore); (*Pitt*) *to ~ in oils* dipingere a olio; (*Pitt*) *to ~ in watercolours* dipingere ad acquerello; *to ~ out* cancellare con una mano di vernice; (*Inform*) *~ program* programma di disegno; (*Pitt,Chim*) *~ remover* solvente (per vernice); *~ shop* colorificio, (*rar*) coloreria; (*Pitt*) *~ sprayer* pistola a spruzzo; (*colloq,fig*) *to ~ the town* (o *to ~ the town red*) fare baldoria; (*Br*) *~ work* vernice, verniciatura.

painted /'peɪntɪd *Am* 'peɪntɪd/ *a.* **1** (*in compounds*) dipinto, pitturato, verniciato: *newly-~* dipinto di fresco. **2** (*Art*) dipinto, pitturato: *a ~ vase* un vaso dipinto. **3** (*Cosmet*) imbellettato, dipinto, truccato. **4** (*fig*) falso, finto. □ (*Geog*) *Painted Desert* Painted Desert, Deserto Dipinto; (*Zool*) *~ horse* cavallo pezzato, pezzato; (*Entom*) *~ lady* vanessa del cardo.

painter[1] /'peɪntər *Am* 'peɪntə³/ *n.* **1** imbianchino *m.* (*f.* -a), pittore *m.* (*f.* -trice). **2** (*varnisher*) verniciatore *m.* (*f.* -a). **3** (*Art*) pittore *m.* (*f.* -trice).

painter[2] /'peɪntər *Am* 'peɪntə³/ *n.* (*Mar*) barbetta *f.*, fune *f.* d'ormeggio. □ *to cut the ~*: **1** (*Mar*) tagliare gli ormeggi; **2** (*fig*) troncare ogni rapporto, tagliare i ponti; **3** (*of a colony*) separarsi dalla madrepatria, diventare indipendente.

painterly /'peɪntərli *Am* 'peɪntə³li/ *a.* di un pittore, tipico di un pittore.

painting /'peɪntɪŋ *Am* 'peɪntɪŋ/ *n.* **1** pittura *f.* **2** (*domestic decorating*) tinteggiatura *f.*, verniciatura *f.* **3** (*Art*) (*work of art*) dipinto *m.*, pittura *f.*, quadro *m.*: *an oil ~* un dipinto a olio; *a ~ by Chagall* un dipinto di Chagall. **4** (*Art*) (*unframed*) tela *f.*

paintress /'peɪntrɪs/ *n.* (*ant*) pittrice *f.*

painty /'peɪnti *Am* 'peɪnti/ *a.* **1** imbrattato di colore, sporco di vernice. **2** (*spreg*) (*clumsily painted*) con uno strato troppo denso di colore.

pair /peər *Am* per/ **I** *n.* **1** paio *m.*, coppia *f.*: *a ~ of shoes* un paio di scarpe. **2** (*one member of a set*) compagno *m.*: *where is the ~ to this glove?* dov'è il compagno di questo guanto? **3** (*sth. made of two parts*) paio *m.*: *a ~ of scissors* un paio di forbici. **4** (*set of two people or animals*) coppia *f.*, paio *m.*: *a ~ of twins* una coppia di gemelli. **5** (*married or engaged couple*) coppia *f.* **6** (*of cards*) coppia *f.*, pariglia *f.* **7** (*Zool*) (*two mated animals*)

coppia *f.* **8** (*Equit*) (*team of two horses*) pariglia *f.*, coppia *f.* **9** (*Parl*) due membri *m.pl.* di partiti opposti che si astengono dal voto di comune accordo. **II** *v.t.* **1** (*to make a pair of*) appaiare, accoppiare. **2** (*to cause to be a member of a pair*) mettere in coppia, accoppiare. **3** (*to arrange in pairs*) disporre a coppie, sistemare a coppie, mettere a due a due. **III** *v.i.* **1** (*to separate into a pair*) accoppiarsi, mettersi in coppia (*with* con). **2** (*to form a partnership*) accoppiarsi, appaiarsi (*with* con), unirsi (*with* a). **3** (*to form a pair*) fare paio, formare paio (*with* con). **4** (*Zool*) (*of animals: to mate*) accoppiarsi (*with* con). □ (*Zool*) *~ bond* legame di coppia; *in -s* a due a due, a coppie, a paia; *~ oar*: **1** (*Mar*) barca a due remi; **2** (*Sport*) (*in rowing*) due senza; *a ~ of binoculars* un binocolo; *a ~ of compasses* un compasso; (*Abbigl*) *a ~ of pyjamas* un pigiama; *a ~ of scales* una bilancia; *a ~ of steps* una scala a libro; *to ~ off*: **1** (*to make a pair of*) appaiare, accoppiare; **2** (*to arrange in pairs*) disporre a coppie, sistemare a coppie, mettere a due a due; **3** (*to separate into a pair*) accoppiarsi, mettersi in coppia (*with* con); **4** (*colloq*) (*to marry*) sposarsi (*with* con); **5** (*Parl*) accordarsi (per astenersi dal voto) (*with* con); (*Fis*) *~ production* produzione di coppie; *~ royal* (*in card games*) tris; *to ~ up*: **1** (*to make a pair of*) appaiare, accoppiare; **2** (*to cause to be a member of a pair*) mettere in coppia, accoppiare; **3** (*to separate into a pair*) accoppiarsi, mettersi in coppia (*with* con).

paired /peərd *Am* perd/ *a.* accoppiato, appaiato.

pair-horse /'peərhɔːs *Am* 'perhɔːrs/ *a.* (*of a carriage*) a due.

pairing /'peərɪŋ *Am* perɪŋ/ *n.* (*grouping in pairs*) appaiamento *m.*, accoppiamento *m.*

pairwise /'peərwaɪz *Am* perwaɪz/ *avv.* (*by pair*) a coppie.

paisley /'peɪzli/ **I** *n.* (*Tess*) tessuto *m.* con disegni cachemire. **II** *a.* (*Tess*) con disegni cachemire, a motivi cachemire.

pajamas /pə'dʒɑːməz/ *n.pl.* (*Am,Abbigl*) pigiama *m.sing.*

Paki /'pæki/ *n.* (*Br,colloq,spreg*) pachistano *m.* (*f.* -a), pakistano *m.* (*f.* -a), indiano *m.* (*f.* -a).

Paki-bashing /'pæki,bæʃɪŋ/ *n.* (*Br,colloq, spreg*) atti *m.pl.* di violenza contro immigrati pachistani e indiani.

Pakistan /,pɑːkɪ'stɑːn *Am* 'pækɪstæn/ *n.pr.* (*Geog*) Pakistan *m.*

Pakistani /,pɑːkɪ'stɑːni, ,pækɪ'stɑːni/ **I** *n.* (*pl.inv.* o *-s*/*-z*/) pachistano *m.* (*f.* -a), pakistano *m.* (*f.* -a). **II** *a.* pachistano, pakistano.

pal /pæl/ **I** *n.* (*colloq*) amico *m.* (*f.* -a), compagno *m.* (*f.* -a), compare *m.* (*f.* comare). **II** *v.i.* (*past, p.p.* **palled** /-d/) (*colloq*) fare amicizia, stringere un'amicizia (*with* con). □ (*colloq*) *to ~ up* fare amicizia, stringere un'amicizia (*with* con).

PAL /pæl/ *n.* (*TV*) *phase alternation line* PAL (alternazione di fase da riga a riga).

palace /'pæləs *Br also* 'pælɪs/ *n.* **1** reggia *f.*, palazzo *m.* (*reale*): *the ~ of Versailles* la reggia di Versailles. **2** (*of a bishop*) vescovado *m.*, palazzo *m.* vescovile, (*lett*) episcopio *m.* **3** (*of an archbishop*) arcivescovado *m.* **4** (*large stately mansion*) palazzo *m.* (*signorile*). **5** (*large public building*) palazzo *m.*: *~ of justice* palazzo di giustizia. **6** (*large place of entertainment*) ritrovo *m.*, locale *m.* **II** *a.* **1** di palazzo (*anche fig*): *~ intrigues* congiure di palazzo. **2** (*of a king's palace*) palatino, di palazzo reale. □ (*Ferr*) *~ car* vettura salone; *~ guard*: **1** guardia di palazzo; **2** (*fig*) (*ruler's circle of intimates*) entourage *m.*; (*Pol*)

~ revolution congiura di palazzo.

paladin /'pælədɪn/ *n.* **1** (*Stor*) paladino *m.* **2** (*fig*) paladino *m.* (*f.* -a), difensore *m.*

palaeobiological /,pæliou,baɪə'lɒdʒɪkəl *Am* ,peɪliou,baɪ'lɑːdʒɪkəl/ *a.* paleobiologico.

palaeobiologist /,pæliou,baɪ'ɒlədʒɪst *Am* ,peɪliou,baɪ'ɑːlədʒɪst/ *n.* paleobiologo *m.* (*f.* -a).

palaeobiology /,pæliou,baɪ'ɒlədʒi *Am* ,peɪliou,baɪ'ɑːlədʒi/ *n.* paleobiologia *f.*

palaeobotanic /,pæliou,bə'tænɪk *Am* ,peɪliou ,bə'tænɪk/ *a.* paleobotanico.

palaeobotanical /,pæliou,bə'tænɪkəl *Am* ,peɪliou,bə'tænɪkəl/ *a.* paleobotanico.

palaeobotanist /,pæliou'bɒtənɪst *Am* ,peɪliou'bɑːtənɪst/ *n.* paleobotanico *m.* (*f.* -a).

palaeobotany /,pæliou'bɒtəni *Am* ,peɪliou 'bɑːtəni/ *n.* paleobotanica *f.*

Palaeocene /,pæliousiːn *Am* 'peɪliousiːn/ **I** *a.* (*Geol*) del paleocene. **II** *n.* (*Geol*) Paleocene *m.*

palaeoclimatology /,pæliou,klaɪmə'tɒlədʒi *Am* ,peɪliou,klaɪmə'tɑːlədʒi/ *n.* (*Geog*) paleoclimatologia *f.*

palaeoecology /,pæliouiː'kɒlədʒi *Am* ,peɪliouiː'kɑːlədʒi/ *n.* paleoecologia *f.*

palaeographer /,pæli'ɒɡrəfər *Am* ,peɪli 'ɑːɡrəfər/ *n.* paleografo *m.* (*f.* -a).

palaeographic /,pæliou'ɡræfɪk *Am* ,peɪliou 'ɡræfɪk/ *a.* paleografico.

palaeographical /,pæliou'ɡræfɪkəl *Am* ,peɪliou'ɡræfɪkəl/ *a.* paleografico.

palaeographically /,pæliou'ɡræfɪkəli *Am* ,peɪliou'ɡræfɪkəli/ *avv.* paleograficamente.

palaeography /,pæli'ɒɡrəfi *Am* ,peɪli'ɑːɡrəfi/ *n.* paleografia *f.*

palaeolith /'pæliouliθ *Am* 'peɪliouliθ/ *n.* (*Archeol*) arnese *m.* del paleolitico, strumento *m.* del paleolitico.

palaeolithic, Palaeolithic /,pæliou'liθɪk *Am* ,peɪliou'liθɪk/ **I** *n.* (*Geol*) Paleolitico *m.* **II** *a.* (*Geol*) paleolitico. *~ period* periodo paleolitico, paleolitico *m.*

palaeontologic /,pæli,ɒntə'lɒdʒɪk *Am* ,peɪli ,ɑːntə'lɑːdʒɪk/ *a.* paleontologico.

palaeontological /,pæli,ɒntə'lɒdʒɪkəl *Am* ,peɪli,ɑːntə'lɑːdʒɪkəl/ *a.* paleontologico.

palaeontologist /,pæliɒn'tɒlədʒɪst *Am* ,peɪliɑːn'tɑːlədʒɪst/ *n.* paleontologo *m.* (*f.* -a).

palaeontology /,pæliɒn'tɒlədʒi *Am* ,peɪliɑːn 'tɑːlədʒi/ *n.* paleontologia *f.*

Palaeozoic /,pæliou'zouɪk *Am* ,peɪliou'zouɪk/ **I** *a.* (*Geol*) paleozoico. **II** *n.* (*Geol*) era *f.* paleozoica, Paleozoico *m.*

palaestra /pə'liːstrə, pə'laɪstrə *Am* pə'lestrə/ (*pl.* **-trae** /-triː/ o **-s** /-z/) *n.* (*Stor.gr*) palestra *f.*

palafitte /'pæləfɪt/ *n.* (*Etnol*) palafitta *f.*

palais /'pæleɪ/ *n.* (*Br,ant*) (*dance hall*) sala *f.* da ballo.

palama /'pæləmə/ *n.* (*Zool*) membrana *f.* interdigitale.

palanquin /,pælən'kiːn/ *n.* portantina *f.*

palatability /,pælətə'bɪləti *Am* ,pælætə'bɪləti/ *n.* gradevolezza *f.*

palatable /'pælətəbl *Am* 'pælætəbl/ *a.* **1** gradevole al palato; (*savoury*) saporito, gustoso. **2** (*fig*) (*acceptable*) accettabile.

palatably /'pælətəbli *Am* 'pælætəbli/ *avv.* **1** gradevolmente. **2** (*fig*) accettabilmente.

palatal /'pælətəl *Am* 'pælətəl/ **I** *a.* **1** (*Anat*) palatale, palatino. **2** (*Fon*) palatale. **II** *n.* (*Fon*) suono *m.* palatale, palatale *f.*

palatalisation /'pælətəlaɪˈzeɪʃən/ *n.* (*Br, Fon*) palatalizzazione *f.*

palatalise /'pælətəlaɪz/ *v.t.* (*Br, Fon*) palatalizzare.

palatalization /'pælətəlaɪˈzeɪʃən *Am* ,pælətl 'zeɪʃən/ *n.* (*Fon*) palatalizzazione *f.*

palatalize /'pælətəlaɪz/ *v.t.* (*Fon*) palatalizzare.

palatally /ˈpælətᵊli *Am* ˈpælətᵊli/ *avv.* palatalmente.

palate /ˈpælət/ *n.* **1** (*Anat*) palato *m.* **2** (*fig*) palato *m.*, gusto *m.*: *to have a discriminating* ~ avere il palato fine.

palatial /pəˈleɪʃᵊl/ *a.* **1** (*luxurious*) lussuoso, sfarzoso, sontuoso: *a* ~ *hotel* un albergo di lusso. **2** (*resembling a palace*) che sembra un palazzo. **3** (*Archeol*) palaziale.

palatinate /pəˈlætɪnət *Am* pəˈlætᵊneɪt/ *n.* (*Stor*) palatinato *m.*

Palatinate /pəˈlætɪnət *Am* pəˈlætᵊneɪt/ *n.pr.* (*Geog.stor*) Palatinato *m.*

palatine[1] /ˈpælətaɪn/ *I a.* **1** palatino. **2** (*having royal privileges*) che gode di privilegi reali. **3** (*of a palace*) di palazzo. **II** *n.* **1** dignitario *m.* imperiale. **2** (*count or earl palatine*) conte *m.* palatino, palatino *m.*

palatine[2] /ˈpælətaɪn/ *I a.* (*Anat*) palatino, palatale, del palato. **II** *n.* (*Anat*) osso *m.* palatino.

Palatine /ˈpælətaɪn/ *I a.* del Palatinato. **II** *n.pr.* (*Geog*) Palatino *m.*, colle *m.* Palatino.

Palau /pəˈlou/ *n.pr.* (*Geog*) Palau *m.*

palaver /pəˈlɑːvər *Am* pəˈlævər/ *I n.* **1** (*fig*) (*chatter*) chiacchiere *f.pl.*, ciarle *f.pl.*, ciance *f.pl.* **2** (*Stor*) (*between European explorers or colonialists and local African officials*) lungo negoziato *m.* con gli indigeni. **3** (*fig*) (*inconvenient bother*) seccatura *f.* **4** (*estens*) (*long discussion*) (lungo) dibattito *m.*, (lunga) discussione *f.*; (*conference*) conferenza *f.* **5** (*fig*) (*cajolery*) adulazione *f.*, blandizie *f.pl.* **II** *v.i.* **1** (*fig,ant*) (*to talk idly*) chiacchierare, cianciare, blaterare. **2** (*scherz*) (*to confer*) parlamentare.

palazzo /pəˈlætsou *Am* pəˈlɑːtsou/ ☐ (*Abbigl*) ~ *pants* pantaloni larghi e leggeri.

pale[1] /peɪl/ *I a.* **1** pallido, bianco, sbiancato, esangue: *a* ~ *face* un volto pallido; *to grow* ~ (o *to turn* ~) impallidire, sbiancare. **2** (*not brilliant*) pallido, debole, tenue: *a* ~ *glow* un pallido chiarore. **3** (*of colours*) pallido, tenue, scialbo, smorto, sbiadito: ~ *green* verde pallido. **4** (*fig*) (*weak, feeble*) debole, fiacco: *a* ~ *protest* una debole protesta. **II** *v.i.* **1** impallidire, sbiancare, divenire pallido. **2** (*fig*) apparire scialbo, apparire sbiadito, impallidire, sbiadire. **III** *v.t.* rendere pallido, rendere smorto, fare impallidire. ☐ ~ *ale* birra chiara; *as* ~ *as death* pallido come un morto.

pale[2] /peɪl/ *n.* **1** (*fence stake*) palo *m.*, paletto *m.*, steccone *m.* **2** (*fence*) palizzata *f.*, staccionata *f.*, steccato *m.* **3** (*enclosure*) recinto *m.* **4** (*limits, area*) confine *m.*, limite *m.*, termine *m.* (*anche fig*): *out of the* ~ *of his jurisdiction* fuori dei confini della sua giurisdizione. **5** (*Arald*) palo *m.*

Pale /peɪl/ *n.pr.* (*Geog.stor*) zona *f.* dell'Irlanda sotto la giurisdizione inglese.

paled /peɪld/ *a.* **1** recintato. **2** (*made of pales*) fatto di pali.

paleface /ˈpeɪlfeɪs/ *n.* (*spreg*) (*white person*) viso *m.* pallido, uomo *m.* bianco (*f.* donna bianca), bianco *m.* (*f.* -a).

paleness /ˈpeɪlnəs/ *n.* pallore *m.*

paleobiological /ˌpeɪliou.baɪəˈlɑːdʒɪkᵊl/ *a.* (*Am*) paleobiologico.

paleobiologist /ˌpeɪliou.baɪˈɑːlədʒɪst/ *n.* (*Am*) paleobiologo *m.* (*f.* -a).

paleobiology /ˌpeɪliou.baɪˈɑːlədʒi/ *n.* (*Am*) paleobiologia *f.*

paleobotanic /ˌpeɪliou.bəˈtænɪk/ *a.* (*Am*) paleobotanico.

paleobotanical /ˌpeɪliou.bəˈtænɪkᵊl/ *a.* (*Am*) paleobotanico.

paleobotanist /ˌpeɪliou.ˈbɑːtᵊnɪst/ *n.* (*Am*) paleobotanico *m.* (*f.* -a).

paleobotany /ˌpeɪliou.ˈbɑːtᵊni/ *n.* (*Am*) paleobotanica *f.*

Paleocene /ˈpeɪliousiːn/ *I a.* (*Am,Geol*) del Paleocene. **II** *n.* (*Am,Geol*) Paleocene *m.*

paleoclimatology /ˌpeɪliou.klaɪməˈtɑːlədʒi/ *n.* (*Am,Geog*) paleoclimatologia *f.*

paleoecology /ˌpeɪlioui.ˈkɑːlədʒi/ *n.* (*Am*) paleoecologia *f.*

paleographer /ˌpeɪliˈɑːgrəfər/ *n.* (*Am*) paleografo *m.* (*f.* -a).

paleographic /ˌpeɪliouˈgræfɪk/ *a.* (*Am*) paleografico.

paleographical /ˌpeɪliouˈgræfɪkᵊl/ *a.* (*Am*) paleografico.

paleographically /ˌpeɪliouˈgræfɪkᵊli/ *avv.* (*Am*) paleograficamente.

paleography /ˌpeɪliˈɑːgrəfi/ *n.* (*Am*) paleografia *f.*

paleolith /ˈpeɪlioulɪθ/ *n.* (*Am,Archeol*) arnese *m.* del paleolitico, strumento *m.* del paleolitico.

paleolithic, **Paleolithic** /ˌpeɪlioulɪθɪk/ *I n.* (*Am,Geol*) Paleolitico *m.* **II** *a.* (*Am,Geol*) paleolitico: ~ *period* periodo paleolitico, paleolitico.

paleontologist /ˌpeɪliɑːnˈtɑːlədʒɪst/ *n.* (*Am*) paleontologo *m.* (*f.* -a).

paleontology /ˌpeɪliɑːnˈtɑːlədʒi/ *n.* (*Am*) paleontologia *f.*

Paleozoic /ˌpeɪliouˈzouɪk/ *I a.* (*Am,Geol*) paleozoico. **II** *n.* (*Am,Geol*) era *f.* paleozoica, Paleozoico *m.*

Palestine /ˈpæləstaɪn/ *n.pr.* (*Geog*) Palestina *f.* ☐ ~ *Liberation Organization* organizzazione per la liberazione della Palestina.

Palestinian /ˌpæləˈstɪniən/ *I a.* palestinese. **II** *n.* palestinese *m./f.* ☐ (*Geog*) ~ *Authority* Autorità Palestinese; *the* ~ *question* la questione palestinese; (*Geog*) ~ *Territories* Territori Palestinesi.

palestra /pəˈlestrə/ (*pl.* **-trae** /-triː/ o **-s** /-z/) *n.* (*Am,Stor.gr*) palestra *f.*

palette /ˈpælɪt/ *n.* **1** (*Pitt*) tavolozza *f.* (*anche fig*). **2** (*Pitt*) (*set of colours*) colori *m.pl.* (di una tavolozza). **3** (*Inform*) palette *f.*, tavolozza *f.* ☐ ~ *knife*: **1** (*Pitt*) mestichino; **2** (*Br*) (*kitchen knife*) spatola.

palfrey /ˈpɔːlfri/ *n.* (*ant*) palafreno *m.*

palimony /ˈpælɪməni *Am* ˈpæləmouni/ *n.* (*spec. Am,colloq*) alimenti *m.pl.* da versare all'ex convivente.

palimpsest /ˈpælɪm(p)sɛst/ *I n.* (*Filol*) palinsesto *m.* **II** *a.* (*overwritten*) elaborato.

palindrome /ˈpælɪndroum/ *n.* palindromo *m.*

palindromic /ˌpælɪnˈdrɒmɪk *Am* ˌpælɪnˈdrɑːmɪk/ *a.* palindromo, palindromico, bifronte.

paling /ˈpeɪlɪŋ/ *n.* **1** palizzata *f.*, steccato *m.*, stecconata *f.* **2** (*fence stake*) palo *m.*, paletto *m.*, steccone *m.*

palingenesis /ˌpælɪnˈdʒenəsɪs/ *n.* (*Filos,Biol, fig*) palingenesi *f.*

palingenetic /ˌpælɪndʒəˈnetɪk *Am* ˌpælɪndʒəˈnætɪk/ *a.* (*Filos,Biol,fig*) palingenetico.

palinode /ˈpælənoud/ *n.* **1** (*Lett*) palinodia *f.* **2** (*estens*) (*formal retraction*) ritrattazione *f.*, palinodia *f.*

Palinurus /ˌpælɪˈnjuərəs *Am* ˌpælɪˈnjurəs/ *n.pr.m.* (*Mitol*) Palinuro.

palisade /ˌpælɪˈseɪd/ *I n.* **1** palizzata *f.*, staccionata *f.*, steccato *m.* **2** (*Mil,ant*) (*fence*) palizzata *f.* **3** *pl.* (*Am*) (*cliffs*) scogliere *f.pl.*, dirupi *m.pl.* **II** *v.t.* recintare con una palizzata. ☐ (*Biol*) ~ *layer* tessuto a palizzata.

palisander /ˌpælɪˈsændər/ *n.* (*Bot*) palissandro *m.*

palish /ˈpeɪlɪʃ/ *a.* palliduccio, pallidino.

pall[1] /pɔːl/ *n.* **1** (*over a coffin*) coltre *f.*, drappo *m.* funebre. **2** (*a coffin*) bara *f.* **3** (*fig*) manto *m.*, coltre *f.*: *a* ~ *of darkness* un manto d'oscurità. **4** (*Lit*) (*chalice cover*) palla *f.*; (*ant*) (*pal-*

lium) pallio *m.* **5** (*Arald*) pergola *f.*

pall[2] /pɔːl/ *v.i.* venire a noia (*on, upon so.* a qcu.), finire per annoiare, stancare, annoiare (*on, upon so.* qcu.): *even the best of pleasures sometimes* ~ anche i piaceri più grandi a volte vengono a noia; *the long play -ed on the audience* la lunga commedia finì per annoiare gli spettatori.

Palladian[1] /pəˈleɪdiən/ *a.* (*Arch*) palladiano.

Palladian[2] /pəˈleɪdiən/ *a.* (*lett*) di Pallade Atena, palladio.

palladium[1] /pəˈleɪdiəm/ *n.* (*Chim*) palladio *m.*

palladium[2] /pəˈleɪdiəm/ *n.* **1** (*also Palladium*) palladio *m.* **2** (*lett*) palladio *m.*, protezione *f.*, difesa *f.*

Pallas /ˈpæləs/ *I n.pr.f.* (*Mitol*) Pallade, Pallade Atena. **II** *n.pr.* (*Astr*) Pallade *m.* ☐ (*Mitol*) ~ *Athena* Pallade Atena; (*Zool*) ~ *'s cat* gatto di Pallas, felis manul.

pallbearer /ˈpɔːlbeərər/ *n.* chi porta una bara, portatore *m.* di bara.

pallet[1] /ˈpælɪt/ *n.* **1** (*bed of straw*) giaciglio *m.* (di paglia). **2** (*straw mattress*) pagliericcio *m.* **3** (*rar,fig*) (*makeshift bed*) giaciglio *m.*, covile *m.*

pallet[2] /ˈpælɪt/ *n.* **1** (*of a forklift truck, etc.*) pallet *m.*, (*rar*) paletta *f.* **2** (*Ceram,Artig*) spatola *f.*, paletta *f.* **3** (*Legat*) stampo *m.* per dorare. **4** (*Mecc*) nottolino *m.* di comando, nottolino *m.* di regolazione. **5** (*Mus*) ventilabro *m.* **6** (*Pitt*) (*palette*) tavolozza *f.* **7** (*Orol*) bocchetta *f.* dell'ancora. ☐ (*Mecc*) ~ *truck* carrello elevatore.

palletisation /ˌpælɪtaɪˈzeɪʃᵊn/ *n.* (*Br*) palettizzazione *f.*, palettizzazione *f.*, pallettizzazione *f.*

palletise /ˈpælɪtaɪz/ *v.t.* (*Br*) palettizzare.

palletization /ˌpælɪtaɪˈzeɪʃᵊn *Am* ˌpælɪtɪˈzeɪʃᵊn/ *n.* palettizzazione *f.*, pallettizzazione *f.*, pallettizzazione *f.*

palletize /ˈpælɪtaɪz/ *v.t.* palettizzare.

palliasse /ˈpæliæs *Am* pælˈjæs/ *n.* pagliericcio *m.*

palliate /ˈpælieɪt/ *v.t.* **1** (*Med*) alleviare, calmare, lenire, mitigare. **2** (*to extenuate*) cercare di scusare, cercare di giustificare, trovare attenuanti per. **3** (*to lessen*) sminuire, minimizzare.

palliation /ˌpæliˈeɪʃᵊn/ *n.* **1** scusa *f.*, giustificazione *f.*, attenuante *f.* **2** (*Med*) lenimento *m.*, alleviamento *m.*

palliative /ˈpæliətɪv *Am* ˈpæliətɪv/ *I a.* (*Med*) palliativo (*anche fig*): *ginger ale can be a simple* ~ *remedy for nausea* lo zenzero è un buon palliativo per la nausea. **II** *n.* (*Med*) palliativo *m.* (*anche fig*).

pallid /ˈpælɪd/ *a.* **1** (*pale*) pallido, bianco, cereo, smorto. **2** (*not brilliant*) pallido, smorto, sbiadito.

pallidly /ˈpælɪdli/ *avv.* pallidamente.

pallidness /ˈpælɪdnəs/ *n.* pallore *m.*

pallium /ˈpæliəm/ (*pl.* **-lia** /-liə/ o **-s** /-z/) *n.* **1** (*Stor.rom,Lit*) pallio *m.* **2** (*Zool*) mantello *m.* **3** (*Anat*) pallio *m.*, mantello *m.* cerebrale.

pall-mall /ˈpælˈmæl/ *n.* pallamaglio *f.* (*rar m.*).

pallor /ˈpælər/ *n.* pallore *m.*

pally /ˈpæli/ *a.* (*colloq*) molto amico (*with* di).

palm[1] /pɑːm/ *I n.* **1** (*Anat*) palma *f.*, palmo *m.* **2** (*Mar*) (*of an oar, paddle*) pala *f.* **3** (*Mar*) (*of an anchor*) patta *f.*, palma *f.* **4** (*unit of length*) palmo *m.* **II** *v.t.* **1** nascondere nella mano: *to* ~ *a card* nascondere una carta nella mano. **2** (*to touch with the palm*) toccare con la palma della mano. **3** (*to bribe*) corrompere, (*colloq*) comprare. ☐ (*Inform*) ~ *computer* computer palmare; (*colloq*) *to have so.* (o *sth.*) *in the* ~ *of one's hand* tenere qcu. (o qcs.) in pugno; (*colloq*) *to* ~ *off* (*to impose by fraud*) affibbiare, appioppare, sbolognare, rifilare:

to ~ off a bad coin on so. affibbiare una moneta falsa a qcu.; ~ *reader* chiromante.

palm[2] /pɑːm/ *n.* **1** (*Bot*) palma *f.* **2** (*palm leaf*) palma *f.*, foglia *f.* di palma. **3** (*palm branch*) palma *f.*, ramo *m.* di palma. **4** (*Rel*) palmizio *m.* **5** (*fig*) vittoria *f.*, palma *f.: to yield the ~ to so.* cedere la palma a qcu. □ (*Zool*) ~ *civet* musanga, poaradossuro; ~ *grove* palmeto; (*Agr*) ~ *house* serra per palme; ~ *oil*: 1 olio di palma; 2 (*sl*) soldi; (*gerg*) grana; 3 (*fig*) (*bribe*) bustarella, sbruffo; (*Lit*) *Palm Sunday* domenica delle Palme; ~ *wine* vino di palma.

palmaceous /pɑː'meɪʃəs/ *a.* **1** (*Bot*) delle palme. **2** (*estens*) (*resembling a palm*) a forma di palma, simile a una palma.

palmar /'pælmər/ *a.* (*Anat*) palmare. □ (*Anat*) ~ *arch* arcata palmare.

palmary /'pælməri/ *a.* lodevole, encomiabile.

palmate /'pælmeɪt/ *a.* (*Bot,Zool*) palmato (*anche Ornit*).

palmated /'pælmeɪtɪd Am* 'pælmeɪˌtɪd/ *a.* (*Bot, Zool*) palmato (*anche Ornit*).

palmcorder /'pɑːmkɔːdər Am* 'pɑːmkɔːrdər/ *n.* videocamera *f.* palmare, palmcorder *f.*

palmer /'pɑːmər/ *n.* **1** (*Stor*) palmiere *m.* **2** (*ant*) (*wandering votary*) monaco *m.* pellegrino. **3** (*ant*) (*pilgrim*) pellegrino *m.* (*f. -a*). **4** (*Zool*) bruco *m.* peloso. □ (*Zool*) ~ *worm* bruco peloso.

palmette /pæl'met/ *n.* (*Archeol*) palmetta *f.*

palmetto /pæl'metou Am* pæl'meˌtou/ (*pl. -s/ -es* /-z/) *n.* **1** (*Bot*) palmetto *m.*, palma *f.* nana. **2** (*in weaving*) strisce *f.pl.* di foglie di palmetto.

palmful /'pɑːmful/ *n.* manciata *f.*, pugno *m.*, (*rar*) manata *f.*

palmiped /'pælmɪpɪd/ **I** *a.* (*Ornit*) palmipede. **II** *n.* (*Ornit*) palmipede *m.*

palmist /'pɑːmɪst/ *n.* chiromante *m./f.*

palmistry /'pɑːmɪstri/ *n.* chiromanzia *f.*

palmitate /'pælməteɪt/ *n.* (*Chim*) palmitato *m.*

palmitic /pæl'mɪtɪk Am* pæl'mɪtɪk/ *a.* (*Chim*) palmitico. □ (*Chim*) ~ *acid* acido palmitico.

palmitin /'pælmɪtɪn Am* 'pælmɪˌtɪn/ *n.* (*Chim*) palmitina *f.*

palmtop /'pɑːmtɒp Am* 'pɑːmtɑːp/ *n.* (*Inform*) palmare *m.*, computer *m.* palmare. □ (*Inform*) ~ *computer* palmare, computer palmare.

palmy /'pɑːmi/ *a.* **1** ricco di palme. **2** (*resembling a palm*) simile a una palma, palmiforme. **3** (*fig,lett*) prospero, fiorente. □ (*fig, lett*) *in her ~ days* nel suo periodo migliore, nel suo momento d'oro.

palmyra /pæl'maɪ(ə)rə Am* pæl'maɪrə/ *n.* (*Bot*) borasso *m.*

palomino /ˌpælə'miːnou/ *n.* (*Zool*) cavallo *m.* dal manto dorato e coda e criniera bianche (allevato originariamente negli Stati Uniti).

palooka /pə'luːkə/ *n.* **1** (*Am,sl*) rimbambito *m.* (*f. -a*), imbecille *m./f.* **2** (*Am,Sport,sl*) schiappa *m./f.*

palp /pælp/ *n.* (*Zool*) palpo *m.*

palpability /ˌpælpə'bɪləti Am* ˌpælpə'bɪləˌti/ *n.* palpabilità *f.* (*anche fig*).

palpable /'pælpəbl/ *a.* **1** (*tangible*) palpabile, tangibile. **2** (*obvious*) evidente, palese, chiaro, palpabile. **3** (*feelable by the hands*) palpabile, percepibile.

palpably /'pælpəbli/ *avv.* palpabilmente.

palpate /'pælpeɪt/ *v.t.* **1** palpare, tastare. **2** (*Med*) (*to examine by touching*) palpare, esaminare mediante palpazione.

palpation /pæl'peɪʃən/ *n.* palpazione *f.* (*anche Med*).

palpebral /'pælpɪbrəl/ *a.* (*Anat*) palpebrale.

□ (*Anat*) ~ *fissure* rima palpebrale.

palpitant /'pælpɪtənt/ *a.* palpitante, pulsante.

palpitate /'pælpɪteɪt/ *v.i.* **1** palpitare, pulsare. **2** (*Med*) (*of the heart*) palpitare.

palpitation /ˌpælpɪ'teɪʃən Am* ˌpælpə'teɪʃən/ *n.* palpitazione *f.* (*anche Med*).

palpus /'pælpəs/ (*pl. -pi* /-paɪ/) *n.* (*Zool*) palpo *m.*

palsgrave /'pɔːlzɡreɪv/ *n.* (*Stor*) conte *m.* palatino.

palsied /'pɔːlzɪd/ *a.* **1** paralizzato, paralitico. **2** (*fig*) (*shaking*) tremante, barcollante.

palsy /'pɔːlzi/ **I** *n.* **1** (*Med*) paralisi *f.* **2** (*debilitated state*) debolezza *f.*, prostrazione *f.* **3** (*fig*) (*inability to act*) paralisi *f.*, arresto *m.* **II** *v.t.* **1** (*Med*) paralizzare. **2** (*to deprive of strength*) indebolire. **3** (*fig*) (*to make helpless*) paralizzare, bloccare.

palsy-walsy /ˌpælzi'wælzi/ *a.* (*sl*) culo e camicia, pappa e ciccia (*with* con).

palter /'pɔːltər/ *v.i.* (*ant*) **1** agire con doppiezza, non essere sincero (*with* con). **2** (*to haggle*) mercanteggiare, contrattare (*with* con).

paltriness /'pɔːltrɪnəs/ *n.* meschinità *f.*, grettezza *f.*

paltry /'pɔːltri/ *a.* **1** meschino, misero, gretto: *a ~ excuse* una scusa meschina. **2** (*mean, base*) indegno, spregevole. **3** (*trifling*) trascurabile, insignificante: *a ~ sum* una somma trascurabile.

paludal /pə'ljuːdl/ *a.* **1** paludoso, palustre. **2** (*Med,colloq*) malarico.

paludament /pə'ljuːdəmənt/ *n.* (*Stor.rom, Abbigl*) paludamento *m.*

paludism /'pæljudɪzəm/ *n.* (*Med,colloq*) malaria *f.*, (*rar*) paludismo *m.*

paly /'peɪli/ *a.* (*Arald*) palato.

Pam /pæm/ *n.pr.f. dim.* di Pamela.

Pamela /'pæmələ/ *n.pr.f.* Pamela.

pampas /'pæmpəs Am* 'pæmpəz/ *n.pl.* (*costr.sing. o pl.*) pampa *f.sing.* □ (*Zool*) ~ *cat* gatto delle pampas; (*Bot*) ~ *grass* erba della pampa, erba delle pampas, ginerio.

pamper /'pæmpər/ *v.t.* **1** coccolare, vezzeggiare. **2** (*to spoil*) viziare. **3** (*rifl.*) *to ~ oneself* viziarsi, coccolarsi.

pamphlet /'pæmflɪt/ *n.* **1** opuscolo *m.*, libretto *m.*, brochure *f.* **2** (*leaflet*) volantino *m.*, piccolo manifesto *m.* **3** (*Stor*) (*satirical*) pamphlet *m.*, libello *m.: a political ~* un pamphlet politico.

pamphleteer /ˌpæmflə'tɪər/ **I** *n.* panflettista *m./f.*, libellista *m./f.* **II** *v.i.* scrivere pamphlet, scrivere libelli.

pamphleteering /ˌpæmflə'tɪərɪŋ/ *n.* creazione *f.* e distribuzione di pamphlet.

pan[1] /pæn/ **I** *n.* **1** bacinella *f.*, contenitore *m.* **2** (*frying pan*) tegame *m.*, padella *f.: pots and -s* pentole e tegami. **3** (*baking pan*) teglia *f.* **4** (*saucepan*) casseruola *f.* **5** (*of a balance*) piatto *m.* **6** (*Minier*) (*in prospecting*) crivello *m.*, vaglio *m.*, buratto *m.* **7** (*Geol*) (*piece of flat ice*) strato *m.* di ghiaccio. **8** (*Geol*) (*hardpan*) crostone *m.* **9** (*Geol*) (*saltpan*) salina *f.* **10** (*Mil,ant*) scodellino *m.* **II** *v.t.* **1** (*colloq*) (*to criticize severely*) stroncare: *the critics -ned the film* la critica ha stroncato il film. **2** (*Minier*) (*to separate by washing*) separare mediante lavaggio. **III** *v.i.* **1** (*Minier*) sottoporre a lavaggio sabbie aurifere. **2** (*Minier*) (*to yield gold*) rendere oro, fruttare oro. □ (*Minier*) *to ~ for gold* cercare l'oro; (*Minier*) *to ~ gold* estrarre l'oro; (*colloq*) *to ~ out*: 1 (*to turn out*) andare, procedere, concludersi; 2 (*to turn out well*) riuscire, andar bene, avere successo; 3 (*Minier*) rendere oro, fruttare oro; ~ *scourer* paglietta per tegami; ~ *scrubber* paglietta per tegami.

pan[2] /pæn/ **I** *n.* (*Cin,TV*) panoramica *f.* **II** *v.i.* **1** (*Cin,TV*) fare una panoramica, panoramicare. **2** (*of a camera*) ruotare. **III** *v.t.* **1** (*Cin,TV*) fare una panoramica di. **2** (*of a camera*) fare ruotare.

pan[3] /pæn/ *n.* **1** (*Bot*) (*leaf of the betel*) foglia *f.* di betel. **2** (*betel nut mixture*) betel *m.*, bolo *m.* (da masticare, in uso nel mondo indo-malese).

pan[4] /pæn/ *a.* (*Fot,colloq*) (*panchromatic*) pancromatico.

Pan /pæn/ *n.pr.m.* (*Mitol*) Pan.

panacea /ˌpænə'siːə/ *n.* panacea *f.*, toccasana *m.*

panache /pə'næʃ/ *n.* **1** (*fig*) stile *m.*, eleganza *f.*, ricercatezza *f.*, gusto *m.: in home decor, ~ is more important than big money in creating a great atmosphere* nell'arredare una casa, per creare atmosfera, lo stile conta molto di più di una grande disponibilità economica. **2** (*on a helmet*) pennacchio *m.*, panache *m.*

Pan-African /ˌpæn'æfrɪkən/ *a.* panafricano.

Pan-Africanism /ˌpæn'æfrɪkənɪzəm/ *n.* panafricanismo *m.*

panama /ˌpænə'mɑː Am* 'pænəmɑː/ *n.* (*Mod*) panama *m.* □ (*Mod*) ~ *hat* panama.

Panama /ˌpænə'mɑː Am* 'pænəmɑː/ *n.pr.* (*Geog*) Panamá *m.* □ (*Geog*) ~ *Canal* Canale di Panama; (*Geog*) ~ *City* Panama.

Panamanian /ˌpænə'meɪnɪən/ *a.* panamense.

Pan-American /ˌpænə'merɪkən/ *a.* panamericano.

Pan-Americanism /ˌpænə'merɪkənɪzəm/ *n.* panamericanismo *m.*

Pan-Arab /ˌpæn'ærəb/ *a.* panarabo.

Pan-Arabic /ˌpæn'ærəbɪk/ *a.* panarabo.

Pan-Arabism /ˌpæn'ærəbɪzəm/ *n.* panarabismo *m.*

Pan-Asian /ˌpæn'eɪʃən, ˌpæn'eɪʒən/ *a.* panasiatico.

Pan-Asiatic /ˌpæn,eɪʃi'ætɪk, ˌpæn,eɪsi'ætɪk Am* ˌpæn,eɪʃi'ætɪk, ˌpæn,eɪsi'ætɪk/ *a.* panasiatico.

panatela /ˌpænə'telə/ *n.* sigaro *m.* lungo e sottile.

panatella /ˌpænə'telə/ *n.* sigaro *m.* lungo e sottile.

pancake /'pænkeɪk/ **I** *n.* **1** (*Gastron*) pancake *m.*, frittella *f.* **2** (*Aer*) atterraggio *m.* a "piatto", atterraggio *m.* spanciato. **3** (*Cosmet*) pancake *m.* **II** *v.t.* (*Aer*) atterrare a "piatto", atterrare spanciando. **III** *v.i.* (*Aer*) atterrare a "piatto", spanciare. □ *Pancake Day* martedì grasso; (*Mecc*) ~ *engine* motore a sogliola; ~ *filling* farcitura per frittelle; (*Aer*) ~ *landing* atterraggio "a piatto"; (*Cosmet*) ~ *make-up* pancake, fondotinta solido; ~ *race* gara del martedì grasso in cui si lancia in aria un pancake e lo si deve riprendere al volo con una padella; *Pancake Tuesday* martedì grasso.

panchromatic /ˌpænkrou'mætɪk Am* ˌpænkrou'mætɪk/ *a.* (*Fot*) pancromatico.

pancreas /'pæŋkrɪəs/ *n.* (*Anat*) pancreas *m.*

pancreatic /ˌpæŋkri'ætɪk Am* ˌpæŋkri'ætɪk/ *a.* pancreatico. □ (*Anat*) ~ *duct* dotto pancreatico; (*Fisiol*) ~ *juice* succo pancreatico.

pancreatin /'pæŋkrɪətɪn/ *n.* (*Biol,Farm*) pancreatina *f.*

pancreatitis /ˌpæŋkriə'taɪtɪs Am* ˌpæŋkriə'taɪtɪs/ *n.* (*Med*) pancreatite *f.*

panda /'pændə/ *n.* (*Zool*) **1** (*giant panda*) panda *m.* maggiore, panda *m.* gigante, orso *m.* del bambù. **2** (*red panda*) panda *m.*, panda *m.* minore. □ (*Br,colloq*) ~ *car* auto della polizia.

pandanus /pæn'deɪnəs/ *n.* (*Bot*) pandano *m.*

Pandean /pæn'diːən/ *a.* (*Mitol*) di Pan, del

dio Pan. ☐ (*Mus*) ~ *pipes* flauto di Pan, siringa.

pandect /'pændekt/ *n.* (*Dir*) raccolta *f.* di leggi (completa).

pandectist /'pændektɪst/ *n.* (*Dir*) pandettista *m./f.*

Pandects /'pændekts/ *n.pl.* (*Dir.rom*) pandette *f.pl.*

pandemic /pæn'demɪk/ **I** *a.* (*Med*) pandemico. **II** *n.* (*Med*) pandemia *f.*

pandemonium /ˌpændə'mouniəm/ *n.* pandemonio *m.*: ~ *broke out* si scatenò un pandemonio.

pander /'pændər/ **I** *v.i.* **1** (*to provide gratification*) andare incontro (a), essere compiacente (con): *to* ~ *to the public's taste for scandal* andare incontro al gusto scandalistico del pubblico. **2** (*to give encouragement*) incoraggiare, stimolare (qcu.). **II** *n.* (*ant*) **1** (*go-between in love affairs*) paraninfo *m.* (*f.* -a), mezzano *m.* (*f.* -a), manutengolo *m.* (*f.* -a). **2** (*pimp, procurer*) ruffiano *m.* (*f.* -a), mezzano *m.* (*f.* -a). **3** (*so. who gratifies the weakness of others*) profittatore *m.* (*f.* -trice), sfruttatore *m.* (*f.* -trice).

pandora /pæn'dɔːrə/ *n.* (*Mus*) pandura *f.*, pandora *f.*

Pandora /pæn'dɔːrə/ *n.pr.f.* (*Mitol*) Pandora. ☐ (*Mitol*) ~'s *box* vaso di Pandora (*anche fig*).

pandore /'pændɔːr *Am* 'pændɔːr/ *n.* (*Mus*) pandura *f.*, pandora *f.*

pane /peɪn/ *n.* **1** (*division of a window*) vetro *m.* **2** (*sheet of glass*) lastra *f.* di vetro. **3** (*panel*) pannello *m.*, riquadro *m.* **4** (*Tecn*) (*of a bolt, nut*) faccia *f.* **5** (*Tecn*) (*of a hammer*) penna *f.* **6** (*Tess*) riquadro *m.*, scacco *m.* **7** (*Br*) (*a sheet or page of stamps*) foglio *m.* di francobolli.

paned /peɪnd/ *a.* (*in compounds*) dai vetri..., con i vetri..., dal vetro...: *a wide-~ window* una finestra dai vetri grandi.

panegyric /ˌpænə'dʒɪrɪk/ **I** *n.* (*lett*) panegirico *m.* (*eccessiva*) esaltazione *f.* **II** *a.* (*lett*) elogiativo, di lode, (*rar*) panegirico.

panegyrical /ˌpænə'dʒɪrɪkəl/ *a.* (*lett*) elogiativo, di lode, (*rar*) panegirico.

panegyrist /ˌpænə'dʒɪrɪst/ *n.* (*lett*) panegirista *m./f.*

panegyrize /'pænədʒɪraɪz/ *v.t.* (*lett*) tessere un panegirico (attorno) a, scrivere in lode di.

panel /'pænl/ **I** *n.* **1** (*of a door, etc.*) pannello *m.*, riquadro *m.* **2** (*of a ceiling*) cassettone *m.*, formella *f.* **3** (*Met,El,Sart,Edil*) pannello *m.* **4** (*Tecn*) (*control panel*) quadro *m.* di comando, pannello *m.* **5** (*Dir*) (*list of possible jurors*) lista *f.* dei giurati. **6** (*Dir*) (*jury*) giuria *f.* **7** (*group of selected people*) comitato *m.*, giunta *f.*, commissione *f.*: *advisory* ~ comitato consultivo; *a ~ of experts* una commissione di esperti. **8** (*group of experts*) gruppo *m.* di esperti, panel *m.* **9** (*TV,Rad*) (*on discussion programme*) ospiti *m.pl.* **10** (*TV,Rad*) (*on quiz show*) giuria *f.* **11** (*list of approved doctors*) lista *f.* dei medici convenzionati (con le mutue), elenco *m.* dei medici convenzionati (con le mutue). **12** (*patients under the care of a doctor*) mutuati *m.pl.* **13** (*Art*) formella *f.*, pannello *m.* **14** (*Art*) (*of a triptych*) tavola *f.* **15** (*Aer*) campata *f.* **16** (*of a parachute*) riquadro *m.* **II** *a.* **1** (*of a doctor*) convenzionato con le mutue. **2** (*of a patient*) mutuato. **III** *v.t.* (*past, p.p.* **panelled** /Am **paneled** /-d/) **1** rivestire con pannelli, ornare con pannelli. **2** (*to set in a frame*) incorniciare. **3** (*Dir*) (*to empanel*) iscrivere nella lista dei giurati. ☐ ~ *beater* carrozziere; ~ *discussion* tavola rotonda, dibattito pubblico di un gruppo di esperti; ~ *doctor* medico convenzionato (*Br, TV,Rad*) ~ *game* gioco a cui partecipa un

gruppo di persone; ~ *heating* riscaldamento a pannelli radianti; (*El*) ~ *lighting* illuminazione a pannelli; (*Am,Dir*) ~ *of jurors* gruppo dei giurati, giuria; *to be on a* ~: **1** (*of experts, judges*) fare parte di una commissione; **2** (*TV, Rad*) fare parte di una giuria; ~ *patient* mutuato, assistito; ~ *pin* chiodino (da legno); ~ *point* punto nodale; (*Am,Aut*) ~ *truck* camioncino, furgoncino.

paneled /'pænld/ *a.* (*Am*) (*in compounds*) rivestito di pannelli di..., pannellato di (*o* in)...: *wood-~* rivestito di pannelli di legno.

paneling /'pænəlɪŋ/ *n.* (*Am*) **1** rivestimento *m.* con (*o* a) pannelli. **2** (*panels*) pannelli *m.pl.*, pannellatura *f.*

panelist /'pænəlɪst/ *n.* (*Am*) **1** partecipante *m./f.* a una tavola rotonda. **2** (*TV,Rad*) partecipante *m./f.* a un gioco a quiz.

panelled /'pænld/ *a.* (*in compounds*) rivestito di pannelli di..., pannellato di (*o* in)...: *wood-~* rivestito di pannelli di legno.

panelling /'pænəlɪŋ/ *n.* **1** rivestimento *m.* con (*o* a) pannelli. **2** (*panels*) pannelli *m.pl.*, pannellatura *f.*

panellist /'pænəlɪst/ *n.* **1** partecipante *m./f.* a una tavola rotonda. **2** (*TV,Rad*) partecipante *m./f.* a un gioco a quiz.

panentheism /'pænenθiːzəm/ *n.* panenteismo *m.*

panentheistic /ˌpænenθiːɪstɪk/ *a.* panenteistico, panenteista.

Pan-Europe /ˌpæn'juərəp *Am* ˌpæn'jurəp/ *n.pr.* Paneuropa *f.*

Pan-European /ˌpænjuərə'piːən *Am* ˌpænjurə'piːən/ *a.* paneuropeo.

panfish /'pænfɪʃ/ *n.* (*Am*) pesce *m.* da frittura.

pan-fried /'pænfraɪd/ *a.* fritto in olio.

pan-fry /'pænfraɪ/ *v.t.* (*Am*) friggere in olio.

panful /'pænfʊl/ *n.* padellata *f.*, (*rar*) tegamata *f.*

pang /pæŋ/ *n.* **1** morso *m.*, fitta *f.*, dolore *m.* acuto, spasimo *m.*: *the -s of hunger* i morsi della fame. **2** (*mental sensation*) spasimo *m.*, sofferenza *f.*, fitta *f.*, stretta *f.*: *-s of love* spasimi d'amore.

pangenesis /pæn'dʒenəsɪs/ *n.* pangenesi *f.*

pangenetic /ˌpændʒə'netɪk *Am* ˌpændʒə'netɪk/ *a.* della pangenesi.

pangenic /pæn'dʒenɪk/ *a.* della pangenesi.

Pan-German /ˌpæn'dʒɜːmən *Am* ˌpæn'dʒɜːrmən/ **I** *a.* pangermanistico, pangermanista. **II** *n.* pangermanista *m./f.*

Pan-Germanism /ˌpæn'dʒɜːmənɪzəm *Am* ˌpæn'dʒɜːrmənɪzəm/ *n.* pangermanesimo *m.*, pangermanismo *m.*

pangolin /'pæŋgoulɪn *Am* 'pæŋgoulɪn/ *n.* (*Zool*) pangolino *m.*

panhandle /'pænˌhændl/ **I** *n.* **1** manico *m.* di tegame, manico *m.* di padella. **2** (*Am,Geog*) lingua *f.* di terra sporgente, striscia *f.* di terra sporgente. **II** *v.i.* (*Am,colloq*) mendicare, accattare, chiedere l'elemosina, elemosinare.

panhandler /'pænˌhændlər/ *n.* (*Am,colloq*) mendicante *m./f.*

Panhellenic /ˌpænhel'iːnɪk *Am* ˌpænhə'lenɪk/ *a.* panellenico.

Panhellenism /ˌpæn'helɪnɪzəm/ *n.* panellenismo *m.*

Panhellenist /ˌpæn'helɪnɪst/ *n.* panellenista *m./f.*

panic[1] /'pænɪk/ **I** *n.* **1** panico *m.*: ~ *on the Stock Exchange* panico in borsa. **2** (*Am, colloq,fig*) (*funny person*) spasso *m.*: *to be a* ~ essere uno spasso. **II** *a.* **1** (*of fear*) panico. **2** (*arising from panic*) dettato dal panico: ~ *measures* misure dettate dal panico. **III** *v.t.* gettare nel panico, creare panico tra. **IV** *v.i.* lasciarsi prendere dal panico, essere colto dal panico. ☐ (*Psic*) ~ *attack* attacco di

panico; ~ *bolt* maniglia antipanico, maniglione antipanico; ~ *button* pulsante d'allarme, bottone d'emergenza, leva d'emergenza; (*colloq*) *to hit* (*o to press*) *the* ~ *button* farsi prendere dal panico; (*Econ*) ~ *buying* acquisti frenetici indotti da allarmismo; *to get into a* ~ andare nel panico, farsi prendere dal panico; (*Bot*) ~ *grass* panico; *in* ~ (*o in a* ~) nel panico, in preda al panico; *to throw so. into a* ~ gettare qcu. nel panico; *no* ~! niente panico!, restiamo calmi!; (*Econ*) ~ *selling* vendite frenetiche indotte da allarmismo; (*Br,colloq*) ~ *stations* (*costr.sing. o pl.*) stato di panico.

panic[2] /'pænɪk/ *n.* (*Bot*) (*panic grass*) panico *m.*

panicky /'pænɪki/ *a.* **1** pauroso come un coniglio, impressionabile. **2** (*resulting from panic*) incontrollato, in preda al panico.

panicle /'pænɪkl/ *n.* (*Bot*) pannocchia *f.*, tirso *m.*

panicled /'pænɪkld/ *a.* (*Bot*) panicolato, a pannocchia.

panic-monger /'pænɪkˌmʌŋgər/ *n.* (*Br*) seminatore *m.* (*f.* -trice) di panico.

panic-press /'pænɪkˌpres/ *n.* stampa *f.* allarmista.

panic-stricken /'pænɪkˌstrɪkən/ *a.* in preda al panico, terrorizzato.

panic-struck /'pænɪkˌstrʌk/ *a.* in preda al panico, terrorizzato.

paniculate /pə'nɪkjʊlət, pə'nɪkjʊleɪt/ *a.* (*Bot*) panicolato, a pannocchia.

paniculated /pə'nɪkjʊleɪtɪd *Am* pə'nɪkjʊleɪtɪd/ *a.* (*Bot*) panicolato, a pannocchia.

Pan-Islam /ˌpæn'ɪzlɑːm, ˌpæn'ɪsləm/ *n.* Panislamismo *m.*

Pan-Islamic /ˌpɑːn'ɪzlæmɪk, ˌpɑːn'ɪslæmɪk/ *a.* panislamico.

Pan-Islamism /ˌpæn'ɪzləmɪzəm, pæn 'ɪsləmɪzəm/ *n.* panislamismo *m.*

panjandrum /pæn'dʒændrəm/ *n.* (*scherz*) ducetto *m.*, capoccia *m.*

pannage /'pænɪdʒ/ *n.* **1** (*Dir,ant*) (*right of pasturing*) diritto *m.* di pascolo di suini. **2** (*Dir,ant*) (*charge*) somma *f.* dovuta per il pascolo dei suini. **3** (*ant*) (*food for swine*) mangime *m.* per suini.

panne /pæn/ *n.* (*Tess*) tessuto *m.* leggero in seta o rayon simile al velluto.

pannier /'pæniər *Am* 'pænjər/ *n.* **1** gerla *f.*, paniere *m.* da basto. **2** (*on bikes*) sacca *f.* da bicicletta. **3** (*Mod,ant*) (*framework to widen skirts*) paniere *m.*

pannikin /'pænɪkɪn/ *n.* **1** piccolo boccale *m.* di metallo. **2** (*small pan*) tegamino *m.*

panning /'pænɪŋ/ *n.* (*Cin,TV*) panoramica *f.*

pannist /'pænɪst/ *n.* (*Mus*) percussionista *m./f.*

panophobia /ˌpænə'foubiə/ *n.* (*Med*) panofobia *f.*, patofobia *f.*, (*colloq*) paura *f.* di tutto.

panoplied /'pænəplid/ *a.* **1** (*Mil,ant*) rivestito dell'armatura intera. **2** (*estens*) (*magnificently clothed*) abbigliato in modo sfarzoso.

panoply /'pænəpli/ *n.* **1** (*Mil,ant*) (*full armour*) panoplia *f.*, armatura *f.* intera. **2** (*estens*) (*ceremonial dress*) abito *m.* da cerimonia. **3** (*fig*) pompa *f.*, sfarzo *m.*

panoptic /'pænəptɪk/ *a.* panottico.

panorama /ˌpænər'ɑːmə *Am* ˌpænə'ræmə/ *n.* **1** panorama *m.* **2** (*fig*) panorama *m.*, rassegna *f.* completa, rassegna *f.* complessiva. **3** (*Fot,Art*) panoramica *f.*, panorama *m.* ☐ (*Fot*) ~ *lens* grandangolare, grandangolo, obiettivo panoramico.

panoramic /ˌpænər'æmɪk *Am* ˌpænə'ræmɪk/ *a.* panoramico (*anche fig*). ☐ (*Fot*) ~ *lens* grandangolare, grandangolo, obiettivo panoramico; (*Aut*) ~ *mirror* specchietto panoramico; (*Med*) ~ *radiography* panoramica, radiografia panoramica; (*Arch*) ~ *window* finestra panoramica.

panoramically /ˌpænəˈræmɪkˈli *Am* ˌpænə ˈræmɪkəli/ *avv.* panoramicamente.

panpipes /ˈpænpaɪps/ *n.pl.* (*Mus*) (*mouth organ*) flauto *m.sing.* di Pan, siringa *f.sing.*

pan-sear /ˈpænsɪəʳ *Am* ˈpænsɪr/ *v.t.* scottare in padella.

pan-seared /ˈpænsɪəd *Am* ˈpænsɪrd/ *a.* scottato in padella.

pansexual /ˌpænˈsekʃʊəl/ *a.* pansessuale.

pansexuality /ˌpænˌsekʃuˈæləti *Am* ˌpæn ˌsekʃuˈæləti/ *n.* pansessualità *f.*

pansied /ˈpænzɪd/ *a.* coperto di viole del pensiero, ornato di viole del pensiero, con viole del pensiero.

pansified /ˈpænzɪfaɪd/ *a.* (*spreg,fig*) da femminuccia, da donnicciola.

Pan-Slav /ˈpænˈslɑːv/ *a.* panslavista.

Pan-Slavic /ˌpænˈslɑːvɪk, ˌpænˈslævɪk/ *a.* panslavista.

Pan-Slavism /ˌpænˈslɑːvɪzˈm,pænˈslævɪzˈm/ *n.* panslavismo *m.*

panstick /ˈpænstɪk/ *n.* (*Cosmet*) pancake *m.* in stick.

pansy /ˈpænzi/ *n.* **1** (*Bot*) viola *f.* del pensiero, pensée *f.*, pansé *f.* **2** (*sl,ant*) (*male homosexual*) finocchio *m.*, culattone *m.* **3** (*sl*) (*effeminate man*) donnicciola *f.*, femminuccia *f.*, uomo *m.* effeminato.

pant /pænt/ **I** *v.i.* **1** ansimare, ansare, avere il fiato grosso, respirare affannosamente. **2** (*colloq*) (*to long, yearn*) anelare (*for* a), desiderare ardentemente, agognare (qcs.). **3** (*to move with a puffing sound*) sbuffare, ansimare: *the train -ed up the hill* il treno sbuffava su per la collina. **4** (*to throb, to palpitate*) palpitare, pulsare. **II** *v.t.* (*to say sth. breathlessly*) dire (qcs.) ansimando. **III** *n.* **1** respiro *m.* affannoso. **2** (*of a steam engine, etc.*) sbuffo *m.* **3** (*throb, pulse*) palpito *m.*, pulsazione *f.* □ *to ~ for air* boccheggiare; *to be -ing for breath* essere senza fiato; *to ~ forth* dire ansimando; *to ~ out* dire ansimando; (*Am,Abbigl*) ~ *suit* tailleur pantalone.

Pantagruelian /ˌpæntəgruˈeliən *Am* ˌpæn təgruˈeliən/ *a.* pantagruelico.

Pantagruelic /ˌpæntəgruˈelɪk *Am* ˌpæntəgru ˈelɪk/ *a.* pantagruelico.

Pantagruelism /ˌpæntəˈgruelɪzˈm *Am*ˌpæntə ˈgruelɪzˈm/ *n.* umorismo *m.* cinico e volgare.

Pantagruelist /ˌpæntəˈgruelɪst *Am* ˌpæntə ˈgruelɪst/ *n.* chi è dotato di umorismo cinico e volgare.

pantalets, pantalettes /ˌpæntəˈlets/ *n.pl.* (*Abbigl,ant*) mutandoni *m.pl.* da donna guarniti di gale usati nel XIX secolo.

pantaloon /ˌpæntəlˈuːn *Am* ˌpæntəlˈuːn/ *n.* **1** (*Teat*) buffone *m.*, pagliaccio *m.* **2** *pl.* (*Abbigl*) pantaloni *m.pl.* ampi e stretti alle caviglie. **3** *pl.* (*Abbigl,ant*) (*for men*) pantaloni *m.pl.* aderenti.

Pantaloon /ˌpæntəlˈuːn *Am* ˌpæntəlˈuːn/ *n.pr.m.* (*Teat*) Pantalone.

pantdress /ˈpændres/ *n.* (*Am,Abbigl*) abito *m.* pantalone.

pantechnicon /pænˈteknɪkən/ *n.* furgone *m.* per il trasporto di mobili, furgone *m.* per mobili, furgone *m.* per traslochi.

pantheism /ˈpænθiːɪzˈm/ *n.* (*Filos,Rel*) panteismo *m.*

pantheist /ˈpænθiːɪst/ *n.* (*Filos,Rel*) panteista *m./f.*

pantheistic /ˌpænθiˈɪstɪk/ *a.* (*Filos,Rel*) panteistico.

pantheistical /ˌpænθiˈɪstɪkəl/ *a.* (*Filos,Rel*) panteistico.

pantheon /ˈpænθiən *Am* also ˈpænθiɑːn/ *n.*

(*Stor.rom,Rel*) pantheon *m.* (*anche estens*).

Pantheon /ˈpænθiən *Am* also ˈpænθiɑːn/ *n.pr.* (*Arch*) Pantheon *m.*

panther /ˈpænθəʳ/ (*pl.inv.* o **-s** /-z/; *il pl. inv. si usa general. con valore collett.*) *n.* (*Zool*) **1** pantera *f.*, leopardo *m.* **2** (*Am*) (*cougar, puma*) puma *m.*, coguaro *m.*

pantheress /ˈpænθərɪs/ *n.* (*Zool*) pantera *f.* femmina.

panties /ˈpæntiz *Am* ˈpæntiz/ *n.pl.* (*Abbigl, colloq*) mutandine *f.pl.*, culottes *f.pl.*

pantihose /ˈpæntihouz *Am* ˈpæntihouz/ *n.pl.* (*Am,Abbigl*) collant *m.sing./pl.*

pantile /ˈpæntaɪl/ *n.* (*Edil*) tegola *f.* curva, coppo *m.*

panting /ˈpæntɪŋ *Am* ˈpæntɪŋ/ *a.* ansante, ansimante, affannato.

pantingly /ˈpæntɪŋli *Am* ˈpæntɪŋli/ *avv.* affannosamente.

panto /ˈpæntou/ (*pl.* **-s** /-z/) *n.* (*Br,colloq*) (*pantomime*) pantomima *f.*

Pantocrator /pænˈtɒkrətəʳ *Am* pænˈtɑːkrətəʳ/ *n.* (*Rel,Art*) pantocratore *m.*

pantograph /ˈpæntougrɑːf *Am* ˈpæntəgrɑːf/ *n.* pantografo *m.* (*anche El*).

pantographic /ˌpæntouˈgræfɪk *Am* ˌpæntə ˈgræfɪk/ *a.* pantografico (*anche El*).

pantomime /ˈpæntəmaɪm *Am* ˈpæntəmaɪm/ **I** *n.* **1** (*Teat*) pantomima *f.*, pantomimo *m.* **2** (*fig*) pantomima *f.*, mimica *f.* **3** (*Br,Teat*) (*Christmas entertainment*) spettacolo *m.* rappresentato durante il periodo natalizio. **4** (*Stor.rom*) mimo *m.* **II** *v.t.* esprimere a gesti, comunicare a gesti, mimare. **III** *v.i.* esprimersi a gesti, mimare.

pantomimic /ˌpæntouˈmɪmɪk *Am* ˌpæntə ˈmɪmɪk/ *a.* pantomimico.

pantomimist /ˌpæntouˈmɪmɪst *Am* ˌpæntə ˈmɪmɪst/ *n.* pantomimo *m.* (*f.* -a), mimo *m.* (*f.* -a).

pantothenate /ˈpæntəθeneɪt/ *n.* (*Chim*) pantotenato *m.*

pantothenic /ˌpæntəˈθenɪk/ *a.* (*Chim*) pantotenico: ~ *acid* acido pantotenico.

pantry /ˈpæntri/ *n.* **1** dispensa *f.* **2** (*room for preparing or serving food*) office *m.*

pantryman /ˈpæntrimən/ *n.irr.* (*rar*) dispensiere *m.*

pants /pænts/ *n.pl.* **1** (*Br,Abbigl*) mutande *f.pl.* **2** (*Am,Canad,Aus,Abbigl*) (*trousers*) pantaloni *m.pl.*, calzoni *m.pl.* **3** (*Br,sl*) (*rubbish, nonsense*) sciocchezze *f.pl.*, stupidate *f.pl.* □ (*colloq,fig*) *to be caught with one's ~ down* essere preso alla sprovvista, essere preso in contropiede.

pantskirt /ˈpæntskɜːt *Am* ˈpæntskɜːrt/ *n.* (*Am, Abbigl*) gonna *f.* pantalone.

pantsuit /ˈpæntsuːt/ *n.* (*Abbigl*) abito *m.* pantalone.

panty girdle /ˈpæntiˌɡɜːdl *Am* ˈpæntiˌɡɜːrdl/ *n.* (*Abbigl*) mutande *f.pl.* elastiche, culottes *f.pl.*

pantyhose /ˈpæntihouz *Am* ˈpæntihouz/ *n.pl.* (*Am,Abbigl*) collant *m.sing./pl.*

panty-liner /ˈpæntilaɪnəʳ *Am* ˈpæntilaɪnəʳ/ *n.* salvaslip *m.*

pantywaist /ˈpæntiweɪst/ *n.* (*Am,sl,fig*) femminuccia *f.*, donnetta *f.*

panzer /ˈpæntsəʳ, ˈpæntzəʳ/ **I** *a.* (*Mil*) corazzato: ~ *division* divisione corazzata. **II** *n.* (*Mil*) carro *m.* armato.

pap[1] /pæp/ *n.* **1** pappa *f.* **2** (*Am,sl*) favoritismo *m.* (politico), appoggio *m.* (politico). **3** (*Am, sl*) (*pabulum*) robetta *f.*, robaccia *f.*, spazzatura *f.*

pap[2] /pæp/ *n.* **1** (*dial,rar*) capezzolo *m.* **2** (*Geol, Geog*) mammellone *m.*

Pap /pæp/ □ (*Am,Med*) ~ *smear* (o ~ *test*) pap-test.

papa /pəˈpɑː *Am* ˈpɑːpə/ *n.* (*colloq*) papà *m.*,

papino *m.*, papi *m.*

papacy /ˈpeɪpəsi/ *n.* (*Rel.catt*) papato *m.*, pontificato *m.*

papaia /pəˈpaɪə/ *n.* (*Bot*) papaia *f.*

papain /pəˈpeɪn/ *n.* (*Chim*) papaina *f.*

papal /ˈpeɪpəl/ *a.* **1** (*Rel.catt*) papale, pontificio. **2** (*iron,spreg*) papalino. □ (*Rel.catt*) ~ *bull* bolla papale; (*Rel.catt*) ~ *cross* croce papale; (*Rel.catt*) ~ *nuncio* nunzio papale; (*Stor*) *Papal States* Stati della Chiesa.

papalism /ˈpeɪpəlɪzˈm/ *n.* (*Rel.catt*) papismo *m.*

papalist /ˈpeɪpəlɪst/ *n.* papista *m./f.*

papalistic /ˌpeɪpəlˈɪstɪk *Am* ˌpeɪpəˈlɪstɪk/ *a.* papistico.

papalize /ˈpeɪpəlaɪz/ *v.t.* rendere papale.

paparazzo /ˌpæpəˈrætsou *Am* ˌpɑːpɑːˈrɑːtsou/ (*pl.* **-i** /-i/) *n.irr.* paparazzo *m.*

papaveraceous /pəˌpævəˈreɪʃəs/ *a.* (*Bot*) papaveracea, delle papaveracee.

papaverine /pəˈpeɪvəraɪn/ *n.* (*Chim*) papaverina *f.*

papaw /ˈpɔːpɔː *Am* ˈpɔːpɑː/ *n.* (*Bot*) papaia *f.*

papaya /pəˈpaɪə/ *n.* (*Bot*) papaia *f.*

paper /ˈpeɪpəʳ/ **I** *n.* **1** carta *f.*: *a sheet of ~* un foglio di carta. **2** (*sheet, piece*) foglio *m.*, pezzo *m.* di carta. **3** (*literary composition*) saggio *m.*, monografia *f.*, scritto *m.*, dissertazione *f.* **4** (*address*) discorso *m.*, intervento *m.* **5** (*newspaper*) giornale *m.*: *the morning ~* il giornale del mattino. **6** (*wallpaper*) carta *f.* da parati, tappezzeria *f.* **7** (*Scol*) (*written examination*) esame *m.* scritto, prova *f.* scritta, (*colloq*) scritto *m.* **8** (*Scol*) (*composition, essay*) composizione *f.*, tema *m.* **9** (*Scol*) (*answers*) elaborato *m.*, compito *m.* scritto. **10** (*Econ*) (*negotiable notes*) cartevalori *f.pl.* **11** (*Econ*) cartamoneta *f.*, moneta *f.* cartacea. **12** *pl.* (*documents*) documenti *m.pl.*, carte *f.pl.*: *the policeman asked to see my -s* il poliziotto mi chiese i documenti. **13** *pl.* (*written documents, letters, etc.*) carteggio *m.sing.*, carte *f.pl.*, incartamenti *m.pl.*, scritti *m.pl.*: *the queen's private -s* il carteggio privato della regina. **II** *a.* **1** di carta, cartaceo: ~ *plates* piatti di carta. **2** (*like paper*) simile alla carta, cartaceo. **3** (*of or involving clerical duties*) d'ufficio: *a ~ job* un lavoro d'ufficio. **4** (*carried on by correspondence, etc.*) per corrispondenza. **5** (*consisting of printed matter*) giornalistico: *a ~ war* una polemica giornalistica. **6** (*fig*) (*in theory*) teorico, sulla carta. **7** (*fig*) (*not yet existing*) ipotetico, sulla carta: ~ *profits* profitti ipotetici. **III** *v.t.* **1** tappezzare. **2** (*to sandpaper*) levigare con carta vetrata, cartavetrare, (*colloq*) scartavetrare. **3** (*to cover with paper*) rivestire di carta, foderare di carta. **4** (*to wrap in paper*) incartare. □ ~ *bag* sacchetto di carta; ~ *bank* (*in garbage collection*) bidone per la raccolta della carta, campana per la raccolta della carta; ~ *boy*: 1 ragazzo che vende i giornali; 2 (*ant*) strillone; ~ *chain* festone (di carta); ~ *chase*: 1 (*Br*) (*outdoor game*) finta caccia alla volpe; 2 (*colloq*) (*an excessively bureaucratic process*) stillicidio burocratico; 3 (*Sport*) gara in cui l'apripista si lascia dietro pezzetti di carta per indicare agli altri partecipanti il percorso; (*Econ*) ~ *circulation* circolazione cartacea; ~ *clip*: 1 graffetta, fermaglio; 2 (*with a spring*) fermacarte a molla; ~ *cup* bicchiere di carta; (*Econ*) ~ *currency* cartamoneta, moneta cartacea; ~ *feed* alimentazione della carta (*anche Inform*); ~ *feed tray* vassoio di alimentazione della carta (*anche Inform*); *to get into the -s* (o *to get one's name into the -s*) finire sui giornali; ~ *girl* ragazza che vende i giornali; ~ *handkerchief* fazzoletto di carta, kleenex; ~ *hanger* tappezziere; (*Econ*) ~ *hold-*

ings cartevalori, titoli fiduciari; (*Teat*) *to ~ the house* riempire il teatro di spettatori non paganti; ~ *industry* industria cartaria; ~ *jam* inceppamento della carta (*anche Inform*); ~ *knife* tagliacarte; ~ *lantern* lampioncino; (*Econ*) ~ *money* cartamoneta, moneta cartacea; ~ *napkin* tovagliolo di carta; (*Stor*) ~ *office* archivio; *on* ~: 1 per iscritto, sulla carta, nero su bianco: *I won't believe it till I see it on* ~ non lo crederò finché non lo vedrò nero su bianco; *to get sth. down on* ~ mettere qcs. per iscritto; 2 (*fig*) in teoria, teoricamente, sulla carta; *to* ~ *over*: 1 coprire con carta; 2 (*fig*) (*to hide*) nascondere: *to ~ over one's differences* cercare di nascondere le differenze; *to ~ over the cracks* appianare le divergenze, metterci una pezza; ~ *qualifications* attestati; ~ *shop* giornalaio; ~ *shredder* (o ~ *shredder machine*) distruggi documenti; (*Inform*) ~ *tape* nastro perforato; (*Inform*) ~ *tape puncher* perforatore di banda; ~ *thin* sottilissimo, finissimo; (*fig*) ~ *tiger* tigre di carta; ~ *towel* asciugamano di carta; ~ *trail* documentazione relativa all'attività di una persona; ~ *trimmer* taglierina; *to* ~ *up* (*of cracks, etc.*) tappare con della carta, chiudere con della carta.

paperback /'peɪpəbæk *Am* 'peɪpərbæk/ **I** *n.* libro *m.* tascabile, edizione *m.* economica, libro *m.* in brossura. **II** *a.* 1 (*of a book*) economica, in brossura. 2 (*of paperback books*) di libri in brossura.

paperboard /'peɪpəbɔːd *Am* 'peɪpərbɔːrd/ **I** *n.* cartone *m.* **II** *a.* di cartone.

paperbound /'peɪpəbaʊnd *Am* 'peɪpərbaʊnd/ *a.* 1 (*of a book*) economica, in brossura. 2 (*of paperback books*) di libri in brossura.

paperclip /'peɪpəklɪp *Am* 'peɪpərˌklɪp/ *n.* 1 graffetta *f.*, fermaglio *m.* 2 (*with a spring*) fermacarte *m.* a molla.

paperer /'peɪpərər/ *n.* tappezziere (*f.* -a).

paperhanger /'peɪpəˌhæŋər *Am* 'peɪpərˌhæŋər/ *n.* tappezziere (*f.* -a).

paperhanging /'peɪpəˌhæŋɪŋ *Am* 'peɪpərˌhæŋɪŋ/ *n.* il tappezzare.

paperless /'peɪpələs *Am* 'peɪpərles/ *a.* informatizzato.

papermaker /'peɪpəmeɪkər *Am* 'peɪpərˌmeɪkər/ *n.* fabbricante *m./f.* di carta, industria *f.* cartaria.

papermaking /'peɪpəmeɪkɪŋ *Am* 'peɪpərˌmeɪkɪŋ/ *n.* fabbricazione *f.* della carta; (*industry*) industria *f.* della carta, industria *f.* cartaria.

papermill /'peɪpəmɪl *Am* 'peɪpərmɪl/ *n.* cartiera *f.*

paper-pusher /'peɪpəpʊʃər *Am* 'peɪpərˌpʊʃər/ *n.* (*bureaucrat, clerical worker*) passacarte *m./f.*

paper-thin /'peɪpəθɪn *Am* 'peɪpərˌθɪn/ *a.* molto sottile, sottilissimo.

paperweight /'peɪpəweɪt *Am* 'peɪpərˌweɪt/ *n.* fermacarte *m.*

paperwork /'peɪpəwɜːk *Am* 'peɪpərˌwɜːrk/ *n.* lavoro *m.* d'ufficio.

papery /'peɪpəri/ *a.* 1 cartaceo, simile a carta. 2 (*of skin*) incartapecorito. 3 (*very thin*) molto sottile, sottilissimo.

papier-mâché /ˌpæpieɪˈmæʃeɪ *Am* ˌpeɪpərˈmɑˈʃeɪ/ **I** *n.* cartapesta *f.* **II** *a.* di cartapesta.

papilionaceous /pəˌpɪliouˈneɪʃəs/ *a.* 1 (*Bot*) delle papilionacee. 2 (*resembling a butterfly*) papilionaceo, farfallino.

papilla /pəˈpɪlə/ (*pl.* -**lae** /-liː/) *n.* (*Anat,Bot*) papilla *f.*

papillary /pəˈpɪləri *Am* ˈpæpəleri/ *a.* 1 simile a papilla, papillare. 2 (*covered with papillae*) papillare, dotato di papille.

papillate /pəˈpɪlɪt, ˈpæpɪleɪt/ *a.* 1 simile a pa-

pilla, papillare. 2 (*covered with papillae*) papillare, dotato di papille.

papillated /ˌpæpɪˈleɪtɪd *Am* ˌpæpɪˈleɪtɪd/ *a.* 1 simile a papilla, papillare. 2 (*covered with papillae*) papillare, dotato di papille.

papilloma /ˌpæpɪˈloumə/ *n.* (*Med*) papilloma *m.*

papillose /ˈpæpɪlous/ *a.* 1 simile a papilla, papillare. 2 (*covered with papillae*) papillare, dotato di papille.

papism /ˈpeɪpɪzəm/ *n.* (*spreg*) papismo *m.*

papist /ˈpeɪpɪst/ *a.* (*spreg*) papista *m./f.*

papistic /pəˈpɪstɪk/ *a.* (*spreg*) papistico.

papistical /pəˈpɪstɪkəl/ *a.* (*spreg*) papistico.

papistry /ˈpeɪpɪstri/ *n.* (*spreg*) papismo *m.*

papoose /pəˈpuːs *Am* pæpˈuːs/ *n.* 1 (*spreg*) (*Native North American child*) bambino *m.* (*f.* -a) pellerossa. 2 (*bag for carrying baby*) marsupio *m.* (per trasportare bambini)

pappoose /pæˈpuːs/ *n.* (*spreg*) bambino *m.* (*f.* -a) pellerossa.

pappose /ˈpæpous/ *a.* (*Bot*) papposo.

pappus /ˈpæpəs/ *n.* (*Bot*) pappo *m.*

pappy[1] /ˈpæpi/ *a.* molle, simile a una pappa.

pappy[2] /ˈpæpi/ *n.* (*colloq*) papà *m.*, papino *m.*, papi *m.*, (*region*) babbo *m.*

paprica, paprika /ˈpæprɪkə *Am* pæpˈriːkə/ *n.* (*Gastron*) paprica *f.*

Papuan /ˈpɑːpuən *Am* ˈpæpjuən/ **I** *a.* papuano, papuaso, papua. **II** *n.* 1 papuano *m.* (*f.* -a), papua *m./f.* 2 (*language*) lingua *f.* papua, papua *m.*

Papua New Guinea /ˌpɑːpuənuːˈgɪni *Am* ˌpæpjuənuːˈgɪni/ *n.pr.* (*Geog*) Papua Nuova Guinea *f.*

papula /ˈpæpjulə/ (*pl.* -**lae** /-liː/) *n.* (*Med,Zool*) papula *f.*

papular /ˈpæpjulər/ *a.* (*Med,Zool*) papulare.

papule /ˈpæpjuːl/ *n.* (*Med,Zool*) papula *f.*

papulose /ˈpæpjulous/ *a.* papuloso (*anche Med*).

papulous /ˈpæpjuləs/ *a.* papuloso (*anche Med*).

papyraceous /ˌpæpɪˈreɪʃəs/ *a.* papiraceo.

papyrological /ˌpæpɪrəˈlɒdʒɪkəl *Am* ˌpæpɪrəˈlɑːdʒɪkəl/ *a.* papirologico.

papyrologist /ˌpæpɪˈrɒlədʒɪst *Am* ˌpæpɪˈrɑːlədʒɪst/ *n.* papirologo *m.* (*f.* -a), papirologista *m./f.*

papyrology /ˌpæpɪˈrɒlədʒi *Am* ˌpæpɪˈrɑːlədʒi/ *n.* papirologia *f.*

papyrus /pəˈpaɪ(ə)rəs/ (*pl.* -**ruses** /-rəsɪz/ o -**ri** /-raɪ/) *n.* (*Bot*) papiro *m.* (*anche estens*).

par[1] /pɑːr/ *Am* pɑːr/ *n.* 1 parità *f.*, uguaglianza *f.* 2 (*average*) media *f.* 3 (*norm*) livello *m.* normale, norma *f.*, normalità *f.* 4 (*Econ*) (*of a currency*) parità *f.* 5 (*Econ*) (*of securities*) valore *m.* nominale. 6 (*Sport*) (*in golf*) par *m.*, norma *f.* **II** *a.* medio, normale. □ *above* ~: 1 sopra la media; 2 (*Econ*) sopra la pari; (*Econ*) *at* ~ alla pari; *below* ~: 1 sotto la media; 2 (*Econ*) sotto la pari; 3 (*colloq,fig*) non in forma: *to be feeling below* ~ non sentirsi in forma; (*fig,colloq*) *to be* ~ *for the course* essere la norma, essere normale, essere nella norma; (*Econ*) ~ *of exchange* parità di cambio, parità cambiaria; *on a* ~ *with* alla pari con; *under* ~: 1 sotto la media; 2 (*Econ*) sotto la pari; 3 (*Sport*) sotto al par: *four under* ~ quattro sotto al par, quattro colpi sotto al par; *up on a* ~ *with* alla pari con; *up to* ~: 1 alla pari; 2 (*colloq,fig*) non in forma: *I am not feeling up to* ~ non mi sento in forma; (*Econ*) ~ *value* valore nominale.

par[2] /pɑːr/ *Am* pɑːr/ (*pl.inv.* o -**s** /-z/; *il pl. inv. si usa general. con valore collett.*) *n.* (*Itt*) 1 salmone *m.* giovane. 2 (*young fish*) pesce *m.* giovane.

par. 1 *paragraph* par. (paragrafo). 2 *parallel*

(parallelo).

parabanking /ˌpærəˈbæŋkɪŋ/ **I** *n.* parabancario *m.*, servizi *m.pl.* parabancari. **II** *a.* parabancario.

parabasis /pəˈræbæsɪs/ *n.* (*Teat*) parabasi *f.*

parabiosis /ˌpærəbaɪˈousɪs/ *n.* (*Zool*) parabiosi *f.*

parable /ˈpærəbl/ *n.* parabola *f.* (*anche Bibl*).

parabola /pəˈræbələ/ *n.* (*Mat*) parabola *f.*

parabole /pəˈræbəli/ *n.* (*Ret*) similitudine *f.*

parabolic[1] /ˌpærəˈbɒlɪk *Am* ˌpærəˈbɑːlɪk/ *a.* 1 di parabola, da parabola. 2 (*allegorical*) allegorico.

parabolic[2] /ˌpærəˈbɒlɪk *Am* ˌpærəˈbɑːlɪk/ *a.* (*Mat,Geom*) parabolico. □ ~ *aerial* (o ~ *antenna*) antenna parabolica; ~ *reflector* riflettore parabolico.

parabolical /ˌpærəˈbɒlɪkəl *Am* ˌpærəˈbɑːlɪkəl/ *a.* 1 (*of a parable*) di parabola, da parabola. 2 (*allegorical*) allegorico.

parabolically /ˌpærəˈbɒlɪkli *Am* ˌpærəˈbɑːlɪkli/ *avv.* parabolicamente.

paraboloid /pəˈræbəlɔɪd *Am* pəˈræbəlɔɪd/ *n.* (*Mat*) paraboloide *m.*

paraboloidal /pəˈræbəlɔɪdəl *Am* pəˈræbəlɔɪdəl/ *a.* paraboloidale.

Paracelsus /ˌpærəˈselsəs *Am* ˌperəˈselsəs/ *n.pr.m.* (*Stor*) Paracelso *f.*

paracetamol /ˌpærəˈsiːtəmɒl/ *n.* (*Br,Farm*) paracetamolo *m.*

parachute /ˈpærəʃuːt *Am* ˈperəʃuːt/ **I** *n.* 1 (*Aer, Minier*) paracadute *m.* 2 (*Zool*) patagio *m.* **II** *v.t.* paracadutare. **III** *v.i.* paracadutarsi. □ ~ *drop* lancio con il paracadute; (*Aer*) ~ *flare* razzo illuminante munito di paracadute; ~ *jump* lancio con il paracadute; ~ *jumper* paracadutista; ~ *silk* seta da paracadute.

parachuting /ˈpærəʃuːtɪŋ *Am* ˈperəˈʃuːtɪŋ/ □ *to go* ~ fare paracadutismo.

parachutist /ˈpærəˌʃuːtɪst *Am* ˈperəˈʃuːtɪst/ *n.* 1 paracadutista *m./f.* 2 (*Aer.mil*) paracadutista *m./f.*, parà *m./f.*

Paraclete /ˈpærəkliːt *Am* ˈperəkliːt/ *n.* (*Rel*) paraclito *m.*, paracleto *m.*

parade /pəˈreɪd/ **I** *n.* 1 corteo *m.*, processione *f.*, sfilata *f.*: *a carnival* ~ un corteo carnevalesco. 2 (*Mil*) (*of troops*) parata *f.*, rivista *f.*, sfilata *f.*, rassegna *f.* 3 (*Mil*) (*assembly for inspecting, etc.*) adunata *f.*, schieramento *m.*: *inspection* ~ adunata per l'ispezione. 4 (*Mil*) (*place*) piazza *f.* della parata, piazza *f.* d'armi. 5 (*fig*) (*showing-off*) parata *f.*, sfoggio *m.*, mostra *f.*, ostentazione *f.*: *to make a* ~ *of one's achievements* fare sfoggio dei propri successi. 6 (*fashion show*) sfilata *f.* di moda. 7 (*informal procession*) lunga fila *f.*, coda *f.*, processione *f.* 8 (*row*) sfilza *f.*: *a* ~ *of shops* una sfilza di negozi. 9 (*promenade, public walk*) passeggiata *f.*, passeggio *m.* 10 (*Sport*) (*in fencing*) parata *f.* **II** *v.t.* 1 fare sfoggio di, sfoggiare, ostentare, mettere in mostra: *to* ~ *one's talents* fare sfoggio del proprio talento. 2 (*to promenade*) percorrere passeggiando, passeggiare. 3 (*Mil*) schierare in parata. **III** *v.i.* 1 sfilare, andare in processione, andare in corteo. 2 (*Mil*) sfilare in parata; (*to march*) sfilare a passo di parata. 3 (*to walk up and down*) andare su e giù. 4 (*to promenade*) passeggiare. 5 (*to walk about ostentatiously*) fare mostra di sé, pavoneggiarsi. □ *to* ~ *about* (o *to* ~ *around*) sfilare; (*Mil*) ~ *ground* piazza della parata, piazza d'armi; *to* ~ *one's knowledge* fare il saccente; *to be on* ~ essere in parata, sfilare.

paradigm /ˈpærədaɪm *Am* ˈperədaɪm/ *n.* 1 esempio *m.*, modello *m.*, esemplare *m.*, paradigma *m.* 2 (*Gramm,Filos*) paradigma *m.* □ ~ *shift* cambiamento paradigmatico.

paradigmatic /ˌpærədɪgˈmætɪk *Am* ˌperədɪg

'mætɪk/ *a.* **1** esemplare, modello. **2** (*Gramm*) paradigmatico.

paradigmatical /ˌpærədɪɡ'mætɪkəl *Am* ˌperədɪɡ'mætɪkəl/ *a.* **1** esemplare, modello. **2** (*Gramm*) paradigmatico.

paradigmatically /ˌpærədɪɡ'mætɪkəli *Am* ˌperədɪɡ'mætɪkəli/ *avv.* paradigmaticamente.

paradisaic /ˌpærədɪ'seɪɪk *Am* ˌperədɪ'seɪɪk/ *a.* paradisiaco, celestiale.

paradisaical /ˌpærədɪ'seɪɪkəl *Am* ˌperədɪ'seɪɪkəl/ *a.* paradisiaco, celestiale.

paradisal /ˌpærə'daɪsəl *Am* ˌperə'daɪsəl/ *a.* paradisiaco, celestiale.

paradise /'pærədaɪs *Am* 'perədaɪs/ *n.* **1** (*heaven*) paradiso *m.*, cielo *m.* **2** (*Bibl*) (*Garden of Eden*) paradiso *m.* terrestre, eden *m.*, giardino *m.* dell'Eden. **3** (*fig*) paradiso *m.*, eden *m.* □ (*Lett*) *Paradise Lost* il Paradiso perduto.

paradisiac /ˌpærə'dɪsiæk *Am* ˌperə'dɪsiæk/ *a.* paradisiaco, celestiale.

paradisiacal /ˌpærədɪ'sɪækəl *Am* ˌperə'dɪsɪækəl/ *a.* paradisiaco, celestiale.

paradisial /ˌpærə'dɪsɪəl *Am* ˌperə'dɪsɪəl/ *a.* paradisiaco, celestiale.

parados /'pærədɒs *Am* 'perədɑːs/ *n.* (*Mil*) paradosso *m.*, paradorso *m.*

paradox /'pærədɒks *Am* 'perədɑːks/ *n.* paradosso *m.*

paradoxer /'pærədɒksəʳ *Am* 'perədɑːksəʳ/ *n.* chi fa paradossi, (*rar*) paradossista *m./f.*

paradoxic /ˌpærə'dɒksɪk *Am* ˌperə'dɑːksɪk/ *a.* paradossale.

paradoxical /ˌpærə'dɒksɪkəl *Am* ˌperə'dɑːksɪkəl/ *a.* paradossale. □ (*Fisiol*) ~*sleep* sonno paradosso, sonno REM.

paradoxicality /ˌpærədɒksɪ'kæləti *Am* ˌperədɑːksɪ'kæləti/ *n.* paradossalità *f.*

paradoxically /ˌpærə'dɒksɪkəli *Am* ˌperə'dɑːksɪkəli/ *avv.* paradossalmente.

paradoxist /'pærədɒksɪst *Am* 'perədɑːksɪst/ *n.* chi fa paradossi, (*rar*) paradossista *m./f.*

paradrop /'pærədrɒp *Am* 'perədrɑːp/ *n.* (*Aer*) lancio *m.* col paracadute.

paraesthesia /ˌpærəes'θiːʒə *Am* ˌperəes'θiːʒə/ *n.* (*Med*) parestesia *f.*

paraffin /'pærəfɪn *Am* 'perəfɪn/ **I** *n.* **1** (*Chim*) paraffina *f.* **2** (*Chim*) (*liquid paraffin*) paraffina *f.* liquida. **3** (*Ind*) (*kerosene*) cherosene *m.*, kerosene *m.* **4** (*Chim*) (*oil*) olio *m.* di paraffina. **II** *v.t.* paraffinare. □ ~ *oil:* **1** (*Chim*) olio di paraffina; **2** (*Ind*) (*kerosene*) cherosene, kerosene; (*Chim*) ~ *wax* paraffina solida.

paraffine /ˌpærə'fiːn *Am* ˌperəfɪn/ **I** *n.* **1** (*Chim*) paraffina *f.* **2** (*Chim*) (*liquid paraffine*) paraffina *f.* liquida. **3** (*Ind*) (*kerosene*) cherosene *m.*, kerosene *m.* **4** (*Chim*) olio *m.* di paraffina. **II** *v.t.* (*Ind*) paraffinare. □ ~ *oil:* **1** (*Chim*) olio di paraffina; **2** (*Ind*) (*kerosene*) cherosene, kerosene; (*Chim*) ~ *wax* paraffina solida.

paraffinic /ˌpærə'fɪnɪk *Am* ˌperə'fɪnɪk/ *a.* (*Chim*) paraffinico.

paraglide /ˌpærə,glaɪd *Am* 'perə,glaɪd/ *v.i.* (*Sport*) fare parapendio.

paraglider /ˌpærə,glaɪdəʳ *Am* 'perə,glaɪdəʳ/ *n.* (*Sport*) **1** chi pratica il parapendio. **2** (*parachute*) parapendio *m.*

paragliding /'pærə,glaɪdɪŋ *Am* 'perə,glaɪdɪŋ/ *n.* (*Sport*) parapendio *m.: to go* ~ fare parapendio.

paragoge /ˌpærə'ɡoʊdʒi *Am* 'perəɡoʊdʒi/ (*Ling*) paragoge *f.*, epitesi *f.*

paragogic /ˌpærə'ɡɒdʒɪk *Am* ˌperə'ɡɑːdʒɪk/ *a.* (*Ling*) paragogico.

paragon /'pærəɡən *Am* 'perəɡɑːn/ **I** *n.* **1** modello *m.*, esempio *m.*, campione *m.: a* ~ *of virtue* un modello di virtù. **2** (*of a diamond*) diamante *m.* di cento carati, solitario *m.* di cento (e più) carati. **II** *v.t.* (*rar*) paragonare.

paragonite /pə'ræɡənaɪt/ *n.* (*Min*) paragonite *f.*

paragraph /'pærəɡrɑːf *Am* 'perəɡræf/ **I** *n.* **1** paragrafo *m.*, capoverso *m.* **2** (*of a legal document*) paragrafo *m.*, comma *m.*, articolo *m.* **3** (*Giorn*) trafiletto *m.*, breve articolo *m.* **4** (*Tip*) paragrafo *m.* **II** *v.t.* **1** paragrafare. **2** (*Giorn*) scrivere un trafiletto su. **III** *v.i.* (*Giorn*) scrivere trafiletti. □ (*Tip*) ~ *mark* paragrafo, segno di paragrafo.

paragrapher /'pærəɡrɑːfəʳ/ *n.* (*Br,Giorn*) chi scrive trafiletti.

paragraphic /ˌpærə'ɡræfɪk *Am* ˌperə'ɡræfɪk/ *a.* di un paragrafo, di paragrafo.

paragraphical /ˌpærə'ɡræfɪkəl *Am* ˌperə'ɡræfɪkəl/ *a.* di un paragrafo, di paragrafo.

paragraphist /'pærəɡrɑːfɪst/ *n.* (*Br,Giorn*) chi scrive trafiletti.

Paraguay /'pærəɡwaɪ *Am* 'perəɡweɪ/ *n.pr.* (*Geog*) Paraguay *m.* □ ~ *tea:* **1** (*Bot*) mate, matè, tè del Paraguay, erba mate; **2** (*beverage*) mate, matè, infuso di mate, infuso di erba mate.

Paraguayan /ˌpærə'ɡwaɪən *Am* ˌperə'ɡweɪən/ **I** *a.* paraguaiano. **II** *n.* paraguaiano *m.* (*f.* -a).

parakeet /'pærə'kiːt *Am* ˌperə'kiːt/ *n.* (*Ornit*) parrocchetto *m.*

parakite /'pærəkaɪt *Am* 'perəkaɪt/ *n.* (*Sport*) aquilone-paracadute *m.*

paralanguage /ˌpærə'læŋɡwɪdʒ *Am* ˌperə'læŋɡwɪdʒ/ *n.* tratti *m.pl.* paralinguistici.

paralegal /ˌpærə'liːɡəl *Am* ˌperə'liːɡəl/ *a.* paralegale.

paralinguistic /ˌpærəlɪn'ɡwɪstɪk *Am* ˌperəlɪn'ɡwɪstɪk/ *a.* paralinguistico.

paralinguistics /ˌpærəlɪn'ɡwɪstɪks *Am* ˌperəlɪn'ɡwɪstɪks/ *n.pl.* (*costr.sing.*) paralinguistica *f.sing.*

paralipsis /ˌpærə'lɪpsɪs/ *n.* (*Ret*) paralessi *f.*, paralissi *f.*

parallactic /ˌpærə'læktɪk *Am* ˌperə'læktɪk/ *a.* (*Astr,Fis*) parallattico.

parallax /'pærəlæks *Am* 'perəlæks/ *n.* (*Astr,Fis, Fot*) parallasse *f.*

parallel[1] /'pærəlel *Am* 'perəlel/ **I** *a.* **1** parallelo (*anche Geom,Mus*): *two* ~ *rows* due file parallele. **2** (*fig*) parallelo, corrispondente, equivalente (a). **3** (*fig*) (*comparable*) paragonabile, confrontabile (a, con). **4** (*El*) in parallelo. **II** *n.* **1** (*Geom*) parallela *f.* **2** (*Geog*) parallelo *m.*, parallelo *m.* geografico. **3** (*fig*) (*comparison*) parallelo *m.*, confronto *m.*, paragone *m.*: *to draw a* ~ *with* fare un parallelo con, fare un confronto con. **4** (*fig*) (*agreement in direction, tendency, etc.*) parallelismo *m.*, corrispondenza *f.*, equivalenza *f.* **5** (*fig*) (*counterpart*) equivalente *m.*, corrispondente *m.*: *progress that is without* ~ *in history* progresso che non ha l'equivalente nella storia. **6** (*Tip*) segno *m.* di richiamo (costituito da una doppia sbarra verticale). **7** (*El*) parallelo *m.* **III** *avv.* parallelamente, parallelo (*to, with a*): *the road runs* ~ *with the river* la strada corre parallela al fiume. □ (*Ginn*) ~ *bars* parallele; *in a* ~ *direction with* parallelamente a; (*El*) *in* ~ in parallelo; (*Mat*) ~ *lines* rette parallele; (*fig*) *on* ~ *lines* parallelamente, in parallelo; (*Inform*) ~ *port* porta parallela; (*Inform*) ~ *printer* stampante parallela; (*Inform*) ~ *processing* elaborazione in parallelo; (*Inform*) ~ *programming* programmazione in parallelo; ~ *ruler* (*in drawing*) parallele; (*Sport*) ~ *turn* (*skiing*) curva con sci paralleli; *without* ~ senza pari, senza paragone.

parallel[2] /'pærəlel *Am* 'perəlel/ (*past, p.p.* **parallelled** /*Am* **paralleled** /-d/) *v.t.* **1** eguagliare, essere equivalente a, essere analogo a, corrispondere a, equivalere a. **2** (*to compare*)

paragonare a. **3** (*to place sth. so as to be parallel*) mettere in posizione parallela, disporre parallelamente. **4** (*to extend parallel to*) correre parallelo a, estendersi parallelamente a: *the road* ~*s the river* la strada corre parallela al fiume.

parallelepiped /ˌpærəlel'epɪped *Am* ˌperə,lelə'paɪped/ *n.* (*Geom*) parallelepipedo *m.*

parallelism /'pærəlelɪzəm/ *n.* parallelismo *m.* (*anche fig*).

parallelogram /ˌpærə'leləɡræm *Am* ˌperə'leləɡræm/ *n.* (*Geom*) parallelogramma *m.*

paralogic /ˌpærə'lɒdʒɪk *Am* ˌperə'lɑːdʒɪk/ *a.* (*Filos*) paralogistico.

paralogically /ˌpærə'lɒdʒɪkəli *Am* ˌperə'lɑːdʒɪkəli/ *avv.* paralogisticamente.

paralogism /pə'rælədʒɪzəm/ *n.* (*Filos*) paralogismo *m.*

paralogist /pə'rælədʒɪst/ *n.* chi fa uso di paralogismi.

paralogistic /pə'rælədʒɪstɪk/ *a.* paralogistico.

paralogize /pə'rælədʒaɪz/ *v.i.* (*Filos*) paralogizzare.

Paralympic Games /ˌpærə,lɪmpɪk'ɡeɪmz *Am* ˌperə,lɪmpɪk'ɡeɪmz/ *n.* (*Sport*) Paraolimpiadi *f.pl.*, Giochi *m.pl.* Paraolimpici.

Paralympics /ˌpærə'lɪmpɪk *Am* ˌperə'lɪmpɪk/ *n.* (*Sport*) Paraolimpiadi *f.pl.*, Giochi *m.pl.* Paraolimpici.

paralysation /ˌpærəlaɪ'zeɪʃən/ *n.* (*Br*) **1** (*Med*) paralisi *f.* **2** (*fig*) paralisi *f.*, blocco *m.*, arresto *m.*

paralyse /'pærəlaɪz/ *v.t.* (*Br*) **1** (*Med*) paralizzare. **2** (*fig*) paralizzare, bloccare, arrestare: *the strike* ~*d industry* lo sciopero paralizzò l'industria. **3** (*fig*) (*to stupefy*) pietrificare, paralizzare: ~*d by fear* pietrificato dalla paura.

paralysed /'pærəlaɪzd/ *a.* (*Med*) paralizzato (*anche fig*).

paralysing /'pærəlaɪzɪŋ/ *a.* (*Med*) paralizzante (*anche fig*).

paralysis /pə'ræləsɪs/ (*pl.* -**ses** /-siːz/) *n.* **1** (*Med*) paralisi *f.* **2** (*fig*) paralisi *f.*, arresto *m.*, blocco *m.: economic* ~ paralisi economica.

paralytic /ˌpærə'lɪtɪk *Am* ˌperə'lɪtɪk/ *a.* (*Med*) paralitico, paralizzato. **II** *n.* (*Med*) paralitico *m.* (*f.* -a).

paralytically /ˌpærə'lɪtɪkəli *Am* ˌperə'lɪtɪkəli/ *avv.* totalmente, completamente: *to be* ~ *drunk* essere ubriaco fradicio, essere completamente ubriaco.

paralyzation /ˌpærəlaɪ'zeɪʃən *Am* ˌperəlaɪ'zeɪʃən/ *n.* **1** (*Med*) paralisi *f.* **2** (*fig*) paralisi *f.*, blocco *m.*, arresto *m.*

paralyze /'pærəlaɪz *Am* 'perəlaɪz/ *v.t.* **1** (*Med*) paralizzare. **2** (*fig*) paralizzare, bloccare, arrestare: *the strike* ~*d industry* lo sciopero paralizzò l'industria. **3** (*fig*) (*to stupefy*) pietrificare, paralizzare: ~*d by fear* pietrificato dalla paura.

paramagnetic /ˌpærəmæɡ'netɪk *Am* ˌperəmæɡ'netɪk/ *a.* (*Fis*) paramagnetico.

paramagnetism /ˌpærə'mæɡnətɪzəm *Am* ˌperə'mæɡnətɪzəm/ *n.* (*Fis*) paramagnetismo *m.*

paramecium /ˌpærə'miːsɪəm *Am* ˌperə'miːsɪəm/ (*pl.* -**cia** /-sɪə/ o -**s** /-z/) *n.* (*Zool*) paramecio *m.*

paramedic /ˌperə'medɪk/ *n.* (*Am*) paramedico *m.*

paramedical /ˌpærə'medɪkəl *Am* ˌperə'medɪkəl/ **I** *n.* paramedico *m.* **II** *a.* paramedico: ~ *disciplines* discipline paramediche; ~ *staff* personale paramedico.

parament /'pærəmənt *Am* 'perəmənt/ *n.* (*Rel*) paramento *m.*

parameter /pə'ræmɪtəʳ *Am* pə'ræmətəʳ/ *n.* (*Mat,Fis,Inform*) parametro *m.* (*anche fig*).

parameterization /ˌpærəˌmɪtəraɪˈzeɪʃən *Am* ˌperəˌmɪtərɪˈzeɪʃən/ *n.* parametrizzazione *f.* (*anche Mat*).

parameterize /ˌpærəˈmɪtəraɪz *Am* ˌperəˈmɪtəraɪz/ *v.t.* parametrizzare (*anche Mat*).

parametric /ˌpærəˈmetrɪk *Am* ˌperəˈmetrɪk/ *a.* (*Mat,Fis,Inform*) parametrico (*anche fig*). □ (*Mat*) ~ *equations* equazioni parametriche.

parametrically /ˌpærəˈmetrɪkəli *Am* ˌperəˈmetrɪkəli/ *avv.* parametricamente.

paramilitary /ˌpærəˈmɪlɪtəri *Am* ˌperəˈmɪləteri/ *a.* paramilitare.

paramnesia /ˌpæræmˈniːziə *Am* ˌperæmˈniːʒə/ *n.* (*Psic*) paramnesia *f.*

paramount /ˈpærəmaunt *Am* ˈperəmaunt/ *a.* sommo, supremo, massimo, importantissimo, della massima importanza: *as a mimic he is* ~ come imitatore non ha pari, come imitatore è insuperabile. □ *of* ~ *importance* di capitale importanza.

paramountcy /ˈpærəmauntsi *Am* ˈperəmauntsi/ *n.* supremazia *f.*, preminenza *f.*

paramountly /ˈpærəmauntli *Am* ˈperəmauntli/ *avv.* preminentemente.

paramour /ˈpærəmuər *Am* ˈperəmur/ *n.* (*lett*) amante *m./f.*

paranasal /ˌpærəˈneɪzl̩ *Am* ˌperəˈneɪzl̩/ *a.* (*Anat*) paranasale.

paranoia /ˌpærəˈnɔɪə *Am* ˌperəˈnɔɪə/ *n.* (*Psic*) paranoia *f.* (*anche estens*).

paranoiac /ˌpærəˈnɔɪæk *Am* ˌperəˈnɔɪæk/ I *a.* (*Psic*) paranoico (*anche estens*). II *n.* (*Psic*) paranoico *m.* (*f.* -a) (*anche estens*).

paranoiacally /ˌpærəˈnɔɪækəli *Am* ˌperəˈnɔɪækəli/ *avv.* paranoicamente.

paranoid /ˈpærənɔɪd *Am* ˈperənɔɪd/ I *a.* (*Psic*) paranoide. II *n.* (*Psic*) paranoide *m./f.*

paranormal /ˌpærəˈnɔːml̩ *Am* ˌperəˈnɔːrml̩/ I *a.* paranormale. II *n.* fenomeno *m.* paranormale.

paranormally /ˌpærəˈnɔːml̩i *Am* ˌperəˈnɔːrml̩i/ *avv.* in modo paranormale.

paranymph /ˈpærənɪm(p)f *Am* ˈperənɪm(p)f/ *n.* (*Stor,gr*) paraninfo *m.* (*anche estens*).

paraparesis /ˌpærəpəˈriːsɪs *Am* ˌperəpəˈriːsɪs/ *n.* (*Med*) paraparesi *f.*

parapet /ˈpærəpɪt *Am* ˈperəpɪt/ *n.* 1 (*Mil*) parapetto *m.* 2 (*low wall or railing*) parapetto *m.*, balaustra *f.*, ringhiera *f.*, balaustrata *f.*

parapeted /ˈpærəpɪtɪd *Am* ˈperəpɪtɪd/ *a.* parapettato.

paraph /ˈpæræf/ I *n.* (*Dir,burocr*) parafa *f.*, paraffa *f.* II *v.t.* (*Dir,burocr*) parafare, paraffare.

parapharmaceutical /ˌpærəfəˈmɪsjuːtɪkl̩ *Am* ˌperəfəˈrmɑːˈsuːtɪkl̩/ *a.* parafarmaceutico.

paraphernalia /ˌpærəfəˈneɪliə *Am* ˌperəfərˈneɪljə/ *n.pl.* 1 (*Dir,Stor*) beni *m.pl.* extradotali, beni *m.pl.* parafernali. 2 (*costr.sing. o pl.*) (*equipment*) equipaggiamento *m.sing.*, attrezzatura *f.sing.*, accessori *m.pl.*

paraphrasable /ˈpærəfreɪzəbl̩ *Am* ˈperəfreɪzəbl̩/ *a.* parafrasabile.

paraphrase /ˈpærəfreɪz *Am* ˈperəfreɪz/ I *n.* parafrasi *f.* II *v.t.* parafrasare. III *v.i.* fare una parafrasi di.

paraphraser /ˈpærəfreɪzər *Am* ˈperəfreɪzər/ *n.* chi parafrasa, (*rar,lett*) parafraste *m./f.*

paraphrast /ˈpærəfræst *Am* ˈperəfræst/ *n.* chi parafrasa, (*rar,lett*) parafraste *m./f.*

paraphrastic /ˌpærəˈfræstɪk *Am* ˌperəˈfræstɪk/ *a.* parafrastico.

paraplegia /ˌpærəˈpliːdʒə *Am* ˌperəˈpliːdʒə/ *n.* (*Med*) paraplegia.

paraplegic /ˌpærəˈpliːdʒɪk *Am* ˌperəˈpliːdʒɪk/ *a.* (*Med*) paraplegico.

paraprofessional /ˌpærəprəˈfeʃənl̩ *Am* ˌperəprəˈfeʃənl̩/ I *a.* paraprofessionale. II *n.* persona *f.* che svolge un'attività paraprofessionale.

parapsychic /ˌpærəˈsaɪkɪk *Am* ˌperəˈsaɪkɪk/ *a.* (*Psic*) parapsichico.

parapsychological /ˌpærəˌsaɪkəlˈɒdʒɪkəl *Am* ˌperəˌsaɪkəˈlɑːdʒɪkəl/ *a.* (*Psic*) parapsicologico.

parapsychologist /ˌpærəsaɪˈkɒlədʒɪst *Am* ˌperəsaɪˈkɑːlədʒɪst/ *n.* (*Psic*) parapsicologo *m.* (*f.* -a).

parapsychology /ˌpærəsaɪˈkɒlədʒi *Am* ˌperəsaɪˈkɑːlədʒi/ *n.* (*Psic*) parapsicologia *f.*

paraquat /ˈpærəkwɒt *Am* ˈperəkwɑːt/ *n.* (*weedkiller*) paraquat *m.*, diserbante-disseccante *m.*

parasailing /ˈpærəˌseɪlɪŋ *Am* ˈperəˌseɪlɪŋ/ *n.* (*Sport*) parapendio *m.*

parascending /ˈpærəˌsendɪŋ/ *n.* (*Br,Sport*) parapendio *m.*

paraselene /ˌpærəsɪˈliːn *Am* ˌperəsɪˈliːn/ *n.* paraselene *m.*

parasite /ˈpærəsaɪt *Am* ˈperəsaɪt/ *n.* 1 (*Biol*) parassita *m.* 2 (*fig*) (*sponger*) parassita *m./f.*, scroccone *m.* (*f.* -a), mangiaufo *m./f.*

parasitic /ˌpærəˈsɪtɪk *Am* ˌperəˈsɪtɪk/ *a.* 1 (*Biol*) parassita, parassitario (*anche fig*). 2 (*Med*) causato da parassiti, parassitario. □ (*Geol*) ~ *crater* cratere avventizio.

parasitical /ˌpærəˈsɪtɪkəl *Am* ˌperəˈsɪtɪkəl/ *a.* 1 (*Biol*) parassita, parassitario (*anche fig*). 2 (*Med*) causato da parassiti, parassitario. □ (*Geol*) ~ *crater* cratere avventizio.

parasitically /ˌpærəˈsɪtɪkəli *Am* ˌperəˈsɪtɪkəli/ *avv.* da parassita.

parasiticide /ˌpærəˈsɪtɪsaɪd *Am* ˌperəˈsɪtɪsaɪd/ *n.* antiparassitario *m.*, parassiticida *m.*

parasitise /ˌpærəˈsɪtaɪz/ *v.t.* (*Br,Biol*) parassitare.

parasitism /ˌpærəˈsaɪtɪzəm *Am* ˌperəˈsaɪtɪzəm/ *n.* (*Biol*) parassitismo *m.* (*anche fig*).

parasitization /ˌpærəsaɪtɪˈzeɪʃən *Am* ˌperəsaɪtəˈzeɪʃən/ *n.* parassitizzazione *f.*

parasitize /ˈpærəsaɪtaɪz *Am* ˈperəsaɪtaɪz/ *v.t.* (*Biol*) parassitare.

parasitological /ˌpærəˌsaɪtəˈlɒdʒɪkəl *Am* ˌperəˌsaɪtəˈlɑːdʒɪkəl/ *a.* parassitologico.

parasitologist /ˌpærəsaɪˈtɒlədʒɪst *Am* ˌperəsaɪˈtɑːlədʒɪst/ *n.* parassitologo *m.* (*f.* -a).

parasitology /ˌpærəsaɪˈtɒlədʒi *Am* ˌperəsaɪˈtɑːlədʒi/ *n.* parassitologia *f.*

parasol /ˈpærəsɒl *Am* ˈperəsɔːl/ *n.* parasole *m.*

parastatal /ˌpærəˈsteɪtl̩ *Am* ˌperəˈsteɪtl̩/ *a.* parastatale: ~ *corporation* società parastatale.

parasympathetic /ˌpærəˌsɪmpəˈθetɪk *Am* ˌperəˌsɪmpəˈθetɪk/ *a.* (*Anat*) parasimpatico. □ (*Anat*) ~ *nervous system* sistema nervoso parasimpatico, parasimpatico.

paratactic /ˌpærəˈtæktɪk *Am* ˌperəˈtæktɪk/ *a.* (*Gramm*) paratattico.

paratactical /ˌpærəˈtæktɪkəl *Am* ˌperəˈtæktɪkəl/ *a.* (*Gramm*) paratattico.

parataxis /ˌpærəˈtæksɪs *Am* ˌperəˈtæksɪs/ *n.* (*Ling*) paratassi *f.*

parathyroid /ˌpærəˈθaɪ(ə)rɔɪd *Am* ˌperəˈθaɪrɔɪd/ I *a.* (*Anat*) paratiroideo. II *n.* (*Anat*) paratiroide *f.*

paratroop /ˈpærətruːp *Am* ˈperətruːp/ *a.* (*Mil*) di paracadutisti: *a* ~ *regiment* un reggimento di paracadutisti.

paratrooper /ˈpærətruːpər *Am* ˈperətruːpər/ *n.* (*Mil*) paracadutista *m./f.*, (*colloq*) parà *m./f.*

paratroops /ˈpærətruːps *Am* ˈperətruːps/ *n.pl.* (*Mil*) truppe *f.pl.* paracadutiste, reparti *m.pl.* paracadutisti.

paratyphoid /ˌpærəˈtaɪfɔɪd *Am* ˌperəˈtaɪfɔɪd/ I *a.* (*Med*) (*of paratyphoid fever*) paratifico. II *n.* (*Med*) paratifo *m.*

paravane /ˈpærəveɪn *Am* ˈperəveɪn/ *n.* (*Mar,mil*) paramine *m.*

parboil /ˈpɑːbɔɪl *Am* ˈpɑːrbɔɪl/ *v.t.* 1 sbollentare, scottare, bollire parzialmente, fare bollire a metà. 2 (*fig*) (*to make uncomfortably hot*) surriscaldare.

parboiled /ˈpɑːbɔɪld *Am* ˈpɑːrbɔɪld/ □ (*Alim*) ~ *rice* riso parboiled.

parbuckle /ˈpɑːbʌkl̩ *Am* ˈpɑːrbʌkl̩/ *n.* (*Mar*) lentia *f.*

Parcae /ˈpɑːsiː *Am* ˈpɑːrsiː/ *n.pr.pl.* (*Mitol*) Parche *f.pl.*

parcel /ˈpɑːsl̩ *Am* ˈpɑːrsl̩/ I *n.* 1 pacco *m.*, involto *m.*, pacchetto *m.*, collo *m.*: *to send a* ~ *through the post* mandare un pacco postale. 2 (*quantity, lot*) partita *f.*, lotto *m.*: *a* ~ *of diamonds* una partita di diamanti. 3 (*Br,colloq*) (*group, pack*) gruppo *m.*, branco *m.* 4 (*continuous plot of land*) appezzamento *m.*, lotto *m.* 5 (*ant*) (*part*) parte *f.*, porzione *f.* II *v.t.* (*past, p.p.* **parcelled** /*Am* **parceled** -d/) 1 impacchettare, (*colloq*) involtare, (*colloq*) impaccare. 2 (*to divide out*) spartire, dividere (in parti), distribuire. 3 (*Mar*) (*of a rope, etc.*) bendare. □ ~ *bomb* pacco bomba; (*colloq,fig*) *a* ~ *of lies* un sacco di bugie; *to* ~ *out* spartire, dividere (in parti), distribuire; (*Post*) ~ *post* servizio pacchi postali; -*s service* ditta di spedizioni; (*Aut,Aer*) ~ *shelf* cappelliera; *to* ~ *up* impacchettare.

parceling /ˈpɑːrsl̩ɪŋ/ *n.* (*Am*) 1 spartizione *f.*, divisione *f.* (in parti), distribuzione *f.* 2 (*Mar*) bende *f.pl.* (per avvolgere cavi).

parcelling /ˈpɑːsl̩ɪŋ *Am* ˈpɑːrsl̩ɪŋ/ *n.* 1 spartizione *f.*, divisione *f.* (in parti), distribuzione *f.* 2 (*Mar*) bende *f.pl.* (per avvolgere cavi).

parcenary /ˈpɑːsənəri *Am* /ˈpɑːrsənəri/ *n.* (*Dir*) coeredità *f.*

parcener /ˈpɑːsənər *Am* /ˈpɑːrsənər/ *n.* (*Dir*) coerede *m./f.*

parch /pɑːtʃ *Am* pɑːrtʃ/ I *v.t.* 1 seccare, inaridire, disseccare, bruciare: *the sun -ed the grass* il sole seccò l'erba. 2 (*of a person: to make very thirsty*) fare ardere dalla sete, fare bruciare dalla sete. 3 (*of peas, beans, etc.*) essiccare, seccare, disseccare. II *v.i.* inaridirsi, seccarsi.

parched /pɑːtʃt *Am* pɑːrtʃt/ *a.* 1 inaridito, seccato, riarso. 2 (*colloq*) (*thirsty*) assetato, che ha la gola secca, arso dalla sete. □ (*colloq*) *to be* ~ *with thirst* bruciare di sete.

parching /ˈpɑːtʃɪŋ *Am* ˈpɑːrtʃɪŋ/ *a.* bruciante, essiccante.

parchment /ˈpɑːtʃmənt *Am* ˈpɑːrtʃmənt/ *n.* 1 pergamena *f.*, cartapecora *f.* 2 (*document, manuscript*) pergamena *f.* 3 (*estens*) (*parchment paper*) carta *f.* pergamenata, carta *f.* pergamena.

parchmenty /ˈpɑːtʃmənti *Am* ˈpɑːrtʃmənti/ *a.* (*rar*) 1 pergamenaceo, di pergamena. 2 (*resembling parchment*) pergamenaceo, simile a pergamena.

pard /pɑːd *Am* pɑːrd/ *n.* (*rar,ant*) (*leopard*) leopardo *m.*

pardon /ˈpɑːdən *Am* ˈpɑːrdən/ I *n.* 1 perdono *m.*, scusa *f.*: *to beg so.'s* ~ chiedere scusa a qcu. 2 (*Dir*) condono *m.* 3 (*US,Dir*) grazia *f.* 4 (*Dir*) (*amnesty*) amnistia *f.* 5 (*Rel,Stor*) (*indulgence*) indulgenza *f.* II *v.t.* 1 scusare, perdonare: ~ *me, I didn't hear* scusatemi, non ho sentito. 2 (*to forgive*) perdonare, condonare, rimettere. 3 (*Dir*) condonare. 4 (*US,Dir*) graziare. III *intz.* 1 scusa!, scusi!, scusate!, pardon! 2 (*with an interrogative inflection*) prego?, prego, vuol ripetere? □ ~ *me for asking, but...* perdonatemi la domanda, però...; ~ *me* mi scusi!

pardonable /ˈpɑːdənəbl̩ *Am* ˈpɑːrdənəbl̩/ *a.* perdonabile, scusabile.

pardonableness /ˈpɑːdənəbl̩nəs *Am* ˈpɑːrdənəbl̩nəs/ *n.* (*rar*) l'essere perdonabile.

pardonably /ˈpɑːdənəbli *Am* ˈpɑːrdənəbli/ *avv.* scusabilmente.

pardoner /ˈpɑːdənər *Am* ˈpɑːrdənər/ *n.* 1 chi

perdona. 2 (*Rel,Stor*) chi vendeva indulgenze.

pare /peəʳ *Am* per/ *v.t.* 1 sbucciare, pelare: *to ~ apples* sbucciare le mele. 2 (*to cut away excess from*) tagliare, accorciare: *to ~ one's nails* tagliarsi le unghie. 3 (*to trim*) pareggiare, tagliare in modo uguale. 4 (*to reduce*) ridurre, diminuire: *to ~ down overheads* ridurre le spese generali. □ *to ~ away*: 1 sbucciare, pelare; 2 (*to cut away excess from*) tagliare, accorciare; (*fig*) *to ~ so.'s claws* tagliare gli artigli a qcu., rendere qcu. innocuo; *to ~ down* ridurre, diminuire; *to ~ off*: 1 sbucciare, pelare; 2 (*to cut away excess from*) tagliare, accorciare; (*fig*) *to ~ so. to the bone* ridurre qcu. all'osso.

pared-down /ˈpeəʳdaʊn *Am* ˈperdaʊn/ *a.* 1 (*cut-down*) ridotto: *~ version* versione ridotta. 2 (*concise*) stringato.

pared-to-the-bone /ˌpeəʳtuðəˈbəʊn *Am* ˌpertəðəˈbəʊn/ *a.* ridotto all'osso.

paregoric /ˌpærɪˈgɒrɪk *Am* ˌperɪˈgɑːrɪk/ **I** *n.* 1 tintura *f.* d'oppio benzoica, elisir *m.* paregorico. 2 (*colloq*) calmante *m.*, antidolorifico *m.* **II** *a.* (*colloq*) calmante, ad azione calmante.

parenchyma /pəˈreŋkəmə/ *n.* (*Bot,Anat*) parenchima *m.*

parenchymal /pəˈreŋkəməl/ *a.* (*Bot,Anat*) parenchimatico.

parenchymatous /ˌpæreŋˈkɪmətəs *Am* ˌpereŋˈkɪmətəs/ *a.* (*Bot,Anat*) parenchimatoso.

parent /ˈpeəʳnt *Am* ˈperʳnt/ **I** *n.* 1 genitore *m.* (*f.* -trice): *my -s* i miei genitori, mio padre e mia madre. 2 (*ancestor*) antenato *m.* (*f.* -a), progenitore *m.* (*f.* -trice): *our first -s* i nostri primi progenitori, Adamo ed Eva. 3 (*fig*) (*origin*) origine *f.*, fonte *f.* **II** *a.* dei genitori. □ (*Econ*) *~ company* casa madre, società madre; (*Scol*) *-s' evening* incontro serale in cui gli insegnanti sono disponibili per un colloquio con i genitori degli studenti.

parentage /ˈpeəʳntɪdʒ *Am* ˈperntɪdʒ/ *n.* 1 discendenza *f.*, origine *f.*, stirpe *f.* 2 (*parenthood*) condizione *f.* di genitore. 3 (*origin*) origine *f.*, provenienza *f.*

parental /pəˈrentəl/ *a.* 1 dei genitori, di genitori, genitoriale, (*lett*) parentale: *~ authority* autorità parentale. 2 (*paternal*) paterno. 3 (*maternal*) materno. □ (*Biol*) *~generation* generazione parentale; (*colloq*) *~ units* genitori.

parentally /pəˈrentʃli/ *avv.* da parte dei genitori, (*rar*) genitorialmente.

parenteral /pəˈrentərʳl/ *a.* (*Med*) parenterale, per via parenterale.

parenterally /pəˈrentərʳli/ *avv.* (*Med*) parenteralmente.

parenthesis /pəˈrenθəsɪs/ (*pl.* -ses /-siːz/) *n.* 1 (*Gramm*) parentesi *f.*, inciso *m.* 2 (*fig*) (*period of time*) parentesi *f.*, intervallo *m.* 3 *pl.* (*pair of brackets*) parentesi *f.pl.* □ *in ~* tra parentesi, per inciso: *to say sth. in ~* dire qcs. per inciso.

parenthesize /pəˈrenθəsaɪz/ *v.t.* 1 mettere tra parentesi. 2 (*to insert as a parenthesis*) inserire come parentesi.

parenthetic /ˌpærʳnˈθetɪk *Am* ˌperʳnˈθetɪk/ *a.* 1 parentetico: *a ~ remark* un commento parentetico. 2 (*characterized by use of parentheses*) caratterizzato da incisi, caratterizzato da parentesi.

parenthetical /ˌpærʳnˈθetɪkʳl *Am* ˌperʳnˈθetɪkʳl/ *a.* 1 parentetico: *a ~ remark* un commento parentetico. 2 (*characterized by use of parentheses*) caratterizzato da incisi, caratterizzato da parentesi.

parenthetically /ˌpærʳnˈθetɪkʳli *Am* ˌperʳnˈθetɪkʳli/ *avv.* parenteticamente.

parenthood /ˈpeəʳnthʊd *Am* ˈperʳnthʊd/ *n.* 1 condizione *f.* di genitore. 2 (*fatherhood*) pa-

ternità *f.* 3 (*motherhood*) maternità *f.*

parenting /ˈpeəʳntɪŋ *Am* ˈperʳntɪŋ/ *n.* il fare da genitori, cure *f.pl.* parentali.

parent-in-law /ˈpeəʳntɪnlɔː *Am* ˈperʳntɪnlɔː/ *n.* 1 (*father-in-law*) suocero *m.* 2 (*mother-in-law*) suocera *f.*

parentless /ˈpeəʳntləs *Am* ˈperʳntləs/ *a.* senza genitori, orfano.

parent-teacher /ˌpeəʳntˈtiːtʃəʳ *Am* ˌperʳntˈtiːtʃəʳ/ □ *~ association* associazione scuola-famiglia, associazione insegnanti e genitori.

pareo /paːˈreɪəʊ/ *n.* (*Abbigl*) pareo *m.*

parer /ˈpeəʳəʳ *Am* ˈperʳ/ *n.* sbucciatore *m.*

paresis /pəˈriːsɪs/ (*pl.* -ses /-siːz/) *n.* (*Med*) paresi *f.*

paretic /pəˈretɪk *Am* pəˈretɪk/ *a.* (*Med*) paretico.

par excellence /ˌpɑːrˈeksəlɑːns/ *avv.* per eccellenza, per antonomasia.

parfait /ˈpɑːfeɪ *Am* ˈpɑːrfeɪ/ *n.* (*Dolc*) semifreddo *m.* di gelato o panna montata e frutta (servito in bicchiere).

parget /ˈpɑːdʒɪt *Am* ˈpɑːrdʒɪt/ **I** *n.* 1 (*Edil*) intonaco *m.* 2 (*Edil,Art*) (*pargetting*) stucco *m.* **II** *v.t.* (*past, p.p.* **pargetted** /*Am* **pargeted** /-ɪd/) 1 (*Edil*) intonacare. 2 (*Edil,Art*) (*to decorate with pargetting*) stuccare, decorare con stucchi.

pargeting /ˈpɑːdʒɪtɪŋ/ *n.* (*Am*) 1 (*Edil*) (*act*) intonacatura *f.* 2 (*Edil,Art*) (*decorative plasterwork*) stucco *m.*

pargetting /ˈpɑːdʒɪtɪŋ *Am* ˈpɑːrdʒɪtɪŋ/ *n.* 1 (*Edil*) (*act*) intonacatura *f.* 2 (*Edil,Art*) (*decorative plasterwork*) stucco *m.*

parhelic /ˌpɑːˈhiːlɪk *Am* ˌpɑːrˈhiːlɪk/ *a.* (*Astr*) parelico.

parhelion /ˌpɑːˈhiːliən *Am* ˌpɑːrˈhiːliən/ (*pl.* -lia /-liə/) *n.* (*Astr*) parelio *m.*

pariah /ˈpærɪə *Am* pəˈraɪə/ *n.* 1 (*outcast*) paria *m./f.*, reietto *m.* (*f.* -a). 2 (*in India*) paria *m./f.*

Parian /ˈpæriən *Am* ˈpɒriən/ **I** *a.* paro, dell'isola di Paro. **II** *n.* abitante *m./f.* dell'isola di Paro.

parietal /pəˈraɪətəl/ **I** *a.* 1 (*Anat,Biol*) parietale. 2 (*Am,Univ*) (*of in-college residence*) interno. **II** *n.* (*Anat*) parietale *m.*, osso *m.* parietale. □ (*Anat*) *~bone* osso parietale; (*Anat*) *~lobe* lobo parietale.

pari mutuel /ˌpærɪˈmjuːtʃʊəl/ (*pl.* **paris mutuels**) *n.* 1 scommessa *f.* al totalizzatore. 2 (*machine*) totalizzatore *m.* automatico.

paring /ˈpeəʳɪŋ *Am* ˈperɪŋ/ *n.* 1 sbucciatura *f.*, pelatura *f.* 2 (*sth. pared off*) buccia *f.*, pelle *f.* 3 *pl.* (*of fruit, vegetables*) bucce *f.pl.*, rimanenze *f.pl.* 4 *pl.* (*of nails*) pezzetti *m.pl.* di unghie. □ *~ knife* sbucciatore, coltello da cucina, pelapatate.

paripinnate /ˌpærɪˈpɪneɪt/ *a.* (*Bot*) paripennato.

Paris[1] /ˈpærɪs/ *n.pr.* (*Geog*) Parigi *f.*

Paris[2] /ˈpærɪs/ *n.pr.m.* (*Mitol*) Paride *m.*

parish /ˈpærɪʃ/ *n.* 1 (*Rel*) parrocchia *f.* 2 (*parishioners*) parrocchiani *m.pl.*, parrocchia *f.*, comunità *f.* (dei parrocchiani). 3 (*administrative district*) comune *m.*, municipio *m.* 4 (*Br,sl*) (*police district*) distretto *m.* di polizia. □ (*Rel*) *~church* chiesa parrocchiale; (*Rel*) *~ clerk* sagrestano; *~ council* consiglio comunale: *to be on the ~ council* essere nel consiglio comunale; *~councillor* consigliere comunale; *to be on the ~* ricevere il sussidio dei poveri; (*Rel*) *~ priest* parroco; *~ register* registro parrocchiale.

parishioner /pəˈrɪʃʳnəʳ/ *n.* parrocchiano *m.* (*f.* -a).

parish-pump /ˈpærɪʃˌpʌmp/ *a.* locale, d'interesse locale: *~ news* notizie d'interesse locale. □ *~politics* campanilismo.

Parisian /pəˈrɪʒʳn *Br also* pəˈrɪziən/ **I** *a.* parigino. **II** *n.* parigino *m.* (*f.* -a).

parisyllabic /ˌpærɪsɪˈlæbɪk *Am* ˌperɪsɪˈlæbɪk/ *a.* (*Gramm,Metr*) parisillabo.

parity /ˈpærəti *Am* ˈperʳti/ *n.* 1 parità *f.*, uguaglianza *f.* 2 (*equivalence*) equivalenza *f.*, corrispondenza *f.* 3 (*analogy*) analogia *f.* 4 (*Econ*) parità *f.* □ (*Inform*) *~check* controllo di parità; (*Econ*) *~price* cambio alla pari; (*Econ*) *~rate* cambio alla pari.

park /pɑːk *Am* pɑːrk/ **I** *n.* 1 parco *m.*, giardini *m.pl.* pubblici. 2 (*around a country house*) parco *m.*, (grande) giardino *m.* 3 (*car park*) parcheggio *m.*, posteggio *m.*, autoparcheggio *m.*, autoparking *m.*, (*rar*) parco *m.* 4 (*Am*) (*stadium, ground*) campo *m.*, stadio *m.*, arena *f.* 5 (*Mil*) parco *m.* d'artiglieria. 6 (*Stor*) (*game preserve*) riserva *f.* reale di caccia. **II** *v.t.* 1 parcheggiare: *to ~ the car on a side road* parcheggiare l'auto in una strada laterale. 2 (*colloq*) (*to put down, to leave*) mettere giù, posare, lasciare, buttare: *~ your books by the door* butta i libri vicino alla porta. 3 (*rifl.*) *to ~ oneself* (*to sit down*) sedersi, prendere posto, (*colloq*) parcheggiarsi. 4 (*to enclose in a park*) racchiudere in un parco, mettere in un parco. 5 (*Arm*) parcare, sistemare in un parco. **III** *v.i.* parcheggiare, sostare in parcheggio. □ (*Am,sl,fig*) *~it* (*sit down*) siediti!; *~ keeper* guardiano di un parco, custode di un parco.

parka /ˈpɑːkə *Am* ˈpɑːrkə/ *n.* (*Abbigl*) 1 giacca *f.* a vento, parka *m.* 2 (*coat of animal skin*) parka *m.*

park-and-ride /ˌpɑːkənˈraɪd *Am* ˌpɑːrkənˈraɪd/ *n.* (*Aut*) parcheggio *m.* alla periferia delle città dotato di collegamenti in navetta con il centro.

parked /pɑːkt *Am* pɑːrkt/ *a.* parcheggiato.

parkerize /ˈpɑːkʳraɪz *Am* ˈpɑːrkʳraɪz/ *v.t.* (*Met, Chim*) parkerizzare.

parkin /ˈpɑːkɪn/ *n.* (*Br,Dolc*) panpepato *m.* di farina d'avena.

parking /ˈpɑːkɪŋ *Am* ˈpɑːrkɪŋ/ **I** *n.* parcheggio *m.*, posteggio *m.*, autoparcheggio *m.*, autoparking *m.* **II** *a.* di parcheggio, per parcheggio. □ *~area* parcheggio, posteggio, area per parcheggiare, zona di parcheggio; *~attendant* posteggiatore; *~bay* aerea di sosta; (*Aut*) *~brake* freno di stazionamento, freno a mano; *~deck* autosilo, autorimessa; *~fee* tariffa (di parcheggio); *~ garage*: 1 (*multi-storey*) autosilo, autorimessa; 2 (*underground*) parcheggio sotterraneo; (*Am,sl,fig*) *to go ~* infrattarsi, imboscarsi, andare in camporella; (*Aut*) *~light* luce di posizione; *~lot* parcheggio, posteggio, area di parcheggio; *~meter* parchimetro; *~meter zone* zona disco; (*Strad*)*no ~* divieto di sosta; *~offence* parcheggio in divieto di sosta; (*Astron*) *~orbit* orbita di parcheggio; *~place* posto macchina; *~ space* posto macchina; *~ ticket*: 1 scontrino del posteggio; 2 (*fine for illegal parking*) multa per divieto di sosta.

parking-attendant /ˈpɑːkɪŋəˌtendʳnt *Am* ˈpɑːrkɪŋəˌtendʳnt/ *n.* posteggiatore *m.*

Parkinsonian /ˌpɑːkɪnˈsəʊniən *Am* ˌpɑːrkɪnˈsəʊniən/ *a.* (*Med*) parkinsoniano.

Parkinsonism /ˈpɑːkɪnsʳnɪzʳm *Am* ˈpɑːrkɪnsʳnɪzʳm/ *n.* (*Med*) parkinsonismo *m.*

Parkinson's disease /ˌpɑːkɪnsʳnzdɪˈziːz *Am* ˌpɑːrkɪnsʳnzdɪˈziːz/ *n.* (*Med*) morbo *m.* di Parkinson, malattia *f.* di Parkinson.

parkland /ˈpɑːklænd *Am* ˈpɑːrklænd/ *n.* terreno *m.* erboso con zone alberate.

parkway /ˈpɑːkweɪ/ *n.* (*Am,Aus,Strad*) autostrada *f.* panoramica.

parky /ˈpɑːki/ *a.* (*Br,colloq*) freddo, rigido.

Parl. 1 *Parliament* (parlamento). 2 *parlia-*

mentary (parlamentare).

parlance /'pɑːləns *Am* 'pɑːrləns/ *n.* linguaggio *m.*, parlata *f.*, gergo *m.*

parlay /'pɑːli *Am* 'pɑːrleɪ/ **I** *v.t.* (*colloq*) puntare le vincite precedenti. **II** *n.* (*colloq*) scommessa *f.* in cui si puntano le vincite precedenti.

parley /'pɑːli *Am* 'pɑːrleɪ/ **I** *n.* **1** abboccamento *m.*, colloquio *m.*, discussione *f.* **2** (*Mil*) parlamento *m.* **II** *v.i.* **1** conferire, trattare. **2** (*Mil*) parlamentare (*with* con).

parley-voo /,pɑːli'vuː *Am* ,pɑːrleɪ'vuː/ **I** *n.* (*colloq*) **1** (*French language*) francese *m.* **2** (*French person*) francese *m./f.* **II** *v.i.* (*colloq*) parlare francese.

parliament /'pɑːləmənt *Am* 'pɑːrləmənt/ *n.* **1** parlamento *m.*: *in* ~ in parlamento, al parlamento. **2** (*estens*) (*meeting*) assemblea *f.*, riunione *f.* **3** (*estens*) (*parliamentary session*) sessione *f.* parlamentare. □ (*Dolc*) ~ *cake* biscotto allo zenzero.

Parliament /'pɑːləmənt/ *n.* (*GB,Pol*) parlamento *m.*: *to dissolve* ~ sciogliere il parlamento, sciogliere le camere; *to enter* ~ essere eletto al parlamento; *to open* ~ riaprire il parlamento.

parliamentarian /,pɑːləmən'teərɪən *Am* ,pɑːrləmən'terɪən/ *n.* **1** esperto *m.* (*f.* -a) di procedura parlamentare. **2** (*member of parliament*) parlamentare *m./f.*

Parliamentarian /,pɑːləmən'teərɪən/ *n.* (*Stor.brit*) sostenitore *m.* (*f.* -trice) del parlamento (in opposizione a Carlo I).

parliamentarianism /,pɑːləmən'teərɪənɪzəm *Am* ,pɑːrləmən'terɪənɪzəm/ *n.* parlamentarismo *m.*

parliamentary /,pɑːlə'mentəri *Am* ,pɑːrlə'mentəri/ *a.* **1** (*Pol*) parlamentare, del parlamento. **2** (*having a parliament*) a regime parlamentare. **3** (*of language, words*) urbano, corretto, (*rar*) parlamentare. □ (*Pol*) ~ *borough* circoscrizione parlamentare, collegio parlamentare; (*Pol*) ~ *candidate* candidato al parlamento; (*GB,Pol*) *Parliamentary Commissioner for Administration* funzionario indipendente con competenze investigative nei casi di cattiva amministrazione; (*GB,Pol*) ~ *committees* commissioni del parlamento; ~ *elections* elezioni legislative; (*Pol*) ~ *government* regime parlamentare, sistema parlamentare; (*GB,Pol*) ~ *party* partito parlamentare; (*GB,Pol*) ~ *private secretary* deputato che assiste un ministro e cura le relazioni con gli altri deputati; (*Pol*) ~ *privilege* immunità parlamentare; (*GB,Pol*) ~ *secretary* deputato che assiste un ministro; (*GB, Pol*) ~ *session* sessione parlamentare; (*GB, Pol*) ~ *sovereignty* sovranità parlamentare.

parlor /'pɑːlər/ **I** *n.* (*Am*) **1** (*for visitors' reception*) salotto *m.*, salone *m.* **2** (*living room*) soggiorno *m.* **3** (*in a monastery, convent*) parlatorio *m.* **4** (*in a hotel, club*) sala *f.*, salottino *m.* **II** *a.* (*Am*) **1** di salotto, da salotto. **2** (*of conversation, language, etc.*) da salotto, salottiero. □ (*Ferr*) ~ *car* carrozza con posti riservati; ~ *game* gioco di società; ~ *maid* cameriera, domestica.

parlour /'pɑːlər *Am* 'pɑːrlər/ **I** *n.* **1** (*for visitors' reception*) salotto *m.*, salone *m.* **2** (*living room*) soggiorno *m.* **3** (*in a monastery, convent*) parlatorio *m.* **4** (*in a hotel, club*) sala *f.*, salottino *m.* **5** (*Am*) (*business establishment*) salone *m.*, istituto *m.*: *a beauty* ~ un salone di bellezza. **II** *a.* **1** di salotto, da salotto. **2** (*of conversation, language, etc.*) da salotto, salottiero. □ (*Am,Ferr*) ~ *car* carrozza con posti riservati; ~ *game* gioco di società; ~ *maid* cameriera, domestica.

parlourmaid /'pɑːləmeɪd *Am* 'pɑːrlərmeɪd/ *n.* cameriera *f.*, domestica *f.*

parlous /'pɑːləs *Am* 'pɑːrləs/ *a.* critico, rischioso, difficile, grave, pericoloso.

parlously /'pɑːləsli *Am* 'pɑːrləsli/ *avv.* difficilmente, pericolosamente.

Parmesan /'pɑːmɪˌzæn *Am* 'pɑːrməzɑːn/ **I** *a.* parmigiano, parmense. **II** *n.* (*Alim*) (*Parmesan cheese*) parmigiano *m.*, parmigiano *m.* reggiano, grana *m.*

Parnassian /pɑː'næsɪən *Am* pɑːr'næsɪən/ **I** *a.* **1** (*lett*) (*of Mount Parnassus*) parnasio, del Parnaso. **2** (*Lett*) parnassiano. **II** *n.* (*Lett*) parnassiano *m.*

Parnassus /pɑː'næsəs *Am* pɑːr'næsəs/ *n.pr.* (*Geog*) Parnaso *m.*

parochial /pə'rəʊkɪəl *Am* pə'rəʊkɪəl/ *a.* **1** parrocchiale. **2** (*fig*) (*narrow-minded*) provinciale, ristretto, arretrato: ~ *mentality* mentalità provinciale. □ (*Am*) ~ *schools* scuole di ispirazione religiosa.

parochialism /pə'rəʊkɪəlɪzəm/ *n.* **1** parrocchialità *f.*, l'essere parrocchiale. **2** (*fig*) (*provincialism*) provincialismo *m.*

parochiality /pə,rəʊkɪ'ælətɪ *Am* pə'rəʊkɪælətɪ/ *n.* **1** parrocchialità *f.*, l'essere parrocchiale. **2** (*fig*) (*provincialism*) provincialismo *m.*

parochialize /pə'rəʊkɪəlaɪz/ *v.t.* rendere provinciale.

parodic /'pærədɪk *Am* 'perədɪk/ *a.* parodico, parodistico.

parodist /'pærədɪst *Am* 'perədɪst/ *n.* parodista *m./f.*

parody /'pærədɪ *Am* 'perədɪ/ **I** *n.* parodia *f.* (*anche fig*). **II** *v.t.* fare la parodia di, parodiare (*anche fig*).

parol /'pærəl *Am* pə'rəʊl/ **I** *n.* (*Dir*) dichiarazione *f.* orale. **II** *a.* (*Dir*) verbale, orale. □ *by* ~ verbalmente.

parole /pə'rəʊl/ **I** *n.* **1** (*word of honour*) parola *f.* d'onore (*anche Mil*). **2** (*password*) parola *f.* d'ordine (*anche Mil*). **3** (*Dir*) (*conditional release*) rilascio *m.* sulla parola. **4** (*Dir*) (*release on bail*) libertà *f.* provvisoria. **II** *a.* del rilascio sulla parola. **III** *v.t.* rilasciare sulla parola. □ ~ *board* commissione che decide il rilascio sulla parola; *to keep one's* ~ mantenere la parola; ~ *officer* ufficiale che sorveglia chi è in libertà provvisoria; *on* ~ sulla parola: *to release so. on* ~ rilasciare qcu. sulla parola, rilasciare qcu. con la condizionale.

parolee /pə,rəʊ'liː/ *n.* (*Am,Dir*) chi è rilasciato sulla parola.

paronym /'pærənɪm *Am* 'perənɪm/ *n.* (*Ling*) paronimo *m.*

paronymous /pə'rɒnɪməs *Am* pə'rɑːnɪməs/ *a.* (*Ling*) paronimico.

paronymy /pə'rɒnɪmɪ *Am* pə'rɑːnɪmɪ/ *n.* (*Ling*) paronimia *f.*

Paros /'pærɒs *Am* 'perɑːs/ *n.pr.* (*Geog*) Paro *f.*

parotid /pə'rɒtɪd *Am* pə'rɑːtɪd/ **I** *a.* (*Anat*) parotideo. **II** *n.* (*Anat*) parotide *f.*, ghiandola *f.* parotidea. □ (*Anat*) ~ *gland* parotide, ghiandola parotidea.

parotitis /,pærəʊ'taɪtɪs *Am* ,perə'taɪtɪs/ *n.* (*Med*) parotite *f.*

paroxysm /'pærəksɪzəm *Am* 'perəksɪzəm/ *n.* (*Med*) parossismo *m.* (*anche fig*): *a* ~ *of grief* un parossismo di dolore.

paroxysmal /,pærək'sɪzml *Am* ,perək'sɪzml/ *a.* (*Med*) parossistico (*anche fig*).

paroxytone /pə'rɒksɪtəʊn *Am* pə'rɑːksɪtəʊn/ **I** *a.* (*Gramm*) parossitono. **II** *n.* (*Gramm*) parola *f.* parossitona, parossitona *f.*

parquet /'pɑːkeɪ, 'pɑːki *Am* pɑːr'keɪ/ **I** *n.* **1** parquet *m.*, pavimento *m.* di legno, parchè *m.* **2** (*parquetry*) parquet *m.*, pavimentazione *f.* in parquet, parchè *m.* **3** (*Am,Teat*) poltrone *f.pl.* di platea, platea *f.*, (*ant*) parterre *m.* **II** *v.t.* (*past,*

parquetted /'pɑːkɪtɪd/, *Am* **parqueted** /pɑːr'ketɪd/) pavimentare in parquet. □ (*Teat*) ~ *circle* platea, (*ant*) parterre; ~ *flooring* parchettatura, parquet.

parquetry /'pɑːkɪtri *Am* 'pɑːrkətri/ *n.* **1** pavimentazione *f.* in parquet, parquet *m.* **2** (*flooring*) parchettatura *f.*

parr /pɑː *Am* pɑːr/ (*pl.inv.* o -**s** /-z/; *il pl. inv. si usa general. con valore collett.*) *n.* (*Itt*) **1** salmone *m.* giovane. **2** (*young fish*) pesce *m.* giovane.

parricidal /,pærɪ'saɪdl *Am* ,perə'saɪdl/ *a.* **1** di parricidio. **2** (*guilty of parricide*) parricida, (*lett*) patricida.

parricide /'pærɪsaɪd *Am* 'perəsaɪd/ *n.* **1** parricidio *m.*, (*lett*) patricidio *m.* **2** (*person*) parricida *m./f.*, (*lett*) patricida *m./f.*

parrot /'pærət *Am* 'perət/ **I** *n.* (*Ornit*) pappagallo *m.* (*anche fig*). **II** *v.t.* ripetere meccanicamente, ripetere a pappagallo, copiare. □ (*Med*) ~ *disease* psittacosi; (*Med*) ~ *fever* psittacosi; (*Itt*) ~ *fish* pesce pappagallo.

parrot-fashion /'pærət,fæʃən *Am* 'perət,fæʃən/ *avv.* (*colloq*) a pappagallo, pappagallescamente: *to repeat sth.* ~ ripetere qcs. a pappagallo.

parrotlike /'pærətlaɪk *Am* 'perətlaɪk/ *a.* pappagallesco, da pappagallo.

parry /'pæri *Am* 'peri/ **I** *v.t.* **1** parare, scansare, schivare: *to* ~ *a blow* parare un colpo. **2** (*fig*) (*to avoid*) sottrarsi abilmente a, eludere: *to* ~ *indiscreet questions* sottrarsi abilmente a domande indiscrete. **II** *v.i.* **1** parare un colpo (*anche Sport*). **2** (*fig*) (*to avoid*) parare il colpo, difendersi. **III** *n.* **1** parata *f.* (*anche Sport*). **2** (*fig*) il parare il colpo.

parse /pɑːz *Am* pɑːrs/ *v.t.* (*Gramm*) fare l'analisi grammaticale di, analizzare.

parsec /'pɑːsek *Am* 'pɑːrsek/ *n.* (*Astr*) parsec *m.*

parser /'pɑːzər *Am* 'pɑːrsər/ *n.* (*Inform*) parser *m.*

parsimonious /,pɑːsɪ'məʊnɪəs *Am* ,pɑːrsə'məʊnɪəs/ *a.* **1** parsimonioso, (*lett*) parco. **2** (*estens*) (*niggardly, scanty*) avaro, scarso, tirato.

parsimoniously /,pɑːsɪ'məʊnɪəsli *Am* ,pɑːrsə'məʊnɪəsli/ *avv.* con parsimonia, parsimoniosamente.

parsimoniousness /,pɑːsɪ'məʊnɪəsnəs *Am* ,pɑːrsə'məʊnɪəsnəs/ *n.* l'essere parsimonioso.

parsimony /'pɑːsɪməni *Am* 'pɑːrsɪməni/ *n.* **1** parsimonia *f.*, frugalità *f.*, sobrietà *f.* **2** (*estens*) (*niggardliness*) avarizia *f.*, tirchieria *f.*, taccagneria *f.*

parsing /'pɑːsɪŋ *Am* 'pɑːrsɪŋ/ *n.* **1** (*Gramm*) analisi *f.*, analisi *f.* grammaticale. **2** (*Inform*) analisi *f.* (di una stringa).

parsley /'pɑːsli *Am* 'pɑːrsli/ *n.* (*Bot*) prezzemolo *m.*

parsnip /'pɑːsnɪp *Am* 'pɑːrsnɪp/ *n.* **1** (*Bot*) pastinaca *f.* **2** (*Bot,Gastron*) (*root*) radice *f.* di pastinaca.

parson /'pɑːsən *Am* 'pɑːrsən/ *n.* **1** (*Rel.prot*) pastore *m.* **2** (*Rel.catt*) (*incumbent of a parochial church*) parroco *m.* □ (*colloq*) ~'*s nose* (*of a chicken, etc.*) boccone del prete.

parsonage /'pɑːsənɪdʒ *Am* 'pɑːrsənɪdʒ/ *n.* **1** (*of a parish parson*) casa *f.* del pastore. **2** (*of any minister*) canonica *f.*, casa *f.* parrocchiale, (*rar*) pievania *f.*

parsonic /pɑː'sɒnɪk *Am* pɑːr'sɑːnɪk/ *a.* pastorale, clericale.

parsonical /,pɑː'sɒnɪkl *Am* ,pɑːr'sɑːnɪkl/ *a.* pastorale, clericale.

part /pɑːt *Am* pɑːrt/ **I** *n.* **1** parte *f.*: *to be* ~ *of* fare parte di; *the latter* ~ *of the century* l'ultima parte del secolo. **2** (*Teat,Cin*) (*role*) parte *f.*, ruolo *m.*: *who is playing the* ~ *of Hamlet?*

chi fa la parte di Amleto? **3** (*Teat,Cin*) (*words*) parte *f.*: *to learn one's* ~ imparare la parte. **4** (*allotted share, task*) parte *f.*, compito *m.*: *each must do his* ~ ciascuno deve fare la propria parte. **5** (*measured portion*) parte *f.*: *three -s gin and one* ~ *vermouth* tre parti di gin e una di vermouth. **6** (*share, participation*) parte *f.*, partecipazione *f.*: *to have a* ~ *in sth.* avere un ruolo in qcs.; *I want no* ~ *in it* non voglio saperne niente, non ci voglio entrare; *to take* ~ prendere parte. **7** (*one side in a contest, etc.*) parte *f.*, partito *m.*: *will no one take my* ~? nessuno si mette dalla mia parte? **8** (*of the hair: parting*) riga *f.*. **9** (*Mus*) parte *f.*, partitura *f.*: *the bass* ~ la parte del basso. **10** (*Mecc*) pezzo *m.*, particolare *m.* **11** *pl.* (*region, district*) paese *m.sing.*, luogo *m.sing.*, parte *f.sing.*, regione *f.sing.*: *to leave for foreign* ~*s* partire per paesi stranieri; *from all -s of the country* da tutte le parti del paese. **12** *pl.* (*quality, attribute*) qualità *f.pl.*, doti *f.pl.*, talento *m.sing.*, abilità *f.pl.*, capacità *f.pl.*: *a woman of many -s* una donna che ha molte qualità; *a man of -s* un uomo di talento. **II** *avv.* in parte, parzialmente. **III** *v.t.* **1** (*of the hair*) fare la riga a, fare la scriminatura a, spartire. **2** (*to divide into shares*) spartire, ripartire, suddividere. **3** (*to separate*) separare, dividere. **4** (*Mecc*) troncare. **IV** *v.i.* **1** separarsi, dividersi, lasciarsi: *we -ed at the crossroads* ci separammo all'incrocio; *they -ed friends* si lasciarono da amici. **2** (*to take leave of*) separarsi, congedarsi, accomiatarsi (*from, with* da). **3** (*to give up possession of*) separarsi (*with* da), cedere (qcs.), rinunciare (a). **4** (*to become separated, to come apart*) aprirsi, dividersi: *the curtains -ed* il sipario si aprì. **5** (*to break*) rompersi, spezzarsi: *the rope -ed* la fune si è rotta. □ ~ *and parcel* parte integrante, parte essenziale; *around these -s* da queste parti, nei dintorni; *to* ~ *company*: 1 separarsi, dividersi, lasciarsi, staccarsi (*with* da); 2 (*fig*) (*to end a relationship*) rompere i rapporti, troncare i rapporti (*with* con); 3 (*to cease association*) rompere, troncare i rapporti (*with* con); 4 (*fig*) (*to differ in opinion, etc.*) avere un'opinione diversa, pensarla diversamente (*with* da), non condividere l'opinione (di), essere in disaccordo, avere delle divergenze di vedute (con); (*Econ*) ~ *exchange* permuta parziale; *in* ~ in parte, parzialmente; (*Comm*) ~ *load* carico parziale; (*Comm*) ~ *load consignment* spedizione a collettame; (*Mus*) ~ *music* musica corale; (*fig*) ~ *of me would hit you* una parte di me ti darebbe un cazzotto; (*Gramm*) ~ *of speech* parte del discorso; ~ *of the reason is...* in parte è perché; *in my* ~ *of the world* dalle mie parti; (*Mecc*) *to* ~ *off* troncare; *on the* ~ *of* da parte di; (*Comm*) ~ *ownership* proprietà in comune; ~ *payment* pagamento parziale, acconto; (*Mus*) ~ *song* canto polifonico; *to take* ~ prendere parte, partecipare (*in* a); *to take so.'s* ~ prendere le parti di qcu., schierarsi dalla parte di qcu.; *to* ~ *with sth.* disfarsi di qcs., separarsi da qcs.; (*Edit*) ~ *work* pubblicazione a fascicoli; (*Mus*) ~ *writing* contrappunto.

part. **1** (*Gramm*) *participle* p., part. (participio). **2** *particular* (particolare).

partake /pɑːˈteɪk *Am* pɑrˈteɪk/ *v.i.irr.* **1** partecipare, prendere parte (*in, of* a). **2** (*of food, drink*) prendere un po', prendere una porzione (*of* di). **3** (*of a meal*) prendere, consumare (*of sth.* qcs.). **4** (*fig*) avere qcs. (*of* di), essere un po' (qcs.): *his attitude -s of cowardice* il suo atteggiamento ha qualcosa di vile.

partaker /pɑːˈteɪkər *Am* pɑrˈteɪkər/ *n.* partecipante *m./f.*

part-baked /pɑːˈbeɪkt *Am* pɑrˈbeɪkt/ *a.* precotto.

parterre /pɑːˈteər *Am* pɑrˈter/ *n.* **1** (*Giard*) parterre *m.* **2** (*Teat*) platea *f.*, (*ant*) parterre *m.*

parthenogenesis /ˌpɑːθənouˈdʒenɪsɪs *Am* ˌpɑrθənouˈdʒenɪsɪs/ *n.* (*Biol*) partenogenesi *f.*

Parthenon /ˈpɑːθənɒn *Am* ˈpɑrθənɑːn/ *n.pr.* (*Archeol*) Partenone *m.*

Parthia /ˈpɑːθɪə *Am* ˈpɑrθɪə/ *n.pr.* (*Geog.stor*) Partia *f.*

Parthian /ˈpɑːθɪən *Am* ˈpɑrθɪən/ **I** *a.* (*Stor*) dei parti. **II** *n.* parto *m.* (*f.* -a). □ ~ *shot* freccia del Parto (*anche fig*).

partial /ˈpɑːʃəl *Am* ˈpɑrʃəl/ *a.* **1** parziale, limitato, non completo: *a* ~ *success* un successo parziale. **2** (*biused*) parziale, non obiettivo (*to* verso): *a* ~ *judge* un giudice parziale. **3** (*having a liking-for*) che ha un debole, che ha una predilezione, che va matto (*to* per). □ (*Med*) ~ *birth abortion* aborto a nascita parziale; (*Mat*) ~ *derivative* derivata parziale; (*Mat*) ~ *differential equation* equazione differenziale alle derivate parziali; (*Med*) ~ *disability* invalidità parziale; (*Astr*) ~ *eclipse* eclissi parziale; (*Fis*) ~ *pressure* pressione parziale; (*Mat*) ~ *product* prodotto parziale.

partiality /ˌpɑːʃiˈælɪti *Am* ˌpɑrʃiˈæləti/ *n.* **1** (*bias*) parzialità *f.* **2** (*liking*) predilezione *f.*, preferenza *f.*, debole *m.*: *to have a* ~ *for opera* avere una predilezione per l'opera (lirica).

partially /ˈpɑːʃəli *Am* ˈpɑrʃəli/ *avv.* parzialmente, in parte. □ ~ *clothed* seminudo; (*Med*) ~ *sighted* ipovedente.

partialness /ˈpɑːʃəlnes *Am* ˈpɑrʃəlnes/ *n.* **1** (*bias*) parzialità *f.* **2** (*liking*) predilezione *f.*, preferenza *f.*, debole *m.*: *to have a* ~ *for opera* avere una predilezione per l'opera (lirica).

partibility /ˌpɑːtɪˈbɪləti *Am* ˌpɑrtəˈbɪləti/ *n.* divisibilità *f.*

partible /ˈpɑːtɪbl *Am* ˈpɑrtəbl/ *a.* divisibile.

participant /pɑːˈtɪsɪpənt *Am* pɑrˈtɪsəpənt/ **I** *a.* partecipante, partecipe. **II** *n.* partecipante *m./f.*

participate /pɑːˈtɪsɪpeɪt *Am* pɑrˈtɪsəpeɪt/ *v.i.* **1** partecipare, prendere parte (*in* a): *to* ~ *in an enterprise* partecipare a un'impresa. **2** (*to have a share*) partecipare (a), compartecipare (*in* a, in): *to* ~ *in the profits* partecipare agli utili. **3** (*rar*) (*to have sth. of a nature of*) avere qcs. (*of, in* di), essere un po' (qcs.).

participation /pɑːˌtɪsɪˈpeɪʃən *Am* pɑrˌtɪsəˈpeɪʃən/ *n.* **1** partecipazione *f.*, il prendere parte. **2** (*share*) partecipazione *f.*, compartecipazione *f.*

participative /pɑːˈtɪsɪpətɪv *Am* pɑrˈtɪsəpeɪtɪv/ *a.* partecipativo.

participator /pɑːˈtɪsɪpeɪtər *Am* pɑrˈtɪsəpeɪtər/ *n.* partecipante *m./f.*

participatory /pɑːˈtɪsɪpeɪtəri *Am* pɑrˈtɪsəpəˌtɔːri/ *a.* partecipativo. □ (*Pol*) ~ *democracy* democrazia diretta.

participial /ˌpɑːtɪˈsɪpɪəl *Am* ˌpɑrtɪˈsɪpɪəl/ *a.* (*Gramm*) participiale.

participle /ˈpɑːtɪsɪpl *Am* ˈpɑrtɪsɪpl/ *n.* (*Gramm*) participio *m.*

particle /ˈpɑːtɪkl *Am* ˈpɑrtəkl/ *n.* **1** granello *m.*, particella *f.*: *a* ~ *of dust* un granello di polvere. **2** (*smallest possible quantity*) briciolo *m.*, briciola *f.*, granello *m.*: *there wasn't a* ~ *of truth in anything he said* non c'era un briciolo di verità in quello che diceva. **3** (*Gramm,Fis*) particella *f.* **4** (*Rel.catt*) particola *f.* □ (*Fis*) ~ *accelerator* acceleratore di particelle; (*Fal*) ~ *board* truciolare, pannello truciolare, truciolato; (*Fis*) ~ *physics* fisica delle particelle.

parti-colored /ˈpɑːtɪˌkʌlərd *Am* ˈpɑrtɪˌkʌlərd/ *a.* (*Am*) multicolore, variopinto.

parti-coloured /ˈpɑːtɪˌkʌləd *Am* ˈpɑrtɪˌkʌləd/ *a.* multicolo-

re, variopinto.

particular /pəˈtɪkjələr *Am* pərˈtɪkjələr/ **I** *a.* **1** particolare, specifico: *in this* ~ *case* in questo caso particolare. **2** (*special*) particolare, speciale: *I have no* ~ *desire to see her* non ho nessun particolare desiderio di vederla. **3** (*individual, separate*) particolare, singolo, individuale. **4** (*of a description, etc.*) particolareggiato, dettagliato, circostanziato. **5** (*careful, scrupulous*) preciso, scrupoloso, minuzioso, meticoloso: *to be* ~ *about one's work* essere molto preciso nel proprio lavoro. **6** (*fussy, fastidious*) difficile, esigente, schizzinoso: *she is very* ~ *about her food* è molto difficile nel mangiare. **II** *n.* **1** particolare *m.*: *to descend from the general to the* ~ passare dal generale al particolare. **2** (*special feature*) particolarità *f.*, peculiarità *f.* **3** *pl.* (*details*) particolari *m.pl.*, dettagli *m.pl.*: *full -s* ampi particolari; *to go into -s* andare nei dettagli, andare nel dettaglio. **4** *pl.* (*of a person*) dati *m.pl.* personali, generalità *f.pl.*: *to state one's -s* declinare le proprie generalità. □ (*Assic*) ~ *average* avaria particolare.

particularism /pəˈtɪkjələrɪzm *Am* pərˈtɪkjələrɪzm/ *n.* particolarismo *m.* (*anche Pol, Rel*).

particularist /pəˈtɪkjələrɪst *Am* pərˈtɪkjələrɪst/ *n.* fautore *m.* (*f.* -trice) del particolarismo, particolarista *m./f.*

particularistic /pəˌtɪkjələˈrɪstɪk *Am* pərˌtɪkjələˈrɪstɪk/ *a.* particolaristico.

particularity /pəˌtɪkjəˈlærɪti *Am* pərˌtɪkjəˈlærəti/ *n.* **1** particolarità *f.* **2** (*distinctive quality*) particolarità *f.*, peculiarità *f.*, caratteristica *f.* **3** (*detail*) particolare *m.*, dettaglio *m.* **4** (*attentiveness to detail*) meticolosità *f.*, precisione *f.*, scrupolosità *f.* **5** (*fastidiousness*) pignoleria *f.*

particularization /pəˌtɪkjələraɪˈzeɪʃən *Am* pərˌtɪkjələrɪˈzeɪʃən/ *n.* particolarizzazione *f.*

particularize /pəˈtɪkjələraɪz *Am* pərˈtɪkjələraɪz/ **I** *v.t.* **1** particolareggiare, dettagliare. **2** (*to specify*) specificare. **II** *v.i.* particolareggiare, entrare in dettagli, dettagliare.

particularly /pəˈtɪkjələrli *Am* pərˈtɪkjələrli/ *avv.* **1** (*especially*) particolarmente, specialmente. **2** (*specifically*) in particolare, in modo particolare, specificamente. **3** (*in detail*) nei particolari, dettagliatamente, particolarmente.

particulate /pəˈtɪkjuleɪt *Am* pərˈtɪkjuleɪt/ *a.* (*Fis*) particellare.

parting /ˈpɑːtɪŋ *Am* ˈpɑrtɪŋ/ **I** *n.* **1** divisione *f.*, separazione *f.* **2** (*leave-taking*) separazione *f.*, distacco *m.*, addio *m.*, commiato *m.*, congedo *m.* **3** (*of the hair*) scriminatura *f.*, riga *f.*, spartitura *f.* **II** *a.* **1** d'addio, di partenza, di commiato: *a* ~ *kiss* un bacio d'addio. **2** (*separating, dividing*) separatore, che divide, di separazione. **3** (*departing*) partente, che se ne va. □ ~ *of the ways*: 1 bivio (*anche fig*); 2 (*leave-taking*) congedo, addio; (*fig*) ~ *shot* freccia del Parto.

partisan[1] /ˌpɑːtɪˈzæn *Am* ˈpɑrtɪzən/ **I** *n.* **1** fautore *m.* (*f.* -trice), sostenitore *m.* (*f.* -trice). **2** (*Mil,Pol*) partigiano *m.* (*f.* -a), combattente *m.* della resistenza. **II** *a.* partigiano, fazioso, di parte. □ *to play* ~ *politics* seguire una linea politica intransigente invece di cercare un compromesso tra le parti.

partisan[2] /ˌpɑːtɪˈzæn *Am* ˈpɑrtɪzən/ *n.* (*Mil, ant,Arm*) partigiana *f.*

partisanship /ˌpɑːtɪˈzænʃɪp *Am* ˈpɑrtɪzənʃɪp/ *n.* faziosità *f.*, partigianeria *f.*, parzialità *f.*

partite /ˈpɑːtaɪt *Am* ˈpɑrtaɪt/ *a.* **1** (*in compounds*) ...partito: *bi-* ~ bipartito. **2** (*Bot*) partito.

partition /pɑːˈtɪʃən *Am* pɑrˈtɪʃən/ **I** *n.* **1** divisione *f.*, partizione *f.* **2** (*Pol*) scissione *f.*, divisione *f.* **3** (*sth. that divides or separates*) cosa *f.* che divide, cosa *f.* che separa. **4** (*Edil*) tramezzo *m.*, parete *f.* divisoria, divisorio *m.* **5** (*part, section*) parte *f.*, sezione *f.* **6** (*compartment*) scomparto *m.*, partizione *f.* **7** (*Dir*) divisione *f.* **8** (*Inform*) partizione *f.* **II** *v.t.* **1** dividere, suddividere. **2** (*Dir*) dividere, spartire.

☐ *to ~ off* tramezzare, separare con un tramezzo: *to ~ off a room* tramezzare una stanza; (*Edil*) *~ wall* muro divisorio, tramezzo.

partitioned /pɑːˈtɪʃʰənd *Am* pɑːrˈtɪʃʰənd/ *a.* diviso, suddiviso.

partitive /ˈpɑːtɪtɪv *Am* ˈpɑːrtʰətɪv/ **I** *a.* (*Gramm*) partitivo. **II** *n.* (*Gramm*) partitivo *m.*

partitively /ˈpɑːtɪtɪvli *Am* ˈpɑːrtʰətɪvli/ *avv.* in modo partitivo.

partly /ˈpɑːtli *Am* ˈpɑːrtʰli/ *avv.* parzialmente, in parte.

partner /ˈpɑːtnə *Am* ˈpɑːrtnər/ *n.* **1** socio *m.* (*f.* -a), consocio *m.* (*f.* -a), associato *m.* (*f.* -a), consociato *m.* (*f.* -a) (*anche Dir,Econ*): *a business ~* un socio in affari. **2** (*in dancing, games*) compagno *m.* (*f.* -a), partner *m./f.*: *my tennis ~* il mio compagno di tennis. **3** (*member of relationship*) partner *m./f.*, coniuge *m./f.*; (*husband*) marito *m.*; (*wife*) moglie *f.* **4** (*Pol*) partner *m./f.* **5** *pl.* (*Mar*) mastre *f.pl.* **II** *v.t.* fare coppia con, essere in coppia con, essere compagno di. ☐ *-s in crime*: 1 (*colloq*) complici; 2 (*Dir*) correi.

partnerless /ˈpɑːtnəles *Am* ˈpɑːrtnərles/ *a.* single, libero, solo.

partnership /ˈpɑːtnəʃɪp *Am* ˈpɑːrtnərʃɪp/ *n.* **1** amicizia *f.* e collaborazione *f.* **2** (*association*) associazione *f.*, partnership *f.* **3** (*Dir,Econ*) società *f.*, partnership *f.*: *in ~ with* in società con. **4** (*Dir,Econ*) (*people*) soci *m.pl.* **5** (*Dir, Econ*) (*contract*) contratto *m.* d'associazione.

☐ (*Dir,Comm*) *~ agreement* contratto di società; (*Dir,Comm*) *~ limited by shares* società in accomandita per azioni; *to take so. into ~* prendere qcu. come socio.

parton /ˈpɑːtən *Am* ˈpɑːrtən/ *n.* (*Fis*) partone *m.*

part-owner /ˈpɑːtˌoʊnə *Am* ˈpɑːrtˌoʊnər/ *n.* comproprietario *m.* (*f.* -a).

partridge /ˈpɑːtrɪdʒ *Am* ˈpɑːrtrɪdʒ/ (*pl.inv.* o -ges /-dʒɪz/; *il pl. inv. si usa general. con valore collett.*) *n.* (*Ornit*) **1** pernice *f.*: *a brace of -s* una coppia di pernici. **2** (*grey partridge*) pernice *f.* grigia, starna *f.*

part-song /ˈpɑːtsɒŋ *Am* ˈpɑːrtsɑːŋ/ *n.* (*Mus*) canto *m.* polifonico.

part-time /ˌpɑːˈtaɪm *Am* ˌpɑːrˈtaɪm/ **I** *a.* **1** part-time, a orario ridotto: *~ employment* occupazione a orario ridotto, occupazione part-time. **2** (*of a person*) che lavora part-time, che lavora a tempo parziale. **II** *avv.* a tempo parziale, part-time, a orario ridotto.

☐ *~ job* (o *~ work*) part-time, lavoro a tempo parziale; *~ worker* lavoratore part-time, lavoratore a tempo parziale.

part-timer /ˌpɑːˈtaɪmə *Am* ˌpɑːrˈtaɪmər/ *n.* lavoratore *m.* (*f.* -trice) a tempo parziale.

parturient /pɑːˈtjʊəriənt *Am* pɑːrˈtʊriənt/ *a.* **1** partoriente. **2** (*of parturition*) del parto, relativo al parto. **3** (*fig,lett*) che sta per produrre qcs.

parturition /ˌpɑːtjʊəˈrɪʃʰən *Am* ˌpɑːrtʊˈrɪʃʰən/ *n.* parto *m.*

partway /ˌpɑːtˈweɪ *Am* ˌpɑːrtˈweɪ/ *avv.* **1** parzialmente, in parte. **2** (*at or to a part of the distance*) per un pezzo (di strada), a un pezzo (di strada). ☐ *~ open* parzialmente aperto; *~ through the film* a metà del film.

party /ˈpɑːti *Am* ˈpɑːrtʰi/ *n.* **1** festa *f.*, ricevimento *m.*, party *m.*, trattenimento *m.*: *a birthday ~* una festa di compleanno; *to give a ~*

dare un ricevimento; *leaving ~* festa d'addio. **2** (*Pol*) partito *m.*: *the Labour Party* il partito laburista. **3** (*Dir*) parte *f.* (in causa); (*individual involved*) interessato *m.* (*f.* -a), parte *f.* interessata. **4** (*organized group*) gruppo *m.*, comitiva *f.*, brigata *f.*; (*gathering for some purpose*) squadra *f.*, gruppo *m.*: *a search ~* una squadra di soccorso. **5** (*Mil*) reparto *m.*, squadra *f.* **6** (*person*) persona *f.*, individuo *m.*, tipo *m.* **II** *a.* **1** (*Pol*) (*of a party*) di un partito, relativo a un partito. **2** (*partisan*) di parte, partigiano, fazioso. **3** (*of, suitable for a social gathering*) da sera, di società, da società: *a ~ game* un gioco di società. **4** (*Arald*) partito. ☐ (*colloq*) *~ animal* festaiolo, persona festaiola; (*GB,Pol*) *~ chairman* presidente del partito; (*Abbigl*) *~ dress* abito da sera; *~ goer* frequentatore di ricevimenti, frequentatore di feste, viveur; *~ hat* cappellino di carta (per le feste); (*colloq,fig*) *the ~ is over* la festa è finita; (*Pol*) *~ leader* segretario di partito; *~ line*: 1 (*Tel*) duplex; 2 (*Pol*) linea del partito, direttive politiche del partito: *to follow the ~ line* seguire la linea del partito; (*Pol*) *~ man* uomo di partito; (*Pol*) *~ member* membro del partito, iscritto al partito; (*Pol*) *~ newspaper* giornale di partito; (*Pol*) *~ official* funzionario di partito; (*Pol*) *~ organ* organo del partito; *~ piece* esibizione per intrattenere gli ospiti a una festa; (*TV*) *~ political broadcast* tribuna politica; (*Pol*) *~ politics* politica di partito; (*colloq*) *~ pooper* guastafeste; *~ spirit* spirito di parte, faziosità; *~ strife* lotta di parte, faziosità; *to be ~ to sth.* (o *to be a ~ to sth.*) fare parte di qcs.: *to be a ~ to a crime* essere complice in un delitto; *~ wall* muro divisorio, muro di confine.

partyticket /ˌpɑːtiˈtɪkɪt *Am* ˌpɑːrtʰiˈtɪkɪt/ *n.* (*Am,Pol*) lista *f.* elettorale.

parvenu /ˈpɑːvənjuː *Am* ˈpɑːrvənuː/ *n.* parvenu *m./f.*, arricchito *m.* (*f.* -a).

parvis, parvise /ˈpɑːvɪs *Am* ˈpɑːrvɪs/ *n.* **1** sagrato *m.* **2** (*Arch*) portico *m.* di una chiesa.

pas /pɑː/ *n.inv.* **1** (*dance step*) passo *m.* **2** (*right of precedence*) precedenza *f.* ☐ *to give the ~ to so.* cedere il passo a qcu.

pascal /ˈpæskæl/ *n.* (*Fis*) pascal *m.*

Pascal /ˈpæskæl/ *n.* (*Inform*) pascal *m.*

paschal /ˈpæskʰəl/ *a.* (*relating to Easter*) pasquale. ☐ *~ candle* cero pasquale; (*Rel.catt*) *Paschal Lamb* agnello di Dio; (*Rel.ebr*) *~ lamb* agnello pasquale.

pash /pæʃ/ *n.* (*Br,colloq*) cotta *f.*, sbandata *f.*, infatuazione *f.*: *to have a ~ on so.* (*to have a ~ for so.*) avere una cotta per qcu.

pasha /ˈpɑːʃə, pəˈʃɑː/ *n.* (*Stor*) pascià *m.*

pashalic, pashalik /pəˈʃɑːlɪk/ *n.* (*Stor*) giurisdizione *f.* di un pascià.

pasque-flower /ˈpɑːskˌflaʊər/ *n.* (*Bot*) pulsatilla *f.*

pasquinade /ˌpæskwɪˈneɪd/ *n.* **1** (*Stor.rom*) pasquinata *f.* **2** (*estens*) (*satirical writing*) satira *f.*, pasquinata *f.*

pass[1] /pɑːs *Am* pæs/ **I** *v.t.* **1** sorpassare, passare, oltrepassare, superare: *turn left after you ~ the church* passata la chiesa, volta a sinistra; *she's -ed forty* ha passato la quarantina; *not a word of complaint -ed her lips* non un solo lamento uscì dalle sue labbra. **2** (*to go beyond in quality, quantity, etc.*) superare, passare, eccedere: *industry has -ed the stage of reconstruction* l'industria ha superato lo stadio della ricostruzione. **3** (*to surpass*) superare, passare, andare oltre: *this -es my comprehension* ciò supera la mia capacità di comprensione. **4** (*to cross*) passare, attraversare: *to ~ the frontier* passare la frontiera. **5** (*to transfer from one person to another*) passare, dare, porgere, (*colloq*) allun-

gare: *~ the salt please* passa il sale per favore. **6** (*to cause to circulate*) mettere in circolazione, fare circolare: *to ~ forged banknotes* mettere in circolazione banconote false. **7** (*to convey, to transport*) trasportare, trasferire. **8** (*of an examination, etc.*) passare, superare: *to ~ one's driving-test* passare l'esame di guida. **9** (*to approve*) approvare, passare (*anche Parl*): *to ~ a bill* approvare un disegno di legge; **10** (*to spend*) trascorrere, passare: *to ~ a pleasant holiday* trascorrere una piacevole vacanza. **11** (*to utter, to pronounce*) pronunciare, dire, esprimere: *to ~ an opinion on sth.* esprimere un'opinione su qcs. **12** (*Sport*) passare; (*to throw*) lanciare. **13** (*Fisiol*) evacuare, espellere. **II** *v.i.* **1** passare, andare, muoversi: *the hostess -ed from guest to guest* la padrona di casa passava da un ospite all'altro. **2** (*to proceed*) passare, scorrere. **3** (*to go past or through*) passare, andare oltre: *buses ~ every half hour* gli autobus passano ogni mezz'ora; *let me ~* fammi passare. **4** (*to go from one state to another*) passare: *to ~ from sadness to gaiety* passare dalla tristezza all'allegria. **5** (*to go on in narrative, etc.*) passare (a), andare avanti (*to con*): *to ~ to other matters* passare ad altri argomenti. **6** (*to go into possession*) passare, andare, tramandarsi: *the throne -ed to the eldest son* il trono passò al figlio maggiore. **7** (*to go unchallenged*) passare, essere accettato: *I'll let it ~ this time* per questa volta passi. **8** (*to overtake*) superare, sorpassare. **9** (*to die*) morire, passare a miglior vita, andarsene. **10** (*to be approved*) passare, essere approvato, ottenere l'approvazione (*anche Parl*): *the law -ed* la legge è passata; *the bill -ed the first house but not the second* il disegno di legge ottenne l'approvazione della camera ma non del senato. **11** (*in examinations*) essere promosso; (*colloq*) passare. **12** (*of time*) passare, trascorrere: *time -ed quickly* il tempo passò in fretta. **13** (*to circulate, to be current*) circolare, essere in circolazione; (*of a coin*) avere corso. **14** (*to happen*) avvenire, accadere. **15** (*to be interchanged*) esserci, intercorrere: *tell me everything that -ed between you* dimmi tutto quello che c'è stato fra voi. **16** (*Sport*) passare. **17** (*in cards*) passare: *I ~* passo. **18** (*Dir*) (*to be transferred*) essere trasferito. **19** (*Dir*) (*to adjudicate*) pronunciarsi, pronunciare una sentenza (*on, upon* su); (*of a jury: to sit, to serve*) tenere seduta (per). **III** *n.* **1** passaggio *m.* **2** (*Mil*) (*permission to enter*) lasciapassare *m.*, salvacondotto *m.* **3** (*Mil*) (*leave of absence*) permesso *m.*, licenza *f.*: *a week-end ~* un permesso per il fine settimana. **4** (*free pass or ticket*) biglietto *m.* gratuito, tessera *f.* per l'ingresso gratuito, free pass *m.* **5** (*free pass or ticket for free transportation*) tessera *f.* di libera circolazione, carta *f.* di libera circolazione. **6** (*state of affairs*) condizioni *f.pl.*, stato *m.*, situazione *f.*: *the company's finances have come to a terrible ~* le finanze della società sono in pessime condizioni. **7** (*attempt*) tentativo *m.*, prova *f.* **8** (*sl*) (*advance*) molestia *f.*, avance *f.*: *I quit my job because my boss continually made -es at me* ho lasciato il lavoro per le continue avance del mio capo. **9** (*Scol*) promozione *f.*, approvazione *f.*; (*mark*) voto *m.* di promozione. **10** (*Univ*) laurea *f.* senza lode. **11** (*in cards*) il passare *m.* **12** (*Sport*) passaggio *m.*; (*in tennis*) passante *m.*; (*in fencing*) affondo *m.*, allungo *m.*; (*in baseball*) base *f.* per ball, base *f.* su ball. **13** (*Aer,Mecc*) passaggio *m.* ☐ *to ~ around* fare passare, fare circolare; *to ~ away*: 1 (*to die*) morire, passare a miglior vita; 2 (*to come to an eternal end*) morire, passare: (*Bibl*) *behold the old has -ed away, the new has come* le cose vecchie sono passate, ecco ne sono nate di nuove; (*Sport*) *to ~ the ball back* passare indietro la palla, fare un passaggio all'indietro; (*Br*) *it -es belief* è incredibile; *to ~ beyond* passare oltre, andare oltre; *~ book*: 1 (*bank book*) libretto di deposito, libretto di risparmio; 2 (*Comm*) libretto per (gli) acquisti a credito; *to ~ by*: 1 passare accanto a, passare vicino a; 2 (*to stop briefly*) passare, fare una puntatina, fare una scappata: *~ by the store and pick up some eggs* fai una scappata al negozio e prendi delle uova; *~ by Sue's house on the way home* passa da Sue mentre torni a casa; *to ~ comments on* (*to criticize*) fare commenti su; (*Br*) *to ~ current* essere generalmente accettato; (*Univ*) *~ degree* laurea senza lode; *to ~ down*: 1 (*to bequeath goods or characteristics*) trasmettere, tramandare: *virtues and vices are often passed down from generation to generation* pregi e difetti spesso si tramandano di generazione in generazione; 2 (*to hand down*) porgere, passare, (*colloq*) allungare: *~ me down that book on the shelf* passami quel libro sullo scaffale; *to ~ for* passare per, essere considerato: *he -es for a learned man* passa per un uomo istruito; (*Sport*) *to ~ forward* allungare, (*fig*) *to ~ the hat round* (o *to ~ the hat around*) fare una colletta; (*Mil*) *to ~ troops in review* passare in rivista le truppe; (*Chim*) *to ~ into solution* trasformarsi in soluzione; *to ~ judgement on so.* giudicare qcu.; *~ key*: 1 (*master key*) passe-partout, chiave aprititutto, comunella; 2 (*any private key*) chiave; (*Stor*) *~ laws* (*under apartheid in South Africa*) leggi che limitavano la libertà di movimento della popolazione di colore nella Repubblica sudafricana; (*colloq*) *to ~ make a ~ at so.* fare delle avance a qcu.; (*Scol,Univ*) *~ mark* sufficienza; *to ~ muster*: 1 passare l'ispezione, essere trovato in regola; 2 (*to come up to standard*) essere accettabile, andare bene; *to ~ off*: 1 (*colloq*) spacciare, fare passare, rifilare: *to ~ off a copy as the original* spacciare una copia per l'originale; 2 (*rifl.*) *to ~ oneself off* farsi passare, spacciarsi: *to ~ oneself off as an expert* farsi passare per un esperto; 3 (*to disregard*) non fare caso a, non dar peso a; 4 (*to take place*) svolgersi, aver luogo; 5 (*to come to an end*) passare, cessare, terminare, smettere; *to ~ on*: 1 passare, trasmettere; 2 (*to go forward*) passare, andare avanti: *let us ~ on to the next item* passiamo al prossimo punto; *to ~ out*: 1 (*colloq*) svenire, perdere i sensi; 2 (*Mil,Univ*) aver dato l'esame finale; 3 (*to hand out*) distribuire, passare; *to ~ over*: 1 passare, superare: *to ~ over a river* passare un fiume; 2 (*to disregard*) non fare caso a, non badare a, trascurare: *to ~ over a remark* non fare caso a un'osservazione; 3 (*to be disregarded for sth.*) ignorare, scartare, scavalcare, sorpassare: *minorities are still -ed over rather than promoted in many companies* in molte aziende le minoranze vengono ancora scavalcate invece che promosse; 4 (*to come to an end*) passare, cessare: *the storm -ed over* la tempesta cessò; *to ~ sth. round* fare circolare qcs., fare passare qcs.: *to ~ the word round* darsi la voce; (*fig*) *I take a ~* passo, preferisco non rispondere; *to ~ the buck to so.* scaricare la responsabilità su qcu., fare a scaricabarili con qcu.; *~ the word along* passa parola; *to ~ through* attraversare, passare per: *to ~ through a town* passare per una città; (*colloq*) *to ~ up* rinunciare, lasciar perdere; (*colloq*) *to ~ water* (*to urinate*) orinare,

fare acqua, fare pipì.

pass[2] /pɑːs/ *Am* pæs/ *n.* **1** (*Geog*) passo *m.*, valico *m.* **2** (*Mar*) passaggio *m.*, canale *m.*, stretto *m.* **3** (*narrow opening*) passaggio *m.*, varco *m.*

pass. (*Gramm*) *passive* pass. (passivo).

passable /ˈpɑːsəbl/ *Am* ˈpæsəbl/ *a.* **1** transitabile, praticabile, percorribile: *a ~ road* una strada transitabile. **2** (*just acceptable*) passabile, accettabile, tollerabile: *a ~ knowledge of English* una conoscenza passabile dell'inglese; *only ~* appena accettabile.

passably /ˈpɑːsəbli *Am* ˈpæsəbli/ *avv.* passabilmente, discretamente.

passage[1] /ˈpæsɪdʒ/ *n.* **1** varco *m.*, passaggio *m.*, passo *m.* **2** (*corridor*) corridoio *m.*, andito *m.* **3** (*lobby*) atrio *m.*, ingresso *m.* **4** (*transition from one state to another*) passaggio *m.*, transizione *f.*, trasformazione *f.* **5** (*journey by water, air*) viaggio *m.*, traversata *f.*: *a ~ to India* un viaggio in India. **6** (*accommodation*) posto *m.*: *a ~ on the night ferry* un posto sul traghetto della notte. **7** (*continuous movement*) il passare: *the ~ of time* il passare del tempo. **8** (*Lett*) passo *m.*, passaggio *m.*, brano *m.*: *selected -s from Dickens* brani scelti di Dickens. **9** (*Mus*) passaggio *m.* **10** (*Parl*) approvazione *f.* **11** (*Fisiol*) evacuazione *f.* □ *~ at arms*: 1 combattimento; 2 (*fig*) disputa, battibecco; (*Ornit*) *~ birds* uccelli di passo; (*Mar*) *~ boat* nave passeggeri di linea; *~ of arms*: 1 combattimento; 2 (*fig*) disputa, battibecco.

passage[2] /ˈpæsɪdʒ/ **I** *n.* (*Equit*) passeggio *m.* **II** *v.i.* (*Equit*) eseguire il passeggio. **III** *v.t.* (*Equit*) fare andare al passeggio.

passageway /ˈpæsɪdʒweɪ/ *n.* **1** (*corridor*) corridoio *m.* **2** (*path*) viottolo *m.*, sentiero *m.*

passagework /ˈpæsɪdʒwɜːk *Am* ˈpæsɪdʒ wɜːrk/ *n.* (*Mus*) passaggio *m.*

pass-along /ˈpɑːsəˌlɒŋ *Am* ˈpæsəˌlɑːŋ/ □ (*Giorn,Comm*) *~ readership* lettori in differita.

passband /ˈpɑːsbænd *Am* ˈpæsbænd/ *n.* (*Rad*) banda *f.* passante.

passbook /ˈpɑːsbʊk *Am* ˈpæsbʊk/ *n.* **1** (*Econ*) libretto *m.* di risparmio, libretto *m.* di deposito. **2** (*S.Afr,Stor*) documento *m.* di identità dei neri.

passé /ˈpæseɪ/ *a.* **1** (*of a person*) passato, sfiorito. **2** (*outmoded*) superato, passato, fuori moda, antiquato.

passel /ˈpæsəl/ *n.* (*Am,colloq*) (*large group*) marea *f.*, enormità *f.*, sacco *m.*

passementerie /pæsˈmentrɪ/ *n.* passamaneria *f.*

passenger /ˈpæsəndʒər/ *n.* **1** passeggero *m.* (*f. -a*), viaggiatore *m.* (*f. -trice*). **2** (*in a car, on a motorcycle*) passeggero *m.* (*f. -a*). **3** (*fig*) (*member, player, etc., who contributes little*) peso *m.* morto, zavorra *f.* □ (*Ferr*) *~ car* carrozza viaggiatori; (*Ferr*) *~ coach* carrozza viaggiatori; (*Mar*) *~ liner* nave passeggeri (di linea); *~ list* lista dei passeggeri; (*Ornit*) *~ pigeon* colomba migratrice; (*Aut*) *~ seat* sedile vicino al guidatore, posto per il passeggero; (*Ferr*) *~ train* treno viaggiatori; *~ transport* trasporto di persone.

passe-partout /ˌpæspəˈtuː *Am* ˌpæspɑːrˈtuː/ *n.* **1** (*master key*) passe-partout *m.*, comunella *f.* **2** (*method of framing*) incorniciatura *f.* con passe-partout. **3** (*frame*) passe-partout *m.*, sopraffondo *m.*

passer-by /ˌpɑːsəˈbaɪ *Am* ˌpæsərˈbaɪ/ (*pl.* **passers-by**) *n.* passante *m./f.*

passerine /ˈpæsəraɪn/ **I** *a.* (*Ornit*) passeraceo. **II** *n.* (*Ornit*) passeriforme *m.*, passeraceo *m.*

passibility /ˌpæsɪˈbɪlətɪ *Am* ˌpæsɪˈbɪləti/ *n.* (*lett*) impassibilità *f.*, emotività *f.*

passible /ˈpæsɪbl/ *a.* (*lett*) impressionabile, emotivo.

passimeter /pæsˈmiːtər *Am* ˈpæsɪmiːtər/ *n.* (*ant*) distributore *m.* automatico di biglietti.

passing /ˈpɑːsɪŋ *Am* ˈpæsɪŋ/ **I** *a.* **1** di passaggio, che passa: *he stopped a ~ car* fermò un'automobile di passaggio. **2** (*elapsing*) che passa: *the patient weakens with each ~ day* ogni giorno che passa il paziente si indebolisce sempre più. **3** (*fig*) (*fleeting*) passeggero, temporaneo, fugace: *a ~ fancy* un capriccio passeggero. **4** (*fig*) (*done in passing*) casuale, accidentale: *a ~ remark* un'osservazione casuale. **II** *n.* **1** il passare, passaggio *m.*: *the ~ of an era* il passare di un'epoca. **2** (*death*) morte *f.*, trapasso *m.* **3** (*Parl*) approvazione *f.* **4** (*Sport*) passaggio *m.* **5** (*Am,Strad*) sorpasso *m.* **III** *avv.* (*rar*) oltremodo, assai. □ *to have a ~ acquaintance with so.* conoscere qcu. di vista; *~ bell* campana a morto; *in ~* incidentalmente, tra parentesi, casualmente; (*Strad*) *~ lane* corsia di sorpasso; (*Mus*) *~ note* nota di passaggio; *~ of the budget*: 1 votazione del bilancio; 2 (*Parl*) votazione della legge finanziaria; (*Sport*) *~ shot* (*in tennis*) passante.

passion /ˈpæʃən/ *n.* **1** passione *f.*: *to be a slave to ~* essere schiavo delle passioni. **2** (*fit of emotion*) scoppio *m.*, accesso *m.*: *a ~ of tears* uno scoppio di pianto. **3** (*outburst of anger*) scoppio *m.* d'ira, accesso *m.* d'ira, scatto *m.* d'ira: *to fly into a ~* montare in collera, avere un accesso d'ira. **4** (*amorous feeling, love*) passione *f.* (amorosa), trasporto *m.* (amoroso), moto *m.* amoroso. **5** (*strong liking*) passione *f.*, forte inclinazione *f.*: *to have a ~ for bridge* avere una passione per il bridge. **6** (*object of interest*) passione *f.*: *my ~ is fishing* la mia passione è la pesca. □ (*Bot, Alim*) *~ fruit* frutto della passione, granadiglia, maracuja; (*Teat*) *~ play* sacra rappresentazione (della Passione di Cristo).

Passion /ˈpæʃən/ *n.* **1** (*Rel*) Passione *f.* (di Cristo). **2** (*Rel*) (*story of Jesus Christ's suffering*) passio *m.* **3** (*Mus*) passione *f.*: *Bach's St. Matthew ~* la Passione secondo san Matteo di Bach. □ (*Lit*) *~ Sunday* domenica di Passione; (*Lit*) *~ Week* settimana di Passione, settimana santa.

passional /ˈpæʃənəl/ **I** *a.* (*lett*) passionale. **II** *n.* (*Lit*) passionario *m.*

passionate /ˈpæʃənət *Am* ˈpæʃənɪt/ *a.* **1** appassionato, ardente, passionale: *~ nature* temperamento passionale; *~ look* sguardo appassionato. **2** (*of emotion: intense*) impetuoso, intenso, veemente, travolgente. **3** (*estens*) (*easily angered*) irascibile, iracondo, collerico.

passionately /ˈpæʃənətlɪ *Am* ˈpæʃənɪtli/ *avv.* appassionatamente, con passione, con ardore. □ *to be ~ fond of sth.* essere estremamente appassionato di qcs.

passionateness /ˈpæʃənətnəs *Am* ˈpæʃənɪtnəs/ *n.* passionalità *f.*, ardore *m.*

passionflower /ˈpæʃənˌflaʊər/ *n.* (*Bot*) passiflora *f.*, fior *m.* di passione.

Passionist /ˈpæʃənɪst/ *n.* (*Rel*) passionista *m.*

passion-killer /ˈpæʃənˌkɪlər/ *n.* (*colloq*) che uccide la passione, che fa passare la voglia: *it's a real ~* ti fa veramente scappare la voglia.

passionless /ˈpæʃənləs/ *a.* impassibile, imperturbabile, distaccato, freddo.

Passiontide /ˈpæʃənˌtaɪd/ *n.* (*Lit*) tempo *m.* di Passione.

passivate /ˈpæsɪveɪt/ *v.t.* (*Chim*) passivare.

passive /ˈpæsɪv/ **I** *a.* passivo (*anche Gramm*). **II** *n.* (*Gramm*) passivo *m.*, forma *f.* passiva. □ *~ obedience* obbedienza passiva; *~ resist-*

ance resistenza passiva; ~ *resister* chi oppone resistenza passiva; ~ *smoking* fumo passivo.

passively /ˈpæsɪvli/ *avv.* passivamente.

passiveness /ˈpæsɪvnəs/ *n.* passività *f.*

passivism /ˈpæsɪvɪzᵊm/ *n.* passivismo *m.*

passivity /pæˈsɪvəti Am ˌpæˈsɪvəti/ *n.* passività *f.*

passivizable /ˈpæsɪvaɪzəbl/ *n.* (*Gramm*) che si può mettere in forma passiva.

passivization /ˌpæsɪvaɪˈzeɪʃᵊn Am ˌpæsɪvɪˈzeɪʃᵊn/ *n.* (*Gramm*) il rendere passivo, il trasformare in forma passiva.

passivize /ˈpæsɪvaɪz/ *v.t.* (*Gramm*) rendere passivo, trasformare in passivo.

passkey /ˈpɑːskiː Am ˈpæskiː/ *n.* **1** (*master key*) passe-partout *m.*, chiave *f.* apritutto, comunella *f.* **2** (*any private key*) chiave *f.*

passman /ˈpɑːsmæn Am ˈpæsmæn/ *n.irr.* (*Univ*) chi studia per conseguire il baccalaureato.

Passover /ˈpɑːsˌoʊvᵊr Am ˈpæsˌoʊvᵊr/ *n.* (*Rel.ebr*) Pasqua *f.* ebraica. □ (*Rel.catt*) *the ~ lamb* Cristo, l'Agnello di Dio.

passport /ˈpɑːspɔːt Am ˈpæspɔːrt/ *n.* **1** passaporto *m.*: *to apply for a ~* richiedere il passaporto. **2** (*fig*) mezzo *m.*, strumento *m.*, passaporto *m.* □ *~ control* controllo passaporti; *~ office* ufficio passaporti; *~ photo* fotografia formato tessera.

pass-through /ˈpɑːsˌθruː Am ˈpæsˌθruː/ *n.* **1** passavivande *m.* **2** (*route*) passaggio *m.*

passway /ˈpɑːsweɪ Am ˈpæsweɪ/ *n.* passaggio *m.*

password /ˈpɑːswɜːd Am ˈpæswɜːrd/ *n.* **1** parola *f.* d'ordine (*anche Mil*). **2** (*Inform*) password *f.*, codice *m.* di identificazione.

past /pɑːst Am pæst/ **I** *a.* **1** passato, scorso, trascorso: *in the ~ few days* nei giorni passati, negli ultimi giorni. **2** (*gone by or over*) passato, finito, (*colloq*) andato: *the worst is ~* il peggio è passato. **3** (*Br*) (*ago*) fa, or sono: *two weeks ~* due settimane fa. **4** (*bygone*) passato, andato: *the nation's ~ glories* le glorie passate della nazione; *in ~ times* nei tempi andati. **5** (*former, last*) ex, precedente, passato, ultimo: *the ~ president* l'ex presidente; *the ~ two weeks have been difficult* le ultime due settimane sono state difficili. **6** (*Gramm*) passato. **7** (*ant*) (*in letters*) scorso, ultimo scorso: *your letter of the 10th ~* la vostra lettera del 10 ultimo scorso, la vostra lettera del 10 u.s. **II** *n.* **1** passato *m.*, tempo *m.*: passato: *in the ~* nel passato; *to remember the ~* ricordare il tempo passato; *a thing of the ~* una cosa del passato. **2** (*Gramm*) (*past tense*) passato *m.*, preterito *m.* **III** *avv.* oltre: *he ran ~* passò oltre di corsa. **IV** *prep.* **1** dopo, più tardi di: *he arrived well ~ midnight* è arrivato parecchio dopo mezzanotte. **2** (*in time expressions*) *not translated*: *ten ~ eight* le otto e dieci; *half ~ one* l'una e mezzo. **3** (*older than*) più di, oltre, più vecchio di: *she is ~ fifty* ha più di cinquant'anni, è oltre la cinquantina. **4** (*beyond*) dopo, oltre: *just ~ the cinema* subito dopo il cinema. **5** (*in a direction so as to pass*) nei pressi di, vicino a, accanto a. **6** (*beyond the limits, range of*) al di là di, oltre: *~ hope* al di là di ogni speranza; *~ all hope* oltre ogni speranza. □ (*Gramm*) *~ absolute* passato storico; *~ bearing*: **1** insopportabile; **2** (*Agr*) che non dà più frutti: *a ~ bearing tree* un albero che non produce più; *~ belief* incredibile; (*colloq*) *I'm ~ caring* me ne infischio; (*Gramm*) *~ continuous* passato progressivo; (*Gramm*) *~ definite* passato remoto; (*Gramm*) *~ endurance* insopportabile, intollerabile; *~ expression* inesprimibile, indicibile; *in the ~*: **1** in passato, un

tempo; **2** (*Gramm*) al passato; (*colloq*) *to be ~ it* non avere più l'età; (*colloq*) *to be ~ its best* essere un po' passato, essere un po' in là; *to let ~* lasciar passare, fare passare; *~ master*: **1** esperto, maestro: *he is a ~ master in storytelling* è bravissimo nel raccontare storie; **2** (*of Freemasons, etc.*) ex Maestro; (*Br*) *~ mistress* esperta, maestra: *she is a ~ mistress in storytelling* è bravissima nel raccontare storie; *not to put sth. ~ so.* credere qcu. capace di qcs.; (*Gramm*) *~ participle* participio passato; (*Gramm*) *~ perfect* trapassato, piuccheperfetto; *to be ~ praying for* essere in condizioni disperate; (*Gramm*) *~ progressive* passato progressivo; *~ recall*: **1** (*irrevocably*) irrevocabilmente; **2** (*irrevocable*) irrevocabile; **3** (*forgotten*) dimenticato; *~ recovery* incurabile; *~ redemption* irrecuperabile, incorreggibile; *~ retrieval* irrecuperabile; (*Gramm*) *~ tense* passato, tempo passato; *~ understanding* incomprensibile.

pasta /ˈpæstə Am ˈpɑːstə/ *n.* (*Alim*) pasta. □ (*Gastron*) *~ salad* insalata di pasta.

paste[1] /peɪst/ **I** *n.* **1** pasta *f.*, impasto *m.* **2** (*used as a glue*) colla *f.* **3** (*Alim*) pasta *f.*: *anchovy ~* pasta d'acciughe. **4** (*Alim*) (*pastry dough*) pasta *f.* (alimentare). **5** (*glass used for artificial gems*) vetro *m.* per pietre artificiali, strass *m.* **6** (*gem*) pietra *f.* artificiale, gioiello *m.* di strass, gioiello *m.* d'imitazione. **7** (*Farm*) pasta *f.* **II** *v.t.* **1** incollare, appiccicare, attaccare (con colla). **2** (*to cover by pasting*) ricoprire incollando. **3** (*to cover with paste*) cospargere di colla. **4** (*to spread*) spalmare. **5** (*Inform*) incollare. □ *to ~ up* incollare, appiccicare, attaccare (con colla).

paste[2] /peɪst/ *v.t.* **1** (*Br,sl*) (*to thrash*) picchiare, battere, pestare, (*colloq*) dare un sacco di botte a. **2** (*Br*) (*to strike hard at*) colpire duramente.

pasteboard /ˈpeɪsbɔːd Am ˈpeɪsbɔːrd/ **I** *n.* (*Cart*) cartone *m.* accoppiato, cartone *m.* incollato. **II** *a.* **1** di cartone. **2** (*fig*) (*insubstantial*) inconsistente, di cartone. **3** (*fig*) (*sham*) falso, finto.

pastel[1] /ˈpæstᵊl Am pæsˈtel/ **I** *n.* **1** colore *m.* pastello. **2** (*Pitt*) pastello *m.* **II** *a.* **1** chiaro, tenue, pastello. **2** (*drawn with pastels*) a pastello. □ *~ colour* colore pastello.

pastel[2] /ˈpæstᵊl Am pæsˈtel/ *n.* **1** (*Bot*) guado *m.* **2** (*dye*) guado *m.*

pastelist /pæsˈtelɪst/ *n.* (*Am,Pitt*) pastellista *m./f.*

pastellist /ˈpæstᵊlɪst Am pæsˈtelɪst/ *n.* (*Pitt*) pastellista *m./f.*

pastern /ˈpæstɜːn Am ˈpæstərn/ *n.* (*Zool*) pastorale *m.*, pasturale *m.* (di cavallo).

paste-up /ˈpeɪstʌp/ *n.* (*Tip*) **1** montaggio *m.* **2** (*sheets with pages for checking*) menabò *m.*

pasteurism /ˈpæstɜːrɪzᵊm/ *n.* (*Med*) metodo *m.* Pasteur.

pasteurization /ˌpæstʃəraɪˈzeɪʃᵊn Am ˌpæstʃərɪˈzeɪʃᵊn/ *n.* pastorizzazione *f.*

pasteurize /ˈpæstʃəraɪz Am ˈpæstʃəraɪz/ *v.t.* pastorizzare.

pasteurized /ˈpæstʃəraɪzd Am ˈpæstʃəraɪzd/ *a.* pastorizzato. □ (*Alim*) *~ milk* latte pastorizzato.

pastiche /pæsˈtiːʃ/ *n.* **1** (*Lett,Mus,Art*) pastiche *m.* **2** (*fig*) (*hotchpotch*) pasticcio *m.*, miscuglio *m.*, guazzabuglio *m.*

pasticheur /ˌpæstiːˈʃɜːr/ *n.* (*Lett,Mus,Art*) autore *m.* (*f.* -trice) di pastiche.

pastil /ˈpæstᵊl Am pæsˈtiːl/ *n.* **1** (*Farm*) pasticca *f.*, pastiglia *f.*: *cough -s* pasticche per la tosse. **2** (*fumigating substance*) sostanza *f.* per suffumigi.

pastille /ˈpæstᵊl Am pæsˈtiːl/ *n.* **1** (*Farm*) pasticca *f.*, pastiglia *f.*: *cough -s* pasticche per

la tosse. **2** (*fumigating substance*) sostanza *f.* per suffumigi.

pastime /ˈpɑːstaɪm Am ˈpæstaɪm/ *n.* passatempo *m.*, svago *m.*, diversivo *m.*

pastiness /ˈpeɪstɪnəs/ *n.* pastosità *f.*

pasting /ˈpeɪstɪŋ/ *n.* (*sl*) bastonata *f.*, batosta *f.*

pastor /ˈpɑːstᵊr Am ˈpæstᵊr/ *n.* **1** (*Rel.prot*) pastore *m.* **2** (*priest*) sacerdote *m.*, ministro *m.* del culto. **3** (*Ornit*) storno *m.* roseo.

pastoral /ˈpɑːstᵊrᵊl Am ˈpæstᵊrᵊl/ **I** *a.* **1** (*of shepherds*) pastorale, dei pastori. **2** (*of land*) a pascolo, tenuto a pascolo, pascolativo. **3** (*of the countryside, rural*) agreste, rurale, campestre, di campagna. **4** (*fig*) (*of poetry, music, etc.*) pastorale, bucolico. **5** (*Rel*) pastorale. **II** *n.* **1** (*Lett*) poesia *f.* pastorale, bucolica *f.* **2** (*literary genre*) genere *m.* bucolico. **3** (*Mus*) (*opera*) pastorale *f.*; (*pastoral piece of music*) composizione *f.* pastorale, egloga *f.* **4** (*Rel*) lettera *f.* pastorale, pastorale *f.* □ (*Rel*) *~ letter* lettera pastorale; (*Rel*) *~ prayer* preghiera pastorale; *~ staff* bastone pastorale, pastorale, (*lett*) baccolo; (*Teol*) *~ theology* teologia pastorale.

pastorale /ˌpæstᵊˈrɑːl Am ˌpæstᵊˈrɑːl/ *n.* (*Mus*) **1** (*opera*) pastorale *f.* **2** (*pastoral piece of music*) composizione *f.* pastorale, egloga *f.*

pastoralism /ˈpɑːstᵊrᵊlɪzᵊm Am ˈpæstᵊrᵊlɪzᵊm/ *n.* pastoralismo *m.* (*anche Mus,Lett*).

pastorally /ˈpɑːstᵊrᵊli Am ˈpæstᵊrᵊli/ *avv.* pastoralmente.

pastorate /ˈpɑːstᵊrᵊt Am ˈpæstᵊrᵊt/ *n.* **1** ufficio *m.* pastorale. **2** (*term of office*) durata *f.* dell'ufficio pastorale. **3** (*pastors*) pastori *m.pl.*, ministri *m.pl.* del culto.

pastorship /ˈpɑːstᵊrʃɪp Am ˈpæstᵊrʃɪp/ *n.* **1** ufficio *m.* pastorale. **2** (*term of office*) durata *f.* dell'ufficio pastorale.

pastrami /pəˈstrɑːmi/ *n.* (*Am,Gastron*) carne *f.* di manzo affumicata servita a fette.

pastry /ˈpeɪstri/ *n.* (*Dolc*) **1** pasta *f.* (per dolci), impasto *m.* **2** (*small cake*) pasta *f.*, pasticcino *m.* **3** (*small cakes*) pasticceria *f.*, paste *f.pl.*, pasticcini *m.pl.* □ *~ bag* sacchetto per siringa (da pasticciere); *~ brush* pennello per dolci; *~ cook* pasticciere; (*Dolc*) *~ cream* crema pasticciera; *~ shop* pasticceria; *~ tube* siringa (da pasticciere); *~ wheel* tagliapasta, rotella tagliapasta.

pasturable /ˈpɑːstʃᵊrᵊbl Am ˈpæstʃᵊrᵊbl/ *a.* pascolativo, da pascolo.

pasturage /ˈpɑːstjʊrɪdʒ Am ˈpæstjᵊrɪdʒ/ *n.* **1** pascolo *m.*, pastura *f.* **2** (*Scott,Dir*) diritto *m.* di pascolo.

pasture /ˈpɑːstʃᵊr Am ˈpæstʃᵊr/ **I** *n.* **1** pascolo *m.*, pastura *f.*, terreno *m.* pascolativo. **2** (*grass, herbage*) foraggio *m.*, erba *f.* di pastura, pascolo *m.*, pastura *f.* **3** (*act of grazing*) il pascolare, pascolo *m.*, pastura *f.*: *to put a cow out to ~* portare una mucca al pascolo. **II** *v.t.* **1** (*Zootecn*) (*to cause to graze on*) pascolare, portare al pascolo. **2** (*Zootecn*) (*to graze on*) pascolare su. **3** (*of land: to supply grazing for*) fornire foraggio per, fornire pastura per, servire da pascolo a. **4** (*of land: to use as pasture*) usare come pascolo, adibire a pascolo. **III** *v.i.* pascolare, brucare. □ (*Br*) *~ farming* pastorizia.

pastureland /ˈpɑːstʃᵊlænd Am ˈpæstʃᵊrlænd/ *n.* pascolo *m.*, terreno *m.* da pascolo, terreno *m.* pascolativo.

pasty[1] /ˈpeɪsti/ *a.* **1** pastoso. **2** (*unhealthy pale*) pallido.

pasty[2] /ˈpæsti/ *n.* (*Br,Gastron*) pasticcio *m.*

pasty-faced /ˈpeɪstiˌfeɪst/ *a.* (*pale*) pallido.

pat[1] /pæt/ (*past, p.p.* **patted** /ˈpætɪd Am ˈpætɪd/) **I** *v.t.* **1** (*to caress lightly*) dare un buffetto a, dare un colpetto (affettuoso) a. **2** (*to flatten, to smooth by striking lightly*) spianare con dei colpetti, appiattire con dei colpetti. **II** *v.i.* battere leggermente, picchiettare, ticchettare: *rain -ted against the window* la pioggia picchiettava contro la finestra. **III** *n.* **1** colpetto *m.* (affettuoso), buffetto *m.* **2** (*to smooth sth.*) lisciata *f.*, spianatura *f.* **3** (*tapping sound*) picchiettio *m.*, ticchettio *m.* **4** (*tapping sound of feet*) scalpiccio *m.* **5** (*small, flat piece*) pezzetto *m.*, tocchetto *m.* **6** (*small piece of butter*) panetto *m.* □ *to ~ down* spianare con dei colpetti, appiattire con dei colpetti; (*colloq*) *to give so. a ~ on the back*: **1** (*fig*) congratularsi con qcu.; **2** (*fig*) (*to praise*) lodare qcu.; *to ~ one's hair into place* mettersi a posto i capelli; *to ~ so.* *on the back*: **1** battere affettuosamente qcu. sulla spalla, dare un colpetto sulla spalla a qcu.; **2** (*fig*) (*to congratulate*) congratularsi con qcu.: *to ~ oneself on the back* congratularsi con se stesso, compiacersi di se stesso.

pat[2] /pæt/ **I** *a.* **1** pronto, facile: *his answers were too ~* le sue risposte erano troppo pronte. **2** (*apt, opportune*) appropriato, adatto, opportuno. **II** *avv.* **1** a proposito, opportunamente. **2** esattamente, alla perfezione. □ *to have a ~ excuse* avere la scusa pronta; *to have sth. down* ~ conoscere qcs. a memoria, conoscere qcs. alla perfezione, sapere qcs. a menadito; *to have sth. off* ~ conoscere qcs. a memoria, conoscere qcs. alla perfezione, sapere qcs. a menadito.

Pat /pæt/ **I** *n.pr.f.* dim. di Patricia. **II** *n.pr.m.* dim. di Patrick. **III** *n.* (*spreg*) (*Irishman*) irlandese *m.*

pat. **1** *patent* (brevetto). **2** *patented* (brevettato). □ *Pat. Off.* (*Patent Office*) Ufficio brevetti.

pat-a-cake /'pætəkeɪk Am 'pætəkeɪk/ *n.* gioco *m.* infantile in cui si battono le mani.

Patagonia /ˌpætə'gouniə Am ˌpætə'gouniə/ *n.pr.* (*Geog*) Patagonia *f.*

Patagonian /ˌpætə'gouniən Am ˌpætə'gouniən/ **I** *a.* della Patagonia. **II** *n.* patagone *m./f.*

pataphysics /ˌpætə'fɪzɪks Am ˌpætə'fɪzɪks/ *n.pl.* (*costr.sing.*) patafisica *f.sing.*

patch /pætʃ/ **I** *n.* **1** toppa *f.*, pezza *f.*, rattoppo *m.*: *to put a ~ on the elbow of a jacket* mettere una toppa al gomito di una giacca. **2** (*Med*) (*on a wound*) cerotto *m.*, cerotto *m.* adesivo. **3** (*Med*) (*over an eye*) benda *f.* **4** (*Cosmet*) neo *m.* (finto). **5** (*piece, bit*) pezzo *m.*, frammento *m.*, pezzetto *m.* **6** (*spot of colour*) macchia *f.*, chiazza *f.*: *the horse had a white ~ on its forehead* il cavallo aveva una macchia bianca sulla fronte. **7** (*small piece of ground*) appezzamento *m.*, pezzo *m.* **8** (*Agr,Giard*) orticello *m.*, campicello *m.*: *a cabbage ~* un orticello coltivato a cavoli. **9** (*colloq*) (*phase*) periodo *m.*, fase *f.*, momento *m.*: *my work is going through a bad ~* il mio lavoro sta attraversando un brutto periodo. **10** (*Am,Mil*) mostrina *f.* **11** (*Inform*) correzione *f.* **II** *v.t.* **1** rattoppare, rappezzare: *to ~ a hole* rattoppare un buco. **2** (*fig*) (*to repair in a hasty way*) riparare alla meglio, aggiustare alla meglio, rabberciare, raffazzonare. □ *in -es* a tratti; (*Br,colloq*) *not a ~ on sth.* (*o so.*) non reggere il confronto con qcs. (*o* qcu.): *the film isn't a ~ on the book* il film non regge il confronto con il libro; (*Sart*) *~ pocket* tasca a toppa; (*Med*) *~ test* test cutaneo, cutireazione; *to ~ together* riparare alla meglio, aggiustare alla meglio, rabberciare, raffazzonare; *to ~ up*: **1** riparare alla meglio, aggiustare alla meglio, rabberciare, raffazzonare, accomodare alla

meglio; **2** (*fig*) (*to settle*) appianare, sistemare, accomodare: *to ~ up a quarrel* appianare una lite; *to ~ up a matter* sistemare una faccenda.

patcher /'pætʃər/ *n.* rappezzatore *m.* (*f.* -trice), (*rar*) rattoppatore *m.* (*f.* -trice).

patchily /'pætʃɪli/ *avv.* in modo irregolare, in modo non uniforme.

patchiness /'pætʃɪnəs/ *n.* **1** l'essere rattoppato. **2** (*state of being spotty*) l'essere a macchie, l'essere a chiazze.

patchouli, **patchouly** /pə'tʃuːli: Am 'pætʃuːli:/ *n.* **1** (*Bot*) patchouli *m.*, paciulì *m.*, pasciulì *m.* **2** (*Cosmet*) essenza *f.* di patchouli.

patchwork /'pætʃwɜːk Am 'pætʃwɜːrk/ *n.* **1** (*in sewing*) patchwork *m.* **2** (*fig*) miscuglio *m.*, mosaico *m.* **3** (*fig*) (*work of uneven quality*) raffazzonatura *f.* □ *~ quilt* coperta patchwork; *~ rug* coperta patchwork.

patchy /'pætʃi/ *a.* **1** (*occuring in patches*) macchiato, chiazzato. **2** (*colloq*) (*uneven*) irregolare, non uniforme, disomogeneo. □ *~ fog* nebbia a banchi.

pate /peɪt/ *n.* (*scherz,colloq*) testa *f.*, zucca *f.*

pâté /'pæteɪ Am 'pɑːteɪ/ *n.* (*Gastron*) pâté *m.*: *~ de foie gras* pâté di fegato d'oca.

pated /'peɪtɪd Am 'peɪtɪd/ *a.* (*in compounds*) (*colloq*) dalla testa...; (*scherz*) dalla zucca...: *bald-~* dalla zucca pelata.

patella /pə'telə/ (*pl.* **-llae** /-liː/) *n.* **1** (*Zool*) patella *f.* **2** (*Anat*) rotula *f.*, patella *f.*

paten /'pætən/ *n.* (*Lit*) patena *f.*

patency /'peɪtənsi Am 'pætənsi/ *n.* **1** evidenza *f.*, ovvietà *f.* **2** (*Med*) pervietà *f.*

patent /'peɪtənt Am 'pætənt/ **I** *n.* **1** brevetto *m.* (d'invenzione). **2** (*patented invention*) invenzione *f.* brevettata. **3** (*fig*) (*exclusive right*) esclusiva *f.*, diritto *m.* esclusivo. **4** (*fig*) (*licence, permission*) permesso *m.*, licenza *f.*, patente *f.* **5** (*official document conferring a right*) privilegio *m.* **6** (*US,Dir*) (*of public land*) certificato *m.* di concessione di terreni demaniali. **7** (*US,Dir*) (*land granted*) terreno *m.* demaniale dato in concessione. **II** *a.* **1** evidente, chiaro, palese, ovvio, manifesto. **2** (*patented*) brevettato. **3** (*of a right: conferred by a patent*) in esclusiva. **4** (*of a person: appointed by a patent*) insignito di privilegio. **5** (*of patents, patent law*) dei brevetti, brevettuale. **6** (*colloq*) (*original and new*) nuovo e ingegnoso, nuovo e originale. **III** *v.t.* (*far*) brevettare. □ *~ application* richiesta di brevetto; *~ clerk* impiegato all'ufficio brevetti; *~ law* legge sui brevetti; *~ leather* vernice, pelle lucida, pelle verniciata, copale, coppale; (*Mar*) *~ log* solcometro a elica; *~ medicine* specialità farmaceutica; *Patent Office* ufficio brevetti; *~ pending* brevetto in registrazione; *~ right* diritto di privativa, diritto di brevetto; (*GB,Dir*) *Patent Rolls* registro dei brevetti; *~ system* sistema brevettato.

patentability /ˌpeɪtəntə'bɪləti Am ˌpætəntə'bɪləti/ *n.* brevettabilità *f.*

patentable /'peɪtəntəbl̩ Am 'pætəntəbl̩/ *a.* brevettabile.

patented /'peɪtəntɪd Am 'pætəntɪd/ *a.* brevettato.

patentee /ˌpeɪtən'tiː Am ˌpætən'tiː/ *n.* titolare *m./f.* di un brevetto, detentore *m.* (*f.* -trice) di un brevetto.

patently /'peɪtəntli Am 'pætəntli/ *avv.* (*provably, clearly*) evidentemente, palesemente: *a ~ false accusation* un'accusa palesemente falsa.

pater /'peɪtər Am 'pɑːtər/ *n.* (*ant*) padre *m.*, (*colloq,scherz*) vecchio *m.*

paternal /pə'tɜːnl̩ Am pə'tɜːrnl̩/ *a.* **1** paterno, da padre. **2** (*of relations*) paterno, da parte di

padre: *one's ~ grandmother* la nonna paterna.

paternalism /pə'tɜːnl̩ɪzəm Am pə'tɜːrnl̩ɪzəm/ *n.* paternalismo *m.* (*anche Pol*).

paternalist /pə'tɜːnl̩ɪst Am pə'tɜːrnl̩ɪst/ **I** *a.* paternalistico, paternalista. **II** *n.* paternalista *m./f.*

paternalistic /pəˌtɜːnl̩'ɪstɪk Am pəˌtɜːrnl̩'ɪstɪk/ *a.* paternalistico, paternalista.

paternalistically /pəˌtɜːnl̩'ɪstɪkli Am pəˌtɜːrnl̩'ɪstɪkli/ *avv.* paternalisticamente.

paternally /pə'tɜːnl̩i Am pə'tɜːrnl̩i/ *avv.* paternamente.

paternity /pə'tɜːnəti Am pə'tɜːrnəti/ *n.* paternità *f.* (*anche fig*). □ *~ leave* congedo di paternità; (*Dir*) *~ suit* azione di accertamento della paternità; *~ test* accertamento della paternità.

paternoster /ˌpætə'nɒstər Am ˌpɑːtər'nɔːstər/ *n.* **1** (*Rel*) paternostro *m.*, padrenostro *m.* **2** (*Rel,fig*) (*of a rosary*) grano *m.* del rosario, paternostro *m.* **3** (*nonstop lift*) ascensore *m.* privo di porte in continuo movimento. □ (*Pesc*) *~ line* tirlindana.

path /pɑːθ Am pæθ/ *n.* **1** sentiero *m.*, viottolo *m.*, stradina *f.*: *a ~ through the woods* un sentiero nel bosco. **2** (*of a garden*) viale *m.*, vialetto *m.* **3** (*track for pedestrians*) corsia *f.* pedonale. **4** (*route, way*) percorso *m.*, strada *f.*, corso *m.*: *the ~ of the hurricane* il corso dell'uragano. **5** (*way*) varco *m.*, via *f.*, passaggio *m.*: *a ~ through the crowd* un varco tra la folla. **6** (*fig*) via *f.*, strada *f.*, sentiero *m.*: *to follow the ~ of righteousness* seguire la retta via. **7** (*Sport*) pista *f.* **8** (*El*) percorso *m.* **9** (*Fis*) traiettoria *f.* **10** (*Inform*) percorso *m.*

pathbreaker /'pɑːθbreɪkər Am 'pæθbreɪkər/ *n.* pioniere *m.* (*f.* -a), innovatore (*f.* -trice).

pathbreaking /'pɑːθbreɪkɪŋ Am 'pæθbreɪkɪŋ/ *a.* rivoluzionario, innovativo: *the Internet was a ~ innovation* Internet è stata una grande innovazione.

pathetic /pə'θetɪk Am pə'θetɪk/ *a.* **1** toccante, patetico, pietoso, commovente: *a ~ sight* uno spettacolo toccante. **2** (*colloq*) (*extremely inadequate*) ridicolo, penoso, meschino. □ (*Lett*) *~ fallacy* rappresentazione antropomorfica di animali od oggetti inanimati.

pathetically /pə'θetɪkl̩i Am pə'θetɪkl̩i/ *avv.* pateticamente.

pathfinder /'pɑːθfaɪndər Am 'pæθfaɪndər/ *n.* **1** esploratore *m.* (*f.* -trice). **2** (*fig*) (*forerunner*) pioniere *m.* (*f.* -a). **3** (*Aer.mil*) ricognitore *m.*

pathless /'pɑːθləs Am 'pæθləs/ *a.* **1** privo di sentieri. **2** (*untrodden*) inesplorato.

pathogen /'pæθoudʒən Am 'pæθədʒən/ *n.* (*Biol*) agente *m.* patogeno, organismo *m.* patogeno.

pathogene /'pæθədʒiːn/ *n.* (*Biol*) agente *m.* patogeno, organismo *m.* patogeno.

pathogenesis /ˌpæθou'dʒenəsɪs Am ˌpæθə'dʒenəsɪs/ *n.* (*Med*) patogenesi *f.*

pathogenetic /ˌpæθoudʒɪ'netɪk Am ˌpæθədʒɪ'netɪk/ *a.* (*Med*) patogenetico.

pathogenic /ˌpæθou'dʒenɪk Am ˌpæθə'dʒenɪk/ *a.* (*Med*) patogeno.

pathogenicity /ˌpæθoudʒə'nɪsəti Am ˌpæθoudʒə'nɪsəti/ *n.* (*Biol*) patogenicità *f.*

pathogeny /pə'θɒdʒəni Am pə'θɑːdʒəni/ *n.* (*Med*) patogenesi *f.*

pathognomonic /ˌpæθougnou'mɒnɪk Am ˌpæθəgnou'mɑːnɪk/ *a.* (*Med*) patognomonico.

pathologic /ˌpæθə'lɒdʒɪk Am ˌpæθə'lɑːdʒɪk/ *a.* **1** (*Med*) di patologia. **2** (*Med*) (*of disease*) patologico. **3** (*colloq*) (*compulsive*) irrefrenabile, patologico.

pathological /ˌpæθə'lɒdʒɪkl̩ Am ˌpæθə'lɑːdʒɪkl̩/ *a.* **1** (*Med*) di patologia. **2** (*Med*) (*of disease*) patologico. **3** (*colloq*) (*compulsive*) irrefrenabile, patologico: *a ~ liar* un bugiardo patologico.

pathologically /ˌpæθəˈlɒdʒɪkəli *Am* ˌpæθə ˈlɑːdʒɪkəli/ *avv.* patologicamente.

pathologist /pəˈθɒlədʒɪst *Am* pəˈθɑːlədʒɪst/ *n.* patologo *m.* (*f.* -a).

pathology /pəˈθɒlədʒi *Am* pəˈθɑːlədʒi/ *n.* (*Med*) patologia *f.* (*anche estens*).

pathos /ˈpeɪθɒs *Am* ˈpeɪθɑːs/ *n.* patos *m.* (*anche estens*).

pathway /ˈpɑːθweɪ *Am* ˈpæθweɪ/ *n.* **1** (*path*) sentiero *m.*, viottolo *m.*, stradina *f.* **2** (*track for pedestrians*) corsia *f.* pedonale.

patience /ˈpeɪʃəns/ *n.* **1** pazienza *f.*, sopportazione *f.*: *to stretch so.'s ~* abusare della pazienza di qcu. **2** (*perseverance, steadfastness*) pazienza *f.*, costanza *f.*, perseveranza *f.* **3** (*in cards*) solitario *m.*: *to play ~* fare un solitario. ☐ *have ~!* (o *have a bit of ~!*) abbi(ate) pazienza!, un po' di pazienza!; (*fig*) *to try the ~ of Job* mettere alla prova la pazienza di Giobbe; *to be out of ~ with so.* aver perso la pazienza con qcu., non poterne più di qcu.

patient /ˈpeɪʃənt/ **I** *a.* **1** paziente, tollerante, che sopporta: *a ~ smile* un sorriso paziente; *a ~ teacher* un insegnante tollerante. **2** (*calm, deliberate*) ponderato, calmo. **3** (*able to endure*) che sopporta, che tollera (*of sth.* qcs.). **II** *n.* **1** paziente *m./f.*, ammalato *m.* (*f.* -a). **2** (*client of a doctor*) paziente *m./f.*

patiently /ˈpeɪʃəntli *Am* ˈpeɪʃəntli/ *avv.* pazientemente, con pazienza.

patina /ˈpætɪnə *Am* ˈpætənə/ *n.* patina *f.* (*anche estens*).

patinated /ˈpætɪneɪtɪd *Am* ˈpætəneɪtɪd/ *a.* patinato (*anche estens*).

patination /ˌpætɪˈneɪʃən *Am* ˌpætəˈneɪʃən/ *n.* patinatura *f.*

patinous /ˈpætɪnəs/ *a.* patinato.

patio /ˈpætiou *Am* ˈpætiou/ *n.* (*Edil,Arch*) patio *m.* ☐ *~ door* portafinestra.

patois /ˈpætwɑː/ *n.inv.* patois *m.*, dialetto *m.*, locale.

patootie /pəˈtuːti/ *n.* (*Am,colloq*) **1** (*cute girl*) bella ragazza *f.*, bambola *f.* **2** (*buttocks*) chiappe *f.pl.*

patrial /ˈpeɪtrɪəl/ *n.* (*Br,ant*) persona *f.* con diritto di residenza in Gran Bretagna derivante dalla nascita di un genitore o di un nonno nel paese suddetto.

patriality /ˌpɑːtriˈæləti/ *n.* (*Br,ant*) diritto *m.* di residenza in Gran Bretagna derivante dalla nascita di un genitore o di un nonno nel paese suddetto.

patriarch /ˈpeɪtriɑːk *Am* ˈpeɪtriɑːrk/ *n.* **1** patriarca *m.* **2** (*fig*) (*man regarded as a father, founder*) padre *m.*, fondatore *m.*, padre *m.* fondatore. **3** (*fig*) (*venerable old man*) vegliardo *m.*, vecchio *m.* venerando.

patriarchal /ˌpeɪtriˈɑːkəl *Am* ˌpeɪtriˈɑːrkəl/ *a.* **1** patriarcale. **2** (*fig*) venerabile, venerando. ☐ (*Rel*) *~ cross* croce di Lorena, croce patriarcale.

patriarchalism /ˌpeɪtriɑːkəˈlɪzəm/ *n.* (*Sociol*) patriarcato *m.*

patriarchally /ˌpeɪtriˈɑːkəli *Am* ˌpeɪtriˈɑːrkəli/ *avv.* patriarcalmente.

patriarchate /ˈpeɪtriɑːkɪt *Am* ˈpeɪtriɑːrkɪt/ *n.* (*Rel*) patriarcato *m.* (*anche Sociol*).

patriarchy /ˈpeɪtriɑːki *Am* ˈpeɪtriɑːrki/ *n.* **1** (*Rel*) patriarcato *m.* **2** (*Sociol*) società *f.* patriarcale.

Patricia /pəˈtrɪʃə/ *n.pr.f.* Patrizia.

patrician /pəˈtrɪʃən/ **I** *n.* **1** (*Stor.rom,Mediev*) patrizio *m.* (*f.* -a). **2** (*estens*) (*aristocrat*) nobile *m./f.*, aristocratico *m.* (*f.* -a), patrizio *m.* (*f.* -a). **II** *a.* **1** (*Stor.rom,Mediev*) patrizio. **2** (*estens*) (*aristocratic*) nobile, aristocratico, patrizio,

da nobile.

patriciate /pəˈtrɪʃiət *Am* pəˈtrɪsiət/ *n.* **1** (*rank of patrician*) patriziato *m.* **2** (*the social class*) aristocrazia *f.*, patriziato *m.*, nobiltà *f.*

patricidal /ˌpætrɪˈsaɪdl/ *a.* **1** di parricidio. **2** (*guilty of parricide*) parricida, (*lett*) patricida.

patricide /ˈpætrɪsaɪd/ *n.* **1** parricidio *m.*, (*lett*) patricidio *m.* **2** (*person*) parricida *m./f.*, (*lett*) patricida *m./f.*

Patrick /ˈpætrɪk/ *n.pr.m.* Patrizio.

patrilineal /ˌpætrɪˈlɪniəl/ *a.* patrilineare, patrilineo.

patrilocal /ˌpætrɪˈloukəl/ *a.* patrilocale.

patrilocality /ˌpætrɪˈloukæləti *Am* ˌpætrɪ ˈloukæləti/ *n.* patrilocalità *f.*

patrimonial /ˌpætrɪˈmouniəl/ *a.* patrimoniale.

patrimony /ˈpætrɪməni *Am* ˈpætrɪmouni/ *n.* **1** patrimonio *m.*, (*lett*) retaggio *m.* **2** (*fig*) patrimonio *m.*, eredità *f.*, (*lett*) retaggio *m.* **3** (*Rel*) patrimonio *m.* ecclesiastico.

patriot /ˈpætriət *Am* ˈpeɪtriət/ *n.* patriota *m./f.*

patriotic /ˌpætriˈɒtɪk *Am* ˌpeɪtriˈɑːtɪk/ *a.* patriottico.

patriotically /ˌpætriˈɒtɪkəli *Am* ˌpeɪtriˈɑːtɪkəli/ *avv.* patriotticamente.

patriotism /ˈpætriətɪzəm *Am* ˈpeɪtriətɪzəm/ *n.* patriottismo *m.*

patristic /pəˈtrɪstɪk/ *a.* (*Rel*) patristico.

patristical /pəˈtrɪstɪkəl/ *a.* (*Rel*) patristico.

patristics /pəˈtrɪstɪks/ *n.* (*costr.sing.*) (*Rel*) patristica *f.*

Patroclus /pəˈtrɒkləs *Am* pəˈtrɑːkləs/ *n.pr.m.* (*Mitol*) Patroclo.

patrol /pəˈtroul/ **I** *n.* **1** perlustrazione *f.*, ricognizione *f.* **2** (*action*) pattugliamento *m.* (*anche Mil*). **3** (*small detachment*) pattuglia *f.*, ronda *f.* (*anche Mil*). **4** (*Mil*) (*reconnaissance patrol*) pattuglia *f.* di ricognizione. **5** (*Aer*) pattuglia *f.* **II** *v.t.* perlustrare, pattugliare, ispezionare con una pattuglia, perlustrare con una pattuglia (*anche Mil*). **III** *v.i.* pattugliare, andare in pattuglia (*anche Mil*). ☐ (*Mar*) *~ boat* motovedetta, nave vedetta, vedetta (*anche Mil*); *~ groups* pattuglie (*anche Mil*); *to be on* o (*to go on ~*) essere di pattuglia, pattugliare (*anche Mil*); *~ wagon* furgone della polizia, furgone cellulare, cellulare.

patrolcar /pəˈtroulkɑːr *Am* pəˈtroulkɑːr/ *n.* auto *f.* della polizia (in servizio di pattugliamento), volante *f.*

patroller /pəˈtroulər/ *n.* pattugliatore *m.* (*f.* -trice), persona *f.* di pattuglia.

patrolling /pəˈtroulɪŋ/ *n.* pattugliamento *m.* (*anche Mil*).

patrolman /pəˈtroulmæn/ *n.irr.* **1** (*Mil*) pattugliatore *m.* **2** (*Am*) (*policeman*) poliziotto *m.* (in servizio di pattugliamento).

patron /ˈpeɪtrən/ *n.* **1** protettore *m.* (*f.* -trice), patrocinatore *m.* (*f.* -trice), sostenitore *m.* (*f.* -trice), mecenate *m./f.*: *a ~ of the arts* un protettore delle arti. **2** (*client, customer*) cliente *m./f.* (abituale), avventore *m.* (*f.* -trice). **3** (*Rel*) santo *m.* protettore (*f.* santa protettrice), santo *m.* patrono (*f.* santa patrona), patrono *m.* (*f.* -a). ☐ (*Rel.catt*) *~ saint* santo patrono, santo protettore, patrono.

patronage /ˈpætrənɪdʒ *Am* ˈpeɪtrənɪdʒ/ *n.* **1** protezione *f.*, appoggio *m.*, favore *m.*, patronato *m.* **2** (*for an artist, institution*) mecenatismo *m.* **3** (*customer trade*) clientela *f.* abituale, movimento *m.* di clienti. **4** (*Pol,spreg*) favoritismo *m.*, clientelismo *m.*, sistema *m.* basato sulle raccomandazioni: *he got the job through ~* ha avuto il posto per favoritismo. **5** (*patronizing manner*) arie *f.pl.* di superiorità, arie *f.pl.* da protettore. **6** (*condescen-*

sion) condiscendenza *f.*, degnazione *f.* **7** (*Dir*) potere *m.* riconosciuto ad alcuni funzionari di conferire incarichi a persone di loro fiducia. **8** (*Dir.can*) patronato *m.*

patronal /pəˈtrounəl/ *a.* del patrono, patronale: *~ festival* festa del patrono.

patroness /ˌpeɪtrəˈnəs *Am* ˈpeɪtrənəs/ *n.* (*ant*) **1** protettrice *f.*, patrocinatrice *f.* **2** (*Rel*) (*female patron saint*) santa *f.* protettrice, santa *f.* patrona, patrona *f.*

patronize /ˈpætrənaɪz *Am* ˈpeɪtrənaɪz/ *v.t.* **1** (*to treat condescendingly*) trattare con condiscendenza, assumere un'aria di superiorità nei riguardi di. **2** proteggere, sostenere, appoggiare, favorire. **3** (*to be a regular customer of*) essere cliente (abituale) di, frequentare abitualmente: *to ~ a hotel* essere cliente di un albergo; *a restaurant -d by actors* un ristorante frequentato da attori.

patronizing /ˈpætrənaɪzɪŋ *Am* ˈpeɪtrənaɪzɪŋ/ *a.* condiscendente, paternalistico.

patronizingly /ˈpætrəˈnaɪzɪŋli *Am* ˈpeɪtrənaɪzɪŋli/ *avv.* in modo condiscendente.

patronymic /ˌpætrəˈnɪmɪk/ **I** *n.* (*Ling*) patronimico *m.* **II** *a.* (*Ling*) patronimico.

patronymical /ˌpætrəˈnɪmɪkəl/ *a.* (*Ling*) patronimico.

patsy /ˈpætsi/ *n.* (*Am,sl*) vittima *f.*, zimbello *m.*

patten /ˈpætən/ *n.* (*Calz,Edil*) zoccolo *m.*

patter[1] /ˈpætər *Am* ˈpætər/ **I** *v.i.* **1** picchiettare, ticchettare: *rain -ed on the roof* la pioggia picchiettava sul tetto. **2** (*to move with quick, light steps*) scalpicciare. **II** *n.* **1** picchiettio *m.*, ticchettio *m.* **2** (*of footsteps*) scalpiccio *m.*

patter[2] /ˈpætər *Am* ˈpætər/ **I** *n.* **1** (*of a salesman*) imbonimento *m.* **2** (*of a comedian*) versi *m.pl.* umoristici recitati (*o* cantati) rapidamente. **3** (*empty talk, chatter*) cicaleccio *m.*, chiacchierio *m.* **4** (*cant, jargon*) gergo *m.* **II** *v.i.* **1** parlare molto rapidamente, (*scherz*) parlare come una mitragliatrice. **2** (*to chatter*) chiacchierare, cicalare, cianciare. **3** (*to recite prayers mechanically*) recitare meccanicamente le preghiere. **III** *v.t.* **1** dire in fretta, dire rapidamente. **2** (*to recite mechanically*) recitare meccanicamente. **3** (*Mus*) *~ song* canzoncina dal ritmo molto veloce e con parole in rapida successione.

pattern /ˈpætən *Am* ˈpætərn/ **I** *n.* **1** modello *m.*, esemplare *m.*, esempio *m.*: *a ~ of virtue* un modello di virtù. **2** (*model for making sth.*) modello *m.*, prototipo *m.*: *dressmaking -s* modelli per confezioni. **3** (*decorative design*) disegno *m.*, motivo *m.*: *cloth with a floral ~* stoffa a disegno floreale. **4** (*natural configuration*) arabesco *m.*, disegno *m.*: *-s of ice on a window* arabeschi di ghiaccio su una finestra. **5** (*structure, design*) struttura *f.*, disegno *m.*, forma *f.*: *the ~ of a novel* la struttura di un romanzo. **6** (*form, style*) modello *m.*, tipo *m.*: *a new ~ of rifle* un nuovo modello di fucile. **7** (*sample, specimen*) campione *m.*, saggio *m.*, esemplare *m.* **8** (*sample of traits, acts, etc.*) costante *f.*, elemento *m.* caratteristico: *the behaviour -s of teenagers* le costanti di comportamento degli adolescenti. **9** (*Met*) stampo *m.*, modello *m.* **10** (*Arm*) rosa *f.* di tiro. **II** *v.t.* **1** modellare, conformare a proprio modello: *to ~ one's conduct on so.* modellare la propria condotta su quella di qcu. **2** (*to provide with a design*) decorare con un disegno. ☐ (*Aer.mil*) *~ bombing* bombardamento a tappeto; (*Comm*) *~ book* campionario *m.*; *~ maker*: **1** (*Mod*) modellista *m.*; **2** (*Met*) modellatore *m.*; (*Inform*) *~ recognition* riconoscimento di forme; (*Met*) *~ shop* officina modelli.

patternless /ˈpætənles *Am* ˈpætərnles/ *a.* senza schema, senza ordine.

patty /ˈpæti *Am* ˈpæʈi/ *n.* **1** tortino *m.* **2** (*small meat pie*) piccolo pasticcio *m.* di carne, tortino *m.* di carne.

Patty /ˈpæti *Am* ˈpæʈi/ *n.pr.f.* dim. di Patricia.

patulous /ˈpætjʊləs/ *a.* **1** aperto, largo, esteso. **2** (*Bot*) aperto.

Pau, PAU /ˌpiːerˈjuː/ *Pan American Union* UPA (Unione panamericana).

paucity /ˈpɔːsəti *Am* ˈpɑːsəti/ *n.* scarsezza *f.*, pochezza *f.*

Paul /pɔːl/ *n.pr.m.* Paolo (*anche Bibl*).

Paula /ˈpɔːlə/ *n.pr.f.* Paola.

Pauline[1] /ˈpɔːliːn/ *n.pr.f.* Paoletta.

Pauline[2] /ˈpɔːlaɪn/ *a.* (*Bibl,Teol*) paolino, di san Paolo.

paunch /pɔːnʃ/ **I** *n.* **1** ventre *m.*, (*colloq*) pancia *f.*, pancione *m.*, (*colloq*) trippa *f.* **2** (*Zool*) rumine *m.* **II** *v.t.* (*Macell*) sventrare, sbudellare. ☐ *to get a* ~ mettere pancia, mettere su pancia.

paunchiness /ˈpɔːnʃɪnəs/ *n.* l'essere panciuto, obesità *f.*

paunchy /ˈpɔːnʃi/ *a.* panciuto, (*colloq*) cicciotto.

pauper /ˈpɔːpər/ *n.* povero *m.* (*f.* -a), indigente *m./f.*, bisognoso *m.* (*f.* -a). ☐ ~*'s grave* fossa comune.

pauperdom /ˈpɔːpədəm/ *n.* (*rar,ant*) indigenza *f.*

pauperism /ˈpɔːpərɪzəm/ *n.* **1** povertà *f.*, indigenza *f.* **2** (*Econ*) pauperismo *m.*

pauperization /ˌpɔːpəraɪˈzeɪʃən *Am* ˌpɔːpərɪˈzeɪʃən/ *n.* impoverimento *m.*

pauperize /ˈpɔːpəraɪz/ *v.t.* ridurre in miseria, impoverire.

pause /pɔːz/ **I** *n.* **1** pausa *f.*, (breve) intervallo *m.*, momento *m.* di sosta. **2** (*interruption*) pausa *f.*, interruzione *f.* **3** (*Mus*) pausa *f.*; (*sign*) corona *f.* **4** (*Metr*) cesura *f.* **II** *v.i.* **1** sostare, fare una pausa. **2** (*to hesitate*) esitare, restare incerto. **3** (*to linger, to dwell*) soffermarsi, indugiare (*on, upon* su). **III** *v.t.* mettere in pausa, interrompere: *can you* ~ *the video for a moment?* puoi mettere in pausa il video per un attimo? ☐ (*Acus*) ~ *button* (*of a taperecorder*) tasto di pausa; *to* ~ *for breath* fare una pausa per prendere fiato; *to give so.* ~ rendere incerto, rendere esitante, far esitare.

pavage /ˈpeɪvɪdʒ/ *n.* **1** (*Strad,ant*) pavimentazione *f.* **2** (*Stor*) (*tax*) tassa *f.* per la pavimentazione delle strade.

pavane /pæˈvɑːn *Am* pəˈvɑːn/ *n.* (*Mus,Stor*) pavana *f.*

pave /peɪv/ *v.t.* lastricare (*with* di), pavimentare (con): *to* ~ *a road* lastricare una strada. ☐ (*fig*) *to* ~ *the way for* (o *to* ~ *the way to*) aprire la strada a.

pavement /ˈpeɪvmənt/ *n.* **1** (*Br*) marciapiede *m.* **2** (*paved surface*) pavimento *m.*, superficie *f.* pavimentata. **3** (*paving material*) materiale *m.* da pavimentazione. **4** (*Am*) (*paved road*) strada *f.* lastricata, strada *f.* pavimentata, strada *f.* asfaltata. **5** (*Geol*) pavimento *m.* di denudazione. ☐ (*Br*) ~ *artist*: 1 chi disegna col gesso sul marciapiede (per ricevere denaro dai passanti); 2 (*of sacred images*) madonnaro; 3 (*artist who exhibits on the pavement*) pittore che espone e vende quadri sul marciapiede; (*Br*) ~ *light* feritoia nel pavimento che dà luce a cantine ecc.

paver /ˈpeɪvər/ *n.* **1** lastricatore *m.* (*f.* -trice), selciatore *m.* (*f.* -trice). **2** (*paving material*) lastra *f.* di pietra per pavimentazione. **3** (*Mecc*) pavimentatrice *f.* stradale.

pavid /ˈpævɪd/ *a.* (*lett*) pauroso, pavido.

pavilion /pəˈvɪljən/ *n.* **1** padiglione *m.* (*anche Arch,Oref*). **2** (*at a sports ground*) edificio *m.* annesso al campo. **3** (*large tent*) pa-

diglione *m.*, tendone *m.* **II** *v.t.* **1** mettere al riparo in un padiglione. **2** (*to cover with a pavilion*) coprire con un padiglione, coprire con un tendone.

paving /ˈpeɪvɪŋ/ *n.* **1** materiale *m.* da pavimentazione, materiale *m.* per pavimentazione. **2** (*Am*) (*pavement*) lastrico *m.*, selciato *m.*, manto *m.* stradale. ☐ (*Edil,Strad*) ~ *stone* lastra di pietra per pavimentazione, pietra per lastricare; (*Edil,Strad*) ~ *tile* mattonella per pavimentazione.

pavior /ˈpeɪvjər/ *n.* (*Am*) **1** (*ant*) lastricatore *m.* (*f.* -trice), selciatore *m.* (*f.* -trice), pavimentatore *m.* (*f.* -trice). **2** (*paving material*) materiale *m.* per pavimentazione.

paviour /ˈpeɪvjər/ *n.* **1** (*ant*) lastricatore *m.* (*f.* -trice), selciatore *m.* (*f.* -trice), pavimentatore *m.* (*f.* -trice). **2** (*paving material*) materiale *m.* per pavimentazione.

paw /pɔː/ **I** *n.* **1** (*Zool*) (*animal's foot*) zampa *f.* **2** (*colloq*) (*hand*) mano *f.*, (*scherz*) zampa *f.* **II** *v.t.* **1** grattare: *the dog -ed the door* il cane grattava la porta. **2** (*of a horse*) battere con le zampe, scalpitare. **3** (*colloq*) (*to touch in a presumptuous way*) brancicare, palpeggiare, palpare. **III** *v.i.* **1** (*to strike the ground with forefeet*) battere con le zampe, scalpitare: *the horses -ed nervously, sensing the coming storm* sentendo arrivare il temporale, i cavalli continuavano a battere il terreno con gli zoccoli. **2** (*to touch rudely or carelessly*) toccare, palpeggiare, palpare: *shopkeepers fear children that ~ at their wares* i commercianti temono i bambini che toccano la merce. ☐ *to* ~ *the air* scalciare; *the horses -ed the ground* i cavalli scalpitavano.

pawkily /ˈpɔːkɪli/ *avv.* (*region*) astutamente, scaltramente.

pawkiness /ˈpɔːkɪlinəs/ *n.* (*region*) scaltrezza *f.*

pawky /ˈpɔːki/ *a.* **1** (*region*) astuto, scaltro. **2** (*Scott*) vivo, vivace.

pawl /pɔːl/ **I** *n.* **1** (*Mecc*) dente *m.* d'arresto, nottolino *m.* d'arresto. **2** (*Mar*) castagna *f.* dell'argano, scontro *m.* **II** *v.t.* **1** (*Mecc*) fermare con un nottolino d'arresto. **2** (*Mar*) mettere gli scontri a.

pawn[1] /pɔːn/ **I** *v.t.* impegnare, dare in pegno: *to* ~ *one's watch* impegnare il proprio orologio. **II** *n.* **1** l'impegnare, il dare in pegno. **2** (*sth. deposited as security*) pegno *m.*, garanzia *f.* ☐ (*Am*) ~ *agency* agenzia di prestiti su pegno, banco di pegni, monte dei pegni, monte di pietà; ~ *agreement* contratto di pegno; (*Comm*) *to get out of* ~ riscattare, spignorare, disimpegnare; (*Comm*) *to be in* ~ essere in pegno, essere impegnato; (*Comm*) *to put sth. in* ~ impegnare qcs.; (*Comm*) *to put sth. into* ~ impegnare qcs.; (*Br*) ~ *shop* agenzia di prestiti su pegno, banco di pegni, monte dei pegni, monte di pietà; (*Comm*) *to take out of* ~ riscattare, spignorare, disimpegnare; ~ *ticket* polizza di pegno.

pawn[2] /pɔːn/ *n.* **1** (*in chess*) pedone *m.* **2** (*fig*) pedina *f.*: *she's just a* ~ *in their hands* è solo una pedina nelle loro mani.

pawnbroker /ˈpɔːnbrəʊkər/ *n.* chi presta su pegno.

pawnbroking /ˈpɔːnbrəʊkɪŋ/ *n.* prestito su pegno.

pawnee /pɔːˈniː/ *n.* creditore *m.* (*f.* -trice) pignoratizio.

pawner, pawnor /ˈpɔːnər/ *n.* debitore *m.* (*f.* -trice) pignoratizio.

pawnshop /ˈpɔːnʃɒp *Am* ˈpɔːnʃɑːp/ *n.* agenzia *f.* di prestiti su pegno, banco *m.* di pegni, monte *m.* dei pegni, monte *m.* di pietà.

pawpaw /ˈpɔːpɔː/ *n.* (*Bot*) papaia *f.*

pay[1] /peɪ/ **I** *n.* **1** (*remuneration*) paga *f.*, ri-

munerazione *f.*, compenso *m.* **2** (*wages, salary*) salario *m.*, stipendio *m.*, paga *f.*, (*ant*) soldo *m.* **3** (*money paid in addition to normal wages*) indennità *f.*, supplemento *m.* di paga, supplemento *m.* di stipendio: *danger* ~ indennità di rischio. **4** (*employ*) servizio *m.*, soldo *m.*: *a spy in the* ~ *of the enemy* una spia al servizio del nemico. **II** *a.* (*of a machine*) a gettone, a scheda: ~ *telephone* telefono pubblico, telefono a scheda, (*ant*) telefono a gettone. ☐ ~ *dirt*: 1 (*Geol*) minerale utile, filone; 2 (*fig*) (*high-yielding prospect*) fonte di profitto: *to strike* ~ *dirt* (o *to hit* ~ *dirt*) trovare la gallina dalle uova d'oro; (*Am*) ~ *envelope* busta paga; *to have so. in one's* ~ avere qcu. al proprio servizio, avere qcu. alle proprie dipendenze; (*Br*) ~ *packet* busta paga; ~ *phone* telefono pubblico, telefono a scheda, (*ant*) telefono a gettone; ~ *slip* foglio paga; ~ *television* pay tv, televisione a pagamento.

pay[2] /peɪ/ (*past, p.p.* **paid** /-d/) **I** *v.t.* **1** pagare, saldare, regolare, liquidare: *to* ~ *the grocer* pagare il droghiere; *to* ~ *a bill* saldare un conto. **2** (*to give for services*) pagare, dare, corrispondere, retribuire, compensare: *to* ~ *good wages* pagare buoni salari; *to* ~ *a bonus* dare una gratifica; *he* ~*s his workers well* paga bene i suoi operai; *how much are you paid?* qual è il tuo salario?, qual è il tuo stipendio?, quanto prendi? **3** (*to hire, to engage for money*) assumere, ingaggiare, pagare: *he paid a man to hoe the garden* ha assunto un uomo per vangare il giardino. **4** (*of money*) pagare, sborsare: *to* ~ *ten pounds for a jacket* pagare una giacca dieci sterline. **5** (*of costs, expenses*) pagare. **6** (*Br,Econ*) (*to transfer*) depositare, versare: *to* ~ *money into one's bank account* versare denaro sul proprio conto in banca. **7** (*Econ*) (*to bring, to yield*) fruttare, rendere. **8** (*to recompense*) sdebitarsi con, ripagare, disobbligarsi con. **II** *v.i.* **1** pagare (*for sth.* qcs.): *I haven't paid for it yet* non l'ho ancora pagato. **2** (*fig*) pagare, scontare, espiare (*qcs.*): *to* ~ *for a crime with one's life* pagare un delitto con la vita; *to* ~ *dearly for a mistake* pagar caro un errore. **3** (*to be convenient, profitable*) essere conveniente, convenire, rendere: *it -s to be honest* conviene essere onesti. **4** (*of a job*) rendere, fruttare. **5** (*to give compensation*) ripagare, indennizzare (*qcs.*): *to* ~ *for a damaged book* ripagare un libro danneggiato. ☐ (*Am,Econ*) ~ *as you go* pagare le tasse mediante trattenute sulla retribuzione; *to* ~ *attention* prestare attenzione, fare attenzione; *to* ~ *one's attentions to a lady* fare la corte a una signora; (*Mar*) *to* ~ *away* (*of a rope*) mollare, filare; *to* ~ *back*: 1 (*of a debt*) pagare, saldare, liquidare, estinguere; 2 (*of a person*) rimborsare, pagare; 3 (*to recompense, to repay*) ripagare, ricompensare, contraccambiare: *to* ~ *so. back with ingratitude* ripagare qcu. con l'ingratitudine; *to* ~ *so. back in his own coin* ripagare qcu. con la stessa moneta, rendere pan per focaccia a qcu., rendere la pariglia a qcu.; *to* ~ *so. a compliment* fare un complimento a qcu., complimentarsi con qcu.; *to* ~ *court to*: 1 (*homage*) rendere omaggio a, omaggiare; 2 (*wooing*) corteggiare, fare la corte a; (*fig*) *to* ~ *one's debt to nature* (o *to* ~ *the debt to nature*) pagare il tributo alla natura, morire; *to* ~ *down*: 1 versare un acconto, dare un acconto: *he paid ten pounds down* ha dato un acconto di dieci sterline; 2 (*Am*) (*of a debt*) estinguere, saldare: *you should* ~ *down your debt before you think about saving money* prima di pensare a risparmiare, dovresti saldare il tuo debito; (*fig*) *to* ~ *for sth.* pagare lo scotto di qcs.; *to* ~ *a* **high price**: 1 pagare un prezzo elevato; 2 (*fig*) pagare a caro prezzo; *to* ~ **homage** *to so.* rendere omaggio a qcu., omaggiare qcu.; (*Econ*) *to* ~ *in* versare, depositare; *to* ~ *in full* pagare per intero, saldare, estinguere; *to* ~ *off*. 1 ammortizzare, estinguere, liquidare: *to* ~ *off a debt* estinguere un debito, liquidare un debito; *to* ~ *off a mortgage* estinguere un'ipoteca; 2 (*of a creditor*) tacitare; 3 (*to pay and dismiss*) licenziare, liquidare; 4 (*Econ*) (*to yield returns*) rendere, fruttare: *the investment paid off well* l'investimento ha reso bene; 5 (*to give results, to be successful*) dare buoni risultati, riuscire bene: *the risk paid off* valeva la pena di correre quel rischio; 6 (*colloq*) (*to bribe*) corrompere, comprare; 7 (*Mar*) abbattere, strapoggiare; *to* ~ *out*. 1 sborsare, pagare, tirar fuori; 2 (*Br,colloq*) (*to get revenge on*) farla pagare a, vendicarsi di; 3 (*Mar*) (*of a rope*) mollare, filare; *to* ~ *a sum of money over to so.* pagare una somma a qcu., versare una somma a qcu., corrispondere una somma a qcu.; *to* ~ *regard to* fare attenzione a; *to* ~ *one's respects to so.* porgere i propri ossequi a qcu.; *to* ~ *the piper* pagare il conto; (*Br,colloq*) *something is to* ~ qualcosa non va; *to* ~ *up*: 1 saldare, pagare per intero, liquidare; 2 (*Econ*) liberare; 3 (*colloq*) (*to pay what is demanded*) pagare (ciò che è dovuto o richiesto); *to* ~ *so. a visit* fare una visita a qcu.; *to* ~ *one's way*: 1 pagare la propria parte, pagare la propria quota; 2 (*to live within one's income*) vivere secondo le proprie possibilità; 3 (*of a thing: to begin to make a profit*) cominciare a rendere. Prov.: *he who* ~*s the piper calls the tune* chi paga comanda.

pay³ /peɪ/ (*past, p.p.* **-ed/paid** /-d/) *v.t.* (*Mar*) impeciare, catramare, incatramare.

payable /ˈpeɪəbl/ *a.* 1 pagabile, esigibile: ~ *within thirty days* pagabile entro trenta giorni; *to make a cheque* ~ *to so.* rilasciare un assegno a qcu. 2 (*capable of being paid*) accessibile, modico: ~ *prices* prezzi accessibili. 3 (*profitable*) redditizio, lucroso, fruttuoso, rimunerativo. ☐ (*Econ,Comm*) ~ *at sight* pagabile a vista; (*Econ,Comm*) ~ *on demand* pagabile a richiesta; (*Econ,Comm*) ~ *to bearer* pagabile al portatore; (*Econ,Comm*) ~ *to order* pagabile all'ordine; (*Econ,Comm*) ~ *when due* esigibile alla scadenza.

pay-as-you-earn /ˈpeɪæzjuˌɜːn *Am* ˈpeɪæzjuˌɜːrn/ *n.* (*Econ,Dir*) pagamento *m.* delle imposte mediante trattenute sulla retribuzione, ritenuta *f.* delle imposte alla fonte.

payback /ˈpeɪbæk/ *n.* 1 recupero *m.* del capitale investito, reintegrazione *f.* del capitale investito. 2 (*colloq*) (*revenge*) vendetta *f.* ☐ (*Am,colloq*) ~ *'s hell!* avrai quello che ti meriti!, non la passarai liscia!

paybook /ˈpeɪbʊk/ *n.* (*Mil*) libro *m.* paga.

paychannel /ˈpeɪtʃænəl/ *n.* (*Am,TV*) canale *m.* a pagamento.

paycheck /ˈpeɪtʃek/ *n.* (*Am*) 1 assegno *m.* (in pagamento dello stipendio). 2 (*salary*) salario *m.* 3 (*wage*) stipendio *m.*

pay-day, payday /ˈpeɪdeɪ/ *n.* 1 giorno *m.* di paga. 2 (*Econ*) (*in the Stock Exchange*) giorno *m.* di liquidazione.

PAYE /ˌpiːeɪwaɪˈiː/ (*Econ,Dir*) *pay as you earn* (sistema di pagamento delle imposte mediante trattenute sulla retribuzione).

P.A.Y.E. /ˌpiːeɪwaɪˈiː/ (*Econ,Dir*) *pay as you earn* (sistema di pagamento delle imposte mediante trattenute sulla retribuzione).

payee /peɪˈiː/ *n.* (*Econ*) beneficiario *m.* (*f.* -a).

payer /ˈpeɪər/ *n.* 1 pagante *m./f.*, pagatore *m.* (*f.* -trice). 2 (*Econ,Comm*) trattario *m.*, trassato *m.*

paying /ˈpeɪɪŋ/ *a.* 1 pagante. 2 (*profitable*) vantaggioso, lucroso, fruttuoso: *a* ~ *proposition* una proposta vantaggiosa. ☐ ~ *guest* ospite pagante, pensionante.

paying-in /ˈpeɪɪŋˈɪn/ ☐ (*Comm*) ~ *book* (o ~ *deposit book*) modulo di versamento, distinta di versamento; (*Comm*) ~ *deposit slip* (o ~ *slip*) modulo di versamento, distinta di versamento.

payload /ˈpeɪloʊd/ *n.* 1 (*Comm*) carico *m.* utile, carico *m.* rimunerativo. 2 (*of spacecraft*) carico *m.* utile. 3 (*Aer.mil*) (*of bomb*) carica *f.* esplosiva.

paymaster /ˈpeɪmɑːstər/ *n.* 1 impiegato *m.* (*f.* -a) dell'ufficio paghe. 2 (*Mar.mil*) commissario *m.* di bordo. 3 (*Mil*) ufficiale *m.* pagatore. ☐ (*GB*) ~ *general* capo della Ragioneria di Stato.

payment /ˈpeɪmənt/ *n.* 1 pagamento *m.*, versamento *m.*, sborso *m.* 2 (*sth. paid*) pagamento *m.*, somma *f.* pagata, versamento *m.*, saldo *m.* 3 (*fig*) (*reward*) ricompensa *f.*, premio *m.* ☐ *to present a cheque for* ~ presentare un assegno per l'incasso; ~ *in full* pagamento a saldo, saldo; *on* ~ *of five pounds* dietro pagamento di cinque sterline; (*Comm*) ~ *on account* acconto, pagamento a conto; (*Comm*) ~ *schedule* piano di pagamento.

payoff¹ /ˈpeɪɒf *Am* ˈpeɪɑːf/ *a.* (*colloq*) decisivo, conclusivo. ☐ ~ *shot* colpo di grazia.

payoff² /ˈpeɪɒf *Am* ˈpeɪɑːf/ *n.* 1 ricompensa *f.*, rimunerazione *f.*, premio *m.* 2 (*Br,colloq*) (*climax of a joke, story*) punto *m.* culminante, il più bello, culmine *m.* 3 (*colloq*) (*conclusion, outcome*) conclusione *f.*, esito *m.*, resa *f.* dei conti.

payola /peɪˈoʊlə/ *n.* (*Am,sl*) (*underhand payment*) bustarella *f.*, mazzetta *f.*

payout /ˈpeɪaʊt/ *n.* pagamento *m.*, versamento *m.*, saldo *m.*

pay-per-view /ˈpeɪpəvjuː *Am* ˈpeɪpərvjuː/ *n.* (*TV*) pay-per-view *f.*, pay per view *f.*

payroll, pay-roll /ˈpeɪroʊl/ *n.* 1 libro *m.* paga. 2 (*sum for distribution*) ammontare *m.* delle paghe, importo *m.* delle paghe. 3 (*money to be distributed*) paghe *f.pl.* 4 (*total of employees*) organico *m.*, personale *m.*: *to get on the* ~ *of a company* entrare nell'organico di una società. ☐ ~ *records* contabilità del personale; ~ *tax* imposta sulla paga, imposta sul salario.

PBAB /ˌpiːbiːeɪˈbiː/ (*Br,colloq*) *Please Bring a Bottle* (ognuno porti una bottiglia).

PBS /ˌpiːbiːˈes/ (*Am*) *Public Broadcasting Service* o *System* PBS (televisione pubblica statunitense).

PBX /ˌpiːbiːˈeks/ (*Tel*) *private branch exchange* PBX (centralino telefonico privato).

PC¹ /ˌpiːˈsiː/ *n.* (*Inform*) *Personal Computer* PC.

PC² /ˌpiːˈsiː/ *a.* (*colloq*) *politically correct* politically correct, politicamente corretto.

PC³ /ˌpiːˈsiː/ 1 (*GB*) *Privy Council* consiglio della corona. 2 (*GB*) *police constable* agente di polizia.

p.c. 1 *per cent* per cento. 2 (*Comm*) *petty cash* piccola cassa. 3 *post card* cartolina. 4 (*Comm*) *price current* prezzo corrente.

PCB /ˌpiːsiːˈbiː/ (*Chim*) *polychlorinated biphenyl* PCB (policloruro bifenile).

PCI /ˌpiːsiːˈaɪ/ (*Inform*) *Peripheral Component Interconnect* PCI (componente periferico collegato).

PC-literate /ˌpiːsiːˈlɪtərət *Am* ˌpiːsiːˈlɪtərət/ *a.* (*Inform*) che sa operare con un PC.

PCM (*Elettron*) *Pulse Code Modulation* PCM (modulazione a impulsi codificati).

PCMCIA (*Inform*) *Personal Computer Memory Card Interface Adapter* PCMCIA (schede memoria per personal computer).

PCP /ˌpiːsiːˈpiː/ (*Chim*) 1 *pentachlorophenol* PCP (pentaclorofenolo). 2 *phencyclidine* PCP (fenilciclidina).

pct. *per cent* % (per cento).

PD /ˌpiːˈdiː/ (*Am*) *Police Department* (dipartimento di polizia).

pd. *paid* (pagato).

PDA /ˌpiːdiːˈeɪ/ 1 (*Inform*) *Personal Digital Assistant* PDA (assistente informatico personale). 2 (*colloq*) *public display of affection* (dimostrazione di affetto in pubblico).

pdq /ˌpiːdiːˈkjuː/ (*colloq*) *pretty damn quick* (subito, immediatamente).

PDT *Pacific Daylight Time* ora legale adottata nell'America settentrionale affacciata sul Pacifico.

PE 1 *physical education* educazione fisica, ginnastica. 2 *Peru* PE (Perù). 3 *Prince Edward Island* isole Principe Edoardo.

pea /piː/ **I** *n.* (*pl.* **-s** /rar,dial **-se** /-z/) (*Bot*) pisello *m.* **II** *a.* 1 di piselli. 2 (*fig*) piccolo. ☐ (*Bot*) ~ *bean* fagiolo; (*fig*) ~ *brain* (*foolish person*) cervello di gallina, stupido; (*fig*) ~ *brained* (*stupid, foolish*) dal cervello di gallina, stupido; (*Abbigl*) ~ *coat* giaccone alla marinara; (*Abbigl*) ~ *jacket* giaccone alla marinara; (*Bot*) ~ *pod* baccello di pisello; ~ *soup*: 1 (*Gastron*) crema di piselli; 2 (*colloq*) (*thick fog*) nebbia fitta: *fog as thick as* ~ *soup* nebbione, muro di nebbia; (*Br,colloq*) ~ *souper* nebbia fitta.

peaberry /ˈpiːberi/ *n.* chicco *m.* rotondo di caffè.

peace /piːs/ *n.* 1 pace *f.*: *world* ~ pace mondiale. 2 (*peace treaty*) trattato *m.* di pace, pace *f.* 3 (*Dir*) ordine *m.* pubblico, quiete *f.* pubblica: *breach of the* ~ disturbo della quiete pubblica. 4 (*state of harmony, concord*) pace *f.*, (buona) armonia *f.*, concordia *f.*: *to live in* ~ *with one's neighbours* vivere in buona armonia con i vicini. 5 (*tranquillity*) pace *f.*, quiete *f.*, tranquillità *f.*, serenità *f.*: *oh, for a little* ~ *and quiet!* potessi starmene un pochino in pace! 6 (*silence*) silenzio *m.*, quiete *f.* ☐ *at* ~ in pace: *my conscience is at* ~ la mia coscienza è tranquilla; *a world at* ~ un mondo in pace; (*Pol*) ~ *conference* conferenza di pace; (*US*) *Peace Corps* corpi della pace; *to give so. no* ~ non dar pace a qcu.; *go in* ~! va' in pace!; *in* ~ in pace, tranquillo: *to leave so. in* ~ lasciare qcu. in pace; *may he rest in* ~! riposi in pace!; (*Dir*) *to keep the* ~ mantenere l'ordine pubblico; ~ *keeping* mantenimento della pace, peace-keeping; (*Pol*) ~ *keeping forces* forze di pace; (*Pol*) ~ *keeping mission* missione di peace-keeping; *to make* ~ riconciliarsi, fare pace, rappacificarsi: *to make one's* ~ *with so.* riconciliarsi con qcu.; ~ *march* marcia della pace; ~ *marcher* chi partecipa a una marcia per la pace; (*Pol*) ~ *negotiations* trattative per la pace; (*Stor*) *Peace of Augsburg* Pace di Augusta; ~ *of mind* tranquillità di spirito, pace dell'anima, quiete; ~ *offering*: 1 (*Bibl*) offerta propiziatrice; 2 (*fig*) (*gift*) dono di riconciliazione; ~ *pipe* calumet della pace; ~ *sign* segno di pace; (*Pol*) ~ *talks* negoziati di pace, trattative di pace; (*Pol*) ~ *treaty* trattato di pace; ~ *with honour* pace onorevole; (*Lit*) ~ *be with you!* la pace sia con voi!

peaceable /ˈpiːsəbl/ *a.* 1 pacifico, amante della pace: *a* ~ *person* una persona pacifica. 2 (*calm*) calmo, pacifico, tranquillo. 3 (*free from strife, disorder*) pacifico.

peaceableness /ˈpiːsəblnəs/ *n.* 1 l'essere pacifico. 2 (*tranquillity*) pace *f.*, quiete *f.*, tranquillità *f.*

peaceably /ˈpiːsəbli/ *avv.* pacificamente, in

modo pacifico.

peacebreaker /'pi:sbreɪkər/ *n.* perturbatore *m.* (*f.* -trice) dell'ordine pubblico, disturbatore *m.* (*f.* -trice) della quiete pubblica.

peaceful /'pi:sfᵊl/ *a.* **1** pacifico, amante della pace. **2** (*calm, quiet*) calmo, quieto, tranquillo, sereno. ☐ (*Pol*) ~ **coexistence** coesistenza pacifica.

peacefully /'pi:sfᵊli/ *avv.* **1** pacificamente, in modo pacifico. **2** (*calmly*) tranquillamente, serenamente.

peacefulness /'pi:sfᵊlnəs/ *n.* **1** l'essere pacifico. **2** (*calmness, tranquillity*) pace *f.*, calma *f.*, tranquillità *f.*, quiete *f.*, serenità *f.*

peace-loving /'pi:slʌvɪŋ/ *a.* pacifico, amante della pace.

peacemaker /'pi:smeɪkər/ *n.* **1** pacificatore *m.* (*f.* -trice), mediatore *m.* (*f.* -trice) di pace: (*Bibl*) *blessed are the -s* beati gli operatori di pace. **2** (*in family*) paciere *m.* (*f.* -a). **3** (*scherz*) (*deadly weapon*) arma *f.* mortale.

peacemaking /'pi:smeɪkɪŋ/ *n.* **1** (*act*) pacificazione *f.* **2** (*action*) azione *f.* pacificatrice.

peacenik /'pi:snɪk/ *n.* (*Am,colloq*) pacifista *m./f.*

peacetime /'pi:staɪm/ **I** *n.* tempo *m.* di pace. **II** *a.* del tempo di pace, in tempo di pace: *in ~* in tempo di pace.

peach[1] /pi:tʃ/ **I** *n.* **1** (*Bot*) pesco *m.* **2** (*Bot*) (*fruit*) pesca *f.* **3** (*colour*) pesca *m.*, color *m.* pesca, rosa *m.* pesca. **4** (*pretty girl*) ragazza *f.* graziosa, (*colloq*) amore *m.* di ragazza. **5** (*colloq*) (*sth. excellent*) meraviglia *f.*, bellezza *f.* **II** *a.* **1** di pesca, alla pesca. **2** (*of the colour peach*) pesca, color pesca. ☐ (*Bot*) ~ **blossom** fiore di pesco; ~ **brandy** acquavite di pesca; (*colloq,fig*) ~ **fuzz** primi peli della barba che spuntano a un adolescente; (*Dolc*) ~ **melba** o ~ **Melba**) pesca melba.

peach[2] /pi:tʃ/ *v.i.* (*sl*) fare la spia, fare una soffiata, (*gerg*) cantare.

peachblow /'pi:tʃbloʊ/ *n.* rosa *m.* carico.

peach-colour /'pi:tʃ,kʌlər/ **I** *n.* pesca *m.*, color *m.* pesca, rosa *m.* pesca. **II** *a.* color pesca, rosa pesca.

peaches-and-cream /'pi:tʃɪz,ən(d)'kri:m/ *a.* (*of the complexion*) roseo, di pesca.

peachick /'pi:tʃɪk/ *n.* (*Zool*) giovane pavone *m.*

peachy /'pi:tʃi/ *a.* **1** simile a una pesca. **2** (*of the complexion*) roseo, di pesca. **3** (*colloq*) (*excellent*) che è una cannonata, da urlo, eccezionale, magnifico. ☐ (*Am,colloq*) ~ **keen** eccezionale, magnifico.

peacock /'pi:kɒk *Am* 'pi:kɑ:k/ **I** *n.* (*pl.inv.* o *-s* /-s/; *il pl. inv. si usa general. in ornitologia con valore collett.*) (*Ornit*) pavone *m.* (*anche fig*). **II** *v.i.* pavoneggiarsi, fare il pavone. ☐ ~ **blue** blu pavone; (*Entom*) ~ **butterfly** pavone diurno; ~ **green** verde pavone; (*Stor*) **Peacock Throne** (*in Persia*) trono del pavone.

peacock-blue /'pi:kɒk'blu: *Am* 'pi:kɑ:k'blu:/ **I** *n.* blu *m.* pavone. **II** *a.* blu pavone.

peacockery /'pi:kɒkəri/ *n.* vanità *f.*, fatuità *f.*

peacockish /'pi:kɒkɪʃ *Am* 'pi:kɑ:kɪʃ/ *a.* vanitoso, fatuo, vanesio.

peacockishness /'pi:kɒkɪʃnəs *Am* 'pi:kɑ:kɪʃnəs/ *n.* vanità *f.*, fatuità *f.*

peafowl /'pi:faʊl/ *n.* (*Ornit*) pavone *m.*

pea-green /,pi:'gri:n/ **I** *n.* verde *m.* pisello. **II** *a.* verde pisello.

peahen /'pi:hen/ *n.* (*Ornit*) pavone *m.* femmina.

peak[1] /pi:k/ **I** *n.* **1** (*of a mountain*) vetta *f.*, sommità *f.*, cima *f.*, punta *f.*, picco *m.* **2** (*sth. resembling a peak*) cresta *f.*, cima *f.*, vetta *f.*, sommità *f.*: *the white -s of the waves* le bianche creste delle onde. **3** (*of a cap*) visiera *f.* **4** (*projecting point*) punta *f.*, pizzo *m.* **5** (*fig*)

(*top*) apice *m.*, culmine *m.*, vertice *m.*: *to reach the ~ of one's career* raggiungere l'apice della carriera. **6** (*fig*) (*highest point*) massimo *m.*, punta *f.*, punto *m.* massimo, valore *m.* massimo: *the temperature reached a ~ of 39°* la temperatura ha raggiunto un massimo di 39°. **7** (*Econ*) prezzo *m.* massimo, prezzo *m.* limite. **8** (*Mar*) gavone *m.* **9** (*Mar*) (*of a sail, flag*) picco *m.* **10** (*Mar*) (*of a gaff*) penna *f.* **II** *a.* massimo, di punta, di maggior intensità: ~ *productivity* massima produttività. **III** *v.t.* **1** (*Mar*) (*of a gaff, yard*) alzare in posizione verticale; (*of oars*) tenere con le pale in alto. **2** (*of the tail of a whale*) alzare in verticale (tuffandosi). **IV** *v.i.* raggiungere il massimo, toccare il massimo, raggiungere il culmine. ☐ ~ **hour** ora di punta; (*Am*) ~ **leaves** la settimana in autunno in cui le foglie assumono i colori più sgargianti; (*El*) ~ **load** carico di punta; (*Ind*) ~ **load plant** centrale per carichi di punta; (*Econ*) ~ **productivity** produttività massima; (*Comm*) ~ **sales** livello massimo delle vendite, picco nelle vendite; ~ **season** altissima stagione; (*TV,Rad*) ~ **time** peak time, fascia oraria di massimo ascolto, prima serata; (*Elettron*) ~ **wave** onda di picco.

peak[2] /pi:k/ *v.i.* (*ant*) (*to grow thin, weak; spec. of plants*) diventare smunto, smagrire.

peaked[1] /pi:kt/ *a.* **1** appuntito, a punta, aguzzo. **2** (*having a peak*) con visiera: *a ~ cap* un berretto con visiera.

peaked[2] /pi:kt/ *a.* (*Am*) **1** (*sickly*) malaticcio, gracile. **2** (*emaciated*) emaciato, scarno, smunto.

peaky[1] /'pi:ki/ *a.* **1** caratterizzato da cime, caratterizzato da vette. **2** (*pointed*) aguzzo, a punta, appuntito.

peaky[2] /'pi:ki/ *a.* **1** (*sickly*) malaticcio, gracile. **2** (*emaciated*) emaciato, scarno, smunto.

peal /pi:l/ **I** *n.* **1** scampanio *m.* **2** (*set of bells*) carillon *m.*, concerto *m.* di campane. **3** (*fig*) (*noisy outburst*) scoppio *m.*, scroscio *m.*: *-s of laughter* scoppi di risa; *a ~ of applause* uno scroscio di applausi. **4** (*fig*) (*of thunder*) fragore *m.*, rimbombo *m.* **II** *v.i.* **1** (*of bells*) scampanare, suonare a distesa. **2** (*to burst into sudden noise*) scrosciare, scoppiare. **3** (*of thunder*) tuonare, rimbombare. **III** *v.t.* **1** (*of bells*) suonare a distesa. **2** (*to utter forth loudly*) annunciare, proclamare.

pean /'pi:ən/ *n.* **1** (*Stor.gr*) peana *m.* **2** (*estens*) (*song of praise, triumph, etc.*) inno *m.* di lode, canto *m.* di vittoria, peana *m.*

peanut /'pi:nʌt/ **I** *n.* **1** nocciolina *f.* americana, arachide *f.* **2** *pl.* (*Am,sl*) (*small sum of money*) quattro soldi *m.pl.*, una miseria: *they're paid -s* sono pagati una miseria. **II** *a.* **1** di arachide. **2** (*Am,sl*) (*petty*) da niente, da poco, insignificante. ☐ (*Alim*) ~ **butter** burro di arachidi, burro di noccioline; (*Am,fig*) ~ **gallery** loggione, piccionaia; (*Alim*) ~ **oil** olio di arachide.

pear /peər *Am* per/ *n.* **1** (*Bot*) pero *m.* **2** (*fruit*) pera *f.*

pearl[1] /pɜ:l *Am* pɜ:rl/ **I** *n.* **1** perla *f.* (*anche fig*): *a ~ of a woman* una perla di donna; *-s of dew* perle di rugiada. **2** (*Tip*) corpo *m.* 5. **3** (*colour*) perla *m.*, grigio *m.* perla. **4** *pl.* (*necklace*) filo *m.sing.* di perle, collana *f.sing.* di perle. **5** *pl.* (*poet*) (*teeth*) denti *m.pl.*, perle *f.pl.* **II** *a.* **1** di perle: *a ~ necklace* una collana di perle. **2** (*resembling pearl*) simile a perla, perlato. **3** (*made of mother-of-pearl*) di madreperla. **4** (*pearl-coloured*) perlaceo, perlato, grigio perla. **III** *v.t.* **1** adornare di perle, (*rar*) imperlare. **2** (*fig*) (*to bead*) imperlare: *the grass was -ed with dew* l'erba era imperlata di rugiada. **3** (*to form into grains*) ridurre in gra-

---

ni, granulare. **IV** *v.i.* **1** pescare perle. **2** (*to form pearl-like drops*) formare perle. ☐ (*Alim*) ~ **barley** orzo perlato; ~ **diver** pescatore di perle; ~ **diving** pesca delle perle; ~ **fisher** pescatore di perle; ~ **fishery** (o ~ **fishing**) pesca delle perle; ~ **grey** (color) grigio perla; (*Oref*) ~ **necklace** collana di perle, filo di perle; (*fig*) *-s of wisdom* perle di saggezza; (*Alim*) ~ **onion** cipollina, cipollina mignon (offerta con gli aperitivi); (*Zool*) ~ **oyster** ostrica perlifera; ~ **shell** madreperla greggia; ~ **white** (color) bianco perla.

pearl[2] /pɜ:l *Am* pɜ:rl/ **I** *n.* **1** (*stitch*) punto *m.* rovescio. **2** (*lace-making*) orlo *m.* a piccoli cappi. **3** (*gold or silver thread*) cordoncino *m.* d'oro, cordoncino *m.* d'argento per ricami. **II** *v.t.* **1** lavorare (a maglia) a punto rovescio. **2** (*to edge with loops*) orlare con piccoli cappi. **3** (*to border with gold or silver thread*) bordare con un cordoncino d'oro, bordare con un cordoncino d'argento. **III** *v.i.* lavorare (a maglia) a punto rovescio.

pearled /pɜ:ld *Am* pɜ:rld/ *a.* **1** (*with pearls*) perlato, ornato di perle, (*rar*) imperlato. **2** (*resembling pearl*) perlato, perlaceo.

pearlescent /pɜ:'lesᵊnt *Am* pɜ:r'lesᵊnt/ *a.* perlaceo, madreperlaceo.

pearl-grey /pɜ:l,greɪ *Am* 'pɜ:rl,greɪ/ **I** *n.* grigio *m.* perla. **II** *a.* grigio perla, color grigio perla.

pearlies /'pɜ:lɪz *Am* 'pɜ:rlɪz/ *n.pl.* **1** bottoni *m.pl.* di madreperla. **2** (*Abbigl*) abiti *m.pl.* ornati con bottoni di madreperla (dei venditori ambulanti londinesi). **3** (*estens*) (*costermongers*) venditori *m.pl.* (*f.* -trici) ambulanti.

pearliness /'pɜ:lɪnəs *Am* 'pɜ:rlɪnəs/ *n.* l'essere perlaceo, aspetto *m.* perlaceo.

pearlite /'pɜ:laɪt *Am* 'pɜ:rlaɪt/ *n.* (*Min,Met*) perlite *f.*

pearlized /'pɜ:laɪzd *Am* 'pɜ:rlaɪzd/ *a.* perlato, madreperlaceo.

pearly /'pɜ:li *Am* 'pɜ:rli/ *a.* **1** simile a perla, perlato. **2** (*of the colour pearl*) perlaceo, perlato. **3** (*of the colour mother-of-pearl*) madreperlaceo. **4** (*adorned with pearls*) adorno di perle. **5** (*adorned with mother-of-pearl*) adorno di madreperla. ☐ (*colloq*) **Pearly Gates** porte del paradiso; (*colloq*) ~ **whites** denti.

pearmain /'pɜ:meɪn *Am* 'pɜ:rmeɪn/ *n.* (*Bot, Alim*) mela *f.* con polpa bianca e soda e buccia rossa.

pear-shaped /'peəʃeɪpt *Am* 'perʃeɪpt/ *a.* a pera, a forma di pera, piriforme.

peasant /'pezᵊnt/ **I** *n.* **1** contadino *m.* (*f.* -a), campagnolo *m.* (*f.* -a). **2** (*fig,spreg*) (*uneducated person*) contadino *m.* (*f.* -a), bifolco *m.* (*f.* -a), villano *m.* (*f.* -a). **II** *a.* **1** contadinesco, contadino, campagnolo. **2** (*based on agricultural economy*) agricolo: *a ~ society* una società agricola. ☐ ~ **proprietor** coltivatore diretto; ~ **revolt** rivolta contadina; ~ **woman** contadina, campagnola.

peasantry /'pezᵊntri/ *n.* **1** (*peasants*) contadini *m.pl.*, classe *f.* contadina. **2** (*status of peasant*) l'essere contadino.

peascod /'peskəd/ *n.* (*Bot,ant*) baccello *m.* di pisello.

peasecod /'pi:zkɒd *Am* 'pi:zkɑ:d/ *n.* (*Bot,ant*) baccello *m.* di pisello.

pease-pudding /,pi:z'pʊdɪŋ/ *n.* (*Gastron*) sformato *m.* di piselli servito con prosciutto, carne di maiale o pancetta.

peashooter /'pi:,ʃu:tər *Am* 'pi:,ʃu:tᵊr/ *n.* cerbottana *f.*

peat /pi:t/ *n.* (*pl.inv.* o *-s* /-s/) *n.* (*Giard*) **1** torba *f.* **2** (*sod*) formella *f.* di torba. ☐ ~ **bog** torbiera; (*Geol*) ~ **coal** combustibile intermedio tra la torba e la lignite; ~ **fire** fuoco di torba;

         pedigree

(*Bot*) ~ *moss* sfagno.

peaty /'pi:ti *Am* 'pi:t̬i/ *a.* **1** torboso. **2** (*resembling peat*) simile a torba.

pebble /'pebl̩/ I *n.* **1** ciottolo *m.*, sasso *m.* arrotondato. **2** (*Min,Geol*) cristallo *m.* di rocca. **3** (*Ott*) (*eyeglass*) lente *f.* di quarzo. II *v.t.* **1** coprire di ciottoli, ricoprire di ciottoli; (*of roads, etc.*) acciottolare. **2** (*Pell*) zigrinare. □ (*Pell*) ~ *leather* pelle zigrinata, zigrino; (*Tecn*) ~ *powder* polvere da sparo a grana grossa.

pebbled /'pebl̩d/ *a.* ciottoloso, pieno di ciottoli: *a* ~ *path* un sentiero ciottoloso.

pebblestone /'pebl̩stoʊn/ *n.* ciottolo *m.*

pebbly /'pebl̩i, 'pebli/ *a.* **1** pieno di ciottoli, ciottoloso: *a* ~ *beach* una spiaggia piena di ciottoli. **2** (*of cloth, leather, etc.*) zigrinato.

pecan /'pi:kæn *Am* pɪ'kɑːn/ *n.* (*Bot*) pecan *m.*

peccability /,pekə'bɪləti *Am* ,pekə'bɪlət̬i/ *n.* (*rar*) l'essere soggetto a peccare.

peccable /'pekəbl̩/ *a.* soggetto a peccare.

peccadillo /,pekə'dɪloʊ/ (*pl.* -es/-s /-z/) *n.* peccatuccio *m.*, piccola mancanza *f.*, peccato *m.* veniale.

peccant /'pekənt/ *a.* **1** (*sinful*) peccatore, che pecca. **2** (*violating a rule*) trasgressore.

peccary /'pekəri/ *n.* (*Zool*) pecari *m.*

peck¹ /pek/ *n.* **1** (*dry measure*) peck *m.* (pari a 9,09 l). **2** (*container*) recipiente *m.* contenente un peck. **3** (*fig,colloq*) mucchio *m.*, sacco *m.*

peck² /pek/ I *v.t.* **1** beccare: *the parrot -ed my finger* il pappagallo mi ha beccato un dito. **2** (*to make by pecking*) fare col becco, fare beccando: *the hens -ed a hole in the fence* le galline hanno fatto un buco nella rete col becco. **3** (*to pick up with the beak*) beccare, prendere col becco: *to ~ corn* beccare il granoturco. **4** (*colloq*) (*to kiss perfunctorily*) dare un bacetto a. II *v.i.* **1** (*with a beak*) beccare (*at sth.* qcs.). **2** (*of food*) sbocconcellare, piluccare, mangiucchiare. III *n.* **1** beccata *f.*, colpo *m.* di becco. **2** (*colloq*) (*quick kiss*) bacetto *m.*, bacio *m.* frettoloso, bacino *m.* **3** (*sl*) (*food*) roba *f.* da mangiare. □ *to ~ up* beccare, prendere col becco.

pecker /'pekər/ *n.* **1** chi becca. **2** (*Agr*) (*pick*) piccone *m.* **3** (*Agr*) (*hoe*) zappa *f.*, marra *f.* **4** (*Ornit*) picchio *m.* **5** (*colloq*) (*nose*) naso *m.* **6** (*sl,volg*) (*penis*) cazzo *m.*, uccello *m.* **7** (*colloq*) (*courage*) fegato *m.*, coraggio *m.* □ (*Br,sl*) *to keep one's ~ up* tenersi su, farsi coraggio: *keep your ~ up!* fatti coraggio!, su, su!

peckerwood /'pekəwʊd *Am* 'pekər'wʊd/ *n.* (*Am,spreg*) povero *m.* (*f.* -a) di razza bianca, povero *m.* (*f.* -a) bianco.

peckish /'pekɪʃ/ *a.* (*Br,colloq*) leggermente affamato: *to feel ~* sentire un certo languorino.

Pecksniffian /'peksnɪfiən/ *a.* bigotto *m.* (*f.* -a), (*colloq*) bacchettone *m.* (*f.* -a).

pecs /peks/ *n.pl.* (*Anat,colloq*) pettorali *m.pl.*

pecten /'pektən/ (*pl.* -s /-z/ o **pectines** /'pektɪni:z/) *n.* **1** (*Anat*) pecten *m.* **2** (*Zool*) pettine *m.*, capasanta *f.*

pectic /'pektɪk/ *a.* (*Chim*) pectico. □ (*Chim*) ~ *acid* acido pectico.

pectin /'pektɪn/ *n.* (*Chim*) pectina *f.*

pectoral /'pektərəl/ I *a.* pettorale (*anche Anat*). II *n.* **1** (*Anat*) muscolo *m.* pettorale, pettorale *m.* **2** (*Zool*) pinna *f.* pettorale. □ (*Rel*) ~ *cross* croce pettorale; (*Zool*) ~ *fin* pinna pettorale; (*Anat*) ~ *girdle* cintura toracica; (*Anat*) ~ *muscle* pettorale, muscolo pettorale.

pectoralis /,pektə'reɪlɪs/ (*pl.* -les /-li:z/) *n.* (*Anat*) muscolo *m.* pettorale, pettorale *m.*

peculate /'pekjəleɪt/ I *v.t.* appropriarsi indebitamente di. II *v.i.* commettere peculato.

peculation /,pekjə'leɪʃən/ *n.* (*Dir*) peculato *m.*

peculator /'pekjəleɪtər *Am* 'pekjəleɪt̬ər/ *n.* (*Dir*) chi commette peculato, reo *m.* (*f.* -a) di peculato.

peculiar /pɪ'kju:liər *Am* pɪ'kju:ljər/ I *a.* **1** proprio, particolare, peculiare, caratteristico, tipico (*to* di): *a custom ~ to this tribe* un'abitudine propria di questa tribù. **2** (*belonging exclusively to one person, group*) speciale, particolare, peculiare. **3** (*special, singular*) singolare, particolare: *an artist of ~ talent* un artista di singolare talento. **4** (*strange, odd*) strano, singolare, curioso, bizzarro, originale. II *n.* **1** (*ant*) prerogativa *f.*, privilegio *m.* **2** (*Dir.can*) parrocchia *f.* non soggetta alla giurisdizione della diocesi. □ (*Stor*) ~ *institution* schiavitù dei neri; ~ *people* il popolo eletto (gli ebrei).

peculiarity /pɪ,kju:li'ærəti *Am* pɪ,kju:li'erəti/ *n.* **1** peculiarità *f.*, caratteristica *f.*, particolarità *f.* **2** (*strangeness, oddity*) singolarità *f.*, stranezza *f.*, bizzarria *f.*, originalità *f.*

peculiarize /pɪ'kju:liəraɪz *Am* pɪ'kju:liəraɪz/ *v.t.* **1** (*to make peculiar*) rendere particolare. **2** (*to individualize*) personalizzare.

peculiarly /pɪ'kju:liəli *Am* pɪ'kju:ljəli/ *avv.* **1** esclusivamente, unicamente. **2** (*distinctively*) peculiarmente, particolarmente. **3** (*strangely*) stranamente, singolarmente.

pecuniarily /pɪ'kju:nɪərɪli *Am* pɪ'kju:nierɪli/ *avv.* pecuniariamente, relativamente al denaro.

pecuniary /pɪ'kju:njəri *Am* pɪ'kju:nieri/ *a.* **1** (*Dir*) pecuniario, in denaro. **2** (*of money*) pecuniario, monetario.

pedagog /'pedəgɒg *Am* 'pedəgɑːg/ *n.* (*rar*) **1** pedagogo *m.* (*f.* -a). **2** (*fig*) pedante *m./f.*

pedagogic /,pedə'gɒdʒɪk *Am* ,pedə'gɑːdʒɪk/ *a.* pedagogico.

pedagogical /,pedə'gɒdʒɪkəl *Am* ,pedə'gɑːdʒɪkəl/ *a.* pedagogico.

pedagogically /,pedə'gɒdʒɪkəli *Am* ,pedə'gɑːdʒɪkəli/ *avv.* pedagogicamente.

pedagogics /,pedə'gɒdʒɪks *Am* ,pedə'gɑːdʒɪks/ *n.pl.* (*costr.sing.*) pedagogia *f.sing.*

pedagogism /'pedəgɒgɪzəm *Am* 'pedəgɑːgɪzəm/ *n.* pedagogismo *m.*

pedagogue /'pedəgɒg *Am* 'pedəgɑːg/ *n.* **1** pedagogo *m.* (*f.* -a). **2** (*fig*) pedante *m./f.*

pedagoguism /'pedəgɒgɪzəm *Am* 'pedəgɑːgɪzəm/ *n.* pedagogismo *m.*

pedagogy /'pedəgɒdʒi *Am* 'pedəgɑːdʒi/ *n.* pedagogia *f.*

pedal¹ /'pedl̩/ I *n.* **1** (*Mecc*) pedale *m.* **2** (*Mus*) (*of an organ, etc.*) pedale *m.* **3** (*Mus*) (*pedal keyboard*) pedaliera *f.*

pedal² /'pi:dl̩, 'pedl̩/ I *a.* **1** (*Zool*) pedale, del piede. **2** (*of a pedal*) del pedale. **3** (*using pedals*) a pedale, a pedali.

pedal³ /'pedl̩/ I *v.t.* **1** azionare il pedale di: *to ~ a bicycle* azionare il pedale di una bicicletta. **2** (*Mus*) usare i pedali di. II *v.i.* **1** pedalare. **2** (*to ride a bicycle*) pedalare, andare in bicicletta. **3** (*Mus*) pedaleggiare, usare il pedali. □ ~ *bin* pattumiera a pedale; (*Tecn*) ~ *control* comando a pedale; ~ *keyboard* pedaliera; (*Mus*) ~ *point* pedale, nota grave; (*Abbigl*) ~ *pushers* pantaloni alla pescatora; (*Am,colloq*) *to put the ~ to the metal* schiacciare a tavoletta, andare a tavoletta, andare a manetta.

pedalo /'pedəloʊ/ (*pl.* -s /-z/) *n.* (*Mar*) pedalò *m.*, moscone *m.* a pedali, pattino *m.* a pedali.

pedal-operated /,pedl̩'ɒpəreɪtɪd *Am* ,pedl̩'ɑːpəreɪt̬ɪd/ *a.* a pedale.

pedant /'pedənt/ *n.* pedante *m./f.*, pignolo *m.* (*f.* -a). **2** (*one who parades his learning*) saccente *m./f.*

pedantic /pɪ'dæntɪk *Am* ped'æntɪk/ *a.* pedante, pignolo, minuzioso, pedantesco, pignolesco.

pedantically /pɪ'dæntɪkəli *Am* ped'æntɪkəli/ *avv.* pedantemente.

pedantize /'pedəntaɪz *Am* 'pedəntaɪz/ I *v.t.* rendere pedante. II *v.i.* pedanteggiare.

pedantry /'pedəntri/ *n.* pedanteria *f.*

peddle /'pedl̩/ I *v.t.* **1** fare il venditore ambulante di. **2** (*fig*) diffondere, propagare, spargere, mettere in giro: *to ~ subversive ideas* diffondere idee sovversive. **3** (*rar*) (*of narcotics*) spacciare. II *v.i.* fare il venditore ambulante.

peddler /'pedlər/ *n.* **1** (*Am*) venditore *m.* (*f.* -trice) ambulante. **2** (*drug seller*) spacciatore (*f.* -trice).

peddling /'pedlɪŋ/ I *n.* commercio *m.* ambulante, vendita *f.* ambulante. II *a.* insignificante, di poco conto, di poca importanza, futile.

pederast /'pedəræst *Am* 'pedəræst/ *n.* pederasta *m.*

pederastic /'pedəræstɪk *Am* 'pedəræstɪk/ *a.* pederastico.

pederasty /'pedəræsti *Am* 'pedəræsti/ *n.* pederastia *f.*

pedestal /'pedɪstəl/ *n.* **1** (*Arch*) piedistallo *m.*, piedestallo *m.* **2** (*support for a statue, etc.*) piedistallo *m.*, base *f.* **3** (*stand*) stelo *m.*, sostegno *m.* **4** (*of a washbasin*) colonna *f.* □ (*fig*) *to place so. on a ~* (o *to put so. on a ~*, *to set so. on a ~*) mettere qcu. su un piedistallo, idealizzare qcu.; (*Arred*) ~ *table* tavolo a piede centrale.

pedestrian /pɪ'destriən *Am* pə'destriən/ I *n.* pedone *m.* II *a.* **1** che va a piedi, che cammina. **2** (*of roads*) pedonale. **3** (*fig*) (*of style, etc.*) banale, comune, ordinario, (*lett*) pedestre, (*colloq*) terra terra. □ (*Strad*) ~ *crossing* attraversamento pedonale, strisce pedonali, (*colloq*) strisce, passaggio pedonale; (*Strad*) ~ *island* salvagente; (*Strad*) ~ *path* percorso pedonale; (*Strad*) ~ *precinct* zona pedonale; (*Am,Strad*) ~ *walkway* zona pedonale.

pedestrianism /pɪ'destriənɪzəm *Am* pə'destriənɪzəm/ *n.* **1** il camminare, l'andare a piedi. **2** (*of style*) banalità *f.*

pedestrianize /pɪ'destriənaɪz *Am* pə'destriənaɪz/ *v.i.* trasformare in zona pedonale.

pediatric /,pi:di'ætrɪk/ *a.* (*Am*) pediatrico: *surgery* chirurgia pediatrica.

pediatrician /,pi:diə'trɪʃən/ *n.* (*Am*) pediatra *m./f.*

pediatrics /,pi:di'ætrɪks/ *n.pl.* (*costr.sing.*) (*Am*) pediatria *f.sing.*

pediatrist /,pi:di'ætrɪst/ *n.* (*Am*) pediatra *m./f.*

pedicab /'pedikæb/ *n.* (*in Southeast Asia*) risciò *m.* dotato di bicicletta per il trasporto di passeggeri.

pedicel /'pedisel/ *n.* **1** (*Bot*) pedicello *m.*, peduncolo *m.* **2** (*Zool*) peduncolo *m.*

pedicellate /'pediseleɪt/ *a.* **1** (*Bot*) pedicellato, peduncolato. **2** (*Zool*) peduncolato.

pedicle /'pedikl̩/ *n.* **1** (*Bot*) pedicello *m.*, peduncolo *m.* **2** (*Zool*) peduncolo *m.*

pedicular /pɪ'dɪkjʊlər/ *a.* (*Med*) pedicolare.

pediculous /pɪ'dɪkjʊləs/ *a.* (*Med*) pedicoloso.

pedicure /'pedikjʊər *Am* 'pedikjʊr/ *n.* (*Cosmet, Med*) pedicure *f./m.*, cura *f.* dei piedi.

pedicurist /'pedikjʊərɪst *Am* 'pedikjʊrɪst/ *n.* **1** (*Cosmet*) pedicure *m./f.*, callista *m./f.* **2** (*Med*) podologo *m.* (*f.* -a).

pedigree /'pedigri:/ I *n.* **1** (*of an animal*) pedigree *m.* **2** (*of a person: lineage*) discendenza *f.*, genealogia *f.*, stirpe *f.* **3** (*distinguished* *ancestry*) nobile discendenza *f.*, alto lignaggio *m.*, (*scherz*) pedigree *m.* **4** (*fig*) origine *f.*, derivazione *f.* **5** (*genealogical tree*) albero *m.* genealogico. **II** *a.* di razza pura: *a ~ cocker spaniel* un cocker di razza pura.

pedigreed /'pedigri:d/ *a.* con pedigree, provvisto di pedigree.

pediment /'pedɪmənt/ *n.* **1** (*Arch*) frontone *m.*; (*gable end*) fastigio *m.* **2** (*Geol*) pedimento *m.*

pedimental /ˌpedɪ'mentəl/ *a.* **1** (*Arch*) di frontone. **2** (*like a pediment*) a forma di frontone.

pedimented /'pedɪməntɪd Am 'pedɪməntɪd/ *a.* con frontone, provvisto di frontone.

pedlar /'pedlər/ *n.* **1** venditore *m.* (*f.* -trice) ambulante. **2** (*fig*) propagatore *m.* (*f.* -trice).

pedlary /'pedlərɪ/ *n.* **1** commercio *m.* ambulante. **2** (*pedlar's wares*) mercanzia *f.* di un venditore ambulante.

pedodontic /ˌpedə'dɒntɪk Am ˌpedə'dɑːntɪk/ *a.* pedodontico.

pedodontics /ˌpedə'dɒntɪks Am ˌpedə'dɑːntɪks/ *n.pl.* (*costr.sing.*) pedodonzia *f.sing.*

pedodontist /ˌpedə'dɒntɪst Am ˌpedə'dɑːntɪst/ *n.* pedodonte *m./f.*, dentista *m./f.* pediatrico, pedodonzista *m./f.*

pedological /ˌpedə'lɒdʒɪkəl Am ˌpedə'lɑːdʒɪkəl/ *a.* (*Geol*) pedologico.

pedologist /pɪ'dɒlədʒɪst Am pɪ'dɑːlədʒɪst/ *n.* (*Geol*) pedologo *m.* (*f.* -a).

pedology /pɪ'dɒlədʒɪ Am pɪ'dɑːlədʒɪ/ *n.* pedologia *f.*, pedologia *f.* agraria.

pedometer /pɪ'dɒmɪtər Am pɪ'dɑːmətər/ *n.* pedometro *m.*, contapassi *m.*

pedophile /'pedoʊfaɪl/ *n.* (*Am*) pedofilo *m.* (*f.* -a).

pedophilia /ˌpedoʊ'fiːlɪə/ *n.* (*Am*) pedofilia *f.*

pedophiliac /ˌpedoʊ'fiːlɪæk/ **I** *n.* (*Am*) pedofilo *m.* (*f.* -a). **II** *a.* (*Am*) pedofilo.

peduncle /pɪ'dʌŋkl/ *n.* (*Bot,Zool*) peduncolo *m.*

peduncular /pɪ'dʌŋkjələr/ *a.* (*Bot,Zool*) peduncolare.

pedunculate /pɪ'dʌŋkjəlɪt/ *a.* peduncolato. □ (*Bot*) ~*oak* farnia, ischio, (*region*) eschia.

pedunculated /pɪ'dʌŋkjəleɪtɪd Am pɪ'dʌŋkjəleɪtɪd/ *a.* peduncolato.

pee /piː/ **I** *v.i.* (*sl*) fare pipì, (*volg*) pisciare, (*rar*) orinare. **II** *n.* (*sl*) **1** (*urine*) urina *f.*, (*rar*) orina *f.*, (*volg*) piscia *f.* **2** (*urination*) urinata *f.*, (*rar*) orinata *f.*, (*volg*) pisciata *f.*

peek /piːk/ **I** *v.i.* **1** guardare di sottecchi, sbirciare, sogguardare. **2** (*to look briefly*) gettare uno sguardo (*at* a, su). **II** *n.* **1** sbirciata *f.*, sguardo *m.* furtivo. **2** (*brief look*) occhiata *f.*, rapido sguardo *m.*

peekaboo /'piːkəbuː/ *n.* (*child's game*) il fare bau-sette, il fare cucù.

peel[1] /piːl/ **I** *v.t.* **1** sbucciare, pelare: *to ~ an apple* sbucciare una mela. **2** (*to decorticate, to bark*) scortecciare, decorticare. **II** *v.i.* **1** (*of the skin*) squamarsi, esfoliarsi. **2** (*of a person, the body*) spellarsi: *your back is -ing* ti si sta spellando la schiena. **3** (*of paint, bark, etc.*) scrostarsi, staccarsi, scortecciarsi. **III** *n.* (*of fruit, vegetables*) buccia *f.*, pelle *f.*, scorza *f.* □ *to ~ away*: **1** staccare, scrostare; staccarsi, scrostarsi; **2** (*of skin*) squamarsi, esfoliarsi; *to ~ off*: **1** staccarsi, venire via, scrostarsi; **2** (*of an outer covering*) togliere, privare di: *to ~ off an orange skin* togliere la buccia a un'arancia; **3** (*colloq*) (*to undress*) spogliarsi, svestirsi: *he -ed off his raincoat* si levò l'impermeabile; **4** (*Mil*) (*of an aircraft, warship*) staccarsi (da una formazione).

peel[2] /piːl/ *n.* pala *f.* da fornaio.

peel[3] /piːl/ *n.* (*Stor,Arch*) torre *f.* fortificata tipica del XVI sec. sul confine tra Scozia e Inghilterra.

peeler /'piːlər/ *n.* **1** (*manual*) sbucciatore *m.*, coltellino *m.* per sbucciare. **2** (*electric*) pelatrice *f.* **3** (*Br,sl,ant*) poliziotto *m.*, piedipiatti *m.*

peeling /'piːlɪŋ/ *n.* **1** buccia *f.*, pelle *f.*, scorza *f.*: *potato -s* bucce di patata. **2** (*Cosmet*) peeling *m.* **3** (*of the skin*) spellatura *f.*

peen /piːn/ **I** *n.* (*of a hammer*) penna *f.* **II** *v.t.* martellare a penna, battere con la penna del martello.

peep[1] /piːp/ *v.i.* **1** spiare: *to ~ through the keyhole* spiare dal buco della serratura. **2** (*to look furtively*) guardare di sottecchi, sbirciare, sogguardare. **3** (*to begin to appear*) fare capolino, spuntare, affacciarsi: *the sun -ed through the clouds* il sole fece capolino tra le nuvole. **II** *n.* **1** (*furtive look*) sbirciata *f.*, sguardo *m.* furtivo. **2** (*brief look*) occhiata *f.*, rapido sguardo *m.* **3** (*first appearance*) lo spuntare, il primo apparire: *the ~ of dawn* lo spuntare dell'alba. □ *to get a ~ of* sth. intravedere qcs.; *to have a ~ at* sth. dare un'occhiata a qcs.; *~ -hole*: **1** piccola apertura, piccola fessura; **2** (*spyhole in door*) spioncino, spia; *the ~ of day* l'alba, lo spuntare del giorno; *to ~ out* fare capolino, spuntare, affacciarsi; *~ show*: **1** (*erotic show*) peepshow, esibizione di ragazze nude dietro a un vetro; **2** (*box for viewing*) apparecchio contenente diapositive visibili attraverso un foro munito di lente; (*Arm*) *~ sight* mirino; *to take a ~ at* sth. dare un'occhiata a qcs.; *to ~ through* fare capolino, spuntare, affacciarsi; (*pop*) *peeping Tom* voyeur, guardone.

peep[2] /piːp/ *v.i.* **1** pigolare (*anche estens*). **2** (*to squeak*) squittire. **II** *n.* **1** (*cheep, chirp*) pigolio *m.*, pio pio *m.* **2** (*squeak*) squittio *m.* **3** (*slight sound*) pigolio *m.*

peeper /'piːpər/ *n.* **1** ficcanaso *m./f.*, spione *m.* (*f.* -a). **2** (*voyeur*) voyeur *m.*, (*pop*) guardone *m.* **3** (*f.* -a). **2** (*voyeur*) voyeur *m.*, (*pop*) guardone *m.* **3** (*f.* -a) (*colloq*) (*eyes*) occhi *m.pl.*

peer[1] /pɪər Am pɪr/ **I** *n.* **1** pari *m./f.*, uguale *m./f.* **2** (*GB*) (*member of the peerage*) pari *m.* **3** (*estens*) (*nobleman*) nobile *m./f.* **II** *a.* pari, uguale. □ *~ -group* gruppo dei pari; (*GB*) *~ of the realm* pari membro della Camera dei Lord, membro della Camera dei Lord; (*Sociol*) *~ pressure* pressione dei pari, peer pressure; *without ~* senza pari, incomparabile.

peer[2] /pɪər Am pɪr/ *v.i.* **1** scrutare, guardare attentamente: *to ~ into every corner of the room* scrutare in ogni angolo della stanza. **2** (*to come into view*) spuntare, apparire, fare capolino.

peerage /'pɪərɪdʒ/ *n.* (*GB*) **1** paria *f.*, titolo *m.* di pari, dignità *f.* di pari: *to raise so. to the ~* conferire a qcu. il titolo di pari, innalzare qcu. alla dignità di pari. **2** (*body of peers*) paria *f.*, pari *m.pl.* **3** (*book*) almanacco *m.* nobiliare.

peeress /pɪə'res/ *n.* (*GB*) **1** nobildonna *f.* che ha diritto al titolo di pari. **2** (*wife of a peer*) moglie *f.* di un pari.

peerless /'pɪələs Am 'pɪrləs/ *a.* impareggiabile, incomparabile, senza pari.

peerlessly /'pɪələslɪ Am 'pɪrləslɪ/ *avv.* incomparabilmente, impareggiabilmente.

peerlessness /'pɪələsnəs Am 'pɪrləsnəs/ *n.* incomparabilità *f.*, l'essere senza pari.

peer-to-peer /ˌpɪətuː'pɪər Am ˌpɪrtə'pɪr/ *a.* (*Inform*) peer-to-peer, paritetico. □ (*Inform*) *~ network* rete paritetica, rete peer-to-peer.

peeve /piːv/ **I** *v.t.* (*colloq*) indispettire, irritare, infastidire. **II** *n.* (*colloq*) irritazione *f.*, malumore *m.*

peeved /piːvd/ *a.* (*colloq*) irritato, di malumore.

peevish /'piːvɪʃ/ *a.* irritabile, scontroso, permaloso, stizzoso.

peevishly /'piːvɪʃlɪ/ *avv.* stizzosamente.

peevishness /'piːvɪʃnəs/ *n.* irritabilità *f.*, scontrosità *f.*, irascibilità *f.*

peewee /'piːwiː/ *n.* (*Am,colloq*) **1** persona *f.* di piccola statura, nano *m.* (*f.* -a), piccino (*f.* -a). **2** (*small animal*) animaletto *m.*, bestiolina *f.*

peewit /'piːwɪt/ *n.* (*Ornit*) pavoncella *f.*

peg /peg/ **I** *n.* **1** (*hook for hanging things*) piolo *m.* per attaccapanni, gancio *m.* per attaccapanni. **2** (*clothes peg*) molletta *f.* da bucato. **3** (*tapered piece of wood for marking*) picchetto *m.*, paletto *m.* **4** (*for a tent*) picchetto *m.* **5** (*Mus*) bischero *m.*, pirolo *m.*, caviglia *f.* **6** (*fig*) (*reason for doing sth.*) pretesto *m.*, appiglio *m.*: *a ~ to hang a complaint on* un pretesto per una lamentela. **7** (*Br,colloq*) (*drink*) goccio *m.* (di bevanda alcolica). **8** (*Br, colloq*) (*highball*) liquore *m.* con soda. **9** (*Econ*) (*of a rate, price*) instabile *m.*, livello *m.* fissato. **10** (*Mecc*) spina *f.* **11** (*in carpentry*) piolo *m.*, cavicchio *m.* **12** (*of a cask*) zipolo *m.* **13** (*Sport*) (*in baseball*) lancio *m.* basso e veloce. **II** *v.t.* **1** assicurare con un cavicchio, incavigliare. **2** (*of a cask*) turare con uno zipolo. **3** (*of a score*) marcare per mezzo di pioli. **4** (*colloq*) (*to classify, to identify*) classificare, inquadrare. **5** (*Am,colloq*) (*to throw*) tirare molto forte e basso, lanciare molto forte e basso: *he -ged me in the arm with a baseball* mi ha colpito duro con una pallina da baseball. **6** (*Econ*) fissare, stabilizzare, livellare: *to ~ prices* fissare i prezzi. **7** (*Econ*) (*of currency*) agganciare, ancorare. **III** *v.i.* (*in cribbage*) segnare, fare un punto. □ (*Br,fig*) *to ~ away* lavorare sodo e con costanza, darci dentro, impegnarsi a fondo; (*Mus*) *~ box* cavigliere; (*colloq,fig*) *to bring so. down* a ~ (o *to bring so. down a ~ or two*) mortificare qcu., fare abbassare la cresta a qcu.; (*Br*) *to ~ down*: **1** fissare con picchetti; **2** (*fig*) vincolare, impegnare; *~ leg*: **1** gamba di legno, gamba artificiale; **2** (*person*) persona che ha una gamba di legno, persona che ha una gamba artificiale; *off the ~* (*of clothes*) confezionato; (*Br*) *to ~ out*: **1** picchettare, segnare con paletti; **2** (*colloq*) (*to die*) morire, crepare, (*volg*) tirare le cuoia, restare secco; **3** (*in cribbage, croquet*) vincere; **4** (*of a mining claim*) delimitare con picchetti (recanti il nome dell'avente diritto); **5** (*colloq*) (*to collapse from exhaustion*) crollare; **6** (*to fasten clothes to washing line*) stendere, appendere; (*colloq,fig*) *to pull so. down* a ~ (o *to pull so. down a ~ or two*) mortificare qcu., fare abbassare la cresta a qcu.; (*colloq,fig*) *to take so. down* a ~ (o *to take so. down a ~ or two*) mortificare qcu., fare abbassare la cresta a qcu.; *~ top* (*child's top*) trottola; *to ~ up* attaccare con un piolo, fissare con un piolo.

Peg /peg/ *n.pr.f.* dim. di Margaret.

pegamoid /'pegəmɔɪd/ *n.* (*Ind,Pell*) pegamoide *m./f.*

pegasus /'pegəsəs/ (*pl.* -**si** /-saɪ/ o -**suses** /-səsɪz/) *n.* **1** (*Mitol*) cavallo *m.* alato. **2** (*Itt*) pegaso *m.*

Pegasus /'pegəsəs/ **I** *n.pr.m.* (*Mitol*) Pegaso. **II** *n.pr.* (*Astr*) Pegaso *m.* **III** *n.* (*fig*) fonte *f.* pegasea, ispirazione *f.* poetica.

pegged /pegd/ *a.* (*Econ*) (*of rates, prices*) fissato, stabilizzato.

Peggie, Peggy /'pegɪ/ *n.pr.f.* dim. di Margaret.

peg-top /'pegtɒp Am 'pegtɑːp/ *a.* (*of trousers*) largo ai fianchi e stretto alla caviglia.

peignoir /'peɪnwɑːr Am peɪn'wɑːr/ *n.* (*Abbigl*) vestaglia *f.*

pejorative /pɪˈdʒɒrətɪv *Am* pɪˈdʒɔːrətɪv/ **I** *a.* peggiorativo (*anche Gramm*). **II** *n.* (*Gramm*) peggiorativo *m.*

pejoratively /pɪˈdʒɒrətɪvli *Am* pɪˈdʒɔːrətɪvli/ *avv.* peggiorativamente.

peke, Peke/piːk/ *n.* (*colloq*) (*Pekingese dog*) pechinese *m.*, cane *m.* pechinese.

pekin /ˌpiːˈkɪn *Am* ˈpiːkɪn/ *n.* (*Tess*) pekin *m.*

Pekin /ˌpiːˈkɪn *Am* ˈpiːkɪn/ *n.* (*Zootecn*) anatra *f.* pechino.

Pekinese /ˌpiːkɪˈniːz *Am* ˌpiːkəˈniːz/ **I** *n.inv.* **1** pechinese *m./f.* **2** (*dialect*) pechinese *m.* **3** (*Zool*) pechinese *m.*, cane *m.* pechinese. **II** *a.* pechinese, di Pechino.

Peking /ˌpiːˈkɪŋ/ *n.pr.* (*Geog.stor*) Pechino *f.* ☐ (*Gastron*) ~ **duck** anatra alla pechinese.

Pekingese /ˌpiːkɪŋˈiːz/ **I** *n.inv.* **1** pechinese *m./f.* **2** (*dialect*) pechinese *m.* **3** (*Zool*) pechinese *m.*, cane *m.* pechinese. **II** *a.* pechinese, di Pechino.

pelage /ˈpelɪdʒ/ *n.* pelo *m.*, pelame *m.* di mammifero, mantello *m.* di mammifero.

Pelagian /pəˈleɪdʒiən/ **I** *a.* (*Rel,Stor*) pelagiano. **II** *n.* (*Rel,Stor*) pelagiano *m.*

Pelagianism /pəˈleɪdʒiənɪzəm/ *n.* (*Rel,Stor*) pelagianismo *m.*

pelagic /pəˈlædʒɪk/ *a.* (*Geog,Biol*) pelagico.

pelargonium /ˌpeləˈɡouniəm/ *n.* (*Bot*) pelargonio *m.*

Pelasgian /pelˈæzɡiən *Am* pəˈlæzdʒiən/ **I** *n.* (*Stor*) pelasgio *m.* **II** *a.* (*Stor*) pelasgico.

Pelasgic /pelˈæzɡɪk *Am* pəˈlæzdʒɪk/ *a.* (*Stor*) pelasgico.

pelerine /ˈpeləriːn *Am* ˈpeləriːn/ *n.* (*Abbigl*) pellegrina *f.*

pelf /pelf/ *n.* (*spreg*) denaro *m.*, ricchezze *f.pl.*, soldi *m.pl.*

pelican /ˈpelɪkən/ *n.* (*Ornit*) pellicano *m.* ☐ (*Br,Strad*) ~ **crossing** attraversamento pedonale semaforizzato.

pelisse /peˈliːs *Am* pəˈliːs/ *n.* **1** (*Abbigl*) mantello *m.* foderato di pelliccia. **2** (*Abbigl,Stor*) (*woman's cloak*) mantella *f.* (spesso foderata di pelliccia), cappotto *m.* lungo (spesso foderato di pelliccia).

pellagra /pəˈlæɡrə *Am* pəˈleɪɡrə/ *n.* (*Med*) pellagra *f.*

pellagrous /pəˈleɪɡrəs/ *a.* (*Med*) pellagroso.

pellet /ˈpelɪt/ **I** *n.* **1** pallina *f.*, pallottola *f.* **2** (*Farm*) pillola *f.*, pastiglia *f.* **3** (*Arm*) (*bullet*) pallottola *f.*; (*for a shotgun*) pallino *m.* di piombo. **4** (*Stor*) (*for cannon or catapult*) proietto *m.* di pietra. **5** (*Ornit*) (*undigested matter*) ossa *f.pl.*, piume e pelo rigurgitati dai rapaci. **6** (*animal faeces*) escrementi *m.pl.* **II** *v.t.* **1** appallottolare. **2** (*to strike with pellets*) impallinare.

pellicle /ˈpelɪkl/ *n.* (*Anat*) pellicola *f.* (*anche estens*).

pellicular /peˈlɪkjələr/ *a.* pellicolare.

pelliculate /peˈlɪkjəlɪt/ *a.* pellicolare.

pell-mell /ˌpelˈmel/ **I** *avv.* **1** alla rinfusa, disordinatamente, a catafascio. **2** (*headlong*) a precipizio, in gran fretta. **3** (*indiscriminately*) senza distinzioni (di sorta), indiscriminatamente. **II** *a.* confuso, disordinato. **III** *n.* confusione *f.*, caos *m.*, disordine *m.*

pellucid /pɪˈluːsɪd *Am* pəˈluːsɪd/ *a.* **1** pellucido, semitrasparente. **2** (*fig*) chiaro, trasparente.

pellucidity /ˌpeljuˈsɪdəti *Am* ˌpeluˈsɪdəti/ *n.* **1** pellucidità *f.*, semitrasparenza *f.* **2** (*fig*) chiarezza *f.*, trasparenza *f.*

pelmet /ˈpelmɪt/ *n.* (*Arred*) mantovana *f.*

Peloponnese /ˈpeləpəniːz/ *n.pr.* (*Geog*) Peloponneso *m.*

Peloponnesian /ˌpeləpəˈniːʃən *Am* ˌpeləpəˈniːʒən/ **I** *a.* peloponnesiaco. **II** *n.* peloponnesiaco *m.* (*f.* -a).

Pelops /ˈpiːlɒps *Am* ˈpiːlɑːps/ *n.pr.m.* (*Mitol*)

Pelope.

pelota /pəˈlɒtə *Am* pəˈloutə/ *n.* (*Sport*) pelota *f.*, palla *f.* basca, pelota *f.* basca.

peloton /ˈpelətoun/ *n.* (*Sport*) (*bicycle racing*) gruppo *m.*

pelt[1] /pelt/ **I** *v.t.* colpire ripetutamente (scagliando qcs.), bersagliare: *to* ~ *so. with snowballs* colpire qcu. con palle di neve. **2** (*of missiles*) lanciare, scagliare. **II** *v.i.* **1** (*to rain heavily*) scrosciare, picchiare con violenza. **2** (*colloq*) (*to rush*) precipitarsi, affrettarsi. **III** *n.* **1** forte colpo *m.* **2** (*persistent beating*) picchiettìo *m.* **3** (*colloq*) (*speed*) velocità *f.*: *at full* ~ a gran velocità. ☐ *it was -ing with rain* pioveva a dirotto; *to* ~ *so. with stones* lapidare qcu.

pelt[2] /pelt/ *n.* **1** (*hide of an animal*) pelle *f.* non conciata. **2** (*skin of a human*) pelle *f.* umana, (*scherz*) cuoio *m.*

peltate /ˈpelteɪt/ *a.* (*Bot*) peltato.

peltry /ˈpeltri/ *n.* (*pelts*) pellame *m.*

pelvic /ˈpelvɪk/ *a.* (*Anat*) pelvico. ☐ (*Anat*) ~ **arch** cintura pelvica; (*Itt*) ~ **fin** pinna pelvica; (*Anat*) ~ **girdle** cinto pelvico.

pelvis /ˈpelvɪs/ *n.* (*pl.* -**ves** /-viːz/ o -**vises** /-vɪsɪz/) (*Anat*) pelvi *f.*, bacino *m.*

pelviscopy/pelvɪˈskoupi/ *n.* (*Med*) pelviscopia *f.*

pemican, pemmican /ˈpemɪkən/ *n.* (*Gastron*) pemmican *m.*

pen[1] /pen/ **I** *n.* **1** penna *f.* **2** (*pen nib*) pennino *m.* **3** (*fig*) penna *f.*, lo scrivere. **4** (*fig*) (*style*) stile *m.*, penna *f.* **5** (*fig*) (*writer*) scrittore *m.* (*f.* -trice), penna *f.* **6** (*Zool*) (*of a squid*) osso *m.* di seppia. **II** *v.t.* (*past, p.p.* **penned** /-d/) scrivere, comporre. ☐ ~ **case** astuccio, portapenne; (*Ornit*) ~ **feather** penna maestra; ~ **friend** amico di penna, amico con cui si ha una corrispondenza epistolare; ~ **holder**: **1** portapenne, asticciola; **2** (*rack*) portapenne; *the* ~ *is* **mightier** *than the sword* ne uccide più la penna che la spada; ~ **name** pseudonimo; (*colloq*) ~ **pal** amico di penna, amico con cui si ha una corrispondenza epistolare; (*spreg*) ~ **pusher** scribacchino; *to put one's* ~ *through sth.* cancellare qcs., depennare qcs.; (*fig*) *to take up one's* ~ prendere la penna in mano, cominciare a scrivere; (*fig*) *to put* ~ *to paper* (o *to set* ~ *to paper*) mettere mano alla penna, cominciare a scrivere.

pen[2] /pen/ **I** *n.* **1** (*Agr*) (*for animals*) recinto *m.*, chiuso *m.*, stazzo *m.* **2** (*Agr*) (*animals enclosed*) animali *m.pl.* di un recinto. **II** *v.t.* (*past, p.p.* **penned** /-d/) **1** richiudere. **2** (*in a pen*) rinchiudere in un recinto.

pen[3] /pen/ *n.* (*Ornit*) (*female swan*) femmina *f.* del cigno.

pen[4] /pen/ *n.* (*Am,sl*) (*penitentiary*) prigione *f.*, carcere *m.*, gabbia *f.*, gattabuia *f.*

penal /ˈpiːnəl/ *a.* **1** penale. **2** (*Dir*) (*subject to punishment*) perseguibile (a termini di legge), punibile, passibile di pena: *a* ~ *offence* un reato perseguibile. **3** (*of a place*) penale, di pena. ☐ (*Dir*) ~ **code** codice penale; ~ **colony** colonia penale; (*Dir*) ~ **law** diritto penale; (*Dir*) ~ **servitude** lavori forzati; ~ *servitude for life* lavori forzati a vita; ~ **settlement** colonia penale.

penalization /ˌpiːnəlaɪˈzeɪʃən *Am* ˌpiːnəlɪˈzeɪʃən/ *n.* penalizzazione *f.*

penalize /ˈpiːnəlaɪz/ *v.t.* **1** punire, infliggere una pena a, sanzionare. **2** (*Sport*) penalizzare, sanzionare. **3** (*to place at disadvantage*) svantaggiare, danneggiare.

penally /ˈpiːnəli/ *avv.* (*Dir*) penalmente, a norma del diritto penale.

penalty /ˈpenəlti *Am* ˈpenəlti/ *n.* **1** pena *f.*, punizione *f.* (per un reato). **2** (*Comm,Dir*) (*punishment for non-fulfillment*) penale *f.*, pena

f., penalità *f.* **3** (*sum forfeited*) penale *f.*, multa *f.* **4** (*disadvantage*) svantaggio *m.*: *the* ~ *of fame* gli svantaggi della celebrità. **5** (*Sport*) penalizzazione *f.*, penalità *f.* **6** (*Sport*) (*in soccer, etc.: kick*) calcio *m.* di rigore, rigore *m.*; (*goal*) goal *m.* su rigore, rete *f.* su rigore. ☐ (*Sport*) ~ **area** area di rigore; (*Sport*) ~ **box**: **1** (*soccer*) area di rigore; **2** (*ice hockey*) spazio fuori dal campo per i giocatori temporaneamente sospesi; (*Sport*) ~ **goal**: **1** (*soccer*) goal su rigore, goal su calcio di rigore, segnatura su rigore; **2** (*rugby*) trasformazione, meta su calcio piazzato; ~ **kick**: **1** (*soccer*) calcio di rigore, rigore; **2** (*rugby*) calcio piazzato; *on* ~ *of* pena la, sotto pena di: *on* ~ *of death* pena la morte; (*Br,Dir*) ~ **point** sanzione assegnata in caso di infrazione del codice stradale; (*Sport*) ~ **shoot-out** calci di rigore; (*Sport*) ~ **spot** dischetto, dischetto del rigore; (*Sport*) ~ **stroke** (*in golf*) colpo di penalità; **under** ~ *of* pena la, sotto pena di: *under* ~ *of death* pena la morte.

penance /ˈpenəns/ **I** *n.* **1** (*Rel*) penitenza *f.*, contrizione *f.* **2** (*Rel.catt*) (*sacrament*) penitenza *f.*, confessione *f.* **3** (*Rel.catt*) (*duty imposed by priest*) penitenza *f.* **II** *v.t.* dare una penitenza a. ☐ **as** ~ *for my sins* a sconto dei miei peccati, per i miei peccati; *to do* ~ fare penitenza.

pen-and-ink /ˌpenən(d)ˈɪŋk/ **I** *a.* (*Art*) a penna. **II** *n.* (*Art*) disegno *m.* a penna.

penates, Penates /penˈɑːteɪz *Am* pəˈneɪtiːz/ *n.pl.* (*Mitol*) penati *m.pl.*

pence /pens/ *n.pl.* → **penny.**

penchant /ˈpɑːnʃɑːŋ *Am* ˈpentʃənt/ *n.* inclinazione *f.*, debole *m.*, propensione *f.*: *to have a* ~ *for sth.* essere portato per qcs.

pencil /ˈpensəl/ **I** *n.* **1** (*Art*) matita *f.*, lapis *m.* **2** (*fig*) (*style of drawing*) pennellata *f.*, tocco *m.* **3** (*Cosmet,Farm*) matita *f.* **4** (*fig*) raggio *m.*, filo *m.*, fascio *m.* sottile, spiraglio *m.*: *a* ~ *of light* un raggio di luce. **5** (*Mat,Geom*) fascio *m.* **6** (*Fis*) pennello *m.* **II** *v.t.* (*past, p.p.* **pencilled** / *Am* **penciled** /-d/). **1** disegnare a matita, scrivere a matita. **2** (*Cosmet*) disegnare con la matita, segnare con la matita. **3** (*Med*) (*of a wound*) trattare con una matita medicata. ☐ ~ **box** astuccio per matite, portamatite, (*rar*) portalapis; ~ **cap** salvapunte; ~ **case** astuccio per matite, portamatite, (*rar*) portalapis; ~ **holder** astuccio per matite, portamatite, (*rar*) portalapis; *to* ~ *sth. in*: **1** annotare a matita, aggiungere a matita; **2** (*fig*) annotare provvisoriamente; ~ **mustache** baffi sottili, baffi molto sottili; (*spreg*) ~ **pusher** scribacchino, impiegatuccio; ~ **sharpener** temperamatite; (*Abbigl*) ~ **skirt** tubino, gonna tubino; ~ **stand** portamatite.

pencilled /ˈpensəld/ *a.* a matita: ~ *notes in the margin* note marginali a matita.

penciller /ˈpensələr/ *n.* chi disegna a matita, chi scrive a matita.

pencilling /ˈpensəlɪŋ/ *n.* **1** (*Art*) pennellata *f.* **2** (*Ornit*) (*of feathers*) striatura *f.*

pencraft /ˈpenkrɑːft *Am* ˈpenkræft/ *n.* **1** arte *f.* dello scrivere, abilità *f.* nello scrivere. **2** (*style of handwriting*) calligrafia *f.*, scrittura *f.*

pendant /ˈpendənt/ **I** *n.* **1** pendente *m.*, ciondolo *m.*, pendaglio *m.* **2** (*earring*) orecchino *m.* **3** (*of a necklace*) pendente *m.*, pendentif *m.* **4** (*necklace*) collana *f.* con pendente. **5** (*hanging electrical fixture*) calata *f.* di lampada. **6** (*Arch*) fregio *m.* pensile. **7** (*one of matching pair*) pendant *m.*, riscontro *m.* **8** (*Mar*) bracotto *m.*, penzolo *m.* **II** *a.* **1** appeso, sospeso, che pende, pendente. **2** (*overhanging*) sovrastante. **3** (*projecting*) sporgente. **4** (*pending*) in sospeso, in pendenza, in corso.

5 (*Gramm*) incompleto, lasciato in sospeso.

pendency /'pendənsɪ/ *n.* **1** l'essere in sospeso. **2** (*Dir*) pendenza *f.*

pendent /'pendənt/ **I** *a.* **1** appeso, sospeso, che pende, pendente. **2** (*overhanging*) sovrastante. **3** (*projecting*) sporgente. **4** (*pending*) in sospeso, in pendenza, in corso. **5** (*Gramm*) incompleto, lasciato in sospeso. **II** *n.* **1** pendente *m.*, ciondolo *m.*, pendaglio *m.* **2** (*earring*) orecchino *m.* **3** (*of a necklace*) pendente *m.*, pendentif *m.* **4** (*necklace*) collana *f.* con pendente. **5** (*hanging electrical fixture*) calata *f.* di lampada. **6** (*Arch*) fregio *m.* pensile. **7** (*one of matching pair*) pendant *m.*, riscontro *m.* **8** (*Mar*) bracotto *m.*, penzolo *m.*

pending /'pendɪŋ/ **I** *prep.* **1** in attesa di: *~ a decision* in attesa di una decisione. **2** (*during*) durante: *~ the negotiations* durante i negoziati. **II** *a.* **1** in corso, in sospeso, in attesa di essere definito: *~ questions* affari in corso. **2** (*impending*) incombente, imminente.

pendular /'pendjʊlə'/ *a.* oscillante.

pendulate /'pendjʊleɪt/ *v.i.* pendolare, oscillare (*anche fig*).

pendulous /'pendjʊləs/ *a.* **1** che pende, pendente, cascante, (*lett*) pendulo, penzolante. **2** (*undecided*) indeciso, oscillante, fluttuante.

pendulously /'pendjʊləslɪ/ *avv.* in modo oscillante.

pendulum /'pendjʊləm *Am* 'pendʒələm/ *n.* **1** pendolo *m.* (*anche Fis,Alp,Orol*). **2** (*fig*) oscillazioni *f.pl.* ☐ (*Orol*) *~ watch* orologio con falso pendolo (visibile nel quadrante); (*Orol*) *~ wheel* bilanciere.

penectomy /pe'nektəmɪ/ *n.* (*Chir*) penectomia *f.*

Penelope /pə'neləpɪ/ **I** *n.pr.f.* Penelope (*anche Mitol*). **II** *n.* (*estens*) moglie *f.* fedele, Penelope *f.*

peneplain /'piːnɪˌpleɪn/ *n.* (*Geol*) penepiano *m.*

penetrability /ˌpenɪtrə'bɪlətɪ *Am* ˌpenɪtrə'bɪlətɪ/ *n.* penetrabilità *f.*

penetrable /'penɪtrəbl/ *a.* penetrabile.

penetrableness /'penɪtrəblnəs/ *n.* penetrabilità *f.*

penetralia /ˌpenɪ'treɪlɪə/ *n.pl.* (*Archeol,lett*) penetrali *m.pl.* (*anche fig*).

penetrance /'penɪtrəns/ *n.* (*Biol*) penetranza *f.*

penetrant /'penɪtrənt/ **I** *n.* (*Chim*) sostanza *f.* penetrante. **II** *a.* penetrante.

penetrate /'penɪtreɪt/ **I** *v.t.* **1** penetrare in: *a splinter -d his eye* una scheggia gli penetrò nell'occhio. **2** (*to go inside*) penetrare in, entrare in, addentrarsi in: *to ~ a forest* penetrare in una foresta. **3** (*to see through*) penetrare: *my eyes -d the darkness* i miei occhi penetrarono l'oscurità. **4** (*to spread through*) pervadere, permeare, compenetrare, spargersi in: *a strange smell -d the house* uno strano odore pervadeva la casa. **5** (*fig*) (*to see through*) penetrare, riuscire a comprendere, decifrare. **6** (*fig*) (*to understand, to fathom*) approfondire, penetrare. **7** (*to gain admittance*) penetrare, introdursi, infiltrarsi (*into, to* in). **8** (*Comm*) (*of a market*) ottenere la penetrazione economica in, entrare in. **II** *v.i.* **1** penetrare, addentrarsi, introdursi (*into, to* in): *to ~ into the heart of a country* penetrare nell'interno di un paese; (*to advance*) penetrare, avanzare (*through* in). **2** (*to spread*) diffondersi, spargersi (*into, through* in). **3** (*fig*) penetrare (*into*) in, comprendere: *to ~ into the heart of a mystery* penetrare nel vivo di un mistero. **4** (*sexually*) penetrare.

penetrating /'penɪtreɪtɪŋ *Am* 'penɪtreɪtɪŋ/ *a.* **1** penetrante: *a ~ smell* un odore penetrante. **2** (*fig*) penetrante, indagatore: *a ~ glance* uno

sguardo penetrante. **3** (*fig*) (*acute*) acuto, penetrante: *a ~ observation* un'osservazione acuta.

penetratingly /'penɪtreɪtɪŋlɪ *Am* 'penɪtreɪtɪŋlɪ/ *avv.* in modo penetrante, (*rar*) penetrantemente.

penetration /ˌpenɪ'treɪʃən/ *n.* **1** penetrazione *f.* **2** (*fig*) penetrazione *f.*, intuizione *f.*, prontezza *f.* **3** (*Pol,Econ,Mil*) penetrazione *f.*: *the peaceful ~ of a country* la penetrazione pacifica di un paese; *~ rate* ritmo di penetrazione.

penetrative /'penɪtrətɪv *Am* 'penɪtreɪtɪv/ *a.* **1** penetrante. **2** (*fig*) (*keen*) acuto, penetrante. **3** (*tending to penetrate*) penetrativo.

penetrator /'penɪtreɪtə' *Am* 'penɪtreɪtə'/ *n.* (*rar*) chi penetra.

penguin /'peŋgwɪn/ *n.* (*Ornit*) pinguino *m.* ☐ (*Abbigl,colloq*) *~ suit* smoking.

penicil /'penɪsɪl/ *n.* (*Med*) compressa *f.* per ferite.

penicillate /'penɪsɪlɪt/ *a.* (*Bot,Zool*) a penicillo.

penicillin /ˌpenɪ'sɪlɪn/ *n.* (*Farm*) penicillina *f.*

penile /'piːnaɪl/ *a.* (*Anat*) penieno, del pene.

peninsula /pə'nɪnsjələ/ *n.* penisola *f.*

peninsular /pɪ'nɪnsjələ'/ *a.* peninsulare. ☐ (*Stor*) *the Peninsular War* la Guerra peninsulare.

penis /'piːnɪs/ (*pl.* **penes** /'piːnɪz/ o **-nises** /-nɪsɪz/) *n.* (*Anat*) pene *m.* ☐ (*Psic*) *~ envy* invidia del pene.

penitence /'penɪtəns/ *n.* pentimento *m.*, penitenza *f.*

penitent /'penɪtənt/ **I** *a.* penitente. **II** *n.* penitente *m./f.* (*anche Rel*).

penitential /ˌpenɪ'tenʃəl/ **I** *a.* penitenziale. **II** *n.* (*Rel*) libro *m.* penitenziale. ☐ (*Bibl*) *Penitential Psalms* salmi penitenziali.

penitentially /ˌpenɪ'tenʃəlɪ/ *avv.* da penitente.

penitentiary /ˌpenɪ'tenʃərɪ *Am* ˌpenɪ'tenʃərɪ/ **I** *n.* **1** (*Am,Canad*) penitenziario *m.*, carcere *m.*, prigione *f.* **2** (*Rel.catt*) (*official granting absolution*) penitenziere *m.* **3** (*Rel.catt*) (*of the curia*) penitenzieria *f.* **II** *a.* **1** di penitenza, penitenziale. **2** (*Am,Dir*) (*incurring imprisonment*) passibile di pena detentiva. **3** (*Am*) (*of a penitentiary*) penitenziario, carcerario.

penitently /'penɪtəntli *Am* 'penɪtəntli/ *avv.* con pentimento, contritamente.

penknife /'pennaɪf/ *n.irr.* temperino *m.*

penlight /'penlaɪt/ *n.* torcia *f.* a stilo, torcia *f.* elettrica sottile. ☐ *~ battery* batteria a stilo.

penman /'penmən/ *n.irr.* **1** (*copyist, scribe*) scrivano *m.* (*f.* -a), copista *m./f.* **2** (*writer, author*) scrittore *m.* (*f.* -trice), penna *f.* **3** (*Stor*) (*scribe*) scriba *m.* **4** (*expert in penmanship*) calligrafo *m.* (*f.* -a).

penmanship /'penmənʃɪp/ *n.* **1** arte *f.* dello scrivere. **2** (*style of handwriting*) calligrafia *f.*, scrittura *f.*

pennant /'penənt/ *n.* **1** (*Mar*) pennello *m.*, guidone *m.*, fiamma *f.* **2** (*Mar*) (*pendant*) bracotto *m.*, penzolo *m.* **3** (*Am,Sport*) gagliardetto *m.*, stendardo *m.*

pennate /'penɪt/ *a.* **1** (*Ornit*) pennuto, pennato. **2** (*Bot*) pennato.

pennated /'penɪtɪd *Am* 'penɪtɪd/ *a.* **1** (*Ornit*) pennuto, pennato. **2** (*Bot*) pennato.

penniform /'penɪfɔːm *Am* 'penɪfɔːrm/ *a.* penniforme.

penniless /'penɪləs/ **I** *a.* privo di denaro, privo di mezzi, senza un soldo, spiantato. **II** *n.* (*costr.pl.*) poveri *m.pl.*, indigenti *m.pl.*

pennilessness /'penɪləsnəs/ *n.* scarsità *f.* di mezzi, povertà *f.*, indigenza *f.*

Pennine /'penaɪn/ ☐ (*Geog*) *~ Chain* mon-

ti Pennini, Pennini.

Pennines /'penaɪnz/ *n.pr.pl.* (*Geog*) monti *m.pl.* Pennini, Pennini *m.pl.*

pennon /'penən/ *n.* **1** bandiera *f.*, stendardo *m.*, vessillo *m.* **2** (*Mar*) (*pennant*) pennello *m.*, guidone *m.*, fiamma *f.* **3** (*Ornit,lett*) ala *f.*

Pennsylvania /ˌpensɪl'veɪnɪə *Am* ˌpensl'veɪnjə/ *n.pr.* (*Geog*) Pennsylvania *f.* ☐ (*Ling*) *~ Dutch* olandese della Pennsylvania.

Pennsylvanian /ˌpensɪl'veɪnɪən *Am* ˌpensl'veɪnjən/ **I** *a.* **1** della Pennsylvania, dello stato della Pennsylvania, relativo alla Pennsylvania. **2** (*Geol*) alto carbonifero. **II** *n.* **1** abitante *m./f.* della Pennsylvania. **2** (*Geol*) alto carbonifero *m.*

penny /'penɪ/ (*pl.* **pennies** /'penɪz/ o **pence** /pens/; *il pl.* **pence** *è usato general. con valore collett.*) *n.* **1** (*Econ*) penny *m.* decimale (pari a 1/100 di sterlina). **2** (*Econ,Stor*) (*former British coin*) penny *m.* (pari a 1/12 di scellino). **3** (*Am,Canad,Econ*) cent *m.*, centesimo *m.* (pari a 1/100 di dollaro). **4** (*coin with low value*) centesimo *m.*, monetina *f.* **5** (*small amount of money*) denaro *m.*, soldi *m.pl.*: *to spend every ~ of an inheritance* spendere tutto il denaro di un'eredità. ☐ (*fig*) *tena ~* (o *two a ~*) molto comune; *~ante* poker giocato con apertura al buio di un cent; *~ bank* (*piggy bank*) salvadanaio, porcellino; (*colloq*) *~ dreadful*: 1 (*cheap sensational novel*) romanzetto, romanzo d'appendice; 2 (*crime novel*) romanzo giallo economico; (*colloq,fig*) *the ~ dropped* finalmente ha capito, finalmente c'è arrivato; *a ~ for your thoughts!* a che cosa stai pensando?; *in for a ~, in for a pound* chi ha fatto trenta può fare trentuno; *quando si è in ballo bisogna ballare*; (*Stor*) *~ post* servizio postale britannico con tariffa di un penny; *~ whistle* piffero. *Prov.*: *a ~ saved is a ~ earned* un soldo risparmiato è un soldo guadagnato.

penny-a-liner /'penɪəˌlaɪnə'/ *n.* (*spreg*) giornalista *m./f.* da strapazzo, imbrattacarte *m./f.*, scribacchino *m.* (*f.* -a).

penny-farthing /'penɪ'fɑːðɪŋ/ *n.* (*ant*) biciclo *m.* ☐ *~ bicycle* biciclo.

penny-in-the-slot /ˌpenɪnðə'slɒt *Am* ˌpenɪnðə'slɑːt/ *a.* **1** (*of machines*) a moneta, a gettone. **2** (*fig*) automatico.

penny-loafer /'penɪˌloʊfə'/ *n.* (*Calz*) mocassino *m.*

penny-pinch /'penɪpɪntʃ/ *v.t.* (*Am,colloq*) lesinare il centesimo a, tirare a stecchetto.

penny-pincher /'penɪpɪntʃə'/ *n.* (*Am,colloq*) spilorcio *m.* (*f.* -a), tirchio *m.* (*f.* -a).

pennyroyal /ˌpenɪ'rɔɪəl *Am* 'penɪˌrɔɪəl/ *n.* (*Bot*) menta *f.* puleggio, puleggio *m.*

pennyweight /'penɪweɪt/ *n.* (*unit of troy weight*) unità *f.* di peso del sistema troy pari a 1,555 gr.

penny-wise /'penɪwaɪz/ *a.* economo, parsimonioso, parco. ☐ *to be ~ and pound-foolish* essere attento alle piccole spese ma prodigo in quelle grandi.

pennywort /'penɪwɜːt *Am* 'penɪwɜːrt/ *n.* (*Bot*) ombelico *m.* di Venere.

pennyworth /'penɪwɜːθ *Am* 'penɪwɜːrθ/ (*pl.inv.* o **penniesworth** /'penɪzwɜːθ *Am* 'penɪzwɜːrθ/) *n.* **1** valore *m.* di un penny, quanto può essere acquistato con un penny: *a ~ of sweets* un penny di caramelle. **2** (*fig*) (*small quantity*) piccola quantità *f.*, un poco, un po', (un) briciolo *m.*, (un) grammo *m.*: *not a ~* neanche un po'.

penological /ˌpiːnə'lɒdʒɪkəl *Am* ˌpiːnə'lɑːdʒɪkəl/ *a.* relativo alla scienza penitenziaria.

penologist /piː'nɒlədʒɪst *Am* piː'nɑːlədʒɪst/ *n.* studioso *m.* (*f.* -a) di scienza penitenziaria, esperto *m.* (*f.* -a) di scienza penitenziaria.

penology /,piːˈnɒlədʒi *Am* ,piːˈnɑːlədʒi/ *n.* (*science dealing with prisons*) scienza *f.* penitenziaria.

pensile /ˈpensaɪl/ *a.* pensile, sospeso.

pension[1] /ˈpenʃən/ I *n.* 1 pensione *f.*: *to live on a* ~ vivere della pensione. 2 (*allowance*) sovvenzione *f.*, sussidio *m.*, assegno *m.* II *v.t.* assegnare una pensione, corrispondere una pensione a. □ ~ *book* libretto della pensione; ~ *fund* fondo pensione; ~ *legislation* regime pensionistico; *to* ~ *off* collocare a riposo assegnando una pensione, pensionare; ~ *plan* piano pensionistico; ~ *reform* riforma delle pensioni; ~ *scheme* piano pensionistico.

pension[2] /ˈpɑː(n)sjɔːŋ *Am* ˈpɑː(n)sjouŋ/ *n.* 1 pensione *f.* 2 (*room and board*) vitto e alloggio *m.*, pensione *f.* completa. 3 (*payment*) pensione *f.*, retta *f.* □ *en* ~ a pensione.

pensionability /ˌpenʃənəˈbɪləti *Am* ˌpenʃən əbɪləti/ *n.* pensionabilità *f.*

pensionable /ˈpenʃənəbl/ *a.* 1 (*of a person*) pensionabile. 2 (*of a post*) che dà diritto a una pensione. 3 (*of pensions*) pensionistico. □ ~ *age* età pensionabile.

pensionary /ˈpenʃənəri/ I *n.* (*Br*) 1 (*pensioner*) pensionato *m.* (*f.* -a), chi riceve una pensione. 2 (*hireling*) mercenario *m.* (*f.* -a), persona *f.* prezzolata. II *a.* (*Br*) 1 (*receiving a pension*) pensionato. 2 (*of a pension*) pensionistico. 3 (*being a hireling*) mercenario, prezzolato.

pensioner /ˈpenʃənər/ *n.* 1 pensionato *m.* (*f.* -a). 2 (*ant,lett*) (*hireling*) mercenario *m.* (*f.* -a), persona *f.* prezzolata. 3 (*Univ*) (*at Cambridge*) studente *m.* (*f.* -essa) che paga la retta.

pensionless /ˈpenʃənləs/ *a.* senza pensione.

pensive /ˈpensɪv/ *a.* pensieroso, pensoso, meditabondo.

pensively /ˈpensɪvli/ *avv.* pensierosamente, pensosamente.

pensiveness /ˈpensɪvnəs/ *n.* pensosità *f.*

penstock /ˈpenstɒk *Am* ˈpenstɑːk/ *n.* (*Idr*) 1 (*sluice gate*) chiusa *f.*, saracinesca *f.* di regolazione. 2 (*conduit*) condotta *f.* forzata.

pent[1] /pent/ *a.* (*lett,ant*) 1 rinchiuso, confinato. 2 (*of feelings*) contenuto, represso: ~ *emotion* emozione contenuta; ~ *rage* rabbia repressa.

pent[2] /pent/ *n.* (*Edil,colloq*) tettoia *f.* a spiovente.

pentachord /ˈpentəkɔːd *Am* ˈpentəkɔːrd/ *n.* (*Mus*) pentacordo *m.*

pentacle /ˈpentəkl *Am* ˈpentəkl/ *n.* (*Geom, Occult*) pentacolo *m.*

pentad /ˈpentæd/ *n.* 1 (*group of five*) serie *f.* di cinque, gruppo *m.* di cinque, (*lett*) pentade *f.* 2 (*period of five years*) quinquennio *m.*, (*lett*) lustro *m.* 3 (*period of five days*) cinque giorni *m.pl.*, periodo *m.* di cinque giorni. 4 (*Chim*) elemento *m.* pentavalente, atomo *m.* pentavalente.

pentadactyl /ˌpentəˈdæktɪl/ *a.* (*Biol*) pentadattilo.

pentadactylate /ˌpentəˈdæktɪlɪt/ *a.* (*Biol*) pentadattilo.

pentagon /ˈpentəgən *Am* ˈpentəgɑːn/ *n.* (*Geom*) pentagono *m.*

Pentagon /ˈpentəgən *Am* ˈpentəgɑːn/ *n.pr.* (*US*) Pentagono *m.*

pentagonal /penˈtægənl/ *a.* (*Geom*) pentagonale.

Pentagonese /ˌpentəgəˈniːz/ *n.pr.* (*Am,iron*) gergo *m.* militare criptico e incomprensibile.

pentagram /ˈpentəgræm *Am* ˈpentəgræm/ *n.* (*Geom,Occult*) pentacolo *m.*

pentahedral /ˌpentəˈhiːdrəl *Am* ,pentə ˈhiːdrəl/ *a.* (*Geom*) pentaedrico.

pentahedron /ˌpentəˈhiːdrən *Am* ,pentə ˈhiːdrən/ (*pl.* -**s** /-z/ o -**dra** /-drə/) *n.* (*Geom*) pentaedro *m.*

pentamerous /penˈtæmərəs/ *a.* pentamero (*anche Bot*).

pentameter /penˈtæmɪtə *Am* penˈtæmətər/ *n.* (*Metr*) pentametro *m.*

pentangle /ˈpentæŋgl/ *n.* (*Geom*) pentacolo *m.*

pentaprism /ˈpentəˌprɪzəm/ *n.* (*Ott,Fot*) pentaprisma *m.*

pentarchy /ˈpentɑːki *Am* ˈpentɑːrki/ *n.* pentarchia *f.*

Pentateuch /ˈpentətjuːk *Am* ˈpentətuːk/ *n.* (*Bibl*) Pentateuco *m.*

Pentateuchal /ˌpentəˈtjuːkəl *Am* ˈpentətuːkəl/ *a.* del Pentateuco, relativo al Pentateuco.

pentathlete /penˈtæθliːt/ *n.* (*Sport*) pentatleta *m./f.*, pentathleta *m./f.*

pentathlon /penˈtæθlɒn *Am* penˈtæθlɑːn/ *n.* (*Sport*) pentathlon *m.*, pentatlon *m.*, pentatlo *m.*

pentatonic /ˌpentəˈtɒnɪk *Am* ,pentəˈtɑːnɪk/ *a.* (*Mus*) pentatonico, pentafonico.

pentatonicism /ˌpentəˈtɒnɪsɪzəm *Am* ,pentə ˈtɑːnɪsɪzəm/ *n.* (*Mus*) pentatonia *f.*, pentafonia *f.*

pentavalent /ˌpentəˈveɪlənt *Am* ,pentə ˈveɪlənt/ *a.* (*Chim*) pentavalente.

Pentecost /ˈpentɪkɒst *Am* ˈpentɪkɑːst/ *n.* (*Rel*) Pentecoste *f.*

Pentecostal /ˌpentɪˈkɒstəl *Am* ,pentɪˈkɑːstəl/ *a.* pentecostale.

penthouse /ˈpenthaʊs/ *n.* 1 (*Edil*) attico *m.* 2 (*sloping annex*) dependance *f.* per attrezzi, (*piccolo*) fabbricato *m.* annesso per attrezzi. □ (*Edil*) ~ *apartment* attico, (*Edil*) ~ *roof* tetto a una falda, tetto a uno spiovente.

pentode /ˈpentoʊd/ *n.* (*Fis*) pentodo *m.*

pent-up /ˌpentˈʌp *Am* ˈpentˌʌp/ *a.* 1 rinchiuso, confinato. 2 (*of feelings*) contenuto, represso, soffocato: ~ *emotions* emozioni represse; ~ *rage* ira soffocata, ira repressa.

penult /pəˈnʌlt *Am* ˈpiːnʌlt/ *n.* 1 penultimo elemento *m.*, penultimo oggetto *m.* 2 (*Gramm*) penultima sillaba *f.*, penultima *f.*

penultimate /pəˈnʌltɪmət *Am* pɪˈnʌltəmət/ I *a.* 1 penultimo. 2 (*Gramm*) (*of a penult*) della penultima (sillaba), sulla penultima. II *n.* 1 penultimo elemento *m.*, penultimo oggetto *m.* 2 (*Gramm*) penultima sillaba *f.*, penultima *f.*

penumbra /pəˈnʌmbrə *Am* pɪˈnʌmbrə/ (*pl.* -**brae** /-briː/ o -**s** /-z/) *n.* penombra *f.* (*anche Astr*).

penumbral /pəˈnʌmbrəl *Am* pɪˈnʌmbrəl/ *a.* semioscuro, in penombra.

penurious /pəˈnjʊəriəs *Am* pəˈnʊriəs/ *a.* 1 misero, gretto, meschino. 2 (*destitute*) indigente, bisognoso.

penuriously /pəˈnjʊəriəsli *Am* pəˈnʊriəsli/ *avv.* 1 miseramente. 2 (*meanly*) meschinamente.

penuriousness /pəˈnjʊəriəsnəs *Am* pə ˈnʊriəsnəs/ *n.* 1 penuria *f.*, indigenza *f.* 2 (*meanness*) grettezza *f.*, meschinità *f.*

penury /ˈpenjəri *Am* ˈpenjʊri/ *n.* 1 indigenza *f.*, povertà *f.* 2 (*meanness*) grettezza *f.*, meschinità *f.*

peon /ˈpjuːn, ˈpiːən *Am* ˈpiːɑːn/ (*pl.* -**s** /-z/ o **peones** /peɪˈoʊneɪz/) *n.* 1 fattorino *m.*, inserviente *m.* 2 (*agricultural labourer*) peon *m.*, peone *m.*, bracciante *m.*

peonage /ˈpiːənɪdʒ/ *n.* 1 condizione *f.* di bracciante. 2 (*use of peon labour*) peonaggio *m.*

peony /ˈpiːəni/ *n.* (*Bot*) peonia *f.*

people /ˈpiːpl/ I *n.* (*pl.inv.* o -**s** /-z/; *il pl.* peo-

ples *si usa con valore collett. riferito a razze o nazioni*) 1 gente *f.*, persone *f.pl.*: *clever* ~ gente intelligente, persone intelligenti; *country* ~ gente di campagna; *there were many* ~ c'erano molte persone; *many* ~ molti, molta gente; *most* ~ la maggioranza, la maggior parte della gente; *some* ~ certa gente, alcuni, taluni, certuni, certi; *some* ~ *have all the luck* certa gente ha tutte le fortune. 2 (*human beings as distinct from animals*) esseri *m.pl.* umani, gente *f.*, uomini *m.pl.*: *this disease does not affect* ~ questa malattia non colpisce gli esseri umani. 3 (*persons indefinitely*) gente *f.*, persone *f.pl.*, *often not translated*: ~ *will never believe you* la gente non ti crederà mai; *you shouldn't keep* ~ *waiting* non devi fare aspettare; ~ *say* si dice. 4 (*subjects of a ruler*) popolo *m.*, sudditi *m.pl.* 5 (*common people*) popolo *m.* 6 (*electorate*) elettorato *m.*, popolo *m.*, corpo *m.* elettorale: *government by the* ~ governo del popolo, governo popolare. 7 (*colloq*) (*relatives, family*) famiglia *f.*, familiari *m.pl.*, parenti *m.pl.*: *my* ~ *are of Scottish origin* la mia famiglia è di origine scozzese. 8 (*animals of a specific kind*) razza *f.*, famiglia *f.* 9 (*members of a nation*) popolo *m.*, popolazione *f.*, nazione *f.*: *the English-speaking* -*s* i popoli di lingua inglese. 10 (*Am,colloq*) (*you all*) gente *f.*, *often not translated*: *work with me* ~! aiutatemi!, datemi una mano!; *listen up* ~! ascoltate!, ascoltate gente! II *v.t.* popolare: *to* ~ *a new colony* popolare una nuova colonia. □ ~ *'s bank* banca popolare, (*Aut*) ~ *carrier* monovolume; (*Pol*) ~ *'s democracy* democrazia popolare; (*Pol*) ~ *'s front* fronte popolare; ~ *mover* tapis roulant; *of all* ~ fra tutti: *you, of all* ~, *should know better* tu dovresti saperlo meglio di tutti, tu dovresti saperlo meglio di chiunque altro; ~ *of importance* gente importante, persone importanti; (*Stor*) *People's Party* partito del popolo, partito populista; *a* ~ *person* una persona socievole, una persona che ama stare con gli altri; ~ *'s republic* repubblica popolare; ~ *skills* comunicativa. *Prov.*: ~ *in glass houses shouldn't throw stones* chi è in una situazione difficile fa meglio a non agitare le acque.

pep /pep/ I *n.* (*colloq*) pepe *m.*, vivacità *f.*, brio *m.*, spirito *m.* II *v.t.* (*past, p.p.* **pepped** /-t/) (*colloq*) animare, ravvivare. □ (*colloq*) ~ *pill* sostanza eccitante, pillola eccitante (a base di anfetamina); (*colloq*) ~ *talk* 1 (*Sport*) discorsetto di incitamento. 2 (*scherz*) (*telling-off*) fervorino, pistolotto; (*colloq*) *to* ~ *up* animare, ravvivare.

pepper /ˈpepər/ I *n.* 1 (*Bot*) pepe *m.* 2 (*Alim*) (*condiment*) pepe *m.* 3 (*Bot,Alim*) (*fruit*) peperone *m.*; peperoncino *m.* 4 (*pep, vigour*) vivacità *f.*, brio *m.*, vitalità *f.*, spirito *m.*; (*colloq*) pepe *m.* II *v.t.* 1 pepare, condire con pepe, impepare. 2 (*fig*) (*to sprinkle*) infarcire, costellare, cospargere, disseminare. 3 (*fig*) (*to dot*) cospargere, punteggiare: *a face -ed with freckles* un viso cosparso di lentiggini. 4 (*colloq*) (*to throw*) tempestare, bersagliare: *to* ~ *a dog with stones* tempestare un cane di sassate, prendere un cane a sassate. 5 (*ant*) (*to beat, to hit*) battere, colpire, picchiare. □ ~ *box* pepaiola, pepiera; ~ *caster* pepaiola, pepiera; ~ *grinder* macinapepe, macinino per il pepe, pepaiola, pepiera; ~ *mill* macinapepe, macinino per il pepe, pepaiola; ~ *pot* pepaiola, pepiera; ~ *shaker* pepaiola, pepiera; (*Bot*) ~ *tree* schino, falso pepe.

pepper-and-salt /ˌpepərənd)ˈsɔːlt/ I *a.* sale e pepe, bianco e nero, grigiastro. II *n.* 1 sale e pepe *m.*, color *m.* sale e pepe. 2 (*Tess*) tessuto *m.* sale e pepe.

peppercorn /'pepəkɔːn *Am* 'pepərkɔːrn/ **I** *n*. **1** grano *m*. di pepe. **2** (*insignificant thing*) cosa *f*. insignificante. ☐ (*colloq*) ~ *rent* canone d'affitto irrisorio.

peppered /'pepəd *Am* 'pepərd/ *a*. pepato, impepato.

pepperiness /'pepərɪnes/ *n*. l'essere pepato.

peppermint /'pepəmɪnt *Am* 'pepərmənt/ *n*. **1** (*Bot*) menta *f*., menta *f*. piperita, menta *f*. inglese. **2** (*Alim*) (*flavouring*) menta *f*., essenza *f*. di menta. **3** (*Dolc*) (*peppermint sweet*) menta *f*., caramella *f*. alla menta, mentina *f*. ☐ (*Chim*) ~ *camphor* mentolo; (*Dolc*) ~ *drop* mentina; ~ *oil* menta, essenza di menta, olio essenziale di menta piperita.

pepperoni /ˌpepə'rouni/ *n*. (*Gastron*) salame *m*. piccante.

pepperwort /'pepəwɜːt *Am* 'pepərwɜːrt/ *n*. (*Bot*) lepidio *m*.

peppery /'pepəri/ *a*. **1** pepato. **2** (*hot, piquant*) pepato, piccante, pungente. **3** (*fig*) (*irascible*) irascibile, collerico. **4** (*fig*) (*of words, etc.*) pepato, pungente, caustico, mordace.

peppiness /'pepɪnəs/ *n*. (*Am,sl*) vivacità *f*., vitalità *f*., brio *m*.

peppy /'pepi/ *a*. (*Am,sl*) vivace, pieno di brio, tutto pepe (*pred*).

pepsin /'pepsɪn/ *n*. (*Biol*) pepsina *f*.

peptic /'peptɪk/ *a*. **1** (*Fisiol*) peptico. **2** (*Fisiol, Med*) (*promoting digestion*) digestivo. **3** (*Chim*) peptidico. ☐ (*Med*) ~ *ulcer* ulcera peptica.

peptide /'peptaɪd/ **I** *n*. (*Chim*) peptide *m*. **II** *a*. (*Chim*) peptidico. ☐ (*Chim*) ~ *bond* legame peptidico.

peptidic /'peptɪdɪk/ *a*. (*Chim*) peptidico.

peptone /'peptoun/ *n*. (*Chim*) peptone *m*.

peptonize /'peptənaɪz/ *v.t*. (*Chim*) peptonizzare, sottoporre a peptonizzazione.

per /pɜː, pə *Am* pɜːr, pər/ *prep*. **1** a, per: *miles ~ hour* miglia all'ora, miglia l'ora; *sixty miles ~ hour* sessanta miglia l'ora; ~ *annum* all'anno; *ten shillings ~ person* dieci scellini per persona, dieci scellini a persona. **2** (*by the means of*) a mezzo (di), per mezzo di, con, tramite: ~ *post* a mezzo posta. **3** (*as indicated by*) in conformità a, in conformità di, come indicato da, come stabilito da. ☐ ~*annum* annualmente, ogni anno; *as* ~ conforme a, in conformità di, in conformità a; ~ *capita* a testa, pro capite: ~ *capita consumption* consumo pro capite; ~ *capita income* reddito pro capite; ~*cent* per cento: *at five* ~ *cent* al cinque per cento; ~ *contra* d'altro canto, d'altra parte; (*Econ*) (*as*) ~ *contra* in contropartita; (*Econ*) ~*contra entry* scrittura per storno; *as* ~*contract* come da contratto; ~ *diem*: 1 al giorno, giornalmente; 2 (*daily*) giornaliero; 3 (*daily payment*) indennità giornaliera, diaria; (*Comm*) *as* ~ *margin* come indicato a margine; ~ *mil* (*per thousand*) per mille; ~ *mill* (*per thousand*) per mille; ~*se* in sé e per sé, di per sé, nella sua essenza; ~ *usual* (o *as* ~ *usual*) come sempre.

peradventure /ˌpərəd'ventʃər *Am* ˌpɜːrəd'ventʃər/ **I** *n*. (*lett*) dubbio *m*., possibilità *f*. di dubbio. **II** *avv*. (*lett*) **1** forse, può darsi. **2** (*by chance*) per caso, per avventura.

perambulate /pə'ræmbjəleɪt/ **I** *v.t*. (*lett,ant*) percorrere a piedi, attraversare a piedi, deambulare per. **II** *v.i*. (*lett,ant*) passeggiare, camminare, deambulare.

perambulation /pəˌræmbjə'leɪʃən/ *n*. (*lett, ant*) passeggiata *f*., giro *m*., passeggio *m*., camminata *f*.

perambulator /pə'ræmbjəleɪtə *Am* pə'ræmbjəleɪtər/ *n*. **1** (*ant*) (*for a baby*) carrozzi-

na *f*., passeggino *m*. **2** (*Tecn*) odometro *m*.

perambulatory /pə'ræmbjəleɪtəri *Am* pə'ræmbjəleɪtəri/ *a*. (*lett,ant*) itinerante, vagante.

perborate /pɜː'bɔureɪt/ *n*. (*Chim*) perborato *m*.

percale /pə'keɪl *Am* pər'keɪl/ *n*. (*Tess*) percalle *m*.

perceivable /pə'siːvəbl̩ *Am* pər'siːvəbl̩/ *a*. **1** percettibile, percepibile. **2** (*intelligible*) intelligibile, intellegibile, comprensibile.

perceive /pə'siːv *Am* pər'siːv/ *v.t*. **1** percepire, avvertire, sentire: *to ~ a slight odour of gas* percepire un leggero odore di gas. **2** (*to discern, to comprehend*) percepire, intuire, accorgersi di, avvertire.

perceiver /pə'siːvə *Am* pər'siːvər/ *n*. percettore *m*. (*f*. -trice).

percent /pə'sent *Am* pər'sent/ **I** *n*. (*pl.inv*. o -**s** /-s/) **1** per cento *m*., percento *m*.: *eighty ~ of the country's food* l'ottanta per cento dei generi alimentari del paese. **2** (*percentage*) percentuale *f*. **II** *avv*. del... per cento: *a ten ~ discount* uno sconto del dieci per cento.

percentage /pə'sentɪdʒ *Am* pər'sentɪdʒ/ *n*. **1** percentuale *f*., tasso *m*. percentuale. **2** (*proportion*) percentuale *f*., parte *f*., quota *f*., porzione *f*.: *a high ~ of students failed* un'elevata percentuale di studenti è stata bocciata. **3** (*share of profits, etc.*) percentuale *f*., provvigione *f*., (*rar*) tangente *f*. ☐ *to work on a ~ basis* lavorare a provvigione; (*Econ*) ~ *point* punto percentuale.

percentagewise /pə'sentɪdʒwaɪz *Am* pər'sentɪdʒwaɪz/ *avv*. in termini di percentuale, in proporzione.

percentile /pə'sentaɪl *Am* pər'sentaɪl/ *n*. (*Statist*) percentile *m*.

percept /'pɜːsept *Am* 'pɜːrsept/ *n*. (*Filos*) percetto *m*., oggetto *m*. della percezione.

perceptibility /pəˌseptə'bɪləti *Am* pərˌseptə'bɪləti/ *n*. percettibilità *f*.

perceptible /pə'septəbl̩ *Am* pər'septəbl̩/ *a*. percettibile, percepibile.

perceptibly /pə'septəbli *Am* pər'septəbli/ *avv*. percettibilmente.

perception /pə'sepʃən *Am* pər'sepʃən/ *n*. **1** percezione *f*. **2** (*intuitive recognition*) intuizione *f*., intuito *m*., impressione *f*.: *a writer of rare ~* uno scrittore di rara intuizione. **3** (*comprehension, discernment*) comprensione *f*., intelligenza *f*. **4** (*Dir,Comm*) riscossione *f*., esazione *f*., percezione *f*.

perceptional /pə'sepʃənl̩ *Am* pər'sepʃənl̩/ *a*. percettivo, della percezione.

perceptive /pə'septɪv *Am* pər'septɪv/ *a*. percettivo, intuitivo, perspicace: *you were very ~ to pick up that I was bothered by his comment* sei stato molto perspicace nel cogliere il mio disagio per quel commento.

perceptiveness /pə'septɪvnəs *Am* pər'septɪvnəs/ *n*. percettività *f*., intuizione *f*., perspicacia *f*.

perceptivity /ˌpɜːsep'tɪvəti *Am* ˌpɜːrsep'tɪvəti/ *n*. percettività *f*., intuizione *f*., perspicacia *f*.

perceptual /pə'septʃuəl *Am* pər'septʃuəl/ *a*. percettivo.

perceptually /pə'septʃuəli *Am* pər'septʃuəli/ *avv*. percettivamente.

Perceval /'pɜːsɪvəl *Am* 'pɜːrsɪvəl/ *n.pr.m*. (*Lett*) Parsifal.

perch¹ /pɜːtʃ *Am* pɜːrtʃ/ **I** *n*. **1** (*for a bird*) posatoio *m*., trespolo *m*., gruccia *f*. **2** (*fig*) (*resting place*) luogo *m*. di riposo (temporaneo), rifugio *m*. **3** (*ant*) (*unit of measure*) pertica *f*. (pari a circa 5 m). **4** (*fig,colloq*) piedistallo. *m*.: *to come off one's ~* scendere dal piedistallo; *to knock so. off one's perch* fare scendere qcu. dal piedistallo, fare abbassare

le ali a qcu. **II** *v.i*. **1** (*of a bird*) appollaiarsi, posarsi. **2** (*fig*) (*of things*) essere situato in alto, essere appollaiato, stare appollaiato: *a house ~ed on top of a hill* una casa appollaiata in cima a una collina. **3** (*fig*) (*to sit precariously*) appollaiarsi, sedersi in alto: *to ~ on a stool* appollaiarsi su uno sgabello. **III** *v.t*. mettere in alto, sistemare in alto, posare in alto.

perch² /pɜːtʃ *Am* pɜːrtʃ/ *n*. (*pl.inv*. o -**es** /'pɜːtʃɪz *Am* 'pɜːrtʃɪz/; *il pl. inv. si usa general. con valore collett.*) *n*. (*Itt*) pesce *m*. persico.

perchance /pə'tʃɑːns *Am* pər'tʃæns/ *avv*. (*lett*) **1** forse, può darsi. **2** (*by chance*) per caso, per avventura.

perchlorate /pə'klɔːreɪt/ *n*. (*Chim*) perclorato *m*.

perchloride /pɜː'klɒraɪd *Am* pɜːr'klɔːraɪd/ *n*. (*Chim*) percloruro *m*.

percipience /pə'sɪpɪəns *Am* pər'sɪpɪəns/ *n*. percettività *f*., facoltà *f*. di percezione.

percipiency /pə'sɪpɪənsi *Am* pər'sɪpɪənsi/ *n*. percettività *f*., facoltà *f*. di percezione.

percipient /pə'sɪpɪənt *Am* pər'sɪpɪənt/ *a*. **1** (*Filos*) percettivo. **2** (*insightful*) acuto, sottile, fine: *children are often the most ~ onlookers* spesso i bambini sono i più fini osservatori.

Percival, Percivale /'pɜːsɪvl̩ *Am* 'pɜːrsɪvl̩/ *n.pr.m*. (*Lett*) Parsifal.

percolate /'pɜːkəleɪt *Am* 'pɜːrkəleɪt/ **I** *v.t*. **1** filtrare, passare, colare. **2** (*to pass or filter through*) passare attraverso, filtrare attraverso. **II** *v.i*. **1** filtrare, colare, passare, infiltrarsi. **2** (*fig*) diffondersi, propagarsi, infiltrarsi, insinuarsi: *I let the idea ~ through my mind* l'idea si è insinuata nella mia testa.

percolated /'pɜːkəleɪtɪd *Am* 'pɜːrkəleɪtɪd/ *a*. **1** colato, filtrato. **2** (*Chim*) percolato.

percolation /ˌpɜːkə'leɪʃən *Am* ˌpɜːrkə'leɪʃən/ *n*. **1** filtrazione *f*. **2** (*Chim*) percolazione *f*. **3** (*fig*) diffusione *f*., propagazione *f*.

percolator /'pɜːkəleɪtə *Am* 'pɜːrkəleɪtər/ *n*. **1** caffettiera *f*. a filtro, macchinetta *f*. per il caffè espresso. **2** (*Tecn*) percolatore *m*.

percuss /pə'kʌs *Am* pər'kʌs/ *v.t*. (*Med*) dare colpi leggeri a, picchiettare.

percussion /pə'kʌʃən *Am* pər'kʌʃən/ **I** *n*. **1** percussione *f*., colpo *m*., urto *m*. **2** (*Mus,Med*) percussione *f*. **3** (*Mus*) (*percussion instruments*) strumenti *m.pl*. a percussione, percussioni *f.pl*. **II** *a*. **1** (*Mus*) degli strumenti a percussione. **2** (*Arm,Tecn*) a percussione. ☐ (*Arm*) ~ *bullet* pallottola esplosiva; (*Mecc*) ~ *cap* capsula, capsula d'innesco; (*Arm*) ~*fuse* spoletta a percussione; (*Mus*) ~ *instrument* strumento a percussione; (*Arm*) ~ *lock* meccanismo di percussione; (*Arm*) ~*pin* percussore; (*Mus*) ~*player* percussionista.

percussionist /pə'kʌʃənɪst *Am* pər'kʌʃənɪst/ *n*. percussionista *m./f*.

percussive /pə'kʌsɪv *Am* pər'kʌsɪv/ *a*. caratterizzato da percussione.

percutaneous /ˌpɜːkjuː'teɪnɪəs *Am* ˌpɜːrkjuː'teɪnɪəs/ *a*. (*Med*) percutaneo.

percutaneously /ˌpɜːkjuː'teɪnɪəsli *Am* ˌpɜːrkjuː'teɪnɪəsli/ *avv*. (*Med*) percutaneamente.

perdition /pə'dɪʃən *Am* pər'dɪʃən/ *n*. (*Rel*) perdizione *f*., dannazione *f*. (dell'anima).

perdu /pɜː'djuː *Am* 'pɜːrduː/ *a*. (*lett,ant*) nascosto, celato. ☐ *to lie ~*: 1 (*Mil*) stare in agguato, tendere un'imboscata; 2 (*to conceal oneself*) nascondersi.

perdue /pɜː'djuː *Am* 'pɜːrduː/ *a*. (*lett,ant*) nascosto, celato. ☐ *to lie ~*: 1 (*Mil*) stare in agguato, tendere un'imboscata; 2 (*to conceal oneself*) nascondersi.

perdurability /pɜːˌdjuərə'bɪləti *Am* pɜːrˌdurə

'bɪləti/ *n.* (*ant*) persistenza *f.*, permanenza *f.*

perdurable /pɜːˈdjuərəbl| *Am* pɜːrˈdurəbl/ *a.* **1** (*ant*) perdurevole, durevole, duraturo. **2** (*Teol*) eterno.

perdurably /pɜːˈdjuərəbli *Am* pɜːrˈdurəbli/ *avv.* (*ant*) durevolmente.

perduring /pɜːˈdjurɪŋ *Am* pɜːrˈdurɪŋ/ *a.* duraturo, durevole.

peregrinate /ˈperɪɡrɪneɪt/ **I** *v.i.* (*ant*) peregrinare, camminare, andare a piedi. **II** *v.t.* (*ant*) peregrinare per, percorrere, attraversare.

peregrination /ˌperɪɡrɪˈneɪʃən/ *n.* (*lett*) peregrinazione *f.*, vagabondaggio *m.*

peregrinator /ˈperɪɡrɪneɪtər *Am* ˈperɪɡrɪneɪtər/ *n.* (*lett*) viandante *m./f.*, viaggiatore *m.* (*f.* -trice).

peregrine /ˈperɪɡrɪn/ **I** *a.* (*ant*) **1** forestiero, straniero. **2** (*wandering*) pellegrino. **II** *n.* (*Ornit*) falco *m.* pellegrino. □ (*Ornit*) ~ *falcon* falco pellegrino.

peremptorily /pəˈrem(p)tərɪli/ *avv.* perentoriamente.

peremptoriness /pəˈrem(p)tərɪnəs/ *n.* perentorietà *f.*

peremptory /pəˈrem(p)tərɪ/ *a.* **1** perentorio, tassativo: ~ *order* ordine perentorio. **2** (*Dir*) perentorio. □ (*Dir*) ~ *challange* ricusazione perentoria di giurato; (*Dir*) ~ *writ* mandato di comparizione.

perennial /pəˈreniəl *Am* pəˈreniəl/ **I** *a.* **1** perenne, perpetuo, costante, continuo, ricorrente. **2** (*Bot,Geol*) perenne. **II** *n.* (*Bot*) perenne *f.*, pianta *f.* perenne.

perenniality /pəˌreniˈæləti *Am* pəˌreniˈæləti/ *n.* l'essere perenne, perennità *f.*, perpetuità *f.*

perennially /pəˈreniəli *Am* pəˈreniəli/ *avv.* perennemente.

perf. (*Gramm*) *perfect* perf. (perfetto).

perfect[1] /ˈpɜːfɪkt *Am* ˈpɜːrfɪkt/ **I** *a.* **1** perfetto, eccellente: *a* ~ *crime* un delitto perfetto. **2** (*ideal*) ideale, perfetto: *the* ~ *wife* la moglie perfetta; *the* ~ *man for the job* l'uomo ideale per quel posto. **3** (*real*) vero, perfetto: *a* ~ *gentleman* un vero gentiluomo. **4** (*exact*) esatto, preciso. **5** (*faithful*) fedele, conforme: ~ *copy* copia fedele. **6** (*total*) assoluto, totale: ~ *silence* silenzio perfetto. **7** (*colloq*) (*unqualified*) perfetto, vero, completo: *you are a* ~ *fool* sei un perfetto idiota. **8** (*Gramm,Mat,Dir*) perfetto. **9** (*Mus*) (*of consonances*) giusto; (*of intervals*) perfetto. **II** *n.* (*Gramm*) tempo *m.* perfetto, perfetto *m.* □ (*Mus*) ~ *cadence* cadenza perfetta; *a* ~ *circle* un cerchio perfetto; (*Mus*) ~ *fifth* quinta perfetta; (*Fis*) ~ *gas* gas perfetto; (*Mus*) ~ *interval* intervallo perfetto; *the portrait is a* ~ *likeness* il ritratto è perfettamente somigliante; *to make* ~ perfezionare, rendere perfetto; (*Mat*) ~ *number* numero perfetto; (*Mus*) ~ *pitch* orecchio assoluto; (*Metr*) ~ *rhyme* rima perfetta; *a* ~ *stranger* un perfetto sconosciuto.

perfect[2] /pəˈfekt *Am* pɜːrˈfekt/ *v.t.* **1** perfezionare, rendere perfetto, migliorare: *to* ~ *a technique* perfezionare una tecnica. **2** (*to bring to a conclusion*) portare a termine, completare, finire. **3** (*rifl.*) *to* ~ *oneself* perfezionarsi, affinarsi.

perfectibility /pəˌfektɪˈbɪləti *Am* pərˌfektə-ˈbɪləti/ *n.* perfettibilità *f.*

perfectible /pəˈfektəbl| *Am* pərˈfektəbl/ *a.* perfettibile.

perfection /pəˈfekʃən *Am* pərˈfekʃən/ *n.* **1** perfezione *f.*: *to reach* ~ raggiungere la perfezione. **2** (*act of perfecting*) perfezionamento *m.* □ *to bring to* ~ portare a perfezione, perfezionare; *to* ~ alla perfezione, a perfezione.

perfectionism /pəˈfekʃənɪzəm *Am* pər-

'fekʃənɪzəm/ *n.* perfezionismo *m.*

perfectionist /pəˈfekʃənɪst *Am* pərˈfekʃənɪst/ *n.* perfezionista *m./f.*

perfectionistic /pəˌfekʃəˈnɪstɪk *Am* pərˌfekʃəˈnɪstɪk/ *a.* perfezionistico.

perfective /pəˈfektɪv *Am* pərˈfektɪv/ *a.* (*Ling*) perfettivo.

perfectly /ˈpɜːfɪktli *Am* ˈpɜːrfɪktli/ *avv.* **1** alla perfezione, a perfezione, perfettamente, in modo perfetto. **2** (*completely*) perfettamente, assolutamente, del tutto. **3** (*exactly*) esattamente. **4** (*quite, adequately*) perfettamente, benissimo, molto bene: *you know* ~ (*well*) *I don't approve* sai perfettamente che non approvo.

perfectness /ˈpɜːfɪktnəs *Am* ˈpɜːrfɪktnəs/ *n.* perfezione *f.*

perfervid /pɜːˈfɜːvɪd *Am* pərˈfɜːrvɪd/ *a.* (*lett, poet*) fervoroso, molto fervido, ardente.

perfervidly /pɜːˈfɜːvɪdli *Am* pərˈfɜːrvɪdli/ *avv.* (*lett,poet*) fervorosamente, fervidamente.

perfidious /pəˈfɪdiəs *Am* pərˈfɪdiəs/ *a.* (*lett*) perfido, sleale, infido. □ (*Stor*) ~ *Albion* perfida Albione.

perfidiously /pəˈfɪdiəsli *Am* pərˈfɪdiəsli/ *avv.* (*lett*) perfidamente, infidamente.

perfidiousness /pəˈfɪdiəsnəs *Am* pər-ˈfɪdiəsnəs/ *n.* perfidia *f.*

perfidy /ˈpɜːfɪdi *Am* ˈpɜːrfɪdi/ *n.* perfidia *f.*

perfoliate /pɜːˈfoulɪt *Am* pɜːrˈfoulɪt/ *a.* (*Bot*) perfogliato.

perforate[1] /ˈpɜːfəreɪt *Am* ˈpɜːrfəreɪt/ **I** *v.t.* **1** perforare, traforare. **2** (*to pierce through*) perforare, trapassare. **3** (*to indent*) dentellare. **II** *v.i.* penetrare.

perforate[2] /ˈpɜːfərɪt *Am* ˈpɜːrfərɪt/ *a.* **1** perforato (*anche Med*). **2** (*Filat*) dentellato.

perforated /ˈpɜːfəreɪtɪd *Am* ˈpɜːrfəreɪtɪd/ *a.* **1** perforato, bucherellato, traforato. **2** (*Med*) perforato. **3** (*Filat*) dentellato.

perforating /ˈpɜːfəreɪtɪŋ *Am* ˈpɜːrfəreɪtɪŋ/ *a.* perforante (*anche Med*). □ ~ *machine* perforatrice, macchina perforatrice; (*Med*) ~ *ulcer* ulcera perforante.

perforation /ˌpɜːfəˈreɪʃən *Am* ˌpɜːrfəˈreɪʃən/ *n.* **1** perforazione *f.* (*anche Med*). **2** (*hole*) foro *m.* **3** (*Filat*) dentellatura *f.*

perforator /ˈpɜːfəreɪtər *Am* ˈpɜːrfəreɪtər/ *n.* **1** macchina *f.* perforatrice, perforatrice *f.* **2** (*Tel*) perforatore *m.* **3** (*Mecc*) punzonatrice *f.*

perforce /pəˈfɔːs *Am* pərˈfɔːrs/ *avv.* (*ant,lett*) per forza, necessariamente.

perform /pəˈfɔːm *Am* pərˈfɔːrm/ **I** *v.t.* **1** fare, eseguire, realizzare, effettuare: *to* ~ *a task* eseguire un compito. **2** (*of ceremonies, etc.*) celebrare: *to* ~ *a marriage* celebrare un matrimonio. **3** (*Teat*) rappresentare, eseguire, mettere in scena. **4** (*Mus*) eseguire, suonare. **5** (*to fulfill*) adempiere, mantenere, compiere: *to* ~ *a promise* mantenere la promessa. **II** *v.i.* **1** funzionare: *the machine -ed very well* la macchina ha funzionato molto bene. **2** (*Teat*) recitare. **3** (*Mus*) esibirsi: *to* ~ *on the trumpet* esibirsi alla tromba. **4** (*to carry out a promise*) mantenere, osservare una promessa, tenere fede a una promessa: *he promises but never -s* promette ma non mantiene mai.

performability /pəˌfɔːməˈbɪləti *Am* pərˌfɔːrməˈbɪləti/ *n.* eseguibilità *f.*

performable /pəˈfɔːməbl| *Am* pərˈfɔːrməbl/ *a.* **1** fattibile, eseguibile, attuabile, effettuabile. **2** (*Teat,Mus*) rappresentabile.

performance /pəˈfɔːməns *Am* pərˈfɔːrməns/ *n.* **1** esecuzione *f.*, adempimento *m.*, compimento *m.*: *in the* ~ *of one's duty* nell'adempimento del proprio dovere. **2** (*sth. done*) prestazione *f.*, risultato *m.* **3** (*accomplishment*) impresa *f.* **4** (*colloq*) (*sth. spectacular,*

unusual) azione *f.* fuori del comune, fatto *m.* fuori del comune, fatto *m.* eccezionale, spettacolo *m.*: *what a* ~! che spettacolo! **5** (*Teat*) rappresentazione *f.*, spettacolo *m.*, recita *f.*: *an evening* ~ uno spettacolo serale. **6** (*Teat*) (*of a part*) interpretazione *f.*, performance *f.* **7** (*Mus*) interpretazione *f.*, esecuzione *f.* **8** (*economic record*) rendimento *m.*, performance *f.* **9** (*efficiency*) rendimento *m.*, prestazione *f.*, efficienza *f.*: *the* ~ *of a car* il rendimento di una macchina. **10** (*colloq*) (*outburst*) piazzata *f.*, scenata *f.* □ ~ *art* fusione di arti visive e drammatiche; ~ *artist* artista impegnato nella fusione di arti visive e drammatiche; ~ *evaluation* valutazione del rendimento (*anche Econ,Aut*); (*Econ*) ~ *indicators* indicatori di rendimento; (*Br*) ~ *related pay* progetto di retribuire gli insegnanti sulla base del profitto degli studenti; (*Zootecn*) ~ *test* performance test, test di valutazione delle performance.

performative /pəˈfɔːmətɪv *Am* pərˈfɔːrmətɪv/ **I** *a.* (*Ling,Filos*) performativo. **II** *n.* (*Ling,Filos*) performativo *m.*

performer /pəˈfɔːmər *Am* pərˈfɔːrmər/ *n.* **1** esecutore *m.* (*f.* -trice), realizzatore *m.* (*f.* -trice). **2** (*entertainer*) artista *m./f.*, attore *m.* (*f.* -trice). **3** (*musician*) musicista *m./f.*

performing /pəˈfɔːmɪŋ *Am* pərˈfɔːrmɪŋ/ *a.* **1** (*of performance*) che interpreta. **2** (*of animals*) ammaestrato. □ ~ *arts* arti dello spettacolo, arti sceniche; ~ *rights* diritti di esecuzione, diritti di rappresentazione.

perfume[1] /ˈpɜːfjuːm *Am* ˈpɜːrfjuːm/ *n.* **1** (*Cosmet*) profumo *m.*, essenza *f.* **2** (*pleasant scent*) profumo *m.*, fragranza *f.*, aroma *m.*

perfume[2] /pəˈfjuːm *Am* pərˈfjuːm/ *v.t.* profumare.

perfumed /pəˈfjuːmd *Am* pərˈfjuːmd/ *a.* profumato, fragrante.

perfumer /pəˈfjuːmər *Am* pərˈfjuːmər/ *n.* profumiere *m.* (*f.* -a).

perfumery /pəˈfjuːməri *Am* pərˈfjuːməri/ *n.* profumeria *f.*

perfumy /pəˈfjuːmi *Am* pərˈfjuːmi/ *a.* profumato, fragrante.

perfunctorily /pəˈfʌŋktərɪli *Am* pərˈfʌŋktərɪli/ *avv.* **1** superficialmente, frettolosamente. **2** (*routinely*) meccanicamente. **3** (*without interest*) svogliatamente, distrattamente.

perfunctoriness /pəˈfʌŋktərɪnəs *Am* pərˈfʌŋktərɪnəs/ *n.* superficialità *f.*, negligenza *f.*

perfunctory /pəˈfʌŋktəri *Am* pərˈfʌŋktəri/ *a.* **1** superficiale, sbrigativo, frettoloso. **2** (*done merely as a duty*) meccanico. **3** (*lacking in interest*) indifferente, svogliato, apatico.

perfusate /pəˈfjuːsət *Am* pərˈfjuːseɪt/ *n.* liquido *m.* usato nella perfusione.

perfuse /pəˈfjuːz *Am* pərˈfjuːz/ *v.t.* **1** irrorare, spruzzare, versare su, permeare. **2** (*Med*) perfondere.

perfusion /pəˈfjuːʒən *Am* pərˈfjuːʒən/ *n.* **1** irroramento *m.*, (*lett*) aspersione *f.* **2** (*Rel*) aspersione *f.* **3** (*Med*) perfusione *f.*

perfusionist /pəˈfjuːʒənɪst *Am* pərˈfjuːʒənɪst/ *n.* (*Med*) perfusionista *m./f.*

perfusive /pəˈfjuːzɪv *Am* pərˈfjuːzɪv/ *a.* che irrora, che permea.

Pergamum /ˈpɜːɡəməm *Am* ˈpɜːrɡəməm/ *n.pr.* (*Geog.stor*) Pergamo *f.*

pergola /ˈpɜːɡələ *Am* ˈpɜːrɡələ/ *n.* (*Edil*) pergola *f.*, pergolato *m.*

perhaps /pəˈhæps *Am* pərˈhæps/ *avv.* forse, può darsi.

perianth /ˈperiænθ/ *n.* (*Bot*) perianzio *m.*

periapt /ˈperiæpt/ *n.* amuleto *m.*, talismano *m.*

pericardiac /ˌperiˈkɑːdiæk *Am* ˌperiˈkɑːrdiæk/

a. (Anat) pericardico.

pericardial /ˌperɪˈkɑːdɪəl *Am* ˌperɪˈkɑːrdɪəl/ *a. (Anat)* pericardico.

pericarditis /ˌperɪkɑːˈdaɪtɪs *Am* ˌperɪkɑːr 'daɪtɪs/ *n. (Med)* pericardite *f.*

pericardium /ˌperɪˈkɑːdɪəm *Am* ˌperɪ 'kɑːrdɪəm/ *(pl.* **-dia** /-dɪə/*) n. (Anat)* pericardio *m.*

pericarp /ˈperɪkɑːp *Am* ˈperɪkɑːrp/ *n. (Bot)* pericarpo *m.*, pericarpio *m.*

perichondrium /ˌperɪˈkɒndrɪəm *Am* ˌperɪ 'kɑːndrɪəm/ *n. (Anat)* pericondrio *m.*

Pericles /ˈperɪkliːz/ *n.pr.m. (Stor.gr)* Pericle.

pericope /pəˈrɪkəpi/ *n. (Filol)* pericope *f. (anche Lit).*

perigeal /ˌperɪˈdʒiːəl/ *a. (Astr)* perigeo.

perigean /ˌperɪˈdʒiːən/ *a. (Astr)* perigeo.

perigee /ˈperɪdʒiː/ *n. (Astr)* perigeo *m.*

perihelion /ˌperɪˈhiːlɪən/ *(pl.* **-lia** /-lɪə/*) n. (Astr)* perielio *m.*

peril /ˈperəl/ **I** *n.* pericolo *m.*, rischio *m.*: *to be in ~ of one's life* essere in pericolo di vita. **II** *v.t. (past, p.p.* **perilled** */Am* **periled** /-d/*)* esporre a un pericolo, mettere a repentaglio. □ *at one's ~* a proprio rischio e pericolo; *(Assic) -s of the sea* rischi marittimi.

perilous /ˈperələs/ *a.* pericoloso, rischioso.

perilously /ˈperələsli/ *avv.* pericolosamente, rischiosamente.

perilousness /ˈperələsnəs/ *n.* pericolosità *f.*, rischiosità *f.*

perimeter /pəˈrɪmɪtər *Am* pəˈrɪmətər/ *n. (Geom,Med)* perimetro *m. (anche estens).*

perimetric /ˌperɪˈmetrɪk/ *a. (Geom,Med)* perimetrale *(anche estens).*

perimetrical /ˌperɪˈmetrɪkəl/ *a. (Geom,Med)* perimetrale *(anche estens).*

perinatal /ˌperɪˈneɪtəl/ *a. (Med)* perinatale: *~ mortality* mortalità perinatale.

perinatally /ˌperɪˈneɪtəli *Am* ˌperɪˈneɪtəli/ *avv.* perinatalmente.

perinatologist /ˌperɪnəˈtɒlədʒɪst *Am* ˌperɪnə 'tɑːlədʒɪst/ *n.* perinatologo *m. (f.* -a*).*

perinatology /ˌperɪnəˈtɒlədʒi *Am* ˌperɪnə 'tɑːlədʒi/ *n.* perinatologia *f.*

perineal /ˌperɪˈniːəl/ *a. (Anat)* perineale.

perineum /ˌperɪˈniːəm/ *(pl.* **-nea** /-nɪə/*) n. (Anat)* perineo *m.*

period /ˈpɪərɪəd/ **I** *n.* **1** periodo *m. (Mus, Gramm,Astr,Geol,Chim,Fis): a difficult ~ in my life* un periodo difficile della mia vita. **2** *(cyclic interval of time)* periodo *m.*, spazio *m.* di tempo. **3** *(era)* periodo *m.*, era *f.*, epoca *f.: the Reformation ~* l'epoca della Riforma. **4** *(Am, fig) (end, stop)* fine *f.*, termine *m.: to put a ~ to sth.* porre fine a qcs. **5** *(Scol)* ora *f.* di lezione, lezione *f.* **6** *(Sport)* tempo *m.* **7** *(Fisiol)* mestruazioni *f.pl.*, mestruale *m.* mestruale, ciclo *m.* **8** *(Med)* periodo *m.*, fase *f.* **9** *(Gramm) (full stop)* punto *m.* **II** *intz. (Am,colloq)* punto e basta!, basta!, basta così! **III** *a.* in stile, d'epoca: *~ furniture* mobili in stile; *~ piece* pezzo d'epoca. □ *(Abbigl,Teat) ~ costume* costume d'epoca; *(Abbigl,Teat) ~ dress* costume d'epoca; *~ of office* mandato; *~ pains* dolori mestruali.

periodic /ˌpɪərɪˈɒdɪk *Am* ˌpɪriˈɑːdɪk/ *a.* **1** periodico, ricorrente. **2** *(Fis,Astr)* periodico. □ *(Mat) ~ function* funzione periodica; *(Chim) ~ system* sistema periodico (degli elementi); *(Chim) ~ table* tavola periodica (degli elementi).

periodical /ˌpɪərɪˈɒdɪkəl *Am* ˌpɪriˈɑːdɪkəl/ **I** *a.* periodico *(anche Giorn).* **II** *n. (Giorn)* periodico *m.*, rivista *f.*

periodically /ˌpɪərɪˈɒdɪkəli *Am* ˌpɪriˈɑːdɪkəli/ *avv.* periodicamente.

periodicalness /ˌpɪərɪˈɒdɪkəlnəs *Am* ˌpɪri 'ɑːdɪkəlnəs/ *n. (rar)* periodicità *f. (anche Chim).*

periodicity /ˌpɪərɪəˈdɪsəti *Am* ˌpɪriouˈdɪsəti/ *n.* periodicità *f. (anche Chim).*

periodontal /ˌperɪouˈdɒntəl *Am* ˌperɪou 'dɑːntəl/ *a. (Anat)* periodontale.

periodontics /ˌperɪouˈdɒntɪks *Am* ˌperɪou 'dɑːntɪks/ *n.pl. (costr.sing.)* periodonzia *f.sing.*, paradontologia *f.sing.*

periodontist /ˌperɪouˈdɒntɪst *Am* ˌperɪou 'dɑːntɪst/ *n. (rar)* periodontista *m./f.*

periodontitis /ˌperɪoudɒnˈtaɪtɪs *Am* ˌperɪoudɑːnˈtaɪtɪs/ *n. (Med)* periodontite *f.*

periodontology /ˌperɪouˌdɒnˈtɒlədʒi *Am* ˌperɪouˌdɑːnˈtɑːlədʒi/ *n. (Med)* periodonzia *f.*, paradontologia *f.*

periosteal /ˌperɪˈɒstɪəl *Am* ˌperiˈɑːstɪəl/ *a. (Anat)* periostale.

periosteum /ˌperɪˈɒstɪəm *Am* ˌperɪˈɑːstɪəm/ *(pl.* **-tea** /-tɪə/*) n. (Anat)* periostio *m.*

periostitis /ˌperɪəˈstaɪtɪs *Am* ˌperɪəˈstaɪtɪs/ *n. (Med)* periostite *f.*

peripatetic /ˌperɪpəˈtetɪk *Am* ˌperɪpəˈtetɪk/ **I** *a.* itinerante, ambulante. **II** *n.* **1** viandante *m./f.*, pellegrino *m. (f.* -a*).* **2** *(teacher)* insegnante *m./f.* che insegna in più scuole.

Peripatetic /ˌperɪpəˈtetɪk *Am* ˌperɪpəˈtetɪk/ **I** *a. (Filos)* peripatetico, aristotelico. **II** *n. (Filos)* peripatetico *m.*, aristotelico *m.*

peripatetically /ˌperɪpəˈtetɪkəli *Am* ˌperɪpə 'tetɪkəli/ *avv.* passeggiando, *(rar)* peripateticamente.

Peripateticism /ˌperɪpəˈtetɪsɪzəm *Am* ˌperɪpə 'tetɪsɪzəm/ *n. (Filos)* aristotelismo *m.*, filosofia *f.* peripatetica, dottrina *f.* peripatetica, *(rar)* peripatetismo *m.*

peripeteia, peripetia /ˌperɪpɪˈtaɪə/ *n.* **1** *(Teat)* peripezia *f.* **2** *(fig,lett)* peripezie *f.pl.*, vicissitudini *f.pl.*

peripheral /pəˈrɪfərəl/ **I** *a.* **1** periferico *(anche Anat,Inform).* **2** *(fig) (not significant)* marginale, secondario, periferico. **II** *n. (Inform)* unità *f.* periferica, periferica *f.* □ *(Inform) ~ device* unità periferica, periferica; *(Anat) ~ nervous system* sistema nervoso periferico; *(Ott) ~ vision* visione periferica.

peripherally /pəˈrɪfərəli/ *avv.* perifericamente.

periphery /pəˈrɪfəri/ *n.* **1** periferia *f. (anche Anat).* **2** *(external boundary)* periferia *f.*, circonferenza *f.*, perimetro *m.*, margine *m.* **3** *(external surface)* strato *m.* superficiale, periferia *f.* **4** *(fig) (of secondary importance)* aspetto *m.* marginale. **5** *(fig) (position of little involvement)* periferia *f.*, margini *m.pl.*

periphrase /ˈperɪfreɪz/ *(pl.* **-ses** /-siːz/*) n. (Ling)* perifrasi *f.*

periphrasis /pəˈrɪfrəsɪs/ *(pl.* **-ses** /-siːz/*) n. (Ling)* perifrasi *f.*

periphrastic /ˌperɪˈfræstɪk/ *a. (Ling)* perifrastico.

periphrastically /ˌperɪˈfræstɪkəli/ *avv. (Ling)* perifrasticamente.

periplus /ˈperɪpləs/ *(pl.* **-li** /-laɪ/*) n.* periplo *m.*, circumnavigazione *f.*

periscope /ˈperɪskoup/ *n. (Ott,Mar)* periscopio *m.*

periscopic /ˌperɪˈskɒpɪk *Am* ˌperɪˈskɑːpɪk/ *a. (Ott)* periscopico.

periscopical /ˌperɪˈskɒpɪkəl *Am* ˌperɪ 'skɑːpɪkəl/ *a. (Ott)* periscopico.

periscopically /ˌperɪˈskɒpɪkəli *Am* ˌperɪ 'skɑːpɪkəli/ *avv.* periscopicamente.

perish /ˈperɪʃ/ *v.i.* **1** *(lett)* perire, morire, trovare la morte: *thousands -ed in the earthquake* migliaia di persone sono perite nel terremoto. **2** *(lett) (to suffer destruction)* andare in rovina, essere distrutto. **3** *(to decay)* deteriorarsi, andare a male, rovinarsi. **4** *(fig, lett) (to pass away)* passare, svanire, perire, estinguersi. □ *(colloq) ~ the thought* ne-

anche per sogno!, neanche per idea!, lungi da me il pensiero!

perishability /ˌperɪʃəˈbɪləti *Am* ˌperɪʃəˈbɪləti/ *n.* deperibilità *f.*

perishable /ˈperɪʃəbl/ *a.* **1** deteriorabile, deperibile: *~ foodstuffs* cibi deteriorabili. **2** *(fig)* effimero, caduco.

perishables /ˈperɪʃəblz/ *n.pl.* beni *m.pl.* deperibili.

perished /ˈperɪʃt/ *a. (Br,colloq)* morto freddo, assiderato.

perisher /ˈperɪʃər/ *n. (Br,sl) (annoying person)* pittima *f.*, peste *f.*, piaga *f.*, piattola *f.*

perishing /ˈperɪʃɪŋ/ *a.* **1** *(iperb) (suffering of extreme cold)* morto di freddo, assiderato, con un freddo cane: *it's ~ today* fa un freddo cane oggi. **2** *(ant) (of cold, pain, etc.)* terribile, tremendo, da morire, maledetto.

perishingly /ˈperɪʃɪŋli/ *avv. (ant,colloq)* molto, un sacco.

perisperm /ˈperɪspɜːm *Am* ˈperɪspɜːrm/ *n. (Biol)* perisperma *m.*

perissodactyl /ˌpərɪsouˈdæktɪl/ **I** *a. (Zool)* perissodattilo. **II** *n. (Zool)* perissodattilo *m.*

perissodactylous /ˌpərɪsouˈdæktɪləs/ **I** *a. (Zool)* perissodattilo. **II** *n. (Zool)* perissodattilo *m.*

peristalsis /ˌperɪˈstælsɪs *Am* ˌperɪˈstɑːlsɪs/ *(pl.* **-ses** /-siːz/*) n. (Fisiol)* peristalsi *f.*

peristaltic /ˌperɪˈstæltɪk *Am* ˌperɪˈstɑːltɪk/ *a. (Fisiol)* peristaltico.

peristaltically /ˌperɪˈstæltɪkəli *Am* ˌperɪ 'stɑːltɪkəli/ *avv.* peristalticamente.

peristyle /ˈperɪstaɪl/ *n. (Arch)* peristilio *m.*

peritoneal /ˌperɪtouˈniːəl *Am* ˌperɪtouˈniəl/ *a. (Anat)* peritoneale.

peritoneum /ˌperɪtouˈniːəm *Am* ˌperɪtou 'niəm/ *(pl.* **-a** /-ə/*) n. (Anat)* peritoneo *m.*

peritonitic /ˌperɪtouˈnɪtɪk *Am* ˌperɪtouˈnɪtɪk/ *a. (Med)* relativo alla peritonite.

peritonitis /ˌperɪtouˈnaɪtɪs *Am* ˌperɪtouˈnaɪtɪs/ *n. (Med)* peritonite *f.*

periwig /ˈperɪwɪg/ *n. (Stor)* parrucca *f.* (da uomo).

periwigged /ˈperɪwɪgd/ *a.* imparruccato.

periwinkle[1] /ˈperɪˌwɪŋkl/ **I** *n. (Bot)* pervinca *f.* **II** *a.* pervinca, colore pervinca, azzurro-violaceo.

periwinkle[2] /ˈperɪˌwɪŋkl/ *n. (Zool)* litorina *f.*, littorina *f.*

perjure /ˈpɜːdʒər *Am* ˈpɜːrdʒər/ *v.t.* spergiurare, giurare il falso.

perjured /ˈpɜːdʒəd *Am* ˈpɜːrdʒərd/ *a.* **1** spergiuro, che giura il falso. **2** *(of testimony)* falso.

perjurer /ˈpɜːdʒərər *Am* ˈpɜːrdʒərər/ *n.* spergiuro *m. (f.* -a*).*

perjurious /pəˈdʒuəriəs *Am* pərˈdʒuriəs/ *a.* spergiuro, che giura il falso.

perjury /ˈpɜːdʒəri *Am* ˈpɜːrdʒəri/ *n.* **1** spergiuro *m.*, falso giuramento *m.* **2** *(Dir)* falsa testimonianza *f.*

perk[1] /pɜːk/ *v.i. (Br) (to carry oneself in a jaunty manner)* avere un atteggiamento spavaldo, darsi arie di superiorità. □ *to ~ up*: **1** *(of a person)* rianimarsi, riprendere forza, riprendere vigore, riprendersi, rincuorarsi: *the patient -ed up at the good news* all'udire la buona notizia il paziente si rianimò; **2** *(to enliven)* ravvivare, rendere più vivace: *to ~ up a suit with a white blouse* ravvivare un tailleur con una camicetta bianca; **3** *(to stick up)* rizzarsi, alzarsi, tirarsi su: *to ~ up one's head (of an animal)* rizzare la testa; *saw the dog's ears ~ up* ho visto il cane rizzare le orecchie.

perk[2] /pɜːk *Am* pɜːrk/ *n.* **1** fringe benefit *m.*, competenza *f.* accessoria, compenso *m.* extra, retribuzione *f.* extra, extra *m.: the salary* *is low but the -s are good* lo stipendio è basso ma gli extra sono buoni. **2** (*incidental gain*) vantaggio *m.*, lato *m.* positivo.

perk[3] /pɜːk *Am* pɜːrk/ *v.i.* (*percolate*) (*colloq*) filtrare, passare, colare.

perkily /'pɜːkɪli *Am* 'pɜːrkɪli/ *avv.* vivacemente, briosamente.

perkiness /'pɜːkɪnəs *Am* 'pɜːrkɪnəs/ *n.* **1** vivacità *f.*, brio *m.* **2** (*self-assuredness*) baldanza *f.*, sicurezza *f.* di sé.

perky /'pɜːki *Am* 'pɜːrki/ *a.* (*jaunty*) vivace, brioso, gaio.

perm[1] /pɜːm *Am* pɜːrm/ **I** *n.* (*colloq*) (*permanent wave*) permanente *f.*: *to have a ~* farsi la permanente. **II** *v.t.* (*colloq*) (*of the hair*) fare la permanente a.

perm[2] /pɜːm/ **I** *n.* (*Br,colloq*) (*in football pools*) sistema *m.*, combinazione *f.* **II** *v.t.* (*Br, colloq*) (*in football pools*) giocare con un sistema (al totocalcio), essere un sistemista.

permaculture /,pɜːmə'kʌltʃər *Am* ,pɜːrmə 'kʌltʃər/ *n.* permacoltura *f.*, agricoltura *f.* permanente, integrazione *f.* tra architettura, ecologia e orticoltura.

permafrost /'pɜːməfrɒst *Am* 'pɜːrməfrɑːst/ *n.* (*Geol*) permafrost *m.*

permanence /'pɜːmənens *Am* 'pɜːrmənens/ *n.* permanenza *f.*, stabilità *f.*

permanency /'pɜːmənensi *Am* 'pɜːrmənensi/ *n.* **1** permanenza *f.*, stabilità *f.* **2** (*of a job*) impiego *m.* fisso, l'essere fisso.

permanent /'pɜːmənent *Am* 'pɜːrmənent/ **I** *a.* permanente, stabile, fisso. **II** *n.* (*Am*) permanente *f.* ☐ *~address* indirizzo permanente, domicilio, domicilio fisso, fissa dimora; (*Med*) *~ disability* invalidità permanente; (*Chim*) *~ hardness* durezza permanente; *~ magnet* magnete permanente; (*Pol*) *~ member* membro permanente; *~ residence* domicilio, residenza anagrafica; (*Pol*) *~ secretaries* segretari permanenti; (*Anat*) *~ tooth* dente permanente; *~ wave* permanente.

permanently /'pɜːmənentli *Am* 'pɜːr mənentli/ *avv.* **1** costantemente, permanentemente. **2** (*definetively*) a tempo indeterminato, definitivamente.

permanganate /pɜː'mæŋgəneit *Am* pɜːr 'mæŋgəneit/ *n.* (*Chim*) permanganato *m.*

permeability /,pɜːmiə'bɪləti *Am* ,pɜːrmiə 'bɪləti/ *n.* permeabilità *f.*

permeabilization /,pɜːmiə,bɪlɪ'zeɪʃən *Am* ,pɜːrmiə,bɪlə'zeɪʃən/ *n.* permeabilizzazione *f.*

permeabilize /'pɜːmiəbɪlaɪz *Am* 'pɜːrmiəbəlaɪz/ *v.t* permeabilizzare.

permeable /'pɜːmiəbl *Am* 'pɜːrmiəbl/ *a.* permeabile (*to* a).

permeance /'pɜːmiəns *Am* 'pɜːrmiəns/ *n.* **1** (*permeation*) il permeare. **2** (*Fis*) permeanza *f.*

permeant /'pɜːmiənt *Am* 'pɜːrmiənt/ *a.* permeante, che permea.

permeate /'pɜːmieit *Am* 'pɜːrmieit/ **I** *v.t.* **1** invadere, permeare: *a feeling of pessimism -s the whole book* un senso di pessimismo pervade tutto il libro. **2** (*Tecn*) permeare. **II** *v.i.* **1** diffondersi, pervadere. **2** (*Tecn*) permeare.

permeation /,pɜːmi'eɪʃən *Am* ,pɜːrmi'eɪʃən/ *n.* **1** (*Tecn*) permeazione *f.* **2** (*state of being diffused*) l'essere pervaso.

permeator /'pɜːmieitər *Am* 'pɜːrmieitər/ *n.* (*Tecn,Chim*) permeatore *m.*

Permian /'pɜːmiən *Am* 'pɜːrmiən/ **I** *a.* (*Geol*) permiano, permico. **II** *n.* (*Geol*) permiano *m.*, permico *m.*, periodo *m.* permiano, periodo *m.* permico.

permissibility /pə,mɪsə'bɪləti *Am* pər,mɪsə 'bɪləti/ *n.* ammissibilità *f.*, liceità *f.*

permissible /pə'mɪsəbl *Am* pər'mɪsəbl/ *a.* ammissibile, permesso, lecito: *a ~ error* un

errore ammissibile. ☐ (*Nucl*) *~ dose* dose tollerabile, dose ammissibile, dose di tolleranza.

permission /pə'mɪʃən *Am* pər'mɪʃən/ *n.* permesso *m.*, autorizzazione *f.*: *to give so. ~ to do sth.* concedere a qcu. il permesso di fare qcs.; *you have my ~ to leave* ti dò il permesso di uscire. ☐ *by ~ of* per gentile concessione di, su autorizzazione di, col permesso di; *by kind ~ of* per gentile concessione di; *with your ~* col vostro permesso, (*lett*) con Vostra licenza.

permissive /pə'mɪsɪv *Am* pər'mɪsɪv/ *a.* **1** permesso, consentito. **2** (*tolerant*) indulgente, tollerante, permissivo: *~ parents* genitori indulgenti.

permissively /pə'mɪsɪvli *Am* pər'mɪsɪvli/ *avv.* in modo tollerante, in modo indulgente.

permissiveness /pə'mɪsɪvnəs *Am* pər 'mɪsɪvnəs/ *n.* permissività *f.*

permissivism /pə'mɪsɪvɪzəm *Am* pər 'mɪsɪvɪzəm/ *n.* permissivismo *m.*

permissivist /pə'mɪsɪvɪst *Am* pər'mɪsɪvɪst/ *n.* persona *f.* permissiva.

permit[1] /pə'mɪt *Am* pər'mɪt/ (*past, p.p.* **permitted** /pə'mɪtɪd *Am* pər'mɪtɪd/) **I** *v.t.* **1** (*of people*) permettere a, consentire a: *to ~ so. to do sth.* permettere a qcu. di fare qcs. **2** (*of things*) permettere, consentire: *smoking is not -ed* non è permesso fumare. **3** (*to make possible*) consentire, permettere, rendere possibile: *low overheads ~ low prices* spese generali contenute consentono di praticare prezzi bassi. **4** (*to enable*) permettere a, consentire a, mettere in grado, dare la possibilità a. **5** (*rifl.*) *to ~ oneself* concedersi, permettersi: *he -ted himself time to polish one work before launching into the next* si è concesso del tempo per finire un lavoro prima di buttarsi su altro. **II** *v.i.* **1** permettere, consentire: *I will come if time -s* verrò se il tempo me lo consente; *~ me to introduce myself?* permette che mi presenti? **2** (*to admit*) ammettere, permettere, tollerare, consentire (*of sth.* qcs.): *to ~ of no delay* non ammettere ritardi.

permit[2] /'pɜːmɪt *Am* pər'mɪt/ *n.* licenza *f.*, permesso *m.*, autorizzazione *f.* (scritta), concessione *f.*: *building ~* licenza di costruzione; *fishing ~* permesso di pesca; *entry ~* tessera (d'entrata).

permittivity /,pɜːmɪ'tɪvəti *Am* ,pɜːrmɪ'tɪvəti/ *n.* (*Fis*) permettività *f.*, costante *f.* dielettrica.

permutability /pə,mjuːtə'bɪləti *Am* pər ,mjuːtə'bɪləti/ *n.* permutabilità *f.* (*anche Mat*).

permutable /pə'mjuːtəbl *Am* pər'mjuːtəbl/ *a.* permutabile (*anche Mat*).

permutation /,pɜːmjuː'teɪʃən *Am* ,pɜːrmjuː 'teɪʃən/ *n.* **1** permutazione *f.*, cambio *m.* **2** (*Mat*) permutazione *f.* **3** (*Comm,Dir*) (*exchange*) permuta *f.* **4** (*betting*) sistema *m.* ☐ *~ lock* lucchetto a combinazione.

permute /pə'mjuːt *Am* pər'mjuːt/ *v.t.* **1** modificare, cambiare, mutare. **2** (*Mat*) permutare.

pern /pɜːn *Am* pɜːrn/ *n.* (*Ornit*) falco *m.* pecchiaiolo.

pernicious /pə'nɪʃəs *Am* pər'nɪʃəs/ *a.* **1** pernicioso, nocivo, dannoso: *a ~ doctrine* una dottrina perniciosa. **2** (*deadly*) pernicioso, mortale, funesto. ☐ (*Med*) *~ anaemia* anemia perniciosa.

perniciously /pə'nɪʃəsli *Am* pər'nɪʃəsli/ *avv.* perniciosamente.

perniciousness /pə'nɪʃəsnəs *Am* pər 'nɪʃəsnəs/ *n.* l'essere pernicioso, (*rar*) perniciosità *f.*

pernickety /pə'nɪkəti/ *a.* (*Br*) **1** (*colloq*) pignolo, meticoloso, puntiglioso. **2** (*requiring care*) che richiede esattezza e precisione, intricato.

pernoctation /,pɜːnɒk'teɪʃən *Am* ,pɜːrnɑːk 'teɪʃən/ *n.* (*rar*) veglia *f.*

perorate /'perəreit *Am* 'perəreit/ *v.i.* **1** fare un lungo discorso, (*lett*) concionare, (*lett*) perorare. **2** (*to conclude a speech*) concludere un discorso, chiudere.

peroration /,perə'reɪʃən *Am* ,perə'reɪʃən/ *n.* **1** (*conclusion of a speech*) perorazione *f.* **2** (*lengthy speech*) lungo discorso *m.*, (*lett*) concione *f.*

peroxide /pə'rɒksaɪd *Am* pə'rɑːksaɪd/ **I** *n.* **1** (*Chim*) perossido *m.* **2** (*hydrogen peroxide*) perossido *m.* d'idrogeno, acqua *f.* ossigenata (*anche Farm*). **II** *v.t.* ossigenare (*anche Chim*). ☐ (*colloq*) *a ~ blonde* una bionda ossigenata.

perp /pɜːrp/ *n.* (*Am,colloq*) delinquente *m./f.*

perpendicular /,pɜːpən'dɪkjʊlər *Am* ,pɜːrpən 'dɪkjʊlər/ **I** *a.* **1** perpendicolare, a piombo, verticale. **2** (*Geom*) perpendicolare (*to* a), ad angolo retto. **3** (*scherz*) (*of people: standing up*) in piedi. **4** (*steep*) ripido, scosceso, a picco. **II** *n.* **1** (*Geom,Mat*) perpendicolare *f.*, retta *f.* perpendicolare. **2** (*Arch*) stile *m.* gotico perpendicolare. **3** (*instrument for indicating the vertical*) filo *m.* a piombo, archipendolo *m.*, archipenzolo *m.* **4** (*steep mountain face*) parete *f.* ripida, parete *f.* scoscesa. ☐ *out of the ~* non perpendicolare.

Perpendicular /,pɜːpən'dɪkjʊlər *Am* ,pɜːrpən 'dɪkjʊlər/ *a.* (*Arch*) stile *m.* gotico perpendicolare.

perpendicularity /,pɜːpən,dɪkjə'lærəti *Am* ,pɜːrpən,dɪkjuː'lærəti/ *n.* **1** perpendicolarità *f.* **2** (*Edil*) appiombo *m.*

perpendicularly /,pɜːpən'dɪkjʊlərli *Am* ,pɜːrpən'dɪkjʊlərli/ *avv.* perpendicolarmente.

perpetrate /'pɜːpɪtreit *Am* 'pɜːrpɪtreit/ *v.t.* commettere, compiere, (*lett*) perpetrare: *to ~ a crime* commettere un delitto.

perpetration /,pɜːpɪ'treɪʃən *Am* ,pɜːrpɪ 'treɪʃən/ *n.* perpetrazione *f.*

perpetrator /'pɜːpɪtreitər *Am* 'pɜːrpɪtreitər/ *n.* autore *m.* (*f.* -trice), esecutore *m.* (*f.* -trice), (*rar*) perpetratore *m.* (*f.* -trice).

perpetual /pə'petʃuəl *Am* pər'petʃuəl/ *a.* **1** perpetuo, perenne, eterno. **2** (*constant*) ininterrotto, costante, continuo, perpetuo, incessante. **3** (*Fis*) perpetuo. ☐ *~ calendar* calendario perpetuo; (*Dir*) *~ lease* enfiteusi (in perpetuo); (*Fis*) *~ motion* moto perpetuo.

perpetually /pə'petʃuəli *Am* pər'petʃuəli/ *avv.* perpetuamente.

perpetuate /pə'petʃueit *Am* pər'petʃueit/ *v.t.* perpetuare, eternare.

perpetuation /pə,petʃu'eɪʃən *Am* pər,petʃu 'eɪʃən/ *n.* perpetuazione *f.*

perpetuator /pə'petʃueitər *Am* pər 'petʃueitər/ *n.* chi perpetua, perpetuatore *m.* (*f.* -trice).

perpetuity /,pɜːpɪ'tjuːəti *Am* ,pɜːrpə'tʃuːəti/ *n.* **1** perennità *f.*, perpetuità *f.*, eternità *f.* **2** (*Dir*) (*of an estate*) inalienabilità *f.* in perpetuo, inalienabilità *f.* oltre i limiti di legge. **3** (*Econ*) (*annuity*) rendita *f.* vitalizia. ☐ *in ~* in perpetuo, perpetuamente.

perplex /pə'pleks *Am* pər'pleks/ *v.t.* **1** lasciare perplesso, sconcertare, imbarazzare, confondere. **2** (*to complicate*) complicare, imbrogliare, ingarbugliare.

perplexed /pə'plekst *Am* pər'plekst/ *a.* **1** perplesso, incerto, dubbioso, imbarazzato, confuso: *a ~ look* uno sguardo perplesso. **2** (*complicated*) complicato, imbrogliato, ingarbugliato.

perplexedly /pə'pleksɪdli *Am* pər'pleksɪdli/ *avv.* con perplessità.

perplexing /pə'pleksɪŋ *Am* pər'pleksɪŋ/ *a.* sconcertante, che confonde, che suscita perplessità.

perplexingly /pə'pleksɪŋli *Am* pər'pleksɪŋli/ *avv.* in modo sconcertante.

perplexity /pə'pleksəti *Am* pər'pleksəṭi/ *n.* 1 perplessità *f.*, incertezza *f.* 2 (*sth. that perplexes*) situazione *f.* complessa, problema *m.*, difficoltà *f.*

perquisite /'pɜːkwɪzɪt *Am* 'pɜːrkwɪzɪt/ **I** *n.* 1 fringe benefit *m.*, competenza *f.* accessoria, retribuzione *f.* extra, compenso *m.* extra, (*colloq*) extra *m.* 2 (*gratuity, bonus*) gratifica *f.*, premio *m.* 3 (*exclusive right*) prerogativa *f.*, privilegio *m.* 4 (*tip*) mancia *f.* attesa, mancia *f.* consuetudinaria. **II** *a.* garantito: *day care for employees' children is not ~ in most companies* in molte aziende il servizio di asilo nido per i figli dei dipendenti non è garantito.

perron /'perən/ *n.* (*Arch*) scalea *f.*, scalinata *f.*

perry /'peri/ *n.* sidro *m.* di pere, perry *m.*

pers. 1 *person* pers., p. (persona). 2 *personal* pers. (personale).

perse /pɜːs *Am* pɜːrs/ **I** *a.* turchino grigio. **II** *n.* turchino *m.* grigio.

persecute /'pɜːsɪkjuːt *Am* 'pɜːrsɪkjuːt/ *v.t.* 1 perseguitare, fare oggetto di persecuzione. 2 (*to annoy, to pester*) importunare, infastidire, molestare.

persecution /ˌpɜːsɪ'kjuːʃən *Am* ˌpɜːrsɪ'kjuːʃən/ *n.* persecuzione *f.* ☐ (*Psic*) ~ *complex* mania di persecuzione; (*Psic*) ~ *mania* mania di persecuzione.

persecutor /'pɜːsɪkjuːtə *Am* 'pɜːrsɪkjuːṭər/ *n.* persecutore *m.* (*f.* -trice).

persecutory /'pɜːsɪkjuːtəri *Am* 'pɜːrsɪkjuːtɔːri/ *a.* persecutorio.

Persephone /pə'sefəni *Am* pər'sefəni/ *n.pr.f.* (*Mitol*) Persefone.

Perseus /'pɜːsiəs *Am* 'pɜːrsiəs/ *n.pr.m.* (*Mitol*) Perseo.

perseverance /ˌpɜːsɪ'vɪərəns *Am* ˌpɜːrsə'vɪrəns/ *n.* perseveranza *f.*, costanza *f.*

perseverant /ˌpɜːsɪ'vɪərənt *Am* ˌpɜːrsə'vɪrənt/ *a.* perseverante.

persevere /ˌpɜːsɪ'vɪə *Am* ˌpɜːrsə'vɪr/ *v.i.* perseverare, avere costanza, persistere.

persevering /ˌpɜːsɪ'vɪərɪŋ *Am* ˌpɜːrsə'vɪrɪŋ/ *a.* perseverante.

perseveringly /ˌpɜːsɪ'vɪərɪŋli *Am* ˌpɜːrsə'vɪrɪŋli/ *avv.* con perseveranza, con costanza.

Persia /'pɜːʃə *Am* 'pɜːrʒə/ *n.pr.* (*Geog.stor*) Persia *f.*

Persian /'pɜːʃn *Am* 'pɜːrʒn/ **I** *a.* persiano. **II** *n.* 1 (*person*) persiano *m.* (*f.* -a). 2 (*language*) persiano *m.* ☐ ~ *blinds* persiane; ~ *carpet* tappeto persiano; (*Zool*) ~ *cat* persiano, gatto persiano; (*Geog*) ~ *Gulf* Golfo persico; ~ *lamb*: 1 agnello persiano; 2 (*fur*) persiano; ~ *rug* tappeto persiano.

persiflage /'pɜːsɪflɑːʒ *Am* 'pɜːrsɪflɑːʒ/ *n.* presa *f.* in giro, canzonatura *f.*

persimmon /pə'sɪmən *Am* pər'sɪmən/ *n.* 1 (*Bot*) cachi *m.*, caco *m.*, loto *m.* del Giappone. 2 (*Bot*) (*fruit*) cachi *m.*, caco *m.*

persist /pə'sɪst *Am* pər'sɪst/ *v.i.* 1 persistere (*in* in), insistere (in/a), ostinarsi (a), perseverare (in): *to ~ in one's opposition to sth.* persistere nell'opporsi a qcs.; *he -s in disobeying me* si ostina a disobbedirmi. 2 (*to continue to exist*) durare, perdurare, continuare, persistere, permanere: *the bad weather will ~ for another week* il maltempo durerà ancora una settimana.

persistence /pə'sɪstəns *Am* pər'sɪstəns/ *n.* 1 ostinazione *f.*, tenacia *f.*, perseveranza *f.* 2 (*continued existence*) persistenza *f.*, continuità *f.*, insistenza *f.*: *the ~ of the rain* la persistenza della pioggia. 3 (*continuance of an effect*) persistenza *f.*, permanenza *f.*, durata *f.*

persistency /pə'sɪstənsi *Am* pər'sɪstənsi/ *n.* 1 ostinazione *f.*, tenacia *f.*, perseveranza *f.* 2 (*continued existence*) persistenza *f.*, continuità *f.*, insistenza *f.*: *the ~ of the rain* la persistenza della pioggia. 3 (*continuance of an effect*) persistenza *f.*, permanenza *f.*, durata *f.*

persistent /pə'sɪstənt *Am* pər'sɪstənt/ *a.* 1 insistente, tenace, ostinato. 2 (*lasting*) persistente, durevole, ostinato: *a ~ smell* un odore persistente; *a ~ cough* una tosse ostinata. 3 (*Biol*) persistente. ☐ ~ *organic pollutant* inquinante organico persistente.

persistently /pə'sɪstəntli *Am* pər'sɪstəntli/ *avv.* con insistenza, continuamente.

persnickety /pər'snɪkəti/ *a.* (*Am,colloq*) puntiglioso, perfezionista.

person /'pɜːsn *Am* 'pɜːrsn/ *n.* 1 persona *f.*, individuo *m.* (*anche Dir*): *offences against the ~* delitti contro la persona. 2 (*spreg*) individuo *m.*, tizio *m.* (*f.* -a), tipo *m.* (*f.* -a): *who is this ~?* chi è quest'individuo? 3 (*body of a human being*) persona *f.*, corpo *m.* (umano), figura *f.* umana, personale *m.* 4 (*one*) uno *m.* (*f.* -a), persona *f.*, *often translated with an impersonal construction*: *what can a ~ do in such circumstances?* che cosa può fare uno in circostanze del genere?, che cosa si può fare in circostanze del genere? 5 (*Gramm*) persona *f.*: *first ~* prima persona. 6 (*Zool*) individuo *m.* ☐ *in ~* in persona, di persona, personalmente: *he came in ~* è venuto di persona; *to apply in ~* presentarsi personalmente; *in the ~ of* nella persona di: *I found a true friend in the ~ of my teacher* ho trovato un vero amico nel mio insegnante; *no ~* nessuno; *on one's ~* con sé, addosso.

Person /'pɜːsn *Am* 'pɜːrsn/ *n.* (*Teol*) persona *f.* della Trinità.

persona /pə'səʊnə *Am* pər'soʊnə/ (*pl.* -nae /-niː/) *n.* 1 (*Teat,Lett*) personaggio *m.* 2 (*Psic*) persona *f.* ☐ (*Dipl*) ~ *grata* persona grata; (*Dipl*) ~ *non grata* persona non grata.

personable /'pɜːsənəbl *Am* 'pɜːrsənəbl/ *a.* gradevole, piacevole.

personableness /'pɜːsənəblnes *Am* 'pɜːrsənəblnes/ *n.* (*of a person*) gradevolezza *f.*

personably /'pɜːsənəbli *Am* 'pɜːrsənəbli/ *avv.* gradevolmente, in modo gradevole.

personage /'pɜːsənɪdʒ *Am* 'pɜːrsənɪdʒ/ *n.* 1 personaggio *m.*, personalità *f.* 2 (*Teat,Lett*) personaggio *m.*

personal /'pɜːsənl *Am* 'pɜːrsənl/ **I** *a.* 1 personale, individuale: *a ~ opinion* un'opinione personale. 2 (*private*) privato, personale: *one's ~ life* la propria vita privata. 3 (*done in person*) personale, fatto di persona. 4 (*of the body*) personale, del corpo: *~ cleanliness* pulizia personale; *~ abuse* offesa personale. 5 (*directed against some person*) personale: *~ abuse* offesa personale. 6 (*making personal remarks*) che fa allusioni di carattere personale, che fa critiche di carattere personale. 7 (*Gramm,Dir,Teol*) personale. **II** *n.* (*Am,Giorn*) annuncio *m.* personale. ☐ (*Am,Giorn*) ~ *ad* annuncio personale; (*Econ*) ~ *allowance* quota di reddito non imponibile; *~ assistant*: 1 assistente personale; 2 (*secretary*) segretario particolare; *~ belongings* effetti personali; *~ call* telefonata personale; *in ~ a capacity* a titolo personale; *~ check* assegno personale; (*Inform*) ~ *computer* personal computer; *~ data* dati anagrafici; *~ data protection* tutela dei dati personali; *~ effects* effetti personali; (*Dir*) ~ *estate* beni mobili, patrimonio mobiliare; (*Sport*) ~ *foul* fallo personale; *~ income*: 1 reddito personale; 2 (*Dir*) reddito delle persone fisiche; *~ income tax* imposta sul reddito delle persone fisiche; (*US,Dir*) ~ *injury* lesioni personali; (*Assic*) ~ *liability insur-*

ance assicurazione responsabilità civile; *~ organizer* organizer, agenda; (*Gramm*) ~ *pronoun* pronome personale; (*Dir*) ~ *property* beni mobili, patrimonio mobiliare; (*Comm, Econ*) ~ *selling* vendita diretta; *~ stereo*: 1 walkman; 2 (*for CD*) lettore CD portatile; (*Sport*) ~ *trainer* allenatore personale, personal trainer.

personality /ˌpɜːsən'æləti *Am* ˌpɜːrsən'æləṭi/ *n.* 1 personalità *f.*: *a man of strong ~* un uomo dalla forte personalità. 2 (*of things, places*) fisionomia *f.* 3 (*person of renown*) personalità *f.*, personaggio *m.* 4 *pl.* (*offensive remarks*) allusioni *f.pl.* (o critiche *f.pl.*) di carattere personale. ☐ ~ *cult* culto della personalità; (*Psic*) ~ *disorder* disturbo della personalità; (*Psic*) ~ *structure* struttura della personalità; (*Psic*) ~ *test* test della personalità; (*Psic*) ~ *theory* teoria della personalità.

personalization /ˌpɜːsənəlaɪ'zeɪʃən *Am* ˌpɜːrsənəlɪ'zeɪʃən/ *n.* 1 personalizzazione *f.* 2 (*personification*) personificazione *f.*

personalize /'pɜːsənəlaɪz *Am* 'pɜːrsənəlaɪz/ *v.t.* 1 rendere personale, personalizzare. 2 (*to put initials*) personalizzare. 3 (*to ascribe personality to*) personificare.

personally /'pɜːsənəli *Am* 'pɜːrsənəli/ *avv.* 1 personalmente: *~, I disagree* personalmente non sono d'accordo. 2 (*as a person*) come persona: *I have nothing against him ~* non ho niente contro di lui come persona. 3 (*in person*) personalmente, di persona, in persona.

personalty /'pɜːsənəlti *Am* 'pɜːrsənəlṭi/ *n.* (*Dir*) beni *m.pl.* mobili, patrimonio *m.* mobiliare.

personate /'pɜːsəneɪt *Am* 'pɜːrsəneɪt/ *v.t.* 1 spacciarsi per, fingersi, farsi passare per. 2 (*Dir*) usurpare il nome, usurpare lo stato civile di. 3 (*Teat*) impersonare, interpretare la parte di.

personation /ˌpɜːsə'neɪʃən *Am* ˌpɜːrsə'neɪʃən/ *n.* 1 personificazione *f.* 2 (*Dir*) usurpazione *f.* di nome, usurpazione *f.* di stato civile. 3 (*Teat*) interpretazione *f.*

personator /'pɜːsəneɪtə *Am* 'pɜːrsəneɪṭər/ *n.* 1 chi impersona. 2 (*Teat*) caratterista *m./f.*

personification /pəˌsɒnɪfɪ'keɪʃən *Am* pərˌsɑːnɪfə'keɪʃən/ *n.* 1 personificazione *f.* (*anche fig,Ret*). 2 (*Lett,Teat*) caratterizzazione *f.*

personified /pə'sɒnɪfaɪd *Am* pər'sɑːnɪfaɪd/ *a.* personificato, in persona: *she is virtue ~* è la virtù personificata.

personify /pə'sɒnɪfaɪ *Am* pər'sɑːnɪfaɪ/ *v.t.* 1 personificare (*anche Ret*). 2 (*fig*) impersonare, incarnare, personificare.

personnel /ˌpɜːsə'nel *Am* ˌpɜːrsə'nel/ *n.* 1 personale *m.*, dipendenti *m.pl.*, organico *m.* 2 (*Mil*) personale *m.*: *~ on strength* personale in forza. 3 (*department*) ufficio *m.* personale.

person-to-person /ˌpɜːsəntə'pɜːsən *Am* ˌpɜːrsəntə'pɜːrsən/ *a.* 1 (*Tel*) con preavviso.

perspective /pə'spektɪv *Am* pər'spektɪv/ **I** *n.* 1 prospettiva *f.* 2 (*picture employing linear perspective*) prospettiva *f.*, disegno *m.* in prospettiva. 3 (*fig*) (*relative importance*) significato *m.*, valore *m.*, importanza *f.*: *to see things in their true ~* vedere le cose nel loro vero significato. 4 (*fig*) (*point of view*) prospettiva *f.*, angolazione *f.*, ottica *f.* 5 (*fig*) (*capacity of seeing things in the right relation*) prospettiva *f.*, senso *m.* delle proporzioni: *to lack ~* mancare di prospettiva. 6 (*view, vista*) prospettiva *f.*, veduta *f.*, panorama *m.* 7 (*fig*) (*mental prospect*) prospettiva *f.*, previsione *f.* **II** *a.* prospettico, in prospettiva: *~ view* veduta prospettica. ☐ *~ from below* prospettiva dal basso; *to get some ~ on sth.* acquisire una prospettiva obiettiva su qcs.; *in ~*: 1 in prospettiva; 2 (*fig*) nella giusta prospettiva,

pesticide

nell'ottica giusta; *out of* ~: 1 mancante di prospettiva; 2 (*fig*) nella prospettiva sbagliata, nell'ottica sbagliata.

perspicacious /ˌpɜːspɪˈkeɪʃəs *Am* ˌpɜːrspɪ 'keɪʃəs/ *a.* perspicace, acuto, sagace.

perspicacity /ˌpɜːspɪˈkæsəti *Am* ˌpɜːrspɪ 'kæsəti/ *n.* perspicacia *f.*, acutezza *f.*, sagacia *f.*

perspicuity /ˌpɜːspɪˈkjuːəti *Am* ˌpɜːrspɪ 'kjuːəti/ *n.* chiarezza *f.*, evidenza *f.*, (*lett*) perspicuità *f.*

perspicuous /pəˈspɪkjuəs *Am* pərˈspɪkjuəs/ *a.* chiaro, evidente, (*lett*) perspicuo.

perspicuously /pəˈspɪkjuəsli *Am* pər 'spɪkjuəsli/ *avv.* chiaramente, (*lett*) perspicuamente: *great orators speak* ~ i bravi oratori parlano in modo chiaro.

perspicuousness /pəˈspɪkjuəsnəs *Am* pər 'spɪkjuəsnəs/ *n.* chiarezza *f.*, evidenza *f.*, (*lett*) perspicuità *f.*

perspirable /pəˈspaɪərəbl̩ *Am* pərˈspaɪrəbl̩/ *a.* che può essere eliminato con la traspirazione, (*rar*) traspirabile.

perspiration /ˌpɜːspəˈreɪʃən *Am* ˌpɜːrspə 'reɪʃən/ *n.* 1 traspirazione *f.*, sudorazione *f.* 2 (*sweat*) sudore *m.*, traspirazione *f.* cutanea.

perspiratory /pəˈspaɪrətəri *Am* pər 'spaɪrətɔːri/ *a.* traspiratorio.

perspire /pəˈspaɪər *Am* pərˈspaɪər/ **I** *v.i.* traspirare, sudare. **II** *v.t.* 1 trasudare. 2 (*Fisiol*) perspirare.

persuadability /pəˌsweɪdəˈbɪləti *Am* pər ˌsweɪdəˈbɪləti/ *n.* persuadibilità *f.*

persuadable /pəˈsweɪdəbl̩ *Am* pərˈsweɪdəbl̩/ *a.* persuasibile, (*rar*) persuadibile.

persuade /pəˈsweɪd *Am* pərˈsweɪd/ *v.t.* 1 persuadere, convincere, indurre: *to* ~ *so. to do sth.* (o *to* ~ *so. into doing sth.*) persuadere qcu. a fare qcs. 2 (*to cause to believe*) convincere, persuadere: *I -d him that he was wrong* lo convinsi che aveva torto; *to* ~ *oneself of sth.* persuadersi di qcs. ☐ (*Br*) *to* ~ *so. out of sth.* dissuadere qcu. dal fare qcs.

persuaded /pəˈsweɪdɪd *Am* pərˈsweɪdɪd/ *a.* persuaso, convinto.

persuader /pəˈsweɪdər *Am* pərˈsweɪdər/ *n.* persuasore *m.* (*f.* persuaditrice).

persuasibility /pəˌsweɪsəˈbɪləti *Am* pər ˌsweɪsəˈbɪləti/ *n.* l'essere persuadibile.

persuasible /pəˈsweɪsəbl̩ *Am* pərˈsweɪsəbl̩/ *a.* persuasibile, (*rar*) persuadibile.

persuasion /pəˈsweɪʒən *Am* pərˈsweɪʒən/ *n.* 1 persuasione *f.*, convincimento *m.* 2 (*ability to persuade*) persuasiva *f.*, capacità *f.* di persuasione. 3 (*sth. of which one is persuaded*) convinzione *f.*, convincimento *m.*, persuasione *f.*: *it is my* ~ *that* sono convinto che. 4 (*religious belief*) religione *f.*, credo *m.*, credenza *f.* (religiosa): *the Jewish* ~ la religione ebraica. 5 (*religious sect*) confessione *f.*, comunità *f.* religiosa. 6 (*colloq*) (*kind, sort*) tipo *m.*, razza *f.*, genere *m.*, sorta *f.* ☐ *to be of the* ~ *that* essere del parere che, essere dell'opinione che.

persuasive /pəˈsweɪsɪv *Am* pərˈsweɪsɪv/ *a.* persuasivo, convincente: *a* ~ *speaker* un oratore persuasivo. ☐ (*Br,Dir*) ~ *precedents* precedenti persuasivi.

persuasively /pəˈsweɪsɪvli *Am* pərˈsweɪsɪvli/ *avv.* in modo persuasivo, in modo convincente.

persuasiveness /pəˈsweɪsɪvnəs *Am* pər 'sweɪsɪvnəs/ *n.* persuasiva *f.*, capacità *f.* di persuasione.

persulfate /pɜːrˈsʌlfeɪt/ *n.* (*Am,Chim*) persolfato *m.*

persulphate /pəːˈsʌlfeɪt *Am* pɜːrˈsʌlfeɪt/ *n.* (*Chim*) persolfato *m.*

pert /pɜːt *Am* pɜːrt/ *a.* 1 (*jaunty*) vivace, sveglio, vivo. 2 (*trim and stylish*) sbarazzino. 3 (*saucy*) impertinente, insolente: *a* ~ *young girl* una ragazza impertinente.

PERT (*Inform*) *Program Evaluation and Review Technique* PERT (tecnica di valutazione e revisione dei programmi).

pertain /pəˈteɪn *Am* pərˈteɪn/ *v.i.* 1 riferirsi (*to* a), essere pertinente (a), concernere (qcs.), riguardare (qcs.). 2 (*to be a natural part of*) essere proprio di, fare parte di, appartenere (a). 3 (*to be appropriate*) addirsi (a), convenire (a).

Perth /pɜːθ *Am* pɜːrθ/ *n.pr.* (*Geog*) Perth *f.*

pertinacious /ˌpɜːtɪˈneɪʃəs *Am* ˌpɜːrtəˈneɪʃəs/ *a.* tenace, pertinace.

pertinaciously /ˌpɜːtɪˈneɪʃəsli *Am* ˌpɜːrtən 'eɪʃəsli/ *avv.* tenacemente, pertinacemente.

pertinaciousness /ˌpɜːtɪˈneɪʃəsnəs *Am* ˌpɜːrtənˈeɪʃəsnəs/ *n.* tenacia *f.*, pertinacia *f.*, perseveranza *f.*

pertinacity /ˌpɜːtɪˈnæsəti *Am* ˌpɜːrtənˈæsəti/ *n.* tenacia *f.*, pertinacia *f.*, perseveranza *f.*

pertinence /ˈpɜːtɪnəns *Am* ˈpɜːrtənəns/ *n.* pertinenza *f.*, attinenza *f.*

pertinency /ˈpɜːtɪnənsi *Am* ˈpɜːrtənənsi/ *n.* pertinenza *f.*, attinenza *f.*

pertinent /ˈpɜːtɪnənt *Am* ˈpɜːrtənənt/ *a.* pertinente (*to* a), attinente (a): *a* ~ *question* una domanda pertinente.

pertly /ˈpɜːtli *Am* ˈpɜːrtli/ *avv.* in modo impertinente.

pertness /ˈpɜːtnəs *Am* ˈpɜːrtnəs/ *n.* 1 impertinenza *f.*, insolenza *f.*, impudenza *f.* 2 (*liveliness, vivaciousness*) vivacità *f.*, brio *m.* 3 (*stylish and trim appaerance*) l'essere sbarazzino.

perturb /pəˈtɜːb *Am* pərˈtɜːrb/ *v.t.* 1 turbare, sconvolgere, scombussolare, (*rar*) perturbare. 2 (*Astr*) perturbare.

perturbable /pəˈtɜːbəbl̩ *Am* pərˈtɜːrbəbl̩/ *a.* irritabile.

perturbation /ˌpɜːtəˈbeɪʃən *Am* ˌpɜːrtər 'beɪʃən/ *n.* 1 perturbazione *f.*, turbamento *m.*, sconvolgimento *m.*, scombussolamento *m.* 2 (*Astr*) perturbazione *f.*

perturbative /ˈpɜːtɜːbətɪv *Am* ˈpɜːrtɜːrbətɪv/ *a.* perturbativo (*anche Astr*).

perturbed /pəˈtɜːbd *Am* pərˈtɜːrbd/ *a.* turbato, sconvolto, perturbato.

perturbing /pəˈtɜːbɪŋ *Am* pərˈtɜːrbɪŋ/ *a.* che turba, sconvolgente, allarmante.

perturbingly /pəˈtɜːbɪŋli *Am* pərˈtɜːrbɪŋli/ *avv.* in modo sconvolgente.

Peru /pəˈruː/ *n.pr.* (*Geog*) Perù *m.*

peruke /pəˈruːk/ *n.* (*ant*) parrucca *f.*

perusal /pəˈruːzl̩/ *n.* attenta lettura *f.*, lettura *f.* accurata, esame *m.* accurato, esame *m.* minuzioso.

peruse /pəˈruːz/ *v.t.* leggere attentamente, sottoporre ad attenta lettura.

peruser /pəˈruːzər/ *n.* chi legge attentamente, chi esamina attentamente.

Peruvian /pəˈruːviən/ **I** *a.* peruviano. **II** *n.* peruviano *m.* (*f.* -a). ☐ ~ *balsam* balsamo del Perù; (*Bot*) ~ *bark* corteccia di china.

pervade /pəˈveɪd *Am* pərˈveɪd/ *v.t.* 1 pervadere, diffondersi in, penetrare in: *the smell of incense -d the room* l'odore d'incenso pervadeva la stanza. 2 (*fig*) permeare, pervadere: *a religious feeling -s his works* le sue opere sono permeate di religiosità.

pervasion /pəˈveɪʒən *Am* pərˈveɪʒən/ *n.* penetrazione *f.*, diffusione *f.*

pervasive /pəˈveɪsɪv *Am* pərˈveɪsɪv/ *a.* pervasivo.

pervasively /pəˈveɪsɪvli *Am* pərˈveɪsɪvli/ *avv.* in modo pervasivo.

pervasiveness /pəˈveɪsɪvnəs *Am* pər 'veɪsɪvnəs/ *n.* diffusione *f.*, penetrazione *f.*

perverse /pəˈvɜːs *Am* pərˈvɜːrs/ *a.* 1 ostinato, caparbio. 2 (*wicked*) malvagio, perverso, iniquo, scellerato. 3 (*Dir*) iniquo, ingiusto.

perversely /pəˈvɜːsli *Am* pərˈvɜːrsli/ *avv.* perversamente, in modo perverso.

perverseness /pəˈvɜːsnəs *Am* pərˈvɜːrsnəs/ *n.* 1 ostinazione *f.*, caparbietà *f.*, testardaggine *f.* 2 (*wickedness*) corruzione *f.*, depravazione *f.*

perversion /pəˈvɜːʃən *Am* pərˈvɜːrʒən/ *n.* 1 perversione *f.*, pervertimento *m.*, depravazione *f.* 2 (*corruption*) alterazione *f.*, travisamento *m.*, distorsione *f.*

perversity /pəˈvɜːsəti *Am* pərˈvɜːrsəti/ *n.* 1 ostinazione *f.*, caparbietà *f.*, testardaggine *f.* 2 (*wickedness*) corruzione *f.*, depravazione *f.*

perversive /pəˈvɜːsɪv *Am* pərˈvɜːrsɪv/ *a.* che perverte, che tende a pervertire.

pervert[1] /pəˈvɜːt *Am* pərˈvɜːrt/ *v.t.* 1 (*to lead astray*) deviare, sviare, fuorviare: *to* ~ *the course of justice* deviare il corso della giustizia. 2 (*to corrupt*) corrompere, traviare. 3 (*to misuse*) fare cattivo uso di, abusare di. 4 (*to distort*) travisare, distorcere, svisare.

pervert[2] /ˈpɜːvɜːt *Am* ˈpɜːrvɜːrt/ *n.* 1 pervertito *m.* (*f.* -a), depravato *m.* (*f.* -a). 2 (*Med,Psic*) pervertito *m.* (*f.* -a).

perverted /pəˈvɜːtɪd *Am* pərˈvɜːrtɪd/ *a.* 1 pervertito, corrotto, depravato. 2 (*Med,Psic*) pervertito. 3 (*distorted*) distorto, deviato.

pervertedly /pəˈvɜːtɪdli *Am* pərˈvɜːrtɪdli/ *avv.* in modo distorto.

perverter /pəˈvɜːtər *Am* pərˈvɜːrtər/ *n.* pervertitore *m.* (*f.* -trice), corruttore *m.* (*f.* -trice).

pervicacious /ˌpɜːvɪˈkeɪʃəs *Am* ˌpɜːrvɪ 'keɪʃəs/ *a.* ostinato, caparbio, (*lett*) pervicace.

pervious /ˈpɜːviəs *Am* ˈpɜːrviəs/ *a.* 1 permeabile. 2 (*fig*) (*open to new things*) aperto (*to* a), sensibile (a). ☐ (*fig*) ~ *to reason* ragionevole.

perviousness /ˈpɜːviəsnəs *Am* ˈpɜːrviəsnəs/ *n.* 1 permeabilità *f.*: ~ *to air* permeabilità all'aria. 2 (*fig*) (*of person, mind*) apertura *f.*

peskily /ˈpeskɪli/ *avv.* (*Am,Canad,colloq*) fastidiosamente.

peskiness /ˈpeskɪnəs/ *n.* (*Am,Canad,colloq*) l'essere noioso, l'essere fastidioso.

pesky /ˈpeski/ *a.* (*Am,Canad,colloq*) scocciante, fastidioso, noioso, seccante.

pessary /ˈpesəri/ *n.* 1 (*Med*) pessario *m.* 2 (*Farm,Med*) (*vaginal suppository*) pessario *m.*, ovulo *m.*, suppositorio *m.* vaginale.

pessimism /ˈpesɪmɪzəm *Am* ˈpesəmɪzəm/ *n.* pessimismo *m.*

pessimist /ˈpesɪmɪst *Am* ˈpesəmɪst/ **I** *n.* pessimista *m./f.* **II** *a.* pessimistico.

pessimistic /ˌpesɪˈmɪstɪk *Am* ˌpesəˈmɪstɪk/ *a.* pessimistico.

pessimistical /ˌpesɪˈmɪstɪkl̩ *Am* ˌpesə 'mɪstɪkl̩/ *a.* pessimistico.

pessimistically /ˌpesɪˈmɪstɪkli *Am* ˌpesə 'mɪstɪkli/ *avv.* con pessimismo, pessimisticamente.

pest /pest/ *n.* 1 animale *m.* nocivo, insetto *m.* nocivo: *plant* ~ insetto nocivo alle piante. 2 (*colloq*) (*annoying person, thing*) peste *f.*, noia *f.*, rottura *f.*, piaga *f.* 3 (*rar,ant*) (*plague*) peste *f.*, pestilenza *f.* ☐ ~ *control* disinfestazione (*anche Agr*).

pester /ˈpestər/ *v.t.* importunare, infastidire, seccare, (*colloq*) scocciare.

pesterer /ˈpestərər/ *n.* seccatore *m.* (*f.* -trice), (*colloq*) scocciatore *m.* (*f.* -trice).

pesthole /ˈpesthoul/ *n.* (*ant*) focolaio *m.* di epidemia.

pesthouse /ˈpesthaus/ *n.* (*Stor*) lazzaretto *m.*

pesticidal /ˌpestɪˈsaɪdl̩ *Am* ˈpestəsaɪdl̩/ *a.* (*Agr,Chim*) pesticida.

pesticide /ˈpestɪsaɪd *Am* ˈpestəsaɪd/ *n.* (*Agr, Chim*) pesticida *m.*

pestiferous 770

pestiferous /'pestɪfərəs/ a. 1 (Med) pestifero. 2 (scherz) (annoying) pestifero, noioso, molesto.
pestilence /'pestələns/ n. (ant,Med) peste f., pestilenza f. (anche fig).
pestilent /'pestələnt/ a. 1 pestilenziale, di pestilenza. 2 (deadly) funesto, mortale. 3 (ant) (pernicious) pernicioso, dannosissimo, pestilenziale. 4 (ant) (annoying) estremamente noioso, molesto, pestifero.
pestilential /,pestə'lenʃəl/ a. 1 pestilenziale, di pestilenza. 2 (deadly) funesto, mortale. 3 (ant) (pernicious) pernicioso, dannosissimo, pestilenziale. 4 (ant) (annoying) estremamente noioso, molesto, pestifero.
pestle /'pesl/ I n. pestello m. II v.t. pestare, frantumare, sminuzzare. III v.i. usare il pestello. ☐ ~ and mortar mortaio con pestello.

pet[1] /pet/ I n. 1 animale m. domestico, animale m. da compagnia. 2 (favourite, darling) beniamino m. (f. -a), favorito m. (f. -a), prediletto m. (f. -a). 3 (pampered child) cocco m. (f. -a), preferito m. (f. -a): the teacher's ~ il preferito del professore. 4 (loved person) tesoro m., (colloq) ciccino m. (f. -a). II a. 1 (cherished, pampered) viziato, coccolato, vezzeggiato. 2 (favourite) prediletto, favorito, preferito. III v.t. 1 coccolare, vezzeggiare. 2 (to caress) accarezzare. IV v.i. (colloq) sbaciucchiarsi, (pop) pomiciare. ☐ ~ aversion cosa che non si può soffrire, bestia nera, particolare antipatia; ~ food cibo per animali (domestici); ~ grooming cura degli animali domestici; ~ name nomignolo (affettuoso), vezzeggiativo; no -s vietato l'ingresso agli animali, "io non posso entrare"; (colloq) one's ~ peeve cosa che manda in bestia, gesto che si trova insopportabile.
pet[2] /pet/ I n. (Br) stizza f., malumore m. II v.i. (Br) stizzirsi. ☐ (colloq) to be in a ~ essere di malumore, avere la luna di traverso.
petal /'petəl Am 'peʔəl/ n. (Bot) petalo m.
petaled /'peʔəld a. (in compounds) (Am) dai petali..., coi petali...: red-~ dai petali rossi.
petaline /'petəlaɪn Am 'peʔəlaɪn/ a. 1 che sembra un petalo. 2 (of petals) che consiste di petali.
petalled /'petəld Am 'peʔəld/ a. (in compounds) dai petali..., coi petali...: red-~ con i petali rossi.
petal-like /'petəl,laɪk Am 'peʔəl,laɪk/ a. petaliforme.
petaloid /'petəlɔɪd Am 'peʔəlɔɪd/ a. 1 che sembra un petalo. 2 (of petals) che consiste di petali.
petard /pet'ɑːd Am pɪ'tɑːrd/ n. (Mil,ant) petardo m.
petcock /'petkɒk Am 'petkɑːk/ n. (Tecn) valvola f. di sfogo, rubinetto m. di sfogo.
Pete /piːt/ n.pr.m. dim. di Peter.
peter[1] /'piːtə Am 'piːʔər/ ☐ (colloq) to ~ out esaurirsi a poco a poco, finire gradatamente, spegnersi lentamente.
peter[2] /'piːtər Am 'piːʔər/ n. (Am,volg) pisello m., uccello m.
Peter /'piːtə Am 'piːʔər/ n.pr.m. Pietro (anche Bibl): 1 ~ I Pietro; 2 ~ II Pietro. ☐ (Lett) ~ Pan Peter Pan; (colloq) ~ Pan syndrome sindrome di Peter Pan; ~'s pence: 1 (Rel.catt) obolo di san Pietro; 2 (Stor) tributo pagato al Papa dai capifamiglia; ~ principle principio di Peter (in ogni gerarchia ogni impiegato tende a salire sino al proprio livello di incompetenza).
petersham /'piːtəʃəm Am 'piːtərʃəm/ n. (Tess) gros-grain m.
petiolar /'petioulə Am 'peʔioulər/ a. (Bot) re-

lativo alla crescita del picciolo.
petiolate /'petioulert Am 'petioulert/ a. (Bot) picciolato.
petiolated /'petioulertɪd Am 'petioulertɪd/ a. (Bot) picciolato.
petiole /'petioul Am 'peʔioul/ n. (Bot) picciolo m.
petite /pə'tiːt/ I a. (of a woman) piccola e graziosa. II n. (Am,Abbigl) (size) taglia f. piccola. ☐ ~ bourgeoisie piccola borghesia.
petit four /,peti'fɔː Am ,peti'fɔːr/ n. (Dolc) petit-four m., pasticcino m. da tè.
petition /pə'tɪʃən/ I n. 1 (formal request) petizione f., istanza f., domanda f., richiesta f. 2 (humble request, entreaty) supplica f., petizione f. 3 (prayer) preghiera f., supplica f. 4 (Dir) ricorso m., istanza f.: (Br) individual ~ ricorso individuale. II v.t. presentare una petizione (a), presentare un'istanza (a). III v.i. presentare una petizione, presentare un'istanza (for per). ☐ (Dir) to ~ for divorce chiedere il divorzio; (Dir) ~ in bankruptcy istanza di fallimento; (Dir) ~ of right petizione dei diritti; on ~ su richiesta, dietro richiesta.
petitionary /pə'tɪʃənəri/ a. di petizione.
petitioner /pə'tɪʃənər/ n. 1 richiedente m./f. 2 (Dir) instante m./f., istante m./f., ricorrente m./f.
petit mal /'petimæl/ n. (Med,ant) piccolo male m.
petit point /'petipɔɪnt/ n. (in needlework) piccolo punto m.
petit pois /'petipwɑː/ n.pl. (Bot,Alim) piselli m.pl. novelli.
pet-napper /'pet,næpər/ n. rapitore m. (f. -trice) di animali a scopo di estorsione.
pet-napping /'pet,næpɪŋ/ n. rapimento m. di animali a scopo di estorsione.
Petrarch /'petrɑːk Am 'piːtrɑːrk/ n.pr.m. (Stor, Lett) Petrarca.
petrel /'petrəl/ n. (Ornit) procellaria f., uccello m. delle tempeste.
Petri dish /'petri,dɪʃ Am 'piːtri,dɪʃ/ n. capsula f. di Petri.
petrifaction /,petri'fækʃən/ n. 1 (act) pietrificazione f. 2 (state) l'essere pietrificato.
petrification /,petrɪfɪ'keɪʃən/ n. 1 (act) pietrificazione f. 2 (state) l'essere pietrificato.
petrified /'petrɪfaɪd/ a. 1 pietrificato. 2 (fig) (paralyzed) pietrificato, di sasso, impietrito, paralizzato. 3 (colloq) (frightened) atterrito, spaventato, terrificato.
petrify /'petrɪfaɪ/ I v.t. 1 pietrificare. 2 (fig) (to deaden, to benumb) rendere insensibile, impietrire. 3 (fig) (to paralyze) impietrire, pietrificare, paralizzare: to be petrified with horror essere impietrito dall'orrore. 4 (colloq) (to frighten) spaventare, atterrire, terrificare. II v.i. 1 pietrificarsi, diventare di pietra. 2 (fig) pietrificarsi, impietrire, impietrirsi.
Petrine /'pitraɪn/ a. (Bibl,Rel) (relating to Peter) di Pietro.
petrochemical /,petrou'kemɪkəl Am ,petrou'kemɪkəl/ I a. petrolchimico. II n. prodotto m. petrolchimico.
petrochemistry /,petrou'kemɪstri Am ,petrou'kemɪstri/ n. petrolchimica f.
petroglyph /'petrouglɪf/ n. (Archeol) petroglifo m.
petrographer /pə'trɒgrəfər Am pə'trɑːgrəfər/ n. petrografo m. (f. -a).
petrographic /,petrou'græfɪk Am ,petrou'græfɪk/ a. petrografico.
petrographical /,petrou'græfɪkəl Am ,petrou'græfɪkəl/ a. petrografico.
petrography /pɪ'trɒgrəfi Am pə'trɑːgrəfi/ n. petrografia f.

petrol /'petrəl/ n. (Br) benzina f. ☐ ~ can tanica della benzina, latta per la benzina, fustino per la benzina; ~ coupon buono benzina; ~ pump: 1 pompa di benzina, distributore di benzina; 2 (Aut) (in engine) pompa della benzina, pompa d'alimentazione; ~ station stazione di rifornimento; ~ tank serbatoio della benzina.
petroleum /pə'trouliəm/ n. (Chim) petrolio m. ☐ (Chim) ~ coke coke di petrolio; (Chim, Farm,Cosmet) ~ jelly vaselina.
petrolic /pə'trɒlɪk Am pə'trɑːlɪk/ a. del petrolio.
petroliferous /,petrə'lɪfərəs/ a. petrolifero.
petrolific /,petrə'lɪfɪk/ a. petrolifero.
petrologic /,petrou'lɒdʒɪk Am ,petrou'lɑːdʒɪk/ a. petrologico, petrografico.
petrological /,petrou'lɒdʒɪkəl Am ,petrou'lɑːdʒɪkəl/ a. petrologico, petrografico.
petrologist /pə'trɒlədʒɪst Am pə'trɑːlədʒɪst/ n. petrografo m. (f. -a).
petrology /pə'trɒlədʒi Am pə'trɑːlədʒi/ n. petrografia f.
petropolitics /,petrou'pɒlɪtɪks Am ,petrou'pɑːlɪtɪks/ n.pl. (costr.sing.) politica f.sing. petrolifera.
petrous /'petrəs/ a. 1 pietroso, sassoso, simile a pietra. 2 (Anat) petroso.
PET scan /'pet'skæn/ n. (Med) tomografia f. a emissione di positroni.
petticoat /'petikout Am 'peʔikout/ I n. 1 (Abbigl) (slip) sottana f., sottoveste f. 2 (Abbigl) (stiff underskirt) sottogonna f. 3 (spreg,estens) (girl, woman) sottana f., gonnella f. II a. femminile, donnesco. ☐ (colloq) ~ government matriarcato; in -s in gonnella: (fig) a Napoleon in -s un Napoleone in gonnella; (scherz) I've known her since she was in -s la conosco da quando era in fasce.
petticoated /'peti,koutɪd Am 'peʔi,koutɪd/ a. in sottana, in gonnella.
pettifog /'peti,fɒg Am 'peʔi,fɑːg/ (past, p.p. **pettifogged** /-d/) v.i. 1 cavillare, arzigogolare, sottilizzare, sofisticare. 2 (of a lawyer) ricorrere a cavilli legali.
pettifogger /'peti,fɒgər Am 'peʔi,fɑːgər/ n. 1 cavillatore m. (f. -trice), sofista m./f. 2 (inferior lawyer) avvocato m. (f. -essa) da strapazzo, (spreg) azzeccagarbugli m., leguleio m. (f. -a).
pettifoggery /'peti,fɒgəri Am 'peʔi,fɑːgəri/ n. cavillosità f., capziosità f., sofisticheria f.
pettifogging /'peti,fɒgɪŋ Am 'peʔi,fɑːgɪŋ/ a. 1 cavilloso, capzioso, sofistico. 2 (of a lawyer) cavilloso e sofistico. 3 (petty) di scarsa importanza, insignificante, futile.
pettiness /'petinəs Am 'peʔinəs/ n. meschinità f., grettezza f., piccolezza f.
petting /'petɪŋ Am 'peʔɪŋ/ n. (colloq) petting m.
pettish /'petiʃ Am 'peʔiʃ/ a. irascibile, irritabile, stizzoso, permaloso.
pettishly /'petiʃli Am 'peʔiʃli/ avv. stizzosamente, con irritazione.
pettishness /'petiʃnəs Am 'peʔiʃnəs/ n. irritabilità f., irascibilità f., permalosità f.
pettitoes /'petitouz Am 'peʔitouz/ n.pl. 1 (Gastron) zampetti m.pl. di maiale, piedini m.pl. di maiale. 2 (colloq) (toes) dita f.pl. dei piedi. 3 (colloq) (feet) piedi m.pl., piedini m.pl.
petty /'peti Am 'peʔi/ a. 1 insignificante, di poca importanza, di scarsa importanza, futile. 2 (narrow-minded) meschino, gretto, piccolo, piccino: ~ rivalry rivalità meschina. 3 (of secondary importance) secondario: ~ details dettagli secondari. 4 (on a small scale) piccolo, in scala ridotta, (spreg) in sedicesimo: a ~ capitalist un piccolo capitalista. ☐ ~ bourgeois piccolo borghese; ~

bourgeoisie piccola borghesia; ~ *cash*: 1 fondo per le piccole spese; 2 (*Comm*) piccola cassa; (*Dir*) ~ *jury* giuria ordinaria; (*Dir*) ~ *larceny* furto semplice; (*Dir*) ~ *offence* reato minore; ~ *offences* piccola criminalità; (*Mar, Mil*) ~ *officer* sottufficiale; (*GB,Dir,ant*) ~ *sessions* sessioni di collegio speciale giudicante.

petulance /'petjələns *Am* 'petʃələns/ *n.* irascibilità *f.*, irritabilità *f.*, stizza *f.*

petulant /'petjələnt *Am* 'petʃələnt/ *a.* irritabile, irascibile, stizzoso.

petulantly /'petjələntli *Am* 'petʃələntli/ *avv.* in modo stizzito.

petunia /pɪ'tjuːnjə *Am* pə'tuːnjə/ *n.* (*Bot*) petunia *f.*

pew /pjuː/ *n.* **1** (*seat in a church*) panca *f.* (di famiglia), banco *m.* (di famiglia). **2** (*enclosed seat, compartment*) recinto *m.* privato, recinto *m.* di famiglia. **3** (*Br,colloq*) (*seat, chair*) posto *m.*, posto *m.* a sedere. □ (*colloq*) *take a ~!* mettiti a sedere!, siedi!, accomodati!

pew-holder /'pjuːhəʊldər/ *n.* (*Br*) chi ha un banco in una chiesa.

pewit /'piːwɪt/ *n.* (*Ornit*) pavoncella *f.*

pewter /'pjuːtər *Am* 'pjuːtər/ **I** *n.* **1** (*Met*) peltro *m.* **2** (*pewter objects*) vasellame *m.* di peltro, oggetti *m.pl.* in peltro. **3** (*colour*) grigio *m.* peltro. **II** *a.* **1** di peltro, in peltro. **2** (*of dark dull grey colour*) colore peltro, colore grigio peltro.

pewterer /'pjuːtərər *Am* 'pjuːtərər/ *n.* (*ant*) peltraio *m.* (*f.* -a).

pf. 1 (*Gramm*) *perfect* perf. (perfetto). **2** *pianoforte* pianoforte *f.*

PG /ˌpiː'dʒiː/ (*Am,Cin,TV*) *parental guidance* (solo se accompagnati da adulti, per bambini accompagnati da adulti, classificazione degli spettacoli in programmazione).

pg. *page* pag., p. (pagina).

P.G. *paying guest* (ospite pagante).

pH /ˌpiː'eɪtʃ/ *n.* (*Chim*) pH *m.*

Phaedra /'fiːdrə/ *n.pr.f.* (*Mitol*) Fedra.

Phaedrus /'fiːdrəs/ *n.pr.m.* (*Stor.rom*) Fedro.

Phaethon /'feɪəθən *Am* 'feɪəθɑːn/ *n.pr.m.* (*Mitol*) Fetonte.

phaeton /'feɪtən *Am* 'feɪtən/ *n.* (*Stor*) phaéton *m.*

phagocyte /'fægəʊsaɪt/ *n.* (*Biol*) fagocita *m.*, fagocito *m.*

phagocytosis /ˌfægəʊsaɪ'təʊsɪs *Am* ˌfægəʊsaɪ'toʊsɪs/ *n.* (*Biol*) fagocitosi *f.*

phalange /'fælændʒ *Am* 'feɪlændʒ/ *n.* (*Anat*) falange *f.* (*anche Mil*).

phalangeal /fə'lændʒɪəl/ *a.* **1** (*Stor.gr,Mil*) falangitico. **2** (*Anat*) della falange.

phalanger /fə'lændʒər/ *n.* (*Zool*) falangista *m.*

phalansterian /ˌfælən'steərɪən/ **I** *a.* di un falanstero, di un falansterio. **II** *n.* membro *m.* di un falanstero, membro *m.* di un falansterio.

phalanstery /'fælənstəri *Am* 'fælænsteri/ *n.* falansterio *m.*, falanstero *m.* (*anche estens*).

phalanx /'fælæŋ(k)s/ (*pl.* **-nxes** /-ŋksɪz/ o **phalanges** /fæ'lændʒiːz *Am* fæ'lændʒiːz/) *n.* **1** falange *f.* (*anche Stor.gr,Anat*). **2** (*fig*) gruppo *m.*, schiera *f.*, falange *f.*

phallic /'fælɪk/ *a.* fallico: ~ *symbol* simbolo fallico.

phallical /'fælɪkəl/ *a.* fallico: ~ *symbol* simbolo fallico.

phallicism /'fælɪsɪzəm/ *n.* fallicismo *m.*

phallism /'fælɪzəm/ *n.* fallicismo *m.*

phallocracy /fə'lɒkrəsi *Am* fə'lɑːkrəsi/ *n.* fallocrazia *f.*

phallocratic /ˌfælə'krætɪk *Am* ˌfælə'krætɪk/ *a.* fallocratico.

phallus /'fæləs/ (*pl.* **-luses** /-ləsɪz/ o **-lli** /-laɪ/) *n.* fallo *m.*

phanerogam /'fænərəʊgæm *Am* 'fænəroʊ gæm/ *n.* (*Bot*) fanerogama *f.*

phanerogamic /ˌfænərəʊ'gæmɪk *Am* ˌfænəroʊ'gæmɪk/ *a.* (*Bot*) fanerogamico.

phanerogamous /ˌfænə'rɒgəməs *Am* ˌfænə 'rɑːgəməs/ *a.* (*Bot*) fanerogamico.

phantasm /'fæntæzəm/ *n.* **1** (*ghost*) fantasma *m.*, spirito *m.*, spettro *m.* **2** (*Psic,Filos*) (*mental image of a real object*) immagine *f.* illusoria, illusione *f.*

phantasmagoria /ˌfæntæzmə'gɔːrɪə/ *n.* fantasmagoria *f.* (*anche fig*).

phantasmagorial /ˌfæntæzmə'gɔːrɪəl/ *a.* fantasmagorico (*anche estens*).

phantasmagoric /ˌfæntæzmə'gɒrɪk *Am* ˌfæntæzmə'gɑːrɪk/ *a.* fantasmagorico (*anche estens*).

phantasmagorical /ˌfæntæzmə'gɒrɪkəl *Am* ˌfæntæzmə'gɑːrɪkəl/ *a.* fantasmagorico (*anche estens*).

phantasmagory /ˌfæn'tæzməgɒri *Am* ˌfæn 'tæzməgɑːri/ *n.* fantasmagoria *f.* (*anche fig*).

phantasmal /fæn'tæzməl/ *a.* fantomatico, fantasmatico, irreale, immaginario.

phantasmic /fæn'tæzmɪk/ *a.* fantomatico, fantasmatico, irreale, immaginario.

phantasy /'fæntəsi *Am* 'fæntəsi/ *n.* (*ant*) **1** fantasia *f.*, immaginazione *f.* **2** (*grotesque mental image*) fantasticheria *f.*, fantasia *f.*, idea *f.* fantastica. **3** (*dream*) visione *f.*, sogno *m.*, fantasia *f.* **4** (*Psic*) fantasia *f.*, fantasma *m.* **5** (*whim, fancy*) capriccio *m.*, fantasia *f.* **6** (*Mus*) fantasia *f.* **7** (*Lett*) fantasy *m.*, letteratura *f.* di fantasia.

phantom /'fæntəm *Am* 'fæntəm/ **I** *n.* **1** fantasma *m.*, spirito *m.*, spettro *m.* **2** (*sth. illusory*) ombra *f.*, vana apparenza *f.*, illusione *f.*, fantasma *m.* **3** (*fig*) (*object of dread*) spettro *m.*: *the ~ of war* lo spettro della guerra. **II** *a.* **1** fantasma: ~ *ship* vascello fantasma. **2** (*illusive*) fantomatico, irreale, illusorio, immaginario. □ (*El,Tel*) ~ *circuit* circuito virtuale; (*Med*) ~ *limb* arto fantasma; (*Lett*) *Phantom of the Opera* il Fantasma dell'Opera; (*Med*) ~ *pain* dolore fantasma; (*Med*) ~ *pregnancy* gravidanza isterica, (*rar*) gravidanza immaginaria.

pharaoh, Pharaoh /'feərəʊ *Am* 'feroʊ/ *n.* (*Stor*) faraone *m.* (*anche estens*). □ (*Entom*) *Pharaoh ant* (o *Pharaoh's ant*) formica faraone.

pharaonic, Pharaonic /ˌfeərə'ɒnɪk *Am* ˌferə'ɑːnɪk/ *a.* faraonico (*anche estens*).

Pharisaic /ˌfærɪ'seɪk/ *a.* **1** (*Rel.ebr*) farisaico, relativo ai farisei. **2** (*estens,spreg*) falso, ipocrita, farisaico.

pharisaical /ˌfærɪ'seɪkəl/ *a.* (*spreg*) falso, ipocrita, farisaico.

pharisaism /'færɪseɪɪzəm/ *n.* (*spreg*) falsità *f.*, ipocrisia *f.*, fariseismo *m.*

Pharisaism /'færɪseɪɪzəm/ *n.* **1** (*Rel.ebr*) fariseismo *m.* **2** (*estens,spreg*) falsità *f.*, ipocrisia *f.*, fariseismo *m.*

pharisee /'færɪsiː/ *n.* (*spreg*) ipocrita *m./f.*, fariseo *m.* (*f.* -a).

Pharisee /'færɪsiː/ *n.* **1** (*Rel.ebr*) fariseo *m.* (*f.* -a). **2** (*estens,spreg*) ipocrita *m./f.*, fariseo *m.* (*f.* -a).

Phariseeism /'færɪsiːɪzəm/ *n.* **1** (*Rel.ebr*) fariseismo *m.* **2** (*estens,spreg*) falsità *f.*, ipocrisia *f.*, fariseismo *m.*

pharm., Pharm. 1 *pharmaceutical* farm. (farmaceutico). **2** *pharmacology* farm. (farmacologia). **3** *pharmacopoeia* farmacopea. **4** *pharmacy* farm. (farmacia).

pharmaceutic /ˌfɑːmə'sjuːtɪk *Am* ˌfɑːrmə 'suːtɪk/ *a.* (*rar*) farmaceutico.

pharmaceutical /ˌfɑːmə'sjuːtɪkəl *Am* ˌfɑːrmə'suːtɪkəl/ *a.* farmaceutico: ~ *chemist* chimico farmaceutico. □ ~ *chemistry* chimica farmaceutica; ~ *company* casa farmaceutica; ~ *industry* industria farmaceutica; ~ *research* ricerca farmaceutica.

pharmaceutically /ˌfɑːmə'sjuːtɪkəli *Am* ˌfɑːrmə'suːtɪkəli/ *avv.* a livello farmaceutico.

pharmaceutics /ˌfɑːmə'sjuːtɪks/, /ˌfɑːmə 'sjuːtɪks *Am* ˌfɑːrmə'suːtɪks/ *n.pl.* **1** (*costr.sing.*) farmacia *f.sing.* **2** (*medicinal drugs*) prodotti *m.pl.* farmaceutici.

pharmaceutist /ˌfɑːmə'sjuːtɪst *Am* ˌfɑːrmə 'suːtɪst/ *n.* farmacista *m./f.*

pharmacist /'fɑːməsɪst *Am* 'fɑːrməsɪst/ *n.* farmacista *m./f.*

pharmacochemistry /ˌfɑːməkəʊ'kemɪstri *Am* ˌfɑːrməkoʊ'kemɪstri/ *n.* chimica *f.* farmaceutica.

pharmacoeconomy /ˌfɑːməkəʊɪ'kɒnəmi *Am* ˌfɑːrməkoʊɪ'kɑːnəmi/ *n.* farmacoeconomia *f.*

pharmacoepidemiology /ˌfɑːməkəʊ ˌepɪdiːmi'ɒlədʒi *Am* ˌfɑːrməkoʊˌepɪdiːmi'ɑːlədʒi/ *n.* farmacoepidemiologia *f.*

pharmacogenetics /ˌfɑːməkəʊˌdʒə'netɪks *Am* ˌfɑːrməkoʊˌdʒə'netɪks/ *n.* farmacogenetica *f.*

pharmacognostic /ˌfɑːmə'kɒgnɒstɪk *Am* ˌfɑːrməˌkɑːg'nɑːstɪk/ *a.* farmacognostico.

pharmacognosy /ˌfɑːmə'kɒgnəsi *Am* ˌfɑːrmə'kɑːgnəsi/ *n.* farmacognosia *f.*

pharmacokinetic /ˌfɑːməkəʊkɪ'netɪk *Am* ˌfɑːrməkoʊkɪ'netɪk/ *a.* farmacocinetico.

pharmacokinetics /ˌfɑːməkəʊkɪ'netɪks *Am* ˌfɑːrməkoʊkɪ'netɪks/ *n.pl.* (*costr.sing.*) farmacocinetica *f.sing.*

pharmacologic /ˌfɑːməkə'lɒdʒɪk *Am* ˌfɑːrməkə'lɑːdʒɪk/ *a.* farmacologico.

pharmacological /ˌfɑːməkə'lɒdʒɪkəl *Am* ˌfɑːrməkə'lɑːdʒɪkəl/ *a.* farmacologico.

pharmacologically /ˌfɑːməkə'lɒdʒɪkəli *Am* ˌfɑːrməkə'lɑːdʒɪkəli/ *avv.* farmacologicamente.

pharmacologist /ˌfɑːmə'kɒlədʒɪst *Am* ˌfɑːrmə'kɑːlədʒɪst/ *n.* farmacologo *m.* (*f.* -a).

pharmacology /ˌfɑːmə'kɒlədʒi *Am* ˌfɑːrmə 'kɑːlədʒi/ *n.* farmacologia *f.*

pharmacopoeia /ˌfɑːməkə'piːə *Am* ˌfɑːrməkə'piːə/ *n.* **1** farmacopea *f.* **2** (*stock of drugs*) provvista *f.* di medicinali, scorta *f.* di medicinali.

pharmacopoeial /ˌfɑːməkə'piːəl *Am* ˌfɑːrməkə'piːəl/ *a.* della farmacopea.

pharmacovigilance /ˌfɑːməkəʊ'vɪdʒɪləns/ *n.* farmacovigilanza *f.*

pharmacy /'fɑːməsi *Am* 'fɑːrməsi/ *n.* **1** farmacia *f.*, arte *f.* farmaceutica. **2** (*chemist's dispensary or shop*) farmacia *f.*

pharos /'feərɒs *Am* 'feraːs/ *n.* faro *m.*

Pharos /'feərɒs *Am* 'feraːs/ *n.pr.* (*Stor*) Faro *m.*

pharyngal /fə'rɪŋgəl/ *a.* **1** (*rar,Anat*) faringeo. **2** (*rar,Fon*) faringale.

pharyngeal /ˌfærɪn'dʒiːəl *Am* ˌfərɪn'dʒiːəl/ *a.* **1** (*Anat*) faringeo: ~ *cavity* cavità faringea. **2** (*Fon*) faringale.

pharyngitis /ˌfærɪn'dʒaɪtɪs *Am* ˌferɪn'dʒaɪtɪs/ (*pl.* **-tides** /-tɪdiːz/) *n.* (*Med*) faringite *f.*

pharyngotomy /ˌfærɪŋ'gɒtəmi *Am* ˌferɪŋ 'gɑːtəmi/ *n.* (*Chir*) faringotomia *f.*

pharynx /'færɪŋks/ (*pl.* **-nxes** /-ŋksɪz/ o **pharynges** /fə'rɪndʒiːz/) *n.* (*Anat*) faringe *f.*

phase /feɪz/ **I** *n.* **1** fase *f.*, stadio *m.*, momento *m.*, periodo *m.*: *the planning* ~ la fase di progettazione. **2** (*aspect*) aspetto *m.*, faccia *f.*, lato *m.* **3** (*Astr*) fase *f.*: *the -s of the moon* le fasi lunari. **4** (*Biol*) stadio *m.* **II** *v.t.* **1** programmare fase per fase, programmare in diverse fasi, prestabilire per gradi, predisporre per gradi. 2 (*El,Mot*) mettere in fase. ☐ (*Fis*) ~ *angle* differenza di fase; ~*displacement* sfasamento; (*El,Mot*) *in* ~ in fase; *to* ~ *in sth.* introdurre qcs. per gradi; (*El*) ~ *lag* ritardo di fase; (*El*) ~ *meter* fasometro; *to* ~ *out sth.* eliminare qcs. gradualmente; *out of* ~ fuori fase, sfasato.

phasedown /'feɪzdaʊn/ *n.* riduzione *f.* graduale.

phasemeter /'feɪzmiːtər Am 'feɪzmiːt̬ər/ *n.* (*El*) fasometro *m.*

phasic /'feɪzɪk/ *a.* di una fase.

phasing /'feɪzɪŋ/ *n.* 1 attuazione *f.* progressiva, attuazione *f.* in fasi. 2 (*na*) scaglionamento *m.* (della produzione). 3 (*El*) messa *f.* in fase. ☐ ~ *in* introduzione progressiva; ~ *out* eliminazione progressiva.

phasis /'feɪsɪs/ (*pl.* **-ses** /-siːz/) *n.* (*rar*) fase *f.*, stadio *m.*

phat /'fæt/ *a.* (*Am,sl*) super, eccezionale, fantastico, mitico.

PhD /ˌpiːeɪtʃ'diː/ (*Univ*) 1 (*degree*) *Doctor of Philosophy* PhD (dottorato di ricerca). 2 (*person*) *Doctor of Philosophy* PhD (dottore di ricerca).

pheasant /'fezənt/ (*pl.inv.* o **-s** /-s/; *il pl. inv. si usa general. con valore collett.*) *n.* (*Ornit*) fagiano *m.*

pheasantry /'fezəntri/ *n.* fagianaia *f.*

phenacetin /fɪ'næsɪtɪn/ *n.* (*Farm*) fenacetina *f.*

phenacetine /fɪ'næsɪtɪn/ *n.* (*Farm,rar*) fenacetina *f.*

phencyclidine /fen'saɪklɪdiːn/ *n.* (*Farm*) fenciclidina *f.*, (*sl*) polvere *f.* d'angelo.

phenic /'fiːnɪk/ *a.* (*Chim*) fenico: ~ *acid* acido fenico.

phenobarbital /ˌfiːnoʊ'bɑːrbɪtæl/ *n.* (*Am, Farm*) luminal *m.*

phenobarbitone /ˌfiːnoʊ'bɑːbɪtoʊn Am ˌfiːnoʊ'bɑːrbɪtoʊn/ *n.* (*Farm*) luminal *m.*

phenol /'fiːnɒl Am 'fiːnoʊl/ *n.* (*Chim*) fenolo *m.*, acido *m.* fenico.

phenolic /fiː'noʊlɪk/ *a.* fenolico. ☐ (*Chim*) ~ *resins* resine fenoliche.

phenologic /ˌfiːnə'lɒdʒɪk Am ˌfiːnə'lɑːdʒɪk/ *a.* (*Biol*) fenologico.

phenological /ˌfiːnə'lɒdʒɪkəl Am ˌfiːnə'lɑːdʒɪkəl/ *a.* (*Biol*) fenologico.

phenology /fɪ'nɒlədʒi Am fɪ'nɑːlədʒi/ *n.* (*Biol*) fenologia *f.*

phenom /fə'nɒm Am fə'nɑːm/ *n.* (*colloq*) (*unusually gifted person*) portento *m.*, prodigio *m.*, fenomeno *m.*

phenomenal /fə'nɒmɪnəl Am fə'nɑːmənəl/ *a.* 1 (*Filos*) fenomenico. 2 (*colloq*) (*extraordinary*) fenomenale, straordinario.

phenomenalism /fə'nɒmɪnəlɪzəm Am fə'nɑːmənəlɪzəm/ *n.* (*Filos*) fenomenalismo *m.*, fenomenismo *m.*

phenomenalist /fə'nɒmɪnəlɪst Am fə'nɑːmənəlɪst/ *n.* (*Filos*) seguace *m./f.* del fenomenismo.

phenomenalistic /fə'nɒmɪnəlɪstɪk Am fə'nɑːmənəlɪstɪk/ *a.* (*Filos*) dei fenomeni, del fenomenismo.

phenomenalize /fə'nɒmɪnəlaɪz Am fə'nɑːmənəlaɪz/ *v.t.* (*Filos*) interpretare in modo fenomenico.

phenomenally /fə'nɒmɪnəli Am fə'nɑːmənəli/ *avv.* in modo fenomenale.

phenomenologic /fəˌnɒmɪnə'lɒdʒɪk Am fəˌnɑːmənə'lɑːdʒɪk/ *a.* (*Filos,rar*) fenomenologico.

phenomenological /fəˌnɒmɪnə'lɒdʒɪkəl Am fəˌnɑːmənə'lɑːdʒɪkəl/ *a.* (*Filos*) fenomenologico.

phenomenologically /fəˌnɒmɪnə'lɒdʒɪkəli Am fəˌnɑːmənə'lɑːdʒɪkəli/ *avv.* (*Filos*) fenome-

nologicamente.

phenomenology /fəˌnɒmɪ'nɒlədʒi Am fəˌnɑːmə'nɑːlədʒi/ *n.* fenomenologia *f.*

phenomenon /fə'nɒmɪnən Am fə'nɑːmənən/ (*pl.* **-s** /-z/ o **-na** /-nə/) *n.* 1 fenomeno *m.* (*anche Filos*): *a natural* ~ un fenomeno naturale. 2 (*rare, unique event*) evento *m.* raro, fatto *m.* eccezionale. 3 (*remarkable person*) persona *f.* straordinaria, (*colloq*) fenomeno *m.* 4 (*remarkable thing*) cosa *f.* straordinaria, (*colloq*) fenomeno *m.*

phenotype /'fiːnoʊtaɪp Am 'fiːnoʊtaɪp/ *n.* (*Biol*) fenotipo *m.*

phenotypic /ˌfiːnə'tɪpɪk/ *a.* (*Biol*) fenotipico.

phenotypical /ˌfiːnə'tɪpɪkəl/ *a.* (*Biol*) fenotipico.

phenotypically /ˌfiːnə'tɪpɪkəli/ *avv.* (*Biol*) fenotipicamente.

phenyl /'fenɪl/ *n.* (*Chim*) fenile *m.*

pheromonal /'ferəmoʊnəl Am ˌferə'moʊnəl/ *a.* (*Biol*) feromonale.

pheromone /'ferəmoʊn/ *n.* (*Biol*) feromone *m.*

phew /fjuː/ *intz.* 1 (*to express relief*) oh!, ah! 2 (*to express weariness*) uff!, uffa! 3 (*to express repulsion*) puah!

phi /faɪ/ *n.* (*letter of the Greek alphabet*) fi *m./f.*, phi *m./f.* ☐ (*Am,Univ*) *Phi Beta Kappa*: 1 (*group*) associazione a cui sono ammessi studenti particolarmente brillanti dal punto di vista accademico; 2 (*person*) membro del Phi Beta Kappa.

phial /'faɪəl/ *n.* fiala *f.*

Phidian /'fiːdiən/ *a.* fidiaco, di Fidia.

Phidias /'faɪdɪəs Am 'fɪdiəs/ *n.pr.m.* (*Stor*) Fidia.

Phil /fɪl/ *n.pr.m.* dim. di Philip.

phil. 1 *philology* filol. (filologia). 2 *philosophy* filos. (filosofia).

Phil. 1 (*Geog*) *Philippines* (Filippine). 2 (*Mus*) *Philharmonic* (filarmonica).

Phila. (*Geog*) *Philadelphia* (Filadelfia).

Philadelphia /ˌfɪlə'delfiə/ *n.pr.* (*Geog*) Filadelfia *f.*

Philadelphian /ˌfɪlə'delfiən/ I *a.* filadelfiese, di Filadelfia. II *n.* filadelfiese *m./f.*

philander /fɪ'lændər/ *v.i.* (*ant,spreg*) (*of a man*) fare il donnaiolo, amoreggiare.

philanderer /fɪ'lændərər/ *n.* (*ant,spreg*) donnaiolo *m.*, casanova *m.*

philanthrope /'fɪlənθroʊp/ *n.* (*ant*) filantropo *m.* (*f.* -a).

philanthropic /ˌfɪlən'θrɒpɪk Am ˌfɪlæn'θrɑːpɪk/ *a.* 1 filantropico, filantropo. 2 (*of an institution*) filantropico.

philanthropical /ˌfɪlən'θrɒpɪkəl Am ˌfɪlæn'θrɑːpɪkəl/ *a.* 1 filantropico, filantropo. 2 (*of an institution*) filantropico.

philanthropically /ˌfɪlən'θrɒpɪkəli Am ˌfɪlæn'θrɑːpɪkəli/ *avv.* filantropicamente.

philanthropism /fɪ'lænθrəpɪzəm Am fə'lænθrəpɪzəm/ *n.* filantropismo *m.* (*anche Stor*).

philanthropist /fɪ'lænθrəpɪst Am fə'lænθrəpɪst/ *n.* filantropo *m.* (*f.* -a).

philanthropize /fɪ'lænθrəpaɪz Am fə'lænθrəpaɪz/ I *v.i.* (*rar*) fare opere di filantropia, fare il filantropo. II *v.t.* (*rar*) trattare con filantropia.

philanthropy /fɪ'lænθrəpi Am fə'lænθrəpi/ *n.* filantropia *f.*

philatelic /ˌfɪlə'telɪk/ *a.* (*Filat*) filatelico.

philatelical /ˌfɪlə'telɪkəl/ *a.* (*Filat,rar*) filatelico.

philatelically /ˌfɪlə'telɪkəli/ *avv.* filatelicamente.

philatelist /fɪ'lætəlɪst Am fɪ'læt̬əlɪst/ *n.* filatelista *m./f.*, filatelico *m.* (*f.* -a).

philately /fɪ'lætəli Am fɪ'læt̬əli/ *n.* filatelia *f.*

Philemon /fɪ'liːmɒn Am fɪ'liːmən/ *n.pr.m.*

(*Bibl*) Filemone.

philharmonic /ˌfɪl(h)ɑː'mɒnɪk Am ˌfɪlhɑːr'mɑːnɪk/ I *a.* (*Mus*) filarmonico. II *n.* (*Mus*) 1 (*symphony orchestra*) orchestra *f.* filarmonica, filarmonica *f.* 2 (*music society*) società *f.* filarmonica, filarmonica *f.*

philhellene /fɪl'heliːn/ I *n.* filelleno *m.* (*f.* -a). II *a.* filelleno, fillellenico.

philhellenic /ˌfɪlhel'iːnɪk Am ˌfɪlhə'lenɪk/ *a.* fillelleno, filellenico.

philhellenism /fɪl'helɪnɪzəm Am fɪl'helənɪzəm/ *n.* filellenismo *m.* (*anche Stor*).

philhellenist /fɪl'helɪnɪst Am fɪl'helənɪst/ I *n.* filelleno *m.* (*f.* -a). II *a.* filelleno, filellenico.

Philip /'fɪlɪp/ *n.pr.m.* Filippo (*anche Bibl*).

Philippa /'fɪlɪpə/ *n.prf.* Filippa.

Philippi /fɪ'lɪpaɪ/ *n.pr.* (*Geog.stor*) Filippi *f.*

Philippian /fɪ'lɪpiən/ I *a.* (*Stor*) filippese, di Filippi. II *n.* 1 (*Stor*) filippese *m./f.* 2 *pl.* (*costr.sing.*) (*Bibl*) Filippesi *m.pl.*, lettera *f.* ai filippesi, lettera *f.* ai Filippesi.

philippic /fɪ'lɪpɪk/ *n.* filippica *f.*, invettiva *f.*

Philippine /'fɪlɪpiːn Am 'fɪləpiːn/ *a.* filippino, delle Filippine.

Philippines /'fɪlɪpiːnz Am 'fɪləpiːnz/ *n.pr.pl.* (*Geog*) Filippine *f.pl.*

philistine /'fɪlɪstaɪn Am 'fɪlɪstiːn/ I *n.* (*spreg*) borghesuccio *m.* (*f.* -a), filisteo *m.* (*f.* -a). II *a.* (*spreg*) filisteo.

Philistine /'fɪlɪstaɪn Am 'fɪlɪstiːn/ I *n.* 1 (*Stor*) filisteo *m.* (*f.* -a). 2 (*fig,spreg*) borghesuccio *m.* (*f.* -a), filisteo *m.* (*f.* -a). II *a.* (*Stor*) filisteo (*anche fig,spreg*).

philistinism /'fɪlɪstɪnɪzəm Am 'fɪlɪstɪnɪzəm/ *n.* (*spreg*) filisteismo *m.*

phillumenist /fɪ'luːmənɪst/ *n.* (*collector of matchbooks*) collezionista *m./f.* di scatole di fiammiferi.

phillumeny /fɪ'luːməni/ *n.* (*hobby of matchbook collecting*) il collezionare scatole di fiammiferi.

Philly /'fɪli/ *n.pr.* (*Geog,colloq*) Filadelfia *f.*

philodendron /ˌfɪlə'dendrən/ *n.* (*Bot*) filodendro *m.*

philol. 1 *philological* filol. (filologico). 2 *philology* (filologia).

philologian /ˌfɪlə'loʊdʒiən/ *n.* (*rar*) filologo *m.* (*f.* -a).

philologic /ˌfɪlə'lɒdʒɪk Am ˌfɪlə'lɑːdʒɪk/ *a.* (*rar*) filologico.

philological /ˌfɪlə'lɒdʒɪkəl Am ˌfɪlə'lɑːdʒɪkəl/ *a.* filologico.

philologically /ˌfɪlə'lɒdʒɪkəli Am ˌfɪlə'lɑːdʒɪkəli/ *avv.* filologicamente.

philologist /fɪ'lɒlədʒɪst Am fɪ'lɑːlədʒɪst/ *n.* filologo *m.* (*f.* -a).

philology /fɪ'lɒlədʒi Am fɪ'lɑːlədʒi/ *n.* filologia *f.*

philomel /'fɪloʊmel Am 'fɪloʊmel/ *n.* (*poet*) usignolo *m.*

philomela /ˌfɪloʊ'miːlə Am ˌfɪloʊ'miːlə/ *n.* (*poet*) usignolo *m.*

philos. 1 *philosopher* filos. (filosofo). 2 *philosophy* filos. (filosofia).

philosopher /fɪ'lɒsəfər Am fɪ'lɑːsəfər/ *n.* filosofo *m.* (*f.* -a) (*anche fig*). ☐ ~*'s stone* (*-s' stone*) pietra filosofale.

philosophic /ˌfɪlə'sɒfɪk Am ˌfɪlə'sɑːfɪk/ *a.* 1 filosofico. 2 (*fig*) (*resigned*) che sopporta con rassegnazione le avversità, filosofico.

philosophical /ˌfɪlə'sɒfɪkəl Am ˌfɪlə'sɑːfɪkəl/ *a.* 1 filosofico. 2 (*fig*) (*resigned*) che sopporta con rassegnazione le avversità, filosofico.

philosophically /ˌfɪlə'sɒfɪkəli Am ˌfɪlə'sɑːfɪkəli/ *avv.* 1 filosoficamente. 2 (*fig,scherz*) con filosofia, filosoficamente: *to take life* ~ prendere la vita con filosofia.

philosophism /fɪ'lɒsəfɪzəm Am fɪ'lɑːsəfɪzəm/ *n.* 1 filosofismo *m.* 2 (*spurious ar-*

gument) filosoferia *f.*, sofisma *m.*, filosofema *m.*

philosophist /fɪˈlɒsəfɪst Am fɪˈlɑːsəfɪst/ *n.* (*spreg*) filosofastro *m.* (*f.* -a), pseudofilosofo *m.* (*f.* -a).

philosophize /fɪˈlɒsəfaɪz Am fɪˈlɑːsəfaɪz/ *v.i.* 1 filosofare. 2 (*to play the philosopher*) filosofare, filosofeggiare, atteggiarsi a filosofo.

philosophizing /fɪˈlɒsəfaɪzɪŋ Am fɪˈlɑːsəfaɪzɪŋ/ *n.* il filosofare.

philosophy /fɪˈlɒsəfi Am fɪˈlɑːsəfi/ *n.* filosofia *f.* (*anche fig*): *I have been successful because I have stuck to the same ~ for 25 years* ho avuto successo perché ho portato avanti la stessa filosofia per 25 anni.

philter /ˈfɪltər/ *n.* (*Am*) filtro *m.* d'amore, pozione *f.* d'amore.

philtre /ˈfɪltər Am ˈfɪltər/ *n.* filtro *m.* d'amore, pozione *f.* d'amore.

phiz /fɪz/ *n.* (*Br,sl*) (*face*) muso *m.*, faccia *f.*, (*spreg*) grugno *m.*

phizog /ˈfɪzɒg/ *n.* (*Br,sl*) (*face*) muso *m.*, faccia *f.*, (*spreg*) grugno *m.*

phlebitic /flɪˈbɪtɪk Am fliːˈbɪtɪk/ *a.* (*Med*) flebitico.

phlebitis /flɪˈbaɪtɪs Am fliːˈbaɪtɪs/ (*pl.* -**tides** /-tɪdiːz Am -tɪdiːz/) *n.* (*Med*) flebite *f.*

phlebology /flɪˈbɒlədʒi Am fliːˈbɑːlədʒi/ *n.* flebologia *f.*

phlebotomist /flɪˈbɒtəmɪst Am flɪˈbɑːtəmɪst/ *n.* 1 (*Med*) persona *f.* addetta ai prelievi di sangue per analisi. 2 (*Med*) (*who practices phlebotomy*) flebotomo *m.*

phlebotomize /flɪˈbɒtəmaɪz Am flɪˈbɑːtəmaɪz/ *v.t.* (*Med*) salassare.

phlebotomy /flɪˈbɒtəmi Am flɪˈbɑːtəmi/ *n.* (*Chim*) flebotomia *f.*

phlegm /flem/ *n.* 1 muco *m.*, spurgo *m.* mucoso, catarro *m.* 2 (*ant,fig*) (*unflappability*) calma *f.*, flemma *f.* 3 (*ant,fig*) (*imperturbability*) imperturbabilità *f.*, impassibilità *f.*

phlegmatic /flegˈmætɪk Am flegˈmætɪk/ *a.* 1 calmo, flemmatico. 2 (*imperturbable*) imperturbabile, impassibile. 3 (*ant*) (*of temperament*) flemmatico.

phlegmatical /flegˈmætɪkəl Am flegˈmætɪkəl/ *a.* 1 calmo, flemmatico. 2 (*imperturbable*) imperturbabile, impassibile.

phlegmatically /flegˈmætɪkəli Am fleg ˈmætɪkəli/ *avv.* flemmaticamente, con flemma.

phlegmon /ˈflegmən/ *n.* (*Med*) flemmone *m.*

phlegmonic /flegˈmɒnɪk Am flegˈmɑːnɪk/ *a.* (*Med,rar*) flemmonoso.

phlegmonous /ˈflegmənəs/ *a.* (*Med*) flemmonoso.

phlegmy /ˈflemi/ *a.* 1 catarroso. 2 (*calm*) flemmatico, caratterizzato da flemma.

phloem /ˈfloʊəm/ *n.* (*Bot*) floema *m.*

phlogistic /flɒˈdʒɪstɪk Am floʊˈdʒɪstɪk/ *a.* 1 (*Stor*) flogistico, che può bruciare. 2 (*Med*) (*inducing inflammation*) flogistico, infiammatorio.

phlogiston /flɒˈdʒɪstən Am floʊˈdʒɪstɑːn/ *n.* (*Stor,Chim*) flogisto *m.*

phlogosis /fləˈgoʊsɪs/ *n.* (*Med*) flogosi *f.*

phlox /flɒks Am flɑːks/ (*pl.inv.* o -**xes** /-ksɪz/) *n.* (*Bot*) phlox *f.*

phobia /ˈfoʊbiə/ *n.* (*Psic*) fobia *f.* (*anche estens*).

phobic /ˈfoʊbɪk/ *a.* (*Psic*) fobico.

phocomelia /ˌfoʊkoʊˈmiːliə/ *n.* (*Med*) focomelia *f.*

phocomelic /ˌfoʊkoʊˈmiːlɪk/ *a.* (*Med*) focomelico.

Phoebe /ˈfiːbi/ *I n.pr.* 1 (*Astr*) Febe *f.* 2 (*lett*) (*moon*) luna *f.* **II** *n.pr.f.* 1 (*Mitol*) Febe. 2 (*noun of a woman*) Phoebe.

Phoebus /ˈfiːbəs/ *I n.pr.m.* (*Mitol*) Febo,

Apollo. **II** *n.* (*lett*) sole *m.*

Phoenicia /fɪˈnɪʃə/ *n.pr.* (*Geog.stor*) Fenicia *f.*

Phoenician /fɪˈnɪʃən/ *I n.* 1 fenicio *m.* (*f.* -a). 2 (*language*) fenicio *m.* **II** *a.* fenicio.

phoenix /ˈfiːnɪks/ *n.* (*Mitol*) fenice *f.*, araba fenice *f.* (*anche fig*).

Phoenix /ˈfiːnɪks/ *n.pr.* 1 (*Astr*) Fenice *f.* 2 (*Geog*) Phoenix *f.*

phon /fɒn Am fɑːn/ *n.* (*Acus,Fis*) fon *m.*

phonate /foʊˈneɪt Am ˈfoʊneɪt/ *v.i.* produrre suoni, emettere suoni.

phonation /foʊˈneɪʃən Am foʊˈneɪʃən/ *n.* fonazione *f.*

phonatory /ˈfoʊnətəri Am ˈfoʊnətɔːri/ *a.* fonatorio.

phone[1] /foʊn/ **I** *n.* (*colloq*) 1 telefono *m.* 2 *pl.* (*earphones*) cuffie *f.pl.* **II** *v.t.* (*colloq*) telefonare a, chiamare (al telefono). **III** *v.i.* (*colloq*) fare una telefonata, telefonare. □ (*Br,Tel*) ~*answering system* segreteria telefonica; ~ *banking* phone banking; ~*book* elenco telefonico, guida telefonica, guida del telefono; ~*booth* cabina telefonica; ~*box* cabina telefonica; ~*call* chiamata telefonica, telefonata; ~*card* scheda telefonica, carta telefonica; ~*number* numero telefonico; *on the* ~ al telefono: *to speak on the* ~ parlare al telefono; *over the* ~ al telefono, telefonicamente; ~*tapping* intercettazione telefonica.

phone[2] /foʊn/ *n.* (*Fon*) suono *m.*

phone-in /ˈfoʊnɪn/ **I** *n.* (*Rad,TV*) trasmissione *f.* con telefonate in diretta, trasmissione *f.* con intervento telefonico degli ascoltatori. **II** *v.t.* (*Am,fig*) (*to do sth. mindlessly*) fare le cose con leggerezza. □ (*Rad*) ~*show* programma con telefonate del pubblico in diretta.

phonematic /ˌfoʊniˈmætɪk Am ˌfoʊniˈmætɪk/ *a.* (*rar,Ling*) fonematico, fonemico.

phonematics /ˌfoʊniˈmætɪks Am ˌfoʊni ˈmætɪks/ *n.pl.* (*costr.sing.*) (*rar,Ling*) fonematica *f.sing.*

phoneme /ˈfoʊniːm/ *n.* (*Ling*) fonema *m.*

phonemic /foʊˈniːmɪk/ *a.* (*Ling*) fonematico, fonemico.

phonemics /foʊˈniːmɪks/ *n.pl.* (*costr.sing.*) (*Ling*) fonematica *f.sing.*

phonetic /foʊˈnetɪk Am fəˈnetɪk/ *a.* (*Ling*) fonetico. □ (*Fon*) ~*alphabet* alfabeto fonetico; (*Fon*) ~*transcription* trascrizione fonetica.

phonetically /foʊˈnetɪkəli Am fəˈnetɪkəli/ *avv.* foneticamente.

phonetician /ˌfoʊniˈtɪʃən/ *n.* fonetista *m./f.*

phoneticist /foʊˈnetɪsɪst Am foʊˈnetɪsɪst/ *n.* (*rar*) fonetista *m./f.*

phoneticize /foʊˈnetɪsaɪz Am foʊˈnetɪsaɪz/ *v.t.* (*rar*) trascrivere foneticamente.

phonetics /foʊˈnetɪks Am fəˈnetɪks/ *n.pl.* (*costr.sing.*) fonetica *f.sing.*

phonetist /ˈfoʊnitɪst Am ˈfoʊnətɪst/ *n.* fonetista *m./f.*

phoney /ˈfoʊni/ **I** *a.* (*sl*) 1 falso, falsificato, contraffatto, (*gerg*) fasullo: *a ~ painting* un quadro falso. 2 (*insincere*) ipocrita, falso. **II** *n.* (*sl*) 1 falso *m.*, oggetto *m.* falsificato, falsificazione *f.* 2 (*insincere person*) persona *f.* falsa, ipocrita *m./f.* 3 (*faker*) impostore *m.* (*f.* -a).

phoniatrics /ˌfoʊniˈætrɪks/ *n.pl.* (*costr.sing.*) (*Med*) foniatria *f.sing.*

phoniatrist /ˌfoʊniˈætrɪst/ *n.* (*Med*) foniatra *m./f.*

phonic /ˈfɒnɪk Am ˈfɑːnɪk/ *a.* 1 fonico. 2 (*ant*) (*acoustic*) acustico.

phonics /ˈfɒnɪks Am ˈfɑːnɪks/ *n.pl.* (*costr.sing.*) 1 metodo *m.sing.* fonetico usato per insegnare a leggere. 2 (*ant*) (*acoustics*) acustica *f.sing.*

phonily /ˈfoʊnəli Am ˈfoʊnəli/ *avv.* (*sl*) insinceramente, falsamente.

phoniness /ˈfoʊnɪnes Am ˈfoʊnɪnes/ *n.* (*sl*) falsità *f.*

phono /ˈfoʊnoʊ Am ˈfoʊnə/ □ (*Elettron*) ~ *jack* presa fono; (*Elettron*) ~*plug* spina fono.

phonocardiogram /ˌfoʊnoʊˈkɑːdioʊgræm Am ˌfoʊnəˈkɑːrdioʊgræm/ *n.* (*Med*) fonocardiogramma *m.*

phonogram /ˈfoʊnəgræm/ *n.* (*Tel,Ling*) fonogramma *m.*

phonograph /ˈfoʊnəgrɑːf Am ˈfoʊnəgræf/ *n.* (*Mus*) fonografo *m.*, grammofono *m.*

phonographer /ˈfoʊnəgrɑːfər Am ˈfoʊnəgræfər/ *n.* 1 esperto *m.* (*f.* -a) di trascrizione fonetica. 2 (*shorthand expert*) chi adotta il sistema stenografico Pitman.

phonographic /ˌfoʊnəˈgræfɪk/ *a.* 1 fonografico. 2 (*of the shorthand system*) relativo al sistema stenografico Pitman.

phonographist /foʊˈnɒgrəfɪst Am foʊ ˈnɑːgrəfɪst/ *n.* 1 esperto *m.* (*f.* -a) di fonetica. 2 (*shorthand expert*) esperto *m.* (*f.* -a) del sistema stenografico Pitman.

phonography /foʊˈnɒgrəfi Am foʊˈnɑːgrəfi/ *n.* 1 grafia *f.* fonetica, scrittura *f.* fonetica. 2 (*shorthand system*) sistema *m.* stenografico di Pitman.

phonolite /ˈfoʊnəlaɪt/ *n.* (*Min*) fonolite *f.*

phonologic /ˌfoʊnəˈlɒdʒɪk Am ˌfoʊnə ˈlɑːdʒɪk/ *a.* (*rar,Ling*) fonologico.

phonological /ˌfoʊnəˈlɒdʒɪkəl Am ˌfoʊnə ˈlɑːdʒɪkəl/ *a.* (*Ling*) fonologico.

phonologically /ˌfoʊnəˈlɒdʒɪkəli Am ˌfoʊnə ˈlɑːdʒɪkəli/ *avv.* (*Ling*) fonologicamente.

phonologist /foʊˈnɒlədʒɪst Am foʊ ˈnɑːlədʒɪst/ *n.* fonologo *m.* (*f.* -a), fonologista *m./f.*

phonology /foʊˈnɒlədʒi Am fəˈnɑːlədʒi/ *n.* (*Ling*) fonologia *f.*

phonometer /fəˈnɒmiːtər Am fəˈnɑːmiːtər/ *n.* (*Acus*) fonometro *m.*

phonometric /ˌfənəˈmetrɪk Am ˌfəˈnɑː metrɪk/ *a.* (*Acus*) del fonometro.

phonometry /fəˈnɒmetri Am ˌfəˈnɑːmetri/ *n.* (*Acus*) fonometria *f.*

phonon /ˈfoʊnɒn Am ˈfoʊnɑːn/ *n.* (*Fis*) fonone *m.*

phonoscope /ˈfoʊnəskoʊp/ *n.* (*Fis*) fonoscopio *m.*

phonotactic /ˌfoʊnoʊˈtæktɪk/ *a.* (*Ling*) fonosintattico.

phonotactics /ˌfoʊnoʊˈtæktɪks/ *n.pl.* (*costr.sing.*) (*Ling*) fonosintassi *f.sing.*, fonetica *f.sing.* sintattica.

phonotype /ˈfoʊnoʊtaɪp Am ˈfoʊnətaɪp/ *n.* (*Tip*) carattere *m.* di stampa di un simbolo fonetico.

phonotypist /ˈfoʊnoʊtaɪpɪst Am ˈfoʊnə taɪpɪst/ *n.* stenografo *m.* (*f.* -a).

phonotypy /ˈfoʊnoʊtaɪpi Am ˈfoʊnətaɪpi/ *n.* uso *m.* di simboli fonetici.

phony /ˈfoʊni/ **I** *a.* (*sl*) 1 falso, falsificato, contraffatto, (*gerg*) fasullo: *a ~ painting* un quadro falso. 2 (*insincere*) ipocrita, falso. **II** *n.* (*sl*) 1 falso *m.*, oggetto *m.* falsificato, falsificazione *f.* 2 (*insincere person*) persona *f.* falsa, ipocrita *m./f.* 3 (*faker*) impostore *m.* (*f.* -a).

phooey /ˈfuːi/ *intz.* (*colloq*) (*to express disappointment or disbelief*) puh!, puah!

phosgene /ˈfɒzdʒiːn Am ˈfɑːsdʒiːn/ *n.* (*Chim*) fosgene *m.*

phosphate /ˈfɒsfeɪt Am ˈfɑːsfeɪt/ **I** *n.* 1 (*Chim*) fosfato *m.* 2 (*Agr*) concime *m.* fosfatico. **II** *v.t.* fosfatare. □ (*Chim*) ~*rock* fosforite; (*Chim*) ~*treatment* fosfatizzazione, fosfatazione.

phosphate-free /ˈfɒsfeɪtfriː Am ˈfɑːsfeɪtfriː/ *a.* che non contiene fosfati, senza fosfati.

phosphatic /fɒsˈfætɪk *Am* faːsˈfæṭɪk/ *a.* (*Chim*) fosfatico.

phosphene /ˈfɒsfiːn *Am* ˈfaːsfiːn/ *n.* (*Ott*) fosfene *m.*

phosphide /ˈfɒsfaɪd *Am* ˈfaːsfaɪd/ *n.* (*Chim*) fosfuro *m.*

phosphine /ˈfɒsfiːn *Am* ˈfaːsfiːn/ *n.* (*Chim*) fosfina *f.*, idrogeno *m.* fosforato.

phosphite /ˈfɒsfaɪt *Am* ˈfaːsfaɪt/ *n.* (*Chim*) fosfito *m.*

phosphor /ˈfɒsfər *Am* ˈfaːsfər/ *m.* (*Chim*) fosforo *m.* ☐ (*Met*) ~ *bronze* bronzo fosforoso; (*Met*) ~ *copper* rame fosforoso.

phosphorate /ˈfɒsfəreɪt *Am* ˈfaːsfəreɪt/ *v.t.* **1** (*Chim*) fosforare. **2** (*to make phosphorescent*) rendere fosforescente.

phosphoresce /ˌfɒsfərˈes *Am* ˌfaːsfərˈes/ *v.i.* essere fosforescente.

phosphorescence /ˌfɒfərˈesns *Am* ˌfaːfəˈresns/ *n.* fosforescenza *f.*

phosphorescent /ˌfɒfərˈesnt *Am* ˌfaːfəˈresnt/ *a.* fosforescente.

phosphoreted, phosphoretted /ˈfɒsfəreɪtɪd *Am* ˈfaːsfəreɪtɪd/ *a.* (*Chim*) fosforato.

phosphoric /fɒsˈfɒrɪk *Am* faːsˈfaːrɪk/ *a.* (*Chim*) fosforico. ☐ (*Chim*) ~ *acid* acido fosforico; (*Chim*) ~ *anydride* anidride fosforica.

phosphorism /ˈfɒsfərɪzəm *Am* ˈfaːsfərɪzəm/ *n.* (*Med*) fosforismo *m.*

phosphorite /ˈfɒsfəraɪt *Am* ˈfaːsfəraɪt/ *n.* (*Geol*) fosforite *f.*

phosphorous /ˈfɒsfərəs *Am* ˈfaːsfərəs/ *a.* (*Chim*) fosforoso: ~ *acid* acido fosforoso. ☐ (*Med*) ~ *poisoning* fosforismo.

phosphorus /ˈfɒsfərəs *Am* ˈfaːsfərəs/ (*pl.* **-ri** /-raɪ/) *n.* (*Chim*) fosforo *m.*

phosphorylate /ˈfɒsfərəˌleɪt *Am* ˈfaːsfərəˌleɪt/ *v.t.* (*Chim*) fosforilare.

phosphorylation /ˌfɒsfərəˈleɪʃən *Am* ˌfaːsfərəˈleɪʃən/ *n.* (*Chim*) fosforilazione *f.*

phosphureted, phosphuretted /ˈfɒsfjʊretɪd *Am* ˈfaːsfjʊreṭɪd/ *a.* (*Chim,ant*) fosforato.

phossy /ˈfɒsi *Am* ˈfaːsi/ ☐ (*colloq,ant*) ~ *jaw* necrosi della mascella dovuta a fosforismo.

phot /fɒt *Am* faːt/ *n.* (*Fis*) fot *m.*

phot. **1** *photograph* fot. (fotografia). **2** *photographer* (fotografo).

photic /ˈfoʊtɪk *Am* foʊṭɪk/ *a.* (*in ecology*) fotico.

photo /ˈfoʊtoʊ *Am* ˈfoʊṭoʊ/ **I** *n.* (*colloq*) (*pl.* **-s** /-z/) **1** foto *f.*, fotografia *f.* **2** (*snapshot*) istantanea *f.* **II** *v.t.* (*colloq*) fotografare. ☐ (*Inform*) ~ *CD* foto CD, foto CD-ROM; ~ *library* archivio fotografico, fototeca; (*colloq*) ~ *op* (*photo opportunity*) opportunità per un personaggio famoso di farsi fotografare in pubblico: *for many celebrities, discos are nothing more than a ~ op to promote their image* per molte celebrità le discoteche non sono altro che un' occasione per promuovere la propria immagine; ~ *safari* safari fotografico, fotosafari; ~ *session* seduta fotografica.

photoallergy /ˌfoʊtoʊˈælədʒi *Am* ˌfoʊṭoʊˈælərdʒi/ *n.* (*Med*) fotoallergia *f.*

photobiology /ˌfoʊtoʊbaɪˈɒlədʒi *Am* ˌfoʊṭoʊbaɪˈaːlədʒi/ *n.* fotobiologia *f.*

photocall /ˈfoʊtoʊkɔːl/ *n.* (*Br*) servizio *m.* fotografico, seduta *f.* fotografica.

photo-CD /ˌfoʊtoʊˈsiːdiː *Am* ˌfoʊṭoʊˈsiːdiː/ *n.* (*Inform*) photo CD *m.*, photo CD-ROM *m.*

photocell /ˈfoʊtoʊsel *Am* ˈfoʊṭoʊsel/ *n.* (*Elettron*) cellula *f.* fotoelettrica, fotocellula *f.*

photochemical /ˌfoʊtoʊˈkemɪkəl *Am* ˌfoʊṭoʊˈkemɪkəl/ *a.* fotochimico: ~ *reaction* reazione fotochimica. ☐ (*Meteor*) ~ *smog* smog fotochimico.

photochemically /ˌfoʊtoʊˈkemɪkəli *Am* ˌfoʊṭoʊˈkemɪkəli/ *avv.* fotochimicamente.

photochemist /ˌfoʊtoʊˈkemɪst *Am* ˌfoʊṭoʊˈkemɪst/ *n.* specialista *m./f.* in fotochimica.

photochemistry /ˌfoʊtoʊˈkemɪstri *Am* ˌfoʊṭoʊˈkemɪstri/ *n.* fotochimica *f.*

photochromatic /ˌfoʊtoʊˌkroʊˈmætɪk *Am* ˌfoʊṭoʊˌkroʊˈmæṭɪk/ *a.* (*Fot,Ott*) fotocromatico.

photochrome /ˈfoʊtoʊkroʊm *Am* ˈfoʊṭoʊkroʊm/ *n.* (*rar,Fot*) fotografia *f.* a colori.

photochromic /ˌfoʊtoʊˈkroʊmɪk *Am* ˌfoʊṭoʊˈkroʊmɪk/ *a.* (*Fot,Ott*) fotocromatico.

photochromism /ˌfoʊtoʊˈkroʊmɪzəm *Am* ˌfoʊṭoʊˈkroʊmɪzəm/ *n.* (*Chim*) fotocromia *f.*

photocoagulation /ˌfoʊtoʊˌkoʊˌæɡjəˈleɪʃən *Am* foʊṭoʊˌkoʊˌæɡjəˈleɪʃən/ *n.* (*Med*) fotocoagulazione *f.*

photocompose /ˌfoʊtoʊkəmˈpoʊz *Am* ˌfoʊṭoʊkəmˈpoʊz/ *v.t.* (*Tip*) fotocomporre.

photocomposer /ˌfoʊtoʊkəmˈpoʊzər *Am* ˌfoʊṭoʊkəmˈpoʊzər/ *n.* (*Tip*) fotocompositore *m.* (*f.* -trice).

photocomposing /ˌfoʊtoʊkəmˈpoʊzɪŋ *Am* ˌfoʊṭoʊkəmˈpoʊzɪŋ/ *n.* (*Tip*) fotocomposizione *f.* ☐ (*Tip*) ~ *machine* fotocompositrice, compositrice fotografica.

photocomposition /ˌfoʊtoʊˌkɒmpəˈzɪʃən *Am* ˌfoʊṭoʊˌkaːmpəˈzɪʃən/ *n.* (*Tip*) fotocomposizione *f.*

photoconductive /ˌfoʊtoʊkənˈdʌktɪv *Am* ˌfoʊṭoʊkənˈdʌktɪv/ *a.* (*Fis*) fotoconduttivo.

photoconductivity /ˌfoʊtoʊˌkɒndʌkˈtɪvəti *Am* ˌfoʊṭoʊˌkaːndʌkˈtɪvəti/ *n.* (*Fis*) fotoconduttività *f.*

photocopiable /ˈfoʊtoʊˌkɒpɪəbl *Am* ˈfoʊṭoʊˌkaːpɪəbl/ *a.* fotocopiabile.

photocopier /ˈfoʊtoʊˌkɒpɪər *Am* ˈfoʊṭoʊˌkaːpɪər/ *n.* fotocopiatrice *f.*

photocopy /ˈfoʊtoʊˌkɒpi *Am* ˈfoʊṭoʊˌkaːpi/ **I** *n.* fotocopia *f.* **II** *v.t.* fotocopiare.

photocopying /ˈfoʊtoʊˌkɒpiɪŋ *Am* ˈfoʊṭoʊˌkaːpiɪŋ/ *n.* fotocopiatura *f.* ☐ ~ *machine* fotocopiatrice.

photodegradeable /ˌfoʊtoʊdɪˈɡreɪdəbl *Am* ˌfoʊṭoʊdɪˈɡreɪdəbl/ *a.* (*Chim,Fis*) fotodegradabile.

photodynamic /ˌfoʊtoʊdaɪˈnæmɪk *Am* ˌfoʊṭoʊdaɪˈnæmɪk/ *a.* (*Biol,Med*) fotodinamico.

photoelectric /ˌfoʊtoʊˈlektrɪk *Am* ˌfoʊṭoʊˈlektrɪk/ *a.* (*Fis*) fotoelettrico. ☐ (*Elettron*) ~ *cell* cellula fotoelettrica, fotocellula.

photoelectrical /ˌfoʊtoʊˈlektrɪkəl *Am* ˌfoʊṭoʊˈlektrɪkəl/ *a.* (*Fis*) fotoelettrico. ☐ (*Elettron*) ~ *cell* cellula fotoelettrica, fotocellula.

photoelectron /ˌfoʊtoʊɪˈlektrɒn *Am* ˌfoʊṭoʊɪˈlektraːn/ *n.* (*Fis*) fotoelettrone *m.*

photoelectronics /ˌfoʊtoʊɪˈlektrɒnɪks *Am* ˌfoʊṭoʊɪˈlektraːnɪks/ *n.pl.* (*costr.sing.*) (*Fis*) fotoelettronica *f.sing.*

photoemission /ˌfoʊtoʊɪˈmɪʃən *Am* ˌfoʊṭoʊɪˈmɪʃən/ *n.* (*Fis*) fotoemissione *f.*

photoemitter /ˌfoʊtoʊɪˈmɪtər *Am* ˌfoʊṭoʊɪˈmɪṭər/ *n.* (*Fis*) fotoemettitore *m.*

photoengrave /ˌfoʊtoʊɪnˈɡreɪv *Am* ˌfoʊṭoʊɪnˈɡreɪv/ *v.t.* (*Tip*) fare una fotoincisione di.

photoengraver /ˌfoʊtoʊɪnˈɡreɪvər *Am* ˌfoʊṭoʊɪnˈɡreɪvər/ *n.* fotoincisore *m.* (*f.* -a).

photoengraving /ˌfoʊtoʊɪnˈɡreɪvɪŋ *Am* ˌfoʊṭoʊɪnˈɡreɪvɪŋ/ *n.* (*Tip*) fotoincisione *f.*

photoessay /ˈfoʊtoʊˌeseɪ *Am* ˈfoʊṭoʊˌeseɪ/ *n.* raccolta *f.* di fotografie che illustrano il medesimo tema.

photoessayist /ˌfoʊtoʊˈeseɪɪst *Am* ˌfoʊṭoʊˈeseɪɪst/ *n.* autore *m.* (*f.* -trice) di una serie di fotografie che illustrano il medesimo tema.

photo-finish /ˌfoʊtoʊˈfɪnɪʃ *Am* ˌfoʊṭoʊˈfɪnɪʃ/ *n.* (*Sport*) fotofinish *m.*, photo finish *m.* (*anche fig*).

photofit /ˈfoʊtoʊfɪt/ *n.* (*Br*) photofit *m.*, fotofit *m.*

photoflash /ˈfoʊtoʊflæʃ *Am* ˈfoʊṭoʊflæʃ/ *n.* (*Fot*) lampada *f.* del flash, flash *m.* ☐ (*Fot*) ~ *lamp* lampada del flash, flash.

photoflood /ˈfoʊtoʊflʌd *Am* ˈfoʊṭoʊflʌd/ *n.* (*El,Fot*) photoflood *m.*, lampada *f.* per fotografia. ☐ (*El,Fot*) ~ *lamp* lampada per fotografia, photoflood.

photog /ˈfɒtɒɡ *Am* ˈfaːṭaːɡ/ *n.* (*colloq*) fotografo *m.* (*f.* -a).

photog. **1** *photography* fot. (fotografia). **2** *photographic* fotografico.

photogen /ˈfoʊtədʒen *Am* ˈfoʊṭədʒen/ *n.* (*Biol*) organismo *m.* fotogeno.

photogene /ˈfoʊtədʒiːn *Am* ˈfoʊṭədʒiːn/ *n.* **1** (*Psic*) immagine *f.* persistente. **2** (*Fisiol*) immagine *f.* residua.

photogenic /ˌfoʊtoʊˈdʒenɪk *Am* ˌfoʊṭoʊˈdʒenɪk/ *a.* **1** fotogenico. **2** (*Biol,Med*) fotogeno.

photogenically /ˌfoʊtoʊˈdʒenɪkəli *Am* ˌfoʊṭoʊˈdʒenɪkəli/ *avv.* fotogenicamente.

photogram /ˈfoʊtoʊɡræm *Am* ˈfoʊṭoʊɡræm/ *n.* (*Fot,Cin*) fotogramma *m.*

photogrammetric /ˌfoʊtoʊˈɡræmətrɪk *Am* ˌfoʊṭoʊˈɡræmətrɪk/ *a.* (*Topogr*) fotogrammetrico.

photogrammetry /ˌfoʊtoʊˈɡræmətri *Am* ˌfoʊṭoʊˈɡræmətri/ *n.* (*Topogr*) fotogrammetria *f.*

photograph /ˈfoʊtoʊɡrɑːf *Am* ˈfoʊṭoʊɡræf/ **I** *n.* fotografia *f.* **II** *v.t.* fotografare (*anche estens*). **III** *v.i.* riuscire (bene *o* male) in fotografia, venire (bene *o* male) in fotografia: *he doesn't ~ well* non viene bene in fotografia, non è fotogenico. ☐ ~ *album* album di fotografie, album fotografico; ~ *library* fototeca, archivio fotografico; *to take a ~ of so.* scattare una fotografia a qcu., fare una fotografia a qcu., fotografare qcu.

photographable /ˈfoʊtoʊɡrɑːfəbl *Am* ˈfoʊṭoʊɡræfəbl/ *a.* fotografabile.

photographer /fəˈtɒɡrəfər *Am* fəˈtaːɡrəfər/ *n.* fotografo *m.* (*f.* -a). ☐ (*Am,Abbigl*) ~'s *vest* gilet tecnico, gilet multitasche, gilet da fotografo.

photographic /ˌfoʊtəˈɡræfɪk *Am* ˌfoʊṭəˈɡræfɪk/ *a.* fotografico. ☐ ~ *library* archivio fotografico, fototeca; ~ *memory* memoria fotografica; (*Fot*) ~ *paper* carta sensibile; (*Fot*) ~ *plate* lastra fotografica.

photographically /ˌfoʊtəˈɡræfɪkəli *Am* ˌfoʊṭəˈɡræfɪkəli/ *avv.* fotograficamente.

photography /fəˈtɒɡrəfi *Am* fəˈtaːɡrəfi/ *n.* fotografia *f.*, arte *f.* fotografica. ☐ ~ *exhibit* mostra fotografica.

photogravure /ˌfoʊtoʊɡrəˈvjʊər *Am* ˌfoʊṭoʊɡrəˈvjʊər/ *n.* (*Tip*) (*process, print*) fotoincisione *f.*

photojournalism /ˌfoʊtoʊˈdʒɜːnəlɪzəm *Am* ˌfoʊṭoʊˈdʒɜːrnəlɪzəm/ *n.* fotogiornalismo *m.*

photojournalist /ˌfoʊtoʊˈdʒɜːnəlɪst *Am* ˌfoʊṭoʊˈdʒɜːrnəlɪst/ *n.* fotogiornalista *m./f.*

photolithograph /ˌfoʊtoʊˈlɪθəɡrɑːf *Am* ˌfoʊṭoʊˈlɪθəɡræf/ **I** *n.* (*Tip,Art*) fotolitografia *f.*, riproduzione *f.* fotolitografica. **II** *v.t.* (*Tip,Art*) fare una fotolitografia di.

photolithography /ˌfoʊtoʊlɪˈθɒɡrəfi *Am* ˌfoʊṭoʊlɪˈθaːɡrəfi/ *n.* (*Tip,Art*) fotolitografia *f.*, fotolito *f.*

photolyse /ˈfoʊtəlaɪz *Am* ˈfoʊṭəlaɪz/ *v.i.* (*Chim*) decomporsi per fotolisi.

photolysis /foʊˈtɒlɪsɪs *Am* foʊˈtaːlɪsɪs/ *n.* (*Chim*) fotolisi *f.*

photolytic /ˌfoʊtəˈlɪtɪk *Am* ˌfoʊṭəˈlɪṭɪk/ *a.* (*Chim*) fotolitico.

photomagnetic /ˌfoʊtoʊmæg'netɪk *Am* ˌfoʊtoʊmæg'netɪk/ *a.* (*Fis*) fotomagnetico.
photometer /fə'tɒmɪtəʳ *Am* fə'tɑːmɪtəʳ/ *n.* (*Ott*) fotometro *m.*
photometric /ˌfoʊtoʊ'metrɪk *Am* ˌfoʊtoʊ 'metrɪk/ *a.* (*Ott,Chim*) fotometrico.
photometrical /ˌfoʊtoʊ'metrɪkəl *Am* ˌfoʊtoʊ 'metrɪkəl/ *a.* (*Ott,Chim*) fotometrico.
photometrically /ˌfoʊtoʊ'metrɪkəli *Am* ˌfoʊtoʊ'metrɪkəli/ *avv.* fotometricamente.
photometry /foʊ'tɒmətri *Am* foʊ'tɑːmətri/ *n.* (*Ott,Chim*) fotometria *f.*
photomicrograph /ˌfoʊtə'maɪkrəgrɑːf *Am* ˌfoʊtə'maɪkrəgræf/ *n.* (*Fot*) microfotografia *f.*
photomicrography /ˌfoʊtəmaɪ'krɒgrəfi *Am* ˌfoʊtəmaɪ'krɑːgrəfi/ *n.* (*Fot*) fotomicrografia *f.*, microfotografia *f.*
photomontage /ˌfoʊtoʊmɒn'tɑːʒ *Am* ˌfoʊtoʊmɑːn'tɑːʒ/ *n.* (*Fot*) fotomontaggio *m.*
photomosaic /ˌfoʊtoʊˌmoʊ'zeɪɪk *Am* ˌfoʊtoʊ ˌmoʊ'zeɪɪk/ *n.* (*Fot*) fotomosaico *m.*
photomultiplier /ˌfoʊtoʊ'mʌltɪplaɪəʳ *Am* ˌfoʊtoʊ'mʌltɪplaɪəʳ/ *n.* (*Elettron*) fotomoltiplicatore *m.*
photon /'foʊtɒn *Am* 'foʊtɑːn/ *n.* (*Fis*) fotone *m.*
photonegative /ˌfoʊtoʊ'negətɪv *Am* ˌfoʊtoʊ 'negətɪv/ *a.* (*Biol,Fis*) fotonegativo.
photonic /'foʊtɒnɪk *Am* 'foʊtɑːnɪk/ *a.* (*Fis*) fotonico.
photo-offset /ˌfoʊtoʊˌɒf'set *Am* ˌfoʊtoʊˌɑːf 'set/ *n.* (*Fot*) offset *m.*
photoperiod /ˌfoʊtoʊ'pɪəriəd *Am* ˌfoʊtoʊ 'pɪriəd/ *n.* (*Biol*) fotoperiodo *m.*
photoperiodism /ˌfoʊtoʊ'pɪəriədɪzᵊm *Am* ˌfoʊtoʊ'pɪriədɪzᵊm/ *n.* (*Biol*) fotoperiodismo *m.*
photophobia /ˌfoʊtoʊ'foʊbiə *Am* ˌfoʊtoʊ 'foʊbiə/ *n.* (*Med,Psic*) fotofobia *f.*
photophobic /ˌfoʊtoʊ'foʊbɪk *Am* ˌfoʊtoʊ 'foʊbɪk/ *a.* (*Med,Psic*) fotofobico.
photophore /'foʊtəfɔːʳ *Am* 'foʊtəfɔːr/ *n.* (*Zool*) fotoforo *m.*
photopic /'foʊtɒpɪk *Am* 'foʊtɑːpɪk/ *a.* (*Fisiol*) fotopico.
photopigment /ˌfoʊtoʊ'pɪgment *Am* ˌfoʊtoʊ 'pɪgment/ *n.* (*in biochemistry*) fotopigmento *m.*, pigmento *m.* fotosensibile.
photopositive /ˌfoʊtoʊ'pɒzətɪv *Am* ˌfoʊtoʊ 'pɑːzətɪv/ *a.* (*Elettron*) fotopositivo.
photoprint /'foʊtəprɪnt *Am* 'foʊtəprɪnt/ *n.* riproduzione *f.* fotografica, stampa *f.* fotografica.
photoproduct /ˌfoʊtoʊ'prɒdʌkt *Am* ˌfoʊtoʊ 'prɑːdʌkt/ *n.* (*Chim*) fotoprodotto *m.*
photoreaction /ˌfoʊtoʊrɪ'ækʃᵊn *Am* ˌfoʊtoʊrɪ'ækʃᵊn/ *n.* (*Chim*) fotoreazione *f.*
photorealism /'foʊtoʊrɪəlɪzᵊm *Am* 'foʊtoʊrɪːəlɪzᵊm/ *n.* (*Art*) iperrealismo *m.*
photorealist /'foʊtoʊrɪəlɪst *Am* 'foʊtoʊrɪːəlɪst/ *a.* (*Art*) iperrealista *m./f.*
photorealistic /'foʊtoʊrɪəlɪstɪk *Am* 'foʊtoʊrɪːəlɪstɪk/ *a.* (*Art*) fotorealistico, iperrealistico.
photoreceptive /ˌfoʊtoʊrɪ'septɪv *Am* ˌfoʊtoʊrɪ'septɪv/ *a.* (*Fisiol*) fotorecettore, fotocettore.
photoreceptor /ˌfoʊtoʊrɪ'septəʳ *Am* ˌfoʊtoʊrɪ'septəʳ/ *n.* (*Fisiol*) fotorecettore *m.*, fotocettore *m.*
photoreconnaissance /ˌfoʊtoʊˌrɪ'kɒnɪsᵊns *Am* ˌfoʊtoʊˌrɪ'kɑːnɪsᵊns/ *n.* (*Aer.mil*) ricognizione *f.* fotografica: *aerial* ~ ricognizione fotografica aerea.
photoreport /ˌfoʊtoʊˌrɪ'pɔːt *Am* ˌfoʊtoʊˌrɪ 'pɔːrt/ *n.* servizio *m.* fotografico, reportage *m.* fotografico (*anche Giorn*).
photoreporter /ˌfoʊtoʊˌrɪ'pɔːtəʳ *Am* ˌfoʊtoʊ ˌrɪ'pɔːrtəʳ/ *n.* (*rar*) fotoreporter *m./f.*
photosensitive /ˌfoʊtoʊ'sensɪtɪv *Am* ˌfoʊtoʊ 'sensɪtɪv/ *a.* fotosensibile (*anche Biol*).

photosensitivity /ˌfoʊtoʊˌsensɪ'tɪvəti *Am* ˌfoʊtoʊˌsensə'tɪvəti/ *n.* fotosensibilità *f.* (*anche Biol*).
photosetting /ˌfoʊtoʊ'setɪŋ *Am* ˌfoʊtoʊ 'setɪŋ/ *n.* (*Tip*) fotocomposizione *f.*
photosphere /'foʊtoʊsfɪəʳ *Am* 'foʊtoʊsfɪr/ *n.* (*Astr*) fotosfera *f.*
photospheric /ˌfoʊtoʊ'sferɪk *Am* ˌfoʊtoʊ 'sferɪk/ *a.* (*Astr*) fotosferico.
photostat /'foʊtoʊstæt *Am* 'foʊtoʊstæt/ **I** *n.* 1 (*camera*) apparecchio *m.* per riproduzione fotostatica, fotocopiatrice *f.* 2 (*copy*) copia *f.* fotostatica, fotocopia *f.* **II** *v.t.* fare una copia fotostatica di, fotocopiare.
photostatic /ˌfoʊtoʊ'stætɪk *Am* ˌfoʊtoʊ 'stætɪk/ *a.* fotostatico.
photosynthesis /ˌfoʊtoʊ'sɪnθəsɪs *Am* ˌfoʊtoʊ'sɪnθəsɪs/ *n.* (*in biochemistry*) fotosintesi *f.*, fotosintesi *f.* clorofilliana, funzione *f.* clorofilliana.
photosynthesize /ˌfoʊtoʊ'sɪnθəsaɪz *Am* ˌfoʊtoʊ'sɪnθəsaɪz/ *v.i.* (*in biochemistry*) svolgere la fotosintesi.
photosynthetic /ˌfoʊtoʊsɪn'θetɪk *Am* ˌfoʊtoʊsɪn'θetɪk/ *a.* (*in biochemistry*) fotosintetico.
photosynthetically /ˌfoʊtoʊsɪn'θetɪkəli *Am* ˌfoʊtoʊsɪn'θetɪkəli/ *avv.* fotosinteticamente.
phototelegraph /ˌfoʊtə'telɪgrɑːf *Am* ˌfoʊtə 'telɪgræf/ *n.* telefoto *f.*, telefotografia *f.*
phototelegraphy /ˌfoʊtətɪ'legrəfi *Am* ˌfoʊtə ˌtə'legrəfi/ *n.* fototelegrafia *f.*
phototherapeutic /ˌfoʊtəˌθerə'pjuːtɪk *Am* ˌfoʊtəˌθerə'pjuːtɪk/ *a.* (*Med*) fototerapico.
phototherapeutics /ˌfoʊtəˌθerə'pjuːtɪks *Am* ˌfoʊtəˌθerə'pjuːtɪks/ *n.pl.* (*costr.sing.*) (*Med*) fototerapia *f.sing.*
phototherapy /ˌfoʊtə'θerəpi *Am* ˌfoʊtə 'θerəpi/ *n.* (*Med*) fototerapia *f.*
phototransistor /ˌfoʊtoʊˌtræn'zɪstəʳ *Am* ˌfoʊtoʊˌtræn'zɪstəʳ/ *n.* (*Elettron*) fototransistore *m.*
phototropic /ˌfoʊtoʊ'trɒpɪk *Am* ˌfoʊtoʊ 'trɑːpɪk/ *a.* (*Biol*) fototropico.
phototropism /foʊ'tɒtrəpɪzᵊm *Am* foʊ 'tɑːtrəpɪzᵊm/ *n.* (*Biol*) fototropismo *m.*
phototype /'foʊtətaɪp *Am* 'foʊtətaɪp/ *n.* 1 (*Tip*) (*process*) fototipia *f.* 2 (*Tip*) (*print*) fototipo *m.*
phototypesetting /ˌfoʊtoʊ'taɪpsetɪŋ *Am* ˌfoʊtoʊ'taɪpsetɪŋ/ *n.* (*Tip*) fotocomposizione *f.*
phototypography /ˌfoʊtətaɪ'pɒgrəfi *Am* ˌfoʊtətaɪ'pɑːgrəfi/ *n.* fototipografia *f.*
photovoltaic /ˌfoʊtoʊvɒl'teɪɪk *Am* ˌfoʊtəvɑːl 'teɪɪk/ *a.* (*Fis*) fotovoltaico. ☐ (*Elettron*) ~ *cell* cellula fotovoltaica, pila fotoelettrica; (*Fis*) ~*effect* effetto fotovoltaico.
photozincographic /ˌfoʊtoʊˌzɪŋkoʊ 'græfɪk *Am* ˌfoʊtoʊˌzɪŋkoʊ'græfɪk/ *a.* (*Tip*) fotozincografico.
photozincography /ˌfoʊtoʊzɪŋ'koʊgrəfi *Am* ˌfoʊtoʊzɪŋ'koʊgrəfi/ *n.* (*Tip*) fotozincografia *f.*
phrasal /'freɪzᵊl/ *a.* di frase, relativo a frase, di espressione. ☐ (*Gramm*) ~*modifier* elemento che modifica la frase; (*Gramm*) ~*verb* verbo frasale.
phrase /freɪz/ **I** *n.* 1 (*Gramm*) frase *f.*, locuzione *f.*, proposizione *f.* 2 (*brief expression*) espressione *f.*, frase *f.*, parole *f.pl.*: *a well-turned* ~ un'espressione ben tornita. 3 (*idiomatic expression*) espressione *f.* idiomatica, frase *f.* idiomatica. 4 (*style of speech*) modo *m.* di esprimersi, frasario *m.* 5 (*Mus*) frase *f.* **II** *v.t.* 1 esprimere, enunciare, formulare, dire: *to* ~ *one's thoughts* esprimere i propri pensieri. 2 (*Mus*) dividere in frasi. **III** *v.i.* (*Mus*) fraseggiare. ☐ ~*book* manuale di conversazione; *as the* ~ *goes*

come si suol dire;*in a* ~ in una frase, in poche parole; *his vocation, as he -s it* la sua vocazione, come la chiama lui.
phrased /freɪzd/ *a.* (*in compounds*) ... formulato, ... espresso: *a well-~ letter* una lettera ben formulata.
phraseogram /'freɪziəgræm/ *n.* simbolo *m.* stenografico che rappresenta più parole.
phraseograph /'freɪziəgrɑːf *Am* 'freɪziəgræf/ *n.* frase *f.* che si può rappresentare con un segno (stenografico).
phraseological /ˌfreɪziə'lɒdʒɪkᵊl *Am* ˌfreɪziə 'lɑːdʒɪkᵊl/ *a.* fraseologico.
phraseology /ˌfreɪzi'ɒlədʒi *Am* ˌfreɪzi 'ɑːlədʒi/ *n.* frasario *m.*, fraseologia *f.*
phrasing /'freɪzɪŋ/ *n.* 1 formulazione *f.*, enunciazione *f.* 2 (*Mus*) fraseggio *m.*
phratry /'freɪtri/ *n.* (*Etnol*) fratria *f.* (*anche Stor.gr*)
phreak /'friːk/ *n.* (*Am,sl*) (*tele-hacker*) pirata *m.* telematico.
phreaker /'friːkəʳ/ *n.* (*Am,sl*) (*tele-hacker*) pirata *m.* telematico.
phreaking /'friːkɪŋ/ *n.* (*Am,sl*) pirateria *f.* telematica.
phreatic /fri'ætɪk *Am* fri'ætɪk/ *a.* (*Geol*) freatico.
phrenic /'frenɪk/ *a.* (*Anat*) frenico.
phrenologic /ˌfrenᵊl'ɒdʒɪk *Am* /ˌfrenᵊl 'ɑːdʒɪk/ *a.* (*Psic*) frenologico.
phrenological /ˌfrenᵊl'ɒdʒɪkᵊl *Am* ˌfrenᵊl 'ɑːdʒɪkᵊl/ *a.* (*Psic*) frenologico.
phrenologist /frɪ'nɒlədʒɪst *Am* frɪ 'nɑːlədʒɪst/ *n.* frenologo *m.* (*f.* -a).
phrenology /frɪ'nɒlədʒi *Am* frɪ'nɑːlədʒi/ *n.* frenologia *f.*
Phrygia /'frɪdʒiə/ *n.pr.* (*Geog.stor*) Frigia *f.*
Phrygian /'frɪdʒiən/ **I** *a.* frigio. **II** *n.* 1 frigio *m.* (*f.* -a). 2 (*language*) lingua *f.* frigia. ☐ (*Stor*) ~ *cap* berretto frigio; (*Mus*) ~ *mode* modo frigio.
PHS, **P.H.S.** *Public Health Service* SSN (servizio sanitario nazionale).
phthisic /'θaɪsɪk/ **I** *n.* 1 (*Med*) tisi *f.*, tubercolosi *f.* (polmonare). 2 (*person*) turbercolotico *m.* (*f.* -a), tisico *m.* (*f.* -a). **II** *a.* tisico, tubercolotico.
phthisical /'θaɪsɪkᵊl/ *a.* tisico, tubercolotico.
phthisiologist /ˌθaɪsɪ'ɒlədʒɪst *Am* ˌθaɪsi 'ɑːlədʒɪst/ *n.* tisiologo *m.* (*f.* -a).
phthisiology /ˌθaɪsɪ'ɒlədʒi *Am* ˌθaɪsɪ'ɑːlədʒi/ *n.* tisiologia *f.*
phthisis /'θaɪsɪs/ (*pl.* -**ses** /-siːz/) *n.* (*Med*) tisi *f.*, tubercolosi *f.* (polmonare).
phut /fʌt/ ☐ (*colloq*) *to go* ~: 1 (*to stop working*) partire, rompersi; 2 (*to collapse, to come to nothing*) andare in fumo, andare a monte, andare a rotoli.
phwoah /fwɔːə/ *intz.* (*Br*) puah!, puh!
phylactery /fɪ'læktᵊri/ *n.* 1 (*Rel.ebr*) filatterio *m.*, filacterio *m.* 2 (*estens*) (*amulet*) portafortuna *m.*, amuleto *m.*
phyletic /faɪ'letɪk *Am* faɪ'letɪk/ *a.* (*Biol*) filogenetico, filetico.
phyletically /faɪ'letɪkᵊli *Am* faɪ'letɪkᵊli/ *avv.* filogeneticamente.
Phyllis /'fɪlɪs/ *n.pr.f.* (*Mitol*) Fillide.
phylloxera /ˌfɪ'lɒksərə *Am* faɪlɒk'sɪərə/ (*pl.* -**s** /-z/ o -**rae** /-riː/) *n.* (*Entom*) fillossera *f.*
phylum /'faɪləm/ (*pl.* -**la** /-lə/) *n.* 1 (*Biol*) phylum *m.*, tipo *m.* 2 (*Ling*) phylum *m.*, ceppo *m.* linguistico.
phys. 1 *physical* (fisico). 2 *physician* (medico). 3 *physics* fis. (fisica). 4 *physiology* fisiol. (fisiologia). 5 *physiological* (fisiologico).
Phys Ed /'fiːzed/ *n.* (*colloq*) (*Pysical Education*) educazione *f.* fisica.

physiatrics /ˌfɪzɪ'ætrɪks/ n.pl. (costr.sing.) (Med) fisiatria f.sing.

physiatrist /'fɪzɪətrɪst/ n. fisiatra m./f.

physic /'fɪzɪk/ I n. (ant) 1 purgante m., purga f. 2 (estens) (medicine) medicamento m., farmaco m., medicina f. 3 (rar) (medical art) arte f. medica, medicina f. II v.t. (past, p.p. -ked /'fɪzɪkt/) (ant) 1 dare medicine a, somministrare medicine a. 2 (to purge) purgare. 3 (to cure) curare.

physical /'fɪzɪkəl/ I a. 1 (of the body) fisico, corporeo, corporale; ~ strength forza fisica. 2 (of material things) fisico, materiale: the ~ world il mondo fisico. 3 (of physics) fisico, della fisica: ~ laws leggi fisiche. 4 (of natural science) fisico, naturale. II n. (colloq) visita f., visita f. medica. □ ~ chemistry chimica fisica; (Br) ~ culture culturismo; (Dir) ~ disability invalidità fisica, menomazione fisica; (Scol) ~ education educazione fisica; (Med) ~ examination visita medica: to give so. a ~ examination visitare qcu.; (Sport) ~ exercises ginnastica; ~ geography geografia fisica; (Br,colloq,ant) ~ jerks esercizi ginnici, esercizi fisici, ginnastica; ~ necessities necessità del corpo, bisogni corporali; (Med) ~ rehabilitation riabilitazione; ~ sciences: 1 (physics) fisica; 2 (sciences in general) scienze fisiche; (Med) ~ therapist fisioterapista; (Med) ~ therapy fisioterapia; (Sport) ~ training allenamento, ginnastica.

physically /'fɪzɪkəli/ avv. fisicamente. □ ~ handicapped minorato fisico, handicappato fisico; it's ~ impossible è materialmente impossibile.

physician /fɪ'zɪʃən/ n. medico m., dottore m. (f. -essa); (burocr) sanitario m. □ ~ in private practice medico libero professionista.

physicism /'fɪzɪsɪzm/ n. (Filos) fisicismo m.

physicist /'fɪzɪsɪst/ n. fisico m. (f. -a), studioso m. (f. -a) di fisica.

physics /'fɪzɪks/ n.pl. 1 (costr.sing.) fisica f.sing. 2 (physical phenomena) fenomeni m.pl. fisici. 3 (physical properties) proprietà f.pl. fisiche.

physiocracy /ˌfɪzɪ'ɒkrəsi Am ˌfɪzɪ'ɑːkrəsi/ n. (Econ,Stor) fisiocrazia f.

physiocrat /'fɪzɪoʊkræt Am 'fɪzɪoʊkræt/ n. (Econ,Stor) fisiocrate m.

physiocratic /ˌfɪzɪoʊ'krætɪk Am ˌfɪzɪoʊ'kræt̮ɪk/ a. (Econ,Stor) fisiocratico.

physiognomic /ˌfɪzɪə'nɒmɪk Am ˌfɪzɪɑːg'nɑːmɪk/ a. (Psic,Filos) fisiognomonico.

physiognomical /ˌfɪzɪə'nɒmɪkəl Am ˌfɪzɪɑːg'nɑːmɪkəl/ a. (Psic,Filos) fisiognomonico.

physiognomically /ˌfɪzɪə'nɒmɪkəli Am ˌfɪzɪɑːg'nɑːmɪkəli/ avv. fisiognomonicamente.

physiognomist /ˌfɪzɪ'ɒnəmɪst Am ˌfɪzɪ'ɑːgnəmɪst/ n. (Psic,Filos) fisiognomo m. (f. -a).

physiognomy /ˌfɪzɪ'ɒnəmi Am ˌfɪzɪ'ɑːgnəmi/ n. 1 fisionomia f. 2 (fig) fisionomia f., aspetto m. caratteristico, carattere m.: the ~ of a people la fisionomia di un popolo. 3 (judgment of character from facial features) fisiognomica f., fisiognomonica f.

physiographer /ˌfɪzɪ'ɒgrəfər Am ˌfɪzɪ'ɑːgrəfər/ n. esperto m. (f. -a) di geografia fisica.

physiographic /ˌfɪzɪoʊ'græfɪk Am ˌfɪzɪoʊ'græfɪk/ a. della geografia fisica, relativo alla geografia fisica.

physiographical /ˌfɪzɪoʊ'græfɪkəl Am ˌfɪzɪoʊ'græfɪkəl/ a. della geografia fisica, relativo alla geografia fisica.

physiography /ˌfɪzɪ'ɒgrəfi Am ˌfɪzɪ'ɑːgrəfi/ n. (ant) geografia f. fisica, geomorfologia f.

physiologic /ˌfɪzɪə'lɒdʒɪk Am ˌfɪzɪə'lɑːdʒɪk/ a. (rar) fisiologico.

physiological /ˌfɪzɪə'lɒdʒɪkəl Am ˌfɪzɪə-

'lɑːdʒɪkəl/ a. fisiologico: ~ saline soluzione fisiologica.

physiologist /ˌfɪzɪ'ɒlədʒɪst Am ˌfɪzɪ'ɑːlədʒɪst/ n. fisiologo m. (f. -a).

physiology /ˌfɪzɪ'ɒlədʒi Am ˌfɪzɪ'ɑːlədʒi/ n. fisiologia f.

physiotherapist /ˌfɪzɪoʊ'θerəpɪst Am ˌfɪzɪoʊ'θerəpɪst/ n. (Med) fisioterapista m./f.

physiotherapy /ˌfɪzɪoʊ'θerəpi Am ˌfɪzɪoʊ'θerəpi/ n. (Med) fisioterapia f.

physique /fɪ'ziːk/ n. fisico m., costituzione f., corporatura f.: a strong ~ un fisico robusto.

phytochemical /ˌfaɪtoʊ'kemɪkəl Am ˌfaɪtoʊ'kemɪkəl/ a. fitochimico.

phytochemist /ˌfaɪtoʊ'kemɪst Am ˌfaɪtoʊ'kemɪst/ n. esperto m. (f. -a) di fitochimica.

phytochemistry /ˌfaɪtoʊ'kemɪstri Am ˌfaɪtoʊ'kemɪstri/ n. fitochimica f.

phytogenesis /ˌfaɪtoʊ'dʒenɪsɪs Am ˌfaɪtoʊ'dʒenɪsɪs/ n. (Bot) fitogenesi f.

phytogeographer /ˌfaɪtoʊdʒɪ'ɒgrəfər Am ˌfaɪtoʊdʒɪ'ɑːgrəfər/ n. fitogeografo m. (f. -a).

phytogeographic /ˌfaɪtoʊdʒɪ:oʊ'græfɪk Am ˌfaɪtoʊdʒɪ:ə'græfɪk/ a. fitogeografico, geobotanico.

phytogeographical /ˌfaɪtoʊdʒɪ:oʊ'græfɪkəl Am ˌfaɪtoʊdʒɪ:ə'græfɪkəl/ a. fitogeografico, geobotanico.

phytogeographically /ˌfaɪtoʊdʒɪ:oʊ'græfɪkəli Am ˌfaɪtoʊdʒɪ:ə'græfɪkəli/ avv. fitogeograficamente, geobotanicamente.

phytogeography /ˌfaɪtoʊdʒɪ'ɒgrəfi Am ˌfaɪtoʊdʒɪ'ɑːgrəfi/ n. (Bot,Geog) geobotanica f., geografia f. botanica, fitogeografia f.

phytographic /ˌfaɪtoʊ'græfɪk Am ˌfaɪtoʊ'græfɪk/ a. (Bot) fitografico.

phytographical /ˌfaɪtoʊ'græfɪkəl Am ˌfaɪtoʊ'græfɪkəl/ a. (Bot) fitografico.

phytography /faɪ'tɒgrəfi Am faɪ'tɑːgrəfi/ n. (Bot) fitografia f.

phytolacca /ˌfaɪtoʊ'lækə Am ˌfaɪtoʊ'lækə/ n. (Bot) fitolacca f.

phytologic /ˌfaɪtoʊ'lɒdʒɪk Am ˌfaɪtoʊ'lɑːdʒɪk/ a. (rar) fitologico, botanico.

phytological /ˌfaɪtoʊ'lɒdʒɪkəl Am ˌfaɪtoʊ'lɑːdʒɪkəl/ a. (rar) fitologico, botanico.

phytology /faɪ'tɒlədʒi Am faɪ'tɑːlədʒi/ n. (rar) fitologia f., botanica f.

phytopathology /ˌfaɪtoʊpə'θɒlədʒi Am ˌfaɪtoʊpə'θɑːlədʒi/ n. (Bot) fitopatologia f., patologia f. vegetale.

phytophagous /faɪ'tɒfəgəs Am faɪ'tɑːfəgəs/ a. (Zool,Entom) fitofago.

phytophagy /faɪ'tɒfədʒi Am faɪ'tɑːfədʒi/ n. (Zool,Entom) fitofagia f.

phytopharmacological /ˌfaɪtoʊˌfɑːməkə'lɒdʒɪkəl Am ˌfaɪtoʊˌfɑːrməkə'lɑːdʒɪkəl/ a. (Chim,Bot) fitofarmaceutico.

phytopharmacology /ˌfaɪtoʊˌfɑːmə'kɒlədʒi Am ˌfaɪtoʊˌfɑːrmə'kɑːlədʒi/ n. (Chim, Bot) fitofarmacia f.

phytoplankton /ˌfaɪtoʊ'plæŋktən Am ˌfaɪtoʊ'plæŋktən/ n. (Biol) fitoplancton m.

phytotoxic /ˌfaɪtoʊ'tɒksɪk Am ˌfaɪtoʊ'tɑːksɪk/ a. (Bot) fitotossico.

phytotoxicity /ˌfaɪtoʊtɒk'sɪsəti Am ˌfaɪtoʊtɑːk'sɪsət̮i/ n. (Bot) fitotossicità f.

pi /paɪ/ n. 1 (letter of the Greek alphabet) pi f./m. 2 (Mat) pi m. greco.

piacular /paɪ'ækjʊlər/ a. 1 espiatorio, di espiazione. 2 (sinful) peccaminoso.

piaffe /pi'æf Am pjæf/ I v.i. (Equit) piaffare, fare la ciambella. II n. (Equit) ciambella f.

pia mater /ˌpaɪə'meɪtər Am ˌpaɪə'meɪt̮ər/ n. (Anat) piamadre f., pia madre f.

pianissimo /ˌpiːə'nɪsɪmoʊ/ I a. (Mus) pianissimo. II avv. (Mus) pianissimo. III n. (pl. -s /-z/ o -mi /-miː/) (Mus) pianissimo m.

pianist /'piːənɪst Am 'piːənɪst/ n. pianista m./f.

---

pianistic /ˌpiːə'nɪstɪk Am ˌpiːə'nɪstɪk/ a. (Mus) pianistico.

pianistically /ˌpiːə'nɪstɪkəli Am ˌpiːə'nɪstɪkəli/ avv. pianisticamente.

piano[1] /'pjænoʊ/ I n. (pl. -s /-z/) (Mus) pianoforte m., piano m. II a. (Mus) per pianoforte, pianistico. □ (Mus) ~ accordion fisarmonica; ~ bar piano-bar; ~ bench sgabello da pianoforte; (Mus) ~ organ organetto; ~ player: 1 (pianist) pianista; 2 (Mus) pianola; (Mus) ~ quartet quartetto; ~ stool sgabello da pianoforte; ~ tuner accordatore (di pianoforti); (Tecn) ~ wire filo armonico.

piano[2] /'pjɑːnoʊ/ I a. (Mus) piano. II avv. (Mus) piano. III n. (pl. -s /-z/) (Mus) passaggio m. che va eseguito piano.

pianola /piːə'noʊlə/ n. (Mus) pianola f.

piaster /pi'æstər/ n. (Am) (coin) piastra f.

piastre /pi'æstər/ n. (Econ) (coin) piastra f.

pibroch /'piːbrɒk Am 'piːbrɑːk/ n. (Mus) brano m. musicale con variazioni per cornamusa.

pic /pɪk/ n. (colloq) 1 (film) film m. 2 (photograph) fotografia f.

pica[1] /'paɪkə/ n. (Tip) pica f.

pica[2] /'paɪkə/ n. (Med) pica f.

picador /'pɪkədɔː Am 'pɪkədɔːr/ (pl. -s /-z/ o -res /-riːz/) n. picador m.

Picard /'pɪkəd Am 'pɪkɑːrd/ I n. 1 piccardo m. (f. -a). 2 (dialect) piccardo m. II a. piccardo.

Picardy /'pɪkədi Am 'pɪkərdi/ n.pr. (Geog) Piccardia f.

picaresque /ˌpɪkə'resk Am ˌpɪkə'resk/ a. (Lett) picaresco (anche estens).

picaroon /ˌpɪkə'ruːn/ n. (ant,lett) 1 picaro m. 2 (pirate) pirata m., corsaro m. 3 (pirate ship) nave f. pirata.

picayune /'pɪkəjuːn/ I n. (Am,Canad,colloq) 1 monetina f., spicciolo m.; (five-cent piece) moneta f. da cinque cent. 2 (insignificant person) nessuno m., nullità f. 3 (insignificant thing) bazzeccola f., inezia f. II a. (Am,Canad, colloq) 1 da nulla, insignificante, trascurabile. 2 (narrow-minded) gretto, meschino.

piccalilli /ˌpɪkə'lɪli Am 'pɪkəlɪli/ n. (Gastron) giardiniera f. con senape e spezie.

piccaninny /ˌpɪkə'nɪni Am 'pɪkənɪni/ n. (spreg) (Negro child) negretto m. (f. -a), piccolo negro (f. piccola negra).

piccolo /'pɪkəloʊ/ (pl. -s /-z/) n. (Mus) ottavino m.

piccoloist /'pɪkəloʊɪst/ n. suonatore m. (f. -trice) di ottavino.

piceous /'pɪsiəs/ a. 1 (resembling pitch) pecioso, (lett) piceo. 2 (black as pitch) del colore della pece, nero come la pece.

pick[1] /pɪk/ I v.t. 1 cogliere, raccogliere: please do not ~ the flowers si prega di non cogliere i fiori; to ~ cotton raccogliere il cotone. 2 (to choose) scegliere: ~ your partners for the next dance scegliete i vostri compagni per il prossimo ballo. 3 (Sport) (to choose) selezionare. 4 (to remove with the fingers) togliere (con le dita): to ~ dirt from one's clothes togliersi lo sporco dagli abiti. 5 (Am) (to pluck the feathers from) spennare, pelare: to ~ a turkey spennare un tacchino. 6 (to remove flesh) spolpare: to ~ a bone (clean) spolpare (ben bene) un osso. 7 (to break with a pick) rompere col piccone. 8 (of the teeth) stuzzicare: to ~ one's teeth stuzzicarsi i denti. 9 (of a lock) scassinare, aprire con un grimaldello. 10 (of birds: to take up with the beak) beccare. 11 (of food: to eat mincingly) spilluzzicare (at sth. qcs.). 12 (to separate, to pull apart) sfilacciare, ridurre in filacce. 13 (to undo) staccare, slacciare. 14 (Mus) (of the strings of an instrument) pizzicare. 15 (Mus) (of a stringed instrument) suonare. 16 (Sart) impunturare. II v.i. 1 (to *eat mincingly*) spilluzzicare, piluccare (qcs.). **2** (*of birds*) beccare. **III** *n.* **1** scelta *f.*, selezione *f.* **2** (*choicest part, member*) elemento *m.* migliore, parte *f.* migliore, il migliore, il meglio. **3** (*Agr*) raccolto *m.* □ *to ~ a fight* with so. attaccare briga con qcu., (*dial*) attaccare lite con qcu.; *to ~ and choose*: **1** scegliere con cura; **2** (*estens*) (*to be fastidious*) essere difficile da accontentare, essere schizzinoso, fare il difficile, essere esigente; *to ~ and steal* rubacchiare; *to ~ apart*: **1** lacerare, strappare; **2** (*fig*) analizzare, esaminare; (*colloq*) *to ~ at*: **1** piluccare, sbocconcellare; **2** (*to nag*) criticare, assillare, tormentare, trovare da ridire sul conto di, trovare da ridire su; *to ~ so.'s brains* sfruttare le idee di qcu.; *to give so. the ~ of sth.* lasciare a qcu. la scelta di qcs.; (*colloq*) *to ~ holes in sth.* trovare da ridire su qcs.; *to ~ meat from a bone* spolpare un osso; (*fig*) *the ~ of the basket*: **1** (*person*) il meglio, la persona migliore, l'elemento migliore; **2** (*thing*) l'oggetto migliore, l'elemento migliore; (*colloq*) *the ~ of the bunch* il migliore di tutti; (*fig*) *the ~ of the litter*: **1** (*person*) il meglio, la persona migliore, l'elemento migliore; **2** (*thing*) l'oggetto migliore, l'elemento migliore; *to ~ off*: **1** levare, togliere; *to ~ hairs off one's coat* togliersi i peli dalla giacca; *to ~ sth. off the floor* tirare su qcs. dal pavimento; **2** (*colloq*) (*to shoot or to bring down singly*) abbattere uno dopo l'altro; *to ~ on*: **1** (*colloq*) trovare da ridire sul conto di, criticare; **2** (*colloq*) (*to tease, to harass*) infastidire, dare fastidio; **3** (*colloq*) (*to seek a quarrel with*) cercare di attaccare lite con, attaccare briga con, prendersela con; *to ~ out*: **1** scegliere (con cura), selezionare; **2** (*to make out, to distinguish*) individuare, distinguere; **3** (*to relieve with contrasting colours, etc.*) ravvivare; **4** (*to cause to stand out*) mettere in risalto, accentuare, evidenziare; **5** (*of sense, meaning: to discern*) cogliere, capire; **6** (*Mus*) suonare a orecchio; *to ~ over* vagliare, esaminare (per fare una scelta); *to ~ so.'s pocket* borseggiare qcu.; *~ pocketing* borseggio; *to ~ a quarrel* with so. attaccare briga con qcu., attaccare lite con qcu.; *to ~ sides* schierarsi; *to take one's ~* prendere uno a scelta; *to ~ to pieces*: **1** fare a pezzi; **2** (*fig*) (*of an argument, etc.*) criticare, trovare da ridire su; *to ~ up*: **1** raccogliere (da terra), raccattare, tirare su, sollevare: *she ~ed the baby up* tirò su il bambino; **2** (*rifl.*) *to ~ oneself up* rialzarsi, sollevarsi, tirarsi su; **3** (*to take into a vehicle*) fare salire, prendere su, dare un passaggio: *the bus ~ed us up at the crossroads* l'autobus ci fece salire al crocevia; **4** (*scherz, colloq*) (*to collect, to call for*) passare a prendere, andare a prendere, prelevare: *I'll ~ you up after school* passerò a prenderti dopo la scuola; **5** (*to acquire casually*) (riuscire a) trovare, scovare, pescare: *I ~ed it up in the flea market* l'ho trovato al mercato delle pulci; **6** (*of habits, etc.: to acquire*) prendere: *he has ~ed up some bad habits* ha preso delle cattive abitudini; **7** (*colloq*) (*to enter casually into companionship with*) abbordare; **8** (*colloq*) (*to arrest*) pizzicare, arrestare, acciuffare; **9** (*sl*) (*to steal*) grattare, rubare; **10** (*to revive the spirits, the energy of*) tirare su, risollevare: *a cup of tea will ~ you up* una tazza di tè ti tirerà su; **11** (*to recover*) riprendersi, tirarsi su, riaversi; **12** (*to improve*) migliorare, progredire: *business has ~ed up* gli affari miglioreranno; **13** (*to resume*) riprendere, ricominciare; *she ~ed up the story where she left off* ha ripreso il racconto dal punto in cui l'aveva in-

terrotto; **14** (*to gain speed*) accelerare, acquistare velocità: *to ~ up speed* acquistare velocità, prendere velocità; **15** (*to tidy*) rassettare, riordinare; **16** (*to bring within range*) captare, ricevere (*anche Rad, TV*); *to ~ up a foreign station* ricevere una stazione straniera; **17** (*Am, colloq*) (*of a bill*) pagare; **18** (*of a dropped stitch in knitting*) riprendere; **19** (*Med*) (*to catch a disease*) contrarre: *to ~ up an infection* contrarre un'infezione; *to ~ up a living* sbarcare il lunario; (*fig*) *to ~ up the gauntlet* raccogliere il guanto, accettare la sfida.

pick[2] /pɪk/ **I** *n.* **1** piccone *m.* **2** (*any sharp-pointed tool for picking*) attrezzo *m.* appuntito. **II** *v.t.* (*to pierce, to dig up*) lavorare col piccone; scavare col piccone. **III** *v.i.* (*to work with a pick*) lavorare col piccone, (*to strike with a pick*) dare colpi di piccone (*at* a).

pickaback /ˈpɪkəbæk/ **I** *n.* (*rar*) **1** il portare qcu. a cavalluccio. **2** trasporto *m.* di un veicolo su un altro mezzo. **II** *avv.* (*rar*) a cavalluccio, in spalla, sulle spalle: *to carry so. ~* portare qcu. a cavalluccio; *to ride ~* farsi portare sulle spalle. **III** *a.* (*rar*) a cavalluccio, in spalla, sulle spalle. **IV** *v.t.* (*rar*) **1** portare in spalla, portare a cavalluccio. **2** trasportare (qcs.) su un altro mezzo. **V** *v.i.* (*rar*) essere assorbito (da qcs.), accorpare (a qcs.) di più importante.

pickaninny /ˌpɪkəˈnɪnɪ Am ˈpɪkənɪnɪ/ *n.* (*spreg*) (*black child*) negretto *m.* (*f.* -a), piccolo negro *f.* piccola negra).

pickax, pickaxe /ˈpɪkæks/ **I** *n.* piccone *m.* **II** *v.t.* rompere col piccone, dare colpi di piccone a. **III** *v.i.* lavorare col piccone, usare il piccone.

picked /pɪkt/ *a.* **1** scelto, selezionato: *~ men* uomini scelti. **2** (*off fruit*) colto dall'albero. **3** (*of bones*) spolpato.

picker[1] /ˈpɪkər/ *n.* **1** (*one that picks, often used in compounds*) chi raccoglie, raccoglitore *m.* (*f.* -trice), coglitore *m.* (*f.* -trice): *a fruit~* chi raccoglie frutta. **2** (*machine*) raccoglitrice *f.* □ *~s and stealers* ladruncoli, ladroncelli.

picker[2] /ˈpɪkər/ *n.* (*Tess*) (*part of a shuttle*) tacchetto *m.*

pickerel /ˈpɪkərəl/ (*pl. inv.* o **-s** /-z/; *il pl. inv. si usa general. con valore collett.*) *n.* (*Itt*) luccio *m.* giovane.

picket /ˈpɪkɪt/ **I** *n.* **1** (*stake*) picchetto *m.*, paletto *m.*, piolo *m.* **2** (*in a fence*) stecconе *m.*, stecca *f.* **3** (*for a tent rope*) picchetto *m.* **4** (*group of strikers, demonstrators, etc.*) picchetto *m.* **5** (*Mil*) (*outlying picket*) pattuglia *f.* di picchetto. **6** (*Mil*) (*inlying picket*) picchetto *m.* (armato). **II** *v.t.* **1** steccare, chiudere con uno steccato, recintare con uno steccato. **2** (*of strikers, etc.*) picchettare: *to ~ a factory* picchettare una fabbrica. **3** (*to tether to a picket*) legare a un picchetto, assicurare a un picchetto. **4** (*Mil*) (*to guard with a picket*) mettere un picchetto di guardia a. **5** (*Mil*) (*to post as a picket*) mettere di picchetto. **III** *v.i.* **1** (*of strikers, etc.*) formare picchetti. **2** (*Mil*) essere di picchetto. □ (*Mar. mil*) *~ boat* guardacoste, nave vedetta, vedetta; *~ fence* steccato, palizzata, cancellata di legno; *~ line* picchetto, cordone di scioperanti; *to be on ~ line* essere di picchetto; *to be on ~* essere di picchetto.

picketing /ˈpɪkɪtɪŋ Am ˈpɪkɪtɪŋ/ *n.* picchettaggio *m.*

picking /ˈpɪkɪŋ/ *n.* **1** (*often in compounds*) raccolta *f.*: *fruit-~* raccolta della frutta. **2** (*that which is picked*) raccolto *m.*, raccolta *f.* **3** (*petty theft*) furtarello *m.* **4** *pl.* (*scraps, left-*

overs) rimasugli *m.pl.*, avanzi *m.pl.*, residui *m.pl.* **5** *pl.* (*colloq*) (*dishonest profits*) guadagni *m.pl.* illeciti, profitti *m.pl.* illeciti. □ *here the ~s are poor* qui c'è poca scelta.

pickle /ˈpɪkl/ **I** *n.* **1** (*Gastron*) giardiniera *f.* **2** (*Alim*) (*brine*) salamoia *f.* **3** (*Alim*) (*vinegar*) aceto *m.* **4** (*Alim*) (*marinade*) marinata *f.* **5** (*sth. pickled*) sottaceto *m.* **6** (*colloq*) (*awkward situation*) guaio *m.*, impiccio *m.*, pasticcio *m.*, imbroglio *m.* **7** (*colloq*) (*mischievous child*) bricconcello *m.* (*f.* -a), monello *m.* (*f.* -a), diavoletto *m.* (*f.* -a). **8** (*Ind*) bagno *m.* di decapaggio. **9** *pl.* (*Gastron*) sottaceti *m.pl.* **II** *v.t.* **1** (*Alim*) (*to preserve in brine*) mettere in salamoia. **2** (*Alim*) (*to preserve in vinegar*) conservare sottaceto. **3** (*Alim*) (*to steep in marinade*) marinare. **4** (*Ind*) decapare, sottoporre a decapaggio. □ (*colloq, fig*) *to be in a ~* essere nei pasticci.

pickle-cured /ˈpɪklkjʊərd/ *a.* (*Alim*) **1** (*in salt water*) in salamoia. **2** (*in vinegar*) sottaceto.

pickled /ˈpɪkld/ *a.* **1** (*Alim*) sottaceto. **2** (*sl*) (*drunk*) ubriaco, ciucco, sbronzo.

pickling /ˈpɪklɪŋ/ *n.* **1** (*Alim*) (*in brine*) conservazione *f.* in salamoia. **2** (*Alim*) (*in vinegar*) conservazione *f.* sottaceto. **3** (*Met*) decapaggio *m.*

picklock /ˈpɪklɒk Am ˈpɪklɑːk/ *n.* **1** scassinatore *m.* (*f.* -trice). **2** (*tool*) grimaldello *m.*

pickman /ˈpɪkmən/ *n.irr.* (*rar*) picconiere *m.*

pick-me-up /ˈpɪkmiʌp/ *n.* (*colloq*) **1** (*drink*) tonico *m.*, cicchetto *m.*, cordiale *m.* **2** (*drug*) energetico *m.*, ricostituente *m.*

pick-off /ˈpɪkɒf Am ˈpɪkɑːf/ *a.* (*Tecn*) rimovibile, staccabile, smontabile.

pickpocket /ˈpɪkpɒkɪt Am ˈpɪkpɑːkɪt/ *n.* borsaiolo *m.* (*f.* -a), borseggiatore *m.* (*f.* -trice), tagliaborse *m./f.*

pick-up /ˈpɪkʌp/ **I** *n.* **1** raccolta *f.* **2** (*of a gramophone*) pick-up *m.*, fonorivelatore *m.* **3** (*colloq*) (*casual acquaintance*) conoscenza *f.* occasionale. **4** (*colloq*) (*person taken up*) persona *f.* che si prende a bordo, autostoppista *m./f.* **5** (*sl*) (*free lift*) passaggio *m.* **6** (*colloq*) (*recovery*) il riprendersi, il riaversi. **7** (*colloq*) (*improvement*) miglioramento *m.*, progresso *m.* **8** (*sl*) (*arrest*) arresto *m.* **9** (*Mot*) (*acceleration*) accelerazione *f.*, ripresa *f.* **10** (*Econ*) ripresa *f.*: *~ of the economy* ripresa economica. **11** (*Astron*) recupero *m.*, ricupero *m.* (di una capsula). **12** (*Rad, TV*) (*act of receiving sound waves*) ricezione *f.* **13** (*Am, Aut*) pick-up *m.*, furgoncino *m.* con cassone scoperto e sponde basse. **14** (*colloq*) (*sexual partner*) partner *m./f.* occasionale. □ *~ cartridge* cartuccia; *~ sticks* (*game*) sciangai, shangai; (*Aut*) *~ truck* pick-up, furgoncino con cassone scoperto e sponde basse.

Pickwickian /pɪkˈwɪkɪən/ *a.* **1** dal carattere semplice e generoso. **2** (*of an expression, word*) inteso in senso non letterale.

picky /ˈpɪkɪ/ *a.* difficile da accontentare, difficile, schizzinoso.

picnic /ˈpɪknɪk/ **I** *n.* **1** picnic *m.*, scampagnata *f.*, merenda *f.* all'aperto. **2** (*colloq*) (*sth. easy*) cosa *f.* facile, gioco *m.* da ragazzi, scherzo *m.*: *it's no ~* non è uno scherzo. **3** (*colloq*) (*enjoyable experience, etc.*) cosa *f.* piacevole, divertimento *m.* **II** *a.* da picnic. **III** *v.i.* (*past, p.p.* **-ked** /-kt/) fare un picnic.

picnicker /ˈpɪknɪkər/ *n.* chi fa un picnic, chi partecipa a un picnic.

picnicking /ˈpɪknɪkɪŋ/ □ *to go ~* fare un picnic.

picot /ˈpiːkoʊ/ *n.* (*in embroidery*) festone *m.*, festoncino *m.* □ *~ stitch* (*in embroidery*) punto smerlo, punto festone.

picrate /ˈpɪkreɪt/ *n.* (*Chim*) picrato *m.*

picric /ˈpɪkrɪk/ *a.* (*Chim*) picrico.

pictograph /'pɪktougrɑːf *Am* 'pɪktougræf/ *n.* 1 pittogramma *m.* 2 (*chart*) schema *m.* in cui le informazioni sono rappresentate da disegni.

pictographic /ˌpɪktə'græfɪk/ *a.* pittografico.

pictography /pɪk'tɒgrəfi *Am* pɪk'tɑːgrəfi/ *n.* pittografia *f.*

pictorial /pɪk'tɔːrɪəl/ **I** *a.* 1 pittorico, della pittura. 2 (*illustrated*) illustrato, figurato: *a ~ atlas* un atlante illustrato. 3 (*fig*) pittoresco, pittorico: *a ~ description* una descrizione pittoresca. **II** *n.* giornale *m.* illustrato, rotocalco *m.*

pictorially /pɪk'tɔːrɪəli/ *avv.* 1 (*by means of pictures*) per immagini, con immagini. 2 (*from a pictorial point of view*) pittoricamente.

picture /'pɪktʃər/ **I** *n.* 1 (*photograph*) fotografia *f.* 2 (*painting*) quadro *m.*, dipinto *m.*, pittura *f.* 3 (*drawing*) disegno *m.* 4 (*portrait*) ritratto *m.*: *to sit for one's ~* posare per un ritratto. 5 (*any visible image*) immagine *f.*, figura *f.*, illustrazione *f.* 6 (*fig*) (*vivid description*) descrizione *f.*, ritratto *m.*, quadro *m.* 7 (*fig*) (*mental image*) immagine *f.*, idea *f.*, visione *f.*: *a clear ~ of the situation* una chiara immagine della situazione. 8 (*fig*) (*likeness*) ritratto *m.*, copia *f.*: *she is the ~ of her mother* è il ritratto di sua madre. 9 (*fig*) (*embodiment*) personificazione *f.*, immagine *f.*, ritratto *m.*: *to be the ~ of health* essere il ritratto della salute. 10 (*film*) film *m.*, pellicola *f.* cinematografica. 11 (*fig*) (*set of circumstances*) quadro *m.*, situazione *f.*, circostanze *f.pl.*: *the ~ as regards exports has changed* per quanto riguarda le esportazioni la situazione è mutata. 12 (*fig*) (*sth. or so. very pretty*) bellezza *f.*: *she looked a perfect ~* era proprio una bellezza. 13 (*fig*) (*picturesque sight*) quadretto *m.* (di genere), scenetta *f.* 14 (*TV*) immagine *f.* 15 (*Med*) quadro *m.* clinico. 16 *pl.* (*colloq,ant*) (*cinema*) cinema *m.sing.*, cinematografo *m.sing.*: *to go to the -s* andare al cinema. **II** *v.t.* 1 ritrarre, raffigurare, dipingere. 2 (*fig*) (*to imagine*) immaginare, figurare: *~ yourself in my position* immaginati al mio posto. 3 (*fig*) (*to describe vividly*) descrivere, dipingere. □ (*Br*) ~ *book* libro illustrato; (*Br*) ~ *card* (*in card games*) figura; (*colloq*) *you don't come into the ~ at all* non devi entrarci affatto; (*Br*) ~ *dealer* commerciante di quadri; (*Cin*) ~ *frame* fotogramma; ~ *gallery* pinacoteca; (*colloq*) *to get the ~* capire la situazione, afferrare la situazione; (*Br*) ~ *goer* frequentatore di sale cinematografiche; (*Mod*) ~ *hat* cappello da donna a tesa larga; (*Br,ant*) ~ *house* cinema, cinematografo; (*colloq*) *to be in the ~* (*to be informed*) essere informato, essere al corrente; (*colloq*) *to put so. in the ~* mettere al corrente qcu.; ~ *library* centro iconografico; (*Tel*) ~ *messaging* picture messaging; (*colloq*) *to be out of the ~* non riguardare, non entrarci; (*Br,ant*) ~ *palace* cinema, cinematografo; ~ *postcard* cartolina, cartolina illustrata; (*Br*) ~ *writing* ideografia, scrittura ideografica.

picturesque /ˌpɪktʃər'esk/ *a.* 1 pittoresco. 2 (*quaint*) caratteristico, pittoresco. 3 (*fig*) (*of language*) pittoresco, espressivo, efficace.

picturesquely /ˌpɪktʃər'eskli/ *avv.* in modo pittoresco.

picturesqueness /ˌpɪktʃər'esknəs/ *n.* l'essere pittoresco.

piddle /'pɪdl/ *v.i.* (*colloq,infant*) fare pipì.

piddling /'pɪdlɪŋ/ *a.* (*colloq*) insignificante, trascurabile.

piddly /'pɪdli/ *a.* (*colloq*) insignificante, trascurabile.

pidgin /'pɪdʒɪn/ *n.* 1 (*colloq*) affare *m.*: *that's your ~* è affar tuo. 2 (*language*) pidgin *m.* □ (*Ling*) ~ *English* pidgin-english.

pi-dog /'paɪdɒg *Am* 'paɪdɑːg/ *n.* cane *m.* randagio.

pie[1] /paɪ/ *n.* 1 (*Dolc*) torta *f.*: *apple ~* torta di mele. 2 (*Dolc*) (*open-face pie*) crostata *f.* 3 (*Dolc*) (*tart*) tartina *f.* 4 (*Gastron*) (*of meat*) pasticcio *m.*, torta *f.*, tortino *m.* 5 (*colloq*) (*sth. very easy*) giochetto *m.*, scherzo *m.*, gioco *m.* da ragazzi, passeggiata *f.* □ (*Gastron,Dolc*) ~ *crust* crosta di pasta che ricopre uno sformato o una torta; (*colloq,fig*) *it's all ~ in the sky* è pura utopia, è un miraggio.

pie[2] /paɪ/ *n.* (*ant,Ornit*) gazza *f.*, pica *f.*

pie[3] /paɪ/ **I** *n.* 1 (*Tip*) refuso *m.* 2 (*fig*) disordine *m.*, confusione *f.* **II** *v.t.* 1 (*Tip*) (*of type*) mettere in disordine. 2 (*fig*) scompigliare, impasticciare.

piebald /'paɪbɔːld/ **I** *a.* 1 pezzato. 2 (*variegated*) variegato, screziato. **II** *n.* (*horse*) pezzato *m.*, cavallo *m.* pezzato.

piece /piːs/ **I** *n.* 1 pezzo *m.*: *a ~ of bread* un pezzo di pane. 2 (*portion*) parte *f.*, porzione *f.*, pezzo *m.*: *to cut into eight -s* tagliare in otto parti; *the -s of a jigsaw puzzle* i pezzi di un puzzle. 3 (*fragment*) pezzo *m.*, frammento *m.*, pezzetto *m.*: *to smash into -s* mandare in pezzi, ridurre in frantumi. 4 (*single example or unit of a class of things; followed by of*) un, una: *a ~ of information* un'informazione; *a ~ of furniture* un mobile. 5 (*Giorn*) pezzo *m.* 6 (*Lett*) (*passage*) passo *m.*, pezzo *m.*, brano *m.* 7 (*Mus*) pezzo *m.* 8 (*Art*) (*painting, picture*) pittura *f.*, quadro *m.*, tela *f.*; (*sculpture*) scultura *f.* 9 (*unit of a standard size*) pezza *f.*: *to sell cloth by the ~* vendere tessuti a pezze. 10 (*Br,sl*) (*girl, woman*) pezzo *m.* di ragazza, gnocca *f.* 11 (*in draughts, chess, etc.*) pedina *f.*, pezzo *m.* 12 (*Econ,Numism*) moneta *f.*, pezzo *m.*: *a five-penny ~* una moneta da cinque penny. 13 (*Arm,Mil*) pezzo *m.* (d'artiglieria). 14 (*Arm*) (*firearm*) rivoltella *f.*, pistola *f.* 15 (*Am,colloq*) (*period of time*) pezzo *m.*, periodo *m.* di tempo. 16 (*Am,colloq*) (*interval of space*) pezzo *m.*, tratto *m.* **II** *v.t.* riparare (aggiungendo dei pezzi), rappezzare, aggiustare. 2 (*to unite the parts of*) mettere insieme, unire, giuntare: *to ~ together the fragments of a broken dish* mettere insieme i frammenti di un piatto rotto. □ (*Br*) *all of a ~*: 1 (tutti) dello stesso genere; 2 (*consistent, harmonious*) coerente, in armonia, in carattere, in tono (*with con*); ~ *by ~* pezzo per pezzo, a pezzi e bocconi, a spizzichi, (*region*) a spizzichi e bocconi; *by the ~* a cottimo: *to pay by the ~* pagare a cottimo; (*Br*) *a table that comes to -s* un tavolo smontabile; (*colloq*) *to go to -s* cedere, crollare (*anche fig*); (*Tess,Comm*) ~ *goods* tessuti in pezza; (*Br*) *of a ~*: 1 (tutti) dello stesso genere; 2 (*consistent, harmonious*) coerente, in armonia, in carattere, in tono (*with con*); (*sl, volg*) *a ~ of ass* una scopata; (*sl*) *a ~ of cake* un gioco da ragazzi, un giochetto, uno scherzo, una passeggiata; (*fig*) *a ~ of lard* un trippone, un ciccione; *a ~ of luck* una fortuna, un colpo di fortuna, una botta di fortuna; (*fig*) *to give so. a ~ of one's mind* dire a qcu. il fatto suo; *a ~ of news* una notizia; (*sl*) *a ~ of the action* (*a share of an activity or of profits*) parte, ruolo; (*fig*) *to see* (o *Am to get*) *a ~ of the action* assistere in prima persona; *a ~ of work*: 1 un lavoro, un compito (difficile): *a fine ~ of work* un bel lavoro; 2 (*fig*) (*person*) una persona particolare, una persona originale; ~ *rate* retribuzione a pezzo; (*Br*) *to take to -s*: 1 smontare (pezzo per pezzo); 2 (*to be able to be disassembled*) essere smontabile, smontarsi; *to -s*: 1 a pezzi; 2 (*colloq*) (*utterly,*

madly) alla follia, follemente: *to love so. to -s* amare qcu. alla follia; *to ~ together* mettere insieme, unire, giuntare; *to ~ up* rattoppare, rappezzare.

piece-dyed /'piːsdaɪd/ *a.* (*Tess,Ind*) tinto in pezza.

piecemeal /'piːsmiːl/ **I** *avv.* 1 (*piece by piece*) pezzo per pezzo, un po' alla volta, a pezzi e bocconi, a spizzichi. 2 (*in pieces*) a pezzi, in pezzi. **II** *a.* fatto a spizzichi, fatto un po' alla volta.

piecer /'piːsər/ *n.* (*Tess*) giuntatore *m.* (*f.* -trice).

piecework /'piːswɜːk *Am* 'piːswɜːrk/ **I** *n.* lavoro *m.* a cottimo. **II** *a.* a cottimo. □ *to do ~* lavorare a cottimo.

pieceworker /'piːswɜːkər *Am* 'piːswɜːrkər/ *n.* cottimista *m./f.*

pied /paɪd/ *a.* 1 (*of a horse*) pezzato. 2 (*variegated*) variegato, screziato, variopinto.

pied-à-terre /ˌpjeɪdɑː 'teər/ (*pl.* **pieds-à-terre**) *n.* (*Edil*) pied-à-terre *m.*, piccolo appartamento *m.* (usato come seconda abitazione).

Piedmont /'piːdmənt *Am* 'piːdmɑːnt/ *n.pr.* (*Geog*) Piemonte *m.*

Piedmontese /ˌpiːdmən'tiːz *Am* ˌpiːdmɑːn 'tiːz/ **I** *n.inv.* piemontese *m./f.* **II** *a.* piemontese.

pie-dog /'paɪdɒg *Am* 'paɪdɑːg/ *n.* cane *m.* randagio.

pie-eyed /'paɪaɪd/ *a.* (*colloq*) sbronzo, ciucco, ubriaco.

pie-faced /'paɪfeɪst/ *a.* (*sl*) con la faccia da luna piena, con la faccia di luna piena.

pieman /'paɪmən/ *n.irr.* (*Br*) pasticciere *m./f.*

pier /pɪər *Am* pɪr/ *n.* 1 (*Mar*) banchina *f.*, molo *m.*, pontile *m.* 2 (*Mar*) (*breakwater*) frangiflutti *m.* 3 (*Edil*) (*of a bridge*) pila *f.*, pilone *m.* 4 (*Edil,Art*) (*pillar, pilaster*) piedritto *m.*, pilastro *m.* 5 (*Edil*) (*wall between windows, etc.*) muro *m.* tra due finestre. 6 (*Edil,Art*) (*to strengthen a wall*) contrafforte *m.* □ (*Arred*) ~ *glass* specchiera.

pierage /'pɪərɪdʒ/ *n.* (*Comm*) diritti *m.pl.* di banchina.

pierce /pɪəs *Am* pɪrs/ **I** *v.t.* 1 trapassare, trafiggere, forare, attraversare: *the arrow -d his armour* la freccia gli trapassò la corazza. 2 (*to make a hole in*) forare, bucare, perforare: *to have one's ears -d* farsi forare i lobi delle orecchie, farsi il buco alle orecchie. 3 (*to make a way through*) penetrare in, spingersi in, farsi strada tra. 4 (*to make a breach, aprirsi un varco in, aprirsi una breccia in: *to ~ the enemy lines* sfondare le linee nemiche. 5 (*fig*) (*to penetrate with the eye*) penetrare, trapassare. 6 (*fig*) (*to penetrate with the mind*) penetrare, riuscire a comprendere. 7 (*fig*) (*to affect*) commuovere, toccare, colpire. 8 (*fig*) (*of sound, pain, etc.*) lacerare, trafiggere. **II** *v.i.* penetrare, spingersi (*into, to* in).

pierced /pɪəst *Am* pɪrst/ *a.* 1 perforato, forato. 2 (*of ears*) con il buco, (*rar*) bucate: *to have ~ ears* avere i buchi alle orecchie, avere le orecchie bucate.

piercer /'pɪəsər *Am* 'pɪrsər/ *n.* 1 (*Tecn,Mecc*) punzone *m.* 2 (*worker*) operaio *m.* (*f.* -a) addetto alla punzonatura. 3 (*Entom*) ovopositore *m.*

piercing /'pɪəsɪŋ *Am* 'pɪrsɪŋ/ *a.* 1 (*of sounds*) penetrante, acuto, lacerante: *a ~ cry* un grido lacerante. 2 (*of the eyes*) penetrante, acuto. 3 (*of wind, cold*) pungente, penetrante. 4 (*fig*) (*discerning*) penetrante, acuto, perspicace. 5 (*fig*) (*cutting*) mordace, caustico, pungente.

piercingly /'pɪəsɪŋli *Am* 'pɪrsɪŋli/ *avv.* in modo penetrante.

pierhead /'pɪəhed *Am* 'pɪrhed/ *n.* (*Mar*) testa

f. di molo, punta *f.* di molo.

Pierides /paɪ'erɪdiːz/ *n.pr.pl.* (*Mitol*) Pieridi *f.pl.*, Muse *f.pl.*

pierrot /'pɪərou *Am* ˌpiːə'rou/ *n.* pierrot *m.*

pietism /'paɪətɪz°m/ *n.* 1 (*Rel,Stor*) pietismo *m.* 2 (*spreg*) (*sanctimoniousness*) pietismo *m.*, devozione *f.* affettata.

pietist /'paɪətɪst/ *n.* 1 (*Rel,Stor*) pietista *m./f.* 2 (*spreg*) (*bigot*) bigotto *m.* (*f.* -a), bacchettone *m.* (*f.* -a), pietista *m./f.*

pietistic /ˌpaɪə'tɪstɪk/ *a.* 1 (*Rel,Stor*) pietistico. 2 (*spreg*) (*sanctimonious*) pietistico, da bigotto, da bacchettone.

pietistical /ˌpaɪə'tɪstɪk°l/ *a.* (*rar*) 1 (*Rel,Stor*) pietistico. 2 (*spreg*) (*sanctimonious*) pietistico, da bigotto, da bacchettone.

pietistically /ˌpaɪə'tɪstɪk°li/ *avv.* pietisticamente (*anche spreg*).

piety /'paɪəti *Am* 'paɪəti/ *n.* 1 devozione *f.*, pietà *f.*, religiosità *f.* 2 (*ant*) (*loyalty to parents, race, etc.*) devozione *f.*, rispetto *m.* e amore, (*lett*) pietà *f.*

piezoelectric /piˌetsouɪ'lektrɪk *Am* paɪˌiːzoʊ'lektrɪk/ *a.* (*Fis*) piezoelettrico.

piezoelectrically /piˌetsouɪ'lektrɪk°li *Am* paɪˌiːzoʊɪ'lektrɪk°li/ *avv.* piezoelettricamente.

piezoelectricity /piˌetsouˌelɪk'trɪsəti *Am* paɪˌiːzoʊˌiːlek'trɪsəti/ *n.* (*Fis*) piezoelettricità *f.*

piezometer /piˌetsoʊ'miːtər *Am* paɪˌiːzoʊ'miːtər/ *n.* (*Fis*) piezometro *m.*

piffle /'pɪfl/ **I** *n.* (*Br,colloq*) scemenze *f.pl.*, sciocchezze *f.pl.*, stupidaggini *f.pl.*: *don't talk* ~ non dire sciocchezze. **II** *v.i.* (*Br,colloq*) dire scemenze, dire sciocchezze.

piffler /'pɪflər/ *n.* (*Br,colloq*) chi parla a vanvera, chi dice sciocchezze.

piffling /'pɪflɪŋ/ *a.* (*colloq*) 1 sciocco, stupido. 2 (*trivial*) futile, insignificante, banale.

pig /pɪg/ **I** *n.* 1 (*Zool*) maiale *m.*, porco *m.*, suino *m.* 2 (*colloq*) (*greedy person*) persona *f.* ingorda, maiale *m.* (*f.* -a): *to eat like a* ~ mangiare come un maiale. 3 (*colloq*) (*dirty or nasty person*) sudicione *m.* (*f.* -a), maiale *m.* (*f.* -a), (*scherz*) porcello *m.* (*f.* -a), (*spreg*) porco *m.* (*f.* -a). 4 (*colloq*) (*selfish person*) sporco egoista *m./f.* 5 (*colloq*) (*sth. unpleasant*) schifo *m.*, rottura *f.*: *a* ~ *of a job* uno schifo di lavoro. 6 (*sl,spreg*) (*policeman*) sbirro *m.*, piedipiatti *m./f.*, poliziotto *m.* (*f.* -a). 7 (*Met*) (*block of metal*) lingotto *m.* 8 (*Met*) (*mould*) fossa *f.* di colata per lingotti, canale *m.* di colata per lingotti. 9 (*Met*) (*metal*) metallo *m.* in pani. **II** *v.i.* 1 (*Zootecn*) figliare. 2 (*colloq*) (*to eat greedily*) ingozzarsi, rimpinzarsi. 3 (*Met*) colare la ghisa in pani. □ (*Met*) ~ *bed* letto di colata per lingotti; (*Mar,sl*) ~ *boat* sottomarino; (*Zootecn*) ~ *breeder* suinicoltore; (*Zootecn*) ~ *breeding* suinicoltura; (*Am,sl*) *in a* ~ *'s eye* mai, nemmeno per sogno, neanche per sogno; (*Gastron*) ~ *'s feet* zampetti di maiale; (*iron*) *when* ~ *s fly* (*never*) quando gli asini voleranno; (*sl*) *to buy sth. a* ~ *in a poke* comprare qcs. a scatola chiusa; (*Met*) ~ *iron* ghisa grezza, ghisa d'alto forno, ghisa di prima fusione; (*Br,colloq*) *to* ~ *it* vivere in un porcile; (*colloq*) ~ *Latin* gergo segreto che si forma mettendo la prima lettera della parola più la sillaba -ay alla fine della parola stessa; (*colloq*) *to make a* ~ *of oneself* mangiare come un maiale; (*sl*) *to* ~ *out* (*to eat greedily*) mangiare come un porco, ingozzarsi: *at buffets people are inclined to* ~ *out* ai buffet la gente tende a ingozzarsi; (*Am,colloq*) ~ *pickin'* (*pig roast*) maiale allo spiedo; (*Br,fig*) *to carry* ~ *s to market* cercare di fare un affare; *to bring one's* ~ *s to the wrong market* fare un cattivo affare; (*Gastron*) ~ *'s trotters* zampetti di maiale.

pigeon [1] /'pɪdʒən/ **I** *n.* 1 (*Ornit*) piccione *m.*,

colombo *m.* 2 (*sl*) (*dupe*) babbeo *m.* (*f.* -a), sempliciotto *m.* (*f.* -a), (*volg*) minchione *m.* □ ~ *'s blood* rosso cupo; (*Ornit,Med*) ~ *breast* sterno carenato; (*Agr*) ~ *'s dung* colombina; ~ *house* piccionaia; ~ *loft* piccionaia; ~ *pair* gemelli (di sesso diverso); ~ *post* corrispondenza inviata tramite piccioni viaggiatori; (*Sport*) ~ *shooting* tiro al piattello.

pigeon [2] /'pɪdʒən/ *n.* 1 (*colloq*) affare *m.*: *that's your* ~ è affar tuo. 2 (*language*) pigeon *m.* □ (*Ling*) ~ *English* pidgin-english.

pigeon-breasted /'pɪdʒənˌbrestɪd/ *a.* (*Ornit, Med*) dal petto carenato, con lo sterno carenato.

pigeon-chested /'pɪdʒənˌtʃestɪd/ *a.* (*Ornit, Med*) dal petto carenato, con lo sterno carenato.

pigeon-hearted /'pɪdʒənˌhɑːtɪd *Am* 'pɪdʒənˌhɑːrtɪd/ *a.* pavido, codardo, coniglio.

pigeonhole /'pɪdʒənˌhoʊl/ **I** *n.* 1 (*of a desk, etc.*) casella *f.* 2 (*broad category*) categoria *f.* 3 (*of a dovecote*) apertura *f.* di colombaia, nicchia *f.* di colombaia. **II** *v.t.* 1 (*fig*) (*to classify*) classificare. 2 (*fig*) (*to put in broad category*) incasellare. 3 (*fig*) (*to postpone*) accantonare, mettere da parte. □ ~ *rack* casellario.

pigeon-livered /'pɪdʒənˌlɪvərd/ *a.* mite, mansueto.

pigeonry /'pɪdʒənri/ *n.* piccionaia *f.*, colombaia *f.*

pigeon-toed /ˌpɪdʒən'toʊd/ *a.* dal piede varo: *to be* ~ avere il piede varo.

pig-eyed /'pɪgaɪd/ *a.* (*Br*) dagli occhi porcini.

piggery /'pɪgəri/ *n.* 1 (*pigsty*) porcile *m.* 2 (*pig-breeding establishment*) allevamento *m.* di maiali. 3 (*fig*) (*coarse behaviour*) comportamento *m.* da maiale.

piggie /'pɪgi/ **I** *n.* (*colloq,infant*) porcellino *m.*, maialino *m.* **II** *a.* 1 porcino, maialesco, da maiale: ~ *eyes* occhi porcini. 2 (*greedy*) ingordo, avido. □ ~ *bank* salvadanaio a forma di porcellino, porcellino.

piggish /'pɪgɪʃ/ *a.* 1 di maiale, da maiale, maialesco. 2 (*greedy*) ingordo, avido. 3 (*filthy*) sudicio, sporco. 4 (*obstinate*) testardo, cocciuto.

piggishness /'pɪgɪʃnəs/ *n.* 1 (*rudeness*) grossolanità *f.* 2 (*greediness*) ingordigia *f.*, avidità *f.* 3 (*dirtiness*) sporcizia *f.* 4 (*obstinacy*) cocciutaggine *f.*

piggy /'pɪgi/ **I** *n.* (*colloq,infant*) porcellino *m.*, maialino *m.* **II** *a.* 1 porcino, maialesco, da maiale: ~ *eyes* occhi porcini. 2 (*greedy*) ingordo, avido. □ ~ *bank* salvadanaio a forma di porcellino, porcellino.

piggyback /'pɪgibæk/ **I** *n.* 1 il portare qcu. a cavalluccio. 2 (*method of transportation*) trasporto *m.* di un veicolo su un altro mezzo. **II** *avv.* a cavalluccio, in spalla, sulle spalle: *to carry so.* ~ portare qcu. a cavalluccio; *to ride* ~ farsi portare sulle spalle. **III** *a.* a cavalluccio, in spalla, sulle spalle. **IV** *v.t.* 1 portare in spalla, portare a cavalluccio. 2 trasportare (qcs.) su un altro mezzo. **V** *v.i.* essere assorbito (da qcs.), accorpare (a qcs.) di più importante. □ (*Comm*) ~ *traffic* traffico combinato strada-rotaia.

pigheaded /ˌpɪg'hedɪd/ *a.* testardo, cocciuto, caparbio.

pigheadedly /ˌpɪg'hedɪdli/ *avv.* cocciutamente, caparbiamente.

pigheadedness /ˌpɪg'hedɪdnəs/ *n.* testardaggine *f.*, cocciutaggine *f.*, caparbietà *f.*

piglet /'pɪglɪt/ *n.* (*Zool*) maialino *m.*, porcellino *m.*

piglike /'pɪglaɪk/ *a.* porcino, simile a un maiale.

pigling /'pɪglɪŋ/ *n.* (*Zool*) suinetto *m.*, (*colloq*) maialino *m.*, (*colloq*) porcellino *m.*

pigment /'pɪgmənt/ **I** *n.* (*Biol,Chim*) pigmento *m.* **II** *v.t.* (*Biol,Chim*) pigmentare. **III** *v.i.* (*Biol, Chim*) pigmentarsi.

pigmental /pɪg'mentəl/ *a.* (*Biol,Chim*) pigmentario.

pigmentary /'pɪgməntəri *Am* 'pɪgmənteri/ *a.* (*Biol,Chim*) pigmentario.

pigmentation /ˌpɪgmən'teɪʃən/ *n.* (*Biol,Chim*) pigmentazione *f.*

pigmy /'pɪgmi/ *n.* pigmeo *m.* (*f.* -a), nano *m.* (*f.* -a). **II** *a.* 1 dei pigmei, relativo ai pigmei. 2 (*small, dwarfish*) nano, pigmeo.

pignorate /'pɪgnəreɪt/ *v.t.* (*rar*) 1 (*to pawn*) impegnare, dare in pegno. 2 (*to take in pawn*) prendere in pegno.

pignoration /ˌpɪgnə'reɪʃən/ *n.* (*rar*) l'impegnare, il dare in pegno.

pignut /'pɪgnʌt/ *n.* 1 (*Bot*) bulbocastano *m.*, castagna *f.* di terra. 2 (*Bot*) specie *f.* di caria. 3 (*nut*) noce *f.* della caria.

pigpen /'pɪgpen/ *n.* 1 porcile *m.* 2 (*colloq*) (*dirty place*) porcile *m.*, letamaio *m.*, luogo *m.* sudicio.

pigskin /'pɪgskɪn/ *n.* 1 pelle *f.* di cinghiale. 2 (*Pell*) cinghiale *m.* 3 (*Am,Sport*) pallone *m.* da football. 4 (*Am,colloq*) (*saddle*) sella *f.*

pigsticker /'pɪgˌstɪkər/ *n.* cacciatore *m.* (*f.* -trice) di cinghiali (con lancia).

pigsticking /'pɪgˌstɪkɪŋ/ *n.* (*Caccia*) caccia *f.* del cinghiale (con la lancia).

pigsty /'pɪgstaɪ/ *n.* 1 porcile *m.* 2 (*colloq*) (*dirty place*) luogo *m.* sudicio, porcile *m.*, letamaio *m.*

pigswill /'pɪgswɪl/ *n.* pastone *m.* per maiali.

pigtail /'pɪgteɪl/ *n.* 1 (*of hair*) codino *m.*, treccina *f.* 2 (*roll of tobacco*) rotolo *m.* di tabacco.

pigtailed /'pɪgteɪld/ *a.* con i codini, con le treccine.

pi-jaw /'paɪˌdʒɔː/ *n.* 1 (*sl*) predica *f.*, sermone *m.* 2 (*estens,scherz*) paternale *f.*, predica *f.*

pike [1] /paɪk/ (*pl.inv.* o -s /-s/; *il pl. inv. si usa general. con valore collett.*) *n.* (*Itt*) luccio *m.*

pike [2] /paɪk/ **I** *n.* (*Mil,ant*) picca *f.* **II** *v.t.* uccidere con una picca, trafiggere con una picca.

pike [3] /paɪk/ *n.* 1 (*Strad*) strada *f.* a pedaggio. 2 (*Strad*) (*turnpike*) cancello *m.* di strada a pedaggio, sbarra *f.* di strada a pedaggio. 3 (*Strad*) (*toll paid*) pedaggio *m.* 4 (*Am,Strad*) (*toll highway*) autostrada *f.* a pedaggio. □ (*Am,sl,fig*) *to come down the* ~ (*to come on the scene*) apparire, venire alla ribalta.

pikelet /'paɪklɪt/ *n.* (*Dolc*) pasticcino *m.* sottile.

pikeman /'paɪkmən/ *n.irr.* (*Mil,ant*) picchiere *m.*, picca *f.*

piker /'paɪkər/ *n.* (*colloq*) 1 (*petty gambler*) giocatore *m.* (*f.* -trice) che punta piccole somme. 2 (*petty speculator*) piccolo speculatore *m.* (*f.* -trice). 3 (*niggard*) avaro *m.* (*f.* -a), taccagno *m.* (*f.* -a), tirchio *m.* (*f.* -a).

pikestaff /'paɪkstɑːf *Am* 'paɪkstæf/ *n.* (*Mil,ant*) asta *f.* della picca.

pilaf, pilaff /'pɪlæf *Am* piː'lɑːf/ *n.* (*Alim*) pilaf *m.*, riso *m.* pilaf.

pilaster /pɪ'læstər/ *n.* (*Arch*) lesena *f.*, pilastro *m.*

pilastered /pɪ'læstərd/ *a.* (*Arch*) con pilastri, a lesene, con lesene.

Pilate /'paɪlət/ *n.pr.m.* (*Stor,Bibl*) Pilato.

pilau, pilaw /'pɪlaʊ *Am* pɪ'lɔː/ *n.* (*Alim*) pilaf *m.*, riso *m.* pilaf.

pilch /pɪltʃ/ *n.* (*rar*) (*for a baby*) triangolo *m.* (di flanella) che copre il pannolino.

pilchard /'pɪltʃərd/ *n.* (*Itt*) sardina *f.*

pile [1] /paɪl/ **I** *n.* 1 mucchio *m.*, cumulo *m.*: *a* ~ *of leaves* un mucchio di foglie. 2 (*one on top of the other*) pila *f.*, catasta *f.*, pigna *f.*: *a* ~ *of* *books* una pila di libri. **3** (*large amount*) gran quantità *f.*, (*colloq*) mucchio *m.*, sacco *m.* **4** (*large amount of money*) mucchio *m.* di soldi, fortuna *f.*, bel gruzzolo *m.* **5** (*fig*) (*imposing building*) mole *f.*, edificio *m.* grandioso. **6** (*funeral pyre*) pira *f.*, rogo *m.* **7** (*El*) pila *f.* **8** (*Nucl*) reattore *m.* nucleare, pila *f.* nucleare, pila *f.* atomica. **II** *v.t.* **1** (*to lay in a pile*) ammucchiare, accatastare, accumulare. **2** (*to cover with a pile or piles*) ricoprire con un mucchio, ricoprire con pile di. **3** (*to load*) caricare: *to ~ a shelf with books* caricare uno scaffale di libri. **4** (*to amass*) accumulare, ammassare: *to ~ up a fortune* accumulare una fortuna. **5** (*of weapons*) mettere in fascio. **III** *v.i.* (*to move in a mass, to crowd*) accalcarsi, affollarsi, fare ressa: *the spectators -d out of the stadium* gli spettatori si accalcarono all'uscita dello stadio. □ (*colloq*) *to ~ it on* esagerare, caricare; (*Br, colloq*) *to make one's ~* fare fortuna, mettere insieme un bel gruzzolo; *to ~ up*: **1** ammucchiare, accatastare, accumulare; accumularsi, ammucchiarsi, formare cumuli, formare un mucchio: *the files are piling up on my desk* le pratiche si accumulano sul mio tavolo; *snow had -d up* la neve si era ammucchiata; **2** (*colloq*) (*to crash*) essere coinvolto in uno scontro.

pile² /paɪl/ **I** *n.* **1** (*Edil*) palo *m.* di fondazione. **2** (*Arald*) pila *f.* **II** *v.t.* (*Edil*) **1** munire di pali, rinforzare con pali. **2** (*to drive piles into*) conficcare pali in. □ *~ driver*: **1** (*Mecc*) battipalo, berta; **2** (*colloq*) (*powerful kick, blow, etc.*) gran botta, sventola, legnata; (*Etnol*) *~ dwelling* palafitta; (*Mecc*) *~ engine* battipalo, berta; (*Edil*) *~ work* palafitta.

pile³ /paɪl/ *n.* (*of a carpet, etc.*) pelo *m.*: *with the lie of the ~* secondo il verso del pelo.

piles /paɪlz/ *n.pl.* (*Med, colloq*) emorroidi *f.pl.*

pile-up /paɪlʌp/ *n.* **1** (*colloq*) (*multiple crash*) tamponamento *m.* a catena, incidente *m.* a catena. **2** (*accumulation*) accumulazione *f.*, accumulo *m.*

pilfer /pɪlfər/ **I** *v.t.* rubacchiare, rubare, (*pop*) sgraffignare, (*pop*) grattare. **II** *v.i.* fare piccoli furti.

pilferage /pɪlfərɪdʒ/ *n.* **1** il rubacchiare. **2** (*petty theft*) furtarello *m.*, furterello *m.*, furto *m.* di lieve entità. **3** (*sth. pilfered*) oggetto *m.* rubato di poco valore, refurtiva *f.* di poco valore.

pilferer /pɪlfərər/ *n.* ladruncolo *m.* (*f.* -a).

pilgrim /pɪlgrɪm/ *n.* pellegrino *m.* (*f.* -a). □ (*Stor*) *Pilgrim Fathers* Padri Pellegrini.

pilgrimage /pɪlgrɪmɪdʒ/ *n.* pellegrinaggio *m.* (*anche estens*). □ *to go on ~* (o *to make a ~*) andare in pellegrinaggio.

piliferous /paɪˈlɪfərəs/ *a.* pilifero (*anche Bot*).

piliform /paɪlɪfɔːm Am ˈpaɪlɪfɔːrm/ *a.* a forma di pelo, simile a un pelo.

piling /paɪlɪŋ/ *n.* (*Edil*) **1** (*of a foundation*) palificazione *f.* **2** (*structure*) palafitta *f.* **3** (*piles*) palafitte *f.pl.*

pill /pɪl/ **I** *n.* **1** (*Farm*) pillola *f.*, pastiglia *f.*, pasticca *f.* **2** (*fig*) (*sth. unpleasant to be endured*) boccone *m.* amaro, cosa *f.* spiacevole, cosa *f.* sgradita, pillola *f.*: *a bitter ~ to swallow* un boccone amaro da mandare giù. **3** (*sth. round, pellet*) pallina *f.*, palla *f.*, pallottola *f.* **4** (*Farm, colloq*) (*birth-control pill*) pillola *f.*, pillola *f.* anticoncezionale: *to be on the ~* prendere la pillola. **5** (*sl*) (*disagreeable person*) pizza *f.*, noia *f.*, piattola *f.*, palla *f.*, rompiballe *m./f.* **6** (*Br, Sport*) (*ball*) palla *f.* **7** (*Br, sl*) (*billiard ball*) palla *f.* da biliardo. **8** (*Br, sl*) (*cannon ball*) palla *f.* di cannone; (*musket ball*) proiettile *m.*, pallottola *f.* **II** *v.t.* **1** somministrare pillole, curare con pillole. **2** (*Am,*

sl) (*to blackball*) votare contro, dare voto contrario a. **III** *v.i.* (*of a knitted fabric*) fare i pallini. □ *~ case* portapillole.

pillage /pɪlɪdʒ/ **I** *v.t.* **1** saccheggiare, depredare, razziare. **2** (*to take as booty*) fare bottino di. **II** *v.i.* fare una razzia, compiere un saccheggio. **III** *n.* saccheggio *m.*, sacco *m.*, razzia *f.*

pillar /pɪlər/ **I** *n.* **1** (*Edil, Arch*) pilastro *m.*, colonna *f.*, pilone *m.* **2** (*estens*) (*natural pillar-shaped formation*) colonna *f.*: *a ~ of smoke* una colonna di fumo. **3** (*fig*) pilastro *m.*, colonna *f.*, sostegno *m.*, puntello *m.*: *the -s of society* i pilastri della società. **4** (*fig*) (*fundamental principle, etc.*) fondamento *m.*, perno *m.*, base *f.*: *the -s of nuclear science* i fondamenti della scienza nucleare. **II** *v.t.* sostenere con pilastri, rinforzare con pilastri. □ (*Mitol, Geog.stor*) *the Pillars of Hercules* le colonne di Ercole; (*fig*) *~ of strength* (*person on whom people rely in times of crisis*) pilastro; (*Rel, Stor*) *~ saint* stilita, stilite; (*fig*) *from ~ to post* da un posto all'altro, da Erode a Pilato.

pillar-box /pɪləbɒks/ *n.* (*Br, Post*) cassetta *f.* delle lettere (rossa, di forma cilindrica). □ *~ red* rosso vivo, rosso fuoco.

pillared /pɪləd/ *a.* provvisto di pilastri, provvisto di colonne, (*lett*) colonnato.

pillar-post /pɪləpoʊst/ *n.* (*Br, Post*) cassetta *f.* delle lettere (rossa, di forma cilindrica).

pillbox /pɪlbɒks Am ˈpɪlbɑːks/ *n.* **1** portapillole *m.*, scatoletta *f.* portapillole. **2** (*Mil*) casamatta *f.* **3** (*Mod*) (*type of hat*) specie *f.* di tocco.

pillion /pɪliən Am ˈpɪljən/ **I** *n.* **1** (*of a motorcycle*) sellino *m.* posteriore, sedile *m.* posteriore. **2** (*behind a saddle*) cuscino *m.* **3** (*light saddle*) sella *f.* leggera (da donna). **II** *avv.* sul sedile posteriore, dietro: *to ride ~* viaggiare sul sedile posteriore.

pillock /pɪlək/ *n.* (*Br, spreg*) minchione *m.* (*f.* -a), sciocco *m.* (*f.* -a), babbeo *m.* (*f.* -a), mammalucco *m.* (*f.* -a).

pillory /pɪləri/ **I** *n.* (*Stor*) gogna *f.*, berlina *f.* (*anche fig*). **II** *v.t.* **1** (*Stor*) condannare alla gogna. **2** (*fig*) mettere alla gogna, mettere alla berlina.

pillow /pɪloʊ/ **I** *n.* **1** cuscino *m.*, guanciale *m.* **2** (*Mecc*) cuscino *m.* (di supporto). **II** *v.t.* **1** appoggiare, poggiare, posare: *she -ed her head on his shoulder* appoggiò la testa sulla sua spalla. **2** (*to serve as a pillow for*) fare da cuscino a. **3** (*to support with pillows*) sostenere con cuscini. □ *~ case* federa; *~ fight* battaglia con i cuscini; *~ lace* merletto al tombolo, tombolo; *~ slip* federa; *~ talk* confidenze fatte prima di dormire, (*ant*) confidenze d'alcova.

pillowy /pɪloʊi/ *a.* morbido come un cuscino, soffice.

pilose /paɪloʊs/ *a.* (*Bot, Zool*) peloso.

pilosity /paɪˈlɒsəti Am paɪˈlɑːsəti/ *n.* (*Bot, Zool*) l'essere peloso, pelosità *f.*

pilot /paɪlət/ **I** *n.* **1** (*Mar, Aer*) pilota *m./f.* **2** (*Mar*) (*helmsman*) timoniere *m.* (*f.* -a). **3** (*estens*) (*guide*) guida *f.*, maestro *m.* (*f.* -a). **4** (*Tecn*) (*auxiliary mechanism*) meccanismo *m.* ausiliario. **5** (*Mecc*) (*centring guide*) guida *f.*, appoggio *m.* guidato. **6** (*Mar*) (*navigation manual*) portolano *m.* **II** *a.* pilota: *~ factory* fattoria pilota. **III** *v.t.* **1** (*Mar, Aer*) pilotare. **2** (*estens*) (*to guide*) guidare. **3** (*estens*) (*to conduct, to escort*) accompagnare, condurre, portare, (*colloq*) pilotare. **4** (*Am, colloq*) (*of a project*) mettere alla prova, sperimentare: *Texas -ed the first prison system where inmates repay the community in service while incarcerated* il Texas sta sperimentando il

primo sistema carcerario in cui i reclusi svolgono attività a favore della comunità durante il periodo di detenzione. **5** (*Am, Parl*) (*of a bill*) fare passare. □ (*Meteor*) *~ balloon* pallone pilota; (*Mar*) *~ boat* pilotina; *~ burner* (*for a gas stove*) fiamma pilota; (*Tess*) *~ cloth* tessuto pesante di lana blu (per cappotti da marinaio); (*Abbigl*) *~ coat* giaccone da marinaio; (*Ferr*) *~ engine* locomotiva staffetta; (*Itt*) *~ fish* pesce pilota; (*Mar*) *~ house* timoniera; (*Abbigl*) *~ jacket* giacca da marinaio; (*El*) *~ lamp* spia, lampada spia; (*Aer*) *~'s licence* brevetto da pilota; (*El*) *~ light* spia, lampada spia; (*Aer.mil*) *~ officer* sottotenente; (*fig*) *~ programme* (o *Am ~ program*) programma pilota; (*fig*) *~ scheme* progetto pilota, progetto sperimentale.

pilotage /paɪlətɪdʒ Am ˈpaɪlətɪdʒ/ *n.* **1** pilotaggio *m.* **2** (*fee paid*) diritti *m.pl.* di pilotaggio.

pilotless /paɪlətləs/ *a.* privo di pilota, senza pilota.

pilous /paɪləs/ *a.* (*Bot, Zool*) peloso.

pilular /pɪljulər/ *a.* pillolare: *~ mass* massa pillolare.

pilule /pɪljuːl/ *n.* pillolina *f.*, piccola pillola *f.*, pilloletta *f.*

pimento /pɪˈmentoʊ/ (*pl.inv.* o *-s* /-z/) *n.* **1** (*Alim*) (*spice*) pimento *m.*, pepe *m.* della Giamaica. **2** (*Bot*) (*tree*) pimento *m.*

pimiento /pɪˈmjentoʊ/ (*pl.inv.* o *-s* /-z/) *n.* **1** (*Alim*) (*spice*) pimento *m.*, pepe *m.* della Giamaica. **2** (*Bot*) (*tree*) pimento *m.*

pimp /pɪmp/ **I** *n.* protettore *m.*, magnaccia *m.* **II** *v.i.* **1** fare il protettore, fare il magnaccia. **2** (*estens*) (*act as a pimp*) fare il ruffiano, ruffianeggiare.

pimpernel /pɪmpənel Am ˈpɪmpərnel/ *n.* (*Bot*) anagallide *f.*, mordigallina *f.*

pimping /pɪmpɪŋ/ *n.* sfruttamento *m.* della prostituzione.

pimple /pɪmpl/ *n.* brufolo *m.*, pustola *f.*, (*piccolo*) foruncolo *m.*

pimpled /pɪmpld/ *a.* brufoloso, pustoloso, coperto di piccoli foruncoli.

pimply /pɪmpli/ *a.* brufoloso, pustoloso, coperto di piccoli foruncoli.

pin /pɪn/ **I** *n.* **1** spillo *m.* **2** (*for ornament*) spilla *f.*, spillo *m.*: *an emerald ~* una spilla di smeraldi. **3** (*safety pin*) spilla *f.* da balia, spillo *m.* di sicurezza. **4** (*hat pin*) spillone *m.* per cappelli. **5** (*hairpin*) forcina *f.*, molletta *f.*, (*region*) forcella *f.* **6** (*peg*) piolo *m.*, paletto *m.*, cavicchio *m.* **7** (*Br, fig*) (*sth. worthless*) inezia *f.*, bazzecola *f.*, sciocchezza *f.* **8** (*Br, fig*) (*very small amount*) quantità *f.* minima, spillo *m.* **9** (*unit of measure*) misura *f.* per liquidi (pari a 20,46 l). **10** (*Am*) (*badge fastened by a pin*) distintivo *m.* a spillo. **11** (*Sport*) (*in bowling, etc.*) birillo *m.*; (*in golf*) bandierina *f.* **12** (*Mecc*) perno *m.*, spina *f.* **13** (*Mus*) bischero *m.*, pirolo *m.* **14** (*El*) (*of plug*) spina *f.* **15** (*Mar*) caviglia *f.* **16** (*Mecc*) spinotto *m.* **17** (*Fal*) cavicchio *m.* **18** (*Inform*) ago *m.* della stampante. **19** *pl.* (*colloq*) (*legs*) gambe *f.pl.*: *to feel weak on one's -s* essere malfermo sulle gambe. **II** *v.t.* **1** appuntare, fissare con uno spillo, attaccare con uno spillo: *to ~ a flower to one's dress* appuntare un fiore sul vestito. **2** (*to fasten with pins, with a pin*) fermare con spilli, appuntare. **3** (*to attach with a drawing pin, etc.*) attaccare, affiggere, fissare: *to ~ a poster to a wall* attaccare un manifesto a una parete. **4** (*to pierce with a pin*) trafiggere, forare, perforare. **5** (*fig*) (*to confine*) confinare, relegare, rinchiudere. **6** (*fig*) (*to prevent from moving*) immobilizzare, inchiodare, bloccare. □ *to ~ so. against a wall* tenere fermo qcu. con le spalle al muro; *on -s and* *needles* sulle spine: *the entire staff was on -s and needles following the announcement that many would be layed off* tutto lo staff era sulle spine mentre veniva dato l'annuncio che molti sarebbero stati licenziati; *(fig) to have -s and needles* (o *to feel -s and needles*) avere un formicolio; *to ~ the blame for sth. on so.* dare a qcu. la colpa di qcs., addossare a qcu. la colpa di qcs.; *to ~ down*: 1 (*to prevent from moving*) immobilizzare, inchiodare a terra, bloccare a terra; 2 (*fig*) vincolare, impegnare, costringere (a rispettare): *to ~ so. down* (*to a promise*) vincolare qcu. (a una promessa); (*colloq*) *you could hear a ~ drop* si sarebbe sentito volare una mosca; (*Ornit*) *~ feather*: 1 penna nascente; 2 (*undeveloped feather*) penna corta; (*Br,fig*) *not to give a ~ for* infischiarsene di, fregarsene di; *to ~ one's hopes on so.* riporre la propria fiducia in qcu.; *~ money*: 1 denaro per piccole spese, spiccioli; 2 (*money set aside for incidentals*) denaro (messo da parte) per le spese impreviste; (*Tess*) *~ stripe*: 1 riga sottile, righina; 2 (*fabric*) tessuto a righine, tessuto gessato; 3 (*pin stripe suit*) gessato; (*Br*) *~ table* flipper; (*Br*) *there's not a ~ to choose between them* l'uno vale l'altro; *to ~ up* affiggere, attaccare: *to ~ up a notice* affiggere un avviso.

PIN /pɪn/ *personal identification number* PIN (numero di codice di identificazione personale).

pinafore /'pɪnəfɔːr/ *Am* 'pɪnəfɔːr/ *n.* 1 (*Abbigl*) scamiciato *m.* 2 (*Abbigl*) (*apron*) grembiule *m.* □ (*Abbigl*) *~ dress* scamiciato.

pinaster /paɪ'næstər/ *n.* (*Bot*) pino *m.* marittimo, pinastro *m.*

pinball /'pɪnbɔːl/ *n.* flipper *m.* □ *~ player* chi gioca a flipper, (*rar*) flipperista.

pinboard /'pɪnbɔːd *Am* 'pɪnbɔːrd/ *n.* bacheca *f.*

pince-nez /,pæns'neɪ/ *n.pl.* pince-nez *m.sing.*, occhiali *m.pl.* a stringinaso.

pincers /'pɪnsərz/ *n.pl.* 1 (*costr.sing.* o *pl.*) (*Mecc*) tenaglie *f.pl.*, tenaglia *f.sing.* 2 (*Zool*) chele *f.pl.*, (*pop*) pinze *f.pl.*

pinch /pɪnʃ/ **I** *v.t.* 1 pizzicare, dare un pizzico a, dare un pizzicotto a: *he -ed my arm* mi pizzicò un braccio. 2 (*to compress painfully*) stringere (eccessivamente), comprimere, premere dolorosamente: *these shoes ~ my feet* queste scarpe mi stringono i piedi. 3 (*assol*) essere stretto, stringere troppo. 4 (*to stint; generally in the passive form*) tenere a stecchetto, imporre restrizioni a. 5 (*to cause economic hardship to; generally in the passive form*) ridurre in strettezze. 6 (*colloq*) (*to steal*) grattare, fregare, sgraffignare, rubare, prendere: *who's -ed my umbrella?* chi mi ha fregato l'ombrello? 7 (*colloq*) (*to catch, to arrest*) arrestare, catturare. 8 (*colloq*) (*of money: to extort*) estorcere, spillare. **II** *v.i.* 1 fare economia, tirare la cinghia, lesinare. 2 (*colloq*) (*to steal*) rubare, grattare, fregare. **III** *n.* 1 pizzico *m.*, pizzicotto *m.* 2 (*as much as can be held between the finger and thumb*) pizzico *m.*, presa *f.* 3 (*fig*) (*emergency*) momento *m.* critico, stato *m.* di necessità, emergenza *f.* 4 (*fig*) (*distress, discomfort*) angustia *f.*, tormento *m.*, sofferenza *f.* □ *to ~ and scrape* tirare la cinghia; *at a ~* in caso di necessità, in caso di emergenza, in caso di bisogno: *at a ~ you can always sleep on the sofa* in caso di necessità puoi sempre dormire sul divano; (*Agr,Giard*) *to ~ back* (*of buds, shoots*) rimuovere, togliere; (*colloq*) *~ bar* palanchino; (*colloq*) *~ fist* spilorcio, taccagno; (*Br*) *the ~ of hunger* i morsi della fame; *a ~ of salt*: 1 una presa di sale, (*colloq*) un pizzico

di sale; 2 (*fig*) un pizzico di buon senso, un grano di sale: *you must take what he says with a ~ of salt* devi prendere le sue parole con un pizzico di buon senso; (*Agr,Giard*) *to ~ off* (*of buds, shoots*) rimuovere, togliere; *to ~ out*: 1 (*Minier*) (*to diminish to nothing*) esaurirsi; 2 (*to narrow*) assottigliarsi; 3 (*Agr, Giard*) (*of buds, shoots*) rimuovere, togliere; *to ~ pennies* tirare la cinghia, lesinare, contare il centesimo.

pinchbeck /'pɪnʃbek/ **I** *n.* 1 similoro *m.*, (*rar*) princisbecco *m.* 2 (*fig*) imitazione *f.* scadente. **II** *a.* 1 similoro. 2 (*fig*) falso, fasullo.

pinched /pɪnʃt/ *a.* 1 sciupato, smagrito, tirato: *a ~ face* un viso sciupato. 2 (*straitened*) ristretto, stentato. □ *to live in ~ circumstances* vivere in ristrettezze.

pinch-hit /'pɪnʃhɪt/ *v.i.* (*Am*) 1 (*Sport*) (*in baseball*) fare il pinch-hitter. 2 (*fig*) sostituire, fare le veci.

pinch-hitter /'pɪnʃhɪtər/ *n.* (*Am*) 1 (*Sport*) (*in baseball*) pinch-hitter *m./f.*, sostituto battitore *m.* 2 (*fig*) sostituto *m.* (*f.* -a).

pinching /'pɪnʃɪŋ/ **I** *n.* 1 il pizzicare, pizzicata *f.* 2 (*severe economy*) stretta economia *f.* **II** *a.* 1 che pizzica. 2 (*economizing*) parsimonioso, economo. 3 (*miserly*) taccagno, avaro, spilorcio. 4 (*causing pain, distress*) doloroso. 5 (*of cold*) pungente, che pizzica. □ *~ parsimony* taccagneria, spilorceria.

pinchpenny /'pɪnʃpeni/ **I** *n.* 1 spilorcio *m.* (*f.* -a), taccagno *m.* (*f.* -a). **II** *a.* taccagno, spilorcio, avaro.

pin-curl /'pɪnkɜːl *Am* 'pɪnkɜːrl/ **I** *n.* ricciolo *m.* (messo) in piega. **II** *v.t.* mettere in piega (con beccucci).

pincushion /'pɪn,kʊʃən/ *n.* (*Sart*) portaspilli *m.*, puntaspilli *m.*

Pindar /'pɪndər/ *n.pr.m.* (*Stor.gr*) Pindaro.

Pindaric /pɪn'dærɪk/ **I** *a.* pindarico (*anche Metr*). **II** *n.* (*Metr*) ode *f.* pindarica. □ (*Metr*) *~ ode* ode pindarica.

pine[1] /paɪn/ **I** *n.* (*Bot*) pino *m.* **II** *a.* 1 del pino. 2 (*made of pine*) di pino, in pino. □ *~ cone* pigna; *~ forest* pineta; (*Bot,Alim*) *~ kernel* pinolo; (*Zool*) *~ marten* martora comune; (*Bot*) *~ needle* pino; (*Bot,Alim*) *~ nut* pinolo; (*Bot*) *~ tree* pino; *~ wood*: 1 pineta; 2 (*wood of the pine tree*) pino, legno di pino.

pine[2] /paɪn/ *v.i.* struggersi, consumarsi, languire di desiderio (*for* per): *to ~ for one's native land* struggersi per la terra natale. □ *to ~ away* languire, struggersi, consumarsi: *to ~ away for love of so.* struggersi d'amore per qcu.

pineal /'pɪnɪəl/ *a.* pineale (*anche Anat,Zool*). □ (*Anat*) *~ body* (o *~ gland*) ghiandola pineale, epifisi.

pineapple /'paɪnæpl/ *n.* 1 (*Bot*) ananas *m.*, ananasso *m.* 2 (*Bot,Alim*) (*fruit*) ananas *m.* 3 (*Mil*) (*hand grenade*) bomba *f.* a mano, (*gerg*) ananas *m.*

pinenut /'paɪnʌt/ *n.* (*Bot,Alim*) pinolo *m.*, pinocchio *m.*

pinery /'paɪnəri/ *n.* 1 (*Agr*) luogo *m.* dove si coltivano gli ananas. 2 (*pine forest*) pineta *f.*

pinfold /'pɪnfoʊld/ **I** *n.* 1 (*rar*) (*animal pound*) recinto *m.*, chiuso *m.*; (*sheep pen*) ovile *m.* 2 (*estens*) (*confining place*) luogo *m.* di reclusione, trappola *f.* **II** *v.t.* 1 rinchiudere, chiudere in un recinto. 2 (*estens*) costringere, confinare entro limiti ristretti.

ping /pɪŋ/ **I** *n.* 1 rumore *m.* secco e metallico, dindìn *m.* 2 (*Mot*) battito *m.* in testa. **II** *v.i.* 1 fare un suono secco (e metallico), dare un suono secco (e metallico). 2 (*Mot*) battere in testa.

pinger /'pɪŋər/ *n.* timer *m.* da cucina.

ping-pong /'pɪŋ,pɒŋ *Am* 'pɪŋ,pɑːŋ/ *n.* (*colloq*)

ping-pong *m.*, tennis *m.* da tavolo.

pinguid /'pɪŋgwɪd/ *a.* 1 pingue, grasso. 2 (*Agr*) pingue, fertile.

pinguidity /pɪŋ'gwɪdəti *Am* pɪŋ'gwɪdəti/ *n.* 1 pinguedine *f.* 2 (*Agr*) fertilità *f.*

pinhead /'pɪnhed/ *n.* 1 capocchia *f.* di spillo, testa *f.* di spillo. 2 (*colloq*) (*stupid person*) stupido *m.* (*f.* -a), testa *f.* di rapa.

pinheaded /'pɪn,hedɪd/ *a.* (*colloq*) stupido, scemo, babbeo.

pinheadedness /'pɪn,hedɪdnəs/ *a.* (*colloq*) stupidità *f.*, dabbenaggine *f.*

pinhole /'pɪnhoʊl/ *n.* 1 (*hole made by a pin*) foro *m.* di spillo. 2 (*Edil*) (*hole to receive a pin*) foro *m.* per perno. 2 (*Ott*) *~ camera* stenoscopio, camera oscura.

pinion[1] /'pɪnjən/ *n.* (*Mecc*) pignone *m.*

pinion[2] /'pɪnjən/ **I** *n.* 1 (*Ornit*) (*distal part of the wing*) punta *f.* dell'ala. 2 (*Ornit*) (*feather*) penna *f.*; (*flight feather*) penna *f.* remigante. 3 (*lett*) (*wing*) ala *f.* **II** *v.t.* 1 (*to cut the distal joint of*) tarpare le ali a; (*to bind the wings of*) legare le ali a. 2 (*fig*) (*of a person*) legare le mani a, tarpare le ali a. 3 (*fig*) (*to hold fast*) inchiodare, immobilizzare.

pinioned /'pɪnjənd/ *a.* 1 (*Ornit*) alato. 2 (*lett*) (*bound, fettered*) legato, incatenato.

pink[1] /pɪŋk/ **I** *n.* 1 (*colour*) rosa *m.*, color *m.* rosa. 2 (*Bot*) dianto *m.*, garofano *m.* 3 (*Caccia*) (*red hunting jacket*) giubba *f.* scarlatta. 4 (*fig*) (*embodiment*) personificazione *f.*, incarnazione *f.* 5 (*fig*) (*highest form*) culmine *m.*, vertice *m.*, non plus ultra *m.*, apice *m.*: *the ~ of perfection* il culmine della perfezione. **II** *a.* 1 rosa, di colore rosa. 2 (*colloq*) (*leftish in politics*) di centro-sinistra, sinistroide. □ (*Enol*) *~ champagne* champagne rosato; (*Br*) *~ gin* bevanda a base di gin e angostura; (*fig*) *to be in the ~* (*of health, condition*) essere in perfetta forma; *she is the ~ of elegance* è l'eleganza in persona; *to dress in the ~ of fashion* vestire all'ultima moda; (*Am,colloq*) *~ slip* (*notice of dismissal*) lettera di licenziamento.

pink[2] /pɪŋk/ *v.t.* 1 (*to finish with a notched pattern*) dentellare. 2 (*of leather, etc.*) traforare. 3 (*to pierce with a sword, etc.*) trafiggere.

pink[3] /pɪŋk/ *n.* (*Mar,Stor*) pinco *m.*

pink[4] /pɪŋk/ *v.i.* (*Mot*) battere in testa.

pinkeye /'pɪŋkaɪ/ *n.* (*Med*) congiuntivite *f.* batterica (acuta).

pinkish /'pɪŋkɪʃ/ *a.* 1 roseo. 2 (*colloq*) (*leftish in politics*) di centro-sinistra, sinistroide.

pinko /'pɪŋkoʊ/ (*pl.* -s /-z/) *n.* (*Am,sl*) persona *f.* di centro-sinistra, sinistroide *m./f.*

pinky /'pɪŋki/ *a.* rosato, di colore rosa, roseo.

pinmaker /'pɪnmeɪkər/ *n.* fabbricante *m./f.* di spilli.

pinna /'pɪnə/ (*pl.* **pinnae** /'pɪniː/ o -s /-z/) *n.* 1 (*Bot*) lobo *m.* di foglia pinnata. 2 (*Ornit*) penna *f.* 3 (*Itt*) pinna *f.* 4 (*Anat*) padiglione *m.* auricolare.

pinnace /'pɪnɪs/ *n.* (*Mar*) (*ship's boat*) imbarcazione *f.* di bordo, scialuppa *f.*

pinnacle /'pɪnəkl/ **I** *n.* 1 (*Arch*) pinnacolo *m.*, guglia *f.* 2 (*Geog*) (*high peak*) pinnacolo *m.*, vetta *f.*, guglia *f.* 3 (*fig*) apice *m.*, vetta *f.*, culmine *m.*: *to reach the ~ of fame* raggiungere l'apice della fama. **II** *v.t.* 1 (*Arch*) ornare di guglie. 2 (*fig*) mettere su un piedistallo.

pinnate /'pɪneɪt/ *a.* 1 simile a una penna. 2 (*Bot*) pennato.

pinnated /'pɪneɪtɪd *Am* 'pɪneɪt̬ɪd/ *a.* 1 simile a una penna. 2 (*Bot*) pennato.

pinner /'pɪnər/ *n.* 1 (*colloq*) grembiule *m.* 2 (*Stor*) cuffia *f.* con bande laterali.

pinniped /'pɪnɪped/ **I** *a.* dei pinnipedi. **II** *n.* pinnipede *m.*

pinnule /'pɪnjuːl/ n. (Itt,Bot) pinnula f.

pinny /'pɪni/ n. (colloq,infant) (pinafore) grembiule m.

pinochle, pinocle /'piːnʌkl/ n. (Am) (card game) pinnacolo m.

pinole /pɪ'nəʊli/ n. (Am,Alim) pinole m. (tipo di farina).

pinout /'pɪnaʊt/ n. (Elettron) schema m. di disposizione dei contatti.

pinpoint /'pɪnpɔɪnt/ **I** n. **1** punta f. di spillo. **2** (fig) (dot) punto m., puntino m.: a ~ of light un punto luminoso. **3** (fig) (precise location on a map) posizione f. precisa. **4** (Mil) obiettivo m. localizzato, bersaglio m. localizzato. **5** (Aer) punto m. di riferimento al suolo. **II** a. **1** minuscolo, puntiforme. **2** (fig) esatto, preciso, accurato. **3** (Mil) diretto con grande precisione. **III** v.t. **1** localizzare, determinare con precisione la posizione di, individuare: to ~ an area on a map localizzare una zona su una carta geografica. **2** (fig) (to define precisely) puntualizzare, definire con esattezza, definire con precisione. **3** (fig) (to highlight) mettere in rilievo, sottolineare, dare risalto a. **4** (Mil) (of bombs, an attack) dirigere con estrema precisione. □ (Aer.mil) ~bombing bombardamento di precisione.

pinprick /'pɪnprɪk/ **I** n. **1** (act) punzecchiatura f., puntura f. di spillo. **2** (minor wound) scalfittura f., graffio m. **3** (hole made) foro m. fatto con uno spillo, buchino m. **4** (irritation) seccatura f., noia f. **5** (fig) (small amount) pizzico m. **II** v.t. pungere, punzecchiare.

pint /paɪnt/ n. **1** pinta f. (pari a 0,568 l). **2** (pint of beer) boccale m. di birra da una pinta.

pinta /'paɪntə Am 'paɪntə/ n. (Med) pinta f.

pintado /pɪn'tɑːdəʊ/ (pl. -s/-es /-z/) n. **1** (Itt) specie f. di scomberomoro. **2** (Ornit) (guinea fowl) faraona f., gallina f. faraona. **3** (Ornit) (pintado petrel) piccione m. del capo.

pintail /'pɪnteɪl/ (pl.inv. o -s /-z/; il pl. inv. si usa general. con valore collett.) n. **1** (duck) codone m., anatra f. di coda lunga. **2** (grouse) tetraone m. codacuta. **3** (pin-tailed sandgrouse) grandula f.

pintle /'pɪntl/ n. **1** (Tecn) (of a hinge) cardine m., arpione m., ganghero m. **2** (of a towed gun, etc.) gancio m. di rimorchio, perno m. d'agganciamento. **3** (Mar) agugliotto m.

pinto /'pɪntəʊ/ **I** a. (Am,colloq) (of a horse) pezzato. **II** n. (pl. -s /-z/) (Am,colloq) pezzato m., cavallo m. pezzato.

pinto bean /'pɪntəʊbiːn Am 'pɪntəʊbiːn/ n. (Bot,Alim) borlotto m.

pint-size, pint-sized /'paɪntsaɪz(d)/ a. (colloq) più piccolo del normale, ridotto.

pin-up /'pɪnʌp/ **I** n. (colloq) **1** pin-up f., pin-up girl f. **2** (picture) fotografia f. di una pin-up girl (attaccata al muro). **3** (Am) (lamp fixed to a wall) lampada f. a muro. **II** a. (colloq) di pin-up, da pin-up girl. □ ~girl pin-up girl.

pinwheel /'pɪnwiːl/ n. girandola f.

piny /'paɪni/ a. **1** ricco di pini. **2** (of pine) di pino. **3** (resembling pine) simile al pino.

pion /'paɪˌɒn Am 'paɪˌɑːn/ n. (Fis) pione m.

pioneer /ˌpaɪə'nɪə Am ˌpaɪə'nɪr/ **I** n. **1** pioniere m. (f. -a). **2** (fig) pioniere m. (f. -a), precursore m. (f. precorritrice). **3** (Mil) pioniere m., geniere m., artiere m. **II** a. **1** pionieristico, di pioniere, da pioniere: ~ undertaking impresa pionieristica. **2** (fig) pionieristico, che apre una nuova via, all'avanguardia, innovativo. **III** v.t. **1** esplorare e colonizzare, insediarsi come pioniere in. **2** (fig) fare da pioniere a, fare da pioniere in: to ~ research in a disease aprire la strada alla ricerca su una malattia.

pioneering /ˌpaɪə'nɪərɪŋ Am ˌpaɪə'nɪrɪŋ/ a. pionieristico, all'avanguardia.

pious /'paɪəs/ a. **1** pio, devoto. **2** (hypocritically virtuous) bigotto. **3** (done for a supposedly good end) pietoso, fatto a fin di bene. **4** (ant) (dutiful to parents) affezionato, riverente. □ ~ fraud inganno fatto a fin di bene; ~ hope vana speranza, pia illusione.

piously /'paɪəsli/ avv. con devozione, devotamente, piamente.

piousness /'paɪəsnəs/ n. pietà f., devozione f.

pip[1] /pɪp/ n. (Br,colloq) (of a fruit) seme m., semino m. (di frutto carnoso).

pip[2] /pɪp/ n. **1** (of dice, dominoes) punto m. **2** (Mil) (star of rank) stelletta f. **3** (Bot) (of a pineapple) brattea f. **4** (Rad) segnale m. di ritorno.

pip[3] /pɪp/ (past, p.p. **pipped** /-t/) **I** v.t. (colloq) **1** (to blackball) votare contro. **2** (to beat) battere, vincere, sconfiggere. **3** (to thwart) mettere i bastoni fra le ruote a. **4** (to hit with a bullet) colpire con una pallottola. □ (colloq) to ~ at the post vincere all'ultimo momento, vincere in zona Cesarini; (colloq) to ~ out morire, crepare.

pip[4] /pɪp/ n. **1** (Veter) pipita f. **2** (colloq) (minor complaint) (piccolo) disturbo m., (leggera) indisposizione f. **3** (sl) (depression) depressione f. **4** (sl) (bad temper) cattivo umore m., malumore m.: to get the ~ essere di cattivo umore. □ (colloq) to give so. the ~ dare sui nervi a qcu., scocciare qcu., rompere le scatole a qcu.

pip[5] /pɪp/ (past, p.p. **pipped** /-t/) **I** v.i. **1** (of a chick) rompere il guscio. **2** (to peep, to chirp) pigolare, fare pio pio. **3** (sl) (to be depressed) essere giù di morale. **II** v.t. (of the shell) rompere.

pip[6] /pɪp/ n. (Rad,Tel) bip m., suono m. breve e acuto (di segnale orario).

pipage /'paɪpɪdʒ/ n. **1** (of water, gas, etc.) trasporto m. mediante tubature. **2** (pipes) tubi m.pl., condotti m.pl., tubature f.pl., conduttura f. **3** (sum charged for conveyance) spesa f. di trasporto mediante tubature.

pipe /paɪp/ **I** n. **1** tubo m., condotto m., tubatura f., conduttura f.: hot-water -s tubi dell'acqua calda. **2** (for smoking) pipa f.: to smoke a ~ fumare la pipa. **3** (pipeful) pipata f., pipa f. **4** (act of smoking a pipe) pipata f.: to have a ~ farsi una pipata. **5** (Mus) (wind instrument) strumento m. a fiato. **6** (Mus) (flute) flauto m.; (fife) piffero m.; (of an organ) canna f. **7** (bird's call) voce f., verso m., canto m.; (shrill birdcall) canto m. acuto. **8** (measure of wine, oil) pipa f. (pari a circa 573 l). **9** (Mar) fischio m. del nostromo, fischietto m. del nostromo. **10** (Geol) camino m. vulcanico, condotto m. vulcanico. **11** pl. (Mus) (bagpipes) cornamusa f.sing., zampogna f.sing., piva f.sing. **12** pl. (Mus) (voice) voce f.sing. **13** pl. (Anat,colloq) (respiratory organs) vie f.pl. respiratorie. **14** pl. (Anat,colloq) (vocal chords) corde f.pl. vocali. **II** v.t. **1** convogliare in tubazioni. **2** (to furnish with pipes) fornire di tubazioni. **3** (Mus) (of a tune) suonare con uno strumento a fiato. **4** (colloq) (to convey by wire) trasmettere per filo. **5** (Mar) chiamare col fischio; (to receive aboard) salutare col fischio, rendere gli onori (col fischio) a. **6** (Mus) riprodurre per talea. **7** (Sart) bordare, fare un cordoncino intorno a. **8** (Dolc) decorare con un cordone di glassa. **9** (Am,sl) (to look at) guardare, dare una guardata a. **III** v.i. **1** (Mus) suonare uno strumento a fiato. **2** (to speak shrilly) parlare con voce stridula. **3** (Mar) fischiare. □ ~ bomb ordigno esplosivo artigianale costruito in un tubo; ~ bowl fornello della pipa; ~ cleaner scovolino; (sl) to ~down: 1 fare meno chiasso; 2 (to

stop talking) smettere di parlare; ~ down! silenzio!, zitto e mosca!; 3 (to become subdued) abbassare la cresta; (colloq) ~ dream fantasticheria, fantasia, sogno; (Br,sl) to ~ one's eye piangere, spargere lacrime; (Itt) ~fish pesce ago; ~fitter tubista; (Mecc) ~fitting raccordo (per tubazioni); (Br,colloq) to ~ in intromettersi (nel discorso), mettere bocca; ~ laying messa in opera di tubi, posa di tubi; (Tecn) ~ opener allargatubi; (Mus) ~ organ organo a canne; (colloq) put that in your ~ and smoke it ficcatelo in testa e pensaci su; ~rack portapipe; (Stor) ~roll lista (annuale) delle entrate e delle spese reali; (colloq) to ~ up (to speak up, to get involved verbally) saltar fuori, saltar su (a dire); (Tecn) ~work tubature, condutture.

pipeclay /'paɪpkleɪ/ **I** n. argilla f. bianca per pipe. **II** v.t. sbiancare con argilla bianca (per pipa).

pipeful /'paɪpfʊl/ n. pipa f., pipata f.

pipeline /'paɪplaɪn/ n. **1** tubatura f., conduttura f., tubazione f. **2** (for oil) oleodotto m., pipeline f. **3** (for gas) gasdotto m., metanodotto m. **4** (fig) (channel of information) canale m. d'informazione. **5** (fig) (processes through which sth. must pass) iter m., procedura f.: the parliamentary ~ l'iter parlamentare. **6** (fig) (system for supplying) rete f. di rifornimento, canali m.pl. di rifornimento. **7** (Farm) fase f. di sperimentazione farmacologica. □ (fig)in the ~ essere in corso di realizzazione, essere in fase di realizzazione.

pipelining /'paɪplaɪnɪŋ/ n. **1** posa f. di tubi. **2** (Inform) esecuzione f. in pipeline.

piper /'paɪpə/ n. (Mus) **1** suonatore m. (f. -trice) di uno strumento a fiato. **2** (bagpiper) suonatore m. (f. -trice) di cornamusa, zampognaro m. (f. -a).

pipet, pipette /pɪ'pet Am paɪ'pet/ n. (Chim) pipetta f.

piping /'paɪpɪŋ/ **I** n. **1** tubazioni f.pl., condutture f.pl. **2** (Sart) cordoncino m., bordo m. **3** (Dolc) decorazione f., guarnizione f. **4** (Mus) (sound of a piper) suono m. di strumento a fiato. **II** a. **1** che suona uno strumento a fiato. **2** (of a voice, etc.) acuto, stridulo, stridente. □ ~hot (of food, drink) bollente, caldissimo, fumante; (Tecn) ~ system sistema di tubazioni; (Br) the ~ times of peace i sereni giorni della pace.

pipistrel, pipistrelle /ˌpɪpɪ'strel/ n. (Zool) pipistrello m.

pipit /'pɪpɪt/ n. (Ornit) pispola f.

pipkin /'pɪpkɪn/ n. tegamino m. di terracotta, pentolino m. di terracotta.

pippin /'pɪpɪn/ n. **1** (Bot,Alim) mela f. renetta. **2** (Bot) seme m. (di frutto carnoso).

pip-pip /'pɪp'pɪp/ intz. (Br,sl,ant) (good-bye) ciao!, salute!, salve!

pipsqueak /'pɪpskwiːk/ n. (colloq) **1** (insignificant person) nullità f., mezza cartuccia f., mezza calzetta f. **2** (Mil) piccolo proiettile m. ad alta velocità.

pipy /'paɪpi/ a. **1** tubolare, a forma di tubo. **2** (shrill) acuto, stridulo, stridente.

piquancy /'piːkənsi/ n. **1** (of food) gusto m. piccante, sapore m. piccante. **2** (fig) aspetto m. interessante, aspetto m. misterioso. **3** (fig) (mordancy) salacità f.

piquant /'piːkənt/ a. **1** (of food) piccante, pepato. **2** (fig) (stimulating) stimolante, interessante, avvincente. **3** (fig) (racy) piccante, salace.

piquantly /'piːkəntli Am 'piːkəntli/ avv. in modo arguto, pungente.

piqué /'piːkeɪ Am pɪ'keɪ/ n. (Tess) piqué m., picchè m., piccato m.

pique[1] /piːk/ **I** v.t. **1** (of curiosity, interest: to *arouse*) eccitare, suscitare, stimolare. **2** urtare, irritare, indispettire, stizzire: *I was -d by his curt refusal* il suo brusco rifiuto mi ha urtato. **3** (*of pride, etc.: to wound*) ferire, offendere. **4** (*rifl.,ant*) *to ~ oneself* vantarsi (*on, upon* di). **II** *n.* irritazione *f.*, stizza *f.*, risentimento *m.* □ *to be in a ~* essere urtato, essere irritato; *to take a ~ against so.* impermalirsi con qcu., risentirsi con qcu.

pique² /piːk/ **I** *n.* (*in piquet*) pic *m.* **II** *v.t.* lasciare a zero facendo pic. **III** *v.i.* fare pic.

piquet /piːˈket/ *Am* piːˈkeɪ/ *n.* (*card game*) picchetto *m.*

piracy /ˈpaɪərəsi/ *n.* **1** pirateria *f.* (*anche Mar, Inform*). **2** (*of literary works*) plagio *m.*, pirateria *f.* letteraria.

piragua /pɪˈrægwə/ *n.* (*Mar*) (*canoe*) piroga *f.*

piranha /pɪˈrɑːnə *Am* pəˈrɑːnjə/ *n.* (*Itt*) piranha *m.*, pesce *m.* tigre.

pirate /ˈpaɪərət *Am* ˈpaɪrət/ **I** *n.* **1** pirata *m.*, corsaro *m.* **2** (*Mar*) vascello *m.* pirata, nave *f.* pirata. **3** (*estens*) (*predator*) ladro *m.* (*f.* -a), sfruttatore *m.* (*f.* -trice), pirata *m./f.* **4** (*estens*) (*one who infringes a copyright*) plagiario *m.* (*f.* -a), pirata *m./f.* **5** (*Rad*) (*transmitter and operator*) radiopirata *m./f.* **II** *v.t.* **1** rapinare, predare. **2** (*to use copyright material without permission*) riprodurre e vendere abusivamente, contraffare. **3** (*estens*) (*of a book, etc.*) plagiare. **III** *v.i.* **1** pirateggiare. **2** (*Rad*) trasmettere abusivamente; ascoltare abusivamente. **IV** *a.* (*copied,obtained illegally*) ... pirata, ... abusiva: ~ *copy* copia pirata, copia abusiva. □ ~ *edition* edizione pirata; ~ *ship* vascello pirata, nave pirata; (*Rad*) ~ *station* radio pirata.

piratic /paɪəˈrætɪk *Am* paɪˈrætɪk/ *a.* **1** (*of piracy*) piratesco, da pirata. **2** (*estens*) (*of copyright material*) abusivo, pirata.

piratical /paɪəˈrætɪkəl *Am* paɪˈrætɪkəl/ *a.* **1** (*of piracy*) piratesco, da pirata. **2** (*estens*) (*of copyright material*) abusivo, pirata.

piratically /paɪəˈrætɪkəli *Am* paɪˈrætɪkəli/ *avv.* piratescamente.

Pirex /ˈpaɪə(ə)reks *Am* paɪˈreks/ *n.* (*Vetr*) pirex *m.*

pirogi /pɪˈroʊdʒi/ *n.* (*Gastron*) torta *f.* salata ripiena di patate e formaggio.

pirogue /pɪˈroʊg/ *n.* (*Mar*) (*canoe*) piroga *f.*

pirouette /pɪruˈet/ **I** *n.* piroetta *f.* (*anche Equit*). **II** *v.i.* piroettare, fare piroette.

pis aller /piːˈzæleɪ *Am* piːzæˈleɪ/ *n.* ripiego *m.*, espediente *m.*

piscary /ˈpɪskəri *Am* ˈpɪskeri/ *n.* **1** (*Dir*) diritto *m.* di pesca. **2** (*fishing place*) luogo *m.* di pesca, zona *f.* di pesca.

piscatorial /ˌpɪskəˈtɔːrɪəl/ *a.* **1** della pesca. **2** (*engaged in fishing*) dedito alla pesca.

piscatory /ˈpɪskətəri *Am* ˈpɪskətɔːri/ *a.* **1** della pesca. **2** (*engaged in fishing*) dedito alla pesca.

Piscean /ˈpaɪsɪən/ *a.* dei Pesci, relativo al segno zodiacale dei Pesci. **II** *n.* Pesci *m.pl.*, persona *f.* nata sotto il segno dei Pesci.

Pisces /ˈpaɪsiːz/ *n.pr.* **1** (*Astr*) Pesci *m.pl.*, costellazione *f.* dei Pesci. **2** (*zodiacal sign*) Pesci *m.pl.*, segno *m.* zodiacale dei Pesci. **3** (*person*) Pesci *m.pl.*, persona *f.* nata sotto il segno dei Pesci: *to be ~* essere dei Pesci, essere un Pesci.

piscicultural /ˈpɪsɪˌkʌltʃərəl/ *a.* della piscicoltura, relativo alla piscicoltura.

pisciculture /ˈpɪsɪˌkʌltʃə/ *n.* piscicoltura *f.*

pisciculturist /ˈpɪsɪˌkʌltʃərɪst/ *n.* piscicoltore *m.* (*f.* -trice).

piscina /pɪˈsiːnə/ *n.* (*pl.* **-nae** /-niː/ o **-s** /-z/) *n.* **1** (*Rel*) bacile *m.* di pietra per l'acqua lustrale. **2** (*Stor.rom*) (*fishpond*) piscina *f.*, peschiera *f.* **3** (*Stor.rom*) (*swimming pool*) piscina *f.*

piscine¹ /ˈpɪsiːn/ *n.* piscina *f.*

piscine² /ˈpɪsaɪn *Am* ˈpaɪsiːn/ *a.* di pesce, simile a pesce.

piscivorous /pɪˈsɪvərəs/ *a.* piscivoro, ittiofago.

pish /pɪʃ/ **I** *intz.* (*to express contempt*) pfui!, puah!, puh! **II** *v.i.* esprimere disprezzo (*at* per).

pisiform /ˈpaɪsɪfɔːm *Am* ˈpaɪsɪfɔːrm/ **I** *a.* **1** a forma di pisello. **2** (*Anat*) pisiforme. **II** *n.* (*Anat*) pisiforme *m.* □ (*Anat*) ~ *bone* pisiforme.

piss /pɪs/ **I** *n.* (*volg*) **1** piscia *f.*, piscio *m.* **2** (*act of urinating*) pisciata *f.* **II** *v.i.* (*volg*) pisciare. **III** *v.t.* (*volg*) pisciare: *to ~ blood* pisciare sangue. □ (*Br,volg,fig*) *to ~ around* cazzeggiare; (*pop*) *to ~ down* piovere come Dio la manda; (*volg,fig*) *to ~ in the wind* pisciare contro vento, perdere tempo; (*volg*) *to ~ so. off:* **1** fare incazzare qcu., fare incavolare qcu.; **2** (*to go away and stop annoying*) togliersi dalle palle: ~ *off!* va' via!, togliti dai piedi!; (*volg*) *to take a ~* pisciare.

pissed /pɪst/ *a.* (*volg*) **1** (*drunk*) sbronzo, ciucco, ubriaco. **2** (*Am*) (*angry*) incazzato, arrabbiato. □ (*volg*) ~ *off* incazzato, arrabbiato.

pistachio /pɪˈstɑːʃɪoʊ *Am* pɪˈstæʃɪoʊ/ (*pl.* **-s** /-z/) *n.* **1** pistacchio *m.* **2** (*flavour*) gusto *m.* di pistacchio, pistacchio *m.* **3** (*Bot*) (*tree*) pistacchio *m.* **4** (*colour*) pistacchio *m.*, color *m.* pistacchio, verde *m.* pistacchio. □ ~ *green* verde pistacchio, color pistacchio; (*Bot,Alim*) ~ *nut* pistacchio *m.*; (*Bot*) ~ *tree* pistacchio.

pistil /ˈpɪstɪl/ *n.* (*Bot*) pistillo *m.*

pistillary /ˈpɪstɪləri *Am* ˈpɪstɪleri/ *a.* (*Bot*) di pistillo.

pistillate /ˈpɪstɪlɪt/ *a.* (*Bot*) **1** che ha pistilli, che ha un pistillo. **2** (*having pistils but no stamens*) pistillifero.

pistol /ˈpɪstəl/ **I** *n.* (*Arm*) pistola *f.* (*anche fig*). **II** *v.t.* (*past, p.p.* **pistolled** /*Am* **pistoled** /-d/) sparare con la pistola a. □ ~ *grip* (*of a rifle*) calcio a pistola; ~ *shot:* **1** pistolettata, colpo di pistola; **2** (*distance a pistol will shoot*) tiro di pistola; **3** (*Am*) (*person*) tiratore di pistola; *to ~ whip* colpire col calcio della pistola.

piston /ˈpɪstən/ *n.* **1** (*Mecc*) pistone *m.*, stantuffo *m.* **2** (*Mus*) (*of a brass instrument*) pistone *m.* □ (*Mot*) ~ *displacement* cilindrata; (*Mot*) ~ *engine* motore a pistoni; (*Mecc*) ~ *pin* spinotto; (*Mecc*) ~ *pump* pompa a stantuffo; (*Mot*) ~ *ring* fascia elastica, anello elastico; (*Mot*) ~ *rod* biella; (*Mot*) ~ *stroke* corsa dello stantuffo.

pistou /ˈpiːstuː/ *n.* (*Gastron*) pistou *m.* (condimento a base di basilico, aglio e formaggio).

pit¹ /pɪt/ **I** *n.* **1** fossa *f.*, buca *f.*, scavo *m.*: *to dig a ~* scavare una fossa. **2** (*for use as a trap*) fossa *f.* cieca, buca *f.* cieca, trappola *f.* a peso. **3** (*Minier*) cava *f.*; (*for coal, etc.*) pozzo *m.*; (*coal mine*) miniera *f.* di carbone. **4** (*indentation, depression*) cavità *f.*, buca *f.*, depressione *f.*, cavo *m.* **5** (*fig*) (*hell*) inferno *m.*, regno *m.* delle tenebre, (*lett*) abisso *m.* **6** (*dial*) (*grave*) tomba *f.*, fossa *f.* **7** (*Teat*) platea *f.* **8** (*Teat*) (*for the orchestra*) buca *f.* dell'orchestra. **9** (*Stor*) (*enclosure in which animals fight*) recinto *m.* per combattimento. **10** (*Anat,colloq*) (*natural hollow*) fossa *f.*, cavità *f.*, cavo *m.*, seno *m.* **11** (*Med*) (*pock mark*) buttera *f.* **12** (*Aut*) (*at a garage*) fossa *f.* di riparazione. **13** (*Aut,Sport*) box *m.* **14** (*Am,Econ*) (*in a commodity exchange*) recinto *m.* delle grida, corbeille *f.* **15** (*Mil*) (*of mortars*) piazzuola *f.* **II** *v.t.* **1** (*to set in opposition*) far misurare, opporre, contrapporre: *to ~ a boxer against the champion* far misurare un pugile col campione; (*of animals, cocks*) mettere nel recinto di combattimento. **2** (*to scar with pock marks*) butterare. **3** (*to store in a pit*) infossare, interrare, mettere in una fossa. □ (*Zool*) ~ *bull terrier* pit bull, pit bull terrier; (*Min*) ~ *coal* carbon fossile; (*Etnol*) ~ *dwelling* cava usata come abitazione; (*Anat*) ~ *of the stomach* epigastrio; (*ant*) ~ *pony* pony impiegato in miniera; (*sl*) *the -s* l'inferno, il peggio del peggio; (*Br*) *to ~ one's wits against so.* sconfiggere qcu. con la propria intelligenza.

pit² /pɪt/ **I** *n.* (*Am*) (*of a fruit*) nocciolo *m.*, (*pop*) osso *m.* **II** *v.t.* (*past, p.p.* **pitted** /ˈpɪtɪd/) (*Am*) snocciolare: *to ~ cherries* snocciolare le ciliege.

pita /ˈpɪtə *Am* ˈpiːtə/ □ (*Alim*) ~ *bread* pane arabo.

pit-a-pat, pitapat /ˌpɪtəˈpæt *Am* ˈpɪtəˌpæt/ *avv.* **1** con un ticchettio, picchiettando. **2** (*with light pats*) scalpicciando, con uno scalpiccio. **II** *n.* **1** tic tac *m.*, ticchettio *m.* **2** (*of the heart*) battito *m.*, tic toc *m.* **3** (*of feet*) scalpiccio *m.* **III** *v.i.* (*past, p.p.* **pit-a-patted** /-ɪd/) **1** (*to go pit-a-pat*) ticchettare, fare tic tac, tamburellare, battere, picchiettare: *the rain -ted on the roof* la pioggia picchiava sul tetto. **2** (*of the heart*) battere (forte), fare bum bum, palpitare. **3** (*of feet*) scalpicciare.

pitch¹ /pɪtʃ/ **I** *n.* **1** pece *f.* **2** (*bitumen*) bitume *m.* **II** *v.t.* bitumare. □ ~ *black:* **1** nero come la pece; **2** (*extremely dark*) completamente buio; (*Mecc*) ~ *circle* cerchio primitivo.

pitch² /pɪtʃ/ **I** *n.* **1** (*Mus*) (*degree of height*) altezza *f.* (del suono); (*tone*) tono *m.*, diapason *m.* **2** (*degree of slope*) inclinazione *f.*, pendenza *f.* **3** (*steep place*) declivio *m.*, pendio *m.* **4** (*Arch*) (*of a roof*) falda *f.* **5** (*Arch*) (*of stairs*) inclinazione *f.* di una rampa. **6** (*fig*) grado *m.*, livello *m.*: *a high ~ of excitement* un alto grado di eccitazione. **7** (*Sport*) lancio *m.*, tiro *m.* **8** (*colloq*) (*slick, convincing talk*) parlantina *f.*: *sales ~* imbonimento. **9** (*Br, Sport*) campo *m.*, campo *m.* da gioco, terreno *m.* di gioco: *a football ~* un campo di football; (*in cricket*) terreno *m.* tra le due porte. **10** (*Br*) (*open-air place of trade*) posteggio *m.*: *a barrow-boy's ~* il posteggio di un venditore ambulante. **11** (*Mecc*) (*of gears, screws*) passo *m.* **12** (*Mar,Aer*) (*pitching movement*) beccheggio *m.* **13** (*Tip*) passo *m.* **14** (*Mus*) (*of a gramophone record*) passo *m.* **15** (*Ling,Fon*) altezza *f.*, acuità *f.* **16** (*Cin*) passo *m.* **II** *v.t.* (*past, p.p.* **-ed** /-t/) **1** gettare, buttare, lanciare, scagliare, tirare. **2** (*Sport*) (*in baseball, cricket*) lanciare; (*of a wicket*) piantare: *a substitue -ed the 3rd inning* nel terzo inning ha lanciato un rilievo. **3** (*of a tent*) piantare, montare. **4** (*Mus*) impostare: *to ~ one's voice high* impostare la voce su un tono alto; (*to set in a key*) intonare. **5** (*fig*) (*to set at a specific level*) dare un tono a, mettere su un (certo) piano: *to ~ the conversation in a cathedric key* dare un tono cattedratico alla conversazione. **6** (*fig*) (*to try to sell or promote sth.*) promuovere, cercare di vendere, pubblicizzare. **7** (*Arch*) (*of a roof*) dare un'inclinazione a, dare una pendenza a. **8** (*Strad*) acciottolare, selciare. **III** *v.i.* (*past, p.p.* **-ed** /-t/) **1** (*Am,Sport*) (*in baseball*) fare il lanciatore, lanciare: *Mike Mussina -es for the Yankees* Mike Mussina lancia per gli Yankees. **2** (*to plunge headlong*) cadere a capofitto, cadere a testa in giù. **3** (*to fall forward*) cadere in avanti. **4** (*Mar,Aer*) beccheggiare. **5** (*Aer*) (*to plunge down: by the nose*) picchiare; (*by the tail*) impennarsi. **6** (*to pitch camp*) accamparsi, piantare le tende, (*rar*) attendarsi. **7** (*to incline, to slope*) declinare, degradare, scendere, essere in pendenza. ☐ (*Br,fig*) *to ~ one's* **ambition** *high* mirare in alto; *to ~* **camp** piantare le tende, accamparsi, piantare le tende; *to ~* **hay** inforcare il fieno; (*colloq*) *to ~* **in**: 1 contribuire; 2 (*to set to work*) mettersi al lavoro di buona lena; (*Br*) *to ~ into*: 1 aggredire, saltare addosso a, attaccare; 2 (*to set to work on*) lavorare di buona lena a, darci dentro a; (*Br*) *to shout at the ~ of one's* **voice** gridare a squarciagola; (*Mus*) *~ pipe* diapason a fiato; *to ~ one's* **stent** piantare le tende; (*colloq*) *to ~* **up** arrivare, presentarsi.

pitch-and-toss /ˌpɪtʃən(d)'tɒs/ *n.* (*Br*) (*game*) testa e croce *m.*

pitch-black /ˌpɪtʃ'blæk/ *a.* 1 nero come la pece, nero come il carbone. 2 (*extremely dark*) completamente buio.

pitch-blackness /ˌpɪtʃ'blæknes/ *n.* 1 l'essere nero come la pece. 2 (*darkness*) buio *m.* fitto, buio *m.* pesto, totale oscurità *f.*

pitchblende /'pɪtʃblend/ *n.* (*Min*) pechblenda *f.*

pitch-dark /ˌpɪtʃ'dɑːk Am ˌpɪtʃ'dɑːrk/ *a.* 1 nero come la pece, nero come il carbone. 2 (*extremely dark*) completamente buio.

pitched /pɪtʃt/ *a.* (*in compounds*) dal tono...: *a high-~ voice* una voce acuta. ☐ *~* **battle**: 1 battaglia campale; 2 (*fig*) (*fierce conflict or argument*) lotta all'ultimo sangue.

pitcher[1] /'pɪtʃər/ *n.* 1 (*Am*) lanciatore *m.* (*f.* -trice) (*anche Sport*). 2 (*one who occupies a pitch*) posteggiatore *m.* (*f.* -trice). 3 (*Strad*) selce *f.*

pitcher[2] /'pɪtʃər/ *n.* 1 (*jug*) brocca *f.*, caraffa *f.* 2 (*Bot*) ascidio *m.* ☐ *Prov.: the ~ goes once too often to the well* tanto va la gatta al lardo che ci lascia lo zampino; *little -s have big ears* i bambini hanno le orecchie lunghe.

pitchfork /'pɪtʃfɔːk Am 'pɪtʃfɔːrk/ I *n.* (*Agr*) forcone *m.* (da fieno), forca *f.* II *v.t.* 1 sollevare e caricare con il forcone, inforcare. 2 (*fig*) (*to thrust so. into a difficult situation*) mettere di punto in bianco, mettere da un giorno all'altro: *to ~ so. into a top job* mettere qcu. di punto in bianco in un posto di responsabilità.

pitching /'pɪtʃɪŋ/ *n.* (*Br*) 1 (*Strad*) (*pavement*) lastrico *m.*, selciato *m.*, pavimentazione *f.* 2 (*on a slope*) rivestimento *m.* in pietra.

pitchy /'pɪtʃi/ *a.* 1 impeciato, coperto di pece, pecioso. 2 (*of pitch*) di pece, pecioso. 3 (*fig*) (*pitch-black*) nero come la pece, nero come il carbone.

piteous /'pɪtɪəs Am 'pɪtɪəs/ *a.* pietoso, miserevole, compassionevole: *a ~ sight* uno spettacolo pietoso.

piteously /'pɪtɪəsli Am 'pɪtɪəs/ *avv.* compassionevolmente.

piteousness /'pɪtɪəsnəs Am 'pɪtɪəsnəs/ *n.* l'essere pietoso.

pitfall /'pɪtfɔːl/ *n.* 1 trappola *f.* (coperta). 2 (*fig*) trabocchetto *m.*, trappola *f.*, tranello *m.*, insidia *f.*

pith /pɪθ/ I *n.* 1 (*Bot,Anat*) midollo *m.* 2 (*of an orange, etc.*) albedo *m.* 3 (*fig*) (*essence*) nocciolo *m.*, essenza *f.*: *the ~ of the matter* il nocciolo della questione. 4 (*fig*) (*substance*) consistenza *f.*, solidità *f.*, sostanza *f.* 5 (*Anat, ant*) (*spinal cord*) midollo *m.* spinale. 6 (*fig*) (*strength*) forza *f.*, vigore *m.* 7 (*fig*) (*importance*) importanza *f.* II *v.t.* 1 estrarre il midollo da. 2 (*to kill or immobilize an animal by severing the spinal cord*) perforare o tagliare il midollo spinale di.

pithead /'pɪthed/ *n.* (*Minier*) imboccatura *f.* di miniera.

pithecanthrope /ˌpɪθɪ'kænθroʊp Am ˌpɪθɪ- 'kænθroʊp/ (*pl.* **-pi** /-paɪ/) *n.* (*Paleont*) pitecantropo *m.*

pithecanthropus /ˌpɪθɪkæn'θroʊpəs Am ˌpɪθɪ'kænθroʊpəs/ (*pl.* **-pi** /-paɪ/) *n.* (*Paleont*) pitecantropo *m.*

pithily /'pɪθɪli/ *avv.* concisamente.

pithiness /'pɪθɪnəs/ *n.* concisione *f.*, stringatezza *f.*

pithless /'pɪθləs/ *a.* 1 senza midollo. 2 (*fig*) privo di vigore.

pithy /'pɪθi/ *a.* 1 (*fig*) (*concise*) conciso, stringato. 2 (*fig*) (*full of meaning, substance*) succoso, sostanzioso: *a ~ speech* un discorso succoso. 3 (*fig*) (*full of force*) vigoroso. 4 (*of pith*) del midollo. 5 (*rar*) (*abounding in pith*) pieno di midollo, midolloso. 6 (*resembling pith*) midolloso, simile al midollo. 7 (*of an orange*) dalla buccia spessa.

pitiable /'pɪtɪəbl̩ Am 'pɪtɪəbl̩/ *a.* 1 pietoso, miserevole, degno di compassione, degno di commiserazione: *a ~ sight* uno spettacolo pietoso. 2 (*arousing contempt*) misero, meschino, spregevole, miserabile.

pitiful /'pɪtɪfəl Am 'pɪtɪfəl/ *a.* 1 commovente, miserevole, pietoso: *a ~ fate* una fine pietosa. 2 (*pathetic, inadequate*) patetico, inadatto: *he is a ~ excuse for a guard dog* è la brutta copia di un cane da guardia. 3 (*contemptible*) misero, meschino.

pitifully /'pɪtɪfəli Am 'pɪtɪfəli/ *avv.* 1 pietosamente, in modo pietoso. 2 (*pathetically*) pateticamente.

pitifulness /'pɪtɪfəlnəs Am 'pɪtɪfəlnəs/ *n.* 1 pietà *f.*, compassione *f.* 2 (*pitiful state*) stato *m.* pietoso. 3 (*contemptibility*) meschinità *f.*

pitiless /'pɪtɪləs Am 'pɪtɪləs/ *a.* spietato, senza pietà, impietoso, crudele.

pitilessly /'pɪtɪləsli Am 'pɪtɪləsli/ *avv.* spietatamente, crudelmente.

pitilessness /'pɪtɪləsnəs Am 'pɪtɪləsnəs/ *n.* spietatezza *f.*, crudeltà *f.*

pitman /'pɪtmən/ *n.irr.* 1 (*Minier*) (*pl.* **-men** /-mən/) (*quarryman*) cavatore *m.*; (*coal miner*) minatore *m.* (di carbone). 2 (*Mecc*) (*pl.* **-s** /-z/) biella *f.*, barra *f.* d'accoppiamento.

piton /'pɪtɒn Am 'pɪtɑːn/ *n.* (*Alp*) chiodo *m.* da roccia.

pitpat /'pɪtpæt/ I *avv.* 1 con un ticchettio, picchiettando. 2 (*with light pats*) scalpicciando, con uno scalpiccio. II *n.* 1 tic tac *m.*, ticchettio *m.* 2 (*of the heart*) battito *m.*, bum bum *m.* 3 (*of feet*) scalpiccio *m.* III *v.i.* (*past, p.p.* **pitpatted** /-ɪd/) 1 (*to go pit-a-pat*) ticchettare, fare tic tac, tamburellare, battere, picchiettare: *the rain -ted on the roof* la pioggia picchiava sul tetto. 2 (*of the heart*) battere (forte), fare bum bum, palpitare. 3 (*of feet*) scalpicciare.

pitprop /'pɪtprɒp Am 'pɪtprɑːp/ *n.* (*Minier*) puntello *m.* di pozzo.

pittance /'pɪtəns/ *n.* 1 (*small allowance*) miseria *f.*, inezia *f.*, niente *m.*: *his pension is a mere ~* la sua pensione è una vera miseria. 2 (*meagre remuneration*) miseria *f.*, stipendiuccio *m.*, quattro soldi *m.pl.*, tozzo *m.* di pane: *to work for a ~* lavorare per una miseria. 3 (*Rel,Stor*) offerta *f.* fatta a una comunità per provvedere al vitto (in speciali ricorrenze).

pitter-patter /ˈpɪtəˌpætər Am ˈpɪtərˌpætər/ I *avv.* con un tic toc. II *n.* tic toc *m.*, ticchettio *m.*, picchiettio *m.* ☐ *to go ~* fare tic toc: *his heart went ~* il suo cuore faceva bum bum.

pituitary /pɪ'tjuːɪtəri Am pɪ'tuːəteri/ *a.* (*Anat*) pituitario, ipofisario: *~ gland* ghiandola pituitaria, ipofisi.

pity /'pɪti/ I *n.* 1 compassione *f.*, pietà *f.*, misericordia *f.*, pena *f.*, carità *f.*: *to have ~ on so.* avere pietà di qcu.; *to be filled with ~ for so.* provare immensa pietà per qcu. 2

(*cause of regret*) peccato *m.*: *it is a great ~* è un vero peccato; (*Br*) *it's a thousand pities that* è proprio un peccato che; *it's a ~ you didn't come* è un peccato che tu non sia venuto. II *v.t.* compatire, compiangere, commiserare, provare pietà per, avere pietà di: *to ~ so. in his misery* compatire le disgrazie di qcu. ☐ *the ~ of it!* che pena!, ma che pena!; *the ~ of it is... il brutto è che...; to do sth.* **out of** *~* fare qcs. per pura compassione; *for ~'s* **sake** per l'amor di Dio, per amor di Dio, per carità, per amor del cielo; *to* **take** *~ on so.* avere pietà di qcu.; *what a ~* (che) peccato, peccato che.

pitying /'pɪtiɪŋ Am 'pɪtiɪŋ/ *a.* pietoso, compassionevole.

pityingly /'pɪtiɪŋli Am 'pɪtiɪŋli/ *avv.* pietosamente.

pivot /'pɪvət/ I *n.* 1 (*Mecc*) perno *m.* 2 (*Mecc*) (*of a door hinge*) ralla *f.*, rallino *m.* 3 (*fig*) perno *m.*, fulcro *m.* 4 (*Mil*) perno *m.* 5 (*Sport*) pivot *m.* II *v.i.* 1 ruotare. 2 (*fig*) dipendere (*on, upon* da). III *v.t.* 1 imperniare. 2 (*to cause to turn round*) fare ruotare, fare girare. 3 (*fig*) imperniare, fondare, basare.

pivotable /'pɪvətəbl̩ Am 'pɪvətəbl̩/ *a.* rotante.

pivotal /'pɪvətl̩ Am 'pɪvətl̩/ *a.* 1 (*of a pivot*) di un perno. 2 (*constituting a pivot*) che fa da perno. 3 (*fig*) chiave, di capitale importanza: *he holds a ~ position* occupa una posizione chiave. ☐ (*Pol*) *~* **states** stati più importanti da conquistare nella gara elettorale.

pixel /'pɪksəl/ *n.* (*Inform*) pixel *m.*

pixelate /'pɪksəleɪt/ *v.t.* (*Inform*) scomporre in pixel.

pixelation /ˌpɪksəˈleɪʃən/ *n.* (*Inform*) scomposizione *f.* in pixel.

pixie /'pɪksi/ I *n.* (*Folcl*) folletto *m.*, spiritello *m.* II *a.* pazzerello, un po' burlone.

pixilated, **pixillated** /'pɪksɪleɪtɪd/ *a.* (*Am*) 1 picchiatello, mezzo matto, svitato. 2 (*colloq*) (*drunk*) ubriaco, sbronzo, ciucco.

pixy /'pɪksi/ *n.* (*Folcl*) folletto *m.*, spiritello *m.* II *a.* pazzerello, un po' burlone.

pixyish /'pɪksiɪʃ/ *a.* pazzerello, un po' burlone.

pizazz /pɪ'zæz/ *n.* (*sl*) pepe *m.*, brio *m.*, vitalità *f.*, energia *f.*

pizz. (*Mus*) *pizzicato* pizz. (pizzicato).

pizza /'piːtsə/ *n.* (*Gastron*) pizza *f.* ☐ *~ parlour* (o *Am ~ parlor*) pizzeria; (*Gastron*) *~ pie* pizza.

pizzaz /pɪ'zæz/ *n.* (*Am,sl*) pepe *m.*, brio *m.*, vitalità *f.*, energia *f.*

pizzicato /ˌpɪtsɪ'kɑːtoʊ/ I *a.* (*Mus*) pizzicato. II *avv.* (*Mus*) pizzicato. III *n.* (*pl.* **-ti** /-tiː/ o **-s** /-z/) (*Mus*) pizzicato *m.*

pk 1 *park* (parco). 2 *peak* (picco, vetta). 3 *pack* (pacco).

PK *Pakistan* PK (Pakistan).

PL 1 *Public Law* (diritto pubblico). 2 *Poland* PL (Polonia).

pl. 1 *place* (posto). 2 (*Gramm*) *plural* pl. (plurale). 3 (*Mil*) *platoon* (plotone).

P./L. (*Comm*) *profit and loss* P.P. (profitti e perdite).

placability /ˌplækə'bɪləti Am ˌplækə'bɪləti/ *n.* l'essere placabile, (*rar*) placabilità *f.*

placable /'plækəbl̩/ *a.* placabile.

placably /'plækəbli/ *avv.* placabilmente.

placard /'plækɑːd Am 'plækɑːrd/ I *n.* 1 manifesto *m.*, cartello *m.*, cartellone *m.*, tabellone *m.* 2 (*of a newspaper*) avviso *m.* pubblicitario. 3 (*small card or metal plaque*) targhetta *f.* II *v.t.* 1 affiggere manifesti su, affiggere cartelli su, coprire di cartelli, tappezzare con manifesti. 2 (*to publicize by placards*) pubblicizzare (qcs.) con manifesti, pubblicizzare (qcs.) con cartelli.

placate /plə'keɪt *Am* 'pleɪkeɪt/ *v.t.* placare, pacificare, calmare.

place /pleɪs/ **I** *n.* **1** luogo *m.*: *at the proper time and ~* a tempo e luogo. **2** (*region, area*) posto *m.*, regione *f.*, zona *f.*, località *f.*, luogo *m.*: *the hottest ~ on earth* il posto più caldo del mondo. **3** (*spot, part*) posto *m.*, punto *m.*: *his suit was stained in several -s* il suo abito era macchiato in parecchi punti. **4** (*specific locality*) posto *m.*, luogo *m.*: *you've come to the wrong ~* siete venuti nel posto sbagliato. **5** (*locality*) luogo *m.*, locale *m.*: *do you know a good ~ for live jazz?* conosci un bel locale dove suonano musica jazz dal vivo? **6** (*colloq*) (*home*) casa *f.*, abitazione *f.*: *why don't we have dinner at my ~?* che ne dici di cenare a casa mia? **7** (*proper position*) posto *m.*: *to put sth. back in its ~* rimettere qcs. al suo posto. **8** (*designated position*) posizione *f.*, posto *m.*, collocazione *f.* **9** (*suitable environment*) posto *m.* (adatto): *this is no ~ for a girl like you* questo non è posto per una ragazza come te. **10** (*position, circumstances*) posto *m.*, situazione *f.*, condizione *f.*: *what would you do if you were in my ~?* che faresti al posto mio? **11** (*job, post*) posto *m.*, impiego *m.*, lavoro *m.* **12** (*public office*) carica *f.*, ufficio *m.* **13** (*duties of an office or position*) compito *m.*, dovere *m.*, ufficio *m.* **14** (*in a book*) segno *m.*: *to lose one's ~* perdere il segno. **15** (*particular passage in a book*) passo *m.*, brano *m.* **16** (*accommodation, seat*) posto *m.*, posto *m.* a sedere: *a ~ on a flight* un posto su un volo; *I'll save your ~ for you* ti terrò il posto. **17** (*accommodation, seat at table*) posto *m.*, posto *m.* a tavola. **18** (*place setting*) coperto *m.* **19** (*degree of importance*) peso *m.*, rilievo *m.*, valore *m.*: *wealth has an important ~ in his life* la ricchezza ha un peso notevole nella sua vita. **20** (*fitting environment*) momento *m.*, momento *m.* opportuno, luogo *m.* adatto: *this is not the time or ~ to discuss our differences* non è questo il momento di discutere le nostre divergenze. **21** (*in competition*) posto *m.*, piazzamento *m.*, posizione *f.* **22** (*in horse racing*) seconda posizione *f.* **23** (*square, plaza*) piazza *f.* **24** (*Mat*) posto *m.*: *decimal ~* posto decimale. **25** (*Astr*) posizione *f.* **II** *v.t.* **1** (*to put*) mettere, posare, porre. **2** (*to arrange*) mettere, collocare, disporre, sistemare, piazzare: *to ~ chairs in a row* mettere le sedie in fila. **3** (*to direct accurately*) dirigere con precisione, assestare: *to ~ one's shot* dirigere il colpo con precisione. **4** (*to present, to submit*) presentare, sottoporre. **5** (*to appoint*) assegnare, destinare. **6** (*to find employment for*) sistemare, trovare un posto a. **7** (*to set, to repose*) riporre, porre, mettere: *to ~ one's trust in so.* riporre la propria fiducia in qcu. **8** (*to assign in time*) stabilire una data per, attribuire a un periodo. **9** (*to recognize, to identify*) identificare, individuare, riconoscere. **10** (*to estimate*) valutare, stimare. **11** (*of an order for goods*) dare, fare, passare. **12** (*of goods: to dispose of*) collocare, vendere, smerciare, piazzare. **13** (*in competition*) piazzare fra i primi, piazzare ai primi posti. **14** (*in horse racing*) vincere; piazzarsi secondo o terzo. **15** (*of the voice*) impostare. ☐ (*Am*) *any ~*: **1** (*in questions*) da qualche parte, in qualche posto: *did you go any ~?* sei andato da qualche parte?; **2** (*in negatives*) da nessuna parte, in nessun posto; **3** (*no matter which place*) dovunque, in qualsiasi posto, dove capita; *~ bet* (*in horse racing*) scommessa sul piazzato; *to ~ a bet* scommettere, fare una scommessa; (*Tel*) *to ~ a call*

prenotare una telefonata, fare una telefonata (tramite operatore); *~ card* segnaposto; *to give ~ to*: **1** cedere il posto a, lasciare il posto a; **2** (*to give precedence to*) dare la precedenza a, cedere il passo a; (*sl*) *to go -s* fare carriera, fare strada, avere successo, sfondare; *in -s* in alcuni punti, qua e là, in qualche punto; *in ~*: **1** a posto, al posto giusto, in ordine; **2** (*fig*) opportuno, adatto, appropriato; *in all -s* dappertutto, in ogni parte, dovunque; *in ~ of* al posto di, in luogo di, invece di; (*fig*) *a ~ in the sun* un posto al sole; (*Sport*) *~ judge* giudice di classifica; *to keep so. in his ~* fare stare qcu. al suo posto; (*Sport*) *~ kick* calcio piazzato; *to know one's ~* saper stare al proprio posto; *to make a ~ for*: **1** fare posto a: *move over and make a ~ for me* spostati e fammi posto; **2** (*to give precedence to*) dare la precedenza a, cedere il passo a; *~ mat* tovaglietta all'americana; *~ name* toponimo; (*Dir*) *~ of abode* domicilio; *a ~ of business*: **1** un posto di lavoro; **2** (*shop*) un negozio; **3** (*office*) un ufficio; *~ of employment* posto di lavoro, impiego; *~ of origin* luogo di provenienza; *~ of residence* luogo di residenza; *in a ~ of safety* in luogo sicuro, al sicuro; (*Dir*) *to ~ on record* dare atto, mettere a verbale, verbalizzare; *out of ~*: **1** fuori posto, non a posto, non al proprio posto; **2** (*fig*) fuori luogo, fuori posto, inopportuno; (*fig*) *to put oneself in so.'s ~* mettersi nei panni di qcu.; *to set a ~ at the table* mettere un coperto; *~ setting* coperto (a tavola); *to take ~* avere luogo, svolgersi, accadere; *to take one's ~* prendere posto, accomodarsi al proprio posto; *to take the ~ of* sostituire, prendere il posto di.

placeman /'pleɪsmən/ *n.irr.* (*spreg*) funzionario *m.* ammanigliato, funzionario *m.* raccomandato.

placement /'pleɪsmənt/ *n.* **1** disposizione *f.*, collocazione *f.*, sistemazione *f.*, piazzamento *m.*, collocamento *m.* **2** (*of money: investment*) investimento *m.*, collocamento *m.*, piazzamento *m.* **3** (*position, job*) posto *m.* di lavoro (*spec. temporaneo*).

placenta /plə'sentə *Am* plə'sentə/ (*pl.* -s /-z/ o -tae /-tiː/) *n.* (*Anat,Bot*) placenta *f.*

placental /plə'sentl *Am* plə'sentl/ *a.* (*Anat,Bot*) placentare.

placentate /plə'sent(e)ɪt/ *a.* (*Anat,Bot*) fornito di placenta.

placer[1] /'pleɪsər/ *n.* chi colloca, chi mette.

placer[2] /'pleɪsər/ *n.* (*Geol*) placer *m.*, giacimento *m.* alluvionale. ☐ (*Minier*) *~ mining* coltivazione di giacimenti detritici.

placid /'plæsɪd/ *a.* placido, tranquillo, calmo, quieto: *a ~ temperament* un temperamento placido.

placidity /plə'sɪdətɪ *Am* plə'sɪdətɪ/ *n.* placidità *f.*, tranquillità *f.*, calma *f.*, pace *f.*

placidly /'plæsɪdlɪ/ *avv.* placidamente, tranquillamente.

placing /'pleɪsɪŋ/ *n.* **1** collocamento *m.* (*anche Econ*). **2** (*Sport*) piazzamento *m.*

placket /'plækɪt/ *n.* (*Sart*) **1** (*opening*) apertura *f.*; (*in a skirt*) spacco *m.* **2** (*pocket*) tasca *f.* (di gonna o abito).

plafond /plæ'fɒn *Am* plə'fɑːn/ *n.* (*Arch*) soffitto *m.*, (*rar*) plafond *m.*, (*rar*) plafone *m.*

plagiarism /'pleɪdʒərɪzəm *Am* 'pleɪdʒərɪzm/ *n.* plagio *m.*

plagiarist /'pleɪdʒərɪst *Am* 'pleɪdʒərɪst/ *n.* plagiario *m.* (*f.* -a).

plagiaristic /ˌpleɪdʒər'ɪstɪk *Am* ˌpleɪdʒə'rɪstɪk/ *a.* plagiario.

plagiarize /'pleɪdʒəraɪz *Am* 'pleɪdʒəraɪz/ *v.t.* plagiare.

plagiarizer /'pleɪdʒəraɪzər *Am* 'pleɪdʒəraɪzər/

n. plagiatore *m.* (*f.* -trice).

plagiary /'pleɪdʒərɪ *Am* 'pleɪdʒərɪ/ *n.* plagio *m.*

plague /pleɪg/ **I** *n.* **1** (*Med*) peste *f.*; (*pestilence*) pestilenza *f.* **2** (*fig*) piaga *f.*, flagello *m.*, calamità *f.* **3** (*colloq*) (*cause of trouble: of things*) scocciatura *f.*, seccatura *f.*, rogna *f.* **4** (*colloq*) (*cause of trouble: of people*) peste *f.*, piaga *f.*, flagello *m.*, rogna *f.*: *what a ~ those children are* che peste che sono quei bambini. **5** (*of animals*) infestamento *m.*, invasione *f.*: *a ~ of rats* un'invasione di ratti. **II** *v.t.* **1** colpire (con un flagello). **2** (*to infect with a plague*) appestare. **3** (*to trouble, to harass*) assillare, affliggere, perseguitare, tormentare: *to be -d by one's creditors* essere assillato dai creditori. **4** (*to annoy*) molestare, ostacolare, intralciare: *work was -d by labour disputes* il lavoro fu intralciato dalle vertenze sindacali. ☐ *~ on it!* (o *a ~ on it!*) maledizione!, dannazione!; *~ spot*: **1** focolaio epidemico (*spec. di peste*); **2** (*Med*) segno lasciato dalla peste bubbonica; (*coll.*) *take it* alla malora!, al diavolo!

plaguesome /'pleɪgsəm/ *a.* molesto, fastidioso, seccante, pestifero.

plaguy /'pleɪgɪ/ **I** *a.* (*ant,colloq*) pestifero, scocciante. **II** *avv.* (*ant,colloq*) maledettamente, tremendamente.

plaice /pleɪs/ *n.inv.* (*Itt*) platessa *f.*, passera *f.* di mare, pianuzza *f.*

plaid /plæd/ **I** *n.* **1** (*Abbigl*) mantella *f.* del costume scozzese. **2** (*plaid blanket*) plaid *m.* **3** (*Tess*) tessuto *m.* scozzese, stoffa *f.* scozzese, scozzese *m.* **II** *a.* (*Tess*) scozzese.

plaided /'plædɪd/ *a.* **1** che indossa la mantella del costume scozzese. **2** (*made of plaid*) scozzese, fatto di tessuto scozzese.

plain[1] /pleɪn/ *n.* (*Geog*) pianura *f.*, piano *m.* ☐ *-s Indians* indiani delle grandi pianure.

plain[2] /pleɪn/ **I** *a.* **1** (*distinct to the eye*) chiaramente distinguibile. **2** (*distinct to the ear*) chiaramente percettibile. **3** (*obvious*) evidente, chiaro, palese, ovvio: *the meaning is ~* il significato è chiaro. **4** (*candid, frank*) sincero, schietto, franco: *to be ~ with you* tanto per essere sincero con te. **5** (*undisguised*) nudo, nudo e crudo, schietto, puro, semplice: *the ~ truth* la verità nuda e cruda. **6** (*simple, unpretentious*) semplice, privo di ricercatezza, naturale. **7** (*common, ordinary*) semplice, schietto, alla buona: *~ folk* gente semplice. **8** (*unadorned*) disadorno, semplice, privo di ornamenti, liscio. **9** (*of drawings*) non colorato. **10** (*without a flavour or filling added: of food*) liscio, senza niente: *a ~ brioche* una brioche liscia, una brioche senza niente. **11** (*simple, uncomplicated*) semplice, senza complicazioni. **12** (*simple, uncomplicated: of food, cooking, etc.*) semplice, alla buona. **13** (*unattractive*) insignificante, insipido. **14** (*ugly*) bruttino: *a ~ girl* una ragazza bruttina. **15** (*utter, sheer*) bell'e buono, puro, puro e semplice, vero e proprio: *~ stupidity* stupidità bell'e buona. **16** (*Mus*) piano. **II** *avv.* **1** chiaramente, in modo chiaro. **2** (*unpretentiously*) semplicemente, senza pretese. **3** (*frankly*) chiaramente, schiettamente, chiaro e tondo. **4** (*colloq*) (*simply*) semplicemente, proprio, solo, nient'altro che. ☐ (*fig*) *as ~ as a pikestaff* chiaro come il sole, evidentissimo, ovvio; *as ~ as can be* chiaro come la luce del sole; (*colloq,fig*) *it's as ~ as the nose on your face* salta agli occhi, più chiaro di così si muore, chiaro come il sole; (*Mus*) *~ chant* canto piano; *in ~ clothes* in borghese, in abiti civili; (*Post*) *under ~ cover* in busta semplice; *~ dealing* comportamento corretto, modo d'agire onesto; (*fig*) *in ~ English* chiaro,

chiaro e tondo, esplicitamente, senza ambiguità, in parole povere; (colloq,fig) ~ **Jane** donna normale, donna non particolarmente attraente, donna senza niente di speciale; a ~ **liver** chi vive alla buona; to **make** sth. ~ fare capire chiaramente qcs., fare capire qcs. senza mezzi termini; the ~**man** in the street l'uomo della strada, l'uomo comune; ~**paper** carta comune; ~**paper copier** fotocopiatrice su carta comune; (Br) ~**sailing** : 1 (Mar) navigazione piana; 2 (fig) cosa che procede senza intoppi, cosa che procede senza difficoltà, senza complicazioni, cosa che fila liscia: after the initial trouble all was ~ sailing dopo i guai iniziali, tutto andò liscio come l'olio; (Mus) ~ **song** canto piano; ~**suit** (in card games) seme che non è atout; (Inform) ~ **text** testo non codificato; (Tess) ~ **weave** armatura tela.

plainly /'pleɪnli/ avv. 1 distintamente, chiaramente. 2 (obviously) chiaramente, evidentemente. 3 (simply) semplicemente, senza pretese: to dress ~ vestirsi semplicemente. 4 (frankly) chiaro e tondo, apertamente, senza reticenze: to speak ~ parlare chiaro.

plainness /'pleɪnnəs/ n. 1 chiarezza f., evidenza f. 2 (simplicity) semplicità f., mancanza f. di pretese. 3 (frankness) franchezza f., schiettezza f.

plainsman /'pleɪnzmən/ n.irr. abitante m. delle Grandi Pianure.

plain-spoken /ˌpleɪn'spoʊkən/ a. franco, schietto, senza peli sulla lingua.

plainswoman /'pleɪnzwʊmən/ n.irr. abitante f. delle Grandi Pianure.

plaint /pleɪnt/ n. 1 (poet) (complaint) querela f., lamento m. 2 (Dir) querela f.

plaintiff /'pleɪntɪf/ n. (Dir) querelante m./f., attore m. (f. -trice) (in una causa civile).

plaintive /'pleɪntɪv Am 'pleɪntɪv/ a. lamentoso, malinconico, triste: a ~ tune un motivo lamentoso.

plaintively /'pleɪntɪvli Am 'pleɪntɪvli/ avv. con voce lamentosa.

plaintiveness /'pleɪntɪvnəs Am 'pleɪntɪvnəs/ n. tono m. lamentoso.

plain-woven /'pleɪnwoʊvən/ a. (Tess) ad armatura tela.

plait /plæt/ I n. 1 (of hair, straw, bread, etc.) treccia f. 2 (pleat, fold) piega f. 3 pl. (pigtails) trecce f.pl., treccine f.pl., codini m.pl. II v.t. 1 intrecciare, fare una treccia di: to ~ one's hair intrecciarsi i capelli. 2 (to make by plaiting) lavorare a treccia. 3 (to pleat) pieghettare.

plan /plæn/ I n. 1 piano m., programma m. (anche Econ): ~ of studies piano di studi; a five-year ~ un piano quinquennale. 2 (project) progetto m., piano m., disegno m., programma m.: what are your -s for the future? che progetti hai per il futuro?; to have no fixed -s non avere programmi precisi; to make -s fare progetti; to go according to ~ svolgersi secondo i piani. 3 (aim, intention) intenzione f., scopo m., intento m., proposito m. 4 (procedure, way) sistema m., metodo m. 5 (large-scale map) pianta f.: the ~ of a fortress la pianta di una fortezza. 6 (large-scale map: of a building) pianta f., proiezione f. orizzontale, icnografia f. 7 (scheme of arrangement) schema m. (di disposizione): a seating ~ uno schema per la disposizione dei posti. II v.t. 1 progettare: to ~ a trip progettare un viaggio. 2 (to arrange a plan of) programmare, predisporre un programma di (o per): to ~ a new public park programmare un nuovo parco pubblico. 3 (to intend) pensare, avere intenzione: to ~ to buy a new house avere intenzione di comprare una

nuova casa. 4 (Pol,Econ) programmare, pianificare: to ~ the economy programmare l'economia. III v.i. fare programmi, fare progetti, fare piani, mettere giù i piani. □ to ~**ahead** programmare; ~**of action** piano di battaglia, piano d'azione; to ~**out** pianificare.

planch /plɑːntʃ Am plæntʃ/ n. (ant) tavola f., asse f.

planchet /'plɑːntʃɪt Am 'plæntʃɪt/ n. (Numism) tondello m.

planchette /'plɑːnʃet Am 'plænʃet/ n. (Occult) tavoletta f. con rotelle e matita usata in sedute spiritiche, planche f. oui-ja.

plane[1] /pleɪn/ n. (Bot) platano m.

plane[2] /pleɪn/ I n. (Fal) pialla f. II v.t. 1 piallare. 2 (to remove by planing) levare con la pialla, togliere con la pialla. □ to ~**away** levare con la pialla, togliere con la pialla; to ~**off** levare con la pialla, togliere con la pialla.

plane[3] /pleɪn/ I n. 1 (Aer) aereo m., aeroplano m., (ant) apparecchio m. II v.i. (Aer) planare. □ (Aer) to ~**down** planare.

plane[4] /pleɪn/ I a. piano, piatto: a ~ surface una superficie piana. II n. 1 piano m., superficie f. piana. 2 (fig) livello m., piano m.: on the ~ of the unconscious a livello dell'inconscio; to put on the same ~ mettere sullo stesso piano. 3 (Geom) piano m. III v.t. spianare. □ (Geom) ~**angle** angolo piano; (Geog) ~ **chart** carta di Mercatore; (Mat) ~**geometry** geometria piana; (Topogr) ~ **table** tavoletta pretoriana.

planer /'pleɪnər/ n. 1 (Fal,Mecc) (machine) piallatrice f. 2 (Fal) (worker) piallatore m. (f. -trice). 3 (Tip) battitoia f.

planet /'plænɪt/ n. pianeta m. □ Planet **Earth** il pianeta Terra; (Mecc) ~**gear** ruota planetaria; (Mecc) ~**wheel** ruota planetaria, satellite.

planetarium /ˌplænɪ'teəriəm Am ˌplænɪ'teriəm/ (pl. -**s** /-z/ o -**ria** /-rɪə/) n. planetario m.

planetary /'plænɪtəri Am 'plænɪteri/ a. planetario (anche Astr). □ (Mecc) ~**gear** rotismo epicicloidale, rotismo planetario; (Astr) ~ **nebula** nebulosa planetaria.

planetesimal /ˌplænɪ'tezɪməl/ I n. (Astr) pianetino m.; asteroide m. II a. (Astr) planitesimale.

planet-friendly /'plænɪt,frendli/ a. che non reca danni al pianeta, ecologico.

planetoid /'plænɪtɔɪd/ n. (Astr) planetoide m., pianetino m.

planetologist /ˌplænɪ'tɒlədʒɪst Am ˌplænɪ'tɑːlədʒɪst/ n. planetologo m. (f. -a).

planetology /ˌplænɪ'tɒlədʒi Am ˌplænɪ'tɑːlədʒi/ n. planetologia f.

plane-tree /'pleɪntriː/ n. (Bot) platano m.

planet-stricken /'plænɪtstrɪkən/ a. che subisce l'influsso negativo di un pianeta.

planet-struck /'plænɪtstrʌk/ a. che subisce l'influsso negativo di un pianeta.

plangency /'plændʒənsi/ n. (lett) sonorità f., risonanza f.

plangent /'plændʒənt/ a. (lett) 1 sonoro, risonante. 2 (loud and mournful) alto e lamentoso.

plangently /'plændʒəntli Am 'plændʒəntli/ avv. 1 sonoramente. 2 (loudly and mournfully) con tono alto e lamentoso.

planimeter /plæn'ɪmɪtər Am plə'nɪmɪtər/ n. planimetro m.

planimetric /ˌplænɪ'metrɪk Am ˌpleɪnɪ'metrɪk/ a. planimetrico.

planimetrical /ˌplænɪ'metrɪkəl Am ˌpleɪnɪ'metrɪkəl/ a. (rar) planimetrico.

planimetrically /ˌplænɪ'metrɪkli Am ˌpleɪnɪ'metrɪkli/ avv. planimetricamente.

planimetry /plæn'ɪmɪtri Am plə'nɪmɪtri/ n. planimetria f.

planing /'pleɪnɪŋ/ I n. (Fal) piallatura f. II a. (Fal) che pialla. □ (Fal,Mecc) ~**machine** piallatrice.

planish /'plænɪʃ/ v.t. (Tecn) 1 spianare. 2 (by hammering) martellare.

planisher /'plænɪʃər/ n. (Tecn) spianatoio m.

planisphere /'plænɪsfɪər/ n. planisfero m.

planispheric /ˌplænɪs'ferɪk/ a. planisferico.

plank /plæŋk/ I n. 1 asse f., tavola f. 2 (planking) tavole f.pl., tavolato m. 3 (Pol) punto m. (programmatico): the main ~ in the party's programme il punto principale del programma del partito. II v.t. 1 tavolare, coprire di tavole, rivestire di tavole. 2 (Am,Gastron) (of chicken, fish, etc.) servire su un tagliere. 3 (colloq) (to set down) mettere, posare. □ ~ **bed** tavolaccio, pancaccio; (Am,sl) to ~ **down** : 1 sbattere giù; 2 (of money) sborsare, scucire, tirare fuori.

planking /'plæŋkɪŋ/ n. 1 tavole f.pl., tavolato m. 2 (of a ship) fasciame m.

plankton /'plæŋktən/ n. (Biol) plancton m., plankton m.

planktonic /plæŋk'tɒnɪk Am plæŋk'tɑːnɪk/ a. (Biol) planctonico.

planned /plænd/ a. pianificato, programmato. □ ~**economy** economia pianificata; ~**parenthood** : 1 pianificazione familiare; 2 (estens) (birth control) controllo delle nascite.

planner /'plænər/ n. 1 progettista m./f. 2 (Econ,Pol) programmatore m. (f. -trice), pianificatore m. (f. -trice). 3 (in town planning) urbanista m./f. 4 (calendar) agenda f.: monthly ~ agenda mensile, rubrica mensile.

planning /'plænɪŋ/ n. 1 progettazione f. 2 (town planning) urbanistica f. 3 (Econ,Pol) pianificazione f., programmazione f. □ ~**committee** comitato di programmazione; ~**permission** licenza edilizia; (Tip) ~**table** tavolo di montaggio.

planoconcave /ˌpleɪnoʊ'kɒnkeɪv Am ˌpleɪnoʊ'kɑːnkeɪv/ a. (Ott) pianoconcavo.

planoconvex /ˌpleɪnoʊ'kɒnveks Am pleɪnoʊ'kɑːnveks/ a. (Ott) pianoconvesso.

plant /plɑːnt Am plænt/ I n. 1 pianta f., vegetale m. 2 (Giard) (seedling) piantina f. 3 (Ind, Mecc) impianto m., attrezzatura f.pl.: a lighting ~ un impianto d'illuminazione. 4 (factory) fabbrica f., stabilimento m. 5 (sl) (informer, spy) spia f., talpa f., infiltrato m. (f. -a). 6 (way of standing) modo m. di piantarsi sulle gambe. 7 (pose) atteggiamento m., posa f. 8 (sl) (misleading evidence) prova f. falsa per incastrare, trucco m. 9 (Giorn) canard m., notizia f. pubblicata ad arte. II v.t. 1 piantare: to ~ potatoes piantare patate. 2 (of land) coltivare: to ~ a flower bed with tulips coltivare un'aiuola a tulipani. 3 (fig) (to inculcate) inculcare, instillare. 4 (to insert firmly) piantare, conficcare, ficcare: to ~ posts in the ground piantare pali nel terreno. 5 (rifl.) to ~ oneself piantarsi: he ~ed himself in front of the door si piantò davanti alla porta. 6 (colloq) (of a blow) appioppare, affibbiare, assestare, mollare. 7 (to place sth. in a concealed position) piazzare. 8 (sl) (of stolen goods: to hide) nascondere, fare sparire. 9 (sl) (of stolen goods: to hide so as to incriminate) nascondere (per incriminare qcu.). 10 (of a colony: to establish) fondare, istituire, impiantare; (of colonists) insediare. 11 (to colonize) colonizzare. 12 (of a church) fondare. 13 (sl) (of a spy, etc.) infiltrare. 14 (Giorn) organizzare ad arte la pubblicazione (o diffusione) di. □ ~**biology** fitobiologia f.; ~ **closure** chiusura di fabbrica; ~ **ecology**

ecologia vegetale; ~ ***engineer*** impiantista; ~ ***engineering*** impiantistica; (*Giard*) ~ ***food*** elemento nutritivo delle piante, fertilizzante; ~ ***geography*** fitogeografia; ~ ***kingdom*** regno vegetale; ~ ***life*** flora, vegetazione; (*Am,Entom*) ~ ***louse*** afide, pidocchio delle piante; (*sl*) *to ~ sth.* ***on*** *so.* rifilare qcs. a qcu., appioppare qcs. a qcu.; (*Giard,Agr*) *to ~* ***out*** (*to move to open ground*) trapiantare; ~ ***pathologist*** fitopatologo; ~ ***pathology*** fitopatologia.

plantable /'plɑːntəbḷ *Am* 'plæntəbḷ/ *a.* piantabile.

Plantagenet /plæn'tædʒᵊnɪt *Am* plæn 'tædʒənɪt/ *a.* (*Stor*) plantageneto.

plantain[1] /'plæntɪn/ *n.* (*Bot*) piantaggine *f.*

plantain[2] /'plæntɪn/ *n.* **1** (*Bot,Alim*) (*fruit*) varietà *f.* di banana che si consuma cotta. **2** (*Bot*) (*tree*) varietà *f.* di banano.

plantar /'plæntəʳ/ *a.* (*Anat*) plantare: ~ *ligament* legamento plantare.

plantation /plæn'teɪʃᵊn/ *n.* **1** (*Agr*) piantagione *f.*: *rubber -s* piantagioni di gomma. **2** (*grove of young trees*) boschetto *m.* giovane, albereto *m.* giovane. **3** (*Stor*) (*colonization*) colonizzazione *f.* **4** (*Stor*) (*colony*) colonia *f.*

planter /'plɑːntəʳ *Am* 'plæntəʳ/ *n.* **1** chi pianta, piantatore *m.* (*f.* -trice). **2** (*machine*) piantatrice *f.* **3** (*Stor*) (*settler, colonist*) colono *m.* (*f.* -a). **4** (*Giard*) (*decorative container for polants and flowers*) fioriera *f.*

plantigrade /'plæntɪgreɪd/ **I** *a.* (*Zool*) plantigrado. **II** *n.* (*Zool*) plantigrado *m.*

plantlet /'plɑːntlɪt *Am* 'plæntlɪt/ *n.* (*Bot*) plantula *f.*, germoglio *m.*

plantocracy /plɑːn'tɒkrəsi *Am* plæn'tɑːkrəsi/ *n.* (*Am,Pol*) (*leadership or governement by plantation owners*) governo *m.* dei piantatori.

plantsman /'plɑːntsmən/ *n.irr.* orticoltore *m.* esperto.

plaque /plɑːk *Am* plæk/ *n.* **1** placca *f.*, targa *f.* **2** (*Med*) placca *f.*

plaquette /plæ'ket/ *n.* (*Art*) placchetta *f.*

plash /plæʃ/ **I** *n.* (*lett*) **1** (*light splashing*) sciabordio *m.*, sciacquio *m.* **2** (*light splash*) pozza *f.*, pozzanghera *f.* **II** *v.t.* (*lett*) **1** (*of water*) frangere la superficie di. **2** (*to spatter*) spruzzare, schizzare. **III** *v.i.* (*of water*) sciabordare.

plashy /'plæʃi/ *a.* fangoso, limaccioso, acquitrinoso.

plasm /'plæzᵊm/ *n.* (*Biol*) **1** plasma *m.* **2** (*protoplasm*) protoplasma *m.*

plasma /'plæzmə/ *n.* (*Biol,Fis,Min*) plasma *m.* ☐ (*Biol*) ~ ***cell*** plasmacellula, plasmocita; (*Fis*) ~ ***physics*** fisica del plasma.

plasmapheresis /'plæzməferəsɪs/ *n.* (*Med*) plasmaferesi *f.*

plasmatic /plæz'mætɪk *Am* plæz'mæṭɪk/ *a.* (*Biol*) plasmatico.

plasmic /'plæzmɪk/ *a.* (*Biol*) plasmatico.

plasmin /'plæzmɪn/ *n.* (*Biol*) plasmina *f.*

plasmodial /plæz'moudiəl/ *a.* (*Biol,Zool*) plasmodiale.

plasmodium /plæz'moudiəm/ (*pl.* **-dia** /-diə/) *n.* (*Biol,Zool*) plasmodio *m.*

plaster /'plɑːstəʳ *Am* 'plæstəʳ/ **I** *n.* **1** (*Edil*) malta *f.* da intonaco. **2** (*Edil*) (*stucco*) stucco *m.* **3** (*Edil*) (*coating*) intonaco *m.*: *the ~ was peeling off the walls* l'intonaco si stava scrostando dalle pareti. **4** (*Med*) impiastro *m.*, cataplasma *m.* **5** (*sticking plaster*) cerotto *m.*, impiastro *m.* adesivo. **II** *v.t.* **1** (*Edil*) intonacare: *to ~ a ceiling* intonacare un soffitto. **2** (*Med*) (*of a wound*) applicare un impiastro a, applicare un cataplasma a. **3** (*Med*) (*of a wound: with sticking plaster*) mettere un cerotto su. **4** (*to apply in great quantity*) spalmare abbondantemente, applicare abbondantemente, ricoprire di. **5** (*to cover all over*) tappezzare: *to ~ a wall with posters* tappezzare una parete di manifesti. **6** (*Mil*) martellare, colpire ripetutamente. **7** (*Edil,Art*) (*to treat with plaster of Paris*) ingessare. **8** (*Agr*) gessare. ☐ ~ ***cast***: 1 (*Med*) ingessatura, gesso; 2 (*Scult*) modello in gesso, gesso; *to ~* ***down*** *one's hair* impomatarsi i capelli; (*Edil*) ~ ***of Paris*** gesso di Parigi, gesso a presa rapida; *to ~* ***over*** *a crack in the wall* stuccare una crepa nel muro; *to* ***put*** *so.'s arm* ***in*** *~* ingessare il braccio a qcu.; *to ~* ***up*** *a hole* turare un buco con lo stucco, stuccare un buco; ~ ***work*** lavoro di stuccatura, stuccatura.

plasterboard /'plɑːstəbɔːd *Am* 'plæstəʳbɔːrd/ *n.* (*Edil*) cartongesso *m.*

plastered /'plɑːstəʳd *Am* 'plæstəʳd/ *a.* (*sl*) sbronzo, ciucco, ubriaco.

plasterer /'plɑːstərəʳ *Am* 'plæstərəʳ/ *n.* intonacatore *m.* (*f.* -trice).

plastering /'plɑːstərɪŋ *Am* 'plæstərɪŋ/ *n.* **1** (*Edil*) (*application of plaster*) intonacatura *f.*, stuccatura *f.* **2** (*Edil*) (*plaster covering surface*) intonaco *m.*, intonacatura *f.* **3** (*colloq*) (*heavy defeat*) solenne batosta *f.*

plastery /'plɑːstᵊri/ *a.* di gesso, gessoso.

plastic /'plæstɪk/ **I** *a.* **1** plastico: ~ *substances* materie plastiche. **2** (*able to be moulded*) duttile, malleabile, plasmabile. **3** (*made of a plastic*) di plastica, in plastica. **4** (*Art*) plastico; (*in relief*) in rilievo, plastico. **5** (*fig*) (*manmade, unnatural*) falso, affettato. **II** *n.* **1** plastica *f.*, materia *f.* plastica. **2** (*colloq*) (*credit card*) carta *f.* di credito o bancomat *m.*: *I pay the most things with ~ rather than cash* pago quasi tutto con la carta di credito invece che in contanti. ☐ ~ ***art*** arte plastica; (*Arm*) ~ ***bomb*** bomba al plastico; ~ ***bomb attack*** attentato al plastico; ~ ***coated*** plastificato; (*Arm*) ~ ***explosive*** esplosivo al plastico; ~ ***money*** carte di credito; (*Chir*) ~ ***operation*** plastica, intervento di chirurgia plastica; ~ ***reinforced by fibre glass*** vetroresina; ~ ***surgeon*** specialista in chirurgia plastica; ~ ***surgery*** chirurgia plastica; ~ ***tip pen*** pennarello a punta sintetica; ~ ***wrapper*** pellicola trasparente da cucina.

plastically /'plæstɪkᵊli/ *avv.* plasticamente.

plasticine /'plæstəsiːn *Am* 'plæstɪsiːn/ *n.* plastilina *f.*

plasticity /plæs'tɪsəti *Am* plæs'tɪsəṭi/ *n.* plasticità *f.*, duttilità *f.*

plasticization /ˌplæstɪsaɪ'zeɪʃᵊn *Am* ˌplæstɪsɪ 'zeɪʃᵊn/ *n.* plastificazione *f.*

plasticize /'plæstɪsaɪz/ *v.t.* plastificare.

plasticizer /'plæstɪsaɪzəʳ/ *n.* (*Chim*) plastificante *m.*

plasticky /'plæstɪki/ *a.* **1** (*artificial*) artificiale. **2** (*resembling plastic*) che sembra plastica.

plastics /'plæstɪks/ *n.pl.* (*costr.sing.*) **1** (*Chim*) plastica *f.sing.*, materie *f.pl.* plastiche. **2** (*science*) scienza *f.sing.* delle materie plastiche. ☐ ~ ***industry*** industria della plastica.

plastron /'plæstrən/ *n.* **1** (*Mil,ant*) piastrone *m.* (dell'armatura). **2** (*Zool*) piastrone *m.* **3** (*Sport*) (*in fencing*) piastrone *m.* **4** (*Abbigl*) (*of woman's bodice*) pettorina *f.* **5** (*Abbigl*) (*of man's shirt*) sparato *m.*

plat[1] /plæt/ *n.* piccolo appezzamento *m.* di terreno.

plat[2] /plæt/ **I** *n.* (*ant*) treccia *f.* **II** *v.t.* (*ant*) intrecciare.

plat[3] /plæt/ **I** *n.* (*Am*) pianta *f.*, mappa *f.* **II** *v.t.* (*Am*) mappare.

platan /'plætᵊn/ *n.* (*Bot*) platano *m.*

plate /pleɪt/ **I** *n.* **1** piatto *m.* **2** (*silver*) argenteria *f.* **3** (*Am*) (*main course of a meal*) piatto *m.*, portata *f.* **4** (*flat piece of metal*) lastra *f.*, piastra *f.*; (*on a door*) targhetta *f.*, placca *f.*, placchetta *f.* **5** (*precious metal*) metallo *m.* prezioso. **6** (*silver bullion*) lingotto *m.* d'argento. **7** (*Met*) lamiera *f.* **8** (*illustration in a book*) tavola *f.*, illustrazione *f.*; (*on different paper*) tavola *f.* fuori testo. **9** (*Tip*) cliché *m.*, lastra *f.* tipografica; (*impression*) incisione *f.*, stampa *f.* **10** (*Fot*) lastra *f.* (fotografica). **11** (*Tecn*) (*in electroplating*) placca *f.* **12** (*Tecn*) (*plated utensils*) oggetti *m.pl.* placcati. **13** (*Rel*) (*collection plate*) piatto *m.* delle elemosine: *to pass the ~* far passare il piatto delle elemosine. **14** (*Sport*) (*as a prize*) targa *f.*, piatto *m.*; (*cup*) coppa *f.* **15** (*Sport*) (*in baseball*) piatto *m.*, piatto *m.* di casa base, casa base *f.* **16** (*Dent*) placca *f.* palatale; (*denture*) dentiera *f.* **17** (*Edil*) (*supporting element*) piastra *f.* **18** (*Edil*) (*supporting timber*) piano *m.* di posa in legno. **II** *v.t.* **1** (*Met*) placcare. **2** (*Tecn*) (*to cover with metal plates*) fasciare (con lamiere). **3** (*Mar.mil*) corazzare. **4** (*Met*) laminare. **5** (*Tip*) preparare le matrici di. ☐ (*Am*) ~ ***basket*** cestino (foderato) per posate; ~ ***glass*** lastra di cristallo, vetro da specchi; ~ ***mark*** (*hallmark*) marchio (per oro e argento); (*colloq,fig*) *to have a lot* ***on*** *one's ~* avere un sacco (di cose) da fare; (*Cart*) ~ ***paper*** carta da calcografia; (*Tip*) ~ ***proof*** bozza di stampa; ~ ***rack*** scolapiatti, rastrelliera; (*Geol*) ~ ***tectonics*** tettonica a placche, tettonica a zolle; ~ ***warmer*** scaldapiatti, scaldavivande.

plateau /'plætoʊ *Am* plæt'oʊ/ **I** *n.* (*pl.* **-s**/**-x** /-z/) **1** (*Geog*) altopiano *m.*, plateau *m.*, acrocoro *m.* **2** (*fig*) stasi *f.*, ristagno *m.* (*anche Econ*). **II** *v.i.* raggiungere una stabilità.

plated /'pleɪtɪd *Am* 'pleɪṭɪd/ *a.* **1** placcato. **2** (*Mil*) corazzato, blindato. **3** (*Mar.mil*) corazzato.

plateful /'pleɪtfʊl/ *n.* **1** piatto *m.* **2** (*generous serving*) piatto *m.* pieno, piatto *m.* colmo.

platelayer /'pleɪtˌleɪəʳ/ *n.* (*Ferr*) **1** manovale *m./f.* della linea. **2** (*person who lays tracks*) armatore *m.* (*f.* -trice), operaio *m.* armatore (*f.* operaia armatrice).

platelet /'pleɪtlət/ *n.* (*Fisiol*) piastrina *f.*

platen /'plætᵊn/ *n.* **1** (*Tip*) platina *f.*; (*of a typewriter*) rullo *m.* **2** (*Tecn*) (*of a testing machine*) piastra *f.* metallica di carico.

plater /'pleɪtəʳ *Am* 'pleɪṭəʳ/ *n.* **1** (*Met*) placcatore *m.* (*f.* -trice). **2** (*in shipbuilding*) carpentiere *m.* (che monta le lamiere). **3** (*Equit*) cavallo *m.* (da corsa) di scarso valore, (*colloq*) ronzino *m.*

platform /'plætfɔːm *Am* 'plætfɔːrm/ **I** *n.* **1** tribuna *f.*, palco *m.*, podio *m.*; (*person*) gruppo *m.* di oratori in tribuna. **2** (*Ferr*) marciapiede *m.*, binario *m.*, banchina *f.*: *the train leaves from ~ three* il treno parte dal binario tre. **3** (*of a bus, train*) piattaforma *f.* **4** (*Geog*) piattaforma *f.* **5** (*Sport*) (*in diving*) platform *f.* **6** (*Pol*) piattaforma *f.*, programma *m.* (di base) (*anche fig*). **7** (*Ind*) (*offshore drilling structure*) piattaforma *f.* **8** (*Inform*) piattaforma *f.* **II** *v.t.* mettere su una piattaforma. **III** *v.i.* parlare da una tribuna, parlare da un palco. ☐ ~ ***scale*** basculla, bascula; (*Calz*) ~ ***shoe*** scarpa a suola alta, scarpa con zeppa; (*Calz*) ~ ***sole*** suola alta, zeppa; (*Ferr*) ~ ***ticket*** biglietto di accesso ai binari.

plating /'pleɪtɪŋ *Am* 'pleɪṭɪŋ/ *n.* **1** (*Met*) placcatura *f.* **2** (*Met*) (*thin covering of valuable metal*) placca *f.* **3** (*coating of metal plates*) rivestimento *m.* metallico. **4** (*Mar*) fasciame *m.* di lamiere.

platinization /ˌplætɪnaɪ'zeɪʃᵊn *Am* ˌplætᵊnɪ 'zeɪʃᵊn/ *n.* (*Met*) platinatura *f.*, platinaggio *m.*

platinize /'plætɪnaɪz *Am* 'plætᵊnaɪz/ *v.t.* (*Met*)

platinare.

platinoid /'plætɪnɔɪd/ n. (Met) platinoide m.

platinous /'plætɪnəs/ a. (Chim) che contiene platino, platinifero.

platinum /'plætɪnəm Am 'plætnəm/ I n. 1 (Chim) platino m. 2 (colour) color m. platino. II a. 1 (fatto) di platino. 2 (of the colour platinum) platinato, color platino. 3 (in compounds) di platino: Michael Jackson's Thriller went triple-~ in just three weeks Michael Jackson ha vinto tre dischi di platino in sole tre settimane con Thriller. □ (Chim) ~black nero di platino; ~blonde : 1 (of hair) biondo platino; 2 (woman) bionda platinata; (Met) ~plated platinato; ~record disco di platino.

platitude /'plætɪtjuːd/ n. luogo m. comune, frase f. fatta, banalità f.

platitudinarian /ˌplætɪˌtjuːdɪ'neərɪən Am ˌplætəˌtuːdɪ'nerɪən/ I a. 1 banale, trito e ritrito, piatto. 2 (of persons) che dice banalità. II n. chi dice banalità.

platitudinize /ˌplætɪ'tjuːdɪnaɪz Am ˌplætə'tuːdᵊnaɪz/ v.i. dire banalità.

platitudinous /ˌplætɪ'tjuːdɪnəs Am ˌplætə'tuːdɪnəs/ a. 1 pieno di luoghi comuni, pieno di banalità. 2 (given to platitudes) che dice sempre banalità.

Plato /'pleɪtəʊ Am 'pleɪtoʊ/ n.pr.m. (Stor.gr) Platone.

Platonic /plə'tɒnɪk Am plə'tɑːnɪk/ a. (Filos) platonico (anche estens). □ ~love amore platonico.

platonically /plə'tɒnɪkᵊli Am plə'tɑːnɪkᵊli/ avv. platonicamente.

Platonism /'pleɪtᵊnɪzᵊm/ n. (Filos) platonismo m.

Platonist /'pleɪtᵊnɪst/ n. platonico m. (f. -a), seguace m./f. del platonismo.

Platonize /'pleɪtᵊnaɪz/ I v.i. seguire le dottrine di Platone, essere un platonico. II v.t. 1 spiegare in chiave platonica. 2 (to idealize) idealizzare.

platoon /plə'tuːn/ n. 1 (Mil) plotone m. 2 (fig) gruppo m., squadra f.

platter /'plætər Am 'plæt̬ər/ n. 1 piatto m. da portata. 2 (wooden plate) piatto m. di legno. 3 (Inform) (rotating disk on which data is stored) disco m., piatto m. 4 (ant,sl) (gramophone record) disco m.

platting /'plætɪŋ Am 'plæt̬ɪŋ/ n. 1 intrecciatura f. 2 (material plaited) intreccio m.

platypus /'plætɪpəs Am 'plæt̬ɪpəs/ (pl. -puses /-pəsɪz/ o -pi /-paɪ/) n. (Zool) ornitorinco m.

platyrrhine /'plætɪraɪn Am 'plæt̬ɪraɪn/ I a. 1 (Med,Anat) platirrino. 2 (Zool) relativo alle platirrine. II n. (Zool) scimmia f. platirrina, platirrina f.

plaudits /'plɔːdɪts/ n.pl. 1 applauso m.sing. 2 (approval) plauso m.sing., consenso m.sing.

plausibility /ˌplɔːzɪ'bɪlətɪ Am ˌplɔːzə'bɪlət̬ɪ/ n. 1 plausibilità f. 2 (of a person) credibilità f. 3 (sth. plausibile) cosa f. plausibile.

plausible /'plɔːzəbl/ a. 1 plausibile, credibile, accettabile: a ~ story una storia plausibile. 2 (of a person) credibile, convincente. 3 (deceptively credible, specious) specioso, capzioso.

plausibly /'plɔːzəblɪ/ avv. plausibilmente.

Plautus /'plɔːtəs Am 'plɔːt̬əs/ n.pr.m. (Stor.rom) Plauto.

play¹ /pleɪ/ I n. 1 gioco m.: children at ~ bambini intenti al gioco; to be at ~ giocare. 2 (conduct, course of a game) gioco m., partita f.: rain stopped ~ la pioggia interruppe il gioco. 3 (manner of playing) gioco m., modo m. di giocare: the match was conspicuous for the rough ~ l'incontro si distinse per la pesantezza del gioco. 4 (turn to play) turno m.

(di giocare): it's your ~ è il tuo turno, tocca a te. 5 (Teat) (dramatic piece) commedia f., lavoro m. (drammatico): a ~ by Anouilh una commedia di Anouilh. 6 (Teat) (performance) rappresentazione f., spettacolo m., recita f. 7 (brisk, alternating movement) gioco m.: ~ of lights and shadows gioco di luci e di ombre. 8 (operation, activity) gioco m., azione f.: the ~ of party il gioco dei partiti. 9 (freedom of activity) possibilità f. di manovra, libertà f. d'azione. 10 (gambling) gioco m. d'azzardo. 11 (manoeuvre) manovra f., maneggio m., gioco m.: his offer was just a ~ la sua offerta era solo una manovra. 12 (Mecc) gioco m.: the ~ of a piston il gioco di un pistone. □ to bring into ~ mettere in gioco, mettere in azione; to come into ~ entrare in gioco, entrare in azione, intervenire; to give a rope ~ dare gioco a una fune; in ~: 1 per gioco, per scherzo: to say sth. in ~ dire qcs. per gioco; 2 (Sport) in gioco: the ball is still in ~ la palla è ancora in gioco; (sl) to make a ~ for: 1 fare il filo a, fare la corte a; 2 (to try to gain the favour of) accattivarsi, conquistare; (Sport) ~maker playmaker, (colloq) play; ~mate compagno di gioco; a ~ on words un gioco di parole; (Sport) out of ~ fuori gioco; to put into ~ mettere in gioco, mettere in azione; ~school giardino d'infanzia, asilo infantile; (Med) ~therapy ludoterapia; (Teat) ~writer : 1 commediografo; 2 (dramatist) drammaturgo.

play² /pleɪ/ I v.i. 1 giocare (anche Sport): to ~ at Indians giocare agli indiani. 2 (to handle aimlessly) giocherellare, trastullarsi, gingillarsi (with con): to ~ with one's spectacles giocherellare con gli occhiali. 3 (to toy mentally) trastullarsi, divertirsi, scherzare (with con): her fancy -ed with that absurd idea la sua fantasia si trastullava con quell'idea assurda. 4 (of an instrument) suonare: a guitar -ed in the next room una chitarra stava suonando nella stanza accanto. 5 (Teat) (to act) recitare, sostenere una parte. 6 (Teat) (to be acted, to be shown) essere rappresentato: the show -ed to a full house lo spettacolo veniva rappresentato a teatro esaurito. 7 (Teat) (to be performable) prestarsi a essere rappresentato, essere adatto alla rappresentazione: the scene -s well la scena si presta bene a essere rappresentata. 8 (to gamble) giocare d'azzardo. 9 (to act in jest) scherzare, non fare sul serio. 10 (to amuse oneself) scherzare, divertirsi (with con). 11 (colloq) (to feign to be) fare finta di essere, fingersi, fare: to ~ innocent fare l'innocente. 12 (to move lightly, intermittently) danzare, fluttuare, ondeggiare. 13 (of lights, colours, etc.) giocare. 14 (of water, etc.) essere versato, essere gettato. 15 (of a record) suonare, riprodurre suoni. 16 (to behave) comportarsi, agire: to ~ fair comportarsi lealmente. 17 (to collaborate) collaborare, cooperare. 18 (Mecc) giocare. II v.t. 1 giocare a: to ~ football giocare a calcio. 2 (to contend against in a game) giocare con (o contro), disputare un incontro con (o contro), affrontare: to ~ the champion giocare con il campione. 3 (of a position) giocare da (o come), giocare in posizione di: to ~ centre forward giocare da centravanti. 4 (to cause to take part in a game) fare giocare, fare scendere in campo. 5 (fig) (of a part) fare, recitare, sostenere: to ~ the role of a stern father fare la parte del padre severo. 6 (to behave as) fare, comportarsi da: to ~ the fool fare il buffone. 7 (Teat) (to perform the part of) fare, recitare la parte di, sostenere il ruolo di: to ~ Macbeth fare Macbeth. 8 (Teat) (of a play: to perform) rappresentare, dare. 9

(Teat) (to give performances in) recitare in (o a), dare rappresentazioni in (o a), dare spettacoli in (o a), essere in scena in (o a): the company has -ed every capital in Europe la compagnia ha recitato in tutte le capitali d'Europa. 10 (to imitate in play) giocare a: to ~ cops and robbers giocare a guardie e ladri. 11 (Mus) (of an instrument) suonare: to ~ the piano suonare il pianoforte. 12 (Mus) (of a tune) suonare, eseguire. 13 (to risk in gambling, to stake) giocare, giocarsi. 14 (to bet on) scommettere su, puntare su. 15 (of a card, chess piece) giocare. 16 (to discharge) gettare, versare: to ~ water on a burning house gettare acqua su una casa in fiamme. 17 (of fire arms) scaricare. 18 (Pesc) (of a hooked fish) stancare. □ to ~ a good game essere un buon giocatore; (colloq) to ~ a good knife and fork essere una buona forchetta; to ~ along : 1 collaborare, cooperare (with con): he -ed along with us as long as it suited him collaborò con noi finché gli fece comodo; 2 (to go along with a lie) prendersi gioco di; to ~ an ace : 1 giocare un asso; 2 (fig) giocare una carta vincente; (colloq) to ~ around giocherellare, trastullarsi, (rar) baloccarsi (with con); to ~ at : 1 fare tanto per fare, fare senza passione: to ~ at painting dipingere tanto per fare qualcosa; 2 (to imitate in play) giocare a; 3 (to do for pleasure) divertirsi, trastullarsi (with a, con); to ~ back : 1 (of a disk, tape) fare risentire, fare riascoltare; 2 (Sport) passare la palla indietro (al portiere); to ~ ball : 1 giocare a palla; 2 (Sport) dare inizio al gioco; 3 (Br,colloq) (to cooperate) collaborare; (fig) to ~ both ends against the middle (o to ~ both sides against the middle) fare in modo che fra due litiganti il terzo goda; to ~ one's cards close to one's vest (o to ~ one's cards close to one's vest chest): 1 tenersi le carte strette al petto (giocando); 2 (fig) tenere nascoste le proprie mosse; to ~ down minimizzare, sdrammatizzare; (colloq) to ~ dumb fare il finto tonto; to ~ false with so. tradire qcu., ingannare qcu.; (colloq) to ~ fast and loose with affections giocare con i sentimenti; (colloq) to ~ footsie fare piedino; (colloq,fig) to ~ footsie with flirtare di nascosto con, amoreggiare di nascosto con; to ~ for high stakes : 1 (in cards) giocare una posta molto alta; 2 (fig) giocare una posta molto alta, azzardare molto, rischiare molto; (Br) to ~ for safety : 1 (Sport) fare un gioco difensivo, giocare in difesa, giocare con un atteggiamento difensivo; 2 (fig) andare sul sicuro; (Br,fig) to ~ for time guadagnare tempo, tirare le cose in lungo; (fig) to ~ so.'s game fare il gioco di qcu.; (colloq) to ~ gooseberry tener compagnia a qcu.; to ~ havoc with mandare a monte, rovinare; (fig) to ~ into so.'s hands fare l'interesse di qcu., fare il gioco di qcu.; (Am, colloq) to ~ it on so. (o to ~ it low on so.) giocare un brutto tiro a qcu.; (Am) to ~ low giocare puntando piccole somme; to ~ off one person against another contrapporre una persona a un'altra per trarne vantaggio; (Teat,Cin) to ~ opposite so. recitare con qcu., fare coppia con qcu.; to ~ out : 1 recitare fino in fondo; 2 (to bring to an end) finire, porre termine a; 3 (of a rope, line) svolgere, srotolare; 4 (to become exhausted) esaurirsi; to ~ sth. over suonare da capo, suonare qcs. di nuovo; (fig) to ~ a part fingere, recitare, fare la commedia; to ~ a part in sth.: 1 fare parte di; 2 (to have an important role) avere una parte importante in; to ~ possum : 1 (to feign death, sleep) fingersi morto, fingersi addormentato; 2 (to feign ignorance) fare il finto tonto; 3 (*to act cautiously*) andare coi piedi di piombo, procedere coi piedi di piombo; *to ~ a record* mettere su un disco, (*ant*) suonare un disco; (*Sport*) *to ~ rough* fare un gioco pesante (*anche fig*); (*fig*) *to ~ second fiddle* avere una parte di secondaria importanza; (*Br,colloq*) *to ~ the devil* fare il diavolo a quattro; *to ~ the fool* fare lo stupido, fare il buffone; (*colloq*) *to ~ the game* stare alle regole del gioco; *it's not -ing the game* questo non è leale, questo non è corretto; (*colloq,fig*) *to ~ the giddy goat* (o *to ~ the goat*) fare lo stupido; (*Econ*) *to ~ the market* speculare sul mercato finanziario; *to ~ truant*: 1 (*from school*) marinare la scuola, bigiare; 2 (*from work*) assentarsi ingiustificatamente dal lavoro; (*colloq*) *to ~ up*: 1 (*to emphasize*) gonfiare, enfatizzare, ingigantire; 2 (*to cause pain to*) fare male a, fare soffrire; 3 (*to malfunction*) fare le bizze; 4 (*to behave badly*) fare i capricci; (*Sport,ant*) *~ up!* forza!, dai!; (*colloq*) *to ~ up to* fare la corte a, lisciare il pelo a, fare delle sviolinate a; *to ~ upon words* giocare sulle parole; *to ~ a video* mettere un video; (*fig*) *to ~ with fire* scherzare col fuoco, giocare col fuoco.

playable /'pleɪəbl̩/ *a.* 1 (*of music*) che si può suonare, suonabile. 2 (*of a dramatic piece*) recitabile. 3 (*Sport*) (*of ground*) praticabile.

play-act /'pleɪækt/ *v.i.* 1 (*colloq*) fare la commedia, fingere, simulare. 2 (*to behave melodramatically*) essere teatrale. 3 (*to act in a play*) recitare.

play-acting /'pleɪæktɪŋ/ *n.* 1 commedia *f.*, finzione *f.*, simulazione *f.*, messinscena *f.*: *stop your ~* smetti di fare la commedia. 2 (*melodramatic behaviour*) comportamento *m.* teatrale. 3 (*activity of an actor*) azione *f.*, recitazione *f.*

play-actor /'pleɪæktər/ *n.* attore *m.* (*f.* -trice).

playback /'pleɪbæk/ *n.* (*Tecn*) 1 playback *m.* 2 (*device*) apparecchio *m.* per la riproduzione di suoni o immagini.

playbill /'pleɪbɪl/ *n.* (*Teat*) 1 (*poster*) cartellone *m.*, manifesto *m.*, locandina *f.* 2 (*Am*) (*programme*) programma *m.*, programma *m.* teatrale.

playbox /'pleɪbɒks/ *n.* (*Br*) cassa *f.* per giocattoli (e altri oggetti personali).

playboy /'pleɪbɔɪ/ *n.* playboy *m.*

playbroker /'pleɪbrəʊkər/ *n.* (*Am*) agente *m./ f.* teatrale.

play-by-play /'pleɪbar'pleɪ/ I *a.* (*Rad,TV*) (*of a broadcast, commentary*) dettagliato, minuto per minuto. II *n.* 1 (*Rad*) radiocronaca *f.* in diretta. 2 (*TV*) telecronaca *f.* in diretta.

playclothes /'pleɪkləʊ(ð)z/ *n.pl.* (*Am*) (*children's clothes*) vestiti *m.pl.* per giocare.

played /'pleɪd/ *a.* giocato. □ (*colloq*) *~ out*: 1 sfinito, esausto; 2 (*worn out*) consumato, logoro; 3 (*out-of-date*) superato, sorpassato, fuori moda; 4 (*hackneyed*) banale, trito, trito e ritrito.

player /'pleɪər/ *n.* 1 chi gioca. 2 (*one who plays a game*) giocatore *m.* (*f.* -trice): *a tennis ~* un giocatore di tennis. 3 (*Sport*) (*professional*) professionista *m./f.*, giocatore *m.* (*f.* -trice) professionista. 4 (*one who plays an instrument*) suonatore *m.* (*f.* -trice), musicista *m./f.* 5 (*Teat,Cin*) (*actor, actress*) attore *m.* (*f.* -trice). 6 (*Tecn*) (*record player*) giradischi *m.* 7 (*sl*) (*playboy*) playboy *m.* 8 (*sl*) (*gambler*) forte scommettitore *m.* (*f.* -trice). 9 (*sl, estens*) (*powerful participant in negotiations, market, etc.*) protagonista *m./f.* □ (*Mus*) *~ piano* pianola.

playfellow /'pleɪˌfeləʊ/ *n.* compagno *m.* (*f.* -a) di gioco.

playful /'pleɪfəl/ *a.* allegro, gaio, giocoso.

playfully /'pleɪfəli/ *avv.* giocosamente, scherzosamente.

playfulness /'pleɪfəlnəs/ *n.* allegria *f.*, gaiezza *f.*, giocosità *f.*

playgoer /'pleɪˌgəʊər/ *n.* frequentatore *m.* (*f.* -trice) di teatro.

playgoing /'pleɪˌgəʊɪŋ/ *n.* il frequentare il teatro, l'andare a teatro.

playground /'pleɪgraʊnd/ *n.* 1 campo *m.* giochi, parco *m.* giochi. 2 (*school yard*) cortile *m.*; (*garden*) giardino *m.* 3 (*fig*) (*resort*) luogo *m.* di villeggiatura.

playgroup /'pleɪgruːp/ *n.* 1 asilo *m.* infantile di quartiere. 2 (*organized meeting for preschool children*) gruppo *m.* di gioco.

playhouse /'pleɪhaʊs/ *n.* 1 teatro *m.* (di prosa). 2 (*for children*) casetta *f.* (per i giochi dei bambini).

playing /'pleɪɪŋ/ □ *~ card* carta da gioco; (*Sport*) *~ field* campo da gioco.

playlet /'pleɪlɪt/ *n.* (*Teat*) commediola *f.*

play-off /'pleɪɒf Am 'pleɪaːf/ *n.* (*Sport*) 1 (*tiebreaker*) partita *f.* di spareggio, spareggio *m.* 2 (*at the end of a championship*) play off *m.*: *one more win should guarantee a spot in the ~* una vittoria in più dovrebbe garantire l'accesso ai play off.

playpen /'pleɪpen/ *n.* box *m.* (per bambini).

playpit /'pleɪpɪt/ *n.* piccola buca *f.* di sabbia per i giochi dei bambini.

playreader /'pleɪriːdər/ *n.* (*Edit*) lettore *m.* (di commedie, drammi).

playroom /'pleɪruːm/ *n.* stanza *f.* dei giochi.

playsome /'pleɪsəm/ *a.* scherzoso, giocoso, gaio.

playsuit /'pleɪsuːt/ *n.* (*Am,Abbigl*) tenuta *f.* sportiva, tenuta *f.* comoda.

plaything /'pleɪθɪŋ/ *n.* 1 giocattolo *m.*, (*rar*) trastullo *m.*, (*ant*) balocco *m.* 2 (*fig*) giocattolo *m.*, trastullo *m.*

playtime /'pleɪtaɪm/ *n.* ora *f.* della ricreazione, intervallo *m.*

playwright /'pleɪraɪt/ *n.* (*Teat*) 1 commediografo *m.* (*f.* -a). 2 (*dramatist*) drammaturgo *m.* (*f.* -a).

plea /pliː/ *n.* 1 supplica *f.*, preghiera *f.*, appello *m.*, implorazione *f.*, istanza *f.* 2 (*excuse*) scusa *f.*, pretesto *m.* 3 (*Dir*) (*allegation made by a party*) dichiarazione *f.* dell'imputato, dichiarazione *f.* della difesa. 4 (*Dir*) (*defendant's answer to a charge*) argomento *m.* di difesa, difesa *f.* 5 (*Dir*) (*suit*) causa *f.*, processo *m.* □ (*Dir*) *~ of guilty* ammissione di colpevolezza; (*Dir*) *~ of illegality* eccezione di invalidità; (*Dir*) *to make a ~ of insanity* invocare l'infermità mentale.

plea-bargain /'pliːˌbaːgɪn Am 'pliːˌbaːrgən/ *v.i.* (*Dir*) patteggiare la pena, chiedere il patteggiamento della pena.

plea-bargaining /'pliːˌbaːgɪnɪŋ Am 'pliːˌbaːrgənɪŋ/ *n.* (*Dir*) patteggiamento *m.*

pleach /pliːtʃ/ *v.t.* (*of branches*) intrecciare (per formare una siepe o un pergolato).

plead /pliːd/ (*past, p.p.* **pleaded** /'pliːdɪd/ o **plead/pled** /pled/) I *v.i.* 1 implorare, invocare (*for sth.* qcs.): *to ~ for mercy* implorare pietà. 2 (*to entreat earnestly*) supplicare (*with so.* qcu.): *he ~ed with his wife not to leave him* supplicò sua moglie di non lasciarlo. 3 (*Dir*) (*to put forward a plea*) addurre un argomento a difesa. 4 (*Dir*) (*to state a plea*) fare una dichiarazione. 5 (*Dir*) (*to act as a lawyer*) patrocinare. II *v.t.* 1 addurre a pretesto, addurre a giustificazione: *to ~ ignorance* addurre a pretesto l'ignoranza. 2 (*Dir*) (*to cite in legal defence*) citare a difesa. 3 (*Dir*) (*to argue in court*) difendere, patrocinare. □ *to ~ a cause* perorare una causa (*anche fig*); (*Dir*) *to ~ guilty* dichiarsi colpevole; *to ~*

not guilty dichiararsi innocente.

pleadable /'pliːdəbl̩/ *a.* 1 che si può addurre a giustificazione. 2 (*Dir*) che si può citare a difesa, adducibile a difesa.

pleader /'pliːdər/ *n.* (*Dir*) 1 supplicante *m./f.*, supplice *m./f.* 2 (*advocate*) avvocato *m.* (*f.* -essa) difensore, patrocinatore *m.* (*f.* -trice).

pleading /'pliːdɪŋ/ I *n.* 1 supplica *f.*, implorazione *f.*, invocazione *f.* 2 (*Dir*) (*argument of a case*) discussione *f.* (della causa). 3 (*Dir*) (*advocating*) difesa *f.*, patrocinio *m.* (di una causa). 4 *pl.* (*Dir*) comparsa *f.sing.* II *a.* supplichevole, implorante.

pleadingly /'pliːdɪŋli/ *avv.* supplichevolmente.

pleasant /'plezᵊnt/ *a.* 1 piacevole, gradevole, simpatico, gradito: *a ~ evening* una piacevole serata. 2 (*pleasing to the senses*) gradevole, piacevole: *a ~ smell* un odore gradevole. 3 (*of persons, manners, etc.*) amabile, simpatico, affabile, cordiale: *a ~ smile* un amabile sorriso. 4 (*of weather*) bello.

pleasantly /'plezᵊntli Am 'plezᵊntli/ *avv.* piacevolmente, gradevolmente: *to be ~ surprised* essere gradevolmente sorpreso.

pleasantness /'plezᵊntnəs Am 'plezᵊntnəs/ *n.* piacevolezza *f.*, gradevolezza *f.*

pleasantry /'plezᵊntri/ *n.* 1 presa *f.* in giro bonaria, punzecchiatura *f.* scherzosa. 2 (*humorous remark, jest*) spiritosaggine *f.*, battuta *f.*, facezia *f.* 3 (*humorous action*) scherzo *m.*

please /pliːz/ I *v.t.* 1 (*far*) piacere a, soddisfare, accontentare, riuscire gradito a: *the decision -d no one* la decisione non piacque a nessuno; *you can't ~ everyone* non si può accontentare tutti. 2 (*assol*) piacere, riuscire simpatico, riuscire gradito: *to be anxious to ~* essere desideroso di piacere; *I only did it to ~* l'ho fatto soltanto per compiacenza. 3 (*costr.impers.*) (*to be the will or pleasure of*) piacere a, volere: *may it ~ your Majesty* piaccia a vostra maestà. 4 (*rifl.*) *to ~ oneself* fare come pare, fare come piace, fare come pare e piace, fare a modo proprio. II *v.i.* piacere (*costr.impers.*), volere, desiderare: *do as you ~* fa' come vuoi, fa' come ti pare. III *intz.* 1 per piacere, per favore, per cortesia, prego: *come here ~* vieni qui per piacere. 2 (*to express indignation*) ma per piacere!, ma figuriamoci!: *~! Do you expect me to believe that?* ma per piacere! e ti aspetti che io ci creda? IV *avv.* per piacere, per favore, per cortesia, prego: *come here ~* vieni qui per piacere. □ *may I? - ~ do!* posso? - prego, fa' pure!; *if you ~*: 1 per piacere; 2 (*to express astonishment, indignation, etc.*) pensa, pensa un po', figurati: *and then, if you ~, he asked me for a loan* e poi, pensa, mi ha chiesto un prestito; 3 (*iron*) se permetti, col tuo permesso; (*Dir*) *if it ~ the Court* se la Corte lo consente.

pleased /pliːzd/ *a.* 1 contento, lieto: *I am ~ to meet you* piacere (di conoscerla), piacere di fare la sua conoscenza, molto lieto, lieto di fare la sua conoscenza. 2 (*satisfied, gratified*) soddisfatto, compiaciuto, contento (*with* di): *I am ~ with what he has done* sono soddisfatto di quello che ha fatto; *to look ~* avere l'aria soddisfatta: *to look ~ with oneself* apparire contento di sé. 3 (*expressing pleasure*) compiaciuto, soddisfatto: *a ~ smile* un sorriso compiaciuto. □ (*fig*) *as ~ as Punch* contento come una Pasqua.

pleasing /'pliːzɪŋ/ *a.* piacevole, gradevole, gradito, simpatico.

pleasingly /'pliːzɪŋli/ *avv.* piacevolmente, gradevolmente, simpaticamente.

pleasurable /'pleʒᵊrəbl̩/ *a.* piacevole, gradevole.

pleasurableness /'pleʒ³rəblnəs/ n. piacevolezza f., gradevolezza f.

pleasurably /'pleʒ³rəbli/ avv. piacevolmente, gradevolmente.

pleasure /'pleʒə³/ I n. 1 piacere m., gioia f., soddisfazione f.: it is a ~ to watch him work è un piacere vederlo lavorare; the -s of life le gioie della vita. 2 (delight) piacere m., godimento m., diletto m.: to derive ~ from sth. trarre piacere da qcs. 3 (frivolous enjoyment) divertimento m., piacere m., svago m., (rar,lett) diporto m.: to neglect business for ~ trascurare gli affari per i divertimenti. 4 (lett) (desire, will) piacere m., desiderio m., volontà f. Il a. di piacere, di divertimento: ~ trip viaggio di piacere. □ (Mar) ~ boat barca da diporto, imbarcazione da diporto; ~ boater diportista; (Mar) ~ boating diportismo; to do sth. for ~ fare qcs. per diletto; to do so. the ~ of doing sth. fare a qcu. il piacere di fare qcs.; (Br) ~ ground luogo di ricreazione; (I'm) pleased to meet you - the ~ is mine (o the ~ is all mine) piacere (di conoscerla) - il piacere è mio, il piacere è tutto mio; to request the ~ of so.'s company at dinner avere il piacere di invitare qcu. a cena; ~ seeker viveur, vitaiolo; to take ~ in sth. godere di qcs., trarre piacere da qcs.; to take ~ in doing sth. provare piacere nel fare qcs., provare piacere a fare qcs., divertirsi a fare qcs.; to take one's ~ divertirsi; what is your ~? che cosa desidera?; with ~ con piacere, volentieri.

pleat /pli:t/ I n. piega f. (anche Sart). II v.t. (Sart) pieghettare: to ~ a skirt pieghettare una gonna.

pleated /pli:tɪd Am pli:t̮ɪd/ a. a pieghe, pieghettato.

pleb /pleb/ n. 1 (sl,spreg) popolano m. (f. -a), plebeo m. (f. -a). 2 (Am,Mil) allievo m. del primo corso dell'Accademia militare o navale. 3 (Stor.rom) plebeo m. (f. -a). □ the -s: 1 (sl, spreg) il popolino; 2 (Stor.rom) la plebe.

plebe /pli:b/ n. (Am,Mil) allievo m. del primo corso dell'Accademia militare o navale.

plebeian /plə'bi:ən Am plɪ'bi:ən/ I a. 1 (Stor.rom) plebeo. 2 (spreg) (of the common people) plebeo, del popolo, popolano. 3 (fig, spreg) volgare, triviale, plebeo. II n. 1 (Stor.rom) plebeo m. (f. -a). 2 (spreg) (member of the common people) popolano m. (f. -a), plebeo m. (f. -a).

plebeianism /plə'bi:ənɪz³m Am plɪ 'bi:ənɪz³m/ n. (spreg) l'essere volgare, l'essere plebeo.

plebeianize /plə'bi:ənaɪz Am plɪ'bi:ənaɪz/ v.t. rendere volgare.

plebeianness /plə'bi:ənnəs Am plɪ'bi:ənnəs/ n. (rar) volgarità f., trivialità f.

plebiscitary /plə'bɪsɪt³ri Am plə'bɪsɪteri/ a. plebiscitario (anche Stor.rom).

plebiscite /'plebɪsɪt Am 'plebəsaɪt/ n. plebiscito m. (anche Stor.rom).

plebs /plebz/ n. 1 (Stor.rom) plebe f. 2 (spreg) (common people) popolo m., volgo m., popolino m.

plectrum /'plektrəm/ (pl. -s /-z/ o -tra /-trə/) n. (Mus) plettro m.

pled /pled/ → **plead**.

pledge /pledʒ/ I n. 1 pegno m., garanzia f. 2 (sth. in pawn) pegno m. 3 (Dir) deposito m. a garanzia, pegno m. 4 (fig) (token, sign) pegno m., segno m., testimonianza f.: a ~ of friendship un pegno d'amicizia. 5 (Stor) ostaggio m. 6 (toast) brindisi m. 7 (binding promise) impegno m., promessa f. (solenne), giuramento m. 8 (Am,Univ) studente m. (f. -essa) che viene accettato a una confraternita. II

v.t. 1 impegnare, vincolare: he -d us all to secrecy ci impegnò tutti a mantenere il segreto. 2 (of things) promettere solennemente: to ~ one's support promettere solennemente il proprio appoggio. 3 (to pawn) dare in pegno, impegnare. 4 (Dir) dare in garanzia, dare in pegno. 5 (ant) (to toast) brindare a. 6 (Am,Univ) prestare giuramento a una confraternita. □ to ~ one's faith impegnare la propria parola, dare la parola; (Am) ~ of allegiance to the flag giuramento di fedeltà alla bandiera; to take sth. out of ~ riscattare un oggetto impegnato; to put sth. in ~ impegnare qcs.; (ant) to take the ~ fare voto di non bere più; under ~ of secrecy sotto vincolo di segretezza; to ~ one's word impegnare la propria parola, dare la parola.

pledgee /ple'dʒi:/ n. (Dir) creditore m. (f. -trice) pignoratizio.

pledgeor /'pledʒə³/ n. → **pledgor**.

pledger /'pledʒə³/ n. 1 (Dir) debitore m. (f. -trice) pignoratizio. 2 (toaster) chi fa un brindisi.

pledget /'pledʒɪt/ n. 1 (Med) tampone m. di cotone, tampone m. di garza. 2 (Mar) cordone m. per calafataggio.

pledgor /'pledʒə³/ n. (Dir) debitore m. (f. -trice) pignoratizio.

pleiad, Pleiad /'plaɪæd Am 'pli:æd/ n. pleiade f.

Pleiades /'plaɪədiz Am 'pli:ədiz/ n.pr.pl. (Mitol, Astr) Pleiadi f.pl.

Pleiocene /'plaɪəsi:n/ I a. (Geol) pliocenico, del Pliocene. II n. (Geol) Pliocene m.

pleiotropy /plaɪ'ɒtrəpi Am plaɪ'ɑ:trəpi/ n. (Biol) pleiotropia f.

Pleistocene /'plaɪstousi:n/ I a. (Geol) pleistocenico, del Pleistocene. II n. (Geol) Pleistocene m.

plen. (Dipl) plenipotentiary (plenipotenziario).

plenary /'pli:n³ri Am 'pli:neri/ a. 1 pieno, plenario, totale, assoluto: ~ powers pieni poteri. 2 (of an assembly, etc.) plenario. □ (Rel.catt) ~ indulgence indulgenza plenaria.

plenipotentiary /,plenɪpou'tenʃ³ri Am ,plenɪpou'tenʃieri/ I a. (Dipl) plenipotenziario. II n. (Dipl) plenipotenziario m.

plenitude /'plenɪtju:d Am 'plenɪtu:d/ n. (lett) 1 abbondanza f., profusione f. 2 (completeness) completezza f., pienezza f.

plenteous /'plentiəs Am 'plentiəs/ a. (lett) 1 abbondante, ricco, copioso: a ~ supply of provisions un'abbondante scorta di provviste. 2 (fruitful) fertile, fruttifero, fruttuoso.

plenteously /'plentiəsli Am 'plentiəsli/ avv. (lett) abbondantemente, copiosamente.

plenteousness /'plentiəsnəs Am 'plentiəsnəs/ n. (lett) 1 abbondanza f., copiosità f. 2 (fruitfulness) fertilità f.

plentiful /'plentɪf³l Am 'plentɪf³l/ a. 1 abbondante, copioso: a ~ harvest un raccolto abbondante. 2 (fruitful) fertile, fruttuoso, fruttifero.

plentifully /'plentɪf³li Am 'plentɪf³li/ avv. abbondantemente, copiosamente.

plentifulness /'plentɪf³lnəs Am 'plentɪf³lnəs/ n. 1 abbondanza f., copiosità f. 2 (fruitfulness) fertilità f.

plenty /'plenti/ I n. 1 abbondanza f.: we have ~ of food in the house abbiamo abbondanza di cibo in casa. 2 (prosperity) abbondanza f., prosperità f.: years of peace and ~ anni di pace e abbondanza. 3 (large number, amount) gran numero m., grande quantità f., mucchio m., (colloq) sacco m., (colloq) marea f.: ~ of money un mucchio di soldi. II a. abbondante, copioso. 2 (many or much) parecchio, molto: there is ~ of

work to be done c'è parecchio lavoro da fare. III avv. (colloq) abbastanza, sufficientemente. □ ~ in abbondanza; to have ~ of everything nuotare nell'abbondanza; (colloq) ~ of nothing niente di niente; there is ~ of room c'è molto spazio; (fig) to give so. ~ of rope dare spago a qcu., dare corda a qcu.; ~ of times moltissime volte.

plenum /'pli:nəm/ (pl. -s /-z/ o -na /-nə/) n. 1 (Fis) sovrapressione f. 2 (Parl) plenum m., assemblea f. plenaria.

pleonasm /'pli:ounæz³m Am 'pli:ounæz³m/ n. (Ling) pleonasmo m.

pleonastic /,pli:ou'næstɪk Am ,pli:ou'næstɪk/ a. (Ling) pleonastico.

pleonastically /,pli:ou'næstɪk³li Am ,pli:ou 'næstɪk³li/ avv. pleonasticamente.

plessor /'plesə³/ n. (Med) martelletto m. (percussore).

plethora /'pleθ³rəl/ n. (Med) pletora f. (anche fig).

plethoric /pleθ'ɒrɪk Am pleθ'ɑ:rɪk/ a. (Med) pletorico (anche fig).

pleura /'plʊərə Am 'plʊrə/ (pl. -rae /-ri:/) n. (Anat) pleura f.

pleural /'plʊərəl Am 'plʊrəl/ a. (Anat,Med) pleurico, pleurale.

pleurisy /'plʊərəsi Am 'plʊrəsi/ n. (Med) pleurite f.

pleuritic /plʊə'rɪtɪk Am plʊ'rɪtɪk/ a. (Med) pleuritico.

pleuropneumonia /,plʊərounju:'mouniə Am ,plʊrounu:'mounjə/ n. (Med) pleuropolmonite f.

plexiform /'pleksɪfɔ:m Am 'pleksɪfɔ:rm/ a. (Anat) plessiforme.

pleximeter /,pleksi'mi:tə³ Am ,pleksi'mi:t̮ə³/ n. (Med) plessimetro m.

plexor /'pleksə³/ n. (Med) martelletto m. (percussore).

plexus /'pleksəs/ (pl.inv. o -xuses /-ksəsɪz/) n. 1 (Anat) plesso m. 2 (fig) (complex network) intrico m., intreccio m., viluppo m.

pliability /,plaɪə'bɪləti Am ,plaɪə'bɪlət̮i/ n. 1 flessibilità f., (rar) pieghevolezza f. 2 (fig) (docility) arrendevolezza f., malleabilità f. 3 (fig) (adaptability) duttilità f., flessibilità f.

pliable /'plaɪəbl/ a. 1 pieghevole, flessibile. 2 (fig) (easily influenced) arrendevole, malleabile. 3 (fig) (adaptable) duttile, flessibile.

pliably /'plaɪəbli/ avv. docilmente, con arrendevolezza.

pliancy /'plaɪənsi/ n. 1 flessibilità f., (rar) pieghevolezza f. 2 (fig) (docility) arrendevolezza f., malleabilità f. 3 (fig) (adaptability) duttilità f., flessibilità f.

pliant /'plaɪənt/ a. 1 pieghevole, flessibile. 2 (fig) (easily influenced) arrendevole, malleabile. 3 (fig) (adaptable) duttile, flessibile.

pliantly /'plaɪəntli Am 'plaɪəntl̮i/ avv. docilmente, con arrendevolezza.

plica /'plaɪkə/ (pl. -cae /-si:/) n. (Anat) plica f.

plicate /'plaɪkɪt/ a. 1 (Geol) plicativo. 2 (Bot) plicato.

plicated /'plaɪkɪtɪd Am 'plaɪkɪt̮ɪd/ a. 1 (Geol) plicativo. 2 (Bot) plicato.

plication /plaɪ'keɪʃ³n/ n. 1 (folding) piegatura f. 2 (fold) piega f. 3 (Geol) corrugamento m.

plicature /'plɪkətʃʊə³ Am 'plɪkətʃʊr/ n. 1 (folding) piegatura f. 2 (fold) piega f. 3 (Geol) corrugamento m.

plié /'pli:eɪ Am pli:'eɪ/ n. (in ballet) plié m.

pliers /'plaɪəz Am 'plaɪəz/ n.pl. pinze f.pl., pinza f.sing.: a pair of ~ un paio di pinze.

plight[1] /plaɪt/ n. situazione f. difficile, cattivo stato m.: his finances are in a sorry ~ è in cattive condizioni economiche, naviga in brutte acque.

plight[2] /plaɪt/ I v.t. (ant) 1 (of one's troth,

honour) impegnare. **2** (*of one's word*) dare, impegnare. **3** (*rifl.*) *to ~ oneself* impegnarsi, fidanzarsi. **II** *n.* (*ant*) impegno *m.*, promessa *f.* solenne.

plimsoll /'plɪm(p)sᵊlz/ *n.spec.pl.* (*Br,Calz*) scarpa *f.sing.* da ginnastica, scarpa *f.sing.* da tennis. ☐ (*Mar*) *Plimsoll line* marca di bordo libero, occhio di Plimsoll.

plink /plɪŋk/ **I** *v.i.* **1** fare un rumore metallico. **2** (*to shoot at a target*) sparare. **II** *v.t.* sparare a. **III** *n.* rumore *m.* metallico.

plinth /plɪnθ/ *n.* **1** (*Arch*) (*of a column*) plinto *m.* **2** (*of a pedestal*) basamento *m.*, base *f.* **3** (*Arch*) (*of an architrave*) plinto *m.*, piedistallo *m.* **4** (*Arch*) (*flat base*) zoccolo *m.* ☐ (*Arch*) ~ *course* zoccolo.

Pliny /'plɪnɪ/ *n.pr.m.* (*Stor.rom*) Plinio. ☐ (*Stor.rom*) ~ *the Elder* Plinio il vecchio; (*Stor.rom*) ~ *the Younger* Plinio il giovane.

Pliocene /'plaɪousiːn/ **I** *a.* (*Geol*) pliocenico, del Pliocene. **II** *n.* (*Geol*) Pliocene *m.*

plissé /'plɪseɪ Am pliːs'eɪ/ **I** *a.* (*Tess*) plissé. **II** *n.* (*Tess*) plissé *m.*, tessuto *m.* plissé.

PLO /ˌpiːel'ou/ *Palestine Liberation Organization* OLP (organizzazione per la Liberazione della Palestina).

plod /plɒd Am plɑːd/ **I** *v.i.* (*past, p.p.* **plodded** /'plɒdɪd Am 'plɑːdɪd/) **1** arrancare, camminare pesantemente, camminare a fatica: *the farmer -ded home across the fields* il contadino arrancava verso casa attraverso i campi. **2** (*fig*) faticare, sfacchinare, (*colloq*) sgobbare. **II** *n.* **1** cammino *m.* faticoso e lento. **2** (*sound of a heavy tread*) passo *m.* pesante. **3** (*Br, colloq*) (*police officer*) agente *m./f.* di polizia, poliziotto *m.* (*f.* -a). ☐ *to ~ along*: **1** avanzare a fatica; **2** (*colloq*) (*to scrape a living*) tirare avanti a stento, tirare la carretta; *to ~ away at one's studies* sgobbare sui libri, studiare assiduamente; *to ~ on* perseverare.

plodder /'plɒdə' Am 'plɑːdər/ *n.* **1** chi arranca, chi cammina pesantemente e lentamente. **2** (*one who works laboriously*) lavoratore *m.* (*f.* -trice) assiduo, (*colloq*) sgobbone *m.* (*f.* -a).

plodding /'plɒdɪŋ Am 'plɑːdɪŋ/ *a.* **1** lento e pesante. **2** (*laborious*) laborioso.

ploddingly /'plɒdɪŋlɪ Am 'plɑːdɪŋlɪ/ *avv.* **1** lentamente e faticosamente. **2** (*laboriously*) laboriosamente.

plonk[1] /plɒŋk Am plɑːŋk/ **I** *v.t.* (*colloq*) **1** lasciar cadere di peso, mettere giù con fracasso, sbattere giù. **2** (*rifl.*) *to ~ oneself* lasciarsi cadere di peso. **II** *v.i.* (*colloq*) **1** fare un rumore sordo, fare un suono sordo. **2** (*fig*) (*to play an instrument badly*) strimpellare. **III** *n.* (*colloq*) tonfo *m.*, rumore *m.* sordo, suono *m.* sordo. ☐ *to ~ down* lasciare cadere di peso, buttare giù: *to ~ oneself down* lasciarsi cadere (di peso).

plonk[2] /plɒŋk/ *n.* (*Br,colloq*) (*cheap wine of inferior quality*) vinaccio *m.*, vino *m.* poco costoso e di scarsa qualità.

plonker /'plɒŋkə'/ *n.* (*Br,colloq,spreg*) idiota *m./f.*, testa *f.* di cavolo, imbecille *m./f.*

plop /plɒp Am plɑːp/ **I** *n.* **1** tonfo *m.*, rumore *m.* sordo, suono *m.* sordo. **II** *v.i.* **1** cadere con un tonfo, fare un tonfo. **2** (*to sit, to drop heavily*) lasciarsi cadere (di peso): *to ~ into an armchair* lasciarsi cadere in una poltrona. **III** *v.t.* lasciar cadere di peso, mettere giù pesantemente. **IV** *intz.* plop!, pluf!

plosion /'plouʒᵊn/ *n.* (*Fon*) esplosione *f.*

plosive /'plousɪv/ **I** *a.* (*Fon*) esplosivo. **II** *n.* (*Fon*) occlusiva *f.*, consonante *f.* occlusiva.

plot /plɒt Am plɑːt/ **I** *n.* **1** complotto *m.*, congiura *f.*, trama *f.*, macchinazione *f.*: *to hatch a ~* ordire una congiura. **2** (*Cin,Teat,Lett*) trama *f.*, intreccio *m.*: *the ~ thickens* l'intreccio si complica. **3** (*Agr,Edil*) (*small area of land*)

appezzamento *m.*, lotto *m.* **4** (*Agr*) (*crop grown on a plot*) coltura *f.* di un appezzamento. **5** (*Am*) (*plan of a building or estate*) pianta *f.* **6** (*Am*) (*graph, chart*) grafico *m.*, diagramma *m.* **7** (*Mar,Aer*) tracciato *m.* della rotta. **II** *v.t.* **1** tramare, ordire, macchinare. **2** (*to make a map of*) fare la pianta di, tracciare il piano di. **3** (*of land*) rilevare, fare il rilevamento di. **4** (*Mar,Aer*) tracciare, rilevare: *to ~ a course* tracciare una rotta. **5** (*to make a graph of*) tracciare il grafico di. **6** (*Cin,Teat, Lett*) ideare la trama di. **III** *v.i.* complottare, tramare, congiurare, cospirare: *to ~ to overthrow the government* complottare per rovesciare il governo; *to ~ against so.* complottare ai danni di qcn.

plotless /'plɒtles Am 'plɑːtles/ *a.* (*lacking a plot*) senza una trama.

plotter /'plɒtə' Am plɑːtər/ *n.* **1** cospiratore *m.* (*f.* -trice), congiurato *m.* (*f.* -a), congiuratore *m.* (*f.* -trice). **2** (*El*) tracciatore *m.* **3** (*Aer,Mar*) tracciatore *m.*, diagrammatore *m.* **4** (*Inform*) plotter *m.*, tracciatore *m.*

plotting /'plɒtɪŋ Am 'plɑːtɪŋ/ *n.* **1** complotto *m.*, macchinazione *f.*, trama *f.* **2** (*of a diagram*) tracciato *m.* del grafico. **3** (*in city planning*) lottizzazione *f.*

plough /plaʊ/ **I** *n.* **1** (*Agr*) aratro *m.* **2** (*snow plough*) spartineve *m.* **3** (*Scol*) (*examination failure*) bocciatura *f.*, (*scherz*) trombata *f.* **II** *v.t.* **1** (*Agr*) arare, dissodare: *to ~ land* arare la terra. **2** (*to make furrows in*) scavare solchi in, fendere. **4** (*Scol,rar*) (*to fail in an examination*) bocciare, (*scherz*) trombare. **5** (*Legat*) rifilare. **III** *v.i.* **1** (*Agr*) arare, dissodare. **2** (*Scol*) (*to fail in an examination*) essere bocciato, fare fiasco agli esami. ☐ (*Br,fig*) *to ~ a lonely furrow* lavorare da solo; (*Comm,Econ*) *to ~ back* (*of profits*) reinvestire; *to ~ into sth.*: **1** andare a sbattere contro qcs.; **2** (*to eagerly start*) gettarsi a capofitto in qcs., gettarsi a corpo morto in qcs.; *to ~ the sand* arare il mare, fare un lavoro inutile; (*Br, fig*) *to ~ through* procedere a stento, avanzare a fatica: *to ~ through a long treatise* leggere con grande fatica un lungo trattato; *to ~ under*: **1** (*Agr*) interrare, seppellire, sotterrare (con l'aratro); **2** (*colloq*) (*to overwhelm*) sommergere, colmare: *he was -ed under with work* era sommerso di lavoro; *to ~ up*: **1** (*to make furrows in*) scavare solchi in; **2** (*Agr*) (*to unearth by ploughing*) dissotterrare con l'aratro; **3** (*Agr*) (*of ground, to break up by ploughing*) dissodare, scassare; *to ~ one's way through a crowd* fendere la calca, aprirsi un varco tra la folla.

Plough /plaʊ/ *n.pr.* (*Astr*) Orsa *f.* maggiore, Gran Carro *m.*

ploughback /'plaʊbæk/ *n.* (*Econ,Comm*) reinvestimento *m.*

ploughing /'plaʊɪŋ/ *n.* (*Agr*) aratura *f.*

ploughman /'plaʊmən/ *n.irr.* aratore *m.* ☐ (*Gastron*) ~'s *lunch* piatto freddo a base di pane, formaggio, sottaceti e insalata.

ploughshare /'plaʊʃeə' Am 'plaʊʃer/ *n.* (*Agr*) vomere *m.*

plover /'plʌvə'/ *n.* (*Ornit*) piviere *m.*

plow /plaʊ/ **I** *n.* (*Am*) **1** (*Agr*) aratro *m.* **2** (*snow plow*) spartineve *m.* **3** (*Scol*) (*examination failure*) bocciatura *f.*, (*scherz*) trombata *f.* **II** *v.t.* **1** (*Agr*) arare, dissodare: *to ~ land* arare la terra. **2** (*to make furrows in*) scavare solchi in. **3** (*of water: to move through*) solcare, fendere. **4** (*Scol,rar*) (*to fail in an examination*) bocciare, (*scherz*) trombare. **5** (*Legat*) rifilare. **III** *v.i.* (*Am*) **1** (*Agr*) arare, dissodare. **2** (*Scol*) (*to fail in an examination*) essere bocciato, fare fiasco agli esami. ☐

(*Comm,Econ*) *to ~ back* (*of profits*) reinvestire; *to ~ into sth.*: **1** andare a sbattere contro qcs.; **2** (*to eagerly start*) gettarsi a capofitto in qcs., gettarsi a corpo morto in qcs.; *to ~ under*: **1** (*Agr*) interrare, seppellire, sotterrare (con l'aratro); **2** (*colloq*) (*to overwhelm*) sommergere, colmare: *he was -ed under with work* era sommerso di lavoro; *to ~ up*: **1** (*to make furrows in*) scavare solchi in; **2** (*Agr*) (*to unearth by ploughing*) dissotterrare con l'aratro; **3** (*Agr*) (*of ground, to break up by ploughing*) dissodare, scassare; *to ~ one's way through a crowd* fendere la calca, aprirsi un varco tra la folla.

plowback /'plaʊbæk/ *n.* (*Am,Econ,Comm*) reinvestimento *m.*

plowing /'plaʊɪŋ/ *n.* (*Am,Agr*) aratura *f.*

plowman /'plaʊmən/ *n.irr.* (*Am*) aratore *m.*

plowshare /'plaʊʃeə' Am 'plaʊʃer/ *n.* (*Am, Agr*) vomere *m.*

ploy /plɔɪ/ *n.* **1** manovra *f.*, tattica *f.*, stratagemma *m.*: *a ~ to win votes* una manovra per guadagnare voti. **2** (*occupation, activity*) attività *f.*, occupazione *f.*

pluck /plʌk/ **I** *v.t.* **1** cogliere, spiccare, staccare: *to ~ fruit from a tree* cogliere frutta da un albero. **2** (*of a chicken, etc.*) spennare, togliere le penne a, spiumare. **3** (*Cosmet*) (*of one's eyebrows*) depilare. **4** (*to give a pull at*) tirare: *to ~ so. by the sleeve* tirare qcu. per la manica. **5** (*Mus*) (*of strings*) pizzicare. **6** (*to obtain money by trickery*) carpire denaro a, (*colloq*) spennare, pelare. **II** *n.* **1** strattone *m.*, strappata *f.*, tirata *f.* brusca, stratta *f.* **2** (*Macell*) frattaglie *f.pl.*, corata *f.*, coratella *f.* **3** (*fig*) (*courage, guts*) coraggio *m.*, audacia *f.*, fegato *m.* ☐ *to ~ out* strappare, estirpare, sradicare: *he -ed the letter out of my hand* mi strappò di mano la lettera; *to ~ up* sradicare, strappare; *to ~ up courage* (o *to ~ up heart*) farsi animo, farsi coraggio, rincuorarsi, armarsi di coraggio.

plucked /plʌkt/ *a.* (*Mus*) a pizzico: ~ *psaltery* salterio a pizzico.

pluckily /'plʌkɪlɪ/ *avv.* coraggiosamente, audacemente.

pluckiness /'plʌkɪnəs/ *n.* coraggio *m.*, audacia *f.*, fegato *m.*

plucky /'plʌkɪ/ *a.* coraggioso, audace, che ha fegato, (*lett*) animoso.

plug /plʌɡ/ *n.* **1** tappo *m.*: *to pull the ~ out* togliere il tappo. **2** (*in a water closet*) pulsante *m.* di scarico dell'acqua. **3** (*El*) spina *f.* **4** (*El,colloq*) (*socket*) presa *f.* **5** (*El*) (*fusible plug*) fusibile *m.* a tappo. **6** (*Mot*) (*spark plug*) candela *f.* **7** (*Edil*) (*to fix a nail, screw*) tassello *m.* **8** (*cake of tobacco*) tavoletta *f.* di tabacco compresso; (*piece cut off*) pezzo *m.* di tabacco da masticare. **9** (*colloq*) (*mention for advertising purposes*) pubblicità *f.* **10** (*colloq*) (*recommendation*) raccomandazione *f.*, spinta *f.* **11** (*sl*) (*bullet*) pallottola *f.*, proiettile *m.* **12** (*fire plug*) idrante *m.* antincendio. **13** (*Idr*) (*connection with a water main*) presa *f.* d'acqua. **14** (*Met*) mandrino *m.* **15** (*Dent*) otturazione *f.*, piombatura *f.* **16** (*Med*) zaffo *m.*, tampone *m.* **17** (*Geol*) tappo *m.* **II** *v.t.* **1** turare, tappare, otturare, chiudere. **2** (*Med*) (*of a wound*) tamponare. **3** (*colloq*) (*to publicize repeatedly*) fare un'insistente pubblicità a, strombazzare. **4** (*sl*) (*to hit, to punch*) colpire con un pugno, assestare un pugno a. **5** (*sl*) (*to shoot*) sparare a. **III** *v.i.* **1** otturarsi, ostruirsi, intasarsi. **2** (*colloq*) (*to work doggedly*) sgobbare, sfacchinare (*at* su). ☐ (*colloq*) *to ~ away* sgobbare, sfacchinare (*at* su); (*El*) ~ *board* pannello a spine; (*El*) ~ *compatible* plug-compatibile; *to ~ in*: **1** (*El*) collegare, attaccare, allacciare (a una presa di corrente); 2 (*Inform*) collegarsi; *to pull the ~ on* staccare la spina (*anche fig*); *~ tobacco* tabacco (compresso) in tavolette; *to ~ up*: 1 turare, tappare, otturare, chiudere; 2 (*of a wound*) tamponare.

plug-and-play /ˌplʌɡən(d)ˈpleɪ/ *a.* (*Inform*) plug-and-play.

plug-hole /ˈplʌɡhoʊl/ *n.* scarico *m.* □ (*Br, colloq*) *to go down the ~* fallire miseramente.

plug-in /ˈplʌɡˈɪn/ **I** *a.* (*Inform*) plug-in. **II** *m.* (*Inform*) plug-in *m.* □ (*Tel*) *~ phone* (*o ~ telephone*) telefono con spina.

plug-ugly /ˈplʌɡʌɡli/ *n.* (*Am,colloq*) (*ruffian, tough*) teppista *m./f.*

plum /plʌm/ *n.* 1 (*Bot*) prugno *m.*, susino *m.* 2 (*fruit*) prugna *f.*, susina *f.* 3 (*wood*) prugno *m.*, susino *m.* 4 (*colour*) color *m.* prugna, prugna *m.* 5 (*Alim*) (*raisin, currant*) uva *f.* passa, uvetta *f.* 6 (*colloq*) (*unexpected bonus, windfall*) colpo *m.* di fortuna. 7 (*fig*) (*best thing of its kind*) il meglio, la cosa migliore. 8 (*colloq*) (*easy, well-paid job*) posto *m.* comodo e redditizio, poltrona *f.* □ (*Dolc*) *~ duff* budino di farina, uva passa e spezie; (*Dolc*) *~ pudding* sostanzioso budino di farina, frutta secca e spezie, tradizionalmente consumato a Natale; (*Bot,Alim*) *~ tomato* pomodoro simile al San Marzano; *~ tree*: 1 (*Bot*) prugno, susino; 2 (*Am,sl*) (*political favours*) protezioni politiche.

plumage /ˈpluːmɪdʒ/ *n.* piumaggio *m.*, piume *f.pl.*

plumaged /ˈpluːmɪdʒd/ *a.* piumato.

plumb /plʌm/ **I** *n.* piombo *m.*, piombino *m.* **II** *v.t.* 1 mettere a piombo. 2 (*Mar*) scandagliare, sondare (*anche fig*). 3 (*to make vertical*) rendere perpendicolare, rendere verticale. 4 (*to weight with lead*) mettere piombini a, appesantire con piombini. 5 (*to seal with lead*) piombare, chiudere con sigilli di piombo. **III** *avv* 1 (*vertically*) verticalmente, perpendicolarmente, a piombo. 2 (*colloq*) (*exactly*) esattamente, precisamente: *~ in the center* esattamente al centro. 3 (*colloq*) (*completely*) completamente, perfettamente, del tutto, totalmente: *~ crazy* tutto pazzo, completamente pazzo. **IV** *a.* a piombo, verticale, perpendicolare. □ (*Tecn*) *~ bob* piombo, piombino; (*Idr*) *~ in* collegare; (*Tecn*) *~ level* livella a pendolo; (*Tecn*) *~ line* filo a piombo; (*Br,Tecn*) *to be off ~* (o *to be out ~*) non essere a piombo, spiombare.

plumbaginous /plʌmˈbædʒɪnəs/ *a.* 1 (*resembling graphite*) simile a grafite. 2 (*containing graphite*) contenente grafite.

plumbago /plʌmˈbeɪɡoʊ/ (*pl.* *-s*/*-z*/) *n.* 1 (*Bot*) piombaggine *f.* 2 (*Min*) piombaggine *f.*, grafite *f.*

plumbate /ˈplʌmbeɪt/ *n.* (*Chim*) piombato *m.*

plumbeous /ˈplʌmbiəs/ *a.* 1 (*containing lead*) piomboso. 2 (*fig*) (*like lead*) plumbeo, piomboso.

plumber /ˈplʌmər/ *n.* idraulico *m.* (*f.* -a). □ (*Mecc*) *~ block* cuscinetto, supporto; (*Idr*) *~'s snake* flessibile stasatubi.

plumbery /ˈplʌmˈri/ *n.* 1 (*work*) mestiere *m.* di idraulico. 2 (*workshop*) negozio *m.* di idraulico.

plumbic /ˈplʌmbɪk/ *a.* (*Chim*) piombico.

plumbiferous /plʌmˈbɪfˤrəs/ *a.* piombifero (*anche Chim*).

plumbing /ˈplʌmɪŋ/ *n.* 1 impianto *m.* idraulico. 2 (*plumber's work*) mestiere *m.* di idraulico. 3 (*use of a plumb line*) il mettere a piombo.

plumbism /ˈplʌmbɪzˤm/ *n.* (*Med*) saturnismo *m.*

plumbless /ˈplʌmbləs/ *a.* (*lett*) (*of water: extremely deep*) profondissimo, imo.

plumbous /ˈplʌmbəs/ *a.* (*Chim*) piomboso.

plume /pluːm/ **I** *n.* 1 piuma *f.*, penna *f.* 2 (*cluster of feathers*) pennacchio *m.* 3 (*of a helmet*) cresta *f.* 4 (*fig*) (*token of honour, distinction*) palma *f.*, premio *m.* 5 (*of smoke*) pennacchio *m.* **II** *v.t.* 1 (*Ornit*) (*to provide with feathers*) impennare, dotare di penne. 2 (*Ornit*) (*of feathers: to preen, to clean*) lisciare col becco. 3 (*to provide with an ornamental plume*) guarnire di piume, impennacchiare. 4 (*rifl.*) *to ~ oneself* (*to pride oneself*) vantarsi di, compiacersi di.

plumed /pluːmd/ *a.* 1 piumato. 2 (*of hat, helmet*) impennacchiato, piumato.

plumeless /ˈpluːmləs/ *a.* implume, senza piume.

plumelike /ˈpluːmlaɪk/ *a.* piumoso.

plumery /ˈpluːmˤri/ *n.* 1 piuma *f.*, penna *f.* 2 (*cluster of feathers*) pennacchio *m.*

plummer /ˈplʌmər/ □ (*Am,Mecc*) *~ block* cuscinetto, supporto.

plummet /ˈplʌmɪt/ *v.i.* 1 precipitare, cadere a perpendicolo, cadere a piombo. 2 (*fig*) (*to drop sharply*) crollare, cadere bruscamente, precipitare. **II** *n.* 1 (*Am,Edil*) (*plumb bob*) piombino *m.*, piombo *m.* 2 (*Am,Edil*) (*plumb line*) filo *m.* a piombo. 3 (*Mar*) scandaglio *m.* 4 (*fig*) (*sudden decline*) crollo *m.*

plummy /ˈplʌmi/ *a.* 1 simile a una prugna. 2 (*tasting like plums*) che sa di prugna. 3 (*full of plums*) ricco di prugne. 4 (*colloq*) (*of a job*) piacevole e redditizio. 5 (*colloq*) (*of voice*) profondo e vibrante.

plumose /pluːˈmoʊs/ *a.* piumato.

plumosity /pluːˈmɒsəti Am* pluːˈmɑːsəti/ *n.* piumosità *f.*

plump[1] /plʌmp/ **I** *a.* 1 paffuto, grassoccio, grassottello, in carne, rotondetto, cicciottello. 2 (*of poultry*) carnoso, bello grasso. 3 (*of cushion, etc.*) ben imbottito. **II** *v.t.* 1 (*to cause to swell*) gonfiare, imbottire. 2 (*to fatten*) ingrassare. **III** *v.i.* 1 (*to swell*) gonfiarsi. 2 (*to become fattened*) ingrassare, diventare paffuto. □ *to ~ up*: 1 gonfiare, imbottire; 2 (*to fatten*) ingrassare.

plump[2] /plʌmp/ **I** *v.i.* lasciarsi cadere, cadere di peso, cadere di schianto, piombare: *to ~ into an armchair* lasciarsi cadere su una poltrona. **II** *v.t.* (*to throw, to drop heavily*) lasciar cadere di peso, lasciar cadere di schianto. **III** *n.* 1 (*heavy fall, plunge*) caduta *f.* rovinosa, ruzzolone *m.* 2 (*sound*) schianto *m.*, botto *m.*, colpo *m.* **IV** *a.* 1 (*of speech: blunt*) secco, reciso, chiaro e tondo. 2 (*vertical*) verticale, perpendicolare, a piombo. **V** *avv.* 1 (*heavily and suddenly*) di peso, di schianto. 2 (*in speaking: bluntly*) senza mezzi termini, chiaro e tondo. □ *to ~ down* lasciar cadere di peso, lasciar cadere di schianto; *to ~ for*: 1 (*to choose*) scegliere, preferire (di gran lunga); 2 (*to support strongly*) fare il tifo per, partegiare per, sostenere.

plumpish /ˈplʌmpɪʃ/ *a.* paffuto, grassoccio, grassottello.

plumpness /ˈplʌmpnəs/ *n.* (*state of being plump*) rotondità *f.*, paffutezza *f.*

plumpy /ˈplʌmpi/ *a.* paffutello, grassoccio, grassottello.

plumy /ˈpluːmi/ *a.* 1 (*downy*) piumoso. 2 (*having feathers*) piumato.

plunder /ˈplʌndər/ **I** *v.t.* 1 saccheggiare, mettere a sacco, depredare. 2 (*to loot*) portare via come bottino, trafugare. 3 (*fig*) (*of books, authors*) saccheggiare. **II** *n.* 1 (*act of plundering*) saccheggio *m.*, sacco *m.* 2 (*sth. plundered*) bottino *m.*, preda *f.* 3 (*fig*) (*of books, authors, etc.*) saccheggio *m.*

plunderer /ˈplʌndərər/ *n.* saccheggiatore *m.* (*f.* -trice), predatore *m.* (*f.* -trice), rapinatore

m. (*f.* -trice).

plunge /plʌndʒ/ **I** *v.t.* 1 immergere, affondare, tuffare, ficcare: *to ~ one's arm into water* immergere il braccio nell'acqua; *to ~ a knife into so.'s breast* affondare un coltello nel petto a qcu. 2 (*fig*) (*to put in an unpleasant condition*) gettare, precipitare, fare piombare: *to ~ a country into war* gettare un paese in guerra; *to ~ a room into darkness* fare piombare una stanza nell'oscurità. 3 (*in cooking*) immergere. **II** *v.i.* 1 tuffarsi, immergersi: *to ~ into a swimming pool* tuffarsi in una piscina. 2 (*to throw oneself headlong*) precipitarsi, lanciarsi a capofitto, buttarsi a capofitto. 3 (*to descend abruptly*) scendere a precipizio. 4 (*Econ,Comm*) crollare. 5 (*of a horse*) slanciarsi in avanti. 6 (*Mar*) beccheggiare. 7 (*fig*) lanciarsi, piombare, precipitare (*into* in): *to ~ into a discussion* lanciarsi in una discussione; *he -d into despair* piombò nella disperazione. 8 (*colloq*) (*to bet heavily*) scommettere forte. **III** *n.* 1 (*act of diving*) tuffo *m.*, immersione *f.* 2 (*dive*) tuffo *m.* 3 (*Econ,Comm*) (*sudden sharp fall*) crollo *m.*: *a 38% ~ in PC sales* un crollo del 38% nelle vendite dei computer. 4 (*quick swim*) nuotata *f.*, nuotatina *f.* 5 (*colloq*) (*gamble*) scommessa *f.* azzardata. 6 (*sudden pitching movement*) slancio *m.*, tuffo *m.* □ *a ~ bath* vasca da bagno grande; *to ~ into debt* ingolfarsi nei debiti, sprofondare nei debiti; (*fig*) *to take the ~* (*to decide to get married*) saltare il fosso, buttarsi.

plunger /ˈplʌndʒər/ *n.* 1 (*plumbing instrument*) sturalavandini *m.* 2 (*Mecc*) stantuffo *m.*, tuffante. 3 (*colloq*) (*reckless gambler*) giocatore *m.* (*f.* -trice) d'azzardo. 4 (*diver*) tuffatore *m.* (*f.* -trice).

plunging /ˈplʌndʒɪŋ/ *a.* profondo (*anche Abbigl*). □ *a dress with a ~ neckline* un vestito con una scollatura profonda, un vestito molto scollato.

plunk /plʌŋk/ **I** *v.t.* 1 (*of a stringed instrument*) suonare (pizzicando). 2 (*of strings*) pizzicare. 3 (*colloq*) (*to throw, to put, etc., heavily*) gettare, buttare, lasciare cadere di peso. **II** *v.i.* 1 (*to make a plunking sound*) emettere un suono metallico (e rauco). 2 (*colloq*) (*to drop, to fall heavily*) buttarsi, lasciarsi cadere di peso. 3 (*colloq*) (*to come out in support of*) parteggiare (*for* per), sostenere (*for so.* qcu.), dichiararsi a favore (*for* di). **III** *n.* 1 suono *m.* metallico (e rauco). 2 (*Am, sl*) (*dollar*) dollaro *m.* 3 (*Am,sl*) (*hard blow*) forte botta *f.*, forte colpo *m.* □ (*colloq*) *to ~ down*: 1 (*to throw, to put, etc., heavily*) gettare, buttare, lasciare cadere di peso; 2 (*to drop, to fall heavily*) buttarsi, lasciarsi cadere di peso.

pluperfect /ˌpluːˈpɜːfɪkt Am* ˈpluːˌpɜːrfɪkt/ *n.* (*Gramm*) piuccheperfetto *m.*, (*rar*) piuccheperfetto *m.*

plural /ˈpluərəl Am* ˈplʊrl/ **I** *a.* 1 pluralista, pluralistico. 2 (*Gramm*) plurale. **II** *n.* (*Gramm*) plurale *m.* □ *~ marriage* matrimonio poligamo; (*Gramm*) *~ number* plurale; *~ society* società pluralista; *~ vote* voto plurimo.

pluralism /ˈpluərəlɪzˤm Am* ˈplʊrəlɪzˤm/ *n.* 1 pluralità *f.*, molteplicità *f.* 2 (*Filos,Sociol*) pluralismo *m.* 3 (*Rel*) cumulo *m.* di benefici ecclesiastici.

pluralist /ˈpluərəlɪst Am* ˈplʊrəlɪst/ **I** *n.* 1 pluralista *m./f.* (*anche Filos*). 2 (*Rel*) chi detiene più di un beneficio ecclesiastico. **II** *a.* pluralistico, pluralista.

pluralistic /ˌpluərəˈlɪstɪk Am* plʊrəˈlɪstɪk/ *a.* pluralistico, pluralista.

pluralistically /ˌpluərəˈlɪstɪkli Am* plʊrəˈlɪstɪkˤli/ *avv.* pluralisticamente, in modo pluralistico.

plurality /ˌpluə'ræləti Am ˌplu'ræləti/ n. 1 pluralità f., molteplicità f., (rar) numerosità f. 2 (large number, quantity) moltitudine f., gran numero m., grande quantità f. 3 (Gramm) l'essere plurale. 4 (Am,Canad) (excess of votes for one candidate) maggioranza f. (relativa) (anche Pol). 5 (Am,Canad) (number of votes in excess) scarto m. di voti (anche Pol). 6 (spreg) (holding of more than one office) cumulo m. di cariche. 7 (Rel) cumulo m. di benefici ecclesiastici.

pluralization /ˌpluərəlai'zeiʃ³n Am ˌplur³li'zeiʃ³n/ n. pluralizzazione f. (anche Gramm).

pluralize /'pluərəlaiz Am 'plur³laiz/ I v.t. (Gramm) fare il plurale di, volgere al plurale. II v.i. (Rel) detenere più di un beneficio.

plurally /'pluər³li Am 'plur³li/ avv. al plurale.

plus /plʌs/ I prep. 1 più: three ~ three equals six tre più tre fa sei. 2 (colloq) (with, with the addition of) oltre a, in aggiunta a, con (in più): he had wealth ~ fame oltre alla celebrità ebbe la ricchezza. II a. 1 (Mat,El) positivo. 2 (greater than) più di, maggiore di: the course measures three miles ~ il percorso è lungo più di tre miglia. 3 (additional, extra) aggiuntivo, addizionale, extra. 4 (advantageous) vantaggioso, aggiuntivo. 5 (Bot) (of fungi) che si riproduce solo con una specie minus. III n. (pl. -es /-iz/ o -ses /-siz/) 1 (Mat) (plus sign) più m., segno m. di addizione. 2 (Mat) (positive quantity) quantità f. positiva. 3 (sth. additional) extra m., aggiunta f.: service is a ~ you have to pay for il servizio è un extra che bisogna pagare. 4 (advantage) vantaggio m., elemento m. vantaggioso. 5 (surplus, extra quantity) eccedenza f., surplus m. IV congz. (colloq) e, più, e inoltre, e in più: I'm too busy to come, ~ I'm short of cash sono troppo occupata per venire, e in più sono a corto di soldi. □ (Mat) ~ quantity quantità positiva; (Mat) ~ sign più, segno positivo; (Abbigl) ~ sizes taglie forti.

plus-fours /ˌplʌs'fɔːz Am ˌplʌs'fɔːrz/ n.pl. (Abbigl) calzoni m.pl. alla zuava, pantaloni m.pl. alla zuava.

plush /plʌʃ/ I n. (Tess) felpa f., tessuto m. felpato; (with a long nap) peluche f. II a. (colloq) (exhibiting wealth) lussuoso, di lusso, sfarzoso, sontuoso. □ (Tess) ~ velvet tipo di felpa a pelo corto, soffice e fitto simile al velluto.

plushly /'plʌʃli/ avv. (exhibiting wealth) lussuosamente, sfarzosamente, sontuosamente.

plushness /'plʌʃnes/ n. lusso m., sfarzo m., sontuosità f.

plushy /'plʌʃi/ a. (colloq) lussuoso, sontuoso, sfarzoso.

Plutarch /'pluːtɑːk Am 'pluːtɑːrk/ n.pr.m. (Stor.gr) Plutarco.

plutarchy /'pluːtɑːki Am 'pluːtɑːrki/ n. plutocrazia f.

Pluto /'pluːtou Am 'pluːtou/ I n.pr.m. (Mitol) Plutone. II n.pr. (Astr) Plutone m.

plutocracy /pluː'tɒkrəsi Am pluː'tɑːkrəsi/ n. plutocrazia f.

plutocrat /'pluːtoukræt Am 'pluːtəkræt/ n. plutocrate m./f.

plutocratic /ˌpluːtou'krætik Am ˌpluːtə'krætik/ a. plutocratico.

plutocratical /ˌpluːtou'krætik³l Am ˌpluːtə'krætik³l/ a. plutocratico.

plutocratically /ˌpluːtou'krætik³li Am ˌpluːtə'krætik³li/ avv. plutocraticamente.

Plutonian /pluː'touniən/ a. 1 (Mitol) di Plutone, relativo a Plutone. 2 (Astr) plutoniano.

plutonic /pluː'tɒnik Am pluː'tɑːnik/ a. (Geol) plutoniano, plutonico.

plutonism /'pluːtəniz³m/ n. (Geol) plutonismo m.

plutonist /'pluːtənist/ n. sostenitore m. (f. -trice) del plutonismo.

plutonite /'pluːtənait/ n. (Min) plutonite f.

plutonium /pluː'touniəm/ n. (Chim) plutonio m.

plutonomic /ˌpluːtə'nɒmik Am ˌpluːtə'nɑːmik/ a. (Pol,Econ) dell'economia politica, relativo all'economia politica.

plutonomy /ˌpluː'tɒnəmi Am ˌpluː'tɑːnəmi/ n. economia f. politica.

pluvial[1] /'pluːviəl/ I a. 1 (relating to rain) pluviale. 2 (rainy) piovoso. II n. periodo m. pluviale.

pluvial[2] /'pluːviəl/ n. (Lit) piviale m., pieviale m.

pluviometer /ˌpluːvi'ɒmitər Am ˌpluːvi'ɑːmitər/ n. (Meteor) pluviometro m.

pluviometric /ˌpluːviə'metrik/ a. (Meteor) pluviometrico.

pluviometrical /ˌpluːviə'metrik³l/ a. (Meteor) pluviometrico.

pluviometry /ˌpluːvi'ɒmətri Am ˌpluːvi'ɑːmətri/ n. (Meteor) pluviometria f.

pluvioscope /'pluːviəskoup/ n. (Meteor) pluvioscopio m.

pluvious /'pluːviəs/ a. piovoso, ricco di piogge.

ply[1] /plai/ I v.t. 1 (of tools) maneggiare, adoperare, lavorare con: to ~ an axe maneggiare un'ascia. 2 (of a trade) esercitare, svolgere. 3 (to supply persistently with) offrire con insistenza a, continuare a offrire a: to ~ so. with drinks offrire da bere a qcu. con insistenza. 4 (to address importunately) assillare, incalzare. 5 (to assail persistently) incitare: to ~ horses with a whip incitare i cavalli con la frusta. 6 (of a river, etc.: to pass along regularly) navigare regolarmente lungo. 7 (of a river, etc.: to pass across and back) traghettare. II v.i. 1 (to work diligently) lavorare assiduamente, lavorare con impegno, lavorare sodo. 2 (of porters, taxi drivers, etc.) stazionare (in attesa di clienti). 3 (of boats, buses, etc.: to go regularly) svolgere servizio di linea, fare servizio di linea, fare la spola. 4 (Mar) (to work to windward) bordeggiare. □ to ~ a needle cucire, lavorare d'ago; (scherz) to ~ the bottle (to drink heavily) alzare il gomito; (Mar) to ~ the oars vogare, remare.

ply[2] /plai/ I n. (Tess) capo m.: three-~ wool lana a tre capi. 2 (of a rope) trefolo m. 3 (Fal, Cart) strato m.: four-~ wood compensato a quattro strati. 4 (Fal) foglio m. di compensato. II v.t. ritorcere (anche Tess).

Plymouth /'pliməθ/ n.pr. (Geog) Plymouth f.

plywood /'plaiwud/ n. (Fal) legno m. compensato, compensato m.

PM /ˌpiː'em/ (Pol) Prime Minister (primo ministro).

p.m. /ˌpiː'em/ 1 post meridiem p.m. (pomeridiano, dopo mezzogiorno). 2 post mortem p.m. (dopo la morte). 3 (Fis) phase modulation PM (modulazione di fase).

PMS /ˌpiːem'es/ I (Med) premenstrual syndrome SPM (sindrome premestruale). II v.i. (Med) (to suffer from premenstrual syndrome) soffrire di sindrome premestruale.

PMT /ˌpiːem'tiː/ (Med) premenstrual tension (tensione premestruale).

PNA /ˌpiːen'ei/ (Pol) Palestinian National Authority ANP (Autorità Nazionale Palestinese).

pneumatic /nju'mætik Am nu'mætik/ I a. 1 pneumatico (anche Filos). 2 (colloq) (having large breasts) formoso, con tanto seno, pettoruto. □ (Mecc) ~ drill martello pneuma-

tico; (Post) ~ mail posta pneumatica; (Post) ~ tube tubo per posta pneumatica; (Aut) ~ tyre pneumatico.

pneumatical /nju'mætik³l Am nu'mætik³l/ a. (rar) pneumatico (anche Filos).

pneumatically /nju:'mætik³li Am nu:'mætik³li/ avv. ad aria compressa.

pneumaticity /ˌnju:mæ'tisəti Am ˌnu:mæ'tisəti/ n. qualità f. di essere pneumatico, condizione f. di essere pneumatico.

pneumatics /nju:'mætiks Am nu:'mætiks/ n.pl. (costr.sing.) 1 fisica f.sing. degli aeriformi, pneumatica f.sing. 2 (Filos) pneumatologia f.sing.

pneumatological /ˌnju:mətə'lɒdʒik³l Am ˌnu:mətə'lɑ:dʒik³l/ a. (Filos) pneumatologico.

pneumatology /ˌnju:mə'tɒlədʒi Am ˌnu:mə'tɑ:lədʒi/ n. (Teol) pneumatologia f.

pneumogastric /ˌnju:mə'gæstrik Am ˌnu:mə'gæstrik/ a. (Anat) pneumogastrico.

pneumonectomy /ˌnju:mə'nektəmi Am ˌnu:mə'nektəmi/ n. (Chir) pneumonectomia f.

pneumonia /nju:'mouniə Am nu:'mounjə/ n. (Med) polmonite f.

pneumonic /nju:'mɒnik Am nu:'mɑ:nik/ a. 1 (of the lungs) polmonare. 2 (Med) (affected with pneumonia) affetto da polmonite. 3 (Med) (of pneumonia) di polmonite, relativo a polmonite, polmonitico.

pneumonitis /ˌnju:mou'naitis Am ˌnu:mou'naitis/ (pl. -tides /-tidi:z Am -ˌtidi:z/) n. (Med) polmonite f.

pneumothorax /ˌnju:mə'θɔ:ræks Am ˌnu:mə'θɔ:ræks/ n. (Med) pneumotorace m.

PNG /ˌpiːen'giː/ Papua New Guinea PNG (Papua Nuova Guinea).

pnp /ˌpiːen'piː/ □ (El) ~ transistor transistor pnp.

po /pou/ n. (Br,colloq) vaso m. da notte.

PO /ˌpiː'ou/ 1 Post Office PT (ufficio postale). 2 Postal Order VP (vaglia postale). 3 Personnel Officer (capo del personale). 4 (Mil) petty officer (sottufficiale).

poa /'pouə/ n. (Bot) poa f.

poach[1] /poutʃ/ I v.t. 1 (to catch game illegally) cacciare di frodo. 2 (to catch fish illegally) pescare di frodo. 3 (to trespass) sconfinare (on, upon in), invadere (qcs.). 4 (Sport) (in racket games) colpire la palla nella metà campo del compagno di gioco. 5 (to sink in mud) impantanarsi, affondare nel fango. 6 (of land: to become muddy and full of holes) diventare fangoso e pieno di buche a forza di essere calpestato. II v.t. 1 (to catch game illegally) cacciare di frodo. 2 (to catch fish illegally) pescare di frodo. 3 (Sport) (in racket games) colpire la palla nella metà campo del compagno di gioco. 4 (fig) (to encroach on) portare via, rubare. 5 (to trespass on) invadere, sconfinare in. 6 (to trample into holes and mud) rendere fangoso e pieno di buche a forza di calpestare. □ (fig) to ~ on so.'s preserves: 1 invadere il campo di qcu.; 2 (Comm) portar via i clienti a qcu.

poach[2] /poutʃ/ v.t. (Gastron) 1 cuocere al vapore, fare sobbollire. 2 (of eggs) affogare.

poached /poutʃt/ a. (Gastron) 1 (of eggs) in camicia, affogato. 2 (of fish) al vapore.

poacher[1] /'poutʃər/ n. 1 (of game) cacciatore m. (f. -trice) di frodo, bracconiere m. 2 (of fish) pescatore m. (f. -trice) di frodo. 3 (Sport) (in soccer) opportunista m./f.

poacher[2] /'poutʃər/ n. 1 tegame m. per fare le uova in camicia. 2 (of fish) pesciera f.

poaching /'poutʃiŋ/ n. 1 (illegal hunting) caccia f. di frodo. 2 (illegal fishing) pesca f. di frodo. □ to go ~: 1 (illegal fishing) pescare di frodo; 2 (illegal hunting) cacciare di frodo.

poachy /'poutʃi/ *a.* (*of land*) fangoso, acquitrinoso.

P.O. Box /ˌpiːouˈbɒks *Am* ˌpiːouˈbɑːks/ (*Post*) post office box C.P. (casella postale).

pochard /'poutʃəd *Am* 'poutʃərd/ *n.* (*Ornit*) moriglione *m.*

pochette /pɒʃ'et *Am* pouˈʃet/ *n.* (*handbag*) pochette *f.*, busta *f.*

pock /pɒk *Am* pɑːk/ **I** *n.* (*Med*) buttero *m.* **II** *v.t.* (*Med*) butterare.

pocked /pɒkt *Am* pɑːkt/ *a.* (*Med*) butterato.

pocket /'pɒkɪt *Am* 'pɑːkɪt/ **I** *n.* **1** tasca *f.*, taschino *m.* (*anche Abbigl*): *to put one's hands in one's -s* mettersi le mani in tasca. **2** (*hollow place, cavity*) vuoto *m.*, cavità *f.* **3** (*compartment*) tasca *f.*, taschino *m.*, scomparto *m.* **4** (*fig*) (*isolated area or group*) sacca *f.*: *-s of feudalism in a modern country* sacche di feudalesimo in un paese moderno. **5** (*fig*) (*financial resources*) possibilità *f.pl.* (economiche), mezzi *m.pl.*, disponibilità *f.* economica. **6** (*in cue games*) buca *f.* **7** (*bag, pouch*) borsa *f.* **8** (*sack*) sacca *f.*, sacco *m.* **9** (*socket, recess*) sacca *f.*, rientranza *f.*, cavità *f.* **10** (*Geog*) insenatura *f.*, sacca *f.* **11** (*Minier*) sacca *f.*, cavità *f.* **12** (*Anat*) sacco *m.* **13** (*Aer*) (*air pocket*) vuoto *m.* d'aria, sacca *f.* d'aria. **II** *a.* **1** tascabile, da tasca, da taschino. **2** (*of books*) tascabile, pocket. **3** (*small*) piccolo, di piccole dimensioni, (*scherz*) tascabile. **III** *v.t.* **1** intascare, mettere in tasca. **2** (*fig*) (*to steal*) appropriarsi di, intascare, rubare. **3** (*fig*) (*to submit to, to endure*) mandar giù, sopportare, ingoiare, incassare: *to ~ an insult* mandar giù un insulto. **4** (*fig*) (*to set aside, to suppress*) mettere da parte, fare tacere, soffocare: *to ~ one's pride* mettere da parte l'orgoglio. **5** (*Sport*) (*in cue games*) mandare in buca. **6** (*Am,Pol*) opporre un veto a: *to ~ a bill* opporre un veto a un progetto di legge. □ (*Mar.mil*) ~ *battleship* corazzata tascabile; ~ *billiards* biliardo americano; ~ *calculator* calcolatrice tascabile; (*Br, Fot*) ~ *camera* macchina fotografica compatta; (*Inform*) ~ *computer* palmare; (*Br*) ~ *diary* agenda tascabile, agendina; (*Edit*) ~ *dictionary* dizionario tascabile; (*Edit*) ~ *edition* edizione tascabile, edizione pocket; (*Sart*) ~ *flap* patta (di una tasca); (*Br,Abbigl*) ~ *handkerchief* fazzoletto da taschino; (*fig*) *to have in one's* ~ tenere in mano, tenere in pugno; (*fig*) *to have sth. in one's* ~ avere qcs. in tasca; (*Sart*) ~ *hole* apertura della tasca; (*Br,colloq*) *to be in* ~ guadagnarci; *to be in so.'s* ~ essere sotto il controllo di, essere nelle mani di, essere saldamente in pugno di; ~ *money:* **1** (*given to child by parents*) mancia, mancetta, paghetta; **2** (*small amount*) denaro per le piccole spese; (*Br,colloq*) *to be out of* ~ rimetterci; (*fig*) *to pay for sth. out of one's own* ~ pagare qcs. di tasca propria; (*Br*) ~ *piece* (*good-luck piece*) moneta portafortuna; (*Br, Arm*) ~ *pistol* pistola da borsetta; (*US,Dir*) ~ *veto* diritto di veto del presidente degli Stati Uniti che può trattenere presso di sé un progetto di legge non firmato; ~ *watch* orologio da tasca, orologio da taschino; (*fig*) *to have one's -s well-lined* avere le tasche ben fornite.

pocketbook /'pɒkɪtbuk *Am* 'pɑːkɪtbuk/ *n.* **1** (*Am,Canad*) (*small case carried in the pocket*) portafoglio *m.* **2** (*Am,Canad*) (*lady's handbag*) pochette *f.*, borsetta *f.*, borsa *f.* **3** (*small notebook*) agendina *f.*, taccuino *m.* **4** (*small book*) tascabile *m.*, libro *m.* tascabile.

pocketful /'pɒkɪtful *Am* 'pɑːkɪtful/ *n.* **1** tascata *f.*, tasca *f.* **2** (*colloq*) (*large amount*) mucchio *m.*, sacco *m.*

pocketknife /'pɒkɪtnaɪf *Am* 'pɑːkɪtnaɪf/

temperino *m.*, coltellino *m.*

pocket-size /'pɒkɪtsaɪz *Am* 'pɑːkɪtsaɪz/ *a.* **1** tascabile, da tasca (*anche estens*). **2** (*of books*) tascabile, pocket.

pocket-sized /'pɒkɪtsaɪzd *Am* 'pɑːkɪtsaɪzd/ *a.* **1** tascabile, da tasca (*anche estens*). **2** (*of books*) tascabile, pocket.

pockmark /'pɒkmɑːk *Am* 'pɑːkmɑːrk/ *n.* (*Med*) buttero *m.*

pock-marked /'pɒkmɑːkt *Am* 'pɑːkmɑːrkt/ *a.* (*Med*) butterato.

pocky /'pɒki *Am* 'pɑːki/ *a.* (*Med*) butterato.

pococurante /ˌpoukoukju(ə)'ræntei *Am* ˌpoukoukjuː'ræntiː/ **I** *n.* (*lett*) indifferente *m./f.*, apatico *m.* (*f.* -a). **II** *a.* (*lett*) indifferente, apatico, noncurante.

pococuranteism /ˌpoukoukju(ə)'ræn teiɪzəm *Am* ˌpoukoukjuː'ræntiːizəm/ *n.* (*lett*) indifferenza *f.*, noncuranza *f.*, apatia *f.*

pococurantism /ˌpoukoukju'ræntizəm *Am* ˌpoukoukjuː'ræntizəm/ *n.* (*lett*) indifferenza *f.*, noncuranza *f.*, apatia *f.*

pod[1] /pɒd *Am* pɑːd/ **I** *n.* **1** (*Bot*) (*of peas, beans*) baccello *m.*; (*of vanilla*) capsula *f.* **2** (*Aer*) contenitore *m.* sganciabile. **3** (*Entom*) (*protective egg case*) bozzolo *m.* **4** (*Zool*) (*sac, pouch*) sacco *m.*, borsa *f.* **5** (*Br,sl*) (*belly, pot-belly*) pancia *f.*, pancione *m.*, trippa *f.* **II** *v.t.* sgusciare, sgranare, sbaccellare: *to ~ peas* sgranare i piselli. **III** *v.i.* **1** (*to produce pods*) mettere i baccelli. **2** (*Br,ant*) (*to swell like a pod*) gonfiarsi, ingrossare. □ (*Pesc*) ~ *net* rete per la pesca delle anguille; (*Br,ant*) *to ~ up* (*to swell in pregnancy*) diventare grossa.

pod[2] /pɒd *Am* pɑːd/ *n.* (*Zool*) piccolo branco *m.* (di balene, delfini o foche), gruppo *m.* (di balene, delfini o foche).

pod[3] /pɒd *Am* pɑːd/ *n.* (*Tecn*) **1** (*of a brace*) portapunta *m.* **2** (*of a auger*) scanalatura *f.*

POD /ˌpiːouˈdiː/ (*Br,Comm*) pay on delivery (pagamento alla consegna).

podagra /pou'dægrə *Am* pə'dægrə/ *n.* (*Med*) podagra *f.*, gotta *f.* del piede.

podagral /pou'dægrəl *Am* pə'dægrəl/ *a.* (*Med*) podagrico.

podagric /pou'dægrɪk *Am* pə'dægrɪk/ *a.* (*Med*) podagrico.

podagrous /'pɒdægrəs *Am* 'pɑːdægrəs/ *a.* (*Med*) podagroso.

podge /pɒdʒ/ *n.* (*Br,colloq*) (*short tubby person*) tombolo *m.*, barilotto *m.*, botolo *m.*, tracagnotto *m.* (*f.* -a).

podginess /'pɒdʒines/ *n.* (*Br,colloq*) l'essere tozzo e grasso.

podgy /'pɒdʒi/ *a.* (*Br,colloq*) piccolo e tozzo, tracagnotto, cicciotto.

podiatric /pə'daɪətrɪk/ *a.* podologico, relativo alla podologia. □ ~ *medicine* podologia.

podiatrist /pə'daɪətrɪst/ *n.* (*Am*) podologo *m.* (*f.* -a).

podiatry /pə'daɪətri/ *n.* (*Am*) podologia *f.*

podium /'poudiəm/ *n.* (*pl.* -s /-z/ o -dia /-dɪə/) *n.* podio *m.* (*anche Arch*).

podzol /'pɒdzɔːl/ *n.* (*Geol*) podzol *m.*, podsol *m.*

podzolic /pɒd'zɔːlɪk/ *a.* (*Geol*) podzolico.

podzolization /ˌpɒdzɔːlɪ'zeɪʃən/ *n.* (*Geol*) podzolizzazione *f.*

poem /'pouɪm *Am* 'pouəm/ *n.* **1** (*Lett*) poesia *f.*, componimento *m.* poetico; (*long*) poema *m.* **2** (*fig*) (*sth. beautiful*) poema *m.*, meraviglia *f.*

poesy /'pouzi *Am* 'pouəzi/ *n.* (*rar,lett*) **1** poesia *f.* **2** (*poetic composition*) poesia *f.*, composizione *f.* poetica.

poet /'pouɪt *Am* 'pouət/ *n.* poeta *m.* (*anche estens*). □ (*Br*) *Poet's* **Corner** (*in Westminster Abbey*) angolo dei poeti; ~ *laureate* po-

eta laureato.

poetaster /ˌpouɪˈtæstər *Am* ˌpouəˈtæstər/ *n.* (*spreg*) poetastro *m.* (*f.* -a), poeta *m.* (*f.* -essa) da strapazzo.

poetess /ˌpouɪˈtes *Am* ˌpouˈɪtɪs/ *n.* poetessa *f.*

poetic /pou'etɪk *Am* pou'etɪk/ **I** *a.* **1** poetico, lirico. **2** (*romantic*) romantico, sentimentale. **3** (*of a place: celebrated in poetry*) celebrato in poesia, cantato. **II** *n.* poetica *f.* □ ~ *justice* ricompensa delle virtù e punizione del vizio, giustizia ideale; ~ *licence* licenza poetica.

poetical /pou'etɪkəl *Am* pou'etɪkəl/ *a.* **1** poetico, lirico. **2** (*romantic*) romantico, sentimentale. **3** (*of a place: celebrated in poetry*) celebrato in poesia, cantato.

poeticality /ˌpouetɪ'kæləti *Am* ˌpouetɪ'kæləţi/ *n.* poeticità *f.*

poetically /pou'etɪkəli *Am* pou'etɪkəli/ *avv.* poeticamente.

poeticalness /pou'etɪkəlnəs *Am* pou'etɪkəlnəs/ *n.* poeticità *f.*

poeticism /pou'etɪsɪzəm *Am* pou'etəsɪzəm/ *n.* espressione *f.* poetica.

poeticize /pou'etɪsaɪz *Am* pou'etəsaɪz/ **I** *v.t.* **1** poeticizzare, rendere poetico. **2** (*to put into verse*) mettere in versi, mettere in poesia. **II** *v.i.* poetare, scrivere poesie, comporre versi.

poetics /pou'etɪks *Am* pou'etɪks/ *n.pl.* (*costr.sing.*) poetica *f.sing.*

poetize /'pouɪtaɪz *Am* 'pouətaɪz/ **I** *v.t.* **1** poeticizzare, rendere poetico. **2** (*to put into verse*) mettere in versi, mettere in poesia. **II** *v.i.* poetare, scrivere poesie, comporre versi.

poetry /'pouɪtri *Am* 'pouətri/ *n.* **1** (*Lett*) (*verse*) poesia *f.*, versi *m.pl.*, lirica *f.* **2** (*Lett*) (*poems*) poesia *f.*, opera *f.* poetica: *Shelley's* ~ la poesia di Shelley. **3** (*estens*) (*poetic quality*) poeticità *f.*, poesia *f.*

po-faced /ˌpou'feɪst/ *a.* (*Br,sl*) **1** (*expressionless*) inespressivo, impenetrabile, melenso, stordito, assente. **2** (*humorless and disapproving*) con un'espressione troppo solenne o censoria.

pogo /'pougou/ *v.i.* (*colloq*) pogare.

pogo-stick /'pougou.stɪk/ *n.* (*toy*) bastone *m.* Pogo (specie di trampolo con alla base una molla).

pogrom /'pɒgrəm *Am* 'pougrəm/ *n.* pogrom *m.*

poignance /'pɔɪnjəns/ *n.* intensità *f.* (emotiva), pathos *m.*

poignancy /'pɔɪnjənsi/ *n.* intensità *f.* (emotiva), pathos *m.*

poignant /'pɔɪnjənt/ *a.* (*lett*) **1** straziante, intenso, profondo, acuto: ~ *sorrow* dolore straziante. **2** (*affecting the emotions*) commovente, toccante: *a ~ spectacle* uno spettacolo commovente. **3** (*bitter*) amaro. **4** (*caustic, cutting*) mordace, caustico, pungente, tagliente.

poignantly /'pɔɪnjəntli *Am* 'pɔɪnjəntli/ *avv.* **1** intensamente, vivamente, profondamente, acutamente. **2** (*touchingly*) in modo toccante. **3** (*pungently*) in modo pungente, mordacemente, causticamente.

Poindexter /'pɔɪndekstər/ *n.* (*Am,colloq*) topo *m.* di biblioteca, secchione *m.* (*f.* -a).

poinsettia /pɔɪn'setiə *Am* pɔɪn'setiə/ *n.* (*Bot*) poinsezia *f.*, stella *f.* di Natale.

point /pɔɪnt/ **I** *n.* **1** punta *f.*: *the ~ of a pin* la punta di uno spillo. **2** (*dot, speck*) puntino *m.*, punto *m.*, macchiolina *f.*, puntolino *m.* **3** (*Geom*) punto *m.* **4** (*Scol*) (*student's unit of credit*) punto *m.* **5** (*Mat*) virgola *f.*: *nine ~ five* nove virgola cinque. **6** (*Gramm*) (*punctuation mark*) punto *m.*; (*full stop*) punto *m.* fermo. **7** (*fig*) punto *m.*, grado *m.*: *boiling ~* punto di ebollizione. **8** (*place, spot*) punto *m.*, posto *m.*, luogo *m.* determinato: *strategic*

-s punti strategici. **9** (*matter*) argomento *m.*, punto *m.*, fatto *m.*: *the ~ in question* l'argomento in questione. **10** (*item*) punto *m.*, articolo *m.*, argomento *m.*: *the order of the day included several -s* l'ordine del giorno comprendeva vari punti. **11** (*principal element*) punto *m.* essenziale, nocciolo *m.*: *what was the ~ of his proposal?* qual era il punto essenziale della sua proposta? **12** (*meaningful element*) senso *m.*, significato *m.*, punto *m.*: *to miss the ~* non afferrare il senso. **13** (*proposition, point of view*) punto *m.* di vista, opinione *f.*, idea *f.*: *I see your ~* comprendo il tuo punto di vista. **14** (*moment, juncture*) punto *m.*, momento *m.*, istante *m.*: *we have reached a critical ~* siamo arrivati a un punto critico. **15** (*stage*) grado *m.*, punto *m.*: *a high ~ of civilization* un alto grado di civiltà. **16** (*end, purpose*) scopo *m.*, motivo *m.*, fine *m.*: *I can't see the ~ in your working so hard* non vedo lo scopo per cui lavori tanto. **17** (*use, advantage*) vantaggio *m.*, utilità *f.*, beneficio *m.*: *what ~ is there?* che vantaggio c'è? **18** (*distinguishing characteristic*) lato *m.*, tratto *m.*, aspetto *m.*: *he has his good -s* ha i suoi lati buoni; *the good and bad -s* gli aspetti positivi e negativi. **19** (*unit of counting in games, sports*) punto *m.*: *to win on -s* vincere ai punti. **20** (*unit of rationing*) punto *m.* **21** (*Geog*) (*headland, promontory*) punta *f.*, promontorio *m.* **22** (*Tecn*) (*etching needle*) bulino *m.*, punta *f.* per incidere. **23** (*Tecn*) (*glazier's point*) diamante *m.* **24** (*handmade lace*) merletto *m.* fatto a mano. **25** (*El*) (*outlet, socket*) presa *f.*; (*of a sparking plug, etc.*) elettrodo *m.*, puntina *f.* **26** (*Tip*) punto *m.* tipografico. **27** (*Mil*) pattuglia *f.* di punta. **28** *pl* (*Sport*) (*in ballet*) punte *f.pl.*: *to dance on -s* ballare sulle punte. **29** *pl.* (*Ferr*) scambio *m.sing.* **II** *v.t.* **1** puntare, rivolgere: *to ~ a pistol at so.* puntare una pistola contro qcu. **2** (*of a vehicle*) dirigere, puntare. **3** (*of a telescope*) orientare, puntare. **4** (*to sharpen*) fare la punta a, appuntire, (*rar*) aguzzare. **5** (*fig*) (*to give force, emphasis to*) sottolineare, dare risalto a, mettere in rilievo, fare riflettere su. **6** (*to mark with a point or dot*) punteggiare. **7** (*Gramm*) mettere la punteggiatura a. **8** (*Mat*) mettere la virgola a. **9** (*Edil*) (*of brickwork*) riempire con calce gli interstizi di, riempire con cemento gli interstizi di; (*of stone*) affilettare. **10** (*Caccia*) puntare: *the dog -ed the rabbit* il cane puntò il coniglio. **11** (*Inform*) puntare. **III** *v.i.* **1** indicare col dito, additare (*at, to, towards so.* qcu.), puntare il dito (verso): *don't ~, it's rude* non indicare col dito, non sta bene; *the teacher -ed to me* l'insegnante puntò il dito verso di me. **2** (*to tend to show, to be evidence of*) indicare, stare a dimostrare (*to sth.* qcs.), essere segno (di): *everything -s to a new international crisis* tutto indica una nuova crisi internazionale. **3** (*to be turned*) essere volto, essere rivolto, dare, guardare: *the house -s to the east* la casa guarda a est. **4** (*Caccia*) puntare la selvaggina. □ (*Br*) *-s assessment* valutazione ai punti; *at all -s* sotto tutti gli aspetti, da ogni punto di vista, sotto tutti i punti di vista: *armed at all -s* armato di tutto punto, armato da capo a piedi; *~ break* (*in surfing*) point break, tipo di onda che rompe vicino a un promontorio; *~ by ~* punto per punto; *to come to the ~* venire al dunque, venire al punto; (*Edil*) *to ~ down* (*of stone*) affilettare; (*Br*) *~ duty* servizio di vigilanza del traffico: *to be on ~ duty* dirigere il traffico; *to give ~* dare rilievo a; *to give -s to so.*: 1 dare dei punti a qcu.; 2 (*Sport*) concedere un vantaggio a qcu.; (*Sport*) *~ guard* (*in basketball*)

guardia; (*Br*) *in ~* (*relative, applicable*) calzante, ben appropriato, pertinente; (*Br,fig*) *a ~ in favour* un punto a favore; *in ~ of* per quanto concerne, per quanto riguarda; *in ~ of fact* in realtà, invero, effettivamente, di fatto; *to keep to the ~* stare all'argomento, attenersi al tema, rimanere in argomento; *to make a ~ of* (*to regard as important*) considerare importante; *there is no ~ in getting angry* è inutile che ti arrabbi; (*Br*) *a ~ of conscience* un caso di coscienza; *a ~ of contention* pomo della discordia, punto di disaccordo; *~ of departure* punto di partenza; *~ of honour* punto d'onore, questione d'onore; (*Arm*) *~ of impact* punto d'impatto; (*Gramm*) *~ of interrogation* punto interrogativo; (*Geom*) *~ of intersection* punto di intersezione; *~ of law* questione di diritto; (*Aer, Mar*) *~ of no return* punto di non ritorno; (*Parl*) *~ of order* mozione d'ordine; (*Comm*) *~ of sale* punto vendita; *to the ~ of satiety* a sazietà; *~ of view* punto di vista, prospettiva, opinione; (*Br*) *to be on the ~ of doing sth.* essere sul punto di fare qcs., stare per fare qcs.; *to ~ out*: 1 indicare, additare: *to ~ out the way* indicare la direzione, indicare la strada; 2 (*to draw attention to*) (far) rilevare, (far) notare, richiamare l'attenzione su, mettere in evidenza; (*Fis*) *~ source* sorgente puntiforme; (*Sport*) *~ spread* distacco, margine (nel punteggio); (*fig*) *to ~ the finger* (*at so.*) puntare il dito (contro qcu.), incolpare (qcu.); *to the ~* (*pertinent, apt*) pertinente, calzante, ben appropriato: *to answer to the ~* rispondere a proposito, rispondere a tono; *to speak to the ~* non divagare, parlare attenendosi all'argomento; *to ~ up*: 1 (*Edil*) (*of brickwork*) riempire con calce gli interstizi di, riempire con cemento gli interstizi di; 2 (*fig*) (*to give force, emphasis to*) sottolineare, dare risalto a, mettere in rilievo, fare risaltare su, evidenziare; *up to a ~* fino a un certo punto.

point-blank /ˌpɔɪnt'blæŋk/ **I** *avv.* **1** (*Arm*) a bruciapelo, a brevissima distanza: *to fire at so. ~* sparare a bruciapelo a qcu. **2** (*fig*) (*bluntly*) chiaro e tondo, senza mezzi termini, recisamente. **II** *a.* **1** (*Arm*) (*of a shot*) diretto, con l'alzo a zero, senza elevazione. **2** (*fig*) (*straightforward, downright*) netto, secco, reciso, perentorio: *a ~ refusal* un netto rifiuto.

pointed /'pɔɪntɪd *Am* 'pɔɪntɪd/ *a.* **1** appuntito, aguzzo, acuminato: *~ nose* naso aguzzo. **2** (*aimed*) puntato: *a ~ revolver* una pistola puntata. **3** (*fig*) (*clearly aimed*) intenzionale, di proposito, centrato, voluto, mirato: *a ~ reference* un'allusione intenzionale; *a ~ warning* un avvertimento centrato. **4** (*fig*) (*made obvious, manifest*) palese, evidente, manifesto: *she received the news with ~ nonchalance* accolse la notizia con palese indifferenza. **5** (*fig*) (*sharp, piercing*) mordace, aspro, caustico, tagliente: *~ wit* spirito mordace. □ (*Arch*) *~ arch* arco ogivale, arco a sesto acuto, arco acuto; (*Arch,Art*) *~ style* stile gotico, stile ogivale.

pointedly /'pɔɪntɪdli *Am* 'pɔɪntɪdli/ *avv.* **1** (*in an unmistakable way*) apertamente, in modo indubbio, esplicitamente: *she ~ ignored me* mi ignorò apertamente. **2** (*sharply*) mordacemente, con causticità.

pointedness /'pɔɪntɪdnəs *Am* 'pɔɪntɪdnəs/ *n.* **1** l'essere appuntito. **2** (*fig*) (*clearness, obviousness*) evidenza *f.*, chiarezza *f.* **3** (*fig*) (*sharpness*) mordacità *f.*, causticità *f.*

pointer /'pɔɪntər *Am* 'pɔɪntər/ *n.* **1** chi addita, chi indica. **2** (*rod for indicating sth.*) bacchetta *f.* **3** (*of a dial, etc.*) indice *m.* **4** (*of a*

clock, watch) lancetta *f.* **5** (*Caccia*) pointer *m.*, cane *m.* da punta. **6** (*piece of advice, tip*) suggerimento *m.*, indicazione *f.*, consiglio *m.* **7** (*Tecn*) (*engraving tool*) bulino *m.* **8** (*Inform, Arm*) puntatore *m.*

pointing /'pɔɪntɪŋ *Am* 'pɔɪntɪŋ/ *n.* **1** (*Gramm*) punteggiatura *f.*, interpunzione *f.* **2** (*in sewing*) impuntura *f.* **3** (*Inform,Mil*) puntamento *m.* **4** (*Edil*) stuccatura *f.*, rabboccatura *f.*, rabbocco *m.* □ (*Inform*) *~ device* dispositivo di puntamento.

pointless /'pɔɪntlɪs *Am* 'pɔɪntlɪs/ *a.* **1** senza punta, privo di punta, spuntato. **2** (*fig*) (*meaningless*) privo di senso, privo di scopo, senza significato. **3** (*colloq*) (*useless, futile*) inutile, superfluo: *it's ~ to complain* è inutile lamentarsi. **4** (*Sport*) senza segnature.

pointlessly /'pɔɪntlɪsli *Am* 'pɔɪntlɪsli/ *avv.* inutilmente.

pointlessness /'pɔɪntlɪsnəs *Am* 'pɔɪntlɪsnəs/ *n.* inutilità *f.*

pointsman /'pɔɪntsmən/ *n.irr.* **1** (*Ferr*) deviatore *m.*, scambista *m.* **2** (*policeman*) poliziotto *m.* addetto alla direzione del traffico.

point-to-point /ˌpɔɪntə'pɔɪnt/ *n.* (*Equit*) corsa *f.* a ostacoli su tracciato fisso.

pointy /'pɔɪnti/ *a.* appuntito, puntuto.

poise[1] /pɔɪz/ **I** *n.* **1** (*composure of manner*) posatezza *f.*, compostezza *f.*, calma *f.* **2** (*self-possession*) padronanza *f.* di sé, equilibrio *m.* **3** (*carriage, bearing*) portamento *m.*, atteggiamento *m.* **4** (*ant*) (*equilibrium*) equilibrio *m.* **II** *v.t.* **1** tenere in equilibrio, bilanciare: *to ~ a javelin* bilanciare un giavellotto. **2** (*ant*) (*to cause to be suspended*) tenere sospeso, tenere sollevato, tenere a mezz'aria. **3** (*to keep ready*) tenere pronto. **4** (*rifl.*) *to ~ oneself* (*to brace oneself*) farsi coraggio. **III** *v.i.* **1** (*to be balanced*) essere in equilibrio, restare in equilibrio. **2** (*ant*) (*to hang suspended*) restare sospeso, restare sollevato, restare a mezz'aria. **3** (*to hover*) librarsi. **4** (*to wait in readiness*) tenersi pronto (*for* per). □ *at ~* in equilibrio, bilanciato; *a woman of ~* una donna posata.

poise[2] /pɔɪz/ *n.* (*Fis*) poise *m.*

poised /pɔɪzd/ *a.* **1** posato, composto, calmo. **2** (*being in balance*) equilibrato, in equilibrio. **3** (*ready to act*) pronto.

poison /'pɔɪzən/ **I** *n.* **1** veleno *m.* (*anche fig*): *the ~ of envy* il veleno dell'invidia. **2** (*Fis, Nucl*) veleno *m.* nucleare. **3** (*Chim*) veleno *m.* **4** (*sl*) (*alcoholic drink*) liquore *m.*, bevanda *f.* alcolica. **II** *v.t.* **1** avvelenare, uccidere col veleno: *to ~ oneself* avvelenarsi. **2** (*fig*) (*to corrupt, to vitiate*) avvelenare, corrompere: *books that ~ youth* libri che corrompono i giovani. **3** (*Med*) infettare: *to ~ one's hand* infettarsi una mano. **III** *a.* **1** (*poisonous*) velenoso, tossico. **2** (*poisoned*) avvelenato. □ *~ control centre* centro antiveleni; *~ effect* effetto tossico; (*Zool*) *~ fang* dente velenifero; (*Chim,Mil*) *~ gas* gas tossico, gas asfissiante; *~ ivy*: 1 (*Bot*) pianta del genere Rhus, (*colloq*) pianta del veleno; 2 (*Med*) (*rash*) irritazione provocata dalla pianta del veleno; (*Bot*) *~ oak* qualsiasi pianta del genere Rhus; (*Econ,gerg*) *~ pill* pillola avvelenata, poison pill, tecnica di difesa di una società oggetto di scalata ostile mirata a rendere meno attraente il capitale per la società attaccante; *to take ~* avvelenarsi; (*colloq*) *what's your ~?* cosa prendi?, cosa bevi?, cosa gradisci?

poison-bearing /'pɔɪzənbeərɪŋ *Am* 'pɔɪzənberɪŋ/ *a.* (*Zool*) velenifero.

poisoner /'pɔɪzənər *Am* 'pɔɪzənər/ *n.* avvelenatore *m.* (*f.* -trice).

poisoning /'pɔɪzənɪŋ/ *n.* avvelenamento *m.*

poisonous /'pɔɪz²nəs/ a. **1** velenoso, tossico: ~ *substances* sostanze velenose. **2** (*treated with poison*) avvelenato. **3** (*fig*) (*malignant*) velenoso, maligno. **4** (*fig*) (*harmful*) nocivo (*to* a), dannoso (a, per). **5** (*colloq*) (*very unpleasant*) disgustoso, nauseante, schifoso. □ *to have a* ~ *tongue* avere una lingua velenosa, avere una lingua biforcuta; ~ *weather* tempo da cani, tempo da lupi.

poisonously /'pɔɪz²nəsli/ *avv.* **1** malignamente. **2** (*harmfully*) in modo nocivo, in modo dannoso.

poisonousness /'pɔɪz²nəsnəs/ *n.* **1** velenosità *f.* **2** (*fig*) (*maliciousness*) velenosità *f.*, malvagità *f.*

poison-pen /'pɔɪz²n,pen/ □ (*fig*) ~ *letter* lettera anonima diffamatoria e offensiva.

poke[1] /pouk/ I *v.t.* **1** colpire (di punta). **2** (*with one's elbow*) dare una gomitata a: *to* ~ *so. in the ribs* dare una gomitata a qcu. nelle costole. **3** (*to thrust*) cacciare, fare penetrare, conficcare, piantare: *to* ~ *one's finger into a crack* cacciare il dito in una fessura. **4** (*to pierce*) perforare, bucare, trafiggere, trapassare. **5** (*to stir a fire*) attizzare. II *v.i.* **1** dare colpi di punta (*in* a). **2** (*to protrude*) sporgere: *her head was poking out of the window* la sua testa sporgeva dalla finestra. **3** (*to hit, to strike*) sferrare colpi (*at* a), vibrare colpi (a). **4** (*to meddle*) impicciarsi, mettere il naso (in). III *n.* **1** colpo *m.* (di punta), puntata *f.* **2** (*with one's elbow*) gomitata *f.*, colpo *m.* di gomito. **3** (*blow*) pugno *m.*, colpo *m.*: *to give so. a* ~ *on the chin* dare un pugno sul mento a qcu. **4** (*volg*) scopata *f.*, botta *f.* **5** (*colloq*) (*poky place*) bugigattolo *m.*, buco *m.* **6** (*Am,colloq*) (*cowboy*) cowboy *m.* □ *to* ~ *about*: **1** (*to dawdle*) bighellonare, ciondolare, gingillarsi; **2** (*to pry*) curiosare, spiare, frugare, rovistare; *to* ~ *along* bighellonare, andare a zonzo, gironzolare; *to* ~ *around*: **1** (*to dawdle*) bighellonare, ciondolare, gingillarsi; **2** (*to pry*) curiosare, spiare, frugare, rovistare; (*Mod,ant*) ~ *bonnet* cappello da donna a tesa larga; *to* ~ *so.'s eye out* accecare qcu., cavare un occhio a qcu.; (*Br*) *to* ~ *the fire* spegnere il fuoco; *to* ~ *fun at so.* prendersi gioco di qcu., prendere in giro qcu., beffarsi di qcu.; *to give the fire a* ~ attizzare il fuoco; (*colloq*) *to* ~ *one's nose into other people's affairs* ficcare il naso negli affari altrui; *to* ~ *up* (*of a fire*) attizzare.

poke[2] /pouk/ *n.* **1** (*bag, sack*) borsetta *f.*, sacco *m.* **2** (*dial*) (*pocket*) tasca *f.* **3** (*Am,sl*) (*sum of money*) mucchio *m.* di denaro, gruzzolo *m.*

poker[1] /'poukər/ *n.* **1** attizzatoio *m.* **2** (*in pokerwork*) pirografo *m.*

poker[2] /'poukər/ *n.* (*card game*) poker *m.* □ ~ *dice*: **1** dadi da poker; **2** (*game*) poker coi dadi; ~ *face*: **1** (*face*) faccia impassibile, viso impassibile: *to keep a* ~ *face* mantenere un aspetto impassibile; *as stiff as a* ~ *face* rigido come un manico di scopa; **2** (*person*) persona impassibile, persona imperturbabile, persona impenetrabile.

poker-faced /'poukə,feist Am 'poukər,feist/ a. dalla faccia impassibile, dall'espressione impassibile.

pokerwork /'poukə,wɜːk Am 'poukər,wɜːrk/ *n.* pirografia *f.*

pokeweed /'poukwi:d/ *n.* (*Bot*) fitolacca *f.*

pokey /'pouki/ I *a.* (*colloq*) **1** (*small and cramped*) angusto, stretto. **2** (*dowdy, shabby*) sciatto, trasandato, scialbo. **3** (*slow, lazy*) lento, pigro. II *n.* (*sl*) (*prison*) gattabuia *f.*

pokily /'poukɪli/ *avv.* lentamente, pigramente.

pokiness /'poukɪnes/ *n.* lentezza *f.*, pigrizia *f.*

poky /'pouki/ I *a.* (*colloq*) **1** (*small and cramped*) angusto, stretto. **2** (*dowdy, shabby*) sciatto, trasandato, scialbo. **3** (*slow, lazy*) lento, pigro. II *n.* (*sl*) (*prison*) gattabuia *f.*

polacca /pou'lɑːkə Am pou'lækə/ *n.* (*Mus*) polacca *f.*

Polack /'poulæk/ *n.* (*spreg*) polacco *m.* (*f.* -a).

Poland /'pouland/ *n.pr.* (*Geog*) Polonia *f.*

polar /'poulər/ I *a.* **1** polare, del polo: *the* ~ *regions* le regioni polari. **2** (*Mat,Fis,Chim,El*) polare. **3** (*fig*) (*opposite in nature, character*) antitetico, in antitesi, opposto, diametralmente opposto. **4** (*fig*) (*pivotal*) chiave, di capitale importanza: *the* ~ *provision of the treaty* la clausola chiave del trattato. **5** (*like a polestar, guiding*) informatore: ~ *principle* principio informatore. II *n.* (*Geom*) polare *f.*, curva *f.* polare. □ (*Meteor*) ~ *air* aria polare, aria polare continentale; (*Mat,Astr*) ~ *axis* asse polare; (*Zool*) ~ *bear* orso polare, orso bianco; (*Geog*) ~ *cap* calotta polare; (*Geol*) ~ *circle* circolo polare; (*Geom*) ~ *coordinates* coordinate polari; (*Geom*) ~ *curve* curva polare; (*Astr*) ~ *distance* distanza polare; (*Meteor*) ~ *lights* aurora polare.

Polari /'poulɑːri/ *n.* (*Br,ant*) gergo *m.* dei gay di Londra.

polarimeter /,poulə'rɪmitər Am ,poulə'rɪmitər/ *n.* (*Ott*) polarimetro *m.*

polarimetric /,poulərɪ'metrɪk Am ,poulərɪ'metrɪk/ *a.* (*Ott*) polarimetrico.

polarimetry /,poulə'rɪmətri Am ,poulə'rɪmətri/ *n.* (*Ott*) polarimetria *f.*

Polaris /pou'lɑːrɪs Am pou'lærɪs/ *n.pr.* (*Astr*) stella *f.* polare. □ (*Mil*) ~ *missile* missile polare.

polariscope /pou'lærɪskoup Am pou'lerɪskoup/ *n.* (*Ott*) polariscopio *m.*

polariscopic /pou'lærɪskoupɪk Am pou'lerɪskoupɪk/ *a.* (*Ott*) relativo al polariscopio.

polarity /pou'lærəti Am pou'lerəti/ *n.* **1** (*Fis, Biol,El*) polarità *f.* **2** (*fig*) (*extreme difference*) polarità *f.*, contrapposizione *f.*, antitesi *f.* **3** (*fig*) (*sth. diametrically opposite*) cosa *f.* diametralmente opposta.

polarizable /'poulə'raizəbl Am 'poulərəizəbl/ *a.* (*Fis,Biol,El*) polarizzabile.

polarization /,poulə'raɪ'zeɪʃ²n Am ,poulərɪ 'zeɪʃ²n/ *n.* (*Fis,El*) polarizzazione *f.* (*anche fig*): ~ *of public opinion* polarizzazione dell'opinione pubblica.

polarize /'poulə'raiz Am 'poulərəiz/ I *v.t.* **1** (*Fis, El*) polarizzare. **2** (*fig*) dividere, polarizzare. **3** (*fig*) (*to serve as a focal point for*) polarizzare, accentrare, attrarre, concentrare. II *v.i.* (*fig*) polarizzarsi, concentrarsi, focalizzarsi.

polarizer /'poulə'raizər Am 'poulərəizər/ *n.* (*Ott*) polarizzatore *m.*

Polaroid /'poulə'rɔɪd Am 'poulərɔɪd/ *n.* **1** (*Fis, Chim*) polaroide *m.*, polaroid *m.* **2** (*Fot*) (*camera*) polaroid *f.*

polatouche /,poulə'tu:ʃ/ *n.* (*Zool*) scoiattolo *m.* volante.

polder /'poldər Am 'pouldər/ *n.* (*Geog*) polder *m.*

pole[1] /poul/ I *n.* **1** palo *m.*, pertica *f.* **2** (*flagpole*) asta *f.* (di bandiera). **3** (*of a tent*) paletto *m.* **4** (*of a wagon*) timone *m.* **5** (*in a fire station*) pertica *f.* di scivolo. **6** (*unit of length*) pertica *f.* (pari a 5,029 m). **7** (*Sport*) (*in the pole vault*) asta *f.*; (*in motor racing*) pole *f.*, pole position *f.* II *v.t.* **1** (*of a boat*) spingere con una pertica. **2** (*to furnish with poles*) provvedere di pali, munire di pali (*anche Giard*). III *v.i.* **1** (*of a boat*) spingere un'imbarcazione con una pertica. **2** (*Sport*) (*in skiing*) spingersi con le racchette, racchettare. □ (*Sport*) ~ *jump* salto con l'asta; *to* ~ *jump* saltare con l'asta; (*Sport*) ~ *jumper* speciali-

sta del salto con l'asta, astista; (*Sport*) ~ *jumping* salto con l'asta; ~ *position*: **1** (*Sport*) pole position; **2** (*fig*) posizione di favore, posizione di vantaggio; (*sl*) *up the* ~: **1** (*in trouble*) nei guai, nei pasticci; **2** (*crazy*) matto; (*Sport*) ~ *vault* salto con l'asta; (*Sport*) ~ *vaulter* specialista del salto con l'asta, astista.

pole[2] /poul/ *n.* **1** (*Geog,Fis,Biol,Mat,Astr*) polo *m.* **2** (*fig,lett*) (*point of concentration, attraction*) polo *m.*, punto *m.* d'attrazione. □ (*fig*) ~*s apart* agli antipodi, ai poli opposti, lontanissimo: *they were* ~*s apart* erano ai poli opposti; (*fig*) ~*s asunder* agli antipodi, ai poli opposti, lontanissimo: *they were* ~*s asunder* erano agli antipodi; (*Meteor*) ~ *of cold* polo del freddo; (*Geog*) ~ *of inaccessibility* polo di ghiaccio; (*Astr*) ~ *of the heavens* polo celeste; (*Astr*) *Pole star* stella polare.

Pole /poul/ *n.* polacco *m.* (*f.* -a).

poleax /'poulæks/ I *n.* **1** (*Macell,ant*) mazzapicchio *m.* **2** (*Mil,ant*) scure *f.* d'arme, azza *f.* **3** (*Mar,ant*) rampino *m.* II *v.t.* (*Am*) **1** colpire con un'ascia. **2** (*fig*) (*to knock down*) buttare a terra, mettere a terra, atterrare, stendere, mettere al tappeto. **3** (*fig*) (*to stun*) tramortire, stordire.

poleaxe /'poulæks/ I *n.* **1** (*Macell,ant*) mazzapicchio *m.* **2** (*Mil,ant*) scure *f.* d'arme, azza *f.* **3** (*Mar,ant*) rampino *m.* II *v.t.* **1** colpire con un'ascia. **2** (*fig*) (*to knock down*) buttare a terra, mettere a terra, atterrare, stendere, mettere al tappeto. **3** (*fig*) (*to stun*) tramortire, stordire.

polecat /'poulkæt/ (*pl.inv.* o -**s** /-s/; *il pl. inv. si usa general. con valore collett.*) *n.* (*Zool*) **1** puzzola *f.* **2** (*Am*) (*skunk*) moffetta *f.*, skunk *m.*, mefite *f.*

polehorse /'poulhɔːs Am 'poulhɔːrs/ *n.* bilancino *m.*

polemic /pə'lemɪk/ I *n.* **1** polemica *f.* **2** (*lett*) (*person*) persona *f.* polemica, polemista *m./f.* II *a.* polemico.

polemical /pə'lemɪk²l/ *a.* polemico: ~ *tone* tono polemico.

polemically /pə'lemɪk²li/ *avv.* polemicamente, in modo polemico.

polemics /pə'lemɪks/ *n.pl.* (*costr.sing.*) **1** (*art or practice of controversy*) polemica *f.sing.* **2** (*Teol*) disputa *f.sing.* teologica.

polemist /'polmɪst Am 'pɑːləmɪst/ *n.* polemista *m./f.*

polemize /'polmaiz Am 'pɑːlimaiz/ *v.i.* polemizzare.

polemological /poləmə'lɒdʒɪk²l Am poləmə 'lɑːdʒɪk²l/ *a.* polemologico.

polemologist /,poulə'molədʒɪst Am ,poulə 'mɑːlədʒɪst/ *n.* polemologo *m.* (*f.* -a).

polemology /,poulə'molədʒi Am ,poulə 'mɑːlədʒi/ *n.* polemologia *f.*

polenta /pou'lentə Am pou'lentə/ *n.* (*Gastron*) polenta *f.*

pole-vault /'poulvɔːlt/ I *n.* (*Sport*) salto *m.* con l'asta. II *v.i.* (*Sport*) saltare con l'asta.

pole-vaulting /'poulvɔːltɪŋ Am 'poulvɔːltɪŋ/ *n.* (*Sport*) salto *m.* con l'asta.

poleward /'poulwəd Am 'poulwərd/ I *a.* diretto verso un polo. II *avv.* verso un polo.

polewards /'poulwədz Am 'poulwərdz/ *avv.* verso un polo.

police /pə'li:s/ I *n.* **1** polizia *f.* **2** (*costr.pl.*) (*police officers*) polizia *f.*, forze *f.pl.* di polizia, agenti *m.pl.* di polizia, poliziotti *m.pl.*: *the* ~ *are watching the house* la polizia sorveglia la casa; *a squad of mounted* ~ una squadra di poliziotti a cavallo. **3** (*ant*) (*organization, regulation of a region, country*) ordine *m.* pubblico. II *v.t.* **1** presidiare, mantenere l'ordine pubblico su (*o* in): *to* ~ *the streets* presidiare le strade. **2** (*to control*) sorvegliare (con la polizia). **3** (*fig*) (*to keep order among*) mantenere l'ordine in. □ (*Mil*) **~ action** azione di polizia, operazione militare locale contro guerriglieri o ribelli; (*GB*) *Police Authority* commissione che vigila sui singoli servizi indipendenti di polizia; **~ car** automobile della polizia, pantera; **~ commissioner** membro di un comitato di funzionari civili (che ha poteri di controllo sulla polizia locale); (*GB*) **~ committee** commissione che vigila sui singoli servizi indipendenti di polizia; (*GB*) *Police Complaints Authority* autorità alla quale vengono inviati i reclami sui disservizi della polizia; **~ constable** agente di polizia, poliziotto; (*Dir*) **~ court** tribunale di primo grado; (*US*) **~ department** dipartimento di polizia; **~ district** polizia distrettuale; **~ dog** cane poliziotto; (*GB*) **~ federation** associazione che riunisce i membri di polizia fino al grado di ispettore capo; **~ force** corpo di polizia; **~ headquarters** centrale di polizia, comando (di polizia); **~ inspector** ispettore di polizia; (*Br*) **~ office** stazione di polizia, posto di polizia; **~ officer** agente di polizia, agente; **~ record** fedina penale; (*Pol*) **~ state** stato di polizia; **~ station** stazione di polizia, posto di polizia, comando.

policeman /pə'liːsmən/ *n.irr.* poliziotto *m.*, agente *m.* di polizia, agente *m.*

policewoman /pə'liːsˌwumən/ *n.irr.* donna *f.* poliziotto, poliziotta *f.*, agente *f.* di polizia, agente *f.*

policing /pə'liːsɪŋ/ *n.* **1** mantenimento *m.* dell'ordine. **2** (*patrolling*) sorveglianza *f.* □ **~ of ports** polizia portuale; **~ of shipping** polizia marittima; **~ of the high seas** polizia di alto mare.

policlinic /ˌpɒlɪ'klɪnɪk Am ˌpɑːlɪ'klɪnɪk/ *n.* ambulatorio *m.* (di un ospedale).

policy¹ /'pɒləsɪ Am 'pɑːləsɪ/ *n.* **1** politica *f.*, linea *f.* di condotta. **2** (*of a government, etc.*) politica *f.*, indirizzo *m.*, indirizzo *m.* politico, linee *f.pl.* guida: *the party's foreign* ~ la politica estera del partito. **3** (*prudence, sagacity*) prudenza *f.*, accortezza *f.*, sagacia *f.*, oculatezza *f.*, avvedutezza *f.* **4** (*prudent, sagacious action or procedure*) azione *f.* prudente, comportamento *m.* accorto. □ (*Br*) **~ address** discorso programmatico; (*Br*) **~ adviser** consulente politico, consigliere; (*Br*) **~ mix** pacchetto di provvedimenti di politica economica; (*Br*) **~ planning** pianificazione politica; (*GB*) **~ unit** gruppo che fa parte dell'ufficio di presidenza (insieme al Private Office, al Press Office, al Political Office e a un gruppo di consiglieri speciali).

policy² /'pɒləsɪ Am 'pɑːləsɪ/ *n.* (*Assic*) polizza *f.* (d'assicurazione), polizza *f.* assicurativa: *a life insurance* ~ una polizza d'assicurazione sulla vita. □ (*Br,Assic*) **~ loan** prestito su polizza.

policyholder /'pɒləsɪˌhouldə Am 'pɑːləsɪˌhouldə/ *n.* (*Assic*) titolare *m./f.* di una polizza, assicurato *m.* (*f.* -a).

policy-maker /'pɒləsɪˌmeɪkə Am 'pɑːləsɪˌmeɪkə/ *n.* chi decide una strategia, chi stabilisce una politica.

polio /'pouliou/ *n.* (*colloq*) polio *f.*, poliomielite *f.* □ (*Med,Farm*) **~ vaccine** vaccino antipolio, antipolio.

poliomyelitic /ˌpouliouˌmaɪə'lɪtɪk Am ˌpouliouˌmaɪə'lɪtɪk/ *a.* (*Med*) poliomielitico.

poliomyelitis /ˌpouliouˌmaɪə'laɪtɪs Am ˌpouliouˌmaɪə'laɪtəs/ *n.* (*Med*) poliomielite *f.*

poliovirus /ˌpouliou'vaɪ(ə)rəs Am ˌpouliou'vaɪrəs/ *n.* (*Biol,Med*) poliovirus *m.*, virus *m.* della poliomielite.

polis /'pɒlɪs Am 'pɑːlɪs/ *n.* (*Stor.gr*) polis *f.*

polish /'pɒlɪʃ Am 'pɑːlɪʃ/ **I** *v.t.* **1** lucidare, tirare a lucido, lustrare: *to* ~ *silverware* lucidare l'argenteria. **2** (*fig*) (*to refine*) raffinare, affinare, ingentilire: *to* ~ *one's style* raffinare il proprio stile. **3** (*fig*) (*to perfect, to improve*) perfezionare, raffinare, migliorare: *to* ~ *up one's knowledge of French* perfezionare la conoscenza del francese. **4** (*Ind,Alim*) (*of rice*) decorticare. **5** (*Met*) brunire. **II** *v.i.* (*to be capable of being polished*) diventare lucido. **III** *n.* **1** lucentezza *f.*, lucido *m.*, (*lett*) lucore *m.*: *to lose its* ~ perdere la lucentezza, perdere il lucido. **2** (*act of polishing*) lucidatura *f.* **3** (*substance for polishing*) lucido *m.*: *shoe* ~ lucido per scarpe. **4** (*fig*) (*refinement*) raffinatezza *f.*, finezza *f.*, squisitezza *f.* **5** (*fig*) (*elegance*) eleganza *f.* **6** (*fig*) (*high quality of execution, etc.*) raffinatezza *f.*, rifinitezza *f.*, perfezione *f.* □ *to* **~ away** 1 (*to remove by polishing*) togliere (lucidando), pulire (lucidando); 2 (*to continue polishing*) continuare a lustrare (*at sth.* qcs.); *to give sth. a* ~ lucidare qcs.; (*colloq*) *to* **~ off** 1 (*to dispose of quickly*) finire, sbrigare; 2 (*Sport*) (*to defeat quickly*) eliminare, (*gerg*) fare fuori, (*gerg*) sbrigare una formalità; 3 (*gerg*) (*to kill*) uccidere, eliminare, fare fuori; 4 (*colloq*) (*of food, drink*) ingollare, spazzare via, trangugiare; *to take the* **~ off** *sth.* togliere il lucido a qcs.; *to* **~ up** perfezionare, raffinare, migliorare.

Polish /'poulɪʃ/ *a.* polacco. **II** *n.* **1** (*language*) polacco *m.*, lingua *f.* polacca. **2** (*collett., costr.pl.*) (*the people of Poland*) polacchi *m.pl.*

polished /'pɒlɪʃt Am 'pɑːlɪʃt/ *a.* **1** lucido, lucidato: **~** *wood* legno lucidato. **2** (*naturally smooth and shiny*) levigato e lucente: ~ *rocks* rocce levigate e lucenti. **3** (*fig*) (*refined*) raffinato, ricercato, fine. **4** (*fig*) (*elegant*) elegante. **5** (*Met*) brunito. **6** (*Ind,Alim*) (*of rice*) decorticato. □ **~ style** stile levigato.

polisher /'pɒlɪʃə Am 'pɑːlɪʃə/ *n.* **1** (*person*) lucidatore *m.* (*f.* -trice). **2** (*device for floors*) lucidatrice *f.* **3** (*device for stones, etc.*) levigatrice *f.*

polishing /'pɒlɪʃɪŋ Am 'pɑːlɪʃɪŋ/ **I** *n.* **1** lucidatura *f.* **2** (*making smooth*) levigatura *f.* **3** (*Met*) brunitura *f.* **II** *a.* (*usato*) per lucidare, che lucida.

politburo /pɒlɪt'bjuərou Am pɑːlɪt'bjurou/ *n.* (*Pol,Stor*) politburo *m.*

polite /pə'laɪt/ *a.* **1** educato, garbato, cortese, gentile: *a* ~ *child* un bambino educato; *to be* ~ *to so.* essere cortese con qcu. **2** (*refined*) raffinato, fine. □ (*Gramm*) *to use the* **~ form** dare del lei, usare la forma di cortesia; **~ *letters*** belle lettere; (*fig,ant*) **~ *society*** la buona società, il bel mondo.

politely /pə'laɪtlɪ Am pə'laɪtli/ *avv.* educatamente, cortesemente, garbatamente.

politeness /pə'laɪtnəs Am pə'laɪtnəs/ *n.* **1** educazione *f.*, garbo *m.*, cortesia *f.* **2** (*polite act*) atto *m.* cortese, cortesia *f.* **3** (*quality of being refined*) raffinatezza *f.*

politic /'pɒlɪtɪk Am 'pɑːlɪtɪk/ *a.* **1** accorto, prudente, avveduto. **2** (*spreg*) (*cunning*) furbo, scaltro, intrigante. **II** *v.i.* (*spreg*) entrare in politica.

political /pə'lɪtɪkəl Am pə'lɪtɪkəl/ *a.* **1** politico: *a* ~ *campaign* una campagna politica. **2** (*rar*) (*expedient*) opportuno, conveniente. □ **~ action** azione politica; (*US*) **~ action committee** comitato di azione politica (che raccoglie e distribuisce ai candidati contributi privati per le campagne elettorali); (*Br*) **~ agent** consigliere inglese del governatore di

un protettorato; (*Dir*) **~ asylum** asilo politico; *application for* ~ *asylum* richiesta di asilo politico; **~ correctness** l'essere politicamente corretto; **~ crime** delitto politico, reato politico; **~ economist** economista politico; **~ economy** economia politica; **~ education** formazione politica; **~ geography** geografia politica; **~ incorrectness** l'essere politicamente scorretto; **~ leader** capo politico, leader politico; **~ life** vita politica, politica; *to retire from* ~ *life* ritirarsi dalla politica; **~ offence** (o *Am* **~ offense**) delitto politico, reato politico; (*GB*) **~ office** gruppo che fa parte dell'ufficio di presidenza (insieme al Private Office, al Press Office, alla Policy Unit e a un gruppo di consiglieri speciali); **~ party** partito politico; **~ prisoner** prigioniero politico; (*Dir*) **~ question** principio invocato dalla corte suprema per evitare l'esame di questioni controverse; **~ reasons** ragion di Stato, motivi politici; **~ rights** diritti politici; **~ science** scienze politiche, politologia; **~ scientist** politologo; **~ sociology** sociologia politica.

politically /pə'lɪtɪkəlɪ Am pə'lɪtɪkli/ *avv.* **1** politicamente. **2** (*in a politic manner*) con accortezza, sagacemente. □ **~ correct** politicamente corretto; **~ incorrect** politicamente scorretto.

politician /ˌpɒlɪ'tɪʃən Am ˌpɑːlɪ'tɪʃən/ *n.* **1** politico *m.* (*f.* -a), statista *m./f.* **2** (*government member*) membro *m.* del governo, politico *m.* (*f.* -a). **3** (*Am,spreg*) (*so. seeking personal power*) politicante *m./f.*

politicization /pəˌlɪtɪsaɪ'zeɪʃən Am pəˌlɪtəsɪ'zeɪʃən/ *n.* politicizzazione *f.*

politicize /pə'lɪtɪsaɪz Am pə'lɪtəsaɪz/ **I** *v.t.* politicizzare, dare un carattere politico a. **II** *v.i.* (*to engage in politics*) occuparsi di politica, fare della politica.

politics /'pɒlɪtɪks Am 'pɑːlɪtɪks/ *n.pl.* **1** (*costr.sing.*) politica *f.sing.*, arte *f.sing.* di governare, scienza *f.sing.* di governare. **2** (*costr.sing.*) (*party politics*) politica *f.sing.* di partito. **3** (*costr.pl.*) (*political actions, policies*) politica *f.sing.*, metodi *m.pl.* politici: *he followed the same* ~ *as his predecessor* seguì la stessa politica del suo predecessore. **4** (*costr.pl.*) (*political opinions*) opinioni *f.pl.* politiche, idee *f.pl.* politiche, credo *m.sing.* politico: *what are your* ~? quali sono le tue idee politiche? **5** (*costr.sing.*) (*as a profession*) politica *f.sing.*, vita *f.sing.* politica: *to go into* ~ darsi alla politica. **6** (*costr.sing.*) (*political affairs*) questioni *f.pl.* politiche.

polity /'pɒlətɪ Am 'pɑːləti/ *n.* **1** (*political organization*) ordinamento *m.* politico, sistema *m.* politico, sistema *m.* di governo. **2** (*specific form of political organization*) governo *m.*: *a mixed* ~ un governo misto. **3** (*management of public affairs*) politica *f.* **4** (*political unit*) stato *m.*

polka /'pɒlkə Am 'poulkə/ *n.* (*Mus*) polka *f.* □ (*Tess*) **~ dot** pallino, pois; (*Tess*) **~ dotted** a pois, a pallini.

poll¹ /poul/ **I** *n.* **1** (*Pol*) votazione *f.* **2** (*Pol*) (*counting of votes*) scrutinio *m.*, spoglio *m.* delle schede. **3** (*Pol*) (*turnout*) numero *m.* dei votanti, numero *m.* degli elettori, affluenza *f.* **4** (*sampling of opinions*) sondaggio *m.*, indagine *f.*, inchiesta *f.* **5** (*scherz,dial*) (*head*) testa *f.* **II** *v.t.* **1** (*to question in a poll*) sondare, indagare, saggiare. **2** (*to obtain, avere*: *the party* *-ed three million votes* il partito ha ottenuto tre milioni di voti. **3** (*of a vote: to cast*) dare. **4** (*to record the votes of*) scrutinare i voti di. **5** (*Inform*) interrogare. **6** (*Zootecn*) (*of cattle*) mozzare le corna a. **7** (*Agr*) cimare, svettare. **III** *v.i.* (*to obtain votes*) ottenere dei voti, ricevere dei voti, prendere dei voti: to ~ badly prendere pochi voti. □ (Br) ~ book lista elettorale; (Br) ~ card scheda elettorale (con numero di registrazione); the country goes to the -s tomorrow domani il paese andrà alle urne; (Br) the ~ was high la percentuale dei votanti è stata alta; (Br) the ~ was low la percentuale dei votanti è stata bassa; (Stor) ~ tax imposta di capitazione; (Pol) the -s seggio elettorale, sezione elettorale.

poll² /pɒl/ n. (Univ,ant) 1 (at Cambridge) studenti m.pl. che si laureano senza la lode. 2 laurea f. senza la lode. □ (Univ,ant) ~ degree laurea senza la lode.

Poll /pɒl/ I n. 1 (rar) (Polly Parrot) pappagallo m. (addomesticato). 2 (fig) pappagallo m. 3 (sl) (prostitute) prostituta f.; (volg) puttana f. II n.pr.f. dim. di Polly. □ (Br) poll parrot: 1 pappagallo (addomesticato); 2 (fig) pappagallo.

pollack /'pɒlək Am 'paːlək/ (pl.inv. o -s /-s/; il pl. inv. si usa general. con valore collett.) n. (Itt) merlano m. nero.

pollard /'pɒləd Am 'paːləʳd/ I n. 1 (Agr) (method) capitozza f. 2 (Agr,Giard) (polled tree) pianta f. cimata. 3 (hornless animal) animale m. senza corna. 4 (polled animal) animale m. dalle corna mozze. 5 (Zootecn) (feed) mangime m. di farina e cruschello. II a. 1 (Agr,Giard) (of a tree, plant) senza cima, cimato. 2 (of an animal) senza corna, privo di corna. III v.t. (Agr,Giard) capitozzare, cimare.

polled /pould/ a. 1 (of an animal: naturally hornless) senza corna, privo di corna. 2 (Zootecn) (of an animal: deprived of horns) dalle corna mozze. 3 (Agr,Giard) (of a tree) senza cima, cimato. 4 (questioned about political opinion) intervistato.

pollen /'pɒlən Am 'paːlən/ n. (Bot) polline m. □ ~ count determinazione della quantità di polline nell'aria; (Bot) ~ tube budello pollinico.

pollinate /'pɒləneɪt Am 'paːləneɪt/ v.t. (Bot) impollinare.

pollination /ˌpɒləˈneɪʃən Am ˌpaːləˈneɪʃən/ n. (Bot) impollinazione f.

pollinator /'pɒləneɪtəʳ Am 'paːləneɪtəʳ/ n. (Entom) impollinatore m. (f. -trice).

polling /'poulɪŋ/ I n. votazione f. II a. 1 elettorale, di votazione: ~ card certificato elettorale. 2 (of public opinion polls) di un sondaggio, relativo a un sondaggio. □ ~ booth cabina elettorale; ~ day giorno delle votazioni; ~ place (o ~ station) sezione elettorale, seggio elettorale.

pollinic /pəˈlɪnɪk/ a. (Bot) pollinico.

polliniferous /ˌpɒlɪˈnɪfᵊrᵊs Am ˌpaːlɪˈnɪfᵊrᵊs/ a. 1 (Bot) pollinifero. 2 (Zool) atto a trasportare il polline.

polliwog /'pɒlɪwɒg Am 'paːlɪwaːg/ n. (colloq, Zool) girino m.

pollock /'pɒlək Am 'paːlək/ (pl.inv. o -s /-s/; il pl. inv. si usa general. con valore collett.) n. (Itt) merlano m. nero.

pollster /'poulstəʳ/ n. (colloq) intervistatore m. (f. -trice), chi fa un sondaggio.

pollutant /pəˈluːtᵊnt/ n. sostanza f. inquinante, inquinante m., agente m. contaminante, agente m. inquinante.

pollute /pəˈluːt/ v.t. 1 inquinare, infettare, contaminare: to ~ the water supply inquinare le riserve idriche; to ~ the air infettare l'aria. 2 (fig) (to corrupt) contaminare, corrompere, guastare: to ~ so.'s mind contaminare la mente di qcu. 3 (fig) (to desecrate) profanare, violare.

polluted /pəˈluːtɪd Am pəˈluːtɪd/ a. 1 inquinato, contaminato, infetto. 2 (fig) (corrupted) contaminato, corrotto, guasto.

polluter /pəˈluːtəʳ Am pəˈluːtəʳ/ n. 1 contaminatore m. (f. -trice) (anche fig). 2 (polluting agent) contaminante m., inquinante m.

polluting /pəˈluːtɪŋ Am pəˈluːtɪŋ/ a. inquinante, contaminante: ~ waste matter rifiuti contaminanti.

pollution /pəˈluːʃᵊn/ n. 1 inquinamento m., contaminazione f.: degree of ~ grado d'inquinamento. 2 (fig) contaminazione f., corruzione f. 3 (fig) (desecration) profanazione f., violazione f. 4 (Med,rar) polluzione f. □ ~ abatement riduzione dell'inquinamento; ~ control lotta contro l'inquinamento.

pollutive /pəˈluːtɪv Am pəˈluːtɪv/ a. (rar) inquinante.

Pollux /'pɒləks Am 'paːləks/ I n.pr.m. (Mitol) Polluce. II n.pr. (Astr) Polluce m.

Polly /'pɒli Am paːli/ n.pr.f. dim. di Mary. □ ~ Parrot pappagallo addomesticato.

Pollyanna /ˌpɒliˈænə Am ˌpaːliˈænə/ I n.pr.f. Pollyanna. II n. (Am) (excessively optimistic person) inguaribile ottimista m./f.

pollywog /'pɒlɪwɒg Am 'paːlɪwaːg/ n. (colloq, Zool) girino m.

polo /'poulou/ n. (Sport) 1 polo m. 2 (water polo) pallanuoto f. □ (Abbigl) ~ neck: 1 (collar) collo alto, collo dolcevita; 2 (sweater) dolcevita, maglione (a) dolcevita; ~ player polista; ~ pony cavallo da polo; (Abbigl) ~ shirt polo; (Sport) ~ stick mazza (da polo).

polonaise /ˌpɒləˈneɪz Am ˌpaːləˈneɪz/ n. 1 (Mus) polacca f., polonaise f. 2 (Abbigl) polacca f.

polo-necked /'poulou,nekt/ a. (Abbigl) a collo alto, con collo dolcevita.

polonium /pəˈlouniəm/ n. (Chim) polonio m.

Polonius /pəˈlouniəs/ n.pr.m. (Lett) Polonio.

polony /pəˈlouni/ n. (Alim) mortadella f.

poltergeist /'pɒltəgaɪst Am 'poultəʳgaɪst/ n. (Psic) poltergeist m.

poltroon /pɒlˈtruːn Am paːlˈtruːn/ n. (ant) vigliacco m. (f. -a), codardo m. (f. -a), pusillanime m./f., vile m./f.

poltroonery /pɒlˈtruːnᵊri/ n. (ant) vigliaccheria f., codardia f., pusillanimità f.

polyacrylic /ˌpɒliəˈkrɪlɪk Am ˌpaːliəˈkrɪlɪk/ a. (Chim) poliacrilico: ~ resins resine poliacriliche.

polyadic /ˌpɒliˈædɪk Am ˌpaːliˈædɪk/ a. (Filos) poliadico.

polyalcohol /ˌpɒliˈælkəhɒl Am ˌpaːliˈælkəhɑːl/ n. (Chim) polialcol m., poliolo m.

polyamide /ˌpɒliˈæmaɪd Am ˌpaːliˈæmaɪd/ n. (Chim) poliammide f. □ (Chim) ~ resin resina poliammidica.

polyandrist /ˌpɒliˈændrɪst Am ˌpaːliˈændrɪst/ n. 1 donna f. che pratica la poliandria. 2 (estens) (supporter) persona f. che sostiene la poliandria.

polyandrous /ˌpɒliˈændrəs Am ˌpaːliˈændrəs/ a. 1 che pratica la poliandria. 2 (Bot) poliandro.

polyandry /ˌpɒliˈændri Am 'paːliændri/ n. poliandria f. (anche Bot,Zool).

polyatomic /ˌpɒliəˈtɒmɪk Am ˌpaːliəˈtaːmɪk/ a. (Chim) poliatomico, pluriatomico.

polybasic /ˌpɒlɪˈbeɪsɪk Am ˌpaːlɪˈbeɪsɪk/ a. (Chim) polibasico.

polycarbonate /ˌpɒlɪˈkaːbəneɪt Am ˌpaːlɪˈkaːrbənɪt/ n. (Chim) policarbonato m.

polycarpic /ˌpɒlɪˈkaːpɪk Am ˌpaːlɪˈkaːrpɪk/ a. (Bot) policarpico.

polycarpous /ˌpɒlɪˈkaːpəs Am ˌpaːlɪˈkaːrpəs/ a. (Bot) policarpico.

polycarpy /'pɒlɪkaːpi Am 'paːlɪkaːrpi/ n. (Bot) policarpia f.

polycentric /ˌpɒlɪˈsentrɪk Am ˌpaːlɪˈsentrɪk/ a. policentrico, multicentrico.

polycentrism /ˌpɒlɪˈsentrɪzᵊm Am ˌpaːlɪˈsentrɪzᵊm/ n. policentrismo m.

polychromatic /ˌpɒlɪkrouˈmætɪk Am ˌpaːlɪkrouˈmætɪk/ a. 1 policromo, policromatico, multicolore. 2 (Fis) policromatico.

polychrome /'pɒlɪkroum Am 'paːlɪkroum/ I a. 1 policromo, policromato, multicolore. 2 (Fis) policromatico. 3 (Art) policromato, decorato in policromia. II n. (Art) policromia f. III v.t. policromare (anche Art).

polychromed /'pɒlɪkroumd Am 'paːlɪkroum/ a. policromo, policromato, multicolore.

polychromic /ˌpɒlɪˈkroumɪk Am ˌpaːlɪˈkroumɪk/ a. policromo, policromatico, multicolore.

polychromy /'pɒlɪˌkroumi Am 'paːlɪˌkroumi/ n. policromia f. (anche Art).

polyclinic /ˌpɒlɪˈklɪnɪk Am ˌpaːlɪˈklɪnɪk/ n. policlinico m.

polyclonal /ˌpɒlɪˈklounᵊl Am ˌpaːlɪˈklounᵊl/ a. (Biol) policlonale.

polycyclic /ˌpɒlɪˈsɪklɪk Am ˌpaːlɪˈsɪklɪk/ a. policiclico (anche Chim).

polycystic /ˌpɒlɪˈsɪstɪk Am ˌpaːlɪˈsɪstɪk/ a. (Med) policistico.

polycythaemia /ˌpɒlɪsaɪˈθiːmiə Am ˌpaːlɪsaɪˈθiːmiə/ n. (Med) policitemia f., poliglobulia f.

polydactyl /ˌpɒlɪˈdæktɪl Am ˌpaːlɪˈdæktɪl/ I a. (Med) polidattilo. II n. (Med) polidattilo m. (f. -a).

polydactyly /ˌpɒlɪˈdæktəlaɪ Am ˌpaːlɪˈdæktəlaɪ/ n. (Med) polidattilia f., polidattilismo m.

polydipsia /ˌpɒlɪˈdɪpsiə Am ˌpaːlɪˈdɪpsiə/ n. (Med) polidipsia f.

polyelectrolyte /ˌpɒlɪˈlektroulaɪt Am ˌpaːlɪˈlektroulaɪt/ n. (Chim) polielettrolita m.

polyembryonic /ˌpɒlɪˌembriˈɒnɪk Am ˌpaːlɪˌembriˈaːnɪk/ a. (Biol) poliembrionico.

polyembryony /ˌpɒlɪˈembriɒni Am ˌpaːlɪˈembriaːni/ n. (Biol) poliembrionia f.

polyester /ˌpɒliˈestəʳ Am ˌpaːliˈestəʳ/ n. (Chim) poliestere m.

polyethylene /ˌpɒliˈeθiliːn Am ˌpaːliˈeθiliːn/ n. (Chim) polietilene m.

polyfoam /ˌpɒliˈfoum Am ˌpaːliˈfoum/ n. (Chim,colloq) polistirolo m.

polygamic /ˌpɒlɪˈgæmɪk Am ˌpaːlɪˈgæmɪk/ a. poligamo, poligamico.

polygamical /ˌpɒlɪˈgæmɪkᵊl Am ˌpaːlɪˈgæmɪkᵊl/ a. poligamo, poligamico.

polygamically /ˌpɒlɪˈgæmɪkᵊli Am ˌpaːlɪˈgæmɪkᵊli/ avv. in modo poligamico.

polygamist /pəˈlɪgəmɪst/ n. poligamo m. (f. -a).

polygamize /pəˈlɪgəmaɪz/ v.i. praticare la poligamia.

polygamous /pəˈlɪgəməs/ a. poligamo, poligamico.

polygamously /pəˈlɪgəməsli/ avv. in modo poligamico.

polygamy /pəˈlɪgəmi/ n. poligamia f.

polygenesic /ˌpɒlɪdʒɪˈnesɪk Am ˌpaːlɪdʒɪˈnesɪk/ a. poligenetico.

polygenesis /ˌpɒlɪˈdʒenɪsɪs Am ˌpaːlɪˈdʒenɪsɪs/ n. (Biol) poligenesi f., polifilia f.

polygenetic /ˌpɒlɪdʒəˈnetɪk Am ˌpaːlɪdʒəˈnetɪk/ a. poligenetico.

polygenetically /ˌpɒlɪdʒəˈnetɪkᵊli Am ˌpaːlɪdʒəˈnetɪkᵊli/ avv. poligeneticamente.

polygenic /ˌpɒlɪˈdʒenɪk Am ˌpaːlɪˈdʒenɪk/ a. (Biol) poligenico.

polygenism /pəˈlɪdʒenɪzᵊm/ n. poligenismo m.

polyglot /'pɒlɪglɒt Am 'paːlɪglaːt/ I a. poliglotta, multilingue. II n. 1 poliglotta m./f. 2 (book) libro m. poliglotta.

polyglottal /ˌpɒlɪˈglɒtᵊl Am 'paːlɪglaːtᵊl/ a. (rar) poliglotta, multilingue.

polyglottic /ˌpɒlɪˈglɒtɪk *Am* ˌpɑːlɪˈglɑːtɪk/ *a.* (*rar*) poliglotta, multilingue.

polyglottism /ˈpɒlɪglɒtɪzᵊm *Am* ˈpɑːlɪglɑːtɪzᵊm/ *n.* poliglottismo *m.*

polygon /ˈpɒlɪgən *Am* ˈpɑːlɪgɑːn/ *n.* (*Geom*) poligono *m.* □ (*Fis*) ~ **of forces** poligono delle forze.

polygonal /pɒˈlɪgənəl *Am* ˈpɑːlɪgɑːnəl/ *a.* (*Geom*) poligonale.

polygraph /ˈpɒlɪgrɑːf *Am* ˈpɑːlɪgræf/ *n.* **1** (*lie detector*) macchina *f.* della verità. **2** (*Tip,Med*) poligrafo *m.* **3** (*lett*) (*prolific writer*) poligrafo *m.*, scrittore *m.* poligrafo.

polygraphic /ˌpɒlɪˈgræfɪk *Am* ˌpɑːlɪˈgræfɪk/ *a.* **1** (*Tip*) poligrafico. **2** (*lett*) (*of a writer: prolific*) poligrafo. **3** (*of a book: wide-ranging*) che comprende vari soggetti, che comprende vari argomenti. **4** (*of a book: written by several authors*) scritto da diversi autori.

polygraphy /pəˈlɪgrəfi/ *n.* poligrafia *f.*

polyhedral /ˌpɒlɪˈhiːdrəl *Am* ˌpɑːlɪˈhiːdrəl/ *a.* (*Geom*) poliedrico.

polyhedric /ˌpɒlɪˈhiːdrɪk *Am* ˌpɑːlɪˈhiːdrɪk/ *a.* (*Geom*) poliedrico.

polyhedrical /ˌpɒlɪˈhiːdrɪkəl *Am* ˌpɑːlɪˈhiːdrɪkəl/ *a.* (*Geom*) poliedrico.

polyhedron /ˌpɒlɪˈhiːdrən *Am* ˌpɑːlɪˈhiːdrɑːn/ (*pl.* **-s** /-z/ *o* **-dra** /-drə/) *n.* (*Geom*) poliedro *m.*

polymath /ˈpɒlɪmæθ *Am* ˈpɑːlɪmæθ/ *n.* persona *f.* eclettica, persona *f.* dal sapere enciclopedico.

polymathic /ˈpɒlɪmæθɪk *Am* ˈpɑːlɪmæθɪk/ *a.* eclettico, dotto.

polymathy /ˈpɒlɪmæθi *Am* ˈpɑːlɪmæθi/ *n.* eclettismo *m.*

polymer /ˈpɒlɪmər *Am* ˈpɑːlɪmər/ *n.* (*Chim*) polimero *m.*

polymeric /ˌpɒlɪˈmerɪk *Am* ˌpɑːlɪˈmerɪk/ *a.* (*Chim*) polimero, polimerico.

polymerizable /ˈpɒlɪmᵊraɪzəbl̩ *Am* ˈpɑːlɪmᵊraɪzəbl̩/ *a.* (*Chim*) polimerizzabile.

polymerization /ˌpɒlɪmᵊraɪˈzeɪʃᵊn *Am* ˌpɑːlɪmᵊrɪˈzeɪʃᵊn/ *n.* (*Chim*) polimerizzazione *f.*

polymerize /ˈpɒlɪmᵊraɪz *Am* ˈpɑːlɪmᵊraɪz/ **I** *v.t.* (*Chim*) polimerizzare. **II** *v.i.* (*Chim*) polimerizzarsi.

polymerous /pəˈlɪmᵊrəs/ *a.* (*Biol*) polimero.

polymorph /ˈpɒlɪmɔːf *Am* ˈpɑːlɪmɔːrf/ *n.* **1** (*Biol*) organismo *m.* polimorfo. **2** (*Chim,Min*) elemento *m.* polimorfo.

polymorphic /ˌpɒlɪˈmɔːfɪk *Am* ˌpɑːlɪˈmɔːrfɪk/ *a.* (*Min,Biol*) polimorfico.

polymorphism /ˈpɒlɪmɔːfɪzᵊm *Am* ˈpɑːlɪmɔːrfɪzᵊm/ *n.* (*Min,Biol*) polimorfismo *m.*

polymorphous /ˌpɒlɪˈmɔːfəs *Am* ˌpɑːlɪˈmɔːrfəs/ *a.* (*Min,Biol*) polimorfo.

Polynesia /ˌpɒlɪˈniːʒə *Am* ˌpɑːləˈniːʒə/ *n.pr.* (*Geog*) Polinesia *f.*

Polynesian /ˌpɒlɪˈniːʒən *Am* ˌpɑːləˈniːʒən/ **I** *a.* polinesiano. **II** *n.* **1** (*person*) polinesiano *m.* (*f.* -a). **2** (*language group*) polinesiano *m.*

polynomial /ˌpɒlɪˈnoʊmiəl *Am* ˌpɑːlɪˈnoʊmiəl/ **I** *n.* (*Mat*) polinomio *m.* **II** *a.* (*Mat*) polinomiale.

polynya /ˈpɒlɪnijə *Am* ˈpɑːlɪnijə/ *n.* (*Geog*) polynya *f.*

polyp /ˈpɒlɪp *Am* ˈpɑːlɪp/ *n.* (*Zool,Med*) polipo *m.*

polyphagia /ˌpɒlɪˈfeɪdʒɪə *Am* ˌpɑːlɪˈfeɪdʒɪə/ *n.* (*Biol,Med*) polifagia *f.*

polyphagous /pəˈlɪfəgəs/ *a.* (*Biol,Med*) polifago.

polyphase /ˈpɒlɪfeɪz *Am* ˈpɑːlɪfeɪz/ *a.* (*El*) polifase.

Polyphemus /ˌpɒlɪˈfiːməs *Am* ˌpɑːlɪˈfiːməs/ *n.pr.m.* (*Mitol*) Polifemo.

polyphonic /ˌpɒlɪˈfɒnɪk *Am* ˌpɑːlɪˈfɑːnɪk/ *a.* (*Mus*) polifonico.

polyphonically /ˌpɒlɪˈfɒnɪkᵊli *Am* ˌpɑːlɪˈfɑːnɪkᵊli/ *avv.* polifonicamente.

polyphonist /pəˈlɪfənɪst/ *n.* polifonista *m./f.*

polyphonous /pəˈlɪfənəs/ *a.* (*Mus*) polifonico.

polyphony /pəˈlɪfᵊni/ *n.* (*Mus*) polifonia *f.*

polypod /ˈpɒlɪpɒd *Am* ˈpɑːlɪpɑːd/ **I** *a.* (*Entom*) dotato di molti piedi. **II** *n.* (*Entom*) larva *f.* di insetto dotato di molti piedi.

polypoid /ˈpɒlɪpɔɪd *Am* ˈpɑːlɪpɔɪd/ *a.* (*Zool,Med*) polipoide.

polypoidal /ˈpɒlɪpɔɪdᵊl *Am* ˈpɑːlɪpɔɪdᵊl/ *a.* (*Zool,Med*) polipoide.

polypore /ˈpɒlɪpɔːr *Am* ˈpɑːlɪpɔːr/ *n.* (*Bot*) poliporo *m.*

polyporus /pəˈlɪpərəs/ *n.* (*Bot*) poliporo *m.*

polypose /ˈpɒlɪpoʊs *Am* ˈpɑːlɪpoʊs/ *a.* (*Med, Zool*) poliposo.

polyposis /ˌpɒlɪˈpoʊsɪs *Am* ˌpɑːlɪˈpoʊsɪs/ (*pl.* **-ses** /-siːz/) *n.* (*Med*) poliposi *f.*

polypous /ˈpɒlɪpəs *Am* ˈpɑːlɪpəs/ *a.* (*Med,Zool*) poliposo.

polypropylene /ˌpɒlɪˈproʊpəliːn *Am* ˌpɑːlɪˈproʊpəliːn/ *n.* (*Chim*) polipropilene *m.*

polyptych /ˈpɒlɪptɪk *Am* ˈpɑːlɪptɪk/ *n.* (*Art*) polittico *m.*

polypus /ˈpɒlɪpəs *Am* ˈpɑːlɪpəs/ (*pl.* **-pi** /-paɪ/ *o* **-puses** /-pəsɪz/) *n.* (*Med*) polipo *m.*

polystylar /ˌpɒlɪˈstaɪlər *Am* ˌpɑːlɪˈstaɪlər/ *a.* (*Arch*) polistilo.

polystyle /ˈpɒlɪstaɪl *Am* ˈpɑːlɪstaɪl/ *a.* (*Arch*) polistilo.

polystyrene /ˌpɒlɪˈstaɪ(ə)riːn *Am* ˌpɒlɪˈstaɪriːn/ *n.* (*Chim*) polistirene *m.*, polistirolo *m.* □ (*Chim*) ~ **foam** polistirolo.

polysyllabic /ˌpɒlɪsɪˈlæbɪk *Am* ˌpɑːlɪsɪˈlæbɪk/ *a.* (*Gramm*) plurisillabo, polisillabico, polisillabo.

polysyllabical /ˌpɒlɪsɪˈlæbɪkᵊl *Am* ˌpɑːlɪsɪˈlæbɪkᵊl/ *a.* (*Gramm*) plurisillabo, polisillabico, polisillabo.

polysyllable /ˈpɒlɪˌsɪləbl̩ *Am* ˌpɑːlɪˈsɪləbl̩/ *n.* (*Gramm*) polisillabo *m.*

polysynthesis /ˌpɒlɪˈsɪnθəsɪs *Am* ˌpɑːlɪˈsɪnθəsɪs/ *n.* (*Ling*) polisintesi *f.*

polysynthesism /ˌpɒlɪˈsɪnθəsɪzᵊm *Am* ˌpɑːlɪˈsɪnθəsɪzᵊm/ *n.* (*Ling,rar*) polisintesi *f.*

polysynthetic /ˌpɒlɪsɪnˈθetɪk *Am* ˌpɑːlɪsɪnˈθetɪk/ *a.* (*Ling*) polisintetico.

polysynthetical /ˌpɒlɪsɪnˈθetɪkᵊl *Am* ˌpɑːlɪsɪnˈθetɪkᵊl/ *a.* (*Ling*) polisintetico.

polytechnic /ˌpɒlɪˈteknɪk *Am* ˌpɑːlɪˈteknɪk/ **I** *a.* politecnico. **II** *n.* (*Br,Univ*) istituto *m.* superiore di formazione professionale, politecnico *m.*

polytechnical /ˌpɒlɪˈteknɪkᵊl *Am* ˌpɑːlɪˈteknɪkᵊl/ *a.* politecnico.

polytheism /ˈpɒlɪθiːɪzᵊm *Am* ˈpɑːlɪθiːɪzᵊm/ *n.* (*Rel*) politeismo *m.*

polytheist /ˈpɒlɪθiːɪst *Am* ˈpɑːlɪθiːɪst/ *n.* (*Rel*) politeista *m./f.*

polytheistic /ˌpɒlɪθiːˈɪstɪk *Am* ˌpɑːlɪθiːˈɪstɪk/ *a.* (*Rel*) politeista, politeistico.

polytheistical /ˌpɒlɪθiːˈɪstɪkᵊl *Am* ˌpɑːlɪθiːˈɪstɪkᵊl/ *a.* (*Rel*) politeista, politeistico.

polythene /ˈpɒlɪθiːn *Am* ˈpɑːlɪθiːn/ *n.* (*Br,Chim*) politene *m.*, polietilene *m.* □ ~ **bags** buste di polietilene, sacchetti di politene.

polytonal /ˌpɒlɪˈtoʊnᵊl *Am* ˌpɑːlɪˈtoʊnᵊl/ *a.* (*Mus*) politonale.

polytonality /ˌpɒlɪtoʊˈnælᵊti *Am* ˌpɑːlɪtoʊˈnælᵊti/ *n.* (*Mus*) politonalità *f.*

polyunsaturated /ˌpɒlɪʌnˈsætʃ∘reɪtɪd *Am* ˌpɑːlɪʌnˈsætʃ∘reɪtɪd/ *a.* (*Chim*) polinsaturo.

polyurethane /ˌpɒlɪˈjʊərəθeɪn *Am* ˌpɑːlɪˈjʊrəθeɪn/ *n.* (*Chim*) poliuretano *m.*

polyvalence /ˌpɒlɪˈveɪləns *Am* ˌpɑːlɪˈveɪləns/ *n.* (*Chim,Biol,rar*) polivalenza *f.*

polyvalency /ˌpɒlɪˈveɪlənsi *Am* ˌpɑːlɪˈveɪlənsi/ *n.* (*Chim,Biol*) polivalenza *f.*

polyvalent /ˌpɒlɪˈveɪlənt *Am* ˌpɑːlɪˈveɪlənt/ *a.* (*Chim,Biol*) polivalente.

polyvinyl /ˌpɒlɪˈvaɪnᵊl *Am* ˌpɑːlɪˈvaɪnᵊl/ **I** *n.* (*Chim*) polivinile *m.* **II** *a.* polivinilico, di polivinile. □ (*Chim*) ~ **chloride** cloruro di polivinile, polivinilcloruro, PVC; (*Chim*) ~ **resin** resina polivinilica.

pomace /ˈpʌmɪs/ *n.* (*Ind,Alim*) **1** (*remains of crushed fruit*) polpa *f.* rimanente dopo la spremitura. **2** (*food remains after oil extraction*) residui *m.pl.* di pesce o semi dopo la spremitura dell'olio.

pomade /poʊˈmeɪd *Am* pɑːˈmeɪd/ **I** *n.* (*Cosmet*) pomata *f.* (per capelli), brillantina *f.* **II** *v.t.* (*Cosmet*) impomatare.

pomatum /pəˈmeɪtəm *Am* pəˈmeɪtəm/ *n.* (*Cosmet*) pomata *f.* (per capelli), brillantina *f.*

pome[1] /poʊm/ *n.* (*Bot*) pomo *m.*

pome[2] /poʊm/ *n.* (*Br,sl*) (*poem*) poesia *f.*

pomegranate /ˈpɒmɪgrænɪt *Am* ˈpɑːmˌgrænɪt/ *n.* **1** (*Bot*) melograno *m.* **2** (*fruit*) melagrana *f.*, melagranata *f.*

pomelo /ˈpɒmɪloʊ *Am* ˈpɑːməloʊ/ (*pl.* **-s** /-z/) *n.* (*Bot,Alim*) pomelo *m.*

Pomerania /ˌpɒməˈreɪnɪə *Am* ˌpɑːməˈreɪnɪə/ *n.pr.* (*Geog*) Pomerania *f.*

Pomeranian /ˌpɒməˈreɪnɪən *Am* ˌpɑːməˈreɪnɪən/ **I** *a.* pomerano. **II** *n.* **1** pomerano *m.* (*f.* -a). **2** (*Zool*) volpino *m.* di Pomerania, pomero *m.*

pomiculture /ˈpoʊmɪˌkʌltʃər/ *n.* (*Agr*) frutticoltura *f.*

pomiculturist /ˈpoʊmɪˌkʌltʃərɪst/ *n.* frutticoltore *m.* (*f.* -trice).

pomiferous /poʊˈmɪfᵊrəs/ *a.* (*Bot*) che produce pomi, (*lett*) pomifero.

pommel /ˈpɒmᵊl *Am* ˈpʌmᵊl/ **I** *n.* **1** (*of a sword, saddle, etc.*) pomo *m.* **2** (*Ginn*) maniglia *f.* (del cavallo). **II** *v.t.* (*past, p.p.* **pommelled** /*Am* **pommeled** /-d/) (*to pummel*) prendere a pugni, dare pugni a. □ (*Ginn*) ~ **horse** cavallo con maniglie.

pommy /ˈpɒmi *Am* ˈpɑːmi/ **I** *n.* (*Aus,sl*) (*British person*) inglese *m./f.* **II** *a.* (*Aus,sl*) (*British*) inglese.

pomo /ˌpoʊˈmoʊ/ *a.* (*Am,Art,colloq*) postmoderno.

pomological /ˌpoʊməˈlɒdʒɪkᵊl *Am* ˌpoʊməˈlɑːdʒɪkᵊl/ *a.* (*Bot*) pomologico.

pomologist /poʊˈmɒlədʒɪst *Am* poʊˈmɑːlədʒɪst/ *n.* pomologo *m.* (*f.* -a).

pomology /poʊˈmɒlədʒi *Am* poʊˈmɑːlədʒi/ *n.* pomologia *f.*

Pomona /pəˈmoʊnə/ *n.pr.f.* (*Mitol*) Pomona.

pomp /pɒmp *Am* pɑːmp/ *n.* **1** pompa *f.*, magnificenza *f.*, sfarzo *m.*, fasto *m.* **2** (*ostentation*) sfoggio *m.*, ostentazione *f.*, pompa *f.* □ **with** ~ **and circumstance** con grande pompa, in pompa magna.

pompadour /ˈpɒmpədʊər *Am* ˈpɑːmpədʊr/ *n.* (*hairstyle*) pettinatura *f.* alla Pompadour.

Pompeian /pɒmˈpeɪən *Am* pɑːmˈpeɪən/ **I** *a.* pompeiano. **II** *n.* pompeiano *m.* (*f.* -a).

Pompeii /pɒmˈpeɪi *Am* pɑːmˈpeɪi/ *n.pr.* (*Geog*) Pompei *f.*

Pompey /ˈpɒmpi *Am* ˈpɑːmpi/ *n.pr.m.* (*Stor.rom*) Pompeo.

pompom /ˈpɒmpɒm *Am* ˈpɑːmpɑːm/ *n.* (*Abbigl*) pompon *m.*, fiocco *m.*, nappa *f.*

pom-pom /ˈpɒmpɒm *Am* ˈpɑːmpɑːm/ *n.* (*Mil, ant*) cannoncino *m.* contraereo a tiro rapido.

pompon /ˈpɒmpɒn *Am* ˈpɑːmpɑːn/ *n.* (*Abbigl*) pompon *m.*, fiocco *m.*, nappa *f.*

pomposity /pɒmˈpɒsᵊti *Am* pɑːmˈpɑːsᵊti/ *n.* **1** vanagloria *f.*, pomposità *f.* **2** (*pompous act*) atto *m.* pomposo.

pompous /ˈpɒmpəs *Am* ˈpɑːmpəs/ *a.* **1** (*of people*) borioso, pomposo; (*arrogant*) presuntuoso. **2** (*of language, etc.*) ampolloso, enfatico: *a ~ speech* un discorso ampolloso. **3** (*characterized by pomp*) pomposo.

pompously /'pɒmpəsli/ *Am* 'pɑːmpəsli/ *avv.* pomposamente.

pompousness /'pɒmpəsnəs *Am* 'pɑːmpəsnəs/ *n.* **1** pomposità *f.*, boria *f.*, fasto *m.*, sfarzo *m.* **2** (*action, etc.*) ostentazione *f.* **3** (*language*) ampollosità *f.*, enfasi *f.*

ponce /pɒns/ *n.* (*Br,sl*) **1** (*gay*) checca *f.*, frocio *m.* **2** (*pimp*) protettore *m.*, magnaccia *m.*, pappone *m.*

poncho /'pɒntʃəʊ *Am* 'pɑːntʃoʊ/ (*pl.* **-s** /-z/) *n.* (*Abbigl*) poncho *m.*, poncio *m.*

pond /pɒnd *Am* pɑːnd/ **I** *n.* **1** stagno *m.*, laghetto *m.* **2** (*artificial body of water*) bacino *m.*, lago *m.* artificiale. **II** *v.t.* (*to impound*) raccogliere (in un bacino). **III** *v.i.* formare un bacino. □ (*Bot*) ~ *lily* ninfea; *to ~ up* raccogliere (in un bacino).

pondage /'pɒndɪdʒ *Am* 'pɑːndɪdʒ/ *n.* (*Idr*) capacità *f.* di un bacino.

ponder /'pɒndər *Am* 'pɑːndər/ *I v.i.* meditare, riflettere (*on, over* su), considerare (qcs.). **II** *v.t.* ponderare, soppesare, valutare: *to ~ a decision* ponderare una decisione.

ponderability /ˌpɒndərə'bɪləti *Am* ˌpɑːndərə'bɪləti/ *n.* ponderabilità *f.*

ponderable /'pɒndərəbl *Am* 'pɑːndərəbl/ **I** *a.* ponderabile. **II** *n.* ciò che si può ponderare.

ponderosity /ˌpɒndə'rɒsəti *Am* ˌpɑːndə'rɑːsəti/ *n.* **1** pesantezza *f.*, (*rar*) ponderosità *f.* **2** (*of movement*) lentezza *f.*, pesantezza *f.* **3** (*fig*) tediosità *f.*, monotonia *f.*

ponderous /'pɒndərəs *Am* 'pɑːndərəs/ *a.* **1** (*weighty, heavy*) (molto) pesante, ponderoso, massiccio. **2** (*of movement: slow, lumbering*) pesante, lento, impacciato. **3** (*fig*) (*dull, laboured*) noioso, pesante, monotono: *a ~ speech* un discorso noioso.

ponderously /'pɒndərəsli *Am* 'pɑːndərəsli/ *avv.* **1** pesantemente. **2** (*slowly*) lentamente, pesantemente, in modo impacciato. **3** (*of speech, writing*) con stile pesante, con stile monotono.

ponderousness /'pɒndərəsnəs *Am* 'pɑːndərəsnəs/ *n.* **1** pesantezza *f.*, (*rar*) ponderosità *f.* **2** (*of movement*) lentezza *f.*, pesantezza *f.* **3** (*fig*) tediosità *f.*, monotonia *f.*

pone[1] /'pəʊnɪ *Am* poʊni/ *n.* (*Br*) (*in card games*) giocatore *m.* che taglia il mazzo.

pone[2] /poʊn/ *n.* (*Am*) pane *m.* di granturco.

pong /pɒŋ/ *n.* (*Br,sl*) (*unpleasant smell*) puzzo *m.*, tanfo *m.* **II** *v.i.* (*Br,sl*) puzzare.

poniard /'pɒnjəd *Am* 'pɑːnjərd/ **I** *n.* (*ant,lett*) pugnale *m.* **II** *v.t.* (*ant,lett*) pugnalare.

pons asinorum /ˌpɒnzˌæsɪ'nɔːrəm *Am* ˌpɑːnzˌæsɪ'nɔːrəm/ *n.* teoria *f.* difficile da capire, formula *f.* difficile da capire.

pontifex /'pɒntɪfeks *Am* 'pɑːntɪfeks/ (*pl.* **-tifices** /-'tɪfɪsiːz/) *n.* (*Stor.rom*) pontefice *m.*

pontiff /'pɒntɪf *Am* 'pɑːntɪf/ *n.* (*Rel.catt*) **1** pontefice *m.*, papa *m.* **2** (*ant*) (*bishop*) vescovo *m.*

pontifical /pɒn'tɪfɪkəl *Am* pɑːn'tɪfɪkəl/ **I** *a.* **1** (*Rel.catt*) (*of a pontiff*) pontificio, pontificale. **2** (*fig*) (*pompous*) presuntuoso, pontificale. **II** *n.* (*Lit*) **1** (*book*) pontificale *m.* **2** *pl.* (*episcopal attire*) paramenti *m.pl.* episcopali.

pontifically /pɒn'tɪfɪkli *Am* pɑːn'tɪfɪkəli/ *avv.* in maniera pontificale.

pontificate[1] /pɒn'tɪfɪkət *Am* pɑːn'tɪfɪkət/ *n.* pontificato *m.*

pontificate[2] /pɒn'tɪfɪkeɪt *Am* pɑːn'tɪfɪkeɪt/ *v.i.* **1** (*Lit*) pontificare. **2** (*fig*) (*to speak pompously*) pontificare, sedere in cattedra, sentenziare.

pontification /ˌpɒntɪfɪ'keɪʃn *Am* ˌpɑːntɪfɪ'keɪʃn/ *n.* (*scherz*) dottoraggine *f.*, asserzione *f.* dogmatica.

pontificator /ˌpɒntɪfɪ'keɪtər *Am* ˌpɑːntɪfɪ-

'keɪtər/ *n.* (*scherz*) persona *f.* che pontifica.

Pontius Pilate /ˌpɒntɪəs'paɪlət *Am* ˌpɑːntʃəs'paɪlət/ *n.pr.m.* (*Stor,Bibl*) Ponzio Pilato.

ponton /'pɒntən *Am* 'pɑːntən/ **I** *n.* (*Am*) **1** pontone *m.*, barca *f.* da ponte. **2** (*Mar*) (*flat-bottomed boat*) pontone *m.*, chiatta *f.* **3** (*Aer*) galleggiante *m.* **II** *v.t.* (*Am*) attraversare (un fiume) su un ponte di barche. **III** *v.i.* (*Am*) gettare un ponte di barche (su un fiume). □ (*Am*) ~ *bridge* ponte di barche.

pontoon[1] /pɒn'tuːn *Am* pɑːn'tuːn/ **I** *n.* **1** pontone *m.*, barca *f.* da ponte. **2** (*Mar*) (*flat-bottomed boat*) pontone *m.*, chiatta *f.* **3** (*Aer*) galleggiante *m.* **II** *v.t.* attraversare (un fiume) su un ponte di barche. **III** *v.i.* gettare un ponte di barche (su un fiume). □ ~ *bridge* ponte di barche.

pontoon[2] /pɒn'tuːn/ *n.* (*Br*) (*card game*) ventuno *m.*

pony /'pəʊni/ **I** *n.* **1** (*Zool*) pony *m.* **2** (*colloq*) (*any horse*) cavallino *m.* **3** (*colloq*) (*racehorse*) cavallo *m.* da corsa. **4** (*sl*) (*twenty-five pounds*) venticinque sterline *f.pl.* **5** (*Am,sl*) (*line-by-line translation*) traduttore *m.*, bigino *m.* **II** *v.t.* **1** (*Am,sl*) (*to translate with a pony*) tradurre con il traduttore, tradurre con il bigino. **2** (*colloq*) (*to pay*) pagare (a saldo). □ (*Ferr*) ~ *engine* piccola locomotiva di manovra; (*Stor.am*) ~ *express* pony express; (*colloq*) *to ~ up* pagare (a saldo).

ponytail /'pəʊniteɪl/ *n.* (*in hairdressing*) coda *f.* di cavallo, coda *f.*

P.O.O. /ˌpiːəʊ'əʊ/ (*Br*) *Post Office Order* VP (vaglia postale).

pooch /puːtʃ/ *n.* (*colloq*) (*dog*) cane *m.*

poodle /'puːdl/ *n.* (*Zool*) barboncino *m.*, barbone *m.*

poof[1] /pəf/ *intz.* (*sl*) puff!

poof[2] /puːf/ *n.* (*Br,sl*) (*gay*) frocio *m.*, checca *f.*, (*region*) ricchione *m.*

pooh /puː/ *intz.* puah!, puh!, poh! □ ~ *bah* (o *Pooh Bah*): **1** (*one who holds many offices*) chi ricopre diverse cariche, pezzo grosso; **2** (*self-important person*) persona che si dà arie d'importanza, bonzo.

pooh-pooh /ˌpuː'puː/ **I** *v.t.* **1** (*to dismiss with contempt*) disprezzare, disdegnare, respingere con sprezzo, snobbare: *to ~ advice* disprezzare i consigli. **2** (*to make light of*) prendere alla leggera, non dare peso a, minimizzare: *they -ed his fears* presero alla leggera i suoi timori. **II** *intz.* puah!, puh!, poh!

pooka /'puːkə/ *n.* (*Ir,Folcl*) folletto *m.* maligno.

pool[1] /puːl/ **I** *n.* **1** (*swimming pool*) piscina *f.* **2** (*pond*) stagno *m.*, specchio *m.* d'acqua, laghetto *m.* **3** (*body of spilt liquid*) pozza *f.*: *a ~ of blood* una pozza di sangue. **4** (*puddle*) pozzanghera *f.*, pozza *f.*: *the road was full of -s* la strada era piena di pozzanghere. **5** (*deep place in a stream*) tonfano *m.* **6** (*Minier*) giacimento *m.* di idrocarburi fluidi. **II** *v.i.* **1** *to form a pool* formare pozze, formare pozzanghere. □ (*Br*) *the Pool of London* il Tamigi a valle della City; (*Nucl*) ~ *reactor* reattore a piscina.

pool[2] /puːl/ **I** *n.* **1** (*in gambling*) piatto *m.*, puntate *f.pl.*, poule *f.* **2** (*Am*) (*billiards*) biliardo *m.* **3** (*Comm*) pool *m.*, consorzio *m.* **4** (*Econ*) pool *m.*, cartello *m.*; (*combined funds*) fondo *m.* comune. **5** (*facilities shared by a group*) uso *m.* in comune di attrezzature, servizi ecc. **6** (*aggregate of manpower*) manodopera *f.* **7** (*Sport*) (*in fencing*) girone *m.* eliminatorio. **8** *pl.* (*football pools*) totocalcio *m.sing.*: *to win the -s* vincere al totocalcio. **II** *v.t.* **1** (*of money*) mettere in (un fondo) comune, mettere insieme, unire. **2** (*to form a pool of*) consorziare, riunire in consorzio. **3** (*to make a com-*

mon interest of) mettere in comune: *to ~ experience* mettere in comune le esperienze. **III** *v.i.* (*to combine in a pool*) costituire un pool, consorziarsi. □ ~ *hall* (o ~ *room*) sala da biliardo; ~ *table* biliardo con sei buche, tavolo da biliardo.

poop[1] /puːp/ **I** *n.* (*Mar*) poppa *f.* **II** *v.t.* **1** (*Mar*) imbarcare a poppa. **2** (*of waves*) frangersi sulla poppa di (una nave). □ (*Mar*) ~ *cabin* cabina di poppa; (*Mar*) ~ *deck* cassero di poppa, cassero poppiero, casseretto.

poop[2] /puːp/ *n.* (*colloq*) (*nincompoop*) semplicietto *m.* (*f.* -a), semplicione *m.* (*f.* -a).

poop[3] /puːp/ **I** *v.t.* (*Am,sl*) (*to tire, to exhaust*) stremare, sfinire. **II** *v.i.* (*Am,sl*) (*to cease completely*) esaurirsi, consumarsi. □ (*Am,sl*) *to ~ out* esaurirsi, consumarsi.

poop[4] /puːp/ **I** *n.* (*colloq,infant*) cacca *f.* **II** *v.i.* (*colloq,infant*) fare la cacca. □ ~ *scoop* paletta (per escrementi di cane).

pooper scooper /'puːpəˌskuːpər *Am* 'puːpərˌskuːpər/ *n.* paletta *f.* (per escrementi di cane).

poor /pʊər *Am* 'pʊr/ **I** *a.* **1** povero, bisognoso, indigente, privo di mezzi: *a ~ country* un paese povero; *a ~ family* una famiglia bisognosa. **2** (*to be pitied*) povero, che desta compassione: *the ~ child cried* il povero bambino piangeva. **3** (*meagre, inadequate*) insufficiente, scarso, misero, inadeguato: *a ~ supply* una scorta insufficiente. **4** (*deficient, lacking*) povero, scarso, mancante (in di): *a country ~ in raw materials* un paese povero di materie prime. **5** (*of inferior quality*) scadente, mediocre, cattivo: ~ *work* lavoro scadente; *a ~ copy of an old master* una copia mediocre di un grande maestro. **6** (*unsatisfactory*) poco soddisfacente. **7** (*of a person: lacking skill, etc.*) modesto, mediocre, scadente: *a ~ organizer* un modesto organizzatore. **8** (*mean, small of spirit*) meschino, gretto, misero, povero di spirito. **9** (*unfavourable*) negativo, sfavorevole, cattivo: *to have a ~ opinion of so.* avere un'opinione negativa di qcu. **10** (*humble*) modesto, povero, umile (*anche iron,scherz*): *in my ~ opinion* a mio modesto avviso, a mio modesto parere. **11** (*of soil, land*) sterile, povero. **12** (*of cattle: lean, emaciated*) magro, macilento. **II** *n.* (*costr.pl.*) (*poor people*) poveri *m.pl.*: *the city ~* i poveri della città. □ *to be as ~ as a church mouse* essere povero in canna, essere povero come Giobbe; (*Br*) *to be ~ at sth.* essere scadente in qcs., essere debole in qcs.; (*sl*) ~ *bastard!* povero diavolo!, poveraccio!; ~ *box* cassetta per l'elemosina, cassetta per le offerte; (*Am,colloq*) ~ *boy*: **1** (*Gastron*) panino farcito con prosciutto, formaggio, verdure ecc; **2** (*Mil*) sottomarino; *to be ~ company* (*of a person*) non essere di compagnia; ~ *fellow!* povero diavolo!; (*Br*) *a ~ fish* un povero diavolo, un poveraccio; (*fig*) *to have a ~ head for figures* essere poco abile nei calcoli; *to be in ~ health* avere una salute malferma, essere gracile; (*Br,Teat*) *there was a ~ house* la sala era quasi vuota; (*Bibl,fig*) *the ~ in spirit* i poveri di spirito; (*Bibl*) *blessed are the ~ in spirit* beati i poveri di spirito; ~ *me!* povero me!; *to have a ~ memory* avere cattiva memoria, avere poca memoria; *a ~ mixer* una persona poco socievole, un orso; (*Am,sl*) *to make a ~ mouth* piangere miseria; (*fig*) ~ *relation* parente povero: *radio is fast becoming the ~ relation of television* la radio sta rapidamente diventando la parente povera della televisione; *a ~ sport* persona poco sportiva (che non accetta la sconfitta); *you ~ thing!* poverino!, povero te!; (*Am,spreg*) ~ *white* bianco appartenente agli strati sociali più bassi degli Stati Uniti.

poorhouse /'pɔːhaʊs/ *n.* (*Br*) ospizio *m.* per poveri, ospizio *m.* di mendicità. ☐ (*colloq*) *to be in the ~* essere poveri in canna, essere a corto di quattrini.

poorly /'pʊəli Am 'pʊrli/ I *avv.* 1 (*badly*) male: *to be ~ dressed* essere vestito male; *the team played ~* la squadra giocò male; *to feel ~* sentirsi poco bene. 2 (*meagrely*) scarsamente, insufficientemente: *a ~-lit room* una stanza scarsamente illuminata. 3 (*unfavourably*) in modo sfavorevole: *to think ~ of so.* non avere una buona opinione di qcu. 4 (*as a poor*) poveramente, miseramente: *to live ~* vivere poveramente. II *a.* (*colloq*) (*somewhat ill*) malaticcio, indisposto, malandato: *to look ~* avere l'aria malaticcia. ☐ (*colloq*) *to be ~ off* essere poveri in canna, essere a corto di quattrini.

poor-mouth /'pɔːmaʊθ Am 'pʊrmaʊθ/ *v.i.* (*Am,colloq,spreg*) 1 piangere miseria. 2 (*to talk disparagingly about so.*) sminuire, disprezzare, denigrare.

poorness /'pʊənəs Am 'pʊrnəs/ *n.* 1 povertà *f.*, indigenza *f.*, miseria *f.* 2 (*inadequacy*) insufficienza *f.*, inadeguatezza *f.* 3 (*fig*) (*meanness, smallness*) meschinità *f.*, povertà *f.* 4 (*of soil*) sterilità *f.*, povertà *f.*

poor-spirited /'pɔːspɪrɪtɪd/ *a.* (*Br,rar*) pusillanime, vile.

poor-spiritedly /'pɔːspɪrɪtɪdli/ *avv.* (*Br,rar*) in modo pusillanime, vilmente.

poor-spiritedness /'pɔːspɪrɪtɪdnəs/ *n.* (*Br, rar*) viltà *f.*, vigliaccheria *f.*

pop[1] /pɒp Am pɑːp/ (*past, p.p.* **popped** /-t/) I *v.i.* 1 (*to make a popping sound*) scoppiettare, schioccare. 2 (*to explode*) scoppiare, esplodere: *the balloon -ped* il pallone scoppiò. 3 (*to go quickly*) fare un salto, fare una scappata: *I'll ~ out for some cigarettes* faccio un salto fuori per comprare le sigarette; *to ~ down to the chemist's* fare un salto dal farmacista. 4 (*colloq*) (*explode from overeating*) esplodere, scoppiare: *I'm so full I'm about to ~!* sono così pieno che sto per scoppiare! 5 (*colloq*) (*of the eyes: to open wide and bulge*) saltare fuori dalle orbite, schizzare fuori dalle orbite. 6 (*colloq*) (*to shoot a gun*) sparare, fare fuoco. 7 (*colloq*) (*to come back, to hop up*) saltare fuori, comparire all'improvviso: *I put the kids to bed but they just keep -ping up again* ho messo i bambini a letto, ma eccoli qua di nuovo. II *v.t.* 1 (*to cause to burst open*) fare scoppiare: *to ~ a blister* fare scoppiare una bolla. 2 (*to cause to make a popping sound*) fare schioccare, fare scoppiettare. 3 (*of a cork*) fare saltare con uno scoppio. 4 (*to put quickly*) mettere rapidamente, porre rapidamente, ficcare, cacciare: *she -ped chocolates in her mouth throughout the lecture* cacciava in bocca una caramella dopo l'altra durante la lezione. 5 (*colloq,Sport*) (*in baseball*) fare un pop, battere un pop: *he -ped the ball to the shortstop* ha battuto un pop sull'interbase. 6 (*colloq*) (*take drugs*) impasticcarsi, farsi (di), drogarsi, prendere: *to ~ pills* farsi di pastiglie, impasticcarsi, tranguiare pillole. 7 (*colloq*) (*to release sth. by an automatic switch*) lasciare, staccare, sganciare. 8 (*Br,colloq*) (*to pawn*) impegnare, dare in pegno. III *n.* 1 (*popping sound*) schiocco *m.*, scoppio *m.*: *the ~ of champagne corks* lo schiocco dei tappi dello champagne. 2 (*colloq*) (*carbonated drink*) bibita *f.* gassata, bibita *f.* frizzante. 3 (*colloq*) (*shot*) colpo *m.* (di arma da fuoco): *to take a ~ at sth.* tirare un colpo a qcs. IV *avv.* 1 (*with a pop*) con uno scoppio, con uno schiocco. 2 (*suddenly*) improvvisamente, a un tratto, di botto. V *intz.* pum!, pumfete! ☐

(*colloq*) *a ~* (*each*) ciascuno, a testa, a capa: *the tickets are 30 bucks a ~* i biglietti vengono 30 dollari a testa; (*Mot*) *to ~ back* avere un ritorno di fiamma; (*Sport*) *~ fly* pop fly; *to go ~* schioccare, scoppiare; *I'll ~ in to see you* farò una scappatina a casa tua; (*Br,colloq*) *in ~* (*in pawn*) in pegno, impegnato; *to ~ in and out* entrare e uscire all'improvviso; (*colloq*) *to ~ off*: 1 (*to die suddenly*) morire all'improvviso, morire di colpo; 2 (*to leave suddenly*) partire all'improvviso, andare via improvvisamente; *to ~ on one's coat* infilarsi il cappotto, mettersi il cappotto; *to ~ out* saltare fuori, sbucare d'un tratto; *her eyes -ped out of her head* aveva gli occhi fuori dalle orbite; *to ~ over to a place* fare una capatina in un luogo; *to ~ over to so.'s* fare una scappata da qcu.; (*colloq*) *to ~ the question* fare una proposta di matrimonio; (*colloq*) *~ top* linguetta (delle lattine); *to ~ up*: 1 spuntare, sbucare; 2 (*to occur unexpectedly*) presentarsi improvvisamente.

pop[2] /pɒp Am pɑːp/ *n.* (*colloq*) (*father*) papà *m.*, babbo *m.*, pa' *m.*

pop[3] /pɒp Am pɑːp/ *a.* (*popular*) pop. ☐ (*Art*) *~ art* pop art; *~ artist* artista pop; *~ charts* hit-parade, classifica; (*Mus*) *~ culture* cultura pop; (*Mus*) *~ group* complesso pop; *~ music* pop music; *~ singer* cantante pop; (*Mus*) *~ song* canzone pop.

popcorn /'pɒpkɔːn Am 'pɑːpkɔːrn/ *n.* popcorn *m.*

Pope /poʊp/ *n.* 1 (*Rel.catt*) papa *m.* 2 (*fig*) (*one having authority*) persona *f.* autorevole, capo *m.*

popedom /'poʊpdəm/ *n.* papato *m.*, pontificato *m.*

Popemobile /'poʊpmoʊbaɪl Am 'poʊpmoʊbiːl/ *n.* (*Aut*) papamobile *f.*

popery /'poʊpəri/ *n.* (*spreg*) papismo *m.*

Popeye /'pɒpaɪ Am 'pɑːpaɪ/ *n.pr.m.* (*in comic strips*) Braccio di Ferro, Popeye.

popeyed /,pɒp'aɪd Am ,pɑːp'aɪd/ *a.* 1 dagli occhi sporgenti. 2 (*staring*) con gli occhi spalancati, con gli occhi sgranati (per lo stupore ecc.).

popeyes /'pɒpaɪz/ *n.pl.* (*Br*) occhi *m.pl.* sporgenti, occhi *m.pl.* bovini.

popgun /'pɒpgʌn Am 'pɑːpgʌn/ *n.* 1 (*child's gun*) pistola *f.* ad aria compressa. 2 (*colloq*) (*inefficient gun*) arma *f.* inefficace, arma *f.* che non spaventa nessuno.

popinjay /'pɒpɪndʒeɪ Am 'pɑːpɪndʒeɪ/ *n.* 1 (*ant*) (*vain person*) persona *f.* frivola, persona *f.* vanitosa. 2 (*ant*) (*conceited man*) zerbinotto *m.*, damerino *m.*, bellimbusto *m.* 3 (*Arald, rar*) pappagallo *m.*

popish /'poʊpɪʃ/ *a.* (*spreg*) papistico.

popishly /'poʊpɪʃli/ *avv.* (*spreg*) con fare papistico.

poplar /'pɒplər Am 'pɑːplər/ *n.* 1 (*Bot*) pioppo *m.* 2 (*wood*) legno *m.* di pioppo, pioppo *m.*

poplin /'pɒplɪn Am 'pɑːplɪn/ *n.* (*Tess*) popelin *m.*, popeline *f.*

popover /'pɒp,oʊvər Am (*Am,Alim*) panino *m.* soffice molto lievitato.

poppa /'pɑːpə/ *n.* (*Am,colloq*) (*father*) papà *m.*, babbo *m.*

poppet /'pɒpɪt/ *n.* 1 (*Br,colloq*) piccinino *m.* (*f.* -a), piccolo *m.* (*f.* -a), tesorino *m.* 2 (*Mecc*) supporto *m.* verticale. ☐ (*Minier*) *~ head* incastellatura di estrazione; (*Mot*) *~ valve* valvola a fungo. 2 (*Mecc*) valvola con movimento perpendicolare alla (propria) sede.

poppied /'pɒpɪd Am 'pɑːpɪd/ *a.* 1 (*covered or full of poppies*) coperto di papaveri, pieno di papaveri. 2 (*drowsy*) sonnolento. 3 (*sleep-inducing*) soporifero.

popple /'pɒpl Am 'pɑːpl/ *v.i.* (*of water*) ondeg-

giare. I *n.* 1 ondeggiamento *m.* 2 (*choppy sea*) maretta *f.*

poppy /'pɒpi Am 'pɑːpi/ *n.* 1 (*Bot*) papavero *m.* 2 (*Farm*) (*opium*) oppio *m.* 3 (*colour*) rosso *m.* papavero. ☐ *Poppy Day* giornata di commemorazione dei caduti nelle due guerre mondiali; *~ red* rosso papavero; *~ seeds* semi di papavero.

poppycock /'pɒpikɒk Am 'pɑːpikɑːk/ *n.* (*colloq*) sciocchezze *f.pl.*, stupidaggini *f.pl.*, fesserie *f.pl.*

pop-shop /'pɒpʃɒp/ *n.* (*Br,colloq*) (*pawnshop*) banco *m.* dei pegni, monte *m.* di pietà.

popsy /'pɒpsi/ *n.* (*Br,sl*) 1 (*girl*) ragazza *f.* 2 (*girl friend*) amichetta *f.*

pop-top /'pɒptɒp Am 'pɑːptɑːp/ *n.* (*of a can, etc.*) linguetta *f.* metallica.

populace /'pɒpjʊləs Am 'pɑːpjʊləs/ *n.* 1 popolo *m.*, popolazione *f.* 2 (*general public*) gente *f.* comune, volgo *m.*

popular /'pɒpjʊlər Am 'pɑːpjʊlər/ *a.* 1 popolare, del popolo: *~ discontent* malcontento popolare. 2 (*liked by many people*) popolare, benvoluto: *this teacher is not ~ with his students* questo insegnante non è benvoluto dai suoi studenti. 3 (*designed for, suited to the general public*) divulgativo, popolare: *~ articles on scientific subjects* articoli divulgativi su argomenti scientifici. 4 (*of prices, etc.*) popolare, modico, conveniente. 5 (*Pol, Parl*) (*of the citizens*) popolare, democratico: *~ suffrage* suffragio popolare. ☐ (*Pol*) *~ front* (o *Popular Front*) fronte popolare; (*Pol*) *~ government* governo democratico, governo popolare; *~ press* stampa popolare; (*Mus*) *~ song* canzone pop; (*Pol*) *~ sovereignty* sovranità popolare; (*Pol*) *~ vote* voto popolare.

popularity /,pɒpjə'lærəti Am ,pɑːpjə'lærəti/ *n.* popolarità *f.* ☐ *~ rating* indice di gradimento.

popularization /,pɒpjələraɪ'zeɪʃən Am ,pɑːpjələr'zeɪʃən/ *n.* diffusione *f.*, divulgazione *f.*, volgarizzazione *f.*

popularize /'pɒpjələraɪz Am 'pɑːpjələraɪz/ *v.t.* 1 diffondere, divulgare, rendere popolare, rendere accessibile al popolo: *to ~ a new fashion* diffondere una nuova moda. 2 (*Edit*) divulgare.

popularizer /'pɒpjələ,raɪzər Am 'pɑːpjələraɪzər/ *n.* divulgatore *m.* (*f.* -trice).

popularly /'pɒpjələli Am 'pɑːpjələr,li/ *avv.* generalmente, comunemente.

populate /'pɒpjəleɪt Am 'pɑːpjəleɪt/ *v.t.* 1 (*to inhabit*) abitare, vivere in, popolare. 2 (*to provide with inhabitants*) popolare. 3 (*fig*) popolare, riempire di: *his dreams were -d by strange characters* i suoi sogni erano popolati da strani personaggi.

population /,pɒpjə'leɪʃən Am ,pɑːpjə'leɪʃən/ *n.* 1 popolazione *f.* (*anche Statist*): *world ~* popolazione mondiale; *the working-age ~* la popolazione attiva. 2 (*act of populating*) popolamento *m.* ☐ *~ control* controllo demografico, controllo delle nascite; *~ density* densità della popolazione; *~ ecology* ecologia delle popolazioni; *~ explosion* esplosione demografica, boom delle nascite; *~ growth* incremento demografico; *~ planning* pianificazione demografica; *~ policy* politica demografica; (*Sociol*) *~ pyramid* piramide demografica; (*Sociol*) *~ statistics* statistica demografica; (*Sociol*) *~ structure* struttura della popolazione, struttura demografica; *~ survey* indagine demografica.

populism /'pɒpjəlɪzˀm Am 'pɑːpjəlɪzˀm/ *n.* (*Pol*) populismo *m.* (*anche estens*).

populist /'pɒpjəlɪst Am 'pɑːpjəlɪst/ I *n.* populista *m./f.* II *a.* populistico.

populistic /ˌpɒpjə'lɪstɪk *Am* ˌpɑ:pjə'lɪstɪk/ *a.* populistico.

populous /'pɒpjələs *Am* 'pɑ:pjələs/ *a.* popoloso, densamente popolato, molto popolato.

populously /'pɒpjələsli *Am* 'pɑ:pjələsli/ *avv.* con molti abitanti.

populousness /'pɒpjələsnəs *Am* 'pɑ:pjələsnəs/ *n.* densità *f.* di popolazione.

pop-up /'pɒpʌp *Am* 'pɑːpʌp/ **I** *a.* **1** che salta su. **2** (*Inform*) a comparsa. **II** *n.* (*Edit*) libro *m.* pop-up. □ (*Edit*) ~ *book* libro pop-up; (*Inform*) ~ *menu* menu a comparsa; (*Tecn*) ~ *toaster* tostapane automatico; (*Inform*) ~ *window* finestra a comparsa.

porbeagle /'pɔ:ˌbi:gəl *Am* 'pɔːrˌbiːgəl/ *n.* (*Itt*) smeriglio *m.*

porcelain /'pɔːslɪn *Am* 'pɔːrsəlɪn/ **I** *n.* **1** (*Ceram*) porcellana *f.* **2** (*items made of porcelain*) porcellane *f.pl.* **II** *a.* di porcellana. □ (*Geol*) ~ *clay* caolino; ~ *enamel* smalto vetroso.

porcelainize /'pɔːsəlɪnaɪz *Am* 'pɔːrsəlɪnaɪz/ *v.t.* (*Tecn*) porcellanare.

porcelaneous /ˌpɔːsəl'eɪnɪəs *Am* ˌpɔːrsə'leɪnɪəs/ *a.* **1** (*of porcelain*) di porcellana, relativo a porcellana. **2** (*resembling porcelain*) simile a porcellana.

porcellaneous /ˌpɔːsəl'eɪnɪəs *Am* ˌpɔːrsə'leɪnɪəs/ *a.* **1** (*of porcelain*) di porcellana, relativo a porcellana. **2** (*resembling porcelain*) simile a porcellana.

porch /pɔːtʃ *Am* pɔːrtʃ/ *n.* (*Edil*) **1** portico *m.* **2** (*Am*) (*veranda*) veranda *f.*

porched /pɔːtʃt *Am* pɔːrtʃt/ *a.* **1** porticato, con portico. **2** (*Am*) (*with veranda*) con veranda.

porcine /'pɔːsaɪn *Am* 'pɔːrsaɪn/ *a.* porcino, suino, di porco.

porcupine /'pɔːkjəpaɪn *Am* 'pɔːrkjəpaɪn/ *n.* **1** (*Zool*) porcospino *m.*, istrice *m.* **2** (*colloq*) (*touchy person*) persona *f.* scontrosa, istrice *m.*

pore[1] /pɔː *Am* pɔːr/ *v.i.* **1** studiare attentamente, leggere attentamente (*over sth.* qcs.): *to* ~ *over a map* studiare una carta attentamente. **2** (*to stare*) fissare, guardare fissamente (qcu.). **3** (*to ponder*) meditare, riflettere (*over, on, upon* su), considerare attentamente (qcs.). □ *to* ~ *one's eyes out* rovinarsi la vista sui libri.

pore[2] /pɔː *Am* pɔːr/ *n.* (*Anat,Geol,Bot*) poro *m.*

pork /pɔːk *Am* pɔːrk/ *n.* **1** (*Macell,Alim*) maiale *m.*, porco *m.* **2** (*Am,Pol*) (*money*) sovvenzioni *f.pl.* distribuite dal governo per motivi politici; (*jobs*) cariche *f.pl.* distribuite dal governo per motivi politici. □ (*US,colloq*) ~ *barrel* stanziamento di denaro pubblico per realizzare opere di impatto demagogico a favore della propria circoscrizione elettorale; ~ *butcher* salumiere, salumaio, (*region*) pizzicagnolo; (*Gastron*) ~ *pie* pasticcio di carne di maiale; (*Mod*) ~ *pie hat* cappello a calotta piatta e falda rialzata; (*Gastron*) ~ *roast* arrosto di maiale.

porkchop /'pɔːkʃɒp *Am* 'pɔːrkʃɑːp/ *n.* (*Alim, Macell*) braciola *f.* di maiale.

porker /'pɔːkə *Am* 'pɔːrkər/ *n.* **1** (*Zootecn*) maiale *m.* d'allevamento. **2** (*Am,spreg*) (*a fat person*) maiale *m.*, grassone *m.* (*f.* -a), ciccione *m.* (*f.* -a).

porkling /'pɔːklɪŋ/ *n.* (*Am*) (*a young or small pig*) maialino *m.*, porcellino *m.*

porky /'pɔːki *Am* 'pɔːrki/ *a.* **1** di porco, porcino. **2** (*colloq*) (*fat*) grasso, ciccione.

porn /pɔːn *Am* pɔːrn/ *n.* (*sl*) **1** pornografia *f.* **2** (*pornographic material*) materiale *m.* pornografico.

porno /'pɔːnoʊ *Am* 'pɔːrnoʊ/ *n.* (*sl*) **1** pornografia *f.* **2** (*pornographic material*) materiale

m. pornografico.

pornographer /pɔː'nɒgrəfə *Am* pɔːr'nɑːgrəfər/ *n.* **1** (*writer*) pornografo *m.* (*f.* -a). **2** (*seller*) chi vende materiale pornografico.

pornographic /ˌpɔːnə'græfɪk *Am* ˌpɔːrnə'græfɪk/ *a.* pornografico.

pornographically /ˌpɔːnə'græfɪkəli *Am* ˌpɔːrnə'græfɪkəli/ *avv.* pornograficamente.

pornography /pɔː'nɒgrəfi *Am* pɔːr'nɑːgrəfi/ *n.* pornografia *f.*

porosity /pɔː'rɒsəti *Am* pɔː'rɑːsəti/ *n.* porosità *f.* (*anche Tecn*).

porous /'pɔːrəs/ *a.* **1** poroso. **2** (*permeable by water, etc.*) permeabile.

porousness /'pɔːrəsnəs/ *n.* porosità *f.*

porphyry /'pɔːfəri/ *n.* (*Geol*) porfido *m.*

porpoise /'pɔːpəs *Am* 'pɔːrpəs/ *n.* **1** (*Zool*) focena *f.* **2** (*pop*) (*dolphin*) delfino *m.*

porridge /'pɒrɪdʒ *Am* 'pɑːrɪdʒ/ *n.* (*Gastron*) porridge *m.*, farinata *f.* d'avena.

porridgy /'pɒrɪdʒi *Am* 'pɑːrɪdʒi/ *a.* di porridge.

port[1] /pɔːt *Am* pɔːrt/ *n.* **1** porto *m.*: *the ~ of London* il porto di Londra. **2** (*fig*) (*haven, refuge*) rifugio *m.*, porto *m.* □ (*fig*) ~ *after stormy seas* un porto dopo molte burrasche; ~ *area* zona portuale; ~ *authority* capitaneria di porto; ~ *captain* capitano d'armamento; (*Mar*) ~ *charge* tasse portuali, diritti di porto; (*fig*) *any* ~ *in a storm* ogni porto è buono in tempo di tempesta; (*Mar*) *to make* ~ approdare; (*Mar*) ~ *of arrival* porto d'entrata; ~ *of call*: 1 (*Mar*) scalo, porto di scalo; 2 (*estens*) meta abituale; 3 (*Comm,Mar*) scalo, porto d'ordini; (*Mar*) ~ *of clearance* porto di spedizione; (*Mar*) ~ *of departure* porto d'imbarco, porto di partenza; (*Mar*) ~ *of destination* porto di destinazione; (*Mar*) ~ *of discharge* porto di sbarco; (*Mar*) ~ *of distress* porto di rilascio, porto di rifugio; (*Mar*) ~ *of entry* porto d'entrata; (*Mar*) ~ *of registry* porto d'immatricolazione; (*Mar*) ~ *side* sinistra, lato sinistro, fianco sinistro, babordo.

port[2] /pɔːt *Am* pɔːrt/ *n.* **1** (*Inform*) porta *f.* (di accesso). **2** (*Mar*) (*porthole*) oblò *m.*, portellino *m.* **3** (*Mecc*) foro *m.*, apertura *f.*, luce *f.* **4** (*Mil*) feritoia *f.*

port[3] /pɔːt *Am* pɔːrt/ **I** *n.* (*Mar*) (*left side*) sinistra *f.*, babordo *m.*: *to put the helm to* ~ virare a sinistra. **II** *a.* sinistro, di sinistra, di babordo. **III** *v.t.* (*of a helm, rudder*) mettere a sinistra. **IV** *v.i.* virare a sinistra, accostare a sinistra. □ (*Mar*) *on the* ~ *beam* a sinistra; (*Mar*) *on the* ~ *tack* con le mura a sinistra.

port[4] /pɔːt *Am* pɔːrt/ *n.* (*Enol*) porto *m.* □ (*Enol*) ~ *wine* porto.

portability /ˌpɔːtə'bɪləti *Am* ˌpɔːrtə'bɪləti/ *n.* l'essere portatile, trasportabilità *f.*

portable /'pɔːtəbl *Am* 'pɔːrtəbl/ **I** *a.* **1** portabile, trasportabile. **2** (*easily carried by hand*) portatile (*anche Inform*): *a ~ record player* un giradischi portatile. **II** *n.* **1** (*sth. portable*) cosa *f.* portabile, oggetto *m.* portabile. **2** (*Inform*) computer *m.* portatile. □ (*Inform*) ~ *computer* computer portatile; (*Mar*) ~ *tank* cisterna mobile.

portableness /'pɔːtəblnəs *Am* 'pɔːrtəblnəs/ *n.* l'essere portatile, trasportabilità *f.*

portage /'pɔːtɪdʒ *Am* 'pɔːrtɪdʒ/ **I** *n.* **1** (*of boats, goods*) trasporto *m.* via terra da un corso navigabile a un altro. **2** (*place over which carriage is done*) luogo *m.* dove avviene il trasporto. **3** (*route followed*) itinerario *m.* percorso. **4** (*cost of carriage*) spese *f.pl.* di trasporto, spese *f.pl.* di spedizione: *including* ~ *and packing* spese di spedizione e di imballaggio incluse. **5** (*ant*) (*act of carrying*) il trasportare, trasporto *m.*; (*carriage*) trasporto *m.* **II** *v.t.* trasportare via terra da un corso

navigabile a un altro.

portal[1] /'pɔːtəl *Am* 'pɔːrtəl/ *n.* **1** portale *m.* **2** (*fig*) (*entrance*) ingresso *m.*, entrata *f.* **3** (*lett*) (*gate*) porta *f.* **4** (*Inform*) (*an internet site*) portale *m.* □ (*Arch*) ~ *frame bridge* ponte a portale.

portal[2] /'pɔːtəl *Am* 'pɔːrtəl/ *a.* (*Anat*) portale. □ (*Anat*) ~ *vein* vena porta.

portcullis /pɔːt'kʌlɪs *Am* pɔːrt'kʌlɪs/ *n.* (*Mil, ant,Arald*) saracinesca *f.*

portcullised /ˌpɔːt'kʌlɪst *Am* ˌpɔːrt'kʌlɪst/ *a.* **1** saracinesca, con saracinesca.

portend /pɔː'tend *Am* pɔːr'tend/ *v.t.* preannunziare, essere indizio di, fare presagire.

portent /'pɔːtent *Am* 'pɔːrtent/ *n.* **1** presagio *m.*, indizio *m.*, pronostico *m.*: *a ~ of evil* un presagio di sventura. **2** (*prophetic significance*) segno *m.* premonitore. **3** (*wonder, prodigy*) portento *m.*, prodigio *m.*

portentous /pɔː'tentəs *Am* pɔːr'tentəs/ *a.* **1** premonitore. **2** (*ominous*) sinistro, infausto. **3** (*prodigious, marvellous*) portentoso, prodigioso. **4** (*pompous*) pomposo, borioso, vanitoso. **5** (*of style, language*) ampolloso, ridondante.

portentously /pɔː'tentəsli *Am* pɔːr'tentəsli/ *avv.* **1** in modo premonitore. **2** (*prodigiously*) portentosamente, prodigiosamente.

portentousness /pɔː'tentəsnəs *Am* pɔːr'tentəsnəs/ *n.* **1** l'essere premonitore. **2** (*prodigiousness*) prodigiosità *f.*, l'essere portentoso.

porter[1] /'pɔːtə *Am* 'pɔːrtər/ *n.* **1** facchino *m.*, portabagagli *m.* **2** (*bearer*) portatore *m.* □ ~*'s knot* cuscinetto usato dai facchini per proteggere la spalla.

porter[2] /'pɔːtə *Am* 'pɔːrtər/ *n.* **1** (*doorkeeper*) portiere *m.*, portinaio *m.* **2** (*commissionaire*) portiere *m.* (in livrea). □ ~*'s lodge* portineria.

porter[3] /'pɔːtə *Am* 'pɔːrtər/ *n.* (*dark brown ale*) birra *f.* scura.

porterage /'pɔːtərɪdʒ *Am* 'pɔːrtərɪdʒ/ *n.* **1** facchinaggio *m.* **2** (*charge*) spese *f.pl.* di facchinaggio, facchinaggio *m.*

porterhouse /'pɔːtəhaʊs *Am* 'pɔːrtərhaʊs/ *n.* □ (*Macell*) ~ *steak* lombata di manzo.

portfolio /ˌpɔːt'foʊlɪoʊ *Am* ˌpɔːrt'foʊlɪoʊ/ (*pl.* -s /-z/) *n.* **1** cartella *f.*, borsa *f.* per documenti. **2** (*Parl*) (*ministerial office*) dicastero *m.*, portafoglio *m.*; (*state documents*) portafoglio *m.* **3** (*Econ*) portafoglio *m.* **4** (*set of creative works designed to showcase one's ability*) book *m.*

porthole /'pɔːthoʊl *Am* 'pɔːrthoʊl/ *n.* **1** (*Mar*) oblò *m.* **2** (*Mil*) feritoia *f.*

Portia /'pɔːʃə *Am* 'pɔːrʃə/ *n.pr.f.* Porzia.

portico /'pɔːtɪkoʊ *Am* 'pɔːrtɪkoʊ/ (*pl.* -s/-es /-z/) *n.* (*Arch*) portico *m.*

portion /'pɔːʃən *Am* 'pɔːrʃən/ **I** *n.* **1** parte *f.*, porzione *f.*: *a ~ of meat* una porzione di carne. **2** (*share*) parte *f.*, quota *f.*: *to receive one's* ~ ricevere la propria parte. **3** (*Dir*) parte *f.* d'eredità. **4** (*fig*) (*lot, fate*) destino *m.*, sorte *f.*, fato *m.* **II** *v.t.* (*to furnish with a portion*) assegnare una parte a, assegnare una quota a. □ *to* ~ *out* (*to divide into portions*) spartire, ripartire, suddividere, dividere: *to* ~ *out an estate* spartire una proprietà; *this* ~ *to be given up* (*on a ticket*) parte da consegnare.

portionless /'pɔːʃənləs *Am* 'pɔːrʃənləs/ *a.* **1** (*having no inheritance*) senza eredità. **2** (*having no dowry*) senza dote.

Portland /'pɔːtlənd *Am* 'pɔːrtlənd/ *n.pr.* (*Geog*) Portland *f.* □ (*Edil*) ~ *cement* portland, cemento Portland; (*Edil*) ~ *stone* pietra Portland.

portliness /'pɔːtlɪnəs *Am* 'pɔːrtlɪnəs/ *n.* corpulenza *f.*

portly /'pɔːtli Am 'pɔːrtli/ *a.* corpulento.

portmanteau /pɔːt'mæntou Am pɔːrt 'mæntou/ (*pl.* **-s/-x** /-z/) *n.* baule *m.* (ad armadio).

portolano /ˌpɔːtou'lɑːnou Am ˌpɔːrtə'lɑːnou/ (*pl.* **-s** /-z/ o **-ni** /-niː/) *n.* (*Mar*) portolano *m.*

portrait /'pɔːtrɪt Am 'pɔːtrɪt/ *n.* ritratto *m.*, quadro *m.* (*anche fig*): *to sit for one's* ~ posare per un ritratto. □ ~ *artist* ritrattista; (*Fot*) ~ *lens* obiettivo da ritratto; (*Inform*) ~ *mode* orientamento verticale; *to have one's* ~ *painted* farsi fare il ritratto, farsi ritrarre; ~ *painting*: 1 ritrattistica; 2 (*portrait*) ritratto.

portraitist /'pɔːtrɪtɪst Am 'pɔːrtrɪtɪst/ *n.* ritrattista *m./f.*

portraiture /'pɔːtrɪtʃər Am 'pɔːrtrɪtʃər/ *n.* 1 ritrattistica *f.* 2 (*portrait*) ritratto *m.*

portray /pɔː'treɪ/ *v.t.* 1 ritrarre, fare un ritratto a. 2 (*fig*) (*to describe*) descrivere, ritrarre, dipingere; (*to represent in acting*) rappresentare, ritrarre.

portrayable /pɔː'treɪəbl Am pɔːr'treɪəbl/ *a.* che si può ritrarre, che si può descrivere.

portrayal /pɔː'treɪəl Am pɔːr'treɪəl/ *n.* 1 il ritrarre. 2 (*fig*) (*act of describing*) descrizione *f.* 3 (*portrait*) ritratto *m.* 4 (*Teat*) (*act of representing*) rappresentazione *f.*

portrayer /pɔː'treɪər Am pɔːr'treɪər/ *n.* ritrattista *m./f.* (*anche fig*).

portress /'pɔːtrɪs Am 'pɔːrtrɪs/ *n.* 1 portinaia *f.* 2 (*rar*) (*in a convent*) suora *f.* portinaia.

Portsmouth /'pɔːtsməθ Am 'pɔːrtsməθ/ *n.pr.* (*Geog*) Portsmouth *f.*

Portugal /'pɔːtʃəgəl Am 'pɔːrtʃəgəl/ *n.pr.* (*Geog*) Portogallo *m.*

Portuguese /ˌpɔːtʃə'giːz Am ˌpɔːrtʃə'giːz/ I *a.* portoghese. II *n.inv.* 1 (*person*) portoghese *m./f.*: *the* ~ *are very friendly* i portoghesi sono molto amichevoli. 2 (*language*) portoghese *m.*

POS /ˌpiːou'es/ (*Comm*) *point of sale* POS (punto vendita).

P.O.S.B. /piːˌouesˈbiː/ (*Br*) *Post Office Savings Bank* (cassa di risparmio postale).

pose /pouz/ I *v.i.* 1 posare, mettersi in posa, fare da modello: *to* ~ *for a sculptor* posare per uno scultore. 2 (*estens*) (*to assume a false character*) posare, atteggiarsi, fingere di essere: *to* ~ *as an intellectual* posare a intellettuale. 3 (*estens*) (*to attitudinize*) posare, darsi arie, darsi delle arie: *don't believe him, he's only posing* non credergli, è solo una posa. II *v.t.* 1 fare posare, mettere in posa: *to* ~ *a model* fare posare una modella. 2 (*to propound*) porre, proporre, presentare: *to* ~ *a difficult question* porre una domanda difficile. III *n.* 1 (*bodily posture*) atteggiamento *m.*, posa *f.*, posizione *f.* 2 (*of a model*) posa *f.* 3 (*assumed attitude*) posa *f.*, contegno *m.* affettato.

poser[1] /'pouzər/ *n.* 1 (*one who poses*) posatore *m.* (*f.* -trice). 2 (*estens,spreg*) chi si dà arie, chi si dà delle arie, posatore *m.* (*f.* -trice).

poser[2] /'pouzər/ *n.* (*Br*) (*baffling question*) quesito *m.* che suscita perplessità, problema *m.* che suscita perplessità, domanda *f.* imbarazzante.

poseur /pou'zɜːr Am pou'zɜːr/ *n.* chi si dà arie, chi si dà delle arie, posatore *m.*

poseuse /pou'zɜːz/ *n.* chi si dà arie, chi si dà delle arie, posatrice *f.*

posh /pɒʃ Am pɑːʃ/ I *a.* 1 chic, fine, elegante. 2 (*luxurious, sumptuous*) lussuoso, sontuoso, sfarzoso. 3 (*Br*) (*upper class*) di lusso, di classe. II *avv.* (*Br*) da aristocratico, da snob: *to talk* ~ parlare con accento aristocratico. □ (*Br,colloq*) *to* ~ *sth.* **up** rinnovare qcs., rimettere a nuovo qcs.

poshly /pɒʃli Am pɑːʃli/ *avv.* elegantemente.

poshness /pɒʃnəs Am pɑːʃnəs/ *n.* eleganza *f.*

position /pə'zɪʃən/ I *n.* 1 posizione *f.*, collocazione *f.* 2 (*location*) posizione *f.*, ubicazione *f.* 3 (*bodily posture*) posizione *f.*, posa *f.*, postura *f.*: *to sit in an uncomfortable* ~ sedere in una posizione scomoda. 4 (*attitude, way of viewing sth.*) posizione *f.*, modo *m.* di vedere, atteggiamento *m.*: *to take a* ~ *on a controversial issue* prendere posizione su un tema controverso. 5 (*place occupied*) posto *m.*: *we had a good* ~ avevamo un bel posto. 6 (*circumstances, situation*) posizione *f.*, situazione *f.*, stato *m.*: *to find oneself in an awkward* ~ trovarsi in una posizione imbarazzante. 7 (*rank, status*) posizione *f.*, stato *m.*, status *m.*, condizione *f.* (economica *o* sociale): *to have a certain* ~ *in society* avere una certa posizione in società. 8 (*high status*) alto rango *m.*, condizione *f.* sociale elevata. 9 (*relative place, standing*) posizione *f.* (in graduatoria), posto *m.* 10 (*post, job*) impiego *m.*, lavoro *m.*, posto *m.*: *the* ~ *has been filled* il posto è stato occupato. 11 (*Mil*) posizione *f.*: *fortified -s* posizioni fortificate. 12 (*Sport*) classifica *f.*, posto *m.* in classifica, posizione *f.* in classifica. 13 (*Mar,Aer*) punto *m.*, posizione *f.*: *to fix the* ~ fare il punto. II *v.t.* 1 piazzare, mettere in posizione, collocare, disporre, sistemare: *I -ed myself behind the door* mi sono piazzato dietro la porta. 2 (*to determine the position of*) determinare la posizione di, stabilire la posizione di, localizzare, individuare. 3 (*Mil*) piazzare, dislocare: *to* ~ *one's troops* piazzare le truppe. □ *to hold a* ~: 1 (*a job*) occupare un posto; 2 (*Mil*) occupare una posizione, tenere una posizione; *in* ~ a posto, nel posto giusto; *to* ~ *a* ~ *to do sth.* essere in grado di fare qcs.; *to keep up one's* ~ (*in society*) comportarsi in modo conforme al proprio rango; *out of* ~ fuori posto, fuori posizione; (*Sport*) *to play out of* ~ giocare fuori posizione; ~ *paper* documento programmatico; *put yourself in my* ~ mettiti nei miei panni, mettiti al mio posto; *to take the* ~ *that...* sostenere che...; (*Mil*) ~ *warfare* guerra di posizione.

positional /pə'zɪʃənl/ *a.* di posizione, posizionale. □ (*Econ*) ~ *goods* beni di prestigio; (*Inform*) ~ *notation* notazione posizionale, numerazione posizionale.

positionally /pə'zɪʃənli/ *avv.* (*with regard to position*) secondo la posizione, in base alla posizione.

positioning /pə'zɪʃənɪŋ/ *n.* 1 disposizione *f.*, collocazione *f.*, sistemazione *f.* 2 (*Tecn*) posizionamento *m.*

positive /'pɒzətɪv Am 'pɑːzətɪv/ I *a.* 1 (*indicating agreement, affirmation*) positivo, favorevole, affermativo: *the test was* ~ la prova è stata positiva. 2 (*tending to what is thought good*) vantaggioso, positivo: *the* ~ *aspects of the matter* i lati positivi della questione. 3 (*certain*) certo, sicuro. 4 (*actual, real*) effettivo, positivo, reale, concreto: *there are* ~ *signs of a crisis* vi sono segni effettivi di una crisi. 5 (*unquestionable*) irrefutabile, indiscutibile, incontestabile, positivo: ~ *proof* prova irrefutabile. 6 (*explicit*) esplicito, inequivocabile, chiaro, evidente: ~ *orders* ordini espliciti. 7 (*arbitrarily or formally laid down*) positivo: ~ *law* diritto positivo. 8 (*intens*) (*utter, downright*) bello e buono, vero e proprio: *that is a* ~ *lie* è una bugia bella e buona. 9 (*practical*) concreto, pratico: ~ *help* aiuto concreto. 10 (*constructive, helpful*) costruttivo, positivo, utile. 11 (*Gramm*) positivo, di grado positivo; (*affirmative*) affermativo: *a* ~ *verb form* la forma

affermativa del verbo. 12 (*Mat,Fis,Biol,Fot*) positivo. II *n.* 1 positivo *m.* 2 (*Fot*) positiva *f.* 3 (*Gramm*) (*affirmative*) forma *f.* affermativa. 4 (*El*) polo *m.* positivo. □ *a* ~ *attitude* un atteggiamento possibilista, un atteggiamento positivo; (*Br*) ~ *discrimination* discriminazione positiva (ad esempio quella a favore delle minoranze); (*Mat*) ~ *sign* segno positivo; ~ *thinking* pensiero positivo.

positively /'pɒzətɪvli Am 'pɑːzətɪvli/ *avv.* 1 con certezza, positivamente, di positivo, al positivo. 2 (*dogmatically*) in modo assoluto. 3 (*practically, concretely*) concretamente, praticamente: *to act* ~ agire concretamente. 4 (*certainly, absolutely*) certamente, assolutamente, sicuramente: ~ *true* certamente vero. 5 (*utterly*) assolutamente, del tutto.

positiveness /'pɒzətɪvnəs Am 'pɑːzətɪvnəs/ *n.* 1 l'essere positivo, positività *f.* 2 (*certainty*) certezza *f.*, sicurezza *f.* 3 (*confidence, assurance*) sicurezza *f.* di sé. 4 (*practical quality*) spirito *m.* pratico, (*rar*) positivismo *m.*

positivism /'pɒzətɪvɪzəm Am 'pɑːzətɪvɪzəm/ *n.* (*Filos*) positivismo *m.*

positivist /'pɒzətɪvɪst Am 'pɑːzətɪvɪst/ *n.* positivista *m./f.*

positivistic /ˌpɒzətɪ'vɪstɪk Am ˌpɑːzətɪ'vɪstɪk/ *a.* (*Filos*) positivistico.

positivistically /ˌpɒzətɪ'vɪstɪkəli Am ˌpɑːzətɪ 'vɪstɪkəli/ *avv.* positivisticamente.

positron /'pɒzɪtrɒn Am 'pɑːzɪtrɑːn/ *n.* (*Fis*) positrone *m.*

posologic /ˌpɒsə'lɒdʒɪk Am ˌpɑːsə'lɑːdʒɪk/ *a.* (*Farm*) relativo alla posologia, posologico.

posological /ˌpɒsə'lɒdʒɪkəl Am ˌpɑːsə 'lɑːdʒɪkəl/ *a.* (*Farm*) relativo alla posologia, posologico.

posology /pou'sɒlədʒi Am pou'sɑːlədʒi/ *n.* (*Farm,Med*) posologia *f.*

posse /'pɒsi Am 'pɑːsi/ *n.* 1 (*Am,Stor*) persone *f.pl.* radunate da uno sceriffo per essere aiutato nella cattura di criminali ecc. 2 (*Am,sl*) (*street gang*) banda *f.*, gang *f.* 3 (*assembled group*) gruppo *m.*, cerchia *f.*

possess /pə'zes/ *v.t.* 1 possedere, avere. 2 (*to dominate*) dominare, possedere. 3 (*to influence powerfully*) influenzare (fortemente), dominare. 4 (*of an evil spirit*) invasare. □ *to* ~ *oneself of* (*to obtain*) appropriarsi di, impadronirsi di, prendere possesso di; *to* ~ *one's soul in patience* armarsi di santa pazienza; *what -ed you to behave like that?* che cosa ti ha preso per comportarti in quel modo?

possessed /pə'zest/ *a.* posseduto (dal demonio), invasato. □ (*Am,colloq*) *to run like all* ~ correre a più non posso, correre come un pazzo; *to be* ~ *of*: 1 (*to possess*) possedere, avere; 2 (*to be dominated by*) essere posseduto.

possession /pə'zeʃən/ *n.* 1 possesso *m.* 2 (*ownership*) proprietà *f.*, possesso *m.*, possedimento *m.* 3 (*sth. possessed*) bene *m.*, avere *m.*, possesso *m.*, proprietà *f.*: *his most valued* ~ il suo bene più caro. 4 (*condition of being dominated by a devil, passion, etc.*) l'essere posseduto (da un demonio, una passione, qcu.). 5 (*Dir*) (*occupancy*) possedimento *m.* 6 (*Sport*) (*control of the ball, puck, etc.*) possesso *m.*, controllo *m.* 7 *pl.* (*personal property*) averi *m.pl.*, beni *m.pl.*, possedimenti *m.pl.*, proprietà *f.pl.*: *the family's -s* i beni della famiglia. □ *to come into* ~ *of sth.* entrare in possesso di qcs., venire in possesso di qcs.; *to get* ~ *of sth.* prendere possesso di qcs., impadronirsi di qcs.; *to have sth. in one's* ~ avere qcs. in proprio possesso; *to be in* ~ *of sth.* essere in possesso di qcs., possedere qcs., avere qcs.; (*Parl*) *to be in* ~ *of the house* avere la parola; (*Dir*) ~ *of a right* titolarità di un diritto; (*Dir*) *full* ~ *of one's faculties* facoltà d'intendere e di volere; *to be in full* ~ *of one's senses* avere il pieno possesso delle proprie facoltà mentali (*anche Dir*); (*Br,fig*) *to be left in* ~ *of the field* restare padrone del campo; *to take* ~ *of*: 1 impadronirsi di, prendere possesso di; 2 (*to occupy*) occupare: *to take* ~ *of a new house* occupare una nuova casa. *Prov.*: ~ *is nine tenths of the law* (o ~ *is nine-points of the law*) il possesso significa quasi diritto di proprietà.

possessive /pə'zesɪv/ I *a.* 1 possessivo (*anche Gramm*). 2 (*domineering*) possessivo, opprimente: *a* ~ *mother* una madre possessiva. II *n.* (*Gramm*) 1 caso *m.* possessivo. 2 (*possessive form*) forma *f.* possessiva. 3 (*possessive word*) possessivo *m.*

possessively /pə'zesɪvli/ *avv.* 1 possessivamente. 2 (*Gramm*) al genitivo.

possessiveness /pə'zesɪvnəs/ *n.* l'essere possessivo, possessività *f.* (*anche fig*).

possessor /pə'zesər/ *n.* 1 possessore *m.* (*f.* posseditrice), proprietario *m.* (*f.* -a). 2 (*Dir*) possessore *m.*

possessorship /pə'zesəʃɪp/ *n.* (*rar*) possesso *m.*

possessory /pə'zesəri/ *a.* 1 di possessore. 2 (*Dir*) possessorio: ~ *action* azione possessoria.

posset /'pɒsɪt *Am* 'pɑːsɪt/ *n.* (*rar*) latte *m.* caldo con vino, birra e spezie.

possibilism /'pɒsəbəlɪzᵊm *Am* 'pɑːsəbəlɪzᵊm/ *n.* possibilismo *m.* (*anche Pol*).

possibilist /'pɒsəbɪlɪst *Am* 'pɑːsəbɪlɪst/ *n.* possibilista *m./f.*

possibility /ˌpɒsə'bɪləti *Am* ˌpɑːsə'bɪləti/ *n.* 1 possibilità *f.*, evenienza *f.*: *to admit the* ~ *of sth.* ammettere la possibilità di qcs. 2 *pl.* (*potential results*) possibilità *f.pl.* (di successo): *the project has possibilities* il piano ha possibilità di successo.

possible /'pɒsɪbl *Am* 'pɑːsɪbl/ I *a.* 1 possibile: *it is* ~ *that you are right* è possibile che tu abbia ragione; *the task is barely* ~ l'impresa è quasi impossibile; *as soon as* ~ il più presto possibile. 2 (*colloq*) (*satisfactory*) adatto, possibile, accettabile. II *n.* 1 possibile *m.*: *to do what's* ~ fare il possibile; *as far as* ~ nei limiti del possibile. 2 (*possible person*) persona *f.* adatta, persona *f.* giusta. 3 (*Sport*) (*highest possible score*) punteggio *m.* massimo. ☐ *if* ~ se possibile, possibilmente; *with all* ~ *speed*: 1 a tutta velocità, con tutta la rapidità possibile, in tutta fretta; 2 (*as soon as possible*) al più presto, il più presto possibile.

possibly /'pɒsɪbli *Am* 'pɑːsɪbli/ *avv.* 1 (*perhaps*) forse, può darsi. 2 (*by any possibility*) assolutamente, proprio: *I cannot* ~ *come* non posso proprio venire.

possum /'pɒsəm *Am* 'pɑːsəm/ *n.* (*Zool,colloq*) opossum *m.* ☐ *to play* ~: 1 (*to feign death, sleep*) fingersi morto, fingersi addormentato; 2 (*to feign ignorance*) fare il finto tonto; 3 (*to act cautiously*) andare coi piedi di piombo, procedere coi piedi di piombo.

post¹ /pəust/ I *n.* 1 palo *m.*, pilastro *m.*: *to nail a notice to a* ~ inchiodare un avviso a un palo. 2 (*wooden pillar, column*) montante *m.*, colonna *f.* 3 (*of a door*) montante *m.*, stipite *m.* 4 (*of a fence*) steccone *m.* 5 (*Sport*) (*starting or finishing point*) palo *m.* 6 (*Minier*) gamba *f.*, pilastro *m.* II *v.t.* 1 affiggere, attaccare: *to* ~ *a notice on a wall* affiggere un manifesto a un muro. 2 (*to announce by a placard*) annunciare per mezzo di un manifesto. 3 (*to put on a notice board*) affiggere all'albo. 4 (*fig*) (*to denounce publicly*) de-

nunciare pubblicamente. 5 (*to cover with posters, notices*) coprire di manifesti, coprire di avvisi. 6 (*of property*) vietare l'accesso a, vietare il transito in. 7 (*Mar*) (*of a ship*) registrare come perduta in mare. ☐ (*Sport*) *to be left at the* ~ restare al palo; *several people were -ed missing* parecchie persone figuravano nell'elenco dei dispersi; ~ *no bills* divieto d'affissione, vietata l'affissione; *to* ~ *over* coprire di manifesti, coprire di avvisi.

post² /pəust/ I *n.* 1 posta *f.* 2 (*organization, system*) posta *f.*, servizio *m.* postale. 3 (*matter sent, received*) posta *f.*, corrispondenza *f.*: *has the* ~ *arrived?* è arrivata la posta? 4 (*single delivery*) distribuzione *f.* (della posta): *when is the next* ~? quando ci sarà la prossima distribuzione? 5 (*collection*) levata *f.* (della posta). 6 (*Stor*) (*person*) postiglione *m.* 7 (*Stor*) (*station*) posta *f.*, stazione *f.* di posta. II *v.t.* 1 imbucare, spedire, (*rar*) impostare: *to* ~ *a letter* imbucare una lettera. 2 (*to inform*) informare, mettere al corrente, ragguagliare: *keep me -ed* tienimi informato. III *v.i.* 1 (*to travel with post horses*) viaggiare con cavalli di posta. 2 (*estens*) (*to travel quickly*) viaggiare velocemente. 3 (*estens*) (*to hurry*) affrettarsi, trottare. ☐ ~ *bag*: 1 sacco postale, sacco della posta, sacco della corrispondenza; 2 (*mail received*) posta (ricevuta); ~ *boat* battello postale; *by* ~ per posta; (*Stor*) ~ *chaise* postale; ~ *early for Christmas* per Natale spedite per tempo la posta; (*Mus, Stor*) ~ *horn* corno del postiglione; (*Stor*) ~ *horse* cavallo da posta; (*Comm*) *to* ~ *up*: 1 (*of an entry, item*) trascrivere; 2 (*of a ledger*) aggiornare.

post³ /pəust/ I *n.* 1 posto *m.* (*anche Mil*): *a sentry at his* ~ una sentinella al suo posto; *to remain at one's* ~ restare al proprio posto. 2 (*Mil*) (*station*) stanza *f.*, sede *f.*; (*camp*) accampamento *m.*; (*outpost*) avamposto *m.* 3 (*Mil*) (*bugle call*) segnale *m.* di tromba. 4 (*position of employment*) posto *m.*, impiego *m.*, carica *f.*, ufficio *m.*: *executive* ~ posto direttivo. 5 (*settlement, trading post*) base *f.* commerciale, stazione *f.* commerciale. II *v.t.* 1 (*Mil*) dislocare, disporre, appostare, (*rar*) postare: *to* ~ *sentries* postare (le) sentinelle. 2 (*Mil*) (*to assign*) assegnare, destinare: *to be -ed to a regiment* essere assegnato a un reggimento. 3 (*to station, to position*) collocare, piazzare, situare, porre.

postage /'pəustɪdʒ/ *n.* (*Post*) (*fee, charge*) affrancatura *f.*, spese *f.pl.* postali, tariffa *f.* postale. ☐ ~ *due* soprattassa (per affrancatura insufficiente); ~ *free* franco di porto, in franchigia (postale); ~ *meter* affrancatrice; ~ *paid* porto pagato; ~ *stamp* francobollo.

postage-due /'pəustɪdʒˌdjuː/ ☐ (*Post*) ~ *stamp* segnatasse.

postal /'pəustᵊl/ I *a.* 1 postale. 2 (*conducted by post*) per corrispondenza: ~ *chess* partita a scacchi per corrispondenza. II *n.* (*Am, colloq*) cartolina *f.* ☐ (*Am*) ~ *account holder* correntista postale; ~ *address* indirizzo postale; (*Am*) ~ *card* cartolina; ~ *charges* tariffe postali; ~ *cheque* assegno postale; (*Am*) ~ *clerk* impiegato delle poste, impiegato postale; ~ *code* codice postale; ~ *course* corso per corrispondenza; (*Am*) ~ *current account* conto corrente postale; (*Am*) ~ *delivery zone* circoscrizione postale, distretto postale; ~ *district* circoscrizione postale, distretto postale; ~ *money order* vaglia postale; (*Am*) ~ *note* vaglia postale; ~ *order* vaglia postale; (*Am*) ~ *savings bond* buono postale fruttifero; (*Am*) ~ *savings book* libretto di risparmio postale; (*Am*) ~ *savings booklet* libretto di

risparmio postale; ~ *stationery* valori bollati (*spec.* buste e cartoline postali); ~ *transfer* versamento postale; ~ *transfer form* modulo di versamento postale; ~ *union* unione postale.

postbox /'pəustbɒks/ *n.* (*Br*) buca *f.* delle lettere, cassetta *f.* delle lettere.

postboy /'pəustbɔɪ/ *n.* 1 postino *m.*, portalettere *m.* 2 (*postilion*) postiglione *m.*

post capitalistic /ˌpəustˌkæpɪtᵊl'ɪstɪk *Am* ˌpəustˌkæpɪtə'lɪstɪk/ *a.* post-capitalistico, postcapitalistico.

postcard /'pəustkɑːd *Am* 'pəustkɑːrd/ *n.* 1 cartolina *f.*, cartolina *f.* postale. 2 (*picture postcard*) cartolina *f.* illustrata.

postchaise /'pəustʃeɪz/ *n.* (*Stor*) (*horse-drawn carriage used to transport mail*) postale *m.*

postcode /'pəustkəud/ *n.* (*Br*) codice *m.* postale.

postcoded /'pəustkəudɪd/ *a.* (*Br*) con codice postale.

post-coital /ˌpəust'kɔɪtᵊl/ *a.* postcoitale.

post-colonial /ˌpəustkə'ləuniəl/ *a.* post-coloniale, postcoloniale.

postdate /pəust'deɪt/ *v.t.* 1 postdatare: *to* ~ *a cheque* postdatare un assegno. 2 (*of an event*) postdatare, attribuire una data posteriore a.

postdoc /'pəustdɒk *Am* 'pəustdɑːk/ *n.* (*colloq*) persona *f.* impegnata in studi successivi al dottorato di ricerca.

postdoctoral /ˌpəustdɒktᵊrᵊl *Am* ˌpəustdɑːktᵊrᵊl/ *a.* relativo a studi successivi al dottorato di ricerca.

poster /'pəustər/ *n.* 1 (*printed picture*) poster *m.*, stampa *f.* 2 (*advertisement*) manifesto *m.*, affisso *m.*, cartellone *m.* 3 (*Inform*) (*one who posts a message to a newsgroup*) poster *m./f.* 4 (*one who posts bills*) attacchino *m.* (*f.* -a). 5 (*in congresses, etc.*) poster *m.* ☐ (*Am*) ~ *boy*: 1 bambino testimonial, ragazzo testimonial (su cartelloni); 2 (*fig*) (*perfect representative*) emblema; (*Am*) ~ *child* bambino testimonial; (*Am*) ~ *girl*: 1 bambina testimonial, ragazza testimonial (su cartelloni); 2 (*fig*) (*perfect representative*) emblema.

poste restante /ˌpəust'restɑːnt *Am* ˌpəustres'tɑːnt/ *n.* (*Post*) 1 fermoposta *m.* 2 (*department*) sportello *m.* del fermo posta.

posterior /pɒs'tɪəriər *Am* pɑː'stɪəriər/ I *a.* posteriore. II *n.* (*iron*) (*buttocks*) deretano *m.*, didietro *m.*, posteriore *m.*

posteriority /pɒsˌtɪəri'ɒrəti *Am* pɑːˌstɪri'ɑːrəti/ *n.* posteriorità *f.*

posteriorly /pɒs'tɪəriᵊli *Am* pɑː'stɪəriᵊrli/ *avv.* posteriormente.

posterity /pɒs'terəti *Am* pɑːs'terəti/ *n.* posterità *f.*, posteri *m.pl.*

posterize /'pɒstəraɪz/ *v.t.* (*Am*) 1 (*to make into or like a poster*) fare diventare un poster, mettere in formato poster. 2 (*sl*) (*to embarrass or to show up an opponent*) mettere in croce, crocifiggere: *the only question is, who will Micheal Jordan* ~ *tonight?* l'unica cosa da chiedersi è chi sarà oggi la vittima di Michael Jordan?

postern /'pɒstən *Am* 'pəustᵊrn/ *n.* entrata *f.* posteriore.

post-feminism /ˌpəusꞌfemɪnɪzᵊm/ *n.* post-femminismo *m.*, postfemminismo *m.*

post-feminist /ˌpəusꞌfemɪnɪst/ *a.* post-femminista, postfemminista.

postfix¹ /ˌpəusꞌfɪks/ *v.t.* (*Am,Ling*) aggiungere in fine di parola.

postfix² /'pəusfɪks/ *n.* (*Am,Ling*) suffisso *m.*

post-free /'pəusfriː/ I *a.* franco di porto, in franchigia. II *avv.* franco di porto, in franchigia.

postglacial /ˌpousˈgleɪʃəl/ a. (Geol) postglaciale.

postgraduate /ˌpousˈgrædʒuət Am ˌpous ˈgrædʒwɪt/ **I** a. (Univ) di perfezionamento, di specializzazione, post-laurea: ~ training formazione post-laurea; ~ studies studi post-laurea. **II** n. studente m. (f. -essa) che segue un corso post-laurea.

post-haste /ˌpoustˈheɪst/ **I** avv. molto rapidamente, a grande velocità. **II** a. immediato, pronto, rapido.

posthouse /ˈpousthaus/ n. (Br,Stor) stazione f. di posta.

posthumous /ˈpɒstjuməs/ a. postumo.

posthumously /ˈpɒstjuməsli/ avv. dopo la morte.

postiche /pɒsˈtiːʃ Am paːˈstiːʃ/ **I** a. falso, posticcio, artificiale. **II** n. (false hair) posticcio m., toupet m.

postie /ˈpousti/ n. (Br,colloq) postino m. (f. -a).

postil /ˈpɒstɪl Am ˈpaːstɪl/ n. **1** (rar) postilla f., chiosa f., glossa f. **2** (Bibl) glossa f.

postilion /pəˈstɪliən Am pouˈstɪljən/ n. (ant) postiglione m.

postillion /pəˈstɪliən Am pouˈstɪljən/ n. (ant) postiglione m.

post-impressionism /ˌpoustɪmˈpreʃən ɪzᵊm/ n. (Art) postimpressionismo m., post-impressionismo m.

post-impressionist /ˌpoustɪmˈpreʃᵊnɪst/ n. postimpressionista m./f., post-impressionista m./f.

post-impressionistic /ˌpoustɪm‚preʃᵊn ˈɪstɪk Am ‚poustɪm‚preʃᵊˈnɪstɪk/ a. (Art) postimpressionista, post-impressionista.

post-industrial /ˌpoustɪnˈdʌstriəl/ a. postindustriale.

post-industrialism /ˌpoustɪnˈdʌstriəlɪzᵊm/ n. (rar) postindustrialismo m.

posting /ˈpoustɪŋ/ n. **1** (Mil) assegnazione f. a un comando militare, assegnazione f. a un reparto militare. **2** (Comm) (act of transferring an entry, item) il registrare a mastro. **3** (Comm) (record) registrazione f. a mastro.

postlude /ˈpousljuːd/ n. (Mus) postludio m., posludio m.

postman /ˈpousmən/ n.irr. postino m., portalettere m.

postmark /ˈpousmaːk Am ˈpousmaːrk/ **I** n. (Post) timbro m. postale. **II** v.t. (Post) timbrare.

postmaster /ˈpous‚maːstᵊr Am ˈpous‚maːstər/ n. direttore m. di un ufficio postale. □ ~ general (o Postmaster General) ministro delle poste.

postmeridian /ˌpousməˈrɪdiən/ a. pomeridiano.

post meridiem /ˌpousməˈrɪdiᵊm/ a. dopo mezzogiorno, pomeridiano.

postmillenial /ˌpousmɪˈleniəl/ a. post-millennio, post millennio.

postmistress /ˈpous‚mɪstrəs/ n. direttrice f. di un ufficio postale.

postmodern /ˌpousˈmɒdᵊn Am ˌpous ˈmaːdᵊrn/ a. (Art, Filos) postmoderno, post-moderno: ~ design design postmoderno.

postmodernism /ˌpousˈmɒdᵊnɪzᵊm Am ˌpousˈmaːdᵊrnɪzᵊm/ n. (Art,Filos) postmodernismo m., post-modernismo m.

postmodernist /ˌpousˈmɒdᵊnɪst Am ˌpous ˈmaːdᵊrnɪst/ n. (Art,Filos) postmoderno m. (f. -a), post-moderno m. (f. -a).

post-mortem /ˌpousˈmɔːtəm Am ˌpous ˈmɔːrtəm/ **I** n. **1** (Med) autopsia f., (rar) necroscopia f. **2** (colloq) (discussion after the event) analisi f. retrospettiva, riesame m. dell'avvenimento. **II** a. **1** successivo al decesso. **2** (Med) (of a post-mortem) relativo all'autopsia, autoptico. **III** avv. dopo la mor-

te, a morte avvenuta. □ (Med) ~examination autopsia, (rar) necroscopia.

post-natal /ˌpousˈneɪtᵊl Am ˌpousˈneɪtᵊl/ a. postnatale. □ (Med) ~depression depressione post partum.

post-natally /ˌpous(t')ˈneɪtᵊli Am ˌpous(t ')neɪtᵊli/ avv. dopo la nascita.

post-nuptial /ˌpousˈnʌpʃᵊl/ a. **1** successivo alle nozze, posteriore alle nozze. **2** (Zool) (after mating) dopo l'accoppiamento.

post-office /ˈpoust‚ɒfɪs Am ˈpoust‚aːfɪs/ n. ufficio m. postale, posta f. □ (Br) ~address indirizzo postale; ~box casella postale; holder of a ~box cassettista; (GB) ~counters ramo delle poste che si occupa dei servizi locali; (GB) Post Office ministero delle poste; (Post) General Post Office posta centrale; (Br) ~ order vaglia postale; (Br) ~savings-bank cassa di risparmio postale.

post-op /ˌpoustˈɒp Am ˌpoustˈaːp/ a. (Chir, colloq) postoperatorio.

postoperative /ˌpoustˈɒpᵊrɪtɪv Am ˌpoust ˈaːpᵊrᵊtɪv/ a. (Chir) postoperatorio.

postpaid /ˌpoustˈpeɪd/ **I** a. franco di porto, in franchigia. **II** avv. franco di porto, in franchigia.

postpartum /ˌpoustˈpaːtəm Am ˌpoustˈpaːrtəm/ a. post partum (anche Med). □ (Med) ~depression disorder depressione post partum.

postponable /ˌpoustˈpounᵊbl/ a. differibile, prorogabile, rimandabile.

postpone /pousˈpoun Br also pəsˈpoun/ v.t. rinviare, differire, posporre.

postponement /pousˈpounmənt Br also pəs ˈpounmənt/ n. rinvio m., posticipazione f.

postponer /pousˈpounᵊr Br also pəsˈpounᵊr/ n. chi rinvia, chi posticipa.

postpose /pousˈpouz/ v.t. (Gramm) posporre.

postposition /ˌpouspəˈzɪʃᵊn/ n. (Gramm) **1** posposizione f. **2** (postposed word) particella f. pospositiva.

postpositional /ˌpouspəˈzɪʃᵊnᵊl/ a. (Gramm) pospositivo.

postpositive /pousˈpɒzᵊtɪv Am pous ˈpaːzᵊtɪv/ **I** a. (Gramm) pospositivo. **II** n. (Gramm) particella f. pospositiva.

postpositively /pousˈpɒzᵊtɪvli Am pous ˈpaːzᵊtɪvli/ avv. (Gramm) in modo pospositivo.

postprandial /ˌpousˈprændiᵊl/ a. (lett,scherz) postprandiale, che segue un pasto.

postrevolutionary /ˌpous‚revᵊˈluːʃᵊnᵊri Am pous‚revᵊˈluːʃᵊneri/ a. postrivoluzionario, post-rivoluzionario.

postscript /ˈpousskrɪpt/ n. **1** poscritto m., post scriptum m. **2** (at the end of an article, etc.) addenda m.pl., appendice f.

post-structural /ˌpousˈstrʌktʃᵊrᵊl/ a. (Filos) poststrutturale.

post-structuralism /ˌpousˈstrʌktʃᵊrᵊlɪzᵊm/ n. (Filos) poststrutturalismo m.

post-structuralist /ˌpousˈstrʌktʃᵊrᵊlɪst/ n. poststrutturalista m./f.

post-synch /ˈpoussɪŋk/ v.t. (Cin) postsincronizzare.

post-traumatic /ˌpoustrɔːˈmætɪk Am ‚poustrɔːˈmætɪk/ □ (Med) ~stress disorder disturbo post-traumatico da stress.

postulant /ˈpɒstjᵊlənt Am ˈpaːstʃᵊlənt/ n. (Dir,can) postulante m./f.

postulate /ˈpɒstjᵊlᵊt Am ˈpaːstʃᵊlᵊt/ **I** v.t. **1** postulare, chiedere con insistenza. **2** (to assume) supporre, presupporre, ammettere. **II** n. **1** postulato m., presupposto m. necessario. **2** (Mat,Filos) postulato m.

postulation /ˌpɒstjᵊˈleɪʃᵊn Am ‚paːstʃᵊˈleɪʃᵊn/ n. **1** (act of postulating) il postulare. **2** (sth. postulated) postulato m., presupposto m.

postulator /ˌpɒstjᵊˈleɪtᵊr Am ‚paːstʃᵊˈleɪtᵊr/ n. (Dir,can) postulatore m.

postural /ˈpɒstʃᵊrᵊl Am ˈpaːstʃᵊrᵊl/ a. di posizione, relativo alla posizione, posturale.

posture /ˈpɒstʃᵊr Am ˈpaːstʃᵊr/ **I** n. **1** posizione f., postura f.: in a sitting ~ in posizione seduta. **2** (of a model) posa f. **3** (carriage) portamento m. **4** (mental attitude) atteggiamento m. **5** (fig) (state, condition) stato m., condizione f. **II** v.t. mettere in posa, mettere in posizione. **III** v.i. **1** (to assume a posture) assumere una posa, mettersi in posa. **2** (to act affectedly) atteggiarsi, posare, darsi delle arie.

posturer /ˈpɒstʃᵊrᵊr Am ˈpaːstʃᵊrᵊr/ n. posatore m. (f. -trice).

post-vocalic /ˌpousvouˈkælɪk Am ‚pousvou ˈkælɪk/ a. (Ling) postvocalico.

post-war /ˌpousˈwɔːr Am ‚pousˈwɔːr/ a. del dopoguerra, relativo al dopoguerra, postbellico.

postwoman /ˈpoust‚wumən/ n.irr. postina f., portalettere f.

posy /ˈpouzi/ n. mazzolino m. di fiori.

pot[1] /pɒt Am paːt/ **I** n. **1** (cooking vessel) pentola f., pignatta f. **2** (for liquids, soft solids) vasetto m., vaso m., barattolo m.: a ~ of jam un vasetto di marmellata. **3** (for a drink) boccale m., brocca f. **4** (mug) tazza f. **5** (coffee pot) caffettiera f. **6** (teapot) teiera f. **7** (flowerpot) vaso m. da fiori. **8** (in gambling: pool) piatto m., puntate f.pl. **9** (colloq) (toilet) vaso m. da notte. **10** (Pesc) nassa f. **11** (Br,Sport,sl) (cup, trophy) coppa f., trofeo m. **12** pl. (large quantity) grande quantità f.sing., mucchio m.sing., (colloq) sacco m.sing. **II** v.t. **1** (to place in a pot) mettere in un vaso. **2** (Br) (to preserve) conservare in un vaso: to ~ plums conservare le prugne in un vaso, mettere le prugne in conserva. **3** (Giard) invasare, piantare in un vaso: to ~ plants piantare le piante in un vaso. **4** (Br,colloq) (of a child) mettere sul vasino. **5** (colloq) (to take a potshot at) sparare a casaccio contro. **6** (Br,colloq) (to win) vincere, ottenere: to ~ all the prizes vincere tutti i premi. **7** (Sport) (in billiards) mettere in buca, mandare in buca. **8** (Br,Ceram) modellare, lavorare. **9** (Caccia) cacciare per procurarsi cibo, uccidere per procurarsi cibo. **III** v.i. (to take a potshot) sparare a casaccio (at contro). **IV** a. (made of earthenware) di terraglia. □ ~s and pans batteria da cucina, pentolame; (fig) to keep the ~boiling: 1 guadagnarsi da vivere, guadagnarsi il pane; 2 (to keep things moving) mantenere il ritmo; (colloq,fig) to go to ~ andare in rovina; (Am,Alim) ~ herb erbette, erbe aromatiche; (Vetr) ~ metal vetro fuso nel crogiolo; (Gastron) ~ roast brasato; (Am,Gastron) ~ sticker piatto orientale a base di verdure; (Br, colloq) to take a ~ at sth.: 1 (to shoot at random) tirare a casaccio contro qcs.; 2 (to attempt) cercare di fare qcs., tentare di fare qcs.; (colloq,fig) to not have a ~ to piss in essere povero in canna. Prov.: the ~ calling the kettle black! da che pulpito viene la predica!

pot[2] /pɒt Am paːt/ n. (sl) (marijuana) erba f., marijuana f.

potability /ˌpoutəˈbɪlᵊti Am ‚poutəˈbɪlᵊti/ n. potabilità f.

potable /ˈpoutᵊbl Am ˈpoutᵊbl/ a. potabile.

potage /pɒtˈaːʒ Am pouˈtaːʒ/ n. (Gastron) potage m., ministra f.

potash /ˈpɒtæʃ Am ˈpaːtæʃ/ n. (Chim) potassa f.

potassic /pəˈtæsɪk/ a. (Chim) potassico.

potassium /pəˈtæsiəm/ n. (Chim) potassio m. □ (Chim) ~bromide bromuro di potassio; (Chim) ~carbonate carbonato di potassio; (Chim) ~chloride cloruro di potassio; (Chim)

~ *cyanide* cianuro di potassio; (*Chim*) ~ *hydroxide* idrossido di potassio; (*Chim*) ~ *nitrate* nitrato di potassio.

potation /pou'teɪʃən/ *n.* (*Br*) **1** (*drinking*) bevuta *f.* **2** (*drink*) drink *m.*

potato /pə'teɪtou *Am* pə'teɪtou/ (*pl.* **-es** /-z/) *n.* (*Bot,Alim*) patata *f.* □ (*Bot*) ~ *blight* peronospora della patata; (*Alim*) ~ *chip* patatina fritta; ~ *chipper* friggitrice; (*Alim*) ~ *crisp* patatina fritta; (*Agr*) ~ *crop* raccolto delle patate; (*Agr,Mecc*) ~ *digger* scavapatate; (*Alim*) ~ *flour* fecola di patate; (*Agr,Mecc*) ~ *harvester* cavatuberi; ~ *masher* passapatate, schiacciapatate; ~ *peeler* sbucciapatate; (*Gastron*) ~ *salad* insalata di patate.

potbellied /ˌpɒt'belɪd *Am* ˌpɑːt'belɪd/ *a.* panciuto.

potbelly /pɒt'belɪ *Am* pɑːt'belɪ/ *n.* pancione *m.*

potboiler /ˈpɒtˌbɔɪlər *Am* ˈpɑːtˌbɔɪlər/ *n.* opera *f.* commerciale, opera *f.* che vende e di scarsa qualità.

potboy /ˈpɒtbɔɪ/ *n.* (*Br*) cameriere *m.* in un'osteria.

poteen /pɒt'iːn *Am* pɑːt'iːn/ *n.* (*Ir*) whisky *m.* distillato clandestinamente.

potence /ˈpoutəns/ *n.* **1** potenza *f.* **2** (*effectiveness*) potenza *f.*, efficacia *f.*, forza *f.*: *the ~ of prayer* la potenza della preghiera; *the ~ of a drug* l'efficacia di un farmaco. **3** (*power to intoxicate*) potere *m.* inebriante. **4** (*Fisiol*) potenza *f.* sessuale.

potency /ˈpoutnsɪ/ *n.* **1** potenza *f.* **2** (*effectiveness*) potenza *f.*, efficacia *f.*, forza *f.*: *the ~ of prayer* la potenza della preghiera; *the ~ of a drug* l'efficacia di un farmaco. **3** (*power to intoxicate*) potere *m.* inebriante. **4** (*Fisiol*) potenza *f.* sessuale.

potent /ˈpoutnt/ *a.* **1** potente, possente, poderoso. **2** (*of arguments, etc.*) convincente, persuasivo, efficace. **3** (*efficacious*) efficace, potente. **4** (*of an alcoholic drink*) potente, forte. **5** (*having influence*) determinante: *a ~ factor* un fattore determinante. **6** (*Fisiol*) (*sessualmente*) potente.

potentate /ˈpoutntɛrt/ *n.* sovrano *m.*, (*lett*) potentato *m.*

potential /pou'tenʃəl/ **I** *a.* **1** potenziale, possibile: *a ~ threat to peace* una minaccia potenziale per la pace; *a ~ Prime Minister* un possibile primo ministro. **2** (*Gramm*) potenziale. **II** *n.* **1** potenziale *m.*, potenzialità *f.*: *the ~ of atomic power for peaceful uses* il potenziale atomico per usi pacifici; *the growth ~ of an industry* la potenzialità di sviluppo di un'industria. **2** (*latent ability*) capacità *f.* (latente): *a lazy student but full of ~* uno studente pigro ma pieno di capacità. **3** (*Gramm, El,Mat*) potenziale *m.* □ (*El*) ~ *difference* differenza di potenziale; (*El*) ~ *drop* caduta di potenziale.

potentiality /pouˌtenʃɪ'ælətɪ *Am* pouˌtenʃɪ'ælətɪ/ *n.* potenzialità *f.*

potentialize /pə'tenʃəlaɪz/ *v.t.* rendere potenziale.

potentially /pou'tenʃəlɪ/ *avv.* potenzialmente, virtualmente: ~ *dangerous* potenzialmente pericoloso.

potentiate /pou'tenʃɪeɪt/ *v.t.* potenziare, rafforzare.

potentiometer /pouˌtenʃɪ'ɒmɪtər *Am* pouˌtenʃɪ'ɑːmɪtər/ *n.* (*El*) potenziometro *m.*

potently /ˈpoutntlɪ *Am* ˈpoutntlɪ/ *avv.* potentemente, di potenza.

potestative /pə'testətɪv *Am* pə'testətɪv/ *a.* (*Dir*) potestativo.

pothead /ˈpɒːthed/ *n.* (*Am,sl*) fumatore *m.* (*f.* -trice) abituale di marijuana.

potheen /pɒ'θiːn/ *irl. n.* (*Ir*) whisky *m.* distillato clandestinamente.

pother /ˈpɒðər *Am* ˈpɑːðər/ *n.* **1** chiasso *m.*, baccano *m.*, confusione *f.* **2** (*cloud of dust, smoke*) polverone *m.*, nuvola *f.* (di polvere o di fumo).

pothole /ˈpɒthoul *Am* ˈpɑːthoul/ *n.* **1** (*in rock*) grotta *f.* **2** (*Geol*) marmitta *f.* **3** (*Strad*) buca *f.*

pot-hole /ˈpɒthoul/ *v.i.* (*Br,colloq*) esplorare le caverne sotterranee, fare esplorazioni speleologiche.

potholer /ˈpɒthoulər *Am* ˈpɑːthoulər/ *n.* (*colloq*) speleologo *m.* (*f.* -a).

potholing /ˈpɒthoulɪŋ *Am* ˈpɑːthoulɪŋ/ *n.* (*colloq*) esplorazione *f.* speleologica.

pothouse /ˈpɒthaus/ *n.* (*Br,ant*) birreria *f.*

pothunter /ˈpɒthʌntər/ *n.* (*Br*) **1** (*Caccia*) chi caccia solo per riempire il carniere. **2** (*Sport*) chi partecipa alle gare solo per vincere premi. **3** (*Archeol*) chi cerca reperti per interessi personali, spesso in modo illegale.

pothunting /ˈpɒthʌntɪŋ *Am* ˈpɑːthʌntɪŋ/ *n.* **1** (*Caccia*) il cacciare solo per riempire il carniere. **2** (*Sport*) il partecipare a gare solo per vincere premi. **3** (*Archeol*) il cercare reperti per interessi personali, spesso in modo illegale.

potion /ˈpouʃən/ *n.* pozione *f.*, filtro *m.*

Potiphar /ˈpɒtɪfaːr *Am* ˈpɑːtəfər/ *n.pr.m.* (*Bibl*) Putifarre.

potlatch /ˈpɒtlætʃ *Am* ˈpɑːtlætʃ/ *n.* (*Etnol*) potlatch *m.*

potluck /ˈpɒtlʌk *Am* ˈpɑːtlʌk/ *n.* **1** piatto *m.* improvvisato. **2** (*fig*) (*chance*) sorte *f.*, fortuna *f.*: *to try* ~ tentare la sorte. □ *to take* ~ mangiare quello che passa il convento.

potman /ˈpɒtmən/ *n.irr.* (*Br*) cameriere *m.* di osteria.

pot-pourri /ˈpouˈpʊəri *Am* poupuˈriː/ *n.* **1** vaso *m.* contenente petali di fiori essiccati e spezie (per profumare un ambiente). **2** (*Mus,Lett*) miscuglio quello che passa il convento. pot-pourri *m.* **3** (*fig*) (*medley, mixture*) pot-pourri *m.*, guazzabuglio *m.*, miscuglio *m.*

pot-roast /ˈpɒtroust/ *v.t.* (*in cooking*) brasare.

pot-sherd /ˈpɒtʃɜːd *Am* ˈpɑːtʃɜːrd/ *n.* frammento *m.* di vaso (*anche Archeol*).

potshot /ˈpɒtʃɒt *Am* ˈpɑːtʃɑːt/ *n.* **1** (*random shot*) tiro *m.* a casaccio, colpo *m.* a casaccio. **2** (*easy shot*) tiro *m.* facile. **3** (*fig*) (*casual attempt*) tentativo *m.*, assaggio *m.*, esperimento *m.*, prova *f.* □ (*colloq*) *to take a ~ at sth.*: **1** (*to shoot at random*) tirare a casaccio contro qcs.; **2** (*to attempt*) cercare di fare qcs., tentare di fare qcs.

pottage /ˈpɒtɪdʒ *Am* ˈpɑːtɪdʒ/ *n.* (*Gastron*) zuppa *f.*, minestra *f.* densa (di verdure o carne).

potted /ˈpɒtɪd *Am* ˈpɑːtɪd/ *a.* **1** conservato (in vaso), in conserva: ~ *plums* prugne in conserva. **2** (*Giard*) in vaso: ~ *geraniums* gerani in vaso. **3** (*colloq*) (*inadequately summarized*) riassunto frettolosamente.

potter[1] /ˈpɒtər *Am* ˈpɑːtər/ *n.* vasaio *m.* (*f.* -a). □ ~'s *clay* (o ~'s *earth*) argilla; ~'s *wheel* tornio da vasaio.

potter[2] /ˈpɒtər/ *v.i.* (*Br*) **1** (*to do small jobs*) lavoricchiare, lavoracchiare: ~ *about in the garden* lavoricchiare in giardino. **2** (*to move, to stroll aimlessly*) bighellonare, gironzolare, (*rar*) girellare. □ *to ~ about*: **1** (*to do small jobs*) lavoricchiare, lavoracchiare; **2** (*to stroll aimlessly*) bighellonare, gironzolare, girellare; *to ~ around* lavoricchiare, lavoracchiare: **1** (*to do small jobs*) lavoricchiare, lavoracchiare; **2** (*to stroll aimlessly*) bighellonare, gironzolare, girellare; *to ~ away* (*of time*) sprecare, sciupare, perdere.

pottery /ˈpɒtri *Am* ˈpɑːtəri/ *n.* **1** (*ware*) ceramiche *f.pl.*, terraglie *f.pl.*, stoviglie *f.pl.* **2** (*potter's art*) ceramica *f.* **3** (*factory, workshop*) laboratorio *m.* di ceramica, fabbrica *f.* di ceramica.

potting /ˈpɒtɪŋ *Am* ˈpɑːtɪŋ/ *n.* **1** conservazione *f.* in vasi. **2** (*Giard*) invasatura *f.* **3** (*pottery making*) lavorazione *f.* della ceramica, lavorazione *f.* della terracotta.

potty[1] /ˈpɒtɪ/ *a.* (*Br,colloq*) **1** (*slightly crazy*) picchiatello, strambo, (un po') tocco: *to drive so.* ~ fare impazzire qcu. **2** (*insignificant*) insignificante, banale. **3** (*very easy*) facilissimo, semplicissimo. □ *to be ~ about so.* volere un sacco di bene a qcu., volere un bene matto a qcu., amare qcu. alla follia; *to be ~ about sth.* andare matto per qcs.

potty[2] /ˈpɒtɪ *Am* ˈpɑːtɪ/ *n.* (*colloq*) (*child's chamber-pot*) vasino *m.* □ *to go* ~ fare la popò.

potty-train /ˈpɒtɪˌtreɪn *Am* ˈpɑːtɪˌtreɪn/ *v.t.* (*colloq*) (*teach a child to use the toilet*) insegnare a un bambino a usare il vasino.

potty-trained /ˈpɒtɪˌtreɪnd *Am* ˈpɑːtɪˌtreɪnd/ *a.* (*colloq*) che sa usare il vasino.

potty-training /ˈpɒtɪˌtreɪnɪŋ *Am* ˈpɑːtɪˌtreɪnɪŋ/ *n.* (*colloq*) l'insegnare a un bambino a usare il vasino.

pot-valiant /ˈpɒtˌvælɪənt *Am* ˈpɑːtˌvæljənt/ *a.* che diventa coraggioso dopo una bevuta.

pot-valor /ˈpɑːtˌvælər/ *n.* (*Am*) coraggio *m.* dato dall'alcol.

pot-valour /ˈpɒtˌvælər *Am* ˈpɑːtˌvælər/ *n.* coraggio *m.* dato dall'alcol.

pouch /pautʃ/ **I** *n.* **1** (*small satchel*) borsa *f.* **2** (*small wallet*) borsellino *m.* **3** (*small bag*) sacchetto *m.* **4** (*small pocket*) taschino *m.* **5** (*Zool*) (*marsupium*) marsupio *m.* **6** (*Zool*) (*cheek pouch*) borsa *f.* guanciale. **7** (*Anat*) borsa *f.* **8** (*Am,Post*) (*diplomatic bag*) valigia *f.* diplomatica. **II** *v.t.* **1** mettere in una borsa. **2** (*to pocket*) intascare, mettere in tasca, mettersi in tasca. **3** (*Zool*) trasportare nel marsupio. **4** (*to puff*) gonfiare. **III** *v.i.* **1** (*to form a pouch*) formare una borsa. **2** (*to protrude*) sporgere.

pouched /pautʃt/ *a.* dotato di borsa (o marsupio ecc.).

pouchy /ˈpautʃɪ/ *a.* **1** a borse, con borse. **2** (*resembling a pouch*) simile a una borsa.

pouf /puːf *Br also* ˈpʊf/ *n.* **1** (*Arred*) pouf *m.*, puf *m.* **2** (*hairstyle*) pouf *m.*

pouff /puːf *Br also* ˈpʊf/ *n.* **1** (*Arred*) pouf *m.*, puf *m.* **2** (*hairstyle*) pouf *m.*

pouffe /puːf *Br also* ˈpʊf/ *n.* **1** (*Arred*) pouf *m.*, puf *m.* **2** (*hairstyle*) pouf *m.*

poulp /puːlp/ *n.* (*Zool*) polpo *m.*

poulpe /puːlp/ *n.* (*Zool*) polpo *m.*

poult /poult/ *n.* **1** (*young turkey*) tacchino *m.* giovane. **2** (*young chicken*) pollastro *m.*, pollo *m.* novello, galletto *m.*, pollo *m.* giovane. **3** (*young pheasant*) fagiano *m.* giovane.

poulterer /ˈpoultərər/ *n.* (*Br*) pollivendolo *m.* (*f.* -a), pollaiolo *m.* (*f.* -a).

poultice /ˈpoultɪs *Am* ˈpoultɪs/ **I** *n.* (*Med*) impiastro *m.*, cataplasma *m.* **II** *v.t.* (*Med*) applicare un impiastro a.

poultry /ˈpoultrɪ/ *n.* pollame *m.*: *breeding* ~ pollame *m.* d'allevamento. □ ~ *farm* azienda avicola; ~ *farmer* pollicoltore; ~ *farming* pollicoltura; ~ *feed* mangime per polli.

poultryman /ˈpoultrɪmən/ *n.irr.* **1** pollicoltore *m.* **2** (*poulterer*) pollivendolo *m.*, pollaiolo *m.*

pounce[1] /pauns/ **I** *v.i.* **1** piombare, avventarsi (*on su*): *the eagle -d on its prey* l'aquila piombò sulla preda. **2** (*to make a sudden leap*) balzare (*on su*): *the cat -d on the mouse* il gatto balzò sul topolino. **3** (*fig*) (*of people*) piombare, lanciarsi, gettarsi, avventarsi (*on su*): *the police -d on the thieves* la polizia piombò sui ladri. **4** (*fig*) (*to detect rapidly*) cogliere al volo (*on sth.* qcs.): *the lawyer -d on the witness' blunder* l'avvocato colse al volo l'errore del testimone. **II** *n.* **1** (*sudden swoop*) il piombare all'improvviso. **2** (*sudden leap*) balzo *m.* repentino. **3** (*claw, talon*) artiglio *m.*, unghia *f.*

pounce[2] /pauns/ *v.t.* **1** (*of metal*) sbalzare. **2** (*of cloth*) goffrare. **3** (*rar*) (*to perforate*) perforare.

pounce[3] /pauns/ **I** *n.* **1** (*Tecn*) (*in drawing*) spolvero *m.*, poncif *m.* **2** (*powder used to transfer a pattern*) polvere *f.* da spolvero. **3** (*pumice powder*) polvere *f.* di pomice. **II** *v.t.* **1** (*to treat with pounce*) spolverare, spolverizzare. **2** (*of a design*) riportare a spolvero. **3** (*to smooth*) pulire con la pomice, levigare con la pomice. ☐ ~**box** polverino.

pouncet /paunsit/ ☐ (*ant*) ~**box** polverino.

pound[1] /paund/ **I** *n.* (*pl.inv.* o **-s** /-z/; *il pl. inv. si usa general. con valore collett.*) **1** (*Econ*) sterlina *f.*, lira *f.* sterlina: *a five-~ note* un biglietto da cinque sterline. **2** (*unit of weight*) libbra *f.* **II** *v.t.* (*of coins: to test the weight of*) controllare il peso di. ☐ (*Dolc*) ~**cake** torta molto ricca che contiene all'incirca una libbra di ogni ingrediente; (*fig*) ~**of flesh** ciò che spetta fino all'ultimo centesimo; (*fig*) *to demand one's ~ of flesh* (o *to claim one's ~ of flesh*) pretendere ciò che è dovuto, esigere fino all'ultimo centesimo.

pound[2] /paund/ **I** *v.t.* **1** martellare, battere (con forza): *to ~ the door with one's fists* martellare la porta coi pugni; *to ~ a typewriter* battere su una macchina da scrivere. **2** (*Mil*) martellare, battere (senza tregua), tambureggiare: *artillery -ed our trenches* l'artiglieria martellò le nostre trincee. **3** (*to crush*) pestare, frantumare, sminuzzare. **4** (*to pulverize*) polverizzare, ridurre in polvere. **5** (*to compress*) calcare, comprimere. **II** *v.i.* **1** battere (con forza), martellare: *to ~ on the table with one's fist* battere un pugno sul tavolo. **2** (*to make a thumping noise*) tamburellare, martellare. **3** (*to thump, to throb violently*) martellare, battere forte: *my heart was -ing* il cuore mi martellava. **4** (*to move heavily and noisily*) muoversi pesantemente e con fracasso. **5** (*of a horse*) scalpitare. **6** (*Mar*) (*of a ship*) beccheggiare pesantemente. **III** *n.* **1** (*act of pounding*) martellio *m.*, martellamento *m.* **2** (*heavy blow*) forte colpo *m.*, botta *f.* **3** (*noise*) rumore *m.* sordo, tonfo *m.* ☐ *to ~ away*: **1** (*Mil*) martellare, colpire ripetutamente (*at sth.* qcs.); **2** (*to work hard*) buttarsi a corpo morto, buttarsi a capofitto, sprofondarsi (in); (*fig*) *to ~ the pavement* cercare caparbiamente lavoro; *to ~ sth. to pieces* ridurre qcs. in frantumi, ridurre qcs. in pezzi: *the ship -ed to pieces on the rocks* la nave si fracassò sulle rocce.

pound[3] /paund/ *n.* **1** (*public enclosure for stray animals*) recinto *m.* municipale per animali randagi. **2** (*dog pound*) canile *m.* municipale. **3** (*enclosure for sheltering animals*) chiuso *m.* **4** (*area where cars are impounded*) deposito *m.* **5** (*ant*) (*place of confinement*) galera *f.*, prigione *f.* ☐ ~**key** cancelletto (simbolo tipografico, sulle tastiere); ~**sign** simbolo della sterlina.

poundage /paundidʒ/ *n.* **1** (*weight in pounds*) peso *m.* in libbre. **2** (*fee related to the weight in pounds*) tariffa *f.* stabilita in base al peso in libbre. **3** (*Br*) (*tax per pound sterling*) imposta *f.* percentuale per sterlina. **4** (*Br*) (*commission paid on a transaction*) provvigione *f.*, percentuale *f.*

pounder[1] /paundər/ *n.* **1** (*one that crushes*) chi schiaccia, chi frantuma. **2** (*Arm*) mortaio

m. **3** (*pestle*) pestello *m.*

pounder[2] /paundər/ *n.* **1** (*in compounds: that weighs so many pounds*) cosa *f.* che pesa... libbre: *he caught a ten-~* ha preso un pesce di dieci libbre. **2** (*Arm*) (*in compounds*) pezzo *m.* di artiglieria che spara proiettili da... libbre.

pounding /paundiŋ/ *n.* **1** martellio *m.*, martellamento *m.*: *there was a ~ on the door* si sentì un martellio alla porta. **2** (*Mil*) martellamento *m.*, tambureggiamento *m.* **3** (*noise*) rumore *m.* sordo, tonfo *m.*: *the ~ of distant artillery* il rumore sordo dell'artiglieria lontana. **4** (*of a horse*) scalpitio *m.* **5** (*act of pulverizing*) polverizzazione *f.* **6** (*fig*) (*a brutal defeat*) batosta *f.*, pesante sconfitta *f.*, (*region*) scoppola *f.*

pour /pɔːr/ **I** *v.t.* **1** versare, mescere: *to ~ tea into a cup* versare il tè in una tazza. **2** (*assol*) (*to preside at a tea table*) versare il tè agli ospiti. **3** (*fig*) (*to supply abundantly*) fare affluire, riversare: *to ~ money into a company* fare affluire denaro in una società. **4** (*Edil*) gettare, fare una gettata di. **5** (*Met*) colare. **II** *v.i.* **1** (*costr.impers.*) (*to rain heavily*) piovere a dirotto, diluviare: *it was -ing when we went out* quando uscimmo pioveva a dirotto. **2** (*of rain*) scrosciare, rovesciarsi, venir giù. **3** (*to flow in large quantities*) fluire (*copiosamente*), riversarsi, sgorgare, uscire (*in grande quantità*): *water was -ing out of the pipe* l'acqua fluiva dal tubo; *tears -ed from her eyes* le lacrime le sgorgavano dagli occhi. **4** (*fig*) (*to proceed in large numbers*) riversarsi, affluire: *the crowd -ed into the square* la folla si riversò nella piazza. **III** *n.* **1** (*Edil*) colata *f.*, gettata *f.* **2** (*Met*) colata *f.* ☐ *to ~ away* gettar via; (*fig*) *to ~ cold water on sth.* raffreddare qcs., calmare le acque; *to ~ forth*: **1** (*to produce copiously*) produrre in abbondanza, sfornare; **2** (*to give full expression to*) dare libero sfogo a, sfogare; **3** (*of feelings*) trovare sfogo; **4** (*fig*) (*to come out in large numbers*) riversarsi in massa, uscire in massa; (*fig*) *to ~ in*: **1** piovere, fioccare: *good wishes -ed in* piovvero gli auguri; **2** (*to swarm*) affollarsi; *to ~ off excess liquid* gettare via il liquido in eccesso, eliminare il liquido in eccesso; (*fig*) *to ~ oil on the flame* (o *to ~ oil on the flames*) buttare acqua sul fuoco, gettare acqua sul fuoco; (*fig*) *to ~ oil on troubled waters* sedare gli animi, calmare le acque; *to ~ out*: **1** versare, mescere; **2** (*to flow out*) uscire, fluire, sgorgare, riversarsi (*of* da); **3** (*fig*) (*to give full expression to*) dare libero sfogo a, sfogare; **4** (*fig*) (*to confide*) confidare; (*Bibl,fig*) *to ~ out the vials of one's wrath upon so.* sfogare la propria ira su qcu.; *to ~ over*: **1** versare su, versare sopra; **2** (*to flow over*) inondare, sommergere, allagare; *it was -ing rain* stava piovendo a dirotto.

pourboire /puəbwɑːr *Am* pur'bwɑːr/ *n.* (*tip*) mancia *f.*

pouring /pɔːriŋ *Am* pɔːriŋ/ *a.* **1** (*of rain*) scrosciante, torrenziale. **2** (*characterized by heavy rain*) molto piovoso. **3** (*used for pouring*) usato per versare, usato per mescere.

pourparler /ˌpuəˈpɑːleɪ *Am* ˌpurpɑːrˈleɪ/ *n.* abboccamento *m.* preliminare, colloqui *m.pl.* preliminari, pourparler *m.*

pourpoint /puəpɔɪnt *Am* 'purpɔɪnt/ *n.* (*ant, Abbigl*) farsetto *m.* imbottito.

pout[1] /paut/ **I** *v.i.* **1** sporgere le labbra in segno di insoddisfazione, fare boccuccia, increspare la bocca. **2** (*to sulk*) fare il broncio, mettere il broncio, imbronciarsi, immusonirsi. **II** *v.t.* **1** (*of the lips*) sporgere: *to ~ one's lips for a kiss* sporgere le labbra per un bacio. **2** (*to utter with a pout*) brontolare, borbotta-

re. **III** *n.* broncio *m.*, muso *m.*, muso *m.* lungo. ☐ (*Am*) *to have the ~s* tenere il broncio, tenere il muso, fare il muso; (*Am*) *to be in the ~s* tenere il broncio, tenere il muso, fare il muso.

pout[2] /paut/ (*pl.inv.* o **-s** /-s/; *il pl. inv. si usa general. con valore collett.*) *n.* (*Itt*) **1** una qualsiasi specie di pesci d'acqua dolce o di mare. **2** (*catfish*) pesce gatto *m.* **3** (*eel pout*) blennio *m.* viviparo.

pouter /pautər *Am* 'pautər/ *n.* **1** (*one who pouts*) musone *m.* (*f.* -a), chi fa il broncio, chi tiene il broncio. **2** (*Ornit*) piccione *m.* gozzuto.

pouting /pautiŋ *Am* 'pautiŋ/ *a.* imbronciato, immusonito.

poutingly /pautiŋli *Am* 'pautiŋli/ *avv.* in modo imbronciato.

poverty /pɒvəti *Am* 'pɑːvərti/ *n.* **1** miseria *f.*, povertà *f.*, indigenza *f.*: *to live in ~* vivere in miseria. **2** (*deficiency*) carenza *f.*, difetto *m.*, insufficienza *f.*, deficienza *f.*: *~ of vitamins* carenza di vitamine. **3** (*scantiness*) povertà *f.*, scarsezza *f.*, difetto *m.*, scarsità *f.*, penuria *f.*: *~ of ideas* povertà di idee. **4** (*of soil*) improduttività *f.* ☐ ~**line** soglia di povertà, livello minimo di sussistenza. *Prov.*: *when ~ comes in at the door, love flies out the window* quando la fame entra dalla porta l'amore esce dalla finestra.

poverty-stricken /ˈpɒvətiˌstrɪkən *Am* 'pɑːvərtiˌstrɪkən/ *a.* povero, bisognoso, indigente.

POW /ˌpiːˌəʊˈdʌbljuː/ *prisoner of war* PG (prigioniero di guerra).

powder /paudər/ **I** *n.* **1** polvere *f.* **2** (*Cosmet*) cipria *f.* **3** (*Mil*) (*gunpowder*) polvere *f.* da sparo, polvere *f.* pirica. **4** (*snow*) neve *f.* farinosa. **5** (*Farm*) polverina *f.*, polvere *f.* **II** *v.t.* **1** impolverare. **2** (*in cooking*) spolverizzare, spolverare, cospargere. **3** (*Cosmet*) incipriare: *to ~ one's nose* incipriarsi il naso. **4** (*to pulverize*) polverizzare, spolverizzare, ridurre in polvere. **5** (*fig*) (*to scatter, to sprinkle*) cospargere, spruzzare: *the sky was -ed with stars* il cielo era cosparso di stelle. **III** *v.i.* **1** polverizzarsi, ridursi in polvere. **2** (*Cosmet*) incipriarsi. ☐ *it is not worth ~ and shot*: **1** (*Caccia*) non vale la cartuccia; **2** (*not worth attempting*) il gioco non vale la candela; ~**barrel**: **1** (*Mil*) barilotto per polvere da sparo; **2** (*fig*) (*sth. liable to explode*) polveriera; ~**blue** blu cobalto; (*Br,Cosmet*) ~**box** portacipria; (*Arm*) ~**case** bossolo; (*Arm, Mil*) ~**charge** cartoccio, carica di lancio; (*Cosmet*) ~**compact** portacipria; (*fig*) *to keep one's ~ dry* (*to be ready for emergencies*) tenere asciutte le polveri, mantenersi sempre sul chi vive; (*Br,ant*) ~**horn** corno per polvere da sparo; ~**keg**: **1** (*Mil*) barilotto per polvere da sparo; **2** (*fig*) (*sth. liable to explode*) polveriera; (*Br*) ~**magazine**: **1** (*Mil*) polveriera, deposito di munizioni; **2** (*Mar*) santabarbara; (*Br,Ind,ant*) ~**mill** polverificio; ~**monkey**: **1** (*Mar,ant*) chi era incaricato del trasporto degli esplosivi dalla santabarbara ai cannoni; **2** (*who works with explosives*) chi è incaricato della custodia e del trasporto degli esplosivi (*anche Minier*); (*eufem*) ~**room** toilette per signore; (*Am,sl,fig*) *to take a ~* (*to leave in a hurry*) farsi di fumo, tagliare la corda, squagliarsela, svignarsela.

powdered /paudəd *Am* 'paudərd/ *a.* **1** (*reduced to a powder*) polverizzato, in polvere, ridotto in polvere. **2** (*Cosmet*) incipriato. **3** (*fig*) (*scattered, sprinkled*) cosparso, spruzzato (*with* di). ☐ (*Alim*) ~**eggs** uova in polvere; (*Alim*) ~**milk** latte in polvere; (*Alim*) ~**sugar** zucchero in polvere, zucchero a velo.

powdering /'paudəriŋ/ *n.* **1** l'applicare una polvere, l'impolverare. **2** (*act of reducing to powder*) polverizzazione *f.* **3** (*powdery deposit*) strato *m.* polveroso.

powder-puff /'paudəpʌf *Am* 'paudərpʌf/ *n.* (*Cosmet*) piumino *m.* da cipria. □ (*Am, colloq*) ~ *football* partita di football giocata da ragazze per scherzo.

powdery /'paudəri/ *a.* **1** farinoso, polveroso: ~ *snow* neve farinosa. **2** (*crumbling*) friabile, polverizzabile.

power /'pauər/ **I** *n.* **1** (*capability of producing an effect*) efficacia *f.*, potere *m.* **2** (*might*) potenza *f.*, potere *m.*: *the* ~ *of a party* la potenza di un partito. **3** (*ascendancy, control*) influenza *f.*, potere *m.*, ascendente *m.* **4** (*vigour, intensity*) intensità *f.*, vigore *m.* **5** (*physical strength*) forza *f.* (fisica), vigoria *f.*, potenza *f.* **6** (*Pol,Econ,Mil*) potere *m.*: *purchasing* ~ potere d'acquisto; *the economic* ~ *of a nation* il potere economico di una nazione. **7** (*sovereign state*) potenza *f.*: *the Western* -*s* le potenze occidentali. **8** *spec.pl.* (*faculty*) potenza *f.*, capacità *f.*, facoltà *f.pl.*: *visual* ~ potenza visiva; *his* -*s are failing* le sue facoltà stanno affievolendosi. **9** (*document conferring authority*) mandato *m.*, delega *f.* **10** (*one who has influence, authority*) potenza *f.*, persona *f.* potente. **11** (*colloq,dial*) (*large quantity, number*) grande quantità *f.*, mucchio *m.*, sacco *m.*: *a* ~ *of good* un mucchio di bene. **12** (*source of energy*) fonte *f.* d'energia. **13** (*mechanical energy*) forza *f.* motrice, energia *f.* **14** (*electricity*) energia *f.* elettrica, elettricità *f.* **15** (*Fis,Mat*) potenza *f.* **16** (*Ott*) potere *m.* di ingrandimento. **17** *pl.* (*Teol*) potenze *f.pl.*, potestà *f.pl.* **II** *a.* azionato da motore, motorizzato. **III** *v.t.* **1** fornire forza motrice a, alimentare. **2** (*to supply with electricity*) alimentare, fornire energia elettrica a. **3** (*fig*) (*to give impetus to, to spur*) spronare, stimolare. □ *the* -*s above* le alte sfere; (*Rad*) ~ *amplification* amplificazione di potenza; (*Rad*) ~ *amplifier* amplificatore di potenza; *a man of* ~ *and position* un uomo potente e di elevata condizione sociale; (*fig*) ~ *base* base di potere; (*Aut*) ~ *brake* servofreno; (*Mecc*) ~ *drill* trapano a motore; (*El*) ~ *factor meter* misuratore del fattore di potenza; (*Br*) *a* ~ *for good* un influsso benefico; ~ *house*: **1** (*El*) centrale elettrica; **2** (*colloq*) (*energetic person*) persona dinamica; *in* ~ al potere (*anche Pol*): *the party in* ~ il partito al potere; *in one's* ~ in proprio potere: *to do all in one's* ~ (o *to do everything in one's* ~) fare tutto il possibile; *to have so. in one's* ~ avere qcu. in proprio potere; *to be in so.'s* ~ essere nelle mani di qcu., essere in balia di qcu.; *to fall into so.'s* ~ cadere in balia di qcu., cadere in potere di qcu.; (*El*) ~ *line* linea elettrica; (*Tess*) ~ *loom* telaio meccanico; *more* ~ *to you!* (o *more* ~ *to your elbow!*) la fortuna ti assista, buona fortuna; (*Dir*) ~ *of attorney* procura; *the* -*s of darkness* le potenze delle tenebre, le forze del male; *the* -*s of evil* le forze del male; *the* ~ *of recall* la memoria, la capacità di ricordare; (*Br,Dir*) ~ *of search* potere di perquisizione; (*Rel.catt*) ~ *of suggestion* forza di suggestione; (*Rel.catt*) ~ *of the keys* l'autorità pontificia, le chiavi di S. Pietro; *to have the* ~ *of total recall* avere una memoria di ferro; *out of so.'s* ~ non in potere di qcu., al di fuori delle possibilità di qcu.; ~ *plant*: **1** (*El*) centrale elettrica, impianto per la produzione di energia; **2** (*Aer*) gruppo motopropulsore; (*El*) ~ *point* presa di corrente; (*Pol*) *itics* politica della forza; (*El*) ~ *station* centrale elettrica; (*Aut*) ~ *steering* servosterzo;

~ *struggle* lotta per il potere (*anche Pol*); (*scherz*) *the* -*s that be* l'autorità costituita; ~ *tool* utensile meccanico; (*Elettron*) ~ *transistor* transistor di potenza; *under one's own* ~ con i propri mezzi, senza l'aiuto di altri; ~ *unit*: **1** (*Aer,Aut*) gruppo motore; **2** (*El*) gruppo elettrogeno; **3** (*Rad*) amplificatore di potenza; *within one's* ~ in proprio potere.

power-assisted /'pauərə,sɪstɪd/ *a.* (*Tecn*) servoassistito.

powerboat /'pauəbout *Am* 'pauərbout/ *n.* (*Mar*) imbarcazione *f.* a motore, fuoribordo *m.*

powered /'pauəd *Am* 'pauərd/ *a.* **1** a motore: *a* ~ *saw* una sega a motore. **2** (*in compounds*) a..., a energia...: *a rocket-* ~ *aircraft* un aeroplano a razzo; *nuclear-* ~ a energia nucleare.

powerful /'pauəf°l *Am* 'pauərf°l/ *a.* **1** potente, forte. **2** (*very influential*) molto influente, potente. **3** (*very effective*) poderoso, vigoroso: ~ *eloquence* eloquenza poderosa. **4** (*physically strong*) potente, forte, gagliardo, poderoso. **5** (*colloq*) (*great in amount, degree*) formidabile, straordinario.

powerfully /'pauəf°li *Am* 'pauərf°li/ *avv.* potentemente, in modo potente.

powerless /'pauələs *Am* 'pauərləs/ *a.* **1** impotente, senza potere. **2** (*unable*) incapace, non in grado, impotente.

powerlessly /'pauələsli *Am* 'pauərləsli/ *avv.* impotentemente, senza potenza.

powerlessness /'pauələsnəs *Am* 'pauərləsnəs/ *n.* **1** impotenza *f.* **2** (*inability*) incapacità *f.*

power-to-weight /'pauətə,weit *Am* 'pauərtə,weit/ □ (*Mot*) ~ *ratio* rapporto peso-potenza.

powwow /'pauwau/ **I** *n.* **1** (*colloq*) discussione *f.* amichevole. **2** (*ceremony*) cerimonia *f.* sacra degli indiani del Nord America. **3** (*priest*) stregone *m.* indiano. **4** (*tribal council*) consiglio *m.* (tribale). **II** *v.i.* (*colloq*) (*to have a friendly discussion*) discutere amichevolmente.

Powys /'pauis/ *n.pr.* (*Geog*) Powys *m.* (contea del Galles).

pox /poks *Am* pa:ks/ (*pl.inv.* o *poxes* /'poksiz *Am* 'pa:ksiz/) *n.* (*Med*) **1** malattia *f.* esantematica, esantema *m.* **2** (*colloq*) (*syphilis*) sifilide *f.* **3** (*rar*) (*smallpox*) vaiolo *m.* □ *a* ~ *on him!* gli venga un accidenti!, gli venisse un mal di pancia!

pozzolan /,potsə'la:n *Am* ,pa:tsə'la:n/ *n.* (*Min*) pozzolana *f.*

pozzolana /,potsə'la:nə *Am* ,pa:tsə'la:nə/ *n.* (*Min*) pozzolana *f.*

p.p. /,pi:'pi:/ **1** *parcel post* p.p. (pacco postale). **2** (*Gramm*) *past participle* part. pass. (participio passato). **3** (*Comm*) *postage paid* (porto affrancato).

ppd. /,pi:,pi:'di:/ (*Comm*) *prepaid* (pagato anticipatamente, prepagato).

ppr., p.pr. (*Gramm*) *present participle* part. pres., p. pres. (participio presente).

PQ /,pi:'kju:/ *Province of Quebec* PQ (Provincia del Québec).

PR /,pi:'a:r/ **1** *public relations* PR (pubbliche relazioni). **2** (*Geog*) *Puerto Rico* PR (Puerto Rico).

P.R. /,pi:'a:r/ *Public Relations* PR (pubbliche relazioni).

practicability /,præktɪkə'bɪləti *Am* ,præktɪkə'bɪləti/ *n.* **1** fattibilità *f.*, praticabilità *f.* **2** (*sth. practical*) cosa *f.* pratica, cosa *f.* funzionale.

practicable /'præktɪkəbl/ *a.* **1** realizzabile, fattibile, attuabile, praticabile: *a* ~ *scheme* uno schema realizzabile. **2** (*capable of being used*) pratico, funzionale. **3** (*of roads, etc.*) praticabile, percorribile.

practicableness /'præktɪkəblnəs/ *n.* fattibilità *f.*, praticabilità *f.*

practicably /'præktɪkəbli/ *avv.* praticabilmente.

practical /'præktɪk°l/ **I** *a.* **1** (*of action, practice*) pratico, concreto: *a* ~ *solution* una soluzione pratica. **2** (*given to action rather than theory*) pratico, concreto, realistico: *a* ~ *man* un uomo pratico. **3** (*usable, useful*) pratico, funzionale: ~ *suggestions* suggerimenti pratici. **4** (*matter-of-fact*) realistico, pratico. **5** (*real, actual*) vero, effettivo, reale. **6** (*practising*) che esercita una professione, che pratica una professione. **II** *n.* **1** (*Scol*) prova *f.* pratica, pratica *f.* **2** (*Teat*) praticabile *m.* □ ~ *joke* beffa, tiro mancino; ~ *joker* burlone, buontempone, mattacchione; *for all* ~ *purposes* in realtà, a tutti gli effetti; ~ *science* scienza applicata.

practicality /,præktɪ'kæləti *Am* ,præktɪ'kæləti/ *n.* praticità *f.*

practically /'præktɪk°li/ *avv.* **1** in modo pratico, praticamente: *to think* ~ ragionare in modo pratico. **2** (*as regards practice*) praticamente, in pratica, all'atto pratico. **3** (*virtually*) in realtà, in sostanza, praticamente, virtualmente. **4** (*almost*) quasi, circa: *he lost* ~ *everything* ha perduto quasi tutto. □ ~ *speaking* da un punto di vista pratico.

practice /'præktɪs/ **I** *n.* **1** pratica *f.*: *to learn by* ~ imparare con la pratica. **2** (*usual procedure*) prassi *f.*, norma *f.*: *parliamentary* ~ prassi parlamentare. **3** (*custom, usage*) abitudine *f.*, usanza *f.*, consuetudine *f.*, pratica *f.* **4** (*business of a doctor, lawyer, etc.*) studio *m.* professionale, attività *f.* professionale. **5** (*clients, patients*) clientela *f.*, clienti *m.pl.*: *have a large* ~ avere una vasta clientela. **6** (*systematic exercise*) esercizio *m.*, pratica *f.*: *an hour's* ~ *on the piano* un'ora di esercizio al pianoforte. **7** (*training*) tirocinio *m.*, pratica *f.*, addestramento *m.*: *it's good* ~ *for you* è un buon esercizio per te. **8** (*exercise of a profession*) professione *f.* **9** (*Sport*) (*training*) allenamento *m.* **10** (*Mil*) esercitazione *f.*: *shooting* ~ esercitazione di tiro. **11** (*Dir*) procedura *f.* **II** *a.* **1** di allenamento, per allenamento: *a* ~ *match* una partita d'allenamento. **2** (*preliminary*) preliminare. **3** (*experimental*) sperimentale. **III** *v.t.* (*Am*) **1** esercitarsi in (o a), allenarsi a, addestrarsi a, fare pratica di (o in): *to* ~ *writing* esercitarsi a scrivere.; *to* ~ *singing* studiare canto. **2** (*to do habitually*) avere l'abitudine di. **3** (*to make a practice of*) praticare, mettere in pratica, attuare. **4** (*to work at a profession*) praticare la professione di, esercitare la professione di, fare: *to* ~ *medicine* praticare la professione di medico; *to* ~ *as lawyer* esercitare la professione di avvocato. **IV** *v.i.* (*Am*) **1** esercitarsi, allenarsi, addestrarsi (*on, at, with* a, in), fare pratica (di, in): *to* ~ *on the piano* esercitarsi al pianoforte. **2** (*to exercise a profession*) esercitare (una professione), praticare. □ *as is my* ~ (o *as is my usual* ~) com'è mia abitudine; *to* ~ *deceit on so.* ingannare qcu.; *in* ~ in pratica, all'atto pratico; *to be in* ~ praticare (una professione), esercitare (una professione); *to make a* ~ *of doing sth.* prendere l'abitudine di fare qcs.; *to* ~ *on*: **1** (*to take advantage of*) approfittare di; **2** (*to trick*) ingannare, gabbare; *to be out of* ~ essere fuori esercizio, essere fuori allenamento; *to set up a* ~ iniziare a esercitare (una professione); *to* ~ *upon*: **1** (*to take advantage of*) approfittare di; **2** (*to trick*) ingannare, gabbare. *Prov.*: ~ *makes perfect* vale più la pratica della grammatica, l'esercizio è un buon maestro.

practiced /'præktɪst/ *a.* (*Am*) **1** provetto,

esperto, consumato: *a ~ skier* uno sciatore provetto. **2** (*learned by practice*) esercitato, allenato.

practician /præk'tɪʃən/ *n.* **1** chi esercita un mestiere, chi esercita una professione, professionista *m./f.* **2** (*practical person*) persona *f.* pratica.

practicing /'præktɪsɪŋ/ *a.* (*Am*) **1** che esercita (una professione): *a ~ doctor* un medico che esercita la professione. **2** (*Rel*) praticante: *a ~ Catholic* un cattolico praticante. □ (*Dir*) *~ certificate* certificato di libera pratica.

practise /'præktɪs/ *v.t.* **1** esercitarsi in (*o* a), allenarsi a, addestrarsi a, fare pratica di (*o* in): *to ~ writing* esercitarsi a scrivere.; *to ~ singing* studiare canto. **2** (*to do habitually*) avere l'abitudine di. **3** (*to make a practice of*) praticare, mettere in pratica, attuare. **4** (*to work at a profession*) praticare la professione di, esercitare la professione di, fare: *to ~ medicine* esercitare la professione di medico. **II** *v.i.* **1** esercitarsi, allenarsi, addestrarsi (*on, at, with* a, in), fare pratica (di, in): *to ~ on the piano* esercitarsi al pianoforte. **2** (*to exercise a profession*) esercitare (una professione), praticare. □ *to ~ as* doctor praticare la medicina, esercitare la professione medica; *to ~ deceit on* so. ingannare qcu.; *to ~ on*: 1 (*to take advantage of*) approfittare di; 2 (*to trick*) ingannare, gabbare; *to ~ upon*: 1 (*to take advantage of*) approfittare di; 2 (*to trick*) ingannare, gabbare.

practised /'præktɪst/ *a.* **1** provetto, esperto, consumato: *a ~ skier* uno sciatore provetto. **2** (*learned by practice*) esercitato, allenato.

practising /'præktɪsɪŋ/ *a.* **1** che esercita (la professione): *a ~ doctor* un medico che esercita la professione. **2** (*Rel*) praticante: *a ~ Catholic* un cattolico praticante. □ (*Dir*) *~ certificate* certificato di libera pratica.

practitioner /præk'tɪʃənər/ *n.* **1** professionista *m./f.* **2** (*doctor*) medico *m.*, dottore *m.* (f. -essa).

praepostor /ˌpriː'pɒstər/ *n.* (*Br,Scol,rar*) prefetto *m.*

pragmatic /præg'mætɪk *Am* præg'mætɪk/ **I** *a.* **1** prammatico, pragmatico, pratico, concreto, realistico. **2** (*conceited*) presuntuoso, pieno di sé, dogmatico. **3** (*officious*) invadente. **4** (*Filos*) pragmatistico, pragmatista. **5** (*Stor*) che riguarda gli affari di stato. **II** *n.* (*Stor*) prammatica sanzione *f.* □ (*Stor*) *~ sanction* prammatica sanzione.

pragmatical /præg'mætɪkəl *Am* præg'mætɪkəl/ *a.* **1** realistico, concreto, pratico. **2** (*conceited*) presuntuoso, pieno di sé. **3** (*officious*) invadente.

pragmatically /præg'mætɪkəli *Am* præg'mætɪkəli/ *avv.* in modo pragmatico.

pragmatics /præg'mætɪks *Am* præg'mætɪks/ *n.pl.* (*costr.sing.*) (*Ling*) pragmatica *f.sing.*

pragmatism /'prægmətɪzəm *Am* 'prægmətɪzəm/ *n.* **1** realismo *m.*, praticità *f.*, pragmatismo *m.*, concretezza *f.* **2** (*Filos*) pragmatismo *m.* **3** (*estens*) (*pedantry*) pedanteria *f.*

pragmatist /'prægmətɪst *Am* 'prægmətɪst/ **I** *n.* **1** (*Filos*) pragmatista *m./f.* **2** (*practical person*) persona *f.* pratica, pragmatico *m.* (f. -a). **II** *a.* **1** (*Filos*) pragmatistico. **2** (*practical*) pratico, pragmatico.

pragmatistic /ˌprægmə'tɪstɪk *Am* ˌprægmə'tɪstɪk/ *a.* **1** (*Filos*) pragmatistico, pratico, pragmatico.

pragmatize /'prægmətaɪz/ *v.t.* **1** (*to materialize*) materializzare, dare corpo a. **2** (*to rationalize*) razionalizzare.

Prague /prɑːg/ *n.pr.* (*Geog*) Praga *f.*

prairie /'preəri *Am* 'preri/ *n.* prateria *f.* □

(*Ornit*) *~ chicken* tetraone delle praterie; (*Zool*) *~ dog* cane delle praterie; (*Ornit*) *~ hen* tetraone delle praterie; (*Gastron*) *~ oyster* (*raw egg drink*) uovo all'ostrica; (*Geog*) *the Prairie Provinces* (*othe Prairies*) (*in Canada*) province delle praterie (Manitoba, Saskatchewan e Alberta); (*Stor*) *~ schooner* lungo carro coperto usato dai pionieri americani; (*Zool*) *~ wolf* coyote, cane della prateria.

praise /preɪz/ **I** *n.* lode *f.*, elogio *m.*, plauso *m.*, encomio *m.*: *~ be to God* sia lode a Dio. **II** *v.t.* **1** lodare, elogiare, encomiare: *I ~d him for his good work* l'ho elogiato per il buon lavoro svolto. **2** (*to glorify*) glorificare, lodare, celebrare: *to ~ God* glorificare Dio. □ *in ~ of* in lode di; *to ~ so. to the skies* portare qcu. alle stelle.

praiseful /'preɪzfəl/ *a.* pieno di elogi, pieno di lodi, (*lett*) laudativo.

praiseworthily /'preɪzˌwɜːðɪli *Am* 'preɪzˌwɜːrðɪli/ *avv.* lodevolmente, in modo encomiabile.

praiseworthiness /'preɪzˌwɜːðɪnəs *Am* 'preɪzˌwɜːrðɪnəs/ *n.* l'essere lodevole, (*rar*) lodevolezza *f.*

praiseworthy /'preɪzˌwɜːði *Am* 'preɪzˌwɜːrði/ *a.* lodevole, encomiabile.

praline /'prɑːliːn/ *n.* (*Dolc*) pralina *f.*

pram¹ /præm/ *n.* (*Br,colloq*) (*perambulator*) carrozzina *f.*

pram² /præm/ *n.* (*Mar*) chiatta *f.*

prance /prɑːns *Am* præns/ **I** *v.i.* **1** (*of a horse*) impennarsi. **2** (*to ride on a prancing horse*) cavalcare un cavallo che s'impenna. **3** (*to walk gaily*) saltellare. **4** (*to walk smugly*) camminare impettito. **II** *v.t.* (*to cause to prance*) fare impennare. **III** *n.* (*of a horse*) impennata *f.*

prandial /'prændɪəl/ *a.* (*lett*) del pranzo, relativo al pranzo (*anche scherz*).

prang /præŋ/ **I** *v.t.* (*Br,sl*) **1** (*to bomb*) bombardare. **2** (*of an aeroplane: to cause to crash*) fare precipitare, abbattere. **II** *n.* (*Br,sl*) **1** (*bombing raid*) bombardamento *m.* **2** (*aeroplane crash*) caduta *f.* di un aereo.

prank¹ /præŋk/ *n.* beffa *f.*, birichinata *f.*, monelleria *f.* □ *~ call* scherzo telefonico.

prank² /præŋk/ *v.t.* (*Br*) (*to dress ostentatiously*) adornarsi in modo vistoso, (*colloq*) bardarsi: *to ~ oneself out in feathers and furs* bardarsi di piume e pellicce. □ *to ~ oneself out* (*to dress ostentatiously*) adornarsi in modo vistoso, vestirsi con ostentazione, (*colloq*) bardarsi.

prankish /'præŋkɪʃ/ *a.* burlone, scherzoso.

prankster /'præŋkstər/ *n.* burlone *m.* (f. -a), mattacchione *m.* (f. -a).

praseodymium /ˌpreɪzioʊ'dɪmiəm *Am* ˌpreɪzioʊ'dɪmiəm/ *n.* (*Chim*) praseodimio *m.*

prat /prɒt/ *n.* (*Br,sl*) (*stupid person*) scemo *m.* (f. -a), cretino *m.* (f. -a).

prate /preɪt/ **I** *v.i.* ciarlare, chiacchierare, cianciare (*of, about* di). **II** *v.t.* blaterare. **III** *n.* ciarle *f.pl.*, chiacchiere *f.pl.*, ciance *f.pl.*

prater /'preɪtər *Am* 'preɪtər/ *n.* chiacchierone *m.* (f. -a).

prating /'preɪtɪŋ *Am* 'preɪtɪŋ/ *n.* ciarle *f.pl.*, chiacchiere *f.pl.*

pratique /'prætɪk *Am* præ'tiːk/ *n.* (*Mar*) pratica *f.*

prattle /'prætl *Am* 'prætl/ **I** *v.i.* ciarlare, cianciare, parlare a vanvera. **II** *v.t.* blaterare. **III** *n.* **1** ciarle *f.pl.*, chiacchiere *f.pl.*, ciance *f.pl.* **2** (*trivial loquacity*) chiacchiera *f.*, parlantina *f.*

prattler /'prætlər *Am* 'prætlər/ *n.* chiacchierone *m.* (f. -a).

prawn /prɔːn/ **I** *n.* (*Zool*) scampo *m.*, gambero *m.* **II** *v.i.* (*Pesc*) andare a pesca di scampi.

praxis /'præksɪs/ (*pl.* **-xes** /-ksiːz/) *n.* **1** attività *f.* pratica, prassi *f.* **2** (*exercise of an art, skill*) pratica *f.*, esercizio *m.* **3** (*usual conduct*) prassi *f.*

pray /preɪ/ **I** *v.t.* **1** (*to offer devotion to*) pregare: *let us ~ God!* preghiamo Dio! **2** (*ant*) supplicare, pregare, implorare: *to ~ the king for mercy* supplicare il re di concedere la grazia; *to ~ so.'s forgiveness* implorare il perdono di qcu. **II** *v.i.* **1** (*to make supplication*) supplicare, rivolgere suppliche (*for* per): *to ~ to God for sth.* rivolgere suppliche a Dio per qcs. **2** (*to say a prayer*) pregare: (*Lit*) *let us ~* preghiamo. □ (*rar*) *to ~ aid of* (*o* to ~ *in aid of*) chiedere aiuto a; *~ mind your own business* sei pregato di pensare ai fatti tuoi, sei pregato di non immischiarti; *to ~ over* so. pregare per qcu., innalzare preghiere per qcu.; (*Rel.catt*) *to ~ a soul into heaven* pregare per la salvezza di un'anima; *to ~ a soul out of purgatory* pregare perché un'anima lasci il purgatorio; *what, ~, is the meaning of this?* per favore, che cosa significa questo?

prayer¹ /preɪər/ *n.* **1** (*one who prays*) chi prega, chi dice preghiere. **2** (*act of praying*) il pregare. **3** (*communion with God*) preghiera *f.* **4** (*formula of words*) preghiera *f.*, orazione *f.*: *a book of ~s* un libro di preghiere; *to say a ~* recitare una preghiera. **5** (*entreaty, request*) supplica *f.*, istanza *f.*, preghiera *f.*, richiesta *f.* **6** (*sl*) (*slightest chance*) minima possibilità *f.*: *he hasn't a ~ of winning* non ha la minima possibilità di vincere. **7** (*Dir*) richiesta *f.*, istanza *f.* □ *to be at ~* essere in preghiera; *~ beads* corona del rosario, rosario; (*Rel.prot*) *Prayer Book* testo liturgico ufficiale della chiesa anglicana; *~ book* libro di preghiere; (*Rel.catt*) *a ~ for the dead* una preghiera per i defunti; *to kneel in ~* inginocchiarsi a pregare, inginocchiarsi in atto di preghiera; *~ mat* tappeto di preghiera, (*Rel*) *~ meeting* incontro di preghiera; (*Rel*) *~ rug* tappeto di preghiera, (*Rel*) *~ wheel* mulino da preghiera, cilindro da preghiera, ruota da preghiere; *my -s are with you!* io prego per te!, che Dio ti protegga!

prayerful /'preəfəl *Am* 'prerfəl/ *a.* che prega molto.

prayerfully /'preəfəli *Am* 'prerfəli/ *avv.* in spirito di preghiera.

prayerless /'preələs *Am* 'prerləs/ *a.* **1** senza preghiere. **2** (*neglecting the use of prayer*) che non prega.

prayerlessness /'preələsnəs *Am* 'prerləsnəs/ *n.* mancanza *f.* di preghiere.

praying /'preɪɪŋ/ **I** *n.* il pregare, il rivolgere preghiere. **II** *a.* che prega, in preghiera. □ (*Entom*) *~ mantid* mantide religiosa, (*Entom*) *~ mantis* mantide religiosa.

preach /priːtʃ/ **I** *v.t.* **1** predicare: *to ~ the gospel* predicare il Vangelo. **2** (*of a sermon*) fare, pronunciare, tenere. **3** (*to advocate earnestly*) propugnare, sostenere, predicare: *to ~ a doctrine* propugnare una dottrina. **II** *v.i.* **1** predicare, fare una predica: *don't ~ at me* non farmi la predica. □ (*Am,colloq*) *to ~ sth. down* denigrare qcs., (*fig*) *to ~ to deaf ears* parlare al muro; (*fig*) *to ~ to the choir* sfondare una porta aperta, dire qcs. a chi lo sa già; (*Am,colloq*) *to ~ sth. up* esaltare qcs., vantare qcs.

preacher /'priːtʃər/ *n.* (*colloq*) **1** predicatore *m.* (f. -trice). **2** (*Rel.prot*) (*minister*) pastore *m.* **3** (*Rel.catt*) (*priest*) prete *m.*

Preacher *n.* (*Bibl*) Ecclesiaste *m.*

preachership /'priːtʃəʃɪp *Am* 'priːtʃərʃɪp/ *n.* **1** ufficio *m.* pastorale. **2** (*term of office*) durata *f.* dell'ufficio pastorale.

preachify /'pri:tʃɪfaɪ/ *v.i.* (*spreg*) predicare, (*rar*) sermoneggiare.

preachiness /'pri:tʃɪnes/ *n.* (*spreg*) tendenza *f.* a fare prediche.

preaching /'pri:tʃɪŋ/ **I** *n.* **1** predicazione *f.*, il predicare: *the ~ of the Apostles* la predicazione degli Apostoli. **2** (*sermon*) predica *f.*, sermone *m.* **II** *a.* predicatorio, di predica, da predica: *~ tone* (*of voice*) tono predicatorio. □ (*Rel.catt*) *~ friar* frate predicatore, domenicano.

preachment /'pri:tʃmənt/ *n.* (*colloq*) sermone *m.*, predica *f.* (*anche estens*).

preachy /'pri:tʃɪ/ *a.* (*colloq*) predicatorio, da predicatore, da predica.

preacquaint /ˌpri:ə'kweɪnt/ *v.t.* preavvisare, informare in precedenza.

preadamic /ˌpri:ə'dæmɪk/ *a.* preadamitico.

preadamite /pri:'ædəmaɪt/ **I** *n.* preadamita *m./f.* **II** *a.* preadamitico.

preadamitism /pri:'ædəmaɪtɪz³m/ *n.* preadamitismo *m.*

preadmonish /ˌpri:æd'mɒnɪʃ *Am* ˌpri:æd'mɑːnɪʃ/ *v.t.* preavvisare, preavvertire.

preadmonition /ˌpri:ædmə'nɪʃ³n/ *n.* premonizione *f.*, preavviso *m.*, avvertimento *m.*

preadolescence /ˌpri:ˌæd³l'esəns *Am* pri:ˌæd³'lesəns/ *n.* preadolescenza *f.*

preadolescent /ˌpri:ˌæd³l'esənt *Am* pri:ˌædə'lesənt/ *n.* preadolescente *m./f.*

preamble /'pri:æmbl/ **I** *n.* **1** (*of a book, document*) introduzione *f.*, prefazione *f.*, proemio *m.* **2** (*introductory matter*) preambolo *m.*, preliminare *m.*, esordio *m.* **3** (*fig*) (*introductory circumstance, fact*) preludio *m.*, prologo *m.* **4** (*Dir,Pol*) preambolo *m.* **II** *v.i.* fare un preambolo.

preannounce /ˌpri:ə'naʊns/ *v.t.* preannunciare, preavvertire, preavvisare.

preannouncement /ˌpri:ə'naʊnsmənt/ *n.* preannuncio *m.*, preavviso *m.*

pre-arrange /ˌpri:ə'reɪndʒ/ *v.t.* predisporre, prestabilire.

pre-arrangement /ˌpri:ə'reɪndʒmənt/ *n.* predisposizione *f.*, sistemazione *f.* preventiva.

preassembled /ˌpri:ə'sembld/ *a.* premontato.

prebend /'prebənd/ *n.* (*Rel*) **1** prebenda *f.* **2** (*prebendary*) prebendario *m.*, prebendato *m.*

prebendal /'prɒbend³l/ *a.* (*Rel*) **1** (*of a prebend*) di una prebenda, relativo a una prebenda. **2** (*holding a prebend*) prebendato.

prebendary /'preb³nd³ri/ *n.* (*Rel*) prebendario *m.*, prebendato *m.*

prebendaryship /'preb³nd³rɪʃɪp/ *n.* (*Rel*) ufficio *m.* di prebendario.

prebiotic /ˌpri:ˌbaɪ'ɒtɪk *Am* ˌpri:ˌbaɪ'ɑːtɪk/ **I** *a.* (*Biol*) prebiotico. **II** *n.* (*Biol,Alim*) prebiotico *m.*, alimento *m.* prebiotico.

pre-blossom /pri:'blɒsəm *Am* pri:'blɑːsəm/ *a.* (*Bot*) prefloreale.

Pre-Cambrian /ˌpri:'kæmbriən/ **I** *a.* (*Geol*) precambriano. **II** *n.* (*Geol*) precambriano *m.*, precambrico *m.*

precancerous /pri:'kæns³rəs/ *a.* (*Med*) precanceroso.

precarious /prɪ'keəriəs *Am* prɪ'keriəs/ *a.* **1** precario, incerto, malsicuro, instabile: *a ~ balance of power* un equilibrio precario del potere. **2** (*perilous*) malsicuro, rischioso, pericoloso. **3** (*having dubious foundation*) poco fondato, incerto, dubbio. **4** (*Dir*) precario. □ *to make a ~ living* vivere alla giornata, condurre un'esistenza precaria.

precariously /prɪ'keəriəsli *Am* prɪ'keriəsli/ *avv.* precariamente.

precariousness /prɪ'keəriəsnəs *Am* prɪ

'keriəsnəs/ *n.* **1** precarietà *f.*, incertezza *f.*, instabilità *f.* **2** (*perilousness*) pericolosità *f.* **3** (*lack of secure foundation*) mancanza *f.* di un sicuro fondamento, incertezza *f.*

precast /ˌpri:'kɑːst *Am* 'pri:kæst/ **I** *v.t.* (*past, p.p.* **cast**) prefabbricare. **II** *a.* prefabbricato.

precatory /'prekət³ri *Am* 'prekətɔːri/ *a.* supplicatorio, in tono di preghiera.

precaution /prɪ'kɔːʃ³n/ *n.* **1** precauzione *f.*, cautela *f.* **2** (*precautionary measure*) precauzione *f.*, misura *f.* cautelativa: *to take -s against sth.* prendere le precauzioni contro qcs.

precautionary /prɪ'kɔːʃ³n³ri *Am* prɪ'kɔːʃ³neri/ *a.* precauzionale: *~ measures* misure precauzionali.

precede /prɪ'siːd/ *v.t.* **1** (*to go before in time*) precedere, essere anteriore a, accadere prima di: *the period that -d the war* il periodo che precedette la guerra. **2** (*to go in front of*) precedere, andare avanti a, andare innanzi a. **3** (*to go before in rank, importance, etc.*) avere la precedenza su, essere superiore a.

precedence /'presɪd³ns *Am* 'presədəns/ *n.* **1** precedenza *f.*, priorità *f.* **2** (*right to precede others*) precedenza *f.*, diritto *m.* di precedenza (*anche Strad*). □ *to give ~ to so.* dare la precedenza a qcu., concedere la precedenza a qcu.; *to have ~ over* avere la precedenza su; *to take ~ over* avere la precedenza su, avere la priorità rispetto a.

precedency /'presɪd³nsi *Am* 'presədənsi/ *n.* (*rar*) **1** precedenza *f.*, priorità *f.* **2** (*right to precede others*) precedenza *f.*, diritto *m.* di precedenza (*anche Strad*).

precedent[1] /'presɪd³nt *Am* 'presədənt/ *n.* precedente *m.* (*anche Dir*): *to set a ~* creare un precedente; *to become a ~* dar luogo a un precedente; *according to ~* in base ai precedenti; *without ~* senza precedenti.

precedent[2] /prɪ'siːd³nt/ *a.* precedente.

precedented /'presɪdentɪd *Am* 'presɪdentɪd/ *a.* **1** dai precedenti noti (*anche Dir*). **2** (*based on a precedent*) che ha un precedente, basato su un precedente.

preceding /prɪ'siːdɪŋ/ *a.* precedente, prima: *on the ~ page* alla pagina precedente.

precent /prɪ'sent/ **I** *v.i.* dirigere un coro. **II** *v.t.* intonare.

precentor /prɪ'sentə/ *n.* primo cantore *m.*

precentorship /prɪ'sentəʃɪp *Am* prɪ'sentəʃɪp/ *n.* ufficio *m.* di primo cantore, funzione *f.* di primo cantore.

precept /'pri:sept/ *n.* **1** precetto *m.* **2** (*maxim*) regola *f.*, norma *f.*, massima *f.*, principio *m.* **3** (*Br,Dir*) precetto *m.*; (*written order*) mandato *m.* **4** (*Br,Dir*) (*election writ*) mandato *m.* di indizione delle elezioni. **5** (*Br,Dir*) (*order for the collection of rates, taxes*) intimazione *f.* di pagamento.

preceptive /prɪ'septɪv *Am* prɪ'septɪv/ *a.* **1** (*Dir*) ingiuntivo. **2** (*didactic*) istruttivo, didattico.

preceptor /prɪ'septə *Am* prɪ'septər/ *n.* **1** precettore *m.*, aio *m.*, istitutore *m.* **2** (*Am,Univ*) medico *m.* specialista che fa da tutor a un tirocinante.

preceptorate /prɪ'septərɪt/ *n.* ufficio *m.* di precettore, incarico *m.* di precettore.

preceptorial /ˌprisep'tɔːriəl/ *a.* **1** di precettore, relativo a precettore. **2** (*Univ*) (*of a course*) che promuove l'attività personale di un gruppo ristretto di studenti.

preceptorship /prɪ'septəʃɪp/ *n.* ufficio *m.* di precettore, incarico *m.* di precettore.

preceptory /prɪ'septəri/ *n.* (*Stor*) comunità *f.* dei Cavalieri Templari.

preceptress /prɪ'septrəs/ *n.* precettrice *f.*, istitutrice *f.*

precession /prɪ'seʃ³n/ *n.* (*Astr,Fis*) precessione *f.*: *~ of the equinoxes* precessione degli equinozi.

precessional /prɪ'seʃ³n³l/ *a.* (*Astr,Fis*) della precessione, relativo alla precessione.

pre-Christmas /pri:'krɪsməs/ *a.* prenatalizio.

precinct /'pri:sɪŋkt/ *n.* **1** area *f.*, zona *f.*, recinto *m.* **2** (*administrative district of a city*) distretto *m.*: *a police ~* un distretto di polizia. **3** *pl.* (*Br*) (*premises, insides*) locali *m.pl.*: *the -s of a club* i locali di un circolo. **4** *pl.* (*Br*) (*environs*) circondario *m.sing.*, dintorni *m.pl.*

preciosity /ˌpresi'ɒsəti *Am* ˌpreʃi'ɑːsəti/ *n.* ricercatezza *f.*, preziosità *f.*

precious /'preʃəs/ **I** *a.* **1** prezioso, di gran valore: *a ~ jewel* un gioiello prezioso. **2** (*cherished*) caro, adorato, amato: *you are very ~ to me* mi sei molto caro. **3** (*of great non-material value*) prezioso, inestimabile: *to save ~ time* risparmiare tempo prezioso. **4** (*overrefined*) ricercato, prezioso: *~ style* stile ricercato. **5** (*iron*) (*to express irritation, dislike*) preziosissimo, del cavolo: *you and your ~ principles!* tu e i tuoi inutili principi! **6** (*intens*) (*absolute*) emerito, grandissimo, perfetto: *he's a ~ scoundrel* è un emerito farabutto. **II** *n.* persona *f.* adorata, persona *f.* carissima, amato bene *m.* **III** *avv.* (*colloq*) (*very, extremely*) bene, molto, assai: *you have ~ little to complain about* hai ben poco da lamentarti; *I took ~ good care* sono stato molto attento. □ *~ metals* metalli preziosi; *~ stones* pietre preziose.

preciously /'preʃəsli/ *avv.* **1** (*with refined language*) con un linguaggio estremamente raffinato. **2** (*exceedingly*) estremamente.

preciousness /'preʃəsnəs/ *n.* **1** preziosità *f.* **2** (*overrefinement*) preziosità *f.*, ricercatezza *f.*

precipice /'presɪpɪs *Am* 'presəpɪs/ *n.* **1** precipizio *m.*, burrone *m.*, dirupo *m.* **2** (*fig*) (*brink of disaster*) orlo *m.* del precipizio: *on the ~ of war* sull'orlo della guerra.

precipitable /prɪ'sɪpɪtəbl *Am* prɪ'səpɪtəbl/ *a.* precipitabile (*anche Chim*).

precipitance /prɪ'sɪpɪt³ns/ *n.* **1** (*undue haste*) precipitazione *f.*, fretta *f.* (*eccessiva*). **2** (*rashness*) avventatezza *f.*, precipitazione *f.* **3** (*rash act*) azione *f.* avventata, avventatezza *f.*

precipitancy /prɪ'sɪpɪt³nsi/ *n.* **1** (*undue haste*) precipitazione *f.*, fretta *f.* (*eccessiva*). **2** (*rashness*) avventatezza *f.*, precipitazione *f.* **3** (*rash act*) azione *f.* avventata, avventatezza *f.*

precipitant /prɪ'sɪpɪt³nt/ **I** *a.* **1** (*rash, overhasty*) precipitoso, avventato: *we must not be ~* non dobbiamo essere precipitosi. **2** (*sudden, unexpected*) improvviso, inaspettato. **II** *n.* **1** (*Chim*) precipitante *m.* **2** (*fig*) (*for a certain action or event*) catalizzatore *m.*

precipitate[1] /prɪ'sɪpɪteɪt/ **I** *v.t.* **1** precipitare, gettare, fare precipitare: *to ~ two countries into war* fare precipitare due paesi in guerra. **2** (*fig*) (*to hasten*) precipitare, affrettare, accelerare. **3** (*Meteor*) far cadere. **4** (*Chim*) precipitare. **II** *v.i.* **1** cadere a capofitto, precipitare. **2** (*fig*) (*to hasten*) avviarsi rapidamente, precipitare. **3** (*Chim*) precipitare. **4** (*Meteor*) cadere.

precipitate[2] /prɪ'sɪpɪtət/ **I** *a.* **1** (*rash, overhasty*) precipitoso, avventato: *we must not be ~* non dobbiamo essere precipitosi. **2** (*sudden, unexpected*) improvviso, inaspettato. **II** *n.* **1** (*Chim*) precipitato *m.* **2** (*Meteor*) precipitazione *f.*

precipitately /prɪ'sɪpɪtətli *Am* prɪ'sɪpɪtətli/ *avv.* **1** (*rashly*) precipitosamente. **2** (*sudden-*

ly) improvvisamente.

precipitateness /prɪ'sɪpɪtətnəs Am prɪ 'sɪpɪtətnəs/ *n.* **1** precipitazione *f.*, fretta *f.* (eccessiva). **2** (*rashness*) avventatezza *f.*, precipitazione *f.* **3** (*Chim*) (*act*) precipitazione *f.*; (*precipitate*) precipitato *m.* **4** (*Meteor*) precipitazione *f.*

precipitation /ˌprɪsɪpɪ'teɪʃən/ *n.* **1** precipitazione *f.*, fretta *f.* (eccessiva). **2** (*rashness*) avventatezza *f.*, precipitazione *f.* **3** (*Chim*) (*act*) precipitazione *f.*; (*precipitate*) precipitato *m.* **4** (*Meteor*) precipitazione *f.*

precipitator /ˌprɪsɪpɪ'teɪtər Am ˌprɪsɪpɪ'teɪtər/ *n.* (*Tecn*) precipitatore *m.*

precipitous /prɪ'sɪpɪtəs Am prɪ'sɪpɪtəs/ *a.* **1** ripido, scosceso. **2** (*fig*) (*precipitate, hasty*) precipitoso, frettoloso. ☐ (*Mar,Meteor*) ~ *sea* mare molto grosso.

precipitously /prɪ'sɪpɪtəsli Am prɪ'sɪpɪtəsli/ *avv.* **1** (*rashly*) precipitamente. **2** (*suddenly*) improvvisamente.

precipitousness /prɪ'sɪpɪtəsnəs Am prɪ 'sɪpɪtəsnəs/ *n.* **1** ripidezza *f.*, forte pendenza *f.* **2** (*hastiness*) avventatezza *f.*

précis /'preɪsiː/ **I** *n.inv.* compendio *m.*, sommario *m.*, riassunto *m.* **II** *v.t.* compendiare, riassumere.

precise /prɪ'saɪs/ *a.* **1** preciso, chiaro: ~ *instructions* istruzioni precise. **2** (*exact*) preciso, esatto: *the* ~ *time* l'ora precisa; *he arrived at that* ~ *moment* arrivò proprio in quel momento. **3** (*proper*) proprio, corretto, esatto: *to use the* ~ *term* usare il termine proprio. **4** (*scrupulous*) scrupoloso, preciso, meticoloso.

precisely /prɪ'saɪsli/ *avv.* **1** con precisione, precisamente. **2** (*exactly*) esattamente, proprio, precisamente: *that is* ~ *what I mean* questo è proprio quello che intendo dire. **3** (*expressing agreement*) proprio così, per l'appunto, precisamente, esattamente. **4** (*scrupulously*) scrupolosamente, meticolosamente.

preciseness /prɪ'saɪsnəs/ *n.* **1** precisione *f.*, chiarezza *f.* **2** (*scrupulousness*) meticolosità *f.*, precisione *f.*, scrupolosità *f.*

precision /prɪ'sɪʒən/ **I** *n.* **1** precisione *f.*, esattezza *f.*, accuratezza *f.*: *to express oneself with* ~ esprimersi con precisione; *the* ~ *of a measurement* l'accuratezza di una misurazione. **2** (*Mecc,Fis,Chim*) precisione *f.* **3** (*Mat*) precisione *f.*, grado *m.* di precisione. **II** *a.* di precisione. ☐ (*Aer.mil*) ~ *bombing* bombardamento di precisione; ~ *engineering* meccanica di precisione; (*Tecn*) ~ *instrument* strumento di precisione.

precisionist /prɪ'sɪʒnɪst/ *n.* **1** chi ama la precisione. **2** (*purist*) purista *m./f.*

preclinical /prɪ'klɪnɪkəl/ *a.* (*Med*) preclinico.

preclude /prɪ'kluːd/ *v.t.* **1** non ammettere, non consentire, escludere: *his statement -s all doubt* la sua dichiarazione non ammette dubbi di sorta. **2** (*to exclude from sth.*) vietare, precludere, impedire. **3** (*to prevent*) impedire a, precludere a, vietare a: *to* ~ *so. from doing sth.* impedire a qcu. di fare qcs.

preclusion /prɪ'kluːʒən/ *n.* preclusione *f.*, esclusione *f.*

preclusive /prɪ'kluːsɪv/ *a.* che preclude, che vieta.

precocious /prɪ'kəʊʃəs/ *a.* precoce (*anche Bot*): *a* ~ *child* un bambino precoce.

precociously /prɪ'kəʊʃəsli/ *avv.* precocemente.

precociousness /prɪ'kəʊʃəsnəs/ *n.* precocità *f.* (*anche Bot*).

precocity /prɪ'kɒsəti Am prɪ'kɑːsəti/ *n.* precocità *f.* (*anche Bot*).

precognition /ˌpriːkɒg'nɪʃən Am ˌpriːkɑːg 'nɪʃən/ *n.* preveggenza *f.*, previsione *f.*, prescienza *f.*, (*lett*) antiveggenza *f.*, (*lett*) precognizione *f.*

precognitive /ˌpriːkɒg'nɪtɪv Am ˌpriːkɑːg 'nɪtɪv/ *a.* precognitivo.

precoital /ˌpriːkɔɪtəl/ *a.* precoitale, pre-coitale.

precoitally /ˌpriːkɔɪtəli/ *avv.* prima del coito.

precolonial /ˌpriːkə'ləʊniəl/ *a.* precoloniale.

pre-Columbian /ˌpriːkə'lʌmbiən/ *a.* precolombiano.

precompose /ˌpriːkəm'pəʊz/ *v.t.* comporre in anticipo.

preconceive /ˌpriːkən'siːv/ *v.t.* formarsi in anticipo un'opinione, formarsi in anticipo un concetto di.

preconceived /ˌpriːkən'siːvd/ *a.* preconcetto: ~ *notions* opinioni preconcette.

preconception /ˌpriːkən'sepʃən/ *n.* **1** idea *f.* preconcetta. **2** (*prejudiced opinion*) preconcetto *m.*, pregiudizio *m.*

preconcert /ˌpriːkən'sɜːt Am ˌpriːkən'sɜːrt/ *v.t.* predisporre, prestabilire.

preconcerted /ˌpriːkən'sɜːtɪd Am ˌpriːkən 'sɜːrtɪd/ *a.* predisposto, prestabilito.

precondition /ˌpriːkən'dɪʃən/ *n.* requisito *m.* indispensabile, condizione *f.* necessaria.

preconization /ˌpriːkənaɪ'zeɪʃən Am ˌpriːkən'zeɪʃən/ *n.* (*Rel*) preconizzazione *f.*

preconize /'priːkənaɪz/ *v.t.* **1** annunciare pubblicamente, proclamare, (*lett*) preconizzare. **2** (*Rel*) preconizzare.

preconscious /'priːˌkɒnʃəs Am 'priːˌkɑːnʃəs/ *n.* (*Psic*) preconscio *m.*

preconsciousness /ˌpriː'kɒnʃəsnəs Am ˌpriː'kɑːnʃəsnəs/ *n.* (*Psic*) preconscio *m.*

pre-contact /ˌpriː'kɒntækt Am ˌpriː'kɑːntækt/ *a.* (*Stor*) prima del contatto con i colonizzatori, precedente l'arrivo dei colonizzatori.

precook /ˌpriː'kʊk/ *v.t.* precuocere.

precooked /ˌpriː'kʊkt/ *a.* precotto.

precooking /ˌpriː'kʊkɪŋ/ *n.* (*advance cooking*) precottura *f.*

pre-cooling /ˌpriː'kuːlɪŋ/ *n.* (*Tecn*) prerefrigerazione *f.*, preraffreddamento *m.*

precursor /ˌpriː'kɜːsər Am ˌpriː'kɜːrsər/ *n.* **1** (*in an office*) predecessore *m.* (*f.* -a). **2** (*in a method*) precursore *m.* (*f.* precorritrice), antesignano *m.* (*f.* -a). **3** (*harbinger*) foriero *m.* (*f.* -a), messaggero *m.* (*f.* -a).

precursory /ˌpriː'kɜːsəri Am ˌpriː'kɜːrsəri/ *a.* **1** (*preceding*) precursore. **2** (*preliminary*) preliminare. **3** (*premonitory*) premonitore.

predaceous /prɪ'deɪʃəs/ *a.* **1** (*Zool*) predatore. **2** (*estens*) (*greedy*) rapace, avido.

predaceously /prɪ'deɪʃəsli/ *avv.* rapacemente, avidamente.

predaceousness /prɪ'deɪʃəsnəs/ *n.* **1** (*Zool*) l'essere predatore, rapacità *f.* **2** (*estens*) (*greediness*) rapacità *f.*, avidità *f.*

predacious /prɪ'deɪʃəs/ *a.* (*Am*) **1** (*Zool*) predatore. **2** (*estens*) (*greedy*) rapace, avido.

predaciousness /prɪ'deɪʃəsnəs/ *n.* **1** (*Zool*) l'essere predatore, rapacità *f.* **2** (*estens*) (*greediness*) rapacità *f.*, avidità *f.*

predacity /prɪ'dæsəti Am prɪ'dæsəti/ *n.* **1** (*Zool*) l'essere predatore, rapacità *f.* **2** (*estens*) (*greediness*) rapacità *f.*, avidità *f.*

pre-date /ˌpriː'deɪt/ *v.t.* **1** retrodatare, antidatare. **2** (*to precede in date*) precedere, venire prima di.

predation /prɪ'deɪʃən/ *n.* (*Biol*) predazione *f.*

predator /'predətər Am 'predətər/ *n.* **1** (*Zool*) predatore *m.* (*f.* -trice). **2** (*estens*) (*who plunders or destroys*) predatore *m.* (*f.* -trice), predone *m.*

predatorily /'predət*ə*rli Am 'predətɔːrəli/ *avv.* in modo predatorio.

predatoriness /'predət*ə*rɪnes Am 'pred

predatory /'predətəri Am 'predətɔːri/ *a.* **1** (*greedily destructive*) predatore. **2** (*given to exploiting others*) sfruttatore. **3** (*Zool*) predatore, da preda. ☐ (*Comm,Econ*) ~ *pricing* predatory pricing, riduzione sleale del prezzo per uccidere la concorrenza.

predecease /ˌpriːdɪ'siːs Am ˌpriːdiː'siːs/ **I** *v.t.* premorire (*anche burocr*). **II** *n.* premorienza *f.* (*anche burocr*).

predecessor /'priːdɪˌsesər Am 'predəsesər/ *n.* **1** predecessore *m.* (*f.* -a), antecessore *m.* **2** (*rar*) (*ancestor*) avo *m.* (*f.* -a), antenato *m.* (*f.* -a). **3** (*sth. replaced by sth. else*) predecessore *m.*, precedente *m.*, modello *m.*: *the new building is finer than its* ~ la nuova costruzione è più bella della precedente.

predestinate[1] /priː'destɪneɪt Am priː 'destɪneɪt/ *v.t.* predestinare (*anche Teol*).

predestinate[2] /priː'destɪnət Am priː'destɪnət/ *a.* predestinato (*anche Teol*).

predestination /ˌpriːdestɪ'neɪʃən Am ˌpriːdestə'neɪʃən/ *n.* predestinazione *f.* (*anche Teol*).

predestine /ˌpriː'destɪn/ *v.t.* predestinare (*anche Teol*).

predeterminable /ˌpriːdɪ'tɜːmɪnəbl Am ˌpriːdɪ'tɜːrmɪnəbl/ *a.* predeterminabile.

predeterminate /ˌpriːdɪ'tɜːmɪnət Am ˌpriːdɪ 'tɜːrmɪnɪt/ *a.* predeterminato.

predetermination /ˌpriːdɪˌtɜːmɪ'neɪʃən Am ˌpriːdɪˌtɜːrmə'neɪʃən/ *n.* predeterminazione *f.*, predestinazione *f.*

predetermine /ˌpriːdɪ'tɜːmɪn Am ˌpriːdɪ 'tɜːrmɪn/ *v.t.* predeterminare.

predetermined /ˌpriːdɪ'tɜːmɪnd Am ˌpriːdɪ 'tɜːrmɪnd/ *a.* predeterminato.

predeterminer /ˌpriːdɪ'tɜːmɪnər Am ˌpriːdɪ 'tɜːrmɪnər/ *n.* (*Gramm*) elemento *m.* grammaticale che precede un determinante.

predicability /ˌpredɪkə'bɪləti Am ˌpredɪkə 'bɪləti/ *n.* (*anche Filos*) l'essere predicabile.

predicable /'predɪkəbl/ **I** *a.* **1** affermabile, che si può asserire. **2** (*Filos*) predicabile. **II** *n.* (*Filos*) predicabile *m.*

predicament /prɪ'dɪkəmənt/ *n.* **1** situazione *f.* imbarazzante, situazione *f.* spiacevole, impiccio *m.*, guaio *m.*: *I find myself in a* ~ mi trovo in una situazione imbarazzante. **2** (*Filos*) categoria *f.*, predicamento *m.*

predicant /'predɪkənt/ **I** *a.* (*Rel*) predicatore. **II** *n.* **1** predicatore *m.* (*f.* -trice). **2** (*Rel*) (*Dominican*) domenicano *m.*, frate *m.* predicatore.

predicate[1] /'predɪkeɪt/ *v.t.* **1** (*to affirm, to declare*) affermare, dichiarare, asserire. **2** (*Filos*) predicare; (*of a term*) essere predicato di.

predicate[2] /'predɪkət Am 'predɪkɪt/ **I** *n.* (*Gramm,Filos*) predicato *m.* **II** *a.* (*Gramm,Filos*) predicativo. ☐ (*Gramm*) ~ *adjective* predicato, aggettivo predicativo; (*Gramm*) ~ *nominative* predicato nominale; (*Gramm*) ~ *noun* predicato nominale; (*Gramm*) ~ *objective* complemento oggetto, accusativo.

predication /ˌpredɪ'keɪʃən/ *n.* **1** affermazione *f.*, asserzione *f.* **2** (*Filos*) predicazione *f.*

predicative /prɪ'dɪkətɪv Am prɪ'dɪkətɪv/ *a.* **1** affermativo, assertivo. **2** (*Gramm,Filos*) predicativo.

predicatively /prɪ'dɪkətɪvli Am prɪ'dɪkətɪvli/ *avv.* **1** affermativamente. **2** (*Gramm,Filos*) in funzione predicativa.

predicatory /'predɪkeɪt*ə*ri Am 'predɪkətɔːri/ *a.* predicatorio, di predica, da predica (*anche spreg*).

predict /prɪ'dɪkt/ *v.t.* predire, preannunciare, presagire.

predictability /prɪˌdɪktə'bɪləti Am prɪˌdɪktə

'bɪləti/ n. prevedibilità f.

predictable /prɪ'dɪktəbl/ a. prevedibile, che può essere preannunciato: *his refusal was entirely ~* il suo rifiuto era del tutto prevedibile.

predictably /prɪ'dɪktəbli/ avv. prevedibilmente, come previsto, in modo che si può predire, in modo che si può preannunciare.

prediction /prɪ'dɪkʃən/ n. 1 predizione f., pronostico m., anticipazione f. 2 (*prophecy*) profezia f.

predictive /prɪ'dɪktɪv Am prɪ'dɪktɪv/ a. profetico.

predictively /prɪ'dɪktɪvli Am prɪ'dɪktɪvli/ avv. in modo profetico, profeticamente.

predictor /prɪ'dɪktər/ n. 1 indovino m. (f. -a), veggente m./f., profeta m. (f. -essa), (*rar*) preannunciatore m. (f. -trice). 2 (*Mil,Arm*) puntatore m. automatico, goniotacometro m.

predigest /,priːdɪ'dʒest/ v.t. (*Ind,Alim*) sottoporre a predigestione.

predigestion /,priːdɪ'dʒestʃən/ n. (*Ind,Alim*) predigestione f.

predilection /,priːdɪ'lekʃən Am ,prədəl'ekʃən/ n. predilezione f.

predispose /,priːdɪ'spəʊz/ v.t. 1 indurre, rendere propenso, rendere incline, predisporre. 2 (*to make liable*) predisporre, rendere soggetto (*anche Med*): *poverty -s children to disease* la miseria predispone i bambini alle malattie.

predisposed /,priːdɪ'spəʊzd/ a. predisposto (*anche Med*).

predisposing /,priːdɪ'spəʊzɪŋ/ a. (*Med*) predisponente: *~ factor* fattore predisponente.

predisposition /,priːdɪspə'zɪʃən/ n. 1 predisposizione f., tendenza f., inclinazione f. 2 (*Med*) predisposizione f.

prednisone /'prednɪzəʊn/ n. (*Chim,Farm*) prednisone m.

predominance /prɪ'dɒmɪnəns Am prɪ'dɑːmɪnəns/ n. 1 preponderanza f., prevalenza f. 2 (*ascendancy*) predominio m., supremazia f., preminenza f.

predominancy /prɪ'dɒmɪnənsi Am prɪ'dɑːmɪnənsi/ n. 1 preponderanza f., prevalenza f. 2 (*ascendancy*) predominio m., supremazia f., preminenza f.

predominant /prɪ'dɒmɪnənt Am prɪ'dɑːmɪnənt/ a. 1 preponderante, maggiore, predominante. 2 (*prevailing*) predominante, prevalente, preminente. 3 (*ascendant*) predominante, dominante.

predominantly /prɪ'dɒmɪnəntli Am prɪ'dɑːmɪnəntli/ avv. in prevalenza, prevalentemente, in preponderanza.

predominate /prɪ'dɒmɪneɪt Am prɪ'dɑːmɪneɪt/ I v.i. 1 prevalere, predominare (*over* su). 2 (*to be superior in numbers*) avere la prevalenza, avere la maggioranza, essere in prevalenza. 3 (*to be most evident*) predominare, dominare: *blues and reds ~ in his paintings* il blu e il rosso predominano nei suoi dipinti. II v.t. dominare, sopraffare, soverchiare.

predominately /prɪ'dɒmɪneɪtli Am prɪ'dɑːmɪneɪtli/ avv. prevalentemente, in prevalenza.

predomination /prɪ,dɒmɪ'neɪʃən Am prɪ ,dɑːmə'neɪʃən/ n. 1 preponderanza f., prevalenza f. (numerica). 2 (*ascendancy*) predominio m., supremazia f., preminenza f.

pre-dynastic /,priːdɪ'næstɪk/ a. predinastico.

pre-echo /,priː'ekəʊ/ n. (*Acus*) pre-eco.

pre-eclampsia /,priːɪ'klæm(p)sɪə/ n. (*Med*) preeclampsia f.

pre-eclamptic /,priːɪ'klæmtɪk/ I a. (*Med*) preeclamptico. II n. (*Med*) chi soffre di pre-

eclampsia.

pre-elect /,priːɪ'lekt/ v.t. 1 prescegliere, scegliere in precedenza, (*rar*) preeleggere. 2 (*Teol*) predestinare.

pre-election /,priːɪ'lekʃən/ I n. 1 scelta f. fatta in precedenza. 2 (*Teol*) predestinazione f. II a. preelettorale.

pre-embryo /,priː'embrɪəʊ/ n. (*Biol*) pre-embrione m., embrione m. precoce, pro-embrione m.

pre-embryonic /,priːembrɪ'ɒnɪk Am ,priːembrɪ'ɑːnɪk/ a. (*Biol*) pre-embrionale.

preemie /'priːmi/ n. (*Am,colloq*) bambino m. (f. -a) nato prematuro, prematuro m. (f. -a).

pre-eminence /,priː'emɪnəns/ n. superiorità f., preeminenza f.

pre-eminent /,priː'emɪnənt/ a. superiore, preminente.

pre-eminently /,priː'emɪnəntli Am ,priː'emɪnəntli/ avv. in modo preminente.

pre-employment /,priːɪm'plɔɪmənt Am ,priːem'plɔɪmənt/ □ *~ medical examination* visita di assunzione.

pre-empt /,priː'empt/ I v.t. 1 (*forestall*) prevenire, anticipare: *the attacks could have been -ed if warrants had been carried out as planned for the arrests of the suspected terrorists* gli attacchi si sarebbero potuti evitare se i mandati di cattura per i terroristi sospettati fossero stati emessi come stabilito. 2 (*interrupt sth. and take it's place*) prendere il posto, interrompere e sostituire: *news broadcasts on the terrorist attacks -ed regularly scheduled programming for a full 48 hours* i notiziari sugli attacchi terroristici hanno sostituito per 48 ore le trasmissioni in programmazione. 3 (*to appropriate*) appropriarsi di, fare proprio. 4 (*Stor.am*) (*of land*) occupare (per fare valere il diritto di prelazione). II v.i. (*in bridge*) fare una dichiarazione più alta del dovuto.

pre-emption /priː'em(p)ʃən/ n. 1 azione f. preventiva. 2 (*Dir*) (*of sale*) prelazione f. □ (*Am,Dir*) *~ right* diritto di prelazione.

pre-emptive /priː'em(p)tɪv Am priː'em(p)tɪv/ a. 1 (*Dir*) di prelazione. 2 (*in bridge: of a bid*) più alto del dovuto. □ (*Mil*) *~ strike* attacco preventivo.

pre-emptor /priː'emptər Am priː'emptər/ n. 1 chi compie azioni preventive. 2 (*Dir*) chi ha il diritto di prelazione.

preen /priːn/ I v.t. 1 (*of feathers*) lisciare col becco. 2 (*rifl.*) *to ~ oneself* (*to primp*) agghindarsi, azzimarsi. 3 (*rifl.*) *to ~ oneself* (*to pride oneself*) vantarsi, gloriarsi. II v.i. lisciarsi (le piume) col becco.

pre-engage /,priːɪn'geɪdʒ/ v.t. (*Br*) impegnare, prenotare.

pre-engagement /,priːɪn'geɪdʒmənt/ n. (*Br*) impegno m. precedente, prenotazione f.

pre-establish /,priːɪs'tæblɪʃ/ v.t. prestabilire.

pre-estimate /,priː'estɪmeɪt/ I v.t. valutare anticipatamente, fare una valutazione preliminare di. II n. valutazione f. preliminare.

pre-exist /,priːɪg'zɪst/ v.i. preesistere, esistere prima di.

pre-existence /,priːɪg'zɪstəns/ n. preesistenza f. (*anche Teol*).

pre-existent /,priːɪg'zɪstənt/ a. preesistente.

pre-existing /,priːɪg'zɪstɪŋ/ a. preesistente: *a ~ medical condition* un disturbo preesistente.

pref. *preface* pref. (prefazione).

prefab /'priːfæb/ I a. (*colloq*) prefabbricato. II n. (*colloq*) prefabbricato m.

prefabricate /priː'fæbrɪkeɪt/ v.t. (*Edil*) prefabbricare.

prefabricated /priː'fæbrɪkeɪtɪd Am priː

'fæbrɪkeɪtɪd/ a. prefabbricato.

prefabrication /priː,fæbrɪ'keɪʃən/ n. (*Ind*) prefabbricazione f.

preface /'prefɪs/ I n. 1 (*of a book*) prefazione f., introduzione f. 2 (*of a speech*) introduzione f., preambolo m. 3 (*Lit*) prefazio m. II v.t. 1 (*give background information*) fare commenti introduttivi: *let me ~ this by saying...* lasciatemi fare delle premesse a questo dicendo... 2 (*of a book*) scrivere la prefazione di, fare la prefazione a. 3 (*of a speech: to begin*) cominciare, introdurre.

prefatorial /,prefə'tɔːrɪəl/ a. introduttivo, preliminare.

prefatorily /,prefə'tərəli Am ,prefə'tɔːrəli/ avv. come introduzione, come prefazione.

prefatory /'prefətri Am 'prefətɔːri/ a. introduttivo, preliminare: *~ remarks* note introduttive.

prefect /'priːfekt/ n. 1 (*Scol,Stor.rom,Rel.catt*) prefetto m. 2 (*in Paris*) capo m. della polizia.

prefectoral /prɪ'fektərəl/ a. prefettizio.

prefectorial /,priː fek'tɔːrɪəl/ a. prefettizio.

prefectural /priː'fektʃərəl/ a. della prefettura, relativo alla prefettura.

prefecture /'priːfektʃər/ n. prefettura f.

prefer /prɪ'fɜːr Am prɪ'fɜːr/ (*past, p.p.* **preferred** /-d/) v.t. 1 preferire: *would you ~ tea or coffee?* preferisci tè o caffè?; *I would much ~ your company to his, but there was no way to avoid inviting him* avrei preferito di gran lunga la tua compagnia rispetto alla sua, ma non c'è stato modo di non invitarlo. 2 (*of a claim, charge, etc.*) presentare, avanzare. 3 (*ant*) (*to promote*) promuovere, elevare, innalzare: *he has been -red to the rank of admiral* è stato promosso ammiraglio. □ (*Dir*) *to ~ charges* (*against so.*) citare (qcu.) in giudizio.

preferability /,prefərə'bɪləti Am ,prefərə 'bɪləti/ n. (*rar*) preferibilità f.

preferable /'prefərəbl/ a. preferibile.

preferably /'prefərəbli/ avv. preferibilmente, di preferenza.

preference /'prefərəns/ n. 1 preferenza f., predilezione f.: *to express a ~ for sth.* esprimere una preferenza per qcs.; *his ~ is for compromise* preferisce i compromessi. 2 (*sth. preferred*) cosa f. preferita. 3 (*Pol*) preferenza f. 4 (*Econ*) privilegio m., priorità f. 5 *pl.* (*Econ*) tariffe f.pl. preferenziali. □ (*Econ*) *~ bond* obbligazione privilegiata; (*Econ*) *~ dividend* dividendo di azione privilegiata; *to have a ~ for sth.* prediligere qcs.; *in ~ to* a preferenza di, invece di, piuttosto che; (*Econ*) *~ shares* azioni privilegiate; (*Econ*) *~ stocks* titoli privilegiati.

preferential /,prefə'renʃl/ a. 1 di favore, preferenziale. 2 (*Econ,Pol*) preferenziale: *to afford a country ~ treatment* offrire a una nazione un trattamento preferenziale. □ (*Comm*) *~ claim* credito privilegiato; *~ creditor* creditore privilegiato; (*Econ*) *~ share* azione privilegiata; *~ tariff* tariffa doganale preferenziale, tariffa preferenziale.

preferentialism /,prefə'renʃlɪzəm/ n. (*Econ, Pol*) sistema m. di concedere trattamenti preferenziali, pratica f. di concedere trattamenti preferenziali.

preferentially /,prefə'renʃli/ avv. preferenzialmente.

preferment /prɪ'fɜːmənt Am priː'fɜːrmənt/ n. promozione f., avanzamento m.

preferred /prɪ'fɜːd Am priː'fɜːrd/ a. privilegiato, che ha diritto di priorità. □ (*Econ*) *~ dividend* dividendo privilegiato; (*Econ*) *~ share* azione privilegiata; (*Econ*) *~ stocks* titoli privilegiati.

prefiguration /priː,fɪgjʊ'reɪʃən/ n. 1 prefigurazione *f.* **2** (*prototype*) prototipo *m.*

prefigurative /priːˈfɪgjərətɪv *Am* priː ˈfɪgjərətɪv/ *a.* prefigurativo.

prefigure /priːˈfɪgər *Am* priːˈfɪgjər/ *v.t.* **1** prefigurare, rappresentare simbolicamente. **2** (*to imagine beforehand*) presagire, prevedere.

prefigurement /priːˈfɪgəmənt *Am* priː ˈfɪgjərmənt/ *n.* prefigurazione *f.*

prefinance /priːˈfaɪnæns/ *v.t.* prefinanziare.

prefinancing /priːˈfaɪnænsɪŋ/ *n.* prefinanziamento *m.*

prefix ¹ /ˈpriːfɪks/ *n.* **1** (*Gramm*) prefisso *m.* **2** (*title*) titolo *m.* premesso a un nome. **3** (*Tel*) prefisso *m.*

prefix ² /priːˈfɪks/ *v.t.* **1** (*Gramm*) mettere come prefisso. **2** (*of a title*) fare precedere, premettere.

preform /priːˈfɔːm *Am* priːˈfɔːrm/ *v.t.* preformare.

preformation /ˌpriːfɔːˈmeɪʃən *Am* ˌpriːfɔːr ˈmeɪʃən/ *n.* preformazione *f.*

prefrontal /priːˈfrʌntəl *Am* ˌpriːˈfrʌntəl/ *a.* (*Anat*) prefrontale.

preglacial /priːˈgleɪʃəl/ *a.* (*Geol*) preglaciale.

pregnable /ˈpregnəbl/ *a.* espugnabile, vulnerabile.

pregnancy /ˈpregnənsi/ *n.* **1** stato *m.* interessante, stato *m.* di gravidanza. **2** (*period of time*) gravidanza *f.*, gestazione *f.* **3** (*a particular instance of being pregnant*) momento *m.* della gravidanza, mese *m.* di gravidanza: *her third ~ was the most difficult* la sua terza gravidanza è stata la più difficile. **4** (*fig*) (*fertility of ideas*) inventiva *f.*, ricchezza *f.* di idee. **5** (*fig*) (*significant quality*) l'essere significativo. **6** (*fig*) (*momentous quality*) importanza *f.*, gravità *f.* ☐ (*Med*) *~prevention* contraccezione; (*Med*) *~test* test di gravidanza.

pregnant /ˈpregnənt/ *a.* **1** in stato interessante, incinta, gravida: *she is three months ~* è al terzo mese di gravidanza. **2** (*of an animal*) gravida, pregna. **3** (*fig*) (*rich*) fertile, fecondo, ricco (*in, with* di): *a mind ~ with novel ideas* una mente fertile di nuove idee. **4** (*fig*) (*having a fertile mind*) ricco d'inventiva, pieno d'immaginazione. **5** (*fig*) (*meaningful*) significativo, denso di significato, pregnante: *there was a ~ silence* c'era un silenzio significativo. **6** (*fig*) (*momentous, full of possibilities*) grave, importante: *a ~ moment of history* un momento importante della storia. **7** (*Gramm*) pregnante. ☐ *to get ~ by so.* rimanere incinta di qcu.

pregnantly /ˈpregnəntli *Am* ˈpregnəntli/ *avv.* significativamente.

pre-heat /priːˈhiːt/ *v.t.* preriscaldare, riscaldare: *~ the oven to 175°* preriscaldare il forno a 175°.

pre-heating /ˌpriːˈhiːtɪŋ *Am* priːˈhiːtɪŋ/ *n.* preriscaldamento *m.*

prehensible /prɪˈhensəbl *Am* priːˈhensəbl/ *a.* prendibile.

prehensile /prɪˈhensaɪl *Am* priːˈhensɪl/ *a.* prensile (*anche Zool*): *~ tail* coda prensile.

prehensility /ˌprɪhenˈsɪləti *Am* ˌpriːhenˈsɪləti/ *n.* l'essere prensile, prensilità *f.*

prehension /prɪˈhenʃən *Am* priːˈhenʃən/ *n.* **1** prensione *f.* (*anche Zool*). **2** (*mental apprehension*) apprendimento *m.*

prehistorian /ˌpriː(h)ɪsˈtɔːriən/ *n.* studioso *m.* (*f.* -a) di preistoria.

prehistoric /ˌpriː(h)ɪsˈtɒrɪk *Am* ˌpriː(h)ɪs ˈtɑːrɪk/ *a.* **1** preistorico. **2** (*fig*) (*very ancient*) vecchissimo, preistorico, antidiluviano.

prehistorical /ˌpriː(h)ɪsˈtɒrɪkəl *Am* ˌpriː(h)ɪs ˈtɑːrɪkəl/ *a.* **1** preistorico. **2** (*fig*) (*very ancient*)

vecchissimo, preistorico, antidiluviano.

prehistorically /ˌpriː(h)ɪsˈtɒrɪkəli *Am* ˌpriː (h)ɪsˈtɑːrɪkəli/ *avv.* in epoca preistorica.

prehistory /ˌpriːˈhɪstəri/ *n.* preistoria *f.*

preignition /ˌpriːɪgˈnɪʃən/ *n.* (*Mot*) preaccensione *f.*

preindustrial /ˌpriːɪnˈdʌstriəl/ *a.* preindustriale.

prejudge /priːˈdʒʌdʒ/ *v.t.* dare un giudizio prematuro su, dare un giudizio avventato su.

prejudgement /priːˈdʒʌdʒmənt/ *n.* giudizio *m.* prematuro, giudizio *m.* avventato.

prejudice /ˈpredʒədɪs/ *I n.* **1** pregiudizio *m.*, preconcetto *m.*, prevenzione *f.* **2** (*Dir*) (*harm, damage*) danno *m.*, pregiudizio *m.*, detrimento *m.* **II** *v.t.* **1** influenzare. **2** (*Dir*) (*to cause detriment to*) pregiudicare, compromettere, danneggiare. ☐ *to have a ~against so.* essere prevenuto contro qcu.; *to have a ~in favour* of so. essere ben disposto verso qcu.; *in the ~ of* so. a danno di qcu.; *to the ~ of* so. a danno di qcu.; (*Dir*) *without ~* senza pregiudizio.

prejudiced /ˈpredʒədɪst/ *a.* **1** prevenuto, con pregiudizi. **2** (*of a judgment*) tendenzioso.

prejudicial /ˌpredʒəˈdɪʃəl/ *a.* pregiudizievole, dannoso, di pregiudizio (*to* a): *~ to one's health* pregiudizievole alla salute.

prejudicially /ˌpredʒəˈdɪʃəli/ *avv.* in modo pregiudizievole.

prelacy /ˈpreləsi/ *n.* **1** (*office*) prelatura *f.* **2** (*prelates*) prelatura *f.*, prelati *m.pl.* **3** (*church government by prelates*) governo *m.* prelatizio (*anche spreg*).

prelate /ˈprelɪt/ *n.* prelato *m.*

prelatess /ˈprelɪts/ *n.* **1** badessa *f.*, superiora *f.*, priora *f.* **2** (*Rel.prot*) (*prelate's wife*) moglie *f.* di un prelato.

prelatic /prɪˈlætɪk *Am* prɪˈlætɪk/ *a.* **1** prelatizio. **2** (*spreg,scherz*) prelatesco.

prelatical /prɪˈlætɪkəl *Am* prɪˈlætɪkəl/ *a.* **1** prelatizio. **2** (*spreg,scherz*) prelatesco.

prelatize /ˈprelətaɪz/ *v.t.* porre sotto il governo prelatizio.

prelature /ˈprelətʃər/ *n.* **1** (*office*) prelatura *f.* **2** (*prelates*) prelatura *f.*, prelati *m.pl.*

prelect /prɪˈlekt/ *v.i.* **1** tenere una conferenza. **2** (*Univ*) fare una lezione, tenere una lezione.

prelection /prɪˈlekʃən/ *n.* **1** conferenza *f.* **2** (*Univ*) lezione *f.*

prelector /prɪˈlektər/ *n.* **1** conferenziere *m.* (*f.* -a). **2** (*Univ*) docente *m./f.*

prelibation /ˌpriːlaɪˈbeɪʃən/ *n.* (*lett*) assaggio *m.*, anticipo *m.*

prelim /prɪˈlɪm/ *n.* **1** (*Scol,colloq*) (*preliminary examination*) esame *m.* preliminare. **2** (*Sport,colloq*) (*eliminatory contest*) eliminatoria *f.* **3** pl. (*Edit*) pagine *f.pl.* preliminari.

preliminarily /prɪˈlɪmɪnərɪli *Am* prɪˈlɪm ənerɪli/ *avv.* preliminarmente.

preliminary /prɪˈlɪmɪnəri *Am* prɪˈlɪmɪneri/ *I a.* **1** preliminare, introduttivo, iniziale, preparatorio: *a ~ report* un rapporto preliminare. **2** (*Dir*) pregiudiziale, preliminare: *~ question* questione pregiudiziale; *~ objection* eccezione preliminare. **II** *n.* **1** preliminari *m.pl.*, parte *f.* iniziale, parte *f.* introduttiva: *preliminaries to peace* preliminari di pace. **2** (*Scol, Univ*) esame *m.* preliminare. **3** (*Sport*) eliminatoria *f.* **4** pl. (*Edit*) pagine *f.pl.* preliminari. ☐ *~ examination* esame preliminare (*anche Scol*); (*Dir*) *~hearing* udienza preliminare; (*Dir*) *~inquiry* esame preliminare; *~ project* progetto di massima; (*Sport*) *~round* eliminatoria; (*Am,Univ*) *Preliminary Scholastic Assessment Test* test di ingresso (per accedere al college).

prelinguistic /prɪˈlɪŋgwɪstɪk/ *a.* prelingui-

stico.

preliterate /priːˈlɪtərət/ *a.* (*of society, culture*) privo di lingua scritta, che non ha lingua scritta.

prelude /ˈpreljuːd/ *I n.* **1** preludio *m.* (*anche Mus*): *the shower was a ~ to a violent thunderstorm* l'acquazzone è stato il preludio di un violento temporale. **2** (*introduction*) preludio *m.*, introduzione *f.* **3** (*preliminary remarks*) osservazioni *f.pl.* preliminari. **II** *v.t.* **1** preludere a, preannunciare. **2** (*to introduce*) introdurre. **3** (*Mus*) eseguire come preludio. **III** *v.i.* **1** (*to serve as a prelude*) servire da preludio. **2** (*Mus*) suonare un preludio.

preludial /prɪˈljuːdiəl/ *a.* **1** introduttivo. **2** (*Mus*) di preludio, relativo a preludio.

preludious /prɪˈljuːdiəs/ *a.* **1** introduttivo. **2** (*Mus*) di preludio, relativo a preludio.

preludize /ˈpreljuːdaɪz/ *v.i.* (*Mus*) preludiare.

prelusion /prɪˈljuːʒən/ *n.* preludio *m.*, introduzione *f.*

prelusive /prɪˈljuːsɪv/ *a.* introduttivo.

prelusory /prɪˈljuːsəri/ *a.* introduttivo.

premarital /ˌpriːˈmærɪtəl *Am* ˌpriːˈmærətəl/ *a.* prematrimoniale: *~ sex* rapporti sessuali prematrimoniali.

premaritally /ˌpriːˈmærɪtəli *Am* ˌpriːˈmærətəli/ *avv.* prima del matrimonio.

premature /ˈpremətʃər *Am* ˌpriːməˈt(j)ʊr/ *a.* prematuro, precoce. ☐ *~birth* nascita prematura; (*Med*) *~delivery* parto prematuro.

prematurely /ˈpremətʃərli *Am* ˌpriːməˈt(j)ʊrli/ *avv.* prematuramente, prima del tempo.

prematureness /ˈpremətʃərnəs *Am* ˌpriːmə ˈt(j)ʊrnəs/ *n.* **1** prematurità *f.* (*anche Med*). **2** (*Bot*) precocità *f.*

prematurity /ˌpreməˈtʃʊrəti *Am* ˌpriːmə ˈtjʊrəti/ *n.* **1** prematurità *f.* (*anche Med*). **2** (*Bot*) precocità *f.*

premaxillary /ˌpriːmækˈsɪləri *Am* ˌpriː ˈmæksɪleri/ *a.* (*Anat*) premascellare.

premed /ˌpriːˈmed/ *I n.* (*colloq*) **1** (*premedical student*) studente *m.* (*f.* -essa) di un corso propedeutico allo studio della medicina. **2** (*premedical course of study*) corso *m.* propedeutico allo studio della medicina. **3** (*Med*) (*premedication*) preanestesia *f.* **II** *a.* (*colloq*) propedeutico allo studio della medicina.

premedical /ˌpriːˈmedɪkəl/ *a.* propedeutico allo studio della medicina.

pre-medication /ˌpriːmedɪˈkeɪʃən/ *n.* (*Med*) (*premedication*) preanestesia *f.*

premeditate /ˌpriːˈmedɪteɪt/ *v.t.* premeditare.

premeditated /ˌpriːˈmedɪteɪtɪd *Am* ˌpriː ˈmedɪteɪtɪd/ *a.* premeditato, con premeditazione (*anche Dir*): *~ murder* omicidio premeditato.

premeditation /ˌpriːmedɪˈteɪʃən/ *n.* premeditazione *f.* (*anche Dir*).

premenopausal /ˌpriːmenoʊˈpɔːzəl *Am* ˌpriː ˌmenəˈpɔːzəl/ *a.* relativo alla premenopausa, della premenopausa.

premenstrual /ˌpriːˈmenstruəl *Am* ˌpriː ˈmenstrəl/ *a.* premestruale: *~ syndrome* sindrome premestruale.

premenstrually /ˌpriːˈmenstruəli *Am* ˌpriː ˈmenstrəli/ *avv.* prima delle mestruazioni, prima del perido mestruale.

premier /ˈpremiər *Am* prɪˈmɪr/ *I n.* (*Pol*) primo ministro *m.*, premier *m.*, capo *m.* del governo. **II** *a.* primo, principale, il più importante.

premiere /ˈpremiər *Am* prɪˈmɪr/ *n.* **1** (*Teat, Cin*) prima *f.* (assoluta), première *f.*, prima rappresentazione *f.* **2** (*TV*) prima visione *f.* tv, prima *f.* tv.

première /ˈpremiər *Am* prɪˈmɪr/ *n.* **1** (*Teat, Cin*) prima *f.* (assoluta), première *f.*, prima rappresentazione *f*. **2** (*TV*) prima visione *f*. tv, prima *f*. tv.

premiership /'premɪəʃɪp Am prɪ'mɪrʃɪp/ *n*. (*Pol*) carica *f*. di primo ministro.

premillenial /ˌpremɪ'lenɪəl Am ˌprɪmɪ'lenɪəl/ *a*. **1** che esiste prima di un nuovo millennio. **2** (*Teol*) premilleniale.

premillenialism /ˌpre'mɪlenɪəlɪzəm Am ˌprɪ'mɪlenɪəlɪzəm/ *n*. (*Teol*) premillenarismo *m*.

premillenialist /ˌpre'mɪlenɪəlɪst Am ˌprɪ'mɪlenɪəlɪst/ *n*. (*Teol*) premillenarista *m./f.*

premise[1] /'premɪs/ *n*. **1** presupposizione *f*., premessa *f*., presupposto *m*. **2** (*Filos*) premessa *f*.

premise[2] /'premɪs Br also prɪ'maɪz/ **I** *v.t.* **1** premettere alcune osservazioni. **2** (*to assume as a premise*) presupporre. **II** *v.i.* fare una premessa.

premises /'premɪsɪz/ *n.pl.* **1** (*building and grounds*) edificio *m.sing.* con terreno annesso, stabile *m.sing.* con terreno annesso. **2** (*place of business*) sede *f.sing.*, locali *m.pl.: to be consumed off the* ~ da consumarsi fuori del locale, da asporto. **3** (*Dir*) premesse *f.pl.*

premiss /'premɪs/ *n*. (*Filos*) premessa *f*.

premium /'priːmɪəm/ **I** *n*. **1** (*prize, award*) premio *m*., ricompensa *f*. **2** (*work bonus*) premio *m*., indennità *f*., gratifica *f*. **3** (*Assic*) premio *m*. **4** (*Econ*) premio *m*., aggio *m*. **II** *a*. ottimo, eccellente. □ (*Econ*) *at a* ~ sopra la pari; (*fig*) *to hold sth. at a* ~ tenere qcs. in grande considerazione; (*fig*) *to put a* ~ *on sth.* incoraggiare qcs., favorire qcs.; (*Br, Econ*) ~ *savings bond* buono di risparmio a premio; (*Br*) ~ *wage* retribuzione a incentivo, retribuzione a premio.

premium-quality /ˌpriːmɪəm'kwɒlətɪ Am ˌpriːmɪəm'kwɑːlətɪ/ *a*. **1** di eccellente qualità. **2** (*Am*) (*of gasoline*) super.

premix /'priːmɪks/ **I** *v.t.* premescolare. **II** *n*. materiale *m*. premescolato.

pre-modern /'priːmɒdən Am priː'mɑːdərn/ *a*. premoderno.

premodification /ˌpriːmɒdɪfɪ'keɪʃən Am ˌpriːmɑːdɪfɪ'keɪʃən/ *n*. (*Gramm*) premodificazione *f*.

premodifier /priː'mɒdɪfaɪər Am priː'mɑːdɪfaɪər/ *n*. (*Gramm*) elemento *m*. premodificatore.

premolar /ˌpriː'moʊlər Am priː'moʊlər/ **I** *a*. (*Anat*) premolare. **II** *n*. (*Anat*) premolare *m*., dente *m*. premolare.

premonition /ˌpreməˈnɪʃən/ *n*. presentimento *m*., premonizione *f*.: *to have a* ~ *of danger* avere il presentimento di un pericolo.

premonitory /prɪ'mɒnɪtri Am priː'mɑːnətɔːri/ *a*. premonitore, premonitorio: ~ *symptoms* sintomi premonitori.

prenatal /ˌpriː'neɪtəl Am ˌpriː'neɪtəl/ *a*. (*Med*) prenatale. □ ~ *clinic* clinica di maternità; (*Med*) ~ *diagnosis* diagnosi prenatale; (*Med*) ~ *exercise* ginnastica per gestanti.

prenatally /ˌpriː'neɪtəli Am ˌpriː'neɪtəli/ *avv.* prima della nascita.

prenominal /ˌpriː'nɒmɪnəl Am ˌpriː'nɑːmənəl/ *a*. (*Gramm*) che precede un sostantivo, che precede un nome.

prenominally /ˌpriː'nɒmɪnəli Am ˌpriː'nɑːmənəli/ *avv.* (*Gramm*) prima di un sostantivo, prima di un nome.

prentice /'prentɪs Am 'prentɪs/ *n*. (*ant*) apprendista *m./f.*, principiante *m./f.*, novellino *m*. (*f.* -a).

prenticeship /'prentɪsʃɪp Am 'prentɪsʃɪp/ *n*. (*ant*) apprendistato *m*.

prenuptial /ˌpriː'nʌpʃəl/ *a*. prematrimoniale: ~ *agreements* accordi prematrimoniali.

preoccupation /priːˌɒkjə'peɪʃən Am ˌɑːkjə'peɪʃən/ *n*. **1** preoccupazione *f*., appren-

---

sione *f*., pensiero *m*., inquietudine *f*. **2** (*sth. absorbing*) pensiero *m*. che assorbe.

preoccupied /priː'ɒkjəpaɪd Am pri: 'ɑːkjuːpaɪd/ *a*. **1** preoccupato, in pensiero, inquieto. **2** (*thoughtful*) assorto in pensieri.

preoccupy /priː'ɒkjəpaɪ Am priː'ɑːkjuːpaɪ/ *v.t.* **1** preoccupare, inquietare, mettere in apprensione. **2** (*to absorb so.'s thoughts*) assorbire l'attenzione di.

preocular /ˌpriː'ɒkjələr Am priː'ɑːkjələr/ *a*. (*Ott,Anat*) preoculare.

pre-op /priː'ɒp Am priː'ɑːp/ **I** *a*. (*Chir,colloq*) preoperatorio. **II** *n*. (*Chir,colloq*) trattamento *m*. preoperatorio.

preoperative /priː'ɒpərətɪv Am pri: 'ɑːpərətɪv/ *a*. (*Chir*) preoperatorio.

preoperatively /priː'ɒpərətɪvli Am pri: 'ɑːpərətɪvli/ *avv.* prima dell'operazione.

preordain /ˌpriːɔː'deɪn Am ˌpriːɔːr'deɪn/ *v.t.* preordinare, predisporre, prestabilire.

preordination /ˌpriːɔːdɪ'neɪʃən Am ˌpriːɔːrdən'eɪʃən/ *n*. preordinazione *f*., predisposizione *f*.

pre-owned /ˌpriː'oʊnd/ *a*. di seconda mano, usato.

prep /prep/ *n*. (*colloq*) **1** (*study time*) preparazione *f*. **2** (*homework*) compito *m*. a casa, lezione *f*. (preparata a casa). **3** (*preparatory school*) scuola *f*. preparatoria. **4** (*preparation*) preparazione *f*. □ (*Scol*) ~ *school* scuola preparatoria.

pre-pack /ˌpriː'pæk/ *v.t.* preconfezionare (*anche Comm*).

prepaid /ˌpriː'peɪd/ *a*. (*Comm*) prepagato, pagato anticipatamente, pagato in anticipo.

preparation /ˌprepər'eɪʃən/ *n*. **1** preparazione *f*., allestimento *m*., approntamento *m*. **2** (*state of being prepared*) preparazione *f*. **3** (*sth. done in preparation*) preparativo *m*.: *the -s for the ceremony are complete* i preparativi per la cerimonia sono terminati. **4** (*Chim, Farm*) preparato *m*. **5** (*Biol*) preparato *m*. **6** (*Scol*) preparazione *f*. □ *in* ~ *for* in vista di; *to be in* ~ essere in preparazione.

preparative /prɪ'pærətɪv Am prɪ'perətɪv/ **I** *a*. (*rar*) **1** preparatorio, preliminare. **2** (*introductory*) introduttivo. **3** (*Scol*) preparatorio: ~ *school* scuola preparatoria. **II** *n*. **1** preparativo *m*. **2** (*Mil*) segnale *m*. di tenersi pronti.

preparatively /prɪ'pærətɪvli Am prɪ'perətɪvli/ *avv.* come preparazione, in modo preparatorio.

preparatory /prɪ'pærətri Am prɪ'perətɔːri/ **I** *a*. **1** preparatorio, preliminare. **2** (*introductory*) introduttivo. **3** (*Scol*) preparatorio: ~ *school* scuola preparatoria. **II** *n*. (*rar*) **1** preparativo *m*. **2** (*Mil*) segnale *m*. di tenersi pronti. □ ~ *to* prima di, in attesa di.

prepare /prɪ'peər Am prɪ'per/ **I** *v.t.* **1** preparare, allestire, approntare, predisporre. **2** (*of a person, meal, etc.*) preparare: *to* ~ *oneself for bed* prepararsi per andare a letto; *to* ~ *supper* preparare la cena. **3** (*to accustom*) preparare, predisporre: *to* ~ *so. for the worst* preparare qcu. al peggio. **4** (*to study, to learn*) preparare, studiare: *to* ~ *one's lessons* preparare le lezioni. **5** (*to teach, to coach*) preparare, istruire, addestrare: *to* ~ *so. for an examination* preparare qcu. a un esame. **II** *v.i.* **1** (*to make ready*) prepararsi, predisporsi: *to* ~ *for war* prepararsi alla guerra. **2** (*to make oneself ready*) accingersi, prepararsi: *to* ~ *to leave* accingersi a partire. □ (*fig*) *to* ~ *the way for sth.* preparare il terreno per qcs.

prepared /prɪ'peəd Am prɪ'perd/ *a*. **1** preparato, pronto: *we must be* ~ *for all eventualities* dobbiamo essere pronti a tutte le eventualità. **2** (*willing*) disposto, pronto: *I am not*

~ *to pay* non sono disposto a pagare.

preparedly /prɪ'peədli Am prɪ'perdli/ *avv.* con preparazione.

preparedness /prɪ'peədnəs Am prɪ'perdnəs/ *n*. l'essere pronto, l'essere preparato.

prepay /ˌpriː'peɪ/ *v.t.* pagare anticipatamente, pagare in anticipo.

prepayable /ˌpriː'peɪəbl/ *a*. pagabile in anticipo, prepagabile.

prepayment /ˌpriː'peɪmənt/ *n*. pagamento *m*. anticipato.

prepense /ˌprɪ'pens/ *a*. (*Dir,rar*) premeditato: *with malice* ~ con premeditazione.

prepensely /ˌprɪ'pensli/ *avv.* premeditatamente.

preponderance /ˌprɪ'pɒndərəns Am ˌprɪ'pɑːndərəns/ *n*. **1** preponderanza *f*., superiorità *f*. **2** (*superiority in power, etc.*) predominio *m*., preponderanza *f*., superiorità *f*.: *the* ~ *of good over evil* il predominio del bene sul male. **3** (*superiority in weight*) maggior peso *m*.

preponderancy /ˌprɪ'pɒndərənsi Am ˌprɪ'pɑːndərənsi/ *n*. **1** preponderanza *f*., superiorità *f*. **2** (*superiority in power, etc.*) predominio *m*., preponderanza *f*., superiorità *f*.: *the* ~ *of good over evil* il predominio del bene sul male. **3** (*superiority in weight*) maggior peso *m*.

preponderant /ˌprɪ'pɒndərənt Am ˌprɪ'pɑːndərənt/ *a*. **1** preponderante, prevalente. **2** (*superior in power, etc.*) preponderante, predominante, superiore. **3** (*heavier*) di maggior peso, che pesa di più.

preponderantly /ˌprɪ'pɒndərəntli Am ˌprɪ'pɑːndərəntli/ *avv.* prevalentemente, in modo preponderante.

preponderate /ˌprɪ'pɒndəreɪt Am ˌprɪ'pɑːndəreɪt/ *v.i.* **1** superare in peso (*over sth.* qcs.), essere più pesante (di). **2** (*to exceed in influence, etc.*) predominare, prevalere (su). **3** (*to exceed in numbers*) predominare (su), superare (in).

preponderating /ˌprɪ'pɒndəreɪtɪŋ Am ˌprɪ'pɑːndəreɪtɪŋ/ *a*. **1** preponderante, prevalente. **2** (*superior in power, etc.*) preponderante, predominante, superiore. **3** (*heavier*) di maggior peso, che pesa di più.

preponderation /ˌprɪ'pɒndər'eɪʃən Am ˌprɪ'pɑːndər'eɪʃən/ *n*. **1** preponderanza *f*., superiorità *f*. **2** (*superiority in power, etc.*) predominio *m*., preponderanza *f*., superiorità *f*.: *the* ~ *of good over evil* il predominio del bene sul male. **3** (*superiority in weight*) maggior peso *m*.

prepose /ˌprɪ'poʊz/ *v.t.* (*Gramm*) preporre.

preposition /ˌprepə'zɪʃən/ *n*. (*Gramm*) preposizione *f*.

prepositional /ˌprepə'zɪʃənəl/ *a*. (*Gramm*) preposizionale. □ (*Gramm*) ~ *phrase* locuzione preposizionale.

prepositive /prɪ'pɒzɪtɪv Am prɪ'pɑːzɪtɪv/ **I** *a*. (*Gramm*) prepositivo. **II** *n*. (*Gramm*) particella *f*. prepositiva.

prepositor /prɪ'pɒzɪtər/ *n*. (*Br,Scol,rar*) prefetto *m*.

prepossess /ˌpriːpə'zes/ *v.t.* **1** influenzare. **2** (*to impress favourably*) fare buona impressione, impressionare favorevolmente: *I was not -ed by his attitude* il suo atteggiamento non mi ha fatto buona impressione. **3** (*of an idea, belief, etc.*) ossessionare.

prepossessing /ˌpriːpə'zesɪŋ/ *a*. (*lett*) simpatico, carino, piacevole: *a* ~ *young lady* una simpatica signorina.

prepossessingness /ˌpriːpə'zesɪŋnəs/ *n*. (*lett*) l'essere attraente, l'essere simpatico.

prepossession /ˌpriːpə'zeʃən/ *n*. **1** (*preju-*

dice) prevenzione *f.*, preconcetto *m.*, pregiudizio *m.* **2** (*preoccupation*) preoccupazione *f.*

preposterous /prɪ'pɒstᵊrəs *Am* prɪ'pɑːstᵊrəs/ *a.* **1** assurdo, insensato, irragionevole: *a ~ suggestion* un suggerimento assurdo. **2** (*ridiculous*) ridicolo.

preposterously /prɪ'pɒstᵊrəsli *Am* prɪ 'pɑːstᵊrəsli/ *avv.* assurdamente, irragionevolmente.

preposterousness /prɪ'pɒstᵊrəsnəs *Am* prɪ 'pɑːstᵊrəsnəs/ *n.* **1** assurdità *f.*, irragionevolezza *f.* **2** (*ridicolousness*) ridicolaggine *f.*

prepostor /prɪː'pɒstəʳ/ *n.* (*Br,Scol,rar*) prefetto *m.*

prepotence /prɪ'pəʊtᵊns/ *n.* **1** predominio *m.*, supremazia *f.*, preminenza *f.* **2** (*Biol*) dominanza *f.*

prepotency /prɪ'pəʊtᵊnsi/ *n.* **1** predominio *m.*, supremazia *f.*, preminenza *f.* **2** (*Biol*) dominanza *f.*

prepotent /prɪ'pəʊtᵊnt/ *a.* **1** predominante, preminente. **2** (*Biol*) dominante.

preppie /'prepi/ **I** *a.* (*Am,colloq*) preppy. **II** *n.* (*Am,colloq*) preppy *m./f.*

preppy /'prepi/ **I** *a.* (*Am,colloq*) preppy. **II** *n.* (*Am,colloq*) preppy *m./f.*

preprint /'priːprɪnt/ *v.t.* prestampare.

preprinted /priː'prɪntɪd *Am* 'priːprɪntɪd/ *a.* prestampato: *~ form* modulo prestampato.

pre-process /priː'prəʊsesʳ *Am* priː'prɑːses/ *v.t.* subire una lavorazione preliminare.

pre-production /priː'prədʌkʃᵊn/ *n.* (*Cin*) preproduzione *f.*

preprogramme /priː'prəʊgræm/ *v.t.* preprogrammare, programmare in anticipo.

preprogramming /priː'prəʊgræmɪŋ/ *n.* preprogrammazione *f.*

prepubertal /priː'pjuːbətᵊl *Am* priː,pjuː 'bᵊrtᵊl/ *a.* prepubere, prepuberale.

prepuberty /priː'pjuːbəti *Am* priː'pjuːbᵊrti/ *n.* prepubertà *f.*

prepubescence /priː,pjuː'besᵊns/ *n.* prepubertà *f.*

prepubescent /priː,pjuː'besᵊnt/ *a.* prepubere, prepuberale.

prepuce /'priːpjuːs/ *n.* (*Anat*) prepuzio *m.*

preputial /priː'pjuːʃᵊl/ *a.* (*Anat*) prepuziale.

pre-qualify /priː'kwɒlɪfaɪ *Am* priː'kwɑːlɪfaɪ/ *v.i.* (*Sport*) passare le qualificazioni, superare le qualificazioni.

prequel /'priːkwᵊl/ *n.* (*Cin,Lett*) opera *f.* che narra gli eventi precedenti di un'altra: *The Phantom Menace is a ~ to the original Star Wars trilogy* la Minaccia Fantasma narra gli eventi precedenti quelli della trilogia originale di Guerre Stellari.

Pre-Raphaelism /,priː'ræfiᵊlɪzᵊm/ *n.* (*Art*) preraffaellismo *m.*

Pre-Raphaelite /,priː'ræfiᵊlaɪt/ **I** *n.* (*Art*) preraffaellita *m./f.* **II** *a.* (*Art*) preraffaellita.

Pre-Raphaelitism /,priː'ræfiᵊlaɪtɪzᵊm/ *n.* (*Art*) preraffaellismo *m.*

prerecord /,priːrɪ'kɔːd *Am* ,priːrɪ'kɔːrd/ *v.t.* (*Rad,TV*) preregistrare.

prerecorded /,priːrɪ'kɔːdɪd *Am* ,priːrɪ 'kɔːrdɪd/ *a.* (*Rad,TV*) preregistrato.

prerequisite /priː'rekwɪzɪt/ **I** *n.* requisito *m.* indispensabile, prerequisito *m.* **II** *a.* indispensabile, essenziale.

prerogative /prɪ'rɒgətɪv *Am* prɪ'rɑːgətɪv/ *n.* prerogativa *f.*, privilegio *m.*: *the chairman's -s* le prerogative del presidente. ▢ (*Dir*) *~ of mercy* potere di grazia.

pres. **1** (*Gramm*) present pres. (presente). **2** *presidency* (presidenza).

Pres. *President* Pres. (presidente).

presage[1] /'presɪdʒ/ *n.* **1** presentimento *m.*, presagio *m.* **2** (*omen*) auspicio *m.*, presagio *m.*, segno *m.* premonitore. **3** (*rar*) (*prediction*)

predizione *f.*, profezia *f.*

presage[2] /'presɪdʒ prɪ'seɪdʒ/ *v.t.* **1** presagire, presentire. **2** (*to be an omen of*) fare presagire, fare prevedere, essere presagio di, essere segno di.

presageful /'presɪdʒfʊl/ *a.* pieno di presagi.

presager /'presɪdʒəʳ/ *n.* (*ant*) veggente *m./f.*

Presb. (*Rel*) *Presbyterian* (presbiteriano).

presbyope /'prezbiəʊp/ *n.* (*Med*) presbite *m./f.*

presbyopia /,prezbi'əʊpiə/ *n.* (*Med*) presbiopia *f.*, presbitismo *m.*

presbyopic /,prezbi'əʊpɪk/ *a.* (*Med*) presbite.

presbyter /'prezbɪtəʳ *Am* 'prezbɪtᵊr/ *n.* **1** presbitero *m.* **2** (*in hierarchical churches*) sacerdote *m.*, ministro *m.*

presbyteral /,prezbɪ'tᵊrᵊl/ *a.* **1** (*of a presbytery*) presbiterale. **2** (*presbyterian*) presbiteriano.

presbyterate /,prez'bɪtᵊrɪt/ *n.* **1** presbiterato *m.* **2** (*body of presbyters*) presbiterio *m.*

presbyterial /,prezbɪ'tɪəriəl *Am* ,prezbɪ'tɪriᵊl/ *a.* **1** (*of a presbytery*) presbiterale. **2** (*presbyterian*) presbiteriano.

presbyterian /,prezbɪ'tɪəriən *Am* ,prezbɪ 'tɪriᵊn/ *a.* presbiteriano.

Presbyterian /,prezbɪ'tɪəriən *Am* ,prezbɪ 'tɪriᵊn/ **I** *a.* presbiteriano: *~ Church* chiesa presbiteriana. **II** *n.* presbiteriano *m.* (*f.* -a).

Presbyterianism /,prezbɪ'tɪəriənɪzᵊm *Am* ,prezbɪ'tɪriᵊnɪzᵊm/ *n.* presbiterianismo *m.*, presbiterianesimo *m.*

presbytery /'prezbɪtᵊri *Am* 'prezbɪteri/ *n.* **1** (*Arch*) presbiterio *m.* **2** (*Rel*) (*jurisdiction of a presbytery*) giurisdizione *f.* di un presbiterio. **3** (*Rel*) (*presbyters*) presbiterio *m.* **4** (*Rel.catt*) (*priest's house*) presbiterio *m.*, casa *f.* parrocchiale.

preschool /'priːskuːl/ **I** *a.* prescolare, prescolastico. **II** *n.* (*kindergarten*) scuola *f.* materna, asilo *m.*

preschooler /'priːskuːləʳ/ *n.* bambino *m.* (*f.* -a) in età prescolare.

prescience /'presiᵊns *Am* 'preʃᵊns/ *n.* preveggenza *f.*, (*lett*) prescienza *f.*

prescient /'presiᵊnt *Am* 'preʃᵊnt/ *a.* preveggente, che conosce in anticipo il futuro, (*lett*) presciente.

prescientific /,priːsaɪᵊn'tɪfɪk/ *a.* prescientifico.

presciently /'presiᵊntli *Am* 'preʃᵊntli/ *avv.* con preveggenza, con prescienza.

prescind /prɪ'sɪnd/ **I** *v.t.* staccare. **II** *v.i.* prescindere (*from* da).

prescribe /prɪ'skraɪb/ **I** *v.t.* **1** prescrivere, stabilire, ordinare. **2** (*Med*) prescrivere, ordinare: *to ~ quinine for malaria* prescrivere chinino per la malaria. **3** (*Dir*) prescrivere. **II** *v.i.* **1** (*to give directions*) ordinare, dare ordini, comandare. **2** (*Dir*) avanzare un diritto acquisito per usucapione (*to, for* su).

prescribed /prɪ'skraɪbd/ *a.* prescritto, imposto: *~ procedure* procedura prescritta.

prescript /'priːskrɪpt/ *n.* (*ant*) prescrizione *f.*, norma *f.*, disposizione *f.*

prescription /prɪ'skrɪpʃᵊn/ *n.* **1** (*act of prescribing*) prescrizione *f.*, il prescrivere. **2** (*sth. prescribed*) prescrizione *f.*, norma *f.*, disposizione *f.* **3** (*Med*) ricetta *f.*, prescrizione *f.* **4** (*Med*) (*remedy prescribed*) medicina *f.* prescritta, rimedio *m.* prescritto. **5** (*Dir*) (*negative prescription*) prescrizione *f.* (estintiva); (*positive prescription*) usucapione *f.* ▢ (*Farm*) *~drug* medicinale da vendersi dietro presentazione di ricetta medica.

prescriptive /prɪ'skrɪptɪv *Am* prɪ'skrɪptɪv/ *a.* **1** normativo, prescrittivo. **2** (*Dir*) derivato da usucapione. ▢ *~ grammar* grammatica

normativa.

prescriptively /prɪ'skrɪptɪvli *Am* prɪ 'skrɪptɪvli/ *avv.* in modo normativo, in modo prescrittivo.

prescriptivism /prɪ'skrɪptɪvɪzᵊm *Am* prɪ 'skrɪptɪvɪzᵊm/ *n.* uso *m.* della grammatica prescrittiva.

prescriptivist /prɪ'skrɪptɪvɪst *Am* prɪ 'skrɪptɪvɪst/ *n.* chi segue la grammatica prescrittiva.

preseason /,priː'siːzᵊn/ **I** *a.* (*Sport*) di preaseason, preaseason. **II** *n.* (*Sport*) preaseason *f.*, periodo *m.* che precede l'inizio della stagione (*o* del campionato).

preselect /,priːsɪ'lekt *Am* ,priːsᵊ'lekt/ *v.t.* preselezionare.

preselection /,priːsɪ'lekʃᵊn *Am* ,priːsᵊ'lekʃᵊn/ *n.* (*Tel*) preselezione *f.*

preselector /,priːsɪ'lektəʳ *Am* ,priːsᵊ'lektᵊr/ *n.* (*El,Tecn*) preselettore *m.*

presence /'prezᵊns/ *n.* **1** presenza *f.*: *your ~ will not be necessary* la tua presenza non sarà necessaria; *the ~ of oxygen in the blood* la presenza di ossigeno nel sangue. **2** (*person of dignified appearance*) persona *f.* di nobile aspetto. **3** (*person of influence*) persona *f.* che conta. **4** (*appearance*) aspetto *m.*, presenza *f.*, figura *f.*: *a woman of stately ~* una donna di aspetto imponente. **5** (*bearing*) portamento *m.* ▢ *in the ~ of*: **1** in presenza di, alla presenza di, davanti a, al cospetto di: *you are in the ~ of friends* sei in presenza di amici, sei tra amici; **2** (*faced with*) di fronte, davanti a: *to be calm in the ~ of danger* essere calmo di fronte al pericolo; *Your ~ is requested at dinner* la Signoria Vostra è invitata a intervenire al pranzo; *to make one's ~ felt* fare sentire la propria presenza; *~ of mind* presenza di spirito.

present[1] /'prezᵊnt/ **I** *a.* **1** presente: *I was ~ when the will was read* ero presente alla lettura del testamento; *to be ~ at a ceremony* essere presente a una cerimonia. **2** (*esclam.*) presente: *Mark Jones - ~!* Mark Jones - presente! **3** (*existing, found*) presente, esistente. **4** (*being, existing now*) attuale, presente: *the ~ Prime Minister* l'attuale primo ministro. **5** (*of years, etc.*) corrente, in corso. **6** (*the one involved*) questo, presente: *the ~ volume* questo volume; *in the ~ case* nel caso presente. **7** (*Gramm*) presente. **II** *n.* **1** presente *m.*, tempo *m.* attuale, epoca *f.* presente: *the past and the ~* il passato e il presente. **2** (*Gramm*) presente *m.*, tempo *m.* presente. **3** *pl.* (*Dir*) presente documento *m.sing.*, presente scrittura *f.sing.*: *know all men by these -s* sappiano tutti con questo documento. ▢ *we have none in stock at ~* al momento ne siamo sprovvisti; *~ company excepted* esclusi i presenti; *the ~-day* oggi, oggigiorno; *for the ~* per ora, per il momento; (*Gramm*) *~participle* participio presente; (*Gramm*) *~perfect* passato prossimo; (*Gramm*) *~tense* presente, tempo presente; *those ~* i presenti, i partecipanti; *at the ~time* al momento; (*burocr*) *the ~writer* il sottoscritto, lo scrivente.

present[2] /prɪ'zent/ *v.t.* **1** (*to introduce*) presentare, fare conoscere. **2** (*to introduce before a sovereign*) presentare a corte. **3** (*to give, to offer*) offrire a, donare a: *to ~ so. with the keys of the city* offrire a qcu. le chiavi della città. **4** (*to offer as a gift*) regalare, donare. **5** (*to give, to submit*) presentare, porgere: *he -ed his credentials* presentò le sue credenziali. **6** (*to reveal*) presentare, prospettare: *the plan -s several difficulties* il piano presenta alcune difficoltà. **7** (*of an opportunity, etc.*) presentare, offrire, fornire. **8** (*to expound*) esporre, presentare, illustrare:

to ~ *an argument* esporre un argomento. **9** (*to show*) mostrare, presentare. **10** (*rifl.*) to ~ *oneself* comparire, presentarsi: *to ~ oneself for an examination* presentarsi a un esame. **11** (*Teat*) presentare, rappresentare. **II** *v.i.* (*Rel*) presentare un prelato al vescovo per l'ottenimento di un beneficio. □ (*Mil*) to ~ *arms* presentare le armi.

present³ /'prezənt/ *n.* (*gift*) regalo *m.*, dono *m.*, presente *m.*: *this is a ~ for your birthday* questo è un regalo per il tuo compleanno. □ *to give sth. to so. as a ~* dare qcs. in regalo a qcu.

presentability /prɪ,zentə'bɪləti *Am* prɪ,zentə'bɪləti/ *n.* presentabilità *f.*

presentable /prɪ'zentəbl *Am* pɪɪ'zentəbl/ *a.* (*fit to be seen*) presentabile: *am I ~ in this dress?* sono presentabile con questo vestito?

presentably /prɪ'zentəbli/ *avv.* decorosamente, in modo presentabile.

presentation /,prezən'teɪʃən *Am also* ,priːzən'teɪʃən/ *n.* **1** (*act of presenting*) presentazione *f.*: ~ *at court* presentazione a corte. **2** (*sth. offered*) regalo *m.*, dono *m.* **3** (*exhibition*) rappresentazione *f.*: *the ~ of a new play* la rappresentazione di una nuova commedia. **4** (*act or manner of stating*) esposizione *f.*, presentazione *f.*, illustrazione *f.*: *a clear ~ of the problem* una chiara esposizione del problema.

Presentation /,prezən'teɪʃən *Am also* ,priːzən'teɪʃən/ *n.* (*Rel*) presentazione *f.* □ (*Rel.catt*) ~ *of the Virgin Mary* Presentazione di Maria Vergine.

presentee /,prezən'tiː/ *n.* **1** destinatario *m.* (*f.* -a) di un dono. **2** (*Rel*) sacerdote *m.* presentato (al vescovo) per l'ottenimento di un beneficio.

presenteeism /,prezən'tiːɪzəm/ *n.* (*Am*) eccessiva presenza *f.* sul posto di lavoro (*spec.* come segno di insicurezza).

presenter /prɪ'zentər/ *n.* (*TV,Rad*) presentatore *m.* (*f.* -trice).

presentient /prɪ'senʃiənt/ *a.* che presagisce (*of sth.* qcs.), (*lett*) presago *m.*

presentiment /prɪ'zentɪmənt/ *n.* presentimento *m.*

presently /'prezntli *Am* 'prezəntli/ *avv.* **1** presto, tra poco, tra breve: *I'll be back ~* torno presto. **2** (*Am*) (*now*) attualmente, ora.

presentment /prɪ'zentmənt/ *n.* **1** presentazione *f.*, esposizione *f.* **2** (*Dir*) dichiarazione *f.* di reato da parte di una giuria. **3** (*Art,Teat*) rappresentazione *f.* **4** (*Rel*) lagnanza *f.* presentata al vescovo dalle autorità parrocchiali.

preservable /prɪ'zɜːvəbl *Am* prɪ'zɜːrvəbl/ *a.* conservabile.

preservation /,prezə'veɪʃən *Am* ,prezər'veɪʃən/ *n.* **1** conservazione *f.*, preservazione *f.*: *the ~ of old customs* la conservazione di antiche usanze. **2** (*act of protecting*) protezione *f.*, difesa *f.*, salvaguardia *f.*

preservative /prɪ'zɜːvətɪv *Am* prɪ'zɜːrvətɪv/ **I** *a.* preservativo, conservativo. **II** *n.* **1** (*Chim, Alim*) conservante *m.*, additivo *m.* (per conservare). **2** (*Farm*) farmaco *m.* preventivo. **3** (*for wood*) vernice *f.* protettiva.

preserve /prɪ'zɜːv *Am* prɪ'zɜːrv/ **I** *v.t.* **1** proteggere, preservare, salvaguardare, difendere: *to ~ wild life* proteggere gli animali selvatici; *God ~ us* Dio ci preservi. **2** (*to keep, to maintain*) conservare, preservare: *to ~ a tradition* conservare una tradizione; *to ~ an ancient monument* conservare un antico monumento. **3** (*Alim*) conservare, mettere in conserva, mettere sotto conserva; (*to pickle, to tin, etc.*) inscatolare, conservare. **II** *v.i.* **1** (*of food*) mantenersi, conservarsi: *plums ~*

very well le prugne si conservano bene. **2** (*to make preserves*) fare conserve. **III** *n.* **1** (*Caccia,Pesc*) riserva *f.* **2** (*fig*) (*sth. reserved for a special group*) appannaggio *m.*, privilegio *m.*, diritto *m.* esclusivo. **3** *pl.* (*Alim*) conserva *f.sing.*, composta *f.sing.*, marmellata *f.sing.*, confettura *f.sing.* **4** *pl.* (*goggles*) occhiali *m.pl.* di protezione, occhialoni *m.pl.*

preserved /prɪ'zɜːvd *Am* prɪ'zɜːrvd/ *a.* **1** conservato, in conserva. **2** (*safeguarded*) protetto. □ (*Alim*) ~ *food* conserve.

preserver /prɪ'zɜːvər *Am* prɪ'zɜːrvər/ *n.* chi preserva, conservatore *m.* (*f.* -trice).

preset /priː'set/ *v.t.* preregolare: *to ~ an oven* preregolare un forno.

presetting /priː'setɪŋ *Am* priː'setɪŋ/ *n.* preregolazione *f.*

preshrink /,priː'ʃrɪŋk/ *v.t.* (*Tess*) rendere irrestringibile.

preshrunk /,priː'ʃrʌŋk/ *a.* (*Tess*) irrestringibile.

preside /prɪ'zaɪd/ *v.i.* **1** presiedere: *to ~ at a meeting* presiedere un incontro. **2** (*to exercise control*) esercitare un controllo (su). □ *to ~ over sth.* (*to be in charge of*) presiedere qcs.

presidency /'prezɪdənsi/ *n.* **1** presidenza *f.* **2** (*act of presiding over*) soprintendenza *f.* **3** (*Stor*) (*in India*) presidency *f.* **4** (*Rel*) (*in the Mormon Church*) consiglio *m.* locale.

Presidency /'prezɪdənsi/ *n.* (*US*) presidenza *f.*

president /'prezɪdənt/ *n.* **1** presidente *m.* (anche *Pol*): *the ~ of a republic* il presidente di una repubblica. **2** (*Univ*) rettore *m.* **3** (*Rel*) (*in the Mormon Church*) capo *m.* della chiesa. □ (*GB*) ~ *of the Board of Trade* ministro del commercio; (*Dir*) ~ *of the court* presidente della corte; (*US,Dir*) ~ *of the Senate* presidente del senato; (*US,Dir*) ~ *pro tempore* presidente facente funzioni.

president-elect /,prezɪdəntɪ'lekt/ *n.* presidente *m.* eletto (che non ha ancora assunto le funzioni) (anche *Pol*).

presidentess /'prezɪdəntɪs/ *n.* (*rar*) presidentessa *f.*

presidential /,prezɪ'denʃəl/ *a.* presidenziale (anche *Pol*): ~ *powers* poteri presidenziali; *the ~ campaign* la campagna presidenziale. □ (*US,Dir*) ~ *appointments* nomine presidenziali; ~ *candidate* candidato alla presidenza (anche *Pol*); (*US,Dir*) ~ *caucuses* caucuses presidenziali (riunione di membri di uno stesso partito o di partiti diversi); (*US, Dir*) ~ *elections* elezioni presidenziali, (*colloq*) presidenziali; (*US,Dir*) ~ *electors* grandi elettori; ~ *government* governo presidenziale; (*US,Dir*) ~ *primary* elezioni primarie presidenziali, (*colloq*) primarie; (*US*) ~ *succession* successione presidenziale; (*US*) ~ *year* anno delle elezioni presidenziali.

presidentially /,prezɪ'denʃəli/ *avv.* da presidente, dal presidente.

presidentship /'prezɪdəntʃɪp/ *n.* presidenza *f.*

presidial /prɪ'sɪdɪəl/ *a.* (*Mil*) presidiario, di presidio, del presidio: ~ *troops* truppe presidiarie.

presidiary /prɪ'sɪdɪəri/ *a.* (*Mil*) presidiario, di presidio, del presidio.

pre-soak /priː'souk/ *n.* (*of laundry*) ammollo *m.*

press¹ /pres/ **I** *v.t.* **1** premere, pigiare, spingere: *to ~ a button* premere un pulsante. **2** (*to clasp firmly*) stringere: *to ~ so.'s hand* stringere la mano a qcu. **3** (*to embrace*) stringere, stringere a sé, abbracciare: *he ~ed her to his chest* la strinse al petto. **4** (*to squeeze out the juice of*) pigiare, pressare, spremere: *to ~*

grapes pigiare l'uva; *to ~ olives* pressare le olive; *to ~ oil out of olives* spremere olio dalle olive. **5** (*to crush, to flatten*) schiacciare, appiattire: *to ~ a flower in a book* schiacciare un fiore tra le pagine di un libro. **6** (*to iron*) stirare: *to ~ one's trousers* stirare i pantaloni. **7** (*to attack strongly*) incalzare, premere: *the enemy troops ~ed us hard* le truppe nemiche ci incalzavano duramente. **8** (*to urge strongly*) pressare, incalzare, mettere alle strette: *to be ~ed by one's creditors* essere pressato dai creditori. **9** (*to importune, to entreat*) sollecitare (con insistenza), pressare, insistere, fare pressione su: *I ~ed him for an immediate answer* l'ho sollecitato a rispondere subito. **10** (*to insist*) insistere su: *don't ~ the point* non insistere su questo punto. **11** (*to press home*) spingere a fondo: *to ~ an attack* spingere a fondo un attacco. **12** (*of a gramophone record*) stampare. **13** (*Strad, Tecn*) cilindrare. **14** (*Met*) stampare (con la pressa). **II** *v.i.* **1** spingere, premere, esercitare una pressione: *to ~ on a lever* premere su una leva; *the crowd ~ed against the barrier* la folla premeva contro la barriera. **2** (*Br*) (*to crowd, to throng*) affollarsi, accalcarsi, pigiarsi: *supporters ~ed around the victorious candidate* i sostenitori si accalcavano intorno al candidato vittorioso. **3** (*to bear heavily*) gravare, pesare (*on, upon* su). **4** (*to urge, to importune*) sollecitare (*for sth.* qcs.), pressare, insistere (*for sth.* per qcs.): *the opposition ~ed for a full debate* l'opposizione sollecitava un dibattito approfondito. **5** (*to create urgency*) stringere, premere, incalzare: *time is ~ing* il tempo stringe. **6** (*Sport*) (*in basketball*) giocare con una difesa aggressiva, pressare. **III** *n.* **1** (*act of pressing*) stretta *f.*, pressione *f.*: *a ~ of the hand* una stretta di mano. **2** (*pressing machine, device*) pressa *f.* **3** (*for extracting juice, oil, etc.*) torchio *m.* **4** (*Tip*) (*printing press*) macchina *f.* da stampa, stampatrice *f.* **5** (*printing establishment*) stamperia *f.*, tipografia *f.* **6** (*act of printing*) stampa *f.* **7** (*Legat*) torchio *m.* **8** (*Mecc*) pressa *f.*, pressoio *m.* **9** (*Giorn*) (*newspapers, etc.*) stampa *f.*, giornali *m.pl.*: *a representative of the ~* un rappresentante della stampa; *freedom of the ~* libertà di stampa. **10** (*costr.sing. o pl.*) (*Giorn*) (*journalists, etc.*) giornalisti *m.pl.*, stampa *f.*: *the ~ was present in large numbers* erano presenti molti giornalisti. **11** (*Giorn*) (*comment in newspapers, etc.*) critica *f.*, commenti *m.pl.* (sui giornali): *the play got a good ~* la commedia ha avuto una buona critica. **12** (*Br*) (*crowd, throng*) folla *f.*, calca *f.*, ressa *f.*, pigia pigia *m.* **13** (*instrument of torture*) torchio *m.* **14** (*Sport*) (*in weight lifting*) distensione *f.* **15** (*Sport*) (*in basketball*) difesa *f.* aggressiva, pressing *m.* □ ~ *agency* agenzia stampa; ~ *agent* addetto stampa, press agent; ~ *association* associazione della stampa; ~ *attaché* addetto stampa, press agent; ~ *box* (*at sporting events*) tribuna stampa; ~ *button* pulsante; ~ *campaign* campagna di stampa; (*Dir*) to ~ *charges* (*against so.*) citare (qcu.) in giudizio; (*Br*) ~ *clipping* ritaglio di giornale; ~ *conference* conferenza stampa; (*Edit*) ~ *corrector* correttore di bozze; (*Giorn*) ~ *correspondent* corrispondente; (*Br*) ~ *cutting* ritaglio di giornale; *to ~ down*: 1 schiacciare, spingere giù, comprimere; 2 (*fig*) opprimere; *to ~ for sth.* fare pressione per ottenere qcs.; *to ~ forward* affrettarsi; *to ~ sth. further* dare più valore a qcs.; ~ *gallery* (*in courtrooms, legislative assembly rooms*) tribuna stampa; (*Tip*) *to go to ~* andare in stampa, andare in macchina: *at time of going to* (o *as we go to*)

~ al momento di andare in macchina; (*Tip*) *in* ~ (*o in the* ~) in corso di stampa, in stampa; (*Tip*) *off the* ~ appena stampato, fresco di stampa; *~office* ufficio stampa; *~officer* addetto all'ufficio stampa; *to ~ on* affrettarsi; *~ pass* tessera stampa, pass per la stampa; (*Giorn*) *~ photographer* fotoreporter; *~ release* comunicato stampa; *~ secretary* addetto stampa; *~statement* dichiarazione alla stampa; *to ~ a comparison too far* spingere un paragone troppo in là; *to ~up* affollarsi, accalcarsi, ammassarsi; *~work* : 1 (*Tip*) lavoro tipografico, lavoro di stampa; 2 (*Met*) stampaggio (con pressa).

press[2] /pres/ I *v.t.* **1** (*ant*) arruolare forzatamente. **2** (*estens,lett*) (*to requisition*) requisire, sequestrare. II *n.* arruolamento *m.* forzato. □ *to ~ sth. into service* usare qcs. (eccezionalmente, in mancanza di meglio).

pressed /prest/ *a.* **1** pressato, compresso, schiacciato. **2** (*of food*) pressato. **3** (*of clothes*) stirato. □ (*Alim*) *~beef* carne bovina pressata (in scatola); (*Edil*) *~brick* mattone pressato; *to be ~for sth.* essere a corto di qcs.; *to be ~ for money* essere in difficoltà finanziarie; *to be ~ for time* avere poco tempo; (*Met*) *~steel* acciaio stampato.

presser /'presǝr/ *n.* **1** pressatore *m.* (*f.* -trice). **2** (*one that presses clothes*) chi stira, stiratrice *f.* **3** (*Mecc*) compressore *m.*

pressgang /'presgæn/ I *n.* (*ant*) distaccamento *m.* di uomini addetto all'arruolamento forzato. II *v.t.* (*ant*) arruolare forzatamente.

pressing /'presɪn/ I *a.* **1** urgente, pressante, incalzante: *a ~ need* una necessità urgente; *~ business* un affare pressante. **2** (*earnest*) insistente: *a ~ invitation* un invito insistente. II *n.* **1** pressatura *f.* **2** (*Enol,Ind*) torchiatura *f.* **3** (*urgency*) pressione *f.*, insistenza *f.* **4** (*gramophone record*) disco *m.* **5** (*Met*) stampaggio *m.*

pressingly /'presɪnli/ *avv.* urgentemente.

pressman /'presmǝn/ *n.irr.* (*Br*) **1** (*ant*) (*journalist*) giornalista *m.* **2** (*typographer*) tipografo *m.* **3** (*operator at a press*) addetto *m.* alla pressa, stampatore *m.*

pressmark /'presmɑːk Am 'presmɑːrk/ *n.* (*Bibliot*) segnatura *f.*, collocazione *f.*

press-on /'presɒn Am 'prɛsɑːn/ *a.* adesivo, autoadesivo: *~ label* etichetta autoadesiva, autoadesivo.

pressroom /'presruːm/ *n.* (*Tip*) sala *f.* macchine.

pressure /'preʃǝr/ I *n.* **1** pressione *f.* (*anche fig*): *to apply ~ to a lever* fare pressione su una leva; *to put ~ on so.* fare pressione su qcu. **2** (*Fis,Fisiol*) pressione *f.*: *a ~ of fifty pounds to the square foot* una pressione di cinquanta libbre per piede quadrato. **3** (*Meteor*) pressione *f.* atmosferica, pressione *f.* **4** (*fig*) disagio *m.*, difficoltà *f.*: *the ~s of city life* i disagi della vita cittadina. **5** (*El*) forza *f.* elettromotrice. II *v.t.* (*colloq*) fare pressione su, premere su. □ (*Med*) *~bandage* bendaggio compressivo; (*Aer*) *~ cabin* cabina pressurizzata; *~cooker* pentola a pressione; (*Tecn*) *~ gauge* manometro, misuratore di pressione; (*Pol*) *~group* gruppo di pressione; (*Tecn*) *~roller* rullino pressore; *under ~* sotto pressione (*anche fig*).

pressure-cook /'preʃǝr,kuk Am 'preʃǝr,kuk/ *v.t.* cucinare in una pentola a pressione.

pressurization /,preʃǝraɪzeɪʃǝn Am 'preʃǝraɪzeɪʃǝn/ *n.* (*Tecn*) **1** (*act*) pressurizzazione *f.* **2** (*state*) l'essere pressurizzato.

pressurize /'preʃǝraɪz Am 'preʃǝraɪz/ *v.t.* (*Tecn*) pressurizzare.

pressurized /'preʃǝraɪzd Am 'preʃǝraɪzd/ *a.*

(*Tecn*) pressurizzato. □ (*Nucl*) *~water reactor* reattore ad acqua pressurizzata.

presswoman /'preswumǝn/ *n.irr.* (*ant*) giornalista *f.*

prestel /'prestel/ *n.* (*Tel*) videotel *m.*, videotex *m.*

prestidigitation /,presti,dɪdʒɪ'teɪʃǝn Am ,prestǝ,dɪdʒɪ'teɪʃǝn/ *n.* prestidigitazione *f.*

prestidigitator /,presti,dɪdʒɪ'teɪtǝr Am ,prestǝ,dɪdʒǝ'teɪtǝr/ *n.* prestigiatore *m.* (*f.* -trice).

prestige /pres'tiːʒ Am pres'tiː(d)ʒ/ *n.* **1** prestigio *m.*, credito *m.*, reputazione *f.*: *power and ~* potere e prestigio. **2** (*glamour*) fascino *m.*

prestigious /pres'tɪdʒǝs/ *a.* prestigioso.

prestress /,priː'stres/ *v.t.* (*Edil*) precomprimere.

prestressed /,priː'strest/ *a.* (*Tecn*) precompresso. □ (*Edil*) *~concrete* calcestruzzo precompresso.

prestressing /,priː'stresɪn/ *n.* (*Tecn,Edil*) precompressione *f.*

presumable /prɪ'zjuːmǝbl Am prɪ'zuːmǝbl/ *a.* presumibile, probabile.

presumably /prɪ'zjuːmǝbli Am prɪ'zuːmǝbli/ *avv.* presumibilmente, probabilmente.

presume /prɪ'zjuːm Am prɪ'zuːm/ I *v.t.* **1** supporre, presumere, ritenere: *I ~ you will be present* suppongo che sarai presente. **2** (*to take for granted*) dare per scontato. **3** (*Dir*) ritenere, presumere: *a man is -d innocent until proven guilty* un uomo è ritenuto innocente finché non viene provata la sua colpevolezza. **4** (*to take upon oneself*) osare, avere l'ardire, avere la pretesa di: *I would never ~ to offer you advice* non oserei mai darti un consiglio. II *v.i.* **1** (*to act presumptuously*) fare il presuntuoso. **2** (*to take liberties*) prendersi delle libertà. **3** (*to rely unwarrantably*) contare troppo, fare troppo affidamento (*on, upon* su): *do not ~ on his forgiveness* non contare troppo sul suo perdono.

presumed /prɪ'zjuːmd Am prɪ'zuːmd/ *a.* presunto, supposto: *the ~ murderer* il presunto assassino.

presumedly /prɪ'zjuːmɪdli Am prɪ'zuːmɪdli/ *avv.* presumibilmente, secondo le supposizioni.

presuming /prɪ'zjuːmɪn Am prɪ'zuːmɪn/ *a.* **1** presuntuoso, arrogante. **2** (*impudent*) sfacciato, insolente.

presumption /prɪ'zʌmpʃǝn/ *n.* **1** supposizione *f.*, congettura *f.*: *it's a mere ~* è una pura supposizione. **2** (*ground, reason for believing*) motivo *m.* di credere, ragione *f.* di credere: *the ~ is that he will come* c'è motivo di credere che verrà. **3** (*Dir*) presunzione *f.* **4** (*excessive self-confidence, arrogance*) presunzione *f.*, arroganza *f.* □ (*Dir*) *~of death* presunzione di morte; (*Dir*) *~of innocence* presunzione di innocenza; (*Dir*) *~of law* presunzione legale.

presumptive /prɪ'zʌmptɪv Am prɪ'zʌmptɪv/ *a.* presunto, probabile, presuntivo. □ (*Dir*) *~ evidence* prova presuntiva; (*Dir*) *~ heir* erede presuntivo, erede presunto.

presumptuous /prɪ'zʌmptʃuǝs Am prɪ'zʌmptʃuǝs/ *a.* **1** presuntuoso, arrogante. **2** (*impudent*) sfacciato, insolente.

presumptuously /prɪ'zʌmptʃuǝsli Am prɪ'zʌmptʃuǝsli/ *avv.* presuntuosamente, con presunzione.

presumptuousness /prɪ'zʌmptʃuǝsnǝs Am prɪ'zʌmptʃuːǝsnǝs/ *n.* arroganza *f.*, presunzione *f.*

presuppose /,priːsǝ'pǝuz/ *v.t.* presupporre.

presupposition /,priːsʌpǝ'zɪʃǝn/ *n.* **1** (*act*) presupposizione *f.* **2** (*idea*) presupposto *m.*

pret. (*Gramm*) *preterite* pret. (preterito).

---

pretence /prɪ'tens/ *n.* **1** finzione *f.*, simulazione *f.*, finta *f.*, messinscena *f.*: *his reluctance was all ~* la sua riluttanza fu tutta una finzione. **2** (*excuse*) scusa *f.*, pretesto *m.* **3** (*claim*) pretesa *f.*: *to make no ~ to genius* non avere la pretesa di essere un genio. **4** (*pretentiousness*) pretesa *f.*, pretenziosità *f.*, (*rar*) pretensiosità *f.*: *without ~* senza pretese. □ *to make a ~ of doing sth.* fare finta di fare qcs.; *to make no ~ of sth.* non fare mistero di qcs.

pretend /prɪ'tend/ I *v.t.* **1** fingere, fare finta di: *he is only -ing to be angry* fa solo finta di essere arrabbiato. **2** (*to profess, to claim*) pretendere di, voler fare credere di. **3** (*to presume, to venture*) presumere di, avere la pretesa di. II *v.i.* **1** fingere: *he is not asleep, he is only -ing* non dorme, finge soltanto. **2** (*to lay claim*) pretendere, aspirare (*to* a), accampare diritti (su): *to ~ to the throne* pretendere al trono.

pretendant /prɪ'tendǝnt/ *n.* **1** chi finge, simulatore *m.* (*f.* -trice). **2** (*claimant*) pretendente *m./f.*: *a ~ to the throne* un pretendente al trono.

pretended /prɪ'tendɪd/ *a.* **1** finto, falso, simulato. **2** (*alleged*) preteso, presunto.

pretender /prɪ'tendǝr/ *n.* **1** chi finge, simulatore *m.* (*f.* -trice). **2** (*claimant*) pretendente *m./f.*: *a ~ to the throne* un pretendente al trono.

pretense /'priːtens/ *n.* (*Am*) **1** finzione *f.*, simulazione *f.*, finta *f.*, messinscena *f.*: *his reluctance was all ~* la sua riluttanza fu tutta una finzione. **2** (*excuse*) scusa *f.*, pretesto *m.* **3** (*claim*) pretesa *f.*: *to make no ~ to genius* non avere la pretesa di essere un genio. **4** (*pretentiousness*) pretesa *f.*, pretenziosità *f.*, (*rar*) pretensiosità *f.*: *without ~* senza pretese. □ *to make a ~ of doing sth.* fare finta di fare qcs.; *to make no ~ of sth.* non fare mistero di qcs.

pretension /prɪ'tenʃǝn/ *n.* **1** pretesa *f.*: *to make no -s to erudition* non avere pretese di cultura. **2** (*aspiration*) aspirazione *f.*, ambizione *f.* **3** (*pretentiousness*) pretenziosità *f.*, (*rar*) pretensiosità *f.*, presunzione *f.*

pretentious /prɪ'tenʃǝs/ *a.* **1** pretenzioso, pieno di pretese. **2** (*self-important*) presuntuoso, borioso.

pretentiously /prɪ'tenʃǝsli/ *avv.* con pretenziosità.

pretentiousness /prɪ'tenʃǝsnǝs/ *n.* pretenziosità *f.*, presunzione *f.*

preterhuman /,priːtǝ'hjuːmǝn Am ,priːtǝr'hjuːmǝn/ *a.* (*lett*) sovrumano.

preterit,preterite /'pretǝrɪt Am 'pretǝrɪt/ I *a.* (*Gramm*) passato (*anche estens*). II *n.* (*Gramm*) preterito *m.*, passato *m.* (*anche estens*).

preterition /,priːtǝ'rɪʃǝn Am ,priːtǝ'rɪʃǝn/ *n.* **1** omissione *f.* (*anche Dir*). **2** (*Ret*) preterizione *f.*

preterm /'priːtɜːm Am 'priːtɜːrm/ I *a.* (*Med*) prematuro, prima del termine. II *avv.* (*Med*) prima del termine, prematuramente.

pretermission /,priːtǝ'mɪʃǝn Am ,priːtǝr'mɪʃǝn/ *n.* **1** omissione *f.* **2** (*Ret*) preterizione *f.*

pretermit /,priːtǝ'mɪt Am ,priːtǝr'mɪt/ (*past, p.p.* **pretermitted** /-tɪd Am -tɪd/) *v.t.* **1** omettere. **2** (*to disregard*) omettere, tralasciare, trascurare. **3** (*to interrupt*) interrompere, sospendere.

preternatural /,priːtǝ'nætʃǝrǝl Am ,priːtǝr'nætʃǝrǝl/ *a.* (*lett*) **1** preternaturale. **2** (*supernatural*) soprannaturale, sovrannaturale.

preternaturalism /,priːtǝ'nætʃǝrǝlɪzm Am ,priːtǝr'nætʃǝrǝlɪzm/ *n.* (*lett*) **1** l'essere preternaturale. **2** (*supernaturalism*) l'essere soprannaturale, l'essere sovrannaturale.

preternaturally /,priːtǝ'nætʃǝrǝli Am ,priːtǝr'nætʃǝrǝli/ *avv.* **1** in modo preternaturale. **2**

(*supernaturally*) in modo soprannaturale, in modo sovrannaturale.

pretext /'pri:tekst/ **I** n. pretesto m., scusa f. **II** v.t. prendere a pretesto. □ *on the ~ of* (o *under the ~ of*) col pretesto di, con la scusa di.

pretreat /pri:'tri:t/ v.t. pretrattare.

pretreatment /pri:'tri:tmənt/ n. pretrattamento m.

pretrial /pri:'traɪəl/ **I** a. (*Dir*) precedente al processo. **II** n. (*Dir*) predibattimento m.

prettify /'prɪtɪfaɪ Am 'prɪtɪfaɪ/ v.t. abbellire, ingraziosire.

prettily /'prɪtəli Am 'prɪt̬əli/ avv. **1** graziosamente, leggiadramente. **2** (*delicately, nicely*) con grazia, con delicatezza.

prettiness /'prɪtɪnəs Am 'prɪt̬ɪnəs/ n. **1** grazia f., leggiadria f. **2** (*superficial pleasingness*) piacevolezza f., gradevolezza f.

pretty /'prɪti Am 'prɪt̬i/ **I** a. **1** grazioso, carino, bellino: *a ~ child* un bambino grazioso. **2** (*pleasant*) gradevole, piacevole: *a ~ little poem* una poesiola gradevole. **3** (*of places*) grazioso, carino: *a ~ garden* un grazioso giardino. **4** (*iron*) bello: *a ~ mess you've landed us in!* ci hai messi in un bel pasticcio! **5** (*colloq*) (*large, considerable*) bello, cospicuo, notevole, considerevole: *a ~ sum of money* una bella somma di denaro. **6** (*subtle*) sottile, acuto, fine: *a ~ distinction* una distinzione sottile. **II** n. **1** tesoro m., caro m. (f. -a): *my ~* tesoro mio. **2** pl. (*pretty clothes*) vestiti m.pl. graziosi (ed eleganti). **3** pl. (*lingerie*) biancheria f.sing. intima. **III** avv. **1** (*moderately, quite*) abbastanza, discretamente. **2** (*rather, very*) piuttosto, alquanto. □ (*sl*) ~ *boy*: **1** (*foppish*) fichetto; **2** (*effeminate*) checca; *she's not just a ~ face* non solo è bella ma è anche intelligente; *to make oneself ~* farsi bello; *~ much* più o meno, pressappoco; (*colloq*) *it will cost a ~ penny* costerà una bella cifra; (*colloq*) *it wasn't a ~ picture!* (o *it wasn't a ~ sight!*) non era un bel vedere!, non era un bello spettacolo!; *to ~ up* abbellire, rendere grazioso; ~ *well* (*almost*) quasi; (*scherz*) *a ~ young thing*: **1** (*young woman*) una ragazza; **2** (*young person*) un giovane, una giovane.

prettyish /'prɪtɪʃ Am 'prɪt̬ɪʃ/ a. piuttosto carino.

pretty-pretty /'prɪti,prɪti Am 'prɪt̬i,prɪt̬i/ a. (*colloq*) stucchevole, lezioso.

pretzel /'prets³l/ n. (*Gastron*) bretzel m., ciambella f. salata a forma di nodo.

prevail /prɪ'veɪl/ v.i. **1** prevalere, predominare, essere predominante: *dismay -ed throughout the country* lo sgomento prevaleva in tutto il paese. **2** (*to be widespread or current*) essere diffuso, essere corrente. **3** (*to persist*) persistere, continuare, durare, perdurare. **4** (*to succeed, to win*) prevalere, vincere, trionfare: *truth will ~* la verità prevarrà. **5** (*to be superior in strength, etc.*) avere la meglio, prevalere (*over, against* su): *they -ed over their enemies* ebbero la meglio sui loro nemici. **6** (*to persuade, to induce*) convincere, persuadere, indurre (*upon, on, with* so. qcu.): *they -ed upon him to read some of his poems* lo convinsero a leggere alcune delle sue poesie.

prevailing /prɪ'veɪlɪŋ/ a. **1** prevalente, predominante. **2** (*current, common*) corrente, comune: *the ~ opinion* l'opinione corrente. **3** (*of winds*) prevalente.

prevailingly /prɪ'veɪlɪŋli/ avv. prevalentemente.

prevalence /'prev³ləns/ n. larga diffusione f., l'essere comune, prevalenza f., predominanza f.

prevalency /'prev³lənsi/ n. larga diffusione f., l'essere comune, prevalenza f., predominanza f.

prevalent /'prev³lənt/ a. **1** (*widely accepted*) corrente, comune. **2** (*widespread*) diffuso, invalso, frequente: *a ~ disease* una malattia diffusa.

prevalently /'prev³ləntli Am 'prev³lənt̬li/ avv. prevalentemente, in prevalenza.

prevaricate /prɪ'værɪkeɪt Am prɪ'verɪkeɪt/ v.i. **1** agire in modo ambiguo, giocare sull'equivoco. **2** (*to quibble*) cavillare, sofisticare. **3** (*to answer evasively*) tergiversare, rispondere evasivamente. **4** (*to lie*) mentire.

prevarication /prɪ,værɪ'keɪʃᵊn Am prɪ,verɪ'keɪʃᵊn/ n. **1** il giocare sull'equivoco. **2** (*evasive answer*) risposta f. evasiva, (*rar*) tergiversazione f. **3** (*lie*) menzogna f., bugia f.

prevaricator /prɪ'værɪkeɪtəʳ Am prɪ'verɪkeɪtəʳ/ n. **1** chi tergiversa. **2** (*liar*) bugiardo m. (f. -a).

prevenience /prɪ'vi:nɪəns/ n. **1** (*act of coming before*) il precedere, il venire prima. **2** (*act of providing for another's needs*) il provvedere alle necessità altrui.

prevenient /prɪ'vi:nɪənt/ a. **1** antecedente, precedente. **2** (*anticipatory*) che anticipa.

prevent /prɪ'vent/ v.t. prevenire, impedire, evitare: *he intervened to ~ bloodshed* è intervenuto per prevenire uno spargimento di sangue; *to ~ an accident* evitare un incidente; *we shall come tomorrow if nothing -s* verremo domani se tutto va bene, verremo domani salvo imprevisti.

preventability /prɪ,ventə'bɪləti Am prɪ,ventə'bɪləti/ n. evitabilità f., prevenibilità f.

preventable /prɪ'ventəbl̩ Am prɪ'vent̬əbl̩/ a. evitabile, che si può impedire.

preventative /prɪ'ventətɪv Am prɪ'vent̬ətɪv/ **I** n. **1** misura f. preventiva. **2** (*Med*) farmaco m. profilattico. **II** a. **1** preventivo (*anche Dir*): ~ *detention* detenzione preventiva. **2** (*Med*) preventivo, profilattico: ~ *medicine* medicina preventiva.

preventatively /prɪ'ventətɪvli Am prɪ'vent̬ətɪvli/ avv. preventivamente.

prevention /prɪ'venʃᵊn/ n. **1** prevenzione f., il prevenire: ~ *of accidents* prevenzione degli infortuni. **2** (*preventive*) misura f. preventiva. □ Prov.: ~ *is better than cure* prevenire è meglio che curare, meglio prevedere che provvedere.

preventive /prɪ'ventɪv Am prɪ'vent̬ɪv/ **I** n. **1** misura f. preventiva. **2** (*Med*) farmaco m. profilattico. **II** a. **1** preventivo (*anche Dir*): ~ *detention* detenzione preventiva. **2** (*Med*) preventivo, profilattico: ~ *medicine* medicina preventiva. □ (*Dir*) ~ *attachment* sequestro preventivo; ~ *measures* misure preventive.

preventively /prɪ'ventɪvli Am prɪ'vent̬ɪvli/ avv. preventivamente, anticipatamente, prima.

preverbal /,pri:'vɜːbl̩ Am ,pri:'vɜːrbəl/ a. **1** (*Med*) preverbale. **2** (*Gramm*) che precede un verbo.

preview /'pri:vju:/ **I** n. **1** anteprima f. (*anche Cin*). **2** (*Cin*) (*trailer*) trailer m. **3** (*description of sth. forthcoming*) presentazione f. **II** v.t. **1** (*to view beforehand*) vedere in anteprima. **2** (*to show beforehand*) proiettare in anteprima.

previous /'pri:vɪəs/ a. **1** precedente, antecedente, prima, anteriore: *the ~ tenant* l'inquilino precedente; *the ~ week* la settimana prima. **2** (*preceding in space*) precedente, anteriore: *the ~ page* la pagina precedente. **3** (*Br,colloq*) (*hasty*) prematuro, avventato, precipitoso. □ ~ *notice* preavviso; (*Parl*) ~

question questione pregiudiziale; ~ *to* prima di: *did you test it ~ to buying it?* l'hai provato prima di comprarlo?

previously /'pri:vɪəsli/ avv. **1** precedentemente, in precedenza, prima. **2** (*Br,colloq*) (*prematurely*) in modo prematuro, prematuramente, avventatamente.

previse /prɪ'vaɪz/ v.t. **1** (*rar*) prevedere, aspettarsi. **2** (*to forewarn*) preavvertire, preavvisare, mettere in guardia.

prevision /,prɪ'vɪʒᵊn/ n. **1** preveggenza f. **2** (*prediction*) previsione f., pronostico m.

previsional /,prɪ'vɪʒᵊnᵊl/ a. previsionale, di una previsione, relativo a una previsione.

prevocalic /,pri:vəʊ'kælɪk/ a. (*Ling*) prevocalico.

prevocalically /,pri:vəʊ'kælɪk³li/ avv. davanti a una vocale.

prevue /'pri:vju:/ **I** n. **1** anteprima f. (*anche Cin*). **2** (*Cin*) (*trailer*) trailer m. **3** (*description of sth. forthcoming*) presentazione f. **II** v.t. **1** (*to view beforehand*) vedere in anteprima. **2** (*to show beforehand*) proiettare in anteprima.

pre-war /,pri:'wɔːʳ Am ,pri:'wɔːr/ **I** a. prebellico, anteguerra. **II** avv. nel periodo prebellico, prima della guerra.

pre-wash /,pri:'wɒʃ Am ,pri:'wɑːʃ/ **I** n. prelavaggio m. **II** v.t. prelavare.

prexy /preksi/ n. (*Am,Univ,colloq*) rettore m. (f. -trice).

prey /preɪ/ **I** n. **1** preda f. (*anche fig*): *the eagle held its ~ in its claws* l'aquila teneva la preda tra gli artigli; (*fig*) *to be a ~ to* essere preda di, essere in preda a. **2** (*estens*) (*of a person*) vittima f. **3** (*rar*) (*booty*) bottino m. **II** v.i. **1** predare, prendere come preda (*on, upon* so. qcu.): *wolves ~ on sheep* i lupi predano le pecore. **2** (*to plunder*) saccheggiare, predare (qcs.), depredare (qcs.). **3** (*fig*) (*to have a harmful effect*) rodere, consumare, logorare (qcu.): *grief -ed on her mind* il dolore le rodeva l'animo.

Priam /'praɪəm/ n.pr.m. (*Mitol*) Priamo.

priapic /praɪ'æpɪk/ a. **1** priapeo. **2** (*phallic*) fallico.

priapism /'praɪəpɪz³m/ n. (*Med*) priapismo m.

Priapus /praɪ'eɪpəs/ n.pr.m. (*Mitol*) Priapo.

price /praɪs/ **I** n. **1** prezzo m. (*anche fig*): *-s are high this year* i prezzi sono alti quest'anno; *at a good ~* a un prezzo conveniente, a buon prezzo; *the ~ of independence* il prezzo dell'indipendenza. **2** (*reward*) taglia f., ricompensa f.: *to put a ~ on an outlaw's head* mettere una taglia sulla testa di un fuorilegge. **3** (*fig*) (*amount of a bribe*) prezzo m.: *every man has his ~* ogni uomo ha il suo prezzo. **4** (*in betting*) quotazione f. **5** (*rar*) (*value, worth*) valore m., pregio m. **II** v.t. **1** fissare il prezzo di, fare il prezzo di. **2** (*to label with a price*) prezzare: *all the goods are clearly -d* tutta la merce è chiaramente prezzata. **3** (*to obtain a range of prices on a particular item*) chiedere il prezzo di: *I spent the weekend pricing cars* ho passato il fine settimana a chiedere i prezzi delle auto. □ *at a ~*: **1** (*at more than the normal price*) a un prezzo superiore al normale; **2** (*fig*) (*at high cost*) a caro prezzo: *peace was achieved, but only at a ~* la pace è stata raggiunta, ma solo a caro prezzo; *at any ~*: **1** a qualunque prezzo; **2** (*fig*) a qualunque costo, a tutti i costi, a qualunque prezzo; (*Econ,Comm*) ~ *explosion* esplosione dei prezzi; (*Econ,Comm*) ~ *fixing* fissazione del prezzo; (*Econ,Comm*) ~ *fluctuation* oscillazione dei prezzi; (*Br,colloq*) *not to have the ~ of sth.* non avere abbastanza soldi per comprare qcs.; (*Econ,Comm*) ~ *in-*

crease rialzo dei prezzi, aumento dei prezzi; (*Econ*) *~index* indice dei prezzi; (*Br*) *~label* cartellino del prezzo, prezzo; (*Econ,Comm*) *~ leader* prezzo leader, prezzo guida; (*Comm*) *~ list* listino prezzi, listino dei prezzi, prezzario; *to ~ oneselfout of the market* praticare prezzi non competitivi (così da escludersi dal mercato), perdere clientela per i prezzi eccessivi praticati; (*fig*) *toset a high ~on sth.* attribuire molto valore a qcs.; *~ sticker* adesivo segnaprezzo; *~ tag* cartellino del prezzo, prezzo; (*Br*) *~ ticket* cartellino del prezzo, prezzo; (*Br*)*under ~* sottocosto; (*Comm*) *~war* guerra dei prezzi; (*colloq*)*what ~?* che probabilità ci sono?: *what ~ my winning?* che probabilità ci sono che io vinca?; *without ~* inestimabile, di valore incalcolabile.

priced /praɪst/ *a.* (*in compounds*) che ha un prezzo..., dal prezzo...: *high-~* che ha un prezzo alto, caro; *low-~* che ha un prezzo basso, a buon mercato.

priceless /'praɪsləs/ *a.* **1** inestimabile, di incalcolabile valore: *a ~jewel* un gioiello inestimabile. **2** (*estens*) (*of great intangible value*) prezioso, inestimabile, impagabile: *your help was ~* il tuo aiuto è stato prezioso. **3** (*colloq*) (*extremely amusing*) buffissimo, divertentissimo, spassoso.

price-ring /'praɪsrɪŋ/ *n.* (*Econ,Comm*) sindacato *m.* commerciale, gruppo *m.* di produttori che praticano lo stesso prezzo.

price-wages /ˌpraɪs'weɪdʒɪz/ ☐ (*Br*) *~ spiral* spirale prezzi salari.

pricey /'praɪsi/ *a.* (*colloq*) salato, costoso, caro.

priciness /'praɪsɪnes/ *n.* (*colloq*) l'essere costoso, l'essere salato.

pricing /'praɪsɪŋ/ *n.* determinazione *f.* del prezzo.

prick[1] /prɪk/ **I** *n.* **1** puntura *f.*, punzecchiatura *f.*: *the ~ of a needle* la puntura di un ago. **2** (*sensation of being pricked*) puntura *f.* **3** (*fig*) (*sharp pain*) fitta *f.*, puntura *f.*, dolore *m.* acuto. **4** (*fig*) (*goad*) pungolo *m.* **II** *v.t.* **1** bucare, pungere, forare: *to ~ a blister* bucare una vescica. **2** (*to wound with a pointed instrument*) pungere, punzecchiare: *to ~ one's finger with a needle* pungersi il dito con un ago. **3** (*of a hole*) bucare con uno strumento appuntito. **4** (*fig*) (*to torment*) tormentare, rimordere, (*lett*) pungere: *my conscience was -ing me* mi rimordeva la coscienza. **5** (*to mark with pricks*) punteggiare. **6** (*to trace, to outline with pricks*) tracciare a forellini. **7** (*fig*) (*to goad*) spronare, pungolare. **III** *v.i.* **1** pungere. **2** (*to feel a pricking sensation*) pizzicare, formicolare. **3** (*rar*) (*to spur on*) dar di sprone. ☐ *to ~down* : **1** (*to mark with pricks*) punteggiare; **2** (*to trace, to outline with pricks*) tracciare a forellini; (*Zool*) *~ ears* orecchie verticali; (*Giard*) *to ~ in* trapiantare; (*fig*) *~ of conscience* rimorso (di coscienza); (*Giard*) *to ~ off* trapiantare; (*Giard*) *to ~out* trapiantare; (*fig*) *to ~the bubble* sgonfiare la cosa, ridimensionare la cosa; *to ~ up* : **1** (*of an animal's ears*) rizzarsi; **2** (*Am,dial*) (*to dress oneself showily*) agghindarsi, mettersi in ghingheri; *to ~ up one's ears* drizzare le orecchie.

prick[2] /prɪk/ *n.* (*volg,sl*) cazzone *m.* (*f.* -a), coglione *m.* (*f.* -a).

prick-eared /ˌprɪk'ɪəd Am ˌprɪk'ɪərd/ *a.* (*of an animal*) dalle orecchie appuntite, dalle orecchie dritte.

pricker /'prɪkər/ *n.* **1** (*one that pricks*) chi punge, chi fora. **2** (*pointed tool*) strumento *m.* appuntito. **3** (*awl*) punteruolo *m.* **4** (*Met*) spillo *m.*, ago *m.*

pricket /'prɪkɪt/ *n.* **1** (*Zool*) (*deer*) cerbiatto *m.*

di due anni. **2** (*Zool*) (*fallow deer*) daino *m.* di due anni. **3** (*spike of a candleholder*) punta *f.* di candelabro.

pricking /'prɪkɪŋ/ *n.* **1** puntura *f.*, punzecchiatura *f.* **2** (*pricking sensation*) puntura *f.* **3** (*tingling sensation*) pizzicore *m.*, formicolio *m.*

prickle /'prɪkl/ **I** *n.* **1** (*of a plant*) spina *f.*, aculeo *m.* **2** (*of an animal*) pungiglione *m.*, aculeo *m.* **3** (*tingling sensation*) pizzicore *m.*, formicolio *m.* **II** *v.t.* pizzicare. **III** *v.i.* pizzicare, formicolare.

prickled /'prɪkld/ *a.* spinoso.

prickliness /'prɪklɪnəs/ *n.* l'essere spinoso.

prickly /'prɪkli/ *a.* **1** spinoso: *a ~ hedge* una siepe spinosa. **2** (*prickling, tingling*) che pizzica, che dà pizzicore, che prude: *it's ~!* punge! **3** (*fig*) (*oversensitive*) suscettibile, permaloso. **4** (*fig*) (*controversial, vexatious*) spinoso, scabroso: *a ~ question* una domanda scabrosa. ☐ (*Med,colloq*) *~ heat* sudamina, sudorina; (*Bot*) *~ pear* fico d'India.

pride /praɪd/ **I** *n.* **1** superbia *f.*, orgoglio *m.*, alterigia *f.*, boria *f.*: *to be puffed up with ~* essere gonfio di superbia. **2** (*arrogance*) arroganza *f.* **3** (*self-respect*) amor *m.* proprio, fierezza *f.*: *to wound so.'s ~* ferire l'amor proprio di qcu. **4** (*best*) il migliore, fior fiore *m.*, fiore *m.* all'occhiello: *the ~ of the herd* il migliore della mandria. **5** (*satisfaction*) (*gusto*) orgoglio *m.*: *he is the ~ of the family* è l'orgoglio della famiglia. **6** (*Br,lett*) (*prime*) fiore *m.*, fior fiore *m.*, rigoglio *m.*: *in the ~ of youth* nel fiore della giovinezza. **7** (*pack of lions*) branco *m.* di leoni. **8** (*flock of peacoks*) gruppo *m.* di pavoni. **II** *v.t.* (*rifl.*) *to ~ oneself* vantarsi, gloriarsi, andar fiero (*on, upon* di): *to ~ oneself on one's shrewdness* gloriarsi della propria scaltrezza. **2** (*rar*) (*to make feel proud*) inorgoglire. ☐ *~of place* posizione elevata, alto grado; (*lett*) *~ of the morning* pioggerella all'alba, nebbia all'alba; *to take ~ in* (o *to take a ~ in*) essere fiero di, essere orgoglioso di: *to take a proper ~ in sth.* essere giustamente orgoglioso di qcs. *Prov.*: *~ goes before a fall* la superbia va a cavallo e torna a piedi.

prideful /'praɪdfəl/ *a.* orgoglioso, altero, superbo.

pridefully /'praɪdfəli/ *avv.* orgogliosamente, superbamente.

prideless /'praɪdfələs/ *a.* senza orgoglio, privo di orgoglio.

prie-dieu /ˌpriː'djɜː Am 'priːˌdjɜː/ *n.* inginocchiatoio *m.*

priest /priːst/ *n.* **1** (*Rel*) sacerdote *m.* **2** (*Rel.catt*) sacerdote *m.*, prete *m.* ☐ (*Rel*) *~ vicar* canonico minore.

priestcraft /'priːst,krɑːft Am 'priːst,kræft/ *n.* esercizio *m.* delle funzioni sacerdotali.

priestess /ˌpriː'stes Am 'priːstɪs/ *n.* sacerdotessa *f.*

priesthood /'priːsthʊd/ *n.* **1** sacerdozio *m.* **2** (*body of priests*) clero *m.*, preti *m.pl.*: *to enter the ~* farsi prete.

priestism /'priːstɪzəm/ *n.* dottrine *f.pl.* e principi relativi al sacerdozio.

priestlike /'priːstlaɪk/ **I** *a.* sacerdotale. **II** *avv.* sacerdotalmente, da sacerdote.

priestliness /'priːstlɪnəs/ *n.* l'essere sacerdotale.

priestling /'priːstlɪŋ/ *n.* (*Br*) giovane prete *m.*, pretino *m.*

priestly /'priːstli/ *a.* sacerdotale.

priest-ridden /'priːst,rɪdən/ *a.* (*ant,lett*) oppresso dai preti.

prig[1] /prɪg/ *n.* **1** borioso *m.* (*f.* -a), presuntuoso *m.* (*f.* -a). **2** (*pedant*) pedante *m./f.*, saccente *m./f.*

prig[2] /prɪg/ **I** *n.* (*Br*) (*pilferer*) ladruncolo *m.* (*f.* -a). **II** *v.t.* (*past, p.p.* **prigged** /-d/) (*Br*) (*to pilfer*) rubacchiare.

priggery /'prɪgəri/ *n.* **1** sufficienza *f.*, boria *f.*, presunzione *f.* **2** (*pedantry*) pedanteria *f.*, saccenteria *f.*

priggish /'prɪgɪʃ/ *a.* **1** borioso, presuntuoso. **2** (*pedantic*) pedante, saccente.

priggishly /'prɪgɪʃli/ *avv.* **1** con sufficienza, boriosamente. **2** (*pedantically*) pedantescamente, in modo saccente.

priggishness /'prɪgɪʃnəs/ *n.* **1** sufficienza *f.*, boria *f.*, presunzione *f.* **2** (*pedantry*) pedanteria *f.*, saccenteria *f.*

priggism /'prɪgɪzəm/ *n.* **1** sufficienza *f.*, boria *f.*, presunzione *f.* **2** (*pedantry*) pedanteria *f.*, saccenteria *f.*

prim /prɪm/ *a.* **1** compassato, misurato, affettato. **2** (*formal*) cerimonioso, formale. ☐ *~and proper* : **1** (*of person*) sussiegoso; **2** (*of behavior, manner, etc.*) compito, compassato.

prima ballerina /ˌpriːməbæləˈriːnə Am ˌpriːməbæləˈriːnə/ (*pl.* **prima ballerinas** /-z/) *n.* prima ballerina *f.*

primacy /'praɪməsi/ *n.* **1** primato *m.*, supremazia *f.*, superiorità *f.* **2** (*Rel*) primato *m.*

prima donna /ˌpriːmə'dɒnə Am ˌpriːmə 'dɑːnə/ (*pl.* **prima donnas** /-z/ o **prime donne** /ˌpriːmɪ'dɒnə Am ˌpriːmɪ'dɑːnə/) *n.* prima donna *f.* (*anche fig*).

prima donna-ish /ˌpriːmə'dɒnəɪʃ Am ˌpriːmə'dɑːnəɪʃ/ *a.* da prima donna.

primaeval /ˌpraɪ'miːvəl/ *a.* primordiale, primitivo, antichissimo.

prima facie /ˌpraɪmə'feɪʃi/ **I** *a.* basato sulla prima impressione, che deriva dalla prima impressione. **II** *avv.* a prima vista. ☐ (*Dir*) *~ case* elementi sufficienti per chiedere un rinvio a giudizio; (*Dir*) *~evidence* prova sufficiente.

primal /'praɪməl/ *a.* **1** primitivo, originario. **2** (*first in importance*) primario, principale. ☐ (*Psic*) *~ scream* momento in cui un individuo libera emozioni e sentimenti relativi alle sue prime esperienze.

primarily /'praɪ'merəli/ *avv.* **1** principalmente, primariamente, soprattutto: *his income comes ~ from rents* il suo reddito proviene principalmente dagli affitti. **2** (*in the first place*) in primo luogo, prima di tutto, primariamente.

primary /'praɪmərɪ Am 'praɪmeri/ **I** *a.* **1** principale, primario, primo: *our ~ aim* il nostro scopo principale; *a problem of ~ importance* un problema di primaria importanza. **2** (*basic*) basilare, fondamentale. **3** (*first in time, primitive*) primitivo, originario, primordiale, iniziale. **4** (*original*) originale. **5** (*Gramm*) fondamentale. **6** (*Ornit*) (*of feathers*) maestro. **7** (*Minier*) vergine, greggio, greggio. **II** *n.* (*Am, Parl*) elezioni *f.pl.* primarie, primarie *f.pl.* ☐ (*Fon*) *~ accent* accento primario, accento principale; *~ art* arte primaria; (*Am*) *~ care physician* medico di base; *~ colors* colori primari, colori fondamentali; (*Scol*) *~ education* istruzione elementare, istruzione primaria; (*Am,Pol*) *~election* elezioni primarie, primarie; *~ energy* energia primaria; *~ industry* industria primaria; *~ legislation* legislazione primaria; (*Am,Pol*) *~ meeting* riunione dei votanti di un partito per la nomina dei candidati; (*Astr*) *~ planet* pianeta principale; *~ profession* professione principale; (*Ornit*) *~quill* penna maestra; (*Geol*) *~rocks* rocce primarie; *~ school* scuola primaria, scuola elementare; (*Econ*) *~ sector* settore primario, primario; (*Fon*) *~ stress* accento primario, accento principale.

primate /'praɪmeɪt *Am* 'praɪmɪt/ *n.* **1** (*Zool*) primate *m*.: *the* ~ i primati. **2** (*Rel*) (*high-ranking bishop*) primate *m*.

primateship /'praɪmətʃɪp *Am* 'praɪmɪtʃɪp/ *n.* (*Rel*) primazia *f*.

primatial /praɪˈmeɪʃəl/ *a.* **1** (*Rel*) primaziale. **2** (*Zool*) dei primati, relativo ai primati.

primatological /praɪˌmətəˈlɒdʒɪkəl *Am* praɪ ˌmətəˈlɑːdʒɪkəl/ *a.* primatologico.

primatologist /praɪməˈtɒlədʒɪst *Am* praɪ 'mətəlɑːdʒɪst/ *n.* primatologo *m*. (*f*. -a).

primatology /praɪməˈtɒlədʒi *Am* praɪ 'mətəlɑːdʒi/ *n.* primatologia *f*.

primavera /ˈprɪməverə/ *a.* (*Gastron*) pasta *f*. condita con verdure fresche di stagione.

prime[1] /praɪm/ **I** *a.* **1** primario, primo, principale, fondamentale: *of* ~ *importance* di primaria importanza; ~ *necessity* prima necessità. **2** (*first in rank, leading*) primo, il più importante. **3** (*first in time, primitive*) primo, primitivo, originario. **4** (*of the best quality*) di prima qualità, ottimo, eccellente. **5** (*Mat*) primo. **II** *n.* **1** apice *m*., culmine *m*.: *he is in the* ~ *of his career* è all'apice della sua carriera. **2** (*bloom, flower*) rigoglio *m*., fior fiore *m*., fiore *m*.: *to be in the* ~ *of youth* essere nel fiore della giovinezza. **3** (*youth*) fiore *m*. degli anni, giovinezza *f*.: *a boy in his* ~ un ragazzo nel fiore degli anni. **4** (*most successful stage*) periodo *m*. aureo, epoca *f*. di massimo splendore: *the* ~ *of Umbrian art* il periodo aureo dell'arte umbra. **5** (*earliest stage*) principio *m*., inizio *m*., primo periodo *m*. **6** (*best part*) parte *f*. migliore, parte *f*. scelta. **7** (*best individual*) il migliore. **8** (*Lit*) prima *f*. **9** (*Mat*) numero *m*. primo. **10** (*Sport*) (*in fencing*) prima *f*. **11** (*Mus*) (*tonic*) tonica *f*.; (*unison*) unisono *m*. □ (*Comm*) ~ **contractor** capocommessa, appaltatore diretto; (*Econ*) ~ **cost** costo primo; (*Mat*) ~ **factor** fattore primo; (*Geog*) ~ **meridian** meridiano di riferimento, meridiano fondamentale; (*Pol*) ~ **minister** (o *Prime Minister*) primo ministro; ~ **mover.** 1 (*Mecc*) motore primo; 2 (*Mil*) trattore pesante (con tutte le ruote motrici); 3 (*fig*) (*most effective force*) causa prima; 4 (*Filos*) primo motore; (*Mat*) ~ **number** numero primo; (*Econ*) ~ **rate** prime rate, tasso praticato dalle banche ai migliori clienti; (*Macell*) ~ **rib** taglio scelto di carne di manzo; (*TV*) ~ **time** prima serata, prime time.

prime[2] /praɪm/ **I** *v.t.* **1** (*Mil*) caricare con polvere da sparo: *to* ~ *a cannon* caricare un cannone con polvere da sparo. **2** (*Mil*) (*of a mine, etc.*) innescare. **3** (*Mot*) (*of a carburettor*) mettere carburante in, iniettare carburante in. **4** (*Idr*) (*of a pump*) adescare: *to* ~ *a pump* adescare una pompa, caricare una pompa. **5** (*estens*) (*to fill, to load*) riempire, caricare. **6** (*colloq*) (*of a person*) riempire, imbottire: *he -d me with food* mi riempì di cibo. **7** (*estens*) (*to make ready*) preparare, approntare. **8** (*fig*) (*to supply with information*) mettere al corrente, informare. **9** (*Edil,Pitt*) dare una mano di fondo a, mesticare.

prime-ministerial /praɪˌmɪnɪˈstɪərɪəl *Am* praɪˌmɪnɪˈstɪrɪəl/ *a.* del primo ministro, relativo al primo ministro.

prime-ministership /praɪˈmɪnɪstəʃɪp *Am* praɪˈmɪnɪstərʃɪp/ *n.* carica *f*. di primo ministro.

primer[1] /ˈpraɪmər/ *n.* **1** (*elementary textbook*) testo *m*. di nozioni fondamentali, manuale *m*. **2** (*book for teaching children to read*) sillabario *m*., (*lett*) abbecedario *m*. **3** (*ant*) (*prayer book*) libro *m*. di preghiere.

primer[2] /ˈpraɪmər/ *n.* **1** (*Edil,Pitt*) prima mano *f*., mestica *f*. **2** (*Mil*) (*one who primes*) chi innesca una carica. **3** (*Tecn*) (*one who primes a pump*) chi adesca una pompa. **4** (*Mil*) inne-

sco *m*. **5** (*Mot*) iniettore *m*.

primeval /praɪˈmiːvəl/ *a.* primordiale, primitivo, antichissimo.

primevally /praɪˈmiːvəli/ *avv.* primordialmente.

primigenial /ˌpraɪmɪˈdʒiːniəl/ *a.* primitivo, primigenio.

priming /ˈpraɪmɪŋ/ *n.* **1** (*Mil*) innescamento *m*. **2** (*Edil,Pitt*) il mesticare, imprimitura *f*. **3** (*Idr*) (*of a pump*) adescamento *m*. **4** (*Mot*) iniezione *f*. □ (*Mil*) ~ *charge* carica innescante; ~ *of the tides* accelerazione delle maree; (*Idr*) ~ *pump* pompa di adescamento.

primitive /ˈprɪmɪtɪv *Am* ˈprɪmɪtɪv/ **I** *a.* **1** primitivo: ~ *man* l'uomo primitivo. **2** (*rudimentary*) rudimentale, primitivo, rozzo: ~ *weapons* armi rudimentali. **3** (*uncivilized*) primitivo, non civilizzato, selvaggio: ~ *tribes* tribù primitive. **4** (*original, not derived*) primitivo, originario. **5** (*of colours*) fondamentale, primario. **6** (*Art*) primitivo. **7** (*Ling*) primitivo. **8** (*Geol*) primario. **II** *n.* **1** primitivo *m*. (*f*. -a). **2** (*Art*) (*artist*) artista *m*. primitivo, primitivo *m*. **3** (*Art*) (*work of art*) opera *f*. di un primitivo. **4** (*Mat*) funzione *f*. primitiva. **5** (*Ling*) nome *m*. primitivo.

primitively /ˈprɪmɪtɪvli *Am* ˈprɪmɪtɪvli/ *avv.* primitivamente.

primitiveness /ˈprɪmɪtɪvnəs *Am* ˈprɪmɪtɪv nəs/ *n.* primitività *f*.

primitivism /ˈprɪmɪtɪvɪzəm *Am* ˈprɪmɪtɪv ɪzəm/ *n.* primitivismo *m*. (*anche Art,Filos*).

primitivistic /ˌprɪmɪtɪˈvɪstɪk *Am* ˈprɪmɪtɪv ɪstɪk/ *a.* (*Art,Filos*) primitivistico.

primly /ˈprɪmli/ *avv.* **1** con sussiego, con freddezza. **2** (*demurely*) in modo compassato, in modo misurato.

primness /ˈprɪmnəs/ *n.* compostezza *f*. cerimoniosa, affettazione *f*., compitezza *f*.

primogenital /ˌpraɪmoʊˈdʒenɪtəl/ *a.* primogenito, di primogenitura, relativo a primogenitura.

primogenitary /ˌpraɪmoʊˈdʒenɪtəri *Am* ˌpraɪmoʊˈdʒenɪteri/ *a.* primogenito, di primogenitura, relativo a primogenitura.

primogenitor /ˌpraɪmoʊˈdʒenɪtər *Am* ˌpraɪmoʊ ˈdʒenɪtər/ *n.* primogenitore *m*. (*f*. -trice).

primogeniture /ˌpraɪmoʊˈdʒenɪtʃər/ *n.* primogenitura *f*.

primordial /praɪˈmɔːdiəl *Am* praɪˈmɔːrdiəl/ *a.* **1** primordiale, primitivo, originario: ~ *stage of a civilization* fase primordiale di una civiltà. **2** (*Biol*) primario: ~ *meristem* meristema primario. □ ~ *soup* brodo primordiale.

primordiality /praɪˌmɔːdiˈæləti *Am* praɪ ˈmɔːrdiæləti/ *n.* primordialità *f*.

primordially /praɪˈmɔːdiəli *Am* praɪ ˈmɔːrdiəli/ *avv.* in modo primordiale, (*rar*) primordialmente.

primp /prɪmp/ **I** *v.t.* agghindare, azzimare. **II** *v.i.* agghindarsi, azzimarsi.

primrose /ˈprɪmroʊz/ **I** *n.* (*Bot*) primula *f*. **II** *a.* **1** (*Bot*) (*of the primrose*) della primula, relativo alla primula. **2** (*of a pale yellow*) color giallo primula. □ (*fig*) *the* ~ *path* la via del piacere.

primula /ˈprɪmjələ/ *n.* (*Bot*) primula *f*.

primus[1] /ˈpraɪməs/ □ ~ *stove* fornello a cherosene, fornello da campeggio.

primus[2] /ˈpraɪməs/ **I** *a.* (*lett*) primo: ~ *inter pares* primo tra pari. **II** *n.* (*Rel.prot*) (*in the Scottish Episcopal Church*) vescovo *m*. che indice e presiede i sinodi.

prince /prɪns/ *n.* **1** principe *m*.: *a* ~ *of the blood* un principe del sangue. **2** (*fig*) (*eminent person*) persona *f*. di prestigio, principe *m*.: *a* ~ *of lawyers* un principe del foro. □ (*Abbigl*) *Prince Albert* lunga finanziera a doppio petto; *to be a* ~ *among men* (*a man*

that stands out) essere una perla; ~ *charming* (o *Prince Charming*) il principe azzurro; *Prince Consort* principe consorte; (*Geog*) *Prince Edward Islands* isole Principe Edoardo; (*fig*) *Prince of Darkness* principe delle tenebre, Lucifero; (*Lett*) *Prince of Denmark* principe di Danimarca, Amleto; (*Bibl*) *Prince of Peace* principe della pace, Gesù Cristo; *Prince of the Apostles* principe degli apostoli, san Pietro; (*Rel.catt*) *Prince of the Church* principe della chiesa, cardinale; (*Rel.catt*) *Prince of the Holy Roman Church* principe della chiesa, cardinale; *Prince of Wales* principe di Galles; (*Tess*) *Prince of Wales check* principe di Galles; ~ *regent* principe reggente.

princedom /ˈprɪnsdəm/ *n.* principato *m*.

princekin /ˈprɪnskɪn/ *n.* (*Br*) **1** (*young prince*) principino *m*., piccolo principe *m*., giovane principe *m*. **2** (*spreg*) (*low-rank prince*) principotto *m*., principuccio *m*.

princelet /ˈprɪnslɪt/ *n.* (*Br*) **1** (*young prince*) principino *m*., piccolo principe *m*., giovane principe *m*. **2** (*spreg*) (*low-rank prince*) principotto *m*., principuccio *m*.

princeliness /ˈprɪnslinəs/ *n.* **1** carattere *m*. principesco. **2** (*magnificence*) splendore *m*., sontuosità *f*.

princeling /ˈprɪnslɪŋ/ *n.* (*Br*) **1** (*young prince*) principino *m*., piccolo principe *m*., giovane principe *m*. **2** (*spreg*) (*low-rank prince*) principotto *m*., principuccio *m*.

princely /ˈprɪnsli/ *a.* **1** principesco. **2** (*worthy of a prince*) principesco, sontuoso, sfarzoso: *a* ~ *welcome* un'accoglienza principesca. **3** (*munificent*) principesco, generoso, munifico: *a* ~ *gift* un dono principesco.

princeps /ˈprɪnseps/ *n.* (*pl.* -**cipes** /-sɪpiːz/) *n.* (*Stor.rom*) principe *m*. (dell'impero).

princess /prɪnˈses *Am* ˈprɪnsɪs/ *n.* principessa *f*.: *a* ~ *of the blood* una principessa del sangue. □ (*Abbigl*) ~ *dress* princesse; ~ *regent*: 1 principessa reggente; 2 (*wife of a prince regent*) moglie del principe reggente; ~ *royal* principessa reale.

Princeton /ˈprɪnstən/ *n.pr.* (*Geog*) Princeton *f*.

principal /ˈprɪnsəpl/ **I** *a.* **1** primo, principale, fondamentale, maggiore, (*lett*) precipuo: *our* ~ *objective* il nostro primo scopo; *the* ~ *difficulty* la principale difficoltà. **2** (*Econ*) del capitale, relativo al capitale. **3** (*Gramm*) (*main*) principale. **II** *n.* **1** capo *m*. (*f*. -a), (*colloq*) principale *m./f*., (*iron*) boss *m./f*. **2** (*head of junior school*) direttore *m*. (*f*. -trice). **3** (*head of senior school, college*) preside *m./ f*. **4** (*head of university*) rettore *m*. (*f*. -trice). **5** (*Teat*) (*actor*) protagonista *m./f*. **6** (*one who authorizes an agent*) mandante *m./f*., committente *m./f*. **7** (*Econ*) capitale *m*. **8** (*Dir*) (*main body of an estate, etc.*) bene *m*. principale. **9** (*in a duel*) primo *m*., duellante *m*. **□** (*Teat*) ~ *boy* (*in English pantomime*) donna che fa la parte dell'eroe in una pantomima; (*Gramm*) ~ *clause* proposizione principale.

principality /ˌprɪnsɪˈpæləti *Am* ˌprɪnsəˈpæləti/ *n.* principato *m*.: *the* ~ *of Monaco* il principato di Monaco.

Principality /ˌprɪnsɪˈpæləti *Am* ˌprɪnsəˈpæləti/ *n.pr.* (*Geog*) (*Wales*) Galles *m*.

principally /ˈprɪnsəpli/ *avv.* principalmente, soprattutto.

principalship /ˈprɪnsəplʃɪp/ *n.* **1** (*Scol*) (*of junior school*) direzione *f*. **2** (*Scol*) (*of senior school, college*) presidenza *f*. **3** (*Univ*) rettorato *m*.

principate /ˈprɪnsɪpət *Am* ˈprɪnsəpeɪt/ *n.* principato *m*.

principle /ˈprɪnsəpl/ *n.* **1** (*general truth, law*)

principio *m.*, legge *f.*: *the -s of nuclear physics* i principi della fisica nucleare. **2** (*governing rule*) principio *m.*, regola *f.* di vita: *to live up to one's -s* vivere secondo i propri principi. **3** (*moral law*) legge *f.* morale. **4** (*high moral character*) rettitudine *f.*, integrità *f.* morale, (*lett*) probità *f.* **5** (*doctrine, tenet*) principio *m.*, dottrina *f.*, teoria *f.*: *the -s of Existentialism* i principi dell'esistenzialismo. **6** (*fundamental proposition*) principio *m.*, concetto *m.* fondamentale. **7** (*Chim*) principio *m.* □ *in* ~ in linea di principio, in linea di massima, sostanzialmente: *to accept a proposal in* ~ accettare una proposta in linea di massima; *to make it a* ~ *to do sth.* fare qcs. per principio; (*Fis*) ~ *of acceleration* legge dell'accelerazione; (*Biol*) *-s of heredity* leggi genetiche; (*Fis*) ~ *of inertia* principio di inerzia; *on* ~ per principio.

principled /'prɪnsəpld/ *a.* **1** di principio, basato su principi: *a* ~ *reason* una ragione di principio. **2** (*in compounds*) di... principi, dai... principi: *well-*~ di sani principi, di buoni principi.

prink /prɪŋk/ **I** *v.t.* (*Br*) agghindare, mettere in ghingheri. **II** *v.i.* (*Br*) agghindarsi, mettersi in ghingheri. □ *to* ~ *up* agghindarsi, mettersi in ghingheri.

print /prɪnt/ **I** *v.t.* **1** (*Tip*) stampare: *to* ~ *a newspaper* stampare un giornale. **2** (*Edit*) (*to publish*) pubblicare, stampare, dare alle stampe: *he has had several articles -ed* ha pubblicato parecchi articoli. **3** (*Ind*) (*to impress with a design*) stampare su: *to* ~ *flowers on curtain material* stampare fiori su stoffa per tende. **4** (*to write in block letters*) scrivere in stampatello: *please* ~ *your name* per favore scriva il suo nome in stampatello. **5** (*to make an impression on*) lasciare un'impronta su. **6** (*of an impression, mark*) imprimere, stampare, lasciare impresso. **7** (*fig*) (*to impress on the mind*) imprimere, stampare: *that dreadful scene -ed itself on her memory* quella scena spaventosa le si è impressa nella mente. **II** *v.i.* **1** (*Tip,Inform*) stampare. **2** (*to write in block letters*) scrivere in stampatello. **3** (*to work as a printer*) fare lo stampatore. **II** *n.* **1** (*Tip*) stampa *f.*: *clear* ~ stampa chiara. **2** (*Tip*) (*type*) carattere *m.*, carattere *m.* tipografico: *large* ~ carattere grande; *small* ~ carattere piccolo. **3** (*printed matter*) stampato *m.* **4** (*Am*) (*printed publication*) pubblicazione *f.*, opuscolo *m.* a stampa. **5** (*Am*) (*newspaper*) giornale *m.*; (*magazine*) rivista *f.* **6** (*newsprint*) carta *f.* da giornale. **7** (*Art*) stampa *f.*, riproduzione *f.*: *a* ~ *of a hunting scene* una stampa di una scena di caccia. **8** (*Tess*) (*printed pattern, design*) disegno *m.* stampato; (*printed cloth*) stampato *m.*, tessuto *m.* stampato; (*garment*) indumento *m.* di tessuto stampato. **9** (*Fot,Cin*) copia *f.* **10** (*mark, impression*) impronta *f.*, traccia *f.*, segno *m.* **11** (*fig*) (*mental impression*) impronta *f.*, segno *m.* **12** (*footprint*) orma *f.*, impronta *f.* **13** *pl.* (*colloq*) (*fingerprints*) impronte *f.pl.* digitali. **14** *pl.* (*Am,Post*) stampe *f.pl.*, stampati *m.pl.* □ (*Inform*) ~ *bar* barra dei caratteri; (*Inform*) *to be -ing* essere in corso di stampa; *to go to* ~: 1 (*Tip*) andare in stampa; 2 (*fig*) finire sui giornali: *is the story strong enough to go to* ~? la storia è abbastanza di impatto per finire sui giornali?; (*Inform*) ~ *head* testina di stampa; (*Edit*) *to be in* ~: 1 (*to be published*) essere pubblicato, essere stampato; 2 (*to be available from the publisher*) essere stampato, essere disponibile: *is this book still in* ~? si stampa ancora questo libro?; (*Inform*) ~ *job* lavoro di stampa; (*Fot*) *to* ~ *off* (o *to* ~ *out*) stampare; (*Edit*) *to be out of* ~

essere esaurito; (*Inform*) ~ *preview* anteprima di stampa; (*Edit,Tip*) *to put a book into* ~ dare un libro alle stampe; (*Br,Inform*) ~ *queue* coda di stampa; (*Tip,Edit*) ~ *run* tiratura, numero di copie stampate; (*Inform*) ~ *server* server di stampa; (*Acus*) ~ *through* effetto copia; (*Fot*) *to* ~ *up* stampare.

print. (*Tip*) **1** *printer* (tipografo). **2** *printing* (stampa).

printability /ˌprɪntəˈbɪləti *Am* ˌprɪntəˈbɪləti/ *n.* stampabilità *f.*

printable /'prɪntəbl *Am* 'prɪntəbl/ *a.* (*Tip*) **1** stampabile, degno di stampa, che merita di essere stampato. **2** (*publishable*) pubblicabile, degno di pubblicazione, che merita di essere pubblicato.

printed /'prɪntɪd *Am* 'prɪntɪd/ *a.* stampato. □ (*Elettron*) ~ *circuit* circuito stampato; (*Elettron*) ~ *circuit board* scheda di circuito stampato; (*Farm*) ~ *insert* foglietto accluso; (*Post*) ~ *matter* stampe.

printer /'prɪntər *Am* 'prɪntər/ *n.* **1** stampatore *m.* (*f.* -*trice*) (*anche Tess*). **2** (*Tip*) (*pressman*) tipografo *m.* (*f.* -a). **3** (*Fot,Cin*) stampatrice *f.* **4** (*Inform*) stampante *f.* □ (*fig*) ~*'s devil* aiutante tipografo, apprendista tipografo; (*Inform*) ~ *driver* driver di stampa; (*Edit, Inform*) ~*'s error* errore di stampa, refuso; (*Tip*) ~*'s ink* inchiostro tipografico.

printery /'prɪntəri/ *n.* **1** (*printing*) lo stampare. **2** (*Tip*) tipografia *f.*, stamperia *f.* **3** (*Tess*) stamperia *f.* di tessuti.

printing /'prɪntɪŋ *Am* 'prɪntɪŋ/ *n.* **1** (*Tip,Fot, Tess,Edit*) stampa *f.*: *to supervise the* ~ *of a book* curare la stampa di un libro. **2** (*Tip*) (*printed letters, symbols*) caratteri *m.pl.* a stampa. **3** (*type of handwriting*) stampatello *m.* **4** (*Post*) (*printed matter*) stampe *f.pl.* **5** (*Edit*) (*number of copies printed*) tiratura *f.* □ (*Fot*) ~ *box* bromografo; (*Fot*) ~ *frame* torchietto da stampa; ~ *industry* industria tipografica; (*Tip*) ~ *ink* inchiostro tipografico; (*Tip*) ~ *machine* pressa da stampa, stampatrice; (*Tip*) ~ *office* tipografia, stamperia; (*Tip*) ~ *press* pressa da stampa, stampatrice; (*Inform*) ~ *unit* unità stampante, stampante; ~ *works* tipografia, stamperia.

printless /'prɪntləs *Am* 'prɪntləs/ *a.* **1** (*making no imprint*) che non lascia impronta. **2** (*showing no imprint*) senza impronta.

printmaker /'prɪntˌmeɪkər/ *n.* incisore *m.*

printmaking /'prɪntˌmeɪkɪŋ/ *n.* incisione *f.*

printout /'prɪntˌaʊt/ *n.* (*Inform*) tabulato *m.*, stampata *f.*

prior[1] /'praɪər/ **I** *a.* **1** precedente, anteriore, antecedente (*to* a): *on a* ~ *occasion* in una precedente occasione. **2** (*taking precedence in importance, etc.*) che viene prima, più importante (di), che ha la precedenza (su). **II** *n.* (*Am,colloq*) (*previous criminal conviction*) precedente *m.* penale. □ ~ *programming* preprogrammazione; ~ *restraint* censura preventiva (*anche Cin*); ~ *to* prima di: *we had not met* ~ *to that occasion* non ci eravamo mai incontrati prima di quell'occasione.

prior[2] /'praɪər/ *n.* (*Rel,Mediev*) priore *m.*

priorate /'praɪərɪt/ *n.* (*Rel*) priorato *m.*

prioress /'praɪərəs/ *n.* (*Rel*) priora *f.*, badessa *f.*

prioritization /praɪˌɒrɪtɪˈzeɪʃən *Am* praɪˌɔːrɪtɪˈzeɪʃən/ *n.* determinazione *f.* delle priorità.

prioritize /praɪˈɒrɪtaɪz *Am* praɪˈɔːrɪtaɪz/ **I** *v.t.* stabilire le priorità (di), mettere in ordine di priorità. **II** *v.i.* assegnare priorità (a), stabilire l'ordine di priorità (di): *everyone should take time out to* ~ ciascuno dovrebbe prendersi del tempo per stabilire le proprie priorità.

priority /praɪˈɒrəti *Am* praɪˈɔːrəti/ *n.* **1** priorità *f.*, precedenza *f.*: ~ *of claim* priorità di diritto; *to give* ~ *to the needs of heavy industry* dare la precedenza alle necessità dell'industria pesante. **2** (*Br,Strad*) (*right of way*) precedenza *f.* □ (*Br,Strad*) ~ *road* strada con diritto di precedenza.

priorship /'praɪərʃɪp/ *n.* (*Rel*) priorato *m.*

priory /'praɪəri/ *n.* (*Rel*) prioria *f.*

prise /praɪz/ **I** *v.t.* (*Br*) aprire facendo leva, sollevare facendo leva, forzare. **II** *n.* (*Br*) **1** (*leverage*) azione *f.* di una leva, potenza *f.* di una leva. **2** (*lever*) leva *f.* □ *to* ~ *open* aprire facendo leva, aprire forzando: *to* ~ *open a trunk* forzare un baule; *to* ~ *up* sollevare facendo leva.

prism /'prɪzəm/ *n.* (*Ott,Geom,Min*) prisma *m.* □ (*Ott*) ~ *binoculars* binocolo prismatico.

prismal /'prɪzməl/ *a.* (*Geom,Min*) prismatico.

prismatic /prɪzˈmætɪk *Am* prɪzˈmætɪk/ *a.* (*Geom,Min*) prismatico. □ ~ *colours* colori fondamentali, colori del prisma; (*Tecn*) ~ *compass* bussola prismatica.

prismatical /prɪzˈmætɪkəl *Am* prɪzˈmætɪkəl/ *a.* (*Geom,Min*) prismatico.

prismatically /prɪzˈmætɪkəli *Am* prɪzˈmætɪkəli/ *avv.* prismaticamente.

prismatoid /'prɪzmətɔɪd/ *n.* (*Geom*) prismatoide *m.*

prismoid /'prɪzmɔɪd/ *n.* (*Geom*) prismoide *m.*

prison /'prɪzən/ *n.* prigione *f.*, carcere *m.*: *to be in* ~ essere in prigione; *to escape from* ~ evadere, evadere dal carcere; *to be released from* ~ uscire di prigione; *to send so. to* ~ mettere qcu. in prigione. □ (*fig*) ~ *bird* avanzo di galera; ~ *break* evasione; ~ *camp*: 1 campo di lavoro per carcerati; 2 (*for prisoners of war*) campo di prigionia; ~ *establishments* istituti di pena, penitenziari; ~ *without bars* prigione senza sbarre (*anche fig*).

prisoner /'prɪzənər/ *n.* **1** prigioniero *m.* (*f.* -a) (*anche fig*): *to hold so.* ~ tenere qcu. prigioniero. **2** (*Dir*) (*one imprisoned by law*) carcerato *m.* (*f.* -a), detenuto *m.* (*f.* -a). □ (*Dir*) ~ *at the bar*: 1 (*before sentence*) imputato, accusato; 2 (*after sentence*) colpevole; (*Dir*) ~ *of conscience* detenuto per reati di opinione; (*Dir*) ~ *of the state* detenuto politico; ~ *of war* prigioniero di guerra; *to take so.* ~ fare prigioniero qcu., imprigionare qcu.; *to take no -s*: 1 non fare prigionieri; 2 (*fig*) non fare concessioni, non scendere a compromessi.

prissily /'prɪsəli/ *avv.* (*colloq*) affettatamente, leziosamente.

prissiness /'prɪsɪnəs/ *n.* (*colloq*) perbenismo *m.*, formalismo *m.*

prissy /'prɪsi/ *a.* (*colloq*) **1** perbenista, perbenistico, prude. **2** (*sissified*) effeminato.

pristine /'prɪstiːn/ *a.* **1** intatto, immacolato. **2** (*in or of original state*) originario, (*lett*) pristino.

prithee /'prɪðiː/ *intz.* (*poet,ant*) di grazia.

privacy /'prɪvəsi/ *n.* **1** intimità *f.*, privacy *f.*: *in the* ~ *of one's own house* nell'intimità della propria casa. **2** (*isolation*) isolamento *m.*, solitudine *f.* **3** (*secrecy*) segretezza *f.*, riserbo *m.*

private /'praɪvɪt *Am* 'praɪvət/ **I** *a.* **1** privato: *a* ~ *meeting* una riunione privata. **2** (*personal*) personale, privato, particolare: *this is my* ~ *opinion* questa è la mia opinione personale. **3** (*secret*) segreto, riservato, confidenziale: *a* ~ *agreement* un accordo segreto; ~ *information* informazioni confidenziali. **4** (*Mil*) semplice. **II** *n.* **1** (*Mil*) soldato *m.* semplice. **2** *pl.* (*colloq,eufem*) (*genitals*) parti *f.pl.* intime, gioielli *m.pl.* di famiglia. □ (*Aer*) ~ *account* conto personale; ~ *address* indirizzo privato; (*Aer*) ~ *aircraft* aereo da turismo; ~ *and confidential* (*in letters*) riservata personale; ~ *bank* banca privata; ~ *banker* banchiere privato; ~ *bed* letto di ospedale in camera singola; (*Parl*) ~ *bill* progetto di legge che concerne un interesse particolare; ~*'s bill* progetto di legge presentato da un semplice deputato; ~ *carriers* vettori privati; ~ *citizen* privato, semplice cittadino; ~ *detective* investigatore privato; (*Pol*) ~ *enterprise* iniziativa privata; (*Am,Mil*) ~ *first class* soldato scelto; (*Econ*) ~ *funding* finanziamenti privati; *in* ~ privatamente, in privato: *to tell so. sth. in* ~ dire qcs. a qcu. in privato; *in a* ~ *capacity* a titolo personale, (*Assic*) ~ *insurance* assicurazione privata; (*Econ*) ~ *investor* piccolo investitore; ~ *matter* faccenda privata; ~ *means* rendita: *to have* ~ *means* vivere di rendita; (*Parl*) ~ *member's bill* proposta di legge di un deputato (che non segue la linea del suo partito); ~, *no entry* vietato l'ingresso; ~ *nurse* infermiera privata, infermiera personale; (*GB*) *Private Office* uno dei gruppi che fa parte dell'ufficio di presidenza, insieme al Political Office, al Press Office, alla Policy Unit e a un gruppo di consiglieri speciali; (*colloq,eufem*) ~ *parts* parti intime, gioielli di famiglia; ~ *party* festa privata; ~ *patient* paziente privato; *a* ~ *person* una persona riservata, una persona schiva; ~ *policing* polizia privata; ~ *practice* studio privato; (*Dir*) ~*prosecution* azione legale privata; *for* ~ *reasons* per motivi personali; ~ *schools* scuole private; ~ *secretary* segretario privato, segretario personale; (*Mil*) ~ *soldier* soldato semplice.

privateer /ˌpraɪvəˈtɪər Am ˌpraɪvəˈtɪr/ I n. (*Mar, Stor*) 1 (*ship*) nave f. corsara. 2 (*commander*) capitano m. di nave corsara. 3 (*one of the crew*) corsaro m. II v.i. (*Mar,Stor*) fare il corsaro.

privateering /ˌpraɪvəˈtɪərɪŋ Am ˌpraɪvəˈtɪrɪŋ/ n. (*Mar,Stor*) spedizione f. corsara.

privately /ˈpraɪvɪtli Am ˈpraɪvətli/ avv. 1 in forma privata, privatamente, in privato. 2 (*as a private person*) privatamente, da privato: *to live* ~ vivere privatamente.

privately-owned /ˈpraɪvɪtliˌoʊnd Am ˈpraɪvətliˌoʊnd/ a. privato, di proprietà privata: *this beach is* ~ questa spiaggia è di proprietà privata.

privation /praɪˈveɪʃən/ n. 1 stenti m.pl., privazioni f.pl., disagi m.pl., sacrifici m.pl.: *a life of* ~ una vita di privazioni. 2 (*state of being deprived*) privazione f., l'essere privato.

privatism /ˈpraɪvətɪzəm/ n. egoismo m., il curarsi solo dei propri interessi.

privative /ˈpraɪvətɪv Am ˈpraɪvətɪv/ a. 1 privativo (*anche Gramm*). 2 (*negative*) negativo. □ (*Gramm*) ~ *particle* particella privativa.

privatization /ˌpraɪvɪtaɪˈzeɪʃən Am ˌpraɪvətɪˈzeɪʃən/ n. privatizzazione.

privatize /ˈpraɪvɪtaɪz Am ˈpraɪvətaɪz/ v.t. privatizzare.

privatizer /ˈpraɪvɪtaɪzər Am ˈpraɪvətaɪzər/ n. chi compra un'attività in precedenza pubblica.

privet /ˈprɪvɪt/ n. (*Bot*) ligustro m.

privilege /ˈprɪvəlɪdʒ/ I n. 1 privilegio m., prerogativa f. 2 (*advantage enjoyed*) vantaggio m., privilegio m.: *the -s of wealth* i vantaggi della ricchezza. 3 (*honour*) onore m., privilegio m.: *it was a* ~ *to hear him speak* è stato un onore sentirlo parlare. 4 (*Parl*) prerogativa f. parlamentare. 5 (*Dir*) (*right*) diritto m.: ~ *against self-incrimination* diritto al silenzio. 6 (*Econ,Dir*) (*right to special treatment*) privilegio m. 7 (*Stor*) immunità f. II v.t. 1 ac-

cordare un privilegio a, privilegiare. 2 (*to exempt*) esentare, esonerare, dispensare.

privileged /ˈprɪvəlɪdʒd/ a. 1 privilegiato (*anche Econ*): *the* ~ *classes* le classi privilegiate. 2 (*of information, etc.*) riservato, confidenziale. □ (*Dir*) ~ *communications* comunicazioni riservate; *the* ~ *few* i privilegiati, i pochi eletti.

privily /ˈprɪvɪli/ avv. (*ant*) in segreto.

privity /ˈprɪvəti Am ˈprɪvəṭi/ n. 1 (*private knowledge*) l'essere a conoscenza di un segreto. 2 (*knowledge implying concurrence or assent*) conoscenza f. (di qcs.) che implica assenso, conoscenza f. (di qcs.) che implica partecipazione. 3 (*Dir*) rapporto m. giuridico.

privy /ˈprɪvi/ I a. 1 (*aware*) informato, al corrente. 2 (*personal*) privato, particolare. 3 (*ant*) (*done secretly*) furtivo. II n. 1 (*outside toilet*) latrina f., (*ant*) ritirata f. 2 (*Dir*) parte f. interessata. □ ~ *chamber* (*in a royal residence*) appartamenti privati, stanze private; ~ *council* consiglio privato; (*GB*) *Privy Council* consiglio della Corona, consiglio privato del sovrano; ~ *councillor* consigliere privato; (*GB*) *Privy Councillor* membro del consiglio della Corona; (*eufem*) ~ *parts* parti intime, gioielli di famiglia; ~ *purse* appannaggio reale; (*GB*) *Privy Seal*: 1 sigillo privato; 2 (*Lord Privy Seal*) Lord del sigillo privato, Lord depositario del sigillo privato; ~ *to* al corrente, a parte: *as a member of the cabinet he was made* ~ *to top secret information* in quanto membro del gabinetto, è stato messo al corrente di informazioni top-secret.

prize¹ /praɪz/ I n. 1 premio m.: *this dog won first* ~ *at the dog show* questo cane ha vinto il primo premio alla mostra canina; *to award a* ~ *to so.* assegnare un premio a qcu.; *to get first* ~ vincere il primo premio. 2 (*fig*) (*sth. of great value*) gioiello m. II a. 1 premiato, che ha vinto un premio: *a* ~ *essay* un saggio premiato. 2 (*given as a prize*) premio, dato come premio, dato in premio: *a* ~ *cup* una coppa premio. 3 (*involving a prize*) a premio: ~ *competition* gara a premio. 4 (*fig*) (*excellent*) eccellente, ottimo, magnifico. 5 (*colloq*) (*outstanding*) straordinario, eccezionale, fuori del comune. III v.t. (*to value highly*) avere caro, tenere in grande considerazione, stimare, apprezzare: *to* ~ *one's honour above all else* avere caro il proprio onore al di sopra di tutto. □ (*Scol*) ~ *day* giorno della premiazione dei migliori allievi; (*Sport*) ~ *fight* incontro di pugilato professionistico; (*Sport*) ~ *fighter* pugile professionista; (*Sport*) ~ *fighting* pugilato professionistico; (*Br*) *a* ~ *idiot* un perfetto idiota; ~ *list* elenco dei premiati; ~ *money* montepremi; -*s of life* le gioie della vita; (*Sport*) ~ *ring* ring, quadrato.

prize² /praɪz/ I v.t. aprire facendo leva, sollevare facendo leva, forzare. II n. 1 (*leverage*) azione f. di una leva, potenza f. di una leva. 2 (*lever*) leva f. □ *to* ~ *open* aprire facendo leva, aprire forzando: *to* ~ *open a trunk* forzare un baule; *to* ~ *up* sollevare facendo leva.

prize³ /praɪz/ I n. (*Mil,Mar*) bottino m., preda f. II v.t. (*Mil,Mar*) catturare come preda. □ (*Mar.mil,Dir*) ~ *court* tribunale delle prede; (*Mar.mil*) ~ *money* parte di preda.

prize-giving /ˈpraɪzˌgɪvɪŋ/ n. (*Scol*) premiazione f. □ (*Scol*) ~ *day* giorno della premiazione degli studenti migliori.

prizeman /ˈpraɪzmən/ n.irr. (*Univ*) vincitore m. di un premio accademico.

prizewinner /ˈpraɪzwɪnər/ n. vincitore m. (f. -trice) di un premio, premiato m. (f. -a).

P.R.M. /ˌpiːˌɑːrˈem/ *Public Relations Man* PR (addetto alle pubbliche relazioni).

pro¹ /proʊ/ I n. (pl. -*s* /-z/) (*colloq*) 1 (*professional*) professionista m.ff. 2 (*prostitute*) puttana f., zoccola f., battona f. II a. (*Am,colloq*) (*professional*) professionista, professionistico: *he's a* ~ *baseball player* è un giocatore di baseball professionista; *he plays* ~ *baseball* gioca nel baseball professionistico.

pro² /proʊ/ I n. (pl. -*s* /-z/) 1 pro m.: *the -s and cons of a proposal* i pro e i contro di una proposta. 2 (*affirmative side*) pro m., lato m. positivo, aspetto m. positivo. 3 (*person upholding the affirmative side*) sostenitore m. (f. -trice), persona f. favorevole. 4 (*vote for the affirmative*) voto m. favorevole, voto m. a favore. II a. favorevole, a favore. III avv. favorevolmente. IV prep. (*in favour of*) pro, in favore di. □ ~ *tem* per il momento, temporaneamente, pro tempore.

P.R.O. /ˌpiːˌɑːrˈoʊ/ *Public Records Office* (Pubblico Registro).

pro-abortion /ˌproʊəˈbɔːʃən Am ˌproʊəˈbɔːrʃən/ a. abortista, a favore dell'aborto: ~ *movement* movimento abortista.

pro-abortionist /ˌproʊəˈbɔːʃənɪst Am ˌproʊəˈbɔːrʃənɪst/ n. abortista m.ff.

proaction /proʊˈækʃən/ n. proazione f.

proactive /ˌproʊˈæktɪv Am ˌproʊˈæktɪv/ a. che reagisce in modo attivo, proattivo. □ (*Psic*) ~ *inhibition* inibizione proattiva.

proactively /ˌproʊˈæktɪvli Am ˌproʊˈæktɪvli/ avv. proattivamente.

proactivity /ˌproʊˈæktɪvəti Am ˌproʊˈæktɪvəti/ n. proattività f.

pro-am /ˌproʊˈæm/ I a. (*Am,Sport*) di professionisti e dilettanti, relativo a professionisti e dilettanti. II n. (*Am,Sport*) gara f. per professionisti e dilettanti.

pro-American /ˌproʊəˈmerɪkən/ a. filoamericano.

probabilism /ˈprɒbəbɪlɪzəm Am ˈprɑːbəbɪlɪzəm/ n. (*Filos,Teol*) probabilismo m.

probabilist /ˈprɒbəbɪlɪst Am ˈprɑːbəbɪlɪst/ n. probabilista m.ff.

probabilistic /ˌprɒbəbɪˈlɪstɪk Am ˌprɑːbəbɪˈlɪstɪk/ a. probabilistico. □ ~ *sample* campione probabilistico.

probability /ˌprɒbəˈbɪləti Am ˌprɑːbəˈbɪləṭi/ n. probabilità f. □ *to be a* ~ essere probabile: *his resignation is by now a* ~ le sue dimissioni sono ormai probabili; *in all* ~ con molta probabilità, con ogni probabilità; (*Br*) *the* ~ *is that* è probabile che; (*Statist*) ~ *law* legge di probabilità; (*Statist*) ~ *sample* campione probabilistico; (*Statist*) ~ *theory* teoria della probabilità.

probable /ˈprɒbəbl Am ˈprɑːbəbl/ I a. 1 probabile: *the* ~ *winner* il probabile vincitore. 2 (*likely to be correct*) attendibile, verosimile, probabile: *a* ~ *conclusion* una conclusione verosimile. II n. candidato m. (f. -a) probabile, papabile m.ff.: *a* ~ *for this job* un candidato probabile per questo posto. □ (*Dir*) ~ *cause* motivi ragionevoli (per la perquisizione o l'arresto di qcu.).

probably /ˈprɒbəbli Am ˈprɑːbəbli/ avv. forse, probabilmente: *you are* ~ *right* forse hai ragione; *he'll* ~ *be back Sunday* tornerà probabilmente domenica.

proband /ˈproʊbænd/ n. (*starting point for the study of a family's genetic heritage*) capostipite m.ff.

probang /ˈproʊbæŋ/ n. (*Med*) sonda f. flessibile faringoesofagea.

probate /ˈproʊbeɪt/ I n. (*Dir*) 1 (*process*) omologazione f.: *to grant* ~ *of a will* omologare un testamento; *to take out* ~ *of a will* ottenere l'omologazione di un testamento. 2

(*authenticated copy of a will*) copia *f*. omologata di un testamento, copia *f*. autenticata di un testamento. **II** *v.t.* (*Am*) (*to establish as genuine*) convalidare, ratificare (*anche Dir*). □ (*Dir*) ~ *courts* corti con giurisdizione in materia di diritto testamentario, diritto di proprietà e tutela dei minori; (*Dir*) ~ *judge* giudice addetto all'autenticazione di testamenti.

probation /prou'beɪʃən/ *n*. **1** prova *f*., periodo *m*. di prova: *new employees go through a period of* ~ i nuovi impiegati fanno un periodo di prova. **2** (*of a person's fitness*) prova *f*.: *candidates are subjected to a rigorous* ~ i candidati sono sottoposti a una prova rigorosa. **3** (*Dir*) (*act*) sospensione *f*. condizionale della pena. **4** (*Dir*) (*state*) libertà *f*. vigilata, libertà *f*. condizionata, condizionale *f*.: *to grant so.* ~ concedere la libertà condizionata a qcu. **5** (*Dir*) (*period*) periodo *m*. di libertà vigilata. □ (*GB*) ~ *officer* assistente sociale che si occupa dei condannati cui viene concessa la libertà condizionata; *on* ~: 1 in prova; 2 (*Dir*) in libertà vigilata, in libertà condizionata: *to be on* ~ essere in libertà vigilata; *to put so. on* ~ mettere qcu. in libertà condizionata.

probational /prou'beɪʃənl/ *a*. di prova: *a* ~ *period* un periodo di prova.

probationary /prou'beɪʃənəri *Am* prou'beɪʃəneri/ *a*. di prova: *a* ~ *period* un periodo di prova.

probationer /prou'beɪʃənər/ *n*. **1** persona *f*. in prova, praticante *m./f.*, apprendista *m./f.* **2** (*Dir*) chi beneficia della libertà condizionata. **3** (*Rel*) novizio *m*. (*f*. -a).

probative /'proubətɪv *Am* 'proubətɪv/ *a*. **1** probativo, atto a provare: ~ *arguments* argomenti probativi. **2** (*Dir*) (*affording proof*) probatorio, probante: ~ *evidence* testimonianza probatoria; ~ *value* valore probatorio.

probatory /'proubətəri *Am* 'proubətɔːri/ *a*. **1** probativo, atto a provare: ~ *arguments* argomenti probativi. **2** (*Dir*) (*affording proof*) probatorio, probante: ~ *evidence* testimonianza probatoria; ~ *value* valore probatorio.

probe /proub/ **I** *v.t.* **1** indagare con cura, investigare, sondare. **2** (*to go into the unknown*) esplorare: *to* ~ *space* esplorare lo spazio. **3** (*Med,Chir*) (*to physically explore*) esplorare, sondare, specillare: *to* ~ *a wound* esplorare una ferita. **II** *n*. **1** (*Chir*) sonda *f*., specillo *m*. **2** (*Chir*) (*act of probing*) sondaggio *m*. **3** (*fig*) (*investigation*) inchiesta *f*., indagine *f*.; (*by a legislative body*) inchiesta *f*. **4** (*Astron*) sonda *f*., satellite *m*. sonda.

probing /'proubɪŋ/ *a*. indagatore, inquisitorio.

probingly /'proubɪŋli/ *avv*. con fare indagatore, con fare inquisitorio.

probiotic /'proubɪɒtɪk *Am* 'proubɪɑːtɪk/ **I** *a*. (*Alim*) probiotico. **II** *n.spec.pl.* (*Biol,Alim*) probiotico *m*.

probity /'proubəti *Am* 'prɑːbəti/ *n*. probità *f*., rettitudine *f*.

problem /'prɒbləm *Am* 'prɑːbləm/ **I** *n*. **1** problema *m*. (*anche Mat*): -*s of the hour* problemi di attualità; *to solve a* ~ risolvere un problema; *to face a* ~ affrontare un problema. **2** (*puzzling question*) problema *m*., questione *f*. complicata. **II** *a*. **1** problematico. **2** (*difficult to manage*) difficile (da trattare), che rappresenta un problema: *a* ~ *child* un bambino difficile. **3** (*Lett,Teat*) a tesi. □ ~ *area* zona critica; *no* ~*!* non c'è problema!; *to set so. a* ~ porre un problema a qcu.

problematic /ˌprɒbləˈmætɪk *Am* ˌprɑːblə-

'mætɪk/ *a*. problematico (*anche estens*).

problematical /ˌprɒbləˈmætɪkəl *Am* ˌprɑːblə'mætɪkəl/ *a*. problematico (*anche estens*).

problematically /ˌprɒbləˈmætɪkəli *Am* ˌprɑːbləˈmætɪkəli/ *avv*. problematicamente.

problematist /prɒˈbləmətɪst *Am* prɑː'bləmətɪst/ *n*. problemista *m./f.*

problematization /ˌprɒbləmətɪˈzeɪʃən *Am* ˌprɑːbləmətɪˈzeɪʃən/ *n*. problematizzazione *f*.

problematize /prɑːˈbləmətaɪz *Am* prɑː'bləmətaɪz/ *v.t.* problematizzare.

problemist /'prɒbləmɪst *Am* 'prɑːbləmɪst/ *n*. problemista *m./f.*

problem-oriented /'prɒbləmˌɔːriəntɪd *Am* 'prɑːbləmˌɔːriəntɪd/ *a*. orientato al problema: ~ *language* linguaggio orientato al problema.

problem-solving /'prɒbləmˌsɒlvɪŋ *Am* 'prɑːbləmˌsɑːlvɪŋ/ *n*. **1** soluzione *f*. di problemi, risoluzione *f*. di problemi. **2** (*Inform*) problem solving *m*.

proboscidate /prou'bɒsɪdeɪt *Am* prou'bɑːsɪdeɪt/ *a*. (*Zool*) proboscidato.

proboscidean /ˌproubə'sɪdiən *Am* ˌproubə'sɪdiən/ **I** *a*. (*Zool*) proboscidato. **II** *n*. (*Zool*) proboscidato *m*.: *the* ~ i proboscidati.

proboscidian /ˌproubə'sɪdiən *Am* ˌproubə'sɪdiən/ **I** *a*. (*Zool*) proboscidato. **II** *n*. (*Zool*) proboscidato *m*.: *the* ~ i proboscidati.

proboscidiform /ˌproubə'sɪdɪfɔːm *Am* ˌproubə'sɪdɪfɔːrm/ *a*. a forma di proboscide.

proboscis /prou'bɒsɪs *Am* prou'bɑːsɪs/ (*pl*. **-cises** /-sɪsɪz/ o **-cides** /-sɪdiːz/) *n*. **1** (*Zool, Entom*) proboscide *f*. **2** (*colloq,scherz*) (*nose*) proboscide *f*., nasone *m*., naso *m*. grosso.

procedural /prou'siːdʒərəl *Am* prə'siːdʒərəl/ *a*. (*Dir*) procedurale.

procedurally /prou'siːdʒərəli *Am* prə'siːdʒərəli/ *avv*. proceduralmente.

procedure /prou'siːdʒər *Am* prə'siːdʒər/ *n*. **1** procedura *f*., procedimento *m*.: *we must follow the usual* ~ dobbiamo seguire la procedura normale. **2** (*method*) metodo *m*., procedimento *m*. **3** (*Inform*) procedura *f*.

proceed /prou'siːd *Am* prou'siːd/ *v.i.* **1** avanzare, procedere: *to* ~ *as far as the frontier* avanzare fino alla frontiera. **2** (*to continue*) continuare, proseguire, procedere: *please* ~ continui, per favore. **3** (*to move on, to pass*) passare (*to* a): *let us* ~ *to the next item on the agenda* passiamo al punto successivo dell'ordine del giorno. **4** (*to derive*) provenire, derivare (*from* da). **5** (*Dir*) procedere (*against so.* contro qcu.). **6** (*Univ*) conseguire (continuando gli studi) (*to sth. qcs.*): *to* ~ *to the degree of Doctor of Philosophy* conseguire il dottorato in filosofia. □ *to* ~ *on one's journey* continuare il viaggio; (*Br*) *to* ~ *to blows* passare alle vie di fatto, passare a vie di fatto; (*Br*) *to* ~ *to a vote* (o *to* ~ *to the vote*) passare alla votazione.

proceeding /prou'siːdɪŋ *Am* prou'siːdɪŋ/ *n.spec.pl.* **1** (*Dir*) procedimento *m*., azione *f*. legale, azione *f*. giudiziaria: *to institute* -*s against so.* (o *to institute legal* -*s against so.* o *to start* -*s against so.* o *to start legal* -*s against so.* o *to take* -*s against so.* o *to take legal* -*s against so.*) procedere contro qcu., procedere per vie legali contro qcu.; *to stay the* -*s* sospendere un processo. **2** (*record, minutes*) atti *m.pl.*, verbale *m*., processo *m*. verbale: *the* -*s of a learned society* gli atti di un'associazione culturale.

proceeds /'prousiːdz *Am* 'prousiːdz/ *n.pl.* **1** ricavato *m.sing.*, ricavo *m.sing.*, incasso *m.sing.*: *the* ~ *of the sale will go to charity* il ricavato della vendita sarà devoluto in beneficenza. **2** (*Comm*) ricavo *m.sing.*, utile *m.sing.* **3** (*Econ, Assic*) ricavo *m.sing.* totale.

process[1] /'prouses *Am* 'prɑːses/ **I** *n*. **1** processo *m*., corso *m*., percorso *m*.: *the* ~ *of reproduction* il processo della riproduzione. **2** (*artificial series of actions*) operazione *f*.: *mounting the publicity campaign was a long* ~ organizzare la campagna pubblicitaria è stata una lunga operazione. **3** (*system of manufacture*) processo *m*. di lavorazione, procedimento *m*., trattamento *m*.: *a chemical* ~ un processo chimico. **4** (*moving forward*) cammino *m*., il progredire, progresso *m*.: *the* ~ *of history* il cammino della storia. **5** (*Dir*) (*lawsuit*) processo *m*., procedimento *m*., procedura *f*.; (*summons*) mandato *m*. di comparizione, citazione *f*. in giudizio. **6** (*Inform*) processo *m*. **II** *a*. (*Ind,Alim*) trattato, sottoposto a un trattamento. **III** *v.t.* **1** (*Ind*) sottoporre a un trattamento, trattare, trasformare. **2** (*Alim*) conservare mediante un trattamento. **3** (*Agr*) trasformare. **4** (*Inform*) (*of data, etc.*) elaborare, processare. **5** (*Dir*) perseguire (a termini di legge); (*to serve a summons on*) notificare una citazione (in giudizio) a. □ (*Br,Inform*) ~ *computer* processore; (*Ind*) ~ *control* controllo dei processi; *in* ~ in corso: *negotiations are in* ~ le trattative sono in corso; *in* ~ *of*: 1 in corso di, in fase di: *a hotel in the* ~ *of building* un albergo in costruzione; 2 (*during*) nel corso di, durante: *in the* ~ *of time* con l'andar del tempo; (*Tecn,Tip*) ~ *printing* stampa in quadricromia, stampa a quattro colori; (*Dir*) ~ *server* ufficiale giudiziario; (*Inform*) ~ *speed* velocità di elaborazione; (*Ind*) ~ *technique* tecnica di lavorazione.

process[2] /prou'ses *Am* prə'ses/ *v.i.* (*colloq*) (*to walk in procession*) andare in processione, procedere in corteo.

processed /'prousest *Am* 'prɑːsest/ *a*. **1** (*Ind, Alim*) trattato, sottoposto a un trattamento. **2** (*Agr*) trasformato. **3** (*Inform*) elaborato, processato. □ (*Alim*) ~ *cheese* formaggio fuso.

processing /'prousesɪŋ *Am* 'prɑːsesɪŋ/ *n*. **1** (*Ind*) lavorazione *f*., trattamento *m*. industriale. **2** (*Inform*) elaborazione *f*. **3** (*Fot*) processo *m*. fotografico; (*developing*) sviluppo *m*. □ ~ *industry* industria di trasformazione; ~ *plant* impianto produttivo.

procession /prou'seʃən/ **I** *n*. **1** processione *f*., corteo *m*.: *to form a* ~ formare un corteo. **2** (*fig*) (*sequence*) serie *f*., fila *f*., sfilata *f*. **3** (*Teol, Rel*) processione *f*. **II** *v.i.* andare in processione, procedere in corteo. **III** *v.t.* camminare in processione per, sfilare in corteo per. □ *to walk in* ~ andare in processione.

processional /prə'seʃənl/ **I** *a*. di processione, processionale (*anche Mus,Rel*): *a* ~ *cross* a passo di processione. **II** *n*. **1** (*Mus,Rel*) canto *m*. processionale. **2** (*Rel*) (*hymn book*) libro *m*. di canti processionali.

processor /'prousesər/ *n*. (*Inform*) processore *m*., unità *f*. centrale di elaborazione.

pro-Chinese /ˌprou.tʃɑː'niːz/ *a*. filocinese.

pro-choice /ˌprou'tʃɔɪs/ *a*. favorevole all'aborto, a favore dell'aborto. □ ~ *movement* comitato per la libera scelta (in materia di aborto).

pro-choicer /prou'tʃɔɪsər/ *n*. sostenitore *m*. (*f*. -trice) della libera scelta (in materia di aborto).

proclaim /prou'kleɪm *Am* prou'kleɪm/ **I** *v.t.* **1** proclamare, dichiarare: *the country* -*ed its independence* la nazione ha proclamato l'indipendenza; *to* ~ *so. innocent* dichiarare qcu. innocente. **2** (*to reveal*) rivelare, mostrare, manifestare: *his manners* ~ *the gentleman in him* i suoi modi rivelano il gentiluomo che è in lui. **3** (*to recognize publicly*) riconoscere (ufficialmente): *to ~ a dictator* riconoscere un dittatore. **4** (*to praise, to extol*) decantare, magnificare, lodare. **II** *v.i.* fare un proclama.

proclaimer /prouˈkleɪmər *Am* prouˈkleɪmər/ *n.* chi proclama qcs., chi dichiara qcs., chi sostiene qcs.

proclamation /ˌprɒkləˈmeɪʃən *Am* ˌprɑːkləˈmeɪʃn/ *n.* **1** proclamazione *f.*, dichiarazione *f.* **2** (*sth. proclaimed*) proclama *m.* **3** (*edict*) editto *m.* **4** (*decree*) decreto *m.*

proclamatory /prəˈklæmətri *Am* prəˈklæmətɔːri/ *a.* di proclamazione, che proclama.

proclisis /ˈprouklɪsɪs/ (*pl.* **-ses** /-siːz/) *n.* (*Ling*) proclisi *f.*

proclitic /prouˈklɪtɪk *Am* prouˈklɪtɪk/ **I** *a.* (*Ling*) proclitico. **II** *n.* (*Ling*) proclitica *f.*

proclitically /prouˈklɪtɪkəli *Am* prouˈklɪtɪkəli/ *avv.* procliticamente.

proclivity /prouˈklɪvəti *Am* prouˈklɪvəti/ *n.* inclinazione *f.*, tendenza *f.*, propensione *f.*, (*rar, lett*) proclività *f.*

proconsul /prouˈkɒnsəl *Am* prouˈkɑːnsəl/ *n.* (*Stor.rom*) proconsole *m.*

proconsular /prouˈkɒnsjələr *Am* prou ˈkɑːnsələr/ *a.* (*Stor.rom*) proconsolare.

proconsulate /prouˈkɒnsjulət *Am* prou ˈkɑːnsulət/ *n.* (*Stor.rom*) proconsolato *m.*

proconsulship /prouˈkɒnsəlʃɪp *Am* prou ˈkɑːnsəlʃɪp/ *n.* (*Stor.rom*) proconsolato *m.*

procrastinate /prouˈkræstɪneɪt *Am* prou ˈkræstəneɪt/ **I** *v.i.* temporeggiare, indugiare, procastinare. **II** *v.t.* differire, rinviare, rimandare, procrastinare.

procrastinating /prouˌkræstɪˈneɪtɪŋ *Am* prouˌkræstəˈneɪtɪŋ/ *a.* che temporeggia, che indugia.

procrastination /prouˌkræstɪˈneɪʃən *Am* prouˌkræstəˈneɪʃn/ *n.* indugio *m.*, temporeggiamento *m.*, dilazione *f.*, (*rar*) procrastinazione *f.* □ *Prov.:* ~ *is the thief of time* chi ha tempo non aspetti tempo.

procrastinative /prouˈkræstɪneɪtɪv *Am* prou ˈkræstɪneɪtɪv/ *a.* che temporeggia, che indugia.

procrastinator /prouˈkræstɪneɪtər *Am* prou ˈkræstɪneɪtər/ *n.* temporeggiatore *m.* (*f.* -trice). (*rar,lett*) procrastinatore *m.* (*f.* -trice).

procrastinatory /prouˈkræstɪneɪtri *Am* prouˈkræstɪnətɔːri/ *a.* che temporeggia, che indugia.

procreant /ˈproukriənt/ *a.* procreativo, generativo.

procreate /ˈproukrieɪt/ **I** *v.t.* procreare, generare. **II** *v.i.* riprodursi.

procreation /ˌproukriˈeɪʃən/ *n.* **1** (*human*) procreazione *f.*, generazione *f.* **2** (*animal*) riproduzione *f.*

procreative /ˈproukrieɪtɪv *Am* ˈproukrieɪtɪv/ *a.* procreativo, generativo.

procreator /ˈproukrieɪtər *Am* ˈproukrieɪtər/ *n.* chi procrea, procreatore *m.* (*f.* -trice).

Procrustean /prouˈkrʌstiən/ *a.* **1** (*Mitol*) di Procuste, di Procruste: ~ *bed* letto di Procuste, letto di Procrusto. **2** (*fig*) (*severe, drastic*) drastico: ~ *methods* sistemi drastici.

Procrustes /prouˈkrʌstiːz *Am* prouˈkrʌstiːz/ *n.pr.m.* (*Mitol*) Procuste, Procruste.

proctological /ˌprɒktəˈlɒdʒɪkəl *Am* ˌprɑːktə ˈlɑːdʒɪkəl/ *a.* (*Med*) proctologico.

proctologist /ˌprɒkˈtɒlədʒɪst *Am* ˌprɑːk ˈtɑːlədʒɪst/ *n.* proctologo *m.* (*f.* -a).

proctology /prɒkˈtɒlədʒɪ *Am* prɑːkˈtɑːlədʒɪ/ *n.* (*Med*) proctologia *f.*

proctor /ˈprɒktər *Am* ˈprɑːktər/ *n.* **1** (*Univ*) censore *m.*, prefetto *m.* **2** (*Dir,Rel*) procuratore *m.*

proctorial /prɒkˈtɔːriəl *Am* prɑːkˈtɔːriəl/ *a.* di censore, da censore.

proctorize /ˈprɒktəraɪz *Am* ˈprɑːktəraɪz/ **I** *v.i.* (*Univ*) esercitare l'autorità di censore. **II** *v.t.* (*Univ*) esercitare l'autorità di censore su.

proctorship /ˈprɒktəʃɪp *Am* ˈprɑːktəʃɪp/ *n.* **1** (*Univ*) ufficio *m.* di censore. **2** (*Dir,Rel*) ufficio *m.* di procuratore.

proctoscope /ˈprɒktouskoup *Am* ˈprɑːktouskoup/ *n.* (*Med*) rettoscopio *m.*

proctoscopy /ˈprɒktouskəpi *Am* ˈprɑːktouskəpi/ *n.* (*Med*) proctoscopia *f.*, rettoscopia *f.*

procumbent /prouˈkʌmbənt/ *a.* (*Bot*) procombente.

procurable /prəˈkjuərəbl̩ *Am* prəˈkjurəbl̩/ *a.* ottenibile, che si può procurare.

procuracy /ˈprɒkjuərəsi *Am* prəˈkjurəsi/ *n.* (*Dir,Stor*) procura *f.*

procurance /prəˈkjuərəns *Am* prəˈkjurəns/ *n.* il procuramento, il procacciamento.

procuration /ˌprɒkju(ə)ˈreɪʃən *Am* ˌprɑːkju ˈreɪʃən/ *n.* **1** procacciamento *m.* **2** (*Dir*) (*pimping*) lenocinio *m.* **3** (*Dir*) (*act of appointing an agent, an attorney*) il dare una procura. **4** (*Dir*) (*power of attorney*) procura *f.*

procurator /ˈprɒkju(ə)reɪtər *Am* ˈprɑːkjureɪtər/ *n.* **1** agente *m./f.*, procuratore *m.* (*f.* -trice). **2** (*Stor.rom,Rel*) procuratore *m.* **3** (*Dir*) (*public prosecutor*) pubblico ministero *m.* **4** (*Dir*) (*in Italy*) procuratore *m.* □ (*Scott, Dir*) *Procurator Fiscal* pubblico ministero.

procuratorial /ˌprɒkjuərəˈtɔːriəl *Am* ˌprɑːkjurəˈtɔːriəl/ *a.* (*Dir*) procuratorio.

procuratorship /ˈprɒkju(ə)reɪtəʃɪp *Am* ˈprɑːkjureɪtərʃɪp/ *n.* (*Dir*) procuratorato *m.*

procuratory /ˈprɒkju(ə)rətəri *Am* ˈprɑːkjurətɔːri/ *n.* procura *f.*

procuratrix /ˈprɒkju(ə)rətrɪks *Am* ˈprɑːkjurətrɪks/ *n.* (*rar*) procuratrice *f.*

procure /prəˈkjuər *Am* prouˈkjur/ **I** *v.t.* **1** ottenere, procurare, procurarsi, procacciare. **2** (*of materials*) approvvigionare. **3** (*Dir*) (*of women*) indurre alla prostituzione. **II** *v.i.* (*Dir*) sfruttare la prostituzione.

procurement /prəˈkjuəmənt *Am* prou ˈkjurmənt/ *n.* **1** ottenimento *m.*, procacciamento *m.* **2** (*of supplies, etc.*) approvvigionamento *m.* (*anche Mil*).

procurer /prəˈkjuərər *Am* prouˈkjurər/ *n.* chi procura, procuratore *m.* (*f.* -trice). **2** (*Dir*) (*pimp*) lenone *m.*, chi sfrutta la prostituzione.

procuress /prəˈkjuərəs *Am* prouˈkjurɪs/ *n.* (*Dir*) (*in prostitution*) mezzana *f.*

procyclical /prouˈsɪklɪkəl/ *a.* (*Econ*) prociclico.

prod /prɒd *Am* prɑːd/ **I** *v.t.* (*past, p.p.* **prodded** /ˈprɒdɪd *Am* ˈprɑːdɪd/) **1** pungolare, spingere con un pungolo: *to ~ a cow with a stick* pungolare una mucca con un bastone. **2** (*fig*) (*to incite*) sollecitare, spronare, incitare: *I was -ded into accepting the post* sono stato sollecitato ad accettare la carica. **II** *v.i.* (*past, p.p.* **prodded** /ˈprɒdɪd *Am* ˈprɑːdɪd/) essere di stimolo (*at* a), stimolare (qcs.). **III** *n.* **1** (*of materials*) approvvigionare. **2** (*goad*) pungolo *m.* **3** (*fig*) (*incitement to action*) sollecitazione *f.*, sprone *m.*, incitamento *m.*

prodder /ˈprɒdər *Am* ˈprɑːdər/ *n.* chi stimola, chi pungola.

prodigal /ˈprɒdɪɡəl *Am* ˈprɑːdɪɡəl/ **I** *a.* **1** prodigo, che dissipa, che scialacqua: *to be ~ with one's money* essere prodigo del proprio denaro. **2** (*lavish*) generoso, prodigo, liberale: *a ~ contribution* un contributo generoso. **II** *n.* **1** prodigo *m.* (*f.* -a), scialacquatore *m.* (*f.* -trice), dissipatore *m.* (*f.* -trice). **2** (*Dir*) prodigo *m.* □ (*Bibl*) *the ~ son* il figliol prodigo (*anche fig*).

prodigality /ˌprɒdɪˈɡæləti *Am* ˌprɑːdɪˈɡæləti/ *n.* **1** prodigalità *f.*, sperpero *m.*, scialo *m.* **2**

(*lavish wastefulness*) prodigalità *f.*, larghezza *f.*, generosità *f.*

prodigalize /ˈprɒdɪɡəlaɪz *Am* ˈprɑːdɪɡəlaɪz/ *v.t.* prodigare, spendere senza misura.

prodigally /ˈprɒdɪɡəli *Am* ˈprɑːdɪɡəli/ *avv.* prodigalmente, con prodigalità.

prodigious /prəˈdɪdʒəs/ *a.* **1** prodigioso, miracoloso, portentoso. **2** (*estens*) (*huge*) enorme, colossale.

prodigiously /prəˈdɪdʒəsli/ *avv.* prodigiosamente, portentosamente.

prodigiousness /prəˈdɪdʒəsnəs/ *n.* **1** prodigiosità *f.* **2** (*estens*) (*enormousness*) enormità *f.*

prodigy /ˈprɒdɪdʒi *Am* ˈprɑːdɪdʒi/ *n.* **1** prodigio *m.*, genio *m.*: *child* ~ bambino prodigio. **2** (*marvel*) meraviglia *f.*, prodigio *m.*, miracolo *m.*: *the prodigies of nature* le meraviglie della natura. **3** (*estens*) (*sth. abnormal, monstrous*) mostruosità *f.*, anormalità *f.*

produce[1] /prəˈdjuːs *Am* prɑːˈduːs/ **I** *v.t.* **1** (*to cause*) produrre, provocare, causare, cagionare: *to ~ unexpected results* produrre risultati inaspettati. **2** (*to yield*) produrre, dare: *this tree -s good fruit* quest'albero produce buoni frutti. **3** (*to show*) produrre, presentare, mostrare, esibire: *to ~ evidence of one's innocence* produrre prove a propria discolpa. **4** (*to create*) creare, produrre. **5** (*Econ,Ind*) fabbricare, produrre, fare: *a new factory to ~ washing machines* un nuovo stabilimento per produrre lavatrici. **6** (*Teat*) mettere in scena, rappresentare: *to ~ a play* mettere in scena una commedia. **7** (*Cin,Rad*) produrre: *to ~ a film* produrre un film. **8** (*Geom*) (*of a line*) prolungare. **II** *v.i.* **1** rendere, essere produttivo, produrre (*anche Agr*): *this land no longer -s* questo terreno non rende più. **2** (*Econ*) produrre.

produce[2] /ˈprɒdjuːs *Am* ˈprɑːduːs/ **I** *n.* **1** prodotto *m.*, frutto *m.*, risultato *m.* **2** (*Agr*) prodotti *m.pl.* agricoli, frutta *f.* e verdura, derrate *f.pl.*: *where's the best place to buy* ~? qual è il posto migliore per comprare frutta e verdura? **3** (*amount produced*) produzione *f.*, resa *f.* **4** (*offspring of a female animal*) piccoli *m.pl.* □ ~ *goods* beni strumentali, beni capitali.

producer /prəˈdjuːsər *Am* prɑːˈduːsər/ *n.* **1** produttore *m.* (*f.* -trice). **2** (*manufacturer*) fabbricante *m./f.*, produttore *m.* (*f.* -trice). **3** (*Cin,Teat,Rad*) produttore *m.* (*f.* -trice), producer *m./f.* **4** (*Am,Teat*) (*impresario*) impresario *m.* □ (*Chim*) ~ *gas* gas di gasogeno; ~ *goods* beni strumentali, beni capitali.

producibility /prəˌdjuːsəˈbɪləti *Am* prəˌduːsə ˈbɪləti/ *n.* producibilità *f.*

producible /prəˈdjuːsəbl̩ *Am* prəˈduːsəbl̩/ *a.* **1** producibile. **2** (*Geom*) prolungabile.

product /ˈprɒdʌkt *Am* ˈprɑːdʌkt/ *n.* **1** prodotto *m.* **2** (*result, outcome*) prodotto *m.*, risultato *m.*, frutto *m.*: *to be a ~ of one's time* essere un prodotto del proprio tempo. **3** (*Chim,Mat*) prodotto *m.* □ (*Comm,Ind*) ~ *diversification* diversificazione dei prodotti; (*Comm*) ~ *image* immagine del prodotto; ~ *manager* product manager, responsabile di prodotto; (*Comm*) ~ *mix* assortimento di prodotti; -*s of fisheries* prodotti della pesca; -*s of the soil* prodotti del suolo; (*Comm*) ~ *placement* piazzamento del prodotto; (*Comm,Ind*) ~ *range* ventaglio di prodotti, gamma di prodotti; (*Ind*) ~ *standards* standard di produzione.

production /prəˈdʌkʃən/ *n.* **1** produzione *f.* **2** (*act of manufacturing*) fabbricazione *f.*, produzione *f.* (industriale): *the ~ of automobiles* la produzione di automobili. **3** (*amount of sth. produced*) prodotto *m.* **4** (*exhibition*) presentazione *f.*, esibizione *f.* **5** (*Teat*) (*performance*) messa *f.* in scena, rappresentazione *f.* **6** (*Teat,Cin*) produzione *f.* **7** (*Geom*) prolungamento *m.* ☐ (*Cin,TV*) ~ *assistant* assistente alla produzione; ~ *bonus* premio di produzione; (*Ind*) ~ *capacity* rendimento; ~ *costs* costi di produzione; ~ *cuts* tagli alla produzione; (*Ind*) ~ *cycle* ciclo di produzione, ciclo produttivo; ~ *engineering* tecniche di produzione; (*Ind*) ~ *line* linea di lavorazione, linea di montaggio, catena di montaggio; ~ *manager* production manager, direttore di produzione; (*Ind*) ~ *planning* pianificazione della produzione.

productive /prə'dʌktɪv/ *a.* **1** produttivo, creativo. **2** (*yielding results*) produttivo, fruttifero. **3** (*fertile*) fertile, produttivo: ~ *land* terreno fertile. **4** (*prolific*) prolifico, produttivo: *a ~ writer* uno scrittore prolifico. **5** (*causative*) che causa, che produce (*of sth.* qcs.): ~ *of annoyance* che causa irritazione. ☐ (*Med*) ~ *cough* tosse grassa.

productively /prə'dʌktɪvli/ *avv.* in modo produttivo, in modo efficace, in modo fruttifero.

productiveness /prə'dʌktɪvnəs/ *n.* produttività *f.*, rendimento *m.*

productivity /ˌprɒdʌk'tɪvəti Am ˌproudək'tɪvəti/ *n.* **1** produttività *f.*, rendimento *m.* **2** (*Econ,Agr*) produttività *f.*: *to increase ~* aumentare la produttività. **3** (*fig*) (*fruitfulness*) produttività *f.*, fertilità *f.*

product-target /ˌprɒdʌk'ta:gɪt/ *n.* (*Br,Ind*) obiettivo *m.* di produzione.

pro-Eastern /prou'i:stən Am prou'i:stərn/ *a.* filorientale.

proem /'prouem/ *n.* **1** introduzione *f.*, prefazione *f.*, proemio *m.* **2** (*introductory comment*) preambolo *m.*, introduzione *f.* **3** (*fig*) (*prelude*) preludio *m.*, inizio *m.*

proemial /prou'i:miəl/ *a.* proemiale, introduttivo.

pro-European /ˌprouˌjuərə'pi:ən Am prouˌjurə'pi:ən/ *a.* filoeuropeo.

prof /prɒf Am praːf/ *n.* (*colloq*) (*professor*) professore *m.* (*f.* -essa).

Prof. /prɒf Am praːf/ *Professor* Prof. (professore).

profanation /ˌprɒfə'neɪʃən Am ˌprɒːfə'neɪʃən/ *n.* profanazione *f.*

profanatory /prə'fænətəri Am prə'fænətɔ:ri/ *a.* profanatore.

profane /prə'feɪn Am prou'feɪn/ I *a.* **1** profano: *literature sacred and ~* letteratura sacra e profana. **2** (*pagan*) pagano. **3** (*impious, blasphemous*) blasfemo, empio, profano, sacrilego: ~ *language* linguaggio blasfemo. II *v.t.* profanare, violare: *to ~ a temple* profanare un tempio.

profanely /prə'feɪnli Am prou'feɪnli/ *avv.* profanamente.

profaneness /prə'feɪnnəs Am prou'feɪnnəs/ *n.* profanità *f.*

profaner /prə'feɪnər Am prou'feɪnər/ *n.* profanatore *m.* (*f.* -trice), violatore *m.* (*f.* -trice).

profanity /prə'fænəti Am prə'fænəti/ *n.* **1** profanità *f.* **2** (*impiety*) empietà *f.*, irreligiosità *f.* **3** (*profane language*) bestemmia *f.*

profess /prə'fes/ I *v.t.* **1** professare, manifestare: *to ~ admiration for so.* professare ammirazione per qcu. **2** (*to admit openly*) mostrare apertamente, manifestare apertamente, professare: *to ~ one's bewilderment* mostrare apertamente la propria perplessità. **3** (*rifl.*) *to ~ oneself* professarsi, dichiararsi: *to ~ oneself an atheist* professarsi ateo. **4** (*to declare insincerely*) fingere di, fare mostra di. **5** (*to claim*) pretendere di: *I do not ~ to be an expert* non pretendo di essere un esper-

to. **6** (*to confess one's faith in*) professare: *to ~ Buddhism* professare il buddismo. II *v.i.* **1** fare una dichiarazione. **2** (*to practise*) esercitare (una professione). **3** (*Rel*) professare i voti.

professed /prə'fest/ *a.* **1** dichiarato, riconosciuto: *a ~ foe* un nemico dichiarato. **2** (*insincere*) falso, finto, sedicente: *a ~ teacher* un finto insegnante. **3** (*Rel*) professo.

professedly /prə'fesɪdli/ *avv.* apertamente, dichiaratamente.

profession /prə'feʃən/ *n.* **1** professione *f.*, mestiere *m.*: *the ~ of medicine* la professione di medico; *to practice a ~* praticare una professione. **2** (*act of profession*) dichiarazione *f.*, professione *f.*: *a ~ of love* una dichiarazione d'amore; *a ~ of faith* una professione di fede. **3** (*Rel*) professione *f.* ☐ *by ~* di professione, di mestiere.

professional /prə'feʃənl/ I *a.* **1** professionale. **2** (*of professionals*) professionistico. **3** (*by profession*) di professione, di mestiere: *a ~ writer* uno scrittore di professione. **4** (*Sport*) di professione, professionistico: ~ *footballer* giocatore di calcio professionista. **5** (*not amateurish*) da professionista: *a ~ piece of work* un lavoro da professionista. II *n.* **1** professionista *m./f.* (*anche Sport*). **2** (*teacher at sports club*) istruttore *m.* (*f.* -trice). ☐ ~ *association* associazione di categoria; (*fig*) ~ *bias* deformazione professionale; ~ *body* associazione di categoria; (*Sport*) ~ *foul* fallo di mestiere, fallo di esperienza; ~ *jealousy* gelosia professionale; ~ *liability* responsabilità professionale; ~ *malpractice* negligenza professionale; ~ *man* professionista; *conduct unworthy of a ~ man* condotta indegna di un professionista; ~ *misconduct* scorrettezza professionale; ~ *negligence* negligenza professionale; ~ *politician* esperto di politica; ~ *responsibility* responsabilità professionale; ~ *schools* scuole professionali; ~ *secrecy* segreto professionale; ~ *skills* abilità professionali; ~ *training* formazione professionale; ~ *woman* professionista.

professionalism /prə'feʃənəlɪzəm/ *n.* **1** professionismo *m.* (*anche Sport*). **2** (*professional character, etc.*) professionalità *f.*

professionalization /prəˌfeʃənəlaɪ'zeɪʃən Am prəˌfeʃənəlɪ'zeɪʃən/ *n.* professionalizzazione *f.*

professionalize /prə'feʃənəlaɪz/ I *v.t.* rendere professionale, trasformare in professione. II *v.i.* diventare professionale.

professionally /prə'feʃənəli/ *avv.* professionalmente, da professionista.

professor /prə'fesər/ *n.* **1** (*Univ*) professore *m.* (*f.* -essa), professore *m.* (*f.* -essa) titolare di cattedra. **2** (*one who professes*) chi professa.

professorate /prə'fesərət Am prə'fesərət/ *n.* (*Scol,Univ*) **1** docenti *m.pl.*, corpo *m.* accademico, corpo *m.* insegnante. **2** (*professorship*) professorato *m.*, ufficio *m.* di professore, dignità *f.* di professore.

professorial /ˌprɒfɪ'sɔ:riəl Am ˌproufə'sɔ:riəl/ *a.* professorale, di professore, da professore.

professorially /ˌprɒfɪ'sɔ:riəli Am ˌproufə'sɔ:riəli/ *avv.* con modi da professore.

professoriate /ˌprɒfɪ'sɔ:riət Am ˌproufə'sɔ:riət/ *n.* (*Univ*) **1** docenti *m.pl.*, corpo *m.* accademico, corpo *m.* insegnante. **2** (*professorship*) professorato *m.*, ufficio *m.* di professore, dignità *f.* di professore.

professorship /prə'fesəʃɪp Am prə'fesərʃɪp/ *n.* (*Scol,Univ*) professorato *m.*, ufficio *m.* di professore, dignità *f.* di professore.

proffer /'prɒfər Am 'praːfər/ I *v.t.* **1** porgere, presentare, dare: *to ~ one's hand to so.* por-

gere la mano a qcu. **2** (*to offer*) offrire: *to ~ a post to so.* offrire un posto a qcu. II *n.* offerta *f.*

proficiency /prə'fɪʃənsi/ *n.* abilità *f.*, perizia *f.*, competenza *f.*

proficient /prə'fɪʃənt/ I *a.* provetto, esperto, competente: *a ~ shot* un provetto tiratore. II *n.* esperto *m.* (*f.* -a), competente *m./f.*

proficiently /prə'fɪʃəntli Am prə'fɪʃəntli/ *avv.* abilmente, con competenza.

profile /'proufaɪl/ I *n.* **1** profilo *m.* (*anche Mar, Geol*): *she has a handsome ~* ha un bel profilo. **2** (*fig*) (*biographical sketch*) profilo *m.*: *to have the right ~ for a job* avere il profilo giusto per un lavoro. **3** (*fig*) (*sketch*) descrizione *f.*, sommaria, profilo *m.* **4** (*Arch*) (*side elevation*) profilo *m.*; (*section*) sezione *f.* **5** (*Teat*) (*flat*) spezzato *m.* **6** (*colloq*) (*degree that one is in the public eye*) visibilità *f.*: *to have a high ~* essere in vista; *to keep a low ~* (*to stay out of the public eye*) rimanere in ombra. II *v.t.* **1** profilare, delineare il contorno di, delineare il profilo di. **2** (*fig*) (*to write a profile of*) scrivere un profilo di, tracciare un profilo di. **3** (*Tecn*) profilare, sagomare. ☐ *in ~* di profilo.

profiler /'proufaɪlər/ *n.* **1** disegnatore *m.* (*f.* -trice) di profili. **2** (*Tecn*) profilatrice *f.*, sagomatrice *f.*

profiling /'proufaɪlɪŋ/ *n.* **1** (*Met*) profilatura *f.* **2** (*choice based on certain predetermined characteristics*) scelta *f.*, selezione *f.* (in base a caratteristiche predefinite): *jury ~* selezione della giuria. ☐ (*Mecc*) ~ *machine* macchina a copiare, tornio a copiare.

profilist /'proufaɪlɪst/ *n.* disegnatore *m.* (*f.* -trice) di profili.

profit /'prɒfɪt Am 'praːfɪt/ I *n.* **1** (*Econ*) profitto *m.*, utile *m.*, guadagno *m.*: *to make a ~* ricavare un profitto; *to plough -s back into a business* reinvestire gli utili in un'impresa. **2** (*fig*) (*advantage, benefit*) profitto *m.*, vantaggio *m.*, beneficio *m.*: *to study with ~* studiare con profitto. II *v.i.* **1** approfittare, profittare, avvantaggiarsi (*from, by* di): *to ~ from so.'s advice* profittare del consiglio di qcu. **2** (*to be of benefit*) giovare, essere utile, essere di vantaggio, servire. III *v.t.* giovare a, valere a, servire a: *what will it ~ her?* a che le gioverà? ☐ (*Econ*) ~ *and loss* profitti e perdite; (*Econ*) ~ *and loss account* conto profitti e perdite; *at a ~* con profitto; *to do sth. for ~* fare qcs. per lucro; (*Comm*) *to make a ~ off of* (o *a ~ on* o *a ~ out of*) *sth.* realizzare un utile su un articolo; (*Econ,Comm*) ~ *margin* margine di profitto; (*Econ,Comm*) ~ *maximization* massimizzazione del profitto; (*Econ*) ~ *outlooks* prospettive di profitto; (*Econ*) ~ *taking* realizzazione dei profitti; *-s tax* imposta sui profitti; (*Comm*) *to turn a ~ off* (o *a ~ on* o *a ~ out of*) *sth.* realizzare un utile su un articolo; *to turn sth. to ~* mettere a profitto qcs.; (*Econ*) ~ *warning* allarme profitti, allarme sugli utili, profit warning.

profitability /ˌprɒfɪtə'bɪləti Am ˌpraːfɪtə'bɪləti/ *n.* redditività *f.*: ~ *calculation* calcolo di redditività.

profitable /'prɒfɪtəbl Am 'praːfɪtəbl/ *a.* **1** proficuo, vantaggioso, utile. **2** (*affording profits*) redditizio, remunerativo, (*lett*) rimunerativo: *a ~ sale* una vendita redditizia.

profitableness /'prɒfɪtəblnəs Am 'praːfɪtəblnəs/ *n.* redditività *f.*

profitably /'prɒfɪtəbli Am 'praːfɪtəbli/ *avv.* proficuamente, con profitto.

profiteer /ˌprɒfɪ'tɪər Am ˌpraːfɪ'tɪr/ I *n.* profittatore *m.* (*f.* -trice), speculatore *m.* (*f.* -trice), affarista *m./f.* II *v.i.* essere un profittatore.

profiteering /ˌprɒfɪ'tɪərɪŋ Am ˌpraːfɪ'tɪrɪŋ/

affarismo *m.*

profitless /'prɒfɪtləs *Am* 'prɑːfɪtləs/ *a.* **1** inutile, vano. **2** (*of no profit*) senza profitto, che non dà profitto, infruttuoso, infruttifero.

profitlessly /'prɒfɪtləsli *Am* 'prɑːfɪtləsli/ *avv.* inutilmente.

profitlessness /'prɒfɪtləsnəs *Am* 'prɑːfɪtləsnəs/ *n.* inutilità *f.*

profit-sharing /'prɒfɪt͵ʃeərɪŋ *Am* 'prɑːfɪt ͵ʃerɪŋ/ *n.* (*Econ*) compartecipazione *f.* agli utili.

profligacy /'prɒflɪgəsi *Am* 'prɑːflɪgəsi/ *n.* **1** dissolutezza *f.*, scapestrataggine *f.*, dissipatezza *f.* **2** (*wastefulness*) sperpero *m.*, scialo *m.*

profligate /'prɒflɪgət *Am* 'prɑːflɪgɪt/ **I** *a.* **1** dissoluto, scapestrato. **2** (*vicious*) vizioso, depravato. **3** (*prodigal*) dissipato, scialacquato. **II** *n.* **1** scapestrato *m.* (*f.* -a), dissoluto *m.* (*f.* -a), libertino *m.* (*f.* -a). **2** (*recklessly extravagant person*) dissipatore *m.* (*f.* -trice), scialacquatore *m.* (*f.* -trice).

profligately /'prɒflɪgətli *Am* 'prɑːflɪgətli/ *avv.* **1** dissolutamente. **2** (*extravagantly*) dissipatamente.

pro-form /proʊ'fɔːm *Am* proʊ'fɔːrm/ *n.* (*Ling*) proforma *f.*

pro-forma /proʊ'fɔːmə *Am* proʊ'fɔːrmə/ □ (*Comm*) ~ *invoice* fattura pro forma.

profound /prə'faʊnd/ **I** *a.* **1** profondo (*anche fig*): *a ~ sigh* un sospiro profondo; ~ *knowledge* conoscenza profonda. **2** (*complete, thorough*) profondo, totale, completo. **II** *n.* (*rar,poet*) (*deeps of the sea*) profondità *f.pl.* marine.

profoundly /prə'faʊndli/ *avv.* **1** (*intensely, deeply*) profondamente, intensamente: ~ *relieved* profondamente sollevato. **2** (*of a degree of deafness*) totalmente, completamente. **3** (*with insight*) in modo approfondito, approfonditamente: *to write ~ about a subject* scrivere su un argomento in modo approfondito.

profoundness /prə'faʊndnəs/ *n.* profondità *f.* (*anche fig*).

profundity /prə'fʌndəti *Am* prə'fʌndəti/ *n.* profondità *f.* (*anche fig*): *the ~ of the ocean* la profondità dell'oceano; *the ~ of his thought* la profondità del suo pensiero.

profuse /prə'fjuːs/ *a.* **1** (*of people*) prodigo, generoso (*in di*): ~ *in praises* prodigo di lodi. **2** (*of things*) profuso, abbondante, copioso. □ *to be ~ in one's thanks* profondersi in ringraziamenti.

profusely /prə'fjuːsli/ *avv.* abbondantemente, profusamente: *the book is ~ illustrated* il libro è abbondantemente illustrato; *to apologize ~* profondersi in scuse.

profuseness /prə'fjuːsnəs/ *n.* **1** profusione *f.*, abbondanza *f.* **2** (*excessive generosity*) profusione *f.*, prodigalità *f.* □ *in ~* a profusione.

profusion /prə'fjuːʒən/ *n.* **1** profusione *f.*, abbondanza *f.* **2** (*excessive generosity*) profusione *f.*, prodigalità *f.* □ *in ~* a profusione.

prog /prɒg *Am* prɑːg/ **I** *n.* (*Univ*) censore *m.*, prefetto *m.* **II** *v.t.* (*past, p.p.* **progged** /-d/) sorvegliare, vigilare.

progenitive /proʊ'dʒenɪtɪv *Am* proʊ 'dʒenɪtɪv/ *a.* generativo, riproduttivo.

progenitor /proʊ'dʒenɪtər *Am* proʊ'dʒenətər/ *n.* **1** progenitore *m.*, avo *m.*, antenato *m.* **2** (*fig*) (*precursor*) precursore *m.* (*f.* precorritrice), antesignano *m.* (*f.* -a). **3** (*fig*) (*predecessor*) predecessore *m.* (*f.* -a).

progenitorial /proʊ͵dʒenɪ'tɔːriəl/ *a.* ancestrale, atavico.

progenitorship /proʊ'dʒenɪtəʃɪp *Am* proʊ 'dʒenətərʃɪp/ *n.* l'essere il progenitore.

progenitress /proʊ'dʒenɪtrɪs *Am* proʊ 'dʒenətrɪs/ *n.* progenitrice *f.*, ava *f.*, antenata *f.*

progeniture /proʊ'dʒenɪtʃər *Am* proʊ 'dʒenətʃər/ *n.* **1** generazione *f.*, procreazione *f.* **2** (*progeny*) figli *m.pl.*, prole *f.*, discendenza *f.*, (*lett*) progenie *f.*

progeny /'prɒdʒəni *Am* 'prɑːdʒəni/ *n.* (*children*) figli *m.pl.*, prole *f.*, discendenza *f.*, (*lett*) progenie *f.* **2** (*fig*) (*product*) frutto *m.*, prodotto *m.*, risultato *m.*

progesterone /proʊ'dʒestəroʊn *Am* proʊ 'dʒestəroʊn/ *n.* (*Biol*) progesterone *m.*

prognathic /prɒg'næθɪk *Am* prɑːg'næθɪk/ *a.* prognato (*anche Med*).

prognathism /'prɒgnəθɪzəm *Am* 'prɑːgnəθɪzəm/ *n.* prognatismo *m.* (*anche Med*).

prognathous /prɒg'neɪθəs *Am* prɑːg'neɪθəs/ *a.* prognato (*anche Med*).

prognosis /prɒg'noʊsɪs *Am* prɑːg'noʊsɪs/ (*pl.* -ses /-siːz/) *n.* **1** (*Med*) prognosi *f.* **2** (*fig*) (*prediction*) previsione *f.*, pronostico *m.*

prognostic /prɒg'nɒstɪk *Am* prɑːg'nɑːstɪk/ **I** *a.* **1** (*Med*) prognostico. **2** (*fig*) (*of prediction*) profetico. **II** *n.* **1** (*Med*) prognosi *f.* **2** (*fig*) (*prediction*) previsione *f.*, pronostico *m.* **3** (*fig*) (*omen*) segno *m.* premonitore, presagio *m.*

prognostical /prɒg'nɒstɪkəl *Am* prɑːg 'nɑːstɪkəl/ *a.* (*Med*) prognostico (*anche fig*).

prognosticate /prɒg'nɒstɪkeɪt *Am* prɑːg 'nɑːstɪkeɪt/ **I** *v.t.* **1** pronosticare, predire. **2** (*to presage*) fare presagire, fare prevedere, essere presagio di, essere segno di. **II** *v.i.* fare una previsione.

prognostication /prɒg͵nɒstɪ'keɪʃən *Am* prɑːg͵nɑːstɪ'keɪʃən/ *n.* **1** previsione *f.*, pronostico *m.* **2** (*foretoken*) presagio *m.*, premonizione *f.*

prognosticative /prɒg'nɒstɪkətɪv *Am* prɑːg 'nɑːstɪkətɪv/ *a.* profetico.

prognosticator /prɒg'nɒstɪkeɪtər *Am* prɑːg 'nɑːstɪkeɪtər/ *n.* chi pronostica, (*rar*) pronosticatore *m.* (*f.* -trice).

prognosticatory /prɒg'nɒstɪkeɪtəri *Am* prɑːg'nɑːstɪkeɪtɔːri/ *a.* profetico.

program /'proʊgræm/ **I** *n.* (*Am*) **1** programma *m.*, piano *m.*: ~ *of action* programma di azione. **2** (*agenda of things to be done*) programma *m.*, progetto *m.*, agenda *f.*: *what is your ~ for tomorrow?* che programma hai per domani? **3** (*performance*) programma *m.*: *a ~ of chamber music* un programma di musica da camera. **4** (*Inform*) programma *m.* **II** *v.t.* (*Am*) **1** (*Tecn,Inform*) programmare: *to ~ a computer* programmare un computer. **2** (*to schedule*) programmare, mettere in un programma, includere in un programma. **3** (*to arrange a programme for*) programmare, pianificare. **III** *v.i.* (*Am*) **1** (*Tecn,Inform*) eseguire la programmazione. **2** (*to follow a schedule, etc.*) seguire un programma. □ (*Inform*) ~ *chart* organigramma; (*Inform*) ~ *checkout* prova del programma; (*Inform*) ~ *code* codice di programma; (*Inform*) ~ *counter* contatore di programma; (*Rad,TV*) ~ *director* programmista; (*Inform*) ~ *load* caricamento di un programma; (*Mus*) ~ *music* musica descrittiva; (*Inform*) ~ *sheet* foglio di programma; (*Inform*) ~ *store* memoria di programma.

programmability /proʊ͵græməbɪləti *Am* proʊ͵græməbɪləti/ *n.* programmabilità *f.* (*anche Inform*).

programmable /proʊ'græməbl/ *a.* programmabile (*anche Inform*): ~ *system* sistema programmabile. □ (*Inform*) ~ *read only memory* memoria a sola lettura programmabile.

programmatic /͵proʊgrə'mætɪk *Am* ͵proʊgrə 'mætɪk/ *a.* programmatico.

programmatically /͵proʊgrə'mætɪkəli *Am* ͵proʊgrə'mætɪkəli/ *avv.* programmaticamente.

programme /'proʊgræm/ **I** *n.* **1** programma *m.*, piano *m.* **2** (*agenda of things to be done*) programma *m.*, progetto *m.*, agenda *f.*: *what is your ~ for tomorrow?* che programma hai per domani? **3** (*performance*) programma *m.*: *a ~ of chamber music* un programma di musica da camera. **4** (*Inform*) programma *m.* **II** *v.t.* **1** (*Tecn,Inform*) programmare: *to ~ a computer* programmare un computer. **2** (*to schedule*) programmare, mettere in un programma, includere in un programma. **3** (*to arrange a programme for*) programmare, pianificare. **III** *v.i.* (*Tecn,Inform*) eseguire la programmazione. **2** (*to follow a schedule, etc.*) seguire un programma. □ (*Inform*) ~ *chart* organigramma; (*Inform*) ~ *checkout* prova del programma; (*Inform*) ~ *code* codice di programma; (*Inform*) ~ *counter* contatore di programma; (*Rad,TV*) ~ *director* programmista; (*Inform*) ~ *load* caricamento di un programma; (*Mus*) ~ *music* musica descrittiva; (*Inform*) ~ *sheet* foglio di programma; (*Inform*) ~ *store* memoria di programma.

programmer /'proʊgræmər/ *n.* **1** programmista *m./f.* (*anche TV,Rad*). **2** (*Inform*) programmatore *m.* (*f.* -trice). □ (*Inform*) ~ *analyst* analista programmatore.

programming /'proʊgræmɪŋ/ *n.* programmazione *f.* (*anche Inform,Econ*). □ (*Inform*) ~ *course* corso di programmazione; ~ *department* settore di programmazione; (*Inform*) ~ *language* linguaggio di programmazione; (*Inform*) ~ *unit* unità di programmazione.

progress[1] /'proʊgres *Am* 'prɑːgres/ *n.* **1** progresso *m.*, progressi *m.pl.*: *the ~ of technology* il progresso della tecnica. **2** (*forward movement*) progressione *f.* **3** (*development*) progresso *m.*, sviluppo *m.*: *the ~ of the disease* il progresso della malattia. **4** (*advance, improvement*) progresso *m.*, miglioramento *m.* **5** (*advance towards an objective*) progresso *m.*, passo *m.* avanti. **6** (*Stor*) (*royal journey*) viaggio *m.* ufficiale di un sovrano. □ *in ~* in corso; *in ~ of time* con l'andar del tempo; *to make ~* progredire, migliorare; ~ *report*: **1** stato di avanzamento; **2** (*Econ*) relazione sull'andamento della produzione.

progress[2] /proʊ'gres *Am* prə'gres/ *v.i.* **1** (*to move forward*) avanzare, procedere. **2** (*to go on in time*) continuare, andare avanti. **3** (*to improve*) progredire, fare progressi, migliorare: ~ *in one's studies* progredire negli studi. **4** (*of a disease*) progredire. **5** (*to advance*) procedere, avanzare.

progression /proʊ'greʃən *Am* prə'greʃən/ *n.* **1** progressione *f.*, progresso *m.* **2** (*Mat,Astr, Mus*) progressione *f.*

progressional /proʊ'greʃənl *Am* prə 'greʃənl/ *a.* progressivo, della progressione, relativo alla progressione.

progressionism /proʊ'greʃənɪzm *Am* prə 'greʃənɪzm/ *n.* progressismo *m.*

progressionist /proʊ'greʃənɪst *Am* prə 'greʃnɪst/ **I** *n.* progressista *m./f.*, chi crede nel progresso. **II** *a.* progressista, progressistico.

progressist /proʊ'gresɪst *Am* prə'gresɪst/ **I** *n.* progressista *m./f.*, chi crede nel progresso. **II** *a.* progressista, progressistico.

progressive /proʊ'gresɪv *Am* prə'gresɪv/ **I** *a.* **1** progressista: *a ~ country* una nazione progressista. **2** (*advocating progress*) progressista, progressistico. **3** (*advancing*) progressivo: *a ~ worsening of the situation* un progressivo peggioramento della situazione. **II** *n.* progressista *m./f.* (*anche Pol*). □ (*Gramm*) ~ *form* forma progressiva; ~ *taxation* tassa-

zione progressiva.
Progressive /prou'gresɪv Am prə'gresɪv/ I a. (Stor.am) progressista, del partito progressista. II n. (Stor.am) progressista m./f., membro m. del partito progressista. ☐ (Stor.am) ~ Party partito progressista.
progressively /prou'gresɪvli Am prə'gresɪvli/ avv. progressivamente.
progressiveness /prou'gresɪvnəs Am prə'gresɪvnəs/ n. progressività f.
progressivism /prou'gresɪvɪzᵊm Am prə'gresɪvɪzᵊm/ n. progressivismo m.
Progressivism /prou'gresɪvɪzᵊm Am prə'gresɪvɪzᵊm/ n. (Stor.am) dottrina f. del partito progressista.
progressivist /prou'gresɪvɪst Am prə'gresɪvɪst/ I n. progressista m./f. (anche Pol). II a. progressista (anche Pol).
prohibit /prou'hɪbɪt Am prə'hɪbɪt/ v.t. 1 proibire, vietare: the authorities -ed the demonstration le autorità hanno proibito la dimostrazione. 2 (of a person) proibire a, vietare a: to ~ so. from doing sth. proibire a qcu. di fare qcs. 3 (to make impossible) impedire, rendere impossibile.
prohibited /prou'hɪbɪtɪd Am prə'hɪbɪtɪd/ a. proibito, vietato.
prohibiter /prou'hɪbɪtəʳ Am prə'hɪbɪtəʳ/ n. chi vieta, chi proibisce, (rar) proibitore m. (f. -trice).
prohibition /ˌprou(h)ɪ'bɪʃən/ n. 1 proibizione f., divieto m. 2 (ban) divieto m. 3 (of alcoholic drinks) proibizionismo m. 4 (Dir) proibizione f. ☐ (Stor.am) Prohibition Party partito proibizionista.
prohibitionism /ˌprou(h)ɪ'bɪʃᵊnɪzᵊm/ n. proibizionismo m. (anche Stor.am).
prohibitionist /ˌprou(h)ɪ'bɪʃᵊnɪst/ I n. proibizionista m./f. (anche Stor.am). II a. proibizionista (anche Stor.am).
prohibitive /prou'hɪbɪtɪv Am prou'hɪbətɪv/ a. proibitivo: the price is ~ il prezzo è proibitivo.
prohibitively /prou'hɪbɪtɪvli Am prou 'hɪbətɪvli/ avv. in modo proibitivo.
prohibitor /prou'hɪbɪtəʳ Am prə'hɪbɪtəʳ/ n. chi vieta, chi proibisce, (rar) proibitore m. (f. -trice).
prohibitory /prou'hɪbɪtᵊri Am prou'hɪbətɔːri/ a. proibitivo.
project[1] /'prɒdʒekt Am 'prɑːdʒekt/ n. 1 progetto m., piano m., programma m.: a government ~ un progetto governativo. 2 (research project) piano m. di ricerca, programma m. di ricerca. 3 pl. (Am,colloq) (low-rent, government subsidized housing) complesso m. residenziale popolare. ☐ ~ engineer ingegnere progettista; ~ management gestione di progetto; ~ manager project manager, capo progetto.
project[2] /prou'dʒekt Am prə'dʒekt/ I v.t. 1 proiettare, lanciare. 2 (fig) (to imagine) proiettare: to ~ one's thoughts into the future proiettare i propri pensieri nel futuro. 3 (to plan) progettare: to ~ the construction of a dam progettare la costruzione di una diga. 4 (of light, shadow, etc.) proiettare: to ~ a beam of light on sth. proiettare un fascio di luce su qcs. II v.i. 1 (to protrude) risaltare, sporgere. 2 (Edil) (to stick out) aggettare. 3 (Am,dial) (to plan, to scheme) fare un piano, fare un progetto.
projected /prə'dʒektɪd/ a. 1 progettato, prefisso. 2 (estimated) previsto: ~ costs costi previsti. 3 (thrown forward) proiettato, lanciato.
projectile /prou'dʒektaɪl Am prə'dʒektᵊl/ I n. (Arm) 1 (shell) proiettile m. 2 (missile) missile m. II a. 1 propulsivo, propellente. 2 (impelled forward) proiettato, lanciato.

projection /prou'dʒekʃən Am prə'dʒekʃən/ n. 1 (estimate) stima f., proiezione f. 2 (protrusion) sporgenza f., protuberanza f. 3 (Edil) (overhang) aggetto m. 4 (throw) lancio m., getto m. 5 (Cin,Geom,Psic) proiezione f. 6 (act of planning) progettazione f., il progettare. 7 (sth. planned) progetto m., piano m. ☐ (Cin) ~ booth sala di proiezione; (Cin) ~ machine proiettore; (Cin) ~ room sala di proiezione.
projectionist /prou'dʒekʃᵊnɪst Am prə 'dʒekʃᵊnɪst/ n. (Cin,TV) operatore m. (f. -trice), proiezionista m./f.
projective /prou'dʒektɪv Am prou'dʒektɪv/ a. proiettivo (anche Psic,Geom): ~ geometry geometria proiettiva.
projectively /prou'dʒektɪvli Am prə 'dʒektɪvli/ avv. proiettivamente.
projectivity /ˌproudʒek'tɪvɪti/ n. (Geom) proiettività f.
projector /prou'dʒektəʳ Am prə'dʒektəʳ/ n. 1 (Cin,Fot) proiettore m. 2 (planner) progettista m./f.
prolapse /'proulæps/ I n. (Med) prolasso m. II v.i. (Med) subire un prolasso.
prolapsis /prou'læpsɪs Am prou'læpsɪs/ n. (Med) prolasso m.
prolapsus /prou'læpsəs Am prou'læpsəs/ n. (Med) prolasso m.
prolate /'prouleɪt/ a. oblungo, allungato.
prolegomenon /ˌprouli'gɒmɪnən Am ˌprouli 'gɑːmənɑː/ (pl. -a) n. prolegomeni m.pl., introduzione f.
prolepsis /prou'lepsɪs Am prou'lepsɪs/ (pl. -ses /-siːz/) n. (Gramm,Filos) prolessi f.
proleptic /prou'leptɪk Am prou'leptɪk/ a. (Gramm,Filos) prolettico.
proleptical /prou'leptɪkᵊl Am prou'leptɪkᵊl/ a. (Gramm,Filos) prolettico.
proletarian /ˌprouli'teəriən Am ˌproulə'teriən/ I a. proletario. II n. proletario m. (f. -a).
proletarianism /ˌprouli'teəriənɪzᵊm Am ˌproulə'teriənɪzᵊm/ n. proletariato m.
proletarianization /ˌprouli,teəriənaɪ'zeɪʃən Am ˌprouli,teriənɪ'zeɪʃən/ n. proletarizzazione f.
proletarianize /ˌprouli'teəriənaɪz Am ˌprouli 'teriənaɪz/ v.t. proletarizzare.
proletariat /ˌprouli'teəriət Am ˌproulə'teriət/ n. proletariato m.
proletariate /ˌprouli'teəriət Am ˌproulə'teriət/ I n. proletariato m. II a. proletario.
proletary /'proulətᵊri/ I a. proletario. II n. proletario m. (f. -a).
prolicide /'proulisaɪd/ n. 1 infanticidio m. 2 (person) infanticida m./f.
pro-life /prou'laɪf/ n. per la vita. ☐ ~ movement movimento per la vita, movimento antiabortista.
pro-lifer /prou'laɪfəʳ/ n. antiabortista m./f.
proliferate /prou'lɪfᵊreɪt Am prou'lɪfᵊreɪt/ I v.i. (Biol) proliferare (anche fig). II v.t. (Biol) fare proliferare (anche fig).
proliferation /prou,lɪfᵊr'eɪʃən Am prou,lɪfə 'reɪʃən/ n. (Biol) proliferazione f. (anche fig).
proliferative /prou'lɪfᵊretɪv Am prou 'lɪfᵊretɪv/ a. (Biol) proliferativo (anche fig).
proliferous /prou'lɪfᵊrəs Am prou'lɪfᵊrəs/ a. (Biol) prolifero (anche fig).
prolific /prou'lɪfɪk Am prou'lɪfɪk/ a. 1 prolifico (anche fig): a ~ animal un animale prolifico. 2 (lett) (fruitful, fecund) fertile, fecondo.
prolificacy /prou'lɪfɪkəsi Am prou'lɪfɪkəsi/ n. fecondità f., prolificità f. (anche fig).
prolifically /prou'lɪfᵊkᵊli Am prou'lɪfɪkᵊli/ avv. in modo prolifico.
prolificalness /prou'lɪfɪkᵊlnəs Am prou 'lɪfɪkᵊlnəs/ n. fecondità f., prolificità f. (anche fig).

prolification /prou,lɪfɪ'keɪʃən Am prou,lɪfə 'keɪʃən/ n. 1 prolificazione f. 2 (fecundity) fecondità f., fertilità f.
prolifically /prou'lɪfɪkᵊli Am prou'lɪfɪkᵊli/ avv. in modo prolifico.
prolificness /prou'lɪfɪknəs Am prou'lɪfɪknəs/ n. fecondità f., prolificità f. (anche fig).
prolix /'prouliks Am prou'lɪks/ a. prolisso: a ~ introduction un'introduzione prolissa.
prolixity /prou'lɪksəti Am prou'lɪksəti/ n. prolissità f.
prolixly /'prouliksli Am prou'lɪksli/ avv. in modo prolisso, prolissamente.
prolocutor /prou'lɒkjətəʳ Am prou'lɑːkjətəʳ/ n. 1 portavoce m./f. 2 (presiding officer) presidente m. (di un'assemblea) (anche Rel).
prolog /'prouloːg/ I n. (Am) prologo m. (anche Teat). II v.t. (Am) fare un prologo a.
Prolog /'proulɒg Am 'proulɑːg/ n. (Inform) (computer programming language) Prolog m.
prologue /'prouloːg Am 'proulɑːg/ I n. prologo m. (anche Teat). II v.t. fare un prologo a.
prolong /prou'lɒŋ Am prou'lɑːŋ/ v.t. 1 prolungare, protrarre: to ~ a visit prolungare una visita. 2 (Ling) allungare. ☐ (fig) to ~ the agony prolungare l'agonia, fare soffrire ulteriormente.
prolongable /prou'lɒŋəbᵊl Am prou'lɑːŋəbᵊl/ a. prolungabile, allungabile.
prolongate /'proulɒŋgeɪt Am 'proulɑːŋgeɪt/ v.t. 1 prolungare. 2 (Ling) allungare.
prolongation /ˌproulɒŋ'geɪʃən Am ˌproulɑːŋ 'geɪʃən/ n. 1 prolungamento m. 2 (Ling) allungamento m. ☐ (Comm) ~ of payment proroga di pagamento.
prolonged /prou'lɒŋd Am prou'lɑːŋd/ a. prolungato, lungo, esteso.
prolongedly /prou'lɒŋdli Am prou'lɑːŋdli/ avv. in modo prolungato.
prolusion /prou'ljuːʒən Am prou'luːʒən/ n. 1 prolusione f., introduzione f. 2 (ant,fig) (prelude) preludio m.
prolusory /prou'ljuːsᵊri Am prou'luːsᵊri/ a. preliminare, introduttivo.
prom /prɒm Am prɑːm/ n. 1 (Br,colloq) concerto m. all'aperto cui il pubblico può assistere passeggiando. 2 (Br) (seaside promenade) passeggiata f. a mare, lungomare m. 3 (Am) (school dance) ballo m. studentesco.
PROM /prɒm Am prɑːm/ n. (Inform) Programmable Read Only Memory PROM (memoria a sola lettura programmabile).
pro-market /prou'mɑːkɪt Am prou'mɑːrkɪt/ a. favorevole all'adesione al Mercato Unico Europeo.
promenade[1] /ˌprɒmə'nɑːd Am ˌprɑːmə'neɪd/ n. 1 passeggiata f. 2 (place for walking) passeggiata f., passeggio m. 3 (place for walking by the seashore) passeggiata f. a mare, lungomare m. 4 (Teat) (foyer) ridotto m. 5 (of a formal ball) ballo m. di apertura. 6 (in a square dance) promenade f. 7 (Am) (school dance) ballo m. studentesco. ☐ (Mus) ~ concert concerto all'aperto cui il pubblico può assistere passeggiando; (Mar) ~ deck ponte di passeggiata.
promenade[2] /ˌprɒmə'nɑːd Am ˌprɑːmə'neɪd/ I v.i. passeggiare, fare una passeggiata. II v.t. portare a passeggio, portare a passeggiare.
promenader /ˌprɒmə'nɑːdəʳ Am ˌprɑːmə 'neɪdəʳ/ n. chi va a passeggio, chi ama passeggiare.
Promethean /prou'miːθiən Am prou'miːθiən/ a. di Prometeo, (lett) prometeico, (lett) prometeo.
prometheum /prou'miːθiəm Am prou 'miːθiəm/ n. (Chim) promezio m., prometeo m.
Prometheus /prou'miːθiuːs Am prou'miːθiəs/

promethium *n.pr.m.* (*Mitol*) Prometeo.
promethium /prou'mi:θiəm *Am* prou 'mi:θiəm/ *n.* (*Chim*) promezio *m.*, prometeo *m.*
prominence /'prɒmɪnəns *Am* 'prɑːmɪnəns/ *n.* **1** rilievo *m.*, evidenza *f.*, risalto *m.*, spicco *m.*: *person of* ~ persona di rilievo. **2** (*protuberance*) prominenza *f.*, protuberanza *f.*, sporgenza *f.* **3** (*Astr*) (*gas stream from sun*) protuberanza *f.* solare, prominenza *f.* solare. ☐ *to bring into* ~ mettere in risalto; *to come into* ~ risaltare, distinguersi, emergere; *to give* ~ *to sth.* dare risalto a qcs.
prominent /'prɒmɪnənt *Am* 'prɑːmɪnənt/ *a.* **1** sporgente, prominente, rilevato, pronunciato: ~ *chin* mento sporgente; *the tower was* ~ *on the skyline* la torre si stagliava all'orizzonte. **2** (*conspicuous*) notevole, cospicuo, rilevante, considerevole. **3** (*important, eminent*) importante, insigne, illustre, eminente, di spicco.
prominently /'prɒmɪnəntli *Am* 'prɑːmɪnənt̬li/ *avv.* bene in vista, in modo prominente.
promiscuity /,prɒmɪ'skjuːəti *Am* ,prɑːmɪ 'skjuːəti/ *n.* **1** promiscuità *f.*, mescolanza *f.*, miscuglio *m.* **2** (*sexual behaviour*) promiscuità *f.*
promiscuous /prə'mɪskjuəs/ *a.* **1** (*of sexual relations*) promiscuo. **2** (*of a person*) che pratica la promiscuità (sessuale). **3** (*indiscriminate*) indiscriminato: ~ *massacre* massacro indiscriminato. **4** (*confused*) confuso, disordinato.
promiscuously /prə'mɪskjuəsli/ *avv.* promiscuamente.
promiscuousness /prə'mɪskjuəsnəs/ *n.* **1** promiscuità *f.*, mescolanza *f.*, miscuglio *m.* **2** (*sexual behaviour*) promiscuità *f.*
promise /'prɒmɪs *Am* 'prɑːmɪs/ **I** *n.* **1** promessa *f.*: *a* ~ *of help* una promessa di aiuto; *broken -s* promesse non mantenute; *empty* ~ promessa vana. **2** (*grounds for hope*) promessa *f.*, speranza *f.*: *a* ~ *of a good harvest* una promessa di un buon raccolto. **II** *v.t.* **1** promettere, fare una promessa: *you -d me you would not be late* mi avevi promesso che non avresti fatto tardi. **2** (*rifl.*) *to* ~ *oneself* ripromettersi: *to* ~ *oneself a rest after dinner* ripromettersi di riposare dopo pranzo. **3** (*to give grounds for expecting*) promettere, fare sperare. **4** (*to assure*) assicurare, garantire. **5** (*to betroth*) promettere in matrimonio, fidanzare. **III** *v.i.* promettere, impegnarsi: *do you* ~? lo prometti?, promesso?, me lo prometti?; *but you -d!* ma l'avevi promesso! ☐ *to* ~ *faithfully* giurare, promettere in modo assoluto; *to keep a* ~ mantenere una promessa; *to make a* ~ promettere, fare una promessa; *a writer of* ~ uno scrittore promettente; (*fig*) *to* ~ *so. the moon* promettere la luna a qcu.; (*fig*) *to* ~ *well* promettere bene, essere promettente.
promised /'prɒmɪst *Am* 'prɑːmɪst/ *a.* promesso. ☐ *the Promised Land*: **1** (*Bibl*) la Terra Promessa; **2** (*fig*) (*Heaven*) il cielo, il paradiso.
promisee /,prɒmɪ'siː *Am* ,prɑːmɪ'siː/ *n.* (*Dir*) promissario *m.* (*f.* -a).
promising /'prɒmɪsɪŋ *Am* 'prɑːmɪsɪŋ/ *a.* promettente, che promette bene.
promisingly /'prɒmɪsɪŋli *Am* 'prɑːmɪsɪŋli/ *avv.* in modo promettente.
promisor /'prɒmɪsə *Am* 'prɑːmɪsər/ *n.* (*Dir*) promittente *m./f.*
promissory /'prɒmɪsəri *Am* 'prɑːmɪsəri/ *a.* **1** promettente, che costituisce promessa. **2** (*of the nature of a promise*) che ha carattere di promessa. **3** (*Dir,Econ*) promissorio: ~ *oath* giuramento promissorio. ☐ (*Comm,Econ*) ~ *note* pagherò, pagherò cambiario.

promo /'prəʊməʊ/ *n.* **1** (*colloq*) promo *m.*, messaggio *m.* promozionale. **2** (*Am,Aus*) promozione *f.* di libri o film durante trasmissioni televisive.
promontory /'prɒmənt̬ri *Am* 'prɑːməntɔːri/ *n.* (*Geog,Anat*) promontorio *m.*
promotability /prə'məʊtəbɪləti *Am* prə 'məʊt̬əbɪləti/ *n.* promovibilità *f.*
promotable /prə'məʊtəbl *Am* prə'məʊt̬əbl/ *a.* promovibile.
promote /prə'məʊt/ *v.t.* **1** promuovere, fare avanzare: *to* ~ *so. major* promuovere qcu. maggiore; *to* ~ *so. to the rank of lieutenant* promuovere qcu. (al grado di) sottotenente. **2** (*estens*) (*to encourage*) promuovere, dare impulso a, farsi promotore di, favorire. **3** (*Sport*) (*to advance*) organizzare, promuovere. **4** (*in chess*) promuovere, (*colloq*) promuovere a regina. **5** (*Dir*) (*to bring against*) promuovere: *to* ~ *an action against so.* promuovere un'azione legale contro qcu. **6** (*Am, Comm*) (*to advertise*) fare pubblicità a, pubblicizzare.
promoter /prə'məʊtə *Am* prə'məʊt̬ər/ *n.* **1** promotore *m.* (*f.* -trice), promoter *m./f.* **2** (*one who supports, encourages*) fautore *m.* (*f.* -trice), promotore *m.* (*f.* -trice), sostenitore *m.* (*f.* -trice). **3** (*of events, etc.*) organizzatore *m.* (*f.* -trice), promotore *m.* (*f.* -trice).
promotion /prə'məʊʃn/ *n.* **1** promozione *f.*, avanzamento *m.* **2** (*act of setting up*) costituzione *f.*, organizzazione *f.*, fondazione *f.* **3** (*of events, etc.*) organizzazione *f.* **4** (*Sport*) (*advancement*) promozione *f.* **5** (*in chess*) promozione *f.* **6** (*Am,Comm*) (*advertising*) promozione *f.* (delle vendite). ☐ (*burocr*) ~ *by seniority* avanzamento per anzianità, promozione per anzianità; (*Comm*) ~ *measure* misura promozionale.
promotional /prə'məʊʃnəl/ *a.* **1** della promozione, relativo alla promozione. **2** (*Am, Comm*) (*advertising*) promozionale, pubblicitario.
promotive /prə'məʊtɪv *Am* prə'məʊt̬ɪv/ *a.* promotore, che promuove.
prompt /prɒmpt *Am* prɑːmpt/ **I** *a.* **1** sollecito, pronto, immediato: *a* ~ *reply* una risposta sollecita. **2** (*punctual*) puntuale. **3** (*Comm*) (*immediate*) immediato, pronto: ~ *delivery* consegna immediata, pronta consegna. **II** *n.* **1** (*act of prompting, reminding*) suggerimento *m.*, imbeccata *f.* **2** (*words said in prompting*) suggerimento *m.* **3** (*act of instigating to action*) incitamento *m.*, istigazione *f.*, sprone *m.* **4** (*Teat*) (*reminder of words*) suggeritore *m.* (*f.* -trice). **5** (*Comm*) (*time limit for payment*) termine *m.* di pagamento, scadenza *f.* **6** (*Inform*) (*sth. cueing response*) prompt *m.* **III** *v.t.* **1** spingere, indurre, incitare. **2** (*to occasion*) provocare, causare, cagionare. **3** (*to assist by suggesting*) suggerire (a), imbeccare. **4** (*Teat*) (*to provide actors with lines*) suggerire (a), imbeccare, dare l'imbeccata (a). **IV** *avv.* (*colloq*) preciso, in punto, puntualmente. ☐ (*Teat*) ~ *book* copione del suggeritore; (*Teat*) ~ *box* buca del suggeritore; (*Teat*) ~ *copy* copione del suggeritore; (*Comm*) ~ *day* giorno di pagamento, giorno di scadenza; (*Comm*) ~ *note* promemoria del termine di pagamento; (*Teat*) ~ *side* lato del palcoscenico a destra dell'attore dove sta il suggeritore.
prompter /'prɒmptə *Am* 'prɑːmptər/ *n.* suggeritore *m.* (*f.* -trice) (*anche Teat*). ☐ (*Teat*) ~'s *box* buca del suggeritore.
prompting /'prɒmptɪŋ *Am* 'prɑːmptɪŋ/ *n.* **1** suggerimento *m.* **2** (*instigation*) incitamento *m.*, sollecitazione *f.*
promptitude /'prɒmptɪtjuːd *Am* 'prɑːmp

titu:d/ *n.* prontezza *f.*, sollecitudine *f.*: *to answer with* ~ rispondere con prontezza.
promptly /'prɒm(p)tli *Am* 'prɑːm(p)tli/ *avv.* prontamente, con prontezza, subito.
promptness /'prɒm(p)tnəs *Am* 'prɑːm(p)tnəs/ *n.* prontezza *f.*, sollecitudine *f.*
promulgate /'prɒməlgeɪt *Am* 'prɑːməlgeɪt/ *v.t.* **1** promulgare, emanare (*anche Dir*): *to* ~ *a decree* promulgare un decreto. **2** (*of a doctrine, etc.*) diffondere, divulgare, promulgare.
promulgation /prɒməl'geɪʃən *Am* prɑːməl 'geɪʃən/ *n.* **1** promulgazione *f.* (*anche Dir*). **2** (*of a doctrine, etc.*) diffusione, divulgazione.
promulgator /'prɒməlgeɪtə *Am* 'prɑːməl geɪt̬ər/ *n.* promulgatore *m.* (*f.* -trice).
pron. (*Gramm*) *pronoun* pron. (pronome).
pronaos /prəʊ'neɪɒs/ (*pl.* **-naoi** /-'neɪɔɪ/) *n.* (*Arch*) pronao *m.*
pronate /'prəʊneɪt/ *v.i.* effettuare il movimento di pronazione.
pronation /,prəʊ'neɪʃn/ *n.* (*Anat*) pronazione *f.*
pronator /,prəʊ'neɪtə *Am* ,prəʊ'neɪt̬ər/ *n.* (*Anat*) muscolo *m.* pronatore, pronatore *m.*
prone /prəʊn/ *a.* **1** incline, disposto, propenso: *to be* ~ *to anger* essere incline all'ira. **2** (*face down*) volto verso terra, (a) faccia in giù, prono: *to fall* ~ cadere bocconi; *to lie* ~ giacere bocconi, giacere (a) faccia in giù. **3** (*lying flat*) prostrato.
pronely /'prəʊnli/ *avv.* bocconi, a faccia in giù.
proneness /'prəʊnnəs/ *n.* inclinazione *f.*, propensione *f.*, disposizione *f.*
prong /prɒŋ *Am* prɑːŋ/ *n.* **1** (*tine of a fork*) dente *m.*, rebbio *m.*, punta *f.* **2** (*Agr*) (*large fork*) forcone *m.*, forca *f.* **3** (*pointed, projecting part*) dente *m.*, sporgenza *f.* **II** *v.t.* colpire con un forcone, infilzare con un forcone.
pronged /prɒŋd *Am* prɑːŋd/ *a.* (*in compounds*) a... rebbi, a... denti: *a two-~ hay-fork* un forcone a due rebbi.
pronominal /prəʊ'nɒmɪnəl *Am* prəʊ 'nɑːmɪnəl/ *a.* (*Gramm*) pronominale.
pronominalization /prəʊ,nɒmɪnəlaɪ'zeɪʃən *Am* prəʊ,nɑːmɪnəlɪ'zeɪʃən/ *n.* (*Gramm*) pronominalizzazione *f.*
pronominalize /prəʊ'nɒmɪnəlaɪz *Am* prəʊ 'nɑːmɪnəlaɪz/ *v.t.* (*Gramm*) pronominalizzare.
pronominally /prəʊ'nɒmɪnəli *Am* prəʊ 'nɑːmɪnəli/ *avv.* pronominalmente.
pronoun /'prəʊnaʊn/ *n.* (*Gramm*) pronome *m.*
pronounce /prə'naʊns/ **I** *v.t.* **1** pronunciare, pronunziare: *how do you* ~ *this word?* come pronunci questa parola? **2** (*to declare solemnly*) dichiarare, affermare solennemente. **II** *v.i.* **1** pronunciare: *to* ~ *clearly* pronunciare chiaramente. **2** (*to make an authoritative statement*) pronunciarsi, dichiararsi (*on* su). **3** (*to give one's opinion*) pronunciarsi, manifestare la propria opinione (su). ☐ *to* ~ *against sth.* prendere posizione contro qcs.; *to* ~ *in favour of sth.* pronunciarsi a favore di qcs.; (*Dir*) *to* ~ *sentence* emettere una sentenza.
pronounceability /prə,naʊnsə'bɪləti *Am* prə ,naʊnsə'bɪlət̬i/ *n.* pronunciabilità *f.*
pronounceable /prə'naʊnsəbl/ *a.* che si può pronunciare, pronunciabile.
pronounced /prə'naʊnst/ *a.* **1** pronunciato, spiccato, marcato, accentuato: *to walk with a* ~ *limp* zoppicare in modo pronunciato. **2** (*decided*) chiaro, netto, deciso: *a man of* ~ *ideas* un uomo dalle idee chiare.
pronouncedly /prə'naʊnsɪdli/ *avv.* in modo pronunciato, in modo marcato, marcatamente.
pronouncement /prə'naʊnsmənt/ *n.* di-

chiarazione f., asserzione f., affermazione f.

pronouncer /prə'naʊnsəʳ/ n. chi si pronuncia, chi fa affermazioni.

pronto /'prɒntoʊ Am 'prɑːntoʊ/ avv. (sl) subito, immediatamente, prontamente.

pronunciamento /proʊˌnʌnsiə'mentoʊ Am proʊˌnʌnsiə'mentoʊ/ (pl. **-s/-es** /-z/) n. manifesto m., proclama m., pronunciamento m. (anche Pol).

pronunciation /prəˌnʌnsi'eɪʃən/ n. pronuncia f., pronunzia f.: his ~ is perfect la sua pronuncia è perfetta.

proof /pruːf/ **I** n. **1** prova f., dimostrazione f.: a theory not susceptible to ~ una teoria non suscettibile di prova. **2** (Dir) (trial evidence) prova f. **3** (test, trial) prova f., collaudo m.: to put sth. to ~ sottoporre a prova qcs.; to stand the ~ reggere alla prova. **4** (Tip) (printing impression) bozza f., prova f. di stampa. **5** (Mat, Filos) (sequence of steps to validate sth.) prova f., dimostrazione f. **6** (Enol) (alcoholic strength) gradazione f. alcolica. **7** (Numism) (coin impression) prova f. di conio. **II** a. **1** che resiste (against a), a prova (di), inattaccabile (da) (anche fig): ~ against temptation che resiste alle tentazioni. **2** (of proved strength or quality) a tutta prova, di provata resistenza. **3** (in compounds) a prova di...: a bomb-~ shelter un rifugio a prova di bomba; water-~ impermeabile; wind-~ antivento. **III** v.t. **1** (Tip) tirare una bozza di. **2** (Tecn) (to make waterproof) impermeabilizzare. □ ~ against corruption incorruttibile; as ~ of (o as a ~ of) a prova di; (Numism) ~ coin prova di conio; to give ~ of sth. dare prova di qcs.; in ~ of a prova di; (Dir,Med) ~ of death constatazione di decesso; (Comm) ~ of purchase seal prova di acquisto; (fig) ~ positive prova conclusiva, prova del nove; (Tip) ~ sheet prova di stampa, bozza di stampa; ~ to the contrary prova contraria. Prov.: the ~ of the pudding is in the eating provare per credere.

proofing /'pruːfɪŋ/ n. (Tecn) **1** impermeabilizzazione f., l'impermeabilizzare. **2** (substance used) impermeabilizzante m.

proof-read /'pruːfˌriːd/ v.t.irr. correggere le bozze di.

proof-reader /'pruːfˌriːdəʳ/ n. correttore m. (f. -trice) di bozze.

proof-reading /'pruːfˌriːdɪŋ/ n. correzione f. delle bozze.

prop[1] /prɒp Am prɑːp/ **I** n. **1** sostegno m., puntello m. **2** (Minier) puntello m., trave f. di sostegno, sbatacchio m. **3** (Giard,Agr) tutore m., sostegno m. **4** (Sport) (in rugby) pilone m. **5** (fig) (support) aiuto m., sostegno m., appoggio m. **6** pl. (Br,colloq) (legs) gambe f.pl. **II** v.t. (past, p.p. **propped** /-t/) **1** puntellare, sorreggere, sostenere (anche fig). **2** (to lean) appoggiare, addossare. **3** (Edil) armare, puntellare. □ (Aer) ~ jet: 1 (turboprop engine) turboelica; 2 (turboprop aircraft) aereo a turboeliche, turboelica; to ~ up: 1 puntellare, sorreggere, sostenere (anche fig); 2 (Edil) armare, puntellare.

prop[2] /prɒp Am prɑːp/ n. (Teat) (property) materiale m. scenico, attrezzeria f.

prop[3] /prɒp Am prɑːp/ n. (colloq) (propeller) elica f.

propaedeutic /ˌproʊpiː'djuːtɪk Am ˌproʊpi'duːtɪk/ **I** a. propedeutico, preparatorio. **II** n. **1** studio m. propedeutico. **2** (subject) materia f. propedeutica.

propaedeutical /ˌproʊpiː'djuːtɪkəl Am ˌproʊpi'duːtɪkəl/ a. propedeutico, preparatorio.

propagability /ˌprɒpəgə'bɪləti Am ˌprɑːpəgə'bɪləti/ n. l'essere propagabile, (rar) propagabilità f.

propagable /'prɒpəgəbl̩ Am 'prɑːpəgəbl̩/ a. propagabile.

propaganda /ˌprɒpə'gændə Am ˌprɑːpə'gændə/ n. **1** propaganda f. **2** (Rel.catt) sacra congregazione f. di Propaganda Fide.

propagandism /ˌprɒpə'gændɪzəm Am ˌprɑːpə'gændɪzəm/ n. il propagandare.

propagandist /ˌprɒpə'gændɪst Am ˌprɑːpə'gændɪst/ **I** n. propagandista m./f., chi propaganda. **II** a. propagandistico, di propaganda.

propagandistic /ˌprɒpəgæn'dɪstɪk Am ˌprɑːpəgæn'dɪstɪk/ a. propagandistico, di propaganda.

propagandistically /ˌprɒpəgæn'dɪstɪkəli Am ˌprɑːpəgæn'dɪstɪkəli/ avv. propagandisticamente.

propagandize /ˌprɒpə'gændaɪz Am ˌprɑːpə'gændaɪz/ **I** v.t. propagandare, fare propaganda per, divulgare. **II** v.i. fare propaganda.

propagate /'prɒpəgeɪt Am 'prɑːpəgeɪt/ **I** v.t. **1** (Biol) propagare, riprodurre. **2** (estens) (to spread) diffondere, divulgare: to ~ a doctrine diffondere una dottrina. **3** (Fis) (to impel sth. forwards) propagare, trasmettere. **II** v.i. **1** (Biol) propagarsi, moltiplicarsi (mediante riproduzione), riprodursi. **2** (estens) (to spread) propagarsi, spargersi, diffondersi, estendersi. **3** (Fis) (to impel forwards) propagarsi.

propagation /ˌprɒpə'geɪʃən Am ˌprɑːpə'geɪʃən/ n. **1** (Biol) propagazione f., riproduzione f. **2** (dissemination) propagazione f., diffusione f., divulgazione f.: ~ of the faith diffusione della fede. **3** (Fis) propagazione f., trasmissione f.: the ~ of sound waves la propagazione delle onde sonore.

propagative /'prɒpəgeɪtɪv Am 'prɑːpəgeɪtɪv/ a. propagatore, che si diffonde, che si propaga.

propagator /'prɒpəgeɪtəʳ Am 'prɑːpəgeɪtəʳ/ n. propagatore m. (f. -trice), divulgatore m. (f. -trice).

propane /'proʊpeɪn/ n. (Chim) propano m.

propanol /'proʊpənɒl/ n. (Chim) alcol m. propilico.

proparoxytone /ˌproʊpə'rɒksɪtoʊn Am ˌproʊpə'rɑːksɪtoʊn/ **I** a. (Gramm) proparossitono. **II** n. (Gramm) parola f. proparossitona, proparossitona f.

propel /prə'pel/ (past, p.p. **propelled** /-d/) v.t. **1** spingere, spingere in avanti, muovere. **2** (fig) (to impel) incitare, stimolare, spingere, spronare.

propellant /prə'pelənt/ **I** n. **1** (Arm,Tecn) carica f. esplosiva, propellente m. **2** (Astron) (for a rocket) propellente m. (per razzi). **3** (fig) (sth. that impels) incitamento m., spinta f., stimolo m. **II** a. propellente.

propellent /prə'pelənt/ **I** n. **1** (Arm,Tecn) carica f. esplosiva, propellente m. **2** (Astron) (for a rocket) propellente m. (per razzi). **3** (fig) (sth. that impels) incitamento m., spinta f., stimolo m. **II** a. propellente.

propeller /prə'peləʳ/ n. **1** (Aer,Mar) elica f. **2** (Mecc) propulsore m. (a elica). □ (Aer) ~ pitch passo dell'elica; ~ shaft: 1 (Aer) albero di trasmissione; 2 (Aer) albero portaelica.

propelling /prə'pelɪŋ/ a. propulsivo, propulsorio. □ (Arm) ~ charge carica di lancio; ~ pencil portamina.

propensity /proʊ'pensəti Am prə'pensəti/ n. **1** tendenza f., inclinazione f. (naturale), propensione f. (to, for a, per): ~ for doing sth. tendenza a fare qcs.: (Econ) ~ to invest propensione agli investimenti. **2** (ant) (favourable disposition) l'essere propenso, propensione f.

proper /'prɒpəʳ Am 'prɑːpəʳ/ **I** a. **1** opportuno, giusto: this is not the ~ time non è il momen-

to opportuno; to think it ~ to do sth. ritenere giusto fare qcs. **2** (exact) esatto, proprio, preciso, appropriato. **3** (appropriate) proprio (to di): he writes with the precision ~ to an accountant scrive con la precisione propria di un contabile. **4** (peculiar, distinctive) tipico, caratteristico, proprio, peculiare (to di, a). **5** (decorous, respectable) perbene, decoroso, rispettabile: a very ~ young lady una signorina molto perbene. **6** (strict) proprio, stretto: in the ~ sense of the word nel senso proprio della parola. **7** (strictly so-called, as such) vero e proprio, propriamente detto. **8** (colloq) (utter, complete) vero e proprio, bell'e buono: a ~ rogue un vero e proprio mascalzone. **9** (belonging to one, own) proprio: with my (own) ~ eyes con i miei propri occhi. **II** n. (Lit) proprio m. □ (Mat) ~ fraction frazione propria; (Gramm) ~ name nome proprio; (estens) to call sth. by its ~ name chiamare qcs. col suo vero nome; (Gramm) ~ noun nome proprio; to do the ~ thing by so. comportarsi correttamente con qcu.

properly /'prɒpəli Am 'prɑːpəʳli/ avv. **1** correttamente, giustamente. **2** (appropriately) in modo appropriato, propriamente. **3** (decorously) in modo decoroso, rispettabilmente. **4** (strictly) propriamente, in senso stretto, a rigore di termini. **5** (justifiably) giustamente, opportunamente: he quite ~ refused the offer ha rifiutato più che giustamente l'offerta. **6** (colloq) (thoroughly) completamente, del tutto. □ ~ speaking a dire il vero, per l'esattezza.

properness /'prɒpəʳnəs Am 'prɑːpəʳnəs/ n. l'essere appropriato, appropriatezza f.

propertied /'prɒpətɪd Am 'prɑːpəʳtɪd/ a. che dispone di proprietà (immobiliari), possidente: the ~ classes il ceto dei possidenti.

property /'prɒpəti Am 'prɑːpəʳti/ n. **1** proprietà f., bene m., possesso m. **2** (possessions) beni m.pl., proprietà f.pl., averi m.pl.: he lost all his ~ in the fire ha perso tutti i suoi beni nell'incendio. **3** (land owned) terreno m., fondo m., proprietà f.: house and ~ for sale casa e terreno in vendita. **4** (quality, attribute) proprietà f., qualità f. (peculiare), caratteristica f.: the chemical properties of carbon le proprietà chimiche del carbone. **5** (Teat,rar) (prop) materiale m. scenico, attrezzeria f. **6** (Filos) (distinctive but not essential quality) proprio m. **7** (Inform) proprietà f. □ (Dir) ~ assets beni immobiliari; (Dir) ~ damage danno patrimoniale; to have ~ in land avere proprietà terriere; (Dir) ~ loss perdita patrimoniale; (Teat,rar) ~ man attrezzista; a man of ~ un possidente; ~ tax imposta patrimoniale; ~ trust società immobiliare; (Econ) ~ unit trust fondo di investimento immobiliare.

prophecy /'prɒfəsi Am 'prɑːfəsi/ n. **1** predizione f., profezia f.: the ~ came true la profezia si avverò. **2** (function, faculty of a prophet) virtù f. profetica.

prophesy /'prɒfəsaɪ Am 'prɑːfəsaɪ/ **I** v.t. **1** predire, preannunciare, profetizzare: to ~ war predire una guerra. **2** (to declare by divine inspiration) profetare. **3** (fig) (to foreshadow) presagire, prevedere. **II** v.i. **1** (to make predictions) fare profezie, fare predizioni. **2** (to speak under divine inspiration) profetare. **3** (to teach religion) predicare.

prophet /'prɒfɪt Am 'prɑːfɪt/ n. **1** profeta m. **2** (fig) (supporter) apostolo m., propugnatore m. □ Prov.: no man is a ~ in his own country nessuno è profeta in patria.

Prophet /'prɒfɪt Am 'prɑːfɪt/ n. **1** (Bibl) profeta m. **2** (Rel) (Mohammed) Profeta m., Maometto m. **3** pl. (costr.sing.) (Bibl) (group of *books*) profeti *m.pl.*, libri *m.pl.* dei profeti.

prophetess /ˌprɒfɪˈtəs Am ˌprɑːfɪˈtəs/ *n.* profetessa *f.*

prophethood /ˈprɒfɪthʊd Am ˈprɑːfɪthʊd/ *n.* condizione *f.* di profeta, dignità *f.* di profeta.

prophetic /prouˈfetɪk Am prəˈfetɪk/ *a.* profetico.

prophetical /prouˈfetɪkəl Am prəˈfetɪkəl/ *a.* profetico.

prophetically /prouˈfetɪkəli Am prəˈfetɪkəli/ *avv.* profeticamente.

prophylactic /ˌprɒfɪˈlæktɪk Am ˌproufəˈlæktɪk/ **I** *a.* (*Med,Farm*) profilattico. **II** *n.* **1** (*Med,Farm*) farmaco *m.* profilattico. **2** (*condom*) preservativo *m.*, profilattico *m.*, condom *m.*

prophylactically /ˌprɒfɪˈlæktɪkəli Am ˌproufəˈlæktɪkəli/ *avv.* profilatticamente, secondo profilassi.

prophylaxis /ˌprɒfɪˈlæksɪs Am ˌproufəˈlæksɪs/ (*pl.* **-ses** /-siːz/) *n.* (*Med*) profilassi *f.*

propinquity /prəˈpɪŋkwəti Am prouˈpɪŋkwəti/ *n.* **1** vicinanza *f.*, prossimità *f.* **2** (*nearness in relation*) parentela *f.*

propitiable /prəˈpɪʃɪəbl/ *a.* che rende propizio.

propitiate /prəˈpɪʃieit/ *v.t.* **1** propiziare, rendere propizio. **2** (*to soothe*) placare, pacificare.

propitiation /prəˌpɪʃiˈeiʃən/ *n.* propiziazione *f.*

propitiative /prəˈpɪʃiətɪv Am prəˈpɪʃiətɪv/ *a.* propiziatorio, (*rar*) propiziativo.

propitiator /prəˈpɪʃieitər Am prəˈpɪʃieitər/ *n.* propiziatore *m.* (*f.* -trice).

propitiatory /prəˈpɪʃiətri Am prouˈpɪʃiətɔːri/ *a.* propiziatorio.

propitious /prəˈpɪʃəs/ *a.* propizio, favorevole, (*lett*) fausto: *a ~ omen* un presagio fausto; *conditions are ~ for a settlement* le condizioni sono propizie per un accordo.

propman /ˈprɒpmæn Am ˈprɑːpmæn/ *n.* (*Teat*) attrezzista *m.*

proponent /prouˈpounənt Am prəˈpounənt/ **I** *n.* **1** chi propone, proponente *m./f.* **2** (*advocate*) sostenitore *m.* (*f.* -trice), fautore *m.* (*f.* -trice), propugnatore *m.* (*f.* -trice). **3** (*Dir*) (*of a will*) chi richiede l'omologazione (di un testamento). **II** *a.* proponente.

proportion /prəˈpɔːʃən Am prəˈpɔːrʃən/ **I** *n.* **1** rapporto *m.*, proporzione *f.* **2** (*share*) parte *f.*, porzione *f.*, quota *f.*: *one's ~ of an inheritance* la propria parte di un'eredità. **3** (*estens*) (*harmonious relation of parts*) proporzione *f.*, armonia *f.*: *to bear no ~ to* non essere commisurato a, non essere proporzionato a; *in due ~* nelle giuste proporzioni. **4** (*Mat,Mus*) proporzione *f.* **5** *pl.* (*dimensions*) dimensioni *f.pl.*, proporzioni *f.pl.*: *a building of huge -s* un palazzo di dimensioni enormi. **II** *v.t.* **1** proporzionare, adeguare, commisurare: *to ~ one's expenditure to one's income* proporzionare le spese alle entrate. **2** (*estens*) (*to make harmonious*) rendere proporzionato, rendere armonioso. **3** (*to share*) spartire, dividere. **2** *in ~* proporzionato, in proporzione; *in ~ as* nella misura in cui; *in ~ to* proporzionato a, commisurato a, adeguato a.

proportionable /prəˈpɔːʃənbl Am prəˈpɔːrʃənbl/ *a.* proporzionabile.

proportionably /prəˈpɔːʃənbli Am prəˈpɔːrʃənbli/ *avv.* in modo proporzionale, proporzionalmente.

proportional /prəˈpɔːʃənəl Am prəˈpɔːrʃənəl/ **I** *a.* **1** proporzionale, proporzionato, commisurato (*to* a). **2** (*of proportion*) proporzionale (*anche Mat*). **II** *n.* (*Mat*) medio *m.* proporzionale. □ (*Pol*) *-representation* (o *~system*) sistema di rappresentazione proporzionale,

sistema proporzionale.

proportionality /prəˌpɔːʃəˈnæləti Am prəˌpɔːrʃənˈæləti/ *n.* proporzionalità *f.* (*anche Mat*).

proportionate /prəˈpɔːʃənət Am prəˈpɔːrʃənɪt/ **I** *a.* proporzionato, adeguato, commisurato (*to* a). **II** *v.t.* proporzionare, adeguare, commisurare.

proportionately /prəˈpɔːʃənətli Am prəˈpɔːrʃənɪtli/ *avv.* proporzionatamente.

proportioned /prəˈpɔːʃənd Am prəˈpɔːrʃənd/ *a.* **1** (*in compounds*) ... proporzionato: *a badly-~ drawing* un disegno non ben proporzionato. **2** (*balanced*) equilibrato, in giusta proporzione.

proportionment /prəˈpɔːʃənmənt Am prəˈpɔːrʃənmənt/ *n.* **1** (*act of proportioning*) il proporzionare. **2** (*state of being proportioned*) l'essere proporzionato.

proposal /prəˈpouzəl/ *n.* **1** proposta *f.*: *a ~ for a new town hall* una proposta per un nuovo municipio. **2** (*offer*) offerta *f.*, proposta *f.*: *wage -s* offerte salariali. **3** (*offer of marriage*) domanda *f.* di matrimonio.

propose /prəˈpouz/ **I** *v.t.* **1** proporre, presentare: *to ~ peace terms* proporre condizioni di pace; *to ~ a plan* presentare un piano. **2** (*to suggest*) proporre, suggerire. **3** (*to intend*) intendere, avere intenzione di, proporsi: *I do not ~ to argue with you* non intendo discutere con te. **II** *v.i.* **1** fare una domanda di matrimonio, fare una proposta di matrimonio. **2** (*to form a plan*) fare un piano, fare un progetto. □ *I ~a toast to Sarah* propongo un brindisi per Sarah; *to ~marriage to so.* chiedere la mano di qcu.

proposer /prəˈpouzər/ *n.* proponente *m./f.* (*anche Dir*): *the ~ of the motion* il proponente della mozione.

proposition /ˌprɒpəˈzɪʃən Am ˌprɑːpəˈzɪʃən/ **I** *n.* **1** proposta *f.*: *my ~ is this* la mia proposta è questa. **2** (*project*) progetto *m.*, piano *m.* **3** (*statement*) asserzione *f.*, affermazione *f.*, dichiarazione *f.* **4** (*Ret,Filos*) proposizione *f.* **5** (*Mat*) (*theorem*) proposizione *f.*, teorema *m.*; (*problem*) problema *m.* **6** (*colloq*) (*affair, business*) faccenda *f.*, affare *m.*, storia *f.*: *a nasty ~* una brutta faccenda. **7** (*sl*) (*immoral proposal*) proposte *f.pl.* indecenti, proposte *f.pl.* oscene. **II** *v.t.* (*colloq*) proporre a, fare una proposta a.

propositional /ˌprɒpəˈzɪʃənəl Am ˌprɑːpəˈzɪʃənəl/ *a.* **1** che ha il carattere di una proposta. **2** (*Mat*) proposizionale. □ (*Mat*) *-calculus* calcolo proposizionale.

propound /prəˈpaund/ *v.t.* **1** proporre, sottoporre: *to ~ a riddle* proporre un indovinello. **2** (*to offer for consideration*) presentare, proporre: *to ~ a theory* proporre una teoria. **3** (*to explain*) spiegare: *to ~ a parable* spiegare una parabola. **4** (*Dir*) (*of a will*) fare omologare, produrre per l'omologazione.

propounder /prəˈpaundər/ *n.* proponente *m./f.* (*anche Dir*).

proprietary /prəˈpraiətri Am prəˈpraiəteri/ **I** *a.* **1** esclusivo, di proprietà riservata, riservato. **2** (*propertied*) che dispone di proprietà immobiliari, possidente. **3** (*of property, ownership*) di proprietà, di possesso. **4** (*Comm,Dir*) (*patented*) brevettato: *~ baby food* alimento brevettato per neonati. **II** *n.* **1** titolare *m./f.*, proprietario *m.* (*f.* -a), padrone *m.* (*f.* -a). **2** (*body of proprietors*) proprietari *m.pl.*, ceto *m.* dei possidenti. **3** (*property*) proprietà *f.*

proprietor /prəˈpraiətər Am prəˈpraiətər/ *n.* **1** titolare *m.*, proprietario *m.*, padrone *m.*: *the ~ of a restaurant* il titolare di un ristorante. **2** (*Dir*) proprietario *m.* □ (*Econ*) *-s capital* capitale proprio; (*Econ*) *-s equity* capitale

proprio.

proprietorial /prəˌpraiəˈtɔːriəl/ *a.* padronale, di un proprietario, relativo a un proprietario.

proprietorially /prəˌpraiəˈtɔːriəli/ *avv.* padronalmente.

proprietorship /prəˈpraiətəʃɪp Am prəˈpraiətərʃɪp/ *n.* proprietà *f.*, titolarità *f.*, possesso *m.*

proprietory /prəˈpraiətri Am prəˈpraiətɔːri/ *a.* □ *~product* prodotto brevettato, prodotto in esclusiva.

proprietress /prəˈpraiətrɪs Am prou ˈpraiətrɪs/ *n.* **1** titolare *f.*, proprietaria *f.*, padrona *f.*: *the ~ of a restaurant* la titolare di un ristorante. **2** (*Dir*) proprietaria *f.*

propriety /prəˈpraiəti Am prəˈpraiəti/ *n.* **1** opportunità *f.*, convenienza *f.* **2** (*rightness*) proprietà *f.*, giustezza *f.* **3** (*conformity to accepted behaviour*) decoro *m.*, proprietà *f.* **4** *pl.* (*socially correct behaviour*) buone maniere *f.pl.*, convenienze *f.pl.*, regole *f.pl.* della buona educazione: *to observe the proprieties* rispettare le buone maniere.

props /prɒps Am prɑːps/ *n.pl.* (*Teat*) materiale *m.sing.* scenico, attrezzeria *f.sing.*

propulsion /prəˈpʌlʃən/ *n.* **1** propulsione *f.* **2** (*propelling force*) forza *f.* propellente. **3** (*fig*) (*stimulus*) impulso *m.*, stimolo *m.*, spinta *f.*

propulsive /prəˈpʌlsɪv/ *a.* propulsivo, propulsore.

propulsory /prəˈpʌlsəri/ *a.* propulsivo, propulsorio.

propylaea /ˌprɒpɪˈliːə Am ˌprɑːpɪˈliːə/ *n.pl.* (*costr.sing.*) (*Archeol*) propileo *m.sing.*

propylaeum /ˌprɒpɪˈliːəm Am ˌprɑːpɪˈliːəm/ (*pl.* **-laea** /-liːə/) *n.* (*Archeol*) propileo *m.*

propylene /ˈprɒpɪliːn Am ˈproupəliːn/ *n.* (*Chim*) propilene *m.*

prorate /prouˈreit/ *v.t.* ripartire proporzionalmente.

proration /prouˈreiʃən Am prəˈreiʃən/ *n.* ripartizione *f.* proporzionale.

prorogation /ˌprourouˈgeiʃən Am ˌprourou ˈgeiʃən/ *n.* (*Parl*) rinvio *m.* (*anche estens*).

prorogue /prouˈroug Am prouˈroug/ *v.t.* (*Parl*) aggiornare, rinviare (*anche estens*): *to ~ Parliament* aggiornare una seduta del Parlamento.

prosaic /prouˈzeiik Am prouˈzeiik/ *a.* prosaico, banale: *a ~ speech* un discorso prosaico.

prosaical /prouˈzeiikəl Am prouˈzeiikəl/ *a.* prosaico, banale: *a ~ speech* un discorso prosaico.

prosaically /prouˈzeiikəli Am prouˈzeiikəli/ *avv.* prosaicamente.

prosaicism /prouˈzeiisizəm Am prou ˈzeiisizəm/ *n.* prosaicità *f.*, prosaicismo *m.*

prosaicness /prouˈzeiiknəs Am prou ˈzeiiknəs/ *n.* prosaicità *f.*, prosasticità *f.*

prosaism /ˈprouzeiizəm Am ˈprouzeiizəm/ *n.* prosaicità *f.*, prosaismo *m.*

prosaist /ˈprouzeiist Am ˈprouzeiist/ *n.* **1** prosatore *m.* (*f.* -trice). **2** (*estens*) (*prosaic person*) persona *f.* prosaica.

proscenium /prouˈsiːniəm/ (*pl.* **-nia** /-niə/) *n.* (*Teat*) proscenio *m.* □ (*Teat,Arch*) *~ arch* arcoscenico, arco scenico.

proscribe /prouˈskraib Am prouˈskraib/ *v.t.* **1** condannare, vietare, proibire, proscrivere. **2** (*ant*) (*to outlaw*) bandire, esiliare, proscrivere.

proscript /ˈprouskript/ *n.* **1** divieto *m.*, proibizione *f.* **2** (*ant*) (*outlawry*) esilio *m.*, bando *m.*, proscrizione *f.*

proscription /prouˈskripʃən/ *n.* **1** divieto *m.*, proibizione *f.*, proscrizione *f.* **2** (*ant*) (*outlawry*) esilio *m.*, bando *m.*, proscrizione *f.*

proscriptive /prəˈkriptiv/ *a.* che proscrive,

che tende a proscrivere.

prose /prouz/ I *n.* **1** prosa *f.* **2** (*Rel.catt*) (*sequence*) sequenza *f.* II *v.i.* **1** (*ant*) scrivere in prosa. **2** (*to speak prosaically*) parlare in modo prosaico. **3** (*to write prosaically*) scrivere in modo prosaico. □ ~ *writer* prosatore.

prosect /prou'sekt/ *v.t.* (*Chir*) sezionare.

prosector /prou'sektər/ *n.* prosettore *m.* (*f.* -trice).

prosecutable /'prɒsɪkjuːtəb| *Am* 'prɑː sɪkjuːtəbl/ *a.* (*Dir*) perseguibile.

prosecute /'prɒsɪkjuːt *Am* 'prɑːsɪkjuːt/ I *v.t.* **1** (*Dir*) perseguire (a termini di legge): *to ~ so. for dangerous driving* perseguire qcu. per guida pericolosa. **2** (*Dir*) (*of a crime*) perseguire. **3** (*ant*) (*to carry on*) proseguire, portare avanti, seguitare, continuare. **4** (*to perform activity, occupation*) esercitare, praticare. **5** (*to pursue intent upon completion*) portare a termine, continuare fino a completamento. II *v.i.* (*Dir*) **1** (*to carry on a legal suit*) intentare giudizio, ricorrere in giudizio. **2** (*to act as prosecutor*) fare causa.

prosecuting /'prɒsɪkjuːtɪŋ *Am* 'prɑːsɪkjuːtɪŋ/ □ (*US,Dir*) ~ *attorney* procuratore distrettuale (statale), Pubblico Ministero.

prosecution /ˌprɒsɪ'kjuːʃən *Am* ˌprɑːsɪ'kjuː ʃən/ *n.* **1** (*Dir*) processo *m.*, procedimento *m.* giudiziario. **2** (*Dir*) (*party instituting proceedings*) accusa *f.*, parte *f.* querelante: *a witness for the ~* un testimone per l'accusa. **3** (*Dir*) (*party conducting proceedings*) pubblico ministero *m.* **4** (*carrying through, execution*) proseguimento *m.*, continuazione *f.*, il proseguire.

prosecutor /'prɒsɪkjuːtər *Am* 'prɑːsɪkjuːtər/ *n.* (*Dir*) **1** querelante *m.*, attore *m.* **2** (*public official*) pubblico ministero *m.* □ (*GB,Dir*) *Prosecutor for the Crown* pubblica accusa.

prosecutorial /ˌprɒsɪkjuː'tɔːriəl *Am* ˌprɑː sɪkjuː'tɔːriəl/ *a.* (*Dir*) processuale.

prosecutrix /'prɒsɪkjuːtriks *Am* 'prɑː sɪkjuːtriks/ (*pl.* -es /-z/ o -trices /-trɪsɪz/) *n.irr.* (*Dir*) **1** querelante *f.* **2** (*public official*) pubblico ministero *f.*

proselyte /'prɒsəlaɪt *Am* 'prɒsəlaɪt/ *n.* proselito *m.* (*f.* -a), neofita *m./f.* (*anche Rel,Pol*).

proselytism /'prɒsəlɪtɪzəm *Am* 'prɑːsəlɪtɪzəm/ *n.* proselitismo *m.* (*anche Rel,Pol*).

proselytist /'prɒsəlɪtɪst *Am* 'prɑːsəlɪtɪst/ *n.* proselitista *m./f.* (*anche Rel,Pol*).

proselytization /ˌprɒsəlɪtaɪ'zeɪʃən *Am* ˌprɑː səlɪtɪ'zeɪʃən/ *n.* proselitismo *m.* (*anche Rel,Pol*).

proselytize /'prɒsəlɪtaɪz *Am* 'prɑːsəlɪtaɪz/ I *v.t.* convertire (*anche Rel,Pol*). II *v.i.* fare proseliti (*anche Rel,Pol*).

proselytizer /'prɒsəlɪtaɪzə *Am* 'prɑː səlɪtaɪzə/ *n.* proselitista *m./f.* (*anche Rel,Pol*).

proser /'prouzə/ *n.* **1** prosatore *m.* (*f.* -trice). **2** (*one who writes prosaically*) chi scrive in modo prosaico, chi scrive in modo noioso. **3** (*one who speaks prosaically*) chi parla in modo prosaico, chi parla in modo noioso.

Proserpina /prə'sɜːpɪnə *Am* prou'sɜːrpɪnə/ *n.pr.f.* (*Mitol*) Proserpina.

Proserpine /'prɒsəpaɪn *Am* 'prɑːsərpaɪn/ *n.pr.f.* (*Mitol*) Proserpina.

prosify /'prouzɪfaɪ/ I *v.i.* scrivere in prosa. II *v.t.* rendere prosaico.

prosily /'prouzɪli/ *avv.* prosaicamente, banalmente.

prosiness /'prouzɪnəs/ *n.* prosaicità *f.*, banalità *f.*

prosit /'prouzɪt/ *intz.* salute!

prosodiac /'prɒsou'daɪæk *Am* ˌprɑːsou'daɪæk/ *a.* (*Ling*) prosodico.

prosodiacal /ˌprɒsou'daɪəkəl *Am* ˌprɑːsou 'daɪəkəl/ *a.* (*Ling*) prosodico.

prosodial /prə'soudiəl *Am* prou'soudiəl/ *a.* (*Ling*) prosodico.

prosodic /prə'sɒdɪk *Am* prou'sɑːdɪk/ *a.* (*Ling*) prosodico.

prosodical /prə'sɒdɪkəl *Am* prou'sɑːdɪkəl/ *a.* (*Ling*) prosodico.

prosodist /'prɒsədɪst *Am* 'prɑːsədɪst/ *n.* prosodista *m./f.*

prosody /'prɒsədi *Am* 'prɑːsədi/ *n.* (*Metr,Ling*) prosodia *f.*

prosopographer /ˌprɒuzə'pɒgrəfər *Am* ˌprɒuzə'pɑːgrəfər/ *n.* chi si occupa di prosopografia.

prosopographical /ˌprɒuzəpə'græfɪkəl/ *a.* (*Stor*) prosopografico.

prosopography /ˌprɒuzə'pɒgrəfi *Am* ˌprɒuzə'pɑːgrəfi/ *n.* (*Stor*) prosopografia *f.*

prosopopoeia /prɒˌsoupə'piːjə/ *n.* (*Ret*) prosopopea *f.*, prosopopeia *f.*

prosopopoeis /prɒˌsoupə'pjiːs/ *n.* (*Ret*) prosopopea *f.*, prosopopeia *f.*

prospect[1] /'prɒspekt *Am* 'prɑːspekt/ *n.* **1** possibilità *f.*, prospettiva *f.*: *to hold out a ~ of peace* offrire una possibilità di pace. **2** (*expectation, possibility*) probabilità *f.*, possibilità *f.*, eventualità *f.*, speranza *f.*: *there is little ~ of their returning alive* c'è una piccolissima probabilità che tornino vivi. **3** (*extensive view*) prospettiva *f.*, veduta *f.*, vista *f.* panoramica. **4** (*look-out*) osservatorio *m.* **5** (*fig*) (*vision*) visione *f.*, idea *f.*, concetto *m.* **6** (*potential customer, buyer*) potenziale cliente *m./f.*, possibile cliente *m./f.* **7** (*likely candidate*) candidato *m.* (*f.* -a) potenziale, papabile *m./f.* **8** (*Minier*) (*place promising a mineral deposit*) terreno *m.* che si suppone contenga minerali. **9** *pl.* (*possibilities*) prospettive *f.pl.*, aspettative *f.pl.*: *a young man with good -s* un giovane con buone prospettive. □ *in ~* in vista: *he had no job and nothing in ~* era senza lavoro e non aveva niente in vista.

prospect[2] /prə'spekt *Am* 'prɑːspekt/ I *v.i.* **1** (*Minier*) fare prospezioni, far prospezioni (*for* in cerca di), cercare: *to ~ for gold* cercare oro. **2** (*fig*) (*to investigate*) indagare, esaminare, investigare (*for sth.* qcs.). II *v.t.* **1** (*Minier*) fare prospezioni, far esplorazioni. **2** (*Minier*) (*of a mine, deposits*) lavorare in via sperimentale, fare assaggi in, fare sondaggi in. **3** (*fig*) (*to investigate*) indagare, investigare, esaminare.

prospecting /prə'spektɪŋ *Am* 'prɑːspektɪŋ/ *n.* (*Minier*) prospezione *f.*

prospective /prə'spektɪv *Am* 'prɑːspektɪv/ *a.* **1** futuro: *my ~ father-in-law* il mio futuro suocero. **2** (*expected, potential*) possibile, probabile, potenziale, eventuale: *a ~ buyer* un possibile acquirente.

prospectively /prə'spektɪvli *Am* 'prɑːs pektɪvli/ *avv.* in prospettiva.

prospectiveness /prə'spektɪvnəs *Am* 'prɑːspektɪvnəs/ *n.* l'essere probabile.

prospectless /prə'spektles *Am* 'prɑːspektləs/ *a.* senza futuro, senza prospettive.

prospector /prə'spektə *Am* 'prɑːspektər/ *n.* (*Minier*) prospettore *m.* (*f.* -trice).

prospectus /prə'spektəs *Am* prə'spektəs/ *n.* **1** (*Edit*) presentazione *f.* **2** (*Comm*) prospetto *m.* **3** (*Scol,Univ*) programma *m.*

prosper /'prɒspə *Am* 'prɑːspər/ I *v.i.* **1** raggiungere l'agiatezza, raggiungere il benessere. **2** (*of things: to turn out successfully*) avere successo, riuscire. **3** (*to do well, to thrive*) prosperare, fiorire, essere fiorente (*anche fig*). II *v.t.* (*to cause to succeed*) fare prosperare, rendere prospero.

prosperity /prɒs'perəti *Am* prɑːs'perəti/ *n.* prosperità *f.*

prosperous /'prɒspərəs *Am* 'prɑːspərəs/ *a.* **1** prospero, fiorente, florido, prosperoso: ~ *trade* commercio fiorente. **2** (*well-to-do*) agiato, benestante.

prosperously /'prɒspərəsli *Am* 'prɑːspərəsli/ *avv.* prosperamente, con prosperità.

prosperousness /'prɒspərəsnəs *Am* 'prɑːspərəsnəs/ *n.* prosperità *f.*

prostaglandin /ˌprɒstə'glændɪn *Am* ˌprɑːstə 'glændɪn/ *n.* (*Biol,Chim*) prostaglandina *f.*

prostate /'prɒsteɪt *Am* 'prɑːsteɪt/ I *a.* (*Anat, Med*) prostatico, della prostata. II *n.* (*Anat*) prostata *f.*, ghiandola *f.* prostatica. □ (*Anat*) ~ *gland* prostata, ghiandola prostatica.

prostatic /prɒs'tætɪk *Am* prou'stætɪk/ *a.* (*Anat, Med*) prostatico.

prostatitis /ˌprɒstə'taɪtɪs *Am* ˌprɑːstə'taɪtɪs/ *n.* (*Med*) prostatite *f.*

prosthesis /'prɒsθɪsɪs *Am* 'prɑːsθəsɪs/ (*pl.* -ses /-siːz/) *n.* (*Med,Dent,Ling*) protesi *f.*: *dental ~* protesi dentaria.

prosthetic /prɒs'θetɪk *Am* prɑːs'θetɪk/ *a.* **1** (*Med,Dent*) protesico, di protesi. **2** (*Ling*) protetico, prostetico.

prosthetics /prɒs'θetɪks *Am* prɑːs'θetɪks/ *n.pl.* (*costr.sing.*) (*Med,Dent*) protesica *f.sing.*

prosthetist /'prɒs'θiːtɪst *Am* prɑːs'θiːtɪst/ *n.* (*Med,Dent*) protesista *m./f.*

prostitute /'prɒstɪtjuːt *Am* 'prɑːstətuːt/ I *n.* prostituta *f.*, puttana *f.*, (*lett*) meretrice *f.* II *v.t.* **1** prostituire. **2** (*fig*) (*to misuse for gain*) prostituire, avvilire: *to ~ one's talent* prostituire il proprio ingegno. III *v.i.* fare la prostituta, prostituirsi.

prostitution /ˌprɒstɪ'tjuːʃən *Am* ˌprɑːstɪ 'tuːʃən/ *n.* **1** prostituzione *f.*, (*lett*) meretricio *m.* **2** (*fig*) (*misuse of talent*) prostituzione *f.*

prostitutor /ˌprɒstɪ'tjuːtə *Am* ˌprɑːstɪ'tjuːtər/ *n.* (*rar*) prostitutore *m.* (*f.* -trice), ruffiano *m.* (*f.* -a).

prostrate[1] /prɒs'treɪt *Am* 'prɑːstreɪt/ *v.t.* **1** (*to knock down flat*) stendere (a terra), atterrare. **2** (*fig*) (*to reduce to helplessness*) sopraffare, ridurre all'impotenza: *to be -d by fear* essere sopraffatto dalla paura. **3** (*rifl.*) *to ~ oneself* prostrarsi, inchinarsi profondamente, prosternarsi. **4** (*rifl.*) (*fig*) *to ~ oneself* (*to humble oneself*) prostrarsi, abbassarsi, umiliarsi. **5** (*Med*) (*to weaken*) prostrare, debilitare.

prostrate[2] /'prɒstreɪt *Am* 'prɑːstreɪt/ *a.* **1** prostrato, inchinato profondamente. **2** (*knocked down*) steso a terra, abbattuto, atterrato: *to fall ~* cadere bocconi. **3** (*fig*) (*overcome*) sopraffatto, affranto: ~ *with grief* sopraffatto dal dolore. **4** (*fig*) (*humiliated*) prostrato, umiliato. **5** (*Med*) (*weakened*) prostrato, debilitato. **6** (*Bot*) (*growing along the ground*) procombente, prostrato.

prostration /prɒs'treɪʃən *Am* prɑːs'treɪʃən/ *n.* **1** prostrazione *f.*, l'inchinarsi profondamente, il prosternarsi. **2** (*fig*) (*dejection*) prostrazione *f.*, abbattimento *m.*, depressione *f.*, avvilimento *m.* **3** (*Med*) (*enfeeblement*) prostrazione *f.*, spossatezza *f.*, debilitazione *f.*

prostyle /'proustaɪl/ I *a.* (*Arch*) dotato di prostilo. II *n.* (*Arch*) prostilo *m.*

prosy /'prouzi/ *a.* **1** prosaico, banale, noioso. **2** (*resembling prose*) prosastico.

protactinium /ˌproutæk'tɪniəm/ *n.* (*Chim*) protoattinio *m.*

protagonist /prou'tægənɪst *Am* prou 'tægənɪst/ *n.* **1** (*Lett,Teat*) protagonista *m./f.*, personaggio *m.* principale. **2** (*estens*) (*an advocate of a certain cause*) paladino *m.* (*f.* -a), difensore *m.*, sostenitore *m.* (*f.* -trice).

protasis /'prɒtəsɪs *Am* 'prɑːtəsɪs/ (*pl.* -ses /-siːz/) *n.* (*Gramm,Filos*) protasi *f.*

protean /prou'tiːən/ *a.* mutevole, variabile, versatile, proteiforme, multiforme.

protect /prə'tekt/ *v.t.* **1** proteggere, difendere: *to ~ one's children from harm* proteggere i propri figli dal pericolo. **2** (*to shelter*) proteggere, riparare, difendere, mettere al riparo: *to ~ plants from the cold* proteggere le piante dal freddo. **3** (*Econ*) (*of a draft, bill, etc.*) fare fronte a, fornire la somma necessaria al pagamento di.

protectable /prə'tektəbl/ *a.* difendibile, che si può proteggere.

protectant /prə'tektent/ *n.* protezione *f.*, sostanza *f.* protettiva.

protected /prə'tektɪd/ *a.* **1** protetto, difeso, riparato. **2** (*in ecology*) protetto, tutelato. **3** (*Inform*) (*locked against unauthorized changes*) protetto, provvisto di protezione. □ (*Inform*) *~field* campo protetto; (*Inform*) *~storage* memoria protetta.

protection /prə'tekʃən/ **I** *n.* **1** protezione *f.*, difesa *f.* **2** (*shelter*) riparo *m.*, protezione *f.*: *~ from the wind* riparo dal vento. **3** (*Econ,Pol*) (*defence*) protezione *f.*: *~ of minorities* protezione delle minoranze. **4** (*Econ,Pol*) (*theory*) protezionismo *m.* **5** (*Econ*) (*of a bill, etc.*) copertura *f.* **6** (*estens*) (*patronage*) protezione *f.*, mecenatismo *m.* **7** (*Am,sl*) (*protection money*) tangente *f.*, pizzo *m.* **8** (*Assic*) (*coverage*) copertura *f.* □ (*Agr*) *~against drought* difesa contro la siccità; (*Agr*) *~against hail* difesa antigrandine; (*Am,sl*) *~money* tangente, pizzo; *~of nature* protezione della natura, tutela della natura; (*Econ*) *~ of savings* tutela del risparmio.

protectional /prə'tekʃənəl/ *a.* di protezione, per protezione, protettivo.

protectionism /prə'tekʃnɪzəm/ *n.* (*Pol, Econ*) protezionismo *m.*

protectionist /prə'tekʃnɪst/ **I** *n.* protezionista *m./f.* **II** *a.* protezionistico, protezionista.

protective /prə'tektɪv/ **I** *a.* **1** di protezione, di difesa: *~ covering* copertura di protezione. **2** (*of a person*) di protezione, protettivo: *to feel ~ towards so.* provare un senso di protezione verso qcu. **3** (*Econ,Pol*) protettivo: *~ duty* dazio protettivo. **II** *n.* (*Br*) protezione *f.* □ (*Dir*) *~arrest* detenzione preventiva, detenzione come misura precauzionale; (*Alim,Ind*) *~atmosphere* atmosfera protettiva; (*Chim*) *~colloid* colloide protettore; (*Zool*) *~colouring* mimetismo; (*Dir*) *~custody* detenzione preventiva, detenzione come misura precauzionale; (*Tecn*) *~shield* schermo protettivo; (*Econ,Pol*) *~tariff* tariffa protettiva.

protectively /prə'tektɪvli/ *avv.* in modo protettivo.

protectiveness /prə'tektɪvnəs/ *n.* l'essere protettivo, l'avere un atteggiamento protettivo.

protector /prə'tektər/ *n.* **1** protettore *m.*, difensore *m.* **2** (*patron*) protettore *m.*, mecenate *m.*, patrono *m.* **3** (*Dir*) (*guardian*) tutore *m.* **4** (*Stor*) (*regent*) reggente *m.* **5** (*Tecn*) (*device*) dispositivo *m.* di protezione.

Protector /prə'tektər/ *n.* (*Stor.brit*) Lord Protettore *m.*

protectoral /prə'tektərəl/ *a.* di protettore, da protettore, (*lett*) protettorale.

protectorate /prə'tektərət/ *n.* (*Pol,Stor*) protettorato *m.*

protectorship /prə'tektərʃɪp/ *n.* (*Stor,Dir, Econ*) protettorato *m.*

protectory /prə'tektəri *Am* prə'tektɔːri/ *n.* (*ant*) patronato *m.* (per bambini abbandonati).

protectress /prə'tektrəs/ *n.* protettrice *f.*

protégé /'prɒtɪʒeɪ *Am* 'proutəʒeɪ/ *n.* protetto *m.*, pupillo *m.*

protégée /'prɒtɪʒeɪ *Am* 'proutəʒeɪ/ *n.* protetta *f.*, pupilla *f.*

proteic /prou'teɪɪk/ *a.* (*Alim,Biol*) proteico, proteinico.

proteid /'prouti:d/ *a.* (*Alim,Biol*) proteico, proteinico.

protein /'prouti:n/ **I** *n.* (*Biol*) proteina *f.* **II** *a.* (*Alim,Biol*) proteico, proteinico.

proteinaceous /ˌprou'ti:neɪʃəs/ *a.* (*Alim, Biol*) proteico, proteinico.

proteinic /ˌprout'i:nɪk/ *a.* (*Alim,Biol*) proteico, proteinico.

proteinous /ˌprou'ti:nəs/ *a.* (*Alim,Biol*) proteico, proteinico.

protest[1] /'prou'test *Am* prou'test/ **I** *v.t.* **1** protestare contro, levare proteste per: *to ~ a decision* protestare contro una decisione. **2** (*to say in remonstrance*) obiettare, eccepire. **3** (*to declare, to affirm*) protestare, proclamare, dichiarare: *to ~ one's innocence* protestare la propria innocenza. **4** (*Comm*) (*to declare financial note dishonoured*) protestare, mandare in protesto: *to ~ a bill* protestare una cambiale. **5** (*Dir*) (*of a witness*) ricusare. **II** *v.i.* **1** protestare, rimostrare, reclamare. **2** (*to declare solemnly*) fare una dichiarazione solenne.

protest[2] /'proutest/ **I** *n.* **1** protesta *f.*, rimostranza *f.*, reclamo *m.* **2** (*Comm*) (*creditor's formal statement*) protesto *m.* (cambiario). **3** (*Dir*) (*claim*) reclamo *m.*, ricorso *m.*: *to enter a ~* presentare un reclamo formale, protestare per iscritto, fare ricorso, protestare formalmente. **II** *a.* di protesta: *a ~ march* una marcia di protesta. □ *in ~* per protesta, in segno di protesta; (*Br*) *to make a ~ about sth.* protestare per qcs.; (*Br*) *to make a ~ against sth.* protestare contro qcs.; *~meeting* manifestazione di protesta; *~ movement* movimento di contestazione; (*Assic*) *~of average* testimoniale di avaria, dichiarazione di avaria; *~song* canzone di protesta; *~strike* sciopero di protesta; *to do sth. under ~*: 1 fare qcs. contro la propria volontà; 2 (*Dir*) agire con riserva, fare (qcs.) con riserva; (*fig*) *~ wave* ondata di proteste.

protestant /'prɒtɪstənt *Am* 'prɑːtəstənt/ **I** *n.* reclamante *m./f.*, chi protesta. **II** *a.* (*protesting*) che protesta, reclamante.

Protestant /'prɒtɪstənt *Am* 'prɑːtəstənt/ **I** *n.* protestante *m./f.* **II** *a.* protestante.

Protestantism /'prɒtɪstəntɪzəm *Am* 'prɑː-təstəntɪzəm/ *n.* protestantesimo *m.*, religione *f.* protestante.

Protestantization /ˌprɒtɪstəntaɪ'zeɪʃən *Am* ˌprɑː təstəntɪ'zeɪʃən/ *n.* protestantizzazione *f.*

Protestantize /'prɒtɪstəntaɪz *Am* 'prɑː-təstəntaɪz/ **I** *v.t.* rendere protestante, convertire al protestantesimo. **II** *v.i.* essere o diventare protestante, convertirsi al protestantesimo.

protestation /ˌprɒtes'teɪʃən *Am* ˌprɑːtes-'teɪʃən/ *n.* protesta *f.*, asserzione *f.* solenne: *-s of innocence* protesta di innocenza, proteste di innocenza.

protester /prou'testər *Am* prou'testər/ *n.* **1** dimostrante *m./f.*, contestatore *m.* (*f.* -trice), protestatore *m.* (*f.* -trice). **2** (*Dir,Comm*) (*of a bill, a payment, etc.*) protestatore *m.* (*f.* -trice).

protesting /prou'testɪŋ *Am* prou'testɪŋ/ *a.* che protesta, che reclama.

protestingly /prou'testɪŋli/ *avv.* per protesta, in segno di protesta.

protestor /prou'testər *Am* prou'testər/ *n.* (*Dir, Comm*) protestatore *m.* (*f.* -trice).

proteus /'proutjəs/ *n.* (*pl.* -tei /-teaɪ/) (*Biol*) proteus *m.*

Proteus /'proutiːs *Am* 'proutiːs/ **I** *n.pr.m.* (*Mitol*) Proteo. **II** *n.* (*fig*) persona *f.* incostante, persona *f.* mutevole.

prothesis /'prɒθɪsɪs *Am* 'prɑːθɪsɪs/ (*pl.* -ses /-siːz/) *n.* (*Ling,Arch*) protesi *f.*

prothetic /prou'θetɪk *Am* prou'θetɪk/ *a.* (*Ling*) protetico, prostetico.

prothonotarial /ˌprouθɒnə'teərɪəl *Am* prou-ˌθɑːnə'terɪəl/ *a.* (*Rel*) protonotarile.

prothonotary /ˌprouθə'noutəri *Am* prou-θə'noutɑːri/ *n.* (*Rel.catt, Stor*) protonotario *m.*, protonotaro *m.*

protium /'proutiəm *Am* 'proutiəm/ *n.* (*Chim*) protio *m.*, prozio *m.*

protoactinium /ˌproutou,æk'tɪniəm *Am* ˌproutou,æk'tɪniəm/ *n.* (*Chim*) protoattinio *m.*

protocol /'proutəkɒl *Am* 'proutəkɑːl/ **I** *n.* protocollo *m.* (*anche Inform*): *diplomatic ~* protocollo diplomatico. **II** *v.t.* protocollare, mettere a protocollo. **III** *v.i.* redigere protocolli, stilare protocolli.

protohistory /ˌproutou'hɪstəri *Am* ˌproutə-'hɪstəri/ *n.* protostoria *f.*

protomartyr /ˌproutə'mɑːtər *Am* ˌproutə-'mɑːrtər/ *n.* (*Rel*) protomartire *m.* (anche *estens*).

proton /'proutɒn *Am* 'proutɑːn/ *n.* (*Fis,Chim*) protone *m.*

protonate /'proutəneɪt/ *v.i.* (*Fis,Chim*) protonare.

protonation /'proutəneɪʃən/ *n.* (*Fis,Chim*) protonazione *f.*

protonic /'proutɒnɪk *Am* 'proutɑːnɪk/ *a.* (*Fis*) protonico.

protonotary /ˌproutou'noutəri *Am* ˌproutou 'noutəri/ *n.* (*Rel.catt,Stor*) protonotario *m.*, protonotaro *m.*

protopalatial /ˌproutou,pə'leɪʃəl *Am* ˌproutou ˌpə'leɪʃəl/ *a.* (*Archeol*) protopalaziale.

protoplasm /'proutouplæzəm *Am* 'proutouplæzəm/ *n.* (*Biol*) protoplasma *m.*

protoplasmal /ˌproutou'plæzməl *Am* ˌproutou'plæzməl/ *a.* (*Biol*) protoplasmatico.

protoplasmatic /ˌproutouplæz'mætɪk *Am* ˌproutouplæz'mætɪk/ *a.* (*Biol*) protoplasmatico.

protoplasmic /ˌproutou'plæzmɪk *Am* ˌproutou'plæzmɪk/ *a.* (*Biol*) protoplasmatico.

protoplast /'proutouplæst *Am* 'proutouplæst/ *n.* **1** (*Biol*) protoplasto *m.* **2** (*estens*) (*prototype*) prototipo *m.*

protoplastic /ˌproutou'plæstɪk *Am* ˌproutou 'plæstɪk/ *a.* (*Biol*) del protoplasto, relativo al protoplasto.

prototypal /'proutoutaɪpəl *Am* 'proutoutaɪpəl/ *a.* prototipo, primitivo.

prototype /'proutoutaɪp *Am* 'proutoutaɪp/ *n.* prototipo *m.* □ (*Ind*) *~machine* prototipo.

prototypic /ˌproutou'tɪpɪk *Am* ˌproutou'tɪpɪk/ *a.* prototipo, primitivo.

prototypical /ˌproutou'tɪpɪkəl *Am* ˌproutou 'tɪpɪkəl/ *a.* prototipo, primitivo, prototipico.

prototypically /ˌproutou'tɪpɪkəli *Am* ˌproutou'tɪpɪkəli/ *avv.* prototipicamente.

protozoal /ˌproutou'zouəl *Am* ˌproutou'zouəl/ *a.* protozoario, dei protozoi, relativo ai protozoi.

protozoan /ˌproutou'zouən *Am* ˌproutou 'zouən/ **I** *a.* (*Biol,Med*) protozoario, dei protozoi, relativo ai protozoi. **II** *n.* (*Biol*) protozoo *m.*

protozoic /ˌproutou'zouɪk *Am* ˌproutou'zouɪk/ *a.* **1** (*Biol,Med*) protozoario, dei protozoi, relativo ai protozoi. **2** (*Geol*) protozoico, archeozoico.

protozoon /ˌproutou'zouən *Am* ˌproutou 'zouən/ (*pl.* -zoa /-'zouə/) *n.* (*Biol*) protozoo *m.*

protract /prou'trækt *Am* prou'trækt/ *v.t.* **1** protrarre, prolungare, allungare. **2** (*Geom, Topogr*) rapportare, riprodurre in scala.

protracted /prou'træktɪd *Am* prou'træktɪd/ *a.* prolungato, allungato.

protractedly /prou'træktɪdli *Am* prou

'træktɪdli/ *avv.* a lungo.

protractedness /prou'træktɪdnəs *Am* prou
'træktɪdnəs/ *n.* il protrarsi.

protractile /prou'træktaɪl *Am* prou'træktaɪl/
a. protrattile (*anche Zool*).

protraction /prou'trækʃən *Am* prou'trækʃən/
n. 1 protrazione *f.*, prolungamento *m.* 2
(*Geom,Topogr*) disegno *m.* in scala, riproduzione *f.* in scala.

protractor /prou'træktə^r *Am* prou'træktə^r/ *n.*
1 (*Geom,Topogr*) goniometro *m.*, rapportatore
m. 2 (*Anat*) (*muscle that extends body part*)
estensore *m.*, muscolo *m.* estensore. 3
(*lengthener*) chi protrae, chi prolunga.

protrude /prou'tru:d *Am* prou'tru:d/ **I** *v.i.* 1
sporgere in fuori. 2 (*Arch*) aggettare. **II** *v.t.*
protendere, sporgere.

protrudent /prou'tru:dənt *Am* prou'tru:dənt/
a. 1 sporgente, prominente. 2 (*Arch*) sporgente, aggettante.

protruding /prou'tru:dɪŋ *Am* prou'tru:dɪŋ/ *a.*
1 sporgente, prominente. 2 (*Arch*) sporgente,
aggettante.

protrusible /prou'tru:səbḷ *Am* prou'tru:səbḷ/
a. protrudibile, che si può spingere in avanti.

protrusion /prou'tru:ʒən/ *n.* 1 (*state of protruding*) l'essere sporgente, l'essere protuberante, prominenza *f.* 2 (*sth. which protrudes*) sporgenza *f.*, protuberanza *f.*, prominenza *f.* 3 (*Med*) protrusione *f.*

protrusive /prou'tru:sɪv *Am* prou'tru:sɪv/ *a.* 1
prominente, sporgente. 2 (*Med*) protruso,
sporgente.

protuberance /prou'tju:bᵊrᵊns *Am* prou
'tu:bᵊrᵊns/ *n.* protuberanza *f.*, prominenza *f.*,
sporgenza *f.*

protuberant /prou'tju:bᵊrᵊnt *Am* prou
'tu:bᵊrᵊnt/ *a.* sporgente, prominente: ~ *eyes*
occhi sporgenti.

proud /praud/ *a.* 1 orgoglioso, fiero: *he was
too ~ to stoop to such tricks* era troppo orgoglioso per abbassarsi a simili trucchi. 2 (*arrogant*) orgoglioso, superbo, altero, borioso.
3 (*poet*) (*magnificent, splendid*) grandioso,
imponente, superbo, splendido. 4 (*Br*) (*of an
animal*) focoso, impetuoso. □ *as ~ as a
peacock* (*o as ~ as Punch*) tronfio come un
pavone; (*colloq*) *to do so.* ~: 1 (*to treat so.
well*) trattare bene qcu., essere generoso con
qcu.; 2 (*to bring honour*) fare onore a qcu.,
rendere onore a qcu.; (*colloq*) *to do oneself ~*
trattarsi bene, non privarsi di niente; (*Med*) ~
flesh tessuto di granulazione esuberante.

proud-hearted /'praud,ha:tɪd *Am* 'praud
,ha:rtɪd/ *a.* altero, fiero, superbo, orgoglioso.

proudly /'praudli/ *avv.* fieramente, orgogliosamente.

proudness /'praudnes/ *n.* l'essere orgoglioso, l'essere superbo.

Prov. (*province*) Prov. (provincia).

provability /,pru:və'bɪləti *Am* ,pru:və'bɪləti̯/ *n.*
dimostrabilità *f.*

provable /'pru:vəbḷ/ *a.* provabile, dimostrabile.

provableness /'pru:vəbḷnəs/ *n.* dimostrabilità *f.*

provably /'pru:vəbli/ *avv.* in modo provabile,
in modo dimostrabile.

prove /pru:v/ (*past* **-d** /-d/ *p.p.* **-d** /ant **proven**
/'pru:vᵊn/) **I** *v.t.* 1 provare, dimostrare, fornire
la prova di: *to ~ a charge* provare un'accusa;
to ~ so.'s guilt dimostrare la colpevolezza di
qcu. 2 (*Dir*) (*of a legal document*) convalidare, ratificare. 3 (*Dir*) (*of a will*) omologare,
autenticare. 4 (*to try*) mettere alla prova,
provare: *to ~ the patience of so.* mettere alla
prova la pazienza di qcu. 5 (*Tecn*) (*to test*)
collaudare, provare: *to ~ a new aeroplane*
collaudare un nuovo aeroplano. 6 (*Tecn*) (*to

test by analysis, etc.) saggiare, analizzare: *to
~ gold* saggiare l'oro. 7 (*rifl.*) *to ~ oneself*
dimostrarsi, rivelarsi: *he -d himself to be untrustworthy* si dimostrò indegno di fiducia.
8 (*rifl.*) *to ~ oneself* (*to show oneself to have
the required characteristics*) cimentarsi,
provarsi, misurarsi: *to ~ oneself in war* cimentarsi in guerra. 9 (*Mat*) dimostrare: *to ~
a theorem* dimostrare un teorema. 10 (*Tip*)
tirare una prova di, fare una prova di stampa
di. 11 (*Minier*) (*of a vein*) sondare. 12 (*Enol*)
(*to determine the alcoholic content of*) determinare la gradazione alcolica di. 13 (*Alim*)
(*of dough*) far lievitare. **II** *v.i.* 1 dimostrarsi,
risultare, rivelarsi: *he -d to be quite unsuitable* si dimostrò del tutto inadatto; *the rumour
-d false* le voci risultarono false. 2 (*Alim*) (*of
dough*) lievitare. □ *to ~ equal to* a task (o
to ~ to be equal to a task) dimostrarsi all'altezza di un compito; *this all goes to ~ that*
tutto ciò sta a dimostrare che; (*Minier*) *to ~
out* sondare; *to ~ the rule* confermare la regola; *to ~ true* avverarsi, divenire realtà, realizzarsi; *to ~ up*: 1 (*Tip*) tirare una bozza di,
fare una prova di stampa di; 2 (*Minier*) sondare; *to ~ so. wrong* dimostrare che qcu. ha
torto.

proveditor /prou'veditə^r *Am* prou'veditə^r/ *n.*
1 (*Stor*) provveditore *m.* 2 (*Mil,ant*) ufficiale
m. addetto agli approvvigionamenti.

proven /'pru:vᵊn/ *a.* provato, dimostrato,
comprovato: *his guilt is ~* la sua colpa è provata. 2 (*tested and found satisfactory*) provato, sperimentato, collaudato: *a man of ~
courage* un uomo di provato coraggio. 3
(*Dir*) omologato. □ (*Scott,Dir*) *not ~* assolto per insufficienza di prove: *not ~ verdict*
verdetto di assoluzione per insufficienza di
prove.

provenance /'prɒvᵊnəns *Am* 'pra:vᵊnəns/ *n.*
provenienza *f.*, origine *f.*

Provençal /,prɒvɑ:n'sɑ:l *Am* ,prouvɑ:n'sɑ:l/ *n.*
a. provenzale. **II** *n.* (*pl.* **-s** /-z/ o **-caux** /-'sou/)
1 (*person*) provenzale *m./f.* 2 (*language*) provenzale *m.*

Provence /prɒv'ɑ:ns *Am* pra:v'ɑ:ns/ *n.pr.*
(*Geog*) Provenza *f.*

provender /'prɒvᵊndə^r *Am* 'pra:vᵊndə^r/ *n.* 1
foraggio *m.*, biada *f.* 2 (*scherz*) (*food*) viveri
m.pl., cibo *m.*

provenience /prə'vi:njəns/ *n.* provenienza
f., origine *f.*

proverb /'prɒvɜ:b *Am* 'prɑ:vɜ:rb/ *n.* 1 proverbio *m.*, adagio *m.* 2 *pl.* (*costr.sing. o pl.*) (*game*)
gioco *m.* dei proverbi. □ *to a ~* proverbiale: *to be mean to a ~* essere di una grettezza
proverbiale.

proverbial /prou'vɜ:bɪəl *Am* prə'vɜ:rbɪəl/ *a.*
proverbiale (*anche fig*).

proverbiality /prou,vɜ:bi'æləti *Am* prəvɜ:rbi
'æləti̯/ *n.* proverbialità *f.*, l'essere proverbiale.

proverbially /prou'vɜ:bɪəli *Am* prə'vɜ:rbɪəli/
avv. proverbialmente.

Proverbs /'prɒvɜ:bz *Am* 'prɑ:vɜ:rbz/ *n.pl.*
(*Bibl*) Proverbi *m.pl.*

provide /prou'vaɪd *Am* prə'vaɪd/ **I** *v.t.* 1 fornire, approvvigionare, munire: *to ~ so. with clothes*
fornire qcu. di vestiti. 2 (*to equip*) provvedere, dotare, corredare, fornire: *to ~ an army
with provisions* provvedere di vettovaglie un
esercito; *the car was -d with safety belts*
l'auto era dotata di cinture di sicurezza. 3 (*to
procure*) procacciare, provvedere, procurare: *to ~ bread for the family* procacciare il
pane alla famiglia. 4 (*to stipulate*) prevedere, prescrivere, stabilire. 5 (*of a law*) prescrivere, imporre. **II** *v.i.* 1 premunirsi, provvedere: *to ~ against attack* premunirsi contro un
attacco. 2 (*to make financial arrangements*)

provvedere (*per*): *to ~ for one's children in
one's will* provvedere ai figli nel testamento.
3 (*to support*) provvedere (a), mantenere,
sostentare (qcu.): *he has a wife and child to
~ for* ha una moglie e un figlio cui provvedere. 4 (*to make a proviso*) prevedere, contemplare, stabilire (qcs.): *the treaty -s for international arbitration* il trattato prevede
l'arbitrato internazionale. □ (*Dir*) *to ~
against* (*to prohibit*) vietare; (*Dir*) *to ~ for*
(*to permit*) consentire.

provided /prou'vaɪdɪd *Am* prə'vaɪdɪd/ **I** *a.* 1
provvisto, fornito, munito: *to be well ~ with
money* essere ben provvisto di denaro. 2
(*equipped*) dotato, provvisto, corredato, fornito. 3 (*available*) fornito, dato, disponibile:
meals are ~ on board i pasti vengono forniti
a bordo. **II** *congz.* purché, a condizione che,
a patto che. □ ~ *that*..., purché..., a condizione che...

providence /'prɒvɪdᵊns *Am* 'prɑ:vɪdᵊns/ *n.* 1
provvidenza *f.* 2 (*prudence*) previdenza *f.*,
prudenza *f.*: *we had the ~ to lay in supplies*
abbiamo avuto la prudenza di fare scorta di
provviste. 3 (*thrift*) parsimonia *f.*, frugalità
f., economia *f.*

Providence /'prɒvɪdᵊns *Am* 'prɑ:vɪdᵊns/ *n.*
provvidenza *f.*, provvidenza *f.* divina: *to trust
in ~* confidare nella provvidenza.

provident /'prɒvɪdᵊnt *Am* 'prɑ:vɪdᵊnt/ *a.* 1
(*having foresight*) previdente: *a ~ husband*
un marito previdente. 2 (*showing prudence*)
previdente, prudente. 3 (*thrifty*) economo,
parsimonioso, frugale. □ ~ *society* società
di mutuo soccorso.

providential /,prɒvɪ'denʃᵊl *Am* ,prɑ:vɪ'denʃᵊl/
a. provvidenziale.

providentially /,prɒvɪ'denʃᵊli *Am* ,prɑ:vɪ
'denʃᵊli/ *avv.* provvidenzialmente.

providently /'prɒvɪdᵊntli *Am* 'prɑ:vɪdᵊntli/
avv. in modo previdente, previdentemente.

provider /prou'vaɪdə^r *Am* prə'vaɪdə^r/ *n.* 1 chi
provvede, fornitore *m.* (*f.* -trice) (di un servizio). 2 (*Inform*) provider *m.*, fornitore *m.* di
accesso.

providing /prou'vaɪdɪŋ *Am* prə'vaɪdɪŋ/ *congz.*
purché, a condizione che, a patto che.

province /'prɒvɪns *Am* 'prɑ:vɪns/ *n.* 1 regione
f., territorio *m.* 2 (*district*) distretto *m.*, circoscrizione *f.* 3 (*fig*) (*area of knowledge*) competenza *f.*, settore *m.*, campo *m.*, giurisdizione *f.* 4 (*ecclesiastical territory*) circoscrizione *f.* ecclesiastica. 5 *pl.* (*nonmetropolitan
parts of nation*) provincia *f.*: *to tour the -s
with a theatrical troupe* fare un giro di recite
in provincia. □ (*Br*) *the* -s qualunque parte
del territorio nazionale che non sia Londra.

Province /'prɒvɪns *Am* 'prɑ:vɪns/ □ (*Br*)
the ~ l'Irlanda del Nord.

provincial /prou'vɪnʃᵊl *Am* prə'vɪnʃᵊl/ **I** *a.* 1
della provincia, di provincia, provinciale: *a
~ town* una città di provincia. 2 (*fig*) (*unsophisticated, narrow-minded*) provinciale, limitato, ristretto. **II** *n.* 1 provinciale *m./f.*
(*anche fig*). 2 (*Rel*) (*head of a province*) padre
m. provinciale, provinciale *m.* □ (*GB,
Dir.can*) ~ *courts* tribunali circoscrizionali.

provincialate /prou'vɪnʃᵊlɪt *Am* prə'vɪnʃᵊlɪt/
n. (*Rel*) provincialato *m.*

provincialism /prou'vɪnʃᵊlɪzᵊm *Am* prə
'vɪnʃᵊlɪzᵊm/ *n.* 1 (*devotion to one's province*)
campanilismo *m.* 2 (*fig,spreg*) (*narrow-minded attitude*) provincialismo *m.*, provincialità
f. 3 (*Ling*) (*sth. from a province*) provincialismo *m.*

provincialist /prou'vɪnʃᵊlɪst *Am* prə
'vɪnʃᵊlɪst/ *n.* provinciale *m./f.* (*anche fig*).

provinciality /prou,vɪnʃi'æləti *Am* prə,vɪnʃi
'æləti̯/ *n.* 1 (*devotion to one's province*) cam-

provincially   834

panilismo *m.* **2** (*fig,spreg*) (*narrow-minded attitude*) provincialismo *m.*, provincialità *f.* **3** (*Ling*) (*sth. from a province*) provincialismo *m.*

provincially /prou'vɪnʃəli *Am* prə'vɪnʃəli/ *avv.* provincialmente, in modo provinciale.

proving /'pruːvɪŋ/ *n.* **1** prova *f.*, saggio *m.* **2** (*Mecc*) (*test*) prova *f.*, verifica *f.*, collaudo *m.* **3** (*Dir*) (*probate*) omologazione *f.* ☐ ~ ground (*Tecn*) terreno di prova, banco di prova (*anche fig*).

provision /prou'vɪʒən *Am* prə'vɪʒn/ I *n.* **1** il provvedere, fornitura *f.* **2** (*sth. provided*) rifornimento *m.*, provvista *f.*, scorta *f.* **3** (*quality of being prepared*) preparazione *f.* **4** (*preparation, arrangement*) preparativi *m.pl.* **5** (*measure*) provvedimento *m.*, misura *f.*, disposizione *f.* **6** (*Dir*) (*stipulation*) clausola *f.*, disposizione *f.*, provvedimento *m.* **7** (*Rel*) (*appointment to a benefice*) provvisione *f.*; (*not yet vacant*) designazione *f.* a un beneficio ecclesiastico non ancora vacante. **8** *pl.* (*food and other supplies*) viveri *m.pl.*, vettovaglie *f.pl.*: to run out of ~s restare a corto di viveri. II *v.t.* approvvigionare, vettovagliare (*anche Mil*): to ~ a ship for a voyage approvvigionare una nave per un viaggio. ☐ to make ~against premunirsi contro; to make ~ for provvedere a, prendere misure per, prendere provvedimenti per: to make ~ for one's old age provvedere alla propria vecchiaia; (*Dir*) -s of the contract disposizioni contrattuali; to take ~ for provvedere a, prendere misure per, prendere provvedimenti per.

provisional /prou'vɪʒənl *Am* prə'vɪʒənl/ *a.* provvisorio: *a* ~ *government* un governo provvisorio. ☐ (*Comm*) ~ invoice fattura provvisoria; (*Aut*) ~licence foglio rosa.

provisionality /prou,vɪʒən'æləti *Am* prə ,vɪʒn'æləti/ *n.* provvisorietà *f.*

provisionally /prou'vɪʒənli *Am* prə'vɪʒənli/ *avv.* provvisoriamente.

provisionary /prou'vɪʒənri *Am* prə'vɪʒənri/ *a.* provvisorio.

provisioner /prou'vɪʒənər *Am* prə'vɪʒənər/ *n.* chi approvvigiona, fornitore *m.* (*f.* -trice) di viveri.

provisionment /prou'vɪʒnmənt *Am* prə 'vɪʒnmənt/ *n.* approvvigionamento *m.*

proviso /prou'vaɪzou *Am* prə'vaɪzou/ (*pl.* -s/ -es /-z/) *n.* **1** (*Dir*) clausola *f.* (condizionale), disposizione *f.* **2** (*estens*) (*condition*) condizione *f.*, patto *m.* ☐ ~ with the ~ that a condizione che, a patto che, purché.

provisor /prou'vaɪzər *Am* prə'vaɪzər/ *n.* (*Rel*) **1** detentore *m.* di un beneficio ecclesiastico non ancora vacante. **2** (*cleric acting as deputy*) vicario *m.*

provisorily /prou'vaɪzərli *Am* prə'vaɪzərli/ *avv.* provvisoriamente.

provisory /prou'vaɪzəri *Am* prə'vaɪzəri/ *a.* **1** provvisorio. **2** (*Dir*) (*conditional*) condizionale.

provitamin /prou'vɪtəmɪn *Am* prə'vaɪtəmɪn/ *n.* (*Biol*) provitamina *f.*

Provo /'prouvou/ *n.* (*colloq*) membro *m.* dell'IRA o dello Sinn Fein.

provocable /prə'voukəbl̩/ *a.* (*rar*) provocabile.

provocation /,prəvə'keɪʃən *Am* ,prəʊ'keɪʃn/ *n.* provocazione *f.*

provocative /prə'vɒkətɪv *Am* prə'vɑːkətɪv/ *a.* **1** provocatorio, provocatore: ~ remarks osservazioni provocatorie. **2** (*arousing sexual desire*) provocante. **3** (*stimulating*) interessante, che suscita interesse, stimolante.

provocatively /prə'vɒkətɪvli *Am* prə 'vɑːkətɪvli/ *avv.* **1** in modo provocante, in

modo provocatorio, provocatoriamente. **2** (*sexually*) in modo provocante.

provocativeness /prə'vɒkətɪvnəs *Am* prə 'vɑːkətɪvnəs/ *n.* provocatorietà *f.*

provocatory /prə'voukətəri *Am* prə 'voukətɔːri/ *a.* **1** provocatorio, provocatore: ~ remarks osservazioni provocatorie. **2** (*arousing sexual desire*) provocante. **3** (*stimulating*) interessante, che suscita interesse, stimolante.

provoke /prə'vouk/ *v.t.* **1** provocare, irritare, esasperare. **2** (*to incite to action*) spingere, provocare, incitare: to ~ so. into doing sth. spingere qcu. a fare qcs. **3** (*to cause*) provocare, suscitare, destare: to ~ laughter provocare il riso. **4** (*to stir up*) provocare, causare, fare nascere, suscitare: to ~ a quarrel provocare una lite. **5** (*of a physical reaction*) provocare, stimolare, indurre: the drug may ~ vomiting il farmaco può provocare vomito.

provoker /prə'voukər/ *n.* provocatore *m.* (*f.* -trice).

provoking /prə'voukɪŋ/ *a.* **1** provocante, provocatorio, (*lett*) provocativo. **2** (*irritating*) urtante, irritante.

provokingly /prə'voukɪŋli/ *avv.* **1** in modo provocatorio. **2** (*irritatingly*) in modo irritante.

provost /'prɒvəst *Am* 'prouvoust/ *n.* **1** (*Scol*) preside *m./f.* **2** (*Univ*) rettore *m.* **3** (*Am,Univ*) direttore *m.* (*f.* -trice) amministrativo. **4** (*Rel*) prevosto *m.*, preposto *m.* **5** (*person appointed to superintend*) soprintendente *m./f.*, sovrintendente *m./f.* **6** (*Scott*) (*mayor*) sindaco *m.* ☐ (*Mil*) ~guard gruppo di soldati appartenente alla polizia militare; (*Mil*) ~ marshal capo della polizia militare; (*Mil*) ~ sergeant sergente della polizia militare.

provostship /'prɒvəstʃɪp *Am* 'prouvoustʃɪp/ *n.* **1** (*Univ*) (*office of a dean*) rettorato *m.* **2** (*Rel*) prevostura *f.*

prow /prau/ *n.* (*Mar,Aer*) prua *f.*

prowess /'prauɪs/ *n.* **1** valore *m.*, coraggio *m.*, ardimento *m.*: military ~ valore militare. **2** (*great ability*) maestria *f.*, bravura *f.*, abilità *f.*

pro-Western /prou'westən *Am* prə'westərn/ *a.* filoccidentale.

prowl /praul/ I *v.i.* aggirarsi furtivamente in cerca di preda, aggirarsi furtivamente in cerca di bottino: the band of thieves -ed through the streets la banda di ladri girava per le strade in cerca di bottino. II *v.t.* aggirarsi in cerca di preda in: to ~ the forest aggirarsi nella foresta in cerca di preda. III *n.* l'aggirarsi furtivamente in cerca di preda, l'aggirarsi furtivamente in cerca di bottino. ☐ (*Am, colloq*) ~ car auto di pattuglia; on the ~ a caccia, in cerca di preda (*anche fig*): a tiger on the ~ una tigre in cerca di preda.

prowler /'praulər/ *n.* **1** predatore *m.* (*f.* -trice), chi va in cerca di preda, chi va a caccia di bottino. **2** (*Am*) (*sneak thief*) ladruncolo *m.* (*f.* -a).

prox. *proximo* p.v., p/v (prossimo venturo).

proxemics /prɒk'siːmɪks *Am* prɑːk'siːmɪks/ *n.* (*Sociol*) prossemica *f.*

proximal /'prɒksɪməl *Am* 'prɑːksəml̩/ *a.* (*Anat*) prossimale.

proximally /'prɒksɪməli *Am* 'prɑːksəməli/ *avv.* prossimalmente.

proximate /'prɒksɪmət *Am* 'prɑːksəmət/ *a.* **1** (*of place: near, close*) prossimo, vicino. **2** (*of time: imminent*) prossimo, imminente, immediato. **3** (*approximate*) approssimativo, approssimativo. ☐ (*Chim*) ~analysis analisi quantitativa; (*Dir*) ~cause causa diretta.

proximation /,prɒksɪ'meɪʃən *Am* ,prɑːksɪ 'meɪʃən/ *n.* stima *f.*

proximity /prɒk'sɪmɪti *Am* prɑːk'sɪməti/ *n.*

prossimità *f.*, vicinanza *f.* ☐ ~ of blood consanguineità, parentela stretta.

proximo /'prɒksɪmou *Am* 'prɑːksɪmou/ I *avv.* nel mese prossimo, durante il mese prossimo. II *a.* prossimo, prossimo venturo.

proxy /'prɒksi *Am* 'prɑːksi/ *n.* **1** procura *f.*, delega *f.* **2** (*person acting for another*) procuratore *m.* (*f.* -trice). ☐ by ~ per procura: marriage by ~ matrimonio per procura; to stand ~for so. agire per procura di qcu.

prude /pruːd/ *n.* puritano *m.* (*f.* -a), moralista *m./f.*, persona *f.* che affetta pudore.

prudence /'pruːdəns/ *n.* **1** prudenza *f.*, giudizio *m.*, saggezza *f.*, buon senso *m.* **2** (*circumspection*) prudenza *f.*, circospezione *f.*, cautela *f.*

prudent /'pruːdənt/ *a.* **1** prudente, giudizioso, saggio. **2** (*circumspect*) prudente, circospetto, cauto.

prudential /pruː'denʃəl/ I *a.* prudenziale, giudizioso, assennato. II *n.* **1** *pl.* questioni *f.pl.* di amministrazione locale. **2** (*rar*) (*prudential considerations*) considerazioni *f.pl.* prudenziali.

prudentially /pruː'denʃəli/ *avv.* in modo prudenziale, in modo assennato.

prudently /'pruːdəntli *Am* 'pruːdəntli/ *avv.* saggiamente, oculatamente.

prudery /'pruːdəri/ *n.* **1** puritanesimo *m.*, pruderie *f.*, pudore *m.* affettato. **2** (*modesty*) modestia *f.*, verecondia *f.*, pudicizia *f.*

prudish /'pruːdɪʃ/ *a.* prude, puritano, moralistico.

prudishly /'pruːdɪʃli/ *avv.* in modo pudibondo.

prudishness /'pruːdɪʃnəs/ *n.* **1** puritanesimo *m.*, pruderie *f.*, pudore *m.* affettato. **2** (*modesty*) modestia *f.*, verecondia *f.*, pudicizia *f.*

prune[1] /pruːn/ *n.* **1** (*Alim*) prugna *f.* secca. **2** (*colour*) color *m.* prugna.

prune[2] /pruːn/ *v.t.* **1** (*Agr*) potare: to ~ a tree potare un albero; (*of branches, etc.*) sfrondare, sfoltire. **2** (*fig*) (*of a literary composition: to reduce*) tagliare, abbreviare. **3** (*fig*) (*of superfluous matter: to remove*) sfrondare. **4** (*fig*) (*of a budget, etc.: to cut down*) limitare, ridurre, tagliare. ☐ (*fig*) to ~away (*of superfluous matter: to remove*) sfrondare.

prunella /pruː'nelə/ *n.* (*Tess*) prunella *f.*

prunelle /pruː'nel/ *n.* **1** (*Tess*) prunella *f.* **2** (*liqueur*) prunella *f.*

pruner /'pruːnər/ *n.* **1** potatore *m.* (*f.* -trice). **2** *pl.* (*scissors*) cesoie *f.pl.*, forbici *f.pl.* da giardiniere.

pruning /'pruːnɪŋ/ *n.* **1** (*Agr*) potatura *f.* **2** (*fig*) (*shortening*) eliminazione *f.* del superfluo, sfrondatura *f.*, taglio *m.*, abbreviazione *f.* (*Giard,Agr*) ~ hook ronchetto, roncolo; (*Giard,Agr*) ~shears cesoie, forbici da giardiniere.

prurience /'pruəriəns *Am* 'prurɪəns/ *n.* lascivia *f.*, libidine *f.*

pruriency /'pruəriənsi *Am* 'prurɪənsi/ *n.* lascivia *f.*, libidine *f.*

prurient /'pruəriənt *Am* 'prurɪənt/ *a.* **1** lascivo, libidinoso. **2** (*causing lasciviousness*) provocante, eccitante, pruriginoso.

pruriently /'pruəriəntli *Am* 'prurɪəntli/ *avv.* in modo provocante.

pruriginous /pru'rɪdʒɪnəs/ *a.* (*Med*) pruriginoso.

prurigo /pru'raɪgou/ (*pl.* -s /-z/) *n.* (*Med*) prurigine *f.*

pruritic /pru'rɪtɪk *Am* pru'rɪtɪk/ *a.* (*Med*) pruriginoso.

pruritus /pruə'raɪtəs *Am* pru'raɪtəs/ *n.* (*Med*) prurito *m.*

Prussia /'prʌʃə/ n.pr. (Geog.stor) Prussia f.

Prussian /'prʌʃən/ I a. prussiano. II n. prussiano m. (f. -a). □ ~ *blue* blu di Prussia.

prussiate /'prʌʃiət Am 'prʌsieɪt/ n. (Chim) prussiato m.

prussic /'prʌsɪk/ □ (Chim) ~ *acid* acido prussico.

pry /praɪ/ I v.i. ficcare il naso (in), curiosare (in), impicciarsi (into di): to ~ *into other people's affairs* ficcare il naso negli affari altrui. II v.t. 1 (to raise by leverage) sollevare con una leva, sollevare facendo leva. 2 (to move by leverage) spostare con una leva, spingere con una leva: they pried the stone away from the entrance spostarono la pietra dall'entrata con una leva. 3 (fig) (to extract with difficulty) carpire: to ~ *a secret out of so.* carpire un segreto a qcu. 4 (fig) (to detach with difficulty) staccare, strappare, tirare via: on Sundays it's impossible to ~ *him away from the newspaper* alla domenica è impossibile staccarlo dal suo giornale. III n. 1 leva f. 2 (crowbar) palanchino m., piede m. di porco. □ *to* ~ *up* sollevare con una leva, sollevare facendo leva.

prying /'praɪɪŋ/ a. 1 curioso, indagatore, inquisitore, scrutatore. 2 (inquisitive, nosy) indiscreto, curioso, ficcanaso: ~ *neighbours* vicini indiscreti.

pryingly /'praɪɪŋli/ avv. in modo indiscreto, con modi da ficcanaso.

prytaneum /ˌprɪtə'niːəm Am ˌprɪtə'niːəm/ n. (Stor.gr) pritaneo m.

PS /ˌpiː'es/ postscript PS, P.S. (poscritto, post scriptum).

Ps. (Bibl) Book of Psalms, Psalms (Salmi).

psalm /sɑːm/ n. inno m., canto m., salmo m. (anche Mus).

psalmbook /'sɑːmbʊk/ n. (Lit) libro m. dei salmi.

psalmic /'sɑːmɪk/ a. salmodico, relativo ai salmo.

psalmist /'sɑːmɪst/ n. salmista m.

psalmodic /sæl'mɒdɪk Am sɑː'mɑːdɪk/ a. salmodico.

psalmodist /'sælmədɪst Am 'sɑːmədɪst/ n. salmista m.

psalmodize /'sælmədaɪz Am 'sɑːmədaɪz/ v.i. salmodiare.

psalmody /'sælmədi Am 'sɑːmədi/ n. salmodia f. (anche Mus).

Psalms /'sɑːmz/ n. (Bibl) (Book of Psalms) libro m. dei salmi.

psalter /'sɔːltər Am 'sɔːltər/ n. (Lit) libro m. dei salmi.

psalterium /sɔːl'tɪəriəm/ n. (Zool) omaso m., centopelle m.

psaltery /'sɔːltəri/ n. (Mus) salterio m.

psaltress /'sɔːltrɪs/ n. suonatrice f. di salterio.

psephological /ˌsɪfə'lɒdʒɪkəl Am ˌsɪfə'lɑːdʒɪkəl/ a. relativo alla psefologia.

psephologist /'sɪfələdʒɪst Am 'sɪfɑːlədʒɪst/ n. esperto m. (f. -a) di psefologia.

psephology /'sɪfələdʒi Am 'sɪfɑːlədʒi/ (Pol) psefologia f.

pseudo /'sjuːdoʊ Am 'suːdoʊ/ a. (colloq) falso, finto, contraffatto.

pseudoclassic /ˌsjuːdoʊ'klæsɪk Am ˌsuːdoʊ'klæsɪk/ I a. pseudoclassico. II n. opera f. pseudoclassica.

pseudoclassical /ˌsjuːdoʊ'klæsɪkəl Am ˌsuːdoʊ'klæsɪkəl/ a. pseudoclassico.

pseudomorph /'sjuːdoʊmɔːf Am 'suːdəmɔːrf/ n. (Min) minerale m. pseudomorfo.

pseudomorphic /ˌsjuːdoʊ'mɔːfɪk Am ˌsuːdə'mɔːrfɪk/ a. (Min) pseudomorfo.

pseudomorphism /ˌsjuːdoʊ'mɔːfɪzəm Am ˌsuːdə'mɔːrfɪzəm/ n. (Min) pseudomorfismo m.

pseudomorphosis /ˌsjuːdoʊ'mɔːfəsɪs Am ˌsuːdə'mɔːrfəsɪs/ n. (Min) pseudomorfosi f.

pseudomorphous /ˌsjuːdoʊ'mɔːfəs Am ˌsuːdə'mɔːrfəs/ a. (Min) pseudomorfo.

pseudonym /'sjuːdənɪm Am 'suːdənɪm/ n. pseudonimo m., nome m. fittizio.

pseudonymity /ˌsjuːdə'nɪmɪti Am ˌsuːdə'nɪməti/ n. pseudonimia f.

pseudonymous /sjuː'dɒnɪməs Am suː'dɑːnɪməs/ a. 1 che scrive sotto pseudonimo. 2 (written under a pseudonym) scritto sotto pseudonimo. 3 (being a pseudonym) che è uno pseudonimo.

pshaw /pʃɔː/ intz. 1 (to express impatience) uffa! 2 (to express contempt) puah!, boh!

psi[1] /saɪ/ n. (letter of the Greek alphabet) psi m./f.

psi[2] /saɪ/ n. (Am,colloq) 1 presunte capacità f.pl. parapsicologiche. 2 (phenomena) presunti fenomeni m.pl. parapsicologici.

psi[3] pounds per square inch (libbre per pollice quadrato).

p.s.i. pounds per square inch (libbre per pollice quadrato).

psionic /saɪ'ɒnɪk Am saɪ'ɑːnɪk/ a. relativo a capacità o fenomeni parapsicologici.

psionically /saɪ'ɒnɪkəli Am saɪ'ɑːnɪkəli/ avv. parapsicologicamente.

psittacine /'sɪtəkaɪn Am 'sɪtəsən/ I a. (Ornit) relativo alla famiglia dei psittaciformi. II n. (Ornit) psittaciforme m.

psittacosis /ˌsɪtə'koʊsɪs/ (pl. -ses /-siːz/) n. (Med) psittacosi f.

psoriasis /sə'raɪəsɪs/ (pl. -ses /-siːz/) n. (Med) psoriasi f.

psoriatic /ˌsɔːri'ætɪk Am ˌsɔːri'ætɪk/ a. (Med) psorico.

psst /ˌpst/ intz. pss!, ps!, pst!

PST 1 Pacific Standard Time (ora solare dell'America settentrionale affacciata sul Pacifico). 2 (Canad) provincial sales tax (tassa provinciale sugli articoli in vendita).

PSV public service vehicle (mezzo pubblico, mezzo di trasporto pubblico).

psych /saɪk/ I v.t. (colloq) psicanalizzare. II n. (Am,colloq) 1 (psychiatrist) psichiatra m./f. 2 (psychologist) psicologo m. (f. -a). 3 (psychiatry) psichiatria f. 4 (psychology) psicologia f. III intz. (Am,colloq,iron) no?!, vero?!, e come no!: you know that Math was always my favourite subject, ~! lo sai che la matematica è sempre stata la mia materia preferita, no?! □ (colloq) to ~ *out*: 1 (to intimidate) spaventare psicologicamente, smontare; 2 (to guess so.'s thought processes) intuire, capire intuitivamente: I -ed them out as soon as you introduced them to me ho capito che tipi erano appena me li hai presentati; (colloq) to ~ *up* preparare psicologicamente, caricare, stimolare: I am well-versed in the art of -ing myself up for a performance sono esperto nel caricarmi psicologicamente prima di un'esibizione.

psyche /'saɪki/ n. psiche f., mente f.

Psyche /'saɪki/ n.pr.f. (Mitol) Psiche.

psychedelia /ˌsaɪkə'diːliə/ n. (Art,Mus,Lett) psichedelia f.

psychedelic /ˌsaɪkə'delɪk/ a. psichedelico.

psychedelically /ˌsaɪkə'delɪkəli/ avv. psichedelicamente.

psychiatric /ˌsaɪki'ætrɪk/ a. psichiatrico.

psychiatrical /ˌsaɪki'ætrɪkəl/ a. psichiatrico.

psychiatrically /ˌsaɪki'ætrɪkəli/ avv. psichiatricamente, dal punto di vista psichiatrico.

psychiatrist /saɪ'kaɪətrɪst/ n. psichiatra m./f.

psychiatry /saɪ'kaɪətri/ n. psichiatria f.

psychic /'saɪkɪk/ I a. 1 psichico, mentale. 2 (Psic,Med) psichico, psicogeno. 3 (Occult) (sensitive to supernatural forces) psichico,

metapsichico, paranormale: ~ *forces* forze metapsichiche; ~ *phenomena* fenomeni paranormali. II n. (Occult) medium m./f. □ ~ *research* studio dei fenomeni psichici.

psychical /'saɪkɪkəl/ a. 1 mentale, psichico. 2 (Occult) (sensitive to supernatural forces) psichico, metapsichico, paranormale.

psychically /'saɪkɪkəli/ avv. psichicamente.

psychicism /'saɪkɪsɪzəm/ n. studio m. dei fenomeni psichici.

psychicist /'saɪkɪsɪst/ n. studioso m. (f. -a) di parapsicologia, metapsichista m./f.

psycho /'saɪkoʊ/ I a. (sl) psicopatico. II n. (sl) psicopatico m. (f. -a).

psychoactive /ˌsaɪkoʊ'æktɪv/ a. (Med,Farm) psicoattivo.

psychoanalyse /ˌsaɪkoʊ'ænəlaɪz/ v.t. (Br, Psic) psicanalizzare.

psychoanalysis /ˌsaɪkoʊə'nælɪsɪs/ n. (Psic) psicanalisi f., psicoanalisi f.

psychoanalyst /ˌsaɪkoʊ'ænəlɪst/ n. psicanalista m./f., psicoanalista m./f.

psychoanalytic /ˌsaɪkoʊˌænəl'ɪtɪk Am ˌsaɪkoʊˌænə'lɪtɪk/ a. (Psic) psicanalitico, psicoanalitico.

psychoanalytical /ˌsaɪkoʊˌænəl'ɪtɪkəl Am ˌsaɪkoʊˌænə'lɪtɪkəl/ a. (Psic) psicanalitico, psicoanalitico.

psychoanalytically /ˌsaɪkoʊˌænəl'ɪtɪkəli Am ˌsaɪkoʊˌænə'lɪtɪkəli/ avv. dal punto di vista psicanalitico, dal punto di vista psicoanalitico.

psychoanalyze /ˌsaɪkoʊ'ænəlaɪz/ v.t. (Psic) psicanalizzare.

psychobabble /'saɪkoʊˌbæbl/ n. (colloq, spreg) linguaggio m. infarcito di termini di psicologia.

psychobiological /ˌsaɪkoʊˌbaɪə'lɒdʒɪkəl Am ˌsaɪkoʊˌbaɪə'lɑːdʒɪkəl/ a. (Psic) psicobiologico.

psychobiologist /ˌsaɪkoʊbaɪ'ɒlədʒɪst Am ˌsaɪkoʊbaɪ'ɑːlədʒɪst/ n. psicobiologo m. (f. -a).

psychobiology /ˌsaɪkoʊbaɪ'ɒlədʒi Am ˌsaɪkoʊbaɪ'ɑːlədʒi/ n. (Psic) psicobiologia f.

psychodrama /'saɪkoʊˌdrɑːmə Am also 'saɪkoʊˌdræmə/ n. 1 psicodramma m. 2 (Cin, Teat) (where psychological elements are the main focus) dramma m. psicologico.

psychodynamic /ˌsaɪkoʊd(a)ɪ'næmɪk/ a. (Psic) psicodinamico.

psychodynamically /ˌsaɪkoʊd(a)ɪ'næmɪkəli/ avv. psicodinamicamente.

psychodynamics /ˌsaɪkoʊd(a)ɪ'næmɪks/ n.pl. (costr.sing.) (Psic) psicodinamica f.sing.

psychogenesis /ˌsaɪkoʊ'dʒenəsɪs/ n. (Psic) psicogenesi f.

psychogenic /ˌsaɪkoʊ'dʒenɪk/ a. (Med,Psic) psicogeno.

psychogram /'saɪkoʊgræm/ n. (Med,Psic) psicogramma m.

psychograph /'saɪkoʊgrɑːf Am 'saɪkoʊgræf/ n. (Med,Psic) psicogramma m.

psychographic /ˌsaɪkoʊ'græfɪk/ a. (Med, Psic) psicografico.

psychographics /ˌsaɪkoʊ'græfɪks/ n. (costr.sing.) (Psic) psicografia f.

psychography /saɪ'kɒgrəfi Am saɪ'kɑːgrəfi/ n. (Psic) psicografia f.

psychokinesis /ˌsaɪkoʊk(a)ɪ'niːsɪs/ n. telecinesi f., psicocinesi f.

psychokinetic /ˌsaɪkoʊkɪ'netɪk Am ˌsaɪkoʊkɪ'netɪk/ a. telecinetico, psicocinetico.

psycholinguist /ˌsaɪkoʊ'lɪŋgwɪst/ n. psicolinguista m./f.

psycholinguistic /ˌsaɪkoʊlɪŋ'gwɪstɪk/ a. (Ling) psicolinguistico.

psycholinguistics /ˌsaɪkoʊlɪŋ'gwɪstɪks/ n.pl. (costr.sing.) (Ling) psicolinguistica f.sing.

psychologic /ˌsaɪkə'lɑːdʒɪk/ a. (Am,Psic)

psicologico. □ *~warfare* guerra psicologica.

psychological /ˌsaɪkə'lɒdʒɪkəl *Am* ˌsaɪkə'lɑːdʒɪkəl/ *a.* (*Psic*) psicologico. □ *~warfare* guerra psicologica.

psychologism /saɪ'kɒlədʒɪzəm *Am* saɪ'kɑːlədʒɪzəm/ *n.* (*Filos*) psicologismo *m.*

psychologist /saɪ'kɒlədʒɪst *Am* saɪ'kɑːlədʒɪst/ *n.* psicologo *m.* (*f.* -a).

psychologize /saɪ'kɒlədʒaɪz *Am* saɪ'kɑːlədʒaɪz/ I *v.t.* analizzare psicologicamente. II *v.i.* fare della psicologia.

psychology /saɪ'kɒlədʒi *Am* saɪ'kɑːlədʒi/ *n.* psicologia *f.*

psychometrics /ˌsaɪkou'metrɪks/ *n.pl.* (*costr.sing.*) psicometria *f.sing.*

psychoneurosis /ˌsaɪkounjuː'rousɪs/ *n.* (*Med*) psiconevrosi *f.*, nevrosi *f.*

psychopath /'saɪkoupæθ/ *n.* (*Med,Psic*) psicopatico *m.* (*f.* -a).

psychopathic /ˌsaɪkou'pæθɪk/ *a.* (*Med,Psic*) psicopatico.

psychopathically /ˌsaɪkou'pæθɪkəli/ *avv.* psicopaticamente.

psychopathological /ˌsaɪkou,pæθə'lɒdʒɪkəl *Am* ˌsaɪkou,pæθə'lɑːdʒɪkəl/ *a.* (*Psic*) psicopatologico.

psychopathologist /ˌsaɪkoupə'θɒlədʒɪst *Am* ˌsaɪkoupə'θɑːlədʒɪst/ *n.* psicopatologo *m.* (*f.* -a).

psychopathology /ˌsaɪkoupə'θɒlədʒi *Am* ˌsaɪkoupə'θɑːlədʒi/ *n.* psicopatologia *f.*

psychopathy /saɪ'kɒpəθi *Am* saɪ'kɑːpəθi/ *n.* (*Med*) psicopatia *f.*

psychopharmacologic /ˌsaɪkou,fɑːməkə'lɒdʒɪk *Am* ˌsaɪkou,fɑːrməkə'lɑːdʒɪk/ *a.* (*Farm*) psicofarmacologico.

psychopharmacologist /ˌsaɪkou,fɑːmə'kɒlədʒɪst *Am* ˌsaɪkou,fɑːrmə'kɑːlədʒɪst/ *n.* psicofarmacologo *m.* (*f.* -a).

psychopharmacology /ˌsaɪkou,fɑːmə'kɒlədʒi *Am* ˌsaɪkou,fɑːrmə'kɑːlədʒi/ *n.* psicofarmacologia *f.*

psychophysiological /ˌsaɪkou,fɪziə'lɒdʒɪkəl *Am* ˌsaɪkou,fɪsiə'lɑːdʒɪkəl/ *a.* (*Psic*) psicofisiologico.

psychophysiologist /ˌsaɪkou,fɪzi'ɒlədʒɪst *Am* ˌsaɪkou,fɪzi'ɑːlədʒɪst/ *n.* psicofisiologo *m.* (*f.* -a).

psychophysiology /ˌsaɪkou,fɪzi'ɒlədʒi *Am* ˌsaɪkou,fɪzi'ɑːlədʒi/ *n.* psicofisiologia *f.*

psychopomp /'saɪkoupɒmp *Am* 'saɪkoupɑːmp/ *n.* (*Stor.gr,Mitol*) psicopompo *m.*

psychosexual /ˌsaɪkou'seksjuəl *Am* ˌsaɪkou'sekʃuəl/ *a.* (*Psic*) psicosessuale.

psychosexually /ˌsaɪkou'seksjuəli *Am* ˌsaɪkou'sekʃuəli/ *avv.* psicosessualmente.

psychosis /saɪ'kousɪs/ (*pl.* **-ses** /-siːz/) *n.* (*Med*) psicosi *f.*

psychosocial /ˌsaɪkou'souʃəl/ *a.* (*Psic, Sociol*) psicosociale.

psychosocially /ˌsaɪkou'souʃəli/ *avv.* psicosocialmente.

psychosomatic /ˌsaɪkousou'mætɪk *Am* ˌsaɪkousou'mætɪk/ *a.* (*Med,Psic*) psicosomatico: *~ medicine* medicina psicosomatica.

psychosomatically /ˌsaɪkousou'mætɪkəli *Am* ˌsaɪkousou'mætɪkəli/ *avv.* psicosomaticamente.

psychosomatics /ˌsaɪkousou'mætɪks *Am* ˌsaɪkousou'mætɪks/ *n.pl.* (*costr.sing.*) medicina *f.sing.* psicosomatica.

psychotherapeutic /ˌsaɪkou,θerə'pjuːtɪk *Am* ˌsaɪkou,θerə'pjuːtɪk/ *a.* (*Psic*) psicoterapico.

psychotherapeutics /ˌsaɪkou,θerə'pjuːtɪks *Am* ˌsaɪkou,θerə'pjuːtɪks/ *n.pl.* (*costr.sing.*) (*Psic*) psicoterapia *f.sing.*

psychotherapeutist /ˌsaɪkou,θerə'pjuːtɪst

Am ˌsaɪkou,θerə'pjuːtɪst/ *n.* psicoterapeuta *m./f.*, psicoterapista *m./f.*

psychotherapist /ˌsaɪkou'θerəpɪst/ *n.* psicoterapeuta *m./f.*, psicoterapista *m./f.*

psychotherapy /ˌsaɪkou'θerəpi/ *n.* (*Psic*) psicoterapia *f.*

psychotic /saɪ'kɒtɪk *Am* saɪ'kɑːtɪk/ I *a.* 1 (*Med,Psic*) psicotico. 2 (*fig*) (*fabulous*) favoloso, meraviglioso. II *n.* (*Med,Psic*) psicotico *m.* (*f.* -a).

psychotically /saɪ'kɒtɪkəli *Am* saɪ'kɑːtɪkəli/ *avv.* psicoticamente.

psychotropic /ˌsaɪkou'troupɪk/ I *a.* (*Farm*) psicotropo. II *n.* (*Farm*) psicotropo *m.*, farmaco *m.* psicotropo.

psychrometer /saɪ'krɒmɪtər *Am* saɪ'krɑːmətər/ *n.* (*Meteor*) psicrometro *m.*

psychrometry /saɪ'krɒmɪtri *Am* saɪ'krɑːmɪtri/ *n.* (*Meteor*) psicrometria *f.*

PT 1 *Pacific Time* (ora del Pacifico). 2 (*Scol*) *Physical Training* ed. fis. (educazione fisica). 3 (*Med*) *Physical Therapy* (fisioterapia).

PTA /ˌpiːtiː'eɪ/ 1 *parent-teacher association* (associazione genitori e insegnanti). 2 (*Br*) *Passenger Transit Authority* (azienda trasporti municipali).

ptarmigan /'tɑːmɪgən *Am* 'tɑːrmɪgən/ (*pl.inv.* o **-s** /-z/; *il pl. inv. si usa general. con valore collett.*) *n.* (*Ornit*) pernice *f.* bianca.

PT boat /ˌpiː'tiːbout/ *n.* (*Mar.mil*) motosiluro *f.*

Pte (*Mil*) *private* (soldato semplice).

PTE (*Br*) *Passenger Transit Executive* (organo esecutivo dell'azienda trasporti municipali).

pterodactyl /ˌterou'dæktɪl/ *n.* (*Paleont*) pterodattilo *m.*

ptisan /'tɪzən tɪ'zæn/ *n.* tisana *f.*, decotto *m.*

pto, PTO *please turn over* v.r. (vedi retro).

Ptolemaic /ˌtɒli'meɪɪk *Am* ˌtɑːli'meɪɪk/ *a.* (*Stor,Astr*) tolemaico. □ (*Astr*) *~ system* sistema tolemaico.

Ptolemaist /ˌtɒli'meɪɪst *Am* ˌtɑːli'meɪɪst/ *n.* sostenitore *m.* (*f.* -trice) del sistema tolemaico.

Ptolemy /'tɒlɪmi *Am* 'tɑːlɪmi/ *n.pr.m.* (*Stor*) Tolomeo.

ptosis /'tousɪs/ (*pl.* **-ses** /-siːz/) *n.* (*Med*) 1 ptosi *f.* 2 (*of the upper eyelid*) ptosi *f.* palpebrale.

PTSD (*Med*) *post-traumatic stress disorder* DPTS (disturbo post-traumatico da stress).

p-type /'piːtaɪp/ *a.* (*Elettron*) di tipo p: *~ conductivity* conduttività di tipo p.

pub /pʌb/ I *n.* pub *m.*, bar *m.* □ (*sl*) *~grub* piatti serviti nei pub.

pub. 1 *publication* (pubblicazione). 2 *publisher* Ed. (editore). 3 *published* (pubblicato).

pub-crawl /'pʌbkrɔːl/ I *n.* (*colloq*) giro *m.* dei pub o dei bar. II *v.i.* (*colloq*) fare il giro dei pub o dei bar.

pubertal /'pjuːbətl *Am* 'pjuːbərtl/ *a.* puberale.

puberty /'pjuːbəti *Am* 'pjuːbərti/ *n.* pubertà *f.*

pubes /'pjuːbiːz/ *n.inv.* (*Anat*) pube *m.*, regione *f.* pubica.

pubescence /pjuː'besəns/ *n.* pubescenza *f.* (*anche Bot*).

pubescent /pjuː'besənt/ *a.* 1 adolescente, pubere. 2 (*Bot*) pubescente.

pubic /'pjuːbɪk/ *a.* (*Anat*) pubico. □ (*Anat*) *~arch* arco pubico; (*Anat*) *~bone* pube, osso pubico; (*Anat*) *~hair* peli del pube, peli pubici.

pubis /'pjuːbɪs/ (*pl.* **pubes** /'pjuːbiːz/) *n.* (*Anat*) pube *m.*, osso *m.* pubico.

pubkeeper /'pʌb,kiːpər/ *n.* proprietario *m.* (*f.* -a) di pub o bar, gestore *m.* (*f.* -trice) di pub o bar.

public /'pʌblɪk/ I *a.* 1 pubblico: *~ interest* interesse pubblico; *~ life* vita pubblica; *a ~ official* un pubblico ufficiale; *a ~ park* un parco pubblico. 2 (*open to general knowledge*) di pubblico dominio, noto, pubblico: *the scandal soon became ~* lo scandalo è diventato ben presto di pubblico dominio. 3 (*open to general view*) esposto al pubblico, pubblico. 4 (*well-known*) molto in vista, ben conosciuto, di spicco: *a ~ figure* una personalità molto in vista. II *n.* (*costr.sing. o pl.*) 1 pubblico *m.*, gente *f.*: *fair open to the ~* fiera aperta al pubblico. 2 (*people constituting a nation, state*) popolo *m.*, popolazione *f.*, nazione *f.*: *the British* ~ il popolo britannico. 3 (*particular section of the people*) pubblico *m.*: *the theatre-going ~* il pubblico che frequenta i teatri, i frequentatori dei teatri. □ *~ accountant* commercialista; *~ accounting* libera professione di commercialista; (*Tecn*) *~ address system* altoparlante; *~ administration* amministrazione pubblica; *~ assistance* assistenza sociale; (*Br*) *~bar* bar, pub; (*Parl*) *~bill* disegno di legge di pubblico interesse, progetto di legge di pubblico interesse; (*Econ*) *~company* società per azioni; *~ corporation* ente pubblico; *~ debt* debito pubblico; (*Dir*) *~ defender* pubblico difensore; *~domain*: 1 (*Dir*) pubblico dominio; 2 (*government-owned land*) demanio pubblico; 3 (*Inform*) dominio di libero accesso; *~ enemy* nemico pubblico, pericolo pubblico; *~expenditure* spesa pubblica; *at ~expense* a spese dello Stato; *~funds* fondi pubblici; *to go ~* rendere pubblico, rendere noto; *~ health* sanità, sanità pubblica, igiene e sanità pubblica; *~ holiday* festività pubblica; (*Br*) *~house* pub, bar; *in ~* in pubblico, pubblicamente; *to be in the ~eye* essere in vista; *a matter of ~knowledge* una questione nota a tutti, una questione risaputa, una questione di dominio pubblico; *~law* diritto pubblico; *~library* biblioteca pubblica; *to make ~* rendere pubblico, rendere noto; *~morality* decoro; *~nuisance*: 1 (*Dir*) reato contro l'ordine pubblico; 2 (*colloq*) (*person causing general annoyance*) emerito seccatore, terribile scocciatore; *~opinion* opinione pubblica; (*Dir*) *~ownership* proprietà collettiva, proprietà pubblica; *~policy* politica ufficiale, politica dichiarata; (*Dir*) *~ prosecutor* pubblico ministero, pubblica accusa; *~relations* pubbliche relazioni; *~ school*: 1 (*Br*) scuola privata; 2 (*Am,Scott*) scuola pubblica, scuola statale; *~ sector* settore pubblico; (*US*) *Public Service Commission* autorità che disciplina le tariffe e vigila sulla regolarità dei servizi pubblici offerti; *~spending* spesa pubblica; *~transport* mezzi pubblici; *~utilities* servizi di pubblica utilità; *~works* opere pubbliche, lavori pubblici.

publican /'pʌblɪkən/ *n.* 1 gestore *m.* (*f.* -trice) di pub o bar. 2 (*owner*) proprietario *m.* (*f.* -a) di pub o bar. 3 (*Stor*) (*tax collector*) esattore *m.* delle imposte. 4 (*Dir.rom*) pubblicano *m.*

publication /ˌpʌblɪ'keɪʃən/ *n.* 1 pubblicazione *f.* (*anche Edit*). 2 (*proclamation*) divulgazione *f.*: *radio is a great instrument of communication and* ~ la radio è un grande strumento di comunicazione e di divulgazione. 3 (*Dir*) notifica *f.* legale.

publicist /'pʌblɪsɪst/ *n.* 1 agente *m./f.* pubblicitario. 2 (*expert in public or international law*) pubblicista *m./f.*

publicistic /ˌpʌblɪ'sɪstɪk/ *a.* pubblicistico.

publicity /pʌb'lɪsəti *Am* pʌb'lɪsəti/ *n.* pubblicità *f.*: *any ~ is good ~* qualsiasi pubblicità è buona pubblicità. □ *~agent* agente pubblicitario; *~campaign* campagna pubblici-

taria; ~ **stunt** trovata pubblicitaria.
publicize /'pʌblɪsaɪz/ v.t. **1** proclamare, promulgare, divulgare. **2** (to advertise) reclamizzare, pubblicizzare, propagandare.
publicizing /'pʌblɪsaɪzɪŋ/ n. pubblicizzazione f., reclamizzazione f.
publicly-owned /'pʌblɪkli,ound/ a. pubblico, di proprietà pubblica.
public-minded /'pʌblɪk,maɪndɪd/ a. che ha senso civico, conscio delle esigenze sociali.
public-opinion /,pʌblɪkə'pɪnjən/ a. dell'opinione pubblica, relativo all'opinione pubblica. □ ~ **poll** sondaggio di opionione.
public-relations /,pʌblɪkrɪ'leɪʃənz/ a. relativo alla pubbliche relazioni. □ ~ **man** esperto in pubbliche relazioni; ~ **officer** addetto alle pubbliche relazioni.
public-spirited /,pʌblɪk'spɪrɪtɪd Am ,pʌblɪk 'spɪrɪtɪd/ a. che ha senso civico, conscio delle esigenze sociali.
publish /'pʌblɪʃ/ v.t. **1** (to make publicly known) rendere di pubblico dominio, diffondere, divulgare: to ~ a plan pubblicare un progetto. **2** (Edit) pubblicare, stampare: to ~ novels and poetry pubblicare romanzi e poesie. **3** (to promulgate) proclamare, promulgare, divulgare. **4** (to publicize) propagandare, reclamizzare, fare pubblicità a, pubblicizzare. □ to ~ the banns of marriage fare le pubblicazioni di matrimonio.
publishable /'pʌblɪʃəbl/ a. pubblicabile, idoneo alla pubblicazione (anche Edit).
published /'pʌblɪʃt/ a. **1** pubblicato. **2** (of an author) che ha opere pubblicate.
publisher /'pʌblɪʃər/ n. **1** (Edit) editore m., casa f. editrice. **2** (Giorn) direttore m. (f. -trice) di giornale. **3** (Am,Giorn) (owner) proprietario m. (f. -a) di giornale.
publishing /'pʌblɪʃɪŋ/ I n. editoria f., attività f. editoriale. II a. editore, editoriale. □ (Edit) ~ **company** casa editrice; (Edit) ~ **director** direttore del gruppo editoriale; (Edit) ~ **firm** (o ~ **house**) casa editrice.
puce /pjuːs/ I a. di color pulce. II n. color m. pulce.
puck[1] /pʌk/ n. **1** (Sport) (in ice hockey) disco m. **2** (Inform) (an input device similar to a mouse) puck m.
puck[2] /pʌk/ n. (Folcl) folletto m.
Puck /pʌk/ n.pr.m. (Mitol.nord) Puck.
pucka /'pʌkə/ a. (colloq) autentico, vero, genuino.
pucker /'pʌkər/ I v.t. **1** corrugare, aggrottare, raggrinzarc, incrcsparc: to ~ one's forehead corrugare la fronte. **2** (of the lips) increspare. **3** (of fabric) increspare, raggrinzare: to ~ curtains increspare le tende. II v.i. **1** corrugarsi, aggrottarsi. **2** (of lips) incresparsi. **3** (of fabric) fare le grinze, raggrinzarsi, raggrinzare, increspare. III n. **1** piega f., grinza f., crespa f., ruga f. **2** (puckered part in a fabric) grinza f., crespa f., increspatura f. □ to ~ up: **1** corrugare, aggrottare, raggrinzare, increspare; **2** (to pursue one's mouth for a kiss) protendere le labbra per dare un bacio.
puckered /'pʌkəd Am 'pʌkərd/ a. corrugato, raggrinzito.
puckery /'pʌkəri/ a. corrugato, raggrinzito.
puckish /'pʌkɪʃ/ a. malizioso, birichino.
puckishly /'pʌkɪʃli/ avv. maliziosamente, birichinamente.
puckishness /'pʌkɪʃnəs/ n. l'essere malizioso, l'essere birichino.
pud /pʊd/ n. (Br,Dolc,colloq) (pudding) budino m., pudding m.
pudding /'pʊdɪŋ/ n. **1** (Dolc) budino m., pudding m. **2** (Alim) (batter) pastella f. **3** (Br, estens) (sweet, dessert) dolce m., dessert m.:

what are we having for ~? cosa c'è per dolce? **4** (Br,Alim) (type of sausage) tipo m. di salsiccia. □ ~ **basin** stampo per budino; (Br,fig,colloq) ~ **face** faccione; (colloq,fig) ~ **head** stupido, sciocco, allocco, testa di rapa.
pudding-basin /'pʊdɪŋ,beɪsɪn/ a. (of a haircut) a scodella.
puddle /'pʌdl/ I n. **1** pozzanghera f., pozza f. **2** (pool of liquid) pozza f.: ~s of blood pozze di sangue. **3** (Edil) (lining material) malta f. II v.t. **1** riempire di pozzanghere: the rain had -d the road la pioggia aveva riempito la strada di pozzanghere. **2** (to make muddy) infangare, rendere fangoso. **3** (to make turbid) intorbidare, rendere torbido. **4** (Edil) (to line with puddle) ricoprire di malta, rivestire di malta, intonacare. **5** (Met) (to process pig iron) puddellare. III v.i. **1** sguazzare (in una pozza). **2** (to become a puddle) formare una pozzanghera. □ (Am,colloq,Aer) ~ **hopper** (o ~ **jumper**) aereo leggero.
puddler /'pʌdlər/ n. (Met) **1** affinatore m. (f. -trice). **2** (device) forno m. di puddellaggio.
puddling /'pʌdlɪŋ/ n. **1** (Met) puddellaggio m., puddellazione f. **2** (Edil) preparazione f. della malta, impasto m. della malta. □ (Met) ~ **furnace** forno m. di puddellaggio.
puddly /'pʌdli/ a. **1** pieno di pozzanghere, pieno di pozze. **2** (ant) (muddy) fangoso.
pudendal /pju:'dendəl/ a. relativo ai genitali esterni, (lett) pudendo: ~ **artery** arteria pudenda.
pudendum /pju:'dendəm/ (pl. **-da** /-də/) n.spec.pl. genitali m.pl. esterni, (lett) pudende f.pl.
pudge /pʌdʒ/ n. (Am,colloq) ciccia f.
pudginess /'pʌdʒɪnəs/ n. (colloq) l'essere piccolo e tozzo.
pudgy /'pʌdʒi/ a. (colloq) piccolo e tozzo, tracagnotto, cicciotto, grassoccio, grassottello.
pueblo /'pweblou/ (pl. **-s** /-z/) n. (village) pueblo m.
Pueblo /'pweblou/ (pl.inv. o **-s** /-z/) n. Pueblos m.pl.
puerile /'pjʊəraɪl Am 'pjʊrɪl/ a. puerile, fanciullesco, infantile (anche fig).
puerilely /'pjʊəraɪli Am 'pjʊrɪli/ avv. puerilmente, in modo fanciullesco.
puerility /,pjʊə'rɪlɪti Am ,pjʊ'rɪləti/ n. **1** puerilità f., infantilità f. **2** (puerile act, remark, etc.) fanciullaggine f., sciocchezza f., bambinata f.
puerpera /pju:'ɜ:rpərə Am pju:'ɜ:rpərə/ (pl. **-rae** /-ri:/) n. pucrpcra f.
puerperal /pju:'ɜ:rpərəl Am pju:'ɜ:rpərəl/ a. puerperale. □ (Med) ~ **fever** febbre puerperale.
puerperium /,pju:ə'pɪərɪəm Am ,pju:ər 'pɪrɪəm/ (pl. **-ria** /-riə/) n. puerperio m.
Puerto Rican /,pwɜ:tou'ri:kən Am ,pwɜ:rtou 'ri:kən/ I a. portoricano. II n. portoricano m. (f. -a).
Puerto Rico /,pwɜ:tou'ri:kou Am ,pwɜ:rtou 'ri:kou/ n.pr. (Geog) Puerto Rico m., Portorico m.
puff /pʌf/ I n. **1** soffio m., sbuffo m., folata f., buffo m., refolo m.: a ~ of wind blew out the candle un soffio di vento spense la candela. **2** (amount, etc. emitted) buffata f., sbuffo m., buffo m.: a ~ of smoke una buffata di fumo. **3** (short inhalation) boccata f.: a ~ of smoke una boccata di fumo. **4** (slight swelling, protuberance) protuberanza f., bozza f., bozzo m. **5** (Cosmet) (powder puff) piumino m. (da cipria). **6** (Sart) (gathered section) sbuffo m., sboffo m., sgonfio m. **7** (Alim) (light pastry) impasto m. soffice. **8** (Dolc) bignè m. **9** (Br, colloq) (an advertisement) spot m. pubblici-

tario. **10** (Br,colloq) (a complimentary book, play review) recensione f. positiva, soffietto m. II v.i. **1** soffiare, spirare, tirare. **2** (to breathe heavily) sbuffare, soffiare, ansimare, ansare. **3** (to move with puffing, panting) procedere ansimando, procedere sbuffando. **4** (to emit smoke, etc. in small puffs) soffiare buffate di fumo, emettere sbuffi di fumo, sbuffare: the train -ed into the station il treno entrò sbuffando nella stazione. **5** (to be emitted in small puffs) uscire a sbuffi: smoke -ed from the chimney il fumo usciva a sbuffi dal camino. III v.t. **1** spingere (soffiando), soffiare: the wind -ed sand into our faces il vento soffiando ci spinse la sabbia in faccia. **2** (to emit in puffs) mandar fuori a sbuffi: the train -ed steam il treno mandava fuori vapore a sbuffi. **3** (to say breathlessly) dire ansimando, dire col fiato grosso. **4** (to make breathless) mozzare il fiato a, fare restare senza fiato. **5** (to distend, to swell) gonfiare, (lett,region) enfiare. **6** (fig) (to inflate with pride) fare insuperbire, fare inorgoglire, fare gonfiare di orgoglio. □ (Zool) ~ **adder** vipera del deserto; to ~ **and blow** ansimare, respirare affannosamente; (Br) to ~ **and pant** sbuffare come una locomotiva (anche fig); to ~ **at** tirare boccate di fumo da; (Br,colloq) **in all one's** ~ in tutta la vita; to ~ **out**: **1** spegnere soffiando: the wind -ed out the candle il vento soffiando spense la candela, un soffio di vento spense la candela; **2** (estens) (to utter breathlessly) pronunciare ansimando, dire col fiato grosso: he -ed out a few words of thanks pronunciò poche parole di ringraziamento ansimando; **3** (to distend, to inflate) gonfiare, (lett,region) enfiare: to ~ out one's chest gonfiare il torace; **4** (of hair) acconciare in ciocche morbide; cotonare; (Gastron) ~ **paste** (o ~ **pastry**) pasta sfoglia; (Sart) ~ **sleeve** manica a sbuffo, manica a palloncino; to ~ **up**: **1** (to become distended) gonfiarsi, diventare gonfio: his right eye -ed up l'occhio destro gli si è gonfiato; **2** (fig) (to inflate with pride) fare inorgoglire, fare insuperbire, montare (la testa a).
puffball /'pʌfbɔːl/ n. vescia f.
puffed /pʌft/ a. **1** gonfio, gonfiato. **2** (Med) gonfio, tumefatto. **3** (Alim) soffiato, gonfiato: ~ **rice** riso soffiato. **4** (colloq) (out of breath) che è senza fiato, scoppiato, sfiatato. **5** (Sart) a sbuffo, a palloncino: ~ **sleeve** manica a sbuffo, manica a palloncino.
puffed-up /'pʌftʌp/ a. **1** gonfio, gonfiato. **2** (fig) (swollen with pride) gonfio di orgoglio, tronfio. □ (fig) ~ **person** persona boriosa, pallone gonfiato.
puffer /'pʌfər/ n. **1** (one who pants) chi ansima, chi sbuffa. **2** (smoker) fumatore m. (f. -trice). **3** (colloq,infant) (steam engine) ciuf ciuf m., locomotiva f. a vapore. **4** (colloq) (one that praises extravagantly) adulatore m. (f. -trice).
puffin /'pʌfɪn/ n. (Ornit) pulcinella f. di mare.
puffiness /'pʌfɪnəs/ n. **1** affanno m. **2** (state of being swollen) gonfiezza f. **3** (swollen part, area) gonfiore m., rigonfiamento m. **4** (fig) (pompousness) pomposità f.
puffy /'pʌfi/ a. **1** (swollen) gonfio, (lett,region) enfiato, gonfiato: a ~ face una faccia gonfia. **2** (Br) (blowing in gusts) che soffia a folate, che soffia a raffiche. **3** (Br) (short of breath) ansimante, ansante, affannato, con il fiato grosso. **4** (Br,fig) (pompous) vanitoso, borioso.
pug[1] /pʌg/ n. (Zool) carlino m. □ (Zool) ~ **dog** carlino m.; (Ferr) ~ **engine** piccola locomotiva di manovra; ~ **nose** naso rincagnato.
pug[2] /pʌg/ I v.t. (past, p.p. **pugged** /-d/) **1** (Edil,

Ceram) (*of clay: to knead*) impastare. **2** (*Edil, Ceram*) (*of clay: to fill with clay*) riempire di argilla. **3** (*Edil*) (*to fill with soundproofing*) riempire di materiale insonorizzante, insonorizzare. **II** *n.* **1** (*Edil,Ceram*) argilla *f.* impastata. **2** (*Edil*) (*soundproofing*) materiale *m.* insonorizzante, materiale *m.* per isolamento acustico. □ (*Mecc*) ~**mill** impastatrice.

pug³ /pʌg/ *n.* (*sl,Sport*) (*pugilist*) pugile *m.*, boxeur *m.*

pug⁴ /pʌg/ **I** *n.* (*footprint of an animal*) orma *f.* di animale, traccia *f.* **II** *v.t.* (*past, p.p.* **pugged** /-d/) seguire le tracce di.

pugging /'pʌgɪŋ/ *n.* materiale *m.* isolante (acustico), materiale *m.* insonorizzante, materiale *m.* per isolamento acustico.

pugh /pjuː/ *intz.* puah!, puh!

pugilism /'pjuːdʒɪlɪzᵊm/ *n.* (*Sport*) pugilato *m.*, boxe *f.*

pugilist /'pjuːdʒɪlɪst/ *n.* (*Sport*) pugile *m.*, boxeur *m.*

pugilistic /ˌpjuːdʒɪ'lɪstɪk/ *a.* (*Sport*) pugilistico.

pugnacious /pʌg'neɪʃəs/ *a.* bellicoso, battagliero, combattivo, (*lett*) pugnace.

pugnaciously /pʌg'neɪʃəsli/ *avv.* bellicosamente, in modo battagliero, in modo combattivo, (*lett*) pugnacemente.

pugnaciousness /pʌg'neɪʃəsnəs/ *n.* aggressività *f.*, combattività *f.*

pugnacity /pʌg'næsiti *Am* pʌg'næsəti/ *n.* aggressività *f.*, combattività *f.*

pug-nosed /ˌpʌg'nəʊzd *Am* 'pʌgnəʊzd/ *a.* dal naso rincagnato.

puisne /'pjuːni/ **I** *a.* (*Br*) più giovane, di grado inferiore. **II** *n.* (*Br,Dir*) giudice *m.* subalterno.

puissant /pjuːɪsᵊnt/ *a.* (*ant*) potente, forte.

puissantly /pjuːɪsᵊntli/ *avv.* (*ant*) fortemente.

puke /pjuːk/ **I** *v.i.* (*pop*) vomitare, rigettare. **II** *v.t.* (*pop*) vomitare, rigettare. **III** *n.* (*pop*) vomito *m.*

pukka /'pʌkə/ *a.* autentico, vero, genuino; ~ *sahib* vero signore.

pulchritude /'pʌlkrɪtjuːd/ *n.* bellezza *f.*, avvenenza *f.*, (*ant,lett*) pulcritudine *f.*

pulchritudinous /ˌpʌlkrɪ'tjuːdɪnəs/ *a.* bello, avvenente, leggiadro, (*ant,lett*) pulcro.

pule /pjuːl/ *v.i.* (*poet*) piagnucolare, frignare.

puling /'pjuːlɪŋ/ *a.* piagnucoloso.

Pulitzer /'pʊlɪtsər/ □ ~*price* premio Pulitzer, (*colloq*) Pulitzer.

pull /pʊl/ **I** *v.t.* **1** trascinare, tirare: *she -ed me into the sitting room* mi trascinò nel salotto; *to ~ a lever* tirare una leva. **2** (*to haul, to drag*) trainare: *the oxen ~ the cart* i buoi trainano il carro. **3** (*to extract*) estrarre, strappare, cavare: *to have a tooth -ed* farsi cavare un dente. **4** (*Giard*) (*of flowers: to gather*) cogliere, raccogliere. **5** (*Agr,Giard*) (*of vegetables, etc.: to uproot*) sradicare, estirpare, strappare. **6** (*of a weapon*) sfoderare, sguainare, tirare fuori. **7** (*to draw from a barrel*) spillare: ~ *me a pint of beer* spillami una pinta di birra. **8** (*fig*) (*to attract*) attirare, attrarre: *to ~ a large crowd* attirare una grande folla. **9** (*fig*) (*to win, to obtain*) ottenere, riuscire a ottenere, strappare: *to ~ votes* ottenere voti. **10** (*Mar*) (*of an oar*) spingere con forza. **11** (*Mar*) (*of a boat*) spingere coi remi. **12** (*colloq,fig*) (*of a robbery, etc.: to commit*) fare, commettere, combinare: *he -ed a fast one* ne ha fatta una delle sue, ne ha combinata una grossa. **13** (*fig*) (*to put on, to assume*) fare, assumere, prendere: *to ~ a disapproving face* assumere un'espressione di disapprovazione. **14** (*Med*) (*of a muscle, tendon, etc.*) strappare: *to ~ a muscle* strapparsi un muscolo. **15** (*Tip*) tirare, stampare: *to ~ a proof* tirare una bozza. **16** (*Sport*) (*in golf*) fare descrivere una curva a sinistra a. **17** (*Equit*) fermare tirando le briglie. **II** *v.i.* **1** tirare (*at sth.* qcs.): *to ~ at so.'s sleeve* tirare qcu. per la manica. **2** (*to take a drink*) bere un sorso (da): *to ~ at the bottle* bere un sorso dalla bottiglia. **3** (*to inhale hard*) tirare lunghe boccate, inspirare forte (*at, on* da), fare un tiro (da): *to ~ at one's cigar* tirare lunghe boccate dal sigaro. **4** (*to draw a weapon*) estrarre un'arma, tirare fuori un'arma. **5** (*Mar*) (*to row*) remare, vogare. **6** (*to move under mechanical power*) spostarsi, muoversi, avanzare: *the train -ed out of the siding* il treno si spostò dal binario di raccordo. **7** (*of a horse*) tirare il morso, tirare il freno. **8** (*colloq,fig*) (*to exert attracting power*) esercitare forza di attrazione, attrarre l'attenzione, attirare l'attenzione. **III** *n.* **1** (*act of pulling*) tiro *m.*, tirata *f.* **2** (*instance*) tirata *f.*, strattone *m.*, strappo *m.* **3** (*force exerted in pulling*) forza *f.* di attrazione: *the moon's ~ on the tides* la forza di attrazione della luna sulle maree. **4** (*fig*) (*influence*) influenza *f.*, autorità *f.*, prestigio *m.*, peso *m.* **5** (*fig*) (*influence exerted*) appoggio *m.*, aiuto *m.*, spinta *f.*: *he got that job without any ~* ha ottenuto quell'impiego senza nessun appoggio. **6** (*fig*) (*ability to arouse interest*) attrattiva *f.*, richiamo *m.*, fascino *m.* **7** (*Br*) (*draught of liquid*) sorso *m.*, sorsata *f.*: *to take a ~ at a hip flask* bere un sorso da una borraccia. **8** (*Br*) (*inhalation*) tirata *f.*, boccata *f.*, (*pop*) tiro *m.*: *to take a ~ at a cigarette* fare un tiro, dare una tiro a una sigaretta. **9** (*device for pulling or operating sth.*) tirante *m.* **10** (*handle*) manopola *f.* **11** (*Mar*) (*act of pulling an oar*) remata *f.*, vogata *f.* **12** (*Mar*) (*trip by boat*) remata *f.* **13** (*Tip*) bozza *f.* di stampa. **14** (*Equit*) tirata *f.* di briglie. **15** (*Sport*) (*in golf*) curva *f.* a sinistra. □ (*Br*) *to ~about* strapazzare, maltrattare; *to ~ahead* portarsi in testa, staccarsi: *the favourite soon -ed ahead* il favorito si è presto portato in testa; *to ~ apart*: **1** staccare, separare: *the referee -ed the boxers apart* l'arbitro separò i pugili; **2** (*to pull to pieces*) fare a pezzi, ridurre in pezzi; **3** (*fig*) (*to destroy*) demolire, distruggere: *he -ed my theory apart in a couple of minutes* in due minuti ha demolito la mia teoria; *to ~away*: **1** allontanare, tirare via, trascinare via: *she -ed the baby away from the fire* allontanò il bambino dal fuoco; **2** (*to detach*) staccare, tirare via; **3** (*to draw oneself away*) rifiutare (*from sth.* qcs.), tirarsi indietro (da), sottrarsi (a); **4** (*to leave*) partire, andare via: *the bus -ed away* l'autobus partì; **5** (*Mar*) arrancare, vogare a tutta forza; *to ~back*: **1** tirare indietro: *to ~ back the hammer of a gun* tirare indietro il cane del fucile; **2** (*to halt*) trattenere, fermare; **3** (*fig*) (*to obstacle*) ostacolare, intralciare, contrastare, impedire; **4** (*fig*) (*to draw oneself away*) tirarsi indietro (da), sottrarsi (a), scansare (qcs.); **5** (*to retreat*) retrocedere, ritirarsi; *to ~down*: **1** tirare giù, abbassare; *to ~ the blinds down* tirare giù le persiane; **2** (*to demolish*) demolire, buttare giù, distruggere: *that building should be -ed down* quell'edificio dovrebbe essere demolito; **3** (*sl*) (*to depress in spirits*) deprimere, demoralizzare, buttare giù, gettare a terra; **4** (*colloq*) (*to cause to fall*) fare cadere, buttare giù, abbattere: *to ~ down a government* fare cadere un governo; **5** (*Sport*) (*to catch*) afferrare, prendere; (*Am, colloq*) *to ~ so.'s ears* tirare le orecchie a qcu.; (*Am,colloq*) *to ~for* (*to support*) essere sostenitore di, essere fautore di, tenere per, sostenere con entusiasmo; *to ~ in*: **1** trattenere,

contenere, reprimere, frenare; **2** (*to tighten*) tirare, stringere: *to ~ in the reins* tirare le redini; **3** (*Equit*) trattenere: *to ~ in a horse* trattenere un cavallo; **4** (*sl*) (*to take into custody*) mettere dentro, sbattere dentro, mettere in carcere; **5** (*colloq,fig*) (*to attract*) attirare, attrarre; **6** (*to arrive*) arrivare, giungere: *the train -ed in dead on time* il treno è arrivato in perfetto orario; (*colloq,fig*) *to ~ so.'s leg* prendere in giro qcu., canzonare qcu.; (*Mar*) *this boat -s six oars* questa barca è a sei remi; *to ~off*: **1** tirare giù, tirare via, fare cadere: *the child -ed the cloth off the table* il bambino tirò giù la tovaglia dal tavolo; **2** (*of clothes*) sfilare, togliere; **3** (*colloq,fig*) (*to succeed*) concludere, portare a termine, realizzare: *I can't believe he actually -ed it off!* non posso credere che sia riuscito a finirlo!; *to ~on* infilare, infilarsi, indossare, mettere: *to ~ on one's gloves* infilarsi i guanti; *to ~ a door open* spalancare una porta, aprire una porta; *to ~ out*: **1** tirare fuori, estrarre: *to ~ out a handkerchief* tirare fuori un fazzoletto; **2** (*to extract*) estrarre, tirare, estirpare, cavare; **3** (*to uproot*) sradicare, estirpare; **4** (*to call out on strike*) fare scioperare; **5** (*to leave*) uscire, partire, muoversi (*of* da), lasciare (qcs.): *the train -ed out of the station* il treno uscì dalla stazione; **6** (*colloq,fig*) (*to withdraw*) tirarsi indietro, tirarsi indietro, desistere (da); (*fig*) *to ~out all the stops* fare tutto il possibile, fare l'impossibile; *to ~ over*: **1** tirare sopra: *to ~ the covers over one's head* tirarsi le coperte sopra la testa; **2** (*Aut*) accostare; *to ~ one's punches*: **1** (*Sport*) dare volutamente pugni inefficaci; **2** (*colloq, fig*) (*to act with restraint*) controllarsi, trattenersi; *to ~round*: **1** (*to regain one's health*) rimettersi (in salute), ristabilirsi; **2** (*to restore to good health*) ristabilire, rimettere in salute, tirarc su; *to ~ a door shut* chiudere una porta; (*fig*) *to ~strings* tirare le fila, manovrare; (*colloq,fig*) *to ~ the plug* staccare la spina; *to ~ the wires*: **1** tirare i fili delle marionette, manovrare i fili delle marionette; **2** (*fig*) manovrare da dietro le quinte; (*fig*) *to ~ the wool over so.'s eyes* ingannare qcu., imbrogliare qcu., (*colloq*) infinocchiare qcu.; *to ~ through*: **1** (*to bring safely through*) fare ristabilire, guarire; **2** (*colloq*) (*to survive*) salvarsi, cavarsela: *he's seriously ill but he'll probably ~ through* è seriamente malato, ma probabilmente se la caverà; (*Br*) *to ~to pieces*: **1** fare a pezzi, ridurre in pezzi; **2** (*fig*) demolire, distruggere, criticare aspramente: *to ~ a theory to pieces* demolire una teoria; *to ~together*: **1** (*to co-operate in a task*) collaborare, mettersi insieme; **2** (*to put together*) mettere qcs. insieme, rimettere qcs. insieme; **3** (*rifl.*) *to ~ oneself together* ricomporsi, riacquistare il controllo di sé, riacquistare il dominio di sé; *to ~ a tooth* estrarre un dente, levare un dente; (*fig*) *to pull so.'s teeth* rendere qcu. innocuo, rendere qcu. inoffensivo; *to ~ up*: **1** tirare su: *to ~ up one's trousers* tirarsi su i pantaloni; **2** (*to uproot*) sradicare, estirpare; **3** (*to bring to a halt*) fermare, arrestare; **4** (*to rebuke*) rimproverare, riprendere; (*Br,colloq,fig*) *to ~up one's socks* darsi da fare, rimboccarsi le maniche; *to ~ one's weight* fare la propria parte, dare il proprio contributo.

pull-down /'pʊldaʊn/ □ (*Inform*) ~*menu* menu a tendina.

puller /'pʊlər/ *n.* **1** chi tira. **2** (*device for extracting sth.*) estrattore *m.* **3** (*of a horse*) cavallo *m.* da tiro.

pullet /'pʊlɪt/ *n.* gallina *f.* giovane, pollastrella *f.*, pollastra *f.*

pulley /'pʊli/ n. (Mecc) **1** puleggia f. **2** (system of pulleys) sistema m. di pulegge. **3** (for transmitting power) puleggia f. motrice. □ (Mecc) ~ **block** paranco.

pulling /'pʊlɪŋ/ □ (fig) to be like ~ **teeth** essere un'impresa difficile e noiosa.

pullman, Pullman /'pʊlmən/ n. (Ferr) pullman m.

pull-out /'pʊlaʊt/ n. (Giorn) inserto m., fascicolo m.

pullover /'pʊloʊvər/ n. (Abbigl) pullover m., maglione m.

pull-tab /'pʊltæb/ n. (Br) linguetta f. metallica di lattina con anello per apertura a strappo.

pullulate /'pʌljʊleɪt/ v.i. **1** moltiplicarsi, aumentare rapidamente. **2** (to swarm) pullulare, essere gremito. **3** (to breed rapidly) pullulare, spuntare, venire fuori in grande quantità. **4** (Bot) (to germinate) germogliare, germinare.

pullulation /ˌpʌljʊ'leɪʃən/ n. **1** il pullulare. **2** (Bot) (gemmation) gemmazione f.

pull-up /'pʊlʌp/ n. (Ginn,Sport) trazione f. alla sbarra. □ to do ~ fare le trazioni alla sbarra.

pulmonary /'pʌlmənəri Am 'pʌlməneri/ a. (Anat,Med) polmonare. □ (Anat) ~ **artery** arteria polmonare; (Anat) ~ **vein** vena polmonare.

pulmonate /'pʌlmən(e)ɪt/ **I** a. (Zool) polmonato. **II** n. (Zool) polmonato m.

pulmonic /pʌl'mɒnɪk Am pʌl'mɑ:nɪk/ a. (Anat,Med) polmonare.

pulp /pʌlp/ **I** n. **1** polpa f. **2** (Cart) pasta f. (di legno). **3** (soft, moist mass) poltiglia f. **4** (Minier) torbida f. **5** (Giorn) rivista f. popolare, rivista f. di scarso valore informativo, rivista f. da quattro soldi. **6** (Edit) libro m. pulp, libro m. di evasione. **II** v.t. **1** spappolare, ridurre in poltiglia. **2** (to remove the pulp from) togliere la polpa da. **III** v.i. spappolarsi. □ (Edit) ~ **fiction** narrativa di evasione; (Giorn) ~ **magazine** rivista popolare; to reduce to ~: **1** spappolare, ridurre in poltiglia; **2** (of a person) conciare male, (colloq) fare polpette di.

pulpify /'pʌlpɪfaɪ/ v.t. ridurre in poltiglia, spappolare.

pulpiness /'pʌlpɪnəs/ n. l'essere polposo, l'essere carnoso.

pulpit /'pʊlpɪt/ n. **1** (Arch) pulpito m. (anche fig). **2** (fig) (clerical profession) professione f. del predicatore. **3** (preachers) predicatori m.pl. □ (fig) his ~ **utterances** le sue prediche, i suoi sermoni.

pulpitarian /ˌpʊlpɪ'teəriən Am ˌpʊlpɪ'teriən/ **I** n. predicatore m. (f. -trice). **II** a. predicatorio.

pulpiteer /ˌpʊlpɪ'tɪər Am ˌpʊlpɪ'tɪr/ **I** n. predicatore m. (f. -trice). **II** v.i. predicare.

pulpiter /'pʊlpɪtər Am 'pʊlpɪtər/ n. predicatore m. (f. -trice).

pulpless /'pʌlpləs/ a. privo di polpa, senza polpa.

pulpy /'pʌlpi/ a. polposo, carnoso.

pulsar /'pʌlsɑːr/ n. (Astr) pulsar f./m.

pulsate /pʌl'seɪt Am 'pʌlseɪt/ v.i. **1** pulsare, palpitare, battere. **2** (fig) (to be full of energy) pulsare: the city streets -d with life le strade cittadine pulsavano di vita. **3** (El) pulsare.

pulsatile /'pʌlsətaɪl/ a. **1** pulsante, che batte. **2** (Mus) a percussione.

pulsation /pʌl'seɪʃən/ n. **1** pulsazione f., battito m. (anche Fisiol). **2** (vibration) pulsazione f., vibrazione f. **3** (El) pulsazione f.

pulsative /'pʌlsətɪv Am 'pʌlsətɪv/ a. pulsante, che batte.

pulsator /pʌl'seɪtər Am 'pʌlseɪtər/ n. **1** (Fis) pulsatore m. **2** (Minier) vibratore m. per separare i diamanti dal terriccio.

pulsatory /pʌl'sətəri Am 'pʌlsətɔ:ri/ a. caratterizzato da pulsazione, che pulsa, che vibra.

pulse[1] /pʌls/ **I** n. **1** (Fisiol) polso m. **2** (pulsing movement) pulsazione f., vibrazione f. **3** (single vibration) vibrazione f. **4** (fig) (vitality) vita f., vitalità f.: the ~ of a great metropolis la vita di una grande metropoli. **5** (El) impulso m. **II** v.i. pulsare, palpitare (anche fig). **III** v.t. **1** fare pulsare, fare battere, fare palpitare. **2** (El) produrre sotto forma di impulsi.

pulse[2] /pʌls/ n. (Bot) **1** (seeds) legumi m.pl. **2** spec.pl. leguminose f.pl.

pulsebeat /'pʌlsbiːt/ n. (Fisiol) polso m., pulsazione f.

pulsejet /'pʌlsdʒet/ n. (Aer) pulsoreattore m., pulsogetto m.

pulseless /'pʌlsləs/ a. **1** senza battiti. **2** (fig) (lacking energy, vitality) che manca di polso, privo di polso.

pulsimeter /pʌl'sɪmɪtər Am pʌl'sɪmətər/ n. (Med) pulsimetro m.

pulsometer /pʌl'sɒmɪtər Am pʌl'sɑ:mətər/ n. **1** (Fis) pulsometro m. **2** (Med) pulsimetro m.

pultrusion /pʌl'truːʒən/ n. (Tecn) formatura f. a tiro.

pulverable /'pʌlvərəbl/ a. polverizzabile.

pulverizable /'pʌlvəraɪzəbl/ a. polverizzabile.

pulverization /ˌpʌlvər(a)ɪ'zeɪʃən/ n. polverizzazione f.

pulverize /'pʌlvəraɪz/ **I** v.t. **1** polverizzare, ridurre in polvere. **2** (to nebulize) polverizzare, nebulizzare. **3** (to destroy utterly) distruggere, polverizzare. **II** v.i. polverizzarsi.

pulverizer /'pʌlvəraɪzər/ n. **1** polverizzatore m. (f. -trice). **2** (device) polverizzatore m., nebulizzatore m.

pulverulent /pʌl'verjʊlənt/ a. **1** polverulento, pulverulento. **2** (covered with dust, powder) polveroso. **3** (Minier) (friable) friabile.

pulvinate /'pʌlvɪneɪt/ a. **1** (Bot) pulvinato. **2** (Arch) a faccia convessa.

pulvinated /'pʌlvɪneɪtɪd Am 'pʌlvɪneɪtɪd/ a. **1** (Bot) pulvinato. **2** (Arch) a faccia convessa.

puma /'pjuːmə/ n. (Zool) puma m.

pumice /'pʌmɪs/ **I** n. (Geol) pomice f., pietra f. pomice. **II** v.t. pulire con la pomice, lucidare con la pomice, levigare con la pomice. □ (Geol) ~ **stone** pietra pomice.

pumiceous /pjuː'mɪʃəs/ a. simile a pomice.

pummel /'pʌml/ (past, p.p. **pummelled** /Am **pummeled** /-d/) **I** v.t. prendere a pugni, colpire con i pugni. **II** v.i. tirare pugni, dare pugni (at a).

pump[1] /pʌmp/ **I** n. **1** (Mecc) pompa f. **2** (Aut) distributore m. (di benzina), pompa f. di benzina. **II** v.t. **1** pompare: to ~ water out of the hold pompare l'acqua dalla stiva; the heart -s blood through the body il cuore pompa il sangue nel corpo. **2** (Br,fig) (to force, to inject) fare entrare (a forza): to ~ sth. into so.'s head fare entrare qcs. in testa a qcu. **3** (colloq) (of bullets, etc.) tirare, sparare, scaricare: to ~ bullets into so. scaricare proiettili su qcu. **4** (Br,colloq) (to question persistently) sottoporre a un asfissiante interrogatorio. **5** (Br, colloq) (of information: to elicit by questioning) strappare, carpire, cavare. **6** (to operate with a pumping action) fare andare su e giù. **7** (to free from water, etc., with a pump) prosciugare con una pompa, pompare l'acqua da. **III** v.i. **1** (to work a pump) pompare. **2** (of a pump, pumplike device: to operate) azionare. **3** (to move up and down like a pump handle) andare su e giù. **4** (Br,fig) (to throb, to pulse) battere, pulsare: my heart -ed wildly il cuore mi batteva all'impazzata. **5** (to spurt out in jets) zampillare, sprizzare, schizzare: blood -ed from the wound il sangue sprizza-

va dalla ferita. **6** (Br,colloq) (to seek to elicit information) cercare di strappare informazioni a. □ to ~ **away** pompare: he -ed away till the pond was dry pompò via l'acqua finché lo stagno fu asciutto; (fig) to ~ so.'s **hand** stringere calorosamente la mano a qcu.; (Mecc) ~ **handle** asta della pompa, manubrio della pompa; (Mar) ~ **house** sala pompe; ~ **room**: **1** (at a spa) sala in cui si fa la cura delle acque; **2** (Mar) sala pompe; **3** (of a swimming pool) sala pompe (di piscina); to ~ **up** tirare su con una pompa, pompare.

pump[2] /pʌmp/ n. (Calz) **1** (for men) scarpa f. di vernice (da sera). **2** (for women) scarpa f. scollata.

pumped /pʌmpt/ n. (Am,sl) pompato, eccitato, gasato.

pumped-up /'pʌmptʌp/ n. (Am,sl) pompato, eccitato, gasato.

pumpernickel /'pʌmpəˌnɪkl Am 'pʌmpərˌnɪkl/ n. (Alim) tipo m. di pane di segale.

pumping /'pʌmpɪŋ/ n. (Br) pompaggio m.

pumpkin /'pʌmpkɪn/ n. (Bot) zucca f. □ (Am,sl) some -s (important person) un pezzo grosso, una persona molto importante.

pumpman /'pʌmpmən/ n.irr. (Am) pompista m., addetto m. a una pompa di benzina.

pump-priming /'pʌmpˌpraɪmɪŋ/ n. (Am) **1** (Tecn) adescamento m. di una pompa. **2** (fig) (stimulation) provvedimenti m.pl. di rilancio.

pun[1] /pʌn/ **I** n. gioco m. di parole **II** v.i. fare giochi di parole (on, upon su).

pun[2] /pʌn/ (past, p.p. **punned** /-d/) v.t. (Br,dial) (to beat, to pound) comprimere, pestare, pigiare.

punch[1] /pʌntʃ/ **I** n. **1** pugno m., (pop) cazzotto m.: to give so. a ~ on the nose dare un pugno sul naso a qcu. **2** (fig) (vigour, energy) vigore m., energia f., forza f. **II** v.t. **1** colpire con un pugno, dare un pugno a, (pop) scazzottare: to ~ so.'s head colpire qcu. con un pugno alla testa. **2** (to press) comporre, digitare: to ~ a number digitare un numero. **3** (to strike sharply) battere con forza su, pestare: to ~ the keys of a typewriter battere con forza sui tasti di una macchina per scrivere. **4** (Am) (of cattle: to drive) spingere, sospingere, condurre. **III** v.i. dare un pugno (at a), colpire con un pugno (qcu.), (pop) scazzottare (qcu.). □ (Sport) ~ **bag** sacco; ~ **drunk**: **1** (gerg) (of a boxer) stordito, suonato; **2** (colloq) (befuddled) stordito, confuso, intontito; to ~ so.'s **lights out** pestare qcu., riempire qcu. di botte; ~ **line** (in a play, joke, etc.) battuta finale.

punch[2] /pʌntʃ/ **I** n. **1** (Mecc) arnese m. per perforare; (tool for stamping a design) punzone m.; (machine) punzonatrice f. **2** (Fal) punzone m. per chiodi. **3** (Cart) perforatrice f. **4** (Met) stampo m., punzone m. **5** (Tip) stampo m. **6** (tool for perforating bus tickets, etc.) pinza f. per forare; (automatic) obliteratrice f. **II** v.t. **1** forare, perforare, bucare: to ~ a train ticket forare un biglietto ferroviario. **2** (Mecc) punzonare. □ (Inform,ant) ~ **card** scheda perforata; (Inform,ant) ~ **card operator** operatore meccanografico; (Inform,ant) ~ **card reader** lettore di schede perforate; (Cart,Ind) ~ **cutter** fustellatrice; to ~ **in** (to clock in) timbrare il cartellino all'entrata; (Mecc) ~ **operator** perforatore; to ~ **out** (to clock out) timbrare il cartellino all'uscita; (Mecc) ~ **press** pressa, pressa meccanica; to ~ a **time-clock** timbrare il cartellino.

punch[3] /pʌntʃ/ n. (drink) ponce m., punch m.

punch[4] /pʌntʃ/ n. (draught-horse) cavallo m. da tiro piccolo e robusto.

Punch /pʌntʃ/ n.pr.m. (Teat) Pulcinella.

Punch-and-Judy /ˌpʌntʃən(d)'dʒuːdi/ □ ~*show* spettacolo di burattini.
punched /pʌntʃt/ *a.* perforato, forato. □ ~*tape* nastro perforato.
puncheon[1] /'pʌntʃən/ *n.* **1** (*Edil*) corto montante *m.* (in legno). **2** (*Oref*) punzone *m.*
puncheon[2] /'pʌntʃən/ *n.* **1** grossa botte *f.* **2** (*unit of capacity*) unità *f.* di capacità (da 70 a 100 galloni).
puncher[1] /'pʌntʃər/ *n.* **1** picchiatore *m.* (*f.* -trice): *that boxer is a hard* ~ quel pugile è un forte picchiatore. **2** (*Am*) (*cowboy*) mandriano *m.*, cowboy *m.*
puncher[2] /'pʌntʃər/ *n.* **1** (*worker*) punzonatore *m.* (*f.* -trice). **2** (*Mecc*) punzone *m.* **3** (*Inform,ant*) (*worker*) perforatore *m.* (*f.* -trice). **4** (*Inform,ant*) (*device*) perforatore *m.*
Punchinello /ˌpʌntʃɪ'neloʊ/ (*pl.* -**s/-es** /-z/) *n.* (*Teat*) Pulcinella *m.*
punching /'pʌntʃɪŋ/ □ (*Am,Sport*) ~ *bag* sacco; (*Tecn*) ~ *machine* punzonatrice; (*Mecc*) ~*press* pressa.
punch-up /'pʌntʃʌp/ *n.* (*Br,colloq*) scazzottata *f.*, (*pop*) cazzottatura *f.*
punchy /'pʌntʃi/ *n.* (*colloq*) **1** (*effective*) efficace, incisivo, vigoroso. **2** (*punch-drunk*) frastornato, rintronato.
punctate /'pʌŋkteɪt/ *a.* **1** (*Med,Biol*) punteggiato. **2** (*with spots*) punteggiato, macchiettato, picchiettato.
punctated /'pʌŋkteɪtɪd Am 'pʌŋkteɪtɪd/ *a.* **1** (*Med,Biol*) punteggiato. **2** (*with spots*) punteggiato, macchiettato, picchiettato.
punctation /ˌpʌŋk'teɪʃən/ *n.* **1** punteggiamento *m.*, picchiettatura *f.*, macchiettatura *f.* **2** (*state of being punctate*) punteggiatura *f.*, picchiettatura *f.* **3** (*Biol*) punteggiatura *f.*
punctilio /pʌŋk'tɪlioʊ/ (*pl.* -**s** /-z/) *n.* **1** punto *m.* d'onore. **2** (*of behaviour*) punto *m.* di etichetta. **3** (*careful attention to behaviour*) formalismo *m.*, cerimoniosità *f.*
punctilious /pʌŋk'tɪliəs/ *a.* **1** formalistico, cerimonioso. **2** (*precise, scrupulous*) scrupoloso, meticoloso, minuzioso, pignolo, puntiglioso.
punctiliously /pʌŋk'tɪliəsli/ *avv.* in modo formale.
punctiliousness /pʌŋk'tɪliəsnəs/ *n.* **1** formalismo *m.*, cerimoniosità *f.* **2** (*scrupulousness*) meticolosità *f.*, minuziosità *f.*, scrupolosità *f.*, puntigliosità *f.*
punctual /'pʌŋktʃuəl/ *a.* **1** puntuale: *please be* ~ si prega di essere puntuali. **2** (*of a point*) di un punto (*anche Geom*). □ *to be* ~ *in doing sth.* essere puntuale nel fare qcs.; *to be* ~ *to the minute* spaccare il minuto.
punctuality /ˌpʌŋktʃu'ælɪti Am ˌpʌŋktʃu'æləti/ *n.* puntualità *f.* □ *Prov.*: ~ *is the politeness of kings* essere puntuali è il minimo che si può pretendere.
punctually /'pʌŋktʃuəli/ *avv.* puntualmente.
punctuate /'pʌŋktʃueɪt/ I *v.t.* **1** (*Ling*) mettere la punteggiatura in, mettere i segni di interpunzione in: *to* ~ *a sentence* mettere la punteggiatura in una frase. **2** (*to interrupt repeatedly*) interrompere ripetutamente: *his speech was -d by cheers* il suo discorso veniva ripetutamente interrotto da applausi. **3** (*to intersperse*) costellare, punteggiare. **4** (*fig*) (*to accentuate*) sottolineare, dare risalto a, dare enfasi a, accentuare. II *v.i.* usare la punteggiatura, mettere i segni di interpunzione.
punctuation /ˌpʌŋktʃu'eɪʃən/ *n.* **1** (*Ling*) punteggiatura *f.*, interpunzione *f.* **2** (*act of interrupting at intervals*) interruzione *f.* ripetuta. □ (*Ling*) ~ *mark* segno di interpunzione.
punctuational /ˌpʌŋktʃu'eɪʃ*ə*nəl/ *a.* della

punteggiatura, relativo alla punteggiatura.
punctuative /'pʌŋktʃuətɪv Am 'pʌŋktʃuətɪv/ *a.* della punteggiatura, relativo alla punteggiatura.
punctuator /'pʌŋktʃueɪtər Am 'pʌŋktʃueɪtər/ *n.* chi punteggia.
punctulate /'pʌŋktʃəleɪt/ *a.* minutamente punteggiato.
punctulated /'pʌŋktʃəleɪtɪd Am 'pʌŋktʃəleɪtɪd/ *a.* minutamente punteggiato.
punctulation /ˌpʌŋktʃə'leɪʃ*ə*n/ *n.* punteggiatura *f.* minuta.
punctum /'pʌŋktəm/ (*pl.* -**cta** /-ktə/) *n.* (*Biol, Med,Zool*) punto *m.*, macchiolina *f.*
puncture /'pʌŋktʃər/ I *n.* **1** puntura *f.* **2** (*Aut*) (*of tyres*) foratura *f.*, gomma *f.* a terra: *to mend a* ~ riparare una foratura; *to have a* ~ avere una gomma a terra. II *v.t.* **1** bucare, forare. **2** (*fig*) (*to ruin so.'s confidence*) sgonfiare, smontare: *to* ~ *so.'s pride* sgonfiare l'orgoglio di qcu. **3** (*Inform,rar*) perforare. III *v.i.* forare, bucare, subire una foratura.
pundit /'pʌndɪt/ *n.* **1** (*in India*) pandit *m.* **2** (*learned person*) erudito *m.* (*f.* -a), sapiente *m./f.* **3** (*expert*) esperto *m.* (*f.* -a). **4** (*colloq, estens*) (*one who thinks himself an expert*) saccente *m./f.*, sapientone *m.* (*f.* -a).
punditry /'pʌndɪtri/ *n.* l'essere sapiente, l'essere dotto, (*spreg*) saccenteria *f.*
pungency /'pʌndʒənsi/ *n.* **1** l'essere pungente, acutezza *f.*, asprezza *f.* **2** (*of smell*) odore *m.* pungente. **3** (*of taste*) sapore *m.* piccante. **4** (*fig*) (*salacity*) causticità *f.*, acrimonia *f.*, mordacità *f.*
pungent /'pʌndʒ*ə*nt/ *a.* **1** (*of smells*) pungente, acre, aspro. **2** (*of tastes*) aspro, piccante. **3** (*fig*) (*caustic*) pungente, caustico, mordace, salace. **4** (*fig*) (*pointed, telling*) incisivo, vivo. **5** (*Br,fig*) (*painful to the feelings*) pungente, acuto, intenso. **6** (*Biol*) (*sharp and pointed*) pungente, spinoso.
pungently /'pʌndʒ*ə*ntli/ *avv.* in modo pungente (*anche fig*).
Punic /'pjuːnɪk/ I *a.* **1** punico, cartaginese. **2** (*fig*) (*treacherous*) perfido, sleale, infido. II *n.* (*language*) punico *m.*, lingua *f.* punica. □ (*fig*) ~ *Faith* tradimento, slealtà; (*Stor,rom*) ~ *Wars* guerre puniche.
punily /'pjuːnɪli/ *avv.* debolmente, fiaccamente.
puniness /'pjuːnɪnəs/ *n.* piccolezza *f.*, gracilità *f.*, debolezza *f.*
punish /'pʌnɪʃ/ I *v.t.* **1** castigare, punire: *to* ~ *a child for disobedience* punire un bambino per la sua disobbedienza. **2** (*of an offence*) punire: *this crime is -ed with life imprisonment* questo reato è punito con l'ergastolo. **3** (*fig*) (*to treat harshly*) malmenare, maltrattare. II *v.i.* infliggere una punizione.
punishability /ˌpʌnɪʃə'bɪlɪti Am ˌpʌnɪʃə'bɪləti/ *n.* punibilità *f.* (*anche Dir*).
punishable /'pʌnɪʃəbl/ *a.* punibile (*anche Dir*): ~ *by law* punibile per legge.
punisher /'pʌnɪʃər/ *n.* punitore *m.* (*f.* -trice).
punishing /'pʌnɪʃɪŋ/ *a.* che punisce, punitore.
punishment /'pʌnɪʃmənt/ *n.* **1** punizione *f.*, castigo *m.* **2** (*Dir*) (*penalty*) pena *f.*: *to make the* ~ *fit the crime* punire secondo il reato. **3** (*fig*) (*ill-treatment*) maltrattamento *m.* □ *to take* ~ prenderle: *the boxer took heavy* ~ il pugile le ha prese di santa ragione; *to take one's* ~ *like a man* subire virilmente il castigo.
punitive /'pjuːnɪtɪv Am 'pjuːnɪtɪv/ *a.* punitivo: ~ *laws* leggi punitive; ~ *expedition* spedizione punitiva. □ (*Dir*) ~ *damages* risarcimento esemplare.
punitively /'pjuːnɪtɪvli Am 'pjuːnɪtɪvli/ *avv.* in

modo punitivo.
punitory /'pjuːnɪtri Am 'pjuːnɪtɔːri/ *a.* punitivo: ~ *laws* leggi punitive; ~ *expedition* spedizione punitiva.
punk /pʌŋk/ I *n.* **1** punk *m.*, movimento *m.* punk. **2** (*follower of a youth movement*) punk *m./f.* **3** (*sl*) (*so. worthless*) persona *f.* insignificante. **4** (*Br,sl*) (*prostitute*) battona *f.*, puttana *f.* **5** (*dried wood*) legno *m.* marcio. **6** (*for igniting fireworks, etc.*) esca *f.* per fuochi d'artificio. **7** (*sl*) (*sth. worthless*) cosa *f.* di nessun valore, (*pop*) roba *f.* da due soldi. **8** (*sl*) (*nonsense, bunkum*) stupidaggine *f.*, fandonia *f.*, sciocchezza *f.* **9** (*sl*) (*petty criminal*) teppista *m./f.* II *a.* **1** (*rotten*) marcio. **2** (*worthless*) insignificante, senza valore, (*colloq*) da niente. **3** (*of the punk youth movement*) punk: ~ *fashion* moda punk. □ (*Mus*) ~ *rocker* musicista punk-rock.
punker /'pʌŋkər/ *n.* (*pop*) musicista *m./f.* punk-rock.
punner /'pʌnər/ *n.* (*Tecn*) mazzapicchio *m.*, mazzeranga *f.*
punnet /'pʌnɪt/ *n.* (*Br*) cestello *m.*, cestino *m.*: *a* ~ *of strawberries* un cestino di fragole.
punster /'pʌnstər/ *n.* (*colloq*) chi ama fare giochi di parole.
punt[1] /pʌnt/ I *n.* (*Mar*) (*flat-bottomed boat*) barchino *m.* II *v.t.* (*Mar*) **1** spingere con una pertica. **2** (*to convey in a punt*) trasportare su un barchino. III *v.i.* (*Mar*) andare in barchino. □ ~*pole* pertica.
punt[2] /pʌnt/ I *n.* (*Sport*) punt *m.* II *v.t.* (*Sport*) calciare il pallone prima che tocchi terra. III *v.i.* (*Sport*) calciare il pallone lasciandolo cadere dalle mani.
punt[3] /pʌnt/ *v.i.* **1** (*to gamble*) giocare d'azzardo. **2** (*to bet against the bank*) puntare contro il banco. **3** (*to bet on a racehorse*) puntare su un cavallo da corsa.
punter[1] /'pʌntər Am 'pʌntər/ *n.* (*one who propels a punt*) chi va in un barchino.
punter[2] /'pʌntər Am 'pʌntər/ *n.* (*Sport*) punter *m.*
punter[3] /'pʌntər Am 'pʌntər/ *n.* **1** giocatore *m.* (*f.* -trice) d'azzardo, scommettitore *m.* (*f.* -trice). **2** (*one who bets against the bank*) chi punta contro il banco. **3** (*one who bets on a racehorse*) chi scommette su un cavallo da corsa.
puny /'pjuːni/ *a.* **1** sparuto, gracile, debole. **2** (*estens*) (*feeble, lacking in force*) debole, fiacco, inconsistente.
pup /pʌp/ I *n.* **1** cucciolo *m.* **2** (*young seal*) foca *f.* giovane. **3** (*young otter*) lontra *f.* giovane. **4** (*Br,colloq*) (*conceited young man*) giovanotto *m.* presuntuoso. **5** (*Br,sl*) (*worthless item*) patacca *f.*, oggetto *m.* di poco pregio: *to sell so. a* ~ rifilare a qcu. una patacca. II *v.i.* (*past, p.p.* **pupped** /pʌpt/) partorire, figliare.
pupa /'pjuːpə/ (*pl.* -**s** /-z/ o -**pae** /-piː/) *n.* (*Entom*) pupa *f.*, crisalide *f.*
pupal /'pjuːp*ə*l/ *a.* (*Entom*) di una pupa, relativo a una pupa.
pupate /'pjuːpeɪt/ *v.i.* (*Entom*) trasformarsi in pupa, diventare una crisalide, impuparsi.
pupation /pjuː'peɪʃ*ə*n/ *n.* (*Entom*) trasformazione *f.* in pupa, trasformazione *f.* in crisalide.
pupil[1] /'pjuːp*ə*l/ *n.* **1** allievo *m.* (*f.* -a), scolaro *m.* (*f.* -a), alunno *m.* (*f.* -a). **2** (*disciple*) discepolo *m.* (*f.* -a), seguace *m./f.* **3** (*Dir*) (*child in care of legal guardian*) pupillo *m.* (*f.* -a), minorenne *m./f.* soggetto a tutela. **4** (*Dir*) (*trainee barrister*) tirocinante *m./f.*, apprendista *m./f.*
pupil[2] /'pjuːp*ə*l/ *n.* (*Anat*) pupilla *f.*
pupilage /'pjuːp*ə*lɪdʒ/ *n.* **1** condizione *f.* di

alunno, condizione *f.* di scolaro. **2** (*Dir*) (*minority*) minorità *f.*, stato *m.* minorile. **3** (*Br, Dir*) (*training period*) tirocinio *m.*

pupillary[1] /ˈpjuːpələri *Am* ˈpjuːpəleri/ *a.* **1** di un allievo, relativo a un allievo. **2** (*Dir*) (*relating of child in care of legal guardian*) pupillare.

pupillary[2] /ˈpjuːpələri *Am* ˈpjuːpəleri/ *a.* (*Anat*) pupillare: ~ *reflex* riflesso pupillare.

pupillometer /ˌpjuːpəˈlɒmɪtə *Am* ˌpjuːpəˈlɑːmətər/ *n.* (*Med*) pupillometro *m.*

pupillometry /ˌpjuːpəˈlɒmɪtri *Am* ˌpjuːpəˈlɑːmɪtri/ *n.* pupillometria *f.*

puppet /ˈpʌpɪt/ *n.* burattino *m.*, marionetta *f.*, fantoccio *m.* (*anche fig*): *he is a ~ in the hands of his superiors* è un burattino nelle mani dei suoi superiori. □ (*Pol*) ~ *government* governo fantoccio; ~ *show* spettacolo di burattini; (*Pol*) ~ *state* stato fantoccio; ~ *strings* fili delle marionette.

puppeteer /ˌpʌpɪˈtɪə *Am* ˌpʌpɪˈtɪr/ *n.* burattinaio *m.* (*f.* -a).

puppeteering /ˌpʌpɪˈtɪərɪŋ *Am* ˌpʌpɪˈtɪrɪŋ/ *n.* **1** spettacolo *m.* di marionette, spettacolo *m.* di burattini, burattinata *f.* **2** (*estens*) (*stilted performance*) spettacolo *m.* di scarso valore, burattinata *f.* **3** (*puppets*) burattini *m.pl.*, marionette *f.pl.*

puppetry /ˈpʌpɪtri/ *n.* **1** spettacolo *m.* di marionette, spettacolo *m.* di burattini, burattinata *f.* **2** (*estens*) (*stilted performance*) spettacolo *m.* di scarso valore, burattinata *f.* **3** (*puppets*) burattini *m.pl.*, marionette *f.pl.*

puppy /ˈpʌpi/ *n.* **1** cucciolo *m.* **2** (*colloq,fig*) (*a person*) cucciolo *m.*, cucciolotto *m.*: *he was one sad ~ when he found out you were moving* sembrava un cucciolo smarrito quando ha scoperto che te ne stavi andando. **3** (*colloq*) (*conceited young man*) sbarbatello *m.*, giovane *m.* presuntuoso. **4** (*Itt*) (*young shark*) squalo *m.* giovane. **5** (*Zool*) (*young seal*) foca *f.* giovane. **6** (*Zool*) (*young otter*) lontra *f.* giovane. □ (*infant*) ~ *dog* cagnolino, cucciolo, cucciolotto; (*fig*) ~ *love* filarino, cottarella, cotterella.

puppyish /ˈpʌpiɪʃ/ *a.* di cucciolo, da cucciolo.

purblind /ˈpɜːblaɪnd *Am* ˈpɜːrblaɪnd/ *a.* **1** (*spreg*) mezzo cieco, orbo. **2** (*fig*) (*lacking understanding*) ottuso, tardo, miope.

purblindness /ˈpɜːblaɪndnəs *Am* ˈpɜːrblaɪndnəs/ *n.* **1** (*spreg*) semicecità *f.*, miopia *f.* **2** (*fig*) (*lack of understanding*) ottusità *f.*, miopia *f.*

purchasable /ˈpɜːtʃəsəbl *Am* ˈpɜːrtʃəsəbl/ *a.* **1** acquistabile. **2** (*corrupt*) venale, corrotto.

purchase /ˈpɜːtʃəs *Am* ˈpɜːrtʃəs/ **I** *v.t.* **1** comprare, comperare, acquistare (*anche Dir*). **2** (*to acquire by effort, etc.*) conquistare, ottenere, riuscire a ottenere: *to ~ victory dearly* conquistare la vittoria a caro prezzo. **II** *n.* **1** acquisto *m.*, compera *f.* (*anche Dir*). **2** (*firm hold*) presa *f.*, appiglio *m.*, punto *m.* di appoggio, appoggio *m.* **3** (*fig*) (*means of increasing power, influence*) posizione *f.* di forza. **4** (*Mar*) (*tackle*) paranco *m.*, caliorna *f.* **5** (*rar*) (*booty*) bottino *m.*, preda *f.* □ (*Mar*) ~ *block* bozzello di caliorna, bozzello per paranco; (*Dir*) ~ *deed* atto di acquisto; ~ *money* (o ~ *price*) prezzo di acquisto; (*Dir*) ~ *tax* tassa di acquisto.

purchaser /ˈpɜːtʃəsə *Am* ˈpɜːrtʃəsər/ *n.* compratore *m.* (*f.* -trice), acquirente *m./f.* (*anche Dir*).

purchasing /ˈpɜːtʃəsɪŋ *Am* ˈpɜːrtʃəsɪŋ/ □ ~ *agent* agente compratore; (*Econ*) ~ *power* potere di acquisto.

pure /pjʊə *Am* pjʊr/ **I** *a.* **1** puro, genuino, schietto, autentico: ~ *gold* oro puro; ~ *silk* seta pura. **2** (*clear*) puro, limpido, chiaro,

terso. **3** (*clean*) pulito, lindo, (*lett,rar*) netto. **4** (*free from moral defects*) puro, innocente, onesto. **5** (*spotless, untainted*) incorrotto, puro, incontaminato. **6** (*chaste*) puro, casto. **7** (*of unmixed ancestry*) puro. **8** (*simple, mere*) puro, puro e semplice, semplice, solo, mero: *a ~ accident* un puro caso. **9** (*utter, absolute*) vero, vero e proprio, puro, assoluto, completo: ~ *nonsense* una vera sciocchezza. **10** (*abstract, not applied*) puro, non applicato, teorico: *the ~ sciences* le scienze pure. **11** (*of language, style*) puro, corretto. **II** *n.* (*costr.pl.*) (*pure people*) puri *m.pl.*: (*Bibl*) *blessed are the ~ in heart* beati i puri di cuore. □ ~ *and simple* puro e semplice; (*Tess*) ~ *fibre* (o *Am* ~ *fiber*) fibra naturale; ~ *in body and mind* puro di corpo e di spirito; ~ *mathematics* matematica pura; (*Tess*) ~ *new wool* pura lana vergine.

pureblood /ˈpjʊəblʌd *Am* ˈpjʊrblʌd/ **I** *a.* (*Zool*) purosangue, di razza, di razza pura. **II** *n.* (*Zool*) purosangue *m./f.*

pure-blooded /ˈpjʊəˌblʌdɪd *Am* ˈpjʊrˌblʌdɪd/ *a.* (*Zool*) purosangue, di razza, di razza pura.

purebred /ˈpjʊəbred *Am* ˈpjʊrbred/ **I** *a.* (*Zool*) purosangue, di razza, di razza pura. **II** *n.* (*Zool*) purosangue *m./f.*

purée /ˈpjʊəreɪ *Am* pjʊˈreɪ/ **I** *v.t.* passare, fare un passato di. **II** *n.* (*Gastron*) purè *m.*, purea *f.*, passato *m.*, crema *f.*

purely /ˈpjʊəli *Am* ˈpjʊrli/ *avv.* **1** in modo puro, in modo genuino. **2** (*chastely*) con purezza, castamente. **3** (*merely*) puramente, meramente, semplicemente, soltanto: ~ *fortuitous* puramente fortuito; *a ~ formal request* una richiesta meramente formale. **4** (*completely, utterly*) del tutto, puramente, assolutamente: ~ *accidental* del tutto accidentale. □ ~ *and simply* in modo puro e semplice.

pureness /ˈpjʊənəs *Am* ˈpjʊrnəs/ *n.* purezza *f.*, genuinità *f.*

purgation /pɜːˈɡeɪʃən *Am* pɜːrˈɡeɪʃən/ *n.* **1** (*Teol*) espiazione *f.*, purgazione *f.*, purificazione *f.* **2** (*Fisiol*) scarica *f.* **3** (*Med*) somministrazione *f.* di una purga, il purgare.

purgative /ˈpɜːɡətɪv *Am* ˈpɜːrɡətɪv/ **I** *a.* **1** (*Teol*) espiatorio, purificatorio, (*rar*) purgatorio. **2** (*Farm,Med*) purgativo, purgante. **II** *n.* (*Farm,Med*) purgante *m.*, purga *f.*

purgatorial /ˌpɜːɡəˈtɔːriəl *Am* ˌpɜːrɡəˈtɔːriəl/ *a.* (*lett*) **1** (*Teol*) purgatorio, espiatorio. **2** (*of purgatory*) del purgatorio, relativo al purgatorio.

purgatory /ˈpɜːɡətri *Am* ˈpɜːrɡətɔːri/ **I** *n.* (*Teol*) purgatorio *m.* (*anche fig*). **II** *a.* (*lett,Teol*) **1** purgatorio, espiatorio. **2** (*of purgatory*) del purgatorio, relativo al purgatorio.

purge /pɜːdʒ *Am* pɜːrdʒ/ **I** *v.t.* **1** purgare, purificare. **2** (*to remove by cleansing*) spurgare. **3** (*Pol,Stor*) (*to get rid of opponents*) purgare, epurare: *to ~ the party of revisionists* purgare il partito dai revisionisti. **4** (*Dir*) (*to acquit*) scagionare, prosciogliere. **5** (*Dir*) (*of an offence: to clear away by atonement*) espiare, purgare. **6** (*Fisiol*) (*of the bowels*) liberare, scaricare. **7** (*Med,Farm*) (*to cause evacuation of the bowels*) purgare. **II** *v.i.* **1** purificarsi, purgarsi. **2** (*to cause evacuation of the bowels*) purgarsi, prendere la purga. **3** (*to undergo evacuation of the bowels*) liberare gli intestini. **III** *n.* **1** (*Pol,Stor*) epurazione *f.*, purga *f.* **2** (*Farm,ant*) purga *f.*, purgante *m.* □ *to ~ away*: **1** (*to remove by cleansing*) spurgare; **2** (*Rel*) (*of an offence: to clear away by atonement*) espiare, purgare.

purger /ˈpɜːdʒə *Am* ˈpɜːrdʒər/ *n.* purgatore *m.* (*f.* -trice), epuratore *m.* (*f.* -trice).

purification /ˌpjʊərɪfɪˈkeɪʃən *Am* ˌpjʊrɪfɪˈkeɪʃən/ *n.* **1** purificazione *f.*, depurazione *f.*

(*Lit,Rel*) (*ritual cleansing*) purificazione *f.* □ (*Tecn*) ~ *plant* impianto di depurazione.

Purification /ˌpjʊərɪfɪˈkeɪʃən *Am* ˌpjʊrɪfɪˈkeɪʃən/ *n.* (*Rel*) Purificazione *f.*

purificator /ˈpjʊərɪfɪkeɪtə *Am* ˈpjʊrɪfɪkeɪtər/ *n.* (*Lit*) purificatoio *m.*

purificatory /ˌpjʊərɪfɪˈkeɪtəri *Am* pjuˈrɪfɪkətɔːri/ *a.* purificatorio, purificatore.

purifier /ˈpjʊərɪfaɪə *Am* ˈpjʊrɪfaɪər/ *n.* **1** purificatore *m.* (*f.* -trice). **2** (*Tecn*) depuratore *m.*

purify /ˈpjʊərɪfaɪ *Am* ˈpjʊrɪfaɪ/ **I** *v.t.* **1** purificare, depurare (*anche Tecn,Chim*). **2** (*to free from improper elements*) depurare, rendere puro: *to ~ a language of foreign words* depurare una lingua dalle parole straniere. **3** (*Rel*) purificare. **II** *v.i.* purificarsi, diventare puro.

Purim /ˈpʊərɪm *Am* ˈpʊrɪm/ *n.* (*Rel.ebr*) Purim *m.*

purine /ˈpjʊəriːn *Am* ˈpjʊriːn/ *n.* (*Chim*) purina *f.*

purism /ˈpjʊərɪzm *Am* ˈpjʊrɪzəm/ *n.* (*Lett,Art*) purismo *m.*

purist /ˈpjʊərɪst *Am* ˈpjʊrɪst/ **I** *n.* purista *m./f.* **II** *a.* puristico, purista.

puristic /pjʊəˈrɪstɪk *Am* pjʊˈrɪstɪk/ *a.* puristico, purista.

puritan /ˈpjʊərɪtən *Am* ˈpjʊrɪtən/ **I** *n.* puritano *m.* (*f.* -a). **II** *a.* puritano.

Puritan /ˈpjʊərɪtən *Am* ˈpjʊrɪtən/ **I** *n.* (*Rel.prot*) puritano *m.* (*f.* -a): *the -s* i puritani. **II** *a.* (*Rel.prot*) puritano.

puritanic /ˌpjʊərɪˈtænɪk *Am* ˌpjʊrɪˈtænɪk/ *a.* puritano.

Puritanic /ˌpjʊərɪˈtænɪk *Am* ˌpjʊrɪˈtænɪk/ *a.* (*Rel.prot*) puritano.

puritanical /ˌpjʊərɪˈtænɪkəl *Am* ˌpjʊrɪˈtænɪkəl/ *a.* puritano.

Puritanical /ˌpjʊərɪˈtænɪkəl *Am* ˌpjʊrɪˈtænɪkəl/ *a.* (*Rel.prot*) puritano.

puritanically /ˌpjʊərɪˈtænɪkəli *Am* ˌpjʊrɪˈtænɪkəli/ *avv.* in modo puritano, da puritano.

puritanism /ˈpjʊərɪtənɪzm *Am* ˈpjʊrɪtənɪzəm/ *n.* puritanesimo *m.*

Puritanism /ˈpjʊərɪtənɪzm *Am* ˈpjʊrɪtənɪzəm/ *n.* (*Rel.prot*) puritanesimo *m.*

puritanize /ˈpjʊərɪtənaɪz *Am* ˈpjʊrɪtənaɪz/ **I** *v.t.* rendere puritano, dare un carattere puritano a. **II** *v.i.* fare il puritano.

purity /ˈpjʊərɪti *Am* ˈpjʊrɪti/ *n.* **1** purezza *f.*, genuinità *f.*, schiettezza *f.* **2** (*chasteness*) purezza *f.*, castità *f.*, illibatezza *f.* **3** (*freedom from extraneous elements*) purezza *f.*: ~ *of language* purezza di linguaggio.

purl[1] /pɜːl *Am* pɜːrl/ *n.* **1** (*stitch*) punto *m.* rovescio. **2** (*in lace-making*) orlo *m.* a piccoli cappi. **3** (*gold or silver thread*) cordoncino *m.* d'oro (o d'argento) per ricami. **II** *v.t.* **1** lavorare (a maglia) a punto rovescio. **2** (*to edge with loops*) orlare con piccoli cappi. **3** (*to border with gold or silver thread*) bordare con un cordoncino d'oro (o d'argento). **III** *v.i.* lavorare (a maglia) a punto rovescio.

purl[2] /pɜːl *Am* pɜːrl/ *v.i.* **1** (*to eddy, to swirl*) turbinare, mulinare. **2** (*to flow with a murmuring sound*) scorrere gorgogliando. **II** *n.* **1** corrente *f.* vorticosa. **2** (*estens*) (*purling movement*) vortice *m.*, mulinello *m.* **3** (*estens*) (*murmuring sound*) gorgoglio *m.*, mormorio *m.*

purl[3] /pɜːl *Am* pɜːrl/ *n.* (*drink of hot beer and gin*) birra *f.* calda con gin e spezie.

purl[4] /pɜːl *Am* pɜːrl/ *v.i.* (*Br*) (*to fall heavily*) cadere pesantemente, (*colloq*) fare un ruzzolone, ruzzolare.

purler /ˈpɜːlə *Am* ˈpɜːrlər/ *n.* (*colloq*) **1** (*Br*) (*fall from a horse*) caduta *f.* da cavallo. **2** (*heavy fall*) ruzzolone *m.*, capitombolo *m.*: *to come a ~* fare un ruzzolone, fare un capitombolo.

purlieu /'pɜːlju: Am 'pɜːrlju:/ n. 1 (Dir) tratto m. di terreno ai margini di una foresta (soggetto alle leggi forestali). 2 (outlying district) periferia f., suburbio m., sobborgo m. 3 pl. (neighbourhood) dintorni m.pl., vicinanze f.pl.

purlin /'pɜːlɪn Am 'pɜːrlɪn/ n. (Edil) arcareccio m.

purline /'pɜːlɪn Am 'pɜːrlɪn/ n. (Edil) arcareccio m.

purloin /pɜːˈlɔɪn Am pɜːrˈlɔɪn/ I v.t. rubare, sottrarre, trafugare. II v.i. rubare.

purloiner /pɜːˈlɔɪnər Am pɜːrˈlɔɪnər/ n. ladro m. (f. -a).

purple /'pɜːpl Am 'pɜːrpl/ I n. 1 porpora f., color m. porpora. 2 (pigment, dye) porpora f. II a. 1 porporino, porpora. 2 (fig) (regal, imperial) regale, imperiale. 3 (fig) (of style: ornate, rhetorical) ornato, fiorito. 4 (fig) (of language) colorito. III v.t. imporporare, arrossare. IV v.i. imporporarsi, farsi di porpora, diventare rosso, arrossire. □ togo ~ in the face farsi di porpora, imporporarsi (in viso), arrossire; (sl) ~heart (stimulant pill) pillola stimolante a forma di cuore; (Am) Purple Heart medaglia conferita ai militari feriti in guerra; (fig) to be bornin the ~ essere di sangue reale, avere il sangue blu; (Chim) ~ of Cassius porpora di Cassio; ~passage (o ~patch) (of writing) passo elaborato; ~prose prosa fiorita; ~red rosso porpora; (fig) to be born to the ~ essere di sangue reale, avere il sangue blu; (fig) to raise to the ~ innalzare alla porpora.

purpleheart /'pɜːplˈhɑːt Am ˌpɜːrplˈhɑːrt/ n. legno m. amaranto.

purplish /'pɜːplɪʃ Am 'pɜːrplɪʃ/ a. tendente al porpora, violaceo.

purply /'pɜːpli Am 'pɜːrpli/ a. tendente al porpora, violaceo.

purport[1] /'pɜːpɔːt Am pɜːrˈpɔːrt/ v.t. 1 dare a intendere: he -s to be a representative of the law dà a intendere di essere un rappresentante della legge. 2 (to seem to mean) significare, voler dire. 3 (to imply) implicare.

purport[2] /pəˈpɔːt Am pɜːrˈpɔːrt/ n. 1 (meaning) significato m., senso m. 2 (intention) intenzione f., proposito m., intento m., scopo m.

purported /pəˈpɔːtɪd Am pɜːrˈpɔːrtɪd/ a. supposto, presunto, ipotetico.

purportedly /pəˈpɔːtɪdli Am pɜːrˈpɔːrtɪdli/ avv. presumibilmente, a quanto si suppone.

purpose /'pɜːpəs Am 'pɜːrpəs/ I n. 1 fine m., intento m., scopo m.: it was not my ~ to harm you non avevo intenzione di farti del male. 2 (function) funzione f. 3 (determination) fermezza f., risolutezza f., determinazione f., decisione f. 4 (result, effect attained) risultato m., effetto m.: he tried hard, but to little ~ ha tentato con ogni mezzo, ma con scarsi risultati. II v.t. proporsi, avere l'intenzione di, intendere: to ~ sth. proporsi qcs.; to ~ doing sth. avere intenzione di fare qcs. □ (Br) tocome to the ~ venire al dunque; for the ~ of doing sth. al fine di fare qcs.; for this ~ per questo scopo, a questo fine; for what ~? a che fine?, a quale scopo?; a man of ~ un uomo risoluto; on ~ apposta, di proposito, intenzionalmente: you did it on ~ l'hai fatto apposta; to no ~ senza alcun risultato, con nessun risultato: to be to no ~ essere inutile, essere vano, non ottenere alcun risultato; to the ~ pertinente, a proposito: his remarks are seldom to the ~ le sue osservazioni sono di rado pertinenti; what was his ~ in leaving so early? che motivo aveva di andarsene così presto?; (Lett) a novel with a ~ un romanzo a tesi; with the ~ of doing sth. al fine di fare qcs.

purposeful /'pɜːpəsful Am 'pɜːrpəsful/ a. 1 deciso, risoluto, determinato. 2 (full of meaning) significativo, pieno di significato.

purposefully /'pɜːpəsfuli Am 'pɜːrpəsfuli/ avv. espressamente, deliberatamente, intenzionalmente.

purposefulness /'pɜːpəsfulnəs Am 'pɜːrpəsfulnəs/ n. risolutezza f., decisione f.

purposeless /'pɜːpəsləs Am 'pɜːrpəsləs/ a. 1 senza scopo, senza un fine. 2 (not resolute) indeciso, irresoluto. 3 (meaningless) privo di significato.

purposelessly /'pɜːpəsləsli Am 'pɜːrpəsləsli/ avv. senza scopo, inutilmente.

purposelessness /'pɜːpəsləsnəs Am 'pɜːrpəsləsnəs/ n. inutilità f., mancanza f. di scopo.

purposely /'pɜːpəsli Am 'pɜːrpəsli/ avv. 1 apposta, di proposito, intenzionalmente. 2 (expressly) apposta, espressamente: I came ~ to see you sono venuto apposta per vederti.

purposive /'pɜːpəsɪv Am 'pɜːrpəsɪv/ a. 1 che ha uno scopo, che ha un fine. 2 (acting with purpose) deliberato, intenzionale. 3 (resolute) deciso, determinato, risoluto.

purposively /'pɜːpəsɪvli Am 'pɜːrpəsɪvli/ avv. apposta, di proposito, intenzionalmente.

purpura /'pɜːpjurə Am 'pɜːrpjərə/ n. (Med) porpora f.

purpuric /'pɜːpjurɪk Am 'pɜːrpjurɪk/ a. (Med, Chim) purpurico.

purpurin /'pɜːpjurɪn Am 'pɜːrpjurɪn/ n. (Chim) porporina f.

purr /pɜːr Am pɜːr/ I v.i. 1 fare le fusa (anche fig). 2 (estens) (to make low regular mechanical sound) ronzare: the engine -ed softly il motore ronzava sommessamente. II v.t. mor= morare, dire (qcs.) a bassa voce facendo le fusa come un gatto. III n. 1 fusa f.pl. 2 (estens) (low regular mechanical sound) ronzio m.

purring /'pɜːrɪŋ Am pɜːrɪŋ/ I n. 1 il fare le fusa (anche fig). 2 (estens) (low regular mechanical sound) ronzio m. II a. 1 che fa le fusa (anche fig). 2 (estens) (producing a low regular mechanical sound) che ronza.

purse /pɜːs Am pɜːrs/ I n. 1 borsellino m. 2 (Am) (handbag) borsa f., borsetta f. 3 (fig) (resource, funds) denaro m., borsa f., fondi m.pl. 4 (sum of money subscribed as a gift) somma f. raccolta mediante sottoscrizione. 5 (Sport) premio m. in denaro; (in boxing) borsa f. II v.t. increspare, arricciare: to ~ one's lips increspare le labbra. III v.i. (to become puckered) incresparsi, arricciarsi. □ ~bearer: 1 tesoriere; 2 (British official) portasigillo (del Gran Cancelliere); ~ snatcher borsaiolo, scippatore; ~ snatching borseggio, scippo; (fig,colloq) to hold the ~ strings tenere i cordoni della borsa, amministrare i soldi; (colloq) to live within one's ~ vivere secondo le proprie possibilità, fare il passo secondo la gamba.

purser /'pɜːsər Am 'pɜːrsər/ n. (Mar) commissario m. di bordo.

purse-strings /'pɜːsstrɪŋz Am 'pɜːrsstrɪŋz/ n.pl. cordoni m.pl. della borsa; (fig) to hold the ~ tenere i cordoni della borsa, amministrare i soldi; to loosen the ~ allentare i cordoni della borsa; to tighten the ~ tenere stretti i cordoni della borsa.

pursiness /'pɜːsɪnes Am 'pɜːrsɪnes/ n. corpulenza f.

purslane /'pɜːslɪn Am 'pɜːrslɪn/ n. (Bot) porcellana f.

pursuable /pəˈsjuəbl/ a. perseguibile.

pursuance /pəˈsjuəns/ n. 1 esecuzione f., adempimento m. 2 (act of continuing) proseguimento m., continuazione f., prosecuzione f. □ in ~of conformemente a, in confor-

mità a, in conformità con: in ~ of one's duties conformemente ai propri doveri.

pursuant /pəˈsjuːənt Am pərˈsuːənt/ a. 1 seguente (to a), che fa seguito (to a), che segue. 2 (pursuing) che insegue, che ricerca. □ ~ to in conformità a, conformemente a, in conformità con.

pursuantly /pəˈsjuːəntli Am pərˈsuːəntli/ avv. in conformità, conseguentemente.

pursue /pəˈsjuː Am pərˈsuː/ I v.t. 1 inseguire, dare la caccia a: to ~ a thief inseguire un ladro. 2 (to follow) seguire, andare dietro a. 3 (fig) (to follow close upon) fare seguito a, venire dietro a, seguire: technical problems -d the project al progetto hanno fatto seguito problemi tecnici. 4 (to seek to obtain) perseguire, cercare di raggiungere, cercare di ottenere: to ~ an objective perseguire un obiettivo. 5 (fig) (to win) cercare di conquistare: to ~ a girl cercare di conquistare una ragazza. 6 (to carry on) proseguire, portare avanti, continuare: to ~ one's studies proseguire gli studi. 7 (to practise) esercitare, praticare: to ~ a profession esercitare una professione. 8 (of a course, path) seguire, procedere lungo. 9 (of a subject, etc.: to continue to discuss) portare avanti, continuare a discutere. 10 (to persecute, to harass) perseguitare, tormentare: to be -d by misfortune essere perseguitato dalla sfortuna. II v.i. andare all'inseguimento, andare alla ricerca di.

pursuer /pəˈsjuːər Am pərˈsuːər/ n. inseguitore m. (f. -trice).

pursuit /pəˈsjuːt Am pərˈsuːt/ n. 1 inseguimento m., caccia f. 2 (act of seeking to obtain) ricerca f., perseguimento m.: the ~ of happiness la ricerca della felicità. 3 (activity) attività f., occupazione f.: literary and scientific -s attività scientifiche e letterarie. 4 (pastime) svago m., passatempo m. 5 (Sport) corsa f. a inseguimento. □ in ~of in cerca di, a caccia di; to give ~ andare alla ricerca di; (Br) the ~ of happiness la ricerca della felicità.

pursuivant /'pɜːsɪvənt/ n. (Br) 1 (Mediev) attendente m. dell'araldo. 2 (poet,rar) (attendant, follower) seguace m./f.

pursy[1] /'pɜːsi Am 'pɜːrsi/ a. 1 grasso, corpulento. 2 (short-winded) dal fiato corto, affannato.

pursy[2] /'pɜːsi/ a. (Br) (puckered) raggrinzito, increspato.

purulence /'pjuərələns Am 'pjuərələns/ n. (Med) 1 purulenza f., suppurazione f. 2 (pus) pus m.

purulency /'pjuərələnsi Am 'pjuərələnsi/ n. (Med) 1 purulenza f., suppurazione f. 2 (pus) pus m.

purulent /'pjuərələnt Am 'pjuərələnt/ a. (Med) purulento.

purulently /'pjuərələntli Am 'pjuərələntli/ avv. in modo purulento.

purvey /pəˈveɪ Am pərˈveɪ/ I v.t. approvvigionare, rifornire, fornire. II v.i. essere fornitore (for di).

purveyance /pəˈveɪəns Am pərˈveɪəns/ n. 1 approvvigionamento m., fornitura f. 2 (Stor) (royal prerogative) diritto m. della Corona inglese di acquistare provviste fissandone il prezzo.

purveyor /pəˈveɪər Am pərˈveɪər/ n. fornitore m. (f. -trice).

purview /'pɜːvju: Am 'pɜːrvju:/ n. 1 ambito m., campo m., sfera f.: outside the ~ of an inquiry (al di) fuori dell'ambito di un'indagine. 2 (range of vision, etc.) campo m. visivo, visuale f. 3 (Dir) (scope of a statute) portata f. di una legge.

pus /pʌs/ n. (Med) pus m.

push[1] /puʃ/ I v.t. 1 spingere, dare una spinta

a: *don't pull it, ~ it* non tirarlo, spingilo; *he -ed me into the water* mi ha spinto in acqua. **2** (*to drive before one*) sospingere, spingere avanti: *the crowd -ed us towards the exit* la folla ci sospingeva verso l'uscita. **3** (*to poke, to insert*) ficcare, spingere dentro, cacciare: *to ~ one's finger into a hole* ficcare un dito dentro un buco. **4** (*to press*) premere, spingere, pigiare: *to ~ a button* premere un pulsante. **5** (*fig*) (*to press, to bear hard on*) fare pressione su, premere, sottoporre a pressioni: *to ~ so. for payment* fare pressione su qcu. perché paghi. **6** (*fig*) (*to urge*) esortare, incitare, spingere: *I -ed him to apply for the job* l'ho spinto a presentare domanda per quel posto. **7** (*fig*) (*to urge to greater effort, etc.*) spronare, pungolare, stimolare: *he's a clever child but he has to be -ed* è un bambino intelligente, ma deve essere spronato. **8** (*to bring to a certain state by pressure*) spingere, portare: *repression often -es people to extremes* la repressione spinge spesso le persone agli estremi. **9** (*to urge the adoption, the use of, etc.*) fare accettare, fare accogliere; (*of a claim*) fare valere, fare sentire. **10** (*colloq*) (*to approach the age, the number of*) essere vicino a, avvicinarsi a, toccare: *he must be -ing fifty by now* ormai deve essere vicino alla cinquantina. **11** (*sl*) (*of narcotics*) trafficare, spacciare. **12** (*Comm*) (*to advertise*) fare pubblicità, pubblicizzare: *to ~ a line of goods* pubblicizzare una linea di prodotti. **II** *v.i.* **1** spingere, dare una spinta: *stop -ing* smettila di spingere. **2** (*to press on, forward*) spingersi, avanzare. **3** (*to move by being pushed*) muoversi sotto una spinta. **4** (*to exert oneself*) darsi da fare, sforzarsi: *you have to ~ if you want to get ahead* devi darti da fare se vuoi fare carriera. □ *to ~ ahead*: **1** spingere avanti; **2** (*to advance*) avanzare, spingersi avanti; **3** (*to go ahead*) andare avanti (*with* con), progredire (*in*, con): *we are -ing ahead with our original plan* stiamo andando avanti con il nostro progetto iniziale; *to ~ along* proseguire, andare avanti, procedere; *to ~ around* fare il prepotente con, tiranneggiare: *stop -ing your little brother around* smettila di fare il prepotente col tuo fratellino; *to ~ aside* spingere da parte, scostare; *to ~ away* respingere, allontanare; *to ~ back* spingere indietro, allontanare, scostare; (*sl,fig*) *to ~ daisies* essere morto e sepolto; *to ~ down*: **1** abbattere, buttare giù, fare cadere; **2** (*to press down*) pigiare, premere, comprimere; *to ~ for sth.* premere per qcs., spingere per qcs., fare pressione per qcs.: *I'm -ing for a promotion* sto spingendo per una promozione; *to ~ forward*: **1** sospingere avanti, spingere avanti: *the crowd -ed me forward* la folla mi sospinse avanti; **2** (*to go forward*) spingersi avanti; *to ~ in*: **1** riuscire a entrare, spingersi dentro; **2** (*to drive in*) spingere dentro, fare penetrare; (*colloq, fig*) *to ~ one's luck* forzare la sorte, osare troppo; *to ~ off*: **1** spingere via da, mandare via da: *he -ed me off my chair* mi spinse via dalla sedia; **2** (*to leave, to depart*) partire, andare via, (*colloq*) sgombrare, (*colloq*) smammare; **3** (*Mar*) prendere il largo, spingersi al largo; *to ~ on* proseguire, andare avanti, procedere; *to ~ a door open* aprire una porta con una spinta; *to ~ out*: **1** spingere fuori, fare uscire, espellere; **2** (*to come out by being pushed*) sporgere, venire fuori; **3** (*to cause to project*) (far) sporgere, protendere: *to ~ out one's lower lip* sporgere il labbro inferiore; **4** (*to project*) protendersi, venire in fuori; *to ~ over*: **1** fare cadere; **2** (*to help to climb over*) aiutare a salire, spingere

su, aiutare ad arrampicarsi (per scavalcare); (*Econ,Comm*) *to ~ sales* incentivare le vendite; *to ~ a door shut* chiudere una porta con una spinta; (*Br,colloq,fig*) *to ~ the boat out* non badare a spese; (*Am,fig*) *to ~ the envelope* raggiungere il limite; *to ~ through*: **1** fare passare attraverso (spingendo): *to ~ so. through a hole* fare passare qcu. attraverso un buco; **2** (*Dir*) (*to cause to pass through*) fare approvare, fare passare; **3** (*to cause to be accepted, adopted, etc.*) fare accettare, fare accogliere: *to ~ through a proposal* fare accettare una proposta; *to ~ up*: **1** tirare su, spingere su, spingere in su; **2** (*to help to climb*) aiutare a salire, fare salire, aiutare ad arrampicarsi; (*sl,fig*) *to ~ up daisies* essere morto e sepolto; *to ~ one's way through* farsi strada, farsi largo, aprirsi un varco.

push² /puʃ/ *n.* **1** spinta *f.*, urto *m.*, spintone *m.*: *to give so. a ~* dare una spinta a qcu. **2** (*fig*) (*compulsion, urge*) spinta *f.*, incitamento *m.*, sollecitazione *f.* **3** (*fig*) (*effort to obtain sth., drive*) sforzo *m.*: *a governmental ~ to lower unemployment figures* uno sforzo da parte del governo per ridurre la disoccupazione. **4** (*fig*) (*boost, stimulus*) stimolo *m.*, spinta *f.*, sprone *m.* **5** (*fig*) (*impulse*) impulso *m.*, incremento *m.* **6** (*colloq*) (*energy*) energia *f.* **7** (*colloq*) (*enterprise*) intraprendenza *f.*, iniziativa *f.*: *the new manager has plenty of ~* il nuovo direttore ha molta intraprendenza. **8** (*colloq*) (*exertion of influence*) spinta *f.*, favoreggiamento *m.*, aiuto *m.* **9** (*colloq*) (*dismissal*) licenziamento *m.* **10** (*Mil*) (*advance*) offensiva *f.* □ *at a ~* in caso di emergenza, al momento critico, nel momento del bisogno; *~ bicycle* bicicletta *f.*; *~ button* pulsante; *~ chair* passeggino; (*fig*) *when ~ comes to shove* (*if ~ comes to shove*) se le cose si mettono davvero male, se siamo alla canna del gas; *when it comes to the ~* quando arriva il momento critico; *~ cycle* bicicletta; (*colloq*) *to get the ~* essere licenziato; (*colloq*) *to give so. the ~* licenziare qcu., buttare fuori qcu.; *to make a ~*: **1** (*Mil*) sferrare un'offensiva; **2** (*colloq*) (*to make a determined effort*) compiere un grande sforzo, mettercela tutta, darci dentro; (*Br*) *~ pram* (*for a child*) passeggino; (*Mar*) *~ towboat* spintore.

pushbike /ˈpuʃbaɪk/ *n.* bicicletta *f.* (a pedali).

push-button /ˈpuʃˌbʌtən/ *a.* a pulsante. □ (*Tel*) *~ telephone* telefono a tastiera, telefono a tasti.

pushcart /ˈpuʃkɑːt *Am* ˈpuʃkɑːrt/ *n.* **1** carretto *m.* a mano. **2** (*in supermarkets*) carrello *m.*

pushchair /ˈpuʃtʃeə/ *n.* (*Br*) passeggino *m.*

pusher /ˈpuʃə/ *n.* **1** chi spinge. **2** (*colloq*) (*one who is aggressive in advancing himself*) arrivista *m./f.* **3** (*sl*) (*drug pedlar*) spacciatore *m.* (*f.* -trice), (*gerg*) pusher *m./f.*

pushful /ˈpuʃful/ *a.* (*ant*) **1** intraprendente, dotato di iniziativa. **2** (*aggressively energetic*) invadente, importuno.

pushing /ˈpuʃɪŋ/ *a.* **1** intraprendente, dotato di iniziativa. **2** (*aggressively energetic*) invadente, importuno.

pushover /ˈpuʃəuvə/ *n.* **1** (*Br,colloq*) scherzo *m.*, gioco *m.* da ragazzi, giochetto *m.*, passeggiata *f.*: *the exam was a ~* l'esame è stato uno scherzo. **2** (*easy victim*) pollo *m.*, merlo *m.*

push-up /ˈpuʃʌp/ *n.* (*Sport*) flessione *m.* □ *to do -s* fare le flessioni.

pushy /ˈpuʃi/ *a.* (*colloq*) insistente, invadente, aggressivo.

pusillanimity /ˌpjuːsɪləˈnɪməti *Am* ˌpjuːsɪlə-ˈnɪməti/ *n.* viltà *f.*, vigliaccheria *f.*, pusillanimità *f.*

pusillanimous /ˌpjuːsɪˈlænɪməs *Am* ˌpjuːsɪ-

ˈlænəməs/ *a.* vile, vigliacco, pusillanime.

pusillanimously /ˌpjuːsɪˈlænɪməsli *Am* ˌpjuːsɪˈlænəməsli/ *avv.* vilmente, vigliaccamente, codardamente.

puss¹ /pus/ *n.* **1** (*colloq*) (*cat*) gattino *m.*, micio *m.*, micino *m.* **2** (*colloq*) (*young girl*) gattina *f.*, micetta *f.* **3** (*dial*) (*hare*) lepre *f.* □ (*Lett*) *Puss in boots* il gatto con gli stivali; *~ in the corner* (*children's game*) gioco dei quattro cantoni.

puss² /pus/ *n.* (*sl*) (*face*) faccia *f.*, muso *m.*, (*spreg*) grugno *m.*

pussy /ˈpusi/ *n.* **1** (*colloq*) (*cat*) gatto *m.*, micio *m.*, micino *m.* **2** (*dial*) (*hare*) lepre *f.* **3** (*sl, volg*) (*vulva*) topa *f.*, passera *f.* □ (*colloq*) *~ cat* (*cat*) gatto, micio, micino.

pussyfoot /ˈpusifut/ **I** *v.i.* (*colloq*) **1** (*to walk softly*) camminare con passi felpati. **2** (*to act cautiously*) agire con cautela, essere prudente. **II** *n.* (*sl*) (*prohibitionist*) proibizionista *m./f.*

pustular /ˈpʌstjələ/ *a.* pustoloso.

pustulate /ˈpʌstjəleɪt/ **I** *v.t.* coprire di pustole, provocare la formazione di pustole su. **II** *v.i.* coprirsi di pustole. **III** *a.* pustoloso.

pustulation /ˌpʌstjəˈleɪʃən/ *n.* formazione *f.* di pustole (*anche Med*).

pustule /ˈpʌstjuːl/ *n.* **1** (*Med*) pustola *f.* **2** (*Zool,Bot*) (*raised spot*) escrescenza *f.*

pustulous /ˈpʌstjələs/ *a.* pustoloso (*anche Med*).

put¹ /put/ (*past, p.p.* put) **I** *v.t.* **1** posare, mettere, porre, collocare: *to ~ the bottles on the shelf* posare le bottiglie sulla mensola; *to ~ one's hands in one's pockets* mettersi le mani in tasca; *to ~ a child to bed* mettere a letto un bambino. **2** (*to set in a certain place, to send*) mandare, inviare, mettere: *to ~ a man in space* mandare un uomo nello spazio. **3** (*to bring into a certain condition*) mettere: *to ~ so. at his ease* mettere a proprio agio qcu. **4** (*to subject*) fare affrontare, fare subire, sottoporre: *to ~ so. to great expense* fare affrontare gravi spese a qcu. **5** (*to fix, to attach*) attaccare, applicare, mettere, fissare: *to ~ a button on a jacket* attaccare un bottone a una giacca. **6** (*to affix, to write*) apporre, mettere per iscritto: *to ~ one's signature to a document* apporre la propria firma a un documento. **7** (*to impose, to inflict*) mettere, imporre, infliggere: *to ~ a tax on sth.* mettere una tassa su qcs. **8** (*to establish*) porre, mettere, stabilire: *to ~ an end to the uncertainty* porre fine all'incertezza; *to ~ a ceiling on prices* stabilire un limite massimo sui prezzi. **9** (*to express*) esprimere, esporre, presentare, dire: *to ~ one's feelings into words* esprimere a parole i propri sentimenti; *to ~ one's case clearly* esporre con chiarezza il proprio caso. **10** (*to submit*) sottoporre, presentare, portare davanti: *he ~ the whole matter before the board* sottopose tutta la faccenda al consiglio; *to ~ a proposal to so.* presentare una proposta a qcu. **11** (*to call for a vote on*) mettere ai voti: *to ~ a motion* mettere ai voti una mozione. **12** (*to ascribe, to attribute*) dare, attribuire, ascrivere, addossare: *to ~ the blame on so.* dare la colpa a qcu.; *to ~ a high value on sth.* attribuire molto valore a qcs. **13** (*Br*) (*to estimate*) calcolare, valutare, ritenere: *I ~ her age at forty* calcolo che abbia circa quarant'anni. **14** (*to include*) mettere, includere, inserire: *~ the phone call on my bill* metta la telefonata sul mio conto. **15** (*to bet*) puntare, scommettere: *to ~ ten shillings on a horse* puntare dieci scellini su un cavallo. **16** (*to invest*) investire, mettere: *to ~ all one's money in oil* investire tutto il proprio denaro in petrolio. **17** (*to set,* *to assign*) mettere, destinare, assegnare: *to ~ so. to work* mettere qcu. a lavorare. **18** (*to place under the protection, care*) mettere, affidare: *she ~ her child in the hands of a doctor* ha messo il suo bambino nelle mani di un medico. **19** (*to repose*) riporre, mettere, porre: *to ~ one's trust in God* riporre la propria fiducia in Dio. **20** (*to apply*) applicare, dedicare: *to ~ one's mind to sth.* applicare la mente a qcs., applicarsi a qcs. **21** (*colloq*) (*of a weapon, missile*) piantare, conficcare, ficcare: *to ~ a bullet through so.'s head* piantare una pallottola in testa a qcu. **22** (*rifl.*) *to ~ oneself* mettersi, porsi: *~ yourself in my place* mettiti nei miei panni. **23** (*Sport*) fare il lancio di, lanciare: *to ~ the shot* lanciare il peso. **II** *v.i.* (*Mar*) dirigersi verso, fare rotta verso: *to ~ to shore* dirigersi verso la riva. □ *to ~ about*: 1 (*of rumours, etc.*) fare circolare, mettere in giro, spargere; 2 (*to cause to change direction*) girare, invertire: *he ~ the car about* girò la macchina; 3 (*Mar*) invertire la rotta, virare di bordo; *to ~ across*: 1 (*to achieve*) mandare a buon fine, riuscire in, portare a termine: *to ~ a business deal across* portare a termine un affare; 2 (*to achieve by trickery*) riuscire con l'inganno in; 3 (*colloq*) (*to express clearly*) esporre con chiarezza, rendere comprensibile; (*Br*) *to ~ around* (*of rumours, etc.*) fare circolare, mettere in giro, spargere; *to ~ aside*: 1 mettere da parte, accantonare; 2 (*to save*) mettere da parte, risparmiare; *to ~ away*: 1 riporre, mettere via: *~ away your books, children* riponete i libri, bambini; 2 (*to save*) mettere da parte, risparmiare; 3 (*colloq*) (*to confine to a mental home*) ricoverare in un manicomio, rinchiudere in un manicomio; 4 (*sl*) (*of food, drink*) fare piazza pulita di, fare fuori, spazzolare; *to ~ back*: 1 rimettere a posto: *~ it back where you found it* rimettilo dove l'hai trovato; *~ the books back* rimetti i libri al loro posto, rimetti i libri dov'erano; 2 (*of a clock, watch*) mettere indietro: *to ~ the clocks back* mettere le lancette indietro; 3 (*fig*) (*to retard*) rallentare, ritardare; 4 (*Mar*) (*to go back*) rientrare, tornare indietro: *to ~ back to port* rientrare in porto; *to ~ before* preferire, anteporre: *to ~ death before dishonour* preferire la morte al disonore; *to ~ by* mettere da parte, risparmiare; *to ~ down*: 1 posare, mettere giù, deporre: *~ that knife down!* metti giù quel coltello!; *he ~ down his suitcase* posò la valigia; 2 (*to allow to alight*) fare scendere, lasciare scendere; 3 (*to suppress*) sedare, domare, reprimere: *to ~ down a revolt* sedare una rivolta; 4 (*to write down*) annotare, segnare, scrivere; (*fig*) *to ~ sth. down to so.'s account* mettere qcs. in conto a qcu.; 5 (*to enter on a subscription list*) mettere in lista, segnare: *to ~ oneself down for a competition* iscriversi a una gara; *to ~ one's name down for a contribution* mettersi in lista per un contributo; 6 (*eufem*) (*of an animal: to kill*) abbattere, uccidere; 7 (*colloq*) (*to humiliate*) umiliare, mortificare; 8 (*Aer*) (*to land*) atterrare; 9 (*of a deposit*) versare in acconto; (*colloq*) *~ 'em up!* in guardia!; *to ~ forth*: 1 (*of trees, plants*) mettere (fuori), fare germogliare; (*assol*) germogliare; 2 (*to exert*) impiegare, esercitare, fare uso di, usare: *to ~ forth all one's strength* impiegare tutta la forza; 3 (*to propose*) proporre, avanzare, presentare; 4 (*to publish, to issue*) pubblicare; 5 (*to set out*) venire fuori, spuntare; *to ~ forward*: 1 (*to propose*) proporre, avanzare: *to ~ forward a new theory* avanzare una nuova teoria; 2 (*to suggest as candidate*) proporre, presentare; 3 (*rifl.*) *to ~ oneself for-*

ward mettersi in vista, mettersi in evidenza, farsi notare; 4 (*of a clock, watch*) mettere avanti, spostare avanti; (*Br*) *~ the thought from you* allontana da te quel pensiero, scaccia quel pensiero; *to ~ in*: 1 mettere dentro, mettere in, introdurre, inserire; 2 (*to interpose*) mettere, interporre: *to ~ in a good word for a friend* mettere una buona parola per un amico; 3 (*to add in, to include*) aggiungere, includere; 4 (*to do*) fare: *to ~ in an hour's practice* fare un'ora di esercizi; 5 (*to enter, to lodge*) presentare, inoltrare; 6 (*to install*) insediare, mettere: *to ~ in a caretaker* mettere un guardiano; 7 (*Mar*) (*to call*) fare scalo (a, in): *the ship ~ in at Port Said* la nave ha fatto scalo a Porto Said; (*Am*) *to ~ into*: 1 gettare, mettere (*anche fig*): *to ~ into a state of alarm* mettere in stato di allarme; 2 (*to flow into*) sboccare, riversarsi, affluire; (*colloq*) *to ~ it across so.* farla capire a qcu.; (*colloq, fig*) *you can't ~ it over me* con me non attacca; *if one may ~ it that way* se così si può dire!; (*colloq*) *~ it there!* lascia che ti stringa la mano!, qua la mano!; *to ~ off*: 1 (*to postpone, to delay*) rimandare, differire, rinviare, posporre: *to ~ off a visit* rimandare una visita; *to ~ off doing sth.* rimandare di fare qcs.; 2 (*to cause to wait*) fare aspettare: *to ~ off a creditor* fare aspettare un creditore; 3 (*to evade*) liberarsi di, sbarazzarsi di: *don't try to ~ me off with excuses* non cercare di liberarti di me con delle scuse; 4 (*to dissuade, to discourage*) scoraggiare, dissuadere, distogliere: *don't be ~ off by the way he shouts* non lasciarti scoraggiare dalle sue grida; 5 (*to annoy*) dare fastidio, seccare, infastidire: *stop that, it ~s me off* smettila, mi dà fastidio; 6 (*to turn off*) spegnere: *to ~ off the radio* spegnere la radio; 7 (*scherz*) (*to set down*) fare scendere, scaricare, sbarcare; 8 (*Mar*) (*to leave land*) salpare, prendere il largo; (*fig*) *to ~ so. off their food* fare passare l'appetito a qcu.; *to ~ on*: 1 (*of clothes, etc.*) indossare, mettersi: *~ an overcoat on* indossare un soprabito; *~ your things on and come along* vestiti e vieni con me; 2 (*to assume*) assumere, prendere: *to ~ on an arrogant air* assumere un'aria arrogante; 3 (*to pretend, to feign*) fare finta, fingere; 4 (*to turn on*) accendere: *to ~ on the light* accendere la luce; 5 (*to increase*) aumentare, accrescere: *to ~ on speed* aumentare la velocità; *to ~ on weight* ingrassare; 6 (*Sport*) (*to add to the score*) fare, segnare; 7 (*of a clock, watch*) mettere avanti; 8 (*to make available*) mettere a disposizione, provvedere a: *to ~ on extra trains* mettere dei treni straordinari; 9 (*to assign*) dare l'incarico a, destinare, designare, incaricare; 10 (*to perform*) fare, compiere, eseguire: *to ~ on a splendid show* fare uno spettacolo splendido; 11 (*Teat*) mettere in scena, allestire: *to ~ on a new play* mettere in scena una nuova commedia; (*colloq, fig*) *to ~ on a show* o *to ~ on an act*) fare la commedia; *to ~ on to*: 1 (*colloq*) indicare, segnalare: *I can ~ you on to a good bargain* posso indicarti un buon affare; 2 (*to put in contact with*) mettere in contatto con: *who ~ you on to it?* chi ti ha dato l'informazione?; *to ~ out*: 1 (*to put outside*) mettere fuori: *to ~ the cat out* mettere il gatto fuori; 2 (*estens*) (*to throw out*) buttare fuori, cacciare fuori, estromettere; 3 (*to extend*) allungare, tendere, stendere: *~ your hand out* allunga la mano; 4 (*to extinguish*) spegnere, smorzare: *to ~ out the light* spegnere la luce; 5 (*to publish, to issue*) pubblicare: *to ~ out a new edition of Tom Jones* pubblicare una nuova edizione di Tom Jones; 6 (*fig*) (*to annoy, to irritate*) contraria-

re, seccare, infastidire: *this delay has greatly ~ me out* questo ritardo mi ha molto contrariato; 7 (*to inconvenience*) disturbare, incomodare, scomodare: *don't ~ yourself out* non disturbarti; *would it ~ you out to lend me fifty pounds?* ti dispiacerebbe prestarmi cinquanta sterline?; 8 (*Med*) (*to dislocate*) slogare, lussare: *to ~ one's shoulder out* slogarsi la spalla; 9 (*Sport*) eliminare; 10 (*Mar*) prendere il largo, largare, scostare; (*Mil*) *to ~ out of action* mettere fuori combattimento (*anche estens*); *to ~ so. out of his misery* mettere fine alle sofferenze di qcu.; *to ~ cattle out to grass* mandare il bestiame al pascolo; *to ~ over*: 1 (*to communicate*) comunicare, trasmettere: *the author fails to ~ his ideas over* l'autore non riesce a comunicare (al pubblico) le sue idee; 2 (*to get accepted, adopted*) fare approvare, fare passare; (*fig*) *to ~ things right* mettere le cose a posto; *~ a clock right* regolare un orologio; (*colloq*) *~ them up!* in guardia!; *to ~ through*: 1 (*to accomplish*) attuare, compiere, portare a termine: *to ~ through important reforms* attuare importanti riforme; 2 (*to cause to endure*) sottoporre: *to ~ so. through a tough interrogation* sottoporre qcu. a un severo interrogatorio; 3 (*Tel*) fare parlare con, mettere in linea con, mettere in comunicazione con; (*colloq*) *to ~ so. through it* fare passare un brutto quarto d'ora a qcu.; *to ~ to*: 1 (*of a door*) chiudere; 2 (*Mar*) poggiare, rifugiarsi in porto; 3 (*to turn into*) mettere, trasformare: *to ~ a poem to prose* mettere in prosa una poesia; *to be hard ~ to it* trovarsi in imbarazzo, trovarsi in difficoltà: *you'll be hard ~ to it to finish in time* ti sarà difficile finire in tempo; *to ~ together*: 1 montare, mettere assieme; 2 (*to collect*) raccogliere, riunire, mettere insieme: *to ~ one's thoughts together* raccogliere le idee; *he thought he knew more than all his teachers ~ together* credeva di saperne più di tutti i suoi insegnanti messi insieme; *to ~ up*: 1 alzare, sollevare, tirare su: *to ~ up one's hand* alzare la mano; 2 (*to erect*) costruire, erigere, innalzare: *to ~ up a new town hall* costruire un nuovo municipio; 3 (*of a tent*) montare, alzare; 4 (*of a flag*) issare; 5 (*of an umbrella*) aprire; 6 (*to affix*) affiggere, attaccare: *to ~ up a notice* affiggere un avviso; 7 (*of marriage banns*) pubblicare; 8 (*to raise*) aumentare, maggiorare: *to ~ up the price of sth.* aumentare il prezzo di qcs.; 9 (*to propose*) proporre, presentare; 10 (*to nominate for election*) porre la candidatura di, candidare; 11 (*to offer for sale*) mettere in vendita: *to ~ sth. up for auction* vendere qcs. all'asta; 12 (*of a prayer, petition*) rivolgere, indirizzare; 13 (*of money: to make available*) fornire, provvedere, procurare: *to ~ up the capital* fornire il capitale; 14 (*to offer as a prize*) offrire in premio; 15 (*to provide accommodation for*) ospitare, alloggiare: *to ~ so. up for the night* ospitare qcu. per la notte; 16 (*to lodge*) alloggiare: *to ~ up at an inn* alloggiare in una locanda; 17 (*ant*) (*of a sword*) rinfoderare; *to ~ up to* istigare, incitare, spingere; *to ~ up with* sopportare, sorbirsi: *I had to ~ up with a two hour lecture* mi sono dovuto sorbire una conferenza di due ore; *do you see what I have to ~ up with?* ti rendi conto di che cosa devo sopportare?; (*colloq*) *to ~ upon*: 1 (*to take advantage of*) approfittare di, abusare di; 2 (*to impose on*) imbrogliare, raggirare.

put[2] /pʌt/ *n.* (*Econ*) opzione *f.* di vendita, contratto *m.* a premio. □ (*Econ*) *~ and call* contratto a doppio premio, opzione doppia; (*Econ*) *to give for the ~* vendere con facoltà di opzione.

putative /'pjuːtətɪv Am 'pjuːțəțɪv/ a. presunto, supposto, putativo: *the ~ author* il presunto autore. □ (*Dir*) *~ marriage* matrimonio putativo.

putatively /'pjuːtətɪvli Am 'pjuːțəțɪvli/ avv. che si ritiene, che si presume.

put-down /'pʊtdaʊn/ n. (*colloq*) mortificazione f., critica f. umiliante.

put-on /'pʊtɒn Am 'pʊtɑːn/ I a. finto, falso, simulato. II n. (*Am,colloq*) (*affected manner*) affettazione f., falsità f., artificiosità f.

putrefaction /ˌpjuːtrɪ'fækʃən Am ˌpjuːtrə'fækʃn/ n. 1 putrefazione f., decomposizione f., disfacimento m. 2 (*rotting matter*) marciume m. (*anche fig*).

putrefactive /ˌpjuːtrɪ'fæktɪv Am ˌpjuːtrɪ'fæktɪv/ a. putrefattivo.

putrefy /'pjuːtrɪfaɪ Am 'pjuːtrəfaɪ/ I v.t. putrefare, decomporre. II v.i. putrefarsi, decomporsi.

putrescence /pjuː'tresəns/ n. 1 putrefazione f., decomposizione f., disfacimento m. 2 (*putrescent matter*) putridume m.

putrescency /pjuː'tresənsi/ n. 1 putrefazione f., decomposizione f., disfacimento m. 2 (*putrescent matter*) putridume m.

putrescent /pjuː'tresnt/ a. in putrefazione, che marcisce, putrescente.

putrescible /pjuː'tresəbl/ a. che è soggetto a putrefarsi.

putrid /'pjuːtrɪd/ a. 1 putrido, putrefatto, marcio. 2 (*smelling of putrefaction*) fetido, puzzolente. 3 (*fig*) (*disgusting*) corrotto, marcio, depravato, putrido. 4 (*sl*) (*extremely unpleasant*) orribile, schifoso: *~ weather* tempo orribile.

putridity /ˌpjuː'trɪdəti Am ˌpjuː'trɪdəți/ n. 1 l'essere putrido, l'essere marcio. 2 (*fig*) (*rottenness*) putridume m., sozzura f.

putridly /'pjuːtrɪdli/ avv. in modo putrido.

putridness /'pjuːtrɪdnəs/ n. 1 l'essere putrido, l'essere marcio. 2 (*fig*) (*rottenness*) putridume m., sozzura f.

putsch /pʊtʃ/ n. (*Pol*) colpo m. di stato, putsch m.

putt /pʌt/ I n. (*Sport*) (*in golf*) colpo m. eseguito con il putter. II v.t. (*past, p.p.* **putted** /'pʌtɪd/ Am 'pʌțɪd/) (*Sport*) (*in golf*) colpire con il putter. III v.i. (*past, p.p.* **putted** /'pʌtɪd/ Am 'pʌțɪd/) (*Sport*) (*in golf*) colpire la palla con il putter.

puttee /'pʌti Am pʌt'iː/ (*pl.* **puttees** /'pʌtiːz/) n. (*Abbigl,Mil,ant*) mollettiera f., fascia f. mollettiera.

putter [1] /'pʊtər Am 'pʊțər/ n. (*one that puts*) chi mette, chi pone.

putter [2] /'pʊtər Am 'pʊțər/ n. (*Sport*) 1 putter m. 2 (*player*) giocatore m. (*f.* -trice) che colpisce la palla con il putter. 3 (*shot-putter*) lanciatore m. di peso.

puttier /'pʌtɪər/ n. 1 stuccatore m. (*f.* -trice). 2 (*glazier*) vetraio m. (*f.* -a).

putting /'pʌtɪŋ Am 'pʌțɪŋ/ □ (*Sport*) *~green* (*in golf*) green (tratto di terreno erboso intorno alla buca).

putty [1] /'pʌti Am 'pʌți/ I n. (*Tecn*) 1 (*for fixing glass*) stucco m. 2 (*for sealing pipes, etc.*) mastice m. II v.t. (*Tecn*) stuccare. □ *to be ~ in so.'s hands* essere come la creta nelle mani di qcu.; (*Tecn*) *~knife* spatola per mastice.

putty [2] /'pʌti Am 'pʌți/ n. (*Abbigl,Mil,ant*) mollettiera f., fascia f. mollettiera.

put-up /ˌpʊt'ʌp/ a. (*colloq*) concertato segretamente, combinato. □ (*fig*) *~job* macchinazione.

put-upon /ˌpʊtə'pɒn Am ˌpʊtə'pɑːn/ a. (*colloq*) maltrattato, bistrattato.

put-you-up /'pʊtjuʌp/ n. (*Br,colloq*) letto m. di fortuna.

puzzle /'pʌzl/ I n. 1 puzzle m. 2 (*confusion*) perplessità f., confusione f. 3 (*sth. or so. puzzling*) mistero m., enigma m., indovinello m.: *this man is a ~ to me* quest'uomo è un enigma per me. 4 (*problem*) problema m., questione f. difficile, questione f. complessa, rebus m. 5 (*verbal problem*) indovinello m., rompicapo m. II v.t. sconcertare, lasciare perplesso, disorientare: *your attitude -s me* il tuo atteggiamento mi sconcerta. III v.i. 1 essere perplesso, essere disorientato (*about, over* per). 2 (*to exercise the mind*) scervellarsi, rompersi la testa (*over* per). □ *to ~ one's brains* scervellarsi; *to ~out* decifrare, risolvere, chiarire: *to ~ out the answer to a problem* risolvere un problema.

puzzled /'pʌzld/ a. 1 perplesso, disorientato. 2 (*expressing puzzlement*) che esprime perplessità, che esprime imbarazzo.

puzzlement /'pʌzlmənt/ n. confusione f., perplessità f.

puzzler /'pʌzlər, 'pʌzlər/ n. 1 problema m., questione f. complessa, questione f. difficile. 2 (*puzzling person*) enigma m., mistero m.

puzzling /'pʌzlɪŋ/ a. che lascia perplessi, sconcertante.

puzzlingly /'pʌzlɪŋli/ avv. in modo sconcertante.

PVC /ˌpiːviː'siː/ (*Chim*) *polyvinyl chloride* PVC (polivinilcloruro).

PVS /ˌpiːviː'es/ (*Med*) *permanent vegetative state* SVP (stato vegetativo permanente o persistente).

PWR /ˌpiːdʌbljuː'ɑːr Am ˌpiːdʌbljuː'ɑːr/ (*Nucl*) *Pressurized Water Reactor* (reattore ad acqua pressurizzata, reattore ad acqua in pressione).

PY /ˌpiː'waɪ/ *Paraguay* PY (Paraguay).

pyaemia /paɪ'iːmiə/ n. (*Med*) piemia f.

pyaemic /paɪ'iːmɪk/ a. (*Med*) piemico.

pyemia /paɪ'iːmiə/ n. (*Med*) piemia f.

pyemic /paɪ'iːmɪk/ a. (*Med*) piemico.

pygmaean /pɪg'miːən/ a. 1 nano, pigmeo. 2 (*of things*) molto piccolo, nano.

Pygmalion /pɪg'meɪliən Am pɪg'meɪljən/ n.pr.m. (*Mitol*) Pigmalione.

pygmean /pɪg'miːən/ a. 1 nano, pigmeo. 2 (*of things*) molto piccolo, nano.

pygmy /'pɪgmi/ I n. pigmeo m. (*f.* -a), nano m. (*f.* -a). II a. 1 dei pigmei, relativo ai pigmei. 2 (*small, dwarfish*) nano, pigmeo.

Pygmy /'pɪgmi/ n. (*Etnol*) pigmeo m. (*f.* -a).

pyjama /pɪ'dʒɑːmə Am pə'dʒɑːmə/ a. del pigiama: *~ jacket* giacca del pigiama. □ *~ party* pigiama party.

pyjamas /pɪ'dʒɑːməz Am pə'dʒɑːməz/ n.pl. (*Abbigl*) pigiama m.sing.

Pylades /'pɪlədiːz/ n.pr.m. (*Mitol*) Pilade.

pylon /'paɪlən Am 'paɪlɑːn/ n. 1 (*El,Tel*) pilone m., palo m. a traliccio, traliccio m. 2 (*Aer*) (*bracket fixing sth. to aircraft body*) pilone m. 3 (*Archeol*) (*vertical part of a structure*) pilone m., portale m. monumentale.

pyloric /paɪ'lɒrɪk Am paɪ'lɑːrɪk/ a. (*Anat*) pilorico.

pylorus /paɪ'lɔːrəs/ (*pl.* **-ruses** /-rəsɪz/ o **-ri** /-raɪ/) n. (*Anat*) piloro m.

pyogenic /ˌpaɪə'dʒenɪk/ a. (*Med*) piogeno, piogenico.

pyorrhea /ˌpaɪə'riːə/ n. (*Am*) 1 (*Med*) piorrea f. 2 (*Dent*) piorrea f. alveolare.

pyorrheal /ˌpaɪə'riːəl/, **pyorrheic** /ˌpaɪə'riːɪk/ a. (*Am,Med,Dent*) piorroico.

pyorrhoea /ˌpaɪə'rɪə Am ˌpaɪə'riːə/ n. 1 (*Med*) piorrea f. 2 (*Dent*) piorrea f. alveolare.

pyorrhoeal /ˌpaɪə'rɪəl ˌpaɪə'riːəl/ a. (*Med, Dent*) piorroico.

pyorrhoeic /ˌpaɪə'riːɪk/ a. (*Med,Dent*) piorroico.

pyramid /'pɪrəmɪd/ n. (*Arch,Geom,Biol*) piramide f. (*anche estens*): *a ~ of acrobats* una piramide di acrobati.

pyramidal /pɪ'ræmɪdəl/ a. piramidale. □ (*Anat*) *~bone* osso piramidale; (*Biol*) *~cell* cellula piramidale.

Pyramidalist /pɪ'ræmɪdəlɪst/ n. studioso m. (*f.* -a) delle piramidi egiziane.

pyramidical /pɪrə'mɪdəkəl/ a. piramidale.

pyramidically /pɪrə'mɪdəkəli/ avv. piramidalmente.

Pyramus /'pɪrəməs/ n.pr.m. (*Mitol*) Piramo.

pyre /paɪər/ n. rogo m., pira f.

Pyrenean /ˌpɪrə'niːən/ a. (*Geog*) pirenaico, dei Pirenei.

Pyrenees /ˌpɪrə'niːz/ n.pr.pl. (*Geog*) Pirenei m.pl.

pyrethrum /paɪ(ə)'riːθrəm Am paɪ'riːθrəm/ n. (*Bot,Farm*) piretro m.

pyretic /paɪ(ə)'retɪk Am paɪ'rețɪk/ a. (*Med*) piretico.

pyrexia /paɪ(ə)'reksiə Am paɪ'reksiə/ n. (*Med*) piressia f., ipertermia f., febbre f.

pyrexial /paɪ(ə)'reksiəl Am paɪ'reksiəl/ a. (*Med*) piretico, di febbre.

pyrexic /paɪ(ə)'reksɪk Am paɪ'reksɪk/ a. (*Med*) piretico, di febbre.

pyridic /paɪ'rɪdɪk/ a. (*Chim*) piridinico.

pyridine /'paɪrɪdɪn/ n. (*Chim*) piridina f.

pyriform /'pɪrɪfɔːm Am 'pɪrɪfɔːrm/ a. piriforme, a forma di pera.

pyrite /'paɪ(ə)raɪt Am 'paɪraɪt/ n. (*Min*) pirite f. (di ferro).

pyrites /paɪ(ə)'raɪtiːz Am paɪ'raɪtiːz/ n.inv. (*Min*) pirite f. (di ferro).

pyritic /paɪ(ə)'rɪtɪk Am paɪ'rɪțɪk/ a. piritico.

pyritical /paɪ(ə)'rɪtɪkəl Am paɪ'rɪțɪkəl/ a. piritico.

pyritization /paɪ(ə)ˌrɪtɪ'zeɪʃən Am paɪˌrɪtɪ'zeɪʃən/ n. (*Min*) piritizzazione f.

pyro /'paɪ(ə)rəʊ Am 'paɪraʊ/ n. (*colloq*) piromane m./f.

pyroelectric /ˌpaɪ(ə)rəʊ'ɪlektrɪk Am ˌpaɪraʊ'ɪlektrɪk/ a. (*Fis*) piroelettrico.

pyroelectricity /ˌpaɪ(ə)rəʊˌɪlektrɪsəti Am ˌpaɪraʊˌɪlektrɪsəți/ n. (*Fis*) piroelettricità f.

pyrogallic /ˌpaɪ(ə)rəʊ'gælɪk Am ˌpaɪraʊ'gælɪk/ □ (*Chim*) *~acid* acido pirogallico, pirogallolo.

pyrogallol /ˌpaɪ(ə)rəʊ'gæloʊl Am ˌpaɪraʊ'gæloʊl/ n. (*Chim*) acido m. pirogallico, pirogallolo m.

pyrogenesis /ˌpaɪ(ə)rə'dʒenɪsɪs Am ˌpaɪrə'dʒenɪsɪs/ n. (*Geol*) pirogenesi f.

pyrogenic /ˌpaɪ(ə)rə'dʒenɪk Am ˌpaɪrə'dʒenɪk/ a. (*Med,Farm*) pirogeno.

pyrogenicity /ˌpaɪ(ə)rəˌdʒenɪ'sɪti Am ˌpaɪrəˌdʒenɪsəți/ n. (*Med*) pirogenicità f.

pyrograph /'paɪ(ə)rəgrɑːf Am 'paɪrəgræf/ I n. pirografia f. II v.i. eseguire una pirografia. III v.t. decorare mediante pirografia.

pyrographer /'paɪ(ə)rəgrɑːfər Am 'paɪrəgræfər/ n. pirografista m./f.

pyrographic /ˌpaɪ(ə)rə'græfɪk Am ˌpaɪrə'græfɪk/ a. pirografico.

pyrography /paɪ(ə)'rɒgrəfi Am paɪ(ə)'rɑːgrəfi/ n. pirografia f.

pyromania /ˌpaɪ(ə)rəʊ'meɪniə Am ˌpaɪraʊ'meɪniə/ n. piromania f.

pyromaniac /ˌpaɪ(ə)rəʊ'meɪniæk Am ˌpaɪraʊ'meɪniæk/ n. piromane m./f.

pyromaniacal /ˌpaɪ(ə)rəʊ'meɪniækəl Am ˌpaɪraʊ'meɪniækəl/ a. piromane, affetto da piromania.

pyrometer /paɪ(ə)'rɒmɪtər Am paɪ(ə)'rɑːmətər/ n. (*Fis*) pirometro m.

pyrometric /ˌpaɪ(ə)rəʊ'metrɪk Am ˌpaɪraʊ

'metrɪk/ *a.* pirometrico: ~ *cone* cono pirometrico.

pyrometrical /ˌpaɪ(ə)roʊ'metrɪkəl *Am* ˌpaɪroʊ'metrɪkəl/ *a.* pirometrico: ~ *cone* cono pirometrico.

pyrometrically /ˌpaɪ(ə)roʊ'metrɪkəli *Am* ˌpaɪroʊ'metrɪkəli/ *avv.* dal punto di vista pirometrico.

pyrometry /paɪ(ə)'rɒmətri *Am* paɪ'rɑːmətri/ *n.* (*Fis*) pirometria *f.*

pyrope /'paɪroʊp/ *n.* (*Min*) piropo *m.*

pyrophobia /ˌpaɪroʊ'foʊbɪə *Am* ˌpaɪroʊ'foʊbɪə/ *n.* (*Psic*) pirofobia *f.*

pyrophobic /ˌpaɪroʊ'foʊbɪk *Am* ˌpaɪroʊ'foʊbɪk/ *a.* (*Psic*) affetto da pirofobia.

pyrophoric /ˌpaɪroʊ'fɒrɪk *Am* ˌpaɪroʊ'fɑːrɪk/ *a.* (*Chim*) piroforico: ~ *alloy* lega piroforica.

pyrophorous /paɪ'rɒfərəs *Am* paɪ'rɑːfərəs/ *a.* (*Chim*) piroforico: ~ *alloy* lega piroforica.

pyrosis /paɪ'roʊsɪs/ *n.* (*Med*) pirosi *f.*

pyrotechnic /ˌpaɪroʊ'teknɪk *Am* ˌpaɪroʊ'teknɪk/ *a.* pirotecnico.

pyrotechnical /ˌpaɪroʊ'teknɪkəl *Am* ˌpaɪroʊ'teknɪkəl/ *a.* pirotecnico.

pyrotechnics /ˌpaɪroʊ'teknɪks *Am* ˌpaɪroʊ'teknɪks/ *n.pl.* (*costr.sing. o pl.*) **1** pirotecnica *f.sing.* **2** (*fireworks display*) spettacolo *m.sing.* pirotecnico, fuochi *m.pl.* d§'artificio. **3** (*fig*)

(*spectacular display of oratory, etc.*) brillante sfoggio *m.sing.* di oratoria.

pyrotechnist /ˌpaɪroʊ'teknɪst *Am* ˌpaɪroʊ'teknɪst/ *n.* pirotecnico *m.* (*f.* -a).

pyroxene /'paɪrɒksiːn *Am* 'paɪrɑːksiːn/ *n.* (*Min*) pirosseno *m.*

pyroxenic /ˌpaɪrɒk'senɪk *Am* ˌpaɪrɑːk'senɪk/ *a.* (*Min*) pirossenico.

Pyrrhic /'pɪrɪk/ *a.* (*Stor*) di Pirro. □ (*Stor*) ~ *victory* vittoria di Pirro (*anche fig*).

Pyrrho /'pɪroʊ *Am* 'pɪroʊ/ *n.pr.m.* (*Stor*) Pirrone.

Pyrrhonism /'pɪrənɪzəm/ *n.* (*Filos*) pirronismo *m.*

Pyrrhonist /'pɪrənɪst/ *n.* pirronista *m./f.*

Pyrrhus /'pɪrəs/ *n.pr.m.* (*Stor*) Pirro.

Pythagoras /paɪ'θægərəs *Am* pɪ'θægərəs/ *n.pr.m.* (*Stor.gr*) Pitagora. □ (*Geom*) ~ ' *theorem* teorema di Pitagora.

Pythagorean /paɪˌθægər'iːən *Am* pɪˌθægə'riːən/ I *a.* pitagorico. II *n.* pitagorico *m.* (*f.* -a). □ (*Geom*) ~ *proposition* (o ~ *theorem*) teorema di Pitagora.

Pythagoreanism /paɪˌθægər'iːənɪzəm *Am* pɪˌθægə'riːənɪzəm/ *n.* (*Filos*) pitagorismo *m.*

Pythian /'pɪθɪən/ I *a.* **1** (*of Delphi, Apollo*) pizio, pitico. **2** (*of the Pythian Games*) pitico. II *n.* (*Pythian priestess*) pizia *f.*, pitia *f.*

□ (*Stor.gr*) ~ *Games* feste pitiche, pitiche; (*Metr*) ~ *verse* esametro dattilico.

python[1] /'paɪθən *Am* 'paɪθaːn/ *n.* (*Zool*) pitone *m.*

python[2] /'paɪθən *Am* 'paɪθaːn/ *n.* **1** (*spirit, demon*) spirito *m.*, demone *m.* **2** (*one possessed by a spirit*) ossesso *m.*

pythoness /'paɪθənəs/ *n.* **1** (*Stor.gr*) pitonessa *f.*, pizia *f.* **2** (*estens*) (*woman having a spirit of divination*) pitonessa *f.*, indovina *f.*

pythonic[1] /paɪ'θɒnɪk *Am* paɪ'θaːnɪk/ *a.* **1** (*Zool*) dei pitoni, relativo ai pitoni. **2** (*resembling a python*) simile a un pitone.

pythonic[2] /paɪ'θɒnɪk *Am* paɪ'θaːnɪk/ *a.* **1** (*Stor.gr*) (*of a Pythian priestess*) pitonico. **2** (*prophetic*) profetico, divinatore.

pyx /pɪks/ I *n.* **1** (*Lit*) pisside *f.* **2** (*GB*) (*at the Royal Mint*) scrigno *m.* che contiene esemplari di monete d'oro e d'argento. II *v.t.* **1** (*Rel*) porre in una pisside, portare dentro una pisside. **2** (*of a coin*) saggiare il peso e la purezza di.

pyxidium /pɪk'sɪdɪəm/ (*pl.* -**s** /-z/ o -**dia** /-dɪə/) *n.* (*Bot*) pisside *f.*

pyxis /'pɪksɪs/ (*pl.* -**xides** /-ksɪdiːz/) *n.* **1** vasetto *m.* cilindrico con coperchio. **2** (*Lit*) (*pyx*) pisside *f.* **3** (*Bot*) (*seed capsule*) pisside *f.*

Q

q, Q[1] /kjuː/ (*pl.* **q's/qs, Q's/Qs** /kjuːz/) *n.* (*letter of the alphabet*) q, Q *f./m.*: (*Tel*) *Q for Queenie* (o *Am Q as in Queen*) q come Quebec.

Q[2] /kjuː/ I *a.* (*Q-shaped*) a (forma di) Q. II *n.* (*medieval Roman numeral: 500*) Q, cinquecento m.

Q[3] 1 *Qatar* Q (Qatar). 2 (*Fis*) *momentum* Q (quantità di moto). 3 (*El*) *quality factor* Q (fattore di qualità, fattore di merito).

q. 1 *quart* qt (quart, quarto di gallone). 2 *quarter* q (quarto). 3 *quintal* q (quintale).

Q. 1 (*Edit*) *quarto* (in quarto). 2 *Queen* (regina).

Qatar /kəˈtɑːr/ *n.pr.* (*Geog*) Qatar *m.*

Qatari /kəˈtɑːrɪ/ I *n.* nativo *m.* o abitante *m./f.* del Qatar. II *a.* del Qatar.

QB 1 (*Am,Sport*) *quarterback* (quarterback). 2 (*GB,Dir*) *Queen's Bench* (divisione dell'Alta Corte britannica).

Q-boat /ˈkjuːbəʊt/ *n.* (*Mar.mil*) nave *f.* Q, nave *f.* trappola, nave *f.* civetta.

Q.C. /kjuːˈsiː/ (*GB,Dir*) *Queen's Counsel* (patrocinante per la corona).

Q.E.D. /kjuːiːˈdiː/ (*Mat*) *quod erat demonstrandum* c.d.d., q.e.d. (come dovevasi dimostrare).

ql. *quintal* q (quintale).

qr. 1 *quarter* Q (quarto). 2 *quarterly* (trimestrale).

Q-ship /ˈkjuːʃɪp/ *n.* (*Mar.mil*) nave *f.* Q, nave *f.* trappola, nave *f.* civetta.

qt. 1 *quantity* (quantità). 2 *quart* qt (quart, quarto di gallone).

q.t. /ˈkjuːtiː/ *n.* (*sl*) (*quiet*) quiete *f.* □ *on the ~* di nascosto, alla chetichella.

qu. 1 *query* (quesito). 2 *question* (domanda).

qua /kweɪ, kwɑː/ *avv.* in quanto, come: *art ~ art* l'arte in quanto arte.

quack[1] /kwæk/ I *n.* (*onom.*) (*cry of a duck*) qua *m.* II *v.i.* fare qua qua, starnazzare.

quack[2] /kwæk/ I *n.* 1 medico *m.* da strapazzo. 2 (*charlatan*) ciarlatano *m.*, imbroglione *m.* II *a.* da ciarlatano, ciarlatanesco, empirico. III *v.i.* fare il ciarlatano.

quackery /ˈkwækəri/ *n.* ciarlataneria *f.*

quackish /ˈkwækɪʃ/ *a.* ciarlatanesco, da ciarlatano.

quack-quack /ˌkwæˈkwæk/ *n.* (*infant*) anatra *f.*

quad[1] /kwɒd *Am* kwɑːd/ *n.* (*Univ*) (*quadrangle*) corte *f.* quadrangolare (interna).

quad[2] /kwɒd *Am* kwɑːd/ *n.* (*Tip*) quadrato *m.*

quad[3] /kwɒd *Am* kwɑːd/ *n.* (*colloq*) (*quadruplet*) gemello *m.* quadrigemino.

quad. /kwɒd *Am* kwɑːd/ 1 *quadrangle* (quadrangolo). 2 *quadrant* (quadrante). 3 (*Tip*) *quadrat* (quadrato). 4 *quadruple* (quadruplo). 5 *quadruplicate* (quadruplicato).

quadrable /ˈkwɒdrəbəl *Am* ˈkwɑːdrəbəl/ *a.* (*Mat*) riducibile a quadrato.

quadragenarian /ˌkwɒdrədʒɪˈneərɪən *Am* ˌkwɑːdrədʒəˈnɜːrɪən/ I *a.* che ha quarant'anni. II *n.* quarantenne *m./f.*

Quadragesima /ˌkwɒdrəˈdʒesɪmə *Am* ˌkwɑːdrəˈdʒeɪzɪmə/ *n.* (*Lit*) domenica *f.* di quadragesima, quadragesima *f.* □ (*Lit*) *~ Sunday* domenica di quadragesima,

quadragesima.

Quadragesimal /ˌkwɒdrəˈdʒesɪməl *Am* ˌkwɑːdrəˈdʒeɪzɪmal/ *a.* (*Lit*) quadragesimale, quaresimale, di quaresima.

quadrangle /ˈkwɒdræŋgəl *Am* ˈkwɑːdræŋgəl/ *n.* 1 (*Geom*) quadrangolo *m.*: *irregular ~* quadrangolo irregolare. 2 (*Arch,Univ*) corte *f.* quadrangolare (interna).

quadrangular /kwɒdˈræŋgjʊlər *Am* ˌkwɑːdˈræŋgjələr/ *a.* quadrangolare, quadrangolo.

quadrant /ˈkwɒdrənt *Am* ˈkwɑːdrənt/ *n.* (*Geom,Mecc,Mar,Astr*) quadrante *m.*

quadrantal /kwɒdˈræntəl *Am* kwɑːˈdræntəl/ *a.* quadrantale.

quadrantectomy /ˌkwɒdrænˈtektəmi *Am* ˌkwɑːdrænˈtektəmi/ *n.* (*Med*) quadrantectomia *f.*

quadraphonic /ˌkwɒdrəˈfɒnɪk *Am* ˌkwɑːdrəˈfɑːnɪk/ *a.* quadrifonico.

quadraphony /kwɒˈdrɑːfəni *Am* kwɑːˈdrɑːfəni/ *n.* quadrifonia *f.*

quadrat /ˈkwɒdrət *Am* ˈkwɑːdrət/ *n.* (*Tip*) quadrato *m.*

quadrate[1] /ˈkwɒdrət, ˈkwɒdreɪt *Am* ˈkwɑːdrət, ˈkwɑːdreɪt/ I *a.* (*Geom*) quadrato: *a ~ figure* una figura quadrata. II *n.* (*Geom*) quadrato *m.*

quadrate[2] /kwɒˈdreɪt *Am* kwɑːˈdreɪt/ I *v.t.* 1 far quadrare, far corrispondere, far concordare. 2 (*to make square*) quadrare. 3 (*to divide into squares*) dividere in quadrati. II *v.i.* (*to agree, to correspond*) quadrare, coincidere (*with* con), corrispondere esattamente (*with* a).

quadratic /kwɒˈdrætɪk *Am* kwɑːˈdrætɪk/ *a.* 1 (*square*) quadrato. 2 (*Mat*) quadratico, di secondo grado: *~ equation* equazione quadratica. II *n.* (*Mat*) 1 espressione *f.* quadratica. 2 *pl.* (*costr.sing. o pl.*) algebra *f.* delle equazioni quadratiche.

quadrature /ˈkwɒdrətʃər *Am* ˈkwɑːdrətʃər/ *n.* (*Mat,Astr,El*) quadratura *f.*

quadrennial /kwɒˈdreniəl *Am* kwɑːˈdreniəl/ I *a.* quadriennale. II *n.* quadriennio *m.*

quadrennially /kwɒˈdreniəli *Am* kwɑːˈdreniəli/ *avv.* ogni quattro anni.

quadrennium /kwɒˈdreniəm *Am* kwɑːˈdreniəm/ *n.* (*pl.* **-s** /-z/, **-nnia** /-nɪə/) *n.* quadriennio *m.*

quadric /ˈkwɒdrɪk *Am* ˈkwɑːdrɪk/ I *a.* (*Mat*) quadrico. II *n.* (*Mat*) quadrica *f.*

quadricentennial /ˌkwɒdrɪsenˈteniəl *Am* ˈkwɑːdrɪsenˈteniəl/ I *n.* quadricentenario *m.* II *a.* (*every four hundred years*) quadricentenario.

quadriceps /ˈkwɒdrɪseps *Am* ˈkwɑːdrɪseps/ *n.* (*Anat*) quadricipite *m.*

quadriform /ˈkwɒdrɪfɔːm *Am* ˈkwɑːdrɪfɔːrm/ *a.* che ha quattro forme.

quadrilateral /ˌkwɒdrɪˈlætərəl *Am* ˌkwɑːdrɪˈlætərəl/ I *a.* quadrilatero. II *n.* quadrilatero *m.* (*anche Mil,Geom*).

quadrilingual /ˌkwɒdrɪˈlɪŋgwəl *Am* ˌkwɑːdrɪˈlɪŋgwəl/ *a.* quadrilingue.

quadrille[1] /kwəˈdrɪl/ *n.* (*dance, music*) quadriglia *f.*

quadrille[2] /kwəˈdrɪl/ *n.* (*card game*) quadriglio *m.*, quadrigliati *m.pl.*

quadrillion /kwəˈdrɪljən/ *n.* (*pl.inv.o* **-s** /-z/; *il pl. in* **-s** *si usa general. con valore collett.*) 1 (*Br*) dieci *m.* alla ventiquattresima. 2 (*Am*)

dieci *m.* alla quindicesima.

quadrillionth /kwəˈdrɪljənθ/ I *a.* quadrilionesimo. II *n.* quadrilionesimo *m.*

quadrinomial /ˌkwɒdrɪˈnəʊmiəl *Am* ˌkwɑːdrɪˈnəʊmiəl/ I *a.* (*Mat*) quadrinomio. II *n.* (*Mat*) quadrinomio *m.*

quadripartite /ˌkwɒdrɪˈpɑːtaɪt *Am* ˌkwɑːdrɪˈpɑːrtaɪt/ *a.* quadripartito.

quadriphony /kwɒˈdrɪfəni *Am* kwɑːˈdrɪfəni/ *n.* quadrifonia *f.*

quadriplegia /ˌkwɒdrɪˈpliːdʒɪə *Am* ˌkwɑːdrɪˈpliːdʒə/ *n.* (*Med*) tetraplegia *f.*

quadriplegic /ˌkwɒdrɪˈpliːdʒɪk *Am* ˌkwɑːdrɪˈpliːdʒɪk/ I *a.* tetraplegico. II *n.* tetraplegico *m.* (*f.* -a).

quadrireme /ˈkwɒdrɪriːm *Am* ˈkwɑːdrɪriːm/ *n.* (*Mar,ant*) quadrireme *f.*

quadrisyllabic /ˌkwɒdrɪsɪˈlæbɪk *Am* ˌkwɑːdrɪsɪˈlæbɪk/ *a.* (*Gramm,Metr*) quadrisillabo, quadrisillabico.

quadrisyllable /ˌkwɒdrɪˈsɪləbəl *Am* ˌkwɑːdrəˈsɪləbəl/ *n.* (*Gramm,Metr*) quadrisillabo *m.*

quadrivalence /ˌkwɒdrɪˈveɪləns *Am* ˌkwɑːdrɪˈveɪləns/, **quadrivalency** /ˌkwɒdrɪˈveɪlənsi *Am* ˌkwɑːdrɪˈveɪlənsi/ *n.* (*Chim*) tetravalenza *f.*

quadrivalent /ˌkwɒdrɪˈveɪlənt *Am* ˌkwɑːdrɪˈveɪlənt/ *a.* (*Chim*) tetravalente, quadrivalente.

quadrivium /ˌkwɒˈdrɪvɪəm *Am* ˌkwɑːˈdrɪvɪəm/ *n.* quadrivio *m.*

quadroon /kwɒˈdruːn *Am* kwɑːˈdruːn/ *n.* (*ant, spreg*) quarterone *m.*, mulatto *m.* (*f.* -a) con un quarto di sangue nero.

quadrumane /ˈkwɒdrumeɪn *Am* ˈkwɑːdruːmeɪn/ *n.* (*Zool,ant*) quadrumane *m.*

quadrumanous /kwɒˈdruːmənəs *Am* ˌkwɑːˈdruːmənəs/ *a.* (*Zool,ant*) quadrumane.

quadrumvirate /kwɒˈdrʌmvɪrɪt *Am* ˌkwɑːˈdrʌmvɪrɪt/ *n.* quadrumvirato *m.*

quadruped /ˈkwɒdruːped *Am* ˈkwɑːdrəped/ I *a.* (*Zool*) quadrupede. II *n.* (*Zool*) quadrupede *m.*

quadrupedal /kwɒˈdruːpɪdəl *Am* kwɑːˈdruːpədəl/ *a.* (*Zool*) quadrupede.

quadruple /kwɒˈdruːpəl *Am* kwɑːˈdruːpəl/ I *a.* quadruplo; (*fourfold*) quadruplice. II *n.* quadruplo *m.* III *v.t.* quadruplicare. IV *v.i.* quadruplicarsi. □ (*Stor*) *Quadruple Alliance* quadruplice alleanza.

quadruplet /kwɒˈdruːplɪt *Am* kwɑːˈdruːplɪt/ *n.* 1 gemello *m.* (*f.* -a) quadrigemino. 2 *pl.* (*four children born at one birth*) quattro gemelli *m.pl.*

quadruplicate[1] /kwɒˈdruːplɪkət *Am* kwɑːˈdruːplɪkət/ *a.* quadruplicato. 2 (*of a copy*) in quattro copie. II *n.* una copia *f.* di quattro (copie). □ *to type a document in ~* battere a macchina un documento in quattro copie.

quadruplicate[2] /kwɒˈdruːplɪkeɪt *Am* kwɑːˈdruːplɪkeɪt/ *v.t.* 1 quadruplicare. 2 (*to make four copies of*) fare quattro copie di, fare quattro esemplari di.

quadruplication /kwɒˌdruːplɪˈkeɪʃən *Am* kwɑːˌdruːplɪˈkeɪʃən/ *n.* quadruplicazione *f.*

quadruplicity /ˌkwɒdruˈplɪsɪti *Am* kwɑːˌdruːˈplɪsəti/ *n.* quadruplicità *f.*

quadrupole /ˈkwɒdruːpəʊl *Am* ˈkwɑːdrəpəʊl/ *n.* (*Fis*) quadrupolo *m.*

quaestor /ˈkwiːstər, ˈkwestər/ *n.* (*Stor.rom*) questore *m.*

quaestorial /kwɪ'stɔːrɪəl, kwe'stɔːrɪəl/ a. (Stor.rom) questorio.

quaestorship /'kwɪstərʃɪp, 'kwestərʃɪp/ n. (Stor.rom) questura f.

quaff /kwɑːf, kwɒf/ I v.t. bere lunghi sorsi di, tracannare. II v.i. bere lunghi sorsi, tracannare.

quag /kwæg, kwɒg Am kwɑːg/ n. (ant) pantano m., palude f., acquitrino m.

quagga /'kwægə/ (pl.inv. o -s /-z/) n. (Zool) zebra f. quagga, quagga m.

quaggy /'kwægɪ Br also 'kwɒgɪ/ a. paludoso, pantanoso, acquitrinoso.

quagmire /'kwægmaɪə, 'kwɒgmaɪəʳ Am 'kwægmaɪəʳ/ n. 1 pantano m., palude f., acquitrino m. 2 (boggy ground) terreno m. paludoso. 3 (fig) pantano m., pasticcio m., impiccio m., imbroglio m.: to be in a ~ essere nei pasticci.

quail[1] /kweɪl/ (pl.inv. o -s /-z/; il pl. inv. si usa general. con valore collett.) n. (Ornit) quaglia f.

quail[2] /kweɪl/ v.i. 1 perdersi d'animo, sgomentarsi. 2 (to shrink with fear) farsi piccolo per la paura. 3 (of the heart) tremare.

quaint /kweɪnt/ a. 1 pittoresco, caratteristico d'altri tempi. 2 (strange, odd) singolare, curioso, strano, bizzarro: a ~ method un metodo singolare.

quaintly /'kweɪntlɪ/ avv. 1 in modo pittoresco, pittorescamente. 2 (strangely) bizzarramente, in modo strano.

quaintness /'kweɪntnɪs/ n. 1 pittoresco m. 2 (strangeness) singolarità f., bizzarria f., stranezza f.

quake /kweɪk/ I v.i. 1 tremare: to ~ with fear tremare dalla paura. 2 (to quail) perdersi d'animo, sgomentarsi. II n. 1 tremito m., tremore m. 2 (colloq) (earthquake) terremoto m. □ to ~ in one's boots avere le gambe che fanno giacomo giacomo, avere la tremarella.

quaker /'kweɪkəʳ/ n. 1 chi trema. 2 (Ornit) albatro m. fuligginoso.

Quaker /'kweɪkə/ n. (Rel) quacchero m. □ (Mil) ~ gun cannone finto (di legno); ~ meeting: 1 (Rel) riunione di quaccheri; 2 (colloq) riunione caratterizzata da scarsa conversazione.

Quakerdom /'kweɪkədəm/ n. 1 (Rel) quaccherismo m. 2 (collett.) quaccheri m.pl.

Quakeress /'kweɪkərɪs/ n. (Rel) quacchera f.

Quakerish /'kweɪkərɪʃ/ a. quacchero, da quacchero.

Quakerism /'kweɪkərɪzəm/ n. (Rel) quaccherismo m.

Quakerly /'kweɪkəlɪ/ I a. quacchero, da quacchero. II avv. da quacchero, alla maniera dei quaccheri, come i quaccheri.

quakily /'kweɪkɪlɪ/ avv. tremando.

quakiness /'kweɪkɪnɪs/ n. l'essere tremante.

quaking /'kweɪkɪŋ/, **quaky** /'kweɪki/ a. che trema, tremante.

qualifiable /'kwɒlɪfaɪəbəl Am 'kwɑːlɪfaɪəbəl/ a. 1 qualificabile. 2 (eligible) che ha i requisiti necessari (for per), idoneo, adatto (a).

qualification /ˌkwɒlɪfɪ'keɪʃən Am ˌkwɑːlɪ'keɪʃən/ n. 1 requisito m., qualifica f.: to have the necessary -s for a job avere i requisiti necessari per un impiego. 2 (required condition) requisito m. (necessario), titolo m., condizione f.: -s for British citizenship requisiti necessari per la cittadinanza britannica. 3 (act of qualifying) qualificazione f., attribuzione f. di una qualifica. 4 (limitation) riserva f., restrizione f., condizione f., limitazione f.: to accept an offer without ~ accettare un'offerta senza riserve. 5 (sth. that modifies) modificazione f. 6 (explanation) preci-

sazione f.: his statement requires ~ la sua affermazione richiede una precisazione. 7 (Dir) abilitazione f.

qualificative /'kwɒlɪfɪkətɪv Am 'kwɑːlɪfɪkeɪtɪv/ I a. qualificativo (anche Gramm). II n. (Gramm) elemento m. con funzione qualificativa.

qualificatory /ˌkwɒlɪfɪ'keɪtərɪ Am 'kwɑːlɪfəkətɔːrɪ/ a. che qualifica, qualificante.

qualified /'kwɒlɪfaɪd Am 'kwɑːlɪfaɪd/ a. 1 qualificato: he is not ~ for that job non è qualificato per quel lavoro. 2 (trained) abilitato (alla professione): a ~ teacher un insegnante abilitato, un insegnante con l'abilitazione. 3 (possessing the legal requirements) che ha i requisiti necessari, abilitato. 4 (with reservation) condizionato, con riserva. □ (Pol) ~ majority maggioranza qualificata.

qualifier /'kwɒlɪfaɪəʳ Am 'kwɑːlɪfaɪəʳ/ n. 1 (Sport) chi si qualifica, qualificato m. (f. -a). 2 (Sport) (game) gara f. di qualificazione, partita f. di qualificazione. 3 (Gramm) elemento m. con funzione qualificativa.

qualify /'kwɒlɪfaɪ Am 'kwɑːlɪfaɪ/ I v.t. 1 qualificare, rendere adatto: to ~ oneself for a post qualificarsi per un impiego. 2 (to entitle) abilitare, autorizzare. 3 (to describe) qualificare, caratterizzare: I would ~ him as an opportunist lo qualificherei come un opportunista. 4 (to limit) limitare, contenere, ridurre: to ~ claims limitare le pretese. 5 (Gramm) qualificare. II v.i. 1 qualificarsi (for per, a), avere i titoli richiesti (per): to ~ for a job qualificarsi per un impiego. 2 (to meet the required standard) ottenere una qualifica, qualificarsi: he can now ~ as a master carpenter ora è in grado di ottenere la qualifica di esperto carpentiere. 3 (to be legally qualified) avere i requisiti necessari, essere abilitato, essere autorizzato: to ~ for the vote avere i requisiti necessari per esercitare il diritto di voto. 4 (Sport) qualificarsi: to ~ for the semi-finals qualificarsi per le semifinali.

qualifying /'kwɒlɪfaɪŋ Am 'kwɑːlɪfaɪŋ/ a. 1 qualificante. 2 (that limits) che limita, restrittivo. 3 (Gramm) qualificativo: a ~ adjective un aggettivo qualificativo. □ ~ examination esame d'abilitazione; (Sport) ~ heat (o ~ round) girone eliminatorio.

qualitative /'kwɒlɪtətɪv Am 'kwɑːlɪteɪtɪv/ a. qualitativo, della qualità, relativo alla qualità. □ (Chim) ~ analysis analisi qualitativa.

qualitatively /'kwɒlɪtətɪvlɪ Am 'kwɑː lɪteɪtɪvlɪ/ avv. qualitativamente.

quality /'kwɒlɪtɪ Am 'kwɑːlɪtɪ/ I n. 1 qualità f.: goods of the first ~ merce di prima qualità. 2 (high grade) buona qualità f., qualità f.: the ~ of sound la qualità del suono. 3 (characteristic, trait) qualità f., requisito m.: he has many fine qualities ha molte buone qualità. 4 (property, attribute) proprietà f., qualità f. particolare, caratteristica f.: the qualities of herbs le proprietà delle erbe. 5 (essential character, nature) natura f., qualità f., proprietà f. 6 (high social standing) ceto m. elevato, alto rango m.: a lady of ~ una signora di ceto elevato. 7 (collett.) (people of high social standing) persone f.pl. di ceto elevato, persone f.pl. di alto rango. 8 (Fon) qualità f. 9 (Filos) qualità f. II a. (colloq) di (buona) qualità: ~ merchandise merce di qualità. □ ~ assurance assicurazione della qualità; (Ind) ~ circle circolo della qualità; ~ control controllo della qualità; (Radiol) ~ factor fattore di qualità; (fig) ~ jump salto di qualità; ~ mark marchio di qualità; ~ of life qualità della vita; (Giorn) ~ paper giornale di qualità, giornale serio; ~ product prodotto di qualità; ~ requirements requisiti di qualità; ~

time tempo di qualità, tempo passato insieme ai propri cari.

qualm /kwɑːm, kwɔːm/ n. 1 scrupolo m.: he had no -s about taking the money non si fece scrupolo a prendere il denaro. 2 (twinge of guilt) rimorso m. 3 (uneasiness, misgiving) inquietudine f., apprensione f. 4 (nausea) senso m. di nausea.

qualmish /'kwɑːmɪʃ, 'kwɔːmɪʃ/ a. 1 che ha scrupoli, scrupoloso. 2 (uneasy) inquieto. 3 (nauseated) nauseato, che ha la nausea. 4 (causing nausea) nauseabondo, nauseante.

quandary /'kwɒndrɪ Am 'kwɑːndrɪ/ n. 1 perplessità f., incertezza f. 2 (dilemma) dilemma m. □ to be in a ~ trovarsi in imbarazzo.

quango /'kwæŋgəʊ/ n. (GB) organismo m. creato e finanziato dal governo, organismo m. semipubblico, organismo m. parastatale.

quantal /'kwɒntəl Am 'kwɑːntəl/ a. (Fis) quantico.

quantic /'kwɒntɪk Am 'kwɑːntɪk/ n. (Mat) forma f. omogenea.

quantifiable /ˌkwɒntɪ'faɪəbəl Am ˌkwɑːntə 'faɪəbəl/ a. quantificabile.

quantification /ˌkwɒntɪfɪ'keɪʃən Am ˌkwɑːntəfɪ'keɪʃən/ n. quantificazione f.

quantify /'kwɒntɪfaɪ Am 'kwɑːntɪfaɪ/ v.t. 1 determinare la quantità di, quantificare. 2 (Filos) quantificare.

quantisation /ˌkwɒntɪ'zeɪʃən/ n. (Br,Fis) quantizzazione f.

quantise /'kwɒntaɪz/ v.t. (Br,Fis) quantizzare.

quantitative /'kwɒntɪtətɪv Am 'kwɑːntɪteɪtɪv/ a. (Chim,Metr,Fon) quantitativo. □ (Chim) ~ analysis analisi quantitativa; (Metr) ~ methods metodi quantitativi; (Metr) ~ prosody metrica quantitativa.

quantitatively /'kwɒntɪtətɪvlɪ Am 'kwɑːn tɪteɪtɪvlɪ/ avv. quantitativamente.

quantity /'kwɒntɪtɪ Am 'kwɑːntətɪ/ n. 1 quantità f.: ~ at the expense of quality quantità a scapito della qualità; a large ~ of books una grande quantità di libri. 2 (large amount) quantità f., gran numero m., massa f., mucchio m. 3 (Comm) quantitativo m., quantità f. 4 (Metr,Fon,Filos) quantità f. 5 (Mat,Fis) quantità f. II a. (colloq) di (buona) qua- □ (Comm) ~ discount sconto sulla quantità; (Ind) ~ production produzione di massa, produzione in grande quantità; (Edil) ~ surveyor misuratore; (Econ) ~ theory teoria quantitativa.

quantization /ˌkwɒntɪ'zeɪʃən/ n. (Fis) quantizzazione f.

quantize /'kwɒntaɪz/ v.t. (Fis) quantizzare.

quantum /'kwɒntəm Am 'kwɑːntəm/ (pl. -ta /-tə Am -tə/) n. 1 quantità f., quanto m. 2 (portion) quota f., parte f., porzione f. 3 (Fis) quanto m., quantum m. □ (Fis) ~ chromodynamics cromodinamica quantistica; (Tecn) ~ computer computer quantico; (Fis) ~ efficiency efficienza quantica; (Fis) ~ electrodynamics elettrodinamica quantistica; (Elettron) ~ electronics elettronica quantistica; (Fis) ~ field theory teoria quantistica dei campi; (Fis) ~ gravity gravità quantistica; ~ jump (o ~ leap): 1 (Fis) salto quantico; 2 (fig) (step forward) grande progresso, grande passo in avanti; 3 (fig) (sudden increase) incremento improvviso; (Fis) ~ mechanics meccanica quantistica; (Fis) ~ number numero quantico, quanto; (Fis) ~ physics fisica quantistica; (Fis) ~ statistics statistica quantistica; (Fis) ~ theory teoria dei quanti.

quarantine /'kwɒrəntiːn Am 'kwɑːrəntiːn/ n. 1 quarantena f.: to be in ~ essere in quarantena, fare la quarantena. II v.t. 1 mettere in quarantena. 2 (fig) mettere al bando, dare l'ostracismo a. □ ~ flag bandiera gialla.

quarantined /'kwɒrəntiːnd Am 'kwɑː
rəntiːnd/ a. in quarantena.

quark /kwɑːk Am kwɑːrk/ n. (Fis) quark m.

quarrel /'kwɒrəl Am 'kwɑːrəl/ I n. 1 lite f.,
litigio m., alterco m., bisticcio m.: a ~ between
husband and wife una lite tra marito e moglie. 2 (cause for complaint) motivo m. di
lagnanza, motivo m. di rimostranza. 3 (disagreement) dissenso m., divergenza f. II v.i.
(past, p.p. **quarrelled** /Am **quarreled** /-d/) 1
litigare, altercare: to ~ with one's partner
litigare col proprio socio; to ~ over (o about)
sth. litigare per qcs.; let's not ~ non litighiamo. 2 (to find fault) trovare da ridire (with
su): to ~ with so.'s suggestions trovare da ridire sui suggerimenti di qcu. □ to have a
~ with so.: 1 avere qcs. contro qcu., avercela
con qcu.; 2 (to argue) litigare con qcu.; it
takes two to make a ~ bisogna essere in due
per litigare; to make up a ~ comporre una
lite; to have no ~ against (o with) so. non
avere niente contro qcu.; to take up so.'s ~
scendere in campo a fianco di qcu., sposare
la causa di qcu.

quarreler /'kwɒrələr/ n. (Am) litigante m./f.

quarreller /'kwɒrələr/ n. litigante m./f.

quarrelsome /'kwɒrəlsəm Am 'kwɑːrəlsəm/
a. litigioso, rissoso.

quarrelsomely /'kwɒrəlsəmli Am
'kwɑːrəlsəm/ avv. litigiosamente.

quarrelsomeness /'kwɒrəlsəmnɪs Am
'kwɑːrəlsəmnɪs/ n. l'essere litigioso, rissosità
f.

quarrier /'kwɒrɪər Am 'kwɑːrɪər/ n. cavapietre
m.

quarry[1] /'kwɒri Am 'kwɑːri/ I n. 1 cava f. 2 (fig)
(source of material, information) miniera f.,
fonte f., sorgente f. II v.t. 1 estrarre, cavare,
scavare: to ~ stone cavare pietra. 2 (to make
a quarry in) scavare una cava in. 3 (fig) ricavare: to ~ information from reference books
ricavare notizie da libri di consultazione. III
v.i. 1 scavare una cava. 2 (fig) fare ricerche,
fare indagini. □ (Edil) ~ tile quadrello.

quarry[2] /'kwɒri Am 'kwɑːri/ n. (Caccia) 1 preda f. (anche fig). 2 (game) selvaggina f.

quart[1] /kwɔːt Am kwɔːrt/ n. 1 (British measure of capacity) quart m., quarto m. di gallone
(pari a 1,136 l). 2 (American measure of capacity) quart m. (pari a 0,94 l). 3 (vessel)
recipiente m. da un quarto di gallone.

quart[2] /kɑːt Am kɑːrt/ n. (in cards) sequenza
f. di quattro carte (dello stesso seme).

quart. 1 quarter (trimestre). 2 quarterly
(trimestrale).

quartan /'kwɔːtən Am 'kwɔːrtən/ I a. (Med)
quartana. II n. (Med) febbre f. quartana, quartana f.

quarte /kɑːt Am kɑːrt/ n. (Sport) (in fencing)
quarta f.

quarter /'kwɔːtər Am 'kwɔːrtər/ I n. 1 quarto
m., quarta parte f.: to divide sth. into -s dividere qcs. in quattro (parti). 2 (one fourth of
an hour) quarto m. (d'ora): two hours and a
~ due ore e un quarto; a ~ past eleven le
undici e un quarto. 3 (one fourth of a pound)
quarto m. di libbra; (one fourth of a ton)
quarto m. di tonnellata. 4 (three-month period) trimestre m. (anche Scol): the first ~ of the
year il primo trimestre dell'anno. 5 (cardinal point) punto m. cardinale. 6 (compass
point) quarta f.; (direction) direzione f.:
which ~ is the wind in? in che direzione soffia il vento? 7 (place, part) parte f., luogo m.,
località f., regione f.: visitors from all -s of the
globe visitatori da tutte le parti del mondo.
8 (district of a town) quartiere m., rione m.:
residential ~ quartiere residenziale. 9 (fig)
(person or group not specified) sfere f.pl.,

ambiente m., circolo m.: orders from high -s
ordini dalle alte sfere. 10 (fig) (source of information) fonte f. d'informazione. 11 (Mar)
(assigned station or post) posto m. assegnato: battle -s posti di combattimento. 12 (Astr)
quarto m.: the moon is in (o at) ~ la luna è al
primo quarto. 13 (Astr) (quadrature) quadratura f. 14 (fig) (mercy) clemenza f., perdono
m., grazia f. 15 (Macell) quarto m.: a ~ of beef
un quarto di manzo. 16 (Zool) (side of a
horse's hoof) margine m. laterale dello zoccolo del cavallo. 17 (Mar) (of a compass)
quarta f., quartina f. 18 (Mar) (after part of a
ship's side) anca f., giardinetto m.; (of a yard)
quartiere m. di un pennone. 19 (Calz) quartiere m. 20 (Sport) (quarter-mile race) quarto m.
di miglio. 21 (Sport) (playing time) quarto m.
22 (Am,Econ) (twenty-five cents) quarter m.,
venticinque cents m. 23 (Am,Sport) quarterback m. 24 pl. (lodgings) alloggio m.sing. 25
pl. (Mil) quartieri m.pl., alloggiamenti m.pl.,
alloggio m.sing.; (barracks) caserme f.pl. 26
pl. (Mar) alloggio m.sing.: the crew's -s l'alloggio dell'equipaggio. II a. 1 quarto. 2
(Mecc) ad angolo retto. 3 (Mar) del giardinetto, relativo al giardinetto. III v.t. 1 dividere
in quarti, dividere in quattro parti. 2 (Stor) (of
the human body) squartare. 3 (Mil) alloggiare, acquartierare, dare alloggiamento a: to ~
troops alloggiare le truppe. 4 (to furnish with
lodging) alloggiare, dare alloggio a. 5 (Mecc)
(of cranks) mettere ad angolo retto. 6 (Arald)
(to divide quarterly) inquartare; (to arrange
quarterly) disporre a quartieri. IV v.i. 1 alloggiare, essere alloggiato, prendere alloggio. 2 (Mar) navigare col vento al giardinetto, navigare col vento largo. 3 (Mar) (of the
wind) soffiare in direzione del giardinetto.
□ ~ butt (in billiards) stecca corta; ~ day
giorno di scadenza dei pagamenti trimestrali; (Mar) ~ deck casseretto; to give ~ dare
quartiere, accettare la resa risparmiando la
vita; (Mecc) in ~ ad angolo retto; (Mil) in -s
acquartierato; (Aut) ~ light finestrino laterale; (Sport) ~ mile quarto di miglio; (Sport) ~
miler chi corre il quarto di miglio; not a ~ as
good as it should be tutt'altro che soddisfacente; a ~ of an hour un quarto d'ora;
(colloq) a bad ~ of an hour un brutto quarto
d'ora; (Mar) ~ point quarta, quartina; (Am) ~
section quarto di un miglio quadrato; (Dir) ~
sessions: 1 sessioni trimestrali, udienze trimestrali; 2 (Am) tribunale locale di giurisdizione civile e penale; to take up -s: 1 alloggiare, prendere alloggio: we took up -s in a
small hotel alloggiammo in un alberghetto;
2 (Mar.mil) (to take up stations) occupare i
posti di combattimento; (Mus) ~ tone quarto
di tono.

quarterage /'kwɔːtərɪdʒ Am 'kwɔːrtərɪdʒ/ n.
(ant) 1 (quarterly payment, tax, etc.) pagamento m. trimestrale. 2 (lodging) alloggio m.
3 (Mil) acquartieramento m., alloggiamento
m., quartiere m.; (cost) costo m. dell'acquartieramento.

quarterback /'kwɔːrtərbæk/ n. (Am,Sport)
quarterback m.

quarter-block /'kwɔːtəblɒk Am 'kwɔːrtər
blɑːk/ n. (Mar) bozzello m. di scotta.

quarter-bound /'kwɔːtəbaʊnd Am 'kwɔːrtər
baʊnd/ a. (Legat) rilegato in cuoio solo sul
dorso.

quarter-final /'kwɔːtəfaɪnəl Am 'kwɔːrtər
faɪnəl/ n. (Sport) 1 incontro m. di quarti di finale. 2 pl. quarti m.pl. di finale.

quarter-finalist /'kwɔːtəfaɪnəlɪst Am ˌkwɔːr
tərˈfaɪnəlɪst/ n. (Sport) chi partecipa ai quarti
di finale.

Quarter Horse /'kwɔːtəhɔːs Am 'kwɔːrtər

hɔːrs/ n. (Equit) quarter horse m., quarter m.
(cavallo da sella usato per la corsa).

quarter-hour /'kwɔːtər,aʊər Am 'kwɔːrtər
,aʊər/ n. quarto m. (d'ora), quindici minuti
m.pl.

quartering /'kwɔːtərɪŋ Am 'kwɔːrtərɪŋ/ n. 1
divisione f. in quarti, divisione f. in quattro
parti. 2 (Stor) squartamento m. 3 (Mil) acquartieramento m. 4 (Arald) inquartamento m. 5
(Mecc) sistemazione f. ad angolo retto.

quarter-left /'kwɔːrtəleft Am 'kwɔːrtərleft/ a.
(Mil) ad angolo retto a sinistra.

quarterly /'kwɔːtəli Am 'kwɔːrtərli/ I avv. trimestralmente: the review is published ~ la
rivista è pubblicata trimestralmente. II a. trimestrale: ~ payments pagamenti trimestrali.
III n. (Giorn) pubblicazione f. trimestrale.

quartermaster /'kwɔːtəmɑːstər Am
'kwɔːrtərmæstər/ n. 1 (Mil) furiere m., ufficiale
m. addetto ai rifornimenti. 2 (Mar) timoniere
m., secondo capo timoniere m. 3 (Mil,ant)
quartiermastro m. □ (Mil) Quartermaster
Corps commissariato militare; (Mil) Quartermaster General generale del commissariato.

quartern /'kwɔːtən/ n. (Br,ant) 1 quarto m. di
pinta. 2 (loaf) pagnotta f. del peso di quattro
libbre. □ ~ loaf pagnotta del peso di quattro libbre.

quartet /kwɔːˈtet Am kwɔːrˈtet/ n. quartetto m.
(anche Mus).

quartette /kwɔːˈtet Am kwɔːrˈtet/ n. quartetto
m. (anche Mus).

quartic /'kwɔːtɪk Am 'kwɔːrtɪk/ I a. (Mat)
quarto in ordine o grado. II n. (Mat) quartica
f.

quartile /'kwɔːtɪl Am 'kwɔːrtɪl/ n. (Statist)
quartile m.

quarto /'kwɔːtoʊ Am 'kwɔːrtoʊ/ I n. (pl. -s /-z/)
1 pagina f. in quarto. 2 (Legat) formato m. in
quarto, in quarto m. II a. (Legat) in quarto.

quartz /kwɔːts Am kwɔːrts/ n. (Min) quarzo m.
□ ~ clock orologio al quarzo; (Fis,Med) ~
lamp lampada al quarzo; ~ watch orologio
al quarzo.

quartz-controlled /'kwɔːtskən,troʊld Am
'kwɔːrtskən,troʊld/ a. controllato al quarzo.

quartziferous /ˌkwɔːtˈsɪfərəs Am ˌkwɔːrt
ˈsɪfərəs/ a. (Min) quarzifero.

quartzite /'kwɔːtsaɪt Am 'kwɔːrtsaɪt/ n. (Min)
quarzite f.

quasar /'kweɪsɑːr Am 'kweɪzɑːr/ n. (Astr) quasar m.

quash /kwɒʃ Am kwɑːʃ/ v.t. 1 (Dir) cassare,
abrogare, revocare: to ~ a judgement cassare
una sentenza. 2 (fig) (to stop) domare, stroncare: to ~ a rebellion stroncare una rivolta.
□ (Dir) to ~ an indictment dichiarare il
non luogo a procedere; (Dir) to ~ a judgement annullare una sentenza.

quasi /'kwɑːzi, 'kweɪsaɪ/ I a. 1 che ha l'aspetto di, somigliante a. 2 (in compounds) semi..., quasi...: a ~-official position una posizione semiufficiale. II avv. quasi, pressoc-
ché.

quasi-governmental /'kweɪsaɪ ɡʌvən
ˌmentəl /ˈkweɪzaɪˌɡʌvəˈn,mentəl/ a. semipubblico, parastatale.

quasi-particle /'kweɪsaɪ,pɑːtɪkl Am 'kwɑːzi
ˌpɑːrtəkəl/ n. (Fis) quasi-particella f.

quasi-stellar /'kweɪsaɪ,stelər Am 'kwɑːzi
ˌstelər/ □ (Astr) ~ object radiosorgente quasi stellare, quasar.

quassia /'kwɒʃə Am 'kwɑːʃə/ n. (Bot,Farm)
quassia f.

quassin /'kwɒsɪn Am 'kwɑːsɪn/ n. (Chim)
quassina f.

quatercentenary /ˌkwɒtəsenˈtiːnəri Am
ˌkwɑːtərsənˈtiːnəri/ n. quarto centenario m.

quaternary /kwə'tɜːnəri Am 'kwɑːt̬ərneri/ I a. 1 quaternario, di quattro elementi, di quattro parti. 2 (*fourth*) quarto. 3 (*arranged in fours*) (disposto) a quattro a quattro. 4 (*Chim*) quaternario. II n. 1 gruppo m. di quattro. 2 (*number four*) quattro m.

Quaternary /kwə'tɜːnəri Am 'kwɑːt̬ərneri/ I a. (*Geol*) quaternario, neozoico. II n. (*Geol*) quaternario m., era f. quaternaria, neozoico m.

quaternion /kwə'tɜːniən Am ,kwə'tɜːrniən/ n. 1 (*group of four persons*) gruppo m. di quattro persone. 2 (*set of four things*) serie f. di quattro cose. 3 (*Mat,Filol*) quaternione m.

quaternity /kwə'tɜːniti Am ,kwə'tɜːrnəti/ n. gruppo m. di quattro.

Quaternity /kwə'tɜːniti Am ,kwə'tɜːrnəti/ n. (*Rel*) unione f. di quattro persone in una sola sostanza.

quatrain /'kwɒtrein Am 'kwɑːtrein/ n. (*Metr*) quartina f.

quatre /'keitə Am 'kɑːt̬ər/ n. (*in cards, dice, etc.*) quattro m.

quatrefoil /'kætrəfɔil Am 'kæt̬ərfɔil/ n. 1 (*Arch*) quadrilobo m. 2 (*Arald*) quattrofoglie m. 3 (*Mat*) quadrifoglio m. 4 (*Bot*) foglia f. composta da quattro foglioline.

quattrocento /'kwɒtrou,tʃentou Am 'kwɑːtrou,tʃentou/ n. (*Art,Arch,Lett*) Quattrocento m.

quaver /'kweivər/ I v.i. 1 tremare, fremere. 2 (*of the voice*) tremare, tremolare. 3 (*Mus*) trillare, fare un trillo, eseguire un trillo. II v.t. 1 dire con voce tremula. 2 (*to sing with trills*) gorgheggiare, cantare trillando. III n. 1 (*of the voice*) tremito m., tremolio m.: *there was a ~ in his voice* la sua voce ebbe un tremito. 2 (*Mus*) (*trill*) trillo m. 3 (*Mus*) (*eighth note*) croma f.

quavery /'kweivəri/ a. 1 tremante, fremente. 2 (*Mus*) trillante.

quay /kiː Am also kwei/ n. (*Mar*) banchina f., molo m.

quayage /'kiːidʒ Am also 'kweiidʒ/ n. (*Mar*) 1 (*collett.*) banchine f.pl., moli m.pl. 2 (*charge*) diritti m.pl. di banchina.

quayside /'kiːsaid Am also 'kweisaid/ n. area f. intorno a un molo.

Que. *Quebec* (Quebec).

queasily /'kwiːzili/ avv. in modo nauseante.

queasiness /'kwiːzinis/ n. 1 nausea f., disgusto m. 2 (*uneasiness of conscience, etc.*) scrupolo m. di coscienza. 3 (*squeamishness*) l'essere schizzinoso, schizzinosità f., l'essere schifiltoso.

queasy /'kwiːzi/ a. 1 nauseato: *to feel ~* sentirsi nauseato. 2 (*causing nausea*) nauseabondo, nauseante. 3 (*having qualms*) che ha scrupoli, scrupoloso. 4 (*squeamish*) schifiltoso, schizzinoso.

Quebec /kwi'bek/ n.pr. (*Geog*) Québec m. □ (*Geog*) ~ *City* Québec.

Québécois /'kei'bekwɑ/ I n. quebecchese m./f. II a. quebecchese.

queen /kwiːn/ I n. 1 regina f. (*anche fig*). 2 (*beauty contest winner*) reginetta f., regina f. di bellezza. 3 (*in chess*) regina f., donna f. 4 (*playing card*) donna f., regina f., dama f.: ~ *of hearts* donna di cuori. 5 (*sl*) (*male homosexual*) checca f. 6 (*Entom*) regina f. II v.t. 1 (*to make a queen of*) incoronare regina. 2 (*to rule as queen*) essere regina di. 3 (*in chess: of a pawn*) fare regina, promuovere a regina. □ ~ *bee*: 1 (*Entom*) ape regina; 2 (*fig,colloq*) (*woman*) primadonna, donna in posizione dominante; ~ *'s bishop* (*in chess*) alfiere di donna; ~ *consort*, consorte del re; ~ *dowager* vedova del re; *to* ~ *it*: 1 spadroneggiare; 2 (*to put on airs*) darsi arie da regina;

~ *'s knight* (*in chess*) cavallo di donna; ~ *mother* regina madre; ~ *'s pawn* (*in chess*) pedone di donna.

Queen /kwiːn/ n. (*Pol,Stor*) regina f. □ (*Geog*) ~ *Alexandra Range* Catena della Regina Alessandra; (*Arch,Arred*) ~ *Anne* stile regina Anna; (*Geog*) ~ *Charlotte Islands* isole della Regina Carlotta; (*GB,Dir*) ~ *'s Counsel*: 1 (*group of barristers*) consiglio della corona; 2 (*member*) patrocinante per la corona; (*Geog*) ~ *Elizabeth Islands* isole della Regina Elisabetta; ~ *'s English* (*language*) inglese puro; (*Dir*) ~ *'s evidence* testimone d'accusa contro un complice; *to turn Queen's evidence* denunciare i complici; (*Folcl*) ~ *Mab* regina delle fate; (*Geog*) ~ *Mary Coast* Costa della Regina Maria; (*Geog*) ~ *Maud Gulf* golfo della Regina Maud; (*Geog*) ~ *Maud Range* Catena della Regina Maud; (*Rel.catt*) ~ *of Heaven* regina del cielo, ~ *of the May* reginetta di maggio; (*GB,Mil*) ~ *'s regulations* regolamento militare; (*GB,Parl*) ~ *'s speech* discorso della corona.

queendom /'kwiːndəm/ n. regno m.

queenhood /'kwiːnhʊd/ n. l'essere regina, dignità f. di regina.

queening /'kwiːnin/ n. 1 (*in chess*) promozione f. (del pedone). 2 (*winter apple*) mela f. che matura d'inverno.

queenlike /'kwiːnlaik/ a. 1 degno di una regina, regale. 2 (*resembling a queen*) maestoso, regale.

queenliness /'kwiːnlinis/ n. regalità f., maestosità f.

queenly /'kwiːnli/ I a. 1 degno di una regina, regale. 2 (*resembling a queen*) maestoso, regale. II avv. regalmente, da regina.

queenship /'kwiːnʃip/ n. l'essere regale, regalità f.

queer /kwiər/ I a. 1 bizzarro, strano, curioso: *he has some ~ ideas* ha delle idee bizzarre. 2 (*eccentric*) eccentrico, stravagante, bizzarro, originale: *a ~ fellow* un tipo eccentrico. 3 (*suspicious, dubious*) sospetto, dubbio, poco chiaro. 4 (*ill, sick*) indisposto, che non sta bene: *to feel ~* sentirsi male. 5 (*colloq, spreg*) (*homosexual*) omosessuale, da frocio, dell'altra sponda. II n. (*sl,spreg*) 1 (*male homosexual*) frocio m., finocchio m. 2 (*lesbian*) lesbica f. 3 (*bisexual*) bisessuale m./f. 4 (*transsexual*) transessuale m./f., transex m./f. III v.t. (*colloq*) (*to spoil*) rovinare, guastare, mandare all'aria. □ *to find oneself in ~*: 1 (*in debt*) essere indebitato; 2 (*colloq*) (*in trouble*) essere nei guai, essere inguaiato; (*sl*) *Queer Street*: 1 (*financial embarrassment*) difficoltà economiche, difficoltà finanziarie; 2 (*trouble*) guaio, impiccio.

queerish /'kwiəriʃ/ a. 1 alquanto strano, alquanto bizzarro. 2 (*rather dubious*) piuttosto dubbio, piuttosto sospetto. 3 (*rather sick*) che si sente un po' male.

queerness /'kwiərnis Am 'kwirnis/ n. 1 stranezza f., bizzarria f. 2 (*eccentric characteristic*) eccentricità f., stravaganza f., originalità f. 3 (*dubious character*) sospettabilità f. 4 (*illness*) indisposizione f.

quell /kwel/ v.t. 1 reprimere, soffocare, domare: *to ~ a rebellion* reprimere una rivolta. 2 (*to allay, to quiet*) calmare, acquietare, placare, sedare: *to ~ one's fears* calmare le (proprie) apprensioni.

quench /kwentʃ/ v.t. 1 (*of thirst*) spegnere, estinguere, levarsi. 2 (*fig*) appagare, soddisfare, saziare: *to ~ one's passions* appagare le (proprie) passioni. 3 (*of fire*) estinguere, spegnere. (*of a light*) spegnere. 4 (*fig*) (*to subdue, to quell*) reprimere, soffocare, do-

mare. 5 (*Met*) temprare in acqua, raffreddare.

quenchable /'kwentʃəbəl/ a. estinguibile, che si può spegnere.

quencher /'kwentʃər/ n. 1 spegnitore m. (f. -trice). 2 (*of a drink*) bibita f. dissetante, bevanda f. dissetante.

quenchless /'kwentʃlis/ a. inestinguibile, che non si può spegnere.

quenelle /kə'nel/ fr. n. (*Gastron*) (*of meat*) gnocchetto m. di carne; (*of fish*) gnocchetto di pesce.

Quentin /'kwentin Am 'kwentn/ n.pr.m. Quintino.

querist /'kwiərist Am 'kwirist/ n. (*ant*) chi pone una domanda, chi interroga.

quern /kwɜːn Am kwɜːrn/ n. macina f. a mano.

querulous /'kwerʊləs Am 'kwerjələs/ a. 1 lamentoso, querulo. 2 (*expressing complaint*) lagnoso, lamentevole, lamentoso: *a ~ voice* una voce lamentosa.

querulously /'kwerʊləsli Am 'kwerjələsli/ avv. lamentosamente.

querulousness /'kwerʊləsnis Am 'kwerjələsnis/ n. l'essere lamentoso.

query /'kwiəri Am 'kwiri/ I n. 1 quesito m., domanda f.: *to raise a ~* porre un quesito. 2 (*reservation*) dubbio m., riserva f. 3 (*Inform*) interrogazione f. 4 (*Tip*) punto m. interrogativo. II v.t. 1 discutere, mettere in discussione, contestare: *to ~ an order* discutere un ordine. 2 (*to question*) fare domande a, interrogare. 3 (*to ask questions about*) indagare, investigare. 4 (*Tip*) segnare con un punto interrogativo.

quest /kwest/ I n. 1 ricerca f.: *the ~ for Atlantis* la ricerca di Atlantide. 2 (*rar,dial*) (*inquest*) inchiesta f. II v.i. cercare (*for, after sth.* qcs.), andare in cerca (*for, after* di): *to ~ for hidden treasure* cercare un tesoro nascosto. □ *in ~ of* in cerca di, alla ricerca di.

question /'kwestʃən Am also 'kwestjən/ I n. 1 domanda f., interrogativo m., interrogazione f., quesito m.: *to ask a ~* fare una domanda, porre una domanda; *science is always asking new ~s* la scienza pone sempre nuovi interrogativi; *to answer a ~* rispondere a una domanda. 2 (*issue, subject under discussion*) problema m., questione f., quesito m.: *the Middle East ~* la questione mediorientale; *a ~ of life and death* una questione di vita o di morte. 3 (*doubt, room for doubt*) dubbio m., questione f.: *there can be no ~ but that the venture will fail* è fuori di dubbio che l'impresa fallirà. 4 (*Parl*) interrogazione f.; (*interpellation*) interpellanza f. 5 (*interrogation, examination*) interrogatorio m. 6 (*Scol*) interrogazione f. 7 (*Dir*) interrogatorio m. 8 (*Gramm*) proposizione f. interrogativa, interrogativa f. II v.t. 1 interrogare, fare domande a: *to ~ so. about sth.* interrogare qcu. su qcs. 2 (*to ask a question about*) chiedere di, domandare di, informarsi di. 3 (*to express doubt about*) discutere, mettere in discussione, contestare, dubitare di: *I ~ his competence* dubito della sua capacità; *there is no ~ing orders* gli ordini non si discutono. 4 (*to feel doubt about*) dubitare di, diffidare di. 5 (*Scol,Parl*) interrogare: *I was ~ed in Latin* sono stato interrogato in latino. 6 (*Dir*) interrogare, sottoporre a interrogatorio: *to ~ a witness* interrogare un testimone. III v.i. fare una domanda, fare domande. □ *in ~*: 1 (*in dispute*) in discussione, in questione; 2 (*under consideration*) di cui si parla, di cui si discute, in questione, in discussione: *where is the man in ~?* dov'è l'uomo di cui si parla?; *come into ~* essere messo in discussione: *his credibility comes into ~* la sua credibilità è messa in discussione; ~ *mark* punto interrogativo; *to make* no ~ *of sth.* non avere alcun dubbio su qcs.; *to make* no ~ *but that* non mettere in dubbio che; *(Parl) to put the ~ of confidence* porre la questione di fiducia; *(Dir)* ~ *of fact* questione di fatto; ~ *of honour* questione d'onore; *(Dir)* ~ *of law* questione di diritto; *(Br,colloq) it's a* ~ *of pounds, shillings and pence* è (una) questione di denaro, è (una) questione di quattrini; *out of the* ~: 1 *(unacceptable)* inaccettabile; 2 *(impossible)* impossibile; *it is not out of the* ~ *that* non è escluso che; *(Parl) to put the* ~ mettere ai voti; *to* put a ~ *to the vote* mettere ai voti una questione; ~ *time*: 1 ora fissata per le interrogazioni; 2 *(estens)* tempo per le domande; *without* ~: 1 *(without asking)* senza discussioni, senza discutere, senza fare domande; 2 *(for sure)* senza dubbio, indiscutibilmente.

questionable /'kwestʃənəbəl *Am also* 'kwestʃənəbəl/ *a.* **1** discutibile, contestabile: *a* ~ *assertion* un'affermazione discutibile. **2** *(doubtful)* dubbio, problematico, incerto. **3** *(of doubtful morality, propriety, etc.)* di dubbia fama, di dubbia moralità, equivoco: *a* ~ *firm* una ditta di dubbia fama. **4** *(dubious)* discutibile, dubbio: *in* ~ *taste* di gusto discutibile.

questionably /'kwestʃənəbli *Am also* 'kwestʃənəbli/ *avv.* **1** discutibilmente. **2** *(dubiously)* equivocamente, in modo ambiguo.

questionary /'kwestʃənəri *Am also* 'kwestʃənəri/ *n.* questionario *m.*

questionee /ˌkwestʃə'ni: *Am also* ˌkwestʃə'ni/ *n.* interrogato *m.* *(f.* -a).

questioner /'kwestʃənər *Am also* 'kwestʃənər/ *n.* interrogante *m./f.*

questioning /'kwestʃənɪŋ *Am also* 'kwestʃən ɪŋ/ **I** *n.* interrogatorio *m.* *(anche Dir).* **II** *a.* **1** interrogativo, indagatore: *a* ~ *look* uno sguardo indagatore. **2** *(enquiring)* interrogativo, inquisitorio.

questioningly /'kwestʃənɪŋli *Am also* 'kwestʃənɪŋli/ *avv.* interrogativamente, in modo interrogativo.

question-master /'kwestʃən,mɑːstər *Am also* 'kwestʃən,mæstər/ *n.* presentatore *m.*

questionnaire /ˌkwestʃə'neər *Am also* ˌkwestʃə'ner/ *n.* questionario *m.*: *to fill in a* ~ riempire un questionario, compilare un questionario.

quetzal /'kwetsəl *Am* 'ketsɑːl/ *n.inv. (Numism, Econ)* **1** *(monetary unit in Guatemala)* quetzal *m.* **2** *(Zool)* quetzal *m.*

queue /kjuː/ **I** *n.* **1** coda *f.*, fila *f.*: *a long* ~ una lunga fila; *get in the* ~*, please* si metta in coda, per favore; *to stand in a* ~ fare la fila, fare la coda; *to form a* ~ formare una fila, fare la fila, fare la coda. **2** *(Inform)* coda *f.* **3** *(ant) (of hair)* codino *m.* **II** *v.i.* fare la coda, fare la fila, mettersi in coda: *to* ~ *for a bus* fare la fila per (prendere) l'autobus. **III** *v.t.* mettere in coda, mettere in fila. □ *to* ~ *up* fare la coda, fare la fila *(anche estens).*

queuing /kjuːɪŋ/ □ *(Mat)* ~ *theory* teoria delle code.

qui /kiː/ □ *to be* on the ~ stare sul chi vive, stare in guardia, stare all'erta.

quibble /'kwɪbəl/ **I** *n.* **1** cavillo *m.*, sofisma *m.* **2** *(play on words)* gioco *m.* di parole, bisticcio *m.* di parole. **II** *v.i.* **1** cavillare, fare cavilli: *let's not* ~ *about the details* non cavilliamo sui dettagli. **2** *(to make puns)* fare giochi di parole.

quibbler /'kwɪblər/ *n.* cavillatore *m.* *(f.* -trice).

quibbling /'kwɪblɪŋ/ *a.* cavilloso, sofistico.

quiche /kiːʃ/ *n. (Gastron)* torta *f.* salata, quiche *f.*

quick /kwɪk/ **I** *a.* **1** veloce, svelto, spedito, rapido, lesto: *a* ~ *train* un treno veloce; *a* ~ *pace* un passo svelto; *a* ~ *movement of the hand* un rapido movimento della mano; ~ *to do sth.* veloce a fare qcs. **2** *(done or taking place rapidly)* rapido, sbrigativo, spiccio: ~ *meal* pasto veloce. **3** *(achieved rapidly)* rapido: *a* ~ *victory* una vittoria rapida. **4** *(immediate, prompt)* immediato, pronto: ~ *payment* pagamento immediato. **5** *(mentally fast, agile)* vivace, sveglio, svelto, pronto: *a* ~ *mind* una mente vivace. **6** *(learning swiftly)* sveglio, dotato d'ingegno vivace, dotato di ingegno pronto: *a* ~ *child* un bambino sveglio. **7** *(easily aroused)* focoso, impetuoso: *a* ~ *temper* un temperamento focoso. **8** *(impulsive)* impulsivo. **II** *n.* **1** *(Anat)* carne *f.* viva, vivo *m.* **2** *(fig) (vital essence or part)* vivo *m.*, parte *f.* essenziale, punto *m.* essenziale. **III** *avv.* **1** in fretta, rapidamente: *don't walk so* ~ non camminare così in fretta. **2** *(soon, immediately)* subito, immediatamente. □ *to be* ~ *about sth.* fare presto con qcs., sbrigarsi con qcs., spicciarsi con qcs.; *as* ~ as *thought* rapido come il fulmine; *as* ~ *as lightning* (o *as* ~ *as a flash)* fulmineo, rapido come il fulmine, rapido come il lampo; *be* ~! svelto!, fa' presto!, spicciati!; *to have a* ~ *brain* avere un'intelligenza pronta; *to make a* ~ *buck* arricchirsi velocemente; *(Mil)* ~ *fire* tiro rapido; ~ *fix* rimedio tampone, rimedio temporaneo, palliativo; *(Chim)* ~ *lime* calce (viva); *(Mil)* ~ *march*: 1 marcia a passo svelto; 2 avanti, marsc'; *to be* ~ *of comprehension* capire prontamente, capire al volo, afferrare al volo; *to be* ~ *of speech* avere una notevole parlantina, essere eloquente; *(fig) to be* ~ off *the mark* capire al volo, essere sveglio; *(Br, colloq) to be* ~ on one's pins essere svelto di gambe; *to be* ~ on the draw essere svelto a estrarre un'arma; *to be* ~ on the trigger: 1 *(colloq)* essere svelto a sparare, avere la pistola facile; 2 *(colloq) (to be quick to act)* essere svelto a reagire, reagire con estrema prontezza; *to be* ~ on the uptake essere pronto nel capire, capire subito, essere sveglio; ~ *step*: 1 *(dance, music)* quickstep; 2 *(Mil)* passo di marcia; *in* ~ *succession* in rapida successione; *(Mil)* ~ *time* velocità di marcia (pari a 128 passi al minuto); *(fig) to cut* (o *to sting* o *to touch) to the* ~ pungere sul vivo, toccare nel vivo.

quick-acting /'kwɪkæktɪŋ/ *a.* **1** *(of a medicine)* che agisce rapidamente, rapido, ad azione rapida. **2** *(of a mechanism)* ad azione rapida.

quick-change /'kwɪk,tʃeɪndʒ/ □ ~ *artist*: 1 *(Teat)* trasformista; 2 *(colloq) (one who changes sides)* voltagabbana, banderuola.

quicken /'kwɪkən/ **I** *v.t.* **1** accelerare, sveltire: *to* ~ *one's pace* accelerare il passo. **2** *(fig) (to arouse, stimulate)* suscitare, eccitare, stimolare, risvegliare: *to* ~ *so.'s interest* suscitare l'interesse di qcu. **II** *v.i.* **1** ridestarsi, destarsi: *my interest* -ed il mio interesse si ridestò. **2** *(to become more rapid)* diventare più rapido, diventare più rapido, sveltirsi: *his step* -ed il suo passo diventò più rapido.

quickening /'kwɪkənɪŋ/ *a.* stimolante, eccitante.

quick-fire /'kwɪkfaɪər *Am* 'kwɪkfaɪr/, **quick-firing** /'kwɪk,faɪərɪŋ *Am also* 'kwɪk ,faɪrɪŋ/ *a. (Mil)* a tiro rapido.

quick-freeze /'kwɪk'friːz *Am* 'kwɪk,friːz/ **I** *v.t.irr. (Alim)* congelare rapidamente. **II** *n.* congelatore *m.*, freezer *m.*

quick-freezer /ˌkwɪk'friːzər *Am* 'kwɪk ,friːzər/ *n.* congelatore *m.*, freezer *m.*

quick-freezing /ˌkwɪk'friːzɪŋ *Am* 'kwɪk ,friːzɪŋ/ *n.* congelamento *m.* rapido.

quick-frozen /ˌkwɪk'frouzən *Am* 'kwɪk ,frouzən/ *a.* congelato.

quickie /'kwɪki/ *n.* **1** *(colloq) (sth. done rapidly)* cosa *f.* fatta in fretta. **2** *(sl,volg)* sveltina *f.* **3** *(Cin) (cheaply-produced film)* film *m.* prodotto in fretta e a basso costo. **4** *(quickly written book)* libro *m.* scritto in fretta.

quickly /'kwɪkli/ *avv.* **1** velocemente, alla svelta, rapidamente. **2** *(soon)* presto.

quickness /'kwɪknɪs/ *n.* sveltezza *f.*, rapidità *f.*, celerità *f.*, speditezza *f.*

quicksand /'kwɪksænd/ *n. (Geol)* sabbie *f.pl.* mobili.

quickset /'kwɪkset/ **I** *a.* di sempreverdi, vivo: ~ *hedge* siepe di sempreverdi, siepe viva. **II** *n. (Bot)* talea *f.* di biancospino.

quick-setting /'kwɪk,setɪŋ *Am* 'kwɪk,setɪŋ/ *a. (Tecn)* a presa rapida.

quicksilver /'kwɪk,sɪlvər/ **I** *n. (Chim)* mercurio *m.*, *(pop)* argento *m.* vivo. **II** *a. (fig)* vivace: *a* ~ *mind* un ingegno vivace.

quick-tempered /ˌkwɪk'tempəd *Am* 'kwɪk ,tempərd/ *a.* irascibile, collerico.

quick-witted /ˌkwɪk'wɪtɪd *Am* 'kwɪk,wɪtɪd/ *a.* svelto, pronto d'ingegno, perspicace.

quid[1] /kwɪd/ *n. (piece of chewing tobacco)* pezzo *m.* di tabacco da masticare, cicca *f.*

quid[2] /kwɪd/ *(pl.inv.* o **-s** *-/z/) n. (sl) (pound sterling)* sterlina *f.*, lira *f.* sterlina. □ *(Br,sl)* -s in fortunato, in condizione vantaggiosa.

quidditative /'kwɪdɪtətɪv *Am* 'kwɪdə,teɪtɪv/ *a. (Filos)* quidditativo.

quiddity /'kwɪdɪti/ *n.* **1** *(Filos)* quiddità *f.*, essenza *f.* **2** *(quibble)* cavillo *m.*, sofisma *m.*

quidnunc /'kwɪdnʌŋk/ *n. (ant)* pettegolo *m.* *(f.* -a), chiacchierone *m.* *(f.* -a).

quid pro quo /ˌkwɪd,prou'kwou/ *n.* contraccambio *m.*, ricompensa *f.*, quid pro quo *m.*

quiesce /kwi'es/ *v.i.* quietarsi, placarsi.

quiescence /kwi'esəns/, **quiescency** /kwi'esənsi/ *n.* stato *m.* di quiete, stato *m.* di riposo, inattività *f.*

quiescent /kwi'esənt/ *a.* **1** in stato di quiete, in stato di riposo, inattivo. **2** *(Ling)* quiescente.

quiet /'kwaɪət/ **I** *a.* **1** quieto, silenzioso, tranquillo, calmo: *a* ~ *street* una strada quieta; *the house was* ~ la casa era silenziosa; *at last the children were* ~ alla fine i bambini si calmarono. **2** *(of sounds)* sommesso, basso: *the* ~ *hum of the engine* il ronzio sommesso del motore. **3** *(free from turbulence)* placido, pacifico, tranquillo, calmo: *a* ~ *life in the country* una tranquilla vita di campagna; *a* ~ *disposition* un carattere pacifico. **4** *(marked by little activity)* calmo: *the market is* ~ il mercato è calmo. **5** *(of persons: having a gentle, reserved manner)* discreto, riservato. **6** *(saying little)* taciturno. **7** *(not showy)* sobrio: ~ *clothes* abiti sobri. **8** *(of a social function: informal)* alla buona, familiare: *a* ~ *dinner party* un pranzo alla buona. **II** *n.* **1** silenzio *m.*, quiete *f.*: *at least there's* ~ *here* almeno qui c'è silenzio; *the* ~ *of the night* la quiete della notte. **2** *(freedom from turbulence)* tranquillità *f.*, calma *f.*, quiete *f.*: *all I want is peace and* ~ non desidero altro che pace e tranquillità. **III** *avv. (quietly)* con calma, tranquillamente. **IV** *v.t.* **1** *(Am) (to calm)* calmare, tranquillizzare, quietare, placare: *to* ~ *a crying child* calmare un bambino che piange. **2** *(to silence)* far tacere. **V** *v.i.* **1** *(Am) (to become calm)* calmarsi, tranquillizzarsi. **2** *(to become silent)* tacere. □ ~ *as* ~ *as a mouse* in silenzio, quatto quatto, zitto zitto; *to* ~ *down* calmare, tranquillizzare; ~ *footsteps* passi felpati; *to keep* ~ stare calmo, stare zitto; *to keep* ~ *about sth.* passare sotto silenzio qcs.; (colloq) anything for a ~ **life!** tutto quello che vuoi, ma lasciami in pace!; **on the** ~ di nascosto, alla chetichella, furtivamente; (Rel) ~ **time** meditazione giornaliera (con lettura della Bibbia e preghiera).

quieten /'kwaɪət³n Am 'kwaɪət̬ən/ I v.t. 1 far tacere. 2 (to calm) calmare, quietare, placare: to ~ a crying child calmare un bambino che piange. II v.i. 1 (to become silent) tacere. 2 (to become calm) calmarsi, acquietarsi, placarsi, tranquillizzarsi. □ to ~ **down**: 1 (to become silent) tacere; 2 (to become calm) calmarsi, acquietarsi, placarsi, tranquillizzarsi.

quietism /'kwaɪə,tɪzəm/ n. (Rel) quietismo m. (anche estens).

quietist /'kwaɪətɪst/ n. (Rel) quietista m./f. (anche estens).

quietistic /'kwaɪə,tɪstɪk/ a. (Rel) quietistico (anche estens).

quietly /'kwaɪətli/ avv. 1 senza far rumore, silenziosamente: to sit ~ sedersi senza far rumore. 2 (with little noise) sommessamente: to speak ~ parlare sommessamente. 3 (calmly) tranquillamente, con calma, quietamente. 4 (with restraint, moderation) sobriamente, semplicemente: to live ~ vivere sobriamente. 5 (not showily) in modo sobrio, senza ostentazione.

quietness /'kwaɪətnɪs/ n. 1 silenzio m., quiete f. 2 (calmness, tranquillity) calma f., quiete f., tranquillità f.

quietude /'kwaɪətjuːd Am 'kwaɪətuːd/ n. calma f., tranquillità f., quiete f.

quietus /kwaɪ'iːtəs Am kwaɪ'eɪtəs/ n. 1 colpo m. di grazia. 2 (of a debt) estinzione f. 3 (death) morte f.

quiff /kwɪf/ n. (Br) ciuffo m.

quill /kwɪl/ I n. 1 (Ornit) (feather) penna f.; (large wing, tail feather) penna f. maestra. 2 (Zool) (of a porcupine, etc.) aculeo m. 3 (pen) penna f. (d'oca). 4 (Tess) (bobbin, spool) bobina f., spola f. 5 (Mecc) albero m. cavo. 6 (Mus) (plectrum) plettro m., penna f. 7 (Pesc) galleggiante m. fatto con una penna. 8 (Mus, rar) (pipe) piffero m. II v.t. (Tess) (of yarn) avvolgere su bobina; (of fabric) pieghettare.

quillet /'kwɪlɪt/ n. (rar) sofisma m., cavillo m., arzigogolo m.

quilt /kwɪlt/ I n. 1 trapunta f. 2 (eiderdown) piumino m. II v.t. 1 trapuntare, lavorare a trapunto, impuntire. 2 (to fill or pad with quilting material) imbottire, trapuntare. 3 (to sew between pieces of material) cucire tra due pezzi di stoffa. 4 (fig) (to do in a patchwork way) raffazzonare, abborracciare, mettere insieme alla rinfusa. 5 (dial) (to thrash) percuotere, battere. □ to ~ **together** raffazzonare, abborracciare, mettere insieme alla rinfusa.

quilted /'kwɪltɪd Am 'kwɪltɪd/ a. 1 trapunto, impuntito. 2 (padded) imbottito, trapuntato. □ ~ **bedspread** piumone (copriletto).

quilting /'kwɪltɪŋ Am 'kwɪltɪŋ/ n. 1 (act) il trapuntare, impuntitura f. 2 (material) stoffa f. per trapunte.

quinacrine /'kwɪnəkriːn/ n. (Med) quinacrina f.

quinary /'kwaɪnəri/ I a. 1 di cinque elementi, di cinque parti. 2 (arranged in fives) disposto a cinque a cinque. 3 (Biol,Mat) quinario. II n. (Mat) sistema m. quinario.

quince /kwɪns/ n. 1 (Bot) cotogno m. 2 (Bot, Alim) (fruit) cotogna f., mela f. cotogna.

quincentenary /,kwɪnsen'tiːnᵊri Am ,kwɪnsen'tenᵊri/ n. quinto centenario m.

quincunx /'kwɪnkʌŋks/ n. quinconce m.

quindecemvir /,kwɪn'desəmvɪr/ n. (Stor.rom) quindecenviro m.

quindecemvirate /,kwɪn'desəmvərət/ n. (Stor.rom) quindecenvirato m.

quindecennial /,kwɪndɪ'seniəl/ a. quindicennale.

quinidine /'kwɪnɪdiːn/ n. (Chim) chinidina f.

quinine /'kwɪniːn Am 'kwaɪnaɪn/ n. 1 (Chim) chinina f. 2 (Farm) chinino m.

quinolones /'kwɪnəlounz/ n.pl. (Farm) chinoloni m.pl.

quinone /'kwɪnoun/ n. (Chim) chinone m.

quinquagenarian /,kwɪŋkwədʒə'neəriən Am ,kwɪnkwədʒə'neriən/ I a. che ha cinquant'anni, cinquantenne. II n. cinquantenne m./f.

quinquagenary /kwɪŋ'kwædʒənəri Am ,kwɪn'kwædʒəneri/ I n. cinquantesimo anniversario m. II a. che ha cinquant'anni, cinquantenne.

Quinquagesima /,kwɪŋkwə'dʒesɪmə Am ,kwɪnkwə'dʒeɪzɪmə/ n. (Lit) quinquagesima f., domenica f. di quinquagesima. □ (Lit) ~ **Sunday** quinquagesima, domenica di quinquagesima.

quinquennial /kwɪn'kweniəl/ a. quinquennale.

quinquennially /kwɪn'kweniəli/ avv. ogni cinque anni.

quinquennium /kwɪn'kweniəm/ (pl. **-s** /-z/, **-nnia** /-nɪə/) n. quinquennio m.

quinquereme /'kwɪnkwəriːm/ n. (Mar,ant) quinquereme f.

quinquevalent /'kwɪnkwə,væliənt/ a. (Chim) pentavalente.

quins /kwɪnz/ n.pl. (colloq) cinque gemelli m.pl.

quinsy /'kwɪnzi/ n. (Med) angina f.

quint /kwɪnt/ n. 1 (Mus) quinta f., intervallo m. di quinta. 2 (in piquet) sequenza f. di cinque carte (dello stesso seme).

quintain /'kwɪntɪn/ n. (Mediev) quintana f.

quintal /'kwɪntᵊl/ n. 1 (100 kilograms) quintale m. 2 (hundredweight) hundredweight m. (inglese) (pari a 50,80 kg); (ant) peso m. da 100 libbre (pari a 45,45 kg).

quintan /'kwɪntən/ I a. (Med) quintana. II n. (Med) quintana f.

quinte /kɛn:t/ n. (Sport) (in fencing) quinta f.

quintessence /kwɪn'tesᵊns/ n. quintessenza f. (anche fig): it is the ~ of evil è la quintessenza del male, è l'esempio più puro del male.

quintessential /kwɪntɪ'senʃᵊl/ a. 1 (Filos) quintessenziale, di quintessenza. 2 (estens) (il più) tipico: beer is the ~ Irish drink la birra è la più tipica bevanda irlandese.

quintessentially /kwɪntɪ'senʃᵊli/ avv. 1 essenzialmente, in sostanza. 2 (typically) tipicamente: there is something ~ English about a well-trimmed lawn un prato ben curato è qualcosa di tipicamente inglese.

quintet /kwɪn'tet/ n. quintetto m. (anche Mus).

quintette /kwɪn'tet/ n. quintetto m. (anche Mus).

Quintilian /kwɪn'tɪliən/ n.pr.m. (Stor.rom) Quintiliano.

quintillion /kwɪn'tɪljən/ (pl.inv. o **-s** /-z/; il pl. in -s si usa general. con valore collett.) n. 1 quintilione m., dieci m. alla trentesima. 2 (Am) quintilione m., dieci m. alla diciottesima.

Quintin /'kwɪntɪn Am also ,kwɪnt³n/ n.pr.m. Quintino.

quintuple /'kwɪntjupᵊl Am ,kwɪn'tʌpᵊl/ I a. quintuplo. II n. quintuplo m. III v.t. quintuplicare. IV v.i. quintuplicarsi.

quintuplet /'kwɪntjuplɪt Am ,kwɪn'tʌplɪt/ n. 1 uno di cinque gemelli. 2 pl. cinque gemelli m.pl.

quintuplicate¹ /kwɪn'tjuːplɪkət Am ,kwɪn-

'tʌplɪkɪt/ I a. quintuplicato. II n. una copia di cinque. □ to type a document **in** ~ battere un documento in cinque copie.

quintuplicate² /kwɪn'tjuːplɪkeɪt Am ,kwɪn'tʌplɪkeɪt/ v.t. quintuplicare.

Quintus /'kwɪntəs Am 'kwɪntᵊs/ n.pr.m. Quinto.

quip /kwɪp/ I n. 1 motto m. arguto, battuta f. di spirito, lazzo m. 2 (cutting remark) frecciata f., allusione f. maligna. 3 (sarcasm) sarcasmo m. 4 (quibble) gioco m. di parole, bisticcio m. di parole. II v.i. (past, p.p. **quipped** /-t/) (to make quips, to jest) celiare, motteggiare, dire facezie.

quipster /'kwɪpstə/ n. persona f. arguta.

quire¹ /kwaɪə/ n. 1 (Cart) mazzetta f. di ventiquattro fogli. 2 (Legat) quaderno m. □ in -s non rilegato.

quire² /kwaɪə/ n. (rar) (choir) coro m.

Quirinal /'kwɪrɪnəl/ n.pr. (Geog) Quirinale m.

Quirinus /kwɪ'raɪnɪs/ n.pr.m. (Mitol) Quirino.

quirk /kwɜːk Am kwɜːrk/ n. 1 stravaganza f., eccentricità f., bizzarria f. 2 (whim) capriccio m., ghiribizzo m., fantasia f., grillo m. 3 (subterfuge) sotterfugio m., scappatoia f. 4 (in writing) svolazzo m. □ ~ **of fate** scherzo del destino.

quirkily /'kwɜːkɪli Am 'kwɜːrkɪli/ avv. in modo stravagante, in modo bizzarro.

quirkiness /'kwɜːkɪnɪs Am 'kwɜːrkɪnɪs/ n. stravaganza f., bizzarria f., eccentricità f.

quirky /'kwɜːki Am 'kwɜːrki/ a. 1 strano, stravagante, bizzarro. 2 (tricky) scaltro, furbo, astuto.

quirt /kwɜːt Am kwɜːrt/ I n. frusta f., scudiscio m. II v.t. frustare.

quisling /'kwɪzlɪŋ/ n. 1 (Pol) collaborazionista m./f. 2 (colloq) (traitor) traditore m. (f. -trice).

quit /kwɪt/ I v.t. (past, p.p. **quit** o **quitted** /'kwɪtɪd Am 'kwɪtɪd/) 1 lasciare, abbandonare, partire da, andarsene da: they ~ the city for the hills lasciarono la città per andarsene sulle colline. 2 (to give up, to let go) rinunciare a, abbandonare: he ~ his claim to the throne rinunciò al suo diritto al trono. 3 (Am, colloq) (to stop) smettere, cessare, interrompere, piantare: to ~ work interrompere il lavoro; to ~ one's job lasciare il lavoro; to ~ smoking smettere di fumare; ~ complaining! piantala di lamentarti! 4 (Inform) uscire da, abbandonare. II v.i. (past, p.p. **quit** o **quitted** /'kwɪtɪd Am 'kwɪtɪd/) 1 (to cease from doing sth.) smettere, interrompere: let's ~ and go home smettiamo e andiamo a casa. 2 (to leave rented accommodations) sloggiare. 3 (to leave a position) lasciare un impiego, licenziarsi, dare le dimissioni, dimettersi. 4 (to stop struggling, to admit defeat) darsi per vinto, cedere, arrendersi: that boxer never ~ quel pugile non si dà mai per vinto. III a. 1 esentato, dispensato (of da). 2 (free, rid) liberato (of da, di): we are well ~ of him finalmente ci siamo liberati di lui. □ to ~ **hold** of lasciar andare, abbandonare la presa su; ~ smoking clinic clinica per la disassuefazione dal fumo; to ~ **the stage**: 1 (Teat) abbandonare il teatro; 2 (fig) uscire di scena, ritirarsi.

quitch /kwɪtʃ/ n. (Bot) agropiro m. □ (Bot) ~ **grass** agropiro.

quitclaim /'kwɪtkleɪm/ I n. 1 (Dir) rinuncia f. a un diritto. 2 (deed) atto m. di rinuncia. II v.t. rinunciare a.

quite /kwaɪt/ I avv. 1 (completely, very much) completamente, del tutto, pienamente, affatto: they are ~ different sono completamente diversi; quite definitely con assoluta certezza. 2 (really, truly) proprio, davvero, veramente: *it's ~ the thing to do* è proprio la cosa da fare; *nearly but not ~* quasi ma non proprio. **3** (*to a certain extent, but not very*) piuttosto, discretamente, abbastanza, alquanto: *he was ~ pleased* era piuttosto contento; *~ well* abbastanza bene; *we ~ enjoyed living there* ci piaceva abbastanza vivere lì. **4** (*at least*) almeno, a dir poco, come minimo. **5** (*to express uncertainty*) bene: *I didn't ~ know what to say* non sapevo bene cosa dire; *we didn't ~ catch what they said* non abbiamo ben capito che cosa dicevano. **II** *intz.* (*Br*) certo!, sì!, proprio!: *~ so!* proprio così! □ *~a city* una bella città, una città importante; *~a character* è un tipo notevole; *~a bit* un bel po'; *~a few* non pochi, molti, parecchi; *~ a lot* un bel po' (*of* di); (*colloq*) *you're ~ a stranger* non ti fai mai vedere, ti si vede così di rado; *~alone* tutto solo; *that's ~ another story* questa è tutta un'altra storia; *that's ~ another thing* è tutta un'altra cosa; *not ~as good... as* non proprio buono come...; *~ frankly* (molto) francamente; *~ honestly* in tutta onestà; *~ often* molto spesso; *~right!* perfetto!, benissimo!, giustissimo!, esatto!; *something here is not ~ right* qui c'è qualcosa che non (mi) torna; (*colloq*) *not ~ right in the head* non tanto a posto, un po' suonato; *~ so!* proprio così!, esatto!; *it is ~something* è una cosa non da poco; *~ soon* ben presto, quanto prima; *~ sure* assolutamente certo, sicurissimo; *are you ~ sure?* sei proprio sicuro?; *nobody is ~ sure how many there are* nessuno sa con certezza quanti ce ne siano; *~ the contrary* al contrario, invece, viceversa; *to be ~ wrong* sbagliarsi di grosso; *it would be ~ wrong to do sth.* sarebbe un grosso errore fare qcs.

quit-rent /'kwɪtrent/ *n.* (*Stor*) canone *m.* enfiteutico.

quits /kwɪts/ *a.* (*pred.*) pari (*with* con): *now we are ~* ora siamo pari. □ (*lett*) *I intend to be ~ with him* gliela farò pagare; (*Br*) *to call it ~* considerarsi pari, farla finita.

quittance /'kwɪtəns/ *n.* quietanza *f.*, ricevuta *f.*

quitter /'kwɪtə' *Am* 'kwɪt̬ə'/ *n.* (*colloq*) chi si dà subito per vinto, chi si arrende facilmente, persona *f.* arrendevole.

quiver¹ /'kwɪvə'/ **I** *v.i.* fremere, tremare, vibrare: *to ~ with indignation* fremere di sdegno. **II** *v.t.* far fremere, far tremare. **III** *n.* fremito *m.*, tremito *m.*

quiver² /'kwɪvə'/ *n.* (*for arrows*) faretra *f.*: (*fig*) *to have an arrow left in one's ~* avere

ancora una freccia al proprio arco, avere ancora una risorsa.

quivering /'kwɪvərɪŋ/ *a.* tremante, fremente.

qui vive /kwiː'viːv/ *intz.* chi va là?

Quixote /'kwɪksət, kɪ'houtɪ/ **I** *n.pr.m.* (*Lett*) Don Chisciotte. **II** *n.* (*quixotic person*) donchisciotte *m.*

quixotic /kwɪk'sɒtɪk *Am* kwɪk'sɑːtɪk/, **quixotical** /kwɪk'sɒtɪkəl *Am* kwɪk'sɑːtɪkəl/ *a.* donchisciottesco.

quixotically /kwɪk'sɒtɪkli *Am* kwɪk'sɑːtɪkli/ *avv.* donchisciottescamente. □ *toact ~* fare il donchisciotte, agire come Don Chisciotte.

quixotism /'kwɪksətɪzəm *Am* 'kwɪksətɪzᵊm/ *n.* donchisciottismo *m.*

quixotry /'kwɪksətri/ *n.* donchisciottismo *m.*

quiz /kwɪz/ **I** *n.* (*pl.* **quizzes** /'kwɪzɪz/) **1** quiz *m.*, test *m.*, breve esame *m.* **2** (*series of questions*) serie *f.* di domande, questionario *m.*, test *m.* **3** (*puzzle*) quiz *m.*, indovinello *m.* **4** (*practical joke*) burla *f.*, scherzo *m.* **5** (*Am, Rad,TV*) quiz *m.* **II** *v.t.* (*past, p.p.* **quizzed** /-d/) **1** interrogare, porre delle domande a. **2** (*to question closely*) interrogare, sottoporre a interrogatorio. **3** (*rar*) (*to mock*) burlarsi di, prendere in giro, canzonare. □ (*Rad,TV*) *emcee* presentatore di quiz; (*Rad,TV*) *~game* quiz; (*Rad,TV*) *~ programme* (o *Am ~ program*) quiz; (*Rad,TV*) *~show* quiz.

quiz-master /'kwɪzmɑːstə' *Am* 'kwɪzmæstə'/ *n.* (*in a quiz show*) presentatore *m.* (*f.* -trice).

quizzical /'kwɪzɪkəl/ *a.* **1** beffardo, canzonatorio. **2** (*comic*) buffo, comico, ridicolo. **3** (*questioning*) interrogatorio, interrogativo.

quizzing /'kwɪzɪŋ/ □ (*rar*) *~glass* monocolo.

quod /kwɒd/ **I** *n.* (*Br,ant,sl*) (*prison*) prigione *f.*, galera *f.*, (*pop*) gattabuia *f.* **II** *v.t.* (*past, p.p.* **quodded** /'kwɒdəd/) (*Br,ant,sl*) imprigionare, incarcerare, mettere in galera.

quoin /kɔɪn/ **I** *n.* **1** (*Edil*) concio *m.* d'angolo, concio *m.* comune; (*corner stone*) pietra *f.* angolare. **2** (*Arch*) concio *m.* di chiave. **3** (*Tecn*) (*wedge*) cuneo *m.* **4** (*Tip*) serraforme *m.* **II** *v.t.* **1** (*Edil*) fornire di pietre angolari. **2** (*Tip*) serrare a cunei.

quoit /kwɔɪt/ **I** *n.* **1** anello *m.* (di corda o di metallo). **2** *pl.* (*game*) gioco *m.sing.* degli anelli. **II** *v.i.* giocare agli anelli. **III** *v.t.* scagliare, lanciare (come si fa nel gioco degli anelli).

quondam /'kwɒndæm *Am* 'kwɑːndəm/ *a.* ex: *my ~ teacher* il mio ex professore.

quorum /'kwɔːrəm/ *n.* quorum *m.*, numero *m.* legale: *to form a ~* raggiungere il quorum.

quota /'kwoutə *Am* 'kwoutə/ *n.* parte *f.* (spettante), quota *f.*, aliquota *f.*: *to collect one's ~ of an inheritance* ricevere la propria parte di eredità.

quotability /ˌkwoutə'bɪlɪti *Am* ˌkwoutə'bɪlɪti/ *n.* l'essere citabile.

quotable /'kwoutəbl̩ *Am* 'kwoutəbl̩/ *a.* citabile, che si presta a una citazione.

quotation /kwou'teɪʃən/ *n.* **1** citazione *f.*: *a ~ from the Bible* una citazione dalla Bibbia. **2** (*passage*) brano *m.* citato, passo *m.* citato, citazione *f.* **3** (*Econ*) quotazione *f.* **4** (*estimated cost*) preventivo *m.* (di spesa). □ *~ marks* virgolette.

quote /kwout/ **I** *v.t.* **1** citare: *to ~ a line from Homer* citare un verso di Omero; *to ~ Milton* citare Milton. **2** (*assol*) fare delle citazioni, citare brani, citare passi: *to ~ from Shakespeare* fare delle citazioni da Shakespeare. **3** (*to adduce as evidence*) citare, addurre come prova, portare come esempio: *I could ~ many cases in which this has happened* potrei citare molti casi in cui questo è accaduto. **4** (*Econ*) quotare: *to ~ a price* quotare un prezzo. **5** (*to enclose with quotation marks*) mettere tra virgolette, virgolettare, chiudere tra virgolette. **II** *v.i.* fare delle citazioni. **III** *n.* (*colloq*) **1** citazione *f.* **2** *pl.* virgolette *f.pl.*: *in -s* tra virgolette. □ *he has been -d as saying ...*, si dice che abbia detto...; *to ~ aprice* fare un prezzo; *~...unquote* aperte virgolette... chiuse virgolette, inizio citazione... fine citazione: *he said, - unquote: I am innocent* disse, cito testualmente: sono innocente.

quoted /'kwouted *Am* 'kwoutɪd/ *a.* (*Econ*) quotato (in borsa): *~ company* società quotata.

quoth /kwouθ/ *v.i.* (*rar,poet*) (*used only in first and third person singular before the subject*) dissi, disse: *~ Robin Hood, "To the woods"* disse Robin Hood: "alla foresta"; *"no" ~ I* "no" dissi io.

quotidian /kwɒ'tɪdɪən *Am* kwou'tɪdɪən/ **I** *a.* **1** quotidiano, giornaliero. **2** (*Med*) quotidiano. **II** *n.* (*Med*) quotidiana *f.*, febbre *f.* quotidiana.

quotient /'kwouʃənt/ *n.* **1** (*Mat*) quoziente *m.* **2** (*fig*) quoziente *m.*, fattore *m.*, livello *m.*

q.v. /ˌkjuː'viː/ **1** *quod vide* v. (vedi). **2** (*Farm*) *quantum vis* (a volontà).

qwerty /'kwɜːti *Am* 'kwɜːrt̬i/ *a.* (*Inform*) (*of keyboards*) tastiera *f.* all'inglese, tastiera *f.* QWERTY.

qy. *query* (quesito).

R

r, R[1] /ɑːr/ *Am* ɑːr/ (*pl.* **r's/rs, R's/Rs** /ɑːz/) *n.* (*letter of the alphabet*) r, R *f./m.*: (*Tel*) *R for Robert* (o *Am R as in Roger*) r come Roma. □ *the r months* i mesi con la r.

R[2] **1** (*Geom*) *radius* r, R (raggio). **2** (*El*) *resistance* R (resistenza).

r. 1 *railway* Ferr. (ferrovia). **2** *right* dx, Dx (destra).

R. 1 (*Chim*) *radical* R (radicale). **2** (*Am,Pol*) *Republican* (repubblicano). **3** (*Am,Aus,Cin*) *restricted* (vietato ai minori di 17 anni).

RA /rɑː/ **1** (*Mil*) *regular army* (esercito regolare). **2** *Royal Academy* (regia accademia). **3** (*Astr*) *right ascension* (ascensione retta). **4** *Argentina* RA (Argentina).

RAAF (*Aus*) *Royal Australian Air Force* (regia aviazione militare australiana).

rabbet /'ræbɪt/ **I** *n.* (*Am,Fal*) **1** (*groove*) scanalatura *f.*, gola *f.*, sede *f.* **2** (*joint*) giunto *m.* a maschio e femmina. **II** *v.t.* (*Am,Fal*) **1** (*to cut*) fare un incastro in, scanalare. **2** (*to join by a rabbet joint*) unire con un giunto a maschio e femmina. **III** *v.i.* (*Am,Fal*) essere unito a incastro (*on, over* a). □ *(Fal) ~ joint* giunto a maschio e femmina; *(Fal) ~ plane* pialletto per scanalare, sponderuola.

rabbi /'ræbaɪ/ *n.* (*Rel.ebr*) rabbino *m.*

rabbinate /'ræbɪneɪt/ *n.* (*Rel.ebr*) **1** rabbinato *m.* **2** (*rabbis collectively*) rabbini *m.pl.*

rabbinic /rə'bɪnɪk/ *a.* (*Rel.ebr*) rabbinico, dei rabbini.

Rabbinic /rə'bɪnɪk/ *n.* (*Rel.ebr*) lingua *f.* rabbinica.

rabbinical /rə'bɪnɪkəl/ *a.* (*Rel.ebr*) rabbinico, dei rabbini.

rabbinism /rə'bɪnɪzəm/ *n.* (*Rel.ebr*) rabbinismo *m.*

Rabbinist /rə'bɪnɪst/ *n.* (*Rel.ebr*) rabbinista *m./f.*

Rabbinistic /rə'bɪnɪstɪk/ *a.* (*Rel.ebr*) di rabbinista, da rabbinista.

Rabbinite /ræ'bɪnaɪt/ *n.* (*Rel.ebr*) rabbinista *m./f.*

rabbit /'ræbɪt/ **I** *n.* (*pl.inv.* o *-s* /-s/; *il pl. inv. si usa general. con valore collett.*) **1** (*Zool*) coniglio *m.*: *a wild ~* un coniglio selvatico. **2** (*fur*) lapin *m.* **3** (*Macell*) coniglio *m.* **4** (*Sport*) giocatore *m.* (*f.* -trice) di scarso valore, (*colloq*) schiappa *f.* **II** *v.i.* (*past, p.p.* **rabbitted** /'ræbɪtɪd/, *Am* **rabbited** /'ræbɪtɪd/) **1** cacciare conigli, andare a caccia di conigli. **2** (*Am, colloq*) (*to sneak*) fare la spia (*on* contro). **3** (*colloq*) (*to chatter*) chiacchierare, ciarlare.

□ *~ burrow* tana di coniglio; *(Am,sl,ant) ~ ears* antenna televisiva da appartamento; *~ farm* allevamento di conigli; *~ farmer* allevatore di conigli; *(Veter) ~ fever* tularemia; *(colloq,spreg) ~ food* cibo vegetariano, cibo macrobiotico; *~'s foot* zampa di coniglio (considerata portafortuna); *~ hutch* conigliera; *to ~ on* parlare in continuazione, parlare a vanvera (*about* di); *to pull a ~ out of a hat*: **1** tirare fuori un coniglio dal cilindro; **2** (*fig*) fare una mossa a sorpresa; *~ punch* colpo (di taglio) alla nuca; *~ warren*: **1** garenna; **2** (*fig*) (*maze*) labirinto; **3** (*fig*) (*densely populated area*) zona sovraffollata.

rabbit-foot /'ræbɪt,fʊt/ *n.irr.* zampa *f.* di coniglio (come portafortuna).

rabbiting /'ræbɪtɪŋ *Am* 'ræbɪtɪŋ/ □ *to go ~* andare a caccia di conigli.

rabbit-proof /'ræbɪt,pruːf/ *v.t.* □ (*Aus,colloq*) *~ fence* confine tra gli stati australiani.

rabbit-punch /'ræbɪtpʌntʃ/ *v.t.* colpire (di taglio) alla nuca.

rabbitry /'ræbɪtrɪ/ *n.* **1** allevamento *m.* di conigli. **2** (*rabbits*) conigli *m.pl.*

rabbity /'ræbɪtɪ/ *a.* **1** pieno di conigli. **2** (*resembling a rabbit*) conigliesco, di coniglio, da coniglio.

rabble[1] /'ræbl/ *n.* **1** (*unruly crowd*) folla *f.*, moltitudine *f.* disordinata. **2** (*riff-raff*) gentaglia *f.*, canaglia *f.*, marmaglia *f.* **3** (*spreg*) (*common people*) volgo *m.*, popolino *m.*, (*spreg*) plebaglia *f.*

rabble[2] /'ræbl/ **I** *n.* (*Met*) **1** raschione *m.* **2** (*for stirring ore*) agitatore *m.*, mescolatore *m.* **II** *v.t.* (*Met*) **1** raschiare. **2** (*to stir*) agitare, rimescolare.

rabble-rouser /'ræbl,raʊzər/ *n.* agitatore *m.* (*f.* -trice), sobillatore *m.* (*f.* -trice), (*ant*) capopopolo *m./f.*, arruffapopoli *m./f.*

rabble-rousing /'ræbl,raʊzɪŋ/ *a.* sobillatore, che spinge il popolo alla rivolta.

Rabelaisian /,ræbl'eɪziən *Am* ,ræbə'leɪʒən/ **I** *a.* (*Lett*) rabelesiano. **II** *n.* (*Lett*) studioso *m.* (*f.* -a) di Rabelais.

rabid /'ræbɪd/ *a.* **1** (*affected with rabies*) idrofobo, rabbioso, rabico. **2** (*fanatical*) arrabbiato, fanatico: *a ~ anticlerical* un anticlericale arrabbiato; *~ nationalism* nazionalismo fanatico. **3** (*raging, furious*) rabbioso, furioso: *~ hatred* odio rabbioso.

rabidity /rə'bɪdətɪ *Am* rə'bɪdəti/ *n.* **1** (*fanaticism*) fanatismo *m.*, accanimento *m.* **2** (*furiousness*) furia *f.*, furore *m.*, rabbia *f.*

rabidly /'ræbɪdlɪ/ *avv.* **1** (*fanatically*) in modo fanatico. **2** (*furiously*) rabbiosamente, furiosamente.

rabidness /'ræbɪdnəs/ *n.* **1** (*fanaticism*) fanatismo *m.*, accanimento *m.* **2** (*furiousness*) furia *f.*, furore *m.*, rabbia *f.*

rabies /'reɪbiːz/ *n.inv.* (*Veter,Med*) rabbia *f.*, idrofobia *f.* □ (*Am,Med*) *~ shot* iniezione antirabbica; (*Med*) *~ vaccination* vaccinazione antirabbica, antirabbica.

RAC /,ɑːr'eɪ'siː/ (*Br,Aut*) *Royal Automobile Club* (automobile club britannico).

raccoon /rə'kuːn/ *n.* (*pl.inv.* o *-s* /-z/; *il pl. inv. si usa general. con valore collett.*) *n.* (*Zool*) procione *m.*, orsetto *m.* lavatore.

race[1] /reɪs/ **I** *n.* **1** gara *f.* (di velocità o corsa), corsa *f.* (*between* tra; *against* contro): *to challenge so. to a ~* sfidare qcu. a una gara; *to run a ~* fare una corsa. **2** (*fig*) (*competition*) gara *f.*, corsa *f.*: *the ~ for the presidency* la corsa alla presidenza. **3** (*rush*) corsa *f.*: *a ~ to catch a train* una corsa per prendere un treno. **4** (*fig*) (*of life*) vita *f.*, corso *m.* della vita, cammino *m.* **5** (*strong current of water*) forte corrente *f.* **6** (*mill race*) canale *m.* di mulino. **7** (*Mecc*) (*channel, track*) gola *f.* di scorrimento, guida *f.* di scorrimento; (*of a ball bearing*) anello *m.* **8** *pl.* (*horse racing*) corse *f.pl.*: *to go to the -s* andare alle corse; *to win money at the -s* vincere alle corse. **II** *v.i.* **1** correre, partecipare a una gara, gareggiare in corsa, gareggiare in velocità (*against* contro; *at* a; *to* verso; *with* con): *to ~ against* (o *with*) *so.* correre contro qcu. **2**

(*to move at speed*) correre, andare a tutta velocità: *he -d home* corse a casa. **3** (*fig*) (*to hurry*) affrettarsi, precipitarsi, correre. **4** (*Mot*) (*of an engine, propeller, etc.*) imballarsi. **5** (*Sport*) partecipare alle corse. **III** *v.t.* **1** fare a corsa, correre con, gareggiare in corsa con, correre contro. **2** (*to cause to run, to cause to race*) far correre, far gareggiare, far disputare una corsa a: *to ~ a horse at Ascot* far correre un cavallo ad Ascot. **3** (*fig*) (*to cause to move fast*) far correre, far andare velocemente, far andare rapidamente. **4** (*Mot*) imballare, far girare a vuoto: *to ~ an engine* imballare un motore. □ (*Mar*) *~ about* piccolo yacht armato a sloop; (*Sport*) *~ card* programma delle corse; (*Br*) *~ meeting* concorso ippico; (*fig*) *to ~ the clock* gareggiare contro il tempo; *the blood -d to his head* il sangue gli salì alla testa; (*Sport*) *~ walking* marcia.

race[2] /reɪs/ **I** *n.* **1** razza *f.*: *the human ~* la razza umana. **2** (*descendants of a common ancestor*) stirpe *f.*, discendenza *f.*, generazione *f.*, progenie *f.* **3** (*fig*) categoria *f.*, classe *f.*: *the ~ of actors* la categoria degli attori. **3** (*Zool,Biol*) razza *f.* **5** (*Bot*) varietà *f.* **II** *a.* razziale, di razza: *~ hatred* odio razziale; *~ difference* differenza razziale. □ *~ conflict* conflitto razziale; *~ discrimination* discriminazione razziale; *~ memory* memoria razziale; *~ relations* relazioni interrazziali, rapporti interrazziali; *~ riot* violenza provocata da animosità razziale, sommossa provocata da animosità razziale.

race[3] /reɪs/ *n.* (*ant*) (*ginger root*) radice *f.* di zenzero.

racecar /'reɪskɑːr/ *n.* (*Am,Aut*) automobile *f.* da corsa.

racecard /'reɪskɑːd *Am* 'reɪskɑːrd/ *n.* programma *m.* delle corse.

racecourse /'reɪskɔːs *Am* 'reɪskɔːrs/ *n.* (*Br, Equit*) ippodromo *m.* (con tappeto erboso).

racegoer /'reɪs,gəʊər/ *n.* frequentatore *m.* (*f.* -trice) di corse, appassionato *m.* (*f.* -a) di corse.

racehorse /'reɪshɔːs *Am* 'reɪs,hɔːrs/ *n.* (*Equit*) cavallo *m.* da corsa, cavallo *m.* corridore.

racemate /'ræsəmeɪt/ *n.* (*Chim*) racemato *m.*

raceme /'ræsiːm *Am* reɪ'siːm/ *n.* (*Bot*) racemo *m.*

racemization /,ræsɪmɪ'zeɪʃən *Am* reɪ,siːmɪ'zeɪʃən/ *n.* (*Chim*) racemizzazione *f.*

racemose /'ræsɪməʊs/ *a.* (*Bot*) racemoso.

racemous /'ræsɪməs/ *a.* (*Bot*) racemoso.

racer /'reɪsər/ *n.* **1** corridore *m.* **2** (*Equit*) (*racehorse*) cavallo *m.* da corsa, cavallo *m.* corridore. **3** (*racing bicycle*) bicicletta *f.* da corsa. **4** (*Mar*) (*racing vessel*) imbarcazione *f.* da regata, imbarcazione *f.* da competizione. **5** (*Aut*) (*racing car*) automobile *f.* da corsa, automobile *f.* da competizione. **6** (*Zool*) colubro *m.* **7** (*Mecc*) elemento *m.* a scorrimento veloce. **8** (*Arm*) piattaforma *f.* girevole, piattaforma *f.* rotante.

racetrack /'reɪstræk/ *n.* **1** (*Am*) (*for horse racing*) ippodromo *m.* **2** (*for any race*) pista *f.* **3** (*Aut*) (*for cars*) circuito *m.* **4** (*for dogs*) cinodromo *m.* **5** (*for cycles*) velodromo *m.*

raceway /'reɪsweɪ/ *n.* (*Am*) ippodromo *m.*, pista *f.*, circuito *m.*

Rachel /'reɪtʃəl/ *n.pr.f.* Rachele (*anche Bibl*).

rachis /'reɪkɪs/ (*pl.* **-es** /-iːz/ o **rachides** /'reɪkɪdiːz/) *n.* (*Biol,Anat*) rachide *m./f.*

rachischisis /rə'kɪskɪsɪs/ *n.* (*Med*) rachischisi *f.*, spina *f.* bifida.

rachitic /rə'kaɪtɪk *Am* rə'kaɪtɪk/ *a.* (*Med*) rachitico.

rachitis /rə'kaɪtɪs *Am* rə'kaɪtəs/ (*pl.* **-tides** /-tɪdiːz/) *n.* (*Med*) rachitismo *m.*

racial /'reɪʃəl/ *a.* razziale. □ *~discrimination* discriminazione razziale, razzismo; ~ *group* gruppo etnico; ~ *minority* minoranza etnica; ~ *prejudice* pregiudizio razziale, razzismo; ~ *profiling* stereotipi razzisti, identikit razziali; ~ *segregation* segregazione razziale.

racialism /'reɪʃlɪzʌm/ *n.* razzismo *m.*

racialist /'reɪʃlɪst/ *n.* razzista *m./f.*

racialistic /reɪʃ'lɪstɪk/ *a.* razzistico.

racially /'reɪʃli/ *avv.* in modo razziale, dal punto di vista razziale.

racily /'reɪsɪli/ *avv.* 1 vivacemente, briosamente. 2 (*indecently*) in modo indecente. 3 (*in a natural way*) genuinamente, schiettamente.

raciness /'reɪsɪnəs/ *n.* 1 vivacità *f.*, brio *m.* 2 (*lewdness*) salacità *f.*, licenziosità *f.* 3 (*naturalness*) genuinità *f.*, naturalezza *f.*

racing /'reɪsɪŋ/ **I** *n.* 1 corsa *f.* 2 (*Equit*) (*horse racing*) corse *f.pl.* ippiche. 3 (*Aut*) (*car racing*) corse *f.pl.* automobilistiche. **II** *a.* (*used in racing*) da corsa, da competizione. □ (*Br,Aut*) ~ *car* automobile da competizione, automobile da corsa; (*Sport*) ~ *colours* (o *Am* ~ *colors*) colori di scuderia; (*Mar*) ~ *craft* imbarcazione da regata, imbarcazione da competizione; (*Sport*) ~ *cycle* bicicletta da corsa; (*Sport*) ~ *cyclist* corridore ciclista, ciclista; (*Aut*) ~ *driver* corridore automobilista, pilota da corsa; ~ *motorcyclist* corridore motociclista, motociclista; ~ *path* pista da corsa; ~ *stable* scuderia (da corsa); ~ *track* pista da corsa.

racism /'reɪsɪzʌm/ *n.* razzismo *m.*

racist /'reɪsɪst/ **I** *n.* razzista *m./f.* **II** *a.* razzista, razzistico.

rack[1] /ræk/ **I** *n.* 1 rastrelliera *f.*: *a ~ for bottles* una rastrelliera per bottiglie. 2 (*for plates*) scolapiatti *m.*, rastrelliera *f.* 3 (*for toast*) portatoast *m.* 4 (*tool rack*) scaffale *m.* a rastrelliera. 5 (*luggage rack*) portabagagli *m.*, portabagaglio *m.* 6 (*Agr,Zootecn*) (*for holding fodder*) rastrelliera *f.*, greppia *f.*, portafieno *m.*; (*on a wagon*) rastrelliera *f.* 7 (*Mecc*) cremagliera *f.* 8 (*Stor*) (*instrument of torture*) ruota *f.*, cavalletto *m.* 9 (*Acus*) rack *m.* **II** *v.t.* 1 (*to torture on the rack*) mettere alla ruota. 2 (*fig*) (*to cause anguish to*) torturare, tormentare: *to be -ed with guilt* essere torturato dalla colpa. 3 (*fig*) (*to agitate; to torment*) turbare, agitare: *a society -ed by violence* una società turbata dalla violenza. 4 (*fig*) (*to oppress with exorbitant demands, rent*) opprimere, angariare. 5 (*to place, to store on a rack*) sistemare su una rastrelliera, collocare su una rastrelliera: *to ~ bottles of wine* sistemare bottiglie di vino su una rastrelliera. 6 (*Mecc*) muovere con meccanismo a cremagliera. □ *to ~ one's brains* scervellarsi, lambiccarsi il cervello; (*fig*) *on the ~* sulle spine; (*Ferr*) ~ *railway* ferrovia a cremagliera; ~ *stereo system* contenitore hi-fi; (*Mecc*) ~ *tooth* dente di cremagliera; *to ~ up votes* raggranellare voti.

rack[2] /ræk/ **I** *n.* 1 (*Equit*) andatura *f.* tra il trotto e il piccolo galoppo. 2 (*pace*) ambio *m.*, ambiatura *f.* **II** *v.i.* 1 muoversi con andatura tra il trotto e il piccolo galoppo. 2 (*to pace*) ambiare, andare all'ambio.

rack[3] /ræk/ *n.* (*destruction*) distruzione *f.*, rovina *f.* □ *to go to ~ and ruin* andare in malora, andare in rovina, andare a catafascio.

rack[4] /ræk/ *n.* (*Meteor*) nuvolaglia *f.*, strato *m.* leggero di nubi.

rack[5] /ræk/ *v.t.* (*Enol*) (*of wine*) svinare, travasare. □ (*Enol*) *to ~off* svinare, travasare.

rack[6] /ræk/ *n.* (*Gastron*) costoletta *f.*: *a ~ of pork* costoletta di maiale, *~ of lamb* carré di agnello.

rack-and-pinion /ˌrækənd'pɪnɪən/ *a.* (*Mecc*) a cremagliera. □ (*Mecc*) ~ *drive* comando a cremagliera.

racket[1] /'rækɪt/ *n.* 1 (*Sport*) racchetta *f.* 2 (*Am*) (*snow shoe*) racchetta *f.* da neve. 3 *pl.* (*costr.sing.*) (*Sport*) (*game*) sport *m.* simile allo squash.

racket[2] /'rækɪt/ **I** *n.* 1 frastuono *m.*, fracasso *m.*, chiasso *m.*, baccano *m.*: *the ~ of a printing office* il frastuono di una tipografia. 2 (*merrymaking*) baldoria *f.*, festa *f.*, allegria *f.* rumorosa. 3 (*colloq*) pacchia *f.*, lavoro *m.* facile: *that's not a job, it's a ~* non è un lavoro, è una pacchia. 4 (*colloq*) (*fraudulent scheme*) trucco *m.*, raggiro *m.*, imbroglio *m.*: *it's simply a ~ to avoid taxes* è semplicemente un trucco per evadere il fisco. 5 (*colloq*) (*dishonest way of making money*) truffa *f.*, frode *f.*, imbroglio *m.* 6 (*illegal activity, organization*) racket *m.*: *the drug ~* il racket della droga. 7 (*sl*) (*occupation, business*) occupazione *f.*, lavoro *m.*, professione *f.*, impiego *m.*: *journalism is my ~* mi occupo di giornalismo. **II** *v.i.* (*ant*) (*to enjoy oneself socially*) fare la bella vita, darsi alla mondanità. □ *to ~ about* (o *to ~ around*) fare chiasso, fare baldoria, fare la bella vita; *to make a ~* schiamazzare, fare chiasso, fare baccano; (*colloq*) *what a ~!* che inferno!, che casino!

racketeer /ˌrækɪ'tɪər *Am* ˌrækə'tɪr/ *n.* (*colloq*) malvivente *m./f.*, ricattatore *m.* (*f.* -trice), truffatore *m.* (*f.* -trice).

racketeering /ˌrækɪ'tɪərɪŋ *Am* ˌrækə'tɪrɪŋ/ *n.* (*colloq*) estorsioni *f.pl.*, racket *m.*

rackety /'rækəti *Am* 'rækəti/ *a.* 1 (*noisy*) rumoroso, chiassoso: *a ~ old car* una vecchia macchina rumorosa. 2 (*ant*) (*fond of raffish living*) dedito alle gozzoviglie. 3 (*ant*) (*fond of merrymaking*) festaiolo, che ama far baldoria.

rack-rent /'rækrent/ **I** *n.* affitto *m.* esorbitante. **II** *v.t.* fare pagare un affitto esorbitante a.

racon /'rækɒn *Am* 'rækuːn/ *n.* (*radar beacon*) meda *f.* con ripetitore radar, radar *m.* secondario.

raconteur /ˌrækɒn'tɜːr *Am* ˌrækɑːn'tɜːr/ *n.* aneddotista *m.*

raconteuse /ˌrækɒn'tɜːs *Am* ˌrækɑːn'tɜːs/ *n.* aneddotista *f.*

racoon /rə'kuːn/ (*pl.inv.* o *-s* /-z/) *n.* (*Zool*) procione *m.*, orsetto *m.* lavatore.

racquet /'rækɪt/ *n.* 1 (*Sport*) racchetta *f.* 2 (*Am*) (*snow shoe*) racchetta *f.* da neve. 3 *pl.* (*costr.sing.*) (*Sport*) (*game*) sport *m.* simile allo squash.

racy /'reɪsi/ *a.* 1 vivace, brioso, animato, frizzante. 2 (*risqué*) piccante, spinto, salace: ~ *jokes* barzellette piccanti. 3 (*lively, zestful*) pieno di vita, vivace, vivo. 4 (*having a strong characteristic flavour*) forte, piccante, pungente. 5 (*natural, fresh*) genuino, naturale, schietto.

rad[1] /ræd/ *n.* (*Fis*) rad *m.*

rad[2] /ræd/ *a.* (*Am,sl*) tosto, fortissimo, giusto: *a ~ idea* un'idea giustissima.

RADA /'rɑːdə/ (*Br*) *Royal Academy of Dramatic Art* (regia accademia di arte drammatica).

radar /'reɪdɑːr *Am* 'reɪdɑːr/ *n.* radar *m.* □ (*Astr*) ~ *astronomy* radarastronomia; (*Rad*) ~ *beacon* meda con ripetitore radar, radar secondario; *to detect by* ~ radiolocalizzare; (*Aer*) ~ *controller* controllore radar, radarista, (*colloq*) uomo radar; ~ *detection* radarlocalizzazione; ~ *navigation* radarnavigazione; ~ *operator* radarista; ~ *scanner* esploratore, antenna radar; ~ *telescope* radartelescopio; (*Aut*) ~ *trap* tratto (della strada) a velocità controllata, (*estens*) autovelox: *to get caught in a ~ trap* farsi beccare dall'autovelox; *to go through a ~ trap* passare davanti a un autovelox.

radar-operated /ˌreɪdɑː'ɒpəreɪtɪd *Am* ˌreɪdɑːr'ɑːpəreɪtɪd/ *a.* comandato a radar.

radarscope /'reɪdɑːskəʊp/ *n.* (*Elettron*) schermo *m.* radar.

raddle /'rædl/ **I** *v.t.* 1 tingere di rossetto, dare il rossetto a. 2 (*to ruddle*) tingere con ocra rossa. **II** *n.* 1 (*ruddle*) ocra *f.* rossa. 2 (*Agr*) marchiatura *f.* con ocra rossa.

radial /'reɪdɪəl/ **I** *a.* 1 (*of lines, roads*) radiale, a raggiera. 2 (*of engine, layout*) stellare, a stella (*anche Mecc,Biol,Anat*): *a ~ arrangement of streets* una disposizione radiale di strade. **II** *n.* 1 (*Anat*) nervo *m.* radiale. 2 (*Aut*) pneumatico *m.* radiale. □ (*Anat*) ~ *artery* arteria radiale; (*Chir*) ~ *keratotomy* cheratotomia radiale; (*Anat*) ~ *nerve* nervo radiale; (*Strad*) ~ *road* strada radiale; (*Biol*) ~ *symmetry* simmetria raggiata, simmetria radiale; (*Aut*) ~ *tyres* pneumatici radiali; (*Astr*) ~ *velocity* velocità radiale.

radialize /'reɪdɪəlaɪz/ *v.t.* mettere a raggiera, sistemare a raggiera.

radially /'reɪdɪəli/ *avv.* radialmente, a raggiera.

radial-ply /'reɪdɪəplaɪ/ □ (*Aut*) ~ *tyre* pneumatico radiale.

radian /'reɪdɪən/ *n.* (*Mat*) radiante *m.*

radiance /'reɪdɪəns/ *n.* 1 radiosità *f.*, fulgore *m.*, splendore *m.* 2 (*fig*) radiosità *f.*, luminosità *f.* 3 (*Fis*) radianza *f.*

radiancy /'reɪdɪənsi/ *n.* 1 radiosità *f.*, fulgore *m.*, splendore *m.* 2 (*fig*) radiosità *f.*, luminosità *f.* 3 (*Fis*) radianza *f.*

radiant /'reɪdɪənt/ **I** *a.* 1 radiante. 2 (*shining, bright*) raggiante, sfolgorante, radioso, splendente. 3 (*fig*) radioso, raggiante, felice, gioioso: *a ~ smile* un sorriso radioso; *to be ~ with joy* essere raggiante di gioia. 4 (*Fis*) radiante. 5 (*Arald,Biol*) raggiante. **II** *n.* 1 (*point from which rays originate*) punto *m.* d'irradiazione, sorgente *f.* d'irradiazione. 2 (*Astr,Geom*) radiante *m.* □ (*Fis*) ~ *energy* energia raggiante, energia radiante; (*Fis*) ~ *flux* flusso radiante; ~ *heat* calore radiante; ~ *heater* radiatore, pannello radiante; ~ *heating* riscaldamento per irraggiamento.

radiate /'reɪdɪeɪt/ **I** *v.i.* 1 irradiare, irradiarsi, raggiare. 2 (*to spread out from the centre*) irradiarsi, spiegarsi a raggiera, diramarsi a raggiera. 3 (*fig*) raggiare, irradiare, irraggiare, sprigionarsi, diffondersi: *joy -d from her eyes* la gioia raggiava dai suoi occhi. 4 (*fig*) (*of a person: to be radiant*) essere raggiante, essere radioso (*with* di). **II** *v.t.* 1 diffondere, irraggiare, irradiare: *to ~ heat* diffondere calore. 2 (*fig*) (*to disseminate from a centre*) diffondere, disseminare, propagare: *to ~ news* diffondere notizie. 3 (*fig*) irradiare, irraggiare, raggiare, sprigionare: *to ~ happiness* irradiare felicità. **III** *a.* 1 (*having rays*) provvisto di raggi, a raggi. 2 (*radiating*) raggiante, che emana raggi. 3 (*Biol*) radiato, raggiato.

radiation /ˌreɪdɪ'eɪʃən/ *n.* 1 (*Fis*) radiazione *f.* 2 (*Med,Nucl*) radiazioni *f.pl.*: *to be exposed to*

~ essere esposto alle radiazioni. **3** (*act of radiating*) irradiamento *m.*, irraggiamento *m.* **4** (*radial arrangement*) disposizione *f.* a raggiera, propagazione *f.* a raggiera, irradiazione *f.* □ ~ *biology* radiobiologia; (*Chim*) ~ *chemistry* studio degli effetti delle radiazioni sulla materia; (*Fis*) ~ *physics* fisica delle radiazioni; ~ *processing* trattamento dei materiali radioattivi; (*Med*) ~ *sickness* malattia da radiazioni; (*Med*) ~ *therapy* (o ~ *treatment*) radioterapia; (*Fis*) ~ *threshold* soglia di radiazione.

radiational /ˌreɪdɪ'eɪʃənl/ □ (*Meteor*) ~ *cooling* raffreddamento da irraggiamento.

radiative /'reɪdɪtɪv Am'reɪdieɪtɪv/ *a.* delle radiazioni, relativo alle radiazioni.

radiator /'reɪdieɪtər Am 'reɪdieɪtər/ *n.* **1** radiatore *m.*, termosifone *m.* **2** (*Aut*) radiatore *m.* **3** (*Rad*) trasmettitore *m.*; (*transmitting aerial*) antenna *f.* trasmittente, radiatore *m.* □ (*Aut*) ~ *cap* tappo del radiatore; ~ *cover* copritermosifone; (*Aut*) ~ *grille* griglia del radiatore, mascherina.

radical /'rædɪkəl/ **I** *a.* **1** basilare, sostanziale, fondamentale: ~ *differences* differenze fondamentali. **2** (*complete*) radicale, totale: ~ *reforms* riforme radicali; (*drastic*) drastico. **3** (*Mat,Ling,Bot*) radicale. **4** (*Am,sl*) incredibile, grandioso. **II** *n.* **1** (*Mat,Chim*) radicale *m.* **2** (*Ling*) radicale *m.*, radice *f.* □ (*Geom*) ~ *axis* asse radicale; ~ *chic* radical-chic; (*Mat*) ~ *sign* segno di radice, segno della radice; (*Chir*) ~ *surgery* chirurgia radicale.

Radical /'rædɪkəl/ **I** *a.* (*Br,Pol*) radicale. **II** *n.* (*Br,Pol*) radicale *m./f.* □ (*Br,Pol*) ~ *Party* partito radicale.

radicalise /'rædɪkəlaɪz/ **I** *v.t.* (*Br*) radicalizzare (*anche Pol*). **II** *v.i.* (*Br*) radicalizzarsi.

radicalism /'rædɪkəlɪzəm/ *n.* radicalismo *m.* (*anche Pol*).

radicalization /ˌrædɪkəlaɪ'zeɪʃn/ *n.* radicalizzazione *f.* (*anche Pol*).

radicalize /'rædɪkəlaɪz/ **I** *v.t.* radicalizzare (*anche Pol*). **II** *v.i.* radicalizzarsi.

radicate /'rædɪkeɪt/ **I** *v.t.* (*Bot*) fare attecchire (*anche fig*). **II** *v.i.* (*Bot*) radicare, attecchire.

radicle /'rædɪkl/ *n.* **1** (*Bot*) radichetta *f.*; (*small root*) radicella *f.*, radichella *f.*, radicina *f.* **2** (*Chim*) radicale *m.* **3** (*Anat*) radicicola *f.*

radio /'reɪdɪoʊ/ **I** *n.* (*pl.* -**s** /-z/) **1** radio *f.*: *the invention of* ~ l'invenzione della radio; *to broadcast by* ~ trasmettere per radio. **2** (*receiving set*) radio *f.*, apparecchio *m.* radio. **II** *a.* **1** radiofonico, radio: ~ *programmes* programmi radiofonici. **2** (*controlled by radio*) radiocomandato. **3** (*of radiations, electric waves*) radio. **III** *v.t.* **1** radiotrasmettere, trasmettere per radio. **2** (*to send a radio message to*) radiotrasmettere un messaggio a, trasmettere un messaggio per radio a, mettersi in contatto radiofonico con. **IV** *v.i.* comunicare per radio. □ ~ *address* discorso radiofonico; ~ *advertising* pubblicità radiofonica; (*Aer*) ~ *aid* radioassistenza; ~ *alarm* radiosveglia; ~ *altimeter* radioaltimetro; ~ *amateur* radioamatore, radiodilettante; ~ *announcement* annuncio radiofonico; ~ *astronomer* radioastronomo; ~ *astronomy* radioastronomia; (*Rad*) ~ *beacon* radiofaro; ~ *beam* radiosegnale unidirezionale, fascio di onde radio; ~ *bearing* radiorilevamento, rilevamento radio(goniometrico); ~ *broadcasting* radiodiffusione; (*Inform*) ~ *button* pulsante di opzione; ~ *cab* radiotaxi; ~ *car* radiomobile; ~ *cassette* (o ~ *cassette recorder*) radioregistratore (a cassette); ~ *channel* radiocanale; ~ *commentator* radiocronista; ~ *compass* radiogoniometro automatico, radiobussola; ~ *control* radioguida, radioco-

mando; ~ *electric* radioelettrico; ~ *electricity* radioelettricità; ~ *engineer* radiotecnico; ~ *engineering* radiotecnica; (*Aer*) ~ *flying* radionavigazione; ~ *frequency* radiofrequenza; (*Astr*) ~ *galaxy* radiogalassia; (*Aer, Mar*) ~ *guidance* radioguida; ~ *interference* radiodisturbo; ~ *interview* intervista radiofonica; (*Rad,Tel*) ~ *link* radiocollegamento, ponte radio; ~ *localization* radiolocalizzazione; ~ *navigation* radionavigazione; ~ *news bulletin* radiogiornale; ~ *noise* radiodisturbo; ~ *operator* radiofonista, radiotelegrafista; ~ *play* radiocommedia, commedia radiofonica; ~ *programme* (o *Am* ~ *program*) programma radiofonico; ~ *protection* radioprotezione; ~ *receiver* radioricevitore; ~ *set* radio, radioricevitore; ~ *signal* radiosegnale; (*Rad,Mil*) ~ *silence* silenzio radio; ~ *source* radiosorgente; ~ *spectrum* radiospettro; ~ *station*: **1** (*channel*) stazione radiofonica; **2** (*installation*) emittente radiofonica; ~ *taxi* radiotaxi; (*Astr*) ~ *telescope* radiotelescopio; ~ *teletype* radiotelescrivente; (*Chim*) ~ *tracer* tracciante radioattivo; ~ *transmitter* radiotrasmettitore; (*Fis*) ~ *wave* radioonda, onda hertziana, onda radio.

radioactivate /ˌreɪdɪoʊ'æktɪveɪt/ *v.t.* (*Fis*) radioattivare.

radioactive /ˌreɪdɪoʊ'æktɪv/ *a.* radioattivo. □ (*Chim*) ~ *carbon* carbonio radioattivo; (*Nucl*) ~ *contamination* contaminazione radioattiva; ~ *dating* datazione con il carbonio radioattivo; (*Nucl*) ~ *decay* decadimento radioattivo; ~ *dust* polvere radioattiva; (*Chim*) ~ *element* radioelemento, elemento radioattivo; ~ *fallout* pioggia radioattiva; (*Nucl*) ~ *nuclide* radionuclide; ~ *pollution* contaminazione radioattiva; (*Nucl*) ~ *series* famiglia radioattiva; (*Nucl*) ~ *tracer* tracciante radioattivo; ~ *waste* scorie radioattive.

radioactively /ˌreɪdɪoʊ'æktɪvlɪ/ *avv.* radioattivamente.

radioactivity /ˌreɪdɪoʊæk'tɪvətɪ Am ˌreɪdɪoʊæk'tɪvətɪ/ *n.* (*Fis*) radioattività *f.*

radiobiologic /ˌreɪdɪoʊˌbaɪə'lɒdʒɪk Am ˌreɪdɪoʊˌbaɪə'lɑːdʒɪk/ *a.* radiobiologico.

radiobiological /ˌreɪdɪoʊˌbaɪə'lɒdʒɪkəl Am ˌreɪdɪoʊˌbaɪə'lɑːdʒɪkəl/ *a.* radiobiologico.

radiobiologist /ˌreɪdɪoʊbaɪ'ɒlədʒɪst Am ˌreɪdɪoʊbaɪ'ɑːlədʒɪst/ *n.* radiobiologo *m.* (*f.* -a).

radiobiology /ˌreɪdɪoʊbaɪ'ɒlədʒɪ Am ˌreɪdɪoʊbaɪ'ɑːlədʒɪ/ *n.* radiobiologia *f.*

radiobroadcast[2] /'reɪdɪoʊˌbrɔːdkɑːst/ *v.irr.* **I** *v.t.* radiodiffondere, radiotrasmettere. **II** *v.i.* radiodiffondere programmi, radiodiffondere trasmissioni.

radio-broadcast, radiobroadcast[1] /'reɪdɪoʊˌbrɔːdkɑːst/ *n.* radiodiffusione *f.*, radiotrasmissione *f.*

radiocarbon /ˌreɪdɪoʊ'kɑːbən Am ˌreɪdɪoʊ'kɑːrbən/ *n.* radiocarbonio *m.* □ ~ *dating* datazione con carbonio 14.

radiochemistry /reɪdɪoʊ'kemɪstrɪ/ *n.* radiochimica *f.*

radio-controlled /ˌreɪdɪoʊkən'troʊld/ *v.t.* radioguidato, radiocomandato.

radioelement /'reɪdɪoʊˌelɪmənt/ *n.* (*Chim*) radioelemento *m.*, elemento *m.* radioattivo.

radiofluorine /ˌreɪdɪoʊ'fluərɪn Am ˌreɪdɪoʊ'fluərɪn/ *n.* (*Chim*) fluoro *m.* radioattivo.

radiogenic /ˌreɪdɪoʊ'dʒenɪk/ *a.* radiogenico.

radiogoniometer /ˌreɪdɪoʊˌɡoʊnɪ'ɒmɪtər Am ˌreɪdɪoʊˌɡoʊnɪ'ɑːmətər/ *n.* (*Aer,Mar*) radiogoniometro *m.*

radiogoniometric /ˌreɪdɪoʊˌɡoʊnɪə'metrɪk/ *a.* radiogoniometrico.

radiogoniometry /ˌreɪdɪoʊˌɡoʊnɪ'ɒmɪtrɪ Am ˌreɪdɪoʊˌɡoʊnɪ'ɑːmɪtrɪ/ *n.* radiogoniometria *f.*

radiogram /'reɪdɪoʊɡræm Am 'reɪdɪoʊɡræm/

n. **1** (*radiotelegram*) radiotelegramma *m.*, radiogramma *m.* **2** (*radiograph*) radiografia *f.* **3** (*Br*) (*radiogramophone*) radiogrammofono *m.*

radiogramophone /ˌreɪdɪoʊ'ɡræməfoʊn Am ˌreɪdɪoʊ'ɡræməfoʊn/ *n.* radiogrammofono *m.*

radiograph /'reɪdɪoʊɡrɑːf Am 'reɪdɪoʊɡræf/ **I** *n.* radiografia *f.* **II** *v.t.* radiografare.

radiographer /ˌreɪdɪ'ɒɡrəfər Am ˌreɪdɪ'ɑːɡrəfər/ *n.* radiologo *m.* (*f.* -a).

radiographic /ˌreɪdɪoʊ'ɡræfɪk/ *a.* radiografico.

radiography /ˌreɪdɪ'ɒɡrəfɪ Am ˌreɪdɪ'ɑːɡrəfɪ/ *n.* radiografia *f.*

radioimmunoassay /ˌreɪdɪoʊˌɪmjənoʊə'seɪ/ *n.* (*Med*) dosaggio *m.* radioimmunologico.

radioiodine /ˌreɪdɪoʊ'aɪədiːn/ *n.* (*Fis*) radioiodio *m.*, iodio *m.* radioattivo.

radioisotope /ˌreɪdɪoʊ'aɪsətoʊp/ *n.* (*Fis*) radioisotopo *m.*, isotopo *m.* radioattivo.

radiolaria /ˌreɪdɪoʊ'leərɪə/ *n.pl.* (*Zool*) Radiolari *m.pl.*

radiolocate /ˌreɪdɪoʊloʊ'keɪt Am ˌreɪdɪoʊloʊ'keɪt/ *v.t.* radiolocalizzare.

radiolocation /ˌreɪdɪoʊloʊ'keɪʃən Am ˌreɪdɪoʊloʊ'keɪʃən/ *n.* radiolocalizzazione *f.*

radiologic /ˌreɪdɪə'lɒdʒɪk Am ˌreɪdɪə'lɑːdʒɪk/ *a.* radiologico.

radiological /ˌreɪdɪə'lɒdʒɪkəl Am ˌreɪdɪə'lɑːdʒɪkəl/ *a.* radiologico.

radiologist /ˌreɪdɪ'ɒlədʒɪst Am ˌreɪdɪ'ɑːlədʒɪst/ *n.* radiologo *m.* (*f.* -a).

radiology /ˌreɪdɪ'ɒlədʒɪ Am ˌreɪdɪ'ɑːlədʒɪ/ *n.* radiologia *f.*

radiolucent /ˌreɪdɪoʊ'luːsənt Am ˌreɪdɪoʊ'luːsənt/ *a.* (*Fis*) radiotrasparente.

radiolysis /ˌreɪdɪ'ɒləsɪs Am ˌreɪdɪ'ɑːləsɪs/ *n.* radiolisi *f.*

radiometer /ˌreɪdɪ'ɒmɪtər Am ˌreɪdɪ'ɑːmətər/ *n.* (*Fis*) radiometro *m.*

radiometric /ˌreɪdɪoʊ'metrɪk/ *a.* (*Fis*) radiometrico. □ ~ *dating* datazione radiometrica.

radiometry /ˌreɪdɪ'ɒmɪtrɪ Am ˌreɪdɪ'ɑːmɪtrɪ/ *n.* (*Fis*) radiometria *f.*

radiomimetic /ˌreɪdɪoʊmɪ'metɪk Am ˌreɪdɪoʊmɪ'metɪk/ *a.* (*Biol*) radiomimetico.

radionuclide /ˌreɪdɪoʊ'njuːklaɪd Am also ˌreɪdɪoʊ'nuːklaɪd/ *n.* (*Nucl*) radionuclide *m.*

radiopaque /ˌreɪdɪoʊ'peɪk/ *a.* (*Fis*) radioopaco.

radiopharmaceutical /ˌreɪdɪoʊˌfɑːmə'sjuːtɪkl Am ˌreɪdɪoʊˌfɑːrmə'sjuːtɪkl/ **I** *n.* (*Med*) radiofarmaco *m.* **II** *a.* (*Med*) radiofarmaceutico.

radiophone /'reɪdɪoʊfoʊn/ *n.* **1** radiofono *m.* **2** radiotelefono *m.*

radiophonic /ˌreɪdɪoʊ'fɒnɪk Am ˌreɪdɪoʊ'fɑːnɪk/ *a.* radiofonico.

radiophotograph /ˌreɪdɪoʊ'foʊtəɡrɑːf Am ˌreɪdɪoʊ'foʊtəɡræf/ *n.* radiofotogramma *m.*, radiotelefotogramma *m.*

radiophotographic /ˌreɪdɪoʊˌfoʊtə'ɡrɑːfɪk Am ˌreɪdɪoʊˌfoʊtə'ɡræfɪk/ *a.* radiofotografico, radiotelefotografico.

radiophotography /ˌreɪdɪoʊfə'tɒɡrəfɪ Am ˌreɪdɪoʊfə'tɑːɡrəfɪ/ *n.* radiofotografia *f.*, radiotelefotografia *f.*

radioscopic /ˌreɪdɪoʊ'skɒpɪk Am ˌreɪdɪoʊ'skɑːpɪk/ *a.* (*Med*) radioscopico.

radioscopical /ˌreɪdɪoʊ'skɒpɪkəl Am ˌreɪdɪoʊ'skɑːpɪkəl/ *a.* (*Med*) radioscopico.

radioscopy /ˌreɪdɪ'ɒskəpɪ/ *n.* radioscopia *f.*

radiosensitivity /ˌreɪdɪoʊˌsensɪ'tɪvətɪ Am ˌreɪdɪoʊˌsensə'tɪvətɪ/ *n.* radiosensibilità *f.*

radiosonde /'reɪdɪoʊsɒnd Am 'reɪdɪoʊsɑːnd/ *n.* (*Meteor*) radiosonda *f.*

radio-telegram /ˌreɪdiou'teləgræm/ *n.* radiotelegramma *m.*, radiogramma *m.*

radiotelegraph /ˌreɪdiou'teləgræf/ **I** *n.* radiotelegrafia *f.* **II** *v.t.* trasmettere per (mezzo della) radiotelegrafia.

radiotelegraphic /ˌreɪdioutelə'græfɪk/ *a.* radiotelegrafico.

radio-telegraphy /ˌreɪdioutɪ'legrəfi/ *n.* radiotelegrafia *f.*

radiotelephone /ˌreɪdiou'teləfoun/ *n.* radiotelefono *m.*

radiotherapeutic /ˌreɪdiouθerə'pju:tɪk *Am* ˌreɪdiouθerə'pju:ţɪk/ *a.* (*Med*) radioterapeutico, radioterapico.

radiotherapeutics /ˌreɪdiouˌθerə'pju:tɪks *Am* ˌreɪdiouˌθerə'pju:ţɪks/ *n.pl.* (*costr.sing.*) radioterapia *f.*

radiotherapeutist /ˌreɪdiouˌθerə'pju:tɪst/ *n.* radioterapista *m./f.*

radiotherapist /ˌreɪdiou'θerəpɪst/ *n.* radioterapista *m./f.*

radiotherapy /ˌreɪdiou'θerəpi/ *n.* radioterapia *f.*

radish /'rædɪʃ/ *n.* (*Bot,Alim*) ravanello *m.*, rapanello *m.*

radium /'reɪdiəm/ *n.* (*Chim*) radio *m.* □ (*Med*) ~*therapy* radiumterapia, radioterapia.

radius /'reɪdiəs/ (*pl.* **radii** /'reɪdiaɪ/ o **-es** /-ɪz/) *n.* **1** raggio *m.*: *the* ~ *of a circle* il raggio di un cerchio. **2** (*circular area*) raggio *m.*, area *f.* (circolare). **3** (*estens*) (*limited range*) raggio *m.*, ambito *m.* **4** (*fig*) (*range of influence, operation, etc.*) raggio *m.* d'azione, sfera *f.* d'influenza. **5** (*Anat*) radio *m.* □ ~ *of action* raggio d'azione; (*Geom*) ~*of curvature* raggio di curvatura; (*Astron*) ~*vector* raggio vettore.

radix /'reɪdɪks/ (*pl.* **radices** /'reɪdɪsi:z *Am* 'rædəsi:z/, **-ixes** /-ɪksɪz/) *n.* **1** (*Mat*) numero *m.* base, radice *f.* **2** (*Anat,Bot,Ling*) radice *f.*

radome /'reɪdəm/ *n.* radome *m.*

radon /'reɪdɒn *Am* 'reɪdɑ:n/ *n.* (*Chim,Nucl*) rado *m.*, radon *m.*

RAF, R.A.F. /ˌɑːreɪ'ef, ræf ˌɑːreɪ'ef/ (*Mil*) *Royal Air Force* RAF (regia aviazione militare inglese).

raffia /'ræfiə/ *n.* (*Bot*) rafia *f.* □ (*Bot*) ~*palm* palma da rafia.

raffish /'ræfɪʃ/ *a.* **1** sbarazzino, birichino. **2** (*tawdry*) vistoso, volgare. **3** (*debauched*) dissipato, dissoluto. **4** (*of a figure, look*) trasandato, sciatto. **5** (*of a place*) malfamato.

raffishness /'ræfɪʃnəs/ *n.* **1** l'essere sbarazzino, l'essere birichino, disinvoltura *f.* **2** (*tawdriness*) vistosità *f.*, volgarità *f.*

raffle[1] /'ræfl/ **I** *n.* lotteria *f.*, riffa *f.*: *in a* ~ *a una lotteria.* **II** *v.t.* mettere in palio. **III** *v.i.* partecipare a una lotteria, concorrere a una lotteria. □ *to* ~*off* mettere in palio.

raffle[2] /'ræfl/ *n.* **1** (*riff-raff*) plebaglia *f.*, marmaglia *f.*, gentaglia *f.* **2** (*Br,dial*) (*refuse*) rifiuti *m.pl.*, immondizie *f.pl.*

raft /rɑːft *Am* ræft/ **I** *n.* **1** zattera *f.* **2** (*rubber vessel*) gommone *m.*, battello *m.* di gomma. **3** (*Am,colloq*) grande quantità *f.*, mucchio *m.*, valanga *f.* **II** *v.t.* **1** trasportare su una zattera, trasportare con una zattera. **2** (*of logs: to transport in the form of a raft*) fare fluitare, flottare. **3** (*to make into a raft*) riunire in una zattera, fare una zattera con. **4** (*to travel, to cross by raft*) percorrere con una zattera, attraversare con una zattera. **III** *v.i.* navigare su una zattera.

rafter /'rɑːftər *Am* 'ræftər/ *n.* (*Edil*) paradosso *m.*, trave *f.*, travicello *m.* **II** *v.t.* (*Edil*) mettere i paradossi a, provvedere di travicelli.

rafting /'rɑːftɪŋ *Am* 'ræftɪŋ/ *n.* (*Sport*) rafting *m.*, discesa *f.* fluviale su gommoni.

raftsman /'rɑːftsmən/ *n.irr.* zatteriere *m.* (*f.* -a).

rag[1] /ræg/ *n.* **1** straccio *m.*, cencio *m.* **2** (*colloq*) (*low-quality newspaper*) giornaletto *m.*: *the university* ~ il giornaletto dell'università. **3** (*colloq*) (*newspaper held in contempt*) giornalaccio *m.* **4** (*fig*) (*sail*) vela *f.* **5** (*Inform*) bandiera *f.* **6** *pl.* (*ragged, poor clothes*) abiti *m.pl.* miseri, abiti *m.pl.* logori, cenci *m.pl.* (*colloq*) stracci *m.pl.*: *to be dressed in* -*s* essere vestito di stracci. **7** *pl.* (*sl*) (*clothes*) abiti *m.pl.*, indumenti *m.pl.*, (*colloq*) stracci *m.pl.* □ ~*baby* bambola di pezza; (*Mecc*) ~ *bolt* bullone di fondazione; ~*doll* bambola di pezza; (*Am*) ~ *fair* mercato di abiti usati; (*colloq*) *to feel like a* ~ sentirsi uno straccio; (*Am,sl,volg*) *on the* ~: 1 che ha le mestruazioni, con le mestruazioni; 2 (*moody*) di cattivo umore, con la luna di traverso; (*Cart*) ~*paper* carta di stracci; ~ *rug* tappeto rustico, pezzotto; *to tear sth. to* -*s* ridurre qcs. in brandelli; (*Am*) *cooked to* -*s* cotto e stracotto, ridotto in poltiglia; *from* -*sto riches* dalle stalle alle stelle, dalla miseria alla ricchezza; (*sl*) ~ *trade* (*garment industry*) industria dell'abbigliamento.

rag[2] /ræg/ *n.* **1** (*Geol*) roccia *f.* friabile. **2** (*Edil*) tegola *f.* di ardesia.

rag[3] /ræg/ *n.* **1** (*students' procession*) manifestazione *f.* studentesca, corteo *m.* chiassoso di studenti. **2** (*rowdy horseplay*) chiasso *m.*, baccano *m.*, (*colloq*) cagnara *f.* **3** (*rowdy practical joke*) scherzo *m.* grossolano, scherzo *m.* di cattivo gusto.

rag[4] /ræg/ (*past, p.p.* **ragged** /-d/) **I** *v.t.* **1** (*to play practical jokes on*) prendere in giro, canzonare. **2** (*to tease roughly*) beffare, deridere, dileggiare, schernire. **3** (*Am,sl*) criticare o lamentarsi continuamente. **II** *v.i.* (*to engage in horseplay*) fare chiasso, fare baccano, (*colloq*) fare cagnara.

ragamuffin /'rægəˌmʌfɪn/ *n.* **1** straccione *m.* (*f.* -a), pezzente *m./f.* **2** (*ragged child*) monello *m.* cencioso. **3** (*Mus*) ragamuffin *m.*

rag-and-bone /ˌrægən(d)'boun/ □ (*Br*) ~*man* (o ~ *merchant*) straccivendolo, rigattiere.

rag-bag /'rægbæg/ *n.* **1** (*bag of rags*) sacco *m.* per gli avanzi, sacco *m.* per i ritagli. **2** (*colloq*) (*miscellany*) guazzabuglio *m.*, confusione *f.*

rage /reɪdʒ/ **I** *n.* **1** collera *f.*, ira *f.*, furore *m.*, rabbia *f.* **2** (*force, fury*) furia *f.*, furore *m.*, violenza *f.*, impeto *m.*: *the* ~ *of the wind* la furia del vento. **3** (*force of feeling, passion*) passione *f.*, ardore *m.* **4** (*colloq*) (*sth. very fashionable, craze*) mania *f.*, moda *f.*: *it's the* ~ è la follia del momento, è la moda del momento. **II** *v.i.* **1** incollerirsi, adirarsi, infuriarsi, essere furibondo, essere furioso. **2** (*to speak angrily*) infuriarsi, arrabbiarsi, adirarsi, prendersela (*at, against* con), inveire (contro). **3** (*of the elements*) infuriare, imperversare, infierire, scatenarsi (*across, through* in, per tutto il; *over, about* su). **4** (*to rampage*) infuriare, imperversare. **5** (*to proceed violently*) infuriare, accanirsi: *the battle* -*d all day* la battaglia infuriò tutto il giorno. **6** (*Aus*) fare festa, fare baldoria. □ (*colloq*) *to be all the* ~ essere di gran moda, andare per la maggiore, fare furore, furoreggiare; (*colloq*) *to be in a* ~ essere infuriato.

ragged /'rægɪd/ *a.* **1** stracciato, logoro, lacero, sbrindellato, a brandelli: ~ *clothing* abiti stracciati. **2** (*wearing ragged clothing*) cencioso, stracciato, lacero. **3** (*jagged, frayed*) frastagliato, sfilacciato, seghettato, dentellato: *a* ~ *edge* un orlo frastagliato. **4** (*shaggy*) irsuto, ispido, irto: ~ *hair* capelli ispidi. **5** (*rough, unpolished*) rozzo, grezzo, grossolano: ~ *style* uno stile rozzo. **6** (*faulty, imperfect*) imperfetto, difettoso, irregolare: ~ *rhymes* rime imperfette. **7** (*colloq*) (*exhausted*) sfinito, esausto. □ *on the* ~ *edge*: 1 sull'orlo dell'abisso; 2 (*fig*) nervoso, agitato; *on the* ~ *edge of despair* sull'orlo della disperazione, al limite della disperazione; *a* ~ *wound* una ferita lacera.

raggedly /'rægɪdli/ *avv.* (*colloq*) **1** a brandelli. **2** (*roughly*) rozzamente, grossolanamente. **3** (*irregularly*) in modo imperfetto, in modo difettoso.

raggedness /'rægɪdnəs/ *n.* (*colloq*) **1** l'essere stracciato, l'essere cencioso, l'essere a brandelli. **2** (*roughness*) rozzezza *f.*, grossolanità *f.* **3** (*irregularity*) irregolarità *f.*, ineguaglianza *f.* **4** (*lack of evenness*) ispidezza *f.*

raggedy /'rægɪdi/ *a.* lacero, cencioso, consunto, logoro.

raggle-taggle /'rægl̩tægl̩, ˌrægl̩'tægl̩/ *a.* eterogeneo, che è un'accozzaglia.

raging /'reɪdʒɪŋ/ *a.* **1** rabbioso, infuriato, furente, furibondo. **2** (*furious, violent*) violento, furioso, scatenato: *a* ~ *hurricane* un violento uragano.

raglan /'ræglən/ **I** *a.* (*Abbigl*) a raglan: ~ *sleeve* manica a (o alla) raglan. **II** *n.* (*Abbigl*) cappotto *m.* (alla) raglan.

ragman /'rægmən/ *n.irr.* cenciaiolo *m.*, straccivendolo *m.*

ragout /ræ'gu:/ *Am* ræ'gu:/ *n.* (*Gastron*) ragù *m.*

ragstone /'rægstoun/ *n.* (*Geol*) roccia *f.* friabile, di cattivo gusto.

ragtag /'rægtæg/ *a.* disordinato, sciatto, disorganizzato, poco rispettabile, indecoroso. □ (*Br,dial,spreg*) ~ *and bobtail* plebaglia, gentaglia, marmaglia.

ragtime /'rægtaɪm/ *n.* (*Mus*) ragtime *m.*

ragtop /'rægtɒp *Am* 'rægtɑ:p/ *n.* (*Am,Aut,colloq*) cabriolet *m.*, macchina *f.* decappottabile.

ragweed /'rægwi:d/ *n.* (*Bot*) **1** (*ragwort*) senecio *m.*, senecione *m.*, erba *f.* di San Giacomo. **2** (*in North America*) ambrosia *f.*

ragwort /'rægwɜːt *Am* 'rægwɜːrt/ *n.* (*Bot*) senecio *m.*, senecione *m.*, erba *f.* di San Giacomo.

rah /rɑː/ *intz.* (*Am,colloq*) urrà! □ (*Am,Abbigl*) ~*skirt* gonna da ragazza pompon.

raid /reɪd/ **I** *n.* **1** (*Mil*) incursione *f.*, scorreria *f.*, scorribanda *f.* (*on* su): *a* ~ *into enemy territory* un'incursione in territorio nemico; *border* -*s* scorrerie di frontiera. **2** (*Aer.mil*) incursione *f.*, raid *m.* **3** (*estens*) incursione *f.*, assalto *m.* **4** (*of police*) irruzione *f.* **5** (*of criminals*) colpo *m.*, incursione *f.*, assalto *m.*: *a bank* ~ un colpo in banca. **6** (*Econ*) (*illegal attempt to lower stock price*) aggiotaggio *m.* **7** (*Econ*) (*illegal attempt to buy control*) scalata *f.* (*on* a). **II** *v.t.* **1** (*Mil*) assalire, attaccare, fare un'incursione in. **2** (*estens*) saccheggiare: *to* ~ *the larder* saccheggiare la dispensa. **3** (*of police*) fare irruzione in: *to* ~ *a gambling house* fare irruzione in una bisca. **4** (*of criminals*) assaltare, rapinare, saccheggiare: *to* ~ *a bank* assaltare una banca. **III** *v.i.* fare un'incursione, fare un'irruzione, fare un colpo.

raider /'reɪdər/ *n.* **1** chi fa un'incursione, razziatore *m.* (*f.* -trice), predone *m.* (*f.* -a). **2** (*Mar*) nave *f.* corsara. **3** (*Econ,sl*) scalatore *m.* (di società), finanziere *m.* d'assalto.

rail[1] /reɪl/ **I** *n.* **1** sbarra *f.*, traversa *f.*, barra *f.* **2** (*of a staircase*) ringhiera *f.*, corrimano *m.*, mancorrente *m.* **3** (*curtain rail*) bastone *m.* per tende, bacchetta *f.* da tende. **4** (*for hanging clothes*) stendibiancheria *m.* **5** (*towel rack*) portasciugamani *m.* **6** (*fence*) steccato *m.*, stecconata *f.*, palizzata *f.* **7** (*railing*) parapetto *m.*, ringhiera *f.*, balaustra *f.* **8** (*Ferr*) rotaia *f.*, binario *m.* **9** (*Ferr*) (*railway*) ferrovia *f.*: *to travel by* ~ viaggiare per ferrovia. **10** (*Mar*) (*around the deck of a ship*) battagliola *f.*; (*of a bulwark*) capo *m.* di banda. **11** *pl.* (*Sport*) (*in horseracing*) steccato *m.sing.*, stecconato *m.sing.*, stecconata *f.sing.* **II** *v.t.* **1** (*to provide with rails, fence*) cingere con uno steccato, recintare, recingere. **2** (*Ferr*) spedire per ferrovia. □ ~ *depot* (*Ferr*) stazione *f.* terminale, stazione *f.* di testa, terminale ferroviario; ~ *head*: **1** (*Ferr*) stazione *f.* terminale, stazione *f.* di testa, terminale ferroviario; **2** (*Mil*) testa *f.* di scarico ferroviario; *to* ~ *in* (*to provide with rails, to fence*) cingere con uno steccato, recintare, recingere; (*Ferr*) ~ *link* collegamento ferroviario; *to* ~ *off* (*to provide with rails, to fence*) cingere con uno steccato, recintare, recingere; (*Ferr*) *off the -s* deragliato; (*fig*) *to go off the -s* uscire dai binari, uscire dalla carreggiata; (*Ferr*) ~ *strike* sciopero *m.* delle ferrovie.

rail² /reɪl/ *v.i.* imprecare, inveire (*at, against* contro), insolentire, insultare (qcu.): *to* ~ *against fate* inveire contro il destino.

rail³ /reɪl/ (*pl.inv.* o *-s* /-z/; *il pl. inv. si usa general. con valore collett.*) *n.* (*Ornit*) rallide *m.*

railcar /ˈreɪlkɑː Am ˈreɪlkɑːr/ *n.* (*Ferr*) **1** (*Br*) automotrice *f.* **2** (*Am*) vagone *m.* ferroviario.

railcard /ˈreɪlkɑːd Am ˈreɪlkɑːrd/ *n.* (*Br,Ferr*) tessera *f.* di abbonamento (per studenti e pensionati) che dà diritto a tariffe agevolate.

railer /ˈreɪlər/ *n.* chi insulta, chi inveisce.

railhead /ˈreɪlhed/ *n.* **1** (*Ferr*) stazione *f.* capolinea. **2** (*Mil,Ferr*) punto *m.* di distribuzione di merce.

railing¹ /ˈreɪlɪŋ/ *n.* **1** (*structure*) cancellata *f.*, inferriata *f.* **2** (*balustrade*) parapetto *m.*, ringhiera *f.* **3** (*on a wall*) corrimano *m.*

railing² /ˈreɪlɪŋ/ **I** *n.* imprecazione *f.*, improperio *m.*, insulto *m.*, ingiuria *f.* **II** *a.* **1** che inveisce, che imprecà. **2** (*abusive*) ingiurioso, offensivo.

raillery /ˈreɪləri/ *n.* **1** ironia *f.* bonaria, presa *f.* in giro, canzonatura *f.* **2** (*joke*) scherzo *m.*, celia *f.*, burla *f.*

railman /ˈreɪlmən/ *n.irr.* ferroviere *m.*

railroad /ˈreɪlroʊd/ **I** *n.* (*Am,Ferr*) **1** (*track*) binario *m.* (ferroviaria), rotaie *f.pl.* **2** (*system*) ferrovia *f.*, strada *f.* ferrata. **II** *a.* (*Am,Ferr*) per ferrovia, ferroviario. **III** *v.t.* (*Am*) **1** trasportare per ferrovia. **2** (*to supply with a railway*) fornire di rete ferroviaria, costruire una ferrovia in. **3** (*colloq*) (*to convict with false evidence*) mandare qcu. in prigione con false prove. **4** (*Parl,colloq*) fare approvare un provvedimento con procedura d'urgenza: *to* ~ *the bill through* (*Parliament*), far passare una legge in tutta fretta. □ (*Ferr*) ~ *car*: **1** (*for goods*) vagone; **2** (*for people*) vagone, vettura, carrozza; (*Ferr*) ~ *crossing* passaggio a livello; (*Mar*) ~ *ferry* nave traghetto; (*Ferr*) ~ *station* stazione ferroviaria; (*Ferr*) ~ *tie* traversina.

railroader /ˈreɪlroʊdər/ *n.* (*Am*) ferroviere *m.*

railway /ˈreɪlweɪ/ **I** *n.* (*Br,Ferr*) **1** (*track*) binario *m.* (ferroviaria), rotaie *f.pl.* **2** (*system*) ferrovia *f.*, strada *f.* ferrata: *to travel by* ~ viaggiare per ferrovia; (*Br*) *railways* le ferrovie. **II** *a.* (*Br,Ferr*) per ferrovia, ferroviario: *a* ~ *journey* un viaggio per ferrovia. □ (*Ferr*) ~ *bridge* ponte ferroviario; (*Ferr*) ~ *carriage* vagone ferroviario, carrozza ferroviaria; (*Ferr*) ~ *company* società ferroviaria; (*Ferr*) ~ *engine* locomotiva; (*Ferr*) ~ *guide* orario ferroviario; (*Ferr*) ~ *junction* nodo ferroviario, raccordo ferroviario; (*Ferr*) ~ *line* linea ferroviaria; (*Ferr*) ~ *network* rete ferroviaria; (*Ferr*) ~ *sleeper* traversina (di binario ferro-

viario); (*Ferr*) ~ *sleeping car* vagone letto; (*Ferr*) ~ *station* stazione ferroviaria; (*Ferr*) ~ *switch* scambio ferroviario; (*Ferr*) ~ *timetable* orario ferroviario; (*Ferr*) ~ *wagon* vagone ferroviario, carro merci.

railwayman /ˈreɪlweɪmən/ *n.irr.* (*Ferr*) ferroviere *m.*

raiment /ˈreɪmənt/ *n.* (*rar,poet*) abbigliamento *m.*, vestiario *m.*

rain¹ /reɪn/ *n.* **1** pioggia *f.* (*anche fig*): *heavy* ~ forte pioggia; *a month of* ~ un mese di pioggia. **2** (*fall of rain*) pioggia *f.*, acquazzone *m.* **3** *pl.* (*rainy season*) stagione *f.sing.* delle piogge, stagione *f.sing.* piovosa. □ (*Meteor*) ~ *chart* carta pluviometrica; ~ *check*: **1** buono *m.* per assistere (in futuro) a una manifestazione interrotta a causa della pioggia; **2** (*at a supermarket*) buono *m.* per l'acquisto (futuro) di un articolo temporaneamente esaurito; (*colloq*) *I'll take a* ~ *check on that* sarà per un'altra volta; (*Meteor*) ~ *cloud* nembo, nube piovosa; (*Sport*) ~ *date* data di un incontro (sospeso per la pioggia); ~ *forest* foresta pluviale, foresta tropicale; *to go out in the* ~ uscire sotto la pioggia; *it looks like* ~ sembra che voglia piovere; ~ *or shine*: **1** col sole o con la pioggia, (che) piova o faccia bello; **2** (*fig*) nella buona e nella cattiva sorte; (*Meteor*) ~ *shadow* zona riparata dalle precipitazioni.

rain² /reɪn/ **I** *v.i.* **1** (*costr.impers.*) (*to fall as rain*) piovere (*costr.impers.*): *it -ed all day* ha piovuto tutto il giorno; *it stopped -ing* ha smesso di piovere. **2** (*to send down rain*) fare piovere. **3** (*fig*) piovere, scendere, riversarsi. **II** *v.t.* **1** (*to send down*) fare scendere, far cadere. **2** (*to bestow profusely*) ricoprire di, colmare di, riversare: *to* ~ *gifts upon so.* ricoprire qcu. di doni. **3** (*to deal, to hurl, etc., repeatedly*) scaricare, vibrare, scagliare, assestare con forza: *he -ed blows on him* gli scaricò addosso un sacco di pugni. □ (*colloq*) *to* ~ *buckets* piovere a dirotto, piovere a catinelle, diluviare; *to* ~ *cats and dogs* piovere a dirotto, piovere a catinelle, diluviare; *to* ~ *down*: **1** (*fig*) piovere, scendere, riversarsi: *arrows -ed down on us* le frecce ci piovevano addosso; **2** (*to send down*) far scendere, far cadere; *it's -ing hard* piove a dirotto; (*Br,colloq*) *to* ~ *sth. off* rinviare qcs. per la pioggia; (*sl*) *to* ~ *on so.* portare iella a qcu.; *it has -ed itself out* è spiovuto, ha spiovuto, ha cessato di piovere; (*Am,colloq*) *to* ~ *sth. out* rinviare qcs. per la pioggia. *Prov.*: *when it rains it pours* piove sempre sul bagnato, le disgrazie non vengono mai sole.

rainbow /ˈreɪnboʊ/ *n.* **1** arcobaleno *m.*, iride *f.* **2** (*fig*) miraggio *m.*, chimera *f.*, illusione *f.*: *to chase the* ~ *of sudden wealth* inseguire il miraggio di una ricchezza improvvisa. □ (*fig*) *at the* ~*'s end* nel mondo dei sogni; (*Itt*) ~ *trout* trota arcobaleno.

raincoat /ˈreɪnkoʊt/ *n.* impermeabile *m.*

raindrop /ˈreɪndrɒp Am ˈreɪndrɑːp/ *n.* goccia *f.* di pioggia.

rainfall /ˈreɪnfɔːl/ *n.* **1** (*fall of rain*) pioggia *f.*, acquazzone *m.* **2** (*Meteor*) (*amount of rain that falls*) piovosità *f.*: *the annual* ~ *of a town* la piovosità annua di una città.

rainforest /ˈreɪnˌfɒrɪst Am ˈreɪnˌfɔːrɪst/ *n.* foresta *f.* pluviale, foresta *f.* tropicale.

rain-gauge /ˈreɪngeɪdʒ/ *n.* (*Meteor*) pluviometro *m.*

raininess /ˈreɪnɪnəs/ *n.* (*Meteor*) piovosità *f.*

rainmaker /ˈreɪnˌmeɪkər/ *n.* **1** mago *m.* della pioggia. **2** (*Am,sl*) (*achiever*) persona *f.* abilissima a procacciarsi clienti e trarre il massimo profitto dagli affari.

rainout /ˈreɪnaʊt/ *n.* (*Am*) (*cancellation*) can-

cellazione *f.* per pioggia.

rainproof /ˈreɪnpruːf/ **I** *a.* impermeabile. **II** *n.* impermeabile *m.* **III** *v.t.* impermeabilizzare.

rain-resistant /ˌreɪnrɪˈzɪstənt/ *a.* (*Tess*) antipioggia.

rainslicker /ˈreɪnslɪkər/ *n.* (*Am,Abbigl*) impermeabile *m.*

rainstorm /ˈreɪnstɔːm Am ˈreɪnstɔːrm/ *n.* (*Meteor*) temporale *m.* (con pioggia).

raintight /ˈreɪntaɪt/ *a.* impermeabile, antipioggia.

rainwash /ˈreɪnwɒʃ Am ˈreɪnwɑːʃ/ *n.* materiale *m.* trasportato dalla pioggia.

rainwater /ˈreɪnˌwɔːtər Am ˈreɪnˌwɑːtər/ *n.* acqua *f.* piovana, acqua *f.* pluviale.

rainy /ˈreɪni/ *a.* piovoso, della pioggia, che porta la pioggia: ~ *weather* tempo piovoso; *the* ~ *season* la stagione delle piogge. □ ~ *day* tempi difficili, momento del bisogno; *to save money for a* ~ *day* risparmiare denaro per i tempi difficili; *to save sth. for a* ~ *day* (o *to keep sth. for a* ~ *day*) tenere qcs. da parte per quando servirà.

raise /reɪz/ **I** *v.t.* **1** alzare, sollevare, elevare, innalzare: *to* ~ *one's fist to hit so.* alzare il pugno per colpire qcu. **2** (*to set upright*) rialzare, sollevare da terra, tirare su, rizzare. **3** (*to increase*) alzare, aumentare, elevare: *to* ~ *prices* alzare i prezzi. **4** (*to increase the height of*) rialzare, alzare, elevare. **5** (*to erect, to build*) erigere, innalzare, edificare, costruire: *to* ~ *a monument to so.* erigere un monumento a qcu. **6** (*of the voice*) alzare, levare, innalzare. **7** (*to give vent to*) lanciare, levare, prorompere in, emettere: *to* ~ *a shout of victory* lanciare un grido di vittoria. **8** (*to rear*) tirare su, allevare, crescere: *to* ~ *u large family* tirare su una famiglia numerosa. **9** (*Zootecn*) allevare: *to* ~ *chickens* allevare polli. **10** (*Agr*) (*of crops, plants*) coltivare. **11** (*to stir up*) suscitare, sollevare, provocare, scatenare: *to* ~ *a storm of protest* suscitare un pandemonio di proteste. **12** (*to bring up, to pose*) sollevare, porre, far sorgere, presentare: *to* ~ *a question* sollevare una questione. **13** (*to restore to life*) risuscitare, far rivivere: *to* ~ *the dead* risuscitare i morti. **14** (*Occult*) (*of a spirit*) evocare. **15** (*to collect*) radunare, adunare, riunire: *to* ~ *an army* radunare un esercito. **16** (*of money*) procurare, raccogliere. **17** (*to promote in rank*) innalzare, elevare, promuovere. **18** (*Mat*) elevare, innalzare: *to* ~ *to the second power* elevare alla seconda potenza. **19** (*of a siege, ban, etc.*) togliere, levare. **20** (*in cards*) rilanciare; (*in bidding*) aumentare di uno la chiamata di. **21** (*Rad,Tel*) mettersi in contatto con, mettersi in comunicazione con. **II** *n.* **1** (*colloq*) aumento *m.*: *to ask for a* ~ chiedere un aumento. **2** (*in poker*) rilancio *m.*; (*in bridge*) dichiarazione *f.* superiore, salto *m.* di dichiarazione. □ (*Am, colloq*) *to* ~ *a stink about sth.* fare di qcs. un affare di stato; (*colloq*) *to* ~ *Cain*: **1** fare una sfuriata, (*colloq*) uscire dai gangheri; **2** (*to behave boisterously*) fare un gran chiasso, fare un baccano del diavolo; (*fig*) *to* ~ *doubts* sollevare dei sospetti, sollevare dei dubbi; (*fig*) *to* ~ *one's eyebrows* inarcare le sopracciglia, alzare le sopracciglia; *to* ~ *one's glass to so.* brindare alla salute di qcu.; *to* ~ *so.'s hackles* fare arrabbiare qcu.; *to* ~ *one's hand against* (o *to*) *so.* alzare le mani su qcu.; *to* ~ *one's hat* salutare togliendosi il cappello, scappellarsi; *to* ~ *havoc with sth.* mandare a monte qcs., rovinare qcs.; (*colloq*) *to* ~ *hell*: **1** (*to protest strongly*) fare il diavolo a quattro; **2** (*to celebrate wildly*) fare baldoria, divertirsi pazzamente; **3** (*to scold*) rimproverare aspramente; (*Am*) *to ~ hob* gettare il disordine (*with* in), scombussolare (*with sth.* qcs.); *to ~ so.'s hopes* suscitare le speranze di qcu.; (*Dir*) *to ~ objections* sollevare delle eccezioni; 2 (*to protest violently*) fare un putiferio, protestare violentemente, scatenare un pandemonio; (*Tecn*) *to ~ steam* aumentare la pressione, mettere sotto pressione; (*fig*) *to ~ suspicions* sollevare sospetti, sollevare dubbi; (*fig*) *to ~ the devil* : 1 (*to make a din*) fare un chiasso del diavolo; 2 (*to celebrate wildly*) fare baldoria, divertirsi pazzamente; 3 (*to protest strongly*) fare il diavolo a quattro; (*Am,colloq,fig*) *to ~ the roof* (*to make a loud noise*) fare un chiasso del diavolo, fare il diavolo a quattro, fare un gran casino; *to ~ so.* *to the nobility* rendere nobile qcu.; (*fig*) *to ~ to the purple* innalzare alla porpora; *to ~ one's voice* : 1 alzare la voce; 2 (*in anger*) fare la voce grossa, alzare la voce.

raised /reɪzd/ *a.* 1 (*in relief*) in rilievo, rilevato. 2 (*Alim,Gastron*) lievitato. □ (*Geol*) ~ *beach* spiaggia sopraelevata; (*Br*) *to be ~ to the bench* essere nominato giudice; ~ *work* (*in embroidery*) punto pieno imbottito.

raised-head /ˌreɪzdˌhed/ *a.* (*Tecn*) a testa tonda.

raiser /ˈreɪzər/ *n.* 1 (*Zootecn*) allevatore *m.* (*f.* -trice). 2 (*Am,Agr*) coltivatore *m.* (*f.* -trice).

raisin /ˈreɪzən/ *n.* uvetta *f.*, uva *f.* passa, uva *f.* secca.

raising /ˈreɪzɪŋ/ *n.* 1 sollevamento *m.*, alzata *f.*, levata *f.*, elevamento *m.* 2 (*of taxes*) riscossione *f.* 3 (*of children*) l'allevare, il tirare su. 4 (*Zootecn*) allevamento *m.* 5 (*Agr*) coltivazione *f.* 6 (*Tess*) garzatura *f.* □ (*Gastron*) ~ *agent* agente lievitante.

raja, rajah /ˈrɑːdʒə/ *n.* ragià *m.*, rajah *m.*

rake[1] /reɪk/ I *n.* 1 (*Agr*) rastrello *m.* 2 (*of a croupier*) rastrello *m.* II *v.t.* 1 rastrellare, raccogliere con un rastrello: *to ~ leaves from a lawn* rastrellare le foglie da un prato; *to ~ a lawn* rastrellare un prato. 2 (*to make smooth, etc., with a rake*) appianare con un rastrello, spianare con un rastrello. 3 (*fig*) (*to sweep the eyes over*) scorrere con lo sguardo, spaziare su. 4 (*colloq*) (*to search thoroughly*) cercare attentamente, perquisire attentamente, frugare, rovistare, setacciare. 5 (*Mil*) (*to fire at from end to end*) infilare, colpire d'infilata. III *v.i.* 1 usare un rastrello. 2 (*fig*) (*to search*) frugare, rovistare: *he -d among his papers* frugò fra le sue carte. □ *to ~ about* (o *to ~ around*) cercare attentamente; (*colloq*) *to ~ in* (*of money*) fare soldi a palate, guadagnare soldi a palate: *he's raking it in* sta facendo soldi a palate, sta facendo un mucchio di soldi; *to ~ out* pulire (togliendo la cenere); *to ~ out a fire* spegnere un fuoco; *to ~ over* : 1 rastrellare; 2 (*fig*) (*memories*) rivangare; (*Br*) *to ~ over old ashes* rivangare vecchi ricordi; (*fig*) *to ~ so. over the coals* rimproverare aspramente qcu., criticare aspramente qcu.; (*fig*) *to ~ through* esaminare attentamente; *to ~ together* ammassare, ammucchiare; (*colloq*) *to ~ up* : 1 risumare, rivangare: *to ~ up an old scandal* riesumare un vecchio scandalo; 2 (*to gather with difficulty*) raccogliere con difficoltà.

rake[2] /reɪk/ *n.* (*ant*) (*libertine*) libertino *m.* (*f.* -a), dissoluto *m.* (*f.* -a).

rake[3] /reɪk/ I *n.* 1 (*inclination*) inclinazione *f.* 2 (*Mar*) slancio *m.*, inclinazione *f.*: ~ *of the stem* slancio del dritto di prua. 3 (*Mecc*) angolo *m.* di spoglia. 4 (*Arch*) pendenza *f.* 5 (*Aer*) inclinazione *f.*, pendenza *f.* II *v.i.* 1 inclinare, inclinarsi, pendere, piegare. 2 (*of a theatre stage, floor*) essere inclinato, essere a gradinata. 3 (*Mar*) avere slancio, avere inclinazio-

ne. III *v.t.* inclinare, dare l'inclinazione a: *to ~ a ship's mast* inclinare l'albero di una nave.

rake-off /ˈreɪkɒf *Am* ˈreɪkɑːf/ *n.* (*sl*) (*cut, percentage*) percentuale *f.*, quota *f.*, fetta *f.*, tangente *f.*, mazzetta *f.*

raking /ˈreɪkɪŋ/ *a.* inclinato, pendente.

rakish[1] /ˈreɪkɪʃ/ *a.* 1 (*dissolute, licentious*) dissoluto, licenzioso, libertino. 2 (*jaunty*) disinvolto, sbarazzino: *to wear one's hat at a ~ angle* portare il cappello sulle ventitré.

rakish[2] /ˈreɪkɪʃ/ *a.* 1 (*Mar*) (*of masts, funnels*) inclinato; (*of a ship: streamlined*) slanciato. 2 (*fig*) disinvolto, sciolto, spigliato. □ *to wear one's hat at a ~ angle* portare il cappello sulle ventitré, portare il cappello alla sbarazzina.

rakishness /ˈreɪkɪʃnəs/ *n.* 1 (*ant*) licenziosità *f.*, dissolutezza *f.*, sregolatezza *f.* 2 (*fig*) disinvoltura *f.*, scioltezza *f.*

rale /rɑːl/ *n.* (*Med*) rantolo *m.*

rally[1] /ˈræli/ I *v.t.* 1 radunare, adunare, chiamare a raccolta: *to ~ one's friends around one* radunare gli amici attorno a sé. 2 (*to regroup*) riunire, riorganizzare: *to ~ a scattered army* riunire un esercito sbandato. 3 (*fig*) raccogliere, concentrare: *to ~ one's strength* raccogliere le forze. 4 (*fig*) (*of a person*) rianimare, incoraggiare, confortare, sollevare. II *v.i.* 1 radunarsi, riunirsi, raccogliersi. 2 (*to unite in support*) raccogliersi, stringersi (*to, round* attorno a), schierarsi dalla parte (di): *to ~ round the leader* raccogliersi attorno al capo. 3 (*fig*) riprendersi, rianimarsi, riaversi: *the patient rallied* il paziente si riprese. 4 (*Econ*) (*of the market*) essere in ripresa; (*of shares*) essere in rialzo, essere in ripresa. 5 (*Sport*) fare uno scambio di colpi, palleggiare. III *n.* 1 (*Mil*) adunata *f.*, radunata *f.* 2 (*fig*) ripresa *f.* 3 (*mass meeting*) raduno *m.*, riunione *f.*, adunanza *f.*, radunata *f.*: *a boy scout* ~ un raduno di giovani esploratori. 4 (*Aut*) rally *m.*: *the Monte Carlo Rally* il rally di Montecarlo. 5 (*Sport*) palleggio *m.*, scambio *m.* di colpi. 6 (*Econ*) ripresa *f.* □ *to ~ to so.'s defence* schierarsi in difesa di qcu.; ~ *driving* rally; (*fig*) *to ~ round the flag* fare causa comune, raccogliersi intorno alla bandiera.

rally[2] /ˈræli/ (*rar*) I *v.t.* (*rar*) (*to ridicule, to banter*) canzonare, prendere in giro, burlarsi di. II *v.i.* (*rar*) canzonare, scherzare, motteggiare.

rallying /ˈrælɪŋ/ □ ~ *point* : 1 punto di raccolta; 2 (*fig*) punto di convergenza.

Ralph /rælf/ *n.pr.m.* Rodolfo.

ram[1] /ræm/ *n.* 1 (*Zool*) ariete *m.*, montone *m.* 2 (*Mar.mil*) (*on a warship*) sperone *m.*, rostro *m.*; (*warship*) ariete *m.* 3 (*Idr*) pistone *m.*; (*hydraulic ram*) ariete *m.* idraulico. 4 (*Tecn*) (*weight of a pile driver, drop hammer*) mazza *f.* battente, mazza *f.* meccanica. 5 (*Mecc*) (*reciprocating piece*) slittone *m.* 6 (*Mil,ant*) (*battering ram*) ariete *m.* □ ~ *raid* saccheggio di un negozio dopo averne sfondato la vetrine con un'auto.

ram[2] /ræm/ (*past, p.p.* **rammed** /-d/) I *v.t.* 1 ficcare, piantare, conficcare: *to ~ posts into the ground* ficcare pali nel terreno. 2 (*to press, to cram*) stipare, pigiare: *to ~ clothes into a suitcase* stipare vestiti in una valigia. 3 (*of earth*) costipare, rullare. 4 (*to strike violently*) urtare contro, cozzare contro, entrare in collisione con, scontrarsi con. 5 (*fig*) (*to force acceptance*) ficcare (bene) in testa, mettere bene in testa, inculcare: *parents should not try to ~ their own opinions into their children* i genitori non dovrebbero cercare di inculcare nelle teste dei figli le loro

opinioni. 6 (*Arm*) calcare, spingere: *to ~ a charge into a gun* calcare una carica in un fucile. 7 (*Mar.mil*) speronare. II *v.i.* cozzare, sbattere, urtare (*into* contro), entrare in collisione, scontrarsi (con). □ *to ~ down* ficcare (giù), piantare, conficcare; (*colloq*) *to ~ sth. down so.'s throat* far ingoiare qcs. a qcu., far accettare qcs. a qcu., imporre qcs. a qcu., costringere qcu. ad accettare qcs.; *to ~ one's hat down on one's head* ficcarsi il cappello in testa; *to ~ home* : 1 (*to push all the way*) premere fino in fondo; 2 (*colloq*) (*to compel recognition of*) ficcare (bene) in testa, mettere bene in testa.

Ram /ræm/ *n.pr.* (*Astr*) Ariete *m.* II *n.* (*sign of the zodiac*) ariete *m.*

RAM[1] /ræm/ (*Inform*) *Random Access Memory* RAM (memoria ad accesso casuale).

RAM[2] /ˌɑːreɪ'em/ *Royal Academy of Music* (regia accademia di musica).

Ramadan /ˌræməˈdɑːn/ *n.* (*Rel.islam*) ramadan *m.*

ramal /ˈreɪml/ *a.* di un ramo, relativo a un ramo.

ramble /ˈræmbl/ I *v.i.* 1 vagare, girovagare, vagabondare: *to ~ over the moors* vagare nelle brughiere. 2 (*fig*) (*to wander in speech, writing*) divagare, saltare di palo in frasca. 3 (*of a path, stream, etc.*) serpeggiare, procedere sinuosamente, procedere tortuosamente. 4 (*of plants*) crescere disordinatamente, arrampicarsi in modo disordinato, ramificarsi in modo disordinato. 5 (*to rave*) delirare, vaneggiare. II *v.t.* errare per, percorrere vagando, girovagare per, vagabondare per, vagabondare in. III *n.* passeggiata *f.*, camminata *f.*, giro *m.*: *to go for a ~* (andare a) fare una camminata. □ *to ~ on* (*to talk*) divagare (*about* su), saltare di palo in frasca.

rambler /ˈræmblər/ *n.* 1 chi girovaga senza meta, girandolone *m.* (*f.* -a). 2 (*Bot*) pianta *f.* rampicante.

rambling /ˈræmblɪŋ/ *a.* 1 vagante, girovago, errante, vagabondo. 2 (*fig*) (*of speech, writing, etc.*) sconnesso, incoerente. 3 (*fig*) (*wordy*) sbrodolato, prolisso. 4 (*of a building*) costruito in modo irregolare. 5 (*taking an irregular course*) sinuoso, tortuoso. 6 (*of plants*) che cresce disordinatamente.

Rambo /ˈræmboʊ/ *n.* (*colloq*) rambo *m.*, uomo *m.* che usa violenza per risolvere i problemi.

rambunctious /ræmˈbʌŋ(k)ʃəs/ *a.* (*Am, colloq*) chiassoso, rumoroso, casinista, turbolento, eccessivamente vivace.

rambunctiousness /ræmˈbʌŋ(k)ʃəsnəs/ *n.* (*Am,colloq*) rumorosità *f.*, turbolenza *f.*

RAMC /ˌɑːreɪem'siː/ (*Br,Mil*) *Royal Army Medical Corps* (regio servizio medico dell'esercito britannico).

ramie /ˈræmi/ *n.* 1 (*Bot*) ramia *f.* 2 (*Tess*) ramia *f.*, ramiè *m.*

ramification /ˌræmɪfɪˈkeɪʃən/ *n.* 1 ramificazione *f.* 2 (*fig*) ramificazione *f.*, diramazione *f.* 3 (*fig*) (*consequence*) conseguenza *f.*, risultato *m.*

ramify /ˈræmɪfaɪ/ I *v.t.* 1 far ramificare, estendere. 2 (*fig*) ripartire, suddividere, dividere. II *v.i.* ramificare, ramificarsi.

ramjet /ˈræmdʒet/ *n.* (*Aer*) autoreattore *m.*, statoreattore *m.* □ (*Aer*) ~ *engine* autoreattore, statoreattore.

rammer /ˈræmər/ *n.* 1 (*instrument for driving, forcing*) pillo *m.*, pestello *m.*; (*for driving piles*) battipalo *m.*, maglio *m.*, berta *f.* 2 (*Arm*) calcatoio *m.*, bacchetta *f.*; (*ramrod*) scovolo *m.*

rammish /ˈræmɪʃ/ *a.* 1 che somiglia a un montone. 2 (*dial*) (*rank in smell*) che puzza di rancido, che sa di rancido.

ramose /'ræmous/ *a.* ramoso, ramificato.

ramous /'reɪməs/ *a.* ramoso, ramificato.

ramp[1] /ræmp/ **I** *n.* **1** rampa *f.*: *he pushed the trolley up the* ~ spinse il carrello su per la rampa. **2** (*sloping stair rail*) rampa *f.*, rampante *m.* **3** (*Aer*) scaletta *f.*, scala *f.* di imbarco. **4** (*Aut,Tecn*) (*for raising vehicles*) (ponte) sollevatore *m.*: *hydraulic* ~ ponte sollevatore idraulico. **5** (*Aut*) svincolo *m.*, rampa *f.*: *exit* ~ rampa di uscita. **6** (*Br,Aut*) (*in roadworks*) dosso *m.*; (*to slow traffic*) dosso *m.* artificiale. **II** *v.i.* **1** (*Br,dial*) (*of plants*) arrampicarsi. **2** (*ant*) (*of an animal*) rampare. **3** (*to bound wildly*) scalpitare. **4** (*colloq*) (*to act violently, to storm*) agitarsi, infuriare, imperversare, tempestare. **III** *v.t.* fornire di una rampa. □ *to* ~ *about* (*to bound wildly*) scalpitare; *to* ~ *up* aumentare (di intensità): *manufacturing -s up to meet demand* la produzione aumenta per soddisfare le richieste.

ramp[2] /ræmp/ **I** *n.* (*sl*) (*swindle, hoax*) imbroglio *m.*, truffa *f.*, raggiro *m.* **II** *v.t.* (*sl*) (*to swindle*) imbrogliare, truffare, raggirare, (*pop*) fregare.

rampage[1] /'ræmpeɪdʒ/ *v.i.* **1** infuriare, imperversare, tempestare, scatenarsi (*through* in). **2** (*to rush, to move furiously*) aggirarsi infuriato.

rampage[2] /'ræmpeɪdʒ *Br also* ræm'peɪdʒ/ *n.* furia *f.*, furore *m.* □ *to be on a* ~ essere furioso, essere infuriato; *to go on a* ~ montare su tutte le furie, infuriarsi; *to be on the* ~ essere furioso, essere infuriato; *to go on the* ~ montare su tutte le furie, infuriarsi.

rampageous /ræm'peɪdʒəs/ *a.* **1** violento, furioso, furibondo. **2** (*unruly*) sfrenato.

rampageousness /ræm'peɪdʒəsnəs/ *n.* furia *f.*, l'essere violento, l'essere furioso.

rampancy /'ræmpənsɪ/ *n.* **1** violenza *f.*, furia *f.* **2** (*fig*) (*uncheckedness*) sfrenatezza *f.*, sbrigliatezza *f.*

rampant /'ræmpənt/ *a.* **1** furioso, selvaggio: *a* ~ *elephant* un elefante furioso. **2** (*fig*) (*unchecked*) sfrenato, incontrollato, sbrigliato. **3** (*fig*) (*widespread*) dilagante, diffuso, esteso: *rampant heresy* eresia dilagante. **4** (*of plants*) rigoglioso, lussureggiante. **5** (*of an animal*) rampante (*anche Arald*).

rampart /'ræmpɑːt *Am* 'ræmpɑːrt/ **I** *n.* **1** (*Mil*) terrapieno *m.*; (*embankment and parapet*) bastione *m.*, baluardo *m.* **2** (*fig*) (*defence, bulwark*) difesa *f.*, riparo *m.*, baluardo *m.* **II** *v.t.* fortificare con bastioni.

rampion /'ræmpɪən/ *n.* (*Bot*) raperonzolo *m.*

ram-raid /'ræmreɪd/ *v.t.* (*sl*) svaligiare un negozio dopo avere sfondato la vetrina con una macchina.

ram-raiding /'ræmreɪdɪŋ/ *n.* (*sl*) assalto *m.* (a edificio, barricata ecc.) con un veicolo lanciato ad alta velocità.

ramrod /'ræmrɒd *Am* 'ræmrɑːd/ **I** *n.* **1** (*Arm*) scovolo *m.* **2** (*Mil,ant*) calcatoio *m.* **3** (*fig*) (*stern person*) persona *f.* rigida, persona *f.* severa. **II** *a.* rigido, dritto (come un fuso), impalato: *he sat with a* ~ *back* sedeva con la schiena rigida.

ramshackle /'ræmˌʃækl/ *a.* cadente, vacillante, traballante.

ramson /'ræmsən/ *n.* (*Bot,Alim*) aglio *m.* orsino.

ramus /'reɪməs/ *n.* (*Anat,Zool*) ramo *m.*

ran[1] /ræn/ → **run**[1].

ran[2] /ræn/ *n.* (*twenty yards of twine*) rotolo *m.* di venti iarde di spago.

RAN (*Aus*) *Royal Australian Navy* (regia marina australiana).

rance /ræns/ *n.* varietà *f.* di marmo belga.

ranch /rɑːnʃ *Am* ræntʃ/ **I** *n.* fattoria *f.*, ranch *m.*, allevamento *m.*, tenuta *f.* **II** *v.i.* **1** gestire un ranch. **2** (*to work on a ranch*) lavorare in un ranch. □ (*Am,Gastron*) ~ *dressing* condimento per insalata a base di panna acida o latticello; ~ *house* (o ~ *style house*) edificio principale adibito ad abitazione in un ranch.

rancher /'rɑːnʃər *Am* 'ræntʃər/ *n.* **1** chi possiede un ranch, proprietario *m.* di una tenuta. **2** (*one who conducts a ranch*) chi gestisce una fattoria, fattore *m.* **3** (*breeder*) allevatore *m.* (*f.* -trice).

ranchero /ræn'tʃerou/ *n.* (*Am*) chi lavora in un ranch (*spec.* nel sudovest degli USA).

ranchman /'rɑːnʃmən *Am* 'ræntʃmən/ *n.* **1** chi possiede un ranch, proprietario *m.* di una tenuta. **2** (*one who conducts a ranch*) chi gestisce una fattoria, fattore *m.* **3** (*breeder*) allevatore *m.*

rancid /'rænsɪd/ *a.* rancido, stantio: ~ *butter* burro rancido.

rancidity /ræn'sɪdətɪ *Am* ræn'sɪdətɪ/ *n.* rancidità *f.*, rancidezza *f.*

rancidness /'rænsɪdnəs/ *n.* rancidità *f.*, rancidezza *f.*

rancor /'ræŋkər/ *n.* (*Am*) rancore *m.*, astio *m.*, livore *m.*, acrimonia *f.* (*against* verso).

rancorous /'ræŋkərəs/ *a.* pieno di rancore, pieno di livore, rancoroso, astioso (*towards* verso).

rancorously /'ræŋkərəslɪ/ *avv.* con rancore, astiosamente, con livore.

rancorousness /'ræŋkərəsnəs/ *n.* astiosità *f.*, acrimonia *f.*

rancour /'ræŋkər/ *n.* (*Br*) rancore *m.*, astio *m.*, livore *m.*, acrimonia *f.* (*against* verso).

rand[1] /rænd/ *n.* **1** (*border, edge*) orlo *m.*, margine *m.*, bordo *m.*, limite *m.* **2** (*Geog*) dorsale *f.* di un altopiano, soglia *f.* di un altopiano.

rand[2] /rænd/ **I** *n.* (*Calz*) soletta *f.* **II** *v.t.* **1** (*Calz*) solettare. **2** (*to cut into strips*) tagliare a strisce.

rand[3] /rænd/ *n.* (*S.Afr,Numism,Econ*) rand *m.*

randan[1] /'rændæn/ *n.* (*Mar*) imbarcazione *f.* a tre rematori e quattro remi.

randan[2] /'rændæn/ *n.* (*Scott,sl*) (*rowdy celebration, spree*) orgia *f.*, bagordo *m.*, gozzoviglia *f.*

R & B /ˌɑːrən(d)'biː *Am* ˌɑːrən(d)'biː/ (*Mus*) *rhythm and blues* R & B (rhythm and blues).

R & D /ˌɑːrən(d)'diː *Am* ˌɑːrən(d)'diː/ *research and development* R & S (ricerca e sviluppo).

random /'rændəm/ **I** *avv.* con tre cavalli in fila. **II** *n.* veicolo *m.* a tre cavalli in fila, tiro *m.* a tre cavalli in fila.

random /'rændəm/ **I** *a.* **1** a caso, fatto a caso: *a* ~ *selection* una scelta fatta a caso. **2** (*occurring by chance*) incidentale. **3** (*casual, fortuitous*) casuale, accidentale, fortuito, occasionale. **4** (*Statist*) casuale, aleatorio. **5** (*Inform*) casuale, random. **6** (*Edil*) irregolare. **II** *avv.* (*in compounds*) a caso, a casaccio. □ (*Inform*) ~ *access* accesso casuale; (*Inform*) ~ *access memory* memoria ad accesso casuale; *at* ~ a caso, a casaccio, alla cieca; (*Statist*) ~ *error* errore casuale; (*Inform*) ~ *file* archivio casuale; (*Mat*) ~ *number* numero casuale; (*Statist*) ~ *sample* campione casuale; (*Statist*) ~ *sampling* campionamento casuale, campionamento aleatorio; (*Inform*) ~ *variable* variabile casuale, variabile aleatoria; (*Mat*) ~ *walk* passeggiata aleatoria.

randomization /ˌrændəmɪ'zeɪʃən/ *n.* randomizzazione *f.*

randomize /'rændəmaɪz/ *v.t.* randomizzare.

R & R /ˌɑːrən'ɑːr *Am* ˌɑːrən(d)'ɑːr/ **1** (*colloq*) *rest and recreation* (riposo e ricreazione). **2** (*Med*) *rescue and resuscitation* (soccorso e rianimazione).

randy /'rændɪ/ *a.* **1** (*colloq*) lascivo, libidinoso. **2** (*Scott*) (*loudmouthed*) chiassoso, rumoroso; (*vulgar*) volgare.

ranee /'rɑːniː/ *n.* moglie *f.* del ragià.

rang /ræŋ/ → **ring**[2].

range /reɪndʒ/ **I** *n.* **1** portata *f.*, campo *m.*, raggio *m.* d'azione: *within shooting* ~ a portata di tiro. **2** (*distance, scale*) escursione *f.*, scala *f.*, gradazione *f.*, estensione *f.*, gamma *f.*: *price* ~ la scala dei prezzi. **3** (*choice*) gamma *f.*, serie *f.*, scelta *f.*, assortimento *m.* **4** (*Arm*) gittata *f.*, portata *f.*; (*shooting range*) poligono *m.* (di tiro). **5** (*Aer,mil*) poligono *m.* sperimentale per missili. **6** (*distance that can be covered by an aircraft, ship, etc.*) autonomia *f.* **7** (*fig*) (*scope*) campo *m.*, sfera *f.*, raggio *m.*, ambito *m.*: *a wide* ~ *of interests* una vasta sfera di interessi. **8** (*row, rank*) fila *f.*, riga *f.*, linea *f.* **9** (*stove, cooker*) cucina *f.* economica. **10** (*kitchen fireplace*) caminetto *m.* in cucina. **11** (*Econ*) parametri *m.pl.*, valori *m.pl.*: *the dollar is within its old* ~ il dollaro è rientrato nei suoi vecchi parametri. **12** (*Geog*) (*mountains*) catena *f.* **13** (*Teat*) repertorio *m.* **14** (*Am,Zootecn*) terreno *m.* da pascolo non recintato, pascolo *m.*, pastura *f.* **15** (*Biol*) habitat *m.*, ambiente *m.* naturale. **16** (*Edil*) corso *m.*, filare *m.* **17** (*Nucl*) percorso *m.*, raggio *m.* d'azione. **18** (*Mus*) gamma *f.*, registro *m.*, estensione *f.* **19** (*Statist*) campo *m.* di variazione. **20** (*Inform*) gamma *f.*, campo *m.* di variabilità. **II** *a.* (*Am,Zootecn*) da pascolo. **III** *v.t.* **1** (*to set in a row*) allineare, disporre in una fila, mettere in riga, mettere in fila, schierare. **2** (*to dispose in order*) ordinare, disporre in ordine, mettere in ordine, sistemare. **3** (*rifl.*) *to* ~ *oneself* schierarsi, allinearsi. **4** (*to classify*) classificare. **5** (*to roam over*) errare, vagare, andare in giro. **6** (*Am, Zootecn*) pascolare, condurre al pascolo. **7** (*Arm*) dare l'alzo a, dare l'angolo di elevazione a. **8** (*Mar*) navigare lungo, costeggiare: *to* ~ *the coast* navigare lungo la costa. **IV** *v.i.* **1** andare, variare (entro una gamma), oscillare. **2** (*to roam, to rove*) girovagare, errare, vagare: *to* ~ *over the hills* girovagare per le colline. **3** (*fig*) (*to move freely*) spaziare: *his eye -d over the scene* il suo sguardo spaziò sulla scena. **4** (*fig*) (*to take a position*) porsi, collocarsi, annoverarsi. **5** (*to explore, to search*) esplorare, perlustrare. **6** (*to stretch in a line*) estendersi (lungo una linea), stendersi: *the mountains -d to the south* i monti si estendevano a sud. **7** (*Arm*) avere una (data) gittata, avere una (data) portata. **8** (*Biol*) trovare il proprio habitat, avere il proprio habitat, attecchire, radicarsi. □ (*fig*) *to* ~ *far and wide* trattare gli argomenti più disparati; *in* ~: **1** a tiro, a portata di tiro; **2** (*Mar*) (*of two objects*) in allineamento; (*Comm*) ~ *of prices* scala dei prezzi; *out of* ~ fuori portata, fuori tiro; *the subject is outside my* ~ l'argomento non è alla mia portata; *within* ~ a tiro.

rangefinder /'reɪndʒˌfaɪndər/ *n.* (*Mil,Fot*) telemetro *m.*

rangefinding /'reɪndʒˌfaɪndɪŋ/ *n.* telemetria *f.*

rangeland /'reɪndʒlænd/ *n.* (*Am*) pascolo *m.*, terreno *m.* da pascolo.

ranger /'reɪndʒər/ *n.* **1** (*mounted patrolman*) poliziotto *m.* a cavallo, guardia *f.* a cavallo. **2** (*forest ranger*) guardia *f.* forestale, guardaboschi *m.* **3** (*keeper of a royal park, forest*) guardiano *m.* di un parco reale. **4** (*Am, Mil*) ranger *m.*

ranginess /'reɪndʒɪnəs/ *n.* **1** vagabondaggine *f.* **2** (*leanness*) snellezza *f.* **3** (*Am*) (*roominess*) ampiezza *f.*, spaziosità *f.*

ranging /'reɪndʒɪŋ/ *n.* **1** allineamento *m.*, disposizione *f.* **2** (*Arm*) regolazione *f.* del tiro.

rangy /'reɪndʒɪ/ *a.* snello, slanciato, dalle

gambe lunghe.

rani /'rɑːniː/ n. moglie f. del ragià.

rank¹ /ræŋk/ **I** n. **1** (position, standing) ceto m., classe f. sociale, condizione f. sociale: people of all -s and classes gente di ogni ceto e classe sociale. **2** (Mil) grado m.: to hold the ~ of colonel avere il grado di colonnello. **3** (row) fila f., riga f., serie f.: orderly -s of trees file ordinate di alberi. **4** (of people) fila f. **5** (Mil) rango m., schiera f., riga f., fila f. **6** (Ling) rango m. **7** (on a chessboard) traversa f. **8** (Br) (of taxis: stand) posteggio m., stazione f.: taxi ~ stazione di taxi. **9** pl. (Mil) (body of private soldiers) truppa f.sing. **10** pl. (aggregate of individuals) massa f.sing., schiera f.sing., file f.pl.: the -s of the unemployed la massa dei disoccupati, le file dei disoccupati. **II** v.i. **1** allinearsi, mettersi in riga, schierarsi. **2** (fig) (to have a place) essere, collocarsi, classificarsi: he -s among our best players è uno dei nostri migliori giocatori. **3** (fig) (to be considered) essere considerato, essere ritenuto, essere reputato. **4** (Am,Mil) (to be most senior) avere il grado più alto. **III** v.t. **1** allineare, sistemare in riga, mettere in fila. **2** (to arrange in orderly fashion) ordinare, sistemare, disporre in ordine. **3** (Mil) schierare, mettere in riga, disporre in riga: to ~ men according to height schierare gli uomini in ordine di statura. **4** (Am) (take precedence) avere un grado più elevato di qcu. **5** (fig) (to classify, to consider) considerare, reputare, ritenere, classificare (among tra; below inferiore a; above superiore a). □ to ~ above so. essere superiore a qcu.; the ~ and file: la truppa, la bassa forza; 2 (fig) la gente qualunque, la massa, i gregari; 3 (Pol) la base; to ~ below so. essere inferiore a qcu., essere considerato meno di qcu.; to ~ next to so. venire subito dopo qcu., ricoprire il grado immediatamente inferiore a quello di qcu.; (Mil) to pull (one's) ~ on so.: 1 (Mil) fare pesare il proprio grado a qcu.; 2 (fig) fare uso della propria autorità, posizione sociale ecc. (per dominare gli altri o ottenere qcs.).

rank² /ræŋk/ a. **1** (luxuriant in growth) rigoglioso, lussureggiante, esuberante: ~ weeds erbacce rigogliose. **2** (utter, absolute) bell'e buono, vero e proprio, assoluto, totale, completo: ~ bad manners maleducazione bell'e buona. **3** (gross, obscene) volgare, triviale, sguaiato, grossolano: ~ language linguaggio volgare. **4** (offensive in smell) puzzolente, fetido. **5** (rancid) rancido, stantio. **6** (disgusting) disgustoso, repellente, ripugnante. **7** (putrid, festering) marcio, putrido.

ranker /'ræŋkər/ n. (Br,Mil) **1** soldato m. semplice. **2** (officer promoted from the ranks) ufficiale m. che viene dalla gavetta (o dalla truppa).

ranking /'ræŋkɪŋ/ **I** a. **1** (Mil) più elevato in grado. **2** (Am) (foremost) di alto grado. **II** n. (Sport) classifica f.: to improve one's ~ guadagnare posizioni in classifica. □ (Am) ~ member membro più anziano (del partito di maggioranza).

rankle /'ræŋkl/ v.i. bruciare, scottare: the injustice still -s l'ingiustizia subita brucia ancora.

rankness /'ræŋknəs/ n. **1** (luxuriance) l'essere rigoglioso, l'essere lussureggiante. **2** (coarseness) volgarità f., grossolanità f. **3** (offensiveness of smell) l'essere puzzolente. **4** (rancidity) rancidezza f., rancidità f.

ransack /'rænsæk Am ræn'sæk/ v.t. **1** rovistare, frugare: to ~ the attic rovistare la soffitta. **2** (to plunder) saccheggiare, depredare.

ransom /'rænsəm/ **I** n. **1** riscatto m.: to demand a ~ chiedere un riscatto (for per). **2**

(Stor) riscatto m., affrancazione f. **II** v.t. **1** (to exact ransom from) ricattare, richiedere un riscatto a. **2** (ant) (to redeem by payment) riscattare, liberare pagando un riscatto. □ (Mar) ~ bill (o ~ bond) lettera di riscatto; to hold so. to ~ tenere qcu. in ostaggio finché non viene pagato il riscatto.

rant /rænt/ **I** v.i. **1** sbraitare, vociare, gridare: stop -ing smettila di sbraitare. **2** (to speak angrily, violently) strepitare, sbraitare. **II** v.t. declamare, recitare, concionare. **III** n. **1** discorso m. enfatico, discorso m. retorico, concione f., declamazione f. **2** (empty speech) ciancia f., chiacchiera f. **3** (violent speech) diatriba f., filippica f., invettiva f. □ to ~ and rave fare una sfuriata (at a), inveire (at contro); to ~ at so. rimproverare qcu. (about per); to ~ on fare una tirata (about su).

ranter /'ræntər/ n. **1** chi sbraita, chi strepita. **2** (ant,colloq) (Methodist preacher) predicatore m. metodista.

ranunculaceous /rə'nʌŋkjʊləs/ a. (Bot) delle ranuncolacee, relativo alle ranuncolacee.

ranunculus /rə'nʌŋkjələs/ (pl. -li /-laɪ/ o -es /-ɪz/) n. (Bot) ranuncolo m.

rap¹ /ræp/ (past, p.p. **rapped** /-t/) **I** v.t. **1** picchiare, colpire, battere. **2** (Am,fig) (to censure, to criticize) condannare, criticare, biasimare, deplorare. **II** v.i. **1** battere, picchiare, bussare: to ~ on a door picchiare a una porta. **2** (to make a rapping sound) fare il rumore di un colpo (secco). □ (fig) to ~ so. on the knuckles (o to ~ so. over the knuckles) riprendere qcu., rimproverare aspramente qcu., dare una bella lavata di capo a qcu.

rap² /ræp/ n. **1** (sharp blow) colpo m. secco. **2** (sharp knock) colpo m. secco, battuta f.: there was a ~ at the door vi fu un busso secco alla porta. **3** (Am,colloq) (accusation) accusa f.: to hang a murder ~ on so. far ricadere la colpa di un omicidio su qcu. **4** (fig) (sharp rebuke) rimprovero m. aspro, lavata f. di capo. □ (fig) to give so. a ~ on the knuckles rimproverare aspramente qcu., dare una lavata di capo a qcu.; (Am,sl) ~ sheet fedina penale; (sl) to take the ~: 1 (to be punished) essere punito, essere condannato: to take the ~ for a crime essere punito per un delitto; 2 (to take the blame) addossarsi la colpa, prendersi la colpa.

rap³ /ræp/ n. **1** (the least bit) nulla m., soldo m. (bucato): I don't care a ~ non me ne importa nulla; it's not worth a ~ non vale un soldo. **2** (Stor) moneta f. falsa da mezzo penny in circolazione in Irlanda nel XVIII secolo.

rap⁴ /ræp/ **I** v.t. (Am,sl) parlare in modo informale, chiacchierare: to ~ about personal problems chiacchierare dei problemi personali. **II** v.i. (Mus) fare musica rap. **III** n. (Mus) rap m., musica f. rap. □ (Am,sl) ~ session conversazione informale.

rapacious /rə'peɪʃəs/ a. **1** avido, bramoso, rapace. **2** (of animals) rapace.

rapaciousness /rə'peɪʃəsnəs/ n. rapacità f., avidità f.

rapacity /rə'pæsəti Am rə'pæsəti/ n. rapacità f., avidità f.

rape¹ /reɪp/ **I** n. **1** (Dir) stupro m., violenza f. carnale: attempted ~ tentato stupro. **2** (abduction, kidnapping) ratto m., rapimento m.: the ~ of the Sabine women il ratto delle Sabine. **3** (act of robbing, plundering) devastazione f., saccheggio m., razzia f., scorreria f. **4** (fig) (violation) violazione f. **II** v.t. **1** violentare, stuprare. **2** (Dir) (to seize and carry off) rapire. **3** (rar) (to plunder) saccheggiare, razziare, depredare.

rape² /reɪp/ n. (Bot) (rapeseed) colza m./f., ravizzone m. □ (Zootecn) ~ cake panello di ravizzone; (Chim) ~ oil olio di colza, olio di ravizzone.

rape³ /reɪp/ n. **1** (filter) filtro m. di vinaccia (per la preparazione dell'aceto). **2** pl. (of grapes) vinaccia f.sing.

rapeseed /'reɪpsiːd/ n. (Bot) seme m. di colza, seme m. di ravizzone. □ ~ oil olio di colza, olio di ravizzone.

Raphael /'ræfeɪəl/ n.pr.m. Raffaele.

raphia /'reɪfɪə/ n. (Bot) rafia f.

rapid /'ræpɪd/ **I** a. **1** svelto, rapido, veloce, celere, lesto: a ~ worker un lavoratore svelto. **2** (of a river) che scorre veloce, rapido. **3** (done quickly) rapido, veloce: a ~ glance un rapido sguardo; ~ motions movimenti veloci. **4** (of a pulse) frequente. **II** n.spec.pl. (of a river) rapida f. □ (Mil) ~ deployment force (o ~ reaction force) forza di pronto intervento; (Fisiol) ~ eye movement movimenti rapidi degli occhi; (Fisiol) ~ eye movement sleep sonno REM; in ~ succession in rapida successione.

rapid-fire /'ræpɪd,faɪər/ a. **1** (Mil) a tiro rapido. **2** (fig) che avviene in rapida successione, che è in una rapida successione di fila. □ ~ questions un fuoco di fila di domande.

rapidity /rə'pɪdəti Am rə'pɪdəti/ n. sveltezza f., rapidità f., celerità f.

rapidly /'ræpɪdli/ avv. sveltamente, rapidamente, celermente.

rapidness /'ræpɪdnəs/ n. sveltezza f., rapidità f., celerità f.

rapier /'reɪpɪər/ n. stocco m. □ ~ thrust: stoccata; 2 (fig) allusione pungente, battuta pungente, stoccata.

rapine /'ræpɪn/ n. (lett) saccheggio m., rapina f.

rapist /'reɪpɪst/ n. (Dir) stupratore m., violentatore m.

rapparee /,ræpə'riː Am ,ræpə'riː/ n. **1** (Stor) predone m. irlandese. **2** (estens) brigante m., predone m.

rappee /ræ'piː/ n. râpé m., tabacco m. râpé.

rappel /ræp'el/ v.i. (Am) calarsi a corda doppia.

rappeler /ræp'elər/ n. (Am) chi pratica la discesa in corda doppia.

rappeling /ræp'elɪŋ/ n. (Am) discesa f. in corda doppia.

rapper /'ræpər/ n. **1** chi batte alla porta, chi bussa. **2** (door knocker) batacchio m., battente m. **3** (sl) (singer) rapper m./f., cantante m./f. di musica rap. **4** (sl) (fan) fanatico m. (f. -a) di musica rap.

rapport /ræp'ɔːr Am ræp'ɔːr/ n. rapporto m., relazione f., contatto m. (with con; between tra).

rapprochement /ræp'rɒʃmɑː(ŋ) Am ,ræprɔːʃ 'mɑː(ŋ)/ n. ravvicinamento m., riavvicinamento m., riconciliazione f. (between tra).

rapscallion /ræp'skæljən/ n. (ant) furfante m., canaglia f., farabutto m., mascalzone m.

rapt /ræpt/ a. **1** rapito, assorto, estasiato: to be ~ in contemplation essere rapito nella contemplazione. **2** (absorbed, engrossed) assorto, intento. □ with ~ attention con profonda attenzione.

raptor /'ræptər/ n. (Ornit) rapace m.

raptorial /ræp'tɔːrɪəl/ a. (Ornit) rapace, predatore.

rapture /'ræptʃər/ n. **1** rapimento m., estasi f. **2** (bliss) piacere m. inebriante, beatitudine f. **3** spec.pl. (expression of delight) trasporto m., entusiasmo m., passione f., rapimento m. (estatico). □ to be in -s restare estatico, restare incantato, essere in estasi.

rapturous /'ræptʃərəs/ a. **1** estasiato, deliziato. **2** (*expressing rapture*) rapito, estatico, estasiato, incantato. **3** (*of applause*) frenetico, entusiastico, delirante.

raptus /'ræptəs/ *n.* **1** estasi *f.*, rapimento *m.*, ispirazione *f.* (poetica). **2** (*Med*) raptus *m.*

rare[1] /reər Am rer/ *a.* **1** raro, insolito, infrequente: *a ~ species* una specie rara. **2** (*exceptional*) eccezionale, raro, non comune. **3** (*colloq*) (*excellent*) eccellente, ottimo, superlativo. **4** (*of air, gases*) rarefatto. □ *as ~ as hen's teeth* raro come una mosca bianca; (*fig*) *a ~ bird* una mosca bianca, una cosa inconsueta, una persona inconsueta; (*Chim*) *~ earth* terra rara; (*Chim*) *~ gas* gas nobile.

rare[2] /reər Am rer/ *a.* (*Gastron*) (*of cooked meat*) al sangue.

rarebit /'reəbɪt Am 'rerbɪt/ *n.* (*Gastron*) pane *m.* tostato ricoperto di formaggio fuso.

rarefaction /,reərɪ'fækʃən Am ,rerə'fækʃən/ *n.* rarefazione *f.* (*anche Fis*).

rarefactive /,reərɪ'fæktɪv Am ,rerə'fæktɪv/ *a.* rarefattivo.

rarefied /'reərɪfaɪd Am 'rerəfaɪd/ *a.* **1** (*Fis*) rarefatto. **2** (*lofty, exalted*) elevato, sublime, eccelso.

rarefy /'reərɪfaɪ Am 'rerəfaɪ/ *v.t.* **1** (*Fis*) rarefare. **2** (*fig*) perfezionare, migliorare, raffinare.

rarely /'reəli Am 'rerli/ *avv.* **1** raramente, di rado: *he is ~ angry* è raramente arrabbiato, si arrabbia di rado. **2** (*exceptionally*) eccezionalmente, insolitamente. **3** (*ant*) (*excellently*) eccellentemente, in modo superlativo. □ *~if ever* quasi mai.

rareness /'reənəs Am 'rernəs/ *n.* rarità *f.*

raring /'reərɪŋ Am 'rerɪŋ/ *a.* (*colloq*) ansioso, desideroso, bramoso, impaziente, scalpitante: *to be ~ to go* non vedere l'ora di andare.

rarity /'reərəti Am 'rerəti/ *n.* **1** rarità *f.*, cosa *f.* rara, cosa *f.* singolare, fatto *m.* eccezionale: *snow is a ~ in this region* la neve è una rarità in questa regione. **2** (*infrequency*) rarità *f.*, infrequenza *f.* **3** (*excellence*) rarità *f.*, eccellenza *f.*

rascal /'rɑːskəl Am 'ræskəl/ *n.* **1** furfante *m.*, farabutto *m.*, canaglia *f.*, mascalzone *m.* **2** (*mischievous person*) birbante *m./f.*, briccone *m.* (*f.* -a). **3** (*mischievous child*) bricconcello *m.* (*f.* -a).

rase /reɪz/ *v.t.* **1** radere al suolo, demolire, distruggere completamente. **2** (*fig*) cancellare.

rash[1] /ræʃ/ *a.* **1** avventato, sconsiderato, precipitoso: *a ~ decision* una decisione avventata. **2** (*of people*) sventato, sconsiderato. **3** (*hasty*) frettoloso, affrettato, precipitoso. □ *a ~ act* un colpo di testa.

rash[2] /ræʃ/ *n.* **1** (*Med*) (*of skin*) sfogo *m.*, eruzione *f.* cutanea. **2** (*fig*) fioritura *f.*, ondata *f.*: *a ~ of archaeological forgeries* una fioritura di falsi archeologici.

rasher /'ræʃər/ *n.* fetta *f.* di prosciutto da friggere, fetta *f.* di pancetta affumicata da friggere.

rashly /'ræʃli/ *avv.* **1** avventatamente, sconsideratamente. **2** (*of people*) sventatamente, sconsideratamente.

rashness /'ræʃlnəs/ *n.* **1** avventatezza *f.*, imprudenza *f.* **2** (*of people*) sventatezza *f.*, sconsideratezza *f.*

rasp /rɑːsp Am ræsp/ **I** *n.* **1** (*Tecn*) raspa *f.* **2** (*harsh, grating sound*) raschio *m.*, stridore *m.*, suono *m.* aspro. **II** *v.t.* **1** raspare, raschiare, grattare. **2** (*to utter in a rasping voice*) dire con voce stridula. **3** (*fig*) irritare, innervosire, urtare: *the sound -ed his nerves* il rumore gli irritava i nervi. **4** (*fig*) (*of a wine*) raspare. **III** *v.i.* raspare, stridere, grattare, raschiare. □ *to ~out* (*to utter in a rasping voice*) dire con voce stridula.

raspatory /'rɑːspətri Am 'ræspətɔːri/ *n.* (*Chir*) raspa *f.* per uso chirurgico.

raspberry /'rɑːzbəri Am 'ræz,beri/ *n.* **1** (*Bot, Alim*) lampone *m.* **2** (*sl*) (*contemptuous noise made with the lips*) pernacchia *f.*: *to blow a ~* fare una pernacchia. □ (*Bot*) *~ cane* (pianta del) lampone; (*sl*) *to get the ~* essere preso a pernacchie; (*sl*) *to give so. the ~* fare una pernacchia a qcu.

rasper /'rɑːspə Am 'ræspə/ *n.* **1** (*tool*) raschietto *m.*; (*person*) raschiatore *m.* (*f.* -trice). **2** (*in hunting*) ostacolo *m.* difficile da saltare.

rasping /'rɑːspɪŋ Am 'ræspɪŋ/ *a.* **1** stridulo, stridente, aspro. **2** (*fig*) (*irritating*) irritante, urtante, fastidioso. **3** (*Caccia*) (*of an obstacle*) difficile da saltare; (*of a pace: fast*) veloce, svelto, rapido, lesto.

rasse /ræs/ *n.* (*Zool*) viverricula *f.*

Rasta /'ræstə/ **I** *n.* (*Rel,colloq*) rasta *m./f.* **II** *a.* (*Rel,colloq*) rasta.

Rastafarian /,ræstə'feəriən Am ,rɑːstə'feriən/ **I** *n.* (*Rel*) rastafariano *m.* (*f.* -a). **II** *a.* (*Rel*) rastafariano.

raster /'ræstər/ *n.* (*Elettron*) raster *m.*

rasterize /'ræstəraɪz/ *v.t.* (*Elettron*) rasterizzare.

rat[1] /ræt/ *n.* **1** (*Zool*) ratto *m.* **2** (*colloq*) (*low scoundrel*) verme *m.* **3** (*colloq*) (*one who deserts a cause, his friends, etc.*) disertore *m.*, rinnegato *m.* (*f.* -a); (*betrayer*) traditore *m.* (*f.* -trice); (*scab*) crumiro *m.* (*f.* -a). □ (*sl*) *~fink* persona spregevole, lurido individuo; (*colloq*) (*to be caught*) *like a ~ in a hole* (essere) come un topo in trappola; (*sl*) *a ~ pack of paparazzi reporters* un terribile gruppo di paparazzi spietati; *~poison* veleno per topi, veleno per ratti; *~ race*: 1 corsa sfrenata al successo; 2 (*work*) lavoro caotico; 3 (*place*) locale dove regna la confusione; (*estens*) gabbia di matti; (*Br,colloq*) *~ run* strada alternativa (per evitare quelle molto trafficate); (*Zool*) *~ snake* elaphe. *Prov.*: *-s leave a sinking ship* i topi abbandonano la nave che affonda.

rat[2] /ræt/ (*past, p.p.* **ratted** /'rætɪd Am 'rætɪd/) *v.i.* **1** (*to hunt rats*) andare a caccia di ratti. **2** (*colloq*) (*to desert*) disertare, rinnegare (con *sth.* qcs.). **3** (*colloq*) (*to betray*) tradire (qcu.). **4** (*colloq*) (*to work as a scab*) fare il crumiro. **5** (*colloq*) (*to inform*) fare la spia (contro) (con *so.* qcu.). □ *to ~ so. out* fare la spia contro qcu.

ratability /,reɪtə'bɪləti Am ,reɪtə'bɪləti/ *n.* **1** (*liability for local tax*) tassabilità *f.* **2** (*fact of being rateable*) l'essere valutabile, l'essere stimabile.

ratable /'reɪtəbl Am 'reɪtəbl/ *a.* **1** che può essere valutato, valutabile, calcolabile. **2** (*proportional*) proporzionale. **3** (*liable to local taxes*) tassabile, imponibile.

ratably /'reɪtəbli Am 'reɪtəbli/ *avv.* proporzionalmente.

ratafia /,rætə'fiːə/ *n.* **1** (*liqueur*) ratafià *m.* **2** (*Dolc*) amaretto *m.* □ (*Dolc*) *~ biscuit* amaretto.

ratal /'reɪtl/ *n.* (*Econ*) imponibile *m.*, reddito *m.* imponibile.

ratan /rə'tæn/ *n.* **1** (*Bot*) calamo *m.* **2** (*cane*) canna *f.*, malacca *f.*

rataplan /,rætə'plæn Am 'rætəplæn/ **I** *n.* rataplan *m.*, rullo *m.* di tamburo, rullio *m.* di tamburo. **II** *v.i.* rullare.

rat-arsed, **rat-assed** /,ræt'ɑːst *a.* (*Br,sl*) ubriaco fradicio, sbronzo.

rat-a-tat /,rætə'tæt Am ,rætə'tæt/ **I** *n.* il bussare. **II** *v.i.* bussare.

rat-a-tat-tat /,rætə'tæ'tæt/ **I** *n.* il bussare. **II** *v.i.* bussare.

ratbag /'rætbæg/ *n.* (*Br,colloq*) farabutto *m.*,

mascalzone *m.*

ratcatcher /'ræt,kætʃər/ *n.* derattizzatore *m.* (*f.* -trice).

ratch /rætʃ/ *n.* (*Mecc*) **1** (*ratchet*) dente *m.* di arresto, arresto *m.*, fermo *m.* **2** (*ratchet-wheel*) ruota *f.* a cricco.

ratchet /'rætʃɪt/ **I** *n.* (*Mecc*) **1** (*toothed rack*) arresto *m.*, dente *m.* di arresto. **2** (*tooth*) nottolino *m.* **3** (*wheel*) arpionismo *m.* **II** *v.t.* (*Mecc*) munire di denti di arresto. □ (*Mecc*) *~ drill* trapano a cricco; (*Mecc*) *~ gear* arpionismo; *to ~ sth. up* (*of prices*) fare aumentare.

ratchet-wheel /'rætʃɪt,wiːl/ *n.* (*Mecc*) ruota *f.* a cricco.

rate[1] /reɪt/ **I** *n.* **1** tasso *m.*, saggio *m.*: *~ of interest* saggio d'interesse. **2** (*proportion*) aliquota *f.*, quota *f.*, percentuale *f.*: *~ of taxation* aliquota d'imposta. **3** (*relative speed*) ritmo *m.*, velocità *f.*: *to work at a fast ~* lavorare a ritmo veloce. **4** (*charge according to a ratio*) tariffa *f.*, prezzo *m.*: *the hotel has special -s for children* l'albergo pratica tariffe speciali per i bambini. **5** (*of wages, electricity, gas, etc.*) tariffa *f.*: *hourly ~* tariffa oraria. **6** (*fixed relation*) proporzione *f.*, rapporto *m.* (numerico). **7** (*rating*) classe *f.*, ordine *m.* **8** (*valuation*) valore *m.* stimato, valutazione *f.*, stima *f.* **9** (*Br,ant*) (*local property tax*) imposta *f.* (immobiliare) locale. **10** (*Econ*) (*foreign exchange*) cambio *m.* **II** *v.t.* **1** valutare, stimare, calcolare il valore di. **2** (*to set an estimate, price, etc., on*) quotare. **3** (*to assess the value of for taxation*) valutare ai fini fiscali. **4** (*to consider, to regard*) considerare, reputare, giudicare: *he is -d the top authority on the subject* è considerato la massima autorità in materia. **5** (*colloq*) (*to deserve, to merit*) meritare, essere degno di. **6** (*Assic*) valutare, determinare le aliquote di premio di. **7** (*Orol*) regolare, rimettere. **8** (*Mar*) classificare. **III** *v.i.* **1** (*to be considered*) essere considerato, essere ritenuto. **2** (*to be of consequence*) contare, valere, essere una persona di rilievo. □ *-s and taxes* imposte e contributi; *at any ~* ad ogni modo, in ogni caso; *at that ~* in quel caso, se è così; *at this ~* (andando avanti) di questo passo, se si va avanti così, se si continua così; (*Econ*) *~ base* base del tasso di remunerazione; *~ cut* riduzione dei tassi; *~ cutting* riduzione delle tariffe; *~ fixing* fissazione delle tariffe, tariffazione; (*Econ*) *~ of change* tasso di variazione; (*Aer*) *~ of climb* velocità verticale di salita, velocità ascensionale; *~ of customs duty* aliquota doganale; (*Econ*) *~ of discount* tasso di sconto; (*Econ*) *~ of exchange* cambio (estero), tasso di cambio; (*Idr*) *~ of flow* portata (media); (*Econ*) *~ of growth* tasso di crescita; *~ of increase* tasso di incremento, tasso di aumento; (*Econ*) *~ of interest* tasso di interesse; (*Econ*) *~ of profit* saggio di profitto; (*Econ*) *~ of return* tasso di remunerazione; *~ payer* contribuente; *~ paying*: 1 (*used as an adjective*) dei contribuenti, relativo ai contribuenti; 2 (*used as a noun*) pagamento delle tasse, pagamento delle imposte.

rate[2] /reɪt/ **I** *v.t.* (*ant*) (*to scold*) sgridare, rimproverare, riprendere severamente, rabbuffare. **II** *v.i.* (*ant*) dare una strapazzata, dare una lavata di capo (*at* a).

rateability /reɪtə'bɪləti Am reɪtə'bɪləti/ *n.* **1** (*liability for local tax*) tassabilità *f.* **2** (*fact of being rateable*) l'essere valutabile, l'essere stimabile.

rateable /'reɪtəbl Am 'reɪtəbl/ *a.* **1** che può essere valutato, valutabile, calcolabile. **2** (*proportional*) proporzionale. **3** (*liable to* *local taxes*) tassabile, imponibile.

rate-cap /'reɪtkæp/ *v.t.* (*Br*) fissare un limite alle spese di.

rated /'reɪtɪd *Am* 'reɪtɪd/ *a.* (*Tecn*) nominale: ~ *pressure* pressione nominale.

ratel /'reɪtəl *Am* 'reɪtəl/ *n.* (*Zool*) mellivora *f.*, ratele *m.*, ratelo *m.*

ratepayer /'reɪt,peɪər/ *n.* **1** (*Br*) contribuente *m./f.* **2** (*Am*) utente *m./f.* di un'impresa di pubblici servizi.

rater /'reɪtər *Am* 'reɪtər/ *n.* **1** chi valuta, chi fa una stima. **2** (*Assic*) perito *m.* **3** (*in compounds*: *person of a certain rating*) persona *f.* di (una certa) classe; (*of ships*) nave *f.* di (una certa) classe.

rathe /reɪð/ *a.* (*lett,poet,ant*) **1** (*early in the year, season*) precoce, primaticcio. **2** (*early-blooming*) precoce.

rather /'rɑːðər *Am* 'ræðər/ **I** *avv.* **1** piuttosto, alquanto, abbastanza: *it is ~ expensive* è piuttosto costoso. **2** (*with comparatives*) assai, alquanto: *the patient is ~ worse today* il paziente sta alquanto peggio oggi. **3** (*more willingly, preferably*) piuttosto, anziché, preferibilmente, più volentieri. **4** (*more properly, more accurately*) meglio, piuttosto, più propriamente: *his father, or ~, his stepfather* suo padre, o meglio, il suo patrigno. **5** (*to the contrary*) anzi, al contrario. **II** *intz.* (*colloq*) **1** altroché!, senza dubbio!: *would you care for a piece of cake? - ~!* gradisci una fetta di torta? - altroché! **2** (*yes, certainly*) certamente!, sì! □ *I'd ~ stay here* preferirei rimanere qui; *no thank you, I'd ~ not* no grazie, preferirei di no; *would you ~ I left?* preferisci che me ne vada?; ~ *you than me* meno male che non è capitato a me.

rat-hole /'ræthoʊl/ *n.* topaia *f.*, catapecchia *f.* (*anche fig*).

rathskeller /'rætskelər/ *n.* (*Am*) ristorante *m.* situato in un seminterrato, in cui si serve birra.

ratification /,rætɪfɪ'keɪʃən *Am* ,rætəfɪ'keɪʃən/ *n.* ratifica *f.*, convalida *f.*: *the ~ of a treaty* la ratifica di un trattato.

ratifier /'rætɪfaɪər *Am* 'rætəfaɪər/ *n.* ratificante *m./f.*, ratificatore *m.* (*f.* -trice).

ratify /'rætɪfaɪ *Am* 'rætəfaɪ/ *v.t.* ratificare, convalidare, approvare, sanzionare: *to ~ a treaty* ratificare un trattato.

ratine /ræ'tiːn/ *n.* (*Tess*) ratina *f.*

ratiné /,ræti'neɪ/ *n.* (*Tess*) ratina *f.*

rating[1] /'reɪtɪŋ/ *n.* **1** classe *f.*, categoria *f.*, ordine *m.* **2** (*Mar*) (*assigned position: of a ship*) categoria *f.*, classe *f.*; (*of a seaman*) qualifica *f.*, grado *m.* **3** (*Mar.mil*) (*ordinary sailor*) marinaio *m.* semplice. **4** (*Br*) (*act of assessing for taxation*) valutazione *f.*; (*amount fixed as a rate*) imponibile *m.*; (*local tax due*) imposta *f.* locale. **5** (*reputation*) reputazione *f.* **6** (*valuation*) valutazione *f.*, stima *f.* **7** (*El*) potenza *f.*, prestazioni *f.pl.* di esercizio. **8** (*Econ*) tariffazione *f.*; (*status*) rating *m.*, valutazione *f.* (del livello di affidabilità): *share ~* valutazione dei titoli azionari; *her credit ~ is good* la sua posizione creditizia è buona. **9** (*Am, Scol*) votazione *f.*; *to have the highest ~* riportare la votazione più alta. **10** *pl.* (*TV*) indice *m.sing.* d'ascolto, indice *m.sing.* di gradimento. **11** (*Cin*) classificazione *f.* di spettacolo: *an X ~* solo per adulti; *a NC-17 ~* vietato ai minori di 17 anni.

rating[2] /'reɪtɪŋ/ *n.* (*scolding*) rimprovero *m.*, sgridata *f.*, lavata *f.* di capo.

ratio /'reɪʃoʊ/ (*pl.* **-s** /-z/) *n.* **1** (*Mat*) rapporto *m.*: *a ~ of a ten to three* un rapporto di dieci a tre; *in direct ~ to* direttamente proporzionale a; *in inverse ~ to* inversamente propor-

---

zionale *a.* **2** (*proportion, rate*) proporzione *f.*, rapporto *m.* (numerico): *the ~ between men and women in the population* la proporzione tra uomini e donne nella popolazione. **3** (*Filos*) ragione *f.* □ (*Br,Dir*) ~ *decidendi* principio giuridico; (*Statist*) ~ *scale* scala di rapporti.

ratiocinate /,ræti'ɒsɪneɪt *Am* ,ræʃi'ɑːsəneɪt/ *v.i.* ragionare, raziocinare, usare il raziocinio.

ratiocination /,rætɪɒsɪ'neɪʃən *Am* ,ræʃiɑːsə'neɪʃən/ *n.* **1** (*process*) raziocinio *m.* **2** (*result*) ragionamento *m.*

ratiocinative /,ræti'ɒsɪneɪtɪv *Am* ,ræʃi'ɑːsənəṭɪv/ *a.* raziocinante, ragionante.

ratiocinator /,ræti'ɒsɪneɪtər *Am* ,ræʃi'ɑːsəneɪṭər/ *n.* ragionatore *m.* (*f.* -trice).

ration /'ræʃən/ **I** *n.* **1** razione *f.* (*of* di). **2** (*share*) razione *f.*, porzione *f.*, dose *f.* (*of* di). **3** *pl.* (*food, supplies*) provvigioni *f.pl.*, provviste *f.pl.*, viveri *m.pl.* **II** *v.t.* **1** razionare, limitare (*to* a): *to ~ food in wartime* razionare i viveri in tempo di guerra. **2** (*of people*) imporre il razionamento a. **3** (*to supply rations to*) assegnare razioni a. **4** (*to distribute as rations*) distribuire come razioni (*among* tra). **5** (*fig*) usare con parsimonia, fare economia di, risparmiare. □ ~ *book* (o ~ *card*) carta annonaria, tessera annonaria.

rational /'ræʃənəl/ *a.* **1** razionale, ragionevole: *man is a ~ being* l'uomo è un essere razionale; *a ~ industrial policy* una politica industriale razionale; *a ~ decision* una decisione ragionevole. **2** (*Mat*) razionale: ~ *number* numero razionale. **3** (*Metr*) misurabile. □ ~ *choice theory* teoria della scelta razionale.

rationale /,ræʃə'næl/ *n.* ragione *f.* fondamentale, fondamento *m.* logico, base *f.* logica.

rational-emotive /,ræʃənəlɪ'moʊtɪv *Am* ,ræʃənəlɪ'moʊṭɪv/ □ (*Psic*) ~ *therapy* terapia razionale-emotiva.

rationalise /'ræʃənəlaɪz/ **I** *v.t.* (*Br*) **1** rendere razionale, razionalizzare. **2** (*to organize rationally*) organizzare razionalmente. **3** (*Mat*) razionalizzare. **II** *v.i.* (*Br*) **1** (*to give plausible explanations*) dare spiegazioni razionali. **2** (*to think rationally*) pensare in termini razionali.

rationalism /'ræʃənəlɪzəm/ *n.* razionalismo *m.*

rationalist /'ræʃənəlɪst/ **I** *n.* razionalista *m./f.* **II** *a.* razionalistico, razionalista.

rationalistic /,ræʃənəl'ɪstɪk/ *a.* razionalistico, razionalista.

rationalistically /,ræʃənəl'ɪstɪkli/ *avv.* razionalisticamente, in modo razionalistico.

rationality /,ræʃə'nælɪti *Am* ,ræʃə'næləṭi/ *n.* **1** razionalità *f.* **2** (*reasonableness*) ragionevolezza *f.*

rationalization /,ræʃənəlɪ'zeɪʃən/ *n.* **1** razionalizzazione *f.* (*anche Mat*). **2** (*plausible explanation*) giustificazione *f.*, spiegazione *f.* razionale. **3** (*rational, scientific organization*) organizzazione *f.* razionale, razionalizzazione *f.*: ~ *of labour* razionalizzazione del lavoro; ~ *of production* razionalizzazione della produzione.

rationalize /'ræʃənəlaɪz/ **I** *v.t.* **1** rendere razionale, razionalizzare. **2** (*to organize rationally*) organizzare razionalmente. **3** (*Mat*) razionalizzare. **II** *v.i.* **1** (*to give plausible explanations*) dare spiegazioni razionali. **2** (*to think rationally*) pensare in termini razionali.

rationing /'ræʃənɪŋ/ *n.* razionamento *m.*

rats /ræts/ *intz.* (*Am,colloq,ant*) maledizione!, accidenti!, porca miseria!

ratsbane /'rætsbeɪn/ *n.* (*lett*) veleno *m.* per

---

ratti.

rat-tail, rattail /'ræt̪eɪl/ **I** *n.* coda *f.* di ratto, coda *f.* di topo. **II** *a.* simile alla coda di un ratto. □ ~ *comb* pettine a coda.

rattan /rə'tæn/ *n.* **1** (*Bot*) calamo *m.* **2** (*cane*) canna *f.*, malacca *f.*

rat-tat /,ræt'tæt/ **I** *n.* il bussare. **II** *v.i.* bussare.

ratted /'rætɪd/ *a.* (*Br,sl*) ubriaco fradicio.

ratter /'rætər *Am* 'ræṭər/ *n.* **1** cacciatore *m.* (*f.* -trice) di ratti. **2** (*rat-catching dog or cat*) cane *m.* da ratti, gatto *m.* da ratti.

rattle /'rætl *Am* 'ræṭl/ **I** *v.i.* **1** fare un rumore secco. **2** (*of shutters, windows*) sbattere, sbatacchiare, scuotere. **3** (*to move with a rattle*) sferragliare: *an old car was rattling down the street* una vecchia macchina sferragliava giù per la strada. **4** (*to talk incessantly*) parlare a vanvera, blaterare, cianciare. **5** (*to make a rattle in the throat*) rantolare. **6** (*Mot*) battere. **II** *v.t.* **1** far fare un rumore secco a. **2** (*to clatter*) acciottolare. **3** (*of shutters, windows*) far sbattere, far sbatacchiare. **4** (*colloq*) (*to cause to become irritated*) innervosire, irritare: *the speaker was -d by the interruption* l'interruzione innervosì l'oratore. **III** *n.* **1** rumore *m.* secco: *the ~ of hail on the roof* il rumore secco della grandine sul tetto. **2** (*clatter*) acciottolio *m.* **3** (*child's toy*) sonaglio *m.* **4** (*device used by merrymakers*) raganella *f.* **5** (*Zool*) crotalo *m.* **6** (*noise of a rattlesnake*) suono *m.* emesso dal crotalo. **7** (*noise in the throat*) rantolo *m.* **8** (*death rattle*) rantolo *m.* d'agonia. **9** (*noisy superficial chatter*) cicaleccio *m.* rumoroso, chiacchiericcio *m.* rumoroso. **10** (*Mot*) battito *m.* □ *to ~ along* guidare velocemente; (*colloq*) *to ~ around in* occupare uno spazio troppo grande; *to ~ away* (*to talk incessantly*) parlare a vanvera, blaterare, cianciare; (*colloq*) *to ~ sth. off*: **1** dire qcs. a memoria, ripetere meccanicamente qcs., snocciolare qcs.; **2** (*to express in rapid speech*) sciorinare, dire rapidamente: *to ~ off quotations* sciorinare citazioni; **3** (*to write rapidly*) scrivere qcs. in tutta fretta, buttare giù qcs.; *to ~ on* (*to talk incessantly*) parlare a vanvera, blaterare, cianciare.

rattle-brain /'rætlbreɪn/ *n.* (*Am*) persona *f.* insulsa e chiacchierona, testa *f.* vuota, scervellato *m.* (*f.* -a).

rattle-brained /'rætlbreɪnd/ *a.* (*Am*) scervellato, scriteriato.

rattle-head /'rætlhed/ *n.* (*Am*) persona *f.* insulsa e chiacchierona, testa *f.* vuota, scervellato *m.* (*f.* -a).

rattle-headed /'rætlhedɪd/ *a.* (*Am*) scervellato, scriteriato.

rattlepate /'rætlpeɪt/ *n.* (*Am*) persona *f.* insulsa e chiacchierona, testa *f.* vuota, scervellato *m.* (*f.* -a).

rattle-pated /'rætlpeɪṭɪd/ *a.* (*Am*) scervellato, scriteriato.

rattler /'rætlər *Am* 'ræṭlər/ *n.* **1** persona *f.* (o cosa) che produce un rumore secco. **2** (*Am, colloq*) (*noisy person*) chiassone *m.* (*f.* -a). **3** (*colloq*) (*vehicle that rattles*) veicolo *m.* rumoroso, (*scherz*) macinino *m.* **4** (*colloq*) (*rattlesnake*) crotalo *m.*, serpente *m.* a sonagli. **5** (*Am,colloq*) (*sth. very good of its kind*) cosa *f.* eccezionale, cannonata *f.*

rattlesnake /'rætlsneɪk *Am* 'ræṭlsneɪk/ *n.* (*Zool*) crotalo *m.*, serpente *m.* a sonagli.

rattletrap /'rætltræp/ *n.* **1** (*old, rattly vehicle*) rottame *m.*, bagnarola *f.*, (*colloq*) trappola *f.* **2** (*old rattly automobile*) automobile *f.* vecchia e rumorosa, (*scherz*) macinino *m.* **2** (*sl*) (*one who talks too much*) chiacchierone *m.* (*f.* -a).

rattling /'rætlɪŋ *Am* 'ræṭlɪŋ/ **I** *a.* **1** che fa un rumore secco. **2** (*fast*) veloce, rapido: *a ~ pace* un passo veloce. **3** (*colloq,ant*) (*extremely good*) splendido, stupendo, (*colloq*) formidabile: *a ~ good book* un ottimo libro. **II** *avv.* (*colloq,ant*) (*extremely*) estremamente, molto. **III** *n.* **1** (*noise*) tintinnio *m.*, sferragliamento *m.* **2** (*of car engine*) rumore *m.* di ferraglia. **3** (*of a machine gun fire*) crepitio *m.*

rattly /'rætḷi Am 'ræt̬ḷi/ *a.* rumoroso.

rat-trap /'rættræp/ *n.* **1** trappola *f.* per ratti, trappola *f.* per topi. **2** (*colloq*) topaia *f.* **3** (*bicycle pedal*) pedale *m.* con puntapiedi.

ratty /'ræti Am 'ræt̬i/ *a.* **1** infestato dai ratti, pieno di ratti. **2** (*resembling a rat*) da ratto, simile a un ratto. **3** (*colloq*) (*irritable, bad-tempered*) irascibile, irritabile, bisbetico.

raucity /'rɔːsəti Am 'rɔːsət̬i/ *n.* raucedine *f.*

raucous /'rɔːkəs/ *a.* rauco: *~ voice* voce rauca.

raucousness /'rɔːkəsnəs/ *n.* raucedine *f.*

raunchy /'rɔːnʃi/ *a.* (*colloq*) **1** volgare, osceno, sboccato: *a ~ joke* una barzelletta oscena. **2** (*old and dirty*) malridotto, sciupato e sporco: *my old ~ jeans* i miei vecchi jeans malridotti. **3** (*sexy*) sexy, sensuale.

ravage /'rævidʒ/ **I** *n.* **1** devastazione *f.*, distruzione *f.*, saccheggio *m.* **2** *pl.* danni *m.pl.*, offese *f.pl.*: *the -s of time* i danni del tempo. **II** *v.t.* **1** devastare, distruggere, saccheggiare. **2** (*to damage ruinously*) distruggere, devastare: *a face -d by tragedy* un viso distrutto dalla tragedia. **III** *v.i.* andare in rovina.

rave[1] /reɪv/ **I** *v.i.* **1** delirare, farneticare, vaneggiare. **2** (*of the elements*) scatenarsi. **3** (*colloq*) (*to feel excessive admiration*) andare pazzo, andare in estasi, entusiasmarsi (*over, about* per): *she -s about that singer* va pazza per quel cantante. **II** *n.* **1** delirio *m.*, vaneggiamento *m.* **2** (*colloq*) (*overenthusiastic praise*) lode *f.* sperticata, elogio *m.* sperticato. **3** (*Br,colloq*) rave *m.*, festa *f.* rave. **4** (*sl,ant*) (*trend*) tendenza *f.* nuova, moda *f.* passeggera. **5** (*Teat,Cin*) recensione *f.* lusinghiera: *a ~ notice* una recensione lusinghiera.

rave[2] /reɪv/ *n.* (*of a wagon*) sponda *f.* di carro.

ravel[1] /'rævəl/ (*past, p.p.* **ravelled** /Am **raveled** /-d/) **I** *v.t.* **1** attorcigliare, aggrovigliare, intricare, ingarbugliare. **2** (*fig*) ingarbugliare, complicare, confondere. **II** *v.i.* **1** attorcigliarsi, ingarbugliarsi, intricarsi, aggrovigliarsi. **2** (*Am*) (*of yarn, etc.*) sfilacciarsi: *the edge of this tablecloth has -led* il bordo di questa tovaglia si è sfilacciato. **3** (*fig*) confondersi, imbrogliarsi, ingarbugliarsi. □ *to ~ off* (*to fray*) sfilacciare; *to ~ out*: **1** (*to disentangle*) sbrogliare, districare; **2** (*to become disentangled*) sbrogliarsi, districarsi; **3** (*to fray*) sfilacciare; **4** (*fig*) (*to become plain, clear*) chiarirsi, risolversi: *the mystery will ~ out* il mistero si chiarirà.

ravel[2] /'rævəl/ *n.* **1** groviglio *m.*, nodo *m.* **2** (*fig*) complicazione *f.*, difficoltà *f.* **3** (*Am*) (*loose thread*) sfilacciatura *f.*

raveling *Am*, **ravelling** /'rævəlɪŋ/ *n.* sfilacciatura *f.*, filo *m.* tirato.

raven[1] /'reɪvən/ *n.* (*Ornit*) corvo *m.* imperiale, corvo *m.* maggiore.

raven[2] /'rævən/ **I** *v.t.* **1** divorare, mangiare voracemente. **2** (*ant*) (*to seize*) afferrare, ghermire. **II** *v.i.* **1** (*to prey, to plunder*) predare, saccheggiare. **2** (*to feed voraciously*) nutrirsi con voracità. **3** (*to be ravenous*) essere rapace.

Raven /'reɪvən/ **I** *n.pr.* (*Astr*) Corvo *m.* **II** *a.* **1** simile a un corvo. **2** (*black*) corvino, nero: *~ locks* riccioli corvini.

ravening /'rævnɪŋ/ *a.* **1** (*rabid*) furioso, rab-

bioso. **2** (*voracious*) vorace. **3** (*hungry*) affamato.

ravenous /'rævənəs/ *a.* **1** vorace, avido, ingordo. **2** (*extremely hungry*) affamato, famelico. **3** (*of appetite, desires, etc.*) avido, cupido, bramoso.

ravenously /'rævənəsli/ *avv.* avidamente, voracemente.

raver /'reɪvəʳ/ *n.* (*colloq*) **1** (*so. who enjoys parties*) festaiolo *m.* (*f.* -a). **2** (*so. frequenting raves*) frequentatore *m.* (*f.* -trice) di rave party.

ravine /rə'viːn/ *n.* (*Geog*) burrone *m.*, gola *f.*

raving /'reɪvɪŋ/ **I** *a.* **1** furioso, delirante, frenetico: *a ~ lunatic* un pazzo furioso. **2** (*colloq*) straordinario, eccezionale, superlativo: *the show was a ~ success* lo spettacolo fu un successo straordinario. **II** *n.* **1** delirio *m.*, vaneggiamento *m.* **2** *pl.* vaneggiamenti *m.pl.*: *don't listen to his -s* non dare ascolto ai suoi vaneggiamenti. **III** *avv.* freneticamente, furiosamente. □ (*colloq*) *to be ~ mad* essere matto da legare, essere pazzo furioso.

ravioli /ˌrævi'əuli/ *n.* (*costr.sing.*) (*Gastron*) ravioli *m.pl.*

ravish /'rævɪʃ/ *v.t.* **1** (*poet,ant*) estasiare, incantare, rapire. **2** (*to carry off by force*) rapire. **3** (*to rape*) violentare, stuprare.

ravishing /'rævɪʃɪŋ/ *a.* affascinante, incantevole, bellissimo.

ravishment /'rævɪʃmənt/ *n.* **1** rapimento *m.* **2** (*transport, rapture*) rapimento *m.*, estasi *f.*, incanto *m.* **3** (*rape*) stupro *m.*, violenza *f.* carnale.

raw /rɔː Am also rɑː/ **I** *a.* **1** crudo: *~ meat* carne cruda. **2** (*not processed, refined, etc.*) greggio, grezzo, non raffinato, crudo: *~ silk* seta greggia; *~ cotton* cotone grezzo. **3** (*Pell*) (*of hides*) non conciato, greggio. **4** (*undiluted*) puro, non diluito, naturale: *~ whisky* whisky puro. **5** (*of a part of the body*) scorticato, escoriato; (*of a wound*) aperto; (*of flesh*) vivo. **6** (*fig*) (*primitive, uncivilized*) primitivo, non civilizzato, selvaggio: *a ~ frontier town* una città di confine primitiva. **7** (*colloq*) (*lacking refinement*) rozzo, grezzo, grossolano. **8** (*colloq*) (*inexperienced*) inesperto, alle prime armi, novellino. **9** (*of weather*) umido e freddo, crudo. **10** (*colloq*) (*unfair, harsh*) sleale, scorretto, ingiusto. **11** (*colloq*) (*naked*) nudo. **II** *n.* carne *f.* viva. **III** *v.t.* sfregare fino a escoriare, sfregare fino a scorticare. □ (*colloq*) *~ deal* trattamento scorretto, trattamento ingiusto; *in the ~*: **1** vergine, intatto, naturale, allo stato naturale: *nature in the ~* natura vergine; **2** (*sl*) (*naked*) nudo; **3** (*unprocessed*) greggio, non raffinato, non lavorato; (*Ind*) *~ material* materiale non lavorato, materiale greggio, materia prima; (*Ind*) *~ material market* mercato delle materie prime; (*Am*) *~ oil* petrolio greggio; (*fig*) *to touch so. on the ~* toccare qcu. nel vivo; (*Tess*) *~ silk* seta greggia, seta cruda; *~ wort* mosto di malto.

raw-boned, rawboned /ˌrɔː'bound Am also ˌrɑː'bound/ *a.* scarno, ossuto.

rawhide /'rɔːhaɪd Am also 'rɑːhaɪd/ *n.* **1** (*Pell*) pelle *f.* non conciata, pellame *m.* greggio. **2** (*Am*) (*whip*) frustino *m.* di cuoio.

rawish /'rɔːɪʃ Am also 'rɑːɪʃ/ *a.* **1** piuttosto crudo. **2** (*somewhat inexperienced*) alquanto inesperto. **3** (*of weather, etc.*) piuttosto freddo e umido.

rawness /'rɔːnəs Am also 'rɑːnəs/ *n.* **1** l'essere crudo. **2** (*uncivilized quality*) inciviltà *f.* **3** (*lack of refinement*) rozzezza *f.* **4** (*coarseness*) grossolanità *f.*, rozzezza *f.* **5** (*of weather*) crudezza *f.*

ray[1] /reɪ/ **I** *n.* **1** raggio *m.* (*anche fig*): *the sun's -s* i raggi del sole; *a ~ of hope* un raggio di speranza. **2** (*Fis,Mat,Itt,Bot*) raggio *m.* **II** *v.i.* **1** raggiare, splendere. **2** (*to issue in rays*) irradiarsi, irraggiarsi. **3** (*to issue like rays*) irradiare. **III** *v.t.* **1** (*to send forth in rays*) irradiare, irraggiare. **2** (*to illuminate with rays*) irradiare, rischiarare. **3** (*to furnish with radiating lines*) ornare di raggi. □ (*Fot*) *~ filter* filtro colore, filtro colorato; (*Bot*) *~ flower* fiore a raggio; *~ gun* (*in science fiction*) pistola a raggi; *to ~ out* (*to send forth in rays*) irradiare, irraggiare.

ray[2] /reɪ/ *n.* (*Itt*) razza *f.*

Ray /reɪ/ *n.pr.m. dim.* di Raymond.

rayed /reɪd/ *a.* **1** (*in compounds*) a raggi...: *spiny-~* a raggi spinosi. **2** (*Bot*) raggiato.

rayless /'reɪləs/ *a.* **1** privo di raggi, senza raggi. **2** (*dark*) senza luce, scuro, oscuro.

Raymond /'reɪmənd/ *n.pr.m.* Raimondo.

rayon /'reɪɒn Am 'reɪɑːn/ **I** *n.* (*Tess*) (*artificial fibre*) raion *m.*; (*natural fibre*) viscosa *f.* **II** *a.* di raion, di viscosa.

raze /reɪz/ *v.t.* **1** radere al suolo, demolire, distruggere completamente: *to ~ a city* (*to the ground*) radere al suolo una città. **2** (*fig*) cancellare: *to ~ sth. from one's memory* cancellare qcs. dalla memoria.

razor /'reɪzəʳ/ **I** *n.* rasoio *m.* **II** *v.t.* radere, rasare. □ *~ blade* lametta (da barba); (*Zool*) *~clam* cappalunga, manicaio, cannolicchio; *~ cut* (*haircut*) taglio con rasoio; (*fig*) *on the ~'s edge* sul filo del rasoio; (*Zool*) *~ shell* cappalunga, manicaio, cannolicchio; (*Am*) *~ wire* filo spinato.

razor-back /'reɪzəbæk Am 'reɪzəʳbæk/ *n.* **1** (*of hills*) catena *f.* sottile. **2** (*Zool*) balenottera *f.*

razor-backed /'reɪzəbækt Am 'reɪzəʳbækt/ *a.* dal dorso sottile.

razorbill /'reɪzəbɪl Am 'reɪzəʳbɪl/ *n.* (*Ornit*) gazza *f.* marina.

razor-billed /'reɪzəbɪld Am 'reɪzəʳbɪld/ *a.* dal becco a lama di rasoio.

razor-edge /'reɪzəʳedʒ/ *n.* (*fig*) orlo *m.* del precipizio.

razor-strop /'reɪzəstrɒp Am 'reɪzəʳstrɑːp/ *n.* coramella *f.*

razz /ræz/ **I** *v.t.* (*Am,colloq*) prendere in giro, criticare, ridicolizzare, farsi beffe, prendersi gioco. **II** *n.* (*Am,colloq*) pernacchia *f.*

razzle-dazzle /ˌræzl'dæzl/ *n.* **1** inganno *m.*, imbroglio *m.*, tranello *m.* **2** (*colloq*) (*confusion, riotous gaiety*) baldoria *f.*, eccitazione *f.*, confusione *f.* **3** (*spree*) baldoria *f.*, bisboccia *f.*, gozzoviglia *f.* **4** (*showing off*) ostentazione *f.*, sfarzo *m.* □ (*colloq*) *to go* (o *to be*) *on the ~* folleggiare, darsi alla pazza gioia.

razzmatazz /'ræzmətæz/ *n.* **1** (*colloq*) confusione *f.*; (*deceit*) inganno *m.*, raggiro *m.* **2** (*double talk*) linguaggio *m.* ambiguo. **3** (*vim*) energia *f.*, vigore *m.*

RB *Botswana* RB (Botswana).

rbc, RBC (*Biol*) *red blood cell* GR (globulo rosso, eritrocita).

RC 1 *Red Cross* CR (croce rossa). **2** (*Mil*) *Reserve Corps* (truppe di riserva). **3** *Roman Catholic* (cattolico romano). **4** (*Edil*) *reinforced concrete* CA, C.A. (cemento armato). **5** *Taiwan* RC (Taiwan).

RCA /ˌɑːrsiː'eɪ Am ˌɑːrsiː'eɪ/ **1** (*Am*) *Radio Corporation of America* (corporazione americana della radio). **2** (*Br*) *Royal College of Art* (regia università dell'arte). **3** *Central African Republic* RCA (Repubblica Centrafricana).

RCB *Congo Republic* RCB (Repubblica del Congo).

R.C.Ch. *Roman Catholic Church* (chiesa cattolica romana).

RCH *Chile* RCH (Cile).

RCM (*Br*) *Royal College of Music* (regio collegio musicale).

RCMP (*Canad*) *Royal Canadian Mounted Police* (polizia canadese a cavallo).

rcpt. *receipt* (ricevuta).

rd. 1 *road* str. (strada), v. (via). **2** *rod* rod (pertica).

Rd. *road* str. (strada), v. (via).

R.D. *Rural District* (distretto rurale).

RDA /ˌɑːˈdiːˈeɪ *Am* ˌɑːrdiːˈeɪ/ (*Am*) *recommended daily amount* RDA (dose giornaliera raccomandata).

RDBMS (*Inform*) *relational database management system* RDBMS (sistema di gestione di database relazionali).

RDF (*Aer*) *radio direction finder* RDF (radiogoniometro).

RDS *radio data system* RDS (sistema di radiotrasmissione dei dati).

re[1] /reɪ/ *n.* **1** (*Mus*) re *m.* **2** (*tone D*) D *m.*

re[2] /riː/ *prep.* (*burocr*) con riferimento a, in riferimento a, Oggetto:, Rif:, in merito a: ~ *your letter of the 10th inst.* con riferimento alla Vs. (lettera) del 10 corr., Oggetto: Vs. lettera del 10 corr.

RE /ˌɑːrˈiː/ **1** (*Br,Scol*) *religious education* (educazione religiosa). **2** (*Br,Mil*) *royal engineers* (genio militare britannico).

R/E (*Econ*) *rate of exchange* (cambio).

reabsorb /ˌriːəbˈzɔːb *Am* riːəbˈzɔːrb/ *v.t.* riassorbire.

reabsorption /ˌriːəbˈzɔːpʃən *Am* riːəb ˈzɔːrpʃən/ *n.* riassorbimento *m.*

reaccustom /ˌriːəˈkʌstəm/ *v.t.* riabituare (*to* a).

reach[1] /riːtʃ/ **I** *v.t.* **1** raggiungere, giungere a, arrivare a, pervenire a: *we -ed port that night* raggiungemmo il porto quella notte. **2** (*to succeed in touching*) raggiungere: *get me that book, I can't ~ it* prendimi quel libro, io non ci arrivo. **3** (*to take*) prendere: *to ~ a cup from a shelf* prendere una tazza da uno scaffale. **4** (*to take and pass*) passare, porgere, allungare: ~ *me the salt please* passami il sale per favore. **5** (*to extend to*) estendersi fino a, arrivare a, giungere fino a, spingersi fino a: *the water -ed his knees* l'acqua gli arrivava alle ginocchia. **6** (*to communicate with*) comunicare con, mettersi in comunicazione con, prendere contatto con: *I haven't been able to ~ her* non sono riuscito a mettermi in contatto con lei. **7** (*to extend, to thrust*) allungare, stendere. **II** *v.i.* **1** stendere la mano, allungare il braccio. **2** (*of the hand, arm: to become extended*) stendersi, allungarsi. **3** (*to extend*) estendersi, spingersi, giungere (*to* fino a), arrivare (*to* fino a): *my land -es to the river* la mia proprietà si estende fino al fiume. **4** (*to penetrate*) arrivare, giungere (a), penetrare (in): *as far as the eye can ~* fin dove può arrivare lo sguardo. **5** (*to amount*) ammontare (a). **6** (*Mar*) bordeggiare. ☐ *to ~ after*: **1** allungare la mano per prendere, allungare il braccio per prendere; **2** (*to try to grasp*) cercare di afferrare, cercare di prendere, cercare di arrivare a; **3** (*fig*) aspirare, mirare: *to ~ after power* aspirare al potere; *to ~ down*: **1** tirare giù, prendere: *he -ed down his suitcase* tirò giù la valigia; **2** (*to extend down*) arrivare (*to* a), scendere (fino a): *the coat -ed down to his knees* il cappotto gli arrivava al ginocchio; *to ~ for*: **1** allungare la mano per prendere, allungare il braccio per prendere; **2** (*to try to grasp*) cercare di afferrare, cercare di prendere, cercare di arrivare a; **3** (*fig*) aspirare, mirare: *to ~ for power* aspirare al potere; ~ *for the sky!* mani in alto!; (*fig*) *to ~ for the*

stars mirare molto in alto; *to ~ out* stendere, allungare; *to ~ one's hand out* stendere la mano; *to ~ up*: **1** alzare, levare, sollevare; **2** (*to extend up*) spingersi in alto (*to* fino a), innalzarsi, elevarsi (a).

reach[2] /riːtʃ/ *n.* **1** lo stendere la mano, l'allungare la mano. **2** (*distance*) distanza *f.* alla quale si può arrivare. **3** (*of a boxer*) allungo *m.* **4** (*range*) portata *f.*: *within ~ of one's voice* a portata di voce. **5** *spec.pl.* (*of a river*) tratto *m.* navigabile fra due anse, tratto *m.* diritto: *the upper -es of the river* il tratto superiore del fiume. **6** *spec.pl.* (*fig*) distesa *f.*, estensione *f.*, tratto *m.*: *the distant -es of the cosmos* le remote distese del cosmo. ☐ *to ~ an agreement* mettersi d'accordo, arrivare a un accordo, accordarsi; *to ~ a climax* raggiungere il punto culminante, essere al colmo; *of the ~ of*: **1** lontano da, distante da, lontano dalla portata di: *keep out of ~ of children* tenere fuori dalla portata dei bambini; **2** (*fig*) (*beyond the reach of*) al di là delle possibilità di, fuori delle possibilità di, oltre le possibilità di.

reachable /ˈriːtʃəbl/ *a.* raggiungibile.

reach-me-down /ˈriːtʃmidaʊn/ *n.* **1** *spec.pl.* (*Br,ant,colloq*) abito *m.* bell'e fatto, abito *m.* confezionato. **2** (*Am*) (*used clothes*) vestito *m.* usato, indumento *m.* smesso.

re-act /riːˈækt/ *v.t.* recitare di nuovo, rappresentare di nuovo, replicare, ripetere.

reactance /riˈæktəns *Am* riˈæktəns/ *n.* (*El,Fis*) reattanza *f.*

reactant /riˈæktənt *Am* riˈæktənt/ *n.* (*Chim*) reattivo *m.*, reagente *m.*

reaction /riˈækʃən/ *n.* **1** reazione *f.* (*to* a; *against* contro; *from* da parte di): *action and ~ azione e reazione.* **2** (*return to a previous state*) ritorno *m.* a uno stato precedente. **3** (*Econ*) reazione *f.* (tecnica). **4** (*Med*) reazione *f.* (*to* a): *adverse reactions* effetti indesiderati. **5** (*Fis,Chim*) reazione *f.*, trasformazione *f.* (*with* con; *between* tra). **6** (*Nucl*) reazione *f.* nucleare. **7** (*Comm*) ristagno *m.*, recessione *f.* del mercato. **8** (*Pol*) reazionari *m.pl.* **9** *pl.* riflessi *m.pl.*, reazioni *f.pl.* ☐ ~ *agent* reagente, reattivo (*El*) ~ *coil* bobina di reazione; (*Mot*) ~ *engine* motore a reazione; (*Psic*) ~ *formation* formazione reattiva; *out of* ~ per reazione (*to* a); ~ *time*: **1** tempo di reazione (*anche Psic*); **2** (*Inform*) tempo di accesso.

reactional /riˈækʃənl/ *a.* di reazione, dovuto a reazione.

reactionarism /riˈækʃənˈrɪzəm/ *n.* reazionarismo *m.*

reactionary /riˈækʃənri *Am* riˈækʃəneri/ **I** *a.* (*Pol*) reazionario. **II** *n.* (*Pol*) reazionario *m.* (*f.* -a).

reactionism /riˈækʃənɪzəm/ *n.* (*Pol*) reazionarismo *m.*

reactionist /riˈækʃənɪst/ **I** *a.* (*Pol*) reazionario. **II** *n.* (*Pol*) reazionario *m.* (*f.* -a).

reactivate /riˈæktəveɪt/ *v.t.* riattivare, rimettere in funzione.

reactivation /ˌriːæktɪˈveɪʃən *Am* riˌækti ˈveɪʃən/ *n.* riattivazione *f.*

reactive /riˈæktɪv/ *a.* **1** che reagisce, reattivo. **2** (*El*) reattivo, reagente.

reactivity /riækˈtɪvəti *Am* riækˈtɪvəti/ *n.* reattività *f.* (*anche Nucl,Chim*).

reactor /riˈæktər/ *n.* **1** (*Chim,El*) reattore *m.* **2** (*Nucl*) reattore *m.* nucleare, reattore *m.* atomico, pila *f.* atomica, pila *f.* nucleare.

read[1] /riːd/ (*past, p.p.* read /red/) **I** *v.t.* **1** leggere: *to ~ a newspaper* leggere un giornale. **2** (*of signs, symbols, etc.*) leggere, interpretare, decifrare: *to ~ a diagram* leggere un diagramma. **3** (*to know by reading*) leggere, apprendere leggendo, venire a sapere leggendo: *I ~ that taxes are to go up* leggo che le tasse aumenteranno. **4** (*fig*) (*to interpret*) interpretare, intendere, prendere: *how do you ~ this passage?* come interpreti questo brano? **5** (*fig*) (*of a person*) giudicare, valutare, capire: *I think you may have ~ him wrong* penso che tu l'abbia giudicato male. **6** (*of an instrument*) leggere: *to ~ a thermometer* leggere un termometro. **7** (*to indicate*) segnare, indicare, registrare: *the petrol gauge -s zero* l'indicatore del carburante segna zero. **8** (*Univ*) studiare: *to ~ law* studiare giurisprudenza. **9** (*to see registered, revealed*) leggere, scorgere, indovinare, intuire. **10** (*Tip*) (*of proofs*) correggere, rivedere; (*of a copy*) revisionare. **11** (*Aer*) individuare (un aereo) sullo schermo radar. **12** (*Rad*) (*of a message*) ricevere: *do you ~ me?* mi senti te? **13** (*Teat*) interpretare, recitare: *he -s the part well* interpreta bene la parte. **14** (*Parl*) (*to submit by reading*) dare lettura di. **15** (*Inform*) (*of data, files*) leggere. **II** *v.i.* **1** leggere, dedicarsi alla lettura. **2** (*to produce an impression when read*) fare effetto, suscitare un'impressione (alla lettura). ☐ *to ~ about* *sth.* leggere di qcs., apprendere qcs. leggendo; *to ~ aloud* leggere ad alta voce; (*fig*) *to take as ~* dare per buono, dare per scontato; (*fig*) *to ~ between the lines* leggere tra le righe; *to ~ so.'s fortune* leggere la fortuna a qcu.; (*Inform*) *to ~ in* memorizzare; *to ~ into* vedere in, attribuire a; *to ~ so. like a book* leggere in qcu. come in un libro aperto; *to ~ so.'s lips* leggere le labbra di qcu.; (*Am,colloq*) ~ *my lips!* ascoltami bene!; *to ~ so.'s mind* leggere nel pensiero di qcu., leggere nell'animo di qcu.; *to ~ of sth.* leggere di qcs., apprendere qcs. leggendo; *to ~ sth. off* leggere qcs. ad alta voce; *to ~ on* seguitare a leggere, continuare a leggere; *to ~ out*: **1** (*to read outloud*) leggere ad alta voce; **2** (*Inform*) estrarre (dati); **3** (*Am*) (*to expel*) espellere (da un'organizzazione); *to ~ sth. over* rileggere qcs.; *to ~ so.'s palm* leggere la mano a qcu.; *to ~ so.'s thoughts* leggere nel pensiero di qcu.; *to ~ sth. through* leggere qcs. da cima a fondo; *to ~ oneself to sleep* leggere per conciliare il sonno; *to ~ up on sth.* documentarsi su qcs.; *to ~ up (on) a subject* studiare a fondo un argomento.

read[2] /riːd/ *n.* **1** (*act, period of reading*) lettura *f.* **2** (*book, etc.*) lettura *f.*, scritto *m.*: *his latest thriller is an excellent ~* il suo ultimo giallo è un'eccellente lettura. ☐ (*Am, colloq*) *to get the ~ on sth.* farsi un'idea; (*Inform*) ~ *head* testina di lettura; (*Inform*) ~ *mode* modalità (*di*) sola lettura.

read[3] /red/ → **read**[1].

read[4] /red/ *a.* (*having knowledge through reading; generally in compounds*) di... cultura, colto, istruito: *a widely~ person* una persona di vasta cultura; *she is much better ~ than me* è molto più colta di me.

readability /ˌriːdəˈbɪləti *Am* ˌriːdəˈbɪləti/ *n.* **1** leggibilità *f.* **2** (*clarity*) chiarezza *f.*

readable /ˈriːdəbl/ *a.* **1** di piacevole lettura: *a highly ~ novel* un romanzo di piacevole lettura. **2** (*legible*) leggibile, decifrabile.

readapt /ˌriːəˈdæpt/ **I** *v.t.* riadattare. **II** *v.i.* riadattarsi.

readaptation /ˌriːˌædæpˈteɪʃən/ *n.* riadattamento *m.*

re-address /ˌriːəˈdres/ *v.t.* **1** (*to put a new*

address on) scrivere un nuovo indirizzo su, cambiare indirizzo a. **2** (*to address again*) rivolgersi di nuovo a.

reader /'ri:dər/ *n.* **1** lettore *m.* (*f.* -trice). **2** (*Edit*) lettore *m.* (*f.* -trice) (di manoscritti). **3** (*Tip,Edit*) (*proof-reader*) correttore *m.* (*f.* -trice) di bozze. **4** (*Edit*) (*book for reading practice*) libro *m.* di lettura; (*anthology*) antologia *f.* **5** (*Univ*) docente *m.* incaricato, professore *m.* associato, reader *m.* **6** (*Bibliot*) microlettore *m.* **7** (*Rel,Tecn*) lettore *m.* □ (*Tip,Edit*) *~'s mark* (*in proof-reading*) segno di richiamo.

readership /'ri:dəʃɪp Am 'ri:dərʃɪp/ *n.* **1** (*Univ*) ufficio *m.* di docente incaricato, associazione *f.*, incarico *m.* di reader. **2** (*Giorn*) lettori *m.pl.*, pubblico *m.* dci lettori.

readily /'redɪli/ *avv.* **1** prontamente (e di buon grado), volentieri e subito: *he ~ agreed* acconsentì prontamente. **2** (*easily*) facilmente, senza difficoltà.

readiness /'redɪnəs/ *n.* **1** preparazione *f.: the country's ~ for war* la preparazione bellica del paese. **2** (*cheerful consent*) sollecitudine *f.*, solerzia *f.*, buona volontà *f.: to agree with ~* acconsentire con sollecitudine. **3** (*ease, facility*) facilità *f.*, scioltezza *f.*, disinvoltura *f.* □ *~ of mind* presenza di spirito; *~ of speech* facilità di parola.

reading /'ri:dɪŋ/ *I n.* **1** lettura *f.: ~ and writing* lettura e scrittura. **2** (*reading matter, matter read*) letture *f.pl.*, lettura *f.: light ~* letture amene. **3** (*knowledge*) cultura *f.*, istruzione *f.*, erudizione *f.: a man of wide ~* un uomo di vasta cultura. **4** (*interpretation*) interpretazione *f.*, versione *f.: an interesting ~ of the dagger scene in Macbeth* un'interessante interpretazione della scena del pugnale nel Macbeth. **5** (*form, version of a text*) lettura *f.*, lezione *f.: a controversial ~ proposed by some authorities* una lettura controversa proposta da alcuni esperti. **6** (*of an instrument*) lettura *f.*, rilevazione *f.* (*on di*): *barometer ~* lettura di un barometro. **7** (*Parl*) lettura *f.: the bill is now up for its third ~* il disegno di legge è alla (sua) terza lettura. **8** (*Filol*) lezione *f.* **II** *a.* **1** dei lettori: *the ~ public* il pubblico dei lettori. **2** (*designed, used for reading*) da lettura, di lettura, per leggere: *where are my ~ glasses?* dove sono i miei occhiali da lettura? □ *to have a ~ age of eight* sapere leggere come un bambino di otto anni; *~ book* libro di lettura; (*Inform*) *~ head* testina di lettura; *~ knowledge of sth.* comprensione scritta di qcs.; *~ room* sala di lettura; (*Inform*) *~ speed* velocità di lettura; *~, writing and arithmetic* leggere, scrivere e far di conto.

Reading /'redɪŋ/ *n.pr.* (*Geog*) Reading *f.*

reading-desk /'ri:dɪŋdesk/ *n.* leggio *m.*

reading-glass /'ri:dɪŋglɑːs Am 'ri:dɪŋglæs/ *n.* lente *f.* d'ingrandimento (per leggere).

reading-lamp /'ri:dɪŋlæmp/ *n.* lampada *f.* da studio.

reading-light /'ri:dɪŋlaɪt/ *n.* lampada *f.* da studio.

readjourn /ri:ə'dʒɜːn Am ri:ə'dʒɜːrn/ *v.t.* rinviare, differire, rimandare. **II** *v.i.* essere (nuovamente) rinviato, essere differito.

readjust /ri:ə'dʒʌst/ **I** *v.t.* **1** (*to readapt*) riadattare. **2** (*to rearrange*) riordinare, riassettare, rimettere in ordine, sistemare di nuovo. **II** *v.i.* riadattarsi, riabituarsi (*to* a).

readjustment /ri:ə'dʒʌsmənt/ *n.* riadattamento *m.*; (*rearrangement*) riordinamento *m.*, riassetto *m.*

readme /'ri:dmiː/ □ (*Inform*) *~ file* file leggimi.

readmission /ri:əd'mɪʃən/ *n.* riammissione *f.*

readmit /ri:əd'mɪt/ *v.t.* riammettere.

readmittance /ri:əd'mɪtəns/ *n.* riammissione *f.*

read-only /'ri:d,əʊnli/ *a.* **1** che può essere soltanto letto. **2** (*Inform*) a sola lettura. □ (*Inform*) *~ file* file di sola lettura; (*Inform*) *~ memory* memoria di sola lettura.

read-out /'ri:daʊt/ *n.* (*Inform*) **1** (*data retrieved*) informazioni *f.pl.* prodotte da un computer, lettura *f.* e trasferimento *m.* dalla memoria. **2** (*device displaying information*) display *m.* per la visualizzazione dei dati, dispositivo *m.* per la visualizzazione dei dati.

readthrough /'ri:dθruː/ *n.* (*Teat*) prove *f.pl.* a tavolino, lettura *f.* completa di un copione prima della rappresentazione.

read-write /'ri:drait/ *a.* (*Inform*) lettura e scrittura. □ (*Inform*) *~ access* accesso in lettura e scrittura; (*Inform*) *~ head* testina di lettura e scrittura.

ready /'redi/ **I** *a.* **1** pronto, preparato: *lunch is ~* il pranzo è pronto. **2** (*willing, disposed*) pronto, disposto, incline: *he is always ~ to help* è sempre pronto ad aiutare. **3** (*prompt, quick*) pronto, lesto, sollecito: *don't be too ~ to criticize* non essere così pronto a criticare. **4** (*in perception*) pronto, sveglio. **5** (*on the point of*) sul punto di, lì lì per: *she looked ~ to burst into tears* sembrava sul punto di scoppiare in lacrime. **6** (*immediately available*) pronto, disponibile subito. **7** (*at hand*) a portata di mano, pronto: *to keep a rifle ~* tenere un fucile a portata di mano. **8** (*of money*) in contanti, liquido. **II** *n.* **1** (*Arm*) l'essere in posizione di tiro. **2** (*colloq*) (*ready cash*) contanti *m.pl.*, liquidi *m.pl.*, quattrini *m.pl.* **III** *v.t.* preparare, approntare. **IV** *avv.* (*in compounds*) pre...: *~-built* prefabbricato. □ (*Mar*) *~ about* pronti a virare; *at the ~:* **1** (*Arm*) in posizione di tiro; **2** (*at hand*) a portata di mano; (*Comm*) *~ cash* pronta cassa, contanti; (*Tip*) *~ for press* si stampi; *~ for use* pronto per l'uso; *to get ~* preparare, approntare; *to make ~:* **1** preparare, approntare; **2** (*Mar*) allestire; **3** (*to get dressed*) vestirsi; *~ meal* piatto pronto; *~ money:* **1** (*Comm*) pronta cassa, contanti; **2** (*Econ*) contanti, liquido, disponibilità; *~ reckoner* prontuario contabile; *to be a ~ speaker* avere la parola facile, avere la lingua sciolta; (*Sport*) *~, steady, go* pronti, partenza, via; (*fig*) *~ to burst* sul punto di esplodere; (*colloq*) *~ to roll* pronti per cominciare (a girare un film); *to be always ~ with an answer* avere sempre la risposta pronta.

ready-cooked /'redi,kʊkt/ *a.* (*of food*) pronto, cotto. □ *~ food* cibo da asporto.

ready-made /'redi'meɪd/ **I** *a.* **1** confezionato, bell'e fatto, preconfezionato, pronto. **2** subito disponibile, banale, facile: *~ phrase* frase fatta. **II** *n.* abito *m.* confezionato.

ready-mix /'redi,mɪks/ **I** *n.* (*Am*) **1** (*of cakes, food*) miscela *f.* pronta, preparato *m.* **2** (*Edil*) (*concrete, mortar*) conglomerato *m.*, malta *f.*; (*cement*) calcestruzzo *m.* pronto. **II** *a.* (*Am*) miscelato, preparato.

ready-to-wear /redi'weər Am redə'wer/ *a.* (*Abbigl*) confezionato.

ready-witted /'redi,wɪtɪd Am 'redi,wɪtɪd/ *a.* spiritoso, arguto.

reaffirm /ri:ə'fɜːm Am ri:ə'fɜːrm/ *v.t.* riconfermare, riaffermare.

reaffirmation /ri:əfɜː'meɪʃən Am ri:əfɜːr'meɪʃən/ *n.* riconferma *f.*, riaffermazione *f.*

reafforest /ri:ə'fɒrɪst/ *v.t.* (*Br,Forest*) rimboschire, rimboscare, (ri)forestare, afforestare.

reafforestation /ri:ə,fɒrɪ'steɪʃən/ *n.* (*Br, Forest*) rimboschimento *m.*, (ri)forestazione

f., afforestamento *m.*

reagency /ri:'eɪdʒənsi/ *n.* (*Chim*) reattività *f.*; (*operation*) reazione *f.*; (*power*) capacità *f.* di reazione.

reagent /ri:'eɪdʒənt/ *n.* (*Chim*) reagente *m.*, reattivo *m.*

real [1] /rɪəl Am ri:l, 'ri:əl/ **I** *a.* **1** vero, reale, effettivo: *a ~ friend* un vero amico. **2** (*actual*) reale, vero, autentico. **3** (*genuine, not artificial*) puro, genuino, autentico, sincero: *~ silk* seta pura. **4** (*Filos,Mat,Ott*) reale. **5** (*Dir*) (*of real property*) immobiliare, immobile; (*of rights, privileges*) reale. **II** *n.* reale *m.*, realtà *f.: the ~ and the unreal* il reale e l'irreale. **III** *avv.* (*Am, colloq*) **1** (*really*) davvero, veramente, realmente, in realtà, in effetti: *a ~ nice day* davvero una bella giornata. **2** (*very*) molto, assai: *he was ~ glad to see her* fu molto contento di vederla. □ (*Econ*) *~ account* conto patrimoniale; (*Br*) *~ ale* birra (di fabbricazione artigianale); (*Am,colloq*) *it's been ~* è stato bello, è stato un piacere; (*Am*) *~ estate* beni immobili, immobili, proprietà fondiaria, proprietà immobiliare; (*Am*) *~ estate agency* agenzia immobiliare; (*Am*) *~ estate agent* agente immobiliare; (*Am*) *~ estate investment trust* fondo d'investimento immobiliare; (*Am*) *~ estate tax* imposta sul patrimonio immobiliare, imposta reale; (*Fis*) *~ image* immagine reale; (*Econ*) *~ income* reddito reale; (*Econ*) *~ interest rate* tasso d'interesse reale; *in ~ life* nella vita reale; (*colloq*) *it's the ~ McCoy* è quello vero, è quello autentico; (*Mat*) *~ number* numero reale; (*Mat*) *~ part* parte reale; (*Rel.catt*) *~ presence* presenza reale; (*Br,Dir*) *~ property* proprietà che comprende anche le servitù prediali o i diritti patrimoniali; (*sl*) *I wrote him a ~ stinker* gliene ho scritte di tutti i colori; *~ tape* lungaggini burocratiche; (*Sport*) *~ tennis* pallacorda; (*Econ*) *in ~ terms* in termini reali; (*colloq*) *the ~ thing:* **1** (*the best*) il meglio, il non plus ultra; **2** (*the original*) l'originale, il vero, la cosa genuina; *~ time* tempo reale (*anche Inform*); (*Inform*) *~ time processing* elaborazione in tempo reale; *the cruise acted like a ~ tonic* la crociera è stata veramente stimolante; *the ~ world* la realtà, il mondo reale.

real [2] /reɪ'ɑːl/ (*pl.* **-s** /-z/, *reales* /re'ɑːles/) *n.* (*Numism*) reale *m.*, real *m.*

realgar /rɪ'ælgər/ *n.* (*Min*) realgar *m.*

realia /ri'eɪliə/ *n.* **1** (*Filos*) realia *m.*, cose *f.pl.* reali. **2** (*in didactics*) realia *m.*

realign /ri:ə'laɪn/ *v.t.* riallineare (*anche Econ*).

realignment /ri:ə'laɪnmənt/ *n.* **1** (*of runway, roads*) nuovo tracciato *m.* **2** (*fig*) (*of view*) ridefinizione *f.* **3** (*Pol*) (*of stance*) riallineamento *m.* **4** (*Econ*) (*of currency*) riallineamento *m.*

realise /'rɪəlaɪz/ *v.t.* (*Br*) → **realize**.

realism /'rɪəlɪzəm Am 'ri:əlɪzəm/ *n.* (*Lett,Art*) realismo *m.: to lend ~ to sth.* dare un tocco di realismo a qcs.

realist /'rɪəlɪst Am 'ri:əlɪst/ *n.* realista *m./f.* (*anche Lett,Art*).

realistic /rɪə'lɪstɪk Am ri:ə'lɪstɪk/ *a.* realistico.

realistically /rɪə'lɪstɪkli Am ri:ə'lɪstɪkli/ *avv.* in modo realistico, realisticamente.

reality /ri'æləti Am ri'æləti/ *n.* **1** realtà *f.* (*anche Filos*). **2** (*truth*) realismo *m.: to describe sth. with ~* descrivere qcs. con realismo. **3** (*Am,colloq*) *~ check* azione fatta per confrontare le proprie idee con la realtà; *in ~* in realtà, in effetti; (*Psic*) *~ principle* principio di realtà; *~ television* reality television; (*Psic*) *~ testing* reality testing, valutazione (di un'emozione o di un pensiero) confrontandoli con la realtà.

realizable /'rɪəlaɪzəbl Am 'rɪːəlaɪzəbl/ *a.* **1** realizzabile, attuabile, fattibile. **2** (*Comm*) realizzabile.

realization /,rɪəlaɪ'zeɪʃən Am ,rɪːəlɪ'zeɪʃən/ *n.* **1** comprensione *f.* **2** (*state of being realized*) percezione *f.*, comprensione *f.*, consapevolezza *f.* (*of* di; *that* del fatto che). **3** (*act of making real*) realizzazione *f.*, l'avverarsi: *the ~ of an ambition* la realizzazione di un'ambizione. **4** (*sth. realized*) realizzazione *f.*, effettuazione *f.*, attuazione *f.* **5** (*Comm*) realizzo *m.*, realizzazione *f.*

realize /'rɪəlaɪz Am 'rɪːəlaɪz/ *v.t.* **1** rendersi conto di, capire (esattamente), realizzare: *do you ~ the danger?* ti rendi conto del pericolo? **2** (*to bring into existence*) realizzare, attuare: *to ~ a hope* realizzare una speranza. **3** (*Comm*) realizzare, convertire in denaro liquido: *to ~ a block of shares* realizzare un pacchetto di azioni. **4** (*to obtain as profit, income*) ricavare, realizzare. **5** (*to yield*) fruttare, rendere.

reallocate /ri'æləkeɪt/ *v.t.* **1** distribuire di nuovo, assegnare di nuovo. **2** (*of funds*) stanziare di nuovo, riassegnare.

reallocation /,rɪælə'keɪʃən/ *n.* **1** nuova distribuzione *f.*, nuova assegnazione *f.* **2** (*of funds*) nuovo stanziamento *m.*

really /'rɪəli Am 'rɪːəli/ I *avv.* **1** sul serio, davvero, veramente, realmente: *do you ~ mean it?* dici sul serio?, dici davvero? **2** (*truly, unquestionably*) veramente, proprio, realmente, davvero. II *intz.* **1** (*to express interest, surprise*) davvero?!, veramente?! **2** (*to express protest*) veramente!, davvero!

realm /relm/ *n.* regno *m.*, reame *m.*: *Peers of the Realm* i pari del regno.

real-time /'rɪəltaɪm Am 'rɪːəltaɪm/ *a./avv.* in tempo reale (*anche Inform*).

realtor /'rɪːəltər/ *n.* (*Am*) agente *m.* immobiliare (accreditato).

realty /'rɪəlti Am 'rɪːəlti/ *n.* (*Am,Dir*) beni *m.pl.* immobili, immobili *m.pl.*, proprietà *f.* immobiliare, proprietà *f.* fondiaria.

real-world /'rɪːəl,wɜːld Am 'rɪːəl,wɜːrld/ *a.* del mondo reale.

ream[1] /riːm/ *n.* **1** (*Cart*) risma *f.* di 480 (*o* 500) fogli; (*printer's ream*) risma *f.* di 516 fogli. **2** *pl.* (*fig*) pagine e pagine *f.pl.*, (*colloq*) un mucchio: *he has written -s* ha scritto pagine e pagine.

ream[2] /riːm/ *v.t.* **1** (*Mecc*) alesare (a mano): *to ~ a hole* alesare un foro. **2** (*Am*) (*of fruit*) spremere. **3** (*Am,sl*) (*to reprimand*) rimproverare severamente. **4** (*Am,volg*) inculare, sodomizzare.

ream[3] /riːm/ I *n.* (*dial*) **1** (*cream*) crema *f.*, panna *f.* **2** (*froth*) schiuma *f.*, spuma *f.* II *v.i.* (*dial*) (*to froth*) fare la schiuma, schiumare. III *v.t.* **1** (*to remove the cream from*) scremare. **2** (*to remove the froth from*) schiumare, togliere la schiuma da.

reamer /'riːmər/ *n.* **1** (*Mecc*) alesatore *m.*, alesatoio *m.* **2** (*Dent*) reamer *m.*, strumento *m.* endocanalare per la devitalizzazione. **3** (*Am*) (*fruit squeezer*) spremifrutta *m.*

reanimate /,riː'ænɪmeɪt/ I *v.t.* rianimare (*anche fig*). II *v.i.* rianimarsi (*anche fig*).

reanimation /,riːænɪ'meɪʃən/ *n.* rianimazione *f.*, incoraggiamento *m.*

reannex /riːə'neks/ *v.t.* riannettere.

reannexation /riːænek'seɪʃən/ *n.* riannessione *f.*

reap /riːp/ I *v.t.* **1** (*Agr*) (*of grain, etc.*) mietere; (*of a crop*) raccogliere; (*of a field*) falciare. **2** (*fig*) raccogliere. II *v.i.* (*Agr*) (*of grain, etc.*) fare la mietitura, (*of a crop*) fare il rac-

colto; (*of a field*) fare la falciatura. ☐ (*fig*) *one -s as one has sown* ognuno raccoglie ciò che ha seminato.

reaper /'riːpər/ *n.* **1** (*Agr*) (*person*) mietitore *m.* (*f.* -trice). **2** (*Agr*) (*machine*) mietitrice *f.*, macchina *f.* mietitrice; (*of a field*) falciatrice *f.* **3** (*lett*) morte *f.*: *the Grim Reaper* la morte falciatrice. ☐ (*Agr*) *~ and binder* mietilegatrice, mietilega.

reaper-thresher /,riːpə'θreʃər Am ,riːpər'θreʃər/ *n.* (*Agr*) mietitrebbia *f.*

reaping /'riːpɪŋ/ *n.* (*Agr*) **1** mietitura *f.*; (*of a field*) falciatura *f.* **2** (*crop*) raccolto *m.* ☐ (*Am,Agr*) *~ hook* falcetto; (*Agr*) *~ machine* mietitrice, macchina mietitrice.

reaping-hook /'riːpɪŋ,hʊk/ *n.* (*Am,Agr*) falcetto *m.*

reapparel /,riːə'pærəl/ *v.t.* rivestire, vestire di nuovo.

reappear /,riːə'pɪər Am ,riːə'pɪr/ *v.i.* riapparire, ricomparire.

reappearance /,riːə'pɪərəns Am ,riːə'pɪrəns/ *n.* riapparizione *f.*, ricomparsa *f.*

reapply /,riːə'plaɪ/ *v.i.* fare nuovamente domanda (*for* per).

reappoint /,riːə'pɔɪnt/ *v.t.* **1** rinominare. **2** (*to re-elect*) rieleggere (*to* a).

reappointment /,riːə'pɔɪntmənt/ *n.* **1** nuova nomina *f.*, seconda nomina *f.*, reincarico *m.* **2** (*re-election*) rielezione *f.* (*to* a).

reappraisal /,riːə'preɪzəl/ *n.* **1** (*of writer, work*) rivalutazione *f.* **2** (*of question, policy*) riesame *m.*, riconsiderazione *f.*

reappraise /,riːə'preɪz/ *v.t.* rivalutare, riesaminare, riconsiderare.

rear[1] /rɪər Am rɪr/ I *n.* **1** retro *m.*, dietro *m.*, parte *f.* posteriore: *the ~ of the house* il retro della casa. **2** (*the back*) fondo *m.*: *a voice was heard from the ~ of the hall* si udì una voce dal fondo della sala. **3** (*Mil*) retroguardia *f.*; (*area*) retrovia *f.*, retrofronte *m.* **4** (*pop*) (*buttocks*) posteriore *m.*, deretano *m.*, (*colloq*) didietro *m.* **5** (*pop*) (*latrine*) latrina *f.*, (*pop*) cesso *m.* II *a.* posteriore, di dietro, sul retro: *the ~ seat of a car* il sedile posteriore di una macchina. ☐ *~ access* ingresso sul retro; (*Mar.mil*) *~ admiral* contrammiraglio; *at the ~ of* dietro a, a tergo di; (*Aut*) *~ bumper* paraurti posteriore; (*Aut*) *~ compartment* vano posteriore; *~ door*: **1** (*in house*) porta di servizio, porta sul retro; **2** (*Aut*) portiera posteriore, portellone; *~ end*: **1** parte posteriore, retro; **2** (*sl*) (*buttocks*) fondoschiena, didietro; (*Aut*) *~ fog-lights* fari posteriori antinebbia; *~ gunner* mitragliere di coda; *in the ~*: **1** indietro, dietro agli altri; **2** (*from behind*) alle spalle, da dietro; (*Br,Aut*) *~ lights* luci di posizione; *~ projection* retroproiezione; (*Arm*) *~ sight* alzo; (*Aut*) *~ suspension* sospensione posteriore; (*Aut*) *~ wheel* ruota posteriore; (*Aut*) *~ wheel drive* trazione posteriore; (*Aut*) *~ window* lunotto; (*Aut*) *~ window wiper* tergilunotto; (*Aut*) *~ window wiper and washer* tergilavalunotto.

rear[2] /rɪər Am rɪr/ I *v.t.* **1** (*of animals*) allevare: *to ~ cattle* allevare bestiame. **2** (*of people*) educare, allevare, crescere. **3** (*of plants*) coltivare. **4** (*to lift, raise*) levare, alzare, sollevare. **5** (*to set vertical*) innalzare, elevare, rizzare. **6** (*of an animal*) far impennare. II *v.i.* **1** impennarsi: *the horse -ed* il cavallo s'impennò. **2** (*to rise high*) alzarsi, innalzarsi, elevarsi. ☐ *to ~ its ugly head* iniziare a manifestarsi: *hatred -ed its ugly head* l'odio incominciò a manifestarsi; *to ~ up*: **1** (*of animals*) impennarsi; **2** (*of people*) inalberarsi, risentirsi, adombrarsi.

rear-admiral /,rɪər'ædmərəl Am ,rɪr'ædmərəl/ *n.* (*Mar.mil*) contrammiraglio *m.*

rear-arch /'rɪərɑːtʃ Am 'rɪrɑːrtʃ/ *n.* (*Arch*) arco *m.* interno.

rear-drive /,rɪər'draɪv Am ,rɪr'draɪv/ ☐ (*Aut*) *~ car* vettura a trazione posteriore.

rear-driven /,rɪər'drɪvən Am ,rɪr'drɪvən/ *a.* (*Aut*) a trazione posteriore.

rear-end /,rɪr'end/ *v.t.* (*Am,Aut*) tamponare un'automobile.

rear-ender /,rɪr'endər/ *n.* (*Am,Aut*) tamponamento *m.*

rearer /'rɪərər Am 'rɪrər/ *n.* **1** (*Am*) (*of animals*) allevatore *m.* (*f.* -trice). **2** (*Am*) (*of children*) allevatore *m.* (*f.* -trice). **3** (*of plants*) coltivatore *m.* (*f.* -trice). **4** (*horse*) cavallo *m.* che si impenna.

rearguard /'rɪəgɑːd Am 'rɪrgɑːrd/ *n.* (*Mil*) retroguardia *f.* ☐ *~ action*: **1** (*Mil*) azione di retroguardia; **2** (*fig*) azione dilatoria e cautelativa.

rearm /riː'ɑːm Am riː'ɑːrm/ I *v.t.* riarmare. II *v.i.* riarmarsi.

rearmament /riː'ɑːməmənt Am riː'ɑːrməmənt/ *n.* riarmo *m.*, riarmamento *m.*

rearmost /'rɪəmoʊst Am 'rɪrmoʊst/ *a.* ultimo, il più arretrato.

rearrange /,riːə'reɪndʒ/ *v.t.* riordinare, riassettare, rimettere in ordine.

rearrangement /,riːə'reɪndʒmənt/ *n.* **1** (*of plans*) cambiamento *m.* **2** (*of furniture*) nuova *f.* disposizione. **3** (*changing of order*) riordinamento *m.*, riassetto *m.* **4** (*Chim*) riassestamento *m.*

rear-view /,rɪə'vjuː Am ,rɪr'vjuː/ ☐ (*Aut*) *~ mirror* specchietto retrovisore.

rearward /'rɪəwəd Am 'rɪrwərd/ I *a.* **1** (*at the rear*) posteriore. **2** (*towards the rear*) volto indietro, diretto all'indietro. II *n.* (*ant,poet*) **1** retro *m.*, dietro *m.*, parte *f.* posteriore. **2** (*Mil*) retroguardia *f.* III *avv.* **1** (*at the rear*) indietro, dietro. **2** (*towards the rear*) all'indietro.

rearwards /'rɪəwədz Am 'rɪrwərdz/ *avv.* **1** (*at the rear*) indietro, dietro. **2** (*towards the rear*) all'indietro.

reascend /riːə'send/ I *v.t.* risalire, salire di nuovo. II *v.i.* riascendere, risalire, salire di nuovo.

reascension /riːə'senʃən/ *n.* risalita *f.*

reascent /riːə'sent/ *n.* risalita *f.*

reason /'riːzən/ I *n.* **1** ragione *f.*, motivo *m.* (*for, behind* di): *what is the ~ for this interruption?* qual è la ragione di questa interruzione? **2** (*power of comprehending*) ragione *f.*, discernimento *m.*, giudizio *m.*, senno *m.*: *the exercise of ~* l'uso della ragione. **3** (*sanity*) ragione *f.*, intelletto *m.*, senno *m.*: *to lose one's ~* perdere la ragione, uscire di senno. **4** (*sound judgement*) giudizio *m.*, buonsenso *m.*, discernimento *m.* **5** (*Filos*) ragione *f.*; (*premise*) premessa *f.* II *v.i.* **1** ragionare, usare la ragione. **2** (*to argue so as to convince*) ragionare, discutere ragionevolmente, argomentare. III *v.t.* **1** (*to argue, to contend*) sostenere, affermare, asserire. **2** (*to infer, to conclude*) concludere, dedurre, arguire, desumere. **3** (*to persuade by reason*) convincere (con ragionamenti), persuadere: *to ~ so. into doing sth.* persuadere qcu. a fare qcs. ☐ *~ for -s best known to himself* per motivi che lui solo conosce; *by ~ of* a causa di, per motivo di; *for no ~* per nessuna ragione, per nessun motivo; *for one ~ or another* per un motivo o per l'altro; *for the ~ that* per il motivo che, perché; *to have ~ to do sth.* avere ragione di fare qcs., avere motivo di fare qcs.; *we have ~ to believe* abbiamo motivo di credere, abbiamo (qualche) ragione di pensare; *for -s of his own* per ragioni sue (personali); *to ~ out* (*to formulate, to think through*) elaborare, meditare, mutare, ragionare su: *to ~ out a plan* elaborare un piano; *with or without* ~ con o senza motivo, a torto o a ragione; *within* ~ entro limiti ragionevoli, entro giusti limiti; *not without* ~ non senza ragione, non senza motivo, non a torto.

reasonable /'ri:zənəbl/ *a.* 1 ragionevole, logico, sensato: *a ~ decision* una decisione ragionevole. 2 (*not demanding, excessive*) ragionevole, giusto, moderato: *be ~!* sii ragionevole! 3 (*moderate in price*) ragionevole, equo, non eccessivo, giusto, conveniente: *a ~ price* un prezzo ragionevole. □ (*Dir*) ~ *suspicion* ragionevole dubbio.

reasonableness /'ri:zənəblnəs/ *n.* 1 ragionevolezza *f.* 2 (*moderateness*) moderatezza *f.*, moderazione *f.* 3 (*understanding*) comprensione *f.* (*over, about* di).

reasonably /'ri:zənəbli/ *avv.* 1 ragionevolmente. 2 (*colloq*) abbastanza, discretamente.

reasoning /'ri:zənɪŋ/ *n.* 1 raziocinio *m.*, uso *m.* della ragione. 2 (*judgement*) ragionamento *m.*, argomentazione *f.*

reasonless /'ri:zənləs/ *a.* 1 (*senseless*) irragionevole, irrazionale. 2 (*groundless*) immotivato, senza ragione.

reassemblage /,ri:ə'semblɪdʒ/ *n.* 1 nuova adunata *f.*, nuovo raduno *m.*; (*of things*) nuova raccolta *f.* 2 (*Mecc*) nuovo montaggio *m.*

reassemble /,ri:ə'sembl/ I *v.t.* 1 radunare nuovamente, riunire di nuovo, raccogliere di nuovo. 2 (*Mecc*) rimontare, montare di nuovo, assemblare di nuovo. II *v.i.* riunirsi nuovamente.

reassembly /,ri:ə'sembli/ *n.* 1 nuova adunata *f.*, nuovo raduno *m.*; (*of things*) nuova raccolta *f.* 2 (*Mecc*) nuovo montaggio *m.*

reassert /,ri:ə'sɜːt *Am* ,ri:ə'sɜːrt/ *v.t.* riasserire, riaffermare.

reassertion /'ri:ə'ɜːʃən/ *n.* riasserzione *f.*, riaffermazione *f.*

reassess /,ri:ə'ses/ *v.t.* 1 rivalutare. 2 (*of income*) accertare di nuovo. 3 (*of an amount*) calcolare di nuovo.

reassessment /,ri:ə'sesmənt/ *n.* 1 rivalutazione *f.* 2 (*of income*) nuovo accertamento *m.*

reassign /,ri:ə'saɪn/ *v.t.* 1 riassegnare, stanziare nuovamente. 2 (*to reappoint*) rinominare. 3 (*to rearrange*) stabilire nuovamente. 4 (*Econ,Dir*) cedere di nuovo, trasferire nuovamente.

reassignment /,ri:ə'saɪnmənt/ *n.* 1 nuova assegnazione *f.* 2 (*of funds*) nuovo stanziamento *m.* 3 (*of duties*) riassegnazione *f.* 4 (*reappointment*) nuova nomina *f.*, nuovo incarico *m.* 5 (*Econ,Dir*) nuova cessione *f.*, nuovo trasferimento *m.*

reassume /,ri:ə'sju:m *Am* ,ri:ə'su:m/ *v.t.* riassumere, riprendere.

reassumption /,ri:ə'sʌmpʃən/ *n.* riassunzione *f.*

reassurance /,ri:ə'ʃʊərəns *Am* ,ri:ə'ʃʊrəns/ *n.* 1 rassicurazione *f.* 2 (*Assic*) riassicurazione *f.*

reassure /,ri:ə'ʃʊər *Am* ,ri:ə'ʃʊr/ *v.t.* 1 rassicurare (*about* su). 2 (*Assic*) riassicurare.

reassuring /,ri:ə'ʃʊərɪŋ *Am* ,ri:ə'ʃʊrɪŋ/ *a.* rassicurante.

reattach /,ri:ə'tætʃ/ I *v.t.* 1 riattaccare. 2 (*to tie again*) legare di nuovo, rilegare. 3 (*to reconnect*) riconnettere, ricollegare, ricongiungere. II *v.i.* riattaccarsi, tornare ad attaccarsi.

reattachment /,ri:ə'tætʃmənt/ *n.* riattaccamento *m.*

reattempt /,ri:ə'tempt/ I *v.t.* ritentare, riprovare. II *v.i.* fare un nuovo tentativo.

Réaumur /'reɪoumjʊər *Am* 'reɪəmjʊr/ □ (*Fis,ant*) ~ *scale* scala Réaumur.

reave /ri:v/ (*past, p.p.* **-d** /-d/ o **reft** /reft/) (*rar, ant*) I *v.t.* predare, rapire. II *v.i.* compiere un saccheggio.

reawaken /,ri:ə'weɪkən/ I *v.t.* risvegliare, ridestare. II *v.i.* risvegliarsi, ridestarsi.

rebaptism /ri:'bæptɪzəm/ *n.* secondo battesimo *m.*

rebaptize /ri:'bæptaɪz/ *v.t.* ribattezzare.

rebarbative /ri:'bɑ:bətɪv *Am* rɪ'bɑ:rbətɪv/ *a.* (*rar*) 1 repellente, ripugnante. 2 (*stern*) arcigno, severo.

rebate[1] /'ri:beɪt/ *n.* 1 (*Comm*) riduzione *f.*, ribasso *m.*, sconto *m.* 2 (*Econ*) rimborso *m.* 3 (*Assic*) abbuono *m.*

rebate[2] /rɪ'beɪt/ I *v.t.* 1 fare uno sconto di, ridurre di. 2 (*to discount, to deduct*) scontare, detrarre, dedurre, defalcare, abbonare. 3 (*to blunt*) smussare, spuntare. 4 (*fig*) (*to reduce the force of*) indebolire, debilitare, svigorire. II *v.i.* fare sconti, concedere riduzioni.

rebate[3] /'ri:beɪt, 'ræbɪt/ I *n.* (*Fal*) 1 (*groove*) scanalatura *f.*, gola *f.*, sede *f.* 2 (*joint*) giunto *m.* a maschio e femmina. II *v.t.* (*Fal*) 1 (*to cut*) fare un incastro in, scanalare. 2 (*to join by a rabbet joint*) unire con un giunto a maschio e femmina. III *v.i.* (*Fal*) essere unito a incastro (*on, over* a).

rebec /'ri:bek/ *n.* (*Mus*) ribecca *f.*, ribeca *f.*

Rebecca /rɪ'bekə/ *n.pr.f.* Rebecca.

rebeck /'ri:bek/ *n.* (*Mus*) ribecca *f.*, ribeca *f.*

rebel[1] /'rebəl/ I *n.* ribelle *m./f.*, rivoltoso *m.* (*f.* -a). II *a.* ribelle: *a ~ general* un generale ribelle; (*of rebels*) dei ribelli, ribelle: *the ~ forces* le forze dei ribelli.

rebel[2] /rɪ'bel/ *v.i.* (*past, p.p.* **rebelled** /rɪ'beld/) ribellarsi, insorgere, sollevarsi (*against* contro).

rebellion /rɪ'beljən/ *n.* 1 ribellione *f.*, insurrezione *f.*, sommossa *f.*, rivolta *f.*: *to raise in ~* ribellarsi. 2 (*opposition to authority*) ribellione *f.*, opposizione *f.*

rebellious /rɪ'beliəs *Am* rɪ'beljəs/ *a.* 1 ribelle, insorto: *~ troops* truppe ribelli. 2 (*hostile to authority*) ribelle, indocile, insubordinato: *a ~ child* un bambino ribelle. 3 (*of things: tenacious*) tenace, ribelle.

rebelliously /rɪ'beliəsli *Am* rɪ'beljəsli/ *avv.* 1 in modo ribelle. 2 (*with hostility to authority*) da ribelle, insubordinatamente.

rebelliousness /rɪ'beliəsnəs *Am* rɪ'beljəsnəs/ *n.* insubordinazione *f.*, indocilità *f.*

rebind /ri:'baɪnd/ *v.t.irr.* (*Legat*) rilegare, legare di nuovo.

rebirth /,ri:'bɜːθ *Am* ,ri:'bɜːrθ/ *n.* 1 rinascita *f.* (*anche fig*). 2 (*Teol*) rigenerazione *f.* 3 (*Rel*) (*reincarnation*) reincarnazione *f.*

reboant /'reboʊənt/ *a.* (*poet*) reboante, rimbombante.

reboot /,ri:'bu:t/ I *n.* (*Inform*) riavvio *m.* II *v.t.* (*Inform*) riavviare.

rebore[1] /,ri:'bɔːr/ *v.t.* (*Tecn*) rialesare.

rebore[2] /'ri:bɔːr/ *n.* (*Tecn*) rialesatura *f.*

reborn /ri:'bɔːn *Am* ri:'bɔːrn/ *a.* 1 rinato (*anche fig*). 2 (*Teol*) rigenerato. □ (*Rel,prot*) ~ *Christian* cristiano nato di nuovo.

rebound[1] /rɪ'baʊnd/ I *v.i.* 1 rimbalzare. 2 (*fig*) ricadere, ritorcersi, riversarsi: *his evil actions will ~ upon himself* le sue cattive azioni ricadranno sul suo capo. II *v.t.* far rimbalzare.

rebound[2] /'ri:baʊnd/ I *n.* 1 rimbalzo *m.* 2 (*repercussion*) ripercussione *f.*, contraccolpo *m.* 3 (*Sport*) (*in basketball*) rimbalzo *m.* □ *on the ~*: 1 di rimbalzo: *to hit a ball on the ~* colpire una palla di rimbalzo. 2 (*colloq,fig*) a botta calda: *to catch so. on the ~* approfittare di un momento di debolezza di qcu.

rebound[3] /,ri:'baʊnd/ *a.* (*Legat*) rilegato, legato di nuovo.

rebranding /ri:'brændɪŋ/ *n.* (*Comm*) cambiamento *m.* di marchio.

rebroadcast /,ri:'brɔːdkɑːst *Am* ,ri:'brɔːdkæst/ I *v.t.irr.* (*TV,Rad*) 1 (*to relay live*) ritrasmettere. 2 (*to repeat*) replicare. II *n.* (*TV, Rad*) 1 (*live*) ritrasmissione *f.* 2 (*repeat*) replica *f.*

rebuff /rɪ'bʌf/ I *n.* 1 ripulsa *f.*, ricusa *f.*, rifiuto *m.* secco, diniego *m.* secco. 2 (*check, setback*) insuccesso *m.*, sconfitta *f.*, scacco *m.* II *v.t.* 1 rifiutare seccamente, respingere recisamente. 2 (*to snub*) snobbare.

rebuild /,ri:'bɪld/ I *v.t.* 1 ricostruire, riedificare. 2 (*fig*) riorganizzare, ristrutturare, rimodellare. II *v.i.* fare una nuova costruzione.

rebuilt /,ri:'bɪlt/ *a.* 1 ricostruito, riedificato. 2 (*remodelled*) riorganizzato, ristrutturato, rimodellato.

rebuke /rɪ'bju:k/ I *v.t.* rimproverare, sgridare, dare una strigliata a: *he -d me for being late* mi ha rimproverato per il ritardo. II *n.* rimprovero *m.*, rabbuffo *m.*, strigliata *f.*

rebus /'ri:bəs/ *n.* rebus *m.*

rebut /rɪ'bʌt/ (*past, p.p.* **rebutted** /-ɪd/) *v.t.* 1 confutare, oppugnare, contrastare: *he -ted my statement* confutò la mia affermazione. 2 (*Dir*) confutare, respingere, opporsi a.

rebuttal /rɪ'bʌtəl *Am* rɪ'bʌtəl/ *n.* 1 confutazione *f.* (*anche Dir*). 2 (*Dir*) (*of evidence*) presentazione *f.* di una prova contraria, presentazione *f.* di una controprova.

rebutter /rɪ'bʌtər *Am* rɪ'bʌtər/ *n.* 1 chi confuta, oppositore *m.* (*f.* -trice). 2 (*Dir,ant*) replica *f.* della difesa.

rec /rek/ *n.* (*Br,colloq*) 1 (*recreation*) ricreazione *f.* 2 (*recreation ground*) campo *m.* di gioco. □ ~ *room* sala di ricreazione.

recalcitrance /rɪ'kælsɪtrəns/ *n.* ricalcitramento *m.*, renitenza *f.*, resistenza *f.*, opposizione *f.* ostinata.

recalcitrancy /rɪ'kælsɪtrənsi/ *n.* ricalcitramento *m.*, renitenza *f.*, resistenza *f.*, opposizione *f.* ostinata.

recalcitrant /rɪ'kælsɪtrənt/ *a.* ricalcitrante, ostinato, renitente, restio: *a ~ prisoner* un prigioniero ricalcitrante.

recalcitrantly /rɪ'kælsɪtrəntli/ *avv.* in modo ricalcitrante.

recalcitrate /rɪ'kælsɪtreɪt/ *v.i.* ricalcitrare, opporre resistenza.

recalcitration /rɪ'kælsɪtreɪʃən/ *n.* ricalcitramento *m.*, renitenza *f.*, resistenza *f.*, opposizione *f.* ostinata.

recalesce /,ri:kə'les/ *v.i.* (*Met*) sviluppare calore, essere soggetto a ricalescenza.

recalescence /,ri:kə'lesəns/ *n.* (*Met*) ricalescenza *f.*

recalescent /,ri:kə'lesənt/ *a.* (*Met*) della ricalescenza, relativo alla ricalescenza.

recall[1] /rɪ'kɔːl/ *v.t.* 1 richiamare, far tornare: *to ~ an ambassador* richiamare un ambasciatore. 2 (*to remember*) ricordare, ricordarsi, rammentare: *I don't ~ your name* non (mi) ricordo il tuo nome. 3 (*to revive*) far rivivere, richiamare in vita, far tornare in vita. 4 (*to revoke*) revocare, annullare. 5 (*to withdraw from circulation*) ritirare dalla circolazione: *to ~ a car* ritirare una vettura dalla circolazione.

recall[2] /'ri:kɔːl, 'ri:kɔːl/ *n.* 1 richiamo *m.* 2 (*remembrance, recollection*) ricordo *m.*, memoria *f.* 3 (*act of revoking*) revoca *f.*, revocazione *f.* 4 (*Mil,Mar,Inform*) richiamo *m.* 5 (*Am, Ind*) (*manufacturer's request*) ritiro *m.* di un prodotto dal mercato. □ (*Dir*) ~ *petition* raccolta *f.* di firme.

recallable /rɪ'kɔːləbl/ *a.* 1 che può essere richiamato. 2 (*capable of being remembered*) che può essere ricordato. 3 (*revocable*) revocabile, annullabile.

recalling /rɪˈkɔːlɪŋ/ *n.* **1** revoca *f.*, annullamento *m.* **2** (*Dipl*) richiamo *m.* (di ambasciatori ecc.).

recanalisation /ˌriːkænəlaɪˈzeɪʃən/ *n.* (*Br, Chir*) ricanalizzazione *f.*

recanalization /ˌriːkænəlɪˈzeɪʃən/ *n.* (*Am, Chir*) ricanalizzazione *f.*

recant /rɪˈkænt/ **I** *v.t.* **1** rinnegare, ritrattare, sconfessare, smentire. **2** (*to retract*) ritrattare, ritirare. **3** (*Rel*) abiurare. **II** *v.i.* fare una ritrattazione.

recantation /ˌriːkænˈteɪʃən/ *n.* **1** ritrattazione *f.*, sconfessione *f.* **2** (*Rel*) abiura *f.*

recap[1] /ˈriːkæp/ (*past, p.p.* **recapped** /-t/) **I** *v.t.* (*colloq*) (*to recapitulate*) ricapitolare, riepilogare. **II** *v.i.* (*colloq*) (*to recapitulate*) ricapitolare, riepilogare.

recap[2] /ˈriːkæp/ *n.* (*colloq*) (*recapitulation*) ricapitolazione *f.*, riepilogo *m.*

recap[3] /ˈriːkæp/ **I** *v.t.* (*past, p.p.* **recapped** /-t/) (*Am,Aus,Aut*) (*of a tyre*) ricostruire, rigenerare. **II** *n.* (*Am,Aus,Aut*) pneumatico *m.* ricostruito, pneumatico *m.* rigenerato.

recapitalisation /ˌriːkæpɪtəlaɪˈzeɪʃən/ *n.* (*Br*) ricapitalizzazione *f.*

recapitalise /ˌriːˈkæpɪtəlaɪz/ *v.t.* (*Br*) ricapitalizzare.

recapitalization /ˌriːkæpɪtəlɪˈzeɪʃən/ *n.* ricapitalizzazione *f.*

recapitalize /ˌriːˈkæpɪtəlaɪz/ *v.t.* ricapitalizzare.

recapitulate /ˌriːkəˈpɪtjəleɪt *Am* ˌriːkəˈpɪtʃəleɪt/ **I** *v.t.* ricapitolare, riepilogare, riassumere. **II** *v.i.* ricapitolare, riepilogare.

recapitulation /ˌriːkəˌpɪtjəˈleɪʃən/ *n.* **1** (*act of recapitulating*) ricapitolazione *f.* **2** (*result*) riepilogo *m.*, riassunto *m.*

recaption /ˌriːˈkæpʃən/ *n.* (*Dir*) reintegrazione *f.* nel possesso, restituzione *f.*, riacquisizione *f.* di beni immobili sottratti illecitamente.

recapture /ˌriːˈkæptʃər/ **I** *v.t.* **1** catturare di nuovo, riprendere: *to ~ a prisoner* catturare di nuovo un prigioniero. **2** (*Mil*) riconquistare: *to ~ a town* riconquistare una città. **3** (*fig*) ritrovare, ricuperare, riacquistare: *to ~ the enthusiasm of youth* ritrovare l'entusiasmo della gioventù. **4** (*recreate a situation or feeling*) ricreare. **II** *n.* ricupero *m.*, riconquista *f.*, riacquisto *m.*, nuova cattura *f.*

recast /ˌriːˈkɑːst *Am* ˌriːˈkæst/ **I** *v.t.* **1** rimodellare: *the potter ~ his jar* il vasaio rimodellò la brocca. **2** (*fig*) rimaneggiare, rifare: *to ~ the plot of a novel* rimaneggiare la trama di un romanzo. **3** (*Met*) rifondere. **4** (*Teat,Cin*) cambiare gli attori di, scegliere (dei) nuovi attori per; (*of an actor*) assegnare una nuova parte a. **5** (*Pesc*) (*of a fishline*) gettare nuovamente. **II** *v.i.* (*Pesc*) fare un nuovo lancio.

recce /ˈreki/ *n.* (*Br,Mil*) (*reconnaissance*) ricognizione *f.*, perlustrazione *f.*: *to be on a ~* fare una perlustrazione.

recd, rec'd *received* ric. (ricevuto).

recede /rɪˈsiːd/ *v.i.* **1** ritirarsi, retrocedere, indietreggiare, arretrare: *the tide -d* la marea si ritirò. **2** (*move into the distance*) allontanarsi: *the train -d into the night* il treno si allontanò nella notte. **3** (*to slope backwards*) inclinarsi all'indietro. **4** (*fig*) (*to grow less*) diminuire, affievolirsi, ridursi: *our hopes -d* le nostre speranze si affievolirono. **5** (*to decline in value*) calare, perdere valore, ribassare. **6** (*go bald*) stempiarsi.

receding /rɪˈsiːdɪŋ/ □ *~ chin* mento sfuggente; *~ hairline* stempiatura.

receipt /rɪˈsiːt/ **I** *n.* **1** ricevimento *m.*, ricevuta *f.* (*anche Comm*). **2** (*written acknowledgement*) ricevuta *f.*, quietanza *f.* (*of* di): *against*

~ contro ricevuta, dietro ricevuta. **3** (*ant*) (*recipe*) ricetta *f.* **4** *pl.* incassi *m.pl.*, introiti *m.pl.*, entrate *f.pl.*, proventi *m.pl.* **II** *v.t.* **1** rilasciare una ricevuta per. **2** (*Comm*) (*of a bill*) quietanzare. **III** *v.i.* rilasciare una ricevuta (*for* per). □ *-s and expenditures* entrate e uscite; *~ book* bollettario, registro delle ricevute; *I am in ~ of Yours of the 10th inst.* ho ricevuto la Vs. del 10 corr.

receivable /rɪˈsiːvəbl/ *a.* **1** ricevibile. **2** (*acceptable*) accettabile. **3** (*Comm*) esigibile.

receivables /rɪˈsiːvəblz/ *n.pl.* (*Econ*) titoli *m.pl.* esigibili, crediti *m.pl.* clienti (*on* di).

receive /rɪˈsiːv/ **I** *v.t.* **1** ricevere: *to ~ a letter* ricevere una lettera. **2** (*to greet*) ricevere, accogliere: *he -d the news with dismay* ricevette la notizia con sgomento. **3** (*to accept by listening*) ricevere, raccogliere, ascoltare: *to ~ so.'s confidences* ricevere le confidenze di qcu. **4** (*to take in through the mind*) riportare, ricevere, provare, avere: *to ~ a favourable impression* riportare un'impressione favorevole. **5** (*to take in, to admit*) accogliere, accettare, ammettere. **6** (*to allow into one's presence*) ricevere, ammettere alla propria presenza: *the Minister will ~ you now* il ministro vi riceverà ora. **7** (*of stolen goods*) ricettare. **8** (*to hold, to contain*) accogliere, contenere, ospitare. **9** (*to support the weight of*) sopportare, sostenere. **10** (*Rel.catt*) (*of the sacraments*) ricevere. **11** (*Dir*) (*to admit as evidence*) ammettere come prova. **12** (*Rad, TV*) ricevere, captare. **II** *v.i.* **1** ricevere. **2** (*to entertain guests*) ricevere, avere ospiti. **3** (*Rel*) ricevere i sacramenti. **4** (*Rad,TV*) ricevere una trasmissione. **5** (*Sport*) ricevere la battuta. **6** (*Br,Dir*) essere colpevole di ricettazione.

received /rɪˈsiːvd/ *a.* comune, generalmente accettato, generale: *~ opinions* opinioni comuni. □ (*Br,Fon*) *Received **pronunciation*** pronuncia standard, pronuncia modello; (*Am,Fon*) *Received **standard*** pronuncia standard, pronuncia modello; *~ **wisdom*** opinione pubblica.

receiver /rɪˈsiːvər/ *n.* **1** chi riceve, ricevente *m./f.*, destinatario *m.* (*f.* -a). **2** (*Tel*) microtelefono *m.*, ricevitore *m.*, cornetta *f.* **3** (*Rad*) ricevitore *m.*, radioricevitore *m.*, apparecchio *m.* radioricevente. **4** (*Dir*) curatore *m.* fallimentare, amministratore *m.* fiduciario: *to call in the -s* chiedere l'amministrazione controllata. **5** (*Comm*) ricevitore *m.* **6** (*of stolen goods*) ricettatore *m.* (*f.* -trice). **7** (*Sport*) prenditore *m.*, ricevitore *m.* □ (*El*) *~ **circuit*** circuito ricevente; (*Pol*) *~ **country*** paese beneficiario; *~ **dish*** (antenna) parabolica; (*Dir*) *~ **in bankruptcy*** curatore fallimentare; *~ **tray*** vassoio (di fotocopiatrice).

receivership /rɪˈsiːvəʃɪp *Am* rɪˈsiːvərʃɪp/ *n.* (*Dir*) curatela *f.*: *to go into ~* essere in amministrazione controllata.

receiving /rɪˈsiːvɪŋ/ **I** *n.* (*Br,Dir*) ricettazione *f.* **II** *a.* (*Comm*) relativo al ricevimento merci. □ *~ department* ufficio arrivi; *to be on the ~ end of sth.* essere l'oggetto di qcs., essere il bersaglio di qcs.; *~ note*: 1 bolla di consegna; 2 (*on ship*) buono di imbarco, ordine di imbarco; (*Dir*) *~ **order*** nomina di un curatore fallimentare; (*Rad*) *~ **set*** apparecchio radioricevente, (radio)ricevitore; *~ **station**:* 1 (*Ferr*) stazione destinataria, stazione di destinazione; 2 (*Rad*) ripetitore.

recency /ˈriːsnsi/ *n.* attualità *f.*, l'essere recente.

recension /rɪˈsenʃən/ *n.* recensione *f.*, revisione *f.* (critica); (*revised version*) versione *f.* riveduta.

recent /ˈriːsnt/ *a.* recente, nuovo: *~ devel-*

opments recenti sviluppi; *a ~ appointment* una nomina recente. □ *within ~ **memory*** recentemente, in epoca recente, di recente.

recently /ˈriːsntli/ *avv.* recentemente, ultimamente.

recentness /ˈriːsntnəs/ *n.* attualità *f.*, l'essere recente.

receptacle /rɪˈseptəkl/ *n.* **1** ricettacolo *m.* (*anche Bot*). **2** (*container*) contenitore *m.*, recipiente *m.*

reception /rɪˈsepʃən/ *n.* **1** ricevimento *m.*, ricezione *f.* **2** (*act of admitting*) ammissione *f.*, accoglienza *f.* **3** (*state of being admitted*) ammissione *f.*, accoglimento *m.*, accettazione *f.* **4** (*greeting*) accoglienza *f.* **5** (*in a hotel*) reception *f.*, accettazione *f.* **6** (*social gathering*) ricevimento *m.*, trattenimento *m.* (*for so.* in onore di qcu.; *for sth.* in occasione di qcs.): *to hold a ~* dare un ricevimento. **7** (*Rad, TV*) ricezione *f.*, recezione *f.* (*on su*): *~ is very bad tonight* questa sera la ricezione è pessima. □ *~ **centre*** (o *Am ~ **center***) centro di accoglienza (*for* per); *~ **clerk*** receptionist, addetto alla ricezione; *~ **committee*** comitato di accoglienza; *~ **desk*** (*in a hotel*) reception; (*Br,Med*) *~ **order*** ordine che autorizza l'ospitalizzazione di un paziente psichiatrico; *~ **room**:* 1 salone per ricevimenti; 2 (*waiting room*) sala d'aspetto; 3 (*Br*) (*in a house*) salotto.

receptionist /rɪˈsepʃənɪst/ *n.* receptionist *m./f.*, addetto *m.* (*f.* -a) alla ricezione.

receptive /rɪˈseptɪv/ *a.* ricettivo, percettivo, aperto (*to* a, nei confronti di): *a ~ mind* una mente ricettiva.

receptiveness /rɪˈseptɪvnəs/ *n.* ricettività *f.* (*to* a, nei confronti di).

receptivity /ˌriːsepˈtɪvəti *Am* ˌriːˌsepˈtɪvəti/ *n.* ricettività *f.* (*to* a, nei confronti di).

receptor /rɪˈseptər/ *n.* (*Fisiol*) recettore *m.*

recess /rɪˈses, ˈriːses/ **I** *n.* **1** rientranza *f.*, nicchia *f.*, vano *m.* **2** (*hollow place*) cavità *f.* **3** (*act of receding*) recesso *m.*, recessione *f.* **4** (*Parl,Dir*) sospensione *f.* delle sedute, intervallo *m.* tra due sessioni; (*short recess*) intervallo *m.*, interruzione *f.*; (*in courts*) ferie *f.pl.* giudiziarie. **5** (*Am,Scol*) intervallo *m.* **6** (*Ass*) recessi *m.pl.*: *in the -es of my mind* nei recessi della mia mente. **II** *v.t.* **1** arretrare, far rientrare. **2** (*to make a recess in*) incassare, fare una nicchia in, fare una rientranza in. **3** (*Parl, Dir*) sospendere le sedute di. **III** *v.i.* **1** (*Parl, Dir*) sospendere le sedute. **2** (*to suspend business*) interrompere le attività, sospendere le attività, fare una pausa.

recession /rɪˈseʃən/ *n.* **1** recesso *m.*, recessione *f.* **2** (*retreat*) ritiro *m.*, ritirata *f.* **3** (*Econ, Biol,Astron*) recessione *f.* **4** (*Geol*) regressione *f.*

recessional /rɪˈseʃənl/ **I** *a.* **1** (*Lit*) del ritiro degli officianti, relativo al ritiro degli officianti. **2** (*Parl*) della sospensione delle sedute, relativo alla sospensione delle sedute. **II** *n.* (*Lit*) inno *m.* di chiusura.

recessionary /rɪˈseʃənri *Am* rɪˈseʃəneri/ *a.* (*Econ*) recessivo: *~ spiral* spirale recessiva.

recessionproof /rɪˈseʃənpruːf/ *a.* (*Econ*) a prova di recessione: *a ~ job* un posto di lavoro al riparo dalla recessione.

recessive /rɪˈsesɪv/ *a.* **1** retrocedente, in regresso, che indietreggia, che arretra. **2** (*Biol*) recessivo. **3** (*Fon*) (*of stress*) che tende a cadere all'inizio della parola.

recharge[1] /ˌriːˈtʃɑːdʒ *Am* ˌriːˈtʃɑːrdʒ/ **I** *v.t.* ricaricare. **II** *v.i.* (*Mil*) sferrare un nuovo attacco, riattaccare. □ (*fig*) *to ~ one's **batteries*** ricaricarsi.

recharge[2] /ˈriːtʃɑːdʒ *Am* ˈriːtʃɑːrdʒ/ *n.* **1** ricarica *f.* **2** (*new load*) nuovo carico *m.* **3** (*Idr*) ravvenamento *m.*

rechargeable /ˌriː'tʃɑːdʒəbḷ *Am* ˌriː-'tʃɑːrdʒəbḷ/ *a.* che si può ricaricare, ricaricabile.

recharger /ˌriː'tʃɑːdʒəʳ *Am* ˌriː'tʃɑːrdʒəʳ/ *n.* (*El*) caricabatterie *m.*

réchauffé /ˌreʃouˈfeɪ/ *n.* 1 piatto *m.* riscaldato. 2 (*fig*) rimaneggiamento *m.*, rifacimento *m.*

recheck /riː'tʃek/ *v.t.* controllare di nuovo, verificare di nuovo.

recherché /rə'ʃeəʃeɪ *Am* rə'ʃerʃeɪ/ *a.* 1 (*rare*) raro. 2 (*exquisite*) ricercato, scelto, studiato.

rechristen /ˌriːˈkrɪsn/ *v.t.* ribattezzare, dare un nuovo nome.

recidivism /rɪˈsɪdəvɪzm/ *n.* (*Dir*) recidività *f.*, recidiva *f.*

recidivist /rɪˈsɪdəvɪst/ *n.* (*Dir,Med*) recidivo *m.* (*f.* -a).

recipe /ˈresɪpɪ/ *n.* 1 (*Gastron*) ricetta *f.* (*for* di). 2 (*fig*) ricetta *f.*, rimedio *m.*: *a ~ for boredom* una ricetta contro la noia. 3 (*Farm,ant*) ricetta *f.* □ (*Gastron*) ~*book* ricettario, libro delle ricette.

recipience /rɪˈsɪpɪəns/ *n.* 1 ricevimento *m.*, il ricevere, ricezione *f.* 2 (*receptivity*) ricettività *f.* (*to* a, nei confronti di).

recipiency /rɪˈsɪpɪənsɪ/ *n.* 1 ricevimento *m.*, il ricevere, ricezione *f.* 2 (*receptivity*) ricettività *f.* (*to* a, nei confronti di).

recipient /rɪˈsɪpɪənt/ I *n.* 1 (*of mail*) ricevente *m. /f.*, destinatario *m.* (*f.* -a). 2 (*of benefits, aids*) beneficiario *m.* (*f.* -a). 3 (*of prize, award*) vincitore *m.* (*f.* -trice). 4 (*of diploma*) neodiplomato *m.* (*f.* -a). 5 (*container*) recipiente *m.*, contenitore *m.* 6 (*Econ*) percettore *m.* 7 (*Med*) ricevente *m./f.*: ~ *of a transplant* ricevente di un trapianto. II *a.* 1 ricevente, che riceve. 2 (*capable of receiving*) ricettivo. □ (*Pol*) ~*country* paese beneficiario.

reciprocal /rɪˈsɪprəkḷ/ I *a.* 1 reciproco, mutuo: ~ *goodwill* buona volontà reciproca. 2 (*inversely corresponding*) opposto, inverso, contrario. 3 (*Gramm,Mat,Dir*) reciproco. II *n.* 1 inverso *m.*, opposto *m.*, contrario *m.* 2 (*Mat*) reciproco *m.*, inverso *m.* □ (*Mat*) ~*numbers* numeri reciproci; (*Gramm*) ~*pronoun* pronome reciproco; (*Mat*) ~*ratio* rapporto inverso; (*Gramm*) ~*verb* verbo reciproco.

reciprocality /rɪˌsɪprəˈkælətɪ *Am* rɪˌsɪprə'kæləʈi/ *n.* reciprocità *f.*

reciprocate /rɪˈsɪprəkeɪt/ I *v.t.* 1 scambiarsi, darsi scambievolmente: *to ~ addresses* scambiarsi gli indirizzi. 2 (*to give in return*) ricambiare, contraccambiare: *to ~ a promise* ricambiare una promessa. 3 (*to cause to move in alternate directions*) alternare, muovere con moto alterno. 4 (*Comm*) reciprocare. II *v.i.* 1 contraccambiare, ricambiare. 2 (*to move in alternate directions*) alternarsi, muoversi con moto alterno, andare con moto alterno. 3 (*to be correspondent*) corrispondere, equivalere.

reciprocating /rɪˈsɪprəkeɪtɪŋ/ *a.* (*Mecc*) (*a moto*) alternativo: ~ *engine* motore alternativo.

reciprocation /rɪˌsɪprəˈkeɪʃn/ *n.* 1 scambio *m.*: ~ *of good wishes* scambio di auguri. 2 (*giving in return*) ricambio *m.*, contraccambio *m.* 3 (*alternate motion*) moto *m.* alternativo, moto *m.* alterno, alternanza *f.* di moto. 4 (*state of being correspondent*) equivalenza *f.*, corrispondenza *f.* 5 (*of feelings*) corrispondenza *f.*, reciprocità *f.*, contraccambio *m.*

reciprocity /ˌresɪˈprɒsətɪ *Am* ˌresɪˈprɑːsəʈi/ *n.* 1 reciprocità *f.* (*anche Econ,Pol*). 2 (*mutual exchange*) scambio *m.* □ (*Fot*) ~*failure* difetto di reciprocità; ~*principle* principio di

---

reciprocità; (*Mat*) ~ *theorem* teorema di reciprocità.

recirculate /riːˈsɜːkjəleɪt *Am* riːˈsɜːrkjəleɪt/ *v.t.* (*Ind,Nucl*) rimettere in circuito.

recital /rɪˈsaɪtḷ *Am* rɪˈsaɪṭl/ *n.* 1 resoconto *m.*, relazione *f.*, rapporto *m.* 2 (*Dir*) narrativa *f.*, narrazione *f.*, parte *f.* introduttiva (di un documento). 3 (*Mus*) recital *m.*: *in ~* in concerto; *to give a piano ~* fare un concerto pianistico. 4 (*at the end of school*) saggio *m.*: *piano ~* saggio di pianoforte.

recitation /ˌresɪˈteɪʃn/ *n.* 1 (*act of reciting*) recitazione *f.*, il recitare; (*before an audience*) recitazione *f.*, declamazione *f.* 2 (*Am, Scol*) ripetizione *f.* della lezione.

recitative /ˌresɪtəˈtiːv/ I *a.* (*Mus*) recitativo. II *n.* (*Mus*) recitativo *m.*

recite /rɪˈsaɪt/ I *v.t.* 1 recitare, declamare: *to ~ a poem* recitare una poesia. 2 (*to enumerate*) fare l'elenco di, enumerare, elencare: *to ~ one's troubles* fare l'elenco dei propri guai. II *v.i.* recitare a memoria, ripetere a memoria. □ (*Lit*) *to ~ one's office* recitare l'uffizio, dire l'uffizio.

reciter /rɪˈsaɪtəʳ *Am* rɪˈsaɪṭər/ *n.* dicitore *m.* (*f.* -trice), recitatore *m.* (*f.* -trice).

reck /rek/ (*in frasi interr., negative o con little*) I *v.i.* (*rar,poet*) 1 (*ant*) preoccuparsi, essere preoccupato (*of* di, per), fare caso (a): *he ~ed little of the dangers* si preoccupava ben poco dei pericoli. 2 (*to take account of*) curarsi (di), considerare, prendere in considerazione (qcs.), badare (a). II *v.t.* (*rar,poet*) 1 (*ant*) curarsi di, considerare, prendere in considerazione, badare a. 2 (*costr.impers.*) (*ant*) (*to matter to*) riguardare, interessare: *it -s him not* non è una cosa che lo riguarda.

reckless /ˈrekləs/ *a.* 1 incurante, noncurante, sprezzante: *to be ~ of danger* essere incurante del pericolo. 2 (*characterized by lack of concern*) avventato, sconsiderato: ~ *spending* spese avventate. 3 (*rash, heedless*) spericolato, imprudente, azzardato, incauto: *a ~ driver* un guidatore imprudente. □ (*Dir*) ~*driving* guida spericolata.

recklessly /ˈrekləslɪ/ *avv.* 1 con noncuranza, sprezzantemente. 2 (*rashly*) avventatamente.

recklessness /ˈrekləsnəs/ *n.* 1 noncuranza *f.* 2 (*lack of concern*) avventatezza *f.*, sconsideratezza *f.*, sventatezza *f.*

reckon /ˈrekn/ I *v.t.* 1 calcolare, computare: *to ~ the cost* calcolare il costo. 2 (*to add up*) tirare le somme di, sommare. 3 (*to determine by reference to sth.*) determinare (riferendosi a), riferire, riportare: *seniority is -ed from the date of enrolment* l'anzianità viene determinata riferendosi alla data d'iscrizione. 4 (*to deduce*) concludere (a conti fatti), dedurre (tutto sommato), calcolare: *I -ed that it would cost me more* a conti fatti conclusi che mi sarebbe costato di più. 5 (*to regard, to consider*) considerare, reputare, stimare, valutare: *he is -ed the best writer in the country* è considerato il migliore scrittore del paese. 7 (*colloq,dial*) (*to suppose*) supporre, credere: *I ~ you must be tired* suppongo che tu sia stanco. II *v.i.* 1 calcolare, eseguire calcoli. 2 (*colloq,dial*) (*to suppose*) supporre. 2 (*to enumerate*) enumerare, elencare: *to ~ so.among one's friends* annoverare qcu. fra i propri amici; *to ~in* contare anche, includere nel conteggio; *to ~on* (*to rely on*) contare su, fare assegnamento su: *don't ~ on his help* non contare sul suo aiuto; *to ~over* (*to enumerate*) enumerare, elencare; *to ~up*: 1 (*to add up*) tirare le somme di, sommare: *to ~ up a bill* tirare le somme di un conto; (*poet*)

---

to ~ upon (*to rely on*) contare su, fare assegnamento su; *to ~ with*: 1 (*to take into account*) tenere conto di, considerare, prendere in considerazione; 2 (*to be faced with*) avere a che fare con, fare i conti con; *to ~ without* non fare i conti con, non tenere conto di; (*fig*) *to ~ without one's host* fare i conti senza l'oste.

reckoner /ˈrekənəʳ/ *n.* 1 contabile *m./f.*, computista *m./f.* 2 (*ready reckoner*) prontuario *m.* contabile.

reckoning /ˈrekənɪŋ/ *n.* 1 calcolo *m.*, conto *m.*, computo *m.*, conteggio *m.*: *it comes to fifty-five by my ~* secondo i miei calcoli viene cinquantacinque. 2 (*method of calculating*) sistema *m.* di calcolo, metodo *m.* di calcolo. 3 (*account, bill*) conto *m.*: *to pay the ~* pagare il conto. 4 (*act of settling accounts*) regolamento *m.* dei conti (*anche fig*): *day of ~* il giorno della resa dei conti, il momento di affrontare le proprie responsabilità. 5 (*Mar*) determinazione *f.* della posizione; (*dead reckoning*) stima *f.* della posizione. □ *to be out in one's ~* fare male i propri conti.

reclaim /rɪˈkleɪm/ I *n.* 1 (*of land*) bonifica *f.*, risanamento *m.* 2 (*Ind*) recupero *m.*, riutilizzazione *f.* 3 (*to rescue from vice, etc.*) redenzione *f.* II *v.t.* 1 (*of land*) bonificare, prosciugare. 2 (*Ind*) ricuperare, utilizzare; (*of rubber*) rigenerare. 3 (*Am*) (*to rescue from vice, etc.*) ricuperare, redimere, riabilitare, riscattare: *to ~ alcoholics* ricuperare gli alcolizzati. □ *to ~ luggage* ritirare i bagagli.

re-claim /ˌriːˈkleɪm/ *v.t.* chiedere la restituzione di, reclamare.

reclaimable /rɪˈkleɪməbḷ/ *a.* 1 (*of land*) bonificabile. 2 (*morally rescuable*) ricuperabile, che si può redimere, che si può riabilitare.

reclaimant /rɪˈkleɪmənt/ *n.* reclamante *m./f.*

reclamation /ˌrekləˈmeɪʃn/ *n.* 1 (*of land*) bonifica *f.* 2 (*act of reforming*) redenzione *f.*, riabilitazione *f.*, ricupero *m.* 3 (*act of making a claim*) l'avanzare una pretesa, l'avanzare una richiesta. 4 (*Ind*) ricupero *m.*; (*of rubber*) rigenerazione *f.*

reclinate /ˈreklɪneɪt/ *a.* (*Biol*) reclinato.

reclinated /ˈreklɪneɪtɪd *Am* ˈreklɪneɪṭid/ *a.* (*Biol*) reclinato.

recline /rɪˈklaɪn/ I *v.i.* 1 adagiarsi, mettersi comodo, sdraiarsi, distendersi: *to ~ in an armchair* adagiarsi su una poltrona. 2 (*to lie*) stare disteso, stare sdraiato, giacere. II *v.t.* poggiare, reclinare.

recliner /rɪˈklaɪnəʳ/ *n.* 1 (*recliner chair*) poltrona *f.* con schienale reclinabile. 2 (*so. who reclines*) chi si adagia, chi si sdraia.

reclining /rɪˈklaɪnɪŋ/ □ ~*seat* sedile reclinabile.

recluse /rɪˈkluːs *Am also* ˈrekluːs/ I *n.* 1 eremita *m./f.*, recluso *m.* (*f.* -a). 2 (*Rel*) anacoreta *m.*, eremita *m.* II *a.* (*ant*) recluso, isolato.

reclusion /rɪˈkluːʒn/ *n.* reclusione *f.*, isolamento *m.*

reclusive /rɪˈkluːsɪv/ *a.* solitario.

recoat /riːˈkout/ *v.t.* ricoprire di uno strato, ricoprire di un nuovo strato.

recognise /ˈrekəgnaɪz/ *v.t.* (*Br*) → **recognize**.

recognition /ˌrekəgˈnɪʃn/ *n.* 1 riconoscimento *m.*: ~ *of a right* riconoscimento di un diritto; ~ *of a state* riconoscimento di uno stato; *to escape ~* sfuggire all'identificazione, sfuggire al riconoscimento. 2 (*appreciation*) stima *f.*, riconoscimento *m.*, apprezzamento *m.*: *to receive ~ as a writer* ricevere riconoscimento come scrittore; *to achieve public ~* ottenere l'apprezzamento del pubblico. 3 (*Teat*) riconoscimento *m.* 4 (*Lett*) agnizione *f.* 5 (*Inform*) (*of data*) riconoscimento *m.*: *voice* ~ riconoscimento vocale.

recognizability /ˌrekəgnaɪzə'bɪləti *Am* ˌrekə gnaɪzə'bɪləti/ *n.* riconoscibilità *f.*, l'essere riconoscibile.

recognizable /'rekəgnaɪzəbl/ *a.* riconoscibile: *she is instabtly* ~ *by her hat* la si riconosce immediatamente dal cappello.

recognizance /rɪ'kɒgnɪzəns *Am* rɪ'kɑːgnɪzəns/ *n.* (*Dir*) **1** obbligo *m.* assunto davanti a una corte, obbligo *m.* assunto davanti a un magistrato. **2** (*sum pledged*) cauzione *f.*, garanzia *f.*

recognizant /rɪ'kɒgnɪzənt *Am* rɪ'kɑːgnɪzənt/ *a.* (*rar*) riconoscente (*of* per), memore (*of* di).

recognize /'rekəgnaɪz/ *v.t.* **1** riconoscere, ravvisare, identificare (*by* da; *as* come): *I didn't* ~ *you with that hat* non ti ho riconosciuto con quel cappello. **2** (*to acknowledge acquaintance with*) salutare: *since you insulted him he refuses to* ~ *you* da quando l'hai offeso si rifiuta di salutarti. **3** (*to be aware, to perceive*) rendersi conto di, accorgersi di, riconoscere. **4** (*to acknowledge as valid*) accettare, riconoscere la validità di: *my claim has been -d* il mio reclamo è stato accettato. **5** (*to admit*) riconoscere, ammettere: *to* ~ *defeat* riconoscere la sconfitta, ammettere di essere stato sconfitto. **6** (*to show appreciation of*) riconoscere, apprezzare. **7** (*Am*) (*allow to speak*) passare la parola a, cedere la parola a.

recognized /'rekəgnaɪzd/ *n.* **1** (*acknowledge*) riconosciuto. **2** (*Comm*) (*with accredited status*) accreditato: ~ *dealer* concessionario autorizzato.

recoil¹ /rɪ'kɔɪl/ *v.i.* **1** indietreggiare, farsi indietro, balzare indietro, ritrarsi (*from, at* di fronte a, davanti a), rinculare: *he -ed in horror at the sight* indietreggiò inorridito a quella vista. **2** (*to shun*) rifuggire (*from* da), respingere (qcs.): *to* ~ *from half-measures* rifuggire dai compromessi. **3** (*to feel disgust*) sentire ripugnanza, provare disgusto. **4** (*of a firearm*) rinculare. **5** (*fig*) (*to rebound*) ritorcersi (*on, upon* contro), ricadere, riversarsi (su): *his campaign of denigration -ed on him* la sua campagna denigratoria si ritorse contro di lui.

recoil² /'riːkɔɪl, rɪ'kɔɪl/ *n.* **1** (*Arm*) (*of a fire-arm*) rinculo *m.* **2** (*fig*) balzo *m.* indietro. **3** (*fig*) (*feeling of disgust*) senso *m.* di ripugnanza, senso *m.* di disgusto. **4** (*Mecc*) contraccolpo *m.*

recoilless /rɪ'kɔɪləs/ *a.* (*Arm*) (*of a fire-arm*) senza rinculo.

recoin /riː'kɔɪn/ *v.t.* (*Numism*) riconiare, coniare di nuovo.

recollect /ˌrekəl'ekt *Am* ˌrekə'lekt/ **I** *v.t.* **1** ricordare, rammentare: *to* ~ *having done sth.* ricordare di aver fatto qcs. **2** (*rifl.*) *to* ~ *oneself* ricordarsi, rammentarsi. **II** *v.i.* ricordare, ricordarsi, rammentare, rammentarsi.

re-collect /riːkə'lekt/ *I v.t.* **1** radunare di nuovo, riunire di nuovo, rimettere insieme. **2** (*to recover*) ricuperare, riacquistare, ritrovare: *to* ~ *one's strength* ricuperare le forze. **3** (*rifl.*) *to* ~ *oneself* ricomporsi, riacquistare il controllo di sé. **II** *v.i.* radunarsi nuovamente, riunirsi nuovamente.

recollection /ˌrekəl'ekʃn *Am* ˌrekə'lekʃən/ *n.* ricordo *m.*, memoria *f.* □ *to have some* ~ *of sth.* ricordare vagamente qcs.; *within my* ~ per quel che ricordo, per quanto ricordo.

recollective /ˌrekə'lektɪv/ *a.* **1** del ricordo, della memoria. **2** (*recollected*) ricordato.

recolonization /ˌriːkɒlənaɪ'zeɪʃn *Am* ˌriːkɑːlənaɪ'zeɪʃn/ *n.* nuova colonizzazione *f.*

recolonize /riː'kɒlənaɪz *Am* riː'kɑːlənaɪz/ *v.t.* colonizzare di nuovo.

recolor /riː'kʌlər/ *v.t.* (*Am*) ricolorare, dare di nuovo il colore a.

recolour /riː'kʌlər/ *v.t.* ricolorare, dare di nuovo il colore a.

recombinant /ˌriː'kɒmbɪnənt *Am* ˌriː'kɑːmbənənt/ **I** *a.* (*Biol*) ricombinante. **II** *n.* (*Biol*) ricombinante *m.* □ (*Biol*) ~ *DNA* DNA ricombinante.

recombination /ˌriːˌkɒmbɪ'neɪʃn *Am* riː ˌkɑːmbɪ'neɪʃn/ *n.* ricombinazione *f.* (*anche Fis, Biol.*)

recombine /ˌriːkəm'baɪn/ *v.t.* ricombinare, combinare di nuovo (*anche Chim*).

recommence /ˌriːkə'mens/ **I** *v.t.* ricominciare, riprendere. **II** *v.i.* ricominciare, riprendere.

recommencement /ˌriːkə'mensmənt/ *n.* nuovo inizio *m.*, ripresa *f.*, il ricominciare.

recommend /ˌrekə'mend/ *v.t.* **1** (*to suggest, to advise*) raccomandare, consigliare, suggerire: *to* ~ *a restaurant* consigliare un ristorante. **2** (*to endorse*) raccomandare: *to* ~ *so. for a job* raccomandare qcu. per un posto. **3** (*to make acceptable*) rendere accetto, rendere gradito. **4** (*to commend*) affidare, raccomandare: *to* ~ *one's soul to God* affidare l'anima a Dio.

recommendable /ˌrekə'mendəbl/ *a.* raccomandabile: *highly* ~ vivamente consigliato.

recommendation /ˌrekəmən'deɪʃn/ *n.* **1** raccomandazione *f.* (*to* a; *on* su). **2** (*advice*) consiglio *m.*, raccomandazione *f.* **3** (*sth. that recommends or makes acceptable*) qualità *f.* che rende accetto (*o* gradito). □ *to speak in* ~ *of so.* parlare a favore di qcu.; *to do sth. on so.'s* ~ fare qcs. dietro consiglio di qcu.

recommendatory /ˌrekə'mendətəri *Am* ˌrekə'mendətɔːri/ *a.* **1** raccomandatorio, di raccomandazione. **2** (*advisory*) consultivo.

recommended /ˌrekə'mendɪd/ *a.* consigliato. □ ~ *daily allowance* (*o* ~ *daily amount*) dose giornaliera raccomandata; ~ *reading* letture consigliate; (*Comm*) ~ *retail price* prezzo (*di vendita*) consigliato.

recommender /ˌrekə'mendər/ *n.* raccomandante *m./f.*, chi raccomanda.

recommit /ˌriːkə'mɪt/ *v.t.* **1** commettere di nuovo, compiere di nuovo, rifare. **2** (*Parl*) (*of a bill*) rinviare di nuovo a una commissione. **3** (*to entrust again*) riaffidare, affidare di nuovo.

recommitment /ˌriːkə'mɪtmənt/ *n.* (*Parl*) rinvio *m.* a una commissione (di progetto di legge non accettato).

recommittal /ˌriːkə'mɪtl *Am* ˌriːkə'mɪtəl/ *n.* (*Parl*) rinvio *m.* a una commissione (di progetto di legge non accettato).

recompense /'rekəmpens/ **I** *v.t.* **1** ricompensare (*for* per). **2** (*to indemnify*) risarcire, indennizzare, riparare (*for* di): *to* ~ *a loss* risarcire una perdita. **3** (*to return*) ripagare, ricambiare, ricompensare, contraccambiare: *to* ~ *good for evil* ricambiare il bene col male. **II** *v.i.* risarcire, indennizzare (*for sth.* qcs.). **III** *n.* **1** ricompensa *f.*, compenso *m.* (*for* per). **2** (*indemnity*) risarcimento *m.*, indennizzo *m.*, indennità *f.* (*for* di).

recompose /ˌriːkəm'pəʊz/ *v.t.* ricomporre.

recomposition /ˌriːkɒmpə'zɪʃn *Am* ˌriːkɑːmpə'zɪʃn/ *n.* ricomposizione *f.*

recon /riː'kɒn/ *n.* (*Am,Mil,colloq*) (*reconnaissance*) ricognizione *f.*

reconcilability /ˌrekənsaɪlə'bɪliti *Am* ˌrekənsaɪlə'bɪləti/ *n.* conciliabilità *f.*, l'essere conciliabile, l'essere riconciliabile.

reconcilable /ˌrekən'saɪləbl *Br also* 'rekənsaɪləbl/ *a.* conciliabile, riconciliabile (*with* con).

reconcile /'rekənsaɪl/ *v.t.* **1** conciliare, ricon-

ciliare, rappacificare: *to* ~ *two enemies* riconciliare due avversari. **2** (*to settle, to compose*) appianare, comporre: *why don't you* ~ *your differences?* perché non appianate i vostri dissidi? **3** (*rifl.*) *to* ~ *oneself* rassegnarsi: *you must* ~ *yourself to your fate* devi rassegnarti al tuo destino. **4** (*to harmonize*) conciliare, accordare, armonizzare: *to* ~ *two conflicting opinions* conciliare due opinioni contrastanti. **5** (*Econ*) far quadrare.

reconcilement /'rekənsaɪlmənt/ *n.* conciliazione *f.*, riconciliazione *f.*, rappacificazione *f.*

reconciliation /ˌrekənsɪli'eɪʃn/ *n.* conciliazione *f.*, riconciliazione *f.*, rappacificazione *f.*

recondite /'rekəndaɪt/ *a.* **1** oscuro, poco noto. **2** (*dealing with abstruse subjects*) astruso, complicato. **3** (*deep, secret*) recondito, occulto, misterioso, segreto.

reconditeness /'rekəndaɪtnəs/ *n.* **1** oscurità *f.* **2** (*abstruseness*) astrusità *f.*

recondition /ˌriːkən'dɪʃn/ *v.t.* **1** riparare, rimettere in efficienza, rimanere in funzione, ripristinare. **2** (*Mecc*) rialesare, ripassare. **3** (*Aut*) revisionare.

reconduct /ˌriːkən'dʌkt/ *v.t.* ricondurre, condurre di nuovo.

reconnaissance /rɪ'kɒnɪsəns *Am* rɪ 'kɑːnəsns/ *n.* **1** (*Mil*) ricognizione *f.*, esplorazione *f.*, perlustrazione *f.*: *on* ~ in ricognizione. **2** (*Aer.mil,Topogr,Geol*) ricognizione *f.* **3** (*fig*) esame *m.* preliminare: *to make a* ~ *of a project* fare un esame preliminare di un progetto. □ (*Mil*) ~ *car* veicolo da ricognizione; (*Mil*) ~ *in force* ricognizione di forze; (*Aer.mil*) ~ *plane* ricognitore, aereo da ricognizione.

reconnect /ˌriːkə'nekt/ *v.t.* riconnettere, ricollegare (*anche Tel*).

reconnection /ˌriːkə'nekʃn/ *n.* riconnessione *f.* (*anche Tel*).

reconnoiter /ˌriːkə'nɔɪtər/ **I** *v.t.* (*Am*) **1** (*Mil*) perlustrare, esplorare, fare una ricognizione di. **2** (*fig,colloq*) fare un esame preliminare di. **3** (*Topogr,Geol*) fare una ricognizione di. **II** *v.i.* (*Am,Mil*) fare una ricognizione, andare in ricognizione.

reconnoiterer /ˌrekə'nɔɪtrər/ *n.* (*Am*) ricognitore *m.*, esploratore *m.*

reconnoitre /ˌrekə'nɔɪtər *Am* ˌriːkə'nɔɪtər/ **I** *v.t.* **1** (*Mil*) perlustrare, esplorare, fare una ricognizione di. **2** (*fig,colloq*) fare un esame preliminare di. **3** (*Topogr,Geol*) fare una ricognizione di. **II** *v.i.* (*Mil*) fare una ricognizione, andare in ricognizione.

reconnoitrer /ˌrekə'nɔɪtrər/ *n.* ricognitore *m.*, esploratore *m.*

reconquer /riː'kɒnkər *Am* ˌriː'kɑːŋkər/ *v.t.* riconquistare.

reconquest /ˌriː'kɒnkwest *Am* riː'kɑːŋkwest/ *n.* riconquista *f.*

reconsider /ˌriːkən'sɪdər/ **I** *v.t.* riconsiderare, riesaminare, riprendere in considerazione: *to* ~ *a proposal* riconsiderare una proposta. **II** *v.i.* ripensarci (su), riflettere ancora: *won't you* ~*?* non vuoi ripensarci?

reconsideration /ˌriːkənˌsɪdər'eɪʃn *Am* ˌriːkənˌsɪdər'eɪʃən/ *n.* riconsiderazione *f.*, riesame *m.*

reconstituent /ˌriːkən'stɪtjuənt/ *n.* (*Med*) ricostituente *m.*

reconstitute /ˌriː'kɒnstɪtjuːt *Am* ˌriː'kɑːnstətuːt/ *v.t.* **1** ricostituire (*anche fig*). **2** (*Gastron*) ricostituire: *to* ~ *dried milk* ricostituire latte in polvere.

reconstruct /ˌriːkən'strʌkt/ *v.t.* ricostruire (*anche fig*).

reconstruction /ˌriːkən'strʌkʃn/ *n.* **1** ricostruzione *f.* **2** (*Stor.am*) (*period after the Civil*

War) ricostruzione *f.*

reconstructive /ˌriːkənˈstrʌktɪv/ *a.* ricostruttivo: ~ *surgery* chirurgia ricostruttiva.

reconvention /ˌriːkənˈvenʃ°n/ *n.* (*Dir*) riconvenzione *f.*

reconversion /ˌriːkənˈvɜːʃ°n *Am* ˌriːkənˈvɜːrʒ°n/ *n.* **1** nuova conversione *f.*, nuova trasformazione *f.* **2** (*conversion to a previous state*) conversione *f.* a uno stato precedente. **3** (*Econ,Ind*) riconversione *f.*

reconvert /ˌriːkənˈvɜːt *Am* ˌriːkənˈvɜːrt/ **I** *v.t.* convertire nuovamente, trasformare nuovamente. **II** *v.i.* mutarsi nuovamente, trasformarsi nuovamente.

reconvey /ˌriːkənˈveɪ/ *v.t.* trasportare indietro, rispedire.

reconveyance /ˌriːkənˈveɪəns/ *n.* nuovo trasporto *m.*, rispedizione *f.*

record[1] /ˈrekɔːd *Am* ˈrekərd/ **I** *n.* **1** resoconto *m.*, documentazione *f.* **2** (*sth. proving evidence*) testimonianza *f.*, documento *m.* **3** (*minutes, official text*) verbale *m.* (*anche Dir*): *a ~ of the proceedings of a meeting* un verbale degli atti di una riunione. **4** (*registration*) registrazione *f.* **5** (*register*) registro *m.* **6** (*personal record*) precedenti *m.pl.* (personali), passato *m.*: *his ~ indicates his fitness for the job* i suoi precedenti dimostrano che è adatto per questo lavoro. **7** (*facts about one's career*) stato *m.* di servizio. **8** (*curriculum vitae*) curriculum *m.* **9** (*police record*) certificato *m.* penale, fedina *f.* penale: *to have no ~* avere la fedina penale pulita. **10** (*gramophone record*) disco *m.* (*by, of* di). **11** (*top performance or achievement*) primato *m.*, record *m.* (*anche Sport*). **12** (*Tecn*) insieme *m.* dei dati, record *m.* **13** (*Inform*) registrazione *f.*, record *m.* **14** *pl.* documenti *m.pl.* ufficiali, atti *m.pl.* ufficiali. **15** *pl.* (*archives*) archivi *m.pl.*: *the town records* gli archivi della città. **16** *pl.* (*historical records*) annali *m.pl.* **II** *a.* record: *a ~ time for the half-mile* un tempo record sul mezzo miglio. □ *~album* album, LP, ellepì; *at ~* a tempo di record; *~ book* libro dei record: *to go down in the ~ books* entrare nel guinness; *~ breaker* primatista; (*Acus*) *~button* tasto di registrazione; *~changer* cambiadischi; *~desk* piastra del giradischi; *for the ~* ufficialmente; (*Am*) *to go on ~* esprimere pubblicamente le proprie opinioni; (*Sport*) *~ holder* detentore di un primato, primatista; *~industry* industria discografica; *~key*: **1** (*Acus*) tasto di registrazione; **2** (*Inform*) chiave di registrazione; *~ label* casa discografica; *~ library* discoteca, nastroteca; *~ number* cifra record; *of ~*: **1** (*documented, known*) documentato, provato: *a matter of ~* un fatto documentato; **2** (*Dir*) verbalizzato; (*Scol*) *~of achievement* storia scolastica; (*Giorn*) *off the ~* ufficioso, da non pubblicare, riservato: *to speak off the ~* parlare ufficiosamente; (*GB*) *~ Office* archivio di stato; *~ soffice*: **1** (*of births, deaths*) ufficio dell'anagrafe; **2** (*Dir*) (*of court records*) cancelleria; *on ~*: **1** (*known*) noto, risaputo: *my opinion on this subject is on ~* la mia opinione su questo argomento è nota; **2** (*documented, published*) documentato, comprovato; *~ player* giradischi; (*Sport*) *~ setter* primatista; *~ sleeve* fodera di disco, copertina di un disco; *to set the ~ straight* tanto per la cronaca; *~ time* tempo di record; *~ token* buono per l'acquisto di dischi.

record[2] /rɪˈkɔːd *Am* rɪˈkɔːrd/ *v.t.* **1** prendere nota di, registrare, annotare: *to ~ the day's events* prendere nota degli avvenimenti della giornata. **2** (*to make an official record of*) verbalizzare, mettere a verbale: *to ~ a court case* verbalizzare un processo. **3** (*to serve as*

evidence of) indicare, testimoniare. **4** (*to serve to relate*) registrare, constatare, notare: *the papers ~ an increase in crime* i giornali registrano un aumento della criminalità. **5** (*Tecn*) (*of an instrument*) indicare, segnare. **6** (*to register on tape*) incidere su nastro, registrare su nastro. **7** (*Rad,TV*) registrare.

recordable /rɪˈkɔːdəbl *Am* rɪˈkɔːrdəbl/ *a.* **1** registrabile. **2** (*suitable for recording*) degno d'essere annotato. **3** (*memorable*) memorabile, degno di essere ricordato.

record-breaker /ˈrekɔːdˌbreɪkər *Am* ˈrekɔːrdˌbreɪkər/ *n.* (*Sport*) primatista *m./f.*

record-breaking /ˈrekɔːdˌbreɪkɪŋ *Am* ˈrekɔːrdˌbreɪkɪŋ/ *a.* (*Sport*) da primato, da record.

recorded /rɪˈkɔːdɪd *Am* rɪˈkɔːrdɪd/ *a.* registrato. □ (*TV,Rad*) *~broadcast* trasmissione in differita; (*Post*) *~delivery* lettera raccomandata: *to send sth. ~ delivery* spedire qcs. per raccomandata.

recorder /rɪˈkɔːdər *Am* rɪˈkɔːrdər/ *n.* **1** chi registra, chi prende nota. **2** (*official*) protocollista *m./f.*; (*keeper of public records*) archivista *m./f.* **3** (*tape recorder*) registratore *m.* **4** (*Mus*) flauto *m.* diritto, flauto *m.* dolce. **5** (*Br, Dir*) giudice *m.* onorario. **6** (*Am,Dir*) giudice *m.* di corte municipale.

record-holder /ˈrekɔːdˌhoʊldər *Am* ˈrekɔːrdˌhoʊldər/ *n.* (*Sport*) detentore *m.* (*f.* -trice) di un primato.

recording /rɪˈkɔːdɪŋ *Am* rɪˈkɔːrdɪŋ/ *n.* **1** incisione *f.* (fonografica). **2** (*recording session*) seduta *f.* di registrazione. **3** (*on a tape recorder*) registrazione *f.*: *to make a ~ of sth.* registrare qcs. **4** (*Rad,TV*) registrazione *f.*, programma *m.* registrato. □ *Recording Angel* angelo che prende nota delle buone e delle cattive azioni degli uomini; (*Acus*) *~button* di a tape recorder) tasto di registrazione; (*Acus*) *~head* testina di registrazione; (*Acus*) *~ on tape* registrazione su nastro; (*Meteor*) *~rain-gauge* pluviografo; (*Acus*) *~session* seduta di registrazione.

recordist /rɪˈkɔːdɪst *Am* rɪˈkɔːrdɪst/ *n.* (*TV,Cin*) recordista *m./f.*

recount[1] /rɪˈkaʊnt/ *v.t.* **1** raccontare, narrare. **2** (*to go over one by one*) enumerare, elencare.

recount[2] /ˌriːˈkaʊnt/ **I** *v.t.* ricontare, contare di nuovo. **II** *n.* nuovo conteggio *m.*

recoup /rɪˈkuːp/ **I** *v.t.* **1** risarcire, rimborsare, ripagare, indennizzare. **2** (*rifl.*) *to ~ oneself* rifarsi, ripagarsi. **3** (*to recover, to regain*) ricuperare, riguadagnare, riacquistare. **4** (*Dir*) dedurre, defalcare, detrarre. **II** *v.i.* rifarsi.

recoupment /rɪˈkuːpmənt/ *n.* **1** risarcimento *m.*, rimborso *m.* **2** (*sth. recouped*) indennizzo *m.* **3** (*Dir*) deduzione *f.*, trattenuta *f.*

recourse /rɪˈkɔːs *Am* rɪˈkɔːrs/ *n.* **1** ricorso *m.*: *to have ~ to drastic measures* fare ricorso a provvedimenti drastici. **2** (*person, thing resorted to*) risorsa *f.*: *a ~ in time of trouble* una risorsa in un momento difficile. **3** (*Dir*) regresso *m.*: *action of ~* azione di regresso; *right of ~* diritto di regresso. □ *to have ~ to a lawyer* ricorrere a un avvocato; (*Dir*) *without ~*: **1** senza regresso; **2** (*on a negotiable instrument*) senza rivalsa.

recover /rɪˈkʌvər/ *v.t.* **1** ritrovare, recuperare, riacquistare: *to ~ a lost dog* ritrovare un cane smarrito; *to ~ one's strength* recuperare le forze; *to ~ one's sight* riacquistare la vista; *to ~ one's memory* riacquistare la memoria. **2** (*to make up for*) riguadagnare, compensare, recuperare (*from* da): *to ~ lost time* riguadagnare il tempo perduto. **3** (*rifl.*) *to ~ oneself* riaversi, riprendersi. **4** (*of land: to reclaim*) bonificare, prosciugare. **5** (*Ind*) recuperare,

riutilizzare. **6** (*Dir*) ottenere (dal tribunale): *to ~ damages* ottenere il risarcimento dei danni. **7** (*Inform*) recuperare, ripristinare. **II** *v.i.* **1** ristabilirsi, riprendersi, rimettersi, guarire (*from* dopo, da): *the patient is -ing slowly* il paziente si sta lentamente ristabilendo. **2** (*to return to a normal state*) riaversi, riprendersi: *to ~ from an illness* riaversi da una malattia. **3** (*Sport*) (*in fencing*) rimettersi in guardia; (*in rowing*) fare una ripresa. **4** (*Econ*) essere in ripresa. **5** (*Dir*) vincere una causa, ottenere una sentenza favorevole. **III** *n.* (*Sport*) **1** (*in fencing*) il rimettersi in guardia. **2** (*in rowing*) ripresa *f.* □ *to ~ one's balance* ritrovare l'equilibrio; *to ~ one's breath* riprendere fiato; *to ~ one's composure* ritrovare la padronanza di sé; *to ~ consciousness* riprendere conoscenza.

re-cover /ˌriːˈkʌvər/ *v.t.* ricoprire, coprire di nuovo.

recoverable /rɪˈkʌvərəbl/ □ (*Inform*) *~ error* errore recuperabile.

recovery /rɪˈkʌvəri *Am* rɪˈkʌvəri/ *n.* **1** ritrovamento *m.*, recupero *m.*, riacquisto *m.*: *the ~ of a lost diamond* il ritrovamento di un brillante smarrito. **2** (*return to a normal state*) ripresa *f.*: *economic ~* ripresa economica. **3** (*return to health*) guarigione *f.*, ristabilimento *m.*: *the patient made a quick ~* il paziente si ristabilì presto. **4** (*Ind*) recupero *m.* **5** (*Sport*) (*in fencing*) il rimettersi in guardia. **6** (*Sport*) (*in rowing*) ripresa *f.* **7** (*Sport*) (*in golf*) recupero *m.* **8** (*Mecc*) corsa *f.* di ritorno, ritorno *m.* **9** (*Aer*) ripresa *f.* d'assetto. **10** (*Dir*) riconoscimento *m.* di un diritto: *~ of damages* riconoscimento del diritto al risarcimento dei danni. **11** (*Med*) ristabilimento *m.*, ripresa *f.* **12** (*Inform*) recupero *m.*, ripristino *m.* □ (*Aer, Mar*) *~ operation* operazione di recupero; (*Econ*) *~ package* piano di risanamento; (*Econ*) *~phase* fase di ripresa; (*Br*) *~position* posizione laterale di sicurezza; (*Am,Med*) *~ room* sala di rianimazione; (*Mar,Astron*) *~ ship* navicella di recupero (di veicoli spaziali); *~team*: **1** (*Aer,Mar*) squadra di recupero; **2** (*Aut*) squadra di soccorso (stradale); (*El*) *~ time* tempo di ripristino.

recreance /ˈrekrɪəns/ *n.* **1** viltà *f.*, codardia *f.* **2** (*unfaithfulness*) slealtà *f.*, infedeltà *f.*, tradimento *m.*

recreancy /ˈrekrɪənsi/ *n.* **1** viltà *f.*, codardia *f.* **2** (*unfaithfulness*) slealtà *f.*, infedeltà *f.*, tradimento *m.*

recreant /ˈrekrɪənt/ **I** *a.* **1** codardo, vigliacco. **2** (*unfaithful*) infedele (*to* a), sleale (verso, nei riguardi di). **II** *n.* **1** vigliacco *m.* (*f.* -a), codardo *m.* (*f.* -a). **2** (*traitor*) traditore *m.* (*f.* -trice), rinnegato *m.* (*f.* -a).

recreate /ˈrekrɪeɪt/ **I** *v.t.* svagare, divertire, ricreare: *to ~ oneself* svagarsi, divertirsi, ricrearsi. **II** *v.i.* svagarsi, divertirsi, ricrearsi.

re-create /ˌriːkriˈeɪt/ *v.t.* **1** ricreare, creare di nuovo. **2** (*to reproduce exactly*) riprodurre fedelmente.

recreation /ˌrekriˈeɪʃ°n/ *n.* **1** ricreazione *f.* (*anche Scol*). **2** (*means of refreshment*) ricreazione *f.*, svago *m.* **3** (*pastime, diversion*) passatempo *m.*, distrazione *f.*, ricreazione *f.* **4** (*in a prison*) ora *f.* d'aria. □ *~ area*: **1** (*indoor*) sala di ricreazione; **2** (*outdoor*) campo giochi; (*Am*) *~center* centro ricreativo; (*Br*) *~ground* campo giochi; *~room*: **1** sala di ricreazione; **2** (*Am*) (*for children*) sala dei giochi.

recreational /ˌrekriˈeɪʃ°nl/ *a.* di divertimento, relativo al divertimento, di ricreazione. □ *~drug* droga leggera; *~user* consumatore occasionale di droga; (*Am,Aut*) *~ vehicle* camper, veicolo ricreazionale.

recreative /'rekrɪeɪtɪv *Am* 'rekrɪeɪtɪv/ *a.* ricreativo.

recrement /'rekrɪmənt/ *n.* **1** rifiuto *m.*, scoria *f.* **2** (*Fisiol*) secrezione *f.* riassorbita nel sangue.

recrementitious /ˌrekrɪmən'tɪʃəs/ *a.* **1** (*Fisiol*) di secrezione riassorbita nel sangue, relativo a secrezione riassorbita nel sangue. **2** (*superfluous*) superfluo.

recriminate /rɪ'krɪmɪneɪt/ *v.i.* recriminare (*against* contro).

recrimination /rɪˌkrɪmə'neɪʃ°n/ *n.* recriminazione *f.* (*against* contro).

recriminative /rɪ'krɪmɪnətɪv *Am* rɪ'krɪmɪnətɪv/ *a.* (*ant*) recriminatorio.

recriminatory /rɪ'krɪmɪnət°ri *Am* rɪ'krɪmənətɔ:ri/ *a.* (*ant*) recriminatorio.

recross /ˌri:'krɒs *Am* ˌri:'krɑ:s/ *v.t.* riattraversare, attraversare di nuovo.

recrudesce /ˌri:kru:'des/ *v.i.* **1** avere una recrudescenza, riprendere. **2** (*Med*) essere in (stato di) recrudescenza.

recrudescence /ˌri:kru:'des°ns/ *n.* recrudescenza *f.* (*anche Med*).

recrudescency /ˌri:kru:'des°nsi/ *n.* recrudescenza *f.* (*anche Med*).

recrudescent /ˌri:kru:'des°nt/ *a.* **1** che ha una recrudescenza. **2** (*Med*) in (stato di) recrudescenza.

recruit /rɪ'kru:t/ **I** *n.* **1** (*Mil*) recluta *f.*, coscritto *m.* (*to* in). **2** (*estens*) adepto *m.*, nuovo socio *m.*; (*raw recruit*) novellino *m.* (*f.* -a), novizio *m.* (*f.* -a), principiante *m/f.* **II** *v.t.* **1** (*Mil*) arruolare, reclutare, coscrivere: *to ~ troops* arruolare truppe. **2** (*Mil*) (*of a force: to supply with new men*) rifornire di uomini. **3** (*to strengthen*) rinforzare. **4** (*to raise*) radunare, adunare. **5** (*estens*) reclutare, ingaggiare, assumere. **6** (*fig,rar*) (*to restore, to renew*) recuperare, riacquistare: *to ~ one's strength* recuperare le forze. **7** (*rifl.*) (*rar*) *to ~ oneself* (*to recover oneself*) rimettersi, ristabilirsi. **III** *v.i.* **1** (*Mil*) arruolare uomini, reclutare uomini. **2** (*fig, rar*) (*to recover health*) rimettersi, ristabilirsi. **3** (*fig,rar*) (*to recover strength*) rinvigorire, rinvigorirsi.

recruiting /rɪ'kru:tɪŋ *Am* rɪ'kru:tɪŋ/ **I** *n.* (*Mil*) reclutamento *m.*, arruolamento *m.*, coscrizione *f.* **II** *a.* (*Mil*) di reclutamento. ☐ *~ office* ufficio assunzioni; (*Mil*) *~ officer* ufficiale di reclutamento.

recruitment /rɪ'kru:tmənt/ *n.* **1** (*Mil*) reclutamento *m.*, arruolamento *m.*, coscrizione *f.* **2** (*estens*) reclutamento *m.*, assunzione *f.*, ingaggio *m.*

rectal /'rekt°l/ *a.* (*Anat*) rettale.

rectangle /'rektæŋgl/ *n.* (*Geom*) rettangolo *m.*

rectangular /rek'tæŋgjələr/ *a.* rettangolare. ☐ (*Geom*) *~ coordinates* (*cartesian coordinates*) coordinate cartesiane; (*Mat*) *~ hyperbola* iperbole ortogonale, iperbole equilatera.

rectangularity /ˌrektæŋgjulærəti *Am* rek'tæŋgjulærəti/ *n.* l'essere rettangolare.

rectifiable /'rektɪfaɪəbl/ *a.* rettificabile, correggibile.

rectification /ˌrektɪfɪ'keɪʃ°n/ *n.* **1** rettificazione *f.*, rettifica *f.*, correzione *f.* **2** (*El*) raddrizzamento *m.* **3** (*Chim,Mat,Mecc*) rettificazione *f.*

rectified /'rektɪfaɪd/ ☐ (*Chim*) *~ spirit* alcol rettificato.

rectifier /'rektɪfaɪər/ *n.* **1** chi rettifica, chi corregge. **2** (*El*) raddrizzatore *m.*, rettificatore *m.* **3** (*Chim*) colonna *f.* rettificatrice.

rectify /'rektɪfaɪ/ *v.t.* **1** rettificare, correggere: *to ~ a calculation* rettificare un calcolo. **2** (*Mecc,Chim,Mat*) rettificare. **3** (*El*) raddrizzare.

rectilineal /ˌrektə'lɪniəl/ *a.* **1** (*Geom*) rettilineo. **2** (*Ott*) (*of a lens*) senza distorsioni.

rectilinear /ˌrektə'lɪniər/ *a.* **1** (*Geom*) rettilineo: *~ motion* moto rettilineo. **2** (*Ott*) (*of a lens*) senza distorsioni.

rectilinearity /ˌrektɪlɪni'ærəti *Am* ˌrektɪlɪni'ærəti/ *n.* l'essere rettilineo.

rectitude /'rektətju:d *Am also* 'rektətu:d/ *n.* rettitudine *f.*, onestà *f.*, probità *f.*

recto /'rektoʊ/ (*pl.* -s /-z/) *n.* (*Tip*) recto *m.*

rector /'rektər/ *n.* **1** (*Rel.prot*) pastore *m.* cui è assegnata una parrocchia. **2** (*Rel.catt*) rettore *m.* **3** (*Scol*) preside *m./f.* **4** (*Univ*) rettore *m.*

rectorate /'rekt°rɪt/ *n.* rettorato *m.*

rectorial /rek'tɔ:riəl/ *a.* rettorale.

rectorship /'rektəʃɪp *Am* 'rektərʃɪp/ *n.* rettorato *m.*

rectory /'rekt°ri *Am* 'rektɔ:ri/ *n.* **1** casa *f.* del pastore. **2** (*Rel.prot*) prebenda *f.* di un pastore, beneficio *m.* di un pastore. **3** (*Rel.catt*) rettoria *f.*

rectoscopy /rek'tɒskəpi *Am* rek'tɑ:skəpi/ *n.* (*Med*) rettoscopia *f.*

rectum /'rektəm/ (*pl.* -s /-z/, -ta /-tə/) *n.* (*Anat*) retto *m.*

rectus /'rektəs/ *n.* (*Anat*) muscolo *m.* retto.

recumbence /rɪ'kʌmbəns/ *n.* **1** il giacere, giacitura *f.*, posizione *f.* supina. **2** (*fig*) (*reliance*) assegnamento *m.*, fiducia *f.*, affidamento *m.*

recumbency /rɪ'kʌmbənsi/ *n.* **1** il giacere, giacitura *f.*, posizione *f.* supina. **2** (*fig*) (*reliance*) assegnamento *m.*, fiducia *f.*, affidamento *m.*

recumbent /rɪ'kʌmbənt/ *a.* **1** sdraiato, disteso. **2** (*Biol*) reclinato.

recuperate /rɪ'kju:p°reɪt *Am* rɪ'ku:pəreɪt/ **I** *v.i.* **1** ristabilirsi, riacquistare salute, rimettersi, riprendersi. **2** (*Comm*) riaversi, rifarsi, riprendersi. **II** *v.t.* recuperare, riacquistare, riavere, riprendere: *to ~ a sum of money* recuperare una somma di denaro; *to ~ one's health* recuperare la salute.

recuperation /rɪˌkju:p°r'eɪʃ°n *Am* rɪˌku:pə'reɪʃ°n/ *n.* **1** il riacquistare (la) salute, ristabilimento *m.*, guarigione *f.* (*from* da). **2** (*Tecn*) recupero *m.*

recuperative /rɪ'kju:p°rətɪv *Am* rɪ'ku:pərətɪv/ *a.* **1** che serve (*o* tende) a far ricuperare: *~ powers* capacità di recupero. **2** (*Tecn*) a recupero.

recuperator /rɪ'ku:pəreɪtər/ *n.* **1** (*Tecn*) recuperatore *m.* (*di calore*). **2** (*Arm*) recuperatore *m.*

recur /rɪ'kɜ:r *Am* rɪ'kɜ:r/ (*past, p.p.* **recurred** /-d/) *v.i.* **1** ricorrere, ripresentarsi, ripetersi. **2** (*of an occasion*) ripresentarsi. **3** (*to come up again for consideration*) ripresentarsi (alla mente). **4** (*Mat*) essere periodico.

recurrence /rɪ'kʌr°ns *Am* rɪ'kɜ:r°ns/ *n.* **1** ricorrenza *f.*, ricomparsa *f.* (*anche Med*). **2** (*recourse*) ricorso *m.*

recurrent /rɪ'kʌr°nt *Am* rɪ'kɜ:r°nt/ *a.* ricorrente, periodico. ☐ (*Med*) *~ fever* febbre ricorrente.

recurring /rɪ'kɜ:rɪŋ *Am* rɪ'kɜ:rɪŋ/ *a.* **1** ricorrente. **2** (*Med*) ricorrente, (*relapsing*) recidivante. ☐ (*Mat*) *~ decimal* numero decimale periodico.

recursion /rɪ'kɜ:ʃ°n *Am* rɪ'kɜ:rʒ°n/ *n.* (*Ling, Mat,Inform*) ricorsività *f.*

recurvate /rɪ'kɜ:vət *Am* rɪ'kɜ:rvət/ *a.* ricurvo, curvo, curvato.

recurve /ˌri:'kɜ:v *Am* ˌri:'kɜ:rv/ **I** *v.t.* (*Bot,Biol*) curvare, piegare ad arco, piegare all'indietro. **II** *v.i.* curvarsi, piegarsi ad arco.

recusance /'rekjuz°ns/ *n.* ricusa *f.*, rifiuto *m.*

recusancy /'rekjuz°nsi/ *n.* ricusa *f.*, rifiuto *m.*

recusant /'rekjuz°nt/ *n.* dissenziente *m./f.*, dissidente *m./f.*

recusation /ˌrekjʊ'zeɪʃ°n/ *n.* (*Dir*) ricusa *f.*

recuse /rɪ'kju:z/ *v.t.* (*Am,Dir*) ricusare, rifiutare.

recyclable /ˌri:'saɪkləbl/ *a.* riciclabile: *~ raw materials* materie prime riciclabili.

recycle /ˌri:'saɪkl/ *v.t.* **1** (*to reprocess*) riciclare: *to ~ aluminium cans* riciclare scatole di alluminio. **2** (*to adapt to a new function*) trasformare, (*colloq*) riciclare: *to ~ old warehouses into flats* trasformare dei vecchi magazzini in appartamenti. **3** (*Econ*) reinvestire, riciclare. ☐ (*Inform*) *~ bin* cestino.

recycled /ˌri:'saɪkld/ *a.* riciclato. ☐ (*Cart*) *~ paper* carta riciclata.

recycler /ˌri:'saɪklər/ *n.* riciclatore *m.* (*f.* -trice).

recycling /ˌri:'saɪklɪŋ/ *n.* (*Ind,Econ*) riciclaggio *m.*: *~ plant* impianto di riciclaggio; *petrodollars ~* riciclaggio dei petrodollari.

red[1] /red/ **I** *a.* (*compar.* **redder** /-ər/, *sup.* **reddest** /-ɪst/) **1** rosso: *~ rose* rosa rossa; *to be ~ with anger* essere rosso di collera. **2** (*of the hair*) rosso, fulvo, rossiccio. **3** (*Pol*) rosso, rivoluzionario; (*left-wing*) rosso, di sinistra. **II** *n.* **1** rosso *m.*, color *m.* rosso: *to be dressed in ~* essere vestito di rosso. **2** (*in billiards*) palla *f.* rossa, pallino *m.* rosso. **3** (*in archery*) cerchio *m.* rosso. **4** (*deficit*) deficit *m.*, passivo *m.*: *to be in the ~* essere in rosso, avere il conto scoperto. **5** (*Pol,spreg*) rosso *m.*, rivoluzionario *m.*; (*left-winger*) persona *f.* di sinistra. ☐ (*Entom*) *~ admiral* vanessa atalanta; *~ alert* allarme rosso, massima allerta, *on ~ alert* in stato di massima allerta; (*Biol*) *~ algae* alghe rosse; (*Entom*) *~ ant* formica rossa; (*Am,colloq*) *as ~ as a beet* rosso come un peperone; *as ~ as a lobster* rosso come un gambero; *to turn as ~ as a turkey cock* diventare rosso come un peperone, diventare rosso come un pomodoro; (*Am,colloq*) *~ baiting* persecuzione per sospette o dichiarate simpatie comuniste; (*Am,Ferr*) *~ ball* treno (merci) con diritto di precedenza; (*Biol*) *~ blood cell* (o *~ blood corpuscle*) globulo rosso, eritrocito, emazia; (*colloq*) *as ~ as a boiled lobster* rosso come un gambero, rosso come un pomodoro; (*Am,Ornit*) *~ breast* pettirosso; (*Bot,Alim*) *~ cabbage* cavolo rosso; (*Sport*) *~ card* cartellino rosso: *to be shown the ~ card* ricevere un cartellino rosso; (*colloq*) *to give so. the ~ card* mostrare a qcu.; *~ carpet*: **1** tappeto rosso; **2** (*fig*) accoglienza solenne, accoglienza fastosa: *to roll out the ~ carpet for so.* riservare a qcu. un'accoglienza regale; (*Bot*) *~ cedar* ginepro della Virginia; (*Am*) *~ cent*: **1** (*colloq,ant*) (*coin*) centesimo di dollaro; **2** (*colloq*) (*nothing*) niente, nulla; (*colloq*) soldo (bucato): *I haven't a ~ cent* non ho un centesimo; *it's not worth a ~ cent* non vale un soldo bucato; (*Dir*) *~ clause* clausola rossa; *~ clay* argilla rossa; (*Bot*) *~ clover* trifoglio pratense; *~ coral* corallo rosso; (*Biol*) *~ corpuscle* globulo rosso, eritrocito, emazia; *~ cross* croce di san Giorgio; (*Bot*) *~ currant* ribes; (*Zool*) *~ deer* cervo (rosso); (*Astr*) *~ dwarf* nana rossa; (*Mar*) *~ ensign* vessillo rosso; (*Fot*) *~ eye* occhi rossi (difetto su una foto); (*Zool*) *~ fox* volpe rossa; (*Astr*) *~ giant* gigante rossa; *to go ~*: **1** diventare rosso; **2** (*of a person*) arrossire, diventare rosso, *to go ~ in the face* farsi rosso in viso, arrossire; (*Bot*) *~ gum* eucaliptus; (*Am,Rel.catt*) *~ hat*: **1** (*hat*) cappello cardinalizio; **2** (*colloq*) (*cardinal*) cardinale; (*Fis*) *~ heat* calore rosso; *~ herring*: **1** aringa affumicata; **2** (*fig*) falsa pista, falsa traccia; (*colloq*) *to be in the ~* essere in rosso, essere in passivo; (*Comm,colloq*) *~ ink* passivo;

(Zool) ~ **kangaroo** canguro rosso; (Chim) ~ **lead** minio; (Min) ~ **lead ore** crocoite; ~ **light**: 1 segnale (rosso) di pericolo; 2 (Strad) luce rossa di semaforo; (Am,colloq,spreg,ant) ~**man** pellerossa; (Bot) ~**maple** acero rosso; (Anat) ~**marrow** midollo rosso; (Alim,Macell) ~ **meat** carne rossa; (Itt) ~ **mullet** triglia di scoglio; (Bot) ~ **oak** quercia rossa; (Min) ~ **ocher** (o ~**ochre**) ocra rossa; (colloq) to get out of the ~: 1 venire fuori da una situazione deficitaria; 2 (Comm) tornare in attivo; (Zool) ~ **panda** panda rosso; ~**pepper**: 1 (Capsicum) capsico, peperoncino; 2 (Cayenne pepper) pepe di Caienna; 3 (edible red pod) peperone; (Bot) ~**pine** pino rosso; (Astr) the ~**planet** il pianeta rosso, Marte; (fig) a ~**rag** to a bull una forte provocazione; (GB) ~**ribbon** nastro rosso (dell'ordine del Bagno); (fig) to see ~ vedere (tutto) rosso; (Meteor) ~ **snow** neve rossa; (Bot) ~**spruce** abete rosso; (Bot) ~**squill** scilla; (Zool) ~**squirrel**: 1 (European squirrel) scoiattolo europeo; 2 (North American squirrel) scoiattolo rosso; ~ **tape**: 1 nastro rosso (usato per legare documenti legali); 2 (fig) burocrazia, lungaggine burocratica; (Biol) ~**tide** acqua rossa; to **turn** ~: 1 diventare rosso; 2 (of a person) arrossire, diventare rosso; (colloq,ant) to see -s under the bed vedere (complotti) comunisti dappertutto; (Veter,Med) ~ **water** emoglobinuria infettiva; (Bot) ~**weed** papavero; (Enol) ~**wine** vino rosso. Prov.: ~ sky at night sailor's delight (o ~ sky at night shepherd's delight o ~ sky in the morning, shepherd's warning) rosso di sera, bel tempo si spera, rosso di mattina, la pioggia si avvicina.

red² /red/ (past, p.p. **redded** /'redɪd/) (dial) → **redden**.

Red /red/ **I** a. **1** (Communist) rosso, comunista. **2** (Stor) (Soviet, Russian) sovietico, rosso, russo. **II** n. **1** (Communist) comunista m./f., rosso m. (f. -a). **2** (Stor) (Russian) russo m. (f. -a), sovietico m. (f. -a), rosso m. (f. -a). □ (Stor) ~**Army** Armata Rossa; (Stor.it) ~ **Brigades** Brigate Rosse; (Geog) ~ **China** Cina rossa, repubblica popolare cinese; (Stor.am) ~**Cloud** Nuvola Rossa; ~**Crescent** Mezzaluna Rossa; ~ **Cross** Croce Rossa; ~ **Delicious** mela Red Delicious; (Mar) ~**Ensign** bandiera della marina mercantile britannica; ~**Flag**: 1 (symbol of Communism) bandiera rossa; 2 (song) Bandiera Rossa; 3 (danger signal) bandiera rossa; ~**Guard**: 1 (Pol) guardia rossa; 2 (fig) estremista di sinistra; (spreg,ant) ~**Indian** indiano d'America, pellerossa; (Lett) ~**Riding Hood** Cappuccetto Rosso; (Geog) ~**River** Song Hong, fiume Rosso; (Stor.brit) ~**Rose** Rosa rossa (la casa di Lancaster); (Geog) ~**Sea** mar Rosso; (Astr) ~ **Spot** grande macchia rossa (di Giove); ~ **Square** (in central Moscow) Piazza Rossa; ~**Star** stella rossa.

redact /rɪ'dækt/ v.t. (rar) **1** redigere, stendere. **2** (to edit, to revise) revisionare, rivedere (per la stampa).

redaction /rɪ'dækʃən/ n. (Edit) **1** revisione f., preparazione f. per la stampa. **2** (edited work) edizione f. **3** (new edition) nuova edizione f.

redactor /rɪ'dæktər/ n. (Edit) chi rivede per la stampa, curatore m. (f. -trice) di un'edizione.

red-blooded /ˌred'blʌdɪd/ a. (of a man) virile, maschio, da vero uomo.

redbrick /'redbrɪk/ □ (Br,colloq) ~**university** università inglese di recente istituzione.

redcap /'redkæp/ n. (colloq) **1** (Br) (military police officer) poliziotto m. militare. **2** (Am) (porter) facchino m.

red-carpet /ˌred'kɑːpɪt Am ˌred'kɑːrpɪt/ a. (fig, colloq) lussuoso, di lusso, sfarzoso: a ~ treatment un'accoglienza sfarzosa.

redcurrant /'red,kʌrənt/ n. (Bot) ribes m. rosso.

redden /'redən/ **I** v.t. **1** arrossare. **2** (to cause to blush) far arrossire. **II** v.i. **1** arrossarsi. **2** (to blush) arrossire.

reddish /'redɪʃ/ a. rossiccio, rossastro.

reddle /'redl/ **I** n. (ruddle) ocra f. rossa. **II** v.t. tingere con ocra rossa.

rede /riːd/ **I** n. (ant) consiglio m. **II** v.t. (ant) **1** (to advise) consigliare. **2** (to interpret) interpretare (sogni o presagi).

redecorate /ˌriː'dekəreɪt Am ˌriː'dekəreɪt/ v.t. ridipingere, rimbiancare: to ~ a room ridipingere una stanza.

redeem /rɪ'diːm/ v.t. **1** (Econ) estinguere, ammortare, redimere: to ~ a debt estinguere un debito; to ~ a mortgage estinguere un'ipoteca. **2** (Econ) (of bonds) rimborsare. **3** (to obtain the release of by payment) riscattare, affrancare: to ~ a mortgaged property riscattare una proprietà ipotecata. **4** (to win back) riacquistare, riguadagnare, riottenere: to ~ one's position riacquistare la propria posizione. **5** (of a promise, etc.: to fulfil) mantenere, adempiere. **6** (to offset, to make up for) compensare, riscattare: to ~ one's lack of intelligence by hard work compensare la mancanza d'intelligenza lavorando sodo. **7** (rifl.) to ~ oneself riscattarsi, redimersi. **8** (Teol) redimere, riscattare. **9** (to atone for) espiare, fare ammenda di.

redeemable /rɪ'diːməbl/ a. **1** (Econ) (recoverable on payment) ammortabile, ammortizzabile, estinguibile. **2** (Econ) (convertible into cash) redimibile; (of bonds) rimborsabile. **3** (Teol) redimibile, riscattabile.

redeemably /rɪ'diːməblɪ/ avv. in modo estinguibile, in modo ammortabile.

redeemer /rɪ'diːmər/ n. chi riscatta, chi redime, redentore m. (f. -trice).

Redeemer /rɪ'diːmər/ n. (Teol) Redentore m.

redefine /ˌriːdɪ'faɪn/ v.t. ridefinire.

redefinition /ˌriːdefɪ'nɪʃən/ n. ridefinizione f.

redeliver /ˌriːdɪ'lɪvər/ v.t. riconsegnare, consegnare di nuovo.

redelivery /ˌriːdɪ'lɪvərɪ/ n. riconsegna f.

redemption /rɪ'dem(p)ʃən/ n. **1** ammortamento m., estinzione f. **2** (act of recovering by payment) recupero m., riacquisto m. **3** (act of liberating by payment) riscatto m. **4** (Teol) redenzione f., riscatto m. **5** (Econ) ammortamento m.; (of bonds) rimborso m.; (of bill, mortgage) estinzione f. □ ~**date** data di rimborso; (Assic) ~ **premium** premio di riscatto; ~**yield** rendimento alla scadenza.

redemptive /rɪ'dem(p)tɪv/ a. **1** che redime, redentore. **2** (Teol) redentivo, della redenzione, relativo alla redenzione.

redeploy /ˌriːdɪ'plɔɪ/ v.t. **1** (Mil) reimpiegare, trasferire in un altro settore. **2** (of workers) reimpiegare, utilizzare in un nuovo impiego.

redeployment /ˌriːdɪ'plɔɪmənt/ n. **1** (Mil) (of troops) dislocazione f. **2** (of resources) ridistribuzione f. **3** (of staff) reimpiego m.

redescend /ˌriːdɪ'send/ v.i. ridiscendere.

redesign /ˌriːdɪ'zaɪn/ **I** v.t. ridisegnare, riprogettare. **II** n. disegno m. nuovo, progetto m. nuovo.

redevelop /ˌriːdɪ'veləp/ v.t. **1** (to improve) risanare. **2** (to develop again) sviluppare di nuovo.

redevelopment /ˌriːdɪ'veləpmənt/ n. bonifica f. urbana, risanamento m. urbano.

red-eye, **redeye** /'redaɪ/ n. (Am,colloq) **1** (cheap whisky) whisky m. di contrabbando,

whisky m. scadente. **2** (night flight) volo m. notturno (che collega la costa atlantica con la costa del Pacifico).

red-eyed /'redaɪd/ a. dagli occhi rossi.

red-faced /ˌred'feɪst/ a. **1** (with emotion, exertion) rosso in viso. **2** (permanently) rubicondo, rubizzo. **3** (fig) rosso (in viso), imbarazzato, mortificato.

red-haired /ˌred'heəd Am ˌred'herd/ a. **1** (of a person) dai capelli rossi, fulvo. **2** (of an animal) dal pelame rosso.

red-handed /ˌred'hændɪd/ a. sul fatto, in flagrante, con le mani nel sacco: to catch so. ~ cogliere qcu. con le mani nel sacco; to be caught ~ essere preso con le mani nel sacco.

redhead /'redhed/ n. persona f. dai capelli rossi.

redheaded /'redhedɪd/ a. **1** dai capelli rossi, fulvo. **2** (Zool) dal pelo rosso.

redhibition /redhɪ'bɪʃən/ n. (Dir) redibizione f., azione f. redibitoria.

redhibitory /red'hɪbɪtrɪ Am red'hɪbɪtɔːrɪ/ a. (Dir) redibitorio.

red-hot /ˌred'hɒt Am ˌred'hɑːt/ a. **1** infuocato, ardente. **2** (Met) arroventato, rovente. **3** (fig) (furious) furioso, infuriato, rosso d'ira; (burning) ardente, bruciante, rovente: ~ passion passione ardente. **4** (colloq) (of information, etc.) recentissimo, fresco fresco. **5** (colloq) (sensational) sensazionale. □ (Am, colloq,fig) ~**mamma** donna focosa.

redial /ˌriː'daɪəl/ v.t. (Tel) riformare (un numero), ricomporre (un numero). □ (Tel) ~ **button** tasto di richiamata; (Tel) ~ **facility** (funzione di) ricomposizione automatica dell'ultimo numero.

redingote /'redɪŋgoʊt/ n. (Abbigl) redingote f.

redintegrate /rɪ'dɪntɪ,greɪt Am red'ɪntə,greɪt/ v.t. **1** riparare, aggiustare, accomodare. **2** (to re-establish) ristabilire, restaurare, reintegrare.

redintegration /rɪˌdɪntɪ'greɪʃən Am red,ɪntə'greɪʃən/ n. (Psic) reintegrazione f.

redirect /ˌriːdɪ'rekt/ v.t. **1** mutare il corso di, mutare la direzione di, deviare. **2** (to readdress) scrivere un nuovo indirizzo su, cambiare indirizzo a. **3** (Post) rispedire.

redirection /ˌriːdɪ'rekʃən/ n. (Post) rispedizione f. (a un nuovo indirizzo).

rediscover /ˌriːdɪ'skʌvər/ v.t. ritrovare, riscoprire.

rediscovery /ˌriːdɪ'skʌvərɪ/ n. riscoperta f.

redistribute /ˌriːdɪ'strɪbjuːt/ v.t. ridistribuire.

redistribution /ˌriːdɪstrɪ'bjuːʃən/ n. ridistribuzione f.

redistributive /ˌriːdɪ'strɪbjətɪv Am ˌriːdɪ'strɪbjətɪv/ a. ridistributivo.

redivide /ˌriːdɪ'vaɪd/ v.t. ridividere.

red-letter /ˌred'letə Am ˌred'letər/ □ ~**day** giorno molto importante, giorno memorabile (spec. a livello individuale).

red-light /ˌred'laɪt/ □ ~**district** quartiere a luci rosse.

redline /'redlaɪn/ v.t. (Am) **1** (Econ) considerare (un'area urbana) inadatta o a rischio (per la concessione di mutui o prestiti). **2** (to select for removal) togliere dal servizio (spec. un velivolo).

redneck /'rednek/ n. (Am,sl,spreg) **1** contadino m. (o operaio) bianco del Sud degli USA (con opinioni politiche reazionarie). **2** (prejudiced person) persona f. piena di pregiudizi, persona f. stupida e bigotta. **3** (estens) (conservative person) conservatore m. (f. -trice), reazionario m. (f. -a).

redness /'rednəs/ n. rossore m.

redo /ˌriː'duː/ v.t.irr. rifare, rieseguire, eseguire di nuovo.

redolence /'redələns/ *n.* **1** profumo *m.*, fragranza *f.*, aroma *m.* **2** (*fig*) rievocazione *f.*

redolency /'redələnsi/ *n.* **1** profumo *m.*, fragranza *f.*, aroma *m.* **2** (*fig*) rievocazione *f.*

redolent /'redələnt/ *a.* **1** (*poet,ant*) fragrante, aromatico, profumato. **2** (*fig*) che rievoca, rievocativo (di).

redouble /,ri:'dʌbl/ **I** *v.t.* **1** raddoppiare, aumentare, intensificare: *to ~ one's efforts* raddoppiare i propri sforzi. **2** (*in bridge*) surcontrare. **II** *v.i.* **1** diventare doppio, accrescersi, aumentare. **2** (*in bridge*) surcontrare. **III** *n.* **1** raddoppio *m.*, raddoppiamento *m.* **2** (*in bridge*) surcontre *m.*

redoubling /,ri:'dʌbliŋ/ *n.* raddoppio *m.*, intensificazione *f.*

redoubt /ri'daut/ *n.* (*Mil*) ridotta *f.*; (*outpost*) avamposto *m.*

redoubtable /ri'dautəbl *Am* ri'dautəbl/ *a.* temibile, formidabile (*anche scherz*): *a ~ enemy* un nemico temibile.

redound /ri'daund/ *v.i.* **1** tornare, volgere, riuscire (*to*): *his behaviour -s to his credit* il suo comportamento torna a suo credito. **2** (*to recoil, to rebound*) ritorcersi (*on, upon* contro), ricadere, riversarsi (*on, upon* su).

redox /'redoks/ *n.* (*Chim*) ossidoriduzione *f.*, redox *f.*

red-pencil /,red'pensil/ *v.t.* correggere con la matita rossa.

redpoll /'redpol *Am* 'redpɑːl/ *n.* (*Ornit*) cardellino *m.*

redraft[1] /,ri:'drɑːft *Am* ,ri:'dræft/ *n.* **1** nuova stesura *f.* **2** (*Econ*) rivalsa *f.*, tratta *f.* di rivalsa.

redraft[2] /,ri:'drɑːft *Am* ,ri:'dræft/ *v.t.* fare una nuova stesura di, redigere di nuovo.

redress[1] /ri'dres *Am* 'ri:dres/ *n.* **1** soddisfazione *f.*, riparazione *f.*: *to obtain ~ for a wrong* ottenere soddisfazione per un torto subito. **2** (*act of remedying*) riparazione *f.*, risarcimento *m.* **3** (*means, possibility of seeking reparation*) riparazione *f.*, rimedio *m.*, riparo *m.* **2** (*Dir*) *~ of grievance* riparazione di un torto.

redress[2] /ri'dres/ *v.t.* **1** rimediare a, riparare, porre rimedio a: *to ~ a wrong* riparare un torto. **2** (*to remove the faults of*) correggere, rettificare. **3** (*to compensate*) risarcire, compensare, indennizzare. **4** (*to counterbalance*) compensare, bilanciare, equilibrare. □ *to ~ the balance* **1** raddrizzare la bilancia; **2** (*fig*) ristabilire l'equilibrio; *to ~ the deficit* riequilibrare il deficit.

re-dress /ri:'dres/ **I** *v.t.* rivestire, vestire di nuovo. **II** *v.i.* rivestirsi, vestirsi di nuovo.

redshirt /'redʃɜːt *Am* 'redʃɜːrt/ **I** *n.* (*Stor*) camicia *f.* rossa, garibaldino *m.* **II** *v.t.* (*Am,Sport*) ritirare un giocatore dalle competizioni (per un anno) per prolungare la sua idoneità.

redskin /'redskin/ *n.* (*colloq,ant,spreg*) pellerossa *m./f.*

reduce /ri'djuːs *Am also* ri'duːs/ **I** *v.t.* **1** ridurre, diminuire, limitare (by *di*): *to ~ prices* ridurre i prezzi; *to ~ speed* diminuire la velocità. **2** (*to make smaller*) rimpicciolire, restringere. **3** (*to bring to a certain or lower condition*) ridurre: *to ~ so. to silence* ridurre al silenzio qcu. **4** (*to compel, to force*) costringere, ridurre, forzare: *I was -d to asking for a loan* fui costretto a chiedere un prestito. **5** (*to demote*) degradare. **6** (*to change to a different form*) ridurre: *to ~ sth. to powder* ridurre qcs. in polvere. **7** (*to transpose, to convert*) convertire, volgere, ridurre: *to ~ pounds to shillings* convertire sterline in scellini. **8** (*to abridge*) abbreviare, accorciare. **9** (*to make physically weak*) indebolire, debilitare, svigorire. **10** (*colloq*) (*to cause to grow slim*) far dimagrire. **11** (*Mil*) (*of an ene-*

my position) distruggere, annientare, degradare. **12** (*Mat,Chir,Met,Minier*) ridurre. **13** (*Fot*) indebolire. **II** *v.i.* **1** ridursi, diminuire. **2** (*colloq*) (*to lose weight by dieting*) dimagrire (seguendo una dieta). **3** (*Mat*) essere ridotto (*to* a). □ *to ~ sth.* *to absurdity* (*to ~ sth. to an absurdity*) dimostrare l'assurdità di qcs.; *to ~ to order* ridurre alla disciplina; *to ~ to pulp:* **1** spappolare, ridurre in poltiglia; **2** (*of a person*) conciare male, (*colloq*) fare polpette di; *to ~ to submission* sottomettere; *to ~ so.* *to tears* fare piangere qcu.; *to ~ one's weight* dimagrire, calare di peso.

reduced /ri'djuːst *Am also* ri'duːst/ *a.* ridotto. □ *in ~ circumstances* in ristrettezze; *~ rate* tariffa ridotta; (*Mil*) *to be ~ to the ranks* essere degradato.

reducer /ri'djuːsə *Am also* ri'duːsər/ *n.* **1** riduttore *m.* (*f. -trice*). **2** (*colloq*) (*dieting substance*) sostanza *f.* riducente, sostanza *f.* dimagrante. **3** (*El*) riduttore *m.* **4** (*Fot*) bagno *m.* di indebolimento. **5** (*Mecc*) raccordo *m.* di riduzione.

reducibility /ri,djuːsə'biləti *Am* ri,duːsə 'biləti/ *n.* riducibilità *f.*

reducible /ri'djuːsəbl *Am* ri'duːsəbl/ *a.* riducibile (*to* a).

reducing /ri'djuːsiŋ *Am also* ri'duːsiŋ/ *a.* riduttore, riducente. □ (*Chim*) *~ agent* agente riducente, riducente; (*Tecn*) *~ coupling* manicotto riduttore; *~ diet* dieta dimagrante; (*Tecn*) *~ valve* riduttore (di pressione).

reductant /ri'dʌktənt/ *n.* (*Met*) agente *m.* riducente.

reduction /ri'dʌkʃən/ *n.* **1** riduzione *f.*, diminuzione *f.*: *a ten per cent ~ in prices* una riduzione dei prezzi pari al dieci per cento. **2** (*act of decreasing in size*) impiccolimento *m.*, rimpiccolimento *m.* **3** (*smaller reproduction*) riproduzione *f.* su piccola scala, riduzione *f.* **4** (*demotion*) degradazione *f.* **5** (*Comm*) riduzione *f.*, sconto *m.* **6** (*Mil,Astr, Chim,Mat,Chir,Met*) riduzione *f.* **7** (*Filos*) reductio *f.* **8** (*Fot*) indebolimento *m.* **9** (*Stor*) riduzione *f.* □ (*Mot*) *~ gear* demoltiplicatore; *~ of expenditure* riduzione delle spese; (*Econ*) *~ of share* riduzione del capitale sociale.

reductive /ri'dʌktiv/ *a.* riduttivo.

redundance /ri'dʌndəns/ *n.* (*Inform,Tel,Ling*) ridondanza *f.*

redundancy /ri'dʌndənsi/ *n.* **1** ridondanza *f.*, sovrabbondanza *f.* **2** (*of workers*) licenziamento *m.* (per esubero del personale), esubero *m.* di personale. **3** (*Inform,Tel,Ling*) ridondanza *f.* □ (*Inform*) *~ check* controllo di ridondanza; *~ payment* pagamenti della cassa integrazione.

redundant /ri'dʌndənt/ *a.* **1** ridondante, sovrabbondante, superfluo, non necessario. **2** (*of workers*) eccedente rispetto alla domanda, in esubero: *to be made ~* essere messo in cassa integrazione (per esubero del personale). **3** (*Inform,Ling*) ridondante.

reduplicate /ri'djuːplikeit *Am* ri'duːpləkeit/ **I** *v.t.* **1** raddoppiare, duplicare. **2** (*to repeat*) ripetere, replicare. **3** (*Ling*) reduplicare, raddoppiare. **II** *v.i.* **1** diventare doppio, raddoppiare. **2** (*Ling*) raddoppiare. **III** *a.* **1** raddoppiato (*anche Ling*). **2** (*Bot*) reduplicato, valvato.

reduplication /ri,djuːpli'keiʃən *Am* ri,duːplə 'keiʃən/ *n.* **1** raddoppiamento *m.*, raddoppio *m.* **2** (*repetition*) ripetizione *f.* **3** (*Ling*) raddoppiamento *m.*, reduplicazione *f.* **4** (*reduplicated form, word*) parola *f.* raddoppiata, forma *f.* raddoppiata.

reduplicative /ri'djuːplikətiv *Am* ri 'duːpləkeitiv/ *a.* **1** del raddoppiamento, rela-

tivo al raddoppiamento. **2** (*Ling,Bot*) reduplicativo.

redwing /'redwiŋ/ *n.* (*Ornit*) tordo *m.* sassello.

redwood /'redwud/ *n.* (*Bot*) sequoia *f.*

redye /ri:'dai/ *v.t.* ritingere.

re-echo /,ri:'ekou/ **I** *v.i.* **1** riecheggiare, echeggiare di nuovo. **2** (*to reverberate*) risuonare, riecheggiare: *the cave -ed with our voices* la grotta risuonava delle nostre voci. **II** *v.t.* rimandare l'eco di. **III** *n.* eco *m./f.* di rimando.

reed /ri:d/ **I** *n.* **1** (*Bot*) canna *f.* **2** (*stem*) canna *f.* **3** (*collett.*) canneto *m.*; (*mass of reed stems*) cannucce *f.pl.*; (*used as thatch, etc.*) canniccio *m.* **4** (*fig*) (*weak, unreliable person*) persona *f.* che non dà affidamento. **5** (*poet*) (*arrow*) freccia *f.*, strale *m.* **6** (*Mus*) (*device*) linguetta *f.*, ancia *f.*; (*instruments*) strumento *m.* a fiato munito di ancia. **7** (*Arch*) modanatura *f.* a cordoncino. **8** (*Tess*) pettine *m.* **9** (*Bibl*) (*unit of length*) canna *f.* **II** *a.* **1** ricoperto di canne, fatto di canne. **2** (*of animals, birds*) che vive nei canneti. **3** (*Mus*) munito di ancia. **III** *v.t.* **1** ricoprire con cannicci, ricoprire con canne, incannucciare. **2** (*Arch*) decorare con modanature a cordoncino. **3** (*Tess*) pettinare. □ (*Zool*) *~ bunting* migliarino di palude; (*Bot*) *~ grass* gramigna di palude; (*Mus*) *~ instrument* strumento a fiato munito di ancia; (*Bot*) *~ mace* tifa; (*Mus*) *~ organ* strumento a canne; (*Mus*) *~ stop* registro d'organo; (*Mus*) *~ work* registri d'organo.

reeding /'ri:diŋ/ *n.* (*Arch*) modanatura *f.* a cordoncino.

reed-organ /'ri:d,ɔ:gən *Am* 'ri:d,ɔ:rgən/ *n.* (*Mus*) armonium *m.*

reed-pipe /'ri:d'paip/ *n.* (*Mus*) **1** zampogna *f.* **2** (*organ pipe*) canna *f.* d'organo.

reed-stop /'ri:d,stop *Am* 'ri:d,stɑ:p/ *n.* (*Mus*) registro *m.* d'organo.

re-educate /,ri:'edʒukeit/ *v.t.* rieducare.

re-education /,ri:,edʒu'keiʃən/ *n.* rieducazione *f.*

reed-warbler /'ri:d,wɔ:blə *Am* 'ri:d,wɔ:rblər/ *n.* (*Ornit*) (*reed-wren*) cannaiola *f.*

reedy /'ri:di/ *a.* **1** folto di canne, pieno di canne. **2** (*resembling reeds*) sottile, esile. **3** (*of sounds*) acuto, stridulo.

reef[1] /ri:f/ *n.* **1** scogliera *f.*, banco *m.* di scogli. **2** (*Miner*) vena *f.*, filone *m.* tabulare.

reef[2] /ri:f/ **I** *n.* (*Mar*) **1** terzarolo *m.* **2** (*act of reducing a sail*) il terzarolare. **II** *v.t.* (*Mar*) terzarolare. □ (*Mar*) *~ knot* nodo piano; (*Mar*) *to let out a ~* sciogliere un terzarolo, mollare un terzarolo; (*fig*) *to ~ one's sails* procedere con cautela.

reefer[1] /'ri:fər/ *n.* **1** (*Mar*) chi fa terzaroli. **2** (*Abbigl*) giubbotto *m.* da uomo a doppio petto. □ (*Abbigl*) *~ jacket* giacca alla marinara.

reefer[2] /'ri:fər/ *n.* (*sl*) (*marijuana cigarette*) spinello *m.*, canna *f.*

reefer[3] /'ri:fər/ *n.* **1** (*Am,sl*) (*large refrigerator*) grande frigorifero *m.* **2** (*Am,Ferr*) vagone *m.* frigorifero. **3** (*Mar*) nave *f.* frigorifera.

reef-knot /'ri:f,nɒt *Am* 'ri:f,nɑ:t/ **I** *n.* (*Mar*) nodo *m.* piano. **II** *v.t.* (*Mar*) fare un nodo piano in.

reek /ri:k/ **I** *n.* **1** puzzo *m.*, fetore *m.* **2** (*Scott*) (*smoke*) fumo *m.*; (*vapour*) vapore *m.* **II** *v.i.* **1** puzzare, mandare puzzo (*of, with* di). **2** (*fig*) puzzare, sapere (*of* di): *this affair -s of corruption* questa storia puzza di corruzione. **3** (*to emit steam, mist, etc.*) esalare (*vapore*), trasudare, fumare. **4** (*of steam, etc.: to emanate, to rise*) levarsi, sprigionarsi, alzarsi. **III** *v.t.* **1** affumicare. **2** (*to emit*) esalare, emanare, emettere.

reekie /'riːki/ a. puzzolente, fetente, fetido.

reeky /'riːki/ a. puzzolente, fetente, fetido.

reel[1] /riːl/ I n. 1 arcolaio m., aspo m., bindolo m. 2 (Tess) rocchetto m., bobina f.: a ~ of cotton un rocchetto di cotone. 3 (Pesc) mulinello m. 4 (Cin) bobina f., rotolo m., pizza f.; (of a film) rotolo m.: a three-~ film un film a tre pizze. 5 (Cart) rotolo m. 6 (Fot) bobina f. II v.t. 1 annaspare, avvolgere sull'aspo. 2 (to unwind) dipanare. □ (Pesc) to ~ sth.in tirare su qcs. col mulinello, avvolgere, tirare con il mulinello; (fig) to ~ in a big client catturare un grosso cliente; to ~off: 1 (to unwind) dipanare; 2 (fig) (to utter rapidly) snocciolare, dire tutto d'un fiato; (fig) straight off the ~: 1 (without interruption) senza interruzione, ininterrottamente; 2 (without hesitation) senza esitazione, risolutamente.

reel[2] /riːl/ v.i. 1 barcollare, vacillare, traballare: the drunken man -ed and fell l'ubriaco barcollò e cadde. 2 (to be dizzy) avere le vertigini, avere il capogiro: my head -ed mi girava la testa; my head -s at the thought la testa a qcu. 3 (Mar) rollare. 4 (fig) vacillare, barcollare: the mind -s at the thought la mente vacilla al pensiero. 5 (to spin) girare, turbinare, roteare. II v.t. fare girare, fare turbinare, fare roteare. III n. 1 barcollamento m., vacillamento m., traballamento m. 2 (reeling motion) giro m. vorticoso, vortice m. □ to ~down a path scendere barcollando per un sentiero; (fig) the Empire was -ing to its foundations l'impero era scosso dalle fondamenta.

reel[3] /riːl/ I n. (Scottish dance, music) reel m. II v.i. ballare il reel.

re-elect /,riːɪ'lekt/ v.t. rieleggere.

re-election /,riːɪ'lekʃən/ n. rielezione f.: to run for ~ (o Br to stand for ~) ripresentarsi (alle elezioni).

re-eligibility /,riː,elɪdʒə'bɪləti Am ,riː,elɪdʒə'bɪləti/ n. rieleggibilità f.

re-eligible /riː'elɪdʒəbl/ a. rieleggibile: ~ for office rieleggibile alla carica.

reeling /'riːlɪŋ/ n. (Tess) trattura f. della seta.

reel-to-reel /,riːltə'riːl/ a. (of a tape recorder) a bobine: ~ tape-recorder registratore a bobine, registratore a nastro.

re-embark /,riːɪm'bɑːk Am ,riːɪm'bɑːrk/ I v.i. rimbarcarsi. II v.t. rimbarcare.

re-embarkation /,riːˌembɑː'keɪʃən Am ,riːˌembɑːr'keɪʃən/ n. rimbarco m.

re-emerge /,riːɪ'mɜːdʒ Am ,riːɪ'mɜːrdʒ/ v.t. riemergere, riaffiorare.

re-emergence /,riːɪ'mɜːdʒəns Am ,riːɪ'mɜːrdʒəns/ n. riemersione f.

re-emergent /,riːɪ'mɜːdʒənt Am ,riːɪ'mɜːrdʒənt/ a. che riemerge.

re-employ /,riːɪm'plɔɪ/ v.t. riassumere, reimpiegare.

re-employment /,riːɪm'plɔɪmənt/ n. riassunzione f., reimpiego m.

re-enact /,riːɪ'nækt/ v.t. 1 (Dir) (of a law) rimettere in vigore. 2 (of crimes, events) ricostuire. 3 (Teat) recitare di nuovo, rappresentare nuovamente.

re-enactment /,riːɪ'næktmənt/ n. 1 (Dir) rimessa f. in vigore. 2 (of crimes, events) ricostruzione f. 3 (Teat) nuova recita f.

re-enforce /,riːɪn'fɔːs Am ,riːɪn'fɔːrs/ I v. → **reinforce**. II n. → **reinforce**.

re-enforcement /,riːɪn'fɔːsmənt Am ,riːɪn'fɔːrsmənt/ n. → **reinforcement**.

re-engage /,riːɪn'ɡeɪdʒ/ v.t. 1 impegnare di nuovo, reimpegnare. 2 (Mil) raffermare. 3 (Tecn,Aut) ringranare.

re-engagement /,riːɪn'ɡeɪdʒmənt/ n. 1 nuovo impegno m. 2 (Mil) rafferma f. 3 (Tecn,Aut) ringranaggio f.

re-enlist /,riːɪn'lɪst/ I v.i. (Mil) arruolarsi di nuovo. II v.t. (Mil) arruolare di nuovo, reclutare di nuovo.

re-enter /,riːɪ'entər Am ,riːˈentər/ I v.t. 1 rientrare in, entrare di nuovo in. 2 (Dir) registrare di nuovo. II v.i. rientrare, entrare di nuovo.

re-entrance /,riːɪ'entrəns/ n. rientranza f. (anche Geom).

re-entrant /,riːɪ'entrənt/ I a. rientrante. II n. 1 chi rientra, chi entra di nuovo. 2 (Geom) angolo m. interno concavo. 3 (Mil) rientrante m. □ (Geom) ~angle angolo interno concavo.

re-entry /,riːɪ'entri/ n. 1 rientrata f., rientro m. (into m). 2 (Comm) nuova registrazione f. 3 (Dir) reintegrazione f. nel possesso. 4 (Inform) reintroduzione f. 5 (Astron,Aer) rientro m.: ~ into the atmosphere rientro nell'atmosfera. □ (Astron) ~capsule capsula di rientro; (Aer,Inform) ~point punto di rientro; ~visa visto di reingresso.

re-equip /,riːɪ'kwɪp/ v.t. riequipaggiare, riallestire.

re-establish /,riːɪ'stæblɪʃ/ v.t. ristabilire, restaurare.

re-establishment /,riːɪ'stæblɪʃmənt/ n. 1 (of order) ristabilimento m. 2 (of business) ricostruzione f. 3 (of dinasty) restaurazione f. 4 (of status) riabilitazione f.: his ~ as a great author la sua riaffermazione in qualità di grande scrittore.

reeve[1] /riːv/ n. 1 (Stor.brit) (king's agent) rappresentante m. della corona; (overseer of tenants) sovrintendente m.; (town magistrate) magistrato m. (di città). 2 (Canad) presidente m. di un consiglio municipale.

reeve[2] /riːv/ (past, p.p. -d /-d/ o rove /rəʊv/) v.t. (Mar) 1 (of a rope) passare attraverso un anello, passare attraverso un foro. 2 (to fasten by passing through or round sth.) assicurare (o legare) facendo passare attraverso (o intorno a). 3 (of a ship) passare (cautamente) attraverso, superare.

re-examination /,riːɪɡˌzæmɪ'neɪʃən/ n. 1 nuovo esame m., riesame m. 2 (Dir) nuovo interrogatorio m.

re-examine /,riːɪɡ'zæmɪn/ v.t. 1 riesaminare. 2 (Dir) interrogare di nuovo.

re-export[1] /,riːɪk'spɔːt Am ,riːɪk'spɔːrt/ v.t. riesportare.

re-export[2] /riː'ekspɔːt Am riː'ekspɔːrt/ n. 1 riesportazione f. 2 (commodity re-exported) merce f. riesportata.

re-exportation /,riːekspɔː'teɪʃən Am ,riːeks pɔːr'teɪʃən/ n. riesportazione f.

ref /ref/ n. (colloq) (referee) arbitro m.

ref. 1 reference rif. (riferimento). **2** referred rif. (riferito).

reface /,riː'feɪs/ v.t. 1 (Arch) rinnovare la facciata di. 2 (Mecc) rettificare. 3 (Sart) rifare la paramontura a.

refashion /,riː'fæʃən/ v.t. 1 rifoggiare, rimodellare. 2 (to modernize) rimodernare.

refection /rɪ'fekʃən/ n. (poet) 1 ristoro m., rifocillamento m. 2 (light meal, snack) pasto m. leggero, spuntino m.

refectory /rɪ'fektəri Am rɪ'fektɔːri/ n. refettorio m. □ (Arred) ~table fratina.

refer /rɪ'fɜːr Am rɪ'fɜːr/ (past, p.p. **referred** /-d/) I v.t. 1 rinviare, indirizzare, mandare: he -red me to his boss mi rinviò al suo capo. 2 (of things) rimettere, affidare, deferire. 3 (to direct for information) rimandare, rinviare. 4 (to ascribe, to attribute) attribuire, ascrivere. 5 (to direct for testimonials) rinviare per referenze, indirizzare per referenze. 6 (Dir) rimettere, deferire (to a): to ~ a dispute to arbitration sottoporre una controversia ad arbitrato. II v.i. 1 riferirsi, essere relativo (to a), riguardare. 2 (to make reference) fare riferimento, alludere, accennare (a), chiamare: the speaker -red several times to the crisi; he always -s to his mother as his favorite gal spesso si riferisce alla mamma come la sua ragazza preferita. 3 (to have recourse) consultare (qcs.), fare ricorso, ricorrere (a): to ~ to one's notes consultare i propri appunti. 4 (to turn for information, etc.) rivolgersi (a). □ to ~back ritornare su, rinviare (to a); (Econ) to ~to bank rivolgersi alla propria banca; (Econ) to ~to drawer rivolgersi al traente.

referable /'refərəbl Am also 'refər'əbl/ a. riferibile, attribuibile (to a).

referee /,refə'riː Am ,refə'riː/ I n. 1 arbitro m., giudice m. 2 (Br) referenza f.: to act as a ~ for so. fornire delle referenze su qcu. 3 (Sport) arbitro m., giudice m. di gara. 4 (Dir) arbitro m.: ~ in bankruptcy giudice fallimentare. 5 (Econ) bisognatario m. II v.t. arbitrare (anche Sport). III v.i. (Sport) fare da arbitro, arbitrare.

reference /'refərəns/ I n. 1 riferimento m., rimando m., accenno m., allusione f. (to a). 2 (direction to a source, etc.) riferimento m., rimando m., rinvio m. 3 (sign, indication) segno m. di rinvio, rimando m., segno m. di rimando. 4 (consultation of sources, etc.) consultazione f.: ~ to a catalogue consultazione di un catalogo. 5 (relation, respect) riferimento m., relazione f.: with (o in) ~ to your letter in riferimento alla vostra lettera. 6 (written testimonial) referenza f., benservito m., attestato m.; (person) referenza f. 7 (Comm) riferimento m.: please quote this ~ si prega di far riferimento alla presente. 8 (Dir) ricorso m. ad arbitrato. II v.t. fornire di richiami, provvedere di rimandi: the book is not well -d il libro non ha una buona bibliografia. □ ~book libro di consultazione, opera di consultazione; ~framework quadro di riferimento; (Mecc) ~gage (o ~gauge) calibro campione, calibro di riscontro; ~ group gruppo di riferimento; tohave ~ to essere in relazione con, essere in rapporto con; ~library biblioteca di consultazione; tomake ~ to fare riferimento a; ~mark: 1 (Tip) segno di rinvio, segno di rimando, rimando; 2 (Topogr) segno di riferimento; ~number numero di riferimento; (Bibliot) for ~only solo per consultazione; ~period periodo di riferimento; ~point punto di riferimento, base di riferimento; ~price prezzo di riferimento; ~section reparto libri di consultazione; without ~ to senza distinzione di, senza riguardo a, a prescindere da, astraendo da; ~works opere di consultazione, reference.

referendary /,refə'rendəri Am ,refə'renderi/ n. 1 referendario m. 2 (referee) arbitro m.

referendum /,refə'rendəm Am ,refə'rendəm/ (pl. -s /-z/, -da /-də/) n. (Parl) referendum m.: to hold a ~ indire un referendum.

referent /'refərənt/ n. (Ling) referente m.

referential /,refə'renʃəl Am ,refə'renʃəl/ a. referenziale, che si riferisce (to a), che ha riferimento (con).

referred /rɪ'fɜːrd Am rɪ'fɜːrd/ □ (Med) ~pain dolore riferito.

referring /rɪ'fɜːrɪŋ Am rɪ'fɜːrɪŋ/ n. rimando m., rinvio m.

refill[1] /,riː'fɪl/ I v.t. riempire, ricaricare. II v.i. riempirsi.

refill[2] /'riːfɪl/ n. 1 ricambio m., carica f. 2 (for fountain pen) cartuccia f. 3 (for pencil) mina f. (di ricambio). 4 (for album, notebook) fogli m.pl. di ricambio. 5 (Am,Med) rifornimento m.: a prescription ~ un rifornimento medicinale.

refillable /riː'fɪləbl/ a. ricaricabile.

re-finance /ˌriːˈfaɪnæns, ˌriːfaɪˈnæns/ v.t. (Econ) rifinanziare: to ~ export credits rifinanziare crediti all'esportazione.
re-financing /ˌriːˈfaɪnænsɪŋ/ n. (Econ) rifinanziamento m.
refine /rɪˈfaɪn/ I v.t. 1 raffinare, purificare: to ~ sugar raffinare lo zucchero. 2 (Met) affinare, raffinare. 3 (fig) perfezionare, affinare, raffinare: to ~ one's style perfezionare il proprio stile. II v.i. 1 raffinarsi, purificarsi. 2 (fig) perfezionarsi, affinarsi, raffinarsi. 3 (fig) (to improve by adding subtleties) disquisire, sottilizzare (on, upon su).
refined /rɪˈfaɪnd/ a. 1 raffinato, purificato. 2 (fig) (of things) raffinato, perfezionato, ricercato: a ~ style uno stile raffinato. 3 (fig) (of people) raffinato, fine, distinto. □ (Alim) ~ sugar zucchero raffinato.
refinedness /rɪˈfaɪndnəs/ n. raffinatezza f., finezza f.
refinement /rɪˈfaɪnmənt/ n. 1 raffinamento m., raffinazione f. 2 (state of being refined) raffinatezza f. 3 (fig) raffinatezza f., squisitezza f., finezza f.: ~ of taste raffinatezza di gusti. 4 (feature designed to improve) miglioramento m., miglioria f.
refiner /rɪˈfaɪnəʳ/ n. 1 (of oil, foodstuff) raffinatore m. (f. -trice). 2 (of metal) affinatore m. (f. -trice).
refinery /rɪˈfaɪnəri/ n. raffineria f. (anche Met).
refining /rɪˈfaɪnɪŋ/ n. 1 raffinamento m., purificazione f. 2 (Met) affinaggio m. 3 (fig) perfezionamento m., raffinamento m. □ (Met) ~ plant raffineria.
refit[1] /ˌriːˈfɪt/ I v.t. 1 riparare, (rar) riattare. 2 (Mar) raddobbare. II v.i. 1 essere riattato. 2 (Mar) essere raddobbato.
refit[2] /ˈriːfɪt/ n. 1 riattamento m., riparazione f. 2 (Mar) raddobbo m.: the ship is under ~ la nave è in raddobbo.
refitting /ˌriːˈfɪtɪŋ Am ˌriːˈfɪtɪŋ/ □ (Mar) ~ dock bacino di raddobbo; (Mar) ~ yard cantiere di raddobbo.
refl. (Gramm) reflexive rifl. (riflessivo).
reflation /ˌriːˈfleɪʃən/ n. (Econ) reflazione f.
reflationary /ˌriːˈfleɪʃənri Am ˌriːˈfleɪʃneri/ a. (Econ) reflazionistico.
reflect /rɪˈflekt/ I v.t. 1 riflettere, riverberare: the mirror -ed the rays of the sun lo specchio rifletteva i raggi del sole. 2 (to give back the image of) rispecchiare, riflettere (anche fig): the stars were -ed in the lake le stelle si rispecchiavano nel lago. 3 (fig) (to cause to be ascribed to) portare, gettare: to ~ discredit upon so. gettare il discredito su qcu. 4 (to consider) pensare, riflettere, considerare: he -ed that his efforts had been useless pensava che i suoi sforzi erano stati inutili. II v.i. 1 (to give back light, etc.) essere riflettente. 2 (to be reflected) riflettersi, essere riflesso, riverberarsi. 3 (to be mirrored) rispecchiarsi, riflettersi. 4 (to ponder) riflettere, pensare, meditare (on, upon su): give him time to ~ lasciagli il tempo di riflettere. 5 (fig) (to bring discredit) gettare discredito (on, upon su), screditare, mettere in cattiva luce (qcu.). □ to ~ poorly on so. (o to ~ poorly upon so.) screditare qcu.; to ~ well on sth. (o to ~ well upon sth.) avere ripercussioni positive su qcs.
reflectance /rɪˈflektəns/ n. (Fis) riflettenza f.
reflecting /rɪˈflektɪŋ/ a. 1 riflettente. 2 (thoughtful) pensoso, pensieroso. □ (Fis) ~ capacity (o power) potere riflettente; (Ott) ~ telescope telescopio riflettore.
reflection /rɪˈflekʃən/ n. 1 il riflettere, riflessione f. 2 (state of being reflected) il riflettersi. 3 (sth. reflected) riflesso m., riverbero m. 4 (mirror image) immagine f. riflessa: I

saw my ~ in the window vidi la mia immagine riflessa sul vetro della finestra. 5 (fig) copia f., ritratto m. 6 (consideration, thought) riflessione f., considerazione f., pensiero m. 7 (contemplation, meditation) riflessione f., meditazione f. 8 (Fis) riflessione f., riflesso m. 9 (adverse criticism) critica f., biasimo m., riprovazione f. 10 (discredit) discredito m. □ (Ott) ~ meter riflettometro; on ~ a rifletterci, riflettendoci bene, pensandoci su, pensandoci sopra.
reflectional /rɪˈflekʃənl/ a. della riflessione, relativo alla riflessione.
reflective /rɪˈflektɪv/ a. 1 riflettente; (of, caused by reflection) di riflessione. 2 (thoughtful) riflessivo, pensoso, meditabondo. 3 (Gramm) riflessivo.
reflectively /rɪˈflektɪvli/ avv. (thoughtfully) riflessivamente, in modo riflessivo.
reflectiveness /rɪˈflektɪvnəs/ n. 1 l'essere riflessivo. 2 (thoughtfulness) pensosità f., riflessività f., ponderatezza f.
reflectivity /ˌriːflekˈtɪvəti Am ˌriːflekˈtɪvəti/ n. 1 l'essere riflessivo. 2 (thoughtfulness) pensosità f., riflessività f., ponderatezza f.
reflector /rɪˈflektəʳ/ n. 1 (Aut,El,Rad,Nucl) riflettore m. 2 (of cars, bikes) (rear reflector) catarifrangente m., catadiottro m. 3 (Fot) schermo m. riflettore, riflettore m.
reflex /ˈriːfleks/ I a. 1 riflesso (anche Fisiol). 2 (fig) riflesso, atto di riflesso, che avviene di riflesso. 3 (fig) (introspective) introspettivo. 4 (Mat) (of angle) concavo. 5 (Rad) reflex. 6 (Gramm,rar) riflessivo. II n. 1 (Fisiol) azione f. riflessa, riflesso m. 2 (mirror image) immagine f. riflessa. 3 (fig) (habitual way of thinking, etc.) abito m., atteggiamento m. abituale: one's mental -es il proprio abito mentale. 4 (fig) (external manifestation) specchio m., cosa f. che riflette, cosa f. che rispecchia. 5 (Fot) reflex m., macchina f. fotografica reflex. 6 (Rad) reflex m., ricevitore m. reflex. 7 pl. (Fisiol) riflessi m.pl.: for a boxer, his -es are pretty slow per essere un pugile, i suoi riflessi sono piuttosto lenti. □ ~ action azione riflessa, riflesso; (Geom) ~ angle angolo di riflessione; (Anat) ~ arc arco riflesso; (Fot) ~ camera reflex, macchina fotografica reflex; (Rad) ~ radio reflex, ricevitore reflex.
reflexed /ˈriːflekst/ a. (Bot) reflesso, riflesso.
reflexibility /rɪˌfleksəˈbɪləti Am rɪˌfleksəˈbɪləti/ n. riflessibilità f.
reflexible /rɪˈfleksəbl/ a. (rar) riflessibile.
reflexion /rɪˈflekʃən/ n. → reflection.
reflexional /rɪˈflekʃənl/ a. della riflessione, relativo alla riflessione.
reflexive /rɪˈfleksɪv/ I a. (Gramm) riflessivo. II n. (Gramm) 1 (reflexive verb) verbo m. riflessivo. 2 (reflexive pronoun) pronome m. riflessivo.
reflexology /ˌriːflekˈsɒlədʒi Am ˌriːflek ˈsɑːlədʒi/ n. riflessologia f.
refloat /ˌriːˈfləʊt/ v.t. 1 (Mar) ricuperare, rimettere a galla; (to get afloat) disincagliare. 2 (Econ) (of a loan, company) rilanciare.
refluence /ˈrefluəns/ n. riflusso m., il rifluire.
refluent /ˈrefluənt/ a. refluo, che rifluisce.
reflux /ˈriːflʌks/ I n. 1 riflusso m. (anche Chim). 2 (Med) riflusso m., reflusso m. II v.t. (Tecn) riscaldare per convezione.
refocus /ˌriːˈfəʊkəs/ v.t. 1 (Fot) mettere a fuoco (una lente o un obiettivo). 2 (fig) mettere di nuovo a fuoco, riconcentrarsi: to ~ one's attention riconcentrare l'attenzione.
refold /ˌriːˈfəʊld/ v.t. ripiegare.
reforest /ˌriːˈfɒrɪst Am ˌriːˈfɔːrɪst/ v.t. (Forest) rimboschire, rimboscare, riforestare, afforestare.
reforestation /ˌriːˈfɒrɪsteɪʃən Am ˌriːˈfɔːrɪ

ˈsteɪʃən/ n. (Forest) rimboschimento m., riforestazione f., afforestamento m.
reform /rɪˈfɔːm Am rɪˈfɔːrm/ I v.t. 1 riformare, apportare riforme a: to ~ the tax system riformare il sistema fiscale. 2 (to amend) emendare, correggere, migliorare, riformare. 3 (of people) correggere, rimettere sulla retta via, fare ravvedere. 4 (of an abuse) eliminare, porre fine a. II v.i. ravvedersi, correggersi, emendarsi, tornare sulla retta via. III n. 1 riforma f.: social ~ riforma sociale. 2 (removal, correction) emendamento m., correzione f. 3 (of people) ravvedimento m. □ (Stor.brit) Reform Act (o Reform Bill) legge per la riforma elettorale; (Rel.ebr) Reform Judaism ebraismo riformato; (ant) ~ school riformatorio, casa di correzione.
re-form /ˌriːˈfɔːm Am ˌriːˈfɔːrm/ I v.t. riformare, formare di nuovo, ricostituire. II v.i. riformarsi, ricostituirsi.
reformable /rɪˈfɔːməbl Am rɪˈfɔːrməbl/ a. 1 riformabile. 2 (of people) correggibile.
reformat /rɪˈfɔːmət Am rɪˈfɔːrmət/ v.t. (Inform) riformattare.
reformation /ˌrefəˈmeɪʃən Am ˌrefərˈmeɪʃən/ n. 1 (act, state) riforma f. 2 (correction) emendamento m., correzione f.
Reformation /ˌrefəˈmeɪʃən Am ˌrefərˈmeɪʃən/ n. (Stor,Rel.prot) Riforma f. protestante.
re-formation /ˌriːfɔːˈmeɪʃən Am ˌriːfɔːr ˈmeɪʃən/ n. riformazione f., nuova formazione f.
reformational /ˌrefəˈmeɪʃənl Am ˌrefər ˈmeɪʃənl/ a. riformatore, di riforma.
reformatory /rɪˈfɔːmətri Am rɪˈfɔːrmətɔːri/ I a. riformatore. II n. riformatorio m., casa f. di correzione.
reformed /rɪˈfɔːmd Am rɪˈfɔːrmd/ a. 1 (of a state) riformato. 2 (of a criminal) riabilitato: he is a ~ character ha messo la testa a posto. 3 (Rel,Rel.prot) riformato: ~ Judaism ebraismo riformato.
reformer /rɪˈfɔːməʳ Am rɪˈfɔːrmərʳ/ n. riformatore m. (f. -trice).
Reformer /rɪˈfɔːməʳ Am rɪˈfɔːrmərʳ/ n. 1 (Stor.brit) esponente m. del movimento per la riforma elettorale. 2 (Rel.prot) riformatore m. (f. -trice).
reformism /rɪˈfɔːmɪzəm Am rɪˈfɔːrmɪzəm/ n. riformismo m.
reformist /rɪˈfɔːmɪst Am rɪˈfɔːrmɪst/ I n. 1 riformista m./f. (anche Pol). 2 (Rel.prot) riformato m. (f. -a). II a. 1 riformista, riformistico. 2 (Rel.prot) della riforma, relativo alla riforma, riformato.
reformistic /rɪfɔːˈmɪstɪk Am rɪfɔːrˈmɪstɪk/ a. 1 riformista, riformistico. 2 (Rel.prot) della riforma, relativo alla riforma, riformato.
reformulate /ˌriːˈfɔːmjʊleɪt Am ˌriː ˈfɔːrmjəleɪt/ v.t. riformulare: to ~ a plan reimpostare un progetto.
refract /rɪˈfrækt/ v.t. 1 (Fis) rifrangere. 2 (Ott, Med) determinare il grado di rifrazione di.
refracting /rɪˈfræktɪŋ/ □ (Fis) ~ angle angolo di rifrazione; (Ott) ~ telescope telescopio rifrattore, telescopio diottrico.
refraction /rɪˈfrækʃən/ n. (Fis) rifrazione f.
refractional /rɪˈfrækʃənl/ a. della rifrazione, relativo alla rifrazione.
refractive /rɪˈfræktɪv/ a. 1 della rifrazione, relativo alla rifrazione. 2 (capable of refracting) rifrangente. □ (Fis) ~ index indice di rifrazione.
refractivity /ˌrɪfrækˈtɪvɪti Am ˌrɪfrækˈtɪvəti/ n. rifrangenza f., rifrattività f.
refractometer /ˌrɪfrækˈtɒmɪtəʳ Am ˌrɪfræk ˈtɑːmɪtəʳ/ n. (Ott) rifrattometro m.
refractor /rɪˈfræktəʳ/ n. (Fis) 1 (object) rifrattore m. 2 (substance) sostanza f. rifran-

gente.

refractorily /rɪ'fræktªrªli/ *avv.* refrattariamente, caparbiamente, con ostinazione.

refractoriness /rɪ'fræktªrɪnªs/ *n.* 1 ostinazione *f.*, caparbietà *f.* 2 (*intractability*) indocilità *f.*, intrattabilità *f.* 3 (*Met,Med*) refrattarietà *f.*

refractory /rɪ'fræktªri/ I *a.* 1 ostinato, caparbio. 2 (*hard to manage*) indocile, difficile, ribelle. 3 (*Med*) ribelle, ostinato, tenace, refrattario (*to* a). 4 (*Fisiol,Tecn*) refrattario. II *n.* (*Tecn*) materiale *m.* refrattario, refrattario *m.* ☐ (*Fisiol*) ~ *period* periodo refrattario.

refrain[1] /rɪ'freɪn/ *v.i.* trattenersi, astenersi (*from* da), frenarsi: *I could not ~ from laughing* non potei trattenermi dal ridere; *please ~ from smoking* si prega di non fumare.

refrain[2] /rɪ'freɪn/ *n.* 1 (*Mus,Lett*) ripresa *f.*, ritornello *m.*, refrain *m.* 2 (*estens*) (*melody*) motivo *m.*, melodia *f.*

refrangibility /rɪˌfrændʒª'bɪlªti Am rɪˌfrændʒª'bɪlªti/ *n.* (*Fis*) rifrangibilità *f.*, rifrattività *f.*

refrangible /rɪ'frændʒªbl/ *a.* (*Fis*) rifrangibile.

refreeze /riː'friːz/ *v.t.* ricongelare.

refreezing /riː'friːzɪŋ/ *n.* ricongelamento *m.*

refresh /rɪ'freʃ/ I *v.t.* 1 rinfrescare, ristorare: *this drink will ~ you* questa bevanda ti ristorerà. 2 (*rifl.*) *to ~ oneself* ristorarsi, rifocillarsi, rinfrescarsi. 3 (*of the memory*) rinfrescare. 4 (*to encourage*) rianimare, rincorare. 5 (*to make fresh, to make new again*) rinfrescare, rinnovare. II *v.i.* 1 ristorarsi, rinfrescarsi. 2 (*to become fresh again*) rinfrescare. III *n.* (*Inform*) refresh *m.* ☐ (*Inform*) ~ *rate* frequenza di refresh.

refresher /rɪ'freʃªr/ *n.* 1 cosa *f.* che dà ristoro. 2 (*drink*) bibita *f.*, bevanda *f.* 3 corso *m.* d'aggiornamento. 4 (*Am,Dir*) parcella *f.* supplementare. ☐ ~ *course* corso di aggiornamento.

refreshing /rɪ'freʃɪŋ/ *a.* 1 che dà refrigerio, rinfrescante, ristoratore: *a ~ drink* una bevanda rinfrescante. 2 (*encouraging*) che rianima, che rincora. 3 (*fig*) gradevole, piacevole, simpatico: ~ *frankness* franchezza gradevole.

refreshment /rɪ'freʃmªnt/ *n.* 1 ristoro *m.*, refrigerio *m.* 2 *pl.* rinfreschi *m.pl.*: *-s will be served after the lecture* dopo la conferenza saranno serviti (dei) rinfreschi. 3 *pl.* (*snack*) spuntino *m.sing.* ☐ ~ *bar* posto di ristoro; (*Ferr*) ~ *car* carrozza ristorante; ~ *room* buffet, caffè ristorante; ~ *stall* (o ~ *stand*) posto di ristoro.

refrigerant /rɪ'frɪdʒªrªnt/ I *a.* 1 refrigerante, rinfrescante. 2 (*Farm*) antifebbrile, antipiretico. II *n.* 1 refrigeratore *m.* 2 (*Farm*) antipiretico *m.*, farmaco *m.* antifebbrile. 3 (*substance used in refrigeration*) refrigerante *m.*, sostanza *f.* refrigerante.

refrigerate /rɪ'frɪdʒªreɪt Am rɪ'frɪdʒªreɪt/ I *v.t.* 1 refrigerare, raffreddare. 2 (*of food*) refrigerare. II *v.i.* raffreddarsi, freddarsi.

refrigerating /rɪ'frɪdʒªreɪtɪŋ Am rɪ'frɪdʒªreɪtɪŋ/ I *a.* refrigerante. II *n.* refrigerazione *f.*, raffreddamento *m.* ☐ ~ *engineering* tecnica del freddo.

refrigeration /rɪˌfrɪdʒª'reɪʃªn Am rɪˌfrɪdʒª'reɪʃªn/ *n.* 1 refrigerazione *f.*: *under ~* refrigerato. 2 (*Med*) ibernazione *f.* artificiale.

refrigerative /rɪ'frɪdʒªrªtɪv Am rɪ'frɪdʒªr ªtɪv/ *a.* refrigerante, refrigerativo.

refrigerator /rɪ'frɪdʒªreɪtªr Am rɪ'frɪdʒªr eɪtªr/ *n.* 1 (*appliance*) frigorifero *m.* 2 (*room*) cella *f.* frigorifera. ☐ ~ *cabinet* armadio frigorifero; (*Am,Ferr*) ~ *car* (o ~ *wagon*) vagone frigorifero, carro frigorifero.

refrigeratory /rɪˌfrɪdʒªr'eɪtªri Am rɪˌfrɪdʒª 'rªtªːri/ *a.* refrigerante.

refringent /rɪ'frɪdʒªnt/ *a.* rifrangente.

reft /reft/ → **reave**.

refuel /ˌriː'fjuːªl/ I *v.t.* rifornire di carburante. II *v.i.* fare rifornimento di carburante.

refueling /ˌriː'fjuːªlɪŋ/ *n.* (*Am*) rifornimento *m.* di carburante. ☐ (*Aer*) ~ *stop* scalo di rifornimento.

refuelling /ˌriː'fjuːªlɪŋ/ *n.* rifornimento *m.* di carburante. ☐ (*Aer*) ~ *stop* scalo di rifornimento.

refuge /'refjuːdʒ/ I *n.* 1 rifugio *m.*, asilo *m.*, ricovero *m.*: *to seek ~ from a storm* cercare rifugio da una tempesta; *to take ~ in a friend's home* trovare asilo in casa di un amico. 2 (*fig*) rifugio *m.*, conforto *m.*: *books are his ~ in times of loneliness* i libri sono il suo rifugio nei momenti di solitudine. 3 (*Strad*) salvagente *m.*, isola *f.* pedonale. II *v.t.* (*rar*) (*to give refuge to*) dare rifugio a, dare asilo a. III *v.i.* (*rar*) (*to seek refuge*) rifugiarsi, cercare rifugio. ☐ ~ *house of* ~ ospizio, asilo; *place of ~* rifugio; (*fig*) *to take ~ in* rifugiarsi in.

refugee /ˌrefjʊ'dʒiː Am also 'refjʊdʒi/ *n.* rifugiato *m.* (*f.* -a), profugo *m.* (*f.* -a) (*from* da) (*anche Pol*). ☐ ~ *camp* campo profughi; ~ *status* condizione di rifugiato.

refugium /'refjuːdʒiªm/ *n.* (*Biol*) rifugio *m.*

refulgence /rɪ'fʌldʒªns/ *n.* (*poet*) splendore *m.*, fulgore *m.*

refulgency /rɪ'fʌldʒªnsi/ *n.* (*poet*) splendore *m.*, fulgore *m.*

refulgent /rɪ'fʌldʒªnt/ *a.* (*poet*) splendente, risplendente, fulgido, rifulgente.

refund[1] /riː'fʌnd/ *v.t.* 1 rimborsare, risarcire, rifondere. 2 (*of people: to reimburse*) rimborsare, risarcire, indennizzare. 3 (*Econ*) rifinanziare.

refund[2] /'riː'fʌnd/ *n.* 1 rimborso *m.*, risarcimento *m.*, rifusione *f.*: *to get a ~ on sth.* farsi rimborsare qcs. 2 (*sum repaid*) risarcimento *m.*, indennizzo *m.*

refurbish /ˌriː'fɜːbɪʃ Am ˌriː'fɜːrbɪʃ/ *v.t.* rinnovare, rimettere a nuovo.

refurbishing /ˌriː'fɜːbɪʃɪŋ Am ˌriː'fɜːrbɪʃɪŋ/ *n.* rinnovo *m.*, risanamento *m.* (di edifici e sim.).

refurbishment /ˌriː'fɜːbɪʃmªnt Am ˌriː 'fɜːrbɪʃmªnt/ *n.* rinnovo *m.*, risanamento *m.*

refurnish /ˌriː'fɜːnɪʃ Am ˌriː'fɜːrnɪʃ/ *v.t.* 1 riammobiliare, ammobiliare di nuovo. 2 (*to provide again*) fornire di nuovo.

refusable /rɪ'fjuːzªbl/ *a.* rifiutabile, ricusabile.

refusal /rɪ'fjuːzªl/ *n.* 1 rifiuto *m.*, ricusa *f.* (*to do* di fare): *to meet with a ~* incontrare un rifiuto. 2 (*Dir,Comm*) opzione *f.*, diritto *m.* di opzione: *he has first ~ of the property* ha l'opzione sulla proprietà. 3 (*Equit,Tecn*) rifiuto *m.* ☐ (*Dir*) ~ *of justice* diniego di giustizia; *to take no ~* non accettare un rifiuto, insistere.

refuse[1] /rɪ'fjuːz/ *v.t.* 1 rifiutare, declinare, respingere, ricusare: *to ~ an offer* rifiutare un'offerta. 2 (*to decline to give*) rifiutare, negare, non concedere: *to ~ so. permission* rifiutare un permesso a qcu. 3 (*to express unwillingness*) rifiutare, rifiutarsi di: *he -d to comment on the news* si rifiutò di commentare la notizia. 4 (*Equit*) rifiutare: *the horse -d the fence* il cavallo rifiutò la staccionata. II *v.i.* rifiutarsi, rifiutare, dire di no. 2 (*Equit*) rifiutare (l'ostacolo). ☐ *to ~ bail* rifiutare la libertà provvisoria (dietro cauzione); *he was -d entrance* non lo lasciarono entrare.

refuse[2] /'refjuːs/ *n.* 1 (*rubbish*) rifiuti *m.pl.*, immondizia *f.*, immondezza *f.*, spazzatura *f.* 2 (*industrial*) rifiuti *m.pl.* industriali. 3

(*waste matter*) rifiuti *m.pl.*, scarto *m.* ☐ (*Br*) ~ *bin* pattumiera, bidone della spazzatura; (*Br*) ~ *chute* condotto della pattumiera; ~ *collection* raccolta di rifiuti; ~ *disposal* eliminazione dei rifiuti, smaltimento dei rifiuti; ~ *disposal site* discarica; ~ *disposal unit* tritarifiuti; (*Br*) ~ *dump* discarica pubblica; (*Br*) ~ *lorry* camion della nettezza urbana; (*Br*) ~ *skip* cassonetto dell'immondizia.

refusenik /rɪ'fjuːznɪk/ *n.* 1 (*Giorn*) cittadino *m.* sovietico di religione ebraica a cui è stato negato il permesso di emigrazione in Israele. 2 (*colloq*) persona *f.* che si rifiuta di collaborare.

refuser /rɪ'fjuːzªr/ *n.* 1 chi rifiuta. 2 (*Equit*) cavallo *m.* che rifiuta l'ostacolo.

refutability /ˌrefjutª'bɪlªti Am rɪˌfjuːtª'bɪlªti/ *n.* (*rar*) oppugnabilità *f.*, confutabilità *f.*

refutable /'refjutªbl Am rɪ'fjuːtªbl/ *a.* confutabile, oppugnabile.

refutal /rɪ'fjuːtªl Am rɪ'fjuːtªl/ *n.* confutazione *f.*

refutation /ˌrefjʊ'teɪʃªn/ *n.* confutazione *f.*

refute /rɪ'fjuːt/ *v.t.* 1 confutare: *to ~ an argument* confutare un argomento. 2 (*of a person*) dimostrare l'errore di, provare l'errore di.

reg. 1 *regiment* rgt. (reggimento). 2 *region* Reg. (regione). 3 *register* reg. (registro).

Reg. 1 *regiment* rgt. (reggimento). 2 *regina* (regina).

regain /rɪ'geɪn/ *v.t.* 1 riacquistare, ricuperare, riprendere, riguadagnare: *to ~ one's health* riacquistare la salute; *to ~ consciousness* riprendere conoscenza. 2 (*Mil*) riconquistare, rioccupare, riprendere: *to ~ a position* riconquistare una posizione. ☐ *to ~ one's confidence* riconquistare fiducia in sé; *to ~ possession of sth.* rientrare in possesso di qcs., riacquistare il possesso di qcs.

regal /'riːgªl/ *a.* 1 regale, reale, regio. 2 (*befitting a king*) regale, da re, degno di un re: ~ *splendour* splendore regale; *a ~ banquet* un banchetto degno di un re.

regale /rɪ'geɪl/ I *v.t.* 1 ospitare sontuosamente, trattare sontuosamente. 2 (*to entertain with choice food or drink*) offrire cibi prelibati a. 3 (*rifl.*) *to ~ oneself* mangiare cibi prelibati, trattarsi bene. 4 (*fig*) intrattenere, divertire, rallegrare, dilettare (*with* con). II *v.i.* banchettare (*on* con). III *n.* (*ant*) 1 (*rar*) trattenimento *m.* sontuoso. 2 (*choice article of food*) cibo *m.* squisito, cibo *m.* ghiotto, squisitezza *f.* 3 (*of drink*) nettare *m.*

regalia /rɪ'geɪliª Am rɪ'geɪljª/ *n.pl.* (*costr.sing. o pl.*) 1 (*Stor*) regalia *f.*; (*royal privilege*) prerogativa *f.* reale, privilegio *m.* reale. 2 (*royal symbols, insignia*) insegne *f.pl.* regie, insegne *f.pl.* regali. 3 (*estens*) insegne *f.pl.* (del grado). 4 (*colloq*) (*equipment, gear*) equipaggiamento *m.*, attrezzatura *f.* 5 (*splendid attire*) abbigliamento *m.* sfarzoso, abbigliamento *m.* elegante.

regalism /'riːgªlɪzªm/ *n.* (*Stor*) regalismo *m.*

regalist /'riːgªlɪst/ I *n.* regalista *m./f.* II *a.* regalista, regalistico.

regality /rɪ'gælªti Am rɪ'gælªti/ *n.* 1 regalità *f.*, sovranità *f.* 2 (*ant*) (*regal right*) prerogativa *f.* reale, privilegio *m.* reale. 3 (*territory*) regno *m.*, reame *m.*

regard /rɪ'gɑːd Am rɪ'gɑːrd/ I *v.t.* 1 considerare, ritenere, reputare, giudicare: *to ~ so. with distrust* considerare qcu. con diffidenza. 2 (*to show respect for*) tenere conto di, tenere in considerazione, dare peso a: *he seldom ~s his father's wishes* raramente tiene conto dei desideri di suo padre. 3 (*to esteem*) stimare, considerare, apprezzare: *I ~ him highly* lo stimo molto. 4 (*to look at*) guardare. 5 (*to* *concern*) riguardare, concernere: *this does not ~ you* questo non ti riguarda. **6** (*to take into account*) prendere in considerazione, considerare. **II** *v.i.* **1** fare attenzione, prestare attenzione. **2** (*to look at*) guardare con attenzione. **III** *n.* **1** considerazione *f.*, stima *f.*, riguardo *m.*, rispetto *m.* (*for* per): *to hold so. in high ~* tenere qcu. in grande considerazione. **2** (*care, concern*) riguardo *m.*, cura *f.*: *he has no ~ for etiquette* non ha alcun riguardo per l'etichetta. **3** (*respect, relation*) riguardo *m.*, relazione *f.*, rapporto *m.*: *in this ~* a questo riguardo. **4** (*worth, importance*) importanza *f.*, valore *m.* **5** (*steady gaze*) sguardo *m.* attento. **6** *pl.* (*greetings*) saluti *m.pl.*, ossequi *m.pl.*: *give him my kindest -s* portagli i miei più cordiali saluti. □ *as -s* per quanto concerne, per quanto riguarda, circa, quanto a, in relazione a; *in ~ of* (o *in ~ to*) circa, quanto a, riguardo a; *in every ~* sotto tutti gli aspetti, da tutti i punti di vista; *out of ~ for* per riguardo a, in considerazione di; *with ~ to* circa, quanto a, riguardo a; *without ~ to* (o *without ~ for*) senza tenere conto di, senza prendere in considerazione: *without ~ to cost* senza badare a spese.

regardant /rɪˈgɑːdənt *Am* rɪˈgɑːrdˀnt/ *a.* (*Arald*) riguardante, che guarda indietro, volto a guardare indietro.

regardful /rɪˈgɑːdfˀl *Am* rɪˈgɑːrdfˀl/ *a.* **1** osservante, rispettoso (*of* di). **2** (*respectful*) riguardoso, rispettoso, riverente.

regarding /rɪˈgɑːdɪŋ *Am* rɪˈgɑːrdɪŋ/ *prep.* circa, quanto a, in relazione a, per quanto riguarda, per quanto concerne.

regardless /rɪˈgɑːdləs *Am* rɪˈgɑːrdləs/ **I** *a.* incurante (*of* di), indifferente, che non bada (a). **II** *avv.* senza riguardo, con noncuranza, malgrado tutto.

regardlessness /rɪˈgɑːdləsnəs *Am* rɪˈgɑːrdləsnəs/ *n.* noncuranza *f.*, indifferenza *f.*

regatta /rɪˈɡætə *Am* rɪˈɡɑːtə/ *n.* (*Sport*) regata *f.*

regelate /ˈriːdʒɪleɪt/ *v.i.* rigelare, gelare di nuovo.

regelation /ˌriːdʒɪˈleɪʃˀn/ *n.* rigelo *m.*

regency /ˈriːdʒənsi/ **I** *n.* reggenza *f.* **II** *a.* (*Arred,Arch*) reggenza.

Regency /ˈriːdʒənsi/ *n.* **1** (*Stor.brit*) Reggenza *f.* (di Giorgio IV). **2** (*Stor*) (*in France*) Reggenza *f.*

regenerable /rɪˈdʒenərəbl/ *a.* rigenerabile.

regenerate[1] /rɪˈdʒenəreɪt/ **I** *v.t.* **1** rigenerare (*anche fig*). **2** (*to reproduce*) produrre di nuovo, riprodurre. **3** (*Ind,Rel,Biol,Tecn*) rigenerare. **II** *v.i.* **1** rigenerarsi, riprodursi, riformarsi. **2** (*to become morally reformed*) rigenerarsi, nascere a nuova vita. **3** (*Biol*) rigenerarsi, rigenerare. **4** (*Rel*) rigenerarsi, rinascere spiritualmente. **5** (*Nucl*) rigenerare: *to ~ plutonium* rigenerare il plutonio.

regenerate[2] /rɪˈdʒenərət/ **I** *a.* **1** (*formed again*) rigenerato, ricreato, riformato. **2** (*morally revived*) rigenerato, nato a nuova vita. **3** (*Rel*) rigenerato. **II** *n.* **1** (*Rel*) persona *f.* rinata spiritualmente. **2** (*Biol*) (*replacement tissue*) tessuto *m.* rigenerato.

regenerating /rɪˈdʒenəreɪtɪŋ *Am* rɪˈdʒenəreɪtɪŋ/ *a.* rigenerante: *~ cure* cura rigenerante.

regeneration /rɪˌdʒenəˈreɪʃˀn *Am* rɪˌdʒenəˈreɪʃˀn/ *n.* **1** rigenerazione *f.* (*anche Biol,Ind*). **2** (*Rel*) rigenerazione *f.*, rinascita *f.* spirituale.

regenerative /rɪˈdʒenərətɪv *Am* rɪˈdʒenərˀtɪv/ *a.* rigenerativo. □ (*El*) *~ braking* frenatura a recupero; (*Met*) *~ chamber* camera di recupero; *~ furnace* forno a recupero; *~ powers* poteri rivitalizzanti.

regenerator /rɪˈdʒenəreɪtə *Am* rɪˈdʒenəreɪt̬ə/ *n.* **1** rigeneratore *m.* (*f.* -trice). **2** (*Tecn*) rigeneratore *m.*, recuperatore *m.*

regent /ˈriːdʒənt/ **I** *n.* **1** reggente *m./f.* **2** (*Am, Univ*) membro *m.* del consiglio d'amministrazione. **II** *a.* reggente.

regerminate /riːˈdʒɜːmɪneɪt *Am* riːˈdʒɜːrmɪneɪt/ *v.i.* rigermogliare.

regermination /riːˌdʒɜːmɪˈneɪʃˀn *Am* riːˌdʒɜːrmɪˈneɪʃˀn/ *n.* rigerminazione *f.*

reggae /ˈreɡeɪ/ *n.* (*Mus*) reggae *m.*

regicidal /ˌredʒɪˈsaɪdl/ *a.* regicida.

regicide /ˈredʒɪsaɪd/ *n.* **1** (*act*) regicidio *m.* **2** (*person*) regicida *m./f.*

regime, régime /reɪˈʒiːm *Am* rəˈdʒiːm/ *n.* **1** regime *m.*, sistema *m.* politico: *a dictatorial ~* un regime dittatoriale. **2** (*government*) regime *m.*, governo *m.* **3** (*prevailing social system*) sistema *m.* sociale. **4** (*Med*) (*regimen*) regime *m.*, dieta *f.*: *to be on a ~* essere a regime. **5** (*Geol*) regime *m.*

regimen /ˈredʒɪmən/ *n.* **1** (*Med*) regime *m.*, dieta *f.* **2** (*rar*) (*regime*) regime *m.*, forma *f.* di governo.

regiment /ˈredʒɪmənt/ **I** *n.* **1** (*Mil*) reggimento *m.* **2** (*colloq*) massa *f.*, moltitudine *f.*, gran numero *m.*: *a ~ of nurses* una moltitudine di infermieri. **II** *v.t.* (*Mil*) irreggimentare (*anche fig*).

regimental /ˌredʒɪˈmentˀl *Am* ˌredʒəˈmentˀl/ **I** *a.* (*Mil*) reggimentale: *~ colours* bandiera reggimentale. **II** *n.pl.* divisa *f.sing.* militare (*spec.* di un reggimento): *to be in full -s* indossare l'alta uniforme.

regimentally /ˌredʒɪˈmentˀli *Am* ˌredʒəˈmentˀli/ *avv.* in reggimenti.

regimentation /ˌredʒɪmənˈteɪʃˀn *Am* ˌredʒəmənˈteɪʃˀn/ *n.* (*Mil*) irreggimentazione *f.* (*anche fig*).

regina /rɪˈdʒaɪnə/ *n.* regina *f.*

Regina /rɪˈdʒaɪnə/ **I** *n.* (*official title*) Regina *f.*: *Elizabeth ~* Elisabetta Regina (d'Inghilterra). **II** *n.pr.f.* Regina.

reginal /rɪˈdʒaɪnˀl/ *a.* di una regina, relativo a una regina.

Reginald /ˈredʒɪnˀld/ *n.pr.m.* Reginaldo.

region /ˈriːdʒˀn/ *n.* **1** regione *f.*, zona *f.*: *the tropical -s* le regioni tropicali. **2** (*administrative area*) regione *f.* **3** (*fig*) regione *f.*, campo *m.*, sfera *f.*, settore *m.* **4** (*Anat,Med*) regione *f.*: *in the back ~* nella regione dorsale. □ (*fig*) *in the ~ of* intorno a, circa.

regional /ˈriːdʒˀnˀl/ *a.* regionale, locale, tipico di una zona o area: *~ cooking* gastronomia locale, *~ trade* commercio locale. □ (*Br*) *Regional Affairs Committee* commissione per gli affari regionali; (*Br*) *Regional Committees* commissioni regionali; (*Comm*) *~ council* (*in Scotland*) consiglio regionale; *~ development* sviluppo del territorio.

regionalise /ˈriːdʒˀnəlaɪz/ *v.t.* (*Br*) regionalizzare.

regionalism /ˈriːdʒˀnəlɪzˀm/ *n.* regionalismo *m.* (*anche Pol,Ling,Lett*).

regionalization /ˌriːdʒˀnˀlˀaɪˈzeɪʃˀn *Am* ˌriːdʒˀnəˈlaɪzeʃˀn/ *n.* regionalizzazione *f.*

regionalize /ˈriːdʒˀnəlaɪz/ *v.t.* regionalizzare.

regisseur /ˈredʒɪsɜː*r*/ *n.* (*Teat*) regista *m.* (*spec.* di spettacolo di danza classica).

register /ˈredʒɪstə*r*/ **I** *n.* **1** registro *m.*, elenco *m.*: *the ~ of births* il registro delle nascite. **2** (*list of related persons*) ruolo *m.* **3** (*professional roll*) albo *m.* **4** (*Scol*) registro *m.* delle presenze: *to take the ~* prendere le presenze. **5** (*Tecn*) registro *m.*, valvola *f.* di regolazione. **6** (*Mar*) registro *m.* marittimo. **7** (*device for recording numbers, etc.*) registratore *m.* **8** (*cash register*) registratore *m.* di cassa. **9** (*Mus,Tip,Fot,Inform*) registro *m.* **II** *v.t.* **1** registrare: *to ~ a birth* registrare una nascita. **2** (*to enroll*) iscrivere, immatricolare: *to ~ a*

student iscrivere uno studente; *to ~ a car* immatricolare una macchina. **3** (*of a trade-mark*) registrare. **4** (*Post*) raccomandare, spedire per raccomandata: *to ~ a letter* raccomandare una lettera. **5** (*of luggage*) assicurare. **6** (*of instruments*) segnare, indicare, registrare: *the thermometer -ed 25°* il termometro segnava 25°. **7** (*fig*) mostrare, manifestare, esprimere: *her face -ed surprise* il suo viso mostrava sorpresa. **8** (*Econ*) (*of a security*) intestare. **9** (*Mar*) iscrivere, immatricolare. **III** *v.i.* **1** firmare un registro. **2** (*of a voter*) iscriversi nelle liste elettorali. **3** (*to enroll*) immatricolarsi. **4** (*fig*) apparire: *hope -ed on their faces* sui loro volti apparve la speranza. **5** (*fig*) (*to penetrate the mind*) rendersi conto, capire, afferrare: *his name didn't ~ with me* il suo nome non mi diceva niente. **6** (*in a hotel*) firmare un registro. □ (*Econ*) *to ~ a mortgage on a property* iscrivere un'ipoteca su una proprietà; *~ of members* libro dei soci; (*Br*) *~ office*: 1 ufficio di stato civile, stato civile: *to get married at the ~ office* sposarsi in municipio, sposarsi civilmente; 2 (*employment bureau for servants*) agenzia di collocamento (per domestici); (*Mar*) *~ tonnage* stazza netta di registro; (*Parl*) *~ of votes* lista elettorale.

registered /ˈredʒɪstəd *Am* ˈredʒɪstərd/ *a.* **1** iscritto, immatricolato, riconosciuto, dichiarato. **2** (*of company*) registrato, iscritto nel registro delle società. **3** (*of invention*) depositato. **4** (*Post*) (*uninsured*) raccomandato. **5** (*Post*) (*insured*) assicurato. **6** (*of luggage*) registrato. □ *~ architect* architetto iscritto all'albo; *to be ~ as disabled* essere ufficialmente riconosciuto disabile; (*Econ*) *~ bond* obbligazione nominativa; (*Econ*) *~ capital* capitale nominale; *to be ~ disabled* essere ufficialmente riconosciuto disabile; (*Br*) *~ general nurse* infermiera professionale, infermiera diplomata; (*Post*) *~ land certificate* certificato catastale; (*Post*) *~ letter* lettera raccomandata, raccomandata; (*Am,Post*) *~ mail* posta raccomandata; (*Am,Aus*) *~ nurse* infermiera professionale, infermiera diplomata; *~ office*: 1 sede legale; 2 (*Br*) ufficio di stato civile, stato civile; (*Comm*) *~ pattern* modello depositato; (*Br,Post*) *~ post* posta raccomandata: *by ~ post*: 1 (*uninsured*) per raccomandata; 2 (*insured*) per assicurata; (*Econ*) *~ securities* titoli nominativi; (*Econ*) *~ share* (o *~ stock*) azione nominativa; *~ trademark* marchio depositato, marchio registrato.

registering /ˈredʒɪstərɪŋ/ □ *~ thermometer* termometro registratore, termografo.

registrable /ˈredʒɪstrəbl/ *a.* registrabile.

registrant /ˈredʒɪstrˀnt/ *n.* **1** chi registra. **2** (*Dir*) (*of a trademark*) titolare *m./f.* del diritto di privativa.

registrar /ˌredʒɪsˈtrɑː*r* *Am* ˈredʒɪstrɑː*r*/ *n.* **1** ufficiale *m.* di stato civile. **2** (*judge*) giudice *m.* di pace. **3** (*official recorder*) archivista *m./f.*, cancelliere *m.* **4** (*Scol*) segretario *m.* (*f.* -a). **5** (*Br,Med*) (*in training*) aiuto *m.* □ (*Br*) *Registrar General* capo dell'archivio di stato civile; *~ of births, deaths and marriages* ufficiale di stato civile; (*Comm*) *Registrar of Companies* conservatore del registro delle società.

registrarship /ˌredʒɪsˈtrɑː*r*ʃɪp *Am* ˈredʒɪstrɑː*r*ʃɪp/ *n.* funzioni *f.pl.* di ufficiale di stato civile.

registrary /ˈredʒɪstrˀri/ *n.* (*Br,Univ*) (*at Cambridge*) segretario *m.*

registration /ˌredʒɪsˈtreɪʃˀn/ *n.* **1** registrazione *f.* **2** (*of persons*) iscrizione *f.* **3** (*for taxes*) dichiarazione *f.* **4** (*for national service*) arruolamento *m.* **5** (*of trademark*) deposito *m.* **6** (*of birth, death, marriage*) denuncia *f.* **7** (*of voters*) iscrizione *f.* nelle liste elettorali. **8** (*Mar*) iscrizione *f.* **9** (*Am,Aut*) (*registration document*) libretto *m.* d'immatricolazione. **10** (*Post*) raccomandazione *f.* □ ~ *book* certificato di immatricolazione; ~ *card* scheda di registrazione; (*Aut*) ~ *document* libretto d'immatricolazione; ~ *dues* spese di registro; ~ *fee*: 1 tassa d'iscrizione; 2 (*Post*) tassa di raccomandazione; 3 (*Am,Dir*) (*di un terreno*) imposta di registrazione; ~ *form* modulo di iscrizione; (*Aut*) ~ *number* numero d'immatricolazione, numero di targa; (*Aus,Br,Aut*) ~ *plate* targa di circolazione.

registry /'redʒɪstrɪ/ *n.* **1** registrazione *f.* **2** (*act of enrolling*) iscrizione *f.*, immatricolazione *f.* **3** (*place where a register is kept*) archivio *m.*, ufficio *m.* di registrazione. **4** (*Mar*) atto *m.* di nazionalità. □ ~ *office*: 1 ufficio di stato civile, stato civile: *to get married at the ~ office* sposarsi in municipio, sposarsi civilmente; 2 (*employment bureau for servants*) agenzia di collocamento (per domestici).

regius /'riːdʒɪəs/ *a.* (*Br*) **1** regio. **2** (*Univ*) (*at Oxford, Cambridge: of a professorship*) istituito dalla corona; (*of a professor*) regio.

reglet /'reglət/ *n.* **1** (*Tip*) interlinea *f.* **2** (*Arch*) (*flat moulding*) modanatura *f.* piatta.

regnal /'regnəl/ *a.* di un regno, relativo a un regno: ~ *year* anno di regno.

regnant /'regnənt/ *a.* **1** regnante: *a queen* ~ una regina regnante. **2** (*fig*) (*prevalent*) prevalente, predominante, imperante.

regolith /'rəgəlɪθ/ *n.* (*Geol*) regolite *f.*

regorge /riː'gɔːdʒ *Am* riː'gɔːrdʒ/ **I** *v.t.* vomitare, rigettare. **II** *v.i.* rigurgitare, rifluire (*into* in).

regrate /rɪ'greɪt/ *v.t.* accaparrare, incettare (per rivendere al minuto), fare incetta.

regrater /rɪ'greɪtər *Am* rɪ'greɪtər/ *n.* accaparratore *m.* (*f.* -trice), incettatore *m.* (*f.* -trice).

regrator /rɪ'greɪtər *Am* rɪ'greɪtər/ *n.* accaparratore *m.* (*f.* -trice), incettatore *m.* (*f.* -trice).

regress[1] /rɪ'gres/ *v.i.* **1** retrocedere, regredire. **2** (*Psic*) regredire, arretrare, peggiorare: *his mind has -ed to infancy* la sua mente è regredita all'infanzia. **3** (*Astron*) retrogradare.

regress[2] /'riːgres/ **I** *n.* **1** regresso *m.*, regressione *f.* **2** (*Dir*) regresso *m.* **3** (*Astron*) retrogradazione *f.*

regression /rɪ'greʃən/ *n.* **1** regresso *m.*, regressione *f.* **2** (*Biol,Psic,Med*) regressione *f.* **3** (*Mat*) regresso *m.* (di una curva). **4** (*Sociol*) regresso *m.*: *social* ~ regresso sociale. □ (*Statist*) ~ *analysis* analisi di regressione, analisi multivariata.

regressive /rɪ'gresɪv/ *a.* **1** regressivo, retrogrado. **2** (*Biol,Fon,Econ*) regressivo. □ ~ *tax* imposizione regressiva.

regressively /rɪ'gresɪvlɪ/ *avv.* regressivamente.

regressiveness /rɪ'gresɪvnəs/ *n.* regressività *f.*

regressivity /ˌrɪgre'sɪvəti *Am* ˌrɪgre'sɪvəti/ *n.* regressività *f.*

regret /rɪ'gret/ **I** *v.t.* (*past, p.p.* **regretted** /-ɪd/) **1** pentirsi di, pentirsi per, provare rimorso per, dolersi di: *do you ~ having done it?* ti penti di averlo fatto? **2** (*to feel sorry for*) dolersi di, dispiacersi di, rammaricarsi di, rammaricarsi per: *I ~ I am unable to help* mi duole di non poter essere d'aiuto. **3** (*to remember with a sense of loss*) rimpiangere. **II** *n.* **1** rimorso *m.*, pentimento *m.* **2** (*sense of sorrow*) rincrescimento *m.*, rammarico *m.*, dispiacere *m.*: *he expressed* ~ espresse il suo rincrescimento. **3** (*sense of loss*) rimpianto *m.* (*about, at* per; *that* che). **4** *pl.* (*feeling of*

remorse) rimorso *m.sing.*, rimorsi *m.pl.* **5** *pl.* (*expression of sorrow*) scuse *f.pl.*: *with many regrets* con molte scuse. □ *to have no -s* non avere rimpianti; *it is to be -ted that* è deplorevole che; *much to my* ~ con mio grande rammarico.

regretful /rɪ'gretfəl/ *a.* pieno di rammarico, pieno di rincrescimento.

regretfully /rɪ'gretfəli/ *avv.* con rammarico, con rincrescimento.

regrettable /rɪ'gretəbl̩ *Am* rɪ'gretəbl̩/ *a.* spiacevole, increscioso, deplorevole: *a ~ error* uno spiacevole errore.

regrettably /rɪ'gretəbli *Am* rɪ'gretəbli/ *avv.* spiacevolmente, malauguratamente, purtroppo.

regroup /riː'gruːp/ **I** *v.t.* raggruppare, riordinare in gruppi. **II** *v.i.* formare un nuovo gruppo, cambiare il raggruppamento.

regt., **Regt.** *regiment* rgt. (reggimento).

regulable /'regjələbl̩/ *a.* regolabile.

regular /'regjələr/ **I** *a.* **1** metodico, regolare, ordinato: *a man of ~ habits* un uomo dalle abitudini metodiche. **2** (*recurring at specific times*) regolare, a ore fisse: ~ *meals* pasti regolari. **3** (*of a customer, visitor, etc.*) abituale. **4** (*normal, usual*) normale, consueto, abitudinale, regolare, solito: *the ~ procedure* la procedura normale. **5** (*in accordance with the rules, usage*) regolare, regolamentare, secondo le regole: *the election was perfectly* ~ l'elezione fu assolutamente regolare. **6** (*uniform, even*) regolare, uniforme: *a ~ arrangement* una disposizione regolare. **7** (*symmetrical, harmonious*) regolare, proporzionato, simmetrico: ~ *features* lineamenti regolari. **8** (*Fisiol*) regolare. **9** (*colloq*) (*thorough, utter*) vero (e proprio), bell'e buono, autentico: *a ~ rascal* una vera canaglia. **10** (*properly qualified*) qualificato, con le carte in regola: *a ~ cook* un cuoco qualificato. **11** (*Gramm,Geom,Mil,Rel*) regolare: ~ *nouns* sostantivi regolari; ~ *clergy* clero regolare. **12** (*Am*) (*normal, standard*) normale: *I'll have the ~ fries* prendo le patatine normali. **13** (*Am,colloq*) (*good*) in gamba, bravo, a posto, come si deve: *a ~ guy* un tipo in gamba. **II** *n.* **1** (*Mil*) soldato *m.* dell'esercito regolare. **2** (*regular customer*) cliente *m./f.* abituale, cliente *m./f.* fisso. **3** (*Rel.catt*) religioso *m.* appartenente a clero regolare. **4** (*Sport*) titolare *m./f.* **III** *avv.* (*dial*) **1** (*at regular intervals*) regolarmente, con regolarità. **2** (*habitually*) abitualmente. **3** (*uniformly*) regolarmente, uniformemente. □ *as ~ as clockwork* puntuale come un orologio, regolare come un orologio, preciso come un orologio; (*Am*) ~ *coffee* caffè macchiato e zucchero; (*Am,colloq*) ~ *fellow* (o ~ *guy*) persona simpatica, (*colloq*) simpaticone; (*Fisiol*) ~ *heartbeat* battito cardiaco; *to keep ~ hours* rispettare un preciso orario, essere metodico.

regularise /ˌregjə'ləraɪz/ *v.t.* (*Br*) regolarizzare.

regularity /ˌregjə'lærəti *Am* ˌregjə'lærəti/ *n.* regolarità *f.*: *with unfailing* ~ con perfetta regolarità.

regularization /ˌregjələraɪ'zeɪʃən *Am* ˌregjələrɪ'zeɪʃən/ *n.* regolarizzazione *f.*

regularize /ˌregjə'ləraɪz *Am* ˌregjə'ləraɪz/ *v.t.* regolarizzare.

regularly /'regjələrli/ *avv.* **1** (*at regular intervals*) regolarmente, con regolarità: *he visits us* ~ viene a farci visita regolarmente. **2** (*habitually*) abitualmente. **3** (*uniformly*) regolarmente, uniformemente.

regulate /'regjəleɪt/ *v.t.* **1** regolare, dirigere, guidare: *to ~ exports and imports* regolare le

esportazioni e le importazioni. **2** (*to put in order*) regolare, disciplinare. **3** (*Tecn*) regolare: *to ~ a watch* regolare un orologio.

regulated /'regjələtɪd *Am* 'regjəleɪtɪd/ □ ~ *market economy* economia pianificata; ~ *tenancy* equo canone.

regulation /ˌregjə'leɪʃən/ **I** *n.* **1** norma *f.*, regola *f.* **2** (*for discipline*) regolamento *m.* **3** (*legal requirements*) disposizione *f.* (*for* per): *the -s concerning immigration* le norme che regolano l'immigrazione. **4** *pl.* ordinamento *m.sing.*, regolamento *m.sing.*, regolamentazione *f.sing.*: *school -s* ordinamento scolastico; *according to -s* regolamentare, secondo il regolamento; *contrary to -s* contrario al regolamento. **II** *a.* **1** regolamentare, prescritto, d'obbligo: *the ~ size envelope* il formato regolamentare di busta. **2** (*Mil*) d'ordinanza, regolamentare: ~ *uniform* uniforme d'ordinanza. **3** (*fig*) usuale, di rigore: *the ~ classic suit worn on Capitol Hill* l'abito classico usuale indossato al Campidoglio.

regulative /'regjələtɪv *Am* 'regjəleɪtɪv/ *a.* regolativo.

regulator /'regjəleɪtər *Am* 'regjəleɪtər/ *n.* **1** chi regola, regolatore *m.* (*f.* -trice). **2** (*Tecn*) regolatore *m.* **3** (*Orol*) racchetta *f.* **4** *pl.* enti *m.pl.* di vigilanza.

regulatory /'regjələtəri *Am* 'regjələtɔːri/ *a.* regolatore. □ ~ *commissions* enti di vigilanza.

regulus /'regjələs/ (*pl.* **-es** /-ɪz/ o **-li** /-laɪ/) *n.* (*Met,Ornit*) regolo *m.*

Regulus /'regjələs/ *n.pr.* (*Astr*) Regolo *m.*

regurgitate /rɪ'gɜːdʒɪteɪt *Am* rɪ'gɜːrdʒɪteɪt/ **I** *v.i.* rigurgitare. **II** *v.t.* **1** ributtare, rigettare. **2** (*colloq*) ripetere a pappagallo, ripetere meccanicamente.

regurgitation /rɪˌgɜːdʒɪ'teɪʃən *Am* rɪˌgɜːrdʒɪ'teɪʃən/ *n.* **1** rigurgito *m.* (*anche Med,Zool*). **2** (*colloq*) ripetizione *f.* meccanica.

rehab /'riːhæb/ *n.* (*colloq*) riabilitazione *f.* (*spec.* da alcol o stupefacenti): *a ~ clinic* comunità per tossicodipendenti. **II** *v.t.* (*Am, colloq*) restaurare un edificio o palazzo.

rehabilitate /ˌriːhə'bɪliteɪt *Am* riːhə'bɪləteɪt/ *v.t.* **1** rieducare. **2** (*of criminals, etc.*) rieducare, riabilitare: *to ~ juvenile delinquents* rieducare i minorenni traviati. **3** (*to restore to previous rank, standing*) reintegrare in un ufficio (*o* una carica ecc.). **4** (*to restore the good name of*) riabilitare. **5** (*to restore a house, etc.*) restaurare. **6** (*Dir*) riabilitare. **7** (*Sociol*) reinserire nella società: *to ~ drug addicts* reinserire drogati nella società.

rehabilitation /ˌriːhə'bɪlɪteɪteɪʃən *Am* ˌriːhə'bɪləteɪteɪʃən/ *n.* **1** riabilitazione *f.* (*anche Dir*). **2** (*restoration*) restauro *m.* **3** (*Sociol*) riabilitazione *f.*, reinserimento *m.* nella società: ~ *of offenders* reinserimento di ex detenuti nella società. **4** (*of old buildings*) risanamento *m.* □ ~ *centre* (o *Am* ~ *center*): 1 (*for handicapped*) centro di riabilitazione; 2 (*for addicts*) centro di reinserimento.

rehabilitative /ˌriːhə'bɪlɪtətɪv *Am* riːhə'bɪlətɪv/ *a.* **1** rieducativo. **2** (*Med*) riabilitativo: ~ *medicine* medicina riabilitativa.

rehang /riː'hæŋ/ *v.t.irr.* riappendere, riattaccare.

rehash[1] /riː'hæʃ/ *v.t.* (*fig*) rifriggere, rimasticare, rimaneggiare.

rehash[2] /'riːhæʃ/ *n.* (*fig*) rifacimento *m.*, rimasticatura *f.*, rimaneggiamento *m.*

rehear /riː'hɪər/ *v.t.irr.* (*Br,Dir*) riesaminare.

rehearing /riː'hɪərɪŋ/ *n.* (*Br,Dir*) riesame *m.*

rehearsal /rɪ'hɜːsl̩ *Am* rɪ'hɜːrsl̩/ *n.* **1** (*Teat*) prova *f.* (*anche estens*): *dress* ~ prova generale. **2** (*enumeration*) elencazione *f.*, enumerazione *f.* □ (*Teat*) ~ *call* chiamata in scena (per le prove).

rehearse /rɪ'hɜːs *Am* rɪ'hɜːrs/ I *v.t.* 1 (*Teat, Mus*) provare, fare le prove di (*anche estens*). 2 (*Teat,Mus*) (*of people*) far fare le prove a: *the conductor -d the orchestra* il direttore fece fare le prove all'orchestra. 3 (*to enumerate*) enumerare, elencare. II *v.i.* (*Teat, Mus*) provare, fare le prove.

reheat /rɪ'hiːt/ I *n.* (*Aer*) postcombustione *f.* II *v.t.* riscaldare: ~ *leftovers* avanzi riscaldati.

rehouse /riː'haʊz/ *v.t.* provvedere nuove abitazioni per, fornire di nuove abitazioni, rialloggiare.

rehousing /riː'haʊzɪŋ/ *n.* il fornire di nuove abitazioni.

rehydrate /,riːhaɪ'dreɪt/ I *v.t.* reidratare. II *v.i.* reidratarsi.

reify /'reɪfaɪ *Am* 'riːəfaɪ/ *v.t.* reificare.

reign /reɪn/ I *n.* 1 regno *m.*: *in the ~ of George III* sotto il regno di Giorgio III. 2 (*fig*) sovranità *f.*, autorità *f.*: *the ~ of law* la sovranità della legge. II *v.i.* 1 regnare. 2 (*fig*) regnare, dominare (*over* su). ☐ *~ of terror* regno del terrore (*anche Stor*).

reignite /,riːg'naɪt/ *v.t.* riaccendere, accendere di nuovo.

reiki /'riːki/ *v.t.* reiki.

reimburse /,riːɪm'bɜːs *Am* ,riːɪm'bɜːrs/ *v.t.* risarcire, rimborsare: *to ~ so. for his expenses* risarcire qcu. delle spese.

reimbursement /,riːɪm'bɜːsmənt *Am* ,riːɪm'bɜːrsmənt/ *n.* rimborso *m.*, risarcimento *m.* (*of* di; *for* per).

reimport[1] /,riːɪm'pɔːt *Am* ,riːɪm'pɔːrt/ *v.t.* reimportare, importare di nuovo.

reimport[2] /riːɪm'pɔːt *Am* ,riːɪm'pɔːrt/ *n.* reimportazione *f.*, articolo *m.* importato di nuovo.

reimportation /,riːɪmpɔː'teɪʃ°n *Am* ,riːɪmpɔːr'teɪʃ°n/ *n.* 1 nuova importazione *f.* 2 *pl.* merci *f.pl.* importate di nuovo.

reimpose /,riːɪm'pəʊz/ *v.t.* 1 imporre di nuovo. 2 (*Tip*) rimpaginare.

reimposition /,riːɪmpə'zɪʃ°n/ *n.* 1 nuova imposizione *f.* 2 (*Tip*) rimpaginatura *f.*

rein /reɪn/ I *n.* 1 redine *f.*, briglia *f.*: *to hold the -s* tenere le redini. 2 (*fig*) (*means of restraining*) briglia *f.*, freno *m.*, controllo *m.* 3 *pl.* (*fig*) (*position of authority*) redini *f.pl.*, comando *m.sing.*, guida *f.sing.*: *to assume the -s of government* prendere le redini del governo; *to hold the -s* tenere (in mano) le redini, comandare. II *v.t.* 1 fermare tirando le redini, fermare tirando le briglie. 2 (*to direct with reins*) guidare con le redini, guidare con le briglie. 3 (*fig*) frenare, trattenere, tenere a freno, imbrigliare. III *v.i.* 1 (*to stop, to slow down*) obbedire alle redini, obbedire alle briglie (*anche fig*). 2 (*to stop one's horse with the reins*) fermare il cavallo tirando le redini, fermare il cavallo tirando le briglie (*anche fig*). ☐ *to ~ back*: 1 (*to direct with reins*) guidare con le redini, guidare con le briglie; 2 (*to stop, to slow down*) obbedire alle redini, obbedire alle briglie (*anche fig*); (*fig*) *to give ~ to*: 1 sbrigliare, dare libero sfogo a; 2 (*of people*) dare piena libertà d'azione a; *to ~ in*: 1 (*to stop, to slow down*) obbedire alle redini, obbedire alle briglie (*anche fig*); 2 (*fig*) frenare, trattenere, tenere a freno, imbrigliare: *to ~ in one's impatience* frenare la propria impazienza; 3 (*to stop one's horse with the reins*) fermare il cavallo tirando le redini (*o* tirando le briglie); (*Am*) *to ~ up*: 1 (*fig*) frenare, trattenere, tenere a freno, imbrigliare; 2 (*to stop one's horse with the reins*) fermare il cavallo tirando le redini (*o* tirando le briglie).

reincarnate /,riːɪnkɑː'neɪt *Am* ,riːɪn'kɑːrneɪt/ I *v.t.* rincarnare, reincarnare: *to be -d* reincar-

narsi (*as* in). II *a.* rincarnato, reincarnato.

reincarnation /,riːɪnkɑː'neɪʃ°n *Am* ,riːɪnkɑːr'neɪʃ°n/ *n.* rincarnazione *f.*, reincarnazione *f.* (*of* di).

reincorporate /,riːɪn'kɔːpəreɪt *Am* ,riːɪn'kɔːrpəreɪt/ *v.t.* rincorporare.

reindeer /'reɪndɪə *Am* 'reɪndɪr/ (*pl.inv.* o **-s** /-z/) *n.* (*Zool*) renna *f.* ☐ (*Bot*) ~ *lichen* (o ~ *moss*) lichene delle renne.

reinfect /,riːɪn'fekt/ *v.t.* reinfettare.

reinforce /,riːɪn'fɔːs *Am* ,riːɪn'fɔːrs/ I *v.t.* 1 (*Mil*) rinforzare: *to ~ an army* rinforzare un'armata. 2 (*to strengthen*) rinforzare, rafforzare: *to ~ a wall* rinforzare un muro; *to ~ an argument with facts* rafforgare una tesi con dati di fatto. 3 (*Edil*) armare, rinforzare, fare l'armatura a. II *n.* 1 (*Edil*) armatura *f.* 2 (*of a gun*) rinforzo *m.* (di un cannone).

reinforced /,riːɪn'fɔːst *Am* ,riːɪn'fɔːrst/ *a.* armato. ☐ (*Edil*) ~ *concrete* cemento armato; ~ *plastic* plastica rinforzata.

reinforcement /,riːɪn'fɔːsmənt *Am* ,riːɪn'fɔːrsmənt/ *n.* 1 (*act of strengthening*) rinforzo *m.*, rinforzamento *m.*, rafforzamento *m.* 2 (*thing added*) rinforzo *m.* 3 (*Edil*) (*rod*) armatura *f.* 4 *pl.* (*Mil*) rinforzi *m.pl.*: *to send for -s* mandare a chiamare i rinforzi.

reinforcer /,riːɪn'fɔːsə *Am* ,riːɪn'fɔːrsər/ *n.* (*Psic*) rinforzo *m.*

reinsert /,riːɪn'sɜːt *Am* ,riːɪn'sɜːrt/ *v.t.* reinserire.

reinsertion /,riːɪn'sɜːʃ°n *Am* ,riːɪn'sɜːrʃ°n/ *n.* reinserimento *m.*

reinstall /,riːɪn'stɔːl/ *v.t.* reinstallare, installare di nuovo.

reinstate /,riːɪn'steɪt/ *v.t.* 1 (*of employee*) reintegrare, riassumere. 2 (*of team*) reintegrare. 3 (*of legislation, service*) ripristinare. 4 (*of belief*) rinnovare.

reinstatement /,riːɪn'steɪtmənt/ *n.* 1 (*of employee*) reintegrazione *f.*, riassunzione *f.* 2 (*of sth. damaged*) ripristino *m.*, ripristinamento *m.*

reinsurance /,riːɪn'ʃʊərəns *Am* ,riːɪn'ʃʊrəns/ *n.* (*Assic*) riassicurazione *f.*

reinsure /,riːɪn'ʃʊə *Am* ,riːɪn'ʃʊr/ *v.t.* (*Assic*) riassicurare.

reinsurer /,riːɪn'ʃʊərə *Am* ,riːɪn'ʃʊrər/ *n.* (*Assic*) riassicuratore *m.* (*f.* -trice).

reintegrate /riː'ɪntɪgreɪt/ *v.t.* reintegrare (*into* in).

reintegration /,riː'ɪntɪgreɪʃ°n/ *n.* reintegrazione *f.* (*into* in).

reinvent /,riːɪn'vent/ *v.t.* reinventare. ☐ (*Am,colloq,iron*) *to ~ the wheel* scoprire l'acqua calda, scoprire l'America.

reinvest /,riːɪn'vest/ I *v.t.* 1 (*Econ*) reinvestire. 2 (*Mil*) investire di nuovo. II *v.i.* (*Econ*) effettuare un reinvestimento (*in* in).

reinvestment /,riːɪn'vestmənt/ *n.* (*Econ*) reinvestimento *m.* (*in* in).

reinvigorate /,riːɪn'vɪgəreɪt *Am* ,riːɪn'vɪgəreɪt/ *v.t.* rinvigorire, rafforzare.

reinvigoration /,riːɪn'vɪgəreɪʃ°n *Am* ,riːɪn'vɪgəreɪʃ°n/ *n.* rinvigorimento *m.*, rafforzamento *m.*

reissue /riː'ɪʃuː *Br also* riː'ɪsjuː/ I *n.* 1 (*Edit*) nuova edizione *f.*, riedizione *f.*, ristampa *f.* 2 (*Filat*) nuova emissione *f.* II *v.t.* 1 (*Edit*) ristampare, ripubblicare. 2 (*Filat*) emettere di nuovo.

Reiter /'raɪtə *Am* 'raɪtər/ ☐ (*Med*) *~'s disease* (o *~'s syndrome*) sindrome di Reiter.

reiterate /riː'ɪtəreɪt *Am* riː'ɪtəreɪt/ *v.t.* ripetere (più volte), reiterare.

reiteration /riː'ɪtəreɪʃ°n *Am* riː'ɪtəreɪʃ°n/ *n.* reiterazione *f.*, ripetizione *f.*

reive /riːv/ I *v.t.* (*Scott*) (*to plunder*) saccheggiare. II *v.i.* (*Scott*) compiere saccheggi.

reiver /'riːvə/ *n.* (*Scott*) saccheggiatore *m.* (*f.*

-trice).

reject[1] /rɪ'dʒekt/ *v.t.* 1 rifiutare, respingere, rigettare: *to ~ an offer* rifiutare un'offerta; *to ~ a claim* respingere un reclamo. 2 (*to discard*) scartare, eliminare. 3 (*Med*) (*to a transplanted organ*) rigettare. 4 (*Edit*) respingere. 5 (*to cast out*) ributtare, gettare fuori. 6 (*to vomit*) ributtare, vomitare. ☐ *to ~ a motion* respingere una mozione.

reject[2] /'riːdʒekt/ *n.* 1 scarto *m.*, rifiuto *m.*, oggetto *m.* di scarto. 2 (*Mil*) riformato *m.* 3 (*Comm*) scarto *m.* di produzione.

rejectable /rɪ'dʒektəbl *Am* rɪ'dʒektəbl̩/ *a.* rifiutabile.

rejectamenta /'rɪdʒektəmentə/ *n.pl.* scarti *m.pl.*, rifiuti *m.pl.*

rejecter /rɪ'dʒektər/ *n.* chi respinge, chi rifiuta.

rejection /rɪ'dʒekʃ°n/ *n.* 1 rifiuto *m.*, ricusa *f.* 2 scarto *m.*, rifiuto *m.*, oggetto *m.* di scarto. 3 (*Med,Inform*) rigetto *m.* ☐ (*Med*) ~ *crisis* crisi di rigetto; (*Pol*) ~ *front* fronte del rifiuto; ~ *letter*: 1 lettera di rifiuto; 2 (*Univ*) lettera in cui si respinge la domanda di ammissione (a un'università); (*Edit*) ~ *slip* lettera di rifiuto.

rejector /rɪ'dʒektər/ *n.* chi respinge, chi rifiuta.

rejigger /riː'dʒɪgər/ *v.t.* (*Am,colloq*) (*to refit, to re-equip*) riconvertire (uno stabilimento) per una nuova produzione.

rejoice /rɪ'dʒɔɪs/ I *v.i.* rallegrarsi (*in, at, over* di, per), gioire, godere (di): *to ~ in one's children's success* rallegrarsi del successo dei propri figli. II *v.t.* rallegrare, allietare, fare felice, rendere felice. ☐ (*ant*) *I am rejoiced to hear it* sono lieto di sentirlo; (*poet*) *to ~ in* (*to have, to possess*) avere, possedere: (*scherz,ant*) *he ~ s in the name of Ned* si chiama Ned, risponde al dolce nome di Ned.

rejoiced /rɪ'dʒɔɪst/ *a.* (*ant*) lieto.

rejoicing /rɪ'dʒɔɪsɪŋ/ *n.* 1 letizia *f.*, felicità *f.*, esultanza *f.*, allegrezza *f.* 2 *pl.* festeggiamenti *m.pl.*, feste *f.pl.*

rejoin[1] /riː'dʒɔɪn/ I *v.t.* 1 (*to join together again*) riunire, rimettere insieme, ricongiungere. 2 (*to come again into the company of*) riunirsi a, ricongiungersi a, raggiungere. 3 (*to enroll again in*) iscriversi di nuovo a. II *v.i.* riunirsi, ricongiungersi.

rejoin[2] /rɪ'dʒɔɪn/ I *v.t.* 1 (*to say in answer*) replicare, ribattere, rispondere. 2 (*Dir*) controreplicare. II *v.i.* rispondere, replicare.

rejoinder /rɪ'dʒɔɪndər/ *n.* 1 replica *f.*, risposta *f.* 2 (*Dir,ant*) controreplica *f.*

rejuvenate /rɪ'dʒuːvəneɪt *Am* rɪ'dʒuːvəneɪt/ I *v.t.* ringiovanire (*anche Geol*). II *v.i.* ringiovanirsi.

rejuvenation /rɪ'dʒuːvəneɪʃ°n *Am* rɪ'dʒuːvəneɪʃ°n/ *n.* ringiovanimento *m.* (*anche Geol*).

rejuvenator /rɪ'dʒuːvəneɪtər *Am* rɪ'dʒuːvəneɪtər/ *n.* chi ringiovanisce, cosa che ringiovanisce.

rejuvenescence /,riːdʒuːvə'nes°ns *Am* ,rɪdʒuː vən'es°ns/ *n.* ringiovanimento *m.*, ricapitalizzazione *f.* (*anche Biol*).

rejuvenescent /,riːdʒuːvə'nes°nt *Am* ,rɪdʒuː vən'es°nt/ *a.* che ringiovanisce.

rekey /,riː'kiː/ *v.t.* (*Inform*) ridigitare, digitare di nuovo.

rekindle /riː'kɪndl/ I *v.t.* riaccendere, ravvivare (*anche fig*): (*fig*) *to ~ fears* risvegliare la paura, riaccendere la paura. II *v.i.* riaccendersi, ravvivarsi.

rel. 1 *relating relative* rel. (relativo). 2 *relatively* (relativamente). 3 *religion* rel. (religione). 4 *religious* (religioso).

relabel /,riː'leɪbl/ *v.t.* mettere una nuova etichetta a (*o* su), etichettare di nuovo.

relaid /ri:'leɪd/ → **re-lay.**

relapse /rɪ'læps/ **I** v.i. **1** ricadere, ricascare (into in): to ~ into vice ricadere nel vizio. **2** (Med) recidivare. **II** n. **1** ricaduta f.: to have a ~ avere una ricaduta, subire una ricaduta. **2** (Med) recidiva f.

relapsing /rɪ'læpsɪŋ/ a. recidivante. □ (Med) ~ fever febbre ricorrente.

relate /rɪ'leɪt/ **I** v.t. **1** riferire, raccontare, narrare, riportare, esporre. **2** (to establish a connection between) collegare, stabilire un nesso fra, mettere in relazione. **II** v.i. **1** riferirsi (to a), riguardare (qcs.), avere attinenza (con). **2** (to have a social relationship) stabilire rapporti, stabilire relazioni, essere in relazione (to, with con): I can't ~ to any of my co-workers non riesco creare un rapporto con nessuno dei miei colleghi. **3** (to identify) riuscire a simpatizzare con, identificarsi con (to a): I can ~ to the character mi identifico con quel personaggio; I can't ~ to the painting il dipinto non mi dice niente.

related /rɪ'leɪtɪd Am rɪ'leɪt̬ɪd/ a. **1** imparentato, legato da parentela (to con; by, through per): I am ~ to him sono imparentato con lui; to be closely ~ essere parenti stretti; to be distantly ~ essere parenti lontani. **2** (having relationship) collegato, connesso, attinente, relativo, inerente (to a): the two events are ~ i due avvenimenti sono collegati. **3** (Mus) relativo. □ ~ by blood consanguineo; ~ on one's father's side imparentato da parte di padre; ~ on one's mother's side imparentato da parte di madre; biology and ~ sciences biologia e scienze affini.

relatedness /rɪ'leɪtɪdnəs Am rɪ'leɪt̬ɪdnəs/ n. relazione f., connessione f., rapporto m.

relater /rɪ'leɪtər Am rɪ'leɪt̬ər/ n. narratore m. (f. -trice).

relating /rɪ'leɪtɪŋ Am rɪ'leɪt̬ɪŋ/ a. relativo, attinente, riguardante (to a).

relation /rɪ'leɪʃən/ n. **1** relazione f., rapporto m., connessione f., nesso m. (between tra; of di; with con): I see no ~ between the two events non vedo relazione alcuna fra i due fatti. **2** (person connected by kinship) parente m./f., congiunto m. (f. -a): my wife's -s i parenti di mia moglie. **3** (kinship) parentela f.: is there any ~ between you two? c'è qualche parentela fra voi due? **4** (story) relazione f. (of di). **5** (act of relating) esposizione f., narrazione f., racconto m. **6** (account, report) relazione f., rapporto m., resoconto m. **7** pl. (mutual dealings) relazioni f.pl., rapporti m.pl.: social -s relazioni sociali. □ to have ~ to riguardare, concernere, riferirsi a; in ~ to quanto a, riguardo a, relativamente a; to be out of all ~ to: 1 non avere alcun rapporto con; 2 (to be out of proportion to) essere del tutto sproporzionato a; with ~ to quanto a, riguardo a, relativamente a.

relational /rɪ'leɪʃənl/ a. **1** relazionale. **2** (of kinship) di parentela. □ (Mat) ~ algebra algebra relazionale; (Inform) ~ database database relazionale, base dati relazionale.

relationary /rɪ'leɪʃənri/ a. **1** relazionale. **2** (of kinship) di parentela.

relationship /rɪ'leɪʃənʃɪp/ n. **1** relazione f., rapporto m., connessione f., nesso m. **2** (kinship) parentela f. **3** (state of affairs between two people) rapporti m.pl., rapporto m., relazioni f.pl.

relative /'relətɪv Am 'relət̬ɪv/ **I** a. **1** relativo: a time of ~ peace un periodo di pace relativa. **2** (having reference) relativo, attinente (a), concernente (qcs.), in relazione (a): the facts ~ to the case i fatti relativi al caso. **3** (relevant) pertinente, relativo: I gave him the ~ information gli ho dato le informazioni per-

tinenti. **4** (reciprocal) reciproco, mutuo, scambievole. **5** (related, connected) collegato, connesso. **6** (Gramm,Mus,Fis,Inform) relativo. **II** n. **1** parente m./f., congiunto m. (f. -a): blood ~ consanguineo. **2** (Gramm) pronome m. relativo. □ (Gramm) ~ adverb avverbio relativo; (Chim) ~ atomic mass massa atomica relativa; (Gramm) ~ clause proposizione relativa; (Inform) ~ coordinates coordinate relative; (Fis) ~ density densità relativa; (Met) ~ humidity umidità relativa; (Chim) ~ molecular mass massa molecolare relativa; (Mat) ~ number numero relativo; (Fis) ~ permittivity permettività relativa; (Mus) ~ pitch orecchio relativo; (Gramm) ~ pronoun pronome relativo.

relatively /'relətɪvli Am 'relət̬ɪvli/ avv. relativamente, in modo relativo, limitatamente: ~ cheap relativamente poco caro; ~ speaking in un certo senso, relativamente.

relativeness /'relətɪvnəs Am 'relət̬ɪvnəs/ n. relatività f.

relativise /'relətɪvaɪz/ v.t. (Br,Filos,Fis,Ling) relativizzare.

relativism /'relətɪvɪzəm Am 'relət̬ɪvɪzəm/ n. (Filos) relativismo m.

relativist /'relətɪvɪst Am 'relət̬ɪvɪst/ **I** n. relativista m./f. **II** a. (Filos,Fis) relativistico.

relativistic /ˌrelətɪ'vɪstɪk Am ˌrelət̬ɪ'vɪstɪk/ a. (Filos,Fis) relativistico.

relativity /ˌrelə'tɪvəti Am ˌrelə'tɪvət̬i/ n. relatività f. (anche Fis,Filos).

relativize /'relətɪvaɪz/ v.t. (Filos,Fis,Ling) relativizzare.

relator /rɪ'leɪtə Am rɪ'leɪt̬ər/ n. **1** (relater) narratore m. (f. -trice). **2** (Dir) denunciante m./f., istante m./f., privato m. (f. -a) che determina un'azione legale da parte dello stato contro un terzo.

relaunch /rɪ'lɔ:nʃ/ **I** v.t. rilanciare, lanciare di nuovo: ~ an advertising campaign rilanciare una campagna pubblicitaria. **II** n. rilancio m.

relax /rɪ'læks/ **I** v.t. **1** rilassare, allentare, distendere: to ~ one's muscles rilassare i muscoli; to ~ a hold allentare una presa. **2** (to lessen, to slacken) diminuire, ridurre, allentare: to ~ the tension diminuire la tensione. **3** (to make less strict) allentare, rendere meno rigido, rilassare, mitigare: to ~ discipline allentare la disciplina. **4** (Am) (straighten hair) stirarsi (i capelli). **II** v.i. **1** rilassarsi, allentarsi. **2** (to loose nervous tension) rilassarsi, distendere i nervi: to ~ in a warm bath rilassarsi in un bagno caldo. **3** (to become less strict) diventare meno rigido, mitigarsi. **4** (to diminish) diminuire, attenuarsi: the pressure -ed la pressione diminuì. **5** (to take rest, recreation) riposarsi, ricrearsi.

relaxant /rɪ'læksənt/ n. rilassante m., antispastico m.

relaxation /ˌriːlæk'seɪʃən/ n. **1** rilassamento m., allentamento m., distensione f. **2** (act of making less strict) rilassamento m., allentamento m., mitigazione f. **3** (of penalties, payments) remissione f. **4** (relief from strain) rilassamento m., distensione f. **5** (activity providing relief) svago m., passatempo m., diversivo m., distrazione f. **6** (Fisiol) rilassamento m. □ ~ time tempo di rilassamento.

relaxed /rɪ'lækst/ a. **1** rilassato, disteso. **2** (not strict, severe) non rigido. **3** (of morals, etc.) rilassato. **4** (informal) disinvolto, sciolto: a ~ atmosphere un'atmosfera disinvolta. □ (Abbigl) ~ fit (of trousers and jeans) taglio largo.

relaxedly /rɪ'læksɪdli/ avv. con rilassatezza.

relaxin /rɪ'læksɪn/ n. (Biol) relaxina f., relassina f.

relay[1] /'riːleɪ, rɪ'leɪ/ **I** n. **1** squadra f. di turno, squadra f. che dà il cambio. **2** (supply of horses) cavalli m.pl. di ricambio, cavalli m.pl. di posta; (of dogs) muta f. di ricambio. **3** (Sport) (relay race) staffetta f. **4** (El) relais m., relè m. **5** (Mecc) servomotore m. **6** (Rad) ripetitore m., stazione f. ripetitrice, stazione f. relè. □ (Rad) ~ broadcast ritrasmissione, ripetizione; (Sport) ~ race staffetta, corsa a staffetta; (Sport) ~ runner frazionista, staffettista; (Rad) ~ station stazione relè, stazione ripetitrice, ripetitore.

relay[2] /ˌriː'leɪ/ **I** v.t. **1** trasmettere, passare: the message was -ed to the front line il messaggio fu trasmesso al fronte. **2** (Rad) ritrasmettere. **II** v.i. **1** fare il cambio (di cavalli, uomini ecc.). **2** (Rad) ritrasmettere un programma.

re-lay /ˌriː'leɪ/ v.t.irr. rimettere giù, ricollocare, posare di nuovo, deporre di nuovo.

relearn /rɪ'lɜːn Am rɪ'lɜːrn/ v.t. riapprendere, riimparare, imparare di nuovo.

releasable /rɪ'liːsəbl/ a. che si può rilasciare, rilasciabile.

release /rɪ'liːs/ **I** v.t. **1** rilasciare, liberare, rimettere in libertà: to ~ a prisoner rilasciare un prigioniero. **2** (to let go) mollare, lasciare andare: to ~ one's hold mollare la presa. **3** (of emotions, etc.) sfogare, dare sfogo a. **4** (to absolve) sciogliere, dispensare, assolvere, liberare: to ~ so. from a promise sciogliere qcu. da una promessa. **5** (of a switch, etc.) allentare: to ~ the handbrake allentare il freno a mano. **6** (to allow to be issued) mettere in circolazione, fare uscire: the film will be -d next week il film uscirà la settimana prossima. **7** (Dir) (of rights, etc.) rinunciare a, abbandonare; (of property, etc.) cedere. **8** (Tecn) (to unlock) sganciare; (of shutter) aprire; (of handbrake) togliere. **II** n. **1** rilascio m., liberazione f.: to obtain so.'s ~ ottenere il rilascio di qcu. **2** (relief) liberazione f., sollievo m.: death can be his only ~ la morte può essere la sua sola liberazione. **3** (Giorn) (press announcement) annuncio m., comunicato m. (stampa). **4** (dispensation) dispensa f., esenzione f., esonero m. **5** (in transport) sdoganamento m.: ~ for shipment autorizzazione di spedizione. **6** (Dir) (of rights, etc.) cessione f.; (act, instrument) atto m. di cessione, atto m. di rinuncia. **7** (Cin) distribuzione f.: the film is now on general ~ il film è ora in tutti i cinema, il film è uscito in tutte le sale. **8** (Inform) release f., versione f. **9** (Mil) (of missile) lancio m.; (of bomb) sganciamento m. □ to ~ an arrow scoccare una freccia; to ~ a bomb sganciare una bomba; (Cin) to ~ a film distribuire un film, fare uscire un film; (burocr) ~ from duty esenzione dal servizio; (Mecc) ~ gear dispositivo di scatto; (Aut) ~ lever leva di comando, leva di avviamento; (Dir) ~ on bail rilasciare su cauzione, scarcerare su cauzione; to ~ tension scaricare la tensione, sciogliere la tensione; to ~ the brakes allentare i freni, levare il freno.

re-lease /ˌriː'liːs/ v.t. riaffittare.

released /rɪ'liːst/ □ (Am) ~ time permesso (concesso nell'orario del lavoro) per attività personali.

releasee /ˌrɪliː'siː/ n. (Dir) cessionario m. (f. -a).

releaser /rɪ'liːsər/ n. **1** chi libera, chi rilascia, liberatore m. (f. -trice). **2** (Mecc) dispositivo m. di scatto. **3** (Cin) noleggiatore m.

releasing /rɪ'liːsɪŋ/ □ (Biol) ~ factors fattori di liberazione, fattori di rilascio.

releasor /rɪ'liːsər/ n. (Dir) cedente m./f.

relegable /'relɪgəbl/ a. che può essere relegato.

relegate /'relɪgeɪt/ *v.t.* **1** relegare, confinare (*to* in). **2** (*to hand over for decision, etc.*) passare, rimettere, deferire, delegare. **3** (*Br, Sport*) retrocedere.

relegation /'relɪgeɪʃən/ *n.* **1** relegazione *f.* (*anche Dir.rom*). **2** (*delegation, handing over*) deferimento *m.*, delegazione *f.* **3** (*Br,Sport*) retrocessione *f.* (*to* in).

relent /rɪ'lent/ *v.i.* **1** addolcirsi, lasciarsi commuovere, cedere. **2** (*to become less severe*) calmarsi, placarsi, attenuarsi.

relentless /rɪ'lentləs/ *a.* implacabile, inesorabile, spietato.

relentlessly /rɪ'lentləsli/ *avv.* implacabilmente, inesorabilmente, spietatamente.

relentlessness /rɪ'lentləsnəs/ *n.* implacabilità *f.*, inesorabilità *f.*, spietatezza *f.*

re-let /ri:'let/ *v.t.irr.* **1** riaffittare, ridare in affitto. **2** (*to sublease*) subaffittare.

relevance /'reləvəns/ *n.* pertinenza *f.*, attinenza *f.* ☐ (*Dir*) ~ *of evidence* pertinenza delle prove.

relevancy /'reləvənsi/ *n.* pertinenza *f.*, attinenza *f.*

relevant /'reləvənt/ *a.* relativo, pertinente, attinente (*to* a): *all the ~ information* tutte le relative informazioni.

relevantly /'reləvəntli Am 'reləvənṭli/ *avv.* in modo pertinente.

reliability /rɪ,laɪə'bɪlɪti Am rɪ,laɪə'bɪləṭi/ *n.* **1** fidatezza *f.*, fiducia *f.*: *a person of the utmost ~* una persona della massima fidatezza. **2** (*trustworthiness*) attendibilità *f.*, credibilità *f.*: *the ~ of his information* l'attendibilità delle sue informazioni. **3** (*of tests, experiments*) attendibilità *f.*, regolarità *f.* **4** (*Tecn*) affidabilità *f.* ☐ (*Tecn*) ~ *test* (*of a product*) prova di regolarità.

reliable /rɪ'laɪəbl/ *a.* **1** fidato, (degno) di fiducia, sicuro: *a ~ person* una persona fidata. **2** (*that can be believed*) attendibile, credibile: *a ~ witness* un testimone attendibile. **3** (*of tests, experiments*) attendibile; (*of instruments*) preciso, esatto. **4** (*Tecn*) affidabile.

reliableness /rɪ'laɪəblnəs/ *n.* → **reliability**.

reliably /rɪ'laɪəbli/ *avv.* in modo da ispirare fiducia.

reliance /rɪ'laɪəns/ *n.* **1** il fare assegnamento, il fare affidamento, il contare (*on* su). **2** (*confidence*) fiducia *f.*, affidamento *m.*, assegnamento *m.*: *to place ~ on so.* fare assegnamento su qcu. **3** (*sth., so. relied on*) sostegno *m.*, appoggio *m.*

reliant /rɪ'laɪənt/ *a.* **1** che fa affidamento, che fa assegnamento, che conta (*on* su). **2** (*trusting*) fiducioso, confidente. **3** (*dependent*) che dipende (*on* da).

reliantly /rɪ'laɪəntli Am rɪ'laɪənṭli/ *avv.* fiduciosamente.

relic /'relɪk/ *n.* **1** (*Rel.catt*) reliquia *f.* **2** (*material evidence of the past*) resti *m.pl.*, avanzi *m.pl.*: *~s of the Stone Age* resti dell'età della pietra. **3** (*Am,colloq,spreg*) (*person*) persona *f.* vecchia, persona *f.* inutile, cariatide *f.* **4** (*colloq,spreg*) (*object*) oggetto *m.* vecchio, oggetto *m.* inutile: *that ~ of a car* quel macinino, quella vecchia carcassa. **5** *pl.* corpo *m.sing.*, salma *f.sing.*, resti *m.pl.* mortali.

relict /'relɪkt/ *n.* **1** (*Biol,Geol*) relitto *m.* **2** (*rar*) vedova *f.*

relief [1] /rɪ'li:f/ *n.* **1** sollievo *m.*, ristoro *m.*, conforto *m.*: *~ from pain* sollievo dal dolore; *to my great ~* con mio grande sollievo. **2** (*clothing, etc., given in aid*) soccorso *m.*, assistenza *f.*, aiuto *m.* **3** (*money*) sussidio *m.*, sovvenzione *f.* **4** (*Mil*) soccorsi *m.pl.*, rinforzi *m.pl.*, rifornimenti *m.pl.* **5** (*release from a post, duty*) cambio *m.*, sostituzione *f.*, rimpiazzo *m.* **6** (*person replacing another*) sostituto *m.* (*f.*

-a): *my ~ is late* il mio sostituto è in ritardo. **7** (*sth. that breaks the monotony*) diversivo *m.* **8** (*Dir*) esenzione *f.*, sgravio *m.* **9** (*Tecn*) scarico *m.* ☐ ~ *agency* organizzazione umanitaria; ~ *effort* campagna di solidarietà, intervento di assistenza; ~ *forces* truppe di soccorso; ~ *fund* fondo d'assistenza; (*Topogr*) ~ *map* carta del rilievo; (*Am,colloq*) *to be on* ~ essere a carico dell'assistenza pubblica; (*Br,Strad*) ~ *road* tangenziale, circonvallazione; (*Ferr*) ~ *train* treno supplementare; (*Tecn*) ~ *valve* valvola di sicurezza; ~ *works*: **1** (*ant*) lavori pubblici promossi per alleviare la disoccupazione; **2** (*reinforcements after natural disaster*) lavori di protezione civile.

relief [2] /rɪ'li:f/ *n.* **1** (*Art,Geog*) rilievo *m.* **2** (*fig*) rilievo *m.*, risalto *m.*, spicco *m.* **3** (*Tip*) stampa *f.* in rilievo. ☐ (*fig*) *to bring into* ~ dare risalto a, mettere in rilievo, mettere in risalto; *to stand out in* ~ *against* essere in contrasto con; (*Topogr*) ~ *map* carta in rilievo, carta ortografica; (*Tip*) ~ *model* plastico; (*Tip*) ~ *printing* stampa in rilievo.

relievable /rɪ'li:vəbl/ *a.* che si può alleviare.

relieve /rɪ'li:v/ *v.t.* **1** alleviare, mitigare, attenuare: *to ~ so.'s anxiety* mitigare l'ansia di qcu. **2** (*of a person*) sollevare, dare sollievo a: *we were -d to hear you had arrived safely* ci sentimmo sollevati alla notizia che eravate felicemente arrivati. **3** (*Mil*) soccorrere, inviare soccorsi a: *to ~ a besieged town* soccorrere una città assediata. **4** (*to supply with food, aid, etc.*) soccorrere, prestare soccorso a, prestare assistenza a, assistere. **5** (*to take over the post, duty of*) dare il cambio a, sostituire, rilevare, rimpiazzare. **6** (*to release, to dismiss from a post*) esonerare, dimettere, destituire: *the general was -d of his command* il generale fu esonerato dal comando. **7** (*to lessen, to vary the monotony of*) interrompere, variare. **8** (*to reduce, to lessen*) ridurre, diminuire, scemare: *to ~ the pressure* ridurre la pressione. **9** (*rifl.*) *to ~ oneself* fare i propri bisogni. **10** (*to free from an obligation, etc.*) esimere, esentare, sollevare. **11** (*to bring into relief*) dare risalto a, dare spicco a, far risaltare, mettere in rilievo, mettere in risalto. **12** (*Tecn*) togliere il carico da. **II** *v.i.* staccare, spiccare, risaltare. ☐ (*Med,Aut*) *to ~ congestion* decongestionare; *to ~ one's feelings* dare sfogo ai propri sentimenti; (*Mil*) *to ~ guard* dare il cambio alla guardia; *to ~ so.'s mind* rassicurare qcu.; *to ~ so. of responsibility* deresponsabilizzare qcu.; *to ~ pain* alleviare il dolore.

relievo /rɪ'li:voʊ/ *it.* (*pl. -s /-z/*) *n.* (*Scult,Art*) rilievo *m.*

relight /ri:'laɪt/ *v.t.* riaccendere.

religion /rɪ'lɪdʒən/ *n.* **1** religione *f.*, culto *m.*: *what ~ is he?* di che religione è? **2** (*life of a monk, nun, etc.*) vita *f.* religiosa: *to enter ~* abbracciare la vita religiosa. ☐ (*Am,colloq*) *to get ~* diventare religioso; (*ant,Rel*) *his name in ~ was Damian* il suo nome da religioso era Damiano, il suo nome di religione era Damiano; *to make a ~ of doing sth.* fare qcs. con passione.

religioner /rɪ'lɪdʒənə*/ *n.* fanatico *m.* (*f.* -a) religioso, bigotto *m.* (*f.* -a).

religionism /rɪ'lɪdʒənɪzəm/ *n.* **1** fanatismo *m.* religioso. **2** (*excessive religious zeal*) bigotteria *f.*, (*spreg*) santocchieria *f.*

religionist /rɪ'lɪdʒənɪst/ *n.* fanatico *m.* (*f.* -a) religioso, bigotto *m.* (*f.* -a).

religionize /rɪ'lɪdʒənaɪz/ **I** *v.t.* **1** convertire (alla religione). **2** (*to imbue with religious principles*) permeare di principi religiosi. **II** *v.i.* fare mostra di zelo religioso, ostentare

religiosità.

religiose /rɪ,lɪdʒɪ'oʊs/ *a.* fanaticamente religioso, bigotto, bacchettone.

religiosity /rɪ,lɪdʒi'ɒsəti Am rɪ,lɪdʒi'ɑːsəṭi/ *n.* **1** religiosità *f.* **2** (*affected devotion*) bigotteria *f.*, (*spreg*) santocchieria *f.*

religious /rɪ'lɪdʒəs/ **I** *a.* **1** religioso, sacro: *a ~ service* un servizio religioso. **2** (*faithful in religion*) religioso, devoto, pio: *a ~ man* un uomo religioso. **3** (*fig*) scrupoloso, coscienzioso: *to be ~ in the exercise of one's duty* essere scrupoloso nel compiere il proprio dovere. **II** *n.inv.* **1** religioso *m.* (*f.* -a). **2** (*monk*) monaco *m.* **3** (*nun*) monaca *f.* **4** (*costr.pl., collett.*) (*person bound by vows*) religiosi *m.pl.* ☐ ~ *education* educazione religiosa; (*Rel.catt*) ~ *house* casa religiosa, convento, monastero; (*Rel.catt*) *Religious of the Cenacle* suora del Cenacolo; (*Rel.catt*) *Religious of the Sacred Heart* suora del sacro Cuore; (*Stor.brit*) ~ *test* giuramento di conformità religiosa.

religiously /rɪ'lɪdʒəsli/ *avv.* **1** religiosamente. **2** (*fig*) scrupolosamente, coscienziosamente, religiosamente.

religiousness /rɪ'lɪdʒəsnəs/ *n.* religiosità *f.*

reline /ri:'laɪn/ *v.t.* **1** rifoderare, rivestire di nuovo. **2** (*Aut*) (*of brakes*) sostituire le pastiglie di.

relinquish /rɪ'lɪŋkwɪʃ/ *v.t.* **1** rinunciare a, abdicare a (*to* a favore di): *to ~ power* rinunciare al potere; *to ~ the throne* abdicare al trono. **2** (*to renounce, to give up*) desistere da, rinunciare a, abbandonare. **3** (*Pol,Dir*) cedere. **4** (*to let go physically*) lasciare (andare), mollare: *to ~ one's hold* lasciare la presa.

relinquishment /rɪ'lɪŋkwɪʃmənt/ *n.* **1** rinuncia *f.*, abbandono *m.* (*of* a). **2** (*Pol,Dir*) cessione *f.*

reliquary /'relɪkwəri Am 'relɪkweri/ *n.* reliquiario *m.*

relish /'relɪʃ/ **I** *n.* **1** (*gran*) gusto *m.*, vera gioia *f.*, grande piacere *m.* (*for* per): *to eat with ~* mangiare con (o di) gusto. **2** (*liking, inclination*) attrazione *f.*, propensione *f.*, inclinazione *f.*, gusto *m.* **3** (*Gastron*) condimento *m.*, salsa *f.*; (*pickle relish*) sottaceti *m.pl.* in agrodolce. **4** (*ant*) (*pleasing flavour or taste*) buon sapore *m.*, gusto *m.* gradevole. **5** (*fig*) (*trace*) punta *f.*, traccia *f.*, pizzico *m.* **II** *v.t.* **1** gustare, gradire. **2** (*fig*) trovare di proprio gusto, gradire, godere. **3** (*fig*) (*to appreciate keenly*) gustare, assaporare: *to ~ the thought of* pregustare l'idea di, bearsi all'idea di, carezzare il pensiero di. **4** (*to give flavour to*) dare gusto a, dare sapore a. **III** *v.i.* **1** (*ant*) sapere, avere sapore (*of* di). **2** (*ant*) (*to have a pleasing taste*) essere gustoso, essere saporito, avere un buon sapore. **3** (*fig*) sapere, dare l'impressione (di).

relive /ri:'lɪv/ **I** *v.t.* rivivere, vivere di nuovo. **II** *v.i.* rivivere, tornare in vita.

reload /ri:'loʊd/ *v.t.* **1** ricaricare. **2** (*Inform*) (*in browsers*) aggiornare.

relocatable /,ri:loʊ'keɪtəbl Am ,ri:'loʊkeɪtəbl/ *a.* **1** trasferibile. **2** (*Inform*) rilocabile.

relocate /,ri:loʊ'keɪt Am ,ri:'loʊkeɪt/ *v.t.* **1** trasferire, spostare (*to* a, in): *to ~ a company* trasferire una compagnia. **2** (*Inform*) rilocare. **3** (*Mil*) dislocare.

relocation /,ri:loʊ'keɪʃən Am ,ri:'loʊkeɪʃən/ *n.* **1** trasferimento *m.* (*to* a, in). **2** (*Mil*) dislocamento *m.* **3** (*Inform*) rilocazione *f.* ☐ ~ *allowance* indennità di trasferimento.

reluctance /rɪ'lʌktəns/ *n.* **1** riluttanza *f.*, resistenza *f.*, renitenza *f.* **2** (*disinclination*) avversione *f.*, antipatia *f.* **3** (*El,Fis*) riluttanza *f.*

reluctancy /rɪ'lʌktənsi/ *n.* **1** riluttanza *f.*, resistenza *f.*, renitenza *f.* **2** (*disinclination*) avversione *f.*, antipatia *f.* **3** (*El,Fis*) riluttanza *f.*

reluctant /rɪˈlʌktənt/ *a.* **1** restio, riluttante, ricalcitrante. **2** (*marked by, showing reluctance*) tirato, stentato, sforzato: *a ~ agreement* un consenso tirato. **3** (*opposing, resisting*) che resiste, che si oppone, che offre opposizione, che offre resistenza.

reluctantly /rɪˈlʌktəntli *Am* rɪˈlʌktəntli/ *avv.* con riluttanza.

reluctate /rɪˈlʌktət/ **I** *v.i.* essere riluttante, essere restio, riluttare. **II** *v.t.* opporsi a.

rely /rɪˈlaɪ/ *v.i.* **1** contare, fare assegnamento, fare affidamento (*on*, *upon* su), fidarsi (di), avere fiducia, confidare (in): *you can ~ on me to support you* puoi contare sul mio appoggio. **2** (*to depend*) dipendere. □ *I'm -ing on it!* ci conto!; *she is not to be relied upon* di lei non ci si può fidare.

REM /ˌɑːˈriːˈem *Am* ˌɑːriːˈem/ (*Fisiol*) *rapid eye movement* rem (rapidi movimenti oculari). □ (*Fisiol*) *~ sleep* sonno REM.

remain /rɪˈmeɪn/ *v.i.* **1** restare, trattenersi, fermarsi: *you ~ here, I'll go on alone* tu resta qui, proseguirò da solo; *I -ed to the end* sono rimasto fino alla fine. **2** (*to continue in some condition*) restare, rimanere: *we -ed friends* siamo rimasti amici. **3** (*to be left*) rimanere, avanzare, restare: *this is all that -s* questo è tutto ciò che resta. □ *to ~ sitting* restare seduto; *to ~ standing* restare in piedi; *much -s to be done* resta ancora molto da fare; *it -s to be seen* resta da vedere, resta a vedere; (*epist*) *we ~ yours faithfully J. Brown & Co.* Distinti saluti J. Brown e Co.

remainder /rɪˈmeɪndəʳ/ **I** *n.* **1** resto *m.*, rimanente *m.*, avanzo *m.*, residuo *m.*, rimanenza *f.*: *for the ~ of the lesson* per il resto della lezione; *some elected to fight on, the ~ surrendered* alcuni decisero di continuare a combattere, i rimanenti si arresero. **2** (*Mat*) resto *m.* **3** (*Edit,Comm*) remainder *m.*, rimanenza *f.* **4** (*Dir*) nuda proprietà *f.* **II** *v.t.* svendere le rimanenze di, liquidare le rimanenze di.

remainderman /rɪˈmeɪndəʳmən/ *n.irr.* (*Dir*) nudo proprietario *m.*

remaining /rɪˈmeɪnɪŋ/ *a.* restante, rimanente.

remains /rɪˈmeɪnz/ *n.pl.* **1** avanzi *m.pl.*, resti *m.pl.*, residui *m.pl.*: *he finished off the ~ of the chicken* finì gli avanzi del pollo. **2** (*of buildings, etc.*) ruderi *m.pl.*, rovine *f.pl.*, resti *m.pl.* **3** (*Archeol*) resti *m.pl.*, avanzi *m.pl.*: *fossil ~* resti fossili. **4** (*dead body*) salma *f.sing.*, resti *m.pl.* mortali, spoglie *f.pl.* mortali. **5** (*of an author*) scritti *m.pl.* postumi.

remake /riːˈmeɪk/ **I** *v.t.irr.* fare di nuovo. **II** *n.* (*Cin*) remake *m.*, rifacimento *m.*, riedizione *f.*

reman /riːˈmæn/ *v.t.* **1** rifornire di uomini. **2** (*fig*) infondere nuovo coraggio a.

remand /rɪˈmɑːnd *Am* rɪˈmænd/ **I** *v.t.* (*Dir*) rimandare in carcere, rinviare in carcere. **II** *n.* (*Dir*) rinvio *m.* a giudizio. □ (*Br,Dir*) *~ centre* centro di carcerazione preventiva; (*Dir*) *to ~ so. for trial* rinviare qcu. a giudizio; (*Dir*) *~ home* riformatorio, casa di correzione, centro di carcerazione minorile; (*Br, Dir*) *~ in custody* custodia cautelare; (*Dir*) *to be on ~* essere trattenuto in carcere; (*Br,Dir*) *~ on bail* libertà provvisoria su cauzione.

remanence /ˈremənəns/ *n.* (*Fis*) rimanenza *f.*

remanent /ˈremənənt/ *a.* (*Fis*) residuo: *~ magnetism* magnetismo residuo.

remanet /ˈremənet/ *n.* **1** (*Dir*) causa *f.* rinviata (a nuova udienza). **2** (*Parl*) disegno *m.* di legge rinviato (a nuova sessione). **3** (*rar*) (*remainder*) resto *m.*, residuo *m.*

remark /rɪˈmɑːk *Am* rɪˈmɑːrk/ **I** *v.t.* **1** osservare, dire: *he -ed that he was leaving the next day* osservò che sarebbe partito il giorno do-

po. **2** (*to notice*) notare, rilevare, osservare. **II** *v.i.* commentare (*on*, *upon sth.* qcs.), fare (delle) osservazioni, fare commenti (su): *to ~ on so.'s words* commentare le parole di qcu. **III** *n.* **1** osservazione *f.*, commento *m.* (*about* a proposito di, su): *a casual ~* un'osservazione fatta per inciso; *without ~* senza commento; *to pass -s about so.* fare dei commenti su qcu. **2** (*written comment*) nota *f.* **3** (*notice, act of remarking*) rilievo *m.*, nota *f.*: *worthy of ~* degno di rilievo. □ *to ~ on so.* (o *to ~ upon so.*) fare delle osservazioni su qcu.

remarkable /rɪˈmɑːkəbl *Am* rɪˈmɑːrkəbl̩/ *a.* **1** non comune, eccezionale, straordinario: *a woman of quite ~ beauty* una donna di una bellezza veramente non comune. **2** (*worthy of notice*) notevole, considerevole, degno di nota.

remarkableness /rɪˈmɑːkəbl̩nəs *Am* rɪˈmɑːrkəbl̩nəs/ *n.* straordinarietà *f.*, l'essere rimarchevole.

remarkably /rɪˈmɑːkəbli *Am* rɪˈmɑːrkəbli/ *avv.* insolitamente, straordinariamente, eccezionalmente.

remarriage /riːˈmærɪdʒ *Am* riːˈmerɪdʒ/ *n.* nuovo matrimonio *m.*, seconde nozze *f.pl.*

remarry /riːˈmæri *Am* riːˈmeri/ **I** *v.t.* risposare, sposare di nuovo. **II** *v.i.* risposarsi.

remaster /riːˈmɑːstəʳ *Am* riːˈmæstəʳ/ *v.t.* (*Acus*) (*of a recording*) rimasterizzare, fare un nuovo originale.

rematch /riːˈmætʃ/ *n.* (*Sport*) partita *f.* di ritorno, incontro *m.* di ritorno.

remediable /rɪˈmiːdɪəbl̩/ *a.* **1** rimediabile, riparabile. **2** (*curable*) sanabile, curabile.

remediably /ˈremədi/ *avv.* in modo rimediabile.

remedial /rɪˈmiːdjəl/ *a.* **1** atto a rimediare, che porta rimedio. **2** (*of legislation, etc.*) riparatore. **3** (*Med*) correttivo, curativo: *~ gymnastics* ginnastica correttiva. **4** (*Scol*) di recupero: *~ French course* corso di recupero di francese.

remediless /ˈremədiləs/ *a.* senza rimedio, irrimediabile, irreparabile.

remedy /ˈremədi/ **I** *n.* **1** (*Med*) rimedio *m.*, farmaco *m.* (*for* a, per, contro): *a good ~ for a cough* un buon rimedio per la tosse. **2** (*fig*) rimedio *m.*: *a ~ for unemployment* un rimedio alla disoccupazione. **3** (*Dir*) (*legal redress, restitution*) riparazione *f.*, rimedio *m.* giuridico. **4** (*Numism*) rimedio *m.*, tolleranza *f.* **II** *v.t.* **1** curare, guarire, sanare. **2** (*fig*) porre rimedio a, porre riparo a, rimediare a, riparare: *to ~ a social evil* porre rimedio a un male sociale; *to ~ an abuse* sanare un abuso. **3** (*Dir*) riparare, risarcire.

remember /rɪˈmembəʳ/ **I** *v.t.* **1** ricordare, rammentare: *I can't ~ his name* non riesco a ricordare il suo nome. **2** (*to have a memory of*) serbare il ricordo, ricordarsi di, rammentarsi di, rammentare di: *do you ~ me?* ti ricordi di me?; *to ~ a friend* ricordarsi di un amico. **3** (*to convey greetings from*) portare i saluti di, salutare da parte di, ricordare: *please ~ me to your wife* la prego di portare i miei saluti a sua moglie. **II** *v.i.* **1** ricordare: *if I ~ right* se ben ricordo. **2** (*to have a recollection*) ricordarsi, rammentarsi. □ *here is sth. for you to ~ me by* te lo do come mio ricordo.

remembrance /rɪˈmembrəns/ *n.* **1** ricordo *m.*, rievocazione *f.*: *the ~ of past triumphs* il ricordo dei passati trionfi. **2** (*state of being remembered*) ricordo *m.* **3** (*commemoration*) commemorazione *f.*, rievocazione *f.* **4** (*recollection, memory*) ricordo *m.*, memoria *f.*: *one of his earliest -s* uno dei suoi primi ri-

cordi. **5** (*souvenir*) ricordo *m.*, ricordino *m.* **6** (*individual memory*) memoria *f.*: *within my ~* a mia memoria. **7** *pl.* saluti *m.pl.*, ossequi *m.pl.*, omaggi *m.pl.* □ *~ ceremony* commemorazione, cerimonia commemorativa; (*Am*) *Remembrance Day* giorno di commemorazione dei caduti in guerra; *to have no ~ of sth.* non ricordarsi affatto di qcs.; (*Br*) *Remembrance Sunday* giorno di commemorazione dei caduti in guerra.

Remembrancer /rɪˈmembrənsəʳ/ *n.* (*GB*) **1** (*Official of Exchequer*) funzionario *m.* incaricato della riscossione dei debiti verso la corona. **2** (*Official of City of London*) rappresentante *m.* del consiglio comunale di Londra presso le commissioni parlamentari.

remiges /ˈremɪdʒiːz/ *n.pl.* (*Ornit*) remiganti *f.pl.*, penne *f.pl.* remiganti.

remigrant /ˈremɪgrənt/ *n.* emigrante *m./f.* che torna in patria.

remigrate /riːˈmaɪgreɪt/ *v.i.* tornare in patria.

remigration /ˌremaɪˈgreɪʃən/ *n.* ritorno *m.* in patria.

remilitarization /riːˌmɪlɪtəraɪˈzeɪʃən *Am* riːˌmɪlɪtərɪˈzeɪʃən/ *n.* rimilitarizzazione *f.*

remilitarize /riːˌmɪlɪtəraɪˈzeɪʃən *Am* riːˌmɪlɪtərɪˈzeɪʃən/ *v.t.* rimilitarizzare.

remind /rɪˈmaɪnd/ *v.t.* ricordare a, rammentare a, far venire in mente a: *~ me to buy some matches* ricordami di comprare i fiammiferi; *this song -s us of our holidays* questa canzone ci ricorda le nostre vacanze; *to ~ oneself* rammentarsi. □ *that -s me!* a proposito!

reminder /rɪˈmaɪndəʳ/ *n.* **1** ricordo *m.*, memoria *f.*: *an appropriate ~ of sth.* un buon modo di rammentare qcs. **2** (*memo*) promemoria *f.*, sollecito *m.*, sollecitatoria *f.*

remindful /rɪˈmaɪndfl̩/ *a.* **1** che evoca, che ricorda, che richiama alla mente (*of sth.* qcs.). **2** (*mindful*) memore (di).

remineralize /riːˈmɪnərəlaɪz/ *v.t.* (*Fisiol*) remineralizzare.

reminisce /ˌremɪˈnəs/ *v.i.* **1** abbandonarsi ai ricordi (*about* di), riandare al passato. **2** (*to talk about remembered events*) parlare di eventi passati.

reminiscence /ˌremɪˈnɪsəns/ *n.* **1** ricordo *m.*, rievocazione *f.* **2** (*sth. remembered*) ricordo *m.*, memoria *f.*, reminiscenza *f.* **3** (*sth. suggestive of sth. else*) traccia *f.*, vestigio *m.* **4** *pl.* memorie *f.pl.*: *-s of an old soldier* le memorie di un vecchio soldato.

reminiscent /ˌremɪˈnɪsənt/ *a.* **1** che evoca, che ricorda, che richiama alla mente (*of sth.* qcs.). **2** (*marked by, relating to reminiscence*) rievocativo. **3** (*given to reminiscence*) dedito ai ricordi, che si abbandona ai ricordi.

reminiscently /ˌremɪˈnɪsəntli *Am* ˌremɪˈnɪsəntli/ *avv.* in modo evocativo, con nostalgia.

remint /riːˈmɪnt/ *v.t.* riconiare, coniare di nuovo.

remise /rɪˈmiːz/ **I** *n.* **1** (*Sport*) (*in fencing*) rimessa *f.* **2** (*shelter for carriage*) rimessa *f.* di carrozze. **3** (*Dir*) cessione *f.* di proprietà. **II** *v.t.* (*Dir*) rinunciare a, cedere. **III** *v.i.* (*Sport*) (*in fencing*) fare una rimessa.

remiss /rɪˈmɪs/ *a.* **1** negligente, trascurato: *to be ~ in one's duties* essere trascurato nei propri doveri. **2** (*lacking energy, lazy*) pigro, svogliato.

remissible /rɪˈmɪsɪbl̩/ *a.* remissibile, condonabile.

remission /rɪˈmɪʃən/ *n.* **1** remissione *f.*, condono *m.* **2** (*of money*) rimessa *f.* **3** (*Med*) remissione *f.* **4** (*abatement, relaxation*) rilassamento *m.*, rilasciamento *m.*, allentamento *m.* **5** (*Teol*) remissione *f.*, perdono *m.*: *the ~ of* *sins* la remissione dei peccati. ☐ (*Med*) *in* ~ in remissione; (*Br,Dir*) ~ *of sentence* sospensione della pena.

remissive /rɪ'mɪsɪv/ *a.* remissivo.

remissively /rɪ'mɪsɪvli/ *avv.* con remissione.

remissly /rɪ'mɪsli/ *avv.* negligentemente.

remissness /rɪ'mɪsnəs/ *n.* negligenza *f.*, trascuratezza *f.*

remit /rɪ'mɪt/ **I** *n.* competenze *f.pl.*, compito *m.* (*to do* di fare; *for* per): *it is outside my* ~ è fuori dalla mia giurisdizione; *to exceed one's* ~ essere al di fuori delle competenze di qcu. **II** *v.t.* (*past, p.p.* **remitted** /-tɪd *Am* -tɪd/) **1** rimettere, condonare: *to* ~ *a debt* rimettere un debito; *the sentence may be -ted* la pena può essere condonata. **2** (*Teol*) rimettere, perdonare: *to* ~ *sins* rimettere i peccati. **3** (*of money: to send*) rimettere, inviare, mandare. **4** (*Dir*) rimandare a una corte inferiore. **5** (*assol*) fare una rimessa. **6** (*to let slacken*) allentare, diminuire, ridurre. **7** (*to give relief from*) lenire, placare, sedare, calmare. **8** (*to submit for consideration*) rimettere, deferire. **9** (*to postpone*) rimandare, differire, rinviare. **III** *v.i.* (*past, p.p.* **remitted** /-tɪd *Am* -tɪd/) **1** (*to abate, to moderate*) diminuire, scemare, calare. **2** (*Med*) presentare remissione.

remittable /rɪ'mɪtəbḷ *Am* rɪ'mɪtəbḷ/ *a.* remissibile, condonabile.

remittal /rɪ'mɪtəl *Am* rɪ'mɪtḷ/ *n.* **1** remissione *f.*, condono *m.* **2** (*of money*) rimessa *f.* **3** (*Med*) remissione *f.* **4** (*abatement, relaxation*) rilassamento *m.*, rilasciamento *m.*, allentamento *m.* **5** (*Teol*) remissione *f.*, perdono *m.*

remittance /rɪ'mɪtəns/ *n.* **1** rimessa *f.*, invio *m.* **2** (*money remitted*) rimessa *f.* ☐ ~ *advice* distinta di accompagnamento; *-s by foreign workers* rimesse degli emigranti; (*Am*) ~ *man* chi vive all'estero con le rimesse che gli arrivano da casa.

remittee /rɪ,mɪ'tiː/ *n.* destinatario *m.* (*f.* -a) di una rimessa, beneficiario *m.* (*f.* -a) di una rimessa.

remittent /rɪ'mɪtənt/ **I** *a.* **1** caratterizzato da alti e bassi. **2** (*Med*) remittente. **II** *n.* (*Med*) febbre *f.* remittente. ☐ (*Med*) ~ *fever* febbre remittente.

remitter[1] /rɪ'mɪtə *Am* rɪ'mɪtər/ *n.* chi effettua una rimessa.

remitter[2] /rɪ'mɪtə *Am* rɪ'mɪtər/ *n.* (*Dir*) sostituzione *f.* di titolo imperfetto di proprietà con altro anteriore e più efficace.

remix /riː'mɪks/ **I** *v.t.* (*Mus*) remixare. **II** *n.* (*Mus*) remix *m.*

remnant /'remnənt/ *n.* **1** avanzo *m.*, rimasuglio *m.*, residuo *m.*, resto *m.*: *the -s of a feast* gli avanzi di un banchetto. **2** (*of people*) superstite *m./f.*, scampato *m.* (*f.* -a). **3** (*trace, vestige*) resti *m.pl.*, traccia *f.*, orma *f.* **4** (*Comm*) rimanenze *f.pl.* di magazzino, fondi *m.pl.* di magazzino, giacenze *f.pl.* **5** (*Comm,Tess*) (*of cloth*) scampolo *m.*, pezzetto *m.*

remodel /riː'mɒdəl *Am* riː'mɑːdl̩/ *v.t.* **1** rimodellare, modellare di nuovo. **2** (*to reconstruct*) ristrutturare, riorganizzare: *to* ~ *a home* ristrutturare una casa.

remold /riː'mould/ **I** *v.t.* (*Am*) riplasmare, rimodellare. **II** *n.* (*Am,Aut*) pneumatico *m.* ricostruito.

remonetization /riː,mʌnɪtaɪ'zeɪʃən *Am* riː,mɑːnətɪ'zeɪʃən/ *n.* (*Econ*) ritorno *m.* al corso legale, ripristino *m.* del valore monetario.

remonetize /riː'mʌnɪtaɪz *Am* riː'mɑːnətaɪz/ *v.t.* (*rar*) ridare corso legale a, ripristinare il valore monetario di.

remonstrance /rɪ'mɒnstrəns *Am* rɪ'mɑːnstrəns/ *n.* rimostranza *f.*, protesta *f.*

remonstrant /rɪ'mɒnstrənt *Am* rɪ'mɑːnstrənt/ **I** *n.* protestatario *m.* (*f.* -a). **II** *a.* che protesta,

che rimostra.

remonstrate /'remənstreɪt *Am* rɪ'mɑːnstreɪt/ **I** *v.i.* **1** protestare, reclamare. **2** (*to argue in protest*) protestare (*with* con). **II** *v.t.* opporre.

remonstration /,reməns'treɪʃən *Am* rɪ'mɑːnstreɪʃən/ *n.* rimostranza *f.*, protesta *f.*

remonstrative /rɪ'mɒnstrətɪv *Am* rɪ'mɑːnstrətɪv/ *a.* di protesta, rimostrante.

remonstrator /'remənstreɪtə *Am* rɪ'mɑːnstreɪtər/ *n.* chi protesta.

remontant /rɪ'mɒntənt *Am* rɪ'mɑːntənt/ **I** *a.* (*Bot*) rimontante, rifiorente. **II** *n.* (*Bot*) pianta *f.* rifiorente.

remorse /rɪ'mɔːs *Am* rɪ'mɔːrs/ *n.* rimorso *m.*, pentimento *m.* (*for* per): *to feel* ~ sentire rimorso; *to be filled with* ~ essere pieno di rimorsi.

remorseful /rɪ'mɔːsfəl *Am* rɪ'mɔːrsfəl/ *a.* **1** pieno di rimorsi, contrito. **2** (*characterized by remorse*) che esprime rimorso.

remorsefully /rɪ'mɔːsfəli *Am* rɪ'mɔːrsfəli/ *avv.* con contrizione, contritamente, con rimorso.

remorsefulness /rɪ'mɔːsfəlnəs *Am* rɪ'mɔːrsfəlnəs/ *n.* contrizione *f.*, l'essere pieno di rimorso.

remorseless /rɪ'mɔːsləs *Am* rɪ'mɔːrsləs/ *a.* **1** spietato, senza pietà, senza compassione, crudele. **2** (*relentless*) accanito, implacabile, inesorabile.

remorselessly /rɪ'mɔːsləsli *Am* rɪ'mɔːrsləsli/ *avv.* spietatamente, senza rimorsi.

remorselessness /rɪ'mɔːsləsnəs *Am* rɪ'mɔːrsləsnəs/ *n.* spietatezza *f.*, accanimento *m.*

remortgage /,riː'mɔːgɪdʒ *Am* ,riː'mɔːrgɪdʒ/ **I** *n.* seconda ipoteca *f.* **II** *v.t.* aprire una seconda ipoteca.

remote /rɪ'mout/ **I** *a.* **1** lontano, distante, remoto (*from* da): *a* ~ *star* una stella lontana. **2** (*out-of-the-way*) remoto, isolato, solitario: *a* ~ *village in the hills* un remoto paese tra le montagne. **3** (*of time*) remoto, assai lontano, molto lontano: *the* ~ *past* il passato remoto. **4** (*of a relationship*) lontano. **5** (*fig*) lontano, divergente (*from* da): ~ *from the truth* lontano dalla verità. **6** (*reserved, aloof*) distante, distaccato, riservato. **7** (*slight*) vago, lieve, piccolo, tenue: *the chances of success are* ~ le possibilità di successo sono vaghe. **8** (*Inform*) remoto. **II** *n.* (*Am,Rad,TV*) ripresa *f.* esterna, trasmissione *f.* in esterni. ☐ (*Inform*) ~ *access* accesso remoto; (*Tel*) ~ *answering machine* segreteria telefonica con richiamo a distanza; (*Aut*) ~ *central locking* chiusura centralizzata a distanza; (*Inform*) ~ *client* cliente remoto; ~ *control*: 1 telecomando (*anche TV,Rad*); 2 (*of missiles, etc.*) teleguida; (*Dir*) ~ *damage* danno indiretto; *I haven't the* ~ *-st idea* non ne ho la minima idea; (*Med*) ~ *medical monitoring* controllo medico a distanza; ~ *monitoring services* servizi di controllo a distanza; ~ *sensing* telerilevamento; ~ *sensor* telesensore; ~ *surveillance* telesorveglianza.

remotely /rɪ'moutli *Am* rɪ'moutli/ *avv.* **1** in modo distante. **2** (*slightly*) vagamente, lievemente. **3** (*with a remote control*) con (un) telecomando.

remoteness /rɪ'moutnəs *Am* rɪ'moutnəs/ *n.* **1** distanza *f.*, lontananza *f.* (*from* da, in rapporto a). **2** (*isolation*) isolamento *m.* (*from* da, in rapporto a). **3** (*aloofness*) distacco *m.*, indifferenza *f.*, freddezza *f.* (*from* verso).

remotion /rɪ'mouʃən/ *n.* rimozione *f.*

remould /riː'mould/ **I** *v.t.* riplasmare, rimodellare. **II** *n.* (*Br,Aut*) pneumatico *m.* ricostruito.

remount[1] /riː'maunt/ *v.t.* **1** risalire, rimontare. **2** (*of a horse, vehicle, etc.*) rimontare

su, rimontare in. **3** (*Mil*) rifornire di cavalli, rimontare. **4** (*Fot,Ott*) cambiare la montatura di, fare una montatura nuova a. **5** (*fig*) rilanciare: *to* ~ *an attack* rilanciare un attacco. **II** *v.i.* **1** rimontare, risalire. **2** (*to go back in time*) risalire, rimontare (*to* a).

remount[2] /rɪ'maunt, riː'maunt/ *n.* (*Mil,ant*) cavallo *m.* di rimonta.

removability /rɪ,muːvə'bɪləti *Am* rɪ,muːvə'bɪləti/ *n.* amovibilità *f.*, l'essere rimovibile, l'essere amovibile.

removable /rɪ'muːvəbl/ *a.* **1** rimovibile, che si può togliere, asportabile: ~ *seats* sedili rimovibili. **2** (*of an official*) amovibile. **3** (*Inform*) removibile, estraibile. ☐ (*Inform*) ~ *disk* disco rimovibile.

removal /rɪ'muːvəl/ *n.* **1** rimozione *f.* **2** (*Br*) (*change of residence*) trasferimento *m.*, trasloco *m.*, sgombero *m.* **3** (*abolition*) soppressione *f.*, abolizione *f.*: ~ *of trade barriers* abolizione delle barriere commerciali. **4** (*dismissal from office*) rimozione *f.* **5** (*Chir*) estirpazione *f.*, asportazione *f.* ☐ (*Br*) ~ *company* ditta di traslochi; (*Dir*) ~ *order* ordinanza di sfratto.

removalist /rɪ'muːvəlɪst/ *n.* (*Aus,Am*) impresa *f.* di traslochi.

remove /rɪ'muːv/ **I** *v.t.* **1** togliere, levare, rimuovere: *to* ~ *the cloth from the table* togliere la tovaglia dal tavolo; *to* ~ *one's hat* togliersi il cappello. **2** (*to move*) spostare, portare: *he -d his car to the other side of the road* spostò la macchina sull'altro lato della strada. **3** (*to change the residence of*) trasferire, traslocare. **4** (*to force to leave*) allontanare, mandare via. **5** (*to get rid of*) rimuovere, eliminare, sopprimere: *to* ~ *unwanted hair* eliminare i peli superflui. **6** (*to dismiss from office*) rimuovere, destituire, deporre. **7** (*Chir*) estirpare. **II** *v.i.* **1** trasferirsi, traslocare, sgomberare. **2** (*to go away*) andarsene, partire. **III** *n.* **1** distanza *f.*, intervallo *m.* **2** (*fig*) passo *m.*: *to be but one* ~ *from anarchy* essere a un passo dall'anarchia. **3** (*degree of kinship*) grado *m.* di parentela. **4** (*Scol*) promozione *f.* (a una classe superiore). ☐ *to* ~ *a child from school*: 1 ritirare un ragazzo dalla scuola; 2 (*to expel for misconduct*) espellere un ragazzo per cattiva condotta; *to* ~ *one's make-up* struccarsi.

removed /rɪ'muːvd/ *a.* **1** lontano, distante, remoto (*from* da): *results far* ~ *from our expectations* risultati ben lontani dalle nostre aspettative. **2** (*distant in relationship*) lontano; (*of a cousin*) di... grado: *a first cousin once* ~ un cugino di secondo grado, biscugino. ☐ ~ *from office* destituito.

remover /rɪ'muːvə *Am* rɪ'muːvər/ *n.* **1** chi rimuove, chi leva. **2** (*Br*) (*furniture remover*) impresa *f.* di traslochi. **3** (*Chim*) sostanza *f.* che rimuove, sostanza *f.* che toglie: *stain* ~ smacchiatore.

remunerate /rɪ'mjuːnəreɪt/ *v.t.* ricompensare, rimunerare (*for* per).

remuneration /rɪ'mjuːnə'reɪʃən *Am* rɪ'mjuːnə'reɪʃən/ *n.* ricompensa *f.*, rimunerazione *f.*

remunerative /rɪ'mjuːnərətɪv *Am* rɪ'mjuːnəreɪtɪv/ *a.* rimunerativo.

remunerativeness /rɪ'mjuːnərətɪvnəs *Am* rɪ'mjuːnəreɪtɪvnəs/ *n.* rimuneratività *f.*

Remus /'riːməs/ *n.pr.m.* (*Mitol*) Remo.

renaissance /rə'neɪsəns *Am* ,renə'sɑːns/ **I** *n.* rinascimento *m.*, rinascita *f.* **II** *a.* di rinascimento, di rinascita.

Renaissance /rə'neɪsəns *Am* ,renə'sɑːns/ **I** *n.* **1** (*Stor,Art,Lett*) (*revival of learning*) Rinascimento *m.*, (*lett*) Rinascenza *f.*, Rinascita *f.* **2** (*period*) Rinascimento *m.*, periodo *m.* del Rinascimento. **II** *a.* del rinascimento, rinascimentale. □ ~ *man* persona di cultura umanistica, spirito universale.

renal /'ri:n*l*/ *a.* (*Anat*) renale. □ (*Med*) ~ *calculus* calcolo renale; (*Med*) ~ *clearance* clearance renale; (*Med*) ~ *colic* colica renale; (*Med*) ~ *dialysis* emodialisi; (*Anat*) ~ *pelvis* pelvi renale; (*Med*) ~ *specialist* nefrologo; (*Med*) ~ *unit* reparto di nefrologia.

rename /ri:'neɪm/ *v.t.* 1 rinominare, nominare di nuovo. 2 (*to name anew*) dare un nuovo nome a. 3 (*Inform*) rinominare.

renascence /rɪ'næs*ə*ns/ *n.* rinascimento *m.*, rinascita *f.*

renascent /rɪ'næs*ə*nt/ *a.* rinascente.

rencontre /ren'kɒntə*r* Am ren'kɑ:ntə*r*/ *n.* scontro *m.*, combattimento *m.*, conflitto *m.*

rencounter /ren'kaʊntə*r* Am ren'kaʊntə*r*/ I *n.* (*ant*) scontro *m.*, combattimento *m.*, conflitto *m.* II *v.t.* 1 incontrare (per caso), imbattersi in. 2 (*ant*) (*to meet hostilely*) scontrarsi con.

rend /rend/ (*past, p.p.* **rent** /rent/) I *v.t.* 1 spaccare, fendere: *the axe rent the log* l'ascia spaccò il ciocco. 2 (*fig*) (*to divide*) dividere, disunire, portare la discordia in: *the community was rent by civil strife* la comunità era divisa dalla discordia civile. 3 (*ant*) (*to pull violently, to wrench*) strappare, sradicare. 4 (*fig*) (*to cause anguish to*) lacerare, straziare, torturare: *the sight rent my heart* lo spettacolo mi lacerava il cuore. 5 (*fig*) (*of sounds*) squarciare: *a shot rent the air* uno sparo squarciò l'aria. 6 (*of the hair*) strappare. 7 (*of clothing*) lacerare, strappare. II *v.i.* 1 spaccarsi, fendersi. 2 (*to become torn*) lacerarsi, strapparsi. □ (*ant*) to ~ *away* (*to pull violently, to wrench*) strappare, sradicare.

render /'rendə*r*/ I *v.t.* 1 rendere, tributare: *to ~ thanks to God* rendere grazie a Dio. 2 (*to do, to perform*) rendere, fare: *to ~ so. a service* rendere un servizio a qcu., fare un favore a qcu. 3 (*to give, to furnish*) prestare, dare, porgere, *often translated with the corresponding verb*: *to ~ help* prestare aiuto, aiutare. 4 (*to give in return*) rendere, ripagare, contraccambiare, restituire: *to ~ good for evil* rendere bene per male. 5 (*to give back*) restituire, ridare, rendere. 6 (*to surrender*) dare, cedere. 7 (*to cause to be*) rendere, fare (diventare): *to ~ so. happy* rendere felice qcu. 8 (*to put into artistic form*) rendere, rappresentare, raffigurare. 9 (*of a dramatic role, music, etc.*) interpretare. 10 (*to reproduce, to portray*) rendere: *poetry can never be adequately -ed in another language* la poesia non può essere adeguatamente resa in un'altra lingua. 11 (*Econ*) (*of a bill*) presentare. 12 (*Dir*) (*of a judgement*) pronunciare, emettere. 13 (*to melt down*) sciogliere, fondere: *to ~ margarine* sciogliere la margarina. 14 (*Edil*) rinzaffare. II *n.* (*Edil*) rinzaffo *m.* □ *to ~ down* (*to melt down*) sciogliere, fondere: *to ~ down margarine* sciogliere la margarina; *to ~ up* (*to surrender*) dare, cedere.

rendering /'rendərɪŋ/ *n.* 1 interpretazione *f.*, esecuzione *f.*, rappresentazione *f.* (*of* di). 2 (*Arch*) disegno *m.* in prospettiva, prospettiva *f.* 3 (*Edil*) rinzaffatura *f.*, rinzaffo *m.* 4 (*Inform*) rendering *m.*, resa *f.*

rendezvous /'rɒndɪvu:/ (*pl.inv.*) I *n.* 1 appuntamento *m.* (*anche Astron*): *to keep a ~* non mancare a un appuntamento. 2 (*meeting*) convegno *m.*, incontro *m.* 3 (*meeting place*) ritrovo *m.*, luogo *m.* di ritrovo. 4 (*Mil*) ritrovo *m.*, luogo *m.* di raduno. II *v.i.* 1 trovarsi, incontrarsi, riunirsi, radunarsi: *we'll ~ at the crossroads at twelve* ci troveremo all'incrocio alle dodici. 2 (*Mil*) adunarsi, radunarsi. III *v.t.* 1 riunire, radunare. 2 (*Mil*) adunare, radunare.

rendition /ren'dɪʃ*ə*n/ *n.* 1 interpretazione *f.* 2 (*performance*) rappresentazione *f.* 3 (*translation*) traduzione *f.*, versione *f.*

Renée /'reneɪ Am rə'neɪ/ *n.pr.f.* Renata.

renegade /'renɪgeɪd Am renə'geɪd/ I *n.* 1 (*traitor*) rinnegato *m.* (*f.* -a), disertore *m.* (*f.* -trice), traditore *m.* (*f.* -trice). 2 (*rebel*) rinnegato *m.* (*f.* -a), bandito *m.* 3 (*Rel,ant*) apostata *m.* II *a.* rinnegato, traditore. III *v.i.* 1 diventare un rinnegato. 2 (*Rel*) abiurare.

renege, renegue /rɪ'ni:g/ *v.i.* 1 (*in cards*) non rispondere, rifiutare. 2 (*to withdraw from a commitment*) tirarsi indietro, sottrarsi a un impegno: *to ~ on an appointment* venire meno a un impegno.

renegotiate /,ri:nɪ'goʊʃieɪt Am ,ri:nə'goʊʃieɪt/ *v.t.* rinegoziare: *to ~ a contract* rinegoziare un contratto.

renew /rɪ'nju: Am rɪ'nu:/ I *v.t.* 1 rinnovare, ripristinare, restaurare. 2 (*to regain*) ritrovare, ricuperare, riacquistare: *to ~ one's youth* ritrovare la propria giovinezza; *to ~ one's strength* ricuperare le forze. 3 (*to resume*) riprendere, ricominciare: *to ~ one's complaints* ricominciare a lamentarsi. 4 (*to renovate, to replace*) rinnovare, sostituire, rifare: *to ~ one's supplies* rinnovare le provviste. 5 (*to extend the validity of*) rinnovare: *to ~ a bill* rinnovare una cambiale. 6 (*to make spiritually new*) rigenerare, rinnovare. II *v.i.* 1 riprendere, ricominciare. 2 (*to become as new again*) rinnovarsi. 3 (*to renew a lease, a contract, etc.*) fare un rinnovo.

renewable /rɪ'nju:əb*l*/ *a.* rinnovabile. □ ~ *energy* energia rinnovabile; ~ *energy sources* fonti di energia rinnovabili; ~ *resources* risorse rinnovabili.

renewal /rɪ'nju:*ə*l Am rɪ'nu:*ə*l/ *n.* 1 rinnovo *m.*, rinnovamento *m.* 2 (*renovation, restoration*) rinnovo *m.*, ripristino *m.* 3 (*extension of validity*) rinnovo *m.*: *the ~ of a contract* il rinnovo di un contratto. 4 (*recommencement*) ripresa *f.*: ~ *of peace talks* ripresa dei negoziati di pace. 5 (*replacement*) sostituzione *f.*, rinnovo *m.* 6 *pl.* spese *f.pl.* di rinnovamento.

reniform /'ri:nɪfɔ:m Am 'ri:nɪfɔ:rm/ *a.* (*Min, Bot*) reniforme.

renitence /rɪ'naɪt*ə*ns/ *n.* renitenza *f.*, riluttanza *f.*

renitency /rɪ'naɪt*ə*nsi/ *n.* renitenza *f.*, riluttanza *f.*

renitent /rɪ'naɪt*ə*nt/ *a.* renitente, ricalcitrante, restio, riluttante.

rennet[1] /'renɪt/ *n.* (*Biol*) presame *m.*, caglio *m.*

rennet[2] /'renɪt/ *n.* (*Bot,Alim*) mela *f.* renetta, renetta *f.*, (*rar*) ranetta *f.*

renounce /rɪ'naʊns/ *v.t.* 1 rinunciare a, abbandonare: *to ~ a claim* rinunciare a una richiesta. 2 (*to disown*) ripudiare, rinnegare: *to ~ one's son* ripudiare il proprio figlio. II *v.i.* (*in cards*) non rispondere, rifiutare. III *n.* (*in cards*) rifiuto *m.* □ *to ~ the use of violence* ripudiare l'uso della violenza.

renounceable /rɪ'naʊnsəb*l*/ *a.* rinunciabile.

renouncement /rɪ'naʊnsmənt/ *n.* rinuncia *f.*, abbandono *m.*

renouncer /rɪ'naʊnsə*r*/ *n.* rinunciatario *m.* (*f.* -a).

renovate /'renəveɪt/ I *v.t.* 1 ripristinare, rinnovare, restaurare: *to ~ a building* ripristinare un edificio. 2 (*fig*) rinvigorire, rinnovare. II *v.i.* rinnovarsi.

renovation /'renəveɪʃ*ə*n/ *n.* 1 rinnovamento *m.*, rinnovo *m.*, restauro *m.* 2 *pl.* lavori *m.pl.* di restauro. □ ~ *grant* sovvenzione per restauri o ristrutturazioni.

renovator /'renəveɪtə*r* Am 'renəveɪtə*r*/ *n.* 1 rinnovatore *m.* (*f.* -trice). 2 (*of buildings, statues*) restauratore *m.* (*f.* -trice).

renown /rɪ'naʊn/ *n.* notorietà *f.*, fama *f.*, celebrità *f.*, rinomanza *f.*

renowned /rɪ'naʊnd/ *a.* famoso, celebre, rinomato, di gran fama.

rent[1] /rent/ I *n.* 1 affitto *m.*, pigione *f.*, fitto *m.*, canone *m.* di affitto, canone *m.* di locazione: *to collect -s* riscuotere gli affitti. 2 (*payment for the use of machinery, etc.*) noleggio *m.*, nolo *m.* 3 (*Econ*) (*economic rent*) utile *m.*, profitto *m.*; (*income from land*) rendita *f.* fondiaria. II *v.t.* 1 prendere in affitto, affittare: *to ~ a flat from so.* prendere un appartamento in affitto da qcu. 2 (*to use in return for payment*) noleggiare, prendere a nolo: *to ~ a car* noleggiare una macchina. 3 (*to let*) affittare, dare in affitto. III *v.i.* affittarsi. □ ~ *agreement* contratto di locazione, contratto d'affitto; ~ *allowance* sussidio casa; ~ *arrears* affitto arretrato; ~ *book* blocchetto delle ricevute di affitto; (*Br,sl*) ~ *boy* giovane prostituto, ragazzo di vita; (*Dir*) ~ *charge* rendita fondiaria costituita a favore di un terzo; ~ *collector* esattore degli affitti; (*Pol*) ~ *control* blocco degli affitti; *to ~ out* affittare, dare in affitto (*to* a); ~ *roll* ruolo degli affitti; ~ *strike* sciopero degli inquilini.

rent[2] /rent/ *n.* 1 (*split, tear*) strappo *m.*, spacco *m.*, squarcio *m.*, lacerazione *f.* 2 (*fig*) (*division, schism*) scisma *m.*, divisione *f.*

rent[3] /rent/ → **rend**.

rentable /'rentəb*l* Am 'rentəb*l*/ *a.* affittabile.

rent-a-car /'rentəkɑ:r/ *n.* autonoleggio *m.*

rental /'rent*ə*l Am 'rent*ə*l/ I *n.* 1 affitto *m.*, canone *m.* di affitto, canone *m.* di locazione. 2 (*income from rents*) reddito *m.* immobiliare. 3 (*Am*) (*house*) casa *f.* in affitto. 4 (*Am*) (*car*) auto *m.* a noleggio. II *a.* 1 locativo, locatizio. 2 (*for rent, hire*) da noleggio. □ ~ *agreement* contratto di locazione, contratto d'affitto; ~ *car* automobile da noleggio; ~ *company* agenzia immobiliare di locazione; ~ *income* reddito da locazione; (*Am*) ~ *library* biblioteca circolante; ~ *rights* diritti di noleggio; ~ *value* valore locativo.

renter /'rentə*r* Am 'rentə*r*/ *n.* 1 (*lessor*) locatore *m.* (*f.* -trice). 2 (*lessee*) locatario *m.* (*f.* -a), affittuario *m.* (*f.* -a). 3 (*Cin*) noleggiatore *m.* cinematografico, distributore *m.* cinematografico. 4 (*Am*) (*rented thing*) cosa *f.* noleggiata (*spec.* videocassetta). 5 (*Am*) (*rented car*) auto *f.* a noleggio. 6 (*Br,sl*) (*rent boy*) giovane prostituto *m.*, ragazzo *m.* di vita.

rent-free /,rent'fri:/ I *a.* senza canone di fitto, concesso in uso gratuito: *a ~ apartment* un appartamento senza canone. II *avv.* gratis, gratuitamente.

rentier /'rɑ:ntieɪ Am 'rɑ:ntjeɪ/ *n.* chi vive di rendita, redditiere *m.* (*f.* -a).

renumber /ri:'nʌmbə*r*/ *v.t.* rinumerare, numerare di nuovo.

renunciant /rɪ'nʌnsiənt, rɪ'nʌnʃiənt/ I *n.* rinunciatario *m.* (*f.* -a). II *a.* rinunciatario.

renunciation /rɪ,nʌnsi'eɪʃ*ə*n/ *n.* 1 (*of faith*) rinnegamento *m.* 2 (*of family, friends*) ripudio *m.*, rinnegamento *m.* 3 (*of pleasures, rights*) rinuncia *f.* 4 (*of property*) cessione *f.* (*of* di).

renunciative /rɪ'nʌnʃiətɪv Am rɪ'nʌnʃiətɪv/ *a.* rinunciatario.

renunciatory /rɪ'nʌnʃiət*ə*ri Am rɪ'nʌnʃiətɔ:ri/ *a.* rinunciatario.

reoccupation /'ri:,ɒkjə'peɪʃ*ə*n Am 'ri:,ɑ:kjə'peɪʃ*ə*n/ *n.* (*Mil*) rioccupazione *f.*

reoccupy /ri:'ɒkjəpaɪ Am ri:'ɑ:kjəpaɪ/ *v.t.* rioccupare.

reoccur /ri:ə'kɜ:r Am ri:ə'kɜ:r/ *v.i.* ripetersi, succedere di nuovo, riaccadere, verificarsi di nuovo.

reoccurring /ri:ə'kɜ:rɪŋ Am ri:ə'kɜ:rɪŋ/ *a.* che

si ripete, che si verifica di nuovo.

reoffend /ri:ə'fend/ *v.i.* recidivare.

reopen /ri:'oupən/ **I** *v.t.* **1** riaprire. **2** (*to resume*) riprendere, riaprire, ricominciare: *to ~ hostilities* riprendere le ostilità. **3** (*Dir*) riaprire. **II** *v.i.* riaprirsi, riaprire: *the shop -s at four o'clock* il negozio riapre alle quattro. ☐ (*fig*) *to ~ an old wound* riaprire una vecchia ferita.

reorder /ri:'ɔːdə^r *Am* ri:'ɔːrdər/ **I** *v.t.* **1** (*Comm*) riordinare, fare una nuova ordinazione di. **2** (*to put in order again*) riordinare, dare un assetto nuovo a. **II** *v.i.* fare una nuova ordinazione. **III** *n.* nuova ordinazione *f.*, riordinazione *f.*

reorganise /ri:'ɔːgənaɪz/ **I** *v.t.* (*Br*) riorganizzare. **II** *v.i.* (*Br*) effettuare una riorganizzazione.

reorganization /ri:,ɔːgənaɪ'zeɪʃən *Am* ri:,ɔːrgənɪ'zeɪʃən/ *n.* riorganizzazione *f.*

reorganize /ri:'ɔːgənaɪz *Am* ri:'ɔːrgənaɪz/ **I** *v.t.* riorganizzare. **II** *v.i.* effettuare una riorganizzazione.

reorganizer /ri:'ɔːgənaɪzə^r *Am* ri:'ɔːrgə naɪzə^r/ *n.* riorganizzatore *m.* (*f.* -trice).

rep¹ /rep/ *n.* (*Tess*) reps *m.*

rep² /rep/ **I** *n.* (*colloq*) **1** (*repertory drama, profession*) teatro *m.* di repertorio, attività *f.* teatrale di repertorio: *a ~ company* una compagnia di repertorio. **2** (*Teat*) compagnia *f.* di repertorio. **II** *n.* (*Teat*) teatro *m.* di repertorio. **III** *a.* (*Teat*) di repertorio.

rep³ /rep/ *n.* (*Comm,colloq*) (*representative*) rappresentante *m./f.* (di commercio).

rep⁴ /rep/ *n.* (*sl*) (*reprobate*) malvagio *m.* (*f.* -a), cattivo *m.* (*f.* -a).

rep⁵ /rep/ *n.* (*Am,colloq*) (*reputation*) reputazione *f.*

rep⁶ /rep/ *n.* (*Ginn,Sport,colloq*) (*in bodybuilding, exercising: repetition*) ripetizione *f.*

Rep.1 (*Am,Parl*) *Representative* (deputato). **2** *Republic* Rep. (repubblica).

repack /ri:'pæk/ *v.t.* **1** (*to put in a new package*) rimballare, rimpacchettare. **2** (*a suitcase*) rifare (una valigia).

repackage /ri:'pækɪdʒ/ *v.t.* riconfezionare (*spec.* in modo migliore o commerciale): *to ~ a sales campaign* riconfezionare una campagna pubblicitaria.

repaint /ri:'peɪnt/ *v.t.* riverniciare, ridipingere.

repair¹ /rɪ'peə^r *Am* rɪ'per/ *v.t.* **1** riparare, accomodare, aggiustare: *to ~ an engine* riparare un motore. **2** (*to restore*) riassestare, rimettere in sesto: *to ~ the family fortune* riassestare il patrimonio familiare. **3** (*of health*) ristabilire. **4** (*of strength*) ristorare. **5** (*to remedy*) riparare, rimediare a, porre riparo a, porre rimedio a: *to ~ the damage* riparare il danno. **6** (*to compensate for*) risarcire, compensare, ripagare, indennizzare: *to ~ a loss* risarcire una perdita. **II** *n.* **1** riparazione *f.* **2** (*relative condition*) stato *m.*, condizione *f.*, condizioni *f.pl.*: *in poor ~* in cattivo stato. **3** *pl.* riparazioni *f.pl.*, lavori *m.pl.* di restauro, lavori *m.pl.* di riparazione, restauro *m.sing.*: *to do a few -s in the house* fare qualche riparazione in casa; *small -s* piccola manutenzione. **4** *pl.* (*Mar*) raddobbo *m.sing.*, lavori *m.pl.* di raddobbo. ☐ *to be out of ~* avere bisogno di riparazioni, essere in cattivo stato; *~ shop* officina di riparazioni; *under ~* in restauro; *~ workshop* autofficina; (*Mar*) *~ yard* cantiere di riparazione.

repair² /rɪ'peə^r *Am* rɪ'per/ **I** *v.i.* recarsi, andare (*to* a, in): *the men -ed to the drawing room after dinner* dopo cena gli uomini andarono in salotto. **2** (*to go habitually*) andare abitualmente, recarsi abitualmente (a, in). **II** *n.* ritrovo *m.*, luogo *m.* di ritrovo.

repairable /rɪ'peərəbl̩ *Am* rɪ'perəbl̩/ *a.* riparabile.

repairer /rɪ'peərə^r *Am* rɪ'perər/ *n.* **1** riparatore *m.* (*f.* -trice). **2** (*in compounds*) riparatore *m.* (*f.* -trice), aggiustatore *m.* (*f.* -trice), *often translated with the corresponding word*: *a watch ~* un riparatore di orologi, un orologiaio.

repairman /rɪ'peərmæn, rɪ'permən/ *n.irr.* (*Am*) riparatore *m.*, aggiustatore *m.*, accomodatore *m.*

repand /rɪ'pænd/ *a.* **1** (*Bot*) che ha il margine ondulato. **2** (*wavy, undulating*) ondulato.

repaper /ri:'peɪpə^r/ *v.t.* (*of a room*) cambiare la carta da parati a, ritappezzare.

reparable /'repərəbl̩/ *a.* **1** riparabile. **2** (*capable of being made good*) riparabile, rimediabile.

reparation /,repə'reɪʃən/ *n.* **1** (*act of repairing*) riparazione *f.* **2** (*sth. done as amends*) risarcimento *m.*, riparazione *f.*, indennizzo *m.* **3** *pl.* (*Pol,Mil*) riparazioni *f.pl.* di guerra. ☐ *to make ~ for* fare ammenda di.

reparative /rɪ'pærətɪv *Am* rɪ'pærətɪv/ *a.* **1** riparatore, che ripara, che accomoda. **2** (*serving to make amends*) riparatore, di riparazione.

reparatory /rɪ'pærətri *Am* rɪ'pærətɔːri/ *a.* **1** riparatore, che ripara, che accomoda. **2** (*serving to make amends*) riparatore, di riparazione.

repartee /,repɑː'tiː *Am* ,repɑːr'tiː/ *n.* **1** risposta *f.* arguta, risposta *f.* spiritosa, battuta *f.*: *clever ~* botta e risposta spiritosa. **2** (*witty conversation*) conversazione *f.* brillante, conversazione *f.* spiritosa. **3** (*skill in making clever replies*) l'avere la battuta pronta, arguzia *f.* nel rispondere.

repartition /,ri:pɑː'tɪʃən *Am* ,ri:pɑːr'tɪʃən/ **I** *n.* **1** ripartizione *f.*, distribuzione *f.*, divisione *f.*, spartizione *f.* **2** (*second partition*) suddivisione *f.*, nuova ripartizione *f.*, nuova divisione *f.* **II** *v.t.* rividivere, suddividere.

repast /rɪ'pɑːst *Am* rɪ'pæst/ *n.* (*lett*) pasto *m.*: *a light ~* un pasto leggero.

repatriate /ri:'pætrieɪt *Am* ri:'peɪtrieɪt/ **I** *v.t.* rimpatriare. **II** *n.* rimpatriato *m.* (*f.* -a).

repatriation /ri:'pætrieɪʃən *Am* ri:'peɪtrieɪʃən/ *n.* rimpatrio *m.*

repay /rɪ'peɪ/ **I** *v.t.* **1** rimborsare, restituire, rendere: *to ~ a loan* rimborsare un prestito. **2** (*fig*) ricambiare, contraccambiare, ricompensare, rendere: *how can I ever ~ your kindness?* come potrò mai ricambiare la vostra gentilezza?; *to ~ a favour* ricambiare un favore. **3** (*fig*) (*of people*) ripagare, ricompensare. **4** (*fig*) (*to give in return*) rendere, restituire: *to ~ good for evil* rendere bene per male. **II** *v.i.* **1** effettuare il rimborso, effettuare la restituzione. **2** (*fig*) (*to make requital*) rendere il contraccambio.

repayable /rɪ'peɪəbl̩/ *a.* rimborsabile, restituibile: *~ in instalments* pagabile a rate.

repayment /rɪ'peɪmənt/ *n.* **1** rimborso *m.*, restituzione *f.* (*on* di). **2** (*fig*) ricompensa *f.*, contraccambio *m.* ☐ *~ mortgage* ipoteca a scalare, mutuo rateale; *~ schedule* scadenziario dei pagamenti.

repeal /rɪ'piːl/ **I** *v.t.* (*Dir*) abrogare, revocare, annullare: *to ~ a law* abrogare una legge. **II** *n.* (*Dir*) abrogazione *f.*, revoca *f.*, annullamento *m.* (*of* di).

repealable /rɪ'piːləbl̩/ *a.* abrogabile, revocabile, annullabile.

repealer /rɪ'piːlə^r/ *n.* **1** chi abroga. **2** (*legislative act*) provvedimento *m.* abrogatorio.

Repealer /rɪ'piːlə^r/ *n.* (*Stor*) oppositore *m.* (*f.* -trice) dell'unione dell'Irlanda con la Gran Bretagna.

repeat /rɪ'piːt/ **I** *v.t.* **1** ripetere, ridire, tornare a dire: *would you ~ that please?* ti dispiace ripetere quello che hai detto? **2** (*to say from memory*) recitare, ripetere a memoria. **3** (*to do, to perform, etc., again*) rifare, tornare a fare, ripetere, replicare: *to ~ a mistake* rifare uno sbaglio. **4** (*rifl.*) *to ~ oneself* ripetersi: *history sometimes -s itself* a volte la storia si ripete. **5** (*to divulge*) raccontare, riferire, ridire, spiattellare: *don't ~ what I have told you* non raccontare quello che ti ho detto. **II** *v.i.* **1** ripetere: *it was, I ~, a real disaster* fu, ripeto, un vero disastro. **2** (*pop*) (*of food*) venire su, tornare in gola. **III** *n.* **1** ripetizione *f.*, replica *f.* **2** (*Rad,TV,Mus,Teat*) replica *f.*: *~ performance* replica. **3** (*Comm*) ordinazione *f.* ripetuta, ordinazione *f.* successiva. **IV** *a.* (*colloq*) ripetuto. ☐ (*Br,Farm*) *~ prescription* ricetta ripetibile.

repeatable /rɪ'piːtəbl̩ *Am* rɪ'piːtəbl̩/ *a.* ripetibile.

repeated /rɪ'piːtɪd *Am* rɪ'piːtɪd/ *a.* ripetuto, reiterato.

repeatedly /rɪ'piːtɪdli *Am* rɪ'piːtɪdli/ *avv.* ripetutamente, reiteratamente.

repeater /rɪ'piːtə^r *Am* rɪ'piːtər/ *n.* **1** ripetitore *m.* (*f.* -trice). **2** (*Arm*) arma *f.* (da fuoco) a ripetizione. **3** (*TV,Rad*) ripetitore *m.* **4** (*Am,Scol*) ripetente *m./f.*, studente *m./f.* che ripete l'anno scolastico. **5** (*Am,Dir*) (*habitual offender*) delinquente *m.* recidivo. **6** (*Mat*) decimale *m.* ricorrente. **7** (*Orol*) orologio *m.* a ripetizione. **8** (*Tel,Ferr,Rad,TV*) ripetitore *m.* ☐ (*Rad*) *~ station* ripetitore.

repeating /rɪ'piːtɪŋ *Am* rɪ'piːtɪŋ/ *a.* (*Arm*) a ripetizione. ☐ (*Mat*) *~ decimal* decimale ricorrente; (*Arm*) *~ firearm* arma da fuoco a ripetizione; (*Orol*) *~ watch* orologio a ripetizione.

repêchage /'rəpeʃɑːʒ/ *n.* (*Sport*) recupero *m.*, repêchage *m.*

repel /rɪ'pel/ (*past, p.p.* **repelled** /-d/) *v.t.* **1** respingere, ricacciare: *to ~ the invader* respingere l'invasore. **2** (*to reject*) rifiutare, respingere, rigettare: *to ~ an offer* rifiutare un'offerta. **3** (*to cause aversion in*) essere repellente, ripugnare. **4** (*Fis*) respingere.

repellence /rɪ'peləns/ *n.* **1** repulsione *f.*, ripulsione *f.*, ripugnanza *f.* **2** (*Fis*) repulsione *f.*

repellency /rɪ'pelənsi/ *n.* **1** repulsione *f.*, ripulsione *f.*, ripugnanza *f.* **2** (*Fis*) repulsione *f.*

repellent /rɪ'pelənt/ **I** *a.* **1** (*often in compounds*) repellente, che respinge: *water-~* idrorepellente. **2** (*repulsive*) repellente, disgustoso, ripugnante, ripulsivo. **II** *n.* **1** (*insectifuge*) insettifugo *m.* **2** (*Tess*) soluzione *f.* idrorepellente.

repent¹ /rɪ'pent/ *v.i.* **1** pentirsi, rammaricarsi (*of* di), provare rimorso (per): *I ~ of nothing* non ho nulla di cui pentirmi. **2** (*to change one's mind*) cambiare idea, pentirsi, mutare parere: *do it now before you ~* fallo subito prima di cambiare idea. **3** (*Rel*) pentirsi (di). **II** *v.t.* **1** pentirsi di, rammaricarsi di. **2** (*Rel*) pentirsi di.

repent² /'riːpənt/ *a.* **1** (*Zool*) strisciante. **2** (*Bot*) rampicante.

repentance /rɪ'pentəns/ *n.* **1** pentimento *m.* **2** (*Rel*) pentimento *m.*, contrizione *f.*

repentant /rɪ'pentənt/ *a.* pentito, contrito.

repeople /ri:'piːpl̩/ *v.t.* ripopolare (*anche Zool*).

repeopling /ri:'piːplɪŋ/ *n.* ripopolamento *m.* (*anche Zool*).

repercussion /,ri:pə'kʌʃən *Am* ,ri:pər'kʌʃən/ *n.* ripercussione *f.*, conseguenza *f.* (*of* di; *on* su; *for* per) (*anche fig*).

repercussive /,ri:pə'kʌsɪv *Am* ,ri:pər'kəsɪv/

a. ripercussivo.

repertoire /'repətwɑːʳ *Am* 'repəʳtwɔːr/ *n.* (*Teat,Mus*) repertorio *m.* (*anche fig*).

repertory /'repətəri *Am* 'repəʳtɔːri/ **I** *n.* **1** repertorio *m.* **2** (*Teat*) teatro *m.* di repertorio, attività *f.* teatrale di repertorio: *to act in ~* fare teatro di repertorio. **3** (*Teat*) (*theatre company*) compagnia *f.* di repertorio. **4** (*fig*) raccolta *f.*, repertorio *m.* **II** *a.* (*Teat*) di repertorio. ☐ (*Teat*) *~ company* compagnia di repertorio; (*Teat*) *~ theatre* (o *Am ~ theater*) teatro di repertorio.

repetend /'repətend/ *n.* **1** (*Mat*) periodo *m.* **2** (*Mus*) ritornello *m.*, motivo *m.* ripetuto. **3** (*repeated word*) parola *f.* ripetuta; (*repeated thing*) cosa *f.* ripetuta.

repetition /ˌrepɪ'tɪʃən/ *n.* **1** ripetizione *f.*, replica *f.*, reiterazione *f.* **2** (*act of reciting from memory*) recitazione *f.* (a memoria). **3** (*recital*) racconto *m.*, narrazione *f.* **4** (*reoccurrence*) ripetizione *f.*, il ripetersi, il ripresentarsi. **5** (*reproduction, copy*) riproduzione *f.*, copia *f.*

repetitious /ˌrepɪ'tɪʃəs *Am* ˌrepə'tɪʃəs/ *a.* pieno di ripetizioni, ripetitivo.

repetitiousness /ˌrepɪ'tɪʃəsnəs *Am* ˌrepə'tɪʃəsnəs/ *n.* ripetitività *f.*

repetitive /rɪ'petətɪv *Am* rɪ'petətɪv/ *a.* **1** caratterizzato da ripetizioni. **2** (*repetitious*) pieno di ripetizioni, ripetitivo. ☐ (*Med*) *~ motion injury* lesione da movimento ripetuto.

repetitively /rɪ'petətɪvli *Am* rɪ'petətɪvli/ *avv.* ripetutamente.

repetitiveness /rɪ'petətɪvnəs *Am* rɪ'petətɪvnəs/ *n.* ripetitività *f.*

repine /rɪ'paɪn/ *v.i.* (*poet*) lagnarsi, lamentarsi (*at, against* di).

repique /rɪ'piːk/ **I** *n.* (*in piquet*) il segnare trenta (o più) punti di mano. **II** *v.i.* segnare trenta (o più) punti di mano. **III** *v.t.* segnare trenta (o più) punti di mano contro.

replace /rɪ'pleɪs/ *v.t.* **1** prendere il posto di, sostituire, rimpiazzare: *the defective part was quickly -d* la parte difettosa è stata subito sostituita. **2** (*to put back*) rimettere a posto, riporre: *please ~ the books* si prega di rimettere i libri a posto. **3** (*to return*) restituire, rendere, ridare: *he promised to ~ the stolen painting* promise di restituire il quadro rubato. ☐ (*Tel*) *to ~ the receiver* riagganciare il ricevitore.

replaceable /rɪ'pleɪsəbl/ *a.* sostituibile.

replacement /rɪ'pleɪsmənt/ *n.* **1** sostituzione *f.*, rimpiazzo *m.*, ricambio *m.* **2** (*sth. that replaces*) sostituzione *f.*, ricambio *m.* **3** (*so. that replaces*) sostituto *m.* **4** (*spare part*) ricambio *m.*, pezzo *m.* di ricambio.

replant /riː'plɑːnt *Am* riː'plænt/ *v.t.* (*Agr*) **1** ripiantare. **2** (*to provide new plants for*) mettere nuove piante in.

replantation /ˌriː'plɑːnteɪʃən *Am* riː'plænteɪʃən/ *n.* (*Agr*) nuova piantagione *f.*

replay[1] /ˌriː'pleɪ/ *v.t.* **1** (*Sport*) rigiocare, ripetere. **2** (*Mus*) ripetere, suonare di nuovo.

replay[2] /'riː'pleɪ/ *n.* (*Sport*) replica *f.*, partita *f.* ripetuta.

replead /riː'pliːd/ *v.t.* (*Dir*) replicare.

repleader /riː'pliːdəʳ/ *n.* **1** replica *f.* **2** (*right of pleading again*) diritto *m.* di replica.

replenish /rɪ'plenɪʃ/ *v.t.* **1** riempire di nuovo. **2** (*to restock*) rifornire: *to ~ one's wardrobe* rifornire il proprio guardaroba. **3** (*to make complete again*) reintegrare, ricostituire: *to ~ food supplies* reintegrare le provviste alimentari.

replenishment /rɪ'plenɪʃmənt/ *n.* **1** riempimento *m.* **2** (*act of restocking*) rifornimento *m.* **3** (*new supply*) nuova provvista *f.* ☐ *~ of a fund* rifinanziamento di un fondo.

(*Econ*) *~ of capital* reintegrazione del capitale; (*Agr*) *~ of stocks* ricostituzione delle scorte.

replete /rɪ'pliːt/ *a.* **1** pieno, che abbonda, (ben) fornito, ben provvisto (*with* di): *~ with humour* pieno di spirito. **2** (*satiated*) sazio, satollo.

repletion /rɪ'pliːʃən/ *n.* **1** pienezza *f.*, l'essere pieno. **2** (*surfeit*) sazietà *f.*: *to eat to ~* mangiare a sazietà. **3** (*Med*) replezione *f.*: *the stadium was filled to ~* lo stadio era pieno zeppo.

replevin /rɪ'plevɪn/ *n.* (*Dir*) recupero *m.* di beni mobili dietro cauzione, azione *f.* per il recupero di beni mobili dietro cauzione.

replevy /rɪ'plevi/ *v.t.* (*Dir*) recuperare contro cauzione (in attesa di giudizio).

replica /'replɪkə/ *n.* **1** (*Art*) copia *f.*, replica *f.* **2** (*estens*) copia *f.*, facsimile *m.*, duplicato *m.*, riproduzione *f.*

replicate /'replɪkeɪt/ **I** *v.t.* **1** (*success*) replicare. **2** (*style, document*) copiare. **3** (*result*) riprodurre. **II** *v.i.* (*Med*) (*of virus*) riprodursi per replicazione. **III** *n.* **1** riproduzione *f.*, replica *f.* **2** (*Mus*) tonalità *f.* di una o più ottave superiore (a una tonalità specificata). **IV** *a.* (*Bot,Zool*) ripiegato su se stesso.

replication /'replɪkeɪʃən/ *n.* **1** risposta *f.*, replica *f.* **2** (*Dir*) replica *f.* **3** (*Biol*) replicazione *f.* **4** (*Acus*) eco *m./f.*, riverbero *m.* **5** (*copy*) copia *f.*, riproduzione *f.*, duplicato *m.*

replicon /'replɪkən/ *n.* (*Biol*) replicone *m.*, replicon *m.*

reply /rɪ'plaɪ/ **I** *v.t.* **1** rispondere, replicare: *to ~ to a letter* rispondere a una lettera; *he did not ~* non replicò. **2** (*Dir*) replicare. **II** *v.i.* **1** rispondere, replicare: *to ~ to a letter* rispondere a una lettera; *he did not ~* non replicò. **2** (*Dir*) replicare. **III** *n.* risposta *f.*, replica *f.*: *he made no ~* non diede (alcuna) risposta. ☐ (*Post*) *~ card* buono di risposta, cartolina postale con risposta pagata; (*Post*) *~ coupon* buono di risposta.

reply-paid /rɪˌplaɪ'peɪd/ ☐ (*Post*) *~ postcard* cartolina postale con risposta pagata; *~ telegram* telegramma con risposta pagata.

repo /'riːpou/ *n.* (*Am,colloq*) automobile *f.* espropriata (a un insolvente).

repopulate /ˌriː'pɒpjəleɪt *Am* ˌriː'pɑːpjəleɪt/ *v.t.* ripopolare.

report /rɪ'pɔːt *Am* rɪ'pɔːrt/ **I** *n.* **1** rapporto *m.*, relazione *f.*, resoconto *m.*, rendiconto *m.*: *a ~ on the latest market trends* un rapporto sulle ultime tendenze del mercato; *~ report* relazione annuale. **2** (*record*) verbale *m.* **3** (*Giorn, Rad,TV*) resoconto *m.*, cronaca *f.*, servizio *m.*, reportage *m.* **4** (*Br,Scol*) (*periodic statement*) pagella *f.* (del fine trimestre o quadrimestre). **5** (*rumour*) voce *f.*, diceria *f.*: *~ has it that* corre voce che. **6** (*reputation*) reputazione *f.*, fama *f.*: *a person of excellent ~* una persona che gode di eccellente reputazione. **7** (*noise of an explosion*) scoppio *m.*, detonazione *f.* **8** (*Mil*) rapporto *m.*: *to be on ~* essere a rapporto. **9** (*employee who reports to another employee*) riporto *m.*, quadro *m.* intermedio. **10** (*Inform*) reporto *m.*, rapporto *m.* **II** *v.t.* **1** annunciare, rendere noto, comunicare: *the discovery of a new star has been -ed* è stata annunciata la scoperta di una nuova stella. **2** (*to bring back news of*) riferire, riportare, rapportare. **3** (*to inform authorities about*) denunciare, segnalare: *to ~ a crime* segnalare un crimine; *five people are -ed dead* sono stati segnalati cinque morti. **4** (*to give notification of*) denunciare: *to ~ a stolen car* denunciare il furto di un'automobile. **5** (*to give a formal statement of*) dichiarare. **6** (*Parl*) (*of a bill, etc.*) riferire su. **7** (*Giorn*) fare

la cronaca di, fare il resoconto di: *to ~ the shuttle launch* fare la cronaca del lancio della navetta spaziale. **8** (*to record*) verbalizzare, mettere a verbale: *to ~ the proceedings of a meeting* verbalizzare gli atti di una riunione. **9** (*to make a shorthand record*) stenografare. **10** (*to make a charge against*) denunciare, deferire: *I'll ~ you to the police* ti denuncerò alla polizia. **11** (*rifl.*) *to ~ oneself* presentarsi. **III** *v.i.* **1** presentarsi. **2** (*to make one's whereabouts, etc., known*) dare notizie di sé. **3** (*to make a report*) redigere un rapporto, fare una relazione, riferire (*on* su). **4** (*Giorn*) lavorare come cronista, fare il reporter. ☐ *to ~ back*: **1** (*after an absence*) ripresentarsi, presentarsi: *~ back to the office on Wednesday* si ripresenti in ufficio mercoledì; **2** riferire, relazionare, fare un rapporto (*about, on* su): *I'll make some enquiries and ~ back* (*to you*) *tomorrow* farò qualche ricerca e (ti) riferirò domani; (*Am, Scol*) *~ card* pagella (scolastica); *to ~ for work* presentarsi al lavoro; (*Parl*) *to ~ out* (*of a bill, etc.*) riferire su; *to ~ progress to so.* tenere al corrente qcu.; (*Parl*) *to move to ~ progress* proporre la chiusura del dibattito; (*Mil*) *to ~ sick* darsi malato, marcare visita; (*Br,Pol*) *~ stage* terza lettura di un progetto di legge in sede deliberante.

reportable /rɪ'pɔːtəbl *Am* rɪ'pɔːrtəbl/ *a.* **1** riferibile, dichiarabile, degno di menzione. **2** (*that must be notified*) che deve essere denunciato, da denunciare: *one's ~ income* reddito da dichiarare (al fisco).

reportage /ˌrepɔː'tɑːʒ *Am* ˌrepɔːr'tɑːʒ/ *n.* (*Giorn*) cronaca *f.*, reportage *m.*, servizio *m.* giornalistico.

reported /rɪ'pɔːtɪd *Am* rɪ'pɔːrtɪd/ ☐ (*Gramm*) *~ clause* proposizione indiretta; (*Gramm*) *~ speech* discorso indiretto.

reportedly /rɪ'pɔːtɪdli *Am* rɪ'pɔːrtɪdli/ *avv.* a quanto si dice, stando a quel che si dice.

reporter /rɪ'pɔːtəʳ *Am* rɪ'pɔːrtər/ *n.* **1** (*Giorn*) reporter *m./f.*, cronista *m./f.* **2** (*so. who reports*) relatore *m.* (*f.* -trice). **3** (*Dir,Parl*) (*compiler of proceedings*) stenografo *m.* (*f.* -a).

reporting /rɪ'pɔːtɪŋ *Am* rɪ'pɔːrtɪŋ/ ☐ (*Dir, Giorn*) *~ restrictions* restrizioni sull'informazione.

repose[1] /rɪ'pouz/ **I** *v.i.* **1** riposare. **2** (*to take rest*) riposarsi. **3** (*to lie*) giacere, stare, trovarsi, essere situato: *the submarine -d on the sea bed* il sottomarino giaceva sul fondo del mare. **4** (*fig*) basarsi, essere fondato, riposare (*on* su). **II** *v.t.* appoggiare, posare, far riposare: *to ~ one's head on so.'s shoulder* appoggiare la testa sulla spalla di qcu. **2** (*rifl.*) *to ~ oneself* riposarsi. **3** (*to compose, to cause to be calm*) calmare, placare. **III** *n.* **1** riposo *m.* **2** (*calmness, peace*) pace *f.*, quiete *f.*, tranquillità *f.* **3** (*composure*) compostezza *f.*

repose[2] /rɪ'pouz/ *v.t.* riporre, porre, affidare: *to ~ confidence in so.* riporre fiducia in qcu.

reposeful /rɪ'pouzfʊl/ *a.* riposante, tranquillo.

reposit /rɪ'pɒzɪt *Am* rɪ'pɑːzɪt/ *v.t.* riporre, depositare, mettere da parte.

repository /rɪ'pɒzɪtəri *Am* rɪ'pɑːzɪtɔːri/ *n.* **1** deposito *m.*, ricettacolo *m.* **2** (*room*) ripostiglio *m.* **3** (*warehouse*) magazzino *m.*, deposito *m.* (*of, for* di). **4** (*burial vault*) sepolcro *m.*, tomba *f.* **5** (*fig*) (*storehouse*) miniera *f.*, pozzo *m.* **6** (*fig*) (*confidant*) confidente *m./f.*, depositario *m.* (*f.* -a).

repossess /ˌriːpə'zəs/ *v.t.* **1** riprendere il possesso di, rientrare in possesso di, riappropriarsi di. **2** (*to put in possession again*) reintegrare, restituire a, rimettere in possesso: *to ~ so. of sth.* reintegrare qcu. in qcs.

repossession/,ri:pə'zeʃən/ *n.* recupero *m.*, riappropriazione *f.*, riacquisto *m.*, ripresa *f.* di possesso. □ *~ order* sentenza di restituzione al proprietario.

repost/rɪ'pəust/ *n.* **1** (*Sport*) risposta *f.* **2** (*fig*) risposta *f.* per le rime, risposta *f.* di rimbecco.

repot/ri:'pɒt *Am* ri:'pɑːt/ *v.t.* (*Giard,Agr*) rinvasare.

repp/rep/ *n.* (*Tess*) reps *m.*

repped/rept/ *a.* (*Tess*) a coste.

reprehend/,reprɪ'hend/ *v.t.* **1** biasimare, disapprovare, riprovare. **2** (*to reprimand*) rimproverare, riprendere.

reprehensibility /,reprɪ,hensə'bɪləti *Am* ,reprɪ,hensə'bɪləti/ *n.* l'essere riprovevole.

reprehensible/,reprɪ'hensəbl̩/ *a.* riprensibile, riprovevole, biasimevole.

reprehensibly/,reprɪ'ensəbli/ *avv.* riprovevolmente, biasimevolmente.

reprehension/,reprɪ'henʃən/ *n.* riprovazione *f.*, biasimo *m.*

reprehensive/,reprɪ'hensɪv/ *a.* di biasimo, di disapprovazione.

reprehensory/,reprɪ'hensəri/ *a.* di biasimo, di disapprovazione.

represent /,reprɪ'zent/ *v.t.* **1** rappresentare, simboleggiare, raffigurare: *words ~ ideas* le parole rappresentano le idee. **2** (*to act on behalf of*) rappresentare, agire per conto di, fare le veci di: *he -s our company* agisce per conto della nostra società. **3** (*Parl*) rappresentare. **4** (*to portray in art*) rappresentare, raffigurare, illustrare: *the painting -s a battle scene* il dipinto raffigura una scena di battaglia. **5** (*to describe*) descrivere, dipingere, rappresentare: *he is not as bad as you ~ him* non è (così) cattivo come lo dipingi. **6** (*Teat*) rappresentare, recitare; (*to act the part of*) impersonare, interpretare, sostenere la parte di. **7** (*to point out, to state*) dichiarare, asserire, affermare. **8** (*rifl.*) *to ~ oneself* dichiararsi, protestarsi, asserire di essere: *to ~ oneself as an expert* dichiararsi un esperto. **9** (*to correspond to*) corrispondere a, equivalere a.

re-present /,ri:prɪ'zent/ *v.t.* ripresentare, presentare di nuovo.

representable /,reprɪ'zentəbl̩ *Am* ,reprɪ'zentəbl̩/ *a.* rappresentabile.

representation /,reprɪzen'teɪʃən/ *n.* **1** rappresentazione *f.*, simboleggiamento *m.* **2** (*act of portraying visually*) rappresentazione *f.*, raffigurazione *f.*, descrizione *f.* **3** (*sth. portrayed*) figurazione *f.*, immagine *f.*: *the mosaic includes mythological -s* il mosaico comprende figurazioni mitologiche. **4** (*act of speaking, acting for so. else*) rappresentanza *f.* (*of* di; *by* da parte di). **5** (*Pol,Parl*) rappresentanza *f.* (*of* di; *by* da parte di). **6** (*Teat*) rappresentazione *f.*, recita *f.* **7** (*description*) descrizione *f.*, illustrazione *f.* **8** (*statement*) dichiarazione *f.*, asserzione *f.*, affermazione *f.* **9** (*Dir*) rappresentazione *f.*

representational /,reprɪzen'teɪʃənl̩/ *a.* **1** rappresentativo, che rappresenta. **2** (*Art*) figurativo.

representationalism /,reprɪzen'teɪʃənlɪzəm/ *n.* arte *f.* figurativa.

representationism /,reprɪzen'teɪʃənɪzəm/ *n.* (*Filos*) rappresentalismo *m.*

representative /,reprɪ'zentətɪv *Am* ,reprɪ'zentətɪv/ **I** *a.* **1** rappresentante *m./f.*, deputato *m.* (*f.* -a), incaricato *m.* (*f.* -a): *the Italian ~ at the United Nations* il rappresentante italiano alle Nazioni Unite. **2** (*Parl*) deputato *m.* (*f.* -a). **3** (*typical specimen*) esempio *m.* tipico. **4** (*Comm*) rappresentante *m./f.*, agente *m./f.* di commercio. **II** *a.* **1** che rappresenta, che sim-

boleggia (*of sth.* qcs.), rappresentativo (di): *allegory ~ of charity* allegoria che rappresenta la carità. **2** (*serving to portray*) rappresentante, raffigurante (qcs.). **3** (*acting, standing for another*) rappresentante. **4** (*Parl,Pol,Filos*) rappresentativo. **5** (*typical*) caratteristico: *a ~ English folksong* una tipica canzone popolare inglese. □ (*Art*) ~ *art* figurativismo, arti figurative; ~ *body* organo rappresentativo; (*Pol*) ~ *government* sistema rappresentativo, governo rappresentativo; ~ *office* ufficio di rappresentanza; ~ *sample* campione rappresentativo; (*Pol*) ~ *system* sistema rappresentativo.

representatively/,reprɪ'zentətɪvli *Am* ,reprɪ'zentətɪvli/ *avv.* in modo rappresentativo.

repress /rɪ'pres/ *v.t.* **1** reprimere, frenare, trattenere, contenere: *to ~ one's emotions* reprimere le proprie emozioni. **2** (*to suppress*) domare, reprimere, sedare: *to ~ an uprising* domare una rivolta. **3** (*of people: to subdue*) sottomettere, assoggettare. **4** (*to crush*) opprimere.

repressed /rɪ'prest/ *a.* **1** (*Psic*) represso, rimosso. **2** (*inhibited*) inibito, represso. **3** (*oppressed*) represso, contenuto.

repression /rɪ'preʃən/ *n.* **1** repressione *f.* **2** (*Psic*) rimozione *f.*

repressive /rɪ'presɪv/ *a.* **1** repressivo, repressore. **2** (*tyrannical*) dispotico, tirannico.

repressor /rɪ'presər/ *n.* (*Biol*) repressore *m.*

repricing /rɪ'praɪzɪŋ/ *n.* **1** il fissare un nuovo prezzo. **2** (*Econ*) modifica *f.* del tasso (nei titoli a tasso variabile).

reprieve /rɪ'priːv/ **I** *v.t.* **1** (*Dir*) rinviare l'esecuzione di, sospendere l'esecuzione di: *to ~ a condemned person* rinviare l'esecuzione di un condannato. **2** (*fig*) alleviare, recare sollievo a, dare tregua a. **II** *n.* **1** (*Dir*) sospensione *f.* della pena capitale, commutazione *f.* della pena capitale. **2** (*Dir*) (*warrant*) ordine *m.* di sospensione (*o* commutazione) della pena capitale. **3** (*fig*) tregua *f.*, sollievo *m.*

reprimand¹ /'reprɪmɑːnd *Am* 'reprɪmænd/ *n.* **1** (*severo*) rimprovero *m.*, sgridata *f.*, lavata *f.* di capo. **2** (*Comm*) censura *f.*, ammonimento *m.*

reprimand² /'reprɪmɑːnd *Am* 'reprɪmænd/ *v.t.* rimproverare (severamente), riprendere.

reprint¹ /ri:'prɪnt/ *v.t.* ristampare. □ *the book is being-ed* il libro è in ristampa.

reprint² /'ri:prɪnt/ *n.* (*Edit*) ristampa *f.*

reprisal /rɪ'praɪzəl/ *n.* rappresaglia *f.* (*for*, *against* contro) (*anche Mil,Pol*): *to make -s* compiere rappresaglie.

reprise /rɪ'praɪz/ **I** *n.* **1** (*Mus*) ripresa *f.*, ritornello *m.* **2** *pl.* (*Dir*) detrazione *f. sing.* annuale sul reddito fondiario (per pagamento di imposte ecc.). **II** *v.t.* (*Mus*) suonare come ripresa *o* ritornello.

repristinate /ri:'prɪstɪneɪt/ *v.t.* ripristinare, ristabilire.

repristination /ri:'prɪstɪneɪʃən/ *n.* ripristino *m.*, ripristinamento *m.*, ristabilimento *m.*

repro /'ri:prəu/ *n.* **1** (*Tip*) (*reprographics*) reprografia *f.* **2** (*Tip*) (*reproduction proof*) controstampa *f.* **3** (*colloq*) (*reproduction*) riproduzione *f.*

reproach /rɪ'prəutʃ/ **I** *v.t.* **1** sgridare, rimproverare, rimbrottare, redarguire: *she -ed the child for spilling his milk* sgridò il bambino perché aveva rovesciato il latte. **2** (*to blame*) biasimare, riprovare. **3** (*to accuse*) accusare, incolpare: *to ~ so. with cowardice* accusare qcu. di viltà. **4** (*to be a cause of discredit to*) screditare, gettare discredito su, disonorare. **5** (*rifl.*) *to ~ oneself* rimproverarsi: *to have nothing to ~ oneself for* non avere nulla da rimproverarsi. **II** *n.* **1** rimprovero *m.*, riprova-

zione *f.*, disapprovazione *f.*, biasimo *m.*: *a term of ~* una parola di biasimo. **2** (*state or source of disgrace*) vergogna *f.*, discredito *m.*, disonore *m.*, onta *f.* **3** (*expression of disapproval*) rimprovero *m.*, rabbuffo *m.*, sgridata *f.*, rimbrotto *m.* □ *to bring ~ on oneself* screditarsi, disonorarsi.

reproachable /rɪ'prəutʃəbl̩/ *a.* riprovevole.

reproachful /rɪ'prəutʃful/ *a.* **1** di rimprovero, di riprovazione: ~ *words* parole di rimprovero. **2** (*rar*) (*worthy of censure*) biasimevole, riprovevole; (*shameful*) vergognoso.

reproachfully /rɪ'prəutʃfuli/ *avv.* con aria di rimprovero, in tono di rimprovero.

reproachfulness /rɪ'prəutʃfulnəs/ *n.* riprovazione *f.*, aria *f.* di rimprovero, tono *m.* di rimprovero.

reprobate /'reprəubeɪt/ **I** *n.* reprobo *m.* (*f.* -a) (*anche Teol*). **II** *a.* reprobo (*anche Teol*). **III** *v.t.* **1** (*ant*) disapprovare, riprovare, condannare; (*to reject*) respingere, rifiutare, rigettare. **2** (*Teol*) dannare.

reprobation /,reprəu'beɪʃən/ *n.* **1** disapprovazione *f.*, riprovazione *f.*, biasimo *m.*, critica *f.* **2** (*rejection*) rifiuto *m.*, ricusa *f.* **3** (*Teol*) dannazione *f.*

reprocess /ri:'prouses *Am* ri:'prɑːses/ *v.t.* **1** (*Ind*) riciclare. **2** (*Nucl*) rigenerare.

reprocessed /ri:'prousest *Am* ri:'prɑːsest/ *a.* **1** (*Tess*) rigenerato. **2** (*Nucl*) rigenerato: ~ *fuel* combustibile rigenerato.

reprocessing /ri:'prousesɪŋ *Am* ri:'prɑːsesɪŋ/ *n.* **1** (*Ind*) riciclaggio *m.* **2** (*Nucl*) rigenerazione *f.*, ritrattamento *m.*: ~ *facility* impianto di rigenerazione.

reproduce /,ri:prə'djuːs *Br also* ,ri:prə'dʒuːs/ **I** *v.t.* **1** riprodurre, rappresentare, ritrarre: *to ~ a face on a coin* riprodurre un volto su una moneta. **2** (*to produce again*) produrre di nuovo, riprodurre. **3** (*Biol*) riprodurre, generare. **4** (*Biol*) (*to replace by a natural process*) rigenerare: *some animals can ~ a lost limb* alcuni animali possono rigenerare un arto perduto. **5** (*to present, to bring forward again*) riprodurre, riportare: *to ~ a passage from a letter* riprodurre un brano di una lettera. **6** (*to repeat*) riprodurre, ripetere. **II** *v.i.* **1** essere riproducibile. **2** (*Biol*) riprodursi.

reproducer /,ri:prə'djuːsər *Br also* ,ri:prə'dʒuːsər/ *n.* **1** riproduttore *m.* (*f.* -trice). **2** (*Tecn*) riproduttore *m.*

reproducible /,ri:prə'djuːsəbl̩ *Am* ,ri:prə'dʒuːsəbl̩/ *a.* riproducibile.

reproductibility /,ri:prə,dʌktə'bɪliti *Am* ,ri:prə,dʌktə'bɪliti/ *n.* riproducibilità *f.*

reproduction /,ri:prə'dʌkʃən/ *n.* **1** riproduzione *f.*: *sound ~* riproduzione del suono. **2** (*Biol*) procreazione *f.*, riproduzione *f.* **3** (*copy*) copia *f.*, imitazione *f.*, riproduzione *f.* □ (*Arred*) ~ *furniture* mobili in stile; (*Tip*) ~ *proof* stampa per fotoriproduzione.

reproductive /,ri:prə'dʌktɪv/ *a.* riproduttivo. □ (*Anat*) ~ *organs* organi riproduttivi; (*Anat*) ~ *system* apparato riproduttivo.

reprographic /,ri:prou'græfɪk/ *a.* (*Tip*) riprografico.

reprography /rɪ'prɒgrəfi *Am* rɪ'prɑːgrəfi/ *n.* (*Tip*) reprografia *f.*

reproof¹ /rɪ'pruːf/ *n.* **1** rimprovero *m.*, riprovazione *f.*, biasimo *m.*: *a look of ~* uno sguardo di rimprovero; *his behaviour deserves ~* la sua condotta è riprovevole. **2** (*expression of rebuke*) rimprovero *m.*, rabbuffo *m.*, sgridata *f.*, rimbrotto *m.*

reproof² /,ri:'pruːf/ *v.t.* impermeabilizzare di nuovo.

reprovable /rɪ'pruːvəbl̩/ *a.* biasimevole, riprovevole.

reproval /rɪ'pruːvəl/ *n.* **1** rimprovero *m.*, riprovazione f., biasimo m. 2 (expression of rebuke) rimprovero m., rabbuffo m., sgridata f., rimbrotto m.

reprove /rɪ'pruːv/ v.t. rimproverare, redarguire, sgridare, rimbrottare: to ~ a child for his bad manners rimproverare un bambino per la sua maleducazione.

reprovingly /rɪ'pruːvɪŋli/ avv. con aria di rimprovero, in tono di rimprovero.

reptant /'reptənt/ a. 1 (Zool) strisciante. 2 (Bot) rampicante.

reptile /'reptaɪl/ I n. 1 (Zool) rettile m. 2 (fig) rettile m., vipera f., serpente m. II a. 1 (Zool) strisciante. 2 (fig) (despicable) spregevole, abietto. □ ~ house rettilario.

reptilian /rep'tɪliən/ I a. 1 (Zool) dei rettili, relativo ai rettili. 2 (fig) disprezzabile, spregevole, abietto. II n. (Zool) rettile m.

reptiloid /'reptɪlɔɪd/ a. simile a un rettile.

Repub. 1 Republic Rep. (repubblica). 2 Republican rep. (repubblicano).

republic /rɪ'pʌblɪk/ n. (Pol) repubblica f.: the Italian Republic la Repubblica Italiana; the Republic of Ireland la Repubblica d'Irlanda, l'Eire; the Republic of China la Repubblica Cinese. □ (fig) the ~ of letters: 1 la repubblica delle lettere, i letterati; 2 (literature) letteratura.

republican /rɪ'pʌblɪkən/ I a. repubblicano. II n. repubblicano m. (f. -a).

Republican /rɪ'pʌblɪkən/ I a. (Pol) repubblicano: (US) ~ Party partito repubblicano. II n. (Pol) repubblicano m. (f. -a): the ~s i repubblicani.

republicanism /rɪ'pʌblɪkənɪzəm/ n. (Pol) repubblicanesimo m.

republicanization /rɪ,pʌblɪkəna(ɪ)'zeɪʃən/ n. 1 (act) il convertire alle idee repubblicane. 2 (state) il diventare repubblicano.

republicanize /rɪ'pʌblɪkənaɪz/ v.t. 1 convertire alle idee repubblicane. 2 (to change into a republic) trasformare in repubblica.

republication /,riːpʌblɪ'keɪʃən/ n. 1 ripubblicazione f. 2 (new edition) ristampa f.

republish /riː'pʌblɪʃ/ v.t. ristampare, ripubblicare.

repudiate /rɪ'pjuːdieɪt/ v.t. 1 ripudiare, sconfessare, rinnegare. 2 (to reject) ripudiare, respingere. 3 (to refuse an agreement) ripudiare un accordo. 3 (to refuse to acknowledge) rifiutare di riconoscere, disconoscere, ripudiare. 4 (to refuse to pay debt) rifiutare di pagare un debito, rifiutare di riconoscere un debito.

repudiation /rɪ,pjuːdi'eɪʃən/ n. 1 ripudio m., sconfessione f. 2 (refusal to pay) rifiuto m. di pagare un debito, rifiuto m. di riconoscere un debito.

repudiator /rɪ'pjuːdieɪtər/ Am rɪ'pjuːdieɪt̬ər/ n. ripudiatore m. (f. -trice).

repugn /rɪ'pjuːn/ I v.t. (ant) avversare, opporsi a, osteggiare. II v.i. (ant,rar) opporsi, resistere (at, to a).

repugnance /rɪ'pʌgnəns/ n. 1 ripugnanza f., orrore m., avversione f. 2 (physical distaste) disgusto m., repulsione f. (for per). 3 (quality of being incompatible) inconciliabilità f., incompatibilità f.

repugnancy /rɪ'pʌgnənsi/ n. 1 ripugnanza f., orrore m., avversione f. 2 (physical distaste) disgusto m., repulsione f. (for per). 3 (quality of being incompatible) inconciliabilità f., incompatibilità f.

repugnant /rɪ'pʌgnənt/ a. 1 ripugnante, rivoltante; (physically disgusting) ripugnante, disgustoso, ributtante. 2 (contradictory, incompatible) incompatibile, inconciliabile, in contrasto (to con). 3 (resistant, oppos-

ing) avverso, ostile.

repugnantly /rɪ'pʌgnəntli/ avv. con ripugnanza.

repulse /rɪ'pʌls/ I v.t. 1 ricacciare, respingere: to ~ the enemy ricacciare il nemico; to ~ an attack respingere un attacco. 2 (to disgust) disgustare, repellere. 3 (fig) respingere, ricusare, rifiutare: to ~ all offers respingere ogni offerta. 4 (fig) (of a person) respingere. II n. 1 il respingere: the troops have suffered a ~ le truppe sono state respinte. 2 (fact of being repelled) l'essere respinto. 3 (rejection, rebuff) rifiuto m., ricusa f., diniego m.

repulsion /rɪ'pʌlʃən/ n. 1 il respingere. 2 (state of being repelled) l'essere respinto. 3 (fig) disgusto m., ripugnanza f., avversione f., repulsione f. 4 (Fis) repulsione f.

repulsive /rɪ'pʌlsɪv/ a. 1 repellente, ripugnante, disgustoso, repulsivo. 2 (Fis) repulsivo.

repulsively /rɪ'pʌlsɪvli/ avv. in modo repellente.

repulsiveness /rɪ'pʌlsɪvnəs/ n. repellenza f., repulsività f.

repurchase /riː'pɜːtʃəs/ Am riː'pɜːrtʃəs/ I v.t. ricomprare, riacquistare, riscattare. II n. riacquisto m., riscatto m. □ (Econ) ~ agreement accordo di riacquisto.

reputability /,repjʊtə'bɪliti/ Am ,repjʊt̬ə'bɪlət̬i/ n. rispettabilità f., buona reputazione f.

reputable /'repjʊtəbl/ Am 'repjʊt̬əbl/ a. 1 rispettabile, stimabile, onorabile. 2 (reliable) attendibile: a ~ source una fonte attendibile.

reputably /'repjʊtəbli/ Am 'repjʊt̬əbli/ avv. rispettabilmente.

reputation /,repjʊ'teɪʃən/ n. 1 reputazione f., fama f., nome m.: to have a good ~ godere di una buona reputazione; to have the ~ of being a miser avere fama di essere avaro; to build oneself a ~ as farsi la fama di. 2 (fact of being esteemed) (buona) reputazione f., rispettabilità f., buon nome m., onorabilità f.: his ~ suffered as a result of the scandal la sua reputazione ha risentito dello scandalo.

repute /rɪ'pjuːt/ I n. 1 reputazione f., fama f., nome m.: a man of ill ~ un uomo che ha una cattiva reputazione. 2 (good reputation) (buona) reputazione f., rispettabilità f., buon nome m., onorabilità f. II v.t. considerare, reputare, ritenere, giudicare, stimare: he is ~d to be a very rich man è considerato molto ricco. □ to know so. by ~ conoscere qcu. di fama.

reputed /rɪ'pjuːtɪd/ Am rɪ'pjuːt̬ɪd/ a. 1 stimato, onorato. 2 (supposed to be so) presunto, putativo, supposto, ritenuto: the ~ author il presunto autore; the ~ father il padre putativo.

reputedly /rɪ'pjuːtɪdli/ Am rɪ'pjuːt̬ɪdli/ avv. a quel che si dice, secondo l'opinione comune, a quanto pare.

request /rɪ'kwest/ I n. 1 richiesta f., domanda f. (for di; to a). 2 (sth. asked for) richiesta f., pretesa f.: what is your ~? quali sono le vostre richieste? 3 (Rad) dedica f., radio dedica f., disco m. a richiesta: to play a ~ for so. trasmettere un brano a richiesta per qcu. II v.t. chiedere, richiedere: to ~ permission chiedere il permesso; to ~ aid richiedere aiuto. □ at ~ a richiesta; at so.'s ~ su invito di qcu., a richiesta di qcu.; by ~ a richiesta; to ~ so. for sth. chiedere qcs. a qcu.; he is much in ~ as a singer è molto richiesto come cantante; on ~ a richiesta, su richiesta; (Br) ~ stop fermata a richiesta; upon ~ a richiesta, su richiesta.

requested /rɪ'kwestɪd/ □ as ~ come richiesto.

requicken /riː'kwɪkən/ I v.t. rianimare, rav-

vivare. II v.i. rianimarsi, ravvivarsi.

requiem /'rekwiem, 'rekwiəm/ n. (Lit,Mus) messa f. di requiem.

requiescat /,rekwi'eskæt Am also ,reɪkwi'eskɑːt/ n. (Lit) riposi in pace m.

require /rɪ'kwaɪər/ I v.t. 1 avere bisogno di, necessitare di, richiedere, volere: do you ~ anything else, madam? ha bisogno di altro, signora? 2 (to make necessary) richiedere, esigere: acids ~ careful handling gli acidi richiedono una manipolazione attenta. 3 (to demand as necessary) richiedere, esigere: birth certificates are ~d for enrolment per l'iscrizione si richiede il certificato di nascita. 4 (with clauses) prescrivere, imporre: the law ~s that foreigners register la legge prescrive che gli stranieri vengano registrati. 5 (of a person: to order) ordinare a, comandare a, ingiungere a: he ~d me to open my luggage mi ordinò di aprire le valigie; to ~ sth. of so. ordinare qcs. a qcu. 6 (to ask for authoritatively) pretendere, esigere, richiedere: to ~ payment pretendere il pagamento. 7 (to oblige, to compel) costringere, obbligare, imporre a: his health ~s him to live abroad la sua salute lo costringe a vivere all'estero. 8 (to be obliged; seguito dall'inf.) dovere, essere obbligato a, essere costretto a. II v.i. prescrivere, imporre: to do as the law ~s fare come prescrive la legge.

required /rɪ'kwaɪəd Am rɪ'kwaɪərd/ a. richiesto, necessario, occorrente. □ as ~ quanto occorre, quanto basta; (Am,Univ) ~ course esame fondamentale; by the ~ date entro la data stabilita; ~ reading letture obbligatorie; when ~ in caso di necessità, all'occorrenza.

requirement /rɪ'kwaɪəmənt Am rɪ'kwaɪərmənt/ n. 1 requisito m.: the ~s of the law i requisiti di legge; to fulfill the ~s avere le carte in regola, avere tutti i requisiti. 2 (need, necessity) necessità f., esigenza f., fabbisogno m., bisogno m.: to meet so.'s ~s soddisfare le richieste (o i bisogni) di qcu. 3 (obligation) obbligo m. (to do a fare). 4 (Am,Univ) (required course) esame m. fondamentale.

requisite /'rekwɪzɪt/ I a. necessario, indispensabile, occorrente: the patience ~ for negotiating la pazienza necessaria per negoziare. II n. 1 requisito m. (for per). 2 (sth. necessary) necessità f., fabbisogno m., occorrente m.

requisition /,rekwɪ'zɪʃən/ I n. 1 richiesta f., domanda f., istanza f. 2 (Mil) requisizione f.; (written request) richiesta f. (scritta): to put in a ~ for uniforms presentare una richiesta di uniformi. 3 (state of being required for use) uso m., impiego m., utilizzazione f.: to put sth. in ~ fare uso di qcs. 4 (requisite) requisito m. 5 (Comm) (order) ordine m., richiesta f.: the paper is on ~ la carta è stata ordinata. II v.t. 1 richiedere. 2 (Mil) requisire.

requital /rɪ'kwaɪtəl Am rɪ'kwaɪt̬əl/ n. 1 contraccambio m., ricambio m. 2 (sth. given in return) contraccambio m. 3 (compensation) compenso m., ricompensa f. 4 (retaliation) rappresaglia f., vendetta f. □ in ~ of (o in ~ for) in cambio di.

requite /rɪ'kwaɪt/ v.t. 1 contraccambiare, ricambiare. 2 (to repay) ricompensare, ripagare (for di; with con). 3 (to make retaliation for) vendicare: to ~ a wrong vendicare un torto. 4 (to punish) punire. 5 (to avenge oneself on) vendicarsi di. 6 (to give in return) rendere: to ~ good for evil rendere bene per male.

reread /,riː'riːd/ v.t.irr. rileggere.

reredos /'rɪədɒs Am 'rɪrdɑːs/ n. (Arch) dossale m., paliotto m.

rerelease[1] /,riːrɪ'liːs/ v.t. (Cin,Mus) ridistribuire, rilanciare.

rerelease /'riːrɪliːs/ n. (Cin,Mus) riedizione f.

rerun[1] /'riːrʌn/ n. 1 (Cin,TV) presentazione f. di un film in seconda visione. 2 (Sport) ripetizione f. di una corsa.

rerun[2] /,riː'rʌn/ v.t.irr. 1 (Cin,TV) presentare in seconda visione, dare in seconda visione. 2 (Sport) ripetere.

res. 1 reserve (riserva). 2 residence (residenza). 3 resident (residente). 4 (of an image) resolution (risoluzione, definizione).

resaddle /riː'sædl/ v.t. sellare di nuovo.

resale /'riːseɪl/ n. rivendita f.: not for ~ articolo che non può essere rivenduto. ☐ (Comm) ~ price maintenance fissazione dei prezzi di rivendita.

reschedule /riː'ʃedjuːl Am ,riː'skedʒuːl/ v.t. 1 rinegoziare: -d payments pagamenti rinegoziati. 2 cambiare l'orario o data di qcs.: to ~ a concert cambiare la data di un concerto.

rescind /rɪ'sɪnd/ v.t. 1 revocare, rescindere, annullare: to ~ an order revocare un ordine; to ~ a contract rescindere un contratto. 2 (to invalidate by higher authority) abrogare, annullare, invalidare: to ~ a law abrogare una legge.

rescinding /rɪ'sɪndɪŋ/ a. risolutivo: ~ clause clausola risolutiva.

rescission /rɪ'sɪʒn/ n. 1 (of law) abrogazione f. 2 (of decision, order, etc.) annullamento m. 3 (of contract, agreement) rescissione f., risoluzione f. 4 (of judgement) cassazione f. 5 (of statement) ritiro m.

rescript /'riːskrɪpt/ n. 1 (Rel.catt,Stor) rescritto m. 2 (official decree) editto m., decreto m.

rescue /'reskjuː/ I v.t. 1 salvare, soccorrere: to ~ so. from danger salvare qcu. dal pericolo; to ~ a drowning child soccorrere un bambino che sta per annegare. 2 (Dir) liberare con la forza, fare evadere. II n. 1 salvataggio m., soccorso m. 2 (instance) salvezza f., scampo m., liberazione f. 3 (aid in delivering) soccorso m., aiuto m. 4 (Dir) il liberare con la forza. ☐ ~ helicopter elicottero da salvataggio; (Econ) ~ package piano di salvataggio; ~ party squadra di soccorso; ~ team squadra di salvataggio; to go to so.'s ~ (o to come to so.'s ~) accorrere in aiuto di qcu., salvare qcu.

rescuer /'reskjuːər/ n. salvatore m. (f. -trice), soccorritore m. (f. -trice).

reseal /riː'siːl/ v.t. risigillare.

research[1] /'riːsɜːtʃ Am 'riːsɜːrtʃ/ n. 1 ricerca f., indagine f., investigazione f. (into, on su): cancer ~ ricerche sul cancro. 2 (piece of research) ricerca f., studio m., indagine f.: market ~ ricerca di mercato. ☐ ~ and development ricerca e sviluppo; (Univ) ~ assistant assistente (di ricerca); ~ body ente di ricerca; ~ centre (o Am ~ center) centro di ricerca; ~ department ufficio ricerche; ~ establishment centro ricerche; (Br,Univ) ~ fellow ricercatore (universitario); ~ institute istituto di ricerca; ~ laboratory laboratorio di ricerca; ~ manager direttore della ricerca; (Am) ~ park parco di ricerca; ~ plant impianto di ricerca; ~ project progetto di ricerca; ~ scientist ricercatore scientifico; ~ worker ricercatore.

research[2] /rɪ'sɜːtʃ Am rɪ'sɜːrtʃ/ I v.i. indagare, svolgere ricerche, investigare: to ~ into the causes of a disease indagare sulle cause di una malattia; he is -ing on Dante sta svolgendo (delle) ricerche su Dante. II v.t. indagare su, svolgere ricerche su, fare ricerche su, investigare su.

researcher /rɪ'sɜːtʃər Am rɪ'sɜːrtʃər/ n. ricercatore m. (f. -trice).

reseat /,riː'siːt/ v.t. 1 rimettere a sedere. 2 (to provide with new seats) fornire di nuove sedie, fornire di nuovi sedili. 3 (of a chair) rifare il fondo a. 4 (Mecc) ricollocare in sede.

resect /rɪ'sekt/ v.t. (Chir) resecare.

resection /rɪ'sekʃən/ n. (Chir) resezione f.

resectoscope /rɪ'sektəskoup/ n. (Chir) resectoscopio m.

reseda /rɪ'siːdə/ n. (Bot) reseda f.

reseek /,riː'siːk/ v.t.irr. cercare di nuovo, ricercare.

reseize /,riː'siːz/ v.t. 1 far rientrare in possesso, reintegrare. 2 (to seize again) riafferrare, riacciuffare, riprendere.

reselection /,riːsɪ'lekʃən/ n. (Br,Pol) riconferma f. di un candidato: to stand for ~ candidarsi alla riconferma.

resell /,riː'sel/ v.t.irr. rivendere.

reseller /,riː'selər/ n. venditore m. (f. -trice).

resemblance /rɪ'zembləns/ n. somiglianza f. (between tra; to con): to bear ~ to somigliare a, assomigliare a.

resemblant /rɪ'zemblənt/ a. somigliante, simile (to a).

resemble /rɪ'zembl/ v.t. somigliare a, rassomigliare a: she -s her mother in manners nel modo di fare somiglia a sua madre.

resent /rɪ'zent/ v.t. offendersi per, risentirsi per, risentirsi di, prendersela per, mal sopportare, essere infastidito: I -ed his insinuation mi sono offeso per la sua insinuazione.

resentful /rɪ'zentful/ a. 1 pieno di risentimento, risentito, offeso (of con). 2 (inclined to resent) che si risente (facilmente), che si offende, permaloso. 3 (marked by resentment) risentito, offeso: a ~ look uno sguardo risentito.

resentfully /rɪ'zentfuli/ avv. in modo risentito, con risentimento.

resentment /rɪ'zentmənt/ n. risentimento m., rancore m., scontento m. (about per; against contro; at verso; among tra).

reserpine /rɪ'sɜːpiːn Am rɪ'sɜːrpiːn/ n. (Med) reserpina f.

reservation /,rezə'veɪʃən Am ,rezər'veɪʃən/ n. 1 riserva f., limitazione f., restrizione f., condizione f.: I agree, but with some -s sono d'accordo, ma con qualche riserva. 2 (booking) prenotazione f.: ~ of theatre seats prenotazione di posti a teatro. 3 (Etnol,Dir) riserva f.: the Native American -s le riserve indiane. 4 (natural park) riserva f.: a wildlife ~ una riserva. ☐ ~ desk prenotazioni; ~ ticket biglietto di prenotazione.

reserve /rɪ'zɜːv Am rɪ'zɜːrv/ I v.t. 1 serbare, conservare, riservare, tenere in serbo: to ~ one's strength serbare le (proprie) energie; to ~ part of the food supplies conservare parte delle provviste. 2 (to book) prenotare, riservare. 3 (to fail to disclose, to deliver, etc.) riservarsi: I ~ judgement mi riservo di giudicare. 4 (to set apart, to destine) destinare, riservare: ground -d for gardening terreno destinato al giardinaggio. 5 (rifl.) to ~ oneself serbare le forze, risparmiarsi. 6 (to engage in advance) prenotare, riservare: to ~ a seat on a train prenotare un posto in treno. II n. 1 riserva f., scorta f.: -s of energy riserve di energia; to use up all -s esaurire tutte le riserve. 2 (Econ) riserva f., scorta f. monetaria: a bank's reserves la riserva di una banca; (of a company) fondo m. di riserva. 3 (Comm) (reserve price) prezzo m. base. 4 (area of land) riserva f. (anche Etnol): wildlife ~ riserva, parco naturale. 5 (limitation, reservation) riserva f., limitazione f., condizione f., restrizione f. 6 (lack of effusiveness) riserbo m. 7 (self-control) autocontrollo m. 8 (Sport) riserva f. 9 pl. (Mil) riserva

f.sing. III a. di riserva, di scorta: a ~ fund un fondo di riserva. ☐ (Econ) ~ assets attività di riserva; ~ bank 1 (Am,Econ) banca appartenente al Federal Reserve System; 2 (Aus, Econ) banca d'Australia; (Econ) ~ currency valuta di riserva; in ~ di scorta, da parte: we have plenty of fuel in ~ abbiamo molto carburante di scorta; ~ list lista di nominativi di riserva; (Mil) ~ officer ufficiale della riserva; (Aut) ~ petrol tank serbatoio di riserva; (Sport) ~ player (giocatore di) riserva; (Comm) ~ price prezzo minimo, prezzo base; to ~ one's right to do sth. riservarsi il diritto di fare qcs.; (Aut) ~ tank serbatoio di riserva; without ~: 1 senza riserve, francamente, apertamente; 2 (Comm) senza prezzo minimo fissato.

reserved /rɪ'zɜːvd Am rɪ'zɜːrvd/ a. 1 riservato, chiuso, poco espansivo: to be ~ in speech essere riservato nel parlare. 2 (characterized by restraint) reticente. 3 (engaged previously) prenotato, riservato: this seat is ~ questo posto è prenotato. 4 (kept back) serbato, tenuto da parte. 5 (kept apart) riservato, tenuto a disposizione. ☐ (Mar.mil) ~ list lista degli ufficiali della riserva (navale); (Br) ~ occupation posto di lavoro esente dalla leva; (Mar.mil) to be on the ~ appartenere alla riserva navale; (Am,Dir) ~ powers poteri residui, poteri riservati; (Inform) ~ word parola riservata, parola speciale.

reservedly /rɪ'zɜːvɪdli Am rɪ'zɜːrvɪdli/ avv. riservatamente, con riservatezza, con riserbo, in modo riservato.

reservedness /rɪ'zɜːvɪdnəs Am rɪ'zɜːrvɪdnəs/ n. riservatezza f., carattere m. riservato.

reservist /rɪ'zɜːvɪst Am rɪ'zɜːrvɪst/ n. (Mil) riservista m.

reservoir /'rezəvwɑːr Am 'rezərvwɑːr/ n. 1 (Idr) serbatoio m., cisterna f. 2 (artificial lake) bacino m. idrico, bacino m. di riserva, lago m. artificiale. 3 (receptacle for oil, gas, etc.) serbatoio m. 4 (fig) (reserve supply) scorta f., riserva f. (of di).

reset[1] /riː'set/ v.t.irr. 1 risistemare, rimettere a posto. 2 (Tip) ricomporre. 3 (Oref) incastonare di nuovo. 4 (to sharpen) riaffilare. 5 (Med) rimettere a posto, ridurre: to ~ a broken arm rimettere a posto un braccio rotto. 6 (Tecn,Inform) azzerare, rimettere a zero, resettare.

reset[2] /'riːset/ n. 1 risistemazione f. 2 (Tip) ricomposizione f. ☐ (Inform) ~ button (o ~ key) tasto di azzeramento, tasto di reset, reset.

reset[3] /'riːset/ I v.t. (Scott) 1 dare asilo a. 2 (of stolen goods) ricettare. II v.i. (Scott) fare il ricettatore.

resettle /,riː'setl Am ,riː'setl/ I v.t. 1 riassestare, risistemare, rimettere in sesto. 2 (of people) insediare in un nuovo posto. 3 (of land) colonizzare di nuovo. II v.i. 1 risistemarsi, riassestarsi. 2 (of people) insediarsi in un nuovo posto.

resettlement /,riː'setlmənt Am ,riː'setlmənt/ n. 1 risistemazione f., riassetto m., riassestamento m. 2 (of people) nuovo insediamento m. ☐ (Am) ~ house centro di accoglienza.

reshape /,riː'ʃeɪp/ v.t. dare una nuova forma, dare una forma diversa a, rimodellare, riorganizzare.

reship /,riː'ʃɪp/ I v.t. (Mar) 1 reimbarcare. 2 (to transfer to another ship) trasbordare. II v.i. (Mar) 1 (of people) reimbarcarsi. 2 (of goods) trasbordare.

reshipment /,riː'ʃɪpmənt/ n. (Mar) 1 reimbarco m., trasbordo m. 2 (sth. reshipped) cosa f. reimbarcata.

reshuffle /,riː'ʃʌfl/ I v.t. 1 rimescolare, mescolare di nuovo. **2** (*to rearrange*) rimpasta-re, rimaneggiare, riordinare: *to ~ the cabinet* rimpastare il governo. **II** *n.* rimescolamento *m.*

reside /rɪ'zaɪd/ *v.i.* **1** abitare, risiedere, vive-re: *where do you ~?* dove abiti? **2** (*fig*) (*to inhere, to be vested*) risiedere, stare (*in* in): *power in this country -s in Parliament* in questo paese il potere risiede nel parlamen-to.

residence /'rezɪdəns/ *n.* **1** residenza *f.*, abi-tazione *f.* **2** (*large, imposing house*) casa *f.* signorile, abitazione *f.* signorile. **3** (*period of residing*) permanenza *f.*, soggiorno *m.*, resi-denza *f.*: *during my ~ in London* durante la mia permanenza a Londra. **4** (*Dir,Comm*) sede *f.* centrale. □ (*Am*) *~ hall* casa dello stu-dente, collegio universitario; *to be in ~*: 1 (*of a sovereign, etc.*) essere in residenza, essere in sede; 2 (*Univ*) risiedere presso l'universi-tà; 3 (*at a hospital*) essere interno; 4 (*of a writer or artist*) insegnare presso un'universi-tà; (*burocr*) *~ permit* permesso di soggior-no.

residency /'rezɪdənsi/ *n.* **1** residenza *f.*, abi-tazione *f.* **2** (*of a governor, etc.*) residenza *f.* **3** (*Am,Med*) internato *m.*

resident /'rezɪdənt/ **I** *a.* **1** residente, locale, del luogo: *~ population* popolazione resi-dente. **2** (*living in a place for duty*) interno: *a ~ physician* un medico interno. **3** (*fig*) ine-rente, intrinseco (*in* a). **4** (*Ornit*) stanziale. **5** (*Inform*) residente: *~ font* carattere residente. **II** *n.* **1** (*of city, street*) residente *m./f.*: *-s and tourists* residenti e turisti. **2** (*of home, guest house*) pensionante *m./f.*, ospite *m./f.* fisso. **3** (*Dipl*) ministro *m.* residente, residente *m.* **4** (*Am*) (*of a physician*) medico *m.* interno, in-terno *m.* □ *-s association* associazione di quartiere; *-s parking zone* parcheggio riser-vato ai residenti; (*burocr*) *-s permit* permesso di soggiorno; *~ population* popolazione re-sidente; (*Inform*) *~ program* programma re-sidente.

residential /ˌrezɪ'denʃəl/ *a.* residenziale: *~ district* quartiere residenziale. □ *~ area* zona residenziale; *to be in ~ care* essere ospitato da un istituto; (*Scol,Univ*) *~ course* corso per interni; (*Br*) *~ home*: 1 (*for elderly*) casa di riposo; 2 (*for disabled*) comunità per disabili; 3 (*for youth*) ostello; *~ post* posto (di lavoro) con obbligo di residenza nella casa o istituto in cui si lavora; *~ qualifica-tion* requisito della residenza; *~ require-ment* obbligo di residenza; (*Scol*) *~ school* collegio (*spec.* per studenti disabili).

residentiary /ˌrezɪ'denʃəri/ **I** *a.* **1** residente. **2** (*bound to official residence*) che ha l'ob-bligo di residenza. **II** *n.* **1** residente *m./f.* **2** (*Rel.catt*) ecclesiastico *m.* che ha l'obbligo di residenza.

residual /rɪ'zɪdʒuəl *Br also* rɪ'zɪdjuəl/ **I** *a.* **1** residuo, rimanente. **2** (*Mat,Chim,Fis*) residuo. **3** (*Geol*) residuale. **II** *n.* **1** residuo *m.*, sostanza *f.* residua. **2** (*Mat*) resto *m.* **3** (*Geol*) residuale *m.* □ (*El*) *~ current* corrente residua; *~ oil* asfalto da petrolio, bitume di petrolio; *~ un-employment* disoccupazione residua.

residuary /rɪ'zɪdjuəri rɪ'zɪdʒuəri *Am* rɪ'zɪdʒueri/ *a.* residuo, rimanente, restante. □ (*Dir*) *~ estate* residuo attivo dell'eredità; (*Dir*) *~ legatee* legatario universale.

residue /'rezɪdjuː *Br also* 'rezɪdʒuː/ *n.* **1** resi-duo *m.*, resto *m.*, rimanenza *f.* (*of* di) (*anche Chim*). **2** (*Dir*) parte *f.* residua di un patrimo-nio ereditato (dopo il pagamento di debiti, spese ecc.).

residuum /rɪ'zɪdjuəm *Br also* rɪ'zɪdʒuəm/ (*pl.* **-s** /-z/, **-dua** /-dʒuə *Br also* -djuə/) *n.* **1** resto *m.*,

---

residuo *m.*, avanzo *m.*, rimanenza *f.* **2** (*Chim*) residuo *m.* **3** (*Dir*) parte *f.* residua di un patri-monio ereditato (dopo il pagamento di debi-ti, spese).

resign /rɪ'saɪn/ **I** *v.t.* **1** lasciare, rinunciare a, abbandonare: *to ~ a position* lasciare un im-piego; *to ~ hope* abbandonare la speranza. **2** (*to commit, to give over*) affidare, consegna-re: *to ~ a child to so.'s care* affidare un bam-bino alle cure di qcu. **3** (*rifl.*) *to ~ oneself* accettare con rassegnazione, rassegnarsi a: *to ~ oneself to one's fate* rassegnarsi al pro-prio destino. **II** *v.i.* dimettersi, dare le di-missioni (*as* dal posto di; *from* da; *over* a causa di): *he -ed from the cabinet* si dimise dalla carica di ministro. **2** (*to submit*) rasse-gnarsi (*to* a).

re-sign /ˌriː'saɪn/ *v.t.* firmare di nuovo.

resignation /ˌrezɪg'neɪʃən/ *n.* **1** dimissioni *f.pl.* (*from* da; *as* dal posto di): *a letter of ~* una lettera di dimissioni; *to submit one's ~* presentare le dimissioni; *to give one's ~* (o *to hand over one's ~*) dare le dimissioni. **2** (*act of resigning*) abbandono *m.*, rinuncia *f.* **3** (*submission, acquiescence*) rassegnazione *f.*, sottomissione *f.*, acquiescenza *f.*

resigned /rɪ'zaɪnd/ *a.* rassegnato (*to* a).

resigning /rɪ'zaɪnɪŋ/ *a.* dimissionario: *~ of-ficer* funzionario dimissionario.

resile /rɪ'zaɪl/ *v.i.* **1** riprendere la forma ori-ginaria. **2** (*to rebound*) rimbalzare.

resilience /rɪ'zɪliəns/ *n.* **1** resilienza *f.*, ela-sticità *f.* **2** (*mental*) determinazione *f.*; (*phys-ical*) resistenza *f.* (fisica). **3** (*fig*) capacità *f.* di recupero, capacità *f.* di ripresa: *he showed great ~* mostrò una grande capacità di recu-pero.

resiliency /rɪ'zɪliənsi/ *n.* **1** resilienza *f.*, ela-sticità *f.* **2** (*mental*) determinazione *f.*; (*phys-ical*) resistenza *f.* (fisica). **3** (*fig*) capacità *f.* di recupero, capacità *f.* di ripresa.

resilient /rɪ'zɪliənt/ *a.* **1** resiliente, elastico. **2** (*fig*) che ha capacità di ripresa, resistente.

resiliently /rɪ'zɪliəntli/ *avv.* in modo elastico.

resin /'rezɪn/ **I** *n.* (*Chim*) resina *f.* **II** *v.t.* (*Ind*) trattare con resina.

resinaceous /ˌrezɪ'neɪʃəs/ *a.* resinifero, re-sinoso.

resinate /'rezɪneɪt/ **I** *n.* (*Chim*) resinato *m.* **II** *v.t.* (*Ind*) impregnare di resina, resinare.

resiniferous /ˌrezɪ'nɪfərəs/ *a.* resinifero, re-sinoso.

resinification /ˌrezɪnɪfɪ'keɪʃən/ *n.* resinifi-cazione *f.*

resinify /'rezɪnɪfaɪ/ **I** *v.t.* resinificare. **II** *v.i.* resinificare, resinificarsi.

resinoid /'rezɪnɔɪd/ *n.* resinoide *m.*

resinous /'rezɪnəs/ *a.* resinoso.

resiny /'rezɪni/ *a.* resinoso.

resipiscence /ˌresɪ'pɪsəns/ *n.* ravvedimento *m.*, rinsavimento *m.*, (*lett*) resipiscenza *f.*

resipiscent /ˌresɪ'pɪsənt/ *a.* che si ravvede, (*lett*) resipiscente.

resist /rɪ'zɪst/ **I** *v.t.* **1** resistere a, respingere, opporsi a: *to ~ the enemy* resistere al nemico; *to ~ an attack* respingere un attacco; *to ~ authority* opporsi all'autorità. **2** (*to with-stand the action of*) essere resistente a: *to ~ disease* essere resistente alle malattie. **3** (*to refrain from*) trattenere, trattenersi da, aste-nersi da. **II** *v.i.* resistere, reggere, (*colloq*) far-cela: *I can ~ no longer* non ce la faccio più. **III** *n.* (*Tecn*) rivestimento *m.* isolante.

resistance /rɪ'zɪstəns/ *n.* resistenza *f.*: *to break the enemy's ~* vincere la resistenza del nemico; *the ~ of the air* la resistenza dell'aria; *~ to wear* resistenza all'usura; *to meet with strong ~* incontrare viva resisten-za. **2** (*hostility*) ostilità *f.*, opposizione *f.*: *to*

---

arouse ~ in so. suscitare ostilità in qcu. **3** (*El, Psic,Med*) resistenza alle malattie; (*Stor*) *~ fighter* partigia-no, militante della Resistenza; *to make no ~* non opporsi a; (*El*) *~ meter* ohmmetro; (*Stor*) *~ movement* Resistenza, movimento di Resistenza; (*Fis*) *~ thermometer* termo-metro a resistenza.

Resistance /rɪ'zɪstəns/ *n.* (*Stor*) resistenza *f.*

resistant /rɪ'zɪstənt/ *a.* **1** resistente, che op-pone resistenza, refrattario (*to* a): *less ~ to* più incline a. **2** (*in compounds*) resistente a: *heat-~* resistente al calore.

resistibility /rɪ,zɪstə'bɪlɪti *Am* rɪ,zɪstə'bɪləti/ *n.* **1** possibilità *f.* di resistere. **2** (*ability to resist*) resistenza *f.*, capacità *f.* di resistenza.

resistible /rɪ'zɪstəbl/ *a.* resistibile, cui si può resistere.

resistive /rɪ'zɪstɪv/ *a.* (*El*) resistivo.

resistivity /ˌriːzɪ'stɪvɪti *Am* ˌriːzɪ'stɪvəti/ *n.* (*El*) resistività *f.*, resistenza *f.* specifica: *elec-tric ~* resistività elettrica; *~ surveying* misu-razione della resistività.

resistless /rɪ'zɪstləs/ *a.* (*ant*) **1** irresistibile. **2** (*not resisting*) che non resiste, che non si oppone.

resistlessly /rɪ'zɪstləsli/ *avv.* in modo irresi-stibile.

resistor /rɪ'zɪstər/ *n.* (*El*) resistore *m.*, resi-stenza *f.*

resit /'riːsɪt/ **I** *n.* (*Br,Scol*) esame *m.* di ripara-zione. **II** *v.i.* (*Br,Scol*) sostenere un esame di riparazione. □ (*Br,Scol*) *~ examination* esame di riparazione.

resize /ˌriː'saɪz/ *v.t.* ridimensionare (*anche Inform*).

reskill /ˌriː'skɪl/ *v.t.* (*of staff*) riqualificare.

resole /ˌriː'səʊl/ *v.t.* (*Calz*) risuolare, risolare.

resolubility /rɪ,zɒlju'bɪlɪti *Am* rɪ,zɑːlju'bɪləti/ *n.* risolvibilità *f.*

resoluble /rɪ'zɒljubl *Am* rɪ'zɑːljubl/ *a.* risol-vibile, solubile, risolubile.

resolute /'rezəluːt/ *a.* risoluto, deciso, fer-mo.

resolutely /'rezəluːtli/ *avv.* risolutamente, con decisione, fermamente, decisamente.

resoluteness /'rezəluːtnəs/ *n.* risolutezza *f.*, decisione *f.*, fermezza *f.*

resolution /ˌrezə'luːʃən/ *n.* **1** risoluzione *f.*, determinazione *f.*, decisione *f.*: *to make a ~ to give up smoking* prendere la decisione di smettere di fumare. **2** (*decree*) risoluzione *f.* (*against* contro; *that* per la quale): *a ~ call-ing for sth.* una risoluzione che si rivolge a qcs.; *a ~ condemning sth.* una risoluzione di condanna verso qcs. **3** (*of an assembly, a leg-islative body*) mozione *f.*, risoluzione *f.*: *a ~ on human rights* una deliberazione sui di-ritti dell'uomo. **4** (*Pol*) risoluzione *f.*: *to carry a ~* (o *to pass a ~* o *to adopt a ~*) adottare una risoluzione; *to put a ~ to the meeting* presen-tare una risoluzione all'assemblea. **5** (*firm-ness of intent*) fermezza *f.*, risolutezza *f.*, de-cisione *f.* **6** (*act of solving*) risoluzione *f.* **7** (*solution*) soluzione *f.* **8** (*Ott*) risolvenza *f.* **9** (*TV,Fot,Inform*) risoluzione *f.*, definizione *f.* **10** (*Chim*) risoluzione *f.*, scomposizione *f.*, scis-sione *f.* (*into* in). **11** (*Mus,Med*) risoluzione *f.* **12** (*Mat*) risoluzione *f.*

resolutive /'rezəlutɪv *Am* 'rezəluːtɪv/ *a.* **1** ri-solutivo, determinante, decisivo. **2** (*Med,Dir*) risolutivo.

resolvability /rɪ,zɒlvə'bɪlɪti *Am* rɪ,zɑːlvə'bɪləti/ *n.* risolvibilità *f.*, risolubilità *f.*

resolvable /rɪ'zɒlvəbl *Am* rɪ'zɑːlvəbl/ *a.* risol-vibile, risolubile (*anche Ott*).

resolve /rɪ'zɒlv/ **I** *v.t.* **1** decidere, stabilire, determinare: *I -d that nothing should stop me* decisi che niente mi avrebbe fermato. **2** (*to settle*) risolvere, definire: *to ~ a dispute* risolvere una controversia. **3** (*of a doubt*) chiarire, sciogliere, risolvere. **4** (*of a fear*) dissolvere, dissipare. **5** (*to decide by a resolution*) stabilire, deliberare, decidere. **6** (*to solve*) risolvere. **7** (*rifl.*) *to ~ oneself* (*to convert, to transform*) trasformarsi, diventare. **8** (*rifl.*) *to ~ oneself into* (*Parl*) costituirsi in: *the assembly -d itself into a committee* l'assemblea si costituì in commissione. **9** (*Chim*) scomporre, scindere. **10** (*Ott,Mat,Med, Mus*) risolvere. **II** *v.i.* **1** decidersi, risolversi (*on, upon* a): *to ~ upon bringing sth. to completion* decidersi a portare a termine qcs. **2** (*to become separated*) scomporsi (*into* in). **3** (*to become transformed*) trasformarsi, ridursi (*into* in). **4** (*Med*) risolversi. **III** *n.* **1** risoluzione *f.*, determinazione *f.*, decisione *f.*, fermo proposito *m.*: *he made a firm ~ to be punctual* prese la ferma risoluzione di essere puntuale. **2** (*Pol*) risoluzione *f.* (di un ente legislativo o di un'assemblea pubblica). **3** (*resoluteness*) risolutezza *f.*, decisione *f.*, fermezza *f.*, determinazione *f.*

resolved /rɪ'zɒlvd *Am* rɪ'zɑ:lvd/ *a.* **1** deciso, risoluto: *to be ~ to resist* essere deciso a resistere. **2** (*solved*) risolto.

resolvedly /rɪ'zɒlvɪdlɪ *Am* rɪ'zɑ:lvɪdlɪ/ *avv.* risolutamente, decisamente.

resolvent /rɪ'zɒlvənt *Am* rɪ'zɑ:lvənt/ **I** *a.* **1** risolutivo, risolvente. **2** (*Med*) risolutivo. **II** *n.* **1** soluzione *f.* **2** (*Farm,Mat*) risolvente *m.* **3** (*Chim*) solvente *m.*

resolving /rɪ'zɒlvɪŋ *Am* rɪ'zɑ:lvɪŋ/ □ (*Fis*) *~ power* potere risolvente.

resonance /'rezənəns/ *n.* risonanza *f.* (*anche Chim,Fis*). □ (*El*) *~ amplifier* amplificatore a risonanza; (*Rad*) *~ factor* coefficiente di risonanza.

resonant /'rezənənt/ *a.* **1** risonante, echeggiante. **2** (*sonorous*) sonoro, risonante: *a ~ voice* una voce sonora. **3** (*producing resonance*) risonante, che produce risonanza. **4** (*Fis,El*) risonante.

resonantly /'rezənəntlɪ/ *avv.* con risonanza, in modo risonante.

resonate /'rezəneɪt/ **I** *v.i.* **1** (*to resound*) risuonare, echeggiare, essere risonante (*anche fig*). **2** (*to reverberate*) risuonare, rimbombare, produrre risonanza: *the room -d with their voices* la stanza risuonava delle loro voci. **3** (*Fis*) risuonare, entrare in risonanza. **II** *v.t.* **1** fare risuonare, fare rimbombare. **2** (*to produce resonance*) produrre risonanza (*anche Chim,Fis*).

resonator /'rezəneɪtər *Am* 'rezəneɪtər/ *n.* **1** (*El*) risonatore *m.* **2** (*Mus*) cassa *f.* di risonanza.

resorb /rɪ'sɔːb *Am* rɪ'sɔːrb/ **I** *v.t.* riassorbire (*anche Fisiol*). **II** *v.i.* riassorbirsi.

resorbence /rɪ'sɔːbəns *Am* rɪ'sɔːrbəns/ *n.* capacità *f.* di riassorbimento.

resorbent /rɪ'sɔːbənt *Am* rɪ'sɔːrbənt/ *n.* riassorbente *m.*

resorcinol /rɪ'zɔːsɪnɒl *Am* rɪ'zɔːrsɪnoʊl/ *n.* (*Chim*) resorcinolo *m.*

resorption /rɪ'sɔːpʃən *Am* rɪ'sɔːrpʃən/ *n.* riassorbimento *m.*

resort /rɪ'zɔːt *Am* rɪ'zɔːrt/ **I** *v.i.* **1** ricorrere, fare ricorso (*to* a), valersi, avvalersi, servirsi (di): *to ~ to violence* ricorrere alla violenza. **2** (*ant*) (*to go frequently*) frequentare. **II** *n.* **1** (*place frequently visited*) ritrovo *m.*, luogo *m.* di ritrovo. **2** (*place for holidays*) stazione *f.*, località *f.* di soggiorno, località *f.* di villeggiatura, soggiorno *m.*: *a ~ for winter sports* una stazione di sport invernali. **3** (*source of help*) ricorso *m.* **4** (*person, thing resorted to*) risorsa *f.*: *our last ~* la nostra ultima risorsa. **5** (*habitual, frequent going*) frequenza *f.*, af-

flusso *m.*, affluenza *f.* □ *to ~ to compromise* venire a compromessi, ricorrere ai compromessi; (*Dir*) *to ~ to law* (o *to ~ to legal means*) adire le vie legali.

re-sort /ˌriː'sɔːt *Am* ˌriː'sɔːrt/ *v.t.* selezionare di nuovo, riselezionare.

resound /rɪ'zaʊnd/ **I** *v.i.* **1** risuonare, echeggiare: *the hall -ed with applause* la sala risuonò di applausi. **2** (*fig*) essere illustre, essere famoso, avere rinomanza: *his name -s in the history of our country* il suo è un nome illustre nella storia del nostro paese. **II** *v.t.* **1** far echeggiare, far risuonare. **2** (*of places*) risuonare di, echeggiare di. **3** (*fig*) celebrare, proclamare. **III** *n.* risonanza *f.*, eco *f.*

re-sound /ˌriː'saʊnd/ **I** *v.t.* suonare di nuovo, risuonare. **II** *v.i.* suonare di nuovo, risuonare.

resounding /rɪ'zaʊndɪŋ/ *a.* **1** risonante, echeggiante, fragoroso. **2** (*fig*) netto, chiaro. □ *a ~ defeat* una sconfitta clamorosa; *a ~ slap* uno schiaffo sonoro; *~ success* successo clamoroso; *a ~ yes* un sì forte e chiaro.

resource /rɪ'sɔːs, 'riːsɔːs *Am* 'riːsɔːrs, rɪ'sɔːrs/ **I** *n.* **1** risorsa *f.* (*anche Econ,Pol,Inform*): *-s in men and ammunition* risorse di uomini e munizioni; *the country's -s* le risorse del paese. **2** (*resort, expedient*) risorsa *f.*, mezzo *m.*, espediente *m.* **3** (*resourcefulness*) ingegnosità *f.*, intraprendenza *f.* **4** *pl.*risorse *f.pl.*, capacità *f.pl.* individuali: *inner -s* risorse interiori. **II** *v.t.* dotare di risorse, fornire: *the lab must be -d with new instruments* si deve dotare il laboratorio di nuovi strumenti. □ *~ allocation*: **1** distribuzione delle risorse; **2** (*Inform*) allocazione delle risorse; (*Br*) *~ centre* (o *Am ~ center*) centro di documentazione; *~ industries* industrie delle risorse; (*Inform*) *~ management* gestione risorse; *~ escape was his only ~* non gli restava (altro) che la fuga; (*Inform*) *~ sharing* condivisione delle risorse.

resourceful /rɪ'sɔːsfʊl *Am* rɪ'sɔːrsfʊl/ *a.* pieno di risorse, ingegnoso, intraprendente.

resourcefully /rɪ'sɔːsfʊlɪ *Am* rɪ'sɔːrsfʊlɪ/ *avv.* ingegnosamente.

resourcefulness /rɪ'sɔːsfʊlnəs *Am* rɪ'sɔːrsfʊlnəs/ *n.* ingegnosità *f.*, intraprendenza *f.*

resourceless /rɪ'sɔːsləs *Am* rɪ'sɔːrsləs/ *a.* privo di risorse, senza risorse.

respect /rɪ'spekt/ **I** *n.* **1** rispetto *m.*, riguardo *m.*, stima *f.*, considerazione *f.*: *I have great ~ for him* ho un grande rispetto per lui; *he has no ~ for the law* non ha alcun rispetto per la legge. **2** (*point, particular*) aspetto *m.*, particolare *m.*, punto *m.*, dettaglio *m.*: *in certain -s* sotto certi aspetti; *in every ~* sotto tutti gli aspetti. **3** (*relation, reference*) relazione *f.*, attinenza *f.* **4** *pl.* rispetti *m.pl.*, ossequi *m.pl.*, omaggi *m.pl.*: *give my -s to your wife* porga i miei rispetti a sua moglie. **5** *pl.* (*greetings*) saluti *m.pl.* **II** *v.t.* **1** rispettare, stimare, onorare: *to be highly -ed* essere molto rispettato. **2** (*rifl.*) *to ~ oneself* avere rispetto di sé, rispettare se stesso. **3** (*to show consideration for*) rispettare, avere riguardo per, avere considerazione per: *we must ~ her feelings* dobbiamo rispettare i suoi sentimenti. **4** (*to observe, to obey*) osservare, rispettare, obbedire a. **5** (*to have regard, reference*) riguardare, concernere, riferirsi a. □ *to have ~ to* riguardare, riferirsi a; *to be held in ~* essere rispettato; *in many -s* per molti aspetti, per molti versi; *in ~ of* (o *in ~ to*) riguardo a, in quanto a; *in one ~* in un punto, sotto un (certo) aspetto; *out of ~ for* per riguardo a; *in ~ that* considerato che; *in this ~* da questo punto di vista, sotto questo aspetto; *with ~ to* con riferimento a, riguardo a; *without ~ to* senza

riguardo a, senza curarsi di.

respectability /rɪ,spektə'bɪlɪtɪ *Am* rɪ,spektə'bɪlətɪ/ *n.* **1** rispettabilità *f.*, onorabilità *f.* **2** *pl.* convenienze *f.pl.* sociali.

respectable /rɪ'spektəbl/ *a.* **1** rispettabile, stimabile, onorabile. **2** (*decent, honest*) onesto, rispettabile, perbene, serio: *a ~ tradesman* un commerciante onesto. **3** (*befitting to respectable people*) decoroso, dignitoso, decente, conveniente. **4** (*considerable*) considerevole, rispettabile, ragguardevole: *a ~ sum of money* una somma (di denaro) considerevole.

respectably /rɪ'spektəblɪ/ *avv.* in modo rispettabile, dignitosamente, decorosamente: *to dress ~* vestire dignitosamente.

respected /rɪ'spektɪd/ *a.* rispettato, stimato, onorato.

respecter /rɪ'spektər/ *n.* chi rispetta: *to be a ~ of sth.* essere rispettoso di qcs., avere rispetto di qcs.; *illness is no ~ of persons* la malattia non guarda in faccia nessuno.

respectful /rɪ'spektfʊl/ *a.* rispettoso, riguardoso, deferente (*of* di; *to, towards* verso).

respectfully /rɪ'spektfʊlɪ/ *avv.* rispettosamente, con deferenza. □ (*epist*) *yours ~* con ossequi, con osservanza.

respectfulness /rɪ'spektfʊlnəs/ *n.* rispetto *m.*, deferenza *f.* (*of* di; *to, towards* verso).

respecting /rɪ'spektɪŋ/ *prep.* riguardo a, in quanto a.

respective /rɪ'spektɪv/ *a.* rispettivo, relativo: *they went their ~ ways* presero le rispettive strade.

respectively /rɪ'spektɪvlɪ/ *avv.* rispettivamente: *Joan and Mark are aged 37 and 39 ~* Joan e Mark hanno rispettivamente 37 e 39 anni.

respell /ˌriː'spel/ *v.t.* **1** (*to spell again*) rifare lo spelling di. **2** (*to give alternative spelling*) scrivere con una diversa ortografia.

respirable /'respɪrəbl, rɪ'spaɪrəbl/ *a.* respirabile.

respiration /ˌrespɪ'reɪʃən/ *n.* (*Fisiol*) **1** respirazione *f.*: *artificial ~* respirazione artificiale. **2** (*single act of breathing*) respiro *m.* □ (*Fisiol*) *~ rate* ritmo respiratorio.

respirator /ˌrespɪ'reɪtə *Am* ˌrespɪ'reɪtər/ *n.* **1** (*Med*) respiratore *m.* **2** (*gas mask*) maschera *f.* antigas, maschera *f.* respiratoria.

respiratory /rɪ'sp(a)ɪrətərɪ *Am* 'respərətɔːri/ *a.* respiratorio. □ (*Anat*) *~ center* centro respiratorio; (*Med*) *~ diseases* malattie respiratorie; (*Med*) *~ distress syndrome* sindrome della sofferenza respiratoria; (*Med*) *~ insufficiency* insufficienza respiratoria; (*Biol*) *~ pigment* pigmento respiratorio; (*Fisiol*) *~ quotient* quoziente respiratorio; (*Biol*) *~ system* apparato respiratorio; (*Med*) *~ therapy* terapia respiratoria; (*Anat*) *~ tract* apparato respiratorio, vie respiratorie.

respire /rɪ'spaɪər/ **I** *v.i.* **1** respirare. **2** (*fig*) riprendere fiato, respirare, tirare il fiato. **II** *v.t.* respirare.

respirometer /ˌrespɪ'rɒmɪtər *Am* ˌrespɪ'rɑːmətər/ *n.* (*Med*) respirometro *m.*

respite /'resp(a)ɪt *Am* 'respɪt/ **I** *n.* **1** respiro *m.*, tregua *f.*, pausa *f.*, riposo *m.*: *the enemy's artillery gave us no ~* l'artiglieria nemica non ci dava respiro. **2** (*short postponement*) dilazione *f.*, proroga *f.*: *to grant a ~ of payment* accordare una dilazione di pagamento. **3** (*Dir*) sospensione *f.* della pena capitale, commutazione *f.* della pena capitale. **II** *v.t.* **1** (*ant*) dare respiro a, concedere una pausa a, dare una pausa a. **2** (*to postpone*) rinviare, differire, rimandare. **3** (*of an obligation, etc.*) differire il pagamento di. **4** (*Dir*) rinviare l'esecuzione di, sospendere l'esecuzione di. □

(*Br,Med*) ~ *care* respite care, assistenza sostitutiva (come periodo di tregua per i familiari di malati gravi).

resplendence /rɪˈsplendəns/ *n.* splendore *m.*, fulgore *m.*

resplendency /rɪˈsplendənsi/ *n.* splendore *m.*, fulgore *m.*

resplendent/rɪˈsplendənt/ *a.* splendente, risplendente, fulgido.

resplendently /rɪˈsplendntli/ *avv.* con splendore, in modo splendente.

respond /rɪˈspɒnd *Am* rɪˈspɑːnd/ **I** *v.i.* **1** rispondere (*to* a): *to ~ to a question* rispondere a una domanda. **2** (*to react*) rispondere, reagire (a): *to ~ to an insult with indifference* rispondere a un insulto con l'indifferenza; *to ~ to treatment* reagire a una cura. **II** *v.t.* rispondere, replicare. **III** *n.* **1** (*Arch*) pilastrino *m.* di sostegno. **2** (*Lit*) risposta *f.* (data dai fedeli all'officiante); (*responsory*) responsorio *m.* □ (*Aut*) *to ~ to the controls* rispondere ai comandi; *to ~ to so.'s needs* rispondere alle esigenze di qcu., soddisfare i bisogni di qcu.

respondence /rɪˈspɒndəns *Am* rɪˈspɑːndəns/ *n.* rispondenza *f.*, corrispondenza *f.*

respondency /rɪˈspɒndənsi *Am* rɪˈspɑːndənsi/ *n.* rispondenza *f.*, corrispondenza *f.*

respondent /rɪˈspɒndənt *Am* rɪˈspɑːndənt/ **I** *a.* **1** rispondente, che risponde. **2** (*Dir*) convenuto. **II** *n.* **1** chi replica. **2** (*Dir*) convenuto *m.* (*f.* -a), appellato *m.* (*f.* -a). **3** (*Psic*) risposta *f.*, reazione *f.*

response/rɪˈspɒns *Am* rɪˈspɑːns/ *n.* **1** risposta *f.* **2** (*in a debate*) replica *f.* **3** (*by an oracle*) responso *m.* (*to* a). **4** (*reaction*) risposta *f.*, reazione *f.* (*to* a; *from* da) (*anche Fisiol,Psic*). **5** (*Lit*) risposta *f.* (dei fedeli all'officiante); (*responsory*) responsorio *m.* □ *in ~* to in risposta a; *to make no ~* non rispondere; *to meet with no ~* restare senza risposta, non suscitare alcuna reazione; (*Inform*) ~ *time* tempo di risposta.

responsibility /rɪˌspɒnsəˈbɪləti *Am* rɪˌspɑːnsəˈbɪləti/ *n.* responsabilità *f.*: *to assume ~ for sth.* (o *to take ~ for sth.*) assumersi la responsabilità di qcs.; *the position carries heavy responsibilities* il posto comporta gravi responsabilità. □ *on one's own ~* sotto la propria responsabilità.

responsible /rɪˈspɒnsəbl *Am* rɪˈspɑːnsəbl/ *a.* **1** responsabile (*for* di): *you are ~ for your own mistakes* sei responsabile dei tuoi errori. **2** (*being the cause of*) che è causa, responsabile (di): *the decision was ~ for great suffering* la decisione fu causa di molte sofferenze. **3** (*guilty of*) colpevole, responsabile (di). **4** (*involving responsibility*) di responsabilità: *a ~ position* un posto di responsabilità. **5** (*fit for responsibility*) responsabile, cosciente, consapevole. **6** (*trustworthy*) fidato, degno di fiducia.

responsibly /rɪˈspɒnsəbli *Am* rɪˈspɑːnsəbli/ *avv.* responsabilmente, in modo responsabile.

responsions /rɪˈspɒnʃənz *Am* rɪˈspɑːnʃənz/ *n.pl.* (*Univ*) (*at Oxford*) primo esame *m.sing.* per conseguire il baccalaureato.

responsive /rɪˈspɒnsɪv *Am* rɪˈspɑːnsɪv/ *a.* **1** di risposta, ricettivo. **2** (*readily reacting*) che reagisce con prontezza (*to* a). **3** (*sympathetic*) sensibile, comprensivo.

responsively /rɪˈspɒnsɪvli *Am* rɪˈspɑːnsɪvli/ *avv.* **1** in risposta, come risposta. **2** (*in a sympathetic manner*) con sensibilità.

responsiveness /rɪˈspɒnsɪvnəs *Am* rɪ ˈspɑːnsɪvnəs/ *n.* sensibilità *f.*, comprensione *f.*, ricettività *f.*, dinamismo *m.*

responsorial /ˌrɪspɒnˈsɔːrɪəl *Am* ˌrɪspɑːn

'sɔːrɪəl/ **I** *a.* (*Lit*) responsoriale, antifonale. **II** *n.* (*Lit*) responsoriale *m.*

responsory /rɪˈspɒnsəri *Am* rɪˈspɑːnsəri/ *n.* (*Lit*) responsorio *m.*

respray[1] /ˈriːspreɪ/ *n.* riverniciatura *f.* (a spruzzo).

respray[2] /ˌriːˈspreɪ/ *v.t.* riverniciare (a spruzzo).

rest[1] /rest/ **I** *n.* **1** riposo *m.*: *the doctor advised ~* il medico consigliò il riposo. **2** (*period of repose*) pausa *f.*, sosta *f.*, periodo *m.* di riposo: *let's have a ~* facciamo una pausa. **3** (*sleep*) riposo *m.*, sonno *m.* **4** (*mental peace, tranquillity*) riposo *m.*, quiete *f.*, pace *f.*, tranquillità *f.* **5** (*fig*) (*death*) eterno riposo *m.*, morte *f.* **6** (*place for resting*) ricovero *m.*, rifugio *m.*, asilo *m.* **7** (*house, residence*) casa *f.*, alloggio *m.* **8** (*support*) supporto *m.*, sostegno *m.*, appoggio *m.* **9** (*in billiards*) ponte *m.*; (*of a gun*) affusto *m.*; (*of a lathe*) lunetta *f.* **10** (*Mus*) pausa *f.* **11** (*Metr*) cesura *f.* **II** *v.i.* **1** riposarsi, riposare: *let's ~ for a few minutes* riposiamoci per qualche minuto. **2** (*to sleep*) dormire, riposare: *did you ~ well?* hai riposato bene?, hai dormito bene? **3** (*to have peace of mind*) avere pace, stare in pace, stare tranquillo: *I shall not ~ until I have discovered the truth* non avrò pace finché non avrò scoperto la verità. **4** (*to stop*) fermarsi. **5** (*fig*) (*to be dead, to be buried*) riposare (in pace): *he -s in the churchyard* riposa nel cimitero. **6** (*to settle*) posarsi, poggiare, appoggiare: *her hand -ed lightly on my arm* la sua mano si posò leggermente sul mio braccio. **7** (*to be based, to be founded*) basarsi, poggiare, fondarsi, riposare (*on, upon* su; *anche fig*): *my thesis -s on a careful study of costs* la mia tesi si basa su un attento studio dei costi. **8** (*of the eyes, etc.*) posarsi: *her gaze -ed on me* il suo sguardo si posò su di me. **9** (*fig*) (*to be the responsibility of*) spettare, stare (*with* a): *it -s with you to decide* spetta a te decidere. **10** (*to rely*) confidare (*on, upon* in), contare, fare affidamento (su). **III** *v.t.* (*far*) riposare: *they stopped to ~ their horses* si fermarono per far riposare i cavalli; *to ~ one's eyes* riposare la vista. **2** (*to place for support*) appoggiare, poggiare: *to ~ one's head on a pillow* poggiare la testa su un cuscino. **3** (*Agr*) lasciare a maggese. **4** (*Am,Dir*) concludere, terminare. **5** (*fig*) (*to base, to ground*) fondare, basare. **6** (*of the eyes, gaze, etc.*) posare. □ (*Am,Aus*) ~ *area* area di sosta; *at ~*: **1** (*motionless*) fermo, immobile; **2** (*resting, reposing*) che sta riposando, che sta dormendo; **3** (*fig*) (*dead*) morto, che riposa in pace; (*Dir*) *I ~ my case* ho finito l'interrogatorio; *to come to ~* fermarsi, arrestarsi; ~ *cure* cura del riposo; *to give so. a ~* far riposare qcu.; (*ant*) ~ *home* ospizio, casa di riposo; *to ~ in* consistere in; (*Fis*) ~ *mass* massa di riposo, massa di quiete; (*Am*) ~ *room* toilette, bagno; (*may*) *God ~ his soul* Dio l'abbia in gloria, pace all'anima sua; (*Am*) ~ *stop* area di ristoro; *to take a ~* riposarsi, fare una pausa; *to ~ with* essere nelle mani di, dipendere da.

rest[2] /rest/ **I** *n.* **1** resto *m.*, rimanente *m.*, residuo *m.*, restante *m.*: *the ~ of the day* il resto del giorno. **2** (*costr.pl.*) (*others*) altri *m.pl.*, rimanenti *m.pl.*: *two of you stay here, the ~ follow me* due di voi restino qui, gli altri mi seguano. **3** *pl.* resti *m.pl.*, avanzi *m.pl.* **II** *v.i.* (*to remain*) restare, rimanere. □ *and all the ~ of it* (o *and the ~ of it*) e così via, e via dicendo, eccetera; *for the ~* per il resto, quanto al resto, peraltro; (*and*) *the ~ is history* (e) il resto è storia.

rest[3] /rest/ *n.* (*Mil,ant*) resta *f.*

'sɔːrɪəl/ ...

restamp /ˌriːˈstæmp/ *v.t.* (*Post*) affrancare di nuovo, bollare di nuovo.

restart /ˌriːˈstɑːt *Am* ˌriːˈstɑːrt/ **I** *v.t.* **1** ricominciare, ridare inizio a. **2** (*Mot*) rimettere in moto, rimettere in marcia. **3** (*Inform*) riavviare. **II** *v.i.* ripartire. **III** *n.* **1** nuovo inizio *m.* **2** (*Mot*) rimessa *f.* in marcia, nuova messa *f.* in moto. **3** (*Inform*) riavvio *m.* **4** (*Sport*) (*in football*) ripresa *f.*; (*in motor racing*) nuova partenza *f.*

restate /ˌriːˈsteɪt/ *v.t.* riaffermare, dichiarare di nuovo.

restatement /ˌriːˈsteɪtmənt/ *n.* riaffermazione *f.*

restaurant /ˈrestərɒnt/ *n.* ristorante *m.* □ (*Br,Ferr*) ~ *car* carrozza ristorante, vagone ristorante.

restaurateur /ˌrestərəˈtɜː *Am* ˌrestərəˈtɜːr/ *n.* proprietario *m.* di un ristorante, gestore *m.* di un ristorante, ristoratore *m.* (*f.* -trice).

rested /ˈrestɪd/ *a.* riposato, fresco.

restful /ˈrestfl/ *a.* **1** riposante. **2** (*soothing, calm*) calmo, quieto, riposante.

restfully /ˈrestfli/ *avv.* **1** in modo riposante. **2** (*calmly*) con calma, tranquillamente.

restfulness /ˈrestflnəs/ *n.* **1** l'essere riposante. **2** (*calmness*) calma *f.*, quiete *f.*

restharrow /ˈrestˌhærəʊ/ *n.* (*Bot*) ononide *f.*

resting /ˈrestɪŋ/ □ *one's last ~ place* l'estrema dimora di qcu.

restitute /ˈrestɪtjuːt/ **I** *v.t.* (*rar*) **1** restituire, rendere, ridare. **2** (*to rehabilitate*) restaurare, ripristinare. **II** *v.i.* (*rar*) essere restaurato, essere ripristinato.

restitution /ˌrestɪˈtjuːʃn/ *n.* **1** restituzione *f.*, resa *f.*, ritorno *m.*: ~ *of confiscated property* restituzione di proprietà confiscata. **2** (*Fis*) ritorno *m.* alla forma primitiva, ritorno *m.* alla posizione primitiva. **3** (*Dir*) reintegrazione *f.*, risarcimento *m.* □ *to make ~* riparare un torto, risarcire un danno; (*Dir*) ~ *order* ordine di risarcimento.

restitutive /ˈrestɪtjuːtɪv *Am* ˈrestɪt(j)uːtɪv/ *a.* (*Dir*) restitutorio.

restitutory /ˌrestɪˈtjuːtəri *Am* ˌrestɪˈtjuːtɔːri/ *a.* (*Dir*) restitutorio.

restive /ˈrestɪv/ *a.* **1** inquieto, agitato, irrequieto. **2** (*impatient of control, restraint*) riottoso, restio, indocile. **3** (*stubborn*) caparbio, ostinato, cocciuto. **4** (*of a horse*) ricalcitrante.

restively /ˈrestɪvli/ *avv.* **1** in modo agitato. **2** (*stubbornly*) ostinatamente, caparbiamente, cocciutamente.

restiveness /ˈrestɪvnəs/ *n.* inquietudine *f.*, agitazione *f.*, irrequietezza *f.*, insofferenza *f.*

restless /ˈrestləs/ *a.* **1** irrequieto, inquieto, agitato: *a ~ class* una scolaresca irrequieta. **2** (*discontented*) insoddisfatto, scontento. **3** (*sleepless*) insonne, in bianco: *a ~ night* una notte insonne.

restlessly /ˈrestləsli/ *avv.* in modo agitato, irrequietamente.

restlessness /ˈrestləsnəs/ *n.* irrequietezza *f.*, inquietudine *f.*, agitazione *f.*

restock /ˌriːˈstɒk *Am* ˌriːˈstɑːk/ **I** *v.t.* **1** rifornire. **2** (*Caccia*) ripopolare. **II** *v.i.* rifornirsi.

restocking /ˌriːˈstɒkɪŋ *Am* ˌriːˈstɑːkɪŋ/ *n.* **1** rifornimento *m.* **2** (*Caccia*) ripopolazione *f.*

restorable /rɪˈstɔːrəbl/ *a.* **1** reintegrabile. **2** (*of a building, painting, etc.*) restaurabile.

restoration /ˌrestəˈreɪʃn/ *n.* **1** restaurazione *f.*, ristabilimento *m.*, reintegrazione *f.*: *the ~ of the monarchy* la restaurazione della monarchia. **2** (*estens*) ripristino *m.* **3** (*act of giving back*) restituzione *f.*, resa *f.* **4** (*Dir*) reintegrazione *f.* (nel possesso), restituzione *f.* **5** (*of a painting, building, etc.*) restauro *m.* **6** (*recovery of health*) ristabilimento *m.*, risanamento *m.*

Restoration /ˌrestəˈreɪʃən/ n. (Stor.brit) restaurazione f.

restorative /rɪˈstɔːrətɪv Am rɪˈstɔːrətɪv/ **I** a. **1** ristoratore, che ha forza (o potere) di ristorare. **2** (Chir,Dent) ricostruttivo. **3** (Farm) tonico, corroborante. **II** n. (Farm) tonico m., corroborante m.

restore /rɪˈstɔːr Am rɪˈstɔːr/ **I** n. (Inform) ripristino m. **II** v.t. **1** restituire, rendere, ridare: to ~ a stolen car to its owner restituire un'automobile rubata al suo proprietario. **2** (to re-establish) ristabilire, ripristinare, restaurare: to ~ peace ristabilire la pace; to ~ order ristabilire l'ordine. **3** to reinstate) reintegrare, reinstallare: to ~ so. to office reintegrare qcu. nel suo ufficio. **4** (of buildings, etc.) restaurare. **5** (to bring back to health) ristabilire, rimettere in salute, risanare. **6** (to reintroduce) rintrodurre: to ~ the death penalty rintrodurre la pena di morte. **7** (Inform) ripristinare. □ to be -d to health ritrovare la salute.

restorer /rɪˈstɔːrər/ n. **1** restauratore m. (f. -trice): a furniture ~ restauratore di mobili. **2** (hair restorer) rigeneratore m. per capelli.

restrain /rɪˈstreɪn/ v.t. **1** trattenere, impedire a: to ~ so. from doing sth. trattenere qcu. dal fare qcs. **2** (to keep under control) contenere, dominare, reprimere, frenare: to ~ one's anger contenere l'ira. **3** (to repress) trattenere, frenare: to ~ one's laughter trattenere il riso. **4** (to confine) imprigionare.

re-strain /ˌriːˈstreɪn/ v.t. (Tecn) colare di nuovo, filtrare di nuovo.

restrainable /rɪˈstreɪnəbl/ a. reprimibile, frenabile.

restrained /rɪˈstreɪnd/ a. **1** contenuto, sobrio, misurato, moderato. **2** (without open emotion) pieno di riserbo, riservato.

restraining /rɪˈstreɪnɪŋ/ □ (Dir) ~ order ordinanza restrittiva.

restraint /rɪˈstreɪnt/ n. **1** contenimento m., repressione f. **2** (confinement) relegazione f., imprigionamento m. **3** (sth. that restrains) limitazione f., restrizione f.: the -s of poverty le limitazioni imposte dalla povertà. **4** (constraint, reserve) ritegno m., riserbo m., riservatezza f.: to speak with ~ parlare con ritegno. **5** (Econ,Pol) restrizione f.; (embargo) embargo m. □ (Econ,Pol) ~ of trade limitazione della concorrenza; to be under ~ non avere libertà di azione, non essere libero; to put so. under ~ (o to place so. under ~): 1 imprigionare qcu., rinchiudere qcu.; 2 (of a lunatic) rinchiudere in manicomio, internare; without ~ liberamente, senza limitazioni.

restrict /rɪˈstrɪkt/ v.t. limitare, restringere: fuel consumption was severely -ed il consumo di carburante fu severamente limitato.

restricted /rɪˈstrɪktɪd/ a. limitato, ristretto. **1** (of a document, information) riservato. **2** (limited to a particular group) riservato. □ ~ access accesso riservato; ~ area zona ad accesso limitato; (Ling) ~ code codice ristretto; (Ling) ~ language linguaggio ristretto; (Inform) ~ user group gruppo di utenti autorizzato.

restriction /rɪˈstrɪkʃən/ n. restrizione f., limitazione f.: import -s restrizioni alle importazioni; credit ~ limitazione creditizia. □ (Biol,Chim) ~ enzyme enzima di restrizione; (Biol,Chim) ~ fragment frammento di restrizione.

restrictive /rɪˈstrɪktɪv/ **I** a. **1** restrittivo, limitativo. **2** (Econ) restrittivo. **3** (Gramm) (of an adverb, etc.) specificativo. **II** n. (Gramm) elemento m. specificativo. □ (Dir) ~ covenant clausola restrittiva, clausola vessatoria; (Br) ~ practice pratiche restrittive.

restrictively /rɪˈstrɪktɪvli/ avv. in modo restrittivo.

restring /ˌriːˈstrɪŋ/ v.t.irr. **1** (of a tennis racket, etc.) incordare di nuovo. **2** (of beads, pearls) rinfilare.

restructure /ˌriːˈstrʌktʃər/ v.t. ristrutturare, riorganizzare.

restructuring /ˌriːˈstrʌktʃərɪŋ/ n. ristrutturazione f.: industrial ~ ristrutturazione industriale.

restuff /ˌriːˈstʌf/ v.t. imbottire di nuovo.

restyle /ˌriːˈstaɪl/ v.t. rimodellare, ridisegnare.

result /rɪˈzʌlt/ **I** n. **1** risultato m., esito m.: the ~ of an election il risultato di un'elezione; to work without ~ lavorare senza alcun risultato. **2** (conclusion) conclusione f. **3** (Mat) risultato m. **4** (Sport) risultati m.pl., punteggio m. **II** v.i. **1** avere come risultato (in sth. qcs.), risolversi, (andare a) finire (in): to ~ in failure risolversi in un fallimento. **2** (to have a specific result) dimostrarsi, rivelarsi, risultare. **3** (to spring, to arise) essere causato, risultare, derivare, sorgere (from da): the damage -ed from sheer negligence il danno fu causato da pura negligenza. □ as a ~ in conseguenza, di conseguenza, per conseguenza, come risultato.

resultant /rɪˈzʌltənt/ **I** a. **1** risultante, che risulta, conseguente. **2** (Fis) risultante. **II** n. **1** risultante f., risultato m. **2** (Mat,Fis) risultante m./f.

resultful /rɪˈzʌltfʊl/ a. fruttuoso, che dà dei risultati.

resultless /rɪˈzʌltləs/ a. infruttuoso, senza risultato.

resumable /rɪˈz(j)uːməbl/ a. che può essere ripreso, che si può ricominciare, recuperabile.

resume /rɪˈz(j)uːm/ v.t. **1** riprendere, ricominciare: to ~ a conversation riprendere una conversazione. **2** (to occupy again) riprendere, rioccupare: to ~ one's seat riprendere il proprio posto. **3** (to assume, to take up again) riprendere, riassumere: to ~ an old habit riprendere una vecchia abitudine. **4** (to sum up) riassumere, ricapitolare.

résumé /ˈrez(j)uːmeɪ Am ˌrezuˈmeɪ/ n. **1** riassunto m., riepilogo m., sommario m. **2** (Am) (curriculum vitae) curriculum m. vitae.

resumption /rɪˈzʌm(p)ʃən/ n. **1** ripresa f.: the ~ of normal diplomatic relations la ripresa delle normali relazioni diplomatiche. **2** (act of taking up again) riassunzione f.: ~ of an office riassunzione di una carica.

resumptive /rɪˈzʌm(p)tɪv/ a. **1** riassuntivo, di riepilogo. **2** (tending to resume) di ripresa.

resupinate /rɪˈs(j)uːpɪneɪt/ a. (Bot) resupinato.

resupination /rɪˌs(j)uːpɪˈneɪʃən/ n. (Bot) resupinazione f.

resurface /ˌriːˈsɜːfɪs Am ˌriːˈsɜːrfɪs/ v.i. **1** riasfaltare: to ~ a road riasfaltare una strada. **2** (to come to surface again) riemergere, tornare a galla, tornare in superficie: the diver -d after an hour il sommozzatore riemerse dopo un'ora. **3** (estens) (to reappear) riapparire, ricomparire, riemergere, tornare in circolazione: after a long absence he -d in London dopo una lunga assenza ricomparve a Londra.

resurge /rɪˈsɜːdʒ Am rɪˈsɜːrdʒ/ v.i. risorgere, rifiorire, rinascere.

resurgence /rɪˈsɜːdʒəns Am rɪˈsɜːrdʒəns/ n. rinascita f., risorgimento m.: the ~ of nationalism la rinascita del nazionalismo.

resurgent /rɪˈsɜːdʒənt Am rɪˈsɜːrdʒənt/ **I** a. risorgente, rinascente: ~ hopes speranze risorgenti. **II** n. chi risorge.

resurrect /ˌrezəˈrekt/ **I** v.t. **1** (Rel) risuscitare. **2** (fig) far rivivere, risuscitare, riesumare: to ~ an old custom far rivivere una vecchia usanza. **3** (collog) (to excavate, to dig up) dissotterrare, riportare alla luce: the dog -ed an old bone il cane dissotterrò un vecchio osso. **II** v.i. (Rel) risuscitare, risorgere.

resurrection /ˌrezəˈrekʃən/ n. **1** risurrezione f. **2** (fig) rinascita f., riapparizione f., risurrezione f.

Resurrection /ˌrezəˈrekʃən/ n. (Rel) risurrezione f. □ (Bot) ~ plant rosa di Gerico.

resurrectional /ˌrezəˈrekʃənəl/ a. della risurrezione, relativo alla risurrezione.

resurrectionist /ˌrezəˈrekʃənɪst/ n. **1** (Stor) (body snatcher) trafugatore m. (f. -trice) di cadaveri. **2** (person who resurrects sth.) chi fa rivivere (tradizioni, usi ecc.). **3** (believer in resurrection) chi crede nella risurrezione di Cristo.

resurvey[1] /ˌriːˈsɜːveɪ Am ˌriːˈsɜːrveɪ/ v.t. **1** riesaminare, riconsiderare. **2** (Topogr) rilevare di nuovo.

resurvey[2] /ˌriːˈsɜːveɪ Am ˌriːˈsɜːrveɪ/ n. **1** riesame m. **2** (Topogr) nuovo rilevamento m.

resuscitate /rɪˈsʌsɪteɪt/ **I** v.t. **1** rianimare, riportare in vita, far ritornare in vita. **2** (fig) (to revive) far risorgere, risuscitare, far rifiorire. **II** v.i. **1** rianimarsi, riprendersi. **2** (fig) risorgere, rinascere.

resuscitation /rɪˌsʌsɪˈteɪʃən/ n. **1** rianimazione f. **2** (fig) risorgimento m., rinascita f.

resuscitative /rɪˈsʌsɪteɪtɪv Am rɪˈsʌsɪteɪtɪv/ a. che rianima, di rianimazione.

resuscitator /rɪˈsʌsɪteɪtər Am rɪˈsʌsɪteɪtər/ n. **1** rianimatore m. **2** (Med) apparecchio m. per la rianimazione, rianimatore m., apparecchio m. per la respirazione artificiale.

ret /ret/ (past, p.p. **retted** /ˈretɪd Am ˈretɪd/) **I** v.t. (Tess) macerare. **II** v.i. (Tess) essere macerato.

RET /ˌɑːriːˈtiː/ (Psic) rational-emotive therapy RET (terapia razionale-emotiva).

ret. **1** retired (pensionato). **2** returned (restituito).

retable /ˌriːˈteɪbl/ n. (Arch) retroaltare m.

retail[1] /ˈriːteɪl/ **I** n. (Comm) minuto m., dettaglio m. **II** a. (Comm) al minuto, al dettaglio: the ~ price il prezzo al minuto. **III** avv. (Comm) al minuto, al dettaglio: the ~ price il prezzo al minuto.

retail[2] /ˈriːteɪl Am ˈriːteɪl/ **I** v.t. **1** (Comm) vendere al dettaglio, vendere al minuto. **2** (to tell again) riferire, riportare: to ~ gossip riferire pettegolezzi. **3** (to tell in detail) raccontare nei particolari, riferire per filo e per segno, dettagliare. **II** v.i. (Comm) essere venduto al dettaglio. □ (Comm) at ~ al minuto, al dettaglio; (Comm) by ~ al minuto, al dettaglio; ~ outlet negozio al dettaglio, punto di vendita al dettaglio; (Comm) ~ price prezzo al minuto, prezzo al dettaglio; (Br,Comm) ~ price index indice dei prezzi al minuto; (Comm) ~ space spazio di vendita; (Comm) ~ store negozio per la vendita al dettaglio; (Comm) ~ trade commercio al minuto.

retailer /ˈriːteɪlər Am ˈriːteɪlər/ n. (Comm) dettagliante m./f., commerciante m./f. al minuto, rivenditore m. (f. -trice).

retain /rɪˈteɪn/ v.t. **1** conservare, mantenere, serbare: the language -s many French expressions la lingua conserva molti francesismi. **2** (to hold secure, in place) tenere, ritenere, trattenere, contenere: this vessel won't ~ water questo recipiente non tiene l'acqua. **3** (to support) sostenere. **4** (to keep in mind) ricordare, tenere a mente, ritenere. **5** (to keep in one's service) tenere a disposizione, tenere disponibile. **6** (ant) (of a lawyer) impegnare (pagando un anticipo sull'onorario). □

to ~ in office riconfermare.

retained /rɪˈteɪnd/ □ (*Comm*) ~ *earnings* capitale di risparmio, utili non distribuiti; (*Econ*) ~ *income* capitale di risparmio, utili non distribuiti; (*Gramm*) ~ *object* complemento oggetto di un verbo passivo; (*Comm*) ~ *profits* capitale di risparmio, utili non distribuiti.

retainer /rɪˈteɪnər/ *n.* 1 chi mantiene, chi conserva. 2 (*one that is retained in service*) lavoratore *m.* a disposizione. 3 (*attendant, follower*) seguace *m./f.* 4 (*ant*) (*of a lawyer*) onorario *m.* versato in anticipo.

retaining /rɪˈteɪnɪŋ/ □ (*Idr*) ~ *dam* diga di sbarramento, diga di ritenuta; ~ *fee* (*of a lawyer*) onorario versato in anticipo; (*Edil*) ~ *wall* muro di sostegno.

retake[1] /ˌriːˈteɪk/ *v.t.irr.* 1 riprendere. 2 (*to recapture*) riprendere, catturare di nuovo. 3 (*Cin*) riprendere di nuovo, girare di nuovo.

retake[2] /ˈriːteɪk/ *n.* (*Cin*) nuova ripresa *f.*

retaliate /rɪˈtælɪeɪt/ *v.i.* ripagare con la stessa moneta, rendere pan per focaccia, fare rappresaglie: *to ~ upon so.* ripagare qcu. con la stessa moneta.

retaliation /rɪˌtælɪˈeɪʃən/ *n.* 1 rappresaglia *f.*, ritorsione *f.*, vendetta *f.* 2 (*Stor*) taglione *m.* □ *in ~ for* per rappresaglia, per ritorsione.

retaliative /rɪˈtælɪeɪtɪv Am rɪˈtælɪeɪtɪv/ *a.* di rappresaglia, di ritorsione.

retaliatory /rɪˈtælɪətərɪ Am rɪˈtælɪətɔːri/ *a.* di rappresaglia, di ritorsione: ~ *weapons* armi di contrattacco.

retard[1] /rɪˈtɑːd Am rɪˈtɑːrd/ *v.t.* 1 ritardare, rallentare: *to ~ progress* ritardare il progresso. 2 (*Mot,Mus*) ritardare. II *v.i.* ritardare, essere in ritardo.

retard[2] /ˈriːtɑːd Am ˈriːtɑːrd/ *n.* 1 ritardo *m.*, indugio *m.* 2 (*Mot*) dispositivo *m.* di ritardo. 3 (*spreg*) ritardato *m.* mentale.

retardant /rɪˈtɑːdənt Am rɪˈtɑːrdənt/ *a.* che rallenta, ritardante. II *n.* (*Tecn*) ritardatore *m.*

retardate /rɪˈtɑːdeɪt, rɪˈtɑːrdeɪt/ *n.* (*Am,spreg, ant*) ritardato *m.* (*f.* -a) (mentale).

retardation /ˌriːtɑːˈdeɪʃən Am ˌriːtɑːrˈdeɪʃən/ *n.* 1 ritardo *m.*, rallentamento *m.* 2 (*mental slowness*) ritardo *m.* mentale.

retardative /rɪˈtɑːdətɪv Am rɪˈtɑːrdətɪv/ *a.* che causa (un) ritardo.

retardatory /rɪˈtɑːdətərɪ Am rɪˈtɑːrdətɔːri/ *a.* che causa (un) ritardo.

retarded /rɪˈtɑːdɪd Am rɪˈtɑːrdɪd/ *a.* (*Psic*) ritardato.

retarder /rɪˈtɑːdər Am rɪˈtɑːrdər/ *n.* (*Chim,Fis*) ritardatore *m.*, ritardante *m.*

retardment /rɪˈtɑːdmənt Am rɪˈtɑːrdmənt/ *n.* 1 ritardo *m.*, rallentamento *m.* 2 (*mental slowness*) ritardo *m.* mentale.

retch /retʃ Br also riːtʃ/ I *v.i.* avere conati di vomito. II *v.t.* vomitare. III *n.* conato *m.* di vomito.

retd, ret'd. 1 *retained* (trattenuto). 2 *retired* (pensionato, in pensione). 3 *returned* (restituito).

rete /ˈriːti Am ˈriːti/ *n.* (*Anat*) rete *f.*

retell /ˌriːˈtel/ *v.t.irr.* ridire, raccontare di nuovo.

retelling /ˌriːˈtelɪŋ/ *n.* nuova versione *f.*

retene /ˈriːtiːn, reˈtiːn/ *n.* (*Chim*) retene *m.*

retention /rɪˈtenʃən/ *n.* 1 mantenimento *m.*, conservazione *f.* 2 (*power of retaining in the mind*) memoria *f.*, ritentiva *f.* 3 (*Med*) ritenzione *f.* □ (*Am*) ~ *election* elezione con voto popolare per la riconferma di magistrati statali; (*Comm*) ~ *money* trattenuta.

retentive /rɪˈtentɪv Am rɪˈtentɪv/ *a.* 1 che trattiene. 2 (*of the memory*) buono, ritentivo.

retentively /rɪˈtentɪvlɪ Am rɪˈtentɪvli/ *avv.* in modo da trattenere.

retentiveness /rɪˈtentɪvnəs Am rɪˈtentɪvnəs/ *n.* 1 tenuta *f.*, capacità *f.* di trattenere. 2 (*of the memory*) ritentività *f.*

retentivity /ˌriːtenˈtɪvɪtɪ Am ˌriːtenˈtɪvəti/ *n.* 1 tenuta *f.*, capacità *f.* di trattenere. 2 (*Fis*) proprietà *f.* di conservare la magnetizzazione.

rethink[1] /ˌriːˈθɪŋk/ *v.irr.* I *v.t.* ripensare (a). II *v.i.* ripensare.

rethink[2] /ˈriːθɪŋk/ *n.* ripensamento *m.*: *to have a ~ before buying* avere un ripensamento prima di comprare.

retiarius /ˌretɪˈerɪəs Am ˌretɪˈerɪəs/ (*pl.* **-rii** /-rɪaɪ/) *n.* (*Stor.rom*) reziario *m.*

reticence /ˈretɪsəns Am ˈretɪsəns/ *n.* 1 reticenza *f.* 2 (*reserve*) riservatezza *f.*, riserbo *m.* (*on, about* su).

reticency /ˈretɪsənsi Am ˈretɪsənsi/ *n.* 1 reticenza *f.* 2 (*reserve*) riservatezza *f.*, riserbo *m.* (*on, about* su).

reticent /ˈretɪsənt Am ˈretɪsənt/ *a.* reticente, riservato: *to be ~ about sth.* essere evasivo su qcs.

reticently /ˈretɪsəntlɪ Am ˈretɪsəntli/ *avv.* con reticenza, in modo reticente.

reticle /ˈretɪkl Am ˈretɪkl/ *n.* (*Ott*) reticolo *m.*

reticular /rɪˈtɪkjʊlər/ *a.* reticolare, reticoloso. □ (*Anat*) ~ *formation* formazione reticolare.

reticulate[1] /rɪˈtɪkjʊlət/ *a.* 1 reticolato. 2 (*netlike*) retiforme.

reticulate[2] /rɪˈtɪkjʊleɪt/ I *v.t.* formare un reticolo su. II *v.i.* formare un reticolo.

reticulated /rɪˈtɪkjʊleɪtɪd Am rɪˈtɪkjʊleɪtɪd/ *a.* reticolato: ~ *python* pitone reticolato.

reticulation /rɪˌtɪkjʊˈleɪʃən/ *n.* 1 rete *f.*, reticolo *m.* 2 (*Fot*) reticolatura *f.*, reticolazione *f.*

reticule /ˈretɪkjuːl Am ˈretɪkjuːl/ *n.* 1 borsetta *f.* a rete, rete *f.* 2 (*Ott*) reticolo *m.*

reticulin /rɪˈtɪkjʊlɪn/ *n.* (*Biol,Chim*) reticolina *f.*

reticulocyte /rɪˈtɪkjʊləʊsaɪt/ *n.* (*Fisiol*) reticolocito *m.*

reticuloendothelial /rɪˌtɪkjʊləʊˌendəʊˈθiːlɪəl/ *a.* (*Fisiol*) reicoloendoteliale.

reticulose /rɪˈtɪkjʊləʊs/ *a.* reticolare, reticolato, a rete.

reticulum /rɪˈtɪkjʊləm/ (*pl.* **-la** /-lə/) *n.* (*Biol*) reticolo *m.*

retiform /ˈriːtɪfɔːm Am ˈriːtɪfɔːrm/ *a.* retiforme.

retina /ˈretɪnə Am ˈretənə/ (*pl.* **-s** /-z/, **-nae** /-niː/) *n.* (*Anat*) retina *f.*

retinal /ˈretɪnəl Am ˈretənəl/ *a.* (*Anat*) retinico.

retinitis /ˌretɪˈnaɪtɪs Am ˌretənˈaɪtɪs/ *n.* (*pl.* **-tides** /-tɪdiːz/) *n.* (*Med*) retinite *f.* □ (*Med*) ~ *pigmentosa* retinite pigmentosa, degenerazione pigmentaria della retina.

retinoid /ˈretɪnɔɪd Am ˈretənɔɪd/ *n.* (*Biol,Chim*) retinoide *m.*

retinol /ˈretɪnɒl Am ˈretənɔʊl/ *n.* (*Biol,Chim*) retinolo *m.*

retinopathy /ˌretɪˈnɒpəθɪ Am ˌretənˈɑːpəθi/ *n.* (*Med*) retinopatia *f.*

retinoscope /ˈretɪnəskəʊp Am ˈretənəskoʊp/ *n.* (*Med*) retinoscopio *m.*

retinoscopy /ˌretɪˈnɒskəpɪ Am ˌretənˈɑːskəpi/ *n.* (*Med*) retinoscopia *f.*

retinue /ˈretɪnjuː Am ˈretən(j)uː/ *n.* seguito *m.*, scorta *f.*: *the king's ~* il seguito del re.

retire /rɪˈtaɪər/ I *v.i.* 1 ritirarsi, appartarsi, chiudersi: *after dinner she -d to her room* dopo pranzo si ritirò nella sua stanza; *to ~ into a monastery* chiudersi in convento. 2 (*to withdraw from an office, etc.*) ritirarsi: *to ~ from a job* ritirarsi da un impiego. 3 (*assol*) (*to stop working*) andare in pensione, andare a riposo. 4 (*to move back*) arretrare, indietreggiare, ritirarsi, retrocedere. 5 (*to go to bed*) andare a letto, ritirarsi. 6 (*Mil*) ritirarsi,

ripiegare: *to ~ in good order* ritirarsi in buon ordine. 7 (*Sport*) ritirarsi; (*in fencing*) rompere la misura. II *v.t.* 1 mandare in pensione, mettere a riposo, collocare a riposo (*on grounds of* per motivi di). 2 (*to withdraw*) ritirare. 3 (*Econ*) (*withdraw a stock or loan from circulation*) pagare un debito. 4 (*Mil*) (*of troops, forces*) ritirare, richiamare. 5 (*Mil*) (*to place on the retired list*) collocare a riposo, mettere a riposo. 6 (*Sport*) eliminare. □ *to ~ in good order* ritirarsi in buon ordine; *to ~ on a pension* ritirarsi, andare in pensione.

retired /rɪˈtaɪəd Am rɪˈtaɪərd/ *a.* 1 in pensione, pensionato, a riposo. 2 (*secluded*) ritirato, appartato, isolato, solitario.

retirement /rɪˈtaɪəmənt Am rɪˈtaɪərmənt/ *n.* 1 ritiro *m.*: ~ *into a convent* ritiro in un convento. 2 (*state of being retired*) vita *f.* ritirata: *to live in ~* fare vita ritirata. 3 (*withdrawal from office, etc.*) pensionamento *m.*: ~ *on account of age* pensionamento per raggiunti limiti di età. 4 (*removal from service*) collocamento *m.* a riposo. 5 (*place of seclusion*) ritiro *m.*, luogo *m.* appartato. 6 (*Mil*) ritiro *m.* □ ~ *age* età della pensione, età pensionabile: *to reach the age of ~* raggiungere l'età della pensione; ~ *benefits* pensioni; ~ *bonus* premio di pensionamento; ~ *fund* cassa pensioni; ~ *pension* pensione (di anzianità); ~ *plan* piano di pensionamento; ~ *system* sistema pensionistico.

retiring /rɪˈtaɪərɪŋ/ *a.* 1 riservato, chiuso: *he is of a ~ disposition* è di carattere riservato. 2 (*shy*) timido, schivo, ritroso. 3 (*that retires*) uscente: *the ~ chairman* il presidente uscente. □ ~ *age* età della pensione.

retiringly /rɪˈtaɪərɪŋli/ *avv.* in modo riservato, con riservatezza.

retorsion /rɪˈtɔːʃən Am rɪˈtɔːrʃən/ *n.* (*Dir,Pol*) ritorsione *f.*, rappresaglia *f.*

retort[1] /rɪˈtɔːt Am rɪˈtɔːrt/ I *v.t.* 1 replicare, ribattere. 2 (*to reply in kind to*) rispondere per le rime a. 3 (*to reply to*) rispondere a. 4 (*to turn against*) ritorcere, ribattere: *to ~ an accusation* ritorcere un'accusa. 5 (*to return*) ricambiare, rendere. II *v.i.* 1 rispondere per le rime (*upon* a). 2 (*to retaliate*) ritorcere, ribattere: *to ~ upon so. with sth.* ritorcere qcs. contro qcu. III *n.* rimbecco *m.*, risposta *f.* per le rime.

retort[2] /rɪˈtɔːt Am rɪˈtɔːrt/ I *n.* (*Chim,Ind*) storta *f.* II *v.t.* (*Chim,Ind*) distillare in una storta.

retortion /rɪˈtɔːʃən Am rɪˈtɔːrʃən/ *n.* 1 il ritorcere, il piegare indietro. 2 (*act of retorting*) ritorsione *f.* 3 (*Dir,Pol*) ritorsione *f.*, rappresaglia *f.*

retouch /ˌriːˈtʌtʃ/ I *v.t.* ritoccare (*anche Fot*). II *n.* ritocco *m.* (*anche Fot*).

retoucher /ˌriːˈtʌtʃər/ *n.* (*Am*) ritoccatore *m.* (*f.* -trice).

retrace /rɪˈtreɪs/ *v.t.* 1 tornare su: *to ~ one's steps* tornare sui propri passi. 2 (*to go over again*) riesaminare, riconsiderare: *to ~ past events* riesaminare gli avvenimenti del passato. 3 (*to look back on*) riandare, rievocare, ricordare. 4 (*to re-trace*) ritracciare, tracciare di nuovo.

re-trace /ˌriːˈtreɪs/ *v.t.* ritracciare, tracciare di nuovo.

retract /rɪˈtrækt/ I *v.t.* 1 ritirare, ritrarre, tirare indietro, ritirare dentro. 2 (*to recant*) ritirare, ritrattare: *to ~ an accusation* ritirare un'accusa; *to ~ a confession* ritrattare una confessione. 3 (*Aer*) ritirare: *to ~ the undercarriage* ritirare il carrello. II *v.i.* ritrarsi, ritirarsi.

retractable /rɪˈtræktəbl/ *a.* 1 ritrattabile. 2 (*that can be moved back*) retrattile, rientrante, retraibile. ☐ ~ *ball pen* penna a scatto; (*Zool*) ~ *claws* unghie retrattili; (*Aer*) ~ *undercarriage* carrello retrattile.

retractation /ˌriːtrækˈteɪʃən/ *n.* **1** ritrazione *f.*, ritiro *m.* **2** (*of a confession, etc.*) ritrattazione *f.*

retractile /rɪˈtræktaɪl *Am also* ɪˈtræktɪl/ *a.* (*Zool*) retrattile.

retractility /ˌriːtrækˈtɪlɪti *Am* ˌriːtrækˈtɪləʧi/ *n.* (*Zool*) retrattilità *f.*

retraction /rɪˈtrækʃən/ *n.* **1** ritrazione *f.*, ritiro *m.* **2** (*act of recanting*) ritrattazione *f.* **3** (*Med*) retrazione *f.*, contrazione *f.*

retractive /rɪˈtræktɪv/ *a.* atto a ritirare.

retractor /rɪˈtræktər/ *n.* **1** (*Anat*) muscolo *m.* costrittore. **2** (*Chir*) divaricatore *m.*, retrattore *m.*

retrain /ˌriːˈtreɪn/ *v.t.* **1** (*Med*) rieducare. **2** (*of employees*) riqualificare.

retraining /ˌriːˈtreɪnɪŋ/ *n.* **1** (*Med*) rieducazione *f.* **2** (*of employees*) riqualificazione *f.* professionale, riciclaggio *m.* professionale.

retral /ˈriːtrəl, ˈretrəl/ *a.* posteriore.

retransfer[1] /ˌriːtrɑːnsˈfɜːr *Am* ˌriːtrænsˈfɜːr/ *v.t.* trasferire di nuovo.

retransfer[2] /ˌriːtrɑːnsf3ːr *Am* ˌriːˈtrænsfɜːr/ *n.* nuovo trasferimento *m.*

retranslate /ˌriːtrɑːnzˈleɪt *Am* ˌriːˈtrænzˈleɪt/ *v.t.* ritradurre.

retranslation /ˌriːtrɑːnzˈleɪʃən *Am* ˌriːtrænzˈleɪʃən/ *n.* nuova traduzione *f.*, ritraduzione *f.*

retread[1] /ˌriːˈtred/ *v.t.* (*of a tyre*) ricostruire, rigenerare.

retread[2] /ˈriːtred/ *n.* **1** (*Aut*) pneumatico *m.* ricostruito. **2** (*colloq*) persona che torna alla ribalta. **3** (*colloq,estens*) (*of a thing*) cosa *f.* rimessa a nuovo, cosa *f.* che viene riutilizzata, cosa *f.* che viene riciclata.

retread[3] /ˌriːˈtred/ *v.t.irr.* (*to walk over again*) ripercorrere, ricalcare, calpestare di nuovo.

retreat /rɪˈtriːt/ **I** *n.* **1** (*Mil*) ritirata *f.* (*from* da; *into* in). **2** (*place of refuge*) rifugio *m.*, ricovero *m.*, riparo *m.*, ritiro *m.* **3** (*house*) seconda casa *f.* **4** (*anche Rel*) ritiro *m.*: *to go on a ~* andare in ritiro. **II** *v.i.* **1** ritirarsi. **2** (*Mil*) ritirarsi, ripiegare, battere in ritirata. **3** (*to recede*) arretrare, indietreggiare, retrocedere. **III** *v.t.* ritirare, ritrarre, tirare indietro. ☐ *to ~ from a commitment* ritirarsi da un impegno, tirarsi indietro; *to make good one's ~* ritirarsi senza danno.

retrench /rɪˈtrentʃ/ **I** *v.t.* **1** ridurre, limitare, diminuire, restringere: *to ~ expenses* limitare le spese. **2** (*to cut off, to remove*) tagliar via, togliere, rimuovere. **3** (*to cut out, to omit*) omettere, tralasciare, saltare. **4** (*Mil*) fortificare con una linea interna di difesa. **II** *v.i.* fare economie, ridurre le spese, risparmiare.

retrenchment /rɪˈtrentʃmənt/ *n.* **1** riduzione *f.*, limitazione *f.*, diminuzione *f.*, restrizione *f.*: *~ of expenditures* riduzione delle spese; *a policy of economic ~* una politica di restrizioni economiche. **2** (*Mil*) linea *f.* interna di difesa.

retrial /ˌriːˈtraɪəl, ˈriːtraɪəl/ *n.* (*Dir*) nuovo processo *m.*

retribution /ˌretrɪˈbjuːʃən/ *n.* **1** punizione *f.*, castigo *m.*, pena *f.*: *~ for one's sins* punizione per i propri peccati; (*revenge*) vendetta *f.* **2** (*fitting recompense*) ricompensa *f.*, retribuzione *f.*, premio *m.* **3** (*Teol*) (*divine justice*) giustizia *f.* divina.

retributive /rɪˈtrɪbjʊtɪv *Am* rɪˈtrɪbjʊtɪv/ *a.* punitivo, di castigo.

retributively /rɪˈtrɪbjʊtɪvli *Am* rɪˈtrɪbjʊtɪvli/ *avv.* per punizione.

retributory /rɪˈtrɪbjʊtəri *Am* rɪˈtrɪbjʊtɔːri/ *a.* punitivo, di castigo.

retrievable /rɪˈtriːvəbl/ *a.* **1** recuperabile (*anche Inform*). **2** (*that may be repaired*) riparabile, rimediabile.

retrieval /rɪˈtriːvəl/ *n.* **1** recupero *m.*, riacquisto *m.* **2** (*of an error*) riparazione *f.*

retrieve /rɪˈtriːv/ **I** *v.t.* **1** rientrare in possesso di, riprendere, recuperare, riguadagnare: *to ~ a lost suitcase* rientrare in possesso di una valigia perduta. **2** (*to win back*) riprendere, riacquistare, ritrovare: *to ~ one's spirits* riprendere coraggio. **3** (*to rescue*) salvare, mettere in salvo, recuperare. **4** (*to bring back to a former state*) riassestare, rimettere in sesto: *to ~ the family fortune* riassestare il patrimonio familiare. **5** (*rifl.*) *to ~ oneself* riabilitarsi. **6** (*to make good, to make correct*) riparare, rimediare a, correggere: *to ~ an error* riparare un errore. **7** (*to call to mind again*) richiamare di nuovo alla mente. **8** (*Caccia*) riportare. **9** (*Inform*) recuperare, richiamare: *to ~ data* richiamare i dati. **10** (*Sport*) recuperare: *to ~ a difficult shot* recuperare un colpo difficile. **II** *v.i.* (*Caccia*) riportare.

retriever /rɪˈtriːvər/ *n.* (*Zool,Caccia*) retriever *m.*, cane *m.* da riporto.

retro /ˈretrəʊ/ **I** *a.* rétro, del recente passato. **II** *n.* gusto *m.* rétro.

retroact /ˌretrəʊˈækt/ *v.t.* **1** reagire. **2** (*to be retroactive*) essere retroattivo, avere effetto retroattivo, avere valore retroattivo.

retroaction /ˌretrəʊˈækʃən/ *n.* **1** retroattività *f.* (*anche Dir*). **2** (*retroactive action*) azione *f.* retroattiva. **3** (*reaction*) reazione *f.*, azione *f.* contraria.

retroactive /ˌretrəʊˈæktɪv/ *a.* retroattivo: *a ~ law* una legge retroattiva. ☐ (*Psic*) ~ *inhibition* inibizione retroattiva.

retroactivity /ˌretrəʊækˈtɪvɪti *Am* ˌretrəʊækˈtɪvəti/ *n.* **1** retroattività *f.* (*anche Dir*). **2** (*retroactive action*) azione *f.* retroattiva. **3** (*reaction*) reazione *f.*, azione *f.* contraria.

retrocede[1] /ˌretrəʊˈsiːd/ *v.i.* **1** retrocedere, indietreggiare, arretrare. **2** (*Med*) regredire.

retrocede[2] /ˌretrəʊˈsiːd/ *v.t.* **1** (*to cede back*) restituire, rendere. **2** (*Dir*) retrocedere.

retrocedence /ˌretrəʊˈsiːdəns/ *n.* retrocessione *f.*, regresso *m.*

retrocedent /ˌretrəʊˈsiːdənt/ *a.* che regredisce.

retrocession[1] /ˌretrəʊˈseʃən/ *n.* retrocessione *f.*, regresso *m.*

retrocession[2] /ˌretrəʊˈseʃən/ *n.* **1** (*act of ceding back*) restituzione *f.* **2** (*Dir*) retrocessione *f.*

retrochoir /ˈretrəʊkwaɪər/ *n.* (*Arch*) retrocoro *m.*

retro-engine /ˈretrəʊˌendʒɪn/ *n.* (*Astron*) retrorazzo *m.*

retrofire /ˈretrəʊfaɪər/ *n.* (*Astron*) accensione *f.* di un razzo frenante.

retrofit /ˈretrəʊˈfɪt/ **I** *v.t.* fornire di retrofit. **II** *n.* retrofit *m.*

retroflex /ˈretrəʊfleks/ *a.* (*Med,Fon*) retroflesso.

retroflexion /ˌretrəʊˈflekʃən/ *n.* (*Med,Fon*) retroflessione *f.*

retrogradation /ˌretrəʊɡreɪˈdeɪʃən/ *n.* **1** retrogressione *f.*, retrocessione *f.* **2** (*decline*) regresso *m.*, decadenza *f.*, declino *m.* **3** (*Astr*) retrogradazione *f.* **4** (*Geol*) regressione *f.*

retrograde /ˈretrəʊɡreɪd/ **I** *a.* **1** retrogrado (*anche Astron*). **2** (*inverted, reversed*) inverso, contrario: *in ~ order* in ordine inverso. **II** *v.i.* regredire, declinare, decadere.

retrogress /ˌretrəʊˈɡres/ *v.i.* **1** regredire, retrocedere. **2** (*to move backwards*) retrocedere, arretrare, andare indietro.

retrogression /ˌretrəʊˈɡreʃən/ *n.* **1** retroces-

sione *f.*, retrogressione *f.*, indietreggiamento *m.* **2** (*decline*) regresso *m.*, decadenza *f.*, declino *m.* **3** (*degeneration*) degenerazione *f.*

retrogressive /ˌretrəʊˈɡresɪv/ *a.* **1** regrediente, retrogrado. **2** (*declining*) regressivo, che regredisce.

retrogressively /ˌretrəʊˈɡresɪvli/ *avv.* regressivamente.

retroject /ˈretrəʊdʒekt/ *v.t.* proiettare nel passato.

retrojection /ˌretrəʊˈdʒekʃən/ *n.* proiezione *f.* nel passato.

retrolental /ˌretrəʊˈlentəl *Am* ˌretrəʊˈlentəl/ *a.* retrolentale.

retro-rocket /ˈretrəʊˌrɒkɪt *Am* ˈretrəʊˌrɑːkɪt/ *n.* (*Astron*) retrorazzo *m.*, razzo *m.* frenante, razzo *m.* deceleratore.

retrorse /rɪˈtrɔːrs/ *a.* (*Bot*) retrorso.

retrospect /ˈretrəʊspekt/ *n.* esame *m.* retrospettivo, sguardo *m.* retrospettivo. ☐ *in ~* guardando indietro, ripensandoci, a posteriori.

retrospection /ˌretrəʊˈspekʃən/ *n.* esame *m.* retrospettivo, sguardo *m.* retrospettivo, visione *f.* retrospettiva.

retrospective /ˌretrəʊˈspektɪv/ **I** *a.* **1** retrospettivo. **2** (*retroactive*) retroattivo. **II** *n.* retrospettiva *f.*

retrospectively /ˌretrəʊˈspektɪvli/ *avv.* in modo retrospettivo, retrospettivamente, retroattivamente.

retrotransposon /ˌretrəʊtrɑːnsˈpoʊsɒn *Am* ˌretrəʊtrænsˈpoʊzɑːn/ *n.* (*Biol*) retrotrasposone *m.*

retroussé /rəˈtruːseɪ *Am* retˌruːˈseɪ/ *a.* (*of a nose*) all'insù, alla francese.

retroversion /ˌretrəʊˈvɜːʃən *Am* ˌretrəʊˈvɜːrʒən/ *n.* **1** retroversione *f.* (*anche Med*). **2** (*state of being bent back*) l'essere retroverso.

retroverted /ˌretrəʊˈvɜːtɪd *Am* ˌretrəʊˈvɜːrtɪd/ *a.* (*Med*) retroverso: *uterus* utero retroverso.

retrovirus /ˌretrəʊˈvaɪərəs *Am* ˈretrəʊˌvaɪrəs/ *n.* (*Biol*) retrovirus *m.*

retry /ˌriːˈtraɪ/ *v.t.* (*Dir*) sottoporre a nuovo processo, processare di nuovo.

retsina /retˈsiːnə, ˈretsɪnə/ *n.* (*Enol*) vino *m.* resinato.

rettery /ˈretəri *Am* ˈretəri/ *n.* (*Tess*) maceratoio *m.*

retune /ˌriːˈtjuːn/ *v.t.* **1** (*of musical instruments*) riaccordare. **2** (*Rad,TV*) risintonizzare. **3** (*Mot*) (*car engine*) regolare.

returf /ˌriːˈtɜːf *Am* ˌriːˈtɜːrf/ *v.t.* rinnovare il terreno erboso di.

return /rɪˈtɜːn *Am* rɪˈtɜːrn/ **I** *v.i.* **1** rientrare, tornare, ritornare, fare ritorno: *to ~ home* rientrare (in casa); *to ~ to power* ritornare al potere. **2** (*to go back in thought or practice*) ritornare (*to* su), riprendere (qcs.): *I shall ~ to this subject later* ritornerò su questo argomento più tardi. **3** (*to speak in answer, to retort*) rispondere, replicare, ribattere. **II** *v.t.* **1** riporre, rimettere, ricollocare: *please ~ books to the shelves* si prega di riporre i libri negli scaffali. **2** (*to send back*) rinviare, rimandare. **3** (*to bring, to take back*) riportare, restituire. **4** (*to give back*) restituire, rendere, ridare: *to ~ a borrowed book* restituire un libro preso in prestito. **5** (*to give in return*) rendere, restituire, ricambiare, contraccambiare: *to ~ good for evil* rendere bene per male; *to ~ a blow* restituire un colpo; *to ~ so.'s love* ricambiare l'amore di qcu. **6** (*to restore to a former condition*) far rividentare, far tornare. **7** (*take back after purchase*) riportare: *to ~ a defective appliance* riportare un elettrodo-

mestico difettoso. 8 (*to yield*) fruttare, rendere: *the sale -ed a good profit* la vendita ha fruttato un buon profitto. **9** (*Sport*) ribattere, rispondere a, rinviare: *to ~ a difficult service* ribattere un servizio difficile; (*of a ball*) rimandare, rinviare. **10** (*Parl*) eleggere: *to be -ed to Parliament* essere eletto al Parlamento. **11** (*to report officially*) comunicare ufficialmente, dichiarare: *to ~ the list of voters* comunicare ufficialmente la lista dei votanti. **12** (*Dir*) (*of a verdict, writ*) emettere, pronunciare. **13** (*Dir*) (*of an accused person*) dichiarare: *he was declared guilty* fu dichiarato colpevole. **III** *n.* **1** ritorno *m.*: *the party's ~ to power* il ritorno del partito al potere; *the ~ of winter* il ritorno dell'inverno. **2** (*act of giving back*) restituzione *f.*, ritorno *m.*, resa *f.* **3** (*sth. given in requital*) compenso *m.*, contraccambio *m.*, cambio *m.*, contropartita *f.*: *in ~ for all her kindness* in compenso delle sue gentilezze. **4** (*yield, profit*) profitto *m.*, guadagno *m.*, utile *m.*, frutto *m.*: *to get a good ~ on an investment* ricavare un buon profitto da un investimento. **5** (*official statement*) dichiarazione *f.*, comunicazione *f.* ufficiale. **6** (*report, account*) prospetto *m.*, rendiconto *m.* **7** (*Am*) (*tax declaration*) dichiarazione *f.* dei redditi. **8** (*answer, response*) risposta *f.*, replica *f.* **9** (*Parl*) (*election*) elezione *f.* **10** (*Dir*) relazione *f.* di notifica. **11** (*Sport*) ribattuta *f.*, rinvio *m.*, rimando *m.* **12** (*return ticket*) biglietto *m.* di andata e ritorno. **13** *pl.* (*Comm*) resa *f.sing.*, restituzione *f.sing.* **14** *pl.* (*Edit*) resa *f.sing.* **15** *pl.* (*Parl*) risultati *m.pl.* elettorali. **IV** *a.* **1** di ritorno, di rimando, di rinvio. **2** (*sent back*) restituito, reso, rinviato. **3** (*of travel back*) di ritorno: *a ~ voyage* un viaggio di ritorno. **4** (*occurring again*) ricorrente, che ritorna. **5** (*doubling back on itself*) ripiegato su se stesso. □ (*Post*) ~ *address* indirizzo del mittente; (*Tecn*) ~ *bend* curva a 180°; *to ~ blow for blow* ribattere colpo su colpo; (*Post*) *by ~* (o *by ~ of post*) a giro di posta, a stretto giro di posta; *the ~ copies of a newspaper* la resa di un giornale; *to ~ details of one's income* fare la dichiarazione dei redditi; *~ fare* prezzo di un biglietto di andata e ritorno; *to ~ a favour* ricambiare un favore; *to ~ from the dead* risuscitare da morte; *he spent a lot but got very little in ~* ha speso molto, ma ha ottenuto ben poco in cambio; (*Br*) ~ *journey* viaggio di ritorno; ~ *key* tasto di ritorno (*anche Inform*); *to ~ like for like* rendere la pariglia; *by ~ mail* a giro di posta; (*Sport*) ~ *match* rivincita *f.*; *by ~ of mail* a giro di posta; (*Sport*) ~ *of serve* ribattuta del servizio; *many happy returns of the day!* cento di questi giorni!; (*Mecc*) ~ *stroke* corsa di ritorno; ~ *ticket* 1 biglietto di andata e ritorno; 2 (*ticket for the return*) biglietto di ritorno; (*sl*) *to ~ to our muttons* per tornare a bomba; (*Post*) *if undelivered, ~ to sender* in caso di mancata consegna, rinviare al mittente; (*Br,fig*) *to ~ to the charge* tornare alla carica; (*fig*) *to ~ to the ranks* rientrare nei ranghi; *to ~ a visit* ricambiare una visita.

returnable /rɪ'tɜ:nəbl/ *Am* rɪ'tɜ:rnəbl/ *a.* **1** restituibile. **2** (*of bottles*) a rendere: ~ *bottle* vuoto a rendere.

returning /rɪ'tɜ:nɪŋ/ □ (*Br*) ~ *officer* presidente del seggio elettorale.

retype /,ri:'taɪp/ *v.t.* riscrivere a macchina, ribattere a macchina.

reunification /ri:,ju:nɪfɪ'keɪʃən/ *n.* riunificazione *f.*

reunify /,ri:'ju:nɪfaɪ/ *v.t.* riunificare.

reunion /,ri:'ju:njən/ *n.* riunione *f.*, incontro *m.*: *a family ~* la riunione di una famiglia; *the old boys' annual ~* la riunione annuale degli ex allievi.

reunionism /,ri:'ju:njənɪzəm/ *n.* (*Rel*) movimento *m.* favorevole della riunione della chiesa anglicana con quella cattolica romana.

reunionist /,ri:'ju:njənɪst/ **I** *a.* (*Rel*) favorevole alla riunione della chiesa anglicana con quella cattolica romana. **II** *n.* (*Rel*) fautore *m.* (*f.* -trice) della riunione della chiesa anglicana con quella cattolica romana.

reunionistic /ri:,ju:njə'nɪstɪk/ *a.* (*Rel*) favorevole alla riunione della chiesa anglicana con quella cattolica romana.

reunite /,ri:ju:'naɪt/ **I** *v.t.* riunire, ricongiungere, riunificare: *he was -d with his family* si è ricongiunto alla sua famiglia. **II** *v.i.* riunirsi, ricongiungersi.

rev[1] /rev/ *n.* (*colloq*) (*rev*) giro *m.* (di motore): *one hundred -s per minute* cento giri al minuto. □ (*Mecc*) ~ *counter* contagiri.

rev[2] /rev/ (*past, p.p.* **revved** /-d/) **I** *v.t.* (*Mot, colloq*) imballare, mandare su di giri, fare andare su di giri. **II** *v.i.* (*Mot,colloq*) imballarsi, andare su di giri. □ (*Mot,colloq*) *to ~ up* imballare, mandare su di giri, fare andare su di giri: *to ~ up an engine* imballare un motore.

rev[3] /rev/ *n.* (*colloq*) (*clergy, priest*) sacerdote *m.*, prete *m.*, (*colloq*) reverendo *m.*

Rev. 1 (*Bibl*) *Revelation* Ap. (Apocalisse). **2** (*Rel*) *Reverend* Rev., rev.do (reverendo). **3** *Review* (rivista).

revaccinate /,ri:'væksɪneɪt/ *v.t.* (*Med*) rivaccinare.

revaccination /ri:,væksɪ'neɪʃən/ *n.* (*Med*) rivaccinazione *f.*

revalorization /ri:,vælər(ə)ɪ'zeɪʃən/ *n.* (*Econ*) rivalutazione *f.*

revaluate /,ri:'væljueɪt/ *v.t.* rivalutare (*anche Econ*).

revaluation /ri:,vælju'eɪʃən/ *n.* rivalutazione *f.* (*anche Econ*).

revalue /,ri:'vælju:/ *v.t.* **1** rivalutare, valutare di nuovo. **2** (*Econ*) rivalutare.

revamp[1] /,ri:'væmp/ *v.t.* **1** (*fig*) riparare, accomodare, aggiustare. **2** (*sl*) (*to bring up-to-date*) rendere attuale, modernizzare.

revamp[2] /'ri:væmp/ *n.* rinnovamento *m.*, miglioramento *m.*, rinnovo *m.*

revanchism /rɪ'vænʃɪzəm/ *n.* revanscismo *m.*

revanchist /rɪ'vænʃɪst/ *n.* revanscista *m./f.*

Revd (*Rel*) *Reverend* Rev., rev.do (reverendo).

reveal[1] /rɪ'vi:l/ **I** *v.t.* **1** scoprire, rivelare, svelare: *to ~ a secret* svelare un segreto. **2** (*to show*) rivelare, dimostrare, palesare, manifestare. **3** (*rifl.*) *to ~ oneself* rivelarsi, mostrarsi, apparire. **II** *v.i.* lasciare intravedere: *lingerie that -s* abbigliamento intimo che lascia intravedere.

reveal[2] /rɪ'vi:l/ *n.* **1** (*Edil*) mazzetta *f.* **2** (*Aut*) telaio *m.* del finestrino.

revealable /rɪ'vi:ləbl/ *a.* rivelabile.

revealed /rɪ'vi:ld/ □ ~ *religion* religione rivelata.

revealing /rɪ'vi:lɪŋ/ *a.* **1** rivelatore, significativo, eloquente: *a ~ admission* un'ammissione rivelatrice. **2** (*colloq*) (*of clothing*) che lascia intravedere, scollato.

revealingly /rɪ'vi:lɪŋli/ *avv.* in modo rivelatore.

reveille /rɪ'væli, rɪ'veli *Am* 'revəli/ *n.* (*Mil*) sveglia *f.*, diana *f.*, levata *f.*

revel[1] /'revəl/ (*past, p.p.* **revelled** /*Am* **reveled** /-d/) *v.i.* **1** divertirsi, fare festa, fare baldoria,

bisbocciare. **2** (*fig*) dilettarsi, trovare diletto, provare diletto (*in a, in*): *he -s in speaking ill of everyone* si diletta a dir male di tutti.

revel[2] /'revəl/ *n.* **1** bisboccia *f.*, baldoria *f.*, bagordo *m.* **2** (*occasion for merrymaking*) festa *f.* **3** *pl.* divertimenti *m.pl.*

revelation /,revəl'eɪʃən/ *n.* rivelazione *f.* (*anche Teol*). □ (*Dir*) ~ *of a professional secret* violazione del segreto di ufficio; (*Bibl*) *the Revelation* (l')Apocalisse.

revelational /,revəl'eɪʃənl/ *a.* della rivelazione, relativo alla rivelazione.

revelationist /,revəl'eɪʃənɪst/ *n.* (*Rel*) chi crede nella rivelazione divina.

Revelationist /,revəl'eɪʃənɪst/ *n.* (*Bibl*) san Giovanni *m.* evangelista.

Revelations /,revəl'eɪʃənz/ *n.pl.* (*costr.sing.*) (*Bibl*) Apocalisse *f.*

reveler *Am*, **reveller** /'revələr/ *n.* festaiolo *m.* (*f.* -a), bisboccione *m.* (*f.* -a).

revelling /'revlɪŋ/ *n.* bisboccia *f.*, baldoria *f.*, bagordo *m.*

revelry /'revlri/ *n.* bisboccia *f.*, baldoria *f.*, bagordo *m.*

revendicate /rɪ'vendɪkeɪt/ *v.t.* (*Dir*) rivendicare.

revendication /rɪ,vendɪ'keɪʃən/ *n.* rivendicazione *f.*

revenge /rɪ'vendʒ/ **I** *v.t.* vendicare: *to ~ a murder* vendicare un assassinio; *to ~ oneself on so. for sth.* vendicarsi di qcs. su qcu. **II** *v.i.* (*rar*) vendicarsi (*on* di). **III** *n.* **1** vendetta *f.* (*for* per; *on* su): *to seek ~* cercare vendetta. **2** (*desire to revenge*) spirito *m.* di vendetta, desiderio *m.* di vendetta. **3** (*opportunity of getting satisfaction*) rivincita *f.* (*for* per; *on* su): *to give so. his ~* concedere la rivincita a qcu.; *to have one's ~* (o *to get one's ~*) prendersi la rivincita. □ *in ~* per vendicarsi (*for* di); *to do sth. out of ~* fare qcs. per vendetta; *to take ~ on so. for sth.* vendicarsi di qcs. su qcu.

revengeful /rɪ'vendʒful/ *a.* vendicativo.

revengefully /rɪ'vendʒfuli/ *avv.* vendicativamente, in modo vendicativo.

revengefulness /rɪ'vendʒfulnəs/ *n.* vendicatività *f.*, l'essere vendicativo.

revenger /rɪ'vendʒər/ *n.* vendicatore *m.* (*f.* -trice).

revenue /'revən(j)u:/ *n.* **1** entrate *f.pl.* **2** (*government department*) erario *m.*, fisco *m.* **3** (*income*) reddito *m.*, rendita *f.* **4** *pl.* (*items of income*) entrate *f.pl.*, incasso *m.sing.* □ ~ *authorities* autorità fiscali; (*Am,Dir*) ~ *bills* progetti di legge in materia fiscale; (*Econ*) ~ *bond* obbligazione del debito pubblico; (*Dir*) ~ *case* controversia tributaria; (*Mar*) ~ *cutter* battello della dogana; ~ *expenditure* spese di gestione; ~ *officer* funzionario della dogana; (*Am*) ~ *sharing* ripartizione del gettito fiscale; ~ *stamp* marca da bollo; ~ *tariff* tariffa doganale fiscale; ~ *tax* imposta sull'entrata.

reverberant /rɪ'vɜ:bərənt *Am* rɪ'vɜ:rbərənt/ *a.* **1** (*of sound*) risonante, riecheggiante. **2** (*of light*) abbacinante, abbagliante.

reverberate /rɪ'vɜ:bəreɪt *Am* rɪ'vɜ:rbəreɪt/ **I** *v.i.* **1** riecheggiare, risonare, ripercuotersi: *pistol shots -d through the house* colpi di pistola riecheggiarono nella casa. **2** (*to be reflected*) riverberarsi, riflettersi. **II** *v.t.* **1** riecheggiare, ripercuotere. **2** (*to reflect*) riflettere, riverberare. **III** *a.* **1** (*of sound*) risonante, riecheggiante. **2** (*of light*) abbacinante, abbagliante.

reverberating /rɪ'vɜ:bəreɪtɪŋ *Am* rɪ'vɜ:rbəreɪtɪŋ/ □ (*Met*) ~ *furnace* forno a riverbero.

reverberation /rɪ,vɜ:bə'reɪʃən *Am* rɪ,vɜ:rbə'reɪʃən/ *n.* **1** riverberazione *f.*, riverbero *m.*, risonanza *f.*, eco *f./m.* **2** (*sound reverberating*) risonanza *f.*, eco *f./m.*, ripercussione *f.* (*anche fig*). □ (*Acus*) ~ *time* tempo di riverberazione.

reverberative /rɪ'vɜːbᵊreɪtɪv *Am* rɪ'vɜːrbᵊr eɪtɪv/ *a.* riverberante.

reverberator /rɪ'vɜːbᵊreɪtəʳ *Am* rɪ'vɜːrbᵊr eɪtəʳ/ *n.* **1** riflettore *m.* **2** (*reflecting lamp*) lampada *f.* a riverbero.

reverberatory /rɪ'vɜːbᵊrətʳri *Am* rɪ'vɜːrbᵊr ətɔːri/ *I a.* a riverbero, di riverbero. **II** *n.* (*Met*) forno *m.* a riverbero. □ (*Met*) ~ *furnace* forno a riverbero.

revere /rɪ'vɪəʳ *Am* rɪ'vɪr/ *v.t.* **1** riverire, onorare, rispettare profondamente. **2** (*to venerate*) venerare.

reverence /'revᵊrᵊns/ *I n.* **1** riverenza *f.*, profondo rispetto *m.* **2** (*veneration*) venerazione *f.* **3** (*ant*) (*gesture of respect*) riverenza *f.*, inchino *m.* **4** (*state of being revered*) l'essere riverito. **II** *v.t.* **1** riverire, rispettare profondamente. **2** (*to venerate*) venerare.

Reverence /'revᵊrᵊns/ *n.* Reverenza *f.*: *may it please Your* ~ piaccia a Vostra Reverenza.

reverend /'revᵊrᵊnd/ *I a.* **1** rispettabile. **2** (*venerable*) venerabile. **3** (*of the clergy*) del clero, relativo al clero. **II** *n.* sacerdote *m.*, prete *m.*, ecclesiastico *m.*, (*colloq*) reverendo *m.* □ (*Rel.catt*) *Reverend Father* Reverendo Padre; (*Rel*) *Most Reverend* (*of an archbishop*) reverendissimo; (*Rel.catt*) *Reverend Mother* Reverenda Madre; (*Rel*) *Right Reverend* (*of a bishop*) reverendissimo; (*Rel*) *Very Reverend* (*of a dean*) reverendissimo, molto reverendo.

reverent /'revᵊrᵊnt/ *a.* riverente, rispettoso, religioso.

reverential /ˌrevᵊr'enʃᵊl/ *a.* reverenziale, rispettoso – *awe* timore reverenziale.

reverently /'revᵊrᵊntli/ *avv.* riverentemente, con riverenza, con rispetto, rispettosamente.

reverie /'revᵊri/ *n.* fantasticheria *f.*, sogno *m.* a occhi aperti: *to fall into a* ~ fantasticare.

revers /rɪ'vɪəʳ *Am* rɪ'vɪr/ (*pl.* **revers** /-z/) *n.* **1** (*Sart*) risvolto *m.*, rovescia *f.* **2** (*lapel*) risvolto *m.*, mostra *f.*

reversal /rɪ'vɜːsᵊl *Am* rɪ'vɜːrsᵊl/ *n.* **1** rovesciamento *m.*, capovolgimento *m.*, inversione *f.*: *a* ~ *of traditional roles* un rovesciamento dei ruoli tradizionali. **2** (*Dir*) annullamento *m.*, revoca *f.* □ (*Fot*) ~ *film* pellicola invertibile; ~ *of trend* inversione di tendenza.

reverse /rɪ'vɜːs *Am* rɪ'vɜːrs/ *I a.* **1** inverso, invertito, contrario: *in* ~ *order* in ordine inverso; *in the* ~ *direction* nella direzione opposta. **2** (*with the back facing the observer*) rovescio, opposto: *the* ~ *side of a coin* il rovescio di una moneta. **3** (*turned backwards*) invertito, rovesciato, capovolto, (*a*) rovescio: *a* ~ *image* un'immagine invertita. **4** (*Mecc*) invertito. **II** *n.* **1** contrario *m.*, opposto *m.*, inverso *m.*: *he did the* ~ *of what was expected* fece il contrario di quanto ci si aspettava. **2** (*back, rear*) rovescio *m.*, verso *m.*, retro *m.*, dorso *m.*: *the* ~ *of a coin* il rovescio di una moneta. **3** (*defeat*) disfatta *f.*, sconfitta *f.*; (*set-back*) rovescio *m.*, danno *m.* **4** (*change, reversal*) capovolgimento *m.*, rovesciamento *m.*, inversione *f.*: *a* ~ *of our plans* un capovolgimento dei nostri piani. **5** (*Mecc*) invertitore *m.* di marcia; (*reverse movement*) retromarcia *f.*, marcia *f.* indietro. **III** *v.t.* **1** invertire, capovolgere, rovesciare (*anche fig*). **2** (*to turn inside out*) rovesciare, rovesciare: *the dress can be -d* il vestito può essere rivoltato. **3** (*Dir*) annullare: *to* ~ *a sentence* annullare una sentenza. **4** (*Mecc*) invertire il movimento di. **5** (*Aut*) far fare marcia indietro a. **6** (*Tel*) addebitare al destinatario. **7** (*El*) invertire.

IV *v.i.* **1** (*in dancing*) girare in senso inverso. **2** (*Mecc*) invertire il movimento. **3** (*Aut*) fare marcia indietro, invertire la marcia. □ (*Mil*) ~ *arms* il tenere il fucile con la canna rivolta verso il basso; (*Br,Tel*) ~ *charge call* (~ *charges*) chiamata a carico del destinatario; ~ *commuter* pendolare che viaggia dalla città verso la periferia, ~ *commuting* pendolarismo dalla città verso la periferia, pendolarismo inverso; (*Sociol*) ~ *culture shock* shock culturale legato al rientro, shock culturale legato al ritorno al paese di origine; (*El*) ~ *current* corrente inversa; (*Am,Dir*) ~ *discrimination* discriminazione alla rovescia; ~ *engineering* ingegneria inversa; (*Aut*) *to go into* ~ andare a marcia indietro, andare in retromarcia; *in* ~: **1** alla rovescia, in senso inverso, all'inverso: *to count in* ~ contare alla rovescia; **2** (*Aut*) in retromarcia, a marcia indietro; (*Dir*) *to* ~ *a judgement* riformare una sentenza; *in* ~ *order* in ordine inverso, dall'ultimo al primo, al contrario; (*Chim*) ~ *osmosis* osmosi inversa; *to* ~ *roles* scambiare ruoli; (*Econ*) ~ *takeover* acquisizione di controllo ascendente; (*Aer*) ~ *thrust* spinta contraria, spinta inversa; (*Inform*) ~ *video* video inverso.

reverser /rɪ'vɜːsəʳ *Am* rɪ'vɜːrsəʳ/ *n.* (*El*) invertitore *m.*

reversibility /rɪ,vɜːsə'bɪlɪti *Am* rɪ,vɜːrsə 'bɪləti/ *n.* **1** reversibilità *f.*, invertibilità *f.* **2** (*of law*) abrogabilità *f.*, revocabilità *f.*

reversible /rɪ'vɜːsəbḷ *Am* rɪ'vɜːrsəbḷ/ *a.* **1** reversibile, invertibile, rovesciabile. **2** (*Tess*) a due dritti, double-face; (*of a garment*) che si può rovesciare.

reversing /rɪ'vɜːsɪŋ *Am* rɪ'vɜːrsɪŋ/ □ (*Br, Aut*) ~ *light* fanale di retromarcia, luce di retromarcia; (*Dir*) ~ *of court decision* annullamento della sentenza delle corti inferiori.

reversion /rɪ'vɜːʃᵊn *Am* rɪ'vɜːrʒᵊn/ *n.* **1** reversione *f.* **2** (*Biol*) reversione *f.*, atavismo *m.* **3** (*Dir*) reversione *f.*; (*estate to be returned*) proprietà *f.* reversibile; (*right of succession*) diritto *m.* di reversione. **4** (*Mat,El*) inversione *f.* **5** (*Dir*) vitalizio *m.* reversibile. **6** (*Chim*) ritorno *m.* allo stato precedente. □ (*Biol*) ~ *to type* reversione, atavismo.

reversional /rɪ'vɜːʃᵊnᵊl *Am* rɪ'vɜːrʒᵊnᵊl/ *a.* **1** di reversione, relativo a reversione. **2** (*Dir*) reversibile, di reversione.

reversionary /rɪ'vɜːʃᵊnᵊri *Am* rɪ'vɜːrʒᵊneri/ *a.* **1** di reversione, relativo a reversione. **2** (*Dir*) reversibile, di reversione. □ (*Dir*) ~ *annuity* vitalizio reversibile; (*Biol*) ~ *characteristic* carattere regressivo; (*Dir*) ~ *rights* diritti reversibili.

reversioner /rɪ'vɜːʃᵊnəʳ *Am* rɪ'vɜːrʒᵊnᵊr/ *n.* (*Dir*) detentore *m.* (*f.* -trice) di un diritto reversibile.

revert /rɪ'vɜːt *Am* rɪ'vɜːrt/ *v.i.* **1** ritornare, tornare (*to* a): *the tribe -ed to paganism* la tribù ritornò al paganesimo. **2** (*to return in thought or discussion*) ritornare, tornare (su): *if I may* ~ *to my earlier argument* se posso ritornare alla mia tesi precedente. **3** (*Biol*) subire una reversione. **4** (*Dir*) spettare per reversione, andare per reversione. **5** (*Chim*) ritornare allo stato precedente. □ *to* ~ *to normal* tornare alla normalità.

reverter /rɪ'vɜːtəʳ *Am* rɪ'vɜːrtəʳ/ *n.* **1** (*Dir*) diritto *m.* di reversione. **2** (*reversion*) reversione *f.*

revertibility /rɪ,vɜːtə'bɪlɪti *Am* rɪ,vɜːrt̬ə'bɪləti/ *n.* (*Dir*) reversibilità *f.*

revertible /rɪ'vɜːtəbḷ *Am* rɪ'vɜːrt̬əbḷ/ *a.* reversibile.

revet /rɪ'vet/ (*past, p.p.* **revetted** /rɪ'vetɪd *Am* rɪ'vet̬ɪd/) *v.t.* (*Edil*) rivestire, rinforzare.

---

revetment /rɪ'vetmᵊnt/ *n.* (*Edil*) **1** rivestimento *m.* di sostegno. **2** (*embankment*) terrapieno *m.*, argine *m.*

revictual /ˌriː'vɪtᵊl *Am* ˌriː'vɪtᵊl/ *I v.t.* rifornire di viveri. **II** *v.i.* rifornirsi di viveri.

review /rɪ'vjuː/ *I n.* **1** critica *f.*, recensione *f.*: *the* ~ *of a film* la critica di un film. **2** (*periodical*) rivista *f.*, pubblicazione *f.* periodica, rassegna *f.* **3** (*general survey, viewing*) rassegna *f.*, resoconto *m.* **4** (*retrospective survey*) esame *m.* retrospettivo. **5** (*Mil*) rivista *f.*, rassegna *f.*; (*march past*) parata *f.*, sfilata *f.* **6** (*Dir*) revisione *f.* **7** (*Teat*) rivista *f.*, spettacolo *m.* di varietà. **II** *v.t.* **1** fare la critica di, fare la recensione di, scrivere un resoconto critico su, recensire: *to* ~ *a play* fare la critica di una commedia. **2** (*to pass in review*) passare in rassegna, esaminare. **3** (*to re-examine*) riesaminare, rivedere, riconsiderare. **4** (*Am, Scol*) rivedere, ripassare: *to* ~ *last month's lessons* ripassare le lezioni del mese scorso. **5** (*Am*) (*to revise*) rivedere, correggere. **6** (*Dir*) sottoporre a revisione. **7** (*Mil*) passare in rivista, passare in rassegna. **III** *v.i.* (*Giorn*) scrivere recensioni, fare il critico (*for so.* per qcu.; *in sth.* su qcs.). □ ~ *article* recensione; ~ *board* (o ~ *body*) comitato di revisione; ~ *copy* copia saggio, copia per recensione; ~ *date* data di revisione; ~ *document* documento di revisione; ~ *process* processo di revisione.

reviewable /rɪ'vjuːəbḷ/ *a.* **1** riesaminabile, rivedibile. **2** (*of a book, play, etc.*) recensibile.

reviewal /rɪ'vjuːᵊl/ *n.* **1** riesame *m.*, revisione *f.* **2** (*review, criticism*) recensione *f.*, critica *f.*

reviewer /rɪ'vjuːᵊʳ/ *n.* (*Giorn*) recensore *m.*, critico *m.* letterario.

revile /rɪ'vaɪl/ *I v.t.* insultare, ingiuriare, oltraggiare, offendere, vituperare. **II** *v.i.* usare un linguaggio offensivo.

reviler /rɪ'vaɪlᵊʳ/ *n.* chi insulta, chi ingiuria, oltraggiatore *m.* (*f.* -trice).

revisable /rɪ'vaɪzəbḷ/ *a.* rivedibile.

revisal /rɪ'vaɪzᵊl/ *n.* revisione *f.*

revise /rɪ'vaɪz/ *I v.t.* **1** rivedere, correggere. **2** (*to change*) cambiare, mutare, modificare. **3** (*Br,Scol*) ripassare, rivedere. **II** *n.* **1** revisione *f.*, versione *f.* riveduta. **2** (*Tip*) seconda bozza *f.*, bozza *f.* corretta. □ *to* ~ *prices* rivedere i prezzi.

revised /rɪ'vaɪzd/ □ (*Edit*) ~ *edition* edizione riveduta e corretta; *Revised Standard Version* revisione della Bibbia inglese compiuta negli anni 1946-52; *Revised Version* revisione della Bibbia inglese compiuta negli anni 1881-85.

reviser /rɪ'vaɪzᵊʳ/ *n.* **1** revisore *m.* (*f.* -a). **2** (*Tip*) correttore *m.* (*f.* -trice) di bozze.

revising /rɪ'vaɪzɪŋ/ □ (*Dir*) ~ *barrister* revisore delle liste elettorali.

revision /rɪ'vɪʒᵊn/ *n.* **1** revisione *f.* **2** (*modification*) revisione *f.*, modificazione *f.*: *the* ~ *of a contract* la revisione di un contratto. **3** (*Scol,Univ*) ripasso *m.*

revisional /rɪ'vɪʒᵊnᵊl/ *a.* di revisione, relativo a revisione.

revisionary /rɪ'vɪʒᵊnᵊri *Am* rɪ'vɪʒᵊneri/ *a.* di revisione, relativo a revisione.

revisionism /rɪ'vɪʒᵊnɪzᵊm/ *n.* (*Pol*) revisionismo *m.*

revisionist /rɪ'vɪʒᵊnɪst/ *n.* (*Pol*) revisionista *m./f.*

revisit /ˌriː'vɪzɪt/ *v.t.* visitare di nuovo, rivisitare, tornare a visitare.

revisor /rɪ'vaɪzᵊʳ/ *n.* **1** revisore *m.* (*f.* -a). **2** (*Tip*) correttore *m.* (*f.* -trice) di bozze.

revisory /rɪ'vaɪzᵊri/ *a.* di revisione, relativo a revisione.

revitalization /riːˌvaɪtəl(a)ɪˈzeɪʃən *Am* riːˌvaɪtl̩ˈzeɪʃən/ *n.* **1** (*of economy*) rilancio *m.*; (*of depressed area*) rinascita *f.* **2** (*Cosmet*) rivitalizzazione *f.*

revitalize /ˌriːˈvaɪtəlaɪz *Am* ˌriːˈvaɪtəlaɪz/ *v.t.* rivitalizzare, rilanciare, dare nuova vita a.

revivable /rɪˈvaɪvəbl̩/ *a.* che può essere rianimato.

revival /rɪˈvaɪvl̩/ *n.* **1** risveglio *m.*, rifioritura *f.*, rinascita *f.*: *a trade* ~ un risveglio del commercio; (*restoration to use*) ripristino *m.*, riesumazione *f.*: *the* ~ *of an ancient custom* il ripristino di un'antica usanza. **2** (*restoration to consciousness*) rianimazione *f.* **3** (*restoration to health, spirits*) ristabilimento *m.* **4** (*Teat,Cin*) ripresa *f.*, ripetizione *f.*, rimessa *f.* in scena. **5** (*Rel*) revivalismo *m.*

revivalism /rɪˈvaɪvəlɪzˀm/ *n.* (*Rel*) revivalismo *m.* religioso.

revivalist /rɪˈvaɪvəlɪst/ **I** *n.* (*Rel*) revivalista *m./f.* **II** *a.* (*Rel*) revivalistico.

revive /rɪˈvaɪv/ **I** *v.t.* **1** rianimare, fare rinvenire. **2** (*to restore to life*) risuscitare, fare rivivere. **3** (*to restore to good spirits*) rianimare, rinvigorire. **4** (*to bring back into use, etc.*) rimettere in vigore, rimanere in uso, ripristinare, restaurare: *to* ~ *a law* rimettere in vigore una legge. **5** (*to set in motion again*) rinfocolare, riattizzare, risvegliare: *to* ~ *old feuds* rinfocolare vecchi antagonismi. **6** (*to renew in the mind*) ridestare, risvegliare, suscitare: *the scene -d memories of childhood in him* la scena ridestò in lui ricordi dell'infanzia. **7** (*Teat,Cin*) ripresentare, ripetere, riprendere: *to* ~ *a musical from the 1950's* rimettere in scena un musical dagli anni '50. **II** *v.i.* **1** rinvenire, rianimarsi, riaversi, riprendere i sensi. **2** (*to return to life, vigour*) riprendersi, rianimarsi, rifiorire: *flowers* ~ *in water* i fiori si riprendono nell'acqua. **3** (*to return to use, etc.*) tornare in uso, tornare in vigore.

reviver /rɪˈvaɪvəʳ/ *n.* **1** chi rianima. **2** (*one who brings back into use*) chi ripristina, chi rimette in uso, restauratore *m.* (*f.* -trice). **3** (*stimulating drink*) cordiale *m.*, sorso *m.* di richiesta. **4** (*Tecn*) preparato *m.* per ravvivare i colori sbiaditi.

revivification /riːˌvɪvɪfɪˈkeɪʃən/ *n.* **1** rianimazione *f.* **2** (*revival, renewal*) risveglio *m.*, rifioritura *f.*, rinascita *f.* **3** (*Chim*) riattivazione *f.*

revivify /ˌriːˈvɪvɪfaɪ/ **I** *v.t.* **1** rianimare, rinvigorire. **2** (*Chim*) riattivare. **II** *v.i.* rianimarsi, riaversi.

reviviscence /ˌrevɪˈvɪsˀns/ *n.* reviviscenza *f.*, rifioritura *f.*, risveglio *m.*

reviviscency /ˌrevɪˈvɪsˀnsi/ *n.* reviviscenza *f.*, rifioritura *f.*, risveglio *m.*

reviviscent /ˌrevɪˈvɪsˀnt/ *a.* reviviscente, risorgente.

revocability /ˌrevəkəˈbɪlɪti *Am* ˌrevəkəˈbɪləti/ *n.* revocabilità *f.*

revocable /ˈrevəkəbl̩/ *a.* revocabile.

revocably /ˈrevəkəbli/ *avv.* in modo revocabile.

revocation /ˌrevəˈkeɪʃən/ *n.* revoca *f.*, annullamento *m.*, abrogazione *f.*, ritiro *m.*

revocative /ˈrevəkətɪv *Am* ˈrevəkəṭɪv/ *a.* revocatorio, revocativo.

revocatory /ˈrevəkətˀri *Am* ˈrevəkətɔːri/ *a.* revocatorio, revocativo.

revokable /rɪˈvoʊkəbl̩/ *a.* revocabile.

revoke /rɪˈvoʊk/ **I** *v.t.* revocare, annullare, abrogare: *to* ~ *a decree* annullare un decreto. **II** *v.i.* **1** (*in bridge*) non rispondere a seme. **2** (*in card games*) passare (violando le regole del gioco). **III** *n.* **1** revoca *f.*, annullamento *m.*, abrogazione *f.* **2** (*in bridge*) rifiuto *m.* **3** (*in*

---

card games) il passare (violando le regole del gioco).

revolt /rɪˈvoʊlt/ **I** *v.i.* **1** rivoltarsi, insorgere, ribellarsi, sollevarsi: *to* ~ *against the established regime* rivoltarsi all'autorità costituita. **2** (*to feel disgust*) provare orrore (*at, against* a), esecrare (qcs.): *he -ed at the mere thought* provava orrore al solo pensiero. **II** *v.t.* rivoltare, disgustare, nauseare. **III** *n.* **1** rivolta *f.*, insurrezione *f.*, sollevamento *m.*, sommossa *f.* **2** (*state of rebelling*) rivolta *f.*, ribellione *f.* (*over* contro).

revolting /rɪˈvoʊltɪŋ *Am* rɪˈvoʊltɪŋ/ *a.* disgustoso, rivoltante, ripugnante: *a* ~ *smell* un odore disgustoso.

revoltingly /rɪˈvoʊltɪŋli *Am* rɪˈvoʊltɪŋli/ *avv.* in modo disgustoso, in modo rivoltante, disgustosamente.

revolution /ˌrevəˈl(j)uːʃən *Am* ˌrevəˈluːʃən/ *n.* **1** rivoluzione *f.*: *the French Revolution* la rivoluzione francese; *technological* ~ rivoluzione tecnologica. **2** (*Mecc,Fis,Astr*) rivoluzione *f.*; (*complete turn*) giro *m.*, rivoluzione *f.*: *one hundred -s per second* cento giri al secondo. □ (*Mecc*) ~ *counter* contagiri.

revolutionary /ˌrevəˈl(j)uːʃənˀri *Am* ˌrevəˈluːʃəneri/ **I** *a.* rivoluzionario: *a* ~ *idea* un'idea rivoluzionaria. **II** *n.* rivoluzionario *m.* (*f.* -a). □ (*Pol*) ~ *party* partito rivoluzionario; (*Pol*) ~ *socialism* socialismo rivoluzionario.

revolutionism /ˌrevəˈl(j)uːʃˀnɪzˀm *Am* ˌrevəˈluːʃˀnɪzˀm/ *n.* rivoluzionarismo *m.*

revolutionist /ˌrevəˈl(j)uːʃˀnɪzˀm *Am* ˌrevəˈluːʃˀnɪzˀm/ *n.* rivoluzionario *m.* (*f.* -a), fautore *m.* (*f.* -trice) di una rivoluzione. **II** *a.* rivoluzionario.

revolutionize /ˌrevəˈl(j)uːʃənaɪz *Am* ˌrevəˈluːʃənaɪz/ *v.t.* **1** rivoluzionare, rinnovare radicalmente, sovvertire: *to* ~ *an industrial process* rivoluzionare un processo industriale. **2** (*to make revolutionary*) inculcare principi rivoluzionari in (o a).

revolvable /rɪˈvɒlvəbl̩ *Am* rɪˈvɑːlvəbl̩/ *a.* girevole, rotante.

revolve /rɪˈvɒlv *Am* rɪˈvɑːlv/ **I** *v.i.* **1** rotare, girare (*on* su; *around* attorno): *the earth -s around the sun* la terra ruota intorno al sole. **2** (*to recur*) ricorrere, ripetersi. **3** (*fig*) (*to be cause of meditation*) turbinare, girare, mulinare: *an idea -d in his mind* un'idea gli turbinava nella mente. **4** (*fig*) (*to pivot, to hinge*) basarsi, imperniarsi, fondarsi (*about, around* su), dipendere (da): *the whole plan -s around perfect timing* tutto il piano si basa su una perfetta sincronizzazione. **II** *v.t.* **1** fare girare, fare rotare. **2** (*fig*) rimuginare, rivolgere nella mente: *to* ~ *sth. in one's mind* rimuginare un problema.

revolver /rɪˈvɒlvəʳ *Am* rɪˈvɑːlvəʳ/ *n.* **1** rivoltella *f.*, revolver *m.* **2** (*Econ*) credito *m.* revolving, credito *m.* rotativo.

revolving /rɪˈvɒlvɪŋ *Am* rɪˈvɑːlvɪŋ/ *a.* **1** girevole, rotante. **2** (*of a firearm*) a rotazione, a tamburo. □ ~ *chair* sedia girevole; (*Econ*) ~ *credit* credito revolving, credito rotativo; ~ *door* porta girevole; (*Econ*) ~ *fund* fondo rotativo.

revue /rɪˈvjuː/ *n.* (*Teat*) rivista *f.*, spettacolo *m.* di varietà.

revulsion /rɪˈvʌlʃən/ *n.* **1** mutamento *m.* improvviso (di sentimenti ecc.). **2** (*feeling of disgust, repugnance*) repulsione *f.*, ripugnanza *f.*, disgusto *m.*, avversione *f.* (*against* per): *to* ~ *at sth.* provare disgusto per qcs. **3** (*Med,ant*) revulsione *f.*

revulsive /rɪˈvʌlsɪv/ **I** *a.* (*Farm*) revulsivo. **II** *n.* (*Farm*) revulsivo *m.*

reward /rɪˈwɔːd *Am* rɪˈwɔːrd/ **I** *n.* **1** compenso *m.*, ricompensa *f.*, premio *m.* **2** (*sum offered*

---

for recovery of lost property) ricompensa *f.* **3** (*for detecting a criminal*) taglia *f.* **II** *v.t.* **1** (*of people*) ricompensare, retribuire, remunerare: *to* ~ *so. for his services* ricompensare qcu. per i suoi servizi. **2** (*of services, etc.*) compensare, ricompensare, ripagare, contraccambiare. □ *in* ~ *for* in compenso di.

rewarding /rɪˈwɔːdɪŋ *Am* rɪˈwɔːrdɪŋ/ *a.* remunerativo, che ricompensa, gratificante, remuneratore. □ *a* ~ *experience* un'esperienza appagante.

rewardless /rɪˈwɔːdləs *Am* rɪˈwɔːrdləs/ *a.* senza remunerazione, non remunerato.

rewin /ˌriːˈwɪn/ *v.t.irr.* riconquistare.

rewind /ˌriːˈwaɪnd/ **I** *v.t.irr.* **1** riavvolgere: *to* ~ *a videocassette* riavvolgere una videocassetta. **2** (*Orol*) ricaricare. **II** *n.* rewind *m.*, meccanismo *m.* per il riavvolgimento. □ ~ *button* tasto di rewind.

reword /ˌriːˈwɜːd *Am* ˌriːˈwɜːrd/ *v.t.* **1** esprimere con altre parole, formulare con altre parole, riformulare. **2** (*to repeat*) ripetere, ridire.

rework /ˌriːˈwɜːk *Am* ˌriːˈwɜːrk/ *v.t.* **1** rilavorare, rielaborare. **2** (*Mus,Lett*) riadattare.

rewrite[1] /ˌriːˈraɪt/ *v.t.irr.* **1** riscrivere. **2** (*of previously published material*) rimaneggiare, rielaborare, rifare. **3** (*Giorn*) rielaborare per la pubblicazione.

rewrite[2] /ˈriːraɪt/ *n.* rimaneggiamento *m.*, rielaborazione *f.*, riscrittura *f.*: *to do three -s of a story* fare tre stesure di un racconto. □ ~ *rule* regola di riscrittura.

Rex /reks/ *n.* re *m.* □ (*Dir*) ~ *versus Brown* il re contro Brown.

Reye /reɪ/ □ (*Med*) ~'s *syndrome* sindrome di Reye.

Reykjavik /ˈreɪkjəvɪk/ *n.pr.* (*Geog*) Reykjavik *f.*

Reynard /ˈre(ɪ)nɑːd *Am* ˈre(ɪ)nərd/ *n.* (*lett*) volpe *f.*

Reynold /ˈrenəld/ *n.pr.m.* Rinaldo.

RF, r.f. (*Fis*) *radio frequency* RF (radiofrequenza).

RFC /ˌɑːrefˈsiː/ **1** (*Inform*) *request for comment* RFC (richiesta di commenti). **2** (*Sport*) *rugby football club* squadra di rugby.

RFD (*Am,Post*) *rural free delivery* consegna gratuita (della posta) nelle zone rurali.

RG *Guinea* RG (Guinea).

RGS /ˌɑːrdʒiːˈes/ *Royal Geographic Society* (regia società geografica).

Rgt. *regiment* rgt. (reggimento).

Rh (*Biol*) *Rhesus factor* Rh (fattore rhesus).

RH *Haiti* RH (Haiti).

R.H. *Royal Highness* A.R. (Altezza Reale).

rhabdom /ˈræbdoʊm/ *n.* (*Zool*) rabdoma *m.*

rhabdomancy /ˈræbdəˌmænsi/ *n.* rabdomanzia *f.*

rhabdomantist /ˈræbdəˌmæntɪst/ *n.* rabdomante *m./f.*

Rhadamanthine /ˌrædəˈmænθaɪn/ *a.* **1** (*Mitol*) di Radamanto, relativo a Radamanto. **2** (*fig*) inflessibile.

Rhadamanthus /ˌrædəˈmænθəs/ **I** *n.pr.m.* (*Mitol*) Radamanto. **II** *n.* (*strict judge*) giudice *m.* inflessibile.

Rhadamanthys /ˌrædəˈmænθɪs/ **I** *n.pr.m.* (*Mitol*) Radamanto. **II** *n.* (*strict judge*) giudice *m.* inflessibile.

Rhaetia /ˈriːʃ(i)ə/ *n.pr.* (*Geog.stor*) Rezia *f.*

Rhaetian /ˈriːʃ(i)ən/ **I** *a.* retico. **II** *n.* abitante *m./f.* della Rezia. □ (*Geog*) ~ *Alps* Alpi Retiche.

Rhaetic /ˈriːtɪk *Am* ˈriːṭɪk/ **I** *n.* (*Geol*) retico *m.* **II** *a.* retico.

Rhaeto-Romance /ˌriːtoʊroʊˈmæns *Am* ˌriːṭoʊroʊˈmæns/ **I** *n.* (*Ling*) retoromanzo *m.* **II** *a.* (*Ling*) retoromanzo.

Rhaeto-Romanic /ˌriːtoʊroʊˈmænɪk *Am*

,riːtourou'mænɪk/ **I** n. (Ling) retoromanzo m. **II** a. (Ling) retoromanzo.

rhagades /'rægədiːz/ n.pl. (Med) ragadi f.pl.

rhapsodic /ræp'sɒdɪk Am ræp'saːdɪk/ a. 1 (Stor.gr,Lett,Mus) rapsodico. 2 (fig) entusiasta, entusiastico.

rhapsodical /ræp'sɒdɪkəl Am ræp'saːdɪkəl/ a. 1 (Stor.gr,Lett,Mus) rapsodico. 2 (fig) entusiasta, entusiastico.

rhapsodically /ræp'sɒdɪkəli Am ræp'saːdɪkəli/ avv. 1 in modo rapsodico. 2 (fig) entusiasticamente.

rhapsodist /'ræpsədɪst/ n. 1 rapsodista m./f. 2 (fig) entusiasta m./f. 3 (Stor.gr) rapsodo m.

rhapsodistic /,ræpsə'dɪstɪk/ a. di rapsodista, relativo a rapsodista.

rhapsodize /'ræpsədaɪz/ **I** v.i. 1 comporre rapsodie, recitare rapsodie. 2 (fig) parlare con grande entusiasmo (about, on, over di), andare in estasi (per). **II** v.t. declamare a guisa di rapsodia.

rhapsody /'ræpsədi/ n. 1 (Stor.gr,Lett,Mus) rapsodia f.: Liszt's Hungarian Rhapsodies le rapsodie ungheresi di Liszt. 2 (fig) espressioni f.pl. entusiastiche. 3 (fig) (rapture, ecstasy) estasi f., rapimento m. ▢ to go into rhapsodies over sth. andare in estasi per qcs., entusiasmarsi per qcs.

rhatany /'rætəni Am 'ræt̬əni/ n. (Bot) ratania f.

r.h.d. (Aut) right hand drive (guida a destra).

rheme /riːm/ n. (Ling) rema m.

Rhemish /'riːmɪʃ/ a. di Reims. ▢ (Stor) the ~ Bible la Bibbia di Reims.

Rhenish /'renɪʃ/ **I** a. renano, del Reno. **II** n. (Enol) vino m. del Reno.

rhenium /'riːniəm/ n. (Chim) renio m.

rheology /rɪ'ɒlədʒi Am rɪ'aːlədʒi/ n. (Fis) reologia f.

rheometer /,riː'ɒmɪtər Am ,riː'aːmət̬ər/ n. (Tecn) reometro m.

rheophore /'riːəfɔːr Am 'riːəfɔːr/ n. (El) reoforo m.

rheoscope /'riːouskoup/ n. (El) reoscopio m.

rheostat /'riːoustæt/ n. (El) reostato m.

rheostatic /,riːou'stætɪk/ a. (El) reostatico.

rhesus /'riːsəs/ n. (Zool) reso m. ▢ (Med) ~ baby neonato con incompatibilità Rh; (Biol) Rhesus factor fattore Rhesus, fattore Rh; ~ monkey reso; (Med) ~ negative Rh negativo; (Med) ~ positive Rh positivo.

rhetor /'riːtər Am 'riːt̬ər/ n. 1 (Stor) retore m. 2 (orator) oratore m. (f. -trice).

rhetoric /'retərɪk Am 'ret̬ərɪk/ n. retorica f. (anche Stor).

rhetorical /rɪ'tɒrɪkəl Am rɪ'tɔːrɪkəl/ a. retorico: a ~ question una domanda retorica.

rhetorically /rɪ'tɒrɪkəli Am rɪ'tɔːrɪkəli/ avv. retoricamente; (in theory) teoricamente: ~ speaking teoricamente parlando.

rhetorician /,retər'ɪʃən Am ,ret̬ə'rɪʃən/ n. 1 (Stor) retore m. 2 (fig) chi usa frasi ampollose e altisonanti, (spreg) retore m.

rheum /ruːm/ n. (ant) muco m.; (catarrh) catarro m.

rheumatic /ruː'mætɪk Am ruː'mæt̬ɪk/ **I** a. (Med) reumatico: ~ fever febbre reumatica. **II** n. 1 (Med) persona f. affetta da reumatismi. 2 pl. (colloq) dolori m.pl. reumatici. ▢ (Med) ~ heart disease cardiopatia reumatica.

rheumaticky /ruː'mætɪki Am ruː'mæt̬ɪki/ a. (colloq) reumatico.

rheumatics /ruː'mæɪks Am ruː'mæt̬ɪks/ n.pl. (colloq) reumatismi m.pl.

rheumatism /'ruːmətɪzəm/ n. (Med) reumatismo m.: to suffer from ~ soffrire di reumatismi.

rheumatoid /'ruːmətɔɪd/ a. (Med) reumatoide. ▢ (Med) ~ arthritis artrite reumatoide.

rheumatology /,ruːmə'tɒlədʒi Am ,ruːmə

'taːlədʒi/ n. (Med) reumatologia f.

rheumy /'ruːmi/ a. (ant) catarrale; (full of rheum) catarroso.

rhinal /'raɪnəl/ a. (Med) nasale, delle narici.

Rhine /raɪn/ n.pr. (Geog) Reno m.

Rhineland /'raɪnlænd/ n.pr. (Geog) Renania f. ▢ (Stor) ~ Palatinate Renania-Palatinato.

Rhinelander /'raɪnlændər/ n. renano m. (f. -a).

rhinestone /'raɪnstoun/ n. 1 (Min) varietà di cristallo di rocca. 2 (Oref) brillante m. artificiale, diamante m. artificiale.

rhinitis /raɪ'naɪtɪs Am ,raɪ'naɪt̬əs/ (pl. -tides /-tɪdiːz Am -t̬ɪdiːz/) n. (Med) rinite f.

rhino[1] /'raɪnou/ (pl.inv. o -s /-z/) n. (colloq) rinoceronte m.

rhino[2] /'raɪnou/ n.inv. (sl) (money) denaro m., quattrini m.pl., (gerg) grana f.

rhinoceros /raɪ'nɒsərəs Am raɪ'naːsərəs/ (pl.inv. o -es /-ɪz/; il pl. inv. si usa general. con valore collett.) n. (Zool) rinoceronte m.

rhinology /raɪ'nɒlədʒi Am raɪ'naːlədʒi/ n. (Med) rinologia f.

rhinoplastic /,raɪnou'plæstɪk/ a. (Chir) di rinoplastica, relativo a rinoplastica.

rhinoplasty /'raɪnouplæsti/ n. (Chir) rinoplastica f.

rhinoscope /'raɪnouskoup/ n. (Med) rinoscopio m.

rhinoscopy /raɪ'nɒskəpi Am raɪ'naːskəpi/ n. (Med) rinoscopia f.

rhinovirus /'raɪnou,vaɪərəs Am ,raɪnou 'vaɪrəs/ n. (Med) rinovirus m.

rhizoid /'raɪzɔɪd/ n. (Bot) rizoide m.

rhizoma /raɪ'zoumə/ (pl. -mata /-mətə Am -mət̬ə/), **rhizome** /raɪ'zoum/ n. (Bot) rizoma m.

rhizosphere /'raɪzou,sfɪər Am 'raɪzou,sfɪr/ n. (Bot) rizosfera f.

rho /rou/ (pl. -s /-z/) n. (letter of the Greek alphabet) ro m. /f.

Rhode /roud/ ▢ (Geog) ~ Island Rhode Island; (Zool) ~ Island red: 1 (male) gallo di Rhode Island; 2 (female) gallina di Rhode Island.

Rhodes /roudz/ n.pr. (Geog) Rodi f.

Rhodesia /rou'diːʃə Am rou'diːʒiə/ n.pr. (Geog.stor) Rhodesia f.

Rhodesian /rou'diːʃən Am rou'diːʒiən/ **I** a. (Stor) rhodesiano. **II** n. (Stor) rhodesiano m. (f. -a).

Rhodian /'roudiən/ **I** a. rodio, rodiota. **II** n. rodiota m./f.

rhodic /'roudɪk/ a. (Chim) rodico.

rhodium /'roudiəm/ n. (Chim) rodio m.

rhodochrosite /,roudou'krousaɪt/ n. (Min) rodocrosite f.

rhododendron /,roudə'dendrən/ n. (Bot) rododendro m.

rhomb /rɒm Am raːm(b n. (Geom) rombo m., losanga f.

rhombencephalon /,rɒmben'sefəlɒn Am ,raːmben'sefəlaːn/ n. (Anat) rombencefalo m.

rhombic /'rɒmbɪk Am 'raːmbɪk/ a. (Geom) rombico, a forma di rombo.

rhombical /'rɒmbɪkəl Am 'raːmbɪkəl/ a. (Geom) rombico, a forma di rombo.

rhombohedral /,rɒmbou'hiːdrəl Am ,raːmbou'hiːdrəl/ a. (Geom,Min) romboedrico.

rhombohedric /,rɒmbou'hiːdrɪk Am ,raːmbou'hiːdrɪk/ a. (Geom,Min) romboedrico.

rhombohedron /,rɒmbou'hiːdrən Am ,raːmbou'hiːdrən/ (pl. -s /-z/ o -dra /-drə/) n. (Geom) romboedro m.

rhomboid /'rɒmbɔɪd Am 'raːmbɔɪd/ **I** n. (Geom) romboide m. **II** a. romboidale. ▢ (Anat) ~ muscle (muscolo) romboide.

rhomboidal /rɒm'bɔɪdəl Am raːm'bɔɪdəl/ a.

romboidale.

rhomboideus /rɒm'bɔɪdiəs Am raːm'bɔɪdiəs/ (pl. -dei /-diːaɪ/) n. (Anat) romboide m., muscolo m. romboide.

rhombus /'rɒmbəs Am 'raːmbəs/ (pl. -es /-ɪz/, -bi /-baɪ/) n. (Geom) rombo m., losanga f.

Rhone /roun/ n.pr. (Geog) Rodano m.

rhotacism /'routəsɪzəm Am 'rout̬əsɪzəm/ n. (Ling,Fisiol) rotacismo m.

rhotacize /'routəsaɪz Am 'rout̬əsaɪz/ v.i. (Ling) rotacizzare, modificarsi per rotacismo.

rhotic /'routɪk Am 'rout̬ɪk/ a. (Fon) (r-full) rotico: ~ pronunciation pronuncia rotica.

rhubarb /'ruːbaːb Am 'ruːbaːrb/ **I** n. 1 (Bot, Alim) rabarbaro m. 2 (Am,colloq) litigio m., discussione f. animata. **II** intz. (Br,Teat) rabarbaro rabarbaro (parola che viene ripetuta per ricreare il vociare della folla).

rhumb /rʌm/ n. 1 (Geom,Geog) linea f. lossodromica, lossodromia f., lossodromica f. 2 (Mar) rombo m. della bussola, quarta f. della bussola. ▢ (Geom,Geog) ~ line linea f. lossodromica, lossodromia.

rhyme /raɪm/ **I** n. 1 (Metr) rima f. 2 (rhymed verse) verso m. (rimato), rima f. 3 (fig) (poetry) poesia f. **II** v.i. 1 rimare: the first line -s with the third il primo verso rima con il terzo. 2 (to write rhyming verse) scrivere versi in rima, comporre versi in rima, comporre rime. **III** v.t. 1 (fare) rimare: to ~ tea with me (far) rimare tè con me. 2 (to compose in rhyme) comporre in rima, rimare. ▢ (fig) to have no ~ or reason (o to be without ~ or reason) essere sconclusionato, non avere né capo né coda; (Metr) ~ royal stanza costituita da sette pentametri giambici; (Metr) ~ scheme schema metrico.

rhymed /raɪmd/ a. rimato, in rima.

rhymeless /'raɪmləs/ a. senza rima, non rimato.

rhymer /'raɪmər/ n. rimatore m. (f. -trice), verseggiatore m. (f. -trice).

rhymester /'raɪmstər/ n. (spreg) rimatore m. (f. -trice), (spreg) verseggiatore m. (f. -trice), poetastro m. (f. -a).

rhyming /'raɪmɪŋ/ a. rimato, in rima. ▢ (Metr) ~ couplet distico rimato; ~ dictionary rimario; (Br) ~ slang gergo londinese nel quale determinate parole vengono sostituite con altre che fanno rima con esse.

rhymist /'raɪmɪst/ n. rimatore m. (f. -trice), verseggiatore m. (f. -trice).

rhythm /'rɪðəm/ n./n. ritmo m. ▢ (Mus) ~ and blues musica rhythm and blues; (Mus) ~ guitar chitarra ritmica; ~ method metodo di contraccezione ritmico, astinenza periodica; (Mus) ~ section sezione ritmica.

rhythmic /'rɪðmɪk/ a. (Mus,Metr,Sport) ritmico. ▢ (Ginn) ~ gymnastics ginnastica ritmica.

rhythmical /'rɪðmɪkəl/ a. (Mus,Metr,Sport) ritmico.

rhythmically /'rɪðmɪkəli/ avv. ritmicamente, regolarmente.

rhythmics /'rɪðmɪks/ n.pl. (costr.sing.) ritmica f.

rhythmist /'rɪðmɪst/ n. 1 chi ha il senso del ritmo. 2 (one who produces rhythms) compositore m. (f. -trice) di ritmi.

rhythmless /'rɪðəmləs/ a. aritmico, privo di ritmo.

rhytidectomy /,rɪtɪ'dektəmi Am ,rɪt̬ɪ 'dektəmi/ n. (Chir) ritidectomia f.

RI Indonesia RI (Indonesia).

R.I. Rhode Island R.I. (Rhode Island).

ria /'riːə/ n. (Geog) ria f.

rial /ri'aːl Br also 'raɪəl/ n. (Econ) rial m.

riant /'raɪənt/ a. ridente, piacevole, ameno.

rib /rɪb/ **I** n. 1 (Anat) costola f., costa f. 2

(*Macell,Gastron*) costoletta *f.*, cotoletta *f.* **3** (*Bot*) nervatura *f.*, nervo *m.*, costola *f.* **4** (*Mar*) ordinata *f.*, costa *f.* **5** (*Aer*) centina *f.* (alare). **6** (*Arch*) (*of a vault*) nervatura *f.*, costolone *m.*; (*framing timber*) centina *f.* **7** (*Tess*) costa *f.* **8** (*of an umbrella*) stecca *f.* **9** (*Ornit*) (*of a feather*) rachide *f.* **10** (*Agr*) porca *f.* **11** (*scherz*) (*wife*) moglie *f.* **II** *v.t.* (*past, p.p.* ribbed /-d/) **1** munire di coste, rafforzare con coste, rafforzare con nervature. **2** (*Mar*) nervare. **3** (*in knitting*) lavorare a coste. **4** (*to mark with riblike markings*) segnare con coste. **5** (*sl*) (*to make fun of*) canzonare, burlare, prendere in giro. □ (*Anat*) ~ *cage* cassa toracica; (*Gastron*) ~ *steak* entrecôte; ~ *stitch* (*in knitting*) punto a coste.

ribald /'rɪbəld, 'raɪbɔːld/ **I** *a.* **1** volgare, triviale, scurrile: *a* ~ *joke* una barzelletta volgare. **2** (*of a person*) sboccato, scurrile, sguaiato. **II** *n.* persona *f.* sboccata.

ribaldly /'rɪbəldli, 'raɪbɔːldli/ *avv.* volgarmente, trivialmente.

ribaldry /'rɪbəldri, 'raɪbɔːldri/ *n.* volgarità *f.*, trivialità *f.*, scurrilità *f.*, licenziosità *f.*

riband /'rɪbənd/ *n.* (*ant*) nastro *m.*

ribband /'rɪbənd, 'rɪbænd/ **I** *n.* **1** (*Mar*) longarina *f.*, longherina *f.* **2** (*Edil*) travicello *m.* **II** *v.t.* (*Mar*) fornire di longherina.

ribbed /rɪbd/ *a.* **1** costolato, fornito di costole. **2** (*Tess*) a coste. **3** (*Arch*) munito di nervature, munito di costoloni.

ribbing /'rɪbɪŋ/ *n.* **1** (*Arch*) costolatura *f.*, nervatura *f.* **2** (*Mar*) ossatura *f.* **3** (*Bot*) nervatura *f.* **4** (*in knitting*) bordo *m.* a coste. **5** (*Tess*) costine *f.pl.* **6** (*sl*) (*teasing*) presa *f.* in giro, canzonatura *f.*

ribbon /'rɪbən/ *n.* **1** nastro *m.*, fettuccia *f.*: *to decorate a dress with a* ~ guarnire un vestito con un nastro; *a* ~ *for one's hair* un nastro per i capelli. **2** (*of a typewriter*) nastro *m.* **3** (*long, thin strip*) striscia *f.*, nastro *m.* (*anche fig*). **4** (*military decoration*) nastro *m.*, nastrino *m.* **5** *pl.* (*pieces, shreds*) brandelli *m.pl.*, pezzi *m.pl.*: *torn to* -s ridotti a brandelli. **6** *pl.* (*reins*) redini *f.pl.*, briglie *f.pl.* □ (*Br,ant*) ~ *building* costruzione *f.* di case lungo i lati delle vie suburbane; ~ *cartridge* cartuccia di nastro; *to hang in* -s essere a brandelli; (*Fal*) ~ *saw* sega a nastro; (*Stor*) *Ribbon Society* società segreta irlandese.

ribbon-cutting /'rɪbən,kʌtɪŋ *Am* 'rɪbən,kʌtɪŋ/ □ ~ *ceremony* taglio del nastro, cerimonia inaugurale.

ribboned /'rɪbənd/ *a.* ornato di nastri.

Ribbon-man /'rɪbənmæn/ *n.irr.* (*Stor*) membro *m.* della Ribbon Society.

riboflavin, riboflavine /'raɪboufleɪvɪn, ˌraɪbəˈfleɪvɪn/ *n.* (*Biol*) riboflavina *f.*

ribonucleic /ˌraɪbounjuːˈkleɪɪk/ □ (*Biol*) ~ *acid* acido ribonucleico.

ribose /'raɪbouz/ *n.* (*Chim*) ribosio *m.*

ribosome /'raɪbousoum/ *n.* (*Biol*) ribosoma *m.*

ribozyme /'raɪbouzaɪm/ *n.* (*Biol*) ribozima *m.*

rib-tickler /'rɪbtɪklər/ *n.* (*colloq*) spasso *m.*, cosa *f.* divertente, cosa *f.* spassosa.

ribwork /'rɪbwɜːk *Am* 'rɪbwɜːrk/ *n.* (*Arch*) nervatura *f.*, struttura *f.* a costoloni.

rice /raɪs/ *n.* (*Bot*) riso *m.* □ (*Agr*) ~ *paddy* risaia *f.*; (*Art*) ~ *paper* carta ri riso; (*Gastron*) ~ *pilaf* riso pilaf; (*Gastron*) ~ *pudding* budino di riso; ~ *wine* vino di riso, sakè.

rice-bird /'raɪsbɜːd *Am* 'raɪsbɜːrd/ *n.* (*Ornit*) padda *m.*, passero *m.* delle risaie.

rice-field /'raɪsfiːld/ *n.* risaia *f.*

ricepaper /'raɪs,peɪpər/ *n.* (*Cart*) carta *f.* di riso.

ricer /'raɪsər/ *n.* (*Am*) passavedure *m.*, schiacciapatate *m.*

---

rich /rɪtʃ/ **I** *a.* **1** ricco: *a* ~ *man* un uomo ricco; *a* ~ *country* un paese ricco. **2** (*abounding*) pieno, ricco, abbondante (*in di*): *a book* ~ *in ideas* un libro pieno di idee. **3** (*of clothes, cloth, etc.*) sontuoso, sfarzoso, costoso: ~ *draperies* tessuti sontuosi. **4** (*sumptuous*) sontuoso, magnifico: *a* ~ *feast* un banchetto sontuoso. **5** (*of food*) sostanzioso, molto condito: *a* ~ *cake* una torta sostanziosa. **6** (*of colours*) intenso, molto carico, cupo. **7** (*of sounds*) profondo, pieno: *a* ~ *voice* una voce piena. **8** (*of smells*) intenso, forte. **9** (*of wine*) robusto, generoso. **10** (*valuable*) prezioso, di valore, ricco. **11** (*of land, soil*) fertile. **12** (*colloq,iron*) (*highly amusing*) buffissimo, molto divertente. **13** (*Am,sl*) (*indecent*) sconveniente. **14** (*of a fuel mixture*) grasso, ricco. **II** *n.* **1** (*costr.pl.*) (*rich people*) ricchi *m.pl.*: *the* ~ *and the poor* i ricchi e i poveri. **2** (*rich person*) ricco *m.* (*f.* -a). **3** *pl.* (*wealth*) ricchezza *f.sing.*, ricchezze *f.pl.*: *he had great* -es era molto ricco. □ *to get* ~ diventare ricco, arricchirsi, arricchire; (*colloq*) *to get* ~ *quick* fare quattrini in fretta, arricchirsi in poco tempo; (*Metr*) ~ *rhyme* rima ricca; (*colloq*) *that's* ~! questa è buona!, questa è bella!

Richard /'rɪtʃəd *Am* 'rɪtʃərd/ *n.pr.m.* Riccardo. □ (*Stor*) ~ *the Lion-heart* Riccardo Cuor di Leone.

richen /'rɪtʃən/ (*Am*) *v.t.* arricchire.

richly /'rɪtʃli/ *avv.* **1** riccamente, sontuosamente, sfarzosamente: ~ *dressed* riccamente vestito; ~ *decorated* sontuosamente decorato. **2** (*fully, thoroughly*) pienamente, del tutto, proprio.

Richmond /'rɪtʃmənd/ *n.pr.* (*Geog*) Richmond *f.*

richness /'rɪtʃnəs/ *n.* **1** ricchezza *f.* **2** (*abundance*) abbondanza *f.* **3** (*sumptuousness*) sontuosità *f.*, sfarzosità *f.* **4** (*of colours, etc.*) intensità *f.*, pienezza *f.* **5** (*of land, soil*) fertilità *f.*

Richter /'rɪktər/ □ (*Geol*) ~ *scale* scala Richter.

ricinoleic /ˌr(a)ɪsˈnouˈliːɪk/ □ (*Chim*) ~ *acid* acido ricinoleico.

rick /rɪk/ *n.* **1** (*Agr*) (*of corn, hay, etc.*) mucchio *m.*, cumulo *m.*; (*of straw*) pagliaio *m.* **2** (*framework*) rastrelliera *f.* **II** *v.t.* (*Agr*) ammucchiare, formare mucchi di, accatastare.

rick² /rɪk/ **I** *n.* (*sprain, wrench*) distorsione *f.*, storta *f.* **II** *v.t.* slogare, storcere: *to* ~ *one's ankle* slogarsi la caviglia.

rickettiness /'rɪkətnəs *Am* 'rɪkəṭnəs/ *n.* l'essere malfermo, instabilità *f.*

rickets /'rɪkɪts/ *n.pl.* (*costr.sing.*) (*Med*) rachitismo *m.*: *to have* ~ essere rachitico.

rickettsia /rɪˈketsɪə/ *n.* (*Biol*) rickettsia *f.*

rickety /'rɪkɪti *Am* 'rɪkəṭi/ *a.* **1** traballante, vacillante, instabile: *a* ~ *table* un tavolo traballante. **2** (*of a person: feeble in the joints*) barcollante, vacillante.

rickey /'rɪki/ *n.* (*Am*) gin *m.* fizz.

rickrack /'rɪkræk/ *n.* (*Tess*) passamano *m.* a zig-zag.

ricksha /'rɪkʃɔː/ *n.* risciò *m.*

rickshaw /'rɪkʃɔː/ *n.* risciò *m.*: *in a* ~ sul risciò.

ricochet¹ /'rɪkəʃeɪ, ˌrɪkəˈʃeɪ/ *n.* rimbalzo *m.*, colpo *m.* di rimbalzo.

ricochet² /'rɪkəʃeɪ, ˌrɪkəˈʃeɪ/ (*past, p.p.* ricocheted/ricochetted /-d/) **I** *v.i.* rimbalzare. **II** *v.t.* fare rimbalzare, colpire di rimbalzo.

ricotta /rɪˈkɒtə *Am* rɪˈkɑːṭə/ *n.* (*Alim*) ricotta *f.*

rid¹ /rɪd/ (*past, p.p.* rid o ridded /'rɪdɪd/) *v.t.* sbarazzare, liberare: *to* ~ *the road of stones* sbarazzare la strada dai sassi; *to* ~ *oneself of a responsibility* sbarazzarsi di una respon-

---

sabilità. □ *to be* ~ *of* essersi liberato di, essersi sbarazzato di; *to get* ~ *of* sbarazzarsi di, liberarsi di, disfarsi di.

rid² /rɪd/ → **ride¹**.

riddance /'rɪdns/ *n.* liberazione *f.*: *good* ~! che liberazione!

ridden¹ /'rɪdən/ *a.* (*spec. in compounds*) **1** (*dominated by*) dominato, oppresso, tormentato. **2** (*confined*) relegato, confinato: *bed*-~ relegato a letto. **3** (*infested*) infestato: *flea*-~ infestato dalle pulci. **4** (*oppressed*) dominato, oppresso: *a priest*-~ *country* uno stato dominato dal clero.

ridden² /'rɪdən/ → **ride¹**.

riddle¹ /'rɪdl/ **I** *n.* **1** indovinello *m.*, enigma *m.*: *to solve a* ~ risolvere un indovinello. **2** (*estens*) (*puzzling problem*) problema *m.*, enigma *m.* **II** *v.t.* risolvere, spiegare, trovare la soluzione di. **III** *v.i.* **1** parlare per enigmi. **2** (*to propound riddles*) proporre indovinelli. □ *to speak in* -s parlare per enigmi.

riddle² /'rɪdl/ **I** *n.* (*coarse sieve*) setaccio *m.*, crivello *m.*, vaglio *m.* **II** *v.t.* **1** vagliare: *to* ~ *sand* vagliare la sabbia. **2** (*fig*) (*to fill with holes*) crivellare, bucherellare: *to* ~ *so. with bullets* crivellare qcu. di pallottole. **3** (*fig*) (*refute*) confutare: *to* ~ *an argument* confutare un'argomentazione. **4** (*fig*) (*to find flaws in*) criticare.

riddling /'rɪdlɪŋ/ *n.* **1** crivellatura *f.* **2** *pl.* (*material left after riddling*) setacciatura *f.sing.*, crivellatura *f.sing.*

ride¹ /raɪd/ (*past* **rode** /roud/, *rar* **rid** /rɪd/; *p.p.* **ridden** /'rɪdən/, *rar* **rid** /rɪd/) **I** *v.i.* **1** cavalcare, montare (un cavallo): *she is very well versed* ca molto bene. **2** (*to be a horserider*) cavalcare, andare a cavallo, essere un cavallerizzo: *do you* ~? vai a cavallo? **3** (*to travel on a bicycle*) andare in bicicletta. **4** (*to travel in a car, bus, etc.*) viaggiare, andare: *to* ~ *in comfort in the back seat* viaggiare comodamente sul sedile posteriore. **5** (*fig*) (*to be carried along*) essere portato: *to* ~ *on the wave of popularity* essere portato sull'onda della popolarità. **6** (*Mar*) (*to lie at anchor*) essere alla fonda, stare all'ancora; (*to move over, to float on water*) galleggiare muovendosi lentamente. **7** (*of a vehicle*) andare, correre. **8** (*sl*) (*of betted money*) scommettere, puntare; (*to remain as a bet*) rimanere come puntata. **II** *v.t.* **1** cavalcare, montare, andare a cavallo di; *to* ~ *a horse* cavalcare. **2** (*of a bicycle*) andare in. **3** (*of a vehicle: to travel in*) viaggiare in, andare in. **4** (*to drive*) guidare. **5** (*to traverse on horseback*) traversare a cavallo, percorrere a cavallo: *to* ~ *the desert* traversare un deserto a cavallo. **6** (*of a race*) gareggiare in. **7** (*to be carried along on*) essere portato da: *to* ~ *the waves* essere portato dalle onde. **8** (*to carry on one's back*) portare a cavalluccio, portare in groppa, portare sulle spalle: *to* ~ *a child on one's back* portare un bambino a cavalluccio. **9** (*fig*) (*to survive, to surmount*) superare, sormontare: *to* ~ *a financial crisis* superare una crisi finanziaria. **10** (*fig*) (*to oppress, dominate*) tormentare, opprimere, dominare: *to be ridden by doubts* essere tormentato da dubbi. **11** (*Sport*) pesare: *the jockey* -s *just under ten stone* il fantino pesa poco meno di sessantatré chili. **12** (*Am,colloq*) (*to harass persistently*) tormentare, infastidire, seccare, scocciare: *stop riding me* smettila di tormentarmi. **13** (*Am, colloq*) (*to tease*) prendere in giro, canzonare. □ *to* ~ *astride* cavalcare a cavalcioni, cavalcare all'amazzone; *to* ~ *away* allontanarsi a cavallo, andar via a cavallo; *to* ~ *back* tornare a cavallo; *to* ~ *on so.'s back* farsi portare sulle spalle da qcu.; *to* ~ *bareback* 1 andare a cavallo senza sella; 2 (*Am,volg*) avere un rapporto sessuale a rischio, avere un rapporto sessuale senza preservativo; *to ~ behind*: 1 cavalcare dietro (sullo stesso cavallo); 2 (*in a car, etc.*) viaggiare sul sedile posteriore; (*colloq*) *~ so.'s bumper* stare attaccato alla macchina davanti; *to ~ down*: 1 travolgere e far calpestare dal proprio cavallo; 2 (*to catch up with on horseback*) raggiungere a cavallo (e catturare); 3 (*Mar*) (*of a rope, halyard*) alare in giù; *to ~ for a fall* rischiare: *if you don't study you're riding for a fall* se non studi rischi la bocciatura; (*fig*) *to be riding for a fall* cercare la propria rovina, andare in cerca di guai; *to ~ hard*: 1 (*of the ground*) offrire un percorso duro; 2 (*of a horse*) fare galoppare; 3 (*of a vehicle*) arrancare; 4 (*Mar*) fare lavorare l'ancora, (*ant*) travagliare all'ancora; 5 (*Am,colloq*) fare lavorare come uno schiavo, fare sgobbare; (*Br, colloq*) *to ~ hell for leather* correre a spron battuto; (*Am,colloq*) *to ~ herd on* (o *to ~ herd over*) *so.* controllare qcu. da vicino; *to ~ high*: 1 (*of the moon*) essere alto; 2 (*fig*) essere alle stelle: *our hopes are riding high* le nostre speranze sono alle stelle; 3 (*colloq*) (*to be very popular*) essere molto popolare; *to ~ off*: 1 partire a cavallo, allontanarsi a cavallo; 2 (*Sport*) urtare; 3 (*fig*) fare una digressione; *to ~ on* dipendere da: *our success -s on his ability* il nostro successo dipende dalla sua capacità; (*fig*) *to ~ out* (*to survive, to surmount*) superare, sormontare: *to ~ out a financial crisis* superare una crisi finanziaria; *to ~ sth. out* superare qcs., sostenere qcs.; *to ~ out the storm* sostenere una tempesta (*anche fig*); *to ~ pillion* viaggiare sul sellino posteriore (di una moto); (*Am,colloq*) *to ~ shotgun*: 1 fare da guardia armata per chi guida in una rapina; 2 (*estens*) (*to travel on the back-seat*) viaggiare sul sedile del passeggero; *to ~ side-saddle* cavalcare a cavalcioni, cavalcare all'amazzone; (*colloq*) *to ~ the brake* tenere il piede incollato al freno; (*Am,fig*) *to ~ the fence* essere molto indeciso, tenere il piede in due staffe; *to ~ the wave* cavalcare l'onda (*anche fig*); *the cavalry rode through the town* la cavalleria attraversò la città; *to ~ to death*: 1 (*of a horse*) sfiancare; 2 (*Am,fig*) ripetere fino alla noia; (*Caccia*) *to ~ to hounds* cacciare a cavallo con una muta di cani; *to ~ up*: 1 (*of people*) arrivare a cavallo; 2 (*to rise*) salire: *her skirt rode up above her knees* la gonna le saliva sopra le ginocchia.

ride[2] /raɪd/ *n.* 1 cavalcata *f.*, passeggiata *f.* a cavallo, corsa *f.* a cavallo. 2 (*trip on a bicycle*) passeggiata *f.*, gita *f.*, corsa *f.* 3 (*in a vehicle*) corsa *f.*, tragitto *m.*: *a bus* ~ una corsa in autobus. 4 (*road, track for riding*) sentiero *m.* per cavalli. 5 (*at a fun-fair*) giro *m.* 6 (*colloq*) (*lift*) passaggio *m.*, (*pop*) strappo *m.* 7 (*Am,sl*) (*car*) macchina *f.*; (*motorbike*) moto *f.* 8 (*Mil*) gruppo *m.* di reclute a cavallo. 9 (*Mus*) (*jazz*) passaggio *m.* improvvisato. □ *to give so. a ~*: 1 (*on a horse*) far fare a qcu. una cavalcata; 2 (*in a vehicle*) dare un passaggio a qcu.; 3 (*on one's shoulders, etc.*) portare a cavalluccio qcu.; *to go for a ~*: 1 (*on horseback*) andare a fare una cavalcata; 2 (*on a bicycle, in a vehicle*) andare a fare un giro; *to have a ~* (o *to take a ~*): 1 (*on horseback*) andare a fare una cavalcata; 2 (*on a bicycle, in a vehicle*) andare a fare un giro; (*sl,fig*) *to take so. for a ~* ingannare qcu., raggirare qcu., imbrogliare qcu., (*pop*) infinocchiare qcu.

rider /'raɪdər/ *n.* 1 cavaliere *m.*, cavallerizzo *m.* (*f.* -a). 2 (*jockey*) fantino *m.* 3 (*one who*

---

rides a bicycle) ciclista *m./f.*; (*one who rides a motorcycle*) motociclista *m./f.* 4 (*Dir,Pol*) (*additional clause*) clausola *f.* aggiunta, disposizione *f.* aggiunta. 5 (*Dir*) codicillo *m.* 6 (*of a balance beam*) cavaliere *m.*, cavalierino *m.* 7 (*of a fence*) palo *m.* diagonale di rinforzo.

riderless /'raɪdələs *Am* 'raɪdərləs/ *a.* senza cavaliere, senza fantino.

ridge /rɪdʒ/ I *n.* 1 (*Geog*) catena *f.* (di montagne), giogaia *f.* 2 (*Geog*) (*long upper edge*) schiena *f.*, dorsale *m.*; (*crest*) cresta *f.*, crinale *m.* 3 (*raised strip*) riga *f.* in rilievo, costa *f.* 4 (*Agr*) porca *f.* 5 (*Anat*) (*of nose*) setto *m.*; (*in skin*) solco *m.*, ruga *f.*; (*of back*) spina *f.* dorsale. 6 (*Arch*) colmo *m.*, trave *f.* di colmo, linea *f.* di displuvio, linea *f.* spartiacque. II *v.t.* 1 corrugare, solcare, ondulare. 2 (*Agr*) incalzare, rivoltare. III *v.i.* incresparsi. □ (*Arch*) *~ beam* trave di colmo; (*Anat*) *~ bone* spina dorsale; (*Meteor*) *~ of high pressure* dorsale barometrica; (*Arch*) *~ piece* trave di colmo; *~ pole*: 1 (*Arch*) (*of roof*) trave di colmo; 2 (*of tent*) traversa; *~ tent* (tenda) canadese; (*Arch*) *~ tile* tegola di colmo.

ridged /rɪdʒd/ *a.* 1 increspato. 2 (*Arch*) di colmo.

ridger /'rɪdʒər/ *n.* (*Agr*) aratro *m.* rincalzatore.

ridging /'rɪdʒɪŋ/ *n.* (*Agr*) aratura *f.* a porche. □ (*Agr*) *~ plough* (o *~ plow*) aratro rincalzatore.

ridgy /'rɪdʒi/ *a.* 1 collinoso. 2 (*Agr*) a porche, lavorato a porche. 3 (*of the sea*) increspato.

ridicule /'rɪdɪkjuːl/ I *n.* ridicolo *m.*, derisione *f.*, scherno *m.*: *to be an object of* ~ essere posto in ridicolo; *to hold so. up to* ~ mettere in ridicolo qcu. II *v.t.* mettere in ridicolo, schernire, canzonare, dileggiare.

ridiculous /rɪ'dɪkjuləs/ *a.* ridicolo, assurdo.

ridiculously /rɪ'dɪkjuləsli/ *avv.* esageratamente, assurdamente, ridicolmente.

ridiculousness /rɪ'dɪkjuləsnəs/ *n.* ridicolaggine *f.*, ridicolo *m.*

riding /'raɪdɪŋ/ I *n.* 1 (*practice of riding*) equitazione *f.* 2 (*act*) cavalcata *f.*, passeggiata *f.* a cavallo. 3 (*road, track*) sentiero *m.* per cavalli. II *a.* (*used in riding*) da equitazione, da cavallerizzo, alla scudiera. □ *~ boots* stivali da cavallerizza; *~ breeches* pantaloni da cavallerizza; *~ crop* frustino, scudiscio; *~ habit* abito da cavallerizza, tenuta da amazzone; *~ instructor* maestro di equitazione; (*Mar*) *~ light* fanale di fonda; *~ school* scuola di equitazione, maneggio; *~ stables* scuderie.

Riding /'raɪdɪŋ/ *n.* (*Br,ant*) (*administrative division*) uno dei tre distretti amministrativi dello Yorkshire.

rifampicin /r(a)ɪ'fæmpɪsɪn/ *n.* (*Farm*) rifampicina *f.*

rifampin /raɪ'fæmpɪn/ *n.* (*Am,Farm*) rifampicina *f.*

rife /raɪf/ *a.pred.* 1 diffuso, comune, usuale: *malaria was ~ throughout the country* la malaria era diffusa in tutto il paese. 2 (*of rumours, etc.*) corrente, diffuso: *to grow ~* diffondersi. 3 (*abundant, plentiful*) copioso, abbondante. 4 (*abounding*) pieno, ricco (with di).

riff /rɪf/ *n.* (*Mus*) riff *m.*: *guitar* ~ un riff di chitarra.

riffle[1] /'rɪfl/ I *n.* 1 cateratta *f.*, rapida *f.* 2 (*rocky shoal*) bassofondo *m.*, secca *f.* 3 (*ripple*) increspatura *f.* 4 (*method of shuffling cards*) modo di mescolare le carte (tenendo parte del mazzo in ciascuna mano). II *v.t.* 1 scorrere rapidamente, sfogliare: *to ~ a stack of index cards* scorrere rapidamente una pila

---

di schede. 2 (*of cards*) mescolare (tenendo parte del mazzo in ciascuna mano). □ *to ~ through* sfogliare.

riffle[2] /'rɪfl/ I *n.* (*Minier*) apparato *m.* di filtraggio. II *v.t.* (*Minier*) (*of ore*) fare passare in un apparato di filtraggio.

riffler /'rɪflər/ *n.* (*Mecc*) lima *f.* curva, lima *f.* per stampi.

riff-raff /'rɪfræf/ *n.* marmaglia *f.*, plebaglia *f.*, gentaglia *f.*, feccia *f.*

rifle[1] /'raɪfl/ I *n.* 1 carabina *f.*, fucile *m.* 2 (*Arm*) pezzo *m.* rigato (di artiglieria). 3 *pl.* (*Mil*) fucilieri *m.pl.* II *v.t.* (*of a firearm*) rigare. □ (*Arm*) *~ butt* calcio di fucile; (*Arm*) *~ granade* granata per fucile; (*Am*) *~ green* verde scuro, grigio-verde; (*Arm*) *~ range* poligono di tiro; (*Arm*) *~ shot* portata, gittata di fucile.

rifle[2] /'raɪfl/ I *v.t.* vuotare, svaligiare, depredare: *the thieves -d the safe* i ladri vuotarono la cassaforte. II *v.i.* frugare, rovistare: *to ~ through a drawer* frugare (in) un cassetto.

rifleman /'raɪflmən/ *n.irr.* 1 (*Mil*) fuciliere *m.* 2 (*one skilled at using a rifle*) tiratore *m.* (*f.* -trice). 3 (*Am*) (*robber*) predone *m.*, bandito *m.*

rifle-pit /'raɪflpɪt/ *n.* (*Mil*) trincea *f.* per fucilieri.

rifler /'raɪflər/ *n.* (*Am*) ladro *m.*, bandito *m.*, predone *m.*

rifle-shot /'raɪflʃɒt *Am* 'raɪflʃɑːt/ *n.* colpo *m.* di fucile, fucilata *f.*, schioppettata *f.* □ *within* ~ a un tiro di schioppo.

rifling /'raɪflɪŋ/ *n.* 1 (*act*) il rigare. 2 (*system of spiral grooves*) rigatura *f.*

rift /rɪft/ I *n.* 1 crepa *f.*, fenditura *f.*, spaccatura *f.*, spacco *m.*: *a ~ in the rock* una crepa nella roccia. 2 (*open space*) spiraglio *m.*: *a ~ in the clouds* uno spiraglio tra le nuvole. 3 (*fig*) divergenza *f.* di opinioni, contrasto *m.* di opinioni, dissenso *m.*: *a ~ between the two parties* una divergenza di opinioni tra i due partiti. II *v.t.* fendere, spaccare. III *v.i.* fendersi, spaccarsi. □ (*fig*) *a ~ in the lute* un'incrinatura (nell'armonia, nell'amicizia ecc.); (*Tecn*) *~ saw* sega da tronchi; (*Geol*) *~ valley* zona di rift, fossa tettonica; (*fig*) *a ~ within the lute* un'incrinatura (nell'armonia, nell'amicizia ecc.).

rig[1] /rɪg/ (*past, p.p.* **rigged** /-d/) I *v.t.* 1 (*Mar*) (*of a ship*) attrezzare, armare, allestire; (*of a mast*) attrezzare, guarnire. 2 (*fig*) (*to equip*) attrezzare, fornire, corredare, equipaggiare. 3 (*Aer*) montare le parti di, comporre le parti di. II *v.i.* (*Mar*) attrezzarsi: *to ~ for a new voyage* attrezzarsi per un nuovo viaggio. □ (*fig*) *to ~ out*: 1 (*to equip*) attrezzare, fornire, corredare, equipaggiare; 2 (*to fit out with clothes*) vestire, abbigliare; (*fig*) *to ~ up*: 1 preparare, allestire; 2 (*to set up*) montare, installare: *to ~ up a temporary television aerial* montare un'antenna televisiva provvisoria; 3 (*to fit out with clothes*) vestire, abbigliare.

rig[2] /rɪg/ *n.* 1 (*Mar*) attrezzatura *f.* 2 (*Minier*) impianto *m.* di trivellazione, impianto *m.* di sondaggio. 3 (*fig*) (*equipment, gear*) attrezzatura *f.*, impianto *m.* 4 (*colloq*) (*dress, costume*) abbigliamento *m.*, costume *m.* 5 (*carriage and horses*) cavalli *m.pl.* e carrozza, attacco *m.* 6 (*Am,Aus*) (*trailer truck*) autocarro *m.* con rimorchio.

rig[3] /rɪg/ I *v.t.* (*past, p.p.* **rigged** /-d/) 1 (*to manipulate dishonestly*) manipolare, truccare: *to ~ an election* manipolare un'elezione; *to ~ an auction* truccare un'asta. 2 (*Econ*) manovrare, maneggiare: *to ~ the market* manovrare il mercato. II *n.* 1 manipolazione *f.*, broglio *m.*, trucco *m.*, imbroglio *m.* 2 (*Econ*) manovra *f.* per far salire i prezzi.

rigadoon /ˌrɪgəˈduːn/ n. (Stor) (dance) rigaudon m., rigodon m., rigodone m.

rigger[1] /ˈrɪgər/ n. 1 (Mar) (person) attrezzatore m., allestitore m. 2 (Mar) (in compounds: ship with a specified rig) nave f. a..., nave attrezzata con...: square-~ nave a vele quadre. 3 (Aer,Minier) montatore m. 4 (one who works with cranes) operaio m. che monta gru; (one who works with scaffolding) operaio m. che monta impalcature. 5 (Edil) (protective scaffolding) impalcatura f. protettiva.

rigger[2] /ˈrɪgər/ n. 1 (Am) (one who manipulates sth. fraudulently) maneggione m. 2 (Econ) aggiotatore m.

rigging[1] /ˈrɪgɪŋ/ n. 1 (Mar) sartiame m., cordame m. 2 (Tecn) (hoisting equipment) attrezzatura f. di sollevamento. 3 (Edil) attrezzatura f. dell'impalcatura. 4 (Teat) soffitta f., graticcia f. □ ~ loft: 1 (Mar) parte dell'arsenale in cui viene preparata l'attrezzatura. 2 (Am,Teat) galleria sopra il palcoscenico per manovrare gli scenari.

rigging[2] /ˈrɪgɪŋ/ n. (fraudulent manipulation) broglio m., manipolazione f., aggiotaggio m.: election ~ broglio elettorale.

right /raɪt/ I a. 1 giusto, retto, onesto: is it ever ~ to lie? è (mai) giusto mentire? 2 (correct) esatto, corretto, giusto: the ~ answer la risposta esatta; the ~ way to tackle a problem il modo corretto di affrontare un problema. 3 (proper, real) giusto, vero, effettivo, reale: what is the ~ name for this disease? qual è il nome giusto di questa malattia?; the ~ owner il vero proprietario. 4 (accepted socially, etc.) bene, che conta: her parties are attended by all the ~ people ai suoi ricevimenti va tutta la gente bene. 5 (appropriate, fitting) adatto, giusto, appropriato: the ~ man for that job l'uomo adatto per quel lavoro. 6 (most convenient, best) migliore, giusto, più adatto, più conveniente, più opportuno: the ~ moment il momento migliore. 7 (opposed to left) destro, di destra, a destra, sulla destra: my ~ foot il mio piede destro. 8 (that is intended to be seen, used, etc.) diritto, dritto: the ~ side of a tablecloth il diritto di una tovaglia. 9 (straight) diritto, dritto, in linea retta. 10 (Geom) retto. 11 (sl) (utter) vero (e proprio), autentico: he's a ~ bastard è un vero bastardo. 12 (Pol) di destra. II n. 1 bene m., giusto m.: to do ~ fare il bene. 2 (justice, goodness) bene m.: to know ~ from wrong distinguere il bene dal male. 3 (costr.pl.) (just people) giusti m.pl.: may God defend the ~ Dio difenda i giusti. 4 (correctness) esattezza f., correttezza f., precisione f. 5 (just claim) diritto m.: ~s and duties diritti e doveri. 6 (Dir, Econ) diritto m. 7 (right side) destra f., lato m. destro. 8 (right-hand member of a pair) destro m. (f. -a). 9 (one's right hand) destra f., mano f. destra. 10 (Sport) destro m.: a ~ to the chin un destro al mento. 11 (Mil) ala f. destra. 12 (Teat) destra f. del palcoscenico. 13 pl. (interest in property) diritti m.pl.: the film ~s of a novel i diritti di riproduzione cinematografica di un romanzo. III avv. 1 proprio, esattamente, giusto, precisamente: the ball hit me ~ in the eye la palla mi colpì proprio sull'occhio. 2 (directly, straight) direttamente, senza deviazioni: to go ~ home andare direttamente a casa. 3 (completely) completamente, del tutto: it's ~ outside my field è completamente fuori del mio campo. 4 (correctly, accurately) bene, giusto, esattamente: if I understand you ~ se ti ho ben capito. 5 (suitably, in the required way) correttamente, bene, nel modo giusto: you're not holding the racket ~ non tieni la racchetta correttamente. 6 (satisfactorily) bene, in

modo soddisfacente: everything came ~ in the end finì tutto bene. 7 (on the right side) a destra, sulla destra; (to the right side) a destra, verso destra: to turn ~ voltare a destra. 8 (Pol) a destra, verso destra: the party is moving ~ il partito si sta spostando a destra. 9 (colloq) (as a question phrase) (non è) vero?: you're Miss Jones, ~? lei è la signorina Jones, vero? 10 (colloq) (as an intercalation) chiaro, va bene, proprio così. 11 (in titles: very) molto. IV v.t. 1 raddrizzare: to ~ a capsized boat raddrizzare una barca capovolta. 2 (rifl.) to ~ oneself raddrizzarsi, rimettersi diritto, rimettersi in piedi, ritrovare l'equilibrio. 3 (to put right) aggiustare, mettere a posto, accomodare, sistemare: things will ~ themselves eventually le cose finiranno con l'aggiustarsi prima o poi. 4 (to redress) riparare, rimediare a: to ~ a wrong riparare un torto. V v.i. raddrizzarsi. VI intz. (to express agreement, consent, etc.) va bene!, senz'altro!, d'accordo!, certo!, sicuro!: hold this for me, will you? - ~! reggimi questo, per favore - senz'altro! □ ~ ahead sempre avanti, sempre dritto; (Am) ~ along: 1 per tutto, lungo tutto: ~ along the road lungo tutta la strada; 2 (all the time) sempre, sin dall'inizio, often not translated: I knew it ~ along lo sapevo io, lo sapevo già; he'll be ~ along arriva subito; ~ and left: 1 (on, to the right and the left) a destra e a sinistra, a dritta e a manca; 2 (in all directions) in tutte le direzioni, a destra e a sinistra: the crowd scattered ~ and left la folla si disperse in tutte le direzioni; (Geom) ~ angle angolo retto, at ~ angles with ad angolo retto con, perpendicolare a; I would give my ~ arm for sth. darei qualsiasi cosa per avere qcs.; as ~ as rain: 1 (quite right) perfettamente, in perfetto stato, alla perfezione; 2 (in good health) sano come un pesce; (Astr) ~ ascension ascensione retta; to be at -s essere perpendicolare (to a), essere ad angolo retto (rispetto a); ~ away subito, immediatamente, all'istante; (Sport) ~ back difensore destro, terzino destro; ~ bank sponda destra, riva destra; (Anat) ~ brain emisfero cerebrale destro; (fig) to push the ~ button (o to press the ~ button) toccare il tasto giusto; by -s di diritto; by ~ of per diritto di, grazie a: to achieve fame by ~ of merit raggiungere la notorietà per meriti propri; (Mil) by the ~, quick march! destr, avanti marsc'!; by what ~? con quale diritto?; (fig) to touch the ~ chord toccare il tasto giusto, toccare la corda giusta; it will all come ~ in the end alla fine tutto andrà bene; (Mil) ~ dress: 1 (used as an interjection) destr riga!; 2 (used as a verb) allinearsi a destra; (Mil) ~ face: 1 (used as a noun) fronte a destr; 2 (used as an interjection) fronte destr!; (Sport) ~ field (in baseball) zona destra del campo; (fig) to start off on the ~ foot (o to get off on the ~ foot) incominciare bene, partire con il piede giusto; (colloq) am I ~ for the station? è questa la strada giusta per la stazione?; to get sth. ~ chiarire qcs., definire qcs., stabilire qcs.; let's get this ~ before we go on chiariamo questo prima di continuare; to go ~ andare bene: nothing ever goes ~ with me non me ne va mai bene una; (Sport) ~ half (o ~ half-back) laterale destro, mediano destro; ~ hand: 1 destra, mano destra; 2 (right side) destra, lato destro: on the ~ hand a destra, at so.'s ~ hand alla destra di qcu.; 3 (fig) (place of trust, honour) destra: to sit on so.'s ~ hand sedere alla destra di qcu.; 4 (fig) (person of trust) braccio destro: the president's ~ hand il braccio destro del presidente; to have a ~

to avere il diritto di, avere diritto a: you have a ~ to do as you please hai il diritto di fare come ti pare; to have no ~ to non avere il diritto di, non avere diritto a: you had no ~ to say that non avevi il diritto di dirlo; to have the ~ to avere il diritto di, avere diritto a; (Br) Right Honourable (used as a title) molto onorevole; (Parl) the Right Honourable member for Hartlepool il mio onorevole deputato della circoscrizione di Hartlepool; to be in the ~ avere ragione, essere nel giusto; (colloq) he is not quite ~ in the head gli manca qualche rotella; (Econ) -s issue sottoscrizione riservata agli azionisti, emissione riservata agli azionisti; (Tip,Inform) ~ justification giustificazione; keep ~ (o keep to the ~) tieniti a destra; to be in one's ~ mind essere in possesso delle proprie facoltà mentali, essere sano di mente; not to be in one's ~ mind essere fuori di senno, essere fuori di sé; nobody in their ~ mind would do that nessuno che abbia un po' di cervello lo farebbe; ~ now: 1 (at this very moment) proprio adesso, (proprio) in questo momento; 2 (immediately) immediatamente, subito; (Br,Dir) ~ of abode diritto alla residenza concesso agli immigrati; (Dir) ~ of access diritto di accesso; (Dir) ~ of association diritto di associazione; (Dir) ~ of audience diritto di un avvocato di comparire in tribunale; ~ of entry diritto di presa di possesso; (Dir) ~ of inheritance diritto di successione; ~ of ownership diritto di proprietà; ~ of public meeting diritto di riunione; (Mar) ~ of search diritto di visita; (Dir) ~ of silence diritto al silenzio, diritto di non rispondere; ~ of way: 1 (Dir) diritto di passaggio, servitù di passaggio; 2 (Strad) diritto di precedenza; ~ off: 1 (without hesitation) senza esitazione, senza incertezze: he stood up and spoke ~ off si alzò a parlare senza esitazione; 2 (immediately) subito, immediatamente; (fig) ~ off the bat immediatamente, subito, all'istante; (sl) ~ on! (absolutely right) giustissimo!, esatto!; on our ~ alla nostra destra; on the ~ of sth. a destra di qcs.; (Aut) to drive on the ~ tenere la destra; (Am) ~ on the money! esattamente!; ~ out francamente, chiaramente; in one's own ~ per diritto proprio, per meriti propri: he is a rich man in his own ~ è ricco del suo; to put ~: 1 aggiustare, accomodare, riparare: to put the television ~ aggiustare il televisore; 2 (to restore to health, spirits) ristabilire, rimettere in sesto: a holiday will put you ~ una vacanza ti rimetterà in sesto; 3 (to reprove, to correct) mettere a posto, richiamare all'ordine; to put to -s aggiustare, accomodare, riparare; (Dir) all -s reserved tutti i diritti riservati; (fig) to be on the ~ road essere sulla buona strada; there's a balcony ~ round the flat c'è un balcone tutt'attorno all'appartamento; to set ~: 1 aggiustare, accomodare, riparare: to set the television ~ aggiustare il televisore; 2 (to restore to health, spirits) ristabilire, rimettere in sesto: a holiday will set you ~ una vacanza ti rimetterà in sesto; 3 (to reprove, to correct) mettere a posto, richiamare all'ordine; (scherz) to be on the ~ side of fifty essere al disotto della cinquantina; (colloq) the ~ stuff le qualità giuste (spec. il coraggio, l'eroismo); to say the ~ thing parlare a proposito; (Dir) ~ to assemble libertà di riunione; (Am, Dir) the ~ to bear arms il diritto al porto d'armi, il diritto di portare armi; the ~ to exist il diritto all'esistenza; (Giorn) the ~ to know il diritto all'informazione; ~ to life (used as an adjective) antiabortista, che sostiene il diritto alla vita; the ~ to live il diritto alla vita;

(Dir) ~ *to remain silent* diritto di rimanere in silenzio; ~ *to study* diritto allo studio; *to the* ~ *of sth.* a destra di qcs.; *to turn to the* ~ voltare a destra; ~ *to the bottom* fino in fondo; ~ *to the top* fino in cima; *(fig) to be on the* ~ *track* essere sulla strada buona, essere sulla strada giusta; *(fig) to start off on the* ~ *track* prendere una buona strada; *(fig) to get off on the* ~ *track* prendere una buona strada; *(Am, Geom)* ~ *triangle* triangolo retto; *(Strad) no* ~ *turn* divieto di svolta a destra; *(fig) to be in the* ~ *vein* essere in vena; *(Zool)* ~ *whale* balenide; ~ *wing:* 1 *(Pol)* ala destra, destra; 2 *(Sport)* ala destra, laterale destro; *to be within one's* -s essere nel proprio diritto; *to* ~ *a wrong* riparare un torto; ~ *you are!* va bene!, d'accordo!, senz'altro!

Right /raɪt/ **I** *a. (Pol)* **1** *(Conservative)* conservatore. **2** *(reactionary)* reazionario, di destra. **II** *n.* **1** *(Pol)* destra *f.*, destre *f.pl.* **2** *(Parl)* destra *f.*

rightable /'raɪtəbl̩ *Am* 'raɪtəbl̩/ *a.* correggibile, rimediabile, riparabile.

right-about /'raɪtə,baʊt *Am* 'raɪtə,baʊt/ **I** *n.* **1** dietrofront *m.*, voltafaccia *m.* *(anche fig).* **2** *(position)* direzione *f.* opposta. **II** *a.* dall'altra parte, in direzione opposta. **III** *avv.* dall'altra parte, in direzione opposta. □ ~ *face:* 1 *(Mil) (used as a noun)* dietrofront; 2 *(fig) (used as a noun: reversal of policy)* dietrofront, voltafaccia; ~ *turn:* 1 *(Mil)* dietrofront; 2 *(fig) (reversal of policy)* dietrofront, voltafaccia; 3 *(Mil) (used as a verb)* fare dietrofront; 4 *(Mil) (used as an interjection)* dietrofront!

right-angled /'raɪt,æŋgl̩(d)/ *a. (Geom)* rettangolo, ad angolo retto: *a* ~ *triangle* un triangolo rettangolo.

right-click /'raɪtklɪk/ *v.i. (Inform)* cliccare sul tasto destro (del mouse).

righten /'raɪtən *Am* 'raɪtən/ *v.t. (ant)* raddrizzare, rimettere a posto.

righteous /'raɪtʃəs *Br also* 'raɪtiəs/ **I** *a.* **1** retto, giusto, virtuoso, onesto: *a* ~ *man* un uomo retto. **2** *(justified)* giusto, giustificato, legittimo: ~ *indignation* giusta indignazione. **II** *n. (costr.pl.) (righteous people)* giusti *m.pl.*

righteously /'raɪtʃəsli *Br also* 'raɪtiəsli/ *avv.* rettamente, virtuosamente.

righteousness /'raɪtʃəsnəs *Br also* 'raɪtiəsnəs/ *n.* rettitudine *f.*, onestà *f.*

rightful /'raɪtfʊl/ *a.* **1** legittimo: *the* ~ *owner* il legittimo proprietario. **2** *(just, fair)* giusto, equo, onesto. **3** *(fitting, proper)* giusto, debito, appropriato. □ *(Dir)* ~ *claimant* avente diritto.

rightfully /'raɪtfʊli/ *avv.* **1** giustamente, equamente. **2** *(rightly)* giustamente, a buon diritto.

rightfulness /'raɪtfʊlnəs/ *n.* **1** legittimità *f.* **2** *(justness)* giustizia *f.*

right-hand /,raɪt'hænd *Am also* 'raɪt,hænd/ *a.* **1** destro, di destra, a destra: *the* ~ *side of the road* il lato destro della strada; ~ *glove* guanto destro. **2** *(Mecc)* destrorso, in senso orario. **3** *(of a door)* che si apre verso destra. □ ~ *bend* curva a destra; *(Aut)* ~ *drive* guida a destra: *a car with* ~ *drive* un'auto con guida a destra; *(fig) he is her* ~ *man* è il suo braccio destro; ~ *turn* svolta a destra: *to take a* ~ *turn* svoltare a destra.

right-handed /,raɪt'hændɪd/ **I** *a.* **1** che si serve della mano destra. **2** *(designed for the right hand)* fatto per la mano destra. **3** *(Mecc)* destrorso, in senso orario. **4** *(of a door)* che si apre verso destra. **II** *avv.* con la destra, con la mano destra: *to play tennis* ~ giocare a tennis con la destra.

right-handedness /,raɪt'hændɪdnəs/ *n.* de-

---

strismo *m.*

right-hander /,raɪt'hændər/ *n.* **1** chi usa la mano destra, destrimano *m.* *(f.* -a). **2** *(blow)* destro *m.*, colpo *m.* sferrato con la destra.

rightism /'raɪtɪzəm *Am* 'raɪtɪzəm/ *n. (Pol)* destrismo *m.*, l'essere di destra, orientamento *m.* a destra.

rightist /'raɪtɪst/ *a. (Pol)* orientato a destra.

rightly /'raɪtli/ *avv.* **1** giustamente, a buon diritto. **2** *(fairly, justly)* onestamente, con rettitudine: *to act* ~ agire onestamente. **3** *(accurately, exactly)* con esattezza, accuratamente, con precisione.

right-minded /,raɪt'maɪndɪd/ *a.* onesto, retto, giusto.

right-mindedly /,raɪt'maɪndɪdli/ *avv.* onestamente, rettamente, giustamente.

right-mindedness /,raɪt'maɪndɪdnəs/ *n.* onestà *f.*, rettitudine *f.*

rightmost /'raɪtmoʊst/ *a.* il più destro.

rightness /'raɪtnəs/ *n.* **1** rettitudine *f.*, dirittura *f.*, onestà *f.* **2** *(accuracy, correctness)* esattezza *f.*, giustezza *f.*, correttezza *f.* **3** *(fitness, suitability)* adeguatezza *f.*

right-on /,raɪt'ɑːn/ *n. (Am)* **1** *(colloq)* al passo con i tempi, progressista. **2** *(perfectly true)* esatto, perfetto.

right-thinking /,raɪt'θɪŋkɪŋ/ *a.* onesto, retto, giusto.

right-to-die /,raɪtə'daɪ/ *a.* sul diritto a morire, proeutanasia.

right-to-life /,raɪtə'laɪf/ *a.* sul diritto alla vita, antiabortista.

right-to-lifer /,raɪtə'laɪfər/ *n.* antiabortista *m./f.*, sostenitore *m.* *(f.* -trice) del diritto alla vita.

rightward /'raɪtwəd *Am* 'raɪtwərd/ **I** *a.* volto a destra. **II** *avv.* verso destra, a destra.

rightwards /'raɪtwədz *Am* 'raɪtwərdz/ *avv.* verso destra, a destra.

right-wing /,raɪt'wɪŋ/ *a.* **1** *(Pol)* di destra. **2** *(Pol) (leftist)* destroide. **3** *(Sport)* destro.

right-winger /,raɪt'wɪŋər/ *n.* **1** *(Pol)* persona *f.* di destra. **2** *(Pol) (rightist)* destroide *m./f.* **3** *(Sport)* ala *f.* destra.

rigid /'rɪdʒɪd/ *a.* **1** rigido, duro. **2** *(strict, austere)* rigido, austero, severo, inflessibile. **3** *(strictly observed)* stretto, rigoroso, rigido: ~ *principles* principi rigorosi. **4** *(precise and accurate)* severo, rigido, rigoroso. □ *(Filos)* ~ *designator* designatore rigido.

rigidity /'rɪdʒɪdɪti *Am* 'rɪdʒɪdəti/ *n.* **1** rigidezza *f.*, durezza *f.* **2** *(inflexibility)* rigidezza *f.*, inflessibilità *f.*, severità *f.* **3** *(abnormal stiffness)* rigidità *f.*

rigidly /'rɪdʒɪdli/ *avv.* rigidamente, in modo rigido, categoricamente, rigorosamente, severamente.

rigmarole /'rɪgməroʊl/ *n.* **1** tirata *f.*, filastrocca *f.*, tiritera *f.* **2** *(silly talk)* discorso *m.* sconnesso, discorso *m.* senza capo né coda. **3** *(elaborate procedure)* procedura *f.* lunga e complessa, trafila *f.*

rigor /'rɪgər/ *n.* **1** *(Med)* brivido *m.* **2** *(Fisiol)* rigidità *f.* □ ~ *mortis* rigidità cadaverica.

rigorism /'rɪgərɪzəm/ *n.* rigorismo *m. (anche Filos,Teol).*

rigorist /'rɪgərɪst/ *n.* rigorista *m./f. (anche Filos,Teol).*

rigoristic /,rɪgə'rɪstɪk/ *a.* **1** rigorista. **2** *(Filos, Teol)* rigoristico, del rigorismo, relativo al rigorismo.

rigorous /'rɪgərəs/ *a.* **1** rigoroso, severo, inflessibile, ferreo: ~ *discipline* disciplina rigida. **2** *(minutely accurate)* rigoroso, preciso, esatto. **3** *(of climate)* rigido.

rigorously /'rɪgərəsli/ *avv.* rigorosamente, con severità.

rigorousness /'rɪgərəsnəs/ *n.* **1** rigorosità *f.*,

---

rigidezza *f.*, severità *f.* **2** *(accuracy, precision)* rigorosità *f.*, precisione *f.*, esattezza *f.* **3** *(of climate)* rigidezza *f.*, rigore *m.*

rigour /'rɪgər/ *n.* **1** rigore *m.*, severità *f.*, durezza *f.*, asprezza *f.*, rigidità *f.* **2** *(of laws, rules)* rigore *m.* **3** *(hardship, austerity)* rigorosità *f.*, austerità *f.*, rigore *m.* **4** *(exactness)* esattezza *f.*, precisione *f.* **5** *(of climate)* rigore *m.*

rile /raɪl/ *v.t.* **1** *(colloq)* seccare, infastidire, irritare. **2** *(Am)* *(of water)* rendere torbido, intorbidire. □ *(Am,colloq) to* ~ *up* scocciarsi, irritarsi.

rill /rɪl/ *n.* **1** ruscello *m.*, torrentello *m.*, rigagnolo *m.* **2** *(Astr)* valle *f.* della superficie lunare. **II** *v.i.* sgorgare, scorrere.

rillet /'rɪlɪt/ *n.* ruscelletto *m.*

rim /rɪm/ **I** *n.* **1** orlo *m.*, bordo *m.*, margine *m.*: *the* ~ *of a cup* l'orlo di una tazza. **2** *(Aut)* cerchio *m.*, cerchione *m.* **3** *(of spectacles)* montatura *f.* (degli occhiali). **4** *(Sport)* *(in basketball)* ferro *m.* del canestro. **II** *v.t. (past, p.p.* **rimmed** /-d/) **1** orlare, bordare. **2** *(to serve as a rim for)* delimitare, cingere, circoscrivere, bordare. **3** *(Mecc)* cerchiare.

RIM *Mauritania* RIM (Mauritania).

rima /'raɪmə/ *(pl.* **rimae** /'raɪmiː/) *n. (Anat)* rima *f.*

rime[1] /raɪm/ *n./v. (ant)* **rhyme**.

rime[2] /raɪm/ **I** *n. (Meteor)* brina *f.*, calaverna *f.* **II** *v.t. (poet)* ricoprire di brina.

rimless /'rɪmləs/ *a.* **1** senza orlo, senza bordo. **2** *(of spectacles)* non cerchiato, con montatura a giorno.

rimmed /rɪmd/ *a.* **1** orlato, bordato. **2** *(in compounds)* orlato..., dal bordo..., dall'orlo...: *a gold-* ~ *goblet* una coppa orlata d'oro.

rimose /'raɪmoʊs/ *a.* screpolato, pieno di crepe, pieno di fessure.

rimous /'raɪməs/ *a.* screpolato, pieno di crepe, pieno di fessure.

rimy /'raɪmi/ *a.* coperto di brina, brinato.

rind /raɪnd/ *n.* **1** *(bark)* corteccia *f.*, scorza *f.* **2** *(of fruit)* buccia *f.*, scorza *f.*, pelle *f.* **3** *(of cheese)* crosta *f.* **4** *(of bacon)* cotenna *f.* **5** *(fig)* apparenza *f.*, scorza *f.*, corteccia *f.*

ring[1] /rɪŋ/ **I** *n.* **1** anello *m.* **2** *(for the arm, ankle)* bracciale *m.* (da polso o caviglia), cerchietto *m.*, cerchio *m.* **3** *(nose ring)* anello *m.* al naso. **4** *(for animals)* nasiera *f.* **5** *(ear-ring)* orecchino *m.* **6** *(on cooker: electric)* fornello *m.* elettrico, piastra *f.* elettrica; *(gas)* fornello *m.* a gas: *three-* ~ *hob* piano di cottura a tre fornelli. **7** *(circular band of metal, wood, etc.)* anello *m.*, cerchio *m.*, cerchietto *m.* **8** *(circle, circular line)* anello *m.*, cerchio *m.*: *a* ~ *of smoke* un anello di fumo. **9** *(encircling arrangement)* cerchia *f.*: *a* ~ *of low hills* una cerchia di basse colline. **10** *(circular space for exhibitions, etc.)* pista *f.* circolare; *(enclosure)* recinto *m.* **11** *(in a circus)* pista *f.*, arena *f.* del circo: *a three-ring circus* un circo a tre piste. **12** *(fig) (circus life, occupation)* vita *f.* del circo. **13** *(bullring)* arena *f.* **14** *(Sport) (in boxing)* quadrato *m.*, ring *m.*; *(for horses, circus)* pista *f.* **15** *(fig) (boxing profession)* pugilato *m.*, boxe *f.* **16** *(Ginn)* anello *m.* **17** *(colloq) (group of persons combined for illegal purposes)* cricca *f.*, combriccola *f.*, ghenga *f.* **18** *(Econ)* sindacato *m.* commerciale, ring *m.* **19** *(Tecn,Mecc)* anello *m.* **20** *(Mot)* fascia *f.* elastica. **21** *(Astr)* anello *m.*: *Saturn's* -s gli anelli di Saturno. **II** *v.t.* **1** circondare, cingere, fare cerchio intorno a: *mountains* -ed *the valley* le montagne circondavano la valle. **2** *(to move round)* girare in cerchio intorno a, girare in tondo intorno a, ruotare intorno a. **3** *(of cattle)* radunare *(circondando o stringendo in cerchio).* **4** *(to turn a ring)* dare forma di anello a. **5** (*to furnish with a ring*) mettere l'anello a: *to ~ a bull* mettere l'anello (al naso) a un toro. **6** (*of a bird*) inanellare. **7** (*to mark with a ring, to draw a ring round*) disegnare un cerchio intorno a, fare un cerchio intorno a. **III** *v.i.* **1** formare un anello, formare un cerchio. **2** (*to move in a ring*) girare in cerchio, girare in tondo. □ *-s around the eyes* occhiaie, occhi cerchiati; *~ binder* raccoglitore ad anelli, quaderno ad anelli; (*Mar*) *~ buoy* salvagente anulare; (*El*) *~ circuit* circuito ad anello; *~ fence* barriera di protezione; *~ finger* anulare; (*El*) *~ main* circuito elettrico principale; *~ master* direttore di circo (equestre); (*Mecc*) *~ nut* ghiera; (*Strad*) *~ road* circonvallazione, tangenziale, raccordo anulare; (*colloq*) *the policemen made* (*o formed*) *a ~ round the thief* i poliziotti circondarono il ladro; (*fig*) *to make -s round so.* (o *to run -s round so.*) superare qcu., fare meglio di qcu., surclassare qcu., essere di gran lunga superiore a qcu.; (*Tecn*) *~ screw* vite ad anello; (*Tecn*) *~ spanner* chiave a stella, chiave poligonale.

ring² /rɪŋ/ (*past* **rang** /ræŋ/ *rar* **rung** /rʌŋ/, *p.p.* **rung**) **I** *v.i.* **1** (*of bells, etc.*) suonare, squillare, trillare: *the bell rang for class* suonò la campanella per l'inizio della lezione; *the telephone is -ing* squilla il telefono. **2** (*to resound, to echo*) risuonare, echeggiare: *the house rang with the happy cries of children* la casa risuonava delle grida felici dei bambini. **3** (*to summon with a bell*) suonare (il campanello) (*for* per): *shall I ~ for the maid?* devo suonare per chiamare la cameriera? **4** (*to telephone*) telefonare, fare una telefonata. **5** (*of the ears*) fischiare, ronzare. **II** *v.t.* **1** suonare, fare suonare, fare squillare. **2** (*assol*) (*to sound a bell*) suonare: *please ~ and walk in* si prega di suonare e di entrare. **3** (*of a coin, etc.*) suonare. **4** (*to produce by ringing*) suonare: *the bells rang the Angelus* le campane suonarono l'avemaria. **5** (*Br*) (*to telephone*) telefonare a, chiamare (al telefono): *I'll ~ you tomorrow* ti telefonerò domani. **6** (*to summon by a bell*) chiamare. □ *to ~ the alarm* suonare l'allarme, dare l'allarme; *to ~ around* fare un giro di telefonate; (*Br*) *to ~ back* ritelefonare, richiamare; *to ~ a bell with so.* far ricordare qcs. a qcu.; (*Am, colloq*) *to ~ so.'s bell* piacere a qcu., soddisfare qcu; *to ~ the bell* avere successo; *to ~ down the curtain*: **1** (*Teat*) calare la tela, calare il sipario; **2** (*fig*) calare il sipario (*on* su); *to ~ hollow* sembrare privo di fondamenta, suonare vuoto; *to ~ in*: **1** telefonare al luogo di lavoro; *to ~ in sick* telefonare al lavoro per dire che si è malati; **2** (*to celebrate the beginning of*) celebrare l'inizio di, festeggiare l'inizio di: *to ~ in the New Year and ~ out the Old* salutare con uno scampanio l'inizio del nuovo anno e la fine del vecchio; *to ~ off*: **1** (*Tel*) interrompere la comunicazione, riattaccare; **2** (*colloq*) (*to stop talking*) ammutolire, azzittirsi, tacere; (*Tel,colloq*) *to ~ off the hook* squillare in continuazione; *to ~ out*: **1** suonare a distesa: *the church bells rang out* le campane della chiesa suonarono a distesa; **2** (*to sound loudly*) risonare, rimbombare, rintronare; (*fig*) *to ~ so.'s praises* tessere le lodi di qcu., cantare le lodi di qcu.; *to ~ the changes*: **1** suonare le campane in tutte le variazioni possibili; **2** (*fig*) cantarla in tutti i toni, variare; *to ~ the chimes* scampanare, suonare a festa; *to ~ the hours* battere le ore, suonare le ore; *to ~ true*: **1** (*of a coin*) non avere un suono falso; **2** (*fig*) suonare sincero, suonare vero; *to ~ up*: **1** telefonare, chiamare (al telefono); **2** (*to use the cash register*) bat-

tere sul registratore di cassa; *to ~ up the curtain*: **1** (*Teat*) (fare) alzare il sipario; **2** (*Am, fig*) dare il via (*on* a), iniziare (*on sth.* qcs.).

ring³ /rɪŋ/ *n.* **1** suono *m.* (tintinnante), tintinnio *m.*, trillo *m.*, tin tin *m.*: *the ~ of a bell* il suono di una campana. **2** (*loud, clear sound*) squillo *m.*, suono *m.* argentino: *the ~ of happy laughter* lo squillo di allegre risate. **3** (*fig*) accento *m.*, tono *m.*, suono *m.*: *there was a ~ of sincerity in his voice* c'era un tono di sincerità nella sua voce; *the ~ of words* il tono delle parole; *his words had a false ~* le sue parole avevano un suono falso. **4** (*resonance, sonority*) risonanza *f.*, sonorità *f.* **5** (*telephone call*) telefonata *f.*, colpo *m.* di telefono: *give me a ~ next week* fammi una telefonata la settimana prossima. **6** (*act of ringing*) suonata *f.*, scampanellata *f.* **7** (*instance*) squillo *m.*, suonata *f.*, trillo *m.*, drin drin *m.*: *there was a ~ at the door* ci fu uno squillo alla porta.

ring-a-ring-a-roses /ˌrɪŋəˌrɪŋə'rəʊzɪz/ *n.* (*children's game*) girotondo *m.*

ring-around-the-rosey /ˌrɪŋəˌraʊndə'rəʊzi/ *n.* (*Am*) (*children's game*) girotondo *m.*

ring-bolt /'rɪŋbəʊlt/ *n.* (*Tecn*) bullone *m.* a occhio con anello.

ring-dove /'rɪŋdʌv/ *n.* (*Ornit*) **1** (*wood pigeon*) colombaccio *m.* **2** (*turtle dove*) tortora *f.* domestica.

ringed /rɪŋd/ *a.* **1** che porta un anello, che porta anelli, inanellato: *~ fingers* dita piene di anelli. **2** (*marked with a ring*) cerchiato. **3** (*ring-shaped*) anulare, ad anello. **4** (*composed of rings*) composto di anelli, ad anelli. □ (*Ornit*) *~ plover* corriere grosso.

ringent /'rɪndʒənt/ *a.* **1** aperto, spalancato. **2** (*Bot*) labiato.

ringer¹ /'rɪŋər/ *n.* **1** (*one who encircles*) chi cerchia, chi mette un anello, chi mette un cerchio. **2** (*one who rings birds*) chi inanella uccelli, chi fa l'inanellamento.

ringer² /'rɪŋər/ *n.* **1** chi suona, suonatore *m.* (*f.* -trice). **2** (*bell-ringer*) campanaro *m.* **3** (*ringing device*) suoneria *f.* **4** (*Am,sl*) (*one who resembles another*) ritratto *m.*, copia *f.*: *to be a dead ~ for so.* essere il ritratto perfetto di qcu.

Ringer /'rɪŋər/ □ (*Biol*) *~ solution* (o *~ 's solution*) soluzione di Ringer.

ring-gauge /'rɪŋɡeɪdʒ/ *n.* (*Tecn*) calibro *m.* ad anello.

ringing /'rɪŋɪŋ/ **I** *n.* **1** il suonare, sonata *f.* **2** (*sound*) squillo *m.*, suonata *f.*, trillo *m.*, drin drin *m.* **3** (*in the ears*) fischio *m.*, ronzio *m.* **II** *a.* sonoro: *~ voice* voce sonora. □ (*Tel*) *~ tone* segnale di chiamata, segnale di libero.

ringleader /'rɪŋˌliːdər/ *n.* capobanda *m.*, caporione *m.*

ringless /'rɪŋləs/ *a.* senza anello, senza anelli.

ringlet /'rɪŋlɪt/ *n.* **1** riccio *m.*, boccolo *m.*, ricciolo *m.* **2** (*small ring*) anellino *m.*

ringleted /'rɪŋlɪtɪd Am 'rɪŋlɪtɪd/ *a.* riccio, con i ricci, con i boccoli, con i riccioli.

ringmaster /'rɪŋˌmɑːstər Am 'rɪŋˌmæstər/ *n.* direttore *m.* di circo.

ring-neck /'rɪŋnek/ *n.* (*Ornit*) uccello *m.* dal collare.

ring-necked /'rɪŋnekt/ *a.* (*Ornit*) dal collare.

ring-pull /'rɪŋpʊl/ *n.* (*Br*) anello *m.* (di lattina con apertura a strappo). □ (*Br*) *~ can* lattina con apertura a strappo.

ringroad /'rɪŋrəʊd/ *n.* (*Br,Strad*) circonvallazione *f.*, tangenziale *f.*, raccordo *m.* anulare: *inner ~* circonvallazione interna.

ringside /'rɪŋsaɪd/ **I** *n.* (*of a boxing, circus ring, etc.*) settore *m.* di prima fila. **II** *a.* **1** (*of seats*) di prima fila. **2** (*fig*) (*affording a close*

view) che permette di vedere bene. □ *~ seat* posto di prima fila (*anche fig*).

ringster /'rɪŋstər/ *n.* (*Am,sl*) chi fa parte di una cricca.

rink /rɪŋk/ *n.* **1** (*for ice skating*) pista *f.* di pattinaggio su ghiaccio. **2** (*for roller skating*) pista *f.* di pattinaggio a rotelle. **3** (*in curling*) campo *m.* di curling. **4** (*of a bowling green*) corsia *f.* di un campo di bocce. **II** *v.i.* pattinare.

rinky-dink /'rɪŋkidɪŋk/ *a.* (*Am,colloq*) scadente, scalcinato, antiquato, fuori moda, di poco valore, scassato, dozzinale: *a ~ art gallery* una galleria d'arte da quattro soldi.

rinse /rɪns/ **I** *v.t.* **1** sciacquare, risciacquare: *to ~ one's mouth* sciacquarsi la bocca; *to ~ the dishes* risciacquare i piatti. **2** (*of hair: to colour with rinse*) fare un cachet a. **II** *n.* **1** risciacquatura *f.*, sciacquatura *f.* **2** (*hue for the hair*) cachet *m.* □ *~ cycle* ciclo di risciacquo; *to ~ sth. down* (*with food*) annaffiare qcs. con una bibita; *to ~ sth. out* sciacquare, risciacquare.

rinser /'rɪnsər/ *n.* chi sciacqua.

rinsing /'rɪnsɪŋ/ *n.* sciacquatura *f.*, risciacquatura *f.*

Rio de Janeiro /ˌriːoʊdədʒə'nɪərəʊ Am ˌriːoʊdeɪʒə'nerəʊ/ *n.pr.* (*Geog*) Rio de Janeiro *f.*

riot /'raɪət/ **I** *n.* **1** tumulto *m.*, sommossa *f.*, sollevazione *f.*, rivolta *f.*: *student -s* sommosse studentesche. **2** (*Dir*) adunata *f.* sediziosa. **3** (*uproar, violent confusion*) baccano *m.*, fracasso *m.*, frastuono *m.* **4** (*colloq*) (*sth., so. hilariously amusing*) spasso *m.*, persona *f.* molto divertente. **5** (*fig*) (*random display, profusion*) orgia *f.*, profusione *f.*: *a ~ of colours* un'orgia di colori. **II** *v.i.* **1** tumultuare, insorgere, sollevarsi. **2** (*to raise an uproar*) fare baccano. **3** (*to indulge in revelry, debauchery*) darsi agli stravizi, gozzovigliare. **4** (*to indulge in without restraint*) abbandonarsi senza ritegno, indulgere (*in* a). □ (*Br, Dir,Stor*) *Riot Act* legge contro gli assembramenti: *to read the Riot Act*: **1** intimare di sciogliere l'assembramento; **2** (*fig*) richiamare all'ordine, ammonire severamente (*to so.* qcu.); *~ control* controllo antisommossa; (*Arm*) *~ gear* equipaggiamento antisommossa; (*Arm*) *~ gun* fucile a canna corta; *~ police* (squadra di) pronto intervento, reparto antisommossa; *to run ~*: **1** scatenarsi, sfrenarsi; **2** (*of plants*) crescere con eccessivo rigoglio, lussureggiare; (*Arm*) *~ shield* scudo (dei corpi) antisommossa; *~ squad* (squadra di) pronto intervento, reparto antisommossa.

rioter /'raɪətər Am 'raɪətər/ *n.* chi prende parte a un tumulto, rivoltoso *m.* (*f.* -a), facinoroso *m.* (*f.* -a).

riotous /'raɪətəs Am 'raɪətəs/ *a.* **1** tumultuoso, sedizioso, rivoltoso. **2** (*wild, noisy*) clamoroso, chiassoso: *a ~ laugh* una risata clamorosa. **3** (*indulging in dissipation*) dissoluto, scioperato, dissipato: *~ living* vita dissoluta. **4** (*fig*) lussureggiante, rigoglioso.

riotously /'raɪətəsli Am 'raɪətəsli/ *avv.* tumultuosamente.

riotousness /'raɪətəsnəs Am 'raɪətəsnəs/ *n.* **1** turbolenza *f.* **2** (*dissipation*) dissipazione *f.*, dissipatezza *f.*

rip¹ /rɪp/ (*past, p.p.* **ripped** /-t/) **I** *v.t.* **1** strappare, lacerare, stracciare, squarciare: *I -ped my sleeve on a protruding nail* mi sono strappato la manica con un chiodo sporgente. **2** (*to remove by tearing*) strappare, tirare via: *to ~ the paper off a wall* strappare la carta da una parete. **3** (*of a roof*) scoperchiare. **4** (*Fal*) segare secondo la fibra. **5** (*Agr*) scarificare. **II** *v.i.* **1** strapparsi, lacerarsi, stracciarsi. **2** (*colloq*) andare a tutta velocità, filare. □ *to ~ across* strappare in due, lacerare; *to ~ apart*: 1 sventrare, fare a pezzi, ridurre in brandelli; 2 (*colloq*) sbaragliare, annientare, distruggere, rovinare; *to ~ away* strappare via, tirare via; (*colloq*) *to ~ into so.* attaccare violentemente qcu.; (*colloq*) *to let ~*: 1 dare libero sfogo a, dare la stura a: (*colloq*) *let it ~* (o *let her ~*)! (*of a boat, engine, etc.*) tutto gas!, lancialo!; (*fig*) *to let things ~* lasciare che le cose vadano a modo loro; 2 (*pop*) (*to swear violently*) bestemmiare come un turco, smoccolare; *to ~ off*: 1 strappare, tirare via, staccare: *to ~ off the cover* strappare il coperchio; 2 (*to steal*) derubare, rubare, svaligiare; 3 (*to cheat*) imbrogliare, truffare; *to ~ open* lacerare, squarciare, aprire; *to ~ out*: 1 strappare via; 2 (*colloq*) (*to utter violently*) prorompere in; *to ~ up*: 1 (*to tear up*) strappare, fare a pezzi; 2 (*to uproot*) sradicare, svellere.

rip² /rɪp/ *n.* 1 strappo *m.*, lacerazione *f.*, squarcio *m.* 2 (*Fal*) taglio *m.* secondo la fibra.

rip³ /rɪp/ *n.* (*tide rip*) increspatura *f.*, frangente *m.* di marea.

rip⁴ /rɪp/ *n.* (*Am*) 1 (*colloq*) (*worn-out horse*) ronzinante *m.*, rozza *f.* 2 (*dissolute person*) debosciato *m.*, dissoluto *m.* (*f.* -a), scapestrato *m.* (*f.* -a).

R.I.P. /ɑːraɪˈpiː/ *requiescat in pace, rest in peace* R.I.P. (riposi in pace).

riparian /r(a)ɪˈpeərɪən *Am* r(a)ɪˈperɪən/ □ (*Dir*) *~ right* diritto rivierasco.

ripcord /ˈrɪpkɔːd *Am* ˈrɪpkɔːrd/ *n.* (*Aer*) cavo *m.* di spiegamento; (*of a balloon*) fune *f.* di strappamento.

ripe /raɪp/ *a.* 1 maturo: *the corn is ~* il granturco è maturo; *~ fruit* frutta matura. 2 (*of cheese, wine, etc.*) maturo, stagionato. 3 (*of meat*) frollo. 4 (*fig*) (*ready*) pronto, maturo. 5 (*fig*) (*suitable*) maturo, adatto, idoneo, atto: *the time is ~ to put our plan into execution* i tempi sono maturi per l'esecuzione del nostro piano. 6 (*fig*) (*of time: advanced*) tardo, maturo, avanzato, inoltrato: *to live to the ~ age of ninety* vivere fino alla bell'età di novant'anni; *to live to a ~ old age* vivere fino a un'età molto avanzata. 7 (*sl*) (*of jokes, etc.: amusing*) spassosissimo, divertentissimo; (*indecent*) spinto, piccante, salace.

ripen /ˈraɪpn/ **I** *v.i.* maturare, maturarsi (*anche fig*). **II** *v.t.* 1 maturare, fare maturare, portare a maturazione. 2 (*of cheese*) (fare) stagionare. 3 (*fig*) maturare, perfezionare.

ripeness /ˈraɪpnəs/ *n.* maturità *f.* (*anche fig*).

rip-off /ˈrɪpɒf/ *n.* (*sl*) furto *m.*, fregatura *f.*, imbroglio *m.*, bidone *m.*: *those prices are almost a ~* questi prezzi sono quasi un furto. □ *~ artist* (o *~ merchant*) imbroglione, truffatore.

ripost, riposte /rɪˈpoʊst/ **I** *n.* 1 (*Sport*) risposta *f.* 2 (*fig*) risposta *f.* per le rime, risposta *f.* di rimbecco. **II** *v.i.* 1 (*Sport*) rispondere. 2 (*fig*) rispondere per le rime.

ripper /ˈrɪpər/ *n.* 1 chi strappa, chi lacera. 2 (*murderer*) squartatore *m.* (*f.* -trice). 3 (*tool*) arnese *m.* che serve per strappare. 4 (*Agr*) scarificatore *m.* 5 (*Am,colloq*) (*sth. excellent of its kind*) cosa *f.* eccezionale, cannonata *f.*, fine *f.* del mondo. 6 (*Fal*) (*rip-saw*) saracco *m.*, segaccio *m.*

ripping /ˈrɪpɪŋ/ **I** *a.* (*Br,colloq,ant*) eccellente, ottimo, favoloso: *a ~ show* uno spettacolo favoloso. **II** *avv.* (*Br,colloq,ant*) (*very*) molto. □ (*ant*) *to have a ~ good time* divertirsi un mondo, spassarsela.

ripple¹ /ˈrɪpl/ **I** *n.* 1 crespa *f.*, increspatura *f.* 2 (*fig*) gorgoglio *m.*, mormorio *m.* 3 (*ice-cream*) gelato *m.* con striature di cioccolato o sciroppo. **II** *v.i.* 1 incresparsi, ag-

grinzarsi, aggrinzare, aggrinzire: *the pond -d as a breeze sprang up* il laghetto s'increspò all'alzarsi della brezza. 2 (*to move in ripples*) ondeggiare, fluttuare. 3 (*fig*) gorgogliare, mormorare. **III** *v.t.* increspare, aggrinzare. □ *~ effect* effetto secondario, effetto a catena.

ripple² /ˈrɪpl/ **I** *n.* (*Tecn*) scapecchiatoio *m.* **II** *v.t.* (*Tecn*) scapecchiare.

ripplet /ˈrɪplɪt/ *n.* piccola increspatura *f.*, lieve increspatura *f.*

ripply /ˈrɪpli/ *a.* increspato, crespo.

rip-rap, riprap /ˈrɪpræp/ *n.* (*Am,Edil*) 1 fondazione *f.* a scogliera, fondazione *f.* in pietrame alla rinfusa. 2 (*stone used*) pietrame *m.* (per fondazioni subacquee).

rip-roaring /ˈrɪpˌrɔːrɪŋ/ *a.* (*colloq*) 1 (*as an intensive: very great*) enorme, eccezionale. 2 (*wild, boisterous*) sfrenato, pazzo, indiavolato. 3 (*hilarious*) divertente, spassoso.

rip-saw /ˈrɪpsɔː/ **I** *v.t.irr.* (*Fal*) segare col saracco. **II** *n.* (*Fal*) saracco *m.*, segaccio *m.*

riptide /ˈrɪptaɪd/ *n.* (*Mar*) corrente *f.* di ritorno, corrente *f.* di marea.

Ripuarian /ˌrɪpjuˈeərɪən *Am* ˌrɪpjuˈerɪən/ **I** *a.* (*Stor*) dei Franchi Ripuari. **II** *n.* (*Stor*) Franco *m.* Ripuario.

rise¹ /raɪz/ (*past* **rose** /roʊz/, *rar* **rise**; *p.p.* **risen** /ˈrɪzᵊn/) **I** *v.i.* 1 alzarsi, levarsi, sollevarsi: *to ~ from the floor* alzarsi dal pavimento; *to ~ to one's feet* levarsi in piedi. 2 (*to get up from sleep*) alzarsi (dal letto), levarsi: *we rose at dawn* ci alzammo all'alba. 3 (*to ascend into the air*) salire: *smoke was rising from the chimney* saliva del fumo dal camino. 4 (*of a heavenly body*) nascere, sorgere, alzarsi, levarsi: *the sun has -n* il sole è sorto. 5 (*to go up*) alzarsi, sollevarsi, andare su: *the curtain rose* si alzò il sipario. 6 (*to extend upwards*) ergersi, elevarsi, levarsi, innalzarsi: *a range of mountains rose before us* di fronte a noi si ergeva una catena di montagne. 7 (*to be built*) sorgere: *a new hotel is to ~ on the outskirts of town* un nuovo albergo sorgerà alla periferia della città. 8 (*to slope upwards*) salire: *the path rose sharply* il sentiero saliva ripido. 9 (*of the hair*) rizzarsi: *my hair rose* (*on end*) mi si rizzarono i capelli. 10 (*to increase*) aumentare, salire, crescere: *unemployment has -n* la disoccupazione è aumentata; *the temperature's rising* la temperatura sale. 11 (*to reach a higher level*) salire, crescere: *the flood waters are rising* la piena sta salendo. 12 (*Gastron*) (*of dough*) crescere, lievitare. 13 (*of the voice*) salire di tono. 14 (*of wind*) aumentare, rinforzare, crescere; (*to come into action*) alzarsi, levarsi. 15 (*to advance in rank*) salire, innalzarsi, elevarsi, assurgere: *he rose to a high rank when still young* salì a un alto grado quand'era ancora giovane. 16 (*to recover after failure, etc.*) sollevarsi, riprendersi, rifarsi, riaversi. 17 (*to take up arms, to rebel*) sollevarsi, levarsi, ribellarsi, insorgere. 18 (*Br,Parl*) sospendere i lavori. 19 (*to appear, to arise*) sorgere, nascere, apparire, manifestarsi, spuntare: *some difficulties have -n* sono sorte alcune difficoltà. 20 (*to originate, to be derived*) derivare, scaturire, sorgere, provenire (*from, out of* da). 21 (*to return from death*) risuscitare, risorgere. 22 (*of rivers*) sorgere, nascere. 23 (*Pesc*) (*of fish*) venire a galla, salire a fior d'acqua: *the fish are rising* i pesci vengono a galla. 24 (*Pesc*) (*to take bait*) abboccare (all'amo). **II** *v.t.* 1 alzare, levare. 2 (*Pesc*) richiamare. □ *to ~ above*: 1 sovrastare, superare (in altezza): *the tower -s above all the other buildings in the town* la torre sovrasta tutti gli altri edifici

della città; 2 (*fig*) (*to overcome*) superare, sormontare; 3 (*fig*) (*to be superior to*) essere superiore a, essere al di sopra di: *we must ~ above such petty rivalries* dobbiamo essere superiori a queste meschine rivalità; *to ~ above the crowd* distinguersi dalla massa; (*colloq*) *~ and shine!* fuori dal letto!, su!, alzati!; *to ~ from nothing* venire su dal nulla; *to ~ high in one's profession* fare carriera; *her voice rose in indignation* alzò la voce per l'indignazione; *to ~ to*: 1 (*of an audience*) alzarsi ad applaudire; 2 (*to applaud*) applaudire; 3 (*to prove oneself equal to*) essere all'altezza di, essere pari a: *to ~ to the occasion* essere all'altezza della situazione; 4 (*to be lured by*) lasciarsi attirare da; *to ~ to one's feet* alzarsi in piedi; *to ~ up*: 1 (*of ball, smoke*) alzarsi, salire; 2 (*of bird, plane*) levarsi, alzarsi in volo; 3 (*fig*) (*of building, mountain*) ergersi, levarsi, innalzarsi: *a great shout rose up from the crowd* un grande urlo si alzò dalla folla; 4 (*lett*) (*to rebel*) insorgere, ribellarsi, sollevarsi (*against* contro): *to ~ up in revolt* fare una sommossa; *to ~ up in arms* sollevarsi (*anche fig*).

rise² /raɪz/ *n.* 1 salita *f.*, ascesa *f.* (*in* di). 2 (*increase in height*) innalzamento *m.*, elevazione *f.*, elevamento *m.* 3 (*fig*) ascesa *f.*, innalzamento *m.* 4 (*source, origin*) origine *f.*, sorgente *f.* 5 (*increase in amount, degree, etc.*) aumento *m.*, rialzamento *m.*, crescita *f.*: *a temperature ~* (o *a ~ in temperature*) un aumento di temperatura. 6 (*of price*) rialzo *m.*, rincaro *m.* 7 (*of wages, salary*) aumento *m.*: *to receive a ten per cent ~ in salary* ottenere un aumento di stipendio del dieci per cento. 8 (*of the voice: increase in loudness, pitch*) elevazione *f.*, aumento *m.* di tono; (*rising intonation*) tono *m.* in crescendo. 9 (*high place*) altura *f.*, rialzo *m.*, rilievo *m.*: *on top of a ~* in cima a un'altura. 10 (*Edil*) (*of an arch*) freccia *f.*, monta *f.* 11 (*Pesc*) il salire a galla per abboccare. □ *~ and fall*: 1 (*of the tide*) flusso e riflusso; 2 (*fig*) ascesa e caduta: *the ~ and fall of the Roman Empire* l'ascesa e la caduta dell'impero romano; (*colloq*) *to get a ~ out of so.* stuzzicare qcu., provocarne la reazione, punzecchiare qcu. per provocarne la reazione; *to give ~ to* dare luogo a, far nascere, causare, provocare; *to have its ~* (*of a river*) sorgere, nascere; (*Comm*) *~ in price* rincaro, aumento del prezzo; *~ in value* aumento di valore; *to be on the ~*: 1 essere in aumento, salire, crescere: *prices are on the ~* i prezzi sono in aumento; 2 (*Pesc*) salire a galla (per cibarsi); 3 (*of a bird*) che si alza in volo: *to shoot a bird on the ~* tirare a un uccello mentre si alza in volo; *the ~ to power* l'ascesa al potere.

risen¹ /ˈrɪzᵊn/ → **rise¹**.

risen² /ˈrɪzᵊn/ □ (*Rel*) *the ~ Christ* il Cristo risorto.

riser /ˈraɪzər/ *n.* 1 chi si alza: *an early ~* uno che si alza presto, un tipo mattiniero; *a late ~* uno che si alza tardi, un dormiglione. 2 (*Edil*) alzata *f.*, frontalino *m.* 3 (*Minier*) fornello *m.*

risibility /ˌrɪzəˈbɪltɪ *Am* ˌrɪzəˈbɪlət̬ɪ/ *n.* 1 inclinazione *f.* al riso, disposizione *f.* al riso. 2 (*laughter*) riso *m.*, risata *f.*, ilarità *f.*

risible /ˈrɪzəbl/ *a.* 1 comico, ridicolo, buffo. 2 (*capable of laughing*) capace di ridere. 3 (*disposed, ready to laugh*) facile al riso, ridanciano.

rising /ˈraɪzɪŋ/ **I** *a.* 1 che sale, che ascende, ascendente. 2 (*of a heavenly body*) nascente, che sorge, levante, sorgente: *the ~ sun* il sole nascente. 3 (*growing, increasing*) crescente, in sviluppo, in aumento. 4 (*sloping up-*

wards) che sale, in salita: ~ ground terreno in salita. **5** (*advancing in rank, etc.*) che va affermandosi, che si fa strada, (che è) in ascesa: *a ~ man in his profession* un uomo che va affermandosi nella sua professione. **6** (*of the tide*) crescente, montante. **II** *n.* **1** l'alzarsi, il levarsi, levata *f.* **2** (*rebellion*) rivolta *f.*, ribellione *f.*, insurrezione *f.*, sollevazione *f.* **3** (*resurrection*) resurrezione *f.* **4** (*of dough*) lievitazione *f.* **5** (*Parl*) sospensione *f.* dei lavori. **6** (*sth. that projects*) sporgenza *f.*, protuberanza *f.*, rilievo *m.*, prominenza *f.* **III** *avv.* (*ant,colloq*) quasi, vicino a: *the child is ~ nine* il bambino ha quasi nove anni. □ (*Br, Edil*) *~ damp* umidità dal suolo; (*Fon*) ~ *diphthong* dittongo ascendente; *the ~ generation* la nuova generazione, le nuove leve, i giovani; (*Metr*) ~ *rhythm* ritmo ascendente; ~ *sign* (*in astrology*) ascendente; ~ *star* astro nascente, persona che farà strada, persona di sicuro successo; ~ *sun* sol levante; (*Equit*) ~ *trot* trotto sollevato.

risk /rɪsk/ **I** *n.* rischio *m.*, pericolo *m.*: *to run -s* (*o to take -s*) rischiare; *to run the ~ of sth.* affrontare il rischio di qcs.; *a security ~* un pericolo per la sicurezza. **II** *v.t.* **1** rischiare, arrischiare, azzardare, mettere a repentaglio, porre a repentaglio: *to ~ one's life* rischiare la vita. **2** (*to take the risk of*) affrontare (il rischio di), correre il rischio di: *we went ahead and -ed the consequences* andammo avanti e affrontammo le conseguenze. □ ~ *assessment* valutazione del rischio; (*Econ*) ~ *asset ratio* rapporto di attività di rischio; *at ~* in pericolo; *at the ~ of* col rischio di, a rischio di; *at one's own ~* a proprio rischio e pericolo; (*Econ*) ~ *capital* capitale di rischio, capitale azionario; ~ *factor* fattore di rischio; ~ *management* gestione dei rischi; (*colloq*) *to ~ one's neck* rischiare la vita, rischiare la pelle; ~ *taker* persona ardita, persona intrepida.

riskful /'rɪskfʊl/ *a.* rischioso, pericoloso, arrischiato: *a ~ undertaking* un'impresa rischiosa.

riskily /'rɪskɪli/ *avv.* in modo rischioso, rischiosamente.

riskiness /'rɪskɪnəs/ *n.* l'essere rischioso, pericolosità *f.*, rischiosità *f.* (*of* di).

riskless /'rɪskləs/ *a.* senza rischio, privo di rischio.

risk-oriented /'rɪsk,ɔːrientɪd *Am* 'rɪsk,ɔːrientɪd/ *a.* (*Econ*) orientato verso il rischio.

risky /'rɪski/ *a.* **1** rischioso, pericoloso, arrischiato: *a ~ undertaking* un'impresa rischiosa. **2** (*risqué*) spinto, ardito, audace, scabroso, osé.

risqué /rɪ'skeɪ/ *a.* spinto, ardito, audace, scabroso, osé: *a ~ joke* una barzelletta spinta.

rissole /'rɪsoʊl/ *n.* (*Gastron*) crocchetta *f.*, polpetta *f.* (fritta).

RIT (*Ferr*) *Rail Inclusive Tour* (itinerario ferroviario tutto compreso).

rite /raɪt/ *n.* **1** rito *m.* (*anche Rel*): *burial -s* riti funebri. **2** (*estens*) (*customary practice*) rito *m.*, usanza *f.*, costume *m.* □ ~ *of passage* rito di passaggio, rito di iniziazione; (*Mus*) *the Rite of Spring* la Sagra della Primavera.

ritual /'rɪtʃʊəl *Br also* 'rɪtjʊəl/ **I** *n.* rituale *m.*, cerimoniale *m.* (*anche Rel*): *to go through a ~* seguire un rituale (*anche fig*). **II** *a.* rituale, di rito. □ (*satanic*) ~ *abuse* abuso rituale (satanico); ~ *murder* sacrificio umano rituale.

ritualism /'rɪtʃʊəlɪzəm *Br also* 'rɪtjʊəlɪzəm/ *n.* ritualismo *m.*

ritualist /'rɪtʃʊəlɪst *Br also* 'rɪtjʊəlɪst/ *n.* ritualista *m./f.*

ritualistic /,rɪtʃʊə'lɪstɪk *Br also* ,rɪtjʊə'lɪstɪk/ *a.* `

1 rituale, ritualistico. **2** (*adhering to ritualism*) che segue il ritualismo.

ritualistically /,rɪtʃʊə'lɪstɪkəli *Br also* ,rɪtjʊəl 'ɪstɪkəli/ *avv.* in modo ritualistico.

rituality /,rɪtʃʊ'ælɪti ,rɪtjʊ'ælɪti *Am* ,rɪtʃʊ'æləti/ *n.* ritualità *f.*

ritualization /,rɪtʃʊəl(a)ɪ'zeɪʃən *Br also* ,rɪtjʊəl(a)ɪ'zeɪʃən/ *n.* ritualizzazione *f.*

ritualize /'rɪtʃʊəlaɪz *Br also* 'rɪtjʊəlaɪz/ **I** *v.i.* fare del ritualismo, praticare il ritualismo. **II** *v.t.* ritualizzare, rendere rituale.

ritually /'rɪtʃʊəli *Br also* 'rɪtjʊəli/ *avv.* **1** (*ceremonially*) ritualmente, secondo il rito. **2** (*routinely*) ritualmente, abitualmente.

ritz /rɪts/ **I** *v.t.* (*Am*) snobbare, trattare in modo altero. **II** *n.* (*Am,colloq*) lusso *m.* pomposo. □ *to put on the ~* mettersi in pompa magna, fare le cose in grande, non badare a spese, preparare le cose in maniera speciale.

ritzy /'rɪtsi/ *a.* (*colloq*) lussuoso, ricco, opulento, chic, elegante.

rival /'raɪvl/ **I** *n.* rivale *m./f.*, avversario *m.* (*f. -a*), antagonista *m./f.*, concorrente *m./f.*: *business -s* rivali in affari. **II** *a.* avversario, rivale, antagonista, della concorrenza, opposto, contrastante: ~ *political parties* partiti politici avversari. **III** *v.t.* (*past, p.p.* **rivalled** /Am **rivaled** /-d/) **1** rivaleggiare con, competere con (*in per, in*): *few can ~ his style* pochi lo battono in fatto di stile. **2** (*to match, to equal*) rivaleggiare con, essere alla pari di, uguagliare. □ (*Econ*) ~ *brand* marca concorrente; (*fig*) *to go over to the ~ camp* passare al nemico, passare in campo avverso; (*Econ*) ~ *commodities* beni alternativi; *without a ~* che non ha l'uguale, senza pari.

rivalry /'raɪvlri/ *n.* rivalità *f.*, antagonismo *m.*, concorrenza *f.* (*between* tra). □ *to enter into ~ with so.* entrare in competizione con qcu.

rive /raɪv/ (*past* **-d** /-d/ *rar* **rove** /roʊv/, *p.p.* **riven** /'rɪvən/ *rar* **-d**) **I** *v.t.* (*Poet,ant*) **1** lacerare, squarciare. **2** (*to tear away*) strappare, tirare via. **3** (*to split*) spaccare, fendere. **4** (*fig*) (*to divide*) dividere, disunire: *the country was -n by civil war* il paese era diviso dalla guerra civile. **5** (*fig*) (*of the heart, soul, etc.*) straziare, lacerare. **II** *v.i.* (*Poet,ant*) **1** (*to become split*) spaccarsi, fendersi. **2** (*fig*) (*of the heart*) spezzarsi. □ *to ~ away* (*o to ~ off*) (*to tear away*) strappare, tirare via.

riven /'rɪvən/ → **rive.**

river[1] /'rɪvər/ *n.* **1** fiume *m.* (*anche estens*): *the ~ Ganges* il fiume Gange; *a ~ of lava* un fiume di lava. **2** *pl.* (*fig*) fiume *m.sing.*, fiumi *m.pl.*, fiumana *f.sing.*: *-s of tears* un fiume di lacrime. □ ~ *basin* bacino fluviale; ~ *bed* alveo, letto (fluviale); (*Med*) ~ *blindness* oncocercosi, cecità dei fiumi; ~ *bus* vaporetto, battello (di linea); ~ *catchment* bacino fluviale; ~ *crawfish* gambero di fiume; *down ~* a valle; (*sl*) *to sell so. down the ~* (*to betray*) tradire qcu.; (*Zool, colloq*) ~ *horse* ippopotamo; ~ *mouth* foce; ~ *police* polizia fluviale; ~ *pollution* contaminazione delle acque fluviali, inquinamento delle acque fluviali; ~ *port* porto fluviale; *up ~* a monte; (*Am,sl,ant*) *up the ~* (*in or to prison*) in galera, al fresco, in gattabuia.

river[2] /'raɪvər/ *n.* (*ant*) (*one who rives*) chi spacca (legna ecc.).

riverain /'rɪvəreɪn/ **I** *a.* fluviale. **II** *n.* territorio *m.* fluviale.

riverbank /'rɪvəbæŋk *Am* 'rɪvərbæŋk/ *n.* argine *m.* (di fiume): *along the ~* lungo la sponda del fiume.

river-head /'rɪvəhed *Am* 'rɪvərhed/ *n.* sorgente *f.* di fiume.

riverine /'rɪvəraɪn/ *a.* fluviale: ~ *traffic* traf-

fico fluviale.

riverside /'rɪvəsaɪd *Am* 'rɪvərsaɪd/ *n.* riva *f.* del fiume, sponda *f.* del fiume. **II** *a.* della riva del fiume, della sponda del fiume.

rivet /'rɪvɪt/ **I** *n.* (*Tecn*) ribattino *m.*, rivetto *m.*: *to drive a ~ into sth.* rivettare qcs. **II** *v.t.* (*past, p.p.* **riveted/rivetted** /-ɪd/) **1** ribadire, rivettare, chiodare, rivettare. **2** (*to clinch*) ribadire, ribattere. **3** (*fig*) (*to fasten firmly*) fissare: *to ~ one's eyes on sth.* fissare gli occhi su qcs. **4** (*fig*) (*to attract, to hold*) attirare: *to ~ so.'s attention* attirare l'attenzione di qcu.

riveter /'rɪvɪtər *Am* 'rɪvɪtər/ *n.* **1** (*person*) ribattitore *m.* **2** (*machine*) ribaditrice *f.*

riveting /'rɪvɪtɪŋ *Am* 'rɪvɪtɪŋ/ **I** *n.* **1** (*Mecc*) chiodatura *f.* **2** (*clinching*) ribaditura *f.* **II** *a.* (*fig*) incantevole, affascinante. □ (*Mecc*) ~ *gun* pistola sparachiodi, sparachiodi.

riviera /,rɪvi'eərə *Am* ,rɪvi'erə/ *n.* riviera *f.*

Riviera /,rɪvi'eərə *Am* ,rɪvi'erə/ *n.pr.* (*Geog*) Riviera *f.*: *the French ~* la Costa Azzurra; *the Italian ~* la riviera ligure.

rivière /,rɪvi'eər *Am* ,rɪvi'er/ *n.* (*Oref*) collana *f.* di gemme, collana *f.* di diamanti.

rivulet /'rɪvjʊlɪt/ *n.* rivoletto *m.*, ruscelletto *m.*, rigagnolo *m.*: *-s of lava* piccoli torrenti di lava.

rix-dollar /'rɪks,dɒlər *Am* 'rɪks,dɑːlər/ *n.* (*Numism*) tallero *m.* imperiale.

RL 1 (*Sport*) *rugby league* (rugby giocato con squadre di 13 giocatori). **2** *Libanon* RL (Libano).

rly, Rly. *Railway* ferr. (ferrovia).

RM *Madagascar* RM (Madagascar).

R.M. /,ɑːr'em/ **1** *Royal Mail* (regie poste). **2** *Royal Mint* (regia zecca). **3** *Royal Marines* (marines reali).

RMM *Mali* RMM (Mali).

RN *Niger* RN (Niger).

R.N. /,ɑːr'en/ **1** *Royal Navy* (real marina militare). **2** (*Am*) *registered nurse* (infermiera professionale).

RNA /,ɑːren'eɪ/ (*Biol*) *ribonucleic acid* RNA (acido ribonucleico).

R'n'B (*Mus*) *rhythm and blues* R'n'B (rhythm and blues).

R'n'R (*Mus*) *Rock'n'Roll* (rock'n'roll).

RO *Romania* RO (Romania).

ro. 1 (*Bibliot*) *recto* r. (recto). **2** *rood* rood (pari a 1/4 di acro).

ROA /,ɑːroʊ'eɪ/ (*Econ*) *Return on asset* ROA (redditività del capitale investito, rendimento delle attività).

roach[1] /roʊtʃ/ (*pl.inv.* o **roaches** /'roʊtʃɪz/; *il pl. inv. si usa general. con valore collett.*) *n.* (*Itt*) leucisco *m.* rosso.

roach[2] /roʊtʃ/ *n.* **1** (*Am,Entom*) (*cockroach*) blatta *f.* **2** (*Am,sl*) mozzicone *m.* di sigaretta di marijuana.

roach[3] /roʊtʃ/ *n.* (*Mar*) allunamento *m.*, lunata *f.*

road /roʊd/ **I** *n.* **1** strada *f.*, via *f.* (*anche fig*): *a country ~* una strada di campagna; *the ~ to success* la via del successo. **2** (*in street names*) via *f.*: *Bayswater Road* via Bayswater. **3** (*colloq*) (*way*) cammino *m.*, strada *f.* **4** (*Am,Teat*) giro *m.* di rappresentazioni, tournée *f.*: *a ~ company* compagnia di giro, compagnia nomade. **5** *pl.* (*Mar*) rada *f.sing.* **II** *a.* stradale. **III** *v.t.* (*Caccia*) (*of a dog*) braccare. □ ~ *accident* incidente stradale; ~ *book* stradario; ~ *carrier* vettore stradale; ~ *conditions* viabilità; ~ *directory* indicatore stradale; (*colloq*) *for the ~* (*of a drink*) il bicchiere della staffa; ~ *gang* squadra di operai edili; (*Am, fig*) *to get in so.'s ~* mettere il bastone tra le ruote a qcu.; (*colloq*) *to get out of the ~* levati dai piedi, togliti di mezzo; ~ *haulage* autotrasporto di merci, trasporto su strada; ~

haulage contractor autotrasportatore; *(Br)* ~ *haulier:* 1 *(firm)* impresa di autotrasporti, ditta di trasporto su strada; 2 *(person)* autotrasportatore; ~ *head* fine della strada, termine della strada; ~ *hog* automobilista scorretto, pirata della strada; *(Aut)* ~ *holding* tenuta di strada; *(Strad)* ~ *hump* dosso artificiale, dissuasore di velocità; *(Strad)* ~ *junction* nodo stradale; *(Am)* ~ *kill* animale ucciso sulla strada; *(Strad)* ~ *layout* tracciato delle strade, configurazione stradale; ~ *manager* organizzatore di tournée; *(Strad)* ~ *map* carta stradale, carta automobilistica; ~ *metal* pietrame, pietrisco (per la costruzione di strade); *(Cin)* ~ *movie* road movie, film la cui trama si sviluppa durante un lungo viaggio in macchina; ~ *net* (o ~ *network*) rete stradale; *(fig) to be on the ~ to* essere in via di: *the patient is on the ~ to complete recovery* il paziente è in via di completa guarigione; *(Aut)* ~ *performance* prestazione su strada; ~ *pricing* pagamento di pedaggio *(spec.* nelle ore di punta, per ridurre il traffico); *(Sport)* ~ *race* (o ~ *racing*) corsa su strada; ~ *rage* comportamento aggressivo degli automobilisti, liti e aggressioni tra automobilisti; *(Strad)* ~ *roller* compressore (stradale), schiacciasassi; *(Aut)* ~ *run* prova su strada; *(Strad)* ~ *safety* sicurezza stradale; ~ *sense* attitudine alla guida, senso della strada; ~ *service* assistenza agli automobilisti; *(Strad)* ~ *sign* cartello indicatore, cartello stradale; *(Strad)* ~ *surface* pavimentazione stradale, fondo stradale; *(Br)* ~ *tax* bollo di circolazione; *(Aut)* ~ *test* prova su strada; *(fig) the ~ to ruin* la strada verso la rovina; *Road Traffic Act* codice della strada; ~ *transport* trasporto su strada; *(Sport)* ~ *work* corsa su strada (come allenamento); *(Strad)* ~ *works* lavori stradali; *(Aut)* ~ *worthiness* tenuta di strada. *Prov.: all -s lead to Rome* tutte le strade portano a Roma.

roadbed /'roʊdbed/ *n.* 1 *(Ferr)* ballast *m.*, massicciata *f.* 2 *(Strad)* massicciata *f.*, fondo *m.* stradale.

roadblock /'roʊdblɒk *Am* 'roʊdblɑːk/ *n.* 1 blocco *m.* stradale, posto *m.* di blocco. 2 *(obstruction in a road)* ostruzione *f.* stradale. 3 *(Mil)* sbarramento *m.* difensivo su una via di comunicazione. 4 *(in advertising)* trasmissione *f.* dello stesso messaggio pubblicitario alla stessa ora su tutte le reti.

roadhouse /'roʊdhaʊs/ *n.* *(Am,ant)* trattoria *f.* (o locanda *f.*) fuori città frequentata da automobilisti.

roadie /'roʊdi/ *n.* *(Am,sl)* roadie *m.*

roadman /'roʊdmən/ *n.irr.* stradino *m.*, cantoniere *m.*

roadmanship /'roʊdmənʃɪp/ *n.* *(Aut)* abilità *f.* nella guida, capacità *f.* nella guida, perizia *f.* nella guida.

roadmender /'roʊdmendər/ *n.* stradino *m.*, cantoniere *m.*

roadroller /'roʊdroʊlər/ *n.* *(Strad)* rullo *m.* compressore.

roadrunner /'roʊdrʌnər/ *n.* *(Ornit)* corridore *m.* (della strada).

roadshow /'roʊdʃoʊ/ *n.* *(Am)* 1 *(Teat)* spettacolo *m.* teatrale viaggiante. 2 *(Mus)* spettacolo *m.* di musica rock con artisti vari.

roadside /'roʊdsaɪd/ I *n.* *(Strad)* banchina *f.*, ciglio *m.* della strada, margine *m.* della strada. II *a.* *(posto)* sulla strada: *a ~ inn* una taverna sulla strada.

roadstead /'roʊdsted/ *n.* *(Mar)* rada *f.*

roadster /'roʊdstər/ *n.* *(Am)* 1 *(Aut)* automobile *f.* scoperta a due posti. 2 *(bicycle)* bicicletta *f.* da turismo. 3 *(tramp)* vagabondo *m.* *(f.* -a). 4 *(Sport)* *(highwayman)* ladro *m.* di

strada.

roadsweeper /'roʊdswiːpər/ *n.* 1 *(machine)* spazzatrice *f.* 2 *(person)* spazzino *m.* *(f.* -a), netturbino *m.* *(f.* -a).

road-test /'roʊdtest/ *v.t.* *(Aut)* provare su strada, collaudare su strada.

roadway /'roʊdweɪ/ *n.* *(Strad)* carreggiata *f.*, sede *f.* stradale.

roadwork /'roʊdwɜːrk/ *n.* 1 *(Strad)* lavori *m.pl.* stradali. 2 *(Sport)* corsa *f.* su strada (come allenamento).

roadworks /'roʊdwɜːks/ *n.* *(Strad)* lavori *m.pl.* stradali.

roadworthy /'roʊd,wɜːði *Am* 'roʊd,wɜːrði/ *a.* *(Aut)* con una buona tenuta di strada.

roam /roʊm/ I *v.i.* 1 vagare, girovagare, andare a zonzo, vagabondare. 2 *(fig)* *(of thoughts, etc.)* vagare, errare. II *n.* vagabondaggio *m.*

roamer /'roʊmər/ *n.* nomade *m./f.*, vagabondo *m.* *(f.* -a).

roan /roʊn/ I *a.* 1 *(Zootecn)* roano. 2 *(Legat)* di bazzana imitazione marocchino. II *n.* 1 *(Zootecn)* roano *m.* 2 *(Legat)* bazzana *f.* imitazione marocchino.

roar /rɔːr *Am* rɔːr/ I *v.i.* 1 ruggire, emettere un ruggito: *the lion -ed* il leone ruggì. 2 *(of thunder, cannon, etc.)* rombare. 3 *(to shout loudly, to make a loud noise)* urlare, gridare, strepitare, ruggire: *to ~ with pain* urlare dal dolore. 4 *(to laugh loudly)* ridere fragorosamente, fare una sonora risata. 5 *(to move fast and noisily)* filare ruggendo, correre rombando: *the cars -ed round the track* le auto filavano rombando sulla pista. 6 *(to make a loud, confused noise)* strepitare, ruggire, rumoreggiare. II *v.t.* urlare, ruggire: *he roared a command* urlò un ordine. III *n.* 1 ruggito *m.: the ~ of a lion* il ruggito di un leone. 2 *(of thunder, cannon, etc.)* rombo *m.: the ~ of a jet engine* il rombo di un motore a reazione. 3 *(loud shout, cry)* urlo *m.*, grido *m.*, ruggito *m.: a ~ of pain* un urlo di dolore. 4 *(burst of laughter)* scroscio *m.* di risa. 5 *(loud, confused noise)* fracasso *m.*, fragore *m.*, strepito *m.*, ruggito *m.*, frastuono *m.* □ *to ~ out* ruggire, urlare. *to ~ with laughter* ridere come un matto, ridere sganasciatamente.

roaring /'rɔːrɪŋ/ I *n.* 1 *(of lion)* il ruggire. 2 *(of person)* il ruggire, lo sbraitare, lo strepitare. 3 *(of storm)* il mugghiare. 4 *(of waterfall)* lo scrosciare. 5 *(loud, confused sound)* fracasso *m.*, strepito *m.*, ruggito *m.*, fragore *m.*, frastuono *m.* II *a.* 1 ruggente, che ruggisce. 2 *(loud)* fragoroso, strepitoso, rumoroso: ~ *applause* applauso fragoroso. 3 *(colloq)* *(thriving, brisk)* fiorente, prospero, in piena espansione. 4 *(stormy)* tempestoso, burrascoso. □ *(Mar)* ~ *forties* quaranta ruggenti; *to be in a ~ good health* scoppiare di salute; *to do a ~ trade* fare affari d'oro; *the Roaring Twenties* gli anni ruggenti.

roast /roʊst/ *v.t.* 1 cuocere al forno, arrostire al forno: *to ~ a piece of meat* cuocere al forno un pezzo di carne. 2 *(to cook by exposure to direct heat)* arrostire, fare arrosto, cuocere arrosto. 3 *(to cook in hot ashes, etc.)* arrostire, cuocere alla brace: *to ~ chestnuts* arrostire le castagne. 4 *(of coffee beans)* arrostire, tostare, torrefare. 5 *(colloq)* stroncare, criticare severamente. 6 *(Met)* arrostire. II *v.i.* 1 fare l'arrosto. 2 *(of meat, potatoes, etc.)* arrostirsi. 3 *(colloq)* *(to be very hot)* bollire, crepare di caldo: *I'm -ing* sto crepando di caldo. III *a.* arrosto, arrostito: ~ *potatoes* patate arrosto. IV *n.* 1 arrosto *m.: the Sunday ~* l'arrosto domenicale. 2 *(act of roasting)* arrostimento *m.* 3 *(of coffee)* tostatura *f.*, torrefazione *f.* 4 *(colloq)* stroncatura *f.*, critica *f.*

severa.

roasted /'roʊstɪd/ □ *(Alim)* ~ *coffee* caffè tostato.

roaster /'roʊstər/ *n.* 1 chi arrostisce. 2 *(oven)* forno *m.* 3 *(pan)* casseruola *f.* per l'arrosto. 4 *(machine for roasting coffee beans)* tostacaffè *m.* 5 *(Met)* forno *m.* di arrostimento. 6 *(animal, bird suitable for roasting)* pollo *m.* (o coniglio ecc.) da fare arrosto. 7 *(colloq)* *(hot day)* giornata *f.* torrida.

roasting /'roʊstɪŋ/ I *a.* 1 per arrosto, da fare arrosto. 2 *(colloq)* rovente, bollente, cocente. II *n.* 1 *(anche Metall)* arrostitura *f.*, arrostimento *m.* 2 *(colloq)* strigliata *f.*, lavata *f.* di capo: *a ~* dare una strigliata a qcu.

rob /rɒb *Am* rɑːb/ *(past, p.p.* **robbed** /-d/) I *v.t.* 1 derubare, rubare a: *to ~ a traveller* derubare un viaggiatore; *to ~ so. of his watch* rubare l'orologio a qcu. 2 *(to steal)* rubare: *they -bed her purse* le rubarono la borsetta. 3 *(of a place)* svaligiare: *to ~ a bank* svaligiare una banca. 4 *(to deprive unjustly)* privare, defraudare: *the boxer claimed he had been -bed* il pugile sosteneva di essere stato defraudato. 5 *(fig)* *(to deprive)* togliere, privare: *his words -bed me of speech* le sue parole mi hanno tolto la favella. II *v.i.* rubare, commettere un furto. □ *(colloq) to ~ so. blind* lasciare qcu. in mutande; *(fig) to ~ Peter to pay Paul* aprire un buco per tapparne un altro, pagare un debito facendone un altro; *(colloq) to ~ the cradle* sposarsi o accompagnarsi con una persona molto più giovane; *(colloq) to ~ the till* rubare alla propria azienda.

Rob /rɒb *Am* rɑːb/ *n.pr.m.* dim. di Robert.

robber /'rɒbər *Am* 'rɑːbər/ *n.* 1 rapinatore *m.* *(f.* -trice). 2 *(thief)* ladro *m.* *(f.* -a). □ ~ *baron* capitalista senza scrupoli, barone rapinatore; ~ *economy* economia di rapina; *(Entom)* ~ *fly* assillo.

robbery /'rɒbəri *Am* 'rɑːbəri/ *n.* 1 furto *m.*, ruberia *f.*, ladrocinio *m.* 2 *(Dir)* rapina *f.* a mano armata.

Robbie /'rɒbi *Am* 'rɑːbi/ *n.pr.m.* dim. di Robert.

robe /roʊb/ I *n.* 1 veste *f.* lunga e sciolta. 2 *(of a judge, etc.)* toga *f.* 3 *(bathrobe)* accappatoio *m.* 4 *pl.* *(ceremonial garments)* abiti *m.pl.* da cerimonia. II *v.t.* 1 mettere la toga a. 2 *(estens)* *(to dress)* vestire, rivestire. III *v.i.* vestire la toga. □ *-s of state* abiti di gala, abiti da parata.

Robert /'rɒbət *Am* 'rɑːbərt/ *n.pr.m.* Roberto. □ *(Stor)* ~ *Greathead* Roberto Grossatesta.

robin /'rɒbɪn *Am* 'rɑːbɪn/ *n.* *(Ornit)* pettirosso *m.* □ *(Ornit)* ~ *redbreast* pettirosso *m.*

Robin /'rɒbɪn *Am* 'rɑːbɪn/ *n.pr.m.* Robin. □ *(Br,Folcl)* ~ *Goodfellow* folletto; ~ *Hood:* 1 *(Lett)* Robin Hood; 2 *(fig)* chi lotta contro i soprusi in difesa dei deboli e dei poveri.

roborant /'rɒbərənt *Am* 'rɑːbərənt/ I *a.* *(Farm)* corroborante, tonico, ricostituente. II *n.* *(Farm)* corroborante *m.*, tonico *m.*, ricostituente *m.*

robot /'roʊbɒt *Am* 'roʊbɑːt, 'roʊbət/ *n.* robot *m.*, automa *m.* *(anche estens).* □ *(Aer)* ~ *pilot* autopilota, pilota automatico.

robotic /roʊ'bɒtɪk *Am* roʊ'bɑːtɪk/ *a.* robotico, relativo a un robot.

robotics /roʊ'bɒtɪks *Am* roʊ'bɑːtɪks/ *n.pl.* *(costr.sing.)* robotica *f.*

robotism /'rɒbətɪzəm *Am* 'roʊbɑːtɪzəm, 'roʊbətɪzəm/ *n.* comportamento *m.* da robot.

robotization /,rɒbət(ə)'zeɪʃən *Am* ,roʊbɑːtɪ'zeɪʃən, ,roʊbətɪ'zeɪʃən/ *n.* robotizzazione *f.*

robotize /'roʊbətaɪz *Am* 'roʊbɑːtaɪz, 'roʊbətaɪz/ *v.t.* robotizzare.

roburite /'rouburaɪt/ n. (Chim) roburite f.

robust /rou'bʌst Am 'roubʌst/ a. **1** robusto, gagliardo, forte: a ~ young fellow un giovane robusto. **2** (fig) (flourishing) fiorente, florido: the country has a ~ economy il paese ha un'economia fiorente. **3** (requiring strength) duro, pesante, faticoso.

robustious /rou'bʌstʃəs/ a. (ant) impetuoso, irruento, violento.

robustly /rou'bʌstli Am 'roubʌstli/ avv. robustamente, gagliardamente, energicamente, efficacemente.

robustness /rou'bʌstnəs Am 'roubʌstnəs/ n. robustezza f., forza f., gagliardia f.

roc /rɒk Am ra:k/ n. (Mitol) roc m.

rocambole /'rɒkəmboul Am 'ra:kəmboul/ n. (Bot) rocambola f., aglio m. romano.

Roche /rouʃ/ □ (Astr) ~ limit limite di Roche.

roche moutonnée /,rɒʃmu:'tɒneɪ Am ,rouʃmu:tən'eɪ/ n. (Geol) roccia f. montonata.

rochet /'rɒtʃɪt Am 'ra:ʃɪt/ n. (Lit) rocchetto m.

rock¹ /rɒk Am ra:k/ I n. **1** roccia f.: carved out of ~ scolpito nella roccia; built on ~ costruito sulla roccia; volcanic ~ roccia vulcanica. **2** (Mar) scoglio m. **3** (large stone) masso m., macigno m.; (stone) pietra f. **4** (fig) (cause of disaster) causa f. di disastro. **5** (Dolc) specie di caramella dura. **6** (sl) (diamond) diamante m. **7** pl. (Mar) scogliera f.sing., scogli m.pl.: the boat was driven on to the -s la barca fu spinta sulla scogliera. **8** pl. (Am,sl) (money) denaro m.sing., soldi m.pl., (gerg) grana f.sing. **9** pl. (Am, sl) cocaina f.sing. pura. **10** pl. (Am,volg) coglioni m.pl., balle f.pl. **II** a. (fatto) di roccia. □ (fig) to see -s ahead prevedere serie difficoltà; (Am,fig) to be between a ~ and a hard place avere le spalle al muro, tra l'incudine e il martello; ~ bottom fondo, livello più basso: prices hit ~ bottom i prezzi hanno toccato il fondo; (Br,Dolc,ant) ~ bun (o ~ cake) dolce con l'uvetta; (Am,Dolc) ~ candy zucchero candito; ~ carving incisione rupestre; ~ climb scalata; ~ climber rocciatore, arrampicatore, scalatore, alpinista; ~ climbing scalata su roccia, alpinismo su roccia; ~ concert concerto rock; (Min) ~ crystal cristallo di rocca; ~ drill perforatrice da roccia; ~ face parete rocciosa; (Zool) ~ flour farina di roccia; (Am,Giard) ~ garden giardino alla giapponese, giardino roccioso; to have -s in one's head avere le pigne in testa; (Am,colloq) ~ hound collezionista di minerali, appassionato di pietre e minerali; (Tecn) ~ lever leva oscillante; (Zool) ~ lobster aragosta; (Geol) ~ mechanics meccanica delle rocce; ~ music musica rock, rock; (Bibl) the Rock of Ages la rocca eterna; (Geog) the Rock of Gibraltar la rocca di Gibilterra; (Br,Min) ~ oil petrolio; on the -s: **1** (Mar) (wrecked) naufragato; **2** (colloq) fallito, naufragato, andato in malora: their marriage has gone on the -s il loro matrimonio è naufragato; **3** (of a drink) con ghiaccio (e senza acqua): whisky on the -s whisky con ghiaccio; ~ painting pittura rupestre; ~ performer musicista rock, rockettaro; (Bot) ~ plant pianta rupicola, pianta rupestre; (Itt) ~ salmon: **1** (catfish) pesce gatto; **2** (dogfish) gattuccio; ~ salt salgemma; ~ singer cantante rock, rockettaro; ~ wool lana di roccia.

rock² /rɒk Am ra:k/ I v.t. **1** far oscillare, fare dondolare: the waves -ed the boat le onde facevano oscillare la barca; to ~ a cradle fare dondolare una culla. **2** (of a child) cullare. **3** (to shake violently) far tremare, scuotere con violenza, scrollare: the explosion -ed every house on the street l'esplosione fece tremare tutte le case della strada. **4** (sl) (to upset) tur-

bare, sconvolgere; (to affect deeply) impressionare, scuotere, turbare. **II** v.i. **1** oscillare, ondeggiare, dondolare. **2** (to be moved violently) tremare, scuotersi: the building -ed under the earthquake l'edificio tremò per il terremoto. **3** (fig) impressionarsi, turbarsi, scuotersi. **4** (to move in a rocking-chair) dondolarsi su una sedia a dondolo. **5** (to play) suonare il rock and roll. **6** (to dance) ballare il rock and roll. **III** n. **1** dondolio m., dondolamento m., oscillazione f. **2** (Mus) rock and roll m. □ (fig) to ~ the boat provocare guai; agitare le acque, fare maretta; to ~ with laughter torcersi dalle risa.

rock³ /rɒk Am ra:k/ n. **1** (distaff) rocca f. **2** (wool, flax) conocchia f.

rockabilly /'rɒkə,bɪli Am 'ra:kə,bɪli/ n. (Mus) rockabilly m.

rock-and-roll /,rɒkən(d)'roul Am ,ra:kən(d)'roul/ I n. (Mus) rock and roll m. **II** v.i. **1** (to play) suonare il rock and roll. **2** (to dance) ballare il rock and roll.

rock-bed /'rɒkbed Am 'ra:kbed/ n. (Geol) letto m. roccioso, fondo m. roccioso.

rock-bottom /,rɒk'bɒtəm Am ,ra:k'ba:təm/ I n. livello m. più basso, punto m. più basso: sales have reached ~ le vendite hanno raggiunto il livello più basso. **II** a. bassissimo: ~ prices prezzi bassissimi, prezzi minimi, prezzi stracciati. □ ~ at ~ in fondo in fondo.

rockbound /'rɒkbaund Am 'ra:kbaund/ a. **1** (surrounded by rocks) circondato da rocce. **2** (too rocky to get at) inaccessibile, troppo roccioso.

rocker /'rɒkər Am 'ra:kər/ n. **1** (of a cradle, rocking-chair) asse f. ricurva. **2** (estens) (cradle) culla f.; (rocking-chair) sedia f. a dondolo. **3** (Mecc) bilanciere m. **4** (rocker switch) interruttore m. a leva. **5** (skate) pattino m. dalla lama molto ricurva. **6** (musician) musicista m./f. rock, rockettaro m. (f. -a). □ (Mecc) ~ arm leva oscillante, bilanciere; (Mecc) ~ cam camma oscillante; (sl,ant) to be off one's ~ essere svitato, essere matto; (Aut) ~ panel batticalcagno; (Mecc) ~ shaft albero oscillante.

rockery /'rɒkəri/ n. (Br,Giard) giardino m. alla giapponese, giardino m. roccioso.

rocket¹ /'rɒkɪt Am 'ra:kɪt/ I n. **1** razzo m. **2** (Mot) motore m. a razzo. **3** (colloq) sgridata f., severo rimprovero m., lavata f. di capo, (region) cazziatone m. **II** v.t. **1** inviare con un razzo: to ~ a man into space inviare un uomo nello spazio con un razzo. **2** (Aer.mil) attaccare con razzi. **III** v.i. **1** alzarsi come un razzo, saettare in alto. **2** (fig) salire alle stelle, andare alle stelle, aumentare vertiginosamente: prices have -ed i prezzi sono saliti alle stelle. □ (Aer.mil) ~ aircraft aereo a razzo; (Aer.mil) ~ base base di lancio, base missilistica; (Aer.mil) ~ bomb: **1** bomba razzo, bomba a razzo; **2** (rocket-propelled bomb launched from the ground) missile a razzo, bomba volante; ~ drive propulsione a razzo; ~ engine motore a razzo; (Mil) ~ gun lanciarazzi; ~ launcher lanciarazzi, lanciamissili; ~ propulsion propulsione a razzo; (Am,colloq,iron) it's not exactly ~ science non ci vuole un genio per capirlo; (Am,colloq,iron) he's no ~ scientist non si può proprio dire che sia un genio; (Astron) ~ ship veicolo spaziale.

rocket² /'rɒkɪt Am 'ra:kɪt/ n. (Bot) rucola f., ruchetta f.

rocket-assisted /'rɒkɪtə,sɪstɪd Am 'ra:kɪtə,sɪstɪd/ a. (Aer) con razzo ausiliario.

rocketeer /,rɒkɪ'tɪər Am ,ra:kɪ'tɪr/ n. (Mil) missilista m.

rocket-launching /'rɒkɪt,lɔːntʃɪŋ Am 'ra:kɪt,lɔːntʃɪŋ/ □ ~ site base missilistica.

rocket-propelled /,rɒkɪtprə'peld Am ,ra:kɪtprə'peld/ a. con propulsione a razzo.

rocketry /'rɒkɪtri Am 'ra:kɪtri/ n. missilistica f.

rockfall /'rɒkfɔːl Am 'ra:kfɔːl/ n. caduta f. di massi, caduta f. massi.

rock-fish /'rɒkfɪʃ Am 'ra:kfɪʃ/ n. (Itt) scorpena f., scorfano m.

rock-garden /'ra:k,ga:rdən/ n. (Am,Giard) giardino m. alla giapponese, giardino m. roccioso.

Rockies /'rɒkiz Am 'ra:kiz/ n.pr.pl. (Geog) Montagne f.pl. Rocciose.

rockily /'rɒkɪli Am 'ra:kɪli/ avv. instabilmente.

rockiness¹ /'rɒkɪnəs Am 'ra:kɪnəs/ n. rocciosità f., l'essere roccioso.

rockiness² /'rɒkɪnəs Am 'ra:kɪnəs/ n. (unsteadiness) instabilità f.

rocking /'rɒkɪŋ Am 'ra:kɪŋ/ a. dondolante, oscillante. □ ~ chair: **1** sedia f. a dondolo; **2** (Am,colloq) (electric chair) sedia elettrica; ~ horse cavallo a dondolo; (Geol) ~ stone pietra oscillante.

rocklike /'rɒklaɪk Am 'ra:klaɪk/ a. roccioso, simile a roccia.

rock'n'roll /,rɒkən'roul Am ,ra:kən'roul/ I n. (Mus) rock and roll m., rock'n'roll m. **II** v.i. **1** (to play) suonare il rock and roll. **2** (to dance) ballare il rock and roll.

rock-pigeon /'rɒk,pɪdʒən Am 'ra:k,pɪdʒən/ n. (Ornit) piccione m. selvatico, piccione m. marino, piccione m. di rocca.

rock-rose /'rɒkrouz Am 'ra:krouz/ n. (Bot) eliantemo m., cisto m.

rockshaft /'rɒkʃɑːft Am 'ra:kʃæft/ n. (Mecc) albero m. oscillante.

rockslide /'rɒkslaɪd Am 'ra:kslaɪd/ n. (Geol) frana f.

rock-solid /'rɒk,sɒlɪd Am 'ra:k,sa:lɪd/ a. solidissimo.

rock-steady /'rɒkstedi Am 'ra:kstedi/ a. molto stabile.

rock-whistler /'rɒk(h)wɪslər Am 'ra:k(h)wɪslər/ n. (Zool) marmotta f. comune.

rocky¹ /'rɒki Am 'ra:ki/ a. roccioso, scoglioso, sassoso, pietroso: a ~ coast una costa rocciosa; a ~ beach una spiaggia sassosa. □ (Geog) Rocky Mountains Montagne Rocciose; (Med) Rocky Mountain spotted fever febbre purpurica delle Montagne Rocciose.

rocky² /'rɒki Am 'ra:ki/ a. (unsteady) instabile, malfermo, traballante.

rococo /rou'koukou Am rou'koukou/ I n. (pl. -s /-z/) (Art) rococò m. **II** a. rococò.

rod /rɒd Am ra:d/ n. **1** verga f., bacchetta f., bastoncino m. **2** (stick, bundle of sticks for punishing) bacchetta f., verga f. **3** (fishing-rod) canna f. da pesca. **4** (walking -stick) bastone m. da passeggio, canna f. da passeggio. **5** (unit of length) pertica f. (pari a circa 5 m). **6** (curtain rod) asta f. per tende. **7** (Am, sl) (revolver) pistola f., rivoltella f., revolver m. **8** (sl) (hot rod) macchina f. truccata. **9** (El) (lightning rod) parafulmine m. **10** (Mecc) asta f. **11** (Met) tondino m. □ (fig) to make a ~ for one's own back scavarsi la fossa con le proprie mani, scavarsi la fossa da sé; (fig) a ~ of iron pugno di ferro: to rule with a ~ of iron comandare a bacchetta, governare con il pugno di ferro, avere il pugno di ferro.

rode /roud/ p. di **ride¹**.

rodent /'roudənt Am 'roudənt/ n. **1** (Zool) roditore m.: ~ teeth denti roditori. **2** (of rodents) dei roditori, relativo ai roditori. **II** n. roditore m.

rodeo /rou'deɪou, 'roudiou/ sp. (pl. -s /-z/) n. rodeo m. (anche Zootecn).

Roderick /'rɒdərɪk Am 'ra:dərɪk/ n.pr.m. Rodrigo.

Rodney /'rɒdni Am 'rɑːdni/ n.pr.m. Rodney.

rodomontade /ˌrɒdəmɒn'teɪd Am ˌrɑːdəmən-'teɪd/ I n. rodomontata f., spacconata f. II a. rodomontesco.

roe[1] /rəʊ/ (pl.inv. o **-s** /-z/; il pl. inv. si usa general. con valore collett.) n. (Zool) capriolo m. □ (Zool) ~ **deer** capriolo.

roe[2] /rəʊ/ n. (fish's eggs) uova f.pl. di pesce.

ROE /ˌɑːrəʊ'iː/ (Econ) Return on Equity ROE (tasso di redditività del capitale proprio).

roebuck /'rəʊbʌk/ n. (Zool) maschio m. di capriolo.

roentgen /'rɜːntgən, 'rɒntjən Am also 'rentgən/ I n. (Fis) röntgen m. II a. (Fis) röntgen.

Rogation /rəʊ'geɪʃən/ n. 1 (Lit) rogazioni f.pl. 2 (Stor.rom) rogazione f. □ (Lit) ~ **Days** giorni delle rogazioni (i tre giorni prima dell'Ascensione); (Lit) ~ **Sunday** la domenica che precede l'Ascensione; (Lit) ~ **Week** settimana delle rogazioni.

rogatory /'rɒgətəri Am 'rɑːgətɔːri/ a. (Dir) rogatorio.

roger[1] /'rɒdʒə Am 'rɑːdʒər/ intz. (Rad,Tel) ricevuto, va bene, ok.

roger[2] /'rɒdʒə/ v.t. (Br,volg) scopare, chiavare.

Roger /'rɒdʒə Am 'rɑːdʒər/ I n.pr.m. Roger. II n. (Jolly Roger) bandiera f. dei pirati.

rogue /rəʊg/ I n. 1 furfante m., canaglia f., farabutto m., mascalzone m. 2 (swindler) truffatore m., imbroglione m. 3 (mischievous person) birbante m., (scherz) mascalzone m. 4 (mischievous child) birboncello m., birbantello m., birba f. 5 (solitary elephant) elefante m. solitario (che vive appartato dal branco). 6 (Bot) malerba f., erbaccia f. 7 (ant) (wandering beggar) mendicante m. vagabondo. II v.t. (Agr,Giard) 1 (of a plant) estirpare, sradicare. 2 (of a field, etc.) togliere le erbacce da, diserbare. □ ~ **elephant** elefante solitario (che vive appartato dal branco) -s' gallery: 1 schedario fotografico dei criminali, schedario di foto segnaletiche; 2 (fig) parata di furfanti.

roguery /'rəʊgəri/ n. 1 furfanteria f., bricconeria f. 2 (roguish act) furfanteria f., canagliata f., birbanteria f., mascalzonata f. 3 (mischievous play) birichinata f., birbonata f., monelleria f.

roguish /'rəʊgɪʃ/ a. 1 furfantesco, disonesto. 2 (mischievous) birichino, malizioso, birboncello, cattivello.

roguishly /'rəʊgɪʃli/ avv. 1 da briccone, da furfante. 2 (mischievously) maliziosamente, da birichino.

roguishness /'rəʊgɪʃnəs/ n. 1 birbanteria f., bricconaggine f., furfanteria f. 2 (mischievousness) monelleria f., birichinata f.

ROI /ˌɑːrəʊ'aɪ/ (Econ) Return on Investment ROI (remunerazione del capitale investito).

roil /rɔɪl/ v.t. (Am) 1 intorbidire, intorbidare. 2 (fig) infastidire, seccare, irritare.

roily /'rɔɪli/ a. (Am) 1 torbido. 2 (muddy) fangoso.

roister /'rɔɪstər/ v.i. 1 fare baldoria, schiamazzare, fare baccano, fare chiasso. 2 (to swagger) fare lo spaccone, millantarsi.

roisterer /'rɔɪstərər/ n. 1 schiamazzatore m. (f. -trice), scapestrato m. 2 (swaggerer) millantatore m. (f. -trice), spaccone m. (f. -a).

roistering /'rɔɪstərɪŋ/ I a. chiassoso, rumoroso. II n. chiasso m., baldoria f., baccano m.

ROK South Korea ROK (Corea del Sud).

Roland /'rəʊlənd/ n.pr.m. Rolando (anche Lett). □ (ant,fig) to give a ~ **for an Oliver** rendere colpo per colpo.

role, rôle /rəʊl/ n. 1 (Teat,Cin) ruolo m., parte f. 2 (fig) ruolo m., ufficio m., incarico m., com-

---

pito m., funzione f.: to have a ~ svolgere un ruolo. □ (Sociol) ~ **analysis** analisi del ruolo; ~ **game** gioco di ruolo; ~ **model** modello di comportamento; ~ **play**: 1 (Psic) programma situazionale, psicodramma; 2 (Scol) gioco di ruoli; ~ **reversal** scambio di ruoli; ~ **set** insieme dei ruoli; ~ **swapping** scambio di ruoli; ~ **talking** assunzione del ruolo.

role-conflict /'rəʊl.kɒnflɪkt Am 'rəʊl.kɑːn-flɪkt/ n. conflitto m. tra ruoli.

role-play /'rəʊlpleɪ/ v.t. recitare, interpretare, ricreare, rappresentare, esternare, estrinsecare.

role-playing /'rəʊl.pleɪɪŋ/ n. (Psic) interpretazione f. di un ruolo. □ ~ **game** gioco di ruolo.

Rolfing /'rɒlfɪŋ Am 'rɑːlfɪŋ/ n. (therapy) rolfing m.

roll[1] /rəʊl/ n. 1 rotolo m.: a ~ **of paper** un rotolo di carta. 2 (sth. ball-shaped) gomitolo m.: a ~ **of string** un gomitolo di spago. 3 (Tess) rotolo m., bobina f. 4 (of wallpaper) rotolo m. 5 (Alim) panino m. 6 (Dolc) rotolo m. 7 (Gastron) (of meat) rollè m., arrosto m. arrotolato. 8 (act of rolling) il rotolare, il rotolarsi, rotolamento m. 9 (rolling movement) rotolio m., il rotolare, roteazione f.: the ~ **of the dice** il rotolio dei dadi. 10 (rolling gait) andatura f. ondeggiante, andatura f. dondolante. 11 (undulation in a surface) ondulazione f.: ~ **of the land** ondulazione del terreno. 12 (reverberating sound) rombo m., il rombare: the ~ **of thunder** il rombo del tuono. 13 (of a drum) rullo m. 14 (of tobacco) rotolo m. 15 (Am,sl) (of paper money) rotolo m.; (funds) gruzzolo m. 16 (register, list) elenco m., registro m., lista f. 17 (Scol) lista f., elenco m. 18 (Mil,Mar) ruolo m. 19 (Arch) cartoccio m. 20 (Mar,Aer) rollio m. 21 (Aer) frullo m. orizzontale, vite f. orizzontale. 22 (Mecc) cilindro m. 23 pl. (official documents) archivio m.sing. 24 pl. (Dir) (list of solicitors) albo m.sing. professionale degli avvocati. □ ~ **book** registro delle presenze; (Fot) ~ **film** pellicola in rotolo; (ant,colloq) to have a ~ **in the hay** (o to have a ~ **in the sack**) fare l'amore; a ~ **of film** un rotolo di pellicola; 2 (Scol, Sport) albo d'oro, albo d'onore; (Am,colloq) on a ~ vivere un buon momento o un periodo di fortuna.

roll[2] /rəʊl/ I v.t. 1 (fare) rotolare, (fare) ruzzolare: to ~ **a stone down the hill** rotolare una pietra giù per la collina. 2 (to revolve) roteare, rotare: to ~ **one's eyes** roteare gli occhi. 3 (to move by turning over and over) rotolare. 4 (to cause to swing, rock) fare rollare, far dondolare: the waves -ed **the tiny boat** le onde facevano rollare la piccola imbarcazione. 5 (to cause to move on wheels) fare muovere su ruote. 6 (to transport in a wheeled vehicle) trasportare su un veicolo a ruote. 7 (to transport on rollers) trasportare su carri. 8 (to wrap in a cylindrical form) arrotolare, avvolgere: to ~ **a carpet** arrotolare un tappeto; to ~ **oneself in a blanket** avvolgersi in una coperta. 9 (to form into a cylinder) arrotolare. 10 (to form into a sphere) aggomitolare, appallottolare: to ~ **string** aggomitolare dello spago. 11 (of a cigarette) arrotolare. 12 (of dough) spianare, stendere (col matterello). 13 (Fon) (of r's) arrotare. 14 (of dice) lanciare. 15 (Met) filettare alla trafilatrice, filettare con rulli. 16 (Strad) cilindrare, rullare. 17 (of a drum) far rullare. II v.i. 1 rotolare, ruzzolare: the boulder -ed **down the hill** il masso rotolò giù per la collina. 2 (of a wheeled vehicle) muoversi. 3 (to turn over and over) rotolarsi, avvoltolarsi: the dog was -ing **in**

---

the grass il cane si rotolava nell'erba. 4 (of the eyes) roteare. 5 (to flow) rotolare, avanzare con moto ondulatorio: the waves -ed **over the sand** le onde rotolavano sulla sabbia. 6 (of land: to have an undulating surface) avere una superficie ondulata, essere ondulato. 7 (fig) affluire, accorrere, riversarsi: visitors -ed **into the town** i visitatori si riversavano nella città. 8 (fig) (of words, etc.) uscire, sgorgare: invectives -ed **from his tongue** insulti uscivano dalla sua bocca. 9 (Mar,Aer) rollare, rullare: the ship -ed **in the storm** la nave rollava nella tempesta. 10 (to walk with a rolling gait) camminare con passo dondolante, dondolarsi. 11 (to make a reverberating sound) rombare, risuonare: the thunder rolled il tuono rombò. 12 (of a drum) rullare. 13 (to take the form of a cylinder) arrotolarsi. 14 (to take the form of a sphere) appallottolarsi, aggomitolarsi. 15 (colloq) (to get under way) andare, muoversi: it's time to ~ è ora di andare. 16 (colloq) (of machines: to go into action) entrare in azione: the cameras -ed **le cineprese** entrarono in azione. □ to ~ **about** ruzzolare di qua e di là, rotolare di qua e di là; to ~ **along** (fare) rotolare, (fare) avanzare rotolando: to ~ **a ball along** far rotolare una palla; the cart ~ **along** il carro passò rotolando; the clouds -ed **away** le nuvole si allontanarono; to ~ **back**: 1 ritrarsi, ritirarsi: the waves -ed **back** le onde si ritirarono; 2 (fig) (to cause to retreat) respingere, far ritirare; 3 (fig) (to retreat) ritirarsi; 4 (Inform) rieseguire; the years -ed **by** gli anni passavano; to ~ **one's eyes** stralunare gli occhi, roteare gli occhi, ruotare gli occhi, strabuzzare gli occhi, stravolgere gli occhi; to ~ **flat** appiattire, schiacciare; to ~ **in**: 1 (colloq) (to arrive in large numbers, pour in) arrivare in gran quantità, arrivare in gran numero, riversarsi, affluire: the money is -ing **in** il denaro sta arrivando in gran quantità; 2 (of waves, etc.) frangersi, infrangersi; 3 (colloq) (to arrive) arrivare: to ~ **in 20 minutes late** arrivare con 20 minuti di ritardo; (fig) to ~ **in the aisles** ridere a crepapelle; (Am,sl) to ~ **a number** farsi uno spinello; (Tip) to ~ **off** stampare con una rotativa; the years -ed **on** gli anni passavano; to ~ **out**: 1 stendere, srotolare: to ~ **out a map** stendere una mappa; 2 (to cause to move out on wheels) portare fuori (muovendo su ruote): to ~ **an aeroplane out of the hangar** portare fuori un aeroplano dall'hangar; 3 (to move out by rolling) rotolare fuori: to ~ **a barrel out** rotolare fuori una botte; 4 (to get out of bed) alzarsi, tirarsi su dal letto; 5 (fig) (to utter sonorously) dire a voce alta, pronunciare a voce alta; 6 (of dough) spianare, stendere (col matterello); to ~ **over**: 1 rovesciare, rivoltare; 2 (to turn over) girarsi, rivoltarsi; to ~ **over in bed** girarsi nel letto; 3 (Econ) rinnovare titoli alla scadenza; to ~ **up**: 1 (to form into a cylinder) arrotolare: to ~ **up a carpet** arrotolare un tappeto; to ~ **up a map** arrotolare una cartina; 2 (to form into a ball) appallottolare, aggomitolare; 3 (to wrap up) avvolgere, avviluppare: she -ed **the child up in a blanket** avvolse il bambino in una coperta; 4 (Mil) aggirare, circondare: to ~ **up the enemy's flank** aggirare il fianco dello schieramento nemico; 5 (colloq) (to arrive) arrivare (in automobile ecc.); 6 (colloq) (to accumulate) accumulare, ammucchiare; 7 (colloq) (to congregate, gather) riunirsi, radunarsi; (fig) to ~ **up one's sleeves** rimboccarsi le maniche, tirarsi su le maniche; (fig) to ~ **with the punches** cavarsela bene in una serie di situazioni difficili.

rollable /'rɔʊləbl/ a. 1 che si può arrotolare. 2 (Tecn) laminabile.

rollaway /'rɔʊləweɪ/ n. (Am) branda f. a scomparsa su rotelle, letto m. a carriola.

rollback /'rɔʊlbæk/ n. riduzione f. (spec. di stipendio o di produzione).

roll bar /'rɔʊlbɑːʳ Am 'rɔʊlbɑːr/ n. (Aut) roll bar m.

roll-cage /'rɔʊlkeɪdʒ/ n. (Aut) scocca f. di sicurezza.

roll-call /'rɔʊlkɔːl/ n. 1 (Mil,Scol) appello m.: to take the ~ fare l'appello; to attend ~ presentarsi all'appello. 2 (time) ora f. dell'appello. 3 (signal) segnale m. dell'appello.

roll-collar /'rɔʊlkɒləʳ Am 'rɔʊlkɑːləʳ/ n. (Abbigl) colletto m. rovesciato.

rolled /rɔʊld/ a. 1 arrotolato. 2 (Tecn) laminato. □ (Vetr) ~ glass vetro cilindrato; (Med) ~ gold oro laminato; (Alim) ~ oats fiocchi d'avena.

roller /'rɔʊləʳ/ n. 1 chi rotola, chi arrotola. 2 (revolving cylinder) rullo m., cilindro m. 3 (cylinder for pressing, smoothing, etc.) rullo m. 4 (of a mangle) cilindro m. rotante. 5 (Strad) (road roller) rullo m. compressore. 6 (of a typewriter) rullo m. 7 (Med) (coiled bandage) benda f. arrotolata. 8 (long wave) onda f. lunga. 9 (for the hair) bigodino m. 10 (Am,colloq) ladro m. specializzato nel derubare ubriachi o persone che dormono. □ (Med) ~ bandage benda arrotolata; (Mecc) ~ bearing cuscinetto a rulli; ~ blind tendina avvolgibile; ~ coaster otto volante, montagne russe; ~ towel bandinella, asciugamano a rullo.

rollerball /'rɔʊləbɔːl Am 'rɔʊləʳbɔːl/ n. penna f. a sfera.

rollerblader /'rɔʊləbleɪdəʳ Am 'rɔʊləʳbleɪdəʳ/ n. pattinatore m. (f. -trice) con pattini in linea.

rollerblades /'rɔʊləbleɪdz Am 'rɔʊləʳbleɪdz/ n.pl. rollerblade m.pl., pattini m.pl. in linea.

roller-skate /'rɔʊləskeɪt Am 'rɔʊləʳskeɪt/ I n. pattino m. a rotelle. II v.i. pattinare (con i pattini a rotelle).

roller-skating /'rɔʊləskeɪtɪŋ Am 'rɔʊləʳskeɪtɪŋ/ n. pattinaggio m. a rotelle.

rollick /'rɒlɪk Am 'rɑːlɪk/ I v.i. 1 comportarsi in modo spensierato, vivere allegramente. 2 (to revel) dilettarsi (in a), trovare diletto, provare diletto (in a, in). II n. 1 (carefree behaviour) comportamento m. allegro e spensierato. 2 (instance) baldoria f.

rollicking /'rɒlɪkɪŋ Am 'rɑːlɪkɪŋ/ a. 1 gaio, allegro, brioso. 2 (light-hearted) spensierato. 3 (Br,colloq,dial) sgridata f., rimprovero m. severo.

rolling /'rɔʊlɪŋ/ I n. rotolamento m., rotolio m. II a. 1 rotolante. 2 (of the eyes) roteante. 3 (swaying, swinging) dondolante, ondeggiante: a ~ gait un'andatura dondolante. 4 (of waves, the sea) ondeggiante. 5 (of land, hills) ondulato. 6 (of sound) rimbombante, risonante, sonoro. 7 (Mus) (of notes) trillato. 8 (Abbigl) a risvolto, arrotolato, rovesciato. 9 (of seasons, etc.: recurring) ricorrente. □ ~ friction attrito volvente; (fig) to be ~ in money nuotare nell'oro; (Ind) ~ mill laminatoio; (Gastron) ~ pin matterello; (Tecn) ~ press calandra, pressa a cilindri; ~ stock: 1 (Ferr) materiale rotabile; 2 (Am) (road vehicles) parco macchine; (fig) ~ stone individuo irrequieto e instabile, vagabondo; ~ strike sciopero articolato, sciopero a scacchiera. Prov.: a ~ stone gathers no moss pietra che rotola non raccoglie muschio, pietra mossa non fa muschio.

rolling-mill /'rɔʊlɪŋmɪl/ n. 1 (Met) (factory) laminatoio m. 2 (machine) laminatoio m., laminatore m.

rolling-pin /'rɔʊlɪŋpɪn/ n. matterello m.

rolling-press /'rɔʊlɪŋpres/ n. 1 (Cart) calandra f. 2 (Tip) pressa f. a cilindri.

rollneck /'rɔʊlnek/ n. (Abbigl) collo m. alto, collo m. a risvolto.

roll-on /'rɔʊlɒn Am 'rɔʊlɑːn/ I a. (Cosmet) che si applica con sfera applicatrice, in confezione con sfera applicatrice. II n. 1 (Cosmet) cosmetico m. applicato con sfera applicatrice. 2 (Abbigl) panciera f., guaina f. (da donna).

roll-on roll-off /ˌrɔʊlɒn'rɔʊlɒf Am ˌrɔʊlɑːn 'rɔʊlɔːf/ a. (Comm) roll-on roll-off. □ (Comm) ~ vessel nave traghetto, trasporto via mare.

roll-out /'rɔʊlaʊt/ I a. estraibile: ~ basket cestino estraibile. II n. 1 (Aer) presentazione f. di un nuovo aeroplano. 2 (estens,Comm) lancio m. di un nuovo prodotto.

rollover /'rɔʊlɔʊvəʳ/ n. (Econ) (of debt, loan) rinnovo m., differimento m.: ~ credit credito rinnovabile.

roll-top /'rɔʊltɒp Am 'rɔʊltɑːp/ n. 1 alzata f. avvolgibile di scrittoio. 2 (desk) scrittoio m. con alzata avvolgibile. □ (Arred) ~ desk scrittoio con alzata avvolgibile, scrittoio a tamburo.

Rolodex /'rɔʊlədeks/ n. (Am) schedario m. rotante.

roly-poly /ˌrɔʊli'pɔʊli/ I n. 1 (Dolc) dolce m. fatto con pasta arrotolata e marmellata. 2 (colloq) (plump person) persona f. pienotta, tombolo m. II a. (colloq) cicciotto, pienotto, paffuto, grassottello.

ROM /rɒm Am rɑːm/ (Inform) Read-Only Memory ROM (memoria di sola lettura).

Romaic /rɔʊ'meɪɪk/ I a. (Ling) romaico. II n. (Ling) romaico m.

romaine /rɔʊ'meɪn/ n. (Bot,Alim) lattuga f. romana. □ (Bot,Alim) ~ lettuce lattuga romana.

roman /'rɔʊmən/ I a. (Tip) romano. II n. 1 (Tip) carattere m. romano. 2 (Tip,Inform) carattere m. tondo. □ (Tip) ~ type carattere romano.

Roman /'rɔʊmən/ I a. 1 romano (anche Stor). 2 (Rel.catt) cattolico romano. II n. 1 (person) romano m. (f. -a) (anche Stor). 2 (dialect) romanesco m., romano m. 3 cattolico m. romano. 4 (costr.sing.) (Bibl) Romani m.pl. III n.pr.m. Romano. □ (Arch) ~ arch arco a tutto sesto; ~ architecture architettura romana; ~ calendar calendario romano; ~ candle (type of firework) candela romana; ~ Catholic cattolico, cattolico romano; ~ Catholic Church chiesa cattolica, chiesa cattolica romana; ~ Catholicism cattolicesimo, cattolicesimo romano; ~ collar collare ecclesiastico; (Rel.catt) ~ Curia curia romana; (Stor) ~ Empire impero romano; (fig) ~ holiday piacere sadico; (Dir) ~ law diritto romano; ~ nose naso aquilino; ~ numeral numero romano.

romance /rɔʊ'mæns/ I n. 1 (love affair) idillio m., relazione f. amorosa, romanzetto m. 2 (Lett) romanzo m. fantastico, racconto m. avventuroso, racconto m. romanzesco; (class of literature) romanzo m. 3 (Mus) romanza f. 4 (Mediev) romanzo m. cavalleresco, racconto m. cavalleresco. 5 (love story) storia f. d'amore, romanzo m. d'amore. 6 (story lacking foundation) invenzione f., storia f., favola f. 7 (glamour, sentimental atmosphere) fascino m., poesia f., atmosfera f. romantica: the ~ of the South Sea Islands il fascino delle isole dei mari del sud. 8 (romantic quality) romanticismo m., sentimentalismo m. II a. romanzato, romanzesco. III v.i. 1 inventare romanzi, favoleggiare. 2 (to exaggerate) esagerare. 3 (eufem) (to lie) mentire. IV v.t. 1

romanzare. 2 (colloq) (to court, to woo) corteggiare, fare la corte. □ ~ movie (o ~ picture) film sentimentale.

Romance /rɔʊ'mæns/ I n. lingua f. romanza, lingua f. neolatina. II a. romanzo, neolatino. □ ~ language lingua neolatina, lingua romanza.

romancer /rɔʊ'mænsəʳ/ n. 1 autore m. (f. -trice) di racconti avventurosi (o di racconti cavallereschi). 2 (one who romances) chi inventa storie fantasiose, chi favoleggia. 3 (eufem) (liar) mentitore m. (f. -trice), bugiardo m. (f. -a).

Romanesque /ˌrɔʊmən'esk/ I a. (Art) romanico. II n. (Art) romanico m. □ (Art) ~ architecture (o ~ style) stile romanico.

Romania /rɔʊ'meɪniə, ruː'meɪniə/ n.pr. (Geog) Romania f.

Romanian /rɔʊ'meɪniən, ruː'meɪniən/ I a. romeno. II n. 1 (person) romeno m. (f. -a). 2 (language) romeno m., lingua f. romena.

Romanic /rɔʊ'mænɪk/ a. romano. 2 (of Romance, the Romance languages) romanzo, neolatino.

Romanism /'rɔʊmənɪzᵊm/ n. 1 (Rel) romanismo m. 2 (Stor) romanesimo m., romanità f.

Romanist /'rɔʊmənɪst/ n. 1 cattolico m. romano. 2 (Roman history scholar) romanista m./f.

Romanization /ˌrɔʊmən(a)ɪ'zeɪʃᵊn/ n. 1 (act) romanizzazione f. 2 (state) l'essere romanizzato. 3 (Ling) traslitterazione f. con caratteri latini.

romanize /'rɔʊmᵊnaɪz/ v.t. scrivere in caratteri romani.

Romanize /'rɔʊmᵊnaɪz/ I v.t. 1 romanizzare. 2 (to Latinize) latinizzare. 3 (to convert to Roman Catholicism) convertire al cattolicesimo romano. 4 (Ling) traslitterare con caratteri latini. II v.i. diventare cattolico romano.

Romansch, Romansh /rɔʊ'mænʃ Am 'mɑːnʃ/ I n. (Ling) romancio m. II a. (Ling) romancio.

romantic /rɔʊ'mæntɪk Am rɔʊ'mæntɪk/ I a. 1 romantico (anche Art,Lett,Mus): a ~ story una storia romantica; a ~ girl una ragazza romantica. 2 (unpractical, idealistic) idealistico, poco pratico. 3 (unfounded, imaginary) fantastico, immaginario. II n. 1 romantico m. (f. -a), sognatore m. (f. -trice). 2 pl. idee f.pl. romantiche, atteggiamenti m.pl. romantici. □ ~ comedy commedia sentimentale; ~ fiction romanzo rosa.

Romantic /rɔʊ'mæntɪk Am rɔʊ'mæntɪk/ I a. (Lett) romantico. II n. (Lett) romantico m. (f. -a). □ (Teat) to play the ~ lead interpretare la parte del primo amoroso; (Stor) ~ Movement romanticismo.

romantically /rɔʊ'mæntɪkᵊli Am rɔʊ 'mæntɪkᵊli/ avv. romanticamente, appassionatamente, in modo sentimentale.

romanticism /rɔʊ'mæntɪsɪzᵊm Am rɔʊ 'mæntɪsɪzᵊm/ n. romanticismo m., sentimentalismo m., romanticheria f.

Romanticism /rɔʊ'mæntɪsɪzᵊm Am rɔʊ 'mæntɪsɪzᵊm/ n. (Lett,Art,Stor) romanticismo m.

romanticist /rɔʊ'mæntɪsɪst Am rɔʊ 'mæntɪsɪst/ n. romantico m. (f. -a).

romanticize /rɔʊ'mæntɪsaɪz Am rɔʊ 'mæntɪsaɪz/ I v.t. rendere romantico, far diventare romantico. II v.i. assumere atteggiamenti romantici, fare il romantico.

Romany /'rɒməni Am 'rɑːməni/ I n. 1 zingaro m. (f. -a). 2 (collett.) (gypsies) zingari m.pl. 3 (language) zingaresco m., lingua f. zingara. II a. zingaresco, da zingaro.

Rome /rɔʊm/ n.pr. (Geog) Roma f. □ ~ Treaty trattato di Roma. Prov.: ~ was not built *in a day* Roma non fu fatta in un giorno; *when in ~ do as the Romans do* paese che vai usanza che trovi.

Romeo/'roumiou/ **I** *n.pr.m.* Romeo. **II** *n.* (*fig*) rubacuori *m.*, dongiovanni *m.*

Romeward /'roumwəd *Am* 'roumwə'd/ **I** *avv.* **1** verso Roma. **2** (*towards Roman Catholicism*) verso la chiesa romana. **II** *a.* che s'ispira a Roma.

Romish /'roumiʃ/ *a.* (*spreg*) (*Roman Catholic*) cattolico romano, (*spreg*) papista.

romp/rɒmp *Am* rɑːmp/ **I** *v.i.* giocare rumorosamente, ruzzare: *the children were -ing in the garden* i bambini giocavano rumorosamente in giardino. **II** *n.* (*boisterous play*) gioco *m.* rumoroso e vivace, (*colloq*) cagnara *f.*, divertimento *m.*, spasso *m.* □ *to ~ away* aumentare, prendere il volo; (*colloq*) *to ~ home* (o *to ~ in*) vincere facilmente (*anche Equit*); *to ~ through an exam* superare un esame senza difficoltà; *to ~ through one's homework* fare i compiti in un baleno.

rompers /'rɒmpəz *Am* 'rɑːmpə'z/ *n.pl.* (*Abbigl*) (*for infants*) pagliaccetto *m.sing.*, tutina *f.sing.*

romping /'rɒmpɪŋ *Am* 'rɑːmpɪŋ/ *a.* che ama ruzzare, giocherellone.

rompish /'rɒmpɪʃ *Am* 'rɑːmpɪʃ/ *a.* che ama ruzzare, giocherellone.

Romulus /'rɒmjuləs *Am* 'rɑːmjuləs/ *n.pr.m.* (*Mitol*) Romolo.

rondeau /'rɒndou *Am* 'rɑːndou/ (*pl.* **-x** /-z/) *n.* **1** (*Metr*) rondeau *m.*, rondò *m.* (di 13 o 10 versi). **2** (*Mus,Stor*) rondello *m.*

rondo /'rɒndou *Am* 'rɑːndou/ (*pl.* **-s** /-z/) *n.* (*Mus*) rondò *m.*

rondure /'rɒndʒə' *Am* 'rɑːnd(j)ur/ *n.* **1** tondo *m.*, globo *m.*, sfera *f.* **2** (*roundness*) rotondità *f.*

röntgen /'rɜːntgən, 'rɒntjən *Am also* 'rentgən/ *n.* (*Fis*) röntgen *m.*

roo /ruː/ *n.* (*Aus*) (*kangaroo*) canguro *m.*

rood /ruːd/ *n.* **1** crocifisso *m.*, croce *f.* **2** (*unit of area*) rood *m.* (pari a 1/4 di acro). **3** (*rar*) (*cross on which Christ died*) croce *f.* □ (*Arch*) *~ altar* altare della croce; (*Arch*) *~ loft* galleria sovrastante il jubé; (*Arch*) *~ screen* jubé, tramezzo.

roof/ruːf/ **I** *n.* **1** tetto *m.* **2** (*of a tunnel, cave, etc.*) volta *f.*, cielo *m.* **3** (*fig*) tettoia *f.*, tetto *m.*, copertura *f.*: *there was a ~ of branches over the clearing* sullo spiazzo c'era una tettoia di rami. **4** (*of a vehicle*) tetto *m.* **5** (*of a bus*) imperiale *m.* **6** (*Anat*) (*roof of the mouth*) palato *m.* **7** (*fig*) (*house, shelter*) tetto *m.*, casa *f.*, alloggio *m.*: *they were left without a ~ over their heads* rimasero senza tetto. **8** (*fig*) (*highest point*) tetto *m.*, punto *m.* più elevato, sommità *f.*, vertice *m.*: *the Himalayas are the ~ of the world* la catena dell'Himalaya è il tetto del mondo. **9** (*fig*) (*of prices: ceiling*) limite *m.* massimo. **10** (*Minier*) tetto *m.* **II** *v.t.* **1** mettere il tetto a, coprire con un tetto: *to ~ a house* mettere il tetto a una casa. **2** (*fig*) alloggiare, ospitare. □ (*Arch*) *~ deck* terrazza sul tetto; *to ~ in* mettere il tetto a, coprire con un tetto; *~ light*: **1** (*Edil*) lucernario; **2** (*Aut*) (*on a police car*) luce di segnalazione intermittente (sul tettuccio di un'automobile); **3** (*Aut*) (*inside the car*) luce di cortesia; (*fig*) *the ~ of heaven* la volta celeste; (*Anat*) *~ of the mouth* palato duro, volta palatina; *to ~ over* mettere il tetto a, coprire con un tetto: *to ~ over a hut with branches* coprire una capanna con un tetto di rami; (*Aut*) *~ rack* portabagagli.

roofage /'ruːfɪdʒ/ *n.* materiale *m.* da copertura.

roofed /ruːft/ *a.* **1** con un tetto, che ha un tetto. **2** (*in compounds*) a tetto..., con tetto...: *flat-~* a tetto piano.

roof-garden/'ruːf,gɑːdᵊn *Am* 'ruːf,gɑːrdᵊn/ *n.* giardino *m.* pensile, roof garden *m.*

roofing/'ruːfɪŋ/ *n.* materiale *m.* da copertura. □ *~ felt* carta catramata; *~ material* materiale da copertura.

roofless /'ruːfləs/ *a.* **1** senza tetto, privo di tetto. **2** (*fig*) (*homeless*) senza casa, senza tetto.

rooftop/'ruːftɒp *Am* 'ruːftɑːp/ *n.* **1** tetto *m.* **2** *pl.* (*collett.*) tetti *m.pl.* (*anche fig*): *I'd like to shout it from the -s* vorrei gridarlo dai tetti, vorrei gridarlo ai quattro venti. □ (*TV*) *~ aerial* antenna da tetto.

roof-tree/'ruːftriː/ *n.* (*Arch*) trave *f.* di colmo.

rook[1] /ruk/ **I** *n.* **1** (*Ornit*) corvo *m.* nero, corvo *m.* comune. **2** (*colloq*) (*swindler*) imbroglione *m.* (*f.* -a), truffatore *m.* (*f.* -trice); (*card shark*) baro *m.* **II** *v.t.* **1** (*colloq*) imbrogliare, truffare, raggirare. **2** (*in gambling*) imbrogliare barando.

rook[2] /ruk/ *n.* (*in chess*) torre *f.*

rookery /'rukəri/ *n.* **1** (*breeding place for rooks*) gruppo *m.* di alberi con nidi di corvi. **2** (*colony of rooks*) colonia *f.* di corvi. **3** (*breeding place for seabirds, seals, etc.*) tana *f.* di pinguini (*o* foche ecc.); (*colony*) colonia *f.* di pinguini (*o* foche ecc.). **4** (*Am*) (*slum*) zona *f.* densamente edificata, quartiere *m.* abitato degradato e povero.

rookie/'ruki/ *n.* **1** (*Mil*) recluta *f.*, coscritto *m.*, (*gerg*) tuba *f.* **2** (*estens*) principiante *m.*, novellino *m.* **3** (*Am,Sport*) esordiente *m.*

room/ruːm/ **I** *n.* **1** camera *f.*, stanza *f.*, locale *m.*: *the flat has three -s* l'appartamento ha tre camere; *this is the children's ~* questa è la stanza dei bambini. **2** (*space*) posto *m.*, spazio *m.*, luogo *m.*: *we've no ~ for any more furniture* non abbiamo posto per altri mobili; *move over, you're taking up too much ~* spostati, occupi troppo spazio. **3** (*fig*) (*opportunity, scope*) possibilità *f.*, occasione *f.*, opportunità *f.*: *he left me no ~ for doubt* non mi ha lasciato possibilità di dubbio. **4** (*people in a room*) presenti *m.pl.*: *the whole ~ laughed* tutti i presenti risero. **5** *pl.* (*lodgings*) camere *f.pl.* d'affitto (ammobiliate). **6** *pl.* (*apartment, flat*) casa *f.sing.*, alloggio *m.sing.*, abitazione *f.sing.*: *he has -s in the centre of town* ha casa in centro. **II** *v.i.* **1** (*colloq*) abitare, alloggiare. **2** (*to share lodgings*) dividere l'alloggio (*with con*). □ *~ and board* vitto e alloggio: *he gets ~ and board* è a pensione completa; *~ clerk* receptionist; *~ divider* divisorio, paravento, tramezzo; *there's ~ for improvement in your work* hai molto da migliorare nel tuo lavoro; *to make ~ for* fare posto a; *~ service* servizio in camera; *~ temperature* temperatura ambiente; *-s to let* affittasi camere, stanze da affittare; (*Br,colloq*) *there's not enough ~ to swing a cat* non c'è spazio nemmeno per muovere un dito, non c'è spazio nemmeno per muoversi.

room-and-pillar /,ruːmᵊn(d)'pɪlə'/ *n.* (*Min*) coltivazione *f.* a camere e pilastri.

roomed /ruːmd/ *a.* (*in compounds*) di... camere: *a two-~ flat* un appartamento di due camere.

roomer/'ruːmə'/ *n.* (*Am*) affittuario *m.* (*f.* -a), inquilino *m.* (*f.* -a).

roomette /ruː'met/ *n.* (*Am*) **1** (*in sleeping car*) cuccetta *f.* **2** (*small sleeping room*) camera *f.* da letto piccola in affitto.

roomful/'ruːmful/ *n.* **1** stanza *f.* piena: *a ~ of people* una stanza piena di gente. **2** (*people, objects, etc., in a room*) persone *f.pl.* (*o* cose) contenute in una stanza.

roomie/'ruːmi/ *n.* (*Am,colloq*) compagno *m.* (*f.* -a) di camera o appartamento, co-inquilino *m.* (*f.* -a).

roomily /'ruːmɪli/ *avv.* spaziosamente, con molto spazio, largamente.

roominess /'ruːmɪnəs/ *n.* spaziosità *f.*, ampiezza *f.*, larghezza *f.*

rooming house /'ruːmɪŋhaus/ *n.* (*Am*) casa *f.* con camere d'affitto ammobiliate.

room-mate /'ruːm,meɪt/ *n.* compagno *m.* (*f.* -a) di camera o appartamento, co-inquilino *m.* (*f.* -a).

roomy /'ruːmi/ *a.* spazioso, ampio, vasto: *a ~ house* una casa spaziosa.

roost[1] /ruːst/ **I** *n.* **1** trespolo *m.*, posatoio *m.*; (*building*) pollaio *m.* **2** (*fig*) (*place for sitting*) sgabello *m.*, sedile *m.*, panchetto *m.* **3** (*fig*) (*resting place*) giaciglio *m.*, letto *m.*; (*place for lodging*) alloggio *m.*, sistemazione *f.* **II** *v.i.* **1** appollaiarsi. **2** (*fig*) (*to sit as on a roost*) sedere, appollaiarsi. **3** (*fig*) (*to be lodged for the night*) fermarsi a dormire, sistemarsi per la notte. □ *to be at ~*: **1** (*of birds, hens*) essere appollaiato; **2** (*colloq*) (*to be in bed*) essere a letto, essere a nanna; *to go to ~*: **1** (*of birds, hens*) appollaiarsi; **2** (*colloq*) (*to go to bed*) andare a letto.

roost[2] /ruːst/ *n.* (*Mar*) mareggiata *f.*

rooster /'ruːstə'/ *n.* (*Am*) **1** gallo *m.* **2** (*fig*) (*cocky person*) persona *f.* vivace e arrogante, galletto *m.*

root[1] /ruːt/ **I** *n.* **1** (*Bot*) radice *f.* **2** (*Anat*) (*of a tooth, nail, etc.*) radice *f.* **3** (*fig*) (*origin, cause*) radice *f.*, origine *f.*, principio *m.*, causa *f.*: *prejudice has its -s in ignorance* il pregiudizio ha le sue radici nell'ignoranza. **4** (*basis*) base *f.*, fondamento *m.*, radice *f.*: *mutual respect that is the ~ of civilized society* rispetto reciproco che è la base della società civile. **5** (*fig*) (*essential part*) fondo *m.*, essenza *f.*, centro *m.*, nocciolo *m.*: *to get to the ~ of a matter* andare in fondo a una faccenda. **6** (*fig*) (*beginning of a line of descendants*) origine *f.*, ceppo *m.*, radice *f.*, capostipite *m.*: *to go back to one's -s* tornare alle origini. **7** (*Ling*) radice *f.*, radicale *m.*, base *f.* radicale. **8** (*Mat*) radice *f.*: *the fourth ~ of a number* la radice quarta di un numero. **9** *pl.* (*root crops*) radici *f.pl.* commestibili. **II** *v.t.* **1** piantare. **2** (*to fix by the roots*) abbarbicare: *the plant was -ed to the rock* la pianta era abbarbicata alla roccia. **3** (*fig*) (*to fix firmly*) inchiodare: *horror -ed him to the ground* l'orrore lo inchiodò al suolo. **4** (*fig*) (*to give an origin to*) originare, dare origine a, produrre, causare: *his problems are -ed in his sense of inferiority* i suoi problemi sono causati dal suo senso di inferiorità. **III** *v.i.* **1** radicare, mettere radici, attecchire. **2** (*fig*) (*to become fixed, established*) radicarsi, mettere radici, prendere piede, attecchire. **3** (*fig*) (*to have an origin*) trarre origine, originare (*in* da), avere radici (*in*). □ (*Am*) *~ and branch review* esame completo; *~ and branch opposition* opposizione radicale; (*fig*) *at ~* dalla radice, dall'origine, radicalmente; (*Am*) *~ beer* bevanda effervescente fatta di estratti di radici; *to pull up by the -s* sradicare, estirpare (*anche fig*); (*Dent*) *~ canal* canale radicale; (*Dent*) *~ canal treatment* (o *~ canal work*) devitalizzazione *f.*; (*Agr*) *~ crop* radice commestibile; (*Inform*) *~ directory* radice, cartella principale; *~ ginger* radice di zenzero; (*Bot*) *~ hair* pelo radicale; (*Mat*) *~ mean square average* (o *~ mean square deviation*) scarto quadratico medio; *to ~ out* (*to pull or tear out*) sradicare, estirpare, svellere (*anche fig*); *to ~ out prejudice* sradicare i pregiudizi; (*Mat*) *~ sign* radicale; *to take ~*: **1** (*to grow roots*) attecchire, mettere radici, radicare, allignare; **2** (*fig*) radicarsi, mettere radici, prendere piede, attecchire; *to ~ up* sradicare, estirpare, svellere (*anche fig*); (*Ling*) ~ *word* lessema primitivo.

root² /ruːt/ **I** *v.i.* **1** grufolare, scavare con il grugno (*for* in cerca di): *the piglets were -ing for food* i porcellini grufolavano in cerca di cibo. **2** (*fig*) frugare, rovistare, grufolare (in cerca di). **II** *v.t.* (*fig*) riuscire a trovare, scovare. □ (*fig*) *to ~ about* (o *to ~ around*) frugare, rovistare, grufolare (in cerca di); *to ~ out* (o *to ~ up*) grufolare, scavare con il grugno.

root³ /ruːt/ *v.i.* (*Am,sl*) (*to encourage, to cheer*) tifare, fare il tifo, parteggiare (*for* per): *to ~ for one's team* tifare per la propria squadra.

rootage /ˈruːtɪdʒ *Am* ˈruːtɪdʒ/ *n.* **1** il radicarsi, radicazione *f.*, attecchimento *m.* **2** (*system of roots*) apparato *m.* radicale, radici *f.pl.*

root-bound /ˈruːtbaʊnd/ *a.* (*Bot*) con le radici aggrovigliate.

rooted /ˈruːtɪd *Am* ˈruːtɪd/ *a.* **1** radicato, che ha (messo) radici. **2** (*fig*) inchiodato, saldo, piantato, radicato: *he stood ~ to the spot* restò inchiodato sul posto. **3** (*fig*) (*of ideas, etc.*) radicato, ben fondato, saldo, profondo.

rootedly /ˈruːtɪdli *Am* ˈruːtɪdli/ *avv.* in modo radicato.

rootedness /ˈruːtɪdnəs *Am* ˈruːtɪdnəs/ *n.* radicamento *m.*, l'essere radicato, l'avere messo radici (*anche fig*).

rooter /ˈruːtər/ *n.* (*Am,colloq*) sostenitore *m.* (*f.* -trice), tifoso *m.* (*f.* -a).

rootery /ˈruːtəri *Am* ˈruːtəri/ *n.* (*Giard*) mucchio *m.* di terriccio e radici (ricoperto di vegetazione).

rootless /ˈruːtləs/ *a.* **1** privo di radici, senza radici. **2** (*fig*) (*baseless, unstable*) infondato: *a ~ theory* una teoria infondata. **3** (*fig*) (*of people*) sradicato.

rootlet /ˈruːtlɪt/ *n.* radichetta *f.*, radicetta *f.*

root-stalk /ˈruːtstɔːk/ *n.* (*Bot*) rizoma *m.*, tubero *m.*

root-stock /ˈruːtstɒk *Am* ˈruːtstɑːk/ *n.* **1** (*Bot*) (*root-stalk*) rizoma *m.*, tubero *m.* **2** (*Giard*) marza *f.*, innesto *m.*

rooty¹ /ˈruːti *Am* ˈruːti/ *a.* **1** (*full of roots*) pieno di radici. **2** (*resembling roots*) simile a radice, rizomorfo.

rooty² /ˈruːti *Am* ˈruːti/ *n.* (*Am,sl*) (*bread*) pane *m.*

rope¹ /roʊp/ **I** *n.* **1** corda *f.*, fune *f.* **2** (*Mar*) cavo *m.*, cima *f.* **3** (*hangman's noose*) nodo *m.* scorsoio, cappio *m.* **4** (*fig*) (*hanging*) impiccagione *f.*, forca *f.*: *to die by the ~* morire per impiccagione. **5** (*tightrope*) corda *f.* dell'acrobata, corda *f.* dei funamboli. **6** (*of pearls, etc.*) filo *m.*, filza *f.* **7** (*of onions, etc.*) resta *f.*, treccia *f.* **8** (*Alp*) corda *f.*; (*chain of climbers*) cordata *f.*: *to be on the ~* essere in cordata. **9** (*fig*) (*freedom of action*) libertà *f.* di azione. **10** (*in beer, liquids*) sedimento *m.* filamentoso. **11** (*Am*) (*lasso*) laccio *m.*, lasso *m.*, lazo *m.* **12** *pl.* (*Sport*) corde *f.pl.*: *to pin a boxer to the -s* mettere un pugile alle corde. **13** *pl.* (*fig,colloq*) (*how to do sth.*) trucchi *m.pl.* del mestiere, segreti *m.pl.* del mestiere: *to know the -s* essere pratico del mestiere, sapere il fatto proprio; *to learn the -s* imparare i trucchi del mestiere. **II** *a.* **1** (*made of rope*) di corda. **2** (*using, worked by a rope*) a corda, di corda. □ *~'s end*: **1** (*Mar*) cima di un cavo, testa di un cavo; **2** (*Mar*) (*for flogging*) pezzo di cavo usato come frusta. **3** (*hangman's noose*) nodo scorsoio; (*fig*) *to give so. ~* dare spago a qcu., dare corda a qcu.; ~ *ladder* scala di corda; ~ *maker* cordaio, funaio, funaiolo; ~ *making* fabbricazione di funi, fabbricazione di corde, (*process*) cordatura; (*fig*) ~ *of sand* legame fragile, sicu-

rezza illusoria; *to be on the -s*: **1** (*Sport*) essere alle corde; **2** (*colloq*) (*to be in difficulty*) essere alle strette, essere con le spalle al muro, essere in difficoltà, essere con le spalle al muro; *to have so. on the -s*: **1** (*Sport*) mettere qcu. alle corde, stringere qcu. alle corde; **2** (*colloq*) (*to put in difficulty*) mettere qcu. alle strette, mettere qcu. con le spalle al muro, mettere qcu. in difficoltà, mettere qcu. con le spalle al muro.

rope² /roʊp/ **I** *v.t.* **1** legare (con una corda), assicurare (con una fune): *to ~ a prisoner to a tree* legare un prigioniero a un albero. **2** (*Mar*) ralingare, ingratigliare. **3** (*Am*) (*to lasso*) prendere con il laccio. **II** *v.i.* (*of liquid*) diventare vischioso. □ (*colloq*) *to ~ so. in* (o *to ~ so. into*): **1** convincere qcu. a fare qcs. che non voleva; **2** (*colloq*) (*to fool*) ingannare, raggirare; *to ~ off* recingere con una corda, delimitare con una fune: *police -d off the hole in the road* la polizia delimitò con una corda la buca nella strada; (*Alp*) *to ~ up*: **1** (*used intransitively*) legarsi in cordata, fare una cordata; **2** (*used transitively*) legare in cordata.

rope-dancer /ˈroʊpˌdɑːnsər *Am* ˈroʊpˌdænsər/ *n.* funambolo *m.* (*f.* -a).

rope-dancing /ˈroʊpˌdɑːnsɪŋ *Am* ˈroʊpˌdænsɪŋ/ *n.* funambolismo *m.*

rope-ladder /ˈroʊpˌlædər/ *n.* **1** scala *f.* di corda. **2** (*Mar*) biscaglina *f.*

ropemaker /ˈroʊpˌmeɪkər/ *n.* cordaio *m.* (*f.* -a), funaio *m.* (*f.* -a).

ropery /ˈroʊpəri/ *n.* corderia *f.*

rope-walk /ˈroʊpwɔːk/ *n.* corderia *f.*

rope-walker /ˈroʊpwɔːkər/ *n.* funambolo *m.* (*f.* -a).

rope-walking /ˈroʊpwɔːkɪŋ/ *n.* funambolismo *m.*

ropeway /ˈroʊpweɪ/ *n.* funivia *f.*, teleferica *f.*, funicolare *f.*

ropey /ˈroʊpi/ *a.* **1** filamentoso, filoso. **2** (*of liquids*) vischioso. **3** (*Br,colloq*) scadente, di bassa qualità, inferiore.

rope-yarn /ˈroʊpjɑːrn *Am* ˈroʊpjɑːrn/ *n.* **1** (*Tecn*) filaccia *f.*, sfilaccia *f.* **2** (*Mar*) trefolo *m.* **3** (*fig*) inezia *f.*, bazzecola *f.*, sciocchezza *f.*, nonnulla *m.*

ropily /ˈroʊpɪli/ *avv.* **1** in modo filamentoso. **2** (*viscously*) in modo vischioso. **3** (*Br,colloq*) (*badly*) male, malamente, in malo modo.

ropiness /ˈroʊpɪnəs/ *n.* **1** l'essere filamentoso, l'essere filoso. **2** (*of liquids*) vischiosità *f.* **3** (*Br,colloq*) (*bad quality*) qualità *f.* scadente.

roping /ˈroʊpɪŋ/ *n.* (*collett.*) (*ropes*) cordame *m.*

ropy /ˈroʊpi/ *a.* **1** filamentoso, filoso. **2** (*of liquids*) vischioso. **3** (*Br,colloq*) scadente, di bassa qualità, inferiore.

roquet /ˈroʊki, ˈroʊkeɪ *Am* roʊˈkeɪ/ **I** *v.t.* (*Sport*) (*in croquet*: *of another player's ball*) colpire con la propria palla, battere con la propria palla; (*of a ball*) colpire, battere. **II** *v.i.* (*Sport*) colpire (o battere) la palla dell'avversario con la propria. **III** *n.* (*Sport*) colpo *m.* dato alla palla dell'avversario con la propria.

rorqual /ˈrɔːkwəl *Am* ˈrɔːrkwəl/ *n.* (*Zool*) balenottera *f.*

ROS /ˌɑːroʊˈes/ (*Econ*) *Return on Sale* ROS (redditività sulle vendite).

rosace /ˈroʊzeɪs/ *n.* (*Arch*) rosone *m.*, rosa *f.*

rosaceous /roʊˈzeɪʃəs/ *a.* **1** (*Bot*) rosaceo. **2** (*resembling a rose*) simile a una rosa.

Rosalie /ˈrɒzəli *Am* ˈroʊzəli/ *n.pr.f.* Rosalia.

Rosalind /ˈrɒzəlɪnd *Am* ˈrɑːzəlɪnd/ *n.pr.f.* Rosalinda.

Rosaline /ˈrɒzəlaɪn *Am* ˈrɑːzəlɪn/ *n.pr.f.* Rosalina.

Rosamund /ˈrɒzəmənd *Am* ˈrɑːzəmənd/ *n.pr.f.* Rosamunda, Rosamunda.

rosaniline /roʊˈzænɪliːn/ *n.* (*Chim*) rosanilina *f.*, fucsina *f.*

rosarian /roʊˈzeəriən *Am* roʊˈzeriən/ *n.* (*Giard*) rosicoltore *m.* (*f.* -trice).

rosary /ˈroʊzəri/ *n.* **1** (*Rel.catt*) rosario *m.*: *to say the ~* recitare il rosario. **2** (*Rel*) (*rosary beads*) rosario *m.*, corona *f.* del rosario. **3** (*rose-garden*) roseto *m.*, roseto *m.*

Roscommon /rɒsˈkɒmən/ *n.pr.* (*Geog*) Roscommon *m.* (contea dell'Irlanda).

rosé /ˈroʊzeɪ *Br also* ˈroʊzeɪ/ *n.* (*Enol*) vino *m.* rosé, rosato *m.*, rosatello *m.*

rose¹ /roʊz/ **I** *n.* **1** (*Bot*) rosa *f.* **2** (*colour*) rosa *m.* **3** (*fig*) (*woman of charm, beauty*) bella ragazza *f.*, bellezza *f.*, (*ant*) bocciolo *m.* di rosa. **4** (*of a watering can, etc.*) cipolla *f.* **5** (*for a ceiling, wall*) rosone *m.* di stucco. **6** (*for a doorknob*) borchia *f.* **7** (*Arch*) rosone *m.*, rosa *f.* **8** (*Oref*) (*rose-cut*) taglio *m.* a rosetta, rosetta *f.*, rosa *f.* **9** (*Mar*) (*of a compass*) rosa *f.* dei venti; (*compass rose*) rosa *f.* della bussola. **10** (*Med*) erisipela *f.* **11** *pl.* (*in the cheeks*) colorito *m.sing.* roseo. **II** *a.* **1** rosa, roseo, rosato, di color rosa. **2** (*fig*) roseo, ottimistico. **3** (*of, relating to a rose*) di rosa: ~ *petal* petalo di rosa. **III** *v.t.* colorire di rosa, colorare di rosa, rendere rosa. □ (*fig*) *-s*, *-s all the way* sono tutte rose e fiori; (*Bot*) ~ *apple* melarosa; ~ *bush* rosaio; (*Entom*) ~ *chafer* cetonia; ~ *colour*: **1** color *m.* rosa, rosa *m.*, roseo *m.*; **2** (*fig*) visione *f.* ottimistica; (*colloq*) *everything's coming up -s* tutto va per il meglio; (*Oref*) ~ *cut* taglio a rosetta, rosa, rosetta; ~ *garden* roseto, rosaio, giardino di rose; (*Bot*) ~ *geranium* geranio rosa; (*Oref*) ~ *gold* oro legato con rame; (*Bot*) ~ *haw* cinorrodo; (*Bot*) ~ *laurel* oleandro; (*fig*) *not all -s* non tutto rose e fiori, non tutte rose (e fiori): *this job is not all -s* questo lavoro non è tutto rose e fiori; (*Bot*) ~ *of Jericho* rosa di Gerico, anastatica; (*Bot*) ~ *of Sharon*: **1** (*Br*) iperico, erba di san Giovanni; **2** (*Am*) ibisco; (*Min*) ~ *quartz* quarzo rosa; (*Min,Oref*) ~ *topaz* topazio rosa; (*fig*) *under the ~* (*secretly*) in confidenza, in (gran) segreto; ~ *water* acqua di rose; (*Arch*) ~ *window* rosone. *Prov.*: *a ~ by any other name would smell as sweet* la rosa non perderebbe il suo profumo se avesse un altro nome; *no ~ without a thorn* non c'è rosa senza spine.

rose² /roʊz/ → **rise¹**.

Rose /roʊz/ *n.pr.f.* Rosa.

roseate /ˈroʊziɪt/ *a.* **1** rosa, roseo, rosato, di color rosa. **2** (*fig*) roseo, ottimistico.

rosebud /ˈroʊzbʌd/ *n.* **1** bocciolo *m.* di rosa, bottone *m.* di rosa. **2** (*fig*) (*beautiful girl*) bella ragazza *f.*, bellezza *f.*, (*ant*) bocciolo *m.* di rosa.

rosebush /ˈroʊzbʊʃ/ *n.* rosaio *m.*, pianta *f.* di rose.

rose-colour /ˈroʊzˌkʌlər/ *n.* **1** color *m.* rosa, rosa *m.*, roseo *m.* **2** (*fig*) visione *f.* ottimistica.

rose-coloured /ˈroʊzˌkʌləd *Am* ˈroʊzˌkʌlərd/ *a.* **1** rosa, roseo, rosato, di color rosa. **2** (*fig*) roseo, ottimistico. □ (*fig*) ~ *glasses* (o ~ *spectacles*) visione ottimistica, ottimismo eccessivo: *to see the world through ~ glasses* (o *through ~ spectacles*) vedere (il mondo) tutto rosa.

rosegrower /ˈroʊzˌɡroʊər/ *n.* rosicoltore *m.* (*f.* -trice).

rosehead /ˈroʊzhed/ *n.* (*of a watering can, etc.*) cipolla *f.*

rosehip /ˈroʊzhɪp/ *n.* (*Bot*) cinorrodo *m.*

roselike /ˈroʊzlaɪk/ *a.* simile a una rosa, come una rosa.

rosemaling /ˈroʊzˌmɑːlɪŋ/ *n.* (*Am*) tecnica *f.*

di pittura decorativa su mobili in legno con motivi floreali.

rosemary /'rouzməri *Am* 'rouzmeri/ *n.* (*Bot, Alim*) rosmarino *m.*

Rosemary /'rouzməri *Am* 'rouzmeri/ *n.pr.f.* Mariarosa, Rosamaria.

Rosencrantz /'rouzənkrænts/ *n.pr.m.* Rosencrantz.

roseola /rou'ziːələ, ˌrouzi'oulə/ *n.* (*Med*) **1** (*rash*) roseola *f.*, esantema *m.* **2** (*rubella*) rosolia *f.*, rubeola *f.*

roseolar /rou'ziːələr *Am* ˌrouzi'oulər/ *a.* **1** esantematico. **2** (*of rubella*) della rosolia.

rose-pink /'rouzpɪŋk/ **I** *n.* rosa *m.* lacca. **II** *a.* rosa, roseo, di color rosa.

rosery /'rouzəri/ *n.* roseto *m.*, rosaio *m.*, giardino *m.* di rose.

rose-tinted /'rouzˌtɪntɪd *Am* 'rouzˌtɪntɪd/ *a.* **1** rosa, roseo, rosato, di color rosa. **2** (*fig*) roseo, ottimistico.

Rosetta /rou'zetə *Am* rou'zetə/ □ (*Stor*) ~ **stone** stele di Rosetta.

rosette /rou'zet/ *n.* **1** coccarda *f.*, rosetta *f.* **2** (*Arch*) rosone *m.* di stucco. **3** (*Bot,Mecc,Met, Agr*) rosetta *f.*

rosewater /'rouzˌwɔːtər *Am* 'rouzˌwɔːtər/ *a.* **1** che ha il profumo dell'acqua di rose. **2** (*fig*) delicato.

rosewood /'rouzwud/ *n.* palissandro *m.*

Rosicrucian /ˌrouzi'kruːʃən/ **I** *n.* (*Stor*) rosacroce *m.*, rosacrociano *m.* **II** *a.* (*Stor*) dei rosacrociani, relativo ai rosacrociani.

Rosicrucianism /ˌrouzi'kruːʃənɪzəm/ *n.* (*Stor*) principi *m.pl.* dei rosacrociani.

rosily /'rouzili/ *avv.* (*fig*) **1** allegramente, lietamente. **2** (*optimistically*) in modo ottimistico, sotto una luce rosa.

rosin /'rouzɪn *Am* 'rɑːzɪn/ **I** *n.* colofonia *f.*, pece *f.* greca. **II** *v.t.* spalmare di colofonia. □ ~ **oil** olio di resina.

Rosinante /ˌrozi'nænti *Am* ˌrɑːzi'nænti/ **I** *n.pr.m.* (*Lett*) Ronzinante. **II** *n.* (*fig*) ronzino *m.*, ronzinante *m.*

rosiness /'rouzinəs/ *n.* **1** l'essere rosa, l'essere rosato. **2** (*rosy complexion*) colorito *m.* roseo. **3** (*fig*) lato *m.* rosa, lato *m.* roseo; (*optimism*) ottimismo *m.*

rosiny /'rouzini *Am* 'rɑːzini/ *a.* resinoso.

rosolio /rou'zouliou/ *n.* (*Alim*) rosolio *m.*

ROSPA /'rospə/ (*Br*) Royal Society for the Prevention of Accidents (associazione per la prevenzione degli incidenti).

roster /'rostər *Am* 'rɑːstər/ *n.* **1** (*Mil*) ruolo *m.*, ordine *m.* di servizio, turno *m.* di servizio, ruolino *m.*: *promotion* ~ ruolo di promozione. **2** (*estens*) (*list, register*) lista *f.*, elenco *m.*

rostral /'rostrəl *Am* 'rɑːstrəl/ *a.* (*Anat,Zool*) rostrale.

rostrate /'rostreit *Am* 'rɑːstreit/ *a.* **1** (*Zool*) rostrato. **2** (*Anat*) rostrale.

rostrated /'rostreitid *Am* 'rɑːstreitid/ *a.* **1** (*Zool*) rostrato. **2** (*Anat*) rostrale.

rostrum /'rostrəm *Am* 'rɑːstrəm/ (*pl.* **-s** /-z/ o **-stra** /-strə/) *n.* **1** podio *m.*, tribuna *f.*, palco *m.*: *the conductor's* ~ il podio del direttore d'orchestra; *the speaker's* ~ la tribuna dell'oratore; *to yield the* ~ *to so.* cedere la parola a qcu. **2** (*Teat*) praticabile *m.* **3** (*Zool,Mar,ant*) rostro *m.*

rosy /'rouzi/ *a.* **1** roseo, rosato. **2** (*fig*) allegro, lieto; (*optimistic*) roseo, ottimistico: *a ~ picture of the future* un quadro roseo del futuro. **3** (*rar*) (*abounding in roses*) pieno di rose.

rosy-cheeked /'rouziˌtʃiːkt/ *a.* dalle guance rosee.

rot[1] /rot *Am* rɑːt/ (*past, p.p.* **rotted** /'rotɪd *Am* 'rɑːtɪd/) **I** *v.t.* **1** marcire, decomporsi, imputridire, putrefare: *the roof timbers have -ted* le travi del tetto sono marcite. **2** (*to fall, to dis-*

integrate due to decay) cadere per il marciume, decomporsi per il marciume. **3** (*Br,fig*) (*to deteriorate morally*) depravarsi, corrompersi, guastarsi. **4** (*fig*) (*to waste away*) marcire, logorarsi, consumarsi: *to* ~ *in jail* marcire in prigione. **5** (*Dent*) cariarsi. **II** *v.t.* **1** far marcire, far imputridire, rendere marcio, decomporre: *damp had -ted the timber* l'umidità aveva fatto marcire il legno. **2** (*fig*) depravare, corrompere, guastare. **3** (*of flax, hemp: to ret*) macerare. □ *to* ~ *away* (*to fall, to disintegrate due to decay*) cadere per il marciume, decomporsi per il marciume; (*fig*) ~ *away in jail* marcire in galera; *to* ~ *off* (*to fall, to disintegrate due to decay*) cadere per il marciume, decomporsi per il marciume: *several branches had -ted off* parecchi rami erano caduti per il marciume.

rot[2] /rot *Am* rɑːt/ *n.* **1** imputridimento *m.*, decomposizione *f.*, putrefazione *f.* **2** (*sth. rotten*) marcio *m.*, marciume *m.*, putredine *f.*, putridume *m.* **3** (*fig*) (*moral, social degeneration*) depravazione *f.*, marciume *m.*, corruzione *f.*, marcio *m.* **4** (*fig*) (*process of decline*) decadenza *f.*, disfacimento *m.*, sfacelo *m.* **5** (*Bot*) carie *f.* **6** (*Veter*) distomatosi *f.* **7** (*colloq*) (*nonsense*) sciocchezze *f.pl.*, stupidaggini *f.pl.*, corbellerie *f.pl.*: *don't talk* ~ non dire schiocchezze.

rota /'routə *Am* 'routə/ *n.* (*list, register*) lista *f.*, elenco *m.*

Rota /'routə *Am* 'routə/ *n.* (*Dir.can*) (*Sacra*) Rota *f.*, tribunale *m.* della Sacra Rota.

rotameter /'routəˌmiːtər *Am* 'routəˌmiːtər/ *n.* (*Tecn*) rotametro *m.*

Rotarian /rou'teəriən *Am* rou'teriən/ **I** *n.* rotariano *m.* **II** *a.* rotariano, del Rotary Club.

Rotarianism /rou'teəriənɪzəm *Am* rou'teriənɪzəm/ *n.* principi *m.pl.* dei rotariani.

rotary /'routəri *Am* 'routəri/ **I** *a.* **1** rotante, che ruota, rotativo. **2** (*of motion*) rotatorio. **3** (*Mecc*) a rotazione, rotativo, che ha moto rotatorio. **II** *n.* **1** (*Mecc*) sonda *f.* a rotazione. **2** (*Am,Strad*) rotatoria *f.*, rondò *m.* □ (*Rad*) ~ **capacitor** (o ~ **condenser**) condensatore variabile; (*El*) ~ **converter** convertitore rotante; (*Agr*) ~ **cultivator** motocoltivatore; (*Tel,ant*) ~ **dial phone** telefono con disco combinatore; (*Mot*) ~ **engine** motore rotativo; ~ **file** schedario rotante; (*Strad*) ~ **intersection** (o ~ **junction**) rotatoria, rondò; (*Agr*) ~ **plough** motocoltivatore; (*Tip*) ~ **press** (o ~ **printing press**) rotativa; (*Mecc*) ~ **pump** pompa rotativa; (*Aer*) ~ **wing** rotone.

Rotary /'routəri *Am* 'routəri/ *n.* Rotary Club *m.* □ ~ **Club** Rotary Club.

rotatable /rou'teitəbl *Am* rou'teitəbl/ *a.* **1** rotabile. **2** (*Agr*) avvicendabile.

rotate /rou'teit *Am* rou'teit/ **I** *v.t.* **1** (*far*) rotare, roteare, girare. **2** (*Agr*) (*of crops*) fare la rotazione di, avvicendare. **3** (*to alternate*) alternare, avvicendare. **II** *v.i.* **1** rotare, roteare, girare. **2** (*to proceed in a series*) avvicendarsi, alternarsi.

rotating /rou'teitiŋ *Am* rou'teitiŋ/ *a.* rotante, che ruota, rotativo.

rotation /rou'teiʃən *Am* rou'teiʃən/ *n.* **1** rotazione *f.*, roteazione *f.* **2** (*one complete turn*) rotazione *f.*, giro *m.* **3** (*succession in series*) rotazione *f.*, avvicendamento *m.*, alternanza *f.* **4** (*Agr*) rotazione *f.*, sistema *m.* rotativo. **5** (*Astr*) rotazione *f.* □ *by* ~ a rotazione, in rotazione, a turno, in successione; *in* ~ a rotazione, in rotazione, a turno, in successione; (*Agr*) ~ *of crops* avvicendamento delle colture, rotazione delle colture.

rotational /rou'teiʃənl *Am* rou'teiʃənl/ *a.* **1** di rotazione. **2** (*Fis*) rotazionale, vorticale.

rotative /'routətɪv *Am* 'routətɪv/ *a.* rotante,

rotativo.

rotator /rou'teitər *Am* rou'teitər/ *n.* **1** (*Anat*) muscolo *m.* rotatorio. **2** (*Mecc*) mulinello *m.*, dispositivo *m.* di rotazione. □ (*Am,Anat*) ~ **cuff** cuffia muscolotendinea.

rotatory /'routətəri *Am* 'routətɔːri/ *a.* rotatorio, rotativo.

rotavirus /'routəˌvaiərəs *Am* 'routəˌvairəs/ *n.* (*Med*) rotavirus *m.*

rote /rout/ *n.* (*ant*) ripetizione *f.* meccanica, ripetizione *f.* automatica. □ *by* ~: **1** (*by heart*) a memoria; **2** (*mechanically*) meccanicamente, automaticamente; ~ *learning* apprendimento mnemonico, apprendimento meccanico.

rotenone /'routənoun *Am* 'routənoun/ *n.* (*Chim*) rotenone *m.*

rot-gut /'rotgʌt *Am* 'rɑːtgʌt/ *n.* (*sl*) (*cheap, inferior liquor*) torcibudella *m.*, bruciabudella *m.*, liquore *m.* di scarsa qualità.

rotisserie /rou'tisəri/ *n.* (*Am*) **1** (*roasting spit*) girarrosto *m.* **2** (*shop*) rosticceria *f.*

rotogravure /ˌroutougrə'vjuər *Am* ˌroutəgrə'vjur/ *n.* (*Tip*) **1** (*process*) rotocalcografia *f.*, rotocalco *m.* **2** (*print*) copia *f.* a rotocalco.

rotor /'routər *Am* 'routər/ *n.* **1** (*El,Aer,Mar*) rotore *m.* **2** (*Mecc*) girante *f.* □ (*Mot*) ~ **arm** spazzola dello spinterogeno; (*Aer*) ~ **blade** rotore, pala rotante; (*Mar*) ~ **ship** rotonave.

rotoscope /'routouskoup *Am* 'routəskoup/ *n.* (*Cin*) rotoscopio *m.*

rototiller /'routətilər *Am* 'routətilər/ *n.* (*Am,Agr*) motocoltivatore *m.*

rotproof /'rotpruːf *Am* 'rɑːtpruːf/ *a.* imputrescibile.

rotten /'rotn *Am* 'rɑːtn/ *a.* **1** marcio, fradicio, putrido, imputridito, putrefatto: ~ *wood* legno marcio. **2** (*fig*) corrotto, marcio, depravato, guasto. **3** (*colloq*) (*wretched, very unpleasant*) disgustoso, sgradevole. **4** (*colloq*) (*of bad quality*) pessimo, infame: *a rotten film* un pessimo film. **5** (*Dent*) cariato. □ (*Am,fig*) ~ **apple** (*of a person*) mela marcia; (*colloq*) ~ **bastard** maledetto bastardo; (*Br, Dir,ant*) ~ **boroughs** collegio elettorale fittizio (ma con rappresentanti in parlamento); (*sl*) ~ **egg** carogna, vigliacco; (*colloq*) ~ **luck** sfortuna maledetta, scalogna; (*fig*) ~ *to the core* corrotto fino al midollo, corrotto fino in fondo all'anima.

rottenly /'rotnli *Am* 'rɑːtnli/ *avv.* male, malamente, in malo modo, da cani.

rottenness /'rotnnəs *Am* 'rɑːtnnəs/ *n.* **1** imputridimento *m.*, decomposizione *f.* **2** (*fig*) corruzione *f.*, depravazione *f.*, marciume *m.*, marcio *m.*

rottenstone /'rotnstoun *Am* 'rɑːtnstoun/ *n.* (*Geol*) tripoli *m.*, farina *f.* fossile.

rotter /'rotər/ *n.* (*Br,sl,ant*) mascalzone *m.*, cialtrone *m.*, carogna *f.*

Rottweiler /'rotwailər *Am* 'rɑːtwailər/ *n.* (*Zool*) rottweiler *m.*

rotula /'rotjulə *Am* 'rɑːtjulə/ (*pl.* **-lae** /-liː/) *n.* (*Anat*) rotula *f.*

rotund /rou'tʌnd *Am* rou'tʌnd/ *a.* **1** rotondo, tondo. **2** (*plump*) pieno, pienotto, paffuto, rotondetto. **3** (*fig*) sonoro, armonico, rotondo.

rotunda /rou'tʌndə *Am* rou'tʌndə/ *n.* (*Arch*) rotonda *f.*

rotundate /rou'tʌndeit *Am* rou'tʌndeit/ *a.* arrotondato.

rotundity /rou'tʌndɪti *Am* rou'tʌndəti/ *n.* **1** rotondità *f.* **2** (*fig*) rotondità *f.*, sonorità *f.*, armonia *f.*

ROU Uruguay ROU (Uruguay).

rouble /'ruːbl/ *n.* (*Econ,Numism*) rublo *m.*

roué /'ruːei *Am* ru'ei/ *n.* (*spreg,ant,lett*) dissoluto *m.*, vizioso *m.*, depravato *m.*, libertino *m.*, gaudente *m.*

rouge[1] /ruːʒ/ **I** *n.* **1** (*Cosmet*) rossetto *m.*, belletto *m.*, rouge *m.* **2** (*Chim*) rossetto *m.* **3** (*in roulette*) rosso *m.*, rouge *m.* **II** *v.t.* (*Cosmet*) mettere il rossetto su, dare il rossetto a, (*ant*) imbellettare. **III** *v.i.* (*Cosmet*) mettersi il rossetto, darsi il rossetto, (*ant*) imbellettarsi.

rouge[2] /ruːʒ/ *n.* (*Sport*) (*in Eton football*) mischia *f.*

rough[1] /rʌf/ **I** *a.* **1** scabro, ruvido, rozzo, aspro, scabroso: *a ~ surface* una superficie scabra; *~ hands* mani ruvide. **2** (*hairy, shaggy*) irsuto, ispido, irto, ruvido: *a dog with a ~ coat* un cane dal pelo irsuto. **3** (*difficult to travel over or penetrate*) impervio, accidentato, scabroso, aspro: *~ border country* un'impervia regione di frontiera; *a ~ road* una strada accidentata. **4** (*wild*) selvaggio, brullo, aspro. **5** (*hilly, rocky*) montuoso, scosceso, roccioso. **6** (*of water*) agitato, burrascoso, grosso, tempestoso: *~ seas* mari agitati; *a ~ crossing* una traversata burrascosa. **7** (*of weather*) rigido, crudo, inclemente. **8** (*of wind*) forte, veemente. **9** (*violent*) turbolento, violento, facinoroso. **10** (*offensively forceful*) aspro, rude, duro, forte: *~ language* linguaggio aspro; *rough manners* maniere rudi. **11** (*Sport*) pesante, scorretto: *~ play* gioco pesante; *a ~ player* un giocatore scorretto. **12** (*unrefined, uncouth*) rozzo, grossolano, rude, zotico, incolto: *~ country folk* rozza gente di campagna. **13** (*rude*) sgarbato, villano, scortese. **14** (*of style, etc.*) grezzo, rozzo. **15** (*of poor quality*) grossolano, dozzinale, scadente. **16** (*lacking comfort*) duro, disagiato, difficile: *~ life* vita dura. **17** (*obscene*) osceno, lascivo: *some ~ jokes* barzellette oscene. **18** (*harsh to the taste*) ruvido, aspro, acre, forte: *a ~ red wine* un vino rosso ruvido. **19** (*harsh to the ear*) aspro, sgradevole, stridulo. **20** (*crude, unfinished*) rozzo, grossolano, grezzo, abbozzato: *a ~ painting* un dipinto rozzo. **21** (*prepared hurriedly*) sommario, sbrigativo, spicciativo. **22** (*of a worker*) non specializzato. **23** (*of work*) pesante. **24** (*approximate, tentative*) approssimativo, approssimato, vago, impreciso: *a ~ estimate* un calcolo approssimativo; *a ~ idea* una vaga idea. **25** (*colloq*) (*trying, unpleasant*) duro, difficile, arduo. **26** (*colloq*) (*unwell*) poco bene, indisposto: *I feel a bit ~* mi sento poco bene. **II** *n.* **1** terreno *m.* accidentato (e incolto). **2** (*Sport*) (*of a golf course*) rough *m.*, erba *f.* alta. **3** (*fig*) (*disagreeable aspect of sth.*) lato *m.* spiacevole, lato *m.* negativo, rovescio *m.* della medaglia; (*difficulty*) difficoltà *f.*, ostacolo *m.*, avversità *f.* **4** (*sth. crude, unfinished*) abbozzo *m.*, cosa *f.* allo stato grezzo. **5** (*Oref*) pietra *f.* grezza. **6** (*Br,colloq*) (*hooligan*) teppista *m./f.* **III** *avv.* **1** duramente, aspramente, con asprezza: *to treat so. ~* trattare qcu. duramente. **2** (*outdoors*) all'aria aperta, per strada: *to live ~* vivere per strada. **3** (*Sport*) in modo pesante. □ (*fig*) *over ~ and smooth* per ritto e per rovescio, per ogni verso; *~ around the edges* non in perfetta forma; (*Fon,Ling*) *~ breathing* (*in ancient Greek*) spirito aspro; (*Br*) *~ copy* brutta copia, minuta; (*fig*) *~ customer* duro, osso duro; *~ diamond*: 1 diamante grezzo; 2 (*fig*) (*of a person*) burbero ma buono, cuore d'oro sotto una ruvida scorza; (*Am*) *~ draft* brutta copia; (*at a*) *~ estimate* (secondo un) calcolo approssimativo; *~ file* lima grossa; (*colloq*) *to get ~* (*to become difficult*) mettersi male; *at a ~ guess* a occhio e croce; *to have a ~ guess* tirare a indovinare; *~ handling* maltrattamento; *~ house* rissa, tafferuglio; *~ justice* giustizia sommaria; *~ luck* sfortuna,

malasorte, scalogna; *to be ~ on*: 1 (*to be unlucky for*) essere duro per, essere doloroso per, essere una disgrazia per: *it was ~ on him losing both parents* è stato duro per lui perdere entrambi i genitori; 2 (*to be unpleasant to*) essere duro con, essere severo: *he's rather ~ on his children* è piuttosto duro con i figli; 3 (*to be harmful to*) essere una rovina per: *these roads are ~ on the car springs* queste strade sono una rovina per le sospensioni; *~ paper* foglio di brutta; (*Tip*) *~ proof* bozza a mano; *~ride* momento o situazione difficile; (*Stor.am*) *Rough Riders* rough riders; (*Mar, Meteor*) *~ sea* mare molto mosso; (*Mar, Meteor*) *very ~ sea* mare agitato; (*sl*) *~ stuff* (*violent behaviour*) maniere forti, metodi energici; *that's ~!* è dura!; *to give so. a ~ time* rompere le scatole a qcu., fare vedere i sorci verdi a qcu.; (*fig*) *to have a ~ time* passarsela male, fare una vita grama; (*sl,spreg*) *~ trade* marchetta, marchettaro, prostituto omosessuale (*spec.* violento); (*fig*) *to take the ~ with the smooth* prendere il buono e il cattivo, prendere la vita come viene; *~ work* brutta copia.

rough[2] /rʌf/ **I** *v.t.* **1** irruvidire, rendere ruvido. **2** (*to ruffle*) increspare, arruffare. **3** (*Sport*) fare un gioco pesante contro. **II** *v.i.* **1** diventare ruvido, irruvidirsi, farsi aspro. **2** (*to behave roughly*) comportarsi in modo villano. □ *to ~ in* abbozzare, delineare, schizzare; *to ~ it*: fare una vita dura, vivere senza comodità; *to ~ off* (*to shape roughly*) sgrossare, sbozzare, digrossare; *to ~ off timber* sgrossare il legno; *to ~ out*: 1 (*to shape roughly*) sgrossare, sgrezzare; 2 (*of a plan, a project*) delineare, abbozzare; (*colloq*) *to ~ up* picchiare, malmenare, percuotere, maltrattare; (*colloq*) *to ~ so. up the wrong way* irritare qcu., indisporre qcu., prendere qcu. contropelo.

roughage /'rʌfɪdʒ/ *n.* **1** (*Zootecn*) foraggio *m.* grezzo; (*bran*) crusca *f.*; (*straw*) paglia *f.* **2** (*in dietetics*) fibre *f.pl.* alimentari. **3** (*bran of cereals*) crusca *f.* di cereali.

rough-and-ready /ˌrʌfən(d)'redɪ/ *a.* **1** approssimativo, approssimato, grossolano, sommario. **2** (*makeshift*) improvvisato, di fortuna. **3** (*of methods*) empirico. **4** (*of people*) brusco, spicciativo, sbrigativo.

rough-and-tumble /ˌrʌfən(d)'tʌmbl/ **I** *n.* **1** rissa *f.*, zuffa *f.*, mischia *f.*, baruffa *f.* **II** *a.* **1** disordinato, irregolare: *he led a ~ life* conduceva una vita disordinata. **2** (*violent*)violento, crudele, senza riguardo per le regole.

roughcast /'rʌfkɑːst Am 'rʌfkæst/ **I** *n.* (*Edil*) intonaco *m.* rustico per esterni, rinzaffo *m.* **II** *a.* **1** (*Edil*) rinzaffato, intonacato con intonaco rustico. **2** (*of people*) rozzo, grezzo. **III** *v.t.* (*Edil*) rinzaffare, trattare con intonaco rustico.

rough-cut /'rʌfkʌt/ **I** *a.* **1** tagliato grossolanamente. **2** (*of tobacco*) trinciato. **II** *n.* (*Cin*) versione *f.* iniziale dopo il montaggio preliminare.

roughen /'rʌfən/ **I** *v.t.* irruvidire, rendere ruvido. **II** *v.i.* irruvidirsi, divenire aspro, divenire ruvido.

rough-footed /'rʌf,fʊtɪd Am 'rʌf,fʊtɪd/ *a.* (*Ornit*) dalle zampe coperte di penne.

rough-handle /'rʌfhændl/ *v.t.* maltrattare, malmenare.

rough-hew /ˌrʌf'hjuː/ *v.t.* (*of wood or stone*) asciare, digrossare, dirozzare, sbozzare, sgrossare.

rough-hewn /ˌrʌf'hjuːn/ *a.* **1** asciato, tagliato con l'accetta, sbozzato, digrossato. **2** (*of people*) grozzo, rude, incolto, grossolano, rozzo.

roughhouse /'rʌfhaʊs/ **I** *n.* (*colloq*) rissa *f.* chiassosa e violenta. **II** *v.t.* (*Am,colloq*) maltrattare, malmenare, trattare con violenza. **III** *v.i.* (*Am,colloq*) azzuffarsi, generare una rissa, comportarsi con violenza.

roughhousing /'rʌfhaʊsɪŋ/ *n.* (*Am,colloq*) comportamento *m.* turbolento e chiassoso.

roughing /'rʌfɪŋ/ □ *~ mill*: 1 (*Met*) treno sbozzatore; 2 (*Oref*) tagliatore; (*Met*) *~ rolls* laminatoi.

roughing-in /'rʌfɪŋˌɪn/ *n.* **1** (*Edil*) rinzaffatura *f.* **2** (*Edil*) incassatura *f.* delle tubature sotto traccia.

roughish /'rʌfɪʃ/ *a.* **1** piuttosto rozzo, piuttosto rude. **2** (*of the sea*) piuttosto agitato.

rough-legged /'rʌf,leg(ɪ)d/ *a.* (*Ornit*) calzato.

roughly /'rʌflɪ/ *avv.* **1** (*violently*) turbolentemente, violentemente. **2** (*harshly, severely*) aspramente, duramente, severamente. **3** (*without finish*) grossolanamente, rozzamente. **4** (*without exactness*) all'incirca, approssimativamente, grosso modo, a occhio e croce, più o meno, pressappoco. □ *~ speaking* in linea generale, grosso modo, pressappoco, all'incirca.

rough-machine /ˌrʌfmə'ʃiːn/ *v.t.* (*Mecc*) sbozzare, sgrossare.

roughneck /'rʌfnek/ *n.* (*Am*) **1** (*sl*) teppista *m./f.* **2** (*member of an oil-drilling crew*) operaio *m.* addetto all'estrazione del petrolio.

roughness /'rʌfnəs/ *n.* **1** ruvidezza *f.*, asprezza *f.*, ruvidità *f.* **2** (*rough place, part*) scabrosità *f.* **3** (*of water*) veemenza *f.*, forza *f.* **4** (*of the weather*) inclemenza *f.*, rigidezza *f.*, asprezza *f.* **5** (*violence*) turbolenza *f.*, violenza *f.* **6** (*lack of refinement*) grossolanità *f.*, ruvidezza *f.*, rozzezza *f.*, rudezza *f.* **7** (*harshness to the taste*) ruvidezza *f.*, asprezza *f.* **8** (*harshness to the ear*) asprezza *f.*

rough-rider /'rʌf,raɪdər/ *n.* (*Am*) domatore *m.* di cavalli, scozzone *m.*

roughshod /'rʌfʃɒd Am 'rʌfʃɑːd/ *a.* (*ant*) ferrato a ghiaccio. □ (*fig*) *to ride ~ over* mettere sotto i piedi, umiliare, maltrattare, calpestare qcu.

rough-spoken /ˌrʌf'spəʊkən/ *a.* sboccato, scurrile, sguaiato.

roughtailed /'rʌfteɪld/ *a.* dalla coda squamosa.

roulade /ruː'lɑːd/ *n.* (*Mus*) gorgheggio *m.*

roulette /ruː'let/ *n.* **1** roulette *f.* **2** (*Tecn*) rotellina *f.* perforatrice. **3** (*Legat*) bulino *m.* **4** (*Filat*) dentellatura *f.* **5** (*Mat*) rulletta *f.*, rolletta *f.*, trocoide *m.*

round[1] /raʊnd/ **I** *a.* **1** rotondo, tondo, circolare: *a ~ table* un tavolo rotondo. **2** (*spherical*) rotondo, tondo, sferico: *a ~ ball* una palla rotonda. **3** (*plump, rounded*) paffuto, grassoccio, tondo, rotondetto: *~ cheeks* guance paffute. **4** (*of shoulders*) ricurvo, curvo, rotondo. **5** (*of handwriting*) tondo, rotondo. **6** (*of a number, quantity: full, complete*) tondo, intero. **7** (*approximately correct*) approssimativo, arrotondato: *a ~ estimate* un calcolo approssimativo. **8** (*considerable in amount*) elevato, cospicuo, alto: *a ~ salary* uno stipendio elevato. **9** (*complete, finished*) esatto, tondo, preciso: *a ~ dozen* una dozzina esatta. **10** (*of sound: full, sonorous*) pieno, sonoro. **11** (*plain, outspoken*) chiaro (e tondo), schietto, franco. **12** (*of wine*) armonico. **II** *n.* **1** tondo *m.*, disco *m.*, tondino *m.*, tondello *m.*: *-s of paper* tondi di carta. **2** (*circular area*) anello *m.*, cerchio *m.* **3** (*spherical object, sphere*) tondo *m.*, globo *m.*, sfera *f.* **4** (*cylindrical object*) oggetto *m.* cilindrico. **5** (*rung of a ladder*) piolo *m.* **6** (*circular path*) giro *m.*, percorso *m.* circolare. **7** (*movement in a* *circle*) giro *m.*, rotazione *f.* **8** (*completed course, series*) ciclo *m.*, corso *m.*, serie *f.* completa: *the ~ of the seasons* il ciclo delle stagioni. **9** (*Mil*) ronda *f.* **10** (*route of a milkman, etc.*) giro *m.*, percorso *m.* **11** (*progression of visits, stops*) giro *m.*: *to do the ~ of night-clubs* fare il giro dei locali notturni. **12** (*of drinks*) giro *m.*: *who bought the last ~?* chi ha pagato l'ultimo giro? **13** (*in card games*) mano *f.*, giro *m.*, smazzata *f.* **14** (*Sport*) turno *m.*; (*in boxing*) ripresa *f.*, round *m.*; (*in golf*) giro *m.*, percorso *m.* **15** (*single outburst of applause, etc.*) scroscio *m.*, salva *f.*, scoppio *m.* **16** (*single shot of gun*) salva *f.*, scarica *f.*: *to fire three -s* sparare tre salve. **17** (*unit of ammunition*) colpo *m.*, cartuccia *f.* **18** (*Macell*) contronoce *f.*, girello *m.* **19** *pl.* (*of a policeman, etc.*) ronda *f.sing.*, giro *m.sing.* di ispezione. **III** *avv.* **1** (*in a circular path*) in tondo, in cerchio, torno torno. **2** (*by a circuitous route*) facendo un giro vizioso, seguendo un percorso circolare: *you came the long way ~* sei venuto facendo un lungo giro vizioso. **3** (*with rotating motion*) con moto rotatorio, in tondo, in cerchio. **4** (*on all sides*) tutt'intorno, tutt'attorno: *the field was fenced ~* il campo era recintato tutt'intorno. **5** (*here and there*) attorno, in giro, tutt'intorno. **6** (*everywhere in a place*) dappertutto. **7** (*in the reverse direction*) indietro, nella direzione opposta, in senso inverso: *to turn ~* girarsi indietro. **8** (*in circumference*) di perimetro, di circonferenza, di giro: *five miles ~* cinque miglia di perimetro. **9** (*in turn, to each in succession*) a turno, a ciascuno (a turno). **10** (*at various points away from the centre of*) intorno a, tutt'intorno a: *players were positioned ~ the field* i giocatori erano dislocati intorno al campo. **11** (*from beginning to end*) per tutto, durante l'intero: *the year ~* per tutto l'anno; *all summer ~* durante l'intera estate. **IV** *prep.* **1** intorno a, attorno a: *the earth moves ~ the sun* la terra gira intorno al sole. **2** (*on all sides of*) tutt'intorno a: *the garden ~ the house* il giardino intorno alla casa. **3** (*here and there in*) in giro per: *to walk ~ the town* andare in giro per la città. **4** (*throughout*) (per) tutto, durante l'intero: *to work ~ the day* lavorare tutto il giorno. **5** (*at about*) verso, intorno a, all'incirca: *I'll be back ~ midnight* sarò di ritorno verso mezzanotte. **6** (*about, on*) intorno a, su: *to argue ~ and ~ a subject* discutere senza fine intorno a un argomento. □ *~ about*: **1** tutt'attorno, attorno, dattorno, intorno: *the town and the land ~ about* la città e il terreno tutt'attorno; **2** (*colloq*) (*about, approximately*) all'incirca, pressappoco, più o meno; (*Arch*) *~ arch* arco a tutto sesto; *~ brackets* parentesi tonde; *~ dance* rondò; *~ figure* cifra tonda; *in -s*: **1** in cifre tonde; **2** (*fig*) approssimativamente, all'incirca, pressappoco; (*Abbigl*) *~ neck sweater* maglione a girocollo; *~ number* cifra tonda; *~ robin*: **1** petizione con le firme apposte in cerchio (per impedire di capire chi è stato a iniziare la petizione; **2** (*Am,Sport*) girone all'italiana; *~ robin letter* lettera di protesta; (*Macell*) *~ steak* bistecca tagliata dalla contronoce; (*Lett*) *Round Table* tavola rotonda (di re Artù); (*fig*) *~ table* tavola rotonda; *~ trip* viaggio di andata e ritorno.

round² /raʊnd/ **I** *v.t.* **1** arrotondare. **2** (*to pass around*) girare, passare attorno, passare intorno a: *to ~ the hill* girare la collina. **3** (*Mar*) doppiare, girare: *the ship -ed the promontory* la nave doppiò il promontorio. **4** (*to bring to completeness, etc.*) completare, perfezionare, coronare. **5** (*to polish the style of*) tor-

nire, arrotondare, rendere scorrevole, rendere fluente. **6** (*to end*) finire, concludere. **7** (*of numbers*) arrotondare. **II** *v.i.* **1** arrotondarsi. **2** (*to become plump*) arrotondarsi, diventare paffuto, ingrassarsi. **3** (*to take a curving direction*) curvare, piegare, girare. **4** (*to turn around*) girare, rotare. □ *to ~ down* arrotondare per difetto; (*Mar*) *to ~ in* alare; *to ~ off*: **1** (*of numbers*) arrotondare; (*to round down*) arrotondare per difetto; **2** (*to end*) finire, concludere; *to ~ off a speech with a quotation* finire un discorso con una citazione; **3** (*end in a suitable way*) completare felicemente, concludere piacevolmente: *to ~ off the evening with a brandy* completare la serata con un brandy; **4** (*to bring to completeness*) completare, perfezionare, coronare: *to ~ off a career* coronare una carriera; **5** (*to polish the style of*) tornire, arrotondare, rendere scorrevole, rendere fluente; **6** (*Tecn*) (*of an edge*) arrotondare un orlo, stondare; *to ~ on* aggredire, investire, assalire; *to ~ out*: **1** (*of numbers*) arrotondare; **2** (*to bring to completeness, etc.*) completare, perfezionare, coronare; **3** (*to become plump*) arrotondarsi, diventare paffuto, ingrassare; (*Mar*) *to ~ to* orzare; *to ~ up*: **1** (*of cattle*) radunare, riunire; **2** (*of people*) radunare, riunire, raccogliere; **3** (*of criminals, suspects*) fare una retata di; **4** (*of numbers*) arrotondare per eccesso.

roundabout /'raʊndə,baʊt/ **I** *n.* **1** giostra *f.*, carosello *m.* **2** (*Br,Strad*) rotatoria *f.*, rondò *m.* **3** (*circuitous route*) giro *m.* tortuoso, giro *m.* in tondo. **4** (*circumlocution*) circonlocuzione *f.*, perifrasi *f.* **II** *a.* **1** tortuoso, sinuoso, serpeggiante. **2** (*fig*) indiretto, traverso, obliquo: *a ~ approach* un approccio indiretto.

round-arm /'raʊndɑːm Am 'raʊndɑːrm/ *a./avv.* (*Sport*) (*in cricket*) roteando il braccio: *~ bowling* il lanciare la palla roteando il braccio.

rounded /'raʊndɪd/ *a.* **1** (*of shape*) tondeggiante. **2** (*of corner*) smussato, stondato. **3** (*of style*) fluente, scorrevole. **4** (*Fon*) (*of vowel*) arrotondato. **5** (*developed*) ben fatto, completo.

roundel /'raʊndəl/ *n.* **1** (*Arch*) rosone *m.*, rosa *f.*; (*round decoration*) medaglione *m.*, tondo *m.* **2** (*Metr*) (*rondel*) rondeau *m.*, rondò *m.*

roundelay /'raʊndɪleɪ/ *n.* (*Mus*) canzonetta *f.* con ritornello.

rounder /'raʊndər/ *n.* **1** (*ant*) chi fa la ronda, chi fa un giro di ispezione; (*watchman*) guardiano *m.* (*f.* -a), custode *m./f.* **2** (*one who rounds sth.*) chi arrotonda. **3** (*sth. which rounds sth.*) arnese *m.* che serve ad arrotondare. **4** (*Am,sl*) (*rakish person*) libertino *m.*, dissoluto *m.* **5** (*Am,sl*) (*drunkard*) ubriacone *m.* **6** *pl.* (*costr.sing.*) (*Br,Sport*) gioco *m.* simile al baseball.

round-eyed /'raʊndaɪd/ *a.* **1** che ha gli occhi spalancati, con gli occhi spalancati. **2** (*astonished*) sorpreso, stupito.

round-faced /'raʊndfeɪst/ *a.* dalla faccia tonda.

Roundhead /'raʊndhed/ *n.* (*Stor.brit*) seguace *m.* di Cromwell, testa *f.* rotonda.

roundheel /'raʊndhiːl/ *n.* (*Am,colloq*) sgualdrina *f.*, puttana *f.*

round-house /'raʊndhaʊs/ *n.* **1** (*Mar*) tuga *f.* di poppa. **2** (*Stor*) (*prison*) prigione *f.*, carcere *m.* **3** (*Ferr*) deposito *m.* per locomotive. **4** (*Am, Sport*) (*in boxing*) gancio *m.*, crochet *m.*

rounding /'raʊndɪŋ/ □ (*Mat*) *~ off* arrotondamento.

roundish /'raʊndɪʃ/ *a.* tondeggiante, rotondeggiante, rotondetto.

roundly /'raʊndli/ *avv.* **1** in circolo, in cer-

chio, in tondo. **2** (*bluntly, plainly*) apertamente, senza reticenze, chiaro e tondo: *~ criticized* criticato apertamente. **3** (*vehemently*) aspramente, con veemenza, duramente: *to tell so. off ~* rimproverare aspramente qcu.

roundness /'raʊndnəs/ *n.* **1** rotondità *f.* **2** (*of sound*) pienezza *f.*, sonorità *f.* **3** (*of style*) scorrevolezza *f.*

round-shouldered /,raʊnd'ʃəʊldəd Am ,raʊn'ʃəʊldərd/ *a.* dalle spalle curve.

roundsman /'raʊndzmən/ *n.irr.* **1** fattorino *m.*, distributore *m.* **2** (*Am*) (*policeman*) poliziotto *m.* in giro di ispezione.

round-table /,raʊn(d)'teɪbl Am 'raʊn(d),teɪbl/ *a.* (*of a conference*) intorno a una tavola rotonda.

round-the-clock /,raʊn(d)ðə'klɒk Am ,raʊn(d)ðə'klɑːk/ **I** *a.* ventiquattrore su ventiquattro. **II** *avv.* ventiquattrore su ventiquattro.

round-up /'raʊndʌp/ *n.* **1** regolamento *m.* di conti. **2** (*of cattle*) raccolta *f.*, raduno *m.* **3** (*of people*) riunione *f.*, raduno *m.*, adunata *f.* **4** (*of criminals, etc.*) retata *f.*, operazione *f.* di rastrellamento. **5** (*Giorn,Rad*) riepilogo *m.*, sommario *m.*, riassunto *m.*: *a ~ of the sports results* un riepilogo dei risultati sportivi.

roundworm /'raʊndwɜːm Am 'raʊndwɜːrm/ *n.* (*Zool*) ascaride *m.*

roup¹ /ruːp/ *n.* (*Veter*) difterite *f.* aviaria.

roup² /raʊp/ **I** *n.* (*Scott*) (*auction*) asta *f.*, incanto *m.*, vendita *f.* all'asta. **II** *v.t.* (*Scott*) vendere all'asta.

roupy /'ruːpi/ *a.* (*Veter*) affetto da difterite aviaria.

rouse¹ /raʊz/ **I** *v.t.* **1** svegliare, destare, risvegliare. **2** (*fig*) (*to stir into activity*) scuotere, destare, svegliare, risvegliare: *to ~ so. from his apathy* scuotere qcu. dall'apatia. **3** (*fig*) (*to move to indignation*) indignare, muovere a sdegno. **4** (*fig*) (*to move to anger*) irritare, provocare (all'ira). **5** (*fig*) (*to excite, to kindle*) risvegliare, accendere, destare, svegliare: *to ~ passions* risvegliare le passioni. **6** (*fig*) (*to call forth*) destare, suscitare, causare, provocare: *to ~ unhappy memories* destare tristi ricordi. **7** (*Caccia*) stanare; (*of birds*) alzare, levare. **II** *v.i.* **1** (*to awaken*) svegliarsi, destarsi, risvegliarsi. **2** (*fig*) (*to become stirred into activity*) scuotersi, destarsi, svegliarsi, risvegliarsi. **III** *n.* sveglia *f.* (*anche Mil*). □ (*Mar*) *to ~ in* alare con forza; (*Mar*) *to ~ out*: **1** alare con forza; **2** (*to alert for action*) chiamare in coperta; *to ~ up*: **1** (*to awaken*) svegliare, destarsi, risvegliarsi; **2** (*Mar*) (*of a rope, etc.*) alare con forza.

rouse² /raʊz/ *v.t.* (*of herrings: to cure by salting*) salare, mettere sotto sale.

rouser /'raʊzər/ *n.* **1** animatore *m.* (*f.* -trice), incitatore *m.* (*f.* -trice), stimolatore *m.* (*f.* -trice). **2** (*sl*) (*bold lie*) bugia *f.* sfacciata, menzogna *f.* impudente.

rousing /'raʊzɪŋ/ *a.* **1** incitatore, stimolante: *a ~ speech* un discorso incitatore. **2** (*very enthusiastic*) travolgente: *a ~ cheer* un'ovazione travolgente. **3** (*brisk, lively*) vivace, animato. **4** (*colloq*) (*exceptional of its kind*) straordinario, eccezionale, fenomenale.

roust /raʊst/ **I** *n.* (*Am,sl*) perquisizione *f.* della polizia. **II** *v.t.* **1** (*Am,sl*) (*said of police*) perseguitare, tormentare. **2** (*Am,sl*) (*by police*) stanare, scovare. **3** (*to force to get up*) fare alzare.

roustabout /'raʊstə,baʊt/ *n.* (*Am*) **1** (*on a wharf*) portuale *m.*, scaricatore *m.* di porto. **2** (*temporary worker*) lavoratore *m.* saltuario; (*unskilled labourer*) manovale *m.*

rout¹ /raʊt/ **I** *v.t.* **1** (*Mil*) sbaragliare, sgominare, sconfiggere, mettere in rotta: *to ~ an army* sbaragliare un esercito. **2** (*estens*) sopraffare, sconfiggere (nettamente), sbaragliare, battere: *the party was -ed at the election* il partito fu sconfitto alle elezioni. **II** *n.* **1** (*Mil*) disfatta *f.*, rotta *f.*, sconfitta *f.*: *the defeat turned into a ~* la sconfitta si tramutò in una disfatta. **2** (*estens*) (*act of defeating heavily*) lo sconfiggere (nettamente). **3** (*instance*) disfatta *f.*, sconfitta *f.* totale. **4** (*ant*) (*crowd, throng*) folla *f.*, moltitudine *f.* tumultuante, turba *f.* **5** (*Dir,ant*) radunata *f.* sediziosa. ☐ *to put to ~*: 1 (*Mil*) mettere in rotta, sbaragliare; 2 (*fig*) sopraffare.

rout² /raʊt/ *v.i.* **1** (*to root*) grufolare. **2** (*estens*) (*to search, to rummage*) frugare, rovistare, grufolare. ☐ *to ~ out*: 1 (*to eject, to drive out*) snidare, stanare, sloggiare: *to ~ the guerrillas out of the hills* snidare i guerriglieri dalle colline; 2 (*to find after rummaging*) riuscire a trovare, scovare; 3 (*to rouse from bed*) fare alzare (dal letto), buttare giù dal letto; *to ~ up* (*to find after rummaging*) riuscire a trovare, scovare.

route /ruːt *Am also* raʊt/ **I** *n.* **1** itinerario *m.*, percorso *m.*, via *f.* **2** (*Am*) (*of a salesman, etc.*) giro *m.* **3** (*fig*) via *f.*, strada *f.*, percorso *m.*: *gambling is the quickest ~ to ruin* il gioco è la via più breve per giungere alla rovina. **4** (*Am,Strad*) strada *f.* extraurbana statale: *route 66* la statale 66. **5** (*Mar,Aer*) rotta *f.*: *the North Atlantic ~* la rotta nordatlantica. **6** /raʊt/ (*Mil*) (*order to march*) ordine *m.* di marcia. **II** *v.t.* **1** stabilire una rotta per, stabilire il percorso (o l'itinerario) di. **2** (*to send by a certain route*) avviare, instradare, dirigere. **3** (*to divert*) dirottare: *the police -d traffic away from the city centre* la polizia dirottò il traffico dal centro urbano. ☐ *to ~ a flight* instradare un volo; (*Mil*) *~ march* marcia di addestramento; (*Med*) *~ of infection* modalità di trasmissione.

router /ˈruːtər *Am* ˈruːtər, ˈraʊtər/ *n.* **1** (*Inform*) router *m.* **2** (*Tecn*) fresatrice *f.* verticale.

routine /ruːˈtiːn/ **I** *n.* **1** routine *f.*, tran tran *m.*, ritmo *m.* monotono: *a housewife's daily ~* la routine giornaliera di una casalinga. **2** (*customary procedure*) prassi *f.*, procedura *f.* corrente: *parliamentary ~* la prassi parlamentare. **3** (*adherence to customary procedures*) abitudine *f.*, costume *m.*, consuetudine *f.*: *to be a slave to ~* essere schiavo dell'abitudine. **4** (*Inform*) routine *f.*, sequenza *f.* di istruzioni. **5** (*Mus,Teat*) (*act*) numero *m.*: *a song and dance ~* un numero di canto e di ballo. **II** *a.* **1** corrente, normale, di ordinaria amministrazione: *~ procedures* procedura corrente, procedura abituale; *~ matters* cose di ordinaria amministrazione. **2** (*ordinary, usual*) solito, consueto, ordinario, abituale. ☐ *~ maintenance* manutenzione ordinaria.

routing /ˈruːtɪŋ *Am* ˈruːtɪŋ, ˈraʊtɪŋ/ *n.* instradamento *m.*, avviamento *m.*: *~ of mail dispatches* avviamento degli invii postali. ☐ *~ symbol* codice bancario.

roux /ruː/ *n.* (*Gastron*) addensante *m.* per salse.

rove¹ /rəʊv/ **I** *v.i.* **1** vagare, errare, vagabondare, girovagare: *to ~ through the hills* vagare per le colline. **2** (*fig*) (*of thoughts, etc.*) errare, vagare, divagare. **II** *v.t.* **1** vagare per, errare per. **2** (*to traverse*) attraversare, percorrere. **III** *n.* (*Am*) vagabondaggio *m.*

rove² /rəʊv/ *v.t.* (*Tess*) torcere (per filare). **II** *n.* **1** lucignolo *m.*, stoppino *m.* **2** (*Tess*) (*final stage of carding*) torcitura *f.*

rove³ /rəʊv/ *n.* **1** (*Mar*) doppino *m.* **2** (*Tecn, Mecc*) (*washer*) riparella *f.*, rosetta *f.*, rondella *f.*

rove⁴ /rəʊv/ → **reeve²**.

rover¹ /ˈrəʊvər/ *n.* **1** giramondo *m./f.*, girovago *m.* (*f.* -a), vagabondo *m.* (*f.* -a). **2** (*Sport*) (*in archery*) bersaglio *m.* scelto a caso. **3** (*ant*) (*pirate*) pirata *m.*, corsaro *m.*

rover² /ˈrəʊvər/ *n.* **1** (*Tess*) banco *m.* per lucignolo (*o* stoppino). **2** (*worker*) torcitore *m.* (*f.* -trice).

roving /ˈrəʊvɪŋ/ *a.* **1** nomade, errante, vagante, itinerante: *a ~ tribe* una tribù nomade. **2** (*fig*) (*of imagination, etc.*) che divaga. ☐ *~ commission*: 1 (*Dir*) commissione itinerante; 2 (*fig*) l'avere libertà di azione; 3 (*Mar*) libertà di manovra; (*fig*) *~ eye* occhio sempre a caccia di avventure, il guardare molto le donne, il passare di fiore in fiore; (*Giorn, scherz*) *~ reporter* cronista sempre a caccia di notizie.

row¹ /rəʊ/ *n.* **1** fila *f.*, riga *f.*, linea *f.*: *a ~ of desks* una fila di banchi. **2** (*of figures*) riga *f.* **3** (*uninterrupted sequence*) sequela *f.*, sfilza *f.*, fila *f.* **4** (*in knitting*) ferro *m.*, giro *m.* **5** (*of seats*) fila *f.*: *front ~* la prima fila. **6** (*Agr*) filare *m.*, fila *f.* **7** (*in checkers*) riga *f.*, traversa *f.* ☐ (*Am*) *~ house* villetta a schiera; *in -s* in fila, a file; *in a ~*: 1 allineato, in riga; 2 (*one after another*) di fila, uno dopo l'altro: *three in a ~* tre di fila.

row² /rəʊ/ **I** *v.i.* **1** remare, vogare (*for* per; *against* contro). **2** (*to be propelled by oars*) andare a remi. **II** *v.t.* **1** spingere a forza di remi, far muovere vogando (*o* remando). **2** (*to transport in a rowing-boat*) trasportare in una barca a remi. **3** (*to be equipped with*) essere attrezzato con: *the boat -s ten oars* la barca è attrezzata con dieci remi. **III** *n.* **1** remata *f.*, vogata *f.*: *it's a long ~ to the other side* è una lunga remata fino all'altra riva. **2** (*trip in a rowing-boat*) gita *f.* in una barca (a remi), giro *m.* in una barca (a remi). ☐ *to ~ so. across the lake* far attraversare il lago a qcu. con una barca a remi; (*fig*) *to ~ against the tide* andare controcorrente; *to go for a ~* fare una gita in barca (a remi).

row³ /raʊ/ **I** *n.* (*Br*) **1** (*argument, quarrel*) litigio *m.*, lite *f.*, alterco *m.*, baruffa *f.*, bisticcio *m.*: *a ~ between husband and wife* un litigio tra marito e moglie; *to have a ~ with so.* bisticciare con qcu., attaccar briga con qcu. **2** (*colloq*) (*noise, din*) chiasso *m.*, baccano *m.*, fracasso *m.*, frastuono *m.*: *what a ~!* quanto chiasso! **II** *v.i.* (*Br,colloq*) litigare, altercare, bisticciare (*with* con). **III** *v.t.* (*Br,colloq*) (*to reprimand*) rimproverare, riprendere, sgridare. ☐ *to make a ~*: 1 (*to make a noise*) fare chiasso, fare fracasso, fare baccano; 2 (*to protest violently*) protestare con violenza, fare un putiferio; *what's the ~?* che diamine succede?, che cosa c'è?

rowan /ˈrəʊən, ˈraʊən/ *n.* (*Bot*) **1** sorbo *m.* rosso. **2** (*rowanberry*) sorba *f.* ☐ (*Bot*) *~ tree* sorbo rosso.

rowanberry /ˈrəʊənˌberi, ˈraʊənˌberi/ *n.* (*Bot*) sorba *f.*

rowboat /ˈrəʊbəʊt/ *n.* (*Am,Mar*) barca *f.* a remi, imbarcazione *f.* a remi.

row-de-dow /ˈraʊdɪdaʊ/ *n.* (*Am*) baccano *m.*, chiasso *m.*, fracasso *m.*

rowdily /ˈraʊdɪli/ *avv.* **1** chiassosamente, rumorosamente. **2** (*roughly*) turbolentemente, violentemente.

rowdiness /ˈraʊdɪnəs/ *n.* **1** chiassosità *f.*, l'essere rumoroso. **2** (*roughness*) turbolenza *f.*, violenza *f.*

rowdy /ˈraʊdi/ **I** *a.* **1** rumoroso, chiassoso. **2** (*rough, disorderly*) turbolento, violento, agitato. **II** *n.* **1** scalmanato *m.* (*f.* -a), facinoroso *m.* (*f.* -a). **2** (*hooligan*) teppista *m./f.*

rowdyism /ˈraʊdiɪzəm/ *n.* condotta *f.* turbolenta.

rowel /ˈraʊəl/ **I** *n.* stella *f.*, rosetta *f.*, rotella *f.* **II** *v.t.* (*ant*) (*past, p.p.* **rowelled** /*Am* **roweled** /-d/) (*to spur*) spronare.

rowen /ˈraʊən/ *n.* (*Am,Agr*) secondo taglio *m.* (di erba, fieno).

rower /ˈrəʊər/ *n.* rematore *m.* (*f.* -trice), vogatore *m.* (*f.* -trice), canottiere *m.* (*f.* -a).

rowing¹ /ˈrəʊɪŋ/ **I** *n.* **1** voga *f.* **2** (*Sport*) canottaggio *m.* **II** *a.* a remi. ☐ (*Br*) *~ boat* barca a remi, imbarcazione a remi; (*Ginn*) *~ machine* vogatore.

rowing² /ˈraʊɪŋ/ *a.* (*quarrelling*) che litiga, che bisticcia.

rowlock /ˈrəʊlɒk *Am* ˈrəʊlɑːk/ *n.* (*Mar*) scalmiera *f.*, scalmo *m.*

Roxana /rɒkˈsɑːnə *Am* rɑːkˈsænə/ *n.pr.f.* Rossana.

Roy /rɔɪ/ *n.pr.m.* Roy.

royal /ˈrɔɪəl/ **I** *a.* **1** reale, regale, regio. **2** (*fig*) splendido, magnifico, regale, degno di un re: *a ~ welcome* un'accoglienza splendida. **3** (*fig*) (*majestic, imposing*) imponente, grandioso, maestoso, regale. **4** (*colloq*) (*excellent*) ottimo, eccellente: *in ~ spirits* di ottimo umore. **5** (*Chim*) (*noble*) nobile. **6** (*Am,colloq*) grosso, enorme, mega: *a ~ nuisance* una mega scocciatura. **II** *n.* **1** (*Mar*) controvelaccio *m.* **2** (*Cart*) formato *m.* reale, reale *m.* **3** (*Numism*) real *m.* **4** (*colloq*) (*royal person*) membro *m.* della famiglia reale. **5** (*Zool*) cervo *m.* reale. ☐ (*Parl*) *~ assent* assenso regio, assenso reale, (approvazione formale del sovrano di una legge); *~ blood* sangue reale; (*Br,Dir*) *~ charter* decreto emanato dal sovrano per conferire lo status formale ad un'istituzione; (*Dir*) *by Royal Charter* per decreto reale; (*Br,Dir*) *~ commissioners* commissari regi; (*Parl*) *~ consent* assenso regio, assenso reale (approvazione formale del sovrano di una legge); (*Br*) *~ family* famiglia reale, reali; *~ flush* (in poker) scala reale massima; *by ~ grant* per concessione reale; (*Br*) *~ household* casa reale; (*Br, Gastron*) *~ icing* glassa zucchero e chiara d'uovo; (*Entom,Farm*) *~ jelly* pappa reale; (*Mar*) *~ mast* alberetto di controvelaccio; (*Am,colloq*) *to be a ~ pain* essere una bella rottura; (*Tip*) *~ paper* foglio formato reale; (*Br*) *~ prerogative* prerogative reali; (*fig*) the *~ road to sth.* la strada sicura per arrivare a qcs.; (*Br*) *~ standard* bandiera britannica; (*Br*) *~ warrant* diritto di usare lo stemma reale (sui prodotti dei fornitori ufficiali); *the ~ we* il pluralis maiestatis.

Royal /ˈrɔɪəl/ *a.* Reale, Regale, Regio. ☐ *Royal Academy* accademia reale britannica; (*Aer.mil*) *Royal Air Force* regia aeronautica; (*Canad*) *Royal Canadian Mounted Police* Polizia canadese a cavallo, (*colloq*) le Giubbe Rosse; (*GB*) *Royal Commission* commissione d'inchiesta parlamentare di nomina reale; (*Aus*) *Royal Flying Doctors Service* servizio di soccorso medico (che raggiunge gli ammalati in piccoli aerei); (*Mil*) *Royal Grenadiers* granatieri reali; *His Royal Highness* (o *Her Royal Highness*) Sua Altezza Reale; (*GB*) *Royal Mail* servizio postale britannico; (*GB*) *Royal Marine* fanteria di mare; (*GB*) *Royal Mint* zecca nazionale (inglese); (*GB*) *Royal Navy* marina militare britannica.

royal-blue /ˌrɔɪəlˈbluː/ **I** *n.* blu *m.* reale, blu *m.* scuro. **II** *a.* (*color*) blu reale, blu scuro.

royalism /ˈrɔɪəlɪzəm/ *n.* **1** realismo *m.* **2** (*monarchism*) fede *f.* monarchica.

royalist /ˈrɔɪəlɪst/ **I** *n.* **1** realista *m./f.* **2** (*monarchist*) monarchico *m.* (*f.* -a). **II** *a.* realista.

Royalist /ˈrɔɪəlɪst/ **I** *n.* (*Stor*) realista *m./f.* **II**

a. (Stor) dei realisti, relativo ai realisti.

royally /ˈrɔɪəli/ *n.* magnificamente, splendidamente, da re.

royalty /ˈrɔɪəlti *Am* ˈrɔɪəlti/ *n.* **1** sovranità *f.*, regalità *f.*, dignità *f.* regale. **2** (collett.) *(royal persons)* reali *m.pl.*, famiglia *f.* reale. **3** *(fig) (regal character)* regalità *f.*, nobiltà *f.* **4** *(Dir)* diritto *m.* d'autore, royalty *f.* **5** *pl. (royal prerogatives)* prerogative *f.pl.* reali, privilegi *m.pl.* reali.

RP *Philippines* RP (Filippine).

R/P *(Comm) Return of Post* (a giro di posta).

R.P. /ˌɑːrˈpiː/ **1** *(Br,Fon) received pronunciation* (pronuncia dell'inglese considerata standard). **2** *(Rel.prot) Reformed Presbyterian* (presbiteriano riformato). **3** *(Univ) Regius Professor* (regio professore). **4** *(Post,Tel)* reply paid RP (risposta pagata).

RPI *retail price index* (indice dei prezzi al dettaglio).

rpm /ˌɑːrpiːˈem/ **1** *revolutions per minute* g./min. (giri al minuto). **2** *(Comm) resale price maintenance* (fissazione di prezzi di rivendita).

rpt *report* (relazione, rapporto).

RR *(Am,Ferr) railroad* ferr. (ferrovia).

RRP *(Br,Comm) recommended retail price* (prezzo di vendita consigliato).

RS /ˌɑːrˈes/ *(GB) Royal Society* (accademia britannica delle scienze).

RSA /ˌɑːresˈeɪ/ *(GB) Royal Society of Arts* (società britannica per le arti).

RSM 1 *(Br,Mil) Regimental Sergeant Major* (sottufficiale con funzioni simili a quelle del maresciallo maggiore aiutante). **2** *Saint Martin* RSM (San Marino).

RSPCA /ˌɑːresˌpiːsiːˈeɪ/ *(Br) Royal Society for the Prevention of Cruelty to Animals* (società per la protezione degli animali).

r.s.v.p., **R.S.V.P.** /ˌɑːresviːˈpiː/ *répondez s'il vous plaît* R.S.V.P. (si prega rispondere).

rt. *right* dx. (destro).

RU 1 *(Sport) Rugby Union* (rugby giocato con squadre di 15 giocatori). **2** *Burundi* RU (Burundi).

rub¹ /rʌb/ *(past, p.p.* **rubbed** /-d/) *I v.t.* **1** strofinare, fregare, sfregare, stropicciare: *to ~ a table with a cloth* strofinare un tavolo con un panno. **2** *(to massage)* frizionare, massaggiare: *to ~ one's leg with an ointment* frizionarsi la gamba con una pomata. **3** *(to polish by rubbing)* lucidare strofinando, levigare strofinando. **4** *(to make a rubbing of)* riprodurre (su carta) mediante sfregamento. **II** *v.i.* **1** *(to move with pressure)* strusciare: *the wheel is -bing on sth.* la ruota struscia contro qcs.; *the horse was -bing against the fence* il cavallo si strusciava contro lo steccato. **2** *(Br, colloq)* irritare, urtare: *it -s to be told one is superfluous* è irritante sentirsi dire che non si è indispensabili. □ *(Br,colloq) to ~ along* tirare avanti alla meno peggio, tirare avanti alla meglio; *to ~ sth. away* rimuovere qcs. strofinando, togliere qcs. strofinando; *to ~ sth. clean* pulire qcs., strofinare qcs. fino a renderlo pulito; *to ~ down*: **1** pulire strofinando, asciugare strofinando: *to ~ oneself down with a towel* strofinarsi vigorosamente con un asciugamano; **2** *(of an athlete)* massaggiare; **3** *(of a horse)* asciugare il sudore di; **4** *(to smooth, to polish)* levigare, lisciare: *to ~ a door down with sandpaper* levigare una porta con la carta vetrata; *to ~ sth. dry* asciugare qcs. strofinando, strofinare qcs. fino a renderlo asciutto; *(fig) to ~ elbows with* essere in confidenza con, frequentare; *to ~ in*: **1** frizionare, fare penetrare fregando, fare penetrare frizionando; **2** *(colloq) (to impress in the mind)* fare entrare in testa, imprimere

bene nella mente; *to ~ it in* rinfacciare qcs., farla lunga: *you needn't ~ it in* non c'è bisogno che tu la faccia tanto lunga; *to ~ off*: **1** cancellare, asportare strofinando, togliere fregando: *to ~ sth. off the blackboard* cancellare qcs. dalla lavagna; **2** trasmettere, passare: *let's hope your good luck -s off on me* speriamo che la tua fortuna si trasmetta a me; *to ~ on* applicare strofinando, spalmare strofinando; *to ~ out*: **1** cancellare: *~ it out and write it again* cancella e riscrivilo; *this mark won't ~ out* questo segno non va via; **2** *(colloq)* distruggere, spazzare via; **3** *(sl) (to murder)* assassinare, eliminare, far fuori; *(fig) to ~ salt into a wound* rincrudire una ferita, girare il coltello nella piaga, versare il sale su una ferita; *(fig) to ~ shoulders with* essere in rapporto con, frequentare; *(fig) to ~ so. the right way* prendere qcu. per il verso giusto; *(fig) to ~ so. the wrong way* irritare qcu., prendere qcu. per il verso sbagliato; *to ~ up*: **1** *(to polish by rubbing)* lucidare strofinando, levigare strofinando; **2** *(fig)* rinfrescare, ripassare; *(fig) to ~ so. up the right way* prendere qcu. per il verso giusto; *(fig) to ~ so. up the wrong way* irritare qcu., prendere qcu. per il verso sbagliato; *to ~ with emery* smerigliare.

rub² /rʌb/ *n.* **1** sfregamento *m.*, strofinamento *m.*, strofinata *f.* **2** *(massage)* massaggio *m.*: *to give so. a ~* fare un massaggio a qcu. **3** *(polishing)* lucidata *f.*: *to give the silver a ~* dare una lucidata all'argenteria. **4** *(fig) (obstacle, impediment)* difficoltà *f.*, ostacolo *m.*, impedimento *m.* **5** *(fig) (criticism, gibe)* critica *f.*, sarcasmo *m.* **6** *(rough area on a surface)* scabrosità *f.* □ *(colloq) there's the ~* qui sta il guaio.

rub-a-dub /ˈrʌbədʌb/ *I n.* rullo *m.* di tamburo, rataplan *m.* **II** *v.i. (of drums)* rullare.

rubato /ruˈbɑːtoʊ/ *I n. (Mus)* tempo *m.* rubato. **II** *avv. (Mus)* a tempo rubato.

rubber¹ /ˈrʌbər/ *I n.* **1** gomma *f.*, cauccù *m.* **2** *(eraser)* gomma *f.* per cancellare. **3** *(for a blackboard, eraser)* cancellino *m.* **4** *(one who rubs)* chi sfrega, chi strofina. **5** *(masseur)* massaggiatore *m.*; *(masseuse)* massaggiatrice *f.* **6** *(Am,sl) (condom)* guanto *m.*, goldone *m.*, preservativo *m.* **7** *pl. (Am,Calz)* soprascarpe *f.pl.* di gomma, calosce *f.pl.* **II** *a.* di gomma: *~ gloves* guanti di gomma. **III** *v.t.* rivestire di uno strato di gomma, gommare. □ *~ band* elastico; *~ bullet* proiettile di gomma, pallottola di gomma; *(Am) ~ cement* mastice; *(colloq,scherz) ~ cheque* (o *Am ~ check*) assegno scoperto; *(Mar) ~ dinghy* battello di gomma, gommone; *~ factory* gommificio; *~ gloves* guanti di gomma; *(Br,sl) ~ johnny* guanto, goldone, preservativo; *(Bot) ~ plant* ficus; *~ plantation* piantagione di alberi della gomma; *~ sheet* traversa incerata; *~ stamp*: **1** timbro di gomma; **2** *(fig)* approvazione; *~ tapping* estrazione della gomma; *(Bot) ~ tree* albero della gomma.

rubber² /ˈrʌbər/ *n. (in card games)* partita *f.* di tre manche; *(deciding game)* partita *f.* decisiva, *(pop)* bella *f.*

rubberize /ˈrʌbəraɪz/ *v.t.* rivestire di uno strato di gomma, gommare.

rubberneck /ˈrʌbərnek/ *I n. (Am,colloq)* **1** *(inquisitive person)* ficcanaso *m./f.*, curiosone *m.* (*f.* -a). **2** *(spreg) (tourist)* turista *m./f.* (che viaggia con gruppi organizzati). **II** *v.i. (Am, colloq)* curiosare, osservare attentamente, guardare a bocca aperta, fissare.

rubbernecked /ˈrʌbərnekt/ *a. (Am,colloq)* da impiccione, da ficcanaso, da curiosone.

rubber-stamp /ˌrʌbəˈstæmp *Am* ˌrʌbərˈstæmp/ *v.t.* **1** timbrare, apporre un timbro. **2**

(fig) approvare meccanicamente.

rubbery /ˈrʌbəri/ *a.* gommoso, che sembra gomma.

rubbing /ˈrʌbɪŋ/ *n.* **1** sfregamento *m.* **2** *(massage)* massaggio *m.*, frizione *f.* **3** *(Tip)* riproduzione *f.* (su carta) ottenuta mediante sfregamento. □ *~ alcohol* alcol per massaggi.

rubbish /ˈrʌbɪʃ/ *I n.* **1** rifiuti *m.pl.*, spazzatura *f.*, immondizie *f.pl.* **2** *(worthless material)* materiale *m.* di scarto, scarto *m.*, ciarpame *m.*, robaccia *f.* **3** *(fig) (nonsense)* sciocchezze *f.pl.*, stupidaggini *f.pl.*, scempiaggini *f.pl.* **4** *(Edil) (rubble)* breccia *f.*, pietrisco *m.* **II** *intz. (colloq)* sciocchezze!, storie!, *(colloq)* balle! **III** *v.t. (Br,colloq)* stroncare, criticare senza pietà, criticare duramente, fare a pezzi. □ *~ bin* bidone della spazzatura, pattumiera; *(Br) ~ chute* canna di caduta dei rifiuti; *~ dump* discarica (pubblica); *~ heap* mucchio di rifiuti; *~ tip* discarica (pubblica).

rubbishing /ˈrʌbɪʃɪŋ/ *a.* **1** pieno di rifiuti. **2** *(colloq) (worthless)* senza valore, di nessun valore, di scarto.

rubbishy /ˈrʌbɪʃi/ *a.* **1** pieno di rifiuti. **2** *(colloq) (worthless)* senza valore, di nessun valore, di scarto.

rubble /ˈrʌbl/ *n.* **1** macerie *f.pl.*: *to reduce to ~* ridurre in macerie. **2** *(Edil)* breccia *f.*, pietrisco *m.* **3** *(Geol)* detriti *m.pl.* □ *(Edil) ~ concrete* calcestruzzo ciclopico.

rubblework /ˈrʌblwɜːk *Am* ˈrʌblwɜːrk/ *n.* muratura *f.* di pietre non squadrate.

rubbly /ˈrʌbli/ *a.* di breccia, simile a breccia, ricco di pietrisco.

rubdown /ˈrʌbdaʊn/ *n.* **1** strofinata *f.*: *to give oneself a ~ with a towel* darsi una strofinata con un asciugamano. **2** *(massage)* massaggio *m.*, frizione *f.*

rube /ruːb/ *n. (Am,sl) (unsophisticated countryman)* persona *f.* rustica, campagnolo *m.* (*f.* -a).

rubefacient /ˌruːbɪˈfeɪʃənt/ *I a. (Med)* rubefacente. **II** *n. (Med)* rubefacente *m.*

rubefaction /ˌruːbɪˈfækʃən/ *n.* **1** *(act)* arrossamento *m.* **2** *(result)* iperemia *f.* cutanea.

rubella /ruːˈbelə/ *n. (Med)* rosolia *f.*

rubeola /ruːˈbiːələ, ruːbiˈoʊlə/ *n. (Med)* morbillo *m.*

rubescent /ruːˈbesənt/ *n. (poet)* che arrossisce, rubescente.

Rubicon /ˈruːbɪkən *Am* ˈruːbɪkɑːn/ *n.pr. (Geog)* Rubicone *m.*: *(fig) to pass the ~* (o *to cross the ~*) passare il Rubicone.

rubicund /ˈruːbɪkənd, ˈruːbɪkʌnd/ *a.* rubicondo.

rubicundity /ˌruːbɪˈkʌndɪti *Am* ˌruːbɪˈkʌndəti/ *n.* aspetto *m.* rubicondo, l'essere rubicondo.

rubidium /ruːˈbɪdiəm/ *n. (Chim)* rubidio *m.*

rubied /ˈruːbid/ *a.* **1** *(ruby coloured)* color rubino. **2** *(ornamented with rubies)* adorno di rubini.

rubify /ˈruːbɪfaɪ/ *v.t.* arrossare, far diventare rosso.

rubiginose /ruːˈbɪdʒɪnoʊs/ *a.* **1** *(rust coloured)* color ruggine. **2** *(rusty)* rugginoso, arrugginito.

rubiginous /ruːˈbɪdʒɪnəs/ *a.* **1** *(rust coloured)* color ruggine. **2** *(rusty)* rugginoso, arrugginito.

ruble /ˈruːbl/ *n. (Econ,Numism)* rublo *m.*

rubric /ˈruːbrɪk/ *I n. (Lit,Paleogr,Dir)* rubrica *f.* **II** *a.* **1** scritto in rosso, segnato in rosso. **2** *(Lit)* prescritto dalle rubriche.

rubrical /ˈruːbrɪkəl/ *a.* scritto in rosso, segnato in rosso.

rubricate /ˈruːbrɪkeɪt/ *v.t.* **1** stampare in lettere rosse. **2** *(to furnish with rubrics)* provvedere di rubriche. **3** *(to mark with red)* segnare in rosso.

rubrication /ˌruːbrɪˈkeɪʃən/ *n.* **1** rubricazione *f.* **2** (*sth. rubricated*) lettera *f.* scritta in rosso, parola *f.* scritta in rosso.

rubricator /ˈruːbrɪkeɪtər *Am* ˈruːbrɪkeɪtər/ *n.* rubricatore *m.* (*anche Paleogr*).

rubrician /ruːˈbrɪʃən/ *n.* (*Lit*) rubricista *m./f.*

ruby /ˈruːbi/ **I** *n.* **1** (*Min*) rubino *m.* **2** (*colour*). rosso *m.* vivo, vermiglio *m.* **3** (*red pimple on face or nose*) bitorzolo *m.* rosso sulla faccia, bitorzolo *m.* rosso sul naso. **II** *a.* **1** (*color*) rubino, vermiglio. **2** (*containing rubies*) di rubini, con rubini: *a ~ necklace* una collana di rubini. □ (*Enol*) ~ *port* porto ruby, porto rosso; ~ *red* rosso rubino; (*Min*) ~ *spinel* spinello rosso; ~ *wedding* nozze di rubino, quarantesimo anniversario di nozze.

Ruby /ˈruːbi/ *n.pr.f.* Rubina.

rubythroat /ˈruːbiθrəʊt/ *n.* (*Ornit*) calliope *f.*

ruche /ruːʃ/ *n.* (*Mod*) ruche *f.*, gala *f.*

ruck[1] /rʌk/ *n.* **1** massa *f.* (anonima), folla *f.*: *his talents have enabled him to get out of the ~* le sue doti naturali gli hanno permesso di emergere dalla massa. **2** (*Equit,Sport*) gruppo *m.* (lasciato indietro dai vincitori). **3** (*pile, heap*) mucchio *m.*, cumulo *m.*, ammasso *m.*

ruck[2] /rʌk/ **I** *n.* piega *f.*, grinza *f.* **II** *v.i.* spiegazzarsi, sgualcirsi, raggrinzarsi. **III** *v.t.* spiegazzare, sgualcire, raggrinzare.

ruckle /ˈrʌkl/ **I** *n.* piega *f.*, grinza *f.* **II** *v.i.* spiegazzarsi, sgualcirsi, raggrinzarsi. **III** *v.t.* spiegazzare, sgualcire, raggrinzare.

rucksack /ˈrʌksæk, ˈrʊksæk/ *n.* sacco *m.* da montagna, zaino *m.*

ruckus /ˈrʌkəs/ *n.* (*Am*) **1** (*colloq*) tafferuglio *m.* **2** (*row*) litigio *m.*, lite *f.*, fracasso *m.*

ruction /ˈrʌkʃən/ *n.* (*colloq*) litigio *m.*, lite *f.*, liti *f.pl.*

rudd /rʌd/ *n.* (*Itt*) scardola *f.*

rudder /ˈrʌdər/ *n.* **1** (*Mar*) timone *m.* **2** (*Aer*) timone *m.* di direzione: *horizontal ~* timone di profondità; *vertical ~* timone di direzione. **3** (*fig*) guida *f.*, direzione *f.*, timone *m.*, governo *m.*: *the government lacks a ~* il governo manca di una guida. □ (*Mar,Aer*) ~ *angle* angolo di timone; (*Itt*) ~ *fish* pesce pilota.

rudder-fish /ˈrʌdəfɪʃ *Am* ˈrʌdərfɪʃ/ *n.* (*Itt*) pesce *m.* pilota.

rudderless /ˈrʌdələs *Am* ˈrʌdərləs/ *a.* **1** (*Mar*) senza timone. **2** (*fig*) privo di direzione.

ruddiness /ˈrʌdɪnəs/ *n.* **1** l'essere rubicondo. **2** (*healthy glow*) floridezza *f.*

ruddle /ˈrʌdl/ **I** *n.* varietà di ocra rossa. **II** *v.t.* marcare con ocra rossa, tingere con ocra rossa.

ruddock /ˈrʌdək/ *n.* (*Br,dial*) (*robin*) pettirosso *m.*

ruddy /ˈrʌdi/ **I** *a.* **1** rubicondo, rosso (vivo), arrossato: *a ~ complexion* un colorito rubicondo. **2** (*reddish*) rossastro, rosseggiante: *a ~ glare in the night sky* un bagliore rossastro nel cielo notturno. **3** (*sl*) (*bloody, damned*) maledetto, dannato, odioso. **II** *avv.* (*sl*) maledettamente, terribilmente. **III** *v.t.* arrossare, rendere rosso.

rude /ruːd/ *a.* **1** maleducato, sgarbato, scortese, villano: *it's ~ to talk with your mouth full* è maleducato parlare con la bocca piena; *a ~ reply* una risposta sgarbata. **2** (*insolent, pert*) insolente, impertinente. **3** (*tactless*) indiscreto, privo di tatto: *if it isn't a ~ question* se non è una domanda indiscreta. **4** (*uneducated, uncultured*) rude, rozzo, incolto. **5** (*crude, rough*) rozzo, grezzo: *a ~ hut* una rozza capanna. **6** (*primitive*) rudimentale, primitivo: *a ~ spinning machine* un filatoio rudimentale. **7** (*harsh*) duro, aspro, severo: *a ~ shock* un duro colpo. **8** (*sudden, abrupt*) brusco, improvviso, inatteso. **9** (*of sound, discordant*) aspro, stridente. **10** (*of health*)

robusto, vigoroso. **11** (*vulgar, obscene*) volgare, grossolano, indecente: ~ *language* linguaggio volgare. **12** (*unmanufactured, raw*) grezzo, non lavorato: *in the ~ state* allo stato grezzo. □ (*fig*) ~ *awakening* amaro risveglio; (*Am,sl*) ~ *boy* (*in Jamaica*) appassionato di musica ska e reggae; *to say ~ things* dire cose offensive, usare un linguaggio insolente.

rudely /ˈruːdli/ *avv.* **1** sgarbatamente, scortesemente, maleducatamente. **2** (*harshly*) duramente, severamente, aspramente. **3** (*crudely, primitively*) rozzamente, in modo rudimentale, in modo primitivo. **4** (*indecently, vulgarly*) volgarmente, in modo osceno.

rudeness /ˈruːdnəs/ *n.* **1** sgarbatezza *f.*, scortesia *f.*, maleducazione *f.*, villania *f.* **2** (*impolite action*) scortesia *f.*, sgarbo *m.*, villanata *f.* (*to, towards* verso). **3** (*harshness*) durezza *f.*, severità *f.*, asprezza *f.* **4** (*crudeness, primitiveness*) rozzezza *f.*, primitività *f.* **5** (*indecency, vulgarity*) volgarità *f.*, indecenza *f.*

ruderal /ˈruːdərəl/ **I** *a.* (*Bot*) ruderale. **II** *n.* (*Bot*) pianta *f.* ruderale.

rudiment /ˈruːdɪmənt/ *n.* **1** (*Biol*) rudimento *m.* **2** *pl.* rudimenti *m.pl.*, principi *m.pl.* (elementari), nozioni *f.pl.* elementari: *the -s of medicine* i rudimenti della medicina. **3** *pl.* (*sth. unformed, beginning*) abbozzo *m.sing.*, accenno *m.sing.*, rudimento *m.sing.*: *the -s of a social system* l'abbozzo di un sistema sociale.

rudimental /ˌruːdɪˈmentl *Am* ˌruːdɪˈmentl/ *a.* **1** fondamentale, basilare. **2** (*elementary*) rudimentale, elementare. **3** (*Scol*) delle nozioni elementari, relativo alle nozioni elementari. **4** (*Biol*) rudimentale.

rudimentary /ˌruːdɪˈmentri/ *a.* **1** fondamentale, basilare. **2** (*elementary*) rudimentale, elementare: *a ~ knowledge of law* una conoscenza rudimentale della legge. **3** (*Scol*) delle nozioni elementari, relativo alle nozioni elementari. **4** (*Biol*) rudimentale.

rudist /ˈruːdɪst/ *n.* (*Paleont*) rudista *m.*

Rudolf, Rudolph /ˈruːdɒlf *Am* ˈruːdɑːlf/ *n.pr.m.* Rodolfo.

Rudy /ˈruːdi/ *n.pr.m.* Rudi.

rue[1] /ruː/ **I** *v.t.* pentirsi di, rammaricarsi di, deplorare: *you will live to ~ it* verrà il giorno che te ne pentirai. **II** *n.* **1** rimpianto *m.*, rammarico *m.*, rincrescimento *m.* **2** (*repentance*) pentimento *m.*

rue[2] /ruː/ *n.* (*Bot*) ruta *f.*

rueful /ˈruːfʊl/ *a.* **1** dolente, mesto, afflitto. **2** (*pitiable*) pietoso, doloroso; (*deplorable*) deplorevole.

ruefully /ˈruːfʊli/ *avv.* in modo mesto, in modo afflitto, mestamente.

ruefulness /ˈruːfʊlnəs/ *n.* afflizione *f.*, dolore *m.*, pena *f.*

rufescent /ruːˈfesənt/ *a.* rossastro.

ruff[1] /rʌf/ *n.* **1** (*Stor*) gorgiera *f.*, lattuga *f.* **2** (*Sart*) increspatura *f.*, crespa *f.* **3** (*Zool,Ornit*) collare *m.* **4** (*Ornit*) combattente *m.* **5** (*Ornit*) (*type of pigeon*) piccione *m.* dal collare.

ruff[2] /rʌf/ *n.* (*Itt*) acerina *f.*

ruff[3] /rʌf/ **I** *n.* (*in cards*) il tagliare con un atout. **II** *v.t./i.* (*in cards*) tagliare con un atout.

ruffed /rʌft/ *a.* (*Zool,Ornit*) dal collare. □ (*Ornit*) ~ *grouse* tetraone dal collare.

ruffian /ˈrʌfiən/ *n.* furfante *m.*, manigoldo *m.*, canaglia *f.*, teppista *m.*

ruffianism /ˈrʌfiənɪzəm/ *n.* furfanteria *f.*, bricconeria *f.*, teppismo *m.*

ruffianly /ˈrʌfiənli/ *a.* brutale, violento, scellerato, da farabutto.

ruffle[1] /ˈrʌfl/ **I** *v.t.* **1** increspare: *the wind -d the waters of the lake* il vento increspava le

acque del lago. **2** (*of hair, etc.*) arruffare, scompigliare. **3** (*fig*) scomporre, turbare, mettere in agitazione: *nothing -s him* nulla lo scompone. **4** (*fig*) (*to vex*) irritare, infastidire. **5** (*of feathers*) rizzare, drizzare, arruffare. **6** (*of the pages of a book*) sfogliare rapidamente. **7** (*of cards*) mescolare (velocemente). **8** (*Sart*) increspare. **II** *v.i.* (*fig*) **1** scomporsi, turbarsi, agitarsi. **2** (*to become vexed*) irritarsi, infastidirsi. **III** *n.* **1** (*Sart*) increspatura *f.*, crespa *f.* **2** (*Zool,Ornit*) collare *m.* **3** (*ripple, small wave*) increspatura *f.*, increspamento *m.* **4** (*fig*) turbamento *m.*, agitazione *f.*

ruffle[2] /ˈrʌfl/ **I** *n.* (*of a drum*) rullo *m.* sommesso (di tamburo). **II** *v.i.* rullare sommessamente.

ruffled /ˈrʌfld/ *a.* **1** (*Sart*) guarnito di increspature. **2** (*Zool,Ornit*) dal collare.

ruffler /ˈrʌflər/ *n.* **1** increspatore *m.* **2** (*one who disturbs*) disturbatore *m.* (*f.* -trice).

rufous /ˈruːfəs/ *a.* rossiccio, rossastro, rosso scuro, color ruggine.

rug /rʌg/ *n.* **1** (*small, thick carpet*) tappetino *m.*; (*by bed*) scendiletto *m.* **2** (*Br*) (*blanket*) coperta *f.* (*spec.* da viaggio). **3** (*Am,sl*) (*hairpiece*) parrucchino *m.* □ *to pull the ~ out from under so.'s feet* far mancare la terra sotto i piedi a qcu. togliere la terra sotto i piedi di qcu.; (*Am,sl*) ~ *rat* bambino piccolo, marmocchio.

ruga /ˈruːɡə/ (*pl.* **rugae** /ˈruːdʒiː/) *n.* (*Anat*) piega *f.*

rugate /ˈruːɡeɪt/ *a.* (*wrinkled*) raggrinzito, grinzoso.

Rugbeian /rʌɡˈbiːən/ **I** *a.* della scuola di Rugby. **II** *n.* alunno *m.* della scuola di Rugby.

rugby /ˈrʌɡbi/ *n.* (*Sport*) rugby *m.*, palla *f.* ovale, pallovale *f.* □ (*Sport*) ~ *league* rugby giocato con squadre di 13 giocatori; ~ *shirt* maglia polo molto colorata rigata; (*Sport*) ~ *tackle* placcaggio; (*Sport*) ~ *union* rugby giocato con squadre di 15 giocatori.

Rugby /ˈrʌɡbi/ *n.pr.* (*Geog*) Rugby *f.*

rugged /ˈrʌɡɪd/ *a.* **1** aspro, accidentato, irregolare: *a ~ landscape* un paesaggio aspro; *a ~ coastline* una costa accidentata. **2** (*craggy*) dirupato, scosceso. **3** (*of features*) irregolare. **4** (*of men's faces*) dai lineamenti marcati, dai lineamenti duri (ma attraenti). **5** (*hard, rough*) duro, arduo, difficile, aspro: *a ~ life on the frontier* una vita dura sulla frontiera. **6** (*robust*) vigoroso, robusto. **7** (*austere, stern*) severo, rigoroso, rigido, duro. **8** (*rude, uncultivated*) rude, rozzo, incolto. **9** (*of weather*) tempestoso, burrascoso. **10** (*harsh to the ear*) aspro, stridente.

ruggedly /ˈrʌɡɪdli/ *avv.* aspramente, irregolarmente.

ruggedness /ˈrʌɡɪdnəs/ *n.* **1** asprezza *f.*, asperità *f.* **2** (*of features*) irregolarità *f.* **3** (*toughness*) durezza *f.*, difficoltà *f.* **4** (*robustness*) vigoria *f.*, robustezza *f.*

rugger /ˈrʌɡər/ *n.* (*Sport*) rugby *m.*, palla *f.* ovale, pallovale *f.*

rugose /ˈruːɡəʊs/ *a.* (*Bot,Zool,Anat*) rugoso, grinzoso.

rugosity /ruːˈɡɒsɪti *Am* ruːˈɡɑːsəti/ *n.* rugosità *f.*

ruin /ˈruːɪn/ **I** *n.* **1** rovina *f.*, crollo *m.*, caduta *f.*: *the ~ of a career* la rovina di una carriera; *the ~ of our hopes* il crollo delle nostre speranze. **2** (*state of destruction*) rovina *f.*: *the monastery has gone to ~* il monastero è andato in rovina; *to fall to ~* (o *to fall to -s*) cadere in rovina. **3** (*decayed building, town, etc.*) rudere *m.* (*anche fig*): *a Roman ~* un ~ romano. **4** (*cause of destruction, downfall*) rovina *f.*, causa *f.* di danno, causa *f.* di sfacelo: *drink was his* ~ il bere fu la sua rovina; *to be brought to* ~ essere portato alla rovina. **5** *pl.* (*remains*) ruderi *m.pl.*, rovine *f.pl.*: *the -s of a Greek temple* i ruderi di un tempio greco. **II** *v.t.* **1** rovinare, mandare in rovina: *hail had -ed the crops* la grandine aveva rovinato i raccolti. **2** (*to frustrate*) deludere, frustrare, rendere vano: *our hopes are -ed* le nostre speranze sono state deluse. **3** (*fig*) (*to seduce*) sedurre. **III** *v.i.* **1** (*poet*) (*to fall into ruin*) rovinare, crollare. **2** (*to come to ruin*) rovinarsi. ☐ *to ~ one's eyes* rovinarsi gli occhi, rovinarsi la vista; *to go to* ~ (o *to go to -s*) cadere in rovina; *in -s*: **1** in rovina, rovinato: *the church is in -s* la chiesa è in rovina; **2** (*fig*) rovinato: *his career is in -s* la sua carriera è rovinata; *to lay in -s* distruggere; *to lie in -s* essere in rovina.

ruination /ˌruːɪˈneɪʃən/ *n.* rovina *f.* (*anche fig*): *you'll be the ~ of me!* sarai la mia rovina!

ruined /ˈruːɪnd/ *a.* **1** (*derelict*) in rovina. **2** (*spoilt*) rovinato, danneggiato, naufragato: *he is ~ politically* come uomo politico è finito.

ruinous /ˈruːɪnəs/ *a.* **1** disastroso, rovinoso, dannoso (*to* per): *a ~ war* una guerra disastrosa. **2** (*ruined*) rovinato, danneggiato (gravemente), in rovina.

ruinously /ˈruːɪnəsli/ *avv.* rovinosamente.

ruinousness *n.* l'essere rovinoso.

rule[1] /ruːl/ *n.* **1** regola *f.*, norma *f.*: *it's against the -s* è contro le regole. **2** (*guide for conduct, action*) norma *f.* (di condotta), legge *f.*, regola *f.*: *the -s of good manners* le regole della buona educazione. **3** (*established principle*) canone *m.*, regola *f.*, norma *f.*, precetto *m.*: *the -s of perspective* i canoni della prospettiva. **4** (*custom, habit*) abitudine *f.*, consuetudine *f.*, norma *f.*, costume *m.*: *it is my ~ never to sleep on a problem* ho l'abitudine di non rinviare mai la soluzione di un problema. **5** (*Rel*) regola *f.* (di ordine religioso). **6** (*Dir*) decreto *m.*, decisione *f.*; (*legal precept*) ordinanza *f.* **7** (*exercise of authority*) governo *m.*, dominio *m.*, autorità *f.*: *~ by King and Parliament* governo esercitato dal re e dal parlamento. **8** (*period*) regno *m.*, governo *m.*, periodo *m.* di governo, periodo *m.* di regno: *the ~ of the Tudors* il regno dei Tudor. **9** (*measuring instrument*) regolo *m.*, righello *m.*, riga *f.* **10** *pl.* (*regulations*) regolamento *m.sing.*, complesso *m.sing.* di norme: *to abide by the -s* attenersi al regolamento. ☐ (*Dir*) *~ against bias* legge secondo cui un pubblico amministratore o un giudice non deve avere interessi di parte nel prendere una decisione; *-s and regulations* norme e regolamenti; *as ~* di regola, normalmente, di abitudine, di norma; *as is the ~* come è regola, *to become the ~* diventare (la) regola; *by ~* secondo la regola: *to abide by the rules* stare alle regole; (*Am,Dir*) *-s committee* commissione che può subordinare la discussione di un progetto di legge a determinate condizioni e tempi di discussione; (*Fal*) *~ joint* giunto a regolo; *to make it a ~* farsi una regola di; *by the ~ of contraries* per la legge dei contrari; (*Dir*) *-s of evidence* diritto delle prove; (*Dir*) *~ of law* supremazia della legge, principio che sancisce che la giustizia ordinaria è suprema e che tutti i cittadini sono uguali di fronte alla legge; *-s of procedure* regolamento interno; (*Aer*) *~ of the air* regolazione del traffico aereo; *~ of the road*: **1** regolamento stradale; **2** (*Mar*) regolamento del traffico marittimo; *~ of three* regola del tre semplice; *~ of thumb* regola pratica, regola empirica.

rule[2] /ruːl/ **I** *v.t.* **1** governare, reggere: *to ~ a country* governare un paese. **2** (*to dominate*) dominare. **3** (*to control, to direct*) dominare, dirigere, guidare: *be -d by me, take the job* lasciati guidare da me, accetta quel lavoro. **4** (*to decide, to declare*) decidere, decretare, dichiarare. **5** (*Dir*) decretare, decidere; (*to order*) ordinare. **6** (*to mark with lines*) rigare; (*of a line*) tracciare. **II** *v.i.* **1** governare: *to ~ despotically* governare dispoticamente; *the Queen reigns but does not* ~ la regina regna ma non governa. **2** (*to make a ruling*) stabilire una regola, stabilire una norma. **3** (*Dir*) emettere un decreto. **4** (*to prevail*) predominare, prevalere, essere prevalente, essere predominante. ☐ (*Dir*) *to ~ against sth.* emettere un giudizio contro o sfavorevole; *to ~ high* (*of prices*) mantenersi alto; *to ~ low* (*of prices*) mantenersi basso; *to ~ off* separare con una riga: *to ~ off a column of figures* separare con una riga una colonna di cifre; *to ~ out*: **1** escludere, non ammettere: *to ~ out the possibility* escludere la possibilità; **2** (*to make impossible*) impedire, rendere impossibile: *rain -d out further play* la pioggia impedì la prosecuzione del gioco; *to ~ over* dominare, tenere sottomesso; (*fig*) *to ~ the roost* spadroneggiare, fare il gallo del pollaio; (*fig*) *to ~ with an iron fist* governare con un pugno di ferro.

rulebook /ˈruːlbʊk/ *n.* regolamento *m.*: (*fig*) *to throw away the* ~ ignorare il regolamento.

ruled /ruːld/ *a.* rigato, a righe: *~ paper* carta rigata.

ruler /ˈruːlər/ *n.* **1** dominatore *m.* (*f.* -trice). **2** (*one who rules over a nation*) chi governa, governante *m.* **3** (*sovereign*) sovrano *m.* (*f.* -a), monarca *m.*, re *m.* (*f.* regina). **4** (*measuring instrument*) regolo *m.*, riga *f.*, righello *m.* ☐ (*Inform*) *~ line* righello.

rulership /ˈruːləʃɪp Am ˈruːlərʃɪp/ *n.* dominio *m.*, sovranità *f.*

ruling /ˈruːlɪŋ/ **I** *n.* **1** governo *m.*, dominio *m.* **2** (*Dir*) decisione *f.*, decreto *m.* (*against* contro; *by* di; *on* su). **3** (*collett.*) (*ruled lines*) rigatura *f.* **II** *a.* **1** dirigente, dominante: *the ~ classes* le classi dirigenti. **2** (*fig*) predominante, dominante: *~ passion* passione predominante. **3** (*prevailing, current*) corrente: *~ prices* prezzi correnti. ☐ *~ class* classe dirigente; *to give a ~* decidere (*anche Dir*).

rum[1] /rʌm/ *n.* **1** rum *m.*, rhum *m.* **2** (*Am,estens*) (*liquor*) bevanda *f.* alcolica, alcolico *m.*

rum[2] /rʌm/ *a.* (*Br,colloq,ant*) **1** (*strange, odd*) originale, bizzarro, curioso, singolare, strambo. **2** (*poor, bad*) cattivo, che vale poco. ☐ (*ant,colloq*) *it's a ~ business* è una strana faccenda; (*ant,scherz*) *a ~ customer* un tipo originale, una sagoma; (*ant,scherz*) *a ~ do* una strana faccenda, un fatto strano; (*ant, colloq*) *what a ~ go!* che situazione strana!; *it's a ~ go* è una strana faccenda; (*ant,colloq*) *it's a ~ job* è una strana faccenda.

Rumania /ruːˈmeɪnɪə/ *n.pr.* (*Geog*) Romania *f.*

Rumanian /ruːˈmeɪnɪən/ **I** *a.* romeno. **II** *n.* **1** romeno *m.* **2** (*language*) romeno *m.*

rumba /ˈrʌmbə/ *n.* rumba *f.*

rumble /ˈrʌmbl/ **I** *v.i.* **1** brontolare, rombare, rimbombare, rintronare: *thunder -d in the distance* il tuono brontolava in lontananza. **2** (*of the stomach*) brontolare, borbogliare. **3** (*to move with a low, dull sound*) muoversi con rumore sordo. **4** (*to speak in a low, rumbling voice*) brontolare, borbottare. **II** *v.t.* **1** dire con voce tonante, dire con voce rimbombante. **2** (*sl*) (*to see through, to detect*) scoprire, andare a fondo di, andare al fondo di, vedere chiaro in: *I soon -d his trick* ho subito scoperto il suo gioco. **III** *n.* **1** (*of thun-*

der, etc.) brontolio *m.*, rombo *m.*, rimbombo *m.* **2** (*of carts, etc.*) fragore *m.*, fracasso *m.* **3** (*seat behind a carriage*) sedile *m.* posteriore. **4** (*Aut*) sedile *m.* esterno posteriore ribaltabile. **5** (*sl*) (*fight*) rissa *f.* ☐ *to ~ on* continuare; *to ~ out* dire con voce tonante, dire con voce rimbombante; (*Am, Aut,ant*) *~ seat* sedile esterno posteriore ribaltabile; (*Strad*) *~ strips* bande rumorose.

rumble-tumble /ˈrʌmbl͜tʌmbl/ *n.* **1** rumore *m.* prodotto da una carrozza. **2** (*heavy coach, cart, etc.*) veicolo *m.* pesante che si muove rumorosamente, carrozza *f.*

rumbling /ˈrʌmblɪŋ/ **I** *a.* **1** rombante, rimbombante, rintronante. **2** (*colloq*) (*of the stomach*) che brontola, che borboglia. **II** *n.* **1** (*of thunder*) boato *m.* **2** (*of vehicles, machines*) frastuono *m.* **3** (*of stomach*) brontolio *m.* **4** (*in pipes*) gorgoglio *m.* **5** *pl.* avvisaglie *f.pl.*, segnali *m.pl.*: *-s of discontent* sintomi dello scontento popolare.

rumbustious /rʌmˈbʌstʃəs/ *a.* turbolento, chiassoso, rumoroso.

rumen /ˈruːmən, ˈruːmen/ (*pl.* **-mina** /-mɪnə/ o **-s** /-z/) *n.* (*Zool*) rumine *m.*

ruminant /ˈruːmɪnənt/ **I** *n.* (*Zool*) ruminante *m.* **II** *a.* **1** (*Zool*) dei ruminanti, relativo ai ruminanti. **2** (*fig*) meditativo, dedito alla meditazione.

ruminate /ˈruːmɪneɪt/ *v.i.* **1** (*Zool*) ruminare. **2** (*fig*) meditare (a lungo), riflettere (*on* su). **II** *v.t.* **1** masticare ripetutamente. **2** (*fig*) rimuginare, ruminare, meditare (a lungo).

rumination /ˌruːmɪˈneɪʃən/ *n.* **1** (*Zool*) ruminazione *f.* **2** (*fig*) lunga meditazione *f.*, riflessione *f.* ponderata.

ruminative /ˈruːmɪnətɪv Am ˈruːmɪˌneɪtɪv/ *a.* portato alla meditazione, dedito alla meditazione, meditativo.

ruminatively /ˈruːmɪnətɪvli Am ˈruːmɪˌneɪtɪvli/ *avv.* meditatamente, con aria pensierosa.

ruminator /ˈruːmɪneɪtər Am ˈruːmɪneɪtər/ *n.* chi medita a lungo, chi riflette a lungo.

rummage /ˈrʌmɪdʒ/ **I** *v.t.* **1** frugare, rovistare. **2** (*for contraband*) perquisire. **3** (*to discover by searching*) trovare rovistando, scoprire rovistando. **II** *v.i.* rovistare, frugare: *to ~ through the attic* rovistare in soffitta. **III** *n.* **1** il rovistare, il frugare. **2** (*for contraband*) perquisizione *f.* **3** (*miscellaneous collection*) guazzabuglio *m.*, miscuglio *m.*, accozzaglia *f.* ☐ *to ~ about* (o *to ~ around*) buttare all'aria, mettere sottosopra; *to ~ out* (*to discover by searching*) trovare rovistando, scoprire rovistando; (*Am*) *~ sale* vendita di beneficenza, vendita di roba usata.

rummaging /ˈrʌmɪdʒɪŋ/ *n.* perquisizione *f.* doganale.

rummer /ˈrʌmər/ *n.* grosso bicchiere *m.* da vino.

rummy[1] /ˈrʌmi/ *n.* (*card game*) rummy *m.*, ramino *m.*

rummy[2] /ˈrʌmi/ *n.* (*Am,sl*) (*drunkard*) ubriacone *m.* (*f.* -a), (*ant*) beone *m.* (*f.* -a).

rumness /ˈrʌmnəs/ *n.* (*Br,colloq,ant*) stranezza *f.*, stramberia *f.*, singolarità *f.*, originalità *f.*

rumor /ˈruːmər/ *e der.* (*Am*) → **rumour** *e der.*

rumour /ˈruːmər/ **I** *n.* **1** voce *f.*, diceria *f.*: *there is a ~ going about that* corre voce che. **2** (*gossip*) chiacchiere *f.pl.*, dicerie *f.pl.*, voci *f.pl.*, pettegolezzi *m.pl.*: *I never listen to* ~ non dò mai retta alle chiacchiere. **II** *v.t.* (*usually passive*) riferire come diceria, riportare come diceria: *it is -ed that there will be a strike* corre voce che ci sarà uno sciopero; *he is -ed to be close to death* si dice che stia per morire. ☐ *~ has it that...* si sente dire che..., si dice che..., dicono che...

rumour-monger /'ruːmə‚mʌŋgəʳ *Am* 'ruːməʳ ‚mʌŋgəʳ/ *n.* persona *f.* che diffonde notizie false.

rump /rʌmp/ *n.* **1** groppa *f.*, posteriore *m.* **2** (*of a bird*) codione *m.*, codrione *m.* **3** (*scherz*) (*buttocks*) didietro *m.*, sedere *m.* **4** (*Macell*) culaccio *m.* □ (*Anat*) ~ *bone* osso sacro; (*Gastron*) ~ *steak* bistecca di culaccio.

Rump /rʌmp/ *n.* (*Stor.brit*) Rump Parliament *m.*, Parlamento *m.* superstite. □ (*Stor.brit*) ~ *Parliament* Rump Parliament, Parlamento superstite.

rumple /'rʌmpl/ I *v.t.* **1** spiegazzare, sgualcire: *your clothes are all -d* i tuoi abiti sono tutti spiegazzati. **2** (*to tousle*) arruffare, scompigliare: *to ~ so.'s hair* arruffare i capelli a qcu. II *v.i.* spiegazzarsi, sgualcirsi. □ *to ~ up* (*to tousle*) arruffare, scompigliare.

rumpus /'rʌmpəs/ *n.* **1** (*colloq*) baccano *m.*, scompiglio *m.*, putiferio *m.*: *to kick up a ~* fare un baccano del diavolo. **2** (*row, controversy*) litigio *m.*, lite *f.* □ (*Am,ant*) ~ *room* tavernetta, sala per ricevimenti, giochi, feste ecc.

rum-runner /'rʌm‚rʌnəʳ/ *n.* (*Am*) **1** (*person*) contrabbandiere *m.* di liquori. **2** (*ship*) nave *f.* per il contrabbando di liquori.

rum-running /'rʌm‚rʌnɪŋ/ *n.* (*Am*) contrabbando *m.* di liquori.

run¹ /rʌn/ (*past* **ran** /ræn/, *p.p.* **run**, *p.pres.* **running**) I *v.i.* **1** correre, fare una corsa: *to ~ through the fields* correre per i campi. **2** (*to move quickly*) correre, andare di corsa, fare una corsa: *to ~ up the stairs* correre su per le scale; *he ran to the shop* fece una corsa al negozio. **3** (*to rush, to dash*) precipitarsi, correre. **4** (*to flee*) fuggire, scappare, darsi alla fuga, sfuggire: *the thief ran as soon as he heard the alarm bell* il ladro fuggì appena sentì il campanello di allarme; *to ~ from danger* sfuggire al pericolo. **5** (*Sport*) correre: *to ~ in the marathon* correre la maratona. **6** (*of a horse*) prendere parte a una corsa, correre; (*to finish*) arrivare, piazzarsi: *my horse ran last* il mio cavallo arrivò ultimo. **7** (*to become a candidate*) presentarsi candidato, presentare la propria candidatura (*for* a): *to ~ for Parliament* presentarsi candidato al parlamento. **8** (*of public conveyances*) passare, transitare: *buses ~ every half-hour* gli autobus passano ogni mezz'ora. **9** (*to extend, to go*) andare, correre, procedere: *the border -s from east to west* il confine va da est a ovest; *a road -s along the coast* una strada corre lungo la costa. **10** (*to move on wheels*) correre, andare, muoversi: *trams ~ on fixed tracks* i tram corrono su binari fissi. **11** (*to slide*) scorrere: *the rope -s on the pulley* la fune scorre nella carrucola. **12** (*to roll*) rotolare: *the ball ran over the line* la palla rotolò oltre la linea. **13** (*of liquids: to flow*) scorrere, fluire, correre: *wait till the water -s hot* aspetta finché l'acqua scorra calda. **14** (*of taps*) perdere. **15** (*of rivers*) gettarsi, sfociare, sboccare, confluire: *the Nile -s into the Mediterranean* il Nilo si getta nel Mediterraneo. **16** (*to melt*) sciogliersi, fondersi, struggersi, squagliarsi. **17** (*of colours*) stingere, stingersi: *the colours of this garment will not ~* i colori di questo indumento non stingono. **18** (*of ink*) spandere. **19** (*of the nose*) colare, gocciolare. **20** (*of the eyes*) lacrimare. **21** (*to function, to operate*) funzionare, (*colloq*) andare: *this car -s on methane* quest'automobile funziona a metano; *the motor is -ning smoothly now* ora il motore va regolarmente. **22** (*to be in operation*) essere in funzione, essere in moto. **23** (*to be effective*) essere valido, essere in vi-

gore: *the contract -s for three years* il contratto è valido tre anni. **24** (*to continue, to last*) durare: *the film -s for two hours* il film dura due ore. **25** (*to range*) variare, andare, oscillare: *prices ~ from four to five pounds* i prezzi variano da quattro a cinque sterline. **26** (*to pass into a specified condition*) mettersi, incorrere: *to ~ into trouble* mettersi nei guai. **27** (*to become*) farsi, diventare, divenire: *our supplies are -ning low* le nostre provviste si fanno scarse; *the spring has ~ dry* la fonte è diventata arida. **28** (*to continue in a specified condition*) mantenersi, continuare a essere: *accidents are -ning high* la media degli incidenti si mantiene alta. **29** (*to recur*) ricorrere, ripetersi: *to ~ in cycles* ricorrere a cicli. **30** (*to spread, to pass*) correre, percorrere: *shivers ran up his spine* brividi gli corsero lungo la schiena. **31** (*of rumours, etc.*) diffondersi, circolare. **32** (*to be worded, expressed*) dire, essere concepito, essere stilato: *how does the proverb ~?* come dice il proverbio?; *the document -s in these words* il documento è concepito in questi termini. **33** (*to unravel*) smagliarsi, sfilarsi: *my stockings have ~* mi si sono smagliate le calze. **34** (*Med*) suppurare. **35** (*Teat*) tenere il cartellone: *the show ran for three years* lo spettacolo tenne il cartellone per tre anni. **36** (*Giorn*) apparire, comparire: *sports news seldom -s on the front page* le notizie sportive appaiono raramente in prima pagina. II *v.t.* **1** far correre. **2** (*to bring into a specified state by running*) ridurre (a forza di correre): *to ~ oneself out of breath* ridursi senza fiato a forza di correre. **3** (*of a distance*) correre (per): *he ran fifty yards* corse per cinquanta iarde. **4** (*of a race*) correre, partecipare a, disputare: *to ~ a mile* correre il miglio. **5** (*to enter for a race*) far correre, iscrivere a una corsa: *to ~ a horse in the Derby* far correre un cavallo al derby. **6** (*to put forward as candidate*) proporre come candidato, presentare come candidato: *the Democrats are -ning him for the presidency* i democratici lo propongono come candidato alla presidenza. **7** (*to convey in a vehicle*) portare, trasportare. **8** (*to drive*) guidare, condurre: *to ~ a taxi* guidare un taxi. **9** (*to operate*) far funzionare. **10** (*to allow to go*) mandare, lasciare andare, far andare: *to ~ one's car into a ditch* mandare la macchina in un fosso. **11** (*to keep operating*) tenere in funzione. **12** (*of a motor: to keep idling*) fare funzionare a vuoto, fare funzionare in folle. **13** (*to manage, to direct*) gestire, condurre, amministrare, esercire, (*colloq*) mandare avanti: *to ~ a shop* gestire un negozio. **14** (*to govern*) governare: *who -s the country?* chi governa il paese? **15** (*to cause to pass*) (fare) passare: *to ~ a rope through a ring* passare una fune attraverso un anello; *to ~ one's tongue over one's lips* passarsi la lingua sulle labbra. **16** (*of the eyes, glance*) fare scorrere. **17** (*to thrust*) conficcare, infiggere, ficcare: *to ~ a needle through one's finger* conficcare un ago nel dito. **18** (*to roll*) (fare) rotolare. **19** (*Sport*) (*in golf*) fare rotolare (dopo l'urto con il terreno). **20** (*to cause to extend*) stendere, estendere: *to ~ a lifeline from ship to shore* stendere una sagola di salvataggio dalla nave alla spiaggia. **21** (*to cause to pass lightly, quickly*) fare scorrere, passare: *he ran his fingers along the shelf* fece scorrere le dita lungo lo scaffale. **22** (*to smuggle*) contrabbandare, fare contrabbando di: *to ~ guns* contrabbandare fucili. **23** (*to incur*) incorrere in, esporsi a: *to ~ the risk* incorrere nel pericolo. **24** (*to bring into a specified condi-*

tion*) portare a, condurre a, spingere a: *his wife's expensive tastes ran him into debt* i gusti dispendiosi di sua moglie lo portarono a far debiti. **25** (*to cause to flow*) far scorrere: *to ~ the water for a bath* far scorrere l'acqua per il bagno. **26** (*of a bath-tub*) riempire di acqua. **27** (*to pour forth, to discharge*) gettare, versare, emettere. **28** (*to cause to unravel*) smagliare, sfilare. **29** (*Met*) gettare. **30** (*Giorn*) pubblicare, stampare: *to ~ an advertisement in the paper* pubblicare una pubblicità nel giornale. **31** (*Inform*) far funzionare.

□ *to ~ about*: **1** correre intorno, correre di qua e di là; **2** (*of children*) scorrazzare; *to ~ about with* avere a che fare con; *to ~ across*: **1** attraversare correndo, attraversare di corsa: *don't ~ across the road* non attraversare la strada di corsa; **2** (*to meet by chance*) incontrare (per caso), imbattersi in; **3** (*to find by chance*) trovare per caso; *to ~ after* inseguire, rincorrere, correre dietro a: *to ~ after a thief* inseguire un ladro; *to ~ against*: **1** (*Sport*) gareggiare con, gareggiare contro; **2** (*to oppose as a candidate*) essere l'avversario di; **3** (*to work unfavourably to*) essere sfavorevole a, andare contro: *public opinion is -ning against us* l'opinione pubblica ci è sfavorevole; **4** (*to collide with*) urtare contro, scontrarsi con, entrare in collisione con; *to ~ along*: **1** (*colloq*) (*to leave*) andare via, scappare; **2** (*to extend along, to border*) correre lungo, confinare con; *to ~ around*: **1** aggirare (correndo), correre intorno a: *he ran around the goalkeeper and scored* aggirò il portiere e segnò; **2** (*to go round*) andare in giro; **3** (*colloq*) (*to be sexually unfaithul*) tradire, essere infedele, mettere le corna a; (*Am,colloq*) *to ~ around* con farsela con, vedersi con; (*colloq*) *to ~ around with*: **1** (*to associate with*) frequentare; **2** (*colloq*) (*to engage in sexual activities with*) avere una relazione con, intendersela con; *to ~ at*: **1** (*to charge towards*) precipitarsi verso, assalire, gettarsi su, avventarsi su; **2** (*to be at*) raggiungere, toccare: *with inflation -ning at 12%* con l'inflazione al 12%; *to ~ away*: **1** scappare, fuggire; **2** (*to leave home*) andare via di casa: *he ran away to join the navy* andò via di casa per arruolarsi in marina; **3** (*of a horse*) prendere la mano; **4** (*of a vehicle*) sfuggire al controllo; *to ~ away from the facts* non volere guardare in faccia la realtà; *to ~ away with*: **1** (*to elope with*) fuggire con, scappare con; **2** (*to abscond with, to steal*) portare via, rubare; **3** (*Sport*) vincere senza sforzo, vincere facilmente: *the champion ran away with the first set* il campione vinse senza sforzo il primo set; *don't ~ away with the idea that* non metterti in mente che, non metterti in testa che; *to let one's imagination ~ away with one* lasciarsi trasportare dall'immaginazione; *to ~ back*: **1** ritornare indietro di corsa, correre indietro; **2** (*to date back*) risalire (*to* a); **3** (*to think back over*) riandare, ritornare con la mente a: *to ~ back over the past* riandare al passato; *to ~ before one can walk* mettere il carro davanti ai buoi, precorrere gli eventi; *to ~ by*: **1** (*used intransitively*) passare di corsa; **2** (*colloq*) (*used transitively: to repeat*) ripetere; **3** (*colloq*) (*used transitively: in order to have so.'s opinion*) fare vedere, fare esaminare: *could I ~ these figures by you before I send them out?* posso farti vedere queste cifre prima di mandarle in giro?; *to ~ down*: **1** (di)scendere correndo, scendere di corsa; **2** (*to flow down*) scorrere, colare (giù): *tears ran down her cheeks* le lacrime le scorrevano lungo le guance; **3** (*to knock down with a* *vehicle*) investire, travolgere; 4 (*Mar*) affondare (in seguito a collisione); 5 (*to run after a chase*) catturare (dopo un inseguimento): *the police ran him down* la polizia lo catturò; 6 (*to find, to trace*) rintracciare: *to ~ down a quotation* rintracciare una citazione; 7 (*to speak evil of*) sparlare di, parlare male di: *they ~ everyone down* sparlano di tutti; 8 (*to cause to become less active*) ridurre l'attività di, far rallentare l'attività di: *to ~ down a military base* ridurre l'attività di una base militare; 9 (*of a battery, etc.*) scaricarsi: *the clock has run down* l'orologio è scarico; 10 (*to get worse*) deteriorare, peggiorare; 11 (*to make a quick casual trip*) fare una scappata, fare una corsa, fare un salto: *to ~ up to London* fare un salto a Londra; *to ~ for a bus* correre per non perdere l'autobus; (*colloq*) *to ~ for it* scappare, darsela a gambe, tagliare la corda; *to ~ for one's life* correre a più non posso; *to ~ foul*: 1 (*Mar*) entrare in collisione (*of* con); 2 (*fig*) essere in conflitto (con), venire in conflitto (con); *to ~ in*: 1 entrare correndo, entrare di corsa, 2 (*colloq*) (*to arrest*) arrestare, (*colloq*) mettere dentro: *the police ran the man in* l'uomo è stato arrestato dalla polizia; 3 (*Mecc,Aut*) rodare, fare il rodaggio di; 4 (*Am,fig*) (*to be hereditary in*) trasmettersi in, essere ereditario in; 5 (*to make a brief visit*) fare una breve visita, passare (da); *to ~ into*: 1 (*to collide with*) scontrarsi con, urtare contro, cozzare contro: *to ~ into a problem* incontrare un problema; 2 (*to cause to collide with*) far scontrare, far urtare; 3 (*to meet by chance*) imbattersi in, incontrare (per caso); 4 (*to mount up to, to total*) ammontare a, raggiungere, ascendere a; 5 (*of paint, to mix*) mescolarsi; *to ~ off*: 1 (*colloq*) (*to write, to compose hurriedly*) scrivere in fretta, comporre in fretta, buttare giù: *to ~ off a letter* buttare giù una lettera; 2 (*Tip*) tirare, stampare; 3 (*to drive off, to expel*) scacciare, espellere; 4 (*to run away*) fuggire, scappare; 5 (*Sport*) (*of a race*) decidere con uno spareggio; 6 (*to print, to photocopy*) stampare, fare (una copia) (*on* su); (*Am,colloq*) *to ~ off at the mouth* parlare eccessivamente; (*Ferr*) *to ~ off the rails* deragliare; (*Aut*) *to ~ off the road* uscire di strada; *to ~ on*: 1 (*to continue running*) continuare a correre; 2 (*to continue, to go on*) continuare, andare avanti; 3 (*to talk continuously*) parlare continuamente, parlare incessantemente; 4 (*of time*) passare, trascorrere, scorrere; *to ~ out*: 1 uscire correndo, uscire di corsa, correre fuori: *he ran out of the house* uscì correndo di casa; 2 (*to expire*) scadere, terminare: *the lease has ~out* il contratto di affitto è scaduto; 3 (*to become used up*) esaurirsi, consumarsi, finire: *time is -ning out* è rimasto poco tempo; 4 (*to exhaust a supply*) finire, esaurire, rimanere senza (*of sth.* qcs.): *we've ~ out of petrol* abbiamo finito la benzina; 5 (*of the tide*) rifluire; 6 (*Am*) (*to jut out*) sporgere, protendersi; 7 (*to expel, to drive out*) scacciare, cacciare, buttar fuori; (*sl*) *to ~ out on so.* piantare in asso qcu.; *to ~ over*: 1 investire, mettere sotto: *he nearly ran me over* per poco non mi investiva; 2 (*to repeat, to rehearse*) provare, ripassare; 3 (*to examine*) esaminare; 4 (*to read through quickly*) leggere rapidamente, scorrere; 5 (*to exceed*) superare, oltrepassare, eccedere: *to ~ over the time limit* superare il tempo massimo; 6 (*to overflow*) traboccare, uscire fuori: *the milk ran over* il latte traboccò; 7 (*to make a quick trip, visit*) fare un salto, fare una scappata: *to ~ over to see so.* fare un salto a trovare qcu.; *to ~ past*: 1 pas-

sare di corsa davanti a, oltrepassare correndo: (*Ferr*) *to ~ past a signal* sorpassare un segnale; 2 (*to overtake in running*) raggiungere correndo, sorpassare correndo; 3 (*to extend past*) estendersi, andare oltre; (*colloq*) *to ~ so. ragged*: 1 rendere qcu. nervoso, dare ai nervi a qcu.; 2 stremare qcu., sfinire qcu.; *to ~ through*: 1 attraversare di corsa, attraversare correndo: *the children ran through the room* i bambini attraversarono la stanza di corsa; 2 (*to pierce with a sword*) trafiggere; 3 (*to spend wastefully*) dare fondo a, sperperare, scialacquare, consumare; 4 (*Teat*) (*to repeat, to rehearse*) provare, ripetere; 5 (*to read quickly*) leggere velocemente, ripassare, scorrere: *to ~ through one's notes* dare un'occhiata ai propri appunti; *to ~ to*: 1 (*to resort to*) ricorrere a, rivolgersi a: *to ~ to so. for help* ricorrere a qcu.; per un aiuto; 2 (*to be enough for*) essere sufficiente per, essere sufficiente a, bastare per, bastare a; 3 (*to have enough money for*) permettersi; 4 (*to reach, to extend to*) raggiungere, arrivare a, ammontare a; 5 (*to cost*) (venire a) costare; *to ~ up*: 1 salire di corsa; 2 (*to hoist*) alzare, issare: *to ~ up a flag* alzare una bandiera; 3 (*to stitch, to sew rapidly*) cucire in fretta, cucire rapidamente: *to ~ up a dress* cucire in fretta un vestito; 4 (*to build hastily*) costruire rapidamente, costruire in fretta; 5 (*of debts, etc.*) accumulare; 6 (*Econ*) (*to bid up*) rilanciare, fare un'offerta superiore; 7 (*Comm*) (*of prices*) far salire, rincarare; *to ~ up against* imbattersi in, incontrare (per caso): *to ~ up against difficulties* incontrare difficoltà; *to ~ up to*: 1 venire di corsa da, andare di corsa da, accorrere presso, accorrere da; 2 (*to make a quick trip*) fare una scappata a, fare una scappata in, fare un salto a, fare un salto in: *to ~ up to London* fare un salto a Londra; *to ~ upon*: 1 (*to meet by chance*) imbattersi in, incontrare (per caso); 2 (*to be concerned with*) vertere su, trattare di; 3 (*to talk continuously*) parlare continuamente, parlare incessantemente; 4 (*Mar*) (*to run foul of*) entrare in collisione con, venire a collisione con; *to ~ with* grondare, essere coperto di, essere inondato di: *to ~ with sweat* grondare sudore.

run[2] /rʌn/ *n.* 1 corsa *f.*: *a ~ through the fields* una corsa per i campi. 2 (*distance*) percorso *m.*, tragitto *m.*, corsa *f.*: *a ten-mile ~* un percorso di dieci miglia. 3 (*act of hurrying, rushing*) l'affrettarsi, il precipitarsi. 4 (*short visit*) scappata *f.*, corsa *f.*, salto *m.* 5 (*act of fleeing*) fuga *f.* 6 (*trip in a vehicle*) passeggiata *f.*, corsa *f.*, gita *f.*, giro *m.*: *a ~ in the car* una passeggiata in automobile. 7 (*Mar*) (*in a ship*) traversata *f.*, viaggio *m.* per mare: *the North Atlantic ~* la traversata del nord Atlantico. 8 (*Aer*) (*flight*) volo *m.* (di linea). 9 (*course of a public conveyance, route*) percorso *m.*, giro *m.*, tragitto *m.* 10 (*continuous series*) serie *f.*, seguito *m.*, sequela *f.*: *a ~ of defeats* una serie di sconfitte. 11 (*trend, course*) corso *m.*, andamento *m.*: *the normal ~ of events* il corso normale degli eventi. 12 (*sudden heavy demand*) forte richiesta *f.*: *a ~ on heaters* una forte richiesta di stufe. 13 (*ravel*) smagliatura *f.* 14 (*path frequented by animals*) pista *f.* 15 (*colloq*) (*freedom of access*) (libero) accesso *m.*: *to give so. the ~ of one's house* dare a qcu. libero accesso alla propria casa. 16 (*colloq*) (*freedom of movement*) libertà *f.* di movimento. 17 (*Econ*) corsa *f.*, run *m.*: *a ~ on sterling* una corsa alla sterlina. 18 (*Teat*) repliche *f.pl.* 19 (*in cards*) sequenza *f.* 20 (*Sport*) corsa *f.* 21 (*Sport*) (in cricket) corsa *f.*, run *m.*; (*point*

scored) punto *m.* (segnato). 22 (*Sport*) (*baseball score*) punto *m.* 23 (*Sport*) (*course for skiing, etc.*) pista *f.* 24 (*Ind*) produzione *f.* 25 (*Aer*) corsa *f.*: *landing ~* corsa di atterraggio. 26 (*Aer.mil*) volo *m.* di avvicinamento al bersaglio. 27 (*Mus*) volata *f.* 28 (*Zootecn*) recinto *m.*: *a chicken-~* un recinto per polli. 29 *pl.* (*colloq*) (*diarrhoea*) diarrea *f.sing.*, (*pop*) sciolta *f.sing.*, (*region*) cagotto *m.sing.* □ *at a ~* di corsa; *to have a ~ of bad luck* avere un periodo di sfortuna; *~ on a bank* assalto agli sportelli; *to go for a ~*: 1 fare una corsa; 2 (*in a vehicle*) fare un giro; *to have a ~ for one's money*: 1 avere una concorrenza impegnativa; 2 (*fig*) vedere il frutto dei propri sforzi; *to break into a ~* mettersi a correre; *to make a ~ for it* fuggire, scappare; *on the ~*: 1 (*fleeing*) in fuga; 2 (*busy, active*) indaffarato, attivo; 3 (*while running*) di corsa, correndo: *he caught up his hat and coat on the ~* afferrò di corsa cappello e soprabito; (*Inform*) *~ time* fase di esecuzione; (*Am,Sport*) *~ tracer* battipista.

runabout /ˈrʌnəbaʊt/ *n.* 1 (*Aut*) automobile *f.* scoperta a due posti; (*small car*) utilitaria *f.* 2 (*Mar*) piccolo motoscafo *m.* da diporto. 3 (*one who roves, gadabout*) bighellone *m.* (*f.* -a), vagabondo *m.* (*f.* -a), (*ant*) girandolone *m.* (*f.* -a).

runaround /ˈrʌnəraʊnd/ *n.* (*sl*) (*evasive action or replies*) scuse *f.pl.*, pretesti *m.pl.* □ *to give so. the ~* menare qcu. per il naso.

runaway /ˈrʌnəweɪ/ I *n.* 1 fuggitivo *m.* (*f.* -a), fuggiasco *m.* (*f.* -a), evaso *m.* 2 (*deserter*) disertore *m.* 3 (*runaway horse*) cavallo *m.* che prende la mano. 4 (*runaway vehicle*) veicolo *m.* che sfugge al controllo. II *a.* 1 fuggitivo, fuggiasco: *a ~ slave* uno schiavo fuggitivo. 2 (*of a horse*) che prende la mano. 3 (*of a vehicle*) che sfugge al controllo. 4 (*Sport*) (*of a victory*) incontrastato, schiacciante. 5 (*Econ*) (*of prices*) in rapido aumento; (*of inflation*) galoppante. □ *~ marriage* matrimonio clandestino.

runcinate /ˈrʌnsɪneɪt/ *a.* (*Bot*) roncinato, runcinato.

rundle /ˈrʌndl/ *n.* 1 piolo *m.*, cilindro *m.* di legno. 2 (*Mar*) (*of a capstan*) campana *f.*, tamburo *m.* 3 (*rotating object*) rotella *f.*

run-down[1] /ˈrʌndaʊn/ *n.* 1 riduzione *f.* di attività, rallentamento *m.* di attività. 2 (*review, summary*) rassegna *f.*, resoconto *m.*

run-down[2] /ˌrʌnˈdaʊn/ *a.* 1 (*physically weak*) debilitato, a terra. 2 (*dilapidated*) in rovina, in sfacelo, cadente. 3 (*of a battery, etc.*) scarico.

rune /ruːn/ *n.* 1 (*Paleogr*) runa *f.* 2 (*Paleogr*) (*sth. written in the runic alphabet*) iscrizione *f.* runica. 3 (*magic sign or symbol*) simbolo *m.* magico, segno *m.* magico. 4 (*Lett*) (*Finnish poem*) poema *m.* finnico. 5 *pl.* (*Paleogr*) (*runic script*) scrittura *f.sing.* runica.

rung[1] /rʌŋ/ *n.* 1 (*of a ladder*) piolo *m.* 2 (*of a chair*) piolo *m.*, traversa *f.* 3 (*fig*) gradino *m.*, scalino *m.*: *to reach the top ~ on the ladder of fortune* raggiungere il gradino più alto nella scala della fortuna. 4 (*of a wheel*) raggio *m.*

rung[2] /rʌŋ/ → **ring**[2].

runic /ˈruːnɪk/ I *a.* (*Paleogr*) runico: *~ characters* caratteri runici. II *n.* (*Tip*) carattere *m.* modellato sul carattere runico.

run-in /ˈrʌnɪn/ *n.* 1 (*colloq*) lite *f.*, litigio *m.* 2 (*Teat*) (*run-up*) prova *f.* 3 (*fig*) scorcio *m.*, preludio *m.*, periodo *m.* di avvicinamento, fase *f.* preparatoria: *the ~ to the general election* il periodo preelettorale.

runlet /ˈrʌnlɪt/ *n.* (*stream, rivulet*) ruscelletto *m.*, rigagnolo *m.*

runnel /'rʌnəl/ *n.* **1** (*stream, rivulet*) ruscelletto *m.*, rigagnolo *m.* **2** (*small channel*) piccolo canale *m.*, canaletto *m.*

runner /'rʌnə'/ *n.* **1** chi corre: *a fast ~* chi corre veloce. **2** (*Sport*) corridore *m.*; (*in a foot race*) podista *m.* **3** (*Equit*) cavallo *m.* iscritto a una corsa. **4** (*one who delivers messages*) messo *m.*, fattorino *m.* **5** (*bookmaker's agent*) agente *m.* di allibratore. **6** (*Mil*) portaordini *m.*, staffetta *f.* **7** (*smuggler*) contrabbandiere *m.*; (*smuggling ship*) nave *f.* contrabbandiera. **8** (*Tecn*) (*support on which sth. slides*) guida *f.* (di scorrimento). **9** (*of a sledge*) pattino *m.* **10** (*of a skate*) lama *f.* di pattino. **11** (*of a sliding door*) guida *f.* di scorrimento, rotaia *f.* di scorrimento. **12** (*of a drawer*) guida *f.* **13** (*Mar*) (*of a hoisting apparatus*) amante *m.* **14** (*of a slide rule*) cursore *m.* **15** (*long carpet*) passatoia *f.*, guida *f.*, corsia *f.* **16** (*decorative cover for furniture*) striscia *f.* ornamentale. **17** (*of a set of millstones*) macina *f.* corrente, mola *f.* corrente. **18** (*Bot*) (*stolon*) stolone *m.*; (*climbing plant*) pianta *f.* rampicante. **19** (*Br,colloq*) (*accepted idea*) idea *f.* che è stata accettata. **20** (*Bot,Alim*) (*bean*) fagiolo *m.* americano, fagiolo *m.* di Spagna; (*vegetable*) fagiolino *m.* **21** (*Ornit*) (*cursorial bird*) uccello *m.* corridore. **22** (*Ornit*) porciglione *m.* **23** (*Mar*) (*fast ship*) nave *f.* veloce; (*ship that runs a blockade*) nave *f.* che forza un blocco. **24** (*Am*) (*of stockings: ladder*) smagliatura *f.* **25** (*Am,Ferr*) macchinista *m.* **26** (*Stor*) (*in London*) ufficiale *m.* di polizia, funzionario *m.* di polizia. □ (*Bot,Alim*) *~ bean*: **1** fagiolo americano, fagiolo di Spagna; **2** (*vegetable*) fagiolino.

runner-up /ˌrʌnər'ʌp/ *n.* (*in sports, competitions*) secondo arrivato *m.*, secondo *m.* (*to do-po*).

running /'rʌnɪŋ/ **I** *n.* **1** il correre, corsa *f.* **2** (*Sport*) corsa *f.* **3** (*Mecc*) marcia *f.*, corsa *f.*, funzionamento *m.* **4** (*management*) direzione *f.*, gestione *f.*, amministrazione *f.* **5** (*discharge*) emissione *f.*, efflusso *m.* **6** (*smuggling*) contrabbando *m.* **7** (*Med*) (*discharge of pus*) suppurazione *f.* **II** *a.* **1** (*that runs*) che corre. **2** (*of a horse*) da corsa. **3** (*that flows*) che scorre, corrente. **4** (*fluid, liquid*) fluido, liquido. **5** (*of the nose*) che cola, che gocciola, gocciolante. **6** (*continuous*) continuo, costante, continuato. **7** (*repeated continuously*) ricorrente, continuo: *a ~ design* un disegno ricorrente. **8** (*fig*) (*flowing, proceeding smoothly*) fluente, scorrevole. **9** (*of handwriting*) corsivo. **10** (*operating, functioning*) in moto, in marcia, funzionante. **11** (*of measurements: linear*) lineare: *~ foot* piede lineare. **12** (*prevalent, current*) corrente: *~ prices* prezzi correnti. **13** (*Med*) purulento: *a ~ sore* una piaga purulenta. **14** (*Bot*) rampicante. **15** (*of a rope*) scorrevole. **16** (*of a knot, noose*) scorsoio. **III** *avv.* consecutivo, di seguito: *for four days ~* per quattro giorni consecutivi; *he won three times ~* ha vinto tre volte di seguito. □ (*Econ*) *~ account* conto aperto; (*Am,Sport*) *~ back* (*in American football*) running back; *~ battle* combattimento in ritirata, una lotta continua, lunga battaglia; (*Aut,Ferr*) *~ board* predellino, montatoio; (*Mar*) *~ bowline* gassa di amante scorsoia; (*Rad*) *~ commentary* radiocronaca in diretta; *~ costs*: **1** (*of factory*) costi correnti; **2** (*of machine*) costi di gestione; (*of car*) costi di manutenzione; (*Am,colloq*) *~ dog* lacchè; *~ expenses*: **1** spese correnti; **2** (*operating costs*) spese di gestione; (*Mar.mil*) *~ fight* combattimento in ritirata; *~ fire* (*Mil*) fuoco di fila, fuoco a volontà; **2** (*fig*) fuoco di fila: *a ~ fire of questions* un fuoco di fila di

domande; (*Mecc*) *~ gear* parti mobili di una macchina; (*Edit*) *~ head* testatina, titolo corrente; *~ in*: **1** (*Aut*) (*used as a noun*) rodaggio; **2** (*Aut*) (*used as an adjective*) in rodaggio; *to be in the ~*: **1** (*Sport*) essere in gara; **2** (*estens*) (*having a chance of success*) avere probabilità di riuscita, avere probabilità di vittoria; (*Sport*) *~ jump* salto con rincorsa; (*Mar*) *~ knot* nodo scorsoio; (*Mar,Aer*) *~ light* luce di posizione, fanale di via; *to make the ~*: **1** (*Sport*) fare l'andatura, dare il passo; **2** (*estens*) fare da battistrada; *~ mate*: **1** (*Am,Pol*) candidato che corre per l'ufficio meno importante tra due; (*vice-presidential*) candidato alla vicepresidenza; **2** (*Equit*) (*in horse racing*) battistrada; (*Rad,Teat,TV*) *~ order* ordine; *to be out of the ~*: **1** (*Sport*) (*not competing*) essere fuori gara; **2** (*estens*) (*not having a chance of success*) non avere probabilità di riuscita, non avere probabilità di vittoria; *~ repairs* manutenzione ordinaria, piccole riparazioni; (*Sart*) *~ stitch* filza, imbastitura; *to take up the ~*: **1** (*Sport*) condurre la corsa; **2** (*estens*) essere in testa; *~ title* (*of film, cassette*) durata; (*Sport*) *~ track* pista; *~ water* acqua corrente.

runny /'rʌni/ *a.* **1** semiliquido. **2** (*of a nose*) che cola, che gocciola, gocciolante. **3** (*melting*) che si scioglie, che si liquefà.

run-off /'rʌnɔːf/ *n.* **1** deflusso *m.* **2** (*Sport*) spareggio *m.* **3** (*Pol*) ballottaggio *m.*

run-of-the-mill /ˌrʌnəvðə'mɪl/ *a.* comune, normale, che non è niente di speciale.

run-of-the-mine /ˌrʌnəvðə'maɪn/ *a.* comune, normale, che non è niente di speciale.

runt /rʌnt/ *n.* **1** animale *m.* più piccolo del normale. **2** (*smallest of a litter*) l'animale più piccolo di una figliata. **3** (*spreg*) (*undersized person*) persona *f.* piccola, (*spreg*) scampolo *m.* di uomo. **4** (*Zootecn*) bovino *m.* di razza piccola. **5** (*breed of pigeons*) razza di piccioni domestici.

run-through /'rʌnθruː/ *n.* **1** (*Teat*) prova *f.* **2** (*rapid summary*) rassegna *f.*, resoconto *m.* **3** (*cursory reading*) lettura *f.* affrettata, scorsa *f.*

run-time /'rʌntaɪm/ *n.* (*Inform*) tempo *m.* di esecuzione. □ (*Inform*) *~ program* programma run-time.

run-up /'rʌnʌp/ *n.* **1** (*Sport*) rincorsa *f.*; (*of a golf ball*) corsa *f.* verso la buca. **2** (*Aer*) accelerazione *f.* del motore a terra per collaudo. **3** (*Econ*) (*of prices*) aumento *m.*, rialzo *m.*

runway /'rʌnweɪ/ *n.* **1** (*Aer*) pista *f.* (di decollo o atterraggio). **2** (*platform*) passerella *f.* (*spec.* per sfilate). **3** (*Strad*) rampa *f.* (di carico ecc.). **4** (*for rolling logs*) scivolo *m.* (per tronchi).

rupee /ruː'piː/ *Am also* 'ruːpiː/ *n.* (*Econ*) rupia *f.*

Rupert /'ruːpət *Am* 'ruːpərt/ *n.pr.m.* Rupert.

rupture /'rʌptʃər/ **I** *n.* **1** rottura *f.* (*anche fig*). **2** (*Med*) (*hernia*) ernia *f.*; (*of blood vessel, kidney*) rottura *f.* **II** *v.t.* **1** rompere. **2** (*Pol,fig*) provocare la rottura (*o* frattura) di. **3** (*Med*) provocare un'ernia in, rompere, perforare. **III** *v.i.* **1** rompersi. **2** (*Med*) essere affetto da ernia.

rural /'rʊərəl *Am* 'rʊrəl/ *a.* **1** campestre, rurale, di campagna, agreste: *~ life* vita campestre; *a ~ town* un centro rurale. **2** (*characteristic of the country*) campagnolo, rustico: *~ customs* usanze campagnole. □ *~ area* zona rurale; (*Am*) *~ counties* contee rurali; (*Br*) *~ district council* consiglio regionale di una zona rurale; (*Br*) *~ districts* distretti rurali; *~ population* popolazione rurale.

ruralism /'rʊərəlɪzəm *Am* 'rʊrəlɪzəm/ *n.* espressione *f.* idiomatica tipica della campagna, espressione *f.* da campagnola.

rurality /rʊə'rælɪti *Am* rʊ'ræləti/ *n.* **1** carattere

m. rurale. **2** (*rural characteristic*) caratteristica *f.* rurale.

ruralization /ˌrʊərəl(a)ɪ'zeɪʃən *Am* ˌrʊrəlɪ'zeɪʃən/ *n.* ruralizzazione *f.*

ruralize /'rʊərəlaɪz *Am* 'rʊrəlaɪz/ **I** *v.t.* ruralizzare. **II** *v.i.* (*andare a*) vivere in campagna.

RUS *Russia* RUS (Federazione Russa).

ruse /ruːz/ *n.* espediente *m.*, stratagemma *m.*, astuzia *f.*

rush[1] /rʌʃ/ **I** *v.i.* **1** precipitarsi, lanciarsi, slanciarsi, gettarsi: *she -ed out of the room* si precipitò fuori della stanza. **2** (*to act with haste*) affrettarsi, precipitarsi, accorrere: *everyone -ed to congratulate him* tutti si affrettarono a congratularsi con lui. **3** (*to flow rapidly*) scorrere veloce, fluire veloce: *the river rushes -ed the sea* il fiume scorre veloce verso il mare. **4** (*of the wind*) soffiare con impeto, soffiare con violenza. **II** *v.t.* **1** portare d'urgenza, trasportare d'urgenza: *to ~ so. to the hospital* portare d'urgenza qcu. all'ospedale. **2** (*to cause to go rapidly*) far affluire rapidamente, mandare con urgenza: *to ~ troops to the front* far affluire rapidamente truppe al fronte. **3** (*to perform hastily*) fare in fretta, eseguire in fretta: *don't ~ your work* non fare in fretta il tuo lavoro. **4** (*to cause to move, act hastily*) fare fretta a, sollecitare: *don't ~ me* non farmi fretta. **5** (*to impel, to force hastily*) forzare, costringere, spingere. **6** (*Parl*) (*of bills*) fare approvare con procedura d'urgenza. **7** (*Mil*) conquistare (con un attacco improvviso): *to ~ an enemy position* conquistare una posizione nemica. **8** (*to enter at top speed*) entrare a precipizio, entrare di volata in. **9** (*sl*) (*to charge exorbitantly*) chiedere un prezzo eccessivo a, fare pagare un prezzo eccessivo a. □ *to ~ about* correre in giro, correre qua e là; *to ~ at so.* ventarsi addosso a qcu., avventarsi contro qcu., scagliarsi addosso a qcu., scagliarsi contro qcu.; *to ~ back* ritornare indietro in tutta fretta; *to ~ down the stairs* scendere le scale a precipizio; *to ~ headlong* correre a rompicollo; *to ~ into sth.* fare qcs. avventatamente; (*fig*) *to ~ so. off his feet* (*o to ~ so. off his legs*) costringere qcu. a prendere una decisione affrettata; *to ~ past* passare in fretta davanti a, passare in fretta accanto a, passare in fretta vicino a; *to ~ through*: **1** attraversare a tutta velocità; **2** (*to perform hastily*) fare in fretta, compiere in fretta, eseguire in fretta: *to ~ through one's work* fare in fretta il proprio lavoro; *blood -ed to his face* gli salì il sangue al viso; *to ~ up*: **1** salire di corsa, salire in fretta; *to ~ up the stairs* salire di corsa le scale; **2** (*Mil*) fare arrivare in tutta fretta, giungere in tutta fretta; *to ~ up to* accorrere a, accorrere da, accorrere su.

rush[2] /rʌʃ/ **I** *n.* **1** corsa *f.* precipitosa: *there was a ~ for the door* ci fu una corsa precipitosa verso la porta. **2** (*burst of activity*) corsa *f.* precipitosa, attività *f.* febbrile. **3** (*gold rush*) corsa *f.* all'oro. **4** (*throng*) folla *f.*, calca *f.*, ressa *f.*: *we pushed through the ~* ci siamo fatti strada tra la folla. **5** (*busy activity, bustle*) trambusto *m.*, attività *f.* febbrile, attività *f.* convulsa, attività *f.* frenetica: *the ~ of a great city* il trambusto di una grande città. **6** (*hurry*) fretta *f.*, premura *f.*: *I'm in a ~* ho fretta; (*colloq*) *what's your ~?* che fretta hai? **7** (*great demand*) forte richiesta *f.*, grande ricerca *f.* **8** (*sudden access, surging*) afflusso *m.*, ondata *f.*: *a ~ of blood to the face* un afflusso di sangue al viso. **9** (*excitement*) eccitazione *f.*, esaltazione *f.*, sensazione *f.* di piacere (*anche provocata dalla droga*). **10** (*of emotion, etc.*) impeto *m.*: *a ~ of tenderness* un impeto di tenerezza. **11** (*rapid flowing*) flusso *m.* rapido, corrente *f.* impetuosa. **12** (*rapid blowing*) forte corrente *f.*, raffica *f.*: *a ~ of air* una forte corrente di aria. **13** *pl.* (*Cin*) prima stampa *f.sing.*, copie *f.pl.* rapide. **II** *a.* **1** fatto in fretta, affrettato. **2** (*requiring haste*) urgente: *a ~ order* un'ordinazione urgente. □ *~ hour* ora di punta; *~ job* lavoro urgente; *to make a ~ at* gettarsi su, lanciarsi su; *there's no ~* non c'è fretta, non c'è furia; *a ~ of air* una corrente di aria; *~ order* ordine urgente; *with a ~* di slancio, d'impeto, a precipizio.

rush[3] /rʌʃ/ **I** *n.* **1** (*Bot*) giunco *m.*: *a basket made of rushes* un cesto (fatto) di giunchi. **2** (*fig*) inezia *f.*, bagattella *f.*, bazzecola *f.* **II** *a.* (*fatto*) di giunchi. **III** *v.t.* **1** fare con giunchi. **2** (*to cover with rushes*) coprire di giunchi. **IV** *v.i.* raccogliere giunchi. □ *~ candle* candela con lo stoppino (di midollo) di giunco.

rush-bottomed /'rʌʃˌbɒtəmd Am 'rʌʃˌbɑːtəmd/ *a.* (*of a chair*) con il fondo di giunco, che ha il fondo di giunco.

rushed /rʌʃt/ *a.* **1** occupato, indaffarato: *I'm rather ~* sono molto occupato. **2** (*performed in haste*) eseguito in fretta, affrettato, precipitoso. **3** (*spoiled by haste*) abborracciato, raffazzonato.

rushlight /'rʌʃlaɪt/ *n.* **1** candela *f.* con lo stoppino (di midollo) di giunco. **2** (*fig*) (*thing*) inezia *f.*; (*person*) persona *f.* insignificante.

rushlike /'rʌʃlaɪk/ *a.* simile a giunco, flessibile come un giunco.

rushy /'rʌʃi/ *a.* **1** che abbonda di giunchi. **2** (*made of rushes*) (fatto) di giunco. **3** (*resembling rushes*) simile a giunco. **4** (*covered with rushes*) coperto di giunchi.

rusk /rʌsk/ *n.* **1** fetta *f.* biscottata. **2** (*light sweet biscuit*) galletta *f.*, specie *f.* di biscotto.

russet /'rʌsɪt/ **I** *n.* **1** color *m.* ruggine, color *m.* marrone rossiccio. **2** (*Tess*) stoffa *f.* color ruggine (tessuta a mano). **3** (*Bot*) mela *f.* ruggine. **II** *a.* di color ruggine.

russia /'rʌʃə/ *n.* (*Pell*) cuoio *m.* di Russia.

Russia /'rʌʃə/ *n.pr.* (*Geog*) Russia *f.*, Federazione Russa *f.* □ (*Pell*) *~ leather* cuoio di Russia.

Russian /'rʌʃən/ **I** *a.* russo. **II** *n.* **1** russo *m.* (*f.* -a). **2** (*language*) russo *m.* □ *~ doll* matriosca, matriosca; *~ Federation* confederazione russa (degli stati dell'ex unione sovietica); *~ Orthodox Church* chiesa ortodossa russa; *~ roulette* roulette russa: *to play ~ roulette* giocare alla roulette russa; (*Gastron*) *~ salad* insalata russa; *~ tea* tè caldo con rum e limone; (*Zool*) *~ wolfhound* borzoi.

Russianization /ˌrʌʃ(ə)n(a)ɪ'zeɪʃən/ *n.* russificazione *f.*

Russianize /'rʌʃənaɪz/ *v.t.* russificare.

Russification /ˌrʌsɪfɪ'keɪʃən/ *n.* russificazione *f.*

Russify /'rʌsɪfaɪ/ *v.t.* russificare.

Russki /'rʌski/ *n.* (*spreg,colloq*) russo *m.* (*f.* -a).

Russophile /'rʌsoʊfaɪl/ *n.* russofilo *m.* (*f.* -a).

Russophilia /ˌrʌsoʊ'fɪliə/ *n.* russofilia *f.*

Russophilism /rə'sɒfɪlɪzəm Am rə'sɑːfɪlɪzəm/ *n.* russofilia *f.*

Russophobe /'rʌsoʊfoʊb/ *n.* russofobo *m.* (*f.* -a).

Russophobia /ˌrʌsoʊ'foʊbiə/ *n.* russofobia *f.*

rust /rʌst/ **I** *n.* **1** ruggine *f.* **2** (*colour*) color *m.* ruggine. **3** (*fig*) inazione *f.*, inattività *f.*, inoperosità *f.* **4** (*fig*) (*neglect*) negligenza *f.*, trascuratezza *f.*, incuria *f.* **5** (*Agr*) ruggine *f.* **II** *v.i.* **1** arrugginire, arrugginirsi, ricoprirsi di ruggine. **2** (*fig*) arrugginirsi. **3** (*to turn the colour of rust*) diventare color ruggine. **4** (*Agr*) essere attaccato dalla ruggine. **III** *v.t.* **1** (*far*) arrugginire, rendere rugginoso. **2** (*fig*) arrugginire. **3** (*to make the colour of rust*) far diventare color ruggine. **4** (*Agr*) disseccare, avvizzire. □ (*Am*) *~ belt* cintura della ruggine (New York State, Pennsylvania, Ohio e Michigan, zona in declino industriale); (*Am, colloq*) *~ bucket* carretta, macinino, ferrovecchio, auto vecchia; *~ eaten* corroso dalla ruggine; *~ preventer* (o *~ preventive*) antiruggine; *to ~ up* arrugginire.

rustic /'rʌstɪk/ **I** *a.* **1** rustico, campestre, di campagna, dei campi, campagnolo, agreste. **2** (*fig*) (*unsophisticated, artless*) genuino, semplice, schietto, rustico. **3** (*fig*) (*coarse, uncouth*) rozzo, rustico, grezzo. **4** (*of furniture, etc.*) rustico. **II** *n.* **1** campagnolo *m.* (*f.* -a), rurale *m.* **2** (*fig*) (*unsophisticated person*) persona *f.* semplice. **3** (*fig*) (*coarse person*) zoticone *m.* (*f.* -a), villano *m.* (*f.* -a).

rustically /'rʌstɪkəli/ *avv.* **1** (*in a rustic manner*) in modo rozzo, rozzamente, rusticamente. **2** (*in a rustic style*) in stile rustico.

rusticate /'rʌstɪkeɪt/ **I** *v.i.* **1** andare in campagna, villeggiare. **2** (*to live in the country*) vivere in campagna. **3** (*fig*) essere inattivo. **II** *v.t.* (*Univ*) sospendere temporaneamente.

rusticated /'rʌstɪkeɪtɪd Am 'rʌstɪkeɪtɪd/ □ (*Edil*) *~ ashlar* bugnato rustico.

rustication /ˌrʌstɪ'keɪʃən/ *n.* **1** il ritirarsi in campagna. **2** (*Univ*) sospensione *f.* (temporanea). **3** (*Arch*) bugnato *m.*, bugnatura *f.*

rusticator /'rʌstɪkeɪtər Am 'rʌstɪkeɪtər/ *n.* chi si ritira in campagna.

rusticity /rʌs'tɪsɪti Am rʌs'tɪsəti/ *n.* rustichezza *f.*, rusticità *f.*

rustily /'rʌstɪli/ *avv.* in modo rugginoso.

rustiness /'rʌstɪnəs/ *n.* rugginosità *f.*

rustle /rʌsl/ **I** *v.i.* **1** frusciare: *her dress ~d* il suo vestito frusciava. **2** (*of leaves*) stormire, frusciare. **3** (*to move, to act energetically*) essere attivo, essere energico. **4** (*to steal cattle*) rubare bestiame, commettere abigeato. **II** *v.t.* **1** fare frusciare. **2** (*of leaves*) far stormire, far frusciare. **3** (*colloq*) (*to put together, to procure hastily*) mettere insieme, (*colloq*) rimediare: *I'll ~ up sth. to eat* metterò insieme qcs. da mangiare. **4** (*of cattle, horses: to steal*) rubare. **III** *v.t.* **1** fruscio *m.*: *the ~ of silk* il fruscio della seta. **2** (*of leaves*) lo stormire, fruscio *m.* □ *to ~ about* (o *to ~ around*) (*to move, to act energetically*) essere attivo, essere energico; (*colloq*) *to ~ up* (*to put together, to procure hastily*) mettere insieme, rimediare: *I'll ~ up sth. to eat* metterò insieme qcs. da mangiare.

rustler /'rʌslər/ *n.* **1** (*colloq*) (*cattle thief*) ladro *m.* di bestiame; (*horse thief*) ladro *m.* di cavalli. **2** (*Am, colloq*) (*energetic person*) persona *f.* energica, persona *f.* attiva.

rustless /'rʌstləs/ *a.* **1** (*free from rust*) non arrugginito, senza ruggine. **2** (*not susceptible to rust*) inossidabile.

rustling /'rʌslɪŋ/ **I** *n.* **1** fruscio *m.*, lo stormire. **2** (*colloq*) (*cattle stealing*) furto *m.* di bestiame, abigeato *m.* **II** *a.* che fruscia, che stormisce.

rustproof /'rʌstpruːf/ *a.* inossidabile, antiruggine.

rusty /'rʌsti/ *a.* **1** arrugginito, rugginoso: *~ iron* ferro arrugginito. **2** (*colloq*) (*impaired through disuse*) arrugginito: *my French is a little ~* il mio francese è un po' arrugginito. **3** (*colloq*) (*out of practice*) fuori esercizio. **4** (*rust-coloured*) rugginoso, color (della) ruggine. **5** (*discoloured*) scolorito, sbiadito, stinto. **6** (*fig*) (*of sound, voices*) rauco, roco.

rut[1] /rʌt/ **I** *n.* **1** carreggiata *f.*, rotaia *f.*, solco *m.* **2** (*groove, furrow*) solco *m.* **3** (*fig*) routine *f.*, solito corso *m.*, solito tran tran *m.* **4** (*fig*) (*constant habit*) abitudine *f.* inveterata, consuetudine *f.* **II** *v.t.* (*past, p.p.* **rutted** /'rʌtɪd Am 'rʌtɪd/) solcare, tracciare un solco in. □ (*fig*) *to get into a ~* (o *to sink into a ~*) fossilizzarsi, cadere nella routine, farsi prendere dal trantran.

rut[2] /rʌt/ **I** *n.* (*Zool*) calore *m.*, fregola *f.*: *in ~* in calore. **II** *v.i.* (*past, p.p.* **rutted** /'rʌtɪd Am 'rʌtɪd/) (*Zool*) essere in calore. **III** *v.t.* (*Zool*) accoppiarsi con.

Ruth /ruːθ/ **I** *n.pr.f.* Ruth (*anche Bibl*). **II** *n.* (*Bibl*) (*book*) libro *m.* di Ruth.

Ruthenian /ruː'θiːniən/ **I** *n.* **1** ruteno *m.* (*f.* -a). **2** (*language*) ruteno *m.* **3** (*Rel,Stor*) membro *m.* della chiesa rutena. **II** *a.* ruteno.

ruthenium /ruː'θiːniəm/ *n.* (*Chim*) rutenio *m.*

rutherfordium /ˌrʌðə'fɔːdiəm Am ˌrʌðər'fɔːrdiəm/ *n.* (*Chim*) rutherfordio *m.*, kurciatovio *m.*

ruthless /'ruːθləs/ *a.* crudele, spietato, feroce (*in* in; *towards* verso).

ruthlessly /'ruːθləsli/ *avv.* spietatamente.

ruthlessness /'ruːθləsnəs/ *n.* spietatezza *f.*, crudeltà *f.*

rutilant /'ruːtɪlənt Am 'ruːtələnt/ *a.* fulgido, splendente.

rutile /'ruːtaɪl Am also 'ruːtiːl/ *n.* (*Min*) rutilo *m.*

rutin /'ruːtɪn Am 'ruːtn/ *n.* (*Chim*) rutina *f.*

rutted /'rʌtɪd Am 'rʌtɪd/ *a.* segnato da solchi, solcato.

rutting /'rʌtɪŋ/ □ (*Zool*) *~ season* calore, fregola (*spec.* di animali selvatici).

ruttish /'rʌtɪʃ Am 'rʌtɪʃ/ *a.* lussurioso, libidinoso.

rutty /'rʌti Am 'rʌti/ *a.* segnato da solchi, solcato.

RV /ˌɑːr'viː/ **1** (*Astron*) Reentry Vehicle (veicolo di rientro). **2** (*Am,Aut*) Recreational Vehicle RV (veicoli ricreazionali). **3** Revised Version RV (revisione della Bibbia inglese compiuta negli anni 1881-85).

r/w, RW (*Strad*) right of way (diritto di precedenza).

RWA *Rwanda* RWA (Ruanda).

Rwanda /ru'ændə Am ru'ɑːndə/ *n.pr.* (*Geog*) Ruanda *m.*

Rwandan /ru'ændən Am ru'ɑːndən/ **I** *n.* ruandese *m./f.* **II** *a.* ruandese.

ry, Ry. *railway* ferr. (ferrovia).

rye[1] /raɪ/ **I** *n.* **1** (*Bot*) segale *f.*, segala *f.* **2** whisky *m.* di segale, rye whisky *m.* **3** (*Am*). **II** *n.* pane *m.* di segale. **III** *a.* di segale, segalino. □ (*Alim*) *~ bread* pane di segale; *~ whisky* whisky di segale, rye whisky.

rye[2] /raɪ/ *n.* (*estens,ant*) (*gentleman*) gentiluomo *m.*, signore *m.*

ryegrass /'raɪɡrɑːs Am 'raɪɡræs/ *n.* (*Bot*) loglierella *f.*, loglio *m.* perenne, loglio *m.* inglese.

ryot /'raɪət/ *n.* (*in India*) contadino *m.* (*f.* -a), coltivatore *m.* (*f.* -trice).

S

s¹, S¹ /es/ (*pl.* **s's/ss, S's/Ss** /'esɪz/) *n.* (*letter of the alphabet*) s, S *f./m.*: (*Tel*) S *for Sugar* (o *Am S as in Sugar*) s come Savona.

s² (*Fis*) *second* sec., s (secondo).

S² /es/ **I** *a.* (*S-shaped*) a S, a forma di S. **II** *n.* (*sth. S-shaped*) oggetto *m.* (fatto) a S.

S³ 1 *Sweden* S (Svezia). **2** *South* S (sud).

s. 1 *section* sez. (sezione). **2** *series* (serie). **3** *shilling, shillings* s (scellino, scellini). **4** *sign* (segnale). **5** *signed* f.to (firmato).

S. 1 (*Rel.ebr*) *Sabbath* (sabato). **2** *Saint* S. (santo). **3** *Saturday* sab., s. (sabato). **4** *September* sett. (settembre).

's¹ /s, z/ *contraz.* di is, has, does.

's² /s, z/ *contraz.* di us.

SA /es'eɪ/ **1** *South Africa* SA (Sud Africa). **2** *South America* SA (Sud America). **3** (*Rel.prot*) *Salvation Army* (Esercito della Salvezza). **4** *Saudi Arabia* SA (Arabia Saudita).

Sab. (*Rel.ebr*) *Sabbath* (sabato).

Sabaean /sə'biːən/ **I** *a.* (*Stor*) sabeo, di Saba. **II** *n.* **1** sabeo *m.* (*f.* -a). **2** (*language*) sabeo *m.*

Sabaoth /sæb'eɪəθ *Am* 'sæbeɪɑːθ/ *n.pl.* (*Bibl*) eserciti *m.pl.*: *the Lord of* ~ il dio degli eserciti.

Sabbatarian /ˌsæbə'teərɪən *Am* ˌsæbə'terɪən/ **I** *n.* sabbatario *m.* **II** *a.* dei sabbatari, relativo ai sabbatari.

Sabbatarianism /ˌsæbə'teərɪənɪzm *Am* ˌsæbə'terɪənɪzm/ *n.* dottrina *f.* dei sabbatari.

Sabbath /'sæbəθ/ *n.* **1** (*Rel.ebr*) sabato *m.* **2** (*Sunday*) domenica *f.* **3** (*day of rest, worship*) giorno *m.* festivo (dedicato al riposo e alla preghiera): *to keep the* ~ osservare il giorno festivo; *to break the* ~ non rispettare il giorno festivo, non osservare il giorno festivo; *the Moslem* ~ il giorno festivo dei musulmani.

sabbatic, Sabbatic /sə'bætɪk *Am* sə'bætɪk/ *a.* del sabato, relativo al sabato.

sabbatical /sə'bætɪkəl *Am* sə'bætɪkəl/ **I** *a.* del sabato, relativo al sabato. **II** *n.* anno *m.* sabbatico: *to be on* ~ essere in anno sabbatico; *to go on* ~ prendersi un anno sabbatico. □ (*Bibl,Stor*) ~ *year.* anno sabbatico (*anche fig*).

Sabbatical /sə'bætɪkəl *Am* sə'bætɪkəl/ *a.* (*of the Sabbath*) sabbatico.

saber /'seɪbər/ *n.* (*Am*) **1** sciabola *f.* (di cavalleria). **2** (*Mil*) (*soldier*) soldato *m.* di cavalleria, cavalleggero *m.* **3** (*Sport*) sciabola *f.* (sportiva).

Sabine /'seɪbaɪn/ **I** *a.* (*Stor*) sabino. **II** *n.* (*Stor*) **1** sabino *m.* (*f.* -a). **2** (*language*) lingua *f.* dei sabini.

sable /'seɪbl/ **I** *n.* (*pl.inv.* o -s /-z/) **1** (*Zool*) zibellino *m.* **2** (*fur, pelt*) zibellino *m.*, pelliccia *f.* di zibellino. **3** (*Pitt*) pennello *m.* di pelo di zibellino. **4** (*Arald*) nero *m.*, colore *m.* nero. **5** *pl.* abiti *m.pl.* da lutto, (*lett*) gramaglie *f.pl.* **II** *a.* **1** di zibellino. **2** (*poet*) (*somber*) nero (*anche fig*). □ (*Zool*) ~ *antelope* antilope nera.

sabot /'sæbou, sæ'bou/ *n.* **1** (*Calz*) zoccolo *m.*; (*wooden-soled shoe*) scarpa *f.* con la suola di legno. **2** (*Arm*) sabot *m.* **3** (*box from which cards are dealt in casinos*) sabot *m.*

sabotage /'sæbətɑːʒ/ **I** *n.* sabotaggio *m.* **II** *v.t.* sabotare.

saboteur /ˌsæbə'tɜːr *Am* ˌsæbə'tɜːr/ *n.* sabotatore *m.* (*f.* -trice).

sabre /'seɪbər/ *n.* **1** sciabola *f.* (di cavalleria). **2** (*Mil*) (*soldier*) soldato *m.* di cavalleria, cavalleggero *m.* **3** (*Sport*) sciabola *f.* (sportiva). □ (*Tecn*) ~ *saw* sega alternativa (portatile), elettrosega alternativa.

sabre-rattling /'seɪbərˌrætlɪŋ/ *n.* dimostrazione *f.* di forza.

sabretache /'sæbətæʃ *Am* 'seɪbərtæʃ/ *n.* (*Mil*) giberna *f.* di ufficiale di cavalleria.

sabretooth /ˌseɪbə'tuːθ *Am* 'seɪbərtuːθ/ *n.* (*Zool*) tigre *f.* dai denti a sciabola. □ (*Zool*) ~ *tiger* tigre dai denti a sciabola.

sabretoothed /ˌseɪbə'tuːθt *Am* 'seɪbərtuːθt/ *a.* dai denti a sciabola.

sabuline /'sæbjuliːn/, **sabulose** /'sæbjulous/, **sabulous** /'sæbjələs/ *a.* **1** sabbioso, arenoso. **2** (*Bot*) sabulicolo.

sac /sæk/ *n.* (*Anat,Biol*) sacca *f.*, sacco *m.*

saccade /sæ'kɑːd/ *n.* (*Ott*) saccade *f.*

saccadic /sæ'kɑːdɪk/ *a.* (*Ott*) saccadico.

saccate /'sækeɪt/, **saccated** /'sækeɪtɪd *Am* 'sækeɪtɪd/ *a.* **1** (*Biol*) fornito di sacco. **2** (*having the form of a sac*) a (forma di) sacco.

saccharate /'sækəˌreɪt/ *n.* (*Chim*) saccarato *m.*

saccharated /'sækəˌreɪtɪd/ *a.* saccarinato.

saccharic /sæ'kærɪk/ *a.* saccarico.

sacchariferous /ˌsækə'rɪfərəs/ *a.* saccarifero.

saccharification /sæˌkærɪfɪˌkeɪʃn/ *n.* (*Chim*) saccarificazione *f.*

saccharify /sæ'kærɪfaɪ/ *v.t.* saccarificare.

saccharimeter /ˌsækə'rɪmɪtər *Am* ˌsækə'rɪmətər/ *n.* (*Chim*) saccarimetro *m.*

saccharin /'sækərɪn/ *n.* (*Chim*) saccarina *f.*

saccharinated /'sækərɪneɪtɪd/ *a.* (*Chim*) saccarinato.

saccharine /'sækərɪn/ **I** *a.* **1** di zucchero, relativo allo zucchero, zuccherino. **2** (*yielding, containing sugar*) zuccheroso. **3** (*fig,spreg*) zuccheroso, sdolcinato, melato, mielato: *a* ~ *smile* un sorriso zuccheroso. **II** *n.* (*Chim*) saccarina *f.*

saccharinely /'sækəˌraɪnli/ *avv.* sdolcinatamente, in modo sdolcinato.

saccharoid /'sækəˌrɔɪd/ *a.* (*Geol*) saccaroide.

saccharometer /ˌsækə'rɒmɪtər *Am* ˌsækə'rɑːmətər/ *n.* saccarimetro *m.*, saccarometro *m.*

saccharose /'sækəˌrous/ *n.* (*Chim*) saccarosio *m.*

sacciform /'sæksɪfɔːm *Am* 'sæksɪfɔːrm/ *a.* (*Anat*) sacciforme.

saccule /'sækjuːl/ *n.* (*Anat*) sacculo *m.*

sacerdocy /'sæsəˌdousi *Am* 'sæsərˌdousi/ *n.* sacerdozio *m.*

sacerdotal /ˌsæsə'doutəl *Am* ˌsæsər'doutəl/ *a.* sacerdotale.

sacerdotalism /ˌsæsə'doutəlɪzm *Am* ˌsæsər'doutəlɪzm/ *n.* **1** (*Rel*) sacerdozio *m.* **2** (*system of government*) clericalismo *m.*

sachem /'seɪtʃəm/ *n.* **1** sachem *m.* **2** (*Am, colloq*) (*boss, leader*) pezzo *m.* grosso, personaggio *m.* importante, boss *m.*

sachet /'sæʃeɪ *Am* sæ'ʃeɪ/ *n.* **1** sacchetto *m.* profumato. **2** bustina *f.* □ ~ *of shampoo* bustina di shampoo.

sack¹ /sæk/ **I** *n.* **1** sacco *m.* **2** (*sackful*) sacco *m.*, saccata *f.* **3** (*Am*) (*bag*) borsa *f.*, zaino *m.* **4** (*Abbigl*) abito *m.* a sacco. **5** (*Abbigl*) (*for a baby*) giacchettina *f.* a sacchetto. **6** (*sl*) (*bed*) letto *m.* **7** (*Sport,colloq*) base *f.*, sacchetto *m.* **II** *v.t.* **1** insaccare. **2** (*colloq*) (*to dismiss*) licenziare, dare il benservito a, mandare a spasso. □ (*colloq*) *to get the* ~ essere licenziato, essere mandato a spasso; (*colloq*) *to give so. the*~ licenziare qcu., mandare a spasso qcu., dare il benservito a qcu.; (*Am*) *to* ~ *out* andare a letto, andare a dormire: *it's time to* ~ *out* è ora di andare a letto; ~ *race* corsa nei sacchi.

sack² /sæk/ **I** *n.* **1** (*plundering*) sacco *m.*, saccheggio *m.* **2** (*plunder, loot*) bottino *m.*, preda *f.* **II** *v.t.* saccheggiare, mettere a sacco.

sack³ /sæk/ *n.* (*Enol*) vino *m.* bianco secco (del Sud Europa).

sackbut /'sækbʌt/ *n.* **1** (*Mus,Stor*) tipo *m.* di trombone. **2** (*Bibl*) sambuca *f.*

sackcloth /'sæklɒθ *Am* 'sæklɑːθ/ *n.* **1** (*Tess*) sacco *m.*, tela *f.* di sacco. **2** (*garment*) vestito *m.* di tela di sacco; (*as a sign of mourning*) sacco *m.*; (*as a sign of penitence*) saio *m.*, sacco *m.* □ (*fig*) *in* ~ *and ashes* pentito, penitente, col capo cosparso di cenere.

sacker /'sækər/ *n.* saccheggiatore *m.* (*f.* -trice).

sackful /'sækful/ *n.* sacco *m.*, saccata *f.*

sacking¹ /'sækɪŋ/ *n.* **1** (*Tess*) tela *f.* di sacco. **2** (*dismissal*) licenziamento *m.*

sacking² /'sækɪŋ/ *n.* (*act of plundering*) sacco *m.*, saccheggio *m.*

sacque /sæk/ *n.* (*Abbigl*) **1** abito *m.* a sacco. **2** (*for a baby*) giacchettina *f.* a sacchetto.

sacral¹ /'seɪkrəl/ *a.* (*Lit*) sacrale.

sacral² /'seɪkrəl/ **I** *a.* (*Anat*) sacrale. **II** *n.* (*Anat*) nervo *m.* sacrale; (*sacral vertebra*) vertebra *f.* sacrale.

sacrament /'sækrəmənt/ *n.* **1** (*Rel*) sacramento *m.*: *the seven* -s i sette sacramenti. **2** (*Rel*) (*consecrated element of the Eucharist*) ostia *f.* consacrata. **3** (*fig*) (*sth. of sacred character*) cosa *f.* sacra, cosa *f.* misteriosa. **4** (*fig*) (*sign, symbol*) simbolo *m.*, segno *m.* **5** (*oath, solemn pledge*) promessa *f.* solenne, giuramento *m.* solenne.

Sacrament /'sækrəmənt/ **I** *n.* (*Rel*) (*Eucharist*) Eucaristia *f.* **II** *v.t.* consacrare, rendere sacro.

sacramental /ˌsækrə'mentəl *Am* ˌsækrə'mentəl/ **I** *a.* **1** (*Rel*) sacramentale. **2** (*fig*) sacro, consacrato. **II** *n.* (*Rel.catt*) sacramentale *m.* □ ~ *wine* vino eucaristico.

sacramentalism /ˌsækrə'mentəlɪzm *Am* ˌsækrə'mentəlɪzm/ *n.* sacramentalismo *m.*

sacramentalist /ˌsækrə'mentəlɪst *Am* ˌsækrə'mentəlɪst/ *n.* sacramentalista *m./f.*

sacramentally /ˌsækrə'mentəli *Am* ˌsækrə'mentəli/ *avv.* sacramentalmente.

Sacramento /ˌsækrə'mentou *Am* ˌsækrə'mentou/ *n.pr.* (*Geog*) Sacramento *f.*

sacrarium /sæ'kreəriəm/ (*pl.* -**ria** /-riə/) *n.* **1** santuario *m.* **2** (*Rel.catt,Stor.rom*) sacrario *m.*

sacré bleu /ˌsækreɪ'blɜː/ *intz.* cribbio!

sacred /'seɪkrɪd/ *a.* **1** sacro, consacrato: *a* ~ *place* un luogo sacro; *to hold sth.* ~ considerare sacro qcs. **2** (*dedicated*) sacro, consacrato, dedicato (*to* a): *a temple* ~ *to Apollo* un tempio sacro ad Apollo. **3** (*holy*) santo, sacro: *the* ~ *name of Jesus* il santo nome di Gesù. **4** (*fig*) sacrosanto, sacro, inviolabile, santo: *a* ~ *right* un diritto sacrosanto. □ ~ *cow*: 1 (*Rel*) vacca sacra; 2 (*fig*) dogma indiscusso, principio indiscutibile; ~ *music* musica sacra.

sacredly /'seɪkrɪdli/ *avv*. in modo sacro.

sacredness /'seɪkrɪdnəs/ *n*. sacralità *f*., carattere *m*. sacro.

sacrifice /'sækrɪfaɪs/ **I** *n*. **1** sacrificio *m*., immolazione *f*. **2** (*thing offered*) sacrificio *m*., offerta *f*. sacrificale. **3** (*victim*) vittima *f*., olocausto *m*. **4** (*estens*) sacrificio *m*., privazione *f*., rinuncia *f*.: *at great* ~ con grande sacrificio. **5** (*Comm*) (*financial loss*) perdita *f*.: *at great* ~ con grave perdita. **II** *v.t.* **1** sacrificare, immolare (*to* a) (*anche estens*): *to* ~ *a lamb to God* sacrificare un agnello a Dio. **2** (*rifl.*) *to* ~ *oneself* sacrificarsi, immolarsi. **3** (*assol*) sacrificare, offrire sacrifici. **4** (*to renounce*) rinunciare a, sacrificare. **5** (*Comm*) vendere in perdita, svendere, vendere sottocosto. □ *at the* ~ *of* a scapito di, a spese di; (*Sport*) ~ *bunt* (*in baseball*) bunt di sacrificio, smorzata di sacrificio; (*Sport*) ~ *fly* (*in baseball*) volata di sacrificio.

Sacrifice /'sækrɪfaɪs/ *n*. (*Rel*) sacrificio *m*.

sacrificial /ˌsækrɪ'fɪʃəl/ *a*. sacrificale.

sacrificially /ˌsækrɪ'fɪʃəli/ *avv*. in modo sacrificale.

sacrilege /'sækrɪlɪdʒ/ *n*. sacrilegio *m*.

sacrilegious /ˌsækrɪ'lɪdʒəs/ *a*. sacrilego.

sacrilegiously /ˌsækrɪ'lɪdʒəsli/ *avv*. sacrilegamente.

sacring /'seɪkrɪŋ/ *n*. (*rar*) consacrazione *f*. (eucaristica).

sacring-bell /'seɪkrɪŋbel/ *n*. (*Lit*) campanello *m*. dell'elevazione.

sacrist /'sækrɪst/, **sacristan** /'sækrɪstən/ *n*. (*Rel*) sagrestano *m*.

sacristy /'sækrɪsti/ *n*. sagrestia *f*.

sacrosanct /'sækrousæŋ(k)t/ *a*. **1** sacrosanto. **2** (*colloq*) (*inviolable*) sacrosanto, inviolabile, sacro: *a* ~ *right* un sacrosanto diritto.

sacrosanctity /ˌsækrə(υ)'sæŋ(k)təti Am ˌsækrou'sæŋ(k)təti/ *n*. santità *f*., inviolabilità *f*.

sacrosanctly /ˌsækrou'sæŋ(k)tli/ *avv*. in modo sacrosanto.

sacrum /'seɪkrəm,'sækrəm/ (*pl.* **-cra** /-krə/) *n*. (*Anat*) sacro *m*., osso *m*. sacro.

sad /sæd/ (*compar.* **sadder** /'sædəʳ/, *sup.* **saddest** /'sædɪst/) *a*. **1** triste, malinconico, mesto, afflitto, addolorato: *to feel* ~ sentirsi triste, essere triste; *to look* ~ avere l'aria triste; *to make so.* ~ rattristare qcu., (*lett*) intristire qcu.; *we're* ~ (*that*) *you can't come* ci dispiace che tu non possa venire. **2** (*expressing sadness*) triste, mesto: *a* ~ *story* una storia triste. **3** (*causing sadness*) triste, doloroso: ~ *news* notizie tristi. **4** (*deplorable*) increscioso, deplorevole: *a* ~ *defeat* un'incresciosa sconfitta. **5** (*of colours*) spento, smorto. □ *to be* ~ *at heart* avere il cuore gonfio; *to be* ~ *-der but wiser* avere imparato la lezione (a proprie spese); (*fig*) *he's a* ~ *case* poverino, fa pena; (*fig*) *a* ~ *dog* una canaglia; ~ *to say* mi spiace dover dire, triste a dirsi.

SAD /sæd/ (*Med*) *seasonal affective disorder* SAD (disturbo dell'umore ad andamento stagionale, depressione stagionale).

sadden /'sædən/ **I** *v.t.* rattristare, affliggere, addolorare. **II** *v.i.* rattristarsi.

saddening /'sædənɪŋ/ *a*. rattristante, che rattrista, doloroso, triste.

saddle /'sædl/ **I** *n*. **1** sella *f*. **2** (*of a bicycle, tractor, etc.*) sella *f*., sellino *m*. **3** (*Zool*) sella *f*. **4** (*Macell*) sella *f*., schienale *m*. **5** (*Mecc*) slitta *f*., carrello *m*. **6** (*Ginn*) sella *f*. **7** (*Geog*) sella *f*., valico *m*. **II** *v.t.* **1** sellare. **2** (*colloq*) addos-

sare a, accollare a: *to* ~ *so. with the responsibility* addossare la responsabilità a qcu. **3** (*Sport*) (*to train*) allenare. □ (*Equit*) ~ *blanket* coperta da sella; (*Equit*) ~ *bow* arcione; *in the* ~: 1 in sella; 2 (*fig*) in posizione di comando, in sella, al potere; (*Arch*) ~ *roof* tetto a due spioventi, tetto a capanna; ~ *soap* sapone per pulire il cuoio; ~ *stitch*: 1 (*in sewing*) punto sella; 2 (*Legat*) punto (di legatura); (*Equit*) *to* ~ *up* sellare (un cavallo): *we -d up and rode away* abbiamo sellato i cavalli e ci siamo allontanati.

saddlebacked /'sædlbækt/ *a*. **1** concavo, a forma di sella. **2** (*Zool*) (*of a horse*) insellato. **3** (*of an animal*) con macchie a forma di sella sul dorso. **4** (*Arch*) (*of a roof*) a due spioventi, a capanna.

saddle-bag /'sædlbæg/ *n*. **1** bisaccia *f*. **2** (*of a bicycle*) borsa *f*.

saddle-cloth /'sædlklɒθ Am 'sædlklɑ:θ/ *n*. (*Equit*) gualdrappa *f*.

saddle-horse /'sædlhɔːs Am 'sædlhɔːrs/ *n*. cavallo *m*. da sella.

saddler /'sædləʳ/ *n*. sellaio *m*. (*f.* -a).

saddlery /'sædləri/ *n*. selleria *f*.

saddle-sore /'sædlsɔːr Am 'sædlsɔːr/ *a*. **1** (*of a rider*) indolenzito per il troppo cavalcare. **2** (*of a horse*) piagato dalla sella.

saddo /'sædou/ *n*. (*Br,colloq*) individuo *m*. patetico, poveretto *m*. (*f.* -a), disgraziato *m*. (*f.* -a).

Sadducaean /ˌsædju'siːən/ *a*. (*Stor*) dei sadducei, relativo ai sadducei.

Sadducean /ˌsædju'siːən/ *a*. (*Stor*) dei sadducei, relativo ai sadducei.

Sadducee /'sædjusiː/ *n*. sadduceo *m*.

sad-iron /ˌsæd'aɪən Am ˌsæd'aɪərn/ *n*. (*Stor*) ferro *m*. da stiro pesante.

sadism /'seɪdɪzəm/ *n*. (*Psic*) sadismo *m*. (*anche estens*).

sadist /'seɪdɪst/ *n*. sadico *m*. (*f.* -a) (*anche estens*).

sadistic /sə'dɪstɪk/ *a*. sadico (*anche estens*).

sadistically /sə'dɪstɪkəli/ *avv*. sadicamente.

sadly /'sædli/ *avv*. **1** tristemente, mestamente. **2** (*deplorably*) deplorevolmente, incresciosamente.

sadness /'sædnəs/ *n*. tristezza *f*., mestizia *f*., malinconia *f*.

sadomasochism /ˌseɪdou'mæsəkɪzəm Am ˌsædou'mæsəkɪzəm/ *n*. sadomasochismo *m*.

sadomasochist /ˌseɪdou'mæsəkɪst Am ˌsædou'mæsəkɪst/ *n*. sadomasochista *m./f.*

sadomasochistic /ˌseɪdou,mæsə'kɪstɪk Am ˌsædou,mæsə'kɪstɪk/ *a*. sadomasochista *m./f.*

safari /sə'fɑːri/ **I** *n*. safari *m*.: *to go on* (*a*) ~ fare un safari. **II** *v.i.* partecipare a un safari. □ (*Abbigl*) ~ *jacket* sahariana; ~ *park* zoo safari; (*Abbigl*) ~ *suit* tenuta da safari.

safe /seɪf/ **I** *a*. **1** sicuro (*from* da); (*freed from harm, danger*) (in) salvo, fuori pericolo, al sicuro: *we're* ~ *here* qui siamo sicuri, qui siamo al sicuro. **2** (*secure from loss*) sicuro: *a* ~ *investment* un investimento sicuro. **3** (*unable to do harm*) innocuo, inoffensivo, non pericoloso. **4** (*cautious, prudent*) prudente, cauto: *a* ~ *economic policy* una cauta politica economica. **5** (*accurate*) accurato, diligente, preciso: *a* ~ *estimate* una stima accurata. **II** *n*. **1** cassaforte *f*. **2** (*Br*) (*for food*) armadietto *m*. □ ~ *and sound* sano e salvo, illeso, indenne; (*colloq*) *as* ~ *as houses* perfettamente al sicuro, in una botte di ferro; ~ *bet*: 1 scommessa sicura, scelta sicura; (*colloq*) *it's your -st bet* è la tua opzione migliore, è quello su cui dovresti puntare; 2 (*sure thing*) cosa certa, cosa sicura; ~ *breaker* scassinatore di casseforti; ~ *conduct* salvacondotto, lasciapassare; ~ *cracker* scassi-

natore di casseforti; ~ *deposit box* cassetta di sicurezza: *holder of a* ~ *deposit box* cassettista; *at a* ~ *distance* a distanza di sicurezza; *in* ~ *hands* in buone mani; ~ *house* covo, rifugio (di criminali); ~ *keeping* custodia: *to leave sth. with so. for* ~ *keeping* lasciare qcs. in custodia a qcu.; *to have sth. in* ~ *keeping* avere qcs. in custodia; *to be in* ~ *keeping* essere in buone mani, essere al sicuro; ~ *limit*: 1 limite di sicurezza; 2 (*fig*) limite di guardia; *to be on the* ~ *side* per essere più sicuro, per non correre rischi; ~ *period* periodo non fecondo, giorni non fertili; ~ *room* camera blindata, caveau; (*Parl*) ~ *seat* seggio sicuro; ~ *sex* sesso sicuro; (*fig*) *to come* ~ *to port* giungere salvi (*o* sani e salvi) alla meta; *it is* ~ *to say that* si può affermare con sicurezza che.

safeguard /'seɪfɡɑːd Am 'seɪfɡɑːrd/ **I** *n*. **1** salvaguardia *f*., difesa *f*., protezione *f*., tutela *f*. (*against* contro). **2** (*safety-measure*) misura *f*. di sicurezza. **3** (*safe conduct*) salvacondotto *m*., lasciapassare *m*. **II** *v.t.* tutelare, salvaguardare, proteggere (*against, from* da).

safelight /'seɪflaɪt/ *n*. (*Fot*) lampada *f*. di sicurezza, lampada *f*. a luce inattinica.

safely /'seɪfli/ *avv*. **1** in salvo, al sicuro. **2** (*without danger, risk*) in modo sicuro, senza correre rischi, senza pericolo: *to invest one's money* ~ investire il proprio denaro in modo sicuro; *we arrived* ~ siamo arrivati sani e salvi. **3** (*carefully*) con prudenza: *drive* ~ guidate con prudenza. □ *I can* ~ *say that...* posso tranquillamente dire che...

safeness /'seɪfnəs/ *n*. sicurezza *f*.

safety /'seɪfti/ **I** *n*. **1** salvezza *f*., scampo *m*. **2** (*being safe*) sicurezza *f*.: *the car's chief virtue is* ~ *rather than speed* il pregio principale della vettura è la sicurezza, più che la velocità. **II** *a*. di sicurezza: ~ *measures* misure di sicurezza. □ (*Aer*) ~ *barrier* rete di sicurezza, barriera di sicurezza; (*Aut,Aer*) ~ *belt* cintura di sicurezza; (*Aut,Tecn*) ~ *cage* gabbia di sicurezza; (*Sport*) ~ *car* safety car; ~ *catch*: 1 (*Arm,Mecc*) sicura; 2 (*Mecc*) (*of a lift, etc.*) arresto di sicurezza; (*Teat*) ~ *curtain* sipario di sicurezza, tagliafuoco; ~ *deposit box* cassetta di sicurezza; ~ *device* dispositivo di sicurezza, congegno di sicurezza; ~ *factor*: 1 (*margin of security against risks*) fattore di sicurezza, incremento di sicurezza; 2 (*ratio of a material's strength to expected strain*) coefficiente di sicurezza; ~ *features* misure di sicurezza; ~ *first!* prudenza innanzi tutto!; ~ *fuse*: 1 (*El,Tecn*) fusibile (di sicurezza); 2 (*for the controlled firing of a detonator*) miccia di sicurezza; (*Aut*) ~ *glass* vetro di sicurezza; (*Am,Strad*) ~ *island* salvagente stradale (per pedoni); (*Minier*) ~ *lamp* lampada Davy, lampada di sicurezza; ~ *level* limite di guardia, livello di sicurezza (*anche fig*); ~ *lock* serratura di sicurezza, controserratura; ~ *match* fiammifero svedese, (*rar*) fiammifero di sicurezza; ~ *measure* misura di sicurezza; ~ *net*: 1 rete di sicurezza; 2 (*fig*) garanzia; ~ *pin* spilla di sicurezza, spilla da balia; ~ *rail* barra di sicurezza (di vasca); ~ *razor* rasoio di sicurezza; (*Nucl*) ~ *rod* barra di sicurezza; ~ *rule* regola di sicurezza; ~ *standards* norme di sicurezza; ~ *valve*: 1 (*Mecc*) valvola di sicurezza; 2 (*fig*) valvola di sfogo; ~ *vault* camera blindata, caveau. *Prov.*: *there's* ~ *in numbers* l'unione fa la forza.

safety-glass /'seɪfti,ɡlɑːs Am 'seɪfti,ɡlæs/ *n*. (*Aut*) vetro *m*. di sicurezza.

safety-pin /'seɪfti,pɪn/ *n*. spilla *f*. di sicurezza, spilla *f*. da balia.

safety-valve /'seɪfti,vælv/ *n*. **1** (*Mecc*) valvo-

la *f.* di sicurezza. **2** (*fig*) valvola *f.* di sfogo.
safflower /'sæflauər/ *n.* **1** (*Bot*) cartamo *m.* (officinale), zafferanone *m.* **2** (*Chim*) cartamina *f.*
saffron /'sæfrən/ **I** *n.* **1** (*Bot*) croco *m.*, zafferano *m.* **2** (*Gastron*) zafferano *m.* **3** (*colour*) giallo *m.* zafferano. **II** *a.* giallo zafferano, zafferano. □ (*Bot*) ~ *crocus* croco, zafferano.
saffrony /'sæfrəni/ *a.* giallastro.
sag /sæg/ **I** *v.i.* (*past, p.p.* **sagged** /-d/) **1** incurvarsi, piegarsi (al centro), insellarsi: *the bridge -ged dangerously* il ponte si incurvò in modo pericoloso. **2** (*to hang loosely*) afflosciarsi: *her cheeks were beginning to ~ with age* le sue guance cominciavano ad afflosciarsi con l'età. **3** (*to hang unevenly*) pendere, inclinarsi: *the tent -ged on one side* la tenda pendeva da una parte. **4** (*to sink gradually*) cedere, abbassarsi, avvallarsi. **5** (*to settle*) assestarsi. **6** (*Comm*) ribassare, calare, diminuire: *prices are -ging* i prezzi calano; (*Econ*) *the market is -ging* il mercato è al ribasso. **II** *v.t.* (*past, p.p.* **sagged** /-d/) **1** fare incurvare, piegare al centro. **2** (*to cause to hang loosely*) fare afflosciare. **3** (*Mar*) (*of a ship, timber*) insellare. **III** *n.* **1** incurvatura *f.*, abbassamento *m.* **2** (*Strad*) (*of a road-bed*) cedimento *m.* **3** (*Comm,Econ*) cedimento *m.*, flessione *f.* **4** (*Geog*) (*saddle*) sella *f.*; (*depression*) depressione *f.* □ (*Mar*) *to ~ to leeward* scarrocciare.
saga /'sɑːgə/ *n.* (*Lett*) saga *f.* (*anche fig*).
sagacious /sə'geɪʃəs/ *a.* avveduto, sagace, perspicace.
sagaciously /sə'geɪʃəsli/ *avv.* avvedutamente, sagacemente.
sagaciousness /sə'geɪʃəsnəs/, **sagacity** /sə'gæsəti *Am* sə'gæsəti/ *n.* avvedutezza *f.*, sagacia *f.*
sage¹ /seɪdʒ/ **I** *a.* **1** (*lett*) saggio, assennato: *a ~ answer* una risposta saggia. **2** (*solemn, grave*) dall'aria solenne, grave (*anche iron*). **II** *n.* (*lett,iron*) saggio *m.* (*f.* -a).
sage² /seɪdʒ/ *n.* (*Bot*) salvia *f.* □ (*Alim*) ~ *cheese* formaggio alla salvia; ~ *green* (color) verde salvia.
sage-brush /'seɪdʒbrʌʃ/ *n.* (*Bot*) artemisia *f.* tridentata.
sage-green /ˌseɪdʒ'griːn/ *n.* verde *m.* salvia.
sagely /'seɪdʒli/ *avv.* saggiamente, con saggezza.
sageness /'seɪdʒnəs/ *n.* (*lett*) saggezza *f.*
saggar /'sægər/ *n.* (*Ceram*) casella *f.*
saggy /'sægi/ *a.* **1** che si incurva, che si piega. **2** (*flabby*) cascante, floscio.
Sagittarius /ˌsædʒɪ'teəriəs *Am* ˌsædʒə'teriəs/ *n.pr.* **1** (*Astr*) Sagittario *m.* **2** (*person*) Sagittario *m.*, persona *f.* nata sotto il segno del Sagittario.
sago /'seɪgoʊ/ *n.* (*pl.* -**s** /-z/) **1** (*Alim*) sagù *m.*, sago *m.* **2** (*Bot*) palma *f.* da sagù, palma *f.* da sago. □ (*Bot*) ~ *palm* palma da sago, palma da sagù.
sagy /'seɪdʒi/ *a.* aromatizzato con salvia, profumato alla salvia.
Sahara /sə'hɑːrə *Am also* sə'herə/ *n.pr.* (*Geog*) Sahara *m.*
Saharan /sə'hɑːrən *Am also* sə'herən/, **Saharian** /sə'hɑːrɪən *Am also* sə'herɪən/ *a.* sahariano.
Sahel /sɑː'hel/ *n.pr.* (*Geog*) Sahel *m.*: ~ *region* zona del Sahel.
said¹ /sed/ → **say¹**.
said² /sed/ *a.* (*Dir,burocr*) suddetto, predetto.
sail /seɪl/ **I** *n.* **1** (*Mar*) vela *f.* **2** (*Mar*) (*sails*) velatura *f.*, velame *m.* **3** (*Mar*) (*sailing-ship*) nave *f.* a vela, veliero *m.* **4** (*trip in a sailing-boat*) gita *f.* in barca a vela, giro *m.* in

barca a vela; (*voyage by ship*) viaggio *m.* per mare. **5** (*of a windmill*) pala *f.*, ala *f.* **6** (*Itt*) (*fin*) pinna *f.* **II** *v.i.* **1** (*Mar*) navigare; (*to travel in a sailing-ship*) veleggiare, navigare a vela; (*of a sailing-ship*) veleggiare, andare a vela, navigare a vela. **2** (*Mar*) (*to begin a voyage*) salpare, fare vela (*for* per): *we -ed at dawn* salpammo all'alba. **3** (*fig*) librarsi in volo, volare. **4** (*fig*) (*to move gracefully*) muoversi con grazia. **III** *v.t.* (*Mar*) **1** condurre, governare, far navigare: *to ~ a fishing-boat* condurre una barca da pesca. **2** (*to travel over or through in a vessel*) percorrere navigando. □ (*Mar*) *to ~ across the Atlantic* attraversare l'Atlantico; *to ~ against the wind*: 1 (*Mar*) navigare controvento; 2 (*fig*) andare controcorrente; (*Mar*) *to ~ along the coast* costeggiare; ~ *arm* (*of a windmill*) pala, ala; (*Mar*) *to ~ around the Cape of Good Hope* doppiare il Capo di Buona Speranza; *to ~ close to the wind*: 1 (*Mar*) stringere il vento, navigare di bolina, navigare controvento; 2 (*fig*) procedere sul filo del rasoio, rischiare grosso, correre dei rischi; *to ~ down a river* navigare lungo un fiume, discendere un fiume; *to go for a ~* andare a fare un giro in barca a vela; *to go -ing* andare in barca a vela; (*colloq,fig*) *to ~ into sth.* intraprendere qcs. con (grande) slancio; (*Mar*) *to ~ into port* entrare nel porto; *to make ~*: 1 aumentare la velatura; 2 (*to set sail*) partire (con barca a vela); *to ~ near to the wind*: 1 (*Mar*) orzare, navigare controvento, stringere il vento, navigare di bolina; 2 (*fig*) camminare sul filo del rasoio, rischiare grosso; *the plane -ed over the city* l'aeroplano sorvolò lentamente la città; (*Mar*) *to set ~* spiegare le vele, fare vela, salpare, partire (*for* per); *to ~ the seas* solcare i mari, navigare; *to ~ through*: 1 attraversare; 2 (*colloq,fig*) superare senza difficoltà, superare facilmente: *to ~ through an exam* superare un esame senza difficoltà; (*fig*) *to ~ under false colours* farsi passare per quello che non si è, presentarsi sotto mentite spoglie; *to ~ up a river* risalire un fiume; (*Mar*) *to ~ with the wind* navigare secondo il vento; (*Mar*) ~ *yard* antenna, pennone.
sailable /'seɪləbl/ *a.* navigabile.
sailboard /'seɪlbɔːd *Am* 'seɪlbɔːrd/ *n.* (*Sport*) windsurf *m.*
sailboarder /'seɪlbɔːdər *Am* 'seɪlbɔːrdər/ *n.* (*Sport*) windsurfista *m./f.*, surfista *m./f.*
sailboarding /'seɪlbɔːdɪŋ *Am* 'seɪlbɔːrdɪŋ/ *n.* (*Sport*) windsurf *m.*
sailboat /'seɪlboʊt/ *n.* (*Am,Mar*) barca *f.* a vela.
sailcloth /'seɪlklɒθ *Am* 'seɪlklɑːθ/ *n.* tela *f.* per vele, olona *f.*, tela *f.* olona.
sailer /'seɪlər/ *n.* (*Mar*) veliero *m.*
sail-fish /'seɪlfɪʃ/ *n.* (*Itt*) istioforo *m.*
sailing /'seɪlɪŋ/ *n.* **1** (*Mar*) navigazione *f.*, nautica *f.* **2** (*Sport*) vela *f.*, sport *m.* della vela. **3** (*departure*) partenza *f.* (di nave): *a list of the -s from Southampton* un elenco delle partenze da Southampton.
sailing-boat /'seɪlɪŋbəʊt/ *n.* (*Mar*) barca *f.* a vela.
sailing-ship /'seɪlɪŋʃɪp/, **sailing-vessel** /'seɪlɪŋˌvesəl/ *n.* (*Mar*) veliero *m.*
sailor /'seɪlər/ *n.* marinaio *m.* □ (*Abbigl*) ~ *collar* colletto alla marinara; (*Abbigl*) ~ *suit* marinara, abito alla marinara.
sailoring /'seɪlərɪŋ/ *n.* vita *f.* da marinaio, lavoro *m.* da marinaio.
sailorly /'seɪlərli/ *a.* di marinaio, da marinaio.
sailor-man /'seɪlərmən/ *n.irr.* marinaio *m.*
sailplane /'seɪlpleɪn/ **I** *n.* (*Aer*) veleggiatore

m., aliante *m.* **II** *v.i.* (*Aer*) veleggiare.
saint /seɪnt/ **I** *n.* santo *m.* (*f.* -a) (*anche fig*): *he would try the patience of a ~* farebbe scappare la pazienza a un santo. **II** *v.t.* **1** santificare, dichiarare santo, canonizzare. **2** (*fig*) santificare, onorare, venerare. □ ~ *'s day* giorno dedicato a un santo, festa di un santo; *the -s in glory* i santi nella gloria del paradiso.
Saint /seɪnt/ *a.* (*Rel*) san, santo: ~ *James* san Giacomo; ~ *Matthew* san Matteo. □ ~ *Andrew's cross* croce di sant'Andrea; (*Med, pop*) ~ *Anthony's fire* fuoco di sant'Antonio; (*Zool*) ~ *Bernard* (o ~ *Bernard dog*) sanbernardo, cane San Bernardo; (*Geog*) ~ *Elias Mountains* monti Sant'Elia; ~ *George's cross* croce di san Giorgio; (*Geog*) ~ *Gotthard* San Gottardo; (*Geog*) ~ *Helena* Sant'Elena; (*Bot*) ~ *John's wort* erba di san Giovanni; (*Geog*) ~ *Kitts and Nevis* Saint Cristopher e Nevis; (*Geog*) ~ *Lawrence* San Lorenzo; (*Geog*) ~ *Louis* St. Louis; (*Geog*) ~ *Lucia* Saint Lucia; (*Geog*) ~ *Martin* Saint-Martin; ~ *Valentine's Day* giorno di san Valentino; (*Geog*) ~ *Vincent and the Grenadines* Saint Vincent e Grenadine; (*Med,pop*) ~ *Vitus's dance* ballo di san Vito.
saintdom /'seɪntdəm/ *n.* (*Rel*) **1** santità *f.* **2** (*saints as a group*) santi *m.pl.*
sainthood /'seɪnthʊd/ *n.* (*Rel*) **1** santità *f.* **2** (*saints as a group*) santi *m.pl.*
saintliness /'seɪntlɪnəs/ *n.* santità *f.*
saintly /'seɪntli/ *a.* santo, pio.
saintship /'seɪntʃɪp/ *n.* santità *f.*
saith /seθ, seɪθ/ → **say¹**.
sake¹ /seɪk/ *n.* **1** scopo *m.*, fine *m.*, intento *m.* **2** (*account, cause*) causa *f.*, motivo *m.*, ragione *f.* **3** (*benefit, interest*) interesse *m.*, utilità *f.*, vantaggio *m.*: *for both our -s* nell'interesse di entrambi; *for my ~ as well as yours* nel mio interesse oltre che nel vostro, nel mio e nel vostro interesse. □ ~ *for the~ of*: 1 (*for the purpose of*) per, a scopo di, per amore di; (*Mar*) *to love for the ~ of loving* amare per il gusto di amare; *to do sth. for the ~ of form* fare qcs. per salvare la forma.
sake² /'sɑːki/ *n.* (*Japanese alcoholic drink*) sakè *m.*
sal /sɑːl *Am* sæl/ *n.* (*Farm,Chim*) sale *m.* □ (*Chim*) ~ *ammoniac* sale ammoniaco; (*Chim*) ~ *soda* carbonato di sodio; (*Chim*) ~ *volatile* sale volatile.
salaam /sə'lɑːm/ **I** *n.* salaam *m.*, saluto *m.* orientale, saluto *m.* musulmano. **II** *v.t.* salutare con un inchino cerimonioso. **III** *v.i.* fare un inchino cerimonioso.
salability /ˌseɪlə'bɪləti *e der.* (*Am*) → **saleability** *e der.*
salacious /sə'leɪʃəs/ *a.* lascivo, osceno.
salaciously /sə'leɪʃəsli/ *avv.* lascivamente.
salaciousness /sə'leɪʃəsnəs/, **salacity** /sə'læsəti *Am* sə'læsəti/ *n.* lascivia *f.*, oscenità *f.*
salad /'sæləd/ *n.* (*Bot,Alim*) **1** insalata *f.*: *a mixed ~* un'insalata mista. **2** (*lettuce*) lattuga *f.* □ ~ *bowl* insalatiera; (*Br*) ~ *cream* tipo di maionese per condire le insalate; (*ant,fig*) ~ *days* anni della giovinezza; ~ *dressing* condimento per insalata; ~ *oil* olio da tavola; ~ *spinner* centrifuga per insalata.
salamander /'sæləmændər/ *n.* **1** (*Zool,Mitol*) salamandra *f.* **2** (*fig*) lucertola *f.*, chi sopporta bene il calore. **3** (*ant*) (*hot iron plate used in baking*) piastra *f.* di ferro (arroventata) usata per rosolare.
salami /sə'lɑːmi/ *n.* (*Gastron*) salame *m.*
salariat /sə'leəriæt/ *n.* classe *f.* di lavoratori stipendiati.

salaried /'sæləʳrɪd/ *a.* stipendiato.

salary /'sæləʳri/ **I** *n.* stipendio *m.*, retribuzione *f.* **II** *v.t.* stipendiare. □ *~ earner* salariato.

salaryman /'sæləʳrimən/ *n.* (*in Japan*) uomo *m.* d'affari di medio livello.

salchow /salkou/ *n.* (*Sport*) salchow *m.*

sale /seɪl/ *n.* **1** (*Comm*) (*selling*) vendita *f.*, smercio *m.* **2** (*Comm*) (*selling at reduced prices*) svendita *f.*, liquidazione *f.*, saldo *m.*: *I bought it at a ~* l'ho comprato a una svendita; *the -s are on* ci sono i saldi. **3** (*auction*) asta *f.*, incanto *m.*, vendita *f.* all'asta: *to put sth. up for ~* mettere qcs. all'asta; *to have a ~* organizzare un'asta. **4** *pl.* (*Comm*) vendite *f.pl.*: *-s are down* le vendite sono in ribasso; *-s are up* le vendite sono buone. □ (*Comm*) *-s account* conto vendite; (*Comm*) *-s analysis* analisi delle vendite; *-s assistant* assistente di vendita, commesso; (*Comm,Econ*) *-s budget* bilancio delle vendite; (*Comm*) *~ by description* vendita su descrizione; (*Comm*) *~ by number* vendita a pezzo; (*Comm*) *~ by weight* vendita a peso; (*Comm*) *-s channel* canale di vendita; *-s clerk* assistente di vendita, commesso; (*Comm*) *-s contract* contratto di vendita; (*Comm*) *-s coverage* copertura di mercato; (*Comm*) *-s department* reparto vendite; (*Comm*) *-s drive* campagna vendite; *-s engineer* tecnico delle vendite; (*Comm*) *for ~* in vendita; *not for ~* non in vendita; (*Br, Comm*) *in the ~* (o *in the -s*) in saldo; (*Comm*) *-s incentive* incentivo di vendita; *-s manager* direttore delle vendite, direttore commerciale; *-s manual* manuale di vendita; (*Comm*) *on ~:* 1 in vendita: *tickets are on ~ at the box-office* i biglietti sono in vendita al botteghino; 2 (*at a reduced price*) in saldo; (*Comm,Mar*) *~ on landed terms* vendita allo sbarco; (*Comm*) *on ~ or return* vendita in conto deposito; (*Comm*) *-s organization* organizzazione di vendita; (*Comm*) *-s personnel* personale di vendita; (*Comm*) *-s pitch* imbonimento dei clienti; (*Comm*) *-s policy* politica delle vendite; (*Comm*) *~ price* prezzo di liquidazione; (*Comm*) *-s promotion* promozione delle vendite; (*Comm*) *-s promotion campaign* campagna di promozione delle vendite; (*Comm*) *-s range* campionario; *-s rep* (*-s representative*) rappresentante commerciale, commerciale; (*Am*) *-s slip* scontrino; *-s talk:* 1 (*Comm*) imbonimento dei clienti; 2 (*fig*) argomenti persuasivi; (*Am, Comm*) *-s tax* tassa sulle vendite; (*Comm*) *-s test* lancio (di un prodotto) in una zona campione; (*Comm*) *-s training* addestramento alle vendite; (*Dir*) *~ under execution* vendita giudiziale.

saleability /ˌseɪlə'bɪləti *Am* ˌseɪlə'bɪləti/ *n.* (*Comm*) vendibilità *f.*, smerciabilità *f.*

saleable /'seɪləbl/ *a.* (*Comm*) vendibile, smerciabile.

saleably /'seɪləbli/ *avv.* in modo vendibile, in modo smerciabile.

salesgirl /'seɪlzgɜːl *Am* 'seɪlzgɜːrl/ *n.* commessa *f.*

Salesian /sə'liːʒən/ **I** *n.* (*Rel.catt*) salesiano *m.* **II** *a.* (*Rel.catt*) salesiano.

saleslady /'seɪlzleɪdi/ *n.* (*Am*) **1** commessa *f.* **2** (*representative*) rappresentante *f.*

salesman /'seɪlzmən/ *n.irr.* **1** commesso *m.* **2** (*travelling salesman*) commesso *m.* viaggiatore, piazzista *m.*

salesmanship /'seɪlzmənʃɪp/ *n.* **1** tecnica *f.* della vendita, arte *f.* del vendere. **2** (*ability in selling*) abilità *f.* nel vendere, capacità *f.* di vendita.

salesperson /'seɪlzˌpɜːsən *Am* 'seɪlzˌpɜːrsən/ *n.* commesso *m.* (*f.* -a).

saleswoman /'seɪlzˌwumən/ *n.irr.* **1** com-

---

messa *f.* **2** (*representative*) rappresentante *f.*

Salian /'seɪliən/ **I** *a.* (*Stor*) salico. **II** *n.* (*Stor*) franco *m.* salico.

Salic /'sælɪk/ *a.* (*Stor*) salico: *~ law* legge salica.

salicin /'sælɪsɪn/ *n.* (*Farm*) salicina *f.*

salicine /'sælɪsiːn/ *n.* (*Farm*) salicina *f.*

salicyl /'sælɪsɪl/ *n.* (*Chim*) salicile *m.*

salicylate /sə'lɪsɪleɪt/ *n.* (*Chim*) salicilato *m.*

salicylic /ˌsælə'sɪlɪk/ *a.* (*Chim*) salicilico: *~ acid* acido salicilico.

salience /'seɪliəns/, **saliency** /'seɪliənsi/ *n.* **1** sporgenza *f.*, prominenza *f.* **2** (*fig*) importanza *f.*, rilievo *m.*: (*sth. prominent*) cosa *f.* importante, cosa *f.* di rilievo.

salient /'seɪliənt/ **I** *a.* **1** sporgente, prominente, saliente. **2** (*fig*) saliente, importante, rilevante, notevole. **3** (*of an animal: jumping*) che salta, saltatore. **II** *n.* **1** (*Mil,Geog*) saliente *m.* **2** (*Geom*) angolo *m.* sporgente.

saliently /'seɪliəntli/ *avv.* in modo notevole, in modo saliente.

saliferous /sə'lɪfərəs/ *a.* salifero.

salify /'sælɪfaɪ/ *v.t.* **1** (*Chim*) salificare. **2** (*to combine with a salt*) salare.

salina /sə'laɪnə/ *n.* **1** lago *m.* salato, stagno *m.* salato. **2** (*salt pan*) salina *f.*

saline /'seɪlaɪn/ **I** *a.* salino (*anche Chim*). **II** *n.* (*Med*) soluzione *f.* salina. □ (*Geol*) *~ deposit* salina, giacimento di sale; *~ marsh:* 1 palude salata; 2 (*lake*) lago salato.

salinity /sə'lɪnəti *Am* sə'lɪnəti/ *n.* **1** salsedine *f.* **2** (*Chim*) (*concentration of salt*) salinità *f.*

salinometer /ˌsælɪ'nɒmɪtəʳ *Am* ˌsælɪ'nɑːmətəʳ/ *n.* (*Chim*) salinometro *m.*

Salique /'sælɪk/ *a.* (*Stor*) salico.

saliva /sə'laɪvə/ *n.* (*Fisiol*) saliva *f.*

salivary /'sælɪvəʳri *Am* 'sæləveri/ *a.* (*Fisiol*) salivare, salivale.

salivate /'sæləveɪt/ **I** *v.i.* salivare (*anche fig*). **II** *v.t.* causare un'eccessiva salivazione in.

salivation /ˌsælɪ'veɪʃən/ *n.* **1** (*Fisiol*) salivazione *f.* **2** (*Med*) ptialismo *m.*, scialorrea *f.*

sallow[1] /'sæloʊ/ **I** *a.* giallastro, giallognolo: *~ skin* pelle giallastra. **II** *v.t.* rendere giallastro.

sallow[2] /'sæloʊ/ *n.* (*Bot*) salicone *m.*

sallowish /'sæloʊɪʃ/ *a.* tendente al giallastro.

sallowness /'sæloʊnəs/ *n.* l'essere giallastro.

sallowy /'sæloʊi/ *a.* (*rar*) ricco di salici, pieno di salici.

sally /'sæli/ **I** *n.* **1** (*Mil*) sortita *f.* **2** (*trip*) gita *f.*, escursione *f.*: *a ~ into the country* una gita in campagna. **3** (*fig*) (*outburst*) scoppio *m.*, scatto *m.*, accesso *m.*: *a ~ of anger* uno scoppio d'ira. **4** (*fig*) (*witty remark*) battuta *f.*, frase *f.* spiritosa, sortita *f.* **II** *v.i.* **1** (*Mil*) fare una sortita. **2** (*to set out*) partire, mettersi in viaggio. □ *to ~ forth* (*to set out*) partire, mettersi in viaggio; (*Mil*) *to ~ out* fare una sortita.

Sally /'sæli/ *n.pr.f. dim. di Sarah.*

salmagundi /ˌsælmə'gʌndi/ *n.* **1** (*Gastron*) insalata *f.* di carne, acciughe, uova ecc. **2** (*fig*) guazzabuglio *m.*, miscuglio *m.*, pot-pourri *m.*

salmi /'sælmi/ *n.* (*Gastron*) salmì *m.*

salmon /'sæmən/ **I** *n.* (*pl.inv.* o *-s* -*z/; il pl. inv. si usa general. con valore collett.*) **1** (*Itt*) salmone *m.* **2** (*colour*) salmone *m.*, color *m.* salmone. **II** *a.* color salmone. □ *~ ladder* (o *~ leap*) risalita dei salmoni; *~ pink* rosa salmone; (*Itt*) *~ trout* trota salmonata.

salmonella /ˌsælmə'nelə/ *n.* (*Med*) salmonella *f.*

salmonellosis /ˌsælmənə'loʊsɪs/ *n.* (*Med*) salmonellosi *f.*

---

salmon-pink /ˌsæmən'pɪŋk/ **I** *n.* rosa *m.* salmone, color *m.* rosa salmone. **II** *a.* rosa salmone.

salon /'sælɒn *Am* 'sæləːn/ *n.* **1** salone *m.* di bellezza, (*hairdresser's*) salone *m.* di parrucchiere. **2** (*reception room in a large house*) salone. **3** (*fig*) salotto *m.*: *literary ~* salotto letterario. **4** (*art show*) mostra *f.*, salone *m.*, esposizione *f.*, galleria *f.* d'arte (di artisti viventi).

saloon /sə'luːn/ *n.* **1** (*Stor.am*) saloon *m.* **2** (*colloq*) (*bar*) bar *m.* □ *~ bar* sala interna (elegantemente arredata) di un pub; *~ car:* 1 (*Ferr*) carrozza salone; 2 (*Aut*) berlina; (*Ferr*) *~ carriage* carrozza salone; (*Mar*) *~ deck* ponte di prima classe; (*ant*) *~ keeper* (*bartender*) gestore di un bar; (*Arm*) *~ pistol* pistola da borsetta.

Salop /'sæləp/ *n.pr.* (*Geog*) Shropshire *m.*

salopettes /ˌsælə'pets/ *n.* (*Br,Abbigl*) salopette *f.* da sci.

Salopian /sə'loʊpiən/ *n.* abitante *m./f.* dello Shropshire.

salpingectomy /ˌsælpɪn'dʒektəmi/ *n.* (*Chir*) salpingectomia *f.*

salpingitis /ˌsælpɪn'dʒaɪtɪs *Am* ˌsælpɪn'dʒaɪtɪs/ *n.* (*Med*) salpingite *f.*

salsa /'sælsə *Am* 'sɑːlsə/ *n.* **1** (*dance*) salsa *f.* **2** (*Gastron*) salsa *f.* piccante.

salsoda /sæl'soʊdə/ *n.* (*Chim*) carbonato *m.* di sodio.

salt /sɔːlt *Am also* sɑːlt/ **I** *n.* **1** (*Alim*) sale *m.* **2** (*Chim*) sale *m.*, cloruro *m.* di sodio. **3** (*ant, estens*) (*experienced sailor*) lupo *m.* di mare. **4** *pl.* (*Farm*) sale *m.sing.*; (*smelling salts*) sali *m.pl.* **II** *a.* **1** salato, salso. **2** (*preserved, cured with salt*) salato, messo sotto sale, mes-so sotto sale. **III** *v.t.* **1** salare, condire con sale. **2** (*to preserve with salt*) salare, conservare sotto sale, mettere sotto sale. **3** (*of a mine*) far apparire più ricco (apportandovi minerali). □ (*ant*) *to sit above the ~* sedere tra gli ospiti d'onore; *to ~ away:* 1 conservare sotto sale, mettere sotto sale: *to ~ away meat* conservare la carne sotto sale; 2 (*colloq*) (*to save*) mettere da parte, mettere via, risparmiare; (*Alim*) *~ beef* carne di manzo salata; (*ant*) *to sit below the ~* sedere in fondo alla tavola con i servi; (*Chim*) *~ bridge* ponte salino; (*Chim*) *~ cake* solfato di sodio commerciale; (*Geol*) *~ dome* duomo salino; *to ~ down* conservare sotto sale, mettere sotto sale; *~ marsh* palude di acqua salata; (*Bibl,fig*) *the ~ of the earth* il sale della terra; (*colloq, estens*) *an old ~* un lupo di mare; (*Ind*) *to ~ out* salare; *~ pit* salina; (*Alim*) *~ pork* carne di maiale salata; (*ant*) *~ shaker* saliera, spargisale; *~ spoon* cucchiaino per il sale; *~ water:* 1 acqua salata; 2 (*ocean or sea-water*) acqua di mare; *~ well* pozzo di acqua salata.

SALT /sɔːlt/ (*Stor*) *Strategic Arms Limitation Talks* SALT (trattato per la limitazione delle armi strategiche).

saltation /sæl'teɪʃən/ *n.* **1** salto *m.*, il saltare. **2** (*ant*) (*dancing*) danza *f.*, ballo *m.* **3** (*Biol*) mutazione *f.* **4** (*Geol*) saltazione *f.*

saltatorial /ˌsæltə'tɔːriəl/, **saltatory** /'sæltətri *Am* 'sæltətɔːri/ *a.* (*Zool*) saltatore.

saltbox /'sɔːltbɒks/ *n.* (*Am*) casa *f.* in legno con tetto a falde asimmetriche.

salt-cellar /'sɔːltˌselər/ *n.* (*Fisiol*) saliera *f.*, spargisale *m.*

salted /'sɔːltɪd *Am* 'sɑːltɪd/ *a.* salato, conservato sotto sale, messo sotto sale: *~ fish* pesce salato; *~ peanuts* nocciole salate.

salter /'sɔːltəʳ *Am* 'sɔːltər/ *n.* **1** produttore *m.* (*f.* -trice) di sale, venditore *m.* (*f.* -trice) di sale. **2** (*one who salts meat, etc.*) salatore *m.* (*f.* -trice).

saltern /'sɔːltərn *Am* 'sɔːltərn/ *n.* salina *f.*

salt-free /'sɔːltfriː/ *a.* senza sale: *a ~ diet* una dieta senza sale.

saltily /'sɔːltɪli *Am* 'sɔːltɪli/ *avv.* 1 con sale. 2 (*fig*) mordacemente, in modo pungente.

saltines /'sɔːltiːns/ *n.pl.* (*Am,Gastron*) cracker *m.pl.* salati.

saltiness /'sɔːltɪnəs *Am* 'sɔːltɪnəs/ *n.* 1 salsedine *f.*, salinità *f.* 2 (*fig*) mordacità *f.*, arguzia *f.*

salting /'sɔːltɪŋ *Am* 'sɔːltɪŋ/ *n.* 1 salatura *f.* 2 (*area of coastal land*) palude *f.* di acqua salata.

saltire /'sɔːltaɪər/ *n.* (*Arald*) croce *f.* di sant'Andrea, croce *f.* decussata.

saltish /'sɔːltɪʃ/ *a.* piuttosto salato, salaticcio.

Salt Lake City /,sɔːlt,leɪk'sɪti/ *n.pr.* (*Geog*) Salt Lake City *f.*

saltless /'sɔːltləs/ *a.* 1 insipido, scipito. 2 (*fig*) insipido, scialbo, scipito.

salt-lick /'sɔːltlɪk/ *n.* 1 luogo *m.* ricco di sale, terreno *m.* ricco di salgemma (dove gli animali selvatici vanno a leccare il sale). 2 (*Zootecn*) blocco *m.* di sale (per il bestiame).

salt-mine /'sɔːltmaɪn/ *n.* (*Minier*) miniera *f.* di salgemma.

salt-pan /'sɔːltpæn/ *n.* 1 largo contenitore *m.* per l'estrazione del sale (mediante evaporazione). 2 (*Geol*) salina *f.*

saltpeter /'sɔːlt,piːtər/ *n.* (*Am,Chim*) 1 salnitro *m.*, nitrato *m.* di potassio. 2 (*Chile saltpetre*) nitrato *m.* del Cile, nitrato *m.* di sodio.

saltpetre /,sɔːlt'piːtər/ *n.* (*Chim*) 1 salnitro *m.*, nitrato *m.* di potassio. 2 (*Chile saltpetre*) nitrato *m.* del Cile, nitrato *m.* di sodio.

salt-water /'sɔːlt,wɔːtər *Am* 'sɔːlt,wɑːtər/ *a.* 1 di acqua salata: *a ~ lake* un lago di acqua salata; *~ fish* pesce d'acqua salata. 2 (*of salt water*) di acqua salata, relativo all'acqua salata.

salt-works /'sɔːltwɜːks *Am* 'sɔːltwɜːrks/ *n.pl.* (*costr.sing. o pl.*) salina *f.sing.*

salty /'sɔːlti *Am* 'sɔːlti/ *a.* 1 salato, salso, salino, salmastro. 2 (*fig*) mordace, arguto, pungente; (*risqué, racy*) piccante, spinto.

salubrious /sə'luːbriəs/ *a.* salubre, salutare, sano.

salubriously /sə'luːbriəsli/ *avv.* in modo salubre.

salubriousness /sə'luːbriəsnəs/, **salubrity** /sə'luːbrəti *Am* sə'luːbrəti/ *n.* salubrità *f.*

saluretic /,sælju'retɪk *Am* ,sælju'retɪk/ *a.* (*Farm*) saluretico.

salutarily /'sæljətərɪli *Am* 'sæljətərəli/ *avv.* in modo salutare, salutarmente.

salutariness /'sæljətərɪnəs *Am* 'sæljətərɪnəs/ *n.* l'essere salutare.

salutary /'sæljətəri *Am* 'sæljətəri/ *a.* 1 salutare, salubre. 2 (*wholesome, beneficial*) salutare, giovevole, benefico.

salutation /,sæljə'teɪʃən/ *n.* 1 saluto *m.* 2 (*epist*) formula *f.* iniziale. 3 *pl.* (*greetings*) saluti *m.pl.*

salutational /,sæljə'teɪʃənəl/ *a.* salutatorio.

salutatorian /,sæljuːtə'tɔːriən/ *n.* (*Am,Univ*) studente *m.* (*f.* -essa) che pronuncia il discorso inaugurale (all'inizio del corso).

salutatory /sə'ljuːtətəri/ I *a.* 1 di saluto. 2 (*of welcome*) di benvenuto: *~ address* indirizzo di benvenuto, discorso di benvenuto. II *n.pl.* (*Am,Univ*) discorso *m.sing.* inaugurale pronunciato da uno studente (all'inizio del corso).

salute /sə'l(j)uːt/ I *v.t.* 1 salutare: *to ~ so. with a bow* salutare qcu. con un inchino. 2 (*Mil*) salutare, fare il saluto militare a: *to ~ the flag* salutare la bandiera. 3 (*Mar*) salutare con la bandiera. 4 (*fig*) (*to welcome*) salutare, accogliere: *applause -d his entry* un applauso sa-

lutò il suo ingresso. 5 (*fig*) (*to pay honour to*) rendere onore a, rendere omaggio a, salutare: *let us ~ our heroes* rendiamo onore ai nostri eroi. II *v.i.* 1 salutare. 2 (*Mil*) fare il saluto, eseguire il saluto, salutare. III *n.* 1 saluto *m.* 2 (*Mil*) saluto *m.* (militare): *to give a ~* fare il saluto. 3 (*Mil*) (*discharge of guns*) salva *f.*: *to fire a ten-gun ~* sparare una salva di dieci colpi (di cannone). 4 (*Mar*) saluto *m.* con la bandiera. □ (*Mil*) *to stand at the ~* fare il saluto (militare).

salvable /'sælvəbl/ *a.* 1 salvabile. 2 (*salvageable*) recuperabile, ricuperabile.

Salvador /'sælvədɔːr, sælvə'dɔːr/ *n.pr.* (*Geog*) (*El Salvador*) Salvador *m.*

Salvadorean /,sælvə'dɔːriən/, **Salvadorian** /,sælvə'dɔːriən/ I *a.* salvadoregno. II *n.* salvadoregno *m.* (*f.* -a).

salvage /'sælvɪdʒ/ I *v.t.* 1 salvare, mettere in salvo (*from* da). 2 (*fig*) salvare: *to ~ a marriage* salvare un matrimonio. 3 (*Mar*) salvare, trarre in salvo. II *n.* 1 (*Mar*) salvataggio *m.*; (*goods saved*) merci *f.pl.* salvate da un naufragio, recupero *m.* marittimo; (*compensation paid*) premio *m.* di salvataggio. 2 (*estens*) salvataggio *m.*: *the ~ of works of art from a flood* il salvataggio di opere d'arte da un'alluvione. 3 (*Ind*) (*property saved*) materiale *m.* di recupero, recupero *m.* □ (*Mar*) *~ boat* rimorchiatore di salvataggio, nave di salvataggio; *~ company* società di ricuperi marittimi (*o* di recuperi marittimi); (*Mar*) *~ tug* (*o ~ vessel*) rimorchiatore di salvataggio, nave di salvataggio; *~ yard* deposito e rivendita di rigattiere.

salvageable /'sælvɪdʒəbl/ *a.* salvabile, recuperabile, ricuperabile.

salvation /sæl'veɪʃən/ *n.* 1 (*Teol*) salvezza *f.*, (*ant*) salvazione *f.* 2 (*state of being saved*) salvezza *f.*, (*ant*) salvamento *m.*: *to give thanks for one's ~* rendere grazie per la propria salvezza; *to find ~* trovare scampo, salvarsi; *to seek ~ in sth.* cercare la salvezza in qcs., cercare scampo in qcs. 3 (*sth., so. that saves*) salvezza *f.*: *he was the ~ of his country* è stato la salvezza del suo paese. □ (*Rel.prot*) *Salvation Army* Esercito della salvezza.

Salvationism /sæl'veɪʃənɪzəm/ *n.* (*Rel.prot*) dottrina *f.* dell'Esercito della Salvezza.

Salvationist /sæl'veɪʃənɪst/ *n.* (*Rel.prot*) salutista *m./f.*, appartenente *m./f.* all'Esercito della salvezza.

salve[1] /sælv/ I *n.* 1 (*Farm*) unguento *m.*, linimento *m.*, balsamo *m.* 2 (*fig*) balsamo *m.*, conforto *m.*, lenimento *m.*, sollievo *m.*: *a ~ to his wounded pride* un balsamo per il suo orgoglio ferito. II *v.t.* 1 placare, acquietare, lenire: *to ~ one's conscience* placare la propria coscienza. 2 (*rar*) (*to apply a salve to*) applicare un unguento su.

salve[2] /sælv/ *v.t.* 1 (*to save, to salvage*) salvare, recuperare, ricuperare.

salver /'sælvər/ *n.* vassoio *m.*

Salve Regina /,sælveɪrə'dʒiːnə/ *n.* (*Lit*) salveregina *f.*, Salve Regina *f.*

salvia /'sælviə/ *n.* (*Bot*) salvia *f.*

salvo[1] /'sælvoʊ/ *n.* (*pl.* **-s/-es** /-z/) *n.* 1 (*Mil*) salva *f.* (*anche estens*): *a ~ of applause* una salva di applausi. 2 (*Aer.mil*) rastrelliera *f.* di bombe sganciate contemporaneamente.

salvo[2] /'sælvoʊ/ *n.* (*pl.* **-s** /-z/) *n.* (*Dir*) clausola *f.* (condizionale).

salvor /'sælvər/ *n.* chi partecipa ai recuperi marittimi.

Salzburg /'sæltsbɜːg *Am* 'sɔːlzbɜːrg/ *n.pr.* (*Geog*) Salisburgo *f.*

Sam /sæm/ *n.pr.m.* dim. di Samuel. □ (*Am, sl*) *to stand ~* pagare il conto (di una bevuta),

offrire da bere.

SAM (*Aer.mil*) *surface-to-air missile* (missile terra-aria).

Samantha /sə'mænθə/ *n.pr.f.* Samantha.

samara /sə'mɑːrə/ *n.* (*Bot*) samara *f.*

Samaritan /sə'mærɪtən/ I *n.* 1 samaritano *m.* (*f.* -a). 2 (*fig*) persona *f.* buona e caritatevole, (buon) samaritano *m.* (*f.* -a). II *a.* samaritano.

samarium /sə'meəriəm *Am* sə'meriəm/ *n.* (*Chim*) samario *m.*

samba /'sæmbə/ I *n.* (*Mus*) samba *m./f.* II *v.i.* ballare la samba.

sambo /'sæmboʊ/ *n.* (*pl.* **-s** /-z/) *n.* (*colloq,spreg*) 1 negro *m.* (*f.* -a). 2 (*zambo*) zambo *m.*

same /seɪm/ I *a.* 1 stesso, medesimo, identico: *the ~ amount* la stessa somma. 2 (*being the one under discussion*) stesso: *this ~ man was soon to regret his words* questo stesso uomo doveva ben presto pentirsi delle sue parole. 3 (*unchanged*) solito, stesso: *it's the ~ old story* è sempre la solita vecchia storia, è sempre lo stesso discorso. II *pron.* 1 stesso, stessa cosa: *I would do the ~ again* farei di nuovo la stessa cosa; *exactly the ~* esattamente lo stesso; *he will never be the ~ again* non sarà mai più lo stesso. 2 (*sth., so. previously mentioned*) stesso, medesimo, *often translated with a pronoun*: *I bought ten watches and sold the ~ at a profit* ho comprato dieci orologi e li ho rivenduti guadagnandoci. III *avv.* (*colloq*) allo stesso modo, nella stessa maniera: *they both feel the ~ about it* la pensano tutti e due allo stesso modo. □ *all the ~*: 1 ciò nonostante, nondimeno, tuttavia, malgrado tutto; 2 (*indifferent*) lo stesso, indifferente, uguale: *it's all the ~ to me* per me fa lo stesso; *by the ~ token*: 1 per lo stesso motivo, per la stessa ragione; 2 (*furthermore*) anche, pure, inoltre; (*fig*) *cut from the ~ cloth* fatti della stessa pasta; (*fig*) *cut out of the ~ cloth* fatto della stessa stoffa; *the ~ goes for* lo stesso vale per; *by the ~ hand* della stessa mano, fatto dalla stessa mano; (*colloq*) *~ here* anch'io, io pure: *I think he's wrong - ~ here* penso che si sbagli - anch'io; (*fig*) *to be in the ~ boat* essere nella stessa barca; *in the ~ breath*: 1 (*in talking*) tutto d'un fiato, senza una minima pausa; 2 (*fig*) nello stesso istante; *just the ~* esattamente lo stesso; *all in the ~ key* tutto nello stesso tono; *of the ~ kind* dello stesso tipo, dello stesso genere; *in the ~ measure* in pari misura; *to be of the ~ mind* essere dello stesso parere; *much the ~* più o meno lo stesso, pressoché uguale, su per giù identico: *the patient's condition is much the ~ as yesterday* le condizioni del paziente sono più o meno le stesse di ieri; (*colloq*) *it's the ~ old story* è sempre la solita storia; (*fig*) *to be on the ~ page* essere sulla stessa linea, essere in sintonia; (*Am,iron*) *only different* sarebbe uguale se non fosse diverso; *it's the ~ thing* è la stessa cosa, è lo stesso; *to amount to the ~ thing* (*o to come to the ~ thing*) essere lo stesso, fare lo stesso, equivalere, non fare alcuna differenza; *at the ~ time*: 1 contemporaneamente, nello stesso tempo; 2 (*nevertheless*) tuttavia, nondimeno, ciò nonostante: *at the ~ time, we must not ignore the dangers* tuttavia non dobbiamo ignorare i pericoli; *the ~ to you!* altrettanto (a te)!

samel /'sæməl/ I *a.* poco cotto (di mattoni). II *n.* mattone *m.* poco cotto.

samely /'seɪmli/ *a.* (*monotonous*) monotono, uniforme, noioso.

sameness /'seɪmnəs/ *n.* 1 identità *f.*, identità *f.* 2 (*monotonousness*) monotonia *f.*, routine *f.*

samey /'seɪmɪ/ *a.* (*Br,colloq*) (*monotonous*) monotono, ripetitivo, noioso.

samlet /'sæmlɪt/ *n.* salmone *m.* giovane.

Samnite /'sæmnaɪt/ I *n.* (*Stor*) sannita *m./f.* II *a.* (*Stor*) sannitico.

Samnium /'sæmnɪəm/ *n.pr.* (*Geog.stor*) Sannio *m.*

Samoa /sə'mouə/ *n.pr.* (*Geog*) Samoa *f.pl.*

Samoan /sə'mouən/ I *a.* samoano. II *n.* 1 samoano *m.* (*f.* -a). 2 (*language*) samoano *m.*

Samos /'seɪmɒs *Am* 'seɪmɑːs/ *n.pr.* (*Geog*) Samo *f.*

samosa /sə'mousə/ *n.* (*Gastron*) (*Indian food*) samosa *m.*, fagottino *m.*

samovar /'sæməvɑːr *Am* 'sæməvɑːr/ *n.* samovar *m.*

Samoyed[1] /ˌsæmɔɪ'ed *Am* 'sæməjed/ I *n.* (*pl.inv.* o **-s** /-z/) 1 samoiedo *m.* (*f.* -a). 2 (*language*) samoiedo *m.* II *a.* samoiedo.

Samoyed[2] /sə'mɔɪed/ *n.* (*pl.inv.* o **-s** /-z/) (*Zool*) samoiedo *m.*

Samoyede[1] /ˌsæmɔɪ'ed *Am* 'sæməjed/ I *n.* (*pl.inv.* o **-s** /-z/) 1 samoiedo *m.* (*f.* -a). 2 (*language*) samoiedo *m.* II *a.* samoiedo.

Samoyede[2] /sə'mɔɪed/ *n.* (*pl.inv.* o **-s** /-z/) (*Zool*) samoiedo *m.*

Samoyedic /ˌsæmɔɪ'edɪk/ I *n.* 1 gruppo *m.* linguistico samoiedo. 2 (*language*) samoiedo *m.* II *a.* samoiedo.

samp /sæmp/ *n.* (*Gastron*) granoturco *m.* macinato grossolanamente e bollito nel latte.

sampan /'sæmpæn/ *n.* (*Mar*) sampan *m.*, sampang *m.*

sample /'sɑːmpl̩ *Am* 'sæmpl̩/ I *n.* 1 saggio *m.*, campione *m.*, prova *f.* (*of* di) (*anche Comm*). 2 (*specimen*) esemplare *m.*, modello *m.*, esempio *m.* (*of* di). 3 (*Elettron,Statist*) campione *m.* 4 (*Met*) saggio *m.* II *a.* 1 che serve da campione, come campione. 2 (*serving as an example*) che serve da modello, come esempio. 3 (*experimental*) sperimentale. III *v.t.* 1 campionare, prelevare un campione di. 2 (*fig*) (*to try*) saggiare, provare; (*of food*) assaggiare, gustare; (*of drink*) degustare. 3 (*fig*) (*to show an example of*) dare un esempio di. 4 (*Statist, Elettron*) campionare. □ (*Comm*) ~ *book* campionario; ~ *card* cartella del campione; ~ *fair* fiera campionaria; (*Comm*) *to buy from* ~ comprare su campione; (*Statist*) ~ *mean* media campionaria; (*Post*) *-s only* campione senza valore; (*Statist*) ~ *survey* indagine campionaria; (*Comm*) *up to* ~ conforme a campione.

sampler /'sɑːmplər *Am* 'sæmplər/ *n.* 1 campionarista *m./f.*, campionatore *m.* (*f.* -trice). 2 (*in embroidery*) saggio *m.* di ricamo. 3 (*Minier*) sonda *f.* campionatrice. 4 (*Elettron*) campionatore *m.* 5 (*Tecn*) sampler *m.*

sampling /'sɑːmplɪŋ *Am* 'sæmplɪŋ/ *n.* 1 campionatura *f.*, prelievo *m.* di un campione. 2 (*testing, assessment*) prova *f.*, saggio *m.* □ (*Statist*) ~ *distribution* distribuzione campionaria; (*Statist*) ~ *frame* schema di campionamento.

Samson /'sæm(p)sᵊn/ *n.pr.m.* (*Bibl*) Sansone (*anche fig*).

Samuel /'sæmjuəl/ *n.pr.m.* Samuele (*anche Bibl*): *1* ~ I Samuele; *2* ~ II Samuele.

samurai /'sæmʊraɪ *Am* 'sæməraɪ/ *n.* samurai *m.*

sanative /'sænətɪv *Am* 'sænət̬ɪv/ *a.* 1 benefico, ristoratore. 2 (*curative*) curativo.

sanatorium /ˌsænə'tɔːrɪəm/ (*pl.* **-s** /-z/ o **-ria** /-rɪə/) *n.* 1 sanatorio *m.* 2 (*for convalescents*) casa *f.* di cura.

sanatory /ˌsænə'təri/ *a.* risanatore.

sanctification /ˌsæŋ(k)tɪfɪ'keɪʃᵊn/ *n.* santificazione *f.* (*anche Teol*).

sanctified /'sæŋ(k)tɪfaɪd/ *a.* 1 santificato. 2 (*consecrated*) consacrato. 3 (*sanctimonious*) bigotto, (*rar*) santocchio.

sanctifier /'sæŋ(k)tɪfaɪər/ *n.* santificatore *m.* (*f.* -trice).

Sanctifier /'sæŋ(k)tɪfaɪər/ *n.* (*Rel*) santificatore *m.*, Spirito *m.* Santo.

sanctify /'sæŋ(k)tɪfaɪ/ *v.t.* 1 santificare; (*to consecrate*) consacrare. 2 (*fig*) consacrare, sancire, sanzionare.

sanctimonious /ˌsæŋ(k)tɪ'mouniəs/ *a.* bigotto, bacchettone.

sanctimoniously /ˌsæŋ(k)tɪ'mouniəsli/ *avv.* da bigotto, da bacchettone, (*rar*) con santimonia.

sanctimoniousness /ˌsæŋ(k)tɪ'mouniəsnəs/ *n.* santimonia *f.*, bigotteria *f.*, bigottismo *m.*, bacchettoneria *f.*

sanctimony /ˌsæŋ(k)tɪ'mouni/ *n.* santimonia *f.*, bigotteria *f.*, bigottismo *m.*, bacchettoneria *f.*

sanction /'sæŋ(k)ʃᵊn/ I *n.* 1 benestare *m.*, approvazione *f.*, consenso *m.*, permesso *m.* 2 (*justification*) giustificazione *f.* 3 (*Dir,Econ, Pol*) sanzione *f.*: *to apply economic -s* applicare sanzioni economiche. II *v.t.* 1 sancire, sanzionare. 2 (*to ratify*) ratificare, confermare, convalidare. 3 (*to authorize*) autorizzare, permettere, consentire. 4 (*to approve of, to agree to*) approvare, essere d'accordo su.

sanctionable /'sæŋ(k)ʃᵊnəbl̩/ *a.* sanzionabile.

sanctitude /'sæŋ(k)tɪtjuːd/ *n.* santità *f.*

sanctity /'sæŋ(k)təti *Am* 'sæŋ(k)təti/ *n.* 1 santità *f.* 2 (*quality of being sacred, inviolate*) inviolabilità *f.*, santità *f.* (*anche estens*): *the ~ of individual freedom* l'inviolabilità della libertà individuale. 3 *pl.* (*sacred obligations, etc.*) diritti *m.pl.* sacri, doveri *m.pl.* sacri, principi *m.pl.* sacri.

sanctuary /'sæŋ(k)tʃʊəri *Am* 'sæŋ(k)tʃueri/ *n.* 1 luogo *m.* sacro, santuario *m.*, tempio *m.*; (*church*) chiesa *f.* 2 (*Rel.ebr*) sancta sanctorum *m.*, luogo *m.* santissimo. 3 (*Stor*) (*place affording immunity from arrest*) asilo *m.* (in un luogo o chiesa) che garantiva l'immunità del rifugiato; (*immunity*) immunità *f.*: *right of* ~ diritto di asilo. 4 (*fig*) (*place of protection*) rifugio *m.*, asilo *m.* 5 (*for birds, animals*) parco *m.* nazionale, riserva *f.*

sanctum /'sæŋ(k)təm/ (*pl.* **-s** /-z/ o **-ta** /-tə/) *n.* 1 luogo *m.* sacro, santuario *m.*, tempio *m.* 2 (*fig*) studio *m.* privato, stanza *f.* privata. □ (*Bibl,Rel.ebr*) ~ *sanctorum* sancta sanctorum, luogo santissimo.

Sanctus /'sæŋ(k)təs/ *n.* (*Lit*) sanctus *m.*

sand /sænd/ I *n.* 1 sabbia *f.*, rena *f.*, (*rar*) arena *f.*: *a grain of* ~ un granello di sabbia. 2 (*in an hourglass*) sabbia *f.* 3 *pl.* (*region*) terreno *m.sing.* sabbioso; (*beach*) spiaggia *f.*; (*sandbank*) secca *f.*, banco *m.* di sabbia. 4 *pl.* (*fig*) (*time*) tempo *m.sing.*: *the -s are running out* il tempo è quasi trascorso, siamo agli sgoccioli. II *v.t.* 1 cospargere di sabbia. 2 (*to add sand to*) aggiungere sabbia a, mettere sabbia in. 3 (*to rub, to smooth with sandpaper*) levigare (con la carta vetrata), cartavetrare, (*colloq*) scartavetrare. III *v.i.* insabbiarsi, colmarsi di sabbia. □ (*Geol*) ~ *drift* banco di sabbie mobili; (*Geol*) ~ *dune* duna di sabbia; (*Sport*) ~ *iron* (*in golf*) sand wedge, ferro da sabbia; (*Ornit*) ~ *martin* topino; (*Bibl*) *built on* ~ costruito sulla sabbia (*anche fig*); ~ *spreader* spandisabbia; (*Sport*) ~ *trap* (*in golf*) bunker; *to* ~ *up* insabbiarsi, colmarsi di sabbia: *the river-mouth has -ed up* la foce del fiume si è insabbiata; (*Sport*) ~ *wedge* (*in golf*) sand wedge, ferro da sabbia.

sandal[1] /'sændᵊl/ *n.* (*Calz*) sandalo *m.*

sandal[2] /'sændᵊl/ *n.* 1 (*wood*) sandalo *m.*, legno *m.* di sandalo. 2 (*Bot*) sandalo *m.*

sandaled *Am*, **sandalled** /'sændᵊld/ *a.* che porta sandali, che calza sandali.

sandbag /'sæn(d)bæg/ I *n.* sacchetto *m.* di sabbia, sacchetto *m.* di terra: *to line a river bank with -s* rinforzare la sponda di un fiume con sacchetti di sabbia. II *v.t.* 1 rinforzare con sacchetti di sabbia, proteggere con sacchetti di sabbia. 2 (*to hit with a sandbag*) colpire con un sacchetto di sabbia.

sandbank /'sæn(d)bæŋk/ *n.* (*Geol*) secca *f.*, banco *m.* di sabbia.

sand-bar /'sæn(d)bɑːr *Am* 'sæn(d)bɑːr/ *n.* (*Geol*) barra *f.* di sabbia.

sand-bath /'sæn(d)bɑːθ *Am* 'sæn(d)bæθ/ *n.* 1 (*Chim*) bagnosabbia *m.* 2 (*Med*) sabbiatura *f.*

sand-bed /'sæn(d)bed/ *n.* strato *m.* di sabbia.

sand-blast /'sæn(d)blɑːst *Am* 'sæn(d)blæst/ *n.* 1 (*Tecn*) getto *m.* di sabbia. 2 (*apparatus*) sabbiatrice *f.* II *v.t.* (*Ind*) sabbiare.

sand-blaster /'sæn(d)blɑːstər *Am* 'sæn(d)blæstər/ *n.* 1 sabbiatore *m.* (*f.* -trice). 2 (*machine*) sabbiatrice *f.*

sand-blasting /'sæn(d)blɑːstɪŋ *Am* 'sæn(d)blæstɪŋ/ *n.* (*Ind*) sabbiatura *f.*

sand-box /'sændbɒks *Am* 'sændbɑːks/ *n.* 1 recipiente *m.* per la sabbia. 2 (*Ferr*) sabbiera *f.* 3 (*ant*) (*sprinkler*) polverino *m.*

sandboy /'sæn(d)bɔɪ/ □ *as happy as a* ~ felice come una pasqua.

sand-castle /'sæn(d)ˌkɑːsl̩ *Am* 'sæn(d)ˌkæsl̩/ *n.* castello *m.* di sabbia.

sanded /'sændɪd/ *a.* 1 insabbiato. 2 (*Ind*) (*sandpapered*) smerigliato.

sander /'sændər/ *n.* 1 (*Fal*) smerigliatore *m.* (*f.* -trice), levigatore *m.* (*f.* -trice); (*apparatus*) smerigliatrice *f.*, levigatrice *f.* 2 (*Met*) sabbiatore *m.* (*f.* -trice); (*apparatus*) sabbiatrice *f.* 3 (*Ferr*) lanciasabbia *m.*

sand-flea /'sændfliː/ *n.* (*Zool*) pulce *f.* di mare.

sand-fly /'sændflaɪ/ *n.* (*Entom*) flebotomo *m.*

sand-glass /'sændglɑːs *Am* 'sændglæs/ *n.* clessidra *f.*

sand-hill /'sændhɪl/ *n.* (*Geol*) duna *f.*

sand-hopper /'sændˌhɒpər *Am* 'sændˌhɑːpər/ *n.* (*Zool*) pulce *f.* di mare.

Sandi /'sændi/ *n.pr.f.* dim. di Alexandra.

San Diego /ˌsændi'eɪgoʊ/ *n.pr.* (*Geog*) San Diego *f.*

sandiness /'sændɪnəs/ *n.* l'essere sabbioso, arenosità *f.*, renosità *f.*

sanding /'sændɪŋ/ *a.* abrasivo. □ (*Tecn*) ~ *disk* disco abrasivo.

sand iron /ˌsænd'aɪən *Am* ˌsænd'aɪᵊrn/ *n.* (*Sport*) (*in golf*) sand wedge *m.*, ferro *m.* da sabbia.

sandiver /'sændɪvər/ *n.* (*Vetr*) schiuma *f.* di vetro.

S&L /ˌesænd'el/ (*Am*) *Savings and Loan Association* (cooperativa di piccolo credito, istituto di credito immobiliare).

sandman /'sæn(d)mæn/ *n.irr.* (*Folcl*) omino *m.* del sonno (che sparge sabbia negli occhi dei bambini per farli addormentare).

sandpaper /'sæn(d)ˌpeɪpər/ I *n.* carta *f.* vetrata, cartavetro *m.*, carta *f.* smerigliata, carta *f.* smeriglio. II *v.t.* cartavetrare, trattare con la carta vetrata, smerigliare.

sandpapery /'sæn(d)ˌpeɪpəri/ *a.* ruvido, simile alla carta vetrata.

sand-pit /'sæn(d)pɪt/ *n.* 1 (*Minier*) cava *f.* di sabbia, cava *f.* di rena. 2 (*for children's games*) buca *f.* di sabbia per i giochi dei bambini.

sand-shark /'sændʃɑːk *Am* 'sændʃɑːrk/ *n.* (*Itt*) squalo *m.* toro.

sand-shoe /'sændʃuː/ *n.* (*Calz*) scarpa *f.* di

tela.

sand-spit /'sændspɪt/ n. lingua f. di terra.

sand-stone /'sæn(d)stoʊn/ n. (Geol) arenaria f., pietra f. arenaria.

sand-storm /'sæn(d)stɔːm Am 'sæn(d)stɔːrm/ n. (Meteor) tempesta f. di sabbia.

sand-wedge /'sændwedʒ/ n. (Sport) (in golf) sand wedge m. (ferro da sabbia).

sandwich /'sænwɪdʒ, 'sænwɪtʃ Am 'sæn(d)wɪtʃ/ I n. 1 tramezzino m., sandwich m. 2 (Dolc) dolce m. ripieno, torta f. farcita. 3 (Edil) strutture f.pl. (a) sandwich. II v.t. intramezzare, inframmezzare, interporre. □ ~ bar paninoteca; (Br,Univ) ~ course corso di istruzione universitaria che alterna periodi di studio a periodi di stage; (colloq,fig) two -es short of a picnic: 1 (crazy) svitato, fuori di testa; 2 (stupid) rimbabito, scemo.

sandwich-board /'sænwɪdʒ,bɔːd, 'sæn(d)wɪtʃ,bɔːrd/ n. cartellone m. pubblicitario portato da un uomo sandwich.

sandwich-man /sæn(d)wɪtʃmæn/ n.irr. (Br) uomo m. sandwich.

sandy /'sændi/ a. 1 sabbioso, arenoso: a ~ beach una spiaggia sabbiosa. 2 (colour) color sabbia, sabbia. 3 (of hair) biondo scuro, biondastro.

Sandy /'sændi/ I n.pr.m. dim. di Alexander. II n.pr.f. dim. di Alexandra. III n. (colloq) (Scotchman) scozzese m.

sandy-haired /'sændiheəd Am 'sændiherd/ a. dai capelli biondo scuro, biondastro.

sane /seɪn/ a. 1 sano di mente, in piene facoltà mentali. 2 (of people: having or showing good judgement) equilibrato, sensato, assennato. 3 (of things) sensato.

sanely /'seɪnli/ avv. saggiamente, sensatamente.

saneness /'seɪnnəs/ n. sanità f. mentale.

sanforized /'sænfəraɪzd/ a. (Tess) sanforizzato.

San Franciscan /,sænfrən'sɪskən/ I n. originario m. (f. -a) di San Francisco, nativo m. (f. -a) di San Francisco. II a. di San Francisco, relativo a San Francisco.

San Francisco /,sænfrən'sɪskoʊ/ n.pr. (Geog) San Francisco f.

sang /sæŋ/ → sing[1].

sangaree /,sæŋgə'riː/ n. sangria f.

sang-froid /sɑːŋ'frwɑː/ n. sangue m. freddo, padronanza f. di sé.

Sangraal, Sangrail /sæŋ'greɪl/, **Sangreal** /sæŋ'griːəl/ n. (Rel) (sacro) Gral m., Graal m.

sanguiferous /sæŋ'gwɪfərəs/ a. (Anat,Biol) sanguifero.

sanguification /,sæŋgwɪfɪ'keɪʃən/ n. (Biol, ant) sanguificazione f.

sanguinarily /'sæŋgwɪnərəli Am 'sæŋgwɪnerəli/ avv. in modo sanguinoso, in modo sanguinario.

sanguinariness /'sæŋgwɪnərɪnəs Am 'sæŋgwɪnerɪnəs/ n. l'essere sanguinario.

sanguinary /'sæŋgwɪnəri Am 'sæŋgwɪneri/ a. 1 sanguinoso. 2 (bloodthirsty) sanguinario.

sanguine /'sæŋgwɪn/ a. 1 sanguigno, ottimista, ottimistico, fiducioso, speranzoso. 2 (of the colour of blood) (di) color sangue, rosso sangue, sanguigno. 3 (ant) (ruddy) rubicondo. 4 (bloody, sanguinary) sanguinoso. 5 (ant) (of temperament) sanguigno.

sanguinely /'sæŋgwɪnli/ avv. in modo ottimistico, fiduciosamente, con speranza.

sanguineness /'sæŋgwɪnnəs/ n. ottimismo m., fiducia f.

sanguineous /sæŋ'gwɪnɪəs/ a. 1 (Med) sanguigno, ematico. 2 (blood-red) (di) color sangue, rosso sangue, sanguigno.

sanguinity /sæŋ'gwɪnɪti Am sæŋ'gwɪnəti/ n. ottimismo m., fiducia f.

sanguinolent /sæŋ'gwɪnələnt/ a. sanguinolento.

Sanhedrim /'sænɪdrɪm/, **Sanhedrin** /'sænɪdrɪn/ n. (Stor) Sinedrio m.

sanicle /'sænɪkəl/ n. (Bot) sanicola f.

sanify /'sænɪfaɪ/ v.t. risanare, bonificare.

sanitarian /,sænɪ'teərɪən/ I n. (ant) igienista m./f. II a. sanitario, igienico.

sanitarily /'sænɪtərəli Am 'sænɪterəli/ avv. sotto il profilo sanitario.

sanitariness /'sænɪtərɪnəs Am 'sænɪterɪnəs/ n. l'essere igienico.

sanitarium /,sænɪ'teərɪəm Am ,sænɪ'terɪəm/ n. 1 sanatorio m. 2 (for convalescents) casa f. di cura.

sanitary /'sænɪtəri Am 'sænɪteri/ a. igienico, sanitario. □ ~ inspector ispettore sanitario, ufficiale sanitario; ~ napkin (o ~ pad o ~ towel) assorbente (igienico), assorbente per signora.

sanitaryware /'sænɪtəriweəʳ Am 'sænɪteriwer/ n. sanitari m.pl., articoli m.pl. sanitari.

sanitation /,sænɪ'teɪʃən/ n. 1 misure f.pl. sanitarie, igiene f. 2 (Idr) (drainage, sewer system) fognature f.pl. □ ~ worker operatore ecologico.

sanitization /,sænɪtɪ'zeɪʃən/ n. 1 (Ind,Alim) sanitizzazione f. 2 (fig) risanamento m.

sanitize /'sænɪtaɪz/ v.t. disinfettare, sterilizzare.

sanity /'sænɪti Am 'sænəti/ n. 1 sanità f. mentale. 2 (soundness of judgement) saggezza f., buonsenso m., ragionevolezza f., equilibrio m. (mentale).

sank /sæŋk/ → sink[1].

Sanscrit /'sænskrɪt/ I n. sanscrito m. II a. sanscrito.

sansculotte /,sænzkjuˈlɒt Am ,sænzkuːˈlɑːt/ n. 1 (Stor) sanculotto m. (f. -a). 2 (fig) rivoluzionario m. (f. -a).

Sanskrit /'sænskrɪt/ I n. sanscrito m. II a. sanscrito.

Sanskritic /sæn'skrɪtɪk Am sæn'skrɪṭɪk/ a. sanscrito.

Sanskritist /'sænskrɪtɪst Am 'sænskrɪṭɪst/ n. sanscritista m./f.

sans serif /,sæn'serɪf/ I n. (Tip) bastone m. II a. (Tip) bastone.

Santa /,sæntə Am 'sæntə/ n.pr.m. (colloq) santa Claus, Babbo Natale.

Santa Claus /,sæntə'klɔːz Am 'sæntə,klɑːz/ n.pr.m. santa Claus, Babbo Natale.

Santa Fé /,sæntə'feɪ Am 'sæntəfeɪ/ n.pr. (Geog) Santa Fe f.

Santo Domingo /,sæntoʊdoʊ'mɪŋgo/ n.pr. (Geog) Santo Domingo f.

santonin /'sæntənɪn/, **santonine** /'sæntouniːn/ n. (Chim) santonina f.

São Tomé and Príncipe /sau,təmeɪənprɪn'siːp/ n.pr. São Tomé e Príncipe m.

sap[1] /sæp/ I n. 1 (Anat) linfa f. 2 (fig) vitalità f., vigore m., forza f., energia f., linfa f. vitale. 3 (Bot) linfa f.; (sapwood) alburno m. II v.t. (past, p.p. **sapped** /-t/) 1 estrarre la linfa da, privare della linfa. 2 (fig) indebolire, fiaccare, svigorire. □ (Agr) ~ rot marciume secco.

sap[2] /sæp/ I n. (Mil) trincea f. di approccio. II v.t. (past, p.p. **sapped** /-t/) 1 (Mil) attaccare scavando gallerie sotterranee. 2 (fig) (to undermine) minare, insidiare. 3 (fig) (of strength, vitality, etc.) fiaccare, prostrare, logorare, spossare.

sap[3] /sæp/ n. (colloq) (fool, simpleton) sciocco m. (f. -a), cretino m. (f. -a), sempliciotto m. (f. -a).

saphead /'sæphed/ n. (Mil) testa f. di trincea.

saphenous /sə'fiːnəs/ a. (Anat) safeno: ~ nerve nervo safeno; ~ vein vena safena.

sapid /'sæpɪd/ a. 1 saporito, (lett) sapido, gustoso, (rar) saporoso. 2 (fig) arguto, spiritoso, gustoso.

sapidity /sə'pɪdɪti Am sə'pɪdəṭi/ n. gustosità f., (rar) saporosità f.

sapience /'seɪpɪəns/ n. sapienza f., saggezza f. (anche iron).

sapient /'seɪpɪənt/ a. 1 sapiente, saggio, savio (anche iron). 2 (relating to homo sapiens) caratteristico dell'homo sapiens.

sapiential /,seɪpɪ'enʃəl/ a. sapienziale. □ (Bibl) ~ books libri sapienziali.

sapiently /'seɪpɪəntli/ avv. sapientemente, saggiamente (anche iron).

sapless /'sæpləs/ a. 1 (Bot) privo di linfa, secco, avvizzito. 2 (fig) privo di vigore, privo di vitalità, fiacco.

sapling /'sæplɪŋ/ n. 1 (Bot) alberello m., arboscello m. 2 (fig) (young person) adolescente m./f., giovinetto m. (f. -a). 3 (greyhound) levriero m. nel primo anno di vita.

sapodilla /,sæpə'dɪlə/ n. (Bot) sapotilla f., sapotiglia f. □ (Bot,Alim) ~ plum sapotilla.

saponaceous /,sæpoʊ'neɪʃəs/ a. saponoso, saponaceo.

saponifiable /sə'pɒnɪfaɪəbl Am sə'pɑːnəfaɪəbl/ a. (Chim) saponificabile.

saponification /sə,pɒnɪfɪ'keɪʃən Am sə,pɑːnəfɪ'keɪʃən/ n. (Chim) saponificazione f.

saponify /sə'pɒnɪfaɪ Am sə'pɑːnəfaɪ/ I v.t. (Chim) saponificare. II v.i. (Chim) subire un processo di saponificazione.

sapor /'seɪpər, 'seɪpɔːr/ n. (Am) sapore m., gusto m.

saporific /,seɪpə'rɪfɪk/ a. che dà sapore.

saporous /'seɪpərəs/ a. saporito, gustoso, (lett) sapido, (rar) saporoso.

sapour /'seɪpər, 'seɪpɔːr/ n. sapore m., gusto m.

sapper /'sæpər/ n. (Mil) zappatore m.

sapphic /'sæfɪk/ a. saffico, lesbico.

Sapphic /'sæfɪk/ I a. (Metr) saffico, di Saffo. II n. (Metr) verso m. saffico.

sapphire /'sæfaɪər/ I n. 1 (Min) zaffiro m. 2 (colour) zaffiro m. II a. di zaffiro, del colore dello zaffiro, zaffirino.

sapphirine /'sæfə,riːn/ a. 1 zaffirino, di zaffiro. 2 (of the colour sapphire) zaffirino, del colore dello zaffiro.

sappiness /'sæpɪnəs/ n. 1 (Bot) succulenza f., succosità f., abbondanza f. di linfa. 2 (fig) vigore m., vitalità f., energia f.

sappy[1] /'sæpi/ a. 1 (Bot) ricco di linfa, succoso. 2 (fig) energico, vigoroso, pieno di vitalità, pieno di energia.

sappy[2] /'sæpi/ a. (colloq) sentimentale, sdolcinato, melenso.

saprogenic /,sæproʊ'dʒenɪk/ a. (Biol) saprogeno.

saprophagous /sæ'proʊfəgəs/ a. saprofago.

saprophyte /'sæproʊfaɪt/ n. (Biol) saprofito m., saprofita f.

saprophytic /,sæproʊ'fɪtɪk Am ,sæproʊ'fɪṭɪk/ a. (Biol) saprofito, saprofita.

sapsago /'sæpsəgoʊ/ n. (Alim) formaggio m. alle erbe.

sapwood /'sæpwʊd/ n. (Bot) alburno m.

saraband /'særəbænd/ n. (Mus) sarabanda f.

sarabande /'særəbænd/ n. (Mus) sarabanda f.

Saracen /'særəsən/ I n. (Stor) saraceno m. (f. -a). II a. saraceno.

Saracenic /,særə'senɪk/ a. saraceno: ~ architecture architettura saracena.

Saracenical /,særə'senɪkəl/ a. saraceno.

Sarah /'seərə Am 'serə/ n.pr.f. Sara (anche Bibl).

Sarajevo /,særə'jeɪvoʊ/ n.pr. (Geog) Sarajevo f., Saraievo f., Seraievo f.

sarcasm /'sɑːkæzm Am 'sɑːrkæzm/ n. sarcasmo m.

sarcastic /saːˈkæstɪk Am saːrˈkæstɪk/, **sarcastical** /saːˈkæstɪkəl Am saːrˈkæstɪkəl/ a. sarcastico.

sarcastically /saːˈkæstɪkəli Am saːrˈkæstɪkəli/ avv. sarcasticamente, con sarcasmo.

sarcoma /saːˈkoumə Am saːrˈkoumə/ (pl. -s /-z/ o -**mata** /-mətə/) n. (Med) sarcoma m.

sarcomatosis /saːˌkoumaˈtousɪs Am saːrˌkoumaˈtousɪs/ (pl. -**ses** /-siːz/) n. (Med) sarcomatosi f.

sarcomatous /saːˈkoumətəs Am saːrˈkoumətəs/ a. (Med) sarcomatoso.

sarcophagus /saːˈkɒfəgəs Am saːrˈkaːfəgəs/ (pl. -**gi** /-gaɪ/ o -**guses** /-gəsɪz/) n. (Archeol) sarcofago m.

sarcous /ˈsaːkəs Am ˈsaːrkəs/ a. (fleshy) carnoso.

sard, Sard /saːd Am saːrd/ n. (Min) sarda f.

Sardanapalian /ˌsaːdənəˈpeɪliən Am ˌsaːrdənəˈpeɪliən/ a. lussuoso, opulento, sfarzoso.

Sardanapalus /ˌsaːdəˈnæpələs Am ˌsaːrdəˈnæpələs/ n.pr.m. (Stor) Sardanapalo.

sardelle /saːˈdel Am saːrˈdel/ n. (Itt) sardina f., sarda f., sardella f.

sardine[1] /saːˈdiːn Am saːrˈdiːn/ (pl.inv. o -**s** /-z/; il pl. inv. si usa general. con valore collett.) n. (Itt) sardina f., sarda f., sardella f.

sardine[2] /ˈsaːdaɪn Am ˈsaːrdɪn/ n. (Min) sarda f.

Sardinia /saːˈdɪniə Am saːrˈdɪniə/ n.pr. (Geog) Sardegna f.

Sardinian /saːˈdɪniən Am saːrˈdɪniən/ I n. 1 sardo m. (f. -a). 2 (language) sardo m. II a. sardo.

sardonic /saːˈdɒnɪk Am saːrˈdaːnɪk/ a. sardonico, maligno, beffardo: ~ sneer ghigno sardonico.

sardonically /saːˈdɒnɪkəli Am saːrˈdaːnɪkəli/ avv. sardonicamente.

sardonicism /saːˈdɒnɪsɪzəm Am saːrˈdaːnɪsɪzəm/ n. sardonicità f.

sardonyx /ˈsaːdənɪks Am saːrˈdaːnɪks/ (Min) sardonica f.

sargasso /saːˈgæsou Am saːrˈgæsou/ (pl. -**s** /-z/) n. (Bot) sargasso m.

Sargasso /saːˈgæsou Am saːrˈgæsou/ □ (Geog) ~ Sea Mar dei Sargassi.

sarge /saːdʒ Am saːrdʒ/ n. (colloq) (sergeant) sergente m.

sari /ˈsaːri/ n. (Abbigl) sari m.

Sark /saːk Am saːrk/ n. (Geog) Sark f.

sarky /ˈsaːki/ a. (Br,colloq) sarcastico.

Sarmatia /saːˈmeɪʃə Am saːrˈmeɪʃə/ n.pr. (Geog.stor) Sarmazia f.

Sarmatian /saːˈmeɪʃiən Am saːrˈmeɪʃən/ I a. sarmatico. II n. 1 sarmata m./f. 2 (language) sarmatico m.

sarnie /ˈsaːni/ n. (Br,colloq,Gastron) sandwich m., tramezzino m.

sarong /səˈrɒŋ Am səˈrɔːŋ/ n. (Abbigl) sarong m.

saros /ˈsɛərɒs Am ˈsɛraːs/ n. (Astr) saros m.

sarsaparilla /ˌsaːspəˈrɪlə Am ˌsaːrsəpəˈrɪlə/ n. (Bot) salsapariglia f.

sarsenet /ˈsaːsnet Am ˈsaːrsnet/ n. (Tess) ermisino m.

sartorial /saːˈtɔːriəl Am saːrˈtɔːriəl/ a. sartoriale, di sarti, di sartoria. 2 (of clothes) di abbigliamento, di abiti, di vestiti.

sartorially /saːˈtɔːriəli Am saːrˈtɔːriəli/ avv. sartorialmente.

SAS /ˌeseɪˈes/ (GB) Special Air Service SAS (Forza Aerea Speciale).

sash[1] /sæʃ/ n. (Abbigl) 1 (worn over one's shoulder) fascia f. a tracolla, sciarpa f. a tracolla. 2 (worn round the waist) fusciacca f., fascia f. intorno alla vita, sciarpa f. intorno

---

alla vita.

sash[2] /sæʃ/ I n. (pl.inv. o -**es** /ˈsæʃɪz/) (Edil) 1 (of a window, etc.) telaio m. a ghigliottina. 2 (movable frame) parte f. mobile (di telaio scorrevole). II v.t. intelaiare. □ ~ bar sbarra fermavetro, listello fermavetro; (Edil) ~ window finestra a ghigliottina.

sashay /ˈsæʃeɪ/ v.i. (colloq) camminare con passo sciolto e ondeggiante (per mettersi in mostra).

sash-cord /ˈsæʃkɔːd Am ˈsæʃkɔːrd/, **sash-line** /ˈsæʃlaɪn/ n. (Edil) corda f. del contrappeso (di finestra a ghigliottina).

sashed /sæʃt/ a. 1 (wearing a sash over one's shoulder) che indossa una sciarpa. 2 (wearing a sash round the waist) che indossa una fascia.

sash-window /ˈsæʃˈwɪndou/ n. (Edil) finestra f. a ghigliottina.

Saskatchewan /sæsˈkætʃəwən/ n.pr. (Geog) Saskatchewan m.

Saskatoon /ˌsæskəˈtuːn/ n.pr. (Geog) Saskatoon f.

sass /sæs/ I v.t. (Am,colloq) (to sauce) dire impertinenze, rimbeccare, fare l'impertinente: he kept -ing his mama non la smetteva di rispondere male a sua madre. II n. (Am, colloq) (sauce) impertinenza f., sfacciataggine f.; (answer) risposta f. impudente.

sassafras /ˈsæsəfræs/ n. (Bot) sassafrasso m., sassofrasso m.

Sassanian /sæˈseɪniən/ I a. (Stor) sasanide, sassanide. II n. (Stor) sassanide m./f.

Sassanid /ˈsæsənɪd/ I n. (pl. -**s** /-z/ o -**dae** /-ˌdiː/) (Stor) sassanide m./f. II a. (Stor) sassanide, sassanide.

Sassenach /ˈsæsənəx, ˈsæsənæk/ n. (Scott,Ir, spreg) inglese m./f., sassone m./f., anglosassone m./f.

sassy /ˈsæsi/ a. (Am,dial) 1 insolente, impertinente. 2 (coquettish) elegante, alla moda, civettuolo.

sat /sæt/ → **sit**[1].

SAT /sæt/ (Am) Scholastic Aptitude Test (esame di ammissione al college o all'università).

Sat. Saturday sab. (sabato).

Satan /ˈseɪtn/ I n.pr.m. (Bibl) Satana. II n. (fig) satanasso m.; (devil) diavolo m., demonio m.

Satanas /ˈsætənæs/ n.pr.m. (Bibl) Satana.

satanic /səˈtænɪk, seɪˈtænɪk/ a. 1 satanico, di Satana, demoniaco. 2 (diabolical, devilish) satanico, perfido, perverso, diabolico. □ ~ cults sette sataniche; (scherz) His Satanic Majesty il diavolo, il principe dei demoni, Satana; ~ ritual abuse abuso rituale satanico; ~ rituals riti satanici.

satanically /səˈtænɪkəli, seɪˈtænɪkəli/ avv. diabolicamente.

Satanism /ˈseɪtnɪzəm/ n. satanismo m.

satanist /ˈseɪtnɪst/ n. adoratore m. (f. -trice) di Satana, satanista m./f.

satanize /ˈseɪtnaɪz/ v.t. demonizzare.

satay /ˈsæteɪ Am saːˈteɪ/ n. (Gastron) (Indonesian, Malasian dish) satay m. (spiedini di carne).

SATB /ˌeseɪtiːˈbiː/ (Mus) Soprano, Alto, Tenor, Bass SCTB (soprano, contralto, tenore, basso).

satchel /ˈsætʃəl/ n. 1 borsa f. a tracolla. 2 (Scol) cartella f., borsa f.

satcom, SATCOM /ˈsætkɒm Am ˈsætkaːm/ n. comunicazioni f. pl. via satellite.

sate /seɪt/ v.t. 1 saziare, appagare, soddisfare. 2 (to surfeit, to glut) saziare, soddisfare fino alla nausea.

sateen /sæˈtiːn/ n. (Am,Tess) rasatello m., rasato m.

---

satellite /ˈsætəlaɪt Am ˈsætəlaɪt/ I n. 1 (Astr, Astron,Biol) satellite m. (anche fig). 2 (estens) (town) città f. satellite. II a. satellite (anche fig). □ (TV) ~ broadcasting trasmissione via satellite; ~ dish antenna parabolica; ~ image immagine dal satellite; (Pol) to make into a ~ satellizzare; (Pol,Econ) ~ state paese satellite, stato satellite, nazione satellite; ~ technology tecnologia satellitare; ~ television televisione via satellite; ~ town città satellite.

satellitic /ˌsætəˈlɪtɪk Am ˌsætəˈlɪtɪk/ a. satellite.

satelloid /ˈsætəlɔɪd/ n. (Astron) satelloide m.

satiability /ˌseɪʃəˈbɪlɪti Am ˌseɪʃəˈbɪləti/ n. saziabilità f.

satiable /ˈseɪʃəbl/ a. saziabile.

satiate /ˈseɪʃieɪt/ v.t. 1 saziare, appagare, soddisfare: to ~ one's appetite saziare il proprio appetito. 2 (estens) (to surfeit, to glut) saziare, soddisfare fino alla nausea. II a. (rar) sazio, soddisfatto fino alla nausea.

satiated /ˈseɪʃieɪtɪd Am ˈseɪʃieɪtɪd/ a. sazio, soddisfatto fino alla nausea.

satiation /ˌseɪʃiˈeɪʃən/ n. 1 il saziare, soddisfacimento m., appagamento m. 2 (state of being satiated) sazietà f., appagamento m.

satiety /səˈtaɪəti Am səˈtaɪəti/ n. 1 sazietà f. 2 (estens) (weariness caused by overfullness) sazietà f., disgusto m. □ to ~ a sazietà.

satin /ˈsætɪn Am ˈsætən/ I n. (Tess) raso m., satin m. II a. di raso. III v.t. (Tess,Cart) satinare. □ (Mecc) ~ finish finitura satinata; (Cart) ~ paper carta lucida, carta satinata; ~ stitch (in embroidery) punto pieno.

satinet /ˌsætɪˈnet Am ˌsætənˈet/ n. (Tess) rasatello m.

satinette /ˌsætɪˈnet Am ˌsætənˈet/ n. (Tess) rasatello m.

satin-like /ˈsætɪnlaɪk Am ˈsætənlaɪk/ a. satinato.

satiny /ˈsætɪni Am ˈsætəni/ a. satinato, serico, lucido.

satire /ˈsætaɪər/ n. satira f. (on su) (anche Lett).

satiric /səˈtɪrɪk/, **satirical** /səˈtɪrɪkəl/ a. satirico.

satirically /səˈtɪrɪkəli/ avv. satiricamente.

satirist /ˈsætɪrɪst Am ˈsætərɪst/ n. satirico m.

satirize /ˈsætɪraɪz Am ˈsætəraɪz/ v.t. satireggiare.

satisfaction /ˌsætɪsˈfækʃən Am ˌsætɪsˈfækʃən/ n. 1 soddisfazione f., soddisfacimento m., appagamento m. (at, with per): to find ~ in sth. trovare soddisfazione in qcs.; to get ~ ottenere soddisfazione. 2 (state of being satisfied) soddisfazione f., compiacimento m.: he felt a deep ~ provò una profonda soddisfazione. 3 (cause of contentment) soddisfazione f., gioia f., contentezza f. 4 (pleasure) gusto m., piacere m., soddisfazione f.: you get no ~ out of arguing with him non c'è gusto a discutere con lui. 5 (in a duel) soddisfazione f., riparazione f.: to demand ~ chiedere soddisfazione, esigere soddisfazione. 6 (compensation, reparation) soddisfazione f., riparazione f., indennizzo m., risarcimento m. 7 (Dir) (of an obligation) adempimento m., assolvimento m.; (of a debt) pagamento m., regolamento m. 8 (Teol) soddisfazione f. sacramentale, espiazione f. □ (Comm) guaranteed (o ~ guaranteed or your money back) soddisfatti o rimborsati.

satisfactorily /ˌsætɪsˈfæktərəli Am ˌsætɪs ˈfæktərəli/ avv. soddisfacentemente.

satisfactoriness /ˌsætɪsˈfæktərɪnəs Am ˌsætɪsˈfæktərɪnəs/ n. l'essere soddisfacente.

satisfactory /ˌsætɪsˈfæktəri Am ˌsætɪsˈfæktəri/ a. 1 soddisfacente, che soddisfa. 2 (adequate) soddisfacente: a ~ conclusion una conclusione soddisfacente. **3** (*adequate*) soddisfacente, adeguato. **4** (*convincing*) convincente, persuasivo.

satisfiability /ˌsætɪsfaɪə'bɪləti *Am* ˌsætɪsfaɪə'bɪləti/ *n.* soddisfacibilità *f.*

satisfiable /ˌsætɪs'faɪəbḷ *Am* 'sætɪsfaɪəbḷ/ *a.* appagabile, che si può soddisfare, contentabile.

satisfied /'sætɪsfaɪd *Am* 'sætɪsfaɪd/ *a.* **1** soddisfatto, compiaciuto, pago, contento: *to feel ~* sentirsi soddisfatto; *a ~ smile* un sorriso compiaciuto; *to be ~ with* essere contento di, essere soddisfatto di. **2** (*convinced*) convinto, persuaso. **3** (*discharged, paid*) soddisfatto, liquidato, regolato, pagato.

satisfy /'sætɪsfaɪ *Am* 'sætɪsfaɪ/ **I** *v.t.* **1** (*of desires, needs, etc.*) soddisfare (a), appagare. **2** (*to please*) contentare, soddisfare, appagare, rendere contento, rendere pago: *this explanation does not ~ me* questa spiegazione non mi soddisfa. **3** (*to convince*) convincere, persuadere. **4** (*of doubts, etc.: to dispel*) scacciare, dissipare. **5** (*of questions: to answer fully*) rispondere esaurientemente a. **6** (*to fulfil, to comply with*) soddisfare, adempiere (a), assolvere, fare fronte a: *to ~ the conditions for a loan* soddisfare le condizioni per un prestito. **7** (*to make reparation to*) dare soddisfazione a, indennizzare, risarcire. **8** (*of a debt, creditor, etc.*) soddisfare, pagare. **9** (*Teol*) espiare, fare penitenza per. **10** (*Mat*) soddisfare. **II** *v.i.* soddisfare, essere soddisfacente. ☐ (*Scol*) *to ~ the examiners* superare un esame con la sufficienza; *to ~ one's hunger* sfamarsi, togliersi la fame.

satisfying /'sætɪsfaɪɪŋ *Am* 'sætɪsfaɪɪŋ/ *a.* soddisfacente.

satisfyingly /'sætɪsfaɪɪŋli *Am* 'sætɪsfaɪɪŋli/ *avv.* soddisfacentemente.

satnav /'sætnæv/ **I** *n.* (*Aer,Aut,Mar*) navigazione *f.* satellitare. **II** *a.* della navigazione satellitare, per la navigazione satellitare.

satrap /'sætræp *Am* 'seɪtræp/ *n.* (*Stor*) satrapo *m.* (*anche fig*).

satrapy /'sætræpi *Am* 'seɪtræpi/ *n.* (*Stor*) satrapia *f.*

satsuma /ˌsæt'suːmə *Am* 'sætsəmə/ *n.* **1** (*Bot*) satsuma *m.* **2** (*Bot,Alim*) mandarino *m.* satsuma, satsuma *m.* **3** (*Ceram*) ceramica *f.* (giapponese) di satsuma.

saturability /ˌsætʃərə'bɪləti *Am* ˌsætʃərə'bɪləti/ *n.* saturabilità *f.*

saturable /'sætʃərəbḷ/ *a.* saturabile.

saturate¹ /'sætʃəreɪt *Am* 'sætʃəreɪt/ *v.t.* **1** inzuppare, impregnare. **2** (*fig*) gremire, riempire, saturare. **3** (*Fis,Chim*) saturare.

saturate² /'sætʃəreɪt *Am* 'sætʃərɪt/ *a.* **1** impregnato, saturo, inzuppato. **2** (*fig*) saturo, pieno, colmo. **3** (*Chim*) saturo, saturato. **4** (*of colours*) saturo, puro, non diluito.

saturated /'sætʃəreɪtɪd *Am* 'sætʃəreɪtɪd/ *a.* **1** impregnato, saturo, inzuppato. **2** (*fig*) saturo, pieno, colmo. **3** (*Chim*) saturo, saturato. **4** (*of colours*) saturo, puro, non diluito.

saturation /ˌsætʃər'eɪʃən *Am* ˌsætʃər'eɪʃən/ *n.* **1** (*Meteor,Chim,Fis*) saturazione *f.* (*anche fig*). **2** (*of a colour*) purezza *f.* ☐ (*Aer,mil*) ~ *bombing* bombardamento (aereo) a tappeto; (*Chim,Fis*) ~ *point* punto di saturazione (*anche fig*).

Saturday /'sætədeɪ *Am* 'sætərdeɪ/ *n.* sabato *m.*: *on* ~ sabato; *on -s* (o *Am* *-s*) di sabato, tutti i sabati, il sabato. ☐ (*Am,colloq*) ~ *night special* pistola di piccolo calibro e poco costosa che si può ottenere facilmente.

Saturn /'sætən *Am* 'sætərn/ **I** *n.pr.m.* (*Mitol*) Saturno. **II** *n.pr.* (*Astr*) Saturno *m.* ☐ (*Astr*) ~'*s rings* anelli di Saturno.

saturnalia /ˌsætə'neɪliə *Am* ˌsætər'neɪliə/

(*pl.inv.* o *-s* /-z/) *n.* festa *f.* sfrenata, (*lett*) saturnale *m.*, orgia *f.*

Saturnalia /ˌsætə'neɪliə *Am* ˌsætər'neɪliə/ *n.pl.* (*Stor.rom*) saturnali *m.pl.*

saturnalian /ˌsætə'neɪliən *Am* ˌsætər'neɪliən/ *a.* orgiastico.

Saturnalian /ˌsætə'neɪliən *Am* ˌsætər'neɪliən/ *a.* (*Stor.rom*) saturnale, dei saturnali.

Saturnian /sæt'ɜːniən *Am* sə'tɜːrniən/ **I** *a.* **1** (*Astr*) saturniano. **2** (*Mitol*) del dio Saturno, (*lett*) saturnio. **3** (*fig*) prospero, pacifico, felice. **II** *n.* (*Metr*) saturnio *m.*, verso *m.* saturnio. ☐ (*Metr*) ~ *verse* saturnio, verso saturnio.

saturnine /'sætənaɪn *Am* 'sætərnaɪn/ *a.* **1** malinconico, triste, cupo, (*lett*) saturnino. **2** (*Med*) saturnino; (*suffering from lead poisoning*) affetto da saturnismo.

saturnism /'sætənɪzəm *Am* 'sætərnɪzəm/ *n.* (*Med*) saturnismo *m.*

satyr /'sætə *Am* 'seɪtər/ *n.* **1** (*Mitol*) satiro *m.* **2** (*fig*) uomo *m.* lascivo, satiro *m.*

satyriasis /ˌsætɪ'raɪəsɪs *Am* ˌseɪtə'raɪəsɪs/ (*pl. -ses* /-siːz/) *n.* (*Psic*) satiriasi *f.*

satyric /sə'tɪrɪk/, **satyrical** /sə'tɪrɪkəl/ *a.* satiresco.

sauce /sɔːs/ **I** *n.* **1** (*Gastron*) salsa *f.*, sugo *m.*, intingolo *m.*: *tomato ~* salsa di pomodoro. **2** (*fig*) cosa *f.* che dà sapore, condimento *m.* **3** (*fig,colloq*) (*impudence, cheek*) impertinenza *f.*, insolenza *f.*: *none of your ~!* basta con le tue impertinenze! **4** (*Am,colloq*) liquore *m.*, alcolico *m.*: ~ *parlor* spaccio di alcolici. **II** *v.t.* **1** (*Br*) condire (*anche fig*). **2** (*Br,colloq,fig*) (*to be impudent*) dire impertinenze a. ☐ (*colloq*) *what* ~! che impertinenze!, che faccia tosta! (*fig*) *to serve so. with the same ~* rendere pan per focaccia a qcu. *Prov.: what is ~ for the goose is ~ for the gander* la legge è uguale per tutti, non si devono usare due pesi e due misure.

sauce-boat /'sɔːsbout/ *n.* salsiera *f.*

saucebox /'sɔːsbɒks *Am* 'sɔːsbɑːks/ *n.* (*colloq*) sfrontato *m.* (*f.* -a), impudente *m./f.*, sfacciato *m.* (*f.* -a), impertinente *m./f.*

saucepan /'sɔːspən/ *n.* tegame *m.*

saucer /'sɔːsə *Am* 'sɔːsər/ *n.* **1** sottocoppa *m.*; (*for cups, etc.*) piattino *m.* **2** (*Geog*) conca *f.*, bacino *m.*

saucer-eyed /'sɔːsəraɪd/ *a.* dagli occhi grandi e tondi, dagli occhi bovini.

saucily /'sɔːsili/ *avv.* (*colloq*) sfrontatamente, impertinentemente, insolentemente.

sauciness /'sɔːsɪnəs/ *n.* (*colloq*) impertinenza *f.*, insolenza *f.*, impudenza *f.*, faccia *f.* tosta.

saucy /'sɔːsi/ *a.* **1** (*colloq*) (*impudent, cheeky*) impertinente, insolente, sfacciato, sfrontato, impudente. **2** (*smart*) elegante, chic: *a ~ hat* un cappello elegante. ☐ (*Br,fig*) *she's a ~ bit* è una sfacciata.

Saudi /'saudi/ **I** *a.* saudita. **II** *n.* saudita *m./f.* ☐ (*Geog*) ~ *Arabia* Arabia Saudita.

Saudi Arabian /ˌsaudiə'reɪbiən/ **I** *a.* saudita. **II** *n.* saudita *m./f.*

sauerkraut /'sauəkraut *Am* 'sauərkraut/ *n.* (*Gastron*) crauti *m.pl.*, cavoli *m.pl.* all'agro.

sauna /'sɔːnə, 'saunə/ *n.* sauna *f.*

saunter /'sɔːntə *Am* 'sɑːntər/ **I** *v.i.* andare a zonzo, andare a spasso, bighellonare, girellare, gironzolare: *to ~ through the town* andare a zonzo per la città. **II** *n.* **1** passeggiatina *f.*, giretto *m.*, quattro passi *m.pl.* **2** (*leisurely gait*) andatura *f.* lenta, passo *m.* lento.

saunterer /'sɔːntərə *Am* 'sɑːntər/ *n.* **1** chi cammina tranquillamente (guardandosi intorno). **2** (*fig*) bighellone *m.* (*f.* -a), ciondolone *m.* (*f.* -a).

saurian /'sɔːriən/ **I** *n.* (*Zool*) sauro *m.* **II** *a.* (*Zool*) dei sauri.

sausage /'sɒsɪdʒ *Am* 'sɑːsɪdʒ/ *n.* (*Gastron*) **1** (*cooked*) salsiccia *f.* (a pasta dura), würstel

m. (di carne di maiale o vitello). **2** (*ready to eat*) salame *m.*, salamino *m.* ☐ (*Aer,ant*) ~ *balloon* pallone frenato (di osservazione); (*colloq*) ~ *dog* (*dachshund*) bassotto; (*Macell*) ~ *meat* carne tritata per salsicce; (*Gastron*) ~ *roll* panino di pasta sfoglia ripieno di carne trita.

sauté /'souteɪ/ **I** *a.* (*Gastron*) saltato, rosolato a fuoco vivo, sauté. **II** *v.t.* (*past, p.p.* **sautéed/ sautéd** /'souteɪd/) (*Gastron*) saltare, rosolare a fuoco vivo.

savable /'seɪvəbḷ/ *a.* salvabile.

savage /'sævɪdʒ/ **I** *a.* **1** selvaggio, feroce, selvatico: *a ~ animal* un animale selvaggio. **2** (*uncivilized*) selvaggio, primitivo, barbaro, incivile: ~ *tribes* tribù selvagge. **3** (*cruel, ferocious*) feroce, crudele, selvaggio, disumano, efferato: *a ~ murder* un feroce assassinio. **4** (*extremely angry*) fuori di sé, furioso, furibondo, furente. **5** (*rugged, wild*) selvaggio, incolto: *a ~ landscape* un paesaggio selvaggio. **II** *n.* **1** selvaggio *m.* (*f.* -a). **2** (*cruel, ferocious person*) persona *f.* crudele, belva *f.*, bestia *f.* **III** *v.t.* **1** attaccare selvaggiamente, assalire con ferocia. **2** (*of a horse*) mordere e calpestare. **3** (*fig*) attaccare violentemente.

savagedom /'sævɪdʒdəm/ *n.* **1** stato *m.* selvaggio, inciviltà *f.*, primitività *f.* **2** (*savage action*) ferocia *f.*, crudeltà *f.* **3** (*collett.*) selvaggi *m.pl.*

savagely /'sævɪdʒli/ *avv.* selvaggiamente.

savageness /'sævɪdʒnəs/, **savagery** /'sævɪdʒəri/ *n.* **1** stato *m.* selvaggio, inciviltà *f.*, primitività *f.* **2** (*quality or state of being cruel*) ferocia *f.*, crudeltà *f.*, brutalità *f.*, efferatezza *f.*

savanna, savannah /sə'vænə/ *n.* (*Geog*) savana *f.*

savant /'sævənt *Am also* sæv'ɑːnt/ *n.* sapiente *m./f.*, dotto *m.* (*f.* -a).

save¹ /seɪv/ **I** *v.t.* **1** salvare, scampare: *to ~ so. from drowning* salvare qcu. che sta per annegare. **2** (*to preserve from damage*) mettere al sicuro, salvare: *to ~ a painting* mettere al sicuro un quadro. **3** (*to maintain intact*) salvare, conservare, mantenere, salvaguardare: *to ~ one's reputation* salvare la propria reputazione. **4** (*to put by, to economize*) risparmiare, economizzare (*for* per). **5** (*to avoid*) risparmiare, evitare: *take the short cut, you'll ~ at least a mile* prendi la scorciatoia, risparmierai almeno un miglio; *to ~ so. doing sth.* risparmiare a qcu. di fare qcs. **6** (*to put aside, to reserve*) mettere da parte, mettere via, riservare (*for* per). **7** (*to keep for another's use*) conservare, serbare, tenere: *please ~ me a seat* conservami un posto per favore. **8** (*Sport*) evitare, parare, salvare: *to ~ a goal* evitare un gol; *to ~ a strong shot* parare un tiro forte. **9** (*rifl.*) *to ~ oneself* risparmiarsi, tenere in serbo le forze: *he is saving himself for the final* si risparmia per la finale. **10** (*Teol*) salvare. **11** (*Inform*) salvare. **II** *v.i.* **1** economizzare, fare economia (*on* su): *to ~ on food* fare economia sul cibo. **2** (*Sport*) parare, fare una parata, fare un salvataggio. **III** *n.* (*Sport*) parata *f.*, (*rar*) salvataggio *m.*: *to make a ~* fare una parata. ☐ (*Br,colloq,fig*) *to ~ one's bacon* salvare la pelle; (*Br,fig*) *to ~ so.'s blushes* togliere qcu. dall'imbarazzo; (*fig*) *to ~ one's breath* risparmiare il fiato, tacere; (*fig*) *to be -d by the bell* salvarsi in corner; (*fig*) *to ~ face* (o *to ~ one's face*) salvare la faccia, salvare le apparenze; (*fig*) *to ~ so. from himself* impedire a qcu. di fare sciocchezze, salvare qcu. da se stesso; *to ~ so.'s life*: salvare la vita a qcu.; (*fig*) per tutto l'oro nel mondo: *I couldn't do that to ~ my life* non sarei in grado di farlo (neanche) per tutto l'oro nel mondo; (*Am,fig*) *I can't think of his name to ~ my soul* non riesco assolutamente a ricordare il suo nome, non riesco a ricordare il suo nome nemmeno a morire; *to ~ so.'s neck* salvare la pelle a qcu.; *to ~ one's neck*: 1 salvarsi dalla forca; 2 (*fig*) scamparla bella, cavarsela per il rotto della cuffia; (*fig*) *to ~ so.'s skin* salvare la pelle a qcu.; *to ~ the day* salvare la situazione; (*fig*) *to ~ the situation* salvare la situazione; *to ~ up* economizzare, fare economia, risparmiare denaro, mettere da parte denaro.

save[2] /seɪv/ **I** *prep.* salvo, eccetto, all'infuori di, a eccezione di, tranne, fuorché: *everyone ~ you and me* tutti salvo te e me. **II** *congz.* 1 (*except, were it not*) a parte il fatto, salvo, eccetto, tranne: *everything went well ~ that we got lost* è andato tutto bene, a parte il fatto che ci siamo perduti. 2 (*unless*) salvo che, a meno che.

save-as-you-earn /ˌseɪvəsjuˈɜːn/ *n.* (*Br*) sistema *m.* di risparmio mediante detrazione dallo stipendio.

saveloy /ˈsævəlɔɪ/ *n.* (*Gastron*) cervellata *f.*

saver /ˈseɪvər/ *n.* 1 (*one who economizes*) risparmiatore *m.* (*f.* -trice), (*rar*) economizzatore *m.* (*f.* -trice). 2 (*in compounds*) dispositivo *m.* che fa risparmiare, strumento *m.* che fa risparmiare, economizzatore *m.*: *a time-~* un dispositivo che fa risparmiare tempo.

savin, savine /ˈsævɪn/ *n.* (*Bot*) sabina *f.*

saving /ˈseɪvɪŋ/ **I** *n.* 1 risparmio *m.*, economia *f.*: *a ~ on clothing expenses* un risparmio sulle spese di vestiario. 2 (*act of delivering from danger, harm, etc.*) salvataggio *m.*, salvezza *f.*, (*rar*) salvamento *m.* 3 *pl.* risparmi *m.pl.*, economie *f.pl.* **II** *a.* 1 protettivo, che serve a proteggere, che serve a preservare. 2 (*in compounds*) che fa risparmiare, che economizza: *labour-~* che fa risparmiare manodopera. 3 (*redeeming*) che salva, che redime. 4 (*thrifty*) economo, parco, frugale, parsimonioso. **III** *prep.* 1 (*except*) salvo, eccetto, fuorché, tranne. 2 (*with all due respect to*) con tutto il rispetto, con il dovuto rispetto: *~ your presence* (o *~ your reverence*) con tutto il rispetto (che vi devo). □ (*Econ*) *-s account* libretto di risparmio; (*Econ*) *-s and loan association* cooperativa di piccolo credito, istituto di credito immobiliare; (*Am, Econ*) *-s and loan bank* cassa di risparmio e di credito, società di credito edilizio; (*Econ*) *-s bank* cassa di risparmio; (*Econ*) *-s bond* buono del tesoro; (*Econ*) *-s certificate* certificato di risparmio; (*Dir*) *~ clause* clausola restrittiva, clausola di protezione; (*Econ*) *~ deposit* deposito a risparmio; *~ grace*: 1 (*Teol*) grazia salvifica; 2 (*estens*) unica buona qualità, ciò che salva qcu.; *to draw on one's -s* attingere ai propri risparmi; *to live on one's -s* vivere dei propri risparmi; (*Econ*) *-s plan* piano di risparmio; (*Econ*) *-s ratio* indice di risparmio.

savior /ˈseɪvjər/ *n.* (*Am*) salvatore *m.* (*f.* -trice), liberatore *m.* (*f.* -trice).

saviour /ˈseɪvjər/ *n.* salvatore *m.* (*f.* -trice), liberatore *m.* (*f.* -trice).

Saviour /ˈseɪvjər/ *n.* (*Teol*) Salvatore *m.*

savoir-faire /ˌsævwɑːˈfeər *Am* ˌsævwɑːrˈfer/ *n.* savoir-faire *m.*

savor /ˈseɪvər/ *e der.* (*Am*) → **savour** *e der.*

savory /ˈseɪvəri/ *n.* (*Bot*) satureia *f.*

savour /ˈseɪvər/ **I** *n.* 1 sapore *m.*, gusto *m.* 2 (*fig*) tono *m.*, sapore *m.*, carattere *m.* **II** *v.t.* 1 dare sapore a, insaporire. 2 (*to taste, to smell with pleasure*) gustare, assaporare (*anche fig*). **III** *v.i.* sapere (*anche fig*): *the agreement -s of compromise* l'accordo sa di compromesso.

savourily /ˈseɪvərɪli/ *avv.* in modo appetitoso, gustosamente (*anche fig*).

savouriness /ˈseɪvərɪnəs/ *n.* gustosità *f.*, saporosità *f.*

savourless /ˈseɪvələs *Am* ˈseɪvərləs/ *a.* insipido, scipito.

savoury /ˈseɪvəri/ **I** *a.* 1 (*tasty*) saporito, gustoso: *a ~ meal* un piatto saporito. 2 (*not sweet in taste*) salato: *in the morning I prefer ~ food* al mattino preferisco mangiare salato; *~ biscuit* salatino. 3 (*fig*) edificante, esemplare. **II** *n.* (*Gastron*) piatto *m.* appetitoso (servito all'inizio o alla fine di un pranzo).

savoy /səˈvɔɪ/ *n.* (*Bot,Alim*) verza *f.*, cavolo *m.* verzotto.

Savoy /səˈvɔɪ/ **I** *n.pr.* (*Geog*) Savoia *f.* **II** *n.* (*member of the House of Savoy*) Savoia *m./f.*, membro *m.* di casa Savoia.

Savoyard /səˈvɔɪɑːd *Am* səˈvɔɪɑːrd/ **I** *n.* savoiardo *m.* (*f.* -a). **II** *a.* savoiardo, della Savoia.

savvily /ˈsævili/ *avv.* (*sl*) astutamente, in modo astuto, in maniera esperta, da furbo.

savvy /ˈsævi/ **I** *v.i.* (*sl*) capire, comprendere. **II** *n.* (*sl*) buonsenso *m.*, comprendonio *m.*, (*colloq*) sale *m.* in zucca. **III** *a.* (*sl*) che ci sa fare, astuto, furbo, assennato, esperto, capace.

saw[1] /sɔː/ *n.* 1 sega *f.* 2 (*Itt*) sega *f.*, rostro *m.* del pesce sega. □ (*Tess*) *~ gin* sgranatrice con denti a sega; (*Mecc*) *~ set* licciaiola.

saw[2] /sɔː/ (*past* **-ed** /-d/, *p.p.* **-ed** o **-n** /-n/) **I** *v.t.* 1 segare: *to ~ a log* segare un tronco. 2 (*to cut through*) fendere, tagliare: *to ~ the air with one's hand* fendere l'aria con la mano. 3 (*to give the motion of a saw to*) muovere avanti e indietro. **II** *v.i.* 1 usare la sega. 2 (*of a saw, sawing machine*) tagliare. 3 (*that can be sawn*) segarsi: *this wood -s easily* questo legno si sega facilmente. 4 (*to make sawing motions*) muoversi avanti e indietro. □ (*fig*) *to ~ away at a violin* strimpellare il violino; *to ~ a tree down* abbattere un albero (segandolo); *to ~ sth. in half* segare qcs. a metà, tagliare qcs. a metà; *to ~ sth. in two* segare qcs. in due, tagliare qcs. in due; (*scherz,fig*) *to ~ logs* russare come un mantice; *to ~ off a branch* segare un ramo, staccare un ramo segandolo; *to ~ up* segare in più pezzi.

saw[3] /sɔː/ *n.* (*saying, maxim*) detto *m.*, massima *f.*, adagio *m.*, proverbio *m.*

saw[4] /sɔː/ → **see**[1].

sawbuck /ˈsɔːbʌk/ *n.* (*Am*) 1 cavalletto *m.* per segare la legna. 2 (*colloq*) (*ten-dollar note*) biglietto *m.* da 10 dollari, banconota *f.* da 10 dollari.

sawder /ˈsɔːdər/ □ (*ant,colloq*) *soft ~* adulazione, lisciata, lisciatina.

sawdust /ˈsɔːdʌst/ *n.* segatura *f.*

sawed /sɔːd/ → **saw**[2].

sawed-off /ˈsɔːdɔːf/ *a.* (*Am*) → **sawn-off**.

sawfish /ˈsɔːfɪʃ/ *n.* (*Itt*) pesce *m.* sega.

sawfly /ˈsɔːflaɪ/ *n.* (*Entom*) tentredine *f.*

saw-frame /ˈsɔːfreɪm/, **saw-gate** /ˈsɔːgeɪt/ *n.* (*Tecn*) telaio *m.* della sega.

sawhorse /ˈsɔːhɔːs *Am* ˈsɑːhɔːrs/ *n.* cavalletto *m.* per segare la legna.

sawing /ˈsɔːɪŋ/ **I** *n.* il segare, segatura *f.* **II** *a.* (*of sounds, voices*) stridente, stridulo, aspro.

sawmill /ˈsɔːmɪl/ *n.* 1 segheria *f.* 2 (*machine*) segatrice *f.*

sawmilling /ˈsɔːmɪlɪŋ/ *n.* segatura *f.*, il segare.

sawn /sɔːn/ → **saw**[2].

Sawney /ˈsɔːni/ *n.* 1 (*rar,colloq*) scozzese *m./f.* 2 (*Ir,sl*) (*fool*) sciocco *m.* (*f.* -a), babbeo *m.* (*f.* -a).

sawn-off /ˌsɔːnˈɒf *Am* ˌsɑːnˈɑːf/ *a.* 1 (*Arm*) (*of a shot-gun*) a canna mozza. 2 (*colloq*) (*of a* ...

person: short) basso.

saw-pit /ˈsɔːpɪt/ *n.* fossa *f.* del segatore.

saw-toothed /ˈsɔːtuːθt/ *a.* seghettato, dentellato, a denti di sega.

sawyer /ˈsɔːjər/ *n.* segantino *m.* (*f.* -a), segatore *m.* (*f.* -trice).

sax[1] /sæks/ *n.* (*Mus,colloq*) sassofono *m.*, sax *m.*

sax[2] /sæks/ *n.* 1 (*Edil*) utensile *m.* (con un'estremità appuntita) per pareggiare le tegole. 2 (*ant*) ascia *f.* di guerra scandinava.

saxatile /ˈsæksətaɪl/ *a.* (*Biol*) sassicolo, rupicolo, sassaiolo.

saxe /sæks/ *n.* blu *m.* di Sassonia.

saxhorn /ˈsækshɔːn *Am* ˈsækshɔːrn/ *n.* (*Mus*) saxhorn *m.*

saxifrage /ˈsæksəfrɪdʒ/ *n.* (*Bot*) sassifraga *f.*

Saxon /ˈsæksən/ **I** *n.* 1 (*Stor*) sassone *m./f.* 2 (*language*) sassone *m.* **II** *a.* 1 (*Stor*) anglosassone. 2 (*of Anglo-Saxon origin*) sassone, anglosassone.

Saxondom /ˈsæksəndəm/ *n.* (*Stor*) territorio *m.* occupato dagli anglosassoni.

Saxonism /ˈsæksənɪzəm/ *n.* (*Ling*) parola *f.* di origine anglosassone, espressione *f.* di origine anglosassone.

saxony /ˈsæksəni/ *n.* (*Tess*) 1 (*fabric*) tessuto *m.* di lana di Sassonia. 2 (*yarn*) filato *m.* di lana di Sassonia.

Saxony /ˈsæksəni/ *n.pr.* (*Geog*) Sassonia *f.*

saxophone /ˈsæksəfəʊn/ *n.* (*Mus*) sassofono *m.*

saxophonic /ˌsæksəˈfɒnɪk *Am* ˌsæksəˈfɑːnɪk/ *a.* (*Mus*) sassofonico.

saxophonist /sækˈsɒfənɪst *Am* ˈsæksəfəʊnɪst/ *n.* (*Mus*) sassofonista *m./f.*, sassofono *m.*

saxtuba /ˈsæksˌtjuːbə/ *n.* (*Mus*) bombardone *m.*, saxhorn *m.* basso.

say[1] /seɪ/ (*pres.ind.* *2ª pers.sing. ant* **sayst** /seɪst/ o **sayest** /seɪst/; *3ª pers.sing.* **says** /sez/, *ant* **saith** /seθ/; *past* **said** /sed/, *ant* **saidest** /ˈsedɪst/ o **saidst** /ˈsedst/; *p.p.* **said**) **I** *v.t.* 1 dire: *what did you ~?* che cosa hai detto?; *I said (that) we were late* ho detto che avevamo fatto tardi; *people ~* si dice, corre voce, dicono. 2 (*to utter*) pronunciare, dire, proferire: *he didn't ~ a word* non ha detto una parola. 3 (*to state as an opinion*) dire, sostenere, affermare, dichiarare. 4 (*to order*) dire, comandare, ordinare: *do what I ~* fa' quel che ti dico. 5 (*to recite, to repeat*) dire, recitare, ripetere: *to ~ one's prayers* dire le preghiere; *to ~ a poem* recitare una poesia; *~ after me* ripeti dopo di me. 6 (*to indicate*) segnare, indicare, fare: *my watch -s ten* il mio orologio segna le dieci; (*to indicate in writing*) dire, esserci scritto: *what does the notice ~?* che cosa dice quell'avviso?; *it -s "Keep Out"* c'è scritto "vietato entrare". 7 (*to assume, to suppose*) supporre, presupporre, ritenere, dire, ammettere: *let us ~ that you are right* supponiamo che tu abbia ragione. 8 (*to give expression to*) dire, esprimere, comunicare, raccontare: *he felt he had something to ~* sentiva di avere qualcosa da dire. **II** *v.i.* dire, affermare, dichiarare: *did he really ~ so?* ha detto veramente così?; *a man — they — — of great ability* un uomo, dicono, di grande abilità. □ *to ~ a few words* (*at a meeting, etc.*) dire due parole, fare un breve discorso; *to ~ a good word for so.* mettere una buona parola per qcu., dire una buona parola per qcu.; *to ~ again* ridire, ripetere, dire di nuovo; *you can ~ that again!* puoi ben dirlo!; *after all is said and done* (o *when all is said and done*) a conti fatti, esaurito tutto quello che c'era da dire e da fare, (*region*) alla fine della fiera; *it goes without -ing* è ovvio, è evidente; *to ~ hello to so.* salutare qcu.; *how do you ~ "picture" in French?* come si dice "quadro" in francese?; (*Dir*) *how ~ you?* la giuria ha raggiunto un verdetto?; *I ~!*: 1 (*to express surprise, etc.*) ma no!, davvero!, perbacco!: *I ~, do you really think so?* ma no, la pensi davvero così?; 2 (*to attract so.'s attention*) dico, senti, ehi: *I ~, do you mind getting out of the way?* dico, vuoi toglierti dai piedi?; *you said it!*: 1 l'hai detto (tu)!: *you think I'm a fool, don't you? - You said it* pensi che io sia uno sciocco, vero? - L'hai detto!; 2 (*you're quite right*) puoi dirlo forte!, puoi ben dirlo!, hai proprio ragione!, è proprio così!, è proprio vero!, eccome!, ben detto!: *it's going to be difficult - You said it* sarà (una cosa) difficile - Hai proprio ragione!; *that -s it all* il che è tutto dire; *you may well ~ so!* puoi ben dirlo!, altroché!, sfido!; *to ~ much for* deporre a favore di; *I must ~!* devo ammetterlo!: *they didn't spare expense, I must ~* non hanno badato a spese, devo ammetterlo!; *~ no more!* non aggiungere altro!, non dire altro!, basta così!; *it's difficult, not to ~ impossible* è difficile, per non dire impossibile; *to ~ nothing of* per non parlare di, per non dire (nulla) di; *to ~ out* dire apertamente, dichiarare apertamente, dire chiaro e tondo; *to ~ one's piece* dire quello che si deve dire, dire ciò che si pensa; *I didn't ~ so* io non l'ho detto; (*or*) *so they ~* (almeno) così dicono; *and so ~ all of us* anche noi siamo dello stesso parere, e così la pensiamo tutti noi; *so you ~!* cosa mi dici!, veramente?!, ah sì?!, davvero?!; *to ~ one is sorry* scusarsi, chiedere scusa; *that is to ~...* vale a dire..., intendo dire..., cioè..., in altre parole...; *to ~ the word* chiedere, dare un ordine; *to ~ to* dire di: *what do you ~ to a game of cards?* che ne diresti di una partita a carte?; *to ~ to oneself* dire fra sé, dire a se stesso, pensare; *what do you ~ to that?* e adesso cosa dici?, e ora come rispondi?; *~ when* (*in serving food or drink*) dimmi quando basta; (*colloq*) *-s who?* e (questo) chi lo dice?; *whom shall I ~?* chi devo dire?, chi devo annunciare?; (*colloq*) *-s you!* se lo dici tu!, ha parlato l'oracolo!; (*colloq*) *you don't~!*: 1 (*to express surprise*) ma va'!, ma che dici!, non è possibile!; 2 (*to express lack of surprise*) ma va'!, a chi lo dici! *Prov.: -ing is one thing and doing another* tra il dire e il fare c'è di mezzo il mare.

say[2] /seɪ/ I *n.* 1 ciò che uno ha da dire, opinione *f.*: *you have had your ~, now be quiet* hai detto la tua, ora sta' zitto; *to have the last ~* (*the final ~*) avere l'ultima parola. 2 (*right to exercise influence*) autorità *f.*, potere *m.*, diritto *m.* di decidere, diritto *m.* di parlare (*in* in). II *avv.* 1 diciamo, circa, approssimativamente: *it is worth, ~, fifty pounds* vale, diciamo, cinquanta sterline. 2 (*for instance*) per esempio, si fa per dire, diciamo. III *intz.* non c'è che dire, davvero, veramente: *~, she looks quite pretty now* è molto carina ora, non c'è che dire. □ (*scherz*) *to have a ~ in sth.* avere voce in capitolo, dare il proprio parere (*in* merito).

say[3] /seɪ/ *n.* (*Tess*) saia *f.*

SAYE /ˌeseɪwaɪˈiː/ (*Econ*) *save as you earn* (sistema di risparmio mediante detrazioni dallo stipendio).

sayest /seɪst/ → **say**[1].

saying /ˈseɪɪŋ/ *n.* 1 adagio *m.*, proverbio *m.*, detto *m.* 2 (*witty, wise statement*) motto *m.*, massima *f.*, sentenza *f.* □ *as the ~ goes* (*as the ~ is*) come dice il proverbio, come si suol dire; *there is no ~ when he will arrive* non si può dire quando arriverà, non si sa

quando arriverà.

say-so /ˈseɪsəʊ/ (*pl.* **-s** /-zɪ/) *n.* 1 (*colloq*) affermazione *f.* gratuita. 2 (*right of decision, right of say*) diritto *m.* di decidere, diritto *m.* di parlare. □ *to have the ~* avere voce in capitolo; *on his ~* a quanto dice.

sayst /seɪst/ → **say**[1].

SB *Savings Bank* CR (cassa di risparmio).

SBL (*Mil*) *Space Based Laser* SBL (armi laser spaziali).

SC *South Carolina* SC (South Carolina, Carolina del Sud).

sc. 1 *scene* (scena). 2 *science* (scienza).

S.C. 1 *Security Council* C.d.S. (consiglio di sicurezza). 2 (*Mil*) *Staff Corps* (corpo di stato maggiore). 3 (*US*) *Supreme Court* (corte suprema). 4 (*Br*) *Special Constable* (poliziotto impiegato in periodi di emergenza).

scab /skæb/ I *n.* 1 (*Med*) crosta *f.*, escara *f.* 2 (*Veter,Agr*) scabbia *f.*, rogna *f.* 3 (*colloq*) (*strike breaker*) crumiro *m.* (*f.* -a). 4 (*Br,sl*) (*scoundrel*) mascalzone *m.* (*f.* -a), canaglia *f.*, furfante *m./f.* II *v.i.* (*past, p.p.* **scabbed** /-d/) 1 (*Med*) formare la crosta, fare la crosta, cicatrizzare. 2 (*colloq*) (*to act as a strike breaker*) fare il crumiro. □ *to ~ over* formare la crosta, fare la crosta.

scabbard /ˈskæbəd Am ˈskæbərd/ *n.* fodero *m.*, guaina *f.* □ (*fig*) *to throw the ~ away* battersi all'ultimo sangue.

scabbily /ˈskæbɪli/ *avv.* (*Br,colloq*) (*meanly*) ignobilmente, spregevolmente.

scabbiness /ˈskæbɪnəs/ *n.* 1 l'essere coperto di croste. 2 (*Br,colloq*) (*meanness*) meschinità *f.*, grettezza *f.*

scabble /ˈskæbl/ *v.t.* (*Edil*) sbozzare.

scabby /ˈskæbi/ *n.* 1 crostoso, ricoperto di croste. 2 (*Med,Veter,Agr*) scabbioso, rognoso. 3 (*Br,colloq*) ignobile, spregevole, meschino.

scabies /ˈskeɪbiːz/ *n.inv.* (*Med,Veter*) scabbia *f.*, rogna *f.*

scabious[1] /ˈskeɪbiəs/ *a.* 1 (*Med,Veter*) scabbioso, rognoso. 2 (*scabby*) crostoso, ricoperto di croste.

scabious[2] /ˈskeɪbiəs/ *n.* (*Bot*) scabiosa *f.*, scabbiosa *f.*

scabrous /ˈskeɪbrəs/ *a.* 1 scabro, ruvido, scabroso. 2 (*fig*) (*difficult*) scabroso: *a ~ problem* un problema scabroso.

scabrously /ˈskeɪbrəsli/ *avv.* indecentemente, in modo sconveniente, in modo spinto.

scabrousness /ˈskeɪbrəsnəs/ *n.* scabrosità *f.* (*anche fig*).

scaffold /ˈskæfəʊld/ *n.* 1 (*Edil*) ponteggio *m.*, impalcatura *f.*, ponte *m.* 2 (*platform on which a criminal is executed*) patibolo *m.*, (*rar*) palco *m.* 3 (*fig*) pena *f.* di morte, pena *f.* capitale: *to be sentenced to the ~* essere condannato alla pena capitale. 4 (*Met*) ponte *m.*, volta *f.* II *v.t.* impalcare, armare.

scaffolding /ˈskæfəldɪŋ/ *n.* (*Edil*) ponteggio *m.*, impalcatura *f.*; (*material for scaffolds*) materiale *m.* per ponteggi.

scagliola /skæˈlɪˈəʊlə/ *n.* (*Edil*) scagliola *f.*

scalability /ˌskeɪləˈbɪlɪti Am skeɪləˈbɪləti/ *n.* scalabilità *f.*

scalable /ˈskeɪləbl/ *a.* 1 che si può scalare. 2 (*Inform,Tip*) scalabile: *~ font* font scalabile.

scalar /ˈskeɪlər/ I *a.* (*Mat,Fis,Mus*) scalare. II *n.* (*Mat*) scalare *m.*, grandezza *f.* scalare. □ (*Mat*) *~ field* campo scalare; (*Mat*) *~ product* prodotto interno, prodotto scalare; (*Mat*) *~ quantity* grandezza scalare, scalare *m.*

scalawag /ˈskæləwæg/ *n.* (*Am*) 1 (*colloq*) mascalzone *m.* (*f.* -a), birbante *m./f.*, furfante *m./f.* 2 (*Stor,am*) sudista *m.* bianco repubblicano (dopo la guerra civile).

scald /skɔːld/ I *v.t.* 1 scottare, bruciare, ustionare: *to ~ oneself with boiling water*

scottarsi con l'acqua bollente. 2 (*to subject to the action of boiling water or steam*) scaldare con acqua bollente, cuocere con acqua bollente, scaldare con vapore, cuocere con vapore. 3 (*to sterilize*) sterilizzare con acqua bollente, sterilizzare a vapore. 4 (*to heat almost to boiling*) scaldare, portare quasi a bollore. II *v.i.* scottarsi, bruciarsi, ustionarsi. III *n.* scottatura *f.*, ustione *f.*

scalded /ˈskɔːldɪd/ □ *like a ~ cat* a gambe levate, come un fulmine.

scalding /ˈskɔːldɪŋ/ I *a.* 1 bollente, che scotta, che brucia: *~ coffee* caffè bollente. 2 (*estens*) (*very hot*) bollente, cocente, caldissimo, rovente. 3 (*estens*) (*of tears*) cocente, rovente. II *n.* 1 scottata *f.*, scottatura *f.* 2 (*Tess*) cottura *f.*, lisciviazione *f.* III *avv.* (*extremely*) *~ hot* molto caldo, rovente.

scale[1] /skeɪl/ I *n.* 1 squama *f.*, scaglia *f.* (*anche Zool*). 2 (*platelike layer, lamina*) strato *m.* sottile, lamella *f.*, lamina *f.* 3 (*Tecn*) (*in a boiler, etc.*) incrostazione *f.*, concrezione *f.* 4 (*Dent*) tartaro *m.* 5 *pl.* (*fig*) benda *f.sing.*, velo *m.sing.*, (*colloq*) fette *f.pl.* di salame: *to remove the -s from so.'s eyes* togliere la benda dagli occhi a qcu. II *v.t.* 1 squamare: *to ~ a fish* squamare un pesce. 2 (*to remove in thin layers*) scrostare, sfaldare. 3 (*Tecn*) (*of a boiler, etc.*) disincrostare, togliere le incrostazioni da (o a). 4 (*to peel off*) pelare, sbucciare, togliere la buccia a: *to ~ almonds* pelare le mandorle. 5 (*of peas, etc.*) sgranare, sgusciare. III *v.i.* 1 (*to flake*) squamarsi, scagliarsi, sfaldarsi. 2 (*to shed scales*) scrostarsi. 3 (*to form an incrustation over*) incrostarsi, formare un'incrostazione su. 4 (*Tecn*) (*of a boiler, etc.*) incrostarsi, ricoprirsi di incrostazioni, formare incrostazioni. □ (*Mil, ant*) *~ armour* armatura a scaglie; *to ~ off*: 1 (*used intransitively*) squamarsi, scagliarsi, sfaldarsi; 2 (*used transitively*) scrostare, sfaldare: *to ~ off plaster from a wall* scrostare l'intonaco di un muro.

scale[2] /skeɪl/ I *n.* 1 (*pan of a balance*) piatto *m.* della bilancia. 2 *spec.pl.* bilancia *f.sing.* II *v.t.* 1 pesare. 2 (*rifl.*) *to ~ oneself* pesarsi.

scale[3] /skeɪl/ I *n.* 1 scala *f.*, gamma *f.*: *a ~ of taxation* una scala di tassazione. 2 (*set of graduated rates*) scala *f.*, gradazione *f.*: *wage ~* scala dei salari. 3 (*series of marks for measuring*) scala *f.*: *the ~ of a barometer* la scala di un barometro. 4 (*graduated line on a map*) scala *f.* di riduzione. 5 (*measuring instrument*) strumento *m.* di misura. 6 (*ruler*) riga *f.* graduata, regolo *m.*, righello *m.* 7 (*relative size, extent, etc.*) scala *f.*, misura *f.*, dimensione *f.*: *on an industrial ~* su scala industriale; *on a large ~* su vasta scala; *on a small ~* su scala ridotta. 8 (*proportion*) scala *f.*, grandezza *f.*, rapporto *m.*: *a map on a ~ of 1 to 10* una cartina in scala 1 a 10. 9 (*Mus*) scala *f.*: *~ of C major* scala di do maggiore. 10 (*Mus*) (*compass of a voice, instrument*) gamma *f.*, registro *m.* 11 (*Mat*) scala *f.* 12 (*ant*) (*ladder*) scala *f.* (a pioli); (*staircase*) scalinata *f.*, scala *f.* II *a.* in scala, su scala: *a ~ model* un modello in scala. □ *to ~ down* scalare, diminuire proporzionalmente, ridurre proporzionalmente; (*Tecn*) *~ drawing* disegno in scala; *in ~* proporzionato; (*Entom*) *~ insect* cocciniglia; *~ model* modello in scala; *out of ~* sproporzionato; *to draw* (o *to make*) *sth. to ~* disegnare qcs. in scala.

scale[4] /skeɪl/ *v.t.* 1 (*to climb up, to climb over*) scalare, scavalcare, salire su: *to ~ a wall* scalare un muro. 2 (*to arrange in a scale*) disporre in scala, scalare. 3 (*to measure by a scale*) commisurare, adeguare, proporzionare. 4 (*to regulate according to a* *scale*) graduare: *to ~ wages* graduare i salari. **5** (*to measure*) misurare. **II** *v.i.* **1** salire, ascendere. **2** (*to progress in a scale*) progredire con un rapporto costante. □ *to ~ down* scalare, diminuire proporzionalmente, ridurre proporzionalmente; *to ~ up* aumentare proporzionalmente.

scaleboard /'skeɪlbɔːd *Am* 'skeɪlbɔːrd/ *n.* (*Legat*) cartoncino *m.*, cartone *m.*

scaled /skeɪld/ *a.* **1** squamoso, squamato, coperto di squame, ricoperto di squame. **2** (*having had the scales removed*) squamato, privato delle squame.

scalene /'skeɪliːn, skæ'liːn/ *a.* (*Geom,Anat*) scaleno.

scalenus /skə'liːnəs/ (*pl.* -**nai** /-naɪ/) *m.* (*Anat*) muscolo *m.* scaleno.

Scales /skeɪlz/ *n.pr.pl.* (*Astr*) Bilancia *f.sing.*, Libra *f.sing.*

scaliness /'skeɪlɪnəs/ *n.* l'essere squamoso, l'essere scaglioso.

scaling /'skeɪlɪŋ/ *n.* **1** (*of fish*) desquamazione *f.* **2** (*Tecn*) disincrostazione *f.* **3** (*Dent*) asportazione *f.* del tartaro, detartarizzazione *f.*

scaling-ladder /'skeɪlɪŋˌlædər/ *n.* scala *f.* aerea, scala *f.* retrattile.

scall /skɔːl/ *n.* (*Med*) dermatosi *f.* desquamante.

scallawag /'skæləwæg/ *n.* **1** (*colloq*) mascalzone *m.* (*f.* -a), birbante *m./f.*, furfante *m./f.* **2** (*Stor.am*) sudista *m.* bianco repubblicano (dopo la guerra civile).

scallion /'skæljən/ *n.* (*Bot*) scalogno *m.*

scallop /'skæləp/ **I** *n.* **1** (*Zool*) pettine *m.*, canestrello *m.*, capasanta *f.* **2** (*shell*) conchiglia *f.* di pettine. **3** (*baking dish*) recipiente *m.* da forno a forma di conchiglia. **4** (*Gastron*) scaloppina *f.* **5** *pl.* (*Sart*) (*scalloping*) festonatura *f.sing.*, smerlatura *f.sing.* **II** *v.t.* **1** (*Sart*) smerlare, smerlettare. **2** (*Gastron*) cuocere nel latte (*o* in una salsa).

scalloped /'skæləpt/ *a.* **1** (*Sart*) smerlato, a smerlo, smerlettato. **2** (*Gastron*) cotto nel latte (*o* in una salsa).

scalloping /'skæləpɪŋ/ *n.* (*Sart*) smerlatura *f.*

scallywag /'skæliwæg/ *n.* **1** (*colloq*) mascalzone *m.* (*f.* -a), birbante *m./f.*, furfante *m./f.* **2** (*Stor.am*) sudista *m.* bianco repubblicano (dopo la guerra civile).

scalp /skælp/ **I** *n.* **1** (*Anat*) cuoio *m.* capelluto. **2** (*Etnol*) (*as a victory trophy*) scalpo *m.* **II** *v.t.* **1** (*Am,colloq*) (*of tickets*) fare il bagarinaggio di. **2** (*Etnol*) scotennare, fare lo scalpo a. **3** (*Am,colloq,Econ*) (*of stocks*) fare scalping su, comprare e rivendere rapidamente (in modo da realizzare piccoli profitti), fare piccole speculazioni su. **4** (*Am,colloq*) (*of a politician*) demolire, distruggere, mettere a terra, stendere. **III** *v.i.* **1** (*of tickets*) fare il bagarinaggio. **2** (*Am,colloq,Econ*) fare scalping, fare piccole speculazioni, fare piccole operazioni in borsa. □ (*fig*) *to be out for* -*s* avere intenzioni bellicose, essere sul sentiero di guerra.

scalpel /'skælpəl/ *n.* (*Chir*) scalpello *m.*

scalper /'skælpər/ *n.* **1** (*Am,colloq*) (*one who resells tickets as a speculation*) bagarino *m.* **2** (*Etnol*) scotennatore *m.* **3** (*Am,colloq*) (*speculator*) speculatore *m.* (*f.* -trice).

scaly /'skeɪli/ *a.* **1** squamoso, squamato; ~ *fish* pesce squamoso. **2** (*composed of scales*) squamato, scaglioso. **3** (*of a boiler, etc.*) incrostato, coperto di incrostazione.

scammony /'skæməni/ *n.* (*Bot*) scamonea *f.*

scamp /skæmp/ **I** *n.* **1** birbante *m./f.*, briccone *m.* (*f.* -a), furfante *m./f.* **2** (*mischievous child*) monello *m.* (*f.* -a), birichino *m.* (*f.* -a). **II** *v.t.* (*ant*) **1** abborracciare, (*rar*) acciarpare, affa-

stellare, raffazzonare. **2** (*to leave half-finished*) lasciare a metà.

scamper /'skæmpər/ **I** *v.i.* **1** correre agile e veloce. **2** (*to run playfully about*) scorrazzare, sgambettare. **II** *n.* scorrazzata *f.* □ *to ~ away* (*o to ~ off*) scappare, darsela a gambe.

scampi /'skæmpi/ *n.* (*costr.sing. o pl.*) (*Gastron*) scampi *m.pl.*

scampish /'skæmpɪʃ/ *a.* da furfante, birbantesco.

scan[1] /skæn/ (*past, p.p.* **scanned** /-d/) **I** *v.t.* **1** scrutare, esaminare (*for sth.* per trovare qcs.): *to ~ the horizon* scrutare l'orizzonte. **2** (*to look at briefly*) scorrere, dare una scorsa a, dare un'occhiata a: *to ~ the headlines* scorrere i titoli. **3** (*Metr*) scandire. **4** (*TV*) scandire, analizzare. **5** (*Inform*) scandire, scannerare, eseguire una scansione di. **6** (*Rad*) esplorare: *radar equipment -ned the southern sky* il radar esplorò il cielo verso sud. **II** *v.i.* (*Metr*) potersi scandire: *this line doesn't ~* questo verso non si può scandire. □ *to ~ phone calls* filtrare le telefonate.

scan[2] /skæn/ *n.* **1** (*Med*) ecografia *f.*, TAC *f.* **2** (*Metr*) scansione *f.* **3** (*TV*) traccia *f.* luminosa. **4** (*Rad*) esplorazione *f.*

scandal /'skændəl/ *n.* **1** scandalo *m.*: *to give rise to ~* provocare uno scandalo, sollevare uno scandalo. **2** (*defamatory talk*) maldicenza *f.*, pettegolezzi *m.pl.*, chiacchiere *f.pl.*, dicerie *f.pl.*: *to talk ~* fare della maldicenza; *to be the subject of ~* essere oggetto di pettegolezzi. **3** (*damage to reputation, disgrace*) onta *f.*, vergogna *f.*, ignominia *f.* **4** (*Dir*) diffamazione *f.*

scandalize /'skændəlaɪz *Am* 'skændəlaɪz/ *v.t.* **1** scandalizzare, dare scandalo a: *his conduct -d us* ci sua condotta ci scandalizzò tutti. **2** (*Mar*) ridurre (le vele).

scandalized /'skændəlaɪzd *Am* 'skændəlaɪzd/ *a.* scandalizzato, indignato (*by, at* da, per).

scandal-monger /'skændəlˌmʌŋgər *Am* 'skændəlˌmɑːŋgər/ *n.* maldicente *m./f.*, malalingua *f.*

scandalous /'skændələs/ *a.* **1** scandaloso, vergognoso: ~ *conduct* condotta scandalosa. **2** (*defamatory*) diffamatorio, denigratorio, scandalistico.

scandalously /'skændələsli/ *avv.* scandalosamente.

scandalousness /'skændələsnəs/ *n.* l'essere scandaloso, vergogna *f.*

Scandinavia /ˌskændɪ'neɪviə/ *n.pr.* (*Geog*) Scandinavia *f.*

Scandinavian /ˌskændɪ'neɪviən/ **I** *a.* scandinavo. **II** *n.* **1** scandinavo *m.* (*f.* -a). **2** (*group of languages*) lingue *f.pl.* scandinave.

scandium /'skændiəm/ *n.* (*Chim*) scandio *m.*

scanner /'skænər/ *n.* **1** (*Elettron*) scanner *m.* **2** (*TV*) analizzatore *m.* **3** (*Tecn*) antenna *f.* radar. **4** (*Med*) tomografo *m.*

scanning /'skænɪŋ/ *n.* **1** scansione *f.*, scanning *m.* □ (*Ott*) ~ *electron microscope* microscopio elettronico a scansione; (*Ott*) ~ *tunneling microscope* microscopio a effetto tunnel, microscopio a scansione a effetto tunnel.

scansion /'skænʃən/ *n.* (*Metr*) scansione *f.*

scant /skænt/ *a.* **1** scarso, esiguo, limitato: ~ *provisions* provviste scarse; *to pay ~ attention to details* prestare scarsa attenzione ai dettagli. **2** (*limited, not much*) poco, magro, scarso, limitato: *there is ~ hope* ci sono poche speranze; ~ *consolation* magra consolazione. **3** (*in short supply*) a corto, povero, scarso (*of* di). □ (*lett*) ~ *of breath* dal fiato corto.

scantily /'skæntɪli *Am* skæntɪli/ *avv.* scarsamente, insufficientemente. □ ~ *clad* ve-

stito succintamente, seminudo.

scantling /'skæntlɪŋ/ *n.* **1** (*Fal,Edil*) travicello *m.*; (*dimensions of timber, stone*) dimensioni *f.pl.* di materiale da costruzione. **2** (*small portion*) piccola parte *f.*, piccola quantità *f.*, poco *m.* **3** (*rough draft*) abbozzo *m.*, schizzo *m.* **4** (*ant*) (*specimen*) campione *m.*, esemplare *m.*

scantness /'skæntnəs/ *n.* scarsezza *f.*, scarsità *f.*, insufficienza *f.*

scanty /'skænti *Am* 'skænti/ *a.* **1** scarso, magro, limitato, esiguo. **2** (*inadequate*) insufficiente, inadeguato, scarso.

scape[1] /skeɪp/ *n.* (*Bot,Ornit,Arch*) scapo *m.* □ (*Orol*) ~ *wheel* ruota dentata dello scappamento.

scape[2] /skeɪp/ *v.i.* (*rar*) (*to escape*) fuggire, evadere.

scapegoat /'skeɪpgəʊt/ *n.* (*fig*) capro *m.* espiatorio (*anche Bibl*).

scapegrace /'skeɪpgreɪs/ *n.* (*ant*) scavezzacollo *m.*, scapestrato *m.*

scapement /'skeɪpmənt/ *n.* (*Orol*) scappamento *m.*

scaphoid /'skæfɔɪd/ **I** *a.* (*Anat*) scafoide. **II** *n.* (*Anat*) scafoide *m.*, osso *m.* scafoide.

scapula /'skæpjʊlə/ (*pl.* -**s** /-z/ o -**lae** /-liː/) *n.* (*Anat*) scapola *f.*

scapular /'skæpjʊlər/ **I** *a.* (*Anat,Ornit*) scapolare. **II** *n.* **1** (*Lit,Rel*) scapolare *m.* **2** (*Med*) benda *f.* per la spalla.

scapulary /'skæpjʊləri/ *n.* (*Lit,Rel*) scapolare *m.*

scar[1] /skɑː *Am* skɑːr/ **I** *n.* **1** cicatrice *f.*, sfregio *m.* **2** (*estens*) (*mark of damage*) graffio *m.*, sfregio *m.* **3** (*fig*) cicatrice *f.*, segno *m.*, impronta *f.* **II** *v.t.* (*past, p.p.* **scarred** /-d/) **1** sfregiare. **2** (*fig*) lasciare il segno su, lasciare un'impronta su: *his war experiences have -red him* le esperienze di guerra hanno lasciato il segno su di lui. **III** *v.i.* (*past, p.p.* **scarred** /-d/) cicatrizzarsi, cicatrizzare.

scar[2] /skɑː *Am* skɑːr/ *n.* **1** (*Geog*) (*rocky eminence*) rupe *f.* scoscesa. **2** (*isolated rock in the sea*) scoglio *m.* isolato.

scarab /'skærəb/ *n.* **1** (*Entom*) scarabeo *m.* sacro. **2** (*in ancient Egypt*) scarabeo *m.*

scarabaean /ˌskærə'biːən/, **scarabaeid** /ˌskærə'biːɪd/, **scarabaeoid** /ˌskærə'biːɔɪd/ *a.* (*Entom*) degli scarabei, relativo agli scarabeidi.

scarabaeus /ˌskærə'biːəs/ (*pl.* -**es** /-ɪz/ o -**baei** /-biːaɪ/) *n.* **1** (*Entom*) scarabeo *m.* sacro. **2** (*in ancient Egypt*) scarabeo *m.*

scaraboid /'skærəbɔɪd/ *a.* simile a uno scarabeo.

scaramouch /'skærəmuːtʃ/ *n.* buono *m.* (*f.* -a) a nulla, cialtrone *m.* (*f.* -a).

Scaramouch /'skærəmuːtʃ/ *n.pr.m.* (*Teat*) Scaramuccia.

scaramouche /'skærəmuːtʃ/ *n.* buono *m.* (*f.* -a) a nulla, cialtrone *m.* (*f.* -a).

Scaramouche /'skærəmuːtʃ/ *n.pr.m.* (*Teat*) Scaramuccia.

scarce /skeəs *Am* skers/ **I** *a.* **1** scarso, insufficiente, poco, limitato. **2** (*rare*) raro: *a ~ book* un libro raro. **II** *avv.* (*poet*) ~ **scarcely**. □ *as ~ as hen's teeth* raro come una mosca bianca; (*colloq*) *to make oneself* ~: **1** tagliare la corda, andarsene; **2** (*to stay away*) stare lontano, stare alla larga.

scarcely /'skeəsli *Am* 'skersli/ *avv.* **1** appena, a malapena, sì e no, a stento: *I ~ had time* ho avuto appena il tempo; *it was ~ midnight* era sì e no mezzanotte; *there is ~ any food in the house* non c'è quasi cibo in casa; *I had ~ finished speaking when he came in* avevo appena finito di parlare quando entrò. **2** (*certainly not*) non... certamente, non... assolutamente, non... certo: *I could ~ ask him for a loan* non potevo certamente chiedergli un prestito. □ *~ anyone* quasi nessuno; *~ enough* appena sufficiente; *~ ever* quasi mai.

scarcement /'skeəsmənt *Am* 'skersmənt/ *n.* (*Edil*) riduzione *f.* di spessore, risega *f.*

scarceness /'skeəsnəs *Am* 'skersnəs/ *n.* scarsezza *f.*, scarsità *f.*, mancanza *f.*, insufficienza *f.*, penuria *f.*

scarcity /'skeəsəti *Am* 'skersəti/ *n.* **1** scarsità *f.*, scarsezza *f.*, mancanza *f.*, insufficienza *f.*, penuria *f.*: *~ of food* scarsità di cibo; *~ of good teachers* mancanza di buoni insegnanti. **2** (*lack of provisions*) scarsità *f.* di viveri, carestia *f.* **3** (*rareness*) rarità *f.*

scare /skeəʳ *Am* sker/ **I** *v.t.* spaventare, atterrire, sgomentare: *you -d me* mi hai spaventato; *to be -d* essere spaventato, avere paura (*of* di). **II** *v.i.* spaventarsi, atterrirsi, sgomentarsi: *I don't ~ easily* non mi spavento facilmente. **III** *n.* **1** spavento *m.*, sgomento *m.*, panico *m.*: *to give so. a ~* fare prendere uno spavento a qcu. **2** (*state, period of alarm*) panico *m.*, allarme *m.*, terrore *m.*: *~ on the Stock Exchange* panico in borsa; *bomb ~* allarme bomba. □ *to ~ so. away* (o *to ~ so. off*) fare fuggire qcu. per lo spavento, mettere in fuga qcu. spaventandolo; *to ~ so. out of their wits* spaventare qcu. a morte, fare prendere un colpo a qcu.; (*colloq*) *to ~ the pants off so.* (o *to ~ so. to death*) spaventare a morte qcu.; (*Am,colloq*) *to ~ sth. up* raggranellare qcs., mettere insieme qcs.

scarecrow /'skeəkrou *Am* 'skerkrou/ *n.* **1** spaventapasseri *m.*, spauracchio *m.* **2** (*colloq, estens*) straccione *m.* (*f.* -a), spaventapasseri *m.*

scaredy-cat /'skeədikæt *Am* 'skerdikæt/ *n.* (*colloq*) coniglio *m.*, fifone *m.* (*f.* -a).

scaremonger /'skeə,mʌŋgəʳ *Am* 'sker ,mɑːŋgəʳ/ *n.* allarmista *m./f.*

scaremongering /'skeə,mʌŋgərɪŋ *Am* 'sker ,mɑːŋgərɪŋ/ *n.* allarmismo *m.*

scarf¹ /skɑːf *Am* skɑːrf/ (*pl.* **-s** /-s/ o **scarves** /skɑːvz *Am* skɑːrvz/) *n.* **1** (*Abbigl*) sciarpa *f.*; (*headscarf*) foulard *m.*; (*loose necktie*) cravattone *m.* **2** (*Mil*) fascia *f.*

scarf² /skɑːf *Am* skɑːrf/ **I** *n.* (*pl.* **-s** /-s/) **1** (*Fal*) ammorsatura *f.* **2** (*Fal,Mecc*) (*joint*) giunto *m.* ad ammorsatura, giunzione *f.* ad ammorsatura. **3** (*of a whale*) solco *m.* inciso lungo il dorso; (*strip of skin*) striscia *f.* di pelle. **II** *v.t.* **1** (*Fal*) congiungere ad ammorsatura; (*to form a scarf on*) formare un'ammorsatura su. **2** (*of a whale*) scuoiare (incidendo), praticare un'incisione. **3** (*Mecc*) bisellare, smussare. □ (*Fal*) *~ joint* giunzione ad ammorsatura, giunto ad ammorsatura.

scarification /ˌskærɪfə'keɪʃən/ *n.* (*Chir,Etnol, Agr,Strad*) scarificazione *f.*

scarificator /'skærɪfɪ,keɪtəʳ/ *n.* (*Chir*) scarificatore *m.*

scarify /'skærɪfaɪ/ *v.t.* **1** (*Chir,Agr,Strad*) scarificare. **2** (*fig*) criticare aspramente, stroncare.

scarily /'skeərɪli *Am* 'skerɪli/ *avv.* (*colloq*) spaventosamente, terribilmente, paurosamente.

scariness /'skeərɪnəs *Am* 'skerɪnes/ *n.* (*colloq*) l'essere spaventoso, l'essere pauroso.

scarious /'skeərɪəs/ *a.* (*Bot*) scarioso.

scarlatina /ˌskɑːlə'tiːnə *Am* ˌskɑːrlə'tiːnə/ *n.* (*Med*) scarlattina *f.*

scarlet /'skɑːlət *Am* 'skɑːrlət/ **I** *n.* **1** scarlatto *m.*, rosso *m.* scarlatto, porpora *f.* **2** (*scarlet clothes*) vesti *f.pl.* scarlatte. **3** (*Caccia*) (*red coat*) giacca *f.* scarlatta (per la caccia alla volpe). **4** (*Rel.catt*) porpora *f.* (cardinalizia).

II *a.* **1** scarlatto, porpora. **2** (*wearing scarlet clothes*) che indossa vesti scarlatte. **3** (*fig*) (*heinous*) atroce, scellerato, nefando. **4** (*fig*) (*immoral, promiscuous*) immorale, (sessualmente) promiscuo. □ (*Med*) *~ fever* scarlattina; (*Rel.catt*) *~ hat* cappello cardinalizio; (*Stor*) *~ letter* lettera scarlatta (marchio imposto alle adultere); (*Bot,Alim*) *~ runner* (*bean*) fagiolo americano; *to turn ~* (*with embarrassment*) farsi rosso (per l'imbarazzo), arrossire (per l'imbarazzo); (*ant,spreg*) *~ woman* donna immorale, donna promiscua.

scaroid /'skærɔɪd/ *a.* (*Itt*) degli scaridi, relativo agli scaridi.

scarp /skɑːp *Am* skɑːrp/ **I** *n.* **1** pendio *m.* ripido, scarpata *f.* **2** (*Mil*) scarpata *f.* **II** *v.t.* **1** tagliare a scarpata. **2** (*Mil*) munire di scarpata.

scarper /'skɑːpəʳ/ *v.i.* (*Br,colloq*) (*to leave hurriedly*) svignarsela, squagliarsela.

scarred /skɑːrd *Am* skɑːrd/, **scarry** /'skɑːri/ *a.* sfregiato, segnato da cicatrici.

scarus /'skeərəs/ *n.* (*Itt*) pesce *m.* pappagallo.

scarves /skɑːvz *Am* skɑːrvz/ → **scarf¹**.

scary /'skeəri *Am* 'skeri/ *a.* (*colloq*) spaventoso, pauroso, che fa paura.

scat¹ /skæt/ *v.i.* (*colloq*) (*to go away, to leave*) andare via, partire, andarsene, smammare: *it's late, we've got to ~* è tardi, dobbiamo andare; *~!* fila via!, smamma!, pussa via!

scat² /skæt/ **I** *n.* (*Mus*) scat *m.* **II** *v.i.* (*Mus*) cantare in scat.

scat³ /skæt/ *n.* (*Zool*) escrementi *m.pl.* (*spec.* di animali carnivori).

scathe /skeɪð/ *v.t.* **1** danneggiare, guastare, rovinare. **2** (*to criticize severely*) criticare aspramente, stroncare. **II** *n.* (*ant*) danno *m.*, guasto *m.*, deterioramento *m.*

scatheless /'skeɪðlɪs/ *a.* indenne, illeso.

scathing /'skeɪðɪŋ/ *a.* aspro, severo, duro: *~ criticism* aspra critica.

scathingly /'skeɪðɪŋli/ *avv.* aspramente, severamente, duramente.

scatologic /ˌskætə'lɒdʒɪk *Am* ˌskætə'lɑːdʒɪk/ *a.* scatologico.

scatological /ˌskætə'lɒdʒɪkᵊl *Am* ˌskætə 'lɑːdʒɪkᵊl/ *a.* scatologico.

scatology /skæt'ɒlədʒi *Am* skæt'ɑːlədʒi/ *n.* scatologia *f.*

scatter /'skætəʳ *Am* 'skætəʳ/ **I** *v.t.* **1** spargere, spandere: *to ~ gravel over an icy road* spargere ghiaia su una strada ghiacciata. **2** (*to place here and there*) spargere, sparpagliare, disseminare, cospargere: *sheets of paper were -ed all over the room* per tutta la stanza erano sparsi fogli di carta. **3** (*to diffuse*) diffondere, spargere. **4** (*to cause to disperse*) disperdere, sparpagliare, sbaragliare: *the police -ed the demonstrators* la polizia disperse i dimostranti. **5** (*Fis*) diffondere. **II** *v.i.* disperdersi, sparpagliarsi: *the crowd -ed* la folla si disperse. **III** *n.* **1** spargimento *m.* **2** (*act of dispersing*) dispersione *f.*, sparpagliamento *m.* **3** (*Statist*) dispersione *f.*: *~ of the population* dispersione della popolazione. □ (*Statist*) *~ diagram* (o *~ graph* o *~ plot*) diagramma a dispersione; *~ rug* tappetino.

scatter-brain /'skætəbreɪn *Am* 'skætəʳbreɪn/ *n.* persona *f.* scervellata, persona *f.* sbadata.

scatter-brained /'skætəbreɪnd *Am* 'skætəʳ breɪnd/ *a.* scervellato, sbadato.

scattered /'skætəd *Am* 'skætəd/ *a.* **1** sparso, sparpagliato, disseminato. **2** (*sporadic*) sporadico: *~ showers* sporadici rovesci di pioggia, piogge sparse. **3** (*of thoughts*) confuso.

scattering /'skætərɪŋ *Am* 'skætərɪŋ/ **I** *n.* **1** spargimento *m.*; (*act of dispersing*) dispersione *f.*, sparpagliamento *m.* **2** (*sth. scattered*) ciò che è sparso, ciò che è sparpagliato. **3** (*small number, quantity*) numero *m.* ri-

stretto, piccola quantità *f.*, (*colloq*) pugno *m.*, manciata *f.*: *a ~ of spectators* un pugno di spettatori. **II** *a.* **1** sparso, disseminato, sparpagliato. **2** (*Am*) (*of votes*) disperso.

scattily /'skætɪli/ *avv.* (*Br,colloq*) da scervellato, sbadatamente.

scattiness /'skætɪnəs/ *n.* (*Br,colloq*) l'essere scervellato, sbadataggine *f.*

scatty /'skæti/ *a.* (*Br,colloq*) scervellato, sbadato.

scaup /skɔːp/ *n.* (*Ornit*) moretta *f.* grigia.

scauper /'skɔːpəʳ/ *n.* (*Tecn*) bulino *m.*

scaur /skɔːʳ/ *n.* (*Scott,ant*) **1** (*Geog*) (*rocky eminence*) rupe *f.* scoscesa. **2** (*isolated rock in the sea*) scoglio *m.* isolato.

scavenge /'skævɪndʒ/ **I** *v.t.* **1** spazzare, scopare, pulire: *to ~ the streets* spazzare le strade. **2** (*Mot*) lavare. **3** (*Chim*) purificare, decontaminare. **II** *v.i.* **1** fare lo spazzino. **2** (*Entom, Zool*) cercare cibo.

scavenger /'skævɪndʒəʳ/ *n.* **1** spazzino *m.* (*f.* -a), netturbino *m.* (*f.* -a). **2** (*Zool*) animale *m.* spazzino, spazzino *m.* **3** (*Entom*) idrofilo *m.*

scenario /sɪ'nɑːrɪou *Am* sə'nerɪou/ *n.* **1** scenario *m.*: *the international political ~* lo scenario politico internazionale. **2** (*Teat*) (*outline of a play*) canovaccio *m.*, scenario *m.* **3** (*Cin*) (*screenplay*) soggetto *m.* cinematografico, scenario *m.*; (*shooting script*) sceneggiatura *f.*, scenario *m.* **4** (*fig*) (*plan of action*) piano *m.* di azione.

scenarist /'siːnərɪst *Am* sə'nerɪst/ *n.* sceneggiatore *m.* (*f.* -trice).

scend /send/ *v.i.* **1** (*Mar*) beccheggiare violentemente. **II** *n.* **1** (*Mar*) movimento *m.* verticale durante il beccheggio. **2** (*of a wave*) spinta *f.*

scene /siːn/ *n.* **1** scena *f.*, luogo *m.*: *the ~ of the crime* la scena del delitto; *to appear on the ~* (o *to come on the ~*) entrare in scena (*anche fig*). **2** (*view, prospect*) scena *f.*, vista *f.*, veduta *f.* **3** (*colloq*) (*display of anger, etc.*) scenata *f.*, scena *f.*: *to make a ~ in public* fare una scenata in pubblico. **4** (*Teat,Lett*) scena *f.* **5** (*sl*) (*area, sphere of activity*) mondo *m.*, ambiente *m.*: *the drug ~* il mondo della droga. **6** *pl.* (*Teat*) (*scenery*) scena *f.sing.*, scenario *m.sing.* □ (*sl*) *opera is not my ~* la musica lirica non è il mio genere; *on the ~* (*present*) presente, sul posto, sulla scena; *to set the ~*: **1** (*Teat*) montare la scena; **2** (*fig*) preparare la messinscena.

scenery /'siːnəri/ *n.* **1** paesaggio *m.*, scenario *m.* **2** (*fig*) ambiente *m.*, aria *f.*: *to go abroad for a change of ~* andare all'estero per cambiare ambiente. **3** (*Teat*) scenario *m.*, scena *f.*

scene-shifter /'siːnˌʃɪftəʳ/ *n.* (*Teat*) macchinista *m./f.* di scena.

scene-shifting /'siːnˌʃɪftɪŋ/ *n.* (*Teat*) cambiamento *m.* di scena.

scene-stealer /'siːnˌstiːləʳ/ *n.* (*Teat,fig*) attore *m.* (*f.* -trice) che ruba la scena agli altri attori.

scenic /'siːnɪk/ *a.* **1** naturale, del paesaggio, del panorama: *the ~ beauties of the Alps* le bellezze naturali delle Alpi. **2** (*panoramic*) panoramico: *a ~ road* una strada panoramica. **3** (*of a landscape*) pittoresco. **4** (*Teat*) scenico. **5** (*fig*) melodrammatico, teatrale. □ *~ railway* **1** treno panoramico, ferrovia panoramica, scenic railway; **2** (*in an amusement park*) treno panoramico, trenino panoramico, treno che passa attraverso paesaggi di cartapesta.

scenical /'siːnɪkᵊl/ *a.* **1** naturale, del paesaggio, del panorama: *the ~ beauties of the Alps* le bellezze naturali delle Alpi. **2** (*panoramic*) panoramico: *a ~ road* una strada panoramica. **3** (*of a landscape*) pittoresco. **4** (*Teat*) scenico. **5** (*fig*) melodrammatico, teatrale.

scenically /'siːnɪkəli/ *avv.* scenicamente, teatralmente.

scenographer /siː'nɒgrəfər Am siː'nɑː-grəfər/ *n.* scenografo *m.* (*f.* -a).

scenographic /ˌsiːnou'græfɪk/, **scenographical** /ˌsiːnou'græfɪkl/ *a.* scenografico.

scenography /sɪ'nɒgrəfi Am sɪ'nɑːgrəfi/ *n.* scenografia *f.*

scent /sent/ **I** *n.* **1** odore *m.*, profumo *m.*, fragranza *f.*, aroma *m.*: *the ~ of new-mown hay* l'odore del fieno appena falciato. **2** (*Caccia*) odore *m.*; (*trail,track*) pista *f.*, traccia *f.* (*anche fig*): *to follow the ~* seguire le tracce (*anche fig*). **3** (*Cosmet*) profumo *m.* **4** (*fig*) (*power of detection*) fiuto *m.*, (*colloq*) naso *m.* **5** (*in the game of hare and hounds*) pezzetti *m.pl.* di carta lasciati cadere come traccia. **6** (*ant*) (*sense of smell*) olfatto *m.*, odorato *m.*, fiuto *m.*, (*colloq*) naso *m.*: *to have a keen ~* avere un olfatto fine. **II** *v.t.* **1** fiutare, annusare: *the dog -ed a rabbit* il cane fiutò un coniglio. **2** (*fig*) fiutare, subodorare, avere sentore di, intuire: *to ~ danger* fiutare il pericolo. **3** (*to make fragrant*) profumare di: *the air was -ed with honeysuckle* l'aria profumava di caprifoglio. □ *~ bottle* boccetta di profumo, flacone di profumo; (*Zool*) *~ gland* ghiandola odorifera; (*Caccia*) *the ~ is cold* la pista è vecchia (*anche fig*); *to be on the ~* essere sulle tracce (*anche fig*); *to be on the ~ of an important discovery* essere vicino a un'importante scoperta; *to be on the wrong ~* seguire una falsa traccia (*anche fig*).

scented /'sentɪd Am 'sentɪd/ *a.* profumato, odoroso, fragrante: *~ flowers* fiori profumati.

scentless /'sentləs/ *a.* inodoro, inodore, senza profumo.

scepsis /'skepsɪs/ *n.* (*Filos*) scepsi *f.*

scepter /'septər/ *e der.* (*Am*) → **sceptre** *e der.*

sceptic /'skeptɪk/ *n.* scettico *m.* (*f.* -a) (*anche Filos,Teol*).

sceptical /'skeptɪkl/ *a.* scettico (*anche Filos, Teol*) (*about, of* su, nei confronti di).

sceptically /'skeptɪkli/ *avv.* scetticamente.

scepticism /'skeptɪsɪzəm/ *n.* scetticismo *m.* (*anche Filos,Teol*).

sceptre /'septər/ *n.* scettro *m.* (*anche fig*).

sceptred /'septəd/ *a.* munito di scettro, scettrato.

sched. *schedule* progr. (programma).

schedule /'ʃedjuːl, 'skedʒuːl/ **I** *n.* **1** programma *m.*, piano *m.*, progetto *m.*: *to draw up a ~ of production* tracciare un programma di produzione. **2** (*body of items to be dealt with*) programma *m.* **3** (*detailed list*) elenco *m.*, lista *f.*, prospetto *m.*, tabella *f.* **4** (*timetable*) orario *m.*: *a railway ~* un orario ferroviario. **5** (*Br,Comm*) inventario *m.* **II** *v.t.* **1** includere in una lista, includere in un elenco. **2** (*to fix, to plan for a certain date*) fissare, programmare, stabilire (*for* per): *the meeting is -d for next week* la riunione è fissata per la prossima settimana. **3** (*to make a schedule of*) elencare, fare un elenco di, fare un prospetto di. **4** (*Inform*) programmare, schedulare. □ *behind ~* in ritardo sul previsto: *to arrive behind ~* arrivare in ritardo; *to fall behind ~* essere indietro rispetto al previsto; *on ~* in orario.

scheduled /'ʃedjuːld, 'skedʒuːld/ *a.* **1** (*planned*) programmato, fissato, in programma. **2** (*Br*) (*dichiarato*) di interesse architettonico e storico. □ *~ caste* (*in India*) casta schedata, casta registrata.

scheduler /'ʃedjuːlər, 'skedʒuːlər/ *n.* **1** pianificatore *m.* (*f.* -trice). **2** (*Inform*) schedulatore *m.*

scheelite /'ʃiːlaɪt/ *n.* (*Min*) scheelite *f.*

schema /'skiːmə/ (*pl.* **schemata** /'skiːmətə Am skiː'mɑːtə/) *n.* **1** (*Inform*) schema *m.*; (*diagram*) diagramma *m.* **2** (*in logics*) schema *m.*, sinossi *f.* **3** (*Filos*) (*in Kantian philosophy*) schema *m.*

schematic /skiː'mætɪk Am skiː'mætɪk/ *a.* schematico.

schematically /skiː'mætɪkəli Am skiː'mætɪkəli/ *avv.* schematicamente.

schematism /'skiːmə,tɪzəm/ *n.* schematismo *m.*

schematization /ˌskiːmətaɪ'zeɪʃən/ *n.* schematizzazione *f.*

schematize /'skiːmətaɪz/ *v.t.* schematizzare.

scheme /skiːm/ **I** *n.* **1** (*plot, intrigue*) intrigo *m.*, macchinazione *f.*, trama *f.*, congiura *f.* **2** (*plan*) piano *m.*, progetto *m.*, schema *m.*, programma *m.*: *a ~ to develop industry* un piano per lo sviluppo industriale. **3** (*combination*) combinazione *f.*: *a colour ~* una combinazione di colori. **4** (*arrangement*) disposizione *f.*, sistemazione *f.* **5** (*outline*) schema *m.*, abbozzo *m.* **6** (*summary*) compendio *m.* **II** *v.i.* **1** (*to plot*) complottare, cospirare, tramare: *to ~ against the government* complottare contro il governo. **2** (*to plan*) fare progetti, fare piani. **III** *v.t.* progettare.

schemer /'skiːmər/ *n.* cospiratore *m.* (*f.* -trice), intrigante *m./f.*

scheming /'skiːmɪŋ/ *a.* **1** intrigante, che trama. **2** (*crafty*) furbo, astuto, scaltro.

schemingly /'skiːmɪŋli/ *avv.* in maniera intrigante, da furbo.

Schiff /ʃɪf/ □ (*Chim*) *~ base* base di Schiff; (*Chim*) *~'s reagent* reattivo di Schiff.

schilling /'ʃɪlɪŋ/ *n.* (*Numism*) scellino *m.* austriaco.

schism /'skɪzəm, 'sɪzəm/ *n.* **1** scisma *m.* (*anche Rel*): *the Great ~* (o *the Western ~*) il grande scisma d'Occidente. **2** (*Rel*) (*schismatic body*) gruppo *m.* scismatico, setta *f.*

schismatic /skɪz'mætɪk Am sɪz'mætɪk/ **I** *a.* scismatico. **II** *n.* scismatico *m.* (*anche Rel*).

schismatical /skɪz'mætɪkl Am sɪz'mætɪkl/ *a.* scismatico.

schismatically /skɪz'mætɪkəli Am sɪz'mætɪkəli/ *avv.* in modo scismatico.

schist /ʃɪst/ *n.* (*Geol*) scisto *m.*, (*rar*) schisto *m.*

schistic /'ʃɪstɪk/, **schistose** /'ʃɪstous/, **schistous** /'ʃɪstəs/ *a.* scistoso, (*rar*) schistoso.

schizo /'skɪtsou/ (*pl.* **-s** /-z/) **I** *n.* (*colloq*) schizzato *m.* (*f.* -a), schizofrenico *m.* (*f.* -a). **II** *a.* (*colloq*) schizzato, schizofrenico.

schizoid /'skɪtsɔɪd/ **I** *a.* (*Psic*) schizoide. **II** *n.* (*Psic*) schizoide *m./f.*

schizomycete /ˌskɪtsou'maɪsiːt/ *n.* (*Biol*) schizomiceto *m.*

schizophrene /'skɪtsoufriːn/ *n.* (*Psic*) schizofrenico *m.* (*f.* -a).

schizophrenia /ˌskɪtsou'friːniə/ *n.* (*Psic*) schizofrenia *f.*

schizophrenic /ˌskɪtsou'frenɪk/ **I** *a.* (*Psic*) schizofrenico. **II** *n.* (*Psic*) schizofrenico *m.* (*f.* -a).

schizophrenically /ˌskɪtsou'frenɪkli/ *avv.* schizofrenicamente.

schlemiel /ʃlə'miːl/ *n.* (*Am,colloq*) babbeo *m.* (*f.* -a), gonzo *m.* (*f.* -a), credulone *m.* (*f.* -a), fesso *m.* (*f.* -a), tontolone *m.* (*f.* -a).

schlep /ʃlep/ **I** *n.* (*Am,colloq*) **1** (*an inept or stupid person*) tontolone *m.* (*f.* -a), balordo *m.* (*f.* -a). **2** (*a difficult journey*) tragitto *m.* difficile, viaggio *m.* difficoltoso: *the ~ from Milan to Pisa was a nightmare* il viaggio da Milano e Pisa è stato un vero incubo. **II** *v.t.* (*Am,colloq*) trascinare, tirarsi dietro, strasci-

care. **III** *v.i.* (*Am,colloq*) (*to move oneself reluctantly*) trascinarsi, procedere a stento.

schmalz /ʃmɑːlts/ *n.* (*Am,colloq*) sdolcinatezza *f.*, svenevolezza *f.*, smanceria *f.*

schmalzy /ʃmɑːltsi/ *a.* (*Am,colloq*) sdolcinato, svenevole, smanceroso.

schmear /ʃmɪər/ □ (*Am,colloq*) *the whole ~* tutto quanto, tutta la baracca.

schmo /ʃmou/ *n.* (*Am,colloq*) stupido *m.* (*f.* -a), fesso *m.* (*f.* -a), babbeo *m.* (*f.* -a).

schmooze /ʃmuːz/ **I** *v.t.* (*Am,colloq*) scroccare, riuscire a ottenere. **II** *v.i.* (*Am,colloq*) socializzare, coltivare amicizie importanti, coltivare le relazioni sociali. **III** *n.* (*Am,colloq*) **1** (*art of schmooze*) arte *f.* di coltivare le relazioni sociali, arte *f.* di coltivare amicizie importanti. **2** (*instance of schmooze*) chiacchierata *f.*, lunga conversazione *f.* (*per coltivare le relazioni sociali*).

schmoozer /'ʃmuːzər/ *n.* (*Am,colloq*) chi coltiva amicizie importanti, chi coltiva le relazioni sociali.

schmoozy /'ʃmuːzi/ *a.* (*Am,colloq*) che mira a coltivare amicizie importanti, che mire a coltivare le relazioni sociali.

schmuck /ʃmʌk/ *n.* (*sl,volg*) bastardo *m.* (*f.* -a), figlio *m.* (*f.* -a) di buona donna.

schnapps /ʃnæps/ *n.* (*colloq*) grappa *f.*, superalcolico *m.*

schnauzer /'ʃnautsər Am 'ʃnauzər/ *n.* (*Zool*) (*small breed of terrier*) schnauzer *m.*

schnitzel /'ʃnɪtsəl/ *n.* (*Gastron*) cotoletta *f.*

schnook /ʃnuːk/ *n.* (*Am,colloq*) babbeo *m.* (*f.* -a), gonzo *m.* (*f.* -a), tontolone *m.* (*f.* -a), credulone *m.* (*f.* -a).

schnozz /ʃnɑːz/ *n.* (*Am,colloq*) naso *m.* grosso, nasone *m.*, (*fig*) proboscide *f.*

scholar /'skɒlər Am 'skɑːlər/ *n.* **1** erudito *m.* (*f.* -a), dotto *m.* (*f.* -a). **2** (*expert in sth.*) studioso *m.* (*f.* -a): *a ~ of Greek history* uno studioso di storia greca. **3** (*Univ,Scol*) vincitore *m.* (*f.* -trice) di borsa di studio, borsista *m./f.* **4** (*ant*) (*student*) studente *m.* (*f.* -essa), scolaro *m.* (*f.* -a). □ (*colloq*) *he's not much of a ~* non è un gran letterato, sa appena leggere e scrivere.

scholarliness /'skɒlərlɪnəs Am 'skɑːlərlɪnəs/ *n.* l'essere erudito, l'essere dotto.

scholarly /'skɒlərli Am 'skɑːlərli/ *a.* **1** dotto, erudito. **2** (*of a person*) studioso, dedito agli studi.

scholarship /'skɒlərʃɪp Am 'skɑːlərʃɪp/ *n.* **1** (*Univ,Scol*) borsa *f.* di studio. **2** (*learning*) dottrina *f.*, erudizione *f.*, sapere *m.*, cultura *f.* □ (*Univ,Scol*) *~ recipient* borsista.

scholastic /skə'læstɪk/ **I** *a.* **1** scolastico (*anche Filos*). **2** (*estens*) (*formal, pedantic*) formale, pedantesco, scolastico. **II** *n.* **1** pedante *m./f.* **2** (*Filos*) scolastico *m.* **3** *pl.* (*Filos*) scolastica *f.sing.* □ *the ~ profession* l'insegnamento.

scholastically /skə'læstɪkəli/ *avv.* **1** scolasticamente. **2** (*pedantically*) pedantescamente.

scholasticism /skə'læstɪsɪzəm Am skə'læstəsɪzəm/ *n.* **1** (*Filos*) scolasticismo *m.* **2** (*pedantry*) pedanteria *f.* scolastica; (*spreg*) scolasticume *m.* **3** (*quibbling reasoning*) ragionamento *m.* cavilloso.

scholiast /'skouliæst/ *n.* (*Filos*) scoliaste *m.*, (*rar*) scoliasta *m.*

scholiastic /ˌskouliæstɪk/ *a.* (*Filos*) di scoliaste, da scoliaste.

scholium /'skouliəm/ (*pl.* **-s** /-z/ o **-lia** /-liə/) *n.* **1** chiosa *f.*, commento *m.*, nota *f.* (*illustrativa*). **2** (*Filol*) scolio *m.*

school[1] /skuːl/ **I** *n.* **1** scuola *f.* (*anche fig*): *to go to ~* andare a scuola; *in the presence of the whole ~* alla presenza di tutta la scuola. **2** (*university, college*) università *f.*, college

m. 3 (*Univ*) scuola *f.* (di perfezionamento), facoltà *f.*: *the ~ of medicine at Harvard* la scuola di medicina a Harvard. **4** (*Br,Univ,ant*) (*examination hall*) aula *f.* per esami. **5** (*followers of a teacher*) scuola *f.*, discepoli *m.pl.*: *the ~ of Plato* la scuola di Platone. **6** (*Equit*) scuola *f.* di equitazione. **7** (*Mil*) scuola *f.*: *flying ~* scuola di volo. **8** *pl.* (*Br,Univ,ant*) (*final examinations*) esami *m.pl.* finali: *to take -s* sostenere gli esami finali; (*honours course*) corso *m.* universitario per il conferimento della laurea con lode. **9** *pl.* (*Mediev,Filos*) scolastici *m.pl.*; (*scholasticism*) scolasticismo *m.sing.* **II** *a.* scolastico, della scuola, relativo alla scuola: *~ books* libri scolastici; *the ~ library* la biblioteca della scuola. **III** *v.t.* **1** insegnare a, istruire, educare. **2** (*to train*) addestrare, ammaestrare, educare: *to be -ed in the art of metalwork* essere addestrato nell'arte della lavorazione dei metalli. **3** (*to bring under control*) dominare, frenare, tenere a freno, disciplinare: *to ~ one's feelings* dominare i propri sentimenti. **4** (*to educate, to cultivate*) esercitare, coltivare, educare: *to ~ one's mind with study* esercitare la mente con lo studio. **5** (*Equit*) addestrare. □ *~ age* età scolare; *to be at ~* essere a scuola: *what ~ were you at?* che scuola hai frequentato?; *~ attendance* frequenza scolastica; *~ board* comitato scolastico locale; *~ bus* scuolabus; (*Br*) *~ centre* centro scolastico; *~ fees* tasse scolastiche; (*Am*) *to be in ~* essere a scuola; *~ inspector* ispettore scolastico; *~ of dancing* scuola di danza; *~ of music* scuola di musica; *~ of thought*: 1 scuola di pensiero; 2 (*point of view*) pensiero, punto di vista; *~ report* pagella scolastica; *~ year*: 1 anno scolastico; 2 (*Univ*) anno accademico.

school² /skuːl/ **I** *n.* (*of fish, etc.*) branco *m.*: *a ~ of whales* un branco di balene. **II** *v.i.* andare in branco, nuotare in branco.

school-age /'skuːleɪdʒ/ *n.* età *f.* scolare. □ (*Statist*) *~ population* popolazione in età scolare.

schoolbook /'skuːlbʊk/ *n.* libro *m.* scolastico, libro *m.* di testo.

schoolboy /'skuːlbɔɪ/ *n.* scolaro *m.*

schoolday /'skuːldeɪ/ *n.* **1** giorno *m.* di scuola. **2** *pl.* giorni *m.pl.* di scuola, periodo *m.sing.* scolastico: *in my -s* quando andavo a scuola.

schoolfellow /'skuːlfeloʊ/ *n.* (*Br*) compagno *m.* (*f.* -a) di scuola.

schoolgirl /'skuːlgɜːl *Am* 'skuːlgɜːrl/ *n.* scolara *f.*

schoolhouse /'skuːlhaʊs/ *n.* scuola *f.*, edificio *m.* scolastico.

schooling /'skuːlɪŋ/ *n.* **1** istruzione *f.*, educazione *f.* **2** (*Equit*) addestramento *m.*

school-leaving /ˌskuːl'liːvɪŋ/ □ (*Br*) *~ age* età di adempimento dell'obbligo scolastico.

schoolma'am /'skuːlmɑːm/ *n.* (*spreg*) **1** maestra *f.*, insegnante *f.* **2** (*fig*) pedante *f.*, formalista *f.*

schoolmarm /'skuːlmɑːm *Am* 'skuːlmɑːrm/ *n.* (*spreg*) **1** maestra *f.*, insegnante *f.* **2** (*fig*) pedante *f.*, formalista *f.*

schoolmarmish /'skuːlmɑːmɪʃ *Am* 'skuːlmɑːrmɪʃ/ *a.* pedantesco, formalistico.

schoolmaster /'skuːlmɑːstə *Am* 'skuːlˌmæstər/ *n.* maestro *m.*, insegnante *m.*

schoolmastering /'skuːlˌmɑːstərɪŋ *Am* 'skuːlˌmæstərɪŋ/ *n.* insegnamento *m.*

schoolmate /'skuːlmeɪt/ *n.* (*Br*) compagno *m.* (*f.* -a) di scuola.

schoolmistress /'skuːlˌmɪstrəs/ *n.* maestra *f.*, insegnante *f.*

schoolroom /'skuːlrʊm/ *n.* aula *f.* scolastica), classe *f.*

schoolship /'skuːlʃɪp/ *n.* (*Mar*) nave *f.* scuola.

schoolteacher /'skuːlˌtiːtʃər/ *n.* insegnante *m./f.*, docente *m./f.*, maestro *m.* (*f.* -a).

schoolteaching /'skuːlˌtiːtʃɪŋ/ *n.* insegnamento *m.*

schooltime /'skuːltaɪm/ *n.* ore *f.pl.* di scuola, ore *f.pl.* di lezione, lezioni *f.pl.*

schooner /'skuːnər/ *n.* **1** (*Mar*) goletta *f.*, schooner *m.* **2** (*Br*) (*large glass*) boccale *m.* da sherry. **3** (*Am,Aus,NZ*) (*tall glass*) boccale *m.* alto da birra.

schorl /ʃɔːl *Am* ʃɔːrl/ *n.* (*Min*) tormalina *f.* nera.

schottische /ʃɒt'iːʃ *Am* 'ʃɑːtɪʃ/ *n.* (*dance*) scozzese *f.*

Schrödinger /'ʃrɜːdɪŋər *Am* 'ʃroʊdɪŋər/ □ (*Fis*) *~ equation* equazione di Schrödinger.

schuss /ʃʊs/ *n.* (*Sport*) (*straight downhill run on skis*) schuss *m.*, muro *m.*

sciagram /'saɪəgræm/, **sciagraph** /'saɪəgrɑːf *Am* 'saɪəgræf/ **I** *n.* (*rar*) **1** (*Radiol*) radiogramma *m.* **2** (*Arch*) sciografia *f.* **II** *v.t.* (*rar*) radiografare.

sciagraphic /ˌsaɪə'græfɪk/, **sciagraphical** /ˌsaɪə'græfɪkl/ *a.* (*Radiol*) radiografico.

sciagraphy /saɪ'ægrəfi/ *n.* **1** (*Radiol*) radiografia *f.* **2** (*Arch,Astr*) sciografia *f.*

sciatic /saɪ'ætɪk *Am* saɪ'æt̬ɪk/ *a.* (*Anat*) sciatico. □ (*Anat*) *~ artery* arteria sciatica; (*Anat*) *~ nerve* nervo sciatico.

sciatica /saɪ'ætɪkə *Am* saɪ'æt̬ɪkə/ *n.* (*Med*) sciatica *f.*

science /'saɪəns/ *n.* **1** scienza *f.*: *pure ~* scienza pura; *natural ~* scienze (naturali); *the ~ of biology* la biologia. **2** (*estens*) arte *f.*: *the ~ of gardening* l'arte del giardinaggio. **3** (*fig*) (*skill*) destrezza *f.*, abilità *f.*; (*technique*) tecnica *f.* (*anche Sport*): *in judo ~ is more important than strength* nello judo la tecnica è più importante della forza. □ (*fig*) *to have sth. down to a ~* saper fare qcs. alla perfezione; *~ fiction* fantascienza; *~ laboratory* laboratorio scientifico; *a man of ~* uno scienziato; (*Giorn*) *~ page* rubrica scientifica; (*Br*) *~ park* centro di ricerca applicata, polo scientifico.

Science /'saɪəns/ *n.* (*Rel*) (*Christian Science*) Scienza *f.* Cristiana.

science-fictional /ˌsaɪəns'fɪkʃ°nəl/ *n.* fantascientifico.

scienter /saɪ'entər/ **I** *n.* (*Dir*) intenzionalità *f.* **II** *avv.* (*Dir*) scientemente, intenzionalmente.

sciential /saɪ'enʃəl/ *a.* (*ant*) **1** che sa, che ha conoscenza. **2** (*of science*) scientifico; (*of knowledge*) conoscitivo.

scientific /ˌsaɪən'tɪfɪk/ *a.* **1** scientifico: *~ research* ricerca scientifica. **2** (*fig*) preciso, rigoroso, esatto, scientifico; (*skilled*) esperto, abile. □ *~ committee* comitato scientifico; *~ nature* scientificità.

scientifically /ˌsaɪən'tɪfɪk°li/ *avv.* scientificamente.

scientism /'saɪəntɪz°m/ *n.* **1** metodi *m.pl.* propri degli scienziati (*anche spreg*). **2** (*Filos*) scientismo *m.*

scientist /'saɪəntɪst/ *n.* scienziato *m.* (*f.* -a).

Scientologist /ˌsaɪən'tɒlədʒɪst *Am* ˌsaɪən'tɑːlədʒɪst/ *n.* (*Rel*) appartenente *m./f.* a Scientology.

Scientology /ˌsaɪən'tɒlədʒi *Am* ˌsaɪən'tɑːlədʒi/ *n.* (*Rel*) Scientology *f.*, Scientologia *f.*

sci-fi /'saɪfaɪ/ **I** *n.* fantascienza *f.* **II** *a.* fantascientifico.

scil. *scilicet* (cioè).

scilicet /'sɪlɪset/ *avv.* (*namely*) cioè, vale a dire.

Scillonian /sɪ'loʊnɪən/ **I** *a.* delle isole Scilly.

II *n.* abitante *m./f.* delle isole Scilly.

Scilly /'sɪli/ □ (*Geog*) *~ Islands* (o *~ Isles*) isole Scilly.

scimitar, scimiter /'sɪmɪtər *Am* 'sɪmət̬ər/ *n.* scimitarra *f.*

scintigram /'sɪntɪgræm/ *n.* (*Radiol,Med*) scintigramma *m.*

scintigraphic /sɪntɪ'græfɪk/ *a.* (*Radiol,Med*) scintigrafico.

scintigraphy /sɪn'tɪgrəfi/ *n.* (*Radiol,Med*) scintigrafia *f.*

scintilla /sɪn'tɪlə/ *n.* **1** (*light trace*) briciolo *m.*, barlume *m.*: *not a ~ of truth* non un briciolo di verità. **2** (*spark*) scintilla *f.*, sprazzo *m.*

scintillant /'sɪn'tɪlənt/ *a.* scintillante.

scintillate /'sɪntɪleɪt *Am* 'sɪnt̬əleɪt/ *v.i.* **1** scintillare (*anche Fis*). **2** (*fig,Astr*) fare faville.

scintillating /'sɪntɪleɪtɪŋ *Am* 'sɪnt̬əleɪtɪŋ/ *a.* scintillante.

scintillation /ˌsɪntɪ'leɪʃ°n *Am* ˌsɪnt̬əl'eɪʃ°n/ *n.* **1** lo scintillare. **2** (*Astr,Fis*) scintillazione *f.*

scintillator /'sɪntɪˌleɪtər/ *n.* (*Fis*) scintillatore *m.*

scintiscan /'sɪntɪskæn/ *n.* (*Radiol,Med*) scintigramma *m.*

scintiscanner /'sɪntɪskænər/ *n.* (*Med*) scintigrafo *m.*

sciolism /'saɪoʊlɪz°m/ *n.* conoscenza *f.* superficiale, infarinatura *f.*

sciolist /'saɪoʊlɪst/ *n.* (*of little knowledge*) persona *f.* che ha una cultura superficiale, (*iron*) saccente *m./f.*, (*iron*) saputo *m.* (*f.* -a).

sciolistic /ˌsaɪoʊ'lɪstɪk/, **sciolous** /'saɪələs/ *a.* (*of little knowledge*) saccente, saputo.

scion /'saɪən/ *n.* **1** (*lett*) rampollo *m.*, pollone *m.* **2** (*Agr*) marza *f.*

scirocco /ʃɪ'rɒkoʊ *Am* ʃɪ'rɑːkoʊ/ (*pl.* **-s** /-z/) *n.* (*Meteor*) scirocco *m.*

scirrhoid /'sɪrɔɪd/ *a.* (*Med,rar*) scirroide.

scirrhosity /sɪ'rɒsɪti *Am* 'sɪrɑːsət̬i/ *n.* carattere *m.* di ciò che è scirroso.

scirrhous /'sɪrəs/ *a.* (*Med*) scirroso.

scirrhus /'sɪrəs/ (*pl.* **-rrhi** /-raɪ/ o **-rhuses** /-rəsɪz/) *n.* (*Med*) scirro *m.*

scissel /'sɪsl/ *n.* (*Tecn,Numism*) sbavatura *f.*

scissile /'sɪsaɪl/ *a.* scissile.

scission /'sɪʒ°n/ *n.* scissione *f.*

scissor /'sɪzər/ *v.t.* tagliare con le forbici, sforbiciare. □ (*Sport*) *~ hold* (*in wrestling*) forbice, presa a forbice; (*Sport*) *~ kick* sforbiciata, (*rar*) forbiciata.

scissors /'sɪzəz *Am* 'sɪzərz/ *n.pl.* **1** forbici *f.pl.*: *a pair of ~* un paio di forbici; *these ~ are blunt* queste forbici non tagliano. **2** (*Ginn*) (*costr.sing.*) forbice *f.sing.* □ (*fig*) *~ and paste* tagliato e incollato insieme, messo insieme con brani di altre opere; *~ case* astuccio delle forbici.

scissure /'sɪʒər, sɪʃər/ *n.* fessura *f.*, fenditura *f.*

sciurid /'saɪjʊrɪd/, **sciurine** /'sʌɪjʊərɪn/ **I** *a.* (*Zool*) degli sciuridi, relativo agli sciuridi. **II** *n.* (*Zool*) **1** *pl.* sciuridi *m.pl.* **2** (*estens*) scoiattolo *m.*

sciuroid /'saɪjʊrɔɪd, saɪ'jʊrɔɪd/ *a.* **1** (*Zool*) degli sciuridi, relativo agli sciuridi. **2** (*resembling a squirrel*) simile a uno scoiattolo.

sclera /'sklɪərə *Am* 'sklɪrə/ *n.* (*Anat*) sclera *f.*, sclerotica *f.*

scleral /'sklɪərəl/ *a.* (*Anat*) sclerale, della sclera, relativo alla sclera.

scleroma /sklɪə'roʊmə/ (*pl.* **-s** /-z/ o **-mata** /-mɑːtə/) *n.* (*Med*) scleroma *m.*

sclerometer /sklɪə'rɒmɪtər *Am* sklɪ'rɑːmət̬ər/ *n.* (*Tecn*) sclerometro *m.*

scleroscope /'sklɪərəskoʊp/ *n.* (*Tecn*) scleroscopio *m.*

sclerosed /'sklɪəroʊst/ *a.* affetto da sclerosi,

sclerotico.

sclerosis /sklə'rousıs *Am* sklɪ'rousıs/ (*pl.* **-ses** /-siːz/) *n.* (*Med,Bot*) sclerosi *f.*

sclerotic /sklə'rɒtık *Am* sklɪ'rɑːtık/ **I** *a.* **1** (*Anat*) sclerale. **2** (*Med*) sclerotico. **II** *n.* (*Anat*) sclera *f.*, sclerotica *f.*

sclerotica /sklɪə'rɒtıkə *Am* sklɪə'rɑːtıkə/ *n.* (*Anat*) sclera *f.*, sclerotica *f.*

sclerotitis /ˌsklɪərə'taɪtıs *Am* ˌsklɪərə'taɪtıs/ *n.* (*Med*) sclerite *f.*

sclerotomy /sklɪə'rɒtəmi *Am* sklɪə'rɑːtəmi/ *n.* (*Chir*) sclerotomia *f.*

sclerous /'sklɪərəs/ *a.* (*Med*) sclerotico.

Sc.M. (*Am*) *Scientiae Magister* (dottore in scienze).

SCN *Saint Kitts and Nevis* SCN (Saint Cristopher e Nevis).

scobs /skɒbs/ *n.pl.* (*Br*) **1** segatura *f.sing.* **2** (*shavings*) trucioli *m.pl.*

scoff[1] /skɒf *Am* skɑːf/ **I** *n.* **1** scherno *m.*, (*lett*) dileggio *m.*, beffa *f.*, derisione *f.* **2** (*ant*) (*object of mockery*) zimbello *m.* **II** *v.i.* farsi beffe, beffarsi (*at* di), deridere, schernire. **III** *v.t.* deridere, (*lett*) dileggiare, schernire, beffarsi di.

scoff[2] /skɒf/ (*Br,sl*) **I** *v.t.* (*Br,sl*) (*to eat greedily*) mangiare avidamente, ingoiare, ingollare. **II** *v.i.* (*Br,sl*) mangiare avidamente, ingozzarsi. **III** *n.* (*Br,sl*) cibo *m.*, roba *f.* da mangiare.

scoffer /'skɒfər *Am* 'skɑːfər/ *n.* derisore *m.*, dileggiatore *m.* (*f.* -trice), schernitore *m.* (*f.* -trice).

scoffing /'skɒfıŋ *Am* 'skɑːfıŋ/ **I** *n.* derisione *f.*, scherno *m.*, (*lett*) dileggio *m.* **II** *a.* derisorio, beffardo, di scherno.

scoffingly /'skɒfıŋli *Am* 'skɑːfıŋli/ *avv.* beffardamente, con scherno.

scold /skould/ **I** *v.t./i.* rimproverare, riprendere, dare una lavata di capo a (*for* per). **II** *n.* bisbetica *f.*, brontolona *f.*, borbottona *f.*

scolding /'skouldıŋ/ *n.* lavata *f.* di capo, rimprovero *m.*, sgridata *f.*, rabbuffo *m.*: *to give so.* *a* ~ dare una lavata di capo a qcu.; *to get a* ~ prendersi una sgridata.

scolex /'skouleks/ (*pl.* **-leces/-lices** /skou'liːsiːz/) *n.* (*Zool*) scolice *m.*

scoliosis /ˌskɒli'ousıs *Am* ˌskouli'ousıs/ (*pl.* **-ses** /-siːz/) *n.* (*Med*) scoliosi *f.*

scoliotic /ˌskɒlı'ɒtık *Am* ˌskɑːlı'ɑːtık/ *a.* (*Med*) scoliotico.

scollop /'skɒləp *Am* 'skɑːləp/ *n./v.t.* → **scallop**.

scolopendrid /ˌskɒlə'pendrıd *Am* ˌskɑːlə'pendrıd/ *n.* (*Zool*) scolopendra *f.*

scolopendrine /ˌskɒlə'pendrın *Am* ˌskɑːlə'pendrın/ *a.* degli scolopendridi, relativo agli scolopendridi.

sconce[1] /skɒns *Am* skɑːns/ *n.* **1** candeliere *m.* con manico. **2** (*bracket for candles*) candelabro *m.* da parete; (*for lights*) portalampade *m.* da parete.

sconce[2] /skɒns *Am* skɑːns/ *n.* **1** (*Mil*) fortino *m.* (isolato); (*redoubt*) ridotta *f.* **2** (*shelter*) riparo *m.*, protezione *f.*

sconce[3] /skɒns/ **I** *n.* (*Br,Univ,scherz*) **1** bevuta *f.* (per punizione). **2** recipiente *m.*per bere. **II** *v.t.* (*Br,Univ,scherz*) punire (facendo bere molta birra).

scone /skɒn, skoun/ *n.* (*Dolc*) focaccina *f.* da tè.

scoop /skuːp/ **I** *n.* **1** ramaiolo *m.*, mestolo *m.*; (*deep shovel*) paletta *f.* (fonda); (*utensil for distributing ice cream, etc.*) cucchiaio *m.*, cucchiaio *m.* dosatore. **2** (*ball of icecream*) pallina *f.*: *I'll have one* ~ *of chocolate and one of vanilla* prendo una pallina di cioccolato e una di vaniglia. **3** (*Mecc*) tazza *f.*, secchia *f.* **4** (*colloq*) colpo *m.* di fortuna; (*large profit*) affare *m.* vantaggioso, grosso affare; (*colloq*) bel colpo *m.*: *to make a* ~ *on the Stock Exchange* fare un bel colpo in borsa. **5** (*Giorn*) scoop *m.*, notizia *f.* (in) esclusiva, colpo *m.* (giornalistico). **II** *v.t.* **1** prendere con un mestolo, tirare su con un mestolo, raccogliere con un mestolo. **2** (*to lift*) sollevare, raccogliere, tirare su: *the mother -ed up her child* la madre sollevò il suo bambino. **3** (*to empty with a scoop*) vuotare con un mestolo. **4** (*to make hollow*) scavare (con una paletta) (*of* da). **5** (*Giorn*) battere: *we -ed all the other papers with our article* abbiamo battuto tutti gli altri giornali con il nostro articolo. **6** (*Giorn*) (*of a story: to obtain before others*) ottenere prima degli altri, ottenere in esclusiva. □ *at one* ~ in un solo colpo, d'un solo colpo; (*colloq*) *to* ~ *in* (*of a large profit, etc.*) fare, assicurarsi; (*Abbigl*) ~ *neck* scollatura rotonda; (*Abbigl*) ~ *necked* dall'ampia scollatura rotonda; *to* ~ *out*: 1 prendere con un mestolo, tirare su con un mestolo, raccogliere con un mestolo; 2 (*to make hollow*) scavare; *to* ~ *up*: 1 prendere con un mestolo, tirare su con un mestolo, raccogliere con un mestolo; 2 (*to lift*) sollevare, raccogliere, tirare su: *the mother -ed up her child* la madre sollevò il suo bambino.

scooper /'skuːpər/ *n.* **1** chi usa un mestolo. **2** (*Tecn*) scalpello *m.* **3** (*Ornit*) avocetta *f.*

scoopful /'skuːpfʊl/ *n.* mestolata *f.*, ramaiolo *m.*, mestolo *m.*

scoot /skuːt/ **I** *v.i.* (*colloq*) **1** correre, precipitarsi. **2** (*to run off*) andarsene a precipizio, filare via di corsa. **II** *n.* (*colloq*) fuga *f.* precipitosa. **III** *intz.* (*colloq*) fila! □ *to* ~ *away* (*o to* ~ *off*) andarsene a precipizio, filare via di corsa.

scooter[1] /'skuːtər *Am* 'skuːt̬ər/ *n.* **1** monopattino *m.* **2** (*motor scooter*) scooter *m.*

scooter[2] /'skuːtər *Am* 'skuːt̬ər/ (*pl.inv.* o **-s** /-z/; *il pl. inv. si usa general. con valore collett.*) *n.* (*Ornit*) melanitta *f.*

scop /skɒp/ *n.* (*Br,ant*) bardo *m.*, poeta *m.*, cantore *m.*

scope /skoup/ *n.* **1** portata *f.*, estensione *f.*: *the* ~ *of an inquiry* la portata di un'inchiesta; *an undertaking of wide* ~ un'impresa di grande portata; *a mind of wide* ~ una mentalità aperta. **2** (*extent, compass*) ambito *m.*, campo *m.*, sfera *f.* **3** (*of a word*) ambito *m.* di significato. **4** (*range of activity*) libertà *f.* di azione, raggio *m.* di azione: *he needs more* ~ *to display his talents* ha bisogno di maggiore libertà di azione per dimostrare le sue capacità; *to give one's imagination full* ~ sbrigliare la fantasia. **5** (*opportunity*) opportunità *f.*, possibilità *f.*, campo *m.* **6** (*length*) lunghezza *f.*: ~ *of cable* lunghezza di cavo. **7** (*Mar*) calumo *m.* (di nave alla fonda). **8** (*intention, purpose*) intenzione *f.*, proposito *m.*; (*aim, object*) intento *m.*, fine *m.*, scopo *m.* □ *it is within my* ~ è di mia competenza.

scorbutic /skɔː'bjuːtık *Am* skɔːr'bjuːtık/,
scorbutical /skɔː'bjuːtıkəl *Am* skɔːr'bjuːtıkəl/ *a.* (*Med*) scorbutico.

scorch /skɔːtʃ *Am* skɔːrtʃ/ **I** *v.t.* **1** bruciacchiare, bruciare: *the flame -ed the butterfly's wings* la fiamma bruciacchiò le ali della farfalla. **2** (*to parch*) bruciare, seccare, inaridire, riardere: *the sun had -ed the grass* il sole aveva seccato l'erba. **II** *v.i.* **1** bruciacchiarsi, bruciarsi. **2** (*colloq*) guidare a velocità eccessiva, correre da matti, sfrecciare. **III** *n.* **1** bruciatura *f.* (superficiale), bruciacchiatura *f.*, scottatura *f.* (*Bot*) imbrunimento *m.* dei tessuti vegetali (per malattia, parassiti ecc.). □ (*Br,colloq*) *to* ~ *down the road* sfrecciare giù per la strada; (*Br*) *to* ~ *off* sfrecciare via;

(*Br*) *to* ~ *past* sfrecciare oltre.

scorched /skɔːtʃt *Am* 'skɔːrtʃt/ *a.* **1** bruciacchiato, bruciato. **2** (*parched*) bruciato, seccato, inaridito. □ (*Mil*) ~ *earth policy* tattica della terra bruciata.

scorcher /'skɔːtʃər *Am* 'skɔːrtʃər/ *n.* **1** (*colloq*) (*very hot day*) giornata *f.* torrida, giornata *f.* canicolare. **2** (*Br*) (*sth. very startling*) cosa *f.* sensazionale, cosa *f.* straordinaria; (*one that is startling for his beauty or sexiness*) tipo *m.* attraente. **3** (*Sport*) tiro *m.* molto veloce, (*colloq*) cannonata *f.*, staffilata *f.*, botta *f.*

scorching /'skɔːtʃıŋ *Am* 'skɔːrtʃıŋ/ *a.* **1** che brucia, cocente, scottante: *a* ~ *sun* un sole che brucia. **2** (*fig*) pungente, caustico, scottante: ~ *criticism* critica pungente.

scorchingly /'skɔːtʃıŋli *Am* 'skɔːrtʃıŋli/ *avv.* (*fig*) in modo caustico, in modo pungente.

score /skɔː *Am* skɔːr/ **I** *n.* **1** punti *m.pl.*, punteggio *m.*: *to keep the* ~ segnare i punti; *the* ~ *is three nil* il punteggio è di tre a zero. **2** (*total count*) segnatura *f.* **3** (*scratch, line made by a sharp point*) frego *m.*, graffio *m.*, sfregio *m.*; (*mark*) segno *m.*; (*notch*) tacca *f.*, incisione *f.* **4** (*Mus*) partitura *f.*, spartito *m.*; (*film score*) colonna *f.* musicale, commento *m.* musicale. **5** (*Br,fig*) (*account, reckoning*) conto *m.*, conteggio *m.*, calcolo *m.*, computo *m.*; (*amount due*) debito *m.*: *to settle a* ~ *at the grocer's* pagare un debito dal droghiere. **6** (*fig*) (*grudge*) rancore *m.*, risentimento *m.*, astio *m.*: *to have a* ~ *to settle* avere un conto in sospeso. **7** (*pl.inv.*) (*ant*) (*twenty*) venti *m.*; (*about twenty*) ventina *f.sing.*: *a* ~ *of people* una ventina di persone. **8** (*Br*) (*reason, ground*) motivo *m.*, causa *f.*, ragione *f.* **9** (*colloq*) (*remark, etc., by which one gains advantage over so.*) punto *m.* di vantaggio, punto *m.* a favore, stoccata *f.*: *to make* -s *off so.* segnare un punto di vantaggio a spese di qcu. **10** (*colloq*) (*situation*) situazione *f.*: *what's the* ~ *on the economic crisis?* qual è la situazione della crisi economica?; *to know the* ~ conoscere la realtà dei fatti, sapere come stanno realmente le cose. **11** (*Scol, Psic*) punteggio *m.*, voto *m.* **12** *pl.* (*large number, quantity*) gran numero *m.sing.*, grande quantità *f.sing.*, (*colloq*) mucchio *m.sing.*, sacco *m.sing.*: *I've told you -s of times not to do that* ti ho detto un sacco di volte di non farlo. **II** *v.t.* **1** segnare, fare: *to* ~ *a point* segnare un punto; *to* ~ *a goal* fare un gol. **2** (*to keep score in*) segnare i punti di. **3** (*to gain, to achieve*) ottenere, conseguire, riportare. **4** (*to mark with lines, scratches*) rigare, graffiare, scalfire, incidere; (*to notch*) fare delle tacche su, intaccare. **5** (*in cooking*) fare incisioni su. **6** (*to cancel*) tirare una riga su, cancellare (con una riga). **7** (*Mus*) orchestrare; (*to compose music for*) comporre la musica per: *to* ~ *a film* comporre la musica per un film. **8** (*Geol*) erodere. **III** *v.i.* **1** segnare, fare un punto. **2** (*colloq*) (*to have success*) avere successo, affermarsi, sfondare (*with* con). **3** (*sl,volg*) (*to manage to have sex*) farsi (qcu.), scoparsi (qcu.). **4** (*to make lines, scratches*) fare graffi, fare righe. □ (*Br*) *to go off at* ~: 1 (*Sport*) partire di scatto; 2 (*Br*) partire in quarta, intraprendere con irruenza; *to* ~ *off*: 1 (*Br*) avere la meglio su; 2 (*Br*) (*to outwit*) superare in astuzia, mettere nel sacco, bagnare il naso a; 3 (*Br*) (*to humiliate*) umiliare, mortificare; 4 (*to cancel*) tirare una riga su, cancellare (con una riga); *on more* -s *than one* per più di un motivo; *on that* ~: 1 per questo (motivo), per quel motivo, per ciò; 2 (*so far as that is concerned*) al riguardo, su questo punto, su quel punto; (*Br*) *on the* ~ *of* per, a causa di, a motivo di;

to ~ out tirare una riga su, cancellare (con una riga); (*Br*) *to ~ over*: 1 avere la meglio su; 2 (*to be superior to*) battere, essere superiore a; *to ~ through* tirare una riga su, cancellare (con una riga); (*Br*) *to ~up sth. to so.* mettere in conto qcs. a qcu., addebitare qcs. a qcu.

score-board /'skɔːbɔːd *Am* 'skɔːrbɔːrd/ *n*. tabellone *m*. segnapunti, tabellone *m*.

score-book /'skɔːbʊk *Am* 'skɔːrbʊk/ *n*. taccuino *m*. segnapunti, segnapunti *m*.

score-card /'skɔːkɑːd *Am* 'skɔːrkɑːrd/ *n*. cartoncino *m*. segnapunti, segnapunti *m*.

scorekeeper /'skɔːˌkiːpə *Am* 'skɔːrˌkiːpər/ *n*. segnapunti *m.f.*

scoreless /'skɔːləs *Am* 'skɔːrləs/ *a*. (*Sport*) zero a zero.

scoreline /'skɔːlaɪn/ *a*. (*Br,Sport*) punteggio *m*. finale, risultato *m*. finale.

scorer /'skɔːrə *Am* 'skɔːrər/ *n*. 1 (*Sport*) chi segna, marcatore *m*. (*f*. -trice). 2 (*one who keeps score*) segnapunti *m.f.*

scoresheet /'skɔːʃiːt *Am* 'skɔːrʃiːt/ *n*. cartoncino *m*. segnapunti, segnapunti *m*.

scoria /'skɔːrɪə/ (*pl*. **-riae** /-riːi/) *n*. (*Met,Geol*) scoria *f*.

scoriaceous /ˌskɔːrɪ'eɪʃəs/ *a*. scoriaceo.

scorification /ˌskɔːrɪfɪ'keɪʃən/ *n*. (*Met*) scorificazione *f*.

scorifier /'skɔːrɪˌfaɪər/ *n*. (*Met*) scorificante *m*., fondente *m*.

scorify /'skɔːrɪˌfaɪ/ *v.t.* scorificare.

scoring /'skɔːrɪŋ *Am* 'skɔːrɪŋ/ *n*. 1 (*Sport*) marcatura *f*., realizzazione *f*. di punti. 2 (*cuts*) incisione *f*., rigatura *f*., segnatura *f*. 3 (*Geol*) erosioni *f.pl.* 4 (*Mecc*) rigatura *f*.

scorn /skɔːn *Am* skɔːrn/ **I** *n*. 1 disprezzo *m*., disdegno *m*., sdegno *m*., spregio *m*. (*for* per). 2 (*object of contempt*) oggetto *m*. di disprezzo; (*object of derision*) zimbello *m*., ludibrio *m*. **II** *v.t.* 1 sdegnare, disdegnare: *to ~ an offer of help* sdegnare un'offerta di aiuto. 2 (*of a person: to regard with contempt*) disprezzare, dileggiare, farsi scherno di. **III** *v.i.* (*ant*) prendersi gioco, farsi beffe, farsi scherno (*at* di).

scorner /'skɔːnə *Am* 'skɔːrnər/ *n*. derisore *m*., (*lett*) dileggiatore *m*. (*f*. -trice), schernitore *m*. (*f*. -trice).

scornful /'skɔːnfʊl *Am* 'skɔːrnfʊl/ *a*. sdegnoso, sprezzante: *a ~ look* uno sguardo sdegnoso.

scornfully /'skɔːnfʊli *Am* 'skɔːrnfʊli/ *avv.* sdegnosamente, sprezzantemente.

scornfulness /'skɔːnfʊlnəs *Am* 'skɔːrnfʊlnəs/ *n*. sdegnosità *f*.

Scorpio /'skɔːpiəʊ *Am* 'skɔːrpiəʊ/ *n.pr.* 1 (*Astr*) Scorpione *m*. 2 (*person*) Scorpione *m*., persona *f*. nata sotto il segno dello Scorpione.

scorpion /'skɔːpiən *Am* 'skɔːrpiən/ *n*. 1 (*Zool*) scorpione *m*. 2 (*Itt*) scorpena *f*., scorfano *m*. 3 (*lett,poet*) (*whip*) flagello *m*. □ (*Itt*) ~ *fish* scorpena, scorfano.

Scorpion /'skɔːpiən *Am* 'skɔːrpiən/ *n.pr.* (*Astr*) Scorpione *m*.

scorzonera /ˌskɔːzəʊ'nɪərə *Am* ˌskɔːrzəʊ 'nɪrə/ *n*. (*Bot*) scorzonera *f*.

scot /skɒt *Am* skɑːt/ *n*. (*ant*) scotto *m*., tassa *f*., tributo *m*.: *to pay one's ~* pagare lo scotto. □ (*ant*) ~ *and lot* tassa comunale; *to pay ~ and lot* pagare a saldo, saldare.

Scot /skɒt *Am* skɑːt/ *n*. 1 scozzese *m.f.* 2 (*Stor*) scoto *m*.

scotch[1] /skɒtʃ *Am* skɑːtʃ/ **I** *v.t.* 1 soffocare, far cessare: *to ~ a rumour* soffocare una diceria. 2 (*to wound*) ferire. 3 (*rar*) (*to cut, to gash*) sfregiare. **II** *n*. incisione *f*., scalfittura *f*.

scotch[2] /skɒtʃ *Am* skɑːtʃ/ *n*. (*block, wedge for a wheel*) cuneo *m*., zeppa *f*. **II** *v.t.* 1 bloc-

care. 2 (*to wedge into place*) incastrare, incuneare.

Scotch[1] /skɒtʃ *Am* skɑːtʃ/ **I** *a*. scozzese. **II** *n*. 1 (*costr.pl.*) (*Scottish people*) scozzesi *m.f.pl.* 2 (*whisky*) whisky *m*. scozzese. 3 (*Scottish language*) scozzese *m*. □ (*Gastron*) ~ *broth* zuppa *f*. di carne, orzo e verdura; (*Mod*) ~ *cap* berretto scozzese; (*Br,Gastron*) ~ *egg* uovo sodo avvolto in un impasto di salsiccia, impanato e fritto; ~ *mist* nebbia fitta mista a pioggerellina; (*Br,Gastron*) ~ *pancake* focaccina da tè fritta; (*Zool*) ~ *terrier* scotch terrier, terrier scozzese; (*Bot*) ~ *thistle* acanzio; ~ *whisky* whisky scozzese.

Scotch[2] /skɒtʃ *Am* skɑːtʃ/ ® (*Am,Br*) ~ *tape* scotch, nastro adesivo.

scoter /'skəʊtə *Am* 'skəʊtər/ (*pl.inv.* o **-s** /-z/; *il pl. inv. si usa general. con valore collett.*) *n*. (*Ornit*) melanitta *f*.

scotfree /ˌskɒt'friː *Am* ˌskɑːt'friː/ *avv.* 1 gratis, senza pagare. 2 (*free of penalty*) impunemente. □ *to get off ~* cavarsela, farla franca, passarla liscia.

scotia /'skəʊʃə/ *n*. (*Arch*) scozia *f*.

Scoticism /'skɒtɪsɪzəm *Am* 'skɑːtɪsɪzəm/ *n*. 1 frase *f*. idiomatica scozzese. 2 (*word*) parola *f*. scozzese.

Scotism /'skɒtɪzəm *Am* 'skɑːtɪzəm/ *n*. (*Filos*) scotismo *m*.

Scotland /'skɒtlənd *Am* 'skɑːtlənd/ *n.pr.* (*Geog*) Scozia *f*. □ (*GB*) ~ *Yard* Scotland Yard, sede centrale della polizia londinese.

scotoma /skəʊ'təʊmə/ *n*. (*Med*) scotoma *f*.

scotopic /skə'təʊpɪk/ *a*. (*Fisiol*) scotopico.

Scots /skɒts *Am* skɑːts/ **I** *a*. scozzese. **II** *n*. (*language*) scozzese *m*. □ (*Bot*) ~ *pine* pino di Scozia, pino silvestre.

Scots-Irish /ˌskɒts'aɪərɪʃ *Am* ˌskɑːts'aɪrɪʃ/ *n*. irlandese *m.f.* di origine scozzese.

Scotsman /'skɒtsmən *Am* 'skɑːtsmən/ *n.irr.* scozzese *m*.

Scotswoman /'skɒtsˌwʊmən *Am* 'skɑːts ˌwʊmən/ *n.irr.* scozzese *f*.

Scotticism /'skɒtɪsɪzəm *Am* 'skɑːtɪsɪzəm/ *n*. 1 frase *f*. idiomatica scozzese. 2 (*word*) parola *f*. scozzese.

scotticize /'skɒtɪsaɪz *Am* 'skɑːtɪsaɪz/ *v.t.* dare un carattere scozzese a.

Scottie /'skɒti *Am* 'skɑːti/ *n*. 1 (*colloq*) (*Scotsman*) scozzese *m*. 2 (*Zool*) scotch terrier *m*., terrier *m*. scozzese.

Scottish /'skɒtɪʃ *Am* 'skɑːtɪʃ/ **I** *a*. scozzese. **II** *n.pl.* scozzesi *m.pl.* □ ~ *Gaelic* gaelico scozzese; (*Pol*) ~ *National Party* partito nazionalista scozzese; (*Pol*) ~ *Nationalist* nazionalista scozzese; (*Parl*) ~ *Parliament* parlamento scozzese.

scoundrel /'skaʊndrəl/ *n*. furfante *m.f.*, canaglia *f*., farabutto *m*. (*f*. -a), mascalzone *m*. (*f*. -a).

scoundreldom /'skaʊndrəldəm/ *n*. canaglie *f.pl.*, furfanti *m.pl.*

scoundrelism /'skaʊndrəlɪzəm/ *n*. furfanteria *f*.

scoundrelly /'skaʊndrəli/ **I** *a*. furfantesco, canagliesco. **II** *avv.* in modo canagliesco.

scour[1] /skaʊə/ **I** *v.t.* 1 pulire strofinando, pulire sfregando: *to ~ a saucepan with cleanser* pulire una pentola strofinandola col detersivo. 2 (*to remove by rubbing*) raschiare, grattare (via). 3 (*to cleanse with water*) ripulire, lavare. 4 (*to dig by the action of water*) scavare. 5 (*Veter*) purgare drasticamente. 6 (*Agr*) svecciare. **II** *v.i.* strofinare con un abrasivo, sfregare con un abrasivo (*at sth.* qcs.). **III** *n*. 1 strofinamento *m*., sfregamento *m*. 2 (*act of running water*) pulizia *f*., lavaggio *m*. 3 *pl.* (*costr.sing.* o *pl.*) (*Veter*) diarrea *f.sing.* □ *to ~off* raschiare, grattare (via);

to ~ out: 1 (*to cleanse with water*) ripulire, lavare; 2 (*to dig by the action of water*) scavare.

scour[2] /skaʊə/ *v.i.* 1 (*to move rapidly*) precipitarsi, affrettarsi. 2 (*to move rapidly in search of sth.*) correre qua e là (*for* in cerca di). 3 (*to rove about*) girovagare, vagare, vagabondare. **II** *v.t.* 1 battere, perlustrare. 2 (*to make a search of*) rovistare, frugare: *to ~ a library for a book* rovistare una biblioteca per trovare un libro. 3 (*fig*) (*to make a thorough examination*) esaminare a fondo, vagliare.

scourer /'skaʊərər/ *n*. 1 chi pulisce strofinando, chi pulisce sfregando. 2 (*Agr*) svecciatoio *m*., svecciatore *m*. 3 (*material for scouring*) detersivo *m*. 4 (*abrasive pad*) paglietta *f*. saponata.

scourge /skɜːdʒ *Am* skɜːrdʒ/ **I** *n*. 1 flagello *m*. (*anche fig*): *the ~ of war* il flagello della guerra. 2 (*whip, lash*) flagello *m*., frusta *f*., sferza *f*. **II** *v.t.* 1 tormentare, straziare. 2 (*to punish, to chastise*) punire, castigare. 3 (*to whip, to flog*) frustare, flagellare, fustigare. □ (*Stor*) *the Scourge of God* il flagello di Dio, Attila.

scouse /skaʊs/ *n*. (*Mar,Gastron*) pietanza *f*. di carne con galletta e verdura.

Scouse /skaʊs/ *n*. (*colloq*) 1 abitante *m.f.* di Liverpool. 2 (*Liverpool dialect*) dialetto *m*. di Liverpool.

scout[1] /skaʊt/ **I** *n*. 1 (*Mil*) esploratore *m*., ricognitore *m*., perlustratore *m*. 2 (*Mar.mil*) esploratore *m*. 3 (*Aer.mil*) ricognitore *m*., aeroplano *m*. da ricognizione. 4 (*boy scout, girl scout*) scout *m.f.* 5 (*one sent out to obtain information*) persona *f*. mandata in cerca di informazioni: *a talent ~* talent scout, scopritore di talenti. 6 (*Sport*) talent scout *m.f.*, scopritore *m*. (*f*. -trice) di giovani promesse dello sport, osservatore *m*. (*f*. -trice). 7 (*Br,Univ*) (*at Oxford*) inserviente *m*. **II** *v.i.* 1 (*Mil*) andare in ricognizione, andare in esplorazione. 2 (*Sport*) fare lo scopritore di giovani promesse dello sport, andare in cerca di nuovi atleti. **III** *v.t.* (*Mil*) esplorare, perlustrare, fare una ricognizione in (*o* di): *to ~ enemy territory* esplorare il territorio nemico. □ *to ~ about* (*o to ~around*) *for sth.* andare in cerca di qcs.; (*Mil*) *a ~car* automezzo da ricognizione, veicolo blindato di ricognizione.

scout[2] /skaʊt/ *v.t.* (*ant*) (*to reject scornfully*) respingere sdegnosamente, disdegnare, disprezzare: *to ~ advice* respingere sdegnosamente i consigli.

scouting /'skaʊtɪŋ *Am* 'skaʊtɪŋ/ *n*. 1 scoutismo *m*. 2 (*Mil*) (*act of scouting, recruiting*) esplorazione *f*., ricognizione *f*.

scoutmaster /'skaʊtˌmɑːstə *Am* 'skaʊt ˌmæːstər/ *n*. capo *m*. scout.

scow /skaʊ/ *n*. (*Mar*) chiatta *f*., bettolina *f*.

scowl /skaʊl/ **I** *v.i.* 1 accigliarsi, corrucciarsi, aggrottare le sopracciglia, farsi cupo. 2 (*to have a threatening aspect*) avere un aspetto minaccioso. **II** *n*. 1 cipiglio *m*., corruccio *m*. 2 (*look of anger*) sguardo *m*. minaccioso, sguardo *m*. torvo. □ *to ~ at so.* (o *to ~on so.*), guardare torvo qcu., guardare qcu. in cagnesco; *to look at so. with a ~* guardare accigliato qcu.

scrabble /'skræbl/ **I** *n*. zuffa *f*., rissa *f*. **II** *v.i.* 1 raspare, grattare. 2 (*to grope blindly*) cercare (a) tentoni, cercare a tastoni (*for sth.* qcs.). 3 (*to scribble, to scrawl*) fare scarabocchi, fare sgorbi.

Scrabble /'skræbl/ *n*. (*game*) scarabeo *m*.

scrag /skræg/ **I** *n*. 1 persona *f*. scarna, persona *f*. molto magra, (*iperb*) scheletro *m*. 2 (*scrawny animal*) animale *m*. tutto pelle e ossa. **3** (*Macell*) magro *m.* del collo di montone (*o vitello*). **4** (*colloq*) (*thin neck*) collo *m.* magro. **II** *v.t.* (*past, p.p.* **scragged** /-d/) **1** afferrare per il collo. **2** (*to throttle*) strozzare, strangolare, torcere il collo a. **3** (*spec. Br*) (*to beat up*) picchiare. **4** (*to hang*) impiccare.

scragginess /'skrægɪnəs/ *n.* eccessiva magrezza *f.*, magrezza *f.* scheletrica.

scraggy /'skrægɪ/ *a.* **1** (*scrawny*) scarno, molto magro, scheletrico. **2** (*irregular*) irregolare, non uniforme. **3** (*ragged*) ruvido, scabro. **4** (*unkempt*) trascurato, disordinato.

scram /skræm/ **I** *v.i.* (*past, p.p.* **scrammed** /-d/) (*colloq*) andarsene alla svelta, filare via. **II** *intz.* levati di torno!, levati di mezzo!, vattene!, fila!

scramble /'skræmbḷ/ **I** *v.i.* **1** inerpicarsi, arrampicarsi. **2** (*to move on all fours*) andare carponi, avanzare carponi. **3** (*to move hastily*) balzare, scattare: *to ~ to one's feet* balzare in piedi. **4** (*to scuffle*) azzuffarsi, accapigliarsi, fare una mischia (*for* per): *to ~ for the best seats* azzuffarsi per i posti migliori. **5** (*to get sth. with difficulty*) darsi da fare, agitarsi, affannarsi (per). **6** (*Aer.mil*) partire in scramble. **7** (*Sport*) (*in American football*) (*of a quarterback*) fare scramble. **II** *v.t.* **1** (*to collect*) raccogliere in fretta, raccogliere alla rinfusa. **2** (*to mix confusedly*) confondere, mescolare senza ordine, mettere insieme senza ordine. **3** (*Gastron*) (*of eggs*) cuocere rimestando. **4** (*to scale by scrambling*) inerpicarsi su per. **5** (*Tel,Rad*) (*of a message*) rendere indecifrabile, codificare. **6** (*TV*) criptare. **7** (*Aer.mil*) fare decollare rapidamente su allarme. **III** *n.* **1** arrampicata *f.*, scalata *f.* **2** (*struggle for possession*) zuffa *f.*, mischia *f.*, baruffa *f.* **3** (*disorderly progress*) parapiglia *m.*, tafferuglio *m.*, confusione *f.* **4** (*disorderly mass*) ammasso *m.*, mucchio *m.* confuso, guazzabuglio *m.* **5** (*Aer.mil*) decollo *m.* rapido su allarme. **6** (*Sport*) (*motorcycle hill climb*) arrampicata *f.* □ *to ~ into one's clothes* vestirsi in (gran) fretta; *to ~ over a wall* superare un muro scalandolo; *to ~ together* (o *to ~ up*) raccogliere in fretta, raccogliere alla rinfusa.

scrambled /'skræmbḷd/ □ (*Gastron*) *~ eggs* uova strapazzate.

scrambler /'skræmblər/ *n.* **1** (*Rad,Tel*) dispositivo *m.* per codificare i messaggi. **2** (*Sport*) (*person who walks over steep terrain*) arrampicatore *m.* (*f.* -trice). **3** (*Sport*) (*quarterback who often scrambles*) scrambler *m.* □ (*Sport*) *~ bike* moto da cross, moto da motocross.

scrambling /'skræmblɪŋ/ *n.* **1** (*Tel,Rad*) (*of a message*) il rendere indecifrabile, il codificare. **2** (*TV*) il criptare. **3** (*Sport*) motocross *m.*

scran /skræn/ *n.* (*colloq*) avanzi *m.pl.*, rimasugli *m.pl.*, resti *m.pl.*

scrannel /'skrænəl/ *a.* (*Br,rar*) **1** magro, scarno, scheletrico. **2** (*squeaky*) stridulo, stridente.

scrap¹ /skræp/ **I** *n.* **1** pezzo *m.*, pezzetto *m.*, frammento *m.*: *a ~ of paper* un pezzetto di carta. **2** (*smallest bit*) briciolo *m.*, brandello *m.*, frammento *m.*: *he hasn't a ~ of honesty in him* non ha un briciolo di onestà. **3** (*newspaper cutting*) ritaglio *m.* di giornale; (*picture*) fotografia *f.* ritagliata. **4** (*ind*) scarto *m.*, sfrido *m.*; (*in the rubber industry*) cascame *m.* **5** *pl.* (*leftover fragments of foods*) rimasugli *m.pl.*, avanzi *m.pl.*, resti *m.pl.* (*anche fig*). **6** *pl.* (*fragments*) frammenti *m.pl.*, brani *m.pl.*: *-s of conversation* brani di conversazione, conversazione frammentaria. **7** *pl.* (*of animal fat*) ciccioli *m.pl.* **II** *v.t.* (*past, p.p.* **scrapped** /-t/) **1** demolire, smantellare, rottamare: *to ~ a*

warship demolire una nave da guerra. **2** (*fig*) mettere da parte, scartare, lasciare perdere, eliminare: *it's time we -ped the old methods* è ora di mettere da parte i vecchi sistemi. **III** *a.* (*leftover*) di scarto, d'avanzo. □ *~ book* album di fotografie e ricordi, album di ritagli; *~ car* carcassa di automobile; *~ heap:* **1** mucchio di rifiuti; **2** (*pile of scrap metal*) mucchio di rottami di ferro; (*fig*) *to throw on the ~ heap:* **1** buttare nella spazzatura, gettare nella spazzatura; **2** (*fig*) (*of workers*) licenziare, mandare a spasso; *~ metal* rottame di ferro, ferraglia; *~ metal dealer* ferravecchio; (*fig*) *not a ~* niente affatto, neanche un briciolo; *~ yard* cantiere di demolizione.

scrap² /skræp/ **I** *n.* (*colloq*) (*fight, quarrel*) litigio *m.*, altercare *m.*, rissa *f.* **II** *v.i.* (*past, p.p.* **scrapped** /-t/) (*colloq*) litigare, altercare, (*lett*) rissare.

scrape /skreɪp/ **I** *v.t.* **1** raschiare, grattare (*from* da): *to ~ a ship's bottom* raschiare il fondo di una nave. **2** (*to make smooth by scraping*) pulire (raschiando), ripulire (raschiando). **3** (*to remove by scraping*) raschiare (via), togliere raschiando, asportare raschiando, grattare via. **4** (*to graze*) scorticare, sbucciare, spellare (*on* su): *he fell and -d his knee* cadde e si scorticò il ginocchio. **5** (*to damage*) strisciare, sfregare. **6** (*to cause to make a grating sound*) far stridere, far grattare; (*of feet*) stropicciare; (*to grate against*) stridere su. **7** (*to produce by scraping*) fare raschiando, fare raspando. **8** (*Tecn*) raschiettare. **9** (*Pell*) raschiare. **10** (*Strad*) spianare con una livellatrice. **II** *v.i.* **1** strisciare, sfregare: *the ship -d against the wharf* la nave strisciò contro il pontile. **2** (*to make a grating sound*) grattare, stridere. **3** (*fig*) risparmiare, fare economia, economizzare: *to ~ and save* risparmiare e mettere da parte. **III** *n.* **1** raschiata *f.*, raschiatura *f.* **2** (*place damaged by scraping*) graffio *m.*, strisciata *f.*; (*on one's body*) scorticatura *f.*, sbucciatura *f.*, spellatura *f.* **3** (*colloq*) (*awkward situation*) impiccio *m.*, pasticcio *m.*, guaio *m.*: *I'm in a bit of a ~* mi trovo in un bel pasticcio. **4** (*sound of scraping*) raschio *m.*, rumore *m.* aspro (*e stridulo*), stridore *m.*: *the ~ of a nib on paper* il raschio di un pennino sulla carta. **5** (*Br,colloq*) (*thin layer of butter, margarine*) velo *m.* di burro, velo *m.* di margarina. □ (*fig*) *to ~ a living* sbarcare il lunario, tirare avanti, (*colloq*) cavarsela; (*fig*) *to ~ acquaintance with so.* (o *to ~ an acquaintance with so.*) riuscire a conoscere qcu.; (*fig*) *to ~ along* tirare avanti, sbarcare il lunario, (*colloq*) cavarsela: *the salary is not large but we ~ along on it* lo stipendio non è alto, ma ce la caviamo; *to ~ away:* **1** (*to remove by scraping*) raschiare via, gettare via; **2** (*to continue to scrape*) continuare a raschiare; (*fig*) *to ~ by* farcela, tirare avanti (*on* con); *to ~ down:* pulire (raschiando), ripulire (raschiando): *to ~ down a wardrobe* pulire un armadio, (*colloq*) *to get into a ~* cacciarsi in un guaio; (*colloq*) *to get out of a ~* trarsi di impaccio; (*fig*) *to ~ home* vincere per un pelo; *to ~ off* (*to remove by scraping*) raschiare (via), togliere raschiando, asportare raschiando, grattare via: *to ~ the mud off one's shoes* raschiare via il fango dalle scarpe; *to ~ out:* **1** raschiare, togliere raschiando, grattare via; **2** (*to erase*) cancellare, raschiare via; (*fig*) *to ~ the barrel* (o *to ~ the bottom of the barrel*) raschiare il fondo del barile; *to ~ through:* **1** strisciare attraverso: *to ~ through a hole in the hedge* strisciare attraverso un buco nella siepe; **2** (*fig*) cavarsela, passare per il rotto della cuffia: *to ~ through an examination* ca

varsela in un esame; **3** (*to manage to live with difficulty*) tirare avanti, sbarcare il lunario, (*colloq*) cavarsela; *to ~ together* (o *to ~ up*) racimolare, raggranellare.

scraper /'skreɪpər/ *n.* **1** chi raschia. **2** (*tool*) raschietto *m.*, raschino *m.* **3** (*kitchen utensil*) raschietto *m.* da cucina. **4** (*Agr,Strad,Edil*) ruspa *f.* □ (*Tecn*) *~ ring* anello raschiaolio, raschiaolio.

scrapie /'skreɪpɪ/ *n.* (*Veter*) scrapie *f.*

scraping /'skreɪpɪŋ/ **I** *n.* **1** raschiatura *f.*, raschiata *f.* **2** (*sound of scraping*) raschio *m.*, suono *m.* aspro, suono *m.* stridulo, stridore *m.* **3** *pl.* (*sth. scraped off, out*) raschiatura *f.sing.*

scrap-iron /'skræp'aɪən *Am* ˌskræp'aɪərn/ *n.* rottami *m.pl.* di ferro, ferraglia *f.*

scrapman /'skræpmən/ *n.irr.* (*Am*) commerciante *m.* di ferraglia.

scrap-merchant /ˌskræp'mɜːtʃənt *Am* ˌskræp'mɜːrtʃənt/ *n.* commerciante *m./f.* di ferraglia.

scrap-metal /'skræp,metḷ *Am* 'skræp,metḷ/ *n.* rottami *m.pl.* di ferro, ferraglia *f.* □ *~ dealer* ferrovecchio, ferravecchio; *~ yard* parco rottami.

scrappage /'skræpɪdʒ/ *n.* rottamazione *f.*, rottamaggio *m.*

scrapper /'skræpər/ *n.* **1** (*colloq*) attaccabrighe *m./f.* **2** (*boxer*) pugile *m.* combattivo.

scrappily /'skræpɪlɪ/ *avv.* in modo frammentario.

scrappiness /'skræpɪnəs/ *n.* frammentarietà *f.*

scrapping /'skræpɪŋ/ *n.* rottamazione *f.*, rottamaggio *m.*

scrapple /'skræpḷ/ *n.* (*Am,Gastron*) pezzi *m.pl.* di carne di maiale stufati con farina di mais.

scrappy /'skræpɪ/ *a.* **1** sconnesso, frammentario: *a ~ plot* un intreccio sconnesso. **2** (*colloq*) (*quarrelsome*) litigioso.

scratch /skrætʃ/ **I** *v.t.* **1** graffiare, scalfire. **2** (*to scrape to relieve itching*) grattare, dare una grattata a. **3** (*to write by scratching*) incidere: *to ~ one's initials on a tree* incidere le proprie iniziali su un albero. **4** (*to write hastily, roughly*) scarabocchiare, scribacchiare, scrivere alla peggio. **5** (*to rub along a rough surface*) strofinare, fregare, sfregare (*at* contro): (*Br*) *to ~ a match on the wall* strofinare un fiammifero sul muro. **6** (*Sport*) ritirare (*of a match*) annullare, cancellare. **II** *v.i.* **1** grattare, graffiare, raspare. **2** (*to rub oneself to relieve itching*) grattarsi: *stop ing!* smettila di grattarti! **3** (*to make a scratching noise*) grattare, scricchiolare, stridere: *this nib -es* questo pennino gratta. **4** (*Sport*) ritirarsi. **5** (*moving a record back and forth to produce a scratching sound*) scratchare, fare lo scratching. **III** *n.* **1** graffio *m.*, graffiatura *f.*, scalfittura *f.*: *a ~ on one's leg* un graffio sulla gamba. **2** (*to relieve itching*) grattata *f.*: *the dog gave himself a good ~* il cane si diede una bella grattata. **3** (*scratching sound*) suono *m.* stridulo, stridore *m.* **4** (*written scribble*) scarabocchio *m.*, sgorbio *m.* **5** (*Sport*) linea *f.* di partenza. **6** (*colloq*) (*money*) denaro *m.*, quattrini *m.pl.*, grana *f.*, contanti *m.pl.* **7** (*technique of moving a record back and forth to produce a scratching sound*) scratching *m.* **IV** *a.* **1** (*Sport*) che non ha punti di abbuono (*o di penalizzazione*). **2** (*colloq*) (*assembled hurriedly, indiscriminately*) raccogliticcio, messo insieme alla meglio, raffazzonato: *a ~ team* una squadra raccogliticcia. **3** (*colloq*) (*of a meal*) improvvisato. **4** (*of uneven standard*) non uniforme, irregolare. □ (*Br, colloq*) *to ~ along* tirare avanti, sbarcare il lunario, (*colloq*) cavarsela; (*colloq*) *to ~ so.'s* *back* grattare dove prude; (*you*) ~ *my back and I'll* ~ *yours* una mano lava l'altra (e tutte e due lavano il viso), aiutiamoci a vicenda; *to come up to* ~: 1 (*Sport*) essere pronto sulla linea di partenza; 2 (*fig*) (*to be ready to do one's duty*) essere pronto a fare il proprio dovere; 3 (*fig*) (*to be as good as expected*) corrispondere alle aspettative; (*Inform*) ~*file* file di lavoro, file temporaneo; (*fig*) *from* ~ dal nulla, da zero; *to start from* ~: 1 (*Sport*) partire dalla linea di partenza; 2 (*fig*) cominciare da zero, partire da zero; *to ~ one's head*: 1 grattarsi la testa; 2 (*fig*) grattarsi il capo; (*Sport*) ~*line*: 1 linea di partenza; 2 (*in the long jump, javelin, etc.*) linea di battuta; (*fig*) *a ~ of the pen*: 1 poche parole scritte in fretta; 2 (*signature*) una firma; *to ~off* grattare via, raschiare, togliere raschiando: *to ~ the paint off* grattare via la vernice; *to ~out*: 1 cavare con le unghie (*o* con gli artigli) (*anche fig*): (*fig*) *to ~ so.'s eyes out* cavare gli occhi a qcu.; 2 (*to erase by scratching*) cancellare con un tratto di penna, cancellare con una riga; ~ *pad*: 1 bloc-notes, blocchetto, notes; 2 (*Inform*) (*memory*) appunti, scratch pad; (*Sport*) ~*race* corsa a pari condizioni per tutti i concorrenti; (*fig*) *to ~the surface* sfiorare, toccare appena; (*Br,fig*) *to ~together* (*o to ~up*) racimolare, raggranellare.

Scratch /skrætʃ/ *n.pr.* (*colloq*) (*Satan*) Satana *m.*, diavolo *m.*

scratchily /'skrætʃɪli/ *avv.* 1 con uno scricchiolio, con uno stridore. 2 (*unevenly, irregularly*) in modo non uniforme, irregolarmente.

scratchiness /'skrætʃɪnəs/ *n.* 1 l'essere stridulo. 2 (*itchiness*) prurito *m.*, pizzicore *m.* 3 (*unevenness, irregularity*) mancanza *f.* di uniformità, l'essere irregolare, irregolarità *f.* 4 (*quality of being marked with scratches*) l'essere graffiato, l'essere scalfito.

scratching /'skrætʃɪŋ/ □ ~*post* (*for cats*) tiragraffi, grattatoio, affilaunghie.

scratchplate /'skrætʃpleɪt/ *n.* (*Mus*) (*of a guitar*) battipenna *m.*

scratchproof /'skrætʃpruːf/ *a.* resistente ai graffi, antigraffio.

scratch-resistant /'skrætʃrɪˌzɪstənt/ *a.* resistente ai graffi, antigraffio.

scratch-work /'skrætʃwɜːk *Am* 'skrætʃwɜrk/ *n.* (*Art*) graffito *m.*

scratchy /'skrætʃi/ *a.* 1 che scricchiola, che stride. 2 (*of a voice*) stridulo, stridente. 3 (*of a record that crackles*) graffiato. 4 (*marked with scratches*) graffiato, scalfito. 5 (*uneven, irregular*) non uniforme, irregolare.

scrawl /skrɔːl/ I *v.t.* scarabocchiare, scrivere alla peggio: *to ~ one's signature* scarabocchiare la propria firma. II *v.i.* scrivere male (e in fretta). III *n.* 1 scrittura *f.* illeggibile, scrittura *f.* piena di sgorbi, zampe *f.pl.* di gallina. 2 (*sth. scrawled*) scritto *m.* buttato giù in fretta, scarabocchio *m.*

scrawly /'skrɔːli/ *a.* 1 pieno di scarabocchi, pieno di sgorbi. 2 (*of writing*) illeggibile, tutto sgorbi.

scrawny /'skrɔːni/ *a.* (molto) magro, scarno, pelle e ossa, scheletrico: *a ~ animal* un animale pelle e ossa.

screak /skriːk/ I *v.i.* cigolare, stridere, scricchiolare. II *n.* cigolio *m.*, stridore *m.*, scricchiolio *m.*

screaky /'skriːki/ *a.* cigolante, stridente, scricchiolante, che stride.

scream /skriːm/ I *v.i.* 1 urlare, gridare, strillare (*with* per): *to ~ in fright* urlare di paura; *to ~ with pain* gridare dal dolore. 2 (*to make a high-pitched sound*) stridere, strillare; (*of a siren*) urlare. 3 (*of wind, machines, etc.*)

fischiare, sibilare. 4 (*fig*) (*to make a loud violent demand*) fare il diavolo a quattro, fare schiamazzo (*for* per): *the baby -ed for attention* il bambino faceva il diavolo a quattro per richiamare l'attenzione. 5 (*fig*) (*to laugh loudly*) sbellicarsi dalle risa, sganasciarsi dalle risa. II *v.t.* 1 gridare, urlare, strillare: *to ~ one's protest* gridare la propria protesta. 2 (*fig*) (*to declare*) proclamare, gridare: *regardless of what you say your actions ~ otherwise* quello che fai grida più forte di quello che dici. 3 (*fig*) (*to announce violently*) strombazzare: *the newspapers -ed the news* i giornali hanno strombazzato la notizia. III *n.* 1 grido *m.*, strillo *m.*, urlo *m.*: *a ~ of pain* un grido di dolore; *to let out a ~* cacciare un urlo. 2 (*shrill, piercing sound*) sibilo *m.*, fischio *m.*: *the ~ of a jet engine* il sibilo di un motore a reazione; (*of a siren*) urlo *m.* 3 (*colloq*) spasso *m.*, persona *f.* spassosa, cosa *f.* spassosa: *that new comic is a ~* quel nuovo comico è uno spasso. □ (*colloq*) *to ~ one's head off* spolmonarsi, sgolarsi, gridare a squarciagola; *to ~ oneself hoarse* strillare fino a diventare rauco; *to ~ with laughter* sbellicarsi dalle risa; *-s of laughter* risate sguaiate.

screamer /'skriːmə^r/ *n.* 1 chi grida, chi strilla, (*colloq*) strillone *m.* (*f.* -a). 2 (*spec. Am*) (*sensational headline*) titolone *m.*, titolo *m.* sensazionale. 3 (*colloq*) spasso *m.*, (*funny person*) persona *f.* spassosa, (*funny thing*) cosa *f.* spassosa.

screaming /'skriːmɪŋ/ *a.* 1 urlante, che urla, che strilla. 2 (*emitting a high-pitched sound*) che stride, stridente: ~ *tyres* pneumatici che stridono. 3 (*fig*) stridente: ~ *colours* colori stridenti. 4 (*fig*) (*sensational*) sensazionale: ~ *headlines* titoli sensazionali. 5 (*hilariously funny*) buffissimo, che fa sbellicare dalle risa, comicissimo. □ (*Mar*) ~*fifties* cinquanta urlanti.

screamingly /'skriːmɪŋli/ *avv.* (*colloq*) tremendamente, straordinariamente: ~ *funny* incredibilmente buffo.

scree /skriː/ *n.* 1 (*Geol*) ghiaione *m.* 2 (*hillside covered with stones, etc.*) pendio *m.* pietroso, pendio *m.* sassoso.

screech /skriːtʃ/ I *v.i.* stridere: *the owl -ed* il gufo strideva. II *v.t.* strillare, urlare, gridare. III *n.* 1 (*cry*) strido *m.*, urlo *m.*, grido *m.* 2 (*sound*) stridore *m.*, stridere *m.*: *the ~ of brakes* lo stridere dei freni.

screech-owl /'skriːtʃˌaʊl/ *n.* (*Ornit*) 1 assiolo *m.* 2 (*barn owl*) barbagianni *m.*

screechy /'skriːtʃi/ *a.* stridulo, stridente.

screed /skriːd/ *n.* 1 tirata *f.*, tiritera *f.* 2 (*diatribe*) diatriba *f.* 3 (*Edil*) guida *f.* dell'intonaco.

screen /skriːn/ I *n.* 1 schermo *m.*, schermatura *f.*, riparo *m.*, difesa *f.* 2 (*hinged structure*) paravento *m.* 3 (*TV*) schermo *m.* (televisivo). 4 (*fireguard*) parafuoco *m.* 5 (*estens*) (*natural structure*) schermo *m.*, riparo *m.* 6 (*fig*) muro *m.*, cortina *f.*, scudo *m.*, velo *m.*, riparo *m.* 7 (*for windows, doors*) zanzariera *f.* 8 (*coarse sieve*) vaglio *m.*, crivello *m.* 9 (*Mil*) truppe *f.pl.* di copertura. 10 (*Fot,Fis*) schermo *m.* 11 (*fig*) (*cinema industry*) cinema *m.*, industria *f.* cinematografica; (*art*) cinematografia *f.* 12 (*Inform*) schermo *m.*, video *m.* 13 (*Fot,Tip*) retino *m.* 14 (*Br,Aut*) (*windscreen*) parabrezza *m.* II *a.* cinematografico, del cinema, dello schermo. III *v.t.* 1 riparare con uno schermo, schermare, fare schermo a. 2 (*to conceal with a screen*) nascondere con uno schermo. 3 (*fig*) (*to choose selectively*) selezionare, scegliere, filtrare: *to ~ one's calls* filtrare le telefonate. 4 (*fig*) passare al vaglio, vagliare,

setacciare: *immigrants are -ed* gli immigrati vengono passati al vaglio. 5 (*fig*) (*to protect, to shield*) riparare, proteggere, difendere, schermare: *to ~ one's eyes* ripararsi gli occhi. 6 (*fig*) (*to conceal*) nascondere, celare, velare. 7 (*to censor*) censurare. 8 (*Cin,Fot*) proiettare. IV *v.i.* (*Cin*) essere proiettabile, essere adatto per lo schermo. □ (*Cin*) *to ~ badly* non essere adatto per lo schermo; ~ *door* porta con zanzariera; (*fig*) *under ~ of night* col favore delle tenebre; *to ~off* separare (con uno schermo, con un tramezzo ecc.); (*Tip*) ~*printing* serigrafia; (*Inform*) ~*saver* salvaschermo; ~*test* provino (cinematografico); (*Cin*) ~*writer* sceneggiatore; (*Cin*) ~*writing* sceneggiatura.

screenful /'skriːnfʊl/ *n.* (*Inform*) videata *f.*

screening /'skriːnɪŋ/ *n.* 1 schermatura *f.*, schermaggio *m.* 2 (*Cin*) proiezione *f.* 3 (*act of passing through a screen*) vagliatura *f.*, (*rar*) crivellatura *f.* 4 (*fig*) (*act of passing through a screening process*) cernita *f.*, vaglio *m.* 5 (*Med*) screening *m.*, indagine *f.* di massa. 6 *pl.* (*costr.sing. o pl.*) (*material passed through a screen*) materiale *m.sing.* vagliato, crivellatura *f.sing.*; (*undesirable material*) residui *m.pl.* di vagliatura, scarti *m.pl.* di vagliatura.

screenplay /'skriːnpleɪ/ *n.* (*Cin*) sceneggiatura *f.*

screensaver /'skriːnˌseɪvə^r/ *n.* (*Inform*) salvaschermo *m.*

screever /'skriːvə^r/ *n.* chi disegna sul marciapiede, chi fa disegni sul marciapiede; (*of religious subjects*) madonnaro *m.* (*f.* -a).

screw¹ /skruː/ *n.* 1 vite *f.* 2 (*screwing motion*) movimento *m.* a vite. 3 (*turn of a screw*) giro *m.* di vite, avvitata *f.* 4 (*twist of paper*) cartoccio *m.* 5 (*half-ounce of tobacco*) mezza oncia *f.* di tabacco. 6 (*in billiards*) effetto *m.* 7 (*Mar,Aer*) elica *f.* 8 (*sl,volg*) chiavata *f.*, scopata *f.* 9 (*Br,sl*) (*salary, wages*) paga *f.*, salario *m.*, stipendio *m.* □ (*Tecn*) ~*bolt* bullone; ~ *cap* coperchio a vite; (*Tecn*) ~*coupling* collegamento a vite; (*Mecc*) ~ *cutter* filettatrice; (*Tecn*) ~ *eye* vite a occhiello; ~ *gear* (*o* ~*gearing*) coppia elicoidale; ~*hook* gancio a vite; (*Mecc*) ~*jack* martinetto a vite; (*fig,colloq*) *he has a ~loose* è un po' svitato, gli manca un venerdì, gli manca una rotella; (*Edil*) ~*pile* palo a vite; (*Mar,Aer*) ~*propeller* elica; (*fig*) *to put the ~ on so.* dare un giro di vite a qcu., sottoporre qcu. a forti pressioni; (*Ferr*) ~*spike* caviglia; (*Tecn*) ~*tap* maschio per filettare; (*Tecn*) ~*thread* filettatura, impanatura; ~ *top* coperchio a vite; (*Tecn*) ~*valve* valvola a vite; (*Mecc*) ~*wrench* chiave inglese.

screw² /skruː/ I *v.t.* 1 avvitare, serrare con viti, fissare con una vite (*to* a). 2 (*to attach with a screwing motion*) avvitare: *to ~ the lid on* avvitare il coperchio. 3 (*to unite with a screw*) avvitare, unire con una vite. 4 (*fig*) (*to twist, to contort*) torcere, storcere: *to ~ one's face into a grimace* storcere la faccia in una smorfia. 5 (*fig*) (*of the eyes*) strizzare. 6 (*fig*) (*of so.'s arm*) slogare, storcere. 7 (*sl*) (*to swindle*) salassare, sfruttare. 8 (*sl,volg*) (*to engage in sexual intercourse*) scopare, fottere. 9 (*in billiards*) dare l'effetto a. II *v.i.* 1 avvitarsi, girarsi. 2 (*fig*) girarsi, rivoltarsi. 3 (*sl,volg*) (*to engage in sexual intercourse*) scopare. 4 (*in billiards*) dare l'effetto a una palla. □ *to ~around*: 1 (*sl,volg*) andare a letto con tutti, passare da un letto all'altro; 2 (*colloq*) (*to fool about*) cazzeggiare, andare in giro a far niente; *to ~ down*: 1 avvitare, fissare con viti, chiudere con viti: *to ~ down the lid of a box* avvitare il coperchio di una scatola; 2 (*to induce to lower a price, a rent,* *etc.*) farsi fare uno sconto da; *to ~ one's head round* voltare la testa, girare la testa; *to ~ a sheet of paper into a ball* appallottolare un foglio di carta; *to ~ off* svitare: *the top -s off* il coperchio si svita; *to ~ on* avvitare; *to ~ out*: 1 svitare; 2 *(sl)* (*to extract by pressure or threat*) strappare, fare uscire: *to ~ water out of a sponge* strizzare una spugna; 3 *(to extract by extortion)* strappare, estorcere: *to ~ so. out of sth.* estorcere qcs. a qcu.; *to ~ together* (*to unite with a screw*) avvitare, unire con una vite: *to ~ two pieces of wood together* unire con una vite due pezzi di legno; *to ~ up*: 1 (*to tighten*) stringere girando una vite, serrare girando una vite; 2 (*to twist out of shape*) accartocciare: *to ~ up a piece of paper* accartocciare un pezzo di carta; 3 *(colloq)* (*to ruin*) mandare a rotoli, rovinare, incasinare, far fallire; 4 *(colloq)* (*of a person*) traumatizzare, sconvolgere; *(colloq) to ~ up one's courage* farsi coraggio.

screwable /'skruːəbl̩/ *a.* che si può avvitare.

screwball /'skruːbɔːl/ **I** *n.* (*Am*) 1 (*in baseball*) screwball *f.*, screw *f.* 2 *(colloq)* (*eccentric person*) tipo *m.* strampalato, svitato *m.* (*f.* -a), testa *f.* matta. **II** *a.* (*Am,colloq*) demenziale, strampalato.

screwdriver /'skruːˌdraɪvər/ *n.* cacciavite *m.*, giravite *m.*

screwed /skruːd/ *a.* 1 avvitato. 2 (*having a screw thread*) filettato. 3 (*sl*) (*drunk*) ubriaco, sbronzo. 4 (*sl*) (*cheated*) truffato, fregato. ☐ *(colloq) to have one's head ~ on well* avere la testa a posto, avere la testa sulle spalle.

screwed-up /ˌskruːd'ʌp/ *a.* 1 (*sl*) (*ruined, damaged*) incasinato, scombussolato: *to get ~ incasinarsi*. 2 (*sl*) (*crazy, not thinking clearly*) rintronato, suonato.

screw-in /'skruːɪn/ *a.* a vite: *~ hook* gancio a vite.

screw-topped /'skruːˌtɒpt *Am* 'skruːˌtɑːpt/ *a.* con coperchio a vite.

screwy /'skruːi/ *a.* (*sl*) 1 (*crazy*) matto, pazzo, folle. 2 (*strange, bizarre*) strambo, svitato, bizzarro, stravagante.

scribble[1] /'skrɪbl̩/ **I** *v.t.* scribacchiare, scarabocchiare. **II** *v.i.* fare scarabocchi, fare sgorbi. **III** *n.* 1 sgorbio *m.*, scarabocchio *m.* 2 (*illegible handwriting*) scrittura *f.* illeggibile, zampe *f.pl.* di gallina.

scribble[2] /'skrɪbl̩/ *v.t.* (*Tess*) cardare in grosso.

scribbler[1] /'skrɪblər/ *n.* 1 chi scarabocchia, chi scribacchia. 2 (*writer with no talent*) imbrattacarte *m./f.*, imbrattafogli *m./f.*, scribacchino *m.* (*f.* -a).

scribbler[2] /'skrɪblər/ *n.* (*Tess*) carda *f.* in grosso.

scribbling /'skrɪblɪŋ/ *n.* scarabocchiatura *f.*, sgorbiatura *f.*

scribe /skraɪb/ **I** *n.* 1 (*ant*) scrivano *m.*, scritturale *m.*, copista *m.*; (*public clerk*) scriba *m.* 2 (*Bibl*) scriba *m.* 3 (*writer, author*) scrittore *m.* (*f.* -trice), autore *m.* (*f.* -trice). 4 (*Tecn*) punta *f.* a tracciare, segnatoio *m.* **II** *v.t.* 1 (*Tecn*) tracciare. 2 (*rar*) (*to inscribe*) inscrivere.

scriber /'skraɪbər/ *n.* (*Tecn*) punta *f.* a tracciare, segnatoio *m.*

scrim /skrɪm/ *n.* 1 (*Tess*) tela *f.* 2 (*Teat*) trasparente *m.*

scrimmage /'skrɪmɪdʒ/ **I** *n.* 1 tafferuglio *m.*, zuffa *f.*, rissa *f.*, mischia *f.* 2 (*Am,Sport*) mischia *f.* **II** *v.i.* (*Am,Sport*) buttarsi nella mischia. **III** *v.t.* (*Am,Sport*) (*of the ball*) tirare nella mischia. ☐ (*Sport*) *~ line* linea di scrimmage (linea di inizio del gioco).

scrimp /skrɪmp/ **I** *v.t.* 1 lesinare su, economizzare su, fare (grande) economia su: *to ~*

food lesinare sul mangiare. 2 (*to keep on short allowance*) tenere a stecchetto, fare stare a stecchetto. 3 (*rifl.*) *to ~ oneself* tenersi a stecchetto. **II** *v.i.* 1 lesinare il centesimo, contare il centesimo, essere spilorcio, essere tirchio. 2 (*to economize*) fare economia (*on* su). ☐ *to ~ and save* risparmiare il più possibile.

scrimpily /'skrɪmpɪli/ *avv.* scarsamente, magramente.

scrimpiness /'skrɪmpɪnəs/ *n.* scarsezza *f.*

scrimpy /'skrɪmpi/ *a.* 1 misero, scarso, magro. 2 (*niggardly*) tirchio, spilorcio, taccagno.

scrimshank /'skrɪmˌʃæŋk/ *v.i.* (*colloq*) sottrarsi ai propri doveri, fare il lavativo (*anche Mil*).

scrimshanker /'skrɪmˌʃæŋkər/ *n.* (*colloq*) lavativo *m.* (*f.* -a) (*anche Mil*).

scrimshaw /'skrɪmʃɔː/ **I** *n.* 1 intaglio *m.* su conchiglie (*o* ossi di balena, avorio ecc.), decorazione *f.* su conchiglie (*o* ossi di balena, avorio ecc.). 2 (*collett.*) lavori *m.pl.* di intaglio su conchiglie (*o* ossi di balena, avorio ecc.). **II** *v.t.* intagliare. **III** *v.i.* eseguire un intaglio su conchiglie (*o* ossi di balena, avorio ecc.).

scrip[1] /skrɪp/ *n.* (*Econ*) 1 certificato *m.* provvisorio, titolo *m.* provvisorio. 2 (*certificates collectively*) certificati *m.pl.* provvisori, titoli *m.pl.* provvisori. 3 (*temporary paper currency*) cartamoneta *f.* provvisoria.

scrip[2] /skrɪp/ *n.* (*rar*) (*small bag*) bisaccia *f.*

script /skrɪpt/ **I** *n.* 1 scritto *m.*; (*text*) testo *m.*; (*manuscript*) manoscritto *m.* 2 (*original document*) documento *m.* originale. 3 (*handwriting*) scrittura *f.*, calligrafia *f.* 4 (*Cin,Rad, TV,Teat*) copione *m.* 5 (*Scol*) elaborato *m.* di esame, compito *m.* di esame. 6 (*Tip*) corsivo *m.* inglese. 7 (*Inform*) script *m.* 8 (*system of writing*) scrittura *f.*: *the Cyrillic ~* la scrittura cirillica. **II** *v.t.* (*Cin,Rad,TV,Teat*) scrivere il copione di.

Script. (*Teol*) *Scripture* (Scrittura).

scripting /'skrɪptɪŋ/ ☐ (*Inform*) *~ language* linguaggio di scripting.

scriptorium /skrɪp'tɔːriəm/ (*pl.* **-ria** /-rɪə/) *n.* 1 sala *f.* di scrittura. 2 (*Mediev*) scrittorio *m.*

scriptural /'skrɪptʃərəl *Am* 'skrɪptʃərəl/ *a.* (*Teol*) scritturale, biblico, scritturistico.

scripturalism, Scripturalism /'skrɪptʃərəl'ɪzəm *Am* ˌskrɪptʃərəl'ɪzəm/ *n.* scritturalismo *m.*

scripturalist /'skrɪptʃərəlɪst *Am* 'skrɪptʃərəlɪst/ *n.* 1 (*Teol*) scritturale *m.* 2 (*scriptural scholar*) scritturista *m./f.*

scripturally /'skrɪptʃərəli *Am* 'skrɪptʃərəli/ *avv.* secondo la (sacra) Scrittura, scritturalmente.

scripture /'skrɪptʃər/ *n.* 1 testo *m.* sacro, sacra scrittura *f.* 2 (*fig*) vangelo *m.*, oro *m.* colato. ☐ *~ lesson* lezione di sacra Scrittura; (*ant*) *~ reader* lettore della Bibbia (nelle case dei poveri).

Scripture /'skrɪptʃər/ **I** *n.* 1 (*passage, text from the Bible*) passo *m.* delle Scritture, brano *m.* delle Scritture, brano *m.* scritturale. 2 *pl.* (sacra) Scrittura *f.sing.*, (sacre) Scritture *f.pl.*, Bibbia *f.* **II** *a.* biblico, scritturale.

scriptwriter /'skrɪptˌraɪtər *Am* 'skrɪptˌraɪtər/ *n.* (*Rad,TV,Cin*) soggettista *m./f.*

scriptwriting /'skrɪptˌraɪtɪŋ *Am* 'skrɪptˌraɪtɪŋ/ *n.* (*Rad,TV,Cin*) sceneggiatura *f.*

scrivener /'skrɪvɪnər/ *n.* 1 scrivano *m.*(*f.* -a), copista *m./f.* 2 (*notary*) notaio *m.* ☐ (*Med*) *~'s palsy* crampo degli scrivani, grafospasmo.

scrofula /'skrɒfjʊlə *Am* 'skrɑːfjələ/ *n.* (*Med*) scrofola *f.*

scrofulous /'skrɒfjʊləs *Am* 'skrɑːfjələs/ *a.*

scrofoloso.

scroll /skrəʊl/ **I** *n.* 1 rotolo *m.* di carta (*o* pergamena ecc.). 2 (*scroll-shaped ornament*) riccio *m.*, voluta *f.*; (*spiral design*) voluta *f.* (*anche Arch*). 3 (*Mus*) riccio *m.*, chiocciola *f.*, voluta *f.* 4 (*Arald*) cartiglio *m.* 5 (*list, roster*) elenco *m.*, lista *f.*, ruolo *m.* 6 (*Mecc*) chiocciola *f.*, coclea *f.*; (*of a chuck*) corona *f.* a spirale. **II** *v.t.* 1 ornare di ricci, ornare di volute. 2 (*to form into scrolls*) arrotolare. 3 (*Inform*) scorrere, far scorrere sul video. **III** *v.i.* arrotolarsi. ☐ (*Inform*) *~ bar* barra di scorrimento; (*Mar*) *~ head* voluta del tagliamare, ornato del tagliamare; (*Mecc*) *~ lathe* tornio per volute; (*Fal*) *~ saw* sega a svolgere; *~ work*: 1 volute, ricci; 2 (*Fal*) lavoro di traforo.

scrolled /skrəʊld/ *a.* ornato di ricci, ornato di volute.

scrolling /'skrəʊlɪŋ/ *n.* (*Inform*) scorrimento *m.*: *~ down* scorrimento verso il basso; *~ up* scorrimento verso l'alto.

Scrooge, scrooge /skruːdʒ/ *n.* avaro *m.* (*f.* -a), (*lett*) arpagone *m.* ☐ *~ McDuck* (*Disney character*) zio Paperone.

scroop /skruːp/ **I** *n.* cigolio *m.*, stridio *m.*, scricchiolio *m.* **II** *v.i.* cigolare, stridere, scricchiolare.

scrotal /'skrəʊtl̩ *Am* 'skrəʊtl̩/ *a.* (*Anat*) scrotale.

scrotum /'skrəʊtəm *Am* 'skrəʊtəm/ (*pl.* **-ta** /-tə/ *Am* -tə/ *o* **-s** /-z/) *n.* (*Anat*) scroto *m.*

scrounge /skraʊndʒ/ *v.t./i.* (*colloq*) scroccare, sbafare (*off* da, a).

scrounger /'skraʊndʒər/ *n.* (*colloq*) scroccone *m.* (*f.* -a), scroccatore *m.* (*f.* -trice), sbafatore *m.* (*f.* -trice).

scrub[1] /skrʌb/ **I** *v.t.* (*past, p.p.* **scrubbed** /-d/) 1 pulire fregando (*o* strofinando) energicamente. 2 (*to remove by scrubbing*) togliere a forza di strofinare, levare a forza di fregare. 3 (*to rub vigorously*) sfregare, stropicciare, strofinare. 4 (*colloq*) (*to cancel*) annullare, disdire: *to ~ a party* annullare un ricevimento. 5 (*Mar*) frettare. **II** *v.i.* (*past, p.p.* **scrubbed** /-d/) 1 fare le pulizie strofinando (*o* fregando) energicamente. 2 (*of a surgeon*) lavarsi (prima di un intervento). **III** *n.* 1 strofinata *f.*, fregata *f.*: *to give one's hands a ~* darsi una strofinata alle mani. 2 (*Chir*) lavaggio *m.* asettico. 3 (*Mar*) frettazza *f.*, frettazzo *m.* 4 (*one who scrubs: man*) uomo *m.* di fatica; (*woman*) donna *f.* di fatica. ☐ *to ~ off* (*to remove by scrubbing*) togliere a forza di strofinare, levare a forza di fregare: *to ~ the dirt off one's hands* togliersi lo sporco dalle mani a forza di strofinare; (*colloq*) *to ~ round sth.* passare sopra a qcs.; *to ~ up* (*of a surgeon*) lavarsi (prima di un intervento).

scrub[2] /skrʌb/ *n.* 1 (*low, stunted vegetation*) vegetazione *f.* bassa e stentata; (*area covered with shrubs*) boscaglia *f.*, macchia *f.* 2 (*stunted bush*) arbusto *m.* stentato. 3 (*colloq*) (*undersized person*) piccoletto *m.* (*f.* -a), (*scherz*) tappo *m.* 4 (*colloq*) (*good-for-nothing*) buono (*f.* -a) a nulla, persona *f.* insignificante, mezza calzetta *f.* 5 (*Am,Sport*) (*player*) riserva *f.*, rincalzo *m.*; (*team*) squadra *f.* (composta) di riserve; (*contest*) incontro *m.* tra riserve, partita *f.* tra riserve.

scrubber /'skrʌbər/ *n.* 1 chi pulisce strofinando. 2 spazzolone *m.*, bruschino *m.* 3 (*Chim*) gorgogliatore *m.* di lavaggio. 4 (*Aus, spreg*) donnaccia *f.*

scrubbing /'skrʌbɪŋ/ *n.* 1 strofinata *f.*, fregata *f.* 2 (*Chim*) lavaggio *m.* ☐ *~ brush* spazzolone, bruschino.

scrubby /'skrʌbi/ *a.* 1 stentato: *~ trees* alberi stentati. 2 (*colloq*) (*undersized*) piccolo, basso. 3 (*covered with stunted vegetation*) coperto di arbusti, a macchia. **4** (*fig*) (*shabby, mean*) squallido, misero.

scrubland /ˈskrʌblænd/ *n.* boscaglia *f.*, macchia *f.*

scrub-up /ˈskrʌbʌp/ *n.* (*Chir*) lavaggio *m.* asettico.

scruff /skrʌf/ *n.* collottola *f.*, nuca *f.*: *to pick up a cat by the ~ of its neck* prendere un gatto per la collottola.

scruffily /ˈskrʌfɪli/ *avv.* sciattamente, con sciatteria: *to dress ~* vestire sciattamente.

scruffiness /ˈskrʌfɪnəs/ *n.* sciatteria *f.*, sciattezza *f.*, trascuratezza *f.*

scruffy /ˈskrʌfi/ *a.* sciatto, trasandato.

scrum /skrʌm/ *n.* (*Sport*) mischia *f.*

scrum-half /ˌskrʌmˈhɑːf *Am* ˌskrʌmˈhæf/ *n.irr.* (*Sport*) mediano *m.* di mischia.

scrummage /ˈskrʌmɪdʒ/ *n.* (*Sport*) mischia *f.*

scrumptious /ˈskrʌm(p)ʃəs/ *a.* (*colloq*) ottimo, eccezionale, di prim'ordine: *a ~ meal* un pasto ottimo.

scrumptiously /ˈskrʌm(p)ʃəsli/ *avv.* (*colloq*) ottimamente, in modo eccezionale.

scrumptiousness /ˈskrʌm(p)ʃəsnəs/ *n.* (*colloq*) l'essere ottimo, l'essere eccezionale, eccezionalità *f.*

scrunch /skrʌnʃ/ **I** *v.t.* **1** masticare rumorosamente, sgranocchiare. **2** (*to crush noisily*) fare scricchiolare schiacciando (*o* calpestando). **3** (*to squeeze into a small space*) stringersi: *if we ~ together we can fit five in my car* se ci stringiamo, sulla mia macchina ci stiamo in cinque. **4** (*to style hair by squeezing into curls by hand*) lavorare con le dita. **II** *n.* scricchiolio *m.*, cric *m.*

scruple /ˈskruːpl/ **I** *n.* **1** scrupolo *m.*, esitazione *f.*, timore *m.*: *to kill without ~* uccidere senza scrupoli. **2** (*Br,ant*) (*apothecaries' weight*) scrupolo *m.* (pari a 1/24 di oncia). **II** *v.i.* farsi scrupolo, avere scrupolo, esitare: *to ~ about sth.* farsi scrupolo di qcs.

scrupulosity /ˌskruːpjəˈlɒsəti *Am* ˌskruːpjəˈlɑːsəti/ *n.* scrupolosità *f.*, meticolosità *f.*, precisione *f.*

scrupulous /ˈskruːpjələs/ *a.* **1** scrupoloso, preciso, meticoloso. **2** (*strict*) rigoroso, rigido, stretto: *~ moral rectitude* rigorosa drittura morale.

scrupulously /ˈskruːpjələsli/ *avv.* **1** scrupolosamente. **2** (*strictly*) rigorosamente, strettamente: *~ honest* rigorosamente onesto.

scrupulousness /ˈskruːpjələsnəs/ *n.* scrupolosità *f.*, meticolosità *f.*, precisione *f.*

scrutator /skruːˈteɪtər *Am* skruːˈteɪtər/ *n.* osservatore *m.* (f. -trice).

scrutineer /ˌskruːtɪˈnɪər *Am* ˌskruːtɪˈnɪr/ *n.* scrutinatore *m.* (f. -trice), scrutatore *m.* (f. -trice).

scrutinise /ˈskruːtɪnaɪz/ *v.t.* (*Br*) scrutare, esaminare attentamente, indagare.

scrutinization /ˌskruːtɪnaɪˈzeɪʃn/ *n.* (*rar*) scrutinamento *m.*

scrutinize /ˈskruːtɪnaɪz/ *v.t.* scrutare, esaminare attentamente, indagare.

scrutiny /ˈskruːtɪni/ *n.* **1** esame *m.* accurato, esame *m.* attento. **2** (*careful investigation*) indagine *f.* minuziosa, indagine *f.* accurata. **3** (*Parl*) scrutinio *m.*, spoglio *m.* dei voti. **4** (*close watch*) (stretta) sorveglianza *f.*: *to keep so. under ~* tenere qcu. sotto sorveglianza. **5** (*estens*) (*searching look*) sguardo *m.* indagatore, sguardo *m.* scrutatore.

scud /skʌd/ **I** *v.i.* (*past, p.p.* **scudded** /ˈskʌdɪd/) **1** correre (spinto dal vento): *clouds -ded across the sky* le nuvole correvano per il cielo, le nuvole solcavano il cielo (spinte dal vento). **2** (*Mar*) (*of a ship*) fuggire la tempesta. **II** *n.* **1** corsa *f.* rapida. **2** (*clouds*) nuvole *f.pl.* spinte dal vento. **3** (*rain, spray, etc.*,

---

driven by the wind) spruzzi *m.pl.* di pioggia (*o* schiuma ecc.) spinti dal vento.

scudo /ˈskuːdəʊ/ (*pl.* **-di** /-diː/) *n.* (*Numism*) scudo *m.*

scuff /skʌf/ **I** *v.i.* **1** camminare strascicando (i piedi), strascicare i piedi, strusciare i piedi per terra. **2** (*to become spoilt by scraping*) consumarsi sfregando, consumarsi strisciando. **II** *v.t.* **1** (*of the feet: to drag*) strascicare, strisciare. **2** (*to scrape with the feet*) strascicare i piedi su, strisciare i piedi su, sfregare i piedi su. **3** (*to spoil by repeated friction*) consumare strisciando, consumare sfregando.

scuffle /ˈskʌfl/ **I** *n.* **1** baruffa *f.*, mischia *f.*, tafferuglio *m.* **2** (*shuffling sound*) strascichio *m.*, stropiccio *m.* **II** *v.i.* **1** azzuffarsi, accapigliarsi, fare baruffa (*for* per). **2** (*to shuffle*) strascicare i piedi.

scull /skʌl/ **I** *n.* (*Mar*) **1** (*stern oar*) remo *m.* da bratto, bratto *m.* **2** (*one of a pair of oars*) palella *f.* **II** *v.i.* (*Mar*) **1** brattare, sbrattare. **2** vogare con remi a palelle.

sculler /ˈskʌlər/ *n.* (*Mar*) **1** (*person*) rematore *m.* col remo da bratto, vogatore *m.* col remo da bratto. **2** (*boat*) sandolino *m.*

scullery /ˈskʌləri/ *n.* retrocucina *m./f.* □ ~ *boy* lavapiatti, sguattero; ~ *maid* lavapiatti, sguattera.

sculpt /skʌlpt/ **I** *n.* scultura *f.* **II** *v.t.* scolpire. **III** *v.i.* fare lo scultore.

sculptor /ˈskʌlptər/ *n.* scultore *m.*

sculptress /ˈskʌlptrɪs/ *n.* scultrice *f.*

sculptural /ˈskʌlptʃərəl/ *a.* scultorio, scultoreo.

sculpturally /ˈskʌlptʃərəli/ *avv.* a livello scultoreo, sculturalmente.

sculpture /ˈskʌlptʃər/ **I** *n.* scultura *f.* **II** *v.t.* scolpire. **III** *v.i.* fare lo scultore.

sculpturesque /ˌskʌlptʃəˈresk/ *a.* scultoreo, statuario.

scum [1] /skʌm/ *n.* **1** schiuma *f.* **2** (*fig*) feccia *f.*, rifiuto *m.*, rifiuti *m.pl.*, schiuma *f.*: *the ~ of the earth* la feccia della terra. **3** (*Met*) scoria *f.*

scum [2] /skʌm/ (*past, p.p.* **scummed** /-d/) **I** *v.t.* **1** coprire di schiuma *f.* **2** (*to remove the scum from*) schiumare, togliere la schiuma da (*o* a). **II** *v.i.* **1** coprirsi di schiuma. **2** (*to form scum*) schiumare, fare la schiuma.

scumbag /ˈskʌmbæg/ *n.* (*spreg*) tipaccio *m.* (f. -a), canaglia *f.*

scumble /ˈskʌmbl/ **I** *v.t.* (*Pitt*) smorzare con un velo di colore opaco, sfumare con un velo di colore opaco. **II** *n.* (*Pitt*) smorzatura *f.* delle tinte.

scumminess /ˈskʌmɪnəs/ *n.* schiumosità *f.*

scummy /ˈskʌmi/ *a.* **1** schiumoso, simile a schiuma. **2** (*covered with scum*) coperto di schiuma. **3** (*fig*) basso, meschino, spregevole.

scupper /ˈskʌpər/ **I** *n.* **1** (*Mar*) ombrinale *m.* **2** (*Edil,Idr*) sbocco *m.* di scarico (per l'acqua). **II** *v.t.* **1** (*colloq*) mettere nei guai, mettere in difficoltà. **2** (*Mar*) affondare aprendo delle falle, autoaffondare.

scurf /skɜːf *Am* skɜːrf/ *n.* **1** (*Med*) squama *f.* cutanea. **2** (*dandruff*) forfora *f.*

scurfiness /ˈskɜːfɪnəs *Am* ˈskɜːrfɪnəs/ *n.* l'essere squamoso.

scurfy /ˈskɜːfi *Am* ˈskɜːrfi/ *a.* **1** scaglioso, squamoso. **2** (*dandruffy*) forforoso, pieno di forfora.

scurrility /skʌˈrɪləti *Am* skəˈrɪləti/ *n.* scurrilità *f.*, trivialità *f.*, volgarità *f.*

scurrilous /ˈskʌrələs *Am* ˈskɜːrələs/ *a.* scurrile, triviale, volgare: ~ *poems* poesie scurrili; *a ~ article* un articolo diffamatorio.

scurrilously /ˈskʌrələsli *Am* ˈskɜːrələsli/ *avv.* scurrilmente, volgarmente, trivialmente.

---

scurrilousness /ˈskʌrələsnəs *Am* ˈskɜːrələs nəs/ *n.* scurrilità *f.*, volgarità *f.*, trivialità *f.*

scurry /ˈskʌri *Am* ˈskɜːri/ **I** *v.i.* affrettarsi, andare in fretta (a passi corti e rapidi). **II** *n.* **1** movimento *m.* affrettato. **2** (*noise of scurrying*) rumore *m.* di passi frettolosi. **3** (*confused rush*) corsa *f.* confusa, corsa *f.* disordinata. **4** (*flurry*) folata *f.*, raffica *f.*

S-curve /ˈeskɜːv *Am* ˈeskɜːrv/ *n.* (*Strad*) curva *f.* a S, doppia curva *f.*

scurvily /ˈskɜːvɪli *Am* ˈskɜːrvɪli/ *avv.* spregevolmente, in modo abietto.

scurviness /ˈskɜːvɪnəs *Am* ˈskɜːrvɪnəs/ *n.* (*ant,fig*) meschinità *f.*

scurvy /ˈskɜːvi *Am* ˈskɜːrvi/ **I** *n.* (*Med*) scorbuto *m.* **II** *a.* (*ant,fig*) disprezzabile, spregevole, meschino. □ (*Bot*) ~*grass* coclearia *f.*; (*fig*) *a ~trick* un tiro mancino.

scut [1] /skʌt/ *n.* (*Zool*) coda *f.* corta, codina *f.*, codino *m.*

scut [2] /skʌt/ *n.* (*Ir,spreg*) individuo *m.* spregevole, tipaccio *m.* (f. -a), canaglia *f.*

scutage /ˈskjuːtɪdʒ/ *n.* (*Mediev*) imposta *f.* pagata dal vassallo in sostituzione di prestazioni militari.

scutch /skʌtʃ/ *v.t.* (*Tess*) scotolare, gramolare, maciullare. **II** *n.* **1** (*Tess*) (*machine*) gramola *f.*; (*tool*) scotola *f.* **2** (*Edil*) scalpello *m.* da muratore.

scutcheon /ˈskʌtʃən/ *n.* **1** (*Arald*) scudo *m.*, stemma *m.* gentilizio, blasone *m.* **2** (*plate over a keyhole*) borchia *f.*, bocchetta *f.*; (*nameplate*) targhetta *f.*

scutcher /ˈskʌtʃər/ *n.* **1** (*Tess*) operaio *m.* (f. -a) addetto alla gramolatura. **2** (*Tess*) (*machine*) gramola *f.*; (*tool*) scotola *f.* **3** (*Edil*) scalpello *m.* da muratore.

scute /skjuːt *Am* skuːt/ *n.* (*Zool*) scudo *m.*

scutellate /ˈskjuːtɪˌleɪt *Am* ˈskuːtɪˌleɪt/, **scutellated** /ˈskjuːtɪˌleɪtɪd *Am* ˈskuːtɪˌleɪtɪd/ *a.* (*Zool*) fornito di scudi.

scutter /ˈskʌtər *Am* ˈskʌtər/ *v.i.* affrettarsi, andare in fretta (a passi corti e rapidi).

scuttle [1] /ˈskʌtl *Am* ˈskʌtl/ *n.* **1** (*coal-box*) secchio *m.* del carbone. **2** (*basket*) cesta *f.*, cesto *m.*

scuttle [2] /ˈskʌtl *Am* ˈskʌtl/ **I** *v.t.* **1** (*Mar*) autoaffondare, colare a fondo aprendo delle falle. **2** (*fig*) fare naufragare, fare fallire, distruggere. **II** *n.* **1** (*Mar*) boccaportello *m.*; (*cover*) coperchio *m.* di boccaportello. **2** (*Edil*) lucernario *m.*

scuttle [3] /ˈskʌtl *Am* ˈskʌtl/ **I** *v.i.* **1** (*to scurry*) affrettarsi, andare in fretta (a passi corti e rapidi). **2** (*to run hastily*) darsela a gambe, scappare. **II** *n.* **1** passo *m.* rapido. **2** (*hurried run*) corsa *f.* precipitosa, fuga *f.*

scuttlebutt /ˈskʌtlbʌt/ *n.* (*colloq*) (*gossip,rumor*) chiacchiere *f.pl.*, voci *f.pl.* che circolano, informazioni *f.pl.* confidenziali.

scutum /ˈskjuːtəm *Am* ˈskjuːtəm/ *n.* (*pl.* **-ta** /-tə *Am* -tə/) *n.* **1** (*Zool,Entom*) (*scute*) scudo *m.* **2** (*Stor.rom*) scudo *m.*

scutwork /ˈskʌtwɜːk *Am* ˈskʌtwɜːrk/ *n.* (*colloq*) lavoro *m.* umile, compiti *m.pl.* umili.

scuzz /skʌz/ *n.* (*colloq*) **1** sporcizia *f.*, sudiciume *m.*, porcheria *f.* **2** (*disputable person*) tipaccio *m.* (f. -a), individuo *m.* spregevole.

scuzzball /ˈskʌzbɔːl/ *n.* (*colloq*) stronzo *m.* (f. -a), individuo *m.* repellente e schifoso.

scuzzy /ˈskʌzi/ *a.* (*colloq*) disgustoso, schifoso, sporco.

Scylla /ˈsɪlə/ **I** *n.pr.* (*Mitol*) Scilla. **II** *n.pr.* (*Geog*) Scilla *f.* □ (*fig*) *to be between ~and Charybdis* essere tra Scilla e Cariddi.

scythe /saɪð/ **I** *n.* (*Agr*) falce *f.* **II** *v.t.* **1** (*Agr*) falciare. **2** (*fig*) falciare, abbattere. □ (*fig*) *to ~down* falciare, abbattere.

Scythia /ˈsɪθɪə/ *n.pr.* (*Geog.stor*) Scizia *f.*

Scythian /'sɪθɪən/ **I** *a.* scitico, della Scizia. **II** *n.* **1** scita *m./f.* **2** (*language*) lingua *f.* degli sciti.

SD 1 *Swaziland* SD (Swaziland). **2** *South Dakota* SD (South Dakota, Sud Dakota).

s/d, S/D (*Comm*) *sight draft* (tratta a vista).

s.d. 1 *sine data* s.d. (senza data). **2** *sine die* s.d. (sine die).

SDI /ˌesdiː'aɪ/ (*Mil*) *Strategic Defense Initiative* IDS, SDI (iniziativa di difesa strategica).

SDP /ˌesdiː'piː/ (*Br*) *Social Democratic Party* (partito socialdemocratico).

SDR /ˌesdiː'ɑːr/ *Special Drawing Rights* (diritti speciali di prelievo).

S.E. /ˌes'iː/ **1** *South-East* SE (sud-est). **2** *south-eastern* (sudorientale).

sea /siː/ **I** *n.* **1** mare *m.* (*anche fig*): *open ~* mare aperto; *a ~ of sand* un mare di sabbia. **2** (*ocean*) oceano *m.*: *the seven -s* i sette oceani. **3** (*Mar*) mare *m.*: *rough ~* mare grosso. **II** *a.* **1** marino, marinaro, marittimo. **2** (*of ships, sailors*) marinaresco, marinaro. **3** (*of navigation*) nautico. **4** (*Mar.mil*) navale, marittimo: *~ bases* basi navali. □ (*Zool*) *~ acorn* balano; *~ air* aria marina, aria di mare; (*fig*) *to be all at ~*: **1** essere confuso, essere imbarazzato; **2** (*not to know how to act*) non sapere da che parte cominciare, non sapere che pesci pigliare; (*Mar*) *~ anchor* ancora galleggiante; (*Zool*) *~ anemone* attinia, anemone di mare; (*Mar*) *to be at ~* essere in navigazione, essere in mare; (*Itt*) *~ bass* spigola; *~ bathing* bagni di mare; (*Zool*) *~ bear*: **1** orso bianco, orso polare; **2** (*fur seal*) arctocefalo; (*Geol*) *~ bed* fondo marino; (*Ornit*) *~ bird* uccello marino; (*Alim*) *~ biscuit* galletta; *~ borne* marittimo, per mare, via mare; (*Geol*) *~ bottom* fondo del mare; (*Itt*) *~ bream* occhialone, occhione; *~ breeze* brezza di mare; *by ~* per mare, via mare: *to travel by ~* viaggiare per mare; *a day by the ~* una giornata al mare; (*Zool*) *~ calf* foca, vitello marino; (*Zool*) *~ canary* beluga, balena bianca; (*Mar*) *~ captain* capitano di lungo corso, capitano marittimo; (*fig*) *~ change* metamorfosi, profonda trasformazione, svolta radicale; *~ chest* cassetta da marinaio, cassa da marinaio; (*Geog*) *~ coast* costa, litorale; (*Mar*) *~ compass* bussola di navigazione, bussola marina; (*Zool*) *~ cow*: **1** dugongo, vacca marina, vacca di mare; **2** (*manatee*) manato; **3** (*walrus*) tricheco, cavallo marino; **4** (*rar*) (*hippopotamus*) ippopotamo, ippopotamo anfibio; (*Ornit*) *~ crow*: **1** gracchio corallino; **2** (*cormorant*) cormorano, marangone; (*Zool*) *~ cucumber* oloturia; (*Itt*) *~ devil* manta, diavolo di mare; (*fig*) *~ dog* lupo di mare; (*Ornit*) *~ eagle* aquila di mare; (*Zool*) *~ elephant* elefante marino; (*Zool*) *~ fan* gorgonia; (*Bot*) *~ fennel* finocchio marino; *~ fight* battaglia navale, scontro navale; *~ flora* aloflora; (*Zool*) *~ flower* attinia, anemone di mare; (*Min*) *~ foam* sepiolite, schiuma di mare; (*Meteor*) *~ fog* nebbia di mare, nebbia marina; *~ food*: **1** pesci commestibili; **2** (*shellfish*) frutti di mare; (*Itt*) *~ fox* pesce volpe, volpe di mare; (*Mar*) *~ gauge*: **1** registratore di profondità, ecometro; **2** (*draft*) pescaggio; (*poet*) *~ girt* cinto dal mare, circondato dal mare; (*Mar*) *to go to ~* imbarcarsi, farsi marinaio, prendere il mare, navigare; *~ god* divinità marina, dio del mare, dio marino; *~ goddess* dea del mare; *~ goer* navigante, navigatore; *~ going* navigazione; *~ green* (*color*) verdemare; (*Zool*) *~ hedgehog* riccio di mare; (*Zool*) *~ hog* focena, marsovino, marsuino; *~ horse*: **1** (*Itt*) cavalluccio marino, ippocampo; **2** (*Mitol*) ip-

pocampo; (*Bot*) *~ island* (*cotton*) cotone peruviano; (*Zool*) *~ jelly* medusa; (*Bot*) *~ kale* cavolo marino, cavolo marittimo; (*Stor*) *king* capo-pirata scandinavo; *~ lane* via marittima; (*Bot*) *~ lavender* lavanda marina; (*colloq,fig*) *~ lawyer* persona polemica e cavillosa; (*Mar*) *~ legs* piede marino; (*Mar*) *~ letter*: **1** permesso di navigazione, lettera di mare; **2** (*ant*) lettera di corsa, patente di navigazione; (*Bot*) *~ lettuce* lattuga di mare; *~ level* livello del mare; *above ~ level* sopra il livello del mare; *below ~ level* sotto il livello del mare; *~ line* linea dell'orizzonte (sul mare); (*Zool*) *~ lion* otaria; (*GB,Mar.mil*) *Sea Lord* lord membro dell'ammiragliato britannico; *~ mile* miglio nautico, miglio marino (britannico); (*Zool*) *~ mouse* afrodite; (*Zool*) *~ nettle* mollusco urticante; (*Geog*) *Sea of Marmara* mar di Marmara; (*Astr*) *Sea of Tranquillity* Mare della Tranquillità; *on the ~*: **1** in mare, sul mare; **2** (*on the coast*) sul mare; *over the ~* (o *over the -s*): **1** oltremare, al di là del mare; **2** (*Pol*) all'estero; *~ piece*: **1** vista sul mare; **2** (*picture*) marina; (*Mar*) *~ pilot* pilota d'alto mare, pilota d'altura; *~ power*: **1** (*Stor*) potenza marinara; **2** (*naval strength*) potere navale, potere marittimo; *to put out to ~* (o *to put to ~*) prendere il mare, salpare; (*Mar*) *~ room* spazio di manovra (per navi); (*Mar*) *~ route* rotta, via marittima; *~ rover*: **1** pirata, corsaro; **2** (*ship*) nave pirata, nave corsara; *~ salt* sale marino; (*ant*) *~ scout* scout nautico; *~ scouting* scoutismo nautico; (*Mitol*) *~ serpent* serpente marino, idrofide; *~ shell* conchiglia; (*Meteor*) *~ state* stato del mare; (*Itt*) *~ toad*: **1** rana pescatrice comune; **2** (*sculpin*) cottide; (*Comm, Mar*) *~ trade* commercio marittimo; (*Mar*) *~ transport* trasporto marittimo; (*Itt*) *~ trout* trota comune; (*Zool*) *~ turtle* tartaruga di mare; (*Zool*) *~ urchin* riccio di mare; *~ wall* diga marittima; *~ water* acqua di mare, acqua salata; *~ water course* via di navigazione marittima; *~ wolf*: **1** pirata; **2** (*Itt*) spigola; **3** (*Zool*) elefante marino.

sea-air /'siː,eər Am 'siː,er/ *a.* (*Mar.mil*) aeronavale: *~ manoeuvres* manovre aeronavali.

seabag /'siːbæg/ *n.* (*Mar*) sacca *f.* da marinaio.

seabed /'siːbed/ *n.* (*Geol*) fondo *m.* marino.

seabird /'siːbɜːd Am 'siːbɜːrd/ *n.* (*Ornit*) uccello *m.* marino.

seaboard /'siːbɔːd Am 'siːbɔːrd/ **I** *n.* (*Geog*) litorale *m.*, costa *f.* **II** *a.* litorale, litoraneo.

seacraft /'siːkrɑːft Am 'siːkræft/ *n.* arte *f.* navigatoria, arte *f.* del navigare.

sea-dog /'siːdɒg Am 'siːdɔːg/ *n.* **1** (*fig*) marinaio *m.* esperto, lupo *m.* di mare. **2** (*pirate*) pirata *m.*, corsaro *m.* **3** (*Zool*) foca *f.*, vitello *m.* marino.

sea-ear /'siːɪər Am 'siːɪr/ *n.* (*Zool*) aliotide *f.*, orecchia *f.* di mare.

seafarer /'siː,feərər Am 'siː,ferər/ *n.* navigante *m./f.*, navigatore *m.* (*f.* -trice).

seafaring /'siː,feərɪŋ Am 'siː,ferɪŋ/ **I** *a.* **1** navigante, che naviga, che va per mare, marittimo. **2** (*relating to the sea*) di mare, marino: *~ life* vita di mare. **II** *n.* **1** mestiere *m.* del marinaio. **2** (*sea travelling*) il viaggiare per mare.

seafood /'siːfuːd/ *n.* (*Alim*) frutti *m.pl.* di mare.

seafowl /'siːfaʊl/ *n.* (*Ornit*) uccello *m.* marino.

seafront /'siːfrʌnt/ *n.* lungomare *m.*

sea-girt /'siːgɜːt Am 'siːgɜːrt/ *a.* (*lett,poet*) circondato dal mare.

seagoing /'siː,gəʊɪŋ/ *a.* di alto mare, alturiero: *a ~ vessel* una nave di alto mare.

seagull /'siːgʌl/ *n.* (*Ornit*) gabbiano *m.*

seakeeping /'siːkiːpɪŋ/ *n.* (*of a ship*) capacità *f.pl.* di tenuta del mare.

seal[1] /siːl/ **I** *n.* (*pl.inv.* o *-s /-z/; il pl. inv. si usa general. con valore collett.*) **1** (*Zool*) foca *f.* **2** (*Pell*) pelle *f.* di foca. **II** *v.i.* andare a caccia di foche.

seal[2] /siːl/ **I** *n.* **1** sigillo *m.* **2** (*fig*) (*sth. that confirms, guarantees*) pegno *m.*, garanzia *f.*, suggello *m.*: *a ~ of friendship* un pegno di amicizia. **3** (*fig*) (*mark, sign*) impronta *f.*, segno *m.*, marchio *m.* **4** (*Tecn*) chiusura *f.* a perfetta tenuta. **5** (*Idr*) sifone *m.* a tenuta idraulica, pozzetto *m.* a tenuta idraulica. **6** (*Fal*) fissatore *m.*, turapori *m.* **7** *pl.* (*tokens of office*) sigilli *m.pl.* d'ufficio. **II** *v.t.* **1** sigillare, chiudere con un sigillo, applicare i sigilli, applicare un sigillo a: *to ~ a letter with wax* sigillare una lettera con la ceralacca. **2** (*to seal with lead*) piombare, sigillare (con piombini). **3** (*to mark with a stamp*) apporre un marchio a. **4** (*to close tightly, hermetically*) sigillare, chiudere ermeticamente. **5** (*fig*) (*to confirm, to assure*) suggellare, confermare (definitivamente): *to ~ a bargain with a handshake* suggellare un affare con una stretta di mano. **6** (*to ratify*) convalidare, ratificare. **7** (*fig*) (*to decide irrevocably*) stabilire in modo irrevocabile, decidere in modo irrevocabile: *his fate is -ed* il suo destino è segnato. **8** (*Dir,Comm*) sigillare, apporre i sigilli: *the police -ed the warehouse* la polizia applicò i sigilli al magazzino. □ *~ of approval* visto di approvazione; (*fig*) *to put the ~ of one's approval on sth.* dare la propria approvazione a qcs.; *to ~ off* isolare; *~ ring* anello con sigillo; *to set one's ~ to*: **1** mettere il proprio sigillo a, apporre il proprio sigillo a; **2** (*fig*) approvare, autorizzare; *under ~* con un sigillo di autenticazione, firmato e sigillato; (*fig*) *under ~ of confession* sotto il sigillo della confessione; *to ~ up* (*to close tightly, hermetically*) sigillare, chiudere ermeticamente.

sealant /'siːlənt/ *n.* sigillante *m.*, materiale *m.* sigillante.

sealed /siːld/ *a.* sigillato. □ *~ bid* offerta in busta chiusa.

sealer[1] /'siːlər/ *n.* **1** (*seal hunter*) cacciatore *m.* (*f.* -trice) di foche. **2** (*Mar*) fochiera *f.*

sealer[2] /'siːlər/ *n.* **1** (*one that seals*) sigillatore *m.* (*f.* -trice). **2** (*weights and measures official*) ispettore *m.* di pesi e misure. **3** (*Pitt, Fal*) isolante *m.*, mano *f.* isolante.

sealing[1] /'siːlɪŋ/ **I** *n.* **1** sigillatura *f.* **2** (*impression made by a seal*) sigillo *m.*, sigillatura *f.* **II** *a.* che sigilla. □ *~ wax* ceralacca, cera di Spagna.

sealing[2] /'siːlɪŋ/ *n.* (*seal hunting*) caccia *f.* alla foca.

sealskin /'siːlskɪn/ **I** *n.* pelle *f.* di foca. **II** *a.* di pelle di foca.

seam /siːm/ **I** *n.* **1** (*in sewing*) cucitura *f.*, costura *f.*: *the -s of a dress* le cuciture di un abito. **2** (*any line formed by joining two things*) linea *f.* di giunzione. **3** (*Fal*) giuntura *f.*, commessura *f.* **4** (*Geol,Minier*) banco *m.*, filone *m.* **5** (*wrinkle*) ruga *f.*; (*scar*) cicatrice *f.*: *a face covered with -s* un volto coperto di cicatrici. **6** (*Met*) paglia *f.* **7** *pl.* (*Mar*) comento *m.sing.* **II** *v.t.* **1** (*to sew*) cucire; (*to make the seams of*) fare le cuciture di. **2** (*to join*) unire, congiungere. **3** (*to mark with lines, to furrow*) rigare, segnare, solcare: *a face seamed with old age* un volto segnato dall'età. **4** (*Tecn*) aggraffare (piegando gli orli). □ (*colloq*) *to come apart at the -s* (o *to fall apart at the -s*): **1** scucirsi (completamente); **2** (*fig*) (*companies, political systems*) sgretolarsi; **3** (*fig*) (*of policy*) essere un fallimento completo; 4 (*fig*) (*to be exhausted physically and emotionally*) scoppiare, essere esausto; ~ *lace* (*in sewing*) gala che nasconde una cucitura; ~*ripper* (*for sewing*) scucitrice; *to* ~*together*: 1 cucire; 2 (*to make the seams of*) fare le cuciture di; (*Tecn*) ~*welding* saldatura a punti ravvicinati, saldatura continua.

seaman /'si:mən/ *n.irr.* **1** marinaio *m.* **2** (*Mar.mil*) marinaio *m.* scelto.

seamanlike /'si:mənlaɪk/, **seamanly** /'si:mənli/ *a.* marinaresco, da marinaio.

seamanship /'si:mənʃɪp/ *n.* arte *f.* marinaresca, abilità *f.* marinaresca, arte *f.* della navigazione.

seamark /'si:mɑːk *Am* 'si:mɑːrk/ *n.* (*Mar*) segnale *m.* marittimo (fisso), meda *f.*

seaming /'si:mɪŋ/ □ ~ *lace* (*in sewing*) gala che nasconde una cucitura.

seamless /'si:mləs/ *a.* **1** senza cucitura. **2** (*woven full width*) senza cuciture, senza giunte.

sea-monster /'si:mɒnstər *Am* 'si:mɑːnstər/ *n.* mostro *m.* marino.

seamster /'si:mstər/ *n.* (*ant*) cucitore *m.*, sarto *m.*

seamstress /'si:m(p)strɪs/ *n.* **1** cucitrice *f.* **2** (*dressmaker*) sarta *f.*

seam-weld /'si:mweld/ *v.t.* (*Tecn*) unire con saldatura continua.

seamy /'si:mi/ *a.* **1** brutto, spiacevole: *the ~ side of life* il lato brutto della vita. **2** (*having seams*) provvisto di cuciture. **3** (*showing seams*) che mostra le cuciture. □ *the ~ side* (*of a dress*) il rovescio (di un abito).

Sean /ʃɔːn/ *n.pr.m.* Sean.

séance /'seɪɑːns/ *n.* **1** seduta *f.*, riunione *f.* **2** (*Occult*) seduta *f.* spiritica.

seaplane /'si:pleɪn/ *n.* (*Aer*) idrovolante *m.*

seaport /'si:pɔːt *Am* 'si:pɔːrt/ *n.* (*Mar*) porto *m.* di mare.

seaquake /'si:kweɪk/ *n.* (*Geol*) maremoto *m.*

sear[1] /sɪər *Am* sɪr/ **I** *v.t.* **1** scottare, ustionare, bruciare. **2** (*fig*) indurire, rendere duro, rendere insensibile. **3** (*ant*) (*to wither, to parch*) seccare, inaridire. **4** (*Med*) cauterizzare. **II** *v.i.* seccarsi, inaridirsi, appassire, avvizzire. **III** *a.* secco, appassito.

sear[2] /sɪər *Am* sɪr/ *n.* (*Arm*) arresto *m.* del cane.

search /sɜːtʃ *Am* sɜːrtʃ/ **I** *v.t.* **1** perlustrare, rastrellare: *to ~ the countryside for a lost child* perlustrare la campagna in cerca di un bambino smarrito. **2** (*to look through for sth. concealed*) perquisire, frugare. **3** (*to look through the contents of*) esaminare, frugare, rovistare, cercare in, cercare tra (*for* di): *to ~ one's pockets* frugarsi le tasche; *to ~ a text for spelling mistakes* esaminare un testo per trovare errori di ortografia. **4** (*fig*) (*to penetrate*) penetrare in: *a cold wind -ed every corner of the house* un vento freddo penetrava in ogni angolo della casa. **II** *v.i.* frugare, rovistare, cercare: *to ~ in one's handbag for a cigarette* frugare nella borsa in cerca di una sigaretta. **III** *n.* **1** ricerca *f.* (*anche Inform*): *the ~ for a person* la ricerca di una persona; *in ~ of sth.* alla ricerca di qcs., alla ricerca di qcs. **2** (*close examination*) esame *m.* accurato, rassegna *f.* **3** (*for sth. concealed*) perquisizione *f.* □ *to ~ one's conscience* interrogare la propria coscienza; (*Inform*) ~ *engine* motore di ricerca; *to ~ one's heart* interrogare il proprio cuore; *to make a ~ for sth.* fare ricerca di qcs., ricercare qcs.; (*esclam,colloq*) ~ *me!* non lo so!, lo ignoro!, non ne ho la minima idea!; *to ~ one's memory* frugare nella memoria; *to ~ out* scoprire, scovare; ~*party* squadra di ricerca; (*Inform*) ~*tools* strumenti di ricerca; (*Dir*) ~*warrant*

mandato di perquisizione.

searchable /'sɜːtʃəbļ *Am* 'sɜːrtʃəbļ/ *a.* ricercabile.

searcher /'sɜːtʃər *Am* 'sɜːrtʃər/ *n.* **1** cercatore *m.* (*f.* -trice). **2** (*Med*) sonda *f.* **3** (*Mar*) doganiere *m.*

searching /'sɜːtʃɪŋ *Am* 'sɜːrtʃɪŋ/ **I** *n.* ricerca *f.*, indagine *f.*, investigazione *f.* **II** *a.* **1** minuzioso, meticoloso: ~ *inspection* ispezione minuziosa. **2** (*observing carefully*) indagatore, scrutatore: *a ~ glance* uno sguardo indagatore. **3** (*piercing*) penetrante: *a ~ wind* un vento penetrante.

searchingly /'sɜːtʃɪŋli *Am* 'sɜːrtʃɪŋli/ *avv.* minuziosamente, meticolosamente.

searchlight /'sɜːtʃlaɪt *Am* 'sɜːrtʃlaɪt/ *n.* **1** proiettore *m.*, riflettore *m.* **2** (*beam*) fascio *m.* di luce (di un proiettore).

sea-room /'si:ruːm/ *n.* (*Mar*) spazio *m.* di manovra, zona *f.* di mare libera per manovrare.

seascape /'si:skeɪp/ *n.* **1** vista *f.* sul mare. **2** (*picture*) marina *f.*

seashell /'si:ʃel/ *n.* conchiglia *f.*

seashore /'si:ʃɔː *Am* 'si:ʃɔːr/ *n.* costa *f.*, litorale *m.*, spiaggia *f.*

seasick /'si:sɪk/ *a.* che soffre il mal di mare: *to be ~* avere il mal di mare.

seasickness /'si:sɪknəs/ *n.* mal *m.* di mare.

seaside /'si:saɪd/ **I** *n.* spiaggia *f.*, marina *f.*, lido *m.*, litorale *m.* **II** *a.* sul mare, situato sulla spiaggia, situato sul litorale: *a ~ hotel* un albergo sul mare. □ *to spend a holiday at the ~* trascorrere una vacanza al mare; ~*resort* stazione balneare.

season /'si:zən/ **I** *n.* **1** stagione *f.*: *the four -s* le quattro stagioni; *the rainy ~* la stagione delle piogge. **2** (*of fruit, flowers, etc.*) stagione *f.*, periodo *m.*, epoca *f.*, tempo *m.* (*adatto*): *the cherry ~* la stagione delle ciliegie; *the planting ~* la stagione della semina. **3** (*of animals*) stagione *f.*, periodo *m.*: *the nesting ~* la stagione dei nidi, il periodo della nidificazione. **4** (*particular period*) stagione *f.*: *the shooting ~* la stagione della caccia; *the theatre ~* la stagione teatrale. **5** (*period before and after a holiday*) periodo *m.* di festa, periodo *m.* festivo: *the Christmas ~* il periodo delle feste natalizie. **6** (*Sport*) stagione *f.* **7** (*time, period*) tempo *m.*, periodo *m.* (di tempo), (*lett*) stagione *f.*: *in the ~ of one's youth* nel tempo della giovinezza. **8** (*suitable time*) momento *m.* adatto, momento *m.* opportuno, tempo *m.* adatto, tempo *m.* propizio: *this is not the ~ for frivolity* non è il momento adatto alle frivolezze. **9** *pl.* (*rar*) (*years*) anni *m.pl.*, (*lett*) primavere *f.pl.* **II** *v.t.* **1** condire, rendere più saporito, insaporire. **2** (*fig*) (*to add spice to, to add zest to*) condire, rendere più gradevole, dare sapore a. **3** (*fig*) (*to make more pleasant or tolerable*) addolcire, mitigare, condire. **4** (*of timber*) stagionare; (*to mature by exposure, etc.*) (fare) maturare. **5** (*fig*) (*to habituate*) abituare, assuefare, acclimatare, avvezzare. **III** *v.i.* stagionare, invecchiare. □ *at all -s* sempre, in ogni momento; *in good ~*: 1 (*at the right time*) al momento giusto; 2 (*early, in good time*) per tempo; *Season's Greetings* auguri di buone feste; (*on a card*) Buone feste!; *in ~*: 1 (*of fruit, vegetables, etc.*) di stagione; (*fig*) *in ~ and out of ~* in ogni momento, continuamente; 2 (*of hotels, etc.*) in alta stagione; 3 (*Caccia*) nel periodo in cui è aperta la caccia; 4 (*Pesc*) nel periodo in cui è aperta la pesca; 5 (*of a bitch, etc.*) in calore; *it's the ~ of goodwill* a Natale siamo tutti più buoni; *out of ~*: 1 fuori stagione; 2 (*Caccia*) nel periodo in cui è chiusa la caccia; 3 (*Pesc*) nel periodo in cui è vietata la pesca; ~*ticket* abbonamento.

seasonability /'si:zənəbɪləti *Am* 'si:zənəbɪləti/ *n.* opportunità *f.*, tempestività *f.*

seasonable /'si:zənəbļ/ *a.* **1** di stagione, normale (per la stagione in atto). **2** (*timely, opportune*) opportuno, provvidenziale, tempestivo.

seasonableness /'si:zənəblnəs/ *n.* opportunità *f.*, tempestività *f.*

seasonably /'si:zənəbli/ *avv.* opportunamente, tempestivamente.

seasonal /'si:zənəl/ *a.* stagionale, di stagione. □ (*Med*) ~*affective disorder* disturbo dell'umore ad andamento stagionale, depressione stagionale; *on a ~basis* a seconda della stagione; ~*credit* credito stagionale; ~*down* crisi stagionale; ~*labour* manodopera stagionale; ~*trade* commercio stagionale; ~ *unemployment* disoccupazione stagionale; ~*worker* lavoratore stagionale, stagionale.

seasonality /'si:zənæləti *Am* 'si:zənæləti/ *n.* stagionalità *f.*: *the ~ of the tourist industry* la stagionalità dell'industria del turismo.

seasonally /'si:zənəli/ *avv.* secondo la stagione. □ (*Econ*) ~*adjusted* destagionalizzato: ~ *adjusted figures* cifre destagionalizzate.

seasoned /'si:zənd/ *a.* **1** condito, insaporito: *a highly ~ dish* un piatto molto condito. **2** (*matured*) stagionato, invecchiato. **3** (*of timber*) stagionato. **4** (*fig*) abituato, assuefatto, avvezzo, avvezzato. **5** (*fig*) (*experienced*) esperto, consumato.

seasoner /'si:zənər/ *n.* **1** chi condisce, chi usa condimenti. **2** (*Alim*) condimento *m.*

seasoning /'si:zənɪŋ/ *n.* **1** (*Alim*) condimento *m.* (*anche fig*). **2** (*process of becoming matured*) stagionatura *f.*, invecchiamento *m.* **3** (*of timber*) stagionatura *f.* **4** (*fig*) assuefazione *f.*, acclimatazione *f.*

seat /si:t/ **I** *n.* **1** sedile *m.*, sedia *f.*: *to use a box for a ~* usare una cassa come sedia. **2** (*bench, form*) panchina *f.*, panca *f.*: *a ~ in the park* una panchina nel parco. **3** (*in a vehicle*) sedile *m.*: *the front ~* il sedile anteriore. **4** (*chair*) sedia *f.* **5** (*place where one sits*) posto *m.* (a sedere): *a ~ by the fire* un posto vicino al fuoco; *to book -s at the theatre* prenotare i posti a teatro. **6** (*part of a chair*) sedile *m.*, piano *m.*, fondo *m.* **7** (*of a garment*) fondo *m.* **8** (*buttocks*) sedere *m.*, deretano *m.*, (*colloq*) didietro *m.*, posteriore *m.* **9** (*Parl*) seggio *m.*: *the party lost ten -s* il partito perse dieci seggi. **10** (*fig*) (*place where sth. is located*) sede *f.*: *the ~ of government* la sede del governo. **11** (*fig*) (*centre*) centro *m.*: *a ~ of learning* un centro culturale. **12** (*fig*) (*part of the body*) sede *f.*: *the heart is the ~ of passion* il cuore è la sede delle passioni. **13** (*residence*) residenza *f.*, dimora *f.*, sede *f.* **14** (*Rel*) seggio *m.*, trono *m.* **15** (*Tecn*) basamento *m.*, supporto *m.*; (*of a valve*) sede *f.* **16** (*Equit*) assetto *m.*: *he has a poor ~* non sa stare bene in sella. **II** *v.t.* **1** mettere a sedere, far sedere: *she -ed the child on a chair* mise il bambino a sedere su una sedia. **2** (*rifl.*) *to ~ oneself* mettersi a sedere, sedersi. **3** (*to have seats for*) avere posti a sedere per, essere provvisto di posti a sedere per: *this hall -s five hundred people* questa sala ha posti a sedere per cinquecento persone; *the car -s four* l'automobile ha quattro posti. **4** (*to provide with seats*) provvedere di posti a sedere. **5** (*of a chair: to provide with a seat*) fornire di sedile, mettere il sedile a, mettere il fondo a. **6** (*to attach to a base*) collocare, installare. **7** (*Mot*) (*of a valve*) mettere in sede. □ ~*belt* cintura di sicurezza; (*colloq*) *by the ~ of yourpants* alla cieca, da pressappochista, a lume di naso: *to fly by the ~ of your pants* volare senza l'ausilio degli strumenti di bordo; ~ *cushion* cuscino (da stadio); *have a* ~*!* si sieda pure!, si accomodi!; *to keep one's* ~ rimanere seduto; *(Mil) the* ~ *of war* il teatro delle operazioni; *to take one's* ~ occupare il proprio posto; *to take a* ~ prendere posto, mettersi a sedere; *take your -s, please!* accommodatevi!; ai vostri posti, per favore!

seat-belt /'si:tbelt/ *n.* (*Aer,Aut*) cintura *f.* di sicurezza: *to wear one's* ~ indossare la cintura di sicurezza.

seated /'si:tɪd *Am* 'si:t̬ɪd/ *a.* seduto. □ *to be* ~ accomodarsi, mettersi a sedere, sedersi: *please be* ~ prego accomodatevi.

seater /'si:tə^r/ *n.* (*Aut*) (*in compounds*) ... posti: *a four-*~ (*car*) una quattro posti.

seating /'si:tɪŋ *Am* 'si:t̬ɪŋ/ *n.* **1** il provvedere di posti a sedere. **2** (*arrangement of seats*) disposizione *f.* dei posti a sedere. **3** (*materials for seats*) imbottitura *f.* per sedili, tappezzeria *f.* per sedili. **4** (*Tecn*) basamento *m.*, supporto *m.*; (*of a valve*) sede *f.* □ ~ *accommodation* (o ~ *capacity*) numero di posti a sedere, capienza; (*Cin,Teat*) ~ *plan* pianta dei posti a sedere.

SEATO /'si:təʊ *Am* 'si:t̬oʊ/ (*Stor*) *South-East Asia Treaty Organization* SEATO (Organizzazione del trattato dell'Asia sudorientale).

Seattle /si'æt̬l *Am* si'æt̬l/ *n.pr.* (*Geog*) Seattle *f.* □ ~ *people* il popolo di Seattle.

seaward /'si:wəd *Am* 'si:wərd/ **I** *avv.* verso il mare. **II** *a.* **1** situato verso il mare, diretto verso il mare, volto verso il mare. **2** (*coming from the sea*) proveniente dal mare, di mare: *a* ~ *wind* un vento proveniente dal mare. **III** *n.* direzione *f.* verso il mare, posizione *f.* verso il mare.

seawards /'si:wədz *Am* 'si:wərdz/ *avv.* verso il mare.

seaware /'si:weə^r/ *n.* (*Bot*) alghe *f.pl.* gettate dal mare sulla riva (usate come fertilizzante).

seaweed /'si:wi:d/ *n.* (*Bot*) alga *f.*

seaworthiness /'si:ˌwɜːðɪnəs *Am* 'si:ˌwɜːrðɪnəs/ *n.* (*Mar*) (*of a ship*) qualità *f.pl.* nautiche, idoneità *f.* alla navigazione.

seaworthy /'si:wɜːði *Am* 'si:wɜːrði/ *a.* (*Mar*) (*of a ship*) dotato di qualità nautiche, atto a tenere il mare, atto alla navigazione.

sebaceous /sɪ'beɪʃəs *Am* sə'beɪʃəs/ *a.* (*Fisiol*) sebaceo. □ (*Med*) ~ *cyst* cisti sebacea; (*Anat*) ~ *gland* ghiandola sebacea.

sebacic /sɪ'bæsɪk/ *a.* (*Chim*) sebacico: ~ *acid* acido sebacico.

Sebastian /sɪ'bæstɪən *Am* sə'bæstʃən/ *n.pr.m.* Sebastiano.

seborrhea /ˌsebə'ri:ə/ *n.* (*Med*) seborrea *f.*

seborrhoea /ˌsebə'ri:ə/ *n.* (*Med*) seborrea *f.*

sebum /'si:bəm/ *n.* (*Fisiol*) sebo *m.*

sec. /sek/ **1** (*Fis*) *second* s., sec (secondo). **2** (*Geom*) *secant* sec. (secante). **3** *secretary* segr. (segretario).

Sec. *Secretary* segr. (segretario).

secant /'si:kənt/ **I** *n.* (*Geom*) secante *f.*, retta *f.* secante. **II** *a.* (*Geom*) secante.

secateurs /ˌsekə'tɜːz *Am* 'sekət̬ərz/ *n.pl.* (*Agr, Giard*) cesoie *f.pl.*

secede /sɪ'si:d/ *v.i.* staccarsi, separarsi, ritirarsi (*from* da): *to* ~ *from a federation* staccarsi da un'associazione.

seceder /sɪ'si:də^r/ *n.* chi si stacca, secessionista *m./f.*, separatista *m./f.*

secern /sɪ'sɜːn *Am* sɪ'sɜːrn/ *v.t.* **1** (*Biol*) (*to secrete*) secernere. **2** (*to distinguish*) discernere, distinguere.

secernent /sɪ'sɜːnənt *Am* sɪ'sɜːrnənt/ *a.* (*Biol*) che secerne, secernente.

secernment /sɪ'sɜːnmənt *Am* sɪ'sɜːrnmənt/ *n.* (*Biol*) secrezione *f.*

secession /sɪ'seʃən/ *n.* secessione *f.*, separazione *f.*

Secession /sɪ'seʃən/ *n.* (*Stor.am*) secessione *f.* □ (*Rel*) ~ *Church* (*of Scotland*) chiesa dissidente (di Scozia).

secessionism /sɪ'seʃənɪzəm/ *n.* secessionismo *m.*

secessionist /sɪ'seʃənɪst/ *n.* (*Stor.am*) secessionista *m./f.* (*anche estens*).

seclude /sɪ'klu:d/ *v.t.* appartare, isolare, segregare.

secluded /sɪ'klu:dɪd/ *a.* **1** appartato, isolato: *a* ~ *house* una casa isolata. **2** (*withdrawn from human intercourse*) ritirato, appartato: *to live a* ~ *life* fare vita ritirata. **3** (*living in seclusion*) solitario.

seclusion /sɪ'klu:ʒən/ *n.* **1** solitudine *f.*, isolamento *m.*: *to live in* ~ vivere in solitudine. **2** (*secluded place*) ritiro *m.*, luogo *m.* appartato, clausura *f.*

seclusionist /sɪ'klu:ʒənɪst/ *n.* (*Rel*) fautore *m.* (*f.* -trice) del monachesimo.

seclusive /sɪ'klu:sɪv/ *a.* che ama l'isolamento, che vive in solitudine.

second[1] /'sekənd/ *n.* **1** secondo *m.* (*f.* -a): *the* ~ *of five children* il secondo di cinque figli; *the* ~ *on the list* il secondo della lista. **2** (*second day*) due *m.*, secondo giorno *m.*: *the* ~ *of May* il due di maggio. **3** (*of a duellist*) secondo *m.*, padrino *m.*; (*of a boxer*) secondo *m.*: *-s out!* fuori i secondi! **4** (*Mot*) seconda *f.*, seconda marcia *f.*: *he put the car into* ~ mise la seconda, ingranò la seconda. **5** (*Parl*) (*act of seconding*) l'appoggiare; (*declaration*) dichiarazione *f.* a favore. **6** (*Mus*) seconda *f.*; (*interval*) intervallo *m.* di seconda: *major* ~ intervallo di seconda maggiore; *minor* ~ intervallo di seconda minore. **7** (*Mar*) secondo *m.* **8** *pl.* (*Comm*) merce *f.sing.* di seconda qualità. **9** *pl.* (*second helping of food*) seconda porzione *f.sing.*, altra porzione *f.sing.*, bis *m.sing.* **II** *a.* **1** secondo: *the* ~ *day of the week* il secondo giorno della settimana; *a* ~ *son* un secondo figlio. **2** (*next in value, importance, etc.*) secondo, (*colloq*) numero due: *he is now* ~ *man in the company* ora è il numero due della società. **3** (*another, a further*) altro, secondo, supplementare: *a* ~ *helping of food* un'altra porzione (di cibo). **4** (*fig*) (*another*) secondo, altro, nuovo, novello: *a* ~ *Cato* un secondo Catone. **5** (*fig*) (*inferior*) inferiore, secondo: *to be* ~ *to none* non essere inferiore a nessuno, non essere secondo a nessuno, essere ineguagliabile (*as come*). **6** (*Mus*) secondo: ~ *violin* secondo violino. **III** *avv.* **1** in secondo luogo, secondariamente. **2** (*with one exception; seguito da un sup.*) secondo: *the world's* ~ *largest telescope* il secondo telescopio del mondo (per grandezza). **IV** *v.t.* **1** appoggiare, sostenere, spalleggiare, assecondare: *to* ~ *so.'s efforts* appoggiare gli sforzi di qcu. **2** (*of a boxer, duellist*) fare da secondo a. **3** (*of a motion, etc.*) appoggiare, sostenere; (*of a speaker, etc.: to support in debate*) spalleggiare, sostenere. □ *Second Adam* (*Jesus Christ*) il secondo Adamo; (*Bibl*) *Second Advent* seconda venuta, secondo avvento; (*Rel*) *Second Adventist* avventista, (*Parl*) ~ *ballot* ballottaggio; ~ *best*: **1** (*used as an adjective*) che viene dopo il migliore, secondo (per qualità); **2** (*used as a noun*) il migliore dopo il primo, ciò che viene dopo la cosa migliore; ~ *best is not good enough* mai accontentarsi di meno del meglio; (*Rel*) ~ *birth* seconda nascita, rigenerazione; *a* ~ *chance* un'altra possibilità, un'altra chance; ~ *childhood* senilità; ~ *class*: **1** seconda classe, seconda categoria (*anche fig*): *a* ~ *class hotel* un alber-

go di seconda categoria; **2** (*Ferr,Mar,Aer*) seconda (classe); (*Bibl*) *Second Coming* seconda venuta, secondo avvento; ~ *cousin* cugino di secondo grado, secondo cugino; ~ *cousin once removed* cugino di terzo grado, terzo cugino; ~ *cousin twice removed* cugino di quarto grado, quarto cugino; *every* ~ *day* sì e uno no, ogni due, alternato: *every* ~ *day* un giorno sì e uno no, ogni due giorni; (*fig*) ~ *fiddle* ruolo secondario, posizione di secondo piano, parte di secondo piano: *he plays* ~ *fiddle to his brother* ha un ruolo secondario rispetto al fratello; ~ *floor*: **1** (*Br*) secondo piano; **2** (*Am*) primo piano; (*Aut*) ~ *gear* seconda marcia, seconda; *at* ~ *hand* basato su dicerie, per sentito dire, di seconda mano; ~ *honeymoon* seconda luna di miele; (*Mil*) ~ *in command* comandante in seconda; ~ *in line*: **1** secondo in ordine di successione; **2** (*fig*) secondo in graduatoria; *in the* ~ *place* secondariamente, in secondo luogo; *French is my* ~ *language* il francese è la mia seconda lingua; ~ *last* penultimo; (*Mil*) ~ *lieutenant* sottotenente; (*Mar*) ~ *mate* secondo ufficiale, ufficiale in seconda, secondo; ~ *name*: **1** secondo nome; **2** (*Br*) (*surname*) cognome; ~ *nature* seconda natura; (*Econ*) ~ *of exchange* seconda di cambio; (*Mar*) ~ *officer* secondo ufficiale, ufficiale in seconda, secondo; (*Gramm*) ~ *person* seconda persona; *to take* ~ *place*: **1** ottenere il secondo posto; **2** (*fig*) passare in seconda linea; (*Ginn,Mus*) ~ *position* seconda posizione, seconda; (*Univ*) ~ *public examination* esame finale per il baccellierato; (*Parl*) ~ *reading* seconda lettura; (*TV*) ~ *season* seconda stagione; ~ *sight* prescienza, capacità di prevedere il futuro; (*Br*) ~ *storey* secondo piano; (*Am*) ~ *story* secondo piano; (*Sport*) ~ *string* riserva; *to have a* ~ *string to one's bow* avere un'altra possibilità, avere un'altra freccia al proprio arco; *Charles the* ~ Carlo II; ~ *thought* ripensamento; *on* ~ *thought* ripensandoci (bene), ripensandoci meglio, pensandoci meglio; *to have* ~ *thoughts about sth.* ripensarci, cambiare idea; *I'm having* ~ *thoughts* ci sto ripensando; ~ *to last* penultimo; ~ *wind* fiato: *to get one's* ~ *wind* riprendere fiato; *he got his* ~ *wind in the third lap* ha ritrovato il fiato nel terzo giro; *the* ~ *World War* la seconda guerra mondiale.

second[2] /'sekənd/ *n.* **1** secondo *m.*, minuto *m.* secondo: *it's a few -s to ten* mancano pochi secondi alle dieci. **2** (*Geom,Fis*) secondo *m.* **3** (*fig*) secondo *m.*, attimo *m.*, istante *m.*, momento *m.*: *wait a* ~*!* aspetta un secondo! □ (*Orol*) ~ *hand* (*of a watch*) lancetta dei secondi.

second[3] /sɪ'kɒnd *Am* 'sɪkɑːnd/ *v.t.* (*Mil*) (*to temporarily transfer*) distaccare, trasferire: *to be -ed to headquarters* essere distaccato al quartier generale.

secondary /'sekəndəri *Am* 'sekənderi/ **I** *a.* **1** secondario, secondo. **2** (*subordinate*) subordinato (*to* a): *everything must be* ~ *to economic stability* tutto deve essere subordinato alla stabilità economica. **3** (*subsidiary*) accessorio, secondario. **4** (*Tecn,Geol,Scol,Fon*) secondario: ~ *winding* avvolgimento secondario. **5** (*Gramm*) (*of a word*) derivato; (*of a tense*) passato. **6** (*Ornit*) (*of feathers*) secondario. **7** (*Met*) di seconda fusione. **II** *n.* **1** subordinato *m.* (*f.* -a), subalterno *m.* (*f.* -a). **2** (*El*) avvolgimento *m.* secondario. **3** (*Ornit*) penna *f.* secondaria. **4** (*Med*) (*secondary tumour*) metastasi *f.*, tumore *m.* secondario. □ (*Fon*) ~ *accent* accento secondario; (*Med*) ~ *cancer* metastasi, tumore secondario; (*Bot,Alim*) ~ *cereals* cereali secondari; ~ *colour* colore secondario; (*Scol*) ~*education* istruzione secondaria; ~ *energy* energia secondaria; (*Ornit*) ~ *feathers* penne secondarie; ~ *industry* industria secondaria; (*Strad*) ~ *road* strada secondaria; (*Scol*) ~*school* scuola secondaria; ~ *modern school* scuola secondaria a indirizzo pratico; (*Biol*) ~ *sexual characteristics* caratteri sessuali secondari; ~ *smoke* fumo passivo; (*Fon*) ~ *stress* accento secondario; (*Med*) ~ *tumour* metastasi, tumore secondario.

second-best /ˌsekənd'best/ **I** *a.* che viene dopo il migliore, secondo (per qualità). **II** *n.* il migliore dopo il primo, ciò che viene dopo la cosa migliore.

second-class /ˌsekən(d)'klɑːs *Am* ˌsekən(d)'klæs/ **I** *a.* 1 di seconda categoria, di seconda classe. 2 (*Ferr,Aer,Mar*) di seconda (classe): *a* ~ *seat* un posto di seconda classe. 3 (*fig*) (*inferior*) di qualità inferiore, di second'ordine, scadente. **II** *avv.* in seconda (classe): *to travel* ~ viaggiare in seconda. □ (*Univ*) ~*degree* laurea conseguita con votazione inferiore alla massima.

second-degree /ˌsekəndɪ'griː/ *a.* di secondo grado. □ (*Med*) ~ *burn* ustione di secondo grado; (*Dir*) ~*murder* omicidio di secondo grado.

seconde /sɪ'kɒnd *Am* sɪ'kɑːnd/ *n.* (*Sport*) (*in fencing*) seconda *f.*

seconder /'sekəndər/ *n.* sostenitore *m.* (*f.* -trice), chi appoggia.

second-generation /ˌsekən,dʒenər'eɪʃən/ *a.* di seconda generazione.

second-guess /ˌsekən(d)'ges/ *v.t.* indovinare, prevedere.

second-hand [1] /ˌsekən(d)'hænd/ **I** *a.* 1 di seconda mano, usato: *a* ~ *car* un'automobile di seconda mano; ~ *furniture* mobili usati. 2 (*not original*) non originale, di seconda mano, riciclato: ~ *ideas* idee non originali. **II** *avv.* 1 di seconda mano: *to buy sth.* ~ comprare qcs. di seconda mano. 2 (*indirectly*) di seconda mano, indirettamente: *to hear a piece of news* ~ avere una notizia di seconda mano. □ (*Am*) ~*smoke* fumo passivo; (*Am*) ~*store* negozio dell'usato.

second-hand [2] /ˌsekən(d)'hænd/ *n.* (*Orol*) lancetta *f.* dei secondi.

second-in-command /ˌsekəndɪnkə'mɑːnd Am ˌsekəndɪnkə'mɑːnd/ (*pl.* **seconds-in-command** /ˌsekəndzɪnkə'mɑːnd Am ˌsekəndzɪnkə'mænd/) *n.* (*Mil*) vicecomandante *m.*, comandante *m.* in seconda.

secondly /'sekəndlɪ/ *avv.* in secondo luogo, secondariamente.

second-rate /ˌsekənd'reɪt/ *a.* di seconda qualità, di seconda categoria, di second'ordine, scadente.

second-rater /ˌsekənd'reɪtər Am ˌsekənd'reɪtər/ *n.irr.* persona *f.* di secondo piano, figura *f.* marginale.

second-strike /ˌsekənd'straɪk/ *a.* (*Mil*) di secondo colpo.

second-stringer /ˌsekənd'strɪŋər/ *n.* (*colloq*) figura *f.* marginale, persona *f.* di secondo piano.

secrecy /'siːkrəsɪ/ *n.* 1 segretezza *f.*: *the talks were held in complete* ~ i colloqui si sono tenuti nella più assoluta segretezza. 2 (*ability to keep a secret*) segretezza *f.*, discrezione *f.*, riserbo *m.* 3 (*privacy, seclusion*) isolamento *m.*, solitudine *f.* □ (*Dir*) ~*of correspondence* segreto epistolare.

secret /'siːkrət/ **I** *n.* segreto *m.*: *to keep a* ~ mantenere un segreto; *the* -*s of nature* i segreti della natura. **II** *a.* 1 segreto: ~ *negotiations* negoziati segreti. 2 (*hidden*) segreto, nascosto (*from* a), occulto, celato: *a* ~ *pas-*

sage un passaggio segreto. □ ~ *agent* agente segreto; *to have no* -*s from so.* non avere segreti per qcu.; *in* ~ in segreto, segretamente: *to get married in* ~ sposarsi in segreto; *to be in the* ~ essere a parte di un segreto; *in one's* ~ *heart* nel segreto del proprio cuore; *to keep* ~ mantenere nascosto, mantenere segreto: *to keep one's real motives* ~ mantenere segreti i veri motivi; *to keep sth. a* ~ tenere segreto qcs.; *to let so. in on a* ~ (*o to let so. into a* ~) mettere qcu. a parte di un segreto, confidare un segreto a qcu.; *to make no* ~ *of sth.* non fare mistero di qcs.; (*Dir,Econ*) ~*partner* socio occulto; ~ *police* polizia segreta; ~ *service*: 1 servizi segreti; 2 (*secret work*) spionaggio; ~*society* società segreta.

Secret /'siːkrət/ *n.* (*Lit*) secreta *f.*

secretaire /ˌsekrɪ'teər/ *n.* (*Arred*) scrittoio *m.*, secrétaire *m.*

secretarial /ˌsekrə'teərɪəl Am ˌsekrə'terɪəl/ *a.* segretariale: ~ *skills* capacità da segretaria, capacità segretariali. □ ~*studies* corsi per segretaria.

secretariat /ˌsekrə'teərɪət Am ˌsekrə'terɪət/ *n.* segretariato *m.*, segreteria *f.*

secretary /'sekrətərɪ *Am* 'sekrəterɪ/ *n.* 1 segretario *m.* (*f.* -a) (*to* di). 2 (*Am,Parl*) ministro *m.* 3 (*Arred*) scrittoio *m.*, secrétaire *m.* 4 (*Ornit*) segretario *m.*, sagittario *m.* □ (*Ornit*) ~*bird* segretario, sagittario; (*Dipl*) ~*of an embassy* segretario di ambasciata; *Secretary of State*: 1 (*GB*) ministro; 2 (*US*) segretario di Stato, ministro degli (affari) esteri; *Secretary of State for Education* sottosegretario alla pubblica istruzione.

secretary-general /ˌsekrətərɪ'dʒenərəl Am ˌsekrəterɪ'dʒenərəl/ (*pl.* **secretaries-general** /ˌsekrətəriz'dʒenərəl Am ˌsekrəteriz'dʒenərəl/) *n.* segretario *m.* generale: *the* ~ *of the United Nations* il segretario generale delle Nazioni Unite.

secretaryship /'sekrətərɪʃɪp/ *n.* 1 segretariato *m.*, segreteria *f.* 2 (*Parl*) ministero *m.*

secrete [1] /sɪ'kriːt/ *v.t.* (*Biol*) secernere.

secrete [2] /sɪ'kriːt/ *v.t.* (*to conceal*) nascondere, celare, occultare.

secretion [1] /sɪ'kriːʃən/ *n.* (*Biol*) secrezione *f.*

secretion [2] /sɪ'kriːʃən/ *n.* (*act of hiding*) occultamento *m.*

secretionary /sɪ'kriːʃənərɪ/ *a.* (*Biol*) secretivo.

secretive [1] /sɪ'kriːtɪv Am sɪ'kriːtɪv/ *a.* secretorio, secretivo.

secretive [2] /'siːkrətɪv Am 'siːkrətɪv/ *a.* (*given to secrecy*) riservato, reticente, poco comunicativo.

secretively /'siːkrətɪvlɪ Am 'siːkrətɪvlɪ/ *avv.* riservatamente, con reticenza.

secretiveness /'siːkrətɪvnəs Am 'siːkrətɪv nəs/ *n.* riservatezza *f.*, reticenza *f.*, segretezza *f.*

secretly /'siːkrətlɪ/ *avv.* segretamente, in segreto, di nascosto.

secretor /sɪ'kriːtər Am sɪ'kriːtər/ *n.* (*Biol*) secretore *m.*, organo *m.* secretore.

secretory /sɪ'kriːtərɪ Am sɪ'kriːtərɪ/ *a.* secretorio, secretivo.

sect /sekt/ *n.* 1 (*Rel*) setta *f.* (religiosa). 2 (*estens*) setta *f.*, fazione *f.*

sectarian /sek'teərɪən Am sek'terɪən/ **I** *a.* 1 settario. 2 (*partisan*) fazioso, settario, partigiano. **II** *n.* 1 membro *m.* di una setta. 2 (*bigoted member of a sect*) settario *m.* (*f.* -a), fazioso *m.* (*f.* -a), partigiano *m.* (*f.* -a).

sectarianise /sek'teərɪənaɪz/ *v.t.* (*Br*) rendere settario, rendere fazioso.

sectarianism /sek'teərɪnɪzəm Am sek'terɪnɪzəm/ *n.* settarismo *m.*

sectarianize /sek'teərɪənaɪz Am sek'terɪənaɪz/ *v.t.* rendere settario, rendere fazioso.

sectary /'sektrɪ/ *n.* (*Rel*) settario *m.* (*f.* -a).
Sectary /'sektrɪ/ *n.* (*Rel.prot*) dissidente *m./f.*

section /'sekʃən/ **I** *n.* 1 parte *f.*, porzione *f.*, pezzo *m.*: *the* -*s of a fishing rod* le parti di una canna da pesca; *the lower* ~ *of the page* la parte inferiore della pagina. 2 (*geographical division*) parte *f.*, zona *f.*, regione *f.* 3 (*district, quarter*) quartiere *m.*, distretto *m.*, zona *f.*: *the business* ~ il quartiere commerciale. 4 (*part of a writing*) sezione *f.*; (*paragraph*) paragrafo *m.* 5 (*Dir*) paragrafo *m.* 6 (*Tip*) segno *m.* di paragrafo, paragrafo *m.* 7 (*Giorn*) rubrica *f.*: *the sports* ~ la rubrica sportiva. 8 (*distinct group of people*) classe *f.*, categoria *f.* 9 (*of an orchestra, a band*) sezione *f.*: *the rhythm* ~ la sezione ritmica. 10 (*of a department, office, etc.*) sezione *f.*, reparto *m.*, divisione *f.* 11 (*Chir,Scol,Mil*) sezione *f.* 12 (*Geom*) sezione *f.* 13 (*in microscopy*) sezione *f.* 14 (*profile*) sezione *f.*, profilo *m.* 15 (*Met*) profilato *m.* 16 (*Ferr*) (*length of track*) tronco *m.*, tratto *m.* **II** *v.t.* 1 sezionare, dividere in sezioni. 2 (*of drawings*) tratteggiare. □ (*Met*) ~*bar* profilato; *in* ~ in sezione; (*Tip*) ~*mark* segno di paragrafo, paragrafo; (*Met*) ~*steel* profilato di acciaio.

sectional /'sekʃənl/ **I** *a.* 1 sezionale. 2 (*divided into sections*) diviso in sezioni. 3 (*of a group*) di una classe, di un gruppo. 4 (*of an area*) settoriale, particolare: ~ *interests* interessi settoriali. 5 (*local, regional*) locale, regionale, campanilistico. 6 (*of furniture, etc.*) componibile. **II** *n.* (*Arred*) mobile *m.* componibile. □ (*Arred*) ~*bookcase* libreria componibile; ~*drawing* sezione, profilo.

sectionalise /'sekʃənəlaɪz/ *v.t.* (*Br*) 1 dividere in sezioni, sezionare. 2 (*to cause to be parochial*) rendere campanilistico.

sectionalism /'sekʃənəlɪzəm/ *n.* campanilismo *m.*

sectionalist /'sekʃənəlɪst/ *n.* campanilista *m./f.*

sectionalize /'sekʃənəlaɪz/ *v.t.* 1 dividere in sezioni, sezionare. 2 (*to cause to be parochial*) rendere campanilistico.

sectionally /'sekʃənəlɪ/ *avv.* in sezioni.

sectioned /'sekʃənd/ *a.* (*divided into sections*) diviso in sezioni.

sector /'sektər/ *n.* 1 (*Geom*) settore *m.* (circolare). 2 (*Mil*) settore *m.*, zona *f.* 3 (*fig*) settore *m.*: *the private* ~ *of the economy* il settore privato dell'economia. 4 (*fig*) (*sphere of activity*) campo *m.*, ambito *m.*, settore *m.*, sfera *f.* 5 (*Tecn*) compasso *m.* di proporzione. 6 (*Elettron*) settore *m.* □ (*Mecc*) ~*gear* settore dentato; ~*planning* pianificazione settoriale.

sectoral /'sektərəl/, **sectorial** /sek'tɔːrɪəl/ *a.* settoriale, di settore.

secular /'sekjulər/ **I** *a.* 1 secolare, mondano, terreno: ~ *life* vita secolare. 2 (*of the laity, lay*) secolare, laico. 3 (*civil*) temporale, secolare: ~ *power* potere temporale. 4 (*Scol*) laico. 5 (*continuing through ages*) secolare. **II** *n.* 1 (*layman*) laico *m.* 2 (*Rel*) secolare *m.*, prete *m.* secolare. □ (*Stor*) ~ *arm* braccio secolare; (*Stor.rom*) ~*games* giochi secolari.

secularisation /ˌsekjulərɪ'zeɪʃən/ *n.* (*Br*) secolarizzazione *f.*

secularise /'sekjuləraɪz/ *v.t.* (*Br*) secolarizzare.

secularism /'sekjulərɪzəm/ *n.* (*Pol,Scol,Filos*) laicismo *m.*

secularist /'sekjulərɪst/ **I** *n.* laicista *m./f.* **II** *a.* laicistico.

secularistic /ˌsekjulə'rɪstɪk/ *a.* laicistico.

secularity /ˌsekjuˈlærəti *Am* ˌsekjuˈlerəti/ *n.* **1** mondanità *f.* **2** (*secularism*) laicismo *m.*

secularization /ˌsekjulərɪˈzeɪʃən/ *n.* secolarizzazione *f.*

secularize /ˈsekjuləraɪz/ *v.t.* secolarizzare.

secularly /ˈsekjuləˈli/ *avv.* laicamente, secolarmente.

secund /sɪˈkʌnd/ *a.* (*Bot*) unilaterale.

securable /sɪˈkjuərəbl *Am* sɪˈkjurəbl/ *a.* conseguibile, che si può ottenere, ottenibile.

secure /sɪˈkjuəʳ *Am* sɪˈkjur/ **I** *a.* **1** sicuro (*against, from* da): ~ *from one's enemies* sicuro dai nemici; *a* ~ *refuge* un rifugio sicuro. **2** (*firm, solid*) solido, saldo, robusto, sicuro, resistente: ~ *foundations* fondamenta solide. **3** (*firmly fastened*) fermo, assicurato, ben fermato. **4** (*free from care, anxiety*) sicuro, tranquillo: *to feel* ~ sentirsi sicuro. **5** (*assured, certain*) certo, sicuro: *to be* ~ *in one's beliefs* essere sicuro delle proprie idee. **II** *v.t.* **1** mettere al sicuro, difendere, rendere sicuro: *to* ~ *a city against floods* difendere una città dalle alluvioni. **2** (*Mil*) fortificare: *to* ~ *a bridgehead* fortificare una testa di ponte. **3** (*to make fast*) assicurare, fermare (*against, from* contro): *to* ~ *the door* assicurare la porta. **4** (*to fasten, to fix*) fissare, assicurare: *to* ~ *a rope to a rock* fissare una corda a una roccia. **5** (*of a lock, bolt*) chiudere, serrare. **6** (*to get, to obtain*) ottenere, procurarsi, assicurarsi: *to* ~ *a position* ottenere un impiego; *to* ~ *a loan* procurarsi un prestito. **7** (*of a person: to tie up*) legare; (*to capture*) catturare, fare prigioniero. **8** (*to effect, to produce*) provocare, cagionare, causare: *to* ~ *so.'s dismissal* provocare il licenziamento di qcu. **9** (*Econ*) garantire. **10** (*to put in safekeeping*) mettere al sicuro. **III** *v.i.* (*Mar*) **1** ormeggiarsi, andare all'ormeggio. **2** (*to make everything fast*) assicurare tutto, rizzare tutto: *to* ~ *for sea* rizzare tutto per prendere il mare. □ *to make* ~ fissare, fermare, assicurare.

secured /sɪˈkjuəʳd *Am* sɪˈkjurd/ *a.* (*Econ*) garantito. □ (*Econ*) ~ *credit* credito coperto da garanzie reali; (*Econ*) ~ *creditor* creditore garantito; (*Econ*) ~ *debt* credito garantito; (*Econ*) ~ *loan* mutuo garantito, prestito garantito.

securely /sɪˈkjuəʳli *Am* sɪˈkjurli/ *avv.* **1** (*assuredly, safely*) sicuramente, in modo sicuro, senza pericolo. **2** (*firmly*) saldamente, fermamente. **3** (*certainly*) certamente, sicuramente.

secureness /sɪˈkjuəʳnəs *Am* sɪˈkjurnəs/ *n.* fermezza *f.*, sicurezza *f.*, certezza *f.*, assenza *f.* di dubbio.

securitization /sɪˌkjuərɪtaɪˈzeɪʃən *Am* sɪˌkjurɪtɪˈzeɪʃən/ *n.* (*Econ*) securitizzazione *f.*, mobiliarizzazione *f.*, conversione *f.* di debiti in titoli negoziabili.

securitize /sɪˈkjuərɪtaɪz/ *v.t.* (*Econ*) mobiliarizzare, garantire, convertire in titoli negoziabili.

security /sɪˈkjuərəti *Am* sɪˈkjurəti/ **I** *n.* **1** sicurezza *f.*, tranquillità *f.*: *children need* ~ *i* bambini hanno bisogno di sicurezza. **2** (*financial security*) sicurezza *f.* economica. **3** (*certainty*) sicurezza *f.*, certezza *f.* **4** (*protection*) protezione *f.*, difesa *f.*, salvaguardia *f.* **5** (*guarantee*) garanzia *f.*: *I can give you no* ~ non posso darvi alcuna garanzia. **6** (*Dir,Econ*) garanzia *f.*, cauzione *f.*; (*guarantor*) garante *m./f.* **7** (*firmness, stability*) stabilità *f.*, fermezza *f.*, saldezza *f.* **8** *pl.* (*Econ*) titoli *m.pl.*, obbligazioni *f.pl.* **II** *a.* di sicurezza: ~ *system* sistema di sicurezza. □ (*Pol*) ~ *adviser* consulente per la sicurezza; (*Psic*) ~ *blanket* oggetto transizionale; ~ *clearance* controllo di sicu-

rezza; *Security Council* (*of the United Nations*) consiglio di sicurezza; (*Econ*) ~ *deposit* deposito cauzionale; (*Econ*) ~ *holding* portafoglio titoli; *in* ~ al sicuro, in salvo; ~ *officer* addetto alla sicurezza; *to lend money on* ~ prestare denaro su garanzia, prestare denaro dietro garanzia; (*Econ*) *securities on hand* titoli di portafoglio; ~ *on property* garanzia immobiliare; (*Mil,Pol*) ~ *risk* pericolo per la sicurezza (dello stato); (*Econ*) ~ *transaction* operazione su titoli.

sedan /sɪˈdæn/ *n.* **1** (*chair*) portantina *f.* **2** (*Am,Aut*) berlina *f.*, autovettura *f.* a tre volumi. □ ~ *chair* portantina.

sedate /sɪˈdeɪt/ **I** *a.* posato, calmo, contegnoso, pacato. **II** *v.t.* (*Med*) calmare, sedare.

sedately /sɪˈdeɪtli/ *avv.* contegnosamente.

sedateness /sɪˈdeɪtnəs/ *n.* compostezza *f.*

sedation /səˈdeɪʃən/ *n.* **1** (*Med*) sedazione *f.* **2** (*state*) l'essere calmo. □ *to be under* ~ essere sotto l'azione di un sedativo; *to put so. under* ~ mettere qcu. sotto sedativi.

sedative /ˈsedətɪv *Am* ˈsedətɪv/ **I** *a.* sedativo, calmante (*anche Med*). **II** *n.* (*Med*) sedativo *m.*, calmante *m.*

sedentarily /ˈsedəntərəli *Am* ˈsedəntɜrəli/ *avv.* in modo sedentario, sedentariamente.

sedentariness /ˈsedəntərɪnəs *Am* ˈsedəntɜrɪnəs/ *n.* sedentarietà *f.*

sedentary /ˈsedəntəri *Am* ˈsedənteri/ *a.* **1** sedentario: ~ *work* lavoro sedentario. **2** (*Zool*) stanziale.

sedge /sedʒ/ *n.* (*Bot*) **1** (*sedge grass*) falasco *m.*, carice *m.* **2** (*fen sedge*) panicastrella *f.* di palude, calamo *m.* aromatico.

sedgy /ˈsedʒi/ *a.* coperto di falaschi, fiancheggiato da falaschi.

sediment /ˈsedɪmənt/ *n.* **1** sedimento *m.*, feccia *f.*, posatura *f.*, deposito *m.* **2** (*Geol*) sedimento *m.*

sedimental /ˈsedɪmentəl/ *a.* sedimentario.

sedimentary /ˌsedɪˈmentəri/ *a.* sedimentario: ~ *rock* roccia sedimentaria.

sedimentation /ˌsedɪmenˈteɪʃən/ *n.* sedimentazione *f.* (*anche Geol*).

sedimentologist /ˌsedɪmənˈtɒlədʒɪst *Am* ˌsedɪmənˈtɑːlədʒɪst/ *n.* (*Geol,Paleont*) sedimentologo *m.*

sedimentology /ˌsedɪmənˈtɒlədʒi *Am* ˌsedɪmənˈtɑːlədʒi/ *n.* (*Geol,Paleont*) sedimentologia *f.*

sedition /sɪˈdɪʃən/ *n.* sedizione *f.*

seditious /sɪˈdɪʃəs/ *a.* sedizioso: ~ *activities* attività sediziose.

seditiously /sɪˈdɪʃəsli/ *avv.* sediziosamente.

seditiousness /sɪˈdɪʃəsnəs/ *n.* l'essere sedizioso.

seduce /səˈdjuːs *Am* səˈduːs/ *v.t.* **1** sedurre, allontanare: *to* ~ *so. from his duty* distogliere, allontanare qcu. dal suo dovere. **2** (*to corrupt*) corrompere, sviare, allontanare dalla retta via. **3** (*to persuade into sexual intercourse*) sedurre. **4** (*to charm, to coax*) sedurre, attirare, allettare, attrarre.

seducement /səˈdjuːsmənt *Am* also sə'duːsmənt/ *n.* **1** seduzione *f.* **2** (*sth. that seduces*) seduzione *f.*, allettamento *m.*

seducer /səˈdjuːsəʳ *Am* also səˈduːsəʳ/ *n.* seduttore *m.*

seducible /səˈdjuːsəbl *Am* also səˈduːsəbl/ *a.* che si può sedurre.

seduction /səˈdʌkʃən/ *n.* **1** seduzione *f.* **2** (*sth. that seduces*) seduzione *f.*, allettamento *m.*: *the* -*s of city life* le seduzioni della vita di città.

seductive /səˈdʌktɪv/ *a.* seducente, allettante.

seductively /səˈdʌktɪvli/ *avv.* in modo seducente.

seductiveness /səˈdʌktɪvnəs/ *n.* seduzione *f.*, fascino *m.*

seductress /sɪˈdʌktrəs/ *n.* seduttrice *f.*

sedulity /sɪˈdjuːləti *Am* also sɪˈduːləti/ *n.* diligenza *f.*, assiduità *f.*

sedulous /ˈsedjuləs *Am* ˈsedʒələs/ *a.* diligente, assiduo.

sedulously /ˈsedjuləsli *Am* ˈsedʒələsli/ *avv.* diligentemente, assiduamente.

sedulousness /ˈsedjuləsnəs *Am* ˈsedʒələsnəs/ *n.* diligenza *f.*, assiduità *f.*

see[1] /siː/ (*past* **saw** /sɔː/, *p.p.* **seen** /siːn/) **I** *v.t.* **1** vedere: *I don't* ~ *you* non ti vedo. **2** (*to understand*) capire, intendere, comprendere, vedere: *if you* ~ *what I mean* se capisci cosa voglio dire. **3** (*to find out, to ascertain*) vedere, accertarsi di: ~ *who's at the door will you?* vuoi vedere chi è alla porta? **4** (*to learn by reading*) leggere, vedere. **5** (*to recognize, to be aware of*) vedere, accorgersi di, notare: *I don't* ~ *the problem* non vedo (quale sia) il problema. **6** (*to visit*) andare a trovare, visitare, fare una visita a. **7** (*to consult*) consultare: *you'd better* ~ *a lawyer* dovresti consultare un avvocato. **8** (*to accompany*) accompagnare: *he saw me to the station* mi accompagnò alla stazione. **9** (*to date*) uscire con, frequentare, vedersi con: *are you -ing anyone interesting right now?* esci con qualcuno di interessante, in questo periodo? **10** (*to receive*) ricevere, vedere: *he is not -ing anyone today* oggi non riceve nessuno. **11** (*to meet*) vedere, incontrare: *I'll* ~ *you outside the church* ci vediamo davanti alla chiesa. **12** (*to keep company with*) stare con, (*colloq*) filare con, (*rar*) amoreggiare con. **13** (*to take care*) badare, controllare, prendersi cura di: ~ *that the work is done* bada che il lavoro sia fatto. **14** (*to experience, to undergo*) vedere, avere esperienza di, fare esperienza di, sperimentare, conoscere. **II** *v.i.* **1** vederci, vedere: *I don't* ~ *very well with my right eye* non vedo molto bene dall'occhio destro. **2** (*to understand*) capire, comprendere, vedere. **3** (*to think, to reflect*) pensare, riflettere, considerare, vedere. □ *to* ~ *about*: **1** occuparsi di, prendersi cura di: *he has come to* ~ *about the matter* è venuto per occuparsi della faccenda; **2** (*to think over*) pensarci; ~ *above* vedi sopra (*anche Edit*); (*Mil*) *to* ~ *action* combattere; *to* ~ *after*: **1** badare a, occuparsi di; **2** (*to look after, to take care of*) prendersi cura di, occuparsi di; (*burocr*) -*n and approved* visto e approvato; *as far as I can* ~ a mio modo di vedere; (*colloq*) *be -ing you!* ciao!, arrivederci!; ~ *below* vedi sotto (*anche Edit*); (*fig*) *to* ~ *daylight* vederci chiaro, cominciare a capire; *to* ~ *double* vederci doppio (*anche fig*); (*scherz*) *she will never* ~ *fifty again* ha passato da un pezzo i cinquant'anni; *to* ~ *fit to do sth.* ritenere giusto fare qcs.; (*colloq*) *you are not fit to be -n* non sei presentabile; *to* ~ *for oneself* vedere da sé: *if you don't believe me, go and* ~ *for yourself* se non mi credi, vai a vedere da te; (*esclam.*) ~ *here* sta' a sentire!, senti!; *to* ~ *in the New Year* aspettare l'anno nuovo; *to* ~ *into* esaminare, studiare, considerare; *let me* ~ (o *let's* ~) vediamo; *to* ~ *little of so.* vedere qcu. raramente; (*colloq*) *to* ~ *a lot of so.* vedere spesso qcu.; *I hope to* ~ *more of him* spero di vederlo più spesso; *not to* ~ *much of so.* non vedere molto spesso qcu.; *to* ~ *so. off* salutare qcu. (alla partenza); *to* ~ *so. off the premises* accompagnare qcu. alla porta; *to* ~ *sth. out* arrivare alla fine di, vedere la fine di; *to* ~ *so. out* (*to accompany to the door*) accompagnare qcu. alla porta; *to* ~ *over* vedere bene, esaminare, ispezionare;

weshall ~ vedremo; *not to* ~*the use of* non vedere l'utilità di, non giudicare conveniente, non ritenere opportuno; *(Br,fig) he can't* ~ *the wood for the trees* si perde nei particolari; *(colloq) to* ~*things* avere le allucinazioni, soffrire di allucinazioni; *to* ~*through* : 1 vedere attraverso: *the cloth is so worn you can* ~ *through it* la stoffa è così lisa che ci si vede attraverso; 2 *(to enable to overcome)* aiutare a superare; 3 *(to persevere until the end)* portare a termine, finire, terminare, seguire fino alla fine; 4 *(to be undeceived)* non lasciarsi ingannare da; *(fig) to* ~ *through a brick wall* essere molto acuto, essere molto perspicace; *to* ~ *to* pensare a, badare a, occuparsi di: *don't worry, I'll* ~ *to it* non preoccuparti, ci penso io; ~ *to it that you are punctual* bada di essere puntuale; ~*you later!* a più tardi!, ci vediamo dopo!; ~ *you soon* a presto, arrivederci, a tra poco; ~*you tomorrow ?* ci vediamo domani?

see² /si:/ *n.* 1 *(Rel) (seat of a bishop)* sede *f.* vescovile, cattedra *f.* episcopale. 2 *(rank, office)* vescovado *m.* 3 *(jurisdiction)* diocesi *f.* □ *(Rel.catt) the Seeof Rome* la Santa Sede.

seeable /ˈsiːəbl/ *n.* visibile, vedibile.

seed /si:d/ *n.* 1 seme *m.*: *the* ~ *of a flower* il seme di un fiore. 2 *(collett.) (seeds)* semente *f.*, semenza *f.* 3 *(Fisiol) (semen, sperm)* seme *m.*, sperma *m.* 4 *(fig) (germ, source)* seme *m.*, germe *m.*, origine *f.*, principio *m.*: *the* -*s of discord* il seme della discordia. 5 *(fig) (offspring, progeny)* discendenza *f.*, progenie *f.* 6 *(Zool)* seme *m.* (da) bachi. 7 *(Sport)* testa *f.* di serie. **II** *v.t.* 1 *(Agr,Giard)* seminare. 2 *(to remove the seeds from)* togliere i semi a: *to* ~ *a melon* togliere i semi a un melone. 3 *(Sport) (of a player)* selezionare, designare; *(of the draw)* designare. 4 *(Meteor) (of a cloud)* inseminare, disseminare con cristalli per provocare la pioggia. **III** *v.i.* 1 *(Bot)* fare scmc, *(ant)* scmcntire. 2 *(Agr) (to sow seed)* seminare. □ *(Dolc)* ~*cake* torta con semi di cumino; *(Econ)* ~*capital* sovvenzione per l'avviamento, stanziamento iniziale, capitale di avviamento di una impresa; *(Agr)* ~ *cleaner-grader* selezionatrice per sementi; *(Agr)* ~*control* controllo delle sementi; *(Agr)* ~*corn*: 1 grano da semina; 2 *(Am)* granturco da semina; *(Tess)* ~*cotton* cotone non sgranato; *(Agr)* ~*drill* seminatrice a righe; *to go to* ~: 1 *(Bot)* fare seme, *(ant)* sementire; 2 *(fig) (to decay)* scadere, declinare, perdere pregio, perdere valore; 3 *(fig) (to lose strength and vigour)* rammollirsi, *(Agr,Giard) to grow sth. from* ~ ottenere qcs. dal seme; *(Econ)* ~ *money* sovvenzione per l'avviamento, stanziamento iniziale, capitale di avviamento di una impresa; *(Bibl) the* ~*of Abraham* il seme di Abramo, la progenie di Abramo; *(Alim)* ~ *oyster* ostrica da allevamento; ~*pearl* perla molto piccola; *(Agr)* ~*plot* semenzaio, vivaio; *(Bot)* ~*pod* baccello; *(Bot)* ~*time* tempo della semina; *(Bot)* ~*vessel* pericarpo, pericarpio.

seedbed /ˈsiːdbed/ *n.* *(Agr)* semenzaio *m.* (anche fig).

seedcake /ˈsiːdkeɪk/ *n.* *(Dolc)* torta *f.* con semi di cumino.

seeded /ˈsiːdɪd/ *a.* 1 seminato. 2 *(having the seeds removed)* senza semi, cui sono stati tolti i semi. 3 *(Sport)* testa di serie: *the fifth-*~ *player* la quinta testa di serie. □ *(Sport)* ~ *players* teste di serie.

seeder /ˈsiːdər/ *n.* 1 seminatore *m.* (f. -trice). 2 *(Agr) (device)* seminatrice *f.* 3 *(Bot)* pianta *f.* che produce semi. 4 *(Agr) (device for removing seeds)* sgranatoio *m.*, sgranatrice *f.*

seedily /ˈsiːdɪlɪ/ *avv.* in modo malandato, in cattivo stato.

seediness /ˈsiːdɪnəs/ *n.* 1 l'essere pieno di semi. 2 *(colloq) (shabbiness)* l'essere malandato, l'essere in cattivo stato.

seeding /ˈsiːdɪŋ/ *n.* 1 *(Agr)* semina *f.* 2 *(Sport)* scelta *f.* delle teste di serie.

seedless /ˈsiːdləs/ *a.* senza semi, privo di semi.

seedling /ˈsiːdlɪŋ/ *n.* 1 *(Agr)* semenzale *m.*, plantula *f.* 2 *(Forest)* giovane pianta *f.*; *(nursery tree)* piantina *f.* di semenzaio. □ *(Forest)* ~*nursery* vivaio forestale.

seedsman /ˈsiːdzmən/ *n.irr.* venditore *m.* di semi, mercante *m.* di semi.

seedy /ˈsiːdɪ/ *a.* 1 pieno di semi. 2 *(colloq) (shabby)* cadente, in cattivo stato, in rovina: *a* ~ *hotel* un albergo cadente. 3 *(shabby in dress, appearance)* trasandato, trascurato, sciatto. 4 *(colloq) (out of sorts)* indisposto, depresso, abbattuto.

seeing /ˈsiːɪŋ/ **I** *n.* il vedere, vista *f.* **II** *a.* dotato di intuito. **III** *congz. (since, considering)* considerato che, dato che, visto che. □ ~ *eye dog* cane per ciechi; ~*is believing* vedere per credere; ~ *that* considerato che, dato che, visto che.

seek /si:k/ *v.t. (past, p.p.* **sought** /sɔːt/) **I** *v.t.* 1 cercare, andare in cerca, andare alla ricerca di: *to* ~ *shelter from the storm* cercare un riparo dalla bufera; *to* ~ *one's fortune* andare in cerca di fortuna. 2 *(to try to discover)* ricercare, cercare (di trovare): *to* ~ *the truth* ricercare la verità; *to* ~ *the solution to a problem* cercare la soluzione di un problema. 3 *(to try to acquire)* cercare (di ottenere), perseguire: *to* ~ *power* cercare di ottenere il potere. 4 *(to ask for)* cercare, chiedere: *to* ~ *help* cercare aiuto; *to* ~ *so.'s opinion* chiedere il parere di qcu. 5 *(to try, to attempt; seguito dall'inf.)* cercare, tentare: *to* ~ *to influence so.* cercare di influenzare qcu. **II** *v.i.* 1 andare in cerca, andare alla ricerca *(for, after* di), cercare (qcs.): *(Bibl)* ~ *and ye shall find* cercate e troverete. 2 *(Caccia) (general. all'imperat.)* cercare. □ *to be sought after* essere ricercato, essere richiesto; *the reason is not far to* ~ il motivo è ovvio; *to* ~*office* : 1 ambire (a) una carica; 2 *(Parl)* ambire (a) una poltrona; *to* ~ *out* scovare, reperire; *to* ~ *safety in flight* cercare scampo nella fuga; *(Inform)* ~ *time* tempo di posizionamento.

seeker /ˈsiːkər/ *n.* cercatore *m.* (f. -trice).

seem /si:m/ *v.i.* 1 sembrare, parere, apparire: *it* -*s easy* sembra facile. 2 *(to give an impression of; seguito dall'inf.)* sembrare che: *you do not* ~ *to believe me* sembra che tu non mi creda. 3 *(costr.impers.)* sembrare, parere: *it would* ~ *that* sembrerebbe che. 4 *(to appear to exist)* sembrare esserci: *there* -*s to be some mistake* sembra che ci sia un errore. □ *to* ~ *as if* (o *to* ~ *as though*) sembrare che; *to act as* -*s best* agire come sembra meglio; *I can't* ~ *to find the right answer* non riesco a trovare la risposta giusta; *that's how it* -*s to me* io la vedo così; *it would* ~ *so* sembrerebbe di sì, sembra di sì; *they are not what they* ~ non sono quello che sembrano.

seeming /ˈsiːmɪŋ/ **I** *a.* apparente: *with* ~ *nonchalance* con apparente indifferenza. **II** *n.* apparenza *f.*

seemingly /ˈsiːmɪŋlɪ/ *avv.* apparentemente, in apparenza.

seemliness /ˈsiːmlɪnəs/ *n.* decoro *m.*, proprietà *f.*

seemly /ˈsiːmlɪ/ *a.* 1 decoroso, proprio: *your language is hardly* ~ il tuo linguaggio non è affatto decoroso. 2 *(suitable, fitting)* appropriato, conveniente, adatto.

seen /si:n/ → **see**¹.

seep /si:p/ *v.i.* 1 filtrare, trapelare: *water was* -*ing through the walls* l'acqua filtrava attraverso le pareti. 2 *(fig) (of ideas, methods, etc.)* penetrare, introdursi, diffondersi. □ *to* ~*away* svanire, dileguarsi, sfumare.

seepage /ˈsiːpɪdʒ/ *n.* infiltrazione *f.*, *(rar)* infiltramento *m.*

seer /ˈsiːər *Am also* sɪr/ *n.* profeta *m.*; *(divine)* veggente *m.*

seeress /ˈsiːərəs *Am also* ˈsɪrəs/ *n.* profetessa *f.*; *(divine)* veggente *f.*

seersucker /ˈsɪəˌsʌkər *Am* ˈsɪrˌsʌkər/ *n.* *(Tess)* tela *f.* crespa a strisce.

see-saw /ˈsiːsɔː/ **I** *n.* 1 altalena *f.* 2 *(fig) (up-and-down motion)* movimento *m.* su e giù; *(backward-and-forward motion)* movimento *m.* avanti e indietro. 3 *(fig) (uncertain contest)* altalena *f.*, alterna vicenda *f.* 4 *(Mecc)* moto *m.* alternativo. **II** *a.* che si muove su e giù; *(backwards and forwards)* che si muove avanti e indietro. **III** *v.i.* 1 oscillare, ondeggiare, fare avanti e indietro. 2 *(to play see-saw)* fare l'altalena.

seethe /si:ð/ *(past, p.p.* **seethed** /-d/) **I** *v.i.* 1 *(to move about in a small place)* essere in subbuglio, essere in fermento. 2 *(to be in a state of agitation)* fremere, bollire, ribollire, accendersi: *to* ~ *with rage* fremere di rabbia. 3 *(to boil)* bollire, ribollire. **II** *v.t.* bollire, lessare.

see-through /ˈsiːθruː/ *a. (Abbigl)* trasparente: *a* ~ *dress* un vestito trasparente.

seg. *(Geom)* segment (segmento).

segment /ˈsegmənt/ **I** *n.* 1 parte *f.*, segmento *m.*, porzione *f.* 2 *(section, division)* parte *f.*, sezione *f.* 3 *(of an orange, etc.)* spicchio *m.* 4 *(sector)* settore *m.* 5 *(Geom,Biol,Inform)* segmento *m.*: ~ *of a circle* segmento circolare. 6 *(Giorn,TV)* speciale *m.* **II** *v.t.* segmentare, dividere in segmenti. **III** *v.i.* 1 segmentarsi, dividersi in segmenti. 2 *(Biol)* riprodursi per segmentazione.

segmental /segˈmentəl *Am* segˈmentəl/ *a.* 1 *(Geom,Biol,Ling)* segmentale: ~ *apparatus* apparato segmentale. 2 *(of segmentation)* di segmentazione, relativo a segmentazione.

segmentary /ˈsegmentri *Am* segˈmenteri/ *a.* 1 *(Geom,Biol,Ling)* segmentale. 2 *(of segmentation)* di segmentazione, relativo a segmentazione.

segmentation /ˌsegmenˈteɪʃn/ *n.* *(Geom, Biol)* segmentazione *f.*

segregate /ˈsegrəgeɪt/ **I** *v.t.* segregare, isolare, separare. **II** *v.i.* isolarsi, segregarsi.

segregated /ˈsegrəgeɪtɪd *Am* ˈsegrəgeɪtɪd/ *a.* segregato, isolato.

segregation /ˌsegrəˈgeɪʃn/ *n.* 1 separazione *f.* 2 *(Pol,Sociol)* isolamento *m.*, segregazione *f.*, segregazionismo *m.*

segregational /ˌsegrəˈgeɪʃnəl/ *a. (Pol, Sociol)* di separazione, di segregazione, segregazionistico.

segregationist /ˌsegrəˈgeɪʃnɪst/ *n. (Pol, Sociol)* segregazionista *m./f.*

segregative /ˈsegrəgətɪv *Am* ˈsegrəgətɪv/ *a.* che tende a segregare.

segue /ˈsegweɪ/ **I** *n. (in music, film or conversation)* passaggio *m.* senza stacco. **II** *v.i.* passare senza stacco, scivolare.

seigneur /senˈjɜː *Am* seɪnˈjɜːr/, **seignior** /ˈseɪnjər/ *n. (Stor)* feudatario *m.*, signore *m.* feudale.

seigneurial /seɪˈnjɜːrɪəl/, **seigniorial** /ˈseɪnjərɪəl/ *a.* signoresco.

seigniory /ˈseɪnjəri/ *n. (Stor)* 1 signoria *f.* 2 *(lord's domain)* dominio *m.* di un signore feudale.

seignoral /ˈseɪnjərəl/, **seignorial** /ˈseɪnjərɪəl/ *a.* signoresco.

seine /seɪn/ **I** *n. (Pesc)* senna *f.* **II** *v.t./i. (Pesc)* pescare con la senna.

Seine/sem, sen/ *n.pr.* (*Geog*) Senna *f.*

seiner/'semər/ *n.* (*Pesc*) chi pesca con la senna.

seise/siːz/ *v.t.* (*Dir*) immettere nel possesso: *to ~ so. of a property* immettere qcu. nel possesso di un bene.

seisin/'siːzɪn/ *n.* (*Dir*) proprietà *f.* assoluta di un fondo.

seismal/'saɪzməl/ *a.* sismico.

seismic/'saɪzmɪk/ *a.* sismico: ~ *wave* onda sismica.

seismical/'saɪzmɪkəl/ *a.* sismico.

seismically/'saɪzmɪkli/ *avv.* sismicamente.

seismicity /saɪz'mɪsɪti *Am* saɪz'mɪsəti/ *n.* (*Geol*) sismicità *f.*

seismogram/'saɪzməgræm/ *n.* sismogramma *m.*

seismograph/'saɪzmougræf/ *n.* sismografo *m.*

seismographer/'saɪzmougræfər/ *n.* sismologo *m.* (*f.* -a).

seismographic /ˌsaɪzmou'græfɪk/, **seismographical** /ˌsaɪzmou'græfɪkəl/ *a.* sismografico.

seismography /saɪz'mɒgrəfi *Am* saɪz'mɑːgrəfi/ *n.* sismografia *f.*

seismologic /ˌsaɪzmə'lɒdʒɪk *Am* ˌsaɪzmə'lɑːdʒɪk/, **seismological** /ˌsaɪzmə'lɒdʒɪkəl *Am* ˌsaɪzmə'lɑːdʒɪkəl/ *a.* sismologico.

seismologist /saɪz'mɒlədʒɪst *Am* saɪz'mɑːlədʒɪst/ *n.* sismologo *m.* (*f.* -a).

seismology/saɪz'mɒlədʒi *Am* saɪz'mɑːlədʒi/ *n.* sismologia *f.*

seismometer /saɪz'mɒmɪtər *Am* saɪz'mɑːmətər/ *n.* sismometro *m.*

seismometric /ˌsaɪzmɒ'metrɪk *Am* ˌsaɪzmɑː'metrɪk/, **seismometrical** /ˌsaɪzmɒ'metrɪkəl *Am* ˌsaɪzmɑː'metrɪkəl/ *a.* sismometrico.

seismometry /saɪz'mɒmɪtri *Am* saɪz'mɑːmɪtri/ *n.* sismometria *f.*

seismoscope/'saɪzməskoup/ *n.* sismoscopio *m.*

seizable/'siːzəbl/ *a.* 1 afferrabile, prendibile. 2 (*Dir*) confiscabile, sequestrabile.

seize/siːz/ I *v.t.* 1 (*to take by force*) prendere, impadronirsi di, impossessarsi di: *to ~ power* impadronirsi del potere. 2 (*to possess suddenly*) impadronirsi di, prendere: *panic -d the troops* il panico si impadronì delle truppe; *to be -d with a desire to do sth.* essere preso dal desiderio di fare qcs. 3 (*to take prisoner*) prendere, catturare, acciuffare. 4 (*to afflict suddenly*) colpire: *to be -d with rheumatism* essere colpito da reumatismi. 5 afferrare, prendere (*by* per): *to ~ so.'s hand* afferrare la mano di qcu.; *to ~ so. by the arm* afferrare qcu. per un braccio. 6 (*fig*) (*to understand*) afferrare, capire, comprendere. 7 (*Dir*) confiscare, sequestrare. 8 (*Dir*) immettere nel possesso: *to ~ so. of a property* immettere qcu. nel possesso di un bene. 9 (*Mar*) legare. II *v.i.* 1 afferrarsi, aggrapparsi, appigliarsi (*on, at* a): *to ~ on a rope* afferrarsi a una fune. 2 (*fig*) ricorrere, appigliarsi, attaccarsi (*upon* a): *to ~ upon an excuse* ricorrere a una scusa. 3 (*Mecc*) grippare, gripparsi: *the bearings -d* i cuscinetti hanno grippato. □ *to ~ hold of sth.* afferrare qcs.; *to ~ the opportunity* cogliere l'occasione; (*fig*) ~ *the day* cogli l'attimo, carpe diem; (*Mecc*) *to ~ up* grippare, gripparsi.

seizin/'siːzɪn/ *n.* (*Dir*) proprietà *f.* assoluta di un fondo.

seizing/'siːzɪŋ/ *n.* 1 l'afferrare, il prendere, presa *f.* 2 (*Dir*) confisca *f.*, sequestro *m.* 3 (*Mar*) legatura *f.* 4 (*Mecc*) grippaggio *m.*

seizure/'siːʒər/ *n.* 1 il prendere, presa *f.* 2 (*possession by force*) conquista *f.*, presa *f.*:

---

the ~ of power la conquista del potere. 3 (*Dir*) confisca *f.*, sequestro *m.* 4 (*Med*) attacco *m.*, accesso *m.* 5 (*Mecc*) grippaggio *m.*

sejant/'siːdʒənt/ *a.* (*Arald*) sedente.

seldom /'seldəm/ *avv.* raramente, di rado, rare volte: *I ~ drink beer* raramente bevo birra. □ ~ *if ever* raramente, per non dire mai; *not ~* non di rado, talvolta; ~ *or never* quasi mai.

seldomly/'seldəmli/ *avv.* raramente, di rado, rare volte.

select/sə'lekt/ I *v.t.* 1 scegliere, selezionare, prescegliere (*from* da, tra). 2 (*Inform*) selezionare. II *v.i.* fare una selezione di. III *a.* 1 scelto, selezionato, prescelto: ~ *passages from Shakespeare* passi scelti dalle opere di Shakespeare. 2 (*exclusive*) esclusivo, chiuso, ristretto: *a ~ club* un circolo esclusivo. 3 (*choosing carefully*) esigente, (*rar*) di difficile contentatura. IV *n.* (*costr.pl.*) (*select people*) gente *f.* scelta, gente *f.* selezionata, prescelti *m.pl.* □ (*Parl*) ~ *committee* comitato ristretto.

selectee/ˌsəlek'tiː/ *n.* (*Am,Mil*) recluta *f.*, coscritto *m.*

selecting/sə'lektɪŋ/ □ ~ *panel* commissione selezionatrice.

selection/sə'lekʃən/ *n.* 1 scelta *f.*, selezione *f.* (*of* di). 2 (*assortment*) scelta *f.*, assortimento *m.*: *a wide ~ of goods* un'ampia scelta di merce. 3 (*Lett*) brano *m.* scelto; (*anthology*) antologia *f.* 4 (*Biol,Inform*) selezione *f.* 5 (*Sport*) selezione *f.*, squadra *f.*: ~ *for the derby* selezione per il derby. □ (*Fis*) ~ *rules* regole di selezione.

selective/sə'lektɪv/ *a.* selettivo (*anche Tecn*).

selectively/sə'lektɪvli/ *avv.* selettivamente.

selectiveness/sə'lektɪvnəs/ *n.* selettività *f.*

selectivity /selek'tɪvəti *Am* sə,lek'tɪvəti/ *n.* selettività *f.*

selectman/sə'lektmən/ *n.irr.* (*US*) consigliere *m.* comunale (nella Nuova Inghilterra).

selectness/sə'lektnəs/ *n.* selettività *f.*

selector /sə'lektər/ *n.* 1 selezionatore *m.* (*f.* -trice). 2 (*Tecn*) selettore *m.* 3 (*Aut*) preselettore *m.*

selenic[1] /sə'liːnɪk/ *a.* (*of the moon*) lunare.

selenic[2] /sə'liːnɪk/ *a.* (*Chim*) selenico: ~ *acid* acido selenico.

selenious /sɪ'liːnɪəs/ *a.* (*Chim*) selenioso: ~ *acid* acido selenioso.

selenium/sɪ'liːnɪəm/ *n.* (*Chim*) selenio *m.* □ (*Elettron*) ~ *cell* cellula al selenio.

selenographer /si:lə'nɒgrəfər *Am* selə'nɑːgrəfər/ *n.* (*Astr*) selenografo *m.* (*f.* -a).

selenographic /səlɪnou'græfɪk *Am* səlɪnou'græfɪk/ *a.* (*Astr*) selenografico: ~ *chart* carta selenografica.

selenographical /sə,lɪnou'græfɪkəl *Am* sə,lɪnou'græfɪkəl/ *a.* (*Astr*) selenografico.

selenography /ˌsi:lə'nɒgrəfi *Am* ˌselə'nɑːgrəfi/ *n.* (*Astr*) selenografia *f.*

selenologist /si:lə'nɒlədʒɪst *Am* selə'nɑːlədʒɪst/ *n.* (*Astr*) selenologo *m.* (*f.* -a).

selenology/si:lə'nɒlədʒi *Am* selə'nɑːlədʒi/ *n.* (*Astr*) selenologia *f.*

self/self/ I *n.* (*pl.* **selves**/selvz/) 1 io *m.*, sé *m.*, se *m.* stesso: *the study of the ~* lo studio dell'io; *the consciousness of ~* la coscienza di sé. 2 (*aspect of one's personality*) lato *m.*, aspetto *m.*, io *m.*: *my better ~* il mio lato migliore; *he showed his true ~* mostrò il suo vero io. 3 (*self-interest*) interesse *m.* personale: *to put State before ~* anteporre lo stato all'interesse personale. 4 (*selfishness*) egoismo *m.* 5 (*embodiment*) personificazione *f.*: *mercy's ~* la personificazione della pietà. 6 (*Comm,ant*) (*you, yourself*) Voi *m.* (stesso), Ella *m.* (stessa). 7 (*Filos*) io *m.* II *a.* 1 uniforme, uguale. 2 (*of the same kind*) della stessa specie, della stessa qualità. III *pron.* (*me, myself*) me (stesso): *pay ~ ten pounds* pagate a me (stesso) dieci sterline; *a room for ~ and wife* una camera per me e per mia moglie. IV *v.t.* 1 (*Zootecn*) accoppiare tra consanguinei. 2 (*Bot*) autoimpollinare. □ ~ *employed person* libero professionista; *a suit with a ~ same overcoat* un abito con un soprabito della stessa stoffa.

self-abandonment /ˌselfə'bændənmənt/ *n.* abnegazione *f.*, rinuncia *f.* di sé.

self-abasement /ˌselfə'beɪsmənt/ *n.* autoumiliazione *f.*, autoavvilimento *m.*, avvilimento *m.* di sé.

self-abhorrence /ˌselfəb'hɒrəns *Am* ˌselfæb'hɔːrəns/ *n.* orrore *m.* di sé.

self-abnegation /ˌselfæbnɪ'geɪʃən/ *n.* abnegazione *f.*, altruismo *m.*, sacrificio *m.* di sé.

self-absorbed /ˌselfəb'sɔːbd *Am* ˌselfəb'sɔːrbd/ *a.* assorto nei propri affari, assorto nei propri interessi, egocentrico.

self-absorption /ˌselfəb'sɔːpʃən *Am* ˌselfəb'sɔːrpʃən/ *n.* l'essere assorto nei propri affari, egocentrismo *m.*

self-abuse /ˌselfə'bjuːs/ *n.* 1 cattivo uso *m.* del proprio ingegno, cattivo uso *m.* delle proprie capacità. 2 (*masturbation*) masturbazione *f.*

self-accusation /ˌself,ækjʊ'zeɪʃən/ *n.* autoaccusa *f.*

self-acting/ˌself'æktɪŋ/ *a.* automatico.

self-action/ˌself'ækʃən/ *n.* automatismo *m.*

self-adaptive/ˌselfə'dæptɪv/ *a.* (*Tecn*) autoadattante.

self-addressed /ˌselfə'drest/ *a.* con il proprio indirizzo: *a ~ envelope* una busta con il proprio indirizzo.

self-adhesive /ˌselfəd'hiːsɪv/ *a.* autoadesivo.

self-adjusting /ˌselfə'dʒʌstɪŋ/ *a.* autoregolato, autocompensante, a compensazione automatica, ad autoregolazione (*anche Tecn*).

self-admiration /ˌself,ædmə'reɪʃən/ *n.* ammirazione *f.* di sé, autoammirazione *f.*

self-aggression /ˌselfə'greʃən/ *n.* (*Psic*) autoaggressione *f.*

self-alienation /ˌself,eɪlɪə'neɪʃən/ *n.* (*Psic*) autoalienazione *f.*

self-analysis /ˌselfə'næləsɪs/ *n.* (*Psic*) autoanalisi *f.*

self-apparent /ˌselfə'pærənt/ *a.* evidente, palese, manifesto.

self-appointed /ˌselfə'pɔɪntɪd *Am* ˌselfə'pɔɪntɪd/ *a.* stabilito di propria iniziativa, deciso di propria iniziativa.

self-appraisal/ˌselfə'preɪzəl/ *n.* (*Psic*) autostima *f.*, stima *f.* di sé.

self-assembly /ˌselfə'sembli/ *a.* (*Br*) da montare, componibile.

self-asserting/ˌselfə'sɜːtɪŋ *Am* ˌselfə'sɜːrtɪŋ/ *a.* che si fa valere, che fa valere i propri diritti.

self-assertion /ˌselfə'sɜːʃən *Am* ˌselfə'sɜːrʃən/ *n.* 1 il fare valere i propri diritti, il farsi valere. 2 (*Psic*) autoaffermazione *f.*

self-assertive /ˌselfə'sɜːtɪv *Am* ˌselfə'sɜːrtɪv/ *a.* che si fa valere, che fa valere i propri diritti.

self-assertiveness /ˌselfə'sɜːtɪvnəs *Am* ˌselfə'sɜːrtɪvnəs/ *n.* (*Psic*) autoaffermazione *f.*

self-assessment /ˌselfə'sesmənt/ *n.* autovalutazione *f.*

self-assumed /ˌselfə'suːmd *Br also* ˌselfə'sjuːmd/ *a.* (*of a title, etc.*) assunto senza averne il diritto.

self-assurance /ˌselfə'ʃuərəns *Am* ˌselfə'ʃʊrəns/ *n.* sicurezza *f.* di sé, fiducia *f.* in se stessi.

self-assured /ˌselfəˈʃʊəd *Am* ˌselfəˈʃʊrd/ *a.* sicuro di sé.

self-awareness /ˌselfəˈweərnəs *Am* ˌselfəˈwernəs/ *n.* (*Psic*) autoconsapevolezza *f.*, consapevolezza *f.* di sé.

self-betrayal /ˌselfbɪˈtreɪəl/ *n.* il tradirsi (da solo).

self-binder /ˌselfˈbaɪndər/ *n.* (*Agr*) mietitrice *f.* legatrice.

self-catering /ˌselfˈkeɪtərɪŋ/ **I** *a.* (*Br*) (*of accommodation*) con uso cucina. **II** *n.* (*Br*) alloggio *m.* con uso cucina.

self-censorship /ˌselfˈsensəʃɪp *Am* ˌselfˈsensərʃɪp/ *n.* autocensura *f.*

self-centered /ˌselfˈsentərd/ *e der.* (*Am*) → **self-centred** *e der.*

self-centred /ˌselfˈsentəd *Am* ˌselfˈsentərd/ *a.* egocentrico, egoista.

self-centredly /ˌselfˈsentədli *Am* ˌselfˈsentərdli/ *avv.* in modo egocentrico, egoisticamente.

self-centredness /ˌselfˈsentədnəs *Am* ˌselfˈsentərdnəs/ *n.* egocentrismo *m.*, egoismo *m.*

self-centring /ˌselfˈsentrɪŋ/ *a.* (*Tecn*) autocentrante.

self-certification /ˌselfˌsɜːtɪfɪˈkeɪʃən/ *n.* (*Br*) autocertificazione *f.*

self-check /ˌselfˈtʃek/ *n.* autoesame *m.*

selfchecking /ˌselfˈtʃekɪŋ/ *a.* (*Tecn*) a controllo automatico.

selfcleaning /ˌselfˈkliːnɪŋ/, **selfcleansing** /ˌselfˈklenzɪŋ/ *a.* autopulente.

self-closing /ˌselfˈkloʊzɪŋ/ *a.* che si chiude automaticamente, che si chiude da sé, a chiusura automatica.

self-cocking /ˌselfˈkɒkɪŋ *Am* ˌselfˈkɑːkɪŋ/ *a.* (*Arm*) automatico.

self-collected /ˌselfkəˈlektɪd/ *a.* controllato, composto, padrone di sé.

self-colored /ˌselfˈkʌlərd/ *a.* (*Am*) **1** monocolore, monocromo, in tinta unita. **2** (*of a natural color*) di colore naturale.

self-coloured /ˌselfˈkʌləd/ *a.* (*Br*) **1** monocolore, monocromo, in tinta unita. **2** (*of a natural colour*) di colore naturale.

self-command /ˌselfkəˈmɑːnd *Am* ˌselfkəˈmænd/ *n.* autocontrollo *m.*, padronanza *f.* di sé, dominio *m.* di sé.

self-complacence /ˌselfkəmˈpleɪsəns/, **self-complacency** /ˌselfkəmˈpleɪsnsi/ *n.* autocompiacimento *m.*

self-complacent /ˌselfkəmˈpleɪsnt/ *a.* che si compiace di sé.

self-composed /ˌselfkəmˈpoʊzd/ *a.* composto, calmo.

self-conceit /ˌselfkənˈsiːt/ *n.* presunzione *f.*, alto concetto *m.* di sé.

self-conceited /ˌselfkənˈsiːtɪd *Am* ˌselfkənˈsiːtɪd/ *a.* presuntuoso, pieno di sé.

self-concept /ˌselfˈkɒnsept *Am* ˌselfˈkɑːnsept/ *n.* (*Psic*) concetto *m.* di sé.

self-condemnation /ˌselfˌkɒndemˈneɪʃən *Am* ˌselfˌkɑːndemˈneɪʃən/ *n.* autocondanna *f.*

self-confessed /ˌselfkənˈfest/ *a.* dichiarato, noto: *a ~ reactionary* un reazionario dichiarato.

self-confidence /ˌselfˈkɒnfɪdəns *Am* ˌselfˈkɑːnfɪdəns/ *n.* **1** sicurezza *f.* di sé, fiducia *f.* nelle proprie capacità. **2** (*excessive confidence in oneself*) eccessiva sicurezza *f.* di sé.

self-confident /ˌselfˈkɒnfɪdənt *Am* ˌselfˈkɑːnfɪdnt/ *a.* **1** sicuro di sé. **2** (*excessively confident in oneself*) eccessivamente sicuro di sé.

self-congratulatory /ˌselfkənˌɡrætjuˈleɪtri *Am* ˌselfkənˈɡrætʃələtɔːri/ *a.* (*spreg*) che si fa i complimenti da solo.

self-conscious /ˌselfˈkɒnʃəs *Am* ˌselfˈkɑːnʃəs/ *a.* **1** impacciato, a disagio, imbaraz-

zato, timido. **2** (*conscious of oneself*) autocosciente, cosciente di sé (*anche Filos*).

self-consciously /ˌselfˈkɒnʃəsli *Am* ˌselfˈkɑːnʃəsli/ *avv.* con disagio, con imbarazzo, timidamente.

self-consciousness /ˌselfˈkɒnʃəsnəs *Am* ˌselfˈkɑːnʃəsnəs/ *n.* **1** impaccio *m.*, imbarazzo *m.*, timidezza *f.* **2** (*Filos*) autocoscienza *f.* **3** (*awareness of oneself*) autoconsapevolezza *f.*

self-consistency /ˌselfkənˈsɪstənsi/ *n.* coerenza *f.*

self-consistent /ˌselfkənˈsɪstənt/ *a.* coerente.

self-constituted /ˌselfˈkɒnstɪtjuːt *Am* ˌselfˈkɑːnstɪt(j)uːt/ *a.* che si è costituito da sé, autocostituito.

self-contained /ˌselfkənˈteɪnd/ *a.* **1** autosufficiente, autonomo, indipendente: *a ~ economy* un'economia autosufficiente. **2** (*having self-control*) controllato, padrone di sé; (*reserved*) riservato, discreto. **3** (*of a house, flat*) indipendente.

self-containment /ˌselfkənˈteɪnmənt/ *n.* autonomia *f.*, indipendenza *f.*

self-contempt /ˌselfkənˈtem(p)t/ *n.* disprezzo *m.* di sé, autodisprezzo *m.*

self-content /ˌselfkənˈtent/ *n.* soddisfazione *f.* di sé, (*spreg*) autocompiacimento *m.*

self-contented /ˌselfkənˈtentɪd *Am* ˌselfkən-ˈtentɪd/ *a.* soddisfatto di sé.

self-contentment /ˌselfkənˈtentmənt/ *n.* soddisfazione *f.* di sé, (*spreg*) autocompiacimento *m.*

self-contradiction /ˌselfˌkɒntrəˈdɪkʃən *Am* ˌselfˌkɑːntrəˈdɪkʃən/ *n.* contraddizione *f.* in termini, contraddittorietà *f.*

self-contradictory /ˌselfˌkɒntrəˈdɪktəri *Am* ˌselfˌkɑːntrəˈdɪktəri/ *a.* che si contraddice (da solo), contraddittorio.

self-control /ˌselfkənˈtroʊl/ *n.* autocontrollo *m.*, padronanza *f.* di sé, dominio *m.* di sé.

self-controlled /ˌselfkənˈtroʊld/ *a.* controllato, padrone di sé.

self-deceit /ˌselfdɪˈsiːt/, **self-deception** /ˌselfdɪˈsepʃən/ *n.* (*Psic*) **1** (*act*) autoinganno *m.* **2** (*state*) illusione *f.*

self-declared /ˌselfdɪˈkleərd *Am* ˌselfdɪˈklerd/ *a.* autoproclamato.

self-defeating /ˌselfdɪˈfiːtɪŋ/ *a.* controproducente.

self-defence /ˌselfdɪˈfens/ *n.* (*Br*) **1** autodifesa *f.* **2** (*Dir*) legittima difesa *f.* ☐ *to do sth. in ~* fare qualcosa per legittima difesa, agire per legittima difesa.

self-defense /ˌselfdɪˈfens/ *n.* (*Am*) **1** autodifesa *f.* **2** (*Dir*) legittima difesa *f.* ☐ *to do sth. in ~* fare qualcosa per legittima difesa, agire per legittima difesa.

self-delusion /ˌselfdɪˈluːʒən *Br also* ˌselfdɪˈljuːʒən/ *n.* (*Psic*) **1** (*act*) autoinganno *m.* **2** (*state*) illusione *f.*

self-denial /ˌselfdɪˈnaɪəl/ *n.* autonegazione *f.*, rinuncia *f.* a se stesso.

self-denunciation /ˌselfdɪˌnʌnsiˈeɪʃən/ *n.* autodenuncia *f.*

self-denying /ˌselfdɪˈnaɪɪŋ/ *a.* che rinuncia a se stesso.

self-deprecating /ˌselfˈdeprəkeɪtɪŋ *Am* ˌselfˈdeprəkeɪtɪŋ/ *a.* autolesionistico, da autolesionista, che dimostra una bassa opinione di sé: *a ~ remark* un'osservazione autolesionista.

self-deprecation /ˌselfˌdeprəˈkeɪʃən/ *n.* autolesionismo *m.*, bassa opinione *f.* di sè.

self-deprecatory /ˌselfˈdeprəkətəri *Am* ˌselfˈdeprəkətɔːri/ *a.* autolesionistico, da autolesionista, che dimostra una bassa opinione di sé: *a ~ remark* un'osservazione autolesionista.

self-destruct /ˌselfdɪˈstrʌkt/ **I** *v.i.* autodistruggersi. **II** *a.* di autodistruzione.

self-destruction /ˌselfdɪˈstrʌkʃən/ *n.* autodistruzione *f.*, suicidio *m.*

self-destructive /ˌselfdɪˈstrʌktɪv/ *a.* autodistruttivo.

self-destructively /ˌselfdɪˈstrʌktɪvli/ *avv.* in modo autodistruttivo.

self-determination /ˌselfdɪˌtɜːmɪˈneɪʃən *Am* ˌselfdɪˌtɜːrmɪˈneɪʃən/ *n.* **1** autodeterminazione *f.*, autodecisione *f.* (*anche Pol*). **2** (*Filos*) libero arbitrio *m.*

self-determined /ˌselfdɪˈtɜːmɪnd *Am* ˌselfdɪˈtɜːrmɪnd/ *a.* che si è determinato da sé.

self-devoted /ˌselfdɪˈvoʊtɪd *Am* ˌselfdɪˈvoʊtɪd/ *a.* caratterizzato da dedizione.

self-devotion /ˌselfdɪˈvoʊʃən/ *n.* dedizione *f.*, abnegazione *f.*

self-diagnosis /ˌselfˌdaɪəɡˈnoʊsɪs/ *n.* (*Med*) autodiagnosi *f.*

self-discipline /ˌselfˈdɪsɪplɪn/ *n.* autodisciplina *f.*

self-disciplined /ˌselfˈdɪsɪplɪnd/ *a.* che si disciplina da sé.

self-discovery /ˌselfdɪˈskʌvəri/ *n.* scoperta *f.* di sé.

self-doubt /ˌselfˈdaʊt/ *n.* insicurezza *f.*, mancanza *f.* di fiducia in sé.

self-drive /ˌselfˈdraɪv/ **I** *a.* (*Br,Aut*) da noleggio, senza autista, a nolo. **II** *v.i.* (*Br,Aut*) noleggio senza autista.

self-driven /ˌselfˈdrɪvən/ *a.* (*Mecc*) semovente.

self-educated /ˌselfˈedʒʊkeɪtɪd *Am* ˌselfˈedʒʊkeɪtɪd/ *a.* autodidatta.

self-effacement /ˌselfɪˈfeɪsmənt/ *n.* il tenersi in disparte, tenersi in ombra, modestia *f.*

self-effacing /ˌselfɪˈfeɪsɪŋ/ *a.* che si tiene in disparte, schivo, che vive nell'ombra.

self-employed /ˌselfemˈplɔɪd/ *a.* che lavora in proprio, autonomo.

self-employment /ˌselfemˈplɔɪmənt/ *n.* lavoro *m.* autonomo, lavoro *m.* indipendente. ☐ *~income* reddito da lavoro autonomo.

self-esteem /ˌselfɪˈstiːm/ *n.* autostima *f.*, stima *f.* di sé, rispetto *m.* di sé: *low ~* mancanza di autostima.

self-evaluate /ˌselfɪˈvæljueɪt/ *v.t.* autovalutarsi.

self-evaluation /ˌselfɪˌvæljuˈeɪʃən/ *n.* autovalutazione *f.*

self-evident /ˌselfˈevɪdənt/ *a.* evidente, manifesto, ovvio, lapalissiano.

self-examination /ˌselfɪɡˌzæmɪˈneɪʃən/ *n.* **1** introspezione *f.*, esame *m.* di coscienza. **2** (*Med*) autoesame *m.*

self-examine /ˌselfɪɡˈzæmɪn/ *v.t.* fare l'autoesame di.

self-executing /ˌselfˈeksɪkjuːtɪŋ/ *a.* (*Dir*) immediatamente esecutivo.

self-exile /ˌselfˈeksaɪl/ *n.* esilio *m.* volontario.

self-explanatory /ˌselfɪkˈsplænətəri *Am* ˌselfɪkˈsplænətɔːri/ *a.* che si spiega da sé.

self-expression /ˌselfekˈspreʃən/ *n.* libera espressione *f.* della propria personalità.

self-expressive /ˌselfekˈspresɪv/ *a.* che permette la libera espressione della propria personalità.

self-feeding /ˌselfˈfiːdɪŋ/ *n.* (*Inform*) autoalimentazione *f.*, alimentazione *f.* automatica.

self-fertile /selfˈfɜːtaɪl *Am* selfˈfɜːrtl/ *a.* (*Bot*) autofertile.

self-fertilization /ˌselfˌfɜːtɪl(a)ɪˈzeɪʃən *Am* ˌselfˌfɜːrtɪlɪˈzeɪʃən/ *n.* **1** (*Bot*) autofertilizzazione *f.*, autofecondazione *f.* **2** (*Biol*) autofecondazione *f.*

self-financing /ˌselfˈfaɪnænsɪŋ/ *n.* (*Econ*) autofinanziamento *m.*

self-folding /ˌself'fouldɪŋ/ □ ~ *umbrella* ombrello automatico.

self-fulfilling /ˌself'ful'fɪlɪŋ/ *a.* che si avvera necessariamente, che ha in sé le premesse per avverarsi, che si conferma da solo. □ ~ *prophecy* profezia autoavverante, profezia che si autoadempie.

self-fulfilment /ˌself'ful'fɪlmənt/ *n.* realizzazione *f.* di sé, autorealizzazione *f.*

self-governed /ˌself'gʌvənd/, **self-governing** /ˌself'gʌvənɪŋ *Am* ˌself'gʌvərnɪŋ/ *a.* (*Pol*) indipendente, autonomo.

self-government /ˌself'gʌvənmənt *Am* ˌself'gʌvərnmənt/ *n.* (*Pol*) autogoverno *m.*, autonomia *f.* (di governo).

self-hardening /ˌself'hɑːdənɪŋ *Am* ˌself'hɑːrdənɪŋ/ *a.* autotemprante (*anche Met*).

self-help /ˌself'help/ *n.* 1 il fare da sé. 2 (*Dir*) autotutela *f.* □ ~ *group* gruppo di auto-aiuto, gruppo di self-help.

selfhood /'selfhud/ *n.* 1 individualità *f.* 2 (*one's own character*) personalità *f.* 3 (*selfishness*) egoismo *m.*

self-ignition /ˌselfɪg'nɪʃən/ *n.* (*Fis*) accensione *f.* spontanea, autoaccensione *f.* (*anche Mot*).

self-image /ˌself'ɪmɪdʒ/ *n.* immagine *f.* di sé.

self-importance /ˌselfɪm'pɔːtəns *Am* ˌselfɪm'pɔːrtəns/ *n.* presunzione *f.*, boria *f.*

self-important /ˌselfɪm'pɔːtənt *Am* ˌselfɪm'pɔːrtənt/ *a.* presuntuoso, borioso.

self-importantly /ˌselfɪm'pɔːtəntli *Am* ˌselfɪm'pɔːrtəntli/ *avv.* boriosamente, in modo presuntuoso.

self-imposed /ˌselfɪm'pouzd/ *a.* assunto volontariamente, autoimposto: *a ~ task* un compito assunto volontariamente.

self-improvement /ˌselfɪm'pruːvmənt/ *n.* miglioramento *m.* della propria posizione, miglioramento *m.* personale.

self-induced /ˌselfɪn'djuːst *Am* ˌselfɪn'duːst/ *a.* autoindotto.

self-inductance /ˌselfɪn'dʌktəns/ *n.* (*El*) autoinduttanza *f.*

self-induction /ˌselfɪn'dʌkʃən/ *n.* (*Fis*) autoinduzione *f.*

self-indulgence /ˌselfɪn'dʌldʒəns/ *n.* l'indulgere alle proprie passioni, indulgenza *f.* verso se stesso, autoindulgenza *f.*

self-indulgent /ˌselfɪn'dʌldʒənt/ *a.* indulgente verso se stesso.

self-indulgently /ˌselfɪn'dʌldʒəntli/ *avv.* con indulgenza verso se stesso.

self-inflicted /ˌselfɪn'flɪktɪd/ *a.* inflitto da sé, autoinflitto: *a ~ injury* un'autolesione.

self-injury /ˌself'ɪndʒəri/ *n.* autolesione *f.*

self-insurance /ˌselfɪn'ʃuərəns *Am* ˌselfɪn'ʃʊrns/ *n.* autoassicurazione *f.*

self-interest /ˌself'ɪntrəst/ *n.* 1 egoismo *m.* 2 (*personal interest*) interesse *m.* personale.

self-interested /ˌself'ɪntrəstɪd/ *a.* caratterizzato da un interesse personale, motivato da un interesse personale.

self-involved /ˌselfɪn'vɒlvd *Am* ˌselfɪn'vɑːlvd/ *a.* egocentrico.

self-involvement /ˌselfɪn'vɒlvmənt *Am* ˌselfɪn'vɑːlvmənt/ *m.* egocentrismo *m.*

selfish /'selfɪʃ/ *a.* 1 egoista: *a ~ person* una persona egoista. 2 (*characterized by selfishness*) egoistico, da egoista: ~ *behaviour* comportamento egoistico.

selfishly /'selfɪʃli/ *avv.* egoisticamente.

selfishness /'selfɪʃnəs/ *n.* egoismo *m.*

self-justification /ˌself,dʒʌstɪfɪ'keɪʃən/ *n.* il giustificarsi, l'autogiustificarsi.

self-knowledge /ˌself'nɒlɪdʒ *Am* ˌself'nɑːlɪdʒ/ *n.* il conoscersi, conoscenza *f.* di sé stesso.

self-learning /ˌself'lɜːnɪŋ *Am* ˌself'lɜːrnɪŋ/ *n.*

autoapprendimento *m.* (*anche Inform*).

selfless /'selfləs/ *a.* altruista.

selflessly /'selfləsli/ *avv.* altruisticamente.

selflessness /'selfləsnəs/ *n.* altruismo *m.*

self-liquidating /ˌself'lɪkwɪdeɪtɪŋ/ *a.* (*Econ*) (*of debt*) autoliquidantesi, che si estingue da sé. □ ~ *loan* mutuo commerciale a breve, credito a liquidazione automatica; (*Comm*) ~ *offer* azione promozionale, offerta risparmio (per il lancio di un prodotto).

self-loading /ˌself'loudɪŋ/ *a.* (*Mecc*) (a caricamento) automatico.

self-locking /ˌself'lɒkɪŋ *Am* ˌself'lɑːkɪŋ/ *a.* autobloccante.

self-love /ˌself'lʌv/ *n.* amore *m.* di sé, egoismo *m.*, egocentrismo *m.*

self-lubricating /ˌself'luːbrɪkeɪtɪŋ/ *a.* (*Mecc*) autolubrificante.

self-lubrication /ˌself,luːbrɪ'keɪʃən/ *n.* (*Mecc*) autolubrificazione *f.*

self-made /ˌself'meɪd/ *a.* (che si è) fatto da sé: *a ~ man* un uomo che si è fatto da sé, self-made man.

self-management /ˌself'mænɪdʒmənt/ *n.* autogestione *f.* □ ~ *of workers* autonomia operaia.

self-mockery /ˌself'mɒkəri *Am* ˌself'mɑːkəri/ *n.* autoironia *f.*

self-motivated /ˌself'moutɪveɪtɪd *Am* ˌself'moutɪveɪtɪd/ *a.* motivato.

self-motivating /ˌself'moutɪveɪtɪŋ *Am* ˌself'moutɪveɪtɪŋ/ *a.* motivato.

self-motivation /'selfmoutɪveɪʃən *Am* 'selfmoutɪveɪʃən/ *n.* motivazione *f.*, autolesione *f.* motivante personale.

self-neglect /ˌselfnɪ'glekt/ *n.* trascuratezza *f.*, trasandatezza *f.*

self-obsessed /ˌselfəb'sest/ *a.* narcisistico, ossessionato da se stesso.

self-opinion /ˌselfə'pɪnjən *Am also* ˌselfou'pɪnjən/ *n.* alta opinione *f.* di sé, (*spreg*) boria *f.*, presunzione *f.*

self-opinionated /ˌselfə'pɪnjəneɪtɪd *Am* ˌselfə'pɪnjəneɪtɪd/, **self-opinioned** /ˌselfə'pɪnjənd/ *a.* (*spreg*) 1 borioso, presuntuoso. 2 (*stubborn*) testardo, caparbio.

self-orientation /ˌself,ɔːrien'teɪʃən/ *n.* (*Sociol*) orientamento *m.* verso la propria persona.

self-perpetuating /ˌselfpə'petʃueɪtɪŋ *Am* ˌselfpər'petʃueɪtɪŋ/ *a.* che si perpetua.

self-pity /ˌself'pɪti *Am* ˌself'pɪti/ *n.* (*Psic*) autocommiserazione *f.*

self-pitying /ˌself'pɪtiɪŋ *Am* ˌself'pɪtiɪŋ/ *a.* che si autocommisera.

self-pollination /ˌselfpɒlɪ'neɪʃən *Am* ˌselfpɑːlɪ'neɪʃən/ *n.* (*Bot*) autoimpollinazione *f.*, autogamia *f.*, impollinazione *f.* diretta.

self-portrait /ˌself'pɔːtrɪt *Am* ˌself'pɔːrtrɪt/ *n.* autoritratto *m.* (*anche Pitt*).

self-possessed /ˌselfpə'zest/ *a.* controllato, padrone di sé; (*composed*) composto.

self-possession /ˌselfpə'zeʃən/ *n.* 1 padronanza *f.* di sé. 2 (*composedness*) calma *f.*, compostezza *f.*

self-praise /ˌself'preɪz/ *n.* lode *f.* di sé, elogio *m.* di sé, autoincensamento *m.* □ *Prov.:* ~ *is no recommendation* chi si loda s'imbroda.

self-preservation /ˌself,prezə'veɪʃən *Am* ˌself,prezər'veɪʃən/ *n.* 1 autoconservazione *f.* 2 (*instinct for individual preservation*) istinto *m.* di autoconservazione.

self-proclaimed /ˌselfproukleɪmd/ *a.* autoproclamatosi, autonominatosi: *he is a ~ guardian of public morals* si è autoproclamato tutore della morale pubblica.

self-professed /ˌselfprə'fesd/ *a.* che si autodefinisce, autoproclamatosi: *he is a ~ racist* si autodefinisce un razzista.

self-propelled /ˌselfprə'peld/, **self-pro-**

pelling /ˌselfprə'pelɪŋ/ *a.* 1 (*Mecc*) a propulsione autonoma, semovente. 2 (*Mil*) semovente. 3 (*propelled by its own motor*) automotore.

self-propulsion /ˌselfprə'pʌlʃən/ *n.* autopropulsione *f.*, propulsione *f.* autonoma.

self-protection /ˌselfprə'tekʃən/ *n.* 1 autodifesa *f.* 2 (*Dir*) autotutela *f.*

self-raising /ˌself'reɪzɪŋ/ □ (*Br*) ~ *flour* farina con lievito in polvere, miscela (per torte ecc.).

self-realization /ˌself,riːəlar'zeɪʃən *Am* ˌself,riːəl'zeɪʃən/ *n.* autorealizzazione *f.*

self-recording /ˌselfrɪ'kɔːdɪŋ *Am* ˌselfrɪ'kɔːrdɪŋ/ *a.* autoregistrante.

self-recrimination /ˌselfrəkrɪmɪ'neɪʃən/ *n.* (*Dir*) autocalunnia *f.*

self-referential /ˌselfrefər'entʃəl/ *a.* autoreferenziale.

self-referentiality /ˌselfrefərənʃɪ'ælɪti *Am* ˌselfrefərənʃɪ'æləti/ *n.* autoreferenzialità *f.*

self-regard /ˌselfrɪ'gɑːd *Am* ˌselfrɪ'gɑːrd/ *n.* considerazione *f.* di sé (e dei propri interessi), interesse *m.* personale.

self-regeneration /ˌselfrə,dʒene'reɪʃən/ *n.* (*Tecn*) autorigenerazione *f.*

self-registering /ˌself'redʒɪstrɪŋ/ *a.* a registrazione automatica.

self-regulating /ˌself'regjuˌleɪtɪŋ *Am* ˌself'regjuˌleɪtɪŋ/ *a.* 1 autoregolamentato 2 (*Tecn*) autoregolatore, a regolazione automatica.

self-reliance /ˌselfrɪ'laɪəns/ *n.* fiducia *f.* in se stesso.

self-reliant /ˌselfrɪ'laɪənt/ *a.* che ha fiducia in se stesso.

self-reproach /ˌselfrɪ'proutʃ/ *n.* rimprovero *m.* rivolto a se stesso, biasimo *m.* rivolto a se stesso, senso *m.* di colpa, rimorso *m.*

self-respect /ˌselfrɪ'spekt/ *n.* rispetto *m.* per se stesso.

self-respecting /ˌselfrɪ'spektɪŋ/ *a.* (*self-respectful*) dignitoso, che ha amor proprio.

self-restraint /ˌselfrɪ'streɪnt/ *n.* 1 riserbo *m.*, riservatezza *f.* 2 (*self-control*) autocontrollo *m.*, padronanza *f.* di sé, dominio *m.* di sé.

self-revealing /ˌselfrɪ'viːlɪŋ/ *a.* che rivela se stesso, che si rivela.

self-revelatory /ˌself'revelətəri *Am* ˌself'revelətəːri/ *a.* che rivela se stesso, che si rivela.

self-righteous /ˌself'raɪtʃəs/ *a.* (*spreg*) sicuro di essere nel giusto, che si sente superiore.

self-righteously /ˌself'raɪtʃəsli/ *avv.* (*spreg*) con l'atteggiamento di chi è sicuro di essere nel giusto, con l'atteggiamento di chi si sente superiore.

self-righteousness /ˌself'raɪtʃəsnəs/ *n.* l'essere sicuro di essere nel giusto, il sentirsi superiore.

self-righting /ˌself'raɪtɪŋ *Am* ˌself'raɪtɪŋ/ *a.* autoregolato, autocompensante, a compensazione automatica, ad autoregolazione.

self-rising /ˌself'raɪzɪŋ/ □ (*Am*) ~ *flour* farina con lievito in polvere, miscela (per pizze ecc.).

self-rule /ˌself'ruːl/ *n.* (*Pol*) autogoverno *m.*, autonomia *f.* (di governo).

self-sacrifice /ˌself'sækrɪfaɪs/ *n.* sacrificio *m.* di sé, abnegazione *f.*

self-sacrificial /ˌself'sækrɪfɪʃl/, **self-sacrificing** /ˌself'sækrɪfaɪsɪŋ/ *a.* che sacrifica se stesso.

self-same /ˌselfseɪm/ *a.* esattamente identico, che è proprio lo stesso.

self-sameness /ˌself'seɪmnəs/ *n.* identità *f.*

self-satisfaction /ˌself,sætɪs'fækʃən *Am* ˌself,sætɪs'fækʃən/ *n.* autocompiacimento *m.*

self-satisfied /ˌself'sætɪsfaɪd *Am* ˌself'sætɪsfaɪd/ *a.* (che è) compiaciuto di sé, compiaciuto.

self-satisfying /ˌselfˈsætɪsfaɪɪŋ *Am* ˌself ˈsætɪsfaɪɪŋ/ *a.* che si compiace di sé, compiaciuto.

self-sealing /ˌselfˈsiːlɪŋ/ *a.* autoadesivo.

self-seed /ˌselfˈsiːd/ *v.i.* (*Bot*) crescere spontaneamente.

self-seeder /ˌselfˈsiːdər/ *n.* (*Bot*) pianta *f.* spontanea.

self-seeker /ˌselfˈsiːkər/ *n.* chi cerca solo il proprio interesse, egoista *m./f.*

self-seeking /ˌselfˈsiːkɪŋ/ **I** *n.* egoismo *m.* **II** *a.* egoistico.

self-service /ˌselfˈsɜːvɪs *Am* ˌselfˈsɜːrvɪs/ **I** *n.* self-service *m.*, fai da te *m.* **II** *a.* self-service: ~ *restaurant* ristorante self-service; ~ *pump* self-service (di benzina).

self-serving /ˌselfˈsɜːvɪŋ *Am* ˌselfˈsɜːrvɪŋ/ *a.* egoistico, che mira al vantaggio personale.

self-sown /ˌselfˈsoʊn/ *a.* (*Bot*) spontaneo, cresciuto spontaneamente.

self-starter /ˌselfˈstɑːtər *Am* ˌselfˈstɑːrtər/ *n.* (*Mot*) avviatore *m.* automatico, motorino *m.* di avviamento.

self-starting /ˌselfˈstɑːtɪŋ *Am* ˌselfˈstɑːrtɪŋ/ *a.* ad avviamento automatico.

self-steering /ˌselfˈstɪərɪŋ *Am* ˌselfˈstɪrɪŋ/ *a.* (*Aut*) autosterzante: ~ *gear* dispositivo autosterzante.

self-stick /ˌselfˈstɪk/ *a.* autoadesivo: ~ *label* etichetta autoadesiva, adesivo.

self-sticking /ˌselfˈstɪkɪŋ/ *a.* autoadesivo: ~ *paper* carta autoadesiva.

self-styled /ˌselfˈstaɪld/ *a.* (*spreg*) sedicente, autoproclamatosi.

self-sufficiency /ˌselfsəˈfɪʃᵊnsi/ *n.* **1** autosufficienza *f.* **2** (*Econ*) autarchia *f.* **3** (*self-confidence*) sicurezza *f.* di sé.

self-sufficient /ˌselfsəˈfɪʃᵊnt/, **self-sufficing** /ˌselfsəˈfaɪsɪŋ/ *a.* **1** autosufficiente. **2** (*Econ*) autarchico. **3** (*self-confident*) sicuro di sé.

self-suggestion /ˌselfsəˈdʒestʃᵊn/ *n.* autosuggestione *f.*

self-support /ˌselfsəˈpɔːt *Am* ˌselfsəˈpɔːrt/ *n.* indipendenza *f.* economica, il mantenersi da sé, il mantenersi da solo.

self-supporting /ˌselfsəˈpɔːtɪŋ *Am* ˌselfsəˈpɔːrtɪŋ/ *a.* economicamente indipendente, che si mantiene da sé.

self-surrender /ˌselfsəˈrendər/ *n.* accondiscendenza *f.*, arrendevolezza *f.*

self-sustaining /ˌselfsəˈsteɪnɪŋ/ *a.* economicamente indipendente, che si mantiene da sé.

self-system /ˈselfsɪstəm/ *n.* (*Psic*) sistema *m.* dell'Io.

self-tanning /ˌselfˈtænɪŋ/ *a.* (*Cosmet*) autoabbronzante. □ (*Cosmet*) ~ *product* prodotto autoabbronzante, autoabbronzante.

self-taught /ˌselfˈtɔːt/ *a.* autodidatta. □ *a ~person* un autodidatta.

self-teaching /ˌselfˈtiːtʃɪŋ/ *n.* autodidattismo *m.*

selfthreading /ˌselfˈθredɪŋ/ *a.* (*Mecc*) autofilettante.

self-torment /ˌselfˈtɔːment *Am* ˌselfˈtɔːrment/ *n.* il tormentarsi.

self-treatment /ˌselfˈtriːtmənt/ *n.* (*Med*) automedicazione *f.*

self-will /ˌselfˈwɪl/ *n.* ostinatezza *f.*, caparbietà *f.*

self-willed /ˌselfˈwɪld/ *a.* ostinato, caparbio.

self-winding /ˌselfˈwaɪndɪŋ/ *a.* (*Orol*) automatico.

self-worth /ˌselfˈwɜːθ *Am* ˌselfˈwɜːrθ/ *n.* autostima *f.*

sell [1] /sel/ (*past, p.p.* **sold** /soʊld/) **I** *v.t.* **1** vendere (*to so.* a qcu.; *for, at* per, a): *to ~ one's*

car vendere la propria automobile; *to ~ so. a house* vendere una casa a qcu.; *to ~ sth. at a good price* vendere qcs. a buon prezzo; *he sold it to me* me l'ha venduto. **2** (*to offer for sale*) vendere, mettere in vendita, smerciare, offrire. **3** (*to deal in*) vendere, commerciare: *this shop -s carpets* questo negozio vende tappeti. **4** (*fig*) (*to give into the power of another*) vendere, asservire: *to ~ one's soul to the devil* vendere l'anima al diavolo. **5** (*fig*) (*to dispose of for profit*) vendere, dare per lucro: *to ~ one's vote* vendere il proprio voto. **6** (*fig*) (*to exact a price for*) vendere: *to ~ one's life dear* vendere cara la pelle. **7** (*fig*) (*to betray*) vendere, tradire: *to ~ one's country* vendere la propria patria. **8** (*colloq*) (*cause to be accepted*) far accettare: *he sold his idea to the manager* fece accettare la sua idea al direttore. **9** (*colloq*) (*to cause to accept*) convincere, persuadere: *to ~ so. on sth.* convincere qcu. di qcs. **10** (*to promote the sales of*) far vendere: *advertising -s goods* la pubblicità fa vendere i prodotti. **11** (*colloq*) (*to cause to make a purchase*) indurre all'acquisto, far comprare. **12** (*ant*) (*to trick, to deceive*) imbrogliare, ingannare, truffare; (*to disappoint*) deludere. **II** *v.i.* **1** vendere: *is he thinking of -ing?* pensa di vendere? **2** (*of goods: to find a buyer*) vendersi, avere smercio, trovare smercio: *raincoats ~ easily at this time of year* gli impermeabili si vendono facilmente in questo periodo dell'anno. **3** (*to cost*) vendersi (*at, for* al prezzo di): *these pens ~ at a pound each* queste penne si vendono al prezzo di una sterlina l'una. **4** (*to promote sales*) promuovere le vendite. **5** (*to be employed in selling*) fare il venditore. **6** (*colloq*) (*to win acceptance, etc.*) trovare credito, essere accettato, essere accolto: *here's an idea that will ~* ecco un'idea che troverà credito. □ (*colloq*) *to ~ so. a packet* gabbare qcu., ingannare qcu.; *to ~ at auction* vendere all'asta; (*Comm*) *to ~at best* vendere alle condizioni migliori, vendere al meglio; (*Comm*) *to ~ below cost* svendere, vendere sotto costo; (*Comm*) *to ~for delivery* vendere al coperto; (*colloq,fig*) *to ~like hot cakes* andare a ruba; (*Comm*) *to ~off* liquidare, smerciare, svendere; *to ~oneself*: **1** prostituirsi, vendersi; **2** (*fig*) (*to convince so. of one's worth*) saper vendere la propria merce; *to ~ out*: **1** vendere; **2** (*to sell the complete stock of*) vendere interamente, esaurire: *to be sold out of sth.* avere venduto interamente qcs., avere esaurito qcs; **3** (*to sell all the goods one has*) vendere tutta la merce; **4** (*to be completely sold*) essere esaurito: *the first edition is sold out* la prima edizione è esaurita; **5** (*fig*) (*to turn traitor*) tradire, vendere: *one of the gang sold them out to the police* uno della banda li ha venduti alla polizia; (*Econ*) *to ~ short* vendere allo scoperto; (*colloq*) *to ~ so. short* sottovalutare qcu.; (*fig*) *to ~the pass* tradire, passare al nemico; *to ~ up*: **1** vendere, alienare; **2** (*to sell one's property to pay off debts*) mettere in liquidazione i propri beni per pagare i debiti.

sell [2] /sel/ *n.* (*ant*) (*deception, hoax*) imbroglio *m.*, truffa *f.*, (*pop*) bidone *m.*, fregatura *f.*: *what a ~!* che fregatura!

sell-by /ˈselbaɪ/ □ (*Comm*) ~ *date* data di scadenza.

seller /ˈselər/ *n.* **1** venditore *m.* (*f.* -trice). **2** (*shop assistant*) commesso *m.* (*f.* -a) (di negozio). □ *this product is a good ~* questo prodotto si vende bene; (*Econ*) *-s' market* mercato al rialzo; *a poor ~* un articolo che si vende male.

selling /ˈselɪŋ/ **I** *n.* vendita *f.* **II** *a.* (*in com-*

pounds) che si smercia..., ... smerciabile, che si vende...: *a fast-~ product* un prodotto che si smercia rapidamente. □ ~ *point* qualità (di un prodotto) che ne favorisce la vendita; (*Econ*) ~ *price* prezzo di vendita.

sellotape /ˈseloʊteɪp/ *n.* (*Br*) nastro *m.* adesivo, scotch *m.*

sell-out /ˈseloʊt/ **I** *n.* **1** tutto esaurito *m.*: *the show was a ~* lo spettacolo registrò il tutto esaurito. **2** (*colloq*) (*betrayal*) tradimento *m.* **II** *a.* che fa registrare il tutto esaurito, che ha un successo clamoroso.

seltzer /ˈseltsər/ *n.* **1** acqua *f.* di selz, selz *m.* **2** (*soda water*) soda *f.* □ ~ *water*: **1** acqua di selz, selz; **2** (*soda water*) soda.

selvage /ˈselvɪdʒ/ *n.* (*Am*) **1** (*Tess*) cimosa *f.*, vivagno *m.* **2** (*Mecc*) bocchetta *f.*

selvedge /ˈselvɪdʒ/ *n.* **1** (*Tess*) cimosa *f.*, vivagno *m.* **2** (*Mecc*) bocchetta *f.*

selves /selvz/ → **self**.

semantic /sɪˈmæntɪk/ *a.* semantico: ~ *memory* memoria semantica; ~ *processing* elaborazione semantica. □ (*Ling*) ~ *field* campo semantico.

semantically /sɪˈmæntɪkᵊli *Am* səˈmæntɪkᵊli/ *avv.* semanticamente.

semantician /ˌsiːmænˈtɪʃᵊn/, **semanticist** /sɪˈmæntɪsɪst *Am* səˈmæntᵊsɪst/ *n.* semantista *m./f.*

semanticity /ˌsiːmænˈtɪsɪti *Am* ˌsiːmænˈtɪsəti/ *n.* semanticità *f.*

semantics /sɪˈmæntɪks *Am* səˈmæntɪks/ *n.pl.* (*costr.sing.*) semantica *f.sing.*

semaphore /ˈseməfɔːr *Am* ˈseməfɔːr/ **I** *n.* **1** (*Ferr*) semaforo *m.* **2** (*Mar*) semaforo *m.*; (*ant*) (*lighthouse*) faro *m.* **3** (*Mar.mil*) segnalazione *f.* con bandiere (a mano). **II** *v.i.* fare segnalazioni con il semaforo, fare segnalazioni con bandiere a mano. **III** *v.t.* segnalare per mezzo di un semaforo, segnalare con bandiere a mano. □ (*Ferr*) ~ *telegraph* telegrafo a braccia mobili, semaforo a braccia.

semaphoric /ˌseməˈfɔːrɪk *Am* ˌseməˈfɔːrɪk/ *a.* (*Mar,Ferr*) semaforico.

semaphorically /ˌseməˈfɔːrɪkli *Am* ˌseməˈfɔːrɪkli/ *avv.* semaforicamente.

semasiological /sɪˌmeɪsiəˈlɒdʒɪkᵊl *Am* sɪˌmeɪsiəˈlɑːdʒɪkᵊl/ *a.* (*Ling*) semasiologico.

semasiology /sɪˌmeɪsiˈɒlədʒi *Am* sɪˌmeɪsiˈɑːlədʒi/ *n.* (*Ling*) semasiologia *f.*

semblable /ˈsembləbl/ *a.* (*rar*) **1** simile, somigliante. **2** (*seeming*) apparente.

semblance /ˈsembləns/ *n.* **1** apparenza *f.*, aspetto *m.* **2** (*specious appearance*) apparenza *f.*, finzione *f.* **3** (*resemblance, similarity*) somiglianza *f.*, rassomiglianza *f.*: *to bear the ~ of sth.* assomigliare a qcs. **4** (*one that resembles another*) copia *f.*, immagine *f.*

semeiologic /ˌsemiˈɒlɒdʒɪk *Am* ˌsemiəˈlɑːdʒɪk/, **semeiological** /ˌsemiˈɒlɒdʒɪkᵊl *Am* ˌsemiəˈlɑːdʒɪkᵊl/ *a.* (*Ling*) semeiologico.

semeiology /ˌsemiˈɒlədʒi *Am* ˌsemiˈɑːlədʒi/ *n.* (*Ling*) semiologia *f.*

semeiotic /ˌsemiˈɒtɪk *Am* ˌsemiˈɑːtɪk/, **semeiotical** /ˌsemiˈɒtɪkᵊl *Am* ˌsemiˈɑːtɪkᵊl/ *a.* (*Med*) semeiotico.

semeiotics /ˌsemiˈɒtɪks *Am* ˌsemiˈɑːtɪks/ *n.pl.* (*costr.sing.*) (*Med*) semeiotica *f.sing.*

semen /ˈsiːmən/ (*pl.* **-s** /-z/ o **semina** /ˈsemɪnə/) *n.* (*Biol*) sperma *m.*, seme *m.*

semester /səˈmestər/ *n.* **1** (*period of six months*) semestre *m.* **2** (*Univ*) (*in the US*) semestre *m.* accademico.

semestral /səˈmestrəl/, **semestrial** /səˈmestriəl/ *a.* semestrale.

semi /ˈsemi/ *n.* (*colloq*) **1** (*Br,Edil*) casa *f.* bifamiliare. **2** (*Am,Aut*) (*a tractor trailor truck*) semirimorchio *m.*

semi-acoustic /ˌsemiəˈkuːstɪk/ *a.* (*Mus*) semiacustico.

semi-annual /ˌsemɪˈænjʊəl/ *a.* semestrale.

semi-annually /ˌsemɪˈænjʊəli/ *avv.* semestralmente.

semiaquatic /ˌsemɪəˈkwætɪk *Am* ˌsemɪə-ˈkwætɪk/ *a.* (*Zool*) semiacquatico.

semi-automatic /ˌsemiːtəˈmætɪk *Am* ˌsemiːtəˈmætɪk/ **I** *a.* semiautomatico (*anche Arm*). **II** *n.* (*Arm*) arma *f.* (da fuoco) semiautomatica.

semi-automatically /ˌsemiːtəˈmætɪkli *Am* ˌsemiːtəˈmætɪkli/ *avv.* in modo semiautomatico.

semibasement /ˌsemɪˈbeɪsmənt/ *n.* (*Br,Edil*) seminterrato *m.*

semibold /ˌsemɪˈbəʊld/ *n.* (*Tip*) semibold *m.*

semibreve /ˈsemɪbriːv/ *n.* (*Mus*) semibreve *f.*

semicentenary /ˌsemɪsenˈtiːnəri/ **I** *a.* del cinquantenario, relativo al cinquantenario. **II** *n.* cinquantenario *m.*

semicentennial /ˌsemɪsenˈteniəl/ **I** *a.* del cinquantenario, relativo al cinquantenario. **II** *n.* cinquantenario *m.*

semicircle /ˈsemɪˌsɜːkl̩ *Am* ˈsemɪˌsɜːrkl̩/ **I** *n.* **1** semicerchio *m.* (*anche Geom*): *to stand in a ~* stare in semicerchio. **2** (*Tecn*) goniometro *m.* **II** *v.t.* formare un semicerchio intorno a. **III** *v.i.* formare un semicerchio.

semicircular /ˌsemɪˈsɜːkjələr *Am* ˌsemɪˈsɜːrkjələr/ *a.* semicircolare. □ (*Anat*) *~ canals* canali semicircolari.

semicircumference /ˌsemɪsəˈkʌm(p)fərəns *Am* ˌsemɪsərˈkʌm(p)fərəns/ *n.* (*Geom*) semicirconferenza *f.*

semicolon /ˈsemɪˌkəʊlən *Br also* ˌsemɪ-ˈkəʊlən/ *n.* (*Gramm*) punto e virgola *m.*

semiconducting /ˌsemɪkənˈdʌktɪŋ/ *a.* (*Elettron*) semiconduttore.

semiconductor /ˌsemɪkənˈdʌktər/ *n.* (*Elettron*) semiconduttore *m.* □ (*Elettron*) *~ diode* diodo a semiconduttore.

semiconscious /ˌsemɪˈkɒnʃəs *Am* ˌsemɪ-ˈkɑːnʃəs/ *a.* parzialmente cosciente, non del tutto cosciente, semicosciente.

semiconsciously /ˌsemɪˈkɒnʃəsli *Am* ˌsemɪ-ˈkɑːnʃəsli/ *avv.* in modo parzialmente cosciente.

semiconsciousness /ˌsemɪˈkɒnʃəsnəs *Am* ˌsemɪˈkɑːnʃəsnəs/ *n.* l'essere parzialmente cosciente.

semicustody /ˌsemɪˈkʌstədi/ *n.* (*Br,Dir*) semilibertà *f.*: *a person convicted on ~* un detenuto in regime di semilibertà.

semidarkness /ˌsemɪˈdɑːknəs *Am* ˌsemɪ-ˈdɑːrknəs/ *n.* penombra *f.*, semioscurità *f.*

semi-detached /ˌsemɪdɪˈtætʃt/ **I** *a.* bifamiliare. **II** *n.* (*Edil*) casa *f.* bifamiliare.

semidiameter /ˌsemɪdaɪˈæmɪtər *Am* ˌsemɪdaɪˈæmətər/ *n.* (*Geom*) semidiametro *m.*

semi-final /ˌsemɪˈfaɪnəl/ **I** *a.* (*Sport*) della semifinale, relativo alla semifinale. **II** *n.* (*Sport*) semifinale *f.*

semi-finalist /ˌsemɪˈfaɪnəlɪst/ *n.* (*Sport*) semifinalista *m./f.*

semi-finished /ˌsemɪˈfɪnɪʃt/ *a.* **1** finito per metà. **2** (*Ind*) semilavorato, semifinito: *~ goods* semilavorati.

semi-fitted /ˌsemɪˈfɪtɪd *Am* ˌsemɪˈfɪtɪd/ *a.* (*Abbigl*) dalla linea morbida, semiaderente.

semi-fluid /ˌsemɪˈfluːɪd/ **I** *a.* semifluido. **II** *n.* sostanza *f.* semifluida.

semi-invalid /ˌsemɪˈɪnvəliːd/ **I** *a.* parzialmente invalido. **II** *n.* persona *f.* parzialmente invalida.

semiliquid /ˌsemɪˈlɪkwɪd/ *a.* semiliquido.

semiliteracy /ˌsemɪˈlɪtərəsi *Am* ˌsemɪˈlɪtərəsi/ *n.* semianalfabetismo *m.*

semiliterate /ˌsemɪˈlɪtərɪt *Am* ˌsemɪˈlɪtərət/ *a.* da semianalfabeta.

semi-lunar /ˌsemɪˈluːnər/ *a.* semilunare. □ (*Anat*) *~ bone* osso semilunare.

semi-modal /ˌsemɪˈməʊdəl/ *a.* (*Gramm*) semimodale.

semi-monthly /ˌsemɪˈmʌnθli/ **I** *a.* (*Giorn*) quindicinale. **II** *n.* (*Giorn*) quindicinale *m.*

seminal /ˈsemənəl/ *a.* **1** (*Agr,Fisiol*) seminale. **2** (*Biol*) riproduttivo: *~ power* capacità riproduttiva. **3** (*fig*) (*strongly influencing*) molto influente, determinante. **4** (*fig*) (*embryonic*) embrionale. □ (*Anat*) *~ duct* dotto spermatico, dotto deferente; (*Fisiol*) *~ fluid* liquido seminale; (*Anat*) *~ vesicle* vescicola seminale.

seminar /ˈsemɪnɑːr *Am* ˈsemənɑːr/ *n.* **1** (*Univ*) seminario *m.* **2** (*estens*) seminario *m.*, riunione *f.*, incontro *m.*

seminarian /ˌsemɪˈneəriən/, **seminarist** /ˈsemɪnərɪst *Am* ˌsemɪˈnerɪst/ *n.* (*Rel*) seminarista *m.*

seminary /ˈsemɪnəri *Am* ˈsemɪneri/ *n.* **1** (*Rel*) seminario *m.* **2** (*institution of higher education*) scuola *f.* superiore; (*school for young women*) scuola *f.* superiore femminile. **3** (*fig*) semenzaio *m.*, vivaio *m.*, seminario *m.*

seminate /ˈsemɪneɪt/ *a.* (*Bot*) disseminato.

semination /ˌsemɪˈneɪʃən/ *n.* (*Bot*) disseminazione *f.*

seminiferous /ˌsemɪˈnɪfərəs/ *a.* (*Bot,Anat*) seminifero.

semi-official /ˌsemɪəˈfɪʃəl/ *a.* **1** ufficioso, semiufficiale. **2** (*having partial official status*) semiufficiale: *a ~ post* una carica semiufficiale.

semi-officially /ˌsemɪəˈfɪʃəli/ *avv.* in modo semiufficiale.

semiology /ˌsemɪˈɒlədʒi *Am* ˌsemɪˈɑːlədʒi/ *n.* (*semeiology*) semiologia *f.*

semi-opacity /ˌsemɪəˈpæsɪti *Am* ˌsemɪə-ˈpæsəti/ *n.* l'essere semiopaco.

semi-opaque /ˌsemɪəˈpeɪk/ *a.* semiopaco.

semiotics /ˌsemɪˈɒtɪks *Am* ˌsiːmiˈɑːtɪks/ *n.pl.* (*costr.sing.*) (*Ling*) semiotica *f.sing.*

semiperimeter /ˌsemɪpəˈrɪmɪtər/ *n.* (*Geom*) semiperimetro *m.*

semipermeable /ˌsemɪˈpɜːrmɪəbəl/ *a.* semimpermeabile.

semi-precious /ˌsemɪˈpreʃəs/ *a.* (*of a stone*) semiprezioso.

semiprocessed /ˌsemɪˈprəʊsest/ *a.* (*Ind*) semilavorato.

semiprofessional /ˌsemɪprəˈfeʃnəl/ *a.* semiprofessionale.

semi-public /ˌsemɪˈpʌblɪk/ *a.* semipubblico.

semiquaver /ˈsemɪˌkweɪvər/ *n.* (*Mus*) semicroma *f.*

Semiramis /sɪmˈɪrəmɪs/ *n.pr.f.* (*Stor*) Semiramide.

semirigid /ˌsemɪˈrɪdʒɪd/ *a.* semirigido (*anche Aer*).

semi-skilled /ˌsemɪˈskɪld/ *a.* (*of a worker*) parzialmente qualificato.

semi-sweet /ˌsemɪˈswiːt/ *a.* **1** (*Enol*) amabile. **2** (*of food*) semidolce: *a ~ biscuit* un biscotto semidolce.

Semite /ˈsemaɪt/ *n.* semita *m./f.* (*anche Bibl*).

Semitic /sɪˈmɪtɪk *Am* səˈmɪtɪk/ *a.* semitico.

Semitism /ˈsematɪzəm/ *n.* carattere *m.* semitico.

Semitist /ˈsemətɪst/ *n.* semitista *m./f.*

semitonal /ˌsemɪˈtəʊnəl/ *a.* (*Mus*) semitonato.

semitone /ˈsemɪtəʊn/ *n.* (*Mus*) semitono *m.*

semitonic /ˌsemɪˈtɒnɪk *Am* ˌsemɪˈtɑːnɪk/ *a.* (*Mus*) semitonato.

semitrailer /ˈsemɪˌtreɪlər/ *n.* (*spec. Am,Aut*) semirimorchio *m.*

semi-tropical /ˌsemɪˈtrɒpɪkəl *Am* ˌsemɪ-ˈtrɑːpɪkəl/ *a.* subtropicale.

semivowel /ˈsemɪˌvaʊəl/ *n.* (*Fon*) semivocale *f.*

semi-weekly /ˌsemɪˈwiːkli/ **I** *a.* (*Giorn*) bisettimanale. **II** *n.* (*Giorn*) pubblicazione *f.* bisettimanale.

semi-yearly /ˌsemɪˈjɜːli, ˌsemɪˈjɪəli *Am also* ˌsemɪˈjɪrli/ *a.* che avviene due volte l'anno.

semolina /ˌseməˈliːnə *Am* ˌseməˈliːnə/ *n.* (*Alim*) semolino *m.*

semper fi /ˈsempərfaɪ/, **semper fidelis** /ˌsempərfaɪˈdeɪlɪs/ *a.* (*Am*) (*motto of the US Marine Corps*) sempre fedeli.

sempiternal /ˌsempɪˈtɜːnəl *Am* ˌsempɪˈtɜːrnəl/ *a.* perpetuo, sempiterno.

sempiternally /ˌsempɪˈtɜːnəli *Am* ˌsempɪ-ˈtɜːrnəli/ *avv.* in perpetuo, in sempiterno.

sempstress /ˈsem(p)strɪs/ *n.* **1** cucitrice *f.* **2** (*dressmaker*) sarta *f.*

Sen. **1** (*US,Parl*) *Senate* Senato. **2** (*US,Parl*) *Senator* Sen. (senatore). **3** *senior* sr. (senior).

senarius /sɪˈneəriəs *Am* sɪˈneriəs/ *n.* (*pl.* **-rii** /-rɪaɪ/ *n.* (*Metr*) senario *m.*

senary /ˈsiːnəri/ *a.* (*Metr*) senario.

senate /ˈsenɪt/ *n.* **1** (*Stor.rom,Parl*) senato *m.* **2** (*Univ*) senato *m.* accademico. □ (*Parl*) *~ house* senato, sede del senato, palazzo del senato.

senator /ˈsenətər *Am* ˈsenətər/ *n.* (*Parl*) senatore *m.* (*f.* -trice).

senatorial /ˌsenəˈtɔːriəl/ *a.* **1** senatoriale. **2** (*Stor.rom*) senatorio. □ (*Parl*) *~ district* circoscrizione elettorale che elegge un senatore.

senatorship /ˈsenətərʃɪp *Am* ˈsenətərʃɪp/ *n.* dignità *f.* di senatore, ufficio *m.* di senatore.

senatus /səˈnɑːtəs/ *n.* (*Univ*) senato *m.* accademico.

send[1] /send/ (*past, p.p.* **sent** /sent/) **I** *v.t.* **1** mandare, inviare: *to ~ troops to the front* inviare truppe al fronte; *to ~ a child to bed* mandare un bambino a letto. **2** (*to cause to be carried, conveyed*) spedire, mandare, inviare: *to ~ a letter* spedire una lettera; *I sent her some flowers* le ho mandato dei fiori. **3** (*to drive, to impel*) costringere, spingere: *the rain sent us rushing for shelter* la pioggia ci ha costretti a cercare precipitosamente un riparo. **4** (*to propel, to hit*) mandare, lanciare; (*to kick*) calciare; (*to throw*) scagliare, mandare, lanciare; (*of a blow*) assestare. **5** (*to cause to become*) far diventare: *to ~ so. mad* fare diventare matto qcu. **6** (*to emit*) mandare (fuori), emettere. **7** (*to utter*) mandare, emettere. **8** (*to bestow*) concedere, dare, mandare: *Heaven sent him many blessings* il cielo gli concesse molte benedizioni. **9** (*sl*) (*to excite, to enthuse*) mandare in visibilio, entusiasmare: *Negro spirituals ~ me* gli spiritual mi mandano in visibilio. **10** (*El,Rad*) trasmettere. **II** *v.i.* **1** mandare qualcuno: *he sent to inquire after my health* mandò qualcuno a informarsi sulla mia salute. **2** (*Rad*) trasmettere. □ *to ~ so. about his business* **1** mandare via qcu.; **2** (*fig*) mandare qcu. a quel paese, mandare qcu. al diavolo; *to ~ after* mandare a chiamare; *to ~ along* mandare, dire di venire a, dire di andare a: *~ him along to me* mandalo da me; *to ~ around*: **1** mandare, inviare: *will you ~ a man around to look at the television?* mi manderete qualcuno a dare un'occhiata al televisore?; **2** (*to circulate*) far circolare, mettere in circolazione; *to ~ away*: **1** congedare, mandare via; **2** (*to dismiss*) licenziare, mandare via; *to ~ away for sth.* fare arrivare qcs. (scrivendo); *to ~ back*: **1** rimandare, mandare indietro, restituire, rinviare: *if unsatisfied, please ~ the product back* se non siete soddisfatti, potete restituirci il prodotto; **2** (*to hit, to* *throw back*) rimandare, rinviare; 3 (*Sport*) eliminare; *to ~ down*: 1 mandare giù (dalla città in provincia): *I'll ~ you down my secretary* ti manderò giù la mia segretaria; 2 (*to cause to fall*) far calare, far scendere: *to ~ down the prices* far calare i prezzi; 3 (*Univ*) (*to expel*) espellere; *to ~ for*: 1 mandare a chiamare, far venire: *to ~ for a doctor* mandare a chiamare un medico; 2 (*to cause to be brought*) mandare a prendere: *to ~ for a drink* mandare a prendere una bibita; 3 (*to cause to be dispatched*) richiedere: *please ~ for our illustrated catalogue* si prega richiedere il nostro catalogo illustrato; 4 (*Parl*) convocare; *to ~ forth*: 1 emettere, mandare fuori, emanare: *the flowers sent forth a sweet odour* i fiori mandavano un profumo dolce; *to ~ forth steam* emettere vapore; 2 (*to yield, to produce*) produrre, dare; 3 (*Bot*) (*of leaves, buds*) mettere; *to ~ so. home* (*from abroad*) rimpatriare qcu.; *to ~ in*: 1 far entrare, introdurre; 2 (*to cause to be delivered*) presentare, inoltrare, spedire; *to ~ in one's resignation* dare le dimissioni, presentare le dimissioni; 3 (*of a bill*) trasmettere, inviare, presentare; 4 (*of one's card*) farsi precedere da; (*of one's name*) fare annunciare; 5 (*for a competition, etc.*) iscriversi; (*fig*) *to ~ in one's papers* dare le dimissioni; *to ~ off*: 1 spedire, inviare: *to ~ off a parcel* spedire un pacco; 2 (*to send away*) mandare via, congedare; 3 (*Sport*) espellere; 4 (*to see off on a journey*) salutare (alla partenza), accomiatarsi da; *to ~ on* inoltrare, spedire: *I had my luggage sent on* mi sono fatto spedire il bagaglio; *to ~ out*: 1 mandare fuori: *to ~ out for a sandwich* mandare a prendere un tramezzino; 2 (*to issue, to distribute*) diramare, distribuire, inviare, spedire: *to ~ out an invitation* diramare un invito; 3 (*to emit*) mandare (fuori), emettere, emanare; 4 (*to utter*) mandare, emettere: *to ~ out a cry* mandare un grido; *to ~ over* spedire, mandare, inviare; (*colloq,fig*) *to ~ so. packing* cacciare qcu.; *to ~ round the hat* fare una colletta; *to ~ so. spinning* mandare qcu. a gambe all'aria; *to ~ through* trasmettere; *to ~ through a forwarding agent* spedire a mezzo corriere; (*fig*) *to ~ so. to Coventry* mettere qcu. al bando, dare l'ostracismo a qcu.; *to ~ to one's death* mandare a morte; (*Br,fig*) *to ~ to grass* atterrare, mandare al tappeto, mettere al tappeto; *to ~ up*: 1 mandare su: *ask the bar to ~ up four cups of coffee* di' al bar di mandare su quattro caffè; 2 (*to cause to go up*) far salire, far andare su; 3 (*sl*) (*to send to prison*) mettere dentro, sbattere dentro, mandare in galera, mettere in gattabuia; 4 (*colloq*) (*to ridicule*) mettere in ridicolo; *to ~ word* mandare a dire, comunicare, far sapere.

send² /send/ *n.* (*Mar*) 1 spinta *f.* dell'onda. 2 (*scend*) movimento *m.* verticale durante il beccheggio.

sender /'sendər/ *n.* 1 chi manda, chi spedisce. 2 (*Post*) mittente *m./f.*: ~ *'s name and address* nome e indirizzo del mittente. 3 (*Rad, Tel*) apparecchio *m.* trasmittente.

send-off /'sendɒf *Am* 'sendɔːf/ *n.* 1 (*colloq*) saluto *m.*, commiato *m.* 2 (*fig*) spinta *f.*, impulso *m.*, avvio *m.* 3 (*Giorn*) recensione *f.* favorevole, (*gerg*) soffietto *m.*

send-up /'sendʌp/ *n.* (*colloq*) parodia *f.*, presa *f.* in giro.

Senegal /ˌsenɪˈɡɔːl/ *n.pr.* (*Geog*) Senegal *m.*

Senegalese /ˌsenɪɡəˈliːz/ **I** *a.* senegalese. **II** *n.inv.* 1 (*person*) senegalese *m./f.* 2 (*costr.pl.*) (*people*) senegalesi *m./f.pl.*

senescence /səˈnesəns/ *n.* senescenza *f.*

senescent /səˈnesənt/ *a.* senescente.

seneschal /'senɪʃəl *Am* 'senəʃəl/ *n.* (*Mediev*) siniscalco *m.*

sengreen /'sengriːn/ *n.* (*Bot*) semprevivo *m.*

senile /'siːnaɪl/ *a.* senile. □ (*Med*) ~ *dementia* demenza senile.

senility /sɪˈnɪləti *Am* səˈnɪləti/ *n.* senilità *f.*

senior /'siːnjər/ **I** *a.* 1 più vecchio, maggiore, più anziano (*to* di): *he is ~ to me by two years* (o *he is my ~ by two years*) è più vecchio di me di due anni, è di due anni più vecchio di me. 2 (*opposed to junior*) senior: *Mr Brown Senior* il signor Brown senior. 3 (*of service, membership, etc.*) anziano: *the ~ member of a club* il membro anziano di un circolo. 4 (*of higher standing, rank*) più autorevole, di grado più elevato: *the ~ members of the government* i membri più autorevoli del governo. 5 (*of things*) più importante, più elevato: *a ~ post* un posto più importante. 6 (*old, elderly*) anziano, vecchio. **II** *n.* 1 persona *f.* più anziana (rispetto a un'altra): *he has respect for his ~s* rispetta le persone più anziane di lui. 2 (*superior*) superiore *m.* 3 (*old, elderly person*) anziano *m.* (*f.* -a). 4 (*Univ*) studente *m.* (*f.* -essa) anziano. 5 (*Scol*) studente *m.* (*f.* -essa) dell'ultimo anno di scuola secondaria. 6 (*Am,Univ*) laureando *m.* (*f.* -a). □ ~ *citizens* anziani; (*Ferr*) ~ *citizens' pass* carta d'argento; (*US,Scol*) ~ *high-school* liceo; ~ *member*: 1 membro (più) anziano; 2 (*higher-ranking*) membro di grado superiore; 3 (*executive*) dirigente; (*GB,rar*) ~ *school* scuola secondaria (per ragazzi dai quattordici ai diciassette anni); (*GB,Mar.mil*) ~ *service* (la) Marina.

seniority /ˌsiːniˈɒrəti *Am* siːˈnjɔːrəti/ *n.* 1 anzianità *f.*, maggiore età *f.* 2 (*superior length of service, etc.*) anzianità *f.*: *promotion is given on ~* la promozione è data per anzianità.

senna /'senə/ *n.* (*Bot,Farm*) sena *f.*, senna *f.*

senr. *senior* sr. (senior).

sensate /'senseɪt/ *a.* sensibile, percepito mediante i sensi.

sensation /senˈseɪʃn/ *n.* 1 sensazione *f.*: ~ *of thirst* sensazione di sete. 2 (*power of feeling*) sensibilità *f.*: *to lose all ~ in one's legs* perdere la sensibilità nelle gambe. 3 (*state of excitement*) scalpore *m.*, sensazione *f.*, effetto *m.*, impressione *f.*: *the news created* (o *caused* o *made*) *a ~* la notizia fece scalpore. 4 (*cause of excitement*) cosa *f.* sensazionale, avvenimento *m.* sbalorditivo, fatto *m.* sbalorditivo.

sensational /senˈseɪʃənl/ *a.* 1 sensazionale: ~ *news* notizia sensazionale. 2 (*exceptional*) eccezionale, fantastico, sensazionale.

sensationalism /senˈseɪʃənlɪzəm/ *n.* 1 sensazionalismo *m.* 2 (*Filos*) sensismo *m.*

sensationalist /senˈseɪʃənlɪst/ *n.* 1 chi tende a sbalordire, chi tende a impressionare, chi vuole far colpo, (*spreg*) scandalista *m./f.* 2 (*Filos*) sensista *m./f.*

sensationalistic /sen,seɪʃənlˈɪstɪk/ *a.* 1 sbalorditivo, che vuol far colpo, sensazionalistico. 2 (*Filos*) sensistico.

sense /sens/ **I** *n.* 1 senso *m.*: *the five ~s* i cinque sensi; *the ~ of smell* il senso dell'odorato; *to have a good ~ of direction* avere un buon senso dell'orientamento. 2 (*feeling, sensation*) senso *m.*, impressione *f.*, sensazione *f.* (*of* di). 3 (*mental discernment*) senso *m.*, capacità *f.* di discernere. 3 (*sound mental capacity*) buonsenso *m.*, buon senso *m.*, senno *m.*, giudizio *m.*: *a man of ~* un uomo di buonsenso. 5 (*meaning*) senso *m.*, significato *m.* 6 *pl.* (*bodily pleasure*) sensi *m.pl.*, sensualità *f.sing.*: *to gratify one's ~s* appagare i

sensi. 7 *pl.* (*sanity*) ragione *f.sing.*, senno *m.sing.*: *to lose one's ~s* perdere la ragione. **II** *v.t.* sentire, avvertire, intuire, percepire: *to ~ danger* sentire il pericolo. □ *to come to one's ~s* tornare in senno, rinsavire; (*Filos*) *datum* dato dei sensi; *to be in one's* (*right*) *~s* essere nel pieno possesso delle proprie facoltà mentali; *in a* (*certain*) ~ in un certo senso: *in a ~, you are right* in un certo senso, hai ragione; *in every ~* in tutti i sensi; *to make ~* avere senso, avere significato (logico); *to make ~ of sth.* capire (il senso di) qcs., trovare un senso in qcs.; ~ *of duty* senso del dovere; ~ *of hearing* udito, senso dell'udito; ~ *of humour* senso dell'umorismo: *to have a* (*good*) ~ *of humour* avere (uno spiccato) senso dell'umorismo; *to have no sense of humour* non avere il senso dell'umorismo; (*Mus*) ~ *of pitch* (*intonation*) intonazione, l'essere intonato; ~ *of sight* vista, senso della vista; *to have a keen ~ of smell* avere un odorato fine; ~ *of taste* gusto, senso del gusto; ~ *of touch* tatto, senso del tatto; (*Anat*) ~ *organ* organo dei sensi; *to be out of one's ~s* essere pazzo: *to frighten so. out of his ~s* spaventare qcu. fino a farlo uscire di senno; *not to see the ~ of sth.* non capire il senso di qcs.

senseless /'sensləs/ *a.* 1 privo di sensi, privo di conoscenza, svenuto: *to fall ~ to the ground* cadere a terra privo di sensi. 2 (*lacking good sense*) sciocco, stolto, insensato, privo di buon senso: *a ~ idea* un'idea insensata. 3 (*lacking meaning*) privo di senso, vuoto di senso: *a ~ argument* una discussione priva di senso.

senselessly /'sensləsi/ *avv.* 1 scioccamente. 2 (*meaninglessly*) senza senso, senza significato.

senselessness /'sensləsnəs/ *n.* 1 incoscienza *f.* 2 (*foolishness*) stupidità *f.*, stoltezza *f.*, insensatezza *f.* 3 (*meaninglessness*) mancanza *f.* di significato.

sensibility /ˌsensɪˈbɪləti *Am* ˌsensəˈbɪləti/ *n.* 1 sensibilità *f.*: ~ *to physical pain* sensibilità al dolore fisico. 2 (*capacity for emotion, feeling*) sensibilità *f.*, sensitività *f.*, emotività *f.*: *a person with great ~* una persona di grande sensibilità. 3 *pl.* sensibilità *f.sing.*, suscettibilità *f.sing.*: *to offend so.'s sensibilities* offendere la suscettibilità di qcu.

sensible /'sensəbl/ *a.* 1 assennato, sensato, ragionevole, saggio: *a ~ young woman* una ragazza assennata; *a ~ decision* una decisione sensata. 2 (*practical*) pratico: ~ *walking shoes* scarpe pratiche da passeggio. 3 (*responsive*) sensibile: *to be ~ to pain* essere sensibile al dolore; *to be ~ to the needs of others* essere sensibile ai bisogni altrui. 4 (*aware*) consapevole, cosciente, conscio: *to be ~ of one's mistakes* essere consapevole dei propri errori.

sensibleness /'sensəblnəs/ *n.* 1 sensatezza *f.*, assennatezza *f.*, ragionevolezza *f.* 2 (*practical quality*) praticità *f.*

sensibly /'sensəbli/ *avv.* assennatamente, sensatamente: *to behave ~* comportarsi assennatamente.

sensism /'sensɪzəm/ *n.* (*Filos*) sensismo *m.*, sensualismo *m.*

sensist /'sensɪst/ *n.* (*Filos*) sensista *m./f.*

sensitisation /ˌsensɪtaɪˈzeɪʃən/ *n.* (*Br*) sensibilizzazione *f.* (*anche Fot,Med*).

sensitise /'sensətaɪz/ *v.t.* (*Br*) sensibilizzare (*anche Fot,Med*).

sensitive /'sensɪtɪv *Am* 'sensətɪv/ *a.* 1 sensibile, sensitivo, emotivo (*to* a): *to be ~ to criticism* essere sensibile alle critiche. 2 (*easily pained, annoyed, etc.*) suscettibile, permaloso, sensibile. **3** (*Bot,Tecn*) sensibile: *a ~ balance* una bilancia sensibile. **4** (*Econ*) instabile, oscillante. □ (*Fot*) *~paper* carta sensibile; (*Bot*) *~plant* sensitiva.

sensitively /'sensɪtɪvlɪ *Am* 'sensəṭɪvlɪ/ *avv.* sensitivamente.

sensitiveness /'sensɪtɪvnəs *Am* 'sensəṭɪvnəs/, **sensitivity** /ˌsensɪ'tɪvəti *Am* ˌsensə'tɪvəti/ *n.* **1** sensibilità *f.*, emotività *f.*, sensitività *f.* **2** (*susceptibility*) suscettibilità *f.*, permalosità *f.* **3** (*Tecn*) sensibilità *f.*

sensitization /ˌsensɪtɪ'zeɪʃən/ *n.* sensibilizzazione *f.* (*anche Fot,Med*).

sensitize /'sensətaɪz/ *v.t.* sensibilizzare (*anche Fot,Med*).

sensitizing /'sensɪˌtaɪzɪŋ/ **I** *a.* (*Fot*) sensibilizzante. **II** *n.* sensibilizzazione *f.* (*anche fig*).

sensitometer /ˌsensɪ'tɒmɪtər *Am* ˌsensɪ'tɑːmətər/ *n.* (*Fot,Acus*) sensitometro *m.*

sensitometric /ˌsensɪ'tɒmetrɪk *Am* ˌsensɪ'tɑːmetrɪk/ *a.* sensitometrico.

sensitometry /ˌsensɪ'tɒmɪtri *Am* ˌsensɪ'tɑːmətri/ *n.* sensitometria *f.*

sensor /'sensər/ *n.* (*Tecn*) sensore *m.* □ (*Inform*) *~glove* guanto sensore.

sensorial /sen'sɔːrɪəl/ *a.* sensorio, sensoriale.

sensorium /sen'sɔːrɪəm/ (*pl.* **-s** /-z/ o **-ria** /-rɪə/) *n.* **1** cervello *m.*, materia *f.* grigia. **2** (*Anat*) (*sensory apparatus*) sensorio *m.*

sensory /'sensərɪ/ *a.* sensorio, sensoriale.

sensual /'senʃuəl *Br also* 'sensjuəl/ *a.* **1** sensuale, carnale. **2** (*devoted to the appetites*) sensuale, voluttuoso: *a ~ man* un uomo sensuale. **3** (*lewd, lascivious*) dissoluto, lascivo, licenzioso. **4** (*sensory*) sensorio, sensoriale.

sensualise /'sensjuəlaɪz/ *v.t.* (*Br*) rendere sensuale.

sensualism /'senʃuəlɪzəm *Br also* 'sensjuəl ɪzəm/ *n.* **1** sensualità *f.* **2** (*Filos,Art,Lett*) sensualismo *m.*

sensualist /'senʃuəlɪst *Br also* 'sensjuəlɪst/ *n.* **1** persona *f.* sensuale. **2** (*Filos,Art,Lett*) sensualista *m./f.*

sensualistic /ˌsenʃuə'lɪstɪk *Br also* ˌsensjuə 'lɪstɪk/ *a.* sensualistico.

sensuality /ˌsensju'ælətɪ *Am* ˌsensju'ælətɪ/ *n.* sensualità *f.*

sensualize /'sensjuəlaɪz/ *v.t.* rendere sensuale.

sensually /'senʃuəlɪ *Br also* 'sensjuəlɪ/ *avv.* sensualmente.

sensuous /'senʃuəs *Br also* 'sensjuəs/ *a.* **1** sensorio, sensoriale, sensitivo; (*of sensible objects*) sensibile. **2** (*pleasing to the senses*) gradevole ai sensi. **3** (*eufem*) (*sensual*) sensuale, voluttuoso.

sensuously /'senʃuəslɪ *Br also* 'sensjuəslɪ/ *avv.* in modo sensuale, sensualmente.

sensuousness /'senʃuəsnəs *Br also* 'sen sjuəsnəs/ *n.* sensualità *f.*

sent /sent/ → **send**[1].

sentence /'sentəns *Am* 'sentəns/ **I** *n.* **1** (*Gramm*) proposizione *f.*, frase *f.*, periodo *m.* **2** (*Dir*) condanna *f.*, pena *f.*: *~ of death* pena di morte. **3** (*Dir*) (*decision*) sentenza *f.* **II** *v.t.* (*Dir*) condannare (*to* a). □ (*Dir*) *~in absence* condanna in contumacia; (*Dir*) *topass ~* (*on*) condannare (per), pronunciare una sentenza, emettere una sentenza (su).

sentential /sen'tenʃəl/ *a.* (*Gramm*) frasale, di frase.

sententious /sen'tenʃəs/ *a.* **1** sentenzioso, aforistico, conciso, epigrammatico. **2** (*moralizing*) moraleggiante.

sententiously /sen'tenʃəslɪ/ *avv.* sentenziosamente.

sententiousness /sen'tenʃəsnəs/ *n.* sentenziosità *f.*

sentience /'senʃəns/, **sentiency** /'senʃənsi/ *n.* facoltà *f.* di sentire.

sentient /'senʃənt/ *a.* **1** senziente, dotato di senso, dotato di sensibilità: *~ beings* essere senzienti. **2** (*aware*) consapevole, conscio (*of* di). **3** (*sensitive*) sensibile, sensitivo.

sentiment /'sentɪmənt *Am* 'sentəmənt/ *n.* **1** sentimento *m.*, stato *m.* d'animo. **2** (*opinion, view*) opinione *f.*, parere *m.*, modo *m.* di pensare, modo *m.* di sentire, sentimenti *m.pl.*: *those are my -s* ecco la mia opinione. **3** (*romantic feeling*) sentimentalismo *m.*, sentimentalità *f.*

sentimental /ˌsentɪ'mentəl *Am* ˌsentə'mentəl/ *a.* **1** sentimentale: *~ poems* poesie sentimentali; *it has ~ value only* ha solo un valore sentimentale. **2** (*romantic, of tender emotions*) sentimentale, romantico, tenero. **3** (*mawkishly emotional*) sdolcinato, stucchevole.

sentimentalise /ˌsentɪ'mentəlaɪz/ **I** *v.t.* (*Br*) **1** rendere sentimentale. **2** (*to look upon with sentiment*) fare del sentimentalismo su, fare del romanticismo su. **II** *v.i.* (*Br*) fare il sentimentale.

sentimentalism /ˌsentɪ'mentəlɪzəm *Am* ˌsentə'mentɪzəm/ *n.* sentimentalismo *m.*

sentimentalist /ˌsentɪ'mentəlɪst *Am* ˌsentə 'mentəlɪst/ *n.* sentimentale *m./f.*

sentimentality /ˌsentɪmen'tælətɪ *Am* ˌsentəmen'tælətɪ/ *n.* sentimentalità *f.*, sentimentalismo *m.*

sentimentalize /ˌsentɪ'mentəlaɪz *Am* ˌsentə 'mentəlaɪz/ **I** *v.t.* **1** rendere sentimentale. **2** (*to look upon with sentiment*) fare del sentimentalismo su, fare del romanticismo su. **II** *v.i.* fare il sentimentale.

sentimentally /ˌsentɪ'mentəlɪ *Am* ˌsentə 'mentəlɪ/ *avv.* sentimentalmente.

sentinel /'sentɪnəl *Am* 'sentɪnəl/ **I** *n.* sentinella *f.* (*anche Mil*). **II** *v.t.* (*past, p.p.* **sentinelled** /'sentɪnəld/, *Am* **sentineled** /'sentɪnəld/) **1** fare la guardia a, fare la sentinella a. **2** (*to furnish with a sentinel*) mettere una sentinella a. □ *tostand ~* stare di sentinella, fare la guardia.

sentry /'sentri/ *n.* (*Mil*) sentinella *f.*, soldato *m.* di guardia. □ *~box* garitta; *to come off ~* smontare di guardia; *to go on ~* montare di guardia, montare la guardia; *to be on ~* stare di sentinella, fare la guardia; *to stand ~* stare di sentinella, fare la guardia.

sentry-go /'sentrigəu/ *n.* (*Mil*) servizio *m.* di sentinella, servizio *m.* di guardia.

Sep. *September* sett. (settembre).

sepal /'sepəl *Am* 'siːpəl/ *n.* (*Bot*) sepalo *m.*

separability /ˌsepərə'bɪlətɪ *Am* ˌsepərə'bɪləti/ *n.* separabilità *f.*, divisibilità *f.*

separable /ˌsepərəbl/ *a.* separabile, divisibile.

separably /'sepərəblɪ/ *avv.* in modo separabile, in modo divisibile.

separate[1] /'sepəreɪt/ **I** *v.t.* **1** separare, dividere (*into* in), disgiungere, disunire (*from* da): *to ~ two things* separare due cose; *to ~ the good from the bad* separare il bene dal male; (*to distinguish between*) distinguere: *the twins are so alike no one can ~ them* i gemelli sono così somiglianti che non è possibile distinguerli. **2** (*to extract*) separare, estrarre: *to ~ the cream from the milk* separare la panna dal latte. **II** *v.i.* **1** dividersi, staccarsi, separarsi. **2** (*to end an association*) separarsi, staccarsi: *to ~ from the church* separarsi dalla chiesa. **3** (*to become separated, extracted*) essere separato, essere estratto. □ *to ~out* (*to extract*) separare, estrarre; (*fig*) *to ~ the sheep from the goats* distinguere il grano dal loglio.

separate[2] /'sepərət *Am* 'sepərɪt/ **I** *a.* **1** separa-

to, staccato, disunito, disgiunto: *four ~ flats* quattro appartamenti separati. **2** (*not shared*) separato, diviso, distinto. **3** (*individual, single*) singolo, separato, individuale: *he marked each ~ box* ha contrassegnato ogni singola scatola. **4** (*isolated*) isolato, separato, segregato. **5** (*existing independently*) indipendente, autonomo, a sé stante: *the country was divided into two ~ states* il paese era diviso in due stati indipendenti. **6** (*distinct, different*) distinto, diverso, differente, separato: *the two problems are quite ~* i due problemi sono ben distinti. **II** *n.* **1** (*Tip, Edit,Giorn*) estratto *m.* **2** *pl.* (*Abbigl*) capi *m.pl.* di vestiario che si possono indossare separatamente. □ (*Dir*) *~estate* proprietà della moglie in regime di separazione dei beni; *as ~ from* (*as distinct from*) per distinguerlo; (*Post*) *under ~cover* in plico a parte, in busta a parte.

separated /'sepəreɪtɪd *Am* 'sepəreɪtɪd/ □ (*Alim*) *~milk* latte magro, latte scremato.

separately /'sepərətlɪ *Am* 'sepərɪtlɪ/ *avv.* separatamente, a parte, indipendentemente.

separateness /'sepərətnəs *Am* 'sepərɪtnəs/ *n.* l'essere separato, l'essere diviso, separazione *f.*

separation /ˌsepər'eɪʃən *Am* ˌsepə'reɪʃən/ *n.* **1** separazione *f.*, divisione *f.*, distacco *m.* **2** (*separateness, isolation*) isolamento *m.*, separazione *f.*, segregazione *f.* **3** (*distinction*) separazione *f.*, distinzione *f.*, differenza *f.*, diversità *f.* **4** (*Dir*) separazione *f.*; (*judicial separation*) separazione *f.* legale. **5** (*line, point of division*) separazione *f.*, divisione *f.*, demarcazione *f.*; (*gap, space*) intervallo *m.*, spazio *m.* intercorrente. **6** (*Geol,Fis,Aer*) separazione *f.* □ (*Pol*) *~of powers* divisione dei poteri.

separatism /'sepərətɪzəm/ *n.* **1** (*Pol*) separatismo *m.* **2** (*estens*) dissidenza *f.*

separatist /'sepərətɪst/ *n.* **1** (*Pol*) separatista *m./f.* **2** (*estens*) dissidente *m./f.*

separative /'sepərətɪv/ *a.* separatore, divisorio.

separator /'sepəreɪtər *Am* 'sepəreɪtər/ *n.* **1** separatore *m.* (*f.* -trice). **2** (*Agr*) (*threshing machine*) trebbiatrice *f.* **3** (*Ind,Minier,Dent*) separatore *m.* **4** (*Ind,Alim*) (*device for separating cream from milk*) scrematrice *f.*

separatory /'sepəreɪtərɪ *Am* 'sepəreɪtəri/ *a.* separatore, divisorio.

sepia /'siːpɪə/ *n.* **1** (*colour*) seppia *m.* **2** (*drawing*) disegno *m.* in nero di seppia. **3** (*Fot*) copia *f.* (in) seppia. **4** (*Zool*) seppia *f.*

sepoy /'siːpɔɪ/ *n.* (*Mil*) sepoy *m.*

sepsis /'sepsɪs/ (*pl.* **-ses** /-siːz/) *n.* (*Med*) sepsi *f.*

sept[1] /sept/ *n.* **1** (*in Ireland*) clan *m.* **2** (*Etnol*) gruppo *m.*

sept[2] /sept/ *n.* (*Arch*) tramezzo *m.*

Sept. *September* sett. (settembre). **2** *Septuagint* LXX, Sept. (versione greca dei Settanta).

septal /'septəl/ *a.* (*Biol*) settale.

septate /'septeɪt/ *a.* (*Biol*) settato.

September /sep'tembər/ *n.* settembre *m.*

septenary /'septɪnərɪ/ **I** *a.* **1** che forma un gruppo di sette. **2** (*septennial*) settennale. **3** (*septuple*) settuplo. **II** *n.* **1** settennio *m.* **2** (*Metr*) settenario *m.*

septennial /sep'tenɪəl/ *a.* settennale.

septennially /sep'tenɪəlɪ/ *avv.* ogni sette anni.

septennium /sep'tenɪəm/ (*pl.* **-s** /-z/ o **-nia** /-nɪə/) *n.* settennio *m.*

septentrion /sep'tentrɪən *Am* sep'tentrɪɑːn/ (*pl.* **-s** /-z/ o **-ones** /-'ouniːz/) *n.* (*ant*) settentrione *m.*

septentrional /sep'tentriənᵊl/ *a.* (*ant*) settentrionale.

septet /sep'tet/ *n.* **1** gruppo *m.* di sette. **2** (*Mus*) (*group*) settetto *m.*; (*composition*) settimino *m.*

septette /sep'tet/ *n.* **1** gruppo *m.* di sette. **2** (*Mus*) (*group*) settetto *m.*; (*composition*) settimino *m.*

septic /'septɪk/ *a.* (*Med*) settico. □ *to go ~* infettarsi; *~ tank* fossa settica, pozzo nero.

septicaemia /,septɪ'siːmɪə/ *n.* (*Med*) setticemia *f.*

septicaemic /,septɪ'siːmɪk/ *a.* (*Med*) setticemico.

septicemia /,septə'siːmɪə/ *n.* (*Am,Med*) setticemia *f.*

septicemic /,septə'siːmɪk/ *a.* (*Am,Med*) setticemico.

septicidal /,septɪ'saɪdᵊl/ *a.* (*Bot*) setticida.

septicity /sep'tɪsɪtɪ Am sep'tɪsəṭi/ *n.* (*Med*) l'essere settico.

septuagenarian /,septjuədʒɪ'neərɪən Am ,septuədʒə'nerɪən/ **I** *a.* settuagenario. **II** *n.* settuagenario *m.* (*f.* -a).

Septuagesima /,septjuə'dʒesɪmə Am ,septuə'dʒesɪmə/ *n.* (*Lit*) settuagesima *f.*, domenica *f.* di settuagesima. □ (*Lit*) *~ Sunday* settuagesima, domenica di settuagesima.

Septuagint /'septjuədʒɪnt Am 'septuədʒɪnt/ *n.* (*Bibl*) Bibbia *f.* dei Settanta, versione *f.* dei Settanta.

septum /'septəm/ (*pl.* -**ta** /-tə/) *n.* (*Anat*) setto *m.*, setto *m.* nasale.

septuple /'septjupl Am sep'tuːpl/ **I** *a.* settuplo. **II** *v.t./i.* settuplicare.

septuplet /'septjuplet Am sep'tuːplet/ *n.* uno di sette gemelli.

sepulcher /'sepᵊlkər/ **I** *n.* (*Am*) **1** sepolcro *m.*, tomba *f.* **2** (*Lit*) reliquiario *m.* **II** *v.t.* (*Am*) seppellire, dare sepoltura a.

sepulchral /sə'pʌlkrᵊl/ *a.* sepolcrale (*anche fig*).

sepulchrally /sə'pʌlkrᵊli/ *avv.* in modo sepolcrale.

sepulchre /'sepᵊlkər/ **I** *n.* **1** sepolcro *m.*, tomba *f.* **2** (*Lit*) reliquiario *m.* **II** *v.t.* seppellire, dare sepoltura a.

sepultural /se'pᵊltʃᵊrᵊl/ *a.* (*ant*) sepolcrale.

sepulture /'sepᵊltʃər/ *n.* (*ant*) sepoltura *f.*, seppellimento *m.*

sequacious /sɪ'kweɪʃəs/ *a.* **1** conseguente, coerente. **2** (*imitative*) privo di originalità, pedissequo. **3** (*obsequious*) ossequioso, servile.

sequaciously /sɪ'kweɪʃəsli/ *avv.* **1** coerentemente. **2** (*obsequiously*) servilmente, in modo servile.

sequaciousness /sɪ'kweɪʃəsnəs/, **sequacity** /sɪ'kwæsɪti Am sɪ'kwæsəṭi/ *n.* **1** coerenza *f.* **2** (*obsequiousness*) servilismo *m.*, servilità *f.*

sequel /'siːkwᵊl/ *n.* **1** (*Lett,Cin,TV*) seguito *m.*, continuazione *f.* **2** (*subsequent event*) seguito *m.*: *to have a ~* avere un seguito. **3** (*consequence, result*) conseguenza *f.*, effetto *m.*, risultato *m.* (*to* di): *famine arose as a ~ to the disastrous harvest* la carestia sorse come conseguenza del raccolto disastroso. □ *to have sth. as a ~* avere come conseguenza qcs.; *in the ~* in seguito, successivamente; (*Inform*) *~ server* sequel server.

sequence /'siːkwəns/ *n.* **1** serie *f.*, sequela *f.*, successione *f.*, sequenza *f.*, catena *f.*: *a ~ of air disasters* una serie di disastri aerei. **2** (*order*) ordine *m.*, successione *f.*: *in alphabetical ~* in ordine alfabetico. **3** (*result, sequel*) risultato *m.*, conseguenza *f.*, effetto *m.* **4** (*in cards*) scala *f.*, sequenza *f.* **5** (*Lit,Mus,Cin,Mat*) sequenza *f.* **6** (*Lett*) raccolta *f.*, corona *f.*: *a*

sonnet ~ una raccolta di sonetti. **7** (*in dancing*) sequenza *f.* □ (*Inform*) *~ check* controllo di sequenza; *in ~* in ordine successivo, l'uno dopo l'altro, successivamente; *in ~ to* in seguito a; (*Tecn*) *~ of operation* sequenza di manovra; (*Gramm*) *~ of tenses* correlazione dei tempi.

sequencer /'siːkwənsər/ *n.* (*Mus,Inform*) sequencer *m.*

sequent /'siːkwənt/ *a.* **1** seguente, successivo, consecutivo, susseguente. **2** (*consequent*) conseguente, consequenziale.

sequential /sɪ'kwenʃᵊl/ *a.* **1** che forma una successione, che forma una serie ininterrotta. **2** (*consequent*) conseguente, derivante, risultante. **3** (*continuous*) continuo, ininterrotto. **4** (*Med,Psic,Inform*) sequenziale. □ (*Inform*) *~ access* accesso sequenziale; (*Statist*) *~ analysis* analisi sequenziale; (*Inform*) *~ file* archivio sequenziale.

sequentiality /sɪ,kwenʃɪ'ælɪti Am sɪ,kwenʃi'æləti/ *n.* sequenzialità *f.*

sequentially /sɪ'kwenʃᵊli/ *avv.* consecutivamente, di seguito.

sequester /sɪ'kwestər/ *v.t.* **1** segregare, isolare, appartare. **2** (*to separate*) separare, allontanare. **3** (*Dir*) sequestrare, mettere sotto sequestro, porre sotto sequestro; (*to confiscate*) confiscare.

sequestered /sɪ'kwestəd Am sɪ'kwestərd/ *a.* **1** (*lett*) ritirato, isolato, appartato: *to lead a ~ life* fare vita ritirata. **2** (*Dir*) sequestrato; (*confiscated*) confiscato.

sequestering /sɪ'kwestərɪŋ/ *a.* (*Chim*) sequestrante.

sequestrable /sɪ'kwestrəbl/ *a.* (*Dir*) sequestrabile.

sequestrate /sɪ'kwestreɪt/ *v.t.* (*Dir*) sequestrare; (*to confiscate*) confiscare.

sequestration /,siːkwes'treɪʃᵊn/ *n.* **1** isolamento *m.*, segregazione *f.* **2** (*Dir*) sequestro *m.*; (*confiscation*) confisca *f.*

sequestrator /'siːkwes,treɪtər Am 'siːkwes,treɪtər/ *n.* (*Dir*) sequestratario *m.*

sequin /'siːkwɪn/ *n.* **1** (*Mod*) lustrino *m.*, paillette *f.* **2** (*Numism*) zecchino *m.*

sequined /'siːkwɪnd/ *a.* adorno di lustrini, con le paillettes: *a ~ dress* un abito con paillettes.

sequoia /sɪ'kwɔɪə/ *n.* (*Bot*) sequoia *f.*

seraglio /ser'ɑːlɪoʊ Am sɪ'ræljoʊ/ (*pl.* -**s** /-z/ o -**gli** /-lji:/) *n.* **1** harem *m.* **2** (*sultan's palace*) serraglio *m.*

serai /ser'aɪ Am sɪ'reɪi/ *n.* caravanserraglio *m.*

seraph /'serəf/ (*pl.* -**s** /-s/ o -**im** /-ɪm/) *n.* (*Teol*) serafino *m.*

seraphic /sər'æfɪk/, **seraphical** /sər'æfɪkᵊl/ *a.* serafico (*anche fig*).

seraphically /sər'æfɪkᵊli/ *avv.* seraficamente, come un serafino.

Serb /sɜːb Am sɜːrb/ *n.* serbo *m.* (*f.* -a).

Serbia /'sɜːbɪə Am 'sɜːrbɪə/ *n.pr.* (*Geog*) Serbia *f.*

Serbian /'sɜːbɪən Am 'sɜːrbɪən/ **I** *a.* serbo. **II** *n.* **1** serbo *m.* (*f.* -a). **2** (*language*) serbo *m.*

Serbo-Croatian /,sɜːboʊkroʊ'eɪʃᵊn Am ,sɜːrboʊkroʊ'eɪʃᵊn/ **I** *n.* **1** serbocroato *m.* (*f.* -a). **2** (*language*) serbocroato *m.* **II** *a.* serbocroato.

Serbonian /sə'boʊnɪən Am sər'boʊnɪən/ *a.* della palude di Serbonis. □ (*fig*) *~ bog* situazione senza via di uscita.

sere[1] /sɪər Am sɪr/ *a.* secco, appassito.

sere[2] /sɪər Am sɪr/ *n.* (*in ecology*) sere *m.*, serie *f.*

serenade /,serə'neɪd/ **I** *n.* (*Mus*) serenata *f.* **II** *v.t.* fare una serenata a. **III** *v.i.* fare una serenata.

serenader /,serə'neɪdər/ *n.* chi fa una serenata.

serenata /,serɪ'nɑːtə Am ,serə'nɑːṭə/ (*pl.* -**s** /-z/ o -**te** /-tə/) *n.* (*Mus*) serenata *f.*

serendipity /,serᵊn'dɪpɪti Am ,serən'dɪpəṭi/ *n.* il fare casualmente piacevoli e inattese scoperte, il trovare qualcosa per puro caso, (*lett*) serendipità *f.*

serene /sɪ'riːn, sə'riːn/ **I** *a.* **1** sereno, calmo, tranquillo: *a ~ smile* un sorriso sereno. **2** (*of weather, skies*) sereno, limpido, chiaro. **II** *n.irr.* **1** (*serene sea*) mare *m.* calmo. **2** (*poet, rar*) (*expanse of serene sky*) sereno *m.*, cielo *m.* sereno. **III** *v.t.* (*poet,rar*) rasserenare, tranquillizzare.

Serene /sɪ'riːn, sə'riːn/ *a.* (*as a title*) serenissimo: *His ~ Highness* Sua Altezza serenissima.

serenely /sɪ'riːnli, sə'riːnli/ *avv.* serenamente, tranquillamente.

sereneness /sɪ'riːnəs, sə'riːnəs/, **serenity** /sɪ'renɪti, sə'renəṭi/ *n.* serenità *f.*, tranquillità *f.*, calma *f.*

Serenity /sɪ'renɪti, sə'renəṭi/ *n.* (*as a title*) Serenità *f.*

serf /sɜːf Am sɜːrf/ *n.* **1** (*Mediev*) servo *m.* (*f.* -a) della gleba. **2** (*fig*) schiavo *m.* (*f.* -a).

serfage /'sɜːfɪdʒ Am 'sɜːrfɪdʒ/, **serfdom** /'sɜːfdəm Am 'sɜːrfdəm/, **serfhood** /'sɜːfhʊd Am 'sɜːrfhʊd/ *n.* **1** (*Mediev*) servitù *f.* della gleba. **2** (*fig*) schiavitù *f.*

serge /sɜːdʒ Am sɜːrdʒ/ *n.* (*Tess*) serge *f.*

sergeancy /'sɑːdʒᵊnsi Am 'sɑːrdʒᵊnsi/ *n.* (*rar*) funzione *f.* di sergente, grado *m.* di sergente.

sergeant /'sɑːdʒᵊnt Am 'sɑːrdʒᵊnt/ *n.* **1** (*Mil*) sergente *m.* **2** (*in the police*) brigadiere *m.* **3** (*Itt*) specie *f.* di rachicentro. □ (*Itt*) *~ fish* pesce sergente.

sergeant-at-arms /,sɑːdʒᵊntət'ɑːmz Am ,sɑːrdʒᵊntət'ɑːrmz/ (*pl.* **sergeants-at-arms** /,sɑːdʒᵊntsət'ɑːmz Am ,sɑːrdʒᵊntsət'ɑːrmz/) *n.* **1** (*Parl*) questore *m.* (di assemblea legislativa). **2** (*of a royal household*) cerimoniere *m.* di corte.

sergeant-at-law /,sɑːdʒᵊntət'lɔː Am ,sɑːrdʒᵊntət'lɔː/ *n.* (*Stor.brit*) avvocato *m.* di prima classe.

sergeant-major /,sɑːdʒᵊnt'meɪdʒər Am ,sɑːrdʒᵊnt'meɪdʒər/ *n.* (*Mil*) sergente *m.* maggiore.

sergeantship /'sɑːdʒᵊntʃɪp Am 'sɑːrdʒᵊntʃɪp/ *n.* funzione *f.* di sergente, ufficio *m.* di sergente.

sergt., Sergt. *sergeant* serg. (sergente).

serial /'sɪərɪəl Am 'sɪrɪəl/ **I** *a.* **1** a puntate, a episodi; (*in instalments*) a fascicoli, a puntate. **2** (*Ind*) di serie, in serie. **3** (*Inform,Mus*) seriale. **II** *n.* **1** (*Rad,TV*) serial *m.* **2** (*Edit, Bibliot*) pubblicazione *f.* periodica. □ (*Inform*) *~ access* accesso seriale; (*Inform*) *~ interface* interfaccia seriale; *~ killer* serial killer, pluriomicida; (*Mus*) *~ music* musica seriale; *~ number* numero di serie; (*Inform*) *~ port* porta seriale; (*Inform*) *~ printer* stampante seriale; (*Inform*) *~ processing* elaborazione in serie; (*Edit*) *~ rights* diritti per la pubblicazione a puntate; (*Inform*) *~ transmission* trasmissione seriale.

serialise /'sɪərɪəlaɪz/ *v.t.* (*Br*) **1** (*Edit*) pubblicare a puntate, pubblicare a dispense: *to ~ a novel* pubblicare un romanzo a puntate. **2** (*Rad,TV,Cin*) trasmettere a puntate, trasmettere a episodi. **3** (*Cin*) (*of a film*) girare a episodi. **4** (*Mus*) comporre (in musica seriale).

serialism /'sɪərɪᵊlɪzᵊm Am 'sɪrɪᵊlɪzᵊm/ *n.* (*Mus*) serialismo *m.*

serialist /'sɪərɪᵊlɪst Am 'sɪrɪᵊlɪst/ *n.* (*Mus*) compositore *m.* (*f.* -trice) di musica seriale.

serialization /,sɪərɪᵊlaɪ'zeɪʃᵊn Am ,sɪrɪᵊlɪ'zeɪʃᵊn/ *n.* (*Edit*) pubblicazione *f.* di un lavoro a puntate, pubblicazione *f.* periodica.

serialize /'sɪərɪəlaɪz Am 'sɪrɪəlaɪz/ v.t. 1 (Edit) pubblicare a puntate, pubblicare a dispense: to ~ a novel pubblicare un romanzo a puntate. 2 (Rad,TV,Cin) trasmettere a puntate, trasmettere a episodi. 3 (Cin) (of a film) girare a episodi. 4 (Mus) comporre (in musica seriale).

serially /'sɪərɪəli Am 'sɪrɪəli/ avv. in serie, in successione.

seriate /'sɪərɪɪt Am 'sɪrɪɪt/ I a. ordinato in serie, disposto in serie. II v.t. 1 disporre in serie. 2 (Statist) seriare.

seriatim /ˌsɪərɪ'eɪtɪm Am ˌsɪrɪ'eɪtɪm/ avv. in serie, in successione.

seriation /ˌsɪərɪ'eɪʃən Am ˌsɪrɪ'ʃən/ n. 1 disposizione f. di serie. 2 (Statist) seriazione f. (statistica).

sericeous /sɪ'rɪʃɪəs/ a. 1 di seta. 2 (silky) simile alla seta, serico.

sericultural /ˌserɪ'kʌltʃərəl/ a. sericolo.

sericulture /ˌserɪ'kʌltʃər/ n. (Zootecn) sericoltura f.

sericulturist /ˌserɪ'kʌltʃərɪst/ n. sericoltore m. (f. -trice).

series /'sɪərɪːz Am 'sɪrɪːz/ n. 1 serie f., successione f., sequela f., catena f.: a ~ of bad harvests una serie di cattivi raccolti: a ~ of documentaries una serie di documentari; television ~ serie televisiva. 3 (Filat) serie f.: a ~ of stamps una serie di francobolli. 4 (Mat,Mus, Geol,Chim) serie f. 5 (Edit) collana f., serie f. □ (El) ~ circuit circuito in serie; (El) ~ connection collegamento in serie; in ~ in serie (anche El).

series-parallel /'sɪərɪːzpærəlel/ a. (El) in serie parallelo, in serie-parallelo.

serif /'serɪf/ n. (Tip) grazia f.

serin /'serɪn/ n. (Ornit) crespolino m., verzellino m.

serio-comic /ˌsɪərɪoʊ'kɒmɪk Am ˌsɪrɪoʊ 'kɑːmɪk/, **serio-comical** /ˌsɪərɪoʊ'kɒmɪkəl Am ˌsɪrɪoʊ'kɒmɪkəl/ a. semiserio.

serious /'sɪərɪəs Am 'sɪrɪəs/ a. 1 serio: a ~ face un viso serio; please be ~ per favore sii serio. 2 (thoughtful) pensieroso, grave. 3 (being in earnest) che non scherza, che fa sul serio: are you ~? dici sul serio? 4 (sincere) sincero. 5 (weighty, important) serio, grave, importante: a ~ matter una faccenda seria; a ~ error un grave errore. 6 (causing preoccupation) serio, grave: a ~ illness una malattia seria. 7 (colloq) (a large amount) in grandissima quantità: ~ money cifra con molti zeri. □ to get ~ diventare serio, farsi serio: the situation is getting ~ la situazione si fa seria; get ~! piantala!, sii serio!; to look ~ avere un'aria seria.

seriously /'sɪərɪəsli Am 'sɪrɪəsli/ I avv. 1 seriamente, con serietà. 2 (in earnest) sul serio, seriamente: I ~ believe you are mistaken credo sul serio che ti sbagli. 3 (severely, to a serious extent) gravemente, seriamente: ~ ill gravemente malato. II intz. scherzi a parte!, sul serio! □ to take sth. ~ prendere qcs. sul serio.

serious-minded /'sɪərɪəsˌmaɪndɪd Am 'sɪrɪəs ˌmaɪndɪd/ a. serio, di carattere serio.

serious-mindedness /'sɪərɪəsˌmaɪndɪdnəs Am 'sɪrɪəsˌmaɪndɪdnəs/ n. serietà f. (di carattere).

seriousness /'sɪərɪəsnəs Am 'sɪrɪəsnəs/ n. 1 serietà f. 2 (importance, gravity) serietà f., importanza f., gravità f.: the ~ of the situation la gravità della situazione. □ in all ~ con tutta serietà, molto seriamente.

serjeant /'sɑːdʒənt Am 'sɑːrdʒənt/ n. → **serjeant**.

serjeant-at-law /ˌsɑːdʒəntət'lɔː Am ˌsɑːr

dʒəntət'lɔː/ (pl. **serjeants-at-law** /ˌsɑːdʒəntsət 'lɔː Am ˌsɑːrdʒəntsət'lɔː/) n. (Stor.brit) avvocato m. di prima classe.

sermon /'sɜːmən Am 'sɜːrmən/ n. (Rel) sermone m., predica f. (anche estens).

sermonet /ˌsɜːmə'net Am ˌsɜːrmə'net/ n. sermoncino m.

sermonette /ˌsɜːmə'net Am ˌsɜːrmə'net/ n. sermoncino m.

sermonic /sɜː'mɒnɪk Am sɜːr'mɑːnɪk/ a. sermoneggiante, moraleggiante (anche estens).

sermonise /'sɜːmənaɪz/ I v.i. (Br) 1 (Rel) predicare. 2 (fig) predicare, fare discorsi moraleggianti, (iron) sermoneggiare. II v.t. (Br) predicare a (anche fig); (to preach on) predicare.

sermonize /'sɜːmənaɪz Am 'sɜːrmənaɪz/ I v.i. 1 (Rel) predicare. 2 (fig) predicare, fare discorsi moraleggianti, (iron) sermoneggiare. II v.t. predicare a (anche fig); (to preach on) predicare.

sermonizer /'sɜːmənaɪzər Am 'sɜːrmənaɪzər/ n. 1 (Rel) predicatore m. 2 (fig) predicatore m. (f. -trice).

serologic /ˌsɪərə'lɒdʒɪk Am ˌsɪrə'lɑːdʒɪk/, **serological** /ˌsɪərə'lɒdʒɪkəl Am ˌsɪrə'lɑːdʒɪkəl/ a. (Med) sierologico.

serology /sɪ'rɒlədʒɪ Am sɪ'rɑːlədʒɪ/ n. (Med) sierologia f.

seronegative /ˌsɪəroʊ'negətɪv Am ˌsɪroʊ 'negətɪv/ a. (Med) sieronegativo.

seronegativity /ˌsɪəroʊnegə'tɪvəti Am ˌsɪroʊ 'negətɪvəti/ n. (Med) sieronegatività f.

seropositive /ˌsɪəroʊ'pɒzɪtɪv Am ˌsɪroʊ 'pɑːzətɪv/ a. (Med) sieropositivo.

seropositivity /ˌsɪəroʊpɒzɪ'tɪvəti Am ˌsɪroʊpəzə'tɪvəti/ n. (Med) sieropositività f.

serosity /sɪ'rɒsɪti Am sɪ'rɑːsəti/ n. sierosità f.

serotherapy /ˌsɪəroʊ'θerəpi Am ˌsɪroʊ'θerəpi/ n. (Med) sieroterapia f.

serotine /'serəˌtaɪn/ n. (Zool) pipistrello m. serotino.

serotinous /sɪ'rɒtɪnəs Am sɪ'rɑːtɪnəs/ a. serotino, tardivo.

serotonin /ˌserə'toʊnɪn/ n. (Biol) serotonina f.

serotype /'sɪərətaɪp Am 'sɪrətaɪp/ n. (Med) sierotipo m.

serotyping /'sɪərəˌtaɪpɪŋ Am 'sɪrəˌtaɪpɪŋ/ n. (Med) sierotipizzazione f.

serous /'sɪərəs Am 'sɪrəs/ a. sieroso.

serpent /'sɜːpənt Am 'sɜːrpənt/ n. 1 serpente m. 2 (fig) persona f. infida, serpente m., serpe f. 3 (Bibl) (antico) serpente m., demonio m., diavolo m. 4 (Mus) serpente m., serpentone m.

serpentiform /sɜː'pentɪfɔːm Am sɜːr 'pentɪfɔːrm/ a. serpentiforme.

serpentine /'sɜːpəntaɪn Am 'sɜːrpəntaɪn/ I a. 1 simile a un serpente, serpentino, serpentesco. 2 (winding) serpeggiante, sinuoso, tortuoso: a ~ path un sentiero serpeggiante. 3 (fig) furbo, astuto, scaltro; (treacherous) perfido, infido, subdolo. 4 (relating to a serpent) di serpente, serpentino. II n. 1 (Min) serpentino m. 2 (Equit) serpentina f. III v.i. serpeggiare.

serpiginous /sɜː'pɪdʒɪnəs Am sɜːr'pɪdʒɪnəs/ a. 1 strisciante. 2 (Med) serpiginoso.

serpigo /sɜː'paɪɡoʊ Am sɜːr'paɪɡoʊ/ (pl. -es /-z/ o -gines /-dʒɪniːz/) n. (Med) serpigine f.

serrate /'serɪt/ a. dentellato, seghettato (anche Biol,Zool).

serrated /sɪ'reɪtɪd Am 'sereɪtɪd/ a. dentellato, seghettato (anche Biol,Zool). □ ~ edge bordo seghettato; ~ knife coltello seghettato.

serration /ser'eɪʃən/, **serrature** /'serətʃuər/ n. 1 dentellatura f., seghettatura f. (anche Biol,

Zool). 2 (tooth) dentello m., dente m.

serried /'serid/ a. serrato, compatto, fitto: ~ ranks of soldiers file serrate di soldati.

serum /'sɪərəm Am 'sɪrəm/ (pl. -s /-z/ o -ra /-rə/) n. 1 (Biol) siero m. 2 (Bot) linfa f. □ (Med) ~therapy sieroterapia f.

serval /'sɜːvəl Am 'sɜːrvəl/ n. (Zool) gattopardo m. (africano).

servant /'sɜːvənt Am 'sɜːrvənt/ n. 1 domestico m. (f. -a), servo m. (f. -a), persona f. di servizio, servitore m. (f. -trice). 2 (civil servant) impiegato m. (f. -a) statale, dipendente m./f. statale. 3 (fig) servo m. (f. -a), servitore m. (f. -trice): a ~ of Christ un servo di Cristo. □ ~girl domestica, ragazza di servizio; to keep a ~ avere un domestico.

serve /sɜːv Am sɜːrv/ I v.t. 1 servire, essere a servizio di: he has ~d several noble families ha servito diverse famiglie nobili. 2 (to wait on at table) servire (a tavola); (in a shop) servire: are you being ~d, sir? La stanno servendo? 3 (of a term of service) fare, compiere, prestare: to ~ an apprenticeship fare tirocinio. 4 (of food) servire: dinner is ~d il pranzo è servito; we were ~d with avocado and smoked salmon ci hanno servito avocado e salmone affumicato. 5 (Mil) servire: to ~ one's country servire il proprio paese. 6 (to perform the duties of) adempiere i doveri di, fare: to ~ one's chairmanship adempiere i doveri di presidente; (of a term of service) fare, compiere, prestare: to ~ an apprenticeship fare tirocinio. 7 (of a term of imprisonment) scontare, espiare: to ~ a term scontare una condanna; to ~ ten years for robbery scontare dieci anni (di carcere) per rapina. 8 (to suffice for) bastare, essere sufficiente a: it isn't much but it will ~ me non è molto ma mi basterà; (in recipes) ~s 6 per 6 persone. 9 (to help to bring about, to contribute to) servire a, giovare a, essere utile a: his support will ~ our plan il suo appoggio servirà al nostro progetto. 10 (to satisfy) soddisfare: to ~ so.'s wants soddisfare le necessità di qcu. 11 (to treat, to deal with) trattare, comportarsi con: to ~ so. shamefully trattare qcu. in maniera vergognosa. 12 (of a trick) giocare, fare. 13 (of a blow) dare, assestare, appioppare. 14 (Rel) servire; (of mass) celebrare, dire. 15 (Dir) (of a summons, writ) notificare; (of a person) notificare a: to ~ so. with a summons notificare a qcu. una citazione. 16 (Sport) servire, battere. 17 (Zootecn) coprire, montare. 18 (Mar) (of the tide) essere favorevole. 19 (Mar) (to protect) fasciare. II v.i. 1 servire, stare a servizio, essere a servizio. 2 (to wait at table) servire a tavola; (to wait on customers) fare il commesso, servire (i clienti) in un negozio. 3 (to be used as) servire, essere utile, giovare (as, for a): the notes ~ to clarify the text le note servono a chiarire il testo. 4 (to be used as) servire, fungere da: this box will ~ as a seat questa cassetta servirà da sedia. 5 (to do duty, to service) servire, prestare servizio. 6 (Mil) servire, fare il servizio militare: to ~ in the Navy servire in marina. 7 (Rel) (to officiate) officiare; (to act as server) servire messa. 8 (Sport) servire, effettuare il servizio. 9 (Zootecn) accoppiarsi (with con). III n. (Sport) servizio m.: whose ~ is it? a chi tocca il servizio?, chi serve? □ (Gastron) ~cold (in recipes) servire freddo; (Sport) to ~ adouble commettere un doppio fallo; (Gastron) ~hot (in recipes) servire ben caldo; (Br,fig) to ~ so.in his owncoin pagare qcu. della stessa moneta, rendere pan per focaccia; to ~notice upon so. diffidare qcu.; to ~ on a jury fare parte di una giuria; to ~ on the staff of an embassy fare parte del personale di un'ambasciata; *to ~ out*: 1 (*of a prison sentence*) espiare fino in fondo, scontare fino in fondo; 2 (*of food*) servire; 3 (*of a term of service*) fare, compiere, prestare: *he -d out an apprenticeship* ha fatto tirocinio; *to ~ its purpose* (o *to ~ the purpose*) servire al proprio scopo, fare al caso, servire allo scopo: *it is falling to pieces but it has -d its purpose* sta cadendo a pezzi, ma è servito al suo scopo; *this model will ~ your purpose* questo modello farà al caso tuo; *to ~ so. right* trattare qcu. come si merita: *it -s him right!* ben gli sta!, se l'è meritata!; (*Dir*) *to ~ a sentence* scontare una pena; *to ~ one's terms* studiare legge, studiare da avvocato; *to ~ one's turn* servire, essere utile: *this tool will ~ my turn* questo attrezzo mi sarà utile; (*Bibl,fig*) *to ~ two masters* servire due padroni; (*colloq*) *to ~ up* (*of food*) servire; (*Mil*) *to ~ with the colours* essere sotto le armi.

server /'sɜːvər *Am* 'sɜːrvər/ *n.* 1 cameriere *m.* (*f. -a*), chi serve a tavola. 2 (*salver*) vassoio *m.* 3 (*Inform*) server *m.* 4 (*Sport*) battitore *m.*; (*in tennis*) chi è al servizio. 5 (*Rel*) chierico *m.* ministrante, serviente *m.*

Servian /'sɜːvjən *Am* 'sɜːrvjən/ **I** *a.* serbo. **II** *n.* 1 serbo *m.* (*f. -a*). 2 (*language*) serbo *m.*

service¹ /'sɜːvɪs *Am* 'sɜːrvɪs/ **I** *n.* 1 servizio *m.* (*domestico*): *to be in so.'s* ~ essere a servizio presso qcu; *to enter so.'s* ~ andare a servizio di qcu. 2 (*occupation, work*) servizio *m.*, attività *f.* lavorativa. 3 (*branch of government*) servizio *m.* 4 (*Mil*) arma *f.*, corpo *m.*: *which ~ were you in?* in quale corpo hai prestato servizio? 5 (*Mil*) (*armed forces*) forze *f.pl.* armate; (*military duty*) servizio *m.* (militare): *I went into the ~ in '75* mi sono arruolato nel '75; (*Br*) *to see ~ in a foreign land* fare esperienza nelle forze armate in un paese straniero. 6 (*sth. done on behalf of so.*) servizio *m.*, (*rar*) servigio *m.*, prestazione *f.*: *to do so. a* ~ fare un servizio a qcu. 7 (*favour*) favore *m.*, cortesia *f.*, piacere *m.*, servizio *m.* 8 (*public utility*) servizio *m.*: *the telephone* ~ il servizio telefonico. 9 (*provision of maintenance and repair*) assistenza *f.*, servizio *m.*: *after-sales* ~ assistenza tecnica (dopo l'acquisto). 10 (*organization*) servizio *m.*: *a tyre-repair* ~ un servizio di riparazione dei pneumatici. 11 (*maintenance, repair*) riparazione *f.*, manutenzione *f.* 12 (*bringing of food to the table*) servizio *m.* 13 (*dishes, plates, etc.*) servizio *m.*: *a forty-piece dinner* ~ un servizio da tavola di quaranta pezzi. 14 (*Rel.catt*) funzione *f.*, ufficio *m.*; (*Rel.prot*) culto *m.* 15 (*Lit,Mus*) ufficio *m.* 16 (*Sport*) servizio *m.*; (*in volleyball*) battuta *f.*, servizio *m.* 17 (*Dir*) notifica *f.*, notificazione *f.* 18 (*Zootecn*) monta *f.* 19 (*Mar*) fasciatura *f.* 20 *pl.* (*Econ*) servizi *m.pl.* **II** *v.t.* 1 provvedere alla manutenzione di, fare manutenzione, riparare: *to ~ a car* fare manutenzione a un'automobile. 2 (*to provide assistance for*) dare assistenza a. □ ~ *area* area di servizio (di autostrada); *at so.'s* ~ a disposizione di qcu., al servizio di qcu.: *I am at your* ~ sono a tua disposizione; *to place sth. at so.'s* ~ mettere qcs. a disposizione di qcu.; (*Lit*) ~ *book* rituale; (*Aut*) ~ *brake* freno a pedale, freno di esercizio; (*Mil*) ~ *cap* berretto di ordinanza; (*Am*) ~ *center* area di servizio (di autostrada); ~ *charge* servizio, sovrapprezzo per il servizio, compenso per il servizio; (*Econ*) ~ *company* società di servizi; (*Br,Mil*) ~ *dress* uniforme di servizio; (*Am*) ~ *elevator* ascensore di servizio, montacarichi; ~ *entrance* entrata di servizio, ingresso di servizio; (*Br*) ~ *flat* appartamento in affitto (con servizio di pulizia e ristorante); *to go into* ~: 1 (*domestic*) andare a ser-

vizio; 2 (*of a machine*) entrare in uso; (*Tecn*) ~ *handbook* manuale di manutenzione; ~ *hatch* passavivande; *to be in* (*domestic*): ~ essere a servizio; ~ *industry* industria dei servizi; (*Tecn*) ~ *life* durata di vita utile; (*Br*) ~ *lift* ascensore di servizio, montacarichi; (*Sport*) ~ *line* linea di servizio; (*Tecn*) ~ *manual* manuale di manutenzione; *of* ~ utile, di aiuto: *no doubt it will be of* ~ sarà certamente utile; *I am happy to be of* ~ *to you* sono felice di esserti di aiuto; (*Inform*) ~ *provider* provider; (*burocr*) ~ *regulation* norma di servizio; *for -s rendered* per servizi resi; (*Strad*) ~ *road* controviale; ~ *station* (*place supplying maintenance and repair*) stazione di servizio.

service² /'sɜːvɪs *Am* 'sɜːrvɪs/ *n.* (*Bot*) 1 sorbo *m.* 2 (*Alim*) (*fruit*) sorba *f.* □ (*Bot*) ~ *tree* sorbo.

serviceability /ˌsɜːvɪsə'bɪləti *Am* ˌsɜːrvɪsə'bɪləti/ *n.* 1 utilità *f.*, praticità *f.*, funzionalità *f.* 2 (*durability*) durata *f.*, resistenza *f.* 3 (*Mecc*) stato *m.* di efficienza.

serviceable /'sɜːvɪsəbl *Am* 'sɜːrvɪsəbl/ *a.* 1 utile, pratico, funzionale. 2 (*durable*) che dura a lungo, resistente. 3 (*helpful*) servizievole. 4 (*Mecc*) efficiente.

serviceableness /'sɜːvɪsəblnəs *Am* 'sɜːrvɪsəblnəs/ *n.* 1 utilità *f.*, praticità *f.*, funzionalità *f.* 2 (*durability*) durata *f.*, resistenza *f.* 3 (*Mecc*) stato *m.* di efficienza.

serviceably /'sɜːvɪsəbli *Am* 'sɜːrvɪsəbli/ *avv.* utilmente.

serviceman /'sɜːvɪsmən *Am* 'sɜːrvɪsmən/ *n.irr.* 1 (*Mil*) membro *m.* delle forze armate. 2 (*Am*) (*repairman*) tecnico *m.* addetto alla manutenzione, tecnico *m.* addetto alle riparazioni.

service-oriented /'sɜːvɪsˌprɪəntɪd *Am* 'sɜːrvɪsˌɑːriəntɪd/ *a.* (*Econ*) orientato alla produzione di servizi.

servicewoman /'sɜːvɪsˌwumən *Am* 'sɜːrvɪs ˌwumən/ *n.irr.* (*Mil*) donna *f.* appartenente alle forze armate.

servicing /'sɜːvɪsɪŋ *Am* 'sɜːrvɪsɪŋ/ *n.* manutenzione *f.*, assistenza *f.*

serviette /ˌsɜːvi'et/ *n.* (*Br*) tovagliolo *m.*, salvietta *f.*

servile /'sɜːvaɪl *Am* 'sɜːrvl/ *a.* 1 servile, strisciante, adulatore: ~ *flattery* adulazione servile. 2 (*befitting a servant, subject*) servile, basso, vile, privo di dignità: *a ~ manner* un contegno servile. 3 (*lacking in originality*) servile, pedissequo: *a ~ imitation of Picasso* un'imitazione servile di Picasso. 4 (*of a slave, slaves*) di uno schiavo, di schiavi: *a ~ revolt* una rivolta di schiavi; (*of a servant, servants*) di un servo, di servi, servile. 5 (*Rel.catt*) servile, manuale: ~ *work* lavoro servile.

servilely /'sɜːvaɪli *Am* 'sɜːrvli/ *avv.* servilmente.

servilism /'sɜːvaɪlɪzəm *Am* 'sɜːrvlɪzəm/ *n.* servilismo *m.*, servilità *f.*

servility /sɜː'vɪləti *Am* sɜːr'vɪləti/ *n.* 1 servilismo *m.*, servilità *f.* 2 (*condition of a slave*) schiavitù *f.*, servitù *f.*

serving /'sɜːvɪŋ *Am* 'sɜːrvɪŋ/ **I** *n.* 1 (*helping*) porzione *f.* 2 (*Dir*) notifica *f.*, notificazione *f.*: ~ *of legal papers* notifica degli atti giudiziari. 3 (*Mar*) fasciatura *f.* (per cavi). **II** *a.* di portata, per servire. □ (*Mar*) ~ *board* paletta per fasciare (cavi); ~ *dish* piatto di portata; ~ *girl* domestica, ragazza di servizio; ~ *hatch* passavivande; ~ *spoon* cucchiaio di portata.

Servite /'sɜːvaɪt *Am* 'sɜːrvaɪt/ *n.* (*Rel.catt*) servita *m.*

servitor /'sɜːvɪtər *Am* 'sɜːrvətər/ *n.* (*ant*) 1 ser-

vitore *m.*, domestico *m.* 2 (*Univ*) (*at Oxford*) studente *m.* che prestava servizio in cambio di una borsa di studio parziale.

servitude /'sɜːvɪtjuːd *Am* 'sɜːrvətuːd/ *n.* 1 servitù *f.*, schiavitù *f.*, soggezione *f.* 2 (*Dir*) servitù *f.* 3 (*Dir*) (*penal servitude*) lavori *m.pl.* forzati.

servo /'sɜːvou *Am* 'sɜːrvou/ □ (*Aut*) ~ *brake* servofreno.

servocontrol /'sɜːvoukən,troul *Am* 'sɜːrvou kən,troul/ *n.* (*Tecn*) servocomando *m.*

servomechanism /'sɜːvou,mekənɪzəm *Am* ˌsɜːrvou'mekənɪzəm/ *n.* (*Tecn*) servomeccanismo *m.*, servocomando *m.*

servomotor /'sɜːvou,moutər *Am* 'sɜːrvou ,moutər/ *n.* (*Tecn*) servomotore *m.*

sesame /'sesəmi/ *n.* (*Bot,Alim*) sesamo *m.* □ ~ *oil* olio di sesamo; ~ *seed* seme di sesamo.

sesamoid /'sesə,mɔɪd/ **I** *a.* (*Anat*) sesamoide: ~ *bone* osso sesamoide, sesamoide. **II** *n.* (*Anat*) osso *m.* sesamoide, sesamoide.

sesquioxide /ˌseskwɪ'ɒksaɪd *Am* ˌseskwɪ 'ɑːksaɪd/ *n.* (*Chim*) sesquiossido *m.*

sesquipedal /ses'kwɪpədl/ *a.* lunghissimo, che ha molte sillabe, di molte sillabe.

sesquipedalian /ˌseskwɪpə'deɪliən/ **I** *a.* lunghissimo, che ha molte sillabe, di molte sillabe: ~ *technical terms* termini tecnici lunghissimi. **II** *n.* parola *f.* lunghissima, parola *f.* con molte sillabe.

sessile /'sesaɪl/ *a.* (*Biol*) sessile.

sessile-eyed /'sesaɪlaɪd/ *a.* (*Zool*) dall'occhio sessile.

session /'seʃən/ *n.* 1 sessione *f.*, seduta *f.* 2 (*Univ*) anno *m.* accademico; (*term*) trimestre *m.* 3 (*Am,Univ*) semestre *m.* 4 (*estens*) seduta *f.*: *a recording* ~ una seduta di registrazione. 5 *pl.* (*Dir*) udienza *f.sing.* 6 (*Inform*) sessione *f.* □ *to be in* ~ essere in seduta, tenere seduta; (*Mus*) ~ *musician* turnista.

sessional /'seʃənl/ *a.* 1 di una seduta, relativo a una sessione. 2 (*recurring at each session*) che avviene a ogni sessione (o seduta). □ (*Parl*) ~ *order* (o ~ *rule*) ordinanza valida per una sola sessione.

sestet /ses'tet/ *n.* 1 (*Mus*) sestetto *m.* 2 (*Metr*) le due terzine di un sonetto.

set¹ /set/ (*past, p.p.* **set**) **I** *v.t.* 1 posare, mettere, porre, collocare: *to ~ a cup on the table* posare una tazza sul tavolo; *to ~ a chair in front of the window* mettere una sedia di fronte alla finestra. 2 (*to regulate*) regolare, mettere a punto (*for* a, per): *to ~ the alarm clock* regolare la sveglia; (*Am*) *to ~ the clocks back* mettere le lancette indietro; *to ~ a clock* mettere un orologio sull'ora esatta. 3 (*to prepare for use*) preparare, sistemare: *to ~ a trap* preparare una trappola; *to ~ the pieces on a chess board* sistemare le pedine su una scacchiera. 4 (*to bring into a specified condition*) mettere (in una determinata condizione), *generally translated with the corresponding verb*: *to ~ so. free* liberare qcu., mettere in libertà qcu.; *to ~ a house on fire* incendiare una casa, dare fuoco a una casa; *to ~ so.'s mind at rest* tranquillizzare qcu.; *to ~ things right* (o *to ~ things to rights*) mettere a posto le cose, sistemare le cose. 5 (*to establish*) stabilire, fissare: *to ~ a record* stabilire un primato; *to ~ a limit* fissare un limite; *the wedding was ~ for June 21st* il matrimonio è fissato per il 21 giugno. 6 (*to place firmly*) piantare, conficcare: *to ~ a pole in the ground* piantare un palo nel terreno. 7 (*fig*) (*of the face, etc.*) irrigidire; (*of a muscle*) indurire, rassodare. 8 (*Br*) (*to post*) collocare, piazzare: *to ~ sentries* piazzare sentinelle. 9 (*to situate*) situare, porre: *the house was ~ on a high hill* la casa era situata su un'alta collina. **10** (*Cin,TV,Teat,Lett*) (*of a story, etc.*) ambientare, porre, collocare: *the novel is ~ in Scotland* il romanzo è ambientato in Scozia. **11** (*of the hair*) mettere in piega. **12** (*to put in motion*) mettere, *generally translated with the corresponding verb*: *I ~ him to sweeping the drive* gli feci spazzare il viale, lo misi a spazzare il viale; *the news ~ the whole town talking* la notizia fece parlare tutta la città. **13** (*to fix at an amount*) fissare: *to ~ the price at fifty pounds* fissare il prezzo in cinquanta sterline. **14** (*to estimate*) stimare, calcolare, valutare; (*to value*) valutare, dare un valore a. **15** (*to affix*) apporre: *to ~ one's seal to a document* apporre il proprio sigillo a un documento. **16** (*to apply*) avvicinare, accostare, applicare: *to ~ a match to sth.* avvicinare un fiammifero a qcs. **17** (*to adorn*) adornare, ornare: *her dress was ~ with sequins* il suo vestito era adorno di paillettes; (*to encrust*) incrostare. **18** (*to cause to become solid*) solidificare, rendere solido, rassodare. **19** (*of a dye, colour*) fissare. **20** (*Chir*) (*of a broken bone*) aggiustare, mettere a posto, comporre. **21** (*Oref*) incastonare, montare: *to ~ a diamond* incastonare un diamante. **22** (*Mus*) adattare: *to ~ words to music* adattare le parole alla musica. **23** (*Teat*) (*of the stage*) attrezzare; (*of a scene*) montare. **24** (*Mar*) (*of sails*) spiegare. **25** (*Mar*) (*to bring in a direction*) spingere, portare: *the current ~ us towards the coast* la corrente ci spinse verso la costa. **26** (*Mar*) (*to face in a direction*) volgere, dirigere: *we ~ our ship for shore* volgemmo l'imbarcazione verso riva. **27** (*Tip*) (*of type, copy*: *to compose*) comporre. **28** (*Zootecn*) (*of a hen*) mettere a covare; (*of eggs*) far covare. **29** (*Bot*) (*of fruit, seed*) produrre. **30** (*Caccia*) puntare (*in ferma*): *the dog ~ the pheasant* il cane puntò il fagiano. **31** (*Tecn,Fal*) (*of a saw*) allicciare; (*of a plane*) fissare la lama di. **II** *v.i.* **1** tramontare, calare: *the sun -s in the west* il sole tramonta a occidente. **2** (*fig*) tramontare, declinare, svanire: *the Empire is -ting* l'impero sta tramontando. **3** (*to apply oneself*) mettersi di buona lena, mettersi sotto (*to* a): *to ~ to work* mettersi al lavoro di buona lena. **4** (*to become solid*) solidificarsi, rapprendersi: *this jam never -s* questa marmellata non si rapprende mai. **5** (*of concrete, etc.*) fare presa, indurirsi. **6** (*of the face, etc.*: *to assume a rigid expression*) irrigidirsi, indurirsi. **7** (*of a dye, colour*) fissarsi. **8** (*fig*) (*to show a trend*) orientarsi. **9** (*Med*) (*of a broken bone*) saldarsi. **10** (*Zootecn*) covare: *the hen is setting* la gallina sta covando. **11** (*Mar*) (*of current*) fluire, muoversi; (*of wind*) tirare, soffiare. **12** (*Caccia*) cadere in ferma. ☐ *to ~ about*: 1 cominciare a, mettersi a, accingersi a: *we ~ about looking for a house* cominciammo a cercare una casa; *to ~ about one's work* cominciare a lavorare; 2 (*to attempt*) cercare di, tentare di, provare a; 3 (*Br,colloq*) (*to attack*) attaccare, assalire; 4 (*Mar*) virare di bordo: *to ~ a ship about* virare di bordo; *to ~ a rumour about* far circolare una voce, diffondere una voce, mettere in giro una diceria; *to ~above* porre al di sopra, mettere al di sopra, attribuire maggiore importanza a, dare maggior valore a; *to ~ after*: 1 inseguire, dare la caccia a, mettersi all'inseguimento di; 2 (*to cause to pursue*) mettere all'inseguimento di, far dare la caccia a; *to ~ against*: 1 appoggiare, mettere: *to ~ a ladder against the wall* appoggiare una scala al muro; 2 (*to cause to be hostile*) mettere contro, aizzare contro, istigare contro: *to ~ friend against friend* mettere l'amico contro

l'amico; 3 (*rifl.*) *to ~ oneself against sth.* opporsi a qcs.; *to ~apart*: 1 mettere da parte; 2 (*fig*) distinguere: *his talent -s him apart* il suo ingegno lo distingue; *to ~ aside*: 1 (*to reserve*) accantonare, mettere da parte, risparmiare, mettere in serbo: *to ~ aside a sum of money* accantonare una somma di denaro; 2 (*to pay no attention to*) lasciare da parte, mettere da parte, mettere in disparte; 3 (*Dir*) annullare: *to ~ aside a will* annullare un testamento; *to ~ back*: 1 (*of a watch, clock*) mettere indietro; 2 (*to hinder, to impede*) ostacolare, impedire, intralciare; 3 (*to move back*) allontanare, spingere indietro, mettere indietro; 4 (*to postpone*) rinviare, rimandare: *to ~ back a project by two months* rimandare un progetto di due mesi; *to ~ before*: 1 mettere davanti, porre davanti; 2 (*to give preference to*) anteporre, preferire; (*ant*) *to ~ by*: 1 mettere da parte, conservare, mettere in serbo; 2 (*to hold in regard*) tenere in conto, tenere in considerazione: *to ~ little by honesty* tenere in poco conto l'onestà; *to ~ down*: 1 mettere giù, scaricare, deporre, posare; 2 (*to allow to alight*) fare scendere; 3 (*Aer*) (*far*) atterrare, (*far*) ammarrare; 4 (*to put in writing*) scrivere, mettere per iscritto; 5 (*to attribute*) attribuire, ascrivere; *to ~forth*: 1 esporre, esprimere, manifestare: *he ~ forth his ideas* espose le sue idee; 2 (*to set out*) mettersi in viaggio, partire; *to ~ forward*: 1 mettere avanti, spostare (in) avanti; 2 (*fig*) (*to advance*) favorire, incoraggiare, promuovere; 3 (*to put forward, to propose*) proporre, avanzare, presentare; *to ~ in*: 1 inserire, introdurre, infilare; 2 (*Sart*) applicare, attaccare; 3 (*to become prevalent*) avere il sopravvento, prevalere: *despair soon ~ in* la disperazione ebbe presto il sopravvento; 4 (*to begin to function*) cominciare a funzionare; 5 (*Mar*) (*of wind*) soffiare verso terra; *to ~off*: 1 far esplodere, far scoppiare; 2 (*to cause to begin*) dare inizio a, dare l'avvio a, mettere in moto; 3 (*to offset*) compensare, bilanciare, controbilanciare; 4 (*to show up by contrast*) far risaltare, mettere in risalto, mettere in rilievo, dare risalto a; 5 (*to adorn*) ornare, adornare; 6 (*to start a journey*) mettersi in viaggio, partire; *to ~ on*: 1 attaccare, assalire; 2 (*to cause to attack*) aizzare, incitare all'attacco, mettere all'inseguimento: *to ~ a dog on so.* aizzare un cane contro qcu.; 3 (*to incite, to instigate*) incitare, istigare, aizzare, spingere; 4 (*to put on the trail of*) mettere sulle tracce; 5 (*to set to work*) mettere a lavorare, mettere al lavoro; *to ~out*: 1 mettere fuori; 2 (*to lay out*) sistemare, disporre ordinatamente: *the plumber ~ out his tools* l'idraulico sistemò i suoi attrezzi; 3 (*to make known*) esporre, esprimere, rendere noto: *they ~ out their reasons* esposero le loro ragioni; 4 (*to intend, to engage*) proporsi, prefiggersi; 5 (*to begin a journey*) partire, mettersi in viaggio; *to ~ one's teeth* stringere i denti (*anche fig*); (*fig*) *to ~ the world on fire* fare furore, riscuotere un successo strepitoso; *to ~ to*: 1 mettersi all'opera, cominciare di buona lena; 2 (*to begin fighting*) cominciare a battersi, attaccare battaglia; *to ~ together*: 1 mettere insieme; 2 (*to compare*) confrontare, paragonare, mettere a confronto; *to ~ up*: 1 alzare, innalzare, erigere: *to ~ up a tent* alzare una tenda; 2 (*to put up in a high place*) mettere in alto; 3 (*to assemble*) montare: *to ~ up a machine* montare una macchina; 4 (*to found, to establish*) fondare, istituire: *to ~ up a religious order* fondare un ordine religioso; 5 (*to provide with the opportunity to make a living*) avviare: *to ~*

one's son up in business avviare il proprio figlio negli affari; *to ~ up as a lawyer* cominciare a esercitare l'avvocatura; 6 (*to bring about*) provocare, causare, determinare: *the harsh measures ~ up a swift reaction* le misure severe provocarono una pronta reazione; 7 (*to plan, to arrange*) organizzare, preparare, predisporre; 8 (*to propound, to advance*) proporre, avanzare: *to ~ up a plan* proporre un piano; 9 (*rifl.*) *to ~ oneself up* (*to claim to be*) farsi passare per, spacciarsi per; 10 (*Br,colloq*) (*to restore to health, prosperity*) rimettere in sesto, tirare su: *a holiday will ~ you up* una vacanza ti rimetterà in sesto; 11 (*colloq*) (*trapped, made to look guilty*) incastrare, montare un'accusa contro: *he claimed he has been ~ up by the police* sosteneva di essere stato incastrato dalla polizia; 12 (*Tip*) (*of type, copy*) comporre; 13 (*Inform*) settare, configurare.

set² /set/ **I** *n.* **1** serie *f.*, assortimento *m.*: *a ~ of cutlery* un assortimento di coltelli; *a ~ of drills* una serie di punte da trapano. **2** (*service*) servizio *m.*: *a ~ of dishes* un servizio di piatti. **3** (*Edit*) (*of books*) collana *f.*, collezione *f.*: *a ~ of novels by Scott* una collana di romanzi di Scott. **4** (*Mus*) (*group of songs played together in a concert*) sequenza *m.* di canzoni. **5** (*of people*) cricca *f.*, gruppo *m.*: *a ~ of smugglers* una cricca di contrabbandieri. **6** (*sphere, circle*) mondo *m.*, ambiente *m.*, società *f.*: *the smart ~* il bel mondo. **7** (*Br,fig*) (*trend*) orientamento *m.*, tendenza *f.*, inclinazione *f.*: *the ~ of public opinion* l'orientamento dell'opinione pubblica. **8** (*Cin,TV,Teat*) scenario *m.*, allestimento *m.* scenico, apparato *m.* scenico, scene *f.pl.* **9** (*El,Rad,TV*) apparecchio *m.*: *a radio ~* un apparecchio radioricevente. **10** (*Sport*) set *m.* **11** (*Mar*) direzione *f.*, corso *m.*: *the ~ of the current* la direzione della corrente. **12** (*Agr,Giard*) (*young plant*) piantina *f.*; (*small tuber*) piccolo tubero *m.*; (*slip*) talea *f.* **13** (*of a badger*) tana *f.* (di tasso). **14** (*clutch of eggs*) covata *f.* **15** (*of horses*) attacco *m.* a due coppie, attacco *m.* a più coppie. **16** (*Mecc*) deformazione *f.* permanente. **17** (*Mat*) insieme *m.* **18** (*Caccia*) ferma *f.* **19** (*Edil*) stabilitura *f.*, ultima mano *f.* di intonaco. **20** (*Strad*) selce *f.*, blocchetto *m.* squadrato. **21** (*manner of being placed, arranged*) modo *m.* di portare, modo *m.* di mettere: *the ~ of a hat* il modo di portare un cappello. **22** (*of buildings*) fila *f.*, serie *f.* **II** *a.* **1** stabilito, determinato, prestabilito: *at the ~ time* all'ora stabilita. **2** (*ready*) pronto: *are you all ~?* siete tutti pronti?; *ready, ~, go!* pronti, partenza, via! **3** (*ready for use*) pronto, approntato, preparato. **4** (*preconceived, premeditated*) studiato, preparato: *a ~ speech* un discorso preparato. **5** (*intentional*) intenzionale. **6** (*resolved, determined*) deciso, risoluto, determinato (*on, upon* a): *to be ~ on doing sth.* essere deciso a fare qcs. **7** (*obstinate*) ostinato, caparbio, pertinace: *~ determination* ostinata determinazione. **8** (*rigid*) fisso, fermo, immobile: *a ~ stare* uno sguardo fisso. **9** (*Scol*) obbligatorio: *~ books* (o *~ reading*) letture obbligatorie. **10** (*fixed in place*) fissato, assicurato. **11** (*solidified*) solidificato. **12** (*situated*) situato, collocato. **13** (*of a battle*: *pitched*) campale. ☐ (*Cin, Teat,TV*) *~ designer* scenografo; *to get ~* prepararsi; (*Sport*) *get ~!* pronti!; *on your marks, get ~, go!* ai vostri posti, pronti, via!; (*Br*) *~ lunch* (o *~meal*) menu a prezzo fisso; *a ~ of teeth* dentatura *f.*; *a ~ of false teeth* una dentiera; *~ phrases* frasi fatte, luoghi comuni; *~ piece*: 1 (*Lett,Cin*) brano famoso; 2 (*Sport*) mossa studiata; 3 (*of fireworks*) fuochi d'artificio che formano una figura; (*Sport*) ~ **point** set point; (*Sport*) ~ **shot** (*in basketball*) tiro coi piedi a terra; ~ **square** squadra a triangolo; (*Mat*) ~ **theory** insiemistica; *to be* ~ *in one's ways* essere rigido (nel comportamento), avere abitudini fisse.

setaceous /sɪ'teɪʃəs/ *a.* 1 setoloso. 2 (*resembling bristles*) setaceo, setoliforme.

set-aside /'setəsaɪd/ *n.* (*Am,Econ*) accantonamento *m.*

setback /'setbæk/ *n.* 1 arresto *m.*, battuta *f.* di arresto (*to* per). 2 (*Econ*) recessione *f.* 3 (*Med*) ricaduta *f.*

set-fair /'setfeər *Am* 'setfer/ *a.* 1 (*Mar*) a vele spiegate (*anche fig*). 2 (*Meteor*) (*of weather*) bello stabile.

setiferous /sɪ'tɪfərəs/ *a.* setoloso.

set-out /'setaʊt/ *n.* 1 inizio *m.*, principio *m.* 2 (*arrangement*) disposizione *f.*, ordinamento *m.*; (*display*) esposizione *f.*, mostra *f.*

sett /set/ *n.* 1 (*Strad*) blocchetto *m.* squadrato, selce *f.* 2 (*Minier*) (*timber frame*) quadro *m.*, armamento *m.* 3 (*of a badger*) tana *f.*

settee /se'tiː/ *n.* (*Arred*) divano *m.*, sofà *m.*

setter /'setər *Am* 'setər/ *n.* (*Zool*) setter *m.*, cane *m.* da ferma.

setting /'setɪŋ *Am* 'setɪŋ/ *n.* 1 collocamento *m.*, collocazione *f.*, posa *f.*, messa *f.* in opera. 2 (*in instruments*) regolazione *f.*, graduazione *f.* 3 (*of a narrative, film, etc.*) ambiente *m.*, ambientazione *f.*: *a novel with a Scottish* ~ un romanzo di ambiente scozzese. 4 (*Teat*) scenario *m.*, messinscena *f.*, messa *f.* in scena. 5 (*Mus*) accompagnamento *m.* musicale. 6 (*Tip*) composizione *f.* 7 (*Mecc*) messa *f.* a punto, registrazione *f.* 8 (*Mot*) taratura *f.* 9 (*process of solidifying*) solidificazione *f.*; (*of concrete*) presa *f.* 10 (*Tip*) composizione *f.* 11 (*Zootecn*) covata *f.* 12 (*place setting at a meal*) coperto *m.* □ ~ **board** tavoletta da entomologo (per farfalle ecc.); ~ **box** cassetta da entomologo; (*Cosmet*) ~ **lotion** fissatore (per la messa in piega).

setting-off /'setɪŋɒf *Am* 'setɪŋɑːf/ *n.* partenza *f.*

setting-out /'setɪŋaʊt *Am* 'setɪŋaʊt/ *n.* partenza *f.*

settle¹ /'setl *Am* 'setl/ I *v.t.* 1 (*to resolve*) appianare, risolvere, sistemare, comporre, definire: *the dispute has been* -*d* la controversia è stata appianata. 2 (*to fix, to agree upon*) fissare, stabilire, concordare: *we can* ~ *the price later* possiamo fissare il prezzo in seguito; *the date has not been* -*d* la data non è stata stabilita. 3 sistemare, mettere, posare: *to* ~ *a statue on its pedestal* sistemare una statua sul piedistallo. 4 (*to make comfortable*) sistemare, accomodare: *to* ~ *a baby for the night* sistemare un bambino per la notte. 5 (*to make calm*) calmare, acquietare. 6 (*colloq*) (*to reduce to good behaviour*) mettere a posto, richiamare all'ordine: *a word from the headmaster* -*d him* una parola del preside lo mise a posto. 7 (*to put in order*) sistemare, mettere in ordine: *to* ~ *one's affairs* sistemare i propri affari. 8 (*to establish in residence*) sistemare, collocare, alloggiare: *to* ~ *refugees in private homes* sistemare i profughi in abitazioni private. 9 (*to make firm, stable*) rendere stabile, stabilizzare: *a thunderstorm often* -*s the weather* spesso un temporale stabilizza il tempo. 10 (*to make compact, firm*) consolidare; (*of a road*) sistemare. 11 (*of liquids*) decantare, lasciare sedimentare; (*of dregs, sediment*) precipitare. 12 (*Econ*) chiudere, liquidare; (*of a bill*) saldare, pagare, regolare. 13 (*Dir*) assegnare, costituire: *to* ~ *an annuity on so.* assegnare una rendita annua a qcu. 14 (*Dir*) (*of a case*)

definire, comporre: *the suit was* -*d out of court* la causa fu definita in sede extragiudiziale. II *v.i.* 1 stabilirsi, fissare il (proprio) domicilio: *we have decided to* ~ *in Switzerland* abbiamo deciso di stabilirci in Svizzera. 2 (*to become fixed in a location*) stabilizzarsi, diventare stabile: *the wind has* -*d in the east* il vento si è stabilizzato a est. 3 (*Med*) (*of a disease*) localizzarsi. 4 (*to take up a settled way of life*) sistemarsi. 5 (*to become calm*) calmarsi, acquietarsi. 6 (*to apply oneself*) mettersi sotto, mettersi di buona lena (*to* a). 7 (*to take up a comfortable position*) sistemarsi, accomodarsi. 8 (*to alight, to descend*) posarsi: *the bird* -*d on a branch* l'uccello si posò su un ramo; *mist has* -*d over the valley* la nebbia si è posata sulla valle. 9 (*of dregs, sediment*) depositarsi; (*of liquids*) decantare, sedimentare. 10 (*Edil*) abbassarsi, cedere, assestarsi. 11 (*Mar*) (*of a ship*) affondare lentamente: *to* ~ *by the stern* affondare lentamente di poppa. 12 (*of ground: to become compact*) consolidarsi. 13 (*to come to an agreement*) accordarsi, giungere a un accordo, giungere a un accomodamento (*anche Pol,Dir*). 14 (*Econ*) regolare i conti, saldare un conto, saldare un debito. 15 (*to decide, to resolve*) decidersi, risolversi (*on, upon* per): *which one have you* -*d on?* per quale ti sei deciso?, quale hai scelto? □ *to* ~ *an account with so.*: 1 (*Comm*) saldare un conto con qcu., regolare un conto con qcu.; 2 (*fig*) regolare i conti con qcu.; *to* ~ *a cough* calmare la tosse; *to* ~ *one's differences* mettersi d'accordo, sistemarsi; *to* ~ *down*: 1 stabilirsi, fissare il (proprio) domicilio: *we have decided to* ~ *down in Switzerland* abbiamo deciso di stabilirci in Svizzera; 2 (*to take up a settled way of life*) sistemarsi: *it's time you married and* -*d down* è ora che ti sposi e ti sistemi; 3 (*to become calm*) calmarsi, acquietarsi: *the baby has* -*d down* il bambino si è calmato; 4 (*to apply oneself*) mettersi sotto, mettersi di buona lena (*to* a): *he* -*d down to study* si è messo sotto a studiare; 5 (*Mar*) (*of a ship*) affondare lentamente: *to* ~ *down by the stern* affondare lentamente di poppa; *to* ~ *for* accontentarsi di: *to* ~ *for second place* accontentarsi del secondo posto; *don't* ~ *for a job* non accontentarti di un lavoro qualsiasi; (*colloq*) *to* ~ *so.'s hash* sistemare qcu. (a dovere); *to* ~ *in* sistemarsi, assestarsi: *we haven't* -*d in yet* non ci siamo ancora sistemati; *things are beginning to* ~ *into shape* le cose cominciano a sistemarsi; *that* -*s it* questo risolve la faccenda; (*fig*) *to* ~ *a score with so.* regolare un conto con qcu., regolare i conti con qcu.; *to* ~ *one's stomach* curarsi lo stomaco; (*Econ*) *to* ~ *up* regolare i conti, saldare un conto, saldare un debito (*with* con).

settle² /'setl *Am* 'setl/ *n.* (*Arred*) panca *f.* con schienale alto, cassapanca *f.* con schienale alto.

settled /'setld *Am* 'setld/ *a.* 1 stabile, fisso, fermo: *a* ~ *government* un governo stabile. 2 (*of habits, etc.*) inveterato, radicato. 3 (*of people*) calmo, posato. 4 (*decided, determined*) stabilito, deciso, fissato: *our plans are* ~ i nostri programmi sono stabiliti; *your promotion is as good as* ~ la tua promozione è praticamente decisa. 5 (*of prices*) fisso. 6 (*arranged*) sistemato, a posto: *everything is* ~ tutto è sistemato. 7 (*of weather*) stabile. 8 (*Econ*) saldato, pagato. □ ~ *convictions* saldi principi; ~ *order* ordine costituito.

settlement /'setlmənt *Am* 'setlmənt/ *n.* 1 composizione *f.*, sistemazione *f.*, risoluzione *f.*, definizione *f.*: *the* ~ *of a dispute* la compo-

sizione di una lite; *a* ~ *to the strike* una risoluzione dello sciopero. 2 (*agreement*) accordo *m.*, accomodamento *m.*: *to reach a* ~ raggiungere un accordo (*with* con). 3 (*act of making stable*) stabilizzazione *f.*; (*stability*) stabilità *f.* 4 (*act of colonizing*) colonizzazione *f.*, insediamento *m.* di coloni; (*colony*) colonia *f.*, insediamento *m.*: *Greek* -*s in Magna Grecia* le colonie greche nella Magna Grecia. 5 (*religious community*) comunità *f.* religiosa. 6 (*act of locating*) installazione *f.*: *the* ~ *of a new factory* l'installazione di una nuova fabbrica. 7 (*Econ*) saldo *m.*, liquidazione *f.*, pagamento *m.*, regolamento *m.*: ~ *of a bill* saldo di una fattura. 8 (*Econ*) (*on the Stock Exchange*) liquidazione *f.* periodica. 9 (*Dir*) assegnazione *f.* legale, costituzione *f.* legale; (*property settled*) assegnamento *m.*, rendita *f.* (*Edil*) cedimento *m.* (per assestamento). □ ~ *area* zona di insediamento, zona di colonizzazione; (*Econ*) *in* ~ *of your account* a saldo del vostro conto; (*Comm*) ~ *in full* liquidazione a saldo; ~ *worker* assistente sociale di quartiere (povero o densamente popolato).

settler /'setlər/ *n.* 1 colonizzatore *m.* (*f.* -trice). 2 (*Stor*) colono *m.* (*f.* -a). 3 (*one who settles, resolves*) chi definisce, chi risolve. 4 (*fig*) argomento *m.* decisivo.

settling /'setlɪŋ/ *n.* 1 composizione *f.*, sistemazione *f.*, risoluzione *f.*, definizione *f.* 2 (*act of colonizing*) colonizzazione *f.* 3 (*act of establishing*) sistemazione *f.*; (*of liquids*) decantazione *f.* 4 (*Edil*) cedimento *m.* (per assestamento). 5 *pl.* (*dregs, sediment*) sedimenti *m.pl.*, feccia *f.sing.* □ (*Econ*) ~ *day* (*on the Stock Exchange*) giorno di liquidazione; (*Tecn*) ~ *tank* pozzo di decantazione.

set-to /'setuː/ (*pl.* -s /-z/) *n.* (*colloq*) 1 zuffa *f.*, baruffa *f.*, rissa *f.* 2 (*verbal quarrel*) battibecco *m.*, alterco *m.*

set-up /'setʌp *Am* 'setʌp/ *n.* 1 (*colloq*) raggiro *m.*, inganno *m.*, montatura *f.*, imbroglio *m.*, trappola *f.*, complotto *m.* 2 (*organization*) organizzazione *f.*: *the company* ~ l'organizzazione aziendale. 3 (*arrangement*) sistemazione *f.*, disposizione *f.* 4 (*project, scheme*) progetto *m.*, piano *m.* 5 (*contest with prearranged outcome*) gara *f.* truccata. □ (*Inform*) ~ *program* programma di installazione, programma di configurazione.

setwall /'setwɔːl/ *n.* (*Bot*) valeriana *f.*

seven /'sevən/ I *a.* sette: ~ *years* sette anni. II *n.* (*pl.inv.* o -**s** /-z/; *il pl. in* -s *si usa general. con valore collett.*) 1 sette *m.* 2 *pl.* (*Sport*) rugby *m.* a sette. 3 *by* -*s* per sette, a gruppi di sette; (*Rel.catt*) *the* ~ *deadly sins* i sette peccati capitali; (*Stor.gr*) *Seven Sages* i sette savi, i sette saggi; ~ *seas* (o *Seven Seas*) sette mari, oceani; ~ *times out of ten* sette volte tre dieci; (*Stor*) *the Seven Wise Men* (*of Greece*) i sette sapienti (di Grecia); (*scherz*) ~ *year itch* crisi del settimo anno (di matrimonio).

seven-day /'sevəndeɪ/ □ (*fig*) *a* ~ *wonder* un fuoco di paglia.

sevenfold /'sevənfoʊld/ I *a.* settuplo. II *avv.* sette volte tanto.

seven-league /'sevənliːg/ □ (*Lett*) ~ *boots* stivali delle sette leghe.

seventeen /ˌsevən'tiːn/ I *a.* diciassette. II *n.* (*pl.inv.* o -**s** /-z/; *il pl. in* -s *si usa general. con valore collett.*) diciassette *m.*

seventeenth /ˌsevən'tiːnθ/ I *a.* diciassettesimo: *the* ~ *century* il diciassettesimo secolo. II *n.* diciassettesimo *m.*

seventh /'sevənθ/ I *a.* settimo. II *n.* 1 settimo *m.*, settima parte *f.* 2 (*seventh day*) sette *m.*: *the* ~ *of May* il sette di maggio. 3 (*Mus*) settima *f.*, intervallo *m.* di settima. 4 (*Mus*) (*chord*) accordo *m*. di settima. **III** *avv*. al settimo posto, settimo. □   (*Mus*) ~*chord* accordo di settima; (*Teol*) ~*heaven* settimo cielo (*anche fig*): *to be in the ~ heaven* essere al settimo cielo.

Seventh-Day /ˈsevənθˌdeɪ/ □   (*Rel*) ~*Adventist* avventista del settimo giorno.

seventhly /ˈsevənθli/ *avv*. settimo, in settimo luogo.

seventieth /ˈsevəntiəθ *Am* ˈsevənt̮iəθ/ **I** *a*. settantesimo. **II** *n*. settantesimo *m*., settantesima parte *f*.

seventy /ˈsevənti *Am* ˈsevənt̮i/ **I** *a*. settanta. **II** *n*. (*pl.inv*. o **-ies** /-iz/; *il pl. in* -ies *si usa general. con valore collett.*) 1 settanta *m*. 2 *pl*. (*of age*) settantina *f.sing.*, settant'anni *m.pl.*: *to be in one's seventies* avere passato la settantina; *to be in one's early seventies* essere sulla settantina; *to be in one's late seventies* essere vicino agli ottant'anni. 3 *pl*. (*decade*) anni *m.pl*. Settanta.

seventy-eight /ˌsevəntiˈeɪt *Am* ˌsevənt̮iˈeɪt/ *n*. disco *m*. a settantotto giri, settantotto *m*. giri: (*Mus,ant*) ~ *rpm* record disco a settantotto giri.

seventy-five /ˌsevəntiˈfaɪv *Am* ˌsevənt̮iˈfaɪv/ *n*. (*Mil*) pezzo *m*. da settantacinque, settantacinque *m*.

seven-year /ˌsevənˈjɪər, ˌsevənˈjɜːr *Am also* ˌsevənˈjɪr/ □   (*scherz*) ~*itch* crisi del settimo anno (di matrimonio).

sever /ˈsevər/ **I** *v.t*. 1 tagliare (in due), dividere: *to ~ a rope* tagliare una corda. 2 (*to separate by cutting*) recidere, troncare, mozzare. 3 (*fig*) troncare, rompere, interrompere: *he has -ed all ties with his family* ha troncato tutti i rapporti con la famiglia. 4 (*fig*) (*to part, to separate*) staccare, separare, dividere: *to ~ oneself from the Church* staccarsi dalla chiesa. **II** *v.i*. 1 separarsi, dividersi. 2 (*Dir*) condurre un'azione legale separatamente (in una causa comune).

severable /ˈsevərəbl/ *a*. separabile, divisibile.

several /ˈsevərəl/ **I** *pron*. (*costr.pl.*) (*some, a few*) alcuni, diversi, parecchi: ~ *of you* alcuni di voi. **II** *a*. 1 diverso, vario, svariato, più: *I rang ~ times* ho suonato diverse (*o* più) volte; *there are ~ ways of doing it* ci sono vari modi di farlo. 2 (*being a separate member*) singolo: *the ~ members of the council* i singoli membri del consiglio. 3 (*individual*) individuale, personale. 4 (*respective*) rispettivo: *three heads of state and their ~ wives* tre capi di stato con le rispettive consorti. 5 (*Dir*) (*severable*) separato, distinto, individuale.

severally /ˈsevərəli/ *avv*. 1 (*Dir*) separatamente, individualmente, uno alla volta, uno per volta. 2 (*respectively*) rispettivamente.

severalty /ˈsevərəlti/ *n*. 1 (*ant*) l'essere distinto, individualità *f*. 2 (*Dir*) possesso *m*. individuale (*estate*) proprietà *f*. individuale.

severance /ˈsevərəns/ *n*. 1 separazione *f*., disgiunzione *f*. 2 (*fig*) rottura *f*.: ~ *of diplomatic relations* rottura delle relazioni diplomatiche. 3 (*of a job contract*) rescissione *f*. (di un contratto di lavoro). □   ~*package* pacchetto TFR; ~*pay* trattamento di fine rapporto, TFR, indennità di buonuscita, liquidazione, (*colloq*) buonuscita.

severe /sɪˈvɪər *Am* səˈvɪr/ *a*. 1 severo, rigoroso, duro: ~ *laws* leggi severe. 2 (*of pain*) acuto, vivo, violento. 3 (*serious*) grave, serio: *a ~ illness* una grave malattia; ~ *difficulties* serie difficoltà; *a ~ blow to our hopes* un duro colpo alle nostre speranze. 4 (*stern in appearance*) severo, serio, grave, austero: *a ~ face* un volto severo. 5 (*of weather, climate, etc.*) rigido, duro, inclemente: *a ~ winter* un

inverno rigido. 6 (*trying, difficult*) impegnativo, arduo, gravoso, difficile: ~ *competition* gara impegnativa. 7 (*rigidly exact*) rigoroso, preciso, esatto. 8 (*sarcastic, satirical*) sarcastico, satirico: ~ *remarks* commenti sarcastici.

severely /sɪˈvɪəli *Am* səˈvɪrli/ *avv*. 1 (*seriously*) gravemente, seriamente: ~ *wounded* ferito gravemente. 2 duramente, severamente: ~ *punished* severamente punito. 3 (*sternly, strictly*) severamente, rigidamente, rigorosamente: *to treat so.* ~ trattare severamente qcu.

severity /sɪˈverəti *Am* səˈverət̮i/ *n*. 1 severità *f*., durezza *f*., rigore *m*. 2 (*seriousness*) gravità *f*., serietà *f*.: *the ~ of a crime* la gravità di un crimine. 3 (*sternness, strictness*) severità *f*., rigore *m*., rigorosità *f*. 4 (*of weather, climate*) rigidità *f*., rigore *m*., rigidezza *f*., inclemenza *f*. 5 (*rigid exactness*) rigorosità *f*., precisione *f*., esattezza *f*., rigore *m*.

Seville /səˈvɪl/ *n.pr*. (*Geog*) Siviglia *f*. □   (*Bot,Alim*) ~*orange* arancia amara, melangola.

Sèvres /ˈseɪvr(ə)/ *n*. (*Ceram*) porcellana *f*. di Sèvres. □   (*Ceram*) ~*ware* porcellana di Sèvres.

sew /soʊ/ (*past* **-ed** /-d/, *p.p.* **-ed** o **-n** /-n/) **I** *v.t*. 1 cucire: *to ~ two pieces of cloth together* cucire (insieme) due pezzi di stoffa. 2 (*to attach by sewing*) cucire, attaccare. 3 (*to make by sewing*) cucire: *to ~ a dress* cucire un vestito. 4 (*to mend by sewing*) rammendare, cucire, riparare, aggiustare. 5 (*to close by sewing*) cucire, chiudere cucendo. **II** *v.i.* cucire, lavorare di cucito. □   *to ~on* (*to attach by sewing*) cucire, attaccare: *to ~ on a button* attaccare un bottone; *to ~ up* : 1 (*colloq*) concludere, condurre a termine, portare a termine: *he -ed up the deal in five minutes* concluse l'affare in cinque minuti; 2 (*to have complete control of*) monopolizzare, accaparrarsi: *the company has got the copper market -n up* la società ha monopolizzato il mercato del rame. 3 (*of votes, etc.*) accaparrarsi; 4 (*to mend by sewing*) rammendare, cucire, riparare, aggiustare: *to ~ up a hole in a sock* rammendare (un buco in) una calza; 5 (*to close by sewing*) cucire, chiudere cucendo: *to ~ up a cushion* cucire un cuscino.

sewage /ˈsuːɪdʒ/ *n*. acque *f.pl*. nere, acque *f.pl*. luride, acque *f.pl*. di scolo, liquami *m.pl*., acque *f.pl*. di rifiuto. □   ~*disposal* smaltimento delle acque nere, trattamento delle acque di rifiuto; ~*farm* (o ~*works*) azienda per il trattamento delle acque di rifiuto.

sewer[1] /ˈsuər *Am* ˈsuːər/ *n*. fogna *f*., chiavica *f*., cloaca *f*. □   ~*rat* : 1 (*Zool*) surmolotto, ratto delle chiaviche; 2 (*fig*) topo di fogna; ~*system* rete fognaria; ~*water* acqua di fogna.

sewer[2] /ˈsoʊər/ *n*. (*one who sews*) cucitore *m*. (*f*. -trice).

sewer[3] /ˈsjuːər/ *n*. (*ant*) valletto *m*. che serviva a tavola.

sewerage /ˈsuərɪdʒ *Am* ˈsuːərɪdʒ/ *n*. 1 (*sewage*) acque *f.pl*. nere, acque *f.pl*. luride, acque *f.pl*. di scolo. 2 (*removal of sewage*) rimozione *f*. delle acque luride, scarico *m*. delle acque luride. 3 (*system of sewers*) fognatura *f*.

sewing /ˈsoʊɪŋ/ *n*. 1 cucire, cucitura *f*.; (*occupation*) cucito *m*. 2 (*sth. sewn, to be sewn*) cucito *m*., lavoro *m*. di cucito. □   ~*cotton* cotone da cucire; ~*machine* macchina da cucire, macchina per cucire.

sewn /soʊn/ → **sew**.

sex /seks/ **I** *n*. 1 sesso *m*.: *the male ~* il sesso maschile; *a film full of blood and ~* un film

pieno di sangue e di sesso. 2 (*sexual intercourse*) rapporto *m*. sessuale, sesso *m*.: (*colloq*) *to have ~ with so.* farsi qcu., fare sesso con qcu., avere rapporti sessuali con qcu. **II** *a*. sessuale, del sesso. □   (*colloq*) ~*aid* vibratore; (*Psic*) ~*antagonism* antagonismo sessuale; ~ *appeal* sex-appeal, attrazione sessuale, attrattiva fisica; (*colloq*) ~ *bomb* bomba del sesso, sex bomb; ~*change* cambiamento di sesso: *to have a ~ change* cambiare sesso; (*Biol*) ~*chromosome* cromosoma sessuale; ~ *discrimination* discriminazione sessuale; ~*drive* impulso sessuale; ~ *education* educazione sessuale; (*Biol*) ~*hormone* ormone sessuale; (*colloq*) ~ *kitten* lolita, ninfetta, ragazzina provocante; ~ *life* vita sessuale; ~*maniac* : 1 maniaco sessuale; 2 (*colloq*) maniaco del sesso, sessuomane; ~ *object* oggetto (del desiderio) sessuale; ~*offender* criminale sessuale; ~*shop* sex shop, sexy shop; ~*symbol* sex symbol; ~*therapy* terapia sessuale; ~*tourism* turismo sessuale; (*colloq*) *to ~ so.up* attizzare qcu., arrapare qcu.; (*eufem*) ~ *worker* lavoratrice (del sesso).

sexagenarian /ˌseksədʒɪˈneəriən *Am* ˌseksədʒɪˈneriən/ **I** *a*. sessantenne, sessagenario. **II** *n*. sessantenne *m./f.*, sessagenario *m*. (*f.* -a).

sexagenary /sekˈsædʒɪnəri *Am* sekˈsædʒɪneri/ *a*. 1 sessantesimo. 2 (*sexagenarian*) sessantenne, sessagenario.

Sexagesima /ˌseksəˈdʒesɪmə/ *n*. (*Lit*) sessagesima *f*., domenica *f*. di sessagesima.

sexagesimal /ˌseksəˈdʒesɪməl/ **I** *a*. (*Mat*) sessagesimale. **II** *n*. (*Mat*) frazione *f*. sessagesimale.

sexangular /sekˈsæŋgjələr/ *a*. (*Geom*) esagonale.

sexcentenary /sekˈsentənəri *Am* sekˈsentəneri/ *n*. sesto centenario *m*.

sexed /sekst/ *a*. (*Biol*) sessuato.

sexennial /seksˈeniəl/ *a*. 1 che dura sei anni. 2 (*occurring every six years*) che avviene ogni sei anni.

sexennium /seksˈeniəm/ *n*. sessennio *m*.

sexily /ˈseksɪli/ *avv*. in modo conturbante.

sexiness /ˈseksɪnəs/ *n*. (*colloq*) l'essere sexy, l'essere (eroticamente) conturbante.

sexism /ˈseksɪzəm/ *n*. sessismo *m*.

sexist /ˈseksɪst/ **I** *n*. sessista *m./f.* **II** *a*. sessista.

sexless /ˈsekslɪs/ *a*. 1 asessuato (*anche Biol*). 2 (*frigid*) frigido; (*impotent*) impotente.

sexlessness /ˈsekslɪsnəs/ *n*. 1 l'essere asessuato. 2 (*colloq*) mancanza *f*. di attrattiva sessuale.

sex-linked /ˈsekslɪŋkt/ *a*. (*Med*) legato al sesso.

sexology /sekˈsɒlədʒi *Am* sekˈsɑːlədʒi/ *n*. sessuologia *f*.

sexpartite /seksˈpɑːtaɪt *Am* seksˈpɑːrtaɪt/ *a*. 1 diviso in sei parti, formato da sei parti. 2 (*Arch*) a crociera gotica.

sexploitation /ˌseksplɔɪˈteɪʃən/ *n*. (*colloq*) sfruttamento *m*. del sesso: *a ~ film* un film sfacciatamente erotico.

sexpot /ˈsekspɒt *Am* ˈsekspɑːt/ *n*. (*colloq*) bomba *f*. sexy.

sex-starved /ˈseksˌstɑːvd *Am* ˈseksˌstɑːrvd/ *a*. affamato di sesso.

sext /sekst/ *n*. (*Lit*) sesta *f*.

sextain /ˈsekstaɪn/ *n*. (*Metr*) sestina *f*.

sextan /ˈsekstən/ **I** *a*. (*Med*) che ricorre ogni sei giorni. **II** *n*. (*Med*) febbre *f*. che ricorre ogni sei giorni.

sextant /ˈsekstənt/ *n*. 1 (*Astr*) sestante *m*. 2 (*Geom*) sesta parte *f*. di un cerchio.

sextet /sekˈstet/ *n*. sestetto *m*. (*anche Mus*).

sextette /sek'stet/ n. sestetto m. (anche Mus).

sexto /'sekstou/ (pl. **-s** /-z/) n. **1** (Tip) sesto m. **2** (Edit) (book) libro m. in sesto.

sextodecimo /ˌsekstou'desimou/ (pl. **-s** /-z/) n. **1** (Tip) sedicesimo m. **2** (Edit) (book) libro m. in sedicesimo.

sexton /'sekstən/ n. sagrestano m. ☐ (Entom) ~ **beetle** necroforo.

sextuple /'sekstjupl̩ Am sek'st(j)u:pl̩/ **I** a. sestuplo. **II** n. sestuplo m. **III** v.t. sestuplicare. **IV** v.i. sestuplicarsi.

sextuplet /'sekstjuplɪt Am sek'st(j)u:plɪt/ n. **1** uno di sei gemelli. **2** pl. sei gemelli m.pl.

sexual /'seksjuəl Am 'sekʃuəl/ a. sessuale: ~ instincts istinti sessuali. ☐ (Dir) ~ abuse abuso sessuale; ~ advances avances, approcci sessuali; (Dir) ~ assault molestia sessuale; (Dir) ~ harassment molestie sessuali; ~ intercourse rapporto sessuale; ~ offence delitto a sfondo sessuale; ~ pervert pervertito; ~ politics politica sessuale; ~ preference orientamento sessuale.

sexuality /ˌseksju'ælɪtɪ Am ˌsekʃu'æləti/ n. sessualità f. (anche Fisiol).

sexualization /ˌseksjuəlɪ'zeɪʃən Am ˌsekʃuəlɪ'zeɪʃən/ n. sessualizzazione f.

sexualize /'seksjuəlaɪz Am 'sekʃuəlaɪz/ v.t. sessualizzare, conferire caratteri sessuali a, attribuire un sesso a.

sexually /'seksjuəli Am 'sekʃuəli/ avv. sessualmente. ☐ (Med) ~ transmitted disease malattia sessualmente trasmissibile, malattia (a trasmissione) sessuale.

sexy /'seksi/ a. **1** (colloq) provocante, sexy. **2** (of books, films, etc.) erotico.

Seychelles /seɪ'ʃelz/ n.pr.pl. (Geog) Seicelle f.pl., Seychelles f.pl.

sez /sez/ ☐ (sl) ~ you! (se) lo dici tu!, ha parlato l'oracolo!

sf (Mus) sforzando sf (sforzando).

SF Science Fiction (fantascienza).

sforzando /sfɔ:t'sændou Am sfɔːrt'sɑːndou/ n. (Mus) sforzando m.

sfumato /sfu:'mɑːtou/ n. (Art) sfumato m.

SFX (Cin) special effects (effetti speciali).

SG (Dir) Solicitor General PG, Proc. Gen. (procuratore generale).

sgd. signed f.to. (firmato).

SGML (Inform) Standard Generalized Mark-up Language SGML (linguaggio standard generale di codifica).

SGP Singapore SGP (Singapore).

sh /ʃ/ intz. (to enjoin silence) sss!, st!, ssh!

sh. (Numism,Econ) shilling (scellino).

shabbily /'ʃæbɪli/ avv. **1** in modo trasandato, trascuratamente: to dress ~ vestire in modo trasandato. **2** (in an inferior way) mediocremente, in modo scadente.

shabbiness /'ʃæbɪnəs/ n. **1** trascuratezza f., trasandatezza f., cattivo stato m. **2** (of places, etc.) squallore m. **3** (shameful, dishonourable quality) l'essere vergognoso, indegnità f. **4** (inferior quality) mediocrità f.

shabby /'ʃæbi/ a. **1** consunto, malandato, frusto, logoro, dimesso. **2** (wearing worn clothes) scalcagnato, malvestito, trasandato, male in arnese. **3** (of places) squallido, desolante. **4** (shameful, unfair) vergognoso, ignobile, indegno: ~ treatment trattamento vergognoso. **5** (inferior in quality) mediocre, scadente.

shabby-genteel /ˌʃæbɪdʒen'tiːl/ a. povero ma dignitoso.

shabby-gentility /ˌʃæbɪdʒen'tɪlɪti Am ˌʃæbɪdʒen'tɪləti/ n. povertà f. dignitosa.

shabrack /'ʃæbræk/ n. (Mil,ant) gualdrappa f.

shack /ʃæk/ **I** n. baracca f., capanna f., tugurio m. **II** v.i. abitare, alloggiare. ☐ (sl) to ~ up with so. convivere con qcu.

shackle /'ʃækl/ **I** n. **1** pl. ferri m.pl., ceppi m.pl., catene f.pl. **2** (Tecn) anello m. di trazione a U; (of a padlock) gambo m. **3** (Mar) maniglia f., maniglione m. **4** pl. (fig) pastoie f.pl., impedimenti m.pl. **II** v.t. **1** mettere in ceppi, mettere in catene, mettere ai ferri. **2** (to fasten with a shackle) incatenare: the prisoner was -d to a tree il prigioniero fu incatenato a un albero. **3** (fig) impedire, ostacolare, impastoiare. **4** (Mar) ammanigliare.

shacklebolt /'ʃækl̩boult/ n. (Mar,Tecn) perno m. di maniglia.

shad /ʃæd/ (pl.inv. o **-s** /-z/; il pl. inv. si usa general. con valore collett.) n. (Itt) alosa f.

shaddock /'ʃædək/ n. (Bot,Alim) pompelmo m.

shade /ʃeɪd/ **I** n. **1** ombra f.: to sit in the ~ sedere all'ombra. **2** (sth. that shades) schermo m., difesa f., protezione f.; (eyeshade) visiera f.; (lampshade) paralume m. **3** (fig) (obscurity) ombra f., oscurità f. **4** (of colours) tonalità f., sfumatura f., gradazione f.: two -s of red due tonalità di rosso. **5** (fig) (small variation) sfumatura f.: delicate -s of meaning lievi sfumature di significato. **6** (fig) (small quantity, degree) tantino m., po' m., poco m., ombra f.: it is a ~ too big è un tantino troppo grande. **7** (Pitt) ombra f., ombreggiatura f.: good use of light and ~ buon uso di luce e ombre, buon uso del chiaroscuro. **8** (Am) (window blind) avvolgibile m. **9** (poet) (ghost) ombra f., fantasma m., spettro m.: the ~ of Banquo l'ombra di Banquo. **10** pl. (colloq) (sunglasses) occhiali m.pl. da sole. **II** v.t. **1** ombreggiare, fare ombra a: the avenue was -d by trees il viale era ombreggiato da alberi. **2** (to protect from light, heat, etc.) riparare, fare ombra a, proteggere (from da): to ~ one's eyes with one's hand ripararsi gli occhi con la mano. **3** (of a light, lamp) schermare. **4** (to change gradually) sfumare (into in). **5** (fig) (to throw into the shade) mettere in ombra, eclissare, offuscare. **6** (fig) (to hide, to screen) adombrare, velare, celare, dissimulare; (to darken) offuscare, oscurare. **7** (Pitt) ombrare, ombreggiare: to ~ a drawing ombrare un disegno. **8** (Mus) variare (di un'ottava) il tono di. **III** v.i. sfumare, mutarsi a poco a poco (into in). ☐ (poet) to dwell among the shades essere un'ombra tra la ombre, essere morto; to ~ away (to change gradually) sfumare: blue that -s off into green blu che sfuma nel verde; in the ~: 1 all'ombra: 39° in the ~ 39° all'ombra; 2 (fig) nell'ombra; (Br) to keep in the ~: 1 restare all'ombra (evitando il sole); 2 (fig) restare nell'ombra, non farsi notare; (Br,fig) to cast into the ~ (o to put into the ~ o to throw into the ~) fare sfigurare, sminuire, mettere in ombra; to ~ off (to change gradually) sfumare: blue that -s off into green blu che sfuma nel verde.

shaded /'ʃeɪdɪd/ a. **1** ombreggiato, ombrato, ombroso. **2** (of a lamp, etc.) schermato. **3** (Pitt) ombrato, ombreggiato.

shadeless /'ʃeɪdləs/ a. privo di ombra, senz'ombra.

shadily /'ʃeɪdɪli/ avv. **1** in modo da fare ombra. **2** (colloq,fig) equivocamente, in modo losco.

shadiness /'ʃeɪdɪnəs/ n. **1** ombrosità f. **2** (colloq,fig) l'essere losco, l'essere equivoco.

shading /'ʃeɪdɪŋ/ n. **1** ombreggiamento m., ombreggiatura f. (anche Art). **2** (of colour) gradazione f., tonalità f., sfumatura f. **3** (fig) sfumatura f., lieve differenza f.

shadow /'ʃædou/ **I** n. **1** ombra f.: the ~ of a hand on the wall l'ombra di una mano sul muro; the trees cast long -s gli alberi proiet-

tavano lunghe ombre. **2** (fig) (sth. unsubstantial, delusive) ombra f., chimera f., vana illusione f.: to run after a ~ correre dietro un'ombra. **3** (fig) (attenuated form) ombra f., parvenza f.: the ~ of a once-great empire l'ombra di quello che un tempo fu un grande impero. **4** (colloq) (emaciated person) persona f. magra e sparuta, larva f., ombra f.: he is the ~ of his former self è diventato l'ombra di se stesso. **5** (fig) (slightest degree, trace) ombra f., traccia f., barlume m.: there is not a ~ of doubt non c'è ombra di dubbio; beyond a ~ of (a) doubt senza ombra di dubbio. **6** (fig) (threat) minaccia f., pericolo m. (incombente), spauracchio m.: under the ~ of war sotto la minaccia della guerra. **7** (ghost, phantom) fantasma m., spettro m., ombra f. **8** (fig) (copy, imitation) copia f., imitazione f., immagine f. **9** (fig) (inseparable companion) ombra f., compagno m. (f. -a) inseparabile. **10** (fig) (detective) investigatore m. (f. -trice) privato. **11** (fig,iperb) (proximity) pressi m.pl., vicinanze f.pl., (colloq) ombra f.: he grew up in the ~ of the Tower of London è cresciuto all'ombra della torre di Londra. **12** (Pitt) scuro m., parte f. scura. **13** pl. (poet) (darkness) oscurità f.sing., tenebre f.pl. **II** v.t. **1** ombreggiare, ombrare, (lett) adombrare, fare ombra a. **2** (to darken) oscurare, offuscare. **3** (fig) rattristare, oscurare, gettare un'ombra su. **4** (to follow secretly) pedinare, seguire come un'ombra, spiare. ☐ (Sport) ~ boxing allenamento con l'ombra; (Pol) ~ cabinet governo ombra, gabinetto ombra; (Econ) economy economia sommersa; ~ factory fabbrica "ombra" (facilmente convertibile alla produzione bellica); (Pol) ~ government governo ombra, gabinetto ombra; to be in so's ~ (o to live in so's ~) vivere all'ombra di qcu.; (fig) may your ~ never grow less! che Dio ti conservi in salute!; ~ of death l'ombra della morte; (Teat) ~ pantomime (o ~ play) teatro delle ombre; (Econ) ~ price prezzo ombra; (Teat) ~ show teatro delle ombre; stitch (in embroidery) punto ombra; (Teat) ~ theatre teatro delle ombre; to have -s under the eyes avere le occhiaie.

shadow-box /'ʃædoubɒks Am 'ʃædoubɑːks/ v.i. (Sport) allenarsi con l'ombra.

shadowiness /'ʃædouɪnəs/ n. **1** ombrosità f. **2** (fig) irrealtà f.; (vagueness, faintness) vaghezza f., nebulosità f.

shadowless /'ʃædouləs/ a. **1** privo di ombra, senza ombra. **2** (casting no shadow) che non fa ombra, senza ombra.

shadowy /'ʃædoui/ a. **1** indistinto, sfumato, vago: a ~ form una forma indistinta. **2** (fig) chimerico, illusorio, irreale, fantastico: ~ dreams of power sogni chimerici di potere. **3** (fig) (vague, faint) vago, nebuloso: a ~ conception of the truth un concetto vago della verità. **4** (shady) ombreggiato, ombroso.

shady /'ʃeɪdi/ a. **1** ombreggiato, ombroso, in ombra: a ~ path un sentiero ombreggiato; a ~ tree un albero ombroso. **2** (colloq) (of doubtful honesty) losco, equivoco, ambiguo, di dubbia fama, di dubbia onestà: a ~ deal un affare losco; a ~ character un tipo equivoco. ☐ a ~ chin un mento non perfettamente sbarbato; (colloq) to be on the ~ side of fifty avere passato (da un pezzo) la cinquantina.

shaft /ʃɑːft Am ʃæft/ **I** n. **1** asta f.: the ~ of a lance l'asta di una lancia. **2** (estens) (lance) lancia f., asta f.; (arrow) freccia f., dardo m. **3** (fig) strale m., dardo m., frecciata f., stoccata f.: the -s of satire gli strali della satira. **4** (handle of a tool) manico m., impugnatura f.: the ~ of an axe il manico di un'ascia. **5** (Mecc) albero *m.* 6 (*Arch*) (*body of a column*) scapo *m.*, fusto *m.*; (*small column*) colonnina *f.*; (*obelisk*) obelisco *m.* 7 (*vertical passage or opening*) pozzo *m.*, tromba *f.*: *the lift* ~ il pozzo dell'ascensore. 8 (*ray, beam*) raggio *m.*: *-s of sunlight* raggi di sole. 9 (*of lightning: bolt*) fulmine *m.*, saetta *f.* 10 *pl.* (*of hair*) lunghezze *f.pl.* 11 (*Met*) tino *m.* 12 *pl.* (*of a horse-drawn vehicle*) stanghe *f.pl.* II *v.t.* (*Am, sl*) (*to swindle*) fregare, fottere. □ (*Mecc*) *~drive* trasmissione ad albero; (*Met*) *~furnace* forno a tino; (*Am,sl*) *toget the* ~ essere trattato male, farsi fregare; (*Am,sl*) *togive so. the* ~ trattare male qcu., fregare qcu.

shafted /'ʃæftɪd/ *a.* (*Am,sl*) (*swindled*) fregato.

shafting /'ʃɑːftɪŋ *Am* 'ʃæftɪŋ/ *n.* (*Mecc*) sistema *m.* di trasmissione ad albero.

shag [1] /ʃæg/ *n.* 1 acconciatura *f.* selvaggia. 2 (*coarse tobacco*) tabacco *m.* trinciato, trinciato *m.* 3 (*Tess*) tessuto *m.* felpato, tessuto *m.* peloso: ~ *carpet* tappeto a pelo lungo, tappeto lanuginoso.

shag [2] /ʃæg/ *n.* (*dance*) shag *m.*

shag [3] /ʃæg/ I *v.t.* (*Br,sl,volg*) chiavare, fottere, scopare. II *n.* (*Br,sl,volg*) chiavata *f.*, scopata *f.*

shag [4] /ʃæg/ *n.* (*Ornit*) marangone *m.* dal ciuffo.

shag [5] /ʃæg/ *v.t.* (*Sport*) (*in baseball*) allenarsi prendendo palline al volo.

shagged /ʃægd/ *a.* (*Br,colloq*) (*shagged-out*) spompato, distrutto, esausto.

shagged-out /ʃægd/ *a.* (*Br,colloq*) spompato, distrutto, esausto.

shagginess /'ʃægɪnəs/ *n.* 1 villosità *f.*, pelosità *f.* 2 (*of texture*) ruvidezza *f.*, scabrosità *f.*

shaggy /'ʃægi/ *a.* 1 dal pelo lungo e ispido, villoso, peloso: *a ~ dog* un cane dal pelo lungo e ispido. 2 (*of hair, etc.*) ispido, irto, arruffato. 3 (*having a rough texture, surface*) ruvido, aspro, grezzo, scabro. □ (*fig*) *a ~ dog story* lunga barzelletta con finale assurdo.

shagreen /ʃə'griːn/ *n.* 1 (*Pell*) zigrino *m.* 2 (*rough shark-skin*) zigrino *m.*, pelle *f.* ruvida di squalo.

shah ,Shah /ʃɑː/ *n.* (*Stor*) scià *m.*

shake /ʃeɪk/ (*past* **shook** /ʃʊk/, *dial* **-d** /-t/, *p.p.* **-n** /ʃeɪkən/, *dial* **shaked/shook**) I *v.t.* 1 scuotere, scrollare, agitare: *to ~ a tree to get the snow off* scuotere un albero per fare cadere la neve; ~ *the bottle well before use* agitare bene la bottiglia prima dell'uso. 2 (*to dislodge by shaking*) scuotere (via), scrollare (via), rimuovere scrollando. 3 (*to mix by shaking*) mescolare scuotendo. 4 (*to brandish*) brandire, agitare: *to ~ one's sword at so.* brandire la spada contro qcu. 5 (*of the head*) scuotere, scrollare. 6 (*of so.'s hand*) stringere. 7 (*assol*) darsi la mano, stringersi la mano. 8 (*to cause to quake, to tremble*) far tremare, far vibrare, scuotere: *the explosion shook the entire town* l'esplosione fece tremare tutta la città. 9 (*of dice*) agitare. II *v.i.* 1 tremare, tremolare (*with* per, da, di): *his hands were shaking* le sue mani tremavano. 2 (*to vibrate*) vibrare, tremare: *we felt the bridge shaking* sentivamo il ponte vibrare. 3 (*fig*) (*to be unstable*) vacillare, traballare, barcollare. 4 (*to dance the shake*) ballare lo shake. III *n.* 1 scrollata *f.*, scrollo *m.*, scossa *f.*, scossone *m.*: *to give a sleeping person a* ~ dare una scrollata a una persona che dorme. 2 (*act of shaking hands*) il darsi la mano, stretta *f.* di mano; (*manner*) stretta *f.* (di mano): *he has a strong* ~ ha una stretta (di mano) vigorosa. 3 (*quivering, vibrating motion*) tremito *m.*, tremolio *m.*, vibrazione *f.* 4 (*Am,colloq*) frullato *m.*, frappè *m.* 5 (*Mus,ant*)

trillo *m.* 6 (*cast of the dice*) lancio *m.* (dei dadi). 7 *pl.* (*costr.sing.*) (*colloq*) (*trembling due to fear*) tremarella *f.sing.*, brividi *m.pl.* di paura: *he got the -s* gli è venuta la tremarella. 8 *pl.* (*costr.sing.*) (*colloq*) (*trembling due to illness*) tremore *m.sing.*, tremito *m.sing.*; (*malaria*) malaria *f.sing.*, febbre *f.sing.* malarica. □ *to ~ so. awake* scrollare qcu. dal sonno, scuotere qcu. dal sonno, svegliare qcu. scuotendo; *to ~down* : 1 far cadere scuotendo, far cadere scrollando; 2 (*to cause to descend by shaking*) far scendere scuotendo: *to ~ down the mercury in a thermometer* far scendere il mercurio in un termometro (scuotendolo); 3 (*Am,colloq*) (*to extort money*) spillare denaro a, mungere; 4 (*Mar,Aer*) verificare, collaudare; 5 (*to adjust to new conditions*) ambientarsi; (*fig*) *to ~ the dust off one's feet* andarsene indignato, andarsene adirato; *to ~ so.'s hand* stringere la mano a qcu.; *to ~ so. by the hand* dare la mano a qcu., stringere la mano a qcu.; *to ~ hands* darsi la mano, stringersi la mano; *to ~ one's head* scuotere la testa; (*colloq*) *to ~ in one's shoes* avere la tremarella; (*colloq*) *in two -s* in un momento, all'istante, in un batter d'occhio: *I'll be there in two -s* in un attimo sono lì; (*colloq*) *in two -s of a duck's tail* in un batter d'occhio, in un baleno; (*colloq,fig*) *to ~ a leg* : 1 (*to hurry up*) affrettarsi sbrigarsi; 2 (*to dance*) fare quattro salti, ballare; (*colloq*) *no great -s* non un granché, niente di straordinario, niente di speciale; *to ~off* 1 (*to dislodge by shaking*) scuotere (via), scrollare (via), rimuovere scrollando: *to ~ the dust off one's clothes* scuotersi la polvere dagli abiti; 2 (*fig*) (*to free oneself from*) liberarsi da, liberarsi di, scacciare, disfarsi di, cacciare via: *to ~ off a cold* liberarsi da un raffreddore; *to ~ off one's sadness* scacciare la tristezza; 3 (*fig*) (*to elude, to get away from*) sfuggire (a), liberarsi da, liberarsi di, sbarazzarsi di; *to ~ off one's pursuers* sfuggire ai propri inseguitori; (*colloq*) *let's ~on it* qua la mano!; (*colloq*) *to ~ one's sides with laughter* sbellicarsi dalle risa; *to ~up* : 1 svegliare con una scrollata, scuotere dal sonno; 2 (*to rouse from apathy*) svegliare, scuotere dall'apatia, scuotere dal torpore; 3 (*colloq*) (*to reorganize, to rearrange*) riorganizzare, risistemare, ristrutturare; (*colloq*) *to ~ it up* sbrigarsi, spicciarsi; 4 (*to move briskly to induce mixing*) agitare, sbattere, scuotere: ~ *up the bottle well before use* agitare bene la bottiglia prima dell'uso; 5 (*fig*) (*to upset, to disturb*) scuotere, turbare.

shakeable /'ʃeɪkəbl/ *a.* agitabile, che si può scuotere, che si può scrollare.

shakedown /'ʃeɪkdaʊn/ *n.* 1 (*makeshift bed*) letto *m.* di fortuna, letto *m.* improvvisato. 2 (*colloq*) (*reorganization*) riorganizzazione *f.*, ristrutturazione *f.* 3 (*Am,sl*) (*extortion*) estorsione *f.* 4 (*Am,sl*) (*thorough search*) perquisizione *f.*

shaken /'ʃeɪkən/ → **shake**.

shaker /'ʃeɪkər/ *n.* 1 chi scuote, chi agita. 2 (*cocktail shaker*) shaker *m.*, sbattighiaccio *m.*; (*for salt*) saliera *f.*, (*rar*) spargisale *m.*; (*for sugar*) zuccheriera *f.*, (*rar,ant*) spargizucchero *m.* 3 (*Mecc*) scuotitoio *m.*, scotitoio *m.* 4 (*Agr*) scuotipaglia *m.*

Shakespearean ,Shakespearian /ʃeɪk'spɪərɪən *Am* ʃeɪk'spɪərɪən/ *a.* shakespeariano.

shake-up /'ʃeɪkʌp/ *n.* 1 agitazione *f.*, sconvolgimento *m.* 2 (*drastic reorganization*) ristrutturazione *f.*, riorganizzazione *f.* drastica.

shakily /'ʃeɪkɪli/ *avv.* in modo vacillante, instabilmente.

shakiness /'ʃeɪkɪnəs/ *n.* 1 l'essere vacillan-

te, instabilità *f.* 2 (*fig*) precarietà *f.*, instabilità *f.*, incertezza *f.*; (*unreliability*) inattendibilità *f.*, inaffidabilità *f.*

shaking /'ʃeɪkɪŋ/ I *n.* 1 scrollata *f.*, (*rar*) scrollatura *f.*, scossa *f.*, scuotimento *m.* 2 (*vibrating movement*) vibrazione *f.*, scossa *f.* 3 (*trembling*) tremito *m.*, tremore *m.*, vibrazione *f.* II *a.* tremante, tremolante: ~ *hands* mani tremanti.

shako /'ʃækou,'ʃeɪkou/ (*pl.* **-s/-es** /-z/) *n.* (*Mil, ant*) sciaccò *m.*, shako *m.*

shaky /'ʃeɪki/ *a.* 1 tremolante, tremante, tremulo: *a ~ old man* un vecchio tremolante. 2 (*rickety*) traballante, vacillante, pencolante, malfermo: *a ~ construction* una costruzione traballante. 3 (*fig*) instabile, precario, traballante: *a ~ coalition* una coalizione instabile. 4 (*fig*) (*unreliable*) dubbio, inattendibile, incerto: *his allegiance is* ~ la sua fedeltà è dubbia.

shale /ʃeɪl/ *n.* (*Geol,Minier*) roccia *f.* scistosa, scisto *m.* cristallino. □ ~*oil* olio di scisto.

shall /ʃəl emphatic ʃæl/ (*pres.* **shall**, *negativo* **shall not/shan't** /ʃɑːnt *Am* ʃænt/, *2ª pers. sing. ant* **shalt** /ʃəlt emphatic ʃælt/; *past* **should** /ʃəd emphatic ʃʊd/; *manca dell'inf. e del p.p.*) *v.aus.* 1 (*to express futurity*) translated with the future of the following verb: *I ~ arrive tomorrow* arriverò domani; *we ~ be late, shan't we?* faremo tardi, non è vero?; *I ~ only go if you come with me* ci andrò soltanto se verrai con me; *I ~ have finished it by tonight* per questa sera l'avrò finito. 2 (*to express determination*) intendo, intendi ecc., voglio, vuoi ecc., *often translated with the future of the following verb: he told me not to go, but I ~* mi ha detto di non andare, ma io intendo andarci (*o* ma io andrò ugualmente); *we ~ overcome* vinceremo. 3 (*to express the speaker's intention, will*) devo, devi ecc.: *you ~ help me, whether you like it or not* devi aiutarmi, che tu lo voglia o no; *you say he won't do it, but I say he ~* tu dici che non lo farà, ma io dico che dovrà farlo. 4 (*to express obligation, command*) devo, devi ecc., *often translated with the future of the following verb: the prisoner ~ be taken and hanged by the neck* il prigioniero deve essere preso e impiccato; (*Bibl*) *thou shalt honour the Lord* onorerai il Signore. 5 (*to express prohibition*) devo, devi ecc., *often not translated: no compensation ~ be given in such cases* in casi simili non è dovuto alcun compenso; (*Bibl*) *thou shalt not kill* non uccidere. 6 (*to express what is mandatory, legal, etc.*) devo, devi ecc., ho l'obbligo di, sono obbligato a: *members ~ respect the traditions of the club* i soci devono rispettare le tradizioni del circolo; *all vehicles ~ be insured* tutti i veicoli devono essere assicurati. 7 (*to express a promise, to threat*) translated with the future of the following verb: *be a good boy and you ~ have an ice cream* sii bravo e avrai un gelato; *you ~ pay for this!* la pagherai per questo! 8 (*to enquire about another's desire*) devo, devi ecc.: ~ *I open the window?* devo aprire la finestra?; ~ *I attend to it?* vuoi che me ne occupi io?, me ne occupo io?, ci penso io?; *what ~ I answer?* che cosa vuoi che risponda?, cosa devo rispondere? 9 (*used as a subjunctive equivalent*) translated with the subjunctive: *he requests that it ~ be done immediately* chiede che sia fatto immediatamente. 10 (*to express possibility, capacity*) posso, puoi ecc., sono in grado di, è possibile (*costr.impers.*).

shalloon /ʃə'luːn/ *n.* (*Tess*) tessuto *m.* leggero di lana pettinata per fodere.

shallop /'ʃæləp/ *n.* (*Mar,ant*) scialuppa *f.*

shallot /ʃəˈlɒt *Am* ʃəˈlɑːt/ *n.* (*Bot,Alim*) scalogno *m.*

shallow /ˈʃæloʊ/ **I** *a.* **1** basso, poco profondo, poco fondo: ~ *water* acqua bassa; *a* ~ *pond* uno stagno poco profondo. **2** (*of a dish*) piano. **3** (*fig*) superficiale, vacuo, vuoto, futile, frivolo: ~ *judgements* giudizi superficiali; *a* ~ *person* persona superficiale. **4** (*of breathing*) debole. **II** *n.pl.* (*costr.sing. o pl.*) secca *f.sing.*, secche *f.pl.*, bassofondo *m.sing.* **III** *v.t.* ridurre la profondità di. **IV** *v.i.* diventare meno profondo, abbassarsi.

shallowly /ˈʃæloʊli/ *avv.* **1** poco profondamente. **2** (*fig*) superficialmente, futilmente, frivolamente, (*lett*) frivolmente.

shallowness /ˈʃæloʊnəs/ *n.* **1** l'essere poco profondo, l'essere basso, poca profondità *f.* **2** (*fig*) superficialità *f.*, vacuità *f.*, futilità *f.*, frivolezza *f.*

shalom /ʃælˈɒm, ʃəˈloʊm *Am* ʃɑːˈloʊm/ *intz.* Shalom!, pace!

shalt /ʃəlt *emphatic* ʃælt/ → **shall**.

sham /ʃæm/ **I** *n.* **1** falsità *f.*, ipocrisia *f.*, doppiezza *f.* **2** (*sth. false, fraudulent*) falsità *f.*, impostura *f.*, menzogna *f.*; (*sth. faked*) finzione *f.*, simulazione *f.*, finta *f.*, messinscena *f.* **3** (*trick, hoax*) frode *f.*, imbroglio *m.*, truffa *f.*, mistificazione *f.* **4** (*impostor*) impostore *m.* (*f.* -a), imbroglione *m.* (*f.* -a), ciarlatano *m.* (*f.* -a). **II** *a.* **1** finto, falso, fasullo. **2** (*feigned*) finto, simulato, falso: *a* ~ *fight* un finto combattimento. **III** *v.t.* (*past, p.p.* **shammed** /-d/) simulare, fingere: *to* ~ *friendship* simulare amicizia. **IV** *v.i.* (*past, p.p.* **shammed** /-d/) fingere, fare la commedia: *he is not asleep, he's only -ming* non dorme, finge soltanto. **2** (*to pretend to be*) fingersi, fare finta di essere: *to* ~ *sick* fingersi malato.

shaman /ˈʃæmən, ˈʃɑːmən/ *n.* (*Etnol,Rel*) sciamano *m.*

shamanic /ʃəˈmænɪk/ *a.* (*Etnol,Rel*) sciamanico.

shamanism /ˈʃæmənɪzəm, ˈʃɑːmənɪzəm/ *n.* (*Etnol,Rel*) sciamanismo *m.*

shamanistic /ˌʃɑːməˈnɪstɪk/ *a.* (*Etnol,Rel*) sciamanico.

shamanize /ˈʃæmənaɪz, ˈʃɑːmənaɪz/ *v.t.* (*Etnol,Rel*) sciamanizzare.

shamble /ˈʃæmbl/ **I** *v.i.* camminare dinoccolato. **II** *n.* andatura *f.* dinoccolata.

shambles /ˈʃæmblz/ *n.pl.* (*costr.sing. o pl.*) **1** mattatoio *m.sing.* **2** (*fig*) (*place of slaughter, bloodshed*) luogo *m.sing.* di carneficina; (*confusion, mess*) confusione *f.sing.*, baraonda *f.sing.*, caos *m.sing.*, scompiglio *m.sing.* **3** (*fig*) *to leave a place in* ~ lasciare un luogo in disordine, lasciare un luogo nel caos.

shame /ʃeɪm/ **I** *n.* **1** vergogna *f.*: *to feel* ~ *at having done sth.* provare vergogna per avere fatto qcs.; *to hang one's head in* (o *for*) ~ abbassare il capo per la vergogna. **2** (*susceptibility to shame*) senso *m.* del pudore, vergogna *f.*, pudore *m.*, ritegno *m.*: *such people have no* ~ gente simile non ha il senso del pudore. **3** (*disgrace*) vergogna *f.*, onta *f.*, disonore *m.*, ignominia *f.* **4** (*colloq*) (*sth. unfair*) peccato *m.*: *what a* ~! che peccato! **II** *v.t.* **1** far vergognare, far provare vergogna a. **2** (*to disgrace*) disonorare, recare onta a: *to* ~ *one's family* disonorare la propria famiglia. **3** (*to compel by shame*) indurre per la vergogna, costringere per la vergogna: *his words -d me into trying harder* le sue parole mi fecero talmente vergognare che ritentai con maggior accanimento. **4** (*to put to shame by outdoing*) eclissare, oscurare, fare sfigurare con la propria superiorità. □ *for* ~! che vergogna!; (*esclam.*) ~ *on you!* vergognati!; *out of* ~ per pudore; *to* ~ *so. out of doing sth.*

far vergognare qcu. tanto da dissuaderlo dal fare qcs.; *to put to* ~: **1** (*to shame by outdoing*) eclissare, oscurare, far sfigurare con la propria superiorità; **2** svergognare; *to my* ~ *I did not answer* a mia vergogna non seppi rispondere; *to blush with* ~ arrossire di vergogna.

shamefaced /ˌʃeɪmˈfeɪst *Am* ˈʃeɪmfeɪst/ *a.* **1** che prova vergogna, che sente vergogna, vergognoso. **2** (*marked by shame*) impacciato, imbarazzato, confuso: *a* ~ *apology* una scusa impacciata. **3** (*bashful, modest*) timido, vergognoso, schivo, ritroso.

shamefacedly /ˌʃeɪmˈfeɪsɪdli *Am also* ˈʃeɪmfeɪstli/ *avv.* **1** vergognosamente, in modo pieno di vergogna. **2** (*bashfully*) timidamente, in modo schivo, con ritrosia.

shamefacedness /ˌʃeɪmˈfeɪsɪdnəs *Am also* ˈʃeɪmfeɪstnəs/ *n.* **1** l'essere vergognoso, l'essere pieno di vergogna. **2** (*bashfulness*) timidezza *f.*, riservatezza *f.*, ritrosia *f.*

shameful /ˈʃeɪmfʊl/ *a.* vergognoso, disonorevole, ignominioso, ignobile: ~ *treatment* trattamento vergognoso.

shamefully /ˈʃeɪmfʊli/ *avv.* vergognosamente, in modo disonorevole.

shamefulness /ˈʃeɪmfʊlnəs/ *n.* indegnità *f.*, ignominia *f.*, infamia *f.*

shameless /ˈʃeɪmləs/ *a.* **1** spudorato, privo di pudore. **2** (*immodest, brazen*) svergognato, spudorato, sfrontato.

shamelessly /ˈʃeɪmləsli/ *avv.* spudoratamente.

shamelessness /ˈʃeɪmləsnəs/ *n.* **1** spudoratezza *f.* **2** (*impudence*) sfrontatezza *f.*, impudenza *f.*, spudoratezza *f.*

shammer /ˈʃæmə/ *n.* impostore *m.* (*f.* -a), imbroglione *m.* (*f.* -a).

shammy /ˈʃæmi/ *n.* (*colloq*) **1** (*chamois leather*) pelle *f.* di camoscio. **2** (*cloth used to dry*) pelle *f.* di daino. □ (*colloq*) ~ *leather* pelle *f.* di camoscio.

shamoy /ˈʃæmɔɪ/ *n.* (*colloq*) **1** (*chamois leather*) pelle *f.* di camoscio. **2** (*cloth used to dry*) pelle *f.* di daino.

shampoo /ʃæmˈpuː/ **I** *v.t.* **1** fare lo shampoo a. **2** (*of carpets, etc.*) lavare con schiuma di sapone, lavare con shampoo apposito (*anche Cosmet*). **II** *n.* shampoo *m.* (*anche Cosmet*).

shamrock /ˈʃæmrɒk *Am* ˈʃæmrɑːk/ *n.* **1** (*Bot*) specie *f.* di trifoglio. **2** (*national emblem of Ireland*) trifoglio *m.*

shandrydan /ˈʃændrɪdæn/ *n.* (*rar*) **1** calesse *m.* **2** (*fig*) veicolo *m.* sgangherato, carretta *f.*, (*scherz*) trabiccolo *m.*

shandy /ˈʃændi/, **shandygaff** /ˈʃændɪgæf/ *n.* bevanda *f.* composta di birra e una bibita gassata.

shanghai /ʃæŋˈhaɪ/ *v.t.* **1** (*Mar*) ingaggiare con mezzi illeciti, fare imbarcare con raggiri. **2** (*sl*) (*to force, to trick into unwelcome work*) costringere (con l'inganno) a un lavoro sgradito.

Shanghai /ʃæŋˈhaɪ/ *n.pr.* (*Geog*) Shanghai *f.*

Shangri-La /ˌʃæŋgrɪˈlɑː/ *n.pr.* (*Mitol*) Shangri-La *m.* (mitica valle sperduta sull'Hymalaia).

shank /ʃæŋk/ **I** *n.* **1** (*Anat*) tibia *f.*, stinco *m.* **2** (*estens*) (*leg*) gamba *f.* **3** (*Macell*) zampa *f.* **4** (*of a goblet, glass*) stelo *m.*, gambo *m.* **5** (*of an anchor*) fuso *m.* **6** (*of a nail, pin, etc.*) gambo *m.*; (*of a key*) cannello *m.*, fusto *m.*, canna *f.* **7** (*Mecc*) (*of a drill, etc.*) codolo *m.* **8** (*of a pipe*) cannello *m.* **9** (*Bot*) (*stem*) stelo *m.*, gambo *m.* **10** (*Calz*) fiosso *m.* **II** *v.i.* (*Agr*) cadere per malattia del gambo, cadere per malattia del peduncolo. **III** *v.t./i.* (*Sport*) (*in golf*) colpire con il tacco del bastone. □ (*scherz, fig*) *Shank's mare* (o *Shank's pony*) le pro-

prie gambe, i propri piedi, (*scherz*) il cavallo di san Francesco: *to ride Shank's mare* (o *to ride Shank's pony*) andare col cavallo di san Francesco, andare a piedi.

shan't /ʃɑːnt *Am* ʃænt/ (*contraz. di shall not*) → **shall**.

shantey /ˈʃænti *Am* ˈʃænti/ *n.* (*Mar*) coro *m.* di marinai, canto *m.* marinaresco.

shantung /ʃænˈtʌn/ *n.* (*Tess*) shantung *m.*, sciantung *m.*

shanty[1] /ˈʃænti *Am* ˈʃænti/ *n.* baracca *f.*, capanna *f.*, catapecchia *f.* □ ~ *town* baraccopoli, bidonville.

shanty[2] /ˈʃænti *Am* ˈʃænti/ *n.* (*Mar*) coro *m.* di marinai, canto *m.* marinaresco.

shapable /ˈʃeɪpəbl/ *a.* formabile, plasmabile, modellabile.

shape /ʃeɪp/ *n.* **1** forma *f.*, foggia *f.*, sagoma *f.*: *a stone of unusual* ~ una pietra di forma insolita; *geometrical -s* forme geometriche. **2** (*sth. seen in outline, indistinctly*) figura *f.* (indistinta), forma *f.*, ombra *f.*: *a sinister* ~ *loomed through the fog* una figura sinistra apparve tra la nebbia. **3** (*embodiment, expression*) forma *f.*, corpo *m.*, espressione *f.*, concretezza *f.*: *to give* ~ *to an idea* dare forma a un'idea. **4** (*assumed appearance*) veste *f.*, forma *f.*, aspetto *m.*, apparenza *f.*: *devil in angel's* ~ demonio in veste di angelo. **5** (*colloq*) (*figure*) linea *f.*, corpo *m.*, figura *f.*, personale *m.*: *she has a perfect* ~ ha un corpo perfetto. **6** (*condition*) forma *f.*, condizioni *f.pl.*: *the champion is in great* ~ il campione è in gran forma. **7** (*mould, pattern*) forma *f.*, stampo *m.*, modello *m.* **I** *v.t.* **1** foggiare, formare, sagomare: *to* ~ *a vase on a potter's wheel* foggiare un vaso su un tornio. **2** (*to mould*) plasmare, modellare, foggiare: *to* ~ *clay into a vase* plasmare la creta per fare un vaso. **3** (*to devise, to plan*) concepire, ideare, elaborare. **4** (*to adapt, to adjust*) adattare, conformare, regolare: *to* ~ *a regulation to one's own advantage* adattare un regolamento a proprio vantaggio. **5** (*to make fit for*) formare, educare, plasmare: *to* ~ *a child's character* formare il carattere di un bambino. **6** (*of hair*) acconciare sfoltendo. **7** (*Sart*) modellare. **8** (*Mecc*) limare. **II** *v.i.* **1** concretarsi, prendere forma, definirsi. **2** (*to come to pass*) andare, mettersi: *how is the new secretary shaping up?* come va la nuova segretaria?; *if things* ~ *up right* se le cose si mettono bene. □ *to* ~ *one's course for*: **1** (*fig*) indirizzarsi verso, orientarsi verso; **2** (*Mar*) fare rotta per; *to get into* ~ rimettersi in forma; *in* ~: **1** nella forma: *in* ~ *it resembles a pear* nella forma assomiglia a una pera; **2** (*having the correct shape*) a posto, in ordine; **3** (*in good condition*) in forma: *the team is in* ~ *for the match* la squadra è in forma per la partita; *to keep in* (*good*) ~ tenersi in forma, tenere in forma; *in the* ~ *of*: **1** a forma di: *a cake in the* ~ *of a hat* un dolce a forma di cappello; **2** (*in the form of*) sotto forma di: *help came in the* ~ *of a large loan* l'aiuto venne sotto forma di un grosso prestito; *the* ~ *of things to come* le prospettive future; *in any* ~ *or form* di qualsiasi genere, di qualsiasi specie, di qualsiasi sorta; *without* ~ *or form* senza alcuna forma, informe; *out of* ~: **1** sformato, deformato; **2** (*not fit*) non in forma: *I'm out of* ~ non sono in forma; *to take* ~: **1** prendere forma, definirsi, concretarsi: *our plans are beginning to take* ~ i nostri programmi stanno prendendo forma; **2** (*to find expression*) concretarsi, trovare espressione, tradursi, manifestarsi: *his ideas took* ~ *in a novel* le sue idee si concretarono in un romanzo; *to cut to* ~ tagliare su misura.

(*colloq*) *to ~up* : 1 concretarsi, prendere forma, definirsi; 2 (*to come to pass*) andare, mettersi: *how is the new secretary shaping up?* come va la nuova segretaria?; *if things ~ up right* se le cose si mettono bene; *~up or ship out !* mettiti in riga o vattene!; (*colloq*) *to ~up to* : 1 avanzare a pugni chiusi; 2 (*to challenge*) sfidare.

SHAPE /ʃeɪp/ (*Stor*) *Supreme Headquarters of Allied Powers in Europe* (comando supremo delle truppe alleate in Europa).

shapeable /ˈʃeɪpəbl/ *a.* formabile, plasmabile, modellabile.

shaped /ʃeɪpt/ *a.* 1 formato, foggiato, plasmato. 2 (*in compounds*) a forma di..., a foggia di...: *pear-~* a forma di pera. 3 (*of clothes*) modellato.

shapeless /ˈʃeɪpləs/ *a.* 1 senza forma, informe. 2 (*out of shape*) sformato, deformato.

shapelessly /ˈʃeɪpləsli/ *avv.* senza forma.

shapeliness /ˈʃeɪplɪnəs/ *n.* 1 proporzione *f.* di forme. 2 (*of a woman, girl*) grazia *f.*

shapely /ˈʃeɪpli/ *a.* 1 proporzionato, armonioso, armonico. 2 (*of a woman, girl*) aggraziata, ben fatta.

shaper /ˈʃeɪpər/ *n.* 1 chi forma, plasmatore *m.* (*f.* -trice), modellatore *m.* (*f.* -trice). 2 (*Mecc*) limatrice *f.* 3 (*Fal*) piallatrice *f.*

shaping /ˈʃeɪpɪŋ/ **I** *n.* 1 formazione *f.*, foggiatura *f.*, modellatura *f.* 2 (*sth. shaped, creature*) creatura *f.*, creazione *f.* **II** *a.* che forma, formatore, modellatore.

sharable /ˈʃeərəbl/ *Am* /ˈʃerəbl/ *a.* condivisibile.

shard /ʃɑːd *Am* ʃɑːrd/ *n.* 1 coccio *m.*, frammento *m.* di vaso. 2 (*Entom*) elitra *f.*

share [1] /ʃeər *Am* ʃer/ **I** *n.* 1 quota *f.*, parte *f.*, porzione *f.* (*in, of* di): *his ~ of the inheritance* la sua quota di eredità; *to take one's full ~ of blame* assumersi interamente la propria parte di colpa; *to come in for one's ~ of criticism* ricevere la propria parte di critiche, meritarsi la propria parte di critiche; 2 (*contribution*) contributo *m.*: *to pay one's ~* pagare il proprio contributo; *his ~ in the enterprise* il suo contributo all'impresa. 3 (*Econ*) azione *f.*, titolo *m.* (azionario): *oil ~s* titoli petroliferi. **II** *v.t.* 1 (*to give a share of*) dividere, rendere partecipe di, spartire, dare una parte di, condividere: *he -d his snack with his companions* divise la merenda con i compagni. 2 (*to receive a share of*) avere una parte di, ricevere una parte di. 3 (*to use, to enjoy, etc., jointly*) dividere, condividere, usare in comune, avere in comune, usare insieme, avere insieme: *to ~ a flat with so.* dividere un appartamento con qcu. 4 (*to participate in*) partecipare a, condividere, prendere parte a, essere partecipe di, farsi partecipe di: *to ~ so.'s grief* partecipare al dolore di qcu.; *I do not ~ your opinion* non condivido la tua opinione. 5 (*Br*) (*to share out*) dividere, spartire, suddividere, ripartire. **III** *v.i.* 1 prendere parte, partecipare: *to ~ with so. in sth.* prendere parte a qcs. insieme a qcu. 2 (*to take part*) partecipare, prendere parte (*in* a), condividere (qcs.): *to ~ in so.'s joys and sorrows* partecipare ai dolori e alle gioie di qcu. 3 (*Inform*) condividere. □ *to ~and ~alike* dividere in parti esattamente uguali fra tutti; (*Econ*) *~ capital* capitale sociale, capitale azionario; (*Econ*) *~ certificate* certificato azionario; (*Econ*) *~ coupon* cedola azionaria; *to do one's ~* fare la propria parte, fare (tutto) il dovuto; *to go -s in sth.*: 1 dividere (equamente) qcs., ripartire qcs., fare alla romana (per): *let's go -s in the petrol costs* dividiamo le spese della benzina; 2 (*to become part owner*) divenire comproprietario di

qcs.; *to have a ~ in*: 1 avere una compartecipazione a, avere una parte in: *I had a ~ in the profits* avevo una compartecipazione agli utili; 2 (*to be involved in*) essere coinvolto in, essere implicato in; (*Econ*) *~holder* azionista; (*Econ*) *~holders' meeting* assemblea degli azionisti; (*Econ*) *~holding* portafoglio azionario; (*Econ*) *~list* listino valori; (*Econ*) *~option* opzione su azioni; *to ~out* : 1 (*Br*) dividere, spartire, suddividere, ripartire, fare le parti di (*among, between* tra): *to ~ out a cake among the children* dividere un dolce fra i bambini; *to ~ out one's estate* spartire il (proprio) patrimonio; 2 (*Econ*) dare dividendi; (*Econ*) *~price* corso di un'azione, prezzo di un'azione; (*Econ*) *~quotation* quotazione in borsa; (*Econ*) *~rating* valutazione dei titoli azionari; *to ~ a secret* rivelare un segreto.

share [2] /ʃeər *Am* ʃer/ *n.* (*Agr*) (*ploughshare*) vomere *m.*

shareable /ˈʃeərəbl/ *Am* /ˈʃerəbl/ *a.* condivisibile.

sharebroker /ˈʃeəˌbroukər *Am* ˈʃerˌbroukər/ *n.* (*Econ*) agente *m./f.* di cambio.

sharecrop /ˈʃeəkrɒp *Am* ˈʃerkrɑːp/ *v.t.* (*Agr*) fare il mezzadro.

sharecropper /ˈʃeəˌkrɒpər *Am* ˈʃerˌkrɑːpər/ *n.* (*Am,Agr*) mezzadro *m.*

share-farmer /ˈʃeəˌfɑːmər *Am* ˈʃerˌfɑːrmər/ *n.* (*Am,Agr*) mezzadro *m.*

share-out /ˈʃeəraut *Am* ˈʃeraut/ *n.* 1 divisione *f.* in quote, divisione *f.* in parti uguali, suddivisione *f.* in quote, suddivisione *f.* in parti uguali. 2 (*of real estate*) lottizzazione *f.*

shareware /ˈʃeəweər *Am* ˈʃerwer/ *n.* (*Inform*) shareware *m.*

shark /ʃɑːk *Am* ʃɑːrk/ **I** *n.* 1 (*Itt*) squalo *m.*, pescecane *m.* 2 (*fig*) squalo *m.*, persona *f.* avida e rapace. 3 (*swindler*) imbroglione *m.* (*f.* -trice), truffatore *m.* (*f.* -trice), furfante *m./f.* 4 (*Am,sl*) (*expert*) fenomeno *m.*, persona *f.* in gamba, persona *f.* abilissima, bestia *f.* **II** *v.i.* 1 andare a pesca di squali. 2 (*fig*) imbrogliare il prossimo, truffare; (*to live by trickery*) vivere di truffe.

sharp /ʃɑːp *Am* ʃɑːrp/ **I** *a.* 1 affilato, tagliente: *a ~ knife* un coltello affilato; *a sword with a ~ edge* una spada dalla lama tagliente. 2 (*having a fine point*) aguzzo, appuntito, puntuto, acuminato: *a ~ stick* un bastone puntuto. 3 (*of features, a face*) aguzzo, angoloso. 4 (*involving an abrupt change of direction*) brusco, improvviso: *a ~ bend in the road* una curva brusca della strada. 5 (*making an acute angle*) ad angolo acuto. 6 (*steep, abrupt*) rigido, erto, scosceso, a picco: *a ~ descent* una discesa ripida. 7 (*distinct*) nitido, distinto, netto, chiaro: *a ~ image* una immagine nitida; *~ outlines* contorni netti. 8 (*fig*) (*marked, distinct*) netto, spiccato, marcato. 9 (*intense, acute*) intenso, acuto, penetrante, pungente: *a ~ pain in the side* un intenso dolore al fianco. 10 (*brusque*) secco, brusco, reciso: *a ~ reply* una risposta secca. 11 (*mentally keen*) sveglio, perspicace, acuto, pronto: *a ~ young man* un ragazzo sveglio. 12 (*smart, shrewd*) scaltro, accorto, furbo, (*colloq*) dritto: *a ~ businessman* uno scaltro uomo d'affari; *he was too ~ for me* era troppo astuto per me, era troppo furbo per me, mi ha messo nel sacco. 13 (*unscrupulous, dishonest*) disonesto, privo di scrupoli: *~ methods* metodi disonesti. 14 (*elegant, fashionable*) elegante, raffinato. 15 (*quick*) veloce, svelto; (*brisk*) sbrigativo, energico. 16 (*of sounds*) lacerante, acuto, stridulo: *a ~ whistle* un fischio acuto. 17 (*Mus*) (*of a note*) crescente; (*of a tone*) diesis.

II *n.* 1 (*Mus*) diesis *m.* 2 (*long sharp needle*) ago *m.* lungo e appuntito. 3 (*sl*) (*sharper*) imbroglione *m.* (*f.* -a), truffatore *m.* (*f.* -trice). 4 (*Am,sl*) (*expert*) esperto *m.* (*f.* -a), conoscitore *m.* (*f.* -trice). **III** *avv.* 1 bruscamente, di colpo, all'improvviso, tutt'a un tratto: *the taxi pulled up ~* il taxi si arrestò bruscamente. 2 (*quickly*) presto, sveltamente, alla svelta, con sveltezza. 3 (*precisely, punctually*) in punto, con precisione, puntualmente: *at nine o'clock ~* alle nove in punto. 4 (*alertly, vigilantly*) attentamente, con attenzione, con occhio vigile, all'erta. **IV** *v.t.* 1 (*Mus*) alzare di un semitono; (*to add a sharp*) diesare, diesare. 2 (*sl*) (*to swindle*) raggirare, imbrogliare, truffare, fregare. **V** *v.i.* 1 (*Mus*) cantare in un tono troppo alto. 2 (*sl*) (*to practise trickery*) imbrogliare il prossimo. □ *he is a ~dresser* si veste con eleganza; *to keep a ~look-out* stare bene in guardia; *~ practice* traffici loschi; *to have a ~temper* avere un temperamento collerico; (*fig*) *to have a ~tongue* avere una lingua tagliente.

sharpen /ˈʃɑːpən *Am* ˈʃɑːrpən/ **I** *v.t.* 1 affilare, arrotare: *to ~ a knife* affilare un coltello; *to ~ its claws* (*of an animal*) affilare gli artigli. 2 (*of a point*) appuntire, aguzzare, fare la punta a, appuntare. 3 (*fig*) (*to make quicker in perception*) aguzzare, affinare, acuire: *to ~ one's wits* aguzzare l'ingegno. 4 (*to make distinct*) mettere a fuoco, rendere netto, rendere nitido: *to ~ a microscopic image* mettere a fuoco un'immagine al microscopio. 5 (*to make more intense*) rendere più intenso, intensificare, acuire. 6 (*to make more harsh*) inasprire. 7 (*of sounds, voice*) rendere più acuto. 8 (*Br*) (*of food, drinks: to make more pungent*) rendere più forte, rendere più aspro, dare un sapore più piccante a. 9 (*of the appetite*) stimolare, aguzzare, acuire. 10 (*Mus*) alzare di un semitono; (*to add a sharp*) diesare, diesare. **II** *v.i.* 1 affilarsi, diventare più tagliente. 2 (*of a point*) aguzzarsi, diventare più appuntito, diventare più acuminato. 3 (*to become quicker in perceptions*) diventare più acuto, diventare più sveglio. 4 (*of the appetite*) crescere, diventare più forte. 5 (*to become distinct*) diventare chiaro, diventare nitido. 6 (*to become more intense*) intensificarsi, acuirsi, diventare più intenso, farsi più intenso. 7 (*Mus*) cantare in un tono troppo alto. □ (*fig*) *to ~ one's knife for so.* affilare le unghie contro qcu., prepararsi ad affrontare qcu.; *to ~up* migliorare, affinare.

sharpener /ˈʃɑːpənər *Am* ˈʃɑːrpənər/ *n.* 1 (*machine*) affilatrice *f.*, molatrice *f.*; (*device*) mola *f.* 2 (*so. that sharpens knives*) arrotino *m.* 3 (*pencil sharpener*) temperamatite *m.*

sharpening /ˈʃɑːpənɪŋ *Am* ˈʃɑːrpənɪŋ/ *n.* 1 affilamento *m.* 2 (*fig*) aggravamento *m.*, peggioramento *m.*

sharper /ˈʃɑːpər *Am* ˈʃɑːrpər/ *n.* 1 imbroglione *m.* (*f.* -a), truffatore *m.* (*f.* -trice). 2 (*card-sharper*) baro *m.*

sharp-featured /ˈʃɑːpˌfiːtʃəd *Am* ˈʃɑːrpˌfiːtʃərd/ *a.* dai lineamenti marcati.

sharply /ˈʃɑːpli *Am* ˈʃɑːrpli/ *avv.* 1 nettamente, decisamente. 2 (*abruptly*) bruscamente, di colpo, all'improvviso, tutt'a un tratto. 3 (*harshly*) aspramente, duramente. 4 (*keenly*) acutamente, sottilmente, con acutezza. 5 (*piercingly, shrilly*) acutamente, in modo stridulo. 6 (*sl*) (*dressily*) elegantemente, con raffinatezza.

sharpness /ˈʃɑːpnəs *Am* ˈʃɑːrpnəs/ *n.* 1 l'essere tagliente, taglio *m.* 2 (*of features, a face*) angolosità *f.*, l'essere aguzzo. 3 (*of a bend, turn*) l'essere brusco, l'essere improvviso; (*abruptness, steepness*) ripidezza *f.*, ripidità *f.* **4** (*distinctness*) nitidezza *f.*, chiarezza *f.* **5** (*intensity*) intensità *f.*, acutezza *f.*, l'essere penetrante. **6** (*brusqueness*) secchezza *f.* (di modi), modi *m.pl.* bruschi; (*harshness*) asprezza *f.*, durezza *f.* **7** (*mental keenness*) acume *m.*, acutezza *f.*, perspicacia *f.* **8** (*keenness in perception*) acutezza *f.*, sottigliezza *f.*, finezza *f.* **9** (*of sounds*) acutezza *f.*, l'essere stridulo, l'essere lacerante. **10** (*pungency*) l'essere forte, l'essere piccante.

sharpshooter /'ʃɑːpˌʃuːtər *Am* 'ʃɑːrpˌʃuːtər/ *n.* (*Mil*) tiratore *m.* scelto.

sharp-sighted /ʃɑːp'saɪtɪd *Am* 'ʃɑːrp,saɪtɪd/ *a.* **1** dalla vista acuta. **2** (*mentally keen*) sveglio, perspicace, acuto, lesto di ingegno.

sharp-tongued /ˌʃɑːp'tʌŋd *Am* 'ʃɑːrp,tʌŋd/ *a.* dalla lingua tagliente, mordace, pungente, caustico.

sharp-witted /ʃɑːp'wɪtɪd *Am* 'ʃɑːrp,wɪtɪd/ *a.* di mente acuta, perspicace, sveglio.

shat /ʃæt/ → **shit**.

shatter /'ʃætər *Am* 'ʃætər/ **I** *v.t.* **1** mandare in frantumi, frantumare, fare a pezzi: *to ~ a pane of glass* mandare in frantumi una lastra di vetro. **2** (*fig*) distruggere, rovinare: *to ~ so.'s hopes* distruggere le speranze di qcu.; *his health was -ed* la sua salute era rovinata. **3** (*fig*) (*of nerves*) ridurre a pezzi, ridurre in pezzi, spezzare. **II** *v.i.* **1** frantumarsi, andare in pezzi, andare in frantumi, rompersi (in frammenti). **2** (*to disintegrate*) disintegrarsi. **III** *n.pl.* frantumi *m.pl.*, frammenti *m.pl.*, pezzi *m.pl.*

shatterable /'ʃætərəbl/ □ *non~ glass* vetro antisfondamento.

shattered /'ʃætərd/ *a.* (*Br,colloq*) distrutto, a pezzi, stanchissimo.

shattering /'ʃætərɪŋ *Am* 'ʃætərɪŋ/ *a.* **1** disastroso, rovinoso, distruttivo, devastante: *a ~ blow to our hopes* un colpo disastroso per le nostre speranze. **2** (*fig*) straordinario, strepitoso, eccezionale. **3** (*Br,colloq*) che distrugge, che stanca tantissimo.

shatterproof /'ʃætəpruːf *Am* 'ʃætərpruːf/ *a.* infrangibile.

shave /ʃeɪv/ (*past* -**d** /-d/, *p.p.* -**d** o -**n** /ʃeɪvən/) **I** *v.t.* **1** radere, rasare: *to ~ one's face* radersi la faccia; *he -d himself carefully* si è rasato accuratamente; *do you ~ under your arms?* ti radi le ascelle?, ti depili le ascelle? **2** (*to remove a thin layer from*) piallare: *to ~ the surface of a table* piallare la superficie di un tavolo. **3** (*to remove in thin layers*) raschiare, scrostare. **4** (*to pass close to, to graze*) sfiorare, rasentare, radere: *I -d the wall as I entered the garage* ho sfiorato il muro mentre entravo in garage. **5** (*to cut closely*) affettare sottilmente. **6** (*to cut in flakes*) raspare, tagliare in scaglie. **7** (*to reduce*) tagliare, ridurre (*off sth. qcs.*): *the new train will ~ 10 minutes off the journey time* il nuovo treno ridurrà di 10 minuti il tempo di viaggio. **II** *v.i.* rasarsi, radersi, farsi la barba, sbarbarsi. **III** *n.* **1** il radere, il radersi, rasatura *f.*: *to give so. a ~* fare la barba a qcu., sbarbare qcu. **2** (*Fal*) piallatura *f.*, piallata *f.* **3** (*tool*) raschietto *m.* **4** (*sl*) (*swindle*) imbroglio *m.*, truffa *f.*, fregatura *f.* □ *to ~ away* radere, rasare, tagliare; *to ~ off*: 1 (*to remove by shaving*) radere, rasare, tagliare: *to ~ off a beard* radere una barba; 2 (*to remove in thin layers*) raschiare, scrostare.

shaved /ʃeɪvd/ □ *the cake was decorated with ~ chocolate* il dolce era decorato con fini scaglie di cioccolato.

shaven¹ /'ʃeɪvən/ → **shave¹**.

shaven² /'ʃeɪvən/ *a.* **1** rasato, sbarbato. **2** (*tonsured*) tonsurato, con la tonsura.

shaver /'ʃeɪvər/ *n.* **1** chi rade. **2** (*barber*) bar-

biere *m.* **3** (*electric razor*) rasoio *m.* elettrico. **4** (*colloq*) (*youngster, boy*) giovincello *m.*, sbarbatello *m.* □ (*Am*) ~ *outlet* presa per rasoio; (*Br*) ~ *point* presa per rasoio.

shavetail /'ʃeɪvteɪl/ *n.* **1** (*Am,Mil,sl*) sottotenente *m.* di nuova nomina. **2** (*Am,colloq*) (*inexperienced person*) pivello *m.*

Shavian /'ʃeɪvɪən/ **I** *a.* (caratteristico) di (G. B.) Shaw. **II** *n.* studioso *m.* (*f.* -a) di (G. B.) Shaw.

shaving /'ʃeɪvɪŋ/ *n.* **1** il radere, il radersi, rasatura *f.* **2** (*Fal*) piallatura *f.*, piallata *f.* **3** (*Mecc*) (*of gears*) sbarbatura *f.*, rasatura *f.* **4** *pl.* trucioli *m.pl.*, scaglie *f.pl.*: *wood -s* trucioli (di legno); *chocolate -s* fini scaglie di cioccolato. □ ~ *brush* pennello da barba; (*Cosmet*) ~ *cream* crema da barba; (*Cosmet*) ~ *foam* schiuma da barba; ~ *kit* kit da barba; (*Cosmet*) ~ *lotion* lozione da barba.

shawl /ʃɔːl/ *n.* (*Abbigl*) scialle *m.* □ (*Sart*) ~ *collar* collo sciallato.

shawm /ʃɔːm/ *n.* (*Mus,Stor*) cennamella *f.*, cialamello *m.*, piva *f.*

shay /ʃeɪ/ *n.* (*dial*) (*chaise*) calesse *m.*

shazam /ʃə'zæm/ *intz.* e voilà!

she /ʃiː/ *pron.pers.* **1** lei, ella, essa, *often not translated*: ~ *has arrived* è arrivata; ~ *said it* l'ha detto lei. **2** (*of cars, ships, etc.*) *not translated or translated with the corresponding word*: ~*'s the latest model* questa auto è l'ultimo modello; ~*'s sinking fast* la nave affonda rapidamente. **3** (*the one*) colei, quella: ~ *to whom I address these lines* colei cui invio queste righe. **II** *n.* **1** femmina *f.*, donna *f.*, lei *f.*: *the baby is a* ~ il neonato è una femmina (*o bambina*); *hes and -s* uomini e donne. **2** (*female animal*) femmina *f.* **III** *a.* (*in compounds: female*) femmina, *often translated by the feminine noun*: *a ~-monkey* una scimmia femmina; *a ~-cat* una gatta. □ (*Tel*) *this is ~* (*telephone response*) sono io.

shea /ʃɪə, ʃiː/ *n.* (*Bot*) albero *m.* del burro. □ (*Bot*) ~ *butter* burro di shea; (*Bot*) ~ *tree* albero del burro.

sheading /'ʃiːdɪŋ/ *n.* (*GB*) (*on the Isle of Man*) distretto *m.* amministrativo.

sheaf /ʃiːf/ **I** *n.* (*pl.* **sheaves** /ʃiːvz/) **1** (*Agr*) covone *m.*, fastello *m.* **2** (*fig*) fascio *m.*, mazzo *m.*, fastello *m.*: *a ~ of documents* un fascio di documenti. **3** (*of arrows*) frecce *f.pl.* contenute in una faretra. **II** *v.t.* legare in un fascio, accovonare, affastellare. □ (*Agr*) ~ *binder* accovonatore.

shealing /'ʃiːlɪŋ/ *n.* (*Scott*) **1** pascolo *m.*, pastura *f.* **2** (*hut for shepherds, huntsmen*) capanna *f.* per pastori, capanna *f.* per cacciatori. **3** (*sheep shelter*) ricovero *m.* per pecore.

shear¹ /ʃɪə *Am* ʃɪr/ (*past* -**ed** /-d/, *dial* **shore** /ʃɔː *Am* ʃɔːr/; *p.p.* -**ed** o **shorn** /ʃɔːn *Am* ʃɔːrn/) **I** *v.t.* **1** tosare: *to ~ a sheep* tosare una pecora. **2** (*to remove by cutting*) tagliare, togliere recidendo. **3** (*to cut with shears*) tosare, rasare: *to ~ a hedge* tosare una siepe. **4** (*estens*) (*to cut*) tagliare, recidere, troncare. **5** (*fig*) (*to deprive*) privare: *to be shorn of one's power* essere privato del potere. **6** (*fig*) (*to travel through*) fendere, solcare: *the ship -ed the waves* la nave fendeva le onde. **7** (*Tess*) radere, cimare. **8** (*Met*) tranciare, tagliare. **9** (*Mecc*) torcere. **II** *v.i.* (*Mecc*) spezzarsi; (*to suffer deformation*) torcersi. **2** (*fig*) fendere, solcare (*through sth. qcs.*). □ (*Mecc*) *to ~ off* spezzarsi; (*to suffer deformation*) torcersi; (*Tecn*) ~ *pin* spina di sicurezza; (*Met*) ~ *steel* ferro (da puddellaggio) saldato a pacchetto.

shear² /ʃɪə *Am* ʃɪr/ *n.pl.* **1** cesoie *f.pl.*, forbici *f.pl.* per giardinaggio: *a pair of -s* un paio di

cesoie. **2** (*for shearing sheep*) forbici *f.pl.* per tosare. **3** (*Met*) cesoia *f.sing.*, trancia *f.sing.*, taglierina *f.sing.*

sheared /ʃɪərd *Am* ʃɪrd/ *a.* **1** tosato: *a ~ sheep* una pecora tosata. **2** (*of a hedge, etc.*) rasato, tosato.

shearer /'ʃɪərər *Am* 'ʃɪrər/ *n.* **1** chi tosa, tosatore *m.* (*f.* -trice). **2** (*Mecc,Met*) cesoia *f.* meccanica, trancia *f.* **3** (*Zootecn*) tosatrice *f.*

shearing /'ʃɪərɪŋ *Am* 'ʃɪrɪŋ/ *n.* **1** tosatura *f.* **2** (*Met*) tranciatura *f.* □ (*Fis*) ~ *force* forza di taglio; ~ *machine*: 1 (*Mecc,Met*) cesoia meccanica, trancia; 2 (*Zootecn*) tosatrice.

shearling /'ʃɪəlɪŋ *Am* 'ʃɪrlɪŋ/ *n.* **1** (*Zootecn*) pecora *f.* tosata una sola volta. **2** (*wool*) lana *f.* di una pecora tosata una sola volta. **3** (*Abbigl*) montone *m.* shearling.

she-ass /'ʃiːæs/ *n.* (*Zool*) asina *f.*

sheath /ʃiːθ/ (*pl.* **sheaths** /ʃiːðz/) *n.* **1** fodero *m.*, guaina *f.* **2** (*estens*) involucro *m.*, astuccio *m.*, custodia *f.*, guaina *f.* **3** (*Biol,El,Fis*) guaina *f.* **4** (*Entom*) elitra *f.* **5** (*Abbigl*) (*sheath dress*) tubino *m.* **6** (*colloq*) (*condom*) preservativo *m.*, condom *m.* □ (*Abbigl*) ~ *dress* tubino; ~ *knife* coltello (a lama fissa) con fodero.

sheathe /ʃiːð/ *v.t.* **1** inguainare, infoderare, porre nel fodero, rimettere nel fodero: *to ~ one's sword* inguainare la spada. **2** (*to cover with sheathing*) rivestire, ricoprire.

sheathing /'ʃiːðɪŋ/ *n.* rivestimento *m.*, copertura *f.*

sheathless /'ʃiːθləs/ *a.* sfoderato, senza rivestimento.

sheath-winged /'ʃiːθwɪŋd/ *a.* (*Entom*) munito di elitra, munito di ali chitinose.

sheave¹ /ʃiːv/ → **sheaf**.

sheave² /ʃiːv, ʃɪv/ *n.* (*Mecc*) **1** carrucola *f.* **2** (*pulley*) puleggia scanalata.

sheaves /ʃiːvz/ → **sheaf**.

Sheba /'ʃiːbə/ *n.pr.f.* (*Stor,Bibl*) Saba: *the Queen of* ~ la regina di Saba.

shebang /ʃɪ'bæŋ/ *n.* **1** (*sl*) faccenda *f.*, affare *m.*, cosa *f.*: *the whole* ~ tutta la faccenda. **2** (*sl*) (*structure of an organization, etc.*) (*colloq*) baracca *f.*: *the whole ~ fell apart* tutta la baracca andò all'aria. **3** (*ant*) (*crude hut*) baracca *f.*, capanna *f.*

shebeen /ʃɪ'biːn/ *n.* (*Ir,Scott,S.Afr*) spaccio *m.* clandestino di alcolici.

she-cat /'ʃiːkæt/ *n.* gatta *f.*

she'd /ʃiːd/ *contraz.* di she had, she would.

shed¹ /ʃed/ (*past, p.p.* **shed**) **I** *v.t.* **1** versare, spargere, spandere: *to ~ tears* versare lacrime; *to ~ one's blood for one's country* spargere il (proprio) sangue per la patria. **2** (*fig*) (*to diffuse*) diffondere, spargere, spandere: *the lamp ~ a soft light* la lampada diffondeva una luce riposante. **3** (*Biol*) perdere, mutare. **4** (*Bot*) perdere, spogliarsi di. **5** (*to take off*) togliere, levare: *to ~ one's clothes* togliersi gli abiti. **6** (*fig*) (*to rid oneself of*) perdere, liberarsi di, spogliarsi di. **II** *v.i.* **1** (*Biol*) spogliarsi, mutare pelle, fare la muta; (*to shed hair*) perdere il pelo, lasciar cadere il pelo. **2** (*Bot*) sfogliarsi, diventare spoglio, perdere le foglie. □ ~ *bitter tears* versare lacrime amare, piangere amaramente; *to ~ blood* spargere sangue; (*fig*) *to ~ light on sth.* fare luce su qcs., chiarire qcs.

shed² /ʃed/ *n.* **1** capannone *m.* **2** (*hut, cabin*) capanna *f.*, baracca *f.* **3** (*for cows, etc.*) stalla *f.* **4** (*Aer*) aviorimessa *f.*, hangar *m.*

shedder /'ʃedər/ *n.* **1** chi sparge, chi versa. **2** (*Itt*) salmone *m.* che ha deposto le uova.

she-devil /'ʃiːˌdevl/ *n.* **1** diavolessa *f.* **2** (*fig*) donna *f.* diabolica, donna *f.* maligna.

shedload /'ʃedloud/ *n.* (*Br,colloq*) (*huge amount*) mucchio *m.*, valanga *f.*

sheen /ʃiːn/ *n.* lucentezza *f.*, lustro *m.*

sheeney /'ʃiːni/ *n.* (*Am,spreg*) (*Jew*) giudeo *m.* (*f.* -a), ebreo *m.* (*f.* -a).

sheeny [1] /'ʃiːni/ *a.* **1** lucente, radioso, splendente. **2** (*lustrous*) lustro.

sheeny [2] /'ʃiːni/ *n.* (*Am,spreg*) (*Jew*) giudeo *m.* (*f.* -a), ebreo *m.* (*f.* -a).

sheep /ʃiːp/ *n.inv.* **1** (*Zool*) pecora *f.* **2** (*costr.pl.*) (*Zool*) pecore *f.pl.: a flock of* ~ un gregge di pecore. **3** (*fig*) persona *f.* sottomessa, persona *f.* docile, pecora *f.*; (*fig*) (*meek person*) persona *f.* mite, agnello *m.*, pecora *f.* **4** (*Rel,Bibl*) pecorella *f.*, pecora *f.: a lost* ~ una pecorella smarrita. **5** (*costr.pl.*) (*Rel*) gregge *m.* (*anche fig*). □ (*Zootecn*) *~dip* bagno antiparassitario per pecore; (*fig,colloq*) *to make* ~ '*s eyes at so.* (o *to cast* ~ '*s eyes at so.*) fare l'occhio di triglia a qcu., fare gli occhi dolci a qcu.; ~ *farm* allevamento di pecore; ~ *farmer* allevatore di pecore; ~*farming* allevamento di pecore, pastorizia; ~*fold* ovile, chiuso; ~*herder* pastore, pecoraio; ~*hook* bastone da pastore; (*fig*) *one may as well hang* (o *be hanged*) *for a* ~ *as a lamb* perso per perso, tanto vale andare fino in fondo; (*Alim*) ~'*smilk* latte di pecora; ~*pen* ovile, chiuso; ~*raiser* allevatore di pecore; ~*raising* allevamento di pecore, pastorizia, ovinicoltura; ~ *run* pascolo, pastura, (*Aus*) ~ *station* allevamento di pecore; (*Br*) ~*worrying* inseguimento e azzannamento delle pecore.

sheepdog /'ʃiːpdɒg *Am* 'ʃiːpdɔːg/ *n.* (*Zool*) **1** cane *m.* da pastore, pastore *m.* **2** (*collie*) collie *m.*, cane *m.* da pastore scozzese.

sheepish /'ʃiːpɪʃ/ *a.* **1** timido, vergognoso, ritroso. **2** (*embarrassed*) imbarazzato, confuso, impacciato. **3** (*meek, docile*) docile, mansueto, mite, remissivo.

sheepishly /'ʃiːpɪʃli/ *avv.* **1** timidamente, con ritrosia. **2** (*meekly*) mitemente, mansuetamente.

sheepishness /'ʃiːpɪʃnəs/ *n.* **1** timidezza *f.*, ritrosia *f.* **2** (*meekness*) mitezza *f.*, mansuetudine *f.*, docilità *f.*

sheepshank /'ʃiːpʃæŋk/ *n.* **1** (*Mar*) nodo *m.* (a) margherita, margherita *f.* **2** (*Scott,fig*) cosa *f.* da nulla, nonnulla *m.*, bazzecola *f.*, inezia *f.*

sheep-shearer /'ʃiːpʃɪərə *Am* 'ʃiːpʃɪrər/ *n.* **1** tosatore *m.* (*f.* -trice) (di pecore). **2** (*Tecn*) (*machine*) tosatrice *f.*

sheep-shearing /'ʃiːpʃɪərɪŋ *Am* 'ʃiːpʃɪrɪŋ/ *n.* tosatura *f.*

sheepskin /'ʃiːpskɪn/ **I** *n.* **1** pelle *f.* di pecora, vello *m.* di pecora. **2** (*Pell*) (*leather*) pelle *f.* conciata di pecora. **3** (*parchment*) pergamena *f.*, cartapecora *f.* **4** (*Am,colloq*) (*diploma*) diploma *m.*, pergamena *f.* **II** *a.* di pelle di pecora.

sheer [1] /ʃɪə *Am* ʃɪr/ **I** *a.* **1** vero (e proprio), assoluto, completo, bell'e buono: *a* ~ *waste of money* un vero spreco di denaro. **2** (*unmixed*) puro, liscio, non diluito. **3** (*of fabric*) trasparente, velato, sottile: ~ *stockings* collant velati. **4** (*precipitous, almost vertical*) a picco, a perpendicolo, perpendicolare. **II** *avv.* **1** del tutto, completamente, totalmente. **2** (*directly*) dritto dritto, direttamente. **3** (*perpendicularly*) a perpendicolo, a picco, perpendicolarmente. □ *by* ~*coincidence* per pura coincidenza; *out of* ~*habit* per abitudine, di solito.

sheer [2] /ʃɪə *Am* ʃɪr/ **I** *v.i.* (*Mar*) deviare, scostarsi, allargarsi. **II** *v.t.* (*Mar*) deviare, far deviare. **III** *n.* **1** (*Mar*) deviazione *f.*, guinata *f.* **2** (*of a hull*) cavallino *m.*, insellatura *f.* □ (*Mar*) *to* ~*away* deviare, scostarsi, allargarsi; (*fig*) *to* ~*away from sth.* evitare qcs.; (*Mar*) *to* ~*off* deviare, scostarsi, allargarsi.

sheer-hulk /'ʃɪəhʌlk *Am* 'ʃɪrhʌlk/ *n.* (*Mar*)

pontone *m.* a biga, pontone-biga *m.*

sheers /ʃɪəz/ *n.pl.* (*Br,Abbigl*) collant *m.pl.* velati.

sheet [1] /ʃiːt/ **I** *n.* **1** lenzuolo *m.: to change the -s* cambiare le lenzuola; *clean -s* lenzuola pulite. **2** (*of metal*) foglio *m.*, foglia *f.*, lamina *f.*, lamiera *f.: ~ of copper* foglio di rame. **3** (*of glass, ice, etc.*) lastra *f.* **4** (*of paper*) foglio *m.* (di carta). **5** (*wide expanse*) distesa *f.*, estensione *f.*; (*of water*) specchio *m.* **6** (*colloq,spreg*) (*newspaper*) giornale *m.*, foglio *m.* **7** (*baking sheet*) teglia *f.* da forno. **8** (*winding-sheet*) lenzuolo *m.* funebre, sudario *m.* **9** (*Mar*) (*sail*) vela *f.* **10** (*Geom*) falda *f.* **11** (*Geol*) strato *m.* sottile, falda *f.* sottile. **12** (*Filat*) foglio *m.* **II** *a.* (*of metals*) in fogli. **III** *v.t.* **1** fornire di lenzuoli. **2** (*to wrap in a sheet*) avvolgere in un lenzuolo; (*to cover with a sheet*) coprire con un lenzuolo. **3** (*Met*) foderare di lamiera, blindare. □ *~anchor*: 1 (*Mar*) ancora di tonneggio, ancora di speranza; 2 (*fig*) ultima speranza, ancora di salvezza; (*Met*) *~copper* lamierino di rame; *-s offire* cortina di fuoco; (*Vetr*) *~glass* cristallo (in lastra), vetro tirato; ~ *ice* ghiaccio superficiale; *the rain came down in -s* la pioggia veniva giù a torrenti; (*Met*) *~iron* lamiera nera; (*Meteor*) *~lightning* fulmine diffuso; (*Met*) *~metal* lamiera sottile, lamierino; ~*music* musica stampata su fogli sciolti; (*Econ*) ~ *renewal* affogliamento; (*Met*) *~steel* lamierino di acciaio.

sheet [2] /ʃiːt/ **I** *n.* (*Mar*) scotta *f.* **II** *v.t.* (*Mar*) tesare, bordare. □ (*Mar*) *to* ~*home* tesare, bordare; (*Mar*) *to* ~*in* cazzare la scotta; (*Mar*) *to* ~*out* lascare la scotta; (*colloq,fig*) *two* (o *three*) *-s to the wind* ubriaco, sbronzo.

sheeting /'ʃiːtɪŋ *Am* 'ʃiːtɪŋ/ *n.* **1** tela *f.* per lenzuoli. **2** (*Edil*) tavolame *m.* da rivestimento. **3** (*Ind*) (*material in sheets*) materiale *m.* in fogli. **4** (*Mecc*) copertura *f.* con lamiera, blindatura *f.*

Sheetrock /'ʃiːtrɑːk/ *n.* (*Am,Edil*) stucco *m.* pronto.

Sheffield /'ʃefiːld/ *n.pr.* (*Geog*) Sheffield *f.*

she-goat /'ʃiːgoʊt/ *n.* capra *f.*

sheik, sheikh /ʃeɪk, ʃiːk/ *n.* sceicco *m.*

sheikdom, sheikhdom /'ʃeɪkdəm, 'ʃiːkdəm/ *n.* sceiccato *m.*

Sheila /'ʃiːlə/ **I** *n.pr.f.* Sheila. **II** *n.* (*Aus,colloq*) ragazza *f.*, donna *f.*

shekel /'ʃekəl/ *n.* (*pl.* **-s** /-z/ o **-im** /-ɪm/) **1** (*Stor*) (*unit of weight*) siclo *m.* **2** (*Econ, Numism*) (*unit of currency of Israel*) sheqel *m.*, shekel *m.* **3** (*Stor,Numism*) (*ancient coin*) sheqel *m.*, siclo *m.* **4** *pl.* (*sl*) (*money*) denaro *m.sing.*, quattrini *m.pl.*; (*gerg*) grana *f.sing.*

Shekinah /ʃek'aɪnə, ʃɪ'kaɪnə/ *n.* (*Rel.ebr*) shekinah *f.*, presenza *f.* visibile di Dio: *the* ~ *glory* la gloria dell'Eterno.

shelf /ʃelf/ *n.* (*pl.* **shelves** /ʃelvz/) **1** scaffale *m.* (a muro), mensola *f.: to put up a* ~ montare uno scaffale; *kitchen shelves* mensole di cucina. **2** (*in a bookcase, etc.*) ripiano *m.*, piano *m.*, scaffale *m.* **3** (*contents*) scaffalata *f.: a* ~ *of books* una scaffalata di libri. **4** (*ledge*) prominenza *f.*, sporgenza *f.* **5** (*sandbank*) banco *m.* di sabbia; (*reef*) scogliera *f.* **6** (*Geol*) piattaforma *f.*, platea *f.* □ (*Comm*) ~ *life* shelf-life, conservabilità *f.*; (*Bibliot*) ~ *mark* segnatura; (*fig*) *on the* ~: 1 in disparte, in un angolo, da parte; 2 (*of a women*) zitella, che non ha ancora trovato marito, senza prospettive matrimoniali.

shell /ʃel/ *n.* **1** (*Zool*) guscio *m.*, conchiglia *f.*, corazza *f.: the* ~ *of a tortoise* il guscio di una tartaruga. **2** (*of an egg*) guscio *m.* **3** (*of a fruit, seed*) buccia *f.*, guscio *m.*, scorza *f.*, involucro *m.*; (*of a nut*) guscio *m.*; (*of peas*) baccello *m.*, guscio *m.* **4** (*fig*) guscio *m.: to retire into one's*

~ chiudersi nel proprio guscio; *to come out of one's* ~ uscire dal proprio guscio. **5** (*estens*) (*outer covering*) rivestimento *m.* esterno, involucro *m.* **6** (*Mil*) granata *f.*; (*cartridge*) proiettile *m.*, proietto *m.* **7** (*fig*) (*outward show*) aspetto *m.* esteriore, apparenza *f.* **8** (*hollow structure, framework*) scheletro *m.*, ossatura *f.*, struttura *f.*, carcassa *f.: the* ~ *of a bombed building* lo scheletro di un edificio bombardato. **9** (*of a coffin*) cassa *f.* interna. **10** (*Geol*) (*crust of the earth*) crosta *f.* terrestre. **11** (*Gastron*) fondo *m.* di pastafrolla. **12** (*Mar*) (*exterior hull*) guscio *m.*, ossatura *f.* **13** (*Arch*) conchiglia *f.* **14** (*Sport*) (*light racing boat*) imbarcazione *f.* leggera da regata. **15** (*Tecn*) (*of a boiler*) corpo *m.* **16** (*Met*) conchiglia *f.* **17** (*Inform*) shell *f.* **I** *v.t.* **1** sgusciare, sgranare, sbaccellare: *to* ~ *nuts* sgusciare le noci; *to* ~ *peas* sgranare i piselli. **2** (*of Indian corn, etc.*) sgranare. **3** (*of oysters, etc.*) aprire. **4** (*Mil*) bombardare, cannoneggiare. **5** (*to cover with shells*) ricoprire di conchiglie. **II** *v.i.* **1** sgusciarsi, sgranarsi, sbaccellarsi. **2** (*of oysters*) aprirsi. **3** (*to fall off like a shell*) squamarsi. **4** (*to gather shells*) raccogliere conchiglie. □ (*Mecc*) *~bit* punta a sgorbia; *~case* bossolo; (*Econ,colloq*) *~company* scatola vuota; (*Archeol*) *~heap* cumulo di conchiglie; (*Mil*) ~ *hole* cratere; (*Abbigl,Mil*) ~ *jacket* giubbotto; (*Archeol*) *~mound* cumulo di conchiglie; *to* ~*off* (*to fall off like a shell*) squamarsi; (*sl*) *to* ~ *out*: 1 (*to pay out, to hand over*) sborsare, tirare fuori; 2 (*assol*) tirare fuori i soldi, pagare; *~pink* rosa pallido; (*Inform*) *~program* shell; (*Med*) *~shock* psicosi traumatica da guerra; (*Abbigl*) *~suit* tuta da ginnastica impermeabilizzata; (*Abbigl*) ~ *top* top senza maniche accollato.

she'll /ʃiːl/ *contraz. di* she will, she shall.

shellac /ʃə'læk/ **I** *n.* shellac *m.*, lacca *f.*, gommalacca *f.* **II** *v.t.* (*past, p.p.* **-ed/-ked** /-t/) trattare con gommalacca, verniciare con gommalacca.

shellburst /'ʃelbɜːst *Am* 'ʃelbɜːrst/ *n.* (*Mil*) scoppio *m.* di granata.

shelled /ʃeld/ *a.* **1** sgusciato, sgranato: ~ *nuts* noci sgusciate; (*of corn, etc.*) sgranato; (*of oysters, etc.*) aperto. **2** (*having a shell*) col guscio, che ha un guscio.

sheller /'ʃelər/ *n.* **1** sgranatore *m.* (*f.* -trice), sbucciatore *m.* (*f.* -trice). **2** (*machine, device*) sgusciatrice *f.*, sgranatrice *f.*, sgranatoio *m.*

shellfire /'ʃelfaɪər/ *n.* (*Mil*) bombardamento *m.*, cannoneggiamento *m.*

shellfish /'ʃelfɪʃ/ *n.* **1** (*Zool*) mollusco *m.* **2** (*crustacean*) crostaceo *m.*

shelling /'ʃelɪŋ/ *n.* **1** sgranatura *f.*, sgranamento *m.*, sgusciatura *f.*, sbucciatura *f.* **2** (*Mil*) bombardamento *m.*, cannoneggiamento *m.*

shellproof /'ʃelpruːf/ *a.* (*Mil*) a prova di bomba.

shell-shocked /'ʃelʃɒkt *Am* 'ʃelʃɑːkt/ *a.* (*colloq*) sotto shock, rintronato.

shellwork /'ʃelwɜːk *Am* 'ʃelwɜːrk/ *n.* decorazione *f.* con conchiglie.

shelly /'ʃeli/ *a.* **1** ricco di conchiglie, conchilifero. **2** (*resembling a shell*) a conchiglia, conchiliforme.

shelter /'ʃeltər *Am* 'ʃeltər/ **I** *n.* **1** protezione *f.*, riparo *m.*, difesa *f.*, schermo *m.* **2** (*structure*) riparo *m.*, ricovero *m.*, rifugio *m.: to afford* ~ *to* offrire asilo a, offrire rifugio a. **3** (*Mil*) (*air-raid shelter*) rifugio *m.* antiaereo; (*dug-out*) ricovero *m.*, rifugio *m.* **4** (*fig*) (*protection from blame, etc.*) protezione *f.*, appoggio *m.*, sostegno *m.*, difesa *f.* **5** (*dwelling place*) asilo *m.*, tetto *m.*, alloggio *m.* **6** (*for the homeless*) ospizio *m.*, ricovero *m.* **II** *v.t.* **1** riparare, offrire rifugio a, proteggere, essere un riparo per: *the cave -ed us from the storm* la grotta ci riparò dal temporale. **2** (*fig*) difendere, proteggere, riparare, mettere al riparo, mettere al sicuro (*from* da). **3** (*to provide with a refuge*) dare rifugio a, dare asilo a, offrire ricovero a: *to ~ an escaped convict* dare rifugio a un evaso. **III** *v.i.* ripararsi, rifugiarsi, trovare riparo, mettersi al riparo. □ *to find ~*: 1 trovare riparo, trovare asilo; 2 (*fig*) trovare protezione, trovare appoggio; *to take ~* rifugiarsi, riparare, ripararsi; (*Mil*) *~ tent* tenda a due teli; *to get under ~* rifugiarsi, ripararsi, mettersi al riparo, mettersi al coperto.

sheltered /ˈʃeltəd *Am* ˈʃeltərd/ *a.* **1** (*covered*) riparato, protetto. **2** (*fig*) (*protected from reality*) troppo protetto, nella bambagia, sotto una campana di vetro.

shelterer /ˈʃeltərər *Am* ˈʃeltərər/ *n.* chi offre riparo, chi offre asilo, protettore *m.* (*f.* -trice).

sheltie, shelty /ˈʃelti *Am* ˈʃelti/ *n.* (*Zool*) **1** (*Shetland pony*) cavallino *m.* delle Shetland. **2** (*Shetland sheepdog*) piccolo cane *m.* da pastore delle Shetland.

shelve¹ /ʃelv/ *v.t.* **1** collocare su una mensola, collocare su uno scaffale. **2** (*to provide with shelves*) scaffalare, munire di scaffali, munire di ripiani. **3** (*fig*) (*to put aside*) accantonare, rimandare, mettere da parte: *to ~ a case* accantonare una pratica. **4** (*fig*) (*to dismiss*) licenziare, congedare.

shelve² /ʃelv/ *v.i.* (*to slope*) digradare, scendere gradatamente, essere in declivio.

shelves /ʃelvz/ → **shelf.**

shelving¹ /ˈʃelvɪŋ/ *n.* (*collett.*) scaffalatura *f.*, scaffali *m.pl.*

shelving² /ˈʃelvɪŋ/ **I** *n.* **1** (*slope*) pendenza *f.*, inclinazione *f.* **2** (*sloping surface, sloping place*) pendio *m.*, declivio *m.* **II** *a.* digradante, in declivio, in pendio.

Shem /ʃem/ *n.pr.m.* (*Bibl*) Sem.

shemozzle /ʃɪˈmɒzl *Am* ʃɪˈmɑːzl/ *n.* (*colloq*) confusione *f.*, pandemonio *m.*, baraonda *f.*, casino *m.*

shenanigans /ʃɪˈnænɪɡənz/ *n.pl.* (*colloq*) birbanteria *f.sing.*, imbroglio *m.sing.*, manovre *f.pl.* losche.

Sheol /ˈʃiːoʊl/ *n.pr.* (*Bibl*) Sheol *m.*, inferi *m.pl.*, regno *m.* dei morti.

shepherd /ˈʃepəd *Am* ˈʃepərd/ **I** *n.* **1** pastore *m.*, pecoraio *m.* **2** (*fig*) pastore *m.* **II** *v.t.* **1** custodire, guardare. **2** (*fig*) guidare, accompagnare, scortare: *to ~ a party of tourists* guidare un gruppo di turisti. □ *~ boy* pastorello; *~'s crook* bastone da pastore; (*Zool*) *~ dog* cane da pastore; (*Bibl*) *the Good Shepherd* il buon Pastore; (*Gastron*) *~'s pie* piatto a base di carne trita e patate cotto in forno; (*Bot*) *~'s purse* borsa del pastore.

shepherdess /ˈʃepədes *Am* ˈʃepərdɪs/ *n.* pastora *f.*, pastorella *f.*

sherbet /ˈʃɜːrbət/ *n.* **1** (*Am*) magnesia *f.* effervescente. **2** (*Am*) (*kind of water ice*) sorbetto *m.*

sherd /ʃɜːd *Am* ʃɜːrd/ *n.* frammento *m.* di vaso.

shereef, sherif /ʃəˈriːf/ *n.* sceriffo *m.*

sheriff /ˈʃerɪf/ *n.* **1** (*GB,US*) sceriffo *m.* **2** (*Stor*) rappresentante *m.* del re in varie contee, sceriffo *m.* □ (*Scott*) *~ court* tribunale di contea.

sheriffdom /ˈʃerɪfdəm/, **sheriffship** /ˈʃerɪfʃɪp/ *n.* (*office of the sheriff*) carica *f.* di sceriffo.

sherry /ˈʃeri/ *n.* (*Enol*) sherry *m.*

she's /ʃiːz/ *contraz. di* she is, she has.

Shetland /ˈʃetlənd/ *n.pr.* (*Geog*) isole *f.pl.* Shetland. □ (*Geog*) *~ Islands* isole Shetland; (*Tess*) *~ lace* merletto di lana

Shetland; (*Zool*) *~ pony* Shetland pony, cavallino delle Shetland; (*Zool*) *~ sheepdog* piccolo cane da pastore delle Shetland; *~ wool* lana Shetland.

Shetlander /ˈʃetləndər/ *n.* abitante *m./f.* delle isole Shetland.

shew¹ /ʃuː/ (*rar*) → **show**

shew² /ʃoʊ/ *n./a.* (*rar*) → **show**

shh /ʃ/ *intz.* sss!, sssh!, st!, zitto!

Shia /ˈʃiːə/ (*pl.inv.* o *-s* /-z/) *n.* (*Rel.islam*) sciiti *m.pl.*

shiatsu /ʃiˈætsu *Am* ʃiˈɑːtsu/ *n.* shiatsu *m.*

shibboleth /ˈʃɪbəleθ/ *n.* **1** segno *m.* di riconoscimento. **2** (*catchword*) parola *f.* d'ordine, slogan *m.* **3** (*common saying*) detto *m.* comune. **4** (*Bibl*) shibboleth *m.*

shield /ʃiːld/ *n.* **1** (*Mil,Arald,Zool*) scudo *m.* **2** (*fig*) difesa *f.*, scudo *m.*, riparo *m.*, protezione *f.*; (*protector*) protettore *m.* (*f.* -trice). **3** (*Am*) (*policeman's badge*) distintivo *m.* (a forma di piccolo scudo), scudetto *m.* **4** (*Sport*) scudetto *m.* **5** (*Mecc*) riparo *m.* **6** (*El*) schermo *m.*, schermaggio *m.* **7** (*Nucl*) schermo *m.* **II** *v.t.* **1** riparare, proteggere, difendere, mettere al riparo, mettere al sicuro (*anche fig*): *to ~ one's eyes from the sun* ripararsi gli occhi dal sole; *to ~ so. from blame* difendere qcu. dalle critiche. **2** (*to ward off*) scacciare, tenere lontano, cacciare via. **3** (*to hide, to conceal*) nascondere, celare. □ (*Mil,ant*) *~ bearer* scudiero; *to ~ oneself behind sth.* farsi schermo con qcs.; *to ~ off* (*to ward off*) scacciare, tenere lontano, cacciare via; (*Geol*) *~ volcano* vulcano a scudo.

shielded /ˈʃiːldɪd/ *a.* (*El*) schermato: *~ twisted pair cable* doppino schermato.

shieling /ˈʃiːlɪŋ/ *n.* (*Scott*) **1** pascolo *m.*, pastura *f.* **2** (*hut for shepherds, huntsmen*) capanna *f.* per pastori, capanna *f.* per cacciatori. **3** (*sheep shelter*) riparo *m.* per pecore.

shier /ˈʃaɪər/, **shiest** /ˈʃaɪəst/ → **shy**¹.

shift /ʃɪft/ **I** *v.t.* **1** cambiare, mutare, variare, modificare: *to ~ one's position* cambiare posizione. **2** (*to transfer, to move*) spostare, trasferire: *to ~ a load* spostare un peso. **3** (*fig*) scaricare, riversare, far ricadere (*onto* su): *~ the blame on to someone else* scaricare la colpa su qualcun altro. **4** (*to get rid of*) togliere, rimuovere, levar via: *to ~ the dirt* togliere lo sporco. **5** (*Teat*) (*of scenery*) cambiare. **6** (*Am,Aut*) (*of gears*) cambiare (*anche fig*). **II** *v.i.* **1** spostarsi, muoversi, mutare posto, cambiare posizione: *the cargo has -ed* il carico si è spostato. **2** (*to change direction*) girarsi, spostarsi, cambiare direzione, mutare direzione: *the wind -ed to the north* il vento si è girato a tramontana. **3** (*to be transferred*) spostarsi, portarsi, trasferirsi. **4** (*to get along, to make shift*) arrangiarsi, cavarsela, arrabattarsi. **5** (*Br,colloq*) (*to go fast*) andare veloce, correre. **6** (*Am,Aut*) cambiare (la marcia). **7** (*change subject abruptly*) cambiare discorso: *let's ~ the subject* cambiamo discorso. **III** *n.* **1** spostamento *m.*, mutamento *m.* di posto, cambiamento *m.* di posizione. **2** (*change of direction*) mutamento *m.* di direzione, cambiamento *m.* di direzione. **3** (*of the wind*) salto *m.* **4** (*change in emphasis, etc.*) cambiamento *m.*, svolta *f.*, mutamento *m.*: *a ~ in public opinion* un cambiamento dell'opinione pubblica. **5** (*group of people, workmen taking turns*) squadra *f.* di turno; (*period of work*) turno *m.* (*di lavoro*): *the morning ~ starts at six* il turno della mattina comincia alle sei. **6** (*ant*) (*expedient, device*) espediente *m.*, risorsa *f.* **7** (*trick, stratagem*) trucco *m.*, stratagemma *m.*, sotterfugio *m.* **8** (*Agr*) rotazione *f.*, avvicendamento *m.* **9** (*Abbigl*) chemisier *m.*, tubino *m.*; (*slip*) sotto-

veste *f.* **10** (*Fis*) spostamento *m.* **11** (*Am,Aut*) cambio *m.* **12** (*Inform*) spostamento *m.*, scorrimento *m.* □ (*Br,fig*) *to ~ one's ground* cambiare idea, mutare la propria posizione; (*Inform*) *~ key* tasto delle maiuscole; *to ~ round* (*to change direction*) girarsi, spostarsi, cambiare direzione, mutare direzione.

shifter /ˈʃɪftər/ *n.* **1** chi sposta, chi cambia. **2** (*Teat*) macchinista *m.* **3** (*device for shifting sth.*) dispositivo *m.* spostatore.

shiftily /ˈʃɪftɪli/ *avv.* **1** ambiguamente, in modo sfuggente. **2** (*trickily*) con furberia.

shiftiness /ˈʃɪftɪnəs/ *n.* **1** l'essere equivoco, ambiguità *f.* **2** (*dishonesty*) disonestà *f.* **3** (*trickery*) furberia *f.*, scaltrezza *f.*

shifting /ˈʃɪftɪŋ/ *a.* **1** mobile, movibile. **2** (*transformable*) trasformabile, convertibile. **3** (*fig*) mutevole, variabile, incostante, instabile: *~ public opinion* la mutevole opinione pubblica. □ (*fig*) *~ sand* sabbia, terreno instabile.

shiftless /ˈʃɪftləs/ *a.* inetto, inefficiente, incapace.

shiftlessly /ˈʃɪftləsli/ *avv.* inettamente, in modo inefficiente.

shiftlessness /ˈʃɪftləsnəs/ *n.* inettitudine *f.*, incapacità *f.*, inefficienza *f.*

shifty /ˈʃɪfti/ *a.* **1** sfuggente, ambiguo, equivoco: *~ eyes* occhi sfuggenti; *a ~ character* un tipo ambiguo. **2** (*given to deception*) disonesto, ingannevole. **3** (*given to trickery*) furbo, scaltro. **4** (*changeable*) mutevole, variabile, incostante, instabile.

shih-tzu /ˈʃiːˈtsuː/ *n.* (*Zool*) shih-tzu *m.*, cane *m.* leone, cane *m.* da imperatore.

shiitake /ʃiˈtaːkeɪ, ʃiˈtaːki/ *n.* (*Gastron*) (*mushroom*) shiitake *m.*

Shiite /ˈʃiːaɪt/ **I** *n.* (*Rel.islam*) sciita *m./f.* **II** *a.* (*Rel.islam*) sciita.

shillala, shillalah, shillelagh /ʃɪˈleɪlə/ *n.* randello *m.*, clava *f.*

shilling /ˈʃɪlɪŋ/ *n.* (*Econ,Numism*) scellino *m.* □ (*Mil*) *to take the King's ~* (*o to take the Queen's ~*) arruolarsi nell'esercito.

shillingsworth /ˈʃɪlɪŋzwɜːθ *Am* ˈʃɪlɪŋzwɜːrθ/ *n.* (*ant*) scellino *m.*, valore *m.* di uno scellino: *a ~ of sweets* uno scellino di caramelle.

shilly-shally /ˈʃɪliˌʃæli/ **I** *n.* (*colloq*) indecisione *f.*, esitazione *f.*, tentennamento *m.*, tiremmolla *m.* **II** *a.* (*colloq*) indeciso, irresoluto, esitante, tentennante. **III** *v.i.* (*colloq*) esitare, essere indeciso, tentennare, titubare.

shim /ʃɪm/ **I** *n.* zeppa *f.* **II** *v.t.* (*past, p.p.* **shimmed** /-d/) mettere una zeppa a.

shimmer /ˈʃɪmər/ **I** *v.i.* luccicare, brillare, scintillare. **II** *n.* brillio *m.*, scintillio *m.*, luccichio *m.*

shimmering /ˈʃɪmərɪŋ/ *a.* brillante, luccicante, scintillante.

shimmery /ˈʃɪməri/ *a.* brillante, luccicante, scintillante.

shimmy /ˈʃɪmi/ **I** *n.* **1** (*Aut*) shimmy *m.* **2** (*Abbigl,ant*) (*slip*) sottoveste *f.* **3** (*dance*) shimmy *m.* **II** *v.i.* **1** (*to slide one's body down along a surface quickly*) lasciarsi scivolare giù. **2** (*to quiver, to vibrate*) oscillare, vibrare. **3** (*Aut*) fare lo shimmy. **4** (*to dance*) ballare lo shimmy.

shin /ʃɪn/ **I** *n.* **1** (*Anat*) cresta *f.* tibiale. **2** (*Anat*) (*shinbone*) tibia *f.*, stinco *m.* **3** (*Zool*) metacarpo *m.* **4** (*Macell*) zampa *f.* **II** *v.t./i.* **1** arrampicarsi (a forza di gambe e braccia): *to ~ up a tree* arrampicarsi su un albero. **2** (*to kick on the shins*) tirare calci negli stinchi a. □ (*Sport*) *~ guard* parastinchi; (*Med*) *~ splints* sindrome compartimentale.

shinbone /ˈʃɪnboʊn/ *n.* (*Anat*) tibia *f.*, stinco *m.*

shindig /ˈʃɪndɪɡ/ *n.* (*colloq*) **1** (*lively party*) festa *f.* chiassosa, ricevimento *m.* rumoroso. **2** (*noisy quarrel*) rissa *f.*, baruffa *f.*, altercò *m.*

shindy /'ʃɪndɪ/ *n.* (*colloq*) **1** schiamazzo *m.*, gazzarra *f.*, baccano *m.*: *to kick up a ~* fare un gran baccano. **2** (*lively party*) festa *f.* chiassosa, ricevimento *m.* rumoroso.

shine /ʃaɪn/ **I** *v.i.* (*past, p.p.* **shone** /ʃɒn Am ʃoʊn/ o **-ed** /-d/) **1** risplendere, brillare, splendere, raggiare (*with* di): *the sun was shining* il sole risplendeva; *a light shone in the distance* una luce brillava in lontananza; *her eyes shone with happiness* gli occhi le brillavano dalla felicità. **2** (*fig*) brillare, farsi notare, spiccare: *to ~ in society* brillare in società. **II** *v.t.* (*past, p.p.* **shone** /ʃɒn Am ʃoʊn/ o **-ed** /-d/) **1** lucidare, lustrare, pulire: *to ~ shoes* lucidare le scarpe. **2** (*to direct the light of*) fare luce con, dirigere la luce di: *~ your torch over here* fa' un po' di luce qui con la torcia. **III** *n.* **1** splendore *m.*, fulgore *m.* lucentezza *f.* **2** (*brightness, lustre*) luminosità *f.*, lucentezza *f.*, lucido *m.* **3** (*act of polishing*) lucidata *f.*, lustrata *f.*: *to give the furniture a ~* dare una lucidata ai mobili. **4** (*polish, gloss*) lucido *m.*, lustro *m.* **5** (*fair weather*) bel tempo *m.* ☐ *to ~ on*: 1 risplendere su, brillare su: *the moon shone on the lake* la luna risplendeva sul lago; 2 (*to shine constantly*) brillare costantemente; *to ~ out* saltare fuori, emergere; *to take the ~ out of*: 1 offuscare, togliere la lucentezza a, appannare; 2 (*fig*) (*to spoil the newness of*) togliere la freschezza a; 3 (*fig*) (*to throw into the shade*) oscurare, eclissare; (*colloq*) *to take a ~ to so.* prendere qcu. in simpatia; (*Am,sl*) *to ~ up to so.*: 1 (*to seek to impress*) ingraziarsi qcu.; 2 (*to court*) corteggiare qcu.; *to ~ upon* risplendere su, brillare su: *the moon shone upon the lake* la luna brillava sul lago.

shiner /'ʃaɪnə**ʳ**/ *n.* (*sl*) **1** (*black eye*) occhio *m.* nero, occhio *m.* pesto. **2** (*new, shiny coin*) monetina *f.* nuova di zecca.

shingle[1] /'ʃɪŋgl/ **I** *n.* **1** (*Edil*) assicella *f.* di copertura, scandola *f.* **2** (*hairstyle*) taglio *m.* alla garçonne, taglio *m.* alla maschietta. **3** (*Am,colloq*) (*professional nameplate*) targhetta *f.* **II** *v.t.* **1** (*Edil*) coprire con assicelle. **2** (*of hair*) tagliare i capelli alla garçonne, tagliare i capelli alla maschietta. ☐ (*Am, colloq*) *to hang out a ~* (o *to hang out one's ~*) aprire uno studio professionale.

shingle[2] /'ʃɪŋgl/ *n.* **1** ciottoli *m.pl.* (su una spiaggia). **2** (*shingly beach*) spiaggia *f.* piena di ciottoli.

shingles /'ʃɪŋglz/ *n.pl.* (*costr.sing.* o *pl.*) (*Med*) herpes *m.sing.* zoster, fuoco *m.sing.* di sant'Antonio.

shingly /'ʃɪŋglɪ/ *a.* ciottoloso, pieno di ciottoli, cosparso di ciottoli: *a ~ beach* una spiaggia ciottolosa.

shinily /'ʃaɪnɪlɪ/ *avv.* in modo splendente, in modo lucente.

shininess /'ʃaɪnɪnəs/ *n.* splendore *m.*, lucentezza *f.*, fulgore *m.*

shining /'ʃaɪnɪŋ/ *a.* **1** brillante, splendente, fulgido. **2** (*reflecting light*) lucente, risplendente: *~ eyes* occhi lucenti. **3** (*fig*) brillante, fulgido; (*conspicuously fine*) luminoso, insigne.

shiningly /'ʃaɪnɪŋlɪ/ *avv.* in modo splendente, in modo fulgido.

shinny /'ʃɪnɪ/ *v.i.* (*to shin, to climb*) arrampicarsi (a forza di braccia e gambe).

Shinto /'ʃɪntoʊ/ *n.* (*Rel*) scintoismo *m.*

Shintoism /'ʃɪntoʊɪzəm/ *n.* (*Rel*) scintoismo *m.*

Shintoist /'ʃɪntoʊɪst/ *n.* (*Rel*) scintoista *m./f.*

shiny /'ʃaɪnɪ/ *a.* **1** lucente, risplendente, scintillante, lucido. **2** (*of clothes*) consunto,

logoro, liso, frusto.

ship /ʃɪp/ **I** *n.* **1** nave *f.*, (*ant*) bastimento *m.* **2** (*Mar.mil*) unità *f.*, mezzo *m.* **3** (*ship's company or crew*) equipaggio *m.*, ciurma *f.* **4** (*colloq*) (*boat*) barca *f.*, battello *m.* **5** (*Astron*) (*spaceship*) veicolo *m.* spaziale, nave *f.* spaziale. **6** (*Mar,ant*) vascello *m.* **7** (*Am*) (*airship*) dirigibile *m.*, aeronave *f.*; (*aeroplane*) aeroplano *m.* **II** *v.t.* **1** imbarcare, caricare, prendere a bordo, mettere a bordo. **2** (*to transport by ship*) spedire a mezzo nave, spedire via mare. **3** (*Comm*) (*to transport*) spedire, inoltrare. **4** (*Mar*) (*to put in place for use*) fissare, sistemare, mettere a posto. **5** (*Mar*) (*to engage for service on a ship*) imbarcare, ingaggiare, arruolare, assoldare. **6** (*to take aboard*) prendere a bordo; (*of oars*) disarmare; (*of water*) imbarcare. **III** *v.i.* **1** imbarcarsi, prendere il mare. **2** (*to go by ship*) andare via nave, viaggiare per mare. **3** (*to engage to serve on a ship*) imbarcarsi, arruolarsi (come marinaio). ☐ (*Mar*) *~'s articles* clausole di ingaggio, contratto di arruolamento; (*Alim*) *~ biscuit* galletta da marinai; *~ breaker* demolitore di navi, demolitore navale; *~ broker* sensale marittimo; (*Mar*) *~ of burden* nave da carico; (*Archeol*) *~ burial* nave-tomba, nave-sepolcro; *~ canal* canale navigabile; (*fig*) *when my ~ comes home* (o *when my ~ comes in*) quando farò fortuna; *~'s company* equipaggio, ciurma; (*fig*) *~ of the desert* nave del deserto, cammello; (*Med*) *~ fever* tifo; (*Mar.mil,Stor*) *~ of the line* nave da combattimento, nave da battaglia; (*Assic*) *~ lost or not lost* a tutto rischio; (*Stor.brit*) *~ money* tassa imposta su città e porti per la difesa costiera; (*colloq*) *to ~ off* mandare via, trasferire; *to ~ out*: 1 mandare in un altro paese, trasferire in un altro paese; 2 (*to leave one's country*) lasciare il (proprio) paese; *~'s papers* documenti di bordo, carte di bordo; (*Mar*) *to ~ a sea* imbarcare acqua, imbarcare un'ondata; *to take ~* imbarcarsi.

shipboard /'ʃɪpbɔːd Am 'ʃɪpbɔːrd/ *n.* fiancata *f.*, murata *f.* della nave. ☐ *on ~* a bordo.

ship-breaker /'ʃɪp,breɪkə**ʳ**/ *n.* demolitore *m.* di navi, demolitore *m.* navale.

ship-broker /'ʃɪp,broʊkə**ʳ**/ *n.* sensale *m.* marittimo.

shipbuilder /'ʃɪp,bɪldə**ʳ**/ *n.* costruttore *m.* navale, ingegnere *m.* navale.

shipbuilding /'ʃɪp,bɪldɪŋ/ *n.* costruzione *f.* di navi, ingegneria *f.* navale.

ship-chandler /'ʃɪp,tʃɑːndlə**ʳ** Am 'ʃɪp,tʃændlə**ʳ**/ *n.* fornitore *m.* marittimo.

shiplap /'ʃɪplæp/ *n.* **1** (*board*) perlina *f.* **2** (*joint*) giunzione *f.* a sovrapposizione.

shipload /'ʃɪploʊd/ *n.* carico *m.* di una nave.

shipmaster /'ʃɪp,mɑːstə**ʳ** Am 'ʃɪp,mæstə**ʳ**/ *n.* capitano *m.* marittimo, capitano *m.* mercantile.

shipmate /'ʃɪpmeɪt/ *n.* compagno *m.* di bordo.

shipment /'ʃɪpmənt/ *n.* **1** (*Comm*) imbarco *m.*, operazioni *f.pl.* di carico. **2** (*consignment*) spedizione *f.*, partita *f.*, carico *m.*

shipowner /'ʃɪpoʊnə**ʳ**/ *n.* armatore *m.*

shipper /'ʃɪpə**ʳ**/ *n.* (*Comm*) spedizioniere *m.* marittimo.

shipping /'ʃɪpɪŋ/ *n.* **1** (*ships*) naviglio *m.* **2** (*Comm*) imbarco *m.*, spedizione *f.* **3** (*passage on a ship*) imbarco *m.* ☐ *~ agent* agente marittimo; (*Mar*) *~ articles* clausole di ingaggio; *~ company* società di navigazione, compagnia di trasporti marittimi; *~ conference* conferenza marittima; *~ department* ufficio spedizioni; *~ documents* documenti di imbarco; *~ line* linea di navigazione; *~ office* agenzia di navigazione, ufficio di na-

vigazione; (*Mar*) *~ weight* peso all'imbarco.

shipshape /'ʃɪpʃeɪp/ *a./avv.* in perfetto ordine, ben assettato. ☐ (*Br,scherz*) *all ~ and Bristol fashion* tutto in perfetto ordine.

ship's-husband /'ʃɪpshʌzbənd/ *n.* (*Mar*) raccomandatario *m.*

ship-to-land /'ʃɪptə'lænd/ *a.* **1** da nave a terra. **2** (*Mil*) acqua-terra.

ship-to-ship /'ʃɪptə'ʃɪp/ *a.* **1** da nave a nave. **2** (*Mil*) acqua-acqua.

ship-to-shore /'ʃɪptə'ʃɔːʳ/ **I** *a./avv.* da bordo a terra. **II** *n.* (*Rad*) radio *f.* per le comunicazioni da bordo a terra.

shipway /'ʃɪpweɪ/ *n.* scalo *m.* di varo, scivolo *m.*

shipworm /'ʃɪpwɜːm Am 'ʃɪpwɜːrm/ *n.* (*Zool*) teredo *m.*

shipwreck /'ʃɪprek/ **I** *n.* **1** naufragio *m.* **2** (*wreckage*) relitto *m.* **3** (*fig*) rovina *f.* **II** *v.t.* **1** fare naufragare. **2** (*fig*) fare naufragare, fare fallire, mandare in rovina. **III** *v.i.* **1** naufragare, fare naufragio. **2** (*fig*) naufragare, fallire, andare in rovina.

shipwrecked /'ʃɪprekt/ *a.* che ha fatto naufragio, naufragato.

shipwright /'ʃɪpraɪt/ *n.* (*Mar*) carpentiere *m.* navale, maestro *m.* d'ascia.

shipyard /'ʃɪpjɑːd Am 'ʃɪpjɑːrd/ *n.* cantiere *m.* navale.

shire /ʃaɪəʳ/ *n.* **1** contea *f.* inglese. **2** *pl.* (*Midland counties*) contee *f.pl.* dell'Inghilterra centrale; (*districts in which hunting is popular*) regioni *f.pl.* (dell'Inghilterra) dove si pratica la caccia alla volpe. ☐ *~ county* capoluogo di una contea inglese.

Shire /ʃaɪəʳ/ *n.* (*breed of horses*) razza di cavalli da tiro. ☐ (*Zool*) *shire horse* robusto cavallo da tiro.

shirk /ʃɜːk Am ʃɜːrk/ **I** *v.t.* sottrarsi a, evitare, sfuggire a, eludere: *to ~ a responsability* sottrarsi a un dovere. **II** *v.i.* **1** tirarsi indietro, sottrarsi ai propri obblighi. **2** (*Mil*) imboscarsi. **III** *n.* scansafatiche *m./f.*, lavativo *m.* (*f.* -a). ☐ *to ~ school* marinare la scuola.

shirker /'ʃɜːkə**ʳ** Am 'ʃɜːrkə**ʳ**/ *n.* **1** scansafatiche *m./f.*, lavativo *m.* (*f.* -a). **2** (*Mil*) imboscato *m.*

Shirley /'ʃɜːlɪ Am 'ʃɜːrlɪ/ *n.prf.* Shirley.

shirr /ʃɜːʳ Am ʃɜːr/ **I** *v.t.* increspare con filze parallele. **II** *n.* (*shirring*) increspatura *f.*, filze *f.pl.* increspate.

shirring /'ʃɜːrɪŋ/ *n.* increspatura *f.*, filze *f.pl.* increspate.

shirt /ʃɜːt Am ʃɜːrt/ *n.* (*Abbigl*) **1** (*for men*) camicia *f.* **2** (*for women*) camicetta *f.* ☐ *~ collar* collo di camicia; *~ dress* chemisier; *~ front* sparato (di camicia); (*sl,fig*) *to keep one's ~ on* stare calmo; (*colloq,fig*) *to lose one's ~* rimetterci anche la camicia, rovinarsi; (*Br,sl,fig*) *to get so.'s ~ out* far arrabbiare qcu., far perdere le staffe a qcu.; (*sl,fig*) *to have one's ~ out* (*to be in a bad temper*) essere di cattivo umore; (*colloq,fig*) *to put one's ~ on*: 1 scommettere tutto su; 2 giocarsi la camicia su.

shirting /'ʃɜːtɪŋ Am 'ʃɜːrtɪŋ/ *n.* stoffa *f.* per camicie.

shirtmaker /'ʃɜːt,meɪkə**ʳ** Am 'ʃɜːrt,meɪkə**ʳ**/ *n.* camiciaio *m.* (*f.* -a).

shirtsleeve /'ʃɜːtsliːv Am 'ʃɜːrtsliːv/ *n.* (*Abbigl*) manica *f.* di camicia. ☐ (*colloq*) *in one's ~-s* in maniche di camicia.

shirtwaist /'ʃɜːtweɪst Am 'ʃɜːrtweɪst/ *n.* (*Abbigl*) camicetta *f.* di taglio maschile.

shirty /'ʃɜːtɪ/ *a.* (*Br,sl*) (*bad-tempered*) di cattivo umore, arrabbiato. ☐ *to get ~* stizzirsi, irritarsi.

shish kebab /ʃiː'ʃkɪ,bæb Am 'ʃɪʃkə,bɑːb/ *n.* (*Gastron*) spiedino *m.* di carne e verdure arrostite.

shit /ʃɪt/ **I** n. (volg) merda f., cacca f. **II** v.i. (past **shit** /rar **shat** /ʃæt/, p.p. **shit** o **shitten** /ˈʃɪtn Am/ˈʃɪtn/) (volg) cacare, cagare. **III** intz. (sl) merda! □ (volg,fig) to have ~ forbrains avere la segatura nel cervello; (volg) to be -ting bricks cagarsi addosso dalla paura; (volg) up ~ creek (without a paddle) nella merda fino al collo; (Aus,volg) togive so. the ~ fare incazzare qcu.; (volg) I don'tgive a ~ non me ne frega un cazzo; (volg) the ~ will hit the fan scoppierà un bel casino; (volg) to be in the ~ essere nella merda; (volg)no ~! cazzo!, cazzarola!; (volg,fig) to ~on so. trattare qcu. come una merda; (volg) to ~oneself farsela addosso dalla paura; (volg,fig) to frighten the ~ out of so. spaventare qcu. a morte; (volg,fig) to ~ one'spants farsela sotto per la paura; (volg) to get one's ~ together avere le palle quadrate.

shit-bag /ˈʃɪtbæg/ n. (volg) stronzo m., sacco m. di merda.

shit-can /ˈʃɪtkæn/ v.t. (Am,volg) **1** (to dismiss) licenziare. **2** (to bring to an end) finire, terminare.

shit-eating /ˈʃɪt,iːtɪŋ/ □ (Am,volg) a~grin un sorriso da stronzo.

shit-face /ˈʃɪtfeɪs/ n. (volg) stronzo m., faccia f. di merda.

shit-faced /ˈʃɪtfeɪst/ a. (Am,volg) ubriaco fradicio, sbronzo.

shit-head /ˈʃɪthed/ n. (volg) stronzo m., faccia f. di merda.

shit-kicker /ˈʃɪtkɪkər/ n. (Am,volg) buzzurro m., cafone m.

shitless /ˈʃɪtləs/ □ (Am,volg) toscare so. ~ spaventare qcu. a morte; (Am,volg) to be scared ~ restare di merda (per lo spavento).

shitlist /ˈʃɪtlɪst/ □ (Am,volg) to beon so.'s ~ essere sulla lista nera di qcu.

shitload /ˈʃɪtloʊd/ n. (volg) (a large amount) mucchio m., casino m., fottio m.

shit-scared /ˈʃɪtskerd/ □ (Am,volg) tobe ~ restare di merda (per lo spavento).

shit-stirrer /ˈʃɪt,stɜːrər/ n. (volg) linguaccia f., malalingua f.

shitty /ˈʃɪti Am ˈʃɪti/ a. (volg) merdoso, schifoso, disgustoso.

shiva /ˈʃiːvə/ n. (Rel) shiva f.

shiver [1] /ˈʃɪvər/ **I** v.i. **1** rabbrividire, tremare, avere i brividi (with di, da, per): to ~ with cold rabbrividire per il freddo; to ~ with fear tremare di paura. **2** (Mar) fileggiare. **II** v.t. (Mar) far fileggiare. **III** n. **1** brivido m., tremito m., tremore m.: a ~ ran down my spine un brivido mi corse lungo la schiena. **2** pl. brividi m.pl., tremiti m.pl., (colloq) tremarella f.sing.: to get the -s avere i brividi. **3** pl. (colloq) (feeling offear, horror) tremarella f.sing., brividi m.pl., fifa f.sing.: to give so. the -s fare venire la tremarella a qcu. □ to ~ on the brink esitare a tuffarsi; to be (all)in a ~ essere tutto un brivido.

shiver [2] /ˈʃɪvər/ **I** n. (fragment) frammento m., scheggia f. **II** v.t. fare a pezzi, fracassare, frantumare. **III** v.i. frantumarsi, andare in pezzi. □ (scherz) ~ mytimbers! perbacco!, caspiterina!

shivering /ˈʃɪvrɪŋ/ **I** n. brivido m., tremito m., tremore m. **II** a. che rabbrividisce, colto da brividi, tremante.

shiveringly /ˈʃɪvrɪŋli/ a. tremando, con i brividi.

shivery [1] /ˈʃɪvri/ a. tremante, trepidante, in preda ai brividi.

shivery [2] /ˈʃɪvri/ a. (brittle) fragile, facile a rompersi.

Shoah /ˈʃoʊə/ n. Shoah f., Olocausto m.

shoal [1] /ʃoʊl/ **I** n. **1** bassofondo m., fondale m. basso. **2** (sandbank, sandbar) secca f.,

banco m. di sabbia. **II** a. (shallow) poco profondo, poco fondo, basso. **III** v.i. diventare poco profondo, diventare basso, diminuire di profondità.

shoal [2] /ʃoʊl/ **I** n. **1** (large number of fish) banco m. di pesci, branco m. di pesci. **2** (fig) moltitudine f., folla f., massa f.; (large quantity) grande quantità f., gran numero m.; (colloq) sacco m., mucchio m. **II** v.i. riunirsi in branchi. □ in -s in massa, a valanga.

shoaliness /ˈʃoʊlɪnəs/ n. **1** poca profondità f. **2** (condition of being filled with sandbanks) abbondanza f. di secche.

shoaly /ˈʃoʊli/ a. pieno di secche.

shock [1] /ʃɒk Am ʃɑːk/ **I** n. **1** (electric shock) scossa f. (elettrica). **2** (disturbance to the mind, emotions) colpo m., shock m., choc m., violenta emozione f.: the ~ of unexpected defeat il colpo di un'inattesa sconfitta. **3** (unpleasant surprise) (brutto) colpo m., brutta sorpresa f.: he'll get a ~ riceverà un brutto colpo. **4** urto m. (violento), colpo m., cozzo m.: the ~ of waves on the rocks l'urto delle onde sugli scogli. **5** (Med) collasso m. circolatorio, shock m. **II** v.t. **1** (to surprise with unexpected news) scioccare, sconvolgere, colpire. **2** (to offend) indignare, scandalizzare, suscitare l'indignazione di: his dishonesty -ed me deeply la sua disonestà mi ha profondamente indignato. **3** (to give a physical shock to) scioccare. **4** (to give an electric shock to) dare una scossa elettrica a. **III** v.i. **1** provocare scandalo, scandalizzare: the author's purpose is to ~ lo scopo dell'autore è quello di provocare scandalo. **2** (to meet with a shock, to collide) scontrarsi, urtarsi, cozzare. □ (Mecc) ~absorber ammortizzatore; (Mecc) ~absorbing ammortizzante; (Mecc) ~absorption ammortizzamento, ammortizzazione; (Mil) ~action azione d'urto, assalto; toget the ~ of one's life prendersi un colpo; togive so. a ~ dare una violenta emozione a qcu.; (Am,colloq) ~jock disc-jockey che cerca di far colpo riempiendo il discorso di frasi offensive; ~proof antiurto; ~tactics: **1** (Mil) tattica f. d'urto. **2** (fig) maniere forti; (Med) ~therapy (o ~treatment) shockterapia; (Mil) ~troops truppe di assalto; (Fis) ~wave onda d'urto; ~workers lavoratori d'assalto, stacanovisti.

shock [2] /ʃɒk Am ʃɑːk/ **I** n. (Agr) bica f. **II** v.t. (Agr) abbicare.

shock [3] /ʃɒk Am ʃɑːk/ n. (bushy mass of hair) massa f. arruffata e folta di capelli. □ ~ head testa dai capelli folti e arruffati, zazzera; ~headed dai capelli folti e arruffati, zazzeruto.

shocked /ʃɒkt Am ʃɑːkt/ a. scandalizzato, indignato, scioccato.

shocker /ˈʃɒkər Am ˈʃɑːkər/ n. **1** personaf. che sconvolge, persona f. che colpisce, persona f. che scuote; (person that outrages) persona f. che scandalizza. **2** (book, novel that shocks) libro m. scandalistico, romanzo m. scandalistico; (magazine) periodico m. scandalistico.

shock-headed /ˈʃɒk,hedɪd Am ˈʃɑːk,hedɪd/ a. dai capelli folti e arruffati, zazzeruto.

shocking /ˈʃɒkɪŋ Am ˈʃɑːkɪŋ/ **I** a. **1** che colpisce, che scuote, scioccante, traumatizzante: ~ news notizie che colpiscono. **2** (causing moral outrage) scandaloso, oltraggioso: ~ language linguaggio oltraggioso. **3** (causing astonishment) sbalorditivo, stupefacente: ~ disclosures rivelazioni sbalorditive. **4** (colloq) (very bad) infame, pessimo: ~ weather tempo infame. **5** (colloq) (horrifying, disgusting) disgustoso, orribile. **II** avv. **1** in modo scioccante, in maniera che scuote,

in maniera che colpisce, in modo traumatizzante. **2** (scandalously) scandalosamente. **3** (colloq) (extremely) eccessivamente, esageratamente, scandalosamente. □ ~pink rosa shocking.

shockingly /ˈʃɒkɪŋli Am ˈʃɑːkɪŋli/ avv. **1** in modo scioccante, in maniera che scuote, in maniera che colpisce, in modo traumatizzante. **2** (scandalously) scandalosamente. **3** (colloq) (extremely) eccessivamente, esageratamente, scandalosamente: ~ expensive eccessivamente costoso.

shod [1] /ʃɒd Am ʃɑːd/ n./v.t. → **shoe**

shod [2] /ʃɒd Am ʃɑːd/ a. **1** calzato, provvisto di calzature, provvisto di scarpe. **2** (of a horse) ferrato.

shoddily /ˈʃɒdɪli Am ˈʃɑːdɪli/ avv. mediocremente, in modo scadente.

shoddiness /ˈʃɒdɪnəs Am ˈʃɑːdɪnəs/ n. **1** qualità f. mediocre, qualità f. scadente. **2** (estens) mediocrità f., qualità f. scadente.

shoddy /ˈʃɒdi Am ˈʃɑːdi/ **I** n. **1** (Tess) lana f. rigenerata. **2** (fig) roba f. di scarto, roba f. scadente, roba f. dozzinale. **II** a. **1** scadente, di scarto: ~ workmanship lavorazione scadente. **2** (fig) (mean, base) meschino, gretto. **3** (made of shoddy) fatto di lana rigenerata.

shoe /ʃuː/ **I** n. **1** scarpa f.: a pair of -s un paio di scarpe; to put on one's -s infilarsi le scarpe, mettersi le scarpe; to take off one's -s togliersi le scarpe, sfilarsi le scarpe. **2** (horseshoe) ferro m. di cavallo. **3** (metal ferrule, socket) puntale m. **4** (Mecc) (device to retard motion) cuneo m., scarpa f.; (brake shoe) ganascia f. del freno, ceppo m. del freno; (channel, groove in which sth. slides) pattino m. di scorrimento. **5** (of a sled, etc.) pattino m. **6** (Mar) (of a ship's keel) falsa chiglia f. **7** (Am,Aut) (of a tyre) copertone m. **II** v.t. (past **shod** /ʃɒd/, p.p. **shod** o **shoed** /ʃuːd/) **1** calzare, fornire di scarpe, provvedere di scarpe. **2** (of an animal) ferrare: to ~ a horse ferrare un cavallo. **3** (to provide with a metal ferrule) munire di puntale. **4** (Am,Aut) munire di copertone. □ ~box: **1** scatola da scarpe; **2** (fig) (cramped space) buco, stanzino, abitazione piccolissima; ~ buckle fibbia di scarpa; (Am) ~cream crema per scarpe, lucido per scarpe; (fig) tofill so.'s -s occupare il posto di qcu., prendere il posto di qcu.; (colloq) the ~ is on the otherfoot la situazione si è capovolta; (fig) to bein so. else's -s essere nei panni di qcu., essere al posto di qcu.: I wouldn't like to be in his -s non vorrei essere nei suoi panni; to put oneself in another person's -s prendere il posto di qcu.; ~industry industria calzaturiera; (Calz) ~knife trincetto; (Calz) ~leather cuoio per scarpe; (Am,fig) to wait for theother ~ to drop essere preparati al peggio, aspettarsi che succeda qualcos'altro di brutto; (Br) ~polish crema per scarpe, lucido per scarpe; ~rack scarpiera; (Calz) ~stretcher (o ~tree) forma per scarpe.

shoebill /ˈʃuːbɪl/ n. (Ornit) cicogna f. con il becco a scarpa.

shoeblack /ˈʃuːblæk/ n. lustrascarpe m.

shoebox /ˈʃuːbɒks Am ˈʃuːbɑːks/ n. **1** scatola f. da scarpe. **2** (fig) (cramped space) buco m., stanzino m., abitazione f. piccolissima.

shoebrush /ˈʃuːbrʌʃ/ n. spazzola f. per le scarpe.

shoehorn /ˈʃuːhɔːn Am ˈʃuːhɔːrn/ n. calzascarpe m., calzatoio m., calzante m.

shoehorned /ˈʃuːhɔːnd Am ˈʃuːhɔːrnd/ a. incassato, chiuso, stretto (between tra).

shoeing /ˈʃuːɪŋ/ n. ferratura f.

shoelace /ˈʃuːleɪs/ n. stringa f. per scarpe, laccio m. per scarpe.

shoelast /'ʃuːlɑːst Am 'ʃuːlæst/ n. (Calz) forma f. per scarpe.

shoeless /'ʃuːləs/ a. 1 senza scarpe. 2 (of an animal) non ferrato.

shoemaker /'ʃuːˌmeɪkər/ n. calzolaio m.

shoemaking /'ʃuːˌmeɪkɪŋ/ n. arte f. del calzolaio.

shoer /'ʃuːər/ n. maniscalco m.

shoeshine /'ʃuːʃaɪn/ n. 1 lucidatura f. delle scarpe. 2 (polish given to the shoes) lucido m. 3 (Am) lustrascarpe m. □ ~ boy lustrascarpe.

shoestring /'ʃuːstrɪŋ/ I n. 1 (shoelace) stringa f. per scarpe, laccio m. per scarpe. 2 (fig) capitale m. ridottissimo; (colloq) quattro soldi m.pl.: the film was made on a ~ il film fu girato con quattro soldi. II a. 1 esiguo, con pochi fondi: a ~ budget un bilancio esiguo. 2 (made with or operating on little money) con mezzi limitati, (fatto) con pochi mezzi.

shone /ʃɒn Am ʃoʊn/ → shine¹.

shoo /ʃuː/ I intz. (colloq) sciò!, via!, pussa via! II v.t. (colloq) cacciare via, allontanare facendo sciò. III v.i. (colloq) gridare sciò, fare sciò.

shoo-in /'ʃuːɪn/ n. (Am) favorito m. (f. -a), candidato m. (f. -a) dato come vincente.

shook¹ /ʃʊk/ → shake¹.

shook² /ʃʊk/ n. 1 fascio m. di doghe. 2 (Am, Agr) (shock) bica f.

shoot /ʃuːt/ I v.t. (past, p.p. shot /ʃɒt Am ʃɑːt/) 1 sparare (at a, contro): to ~ a mad dog sparare a un cane rabbioso. 2 (to injure by shooting) ferire con un'arma da fuoco, colpire con un'arma da fuoco. 3 (to kill) uccidere con un'arma da fuoco. 4 (to execute with a bullet) fucilare, passare per le armi: he was tried and shot fu processato e fucilato. 5 (of a weapon) sparare (con), scaricare. 6 (Caccia) cacciare, andare a caccia di. 7 (to send forth, to direct) lanciare, gettare: to ~ a glance at so. lanciare un'occhiata a qcu. 8 (fig) (to throw forcefully, suddenly) sbalzare, scaraventare (fuori): the collision shot me out of my seat l'urto mi sbalzò dal sedile. 9 (fig) (to carry swiftly) portare velocemente, portare rapidamente: the lift shot me to the top floor l'ascensore mi portò velocemente all'ultimo piano. 10 (Am,fig) (to pass, to hand, to give rapidly) gettare, lanciare: ~ me that pen, will you? mi lanci la penna, per favore? 11 (fig) (to respond rapidly) she shot back a curt comeback rispose seccamente. 12 (fig) (to thrust forward) protendere, sporgere. 13 (fig) (to go somewhere quickly) passare da, fare una capatina: I could ~ by (o over to) your house when I get off work potrei fare un salto da te quando esco dall'ufficio. 14 (to emit) mandare (fuori), emettere. 15 (to go quickly through, over, etc.) passare rapidamente, superare rapidamente: to ~ the rapids in a canoe superare le rapide con la canoa. 16 (Sport) tirare (forte), sparare; (to score) segnare: to ~ a goal segnare una rete. 17 (Cin) girare, filmare, riprendere: to ~ a scene girare una scena. 18 (Fot) riprendere, fotografare. 19 (Astr,Mar) misurare l'altezza di: to ~ the sun with a sextant misurare l'altezza del sole con un sestante. 20 (of a bolt: to slide) far scorrere, tirare. 21 (Am) (of dice) tirare; (of a bet) puntare. II v.i. (past, p.p. shot /ʃɒt Am ʃuːt/) 1 sparare, tirare, fare fuoco: the soldiers began -ing i soldati cominciarono a sparare. 2 (of a weapon) sparare; (to have a range) tirare: this gun -s from more than a mile questo fucile tira a più di un miglio (di distanza). 3 (Caccia) andare a caccia. 4 (fig) (to move at speed) sfrecciare. 5 (to be emitted) guizzare, venire fuori: flames were -ing from the roof le fiamme guizzavano dal tetto. 6 (to protrude, to project) sporgere, protendersi, essere sporgente. 7 (to grow forth) spuntare. 8 (of pain) dare fitte. 9 (Sport) tirare. 10 (Cin) girare: silence, please, we're -ing silenzio, per favore, si gira. 11 (Fot) fotografare, fare fotografie. 12 (of a bolt) scorrere. III n. 1 (Caccia) battuta f. di caccia; (piece of land) riserva f. di caccia. 2 (shooting match) gara f. di tiro. 3 (Fot) servizio m.: a photo ~ in the Caribbean un servizio fotografico nei Caraibi. 4 (Bot) germoglio m. 5 (of a stream) cascata f., rapida f.; (of water) zampillo m., getto m. 6 (of pain) fitta f., puntura f. 7 (chute) scivolo m. IV intz. 1 (eufem) ca...volo!, ca...cchio! 2 (Am) (speak out!) parla!, spara!: ~, I'm ready parlate, sono pronto. □ to ~ across passare velocemente in, attraversare velocemente: a meteor shot across the sky una meteora passò velocemente nel cielo; to ~ ahead balzare avanti, balzare in testa; to ~ along sfrecciare, passare sfrecciando; to ~ an arrow scoccare una freccia; to ~ at: 1 sparare a, fare fuoco su; 2 (to aim at) mirare a, aspirare a: we are shooting for a ten per cent increase miriamo a un aumento del dieci per cento; to ~ away: 1 spazzare via a colpi di arma da fuoco: he had two fingers shot away un colpo di arma da fuoco gli fece saltare via due dita; 2 (to shoot continuously) continuare a sparare, fare fuoco a volontà; 3 (to move away rapidly) sfrecciare via; to ~ back the bolt tirare il chiavistello; (Br,fig) to ~ one's bolt sparare tutte le proprie cartucce, mettercela tutta; (Am,colloq) to ~ the breeze (o to ~ the bull) chiacchierare, ciarlare; to ~ by passare sfrecciando; to ~ dead uccidere con un colpo di arma da fuoco; to ~ down: 1 uccidere (a colpi di arma da fuoco); 2 (of a plane, etc.) abbattere (a colpi di arma da fuoco); 3 (of game) abbattere; 4 (fig) demolire: to ~ so.'s theory down demolire la teoria di qcu.; (colloq) to ~ oneself in the foot darsi la zappa sui piedi; to ~ for (to aim at) mirare a, aspirare a: we are -ing for a ten per cent increase miriamo a un aumento del dieci per cento; to ~ forth: 1 emettere, cacciare fuori; 2 (of plants: to put forth) mettere (fuori): to ~ forth leaves mettere le foglie; to ~ forward balzare in avanti, fare un balzo in avanti; (Am,colloq) to ~ from the hip non avere peli sulla lingua; (Sport,colloq) to ~ (some) hoops (to play basketball) giocare a pallacanestro; to ~ it out regolare i conti con una sparatoria, regolare i conti a colpi di arma da fuoco; to ~ to kill sparare con l'intenzione di uccidere; (colloq) to ~ the light passare col rosso; (Br, colloq) to ~ a line (to boast) vantarsi, gloriarsi, esagerare, sparare grosso; (fig) to ~ the Niagara correre un grosso rischio; to ~ off: 1 sparare, scaricare: to ~ off a gun scaricare un fucile; 2 (to use up by shooting) consumare (sparando), esaurire sparando; 3 (to remove by shooting) far saltare via con un colpo; 4 (to go off, to leave rapidly) andarsene di corsa, allontanarsi velocemente; (sl) to ~ off one's mouth (o to ~ one's mouth off): 1 (to talk indiscreetly) chiacchierare in modo indiscreto; 2 (to exaggerate) spararle grosse; to ~ out: 1 cacciare fuori, tirare fuori: to ~ out one's tongue cacciare fuori la lingua; 2 (to emit) mandare (fuori), emettere; 3 (to project out) sporgere (in avanti), protendersi, essere sporgente; 4 (fig) (to thrust forward) protendere, sporgere: I shot out a hand protesi una mano; 5 (of plants: to put forth) mettere (fuori): to ~ out leaves mettere le foglie; to ~ past passare sfrecciando: an ambulance shot past un'ambulanza passò

sfrecciando; to ~ on sight sparare a vista; to ~ to the surface risalire rapidamente in superficie; (colloq) to ~ the moon traslocare di notte (per non pagare l'ultimo affitto); (Mar) to ~ the sun prendere l'altezza meridiana del sole; to ~ through sfrecciare attraverso, sfrecciare in, passare velocemente attraverso, passare velocemente per; to ~ up: 1 innalzarsi rapidamente, levarsi in alto rapidamente; 2 (colloq) (to use drugs) farsi, bucarsi, drogarsi; 3 (to increase rapidly) salire alle stelle, aumentare vertiginosamente: prices have shot up i prezzi son saliti alle stelle; 4 (colloq) (a place, town, etc.) terrorizzare sparando all'impazzata, mettere a soqquadro sparando all'impazzata; to ~ wide mancare il bersaglio, fallire il bersaglio (anche Sport); to ~ the works puntare il massimo.

shooter /'ʃuːtər Am 'ʃuːtər/ n. 1 tiratore m. (f. -trice). 2 (Caccia) (spesso in compounds) cacciatore m. (f. -trice) (di...): a duck-~ un cacciatore di anatre. 3 (colloq) (firearm) arma f. da fuoco; (repeating pistol) pistola f. a ripetizione. 4 (colloq) (drink, portion of liquor) bicchierino m.; (colloq) goccio m.

shooting /'ʃuːtɪŋ Am 'ʃuːtɪŋ/ I n. 1 tiro m., il tirare. 2 (Sport) (occupation) tirassegno m. 3 (Caccia) caccia f.; (piece of land) terreno m. di caccia, bandita f.; (game preserve) riserva f. di caccia. 4 (Cin) lavorazione f. II a. 1 che spara. 2 (Caccia) da caccia, da cacciatore: a ~ rifle un fucile da caccia. 3 (of pain) lancinante, acuto. □ (Cin) ~ angle angolo di ripresa; (Br) ~ box capanno da caccia; (Aut, ant) ~ brake giardinetta; ~ gallery sala di tiro; (sl) ~ iron (firearm) arma da fuoco; (pistol) rivoltella, pistola; ~ pain dolore lancinante; ~ range poligono (di tiro) tirassegno; (Cin) ~ script sceneggiatura; (Astr) ~ star stella filante, stella cadente; ~ stick bastone sulla cui impugnatura è possibile sedersi.

shoot-out /'ʃuːtaʊt/ n. 1 (colloq) sparatoria f., regolamento m. di conti (fra bande). 2 (Sport) (in soccer) rigori m.pl.

shop /ʃɒp Am ʃɑːp/ I n. 1 negozio m., bottega f.: a clothing ~ un negozio di abbigliamento; the corner ~ il negozio all'angolo. 2 (workshop) officina f.: a mechanic's ~ un'officina meccanica. 3 (Am) (department of a large store) reparto m. (di grande magazzino). 4 (Am,Scol) (course) lezioni f.pl. di applicazioni tecniche; (room) aula f. di applicazioni tecniche, laboratorio m. di applicazioni tecniche. II v.i. fare spese, fare acquisti, fare compere. III v.t. 1 esaminare per acquistare. 2 (to buy) acquistare, comprare. 3 (Br,sl) (to inform against) tradire, fare la spia contro. 4 (Br,sl) (to imprison) mettere in prigione, mettere in galera; (colloq) mettere dentro, mettere al fresco. □ to ~ around (to examine the whole market before buying) fare il giro dei negozi (prima di comprare), dare un'occhiata in giro (prima di comprare); ~ assistant commesso, venditore; (Br) on the ~ floor in produzione; to keep ~ badare al negozio (mentre il proprietario è assente); to keep a ~ gestire un negozio; to set up a ~: 1 aprire un negozio; (fig) to set up ~ aprire un negozio, mettere su bottega; 2 (fig) stabilire il quartier generale; to shut up the ~: 1 chiudere il negozio; 2 (fig) chiudere bottega; steward: 1 membro della commissione interna; 2 (union official) rappresentante sindacale; ~ talk discorsi di lavoro; (Br,colloq, fig) to come to the wrong ~ (o to go to the wrong ~) capitare male, sbagliare indirizzo.

shopaholic /ˌʃɒpə'hɒlɪk Am ˌʃɑːpə'hɔːlɪk/ n. (scherz) fanatico m. (f. -a) dello shopping.

shopfront /'ʃɒpfrʌnt Am 'ʃɑːpfrʌnt/ n. vetrina *f.* di un negozio.

shopgirl /'ʃɒpgɜːl *Am* 'ʃɑːpgɜːrl/ *n.* commessa *f.*

shopkeeper /'ʃɒp‚kiːpə *Am* 'ʃɑːp‚kiːpər/ *n.* negoziante *m./f.*, bottegaio *m.* (*f.* -a).

shopkeeping /'ʃɒp‚kiːpɪŋ *Am* 'ʃɑːp‚kiːpɪŋ/ *n.* attività *f.* di negoziante.

shoplifter /'ʃɒplɪftə *Am* 'ʃɑːplɪftə/ *n.* taccheggiatore *m.* (*f.* -trice).

shoplifting /'ʃɒplɪftɪŋ *Am* 'ʃɑːplɪftɪŋ/ *n.* taccheggio *m.*

shopper /'ʃɒpə *Am* 'ʃɑːpə/ *n.* **1** chi va in giro a fare compere, compratore *m.* (*f.* -trice), acquirente *m./f.* **2** (*Br*) (*bag with wheel*) carrellino *m.* per la spesa.

shopping /'ʃɒpɪŋ *Am* 'ʃɑːpɪŋ/ **I** *n.* spese *f.pl.*, acquisti *m.pl.*, shopping *m.* **II** *a.* della spesa, di compere, relativo a compere: *a ~ trip* un giro di compere. □ *~ bag* (o *~ basket*) borsa per la spesa; *to have a ~binge* (o *to go on a ~ binge*) fare (delle) spese folli, andare a spendere un mucchio di soldi; (*Am*) *~cart* carrello di supermercato; *~ centre* (o *Am ~ center*) centro commerciale; *to go ~* fare compere; *~list* lista della spesa; *~mall* centro commerciale; *~spree* orgia di acquisti; *totake so. ~* portare qcu. a fare compere; (*Br*) *~trolley* carrello di supermercato.

shop-soiled /‚ʃɒp'sɔɪld *Am* 'ʃɑːp‚sɔɪld/ *a.* **1** sciupato per la lunga esposizione in negozio. **2** (*fig*) logoro, sciupato, un po' invecchiato.

shopwalker /'ʃɒp‚wɔːkə/ *n.* (*Br*) caporeparto *m./f.*

shopwindow /'ʃɒp‚wɪndoʊ *Am* 'ʃɑːp‚wɪndoʊ/ *n.* vetrina *f.*

shopworn /'ʃɒpwɔːn *Am* 'ʃɑːpwɔːrn/ *a.* sciupato per la lunga esposizione in negozio.

shore¹ /ʃɔː *Am* ʃɔːr/ *n.* **1** costa *f.*, sponda *f.*, riva *f.*, spiaggia *f.* **2** (*fig*) terra *f.*, paese *m.*: *one's native ~* la terra natia; *to sail for foreign -s* salpare per paesi stranieri. **3** (*Mar*) (*land*) terra *f.*: *to be assigned to a post on ~* essere destinato a terra. □ (*Mar*) *from ~ to ~* dal porto di partenza a quello di arrivo; *in ~* vicino alla riva, vicino alla costa; (*Mar.mil*) *~leave* permesso di scendere a terra; *~line* linea costiera, litorale, costa; *off ~* al largo; *to goon ~* sbarcare, scendere a terra; (*Mar.mil*) *~patrol* pattuglia costiera.

shore² /ʃɔː *Am* ʃɔːr/ **I** *n.* (*supporting beam*) puntello *m.* **II** *v.t.* puntellare, armare. □ *to ~up* puntellare, armare: *to ~ up the side of a house* puntellare il fianco di una casa.

shore³ /ʃɔː *Am* ʃɔːr/ → **shear**¹.

shoreless /'ʃɔːləs *Am* 'ʃɔːrləs/ *a.* (*fig*) illimitato, sconfinato.

shoreward /'ʃɔːwəd *Am* 'ʃɔːrwərd/ **I** *a.* diretto verso la spiaggia, diretto verso terra. **II** *avv.* verso la spiaggia, verso terra.

shorewards /'ʃɔːwədz *Am* 'ʃɔːrwərdz/ *avv.* verso la spiaggia, verso terra.

shoring /'ʃɔːrɪŋ/ *n.* puntellamento *m.*

shorn /ʃɔːn *Am* ʃɔːrn/ → **shear**¹.

short /ʃɔːt *Am* ʃɔːrt/ **I** *a.* **1** corto: *~ legs* gambe corte; *~ hair* capelli corti. **2** (*not tall*) piccolo, basso: *a ~ man* un uomo piccolo. **3** (*of distance*) breve, corto: *a ~ journey* un viaggio breve. **4** (*of time*) breve, di breve durata, corto: *a ~ illness* una breve malattia; *life is ~* la vita è breve. **5** (*brief, concise*) breve, conciso: *a ~ speech* un breve discorso. **6** (*not extending far enough*) corto, di lunghezza scarsa, di lunghezza insufficiente: *this dress is ~ for me* quest'abito mi va corto. **7** (*distant*) da lontano, distante (*of* da): *we were still three miles ~ of our destination* eravamo ancora distanti tre miglia dalla nostra destinazione. **8** (*below required amount, etc.*)

scarso: *~ measure* misura scarsa. **9** (*scanty*) scarso, insufficiente: *~ rations* razioni scarse. **10** (*lacking*) a corto, scarso (*of, in* di). **11** (*abrupt, curt*) brusco, secco, spiccio, scortese (*with* con): *a ~ reply* una risposta brusca; *I was a bit ~ on the phone* sono stato un po' spiccio al telefono. **12** (*abbreviated*) abbreviato: *don't is the ~ form of do not* don't è la forma abbreviata di do not. **13** (*colloq*) (*weak*) scarso (*on* di), debole (in): *he is ~ on originality* manca un po' di originalità. **14** (*colloq*) (*lacking money*) a corto di quattrini: *I'm a bit ~* sono piuttosto a corto di quattrini. **15** (*Br*) (*of a drink*) liscio. **16** (*of clay, dough*) friabile, frollo. **17** (*of waves, seas*) corto. **18** (*Fon*) breve. **19** (*Comm,Econ*) a breve scadenza. **20** (*Econ*) allo scoperto. **21** (*Met*) fragile. **II** *n.* **1** *pl.* (*Abbigl*) pantaloncini *m.pl.*, shorts *m.pl.* **2** *pl.* (*Abbigl*) (*short underpants*) boxer *m.pl.* (da uomo). **3** (*El,colloq*) cortocircuito *m.*, corto *m.* **4** (*Br*) (*drink*) liquore *m.* (liscio). **5** (*Cin*) cortometraggio *m.* **6** (*Metr*) sillaba *f.* breve, breve *f.* **7** (*Econ,Comm*) (*Stock Exchange*) venditore *m.* (*f.* -trice) allo scoperto. **III** *avv.* **1** bruscamente, di colpo, di botto: *to stop ~* fermarsi bruscamente. **2** (*not reaching the intended point*) corto, lontano dall'obiettivo: *the first shell landed ~* la prima granata cadde corta. **3** (*in compounds: for a brief time*) di breve...: *~-lived* di breve durata. **4** (*curtly*) bruscamente, seccamente. **IV** *v.t.* (*El*) cortocircuitare, mettere in corto circuito. **V** *v.i.* (*El*) formare un cortocircuito. □ (*colloq*) *to put so. on ~allowance* razionare i viveri a qcu.; (*Br*) *~back and sides* taglio di capelli (maschile) corto dietro e ai lati; (*Econ*) *~ bill* effetto a breve scadenza; (*Br*) *to bring up ~*: **1** fermare di colpo, arrestare di colpo: *he brought his horse up ~* fermò il cavallo di colpo; **2** (*to take up short*) interrompere; *to becaught ~* essere colto di sorpresa, essere colto alla sprovvista; *~ change* resto inferiore a quello dovuto; (*El*) *~ circuit* cortocircuito (*anche fig*); (*fig*) *to come ~ of* non essere all'altezza di, essere inferiore a: *the holiday came ~ of our hopes* la vacanza ci ha delusi; (*Br,colloq*) *to be on ~ commons* essere a corto di viveri; (*colloq*) *to keep so. on ~ commons* tenere qcu. a stecchetto; (*colloq*) *to have so. by the ~ andcurlies* tenere qcu. in pugno; *~ cut* scorciatoia (*anche fig*); *to run a ~distance* fare un breve tratto di corsa; (*Mat*) *~division* divisione in riga; *the ~end of the stick* trattamento ingiusto: *to get the ~ end of the stick* subire un trattamento ingiusto; *to give so. the ~ end of the stick* trattare ingiustamente qcu.; *for ~* abbreviato in, per brevità: *his name is Anthony, Tony for ~* il suo nome è Anthony, abbreviato in Tony; (*Gramm*) *~form* accorciativo; *toget ~* accorciarsi: *the days are getting ~* le giornate si accorciano; *togo ~ of sth.* privarsi di qcs.: *he never lets his wife go ~* non fa mai mancare nulla a sua moglie; (*colloq*) *to have so. by the ~hairs* tenere qcu. in pugno; (*Br*) *~head*: **1** (*Sport*) (*in a horse race*) margine di vittoria per meno di una testa (o a corta testa): *to win by a ~ head* vincere di stretta misura; **2** (*fig*) margine stretto; *in ~*: **1** per farla breve, in breve, insomma; *in ~, I cannot help you* per farla breve, non posso aiutarti; **2** (*Econ*) allo scoperto; *~list* rosa dei candidati; *to belittle ~ of* essere poco meno di, essere quasi: *his recovery is little ~ of miraculous* la sua guarigione è quasi miracolosa; *~measure* misura scarsa; *to give ~ measure* rubare sul peso, dare meno del dovuto; *to have a ~memory* avere la memoria corta; (*Metr*) *~metre* quartina; *at*

~ notice a breve scadenza; *~ of* (*except*) fuorché, eccetto: *I see no means of escape ~ of surrender* non vedo altra via di uscita fuorché la resa; *to be ~of sth.* essere a corto di qcs., essere senza qcs.: *to be ~ of ready money* essere a corto di liquidi; *to be ~ of breath* respirare affannosamente, avere il fiato grosso, avere il fiato corto; *to be ~ of stature* essere basso; *in ~order* in breve tempo, in quattro e quattr'otto, immediatamente, subito; (*Am*) *~order cook* cuoco non specializzato, cuoco che prepara piatti veloci; (*Gastron*) *~pastry* pasta frolla; *to pull up ~* fermarsi di botto, fermarsi di colpo, fermare di botto, fermare di colpo; (*Macell*) *~ ribs* lombata, lombo; *in the ~run* a breve scadenza; *torun ~* scarseggiare, essere insufficiente, essere scarso: *supplies are running ~* le provviste scarseggiano; *to run ~ of* rimanere a corto di; (*Econ*) *~sale* vendita allo scoperto; (*Mar*) *~sea* mare corto; *to give so. ~shrift* trattare qcu. in modo sgarbato; *to get ~ shrift from* prendersi una strigliata da; (*Med*) *~ sight* miopia; (*Lett*) *~story* novella, racconto; *to be in ~ supply* scarseggiare, essere scarso; *~andsweet*: **1** breve e piacevole, rapido e indolore; **2** (*fig*) (*brief and pertinent*) conciso e pertinente: *his speech was ~ and sweet* il suo discorso fu conciso e pertinente; *to make it ~ and sweet, the answer is no* per farla breve, la risposta è no; (*Br*) *to take up ~* interrompere; (*fig*) *~temper* irascibilità; *to have a ~ temper* essere collerico, essere irascibile; *~time* orario (di lavoro) ridotto; *for a ~ time* per poco tempo; *a ~ time ago* poco (tempo) fa; *~ton* tonnellata americana (pari a circa 908 kg); (*Fis*) *~wave*: **1** onda corta; **2** (*used as an adjective*) a onde corte; (*Rad*) *~wave radio* apparecchio radio a onde corte; *a ~way off* poco distante, poco lontano; *~ weight* peso scarso; *to make ~work of sth.* fare qcs. in fretta.

short-acting /'ʃɔːt‚æktɪŋ *Am* 'ʃɔːrt‚æktɪŋ/ *a.* (*Farm*) a breve durata di azione, short-acting.

shortage /'ʃɔːtɪdʒ *Am* 'ʃɔːrtɪdʒ/ *n.* carenza *f.*, scarsità *f.*, scarsezza *f.* (*of* di): *food ~* carenza di cibo. □ (*Comm*) *~ incash* ammanco di cassa; *tomake up the ~* colmare il deficit.

shortbread /'ʃɔːtbred *Am* 'ʃɔːrtbred/ *n.* (*Dolc*) biscotto *m.* di pasta frolla.

shortcake /'ʃɔːtkeɪk *Am* 'ʃɔːrtkeɪk/ *n.* (*Dolc*) dolce *m.* di pasta frolla: *strawberry ~* tortino ricoperto di fragole.

short-change /‚ʃɔːt'tʃeɪndʒ *Am* ‚ʃɔːrt'tʃeɪndʒ/ *v.t.* **1** (*colloq*) imbrogliare sul resto, dare meno resto del dovuto. **2** (*to cheat*) frodare, truffare, (*pop*) fregare.

short-circuit /‚ʃɔːt'sɜːkɪt *Am* ‚ʃɔːrt'sɜːrkɪt/ *v.t.* (*El*) cortocircuitare, mettere in corto circuito. **II** *v.i.* (*El*) fare cortocircuito.

shortcoming /'ʃɔːt‚kʌmɪŋ *Am* 'ʃɔːrt‚kʌmɪŋ/ *n.* **1** manchevolezza *f.*, difetto *m.* **2** (*deficiency*) deficienza *f.*, mancanza *f.*

shortcrust /'ʃɔːtkrʌst/ □ (*Br,Dolc*) *~pastry* pasta brisée, pastafrolla.

short-dated /‚ʃɔːt'deɪtɪd *Am* ʃɔːrt'deɪtɪd/ *a.* (*Econ*) a breve scadenza.

shorten /'ʃɔːtn *Am* 'ʃɔːrtn/ **I** *v.t.* **1** accorciare, ridurre, abbreviare: *to ~ a rope* accorciare una fune; *to ~ an essay* ridurre un saggio. **2** (*to reduce in duration, amount*) ridurre, diminuire. **3** (*Gastron*) rendere frollo, rendere friabile. **4** (*Mar*) (*of sail*) ridurre. **II** *v.i.* accorciarsi, diventare (più) corto, abbreviarsi: *the days are -ing* le giornate si accorciano. □ (*Mar*) *to ~down* ridurre la velatura.

shortening /'ʃɔːtənɪŋ *Am* 'ʃɔːrtənɪŋ/ *n.* **1** (*Gastron,Dolc*) grasso *m.* usato in pasticceria. **2** (*reduction*) accorciatura *f.*; (*process of be-*

coming short, shorter) accorciamento *m.* **3** (*Fon,Ling*) abbreviazione *f.*

shortfall /'ʃɔːtfɔːl *Am* 'ʃɔːrtfɔːl/ *n.* ammanco *m.*, deficit *m.*

shorthair /'ʃɔːtheəʳ *Am* 'ʃɔːrtherr/ *n.* (*Zool*) gatto *m.* a pelo raso.

shorthand /'ʃɔːthænd *Am* 'ʃɔːrthænd/ **I** *n.* stenografia *f.* **II** *a.* stenografico, stenografato. □ *to take sth. down in* ~ stenografare qcs.

shorthanded /ˌʃɔːt'hændɪd *Am* ˌʃɔːrt'hændɪd/ *a.* a corto di personale, a corto di manodopera.

shorthand-typist /ˌʃɔːthænd'taɪpɪst *Am* ˌʃɔːrthænd'taɪpɪst/ *n.* stenodattilografo *m.* (*f.* -a).

shorthorn /'ʃɔːthɔːn *Am* 'ʃɔːrthɔːrn/ *n.* (*Zool*) bovino *m.* dalle corna corte.

shortish /'ʃɔːtɪʃ *Am* 'ʃɔːrtɪʃ/ *a.* piuttosto corto.

short-legged /'ʃɔːtleg(ɪ)d *Am* 'ʃɔːrtleg(ɪ)d/ *a.* dalle gambe corte, con le gambe corte.

short-list /'ʃɔːtlɪst *Am* 'ʃɔːrtlɪst/ **I** *n.* rosa *f.* dei candidati. **II** *v.t.* mettere nella rosa dei candidati.

short-lived /ˌʃɔːt'lɪvd *Am* 'ʃɔːrtl(a)ɪvd/ *a.* **1** dalla vita breve. **2** (*fig*) di breve durata, effimero, passeggero: *his triumph was* ~ il suo trionfo fu di breve durata.

shortly /'ʃɔːtli *Am* 'ʃɔːrtli/ *avv.* **1** tra poco, tra breve, presto: *he is* ~ *to retire* tra poco andrà in pensione. **2** (*for a short time*) per poco tempo. **3** (*at a short interval of time*) un po', poco: *he arrived* ~ *before me* arrivò un po' prima di me; ~ *after* (o ~ *afterwards*) poco dopo. **4** (*in a few words*) brevemente, concisamente, in poche parole, con poche parole. **5** (*curtly*) bruscamente.

shortness /'ʃɔːtnəs *Am* 'ʃɔːrtnəs/ *n.* **1** l'essere corto, (*rar*) cortezza *f.* **2** (*of time, length of written text*) brevità *f.* **3** (*bluntness*) bruschezza *f.*, asprezza *f.* **4** (*scantiness*) scarsezza *f.*, scarsità *f.* □ ~ *of breath* respiro corto, respiro affannoso; ~ *of memory* l'avere la memoria corta, poca memoria; ~ *of temper* irascibilità.

short-range /ˌʃɔːt'reɪndʒ *Am* ʃɔːrt'reɪndʒ/ *a.* **1** a distanza breve, a distanza ravvicinata. **2** (*Arm*) a breve gittata. **3** (*Econ*) a medio termine: ~ *forecast* previsione a medio termine. □ (*Aer.mil*) *a* ~ *fighter plane* un caccia ad autonomia limitata; (*Mil*) ~ *missiles* missili a corto raggio; (*Mil*) ~ *weapons* armi a corto raggio.

short-sheet /'ʃɔːtʃiːt/ □ (*Am*) *to* ~ *a bed* fare il sacco in un letto.

short-sighted /ˌʃɔːt'saɪtɪd *Am* 'ʃɔːrt,saɪtɪd/ *a.* (*Med*) miope (*anche fig*).

short-sightedness /ˌʃɔːt'saɪtɪdnəs *Am* 'ʃɔːrt,saɪtɪdnəs/ *n.* (*Med*) miopia *f.* (*anche fig*).

short-staffed /ˌʃɔːt'stɑːft *Am* ʃɔːrt'stæft/ *a.* (*having too few employees*) a corto di personale.

shortstop /'ʃɔːtstɒp *Am* 'ʃɔːrtstɑːp/ *n.* (*Sport*) (*in baseball*) interbase *m./f.*

short-tempered /ˌʃɔːt'tempəd *Am* ˌʃɔːrt'tempərd/ *a.* irascibile, collerico, iroso, iracondo.

short-term /ˌʃɔːt'tɜːm *Am* 'ʃɔːrt,tɜːrm/ *a.* **1** di breve durata, a breve durata. **2** (*Econ*) a breve scadenza. **3** (*Econ*) ~ *credit* credito a breve termine, credito a breve scadenza; (*Econ*) ~ *financing* finanziamento a breve (termine); (*Econ*) ~ *loan* prestito a breve scadenza; ~ *memory* memoria a breve termine.

short-waisted /ˌʃɔːt'weɪstɪd *Am* 'ʃɔːrt ,weɪstɪd/ *a.* **1** che ha la vita corta, corto di vita. **2** (*Sart*) a vita alta, dalla vita alta.

short-winded /ˌʃɔːt'wɪndɪd *Am* 'ʃɔːrt ,wɪndɪd/ *a.* dal fiato corto, affannato.

shorty /'ʃɔːti *Am* 'ʃɔːrti/ *n.* **1** (*colloq*) persona *f.* di bassa statura; (*scherz*) mezza cartuccia *f.*, mezza porzione *f.* **2** (*Br*) (*short raincoat*) impermeabile *m.* corto.

shot[1] /ʃɒt/ → **shoot**[1]. □ (*Br,sl*) *to get* ~ *of* sbarazzarsi di, liberarsi di.

shot[2] /ʃɒt *Am* ʃɑːt/ *n.* **1** sparo *m.*, colpo *m.*, tiro *m.*: *a* ~ *was heard* si udì uno sparo; *he fired three -s* sparò tre colpi. **2** (*range of a missile*) portata *f.*, gittata *f.*: *out of* ~ fuori portata. **3** (*Sport*) colpo *m.*, tiro *m.*, palla *f.*: *a forehand* ~ un colpo diritto; *good* ~ palla buona; *a* ~ *at goal* un tiro in porta, un tiro a rete. **4** (*fig*) (*try, go*) tentativo *m.*, prova *f.*: *I'll have a* ~ farò una prova; *go ahead and give it a* ~ vai e provaci! **5** (*fig*) (*guess at sth.*) tentativo *m.* di cogliere nel segno; (*conjecture*) supposizione *f.*, congettura *f.* **6** (*lead pellet for a cartridge*) pallottola *f.*, proiettile *m.*; (*projectile for a cannon*) palla *f.* di cannone. **7** (*costr.pl.*) (*pellets*) pallini *m.pl.*: *to fire* ~ sparare a pallini. **8** (*marksman*) tiratore *m.* (*scelto*): *he is an excellent* ~ è un eccellente tiratore. **9** (*colloq*) (*drink, portion of liquor*) bicchierino *m.*; (*colloq*) goccio *m.*: *a* ~ *of whisky* un goccio di whisky. **10** (*fig*) (*telling remark*) frecciata *f.*, stoccata *f.*, battuta *f.*: *a parting* ~ una battuta finale. **11** (*change at odds*) probabilità *f.*, possibilità *f.*: *a ten to one* ~ una probabilità su dieci. **12** (*Sport*) peso *m.*: *to put the* ~ lanciare il peso. **13** (*Astron*) lancio *m.*: *the Apollo 12 moon-* ~ il lancio dell'Apollo 12 sulla Luna. **14** (*Fot*) ripresa *f.*; (*snapshot*) istantanea *f.* **15** (*Cin,TV*) ripresa *f.*; (*scene*) inquadratura *f.* **16** (*charge of explosive*) carica *f.* (esplosiva) (*anche Minier*); (*explosion*) esplosione *f.*, scoppio *m.* **17** (*Tess*) (*throw of the shuttle*) lancio *m.* **18** (*Med*) iniezione *f.* □ *a* ~ *in the dark* un'ipotesi azzardata, un salto nel buio; (*Sport*) ~ *put* lancio del peso.

shot[3] /ʃɒt *Am* ʃɑːt/ (*past, p.p.* **shotted** /'ʃɒtɪd *Am* 'ʃɑːtɪd/) *v.t.* **1** caricare a pallini (di piombo), caricare con pallini (di piombo). **2** (*to weight with shot*) appesantire con pallini (di piombo).

shot[4] /ʃɒt *Am* ʃɑːt/ *a.* **1** (*Tess*) cangiante: ~ *silk* seta cangiante. **2** (*Tess*) (*variegated*) venato, screziato, variegato (*with* di). **3** (*estens*) (*streaked*) striato (di): *his black hair was now* ~ *with grey* i suoi capelli neri erano ormai striati di grigio.

shot[5] /ʃɒt/ *n.* (*Br,ant*) (*one's share of expenses*) quota *f.*, parte *f.*: *to pay the* ~ pagare la propria quota.

shot-blast /'ʃɒtblɑːst *Am* 'ʃɑːtblæst/ *v.t.* (*Tecn*) sabbiare con limatura metallica.

shot-blasting /'ʃɒt,blɑːstɪŋ *Am* 'ʃɑːt,blæstɪŋ/ *n.* (*Tecn*) sabbiatura *f.* metallica.

shotgun /'ʃɒtgʌn *Am* 'ʃɑːtgʌn/ *n.* fucile *m.* a pallini, fucile *m.* da caccia, schioppo *m.* □ ~ *wedding* matrimonio riparatore.

shot-peen /'ʃɒtpiːn *Am* 'ʃɑːtpiːn/ *v.t.* (*Tecn*) pallinare.

shot-put /'ʃɒtpʊt *Am* 'ʃɑːtpʊt/ *n.* (*Sport*) lancio *m.* del peso.

shot-putter /'ʃɒt,pʊtə *Am* 'ʃɑːt,pʊtər/ *n.* (*Sport*) lanciatore *m.* (*f.* -trice) del peso.

should /ʃəd *emphatic* ʃʊd/ (*past di* **shall**) *v.aus.* (*2ª pers.sing. ant* **shouldest** /'ʃʊdəst/, **shouldst** /ʃʊdst/; *negativo* **should not/ shouldn't** /'ʃʊdənt/) **1** (*to express duty, obligation, etc.*) *translated with the conditional of the verb* dovere: *you* ~ *wash more often* dovresti lavarti più spesso; *he -n't work so hard* non dovrebbe lavorare così tanto; *you* ~ *have told me* avresti dovuto dirmelo. **2** (*to express expectation, probability*) *translated with the conditional of the verb* dovere, essere probabile: *that* ~ *be enough* questo do-

vrebbe bastare; *he* ~ *have arrived by now* ormai dovrebbe essere arrivato. **3** (*to express future in the past*) *translated with the conditional of the verb: I told you I* ~ *be late* ti avevo detto che sarei arrivato tardi; *I* ~ *advise you to confess* ti consiglierei di confessare. **4** (*to express condition*) *translated with the subjunctive of the verb* dovere: *if he* ~ *arrive early, ask him to wait* se dovesse arrivare in anticipo digli di aspettare; ~ *anything happen to me, contact the police* se dovesse accadermi qualcosa rivolgiti alla polizia; *how* ~ *I know!* come faccio a saperlo?, come potrei saperlo?, che ne so io? **5** (*Br*) (*used as a subjunctive equivalent*) *translated with the subjunctive of the verb: he hid so that I shouldn't see him* si nascose in modo che io non lo vedessi. **6** (*Br*) (*used to make a statement or question less blunt*) *translated with the conditional of the verb: I* ~ *like that* mi piacerebbe.

shoulder /'ʃəʊldəʳ/ **I** *n.* **1** (*Anat,Macell, Gastron*) spalla *f.*: *to dislocate one's* ~ slogarsi una spalla; ~ *of mutton* spalla di montone. **2** (*Strad*) bordo *m.* della strada, margine *m.* della strada; (*for emergency stopping, hard shoulder*) corsia *f.* di emergenza. **3** (*of a hill, mountain*) spalla *f.*, fianco *m.* **4** (*Mecc*) spallamento *m.* **5** (*Tip*) spalla *f.* **6** (*of a tyre*) spalla *f.* (di sicurezza). **7** *pl.* spalle *f.pl.* (*anche fig*): *to carry a pack on one's -s* portare un pacco sulle spalle; *the responsibility rests on his -s* la responsabilità grava sulle sue spalle. **II** *v.t.* **1** mettersi sulle spalle, caricarsi sulle spalle. **2** (*fig*) addossarsi, assumersi, accollarsi: *to* ~ *the blame* addossarsi la colpa; *to* ~ *the cost of sth.* accollarsi le spese di qcs. **3** (*to push with the shoulders*) spingere con le spalle. **4** (*Mil*) mettere in spalla, spalleggiare: *to* ~ *a rifle* mettere un fucile in spalla. □ (*esclam., Mil*) ~ *arms!* spallarm!; *to* ~ *arms* mettere in posizione di spallarm; ~ *bag* borsetta a tracolla, borsa a tracolla, tracolla; ~ *belt*: **1** (*Mil*) bandoliera, tracolla; **2** (*Aut*) cintura di sicurezza trasversale; (*Anat*) ~ *blade* scapola; *I needed a* ~ *to cry on* avevo bisogno di una spalla su cui piangere; ~ *knot*: **1** (*Stor*) nodo ornamentale (portato sulla spalla); **2** (*Mil*) cordellina; (*Abbigl*) *off the* ~ dalla linea a spalle scese, che lascia scoperte le spalle; (*fig*) *to look over one's* ~ guardarsi alle spalle; (*Abbigl*) ~ *pad* spallina imbottita; ~ *season* media stagione; ~ *strap*: **1** (*Abbigl*) spallina, bretellina; **2** (*of a bag*) tracolla; ~ *to* ~: **1** fianco a fianco, spalla a spalla; **2** (*fig*) in stretta collaborazione, aiutandosi reciprocamente; *to* ~ *one's way through the crowd* farsi strada a spallate fra la folla; *to put one's* ~ *to the wheel* darci dentro, mettersi all'opera.

shouldered /'ʃəʊldəd *Am* 'ʃəʊldərd/ *a.* (*in compounds*) dalle spalle..., con le spalle...: *broad -* ~ dalle spalle larghe.

shoulder-length /'ʃəʊldə,leŋ(k)θ *Am* 'ʃəʊldər,leŋ(k)θ/ *a.* lungo fino alle spalle: ~ *hair* capelli lunghi fino alle spalle.

shouldest /'ʃʊdəst/ → **should**.

shouldn't /'ʃʊdənt/ *contraz. di* should not.

shouldst /ʃʊdst/ → **should**.

shout /ʃaʊt/ **I** *v.i.* gridare, urlare, strillare: *there's no need to* ~ non c'è nessun bisogno di gridare. **II** *v.t.* **1** gridare: *to* ~ *an order* gridare un ordine. **2** (*to express in a loud voice*) esprimere gridando, gridare: *to* ~ *one's approval* esprimere la propria approvazione gridando. **3** (*Inform*) mandare messaggi in lettere maiuscole. **III** *n.* **1** urlo *m.*, grido *m.*, strillo *m.*: *to give a* ~ cacciare un urlo. **2** (*Br*) turno *m.* (di pagare da bere). □ (*colloq*) *that's nothing to* ~ *about* non è niente di speciale; *to ~at so.* urlare a qcu., dire gridando a qcu.; *to ~ a speakerdown* zittire un oratore gridando, zittire un oratore a forza di urlare; *(fig) to give so. a ~* fare un fischio a qcu., chiamare qcu.; *to ~ oneselfhoarse* gridare fino a diventare rauco, sgolarsi; *(colloq) to be in with a ~* avere buone probabilità; *to ~out* gridare.

shouting /ˈʃaʊtɪŋ*Am*ˈʃaʊtɪŋ/ *n.* urlio *m.*, strilli *m.pl.*, gridìo *m.* □ *(colloq) it's all overbar the ~* (o *it's all overbut the ~*) è praticamente finito, siamo quasi alla fine, siamo agli sgoccioli, siamo in dirittura d'arrivo.

shove /ʃʌv/ **I** *v.t.* **1** spingere, spostare (spingendo); *he -d the table against the wall* spinse il tavolo contro il muro; *to ~ so. out of the way* spingere qcu. da una parte. **2** *(to jostle)* spingere, dare spinte, dare una spinta, dare uno spintone a, urtare. **3** *(to drive, to force)* far entrare a forza, ficcare *(into, in* in). **II** *v.i.* **1** spingere, dare spinte, dare spintoni: *stop shoving* smettila di spingere. **2** *(to move by pushing)* spingere, muovere (spingendo). **III** *n.* spinta *f.*, spintone *m.*, urto *m.* □ *to ~ so. along* spingere qcu. in avanti; *to ~ around* : 1 spostare; 2 *(to jostle)* spingere, dare una spinta a, dare uno spintone a; 3 *(colloq) (to boss)* spadroneggiare, essere autoritario, essere tirannico; *to ~ so.aside* spingere qcu. da parte; *to ~ back* spingere indietro; *to ~ forward* spingere avanti; *(sl) ~it!* piantala!, smettila!, lascia perdere!; *(Br,colloq) to ~ in one's oar* intromettersi, immischiarsi, metterci il becco; *to ~off* : 1 *(of people)* scostarsi dalla riva: *I -d off and rowed out to open sea* mi scostai dalla riva e remai verso il largo; *(sl) ~ off!* vattene!, fila via!, smamma!; 2 *(of a boat)* scostare, portare al largo; *to ~out* spingere all'infuori; *to ~past so.* dare una spinta a qcu. passandogli vicino; *to ~ through a crowd* farsi largo a spintoni tra la folla.

shove-halfpenny, shove-ha'penny /ˈʃʌvˈheɪpnɪ/ *n.* gioco *m.* delle piastrelle.

shovel /ˈʃʌvəl/ **I** *n.* **1** pala *f.*, badile *m.* **2** *(Mecc, Agr)* cucchiaia *f.* **3** *(Mecc)* escavatore *m.* a cucchiaio, escavatore *m.* a pala. **II** *v.t.* **1** spalare, levare via, togliere con la pala: *to ~ snow* spalare la neve. **2** *(to make by shovelling)* aprire spalando, spalare: *to ~ a path through the snow* aprire spalando un sentiero nella neve. **III** *v.i.* lavorare con la pala. □ *to ~ food into one's mouth* mangiare a quattro palmenti; *~hat* cappello a larghe tese (portato dal clero anglicano).

shoveler /ˈʃʌvələ/ *n.* (Ornit) mestolone *m.*

shovelful /ˈʃʌvəlfʊl/ *n.* palata *f.*, badilata *f.*

show /ʃəʊ/ (-ed /-d/, *p.p.* -n /-n/ o -ed) **I** *v.t.* **1** far vedere, mostrare: *~ me what you have bought* fammi vedere cosa hai comprato. **2** *(to offer for inspection)* esibire, mostrare, far vedere: *to ~ one's ticket to the conductor* esibire il biglietto al controllore. **3** *(to present the likeness of)* raffigurare, rappresentare: *the photograph -s him as a young man* la fotografia lo raffigura da giovane. **4** *(to make display of)* mettere in mostra, mostrare, ostentare: *to ~ one's legs* mettere in mostra le gambe. **5** *(to exhibit)* esporre: *his paintings have been -n in several galleries* i suoi quadri sono stati esposti in diverse gallerie. **6** *(Cin,Teat,TV)* *(to present)* presentare, rappresentare. **7** *(to display)* mostrare, rivelare: *he -ed no pity* non mostrò alcuna pietà. **8** *(of disposition: to exhibit towards)* avere, mostrare: *to ~ mercy to so.* avere pietà di qcu. **9** *(rifl.) to ~ oneself* farsi vedere, apparire, mostrarsi. **10** *(rifl.) (to prove to be)* dimostrarsi,

mostrarsi, rivelarsi: *to ~ oneself courageous* dimostrarsi coraggioso. **11** *(rifl.) (to be revealed)* apparire, rivelarsi: *consideration for others -ed itself in all his actions* il rispetto per gli altri appariva in ogni sua azione. **12** *(to prove, to demonstrate)* dimostrare, provare: *the figures ~ the loss* le cifre dimostrano la perdita. **13** *(to set forth, to describe)* descrivere, presentare, illustrare, esporre: *his article -ed the corruption in high circles* il suo articolo descriveva la corruzione delle alte sfere. **14** *(to register)* registrare: *exports -ed an increase* le esportazioni registravano un aumento. **15** *(to make visible)* lasciar vedere, mostrare: *dark clothes do not ~ the dirt* gli abiti scuri non lasciano vedere lo sporco. **16** *(to escort)* accompagnare, scortare: *to ~ so. to his seat* accompagnare qcu. al suo posto. **17** *(to guide, to conduct)* guidare, fare da guida a, fare da cicerone a. **18** *(to instruct)* far vedere a, mostrare a, dimostrare a, spiegare a, insegnare a: *~ me how to do it* fammi vedere come si fa. **19** *(of instruments)* segnare, indicare: *the thermometer -ed 39°* il termometro segnava 39°. **II** *v.i.* **1** vedersi, essere visibile: *fear -ed in her eyes* nei suoi occhi si vedeva la paura. **2** *(to be apparent)* rivelarsi, mostrarsi, vedersi, apparire: *good breeding -ed in all his actions* la buona educazione si rivelava in ogni sua azione. **3** *(to appear)* apparire, mostrarsi, presentarsi. **4** *(Cin,Teat,TV)* essere presentato, essere rappresentato. **5** *(colloq) (to come, to turn up)* farsi vedere, comparire: *we waited but he didn't ~* abbiamo aspettato ma non si è fatto vedere. **6** *(Sport) (of a racehorse)* arrivare al terzo posto. **III** *n.* **1** dimostrazione *f.*, manifestazione *f.*: *a ~ of strength* una dimostrazione di forza; *a ~ of grief* una manifestazione di dolore. **2** *(appearance, semblance)* parvenza *f.*, apparenza *f.*: *with some ~ of legality* con qualche parvenza di legalità. **3** *(ostentation)* ostentazione *f.*, esibizione *f.*: *a ~ of courage* un'ostentazione di coraggio. **4** *(pretence)* finta *f.*, mostra *f.*, finzione *f.*, commedia *f.*: *his contrition was all ~* il suo pentimento era tutta una finta. **5** *(exhibition, exposition)* mostra *f.*, esposizione *f.*: *a flower ~* una mostra di fiori. **6** *(spectacle, sight)* spettacolo *m.*, vista *f.* **7** *(Teat)* spettacolo *m.*, rappresentazione *f.*: *we will be late for the ~* faremo tardi allo spettacolo. **8** *(Teat) (cabaret-type entertainment)* spettacolo *m.* di varietà, show. **9** *(Rad,TV)* show *m.*, spettacolo *m.* **10** *(colloq) (enterprise)* impresa *f.*, azienda *f.*; *(colloq)* baracca *f.*: *I've been put in charge of the whole ~* mi è stata affidata tutta la baracca. **11** *(colloq) (performance of sth.)* spettacolo *m.*: *the team put up a poor ~* la squadra ha dato un pessimo spettacolo. **IV** *a.* *(of show business)* (del mondo) dello spettacolo: *~ people* gente del mondo dello spettacolo. □ *to ~ toadvantage* fare bella figura; *(colloq)all over the ~*: 1 in disordine, sottosopra, a soqquadro; 2 *(in every direction)* in ogni direzione, a destra e a manca, dappertutto; *to ~ so.around* the town far visitare la città a qcu.; *(Br,volg) to ~ one's arse* sputtanarsi; *(Am,volg) to ~ one's ass* sputtanarsi; *(Comm) to ~ a balance* presentare un saldo; *(colloq) ~ biz* industria dello spettacolo; *business* industria dello spettacolo; *~ card* cartellone pubblicitario; *(fig) to ~ one's cards* rivelare le proprie intenzioni, mettere le carte in tavola; *(Am) ~ choir* coro di studenti delle scuole superiori; *(fig) to ~ aclean pair of heels* fuggire, darsela a gambe, battere i tacchi, alzare i tacchi; *(fig) to ~ so. the door* mostrare la porta a qcu., indicare la

porta a qcu., mettere qcu. alla porta; *to ~ so. to the door* accompagnare qcu. (fino) alla porta; *to ~ one'sface* presentarsi, farsi vedere, mostrare la faccia, farsi vedere; *I can't believe he had the nerve to ~ his face* non posso credere che abbia avuto il coraggio di farsi vedere; *(colloq) to ~ theflag* farsi vedere; *(colloq) to give the ~ away* scoprire gli altarini, scoprire il proprio gioco, scoprire i propri piani, tradirsi; *togo to ~* dimostrare, provare; *to ~ one's hand* : 1 *(in cards)* mostrare le proprie carte; 2 *(fig)* mettere le carte in tavola, scoprire il proprio gioco; *to vote by (a) ~ ofhands* votare per alzata di mano; *to ~improvement* mostrare miglioramento; *to ~ so.in* far entrare; *to ~ aninterest in sth.* mostrare interesse per qcs.; *to ~ no interest* non mostrare alcun interesse; *he drinks heavily, andit -s* beve molto e si vede; *(Equit) ~jumping* sfoggio di abilità nel superare gli ostacoli; *(colloq) to ~ aleg* alzarsi dal letto, muoversi dal letto; *to ~off* : 1 mettere in risalto, fare risaltare, valorizzare; 2 *(to display ostentatiously)* sciorinare, ostentare, mettere in mostra, fare mostra di; 3 *(to seek to attract attention)* esibirsi, farsi notare, mettersi in mostra, pavoneggiarsi *(to* con);*on ~* esposto (al pubblico), in mostra: *to put sth. on ~* esporre qcs., mettere in mostra qcs.; *to ~ so.out* accompagnare alla porta, fare uscire; *~piece* : 1 oggetto da esposizione, pezzo da esposizione; 2 *(fig)* *(fine example of its kind)* pezzo forte; *~ place* : 1 teatro *(anche fig)*; 2 *(fig)* *(place of interest)* luogo di interesse turistico, edificio di interesse turistico; *to ~ so. his place*: 1 indicare il posto a qcu., mostrare il posto a qcu.; 2 *(fig)* mettere a posto qcu.; *(colloq) toput up a good ~* fare buon viso a cattivo gioco; *to put up a poor ~* fare una misera figura; *(colloq) torun the ~* mandare avanti la baracca; *to ~ nosigns of life* non dare segni di vita; *to ~ signs of wear* dare segni di logorio, cominciare a essere logoro; *to ~ one's teeth* mostrare i denti *(anche fig)*; *to ~ a tendency to do sth.* avere una tendenza a fare qcs.; *(colloq) that 'll ~ him!* ben gli sta!; *~trial* processo esemplare; *to ~up* : 1 mettere in risalto, mettere in evidenza, far risaltare; 2 *(to expose, to unmask)* smascherare, svelare, mettere a nudo: *to ~ up a fraud* smascherare una frode; 3 *(to escort up)* accompagnare, scortare; 4 *(to arrive)* presentarsi, farsi vedere, comparire: *they didn't ~ up* non si sono presentati; 5 *(colloq) (to outdo intentionally)* mettere in imbarazzo, umiliare; *to ~ so.upstairs* accompagnare qcu. di sopra, far salire qcu.; *to ~ so. the way* : 1 mostrare la strada a qcu.; 2 *(fig)* dare l'esempio a qcu.; *(Br) to ~willing* mostrare buona volontà, essere volenteroso, dare prova di buona volontà; *~window* vetrina (di negozio); *(colloq) I'll ~you !* ti farò vedere io!, te la farò vedere io!

show-and-tell /ˌʃəʊən(d)'tel/ *n.* (Am,Scol) presentazione *f.* di oggetti portati da casa ai compagni.

showbiz /ˈʃəʊbɪz/ *n.* industria *f.* dello spettacolo.

showboat /ˈʃəʊbəʊt/ **I** *n.* (Am) **1** battello *m.* teatro, showboat *m.* **2** *(fig)* showboat *m.*, battello *m.* fluviale adibito a locale di spettacolo. **II** *v.i.* (Am,fig) mettersi in mostra, dare nell'occhio, dare spettacolo.

showcard /ˈʃəʊkɑːd *Am* ˈʃəʊkɑːrd/ *n.* cartellone *m.* pubblicitario.

showcase /ˈʃəʊkeɪs/ **I** *n.* **1** vetrina *f.*, bacheca *f.* **2** *(fig)* dimostrazione *f.* **II** *v.t.* fare da trampolino di lancio per.

showdown /ˈʃəʊdaʊn/ *n.* **1** *(in cards)* il mettere le carte in tavola. **2** (*colloq*) (*trial of strength*) prova *f.* di forza.

shower /ˈʃauər/ **I** *n.* **1** doccia *f.*: *to take a ~* fare una doccia; *to be in the ~* essere sotto la doccia. **2** (*rain*) acquazzone *m.*, scroscio *m.* di pioggia, rovescio *m.* di pioggia. **3** (*estens*) pioggia *f.*: *a ~ of stones* una pioggia di sassi. **4** (*fig*) rovescio *m.*, scarica *f.*, pioggia *f.*, tempesta *f.*: *a ~ of insults* un rovescio di improperi. **5** (*sl*) (*inefficient, undisciplined group*) ciurma *f.*, ciurmaglia *f.*, marmaglia *f.* **6** (*Am*) (*party for the giving of gifts*) ricevimento *m.* per la consegna di doni. **II** *v.t.* **1** bagnare con un rovescio, bagnare con un acquazzone. **2** (*to pour down in a shower*) riversare, lanciare in gran quantità, rovesciare in gran quantità. **3** (*to bestow liberally*) coprire di, riempire di, inondare: *to ~ gifts on so.* coprire qcu. di doni. **III** *v.i.* **1** (*to take a shower bath*) fare la doccia. **2** (*to rain*) piovere a dirotto. □ (*Cosmet*) ~ *cream* docciaschiuma; (*Br*) ~ *cubicle* box doccia; ~ *curtain* tenda della doccia; (*Cosmet*) ~ *gel* docciaschiuma; ~ *head* diffusore (di doccia); (*Am*) ~ *stall* box doccia; ~ *tray* piatto doccia.

showery /ˈʃauəri/ *a.* temporalesco, piovoso.

showgirl /ˈʃougɜːl *Am* ˈʃougɜːrl/ *n.* ballerina *f.* di fila.

showground /ˈʃougraund/ *n.* area *f.* fiera, area *f.* fieristica.

showily /ˈʃouili/ *avv.* **1** ostentatamente, con ostentazione. **2** (*gaudily*) vistosamente, in modo vistoso.

showiness /ˈʃouinəs/ *n.* **1** ostentazione *f.*, pompa *f.* **2** (*gaudiness*) vistosità *f.*, appariscenza *f.*

showing /ˈʃouiŋ/ *n.* **1** esposizione *f.*, presentazione *f.*; (*exhibition*) esibizione *f.* **2** (*Cin*) spettacolo *m.*, rappresentazione *f.* **3** (*Comm*) stato *m.*, condizione *f.*, situazione *f.*

showman /ˈʃoumən/ *n.irr.* **1** (*Teat*) impresario *m.* **2** (*one skilled at dramatizing*) showman *m.*

showmanship /ˈʃoumənʃip/ *n.* **1** abilità *f.* di impresario, bravura *f.* nell'allestire spettacoli. **2** (*fig*) il saper vendere la propria merce.

shown /ʃoun/ → **show**[1].

show-off /ˈʃouɒf/ *n.* esibizionista *m./f.*, chi ama far mostra di sé.

showpiece /ˈʃoupiːs/ *n.* **1** oggetto *m.* da esposizione, pezzo *m.* da esposizione. **2** (*fine example of its kind*) pezzo *m.* forte.

showroom /ˈʃouruːm/ *n.* showroom *m.*, salone *m.* di esposizione.

show-stopper /ˈʃouˌstɒpər *Am* ˈʃouˌstɑːpər/ *n.* (*fig,Teat*) numero *m.* che scatena gli applausi.

show-stopping /ˈʃouˌstɒpiŋ *Am* ˈʃouˌstɑːpiŋ/ *a.* eccellente, sensazionale, che fa colpo.

showy /ˈʃoui/ *a.* **1** pomposo, ostentato. **2** (*loud*) appariscente, vistoso.

shrank /ʃræŋk/ → **shrink**[1].

shrapnel /ˈʃræpnəl/ *n.* **1** (*Arm*) shrapnel *m.* **2** (*collett.*) proiettili *m.pl.* shrapnel.

shred /ʃred/ **I** *n.* **1** brandello *m.*, pezzo *m.* (strappato), ritaglio *m.*: *a ~ of cloth* un brandello di stoffa. **2** (*threadlike piece*) filamento *m.*, filo *m.* **3** (*fig*) briciolo *m.*, frammento *m.*, pezzetto *m.*, atomo *m.*: *not a ~ of truth* neanche un briciolo di verità. **II** *v.t.* **1** fare a brandelli, ridurre in brandelli, sbrindellare: *to ~ cloth* fare a brandelli della stoffa. **2** (*of food*) trinciare, sminuzzare, tagliuzzare. □ *in ~s* a brandelli; *to tear sth. to ~s* sbrindellare qcs., ridurre qcs. a brandelli; (*fig*) *to tear so.'s reputation to ~s* rovinare la reputazione di qcu.

shredder /ˈʃredər/ *n.* **1** (*for documents*) distruggidocumenti *f.* **2** (*utensil*) grattugia *f.*

(per verdure ecc.). **3** (*Agr*) trinciatrice *f.*, spezzettatrice *f.* **4** (*Ind*) trituratore *m.*

shredding /ˈʃrediŋ/ □ (*Tecn*) ~ *machine* truciolatrice.

shrew /ʃruː/ *n.* **1** (*scolding woman*) bisbetica *f.*, brontolona *f.* **2** (*Zool*) toporagno *m.*

shrewd /ʃruːd/ *a.* **1** scaltro, astuto, accorto, avveduto: *a ~ businessman* un uomo d'affari scaltro. **2** (*of a guess, etc.*) abile, sottile, acuto. **3** (*severe, hard*) duro, doloroso: *a ~ blow* un duro colpo. **4** (*piercing sharp*) pungente, penetrante.

shrewdly /ˈʃruːdli/ *avv.* scaltramente, astutamente.

shrewdness /ˈʃruːdnəs/ *n.* **1** astuzia *f.*, scaltrezza *f.*, sagacia *f.*, accortezza *f.* **2** (*acumen*) acume *m.*, perspicacia *f.*

shrewish /ˈʃruːiʃ/ *a.* bisbetica, brontolona.

shrewishly /ˈʃruːiʃli/ *avv.* in maniera bisbetica.

shrewishness /ˈʃruːiʃnəs/ *n.* carattere *m.* bisbetico, indole *f.* bisbetica.

shriek /ʃriːk/ **I** *v.i.* **1** strillare, urlare, gridare. **2** (*to laugh shrilly*) fare una risata stridula. **3** (*of birds, animals*) stridere. **II** *v.t.* gridare, dire con voce stridula. **III** *n.* **1** grido *m.*, strillo *m.*, urlo *m.*: *a ~ of pain* un grido di dolore. **2** (*of birds, animals*) strido *m.* □ *to ~ oneself hoarse* strillare fino a diventare rauco, sgolarsi; *-s of laughter* risate stridule; *to ~ out* gridare, dire con voce stridula.

shrieval /ˈʃriːvəl/ *a.* (*ant*) di uno sceriffo, relativo a uno sceriffo.

shrievalty /ˈʃriːvəlti/ *n.* **1** (*office*) carica *f.* di sceriffo. **2** (*term of office*) durata *f.* in carica di uno sceriffo. **3** (*jurisdiction*) giurisdizione *f.* di uno sceriffo.

shrift /ʃrift/ *n.* **1** (*Rel,ant*) confessione *f.*; (*absolution*) assoluzione *f.*; (*imposition of penance*) penitenza *f.* **2** (*fig*) riconoscimento *m.*, ammissione *f.*

shrike /ʃraik/ *n.* (*Ornit*) averla *f.*

shrill /ʃril/ **I** *a.* **1** acuto, stridulo, stridente: *a ~ scream* un grido acuto; *~ laugh* risata stridula. **2** (*of a whistle, etc.*) acuto, lacerante, penetrante. **3** (*fig*) insistente, petulante: *~ protests* proteste insistenti. **II** *avv.* **1** in maniera stridula. **2** (*fig*) in modo petulante, insistentemente, con insistenza. **III** *v.i.* dare un suono stridulo, mandare un suono stridulo, stridere. **IV** *v.t.* dire con voce stridula, esprimere con voce stridula.

shrillness /ˈʃrilnəs/ *n.* l'essere stridulo, acutezza *f.*

shrilly /ˈʃrili/ *avv.* **1** in maniera stridula. **2** (*fig*) in modo petulante, insistentemente, con insistenza.

shrimp /ʃrimp/ **I** *n.* (*pl.inv.* o *-s* /*-s*/; *il pl. inv. si usa general. con valore collett.*) **1** (*Zool, Alim*) gamberetto *m.* **2** (*fig*) omiciattolo *m.*, tappo *m.* nanerottolo *m.*, mezza cartuccia *f.* **II** *v.i.* (*Pesc*) pescare gamberetti, andare a pesca di gamberetti. □ (*Gastron*) ~ *cocktail* cocktail di gamberetti; (*Gastron*) ~ *salad* insalata di gamberetti.

shrine /ʃrain/ *n.* **1** reliquiario *m.*, teca *f.* **2** (*church, building*) santuario *m.*, tempio *m.* **3** (*estens*) (*holy place*) santuario *m.*, luogo *m.* sacro. **4** (*fig*) santuario *m.* **5** (*Arch*) tabernacolo *m.*

shrink[1] /ʃriŋk/ (*past* **shrank** /ʃræŋk/ o **shrunk** /ʃrʌŋk/, *p.p.* **shrunk** o **shrunken** /ˈʃrʌŋkən/) **I** *v.i.* **1** ritrarsi, indietreggiare, rinculare, tirarsi indietro, farsi indietro, arretrare: *he shrank in horror* si ritrasse inorridito. **2** (*to hold back, to refrain from fear, etc.*) rifuggiare: *he shrank from assuming the responsibility* rifuggiava dall'assumersi la responsabilità. **3** (*to contract*) restringersi, ri-

tirarsi, accorciarsi, contrarsi: *to ~ in the wash* restringersi nel lavaggio; *this garment will not ~ when washed* quest'indumento non si restringerà nel lavaggio. **4** (*to grow smaller*) rimpicciolirsi, (*rar*) rimpiccolirsi. **5** (*fig*) (*to reduce*) ridursi: *our profits have shrunk* i nostri utili si sono ridotti. **II** *v.t.* **1** fare restringere, fare ritirare. **2** (*fig*) ridurre, restringere, limitare. **3** (*Tess*) rendere irrestringibile, decatizzare. □ *to ~ away:* 1 sguisciare via; 2 (*to contract*) contrarsi; *to ~ into oneself* rinchiudersi in se stesso; (*Tecn*) *to ~ on* calettare a caldo; (*Tecn*) ~ *wrap* film termoretraibile.

shrink[2] /ʃriŋk/ *n.* (*colloq*) psicologo *m.* (*f.* -a), strizzacervelli *m./f.*

shrinkable /ˈʃriŋkəbl/ *a.* che si può restringere, restringibile.

shrinkage /ˈʃriŋkidʒ/ *n.* **1** restringimento *m.* **2** (*fig*) contrazione *f.*, diminuzione *f.*, calo *m.* **3** (*Zootecn,Macell*) perdita *f.* di peso, calo *m.* **4** (*Met*) ritiro *m.*

shrinking /ˈʃriŋkiŋ/ *a.* timido, esitante. □ (*fig*) ~ *violet* mammola, persona timidissima.

shrinkingly /ˈʃriŋkiŋli/ *avv.* timidamente, con esitazione.

shrinkproof /ˈʃriŋkpruːf/ *a.* irrestringibile, che non si ritira.

shrink-wrap /ˈʃriŋkræp, ʃriŋkˈræp/ *v.t.* imballare con film termoretraibile.

shrive /ʃraiv/ (*past* **shrove** /ʃrouv/, *p.p.* **shriven** /ˈʃrivən/) **I** *v.t.* **1** (*Rel*) confessare. **2** (*to grant absolution to*) assolvere. **II** *v.i.* confessarsi.

shrivel /ˈʃrivəl/ (*past, p.p.* **shrivelled** /*Am* **shriveled** /-d/) **I** *v.i.* **1** raggrinzirsi, raggrinzarsi, avvizzire: *his face has -led with age* con gli anni il suo volto si era raggrinzito. **2** (*to dry up*) seccare, seccarsi, avvizzire. **3** (*to curl up*) accartocciarsi. **II** *v.t.* **1** raggrinzare, avvizzire. **2** (*to wither*) seccare, disseccare, inaridire, bruciare. **3** (*fig*) guastare, rovinare. □ *to ~ up:* 1 raggrinzirsi, raggrinzarsi, avvizzire; 2 (*to dry up*) seccare, seccarsi, avvizzire; 3 (*to curl up*) accartocciarsi.

shriven /ˈʃrivən/ → **shrive**.

shroud /ʃraud/ **I** *n.* **1** lenzuolo *m.* funebre, sudario *m.* **2** (*fig*) velo *m.*, coltre *f.*, manto *m.*: *a ~ of mist* un velo di nebbia. **3** (*Mar*) sartia *f.* **II** *v.t.* **1** avvolgere in un lenzuolo funebre. **2** (*fig*) nascondere, celare. □ ~ *line* (*of a parachute*) fascio funicolare.

shroud-laid /ˈʃraudleid/ *a.* (*of a rope*) a quattro trefoli.

Shrove /ʃrouv/ □ (*Lit*) ~ *Sunday* quinquagesima; (*Lit*) ~ *Tuesday* martedì grasso.

Shrovetide /ˈʃrouvtaid/ *n.* ultimi tre giorni *m.pl.* di carnevale.

shrub[1] /ʃrʌb/ *n.* (*Bot*) arbusto *m.*, cespuglio *m.*

shrub[2] /ʃrʌb/ *n.* (*drink*) bevanda *f.* a base di succo di agrumi e rum.

shrubbery /ˈʃrʌbəri/ *n.* **1** piantagione *f.* di arbusti. **2** (*shrubs*) arbusti *m.pl.*

shrubby /ˈʃrʌbi/ *a.* **1** coperto di arbusti. **2** (*resembling a shrub*) simile a un arbusto.

shrug /ʃrʌɡ/ **I** *v.i.* (*past, p.p.* **shrugged** /-d/) scrollare le spalle, alzare le spalle, stringersi nelle spalle, fare spalluccie: *he -ged* scrollò le spalle. **II** *v.t.* scrollata *f.* di spalle, spalluccciata *f.* □ *to give a ~* (*of the shoulders*) fare spalluccie; *to ~ off:* 1 passare sopra a, prendere alla leggera, minimizzare: *to ~ off an insult* passare sopra a un insulto; 2 (*to get rid of, to shake off*) scrollarsi di dosso, scuotersi di dosso, liberarsi di, liberarsi da: *to ~ off one's apathy* scrollarsi di dosso l'apatia; 3 (*of clothes, to remove by wriggling*) sfilarsi, liberarsi di; *to ~ one's shoulders* alzare le spalle, fare spallucce.

shrunk /ʃrʌŋk/ → **shrink**[1].

shrunken [1] /ˈʃrʌŋkən/ → **shrink**[1].

shrunken [2] /ˈʃrʌŋkən/ *a.* rattrappito, raggrinzito, contratto: *a ~ old man* un vecchio rattrappito.

shuck /ʃʌk/ **I** *n.* **1** guscio *m.*, buccia *f.*; (*of maize*) cartoccio *m.*; (*pod*) baccello *m.* **2** (*of an oyster, etc.*) conchiglia *f.*, guscio *m.* **II** *v.t.* **1** sgusciare, sbucciare; (*of maize*) scartocciare. **2** (*Am,colloq*) (*of clothing*) togliere, levare, sfilare. **3** (*Am,colloq*) (*to get rid of*) liberarsi di, liberarsi da, scrollarsi di dosso. □ (*Am,colloq*) *to ~ off* : **1** (*of clothing*) togliere, levare, sfilare; **2** (*to get rid of*) liberarsi di, liberarsi da, scrollarsi di dosso.

shucks /ʃʌks/ *intz.* **1** (*Am,colloq*) (*to express regret*) uffa!, puah!, acciderba!: *~! I forgot to buy the milk!* accidenti!, mi sono dimenticata di comprare il latte! **2** (*Am,colloq*) (*to express embarrassment*) ma va'!, ma dai!: *you look like Audrey Hepburn with that hairstyle! - Aw, ~!* con quel taglio di capelli sembri Audrey Hepburn! - Ma dai, smettila!

shudder /ˈʃʌdər/ **I** *v.i.* **1** rabbrividire, tremare, avere i brividi: *to ~ with cold* rabbrividire per il freddo. **2** (*fig*) rabbrividire, raccapricciare, fremere: *I ~ at the thought* rabbrividisco al pensiero. **3** (*to vibrate*) vibrare. **II** *n.* fremito *m.*, brivido *m.*, tremito *m.*

shuddering /ˈʃʌdərɪŋ/ *a.* raccapricciante, che fa rabbrividire, che dà i brividi.

shudderingly /ˈʃʌdərɪŋli/ *avv.* rabbrividendo.

shuffle /ˈʃʌfl/ **I** *v.t.* **1** mescolare, mischiare. **2** (*of cards*) mescolare, scozzare. **3** (*to change the position of*) spostare, cambiare di posto, cambiare il posto di. **4** (*to mix confusedly*) mettere in disordine, scompigliare. **5** (*of feet*) strascicare, strisciare, stropicciare. **6** (*of a dance*) ballare con lo striscio, eseguire a passo strisciato. **II** *v.i.* **1** strascicare i piedi, strisciare i piedi per terra. **2** (*in dancing*) ballare con lo striscio. **3** (*to mix cards*) mescolare, mischiare, scozzare. **4** (*to act evasively*) tergiversare, equivocare, giocare sull'equivoco. **III** *n.* **1** mescolata *f.*, mischiata *f.* **2** (*of cards*) mescolata *f.*, scozzata *f.*: *it's your ~* tocca a te mescolare le carte. **3** (*dragging walk*) andatura *f.* strascicata. **4** (*in dancing*) striscio *m.*, passo *m.* strisciato; (*dance*) ballo *m.* con lo striscio. **5** (*rearrangement*) rimpasto *m.*, rimaneggiamento *m.*, riordinamento *m.*: (*Pol*) *a Cabinet ~* un rimpasto del gabinetto. **6** (*jumble*) miscuglio *m.*, guazzabuglio *m.*, accozzaglia *f.* **7** (*fig*) pretesto *m.*, scusa *f.*, scappatoia *f.*, sotterfugio *m.*; (*trick*) trucco *m.*, imbroglio *m.*, inganno *m.* **8** (*Tecn*) (*function on a CD player*) funzione *f.* shuffle. □ *to ~about* (*to change the position of*) spostare, cambiare di posto, cambiare il posto di; *to ~along* trascinarsi, strascicarsi, muoversi a stento, muoversi a fatica; *to ~ around* : **1** ciabattare per, strascicarsi per; **2** (*to change the position of*) spostare, cambiare di posto, cambiare il posto di; **3** (*to reorganize, to rearrange*) rimaneggiare, riordinare, riorganizzare; *to ~away* svignarsela, sgattaiolare; (*Br*) *to ~in* infilarsi, introdursi, intrufolarsi; (*Br*) *to ~into one's overcoat* infilarsi maldestramente il cappotto; *to ~off* : **1** togliersi maldestramente, sfilarsi maldestramente; **2** (*fig*) sbarazzarsi di, liberarsi di: *to ~ off a responsibility* sbarazzarsi di una responsabilità; *to ~ on one's clothes* buttarsi addosso i vestiti, infilarsi alla meglio gli abiti; *to ~through sth.* abborracciare qcs.

shuffleboard /ˈʃʌflbɔːd *Am* ˈʃʌflbɔːrd/ *n.* shuffleboard *m.* (gioco, spesso giocato a bordo di una nave in crociera, consistente nello spingere con apposite stecche dischi di legno dentro figure geometriche numerate).

shuffler /ˈʃʌflər/ *n.* **1** chi mescola le carte. **2** (*one who drags his feet*) chi strascica i piedi, ciabattone *m.* (*f.* -a).

shuffling /ˈʃʌflɪŋ/ *a.* **1** strascicato. **2** (*fig,ant*) evasivo, elusivo, ambiguo.

shun /ʃʌn/ (*past, p.p.* **shunned** /-d/) *v.t.* fuggire, sfuggire, evitare, scansare, eludere: *to ~ publicity* sfuggire la pubblicità.

shunless /ˈʃʌnləs/ *a.* inevitabile, ineluttabile, senza scampo.

shunt /ʃʌnt/ **I** *v.t.* **1** (*Ferr*) smistare, deviare, instradare: *to ~ carriages to a siding* smistare le vetture su un binario di raccordo. **2** (*El*) shuntare, collegare in parallelo. **3** (*fig*) (*to get rid of: of things*) mettere da parte, scartare, abbandonare; (*of people*) mettere in disparte. **II** *v.i.* (*Ferr*) essere smistato, cambiare binario. **III** *n.* **1** (*Ferr*) smistamento *m.*; (*points*) scambio *m.* **2** (*El*) shunt *m.* **3** (*Chir*) derivazione *f.*, shunt *m.* **4** (*Br,colloq*) (*motor accident*) incidente *m.*, tamponamento *m.*

shunter /ˈʃʌntər *Am* ˈʃʌntər/ *n.* (*Ferr*) **1** (*worker*) deviatore *m.*, manovratore *m.* di scambi. **2** (*locomotive*) locomotiva *f.* da manovra, locomotiva *f.* da smistamento.

shunting /ˈʃʌntɪŋ *Am* ˈʃʌntɪŋ/ *n.* (*Ferr*) smistamento *m.*, instradamento *m.* □ (*Ferr*) *~ yard* scalo di smistamento.

shush /ʃʌʃ, ʃʊʃ/ **I** *intz.* st!, sss!, ssh! **II** *v.t.* zittire, far tacere. **III** *v.i.* stare zitto.

shut /ʃʌt/ *v.t.* (*past, p.p.* **shut**) **1** chiudere: *to ~ the door* chiudere la porta; *to ~ one's eyes* chiudere gli occhi. **2** (*of a building*) chiudere (*temporaneamente*). **3** (*to block, to obstruct*) chiudere, serrare, bloccare, ostruire, sbarrare. **4** (*to trap*) chiudere, intrappolare: *I've ~ my finger in the door* mi sono chiuso il dito nella porta. **II** *v.i.* (*past, p.p.* **shut**) chiudersi, serrarsi: *the door ~ with a bang* la porta si chiuse con un botto. **III** *a.* (ben) chiuso, serrato. **IV** *n.* (*Tecn*) (*in welding*) saldatura *f.*, linea *f.* della saldatura, cordolo *m.* della saldatura. □ *to ~away* segregare, isolare; ritirarsi, nascondersi (*in in*); *to ~down* : **1** (*to suspend operation*) chiudere (i battenti), interrompere l'attività: *the factory has ~ down* la fabbrica ha chiuso i battenti; **2** (*Inform*) chiudere, spegnere; **3** (*fig*) chiudersi in se stesso, non riuscire a parlare; *to ~ one's eyes* chiudere gli occhi (*anche fig*); *to ~in* : **1** chiudere in, chiudere dentro: *I ~ myself in the bedroom* mi chiusi nella stanza da letto; **2** (*to enclose*) chiudere, rinchiudere, circondare, racchiudere; (*sl*) *~ your mouth !* chiudi il becco!; (*sl*) *to be ~of* essersi sbarazzato di, essersi liberato di; *to get ~ of* liberarsi di, sbarazzarsi di; *to ~off* : **1** bloccare, fermare, chiudere il passaggio di, impedire il passaggio di; **2** (*to stop the operation of*) fermare, arrestare, interrompere il funzionamento, interrompere l'erogazione, chiudere, togliere, spegnere: (*Aut*) *to ~ off the gas* togliere il gas, chiudere il gas; **3** (*to cease operating*) fermarsi, arrestarsi; *to ~out* : **1** chiudere fuori, lasciare fuori, impedire di entrare a, non lasciare entrare, vietare l'accesso a: *to ~ so. out of the house* chiudere qcu. fuori di casa; **2** (*to*) tagliare fuori, escludere; **3** (*to hide from sight*) impedire la vista di, nascondere (alla vista), coprire: *the house opposite shuts out the view* la casa di fronte impedisce la vista del paesaggio; *to ~up* : **1** chiudere, rinchiudere, confinare, relegare (*in in*); **2** (*to block, to obstruct*) serrare, bloccare, ostrui-

re, sbarrare: *to ~ up the opening of a cave* chiudere l'apertura di una grotta; **3** (*of a building*) chiudere (*temporaneamente*): *to ~ up the shop for the night* chiudere il negozio per la notte; **4** (*colloq*) (*to stop talking*) stare zitto, tacere, chiudere il becco, fare silenzio: *~ up!* chiudi il becco!; **5** (*to put away in safety*) mettere al sicuro, rinchiudere; (*fig*) *to ~ up shop* chiudere bottega.

shut-down /ˈʃʌtdaun/ *n.* chiusura *f.*, interruzione *f.* dell'attività, sospensione *f.* dell'attività.

shut-eye /ˈʃʌtaɪ *Am* ˈʃʌtaɪ/ *n.* (*sl*) (*short sleep*) sonnellino *m.*, pisolino *m.*: *to get some ~* fare un sonnellino, schiacciare un pisolino.

shut-in /ˈʃʌtɪn/ *a.* chiuso, segregato, rinchiuso.

shut-off /ˈʃʌtɒf/ *n.* (*Tecn*) arresto *m.*

shut-out /ˈʃʌtaut/ *n.* (*Sport*) serrata *f.*

shutter /ˈʃʌtər *Am* ˈʃʌtər/ **I** *n.* **1** (*Fot*) otturatore *m.* **2** persiana *f.*, imposta *f.*, battente *m.* **3** (*lid for an opening*) chiusura *f.*, coperchio *m.* **4** (*Mar*) portello *m.* **5** (*Mus*) (*of an organ*) griglia *f.* **6** (*one that shuts*) chi chiude. **7** (*Mecc*) parzializzatore *m.* **II** *v.t.* **1** chiudere le persiane di, chiudere le serrande di, chiudere le imposte di. **2** (*to provide with shutters*) munire di persiane, mettere le serrande a. **3** (*fig*) (*to close down*) chiudere. □ (*fig*) *to put up the -s* chiudere bottega; (*Fot*) *~speed* tempo di posa.

shuttle /ˈʃʌtl *Am* ˈʃʌtl/ **I** *n.* **1** servizio *m.* pendolare. **2** (*Ferr*) servizio *m.* di navetta. **3** (*Astron*) (*space shuttle*) navetta *f.* spaziale. **4** (*Tess*) spola *f.*, navetta *f.*; (*sewing-machine bobbin*) spoletta *f.* **II** *v.t.* **1** far fare la spola a, far fare su e giù a, muovere avanti e indietro. **2** (*to ferry*) trasportare avanti e indietro: *to ~ passengers across a river* trasportare avanti e indietro i passeggeri attraverso un fiume. **III** *v.i.* fare la spola, andare avanti e indietro. □ (*Dipl*) *~ diplomacy* diplomazia della spola; *~ service* : **1** servizio pendolare; **2** (*Ferr*) servizio di navetta; (*Ferr*) *~train* treno navetta.

shuttlecock /ˈʃʌtlkɒk *Am* ˈʃʌtlkɑːk/ *n.* (*Sport*) volano *m.*

shy [1] /ʃaɪ/ **I** *a.* (*compar.* **shyer/shier** /ˈʃaɪər/, *sup.* **shyest/shiest** /ˈʃaɪəst/) **1** timido, vergognoso, ritroso, schivo (*of, with* con): *a ~ child* un bambino timido. **2** (*reserved*) riservato. **3** (*expressive of bashfulness*) timido, che rivela timidezza: *a ~ smile* un timido sorriso. **4** (*easily frightened*) timoroso, pauroso. **5** (*of a horse*) ombroso. **6** (*distrustful*) sospettoso, diffidente, guardingo (*of* verso): *to be ~ of strangers* essere sospettoso verso gli estranei. **7** (*colloq*) (*lacking*) che ha in meno: *I was a few shilling ~* mi mancavano pochi scellini. **II** *n.* (*of a horse*) scarto *m.*, scartata *f.* **III** *v.i.* **1** fare uno scarto, scartare (*at, from* davanti a). **2** (*fig*) rifuggire, essere alieno (*at, from* da), essere contrario a, essere riluttante a. □ (*colloq*) *~of* (*less than*) meno di: *we're two ~ of a dozen* ne mancano due due per fare dodici, siamo in dieci.

shy [2] /ʃaɪ/ **I** *v.t.* tirare, lanciare, gettare, scagliare: *to ~ stones at a dog* tirare pietre a un cane. **II** *n.* **1** tiro *m.*, lancio *m.*, getto *m.* **2** (*target*) bersaglio *m.*, obiettivo *m.* **3** (*colloq*) (*attempt*) prova *f.*, tentativo *m.* □ (*colloq*) *to have a ~ at sth.* tentare (di ottenere) qcs.; *to have a ~ at so.* schernire qcu.

shyer [1] /ˈʃaɪər/ → **shy**[1].

shyer [2] /ˈʃaɪər/ *n.* (*horse that shies*) cavallo *m.* ombroso.

Shylock /ˈʃaɪlɒk/ **I** *n.pr.m.* (*Lett*) Shylock. **II** *n.* (*Br,fig*) strozzino *m.*, usuraio *m.*

shyly /'ʃaɪli/ avv. timidamente, con timidezza.

shyness /'ʃaɪnəs/ n. 1 timidezza f., vergogna f., ritrosia f. 2 (diffidence) diffidenza f., sospettosità f.

shyster /'ʃaɪstər/ n. (Am) 1 (colloq) (unscrupulous lawyer) avvocato m. privo di scrupoli. 2 (trickster) imbroglione m. (f. -a), truffatore m. (f. -trice).

si /siː/ n. (Mus) si m.

sialic /saɪˈælɪk/ □ (Biol) ~ acid acido sialico.

Siam /'saɪæm Am saɪˈæm/ n.pr. (Geog) Siam m.

Siamese /ˌsaɪəˈmiːz/ I a. siamese. II n.inv. 1 (costr.pl.) (people) siamesi m./f.pl. 2 (person) siamese m./f. 3 (language) siamese m. III n. (Zool) siamese m., gatto m. siamese. □ (Zool) ~ cat siamese, gatto siamese; ~ twins siamesi, gemelli siamesi.

Siberia /saɪˈbɪəriə Am saɪˈbɪriə/ n.pr. (Geog) Siberia f.

Siberian /saɪˈbɪəriən Am saɪˈbɪriən/ I a. siberiano. II n. siberiano m. (f. -a).

sibilance /'sɪbɪləns/, **sibilancy** /'sɪbɪlənsi/ n. 1 sibilo m. 2 (Fon) l'essere sibilante; (sibilant sound) suono m. sibilante, sibilante f.

sibilant /'sɪbɪlənt/ I a. sibilante (anche Fon). II n. (Fon) sibilante f., consonante f. sibilante.

sibilate /'sɪbɪleɪt/ I v.i. 1 fischiare, sibilare. 2 (Fon) pronunciare con un suono sibilante. II v.t. 1 dire fischiando. 2 (Fon) pronunciare con un suono sibilante.

sibilation /ˌsɪbɪˈleɪʃən/ n. 1 sibilo m. 2 (Fon) (act) il pronunciare con un suono sibilante; (sound) suono m. sibilante.

sibling /'sɪblɪŋ/ n. 1 (brother) fratello m. 2 (sister) sorella f.

sibyl /'sɪbəl/ n. (Stor) sibilla f. (anche fig).

Sibyl /'sɪbəl/ n.pr.f. Sibilla.

sibylline /'sɪbɪlaɪn Br also sɪˈbɪlaɪn/ a. 1 sibillino, misterioso, oscuro, enigmatico. 2 (fig) profetico.

sic /sɪk, siːk/ avv. sic.

siccative /'sɪkətɪv Am 'sɪkətɪv/ I a. essiccativo, essiccante, siccativo. II n. essiccante m., sostanza f. essiccante.

Sicel /'sɪkəl/ n. 1 (Stor) siculo m. (f. -a). 2 (language) siculo m.

Sicilian /sɪˈsɪljən/ I a. siciliano. II n. 1 siciliano m. (f. -a). 2 (dialect) siciliano m.

Sicily /'sɪsɪli/ n.pr. (Geog) Sicilia f.

sick /sɪk/ I a. 1 malato, ammalato, infermo: he's a ~ man è un uomo malato; I am not ~ non sono ammalato. 2 (affected with nausea) che ha la nausea, sofferente di nausea: to feel ~ (o to be ~) avere la nausea, avere un senso di nausea. 3 (fig) (affected to the point of nausea) nauseato, disgustato. 4 (colloq) (tired, fed up) stufo, stanco, seccato; (colloq) scocciato: I am ~ of your complaints sono stufo delle tue lamentele. 5 (fig) (spiritually, morally unsound) malato, guasto, corrotto: a ~ mind una mente malata. 6 (fig) (unsound) instabile, malfermo, poco solido: the economy is ~ l'economia è instabile. 7 (colloq) (disappointed) addolorato, rattristato, deluso (at per): to be ~ about failing an exam essere triste per una bocciatura. 8 (macabre) macabro: ~ jokes barzellette macabre. 9 (rar) (feeling nostalgia) malato di nostalgia, che soffre di nostalgia (for per): to be ~ for one's homeland essere malato di nostalgia per la propria terra. 10 (Br) (of, for sick people) di malati, per malati, di malato, da malato: the ~ room l'infermeria. II n. 1 (costr.pl.) (those who are ill) malati m.pl., infermi m.pl. 2 (vomit) vomito m. III v.t./i. (Br) (generally with up) vomitare, rimettere, rigettare. □ ~ bay: 1 (Mar) infermeria di bordo; 2 (in a school,

etc.) infermeria; to be ~: 1 essere malato, stare male; 2 (to vomit) vomitare; ~ bed letto di ammalato; (Mar) ~ berth infermeria di bordo; (Med) ~ building syndrome sindrome dell'edificio malato; (paid) ~ days giorni di malattia, giorni di assenza (dal lavoro, da scuola) per malattia; (colloq) to be ~ to death of sth. essere stanco morto di qcs., averne piene le tasche di qcs.; (colloq) as ~ as a dog molto malato; (Mar) ~ flag bandiera di quarantena, bandiera gialla; (Am) to get ~: 1 essere malato, stare male; 2 (to vomit) vomitare; (Med) ~ headache: 1 mal di testa accompagnato da nausea, 2 (migraine) emicrania; ~ leave licenza per malattia, congedo per malattia: to be out on ~ leave essere (a casa) in malattia; (Mil) ~ list lista degli ammalati, elenco degli ammalati: to be on the ~ list: 1 (Mil) essere sulla lista degli ammalati; 2 (fig) essere malato, stare male; to make ~: 1 rendere furioso, far infuriare, mandare in bestia: that sort of behaviour makes me ~ quel genere di condotta mi rende furioso; 2 (to disgust) disgustare, nauseare; 3 (to cause to vomit) fare vomitare; to be ~ to one's stomach: 1 avere la nausea; 2 (fig) essere disgustato, nauseare: it makes me ~ to my stomach to think about that place solo a pensare a quel posto mi viene la nausea; to take ~ ammalarsi; I was ~ at the thought mi sentivo rivoltare lo stomaco al pensiero; to be ~ and tired of sth. essere stufo marcio di qcs.; (Br) to ~ up vomitare, rimettere, rigettare.

sickbay /'sɪkbeɪ/ n. 1 (Mar) infermeria di bordo. 2 (in a school, etc.) infermeria.

sicken /'sɪkən/ I v.t. 1 far stare male, far ammalare. 2 (to nauseate) nauseare, stomacare. 3 (fig) (to disgust) disgustare, rivoltare, nauseare, schifare. 4 (fig) (to weaken) debilitare, indebolire, infiacchire, svigorire. II v.i. 1 ammalarsi. 2 (to show the early symptoms) mostrare i primi sintomi, stare per ammalarsi (for di); (colloq) covare: you must be -ing for measles credo che tu stia covando il morbillo. 3 (fig) (to become satiated) averne abbastanza, essere stufo. 4 (fig) (to become disgusted) disgustarsi, nausearsi, stomacarsi, schifarsi (of di).

sickener /'sɪkənər/ n. 1 (Br,colloq) cosa f. noiosa, cosa f. seccante, oggetto m. di avversione. 2 (Bot) (poisonous toadstool) russula f. emetica.

sickening /'sɪkənɪŋ/ a. 1 che mostra i primi sintomi di (una) malattia; (causing illness) che fa stare male. 2 (nauseating) nauseante, nauseabondo. 3 (colloq) (causing disgust) disgustante, disgustoso, nauseante, rivoltante. 4 (colloq) (annoying) seccante, che scoccia, insopportabile.

sickeningly /'sɪkənɪŋli/ avv. in modo disgustoso, in modo nauseante.

sickie /'sɪki/ n. (Am,colloq) (sicko) pazzoide m./f., psicopatico m. (f. -a).

sickish /'sɪkɪʃ/ a. 1 piuttosto nauseato. 2 (somewhat ill) malaticcio.

sickle /'sɪkl/ n. (Agr) falce f., falcetto m.

sickle-cell /'sɪkl'sel/ □ (Med) ~ anaemia anemia falciforme, drepanocitosi.

sickliness /'sɪklɪnəs/ n. 1 salute f. malferma, salute f. cagionevole. 2 (unhealthiness) l'essere malsano, insalubrità f.

sickly /'sɪkli/ I a. 1 malaticcio, di salute malferma, di salute cagionevole, malsano. 2 (mawkish) sdolcinato, lezioso, svenevole. 3 (of the complexion) malsano, pallido. 4 (weak, languid) debole, fiacco, languido; (of light, flame, etc.) debole, smorto, pallido. 5 (causing sickness) insalubre, malsano, nocivo alla salute: a ~ climate un clima malsano.

6 (nauseating) nauseante, nauseabondo: ~ food cibo nauseante. II avv. in modo malsano, da malato.

sick-making /'sɪkmeɪkɪŋ/ a. nauseante, nauseabondo.

sickness /'sɪknəs/ n. 1 malattia f., infermità f. 2 (particular illness) malattia f., male m., malanno m. 3 (nausea) nausea f. □ (Br, Assic) ~ benefit indennità di malattia; ~ rate tasso di assenteismo per malattia.

sicko /'sɪkou/ n. (Am,colloq) (sickie) pazzoide m./f., psicopatico m. (f. -a).

sickroom /'sɪkruːm/ n. infermeria f.

Siculian /sɪˈkjuːliən/ I a. (Stor) siculo. II n. (Stor) siculo m. (f. -a).

side /saɪd/ I n. 1 lato m., fianco m.: the four -s of a box i quattro lati di una scatola. 2 (as distinguished from the front, back and ends) lato m., parte f. laterale, fianco m., fiancata f.: the -s of a house i lati di una casa. 3 (of a thin object) facciata f., faccia f., parte f. 4 (of a coin) faccia f. 5 (of the body) fianco m. 6 (place with respect to a centre) parte f., lato m., zona f., settore m.: on this ~ of town in questa parte della città. 7 (position away from the centre) lato m.: to step to one ~ mettersi di lato, mettersi da un lato. 8 (space near so.) fianco m.: she is always at his ~ è sempre al suo fianco (anche fig). 9 (bounding line, edge) lato m., orlo m., bordo m., margine m.: the ~ of a road il lato di una strada. 10 (land bordering water) riva f., sponda f., argine m.: the ~ of a lake la riva di un lago. 11 (of a hill) versante m., fianco m. 12 (fig) (part of one's personality) aspetto m., lato m., parte f.: he has a dark ~ to his character c'è un lato oscuro nel suo carattere. 13 (fig) (aspect) lato m., aspetto m., faccia f., apparenza f.: to look on the bright ~ of things vedere il lato bello delle cose. 14 (fig) (position as regards an antagonist) parte f.: whose ~ are you on? da che parte stai? 15 (one of the parties in a dispute, etc.) gruppo m., parte f., partito m., fazione f.: our ~ won ha vinto il nostro gruppo. 16 (Sport) parte f. in gara; (team) squadra f. 17 (of a cassette or record) lato m.: a ~ lato A; b ~ lato B. 18 (of a sheet of paper) facciata f., pagina f.: I have filled two -s ho riempito due facciate. 19 (line of descent) parte f., lato m., ramo m. 20 (Br,colloq) (boastful attitude) boria f., arie f.pl. 21 (in billiards) effetto m. (dato alla palla colpendola di lato). 22 pl. (Teat) parte f.sing. II a. 1 laterale: a ~ road una strada laterale. 2 (at, from one side) di lato, di fianco, di traverso, di sbieco: a ~ blow un colpo di lato. 3 (indirect) indiretto, obliquo. 4 (fig) secondario, accessorio, incidentale. 5 (made separately, on the side) a parte, concluso separatamente: a ~ agreement un accordo a parte. 6 (of the side of a person) del fianco, relativo al fianco, dei fianchi. III v.i. parteggiare (with per), essere dalla parte, prendere le parti (di), schierarsi (with con; against contro): to ~ with the rebels parteggiare per i ribelli. □ to ~ against so. schierarsi contro qcu.; (Mil) ~ arms armi portate alla cintura, armi portate al fianco; ~ bet scommessa marginale, puntata accessoria; ~ by ~ fianco a fianco, vicino; (fig) insieme, assieme, unitamente, di comune accordo; by the ~ of: 1 a fianco di, a lato di; 2 (fig) (compared with) a confronto di, in confronto a, rispetto a; (Chim) ~ chain catena laterale; (Arch) ~ chapel cappella laterale; (fig) the other ~ of the coin il rovescio della medaglia, l'altra faccia della medaglia; (Sport, Tecn) ~ cut (in skis) sciancratura; (Gastron) ~ dish contorno; ~ door porta secondaria, porta laterale; (Mus) ~ drum rullante; (Farm) ~

effect effetto secondario, effetto collaterale (*anche fig*); ~ *entrance* entrata secondaria, entrata laterale; *from all -s* (o *from every* ~): 1 da tutti i lati, da tutte le parti; 2 (*fig*) sotto ogni riguardo, sotto ogni aspetto, da tutti i punti di vista; ~ *glance* occhiata in tralice, occhiata di traverso; (*colloq*) *to have* ~ essere moderato; (*Ginn*) ~ *horse* cavallo; ~ *issue* questione secondaria, questione marginale; (*Sport*) *off* ~ fuori gioco; *on all -s* (o *on every* ~): 1 da ogni lato, da tutte le parti; 2 (*fig*) ovunque, da tutte le parti, dappertutto; *on the* ~: 1 (*as an extra*) come attività extra, come lavoro extra: *he works in a garage on the* ~ lavora in un garage come attività extra; 2 (*secretly*) di nascosto, segretamente; (*Gastron*) ~ *order* contorno; *the other* ~ *of town* l'altra parte della città; (*Br,colloq,ant*) *to put on* ~ darsi tante arie; *to put on one* ~: 1 mettere da un lato, accantonare, mettere da parte; 2 (*Br,fig*) (*to defer*) rimandare, differire, rinviare; 3 (*Br*) (*to save up*) mettere da parte, mettere via, risparmiare; ~ *road* strada laterale; (*Equit*) ~ *saddle* sella da donna, sella da amazzone; ~ *street* (via) trasversale; *to take -s* 1 partegiare (with per), schierarsi (con), essere dalla parte (di): *to take -s with so.* partegiare per qcu.; *to take -s against so.* schierarsi contro qcu.; 2 (*assol*) prendere posizione, prendere partito; *to take so. on one* ~ (o *to take so.* *to one* ~) prendere qcu. in disparte, prendere qcu. da parte; *this* ~ *of next week* prima della prossima settimana; *this* ~ *up* (*on a package*) alto!; (*Mot*) ~ *valve* valvola laterale; ~ *wind*: 1 vento di traverso; 2 (*fig*) metodo indiretto, via traversa.

sidebar /'saɪdbɑːr *Am* 'saɪdbɑːr/ *n.* 1 (*Am,Dir*) (*in a court of law*) discussione *f.* tra avvocati e giudice non udibile dalla giuria; 2 (*Edit, Giorn*) supplemento *m.* con note integrative.

sideboard /'saɪdbɔːd *Am* 'saɪdbɔːrd/ *n.* 1 (*Arred*) credenza *f.*, buffet *m.*, buffè *m.* 2 *pl.* (*colloq*) (*sideburns*) basette *f.pl.*

sideburns /'saɪdbɜːnz *Am* 'saɪdbɜːrnz/ *n.pl.* basette *f.pl.*

sidecar /'saɪdkɑːr *Am* 'saɪdkɑːr/ *n.* 1 motocarrozzetta *f.*, sidecar *m.* 2 (*cocktail*) cocktail *m.* a base di brandy, liquore all'arancia e succo di limone.

sidecut /'saɪdkʌt/ *n.* (*Sport,Tecn*) (*in skis*) sciancratura *f.*

sided /'saɪdɪd/ *a.* (*in compounds*) che ha... lati, che ha... facce, a... lati, a... facce: *many-* ~ che ha molti lati, multilaterale.

sidedish /'saɪddɪʃ/ *n.* (*Gastron*) contorno *m.*

sidekick /'saɪdkɪk/ *n.* (*colloq*) amico *m.* intimo.

sidelight /'saɪdlaɪt/ *n.* 1 luce *f.* laterale, illuminazione *f.* laterale. 2 (*Aut*) luce *f.* di ingombro. 3 (*Mar*) luce *f.* di via, fanale *m.* di via. 4 (*fig*) informazione *f.* aggiuntiva, notizia *f.* aggiuntiva.

sideline /'saɪdlaɪn/ *n.* 1 linea *f.* laterale (*anche Sport*). 2 (*second activity, occupation, etc.*) attività *f.* secondaria, occupazione *f.* sussidiaria, occupazione *f.* collaterale. 3 (*Comm*) attività *f.* collaterale. 4 (*rope attached to the side of sth.*) fune *f.* legata al fianco di qcs. 5 *pl.* (*Sport*) bordi *m.pl.*, margini *m.pl.* □ *on the -s*: 1 (*Sport*) in panchina; 2 (*fig*) relegato a fare la parte dello spettatore.

sidelong /'saɪdlɒŋ *Am* 'saɪdlɑːŋ/ **I** *a.* 1 di traverso, laterale, obliquo, di fianco. 2 (*of a glance*) furtivo. 3 (*fig*) indiretto: ~ *reference* riferimento indiretto. **II** *avv.* di traverso, obliquamente, di sbieco: *to look* ~ *at so.* guardare qcu. di traverso.

sideman /'saɪdmən/ *n.* (*Mus*) sideman *m.*

sidenote /'saɪdnoʊt/ *n.* nota *f.* a margine.

side-on /'saɪdɒːn/ **I** *a.* 1 (*on a side*) di lato, laterale. 2 (*from a side*) da un lato, laterale. 3 (*towards a side*) verso il lato, di fianco, laterale. **II** *avv.* 1 (*on a side*) di lato, lateralmente. 2 (*from a side*) da un lato, lateralmente. 3 (*towards a side*) verso il lato, di fianco, lateralmente.

sidereal /saɪ'dɪəriəl *Am* saɪ'dɪriəl/ *a.* (*Astr*) sidereo, siderale. □ (*Astr*) ~ *day* giorno sidereo, giorno sidereo; (*Astr*) ~ *period* rivoluzione siderea; (*Astr*) ~ *time* tempo siderale; (*Astr*) ~ *year* anno sidereo.

siderite /'s(a)ɪdəraɪt/ *n.* (*Min*) siderite *f.*

side-saddle /'saɪdsædl/ *avv.* (*Equit*) all'amazzone: *to ride* ~ cavalcare all'amazzone.

side salad /'saɪd,sæləd/ *n.* (*Gastron*) insalata *f.* come contorno, piccola porzione *f.* di insalata.

sideshow /'saɪdʃoʊ/ *n.* 1 spettacolo *m.* secondario. 2 (*at a circus, fair*) numero *m.* minore. 3 (*fig*) evento *m.* marginale, avvenimento *m.* secondario.

sideslip /'saɪdslɪp/ **I** *v.i.* 1 (*Aut*) sbandare. 2 (*Aer*) scivolare d'ala. **II** *n.* 1 sbandata *f.* 2 (*Aer*) scivolata *f.* d'ala.

sidesman /'saɪdzmən/ *n.irr.* (*Rel*) aiuto *m.* sagrestano.

sidespin /'saɪdspɪn/ *n.* moto *m.* rotatorio orizzontale, effetto *m.* rotatorio orizzontale.

side-splitter /'saɪd,splɪtər *Am* 'saɪd,splɪtər/ *n.* (*colloq*) barzelletta *f.* molto divertente.

side-splitting /'saɪd,splɪtɪŋ *Am* 'saɪd,splɪtɪŋ/ *a.* (*colloq*) che fa scoppiare dal ridere, che fa schiantare dal ridere, divertentissimo, che fa ridere a crepapelle, da spanciarsi dalle risate.

sidestep /'saɪdstep/ **I** *n.* 1 passo *m.* laterale, passo *m.* di fianco. 2 (*Sport*) (*in skiing*) passo *m.* a scala. **II** *v.t.* 1 schivare facendo un passo laterale, scansare facendo un passo laterale. 2 (*fig*) eludere, aggirare, scansare, sottrarsi a: *to* ~ *an issue* eludere un problema. **III** *v.i.* 1 fare un passo laterale, spostarsi di lato, farsi da parte. 2 (*fig*) tenersi da parte, rimanere al di fuori, rimanere estraneo.

sidestroke /'saɪdstroʊk/ *n.* (*Sport*) nuoto *m.* alla marinara.

sideswipe /'saɪdswaɪp/ **I** *v.t.* (*Aut*) colpire di striscio, urtare di striscio. **II** *n.* 1 (*colloq*) frecciata *f.*, stoccata *f.* 2 (*Aut*) strisciata *f.*, colpo *m.* di striscio.

sidetrack /'saɪdtræk/ **I** *n.* (*Ferr*) binario *m.* di raccordo. **II** *v.t.* 1 (*Ferr*) smistare su un binario di raccordo. 2 (*fig*) distrarre, distogliere, sviare il pensiero di, sviare l'attenzione di; (*to postpone consideration of*) allontanarsi da, divagare da. □ (*fig*) *to get -ed* deviare dall'argomento.

side-view /'saɪdvjuː/ *n.* veduta *f.* di profilo, profilo *m.*

sidewalk /'saɪdwɔːk/ *n.* (*Am*) marciapiede *m.*

sidewall /'saɪdwɔːl/ *n.* (*Aut*) fianco *m.* (di pneumatico).

sideward /'saɪdwəd *Am* 'saɪdwərd/ **I** *a.* di fianco, laterale, obliquo, trasversale. **II** *avv.* verso il lato, di fianco, lateralmente, obliquamente.

sidewards /'saɪdwədz *Am* 'saɪdwərdz/ *avv.* verso il lato, di fianco, lateralmente, obliquamente.

sideways /'saɪdweɪz/ **I** *a.* di sbieco, di traverso, laterale, obliquo. **II** *avv.* 1 di fianco, di lato, lateralmente, di traverso: *to turn* ~ girarsi di fianco. 2 (*towards one side*) a sghembo, di sghembo, di traverso, verso un fianco: *to walk* ~ camminare di traverso.

side-wheeler /'saɪd(h)wiːlər/ *n.* (*Am,Mar*) battello *m.* a ruota.

side-whiskers /'saɪdwɪskəz/ *n.pl.* (*Br,colloq*) basettoni *m.pl.*, fedine *f.pl.*, favoriti *m.pl.*

siding /'saɪdɪŋ/ *n.* 1 (*Ferr*) binario *m.* di raccordo, raccordo *m.* 2 (*rar*) (*act of taking sides*) partigianeria *f.*, faziosità *f.* 3 (*Am,Edil*) (*cladding material for the outside of a building*) rivestimento *m.* esterno.

sidle /'saɪdl/ *v.i.* 1 muoversi di fianco, procedere di fianco, camminare a sghembo, andare storto. 2 (*to move furtively*) procedere furtivamente. □ *to* ~ *away* allontanarsi furtivamente; *to* ~ *in* entrare furtivamente; *to* ~ *out of the room* sgusciare dalla stanza; *to* ~ *up to so.* avvicinare qcu. servilmente.

Sidney /'sɪdni/ **I** *n.pr.* (*Geog*) Sidney *f.* **II** *n.pr.m.* Sidney.

SIDS /sɪdz/ (*Med*) *sudden infant death syndrome* SIDS (sindrome della morte improvvisa del lattante).

siege /siːdʒ/ *n.* 1 (*Mil*) assedio *m.*: *to raise the* ~ levare l'assedio. 2 (*fig*) insistenza *f.*, pressioni *f.pl.* □ (*Mil*) ~ *artillery* artiglieria pesante; (*Mil*) ~ *gun* pezzo di artigliera pesante; *to lay* ~ *to*: 1 (*Mil*) assediare, stringere d'assedio, cingere d'assedio; 2 (*fig*) assediare, importunare, assillare; *under* ~ assediato.

Siegfried /'siːgfriːd/ *n.pr.m.* (*Mitol.nord*) Sigfrido.

siemens /'siːmənz/ *n.* (*Fis*) siemens *m.*

Sienese /ˌsiəˈniːz *Br also* ˌsienˈiːz/ **I** *n.inv.* 1 senese *m./f.* 2 (*costr.pl.*) (*people*) senesi *m./f.pl.* 3 (*dialect*) senese *m.* **II** *a.* senese (*anche Art*).

sienna /si'enə/ *n.* terra *f.* di Siena.

sierra /si'erə/ *n.* (*Geog*) sierra *f.*

Sierra Leone /siˌerəli'oʊn/ *n.pr.* (*Geog*) Sierra Leone *f.*

siesta /sɪ'estə/ *n.* siesta *f.*

sieve /sɪv/ **I** *n.* 1 setaccio *m.*, crivello *m.*, staccio *m.*, vaglio *m.* 2 (*colloq*) (*one who cannot keep a secret*) chiacchierone *m.* (*f.* -a); (*colloq*) spifferone *m.* (*f.* -a). **II** *v.t.* 1 setacciare, stacciare, passare al crivello. 2 (*fig*) esaminare minuziosamente, vagliare, passare al vaglio. **III** *v.i.* fare la cernita, fare il vaglio. □ (*colloq*) *to have a head like a* ~ (o *a mind like a* ~) essere uno smemorato, non avere memoria.

sift /sɪft/ **I** *v.t.* 1 setacciare, stacciare, passare al crivello: *to* ~ *flour* setacciare la farina. 2 (*to sprinkle through a sieve*) spolverizzare, spolverare (attraverso un setaccio). 3 (*fig*) (*often with through*) setacciare, esaminare minuziosamente, vagliare, passare al vaglio: *to* ~ (*through*) *the evidence* passare al vaglio le prove. 4 (*fig*) (*to separate by careful examination*) fare un vaglio di, fare una scelta accurata di, selezionare. **II** *v.i.* 1 usare un setaccio. 2 (*to do sifting*) fare la cernita, fare il vaglio. 3 (*fig*) filtrare, passare, infiltrarsi. □ *to* ~ *out*: 1 (*to separate with a sieve*) vagliare, cernere, mondare; 2 (*to separate by careful examination*) fare un vaglio di, fare una scelta accurata di, selezionare; (*fig*) *to* ~ *through* setacciare, esaminare minuziosamente, vagliare, passare al vaglio.

sifted /'sɪftɪd/ *a.* setacciato.

sifter /'sɪftər/ *n.* 1 (*sieve*) setaccio *m.*, staccio *m.* 2 (*shaker*) spolverizzatore *m.*

sifting /'sɪftɪŋ/ *n.* 1 cernita *f.*, setacciatura *f.*, stacciatura *f.* 2 (*fig*) vaglio *m.*, cernita *f.* 3 *pl.* (*sifted material*) scarto *m.sing.*, vagliatura *f.sing.*, mondiglia *f.sing.*

sigh /saɪ/ **I** *v.i.* 1 sospirare (*over* per). 2 (*fig*) rimpiangere, sospirare (*for sth.* qcs.), avere rimpianti (per): *to* ~ *for one's lost youth* rimpiangere la gioventù perduta. 3 (*fig*) (*to long, to yearn for*) sospirare, agognare (*after sth.* qcs.). 4 (*of wind, etc.*) gemere. **II** *n.* 1 (*act*) il sospirare; (*sound*) sospiro *m.*: *a ~ of relief* un sospiro di sollievo. **2** (*similar sound*) lamento *m.*, gemito *m.*: *the ~ of the wind* il lamento del vento.

sighingly /'saɪŋli/ *avv.* sospirando.

sight /saɪt/ **I** *n.* **1** (*eyesight*) vista: *to lose one's ~* perdere la vista. **2** (*range of view*) vista *f.*, campo *m.* visivo, veduta *f.*: *he disappeared out of ~* scomparve alla vista. **3** (*sth. seen*) vista *f.*, visione *f.*, veduta *f.* **4** (*sth. worth seeing*) spettacolo *m.*: *the sunset was quite a ~* il tramonto era un vero spettacolo. **5** *pl.* (*places, etc., worth visiting*) luoghi *m.pl.* di interesse turistico, cose *f.pl.* da vedere, cose *f.pl.* interessanti: *to see the -s* visitare i luoghi di interesse turistico; *to do the -s (of a town)* fare il giro turistico di una città. **6** *pl.* (*monuments*) monumenti *m.pl.* **7** (*colloq*) (*sth. ridiculous, etc., in appearance*) cosa *f.* ridicola, spettacolo *m.* (comico): *to be a ~* essere proprio ridicolo, essere uno spasso; *her hair was a ~ after the rain* dopo la pioggia i suoi capelli erano uno spettacolo. **8** (*fig*) giudizio *m.*, opinione *f.*, parere *m.*, punto *m.* di vista, vedute *f.pl.* **9** (*Arm,Tecn*) mirino *m.* **10** *pl.* (*fig*) (*aim*) mira *f.sing.*, traguardo *m.sing.*, mirino *m.sing.*: *to lower one's -s* ridimensionare le proprie ambizioni. **11** (*Mar,Astr*) traguardo *m.* **12** *pl.* (*Arm*) alzo *m.sing.* **13** (*Br*) (*used with comparatives: much*) molto, parecchio: *it's a ~ more interesting* è molto più interessante. **II** *v.t.* **1** avvistare, giungere in vista di: *to ~ land* avvistare terra. **2** (*Mar*) traguardare. **3** (*Arm*) (*to aim by means of sights*) puntare; (*to equip with sights*) munire di alzo; (*to adjust the sights of a target*) regolare l'alzo di; (*of a target*) mirare a. **III** *v.i.* prendere la mira. □ *at~*: **1** a vista: *to shoot at ~* sparare a vista; *to translate sth.* at ~ tradurre qcs. a prima vista, tradurre qcs. all'impronta; **2** (*Econ*) a vista, alla presentazione: *payable at ~* pagabile a vista; *at the ~ of* alla vista di, al vedere, vedendo: *to faint at the ~ of blood* svenire alla vista del sangue; (*Econ*) *~ bill* tratta a vista; *by ~* di vista, superficialmente: *I only know him by ~* lo conosco solo di vista; (*Econ*) *~ draft* tratta a vista; *to get back one's ~* ricuperare la vista; *to get out of so.'s ~* levarsi di torno, sparire; (*Tecn*) *~ glass* spia di livello; *to hate the ~ of so.* non poter soffrire qcu., non poter vedere qcu., detestare qcu.; *in ~* in vista, vicino, prossimo, imminente: *the end is in ~* la fine è vicina; *in the ~ of the law* di fronte alla legge; *to keep in ~* non perdersi di vista, non perdere di vista; *to keep out of so.'s ~* tenersi lontano da qcu., stare alla larga da qcu.; (*colloq*) *he never lets her out of his ~* non la perde mai di vista, le sta sempre dappresso; *~ line* linea di vista; *in ~ of* in vista di, vicino a; *on ~* a vista; *out of ~*: **1** fuori del campo visivo; **2** (*hidden*) nascosto; **3** (*of a price*) proibitivo; **4** (*sl,ant*) eccezionale, favoloso; *a ~ to see* una cosa che merita di essere vista; (*fig*) *to set one's -s on sth.* mettere gli occhi su qcs., mirare decisamente a qcs.; (*fig*) *a ~ for sore eyes* un piacere a vedersi, una consolazione, una visione; *~ unseen* senza prenderne visione, a scatola chiusa; *within ~ of* in vista di, vicino a. *Prov.*: *out of ~, out of mind* lontano dagli occhi lontano dal cuore.

sighted /'saɪtɪd *Am* 'saɪt̮ɪd/ *a.* **1** che vede, che ha la vista. **2** (*in compounds*) dalla vista..., che vede...: *clear-~* dalla vista acuta.

sighting /'saɪtɪŋ *Am* 'saɪt̮ɪŋ/ *n.* **1** avvistamento *m.* (*anche Mil.*). **2** (*Arm*) puntamento *m.* **3** (*Mar,Astr*) osservazione *f.*, rilevamento *m.* □ (*Arm*) *~ shot* tiro di prova, colpo di prova.

sightless /'saɪtlǝs/ *a.* **1** cieco, privo della vi-

sta. **2** (*poet*) (*invisible*) invisibile.

sightlessly /'saɪtlǝsli/ *avv.* ciecamente, alla cieca.

sightlessness /'saɪtlǝsnǝs/ *n.* cecità *f.*

sightliness /'saɪtlɪnǝs/ *n.* avvenenza *f.*, bellezza *f.*

sightly /'saɪtli/ *a.* **1** piacevole a vedersi, avvenente, bello. **2** (*affording a fine view*) che offre una bella vista, panoramico.

sight-read /'saɪtriːd/ *v.t./i.irr.* (*Mus*) suonare a prima vista.

sight-reader /'saɪtˌriːdǝr/ *n.* (*Mus*) chi suona a prima vista.

sightseeing /'saɪtˌsiːɪŋ/ **I** *n.* giro *m.* turistico. **II** *a.* turistico: *a ~ tour* un giro turistico. □ *to go ~* visitare una località, vedere le bellezze naturali (*o* artistiche) di un luogo; *~ guide* guida turistica.

sightseer /'saɪtˌsiːǝr/ *n.* turista *m./f.*

sigma /'sɪgmǝ/ *n.* sigma *m./f.*

sigmate /'sɪgmǝt/ *a.* a forma di sigma.

sign /saɪn/ *n.* **1** segno *m.*, prova *f.*, attestazione *f.*, testimonianza *f.*: *as a ~ of respect* in segno di rispetto. **2** (*indication*) segno *m.*: *-s of violence* segni di violenza. **3** (*portent, presage*) presagio *m.*, segno *m.*, indizio *m.*, presentimento *m.*: *a ~ of trouble to come* un presagio di guai futuri. **4** (*gesture*) segno *m.*, cenno *m.*, gesto *m.*: *he made a ~ to me to keep hidden* mi fece segno di stare nascosto. **5** (*gesture in sign language*) segno *m.* **6** (*prominently-displayed notice*) insegna *f.*, targa *f.*, cartello *m.*, avviso *m.*, manifesto *m.*: *there was a ~ saying "Keep Out"* c'era un cartello con la scritta "Vietato l'ingresso"; *a shop ~* un'insegna di negozio. **7** (*Strad*) segnale *m.*; (*signpost*) cartello *m.* indicatore, segnale *m.* verticale. **8** (*password*) parola *f.* d'ordine (*anche Mil.*). **9** (*Med*) (*symptom of an illness*) sintomo *m.*, indizio *m.*, segno *m.*, avvisaglia *f.* **10** (*Mus*) accidente *m.*, segno *m.* accidentale. **11** (*Mat,Gramm*) segno *m.* **12** (*in astrology*) segno *m.* **13** (*Bibl,rar*) (*miracle*) miracolo *m.*, segno *m.* **I** *v.t.* **1** firmare, sottoscrivere: *to ~ a letter* firmare una lettera; *to ~ a petition* sottoscrivere una petizione. **2** (*rifl.*) *to ~ oneself* firmarsi. **3** (*to ratify, to attest*) firmare, ratificare, sottoscrivere, sanzionare (*for* per). **4** (*to signal*) fare segno, fare cenno, comunicare con un gesto, comunicare con un cenno, accennare: *he -ed that he was ready* fece segno che era pronto. **5** (*to mark with a sign*) segnare, contrassegnare. **6** (*to engage with a contract*) ingaggiare, firmare un contratto con, assumere con contratto. **7** (*Teat,Cin*) scritturare. **II** *v.i.* **1** firmare, sottoscrivere. **2** (*to sign a contract*) firmare un contratto, impegnarsi per contratto. **3** (*to make a signal*) fare un cenno, fare un segno, accennare. □ *to ~ away* rinunciare per iscritto a; *to make the ~ of the cross* farsi il segno della croce, segnarsi; (*fig*) *to ~ for your supper* darsi da fare per ottenere qcs. in cambio; *to ~ in* fare la firma di presenza; *to ~ so.* in fare entrare qcu. senza pagare (registrandone il nome sul registro); *in ~ of* in segno di; *~ language* linguaggio dei segni; *~ manual*: **1** firma (autografa); **2** (*royal signature*) firma reale; (*colloq*) *~ me up!* io ci sto!, conta anche me!; *to ~ one's name* fare la propria firma; *there was no ~ of the jewels* non c'era alcuna traccia dei gioielli; *no ~ of life* nessun segno di vita; *to show no ~ of* non accennare a, non mostrare alcun segno di, non dare alcun segno di: *the weather shows no ~ of improving* il tempo non accenna a migliorare; *a ~ of the times* un segno dei tempi; *to ~ off*: **1** (*Rad,TV*) dare il segnale di fine della trasmissione; **2** (*colloq*) (*to end*) concludere; (*to end work-*

ing) smettere di lavorare; **3** (*Inform*) uscire; *to ~ off on sth.* dare la propria approvazione a qcs.; *to ~ on*: **1** assumere, ingaggiare: *the club has -ed on two new players* la società ha ingaggiato due nuovi giocatori; **2** (*to bind oneself to work*) impegnarsi a prestare servizio (*as come*); **3** (*Inform*) entrare in un sistema; **4** (*Teat,Cin*) scritturare; **5** (*at unemployment office*) iscriversi alla lista di collocamento; *to ~ out* firmare all'uscita; *to ~ so. out* autorizzare qcu. ad uscire firmando un registro; *to ~ over* alienare firmando un documento, cedere firmando un documento; *to ~ painter* pittore di insegne; (*fig*) *to ~ the pledge* fare voto di non bere più; *to ~ up*: **1** iscriversi (*for* a); **2** (*to formally engage so.*) far firmare un contratto a, far impegnare per iscritto; **3** (*to sign a contract*) impegnarsi per contratto, sottoscrivere un contratto; **4** (*Teat,Cin*) scritturare; *what ~ are you?* di che segno sei?; *~ writer* grafico di cartelli pubblicitari, grafico di manifesti pubblicitari.

signage /'saɪnɪdʒ/ *n.* insegne *f.pl.* (pubblicitarie).

signal[1] /'sɪgnǝl/ **I** *n.* **1** segnale *m.* (convenuto): *the ~ for the attack* il segnale per l'attacco. **2** (*fig*) spunto *m.*, occasione *f.*, motivo *m.* **3** (*gesture, act, etc., conveying meaning*) segno *m.*, avvertimento *m.*, avviso *m.* **4** (*device, object for communicating at a distance*) segnale *m.*, segnalatore *m.* (*anche Ferr*): *a distress ~* un segnale di soccorso. **5** (*Strad*) semaforo *m.* **6** (*Rad,Tel,El,Fis*) segnale *m.* **II** *v.t.* (*past, p.p.* **signalled** /*Am* **signaled** /-d/) **1** fare segno a, fare cenno a, fare un segnale a, accennare a. **2** (*of a message, an order*) segnalare, trasmettere, comunicare. **3** (*Am,Strad*) (*to furnish an intersection with traffic signals*) semaforizzare, provvedere di semafori. **III** *v.i.* (*past, p.p.* **signalled** /*Am* **signaled** /-d/) fare segnali, fare segnalazioni. □ (*Mil, Mar*) *~ book* libro dei segnali, codice dei segnali; (*Ferr*) *~ box* cabina di manovra; (*Mar*) *~ flag* bandiera di segnalazione; *~ lamp* lampada di segnalazione; *~ light* segnalazione luminosa; (*Mil*) *~ rocket* razzo di segnalazione; (*Mar*) *~ station* semaforo.

signal[2] /'sɪgnǝl/ *a.* **1** (*fig*) notevole, rilevante, cospicuo: *a ~ success* un notevole successo. **2** (*distinctive*) particolare, distintivo, caratteristico.

signaler /'sɪgnǝlǝr/ *n.* (*Am*) **1** chi segnala, segnalatore *m.* (*f.* -trice). **2** (*Ferr,Mar,Mil*) segnalatore *m.*

signaling /'sɪgnǝlɪŋ/ **I** *n.* (*Am*) segnalazione *f.*, segnalamento *m.* **II** *a.* (*Am*) di segnalazione, da segnalazione.

signalise /'sɪgnǝlaɪz/ *v.t.* (*Br*) **1** distinguere, far notare, far emergere, far spiccare: *to ~ oneself by one's wit* distinguersi per la propria intelligenza. **2** (*to indicate the remarkableness of*) segnalare, mettere in evidenza.

signalize /'sɪgnǝlaɪz/ *v.t.* **1** distinguere, far notare, far emergere, far spiccare: *to ~ oneself by one's wit* distinguersi per la propria intelligenza. **2** (*to indicate the remarkableness of*) segnalare, mettere in evidenza.

signaller /'sɪgnǝlǝr/ *n.* **1** chi segnala, segnalatore *m.* (*f.* -trice). **2** (*Ferr,Mar,Mil*) segnalatore *m.*

signalling /'sɪgnǝlɪŋ/ **I** *n.* segnalazione *f.*, segnalamento *m.* **II** *a.* di segnalazione, da segnalazione.

signally /'sɪgnǝli/ *avv.* notevolmente, in modo spiccato, in modo rilevante.

signalman /'sɪgnǝlmǝn/ *n.irr.* (*Ferr,Mar,Mil*) segnalatore *m.*

signal-to-noise ratio /ˌsɪgnǝltǝˈnɔɪzˌreɪʃiǝʊ/ *n.* (*Rad*) rapporto *m.* segnale-disturbo.

signatory /'sɪgnətəri Am 'sɪgnətɔːri/ **I** a. firmatario. **II** n. firmatario m. (f. -a): the signatories to a treaty i firmatari di un trattato.

signature /'sɪgnətʃər/ n. **1** firma f.: to affix one's ~ apporre la propria firma; to authenticate a ~ autenticare una firma. **2** (fig) segno m. (caratteristico), impronta f.: pink is my ~ colour il rosa è il mio colore. **3** (Tip,Med) segnatura f. **4** (Inform) firma f., signature f. **5** (in fashion) griffe f., firma f. □ to put one's ~ to sth.: **1** firmare qcs., sottoscrivere qcs; **2** (fig) accettare volentieri, accettare subito; (colloq) metterci la firma; (Rad,TV) ~ tune sigla musicale.

signboard /'saɪnbɔːd Am 'saɪnbɔːrd/ n. cartello m., insegna f.

signer /'saɪnər/ n. chi firma, firmatario m. (f. -a).

signet /'sɪgnɪt/ n. **1** sigillo m. **2** (ring) anello m. con sigillo. □ ~ring anello con sigillo.

significance /sɪg'nɪfɪkəns/ n. **1** significato m., senso m.: what is the ~ of that remark? che significato ha quell'osservazione? **2** (quality of conveying meaning) l'essere significativo, significato m., espressività f.: a glance of deep ~ uno sguardo molto significativo. **3** (importance) importanza f., rilevanza f., significato m.: a decision of great ~ una decisione di grande importanza.

significancy /sɪg'nɪfɪkənsi/ n. **1** significato m., senso m. **2** (quality of conveying meaning) l'essere significativo, significato m., espressività f. **3** (importance) importanza f., rilevanza f., significato m.

significant /sɪg'nɪfɪkənt/ a. **1** importante, rilevante, significativo. **2** (having meaning) significativo, che ha un senso: a ~ remark un'osservazione significativa. **3** (conveying meaning) eloquente, significativo, espressivo: a ~ look uno sguardo eloquente. □ (Mat) ~ figure cifra significativa; ~ other coniuge, compagno, partner.

significantly /sɪg'nɪfɪkəntli/ avv. significativamente: and, more ~,.... e, cosa più significativa,...

signification /ˌsɪgnɪfɪ'keɪʃən/ n. **1** significato m., portata f., senso m., valore m. **2** (sense) significato m., senso m. **3** (act of making known) il manifestare, l'esprimere.

significative /sɪg'nɪfɪkətɪv Am sɪg'nɪfɪkeɪtɪv/, **significatory** /sɪg'nɪfɪkətəri Am sɪg'nɪfɪkətɔːri/ a. **1** significativo, che ha un senso. **2** (suggestive) significativo, espressivo.

signified /'sɪgnɪfaɪd/ n. (Ling) significato m.

signifier /'sɪgnɪfaɪər/ n. **1** (Ling) significante m. **2** (sign) segno m.

signify /'sɪgnɪfaɪ/ v.t. **1** manifestare, esprimere (mediante segni o gesti): to ~ one's consent manifestare il proprio consenso. **2** (to denote) essere indizio di, essere segno di, significare: some chest pains may ~ heart trouble certi dolori al petto possono essere indizio di disturbi cardiaci. **3** (to imply) implicare, comportare, portare con sé. **4** (to mean) significare, importare: it doesn't ~ non ha importanza, non importa.

sign-in /'saɪnɪn/ n. raccolta f. di firme.

signing /'saɪnɪŋ/ n. **1** (signage) insegne f.pl. (pubblicitarie). **2** (event in which an author signs copies of books) presenza f. in libreria dell'autore di un libro per firmare le copie (a chi lo desidera). **3** (sign language) linguaggio m. dei segni. **4** (Sport) ingaggio m., giocatore m. (f. -trice) ingaggiato.

signpost /'saɪnpəʊst/ **I** n. **1** (Strad) cartello m. indicatore, segnale m. verticale; (traffic sign) segnale m. stradale. **2** (fig) guida f., indicazione f. **II** v.t. **1** (Strad) munire di segna-

letica. **2** (fig) guidare, indirizzare.

Sikh /siːk/ **I** n. (Rel) sikh m. **II** a. (Rel) dei sikh, relativo ai sikh.

Sikhism /'siːkɪzəm/ n. (Rel) sikhismo m.

silage /'saɪlɪdʒ/ n. (Agr) silaggio m., insilamento m.

Silas /'saɪləs/ n.pr.m. (Bibl) Sila.

silence /'saɪləns/ **I** n. **1** silenzio m., tacere m., quiete f.: to sit in ~ sedere in silenzio; the ~ of the night il silenzio della notte; the ~ of the grave il silenzio della morte. **2** (period of being silent) silenzio m., periodo m. di silenzio: a short ~ un breve silenzio; a one minute's ~ un minuto di silenzio. **3** (secrecy) silenzio m., segretezza f., discrezione f. **4** (fig) (oblivion, obscurity) oblio m., silenzio m., oscurità f., dimenticanza f. **II** v.t. **1** fare tacere, ridurre al silenzio, costringere al silenzio, legare la lingua a: to ~ an opponent fare tacere un avversario. **2** (to stop the noise of) eliminare il rumore di, far cessare il rumore di, rendere silenzioso. **3** (fig) reprimere, soffocare, ridurre al silenzio. **4** (Mil) (of enemy guns) ridurre al silenzio. □ to call for ~ invitare al silenzio, chiedere il silenzio; (Dir) ~ in the court! silenzio in aula!; to pass over sth.in ~ passare qcs. sotto silenzio, non parlare di qcs., non fare menzione di qcs.; to keep ~ mantenere il silenzio; my request was met with ~ la mia richiesta non ha ricevuto risposta; (fig) to reduce so. to ~ costringere qcu. al silenzio. Prov.: ~ gives consent chi tace acconsente.

silenced /'saɪlənst/ a. (fig) messo a tacere, zittito, calmato: our fears were ~ by his calm le nostre paure si placarono davanti alla sua calma.

silencer /'saɪlənsər/ n. **1** (Arm) silenziatore m. **2** (Mot) silenziatore m., marmitta f.

silent /'saɪlənt/ a. **1** zitto, in silenzio, che tace: to be ~ stare zitto, tacere: be ~! zitto!, taci!, fa' silenzio! **2** (taciturn) silenzioso, taciturno, poco loquace: a ~ child un bambino silenzioso. **3** (reticent) reticente. **4** (free from noise) silenzioso, quieto, tranquillo: a ~ house una casa silenziosa. **5** (performed, done without speech) muto, senza parole, inespresso, tacito: a ~ prayer una preghiera muta. **6** (Fon) muto: b is ~ in "climb" la b di "climb" è muta. **7** (Cin) muto: ~ film film muto. □ as ~ as the grave muto come un pesce, muto come una tomba; to keep ~: **1** tacere, stare zitto; **2** (to refrain from mentioning) non dire nulla, tacere (about su), non rivelare (qcs.), stare zitto (su); (Pol) ~ majority maggioranza silenziosa; (Am,Econ) ~partner socio occulto, socio inattivo, socio accomandante, socio non operante (che dà soltanto un apporto di capitale); the law is ~ on this point la legge non contempla questo punto; as ~ as the tomb muto come un pesce, muto come una tomba.

silently /'saɪləntli/ avv. silenziosamente, in silenzio.

silenus /saɪ'liːnəs/ (pl. -ni /-naɪ/) n. (Mitol) sileno m., satiro m. **2** (fig) vecchio m. beone.

Silenus /saɪ'liːnəs/ n.pr.m. (Mitol) Sileno.

silesia /saɪ'liːziə Am saɪ'liːʃə/ n. (Tess) silesia f.

Silesia /saɪ'liːziə Am saɪ'liːʃə/ n.pr. (Geog) Slesia f.

Silesian /saɪ'liːziən Am saɪ'liːʃən/ a. slesiano. **II** n. abitante m./f. della Slesia.

silex /'saɪleks/ n. **1** (Chim) anidride f. silicica, silice f. **2** (glass) flint m.

silhouette /ˌsɪluː'et/ **I** n. **1** (Art) silhouette f., siluetta f., siloetta f. **2** (outline, profile) sagoma f., profilo m., contorno m., linea f.: the ~ of a crane against the sky la sagoma di una gru contro il cielo. **II** v.t. **1** proiettare su uno

sfondo (come una silhouette). **2** (Fot) ritrarre di profilo e controluce. **III** v.i. stagliarsi, profilarsi, fare spicco.

silica /'sɪlɪkə/ n. **1** (Min) silice f. **2** (Chim) anidride f. silicica, silice f. □ (Chim) ~gel gel di silice.

silicate /'sɪlɪkeɪt/ n. (Min,Chim) silicato m.

siliceous /sɪ'lɪʃəs/ a. (Min,Chim) siliceo.

silicic /sɪ'lɪsɪk/ a. **1** silicico, di silicio: ~ acid acido silicico. **2** (of silica) silicico, di silice.

silicide /'sɪlɪsaɪd/ n. (Chim) siliciuro m.

silicon /'sɪlɪkən/ n. (Chim) silicio m. □ (Elettron) ~ chip chip (di silicio); (Chim) ~ oxide ossido di silicio; (Am) Silicon Valley zona della California sede di aziende che operano nel settore dei semiconduttori e dei computer.

silicone /'sɪlɪkoʊn/ n. (Chim) silicone m.

silicosis /ˌsɪlɪ'koʊsɪs/ (pl. -ses /-siːz/) n. (Med) silicosi f.

silk /sɪlk/ **I** n. **1** (Tess) seta f., filo m. di seta; (cloth) seta f., tessuto m. di seta. **2** (garments) seta f., indumenti m.pl. di seta: to be dressed in ~ essere vestito di seta. **3** (Br,colloq) avvocato m. patrocinante per la corona. **4** pl. (Sport) (of a jockey) colori m.pl. **II** a. **1** (fatto) di seta: a ~ dress un abito di seta. **2** (resembling silk) come la seta, simile alla seta. □ ~breeder bachicoltore, sericoltore; ~breeding bachicoltura, sericoltura; ~ grower bachicoltore, sericoltore; ~growing bachicoltura, sericoltura; ~ hat cilindro, cappello a cilindro; (Entom) ~ moth baco da seta, bombice (del gelso), filugello; (Tess) ~ reeling filatura della seta; ~screen matrice per serigrafia; ~screen printing serigrafia; ~stocking calza di seta; (Br,Dir) to take the ~ diventare avvocato patrocinante per la corona; (Tess) ~ thrower (o ~ throwster) torcitore. Prov.: you can't make a ~ purse out of a sow's ear la botte dà il vino che ha, non si fanno le nozze con i fichi secchi.

silken /'sɪlkən/ a. **1** (fatto) di seta. **2** (resembling silk) simile alla seta, come la seta. **3** (fig) (smooth, soothing) vellutato, flautato. **4** (fig) (delicate, gentle) delicato, dolce: a ~ touch un tocco delicato. **5** (Br,fig) (ingratiating) suadente, soave, carezzevole: ~ words parole suadenti.

silkily /'sɪlkɪli/ avv. **1** come seta. **2** (Br,fig) (ingratiatingly) in modo suadente, in modo carezzevole.

silkiness /'sɪlkɪnəs/ n. **1** aspetto m. serico, apparenza f. di seta. **2** (fig) (ingratiating quality) l'essere suadente, l'essere carezzevole.

silk-screen /'sɪlkskriːn/ **I** n. **1** (Tip) (screen) matrice f. per serigrafia. **2** (Tip) (printing) serigrafia f. **II** a. serigrafico. **III** v.t. stampare in serigrafia. □ (Tip) ~ process serigrafia.

silkworm /'sɪlkwɜːm Am 'sɪlkwɜːrm/ n. (Entom) baco m. da seta, bombice m. (del gelso), filugello m. □ (Entom) ~caterpillar (o ~ moth) baco da seta, bombice (del gelso), filugello.

silky /'sɪlki/ a. **1** di seta, serico. **2** (resembling silk) simile alla seta, come la seta. **3** (fig) suadente, soave, carezzevole. **4** (Bot) sericeo, setiforme. **5** (fig) (smooth, soothing) vellutato, flautato.

sill /sɪl/ n. **1** (Edil) (windowsill) davanzale m.; (of a door) soglia f. **2** (Geol) filone-strato m. **3** (Minier) (floor of a deposit) letto m. **4** (Idr) soglia f., soletta f. **5** (Geog) soglia f.: glacial ~ soglia glaciale.

sillabub /'sɪləbʌb/ n. (Gastron) latte m. rappreso con vino e zucchero.

sillily /'sɪlɪli/ avv. stupidamente, scioccamente, insulsamente.

silliness /'sɪlɪnəs/ *n.* stupidità *f.*, stupidaggine *f.*, stoltezza *f.*, insulsaggine *f.* □ *stop your ~!* smettila di fare lo stupido!

silly /'sɪlɪ/ **I** *a.* **1** sciocco, stupido, stolto, insulso: *~ schoolgirls* delle sciocche scolarette. **2** (*absurd*) assurdo, insensato, scriteriato: *~ ideas* idee assurde. **3** (*trifling*) futile, frivolo: *~ stories* storie futili. **II** *n.* (*colloq*) **1** sciocco *m.* (*f.* -a), stupido *m.* (*f.* -a). **2** (*silly child*) sciocchino *m.* (*f.* -a). □ (*Br,colloq*) *a ~ billy* uno sciocco, uno stupido; *to knock so.* ~ stordire qcu.; (*Giorn*) *~ season* stagione morta (generalmente agosto e settembre).

silo /'saɪlou/ **I** *n.* (*pl.* **-s** /-z/) **1** (*Agr*) silo *m.*; (*underground pit*) fossa *f.* sotterranea per la conservazione di cereali. **2** (*Mil*) postazione *f.* sotterranea per missili balistici. **II** *v.t.* (*Agr*) insilare.

silt /sɪlt/ **I** *n.* (*Geol*) limo *m.* **II** *v.t.* interrare, insabbiare. □ *to ~ up* interrarsi, insabbiarsi: *the harbour -ed up* il porto si è interrato.

siltation /sɪl'teɪʃən/ *n.* insabbiamento *m.*, interramento *m.*

silty /'sɪltɪ *Am* 'sɪlti/ *a.* limaccioso, melmoso.

silvan /'sɪlvən/ **I** *a.* dei boschi, silvestre, silvano. **II** *n.* (*Mitol*) divinità *f.* silvana.

silver /'sɪlvəʳ/ **I** *n.* **1** argento *m.* (*anche Chim*). **2** (*silver money*) monete *f.pl.* d'argento. **3** (*silverware*) argenteria *f.*, argenti *m.pl.*: *to clean the ~* pulire l'argenteria. **4** (*colour*) color *m.* argento. **II** *a.* **1** d'argento. **2** (*silver-plated*) argentato, inargentato. **3** (*of the colour silver*) argenteo, argentato, inargentato, di color argento. **4** (*fig*) (*of sounds*) argentino. **5** (*fig*) (*eloquent*) eloquente. **III** *v.t.* **1** argentare, inargentare. **2** (*to make the colour of silver*) inargentare, rendere argento: *time had -ed her hair* il tempo aveva inargentato i suoi capelli. **IV** *v.i.* inargentarsi, diventare color argento. □ *Silver Age*: 1 (*Paleont*) età dell'argento; 2 (*fig*) periodo argenteo, età dell'argento; *~ anniversary* venticinquennale, venticinquesimo anniversario; (*Fot*) *~ bath* bagno di nitrato d'argento; (*Bot*) *~ birch* betulla bianca; (*Mus*) *~ disc* disco d'argento; (*Entom*) *~ fish* acciughina, pesciolino d'argento; *~ foil* carta d'argento, carta argentata, stagnola; (*Zool*) *~ fox* volpe argentata; *~ gilt* argento dorato, vermeil; *~ jubilee* venticinquennale, venticinquesimo anniversario; (*Ling*) *~ Latin* latino (dell'età) imperiale, latino dell'età argentea; (*Met*) *~ leaf* lamina d'argento, argento in lamina; *~ medal* medaglia d'argento; (*Chim*) *~ nitrate* nitrato d'argento; *~ paper* carta d'argento, carta argentata, stagnola; *~ plate*: 1 argentatura, placcatura in argento; 2 (*tableware*) posate argentate, posate d'argento; (*Art*) *~ point* (*technique*) tecnica di disegno con (una) punta d'argento; (*Med*) *~ poisoning* argirismo; (*Bot*) *~ poplar* pioppo bianco; *~ sand* sabbia bianca; *~ screen*: 1 (*Cin*) schermo (cinematografico); 2 (*estens*) cinematografia, industria cinematografica, cinema, grande schermo; *~ spoon* cucchiaio d'argento: (*fig*) *to be born with a ~ spoon in one's mouth* essere nato con la camicia; *to have a ~ tongue* essere molto eloquente; *~ wedding* nozze d'argento.

silver-gilt /'sɪlvəgɪlt *Am* 'sɪlvəʳgɪlt/ *a.* di argento dorato.

silver-gray /'sɪlvəʳgreɪ/ **I** (*Am*) *n.* grigio *m.* argento. **II** (*Am*) *a.* grigio argento.

silver-grey /'sɪlvəʳgreɪ/ **I** *n.* grigio *m.* argento. **II** *a.* grigio argento.

silver-haired /'sɪlvəheəd *Am* 'sɪlvəʳherd/ *a.* dai capelli argentei, dai capelli d'argento.

silveriness /'sɪlvərɪnəs/ *n.* aspetto *m.* argenteo.

silvering /'sɪlvərɪŋ/ *n.* argentatura *f.*

silver-plate /'sɪlvə'pleɪt *Am* ˌsɪlvəʳ'pleɪt/ *v.t.* argentare, placcare in argento.

silver-plated /ˌsɪlvə'pleɪtɪd *Am* ˌsɪlvəʳ'pleɪtɪd/ *a.* argentato, placcato in argento.

silver-plating /ˌsɪlvə'pleɪtɪŋ *Am* ˌsɪlvəʳ'pleɪtɪŋ/ *n.* argentatura *f.*, placcatura *f.* in argento.

silverside /'sɪlvəsaɪd *Am* 'sɪlvəʳsaɪd/ *n.* (*Macell,Gastron*) girello *m.* di manzo.

silversmith /'sɪlvəsmɪθ *Am* 'sɪlvəʳsmɪθ/ *n.* argentiere *m.* (*f.* -a), orafo *m.* (*f.* -a).

silver-tongued /ˌsɪlvə'tʌŋd *Am* ˌsɪlvəʳ'tʌŋd/ *a.* molto eloquente.

silverware /'sɪlvəweəʳ *Am* 'sɪlvəʳwer/ *n.* argenteria *f.*, argenti *m.pl.*

silvery /'sɪlvərɪ/ *a.* **1** come l'argento, simile all'argento. **2** (*of the colour silver*) argenteo, argentato, di color argento. **3** (*of sounds*) argentino.

silvicultural /ˌsɪlvɪ'kʌltʃərəl/ *a.* della selvicoltura, relativo alla selvicoltura.

silviculture /'sɪlvɪˌkʌltʃəʳ/ *n.* selvicoltura *f.*, silvicoltura *f.*

silviculturist /ˌsɪlvɪ'kʌltʃərɪst/ *n.* selvicoltore *m.* (*f.* -trice), silvicoltore *m.* (*f.* -trice).

sim /sɪm/ *n.* (*colloq*) (*video game*) simulatore *m.*

simian /'sɪmɪən/ **I** *a.* (*Zool*) scimmiesco. **II** *n.* (*Zool*) scimmia *f.*

similar /'sɪmɪləʳ/ **I** *a.* **1** similare, simile, affine, somigliante, rassomigliante, analogo (*to* a). **2** (*Geom,Mat*) simile: *~ triangles* triangoli simili. **II** *n.* equivalente *m.*, corrispondente *m.*

similarity /ˌsɪmɪ'lærɪtɪ *Am* ˌsɪmɪ'lerətɪ/ *n.* **1** somiglianza *f.*, rassomiglianza *f.*, affinità *f.*, similarità *f.*, analogia *f.* (*to* a). **2** (*Geom*) similitudine *f.*

similarly /'sɪmɪləʳlɪ/ *avv.* similmente, analogamente, allo stesso modo.

simile /'sɪmɪlɪ/ *n.* (*Ret*) similitudine *f.*

similitude /sɪ'mɪlɪtjuːd *Br also* sɪ'mɪlɪtʃuːd/ *n.* **1** somiglianza *f.*, rassomiglianza *f.*, affinità *f.*, similarità *f.*, analogia *f.* **2** (*counterpart*) equivalente *m.*, corrispondente *m.*

similize /'sɪmɪlaɪz/ *v.t.* (*rar*) illustrare con similitudini.

SIMM /'sɪm/ (*Inform*) *single in-line memory module* SIMM (modulo di memoria con connettore singolo in linea).

simmer /'sɪməʳ/ **I** *v.i.* **1** cuocere a fuoco lento, bollire a fuoco lento, sobbollire. **2** (*fig*) ribollire, essere in subbuglio, essere in fermento: *to ~ with anger* ribollire di rabbia, ribollire per lo sdegno. **II** *v.t.* tenere a bollore, far cuocere a fuoco lento: *to ~ meat* tenere a bollore la carne. **III** *n.* bollore *m.* a fuoco lento, lenta ebollizione *f.* □ *to ~ down*: 1 restringersi; 2 (*fig*) calmarsi, quietarsi, placarsi.

simnel /'sɪmnəl/ □ (*Dolc*) *~ cake* torta di frutta ricoperta di pasta di mandorle.

Simon /'saɪmən/ *n.pr.m.* Simone.

simoniac /saɪ'mouniæk/ *n.* (*Stor*) simoniaco *m.* (*f.* -a).

simoniacal /ˌsaɪmou'naɪəkəl/ *a.* (*Stor*) simoniaco.

simonist /'saɪmənɪst/ *n.* (*Stor*) simoniaco *m.* (*f.* -a).

simony /'saɪmənɪ/ *n.* (*Stor*) simonia *f.*

simper /'sɪmpəʳ/ **I** *v.i.* sorridere in modo sciocco e affettato. **II** *n.* sorriso *m.* sciocco e affettato.

simpering /'sɪmpərɪŋ/ *a.* smorfioso, affettato, lezioso.

simperingly /'sɪmpərɪŋlɪ/ *avv.* smorfiosamente, affettatamente, leziosamente.

simple /'sɪmpl/ **I** *a.* **1** semplice, chiaro, elementare, facile, piano: *a ~ problem* un problema semplice; *a ~ explanation* una spiegazione chiara. **2** (*modest*) semplice, modesto, senza pretese, alla buona: *a ~ cottage* una casetta modesta. **3** (*plain*) semplice, privo di ricercatezza, naturale, alla buona: *~ food* cibo semplice. **4** (*unadorned*) sobrio, disadorno, semplice: *a building with a ~ façade* un edificio con una facciata sobria. **5** (*of style*) semplice, sobrio. **6** (*unassuming*) semplice, modesto, senza superbia. **7** (*credulous, gullible*) credulone, sempliciotto, ingenuo. **8** (*half-witted*) stupido, sciocco. **9** (*common*) semplice, comune: *a ~ soldier* un soldato semplice; *~ people* gente comune. **10** (*pure, sheer*) vero (e proprio), puro, (puro e) semplice. **11** (*Bot,Gramm*) semplice. **II** *n.* (*costr.pl.*) (*simple people*) semplici *m.pl.* □ *it's as ~ as ABC* è semplice come l'uovo di Colombo, è facile come bere un bicchier d'acqua; (*Mat*) *~ equation* equazione di primo grado; (*Mat*) *~ fraction* frazione semplice; (*Med*) *~ fracture* frattura semplice; (*Fis*) *~ harmonic motion* moto armonico; (*Econ*) *~ interest* interesse semplice; (*Mus*) *~ interval* intervallo semplice; (*Fis*) *~ machine* macchina semplice; (*Gramm*) *~ past* passato remoto; (*Gramm*) *~ sentence* periodo semplice; (*Mus*) *~ time* tempo semplice.

simple-minded /ˌsɪmpl'maɪndɪd/ *a.* **1** semplice, naturale, spontaneo, privo di malizia. **2** (*foolish*) sciocco, stupido. **3** (*mentally deficient*) deficiente, scemo. **4** (*credulous*) credulone, ingenuo, sempliciotto, semplicione.

simple-mindedly /ˌsɪmpl'maɪndɪdlɪ/ *avv.* da credulone, da ingenuo, da sempliciotto.

simple-mindedness /ˌsɪmpl'maɪndɪdnəs/ *n.* **1** candore *m.*, semplicità *f.* **2** (*foolishness*) stupidità *f.*, stoltezza *f.* **3** (*subnormal intelligence*) deficienza *f.* **4** (*credulity*) semplicioneria *f.*, dabbenaggine *f.*

simpleness /'sɪmplnəs/ *n.* (*rar*) → **simplicity**.

simpleton /'sɪmpltən/ *n.* sempliciotto *m.* (*f.* -a), semplicione *m.* (*f.* -a), babbeo *m.* (*f.* -a), gonzo *m.* (*f.* -a).

simplex /'sɪmpleks/ *a.* (*Tecn*) simplex.

simpliciter /sɪm'plɪsɪtəʳ *Am* sɪm'plɪsɪtəʳ/ *avv.* (*Dir,Filos*) sic et simpliciter.

simplicity /sɪm'plɪsɪtɪ *Am* sɪm'plɪsətɪ/ *n.* **1** semplicità *f.*, facilità *f.*, comprensibilità *f.*, chiarezza *f.*: *the ~ of a problem* la semplicità di un problema. **2** (*lack of complication*) semplicità *f.*: *the ~ of primitive society* la semplicità di una società primitiva. **3** (*freedom from guile*) ingenuità *f.*, innocenza *f.*, candore *m.* □ *it is ~ itself* è la cosa più semplice del mondo.

simplification /ˌsɪmplɪfɪ'keɪʃən/ *n.* semplificazione *f.*

simplify /'sɪmplɪfaɪ/ *v.t.* semplificare (*anche Mat*).

simplism /'sɪmplɪzəm/ *n.* semplicismo *m.*

simplistic /sɪm'plɪstɪk/ *a.* semplicistico.

simplistically /sɪm'plɪstɪkəlɪ/ *avv.* semplicisticamente.

Simplon /'sɪmplən *Am* 'sɪmplɑːn/ *n.pr.* (*Geog*) Sempione *m.*

simply /'sɪmplɪ/ *avv.* **1** semplicemente. **2** (*plainly*) semplicemente, con semplicità, alla buona, senza pretese. **3** (*candidly*) semplicemente, schiettamente, candidamente. **4** (*merely*) semplicemente, solamente, unicamente. **5** (*colloq*) (*absolutely*) semplicemente, veramente, davvero, proprio. □ *~ and solely* solo ed esclusivamente.

simulacrum /ˌsɪmjʊ'leɪkrəm/ *n.* (*pl.* **-cra** /-krə/) *n.* simulacro *m.*, immagine *f.*, effigie *f.*

simulate /'sɪmjʊleɪt/ *v.t.* **1** fingere, simulare: *to ~ ignorance* fingere ignoranza. **2** (*to as-*

sume the appearance of) assumere l'aspetto di, imitare.

simulated /'sɪmjʊleɪtɪd Am 'sɪmjʊleɪtɪd/ *a.* finto, simulato.

simulation /ˌsɪmjʊ'leɪʃən/ *n.* **1** simulazione *f.*, finzione *f.*, finta *f.* **2** (*act of imitating*) imitazione *f.*, l'imitare. **3** (*Tecn*) simulazione *f.*: *computer* ~ simulazione al computer.

simulator /'sɪmjʊleɪtər Am 'sɪmjʊleɪtər/ *n.* **1** simulatore *m.* (*f.* -trice), bugiardo *m.* (*f.* -a), ipocrita *m./f.* **2** (*Tecn*) simulatore *m.*

simulcast /'sɪmlkɑːst Am 's(a)ɪmlkæst/ **I** *v.t.* trasmettere (un programma) in simultanea (alla radio e alla televisione). **II** *n.* trasmissione *f.* simultanea (alla radio e alla televisione).

simultaneity /ˌs(a)ɪməltə'niːəti Am ˌs(a)ɪməltə'niːəti/ *n.* simultaneità *f.*

simultaneous /ˌs(a)ɪməl'teɪnɪəs/ *a.* simultaneo (*with* a): ~ *translation* traduzione simultanea. □ ~ *equations* sistema di equazioni; ~*translator* simultaneista, interprete simultaneo.

simultaneously /ˌs(a)ɪməl'teɪnɪəsli/ *avv.* simultaneamente.

simultaneousness /ˌs(a)ɪməl'teɪnɪəsnəs/ *n.* simultaneità *f.*

sin[1] /sɪn/ **I** *n.* **1** (*Rel*) peccato *m.*: *the* ~ *of adultery* il peccato di adulterio; *the* -*s of the flesh* i peccati della carne; *to confess one's* -*s* confessare i propri peccati. **2** (*estens*) delitto *m.*, peccato *m.*, offesa *f.* **II** *v.i.* **1** (*Rel*) peccare. **2** (*estens*) peccare, macchiarsi di una colpa, commettere un errore. □ *to* ~ *against*: **1** (*Rel*) peccare contro: *to* ~ *against God* peccare contro Dio; **2** (*estens*) offendere: *to* ~ *against good taste* offendere il buon gusto; (*colloq*) *for my* -*s!* ahimè!, purtroppo! (*ant*) *to live in* ~ vivere nel peccato; (*sl*) *like* ~ a tutto spiano, a tutta forza, furiosamente: *it is raining like* ~ piove a dirotto; (*Rel.catt*) *to* ~ *mortally* commettere peccato mortale; (*Rel*) ~*offering* sacrificio espiatorio; (*Am,colloq*) ~ *tax* imposta su beni voluttuari.

sin[2] /sɪn/ (*Mat*) *sine* sin, sen (seno).

Sinai /'saɪnaɪ/ *n.pr.* (*Geog*) Sinai *m.* □ (*Geog*) ~*desert* deserto del Sinai.

Sinaitic /ˌsaɪni'ɪtɪk Am ˌsaɪni'ɪtɪk/ *a.* sinaitico, del Sinai.

since /sɪns/ **I** *avv.* **1** da allora, dopo, poi: *nothing has been heard of him* ~ da allora non si è saputo più niente di lui. **2** (*ago*) fa, or swon: *some time* ~ tempo fa. **3** (*from a certain time until the present*) da allora (in poi). **II** *prep.* **1** da, (fin) da quando: *I have been here* ~ *ten o'clock* sono qui dalle dieci. **2** (*in the period after*) da... (in poi), da quando: *I have been abroad several times* ~ *Christmas* sono stato parecchie volte all'estero da Natale in poi. **III** *congz.* **1** da quando, dal tempo in cui, dopo che: *he has lived here* ~ *he got married* abita qui da quando si è sposato. **2** (*in the period after the time when*) dall'ultima volta che, da quando, dal tempo in cui: *things have changed* ~ *I was last here* le cose sono cambiate dall'ultima volta che sono stato qui. **3** (*as, because*) dato che, poiché, giacché, siccome: ~ *you're so rich, you can easily lend me ten pounds* dato che sei così ricco, puoi ben prestarmi dieci sterline. □ ~*then* da allora (in poi); *I have not seen her* ~ *then* da allora non l'ho più vista; ~ *when?* da quando?, da quando in qua?

sincere /sɪn'sɪər Am sɪn'sɪr/ *a.* **1** sincero, franco, schietto. **2** (*genuine, real*) sincero, vero, genuino, autentico: *a* ~ *friend* un amico sincero.

sincerely /sɪn'sɪəli Am sɪn'sɪrli/ *avv.* **1** since-

ramente, francamente, con sincerità. **2** (*epist*) distinti saluti, cordiali saluti. □ (*epist*) *Yours Sincerely* distinti saluti, cordiali saluti.

sincerity /sɪn'serɪti Am sɪn'serəti/ *n.* sincerità *f.*, franchezza *f.*, schiettezza *f.* □ *in all* ~ con tutta sincerità.

sine /saɪn/ *n.* (*Mat*) seno *m.* □ (*Mat*) ~*curve* (o ~*wave*) sinusoide.

sinecure /'s(a)ɪnɪkjʊər Am 's(a)ɪnɪkjʊr/ *n.* **1** sinecura *f.*, posto *m.* comodo, posto *m.* di tutto riposo. **2** (*Rel*) sinecura *f.*

sinecurism /'s(a)ɪnɪˌkjʊrɪzˀm Am 's(a)ɪnɪˌkjʊrɪzˀm/ *n.* (*Rel*) consuetudine *f.* di concedere sinecure.

sinecurist /'s(a)ɪnɪkjʊərɪst Am 's(a)ɪnɪkjʊrɪst/ *n.* chi gode di una sinecura.

sinew /'sɪnjuː/ *n.* **1** (*Anat*) tendine *m.* **2** (*fig*) (*strength, power*) forza *f.*, energia *f.*, vigore *m.*, vigoria *f.*: *a man of great moral* ~ un uomo di grande forza morale. **3** *pl.* (*fig*) forza *f.sing.* muscolare, muscoli *m.pl.* □ (*fig*) *the* -*s of war* il denaro.

sinewiness /'sɪnjuːɪnəs/ *n.* **1** muscolosità *f.* **2** (*fig*) forza *f.*, vigorosità *f.*, energia *f.*, robustezza *f.*

sinewless /'sɪnjuːləs/ *a.* **1** senza tendini. **2** (*fig*) senza forza, senza vigore, fiacco.

sinewy /'sɪnjuːi/ *a.* **1** che ha tendini. **2** (*having well-developed sinews*) muscoloso, nerboruto: ~ *arms* braccia muscolose. **3** (*fig*) forte, vigoroso, robusto. **4** (*of meat*) fibroso, tiglioso.

sinful /'sɪnfʊl/ *a.* **1** peccaminoso: *a* ~ *life* una vita peccaminosa. **2** (*colloq*) deplorevole: *a* ~ *waste of time* una deplorevole perdita di tempo. **3** (*iron*) (*so wonderful that it must be a sin*) pericolosamente buono, libidinoso. □ *a* ~*man* un peccatore.

sinfully /'sɪnfʊli/ *avv.* peccaminosamente.

sinfulness /'sɪnfʊlnəs/ *n.* peccaminosità *f.*

sing /sɪŋ/ (*past* **sang** /sæŋ/, *rar* **sung** /sʌŋ/; *p.p.* **sung**, *rar* **sang**) **I** *v.i.* **1** cantare: *to* ~ *out of tune* stonare, cantare in modo stonato; *will you* ~ *for us?* vuoi cantare per noi?, vuoi cantarci qualcosa? **2** (*of the wind, etc.*) fischiare, sibilare. **3** (*of a kettle, etc.*) borbottare, brontolare. **4** (*of the ears*) ronzare. **5** (*fig*) (*to echo, to resound*) risuonare, echeggiare: *his words sang in my ears* le sue parole mi risuonavano negli orecchi. **6** (*fig*) (*to rejoice*) rallegrarsi, gioire. **7** (*poet*) (*to tell in verse*) cantare, celebrare in versi (*of sth. qcs.*); (*to compose poetry*) comporre versi. **8** (*sl*) (*to act as an informer*) fare la spia; (*gerg*) cantare, soffiare. **II** *v.t.* **1** cantare, intonare: *to* ~ *a song* cantare una canzone. **2** (*Rel*) cantare: *to* ~ *mass* cantare messa. **3** (*poet*) cantare, celebrare, narrare. □ (*fig*) *to* ~ *to another tune* cambiare tono, mutare registro; (*fig*) *to* ~ *a different tune* cambiare tono, mutare registro; (*fig*) *to* ~ *one's heart out* cantare a squarciagola; (*sl*) *to* ~*on so.* fare una soffiata su qcu.; *to* ~*out*: **1** cantare a voce alta; **2** (*to shout*) gridare; **3** (*to call in a loud voice*) chiamare ad alta voce; *to* ~ *so.'s praises* tessere le lodi di qcu., cantare le lodi di qcu.; (*fig*) *to* ~*small* diventare umile, abbassare la cresta; (*fig,scherz*) *to* ~*to the choir* dire qcs. a chi lo sa già, sfondare una porta aperta.

sing. (*Gramm*) *singular* sing. (singolare).

singable /'sɪŋəbl/ *a.* cantabile.

singalong /'sɪŋəlɒŋ Am 'sɪŋəlɔːŋ/ *n.* (*colloq*) incontro *m.* in cui si canta, cantata *f.*

Singapore /ˌsɪŋ(g)ə'pɔːr Am 'sɪŋ(g)əpɔːr/ *n.pr.* (*Geog*) Singapore *f.*

Singaporean /ˌsɪŋ(g)ə'pɔːriən, ˌsɪŋ(g)əpɔː'riːən/ *a.* singaporiano.

singe /sɪndʒ/ **I** *v.t.* **1** bruciacchiare, bruciare

superficialmente. **2** (*in hairdressing*) bruciare le punte di, bruciare. **3** (*to scorch*) scottare, bruciacchiare. **4** (*of a fowl, etc.*) strinare. **5** (*Tess*) (*to remove by singeing*) gazare. **II** *v.i.* bruciacchiarsi, strinarsi. **III** *n.* leggera bruciatura *f.*, bruciacchiatura *f.* □ (*fig*) *to* ~ *one's feathers* bruciarsi le ali; (*Tess*) *to* ~*off* (*to remove by singeing*) gazare; (*fig*) *to* ~ *one's wings* bruciarsi le ali.

singer /'sɪŋər/ *n.* **1** cantante *m./f.* **2** (*poet*) cantore *m.* (*f.* -tora), poeta *m.* (*f.* -tessa) **3** (*songbird*) uccello *m.* canoro, uccello *m.* canterino.

Singhalese /ˌsɪŋgə'liːz/ **I** *n.inv.* **1** singalese *m./f.* **2** (*costr.pl.*) (*people*) singalesi *m./f.pl.* **3** (*language*) lingua *f.* singalese, singalese *m.* **II** *a.* singalese.

singing /'sɪŋɪŋ/ **I** *n.* **1** il cantare, canto *m.* **2** (*whistling sound*) sibilo *m.*, fischio *m.* **3** (*in the ears*) ronzio *m.* **II** *a.* che canta, canoro, canterino. □ ~ *bird* uccello canterino, uccello canoro; ~*group* complesso di musica leggera; ~ *lesson* lezione di canto.

single /'sɪŋgl/ **I** *a.* **1** solo, unico, singolo: *a* ~ *mistake* un solo errore; *a* ~ *dose* una singola dose. **2** (*intens*) solo: *he did not say a* ~ *word* non disse una sola parola. **3** (*uniform*) solo, solo: *a* ~ *world language* un'unica lingua mondiale. **4** (*individual, separate*) singolo, individuale, separato: *each* ~ *citizen* ogni singolo cittadino. **5** (*of, used by only one person*) singolo, per una (sola) persona: *a* ~ *room* una stanza singola. **6** (*of a bed*) singolo, a una piazza. **7** (*of a railway ticket, journey, etc.*) di (sola) andata. **8** (*not married*) non sposato, solo, libero. **9** (*of men*) celibe, scapolo; (*of women*) nubile; (*of the unmarried state*) da single: ~ *life* vita da single. **10** (*consisting of only one part*) semplice. **11** (*alone, solitary*) solo, solitario. **II** *n.* **1** single *m./f.*; (*man*) scapolo *m.*; (*woman*) donna *f.* nubile. **2** (*one-way ticket*) biglietto *m.* di (sola) andata. **3** (*room, cabin, etc., for one person*) camera *f.* singola. **4** *pl.* (*Sport*) (*in tennis*) singolo *m.sing.*, singolare *m.sing.*: *the final of the men's* -*s* la finale del singolo maschile. **5** (*Sport*) (*in baseball*) singolo *m.* **III** *v.t.* **1** scegliere, selezionare, nominare specificamente. **2** (*Agr*) (*of seedlings*) sfrondare. **3** (*Sport*) (*in baseball*) fare un singolo, battere un singolo. □ ~*-sbar* locale per single; ~*bed* letto a una piazza, letto singolo; (*fig*) *at a* ~ *blow* in un sol colpo, in una volta; (*Chim*) ~*bond* legame singolo; (*Giorn*) ~*column* colonnino; (*lett,scherz*) ~*combat* duello, singolar tenzone; (*Sport*) -*s court* campo per incontri singoli; (*Br,Alim*) ~*cream* panna da cucina; (*Inform*) ~*density* densità singola; ~*dose* dose unica, monodose; (*Comm*) ~*entry* partita semplice; ~*file* fila indiana: *to walk* (*in*) ~*file* camminare in fila indiana, camminare in fila per uno; (*Sport*) ~*game* singolo; (*colloq*) -*s group* gruppo dei single; (*Ferr*) ~*line* binario unico; (*Arm*) ~*loader* fucile a un solo colpo; (*Econ*) ~*market* mercato unico; *he examined every* ~ *one* li esaminò tutti quanti; *not a* ~ *one* non uno, nemmeno uno; *to* ~ *out*: **1** scegliere, selezionare, nominare specificamente: *to* ~ *so. out as heir* scegliere qcu. come (proprio) erede; **2** (*Agr*) (*of seedlings*) sfrondare, diradare le fronde di; (*colloq*) ~*parent* genitore solo; (*Tip*) ~*quotes* virgolette francesi; (*Sport*) ~*sculler* (*in rowing*) singolo (da corsa); (*Pol*) ~*transferable vote* voto trasferibile ad altri candidati.

single-acting /'sɪŋgl.æktɪŋ/ *a.* (*Mecc*) a semplice effetto: ~ *pump* pompa a semplice effetto.

single-action /'sɪŋgl.ækʃən/ *a.* (*Arm*) a singola azione.

single-barreled /'sɪŋɡlˌbærəld, 'sɪŋɡlˌberəld/ *a. (Am,Mil) (of a firearm)* singolo, a una canna.

single-barrelled /'sɪŋɡlˌbærəld/ *a. (Mil) (of a firearm)* singolo, a una canna.

single-blade/'sɪŋɡlˌbleɪd/ *a. (Mecc)* monolama.

single-blind /'sɪŋɡlblaɪnd/ *a. (of a test)* in singolo cieco.

single-breasted /ˌsɪŋɡl'brestɪd/ *a. (Sart)* a un petto, monopetto: ~ *suit* abito a un petto.

single-cut/'sɪŋɡlkʌt/ □ *(Mecc)* ~ *file* lima a un solo taglio.

single-cylinder /'sɪŋɡlˌsɪlɪndər/ *a. (Mot)* monocilindrico.

single-decker /ˌsɪŋɡl'dekər/ I *a. (of a bus)* a un (solo) piano. II *n. (Mar)* nave a un piano.

single-ended/'sɪŋɡlendɪd/ *a. (El)* sbilanciato.

single-entry /'sɪŋɡlentri/ □ *(Comm)* ~ *journal* giornale tenuto in partita semplice.

single-family /'sɪŋɡlˌfæmli, 'sɪŋɡlˌfæmɪli/ □ ~ *house* villino unifamiliare.

single-handed /ˌsɪŋɡl'hændɪd/ *a.* 1 che ha solo una mano. 2 *(using only one hand)* che usa una sola mano. 3 *(requiring the use of only one hand)* che richiede l'uso di una mano sola. 4 *(working alone)* che lavora da solo, che lavora senza aiuto. 5 *(accomplished alone)* ottenuto senza aiuto, ottenuto senza aiuti, da solo, da sé: *a* ~ *victory* una vittoria ottenuta senza aiuto.

single-handedly /ˌsɪŋɡl'hændɪdli/ *avv.* 1 con una mano sola, usando una mano sola. 2 *(without help)* da solo, senza aiuto, da sé.

single-hearted /ˌsɪŋɡl'hɑːtɪd Am 'sɪŋɡlˌhɑːrtɪd/ *a.* sincero, devoto, leale.

single-heartedly /ˌsɪŋɡl'hɑːtɪdli Am 'sɪŋɡlˌhɑːrtɪdli/ *avv.* sinceramente, con lealtà.

single-heartedness /ˌsɪŋɡl'hɑːtɪdnəs Am 'sɪŋɡlˌhɑːrtɪdnəs/ *n.* sincerità *f.*, lealtà *f.*, devozione *f.*

single-lens /'sɪŋɡllenz/ □ *(Fot)* ~ *reflex* reflex monoculare.

single-malt /'sɪŋɡlmɔːlt/ *a. (of whisky)* single malt, a malto unico.

single-minded /ˌsɪŋɡl'maɪndɪd Am 'sɪŋɡlˌmaɪndɪd/ *a.* che persegue un unico scopo, con un solo obiettivo.

single-mindedness /ˌsɪŋɡl'maɪndɪd Am 'sɪŋɡlˌmaɪndɪdnəs/ *a.* il perseguire un unico scopo, l'avere un solo obiettivo.

singleness /'sɪŋɡlnəs/ *n.* 1 singolarità *f.*, unicità *f.* 2 *(state of being unmarried)* l'essere single; *(of men)* celibato *m.*; *(of women)* l'essere nubile, nubilato. 3 *(sincerity, honesty)* sincerità *f.*, lealtà *f.*, onestà *f.* □ ~ *of mind* (o ~ *of purpose*) fermezza di propositi, (grande) decisione.

single-parent /'sɪŋɡlˌpeərənt Am 'sɪŋɡlˌperənt/ *a. (colloq)* monoparentale.

single-phase /'sɪŋɡlfeɪz/ *a. (El)* monofase.

single-seater /'sɪŋɡlˌsiːtə Am 'sɪŋɡlˌsiːtər/ I *n.* 1 *(Aer)* aereo *m.* monoposto. 2 *(Aut)* vettura *f.* monoposto. II *a. (Aer,Aut)* monoposto.

single-sex /'sɪŋɡlseks/ *a. (Scol)* non misto.

single-sided /'sɪŋɡlˌsaɪdɪd/ *a. (Elettron) (of DVD, etc.)* a singola faccia.

single-stage /'sɪŋɡlˌsteɪdʒ/ *a. (Tecn)* monostadio, a un solo stadio.

singlet /'sɪŋɡlɪt/ *n.* 1 *(Abbigl)* camiciola *f.* da uomo, canottiera *f.* da uomo. 2 *(for an athlete)* maglietta *f.* a girocollo. 3 *(Fis)* singoletto *m.*

singleton /'sɪŋɡltən Am also 'sɪŋɡltən/ *n.* 1 *(in bridge)* singleton *m.* 2 *(Mat)* insieme *m.* che contiene un solo elemento. 3 *(colloq)* single *m./f.*

single-track /'sɪŋɡltræk/ *a. (Ferr)* a un solo binario.

singly /'sɪŋɡli/ *avv.* 1 singolarmente, separatamente, individualmente, a uno a uno. 2 *(single-handedly)* da solo, senza aiuto, da sé.

singsong /'sɪŋsɒŋ Am 'sɪŋsɑːŋ/ I *n.* 1 concerto *m.* vocale improvvisato. 2 *(monotonous voice delivery)* tono *m.* monotono, voce *f.* monotona. 3 *(jingling verse, song)* cantilena *f.*, canto *m.* monotono. II *a.* monotono, cantilenante: *to speak in a* ~ *voice* parlare con voce monotona. III *v.i.* cantilenare, parlare in modo monotono, cantare in modo monotono. IV *v.t.* dire in modo monotono, cantare in modo monotono.

singular /'sɪŋɡjʊlə/ I *a.* 1 eccezionale, straordinario, singolare. 2 *(odd, strange)* singolare, originale, strano, eccentrico, bizzarro: *a person of very* ~ *tastes* una persona di gusti assai singolari. 3 *(unique)* unico (nel suo genere), singolare, a sé. 4 *(Gramm,Dir,Filos,Mat)* singolare. II *n. (Gramm)* singolare *m.*

singularise /'sɪŋɡjʊləraɪz/ *v.t. (Br)* 1 *(Gramm)* singolarizzare, ridurre al singolare. 2 mettere in evidenza, segnalare.

singularity /ˌsɪŋɡjʊ'lærɪti Am ˌsɪŋɡjʊ'lerəti/ *n.* 1 eccezionalità *f.*, singolarità *f.* 2 *(oddness)* singolarità *f.*, stranezza *f.*, bizzarria *f.* 3 *(sth. singular, separate)* particolarità *f.*, caratteristica *f.*

singularization /ˌsɪŋɡjʊlərɪ'zeɪʃən/ *n.* singolarizzazione *f.*

singularize /'sɪŋɡjʊləraɪz/ *v.t.* 1 *(Gramm)* singolarizzare, ridurre al singolare. 2 mettere in evidenza, segnalare.

singularly /'sɪŋɡjʊləli/ *avv.* 1 eccezionalmente, straordinariamente, singolarmente. 2 *(oddly)* stranamente, singolarmente.

Sinhalese /ˌsɪn(h)ə'liːz/ I *n.inv.* 1 singalese *m./f.* 2 *(costr.pl.) (people)* singalesi *m./f.pl.* 3 *(language)* lingua *f.* singalese, singalese *m.* II *a.* singalese.

sinister /'sɪnɪstər/ *a.* 1 sinistro, minaccioso, infausto: ~ *troop movements* movimenti minacciosi di truppa. 2 *(evil, wicked)* infame, scellerato, malvagio: *a* ~ *plot* un complotto infame. 3 *(Arald)* sinistro.

sinisterly /'sɪnɪstəli/ *avv.* sinistramente, minacciosamente.

sinistral /'sɪnɪstrəl/ *a.* 1 sinistro, a sinistra, sulla sinistra, di sinistra, sulla sinistra. 2 *(left-handed)* mancino. 3 *(Geol)* sinistro.

sinistrality /ˌsɪnɪs'trælɪti Am ˌsɪnɪs'træləti/ *n.* mancinismo *m.*

sinistrorsal /ˌsɪnɪs'trɔːsəl Am ˌsɪnɪs'trɔːrsəl/ *a. (Bot)* sinistrorso.

sinistrorse /'sɪnɪstrɔːs Am 'sɪnɪstrɔːrs/ *a. (Bot)* sinistrorso.

sink[1] /sɪŋk/ *(past* **sank** /sæŋk/ o *rar* **sunk** /sʌŋk/, *p.p.* **sunk** o *rar* **sunken** /'sʌŋkən/) I *v.i.* 1 scendere, abbassarsi, calare: *the level of the lake had sunk* il livello del lago era sceso. 2 *(to become submerged)* affondare, sprofondare: *our feet sank into the mud* i nostri piedi affondarono nel fango. 3 *(to go to the bottom of the sea, etc.)* affondare, colare a picco, andare a fondo: *the ship is -ing* la nave sta affondando. 4 *(to subside)* cedere, abbassarsi, avvallarsi: *the foundations have sunk* le fondamenta hanno ceduto. 5 *(to settle)* assestarsi. 6 *(to disappear below the horizon)* tramontare, calare, scendere: *the sun was -ing* il sole tramontava. 7 *(to fall or collapse slowly)* (lasciarsi) cadere: *to* ~ *into an armchair* lasciarsi cadere in poltrona. 8 *(to slope down, to dip)* scendere, declinare, digradare, essere in pendio, essere in pendenza. 9 *(of the voice, sounds)* abbassarsi, diminuire, ridursi, calare: *her voice sank to a whisper* la

sua voce si ridusse a un bisbiglio. 10 *(fig) (to diminish, to decline)* scendere, diminuire, calare, ridursi: *exports have sunk* le esportazioni sono scese. 11 *(to fail in strength, health)* deperire, indebolire: *the patient is -ing fast* il paziente deperisce rapidamente. 12 *(fig) (to lower oneself)* abbassarsi, umiliarsi, scendere. II *v.t.* 1 *(far)* calare, *(far)* abbassare. 2 *(to submerge)* sommergere, far affondare. 3 *(to send to the bottom)* *(far)* affondare, colare a picco, mandare a picco. 4 *(to cause to become embedded)* affondare, conficcare, far penetrare: *to* ~ *a stake into the ground* affondare un palo nel terreno. 5 *(of a well, shaft, etc.)* scavare, perforare. 6 *(colloq) (to bring to ruin, to defeat)* rovinare, perdere. 7 *(colloq) (to cause to fail)* rovinare, mandare all'aria, mandare a monte. 8 *(of the voice)* abbassare. 9 *(Econ) (of money, capital: to invest)* investire; *(to invest unprofitably)* investire a fondo perduto; *(of a debt)* ammortare. 10 *(Sport)* mandare in buca. 11 *(Met)* incidere. □ *(fig) to* ~ *to such depths* cadere in basso; ~ *your differences* dimenticate le vostre divergenze; *to* ~ *in so.'s estimation* cadere nella stima di qcu., scadere a qcu.; *(fig) to be -ing fast* peggiorare di giorno in giorno; *to* ~ *in:* 1 *(of liquids)* penetrare; 2 *(fig) (to become comprehended)* imprimersi nella mente, essere recepito; *to* ~ *into:* 1 *(of liquids)* penetrare; 2 *(fig) (to become comprehended)* imprimersi in: *his words sank into my mind* le sue parole si impressero nella mia mente; 3 *(fig) (to become absorbed)* essere assorto in, essere immerso in; *to* ~ *into a rut* fossilizzarsi, cadere nella routine, farsi prendere dal tran tran; *to* ~ *to one's knees* cadere in ginocchio; *(fig) to* ~ *to such a level* (o *to* ~ *so low*) cadere in basso; *to* ~ *like a stone* affondare come un sasso; *(fig) to* ~ *or swim* bere o affogare; *to* ~ *one's teeth into sth.* affondare i denti in qualcosa; *(fig) to* ~ *without trace* sparire senza lasciare traccia.

sink[2] /sɪŋk/ *n.* 1 *(kitchen sink)* lavandino *m.*, lavello *m.*, acquaio *m.*: *put the dishes in the* ~ metti i piatti nel lavandino. 2 *(washbasin)* lavandino *m.* 3 *(fig)* tana *f.*, covo *m.*, ricettacolo *m.* 4 *(Geol)* lago *m.* salato; *(sinkhole)* foiba *f.*, dolina *f.* 5 *(Minier)* scavo *m.* preliminare. □ *(Arred)* ~ *unit* lavello.

sinkable /'sɪŋkəbl/ *a.* affondabile.

sinker /'sɪŋkə/ *n.* 1 affondatore *m.* 2 *(Sport) (in baseball)* palla *f.* che spezza (verso il basso), drop *m.* 3 *(Pesc,Mar)* piombo *m.*, peso *m.* 4 *(Minier) (worker)* scavatore *m.*, perforatore *m.*; *(sinking pump)* pompa *f.* perforatrice. □ *(Sport)* ~ *ball (in baseball)* palla che spezza, drop.

sinkhole /'sɪŋkhoʊl/ *n. (Geol)* dolina *f.* di sprofondamento.

sinking /'sɪŋkɪŋ/ I *n.* 1 sprofondamento *m.*, affondamento *m.* 2 *(submersion)* immersione *f.*, sommersione *f.* 3 *(Mar)* affondamento *m.*: *the* ~ *of the Lusitania* l'affondamento del Lusitania. 4 *(subsidence)* cedimento *m.*, abbassamento *m.*, avvallamento *m.* 5 *(Econ) (of money, capital)* investimento *m.*; *(of a debt)* ammortamento *m.* 6 *(Minier)* trivellazione *f.* 7 *(Met)* impronta *f.*, incisione *f.* II *a.* 1 che sprofonda. 2 *(Mar)* che affonda. 3 *(colloq) (ominous, foreboding)* che sta affondando, che sprofonda: *a* ~ *feeling* un senso di vuoto e smarrimento. □ *a* ~ *feeling* una brutta sensazione; *(Econ)* ~ *fund* fondo di ammortamento; *(Minier)* ~ *pump* pompa perforatrice; *(fig)* ~ *ship* una nave che affonda, un'impresa che sta fallendo; *(Br)* ~ *standards* peggioramento, abbassamento di livello.

sinless /'sɪnləs/ *a. (Rel)* senza peccato, innocente.

sinlessly /'sɪnləslɪ/ avv. senza peccato.

sinlessness /'sɪnləsnəs/ n. l'essere senza peccato, innocenza f.

sinner /'sɪnə^r/ n. **1** peccatore m. (f. -trice). **2** (estens) trasgressore m.; (criminal) delinquente m./f., criminale m./f.

Sinn Fein /ˌʃɪn'feɪn/ n. Sinn Fein m. (partito nazionalista irlandese)

Sino-Japanese /ˌsaɪnoʊˌdʒæpə'niːz/ n. cino-giapponese m./f.

Sinological /ˌsaɪnə'lɒdʒɪkəl Am ˌsaɪnə'lɑːdʒɪk-/ a. sinologico.

Sinologist /s(a)ɪ'nɒlədʒɪst Am s(a)ɪ'nɑːlədʒɪst/ n. sinologo m. (f. -a).

Sinology /s(a)ɪ'nɒlədʒɪ Am s(a)ɪ'nɑːlədʒɪ/ n. sinologia f.

sinter /'sɪntə^r Am 'sɪntər/ I n. **1** (Geol) sedimento m. da precipitazione chimica. **2** (Met) agglomerato m. per sinterizzazione. II v.t. (Met) sinterizzare.

sinuosity /ˌsɪnju'ɒsɪtɪ Am ˌsɪnju'ɑːsəti/ n. **1** sinuosità f., tortuosità f. **2** (fig) flessuosità f., agilità f.

sinuous /'sɪnjuəs/ a. **1** tortuoso, sinuoso, serpeggiante: a ~ road una strada tortuosa. **2** (fig) agile, flessuoso: a ~ dancer un'agile danzatrice.

sinuously /'sɪnjuəslɪ/ avv. **1** sinuosamente. **2** (fig) agilmente, flessuosamente.

sinuousness /'sɪnjuəsnəs/ n. **1** sinuosità f., tortuosità f. **2** (fig) flessuosità f., agilità f.

sinus /'saɪnəs/ (pl.inv. o -**nuses** /-nəsɪz/ n. **1** (Anat,Biol) seno m., cavità f. **2** (Med) fistola f. □ (Med) ~ rhythm ritmo sinusale.

sinusitis /ˌsaɪnə'saɪtɪs Am ˌsaɪnə'saɪtɪs/ n. (Med) sinusite f.

sinusoid /'saɪnəsɔɪd/ n. (Geom,Anat) sinusoide f.

sinusoidal /ˌsaɪnə'sɔɪdəl/ a. sinusoidale.

Sion /'saɪən/ n.pr. (Geog) Sion f.

sip /sɪp/ I v.t. (past, p.p. **sipped** /-t/) sorseggiare, centellinare: to ~ a glass of brandy sorseggiare un bicchiere di brandy. II v.i. (past, p.p. **sipped** /-t/) bere a piccoli sorsi, bere a centellini. III n. sorso m., goccio m.: just a ~ solo un goccio. □ to take a ~ bere un sorso.

siphon /'saɪfən/ I n. **1** (Idr,Biol,Geol) sifone m. **2** (bottle for soda water, etc.) sifone m. (da seltz). II v.t. **1** travasare con un sifone: to ~ petrol out of the tank travasare con un sifone la benzina dal serbatoio. **2** (fig) distrarre, sottrarre: to ~ out funds distrarre fondi. □ ~ barometer barometro a sifone; ~bottle sifone da seltz.

sippet /'sɪpɪt/ n. (Gastron,ant) crostino m. (da inzuppare, inzuppato).

sir /sɜː^r Am sɜːr/ I n. **1** signore m.: can I help you, ~? posso esserle utile, signore?; (iron, spreg) my dear ~! (mio) caro signore! **2** (colloq) (knight) cavaliere m. II v.t. (past, p.p. **sirred** /sɜːd Am sɜːrd/) chiamare signore, chiamare col titolo di sir: don't ~ me! non chiamatemi signore! □ no, ~: 1 no, signore; **2** (esclam.) (to express refusal, etc.) nossignore!; yes, ~: 1 sì, signore; **2** (esclam.) (to express acceptance, enthusiasm, etc.) sissignore!

Sir /sɜː^r Am sɜːr/ n. **1** (title) Sir m.: ~ James Jones Sir James Jones. **2** (epist) signore m, often not translated: Dear ~ egregio signore; (ant) I remain, ~, your humble servant La prego gradire i miei più distinti ossequi.

sire /'saɪə^r/ I n. **1** genitore m. **2** (stallion) stallone m. **3** (rar,poet) (father) padre m.; (male ancestor) antenato m. **4** (form of address to a king, etc.) sire m., maestà f. II v.t. generare.

siree /sɪ'riː/ □ (Am,colloq) no, ~ nossignore; (Am,colloq) yes, ~ sissignore.

siren /'saɪ(ə)rɪn Am 'saɪrən/ I n. **1** (acoustic signal) sirena f. **2** (Mitol) sirena f. (anche fig). **3** (Zool) sirenide m. II a. **1** di una sirena, simile a una sirena. **2** (fig) incantatore, affascinante, ammaliatore.

sirenian /saɪ'riːnɪən/ I a. (Zool) dei sireni, relativo ai sireni. II n. (Zool) sirene m.

Sirius /'sɪrɪəs/ n.pr. (Astr) Sirio m.

sirloin /'sɜːlɔɪn Am 'sɜːrlɔɪn/ n. (Macell) lombata f. di manzo.

sirocco /sɪ'rɒkəʊ Am sɪ'rɑːkoʊ/ (pl. -**s** /-z/) n. (Meteor) scirocco m.

sirrah /'sɪrə/ n. (ant,spreg) messere m.

sirree /sɪ'riː/ □ (Am,colloq) no, ~ nossignore; (Am,colloq) yes, ~ sissignore.

SIS (Br) Secret Intelligence Service (servizio segreto britannico).

sisal /'saɪsəl/ I n. **1** (Tess) sisal f., fibra f. d'agave. **2** (Bot) sisal f., agave f. sisalana. II a. (Tess) di fibra d'agave. □ (Tess) ~ hemp sisal, fibra d'agave.

siskin /'sɪskɪn/ n. (Ornit) lucherino m.

sissified /'sɪsɪfaɪd/ a. **1** (made effeminate) effeminato. **2** (made cowardly) vile, pauroso.

sissiness /'sɪsɪnəs/ n. **1** (effeminacy) effeminatezza f. **2** (cowardice) codardia f.

sissy /'sɪsɪ/ n. (colloq) **1** ragazzo m. effeminato, uomo m. effeminato, donnicciola f., femminuccia f. **2** (cowardly person) vigliacco m. (f. -a), codardo m. (f. -a).

sissyish /'sɪsɪʃ/ a. (colloq) da donnicciola, da femminuccia.

sister /'sɪstə^r/ I n. **1** sorella f. (anche fig): she's like a ~ to me per me è come una sorella. **2** (Rel) suora f., sorella f., monaca f. **3** (Br) (nurse) infermiera f. **4** (head nurse of a ward) infermiera f. caposala, caposala f. II a. gemella: ~ cities città gemelle. □ (Rel.catt) Sister of Charity suora di carità; (Comm) ~ company consorella; (Rel.catt) Sister of Mercy suora della misericordia; (Mar) ~ ship nave gemella.

sisterhood /'sɪstəhʊd Am 'sɪstərhʊd/ n. **1** sorellanza f. **2** (state of being a sister) monacato m., stato m. monacale. **3** (Rel) congregazione f. di suore, comunità f. di suore.

sister-in-law /'sɪstərɪnlɔː/ (pl. **sisters-in-law** /'sɪstərzɪnlɔː/) n. cognata f.

sisterliness /'sɪstəlɪnəs Am 'sɪstərlɪnəs/ n. atteggiamento m. da sorella, affetto m. da sorella.

sisterly /'sɪstəlɪ Am 'sɪstərlɪ/ a. di sorella, da sorella.

Sistine /'sɪstaɪn, 'sɪstiːn/ □ (Art) ~ Chapel Cappella Sistina.

Sisyphean /ˌsɪsɪ'fiːən/ a. di Sisifo, relativo a Sisifo. □ (fig) ~ task lavoro di Sisifo, fatica di Sisifo.

Sisyphus /'sɪsɪfəs/ n.pr.m. (Mitol) Sisifo.

sit /sɪt/ (past, p.p. **sat** /sæt/) I v.i. **1** sedere, sedersi, mettersi a sedere, mettersi seduto: please, ~ here prego, sieda qui; come and ~ on my knee siediti qui sulle mie ginocchia. **2** (to be seated) stare seduto, essere seduto: he was -ting in front of the fire stava seduto davanti al fuoco. **3** (of animals) accovacciarsi, accosciarsi; (of dogs) sedere; (of birds) appollaiarsi, stare appollaiato, essere appollaiato; (of hens) covare. **4** (fig) pesare (on, upon a, su), gravare (su): responsibility -s easily on him la responsabilità non gli pesa. **5** (fig) (to be suitable to) addirsi, confarsi (a): his new dignity -s well on him la sua nuova dignità gli si addice bene. **6** (of clothing) cadere, stare: the jacket -s well la giacca cade bene. **7** (to remain) rimanere, restare: the book is still -ting on my bedtable il libro è rimasto sul mio comodino. **8** (to occupy a

place, to have a seat) sedere, avere un seggio: to ~ in Parliament sedere in parlamento. **9** (to act, to be) sedere: to ~ in court as a judge sedere come giudice in (un) tribunale. **10** (to be in session) sedere, tenere una seduta, essere in seduta: the committee sat for a long time il comitato rimase a lungo in seduta. **11** (Pitt,Scult,Fot) posare: to ~ for a sculptor posare per uno scultore. **12** (of wind) spirare, tirare. **13** (to babysit) fare da babysitter (for a). **14** (of an examination) sostenere, dare: to ~ for an exam sostenere un esame. II v.t. **1** mettere a sedere, far sedere: she sat the baby on the bed mise il bambino a sedere sul letto. **2** (rifl.) to ~ oneself sedersi, mettersi a sedere. **3** (to provide seating room for) avere posti a sedere per, offrire posti a sedere per: the hall -s five hundred la sala ha posti a sedere per cinquecento persone. **4** (of a hen) covare. **5** (of an examination) sostenere, dare: to ~ an exam sostenere un esame. □ (Br) to ~ about stare seduto a far niente; to ~ around stare seduto a far niente; (Br,fig, volg) to ~ on one's arse grattarsi le palle, star lì a far niente; (Am,fig,volg) to ~ on one's ass grattarsi le palle, star lì a far niente; ~ back (and relax)! tranquillo, rilassati!; ~ back and enjoy the show rilassatevi e godetevi lo spettacolo; I can't just ~ back when there's so much to do non posso starmene tranquillo quando ci sono così tante cose da fare; (Aus, fig,volg) to ~ on one's bum grattarsi le palle, star lì a far niente; I can't just ~ by when there's so much to do non posso starmene tranquillo quando ci sono così tante cose da fare; to ~ down: 1 sedersi, mettersi a sedere, prendere posto, accomodarsi: please, ~ down prego, si sieda; 2 (to cause to take a seat) far sedere, far prendere posto a, far accomodare; 3 (Mil) accamparsi (per assediare); (colloq) to ~ down under subire, incassare, non reagire a: I refuse to ~ down under his insults mi rifiuto di subire i suoi insulti; to ~ for: 1 (Parl) rappresentare (in parlamento), essere il rappresentante di; 2 (an examination) sostenere, dare; (fig) to ~ on one's hands stare con le mani in mano; to ~ in: 1 (as a protest) occupare; 2 (in cards) giocare una mano; to ~ in for sostituire, rimpiazzare, prendere il posto di, fare da supplente a; to ~ in on: 1 assistere a: parents are not allowed to ~ in on classes ai genitori non è permesso assistere alle lezioni; 2 (to participate in) prendere parte a, partecipare a; (colloq) to ~ on: 1 (not to deal with) mettere nel cassetto, accantonare; 2 (to force into silence or inactivity) sistemare, mettere in riga, dare una lezione a; 3 (of food) essere pesante: that cake is -ting heavily on my stomach ho ancora il dolce sullo stomaco; 3 (colloq) (to suppress) non divulgare, tacere; to ~ on the results insabbiare i risultati; to ~ out: 1 restare fino alla fine di, rimanere fino alla fine di: we may as well ~ out the show tanto vale che restiamo fino alla fine dello spettacolo; 2 (to outstay) trattenersi (in visita) più a lungo di; 3 (to sit outside) stare seduto all'aperto, stare seduto fuori; 4 (to take no part in a dance) non prendere parte a un ballo, non ballare; (colloq) to be -ting pretty passarsela bene, essere messo bene (finanziariamente); (fig) it -s right with me mi sta bene, per me va bene; (Sport) (in baseball) ~ and run batti e corri; to ~ still stare seduto tranquillo; to ~ on the throne sedere sul trono, regnare; to ~ through restare fino alla fine di: I had to ~ through a two-hour lecture mi sono dovuto sorbire una conferenza di due ore; to ~ tight: 1 tenere duro, mantenere le proprie posizioni; 2 (*to remain in hiding*) restare nascosto, tenersi nascosto; 3 (*Equit*) stare saldo in sella; (*Pitt,Scult,Fot*) to ~ *to* posare per; *to* ~ *up*: 1 tirarsi (su) a sedere; 2 (*to be in sitting position after lying*) stare seduto (a letto); 3 (*to sit upright, correctly*) stare seduto bene, stare seduto con la schiena diritta; 4 (*to delay the time of going to bed*) stare alzato fino a tardi, coricarsi tardi, stare alzato, rimanere in piedi (la notte); *don't* ~ *up for me* non aspettarmi; 5 (*used transitively*) fare sedere (qcu. che era sdraiato); 6 (*fig*) (*show interest*) fare un salto: *the news made her* ~ *up* quando ha sentito la notizia ha fatto un salto; *to* ~ *up and take notice* drizzare le orecchie; (*fig*) *it* -*s well with me* mi sta bene, per me va bene.

sitar /'sɪtɑːʳ *Am* sɪ'tɑːr/ *n.* (*Mus*) sitar *m.*

sitcom /'sɪtkɒm *Am* 'sɪtkɑːm/ *n.* (*TV,colloq*) sitcom *f.*, situation comedy *f.*, sceneggiato *m.* con personaggi che devono affrontare problemi di vita quotidiana.

sit-down /'sɪtdaʊn/ **I** *n.* **1** (*of a meal*) da seduti. **2** (*of a strike*) bianco, a braccia incrociate. **II** *n.* sciopero *m.* bianco. □ ~ *strike* sciopero bianco.

site /saɪt/ **I** *n.* **1** area *f.*, posto *m.*, località *f.*, sito *m.*: *the* ~ *for a new school* l'area per una nuova scuola. **2** (*building plot*) lotto *m.*, area *f.* fabbricabile. **3** (*position*) ubicazione *f.*, posizione *f.*: *the* ~ *of a prehistoric village* l'ubicazione di un villaggio preistorico. **4** (*estens*) luogo *m.*, posto *m.*: *the* ~ *of the murder* il luogo del delitto. **5** (*Inform*) sito *m.* **II** *v.t.* **1** situare, collocare, porre. **2** (*Arm*) postare, disporre sul terreno, mettere in batteria.

sited /'saɪtɪd/ *a.* situato, posto.

site-specific /ˌsaɪtspə'sɪfɪk/ *a.* (*Art*) costruito specificamente per il luogo.

sit-in /'sɪtɪn *Am* 'sɪtɪn/ *n.* sit-in *m.*, occupazione *f.*, manifestazione *f.* di protesta con occupazione.

siting /'saɪtɪŋ/ *n.* (*Arch*) ubicazione *f.*

sitter /'sɪtəʳ *Am* 'sɪtər/ *n.* **1** chi siede, chi sta seduto. **2** (*Pitt,Scult,Fot*) chi posa, modello *m.* (*f.* -a). **3** (*baby-sitter*) baby-sitter *m./f.* **4** (*Sport,colloq*) (*sth. easy, easy shot, etc.*) colpo *m.* facile: *to miss a* ~ mancare un colpo facile. **5** (*colloq*) (*easy target*) facile bersaglio *m.*

sitting /'sɪtɪŋ *Am* 'sɪtɪŋ/ **I** *n.* **1** il sedere; (*period of continuous sitting*) seduta *f.* **2** (*Pitt,Scult,Fot*) seduta *f.*, posa *f.* **3** (*session*) seduta *f.*, sessione *f.*: *a* ~ *of the House* una seduta della Camera. **4** (*Zootecn*) cova *f.* **II** *a.* **1** seduto: *in a* ~ *position* in posizione seduta, *to be in a* ~ *position* stare seduto. **2** (*Parl,Dir*) in carica. **3** (*of a hen*) che cova. **2** (*Stor.am*) *Sitting Bull* Toro Seduto; (*colloq*) ~ *duck* facile bersaglio; (*Parl*) ~ *member* membro in carica; *to read a book at one* ~ leggere un libro tutto d'un fiato; (*colloq*) *to be* ~ *pretty* essere ben messi; ~ *room* soggiorno, salotto; (*colloq*) ~ *target* facile bersaglio; ~ *tenant* affittuario attuale; (*Equit*) ~ *trot* trotto seduto.

sitting-room /'sɪtɪŋruːm *Am* 'sɪtɪŋruːm/ *n.* soggiorno *m.*, salotto *m.*

situate /'sɪtjʊeɪt *Br also* 'sɪtjʊeɪt/ *v.t.* **1** collocare, situare, dare una collocazione a, porre. **2** (*to place in a situation*) mettere, porre.

situated /'sɪtjʊeɪtɪd, 'sɪtjʊeɪtɪd *Am* 'sɪtjʊeɪtɪd/ *a.* **1** situato, collocato, posto: *our house is* ~ *on a hill* la nostra casa è situata su una collina. **2** (*placed in specific circumstances*) sistemato.

situation /ˌsɪtjʊ'eɪʃən *Br also* ˌsɪtju'eɪʃən/ *n.* **1** situazione *f.*, condizione *f.*, stato *m.*: *the economic* ~ la situazione economica; *the* ~ *called for determination* la situazione richiedeva risolutezza; *to meet the* (*demands*

of the) ~ essere all'altezza della situazione. **2** (*location*) posizione *f.*, ubicazione *f.*, collocazione *f.* **3** (*position, job*) impiego *m.*, posto *m.*: *to apply for a* ~ fare domanda per un impiego. **4** (*Teat,Lett*) situazione *f.* drammatica. □ ~ *comedy* sitcom, situation comedy, sceneggiato con personaggi che devono affrontare problemi di vita quotidiana; (*Giorn*) -*s vacant* offerte di lavoro, offerte di impiego; (*Giorn*) -*s wanted* richieste di lavoro, richieste di impiego; *to have a* ~ *well in hand* essere perfettamente padrone della situazione.

situational /ˌsɪtjʊ'eɪʃənəl *Br also* ˌsɪtju'eɪʃənəl/ *a.* situazionale.

situla /'sɪtjʊlə/ *n.* (*Archeol*) situla *f.*

sit-up /'sɪtʌp/ *n.* (*Ginn*) sit-up *m.*, (esercizio per gli) addominali *m.pl.*

six /sɪks/ **I** *a.* sei: ~ *people* sei persone; *he is* ~ *years old* ha sei anni. **II** *n.* (*pl.inv. o* **sixes** /'sɪksɪz/; *il pl.* sixes *si usa general. con valore collett.*) **1** sei *m.* **2** (*six years*) sei anni *m.pl.*: *a child of* ~ un bambino di sei anni. □ (*Br*) ~ *of the best*: **1** (sei) colpi di frusta; **2** (*estens*) punizione corporale; (*Am,colloq*) *it's* ~ *of one and half a dozen of another* è praticamente la stessa cosa, se non è zuppa è pan bagnato, l'uno vale l'altro; *at* -*es and sevens*: **1** in disordine, sottosopra; **2** (*in disagreement*) in disaccordo; (*Stor*) *Six-Day War* guerra dei sei giorni.

sixain /'sɪkseɪn/ *n.* (*Metr*) sestina *f.*

sixfold /'sɪksfəʊld/ **I** *a.* **1** sestuplice. **2** (*being six times as great*) sestuplo. **II** *avv.* sei volte tanto.

six-foot /'sɪksfʊt/ *a.* che misura sei piedi.

sixfooter /'sɪksˌfʊtəʳ *Am* 'sɪksˌfʊtər/ *n.* (*colloq*) persona *f.* alta sei piedi.

six-gun /'sɪksgʌn/ *n.* revolver *m.* a sei colpi.

sixpack /'sɪkspæk/ *n.* **1** confezione *f.* da sei (pezzi). **2** (*colloq*) (*sculpted abdominal muscles*) addominali *m.pl.* tonici.

sixpence /'sɪkspəns/ *n.* **1** sei penny *m.pl.* **2** (*coin*) moneta *f.* da sei penny.

sixpenny /'sɪkspənɪ/ *a.* **1** da sei penny, che vale sei penny. **2** (*fig*) di poco prezzo, da poco prezzo, da pochi soldi. **3** (*Tecn*) (*of a nail*) lungo circa due pollici.

sixpennyworth /'sɪkspənɪwɜːθ *Am* 'sɪkspənɪwɜːrθ/ *n.* quantità *f.* acquistabile con sei penny.

sixshooter /'sɪksˌʃuːtəʳ *Am* 'sɪksˌʃuːtər/ *n.* revolver *m.* a sei colpi.

six-speed /'sɪksˌspiːd/ □ (*Aut*) ~ *gear* cambio a sei marce.

sixteen /ˌsɪk'stiːn/ **I** *a.* sedici. **II** *n.* (*pl.inv. o* -**s** /-z/; *il pl. in* -s *si usa general. con valore collett.*) sedici *m.*

sixteenmo /sɪk'stiːnməʊ/ (*pl.* -**s** /-z/) *n.* (*Tip*) formato *m.* in sedicesimo.

sixteenth /ˌsɪk'stiːnθ/ **I** *a.* sedicesimo. **II** *n.* sedicesimo *m.* □ *the* ~ *of the month* il sedici del mese; (*Am,Mus*) ~ *note* semicroma.

sixth /sɪksθ *Am* sɪkstθ/ **I** *a.* sesto. **II** *n.* **1** sesto *m.* **2** (*Mus*) sesta *f.* **3** (*Scol*) (*in Great Britain*) sesta classe *f.* □ (*Mus*) ~ *chord* accordo di sesta; (*GB,Scol*) ~ *form* ultimi due anni di scuola superiore; ~ *sense* sesto senso, intuito.

sixthly /'sɪksθlɪ *Am* 'sɪkstθlɪ/ *avv.* in sesto luogo (nelle enumerazioni).

sixtieth /'sɪkstɪəθs/ *a.* sessantesimo (*anche Mat*). **II** *n.* sessantesimo *m.*

sixty /'sɪkstɪ/ **I** *a.* sessanta. **II** *n.* (*pl.inv. o* -**ties** /-tɪz/; *il pl. in* -ties *si usa general. con valore collett.*) **1** sessanta *m.* **2** *pl.* (*of age*) sessantina *f.sing.*, sessant'anni *m.pl.*: *to be in one's sixties* avere un passato la sessantina; (*of time*) anni *m.pl.* sessanta. **3** *pl.* (*decade*) anni *m.pl.*

Sessanta.

sixty-four /ˌsɪkstɪ'fɔːʳ *Am* ˌsɪkstɪ'fɔːr/ □ (*colloq,TV*) ~ *thousand dollar question* una domanda da un milione di dollari.

sixty-fourth /ˌsɪkstɪ'fɔːθ *Am* ˌsɪkstɪ'fɔːrθ/ □ (*Mus*) ~ *note* semibiscroma.

sizable /'saɪzəbl/ *a.* considerevole, piuttosto grande: *a* ~ *sum of money* una considerevole somma di denaro.

sizably /'saɪzəblɪ/ *avv.* considerevolmente.

sizar /'saɪzəʳ/ *n.* (*Univ*) (*at Cambridge and Dublin*) beneficiario *m.* di una borsa di studio.

sizarship /'saɪzəʃɪp *Am* 'saɪzərʃɪp/ *n.* borsa *f.* di studio.

size [1] /saɪz/ **I** *n.* **1** dimensione *f.*, grandezza *f.*, misura *f.*: *of all shapes and* -*s* di tutte le forme e dimensioni; *it's the* ~ *of an egg* è grande come un uovo. **2** (*bigness*) grandezza *f.*, grossezza *f.* **3** (*amount*) ammontare *m.*, totale *m.* complessivo: *the* ~ *of a reward* l'ammontare di una ricompensa. **4** (*of articles of clothing, etc.*) taglia *f.*, misura *f.*; (*of shoes, etc.*) numero *m.*, misura *f.* **5** (*Univ,ant*) (*allowance of food*) porzione *f.* di cibo. **II** *a.* (*in compounds*) di... dimensioni, di... grandezza, di... proporzioni: *large-*~ di grandi dimensioni. **III** *v.t.* **1** classificare secondo la grandezza, graduare secondo la misura. **2** (*to make of a specific size*) portare a una data misura, ridurre a una data misura. **3** (*Mil*) allineare per ordine di statura. □ *it's a good* ~ è abbastanza grosso; *of a* ~ della stessa misura, della stessa grandezza; *of any* ~ piuttosto grande; (*colloq*) *that's about the* ~ *of it* le cose stanno più o meno così; *to* ~ (*made to specifications*) su misura; *to* ~ *up*: **1** calcolare la grandezza di, prendere le misure di; **2** (*colloq*) (*to form an opinion*) giudicare, farsi un'idea di, valutare.

size [2] /saɪz/ **I** *n.* **1** (*Tess*) bozzima *f.* **2** (*Legat, Ceram*) colla *f.*, turapori *m.* **II** *v.t.* (*Tess*) imbozzimare.

sizeable /'saɪzəbl/ *a.* considerevole, piuttosto grande: *a* ~ *sum of money* una considerevole somma di denaro.

sized /saɪzd/ *a.* (*in compounds*) di... dimensioni, di... grandezza, di... proporzioni: *large-*~ di grandi dimensioni.

sizer [1] /'saɪzəʳ/ *n.* **1** cernitore *m.* (*f.* -trice), classificatore *m.* (*f.* -trice) (per grandezza). **2** (*machine*) calibratrice *f.* **3** (*of coal, etc.*) pezzatrice *f.*

sizer [2] /'saɪzəʳ/ *n.* (*Tess*) imbozzimatore *m.* (*f.* -trice).

sizer [3] /'saɪzəʳ/ *n.* (*Univ*) (*at Cambridge and Dublin*) beneficiario *m.* (*f.* -a) di una borsa di studio.

sizing [1] /'saɪzɪŋ/ *n.* **1** classificazione *f.* **2** (*allowance of food*) porzione *f.* di cibo.

sizing [2] /'saɪzɪŋ/ *n.* (*Tecn*) incollatura *f.*, collaggio *m.*

sizzle /'sɪzl/ **I** *v.i.* **1** friggere, sfriggere, sfrigolare: *fat was sizzling in the pan* il grasso friggeva nella padella. **2** (*costr.impers.*) (*colloq*) (*to be very hot*) far molto caldo: *it's sizzling today* fa molto caldo oggi. **3** (*colloq*) (*to be in a state of suppressed anger*) rodersi di rabbia, friggere. **II** *v.t.* far sfrigolare, far friggere, far sfriggere. **III** *n.* sfrigolio *m.*

sizzler /'sɪzləʳ/ *n.* **1** (*colloq*) giornata *f.* caldissima, giorno *m.* afoso. **2** (*fig*) film *m.* erotico, film *m.* porno.

sizzling /'sɪzlɪŋ/ *a.* **1** sfrigolante, che frigge. **2** (*colloq*) (*very hot*) molto caldo, rovente. **3** (*colloq*) (*interesting, sexy*) piccante, malizioso.

SK *Slovakia* SK (Slovacchia).

ska /skɑː/ *n.* (*Mus*) ska *m.*

skank/'skæŋk/ **I** n. **1** (Mus) skank m. **2** (spreg) racchia f., scorfano m. **II** v.i. **1** (Mus) suonare lo skank. **2** (colloq) camminare in modo provocante, avere una camminata sexy.

skanky /'skæŋki/ a. orribile, repellente, schifoso.

skate[1] /skeɪt/ **I** n. **1** (ice skate) pattino m. da ghiaccio. **2** (roller skate) pattino m. a rotelle, schettino m. **3** (act, period of skating) corsa f. sui pattini. **II** v.i. **1** (Sport) praticare il pattinaggio, pattinare. **2** (fig) scivolare, slittare. **III** v.t. percorrere pattinando. □ (fig) to be skating on thin ice trovarsi in una situazione rischiosa, essere in una situazione rischiosa, essere sul filo del rasoio, camminare sul filo del rasoio; (fig) to ~ over (o to ~ round) sth. prendere qcs. alla leggera.

skate[2] /skeɪt/ (pl.inv. o -s /-s/; il pl. inv. si usa general. con valore collett.) n. (Itt) razza f.

skateboard /'skeɪtbɔːd Am 'skeɪtbɔːrd/ n. (Sport) skateboard m.

skateboarder /'skeɪtˌbɔːdər Am 'skeɪtˌbɔːrdər/ n. (Sport) skateboarder m./f.

skateboarding /'skeɪtˌbɔːdɪŋ Am 'skeɪtˌbɔːrdɪŋ/ n. (Sport) skateboarding m., il fare skateboard.

skatepark /'skeɪtpɑːk Am 'skeɪtpɑːrk/ n. (Sport) pista f. per lo skateboard.

skater /'skeɪtər Am 'skeɪtər/ n. (Sport) pattinatore m. (f. -trice).

skating /'skeɪtɪŋ Am 'skeɪtɪŋ/ n. (Sport) **1** pattinaggio m. (sul ghiaccio). **2** (roller skating) pattinaggio m. a rotelle. □ (Sport) ~ rink pista di pattinaggio: ice ~ rink pista di pattinaggio sul ghiaccio.

skedaddle /skɪ'dædl/ **I** v.i. (colloq)scappare, andarsene in fretta. **II** n. (colloq) fuga f. precipitosa.

skeet /skiːt/ n. (Am,Sport) tiro m. al piattello. □ (Sport) ~ shooting tiro al piattello.

skegger /'skegər/ n. (Itt) salmone m. giovane.

skein /skeɪn/ n. **1** matassa f. **2** (flock of wild geese, ducks) stormo m.

skeletal /'skelɪtl Am 'skelɪtl/ a. **1** scheletrico, di scheletro. **2** (fig) (being a framework, outline) schematico, scheletrico: ~ plan piano schematico. **3** (fig) (emaciated) scheletrico, emaciato, magrissimo; (colloq) pelle e ossa.

skeleton /'skelɪtn/ **I** n. **1** (Anat,Bot) scheletro m. **2** (fig) (framework) scheletro m., ossatura f., struttura f. (di sostegno); (outline) schema m., trama f., scheletro m., intelaiatura f. **3** (fig) (emaciated person) persona f. magrissima, scheletro m. **4** (Edil) scheletro m., intelaiatura f., ossatura f. muraria. **5** (Mar,Aer) scheletro m., ossatura f. **II** a. **1** scheletrico. **2** (fig) (existing as a framework) che costituisce la struttura, che costituisce l'ossatura. **3** (fig) (existing in outline) schematico, scheletrico. **4** (fig) (reduced to its essential parts) ridotto al minimo, ridotto all'essenziale. □ (fig) the ~ in the closet lo scheletro nell'armadio, la vergogna segreta di una famiglia; (Edil) ~ construction struttura a telai; (Mar) ~ crew equipaggio in armamento ridotto; (fig) the ~ in the cupboard lo scheletro nell'armadio, la vergogna segreta di una famiglia.; (fig) a ~ at the feast un guastafeste; ~ key chiave universale, passe-partout, comunella; ~ staff organico ridotto, personale ridotto.

skeletonise /'skelɪtnaɪz/ v.t. (Br) **1** scheletrire. **2** (fig) ridurre alla sola ossatura; (to reduce to an outline) schematizzare. **3** (of personnel) ridurre al minimo.

skeletonize /'skelɪtnaɪz/ v.t. **1** scheletrire. **2** (fig) ridurre alla sola ossatura; (to reduce to an outline) schematizzare. **3** (of personnel)

ridurre al minimo.

skep /skep/ n. **1** (straw beehive) alveare m. di paglia, alveare m. di vimini. **2** (ant) cesta f. di legno, cesta f. di vimini (usata nelle fattorie).

skepsis /'skepsɪs/ n. (Filos) scepsi f.

skeptic /'skeptɪk/ e der. (Am) → **sceptic** e der.

skerry /'skeri/ n. (Scott) **1** scogliera f., banco m. di scogli. **2** (rocky island) isola f. rocciosa.

sketch /sketʃ/ **I** n. **1** (Art) schizzo m., abbozzo m., disegno m., bozzetto m.: a pencil ~ uno schizzo a matita. **2** (scheme, plan) schema m., abbozzo m., schizzo m. **3** (short composition) bozzetto m.; (short description) schizzo m., profilo m. **4** (ant,colloq) (amusing person) persona f. buffa, macchietta f., spasso m. **II** v.t. **1** (Art) abbozzare, schizzare, sbozzare. **2** (fig) descrivere brevemente, abbozzare, delineare, schizzare. **III** v.i. (Art) fare un abbozzo, fare uno schizzo. □ ~ artist disegnatore di ritratti; ~ book: **1** album per schizzi; **2** (Lett) antologia di bozzetti, raccolta di bozzetti; to ~ in: aggiungere (disegnando), inserire (disegnando); ~ map schizzo, cartina semplificata; to ~ out: **1** (Art) abbozzare, schizzare, sbozzare; **2** (fig) descrivere brevemente, abbozzare, delineare, schizzare: let me ~ out the situation for you lascia che ti descriva brevemente la situazione; ~ plan progetto schematico.

sketcher /'sketʃər/ n. disegnatore m. (f. -trice) di schizzi, bozzettista m./f.

sketchily /'sketʃɪli/ avv. a grandi linee, per sommi capi, sommariamente, in modo superficiale.

sketchiness /'sketʃɪnəs/ n. **1** incompletezza f. **2** (superficiality) superficialità f.

sketchwriting /'sketʃˌraɪtɪŋ Am 'sketʃˌraɪtɪŋ/ n. bozzettistica f.

sketchy /'sketʃi/ a. **1** abbozzato, delineato, schizzato. **2** (fig) lacunoso, incompleto; (superficial) superficiale.

skew /skjuː/ **I** a. **1** storto, obliquo, sghembo. **2** (Mat) fuori squadra. **3** (Statist) (of a statistical distribution) asimmetrico, anormale: ~ distribution distribuzione asimmetrica. **II** v.t. **1** (result, data) alterare: to ~ the average alterare la media. **2** inclinare. **III** v.i. **1** deviare, prendere una direzione obliqua. **2** (to twist around) ruotare. **3** (to look askance) guardare di traverso, guardare storto. **IV** n. **1** direzione f. obliqua, posizione f. obliqua. **2** (fig) (bias towards a particular group or subject) propensione f. **3** (Edil) (coping) cimasa f., copertina f. □ (Arch) ~ arch arco obliquo; (Mecc) ~ gear ingranaggio sghembo; on the ~ obliquamente, di sghembo; to ~ round ruotare.

skewback /'skjuːbæk/ n. (Arch) cuscinetto m. di imposta.

skewbald /'skjuːbɔːld/ a. (of a horse) pezzato.

skewer /'skjuːər Am 'skjuːər/ **I** n. spiedo m., schidione m. **II** v.t. **1** infilzare in uno spiedo. **2** (colloq) trapassare, trafiggere, infilzare.

skew-eyed /'skjuːaɪd/ a. strabico.

skewness /'skjuːnəs/ n. **1** l'essere obliquo, l'essere sghembo. **2** (asymmetry) asimmetria f. (anche Statist).

skew-whiff /ˌskjuː'(h)wɪf/ **I** avv. (Br,colloq) di traverso, di sghembo, obliquamente. **II** a. (Br,colloq) obliquo, sghembo.

ski /skiː/ **I** n. (pl.inv. o -s/-es /-z/) **1** sci m. **2** (water ski) sci m. nautico, sci m. d'acqua. **3** (Aer) pattino m. **4** (Tecn) scivolo m. **II** v.i. sciare. □ (Am,Abbigl) ~ bibs pantaloni da sci con bretelle, panta sci con bretelle; ~ boot scarpone da sci; ~ centre centro sciistico; ~

club sci club; ~ instructor maestro di sci; ~ jump: **1** trampolino; **2** (act, instance) salto con gli sci; (Sport) ~ lift sciovia, ski-lift; ~ mask passamontagna; (Abbigl) ~ pants pantaloni da sci, panta sci; ~ poles racchette da sci; ~ resort località sciistica; ~ run pista da sci; ~ slope pista da sci; (Br) ~ sticks racchette da sci; (Abbigl) ~ suit completo da sci, tuta da sci.

ski-center /'skiːˌsentər/ n. (Am) centro m. sciistico.

skid /skɪd/ **I** n. **1** (Aut) slittamento m.; (sideskid) sbandamento m., sbandata f. **2** (Aer,Aut) derapata f. **3** (Aer) (of a landing gear) pattino m. (di coda). **4** (Mar) scivolo m. **II** v.i. **1** (Aut) slittare; (to slip sideways) sbandare. **2** (estens) scivolare, slittare: my feet -ded on the ice i miei piedi scivolarono sul ghiaccio. **3** (of a wheel) slittare, scivolare. **4** (Aer,Aut) derapare. **III** v.t. **1** (Aut) far slittare. **2** (of a wheel) provvedere di freno a scarpa. □ (Aut) ~ chain catena da neve; (Aut) to go into a ~ slittare; (Am,sl) to be on the -s (on the way to defeat, failure, etc.) essere sulla strada della rovina; (Am,fig) ~ row quartiere povero, quartiere malfamato: to end up on ~ row finire a vivere sotto i ponti; (Am) ~ row bum barbone, vagabondo; (Br,sl) to put the -s under: **1** (to send away) mandare via (bruscamente), cacciare via, scacciare; **2** (to cause to fail) mandare all'aria, far bollire.

skidding /'skɪdɪŋ/ n. (Aut) slittamento m.

skier /'skiːər/ n. sciatore m. (f. -trice): are you a ~? sai sciare bene?

skiff /skɪf/ n. (Mar) schifo m., skiff m., piccola barca f. a remi.

skiing /'skiːɪŋ/ n. (Sport) sci m., lo sciare. □ to go ~ andare a sciare; ~ instructor maestro di sci.

skilful /'skɪlful/ a. **1** abile, capace, esperto, destro, bravo, provetto: a ~ driver un abile guidatore. **2** (showing, done with skill) abile, fatto con abilità: ~ use of colour in a painting abile uso del colore in un dipinto.

skilfully /'skɪlfuli/ avv. abilmente, destramente, con bravura.

skilfulness /'skɪlfulnəs/ n. abilità f., bravura f., capacità f., destrezza f.

skill /skɪl/ n. **1** esperienza f., pratica f., abilità f. **2** (expertness, proficiency) abilità f., perizia f., destrezza f., maestria f., capacità f.: he showed considerable ~ as a negotiator dimostrò considerevole abilità come negoziatore; he drives a tractor with ~ guida il trattore con destrezza. **3** (craft) mestiere m.

skilled /skɪld/ a. **1** esperto, competente, capace, bravo, pratico: to be ~ in sth.(o to be ~ at sth.) essere esperto in qcs. **2** (of workers) qualificato, specializzato: ~ labour manodopera qualificata. **3** (of work) da specialista.

skilless /'skɪləs/ a. (unskilled) non qualificato, non specializzato.

skillet /'skɪlɪt/ n. **1** pentola f. con il manico lungo. **2** (Am) (frying pan) padella f. (per friggere).

skillful /'skɪlful/ e der. (Am) → **skilful** e der.

skilly /'skɪli/ n. (Br,Gastron) farinata f. semiliquida di avena; (thin broth) brodo m. lungo.

skim /skɪm/ **I** v.t. (past, p.p. **skimmed** /-d/) schiumare, togliere la schiuma a. **2** (to remove by skimming) togliere (schiumando): to ~ the scum of boiling jam togliere la schiuma dalla conserva di frutta mentre bolle. **3** (of milk) scremare, sburrare, spannare (from da). **4** (fig) (to remove the best of) scegliere il meglio di, selezionare, scremare. **5** (to pass lightly over) sfiorare, rasentare, passare rasente a, radere: the bird -med the sur-

face of the lake l'uccello sfiorò la superficie del lago. **II** *n.* lo sfiorare, il rasentare. □ *to ~ along* sfiorare, passare rasente a: *to ~ along the ground* sfiorare il terreno; (*Alim*) *~ milk* latte scremato; *to ~ off* (*to remove by skimming*) togliere (schiumando); *to ~ over* sfiorare, rasentare, passare rasente; *~ reading* lettura rapida; (*fig*) *to ~ through* (*to read superficially*) leggere rapidamente, scorrere, sfogliare; (*fig*) *to ~ off the top* sottrarre al fisco una parte del reddito (o dei profitti).

skimmed /skɪmd/ □ (*Alim*) *~ milk* latte scremato; (*Alim*) *~ milk powder* latte scremato in polvere.

skimmer /'skɪmər/ *n.* **1** chi schiuma. **2** (*perforated scoop*) schiumaiola *f.* **3** (*of milk*) scrematrice *f.*, spannatoia *f.* **4** (*Ornit*) rincope *m.* **5** (*Am,Mod*) cappello *m.* di paglia.

skimming /'skɪmɪŋ/ *n.* **1** scrematura *f.*, spannatura *f.* **2** (*reading*) lettura *f.* estensiva, lettura *f.* rapida.

skimobile /'skiːmou̯biːl/ *n.* (*Am*) motoslitta *f.*, gatto *m.* delle nevi.

skimp /skɪmp/ **I** *v.t.* **1** lesinare (*on sth.* qcs., su qcs.), fare economia (*on* di), essere avaro (*on* di): *don't ~ on food* non lesinare sul mangiare. **2** (*to cause to go short*) tenere a stecchetto, tenere a corto: *to ~ one's family* tenere a stecchetto la (propria) famiglia. **II** *v.i.* **1** essere parsimonioso, fare economie, risparmiare (*on* su). **2** (*to be stingy*) essere tirchio, essere avaro.

skimpily /'skɪmpɪli/ *avv.* magramente, insufficientemente, scarsamente.

skimpiness /'skɪmpɪnəs/ *n.* scarsezza *f.*, insufficienza *f.*, penuria *f.*

skimpy /'skɪmpi/ *a.* **1** magro, scarso, insufficiente: *a ~ meal* un pasto insufficiente. **2** (*of a garment*) misero, striminzito. **3** (*of people*) avaro, spilorcio, taccagno.

skin /skɪn/ **I** *n.* **1** pelle *f.*, cute *f.*: *she has soft ~* ha una pelle morbida. **2** (*Pell*) (*pelt, hide*) pelle *f.*: *a rabbit ~* una pelle di coniglio. **3** (*of fruit*) buccia *f.*, pelle *f.*: *a banana ~* una buccia di banana. **4** (*Zool*) (*of snakes*) pelle *f.*, buccia *f.*: *to cast one's ~* mutare la pelle. **5** (*outer layer, surface*) superficie *f.* esterna, buccia *f.*, pelle *f.*, crosta *f.* **6** (*film, pellicle*) pellicola *f.*, strato *m.* leggero, velo *m.*: *a ~ had formed on the surface of the paint* sulla superficie della vernice si era formata una pellicola. **7** (*of a sausage*) pelle *f.*; (*of milk*) pellicola *f.*, (*colloq*) panna *f.* **8** (*Mar*) (*of a hull*) fasciame *m.* **9** (*Met*) crosta *f.* **10** (*Aer,Astron*) rivestimento *m.* **II** *v.t.* **1** scuoiare, spellare, scorticare: *to ~ a rabbit* scuoiare un coniglio. **2** (*to scrape the skin off*) sbucciare, spellare: *I-ned my elbow when I fell* cadendo mi sono sbucciato il gomito. **3** (*sl*) (*to strip of money*) truffare, derubare, spogliare; (*in gambling, etc.*) pelare, spolpare, spellare. **III** *v.i.* **1** cicatrizzarsi, rimarginarsi. **2** (*to become covered with a film*) ricoprirsi di una pellicola. □ *to ~ so. alive*: **1** scorticare vivo qcu., scuoiare vivo qcu.; **2** (*fig,colloq*) (*to reprimand*) mangiarsi vivo qcu., sgridare severamente qcu.; **3** (*sl*) (*to defeat easily*) sconfiggere facilmente qcu., dare una bella botosta a qcu.; (*colloq*) *to be (all) ~ and bones* essere pelle e ossa; (*colloq*) *to ~ a cat* spogliarsi; (*Med*) *~ disease* malattia cutanea, malattia della pelle, dermatosi; (*El*) *~ effect* effetto pelle; (*Chir*) *~ graft* innesto cutaneo, innesto epidermico, trapianto cutaneo; (*Chir*) *~ grafting* dermatoplastica; (*Br,colloq*) *I wouldn't like to be in his ~* non vorrei essere nei suoi panni, non vorrei essere al suo posto; (*Am,colloq*) *it's no ~ off my back* la cosa non mi tange, non è affar mio; (*colloq*)

it's no ~ off my nose la cosa non mi tange, non è affar mio; *to ~ over*: **1** cicatrizzarsi, rimarginarsi: *the cut has -ned over* il taglio si è cicatrizzato; **2** (*to become covered with a film*) ricoprirsi di una pellicola; (*colloq*) *by the ~ of one's teeth* per un pelo, per il rotto della cuffia; (*Med*) *~ test* test cutaneo; (*colloq*) *under the ~* sotto sotto; (*colloq*) *to get under so.'s ~*: **1** irritare qcu., infastidire qcu.; **2** (*to affect deeply*) commuovere profondamente qcu., colpire profondamente qcu.

skin-deep /ˌskɪn'diːp/ *a.* a fior di pelle, superficiale, epidermico (*anche fig*): *the wound was ~* la ferita era superficiale.

skin-diver /'skɪnˌdaɪvər/ *n.* pescatore *m.* subacqueo.

skin-diving /'skɪnˌdaɪvɪŋ/ *n.* sport *m.* subacqueo.

skinflint /'skɪnflɪnt/ *n.* (*colloq*) taccagno *m.* (*f.* -a), spilorcio *m.* (*f.* -a), tirchio *m.* (*f.* -a).

skinful /'skɪnfʊl/ *n.* (*Br*) otre *m.*: *a ~ of wine* un otre di vino. □ *he's had a ~* è ubriaco fradicio.

skinhead /'skɪnhed/ *n.* skinhead *m./f.*

skink /skɪŋk/ *n.* (*Zool*) scinco *m.*

skinless /'skɪnləs/ *a.* senza pelle, privo di pelle.

skinned /skɪnd/ *a.* **1** (*in compounds*) dalla pelle..., con la pelle..., che ha la pelle...: *dark-~* dalla pelle scura. **2** (*having had the pelt removed*) scuoiato, scorticato, spellato: *a ~ rabbit* un coniglio scuoiato.

skinner /'skɪnər/ *n.* **1** scuoiatore *m.* **2** (*one who dresses skins*) conciatore *m.* di pelli, conciapelli *m.* **3** (*one who deals in skins*) pellaio *m.* (*f.* -a), venditore *m.* (*f.* -trice) di pelli.

skinnery /'skɪnəri/ *n.* conceria *f.*

skinniness /'skɪnɪnəs/ *n.* estrema magrezza *f.*

skinny /'skɪni/ **I** *a.* **1** molto magro, scarno, pelle e ossa. **2** (*of, resembling skin*) di pelle, simile a pelle. **II** *n.* (*Am,sl*) informazioni *f.pl.* riservate. □ (*Am,colloq*) *~ dipping* bagno (*in mare*) senza costume.

skin-tight /'skɪntaɪt/ *a.* aderente, a pelle.

skip[1] /skɪp/ **I** *v.i.* (*past, p.p.* **skipped** /-t/) **1** saltare, balzare: *to ~ over a puddle* saltare un pozzanghera. **2** (*to proceed with slight jumps*) salterellare, saltellare (su un piede e poi sull'altro): *the child skipped down the garden path* il bimbo salterellava lungo il viale del giardino. **3** (*to jump about, to gambol*) saltellare, saltare qua e là, fare capriole, fare salti. **4** (*with a skipping rope*) saltare la corda. **5** (*to move hurriedly*) correre, spostarsi velocemente, scappare. **6** (*colloq*) (*to leave hurriedly*) scappare, tagliare la corda. **7** (*fig*) (*to leave out*) saltare (*over sth.* qcs.). **8** (*Scol*) saltare una lezione. **II** *v.t.* (*past, p.p.* **skipped** /-t/) **1** saltare, superare con un balzo. **2** (*to pass over, to omit*) tralasciare, saltare, omettere, sorvolare, non soffermarsi su: *let's ~ the preliminaries and get down to business* tralasciamo i preliminari e veniamo al sodo. **3** (*fig*) (*to fail to do, attend, take, etc.*) saltare: *I usually ~ breakfast* di solito salto la prima colazione. **4** (*fig*) (*to avoid*) evitare: *to ~ doing sth.* evitare di fare qcs. **5** (*fig*) (*to leave out*) saltare: *to ~ a chapter* saltare un capitolo. **6** (*fig*) (*to leave*) lasciare, abbandonare: *they must have -ped the country by now* ormai avranno lasciato il paese. **III** *n.* **1** (*light jump*) saltello *m.*, balzo *m.*, salto *m.* **2** (*skipping gait, movement*) saltello *m.* **3** (*colloq*) (*informal dance*) quattro salti *m.pl.* □ *to ~ across to a place* fare un salto in un posto; (*colloq*) *to ~ bail* fuggire quando si è in libertà provvisoria; *to ~ off* scappare, andarsene alla chetichella; *to ~ off to a place*

fare un salto in un posto; *to ~ out* scappare, andarsene alla chetichella; *to ~ over to a place* fare un salto in un posto; *to ~ school* marinare la scuola; *to ~ through a book* leggere un libro saltando alcune parti; (*colloq*) *to ~ town* lasciare in fretta e di nascosto la città.

skip[2] /skɪp/ *n.* **1** (*Minier*) elevatore *m.* a benna, skip *m.* **2** (*Edil*) benna *f.* di carico, benna *f.* di caricamento. **3** (*Br*) (*container*) cassone *m.* per rifiuti.

skip[3] /skɪp/ **I** *n.* **1** (*Sport*) capitano *m.* di una squadra di curling, capitano *m.* di una squadra di bocce. **2** (*colloq*) (*skipper*) capitano *m.*, comandante *m.* **II** *v.t.* (*past, p.p.* **skipped** /-t/) (*Sport*) essere il capitano di.

skipjack /'skɪpdʒæk/ *n.* **1** (*Itt*) tonno *m.* striato, tonnetto *m.* (striato). **2** (*Mar*) piccola barca *f.* a vela (armata a sloop).

ski-plane /'skiːpleɪn/ *n.* (*Aer*) aeroplano *m.* da neve.

skipper[1] /'skɪpər/ **I** *n.* **1** (*Mar*) skipper *m.*, capitano *m.*, comandante *m.* **2** (*Sport*) capitano *m.* di squadra. **II** *v.t.* **1** (*Mar*) comandare. **2** (*Sport*) essere il capitano di.

skipper[2] /'skɪpər/ *n.* **1** (*one that skips*) chi salta, chi balza. **2** (*Entom*) esperide *m.* **3** (*Itt*) luccio *m.* sauro.

skipping /'skɪpɪŋ/ *n.* il saltare, salto *m.* □ *~ rhyme* filastrocca che si recita saltando la corda; *~ rope* corda per saltare.

skirl /skɜːl *Am* skɜːrl/ *v.i.* **1** emettere un suono acuto, emettere un suono stridulo. **2** (*to play the bagpipe*) suonare la cornamusa. **II** *n.* suono *m.* acuto, suono *m.* stridulo.

skirmish /'skɜːmɪʃ *Am* 'skɜːrmɪʃ/ **I** *n.* **1** (*Mil*) scaramuccia *f.* **2** (*fig*) schermaglia *f.* **II** *v.i.* **1** (*Mil*) battersi in una scaramuccia. **2** (*fig*) impegnarsi in una schermaglia, impegnarsi in una polemica.

skirmisher /'skɜːmɪʃər *Am* 'skɜːrmɪʃər/ *n.* **1** (*Mil*) chi si batte in una scaramuccia. **2** (*soldier of an advanced guard*) soldato *m.* di pattuglia, esploratore *m.*

skirt /skɜːt *Am* skɜːrt/ **I** *n.* **1** gonna *f.*, (*ant*) sottana *f.*: *a short ~* una gonna corta. **2** (*part of a garment*) gonna *f.*: *the ~ of a dress* la gonna di un abito. **3** (*sl*) (*woman, girl*) donna *f.*, ragazza *f.*, gonnella *f.*; (*scherz*) sottana *f.*: *to chase after every ~* correre dietro alle sottane. **4** (*Edil*) zoccolo *m.*, zoccolatura *f.*, battiscopa *m.* **5** (*Macell*) soccoscio *m.* di manzo. **6** (*Aut,Aer*) gonna *f.* **7** *spec.pl.* (*fig*) margine *m.*, bordo *m.*, orlo *m.*: *on the -s of the wood* ai margini del bosco. **8** *pl.* (*fig*) (*outskirts*) periferia *f.sing.*, sobborghi *m.pl.* **II** *v.t.* **1** fiancheggiare, bordare: *the avenue was -ed with poplars* il viale era fiancheggiato da pioppi. **2** (*to lie along the edge of*) correre lungo, fiancheggiare, costeggiare, rasentare: *a road -ed the lake* una strada correva lungo il lago. **3** (*to pass around*) girare intorno a: *we -ed the town* abbiamo girato intorno alla città. **4** (*fig*) evitare: *to ~ the issue* glissare una questione. **III** *v.i.* costeggiare, rasentare (*around, along sth.* qcs.). □ *to ~ around sth.*: **1** girare intorno a qcs; **2** (*fig*) aggirare qcs.; (*colloq*) *~ chaser* donnaiolo, cacciatore di donne; *~ hanger* appendigonna; *to ~ round sth.*: **1** girare intorno a qcs; **2** (*fig*) aggirare qcs.

skirting /'skɜːtɪŋ *Am* 'skɜːrtɪŋ/ *n.* **1** (*Tess*) stoffa *f.* per gonne. **2** (*Edil*) materiale *m.* per zoccolature. □ (*Edil*) *~ board* zoccolino, battiscopa.

skit /skɪt/ *n.* **1** (*Teat*) scenetta *f.* (comica), sketch *m.* **2** (*Lett*) breve componimento *m.* satirico; (*parody*) parodia *f.*

skitter /'skɪtər *Am* 'skɪtər/ *v.i.* **1** sfiorare una superficie, rasentare una superficie. **2** (*of* *ducks landing in water*) svolazzare sull'acqua. **3** (*Pesc*) pescare trascinando l'esca a fior d'acqua.

skittish /'skɪtɪʃ *Am* 'skɪtʃɪʃ/ *a.* **1** (*of a horse*) ombroso. **2** (*lively, sprightly*) vivace, animato, allegro. **3** (*shy, frightened, reluctant to do a certain thing*) pieno di paure, timoroso: *she's been extremely ~ since her car accident last June* da dopo l'incidente dello scorso giugno è piena di paure. **4** (*frivolous*) frivolo, superficiale, vacuo. **5** (*fickle*) volubile, capriccioso, incostante, mutevole, instabile.

skittishly /'skɪtɪʃli *Am* 'skɪtɪʃli/ *avv.* **1** vivacemente, con animazione. **2** (*frivolously*) frivolamente, superficialmente. **3** (*in a fickle way*) volubilmente. **4** (*reluctantly, nervously*) con timore, con poca convinzione.

skittishness /'skɪtɪʃnəs *Am* 'skɪtʃɪʃnəs/ *n.* **1** ombrosità *f.* **2** (*liveliness*) vivacità *f.*, animazione *f.* **3** (*frivolousness*) frivolezza *f.*, superficialità *f.*, vacuità *f.* **4** (*fickleness*) volubilità *f.*, incostanza *f.*, mutevolezza *f.*, instabilità *f.* **5** (*nervousness, reluctance out of fear*) timore *m.*, paura *f.*

skittle /'skɪtl *Am* 'skɪtl/ **I** *n.* **1** birillo *m.* **2** *pl.* (*costr. sing. o pl.*) (*game*) birilli *m.pl.*, gioco *m.sing.* dei birilli. **II** *v.i.* giocare ai birilli. **III** *v.t.* **1** (*Br,colloq*) (*to squander*) sperperare, scialacquare, dilapidare. ☐ *to ~ one's chances* sprecare le proprie opportunità; (*Sport*) *to ~ out* (*in cricket: of batsmen*) sbarazzarsi in breve tempo di, eliminare in rapida successione.

skittler /'skɪtlər *Am* 'skɪtlər/ *n.* giocatore *m.* (*f.* -trice) di birilli.

skive[1] /skaɪv/ *v.t.* (*Br*) **1** (*of leather, rubber*) tagliare in strati, tagliare a strisce sottili. **2** (*of gems*) molare. **3** (*of hides*) scarnire, raschiare.

skive[2] /skaɪv/ *v.i.* (*sl*) (*to shirk*) tirarsi indietro, sottrarsi ai propri obblighi, fare il lavativo.

skiver[1] /'skaɪvər/ *n.* **1** (*Pell,Legat*) marocchino *m.* **2** (*tool*) trincetto *m.*

skiver[2] /'skaɪvər/ *n.* (*sl*) (*shirker*) scansafatiche *m./f.*, lavativo *m.* (*f.* -a).

skivvy /'skɪvi/ *n.* **1** (*sl*) (*maidservant*) serva *f.*, tuttofare *f.* **2** *pl.* (*Am,sl*) (*underwear*) maglietta *f.sing.* e slip.

skivy /'skaɪvi/ *a.* (*sl*) **1** (*dishonest*) disonesto, sleale. **2** (*shirking*) che si tira indietro.

skulduggery /,skʌl'dʌgəri/ *n.* (*colloq*) **1** disonestà *f.*, furfanteria *f.* **2** (*dishonest activities*) disonestà *f.pl.*

skulk /skʌlk/ **I** *v.i.* **1** appiattarsi, nascondersi, rintanarsi: *to ~ in the shadows* appiattarsi nell'ombra. **2** (*to move furtively*) muoversi furtivamente, strisciare. **3** (*colloq*) (*to shirk*) tirarsi indietro, fare il lavativo. **II** *n.* (*shirker*) scansafatiche *m./f.*, lavativo *m.* (*f.* -a).

skulker /'skʌlkər/ *n.* (*shirker*) scansafatiche *m./f.*, lavativo *m.* (*f.* -a).

skull /skʌl/ *n.* **1** (*Anat*) cranio *m.*, teschio *m.* **2** (*colloq*) (*mind*) testa *f.*, mente *f.*, cervello *m.*: *get this into your ~!* ficcatelo in testa! **3** (*death's head*) teschio *m.* ☐ (*Mod*) ~ *cap* papalina, zucchetto; *~ and cross-bones*: **1** teschio e tibie incrociate; **2** (*pirate's flag*) bandiera con il teschio, bandiera pirata.

skunk /skʌŋk/ (*pl.inv. o* -s /-s/; *il pl. inv. si usa general. con valore collett.*) **I** *n.* **1** (*Zool*) moffetta *f.* **2** (*fur*) pelliccia *f.* di moffetta. **3** (*colloq*) (*despicable person*) farabutto *m.*, canaglia *f.*, mascalzone *m.* **II** *v.t.* (*Am,colloq, Sport*) fare cappotto a.

sky /skaɪ/ **I** *n.* **1** cielo *m.*: *the ~ was overcast* il cielo era coperto. **2** (*fig*) (*heaven*) cielo *m.*, paradiso *m.* **3** *pl.* (*climate*) cielo *m.sing.*, clima *m.sing.*: *the rainy skies of England* il cielo

piovoso dell'Inghilterra. **II** *v.t.* **1** (*colloq*) (*of a ball*) tirare a campanile, tirare a candela. **2** (*of a painting*) attaccare troppo in alto. ☐ *the ~ above* il cielo lassù; ~ *blue* azzurro (cielo), celeste; ~ *burial* (*Tibetan funeral ritual*) sepoltura in cielo; (*colloq*) *the ~ is the limit* non ci sono limiti, non c'è limite; (*colloq*) ~ *pilot* prete; *to take to the skies* prendere il volo; *under the open* ~ all'aperto, sotto le stelle; (*Rad*) ~ *wave* onda spaziale.

sky-blue /,skaɪ'bluː/ **I** *n.* azzurro *m.* (cielo), celeste *m.* **II** *a.* azzurro (cielo), celeste. ☐ (*scherz*) ~ *pink* color cane che fugge.

skyborne /'skaɪbɔːn *Am* 'skaɪbɔːrn/ *a.* aviotrasportato.

sky-box /'skaɪbɑːks/ *n.* (*Am*) (*at a sports arena*) skybox *m.*, tribuna *f.* per VIP (al chiuso e con servizio bar).

sky-dive /'skaɪdaɪv/ *v.i.* praticare lo sky-diving.

sky-diver /'skaɪdaɪvər/ *n.* sky-diver *m./f.*, chi pratica lo sky-diving.

sky-diving /'skaɪdaɪvɪŋ/ *n.* sky-diving *m.*, il lanciarsi con un paracadute ad apertura ritardata.

sky-high /skaɪ'haɪ/ **I** *avv.* **1** molto in alto. **2** (*to a high level*) alle stelle: *prices have gone ~* i prezzi sono saliti alle stelle. **II** *a.* **1** altissimo, alto al cielo, che arriva al cielo. **2** (*of prices, etc.*) altissimo, esorbitante, eccessivo.

skyjack /'skaɪdʒæk/ *v.t.* (*of an aircraft*) dirottare. **II** *n.* (*of an aircraft*) dirottamento *m.*

skyjacker /'skaɪdʒækər/ *n.* dirottatore *m.* (*f.* -trice), pirata *m.* dell'aria.

skyjacking /'skaɪdʒækɪŋ/ *n.* dirottamento *m.* aereo.

skylark /'skaɪlɑːk *Am* 'skaɪlɑːrk/ **I** *n.* (*Ornit*) allodola *f.* **II** *v.i.* **1** fare cagnara, fare chiasso. **2** (*to frolic*) saltellare, sgambettare.

skylight /'skaɪlaɪt/ *n.* **1** (*Edil*) lucernario *m.*; (*window in a roof*) lanterna *f.* (di lucernario). **2** (*Mar*) spiraglio *m.*, osteriggio *m.*

skyline /'skaɪlaɪn/ *n.* **1** orizzonte *m.*, linea *f.* dell'orizzonte. **2** (*outline of sth. against the sky*) profilo *m.*, sagoma *f.* (all'orizzonte). **3** (*of rooftops*) profilo *m.* dei tetti (all'orizzonte).

skylit /'skaɪlɪt/ *a.* **1** (*fitted with skylights*) con lucernari. **2** (*lit by skylights*) illuminato da lucernari.

skyrocket /'skaɪˌrɒkɪt *Am* 'skaɪˌrɑːkɪt/ **I** *n.* razzo *m.* (pirotecnico). **II** *v.i.* (*fig*) salire alle stelle, andare alle stelle, salire all'improvviso: *oil prices -ed during the Gulf War* durante la Guerra del Golfo i prezzi del petrolio sono saliti alle stelle.

skysail /'skaɪseɪl/ *n.* (*Mar*) controvelaccio *m.*

skyscape /'skaɪskeɪp/ *n.* **1** panorama *m.* in cui il cielo ha parte predominante, veduta *f.* in cui il cielo ha parte predominante. **2** (*Pitt*) quadro *m.* in cui il cielo ha parte predominante.

skyscraper /'skaɪˌskreɪpər/ *n.* grattacielo *m.*

skyward /'skaɪwəd *Am* 'skaɪwərd/ **I** *a.* volto verso il cielo, rivolto verso il cielo. **II** *avv.* verso il cielo.

skywards /'skaɪwədz *Am* 'skaɪwərdz/ *avv.* verso il cielo.

skyway /'skaɪweɪ/ *n.* **1** (*Aer*) rotta *f.* aerea. **2** (*Am,Strad*) autostrada *f.* soprelevata.

skywriting /'skaɪˌraɪtɪŋ *Am* 'skaɪˌraɪtɪŋ/ *n.* pubblicità *f.* aerea.

S.L. *see sea level* l.m. (livello del mare).

slab /slæb/ **I** *n.* **1** piastra *f.*, lastra *f.*, lastrone *m.* **2** (*of wood*) tavola *f.* **3** (*of bread, cake, etc.*) grossa fetta *f.* **4** (*Strad*) pavimentazione *f.* in calcestruzzo. **5** (*Edil*) piastra *f.* di calcestruzzo. **6** (*sl*) (*mortuary table*) tavolo *m.* mortua-

rio; (*operating table*) tavolo *m.* operatorio. **7** (*Fal*) sciavero *m.* **II** *v.t.* (*past, p.p.* **slabbed** /-d/) **1** ridurre in lastre, tagliare in lastre. **2** (*Fal*) squadrare. **3** (*Strad*) lastricare.

slab-sided /'slæb,saɪdɪd/ *a.* (*Br*) **1** (*colloq*) piatto ai lati. **2** (*lean, thin*) alto e magro, allampanato.

slabstone /'slæbstoʊn/ *n.* pietra *f.* da lastre.

slack[1] /slæk/ **I** *a.* **1** lento, allentato: *a ~ rope* una corda lenta; *to keep the reins ~* tenere le redini allentate. **2** (*fig*) debole, irresoluto: *to rule with a ~ hand* governare con mano debole. **3** (*dull, inactive*) fiacco, stanco, inattivo: *the market is ~* il mercato è fiacco. **4** (*careless, negligent*) trascurato, negligente. **5** (*lazy*) lento, indolente, pigro. **6** (*slow, sluggish*) lento, stanco, fiacco, svogliato: *a ~ pace* un passo lento. **7** (*of wind*) debole. **8** (*of tide*) in stanca. **II** *n.* **1** lentezza *f.*, mollezza *f.* **2** (*of a garment, rope*) lentezza *f.*, scioltezza *f.*: *there's too much ~ in this rope* questa corda è troppo lenta. **2** (*Comm*) (*period of inactivity*) periodo *m.* di ristagno, periodo *m.* di inattività; (*decrease in activity*) ristagno *m.* **4** (*tide*) marea *f.* ferma, stanca *f.* di marea. **5** (*Mar*) imbando *m.* **6** (*Mecc*) gioco *m.* **7** *pl.* (*Abbigl*) calzoni *m.pl.* larghi; (*women's trousers*) pantaloni *m.pl.* da donna. **III** *v.t.* **1** allentare, diminuire la tensione di, mollare. **2** (*to cause to lessen*) diminuire, ridurre, scemare. **3** (*to be remiss in*) trascurare, trattare con negligenza. **IV** *v.i.* **1** diminuire, calare, scemare, ridursi. **2** (*of speed*) mollare la tensione. **3** (*to loosen*) allentarsi. **4** (*to be remiss in one's work, etc.*) essere indolente, essere pigro, lavorare di malavoglia. ☐ *to ~ away* allentare, diminuire la tensione di, mollare; *to cut so. some ~* (o *to give so. some ~*) cercare di capire qcu.; *to ~ off*: **1** (*to loosen*) allentare, diminuire la tensione di, mollare: *to ~ off a rope* allentare una fune; **2** (*to become loose*) allentarsi, allentare, diminuire la tensione di, mollare: *to ~ off a rope* allentare una fune; **3** (*to lessen*) diminuire, calare, scemare, ridursi; **4** (*of speed*) rallentare, diminuire; **5** (*to be remiss in one's work, etc.*) essere indolente, essere pigro, lavorare di malavoglia; *to ~ out* allentare, diminuire la tensione di, mollare; (*fig*) *to pick up the ~* prendere in mano la situazione; *~ rope* corda poco tesa (per acrobati); *to take up the ~*: **1** tesare, tendere, mettere in tensione (*in sth.* qcs.); **2** (*fig*) prendere in mano la situazione; *to ~ up*: **1** diminuire, ridurre, scemare, calare; **2** (*to go more slowly*) rallentare, diminuire; (*Mar*) ~ *water* marea ferma, stanca di marea.

slack[2] /slæk/ *n.* (*Minier*) (*coal dust*) polvere *f.* di carbone.

slacken /'slækən/ **I** *v.t.* **1** allentare, diminuire la tensione di, mollare. **2** (*fig*) ridurre, diminuire: *to ~ one's speed* ridurre la velocità; *to ~ one's efforts* diminuire gli sforzi. **II** *v.i.* **1** allentarsi. **2** (*fig*) rallentare, ridursi, calare, diminuire, scemare. ☐ *to ~ the pace* rallentare l'andatura, rallentare il passo.

slacker /'slækər/ *n.* (*Am,colloq*) scansafatiche *m./f.*, fannullone *m.* (*f.* -a).

slack-jawed /'slækdʒɔːd/ ☐ *in ~ amazement* stupefatto, a bocca aperta.

slackly /'slækli/ *avv.* **1** in modo sciolto, in modo lento. **2** (*negligently*) negligentemente, trascuratamente.

slackness /'slæknəs/ *n.* **1** lentezza *f.*, mollezza *f.*, scioltezza *f.* **2** (*carelessness*) negligenza *f.*, trascuratezza *f.* **3** (*idleness*) svogliatezza *f.*, pigrizia *f.* **4** (*Comm*) fiacchezza *f.*, ristagno *m.*, inattività *f.*

slag[1] /slæg/ *n.* **1** (*Met*) scoria *f.*, loppa *f.* **2** (*of* *a volcano*) scoria *f.* vulcanica. **3** (*Minier*) scorie *f.pl.*

slag [2] /slæg/ (*past, p.p.* **slagged** /-d/) **I** *v.t.* (*Met*) scorificare. **II** *v.i.* (*Met*) eseguire la scorificazione. □ (*Met*) *to ~ off* scorificare.

slain /sleɪn/ → **slay**.

slake /sleɪk/ *v.t.* **1** estinguere, spegnere. **2** (*to satisfy*) appagare, soddisfare: *to ~ one's desire for revenge* appagare il proprio desiderio di vendetta. **3** (*Tecn*) (*of lime*) spegnere.

slalom /ˈslɑːləm/ *n.* (*Sport*) slalom *m.* □ (*Sport*) *~ racer* slalomista.

slam /slæm/ **I** *v.t.* (*past, p.p.* **slammed** /-d/) **1** sbattere, chiudere violentemente, chiudere con forza, sbatacchiare: *don't ~ the door* non sbattere la porta; *to ~ the door in so.'s face* sbattere la porta in faccia a qcu., chiudere la porta in faccia a qcu. **2** (*to put, to place violently*) sbattere, gettare con violenza. **3** (*colloq*) (*to criticize brutally*) stroncare, criticare aspramente. **4** (*Am,colloq*) (*to hit violently*) colpire con violenza. **II** *v.i.* (*past, p.p.* **slammed** /-d/) sbattere, chiudersi con forza. **III** *n.* **1** forte rumore *m.*, colpo *m.* violento, colpo *m.* secco. **2** (*noisy, violent closing*) sbatacchiamento *m.* **3** (*in bridge*) slam *m.* □ *to ~ on the brakes* (o *to ~ the brakes on*) inchiodare, schiacciare a fondo il (pedale del) freno; (*fig*) *to ~ the door on a proposal* respingere una proposta; *~ dunk*: **1** (*Sport*) (*in basketball*) schiacciata; **2** (*Am,fig*) scherzetto, gioco da ragazzi; (*Br*) *~ poetry* gara di poesia.

slam-dunk /ˌslæmˈdʌŋk, ˈslæmdʌŋk/ *v.t./i.* **1** (*Sport*) (*in basketball*) fare una schiacciata. **2** (*Am,fig*) sconfiggere, battere (con estrema facilità). **II** *n.* **1** (*Sport*) (*in basketball*) schiacciata *f.* **2** (*Am,fig*) scherzetto *m.*, gioco *m.* da ragazzi.

slammer /ˈslæmər/ *n.* **1** (*sl*) (*prison*) carcere *m.*, prigione *f.*, gattabuia *f.* **2** (*drink*) tequila *f.* bum bum.

slander /ˈslɑːndər *Am* ˈslændər/ **I** *n.* **1** calunnia *f.*, diffamazione *f.*, infamia *f.* **2** (*Dir*) diffamazione *f.* **II** *v.t.* calunniare, diffamare.

slanderer /ˈslɑːndərər *Am* ˈslændərər/ *n.* calunniatore *m.* (*f.* -trice), diffamatore *m.* (*f.* -trice).

slanderous /ˈslɑːndərəs *Am* ˈslændərəs/ *a.* **1** calunnioso, diffamatorio. **2** (*of a person*) calunniatore, diffamatore, infamatore.

slanderously /ˈslɑːndərəsli *Am* ˈslændərəsli/ *avv.* calunniosamente.

slang /slæŋ/ **I** *n.* gergo *m.*, slang *m.* **II** *a.* gergale, del gergo: *~ expression* un'espressione gergale. **III** *v.t.* insultare, ingiuriare, apostrofare con linguaggio ingiurioso.

slangily /ˈslæŋili/ *avv.* in gergo.

slanginess /ˈslæŋinəs/ *n.* l'essere gergale, carattere *m.* gergale.

slanging /ˈslæŋiŋ/ □ (*Br,colloq*) *~ match* violento scambio di insulti.

slangy /ˈslæŋi/ *a.* **1** gergale, del gergo. **2** (*using slang*) che parla il gergo, che parla in gergo.

slank /slæŋk/ → **slink**.

slant /slɑːnt *Am* slænt/ **I** *v.i.* **1** essere in pendenza, pendere, inclinarsi: *the roof -s steeply* il tetto è in forte pendenza; *italic writing -s to the right* il carattere corsivo è inclinato a destra. **2** (*to take a slanting course*) prendere una direzione obliqua, andare di sbieco, sbiecare. **3** (*fig*) avere disposizione, avere propensione, avere inclinazione, avere attitudine (*toward* per). **II** *v.t.* **1** dare pendenza a, inclinare, far pendere. **2** (*to give a slanting course to*) dare una direzione obliqua a. **3** (*to angle*) presentare in modo tendenzioso, alterare, deformare, travisare (*anche Giorn*): *to*

~ the news presentare le notizie in modo tendenzioso. **4** (*to direct towards a particular group*) adattare a. (*anche Giorn*). **III** *n.* **1** pendenza *f.*, inclinazione *f.* **2** (*sloping surface*) pendio *m.*, declivio *m.*, discesa *f.* **3** (*perspective*) modo *m.* di vedere, punto *m.* di vista, opinione *f.*, angolazione *f.* (*anche Giorn*). **4** (*colloq*) (*bias*) disposizione *f.*, propensione *f.*, inclinazione *f.*, tendenza *f.* **5** (*colloq*) (*glance*) occhiata *f.*, rapido sguardo *m.* □ *on a ~* (o *on the ~*) obliquamente, di traverso.

slanted /ˈslɑːntɪd *Am* ˈslæntɪd/ *a.* **1** in pendenza, inclinato. **2** (*fig*) disposto (*to, toward* verso), con una propensione (*to, toward* per).

slant-eyed /ˈslɑːntaɪd *Am* ˈslæntaɪd/ *a.* (*spreg*) dagli occhi a mandorla.

slanting /ˈslɑːntɪŋ *Am* ˈslæntɪŋ/ *a.* inclinato, obliquo, sbieco.

slantingly /ˈslɑːntɪŋli *Am* ˈslæntɪŋli/ *avv.* in pendenza.

slantways /ˈslɑːntweɪz *Am* ˈslæntweɪz/ **I** *a.* obliquo, di traverso. **II** *avv.* obliquamente, di traverso.

slantwise /ˈslɑːntwaɪz *Am* ˈslæntwaɪz/ **I** *a.* obliquo, di traverso. **II** *avv.* obliquamente, di traverso.

slap /slæp/ **I** *n.* **1** manata *f.*, pacca *f.* **2** (*on so.'s face*) schiaffo *m.*, ceffone *m.*, sventola *f.* **II** *avv.* (*colloq*) in pieno, direttamente, diritto, proprio, esattamente: *he ran ~ into the wall* andò a sbattere in pieno contro il muro. **III** *v.t.* **1** schiaffeggiare, dare uno schiaffo a, dare un ceffone a. **2** (*to strike with the open hand*) dare una pacca a, colpire di piatto. **3** (*to strike with a slapping sound*) colpire facendo un rumore secco, sbattere (*on* su); (*of waves*) sbattere, battere (*against* contro). □ *~ so. across the face* dare una sbarla a qcu.; *to ~ so. around* menare qcu., darle a qcu.; (*fig*) *a ~ on the back* una pacca sulla spalla (per congratularsi); *to ~ down*: **1** posare (giù) con un rumore secco, sbattere (giù); **2** (*to put down roughly*) posare in malo modo, metter giù senza tanti riguardi; **3** (*Br, colloq*) (*to suppress*) stroncare, reprimere, soffocare; **4** (*Br,colloq*) (*to reprimand*) rimproverare (aspramente), sgridare; (*fig*) *a ~ in the face* uno schiaffo morale; *to ~ a fine on so.* dare una multa a qcu.; *to ~ some paint on sth.* dare qualche pennellata di vernice su qcs.; (*Br,scherz*) *~ and tickle* coccole, giochi amorosi; (*fig*) *a ~ on the wrist* una tirata d'orecchi, una sgridata.

slap-bang /ˌslæpˈbæŋ/ *avv.* **1** (*colloq*) improvvisamente, di colpo. **2** (*roughly*) rudemente, sgarbatamente. **3** (*exactly*) in pieno, direttamente, diritto, proprio, esattamente.

slapdash /ˌslæpˈdæʃ, ˈslæpdæʃ/ **I** *a.* **1** abborracciato, fatto alla meglio: *~ work* lavoro abborracciato. **2** (*rushed*) frettoloso. **II** *avv.* **1** in modo abborracciato, alla meno peggio, alla meglio. **2** (*rashly*) frettolosamente, in fretta e furia.

slap-happy /ˌslæpˈhæpi *Am* ˈslæpˌhæpi/ *a.* **1** (*colloq*) stordito, tramortito; (*of a boxer*) suonato. **2** (*cheerful*) allegro, contento, di buonumore. **3** (*cheerfully reckless*) incosciente, irresponsabile.

slapjack /ˈslæpdʒæk/ *n.* (*Am,Gastron*) frittella *f.*

slapstick /ˈslæpstɪk/ **I** *n.* **1** (*Teat,Cin*) farsa *f.* grossolana. **2** (*wooden device used in farce*) spatola *f.* di Arlecchino, slapstick *m.* **3** (*Cin*) (*clapper*) ciac *m.* grossolano.

slap-up /ˌslæpˈʌp/ *a.* (*Br,colloq*) (*of a meal*) eccellente, di prima qualità, coi fiocchi.

slash /slæʃ/ *v.t.* **1** tagliare, squarciare, sfregiare: *to ~ a painting* fare un taglio su una tela. **2** (*to hit with a slashing stroke, to lash*)

sferzare, frustare. **3** (*to hit, to drive forcibly*) colpire con forza: *he -ed the ball out of the court* colpì con forza la palla mandandola fuori campo. **4** (*fig*) (*to reduce drastically*) ridurre drasticamente, diminuire drasticamente, decurtare, tagliare: *to ~ prices* ridurre drasticamente i prezzi. **5** (*fig*) (*to reduce the length of*) ridurre, accorciare, tagliare. **6** (*fig*) (*to criticize cuttingly*) criticare sarcasticamente, stroncare. **7** (*Sart*) fare dei tagli ornamentali in. **II** *v.i.* **1** dare colpi (per tagliare) (*at* a). **2** (*with a lash*) dare frustate. **3** (*Sport*) (*to wield a stick, bat, etc., overvigorously*) dare colpi troppo forti (*at* a). **III** *n.* **1** taglio *m.*, sfregio *m.*, squarcio *m.*; (*on the skin*) sfregio *m.* **2** (*slashing stroke*) colpo *m.* di striscio, fendente *m.* **3** (*with a lash*) frustata *f.*, sferzata *f.* **4** (*Sart*) piega *f.* a soffietto. **5** (*Tip,Inform*) slash *m.*, barra *f.* **6** (*Br,Aus,colloq*) pisciata *f.*: *I need a ~* devo fare acqua, devo fare una pisciatina. □ *to ~ one's way through the enemy's ranks* aprirsi un varco tra le file nemiche; *to ~ one's wrists* tagliarsi le vene.

slash-and-burn /ˌslæʃ(ə)n(d)ˈbɜːn *Am* ˌslæʃ(ə)n(d)ˈbɜːrn/ □ (*Agr*) *~ cultivation* coltivazione su debbiato.

slashed /slæʃt/ *a.* (*Abbigl*) con pieghe a soffietto.

slasher /ˈslæʃər/ □ (*colloq*) *~ book* libro pieno di scene violente; (*colloq*) *~ movie* film pieno di scene violente.

slashing /ˈslæʃɪŋ/ *a.* **1** di taglio: *a ~ blow* un colpo di taglio. **2** (*Br,fig*) (*critical*) tagliente, pungente: *~ wit* spirito pungente. **3** (*of rain, wind*) sferzante. □ (*colloq*) *a ~ criticism* una stroncatura.

slat /slæt/ *n.* **1** assicella *f.*, stecca *f.* **2** (*for a blind, etc.*) stecca *f.* **3** (*for a bed*) doga *f.*

slate [1] /sleɪt/ **I** *n.* **1** (*Geol*) ardesia *f.*, lavagna *f.* **2** (*Edil*) tegola *f.* (di ardesia). **3** (*for writing on*) lavagna *f.* portatile. **4** (*slate-grey*) color *m.* grigio ardesia, color *m.* lavagna. **II** *a.* **1** di ardesia. **2** (*containing slate*) contenente ardesia. **3** (*slate-grey*) (*color*) grigio ardesia, color lavagna. **4** (*Am,Pol*) lista *f.* dei candidati. **III** *v.t.* **1** ricoprire di ardesia: *to ~ a roof* ricoprire un tetto di ardesia. **2** (*fig*) (*to schedule*) fissare, programmare, mettere in programma. **3** (*Am,fig*) (*to propose for elections, etc.*) proporre la candidatura di, mettere in lista. □ (*Br,colloq*) *to have a ~ loose* essere un po' suonato, non avere tutte le rotelle a posto; *~ pencil* matita di ardesia; *to put it on the ~* far mettere in conto, fare segnare, non pagare subito; *~ quarry* cava di ardesia.

slate [2] /sleɪt/ *v.t.* **1** (*Br,colloq*) (*to censure severely*) criticare aspramente, stroncare. **2** (*Br,colloq*) (*to scold, to rebuke*) sgridare, rimproverare aspramente. **3** (*Am,colloq*) (*to plan, to schedule*) mettere in programma, prevedere: *the gala is slated for June 14th* il gala è in programma per il 14 giugno.

slate-black /ˈsleɪtˌblæk/ **I** *n.* nero *m.* ardesia. **II** *a.* (*color*) nero ardesia.

slate-blue /ˈsleɪtˌbluː/ **I** *n.* color *m.* celeste lavagna, azzurro *m.* ardesia, celeste *m.* ardesia. **II** *a.* celeste ardesia, celeste lavagna.

slate-gray /ˈsleɪtˌɡreɪ/ **I** *n.* (*Am*) color *m.* grigio ardesia, color *m.* lavagna. **II** *a.* (*Am*) grigio ardesia, ardesiaco.

slate-grey /ˈsleɪtˌɡreɪ/ **I** *n.* color *m.* grigio ardesia, color *m.* lavagna. **II** *a.* grigio ardesia, ardesiaco.

slater [1] /ˈsleɪtər *Am* ˈsleɪtər/ *n.* operaio *m.* che copre i tetti con tegole (*o* lastre) di ardesia.

slater [2] /ˈsleɪtər/ *n.* (*Br,colloq*) (*harsh critic*) critico *m.* molto esigente, critico *m.* molto severo.

slather /ˈslæðər/ *v.t.* (*colloq*) spalmare abbondantemente.

slating[1] /'sleɪtɪŋ Am 'sleɪtɪŋ/ n. **1** copertura f. (di tetti) con lastre di ardesia. **2** (material for slating) lastre f.pl. di ardesia (per copertura), tegole f.pl. di ardesia (per copertura).

slating[2] /'sleɪtɪŋ/ n. (Br) **1** (colloq) (brutal criticism) critica f. aspra, critica f. dura, stroncatura f. **2** (severe reprimand) lavata f. di capo.

slattern /'slætɜːn Am 'slætɜːn/ n. (ant) donna f. trasandata, donna f. sciatta, sciattona f.

slatternliness /'slætɜːnlɪnəs Am 'slætɜːnlɪnəs/ n. trasandatezza f., trascuratezza f., sciatteria f.

slatternly /'slætɜːnli Am 'slætɜːnli/ I a. trasandato, trascurato, sciatto, sciamannato. II avv. sciattamente, in maniera trasandata, in modo trascurato.

slaty /'sleɪti Am 'sleɪti/ a. **1** di ardesia. **2** (containing slate) che contiene ardesia: ~ soil terreno che contiene ardesia. **3** (slate-coloured) di color ardesia, ardesiaco.

slaughter /'slɔːtər Am 'slɔːtər/ I n. **1** macello m. **2** (Macell) macellazione f., (rar) mattazione f. **3** (fig) uccisione f. brutale; (carnage) strage f., massacro m., carneficina f.: the ~ of the innocents la strage degli innocenti. II v.t. **1** (Macell) macellare, scannare. **2** (fig) uccidere brutalmente, trucidare, scannare; (to kill in large numbers) sterminare, massacrare, fare strage di. **3** (colloq) (to defeat utterly) sbaragliare, schiacciare, distruggere.

slaughterer /'slɔːtərər Am 'slɔːtərər/ n. **1** massacratore m. (f. -trice). **2** (slaughterman) macellatore m., macellaio m.

slaughterhouse /'slɔːtəhaʊs Am 'slɔːtərhaʊs/ n. **1** macello m., mattatoio m. **2** (fig) luogo m. di carneficina, luogo m. di strage.

slaughtering /'slɔːtərɪŋ Am 'slɔːtərɪŋ/ n. (Macell) macellazione f., (rar) mattazione f.

slaughterman /'slɔːtəmən Am 'slɔːtərmən/ n.irr. macellatore m., macellaio m.

slaughterous /'slɔːtərəs Am 'slɔːtərəs/ a. **1** micidiale, mortale. **2** (destructive) distruttivo.

slaughterously /'slɔːtərəsli Am 'slɔːtərəsli/ avv. in modo micidiale.

Slav /slɑːv Am also slæv/ I n. slavo m. (f. -a). II a. slavo.

slave /sleɪv/ I n. **1** schiavo m. (f. -a) (anche fig): he is a ~ to tobacco è schiavo del tabacco. **2** (fig) (drudge) chi fa un lavoro duro, chi fa un lavoro ingrato, bestia f. da soma. **3** (Inform) slave m. II a. **1** ridotto in schiavitù, schiavo, asservito, assoggettato: a ~ population un popolo ridotto in schiavitù. **2** (of slaves) di schiavi, relativo a schiavi. III v.i. **1** lavorare come uno schiavo. **2** (colloq) sfacchinare, sgobbare. □ to ~ away: 1 lavorare come uno schiavo; 2 (colloq) sfacchinare, sgobbare; ~ bangle braccialetto alla schiava; to be a ~ of the bottle essere schiavo dell'alcol; ~ bracelet braccialetto alla schiava; (Geog.stor) Slave Coast Costa degli Schiavi; ~ driver: 1 sorvegliante di schiavi; 2 (fig) aguzzino, negriero, negriere; (estens) schiavista; ~ labour (o Am ~ labor): 1 lavori forzati; 2 (work done by slaves) lavoro fatto da schiavi; ~ name cognome del padrone esteso ai suoi schiavi; to ~ over sth. stare tutto il giorno a fare qcs.; (Geog) Slave River fiume degli Schiavi; ~ ship nave negriera; (Stor.am) ~ state stato schiavista; ~ trade tratta degli schiavi; ~ trader trafficante di schiavi, mercante di schiavi; ~ traffic tratta degli schiavi.

slave-driver /'sleɪvdraɪvər/ n. (fig) schiavista m., negriero m.

slaver[1] /'sleɪvər/ n. **1** schiavista m., negriere m., negriero m., mercante di schiavi. **2**

(ship) nave f. negriera.

slaver[2] /'slævər/ I v.i. **1** sbavare, fare (la) bava. **2** (fig) (to fawn) essere servile e adulatore; (colloq) essere un leccapiedi. **3** (fig) (to foam with rage) essere furioso, schiumare dalla rabbia, schiumare di rabbia, avere la schiuma alla bocca. II v.t. sporcare di bava, sbavare. III n. **1** bava f. **2** (fig) sciocchezze f.pl., stupidaggini f.pl.

slavery /'sleɪvəri/ n. **1** schiavitù f. (anche fig): to be held in ~ essere tenuto in schiavitù. **2** (custom of owning slaves) schiavismo m. □ to sell so. into ~ vendere qcu. come schiavo; to reduce a people to ~ ridurre un popolo in schiavitù.

Slavic /'slɑːvɪk, 'slævɪk/ I a. slavo. II n. slavo m. (f. -a).

Slavicism /'slɑːvɪsɪzm, 'slævɪsɪzm/ n. slavismo m.

slavish /'sleɪvɪʃ/ a. **1** di schiavo, da schiavo, servile. **2** (lacking originality) pedissequo, servile, privo di originalità: a ~ imitation un'imitazione pedissequa; a ~ translation una traduzione priva di originalità. **3** (requiring hard work) da schiavo, faticoso, pesante, duro.

slavishly /'sleɪvɪʃli/ avv. **1** servilmente. **2** (imitatively) pedissequamente, servilmente.

slavishness /'sleɪvɪʃnəs/ n. **1** servilismo m. **2** (imitativeness) imitazione f. pedissequa, imitazione f. servile.

Slavism /'slɑːvɪzm, 'slævɪzm/ n. slavismo m.

Slavonia /slə'vəʊniə/ n.pr. (Geog) Slavonia f.

Slavonian /slə'vəʊniən/ I a. **1** della Slavonia, relativo alla Slavonia. **2** (Slavic) slavo. II n. **1** abitante m./f. della Slavonia, slavo m. (f. -a). **2** (Slavic languages) lingue f.pl. slave, slavo m.

Slavonic /slə'vɒnɪk Am slə'vɑːnɪk/ I a. **1** della Slavonia, relativo alla Slavonia. **2** (Slavic) slavo. II n. (Slavic languages) lingue f.pl. slave, slavo m.

Slavophil /'slɑːvəʊfɪl, 'slævəʊfɪl/ I n. slavofilo m. (f. -a). II a. slavofilo.

Slavophile /'slɑːvəʊfaɪl, 'slævəʊfaɪl/ I n. slavofilo m. (f. -a). II a. slavofilo.

slaw /slɔː/ n. (Am,Gastron,colloq) insalata f. di cavolo con maionese.

slay /sleɪ/ (past **slew** /sluː/, p.p. **slain** /sleɪn/) v.t. ammazzare, trucidare, assassinare, uccidere.

slayer /'sleɪər/ n. **1** chi uccide, uccisore m. **2** (colloq) (murderer) assassino m. (f. -a).

SLB Solomon Islands SLB (Isole Salomone).

SLBM (Mil) submarine-launched ballistic missile SLBM (missile balistico lanciato da un sottomarino).

sleaziness /'sliːzɪnəs/ n. (colloq) (sordidness) sordidezza f.

sleazy /'sliːzi/ a. **1** (sordid, corrupt, immoral) sporco, losco, squallido, equivoco, malfamato. **2** (of building) squallido, sudicio. **3** (colloq) sciatto, trasandato, squallido.

sled /sled/ I n. **1** (spec. Am) slittino m., slitta f. **2** (Agr) treggia f. II v.i. andare in slitta. III v.t. trasportare su una slitta.

sledge[1] /sledʒ/ I n. **1** slitta f. II v.i. andare in slitta. III v.t. trasportare su una slitta.

sledge[2] /sledʒ/ n./a./v.t./v.i. → **sledgehammer**.

sledgehammer, sledge-hammer /'sledʒˌhæmər/ I n. **1** mazza f., martello m. da fabbro. II a. poderoso, potente: a ~ blow un colpo poderoso. III v.t. battere con la mazza. IV v.i. dare colpi con la mazza.

sleek /sliːk/ I a. **1** lucido, lucente, (smooth) liscio. **2** (fig) (suave, unctuous) mellifluo,

untuoso, ipocrita. **3** (fig) (well-groomed) azzimato, lisciato. II v.t. **1** lisciare, pettinare lisci: to ~ one's hair (back) lisciarsi i capelli. **2** (to make smooth) levigare, rendere liscio, lisciare. □ a ~ sports car un'auto sportiva dalla linea slanciata.

sleekly /'sliːkli/ avv. in modo scorrevole, in modo liscio, scorrevolmente: the car glided ~ away l'automobile scivolò via dolcemente.

sleekness /'sliːknəs/ n. **1** lucentezza f. **2** (smoothness) l'essere liscio, levigatezza f. **3** (fig) (unctuousness) untuosità f., mellifluità f.

sleep[1] /sliːp/ n. **1** sonno m., il dormire. **2** (period) dormita f., sonno m.: a long ~ una lunga dormita. **3** (gummy secretion) cispa f.: he rubbed the ~ from his eyes si tolse la cispa dagli occhi. □ to get to ~ prendere sonno, addormentarsi; to get little ~ dormire poco; to get some ~ farsi un una dormitina, farsi un sonnellino; (iron) why don't you go back to ~? va be', tu torna a dormire; to go to ~ addormentarsi, prendere sonno; my arm has gone to ~ mi si è addormentato il braccio; (fig) in one's ~ nel sonno, a occhi chiusi: I could do it in my ~ lo potrei fare a occhi chiusi; to put to ~: 1 (fare) addormentare, far dormire: to put a child to ~ addormentare un bambino; 2 (eufem) (of an animal) addormentare, uccidere.

sleep[2] /sliːp/ (past, p.p. **slept** /slept/) I v.i. **1** dormire, riposare: to ~ well dormire bene. **2** (to go to sleep) addormentarsi: he turned out the light and slept spense la luce e si addormentò. **3** (to pass the night) dormire, passare la notte, alloggiare. **4** (to have sexual relations) andare a letto (with con). II v.t **1** dormire: to ~ a dreamless sleep dormire un sonno senza sogni. **2** (to accomodate) poter ospitare, alloggiare: the hotel -s sixty people l'albergo può ospitare sessanta persone. □ (colloq) to ~ around andare a letto con tutti, essere promiscuo; to ~ away trascorrere dormendo, passare dormendo; to ~ heavily dormire profondamente; to ~ in (to stay in bed later than usual) rimanere a letto più (a lungo) del solito; to ~ late dormire fino a tardi; to ~ lightly avere il sonno leggero; (fig) to ~ like a log (o to ~ like a top) dormire sodo, dormire della grossa, dormire come un ghiro; to ~ sth. off liberarsi di qcs. dormendoci su (o sopra), far passare dormendoci su (o sopra); to ~ on continuare a dormire; to ~ on a question rimandare una questione al giorno dopo, dormirci su; ~ on it dormici sopra!; (Br) to ~ out: 1 (of a servant) lavorare a mezzo servizio, non alloggiare nel posto di lavoro; 2 (to sleep out of doors) dormire all'aperto, dormire sotto le stelle; you're welcome to ~ over puoi benissimo dormire da noi stanotte; to ~ soundly: 1 dormire saporitamente, dormirsela saporitamente, dormire sodo; 2 (fig) dormire tranquillo, dormire tra due guanciali; to ~ through the alarm non sentire la sveglia; to ~ together (to have sexual relations) andare a letto insieme; (fig) to ~ with one's fathers riposare con i propri antenati; (fig) to ~ with one eye open dormire con un occhio solo.

sleeper /'sliːpər/ n. **1** chi dorme, dormiente m./f.: to be a heavy ~ avere il sonno pesante, essere uno che dorme sodo; to be a light ~ avere il sonno leggero. **2** (Am,Abbigl) pigiamino m. (per bambini). **3** (Br,Ferr) traversina f. **4** (Arred) divano m. letto. **5** (fig) libro m. che ha un successo tardivo e inatteso. **6** (Edil) dormiente m. **7** (Fal) (horizontal supporting timber) travetto m. **8** (Ferr) vagone m. letto, carrozza f. letto.

sleepily /'sli:pɪli/ *avv.* con aria assonnata, con aria sonnolenta.

sleepiness /'sli:pɪnəs/ *n.* sonnolenza *f.*, sonno *m.*

sleeping /'sli:pɪŋ/ **I** *n.* sonno *m.*, riposo *m.* **II** *a.* **1** addormentato, dormiente, che dorme: *a ~ child* un bambino addormentato. **2** (*of, used in sleep*) da notte: *~ clothes* indumenti da notte. **3** (*used to induce or aid sleep*) soporifero. **4** (*Econ*) inattivo. □ *~accommodation* sistemazione per la notte; *~ bag* sacco a pelo; (*Lett*) *Sleeping Beauty* la Bella Addormentata nel bosco; (*Ferr*) *~ car* (o *~ carriage*) vagone letto, carrozza letto; (*Br,Econ*) *~partner* socio accomandante, socio inattivo, socio occulto, socio non operante (che dà soltanto un apporto di capitale); (*Farm*) *~ pill* sonnifero (in pillole) pillola per dormire; (*Br,Strad*) *~ policeman* dosso artificiale; (*Med*) *~sickness* malattia del sonno. *Prov.*: *let ~ dogs lie* non svegliare il can(e) che dorme.

sleeping-car /'sli:pɪŋ,kɑ:ᵣ *Am* 'sli:pɪŋ,kɑ:r/, **sleeping-carriage** /'sli:pɪŋ,kærɪdʒ/ *n.* (*Ferr*) vagone *m.* letto, carrozza *f.* letto.

sleeping-pill /'sli:pɪŋ,pɪl/ *n.* (*Farm*) sonnifero *m.* (in pillole), pillola *f.* per dormire.

sleepless /'sli:pləs/ *a.* **1** insonne, in bianco: *a ~ night* una notte insonne, una notte in bianco. **2** (*fig*) (*always active*) instancabile, dall'attività febbrile, insonne. **3** (*fig*) (*always alert*) sempre vigile, sempre pronto, sempre sveglio.

sleeplessly /'sli:pləsli/ *avv.* **1** senza dormire. **2** (*fig*) senza posa, senza sosta, instancabilmente.

sleeplessness /'sli:pləsnəs/ *n.* insonnia *f.*

sleepover /'sli:pəʊvəᵣ/ *n.* (*Am*) (*spec.* di ragazzi) pernottamento *m.* in casa altrui.

sleepwalk /'sli:pwɔ:k/ *v.i.* essere sonnambulo.

sleepwalker /'sli:p,wɔ:kəᵣ/ *n.* sonnambulo *m.* (*f.* -a).

sleepwalking /'sli:p,wɔ:kɪŋ/ *n.* sonnambulismo *m.*

sleepy /'sli:pi/ *a.* **1** assonnato, sonnolento: *the baby was ~* il bimbo era assonnato; *to feel ~* avere sonno. **2** (*fig*) tranquillo, quieto.

sleepy-eyed /'sli:pɪaɪd/ *a.* dagli occhi assonnati, dagli occhi pieni di sonno.

sleepyhead /'sli:pɪhed/ *n.* (*colloq*) dormiglione *m.* (*f.* -a).

sleet /sli:t/ **I** *n.* (*Meteor*) nevischio *m.*; (*hail mixed with rain*) grandine *f.* mista a pioggia. **II** *v.i.* (*costr.impers.*) venir giù nevischio; (*to hail*) grandinare.

sleety /'sli:ti *Am* 'sli:ti/ *a.* con nevischio, accompagnato da nevischio.

sleeve /sli:v/ *n.* **1** manica *f.* **2** (*Mecc*) manicotto *m.* **3** (*Br*) (*of a record*) copertina *f.* **4** (*Meteor*) manica *f.* a vento. □ *~ board* stiramaniche; (*Edil*) *~ brick* mattone refrattario tubolare; (*Oref*) *~ link* gemello per polsino; (*Br*) *~ notes* testo sulla copertina (di un CD, di un disco ecc.); (*Tecn*) *~ nut* dado con filettatura doppia; (*fig*) *up one's ~* di riserva: *to have a card up one's ~* avere un asso nella manica; (*Mecc*) *~ valve* valvola a fodero.

sleeved /sli:vd/ *a.* **1** con (le) maniche. **2** (*in compounds*) con le maniche, dalle maniche...: *a short-~ dress* un abito con le maniche corte.

sleeveless /'sli:vləs/ *a.* senza maniche.

sleigh /sleɪ/ **I** *n.* slitta *f.* (tirata da cavalli). **II** *v.i.* andare in slitta. **III** *v.t.* trasportare su una slitta. □ *~ bell* bubbolo, sonaglio; *~ ride* giro in slitta, passeggiata in slitta.

sleight /slaɪt/ *n.* stratagemma *m.*, trucco *m.* □ *~ of hand*: **1** (*conjuring trick*) gioco di prestigio, gioco di destrezza; **2** (*manual dexterity*) destrezza manuale, destrezza di mano.

slender /'slendəᵣ/ *a.* **1** (*graceful, slim*) snello, sottile, esile: *~ girls* ragazze snelle. **2** (*thin*) sottile: *a ~ rod* un bastone sottile. **3** (*feeble, scanty*) tenue, fragile, inconsistente, esile: *a ~ hope* una tenue speranza. **4** (*limited, slight*) scarso, esiguo, piccolo, poco: *to pay ~ attention* prestare scarsa attenzione. □ *~ means* scarsezza di mezzi.

slenderly /'slendəᵣli/ *avv.* **1** in modo snello: *a ~ built girl* una ragazza di corporatura snella. **2** (*to a small degree*) esiguamente, scarsamente.

slenderness /'slendəᵣnəs/ *n.* **1** sottigliezza *f.* **2** (*of people*) snellezza *f.*, sottigliezza *f.*, esilità *f.* **3** (*inadequacy, scantiness*) scarsezza *f.*, esiguità *f.*, pochezza *f.* **4** (*lack of justification*) fragilità *f.*, inconsistenza *f.*

slept /slept/ → **sleep**.

sleuth /slu:θ/ **I** *n.* **1** (*colloq*) (*detective*) detective *m.*, agente *m.* investigativo, segugio *m.* **2** (*Zool*) segugio *m.*, bracco *m.*, cane *m.* poliziotto. **II** *v.i.* investigare. **III** *v.t.* **1** investigare su. **2** (*to track*) seguire le tracce di. □ *~ hound*: **1** (*Zool*) segugio, bracco, cane poliziotto; **2** (*colloq*) (*detective*) detective, agente investigativo, segugio.

slew¹ /slu:/ → **slay**.

slew² /slu:/ **I** *v.i.* **1** girarsi, voltarsi, volgersi. **2** (*to swing round*) girare, ruotare. **II** *v.t.* **1** girare, ruotare. **2** (*Mar*) straorzare, guinare, guizzare. **III** *n.* **1** giro *m.*, torsione *f.* **2** (*Mar*) straorzata *f.*, guinata *f.*, guizzata *f.* □ *to ~ around* (o *to ~ round*) (*to swing round*) girare, ruotare.

slew³ /slu:/ *n.* (*Am,colloq*) grande quantità *f.*, mucchio *m.*, sacco *m.*: *a ~ of troubles* un sacco di guai.

slice /slaɪs/ **I** *n.* **1** fetta *f.*: *a ~ of bread* una fetta di pane. **2** (*of fish*) trancio *m.*, fetta *f.* **3** (*fig*) (*part*) pezzo *m.*, porzione *f.*, parte *f.*, fetta *f.* (*of* di). **4** (*instrument for scraping*) raschietto *m.*, raschiatore *m.*; (*cooking instrument*) paletta *f.* **5** (*Sport*) tiro *m.* tagliato, taglio *m.*; (*in golf*) colpo *m.* falciato. **6** (*Minier*) fetta *f.* **II** *v.t.* **1** affettare, tagliare a fette, fare a fette: *to ~ salami* affettare il salame. **2** (*to divide into parts*) dividere, suddividere, spartire. **3** (*fig*) fendere, tagliare: *the ship -d the sea* la nave fendeva le onde. **4** (*to cut off cleanly*) tagliare nettamente, troncare. **5** (*Sport*) tagliare, colpire di taglio: *to ~ the ball* tagliare la palla. **III** *v.i.* **1** tagliare (*into, through sth. acrs.*). **2** (*Sport*) tagliare la palla, colpire di taglio la palla. □ (*spec. Br,fig*) *to see a ~ of the action* assistere in prima persona; *to ~ away* (*to cut off cleanly*) tagliare nettamente, troncare (*from* da); (*Am,fig*) *any way* (o *no matter how*) *you ~ it*... girala come vuoi..., comunque la metti...; *a ~ of life* una fetta di vita, una tranche de vie; *a ~ of* (*good*) *luck* un pizzico di fortuna; *to ~ off* (*to cut off cleanly*) tagliare (via), tranciare (*from* da); *to ~ up* (*to divide into parts*) dividere, suddividere, spartire.

sliceable /'slaɪsəbl/ *a.* affettabile, che si può affettare.

sliced /slaɪst/ □ (*Alim*) *~ bread* pane affettato.

slicer /'slaɪsəᵣ/ *n.* affettatrice *f.*

slick /slɪk/ **I** *a.* **1** lucido, lustro, lucente. **2** (*smooth*) liscio, levigato. **3** (*slippery*) scivoloso, sdrucciolevole. **4** (*colloq*) (*insincere*) untuoso, falso, insincero. **5** (*colloq*) (*clever, shrewd*) abile, ingegnoso, astuto, scaltro. **6** (*colloq*) (*of language, style, etc.: glib*) scorrevole, agile, sciolto, disinvolto, spigliato. **7** (*Am,colloq*) (*excellent*) di prima qualità, eccellente, ottimo, superlativo. **II** *n.* chiazza *f.* d'olio, macchia *f.* d'olio. **III** *avv.* **1** abilmente, ingegnosamente. **2** (*directly, straight*) diritto, proprio, con precisione, esattamente: *to hit so. ~ on the chin* colpire qcu. diritto al mento. **IV** *v.t.* **1** lustrare, lucidare, lisciare. **2** (*colloq*) (*to plaster*) impomatare. **3** (*Am, colloq*) (*to make smart, elegant*) agghindare, azzimare. □ *to ~down* (*to plaster*) impomatare: *to ~ one's hair down* impomatarsi i capelli; (*Am,colloq*) *to ~ up* (*to make smart, elegant*) agghindare, azzimare.

slickenside /'slɪkənsaɪd/ *n.* (*Geol*) specchio *m.* di faglia.

slicker /'slɪkəᵣ/ *n.* **1** (*Calz*) bussetto *m.*, bisegolo *m.* **2** (*Am,Abbigl*) (*raincoat*) impermeabile *m.* **3** (*Am,colloq*) (*swindler*) imbroglione *m.* (*f.* -a); (*colloq*) dritto *m.* (*f.* -a).

slickly /'slɪkli/ *avv.* **1** in modo liscio, in modo scorrevole. **2** (*colloq*) (*insincerely*) in modo untuoso, in modo falso. **3** (*colloq*) (*slyly*) astutamente, in maniera furba, in maniera scaltra. **4** (*colloq*) (*glibly*) in maniera scorrevole, in maniera disinvolta.

slickness /'slɪknəs/ *n.* **1** lucentezza *f.*, lucidezza *f.*, splendore *m.* **2** (*colloq*) (*unctuousness*) untuosità *f.* **3** (*colloq*) (*slyness*) astuzia *f.*, furberia *f.*, scaltrezza *f.* **4** (*colloq*) (*glibness*) disinvoltura *f.*, spigliatezza *f.*

slid /slɪd/ → **slide¹**.

slide¹ /slaɪd/ (*past* **slid** /slɪd/, *p.p.* **slid** /rar.* **slidden** /'slɪdən/) **I** *v.i.* **1** scivolare. **2** (*to slip*) scivolare, sdrucciolare. **3** (*fig*) scivolare, cadere (lentamente): *to ~ into sin* scivolare nel peccato. **4** (*Mecc*) scorrere. **5** (*Econ,Pol*) slittare, scivolare. **II** *v.t.* far scivolare: *he slid the book across the table* fece scivolare il libro sulla tavola; *to ~ a coin into so.'s hand* far scivolare una moneta nella mano di qcu. □ *to ~down* scivolar giù, scendere sdruccioloni; (*fig*) *to let ~* trascurare, tralasciare; (*fig*) *to let things ~* lasciar correre; (*colloq*) *to ~ out* defilarsi; *to ~over*: **1** scivolare su; **2** (*fig*) sorvolare su, scivolare su, non insistere su: *to ~ over a subject* sorvolare su un argomento.

slide² /slaɪd/ *n.* **1** scivolata *f.*, scivolone *m.*, sdrucciolata *f.* **2** (*track for sliding or sledging*) pista *f.* (di discesa). **3** (*chute*) scivolo *m.*, piano *m.* inclinato. **4** (*for children*) scivolo *m.*, toboga *m.* **5** (*hair clip*) fermaglio *m.* per capelli. **6** (*timber slide*) risina *f.* **7** (*in microscopy*) vetrino *m.* **8** (*Fot*) diapositiva *f.*, lastrina *f.* **9** (*Tecn*) (*sliding part, mechanism*) slitta *f.*, cursore *m.*; (*track, channel in which sth. slides*) corsoio *m.*; (*runner*) guida *f.* di scorrimento, contatto *m.* scorrevole. **10** (*Mus*) (*of a trombone*) tiro *m.*; (*tube to adjust pitch*) ritorta *f.* per l'intonazione. □ (*Tecn*) *~caliper* calibro a cursore; (*Am*) *~ fastener* (*Am,fig*) chiusura lampo; (*Mus*) *~ guitar* slide guitar; *~ lecture* conferenza con proiezione di diapositive; *~ projector* proiettore per diapositive, diaproiettore; *~ rule* regolo calcolatore; *~ show*: **1** proiezione di diapositive; **2** (*Inform*) slide show, presentazione di immagini; (*Tecn*) *~ valve* valvola a cassetto.

slide-action /'slaɪd,ækʃən/ *a.* (*Arm*) (*of a firearm*) con otturatore scorrevole, con otturatore a scorrimento.

slider /'slaɪdəᵣ/ *n.* **1** chi scivola, chi sdruccicla. **2** (*Mecc,Inform*) cursore *m.* **3** (*Sport*) (*in baseball*) slider *f./m.*

slideway /'slaɪdweɪ/ *n.* guida *f.* di scorrimento, piano *m.* di scorrimento.

sliding /'slaɪdɪŋ/ **I** *n.* **1** scivolata *f.*, scivolone *m.*, sdrucciolata *f.* **2** (*Mecc*) scorrimento *m.* **3** (*Econ,Pol*) slittamento *m.* **II** *a.* **1** scorrevole, mobile. **2** (*fig*) mobile, variabile. □ *~door* porta scorrevole; (*Mecc*) ~ *gear* ingranaggio scorrevole; ~ *glass* vetro scorrevole, vetro abbassabile; (*Mar*) ~ *keel* deriva mobile, chiglia di deriva; ~ *panel* pannello scorrevole; (*Econ*) ~ *scale* scala mobile; ~ *seat* (*in a racing shell*) sedile scorrevole; ~ *window* finestra scorrevole.

slight /slaɪt/ I *a.* **1** leggero, lieve, piccolo, tenue, esiguo: *a ~ headache* un leggero mal di testa; *a ~ increase* un lieve aumento. **2** (*scanty, meagre*) scarso, insufficiente, inadeguato. **3** (*in superlatives*) minimo, il più piccolo: *without the -est difficulty* senza la minima difficoltà; *the -est thing upsets her* la minima cosa la sconvolge. **4** (*flimsy*) poco solido, inconsistente, debole. **5** (*of people*) snello, sottile, esile, smilzo. **6** (*having a delicate build*) delicato, debole. **7** (*trivial*) irrilevante, insignificante, di poca importanza: *a ~ error* un errore irrilevante. II *n.* affronto *m.*, offesa *f.*, mancanza *f.* di rispetto, mancanza *f.* di riguardo. III *v.t.* **1** (*to treat as unimportant*) tenere in poco conto, disprezzare, non dare importanza a. **2** (*to treat without proper respect*) trattare con indifferenza, trattare con disprezzo, snobbare. **3** (*to insult*) mancare di rispetto a, offendere, fare un affronto a. □ *he was not in the -est degree interested* non era minimamente interessato; *in the -est* affatto, minimamente: *I am not offended in the slightest* non sono affatto offeso; *to put a ~ on so.* trattare qcu. con ostentata indifferenza, trattare qcu. con disprezzo; (*Mar, Meteor*) ~ *sea* mare poco mosso.

slighting /'slaɪtɪŋ *Am* 'slaɪtɪŋ/ *a.* offensivo, irriguardoso, (molto) scortese, sprezzante: ~ *remarks* commenti offensivi.

slightingly /'slaɪtɪŋli *Am* 'slaɪtɪŋli/ *avv.* in modo offensivo, in maniera scortese, sprezzantemente.

slightish /'slaɪtɪʃ/ *a.* (*Br,rar*) **1** alquanto leggero, alquanto lieve. **2** (*rather slim*) alquanto esile, piuttosto sottile, piuttosto snello.

slightly /'slaɪtli/ *avv.* **1** leggermente, lievemente, un po'; (*colloq*) un pochino: ~ *better* leggermente meglio. **2** (*not very well*) non molto bene, un po': *I know him* ~ non lo conosco molto bene. □ ~ *built* di costituzione delicata.

slightness /'slaɪtnəs/ *n.* **1** irrilevanza *f.*, scarsa importanza *f.*, poca importanza *f.*: *the ~ of a mistake* l'irrilevanza di un errore. **2** (*flimsiness*) fragilità *f.*, inconsistenza *f.* **3** (*of people*) esilità *f.*, snellezza *f.*

Sligo /'slaɪgoʊ/ *n.pr.* (*Geog*) Sligo *m.* (contea dell'Irlanda).

slily /'slaɪli/ *avv.* **1** astutamente, scaltramente. **2** (*furtively*) furtivamente. **3** (*mischievously*) maliziosamente.

slim /slɪm/ I *a.* (*compar.* **slimmer** /'slɪmə/, *sup.* **slimmest** /'slɪmɪst/) **1** esile, sottile, snello, smilzo, magro: *a ~ girl* una ragazza esile, una ragazza snella. **2** (*fig*) (*small, poor*) poco, esiguo, tenue, debole: *his chances are* ~ ha poche probabilità. **3** (*fig*) (*inadequate*) magro, insufficiente: *a ~ excuse* una magra scusa. II *v.i.* dimagrire, smagrirsi, smagrire. III *v.t.* snellire, dimagrire. □ *to ~ down* dimagrire; ~ *pickings*: **1** poca roba; **2** (*rewards*) scarsi guadagni.

slime /slaɪm/ *n.* **1** melma *f.*, fanghiglia *f.*, limo *m.* **2** (*dirty, sticky substance*) roba *f.* viscida, viscidume *m.* **3** (*Zool*) (*of snails, etc.*) bava *f.*, sbavatura *f.* **4** (*Bot*) secrezione *f.* viscosa.

slimily /'slaɪmɪli/ *avv.* (*colloq*) in modo untuoso, in modo viscido.

sliminess /'slaɪmɪnəs/ *n.* **1** viscosità *f.*, vi-

schiosità *f.* **2** (*colloq*) (*servileness*) untuosità *f.*, viscidità *f.*

slimmer /'slɪmə/ *n.* (*Br*) chi segue una dieta dimagrante: *the perfect food for -s* l'alimento perfetto per chi segue una dieta dimagrante.

slimming /'slɪmɪŋ/ I *n.* il dimagrire, il seguire una cura dimagrante. II *a.* dimagrante, che dimagrisce, che snellisce: *have a salad: it's* ~ prendi un'insalata, non fa ingrassare. □ *to be on a ~ diet* seguire una dieta dimagrante.

slimmish /'slɪmɪʃ/ *a.* **1** piuttosto esile, piuttosto snello, piuttosto sottile. **2** (*fig*) piuttosto scarso, piuttosto esiguo.

slimness /'slɪmnəs/ *n.* **1** esilità *f.*, magrezza *f.*, sottigliezza *f.*, snellezza *f.* **2** (*fig*) scarsezza *f.*, esiguità *f.*

slim-waisted /ˌslɪm'weɪstɪd/ *a.* dalla vita sottile.

slimy /'slaɪmi/ *a.* **1** vischioso, viscoso, viscido, appiccicoso. **2** (*covered in slime*) melmoso, limaccioso, fangoso. **3** (*colloq*) (*servile*) strisciante, untuoso, viscido. **4** (*colloq*) (*highly distasteful*) ripugnante, rivoltante.

sling[1] /slɪŋ/ I *n.* **1** fionda *f.* **2** (*act of slinging*) tiro *m.* di fionda, colpo *m.* di fionda. **3** (*Med*) fascia *f.*, benda *f.* (per sospendere un arto ecc.): *to have one's arm in a ~* avere il braccio (appeso) al collo. **4** (*hoisting rope, net*) imbraca *f.*, imbraga *f.*, braca *f.* **5** (*Calz*) cinturino *m.* **6** (*of a rifle, etc.*) cinghia *f.* **7** (*for carrying a baby*) marsupio *m.* **8** (*Mar*) braca *f.*, braga *f.* II *v.t.* (*past, p.p.* **slung** /slʌŋ/) **1** lanciare, gettare, tirare, scagliare. **2** (*to throw*) gettare, buttare. **3** (*to throw from a sling*) lanciare con la fionda. **4** (*to hang, to put*) mettere, appendere: *to ~ a jacket over the back of a chair* appendere una giacca sullo schienale di una sedia; *to ~ sth. over the shoulder* buttarsi qcs. sulle spalle. **5** (*to place, to suspend in a sling*) imbracare, imbragare. **6** (*to hoist in a sling*) alzare con una braca, issare con una braca. **7** (*to suspend*) appendere, sospendere: *to ~ a hammock* appendere un'amaca. □ (*colloq*) *to ~ one's hook* andarsene, alzare i tacchi; (*fig*) *to ~ ink* scrivere, fare lo scrittore, fare il giornalista; (*colloq*) *to ~ out* (*to throw out*) buttar fuori (*of* da); (*colloq*) *to ~ together* mettere insieme.

sling[2] /slɪŋ/ *n.* (*drink*) bevanda *f.* alcolica ghiacciata con zucchero, acqua e limone.

slingback /'slɪŋbæk/ I *n.pl.* (*Calz*) scarpe *f.pl.* allacciate dietro con un cinturino. II *a.* (*Calz*) allacciato dietro con un cinturino.

slinger /'slɪŋə/ *n.* **1** (*Mecc*) imbracatore *m.*, imbragatore *m.* **2** (*Tecn*) lanciaterra *m.* **3** (*Mil, ant*) fromboliere *m.*

slingshot /'slɪŋʃɑːt/ *n.* (*Am*) fionda *f.*

slingstone /'slɪŋstoʊn/ *n.* sasso *m.* per fionda, pietra *f.* per fionda.

slink /slɪŋk/ (*past* **slunk** /slʌŋk/ *o rar* **slank** /slæŋk/, *p.p.* **slunk**) I *v.i.* **1** camminare furtivamente, muoversi furtivamente, aggirarsi di soppiatto: *to ~ into the shadows* camminare furtivamente nell'oscurità. **2** (*colloq*) (*of a woman: to walk provocatively*) camminare in modo provocante, avere un'andatura provocante. II *v.t.* (*Zootecn*) partorire prematuramente. □ *to ~ away* svignarsela, svignarsela, squagliarsela; *to ~ in* sgattaiolare dentro, intrufolarsi; *to ~ off* sgattaiolare via, svignarsela, squagliarsela; *to ~ out* sgattaiolare fuori.

slinkily /'slɪŋkɪli/ *avv.* **1** furtivamente, di nascosto. **2** (*colloq*) (*provocatively*) in modo provocante.

slinky /'slɪŋki/ *a.* **1** furtivo. **2** (*colloq*) che ha molte curve, sinuoso. **3** (*colloq*) (*of women's*

clothes) che mette in evidenza, che sottolinea le curve.

slip[1] /slɪp/ I *v.i.* (*past, p.p.* **slipped** /-t/ *o rar* **slipt** /slɪpt/) **1** scivolare, fare uno scivolone, fare una scivolata, sdrucciolare, slittare: *he -ped and fell* scivolò e cadde. **2** (*to slide out of place, from one's grasp, etc.*) sfuggire, scivolare: *the hammer -ped from his hand* il martello gli sfuggì di mano; *his hat -ped over his eyes* il cappello gli era scivolato sugli occhi. **3** (*to move smoothly*) scivolare: *the canoe -ped over the lake* la canoa scivolò sul lago. **4** (*fig*) (*often with away*) venir meno (*from* a), abbandonare (qcu.): *his faculties were -ping away from him* le sue facoltà mentali lo abbandonavano; *to be -ping* peggiorare, essere in declino. **5** (*fig*) (*to escape the mind, memory*) sfuggire, scappare dalla mente: *it -ped my mind* (o *it -ped my memory*) mi è sfuggito. **6** (*to become uttered inadvertently*) sfuggire, scappare (*from* da, di): *the secret -ped from his lips* il segreto gli sfuggì di bocca. **7** (*to duck*) chinarsi (o piegarsi) improvvisamente per schivare un colpo. **8** (*Geol*) scorrere. **9** (*Mar*) filare per occhio, mollare tutto. **10** (*Aer*) scivolare d'ala. II *v.t.* (*past, p.p.* **slipped** /-t/ *o rar* **slipt** /slɪpt/) **1** far scivolare, far scorrere. **2** (*to insert smoothly, quickly*) far scivolare, infilare, introdurre: *to ~ sth. into so.'s hand* far scivolare qcs. in mano a qcu.; *to ~ one's hand through a crack in the wall* infilare la mano in una fessura del muro. **3** (*of a lock, bolt, etc.*) tirare, far scorrere. **4** (*of a knot*) disfare, sciogliere. **5** (*to get away from*) sfuggire a, sottrarsi a: *to ~ one's pursuers* sfuggire ai propri inseguitori. **6** (*of bonds, fetters, etc.*) liberarsi da, liberarsi di, sfilarsi: *the prisoner -ped his chains* il prigioniero si liberò dalle catene. **7** (*of the memory, etc.*) sfuggire a. **8** (*to utter inadvertently*) lasciarsi sfuggire, lasciarsi scappare. **9** (*of a domestic animal*) partorire prematuramente. **10** (*sl*) (*to give, to hand over surreptitiously*) allungare di nascosto, dare di nascosto; (*colloq*) sganciare di nascosto: *I -ped him a pound* gli allungai di nascosto una sterlina. **11** (*of a blow: to duck*) schivare, evitare. **12** (*Mar*) filare per occhio: *to ~ the anchor* filare per occhio l'ancora. III *n.* **1** scivolata *f.*, scivolone *m.*, sdrucciolone *m.* **2** (*mistake*) errore *m.*, sbaglio *m.*; (*oversight*) svista *f.*; (*false step*) passo *m.* falso. **3** (*Abbigl*) (*underskirt*) sottoveste *f.*, sottabito *m.* **4** (*pillow slip*) federa *f.* **5** (*Mar*) scalo *m.* **6** (*Aer*) scivolone *m.* d'ala; (*slipway*) scivolo *m.* **7** (*Mecc*) slittamento *m.*, scorrimento *m.* **8** (*Veter*) aborto *m.* **9** (*Geol*) scivolamento *m.* **10** *pl.* (*Teat*) (*of the upper gallery*) posti *m.pl.* laterali, file *f.pl.* laterali; (*wings*) quinte *f.pl.* IV *a.* scorrevole, mobile. □ *to ~ away*: **1** andarsene alla chetichella, svignarsela, squagliarsela; **2** (*fig*) (*to pass away, to vanish*) sparire, svanire, sfumare: *hope is -ping away* sta svanendo ogni speranza; **3** (*fig*) (*to fail*) venir meno (*from* a), abbandonare (qcu.): *his faculties were -ping away from him* le sue facoltà mentali lo abbandonava; **4** (*eufem*) (*to die*) spegnersi, andarsene, morire; *to ~ by*: **1** passare alla chetichella, passare di nascosto; **2** (*of time*) passare, scorrere: *the years are -ping by* gli anni passano; (*Ferr*) ~ *carriage* vagone sganciabile in corsa; (*colloq*) *to ~ a cog* commettere un errore; ~ *cover*: **1** (*for furniture*) fodera *f.*, foderina *f.*, copertina *f.* **2** (*book jacket*) sovraccoperta *f.* (di libro); (*Edil*) ~ *form* cassaforma scorrevole; (*colloq*) *to give so. the* ~ evitare qcu., fuggire qcu.; *to ~ in*: **1** entrare di soppiatto, entrare di straforo, scivolare

slop

dentro, intrufolarsi; 2 (*to introduce casually*) buttar là, introdurre casualmente; *to ~into* : 1 scivolare in, introdursi inosservato in, intrufolarsi in: *the thief -ped into the apartment* il ladro scivolò nell'appartamento; 2 infilarsi, mettersi: *to ~ into bed* infilarsi a letto; (*of clothes*) infilarsi, infilare, mettersi; 3 (*fig*) (*to lapse into*) cadere (lentamente) in, scivolare verso: *to ~ into bad habits* cadere nelle cattive abitudini; ~*knot* nodo scorsoio; *to let ~*: 1 (*to reveal*) lasciarsi sfuggire, lasciarsi scappare: *to let ~ a secret* lasciarsi sfuggire un segreto; *to let ~ an opportunity* lasciarsi sfuggire un'occasione; 2 (*to allow to fall accidentally*) lasciarsi sfuggire, lasciar cadere; *to let ~away* (o *to let ~by*): 1 (*to allow to escape*) lasciarsi sfuggire; 2 (*to release*) sciogliere, slegare, liberare; 3 (*to fail to take*) lasciarsi sfuggire, perdere, sciupare; ~*noose* cappio; *to ~off*: 1 allontanarsi alla chetichella, svignarsela, squagliarsela; 2 (*of clothes, etc.*) levare, sfilare, togliere: *to ~ a ring off one's finger* sfilarsi un anello dal dito; *to ~on* infilare, infilarsi, mettere, indossare; *to ~out* : 1 scivolar via, allontanarsi alla chetichella, svignarsela, squagliarsela; 2 (*to go out quickly*) fare un salto, fare una scappata: *to ~ out for some cigarettes* fare un salto a prendere le sigarette; 3 (*to be uttered inadvertently*) venir fuori, sfuggire: *to let sth. ~ out* lasciarsi sfuggire qcs.; *to ~out of* : 1 uscire furtivamente da, uscire alla chetichella da, sgattaiolare fuori da, sgattaiolare fuori di: *to ~ out of the room* sgattaiolare fuori dalla stanza; 2 (*of clothes*) sfilarsi, levarsi, togliersi; (*sl*) *to ~ one over on so.* imbrogliare qcu., truffare qcu., (*colloq*) farla a qcu.; *a ~ of thepen* un errore di scrittura, un lapsus calami; ~*resistant* antisdrucciolevole, antiscivolo; (*El*) ~*ring* collettore ad anello; ~*road* : 1 strada traversa, traversa; 2 (*for a motor way*) strada di accesso, rampa di accesso; (*Mar*) ~ *rope* bozza rompente; ~*stitch* (*in sewing*) sottopunto; (*fig*) *to ~through thecrack* essere dimenticato, cascare nel dimenticatoio; (*fig*) *to ~ through one'sfingers* sfuggire, scappare (di mano); *a ~ of thetongue* un errore nel parlare, un lapsus linguae; *to ~up* (*to make a mistake*) sbagliarsi, sbagliare, commettere un errore, fare un errore: *he -ped up badly* si è sbagliato di grosso. *Prov.*: *there is many a ~ 'twixt cup and lip* tra il dire e il fare c'è di mezzo il mare.

slip [2] /slɪp/ *n.* **1** (*Giard*) talea *f.*; (*graft, scion*) innesto *m.*, marza *f.* **2** (*narrow strip of thin wood, paper, etc.*) striscia *f.*: *a ~ of land* una striscia di terra. **3** (*small piece of paper, note*) scontrino *m.*, tagliando *m.*: *he gave me a ~ in receipt* mi ha dato uno scontrino come ricevuta. **4** (*young, slender person*) persona *f.* giovane e snella, silfide *f.*: *a ~ of a girl* una ragazza snella. **5** (*Tip*) bozza *f.* in colonna. ☐ (*Legat*) ~*case* cofanetto (per libri); (*Tip*) ~*proof* bozza in colonna; (*Tip*) ~*sheet* scartino.

slip [3] /slɪp/ *n.* **1** (*Ceram*) barbottina *m.* **2** (*Vetr*) smalto *m.* ☐ (*Ceram*) ~*casting* colaggio di barbottina.

slipboard /'slɪpbɔːd *Am* 'slɪpbɔːrd/ *n.* (*Tecn*) asse *f.* scorrevole.

slipcover /'slɪp,kʌvər/ *n.* **1** (*for furniture*) fodera *f.*, foderina *f.*, copertina *f.* **2** (*book jacket*) sovraccoperta *f.* (di libro).

slip-on /'slɪpɒn *Am* 'slɪpɑːn/ *I n.* (*Calz*) scarpe *f.pl.* senza stringhe. *II a.* **1** (*Calz*) senza stringhe. **2** (*Abbigl*) senza bottoni o cerniere.

slipover /'slɪp,əʊvər/ *n.* (*Abbigl*) pullover *m.* (*spec.* senza maniche).

slippage /'slɪpɪdʒ/ *n.* **1** (*Mecc*) scorrimento *m.*; (*loss in work*) perdita *f.* per scorrimento. **2** (*Minier*) slittamento *m.*

slipped /'slɪpt/ ☐ (*Med*) ~*disk* ernia del disco.

slipper /'slɪpər/ *I n.* **1** (*Calz*) pantofola *f.*, pianella *f.*, ciabatta *f.*; (*woman's evening shoe*) scarpa *f.* da sera. **2** (*in a coursing event*) chi scioglie i levrieri alle corse. **3** (*Mecc*) pattino *m.*; (*gib*) lardone *m.* **4** (*Ferr*) freno *m.* sulla rotaia, scarpa *f.* d'arresto. **5** (*Zool*) coniglietto *m.* nero. *II v.t.* colpire con una pantofola, picchiare con una pantofola, prendere a ciabattate. ☐ (*Br,ant*) ~*bath* vasca a sedile, semicupio; (*Ferr*) ~ *brake* freno sulla rotaia, scarpa d'arresto; (*Bot*) ~*flower* calceolaria.

slippered /'slɪpəd/ *a.* in pantofole, che porta le pantofole.

slipperiness /'slɪpərɪnəs/ *n.* **1** l'essere sdrucciolevole, scivolosità *f.* **2** (*fig*) instabilità *f.*, precarietà *f.* **3** (*fig*) (*shiftiness*) disonestà *f.*, mancanza *f.* di scrupoli.

slippery /'slɪpəri/ *a.* **1** sdrucciolevole, scivoloso. **2** (*tending to slip from the grasp*) scivoloso, viscido, che sfugge alla presa: *a ~ rope* una fune scivolosa; ~ *fish* pesce viscido. **3** (*fig*) precario, malsicuro, instabile: ~ *situation* situazione precaria. **4** (*colloq*) (*tricky, deceitful*) ingannevole, infido, disonesto: *a ~ customer* un tipo disonesto. ☐ (*colloq*) *as ~ as aneel* viscido come un'anguilla, che sguscia come un'anguilla; (*Strad*) ~*road* strada sdrucciolevole; (*fig*) ~ *slope* brutta china, strada pericolosa; *a ~ subject* un argomento scabroso.

slippy /'slɪpi/ *a.* (*Br*) **1** (*colloq*) sdrucciolevole, scivoloso. **2** (*fig,ant*) (*fast*) rapido, veloce.

slipshod /'slɪpʃɒd *Am* 'slɪpʃɑːd/ *a.* **1** scalcagnato. **2** (*fig*) sciatto, trascurato, trasandato: *a ~ style* uno stile sciatto; ~ *work* lavoro trasandato.

slipstream /'slɪpstriːm/ *n.* (*Aer*) flusso *m.* dell'elica, scia *f.* dell'elica.

slipt /slɪpt/ → **slip**[1].

slip-up /'slɪpʌp/ *n.* (*colloq*) sbaglio *m.*, errore *m.*, svista *f.*, cantonata *f.*

slipware /'slɪpweər *Am* 'slɪpwer/ *n.* (*Ceram*) ceramica *f.* decorata con barbottina.

slipway /'slɪpweɪ/ *n.* **1** (*Mar*) scalo *m.* di alaggio; (*building slip*) scalo *m.* di costruzione. **2** (*Aer*) scivolo *m.*

slit [1] /slɪt/ *I n.* **1** fenditura *f.*, apertura *f.* longitudinale, taglio *m.* longitudinale. **2** (*narrow rectangular opening*) feritoia *f.*, fessura *f.* **3** (*Sart*) spacco *m.* *II a.* **1** che ha una fessura. **2** (*Sart*) con lo spacco, che ha lo spacco: *a ~ skirt* una gonna con lo spacco. ☐ ~*eyes* occhi a mandorla; (*Mil*) ~*trench* stretta trincea (per proteggere un soldato o un'arma).

slit [2] /slɪt/ (*past, p.p.* **slit**) *I v.t.* **1** tagliare per il lungo. **2** (*to make a slit, to make a long cut in*) fendere, squarciare, spaccare. **3** (*to sever, to cut off*) tagliare, recidere: *to ~ so.'s throat* tagliare la gola a qcu. **4** (*to cut into strips*) tagliare a strisce. *II v.i.* fendersi, spaccarsi.

slither /'slɪðər/ *v.i.* **1** sdrucciolare, scivolare. **2** (*to move with a sinuous motion*) strisciare: *the snake -ed through the grass* il serpente strisciava sull'erba.

slithery /'slɪðəri/ *a.* scivoloso, viscido, sdrucciolevole.

sliver /'slɪvər/ *I n.* **1** scheggia *f.*, pezzetto *m.*, scaglia *f.*, frammento *m.*: *a ~ of wood* una scheggia di legno. **2** (*Tess*) teletta *f.* **3** (*Pesc*) esca *f.* viva, pezzetto *m.* di pesce usato come esca. *II v.t.* **1** scheggiare, fare a pezzetti, fare a pezzi. **2** (*Tess*) cardare in telette. *III v.i.* spezzarsi, scheggiarsi.

SLO *Slovenia* SLO (Slovenia).

Sloane /sləʊn/ *n.* (*Br,colloq,spreg*) giovane donna londinese benestante e sempre alla moda. ☐ (*Br,colloq,spreg*) ~*Ranger* giovane donna londinese benestante e sempre alla moda.

slob /slɒb *Am* slɑːb/ *n.* **1** (*sl*) (*clod, boor*) persona *f.* rozza, persona *f.* zotica, zoticone *m.* (*f.* -a). **2** (*Ir*) (*muddy ground*) terreno *m.* fangoso, terreno *m.* melmoso.

slobber /'slɒbər *Am* 'slɑːbər/ *I v.i.* **1** sbavare. **2** (*fig*) fare il sentimentale, fare lo svenevole; (*to gush sentimentally*) sdilinquirsi, profondersi in manifestazioni di affetto (*over* per). *II n.* **1** bava *f.*, sbavatura *f.* **2** (*fig*) sdilinquimento *m.*, sdolcinatura *f.*, svenevolezza *f.*

slobbery /'slɒbəri *Am* 'slɑːbəri/ *a.* **1** bavoso. **2** (*fig*) sentimentale, sdolcinato, svenevole.

sloe /sləʊ/ *n.* (*Bot*) **1** (*tree*) prugno *m.* selvatico, prugnolo *m.* **2** (*Alim*) (*fruit*) prugnola *f.*, prugna *f.* selvatica. ☐ ~*gin* distillato di prugne, acquavite di prugne, prunella.

sloe-eyed /'sləʊaɪd/ *a.* dagli occhi a mandorla.

slog /slɒg *Am* slɑːg/ *I v.t.* (*past, p.p.* **slogged** /-d/) **1** colpire forte, colpire duro, picchiare sodo, picchiare con violenza. **2** (*Sport*) colpire forte. *II v.i.* (*past, p.p.* **slogged** /-d/) **1** assestare colpi duri, picchiare sodo. **2** (*Sport*) colpire forte. **3** (*to move heavily, to plod*) procedere faticosamente, procedere a fatica, trascinarsi. **4** (*to work hard, persistently*) faticare, (*colloq*) sgobbare (*at* su). *III n.* **1** colpo *m.* violento, colpo *m.* duro. **2** (*Sport*) colpo *m.* forte. **3** (*hard or long walk, march*) camminata *f.* estenuante, marcia *f.* estenuante. **4** (*hard dull work*) faticata *f.*, (*colloq*) sgobbata *f.* ☐ *to ~away* faticare, (*colloq*) sgobbare (*at* su).

slogan /'sləʊgən/ *n.* **1** motto *m.*, slogan *m.* **2** (*Comm*) (*in advertising or promotion*) slogan *m.* (pubblicitario). **3** (*Mil,ant*) grido *m.* di guerra.

sloganeer /,sləʊgə'nɪər/ *n.* (*Br*) chi inventa slogan *m./f.*

sloganeering /,sləʊgə'nɪərɪŋ/ *n.* (*Br*) sloganistica *f.*

slogger /'slɒgər *Am* 'slɑːgər/ *n.* **1** (*Sport*) (*in cricket*) chi colpisce forte; (*hard-hitting boxer*) picchiatore *m.* **2** (*hard persistent worker*) lavoratore *m.* (*f.* -trice) indefesso, lavoratore *m.* (*f.* -trice) accanito; (*colloq*) sgobbone *m.* (*f.* -a).

sloop /sluːp/ *n.* (*Mar*) sloop *m.* ☐ (*Mar.mil*) ~ *ofwar* corvetta.

slop [1] /slɒp *Am* slɑːp/ *I v.t.* (*past, p.p.* **slopped** /-t/) versare senza troppa attenzione, rovesciare (senza cura): *if you just ~ the icing on the cake it will be an ugly mess* se si versa la glassa sulla torta senza attenzione viene fuori un pasticcio. *II v.i.* (*past, p.p.* **slopped** /-t/) **1** versarsi: *to ~ out of sth.* uscire da qcs. **2** (*to splash in water, mud, etc.*) sguazzare. *III n.* **1** sbrodolamento *m.*, il rovesciare, il versare. **2** (*quantity of spilt liquid*) quantità *f.* di liquido versato. **3** (*liquid food*) cibo *m.* liquido per malati; (*watery food*) broda *f.*, brodaglia *f.*; (*colloq*) sbobba *f.* **4** (*Zootecn*) pastone *m.*, beverone *m.*, intruglio *m.* **5** (*dirty water*) sciacquatura *f.*, risciacquatura *f.*, acqua *f.* sporca. **6** (*sentimental language with no merit*) sdolcinatura *f.* **7** *pl.* (*dregs of tea*) fondi *m.pl.* di tè. ☐ *to ~about* (*to splash in water, mud, etc.*) sguazzare; *to ~around* : 1 (*to relax*) rilassarsi e fare poco, riposare; 2 (*to splash in water, mud, etc.*) sguazzare; ~*basin* coppetta per raccogliere i fondi del tè; (*Mar*) ~*chest* spaccio di bordo; (*Br*) *to ~ out* (*of prisoners*) svuotare il vaso da notte.

slop [2] /slɒp *Am* slɑːp/ *n.pl.* **1** (*cheap clothing*) abiti *m.pl.* confezionati di poco prezzo. **2** (*Mar*) corredo *m.sing.*, dotazione *f.sing.*

slope /sləʊp/ **I** *n.* **1** pendenza *f.*, inclinazione *f.*, pendio *m.* **2** (*degree of inclination*) pendenza *f.*, grado *m.* di inclinazione. **3** (*inclined ground*) pendio *m.*, china *f.*, declivio *m.*: *a gentle ~* un leggero pendio. **4** (*Sport*) (*in skiing*) pista *f.* **5** (*Mil*) spallarm *m.* **6** *pl.* pendici *f.pl.*: *the -s of Mt. Everest* le pendici dell'Everest. **II** *v.i.* **1** declinare, essere in pendio, essere in pendenza. **2** (*to move in an oblique direction*) piegare, deviare: *they -d westward* piegarono a ovest. **3** (*to incline*) essere inclinato, pendere: *his handwriting -s backwards* la sua calligrafia è inclinata all'indietro. **4** (*sl*) (*to go away, to leave*) andarsene, andar via, partire. **III** *v.t.* **1** inclinare, far pendere, dare pendenza a. **2** (*to bend*) piegare, flettere. **3** (*Mil*) (*of a weapon*) mettere a spallarm. □ (*Mil*) *to ~ arms* mettere il fucile a spallarm, eseguire lo spall'arm; *~ arms!* spallarm!; *to ~ down* scendere; (*sl*) *to ~ off* (*to go away*) adarsene, andar via, partire; *on the ~* in pendenza, in pendio; *to ~ up* salire.

sloppily /ˈslɒpɪli *Am* ˈslɑːpɪli/ *avv.* **1** (*fig*) (*carelessly*) con poca cura, con negligenza, in modo trascurato, sciattamente. **2** (*colloq*) (*slovenly*) in modo sciatto, in modo trasandato, sciattamente: *to dress ~* vestire in modo sciatto.

sloppiness /ˈslɒpɪnəs *Am* ˈslɑːpɪnəs/ *n.* **1** fangosità *f.* **2** (*fig*) (*carelessness*) scarsa cura *f.*, negligenza *f.*, trascuratezza *f.*, noncuranza *f.* **3** (*colloq*) (*slovenliness*) sciatteria *f.*, trascuratezza *f.*, trasandatezza *f.*, disordine *m.*

sloppy /ˈslɒpi *Am* ˈslɑːpi/ *a.* **1** (*watery*) troppo liquido. **2** (*fig*) (*careless, unkept*) sciatto, trascurato, trasandato. **3** (*colloq*) (*of clothes: loose*) sciatto; (*casual*) poco elegante, disinvolto. **4** (*colloq*) (*of a person*) trasandato, trascurato, sciatto: *a ~ dresser* una persona trasandata nel vestire. **5** (*colloq*) (*foolishly sentimental*) sdolcinato, zuccheroso, stucchevole. □ *~ joe*: **1** (*Am,Gastron*) panino con hamburger e salsa piccante; **2** (*Am,colloq*) poliziotto, piedipiatti; **3** (*Abbigl*) maglione lungo e largo per ragazze; (*colloq,spreg*) *~ kiss* bacio bavoso, bacio dopo il quale bisogna asciugarsi.

slosh /slɒʃ *Am* slɑːʃ/ *v.i.* (*of a liquid's movement*) sciabordare, (*rar*) sciaguattare. **II** *n.* (*Br*) (*sentimentality*) sdolcinatezza *f.*, sentimentalismo *m.*, svenevolezza *f.* **III** *v.t.* **1** (*to pour liquid sloppily*) versare, spandere, rovesciare. **2** (*Br,sl*) (*to hit violently*) colpire violentemente, dare un colpo violento a: *I -ed him on the nose* lo colpii violentemente sul naso.

sloshed /slɒʃt *Am* slɑːʃt/ *a.* (*sl*) (*drunk*) sbronzo, bevuto.

slot¹ /slɒt *Am* slɑːt/ **I** *n.* **1** fessura *f.*, feritoia *f.*, fenditura *f.*, apertura *f.* (lunga e stretta): *to put a coin in the ~* introdurre una moneta nella fessura. **2** (*alotted place in a time schedule*) buco *m.*, spazio *m.*, fascia *f.* oraria. **3** (*Mecc*) scanalatura *f.*, guida *f.* **4** (*Inform,Aer*) slot *m.* **5** *pl.* (*slot machines*) slot machine *f.pl.*, macchinette *f.pl.* mangiasoldi: *play the -s* giocare alle slot machine. **II** *v.t.* (*past, p.p.* **slotted** /ˈslɒtɪd *Am* ˈslɑːtɪd/) **1** fare una fessura in, aprire una fessura in, fare un'apertura in. **2** (*Tecn*) stozzare. **3** (*Mecc*) scanalare. □ *~ machine*: **1** distributore automatico; **2** (*gambling machine*) slot machine, macchinetta mangiasoldi.

slot² /slɒt *Am* slɑːt/ *n.* **1** (*track of an animal*) impronta *f.*, orma *f.*, traccia *f.* **2** (*estens*) (*track, trail*) pista *f.*, traccia *f.*

sloth /sləʊθ *Am also* slɔːθ/ *n.* **1** pigrizia *f.*, in-

dolenza *f.*, poltroneria *f.*, accidia *f.* **2** (*Zool*) bradipo *m.*

slothful /ˈsləʊθfʊl *Am also* ˈslɔːθfʊl/ *a.* pigro, indolente, poltrone, accidioso.

slothfully /ˈsləʊθfʊli *Am also* ˈslɔːθfʊli/ *avv.* pigramente, con indolenza.

slothfulness /ˈsləʊθfʊlnəs *Am also* ˈslɔːθfʊlnəs/ *n.* indolenza *f.*, poltroneria *f.*, pigrizia *f.*

slouch /slaʊtʃ/ **I** *v.i.* **1** stare scomposto. **2** (*to stand with the shoulders hanging forward*) stare curvo (in avanti). **3** (*to walk with a loosely drooping body*) camminare dinoccolato. **4** (*to move heavily, clumsily*) camminare un'andatura goffa (e pesante), camminare goffamente (e pesante). **5** (*to hang down flaccidly*) penzolare, pendere. **II** *n.* **1** (*bad posture*) atteggiamento *m.* scomposto. **2** (*drooping posture*) andatura *f.* dinoccolata; (*clumsy gait*) andatura *f.* goffa (e pesante). **3** (*Am,colloq*) (*lout*) zoticone *m.*, villano *m.*, tanghero *m.*; (*slovenly person*) incompetente *m./f.*, incapace *m./f.*, (*colloq*) schiappa *f.*, (*spreg*) scalzacane *m./f.*, (*loafer*) ciondolone *m.* (*f.* -a), fannullone *m.* (*f.* -a). **4** (*Mod*) cappello *m.* a cencio, cappello *m.* floscio. **5** (*of a hat brim*) inclinazione *f.* della tesa. □ (*Mod*) *~ hat* cappello floscio, cappello a cencio; (*Am, colloq*) *to be no ~* essere molto capace, essere molto abile, sapere il fatto proprio.

slough¹ /slaʊ/ *n.* palude *f.*, pantano *m.*, acquitrino *m.* □ (*fig*) *the Slough of Despond* gli abissi della disperazione.

slough² /slʌf/ **I** *n.* **1** (*Zool*) (*cast-off skin*) spoglia *f.* **2** (*Med*) crosta *f.*, escara *f.* **II** *v.i.* **1** (*of a snake*) spogliarsi (della pelle), gettare la spoglia, mutare pelle. **2** (*Med*) staccarsi; (*of skin*) squamarsi. **III** *v.t.* mutare, cambiare: *the snake -ed its skin* il serpente mutò pelle. □ *to ~ off*: **1** (*Med*) staccarsi; (*of skin*) squamarsi; **2** (*fig*) (*lasciar*) perdere, smettere, liberarsi di.

sloughy¹ /ˈslaʊi/ *a.* paludoso, pantanoso, acquitrinoso.

sloughy² /ˈslʌfi/ *a.* (*Med*) squamoso.

Slovak /ˈsləʊvæk *Am also* ˈsləʊvɑːk/ **I** *n.* **1** slovacco *m.* (*f.* -a). **2** (*language*) slovacco *m.* **II** *a.* slovacco.

Slovakia /sləʊˈvækɪə, sləʊˈvɑːkɪə/ *n.pr.* (*Geog*) Slovacchia *f.*

Slovakian /sləʊˈvækɪən, sləʊˈvɑːkɪən/ **I** *n.* **1** slovacco *m.* (*f.* -a). **2** (*language*) slovacco *m.* **II** *a.* slovacco.

sloven /ˈslʌvən/ (*ant*) *n.* **1** persona *f.* disordinata, persona *f.* sciatta; (*colloq*) sciattone *m.* (*f.* -a). **2** (*badly dressed person*) persona *f.* trascurata, persona *f.* trasandata.

Slovene /ˈsləʊviːn *Br also* sləʊˈviːn/ **I** *n.* **1** sloveno *m.* (*f.* -a). **2** (*language*) sloveno *m.* **II** *a.* sloveno.

Slovenia /sləʊˈviːnɪə/ *n.pr.* (*Geog*) Slovenia *f.*

Slovenian /sləʊˈviːnɪən/ **I** *n.* **1** sloveno *m.* (*f.* -a). **2** (*language*) sloveno *m.* **II** *a.* sloveno.

slovenliness /ˈslʌvənlɪnəs/ *n.* **1** sciatteria *f.*, trascuratezza *f.*, trasandatezza *f.* **2** (*carelessness*) negligenza *f.*, trascuratezza *f.*

slovenly /ˈslʌvənli/ **I** *a.* **1** sciatto, trasandato, disordinato, trascurato. **2** (*slipshod*) tirato via, trascurato, negligente, trasandato: *a ~ piece of work* un lavoro tirato via. **II** *avv.* **1** in modo trasandato, in modo sciatto. **2** (*in a negligent way*) trascuratamente, con negligenza.

slow /sləʊ/ **I** *a.* **1** lento, tardo, poco veloce: *a ~ runner* un corridore lento. **2** (*marked by lack of speed*) lento: *~ pulse* polso lento. **3** (*taking a long time for development, etc.*) tardivo, lento: *~ growth* crescita tardiva; *~ progress* progresso lento. **4** (*slow-acting*) ad azione lenta, lento; *a ~ poison* un veleno ad

azione lenta. **5** (*dull*) tardo, ottuso, lento: *a ~ pupil* uno scolaro tardo. **6** (*lacking in willingness*) pigro, indolente, fiacco. **7** (*of a watch, clock*) che è indietro, che va indietro: *the clock is ~* l'orologio è indietro, *the watch is ten minutes ~* l'orologio è indietro di dieci minuti. **8** (*boring*) monotono, noioso, tedioso: *the film is rather ~* il film è piuttosto monotono. **9** (*slack, inactive*) fiacco, calmo, stagnante: *business is ~* gli affari sono fiacchi. **10** (*of a fire*) basso; (*of an oven*) basso, a bassa temperatura, lento. **11** (*Sport*) (*of a track, pitch*) pesante, poco scorrevole. **12** (*Fot*) (*of film*) lento, a bassa sensibilità. **II** *avv.* lento, lentamente. **III** *v.t.* ritardare, rallentare, ridurre la velocità di. **IV** *v.i.* **1** rallentare, scendere, abbassarsi, calare (*to* a): *growth -ed to 3%* la crescita è scesa al 3%. □ *~ combustion* combustione lenta; *to be ~ of comprehension* essere lento a capire, (*colloq*) essere duro di comprendonio; *to ~ to a crawl* rallentare fino a fermarsi; *~ dance*: **1** (*used as a noun*) lento; **2** (*used as a verb*) ballare il lento; *to ~ down*: **1** (*used intransitively*) rallentare, ridurre la velocità: *~ down at the corner* rallenta all'angolo; **2** (*fig*) (*used intransitively*) calare il ritmo, condurre una vita meno stressante, prendersela con più calma; **3** (*used transitively*) ritardare, rallentare, ridurre la velocità di: *to ~ down the pace* rallentare il passo; *to ~ down development* rallentare lo sviluppo; *to cook sth. over a ~ fire* cuocere qcs. a fuoco lento; *to go ~*: **1** andare piano, andare adagio; **2** (*to be cautious*) essere cauto, andare cauto; **3** (*of workers*) rallentare volontariamente il (ritmo di) lavoro, lavorare a ritmo ridotto; (*Br*) *~ handclap* applauso ritmato lento (in segno di malcontento); (*Strad*) *~ lane* corsia per veicoli lenti; (*Mus*) *~ march* marcia lenta, (*fig*) *to be ~ off the mark* essere lento a capire, essere lento di comprendonio; (*Cin*) *~ motion* rallentatore, rallentato; (*Mus,colloq*) *~ song* lento; *to be ~ of speech* essere lento nel parlare; (*Teat*) *a ~ study* chi è lento a imparare la parte; *to be ~ to anger* non arrabbiarsi facilmente, non essere facile ad arrabbiarsi; *a man ~ to action* un uomo lento ad agire; (*Ferr*) *~ train* treno accelerato, accelerato; *to ~ to a trickle* diminuire drasticamente, calare drasticamente; *to ~ up*: **1** (*used intransitively*) rallentare, ridurre la velocità; (*fig*) calare il ritmo; **2** (*fig*) (*used intransitively*) calare il ritmo, condurre una vita meno stressante, prendersela con più calma; **3** (*used transitively*) ritardare, rallentare, ridurre la velocità di; *to be ~ on the uptake* essere lento a capire, essere lento di comprendonio; *~ virus* virus lento. *Prov.*: *~ and steady wins the race* chi va piano, va sano e va lontano.

slowcoach /ˈsləʊkəʊtʃ/ *n.* (*Br,colloq*) persona *f.* lenta e pigra, (*scherz*) posapiano *m./f.*

slowdown, slow-down /ˈsləʊdaʊn/ *n.* (*Econ*) rallentamento *m.* della produzione. □ *~ strike* sciopero bianco, (sciopero di) non collaborazione.

slowly /ˈsləʊli/ *avv.* a rilento, lentamente, adagio, piano: *the work is going ~* il lavoro va a rilento. □ *~ but surely* piano ma sicuro, pian pianino.

slow-mo /ˈsləʊˌməʊ/ *a.* (*spec. Cin*) al rallentatore, rallentato.

slow-motion /ˈsləʊˈməʊʃ°n/ *a.* (*Cin*) al rallentatore, rallentato: *in ~* al rallentatore: *to shoot a scene in ~* girare una scena al rallentatore.

slowness /ˈsləʊnəs/ *n.* **1** lentezza *f.* **2** (*dullness of understanding*) lentezza *f.* (di mente), ottusità *f.* **3** (*dullness*) monotonia *f.*, noiosità *f.* **4** (*of a clock, watch*) ritardo *m.*

slowpoke /'sloʊpoʊk/ *n.* (*Am,colloq*) persona *f.* lenta e pigra; (*scherz*) posapiano *m./f.*

slow-witted /ˌsloʊ'wɪtɪd *Am* ˌsloʊ'wɪtɪd/ *a.* tardo, lento nel capire, ottuso.

slow-worm /'sloʊwɜːm *Am* 'sloʊwɜːrm/ *n.* (*Zool*) orbettino *m.*

slub /slʌb/ **I** *n.* (*Tess*) ringrosso *m.* (di un filato). **II** *v.t.* (*past, p.p.* **slubbed** /-d/) (*Tess*) torcere leggermente, ritorcere leggermente.

slubbed /slʌbd/ *a.* (*Tess*) leggermente ritorto.

slubber /'slʌbər/ *n.* (*Tess*) torcitoio *m.*

sludge /slʌdʒ/ *n.* **1** fanghiglia *f.*, fango *m.* **2** (*deposit of sewage*) detriti *m.pl.* di fogna, deposito *m.* di fognatura. **3** (*deposit from silt*) morchia *f.*, morchiume *m.* **4** (*Tecn*) (*in a steam boiler*) fanghi *m.pl.* □ ~*composting* compostaggio dei fanghi.

sludgy /'slʌdʒi/ *a.* fangoso, limaccioso.

slue /sluː/ *v./n.* → **slew**[2].

slug[1] /slʌg/ **I** *n.* (*Zool*) lumaca *f.* **II** *v.i.* (*past, p.p.* **slugged** /-d/) poltrire nel letto.

slug[2] /slʌg/ *n.* **1** (*lump of metal*) pezzo *m.* (tondeggiante) di metallo. **2** (*bullet*) pallottola *f.*, proiettile *m.* **3** (*Minier*) (*nugget*) pepita *f.*; (*half-roasted ore*) massa *f.* di materiale per metà arrostito. **4** (*Tip*) interlinea *f.*

slug[3] /slʌg/ (*past, p.p.* **slugged** /-d/) (*colloq*) **I** *v.t.* colpire (con forza): *to ~ so. with a club* colpire con forza qcu. con un manganello; *to ~ so. from behind* colpire qcu. alle spalle. **II** *v.i.* colpire sodo, picchiare forte.

sluggard /'slʌgəd *Am* 'slʌgərd/ *n.* fannullone *m.* (*f.* -a), pigrone *m.* (*f.* -a), poltrone *m.* (*f.* -a).

sluggardly /'slʌgədli *Am* 'slʌgərdli/ *a.* indolente, poltrone, pigro.

slugger /'slʌgər/ *n.* (*Sport*) (*in baseball*) battitore *m./f.*

sluggish /'slʌgɪʃ/ *a.* **1** pigro, lento, neghittoso, indolente. **2** (*slow-moving*) lento, pigro: *a ~ river* un fiume lento. **3** (*Econ*) (*stagnant*) fiacco, stagnante.

sluggishly /'slʌgɪʃli/ *avv.* lentamente, pigramente, indolentemente.

sluggishness /'slʌgɪʃnəs/ *n.* lentezza *f.*, pigrizia *f.*, indolenza *f.*

sluice /sluːs/ **I** *n.* **1** (*Idr*) (*sliding gate*) saracinesca *f.*, chiusa *f.*, paratoia *f.* **2** (*Minier*) canale *m.* artificiale (per lavare sabbie aurifere). **II** *v.t.* **1** inondare aprendo una chiusa, allagare aprendo una chiusa. **2** (*to flush, to wash*) lavare con molta acqua, lavare abbondantemente. **3** (*Minier*) lavare in un canale artificiale. □ *to ~down* lavare con molta acqua, lavare abbondantemente; ~*gate* saracinesca, chiusa, paratoia; ~*valve* valvola a saracinesca.

sluiceway /'sluːsweɪ/ *n.* (*Idr*) canale *m.* di chiusa.

slum /slʌm/ **I** *n.* **1** *spec.pl.* bassifondi *m.pl.*, quartieri *m.pl.* poveri, quartieri *m.pl.* bassi: *the -s of the city* i bassifondi della città. **2** (*street of squalid houses*) vicolo *m.* sporco e affollato. **3** (*squalid house*) catapecchia *f.*, tugurio *m.*, stamberga *f.*, topaia *f.* **II** *v.i.* (*past, p.p.* **slummed** /-d/) visitare i quartieri poveri (per curiosità o beneficenza). □ ~*clearance* risanamento dei quartieri poveri; *togo* -*ming* visitare i quartieri poveri (per curiosità o beneficenza); *to ~it* : **1** visitare i quartieri poveri (per curiosità o beneficenza); **2** (*fig*) fare qcs. di poco elegante, scendere a un livello più basso del solito.

slumber /'slʌmbər/ **I** *v.i.* **1** dormire. **2** (*to sleep lightly*) sonnecchiare, essere assopito. **3** (*fig*) essere in uno stato di apatia, dormire, stare inattivo, stare inerte, sonnecchiare. **II**

n. sonno *m.*, dormita *f.*; (*light sleep*) sonnellino *m.*, pisolino *m.* □ *to ~away* (*to ~out*) passare dormendo, passare sonnecchiando; ~*party* notte passata con le amiche mangiando e chiacchierando; *to ~through* passare dormendo, passare sonnecchiando.

slumberland /'slʌmbəlænd *Am* 'slʌmbər læ nd/ *n.* regno *m.* del sonno.

slumberous /'slʌmbərəs/ *a.* **1** assonnato, sonnolento. **2** (*inducing sleep*) che fa dormire, sonnolento, che concilia il sonno.

slumberously /'slʌmbərəsli/ *avv.* in maniera assonnata, in maniera sonnolenta, sonnacchiosamente.

slumberousness /'slʌmbərəsnəs/ *n.* sonnolenza *f.*

slummy /'slʌmi/ *a.* dei bassifondi.

slump /slʌmp/ **I** *v.i.* **1** crollare, cadere pesantemente: *he -ed to the floor* crollò al suolo; *to ~ into a chair* lasciarsi cadere pesantemente su una sedia. **2** (*Econ,Comm*) crollare, subire un tracollo. **3** (*Econ,Comm*) (*to decrease*) contrarsi, ridursi, calare, essere in crisi: *sales have slumped* le vendite si sono contratte. **II** *n.* **1** crollo *m.*, caduta *f.* **2** (*fig*) (*of a person*) crisi *f.* temporanea, periodo *m.* di crisi. **3** (*Econ*) congiuntura *f.* sfavorevole, depressione *f.*, crisi *f.*; (*of sales*) crollo *m.* delle vendite.

slung /slʌŋ/ → **sling**[1].

slunk /slʌŋk/ → **slink**[1].

slur[1] /slɜː *Am* slɜːr/ **I** *n.* **1** (*in speech*) difetto *m.* di pronuncia **2** (*Mus*) legatura *f.* **3** (*insinuation*) diffamazione *f.*, calunnia *f.*, denigrazione *f.*: *to cast a ~ on so.* diffamare qcu. **4** (*stain*) macchia *f.*, onta *f.*: *a ~ on one's reputation* una macchia sull'onore. **II** *v.t.* **1** (*of speech*) pronunciare in modo indistinto, pronunciare male. **2** (*Mus*) legare; (*to mark with a slur*) segnare con una legatura. **3** (*to make an insinuation*) calunniare, diffamare, denigrare. **III** *v.i.* parlare in modo indistinto, parlare male. □ *to ~over* (*to pass over lightly*) sorvolare su, passare sopra a.

slurp /slɜːp *Am* slɜːrp/ *v.t./i.* bere in modo rumoroso.

slurry /'slʌri *Am* 'slɜːri/ *n.* (*Edil*) boiacca *f.*, malta *f.* fluida.

slush /slʌʃ/ **I** *n.* **1** (*melted snow*) neve *f.* mista a fango. **2** (*soft mud*) poltiglia *f.*, fanghiglia *f.*, fango *m.*, melma *f.* **3** (*colloq*) (*sickly sentiment*) sdolcinatezza *f.*, svenevolezza *f.*; (*rubbish, nonsense*) sciocchezze *f.pl.*, stupidaggini *f.pl.* **II** *v.i.* (*to make a soft splashing sound*) scrosciare, cadere scrosciando. □ (*Comm*) ~*fund* (o ~*money*) fondi neri.

slushy /'slʌʃi/ *a.* **1** (*of a road*) coperto di fanghiglia, fangoso. **2** (*of melted snow or ice*) melmoso, di fanghiglia. **3** (*colloq*) sdolcinato, svenevole.

slut /slʌt/ *n.* **1** donna *f.* trasandata, donna *f.* sciatta; (*colloq*) sciattona *f.* **2** (*immoral woman*) donna *f.* di facili costumi, (*volg*) puttana *f.*

sluttish /'slʌtɪʃ *Am* 'slʌtɪʃ/ *a.* **1** sciatto, trasandato, trascurato. **2** (*immoral*) immorale, dissoluto.

sluttishness /'slʌtɪʃnəs *Am* 'slʌtɪʃnəs/ *n.* **1** sciatteria *f.*, trasandatezza *f.*, trascuratezza *f.*, disordine *m.* **2** (*immorality*) immoralità *f.*

sly /slaɪ/ (*compar.* **slyer** /'slaɪər/, *sup.* **slyest** /'slaɪəst/) *a.* **1** furbo, astuto, scaltro. **2** (*furtive*) furtivo, circospetto: *a ~ look* un'occhiata furtiva. **3** (*mischievous*) malizioso, birichino, sbarazzino: *a ~ smile* un sorriso malizioso. □ *as ~as a fox* astuto come una volpe; (*colloq*)*on the ~* segretamente, furtivamente, di nascosto, di soppiatto.

slyboots /'slaɪbuːts/ *n.pl.* (*costr.sing.*) (*colloq*) furbacchione *m.sing.* (*f.* -a), volpe *f.sing.*

slyly /'slaɪli/ *avv.* **1** astutamente, scaltramente. **2** (*furtively*) furtivamente. **3** (*mischievously*) maliziosamente.

slyness /'slaɪnəs/ *n.* **1** astuzia *f.*, furberia *f.*, scaltrezza *f.* **2** (*secretiveness*) l'essere furtivo. **3** (*mischievousness*) malizia *f.*

S.M. /ˌes'em/ **1** (*Mil*) *Sergeant-Major* Serg. Magg. (sergente maggiore). **2** (*Econ*) *Stock Market* Borsa (valori), mercato azionario.

smack[1] /smæk/ **I** *v.t.* **1** schiaffeggiare, dare un ceffone a, dare uno schiaffo a. **2** (*of the hands*) battere. **3** (*of a whip*) fare schioccare. **II** *v.i.* fare uno schiocco, schioccare. **III** *n.* **1** schiaffo *m.*, scappellotto *m.*, sventola *f.*, ceffone *m.*: *a ~ on the face* uno schiaffo in faccia. **2** (*colloq*) (*loud kiss*) bacio *m.* con lo schiocco, bacione *m.* **3** (*short sharp sound*) schiocco *m.*: *the ~ of a whip* lo schiocco di una frusta. **IV** *avv.* (*colloq*) diritto, in pieno, proprio: *the snowball went ~ in my eye* la palla di neve mi è arrivata diritto nell'occhio. □ *to ~a child's bottom* sculacciare un bambino; (*colloq*) ~*dab* proprio, giusto, esattamente: ~ *dab in the middle of the room* proprio al centro della stanza; (*colloq*) *to have a ~ at sth.* provare a fare qcs., fare un tentativo di fare qcs., provarci (a fare qcs.); (*colloq,fig*) *a ~in the eye* uno smacco; *to ~one's lips* : **1** far schioccare le labbra; **2** (*fig*) leccarsi le dita, leccarsi i baffi.

smack[2] /smæk/ **I** *n.* **1** (*slight flavour*) sapore *m.*, gusto *m.*, aroma *m.*: *a ~ of garlic* un sapore di aglio. **2** (*fig*) pizzico *m.*, traccia *f.*, punta *f.*: *a ~ of recklessness* un pizzico di avventatezza. **II** *v.i.* **1** sapere, odorare (*of* di). **2** (*fig*) avere una punta (di), avere una traccia (di). **3** (*fig*) (*to smell*) sapere, odorare, puzzare (di): *the business -s of swindling* la faccenda puzza di imbroglio.

smack[3] /smæk/ *n.* (*Mar*) peschereccio *m.*, barca *f.* da pesca.

smack[4] /smæk/ *n.* (*sl*) eroina *f.*

smacker /'smækər/ *n.* **1** chi dà uno schiaffo, chi dà uno scappellotto. **2** (*colloq*) (*loud slap*) schiaffo *m.* sonoro; (*noisy kiss*) bacio *m.* con lo schiocco, bacione *m.* **3** (*sl*) (*pound*) sterlina *f.* **4** (*Am,sl*) (*dollar*) dollaro *m.*

smacking /'smækɪŋ/ **I** *a.* **1** (*of a breeze*) forte, sostenuto, teso. **2** (*colloq*) (*excellent*) eccellente, ottimo, superlativo. **II** *n.* botte *f.pl.*, (*ant*) busse *f.pl.*

smacksman /'smæksmən/ *n.irr.* (*Mar*) marinaio *m.* di un peschereccio.

small /smɔːl/ **I** *a.* **1** piccolo, piccino, *often translated with a diminutive*: *a ~ hotel* un piccolo albergo; *a ~ boy* un ragazzino. **2** (*slender*) piccolo, minuto, sottile: *a ~ waist* una vita sottile. **3** (*short*) piccolo, basso: *a ~ man* un uomo basso. **4** (*young*) piccolo, giovane: *~ children* bambini piccoli. **5** (*little in amount, etc.*) piccolo, ristretto, esiguo, scarso: *a ~ increase* un piccolo aumento. **6** (*in number*) ristretto, limitato, piccolo, ridotto: *a ~ band of followers* un ristretto gruppo di seguaci. **7** (*small-scale*) piccolo, modesto, su scala ridotta, in piccolo: *~ firms* piccole imprese. **8** (*of little importance*) di scarsa importanza, piccolo, insignificante, di poco conto: *~ mistakes* errori di poco conto. **9** (*humble, modest*) umile, modesto. **10** (*petty, mean*) gretto, meschino, piccolo, piccino: *a ~ mind* una mente gretta. **11** (*of letters*) minuscolo: *a ~ z* una z minuscola. **12** (*of the voice*) basso, sommesso. **13** (*little, not much*) scarso, poco: *he gave a ~ heed to my warning* prestò scarsa attenzione al mio avvertimento. **14** (*humiliated*) umiliato, offeso, mortificato: *he never felt so ~ in his life* non si era mai sentito così umiliato in vita sua; *to make so. feel* ~ umiliare qcu. 15 (*Enol*) leggero, poco alcolico. **II** *n.* 1 (*costr.pl.*) (*Br*) (*humble, unimportant people*) umili *m.pl.*, piccoli *m.pl.*: *the great and the* ~ i potenti e gli umili, i grossi e i piccoli. 2 (*Br*) (*middle part of the back*) reni *f.pl.* 3 *pl.* (*underclothes*) biancheria *f.sing.* intima. **III** *avv.* 1 a pezzetti, a piccoli pezzi. 2 (*in a humble manner*) umilmente. □ *in* ~ *amounts* in piccole dosi, in piccole quantità; (*Br*) ~ *arms* armi portatili, armi leggere; *the* ~ *of the back* le reni, la parte più bassa della schiena; (*Br*) ~ *beer*: 1 birra leggera; 2 (*fig*) bazzecola, inezia, sciocchezza: *the fine is* ~ *beer to him* questa multa è una bazzecola per lui; *to think no* ~ *beer of so.* tenere qcu. in grande considerazione, stimare molto qcu.; ~ *businesses* piccole imprese; (*Tip*) ~ *capital* maiuscoletto; ~ *change*: 1 spiccioli, soldi spiccioli, moneta spicciola; 2 (*fig*) cosa insignificante, cosa di scarsa importanza, roba da poco; (*trivial talk*) insulsaggini; (*Geom*) ~ *circle* piccolo circolo, circolo minimo; (*Dir*) ~ *claims court* tribunale per le liti minori; (*colloq*) *to be a* ~ *cog in a big wheel* essere una rotella in (*o* di) un grande ingranaggio; *he is a* ~ *eater* non è un mangione; ~ *fry*: 1 pesciolini, pesci minuti; 2 (*young children*) bambini, piccoli; 3 (*fig*) persone qualsiasi, pesci piccoli; (*Caccia*) ~ *game* selvaggina di piccolo taglio; ~ *hours* ore piccole; (*Anat*) ~ *intestine* intestino tenue; (*Anat,Zool*) *the* ~ *of the leg* il garretto; ~ *letter* minuscola, lettera minuscola; (*fig*) *to be thankful for* ~ *mercies* essere grato per ogni piccolo beneficio; ~ *print*: 1 caratteri minuscoli; 2 (*fig*) (*of a contract*) clausole, dettagli di un contratto; ~ *repairs* piccola manutenzione; *on a* ~ *scale* in scala ridotta, su scala ridotta; *the* ~ *screen* il piccolo schermo; *on the* ~ *side* piuttosto piccolo, piuttosto stretto; ~ *slam* (*in bridge*) piccolo slam; (*Stor*) ~ *sword* spadino; ~ *talk* chiacchiere, il parlare tanto per parlare; ~ *thanks to* non (certo) per merito (di): ~ *thanks for my pains!* bel ringraziamento per il disturbo che mi sono preso!; *in a* ~ *way*: 1 nel suo piccolo: *in a* ~ *way, he has done as much as anyone for our cause* nel suo piccolo ha fatto quanto gli altri per la nostra causa; 2 (*in a humble way*) modestamente, umilmente: *to live in a* ~ *way* vivere modestamente; ~ *wonder* c'è poco da meravigliarsi; *it's a* ~ *world!* il mondo è piccolo!, com'è piccolo il mondo!

smallage /'smɔːlɪdʒ/ *n.* (*Bot*) appio *m.* (dolce, grande).

small-bore /'smɔːlbɔːr/ *Am* 'smɔːlbɔːr/ *a.* (*Arm*) di piccolo calibro (*anche fig*).

small-caliber /'smɔːl,kælɪbər/ *a.* (*Am,Arm*) di piccolo calibro: *a* ~ *rifle* un fucile di piccolo calibro.

small-calibre /'smɔːl,kælɪbər/ *a.* (*Arm*) di piccolo calibro: *a* ~ *rifle* un fucile di piccolo calibro.

small-holder /'smɔːl,houldər/ *n.* piccolo proprietario *m.* (f. -a).

small-holding /'smɔːl,houldɪŋ/ *n.* piccola azienda *f.* agricola (a conduzione diretta).

smallish /'smɔːlɪʃ/ *a.* piuttosto piccolo, piccoletto.

small-minded /,smɔːl'maɪndɪd/ *a.* dalla mentalità ristretta, gretto, meschino.

small-mindedly /,smɔːl'maɪndɪdli/ *avv.* in maniera meschina, meschinamente.

small-mindedness /,smɔːl'maɪndɪdnəs/ *n.* grettezza *f.* (d'animo), meschinità *f.*

smallness /'smɔːlnəs/ *n.* 1 piccolezza *f.* 2 (*small-mindedness*) grettezza *f.* (d'animo), meschinità *f.*, piccineria *f.* 3 (*humble quality*)

umiltà *f.*

smallpox /'smɔːlpɒks *Am* 'smɔːlpɑːks/ *n.* (*Med*) vaiolo *m.*

small-scale /,smɔːl'skeɪl *Am* 'smɔːlskeɪl/ *a.* 1 piccolo, modesto, su scala ridotta, in piccolo. 2 (*of a map, etc.*) su scala ridotta, in miniatura.

smalltalk /'smɔːltɔːk/ *n.* chiacchiere *f.pl.*, insulsaggini *f.pl.*

small-time /'smɔːltaɪm *Am* 'smɔːltaɪm/ *a.* 1 (*colloq*) insignificante, banale, di scarsa importanza. 2 (*of amateur standing*) dilettantesco, da dilettante.

small-town /'smɔːltaʊn/ *a.* (*Am*) provinciale.

smalt /smɔːlt/ *n.* 1 blu *m.* di Sassonia, blu *m.* cobalto. 2 (*Vetr*) vetro *m.* blu scuro, vetro *m.* al cobalto.

smarm /smɑːm *Am* smɑːrm/ **I** *v.t.* ungere. **II** *v.i.* (*colloq*) adulare servilmente, corteggiare. □ (*colloq*) *to* ~ *over* (o *to* ~ *up to*) adulare servilmente, corteggiare.

smarmy /'smɑːmi *Am* 'smɑːrmi/ *a.* (*colloq*) untuoso, viscido, strisciante, servile.

smart /smɑːt *Am* smɑːrt/ **I** *a.* 1 (*shrewd, sharp*) accorto, furbo, scaltro, astuto. 2 (*witty*) arguto, spiritoso, brillante: *a* ~ *saying* un detto arguto. 3 (*well-dressed, spruce*) elegante, attillato, azzimato; (*of clothes*) elegante, ben tagliato. 4 (*of vehicles, etc.*) bello, elegante. 5 (*spec. Br,Aus*) (*fashionable*) elegante, alla moda: *a* ~ *restaurant* un ristorante elegante. 6 (*spec. Br,Aus*) (*showing fashion, elegance, etc.*) sofisticato, elegante. 7 (*of pain*) acuto, lancinante; (*of a blow, cut*) forte, duro. 8 (*brisk, vigorous*) svelto, vivace, energico, vigoroso: *at a* ~ *pace* con passo svelto. 9 (*mentally alert*) sveglio, acuto, pronto: *a* ~ *lad* un ragazzo sveglio. 10 (*clever*) bravo, intelligente. 11 (*stinging, caustic*) aspro, mordace, caustico, pungente: *a* ~ *reproof* un aspro rimprovero. 12 (*impertinent*) impertinente, sfacciato, insolente, arrogante: *that's enough of your* ~ *answers* basta con le tue risposte impertinenti. **II** *n.* 1 bruciore *m.* 2 (*sharp pain*) dolore *m.* acuto. 3 (*fig*) bruciore *m.*, umiliazione *f.* cocente: *the* ~ *of a defeat* il bruciore di una sconfitta. **III** *avv.* → **smartly**. **IV** *v.i.* 1 bruciare: *my eyes were -ing* mi bruciavano gli occhi. 2 (*to cause stinging*) bruciare, produrre bruciore: *iodine -s when applied to a wound* la tintura di iodio brucia quando viene applicata su una ferita. 3 (*of a blow, etc.*) fare male. 4 (*fig*) soffrire, provare dolore (*under, from, over, at* per): *she -ed under his reproof* soffriva per il suo rimprovero; *I am still -ing from my defeat* la sconfitta mi brucia ancora. 5 (*to suffer as a penalty*) pagare (*for* per), subire le conseguenze (di): *to make so.* ~ *for it* farla pagare a qcu. □ (*colloq*) *a* ~ *alec* (o ~ *aleck*) un sapientone, un saputello; (*Mil*) ~ *bomb* bomba intelligente; (*Elettron*) ~ *card* smart card; ~ *circle* bel mondo, gente elegante, alta società; ~ *drug* smart drug, droga che potenzia le capacità cognitive; *to look* ~: 1 avere un aspetto elegante, essere vestito con eleganza; 2 (*colloq*) (*to hurry*) sbrigarsi, affrettarsi, spicciarsi; *to make oneself* ~ farsi bello, mettersi in ghingheri; ~ *money*: 1 (*money invested by experienced investors*) investimento sicuro; 2 (*estens*) (*experts*) esperti di investimenti; ~ *set* (o ~ *society*) bel mondo, gente elegante, alta società; (*Mil*) ~ *weapons* armi intelligenti.

smart-alec, smart-aleck /,smɑːt'ælɪk *Am* 'smɑːrt,ælɪk/ *n.* (*colloq*) saccente *m./f.*, sputasentenze *m./f.*

smart-arse /'smɑːtɑːs/ *n.* (*Br,colloq*) saccente *m./f.*, sputasentenze *m./f.*

smart-ass /'smɑːtæs/ *n.* (*Am,colloq*) saccente *m./f.*, sputasentenze *m./f.*

smarten /'smɑːtən *Am* 'smɑːrtən/ **I** *v.t.* 1 fare bello, agghindare, azzimare: *to* ~ *oneself* farsi bello, azzimarsi, attillarsi. 2 (*of things*) abbellire, fare bello, adornare. 3 (*to make more brisk*) rendere più vivace, rendere più brioso, ravvivare. **II** *v.i.* (*to become brisker*) diventare più vivace, diventare più brioso, ravvivarsi. □ *to* ~ *up*: 1 (*used transitively*) fare bello, agghindare, azzimare; (*of things*) abbellire, fare bello, adornare: *to* ~ *up the house* abbellire la casa; 2 (*used intransitively*) agghindarsi, mettersi in ghingheri, azzimarsi, farsi bello; *to* ~ *up one's act* darsi una regolata.

smarting /'smɑːtɪŋ *Am* 'smɑːrtɪŋ/ *a.* 1 acuto, doloroso, pungente. 2 (*stinging*) che brucia: ~ *eyes* occhi che bruciano. 3 (*fig*) bruciante, cocente: ~ *humiliation* umiliazione cocente.

smartly /'smɑːtli *Am* 'smɑːrtli/ *avv.* 1 vivacemente, in modo svelto. 2 (*cleverly*) abilmente, efficientemente. 3 (*wittily*) spiritosamente, brillantemente, argutamente. 4 (*pertly*) sfacciatamente, con impazienza. 5 (*spec. Br, Aus*) (*fashionably*) in maniera elegante, elegantemente, alla moda: *to dress* ~ vestire con eleganza.

smartness /'smɑːtnəs *Am* 'smɑːrtnəs/ *n.* 1 vivacità *f.*, sveltezza *f.* 2 (*mental alertness*) acutezza *f.* (di mente), prontezza *f.* (mentale). 3 (*shrewdness*) destrezza *f.*, scaltrezza *f.*, astuzia *f.* 4 (*wittiness*) spirito *m.*, arguzia *f.* (*spec. Br,Aus*) (*elegance*) eleganza *f.*; (*fashionableness*) l'essere alla moda.

smarty /'smɑːti *Am* 'smɑːrti/ *n.* (*colloq*) saccente *m./f.*, sputasentenze *m./f.*

smarty-pants /'smɑːtipænts *Am* 'smɑːrtipænts/ *n.* (*colloq,spreg*) primo *m.* (f. -a) della classe, saccente *m./f.*, sputasentenze *m./f.*: *okay,* ~*, tell me how to do it* okay, tu che sai tutto dicci come si fa.

smash[1] /smæʃ/ **I** *v.t.* 1 mandare in frantumi, mandare in pezzi, frantumare, fracassare: *to* ~ *a flower pot* mandare in frantumi un vaso da fiori. 2 (*to throw violently*) scaraventare, scagliare: *to* ~ *a bottle against the wall* scaraventare una bottiglia contro il muro. 3 (*to crash, to cause to collide*) far schiantare, mandare a fracassarsi. 4 (*to destroy in a crash*) schiantare, fracassare, sfasciare. 5 (*to destroy utterly*) annientare, schiacciare, distruggere, stroncare: *to* ~ *all opposition* annientare ogni opposizione. 6 (*to ruin financially*) far fallire, rovinare finanziariamente. 7 (*to defeat utterly*) sconfiggere, annientare, schiacciare. 8 (*to hit violently*) colpire con violenza, assestare un forte colpo a, percuotere con forza. 9 (*Sport*) (*of a ball*) schiacciare. **II** *v.i.* 1 frantumarsi, fracassarsi, andare in pezzi. 2 (*to crash*) (andare a) sbattere (violentemente), urtare con forza, schiantarsi: *the car -ed into the lamp post* l'automobile andò a sbattere contro il lampione. 3 (*to become ruined, wrecked*) andare in rovina, andare in malora. 4 (*to go bankrupt*) fallire, fare bancarotta. 5 (*Sport*) fare una schiacciata. **III** *n.* 1 il frantumare, il fracassare. 2 (*state of being smashed*) l'andare in frantumi, il fracassarsi. 3 (*sound of shattering*) fracasso *m.*: *the* ~ *of falling plates* il fracasso di piatti che cadono (per terra). 4 (*violent crash*) scontro *m.*, collisione *f.*: *a train* ~ uno scontro ferroviario. 5 (*ruin, wreck*) rovina *f.*, disastro *m.*, crollo *m.*, tracollo *m.* 6 (*financial ruin, bankruptcy*) tracollo *m.* finanziario, fallimento *m.*, bancarotta *f.* 7 (*Sport*) schiacciata *f.*, smash *m.* □ *to* ~ *down a door* sfondare una porta, buttar giù una porta; *to*

~ *one's fist into so.'s face* mollare un pugno a qcu. in pieno viso; (*colloq*) *a* ~*hit* un successo strepitoso, un successone; *to* ~*in* : 1 (*to destroy in a crash*) schiantare, fracassare, sfasciare: *the collision* -*ed up the car* all'urto l'auto si è sfasciata; 2 (*to destroy utterly*) annientare, schiacciare, distruggere, stroncare; *to* ~*in* : 1 fare irruzione (abbattendo la porta); 2 (*a door*) sfondare una porta, buttar giù una porta; *to* ~*up* fallire, fare bancarotta.

smash [2] /smæʃ/ I *v.t.* (*of counterfeit coin*) spacciare. II *n.* 1 (*counterfeit coin*) moneta *f.* falsa. 2 (*coin*) moneta *f.* 3 (*sl*) (*money*) denaro *m.*, quattrini *m.pl.*; (*gerg*) grana *f.*

smash-and-grab /ˌsmæʃən(d)'græb/ □ *a* ~ *raid* un furto compiuto infrangendo una vetrina; (*gerg*) una spaccata.

smashed /smæʃt/ *a.* (*colloq*) 1 (*drunk*) ubriaco, sbronzo. 2 (*of drug*) fatto.

smasher [1] /'smæʃər/ *n.* 1 chi fracassa, chi frantuma. 2 (*smashing blow*) forte colpo *m.* 3 (*Br,colloq*) (*sth. excellent*) cosa *f.* eccezionale, cosa *f.* favolosa; (*colloq*) cannonata *f.*: *his new car is a* ~ la sua nuova macchina è una cannonata. 4 (*Br,colloq*) (*unusually pretty girl*) ragazza *f.* molto bella; (*colloq*) schianto *m.* (di ragazza).

smasher [2] /'smæʃər/ *n.* (*Br,colloq*) (*distributor of counterfeit coin*) spacciatore *m.* di soldi falsi.

smashing /'smæʃɪŋ/ *a.* 1 che fracassa, che frantuma. 2 (*colloq*) (*excellent*) favoloso, stupendo, formidabile: *a* ~ *party* una festa favolosa. 3 (*colloq*) (*unusually beautiful*) stupendo, bellissimo. □ ~*defeat* sconfitta schiacciante; ~*success* successo strepitoso.

smashingly /'smæʃɪŋli/ *avv.* stupendamente, formidabilmente, favolosamente.

smash-up /'smæʃʌp/ *n.* 1 rovina *f.*, crollo *m.* 2 (*financial ruin*) tracollo *m.* (finanziario), fallimento *m.* 3 (*crash*) collisione *f.*, scontro *m.*

smattering /'smætərɪŋ Am 'smæt̮ərɪŋ/ *n.* infarinatura *f.*, conoscenza *f.* superficiale.

SME *Suriname* SME (Suriname).

smear /smɪər Am smɪr/ I *v.t.* 1 ungere: *to* ~ *one's face with cream* ungersi la faccia di crema. 2 (*of a substance*) spalmare (*on, over* su): *to* ~ *butter on bread* spalmare burro sul pane. 3 (*to make dirty with grease, etc.*) imbrattare, sporcare, ungere, macchiare. 4 (*fig*) diffamare, denigrare, calunniare. 5 (*to blur by rubbing*) sbavare strisciando, sbavare strofinando. II *n.* 1 macchia *f.* di unto; (*colloq*) patacca *f.* 2 (*fig*) calunnia *f.*, denigrazione *f.*, diffamazione *f.* 3 (*Med*) striscio *m.* □ ~ *campaign* campagna diffamatoria; (*Giorn*) ~ *sheet* giornale scandalistico; (*Med*) ~ *test* striscio cervicale; ~*word* epiteto denigratorio.

smeariness /'smɪərɪnəs Am 'smɪrɪnəs/ *n.* 1 l'essere macchiato, l'essere imbrattato. 2 (*greasiness*) untuosità *f.*

smeary /'smɪəri Am 'smɪri/ *a.* 1 macchiato, imbrattato. 2 (*smearing*) che unge, untuoso.

smell [1] /smel/ *n.* 1 olfatto *m.*, odorato *m.*, fiuto *m.* 2 (*odour*) odore *m.*: *the* ~ *of petrol* l'odore della benzina. 3 (*scent*) profumo *m.*, fragranza *f.*, odore *m.* 4 (*unpleasant odour*) (cattivo) odore *m.*, puzzo *m.*, lezzo *m.* 5 (*act of smelling*) annusata *f.*, fiutata *f.*: *to have a* ~ *at sth.* (o *to take a* ~ *at sth.*) dare un'annusata a qcs. 6 (*fig*) odore *m.*, sentore *m.*, puzzo *m.*

smell [2] /smel/ I *v.t.* (*past, p.p.* **smelt** /-t/) 1 sentire odore di, sentire l'odore di: *I* ~ *gas* sento odore di gas. 2 (*to sniff at*) annusare, odorare, fiutare, sentire l'odore di: ~ *this meat and tell me if it's bad* annusa questa carne e dimmi se è ancora buona da mangiare o no. 3

(*fig*) fiutare, odorare, intuire: *to* ~ *danger* fiutare il pericolo; *I* ~ *trouble ahead* sento puzza di guai. 4 (*rar*) (*to give off the odour of*) odorare di, emanare odore di. II *v.i.* (*past, p.p.* **smelt** /-t/) 1 sentire gli odori, avere l'olfatto, avere l'odorato: *I can't* ~ *when I have a cold* quando sono raffreddato non sento gli odori. 2 (*to sniff*) dare un'annusata, dare una fiutata, annusare. 3 (*to have an odour*) odorare, avere (un) odore, sapere (di). 4 (*to have a pleasant odour*) profumare, sapere (*of* di), avere un buon odore, avere un buon profumo: *to* ~ *good* avere un buon profumo. 5 (*to have an unpleasant odour*) puzzare, odorare, mandare odore (*of* di): *to* ~ *of garlic* puzzare di aglio. 6 (*fig*) puzzare, sapere, odorare (di): *I* ~ *trouble ahead* sento puzza di guai. 7 (*colloq*) (*to appear dishonest*) puzzare di imbroglio, sapere di imbroglio: *the plan* -*s* il piano puzza di imbroglio. □ (*fig*) *to* ~*a rat* sospettare un imbroglio, mangiare la foglia, sentire puzza di bruciato; (*colloq*) *to* ~ *about* (o *to* ~*around*) (*to investigate*) investigare, andare in cerca di informazioni, annusare in giro, fiutare qua e là; *to* ~*like* qcs. sapere di qcs., puzzare di qcs.; *to* ~ *of drink* puzzare di alcool; *to* ~ *out* : 1 scoprire (col fiuto): *the hounds soon* -*ed out the fox* i cani (da caccia) scoprirono ben presto la volpe; 2 (*colloq*) (*to detect, to find*) scovare, scoprire; *to* ~*sweet* avere un buon profumo; *to* ~*to high heaven* avere una puzza tremenda.

smelliness /'smelɪnəs/ *n.* l'avere un odore cattivo.

smelling /'smelɪŋ/ □ (*ant*) ~*bottle* boccetta dei sali; (*ant*) ~*salts* sali (ammoniacali).

smell-less /'smeləs/ *a.* 1 inodore. 2 (*having no smell*) privo di olfatto.

smelly /'smeli/ *a.* (*colloq*) puzzolente, fetente.

smelt [1] /smelt/ *v.t.* 1 (*Met*) fondere: *to* ~ *ore* fondere il minerale grezzo. 2 (*to refine*) ridurre, affinare.

smelt [2] /smelt/ (*pl.inv.* o -*s* /-s/; *il pl. inv. si usa general. con valore collett.*) *n.* (*Itt*) osmero *m.*, sperlano *m.*

smelt [3] /smelt/ → **smell**.

smelter /'smeltər Am 'smeltər/ *n.* (*Met*) 1 fonditore *m.* 2 (*smeltery*) fonderia *f.*

smeltery /'smeltəri Am 'smeltəri/ *n.* (*Met*) fonderia *f.*

smew /smjuː/ *n.* (*Ornit*) pesciaiola *f.*

smidge /smɪdʒ/ *n.* (*colloq*) (*a very small amount*) pochino *m.*, tantino *m.*, briciolo *m.*

smidgen /'smɪdʒən/ *n.* (*colloq*) (*a very small amount*) pochino *m.*, tantino *m.*, briciolo *m.*

smile /smaɪl/ I *n.* 1 sorriso *m.* 2 (*fig*) aspetto *m.* favorevole, aspetto *m.* propizio. II *v.i.* 1 sorridere (*about* per; *at* a): *she* -*d at me* mi sorrise. 2 (*to regard with amusement, contempt, etc.*) sorridere, fare un sorriso (*of* disprezzo, scherno, ecc.): *to* ~ *at so.'s ingenuousness* sorridere dell'ingenuità di qcu. 3 (*fig*) (*to look with favour*) arridere, sorridere (*on, upon* a): *fortune has* -*d upon her* la fortuna le ha arriso. 4 (*fig*) (*to have a pleasant appearance*) avere un aspetto ridente, avere un aspetto piacevole, sorridere. III *v.t.* 1 esprimere con un sorriso, dire sorridendo. 2 (*with a cognate accusative*) sorridere di: *to* ~ *an enigmatic smile* sorridere di un sorriso enigmatico. □ *to be all* -*s* essere tutto sorridente.

smiler /'smaɪlər/ *n.* chi sorride.

smiley /'smaɪli/ *n.* (*Inform*) faccina *f.* (creata con segni di punteggiatura).

smiling /'smaɪlɪŋ/ *a.* 1 sorridente, ridente: *a* ~ *face* un viso sorridente. 2 (*fig*) ridente, al-

legro: *a* ~ *landscape* un ridente paesaggio.

smilingly /'smaɪlɪŋli/ *avv.* sorridendo, con aria sorridente.

smirch /smɜːtʃ Am smɜːrtʃ/ I *v.t.* macchiare, insozzare (*anche fig*): *to* ~ *so.'s reputation* macchiare il buon nome di qcu. II *n.* 1 macchia *f.* 2 (*fig*) onta *f.*, disonore *m.*, macchia *f.*

smirk /smɜːk Am smɜːrk/ I *v.i.* 1 ridere con aria furba. 2 (*to smile with self-satisfaction*) fare un sorriso compiaciuto. II *n.* 1 sorriso *m.* furbo, sorrisetto *m.* 2 (*self-satisfied smile*) sorriso *m.* compiaciuto: *wipe that* ~ *off your face!* cos'è quel sorrisetto compiaciuto?

smit /smɪt/ *v.t./i.* → **smite**.

smite /smaɪt/ (*past* **smote** /smoʊt/, *ant* **smit** /smɪt/; *p.p.* **smitten** /'smɪtən/, *ant* **smit**) I *v.t.* 1 (*poet*) battere (con la mano): *to* ~ *one's breast* battersi il petto. 2 (*poet*) (*to strike*) colpire, battere, percuotere, picchiare. 3 (*poet*) (*to defeat*) sconfiggere, sbaragliare. 4 (*poet*) (*to chasten*) castigare, punire: *the Lord will* ~ *thee* il signore ti castigherà. 5 (*poet*) (*to kill*) uccidere. 6 (*to afflict with disease*) colpire, affliggere: *to be smitten with the plague* essere colpito dalla peste; *his conscience smote him* gli rimordeva la coscienza; *to be smitten with remorse* essere tormentato dai rimorsi. 7 (*to affect deeply*) colpire, impressionare (profondamente). 8 (*scherz*) (*to enamour; general. al pass.*) fare innamorare: *he was smitten with her charm* il suo fascino lo fece innamorare. II *v.i.* assestare un forte colpo, vibrare un forte colpo. □ (*poet*) *to* ~ *so.dead* uccidere qcu.

smiter /'smaɪtər Am 'smaɪt̮ər/ *n.* chi colpisce.

smith /smɪθ/ *n.* 1 artigiano *m.* che lavora metalli. 2 (*blacksmith*) fabbro *m.* (ferraio).

smithereens /ˌsmɪðə'riːnz/ *n.pl.* (*colloq*) frantumi *m.pl.*, pezzetti *m.pl.*, frammenti *m.pl.*: *the vase was smashed to* ~ il vaso fu ridotto in frantumi.

smithers /'smɪðəz Am 'smɪðərz/ *n.pl.* (*colloq*) frantumi *m.pl.*, pezzetti *m.pl.*, frammenti *m.pl.*

smithery /'smɪθəri/ *n.* 1 arte *f.* del fabbro. 2 (*smithy*) fucina *f.*

smithy /'smɪði/ *n.* 1 fucina *f.* 2 (*blacksmith*) fabbro *m.* (ferraio).

smitten /'smɪtən/ *v.t./i.* → **smite**.

smock /smɒk Am smɑːk/ I *n.* (*Abbigl*) 1 grembiule *m.* 2 (*rar*) (*chemise*) camicia *f.* II *v.t.* (*in embroidery*) ricamare a nido d'ape.

smocking /'smɒkɪŋ Am 'smɑːkɪŋ/ *n.* (*in embroidery*) nido *m.* d'ape, punto *m.* smock.

smog /smɒg Am smɑːg/ *n.* smog *m.*

smoggy /'smɒgi Am 'smɑːgi/ *a.* pieno di smog.

smokable /'smoʊkəbl/ *a.* fumabile.

smoke /smoʊk/ I *n.* 1 fumo *m.*: *the* ~ *got in my eyes* il fumo mi andò negli occhi. 2 (*estens*) (*steam, vapour, etc.*) vapore *m.*, fumo *m.* 3 (*fig*) fumo *m.*, vana apparenza *f.* 4 (*act of smoking tobacco*) fumata *f.*, fumatina *f.*: *to have a* ~ farsi una fumata. II *v.i.* 1 fumare, mandare fumo, emettere fumo: *the chimney was smoking* il camino mandava fumo. 2 (*of a fireplace, stove, etc.*) fumare, fare fumo. 3 (*of tobacco*) fumare: *do you* ~? fumi?; *he* -*s heavily* è un forte fumatore. 4 (*to give off steam, vapour*) esalare vapore; (*estens*) fumare. III *v.t.* 1 fumare: *to* ~ *a cigarette* fumare una sigaretta. 2 (*Alim*) (*to cure*) affumicare. 3 (*to fumigate*) sottoporre a fumigazione. □ ~*alarm* rivelatore di fumo; (*sl*) *the big* ~ Londra; (*Mil*) ~*bomb* bomba fumogena; (*colloq*) *to* ~*like a chimney* fumare come una ciminiera; *to go up in* ~ andare in fumo (*anche fig*); *to* ~*out* : 1 snidare (col fumo); 2 (*fig*) costringere a scoprirsi, costringere a uscire allo scoperto; 3 (*fig*) (*to expose*) rivelare, svelare; ~ *screen*: 1 (*Mil*) cortina fumogena, cortina di fumo; 2 (*fig*) cortina di fumo; ~ *signal* fumata; ~ *stack* fumaiolo (di fabbrica, nave ecc.); (*Bot*) ~ *tree* scotano. *Prov.*: (*there is*) *no* ~ *without fire* non c'è fuoco senza fumo, non c'è fumo senza arrosto.

smokeable /'smoukəbl/ *a.* fumabile.

smoked /smoukt/ *a.* affumicato (*anche Alim*): (*Alim*) ~ *salmon* salmone affumicato; (*Alim*) ~ *cheese* formaggio affumicato; ~ *glasses* occhiali affumicati.

smoke-dried /'smoukdraɪd/ *a.* (*Alim*) affumicato.

smokehouse /'smoukhaus/ *n.* 1 (*Alim*) affumicatoio *m.* 2 (*Pell*) camera *f.* di fumigazione.

smokeless /'smoukləs/ *a.* 1 (*of fuel*) senza fumo, che non dà fumo, che non fa fumo. 2 (*of an area, a place, etc.*) senza fumo, privo di fumo. □ (*Br*) ~ *zone* zona non fumatori.

smokelessness /'smoukləsnəs/ *n.* mancanza *f.* di fumo.

smoker /'smoukəʳ/ *n.* 1 fumatore *m.* (*f.* -trice): *a heavy* ~ un forte fumatore. 2 (*Ferr*) scompartimento *m.* per fumatori. 3 (*concert*) concerto *m.* durante il quale è permesso fumare. □ (*Med*) ~'*s cough* tosse del fumatore.

smokily /'smoukɪli/ *avv.* in modo fumoso.

smokiness /'smoukɪnəs/ *n.* fumosità *f.*

smoking /'smoukɪŋ/ **I** *n.* 1 fumare, fumo *m.* 2 (*of tobacco*) fumo *m.* 3 (*Alim*) affumicatura *f.* **II** *a.* 1 fumante, che fuma, che emette fumo, che fa fumo: ~ *ashes* ceneri fumanti. 2 (*of smoking tobacco*) da fumo. 3 (*colloq,fig*) (*sexy*) bellissimo, sexy, arrapante: *girl, you were* ~ *in that red dress!* con quel vestito rosso eri la fine del mondo! 4 (*colloq,fig*) (*excellent*) bravissimo, incredibilmente bravo: *it was a little unknown club but the musicians were* ~ era un localino sconosciuto ma i musicisti erano incredibili. □ (*Ferr*) ~ *compartment* scompartimento per fumatori; (*fig*) ~ *gun* prova inconfutabile; (*Abbigl*) ~ *jacket* giacca da camera; ~ *section* sala per fumatori.

smoky /'smoukɪ/ *a.* 1 che fa fumo, fumoso: *a* ~ *fireplace* un caminetto che fa fumo. 2 (*filled with smoke*) fumoso, pieno di fumo. 3 (*blackened by smoke*) affumicato, annerito dal fumo. 4 (*smoke-coloured*) che ha il colore del fumo. 5 (*Alim*) affumicato. □ (*Min*) ~ *quartz* quarzo affumicato.

smolder /'smouldəʳ/ *v.i.* (*Am*) 1 covare sotto la cenere, bruciare senza fiamma: *the fire was -ing* il fuoco covava sotto la cenere. 2 (*fig*) covare: *his rage -ed* la sua rabbia covava.

smooch /smuːtʃ/ **I** *v.i.* 1 (*Am,colloq*) sbaciucchiarsi, pomiciare (*with* con). 2 (*Br*) (*to dance slowly*) ballare un lento. **II** *n.* (*Am, scherz*) (*a kiss*) bacio *m.*: *give me a* ~ dammi un bacio.

smooth /smuːð/ **I** *a.* 1 liscio, levigato: ~ *cloth* tessuto liscio. 2 (*having an even surface*) piano, liscio, uniforme: *a* ~ *road* una strada piana. 3 (*of the sea*) calmo. 4 (*worn down*) liscio, consumato: ~ *tyres* gomme lisce. 5 (*free from shaking*) senza scosse, agevole: *a* ~ *crossing* una traversata agevole. 6 (*fig*) (*free from difficulties*) facile, liscio, semplice. 7 (*even, uniform*) monotono, uniforme: *a* ~ *flow of words* un flusso monotono di parole. 8 (*hairless*) senza peli, glabro, liscio. 9 (*of liquids, mixtures: free from lumps*) omogeneo, ben amalgamato, senza grumi. 10 (*of sounds*) armonioso; (*of speech*) facile. 11 (*fig*) (*equable, serene*) calmo, tranquillo, sereno: *to be of a* ~ *disposition* essere calmo di carattere. 12 (*fig*) (*suave, flattering*) melato, untuo-

so: ~ *manners* modi mellifui. 13 (*Enol*) amabile. 14 (*fig*) (*charming, having savoir faire*) affabile. **II** *n.* 1 lisciata *f.*, lisciatura *f.* 2 (*sth. smooth, smooth part*) cosa *f.* liscia, parte *f.* liscia. 3 (*of a tennis racket*) diritto *m.* **III** *v.t.* 1 lisciare, spianare: *to* ~ *one's hair* lisciarsi i capelli. 2 (*fig*) (*to refine*) rifinire, perfezionare, limare. 3 (*fig*) (*to free from difficulties*) spianare, facilitare, appianare: *to* ~ *so.'s way* spianare la strada a qcu. 4 (*fig*) (*to soothe*) calmare, placare. 5 (*Fal*) limare. **IV** *v.i.* calmarsi, placarsi. □ *to* ~ *away*: 1 appianare, spianare; 2 (*of difficulties, etc.*) eliminare, appianare, spianare; (*Fon,Ling*) ~ *breathing* (*in ancient Greek*) spirito dolce; *to* ~ *down*: 1 lisciare: *to* ~ *down one's hair* lisciarsi i capelli; 2 (*to calm down*) calmarsi, placarsi: *the waves -ed down* le onde si calmarono; *to* ~ *have a* ~ *face*: 1 avere il viso glabro; 2 (*fig*) avere un'aria mellifua; *as* ~ *as glass* (o *as* ~ *as ice*) liscio come l'olio; (*Mus*) ~ *jazz* smooth jazz; *to make things* ~ *for so.* rendere le cose facili a qcu.; (*Anat*) ~ *muscle* muscolo liscio; (*fig*) ~ *operator* ammaliatore, persona che incanta; *to* ~ *out*: 1 appianare, spianare: *to* ~ *out a difficulty* appianare una difficoltà; 2 (*of difficulties, etc.*) eliminare, appianare, spianare; *to* ~ *over* sminuire, attenuare, minimizzare; *to* ~ *so.'s path* spianare la via a qcu.; (*Am*) ~ *sailing*: 1 (*Mar*) navigazione piana; 2 (*fig*) cosa che procede senza intoppi, cosa che procede senza difficoltà: *it's* ~ *sailing* (*from here on out*) (d'ora in poi) procederemo senza ostacoli: *after the initial trouble all was* ~ *sailing* dopo i guai iniziali tutto è andato liscio come l'olio; ~ *talk* linguaggio affabile, linguaggio suadente; (*fig*) ~ *tongue* affabilità; (*fig*) *to be in* ~ *waters* navigare in acque tranquille, procedere senza ostacoli.

smooth-bore /'smuːðbɔːr/ *Am* 'smuːðbɔːr/ *a.* (*Arm*) (*of a gun*) a canna liscia.

smooth-faced /'smuːðfeɪst/ *a.* 1 imberbe, dal viso glabro, dal viso liscio. 2 (*fig*) (*flattering, insincere*) mellifluo, untuoso, insincero.

smoothie /'smuːði/ *n.* 1 viscido *m.*, persona *f.* affabile ma viscida. 2 (*Am,Alim*) milk-shake *m.*, frappè *m.*

smoothing /'smuːðɪŋ/ □ ~ *iron* ferro da stiro; (*Fal*) ~ *plane* pialla per levigare.

smoothly /'smuːðli/ *avv.* 1 in modo liscio, in modo levigato. 2 (*uniformly*) in modo piano, uniformemente: *we came* ~ *to a stop* ci fermammo senza scosse. 3 (*fig*) senza difficoltà, scorrevolmente, agevolmente: *everything went* ~ tutto è andato liscio. 4 (*fig*) (*flatteringly, insincerely*) in modo mellifluo, in maniera insinuante.

smoothness /'smuːðnəs/ *n.* 1 levigatezza *f.* 2 (*uniformity*) l'essere piano, uniformità *f.* 3 (*fig*) (*freedom from difficulties*) facilità *f.*, agevolezza *f.* 4 (*fig*) (*suaveness*) soavità *f.*, dolcezza *f.* 5 (*Mecc*) scorrevolezza *f.* 6 (*Enol*) amabilità *f.*

smooth-running /'smuːð,rʌnɪŋ/ *a.* (*Mecc*) a marcia dolce.

smooth-shaven /'smuːð,ʃeɪvən/ *a.* sbarbato completamente, rasato completamente.

smooth-spoken /'smuːð,spoukən/ *a.* suadente, affabile.

smooth-talker /'smuːð,tɔːkər/ *n.* viscido *m.*, persona *f.* affabile ma viscida.

smooth-talking /'smuːð,tɔːkɪŋ/ *a.* suadente, affabile.

smooth-tongued /'smuːð,tʌŋd/ *a.* suadente, affabile.

smoothy /'smuːði/ *n.* 1 viscido *m.*, persona *f.* affabile ma viscida. 2 (*Am*) milk-shake *m.*,

frappè *m.*

smorgasbord /'smɔːɡəsbɔːd *Am* 'smɔːrɡəsbɔːrd/ *n.* 1 buffet *m.*, rinfresco *m.* 2 (*fig*) (*a lot to choose from*) varietà *f.*, ampia scelta *f.*

smote /smout/ → **smite**.

smother /'smʌðəʳ/ **I** *v.t.* 1 soffocare, asfissiare. 2 (*estens*) (*to stifle*) soffocare, strozzare, strangolare. 3 (*of a fire*) soffocare. 4 (*Gastron*) (*to cook with a heavy sauce covering*) ricoprire, colmare (*with* di). 5 (*Gastron*) (*to cover*) coprire, ricoprire: *to* ~ *strawberries in cream* coprire le fragole di panna. 6 (*fig*) (*to suppress*) soffocare: *to* ~ *a scandal* soffocare uno scandalo. 7 (*fig*) (*of feelings, impulses, etc.*) reprimere, soffocare, frenare: *to* ~ *one's anger* reprimere l'ira. 8 (*colloq*) (*to overwhelm*) soffocare: *to* ~ *so. with kisses* soffocare qcu. di baci. **II** *v.i.* 1 morire asfissiato. 2 (*to feel stifled*) soffocare, non poter respirare. 3 (*fig*) essere soffocato, essere represso. **III** *n.* 1 fumo *m.* soffocante. 2 (*dense cloud of dust*) nuvolone *m.* di polvere, polverone *m.* □ (*fig*) *to* ~ *up*: 1 (*to suppress*) soffocare; 2 (*of feelings, impulses, etc.*) reprimere, soffocare, frenare.

smothering /'smʌðərɪŋ/ *a.* soffocante, asfissiante.

smothery /'smʌðəri/ *a.* soffocante, asfissiante.

smoulder /'smouldəʳ/ *v.i.* 1 covare sotto la cenere, bruciare senza fiamma: *the fire was -ing* il fuoco covava sotto la cenere. 2 (*fig*) covare: *his rage -ed* la sua rabbia covava. □ *to* ~ *out* consumarsi bruciando lentamente.

smouldering /'smouldərɪŋ/ *a.* 1 lento, senza fiamma, che cova. 2 (*fig*) che cova, nascosto, sopito.

SMS /,esem'es/ *n.* (*Tel*) *Short Message Service* SMS (sistema per invio di brevi messaggi). □ (*Tel*) ~ *message* SMS, (*colloq*) messaggino.

smudge /smʌdʒ/ **I** *v.t.* 1 imbrattare, sporcare, macchiare, insudiciare: *his face was -d with soot* il suo viso era imbrattato di fuliggine. 2 (*of ink, paint, etc.*) far sbavare, far spandere. 3 (*fig*) (*to blur*) offuscare, rendere confuso, rendere indistinto. 4 (*Am*) (*to smoke against insects*) affumicare (per rendere repellente agli insetti). **II** *v.i.* 1 imbrattarsi, sporcarsi, macchiarsi, insudiciarsi. 2 (*to become smudged*) spandersi, sbavare. **III** *n.* 1 macchia *f.* 2 (*blur, streak*) sbavatura *f.* 3 (*Am*) (*outdoor fire*) fuoco *m.* all'aperto (per tenere lontani gli insetti).

smudged /smʌdʒd/ *a.* 1 pieno di macchie, macchiato. 2 (*smeared*) imbrattato, macchiato.

smudgily /'smʌdʒɪli/ *avv.* in modo sporco.

smudginess /'smʌdʒɪnəs/ *n.* sporcizia *f.*, sudiciume *m.*

smudgy /'smʌdʒi/ *a.* 1 macchiato, pieno di macchie. 2 (*of writing*) sbavato. 3 (*smeared*) macchiato, imbrattato.

smug /smʌɡ/ (*compar.* **smugger** /'smʌɡəʳ/, *sup.* **smuggest** /'smʌɡɪst/) *a.* compiaciuto, soddisfatto (di sé): *a* ~ *smile* un sorriso compiaciuto.

smuggle /'smʌɡl/ **I** *v.t.* 1 contrabbandare, fare (il) contrabbando di: *to* ~ *arms* contrabbandare armi. 2 (*fig*) portare di nascosto, portare di contrabbando. **II** *v.i.* fare il contrabbandiere, esercitare il contrabbando.

smuggler /'smʌɡləʳ/ *n.* 1 contrabbandiere *m.*; (*gerg*) spallone *m.* 2 (*Mar*) nave *f.* contrabbandiera.

smuggling /'smʌɡlɪŋ/ *n.* contrabbando *m.*

smugly /'smʌɡli/ *avv.* con compiacimento, con soddisfazione.

smugness /'smʌɡnəs/ *n.* compiacimento *m.*,

soddisfazione f.

smurf /smɜːf Am smɜːrf/ n. puffo m.

smut /smʌt/ I n. 1 macchia f. di fuliggine, macchia f. di sporco. 2 (piece of soot, dirt) granellino m. di fuliggine, granellino m. di sporco. 3 (fig) discorso m. osceno, scritto m. osceno, indecenze f.pl., sconcezze f.pl.; (pornography) materiale m. pornografico: to talk ~ parlare in modo sboccato, dire sconcezze. 4 (Agr) carbone m. 5 (Bot) carbone m., fungo m. del carbone. II v.t. 1 sporcare di fuliggine, imbrattare di fuliggine. 2 (to stain with a black substance) imbrattare di nero, annerire. 3 (Agr) infettare col carbone. III v.i. (Agr) essere colpito dal carbone.

smuttily /'smʌtili Am 'smʌtili/ avv. 1 in modo fuligginoso. 2 (fig) oscenamente, indecentemente, in modo osceno.

smuttiness /'smʌtinəs Am 'smʌtinəs/ n. 1 l'essere fuligginoso, l'essere annerito. 2 (fig) oscenità f., indecenza f.

smutty /'smʌti Am 'smʌti/ a. 1 fuligginoso, annerito, affumicato. 2 (fig) sconcio, osceno, indecente: ~ jokes barzellette sconce.

Smyrna /'smɜːnə Am 'smɜːrnə/ n.pr. (Geog) Smirne f.

Smyrnean /'smɜːniən Am 'smɜːrniən/ I a. smirneo. II n. abitante m./f. di Smirne.

SN Senegal SN (Senegal).

S/N. (Comm) shipping note (bolla di spedizione).

snack /snæk/ I n. spuntino m.: to have a ~ fare uno spuntino; afternoon ~ merenda, spuntino pomeridiano. II v.i. fare uno spuntino: I ~ a lot faccio molti spuntini. □ (Br) ~bar tavola calda, snack bar, tavola fredda; to ~between meals fare degli spuntini tra i pasti; (Br) ~counter tavola calda, snack bar, tavola fredda; ~food stuzzichini, salatini; ~ machine distributore automatico di panini (e altre cibarie); ~ mix stuzzichini, salatini (confezionati).

snaffle /'snæfl/ I n. (Equit) morso m. snodato. II v.t. 1 (Equit) mettere il morso snodato a; (to control with a snaffle) tenere a freno con il morso snodato. 2 (colloq) (to pinch, to steal) rubare, (gerg) sgraffignare. □ (fig) to ride so. on the ~ trattare qcu. con delicatezza; (Equit) ~bit morso snodato.

snafu /snæf'uː/ I n. (colloq) casino m., pasticcio m. II v.t. (Am,colloq) incasinare.

snag /snæg/ I n. 1 ceppo m., troncone m. 2 (Mar) tronco m. (o grosso ramo m.) sommerso che ostacola la navigazione. 3 (Tess) (of fabric) piccolo strappo m.; (of a stocking: pulled thread) filo m. tirato; (run) smagliatura f. 4 (fig) intoppo m., intralcio m., ostacolo m. imprevisto, difficoltà f. imprevista: to iron out the ~s eliminare gli intoppi. 5 (Dent) dente m. sporgente; (stump of a tooth) radice f. di un dente. II v.t. 1 strappare rimanendo impigliato. 2 (of a stocking) tirare un filo di. 3 (Mar) spingere contro un ostacolo sommerso. 4 (of a river) ripulire da tronchi sommersi. 5 (fig) ostacolare, intralciare, impedire. 6 (fig) (to grab) assicurarsi, rimediare, acchiappare, afferrare: I ~ged the last copy available mi sono assicurato l'ultima copia disponibile. III v.i. (Mar) imbattersi in un ostacolo sommerso.

snagged /snægd/ a. pieno di sporgenze, pieno di ostacoli.

snaggle /'snægl/ I n. groviglio m. II v.i. aggrovigliarsi.

snaggle-toothed /'snægltuːθt/ a. che ha i denti sporgenti o irregolari.

snaggy /'snægi/ a. 1 che è di intoppo. 2 (snagged) pieno di sporgenze, pieno di ostacoli.

snail /sneɪl/ n. 1 chiocciola f., lumaca f. 2 (fig) persona f. lenta, lumacone m.; (sluggard) persona f. pigra; (scherz) posapiano m./f. 3 (Mecc) camma f. con profilo spiraliforme. □ (fig,iron) ~mail posta tradizionale, posta lumaca; to go (o to walk) at a ~'space camminare a passo di lumaca.

snake /sneɪk/ I n. 1 serpente m. 2 (fig) persona f. infida, serpente m. 3 (Econ,Stor) serpente m. monetario. 4 (Idr) flessibile m. per disingorgare i tubi. II v.i. snodarsi, serpeggiare: the road ~d up the side of the hill la strada serpeggiava su per il fianco della collina. □ (colloq) ~salive (o great ~salive)! accidenti!, maledizione!; (Med) ~bite serum siero antivipera; (fig) to cherish a ~ in one'sbosom (o to nourish a ~ in one's bosom) allevare una serpe in seno; ~charmer incantatore di serpenti; (Folcl) ~dance danza del serpente; ~eyes: 1 punteggio di due ottenuto con due dadi, punteggio minimo; 2 (estens) peggior risultato possibile; (fig) a ~ in thegrass : 1 un pericolo nascosto; 2 (treacherous person) una persona infida, una serpe; ~s andladders gioco simile al gioco dell'oca; (Am,colloq, iron) ~oil toccasana, panacea, sostanza che curerebbe tutto; (fig) to raise ~s provocare una rissa, fare una rissa; (colloq) tosee ~s avere allucinazioni; to ~ one's way through a crowd farsi strada insinuandosi tra la folla.

snakebird /'sneɪkbɜːd Am 'sneɪkbɜːrd/ n. (Ornit) aninga f.

snakebite /'sneɪkbaɪt/ n. 1 morso m. di serpente. 2 (Br) bevanda a base di birra e sidro.

snakebitten /'sneɪkbɪtən/ a. (Am) sfortunato, sfigato.

snakeroot /'sneɪkruːt/ n. (Bot) 1 (aristolochia serpentaria) aristolochia f. serpentaria, colubrina f., viperina f. 2 (rauwolfia serpentina) rauvolfia f. serpentaria.

snakeskin /'sneɪkskɪn/ n. 1 pelle f. di serpente. 2 (Pell) serpente m., pelle f. di serpente.

snakeweed /'sneɪkwiːd/ n. (Bot) bistorta f., serpentaria f.

snakily /'sneɪkɪli/ avv. in modo serpentino, sinuosamente.

snakiness /'sneɪkinəs/ n. 1 l'essere serpentino, l'essere sinuoso. 2 (fig) perfidia f.

snaking /'sneɪkɪŋ/ a. serpeggiante, sinuoso, tortuoso, a zigzag.

snaky /'sneɪki/ a. 1 serpentino. 2 (abounding in snakes) infestato da serpenti. 3 (serpentine) serpeggiante, sinuoso, tortuoso, a zigzag. 4 (fig) (treacherous) perfido, infido.

snap /snæp/ I v.i. (past,p.p. snapped /-t/) 1 (to bite) addentare, azzannare, (cercare di) mordere (at sth. qcs.). 2 (Sart) (to close with a snap type of closure) chiudersi con un bottone automatico, chiudersi con un bottone a pressione. 3 (fig) parlare con asprezza, rispondere male (at a). 4 (fig) (to lose control) saltare, scattare: my nerves ~ped under the pressure per la pressione mi sono saltati i nervi (o i nervi mi hanno ceduto); her patience finally ~ped la pazienza le è venuta meno. 5 (to break with a cracking sound) spezzarsi con un rumore secco, rompersi con un rumore secco. 6 (to break suddenly) spezzarsi improvvisamente. 7 (to make a cracking sound) scoppiettare, crepitare. 8 (to click) scattare, fare uno scatto, fare un colpo secco: the lock ~ped la serratura scattò. 9 (of the eyes: to sparkle, to flash) scintillare, sfavillare. II v.t. (past, p.p. snapped /-t/) 1 (to bite) addentare, azzannare, (cercare di) mordere. 2 (Sart) (to close with a snap type of closure) chiudere con un bottone automatico, chiudere con un bottone a pressione. 3 (to cause to make a cracking sound) far

schioccare; (of the fingers, a whip) schioccare. 4 (to break with a cracking sound) spezzare (con un rumore secco), rompere (con un rumore secco). 5 (to break suddenly) spezzare improvvisamente. 6 (Fot) scattare un'istantanea di. III n. 1 scatto m., schiocco m., colpo m. secco. 2 (bite) morso m. improvviso, tentativo m. di mordere, tentativo m. di addentare. 3 (sound) colpo m. secco (di denti). 4 (sudden sharp breaking) lo spezzarsi improvviso, brusca rottura f.: the ~ of a branch lo spezzarsi improvviso di un ramo. 5 (sharp cracking sound) schianto m., colpo m. secco; (of a whip) schiocco m.; (click) scatto m. 6 (of the fingers: act) schioccata f.; (sound) schiocco m. 7 (catch, clasp) fermaglio m., fibbia f., gancio m. 8 (Dolc) biscotto m. croccante: ginger ~s biscotti (tondi e duri) allo zenzero e spolverati con zucchero. 9 pl. (Bot,Alim,colloq) taccola f.sing., pisello m.sing. mangiatutto. 10 (Fot) istantanea f. 11 (card game) rubamazzo m. 12 (cold snap) ondata f. di freddo intenso. 13 (Am,colloq) (sth. easy) gioco m. da ragazzi, bazzecola f., passeggiata f. 14 (Am,Sart) (snap fastener) bottone m. a pressione, bottone m. automatico, automatico m. IV a. 1 improvviso, repentino, subitaneo, impulsivo: a ~ decision una decisione improvvisa. 2 (Parl) improvviso, inaspettato: a ~ election una votazione improvvisa. 3 (of a clasp, catch, etc.) a scatto, automatico. V avv. di scatto, con un colpo secco, con uno schiocco. VI intz. (colloq) ma guarda!, toh!: ~!, we're wearing the same skirt! ma guarda!, abbiamo la gonna uguale! □ (colloq) to ~away fare continuamente fotografie; to ~back into shape riprendere (velocemente) la forma originale; (Sart) ~fastener bottone a pressione, bottone automatico, automatico m.; to ~ one'sfingers schioccare le dita (anche fig); to ~ off so.'shead parlare molto bruscamente a qcu.; to ~ at so.'s heels : 1 tentare di mordere il polpaccio a qcu.; 2 (fig) essere fortemente in competizione con qcu.; to ~ at aninvitation accettare un invito senza farselo dire due volte, accettare un invito al volo; (colloq) ~it up ! spicciati!, sbrigati!; ~judgement giudizio impulsivo, giudizio dato su due piedi; ~lock serratura a scatto; to ~off : 1 staccare con un morso; 2 (to break off) staccare, spezzare (di netto), tranciare: to ~ off a branchfrom a tree spezzare un ramo da un albero; to ~open aprire con uno scatto, aprire con un colpo secco; to ~out (to utter curtly, sharply) dire seccamente, dire con tono brusco: to ~ out instructions lanciare ordini; (colloq) to ~out of scuoters da: to ~ out of one's lethargy scuotersi dal letargo; to ~ out of depression uscire dalla depressione; to ~ out of it riaversi rapidamente, riprendersi rapidamente; (colloq) ~ out of it! tirati su!, reagisci!, smettila di compiangerti!; (Bot,Alim) ~pea taccola, pisello mangiatutto; to ~ aphoto scattare una fotografia; (Mecc) ~ring anello elastico; to ~shut : 1 (used transitively) chiudere con uno scatto, chiudere con un colpo secco; 2 (used intransitively) chiudersi con uno scatto, chiudersi con un colpo secco; to ~ one's teeth together battere i denti; (colloq) ~to it ! spicciati!, sbrigati!; to ~up non lasciarsi sfuggire, assicurarsi, afferrare: to ~up a bargain non lasciarsi sfuggire un buon affare.

snap-brim /'snæpbrɪm/ n. (Mod) cappello m. a tesa floscia. □ (Mod) ~hat cappello a tesa floscia.

snapdragon /'snæp.drægən/ n. (Bot) bocca f. di leone, antirrino m.

snap-on /'snæpɒn Am 'snæpɑːn/ □ ~lid

coperchio a pressione.

snappily /'snæpɪli/ *avv.* **1** bruscamente, seccamente. **2** (*briskly*) vivacemente, con animazione. **3** (*colloq*) (*smartly, sharply*) elegantemente, con eleganza.

snappiness /'snæpɪnəs/ *n.* **1** irritabilità *f.*, umore *m.* (*briskness*) vivacità *f.*, brio *m.* **3** (*colloq*) eleganza *f.*

snappish /'snæpɪʃ/ *a.* **1** pronto a mordere, mordace. **2** (*testy, irascible*) irritabile, bisbetico. **3** (*of speech*) brusco, secco, rude, sgarbato: *a ~ answer* una risposta brusca.

snappishly /'snæpɪʃli/ *avv.* con tono irritato, in tono irritato, bisbeticamente.

snappishness /'snæpɪʃnəs/ *n.* irritabilità *f.*, umore *m.* bisbetico.

snappy /'snæpi/ *a.* **1** pronto a mordere, mordace. **2** (*testy, irascible*) irritabile, bisbetico. **3** (*of speech*) brusco, secco, rude, sgarbato: *a ~ answer* una risposta brusca. **4** (*brisk, lively*) vivace, brioso; (*quick*) rapido, veloce. **5** (*colloq*) (*smart*) elegante, alla moda. **6** (*colloq*) (*of a car*) veloce e moderno. ☐ (*colloq*) *look ~!* sbrigati!, spicciati!; (*colloq*) *make it ~!* sbrigati!, spicciati!, datti una mossa!

snapshot /'snæpʃɒt *Am* 'snæpʃɑːt/ **I** *n.* **1** (*Fot*) istantanea *f.*: *to take a ~* scattare un'istantanea, fare clic. **2** (*Mil,Caccia*) colpo *m.* sparato senza prendere la mira. **II** *v.t.* (*Fot*) scattare un'istantanea di.

snare /sneə^r *Am* sner/ **I** *n.* **1** (*Caccia*) trappola *f.*, laccio *m.* **2** (*fig*) trappola *f.*, insidia *f.*, tranello *m.*: *to set a ~ for so.* (o to lay a *~ for so.*) tendere una trappola a qcu. **II** *v.t.* (*Caccia*) prendere al laccio, intrappolare (*anche fig*).

snare drum /'sneə,drʌm *Am* 'sner,drʌm/ *n.* (*Mus*) tamburo *m.* militare.

snark /snɑːk *Am* snɑːrk/ *n.* animale *m.* immaginario.

snarky /'snɑːki *Am* 'snɑːrki/ *a.* (*colloq*) irritabile, irascibile, stizzoso.

snarl[1] /snɑːl *Am* snɑːrl/ **I** *v.i.* **1** ringhiare. **2** (*of people*) urlare, ringhiare. **II** *v.t.* dire in tono iroso. **III** *n.* **1** ringhio *m.* **2** (*fig*) parole *f.pl.* aspre, parole *f.pl.* dette in tono rabbioso.

snarl[2] /snɑːl *Am* snɑːrl/ **I** *n.* **1** (*tangle*) groviglio *m.*, garbuglio *m.* **2** (*traffic jam*) ingorgo *m.*, intasamento *m.* **3** (*fig*) confusione *f.*, disordine *m.* **II** *v.t.* **1** aggrovigliare, ingarbugliare. **2** (*of traffic*) intasare. **III** *v.i.* **1** aggrovigliarsi, ingarbugliarsi. **2** (*of traffic*) ingorgarsi, intasarsi. ☐ *to ~ up:* **1** strappare; **2** (*of traffic*) intasare, ingorgarsi: *the accident -ed up the traffic* l'incidente intasò il traffico.

snarler /'snɑːlə^r *Am* 'snɑːrlə^r/ *n.* **1** cane *m.* che ringhia, cane *m.* ringhioso. **2** (*person*) persona *f.* ringhiosa, persona *f.* stizzosa.

snarling /'snɑːlɪŋ *Am* 'snɑːrlɪŋ/ *a.* **1** ringhioso. **2** (*of a person*) ringhioso, stizzoso, collerico.

snarly /'snɑːli *Am* 'snɑːrli/ *a.* **1** ringhioso. **2** (*of a person*) ringhioso, stizzoso, collerico.

snatch /snætʃ/ **I** *v.t.* **1** strappare (con violenza), dare uno strappo a, dare di piglio a: *the thief -ed my handbag* il ladro mi strappò la borsa. **2** (*to take by surprise*) carpire, strappare: *to ~ a kiss* carpire un bacio. **3** (*to rescue by prompt action*) strappare, sottrarre: *to ~ so. from the jaws of death* strappare qcu. dagli artigli della morte. **4** (*sl*) (*to kidnap*) rapire. **5** (*to remove by death*) strappare, portar via, ghermire: *he was -ed from us in the flower of his youth* ci è stato strappato nel fiore della giovinezza. **6** (*an amount of time*) prendersi, trovare, ritagliarsi: *I managed to ~ five minutes for a quick sandwich* sono riuscito a trovare cinque minuti per mangiarmi un panino. **II** *v.i.* **1** cercare di afferrare,

cercare di prendere, fare l'atto di afferrare (*at sth.* qcs.): *to ~ at a life preserver* cercare di afferrare un salvagente. **2** (*fig*) afferrare al volo (qcs.), cogliere al volo (qcs.): *to ~ at an offer* afferrare al volo un'offerta. **III** *n.* **1** atto *m.* di afferrare, tentativo *m.* di afferrare. **2** (*grab*) presa *f.*, stretta *f.* **3** (*brief spell, period*) breve periodo *m.* (di lavoro, attività ecc.). **4** (*fragment*) frammento *m.*, brano *m.*, pezzo *m.*, pezzetto *m.*: *-es of conversation* frammenti di conversazione; *-es of music* brani di musica. **5** (*sl*) (*act of kidnapping*) rapimento *m.*; (*robbery by snatching*) furto *m.* con strappo, scippo *m.* **6** (*sl,volg*) (*vulva*) fica *f.* ☐ *to ~ away* strappare: *he -ed the baby away from the fire* strappò il bambino dal fuoco; *to work in -es* lavorare in modo discontinuo; *to make a ~ at sth.* (tentare di) afferrare qcs.; *to ~ off* portare via, strappare (via): *the wind -ed my hat off* il vento mi portò via il cappello; *to ~ up* afferrare, dare di piglio a; *to ~ victory* strappare la vittoria.

snatcher /'snætʃə^r/ *n.* **1** chi afferra. **2** (*colloq*) (*kidnapper*) rapitore *m.* (*f.* -trice). **3** (*colloq*) (*thief*) scippatore *m.* (*f.* -trice). **4** (*body snatcher*) dissotterratore *m.* di cadaveri.

snatchingly /'snætʃɪŋli/ *avv.* in modo discontinuo, a strappi.

snatchy /'snætʃi/ *a.* discontinuo, frammentario, fatto a sbalzi, fatto a strappi.

sneak /sniːk/ **I** *v.i.* **1** muoversi furtivamente, strisciare. **2** (*to act in an underhand or a mean way*) agire in modo subdolo, agire in modo vile; (*to act furtively*) lavorare sott'acqua, agire di nascosto. **3** (*Scol*) (*to tell tales*) fare la spia. **II** *v.t.* **1** mettere di nascosto, portare di nascosto: *he -ed the gun into his pocket* mise di nascosto la pistola in tasca. **2** (*colloq*) (*to take, to have, etc., surreptitiously*) *translated with the corresponding verb:* *to ~ a look at so.'s diary* dare un'occhiata furtiva al diario di qcu. **3** (*colloq*) (*to steal*) rubacchiare. **III** *n.* **1** persona *f.* che agisce furtivamente, persona *f.* che agisce di nascosto. **2** (*mean person*) persona *f.* ignobile, persona *f.* spregevole. **3** (*Scol*) (*tell-tale*) spia *f.*, spione *m.* (*f.* -a). **IV** *n.* (*Cin*) anteprima *f.* non preannunciata (per saggiare l'accoglienza del pubblico). ☐ *to ~ about* aggirarsi furtivamente; *to ~ away* andarsene di soppiatto, svignarsela, svicolare; *to ~ back* tornare indietro di nascosto; *to ~ in* introdursi furtivamente, entrare furtivamente, entrare di straforo; *to ~ off* svignarsela, sgattaiolare via; *to ~ out* uscire di nascosto, uscire furtivamente; (*colloq*) *~ (a) peek* dare una sbirciata, dare un'occhiata; (*Cin,colloq*) *~ preview* anteprima non preannunciata (per saggiare l'accoglienza del pubblico).

sneaker /'sniːkə^r/ *n.pl.* (*Am,Calz*) scarpe *f.pl.* da tennis, scarpe *f.pl.* da ginnastica.

sneakily /'sniːkɪli/ *avv.* furtivamente, di nascosto.

sneaking /'sniːkɪŋ/ *a.* **1** che agisce furtivamente, che agisce di nascosto. **2** (*secret*) inconfessato, segreto. ☐ (*colloq*) *a ~ feeling* (o *a ~ suspicion*) un vago sospetto.

sneak-thief /'sniːkθiːf/ *n.irr.* ladruncolo *m.* (*f.* -a).

sneaky /'sniːki/ **I** *a.* abietto, basso, meschino, vile, strisciante. **II** *n.* (*sl*) mezzo *m.* di intercettazione, spia *f.*

sneer /snɪə^r *Am* snɪr/ **I** *v.i.* **1** ghignare, sogghignare. **2** (*fig*) deridere, dileggiare, schernire. **II** *n.* **1** ghigno *m.*, sogghigno *m.*, risata *f.* beffarda. **2** (*sneering look*) sguardo *m.* beffardo, sguardo *m.* di scherno. **3** (*sneering utterance, remark*) osservazione *f.* beffarda, commento *m.* canzonatorio.

sneerer /'snɪərə^r *Am* 'snɪrə^r/ *n.* beffeggiatore *m.* (*f.* -trice), schernitore *m.* (*f.* -trice).

sneering /'snɪərɪŋ *Am* 'snɪrɪŋ/ *a.* beffardo, derisorio, canzonatorio, di scherno.

sneeringly /'snɪərɪŋli *Am* 'snɪrɪŋli/ *avv.* in tono beffardo, in tono canzonatorio.

sneeze /sniːz/ **I** *v.i.* starnutire, fare uno starnuto. **II** *n.* starnuto *m.* ☐ (*colloq*) *not to be -d at* non disprezzabile.

snell /snel/ **I** *n.* (*Am,Pesc*) finale *f.*, setale *f.*, basso *m.* di lenza. **II** *v.t.* (*Am,Pesc*) fissare (un amo) al setale.

snick /snɪk/ **I** *v.t.* **1** fare un piccolo taglio in, incidere (leggermente). **2** (*Sport*) (*to hit with a light deflection*) far deviare. **II** *n.* **1** taglietto *m.*, piccolo taglio *m.*, (leggera) incisione *f.* **2** (*Sport*) colpo *m.* che fa deviare la palla.

snicker /'snɪkə^r/ **I** *v.i.* **1** (*to snigger*) reprimere il riso, ridere sotto i baffi. **2** (*to titter, to giggle*) ridacchiare. **3** (*to neigh*) nitrire. **II** *n.* nitrito *m.*

snide /snaɪd/ **I** *a.* **1** maligno, malizioso: *~ remarks* osservazioni maligne. **2** (*disparaging*) sprezzante. **3** (*sneering*) beffardo, derisorio. **4** (*counterfeit*) falso, contraffatto, fasullo. **II** *n.* **1** persona *f.* maligna. **2** (*sth. counterfeit*) falso *m.*, contraffazione *f.*

snideness /'snaɪdnəs/ *n.* malignità *f.*, atteggiamento *m.* sprezzante, comportamento *m.* sarcastico.

sniff /snɪf/ **I** *v.i.* **1** tirare su col naso, aspirare rumorosamente col naso: *don't ~, use your handkerchief* non tirare su col naso, usa il fazzoletto. **2** (*to smell*) fiutare, annusare (*at sth.* qcs.): *the dog stood -ing* il cane si fermò fiutando. **3** (*to express disdain by sniffing*) arricciare il naso. **II** *v.t.* **1** annusare, fiutare: *the hounds -ed the air* i segugi annusarono l'aria. **2** (*to take through the nose*) aspirare (col naso): *to ~ cocaine* sniffare cocaina. **3** (*fig*) fiutare, subodorare. **III** *n.* **1** fiutata *f.*, annusata *f.* **2** (*that which is sniffed*) ciò che si fiuta, ciò che si annusa. **3** (*smell*) odore *m.*: *a ~ of roasting coffee* un odore di caffè tostato. ☐ (*fig*) *to ~ around* indagare di nascosto; *to ~ out* fiutare, subodorare: *to ~ out a scandal* fiutare uno scandalo.

sniffer /'snɪfə^r/ *n.* ☐ *~ dog* cane antidroga.

sniffle /'snɪfl/ **I** *v.i.* **1** aspirare leggermente col naso, tirare su leggermente col naso. **2** (*to sniff repeatedly*) aspirare ripetutamente col naso. **3** (*crying softly*) singhiozzare, piangere con singhiozzi. **II** *n.* **1** l'aspirare leggermente col naso. **2** *pl.* raffreddore *m.sing.* di testa.

sniffy /'snɪfi/ *a.* (*Br,colloq*) sprezzante, sdegnoso.

snifter /'snɪftə^r/ *n.* (*sl*) (*small strong drink*) cicchetto *m.*, goccio *m.* di liquore forte, bicchierino *m.* di liquore forte.

snigger /'snɪɡə^r/ **I** *v.i.* **1** reprimere il riso, ridere sotto i baffi. **2** (*to titter, to giggle*) ridacchiare. **II** *n.* riso *m.* represso.

sniggering /'snɪɡərɪŋ/ *a.* che ridacchia.

sniggeringly /'snɪɡərɪŋli/ *avv.* ridacchiando.

snip /snɪp/ **I** *v.t.* (*past, p.p.* **snipped** /-t/) **1** tagliuzzare: *to ~ cloth* tagliuzzare la stoffa. **2** (*to remove by cutting with scissors, etc.*) tagliare, recidere. **II** *n.* **1** colpo *m.* di forbice, taglio *m.* (con le forbici), sforbiciatura *f.* **2** (*small cut with scissors*) forbiciata *f.*, sforbiciata *f.* **3** (*small piece snipped off*) ritaglio *m.*, pezzetto *m.* ritagliato. **4** (*estens*) (*fragment*) pezzetto *m.*, frammento *m.*, ritaglio *m.* **5** (*colloq*) (*sth. easy*) cosa *f.* facile, scherzo *m.*, gioco *m.* da ragazzi: *this will be a ~ match* questo incontro sarà uno scherzo. **6** (*colloq*) (*bargain*) (buon) affare *m.*, occasione *f.* ☐ *to ~ away* (o *to ~ off*) (*to remove by cutting*

with scissors, etc.) tagliare, recidere.

snipe /snaɪp/ **I** n. (pl.inv. o **-s** /-s/; il pl. inv. si usa general. con valore collett.) (Ornit) beccaccino m. **II** v.i. **1** (Caccia) andare per beccaccini, andare a caccia di beccaccini. **2** (Mil) sparare da un riparo, tirare da un nascondiglio. **III** v.t. (Mil) attaccare sparando da un nascondiglio (o riparo). □ (Caccia) to go sniping andare a caccia di beccaccini, andare per beccaccini.

sniper /ˈsnaɪpər/ n. (Mil) franco tiratore m., cecchino m.

snippet /ˈsnɪpɪt/ n. **1** (piece snipped off) ritaglio m., frammento m. **2** (Am,colloq) (insignificant person) persona f. da poco, mezza cartuccia f. **3** pl. frammenti m.pl.

snippy /ˈsnɪpi/ a. sprezzante, brusco, secco.

snitch /snɪtʃ/ **I** v.i. (colloq) fare la spia. **II** v.t. (colloq) rubacchiare. **III** n. (colloq) spia f., spione m. (f. -a), informatore m. (f. -trice).

snivel /ˈsnɪvl/ **I** v.i. (past, p.p. **snivelled** /Am **sniveled** /-d/) **1** (to sniff repeatedly) tirare su ripetutamente col naso. **2** (to weep with sniffing) piagnucolare tirando su col naso. **3** (fig) frignare, piagnucolare. **II** n. **1** il tirare su col naso. **2** (whining, weeping) piagnisteo m., piagnucolio m., frignio m.

sniveler /ˈsnɪvələr/ n. (Am) **1** moccioso m. (f. -a), moccione m. (f. -a). **2** (one who talks, behaves fretfully) piagnucolone m. (f. -a), piagnone m. (f. -a), frignone m. (f. -a).

sniveller /ˈsnɪvələr/ n. **1** moccioso m. (f. -a), moccione m. (f. -a). **2** (one who talks, behaves fretfully) piagnucolone m. (f. -a), piagnone m. (f. -a), frignone m. (f. -a).

snivelling /ˈsnɪvəlɪŋ/ **I** n. **1** il tirar su col naso. **2** (whining, weeping) piagnucolio m., frignio m., piagnisteo m. **II** a. piagnucoloso, lamentoso.

snob /snɒb Am snɑːb/ n. **1** snob m./f., persona f. snob. **2** (ant,dial) (cobbler) ciabattino m.

snobbery /ˈsnɒbəri Am ˈsnɑːbəri/ n. snobismo m.

snobbish /ˈsnɒbɪʃ Am ˈsnɑːbɪʃ/ a. snobistico.

snobbishly /ˈsnɒbɪʃli Am ˈsnɑːbɪʃli/ avv. da snob, in modo snobistico.

snobbishness /ˈsnɒbɪʃnəs Am ˈsnɑːbɪʃnəs/ n. snobismo m.

snog /snɒɡ/ **I** v.i. (past, p.p. **snogged** /-d/) (Br, colloq) (to pet) sbaciucchiarsi, pomiciare (with con). **II** n. (Br,colloq) sbaciucchiamento m., pomiciata f.

snood /snuːd/ n. **1** (hairnet) reticella f. ornamentale per i capelli. **2** (fillet) nastro m. per capelli.

snook /snuːk/ n. (Br,colloq) marameo m.

snooker /ˈsnuːkər/ **I** n. (game) snooker m. **II** v.t. **1** ostacolare (coprendo la palla). **2** (colloq) (to thwart) ostacolare, impedire.

snookered /ˈsnuːkərd/ □ to be ~: **1** (in billiards) avere la palla coperta da un'altra palla; **2** (scherz) essere in difficoltà, essere in una posizione difficile.

snoop /snuːp/ (colloq) **I** v.i. (colloq) spiare, curiosare, ficcare il naso nei fatti altrui. **II** n. (colloq) ficcanaso m./f., curiosone m. (f. -a), spione m. (f. -a). □ (colloq) to ~ about (o to ~ around) spiare, curiosare (in in).

snooper /ˈsnuːpər/ n. ficcanaso m./f., curiosone m. (f. -a), spione m. (f. -a).

snoopy /ˈsnuːpi/ a. indiscreto, curioso.

snootiness /ˈsnuːtɪnəs Am ˈsnuːtɪnəs/ n. (colloq) altezzosità f., boriosità f., superbia f.

snooty /ˈsnuːti Am ˈsnuːti/ a. (colloq) altezzoso, sprezzante, sdegnoso.

snooze /snuːz/ **I** v.i. sonnecchiare, fare un sonnellino, schiacciare un pisolino. **II** n. sonnellino m., pisolino m.: to have a ~ fare un pisolino. □ to ~ away an afternoon

passare un pomeriggio dormendo.

snoozer /ˈsnuːzər/ n. **1** (colloq) (one who slumbers) chi fa un sonnellino. **2** (fig) (sth. boring) cosa f. noiosa, cosa f. che fa dormire: a ~ of a film un polpettone m.

snore /snɔːr Am snɔːr/ **I** v.i. russare. **II** n. il russare. □ to ~ oneself awake russare tanto forte da svegliarsi; he -d away the morning ha passato la mattinata a dormire.

snorer /ˈsnɔːrər/ n. chi russa, russatore m. (f. -trice).

snoring /ˈsnɔːrɪŋ/ **I** n. **1** (act) il russare. **2** (sound) suono m. emesso da chi russa. **II** a. che russa.

snorkel /ˈsnɔːkəl Am ˈsnɔːrkəl/ **I** n. respiratore m., boccaglio m. **II** v.t. (Sport) fare snorkeling.

snorkelling /ˈsnɔːkəlɪŋ Am ˈsnɔːrkəlɪŋ/ n. (Sport) snorkeling m.

snort /snɔːt Am snɔːrt/ **I** v.i. sbuffare: the horse -ed il cavallo sbuffava; he -ed with rage sbuffò per la rabbia. **II** v.t. dire sbuffando, esprimere sbuffando. **III** n. **1** sbuffata f., sbuffo m. **2** (an inhaled dose of cocaine) sniffata f. **3** (an alcoholic drink) goccetto m. □ to ~ out dire sbuffando, esprimere sbuffando.

snorter /ˈsnɔːtər Am ˈsnɔːrtər/ n. **1** chi sbuffa. **2** (colloq) (sth. exceptional) cosa f. eccezionale, cannonata f. **3** (colloq) (sth. exceptionally difficult) cosa f. incasinata, osso m. duro. **4** (colloq) (violent wind) vento m. forte. **5** (colloq) (severe rebuke) aspro rimprovero m. **6** (colloq) (angry letter) letteraccia f. **7** (sl) (small drink of spirits) bicchierino m., cicchetto m.

snorty /ˈsnɔːti Am ˈsnɔːrti/ a. (colloq) irascibile, collerico.

snot /snɒt Am snɑːt/ n. **1** (colloq) (mucus) moccio m.; (scherz) moccolo m. **2** (spreg) (snotty person) persona f. altezzosa, persona f. sprezzante. □ (volg) ~ rag (handkerchief) fazzoletto m.; (pop) moccichino m.

snot-nosed /ˈsnɒtnəʊzd Am ˈsnɑːtnəʊzd/ □ (spreg) a ~ brat un moccioso, un pivello, un saputello.

snotty /ˈsnɒti Am ˈsnɑːti/ **I** a. **1** (volg) moccioso, sporco di moccio: ~ nose naso sporco di moccio; a ~ handkerchief un fazzoletto sporco. **2** (supercilious) altezzoso, sprezzante, sdegnoso. **II** n. (Mar) aspirante m. guardiamarina.

snotty-nosed /ˈsnɒtinəʊzd Am ˈsnɑːtinəʊzd/ □ (spreg) a ~ brat un moccioso, un pivello, un saputello.

snout /snaʊt/ n. **1** (of an animal) muso m., grugno m. **2** (sl) (nose) naso m. **3** (Entom) proboscide f. **4** (Tecn) becco m., beccuccio m. **5** (Aut) muso m. **6** (Geol) lingua f. glaciale. □ (Entom) ~ beetle curculione.

snow¹ /snəʊ/ n. neve f.: ~ is forecast tomorrow si prevede neve domani; the fields lay deep in ~ i campi erano sepolti sotto la neve. **2** (snowfall) nevicata f. **3** (Chim) neve f. carbonica, ghiaccio m. secco. **4** pl. nevi f.pl., regione f.sing. delle nevi (perenni). **5** (TV) neve f., effetto m. neve. **6** (sl) (cocaine) neve f. □ ~ blindness accecamento da riflesso della neve; (Calz) ~ boot stivale da neve, scarpone da neve; (Ornit) ~ bunting zigolo delle nevi; (Aut) ~ chains catene antineve, catene da neve; ~ fence barriera antineve; ~ gauge nevometro, nivometro; ~ goggles occhiali da neve, occhiali antineve; (Ornit) ~ goose oca delle nevi; (Am,sl) ~ job sviolinata (al fine di ingannare); (Zool) ~ leopard leopardo delle nevi; ~ line limite delle nevi perenni; ~ on ground suolo innevato; (Bot,Alim) ~ pea taccola; (Bot) ~ plant sarcode; (Am,Dolc) ~ pudding budino fatto con chiare d'uovo; ~ re-

port bollettino della neve; ~ shoe racchetta da neve; ~ shovel pala da neve, badile da neve; (Am,Aut) ~ tire pneumatico da neve; (Br, Aut) ~ tyre pneumatico da neve; (Lett) Snow White Biancaneve: Snow White and the Seven Dwarfs Biancaneve e i sette nani.

snow² /snəʊ/ **I** v.i. **1** (costr.impers.) nevicare, cadere la neve: it has been -ing all day è nevicato tutto il giorno. **2** (fig) piovere: leaflets -ed from the sky volantini piovevano dal cielo. **II** v.t. **1** lasciar cadere in abbondanza. **2** (to cover with snow) coprire di neve. □ to be -ed in rimanere isolato per la neve, rimanere bloccato dalla neve, essere isolato per la neve, essere bloccato dalla neve; to ~ over (to cover with snow) coprire di neve; to ~ under: **1** (to cover with snow) ricoprire di neve, seppellire sotto la neve; **2** (colloq) (to inundate) sommergere: to be -ed under with requests essere sommerso dalle richieste; **3** (Am,sl) (to defeat overwhelmingly) battere clamorosamente, schiacciare; to be -ed up rimanere isolato per la neve, rimanere bloccato dalla neve, essere isolato per la neve, essere bloccato dalla neve.

snowball /ˈsnəʊbɔːl/ **I** n. **1** palla f. di neve. **2** (Bot) viburno m., palla f. di neve. **3** (fig) valanga f. **4** (snowball-contribution) sottoscrizione f. a catena. **II** v.i. **1** lanciare palle di neve, fare a palle di neve. **2** (fig) crescere a valanga, aumentare costantemente. **III** v.t. **1** colpire con palle di neve, prendere a pallate di neve. **2** (fig) far aumentare costantemente, far crescere a valanga. □ (Br,colloq) not to have a ~ chance (o not to have a ~ chance in hell) non avere la benché minima probabilità; (Bot) ~ tree palla di neve.

snowberry /ˈsnəʊbəri/ n. (Bot) sinforicarpo m.

snowbird /ˈsnəʊbɜːrd/ n. (Am) **1** (snow bunting) zigolo m. delle nevi. **2** (Ornit) (junco) junco m.

snowblind /ˈsnəʊblaɪnd/ a. accecato dal riflesso della neve.

snowblindness /ˈsnəʊblaɪndnəs/ n. accecamento m. da riflesso della neve.

snowblink /ˈsnəʊblɪŋk/ n. riverbero m. di neve.

snowblower /ˈsnəʊˌbləʊər/ n. (Tecn) spalaneve m. a elica.

snowboard /ˈsnəʊbɔːd Am ˈsnəʊbɔːrd/ **I** n. (Sport) snowboard m. **II** v.i. (Sport) fare snowboard.

snowboarder /ˈsnəʊbɔːdər Am ˈsnəʊbɔːrdər/ n. (Sport) snowboardista m./f.

snowboarding /ˈsnəʊbɔːdɪŋ Am ˈsnəʊbɔːrdɪŋ/ n. (Sport) snowboard m.

snowbound /ˈsnəʊbaʊnd/ a. isolato per la neve, bloccato dalla neve.

snowcap /ˈsnəʊkæp/ n. cima f. innevata.

snowcapped /ˈsnəʊkæpt/ a. coperto di neve, con la cima coperta di neve.

snowdome /ˈsnəʊdəʊm/ n. (Am) (kind of souvenir) palla f. di neve.

Snowdon /ˈsnəʊdən/ □ (Geog) Mount ~ monte Snowdon.

snowdrift /ˈsnəʊdrɪft/ n. **1** cumulo m. di neve ammucchiata dal vento. **2** (drifting snow) raffica f. di neve sospinta dal vento.

snowdrop /ˈsnəʊdrɒp Am ˈsnəʊdrɑːp/ n. (Bot) bucaneve m.

snowfall /ˈsnəʊfɔːl/ n. **1** nevicata f. **2** (Meteor) nevosità f.

snowfield /ˈsnəʊfiːld/ n. campo m. di neve.

snowflake /ˈsnəʊfleɪk/ n. fiocco m. di neve, falda f. di neve.

snowhouse /ˈsnəʊhaʊs/ n. igloo m.

snowiness /ˈsnəʊɪnəs/ n. **1** nevosità f. **2** (whiteness) candore m.

snowline /'snəʊlaɪn/ n. (Geog) limite m. delle nevi perenni.

snowman /'snəʊmən/ n.irr. pupazzo m. di neve.

snowmobile /'snəʊməˌbiːl Am 'snoʊmoʊˌbiːl/ n. motoslitta f.

snowplough, Am **snowplow** /'snəʊplaʊ/ I n. 1 spazzaneve m., spartineve m. 2 (in skiing) spazzaneve m. II v.i. (to ski) sciare a spazzaneve.

snowscape /'snəʊskeɪp/ n. paesaggio m. nevoso.

snowshed /'snəʊʃɪd/ n. (Am) paraneve m.

snowshoe /'snəʊʃuː/ n. racchetta f. da neve. □ (Zool) ~ hare (o ~ rabbit) lepre americana.

snowslide /'snəʊslaɪd/ n. valanga f. (di neve), slavina f.

snowslip /'snəʊslɪp/ n. valanga f. (di neve), slavina f.

snowstorm /'snəʊstɔːm Am 'snoʊstɔːrm/ n. tempesta f. di neve, tormenta f.

snow-white /'snəʊ'(h)waɪt/ a. bianco come la neve, bianchissimo.

snowy /'snəʊɪ/ a. 1 nevoso: ~ weather tempo nevoso. 2 (covered with snow) coperto di neve, nevoso. 3 (of snow) nevoso, nivale. 4 (snow-white) bianco come la neve. □ (Ornit) ~ owl gufo delle nevi.

snub[1] /snʌb/ (past, p.p. **snubbed** /-d/) v.t. 1 trattare con disprezzo, snobbare. 2 (to offend) fare un affronto a, offendere. 3 (to ignore with disdain) ignorare sdegnosamente. 4 (to reject contemptuously) disprezzare, tenere in poco conto, sdegnare: to ~ sb.'s suggestions disprezzare i consigli di qcu. 5 (to rebuke sharply) rimproverare duramente, rimbrottare.

snub[2] /snʌb/ n. 1 affronto m., offesa f., mortificazione f. 2 (rebuke) rimprovero m., rampogna f. 3 (sudden check to a rope, etc.) arresto m. improvviso. 4 (Mar) palo m. di ormeggio.

snub[3] /snʌb/ a. (of a nose) all'insù, camuso, rincagnato.

snubbing /'snʌbɪŋ/ □ (Mar) ~ post palo di ormeggio.

snub-nosed /'snʌbnəʊzd/ a. 1 col naso all'insù, dal naso camuso. 2 (of firearms) a canna mozza.

snuff[1] /snʌf/ I n. moccolaia f., fungo m., smoccolatura f. II v.t. 1 smoccolare. 2 (to extinguish) spegnere. 3 (colloq) (to kill) uccidere, liquidare. III v.i. 1 spegnersi, estinguersi. 2 (colloq) (to die) morire, spegnersi. □ (sl) to ~ it (to die) morire, crepare, tirare le cuoia; to ~ out: 1 (to extinguish: used transitively) spegnere: to ~ out a candle spegnere una candela; 2 (to be extinguished: used intransitively) morire, spegnersi; 3 (to suppress) domare, reprimere, estinguere, spegnere: to ~ out a rebellion domare una rivolta.

snuff[2] /snʌf/ I n. (powdered tobacco) tabacco m. da fiuto; (pinch of powdered tobacco) presa f. di tabacco. II v.t. 1 fiutare, aspirare (col naso). 2 (to perceive by smelling) fiutare, annusare. 3 (of an animal) fiutare. III v.i. 1 tirare su col naso. 2 (to take snuff) fiutare tabacco, tabaccare. □ to ~ in fiutare, aspirare (col naso); ~ mill macinino per tabacco; to ~ up fiutare, aspirare (col naso); (Am,sl) up to ~: 1 accorto, avveduto, scaltro; 2 (good enough) abbastanza buono, soddisfacente; (Am,colloq) ~ zone zona (di edificio pubblico) in cui è vietato fumare.

snuffbox /'snʌfbɒks Am 'snʌfbɑːks/ n. tabacchiera f.

snuffer[1] /'snʌfər/ n. 1 spegnitoio m. 2 pl. (costr.sing. o pl.) (for cropping the snuff of a candle) smoccolatoio m.sing., smoccolatoie f.pl.

snuffer[2] /'snʌfər/ n. (one who uses snuff) chi fiuta tabacco.

snuffle /'snʌfl/ I v.i. 1 tirare su ripetutamente col naso. 2 (to breathe through an obstructed nose) respirare col naso chiuso, respirare col naso tappato. 3 (to speak nasally) parlare con voce nasale, parlare con il naso. II n. 1 il tirare su col naso. 2 (sound) rumore m. prodotto tirando su col naso: to have the -s avere il naso chiuso. 3 pl. raffreddore m.sing. di testa.

snuffler /'snʌflər/ n. 1 chi tira su col naso. 2 (fig) chi usa un linguaggio ipocrita.

snuffling /'snʌflɪŋ/ I n. il tirare su col naso. II a. 1 che tira su col naso. 2 (fig) bigotto, santocchio.

snuffy /'snʌfi/ a. (Am) 1 simile al tabacco. 2 (using, addicted to snuff) che fiuta tabacco, che prende tabacco. 3 (dirty with snuff) tabaccoso. 4 (fig) sgradevole.

snug[1] /snʌg/ I a. (compar. **snugger** /'snʌgər/, sup. **snuggest** /'snʌgɪst/) 1 accogliente, confortevole, comodo: a ~ little room una stanzetta accogliente. 2 (safe from cold) riparato, caldo. 3 (fitting closely) attillato, aderente. 4 (affording protection) sicuro. 5 (affording concealment) riparato. 6 (concealed) nascosto, celato. 7 (of income, fortune) discreto, soddisfacente. 8 (neat, trim) lindo, ordinato. 9 (marked by intimacy) intimo: ~ little dinners cenette intime. II n. (in a pub, hotel) séparé m., salottino m. privato. □ as ~ as a bug in a rug comodissimo, tranquillo e beato.

snug[2] /snʌg/ (past, p.p. **snugged** /-d/) v.i. accoccolarsi, rannicchiarsi.

snuggery /'snʌgəri/ n. 1 stanzetta f. accogliente, stanzetta f. confortevole. 2 (in a pub, hotel) séparé m., salottino m. privato. 3 (snug place) cantuccio m., posto m. comodo.

snuggle /'snʌgl/ I v.i. rannicchiarsi, accucciarsi, accovacciarsi (into in; against contro). II v.t. 1 stringere, tenere stretto, tenere vicino. 2 (to cuddle) vezzeggiare, coccolare. □ to ~ down rannicchiarsi (against, beside contro), accucciarsi; to ~ up rannicchiarsi (against, beside contro), accucciarsi, accovacciarsi: we all -d up together to keep warm ci rannicchiammo l'uno vicino all'altro per tenerci caldi.

snugly /'snʌgli/ avv. 1 comodamente, in modo confortevole. 2 (of garments) perfettamente, giusto. 3 (safely) al sicuro, in salvo.

snugness /'snʌgnəs/ n. 1 l'essere confortevole, comodità f. 2 (of garments) l'essere aderente. 3 (safety) sicurezza f., salvezza f.

so[1] /səʊ/ I avv. 1 così, tanto: don't be ~ impatient non essere così impaziente. 2 (to the same degree) altrettanto, così, nello stesso modo: he is confident of success but I am not ~ sure ha fiducia nel successo, ma io non ne sono altrettanto sicuro. 3 (to a great degree) tanto, talmente, così: I love her ~ io la amo tanto. 4 (in the indicated way) così, in questo modo, in tal modo, in questa maniera: he died and ~ the prophecy was fulfilled morì e così si avverò la profezia; do it ~ fallo in questo modo. 5 (in the same way) così, nello stesso modo, come, nella stessa maniera: as this town votes, ~ votes the country come vota questa città, così vota il paese; (Mat) as A is to B, ~ E is to D A sta a B come E sta a D. 6 (in the following way) così, nella seguente maniera: the song goes ~ la canzone fa così. 7 (in the preceding way) così, in quel modo: ~ spoke the oracle così parlò l'oracolo. 8 (also, too) anche, e così, (così) pure: I

was tired and ~ was she ero stanco e anche lei lo era. 9 (to express agreement) proprio così: it's getting late - ~ it is si sta facendo tardi - proprio così. 10 (therefore) così, perciò, quindi: he insulted me, and ~ I hit him mi ha insultato e così l'ho colpito. 11 (then, subsequently) poi, dopo, successivamente: and ~ to bed e poi a letto. 12 (used as a substitute for a preceding clause, idea, etc.) così, often translated with the corresponding object: they say there is still hope, but if ~ it is very slender dicono che c'è ancora speranza, ma se così è, è molto tenue; he promised to help me but failed to do ~ promise di aiutarci ma non lo fece; I told you ~ te l'avevo detto. 13 (as a substitute for an adjective) not translated: he is talented, but not exceptionally ~ è dotato, ma non in maniera eccezionale. 14 (as a substitute for a noun) tale: he was elected secretary and remained ~ for two years fu eletto segretario e tale restò per due anni. 15 (esclam.) (to express approval, satisfaction, etc.) così! 16 (intens) (most certainly, indeed) proprio, davvero: I didn't do it on purpose - you did ~ non l'ho fatto apposta - invece l'hai fatto proprio apposta. II congz. 1 affinché, acciocché, perché: turn the light on ~ I can see better accendi la luce affinché io possa vedere meglio. 2 (with the result that) così che, cosicché, di modo che, in modo che: the light was on, ~ I could see clearly la luce era accesa, così ho potuto vedere chiaramente. 3 (therefore) perciò, pertanto, così: you won't believe me, ~ I won't waste my breath non mi crederai, perciò non sprecherò il fiato. 4 (as an introductory particle) (e) così: ~ you came after all e così, dopotutto sei venuto. 5 (to indicate indifference) beh, ebbene: but you promised! - ~ I broke my promise ha mai promesso! - beh, ho rotto la promessa. 6 (to indicate a discovery) allora, così: ~ that's what he meant allora è questo che voleva dire. □ ~ and ~ forth (o and ~ on) e così via, eccetera; ~ as: 1 affinché, perché, (ant) acciocché; 2 (colloq, dial) (provided that) purché; 3 (rar) (with the result that) cosicché, di modo che, in modo che; ~ ... as: 1 così... da: it is ~ obvious as to need no explanation è così ovvio da non aver bisogno di spiegazioni; 2 (in such a way as to) in modo tale da: his words were ~ quoted as to lose their original meaning le sue parole furono citate in modo tale da perdere il significato originale; ~ as not to per non: he undressed in the dark ~ as not to wake his wife si svestì al buio per non svegliare la moglie; ~ as to in modo da, così da: I went early ~ as to get a good seat sono andato presto in modo da procurarmi un buon posto; ~ as to avoid per non, così da evitare, per evitare: we closed the door ~ as to avoid being seen chiudemmo la porta per non essere visti; ~ be it! così sia!; ~ being (provided that) purché, a condizione che; ~ far as I am concerned per quanto mi riguarda, quanto a me; ~ far from invece di, lungi da: ~ far from recovering, he is getting worse invece di guarire, peggiora; ~ far, ~ good finora tutto (va) bene; it ~ happened that... accadde che..., il caso volle che...; ~ it seems così pare, a quanto pare, così sembra; ~ long arrivederci, ciao, a più tardi; ~ long as se, purché, a condizione che; ~ much tanto: ~ much the worse for you tanto peggio per te, peggio per te; ~ much the better tanto meglio, meglio così; ~ much as (even) perfino, anche, finanche; not ~ much... as non tanto... quanto, più... che: I am not ~ much angry as disappointed non sono tanto in collera quanto deluso, sono più deluso che in collera; *without ~ much as* senza neppure, senza neanche, senza nemmeno; *~ much for today, let's go* questo è tutto per oggi, andiamo; *not ~* ma non, non così, no: *everyone else surrendered not ~ he* tutti si arresero ma non lui; *~ that*: 1 affinché, di modo che, acciocché, perché; 2 (*with the result that*) cosicché, di modo che, in modo che; *~ ... that*: 1 così... che, così... da, tanto... da, tanto... che: *he was ~ weak that he could hardly stand* era così debole che poteva appena reggersi in piedi; 2 (*in such a way that*) in modo tale da, in modo tale che; *~ there!* eccoti qui!, eccoti!; *~ to speak* per così dire; (*colloq*) *~ what?* e con questo?, e allora?, e così?

so[2] /sou/ (*pl*. **-s** /-z/) *n*. (*Mus*) sol *m*.

SO *Somalia* SO (Somalia).

So. 1 *South* S (sud). 2 *southern* (meridionale).

S/O (*Comm*) *Shipping Order* (ordine di spedizione).

s.o. 1 (*Econ*) *seller's option* (opzione del venditore). 2 (*Comm*) *shipping order* (ordine di spedizione).

S.O. (*Mil*) *Staff Officer* (ufficiale di stato maggiore).

soak /souk/ **I** *v.i.* 1 essere a mollo, stare a bagno, ammollarsi, inzupparsi. 2 (*to pass through*) filtrare, infiltrarsi, passare: *blood had ed through the bandage* il sangue era filtrato attraverso la benda. 3 (*fig*) penetrare, entrare (*into* in): *his words ed into my brain* le sue parole mi sono entrate nel cervello. 4 (*colloq*) (*to drink heavily*) bere come una spugna; (*spreg*) sbevazzare. **II** *v.t.* 1 mettere a bagno, mettere a mollo, inzuppare, imbevere, ammollare: *to ~ clothes* mettere a bagno il bucato; *she put the tablecloth to ~* mise a mollo la tovaglia; *to ~ the sponge in water* imbevere la spugna di acqua. 2 (*to wet thoroughly*) inzuppare, infradiciare: *our clothes were ed* i nostri vestiti erano inzuppati. 3 (*to remove by soaking*) togliere mettendo a bagno, rimuovere mettendo a mollo. 4 (*fig*) imbevere, permeare. 5 (*rifl.*) *to ~ oneself* dedicarsi, immergersi, darsi completamente: *to ~ oneself in classical literature* dedicarsi alla letteratura classica. 6 (*to absorb*) assorbire. 7 (*to remove by absorbing*) asciugare. 8 (*sl*) (*to tax heavily*) tassare fortemente, gravare di tasse; (*to overcharge*) fare pagare troppo, fare pagare eccessivamente; (*colloq*) pelare. 9 (*Am,sl*) (*to pawn*) impegnare, pignorare. **III** *n*. 1 ammollamento *m*., l'inzuppare, bagnata *f*. 2 (*of laundry*) ammollo *m*. 3 (*liquid in which sth. is soaked*) bagno *m*. (*anche Ind*). 4 (*one who drinks heavily*) ubriacone *m*. (*f*. -a); (*colloq*) spugna *f*. 5 (*sl*) (*period of heavy drinking*) bisboccia *f*., baldoria *f*. 6 (*Am,sl*) (*pawn*) pegno *m*. □ *to ~ away* essere assorbito (*into* da); (*Am,sl*) *to be in ~* essere pignorato, essere impegnato; (*sl*) *to put sth. in ~* portare qcs. al monte di pietà; *to ~ off*: 1 (*used intransitively*) staccarsi (*perché bagnato*); 2 (*used transitively*) togliere mettendo a bagno, rimuovere mettendo a mollo; *to ~ out* togliere mettendo a bagno, rimuovere mettendo a mollo: *to ~ out a stain on a shirt* togliere una macchia da una camicia mettendola a bagno; *to ~ up*: 1 (*to absorb*) assorbire: *the napkin ed up the spilt milk* il tovagliolo assorbì il latte versato; 2 (*to remove by absorbing*) asciugare: *she ed up the water with a cloth* asciugò l'acqua con un panno; (*Sport*) *to ~ up punishment* (*in boxing*) assorbire i duri colpi.

soakage /'soukɪdʒ/ *n*. 1 (*liquid that soaks in*) liquido *m*. assorbito. 2 (*liquid that seeps out*)

liquido *m*. filtrato.

soakaway /'soukə,wei/ *n*. pozzo *m*. di scarico.

soaked /soukt/ *a*. 1 bagnato. 2 (*very wet*) inzuppato, bagnato fradicio, zuppo: *we got ~ ci* siamo inzuppati. 3 (*in compounds*) intriso di: *sweat-~* madido di sudore; *sun-~* assolato. □ *to be ~ through* essere bagnato fino alle ossa; *to be ~ to the skin* essere bagnato fino alle ossa; *to get ~ to the skin* bagnarsi fino alle ossa.

soaker /'soukə*r*/ *n*. 1 chi mette a bagno, chi ammolla, chi inzuppa. 2 (*colloq*) (*heavy rainfall*) acquazzone *m*., rovescio *m*. 3 (*Am,sl*) (*heavy drinker*) ubriacone *m*. (*f*. -a); (*colloq*) spugna *f*.

soaking /'soukɪŋ/ **I** *a*. fradicio, che bagna, che inzuppa. **II** *n*. 1 ammollamento *m*., bagnata *f*. 2 (*drenching*) bagnata *f*., inzuppata *f*. 3 (*of laundry*) ammollo *m*. □ (*colloq*) *to get a ~* ricevere dei duri colpi, subire dei duri colpi, essere percosso; *~ wet* completamente bagnato, fradicio, zuppo.

so-and-so /'souən(d)sou/ (*pl*. **-s** /-z/) *n*. 1 tal *m./f*. dei tali: *Mr. ~* il signor tal dei tali. 2 (*eufem,colloq*) bastardo *m*.

soap /soup/ **I** *n*. 1 sapone *m*. (*anche Chim*). 2 (*sl,ant*) (*flattery*) adulazione *f*., lusinga *f*., (*pop,ant*) saponata *f*. 3 (*Am,sl*) (*money for bribery*) denaro *m*. per corrompere, (*colloq*) bustarella *f*. 4 (*colloq*) (*soap opera*) soap opera *f*. **II** *v.t.* 1 insaponare: *to ~ one's hands* insaponarsi le mani. 2 (*sl*) (*to flatter*) adulare, lisciare, lusingare, insaponare. □ *~ bubble* bolla di sapone; *~ dish* portasapone, saponiera; *~ flakes* sapone in scaglie; (*Am,sl*) *no ~* niente da fare, non attacca; (*TV,Rad, colloq*) *~ opera* soap opera, telenovela; *~ powder* detersivo in polvere, sapone in polvere; *~ works* saponificio.

soapbark /'soupbɑːk *Am* 'soupbɑːrk/ *n*. (*Bot*) quillaja *f*. saponaria.

soapberry /'soupberi/ *n*. (*Bot*) sapindo *m*.

soap-box /'soupbɒks *Am* 'soupbɑːks/ *n*. 1 saponiera *f*. 2 (*fig*) podio *m*. improvvisato per chi fa discorsi (*o comizi*). □ (*fig*) *to get on one's ~* partire col proprio cavallo di battaglia; *~ orator* oratore da comizi.

soapdish /'soupdɪʃ/ *n*. portasapone *m*.

soapily /'soupəli/ *avv*. 1 come il sapone. 2 (*sl, ant*) (*in a flattering way*) lusinghevolmente, con adulazione. 3 (*sl,ant*) (*unctuously*) mellifluamente, in modo untuoso.

soapiness /'soupinəs/ *n*. 1 l'essere saponoso. 2 (*sl*) adulazione *f*., lisciata *f*.; (*pop,ant*) saponata *f*.; (*unctuousness*) mellifluità *f*., untuosità *f*.

soap-powder /'soupaudə*r*/ *n*. detersivo *m*. in polvere, sapone *m*. in polvere.

soapstone /'soupstoun/ *n*. 1 (*Min*) steatite *f*. 2 (*French chalk*) gessetto *m*. da sarti, pietra *f*. da sarti.

soapsuds /'soupsʌdz/ *n.pl*. saponata *f.sing*., schiuma *f.sing*. di sapone.

soapwort /'soupwɜːt *Am* 'soupwɜːrt/ *n*. (*Bot*) saponaria *f*.

soapy /'soupi/ *a*. 1 insaponato: *~ hands* mani insaponate. 2 (*containing soap*) saponato: *~ water* acqua saponata. 3 (*resembling soap*) saponoso, saponaceo. 4 (*Am,colloq*) (*flattering, servile*) adulatorio, strisciante.

soar /sɔːr *Am* sɔːr/ *v.i.* 1 volare in alto. 2 (*to hover*) librarsi in volo. 3 (*Aer*) veleggiare. 4 (*of a mountain: to rise high*) torreggiare, ergersi. 5 (*of the voice, music*) salire, innalzarsi. 6 (*fig*) (*of the mind, etc.*) elevarsi: *his mind -s above such petty matters* la sua mente si leva al di sopra di tali meschinità. 7 (*fig*) (*to increase steeply*) aumentare vertiginosa-

mente, andare alle stelle: *prices are -ing* i prezzi aumentano vertiginosamente. 8 (*Econ*) (*to rise*) superare. 9 (*Econ*) (*of figures, shares*) raggiungere velocemente. □ (*Econ*) *to ~ above* (o *to ~ beyond* o *to ~ through*) superare: *the index -ed through 2, 000* l'indice ha superato quota 2000; (*Econ*) *to ~ to* raggiungere velocemente: *inflation -ed to a new level* l'inflazione ha raggiunto velocemente un nuovo record; *to ~ up*: 1 (*of bird*) alzarsi in volo, levarsi in volo; 2 (*of plane*) alzarsi in volo; 3 (*of ball*) volare in alto.

soaring /'sɔːrɪŋ/ **I** *a*. 1 che s'innalza, che si leva in alto, in forte crescita, in forte aumento. 2 (*of a voice, music*) che sale, che si innalza. **II** *n*. 1 elevazione *f*., innalzamento *m*. 2 (*Aer*) il librarsi.

sob[1] /sɒb *Am* sɑːb/ (*past, p.p.* **sobbed** /-d/) **I** *v.i.* 1 singhiozzare, piangere singhiozzando, piangere a singhiozzi. 2 (*to cry*) piangere. **II** *v.t.* dire singhiozzando, dire tra i singhiozzi. □ *to ~ one's heart out* piangere disperatamente, piangere tutte le proprie lacrime; *~ out* dire singhiozzando, dire tra i singhiozzi; *to ~ oneself to sleep* addormentarsi per il gran singhiozzare.

sob[2] /sɒb *Am* sɑːb/ *n*. 1 singulto *m*., singhiozzo *m*. 2 (*colloq*) (*weep, cry*) pianto *m*. □ (*Giorn*) *~ sister* giornalista specializzata in storie patetiche; (*sl*) *~ story*: 1 racconto patetico, racconto sentimentale, storia strappalacrime; 2 (*excuse designed to arouse sympathy*) storia (*o scusa*) che vuol suscitare comprensione; (*sl*) *~ stuff*: 1 sentimentalismo esagerato; 2 (*maudlin films, etc.*) film lacrimosi, film sentimentali, racconti lacrimosi, racconti sentimentali.

SOB /,esou'biː/ *n*. (*Am,colloq*) (*son of a bitch*) figlio *m*. di puttana.

sober /'soubə*r*/ **I** *a*. 1 non ubriaco, lucido, sobrio. 2 (*abstemious in food*) sobrio, temperante, temperato, parco. 3 (*tending not to drink*) che beve poco. 4 (*solemn*) grave, solenne. 5 (*serious, thoughtful*) serio, pensoso. 6 (*of colours*) smorzato, attenuato. 7 (*of clothes*) sobrio. 8 (*restrained*) sobrio, moderato, contenuto: *a ~ style* uno stile sobrio. 9 (*realistic*) concreto, realistico: *~ facts* fatti concreti. 10 (*rational, sane*) ragionevole, assennato, giudizioso. **II** *v.t.* 1 fare passare la sbornia a. 2 (*to make serious, thoughtful*) rendere serio, fare diventare pensoso. **III** *v.i.* 1 smaltire la sbornia, farsi passare la sbornia. 2 (*to become serious, thoughtful*) diventare serio, diventare pensoso. 3 (*to become calm*) calmarsi, acquietarsi. □ *to be as ~ as a judge* avere la mente completamente lucida, non essere affatto ubriaco; *to ~ down* (*to become calm*) calmarsi, acquietarsi; *to be in ~ earnest* fare sul serio; *in ~ fact* in realtà, in effetti, stando ai fatti; *to ~ up*: 1 (*used transitively*) fare passare la sbornia a; 2 (*used intransitively*) smaltire la sbornia, farsi passare la sbornia.

sobering /'soubərɪŋ/ *a*. che rende serio, che rende pensoso: *it's a ~ thought* è un pensiero che fa riflettere.

soberly /'soubəli/ *avv*. 1 non da ubriaco, a mente lucida. 2 (*seriously*) seriamente, gravemente. 3 (*solemnly*) solennemente. 4 (*of clothes, etc.*) con sobrietà, sobriamente: *to dress ~* vestire sobriamente. 5 (*realistically*) realisticamente, concretamente.

sober-minded /,soubə'maindɪd/ *a*. sensato, assennato, saggio.

sobersides /'soubəsaidz/ *n.pl*. (*costr.sing.*) (*colloq*) persona *f.sing*. seria e contegnosa.

sobriety /sou'braiəti *Am* sou'braiəti/ *n*. 1 sobrietà *f.* 2 (*abstemiousness, temperance*) temperanza *f.*, moderazione *f.* 3 (*seriousness*) serietà *f.* 4 (*solemnity*) solennità *f.* 5 (*of clothes, etc.*) sobrietà *f.*

sobriquet /'soʊbrɪkeɪ/ *n.* 1 soprannome *m.*, nomignolo *m.* 2 (*assumed name*) pseudonimo *m.*

soc. society S., Soc. (società).

so-called /ˌsoʊ'kɔːld/ *a.* 1 cosiddetto: *the ~ New Left* la cosiddetta nuova sinistra. 2 (*improperly named*) impropriamente chiamato. 3 (*falsely called*) erroneamente chiamato.

soccer /'sɒkər *Am* 'sɑːkər/ *n.* (*Sport*) calcio *m.*

sociability /ˌsoʊʃə'bɪləti *Am* ˌsoʊʃə'bɪləti/ *n.* socievolezza *f.*, affabilità *f.*, cordialità *f.*

sociable /'soʊʃəbl/ **I** *a.* 1 socievole: *he is quite a ~ fellow* è un tipo abbastanza socievole. 2 (*friendly and informal*) socievole, amichevole, affabile, cordiale. **II** *n.* 1 (*Arred*) amorino *m.* 2 (*Stor*) (*tricycle*) triciclo *m.* a due posti; (*carriage*) giardiniera *f.*

sociably /'soʊʃəbli/ *avv.* socievolmente, affabilmente, cordialmente.

social /'soʊʃəl/ **I** *a.* 1 sociale: *~ legislation* legislazione sociale. 2 (*of fashionable society*) mondano: *~ life* vita mondana. 3 (*recreational*) di gruppo, di compagnia: *he is a ~ smoker* è uno che fuma solo in compagnia. 4 (*sociable*) socievole, amichevole, affabile, cordiale. 5 (*gregarious*) socievole, sociale: *man is a ~ animal* l'uomo è un animale sociale. 6 (*Biol*) sociale. 7 (*Pol*) socialistico, socialista. **II** *n.* 1 (*collog*) riunione *f.*, festa *f.* (pubblica), serata *f.* 2 (*Br*) ufficio *m.* della previdenza e assistenza sociale. ☐ (*Econ*) *~ accounting* contabilità sociale; *~ action* azione sociale; *~ anthropology* antropologia sociale; (*Canad*) *~ assistance* sicurezza sociale, previdenza sociale; *~ burdens* oneri sociali; *~ butterfly* persona frivola e mondana; *~ casework* assistenza sociale individuale; *~ charter* carta dei diritti sociali; (*collog*) *~ climber* arrampicatore sociale, arrivista; (*collog*) *~ climbing* arrivismo; (*Giorn*) *~ column* rubrica di cronaca mondana; (*Filos*) *~ compact* (o *~ contract*) contratto sociale; *~ costs* costi sociali; (*Pol*) *~ democracy* social-democrazia; (*Pol*) *Social Democrat* socialista democratico, socialdemocratico; *~ disease*: 1 male sociale, piaga sociale; 2 (*eufem*) (*venereal disease*) malattia venerea; *~ ecology* ecologia sociale; *~ economics* economia sociale; *~ engineering* ingegneria sociale; *one's ~ equal* una persona del proprio ceto; *~ evil*: 1 male sociale; 2 (*prostitution*) prostituzione; *~ evolution* evoluzione sociale; (*Br*) *~ fund* fondo previdenziale (a favore degli indigenti); *~ group work* assistenza sociale di gruppo; *~ housing* edilizia popolare, case popolari; *~ insurance* assicurazione sociale; *~ justice* giustizia sociale; *~ legislation* giustizia sociale; (*fig*) *~ lion*: 1 celebrità; 2 (*person whose society is much sought after*) persona molto popolare; *~ marketing* pubblicità progresso; *~ mobility* mobilità sociale; *~ order* ordine sociale; *~ organization* organizzazione sociale; (*Econ*) *~ partners* parti sociali, partner sociali; (*Psic*) *~ psychology* psicologia sociale; (*Art,Lett*) *~ realism* realismo (sociale); *~ scale* scala sociale; *~ science* scienze sociali; *~ secretary*: 1 (*of celebrity*) segretario particolare; 2 (*of club*) segretario (di un circolo); *~ security agency* ente previdenziale; *~ security benefit* prestazione previdenziale; *~ security number* numero di previdenza sociale; *~ security* (o *Social Security*) sicurezza sociale, previdenza sociale; *~ security system* sistema previdenziale; *~ service* servizio sociale;

~ standing prestigio; *~ status* condizione sociale, stato sociale; *~ studies*: 1 studi sociali; 2 (*Univ*) sociologia; *~ survey* inchiesta sociale; *~ system* sistema sociale; *~ therapist* socioterapista; *~ therapy* socioterapia; (*Stor*) *Social War* guerra sociale; *~ welfare* assistenza sociale; *~ work* servizio sociale; *~ worker* assistente sociale; *medical ~ worker* assistente medico-sociale.

social-imperialism /ˌsoʊʃəlɪm'pɪəriəlɪzəm/ *n.* (*Pol*) socialimperialismo *m.*

socialisation /ˌsoʊʃəlaɪ'zeɪʃən *Am* ˌsoʊʃəlɪ'zeɪʃən/ *n.* (*Br*) 1 (*Econ*) socializzazione *f.* 2 (*of people*) integrazione *f.* sociale, socializzazione *f.*

socialise /'soʊʃəlaɪz *Am* 'soʊʃəlaɪz/ **I** *v.t.* (*Br*) 1 (*Econ*) socializzare; (*to nationalize*) nazionalizzare. 2 (*Psic*) adattare all'ambiente sociale. **II** *v.i.* (*Br*) avere rapporti sociali (*with* con), socializzare.

socialism /'soʊʃəlɪzəm/ *n.* (*Pol*) socialismo *m.*

socialist /'soʊʃəlɪst/ **I** *a.* socialista. **II** *n.* socialista *m./f.* ☐ (*Pol*) *Socialist Party* partito socialista; (*Pol,Art*) *~ realism* realismo socialista.

socialistic /ˌsoʊʃəl'ɪstɪk *Am* ˌsoʊʃə'lɪstɪk/ *a.* socialistico, socialista.

socialistically /ˌsoʊʃə'lɪstɪkəli/ *avv.* da socialista.

socialite /'soʊʃəlaɪt *Am* 'soʊʃəlaɪt/ *n.* 1 (*collog*) persona *f.* mondana, persona *f.* che conduce vita di società. 2 (*Am*) (*socially prominent person*) persona *f.* socialmente importante, persona *f.* in vista.

sociality /ˌsoʊʃɪ'æləti *Am* ˌsoʊʃɪ'æləti/ *n.* 1 socialità *f.* (*anche Biol*). 2 (*sociability*) socievolezza *f.*, affabilità *f.*

socialization /ˌsoʊʃəlaɪ'zeɪʃən *Am* ˌsoʊʃəlɪ'zeɪʃən/ *n.* 1 (*Econ*) socializzazione *f.* 2 (*of people*) integrazione *f.* sociale, socializzazione *f.*

socialize /'soʊʃəlaɪz *Am* 'soʊʃəlaɪz/ **I** *v.t.* 1 (*Econ*) socializzare; (*to nationalize*) nazionalizzare. 2 (*Psic*) adattare all'ambiente sociale. **II** *v.i.* avere rapporti sociali (*with* con), socializzare.

socialized /'soʊʃəlaɪzd *Am* 'soʊʃəlaɪzd/ ☐ *~ medicine* sistema sanitario pubblico, (*collog*) medicina pubblica.

socially /'soʊʃəli/ *avv.* socialmente: *~ acceptable* socialmente accettabile, socialmente accettato; *the ~ excluded* gli emarginati.

social-minded /ˌsoʊʃəl'maɪndɪd/ *a.* interessato al benessere della società.

societal /sə'saɪətəl *Am* sə'saɪət̬əl/ *a.* societario.

society /sə'saɪəti *Am* sə'saɪəti/ *n.* 1 società *f.*: *enemies of ~* nemici della società. 2 (*social community*) collettività *f.*, comunità *f.* 3 (*body of associated people*) compagnia *f.*, associazione *f.*: *an amateur dramatic ~* una compagnia di attori dilettanti. 4 (*part of a community*) società *f.*, gruppo *m.*, associazione *f.*: *literary ~* società letteraria. 5 (*upper class*) alta società *f.*, bel mondo *m.* 6 (*company*) compagnia *f.*, società *f.*: *I enjoy his ~* godo della sua compagnia. ☐ (*Giorn*) *~ column* rubrica (di cronaca) mondana; *~ life* vita mondana, vita di società; (*Rel*) *the Society of Friends* i quaccheri; (*Rel*) *the Society of Jesus* la Compagnia del Gesù.

socinianism /soʊ'sɪniənɪzm/ *n.* socinianesimo *m.*

sociobiological /ˌsoʊʃioʊˌbaɪə'lɒdʒɪkəl *Am* soʊsioʊˌbaɪə'lɑːdʒɪkəl/ *a.* sociobiologico.

sociobiologist /ˌsoʊʃioʊbaɪ'ɒlədʒɪst *Am* ˌsoʊsioʊbaɪ'ɑːlədʒɪst/ *n.* sociobiologo *m.* (*f.* -a).

sociobiology /ˌsoʊʃioʊbaɪ'ɒlədʒi *Am* ˌsoʊsioʊbaɪ'ɑːlədʒi/ *n.* sociobiologia *f.*

socio-christian /ˌsoʊʃioʊ'krɪstʃən *Am* ˌsoʊsioʊ'krɪstʃən/ *a.* (*Pol*) cristianosociale.

sociocultural /ˌsoʊʃioʊ'kʌltʃərəl *Am* ˌsoʊsioʊ'kʌltʃərəl/ *a.* socioculturale.

socioculturally /ˌsoʊʃioʊ'kʌltʃərəli *Am* ˌsoʊsioʊ'kʌltʃərəli/ *avv.* dal punto di vista socioculturale.

socioeconomic /ˌsoʊʃioʊˌiːkə'nɒmɪk *Am* ˌsoʊsioʊˌekə'nɑːmɪk/ *a.* socioeconomico.

socioeconomically /ˌsoʊʃioʊˌiːkə'nɒmɪkli *Am* ˌsoʊsioʊˌekə'nɑːmɪkli/ *avv.* dal punto di vista socioeconomico.

socioeconomics /ˌsoʊʃioʊˌiːkə'nɒmɪks *Am* ˌsoʊsioʊˌekə'nɑːmɪks/ *n.pl.* (*costr.sing.*) socioeconomia *f.sing.*

sociogram /'soʊʃioʊgræm *Am* 'soʊsioʊgræm/ *n.* sociogramma *m.*

sociolinguist /ˌsoʊʃioʊ'lɪŋgwɪst *Am* ˌsoʊsioʊ'lɪŋgwɪst/ *n.* (*Ling*) sociolinguista *m./f.*

sociolinguistic /ˌsoʊʃioʊlɪŋ'gwɪstɪk *Am* ˌsoʊsioʊlɪŋ'gwɪstɪk/ *a.* (*Ling*) sociolinguistico.

sociolinguistics /ˌsoʊʃioʊlɪŋ'gwɪstɪks *Am* ˌsoʊsioʊlɪŋ'gwɪstɪks/ *n.* (*costr.sing.*) (*Ling*) sociolinguistica *f.*

sociollect /'soʊʃioʊlekt *Am* 'soʊsioʊlekt/ *n.* (*Ling*) socioletto *m.*, linguaggio *m.* usato da un particolare gruppo sociale.

sociologic /ˌsoʊʃiə'lɒdʒɪk *Am* ˌsoʊsiə'lɑːdʒɪk/, **sociological** /ˌsoʊʃiə'lɒdʒɪkəl *Am* ˌsoʊsiə'lɑːdʒɪkəl/ *a.* sociologico.

sociologically /ˌsoʊʃiə'lɒdʒɪkli *Am* ˌsoʊsiə'lɑːdʒɪkli/ *avv.* in modo sociologico, sociologicamente: *~ speaking* dal punto di vista sociologico.

sociologism /ˌsoʊʃi'ɒlədʒɪzəm *Am* ˌsoʊsi'ɑːlədʒɪzəm/ *n.* sociologismo *m.*

sociologist /ˌsoʊʃi'ɒlədʒɪst *Am* ˌsoʊsi'ɑːlədʒɪst/ *n.* sociologo *m.* (*f.* -a).

sociology /ˌsoʊʃi'ɒlədʒi *Am* ˌsoʊsi'ɑːlədʒi/ *n.* sociologia *f.* ☐ *~ of education* sociologia dell'educazione; *~ of knowledge* sociologia della conoscenza; *~ of law* sociologia del diritto; *~ of religion* sociologia della religione.

sociomedical /ˌsoʊʃioʊ'medɪkəl *Am* ˌsoʊsioʊ'medɪkəl/ *a.* sociosanitario.

sociomedically /ˌsoʊʃioʊ'medɪkli *Am* ˌsoʊsioʊ'medɪkli/ *avv.* dal punto di vista sociosanitario.

sociometric /ˌsoʊʃioʊ'metrɪk *Am* ˌsoʊsioʊ'metrɪk/ *a.* sociometrico: *~ test* test sociometrico.

sociometrically /ˌsoʊʃioʊ'metrɪkli *Am* ˌsoʊsioʊ'metrɪkli/ *avv.* sociometricamente.

sociometrist /ˌsoʊsɪ'ɒmətrɪst *Am* ˌsoʊsɪ'ɑːmətrɪst/ *n.* sociometrista *m./f.*, studioso *m.* (*f.* -a) di sociometria.

sociometry /ˌsoʊsɪ'ɒmətri *Am* ˌsoʊsɪ'ɑːmətri/ *n.* sociometria *f.*

sociopath /'soʊʃioʊpæθ *Am* 'soʊsiəpæθ/ *n.* (*Psic*) sociopatico *m.* (*f.* -a), psicopatico *m.* (*f.* -a) dal comportamento antisociale.

sociopolitical /ˌsoʊʃioʊpə'lɪtɪkəl *Am* ˌsoʊsioʊpə'lɪtɪkəl/ *a.* sociopolitico.

sociopolitically /ˌsoʊʃioʊpə'lɪtɪkəli *Am* ˌsoʊsioʊpə'lɪtɪkəli/ *avv.* dal punto di vista sociopolitico.

sock /sɒk *Am* sɑːk/ (*pl.* **-s** /-s/ o **sox** /sɒks *Am* sɑːks/) **I** *n.* 1 calza *f.* corta, calzino *m.* 2 (*Calz*) (*inner sole*) soletta *f.* (interna). 3 (*Aer*) (*wind sock*) manica *f.* a vento. 4 (*colloq*) colpo *m.* violento; (*punch*) cazzotto *m.*: *a ~ on the jaw* un pugno alla mascella. 5 (*Stor, Teat*) socco *m.* 6 (*Stor,fig*) (*comedy*) commedia *f.* 7 (*Zool*) (*white marking on the lower part of a horse's leg*) balzana *f.*, balza *f.* **II** *v.t.* 1 picchiare, colpire con forza: *to ~ so. on* (o *in*) *the nose* picchiare qcu. sul naso. **2** (*to throw hard*) scagliare, tirare con forza: *to* ~ *a stone through a window* scagliare una pietra attraverso una finestra. □ (*Am*) *to* ~ *away* mettere da parte, risparmiare; (*Br, colloq*) *to give so. -s* picchiare qcu.; (*colloq*) darle a qcu.; (*Am,fig*) *to be -ed in* essere bloccato dal maltempo; (*sl*) *to* ~ *it to so.*: **1** (*to speak forcefully to so.*) parlare duramente a qcu.; **2** (*to tell so. the unpleasant truth*) spiattellare la verità in faccia a qcu.; **3** (*to treat so. severely*) dare addosso a qcu.; (*colloq*) *put a* ~ *in it!* taci!, piantala!, mettici un tappo!; (*Am,colloq*) *to* ~ *so. with sth.* appioppare (qcs.) a qcu.

sockdolager, sockdologer /sɒk'dɒlədʒər *Am* saːk'daːlədʒər/ *n.* (*Am,colloq*) **1** (*decisive blow*) colpo *m.* di grazia; (*decisive answer*) argomento *m.* decisivo, argomento *m.* che taglia la testa al toro. **2** (*exceptional person or thing*) cannonata *f.*

socket /'sɒkɪt *Am* 'saːkɪt/ **I** *n.* **1** cavità *f.*, incavo *m.*, incasso *m.*, incassatura *f.* **2** (*El*) (*for a bulb*) portalampada *m.*; (*on a wall*) presa *f.* della corrente. **3** (*Elettron*) zoccolo *m.*, connettore *m.* (fisso). **4** (*Tecn*) (*carpentry joint*) caletta *f.*, mortasa *f.*; (*of spanner*) boccola *f.* **5** (*Anat*) incavo *m.*; (*of joint*) cavità *f.* (articolare); (*of eye*) orbita *f.*; (*of tooth*) alveolo *m.* **II** *v.t.* **1** provvedere di un incavo, provvedere di un'incassatura. **2** (*to insert into a socket*) incassare, inserire in una cavità. □ ~ *wrench* chiave a tubo, chiave a bussola.

sockeye /'sɒkaɪ *Am* 'saːkaɪ/ □ (*Itt*) ~ *salmon* salmone rosso (del Pacifico).

socking /'sɒkɪŋ *Am* 'saːkɪŋ/ *avv.* (*Br*) molto, assai, enormemente: *a* ~ *large sum of money* un'enorme somma di denaro.

socklet /'sɒklət *Am* 'saːklət/ *n.* (*Am*) calzino *m.* (corto).

socle /sɒkḷ *Am* saːkḷ/ *n.* (*Arch*) zoccolo *m.*, piedistallo *m.*

Socrates /'sɒkrətiːz *Am* 'saːkrətiːz/ *n.pr.m.* (*Stor.gr*) Socrate.

Socratic /sɒ'krætɪk *Am* soʊk'rætɪk/ **I** *a.* (*Filos*) socratico. **II** *n.* (*Filos*) socratico *m.* (*f.* -a). □ ~ *irony* ironia socratica; ~ *method* metodo socratico.

Socratically /sɒ'krætɪkəli *Am* soʊk'rætɪkəli/ *avv.* in modo socratico.

sod[1] /sɒd *Am* saːd/ **I** *n.* soprassuolo *m.*; (*piece of turf*) zolla *f.* erbosa, piota *f.* **II** *v.t.* (*past, p.p.* **sodded** /'sɒdɪd/) ricoprire di zolle erbose, piotare. □ *to* ~ *over* ricoprire di zolle erbose, piotare, (*fig*) *to lie under the* ~ essere (morto e) sepolto; *to* ~ *up* ricoprire di zolle erbose, piotare.

sod[2] /sɒd/ *n.* (*Br,volg*) **1** sodomita *m.* **2** (*term of abuse*) canaglia *f.*, (*spreg*) bastardo *m.* (*f.* -a), stronzo *m.* (*f.* -a).

Sod /sɒd/ □ (*Br,colloq*) ~ *'s law* legge di Murphy (secondo cui, se è possibile che qualcosa vada storto, andrà sicuramente storto).

soda /'soʊdə/ *n.* **1** (*Chim*) (*sodium carbonate*) soda *f.*, carbonato *m.* di sodio. **2** (*Chim*) (*sodium bicarbonate*) bicarbonato *m.* di sodio. **3** (*Chim*) (*sodium hydroxide*) idrossido *m.* di sodio, soda *f.* caustica. **4** (*Chim*) (*sodium oxide*) ossido *m.* di sodio. **5** (*Chim*) (*sodium oxide*) sodio *m.* **6** (*colloq*) (*soda water*) soda *f.*, acqua *f.* di selz. □ *whisky and* ~ whisky e soda; (*Chim*) ~ *ash* carbonato di soda; soda; ~ *bread* pane lievitato (con bicarbonato); ~ *cracker* cracker soda, cracker lievitati (con bicarbonato); ~ *fountain* bancone dove si servono bibite e gelati; (*colloq*) ~ *jerk* (o ~ *jerker*) chi prepara (e serve) bibite analcoliche; (*Chim*) ~ *lime* calce sodata; (*Am*) ~ *ma-*

chine distributore automatico di bibite; (*ant*) ~ *pop* bibita gassata; (*ant*) ~ *water* acqua di seltz.

soda-lime /'soʊdə,laɪm/ *n.* (*Chim*) calce *f.* sodata. □ (*Vetr*) ~ *glass* (*crown glass*) vetro crown.

sodality /sou'dæləti *Am* sou'dæləti/ *n.* **1** sodalizio *m.* **2** (*Rel.catt*) confraternita *f.*

sodden /'sɒdən *Am* 'saːdən/ **I** *a.* **1** fradicio, zuppo, inzuppato: ~ *clothes* indumenti fradici. **2** (*of bread, etc.*) molle e umido, pesante. **3** (*of the face, etc.: bloated with drink*) abbrutito, istupidito, reso ottuso (dal troppo bere). **II** *v.t.* inzuppare, impregnare di acqua.

soddenness /'sɒdənes *Am* 'saːdənəs/ *n.* **1** l'essere fradicio, l'essere zuppo. **2** (*of bread, etc.*) pesantezza *f.*, l'essere molle e umido. **3** (*of the face, etc.: bloated with drink*) stato *m.* di abbrutimento (per il troppo bere), istupidimento *m.* da alcol.

sodic /'soʊdɪk/ *a.* (*Chim*) sodico.

sodium /'soʊdiəm/ *n.* (*Chim*) sodio *m.* □ (*Chim*) ~ *benzoate* benzoato di sodio; (*Chim*) ~ *bicarbonate* bicarbonato di sodio; (*Chim*) ~ *carbonate* carbonato di sodio, soda; (*Chim*) ~ *chlorate* clorato di sodio; (*Chim*) ~ *chloride* cloruro di sodio, salgemma; (*Chim*) ~ *citrate* citrato di sodio; (*Chim*) ~ *cyanide* cianuro di sodio; (*Chim*) ~ *dichromate* dicromato di sodio; (*Chim*) ~ *fluoride* fluoruro di sodio; (*Chim*) ~ *hydroxide* idrato di sodio, soda caustica; (*Chim*) ~ *hypochlorite* ipoclorito di sodio; (*Chim*) ~ *lamp* (o ~ *light*) lampada al sodio; (*Chim*) ~ *nitrate* nitrato di sodio, nitro; (*Chim*) ~ *oxide* ossido di sodio; (*Chim*) ~ *peroxide* perossido di sodio; (*Chim*) ~ *phosphate* fosfato di sodio; (*Chim*) ~ *sulphate* solfato di sodio.

sodiumamide /,soʊdiəm'æmaɪd/ *n.* (*Chim*) sodioammide *f.*

sodium-vapour /'soʊdiəm,veɪpər/ □ (*El*) ~ *lamp* lampada ai vapori di sodio.

Sodom /'sɒdəm *Am* 'saːdəm/ **I** *n.pr.* (*Bibl*) Sodoma *f.* **II** *n.* (*fig*) luogo *m.* di corruzione, bordello *m.*

sodomite /'sɒdəmaɪt *Am* 'saːdəmaɪt/ *n.* sodomita *m.*

Sodomite /'sɒdəmaɪt *Am* 'saːdəmaɪt/ *n.* (*Bibl*) abitante *m./f.* di Sodoma.

sodomitic /,sɒdə'mɪtɪk *Am* ,saːdə'mɪtɪk/ *a.* sodomitico.

sodomitical /,sɒdə'mɪtɪkəl *Am* ,saːdə'mɪtɪkəl/ *a.* sodomitico.

sodomize /'sɒdəmaɪz *Am* 'saːdəmaɪz/ *v.t.* sodomizzare, (*volg*) inchiappettare.

sodomy /'sɒdəmi *Am* 'saːdəmi/ *n.* **1** sodomia *f.* **2** (*bestiality*) bestialità *f.*, rapporto *m.* sessuale con un animale.

soever /sou'evər/ *avv.* **1** (*of any kind*) di qualsiasi specie, di qualsiasi tipo: *choose what thing* ~ *you please* scegli qualunque cosa ti piaccia. **2** (*in any way*) in qualsiasi modo, comunque sia.

sofa /'soʊfə/ *n.* (*Arred*) sofà *m.*, divano *m.* □ (*Arred*) ~ *bed* divano-letto.

sofar /'soʊfɑːr/ *n.* (*Mar*) sofar *m.*, rilevamento *m.* a onde acustiche.

soffit /'sɒfɪt *Am* 'saːfɪt/ *n.* (*Arch*) intradosso *m.*

Sofia /'soʊfiə *Am* 'soʊfiə/ *n.pr.* (*Geog*) Sofia *f.*

soft /sɒft *Am* saːft/ **I** *a.* **1** morbido, soffice: ~ *skin* pelle morbida; *a* ~ *bed* un letto morbido. **2** (*not hard of its kind*) molle, tenero, morbido: ~ *cheese* formaggio molle. **3** (*of ground*) molle, cedevole: *rain had made the ground* ~ *la* pioggia aveva reso molle il terreno. **4** (*Tecn*) dolce, tenero. **5** (*subdued*) delicato, tenue, smorzato: ~ *colours* colori delicati; ~ *lights* luci tenui. **6** (*not strident, not harsh*): *a* ~ *voice* una voce bassa; ~ *music* musica som-

messa. **7** (*gentle, melodious*) dolce, melodioso. **8** (*restful, quiet*) tranquillo, calmo, quieto, riposante: *a* ~ *slumber* un sonno tranquillo. **9** (*gentle, compassionate*) comprensivo, indulgente, benevolo. **10** (*mild, kind*) dolce, mite: (*Bibl*) *a* ~ *answer turns away wrath* una risposta dolce placa l'ira. **11** (*of weather*) mite, dolce, tiepido, temperato. **12** (*of wind*) leggero, debole. **13** (*of rain*) leggero. **14** (*colloq*) (*lacking strength, health*) fiacco, debole, delicato; (*of muscles*) flaccido, cascante, floscio. **15** (*weak, easily influenced*) influenzabile, debole, suggestionabile. **16** (*compliant*) condiscendente, compiacente: *a judge who is* ~ *on crime won't last long in Texas* un giudice indulgente coi criminali non durerà a lungo in Texas. **17** (*colloq*) (*enamoured*) innamorato, cotto (*on di*): *I think he's* ~ *on my sister* credo che sia innamorato di mia sorella. **18** (*colloq*) (*easy*) facile, comodo, agevole, leggero: *a* ~ *job* un lavoro facile; ~ *living* vita comoda. **19** (*of the eyes*) dolce, carezzevole. **20** (*mild in taste*) soave, delicato, dolce. **21** (*of wine*) pastoso. **22** (*not sharp in outline*) sfumato: ~ *contours* contorni sfumati. **23** (*of water*) poco dura, di bassa durezza. **24** (*Fon*) (*of a c, g*) dolce; (*voiced*) sonoro; (*palatalized*) palatalizzato, molle. **25** (*Comm*) (*perishable*) deperibile, deteriorabile. **26** (*Econ*) (*of money*) cartaceo; (*of currency*) debole; (*of a loan*) agevolato. **27** (*Pol*) moderato. **II** *avv.* **1** delicatamente, morbidamente. **2** (*quietly*) silenziosamente, senza far rumore. **3** (*in a low, gentle tone*) piano, sommessamente. **4** (*mildly*) con dolcezza, dolcemente. **III** *intz.* (*ant*) (*to enjoin silence, less haste*) piano! □ (*Met*) ~ *cast iron* ghisa dolce; (*Dolc*) ~ *centre* cioccolato ripieno; (*Geol*) ~ *coal* carbone bituminoso; (*Econ*) ~ *commodities* materie prime non metallifere; (*Ott*) ~ *contact lenses* lenti a contatto morbide; (*Inform*) ~ *copy* copia temporanea, copia in memoria; ~ *corn*: **1** (*Am,Bot*) granoturco tenero, mais quarantino; **2** (*Med*) durone (tra le dita dei piedi); (*Econ*) ~ *currency* moneta debole; ~ *drink* bibita analcolica, analcolico; ~ *drug* droga leggera; (*Aut*) ~ *face* zona di assorbimento degli urti, zona deformabile; (*Fot*) ~ *focus* effetto flou; (*Fot*) ~ *focus lens* filtro diffusore, filtro flou; (*Bot,Alim*) ~ *fruit* frutti di bosco; (*Br*) ~ *furnishings* tessuti da arredamento; *to get* ~ ammorbidirsi; (*Comm*) ~ *goods* tessili, tessuti, abbigliamento, biancheria per la casa, arredi domestici; (*fig*) *to have a* ~ *heart* avere un cuore tenero; (*Met*) ~ *iron* ferro dolce; (*Aer*) ~ *landing* atterraggio morbido (anche fig); (*colloq*) ~ *lighting* luci soffuse; (*Pol*) ~ *line* linea morbida; (*Pol*) ~ *liner* fautore della linea morbida; (*Econ*) ~ *loan* prestito a tasso di interesse agevolato; (*Bot*) ~ *maize* granoturco tenero, mais quarantino; (*Econ*) ~ *money* moneta cartacea, banconote; *the* ~ *option* la soluzione più semplice; (*Anat*) ~ *palate* palato molle, velo pendulo; (*Mus*) ~ *pedal* pedale del piano, pedale di sordina, sordina; ~ *porn* pornografia soft-core; (*Mus*) ~ *rock* soft rock; (*Itt*) ~ *roe* latte di pesce; (*Bot*) ~ *rot* marciume molle; (*Am,sl*) ~ *sawder* adulazione, lusinga, lisciata, lisciatina; (*Am*) ~ *science* scienza sociale; (*Comm*) ~ *sell* tecnica di vendita basata su sistemi di persuasione indiretta; ~ *shoulder* banchina non transitabile; *as* ~ *as silk* liscio come la seta; ~ *soap*: **1** sapone in pasta; **2** (*colloq*) adulazione, lusinga, lisciata; (*Tecn*) ~ *solder* stagno per saldatura a dolce; (*colloq*) ~ *spot* debole, debolezza, inclinazione, propensione: *she has a* ~ *spot for failed artists* ha un debole per gli artisti mancati; (Met) ~ **steel** acciaio dolce; ~ **target** un bersaglio facile; ~ **technology** tecnologia soft, tecnologia morbida; (Am,sl) a ~ **thing**: 1 (easy job) un posto comodo, un lavoro facile e ben pagato; 2 (profitable deal) un affare vantaggioso, un affarone; (colloq) to have a ~ **time** of it passarsela bene; ~ **to the touch** morbido al tatto; (Aut) ~ **top** cappotta, capote, mantice; (Am,sl,fig) ~ **touch** (so. easily persuaded to part with his money) chi si lascia mungere, persona che presta facilmente i soldi; ~ **toy** peluche, pupazzo di tela; ~ **verge** banchina non transitabile; ~ **water** acqua piovana; (Bot) ~ **wheat** grano tenero.

softback /'softbæk Am 'sɑːftbæk/ n. (Am) libro m. tascabile, tascabile m., edizione f. economica.

softball /'softbɔːl Am 'sɑːftbɔːl/ n. (Sport) 1 (game) softball m. 2 (ball) palla f. da softball.

soft-boiled /,soft'bɔɪld Am ,sɑːft'bɔɪld/ a. 1 (of an egg) alla coque, à la coque. 2 (colloq) (sentimental) sentimentale, romantico.

soft-core /'softkɔːr Am 'sɑːftkɔːr/ a. 1 (of pornography) soft-core. 2 (moderate) moderato, misurato: a ~ **sports fan** un tifoso moderato.

soft-currency /,soft'kʌrənsi Am ,sɑːft 'kʌrənsi/ n. (Econ) valuta f. leggera, circolazione f. cartacea. □ (Econ) ~ **country** paese a valuta debole.

soften /'sofən Am 'sɑːfən/ I v.t. 1 rendere molle, rendere morbido, ammorbidire, ammollire, rammollire. 2 (to make less severe) alleviare, mitigare, addolcire, attenuare: to ~ a pain alleviare un dolore. 3 (to moderate) mitigare, moderare: to ~ one's demands mitigare le proprie pretese. 4 (to make less glaring) attenuare, smorzare. 5 (to make less strident) abbassare, smorzare: to ~ one's voice abbassare la voce. 6 (to render mild, compassionate) intenerire, ammorbidire, addolcire: to ~ so.'s heart intenerire il cuore di qcu. 7 (to weaken) indebolire, infiacchire, snervare, rammollire: luxurious living has -ed him il vivere nel lusso lo ha infiacchito. 8 (of water) addolcire, rendere dolce. 9 (colloq) (to break the resistance of) fiaccare la resistenza di, indebolire (anche Mil,fig). 10 (Met) stemperare. II v.i. 1 ammorbidirsi, mollificarsi, intenerirsi. 2 (to become less harsh) addolcirsi, ammorbidirsi (towards) nei riguardi di). 3 (Econ) essere in flessione. □ to ~ the blow attenuare il colpo (anche fig); to ~ so. up: 1 lavorarsi qcu., ammorbidirsi qcu., blandire qcu. (per ottenere qcs.); 2 (colloq) (to break the resistance of) fiaccare la resistenza di, indebolire (anche Mil,fig).

softener /'sofənər Am 'sɑːfnər/ n. 1 chi ammorbidisce. 2 (Chim) (substance added to hard water) ammorbidente m., emolliente m.: fabric ~ ammorbidente per tessuti.

softening /'sofnɪŋ Am 'sɑːfənɪŋ/ n. 1 ammorbidimento m., ammollimento m., addolcimento m. 2 (Ling,Tecn) addolcimento m. 3 (Econ) flessione f. □ ~ of the brain: 1 (Med) encefalomalacia, rammollimento cerebrale; 2 (fig) rimbambimento, rammollimento (cerebrale).

soft-footed /'soft,fʊtɪd Am 'sɔːft,fʊtɪd/ a. 1 con passo felpato. 2 (fig) diplomatico, delicato: a ~ approach un approccio diplomatico.

softhead /'softhed/ n. (Br,colloq) sciocco m. (f. -a), scemo m. (f. -a), rimbambito m. (f. -a), citrullo m. (f. -a).

soft-headed /'softhedɪd Am 'sɑːfthedɪd/ a. 1 sciocco, stupido. 2 (Mil) (of bullet) a punta morbida.

soft-hearted /,soft'hɑːtɪd Am 'sɑːft,hɑːrtɪd/ a. 1 dal cuore tenero, sensibile. 2 (kind) gentile.

softie /'softi Am 'sɑːfti/ n. (colloq) 1 uomo m. debole ed effeminato, (colloq) femminuccia f. 2 timido m. 3 (sentimental person) sentimentale m./f., romantico m. (f. -a).

softly /'softli Am 'sɑːftli/ avv. 1 delicatamente, morbidamente. 2 (quietly) silenziosamente, senza far rumore. 3 (in a low, gentle tone) piano, sommessamente. 4 (mildly) con dolcezza, dolcemente.

softly-softly /'softli,softli Am 'sɑːftli,stɑːftli/ a. molto prudente, molto cauto.

softness /'softnəs Am 'sɑːftnəs/ n. 1 morbidezza f., mollezza f., tenerezza f. 2 (of lights, colours) tenuità f. 3 (quietness) silenziosità f., quiete f. 4 (gentleness, tenderness) gentilezza f., dolcezza f., tenerezza f.

soft-pedal /,sof'pedəl Am ,sɑː'pedəl/ I n. (Mus) pedale m. del piano, pedale m. di sordina, sordina f. II v.t./i. 1 (Mus) suonare con la sordina. 2 (colloq) (to tone or to play down) minimizzare.

soft-soap /,sof'soup Am ,sɑː'soup/ I n. 1 sapone m. in pasta. 2 (colloq) adulazione f., lusinga f., lisciata f. II v.t. (colloq) lusingare, adulare, lisciare.

soft-solder /,sof'souldər Am ,sɑːf'souldər/ v.t. (Tecn) saldare a dolce, saldare a stagno.

soft-spoken /,sof'spoukən Am ,sɑːf'spoukən/ a. 1 dalla voce dolce, dalla voce soave. 2 (friendly) affabile, cordiale. 3 (of words) carezzevole, dolce, suadente.

software /'sofweər Am 'sɑːfweər/ n. (Inform) software m. □ (Inform) ~ engineering ingegneria del software; (Inform) ~ house società di software, produttore di software; (Inform) ~ licence licenza software; (Inform) ~ package pacchetto di software, software applicativo; ~ piracy pirateria software; (Inform) ~ programme (o Am ~ program) programma di software; (Inform) ~ publisher editore di software; ~ theft furto di software; (Inform) ~ tools strumenti software.

softwood /'sofwud Am 'sɑːfwud/ n. legno m. dolce, legno m. di conifera. □ ~ forest bosco di conifere.

softy /'softi Am 'sɑːfti/ n. (colloq) 1 uomo m. debole ed effeminato, (colloq) femminuccia f. 2 timido m. 3 (sentimental person) sentimentale m./f., romantico m. (f. -a).

sogginess /'sogɪnəs Am 'sɑːgɪnəs/ n. 1 l'essere fradicio, l'essere zuppo. 2 (of bread, etc.) l'essere molle e umido, pesantezza f.

soggy /'sogi Am 'sɑːgi/ a. 1 inzuppato, fradicio, zuppo. 2 (of bread, etc.) molle e umido, pesante.

soh /'sou/ n. (Mus) 1 sol m. 2 (tone G) sol m.

Soho /'souhou/ n.pr. (Geog) Soho m.

soi-disant /,swaːdiː'zɑː(ŋ)/ a. cosiddetto, sedicente.

soigné /'swaːnjeɪ Am swaː'njeɪ/ a. 1 (fashionable) alla moda: a ~ little club un piccolo club alla moda. 2 (of person) elegante, alla moda.

soil[1] /sɔɪl/ n. 1 terra f., terreno m., suolo m.: to work the ~ lavorare la terra; barren ~ terreno sterile; rich ~ terreno fertile. 2 (country, land) terra f., regione f., paese m.: one's native ~ la terra natia. □ ~ analysis analisi del terreno; ~ contamination contaminazione del suolo, inquinamento del suolo; ~ erosion erosione del terreno, erosione del suolo; ~ management lavori del suolo; ~ mechanics meccanica del terreno; ~ pipe tubo di scarico (dei gabinetti); ~ pollution contaminazione del suolo, inquinamento del suolo; (Geol) ~ science pedologia; ~ scientist

pedologo; ~ specimen campione di terreno; ~ structure struttura del terreno.

soil[2] /sɔɪl/ I v.t. 1 sporcare, insudiciare, imbrattare, macchiare, insozzare: to ~ one's clothes sporcarsi i vestiti. 2 (fig) (to defile morally) corrompere, depravare, contaminare; (of a name, reputation, etc.) macchiare, sporcare, infangare, lordare. II v.i. sporcarsi, insudiciarsi, insozzarsi, macchiarsi, imbrattarsi. III n. 1 sporco m., sporcizia f., sudiciume m., sozzume m., sozzura f. 2 (manure) letame m., stallatico m., concime m. organico, concime m. naturale. 3 (dung) sterco m., escrementi m.pl. (umani). □ (Idr) ~ pipe tubo di scarico.

soil[3] /sɔɪl/ v.t. (Zootecn) 1 (to feed) alimentare con foraggio verde (o fresco). 2 (to purge with green food) purgare con foraggio verde.

soilage /'sɔɪlɪdʒ/ n. (Zootecn) foraggio m. verde, foraggio m. fresco.

soiled /sɔɪld/ a. 1 sporco, sudicio, sozzo. 2 (Comm) (shop-soiled) sciupato a forza di stare in vetrina.

soirée /'swaːreɪ Am swaː'reɪ/ n. soirée f., serata f. (mondana).

sojourn /'sɒdʒɜːn Am sou'dʒɜːrn/ I n. soggiorno m., dimora temporanea. II v.i. soggiornare.

sojourner /'sɒdʒɜːnər Am sou'dʒɜːrnər/ n. chi soggiorna, ospite m./f. temporaneo, visitatore m. (f. -trice).

sol[1] /sɒl Am soul/ n. (Mus) 1 sol m. 2 (tone G) sol m.

sol[2] /sɒl/ n. (Chim) sol m., soluzione f. colloidale.

sol[3] /sɒl/ n. (Econ,Numism) sol m.

solace /'sɒləs Am 'sɑːləs/ I n. 1 conforto m., sollievo m., consolazione f.: to seek ~ in religion cercare conforto nella religione. 2 (source of comfort) consolazione f.: to be a ~ to so. essere di grande conforto a qcu. II v.t. confortare, consolare (for per).

solan /'soulən/ n. (Ornit) sula f. (bassana).

solanaceous /,soulə'neɪʃəs/ a. (Bot) delle solanacee, relativo alle solanacee.

solar /'soulər/ a. solare. □ (Astr) ~ apex apice solare; (El) ~ battery batteria solare; (Elettron) ~ calculator calcolatore a celle solari, calcolatore solare; (Tecn) ~ cell cella solare; (Tecn) ~ collector collettore solare; (Fis) ~ constant costante solare; (Astr) ~ cycle ciclo solare; (Astr) ~ day giorno solare; (Astr) ~ eclipse eclissi solare; (Tecn) ~ pond bacino solare, stagno solare; ~ energy energia solare; (Astr) ~ flare brillamento solare; (Tecn) ~ furnace fornace solare; (El) ~ generator generatore solare; ~ heat calore solare; (Tecn) ~ heating riscaldamento a energia solare, riscaldamento solare; ~ house casa solare, casa a riscaldamento solare; ~ installation impianto solare; ~ lighter accendisigari a celle solari; (Astr) ~ month mese solare; ~ panel pannello solare; ~ plexus: 1 (Anat) plesso solare, plesso (simpatico) celiaco; 2 (colloq) stomaco m., bocca dello stomaco; ~ power energia solare; ~ power plant (o ~ power station) centrale elioelettrica, centrale solare; (Astr) ~ prominence protuberanza solare; (Tecn) ~ pump pompa solare; (Fis) ~ spectrum spettro solare; (Astr) ~ spot macchia solare; (Astr) ~ system sistema solare; ~ technology tecnologia solare; (Tecn) ~ telegraph eliografo; ~ time ora solare; (Astr) ~ wind vento solare; (Astr) ~ year anno solare.

solarimeter /,soulə'rɪmɪtər Am ,soulə 'rɪmɪtər/ n. (Fis,Tecn) solarimetro m.

solarium /sou'leəriəm Am sou'leriəm/ (pl.

-ria /-ria/ o **-s** /-z/) *n.* solarium *m.*

solarization /ˌsəʊlərəraɪˈzeɪʃən *Am* ˌsəʊlərɪˈzeɪʃən/ *n.* **1** alterazione *f.* dovuta a un'eccessiva esposizione alla luce del sole. **2** (*Fot,Bot*) solarizzazione *f.*

solarize /ˈsəʊləraɪz/ **I** *v.t.* **1** alterare (*o sciupare*) per un'eccessiva esposizione alla luce del sole. **2** (*Fot*) sottoporre a solarizzazione, sovraesporre. **II** *v.i.* **1** alterarsi (*o sciuparsi*) per eccessiva esposizione alla luce del sole. **2** (*Fot*) subire la solarizzazione.

solation /səʊˈleɪʃən/ *n.* (*Chim*) solazione *f.*

solatium /səʊˈleɪʃɪəm/ *n.* **1** (*pl.* **-tia** /-ʃɪə/) compenso *m.*, risarcimento *m.* **2** (*Dir*) risarcimento *m.* di danni morali.

sold[1] /səʊld/ → **sell**[1].

sold[2] /səʊld/ *a.* **1** venduto. **2** (*colloq,fig*) (*convinced*) convinto: *I was ~ before he even began his argument* ero già convinto prima che iniziasse a spiegare. ☐ (*colloq*) *to be ~ on sth.* essere pienamente convinto della bontà di qcs.; *to be ~ out:* **1** (*to have sold the complete stock of*) avere venduto interamente, avere esaurito (*of sth. qcs.*); **2** (*to be completely sold*) essere esaurito: *the first edition is ~ out* la prima edizione è esaurita.

solder /ˈsəʊldər *Am* ˈsɑːldər/ **I** *n.* (*Tecn*) lega *f.* per saldatura. **II** *v.t.* (*Tecn*) saldare (*onto, to* a). **III** *v.i.* (*Tecn*) fare una saldatura.

solderable /ˈsəʊldərəbl *Am* ˈsɑːldərəbl/ *a.* (*Tecn*) saldabile.

solderer /ˈsɒldərər *Am* ˈsɑːldərər/ *n.* (*Tecn*) saldatore *m.*

soldering /ˈsɒldərɪŋ *Am* ˈsɑːldərɪŋ/ **I** *n.* (*Tecn*) **1** saldatura *f.*, brasatura *f.* **2** (*soldered joint, place, etc.*) saldatura *f.*, punto *m.* di saldatura. **II** *a.* (*Tecn*) da saldatura, per saldare. ☐ (*Tecn*) *~ copper* (o *~ iron*) saldatoio, saldatore; (*Tecn*) *~ paste* pasta per saldatura.

soldier /ˈsəʊldʒər/ **I** *n.* **1** soldato *m.*, militare *m.*; (*private*) soldato *m.* semplice. **2** (*person of military skill, experience*) soldato *m.*: *Washington was a great ~* Washington fu un gran soldato. **3** (*fig*) soldato *m.*, difensore *m.*, militante *m.* **4** (*Entom*) formica *f.* soldato, soldato *m.* **5** (*Br,colloq*) (*strip of bread*) pezzo *m.* di pane imburrato da intingere nell'uovo. **II** *v.i.* fare il soldato. ☐ (*Entom*) *~ ant* formica soldato; (*Zool*) *~ crab* bernardo l'eremita, paguro; *~ of fortune:* **1** soldato di ventura; **2** (*fig*) avventuriero; *to ~ on:* **1** (*Mil*) rinnovare la ferma; **2** (*colloq*) (*to persist*) persistere, ostinarsi, tenere duro: *to ~ on with doing* perseverare a fare.

soldiering /ˈsəʊldʒərɪŋ/ *n.* vita *f.* militare, servizio *m.* militare. ☐ *to go ~* andare soldato.

soldier-like /ˈsəʊldʒərlaɪk/ *a.* **1** soldatesco, militare, di soldato, da soldato, militaresco. **2** (*bold, brave*) coraggioso, valoroso.

soldierly /ˈsəʊldʒəli *Am* ˈsəʊldʒərli/ *a.* **1** soldatesco, militare, di soldato, da soldato, militaresco. **2** (*bold, brave*) coraggioso, valoroso.

soldiership /ˈsəʊldʒərʃɪp/ *n.* stato *m.* militare, condizione *f.* di soldato.

soldiery /ˈsəʊldʒəri/ *n.* **1** corpo *m.* militare. **2** (*collett.*) (*soldiers*) soldati *m.pl.*, truppa *f.*, soldatesca *f.*

sold-out /ˈsəʊldˌaʊt/ *a.* esaurito.

sole[1] /səʊl/ *a.* **1** solo, unico, singolo: *the ~ survivor* il solo superstite. **2** (*unique*) unico, incomparabile, impareggiabile. **3** (*exclusive: of things*) esclusivo: *~ publication rights* diritti esclusivi di pubblicazione. **4** (*of people*) solo, esclusivo. **5** (*Dir*) non sposato, solo. ☐ *~ agency* esclusiva; (*Comm*) *~ agent* agente esclusivo, rappresentante

esclusivo; (*Dir*) *~ beneficiary* beneficiario unico; (*Dir*) *~ heir* erede universale; *with the ~ object of* al solo scopo di, con il solo intento di; (*Comm*) *~ selling rights* esclusiva di vendita; (*Comm*) *~ stockists* fornitore unico.

sole[2] /səʊl/ **I** *n.* **1** (*Anat*) pianta *f.* (del piede). **2** (*Calz*) suola *f.* **3** (*fig*) (*bottom, lower part*) fondo *m.*, parte *f.* inferiore, base *f.* **4** (*Fal*) suola *f.* della pialla. **II** *v.t.* (*Calz*) mettere le suole a, risuolare. ☐ (*Pell*) *~ leather* cuoio per suole.

sole[3] /səʊl/ *n.* (*Itt*) sogliola *f.*

solecism /ˈsɒlɪsɪzm *Am* ˈsɑːləsɪzm/ *n.* **1** (*Ret*) solecismo *m.* **2** (*breach of good manners*) scorrettezza *f.* **3** (*instance of ill-breeding*) scorrettezza *f.*, atto *m.* scorretto.

solecist /ˈsɒlɪsɪst *Am* ˈsɑːlɪsɪst/ *n.* chi fa solecismi.

solecistic /ˌsɒlɪˈsɪstɪk *Am* ˌsɑːlɪˈsɪstɪk/, **solecistical** /ˌsɒlɪˈsɪstɪkəl *Am* ˌsɑːlɪˈsɪstɪkəl/ *a.* **1** (*grammatically*) scorretto. **2** (*unseemly*) scorretto, sconveniente.

solecize /ˈsɒlɪsaɪz *Am* ˈsɑːlɪsaɪz/ *v.i.* **1** fare solecismi, solecizzare. **2** (*to behave in an unseemly way*) comportarsi in modo sconveniente, comportarsi in modo scorretto.

solely /ˈsəʊli/ *avv.* **1** solamente, solo, soltanto, unicamente. **2** (*exclusively*) esclusivamente, soltanto.

solemn /ˈsɒləm *Am* ˈsɑːləm/ *a.* **1** solenne, grave, serio: *a ~ moment* un momento solenne; *don't be so ~* non essere così serio. **2** (*of a promise, oath, etc.*) solenne. **3** (*Dir*) formale. **4** (*Lit*) solenne: *~ blessing* benedizione solenne. ☐ (*Lit*) *Solemn High Mass* messa cantata, messa solenne; (*Stor.brit*) *the Solemn League & Covenant* accordo fra i parlamenti di Scozia e di Inghilterra; (*Rel.catt*) *~ vow* voto solenne.

solemnisation /ˌsɒləmnaɪˈzeɪʃən/ *n.* (*Br*) **1** solennizzazione *f.*, celebrazione *f.* solenne. **2** (*of a marriage*) celebrazione *f.*

solemnise /ˈsɒləmnaɪz/ *v.t.* (*Br*) **1** solennizzare, celebrare solennemente. **2** (*of a marriage*) celebrare. **3** (*to make solemn*) rendere solenne, rendere grave.

solemnity /səˈlemnɪti *Am* səˈlemnəṭi/ *n.* **1** solennità *f.*, gravità *f.* **2** (*Lit*) solennità *f.* **3** (*Dir*) formalità *f.*

solemnization /ˌsɒləmnaɪˈzeɪʃən *Am* ˌsɒləmnɪˈzeɪʃən/ *n.* **1** solennizzazione *f.*, celebrazione *f.* solenne. **2** (*of a marriage*) celebrazione *f.*

solemnize /ˈsɒləmnaɪz *Am* ˈsɑːləmnaɪz/ *v.t.* **1** solennizzare, celebrare solennemente. **2** (*of a marriage*) celebrare. **3** (*to make solemn*) rendere solenne, rendere grave.

solemnly /ˈsɒləmli *Am* ˈsɑːləmli/ *avv.* **1** solennemente, gravemente. **2** (*formally*) formalmente.

solemnness /ˈsɒləmnəs *Am* ˈsɑːləmnəs/ *n.* solennità *f.*

solen /ˈsəʊlən/ *n.* (*Itt*) cannolicchio *m.*

solenoid /ˈsəʊlənɔɪd/ *n.* (*Fis*) solenoide *m.*

solenoidal /ˌsəʊləˈnɔɪdəl/ *a.* (*Fis*) solenoidale.

sol-fa /ˌsɒlˈfɑː *Am* ˌsəʊlˈfɑː/ **I** *n.* (*Mus*) **1** sillabe *f.pl.* di solmisazione. **2** (*great scale*) scala *f.* esacordale. **3** (*solmization*) solmisazione *f.*, solmizzazione *f.*, solfeggio *m.* **4** (*tonic sol-fa*) solfeggio *m.* tonico. **II** *v.t./i.* (*Mus*) solfeggiare.

solfatara /ˌsɒlfəˈtɑːrə/ *n.* (*Geol*) solfatara *f.*

solfeggio /sɒlˈfedʒɪoʊ *Am* səʊlˈfedʒɪoʊ/ (*pl.* **-gi** /-dʒiː/ o **-s** /-z/) *n.* (*Mus*) solfeggio *m.*

solicit /səˈlɪsɪt/ *v.t.* **1** sollecitare, chiedere (*con insistenza*): *to ~ aid from so.* sollecitare l'aiuto di qcu. **2** (*to pester by begging*) importunare con questue, infastidire con que-

stue. **3** (*of a prostitute*) adescare, invitare. **4** (*to corrupt*) corrompere. **II** *v.i.* **1** fare una richiesta, fare una petizione. **2** (*of a prostitute*) offrirsi. ☐ (*colloq*) *to ~ in the streets* esercitare la prostituzione, battere il marciapiede.

solicitation /səˌlɪsɪˈteɪʃən/ *n.* **1** sollecitazione *f.*, richiesta *f.* insistente. **2** (*petition, request*) richiesta *f.*, istanza *f.*, petizione *f.* **3** (*of a prostitute*) adescamento *m.*, invito *m.* **4** (*Dir*) corruzione *f.*, istigazione *f.* (a delinquere).

solicitor /səˈlɪsɪtər *Am* səˈlɪsɪṭər/ *n.* **1** (*Dir*) procuratore *m.* legale. **2** (*Comm*) piazziasta *m./f.* **3** (*Br,Dir*) (*for documents, oaths*) notaio *m.*; (*for court*) avvocato *m./f.* **4** (*Am,Dir*) rappresentante *m.* legale di una città (*o di un ministero ecc.*). **5** (*Am*) (*one who solicits contributions*) chi fa collette. **6** (*Am*) (*one who solicits business for a firm*) piazzista *m.*, procacciatore *m.* **7** (*Am*) (*one who solicits votes*) galoppino *m.* elettorale. ☐ *~'s fee* spese notarili; *~ general* viceprocuratore generale.

solicitous /səˈlɪsɪtəs *Am* səˈlɪsɪṭəs/ *a.* **1** in ansia, ansioso, preoccupato (*about, for* per): *he was ~ about his wife's health* era in ansia per la salute della moglie; *to be ~ for so.'s welfare* avere a cuore il benessere di qcu. **2** (*expressing solicitude*) premuroso, sollecito. **3** (*eager*) desideroso, ansioso, bramoso: *~ to please* desideroso di piacere.

solicitously /səˈlɪsɪṭəsli *Am* səˈlɪsɪṭəsli/ *avv.* con ansia, ansiosamente, sollecitamente.

solicitousness /səˈlɪsɪṭəsnəs *Am* səˈlɪsɪṭəsnəs/ *n.* ansia *f.*, apprensione *f.*, preoccupazione *f.*, sollecitudine *f.*

solicitude /səˈlɪsɪtjuːd *Am* səˈlɪsɪtuːd/ *n.* **1** (*solicitousness*) ansia *f.*, apprensione *f.*, preoccupazione *f.*, sollecitudine *f.* **2** (*attentive care*) sollecitudine *f.*, premura *f.*

solid /ˈsɒlɪd *Am* ˈsɑːlɪd/ **I** *a.* **1** (*Geom,Fis*) solido. **2** (*consisting entirely of one substance*) massiccio: *a table made of ~ oak* un tavolo di quercia massiccia; *~ wood* (legno) massello; *~ gold* oro massiccio. **3** (*non-fluid*) solido, non fluido. **4** (*not hollow*) pieno, non cavo: *a ~ sphere* una sfera piena. **5** (*compact, dense*) compatto, denso, spesso, fitto: *a ~ mass of spectators* una massa compatta di spettatori. **6** (*firm*) solido, duro, compatto: *~ ground* terreno solido. **7** (*firmly made*) solido, forte, resistente, robusto: *~ chairs* sedie resistenti. **8** (*uninterrupted*) di fila, di seguito, senza interruzione, ininterrotto: *it rained for five ~ hours* piovve per cinque ore di fila; *for four months ~* per quattro mesi di seguito. **9** (*sound*) buono, fondato, valido: *he has a ~ grasp of the language* ha una solida padronanza della lingua. **10** (*serious*) solido, serio: *a ~ work of scholarship* una solida opera di erudizione. **11** (*serious-minded, reliable*) fidato, sicuro, che dà affidamento: *a ~ friend* un amico fidato. **12** (*financially sound*) solido. **13** (*unanimous*) unanime, concorde: *~ vote* voto unanime. **14** (*of colours: without designs*) compatto, uniforme. **15** (*of a compound word*) che forma una parola sola, senza lineetta. **16** (*Tip*) sterlineato, senza interlineatura. **II** *n.* **1** (*Geom*) solido *m.* **2** (*solid substance*) solido *m.*, sostanza *f.* solida (*anche Fis*). **3** *pl.* alimenti *m.pl.* solidi. **III** *avv.* **1** unanimemente, all'unanimità, concordemente. **2** (*non-stop*) senza sosta, di fila, non stop. ☐ (*Geom*) *~ angle* angolo solido, sterangolo; (*Aut*) *~ axle* assale pieno; (*Ling*) *~ compound* parola composta (scritta) senza lineetta; (*Geom*) *~ figure* figura solida; *~ fuel* combustibile solido; *~ ge-*

ometry geometria solida; (*Am,colloq*) *to be in ~ with so.* essere in rapporti amichevoli con qcu., essere in buoni rapporti con qcu.; (*Inform*) *~ink* inchiostro solido: *~ ink printer* stampante a inchiostro solido; (*Geom*) *~ of revolution* solido di rivoluzione; *~ rock* roccia viva; (*Chim*) *~ solution* soluzione solida; (*Am,Aut*) *~ tire* gomma piena; (*Br,Aut*) *~ tyre* gomma piena; *~ wastes* rifiuti solidi; (*Ling*) *~ word* parola non composta.

solidarity /ˌsɒlɪˈdærəti *Am* ˌsɑːləˈderəti/ *n.* 1 solidarietà *f.* 2 (*community of interests*) comunanza *f.* di interessi.

solidary /ˈsɒlɪdəri *Am* ˈsɑːlɪdəri/ *a.* solidale.

solid-drawn /ˈsɒlɪ(d)ˌdrɔːn *Am* ˈsɑːlɪ(d)ˌdrɔːn/ *a.* (*Met*) trafilato da massello.

solidifiable /səˈlɪdɪfaɪəbl *Am* səˈlɪdəfaɪəbl/ *a.* solidificabile.

solidification /səˌlɪdɪfɪˈkeɪʃən *Am* səˌlɪdəfɪˈkeɪʃən/ *n.* solidificazione *f.*

solidify /səˈlɪdɪfaɪ *Am* səˈlɪdəfai/ *I v.t.* solidificare, ridurre allo stato solido. **II** *v.i.* solidificarsi (*into* in), solidificare, diventare solido.

solidity /səˈlɪditi *Am* səˈlɪdəti/ *n.* 1 solidità *f.* 2 (*density, compactness*) densità *f.*, compattezza *f.* 3 (*reliability, moral soundness*) affidabilità *f.*, attendibilità *f.* 4 (*substantial quality*) solidità *f.*, fondatezza *f.*, validità *f.* 5 (*financial soundness*) solidità *f.* (finanziaria), stabilità *f.*

solid-looking /ˈsɒlɪdˌlʊkɪŋ *Am* ˈsɑːlɪdˌlʊkɪŋ/ *a.* dall'aspetto solido, che dà un'impressione di solidità.

solidly /ˈsɒlɪdli *Am* ˈsɑːlɪdli/ *avv.* 1 solidamente, saldamente: *~ built* solidamente costruito. 2 (*unanimously*) unanimemente, all'unanimità, concordemente. 3 (*reasonably, logically*) ragionevolmente, logicamente.

solid-propellent /ˈsɒlɪdprəˈpelənt *Am* ˈsɑːlɪdprəˈpelənt/ □ (*Astron*) *~ rocket* razzo a propellente solido.

solid-state /ˈsɒlɪdsteɪt *Am* ˈsɑːlɪdsteɪt/ *a.* 1 (*Fis*) allo stato solido. 2 (*Elettron*) a stato solido. □ (*Fis*) *~ physics* fisica dello stato solido, fisica dei solidi.

solidus /ˈsɒlɪdəs *Am* ˈsɑːlɪdəs/ (*pl.* **-di** /-daɪ/) *n.* 1 (*Br,Tip,Mat*) barretta *f.* obliqua, segno *m.* di frazione, slash *m.* 2 (*Chim,Fis*) linea *f.* del solido. 3 (*Stor.rom,Numism*) solido *m.*

solifluction /ˌsɒlɪˈflʌkʃən *Am* ˌsɑːləˈflʌkʃən/ *n.* (*Geol*) soliflusso *m.*, soliflussione *f.*, solifluizione *f.*

soliloquist /səˈlɪləkwɪst/ *n.* chi fa soliloqui.

soliloquize /səˈlɪləkwaɪz/ *v.i.* 1 (*Teat*) recitare un monologo, monologare. 2 (*estens*) parlare tra sé e sé, fare un soliloquio, monologare.

soliloquy /səˈlɪləkwi/ *n.* 1 (*Teat*) monologo *m.*, soliloquio *m.* 2 (*estens*) il parlare tra sé e sé, il fare soliloqui.

soliped /ˈsɒlɪped *Am* ˈsoʊlɪped/ *I a.* (*Zool*) solipede. **II** *n.* (*Zool*) solipede *m.*

solipsism /ˈsɒlɪpsɪzəm *Am* ˈsɑːlɪpsɪzəm/ *n.* (*Filos*) solipsismo *m.*

solipsist /ˈsɒlɪpsɪst *Am* ˈsɑːlɪpsɪst/ *n.* (*Filos*) solipsista *m./f.*

solipsistic /ˌsɒlɪpˈsɪstɪk *Am* ˌsɑːlɪpˈsɪstɪk/ *a.* (*Filos*) solipsistico.

solipsistically /ˌsɒlɪpˈsɪstɪkˀli *Am* ˌsɑːlɪpˈsɪstɪkˀli/ *avv.* (*Filos*) solipsisticamente.

solitaire /ˌsɒlɪˈteəʳ *Am* ˈsɑːləter/ *n.* 1 (*game*) solitario *m.* (numerico). 2 (*board game*) dama *f.* cinese. 3 (*patience*) solitario *m.* 4 (*Oref*) solitario *m.* 5 (*Ornit*) uccello *m.* del genere myadestes.

solitarily /ˈsɒlɪtˀrˀli *Am* ˈsɑːləterˀli/ *avv.* in modo solitario, solitariamente.

solitariness /ˈsɒlɪtˀrɪnəs *Am* ˈsɑːlɪtˀrɪnəs/ *n.*

solitudine *f.*, isolamento *m.*

solitary /ˈsɒlɪtˀri *Am* ˈsɑːləteri/ *I a.* 1 solo, solitario, appartato: *a ~ traveller* un viaggiatore solitario; *a ~ existence* un'esistenza solitaria. 2 (*done alone*) solitario, fatto da solo; *a ~ journey* un viaggio solitario. 3 (*given to solitude*) solitario, che ama la solitudine: *a ~ child* un bambino solitario. 4 (*of a place*) isolato, solitario, deserto. 5 (*single, sole*) solo, singolo, isolato. **II** *n.* 1 (*solitary confinement*) segregazione *f.* cellulare, isolamento *m.* 2 (*solitary person*) persona *f.* solitaria; (*hermit*) eremita *m./f.*, anacoreta *m.* □ (*Dir*) *~ confinement* segregazione cellulare, isolamento: *the prisoners were held in ~ confinement* i prigionieri erano tenuti in isolamento; (*Fis*) *~ wave* onda solitaria.

solitude /ˈsɒlɪtjuːd *Am* ˈsɑːlətuːd/ *n.* 1 solitudine *f.*, isolamento *m.* 2 (*lonely place*) solitudine *f.*, luogo *m.* solitario.

solmizate /ˈsɒlmɪzeɪt/ *v.t./i.* (*Mus*) solfeggiare.

solmization /ˌsɒlmɪˈzeɪʃən/ *n.* solmisazione *f.*, solmizzazione *f.*, solfeggio *m.*

solo /ˈsoʊloʊ/ **I** *n.* (*pl.* **-s** /-z/ o **-li** /-li/) 1 (*Mus*) assolo *m.*, a solo *m.* (*anche estens*). 2 (*dance*) assolo *m.* di danza. 3 (*Aer*) volo *m.* in solitario. 4 (*card game*) solitario *m.* **II** *a.* 1 (*Mus*) solista: *~ violin* violino solista. 2 (*Aer,Alp*) in solitaria: *~ ascent* salita in solitaria. **III** *avv.* 1 (*Mus*) senza accompagnamento. 2 (*colloq*) senza aiuto. 3 (*Aer,Alp*) in solitaria: *to climb ~* salire in solitaria. □ (*Mus*) *~ stop* (*organ stop*) registro di assolo.

soloist /ˈsoʊloʊɪst/ *n.* (*Mus*) solista *m./f.*

Solomon /ˈsɒləmən *Am* ˈsɑːləmən/ **I** *n.pr.m.* (*Bibl*) Salomone. **II** *n.* persona *f.* molto saggia (e sapiente), salomone *m.* □ (*Geog*) *~ Islands* isole Salomone.

Solomonic /ˌsɒləˈmɒnɪk *Am* ˌsɑːləˈmɒnɪk/ *a.* (*Bibl*) salomonico (*anche fig*).

solon /ˈsɒlən *Am* ˈsɑːlən/ *n.* solone *m.*

Solon /ˈsɒlɒn *Am* ˈsɑːlən/ *n.pr.m.* (*Stor.gr*) Solone.

so-long /ˌsoʊˈlɒŋ/ *intz.* (*Am,colloq*) ciao!, addio!, arrivederci!

solstice /ˈsɒlstɪs *Am* ˈsɑːlstɪs/ *n.* (*Astr*) solstizio *m.*: *the summer ~* solstizio d'estate.

solstitial /sɒlˈstɪʃ *Am* sɑːlˈstɪʃ/ *a.* (*Astr*) solstiziale: *~ point* punto solstiziale.

solubility /ˌsɒljəˈbɪləti *Am* ˌsɑːljəˈbɪləti/ *n.* (*Chim*) solubilità *f.* (*anche fig*).

solubilization /ˌsɒljəˌbɪlaɪˈzeɪʃən *Am* ˌsɑːljəˌbɪlɪˈzeɪʃən/ *n.* (*Fis,Chim*) solubilizzazione *f.*

solubilize /ˈsɒljəbɪlaɪz *Am* ˈsɑːljəbɪlaɪz/ *v.t.* (*Fis,Chim*) solubilizzare.

soluble /ˈsɒljəbl *Am* ˈsɑːljəbl/ *a.* solubile (*anche fig*).

solubly /ˈsɒljəbli *Am* ˈsɑːljəbli/ *avv.* in forma solubile.

solus /ˈsoʊləs/ *a.* (*Teat*) (*alone, as in stage direction*) da solo.

solute /ˈsɒljuːt *Am* ˈsɑːljuːt/ *n.* (*Chim*) soluto *m.*

solution /səˈluːʃən/ *n.* 1 soluzione *f.* (*to* di) (*anche Chim,Farm,Mat*). 2 (*Med*) (*of a disease*) soluzione *f.*, risoluzione *f.* □ (*Chim*) *in ~* in soluzione; *~ of continuity* soluzione di continuità (*anche fig*); (*Mat*) *~ set* insieme delle soluzioni.

solvability /ˌsɒlvəˈbɪləti *Am* ˌsɑːlvəˈbɪləti/ *n.* 1 risolvibilità *f.*, solubilità *f.* 2 (*Comm*) solvibilità *f.*

solvable /ˈsɒlvəbl *Am* ˈsɑːlvəbl/ *a.* 1 solubile, risolvibile. 2 (*Comm*) solvibile.

solve /sɒlv *Am* sɑːlv/ *v.t.* 1 sciogliere, risolvere, spiegare, chiarire: *to ~ a puzzle* sciogliere un enigma. 2 (*Mat*) risolvere, sciogliere.

solvency /ˈsɒlvənsi *Am* ˈsɑːlvənsi/ *n.* (*Comm*)

solvenza *f.*, solvibilità *f.*

solvent /ˈsɒlvənt *Am* ˈsɑːlvənt/ *I a.* 1 (*Econ*) solvibile, solvente. 2 (*Chim*) solvente. **II** *n.* 1 (*Chim*) solvente *m.* 2 (*solution*) soluzione *f.* □ *~ abuse* abuso di solventi, inalazione di prodotti chimici.

solver /ˈsɒlvəʳ *Am* ˈsɑːlvəʳ/ *n.* chi riesce a trovare la soluzione di qcs., risolutore *m.* (*f.* -trice).

soma[1] /ˈsoʊmə/ *n.* (*Biol,Psic*) soma *m.* □ (*Biol*) *~ cell* cellula somatica.

soma[2] /ˈsoʊmə/ *n.* (*Rel,Stor*) soma *m.*

Somali /səˈmɑːli *Am* soʊˈmɑːli/ (*pl.inv.* o **-s** /-z/) *n.* 1 somalo *m.* (*f.* -a). 2 (*costr.pl.*) (*people*) somali *m.pl.* (*f.pl.* -e). 3 (*language*) somalo *m.*

Somalia /səˈmɑːliə *Am* soʊˈmɑːliə/ *n.pr.* (*Geog*) Somalia *f.*

Somalian /səˈmɑːliən *Am* soʊˈmɑːliən/ **I** *a.* somalo. **II** *n.* somalo *m.* (*f.* -a).

Somaliland /səˈmɑːliːlænd *Am* soʊˈmɑːliːlænd/ *n.pr.* (*Geog*) Somalia *f.*

somatic /soʊˈmætɪk *Am* soʊˈmætɪk/ *a.* (*Biol*) somatico: *~ cells* cellule somatiche.

somatically /soʊˈmætɪkˀli *Am* soʊˈmætɪkˀli/ *avv.* somaticamente.

somatization /ˌsoʊmətaɪˈzeɪʃən *Am* ˌsoʊmətɪˈzeɪʃən/ *n.* (*Psic*) somatizzazione *f.*

somatologic /ˌsoʊmætəˈlɒdʒɪk *Am* ˌsoʊmætəˈlɑːdʒɪk/, **somatological** /ˌsoʊmætəˈlɒdʒɪkˀl *Am* ˌsoʊmætəˈlɑːdʒɪkˀl/ *a.* somatologico.

somatologist /ˌsoʊməˈtɒlədʒɪst *Am* ˌsoʊməˈtɑːlədʒɪst/ *n.* studioso *m.* (*f.* -a) di somatologia.

somatology /ˌsoʊməˈtɒlədʒi *Am* ˌsoʊməˈtɑːlədʒi/ *n.* somatologia *f.*

somatostatin /ˌsoʊmətəˈstætɪn *Am* səˌmætəˈstætən/ *n.* (*Biol*) somatostatina *f.*

somatotropin /ˌsoʊməˌtəˈtroʊpɪn *Am* səˌmætəˈtroʊpən/ *n.* (*Biol*) somatotropina *f.*

somber /ˈsɑːmbəʳ/ *e der.* (*Am*) → **sombre** *e der.*

sombre /ˈsɒmbəʳ *Am* ˈsɑːmbəʳ/ *a.* 1 scuro, oscuro: *~ clothes* abiti scuri. 2 (*gloomy*) oscuro, buio, tenebroso, fosco. 3 (*dismal, melancholy*) tetro, cupo, malinconico, triste.

sombrely /ˈsɒmbəʳli *Am* ˈsɑːmbəʳli/ *avv.* 1 di scuro, con abiti scuri: *to dress ~* vestire di scuro. 2 (*gloomily*) oscuramente. 3 (*dismally*) malinconicamente, tristemente.

sombreness /ˈsɒmbəʳnəs *Am* ˈsɑːmbəʳnəs/ *n.* 1 l'essere scuro. 2 (*gloominess*) oscurità *f.*, buio *m.* 3 (*melancholy*) malinconia *f.*, tristezza *f.*

sombrero /sɒmˈbreəroʊ *Am* sɑːmˈbreroʊ/ (*pl.* **-s** /-z/) *n.* sombrero *m.*

sombrous /ˈsɒmbrəs *Am* ˈsɑːmbrəs/ *a.* (*rar, poet*) 1 scuro, oscuro: *~ clothes* abiti scuri. 2 (*gloomy*) oscuro, buio, tenebroso, fosco. 3 (*dismal, melancholy*) tetro, cupo, malinconico, triste.

some /sʌm, səm/ **I** *a.* 1 (*as a partitive*) del, alcuno, qualche, *often not translated: ~ eggs and ~ bread* delle uova e del pane; *~ girls were reading* alcune ragazze leggevano; *I met ~ interesting people today* oggi ho incontrato gente interessante. 2 (*in invitations, requests*) del, un po' di, *often not translated: will you have ~ beer?* vuoi della birra?; *may I give you ~ help?* posso darti una mano? 3 (*in questions expecting an affirmative answer, in conditionals*) del, *often not translated: didn't he give you ~ money for me?* non ti ha dato del denaro per me?; *if I had ~ time to spare I'd do it* se avessi tempo lo farei. 4 (*with singular nouns: being one unspecified, undetermined*) un, (un) qualche: *~ girl at the office* una ragazza in ufficio; *I read it in ~ old newspaper* l'ho letto su qualche vecchio giornale. 5 (*with plural nouns: certain*) alcuni, qualche, certi, certuni, taluni: ~ *children learn quicker than others* alcuni bambini apprendono più rapidamente di altri. **6** (*unspecified but considerable in quantity, degree, etc.*) diverso, parecchio, alquanto: ~ *time ago* diverso tempo fa; *he was here ~ weeks* è stato qui (per) diverse settimane. **7** (*of a certain amount*) un certo, (un) qualche: *his advice was of ~ help* il suo consiglio fu di un certo aiuto; *to ~ extent* fino a un certo punto, in qualche misura. **8** (*colloq*) (*remarkable of its kind*) grande, notevole, ragguardevole; (*colloq*) grosso: *that was ~ game* è stata una grande partita. **II** *pron.* **1** (*a quantity of it, of them*) un po', alcuno, qualcuno, una partita: *I'll take ~ home, but not all* ne porterò un po' a casa, non tutto; *won't you have ~?* non ne vuoi qualcuno?, non ne vuoi un po'? **2** (*part*) parte *f.*, un po': *I agree with ~ of what you say* concordo in parte con quello che tu dici. **3** (*certain ones*) alcuni, certuni, certi, taluni: ~ *do,* ~ *don't* alcuni lo fanno, altri no; ~ *are better than others* alcuni sono migliori di altri. **4** (*Am*) (*some more*) e rotti, e qualcosa: *it'll cost you a hundred dollars and then* ~ verrà a costarti cento dollari e rotti. **III** *avv.* **1** (*approximately*) all'incirca, circa, pressappoco: ~ *six months ago* all'incirca sei mesi fa; *a village of ~ two thousand people* un villaggio di circa duemila abitanti. **2** (*colloq*) (*to some degree*) un po', alquanto, piuttosto: *it rained* ~ ha piovuto un po'. □ *of* ~ *account* di un certo conto, di una certa importanza; ~ *day* un giorno o l'altro, un giorno, uno di questi giorni, una volta o l'altra; ~ *few* alcuni, (*ant*) taluni; (*colloq*) *that's* ~ *girl!* accidenti, che ragazza!; ~ *more* un altro po', dell'altro, ancora (un po'): *would you like* ~ *more?* ne vuoi ancora un po'?; ~ *such* di questo genere, più o meno come questo; *I'll be there* ~ *time around noon* ci sarò verso mezzogiorno; *for ~ time to come* per qualche tempo ancora, ancora per un po' di tempo. *Prov.*: ~ *you win,* ~ *you lose* non si può sempre vincere.

somebody /'sʌmbədɪ, 'sʌmbɒdɪ *Am* 'sʌm ˌbɑːdɪ, 'sʌmˌbʌdɪ, 'sʌmˌbədɪ/ **I** *pron.* qualcuno, qualcheduno, uno: ~ *is knocking at the door* qualcuno bussa alla porta; *she's just ~ I met* è solo una che ho incontrato. **II** *n.* qualcuno *m.*, persona *f.* importante: *to think oneself (a)* ~ credersi qualcuno. □ ~ *else* qualcun altro.

somehow /'sʌmhaʊ/ *avv.* **1** in qualche modo, in un modo o nell'altro: *I'll manage* ~ in qualche modo ce la farò. **2** (*for some reason*) per un motivo o per l'altro, per qualche motivo: ~ *it's always me who pays* per un motivo o per l'altro sono sempre io quello che paga. □ ~ *or other* in un modo o nell'altro.

someone /'sʌmwʌn/ **I** *pron.* qualcuno, qualcheduno, uno: ~ *is knocking at the door* qualcuno bussa alla porta; *she's just ~ I met* è solo una che ho incontrato. **II** *n.* qualcuno *m.*, persona *f.* importante: *to think oneself (a)* ~ credersi qualcuno. □ ~ *else* qualcun altro.

someplace /'sʌmpleɪs/ *avv.* da qualche parte.

somersault /'sʌməsɔːlt *Am* 'sʌmərsɔːlt/ **I** *n.* **1** (*Ginn*) capriola *f.* **2** (*Sport*) salto *m.* mortale. **3** (*fig*) (*completo*) rovesciamento *m.*, capovolgimento *m.* **II** *v.i.* **1** (*Ginn*) fare una capriola. **2** (*Sport*) fare un salto mortale.

Somerset /'sʌməset *Am* 'sʌmərset/ *n.pr.* (*Geog*) Somerset *m.*

something /'sʌmθɪŋ/ **I** *pron.* **1** qualche cosa, qualcosa: ~ *is wrong* qualche cosa non va; *I have ~ to tell you* ho qualcosa da dirti. **2**

(*some unspecified amount*) e qualcosa, e rotti: *he is six foot ~ tall* è alto sei piedi e qualcosa; *the train leaves at ten* ~ il treno parte alle dieci e rotti; *he must be thirty* ~ deve avere trent'anni o giù di lì. **3** (*sth. indefinable*) non so che, qualche cosa: *his paintings have a certain* ~ i suoi quadri hanno un certo non so che. **4** (*colloq*) (*thing of consequence, importance, etc.*) qualcosa, qualche cosa: *this writer has something to say* questo scrittore ha qualcosa da dire; *there is ~ in* (o *to*) *what you say* c'è del giusto in ciò che dici, c'è del vero in ciò che dici. **5** (*person*) qualcuno, persona importante, qualcosa: *he thinks he is ~* si crede qualcuno; *he is ~ in the City* ha un impiego nella City, lavora nella City. **6** (*sl*) (*sth. special*) qualcosa di speciale, qualcosa di particolare. **III** *avv.* **1** in una certa misura, un po', alquanto, piuttosto. **2** (*a small amount*) un po': ~ *under an hour* un po' meno di un'ora. **3** (*colloq*) (*very*) estremamente, terribilmente. □ ~ *else*: 1 qualcos'altro; 2 (*fig*) qualcosa di diverso, tutt'altra cosa: *when Ella sings, man, that's really* ~ *else* quando canta Ella è la fine del mondo; *to have* ~ *going* avere qualcosa in pentola, avere qualcosa per le mani; ~ *like*: 1 un po' simile a, che assomiglia a, piuttosto simile a; 2 (*approximately*) circa, all'incirca, pressappoco; *to make* ~ *of oneself* diventare qualcosa, diventare qualcuno; *or* ~ o qualcosa del genere: *he works for an oil company or* ~ *like that* lavora per una compagnia petrolifera o qualcosa del genere; ~ *or other* qualche cosa: *he said* ~ *or other about being late* ha detto qualcosa a proposito del suo ritardo; *we hope to see* ~ *of you* speriamo di vederti qualche volta; (*colloq*) *now that's* ~ questo sì che è magnifico; (*colloq*) *that's* ~ *like a cocktail* questo sì che è un cocktail; *to have* ~ *to live for* avere qualcosa per cui vivere, avere una ragione di vita.

sometime /'sʌmtaɪm/ **I** *avv.* **1** un giorno (imprecisato), un momento (imprecisato): ~ *next week* un giorno della prossima settimana. **2** (*on a future occasion*) una volta o l'altra, presto o tardi, prima o poi: *you must come and see us* ~ devi venire a trovarci una volta o l'altra. **II** *a.* (*former*) ex, già, un tempo: *the* ~ *mayor* l'ex sindaco.

sometimes /'sʌmtaɪmz/ *avv.* qualche volta, talvolta, talora, a volte.

someway /'sʌmweɪ/ *avv.* in qualche modo, in un modo o nell'altro.

someways /'sʌmweɪz/ *avv.* in qualche modo, in un modo o nell'altro.

somewhat /'sʌm(h)wɒt *Am* 'sʌm(h)wɑːt/ *avv.* piuttosto, alquanto, un po': *I was* ~ *surprised* fui piuttosto sorpreso; *the patient had worsened* ~ il paziente era alquanto peggiorato. □ ~ *of* un po', piuttosto: *he is* ~ *of a liar* è un po' bugiardo.

somewhere /'sʌm(h)weər *Am* 'sʌm(h)wer/ *avv.* **1** in qualche parte, in qualche posto: ~ *in England* in qualche parte dell'Inghilterra; *I've left my bag* ~ ho lasciato la mia borsa in qualche posto. **2** (*to an unspecified place*) in qualche luogo, da qualche parte: *let's go* ~ *for lunch* andiamo in qualche posto a far colazione. **3** (*approximately*) circa, all'incirca, approssimativamente, più o meno: *the accident occurred* ~ *about midnight* l'incidente avvenne all'incirca verso mezzanotte. □ ~ *else* in qualche altro posto, da qualche altra parte; *the truth is always* ~ *in between* la verità sta sempre nel mezzo; ~ *or other* in un posto o nell'altro, da qualche parte; ~ *to hand so.'s hat* un posto da considerare come casa propria.

sommelier /sɒm'eliər *Am* ˌsʌmʌl'jei/ *n.* sommelier *m./f.*

somnambulant /sɒm'næmbjələnt *Am* sɑːm 'næmbjələnt/ **I** *a.* sonnambulo, che cammina nel sonno, sonnambolico. **II** *n.* sonnambulo *m.* (*f.* -a).

somnambulantly /sɒm'næmbjələntli *Am* sɑːm'næmbjələntli/ *avv.* da sonnambulo.

somnambular /sɒm'næmbjələr *Am* sɑːm 'næmbjələr/ *a.* sonnambolico.

somnambulate /sɒm'næmbjəleɪt *Am* sɑːm 'næmbjəleɪt/ *v.i.* camminare nel sonno.

somnambulation /sɒmˌnæmbjə'leɪʃ°n *Am* sɑːmˌnæmbjə'leɪʃ°n/ *n.* sonnambulismo *m.*

somnambulator /sɒm'næmbjəleɪtər *Am* sɑːm'næmbjəleɪtər/ *n.* (*rar*) sonnambulo *m.* (*f.* -a).

somnambulism /sɒm'næmbjəlɪz°m *Am* sɑːm'næmbjəlɪz°m/ *n.* (*Med*) sonnambulismo *m.*

somnambulist /sɒm'næmbjəlɪst *Am* sɑːm'næmbjəlɪst/ *n.* (*Med*) sonnambulo *m.* (*f.* -a).

somnambulistic /sɒmˌnæmbjə'lɪstɪk *Am* sɑːmˌnæmbjə'lɪstɪk/ *a.* (*Med*) sonnambolico, da sonnambulo.

somniferous /sɒm'nɪf°rəs *Am* sɑːm'nɪf°rəs/ *a.* sonnifero, soporifero.

somnific /sɒm'nɪfɪk *Am* sɑːm'nɪfɪk/ *a.* sonnifero, soporifero.

somnolence /'sɒmnələns *Am* 'sɑːmnələns/ *n.* sonnolenza *f.*

somnolency /'sɒmnələnsi *Am* 'sɑːmnələnsi/ *n.* sonnolenza *f.*

somnolent /'sɒmnələnt *Am* 'sɑːmnələnt/ *a.* sonnolento, assonnato.

somnolently /'sɒmnələntli *Am* 'sɑːmnələntli/ *avv.* in modo sonnolento.

son /sʌn/ *n.* **1** figlio *m.*, (*region*) figliolo *m.*: *one* ~ *and two daughters* un figlio e due figlie. **2** (*male descendent*) discendente *m.*, figlio *m.*: *the -s of the original colonists* i discendenti dei colonizzatori originari. **3** (*fig*) figlio *m.*: *the -s of freedom* i figli della libertà. **4** (*colloq*) ragazzo *m.*, figliolo *m.* **5** (*Dir*) ~ *and heir* figlio ed erede; (*Am,sl,volg*) ~ *of a bitch* figlio di puttana, figlio di un cane; (*Am, colloq*) ~ *of a gun*: 1 canaglia, furfante, mascalzone; 2 (*esclam.*) (*Am*) figlio di un cane!; (*Bibl*) *the -s of Abraham* i figli di Abramo, gli ebrei; (*Bibl*) *the* ~ *of Adam* il figlio di Adamo, l'uomo; ~ *of man* essere umano, mortale; (*Bibl*) *the* ~ *of Man* il figlio dell'Uomo, Gesù Cristo; *the -s of men* gli uomini, gli esseri umani, l'umanità; *a* ~ *of the soil* un figlio della terra, un contadino.

Son /sʌn/ *n.* (*Rel*) Figlio *m.*: *God the Father, God the* ~ *and God the Holy Ghost* Dio Padre, Dio Figlio e Dio Spirito Santo. □ (*Bibl,Teol*) *the* ~ *of God* il figlio di Dio.

sonance /'sɒnəns *Am* 'sɑːnəns/ *n.* sonorità *f.*

sonancy /'soʊnənsi/ *n.* sonorità *f.*

sonant /'soʊnənt/ **I** *a.* **1** sonoro. **2** (*Fon*) sonante. **II** *n.* (*Fon*) **1** sonante *f.* **2** (*voiced sound*) suono *m.* sonante.

sonar /'soʊnɑːr *Am* 'soʊnɑːr/ *n.* (*Tecn*) sonar *m.*

sonata /sə'nɑːtə *Am* sə'nɑːṭə/ *n.* (*Mus*) sonata *f.* □ (*Mus*) ~ *form* forma sonata.

sonatina /ˌsɒnə'tiːnə *Am* ˌsɑːnə'tiːnə/ (*pl.* **-s** /-z/ o **-ne** /-ne/) *n.* (*Mus*) sonatina *f.*

sone /soʊn/ *n.* (*Acus*) son *m.*

song /sɒŋ *Am* sɑːŋ/ *n.* **1** canzone *f.*, canto *m.*: *to sing a* ~ cantare una canzone; *traditional -s* canti tradizionali. **2** (*singing*) canto *m.*: *to burst into* ~ intonare un canto. **3** (*of birds, etc.*) canto *m.* **4** (*fig*) (*melodious sound*) suono *m.* melodioso, canto *m.*, melodia *f.* **5** (*poetical composition*) poesia *f.*, versi *m.pl.*: *celebrated in* ~ celebrato in poesia. **6** (*fig*) (*habitual manner of speaking*) canzone *f.*, musica *f.*: *to change one's ~* cambiare musica. □ *~ and dance*: 1 (*Teat*) spettacolo misto di canti e danze; 2 (*colloq*) storia, fandonia, balla; (*Mus*) *~ cycle* serie di canzoni incentrate su un unico tema; (*colloq*) *for a ~* (o *for an old ~*) per quattro soldi, per una miseria, per una sciocchezza, per un pezzo di pane; *give us a ~!* cantaci una canzone!; (*Bibl*) *Song of Solomon* (o *Song of Songs*) Cantico dei cantici; *on ~* in ottima forma, in forma smagliante; (*Ornit*) *~ thrush* tordo (bottaccio).

songbird /'sɒŋbɜːd *Am* 'sɑːŋbɜːd/ *n.* 1 uccello *m.* canoro, uccello *m.* canterino. 2 (*sl*) informatore *m.* (*f.* -trice).

songbook /'sɒŋbʊk *Am* 'sɑːŋbʊk/ *n.* canzoniere *m.*

songfest /'sɒŋfest *Am* 'sɑːŋfest/ *n.* (*Am*) cantata *f.* in compagnia.

songsmith /'sɑːŋsmɪθ/ *n.* (*Am,colloq*) canzoniere *m.*, autore *m.* di canzoni.

songster /'sɒŋstə *Am* 'sɑːŋstər/ *n.* 1 cantante *m./f.* 2 (*song bird*) uccello *m.* canoro, uccello *m.* canterino.

songstress /'sɒŋstres *Am* 'sɑːŋstres/ *n.* cantante *f.* (*spec.* di jazz).

songwriter /'sɒŋˌraɪtə *Am* 'sɑːŋˌraɪtər/ *n.* 1 (*of words*) paroliere *m.* (*f.* -a). 2 (*of music*) compositore *m.* (*f.* -trice) (di canzoni). 3 (*of both words and music*) autore *m.* (*f.* -trice) (di canzoni).

songwriting /'sɒŋˌraɪtɪŋ *Am* 'sɑːŋˌraɪtɪŋ/ *n.* lo scrivere canzoni, composizione *f.* di canzoni.

sonic /'sɒnɪk *Am* 'sɑːnɪk/ *a.* 1 (*of sound*) del suono, relativo al suono, sonico. 2 (*of sound waves*) acustico, fonico. 3 (*Aer*) sonico, sonoro. □ (*Aer*) *~ bang* bang sonico; (*Aer*) *~ barrier* barriera del suono, muro del suono; (*Aer*) *~ boom* bang sonico; (*Tecn*) *~ depth finder* scandaglio acustico, ecoscandaglio; (*Mar.mil*) *~ mine* mina acustica.

sonically /'sɒnɪkəli *Am* 'sɑːnɪkəli/ *avv.* dal punto di vista sonico.

sonics /'sɒnɪkli *Am* 'sɑːnɪkli/ *n.pl.* acustica *f.sing.*

soniferous /sə'nɪfərəs/ *a.* sonoro, che produce il suono, che propaga il suono.

son-in-law /'sʌnɪnlɔː/ (*pl.* **sons-in-law** /'sʌnzɪnlɔː/) *n.* genero *m.*

sonnet /'sɒnɪt *Am* 'sɑːnɪt/ *n.* (*Metr*) sonetto *m.*

sonneteer /ˌsɒnɪ'tɪə *Am* ˌsɑːnə'tɪr/ *n.* sonettista *m./f.*, compositore *m.* (*f.* -trice) di sonetti.

sonny /'sʌni/ *n.* (*term of address*) figlio *m.* mio, ragazzo *m.* mio.

sonobuoy /'sɒnəˌbuːi/ *n.* (*Mar*) boa *f.* acustica (di localizzazione subacquea).

sonogram /'sɒʊnəgræm *Am* 'sɑːnəgræm/ *n.* (*Tecn*) sonogramma *m.*, immagine *f.* prodotta agli ultrasuoni.

sonograph /'sɒʊnəgrɑːf *Am* 'sɑːnəgræf/ *n.* (*Tecn*) sonogramma *m.*, immagine *f.* prodotta agli ultrasuoni.

sonographic /ˌsɒʊnə'græfɪk *Am* ˌsɑːnə'græfɪk/ *a.* (*Med*) sonografico, ecografico.

sonography /ˌsɒʊn'ɒgræfi *Am* sən'ɑːgræfi/ *n.* (*Med*) sonografia *f.*, ecografia *f.*

sonometer /sə'nɒmɪtə *Am* sə'nɑːmətər/ *n.* (*Tecn*) audiometro *m.*, sonometro *m.*

sonorant /'sɒnərənt *Am* 'sɑːnərənt/ *a.* (*Fon*) sonorante.

sonority /sɒʊ'nɒrəti *Am* sə'nɔːrəti/ *n.* sonorità *f.* (*anche Fon*).

sonorous /'sɒnərəs *Am* 'sɑːnərəs/ *a.* 1 sonoro (*anche Fon*): *a ~ voice* una voce sonora. 2 (*of language, etc.*) sonoro, risonante.

sonorously /'sɒnərəsli *Am* sə'nɔːrəsli/ *avv.* sonoramente.

sonorousness /'sɒnərəsnəs *Am* sə'nɔːrəs

nəs/ *n.* sonorità *f.*

sonship /'sʌnʃɪp/ *n.* (rapporto di) figliolanza *f.*

soon /suːn/ *avv.* 1 fra poco, presto, fra breve: *he'll be here ~* sarà qui fra poco; *our hopes were ~ disappointed* le nostre speranze furono presto deluse. 2 (*early*) presto, di buonora: *must you go so ~?* dovete andarvene così presto? 3 (*promptly, quickly*) presto, in fretta, rapidamente. 4 (*willingly*) volentieri, di buon grado. □ *~ after* subito dopo, poco dopo; (*just*) *as ~* volentieri: *I'd just as ~ walk* camminerei volentieri; *as ~ as*: 1 (non) appena: *we will leave as ~ as you are ready* partiremo non appena sarete pronti; *as ~ as possible* il più presto possibile, (non) appena possibile, quanto prima; 2 (*as early as*) (così) presto come, (tanto) presto quanto: *we didn't arrive as ~ as we hoped* non siamo arrivati presto come speravamo; *as ~ ... as* tanto volentieri... quanto; *as ~ as not* di preferenza, preferibilmente; *as ~ as can be* il più presto possibile; *as ~ as look at you* senza pensarci due volte; *how ~ will it be finished?* quando sarà finito, fra quanto tempo sarà finito?; *no -er said than done* detto fatto; *-er or later* prima o poi, presto o tardi; *so ~ as*: 1 (non) appena; 2 (*as early as*) (così) presto come, (tanto) presto quanto; *-er than* piuttosto che: *I would -er resign than agree to such a proposal* preferirei dimettermi piuttosto che accettare una proposta simile; *the -er you start the -er you will finish* prima cominci e prima finisci; *the -er the better* quanto prima tanto meglio, prima si fa meglio è: *the -er you learn to behave the better it will be* (quanto) prima impari a comportarti bene, (tanto) meglio sarà; *too ~* troppo presto, in anticipo; *very ~* ben presto.

soot /sʊt *Am also* suːt/ I *n.* fuliggine *f.* II *v.t.* coprire di fuliggine, sporcare di fuliggine. □ *to ~ up* coprire di fuliggine, sporcare di fuliggine.

sooth /suːθ/ *n.* (*rar*) verità *f.*, vero *m.* □ *in ~* (o *in good ~*) davvero.

soothe /suːð/ *v.t.* 1 calmare, placare, tranquillizzare: *to ~ a restless child* calmare un bambino inquieto. 2 (*to alleviate*) lenire, mitigare, alleviare: *to ~ a pain* lenire un dolore. 3 (*to please by attention or concern*) blandire, lusingare. □ *to ~ away* placare, far passare, lenire.

soother /'suːðər/ *n.* chi calma, chi consola, chi rassicura.

soothing /'suːðɪŋ/ *a.* riposante, calmante, che dà sollievo.

soothingly /'suːðɪŋli/ *avv.* 1 in modo da calmare, in modo da dare sollievo. 2 (*when stroking*) cercando di calmare. 3 (*when speaking*) con tono rassicurante.

soothsay /'suːθˌseɪ/ *v.i.irr.* fare predizioni, predire il futuro.

soothsayer /'suːθˌseɪər/ *n.* 1 indovino *m.* (*f.* -a), veggente *m./f.*, divinatore *m.* (*f.* -trice). 2 (*prophet*) profeta *m.*

soothsaying /'suːθˌseɪɪŋ/ *n.* 1 divinazione *f.*, predizione *f.* 2 (*prediction*) predizione *f.*, profezia *f.*

sootiness /'sʊtɪnəs *Am* 'sʊtɪnəs/ *n.* l'essere fuligginoso.

sooty /'sʊti *Am* 'sʊti/ *a.* 1 fuligginoso: *~ houses* case fuligginose. 2 (*producing soot*) che produce fuliggine. 3 (*of the colour of soot*) nero come la fuliggine.

sop¹ /sɒp *Am* sɑːp/ *n.* 1 pezzo *m.* di pane inzuppato. 2 (*fig*) contentino *m.*, concessione *f.* atta a placare. 3 (*colloq*) (*weakling, milksop*) pappamolle *m./f.*, smidollato *m.* (*f.* -a).

sop² /sɒp *Am* sɑːp/ (*past, p.p.* **sopped** /-t/) I *v.t.*

1 intingere, immergere, inzuppare: *to ~ one's bread in milk* intingere il pane nel latte. 2 (*estens*) (*to wet thoroughly*) inzuppare, infradiciare. 3 (*to absorb, to mop up*) asciugare, assorbire. II *v.i.* inzupparsi, infradiciarsi. □ *to ~ up* asciugare, assorbire.

soph /sɒf *Am* sɑːf/ *n.* (*Am,Univ*) (*sophomore*) studente *m.* (*f.* -essa) del secondo anno; (*scherz,rar*) fagiolo *m.*

Sophia /sɒʊ'fiːə *Am* sɒʊ'fiːə/, **Sophie** /'sɒʊfi/ *n.pr.f.* Sofia.

sophism /'sɒfɪzəm *Am* 'sɑːfɪzəm/ *n.* sofisma *m.* (*anche Filos*).

sophist /'sɒfɪst *Am* 'sɑːfɪst/ *n.* sofista *m./f.* (*anche Filos*).

sophister /'sɒfɪstə *Am* 'sɑːfɪstər/ *n.* 1 (*sophist*) sofista *m./f.*, chi usa sofismi. 2 (*Stor*) (*at some American and English universities*) studente *m.* universitario del secondo (*o* terzo) anno.

sophistic /sɒʊ'fɪstɪk *Am* sə'fɪstɪk/, **sophistical** /sɒʊ'fɪstɪkəl *Am* sə'fɪstɪkəl/ *a.* 1 (*Filos*) sofistico. 2 (*of arguments*) falso e capzioso, sofistico, cavilloso.

sophistically /sɒʊ'fɪstɪkəli *Am* sə'fɪstɪkəli/ *avv.* sofisticamente, in modo sofistico.

sophisticate /sə'fɪstɪkeɪt *Am* sə'fɪstəkeɪt/ I *v.t.* 1 rendere sofisticato, privare della naturalezza. 2 (*ant*) (*to falsify*) alterare, snaturare, falsificare. 3 (*ant*) (*to adulterate*) adulterare, sofisticare. II *v.i.* sofisticare, usare sofismi. III *n.* raffinato *m.* (*f.* -a), persona *f.* sofisticata.

sophisticated /sə'fɪstɪkeɪtɪd *Am* sə 'fɪstəkeɪtɪd/ *a.* 1 (*elegant, stylish*) sofisticato, (eccessivamente) raffinato, ricercato: *a ~ young woman* una giovane donna sofisticata; *a ~ taste in food* un gusto raffinato per i cibi. 2 (*complicated, complex*) complesso, complicato. 3 (*Mot,Mecc*) sofisticato.

sophisticatedly /sə'fɪstɪkeɪtɪdli *Am* sə 'fɪstəkeɪtɪdli/ *avv.* in modo sofisticato, in modo (eccessivamente) raffinato.

sophistication /sə,fɪstɪ'keɪʃən *Am* sə,fɪstə 'keɪʃən/ *n.* 1 raffinatezza *f.* eccessiva, ricercatezza *f.* eccessiva. 2 (*act of falsifying*) falsificazione *f.*, alterazione *f.* 3 (*act of adulterating*) adulterazione *f.*, sofisticazione *f.* 4 (*sophistical argument*) sofisma *m.*, ragionamento *m.* sofistico, sofisticheria *f.*

sophistry /'sɒfɪstri *Am* 'sɑːfɪstri/ *n.* 1 sofisticheria *f.* 2 (*sophistical argument*) sofisma *m.*, sofisticheria *f.*

Sophoclean /ˌsɒfə'kliːən *Am* ˌsɑːfə'kliːən/ *a.* (*Stor*) sofocleo.

Sophocles /'sɒfəkliːz *Am* 'sɑːfəkliːz/ *n.pr.m.* (*Stor,Teat*) Sofocle.

sophomore /'sɒfəmɔː *Am* 'sɑːfəmɔːr/ *n.* (*Am, Univ*) studente *m.* (*f.* -essa) del secondo anno; (*scherz,rar*) fagiolo *m.*

sophomoric /ˌsɒfə'mɒrɪk *Am* ˌsɑːfə'mɔːrɪk/ *a.* (*Am*) stupidamente arrogante, immaturo.

soporiferous /ˌsɒpə'rɪfərəs *Am* ˌsɑːpə'rɪfərəs/ *a.* soporifero.

soporific /ˌsɒpə'rɪfɪk *Am* ˌsɑːpə'rɪfɪk/ I *a.* soporifero. II *n.* (*Farm*) sonnifero *m.*, ipnotico *m.*

soporifically /ˌsɒpə'rɪfɪkəli *Am* ˌsɑːpə'rɪfɪkəli/ *avv.* in modo sdolcinato, soporificamente.

soppily /'sɒpɪli *Am* 'sɑːpɪli/ *avv.* (*colloq*) 1 (*in a silly way*) scioccamente, stupidamente. 2 (*mawkishly*) sdolcinatamente, in modo svenevole.

soppiness /'sɒpɪnəs *Am* 'sɑːpɪnəs/ *n.* 1 l'essere fradicio, l'essere inzuppato, infradiciatura *f.* 2 (*colloq*) (*foolishness*) sciocchezza *f.*, stupidità *f.*; (*mawkishness*) svenevolezza *f.*, sdolcinatezza *f.*

sopping /'sɒpɪŋ *Am* 'sɑːpɪŋ/ *a.* zuppo, fradicio. □ ~ *wet* fradicio.

soppy /'sɒpi Am 'sɑːpi/ *a.* **1** (*thoroughly wet*) inzuppato, fradicio; (*of ground*) molle, bagnato, inzuppato. **2** (*colloq*) (*foolish*) sciocco, stupido, tonto; (*mawkish*) svenevole, sdolcinato.

soprano /sə'prɑːnou Am sə'prænou/ I *n.* (*pl.* **-s** /-z/ o **-ni** /-niː/) (*Mus*) **1** soprano *m.* **2** (*singer*) soprano *m./f.* II *a.* (*Mus*) di soprano, da soprano, soprano. □ (*Mus*) ~ *clef* chiave di soprano.

sora /'sɔːrə/ *n.* (*Ornit*) voltolino *m.* americano.

sorb /sɔːb Am sɔːrb/ *n.* (*Bot*) **1** (*tree*) sorbo *m.* (domestico). **2** (*fruit*) sorba *f.* □ (*Bot*) ~ *apple* sorba.

sorbefacient /ˌsɔːbɪ'feɪʃənt Am ˌsɔːrbɪ'feɪʃənt/ I *a.* (*Med*) che favorisce l'assorbimento. II *n.* sostanza *f.* che favorisce l'assorbimento.

sorbet /'sɔːbeɪ Am 'sɔːrbeɪ/ *n.* (*Dolc*) sorbetto *m.*

sorbitol /'sɔːbɪtɒl Am 'sɔːrbɪtɑːl/ *n.* (*Chim*) sorbitolo *m.*

sorbose /'sɔːbous Am 'sɔːrbous/ *n.* (*Chim*) sorbosio *m.*

sorcerer /'sɔːsərəʳ Am 'sɔːrsərəʳ/ *n.* stregone *m.*, mago *m.*

sorceress /'sɔːsərəs Am 'sɔːrsərəs/ *n.* strega *f.*, maga *f.*

sorcerous /'sɔːsərəs Am 'sɔːrsərəs/ *a.* magico.

sorcery /'sɔːsəri Am 'sɔːrsəri/ *n.* magia *f.*, stregoneria *f.*

sordid /'sɔːdɪd Am 'sɔːrdɪd/ *a.* **1** (*indecent, obscene*) osceno, indecente, sconcio, turpe. **2** (*dirty*) sudicio, sporco, lurido, sozzo, sordido: *a ~ kitchen* una cucina sudicia. **3** (*squalid*) squallido, misero, miserabile: *a ~ district* un quartiere squallido. **4** (*base, vile*) basso, meschino, vile, ignobile.

sordidly /'sɔːdɪdli Am 'sɔːrdɪdli/ *avv.* **1** sordidamente, sozzamente, in modo sudicio. **2** (*basely*) bassamente, vilmente, ignobilmente, spregevolmente. **3** (*obscenely*) oscenamente, indecentemente, sconciamente.

sordidness /'sɔːdɪdnəs Am 'sɔːrdɪdnəs/ *n.* **1** (*obscenity*) oscenità *f.*, sconcezza *f.* **2** (*dirtiness*) sporcizia *f.*, sordidezza *f.*, sozzura *f.*, sudiceria *f.* **3** (*squalor*) squallore *m.* **4** (*baseness*) bassezza *f.*, meschinità *f.*

sordine /'sɔːdiːn Am 'sɔːrdiːn/ *n.* (*Mus*) sordina *f.*

sordor /'sɔːdəʳ/ *n.* (*poet*) **1** (*obscenity*) oscenità *f.*, turpitudine *f.*, sconcezza *f.* **2** (*dirtiness*) sporcizia *f.*, sordidezza *f.*, sozzura *f.*, sudiceria *f.* **3** (*squalor*) squallore *m.* **4** (*baseness*) bassezza *f.*, meschinità *f.*, ignobiltà *f.*

sore /sɔːr Am sɔːr/ I *a.* **1** irritato, infiammato: *the smoke made my eyes ~* il fumo mi ha irritato gli occhi. **2** (*causing pain*) doloroso, dolente, che fa male: *a ~ wound* una ferita dolorosa. **3** (*suffering pain*) indolenzito, dolente, dolorante: *~ from riding* indolenzito per il cavalcare. **4** (*colloq*) (*vexed*) irritato, seccato, risentito, offeso: *he is ~ about not being promoted* è irritato per la mancata promozione. **5** (*causing mental distress*) doloroso, penoso, angoscioso. **6** (*suffering mental distress*) afflitto, addolorato, triste, dolente. **7** (*causing annoyance*) irritante, seccante, che dà fastidio. **8** (*urgent*) estremo, grave: *to be in ~ need of sth.* avere estrema necessità di qcs. II *n.* **1** ferita *f.*, piaga *f.* **2** (*boil*) foruncolo *m.* **3** (*fig*) (*painful memory*) ferita *f.*, piaga *f.*: *let us not reopen old -s* non riapriamo vecchie ferite. III *avv.* (*rar*) →
sorely. □ *to be ~ at heart* essere desolato; *a ~ loser* una persona che non sa perdere;

(*fig*) *to touch on a ~ point* mettere il dito nella (o sulla) piaga, pungere nel vivo, toccare sul vivo.

sorehead /'sɔːhed Am 'sɔːrhed/ *n.* (*sl*) persona *f.* scontenta, persona *f.* di cattivo umore, brontolone *m.* (*f.* -a).

sorely /'sɔːli Am 'sɔːrli/ *avv.* **1** dolorosamente, con dolore. **2** (*grievously*) dolorosamente, penosamente. **3** (*severely*) gravemente: *~ wounded* gravemente ferito. **4** (*very*) molto, assai, estremamente: *to miss so. ~* sentire molto la mancanza di qcu.; *you were ~ missed* ci sei mancato molto.

soreness /'sɔːnəs Am 'sɔːrnəs/ *n.* **1** dolore *m.*, male *m.* **2** (*sth. sore*) dolore *m.*, pena *f.* **3** (*distress*) pena *f.*, sofferenza *f.*, dolore *m.*, afflizione *f.*

sorghum /'sɔːgəm Am 'sɔːrgəm/ *n.* (*Bot*) sorgo *m.*, saggina *f.*

sorites /sə'raɪtiːz/ *n.* (*Filos*) sorite *m.*

sororal /sə'rɔːrəl/ *a.* di sorella, da sorella.

sororicide /sə'rɒrɪsaɪd/ *n.* **1** sororicida *m./f.* **2** (*killing of one's sister*) sororicidio *m.*

sorority /sə'rɒrəti Am sə'rɑːrəti/ *n.* **1** comunità *f.* di donne, associazione *f.* femminile. **2** (*Am,Univ*) associazione *f.* studentesca femminile, club *m.* studentesco femminile.

sorption /'sɔːpʃən Am 'sɔːrpʃən/ *n.* (*Chim*) assorbimento *m.*

sorrel[1] /'sɒrəl Am 'sɑːrəl/ I *n.* **1** rosso-castagno *m.* **2** (*Zool*) (*horse*) sauro *m.*, cavallo *m.* sauro. II *a.* color sauro, rosso-castagno.

sorrel[2] /'sɒrəl Am 'sɑːrəl/ *n.* (*Bot*) **1** acetosa *f.* (maggiore), ossalida *f.* **2** (*wood sorrel*) acetosella *f.*

sorrily /'sɒrəli Am 'sɑːrəli/ *avv.* (*colloq,ant*) **1** (*expressing regret*) tristemente, con aria afflitta, in tono dolente. **2** (*poorly*) miseramente, penosamente, meschinamente.

sorriness /'sɒrɪnəs Am 'sɑːrɪnəs/ *n.* **1** afflizione *f.*, tristezza *f.* **2** (*wretchedness*) miserabilità *f.*

sorrow /'sɒrou Am 'sɑːrou/ I *n.* **1** dolore *m.*, dispiacere *m.*, pena *f.*, afflizione *f.*, cordoglio *m.*: *~ at the loss of a friend* dolore per la perdita di un amico. **2** (*regret, repentance*) pentimento *m.*, rammarico *m.*, rincrescimento *m.*: *to my great ~* con mio grande dolore, con mio vivo rincrescimento. **3** (*cause of grief*) sventura *f.*, afflizione *f.*, dolore *m.*: *he is a ~ to his parents* è una sventura per i suoi genitori. II *v.i.* **1** addolorarsi, crucciarsi, affliggersi, dolersi (*at, over, for* per). **2** (*to lament*) lamentarsi. □ *to ~ after* so. piangere qcu., rimpiangere qcu.; (*Bibl*) *the Man of Sorrows* l'uomo dei dolori, Gesù Cristo.

sorrowful /'sɒroufəl Am 'sɑːrəfəl/ *a.* **1** addolorato, afflitto, dolente. **2** (*distressing*) doloroso, penoso: *a ~ tale* un racconto doloroso. **3** (*plaintive*) malinconico, triste, mesto: *a ~ look* uno sguardo malinconico.

sorrowfully /'sɒroufəli Am 'sɑːrəfəli/ *avv.* dolorosamente, tristemente.

sorrowfulness /'sɒroufəlnəs Am 'sɑːrəfəlnəs/ *n.* dolore *m.*, pena *f.*, sofferenza *f.*

sorrowing /'sɒrouɪŋ Am 'sɑːrouɪŋ/ *a.* dolente, afflitto, addolorato.

sorry /'sɒri Am 'sɑːri/ I *a.* **1** (*pred.*) addolorato, spiacente, dolente, afflitto: *we're ~ to hear of your father's death* siamo addolorati dalla notizia della morte di tuo padre. **2** (*pred.*) (*to express an apology*) spiacente: *I'm so ~* sono molto spiacente, mi dispiace molto. **3** (*pred.*) (*feeling regret*) spiacente, rammaricato, dispiaciuto: *he was ~ he could not help me* era spiacente di non potermi aiutare. **4** (*pred.*) (*penitent*) pentito, rammaricato: *I cannot say I am ~ for what I did* non posso dire di essermi pentito di quello che ho fatto. **5** (*attr*)

(*pitiful, wretched*) misero, meschino, pietoso: *a ~ excuse* una misera scusa; *a ~ effort* uno sforzo pietoso. II *intz.* scusa!, scusate!, scusi! □ *to be ~ for oneself* sentirsi una vittima, autocompatirsi; *to make so. ~ for sth.* far pentire. di qcs.: *I'll make you ~ for this!* te ne farò pentire!

sort /sɔːt Am sɔːrt/ I *n.* **1** tipo *m.*, sorta *f.*, specie *f.*, genere *m.*, fatta *f.*: *different -s of soap* diversi tipi di sapone; *my ~ of film* il mio genere di film; *you shouldn't associate with that ~ of people* non dovresti frequentare gente di quel tipo. **2** (*class*) classe *f.*, categoria *f.* **3** (*nature, character*) natura *f.*, carattere *m.*: *a problem of a rather complex ~* un problema di natura piuttosto complessa. **4** (*colloq*) (*person, individual*) persona *f.*, individuo *m.*, tipo *m.*: *he's rather a good ~* è una brava persona. **5** (*manner, way*) modo *m.*, maniera *f.* **6** *spec.pl.* (*Tip*) tipo *m.* **7** (*Inform*) ordinamento *m.* II *v.t.* **1** smistare, dividere, separare, selezionare: *to ~ the mail* smistare la corrispondenza. **2** (*to classify*) classificare: *to ~ stamps* classificare dei francobolli. **3** (*to separate from others*) separare, dividere: *to ~ out the good from the bad* separare il buono dal cattivo. **4** (*Inform*) ordinare. III *v.i.* **1** (*Am*) frequentare (*with so.* qcu.), fare lega (con). **2** (*rar*) (*to agree, to suit*) andare d'accordo, essere in armonia (*with* con). □ *a ~ of* una specie di: *he is a ~ of government inspector* è una specie di ispettore governativo; *all -s of people* gente di ogni sorta; *~ code* codice bancario; (*Inform*) *~ key* chiave di ordinamento; (*colloq*) *~ of*: **1** in un certo senso, in un certo modo: *I ~ of expected it* in un certo senso me l'aspettavo; **2** (*quite, rather*) alquanto, piuttosto: *their conversation was ~ of tiresome* la loro conversazione era alquanto noiosa; *of a ~* cosiddetto, per così dire, una specie di; *of -s*: **1** cosiddetto, per così dire, una specie di: *he is a painter of -s* è, per così dire, un pittore; *I suppose it was an apology of -s* suppongo che fosse una specie di scusa; **2** (*Comm*) assortito; *of all -s* di tutti i generi, di tutti i tipi, di ogni specie, di ogni sorta, di tutte le sorte; *something of the ~* (o *of that ~*) qualcosa del genere: *he's a civil engineer or something of the ~* è un ingegnere civile o qualcosa del genere; *to ~ out*: **1** (*to classify*) classificare; **2** (*to separate from others*) separare, dividere: *to ~ out the good from the bad* separare il buono dal cattivo; *to be out of -s*: **1** essere indisposto, essere malandato in salute; **2** (*in low spirits*) essere depresso, essere abbattuto, essere giù di corda; **3** (*in a bad temper*) essere di malumore; *to ~ through* passare in rassegna, scorrere.

sortable /'sɔːtəbl Am 'sɔːrtəbl/ *a.* selezionabile, classificabile, che si può dividere, che si può separare.

sorted /'sɔːtɪd/ *a.* (*Br,colloq*) **1** (*organized*) organizzato, sistemato, a posto. **2** (*having obtained illegal drugs*) fornito (di droga). **3** (*self-confident*) sicuro di sé, in gamba, che ha tutto sotto controllo.

sorter /'sɔːtəʳ Am 'sɔːrtəʳ/ *n.* **1** chi separa, selezionare *m.* (*f.* -trice), cernitore *m.* (*f.* -trice). **2** (*Post*) chi smista la corrispondenza; (*machine*) smistatrice *f.* **3** (*Agr*) selezionatrice *f.*

sortie /'sɔːti Am 'sɔːrtiː/ *n.* **1** (*Mil*) sortita *f.* **2** (*Aer.mil*) missione *f.* o un singolo apparecchio, volo *m.* di un singolo apparecchio.

sortilege /'sɔːtɪlɪdʒ Am 'sɔːrtɪlɪdʒ/ *n.* sortilegio *m.*

sorting /'sɔːtɪŋ Am 'sɔːrtɪŋ/ *n.* **1** cernita *f.*, separazione *f.*, selezione *f.* **2** (*classifying*) classificazione *f.* **3** (*Post*) smistamento *m.* della corrispondenza. **4** (*Inform*) ordinamento *m.* □ ~ *machine*: 1 (*Agr*) selezionatrice; 2 (*Post*) smistatrice; (*Post*) ~ *office* centro di smistamento postale.

sorus /'sɔːrəs *Am* 'sɔːrəs/ (*pl.* **sori** /'sɔːraɪ *Am* 'sɔːraɪ/) *n.* (*Bot*) soro *m.*

SOS /ˌesəʊ'es/ **I** *Save Our Souls* SOS (segnale di richiesta di soccorso). **II** *n.* SOS *m.*, segnale *m.* di richiesta di soccorso: *to send out an ~* lanciare un SOS.

so-so /'səʊsəʊ/ **I** *a.* (*colloq*) mediocre, passabile, discreto. **II** *avv.* così così.

sot /sɒt *Am* saːt/ **I** *n.* ubriacone *m.* (*f.* -a). **II** *v.i.* (*ant*) (*past, p.p.* **sotted** /'sɒtɪd *Am* 'saːtɪd/) ubriacarsi, essere un ubriacone.

soteriological /sɒuˌterɪə'lɒdʒɪkəl *Am* sɒuˌterɪə'lɑːdʒɪkəl/ *a.* (*Rel*) soteriologico.

soteriology /sɒuˌterɪ'ɒlədʒɪ *Am* sɒuˌterɪ'ɑːlədʒɪ/ *n.* (*Teol*) soteriologia *f.*

sotted /'sɒtɪd *Am* 'saːtɪd/ *a.* ubriaco.

sottish /'sɒtɪʃ/ *a.* (*Am*) **1** (*drunk*) ubriaco. **2** (*stupid*) stupido, sciocco.

sottishness /'sɒtɪʃnəs/ *n.* (*Am*) **1** ubriachezza *f.* abituale. **2** (*foolishness*) stupidità *f.*

sotto voce /ˌsɒtəʊ'vəʊtʃeɪ *Am* ˌsaːtəʊ'vəʊtʃeɪ/ *avv.* (*Mus*) sottovoce, sotto voce (*anche fig*).

sou /suː/ *n.* **1** (*Econ*) soldo *m.* **2** (*colloq*) soldo *m.*, centesimo *m.*, quattrino *m.*: *I haven't a ~* non ho un soldo, non ho il becco di un quattrino.

soubrette /suː'bret/ *n.* **1** (*Teat*) soubrette *f.* **2** (*Mus*) (*in opera*) soprano *m.* leggero.

soubriquet /'suːbrɪkeɪ *Am* 'suːbrəkei/ *n.* **1** soprannome *m.*, nomignolo *m.* **2** (*assumed name*) pseudonimo *m.*

souchong /ˌsuː'ʃɒŋ *Am* 'suːʃaːŋ/ *n.* varietà *f.* cinese di tè.

Soudan /suː'dɑːn *Am* suː'dæn/ *n.pr.* (*Geog*) Sudan *m.*

Soudanese /ˌsuːdən'iːz/ **I** *n.* sudanese *m./f.* **II** *a.* sudanese.

souffle /'suːfl/ *n.* (*Med*) soffio *m.*

soufflé /'suːfleɪ *Am* suː'fleɪ/ *n.* (*Gastron*) soufflé *m.*

sough /saʊ, sʌf/ **I** *v.i.* mormorare, sussurrare: *the wind ~ed in the trees* il vento sussurrava tra gli alberi. **II** *n.* sussurro *m.*, mormorio *m.*, fruscio *m.*

sought /sɔːt/ → **seek**.

sought-after /'sɔːtˌaːftər *Am* 'sɔːtˌæftər/ *a.* richiesto, ricercato, ambito.

souk /suːk/ *n.* (*arab bazaar*) suk *m.*

soul /səʊl/ *n.* **1** anima *f.*: *to commend one's ~ to God* raccomandare l'anima a Dio. **2** (*emotional, moral part of man's nature*) animo *m.*, spirito *m.*, anima *f.*: *he has a ~ above such petty matters* il suo animo è superiore a tali meschinità. **3** (*warmth of human feeling*) calore *m.* umano, umanità *f.* **4** (*quality appealing to the emotions*) anima *f.*, sentimento *m.*, espressione *f.*: *his paintings lack ~* i suoi quadri mancano di anima. **5** (*fig*) (*human being*) anima *f.*, essere *m.*, persona *f.*: *the ship was lost with fifty ~s* la nave andò perduta con cinquanta anime. **6** (*fig*) (*in negative constructions*) anima *f.* (*viva*): *there was not a ~ to be seen* non c'era anima viva, non si vedeva un'anima. **7** (*fig*) (*animating, essential part*) anima *f.*, spirito *m.*, essenza *f.* **8** (*fig*) (*inspirer, moving spirit*) anima *f.*, ispiratore *m.* (*f.* -trice): *the life and ~ of the party* l'anima del partito. **9** (*Mus*) musica *f.* soul, soul *m.* □ ~ *bell* campana a morto; (*ant*) ~ *brother* fratello nero; ~ *food*: 1 (*Am*) cucina tradizionale degli afroamericani; 2 (*fig*) nutrimento spirituale; (*Br*) *I can't for the ~ of me remember his name* non riesco assoluta-

mente a ricordare il suo nome; ~ *mate* anima gemella; (*Mus*) ~ *music* musica soul; (*ant*) ~ *sister* sorella nera.

Soul /səʊl/ *n.* (*Rel*) Dio *m.* (nella Christian science).

soul-destroying /'səʊldɪˌstrɔɪɪŋ/ *a.* che abbrutisce, spossante: *a ~ work* un lavoro che abbrutisce.

soulful /'səʊlfl/ *a.* **1** appassionato, pieno di sentimento, commovente, profondo, espressivo (*fig*): *a ~ performance* un'esecuzione ricca di sentimento. **2** (*spreg*) sentimentale.

soulfully /'səʊlfli/ *avv.* con sentimento, con anima, in modo profondo, in maniera espressiva.

soulfulness /'səʊlflnəs/ *n.* **1** passione *f.*, sentimento *m.*, espressività *f.* **2** (*spreg*) sentimentalismo *m.*

soulless /'səʊləs/ *a.* **1** senz'anima, privo di anima. **2** (*fig*) (*lacking human warmth, etc.*) senz'anima, privo di sentimento, privo di umanità. **3** (*fig*) (*selfish*) egoistico. **4** (*fig*) (*cruel*) crudele. **5** (*fig*) (*without spirit, courage*) che manca di animo, che non ha coraggio.

soullessly /'səʊləsli/ *avv.* senza sentimento.

soullessness /'səʊləsnəs/ *n.* **1** l'essere senz'anima. **2** (*fig*) l'essere privo di sentimento, l'essere privo di umanità.

soul-searching /'səʊlˌsɜːtʃɪŋ *Am* 'səʊlˌsɜːrtʃɪŋ/ *n.* esame *m.* di coscienza.

soul-stirring /'səʊlˌstɜːrɪŋ/ *a.* **1** commovente, toccante. **2** (*arousing emotion*) emozionante.

sound[1] /saʊnd/ *n.* **1** suono *m.* (*anche Fis, Ling*): *the ~ of his voice* il suono della sua voce; *the speed of ~* la velocità del suono; *vowel ~* suono vocalico. **2** (*particular auditory effect*) rumore *m.*, suono *m.*: *the ~ of running water* il rumore dell'acqua che scorre. **3** (*recorded auditory effects*) effetti *m.pl.* sonori. **4** (*Rad,TV*) audio *m.* **5** (*Cin*) sonoro *m.*: *the picture is clear but the ~ is bad* l'immagine è chiara, ma il sonoro non è buono. **II** *v.i.* **1** suonare, emettere suoni: *a piano ~ed in the next room* un pianoforte suonava nella stanza accanto. **2** (*to resound*) risuonare. **3** (*to make a sound as a summons, to signal*) suonare, dare un segnale (suonando): *the bugle ~ed in the distance* suonò; *the bell ~ed for the end of the lesson* la campana diede il segnale della fine della lezione. **4** (*fig*) sembrare, suonare, dare un'impressione: *the whole thing ~ed ridiculous* tutta la faccenda sembrava assurda; *to ~ strange* suonare strano. **5** (*Dir*) essere (*in* in): *to ~ in contract* essere nel contratto. **III** *v.t.* **1** suonare: *to ~ a bell* suonare un campanello. **2** (*to order, to announce by sound*) annunciare (col suono), suonare: *the gong ~ed dinner* il gong annunciò il pranzo; *to ~ the retreat* suonare la ritirata. **3** (*to proclaim*) proclamare, annunciare, celebrare. **4** (*to utter, to voice*) esprimere (con parole), dare voce a. **5** (*to pronounce*) pronunciare: *he doesn't ~ his r's* non pronuncia la r. **6** (*to test by striking*) controllare battendo, controllare percuotendo. **7** (*Med*) (*to test by auscultation*) auscultare, ascoltare: *to ~ so.'s chest* auscultare il torace di qcu. □ ~ *the alarm* suonare l'allarme, dare l'allarme; (*fig*) ~ *and fury* parole prive di senso, parole vuote; *to ~ as if* sembrare che: *it ~s as if the crisis is getting worse* sembra che la crisi si stia aggravando; *to ~ as though* sembrare che; (*Fis,Aer*) ~ *barrier* muro del suono, barriera del suono: *to break the ~ barrier* infrangere la barriera del suono; ~ *bite* breve commento di personaggio famoso che diventa uno

slogan; (*Inform*) ~ *board* piastra audio; (*Rad*) ~ *broadcasting* trasmissioni radiofoniche; (*Inform*) ~ *card* scheda sonora, scheda audio; ~ *check* sound check, prova del suono; ~ *cine camera* cinepresa sonora; ~ *deadener*: 1 (*Edil*) materiale per isolamento acustico; 2 (*Aut*) antirombo; (*Acus*) ~ *deadening* fonoassorbente; (*Cin*) ~ *dubbing* doppiaggio del sonoro; (*Rad,TV,Cin*) ~ *effects* effetti sonori; ~ *engineer* tecnico del suono; (*Cin*) ~ *fading* dissolvenza sonora; (*Cin*) ~ *film* film sonoro; (*colloq*) *that ~s fun!* che bello!, sarà divertente!; (*colloq*) *it ~s good!* mi piace l'idea!; (*Acus*) ~ *head* testina magnetica, testina sonora; (*Mus*) ~ *hole* (*of a violin, etc.*) effe; *to ~ hollow*: 1 avere un suono cupo, avere un suono sordo; 2 (*of an excuse, etc.*) suonare falso; (*Aut*) *to ~ one's horn* suonare il clacson; ~ *insulating* insonorizzante; ~ *insulation* isolamento acustico; ~ *insulator* isolante acustico; (*Fis*) ~ *intensity* intensità acustica; *to ~ like*: 1 ricordare, assomigliare a; 2 (*to give the impression of*) suonare come, avere l'aria di, dare l'impressione di, sembrare; ~ *material* materiale insonorizzante, materiale fonoassorbente; ~ *mixer*: 1 (*Cin*) tecnico del missaggio; 2 (*Rad,TV,Mus*) mixer; (*Mus,TV,Cin*) ~ *mixing* missaggio; (*Am,Cin*) ~ *motion film* (o ~ *motion picture*) film sonoro; *to ~ off*: 1 (*Mil*) dare un segnale (suonando); 2 (*colloq,fig*) (*to express opinions forcefully*) parlare chiaro, parlare apertamente; 3 (*Am,colloq,fig*) (*to complain*) lagnarsi, protestare, fare rimostranze, avere da ridire (*about* su); *to ~ out* proclamare; (*Am*) *out of ~* fuori del campo uditivo, non a portata di orecchio; (*Mus*) ~ *post* anima; ~ *processing* elaborazione del suono; ~ *projector* proiettore sonoro; ~ *proofing* isolamento acustico; (*Tecn*) ~ *ranging* fonotelemetria; (*Tecn*) ~ *recorder* registratore del suono; ~ *recording*: 1 registrazione del suono; 2 (*Cin*) presa sonora, (*Ling*) ~ *shift* mutazione fonetica; (*Tecn*) ~ *spectrograph* spettrografo acustico; *to ~ sweet* avere un suono dolce; ~ *system*: 1 (*hi-fi*) impianto stereo, stereo; 2 (*for a disco, etc.*) sound system; ~ *technician* tecnico del suono; (*Fis*) ~ *wave* onda sonora.

sound[2] /saʊnd/ *a.* **1** sano: *the doctor says my heart is ~* il medico dice che il mio cuore è sano; ~ *principles* sani principi. **2** (*solid, firm*) solido, saldo, resistente, forte: ~ *foundations* fondamenta solide; *a ~ friendship* una salda amicizia. **3** (*well-founded, valid*) buono, valido, ben fondato, efficace: ~ *advice* un buon consiglio; ~ *arguments* argomenti validi. **4** (*precise, accurate*) accurato, preciso: *a ~ investigation* un'indagine accurata. **5** (*financially strong or reliable*) solido, sicuro: *a ~ company* una ditta solida; *a ~ investment* un investimento sicuro. **6** (*reliable, trustworthy*) degno di fede, degno di fiducia, attendibile. **7** (*of sleep*) pesante. **8** (*Rel,Pol*) (*orthodox*) ortodosso: ~ *doctrines* dottrine ortodosse. **9** (*Dir*) legittimo, legalmente valido: *a ~ title* un titolo legittimo. **II** *avv.* sodo, profondamente: *to sleep ~* dormire sodo, dormire della grossa. □ (*Br,fig*) *as ~ as a bell* sano come un pesce; *to be ~ asleep* dormire sodo, dormire profondamente, dormire come un sasso; ~ *in wind and limb*: 1 (*of a horse*) perfettamente sano, che ha buon fiato e zampe robuste; 2 (*of people*) sano come un pesce; *to have ~ judgement* giudicare con discernimento; *to be of ~ mind* essere sano di mente; *a ~ mind in a ~ body* mens sana in corpore sano, mente sana in corpo sano; *to give so. a ~ thrashing* dare una bella bastonata a qcu., suonarle per bene a qcu.

sound[3] /saʊnd/ *n.* **1** (*Geog*) stretto *m.* (di mare); (*long inlet*) lunga insenatura *f.* **2** (*Itt*) vescica *f.* natatoria.

sound[4] /saʊnd/ **I** *v.t.* **1** (*Mar*) scandagliare, sondare: *to ~ the bottom of a canal* scandagliare il fondo di un canale. **2** (*fig*) sondare, scandagliare, saggiare, cercare di conoscere: *to ~ so.'s view* sondare le opinioni di qcu. **3** (*fig*) (*to probe, to feel out*) sondare le intenzioni di, saggiare le intenzioni di, tastare. **4** (*Chir*) esplorare con la sonda, esaminare con la sonda. **5** (*Aer,Meteor*) esaminare con palloni sonda. **II** *v.i.* (*of a whale*) immergersi rapidamente (puntando verso il fondo). **III** *n.* (*Chir*) sonda *f.* □ (*fig*) *to ~ out*: **1** sondare, scandagliare, saggiare, cercare di conoscere; **2** (*to probe, to feel out*) sondare le intenzioni di, saggiare le intenzioni di, tastare.

sound-absorbent /ˌsaʊndəb'zɔːbənt Am ˌsaʊndəb'sɔːrbənt *a.* fonoassorbente.

soundbox /'saʊndbɒks Am 'saʊndbɑːks/ *n.* (*Mus*) cassa *f.* di risonanza.

sound-effects /ˌsaʊndɪ'fekts/ *n.pl.* (*Cin*) effetti *m.pl.* sonori. □ (*Cin,Rad*) *~ man* sonorizzatore.

sounder[1] /'saʊndər/ *n.* (*Tel*) ricevitore *m.* acustico.

sounder[2] /'saʊndər/ *n.* (*Mar*) **1** (*person*) scandagliatore *m.* **2** (*device*) scandaglio *m.*

sounding[1] /'saʊndɪŋ/ *a.* **1** sonoro, sonante, che suona. **2** (*resounding*) risonante, sonoro. **3** (*high-sounding*) sonoro, altisonante. □ *~ board*: **1** (*Mus*) tavola armonica; **2** (*fig*) cassa di risonanza.

sounding[2] /'saʊndɪŋ/ *n.* **1** *spec.pl.* (*act of sounding*) *m.sing.*, scandagliamento *m.sing.* **2** (*depth measured by sounding*) profondità *f.* misurata con lo scandaglio. **3** (*Aer,Meteor*) sondaggio *m.* (atmosferico). **4** *pl.* (*place, area of water*) fondali *m.pl.* scandagliabili, profondità *f.pl.* scandagliabili. **5** *pl.* (*fig*) sondaggio *m.sing.*, indagine *f.sing.*, inchiesta *f.sing.* □ (*Mar,Tecn*) *~ apparatus* scandaglio meccanico; (*Aer,Meteor*) *~ balloon* pallone sonda; (*Mar*) *to be in -s* essere a quota di scandaglio; (*Mar*) *~ lead* piombino (per scandaglio); (*Mar*) *~ line* sagola per scandaglio; (*Mar,Tecn*) *~ machine* scandaglio meccanico; *to be off -s* essere fuori dalla quota di scandaglio; (*Astron, Meteor*) *~ rocket* missile sonda; *to take -s* scandagliare.

sound-insulated /'saʊndˌɪnsjuˌleɪtɪd Am 'saʊndˌɪnsəˌleɪtɪd/ *a.* isolato acusticamente, isolato contro i rumori.

soundless[1] /'saʊndləs/ *a.* senza suono, silenzioso, muto.

soundless[2] /'saʊndləs/ *a.* (*unfathomable*) insondabile, non scandagliabile.

soundlessly /'saʊndləsli/ *avv.* silenziosamente, senza emettere alcun suono.

soundlessness /'saʊndləsnəs/ *n.* silenzio *m.*

soundly /'saʊndli/ *avv.* **1** profondamente, sodo. **2** (*solidly, securely*) saldamente, solidamente. **3** (*sensibly*) assennatamente, con buonsenso, giudiziosamente. **4** (*thoroughly*) completamente, del tutto. **5** (*severely*) duramente, ben bene: *to beat so. ~* picchiare ben bene qcu.

soundness /'saʊndnəs/ *n.* **1** buona salute *f.*, l'essere sano. **2** (*solidity*) solidità *f.*, stabilità *f.*, saldezza *f.* **3** (*financial security*) solidità *f.* **4** (*validity*) validità *f.*, bontà *f.*, efficacia *f.* **5** (*Rel,Pol*) (*orthodoxy*) ortodossia *f.*

soundpost /'saʊndpoʊst/ *n.* (*Mus*) anima *f.* (di strumento).

sound-proof, soundproof /'saʊndpruːf/ **I** *a.* isolato acusticamente, insonorizzato. **II** *v.t.* isolare acusticamente, insonorizzare.

soundtrack /'saʊndtræk/ *n.* (*Cin*) colonna *f.* sonora, sonoro *m.*

soup /suːp/ *n.* **1** (*Gastron*) minestra *f.*, zuppa *f.* **2** (*sl*) (*horsepower*) potenza *f.* **3** (*Am,sl*) (*nitroglycerin*) nitroglicerina *f.* □ (*Am*) *~ and fish* abito da sera (da uomo); (*colloq*) *to be in the ~* trovarsi nei guai, essere nei pasticci; *~ kitchen*: **1** mensa per i poveri; **2** (*Mil*) cucina da campo; *~ ladle* cucchiaione, ramaiolo, mestolo; *~ plate* scodella, piatto fondo; *~ spoon* cucchiaio da minestra; (*Am,fig*) *from ~ to nuts* dall'inizio alla fine, da cima a fondo; *~ tureen* zuppiera; (*sl*) *to ~ up*: **1** truccare (un motore), aumentare la potenza di, migliorare le prestazioni di: *to ~ up a motor* truccare un motore; **2** (*fig*) potenziare, enfatizzare, gonfiare, esagerare.

soupçon /'suːpsɒːŋ/ *n.* **1** (*slight taste*) leggero gusto *m.*, leggero sapore *m.* **2** (*slight trace*) pizzico *m.*, leggera traccia *f.*, tocco *m.*

souped-up /'suːptʌp/ *a.* (*sl*) (*of a motor, etc.*) truccato.

soupy /'suːpi/ *a.* **1** simile a una zuppa, brodoso. **2** (*colloq*) (*mawkish*) sdolcinato, svenevole, lezioso. **3** (*of a voice*) vibrante (per l'emozione), tremante.

sour /'saʊər/ **I** *a.* **1** aspro, agro, acerbo, acido: *~ apples* mele aspre. **2** (*tart, acid*) acido, inacidito: *~ milk* latte acido. **3** (*characteristic of sth. fermented*) acre, acido, aspro: *a ~ smell* un odore acre. **4** (*fig*) (*peevish, morose*) scontroso, irritabile, stizzoso, permaloso, bisbetico. **5** (*fig*) (*embittered*) inacidito, inasprito, esacerbato. **6** (*Agr,Chim*) acido. **II** *n.* **1** sostanza *f.* acida. **2** (*fig*) (*sth. distasteful*) agro *m.*: *to take the sweet with the ~* prendere il dolce con l'agro. **3** (*Chim*) soluzione *f.* leggermente acida. **III** *v.i.* **1** inacidirsi, andare a male, guastarsi. **2** (*fig*) (*to become bitter*) inacidirsi, inasprirsi, esacerbarsi. **3** (*fig*) (*to go bad, to deteriorate*) guastarsi, deteriorarsi: *relations between the two countries have -ed* i rapporti tra i due paesi si sono guastati. **4** (*Agr*) (*of land*) diventare (eccessivamente) acido. **IV** *v.t.* **1** inacidire. **2** (*to spoil*) guastare, mandare a male. **3** (*fig*) inasprire, inacerbire, esacerbare, inacidire. **4** (*Agr*) (*of soil*) rendere (troppo) acido. □ *~ breath* alito cattivo; (*Bot,Alim*) *~ cherry* amarena; (*Alim*) *~ cream* panna acida; *to have a ~ face* essere imbronciato; *~ grapes*: **1** (*Bot*) uva acerba; **2** (*fig*) disprezzo per ciò che non si può avere, situazione di "volpe e uva"; (*Bot*) *~ gum* nyssa sylvatica.

source /sɔːs Am sɔːrs/ *n.* **1** sorgente *f.*, fonte *f.*: *the -s of the Tiber* le sorgenti del Tevere; *to trace a river to its ~* risalire un fiume fino alla fonte. **2** (*fig*) fonte *f.*, sorgente *f.*, origine *f.*, causa *f.*, principio *m.*: *the ~ of all our troubles* l'origine di tutti i nostri guai. **3** (*Giorn*) fonte *f.* (*close to* vicina a): *a reliable ~* una fonte attendibile. **4** (*Inform*) sorgente *f.*: *~ book* raccolta di documenti originali, raccolta di fonti; (*Inform*) *~ code* codice sorgente; *~ language*: **1** (*Filol*) lingua di partenza; **2** (*Inform*) linguaggio sorgente; *~ material*: **1** materiale originale di documentazione; **2** (*Nucl*) materia prima; (*Med*) *~ of infection* fonte di infezione; *~ of supply* fonte di rifornimento.

sourdine /sʊə'diːn Am suːr'diːn/ *n.* sordina *f.*

souring /'saʊərɪŋ/ *n.* inacidimento *m.*

sourish /'saʊərɪʃ/ *a.* **1** acidulo, asprigno, agretto. **2** (*fig*) piuttosto scontroso, piuttosto irritabile.

sourly /'saʊəli Am 'saʊərli/ *avv.* (*fig*) stizzosa-

mente, acidamente, con irritazione.

sourness /'saʊənəs Am 'saʊərnəs/ *n.* **1** acidità *f.*, asprezza *f.* **2** (*fig*) irritabilità *f.*, scontrosità *f.*

sourpuss /'saʊəpʊs Am 'saʊərpʊs/ *n.* (*colloq*) brontolone *m.* (*f.* -a), musone *m.* (*f.* -a).

sour-sweet /'saʊəˌswiːt Am 'saʊərˌswiːt/ *a.* agrodolce.

sousaphone /'suːzəfoʊn/ *n.* (*Mus*) elicone *m.*

sousaphonist /'suːzəfoʊnɪst/ *n.* (*Mus*) suonatore *m.* (*f.* -trice) di elicone.

souse /saʊs/ **I** *v.t.* **1** mettere in salamoia, marinare. **2** (*to immerse, to plunge in water*) immergere nell'acqua, tuffare nell'acqua. **3** (*to drench*) inzuppare, imbevere, impregnare. **II** *v.i.* **1** immergersi, tuffarsi. **2** (*to become drenched*) inzupparsi, imbeversi, impregnarsi. **3** (*colloq*) (*to get drunk*) ubriacarsi, sbronzarsi, prendere una sbornia. **III** *n.* **1** salamoia *f.* **2** (*colloq*) (*drunkard*) ubriacone *m.* (*f.* -a). **3** (*sth. pickled*) cibo *m.* in salamoia. **4** (*act of immersing*) immersione *f.*, tuffo *m.* **5** (*act of drenching*) inzuppamento *m.*, l'inzupparsi.

soused /saʊst/ *a.* **1** (*Alim*) in salamoia, marinato. **2** (*drenched*) inzuppato, imbevuto, impregnato. **3** (*colloq*) (*drunk*) ubriaco, sbronzo. □ *to get ~*: **1** inzupparsi; **2** (*colloq*) (*to get drunk*) prendere una sbornia.

soutache /suː'taʃ/ *n.* (*Mod*) treccina *f.*, gallone *m.* (ornamentale).

soutane /suː'taːn Am suː'tæn/ *n.* (*Lit*) veste *f.* talare, talare *f.*, tonaca *f.*

souteneur /ˌsuːtə'nɜːr/ *n.* (*pimp*) magnaccia *m.*

souterrain /'suːtəˌreɪn/ *n.* (*Arch*) (*underground passageway*) passaggio *m.* sotterraneo.

south /saʊθ/ **I** *n.* sud *m.*, mezzogiorno *m.*, meridione *m.* **II** *a.* **1** (a sud, meridionale: *the ~ gate* il cancello a sud. **2** (*coming from the south*) del sud, proveniente dal sud, meridionale. **III** *avv.* **1** verso (il) sud, in direzione sud: *to travel ~* viaggiare verso il sud. **2** (*from the south*) da sud. **IV** *v.i.* **1** andare verso (il) sud, dirigersi a sud. **2** (*Astr*) passare il meridiano. □ *~ by east* sud per est, una quarta a est rispetto al sud; *~ by west* sud per ovest, una quarta a ovest rispetto a sud; (*Mar*) *~ point* punto sud; (*Fis*) *~ pole* (*of a magnet*) polo sud.

South /saʊθ/ **I** *n.* **1** sud *m.*: *the ~ of England* il sud dell'Inghilterra, l'Inghilterra meridionale. **2** (*Am*) Sud *m.*, stati *m.pl.* del sud. **II** *a.* del sud, meridionale: *~ Wales* Galles del sud, Galles meridionale. □ (*Geog*) *~ Africa* Sudafrica, Repubblica Sudafricana; *~ African* sudafricano; *~ African English* inglese parlato in Sudafrica; (*Geog*) *~ America* Sudamerica, America meridionale, America del sud; *~ American* sudamericano; (*Geog*) *~ Asia* Asia meridionale; *~ Asian English* inglese parlato nell'Asia meridionale; (*Geog*) *~ Carolina* South Carolina, Carolina del Sud; (*Geog*) *~ China Sea* Mare della cina meridionale; (*Geog*) *~ Dakota* South Dakota, Dakota del Sud; (*Geog*) *~ Georgia* Georgia del Sud; (*Geog*) *~ Island* Isola del Sud; (*Geog*) *~ Korea* Corea del Sud; *~ Korean*: **1** (*used as a noun*) sudcoreano; **2** (*used as a adjective*) sudcoreano, della Corea del Sud; (*Geog*) *~ Orkney Islands* Orcadi Australi; (*Geog*) *~ Pole* polo sud; (*Geog*) *~ Sandwich Islands* Isole Sandwich Australi; (*Geog*) *~ Shetland Islands* Shetland Australi; *~ Tyrolean* sudtirolese; (*Geog.stor*) *~ Vietnam* Vietnam del sud.

Southampton /saʊ'θæm(p)tən/ *n.pr.* (*Geog*) Southampton *f.*

southbound /ˈsaʊθbaʊnd/ *a.* diretto a sud, verso sud, in direzione sud: ~ *traffic* traffico diretto a sud.

south-east /ˌsaʊθˈiːst/ **I** *n.* **1** sud-est *m.* **2** (*region*) sud-est *m.*, regione *f.* sudorientale. **II** *a.* **1** di sud-est, sudorientale. **2** (*from the south-east*) da sud-est, sudorientale. **III** *avv.* verso sud-est, a sud-est. ☐ (*Geog*) *South-east Asia* Asia sudorientale.

southeaster /ˌsaʊθˈiːstər/ *n.* (*Meteor*) sciroccata *f.*, vento *m.* di sud-est.

south-easterly /ˌsaʊθˈiːstəli Am ˌsaʊθˈiːstərli/ **I** *a.* **1** diretto a sud-est. **2** (*from the south-east*) proveniente) da sud-est, sudorientale. **II** *avv.* **1** verso sud-est. **2** (*from the south-east*) da sud-est.

south-eastern, South-eastern /ˌsaʊθˈiːstərn/ *a.* **1** di sud-est, sudorientale. **2** (*from the south*) da sud-est, sudorientale.

souther /ˈsaʊðər/ *n.* (*Meteor*) vento *m.* del sud, vento *m.* meridionale, scirocco *m.*

southerly /ˈsʌðəli Am ˈsʌðərli/ **I** *a.* **1** del sud, meridionale. **2** (*from the south*) (proveniente) dal sud, meridionale. **II** *avv.* **1** verso sud, in direzione sud. **2** (*from the south*) da sud.

southern /ˈsʌðən Am ˈsʌðərn/ *a.* del sud, meridionale: ~ *Italy* Italia meridionale. ☐ (*Am*) ~ *drawl* accento (trascinato e lento) del sud degli Stati Uniti; (*Am,Gastron*) ~ *fried chicken* pollo passato in padella e poi fritto. **Southern** /ˈsʌðən Am ˈsʌðərn/ *a.* del sud, meridionale. ☐ (*Geog*) ~ *Alps* Alpi meridionali, Alpi Neozelandesi; (*Astr*) ~ *Cross* Croce del sud; ~ *lights* aurora australe; (*Geog*) ~ *Yemen* Yemen del sud.

southerner /ˈsʌðənər Am ˈsʌðərnər/ *n.* meridionale *m./f.*, abitante *m./f.* del sud. **Southerner** /ˈsʌðənər Am ˈsʌðərnər/ *n.* (*Am*) abitante *m./f.* degli Stati del sud.

southernmost /ˈsʌðənmoʊst Am ˈsʌðərn moʊst/ *a.* il più a sud, che è all'estremo sud.

southing /ˈsaʊθɪŋ/ *n.* **1** movimento *m.* in direzione sud. **2** (*Mar*) distanza *f.* percorsa in direzione sud.

southland /ˈsaʊθlænd/ *n.* sud *m.*, meridione *m.*, terra *f.* meridionale, paese *m.* meridionale.

southlander /ˈsaʊθlændər/ *n.* meridionale *m./f.*, abitante *m./f.* del sud.

southmost /ˈsaʊθmoʊst/ *a.* il più a sud, che è all'estremo sud.

southpaw /ˈsaʊθpɔː/ **I** *n.* (*Am,pop*) **1** (*in boxing*) pugile *m.* mancino. **2** (*in baseball*) lanciatore *m.* mancino. **II** *a.* (*Am,pop*) mancino.

south south-east /ˌsaʊθsaʊθˈiːst/ *n.* sud-sud est *m.*

south south-west /ˌsaʊθsaʊθˈwest/ *n.* sud-sud ovest *m.*

southward /ˈsaʊθwəd Am ˈsaʊθwərd/ **I** *a.* diretto a sud. **II** *n.* sud *m.* **III** *avv.* verso sud, in direzione sud.

southwardly /ˈsaʊθwədli Am ˈsaʊθwərdli/ *a.* diretto a sud. **II** *avv.* verso sud, in direzione sud.

southwards /ˈsaʊθwədz Am ˈsaʊθwərdz/ *avv.* verso sud, in direzione sud.

south-west /ˌsaʊθˈwest/ **I** *n.* sud-ovest *m.* **II** *a.* **1** di sud-ovest, sudoccidentale. **2** (*from the south-west*) da sud-ovest, sudoccidentale. **III** *avv.* verso sud-ovest, a sud-ovest.

southwester /ˌsaʊθˈwestər/ *n.* (*Meteor*) libecciata *f.*, burrasca *f.* di libeccio.

south-westerly /ˌsaʊθˈwestəli Am ˌsaʊθˈwestərli/ **I** *a.* **1** diretto a sud-ovest. **2** (*from the south-west*) (proveniente) da sud-ovest. **II** *avv.* **1** verso sud-ovest. **2** (*from the south-west*) da sud-ovest.

south-western, South-western /ˌsaʊθ

'westən *Am* ˌsaʊθˈwestərn/ *a.* sudoccidentale, di sud-ovest.

souvenir /ˌsuːvəˈnɪər *Am* ˌsuːvəˈnɪr/ *n.* ricordo *m.*, ricordino *m.*, souvenir *m.* (*of, from* di, da). ☐ ~ *photo* foto ricordo.

souwester /ˌsaʊˈwestər/ *n.* **1** (*hat*) cappello *m.* d'incerata. **2** (*gerg*) sud-ovest *m.*

sovereign /ˈsɒvrɪn *Am* ˈsɑːvrən/ **I** *n.* **1** sovrano *m.* (*f.* -a), monarca *m.*, re *m.* (*f.* regina). **2** (*Econ,Numism*) (*coin*) sovrana *f.* **II** *a.* **1** sovrano, pieno, assoluto. **2** (*Pol*) sovrano. **3** (*royal*) (da) sovrano, reale, regale. **4** (*fig*) (*supreme, highest*) sommo, supremo: *to hold so. in* ~ *contempt* avere (o tenere) in sommo disprezzo qcu. **5** (*fig*) (*excellent*) eccellente, sovrano. **6** (*fig*) (*potent, effective*) sovrano, potente, efficacissimo: *a* ~ *remedy* un rimedio sovrano, un rimedio efficacissimo. ☐ ~ *our lord the king* il nostro signore e sovrano, il re; (*Pol*) ~ *state* stato sovrano.

sovereignly /ˈsɒvrɪnli *Am* ˈsɑːvrənli/ *avv.* sovranamente.

sovereignty /ˈsɒvrənti *Am* ˈsɑːvrənti/ *n.* sovranità *f.*: *to claim* ~ *over* rivendicare la sovranità su; (*Pol*) *external* ~ sovranità esterna; *limited* ~ sovranità limitata.

soviet /ˈsəʊvɪət *Am* ˈsəʊviet/ **I** *n.* (*Stor*) soviet *m.* **II** *a.* (*Stor*) sovietico. **Soviet** /ˈsəʊvɪət *Am* ˈsəʊviet/ **I** *n.* **1** soviet *m.* **2** *pl.* sovietici *m.pl.* (*f.pl.* -che). **II** *a.* sovietico: ~ *foreign policy* la politica estera sovietica. ☐ (*Geog.stor*) ~ *Russia* (o ~ *Union*) Unione Sovietica.

sovietism, Sovietism /ˈsəʊvɪətɪzəm *Am* ˈsəʊvietɪzəm/ *n.* (*Pol*) comunismo *m.*

sovietization, Sovietization /ˌsəʊvɪətaɪ ˈzeɪʃən *Am* ˌsəʊvietɪˈzeɪʃən/ *n.* (*Pol*) sovietizzazione *f.*

sovietize, Sovietize /ˈsəʊvietaɪz/ *v.t.* (*Pol*) sovietizzare.

Sovietologist /ˌsəʊviˈtɒlədʒɪst *Am* ˌsəʊviə ˈtɑːlədʒɪst/ *n.* (*Pol*) sovietologo *m.* (*f.* -a).

Sovietology /ˌsəʊviˈtɒlədʒi *Am* ˌsəʊviə ˈtɑːlədʒi/ *n.* (*Pol*) sovietologia *f.*

sow[1] /səʊ/ (*past* -**ed** /-d/, *p.p.* -**n** /-n/ o -**ed**) **I** *v.t.* **1** seminare: *to* ~ *a field with barley* seminare un campo a orzo; *to* ~ *corn* seminare il grano. **2** (*estens*) spargere (qua e là), seminare, disseminare. **3** (*fig*) (*to disseminate*) seminare, spargere, diffondere, propagare: *to* ~ *discontent* seminare lo scontento. **II** *v.i.* seminare: *it is time to* ~ è tempo di seminare. ☐ *to* ~ *one's oats* correre la cavallina, spassarsela (da giovane); *to* ~ *seeds* seminare; *to* ~ *the seeds of doubt* gettare il seme del dubbio (*in so.* in qcu.); (*fig*) *to* ~ *the wind and reap the whirlwind* seminare vento e raccogliere tempesta; *to* ~ *one's wild oats* correre la cavallina, spassarsela (da giovane). *Prov.*: *as you* ~, *so you reap* ognuno raccoglie ciò che ha seminato.

sow[2] /saʊ/ *n.* **1** (*Zool*) scrofa *f.* **2** (*Met*) canale *m.* di colata (per lingotti). ☐ (*Zootecn*) ~ *in pig* scrofa gravida.

sowbread /ˈsaʊbred/ *n.* (*Bot*) ciclamino *m.*, panporcino *m.*

sow-bug /ˈsaʊbʌg/ *n.* (*Entom*) tentredine *m.*

sower /ˈsəʊər/ *n.* (*Agr*) **1** (*person*) seminatore *m.* (*f.* -trice). **2** (*Tecn*) (*machine*) seminatrice *f.*

sowing /ˈsəʊɪŋ/ *n.* (*Agr*) semina *f.*, seminagione *f.* ☐ (*Agr,Tecn*) ~ *machine* seminatrice.

sown /səʊn/ → **sow**[1].

soy /sɔɪ/ *n.* **1** (*Bot*) (*plant*) soia *f.* **2** (*Bot,Alim*) (*seed*) seme *m.* di soia, soia *f.* **3** (*Gastron*) salsa *f.* di soia. ☐ ~ *ink* inchiostro di soia; ~ *lecithin* lecitina di soia; (*Gastron*) ~ *sauce* salsa di soia.

soya /ˈsɔɪə/ *n.* (*Bot*) **1** (*plant*) soia *f.* **2** (*Alim*)

(*seed*) seme *m.* di soia, soia *f.* ☐ (*Bot,Alim*) ~ *bean*: **1** (*plant*) soia; **2** (*seed*) seme di soia, soia; (*Alim*) ~ *bean flour* farina di soia; (*Alim*) ~ *milk* latte di soia.

soybean /ˈsɔɪbiːn/ *n.* (*Bot*) **1** (*plant*) soia *f.* **2** (*Alim*) (*seed*) seme *m.* di soia, soia *f.* ☐ (*Alim*) ~ *oil* olio di soia; (*Alim*) ~ *meal* farina di soia, soia tritata.

sozzled /ˈsɒzld/ *a.* (*sl*) (*drunk*) ubriaco, sbronzo: *to get* ~ ubriacarsi, prendere una sbornia.

SP 1 *Security Police* PS (pubblica sicurezza). **2** *Starting Price* (prezzo base d'asta).

spa /spɑː/ *n.* **1** sorgente *f.* di acqua minerale, sorgente *f.* termale, terme *f.pl.* **2** (*locality, resort*) stazione *f.* termale, centro *m.* termale.

space /speɪs/ **I** *n.* **1** spazio *m.*: *time and* ~ tempo e spazio. **2** (*extent, distance*) distanza *f.*, spazio *m.*, intervallo *m.*: *the* ~ *between two buildings* la distanza fra due edifici. **3** (*room, place*) spazio *m.*, posto *m.*: ~ *for the signature* spazio per la firma; *a parking* ~ un posto per il parcheggio. **4** (*extent, duration of*) arco *m.* di tempo, lasso *m.* di tempo, intervallo *m.*, spazio *m.*: *in the* ~ *of three months* nell'arco di tre mesi. **5** (*period of time*) momento *m.*, istante *m.*: *to wait a* ~ aspettare un momento. **6** (*Astr,Astron*) spazio *m.*: *the conquest of* ~ la conquista dello spazio. **7** (*Mat*) spazio *m.* **8** (*Tip*) spazio *m.*, intervallo *m.* **II** *a.* (*Astr,Astron*) spaziale: *the USA's* ~ *programme* il programma spaziale americano. **III** *v.t.* **1** intervallare, distanziare, disporre a intervalli: *he -d the posts ten yards apart* dispose i pali a dieci iarde l'uno dall'altro. **2** (*to cause to occur more rarely*) limitare, diminuire. ☐ ~ *age* era spaziale; (*Astron*) *Space Agency* ente spaziale, agenzia spaziale; (*Tip,Inform*) ~ *bar* barra spaziatrice; (*Astron*) ~ *base* base spaziale; ~ *blanket* coperta termica di emergenza; (*sl*) ~ *cadet* persona bizzarra che vive al di fuori della realtà, picchiatello; (*Astron*) ~ *capsule* capsula spaziale; (*Astron*) ~ *centre* centro spaziale; (*Astron*) ~ *electronics* elettronica spaziale; (*Am*) ~ *fiction* romanzo di fantascienza; (*Astron*) ~ *flight* volo spaziale; ~ *heater* stufetta elettrica; (*Astron*) ~ *junk* rifiuti spaziali, relitti spaziali; (*Tip,Inform*) ~ *key* barra spaziatrice; (*Astron*) ~ *lab* (o ~ *laboratory*) laboratorio spaziale; (*Min*) ~ *lattice* reticolo spaziale; (*Astron*) ~ *launching base* cosmodromo; ~ *law* diritto spaziale; (*Tip, Inform*) ~ *line* interlinea; ~ *medicine* medicina spaziale; (*Cin*) ~ *opera* film di fantascienza (con extraterrestri); *to* ~ *out*: **1** deconcentrarsi, distrarsi, essere con la testa altrove; **2** (*to set further apart*) intervallare, distanziare, disporre a intervalli: *they are too close,* ~ *them out a bit* sono troppo ravvicinati, distanziali un po'; **3** (*to cause to occur more rarely*) limitare, diminuire; **4** (*Tip*) (*of letters, words*) spaziare, spazieggiare; (*of lines, pages*) giustificare, mettere a giustezza; (*Astron*) ~ *platform* piattaforma spaziale, stazione spaziale; (*Astron*) ~ *probe* sonda spaziale; (*Astron*) ~ *race* corsa spaziale; (*Astron*) ~ *research* ricerca spaziale; (*Astron*) ~ *rocket* missile spaziale; (*colloq*) ~ *saver* oggetto poco ingombrante; (*Astron*) ~ *science* astronautica; (*Mil*) ~ *shield* scudo spaziale; (*Astron*) ~ *shot* lancio nello spazio; (*Astron*) ~ *shuttle* navetta spaziale; (*Med*) ~ *sickness* mal di spazio; (*Astron*) ~ *station* stazione spaziale; (*Astron*) ~ *step-out* passeggiata nello spazio; (*Astron,Abbigl*) ~ *suit* tuta spaziale; (*Astron*) ~ *technology* tecnologia spaziale; (*Astron*) ~ *telescope* telescopio spaziale; (*Astron*) ~ *travel* viaggio spaziale; (*Astron*) ~ *traveller* astronauta; (*Astron*) ~ *vehicle* veicolo spaziale; ~ *war* guerra dello spazio; (*Astron*) ~ *woman* astronauta, cosmonauta; (*Giorn*) ~ *writer* giornalista pagato un tanto la riga; (*Giorn*) ~ *writing* lo scrivere a un tanto la riga.

spaceband /'speɪsbænd/ *n.* (*Tip*) spazio *m.* mobile.

space-bar /'speɪsbɑːr/ *Am* 'speɪsbɑːr/ *n.* (*Tip, Inform*) barra *f.* spaziatrice.

space-based /'speɪsbeɪst/ *a.* (*Mil*) basato nello spazio.

spacecraft /'speɪskrɑːft *Am* 'speɪskræft/ *n.inv.* (*Astron*) astronave *f.*, veicolo *m.* spaziale, mezzo *m.* spaziale.

spaced-out /ˌspeɪst'aʊt/ *a.* (*sl*) (*under the influence of drugs*) fumato, fatto, strippato.

space-flight /'speɪsflaɪt/ *n.* (*Astron*) volo *m.* spaziale.

space-helmet /'speɪshelmət, 'speɪshelmɪt/ *n.* (*Astron*) casco *m.* spaziale.

spaceless /'speɪsləs/ *a.* **1** illimitato, sconfinato. **2** (*occupying no space*) che non occupa spazio.

spaceman /'speɪsmæn, 'speɪsmən/ *n.irr.* (*f.* **-woman**) (*Astron*) astronauta *m./f.*, cosmonauta *m./f.*, navigatore *m.* (*f.* -trice) spaziale.

spaceplane /'speɪspleɪn/ *n.* (*Astron*) navetta *f.* spaziale.

spaceport /'speɪspɔːt *Am* 'speɪspɔːrt/ *n.* (*Astron*) spazioporto *m.*, base *f.* di lancio.

spaceprogramme /'speɪsprougræm/ *n.* (*Astron*) programma *m.* spaziale.

spacer /'speɪsər/ *n.* **1** (*Tecn*) distanziale *m.*, distanziatore *m.* **2** (*Tip,Inform*) barra *f.* spaziatrice. **3** (*Tel*) invertitore *m.* di corrente.

space-saving /'speɪs(s)seɪvɪŋ/ *a.* salvaspazio, che fa risparmiare spazio, di ingombro ridotto.

spaceship /'speɪsʃɪp/ *n.* (*Astron*) astronave *f.*, nave *f.* spaziale, navicella *f.* spaziale.

spacesuit /'speɪs(s)suːt/ *n.* (*Astron,Abbigl*) tuta *f.* spaziale.

space-time /ˌspeɪs'taɪm/ *n.* (*Fis*) spaziotempo *m.*, continuo *m.* spaziotemporale. □ (*Fis*) ~ *continuum* spaziotempo, continuo spaziotemporale.

spacewalk /'speɪswɔːk *Am* 'speɪswɑːk/ *n.* **1** (*Astron*) passeggiata *f.* spaziale, passeggiata *f.* nello spazio. **II** *v.i.* (*Astron*) fare una passeggiata spaziale.

spacey /'speɪsi/ *a.* **1** (*dazed*) disorientato, dall'aria assente, in trance. **2** (*light-headed*) un po' matto, strambo, stralunato.

spacial /'speɪʃəl/ *a.* dello spazio, spaziale. □ ~ *awareness* capacità di orientamento spaziale.

spacing /'speɪsɪŋ/ *n.* **1** scaglionamento *m.*, suddivisione *f.*, distanziamento *m.* **2** (*Inform, Tip*) (*act*) spaziatura *f.*; (*result*) interlinea *f.*: *in single* ~ con interlinea singola; *in double* ~ con interlinea doppia.

spacious /'speɪʃəs/ *a.* **1** spazioso, ampio, largo, vasto: *a* ~ *room* una stanza spaziosa. **2** (*vast, extensive*) esteso, ampio, vasto.

spaciously /'speɪʃəsli/ *avv.* ampiamente, vastamente.

spaciousness /'speɪʃəsnəs/ *n.* spaziosità *f.*, vastità *f.*, ampiezza *f.*

spackle /'spækl/ *v.t.* stuccare.

spade[1] /speɪd/ **I** *n.* **1** vanga *f.*, badile *m.*, pala *f.* **2** (*toy*) paletta *f.* **II** *v.t./i.* vangare: *to* ~ *a flower bed* vangare un'aiuola. □ ~ *work*: **1** vangatura; **2** (*fig*) duro lavoro preliminare, sgrossatura, lavoro preparatorio.

spade[2] /speɪd/ *n.* **1** (*in cards*) picche *f.pl.*, seme *m.* di picche; (*card*) picche *f.pl.*, carta *f.* di picche. **2** (*sl,spreg*) (*Negro*) negro *m.* □ (*fig*) *to call a* ~ *a* ~ dir pane al pane (e vino al vino), parlare chiaro, chiamare le cose con

il loro nome, parlare nudo e crudo; (*fig*) *in* -*s* in abbondanza, a iosa, da vendere.

spadeful /'speɪdfəl/ *n.* vangata *f.*, palata *f.*: *by the* ~ a palate.

spadework /'speɪdwɜːk *Am* 'speɪdwɜːrk/ *n.* (*fig*) sgrossatura *f.*, lavoro *m.* preparatorio.

spadix /'speɪdɪks/ (*pl.* **spadices** /sper'daɪsiːz/) *n.* (*Bot*) spadice *m.*

spaghetti /spə'geti *Am* spə'geɪti/ *n.* **1** (*Alim*) spaghetti *m.pl.* **2** (*colloq*) groviglio *m.* di cavi o fili elettrici. □ (*Gastron*) ~ *bolognese* spaghetti alla bolognese, spaghetti al ragù; (*Strad*) ~ *junction* raccordo autostradale multiplo; (*Abbigl*) ~ *straps* bretelline, spalline sottili; (*Cin*) ~ *western* western all'italiana.

Spain /speɪn/ *n.pr.* (*Geog*) Spagna *f.*

spake /speɪk/ → **speak**.

spall /spɔːl/ **I** *n.* **1** scheggia *f.*, frammento *m.* **2** (*Geol*) frammento *m.* di roccia. **II** *v.t.* **1** (*Minier*) preparare per la scelta. **2** (*Edil*) scheggiare. **III** *v.i.* **1** scheggiare, scheggiarsi. **2** (*Fis*) spallare. □ *to* ~ *away* (o *to* ~ *off*) scheggiare, scheggiarsi.

spallation /spɔː'leɪʃn/ *n.* (*Fis*) spallazione *f.*

spam /spæm/ *n.* (*Inform*) spam *m.*, messaggio *m.* di posta elettronica non richiesto, e-mail *f.* spazzatura. **II** *v.i./t.* (*Inform*) fare spamming, inviare messaggi di posta elettronica non richiesti.

spamming /'spæmɪŋ/ *n.* (*Inform*) spamming *m.*, messaggi *m.pl.* di posta elettronica non richiesti, e-mail *f.* spazzatura.

span[1] /spæn/ **I** *n.* **1** (*extent of space, distance*) estensione *f.*, distanza *f.* **2** (*period of time*) periodo *m.*, arco *m.* di tempo, spazio *m.* di tempo. **3** (*period of one's life*) vita *f.*: *man's brief* ~ la breve vita dell'uomo. **4** (*of the hand*) spanna *f.*, palmo *m.* **5** (*unit of measure*) spanna *f.*, nove pollici *m.pl.* **6** (*fig*) portata *f.*, estensione *f.*: *the* ~ *of one's memory* la portata della memoria. **7** (*Arch*) luce *f.*, campata *f.* **8** (*Aer*) apertura *f.* alare. **9** (*Ornit*) apertura *f.* d'ali. **II** *v.t.* **1** attraversare, stendersi attraverso: *a bridge -ned the river* un ponte attraversava il fiume. **2** (*to build across*) gettare su: *to* ~ *a river with a bridge* gettare un ponte su un fiume. **3** (*fig*) abbracciare. **4** (*to measure with the extended hand*) misurare a spanne. □ (*Arch*) ~ *roof* tetto a due spioventi.

span[2] /spæn/ *n.* **1** (*pair of matched horses, animals*) pariglia *f.* **2** (*team of oxen*) coppia *f.* di buoi.

span[3] /spæn/ → **spin**[1].

spanakopita /'spænəkoʊpɪtə/ *n.* (*Gastron*) spinakopita *f.* (torta di spinaci).

spancel /'spænsəl/ **I** *n.* pastoia *f.* **II** *v.t.* (*past, p.p.* **spancelled** /*Am* **spanceled** /'spænsəld/) impastoiare.

spandex /'spændeks/ *n.* (*Tess*) tessuto *m.* sintetico elasticizzato.

spandrel /'spændrəl/ *n.* (*Arch*) veletta *f.*

spangle /'spæŋɡl/ **I** *n.* (*Sart*) lustrino *m.*, paillette *f.* **2** (*small bright object*) piccolo oggetto *m.* scintillante. **II** *v.t.* **1** (*Sart*) ornare di lustrini, coprire di lustrini. **2** (*to sprinkle with glittering objects*) cospargere (o disseminare) di piccoli oggetti scintillanti.

Spanglish /'spæŋɡlɪʃ/ *n.* inglese *m.* ispanizzato, spagnolo *m.* con molte parole inglesi.

spangly /'spæŋɡli/ *a.* coperto di lustrini.

Spaniard /'spænjəd *Am* 'spænjərd/ *n.* spagnolo *m.* (*f.* -a).

spaniel /'spænjəl/ *n.* **1** (*Zool*) spaniel *m.* **2** (*fig*) persona *f.* servile, persona *f.* strisciante, adulatore *m.* (*f.* -trice); (*spreg*) leccapiedi *m./f.*

Spanish /'spænɪʃ/ **I** *a.* spagnolo, di Spagna. **II** *n.inv.* **1** (*costr.pl.*) (*people*) spagnoli *m.pl.* (*f.pl.* -e). **2** (*language*) spagnolo *m.*, lingua *f.*

spagnola. □ (*Geog*) ~ *America* America latina; (*Stor*) *the* ~ *Armada* l'Invincibile Armata; ~ *black* nero di Spagna; (*Bot*) ~ *chestnut*: **1** (*nut*) castagna; **2** (*tree*) castagno; (*Stor*) ~ *Civil War* guerra civile spagnola; (*Med*) ~ *flu*: **1** spagnola, influenza spagnola; **2** (*Stor*) epidemia di spagnola; (*Entom*) ~ *fly* cantaride; (*Mus*) ~ *guitar* chitarra classica; (*Stor*) ~ *Inquisition* inquisizione spagnola; (*Stor*) ~ *Main*: **1** terre sul Mar dei Caraibi, coste sul Mar dei Caraibi; **2** (*Caribbean*) Mar dei Caraibi; (*Bot*) ~ *moss* tillandsia; (*Gastron*) ~ *omelette* frittata di verdure (con cipolle, patate e peperoni); (*Bot,Alim*) ~ *onion* cipolla dolce, cipolla di Spagna; (*Am,Bot, Alim*) ~ *potato* patata americana; (*Gastron*) ~ *rice* riso alla spagnola.

Spanishness /'spænɪʃnəs/ *n.* l'essere spagnolo.

Spanish-speaking /'spænɪʃˌspiːkɪŋ/ *a.* di lingua spagnola, ispanofono.

spank /spæŋk/ **I** *v.t.* sculacciare. **II** *n.* sculaccione *m.*, sculacciata *f.* **III** *v.i.* (*colloq*) (*to move rapidly*) muoversi velocemente, muoversi con sveltezza. □ (*colloq*) *to* ~ *along* (*to move rapidly*) muoversi velocemente, muoversi con sveltezza.

spanker /'spæŋkər/ *n.* **1** chi sculaccia. **2** (*Mar*) randa *f.* di mezzana. **3** (*fast horse*) cavallo *m.* veloce. **4** (*colloq*) (*sth. excellent of its kind*) cosa *f.* eccezionale; (*colloq*) cannonata *f.*

spanking /'spæŋkɪŋ/ **I** *n.* sculacciata *f.* **II** *a.* **1** (*brisk, fast*) svelto, vivace: ~ *pace* passo svelto. **2** (*moving, capable of moving fast*) veloce, agile. **3** (*of a breeze*) gagliardo. **4** (*excellent, fine*) eccellente, magnifico, ottimo, di prim'ordine. **III** *avv.* eccezionalmente, estremamente. □ (*colloq*) ~ *new* nuovo di zecca, nuovo fiammante, nuovo di pacca.

spanner /'spænər/ *n.* **1** (*Br,Tecn*) chiave *f.* fissa; (*wrench with a semi-circular head*) chiave *f.* a settore. **2** (*Edil*) trave *f.* orizzontale. **3** (*Ferr*) traversa *f.* □ (*Br,colloq*) *to throw a* ~ *in the works* (o *to throw a* ~ *into the works*) mettere i bastoni fra le ruote.

spanworm /'spænwɜːm *Am* 'spænwɜːrm/ *n.* (*Entom*) geometride *m.*, bruco *m.* di geometride.

spar[1] /spɑːr *Am* spɑːr/ **I** *v.i.* (*past, p.p.* **sparred** /-d/) **1** (*Sport*) (*in boxing*) allenarsi, fare allenamento (*with* con). **2** (*fig*) (*to argue, to dispute*) litigare, bisticciare (*with, against* con). **3** (*of gamecocks*) combattere. **II** *n.* **1** (*Sport*) allenamento *m.* di pugilato, incontro *m.* di allenamento. **2** (*fig*) litigio *m.*, diverbio *m.*, disputa *f.* **3** (*cockfight*) combattimento *m.* di galli.

spar[2] /spɑːr *Am* spɑːr/ *n.* **1** (*Mar*) antenna *f.*, albero *m.*, pennone *m.* **2** (*Aer*) longherone *m.*, longarone *m.* **3** (*Edil*) antenna *f.*, stilo *m.* □ (*Mar*) ~ *buoy* boa a palo; (*Mar*) ~ *deck* controcoperta, ponte di controcoperta.

spar[3] /spɑːr *Am* spɑːr/ *n.* (*Min*) spato *m.*

sparable /'spærəbl/ *n.* (*Calz*) chiodo *m.* senza capocchia.

spare /speər *Am* sper/ **I** *a.* **1** di ricambio, di riserva, di scorta: *a* ~ *battery* una batteria di ricambio. **2** (*extra*) d'avanzo, in più. **3** (*free*) disponibile, libero: *is this seat* ~? è libero questo posto?; *have you got a* ~ *moment?* hai un momento libero? **4** (*meagre, frugal*) frugale, scarso, magro: *a* ~ *diet* una dieta frugale. **5** (*lean, thin*) smilzo, magro, snello, esile. **6** (*sparing*) parco, parsimonioso (*of* di), sobrio (*in*): ~ *of speech* parco di parole. **7** (*of style, etc.*) terso. **II** *n.* **1** pezzo *m.* di ricambio; (*anche Tecn*). **2** (*superfluous object*) oggetto *m.* in più. **3** (*duplicate kept in reserve*) doppione *m.* di riserva, duplicato *m.* di riserva. **4** (*Aut*) pneumatico *m.* di scorta, gomma *f.* di scorta. **5** (*Sport*) (*in bowling*) il buttare giù tutti i birilli con due colpi consecutivi. **III** *v.t.* **1** risparmiare: *to ~ so.'s life* risparmiare la vita a qcu. **2** (*to deal gently with*) aver riguardo per: *~ my feelings and stop talking about it* abbi pietà di me, non parlarne più. **3** (*rifl.*) *to ~ oneself* risparmiarsi. **4** (*to relieve of, to save*) risparmiare, evitare: *you can ~ me the gory details* risparmiami i particolari cruenti. **5** (*to leave undone, to neglect*) lasciare intentato, trascurare: *we -d nothing in our efforts* non abbiamo lasciato nulla di intentato nei nostri sforzi. **6** (*to use frugally*) risparmiare, lesinare, economizzare. **7** (*to do without, to dispense with*) fare a meno di, privarsi. **8** (*to give or to lend charitably*) prestare, dare: *can you ~ me ten pounds?* puoi prestarmi dieci sterline? **9** (*to make available*) trovare, reperire: *I can't ~ the time* non riesco a trovare il tempo. **IV** *v.i.* **1** economizzare, risparmiare. **2** (*to use mercy, to leniency*) essere indulgente. □ *~ bed* letto in più, letto per gli ospiti; (*Br*) *~ so.'s blushes* evitare di fare arrossire qcu., togliere qcu. dall'imbarazzo; *~ cash* denaro contante (disponibile); (*Br,colloq*) *go ~* infuriarsi, agitarsi, essere fuori di sé, essere fuori dalla grazia di Dio; (*colloq,intz*) *~ me!* risparmiami queste storie!, risparmiami questa solfa!, lascia perdere!; *to ~ no effort* (o *to ~ no efforts*) farsi in quattro, adoperarsi con ogni mezzo; *to ~ no expense* non badare a spese; *to ~ no pains* non risparmiarsi, sforzarsi al massimo; (*Tecn*) *~ part* pezzo di ricambio; (*Med*) *~ part surgery* chirurgia sostitutiva; (*Macell, Alim*) *~ rib* costoletta di maiale; *~ room* **1** camera per gli ospiti; **2** (*estens*) camera di servizio; *~ a set of clothes* un cambio (di vestiti); *~ us the suspense* non farci stare sulle spine; *~ time* tempo libero; (*Am,Aut*) *~ tire* gomma di scorta, pneumatico di scorta, ruota di scorta; *to ~* in abbondanza, d'avanzo: *he has money to ~* ha soldi in abbondanza; *enough and to ~* più del necessario, d'avanzo, a usura; (*Br*) *~ tyre*: **1** (*Aut*) gomma di scorta, pneumatico di scorta, ruota di scorta; **2** (*colloq,scherz*) trippa, pancetta; (*Aut*) *~ wheel* gomma di scorta, pneumatico di scorta, ruota di scorta. *Prov.*: *~ the rod and spoil the child* chi ama bene castiga bene, il medico pietoso fa la piaga verminosa.

sparely /ˈspeəli *Am* ˈsperli/ *avv.* **1** con parsimonia. **2** (*meagrely*) scarsamente, frugalmente, parcamente.

spareness /ˈspeənəs *Am* ˈspernəs/ *n.* **1** frugalità *f.*, scarsità *f.*, scarsezza *f.* **2** (*leanness*) magrezza *f.*, esilità *f.*

spare-rib /ˈspeərɪb *Am* ˈsperɪb/ *n.* (*Macell, Alim*) costoletta *f.* di maiale.

sparge /ˈspɑːdʒ/ **I** *v.t.* (*in brewing*) spruzzare (per inumidire). **II** *n.* **1** (*Tecn*) spruzzatura *f.* (per inumidire). **2** (*in brewing*) spruzzo *m.* di acqua calda.

sparger /ˈspɑːdʒəʳ/ *n.* (*Tecn*) spruzzatore *m.*, innaffiatore *m.*

sparing /ˈspeərɪŋ *Am* ˈsperɪŋ/ *a.* **1** parco, parsimonioso (of, in di), che risparmia (qcs.), che fa economia (su, di): *to be ~ of one's energies* risparmiare energie. **2** (*scanty, meagre*) scarso, povero: *he is always ~ in his praise* non è uno che si lancia in lodi sperticate.

sparingly /ˈspeərɪŋli *Am* ˈsperɪŋli/ *avv.* parcamente, con parsimonia, con moderazione.

spark¹ /spɑːk *Am* spɑːrk/ **I** *n.* **1** favilla *f.*, scintilla *f.*: *-s flew from the fire* dal fuoco sprizzavano faville. **2** (*El,Mot*) scintilla *f.* **3** (*fig*)

(*sth. that sets off*) scintilla *f.*, motivo *m.*, causa *f.*: *the ~ that set off the revolt* la scintilla che ha fatto scoppiare la rivolta. **4** (*fig*) (*trace*) traccia *f.*, residuo *m.*, un po': *not a ~ of life remained* non c'era traccia di vita. **5** (*fig*) (*trace of liveliness*) scintilla *f.*, sprazzo *m.*, sprizzo *m.* **6** *pl.* (*costr.sing.*) (*Mar,Aer*) radiotelegrafista *m.sing.*, marconista *m.sing.* **7** (*colloq, iron*) furbacchione *m.* (*f.* -a), furbone *m.* (*f.* -a). **II** *v.i.* **1** mandare scintille, fare scintille, scintillare. **2** (*El*) scintillare. **III** *v.t.* **1** (*fig*) accendere, infiammare, suscitare, provocare: *to ~ so.'s enthusiasm* accendere l'entusiasmo di qcu. □ *~ arrester*: **1** (*Tecn,Ferr*) parascintille; **2** (*El*) dispositivo antiscintillamento; (*Fis*) *~ chamber* camera a scintille; (*Mot*) *~ coil* bobina di accensione; (*El,Mot*) *~ gap* distanza tra gli elettrodi, spinterometro; (*Br, fig*) *he hasn't a ~ of decency in him* non ha un minimo di pudore, non ha un briciolo di pudore; (*fig*) *to ~ off* accendere, infiammare, suscitare, provocare: *the bill -ed off a series of strikes* la legge provocò una serie di scioperi; (*Mot*) *~ plug* candela (d'accensione).

spark² /spɑːk *Am* spɑːrk/ **I** *n.* **1** (*lively young man*) bellimbusto *m.*, ganimede *m.*: *a gay young ~* un giovane bellimbusto. **2** (*beau, lover*) innamorato *m.* **3** (*Am*) (*suitor*) corteggiatore *m.*; (*colloq*) filarino *m.* **II** *v.t.* (*Am, colloq*) corteggiare; (*colloq*) fare il filo a. **III** *v.i.* (*Am,colloq*) filare.

spark-advance /ˈspɑːkədˌvɑːns *Am* ˈspɑːrkədˌvɑːns/ *n.* (*Mot*) anticipo *m.* dell'accensione.

sparking /ˈspɑːkɪŋ *Am* ˈspɑːrkɪŋ/ □ (*Mot*) *~ plug* candela (d'accensione).

sparkish /ˈspɑːkɪʃ/ *a.* (*Am*) **1** vivace, gaio, allegro. **2** (*dapper*) elegante, azzimato, attillato.

sparkle /ˈspɑːkḷ *Am* ˈspɑːrkḷ/ **I** *v.i.* **1** scintillare, sfavillare, luccicare, brillare: *the ice -d in the sunlight* il ghiaccio scintillava al sole. **2** (*of wine, drinks*) spumeggiare, spumare, essere effervescente. **3** (*fig*) essere frizzante, essere animato, essere vivace: *the conversation -d* la conversazione era frizzante. **II** *n.* **1** sfavillio *m.*, scintillio *m.*, luccichio *m.* **2** (*of wine*) effervescenza *f.* **3** (*fig*) brio *m.*, vivacità *f.*, animazione *f.*

sparkler /ˈspɑːklər *Am* ˈspɑːrklər/ *n.* **1** cosa *f.* che sfavilla, oggetto *m.* scintillante. **2** (*firework*) stella *f.* filante. **3** (*sl*) (*diamond*) diamante *m.*, brillante *m.*

sparklet /ˈspɑːklət *Am* ˈspɑːrklət/ *n.* piccola scintilla *f.*

sparkling /ˈspɑːklɪŋ *Am* ˈspɑːrklɪŋ/ *a.* **1** scintillante, sfavillante, luccicante, brillante. **2** (*of wines, drinks*) effervescente, spumeggiante, spumante. **3** (*fig*) vivace, frizzante, animato, spumeggiante: *~ dialogue* dialogo vivace. □ *~ water* acqua frizzante; (*Enol*) *~ wine* spumante, vino spumante; *~ with wit* che sprizza arguzia.

sparklingly /ˈspɑːklɪŋli *Am* ˈspɑːrklɪŋli/ *avv.* **1** in modo scintillante. **2** (*fig*) vivacemente, con brio.

spark-plug /ˈspɑːkplʌg *Am* ˈspɑːrkplʌg/ □ (*Mot*) *~ lead* (o *~ wire*) cavo di accensione.

sparks /spɑːks *Am* spɑːrks/ *n.* **1** (*Mar,colloq*) (*radio operator*) radiotelegrafista *m./f.* **2** (*Br, colloq*) (*electrician*) elettricista *m./f.*

sparky /ˈspɑːki *Am* ˈspɑːrki/ *a.* vivace, brioso, vispo.

sparling /ˈspɑːlɪŋ *Am* ˈspɑːrlɪŋ/ *n.* (*Itt*) sperlano *m.*, eperlano *m.*

sparring /ˈspɑːrɪŋ *Am* ˈspɑːrɪŋ/ *n.* **1** (*Sport*) pugilato *m.* di allenamento. **2** (*fig*) diverbio *m.*, disputa *f.*, litigio *m.* □ *~ partner*: **1** (*Sport*) compagno *m.* di allenamento, sparring partner;

2 (*fig*) avversario in una disputa.

sparrow /ˈspærou *Am* ˈsperou/ *n.* (*Ornit*) passero *m.* □ *at ~ fart* all'alba; (*Ornit*) *~ hawk* sparviere, sparviero; (*fig*) *to eat like a ~* mangiare come un uccellino.

sparrowgrass /ˈspærougrɑːs *Am* ˈsperougrɑːs/ *n.* (*dial,Bot,Alim*) (*asparagus*) asparago *m.*

sparry /ˈspɑːri *Am* ˈspɑːri/ *a.* (*Min*) spatico, simile a spato, ricco di spato.

sparse /spɑːs *Am* spɑːrs/ *a.* **1** rado, sparso. **2** (*scanty, rare*) scarso, limitato.

sparsely /ˈspɑːsli *Am* ˈspɑːrsli/ *avv.* in modo sparso, poco, scarsamente.

sparseness /ˈspɑːsnəs *Am* ˈspɑːrsnəs/, **sparsity** /ˈspɑːsəti *Am* ˈspɑːrsəti/ *n.* **1** l'essere rado. **2** (*scantiness*) scarsità *f.*, scarsezza *f.*, insufficienza *f.*

Sparta /ˈspɑːtə *Am* ˈspɑːrtə/ *n.pr.* (*Geog.stor*) Sparta *f.*

Spartacist /ˈspɑːtəsɪst *Am* ˈspɑːrtəsɪst/ **I** *n.* (*Stor*) spartachista *m./f.* **II** *a.* (*Stor*) aderente alla lega di Spartaco.

Spartacus /ˈspɑːtəkəs *Am* ˈspɑːrtəkəs/ *n.pr.m.* (*Stor*) Spartaco.

Spartan /ˈspɑːtən *Am* ˈspɑːrtən/ **I** *a.* spartano (*anche fig*): *~ living* vita spartana. **II** *n.* **1** spartano *m.* (*f.* -a). **2** (*fig*) persona *f.* dalle abitudini spartane.

sparteine /ˈspɑːtiən *Am* ˈspɑːrtiən/ *n.* (*Farm*) sparteina *f.*

spasm /ˈspæzəm/ *n.* **1** (*Med*) spasmo *m.*: *muscular ~* spasmo muscolare, crampo. **2** (*fig*) (*of pain*) fitta *f.* (of di); (*of anxiety, panic*) attacco *m.*; (*of rage, coughing*) accesso *m.*, scoppio *m.*: *a ~ of coughing* un accesso di tosse. □ *to work in -s* lavorare in modo discontinuo; *~ of pain* dolore lancinante, spasmo.

spasmodic /spæzˈmɒdɪk *Am* spæzˈmɑːdɪk/, **spasmodical** /spæzˈmɒdɪkəl *Am* spæz ˈmɑːdɪkəl/ *a.* **1** (*Med*) spasmodico. **2** (*fig*) (*intermittent*) intermittente, discontinuo: *~ progress* progresso discontinuo. □ (*Med*) *~ asthma* asma bronchiale spastica.

spasmodically /spæzˈmɒdɪkli *Am* spæz ˈmɑːdɪkli/ *avv.* spasmodicamente, a intervalli, convulsamente.

spastic /ˈspæstɪk/ **I** *a.* **1** (*Med*) spastico. **2** (*estens,spreg*) spastico, goffo, imbranato. **II** *n.* (*Med*) spastico *m.* (*f.* -a). □ (*Med*) *~ colon* colon irritabile.

spastically /ˈspæstɪkəli/ *avv.* (*Med*) spasticamente.

spasticity /spæsˈtɪsəti *Am* spæsˈtɪsəti/ *n.* (*Med*) spasticità *f.*

spat¹ /spæt/ → **spit**¹.

spat² /spæt/ *n.* (*Calz*) ghetta *f.*

spat³ /spæt/ **I** *n.* **1** (*Am*) (*brief quarrel*) batticbecco *m.*, litigio *m.* (with con). **2** (*Br*) (*spattering noise*) picchiettio *m.*, crepitio *m.* **3** (*Br*) (*light blow*) scappellotto *m.*, schiaffetto *m.* **II** *v.t.* (*past, p.p.* **spatted** /ˈspætɪd/) **1** picchiettare su. **2** (*to strike lightly*) dare uno scappellotto a.

spat⁴ /spæt/ **I** *n.* (*pl.inv.* o *-s* /-s/) uova *f.pl.* di molluschi. **II** *v.i.* (*past, p.p.* **spatted** /ˈspætɪd/) deporre le uova.

spatchcock /ˈspætʃkɒk *Am* ˈspætʃkɑːk/ **I** *n.* (*Gastron*) volatile *m.* appena ucciso cucinato alla griglia, pollo *m.* alla diavola. **II** *v.t.* (*past, p.p.* **-ed** /-t/) (*Br,colloq*) (*to introduce as an afterthought*) aggiungere frettolosamente (dopo un ripensamento).

spate /speit/ *n.* **1** piena *f.*: *a river in (full)* un fiume in piena. **2** (*flood*) inondazione *f.* **3** (*fig*) grande quantità *f.*, diluvio *m.*, fiume *m.*: *a ~ of articles* una grande quantità di articoli. □ (*colloq*) *in ~ (of a river)* in piena.

spathe /speɪð/ n. (Bot) spata f.

spathic /'spæθɪk/ a. (Min) spatico, sfaldabile.

spatial /'speɪʃəl/ a. dello spazio, spaziale: ~ pioneers pionieri dello spazio. ☐ ~ awareness (o ~ intelligence) capacità di orientamento spaziale.

spatiality /ˌspeɪʃɪ'æləti Am ˌspeɪʃɪ'æləti/ n. spazialità f.

spatialization /ˌspeɪʃɪə'laɪzeɪʃən Am ˌspeɪʃɪæ'lɪzeɪʃən/ n. spazializzazione f.

spatialize /'speɪʃɪælaɪz/ v.t. spazializzare (anche Tecn,Inform): to ~ a sound track spazializzare una traccia audio, elaborare spazialmente una traccia audio; to ~ information spazializzare l'informazione.

spatially /'speɪʃəli/ avv. dal punto di vista spaziale.

spatio-temporal /ˌspeɪʃoʊ'tempərəl/ a. (Fis, Filos) spaziotemporale.

spatter /'spætər Am 'spætər/ I v.t. 1 schizzare, spruzzare: the passing cars -ed us with mud le macchine, passando, ci hanno schizzato di fango. 2 (of liquids, etc.) schizzare. 3 (to cover with spots) macchiare, chiazzare, macchiettare. 4 (Br,fig) (to defame, to besmirch) diffamare, denigrare. II v.i. 1 schizzare. 2 (to make a spattering noise) crepitare (on su; against contro), scrosciare, battere, picchiare: bullets -ed against the side of the car i proiettili crepitavano sul fianco della macchina. III n. 1 schizzo m., schizzata f., spruzzo m. 2 (spot, splash) schizzo m., spruzzo m.; (of mud) zacchera f. 3 (sound) picchiettio m., crepitio m.: the ~ of rain il picchiettio della pioggia. ☐ ~ dash intonaco grezzo; he -ed mud on his shoes si è inzaccherato le scarpe.

spatterdash /'spætədæʃ Am 'spætərdæʃ/ n. (Stor) gambale m.

spatula /'spætjələ Am 'spætʃələ/ n. spatola f. (anche Med).

spatulate /'spætjələt Am 'spætʃələt/ a. 1 a (forma di) spatola. 2 (Bot) spatolato.

spatule /'spætʃələ/ n. (Biol) organo m. a forma di spatola, parte f. a forma di spatola.

spawn /spɔːn/ I n. 1 (Zool,Biol) uova f.pl. 2 (fig) (product) prodotto m., frutto m., risultato m. 3 (collett.) (spreg) progenie f., prole f., stirpe f.: the ~ of the Devil la progenie di Satana. 4 (Bot) micelio m. II v.i. 1 (Zool) deporre le uova. 2 (fig,spreg) figliare, procreare. III v.t. 1 (Zool) deporre. 2 (fig) generare, dare origine a, far sorgere.

spawning /spɔːnɪŋ/ n. deposizione f. delle uova. ☐ ~ ground fregolatoio, luogo in cui i pesci depongono le uova.

spay /speɪ/ v.t. (Veter) asportare le ovaie a, sterilizzare (asportando le ovaie).

speak /spiːk/ (past spoke /spoʊk/, ant spake /speɪk/; p.p. spoken /'spoʊkən/, ant spoke) I v.i. 1 parlare (to a; about, of di): to learn to ~ imparare a parlare; to ~ calmly parlare con calma. 2 (to converse) parlare (to, with con, a; about, of di), conversare (con), discorrere (con). 3 (to communicate vocally) parlare (to a): I will ~ to the manager about it ne parlerò al direttore. 4 (to make a speech) parlare, tenere un discorso: who is -ing at the meeting? chi parlerà alla riunione? 5 (to address) parlare, rivolgere la parola (to a): they're not -ing any more non si parlano più. 6 (to convey meaning) parlare, essere espressivo: she said nothing, but her eyes spoke for her non diceva nulla, ma i suoi occhi parlavano per lei. 7 (colloq) (to use on speaking terms) parlare, rivolgersi la parola (to, with con). 8 (to give a reprimand) fare un rimprovero, fare una ramanzina (to a), rimproverare (qcu.). 9 (to appeal) appellarsi, fare appello, rivolgersi (to a): as a politician he -s to the masses come uomo politico si rivolge alle masse. 10 (to bear witness) parlare, testimoniare: to ~ in so.'s defence parlare in difesa di qcu. 11 (to extend a greeting) rivolgere un saluto (to a), salutare (qcu.): to ~ to so. on the street salutare qcu. per strada. II v.t. 1 dire, pronunciare, esprimere: to ~ words of wisdom dire parole sagge. 2 (of a language) parlare, sapere, conoscere: to ~ six languages parlare sei lingue. 3 (to reveal) esprimere, dire, manifestare, rivelare: her eyes spoke her love i suoi occhi esprimevano il suo amore. 4 (Mar) (by voice) comunicare a voce con, parlare con il megafono a; (by signal) comunicare con segnali con. 5 (rar) (to demonstrate clearly) dimostrare chiaramente, provare. 6 (rar) (to converse with) conversare con. ☐ to ~ as so. finds dire le cose come stanno, dire pane al pane e vino al vino; to ~ by the book parlare con cognizione di causa; to ~ down to so. parlare con (tono di) degnazione a; to ~ evil of so. parlar male di qcu.; to ~ so. fair parlare cortesemente a qcu.; to ~ for: 1 parlare a nome di, essere il portavoce di; 2 (to speak in defence of) parlare a favore di; 3 (to reserve) riservare, prenotare, impegnare; to ~ for oneself: 1 parlare per se stesso, parlare per sé, parlare a nome proprio: we like it very much - ~ for yourself! ci piace molto - parla per te!; 2 (to be self-explanatory) essere significativo, essere eloquente: his actions ~ for themselves le sue azioni parlano da sole; -ing for myself per parte mia; to ~ ill of so. parlare male di qcu.; to ~ in a serious vein parlare seriamente; (Bibl, Rel) to ~ in tongues parlare in lingue; (colloq) to ~ like a book parlare come un libro stampato; to ~ one's mind dire quello che si pensa; to ~ of: 1 parlare di: he spoke of his problems parlò dei suoi problemi; 2 (to be indicative of) denotare, indicare, rivelare: his tastes ~ of a substantial income i suoi gusti denotano un reddito cospicuo; 3 (assol) essere degno di nota, essere di qualche importanza: the country has no mineral resources to ~ of il paese non ha risorse minerali degne di nota; nothing to ~ of niente degno di essere menzionato, nulla di speciale, nulla di importante; ~ of the devil! lupus in fabula!, si parla del diavolo e spuntano le corna; to ~ out: 1 parlare chiaro (e tondo), dire ciò che si pensa, dire le proprie ragioni; 2 (to declare openly) dichiarare apertamente, dire francamente; to ~ out against sth. parlare a sfavore di qcs., dichiararsi contrario a qcs.; to ~ out for sth. pronunciarsi a favore di qcs., dichiararsi favorevole a qcs.; 3 (to speak loud enough to be heard) parlare ad alta voce; to ~ sense parlare sensatamente; (fig) to ~ the same language intendersi, parlare la stessa lingua; to ~ one's thoughts rivelare i propri pensieri, dire ciò che si pensa; (fig) to ~ through so.'s mouth parlare per bocca di qcu.; to ~ to attestare, testimoniare; to ~ up: 1 parlare forte, parlare ad alta voce: ~ up, I can't hear you parla forte, non ti sento; 2 (to speak frankly) parlare francamente, parlare chiaro; (fig) to ~ volumes dire tutto, essere molto espressivo; the look she gave me spoke volumes lo sguardo che mi diede diceva tutto; to ~ volumes for stare a dimostrare, essere significativo di; to ~ well for so. fare onore a qcu.: it -s well for him that he tried it l'aver tentato gli fa onore.

speakeasy /'spiːkˌiːzi/ n. (Am,colloq) rivendita f. clandestina di alcolici.

speaker /'spiːkər/ n. 1 chi parla. 2 (orator) oratore m. (f. -trice), conferenziere m. (f. -a), relatore m. (f. -trice). 3 (spokesman) portavoce m. 4 (TV,Rad) annunciatore m. (f. -trice). 5 (loudspeaker) altoparlante m.

Speaker /'spiːkər/ n. (US,Aus,Parl) presidente m. della Camera dei deputati, speaker m. ☐ (GB,Parl) ~ of the House (of Commons) presidente della Camera dei comuni; (US,Parl) ~ of the House (of Representatives) presidente della Camera dei rappresentanti.

speakerphone /ˌspiːkər'foʊn/ n. (Tel) telefono m. a vivavoce: take me off of (the) ~ so that we can speak confidentially togli ci dal vivavoce, così possiamo parlare in privato.

speakership /'spiːkəʃɪp Am 'spiːkərʃɪp/ n. (Parl) presidenza f. della Camera dei deputati.

speaking /'spiːkɪŋ/ I n. 1 il parlare. 2 (elocution) oratoria f., eloquenza f. 3 (pronunciation) pronuncia f. II a. 1 che parla, parlante. 2 (in compounds) che parla..., di lingua...: English-~ che parla inglese, di lingua inglese. 3 (of a portrait, etc.) parlante, vivente. ☐ (Br,Tel) ~ clock ora esatta; within ~ distance a tiro di voce, a portata di voce; (Bibl, Rel) ~ in tongues il parlare in lingue; ~ part (o ~ role) ruolo drammatico con battute; not to be on ~ terms with so. conoscere qcu. solo di vista, non conoscere abbastanza qcu. da rivolgergli la parola; not to be on ~ terms non rivolgersi la parola (with con); ~ tour ciclo di conferenze; ~ trumpet megafono, portavoce; ~ tube portavoce, tubo portavoce.

spear[1] /spɪər Am spɪr/ I n. 1 lancia f., asta f. 2 (spearman) soldato m. armato di lancia, soldato m. armato di asta. 3 (Pesc) fiocina f., arpione m. II v.t. 1 colpire con la lancia, trafiggere con la lancia. 2 (Pesc) fiocinare, arpionare. III v.i. penetrare come una lancia. ☐ ~ carrier portatore di lancia, lanciere; ~ fishing pesca con la fiocina; (Pesc) ~ gun fucile subacqueo; ~ side linea di discendenza maschile, ramo di discendenza maschile.

spear[2] /spɪər Am spɪr/ I n. (Bot) 1 germoglio m. 2 (sapling) alberello m., arboscello m. II v.i. germogliare.

spearfish /'spɪəfɪʃ Am 'spɪrfɪʃ/ n. (Itt) aguglia f. imperiale.

speargun /'spɪəɡʌn Am 'spɪrɡʌn/ n. fucile m. subacqueo.

spearhead /'spɪəhed Am 'spɪrhed/ I n. 1 punta f. della lancia. 2 (Mil) avanguardia f., reparto m. di assalto, uomo m. di punta. 3 (fig) capi m.pl. di un movimento. II v.t. 1 (Mil) condurre, essere alla testa di: to ~ an attack condurre un attacco. 2 (fig) capeggiare, essere alla testa di.

spearman /'spɪəmən Am 'spɪrmən/ n.irr. lanciere m., soldato m. armato di lancia, soldato m. armato di asta.

spearmint /'spɪəmɪnt Am 'spɪrmɪnt/ n. 1 (Bot) menta f. romana, menta f. verde. 2 (chewing gum) gomma f. americana alla menta.

spec /spek/ I n. (colloq) 1 (speculation) speculazione f. 2 pl. (spectacles) occhiali m.pl. 3 pl. specificazione f.sing., descrizione f.sing. particolareggiata. II v.t. (colloq) 1 (to speculate) speculare. 2 (give specifications for) specificare. ☐ (Am,colloq) ~ house casa progettata ad hoc; (colloq) on ~ rischiando: I bought the car on ~ ho comprato l'automobile per fare un affare; (colloq) ~ sheet caratteristiche tecniche, specifiche; to ~ secondo le specifiche.

special /'speʃəl/ I a. 1 speciale, eccezionale, straordinario. 2 (peculiar, unique) a sé, particolare, speciale, singolare: this is a ~ case questo è un caso a sé. 3 (designed for a par-

ticular purpose, function, etc.) adatto, apposito, fatto appositamente, specifico: *a ~ machine for the job* una macchina adatta per questo lavoro. 4 (*exceptional*) eccezionale, straordinario: *of ~ importance* di eccezionale importanza. 5 (*specific*) specifico. 6 (*of a friend*) caro, intimo. 7 (*extra, supplementary*) straordinario, supplementare, extra: *a ~ bonus* un premio straordinario. II *n.* 1 particolare *m.*: *the general and the ~* il generale e il particolare. 2 (*special constable*) tutore *m.* volontario dell'ordine. 3 (*Giorn*) edizione *f.* straordinaria. 4 (*Gastron*) (*at a restaurant*) piatto *m.* del giorno. 5 (*Am,TV*) special *m.* □ *~ agent* agente speciale; (*GB*) *Special Branch* reparto di polizia specializzato nella sicurezza politica; (*Inform*) *~ characters* caratteri speciali; (*Scol*) *~ class* classe differenziale; *~ constable* tutore volontario dell'ordine; (*Post*) *~ delivery* recapito per espresso; *~ delivery letter* lettera espresso, espresso; (*Econ*) *~ drawing rights* diritti speciali di prelievo; (*Giorn*) *~ edition* edizione straordinaria; (*Scol*) *~ education* insegnamento per alunni con difficoltà di apprendimento; (*Cin,TV*) *~ effects* effetti speciali; (*Econ*) *~ fund* fondo speciale; (*Inform*) *~ interest group* gruppo di interesse specifico; *~ leave*: 1 (*Mil*) permesso speciale; 2 (*Dir*) autorizzazione del tribunale; (*Dir*) *~ licence* licenza speciale; *~ manager* amministratore straordinario; *on ~ mission* in missione speciale; (*Scol*) *~ needs* difficoltà di apprendimento; (*Sport*) *Special Olympics* Olimpiadi speciali, giochi paraolimpici, paraolimpiadi; (*Pol*) *~ relationship* legami privilegiati; (*Fis*) *~ relativity* relatività speciale, relatività ristretta; (*Scol*) *~ school* scuola per alunni con difficoltà di apprendimento; (*Tip*) *~ sort* carattere speciale; (*Met*) *~ steel* acciaio speciale; *~ waste* rifiuti speciali.

specialise /'speʃəlaɪz Am 'speʃəlaɪz/ *v.i./ t.* (*Br*) → **specialize**

specialism /'speʃəlɪzᵊm Am 'speʃəlɪzᵊm/ *n.* specializzazione *f.*

specialist /'speʃəlɪst Am 'speʃəlɪst/ I *n.* specialista *m./f.* (*anche Med*). II *a.* specialistico. □ *~ hospital* ospedale specializzato; (*Giorn*) *~ press* stampa specializzata.

specialistic /ˌspeʃəl'ɪstɪk Am ˌspeʃəˈlɪstɪk/ *a.* specialistico.

speciality /ˌspeʃiˈæləti Am ˌspeʃiˈælətɪ/ *n.* 1 specialità *f.* 2 (*of a restaurant, etc.*) specialità *f.*, piatto *m.* tipico, prodotto *m.* caratteristico. 3 (*special character*) particolarità *f.*, specialità *f.*, singolarità *f.* □ (*Br,Teat*) *~ act* pezzo forte, cavallo di battaglia; (*Br*) *~ holiday* vacanze a tema; (*Am,Teat*) *~ number* pezzo forte, cavallo di battaglia; (*Am*) *~ vacation* vacanze a tema.

specialization /ˌspeʃəlaɪˈzeɪʃᵊn Am ˌspeʃəlɪ'zeɪʃᵊn/ *n.* specializzazione *f.*

specialize /'speʃəlaɪz Am 'speʃəlaɪz/ I *v.i.* 1 essere specializzato, specializzarsi (*in* in): *he is -d in gynaecology* è specializzato in ginecologia. 2 (*to particularize*) specificare, particolareggiare. 3 (*Biol*) adattarsi. II *v.t.* 1 specializzare. 2 (*to adapt to a special use, function, etc.*) adattare a un determinato uso, restringere a un determinato uso. 3 (*to specify, to particularize*) specificare, indicare in dettagli, precisare in dettagli, particolareggiare. 4 (*Biol*) adattarsi.

specially /'speʃəli/ *avv.* 1 specialmente, in special modo, soprattutto. 2 (*expressely, just*) appositamente, apposta, di proposito, specificatamente.

specialty /'speʃəlti/ *n.* (*Am*) 1 specialità *f.*, particolarità *f.*, singolarità *f.* 2 (*speciality*)

speciality *f.* 3 (*Dir*) contratto *m.* solenne, contratto *m.* sigillato. 4 (*Comm*) articolo *m.* speciale; (*novelty*) novità *f.* □ *~ food* specialità gastronomiche; *~ shop* negozio specializzato.

speciation /ˌspeʃɪˈeɪʃᵊn/ *n.* (*Biol*) speciazione *f.*

specie /'spiːʃiː/ *n.* (*Econ,Numism*) moneta *f.* metallica. □ (*Comm*) *payment in ~* pagamento in moneta.

species /'spiːʃiːz/ *n.inv.* 1 (*Biol*) specie *f.*: *protected ~* specie protette. 2 (*race of mankind*) specie *f.* umana, genere *m.* umano. 3 (*kind, sort*) specie *f.*, tipo *m.*, genere *m.* 4 (*Filos,Mat, Teol*) specie *f.*

specifiable /'spesɪfaɪəbl/ *a.* specificabile.

specific /spəˈsɪfɪk/ I *a.* 1 specifico, particolare, determinato: *the ~ purpose* lo scopo specifico. 2 (*explicit, precise*) preciso, specifico, esplicito: *my orders were quite ~* i miei ordini erano molto precisi. 3 (*peculiar*) caratteristico, peculiare, pronto, proprio (*to* di). 4 (*Biol*) specifico, della specie: *~ differences* differenze specifiche. 5 (*Med,Fis*) specifico. II *n.* (*Farm*) specifico *m.*, rimedio *m.* specifico (*for* per, contro). □ (*Biol*) *~ character* carattere specifico; (*El*) *~ charge* carica specifica; (*Inform*) *~ code* linguaggio macchina; (*Fis*) *~ gravity* peso specifico; (*Fis*) *~ heat* (o *~ heat capacity*) calore specifico relativo; (*Dir*) *~ performance* esecuzione forzata del contratto in forma specifica.

specifically /spəˈsɪfɪkli/ *avv.* 1 specificamente. 2 (*particularly*) particolarmente, specificamente.

specification /ˌspesɪfɪˈkeɪʃᵊn Am ˌspesɪfəˈkeɪʃᵊn/ *n.* 1 lo specificare, specificazione *f.* 2 (*detailed description*) specificazione *f.*, descrizione *f.* dettagliata (*for, of* di). 3 (*detailed list*) specifica *f.*, lista *f.* dettagliata. 4 *spec.pl.* (*Tecn,Mecc*) dati *m.pl.* caratteristici: *the -s of a machine* i dati caratteristici di una macchina. 5 (*Dir*) (*for a patent*) descrizione *f.* dettagliata dell'invenzione; (*of a property*) specificazione *f.* (*of a proposed building, etc.*) capitolato *m.sing.* di appalto. 7 *pl.* (*Tip,ant*) specifica *f.sing.* dei lavori. □ (*Tecn*) *~ sheet* caratteristiche tecniche, specifiche.

specificity /ˌspesɪˈfɪsəti Am ˌspesɪˈfɪsətɪ/ *n.* 1 specificità *f.*, precisione *f.* 2 (*Biol,Med*) specificità *f.* (*to* a).

specified /'spesɪfaɪd/ *a.* specificato, precisato: *as ~ above* come specificato sopra; *unless otherwise ~* salvo indicazione contraria; *not elsewhere ~* non specificato altrove.

specify /'spesɪfaɪ/ *v.t.* 1 specificare, precisare, indicare esattamente, indicare nei particolari. 2 (*to state as a condition*) stabilire, decretare, fissare.

specimen /'spesəmɪn Am 'spesəmən/ *n.* 1 esemplare *m.*, modello *m.* 2 (*sample*) campione *m.*: *-s of the new fabrics* campioni delle nuove stoffe. 3 (*sth. preserved for testing*) campione *m.*, saggio *m.*, specimen *m.*: *a ~ of handwriting* un campione di scrittura. 4 (*in microscopy*) preparato *m.*: *botanical -s* preparati botanici. 5 (*Edit*) specimen *m.* 6 (*Filat*) esemplare *m.* 7 (*Tecn*) (*test piece*) provino *m.*, campione *m.* 8 (*colloq*) (*particular kind, sort*) esemplare *m.*: *an ugly ~ of a bulldog* un brutto esemplare di bulldog. 9 (*colloq*) (*person*) tipo *m.*, individuo *m.*: *he's a queer ~* è un tipo strano. 10 (*colloq*) (*odd person*) tipo *m.* strano. □ (*Edit*) *~ copy* copia saggio; (*Edit*) *~ page* pagina di prova; *~ signature* specimen di firma, deposito della firma.

speciosity /ˌspiːʃɪˈɒsəti Am ˌspiːʃɪˈɑːsətɪ/ *n.* speciosità *f.*

specious /'spiːʃəs/ *a.* fallace, ingannevole,

specioso: *a ~ argument* un argomento specioso.

speciously /'spiːʃəsli/ *avv.* speciosamente, fallacemente.

speciousness /'spiːʃəsnəs/ *n.* speciosità *f.*, fallacia *f.*

speck /spek/ I *n.* 1 macchiolina *f.*, puntino *m.*, piccolo segno *m.*, ticchio *m.* 2 (*tiny particle*) granello *m.*, particella *f.*: *a ~ of dust in one's eye* un granello di polvere nell'occhio. 3 (*fig*) briciolo *m.*, filo *m.*, minimo *m.*: *a ~ of interest* un briciolo di interesse: *he hasn't a ~ of decency in him* non ha un minimo di pudore. 4 (*sth. appearing tiny because of distance*) puntino *m.*, punto *m.* 5 (*Agr*) ticchiolatura *f.*; (*specked fruit*) frutto *m.* ticchiolato. II *v.t.* macchiettare, picchiettare.

specked /spekt/ *a.* 1 macchiettato, picchiettato. 2 (*Agr*) ticchiolato.

speckle /'spekl/ I *n.* 1 macchiolina *f.*, puntino *m.*, piccolo segno *m.*, ticchio *m.* 2 (*small patch of colour or light*) macchia *f.*, chiazza *f.* II *v.t.* 1 macchiettare, picchiettare. 2 (*fig*) punteggiare: *little lakes -d the land* dei laghetti punteggiavano il terreno.

speckled /'spekld/ *a.* macchiettato (*with* di), maculato, moschettato, picchiettato, punteggiato, screziato, variolato: *~ wood* legno venato.

speckless /'spekləs/ *a.* senza macchie, immacolato (*anche fig*).

spectacle /'spektəkl/ *n.* 1 spettacolo *m.* 2 (*object of curiosity*) oggetto *m.* di curiosità. 3 (*Cin*) film *m.* spettacolare. 4 (*Teat,TV*) rappresentazione *f.* spettacolare. 5 *pl.* (*glasses*) occhiali *m.pl.* □ *~ case* astuccio per occhiali; *to make a ~ of oneself* dare spettacolo di sé.

spectacled /'spektəkld/ *a.* 1 che porta gli occhiali, occhialuto. 2 (*Zool*) dagli occhiali.

spectacular /spek'tækjələr/ I *a.* 1 spettacolare, grandioso, vistoso. 2 (*amazing*) straordinario, fantastico, spettacoloso. 3 (*daring*) spettacolare: *a ~ dive* un tuffo spettacolare. II *n.* 1 cosa *f.* spettacolare. 2 (*Cin*) film *m.* spettacolare. 3 (*Teat,TV*) rappresentazione *f.* spettacolare.

spectacularly /spek'tækjələrli/ *avv.* in modo spettacolare.

spectate /spek'teɪt/ *v.i.* fare da spettatore, essere spettatore di, assistere a.

spectator /spek'teɪtər Am spek'teɪtər/ *n.* spettatore *m.* (*f.* -trice).

spectatorial /ˌspektə'tɔːrɪəl/ *a.* da spettatore.

specter /'spektər/ *n.* (*Am*) 1 spettro *m.*, fantasma *m.*, ombra *f.* 2 (*fig*) spettro *m.*: *the ~ of unemployment* lo spettro della disoccupazione.

spectral /'spektrəl/ *a.* 1 spettrale, di spettro. 2 (*Fis*) spettrale, dello spettro: *~ colours* colori dello spettro.

spectre /'spektər/ *n.* 1 spettro *m.*, fantasma *m.*, ombra *f.* 2 (*fig*) spettro *m.*: *the ~ of unemployment* lo spettro della disoccupazione.

spectrogram /'spektrougræm/ *n.* (*Fis*) spettrogramma *m.*

spectrograph /'spektrougrɑːf Am 'spektrougræf/ *n.* (*Fis,Tecn*) spettrografo *m.*

spectrographic /ˌspektrou'grɑːfɪk Am ˌspektrou'græfɪk/ *a.* (*Fis*) spettrografico: *~ analysis* analisi spettrografica.

spectrographically /ˌspektrou'grɑːfɪkli Am ˌspektrou'græfɪkˈli/ *avv.* spettrograficamente.

spectrography /spek'trɒgrəfi Am spek'trɑːgrəfi/ *n.* (*Fis*) spettrografia *f.*

spectrometer /spek'trɒmɪtər Am spek'trɑːmətər/ *n.* (*Fis,Tecn*) spettrometro *m.*: *mass*

~ spettrometro di massa.

spectrometric /ˌspektroʊ'metrɪk *Am* ˌspektroʊ'metrɪk/ *a.* (*Fis*) spettrometrico.

spectrometry /ˌspek'trɒmɪtri *Am* ˌspek'trɑːmətri/ *n.* (*Fis,Chim*) spettrometria *f.*

spectroscope /'spektrəskoʊp/ *n.* (*Fis*) spettroscopio *m.*

spectroscopic /ˌspektrə'skɒpɪk *Am* ˌspektrə'skɑːpɪk/, **spectroscopical** /ˌspektrə'skɒpəl *Am* ˌspektrə'skɑːpɪkəl/ *a.* (*Fis*) spettroscopico.

spectroscopically /ˌspektrə'skɒpɪkəli *Am* ˌspektrə'skɑːpɪkli/ *avv.* (*Fis*) spettroscopicamente.

spectroscopist /spek'trɒskəpɪst *Am* spek'trɑːskəpɪst/ *n.* (*Fis*) esperto *m.* (*f.* -a) di spettroscopia.

spectroscopy /spek'trɒskəpi *Am* spek'trɑːskəpi/ *n.* (*Fis*) spettroscopia *f.*

spectrum /'spektrəm/ (*pl.* **-tra** /-trə/ o **-s** /-z/) *n.* **1** (*Fis,Farm*) spettro *m.* **2** (*fig*) spettro *m.*, gamma *f.*, serie *f.*: *a wide ~ of opportunities* un'ampia gamma di opportunità. **3** (*Rad*) gamma *f.* completa di frequenze. □ (*Fis, Chim*) ~ *analysis* analisi spettrale; ~ *colours* colori dello spettro.

specular /'spekjʊlər *Am* 'spekjələr/ *a.* speculare.

speculate /'spekjəleɪt/ *v.i.* **1** fare congetture, fare ipotesi, congetturare (*about, on, upon* su): *to ~ on the outcome of qcs.* fare congetture sull'esito di qcs. **2** (*to meditate*) speculare, meditare. **3** (*Econ*) speculare, fare speculazioni (*in. on* su): *to ~ in stocks* speculare in titoli.

speculation /ˌspekjə'leɪʃən, ˌspekjʊ'leɪʃən/ *n.* **1** congettura *f.*, ipotesi *f.*, supposizione *f.* **2** (*Econ,Filos*) speculazione *f.* (*in* su). **3** (*meditation*) speculazione *f.*, meditazione *f.* **2** (*Econ*) *to buy sth. as a ~* comprare qcs. per speculazione; *on ~* a titolo di speculazione, per speculare.

speculative /'spekjələtɪv *Am* 'spekjələtɪv/ *a.* **1** ipotetico, congetturale, presumibile. **2** (*theoretical*) speculativo, teorico. **3** (*given to speculation*) speculativo, meditativo. **4** (*Econ*) speculativo, speculatorio; (*involving financial risk*) rischioso. **5** (*Filos*) speculativo.

speculatively /'spekjələtɪvli *Am* 'spekjələtɪvli/ *avv.* speculativamente, in modo speculativo.

speculativeness /'spekjələtɪvnəs *Am* 'spekjələtɪvnəs/ *n.* speculatività *f.*, l'essere speculativo.

speculator /'spekjəleɪtər *Am* 'spekjəleɪtər/ *n.* speculatore *m.* (*f.* -trice).

speculum /'spekjələm/ (*pl.* **-la** /-lə/ o **-s** /-z/) *n.* **1** (*Ott*) specchio *m.* di telescopi. **2** (*Med*) speculum *m.* **3** (*of a bird*) ocello *m.*, specchio *m.* dell'ala.

sped /sped/ → **speed²**.

speech /spiːtʃ/ *n.* **1** parola *f.*, favella *f.*: *to lose one's ~* perdere la parola. **2** (*discourse*) discorso *m.*, orazione *f.*: *to make* (o *to deliver*) *a ~* tenere un discorso, fare un discorso. **3** (*manner of speaking*) modo *m.* di parlare, parlata *f.*, parlare *m.*: *his ~ is rather indistinct* il suo modo di parlare è poco chiaro. **4** (*form of speaking, language*) linguaggio *m.*, idioma *m.*, parlata *f.*; (*dialect*) dialetto *m.* □ (*Filos*) ~ *act* atto linguistico; (*Scol,Univ*) ~ *and drama* arte drammatica; (*Inform*) ~ *command* comando vocale; (*Ling*) ~ *community* comunità linguistica; (*Scol*) ~ *day* giorno della premiazione annuale degli studenti migliori; (*Med*) ~ *defect* (o ~ *disorder*) difetto di pronuncia; (*Ling*) ~ *form* forma linguistica; ~ *impediment* difetto di pronuncia;

(*Anat*) ~ *organ* organo fonatorio; (*Inform*) ~ *recognition* riconoscimento vocale; (*Inform*) ~ *synthesis* sintesi vocale; (*Inform*) ~ *synthesizer* sintetizzatore della voce; (*Med*) ~ *therapist* logopedista; (*Med*) ~ *therapy* logopedia.

speechless /'spiːtʃləs/ *a.* **1** senza parole, ammutolito, muto: *to be struck ~* (o *to be left ~*) rimanere senza parole. **2** (*colloq*) (*amazed*) di sasso, attonito, senza parola. **3** (*inexpressible*) inesprimibile, ineffabile, indicibile.

speechlessly /'spiːtʃləsli/ *avv.* mutamente, silenziosamente, senza parlare.

speechlessness /'spiːtʃləsnəs/ *n.* **1** il restare senza parole. **2** (*quality of being silent*) mutismo *m.*

speechmaker /'spiːtʃmeɪkər/ *n.* oratore *m.* (*f.* -trice).

speechmaking /'spiːtʃmeɪkɪŋ/ *n.* il tenere discorsi.

speech-reading /'spiːtʃˌriːdɪŋ/ *n.* labiolettura *f.*

speech-therapy /'spiːtʃˌθerəpi/ *n.* (*Med*) cura *f.* dei disturbi del linguaggio.

speech-training /'spiːtʃˌtreɪnɪŋ/ *n.* esercizio *m.* di dizione.

speechwriter /'spiːtʃraɪtər *Am* 'spiːtʃraɪtər/ *n.* chi scrive discorsi per altri.

speed¹ /spiːd/ **I** *n.* **1** velocità *f.*, rapidità *f.*, celerità *f.*, sveltezza *f.* **2** (*rate of moving*) velocità *f.*: *a ~ of seventy miles per hour* una velocità di settanta miglia all'ora. **3** (*Aut, Mecc*) marcia *f.*, velocità *f.*: *a four-~ car* un'automobile a quattro marce. **4** (*Fot*) (*of film*) sensibilità *f.*; (*photographic exposure*) tempo *m.* di esposizione, tempo *m.* di apertura del diaframma: *shutter ~* velocità dell'otturatore. **5** (*Fot*) (*of film*) velocità *f.* della pellicola, fotosensibilità *f.*: *400 ~ film* rullino fotografico da 400 ISO. **6** (*sl*) (*amphetamine*) speed *m.* (tipo di anfetamina). **7** (*rar*) (*fortune*) fortuna *f.*; (*success*) successo *m.* **II** *a.* della velocità, relativo alla velocità. □ (*Strad*) ~ *bump* dosso artificiale; (*Mecc*) ~ *camera* autovelox; (*Mecc*) ~ *counter* contagiri; (*Tel*) ~ *dial* composizione veloce; (*Strad*) ~ *hump* dosso artificiale; (*Tecn*) ~ *indicator* tachimetro; (*Strad*) ~ *limit* limite di velocità; *to exceed the ~ limit* superare il limite di velocità; *exceeding the ~ limit* eccesso di velocità; (*Br*) *to make all ~* affrettarsi, correre, volare; ~ *reading* lettura veloce; ~ *recorder* registratore di velocità; (*Sport*) ~ *skating* pattinaggio di velocità; (*Strad*) ~ *trap* 1 tratto (della strada) a velocità controllata; 2 (*estens*) autovelox; *with all ~*: 1 a tutta velocità, con tutta la rapidità possibile, in tutta fretta; 2 (*as soon as possible*) al più presto, il più presto possibile.

speed² /spiːd/ (*past, p.p.* **-ed** /'spiːdɪd/ o **sped** /sped/) **I** *v.i.* **1** affrettarsi, recarsi rapidamente, andare rapidamente. **2** (*to drive at speed*) guidare velocemente. **3** (*to exceed the speed limit*) oltrepassare i limiti di velocità, andare a velocità eccessiva. **4** (*rar*) (*to fare, to get on*) tirare avanti; (*to prosper*) riuscire, avere successo. **II** *v.t.* **1** (*fare*) accelerare, affrettare. **2** (*fig*) (*to expedite*) facilitare, favorire, agevolare: *his help sped our efforts* il suo aiuto facilitò i nostri sforzi. **3** (*to expedite the going of*) far andare in fretta; (*of one's steps, way, etc.*) accelerare. **4** (*Mot*) (*to adjust to a definite speed*) regolare la velocità di. □ *to ~ along*: 1 accelerare; 2 (*to proceed quickly*) procedere velocemente, passare velocemente; *to ~ by* trascorrere velocemente, passare velocemente; *to ~ down the hill* scendere a rotta di collo dalla collina; *to ~ off* partire a tutta velocità; *to ~*

on: 1 accelerare; 2 (*to proceed quickly*) procedere rapidamente, andare a tutta velocità, passare velocemente; *to ~ past* passare a tutta velocità, passare velocemente; *to ~ up* accelerare.

speedball /'spiːdbɔːl/ *n.* **1** (*Sport*) speedball *m.* **2** (*sl*) (*drug mixture*) speedball *m.*, cocktail *m.* di eroina e cocaina.

speedboat /'spiːdboʊt/ *n.* (*Mar*) motoscafo *m.* da corsa, motoscafo *m.* da competizione.

speed-cop /'spiːdkɒp *Am* 'spiːdkɑːp/ *n.* (*sl*) agente *m.* della polizia stradale.

speeder /'spiːdər/ *n.* **1** guidatore *m.* (*f.* -trice) veloce. **2** (*one who exceeds the speed limit*) chi eccede (o oltrepassa) i limiti di velocità. **3** (*Mecc*) regolatore *m.* di velocità. **4** (*Ferr*) carrello *m.* di servizio.

speedfreak /'spiːdfriːk/ *n.* (*sl*) chi fa uso abituale di anfetamine.

speedily /'spiːdəli/ *avv.* **1** velocemente, rapidamente. **2** (*promptly*) prontamente, con prontezza, senza indugio.

speediness /'spiːdɪnəs/ *n.* **1** velocità *f.*, sveltezza *f.*, celerità *f.*, rapidità *f.* **2** (*promptness*) prontezza *f.*, sollecitudine *f.*

speeding /'spiːdɪŋ/ *n.* eccesso di velocità. □ ~ *offence* infrazione del limite di velocità; ~ *ticket* multa per eccesso di velocità.

speed-merchant /'spiːdmɜːtʃənt *Am* 'spiːdmɜːrtʃənt/ *n.* (*sl*) automobilista *m./f.* amante della velocità.

speedometer /spiː'dɒmɪtər *Am* spiː'dɑːmətər/ *n.* (*Aut*) tachimetro *m.*

speed-read /'spiːdriːd/ *v.t./i.* leggere rapidamente (*spec.* mediante particolari tecniche).

speed-reading /'spiːdˌriːdɪŋ/ *n.* lettura *f.* rapida, lettura *f.* veloce, lettura *f.* efficiente.

speedster /'spiːdstər/ *n.* **1** (*colloq*) (*person*) chi guida a velocità eccessiva. **2** (*vehicle*) veicolo *m.* velocissimo.

speed-up /'spiːdʌp/ *n.* **1** accelerazione *f.* **2** (*of production rate*) aumento *m.* del ritmo di produzione, aumento *m.* della produttività.

speedway /'spiːdweɪ/ *n.* **1** (*Sport*) pista *f.*, circuito *m.* di gara. **2** (*Am,Strad*) autostrada *f.* □ (*Sport*) ~ *racing* corse motociclistiche su pista.

speedwell /'spiːdwel/ *n.* (*Bot*) veronica *f.*

speedwriting /'spiːdraɪtɪŋ *Am* 'spiːdraɪtɪŋ/ *n.* tipo di stenografia (che utilizza lettere dell'alfabeto).

speedy /'spiːdi/ *a.* **1** veloce, rapido, celere, svelto: *a ~ car* una macchina veloce; *a ~ recovery* una rapida guarigione. **2** (*quick, prompt*) pronto, rapido, sollecito: ~ *delivery* pronta consegna.

spelaean /spə'liːən/ *a.* (*Paleont*) delle caverne, speleo.

spelaeological /ˌspiːlɪə'lɒdʒɪkəl *Am* ˌspiːlɪə'lɑːdʒɪkəl/ *a.* speleologico.

spelaeologist /ˌspiːlɪ'ɒlədʒɪst *Am* ˌspiːlɪ'ɑːlədʒɪst/ *n.* speleologo *m.* (*f.* -a).

spelaeology /ˌspiːlɪ'ɒlədʒi *Am* ˌspiːlɪ'ɑːlədʒi/ *n.* speleologia *f.*

spelean /spə'liːən/ *a.* (*Paleont*) delle caverne, speleo.

speleological /ˌspiːlɪə'lɒdʒɪkəl *Am* ˌspiːlɪə'lɑːdʒɪkəl/ *a.* speleologico.

speleologist /ˌspiːlɪ'ɒlədʒɪst *Am* ˌspiːlɪ'ɑːlədʒɪst/ *n.* speleologo *m.* (*f.* -a).

speleology /ˌspiːlɪ'ɒlədʒi *Am* ˌspiːlɪ'ɑːlədʒi/ *n.* speleologia *f.*

spell¹ /spel/ (*past, p.p.* **spelt/spelled** /-t/) **I** *v.t.* **1** scrivere (lettera per lettera), compitare, sillabare: *how do you ~ your name?* come si scrive il tuo nome? **2** (*of words, etc.: to make up, to form*) formare, comporre: *these letters ~ apple* queste lettere formano la parola apple. **3** (*fig*) rappresentare, significare, voler dire, comportare: *to ~ trouble* comportare problemi, essere causa di guai. **II** *v.i.* scrivere correttamente, conoscere l'ortografia. ☐ *that would ~ disaster!* sarebbe la fine!; *to ~ out:* 1 (*to read letter by letter*) compitare; 2 (*colloq*) (*to explain explicitly*) dire esplicitamente, dire a chiare lettere.

spell² /spel/ *n.* 1 formula *f.* magica, parole *f.pl.* magiche. 2 (*state of enchantment*) incantesimo *m.*, incanto *m.*, magia *f.*, malia *f.*: *to break the ~* rompere l'incantesimo (*anche fig*); *to cast a ~* fare un sortilegio, fare un incantesimo. 3 (*fig*) fascino *m.*, malia *f.*, incanto *m.*: *to fall under so.'s ~* subire il fascino di qcu. ☐ *to lay so. under a ~* (o *to put so. under a ~*) stregare qcu.

spell³ /spel/ **I** *n.* 1 (*period of time*) periodo *m.* di tempo, intervallo *m.*: *I'm going outside for a ~* vado fuori per un po'. 2 (*of occupation, activity*) periodo *m.* (di lavoro, attività): *he did a ~ as a farmhand* lavorò per un periodo come bracciante. 3 (*of weather*) periodo *m.* di tempo (atmosferico): *a fine ~* un periodo di bel tempo; *a long hot ~* un'ondata di caldo. 4 (*period of work, turn*) turno *m.* 5 (*period of physical or mental disorder*) intervallo *m.*, breve periodo *m.* (di tempo): *a dizzy ~* giramento di testa. **II** *v.t.* (*Am*) (*to relieve*) sostituire, dare il cambio a, prendere il posto di: *I'll ~ you* ti darò il cambio.

spell⁴ /spel/ *n.* (*ant*) (*splinter of wood*) scheggia *f.* di legno.

spellbind /'spelbaind/ *v.t.* affascinare, incantare, ammaliare, avvincere.

spellbinder /'spelbaindər/ *n.* oratore *m.* (*f.* -trice) che affascina.

spellbinding /'spelbaindiŋ/ *a.* affascinante, incantevole, avvincente, suggestivo, ammaliante: *a ~ book* un libro avvincente.

spellbindingly /'spelbaindiŋli/ *avv.* in modo affascinante, in modo avvincente.

spellbound /'spelbaund/ *a.* affascinato, incantato, stregato, ammaliato: *the audience was ~* l'uditorio era affascinato; *to hold so. ~* affascinare qcu.

spellcheck /'speltʃek/ **I** *v.t.* (*Inform*) effettuare il controllo ortografico. **II** *n.* (*Inform*) correttore *m.* ortografico, controllo *m.* ortografico.

speller /'spelər/ *n.* 1 chi scrive: *a good ~* chi conosce bene l'ortografia, chi sa scrivere correttamente; *a poor ~* chi fa molti errori di ortografia. 2 (*Scol*) (*book*) sillabario *m.*, abbecedario *m.*

spelling /'speliŋ/ *n.* 1 spelling *m.*, compitazione *f.*, sillabazione *f.* 2 (*manner in which words are spelled*) modo *m.* di scrivere, ortografia *f.* 3 (*ability to spell*) conoscenza *f.* dell'ortografia. ☐ *~ bee* gara di ortografia, gara di abilità ortografica; (*Scol*) *~ book* sillabario, abbecedario; (*Inform*) *~ checker* correttore ortografico; *~ mistake* errore di ortografia; (*Ling*) *~ pronunciation* pronuncia di una parola influenzata dalla sua grafia.

spelt¹ /spelt/ → **spell²**.

spelt² /spelt/ *n.* (*Bot*) farro *m.*, spelta *f.*, grano *m.* vestito.

spelter /'speltər *Am* 'speltər/ *n.* (*Min*) zinco *m.*

spelunker /spe'lʌŋkər/ *n.* speleologo *m.* (*f.* -a) (dilettante).

spelunking /spe'lʌŋkiŋ/ *n.* speleologia *f.*

spencer¹ /'spensər/ *n.* (*Stor,Abbigl*) spencer *m.*, giacca *f.* corta di lana.

spencer² /'spensər/ *n.* (*Mar*) randa *f.*

Spencerian /spen'siəriən *Am* spen'siriən/ **I** *a.* (*Filos*) di H. Spencer, relativo a H. Spencer. **II** *n.* (*Filos*) seguace *m./f.* di H. Spencer.

Spencerianism /spen'siəriənizəm *Am* spen'siriənizəm/ *n.* (*Filos*) sistema *m.* filosofico di H. Spencer.

spend /spend/ **I** *v.t.* (*past, p.p.* **spent** /spent/) 1 spendere: *to ~ money* spendere soldi; *how much did you ~?* quanto hai speso? 2 (*of time*) passare, trascorrere, impiegare: *where did you ~ your holidays?* dove hai trascorso le vacanze? 3 (*to use up, to exhaust*) esaurire, finire, consumare. 4 (*rifl.*) *to ~ oneself* esaurire le proprie energie, esaurire le forze, dare fondo alle proprie energie, esaurirsi. 5 (*to use, to employ*) impiegare, usare, adoperare, utilizzare. 6 (*Mar*) perdere: *to ~ a mast* perdere un albero. **II** *v.i.* (*past, p.p.* **spent** /spent/) 1 spendere, fare spese: *she never stops -ing* non la smette mai di spendere. 2 (*to become expended*) essere speso. **III** *n.* (*Am*) spese *f.pl.* ☐ (*colloq*) *to ~ a small fortune on cigarettes* spendere una piccola fortuna in sigarette; *to ~ freely* spendere e spandere, essere prodigo; *to ~ money like a drunken sailor* spendere e spandere, gettare i soldi dalla finestra; (*eufem*) *to ~ a penny* andare al gabinetto, andare in quel posticino, andare a lavarsi le mani; *to ~ time on sth.* dedicare tempo a qcs.

spendable /'spendəbl/ *a.* spendibile, che può essere speso.

spender /'spendər/ *n.* 1 chi spende. 2 (*spendthrift*) spendaccione *m.* (*f.* -a), scialacquatore *m.* (*f.* -trice): *a big ~* uno spendaccione.

spending /'spendiŋ/ *n.* spesa *f.*, spese *f.pl.*: *~ on education* spese per l'istruzione; *government ~* spesa pubblica. ☐ (*Pol*) *~ cut* taglio alla spesa (pubblica); *~ money:* 1 denaro (per spese personali); 2 (*of children*) paghetta; (*Econ*) *~ plan* piano di spesa; (*Econ*) *~ power* potere di acquisto.

spendthrift /'spen(d)θrift/ **I** *n.* scialacquatore *m.* (*f.* -trice), spendaccione *m.* (*f.* -a). **II** *a.* che spende e spande, scialacquatore.

Spenserian /spen'siəriən *Am* spen'siriən/ **I** *a.* (*Lett*) spenseriano. **II** *n.* (*Lett*) imitatore *m.* (*f.* -trice) di E. Spenser.

spent¹ /spent/ → **spend**.

spent² /spent/ *a.* 1 esaurito, consumato. 2 (*exhausted*) esausto, sfinito, stremato. 3 (*of shells, cartridges*) esploso. 4 (*Zool*) svuotato, vuotato. 5 (*Dir*) cancellato.

sperm¹ /spɜːm *Am* spɜːrm/ *n.* 1 (*Biol*) spermatozoo *m.*, spermio *m.*, zoospermio *m.* 2 (*Biol*) (*semen*) sperma *m.*, seme *m.* ☐ (*Med*) *~ bank* banca dello sperma; (*Biol*) *~ cell* cellula spermatica; (*Med*) *~ count* conta degli spermatozoi, numero di spermatozoi; *~ killing* spermicida; (*Chim*) *~ oil* olio di spermaceti; (*Zool*) *~ whale* capodoglio, capidoglio.

sperm² /spɜːm *Am* spɜːrm/ *n.* 1 (*Zool*) capodoglio *m.*, capidoglio *m.* 2 (*Biol*) spermaceti *m.*, cetina *f.*

spermaceti /ˌspɜːmə'seti *Am* ˌspɜːrmə'seti/ *n.* (*Biol*) spermaceti *m.*, cetina *f.*

spermary /'spɜːməri *Am* 'spɜːrməri/ *n.* 1 (*Biol*) organo *m.* produttore di sperma. 2 (*Anat*) testicolo *m.*, ghiandola *f.* seminale.

spermatic /spə'mætik *Am* spər'mætik/ *a.* (*Biol*) spermatico. ☐ (*Biol*) *~ cord* (*in mammals*) funicolo spermatico, cordone spermatico; (*Biol*) *~ fluid* liquido seminale, sperma.

spermatocidal /ˌspɜːr'mətou'saidəl *Am* ˌspɜːr məˌtə'saidəl/ *a.* (*Farm*) spermicida.

spermatocide /'spɜːmətəsaid *Am* 'spɜːr mətəsaid/ *n.* (*Farm*) spermicida *m.*

spermatogenesis /ˌspɜːmətə'dʒenəsis *Am* ˌspɜːrməˌtə'dʒenəsis/ *n.* (*Biol*) spermatogenesi *f.*

spermatozoon /ˌspɜːmətou'zouɒn *Am* ˌspɜːrməˌtə'zouɑːn/ (*pl.* **-zoa** /-'zouə/) *n.* (*Biol*) spermatozoo *m.*

spermicidal /ˌspɜːmi'saidəl *Am* ˌspɜːrmə-

'saidəl/ *a.* (*Farm*) spermicida.

spermicide /'spɜːmisaid *Am* 'spɜːrməsaid/ *n.* (*Farm*) spermicida *m.*

spew /spjuː/ **I** *v.i.* 1 (*fig*) (*to gush, to flood*) sgorgare, scaturire, zampillare. 2 (*sl*) vomitare. **II** *v.t.* 1 (*fig*) vomitare, eruttare: *the volcano -ed lava* il vulcano eruttava lava. 2 (*sl*) vomitare, rigurgitare. **III** *n.* (*sl*) vomito *m.* ☐ (*fig*) *to ~ forth* (o *to ~ out*) vomitare, eruttare.

SPF /ˌespiː'ef/ (*Farm,Cosmet*) Sun Protection Factor SPF (fattore di protezione solare).

sphacelate /'sfæsileit/ **I** *v.i.* (*Med*) andare in cancrena, incancrenire, cancrenare. **II** *v.t.* (*Med*) fare incancrenire.

sphacelation /ˌsfæsi'leiʃən/ *n.* (*Med*) l'andare in cancrena.

sphacelism /'sfæsilizəm/ *n.* (*Med*) processo *m.* cancrenoso.

sphagnum /'sfægnəm/ *n.* (*Bot*) sfagno *m.*

sphenoid /'sfiːnɔid/ **I** *a.* 1 cuneiforme. 2 (*Anat*) sfenoidale. **II** *n.* (*Anat*) sfenoide *m.* ☐ (*Anat*) *~ bone* sfenoide.

spheral /'sfiərəl *Am* sfirəl/ *a.* 1 (*of spheres*) delle sfere, di sfera. 2 (*sphere-shaped*) a sfera.

sphere /sfiə *Am* sfir/ *n.* 1 (*Geom*) sfera *f.* 2 (*globular body*) sfera *f.*, globo *m.*, palla *f.* 3 (*Astr,ant*) astro *m.*, corpo *m.* celeste; (*celestial sphere*) sfera *f.* celeste. 4 (*fig*) campo *m.*, settore *m.*, sfera *f.*, ambito *m.* ☐ (*fig*) *to extend one's ~ of activity* allargare la propria sfera di attività; (*fig*) *~ of influence:* 1 sfera di influenza; 2 (*Pol*) zona di influenza.

spheric /'sferik *Am* 'sfirik/ *a.* (*rar*) sferico.

spherical /'sferikəl *Am* 'sfirikəl/ *a.* sferico. ☐ (*Geom*) *~ aberration* aberrazione sferica, aberrazione di sfericità; (*Geom*) *~ angle* angolo sferico; (*Geom*) *~ coordinates* coordinate sferiche; (*Geom*) *~ geometry* geometria sferica; (*Geom*) *~ triangle* triangolo sferico; (*Mat*) *~ trigonometry* trigonometria sferica.

spherically /'sferikəli *Am* 'sfirikəli/ *avv.* sfericamente.

sphericity /sfi'risiti *Am* sfi'risəti/ *n.* sfericità *f.*, rotondità *f.*, globosità *f.*

spheroid /'sfiərɔid *Am* 'sfirɔid/ **I** *n.* (*Geom, Astr*) sferoide *m.* **II** *a.* (*Geom*) sferoidale.

spheroidal /'sfiərɔidəl *Am* 'sfirɔidəl/ *a.* sferoidale.

spheroidicity /ˌsfiərɔi'disiti *Am* ˌsfirɔi 'disəti/ *n.* (*Geom*) forma *f.* sferoidale.

spherometer /sfiə'rɒmitər *Am* sfi'rɑːmətər/ *n.* (*Tecn*) sferometro *m.*

spherular /'sferjuːlər/ *a.* che ha la forma di una piccola sfera, simile a una piccola sfera.

spherule /'sferjuːl/ *n.* piccola sfera *f.*, sferetta *f.*

sphincter /'sfiŋ(k)tər/ *n.* (*Anat*) sfintere *m.*

sphincteral /'sfiŋ(k)tərəl/, **sphincteric** /'sfiŋ(k)tərik/ *a.* (*Anat*) sfinterico, dello sfintere.

sphinx /sfiŋks/ (*pl.* **sphinxes** /'sfiŋksiz/ o **sphinges** /'sfindʒiːz/) *n.* sfinge *f.* (*anche fig*).

sphinx-like /'sfiŋkslaik/ *a.* sfingeo, enigmatico, misterioso.

sphragistic /sfrə'dʒistik/ *a.* sfragistico.

sphragistics /sfrə'dʒistiks/ *n.* (*costr.sing.*) sfragistica *f.sing.*, sigillografia *f.sing.*

sphygmograph /'sfigmougraːf/ *n.* (*Med, Tecn*) sfigmografo *m.*

sphygmomanometer /ˌsfigmoumə 'nɒmitər *Am* ˌsfigmoumə'nɑːmətər/ *n.* (*Med, Tecn*) sfigmomanometro *m.*

sphygmus /'sfigməs/ *n.* (*Fisiol*) pulsazione *f.*, polso *m.*

spic /spik/ *n.* (*Am,spreg*) (*hispanic person*) portoricano *m.* (*f.* -a), cubano *m.* (*f.* -a), latino-americano *m.* (*f.* -a).

spica /'spaɪkə/ I *n.* **1** (*pl.* **-cae** /-siː/ o **-s** /-z/) *n.* **1** (*Med*) fasciatura *f.* a spica. **2** (*Bot*) spiga *f.*

spicate /'spaɪkɪt/ *a.* (*Bot*) spigato, a spiga, a forma di spiga.

spice /spaɪs/ I *n.* **1** spezie *f.pl.*, droghe *f.pl.*, aromi *m.pl.* (da cucina) (*anche collett.*): *a dealer in ~* un commerciante di spezie. **2** (*fig*) sapore *m.*, gusto *m.*, interesse *m.*: *variety is the ~ of life* la varietà dà sapore alla vita. **3** (*small amount*) pizzico *m.*, punta *f.*, tocco *m.*: *a ~ of malice* un pizzico di malizia. II *v.t.* **1** aromatizzare, drogare, insaporire con spezie. **2** (*fig*) rendere gustoso, rendere interessante, dare sapore a: *to ~ a story with anecdotes* arricchire un racconto con aneddoti, rendere gustoso un racconto con aneddoti. □ (*Dolc*) ~ *cake* panpepato; ~ *rack* portaspezie; (*fig*) *to ~ up* rendere gustoso, rendere interessante, dare sapore a: *to ~ up a story with anecdotes* arricchire un racconto con aneddoti, rendere gustoso un racconto con aneddoti.

spicebush /'spaɪsbʊʃ/ *n.* (*Bot*) lindera *f.* benzoin.

spicery /'spaɪsərɪ/ *n.* **1** (*collett.*) spezie *f.pl.*, droghe *f.pl.* **2** (*spicy flavour*) sapore *m.* piccante; (*spicy fragrance*) aroma *m.* di spezie. **3** (*rar*) (*storage, place for spices*) deposito *m.* per spezie.

spicily /'spaɪsəlɪ/ *avv.* in modo piccante (*anche fig*).

spiciness /'spaɪsɪnəs/ *n.* **1** gusto *m.* piccante, sapore *m.* piccante. **2** (*fig*) l'essere piccante.

spick-and-span /ˌspɪkən'spæn/ *a.* **1** pulito come uno specchio, pulitissimo, lindo, netto. **2** (*smart, spruce*) attillato, elegante.

spicular /'spɪkjʊlə/, **spiculate** /'spɪkjʊlɪt/ *a.* **1** (*Zool*) che ha spicole. **2** (*Bot*) che ha spighe secondarie. **3** (*having the form of a spicule*) aguzzo, appuntito.

spicule /'spɪkjuːl *Br also* 'spaɪkjuːl/ *n.* **1** (*Zool, Astr*) spicola *f.* **2** (*Bot*) spiga *f.* secondaria, spighetta *f.* **3** (*needlelike body*) punta *f.*, ago *m.*

spicy /'spaɪsɪ/ *a.* **1** piccante, drogato, aromatizzato, pepato: ~ *food* cibi piccanti. **2** (*fragrant, aromatic*) aromatico, fragrante. **3** (*fig*) piccante, salace, spinto: ~ *gossip* pettegolezzi piccanti.

spider /'spaɪdə/ *n.* **1** (*Zool*) ragno *m.* **2** (*Mecc*) crociera *f.* **3** (*Met*) armatura *f.*, lanterna *f.* **4** (*Sport*) (*snooker rest*) appoggio *m.* per stecche da biliardo. **5** (*Am*) (*frying pan*) padella *f.* per cucinare sulla brace (originariamente con piedini). □ ~ *catcher* rampichino; (*Ott*) ~ *line* filo di ragno; (*Edil*) ~ *man* ponteggiatore; (*Zool*) ~ *monkey* atele, scimmia ragno; (*Entom*) ~ *wasp* pompilide; ~'s *web* ragnatela.

spiderish /'spaɪdərɪʃ/, **spider-like** /'spaɪdə laɪk/ *a.* **1** simile a un ragno. **2** (*of handwriting*) molto sottile.

spiderwort /'spaɪdəwɜːt *Am* 'spaɪdərwɜːrt/ *n.* (*Bot*) tradescantia *f.*, erba *f.* miseria.

spidery /'spaɪdərɪ/ *a.* **1** simile a un ragno. **2** (*of handwriting*) molto sottile.

spied /spaɪd/ → **spy**.

spiegel /'spiːgəl/, **spiegeleisen** /'spiːgə ˌlaɪzən/ *n.* (*Met*) ghisa *f.* speculare. □ (*Met*) ~ *iron* ghisa speculare.

spiel /ʃpiːl, spiːl/ I *n.* (*sl*) **1** (*glib sales talk*) imbonimento *m.*: *to give so. a ~* imbonire qcu. (*about* su). **2** (*speech, story*) discorso *m.*, racconto *m.* II *v.i.* (*sl*) chiacchierare, cianciare. III *v.t.* (*sl*) dire, raccontare.

spieler /ʃpiːlə, spiːlə/ *n.* **1** chiacchierone *m.* (*f.* -a). **2** (*sl*) (*card sharper*) baro *m.*; (*swindler*) imbroglione *m.* (*f.* -a), truffatore *m.* (*f.* -trice). **3** (*sl*) (*gambling den*) covo *m.* di giocatori d'azzardo. **4** (*Am,sl*) (*barker*) imbonitore *m.*

spiff /spɪf/ □ (*ant*) *to ~ up*: **1** abbellire, rammodernare, dare una rinfrescata a; **2** (*to dress up*) farsi bello, mettersi in ghingheri, agghindarsi.

spiffing /'spɪfɪŋ/ *a.* (*Br,colloq,ant*) splendido, stupendo, meraviglioso, magnifico.

spifflicate /'splɪflɪkeɪt/ *v.t.* **1** (*scherz,sl*) (*to beat*) battere, colpire, picchiare. **2** (*to crush*) annientare, schiacciare, sbaragliare.

spifflication /ˌsplɪflɪ'keɪʃən *Am* ˌsplɪflə 'keɪʃən/ *n.* bastonatura *f.*, botte *f.pl.*

spiffy /'spɪfɪ/ *a.* (*Am,colloq*) splendido, stupendo, meraviglioso, magnifico.

spiflicate /'spɪflɪkeɪt/ *v.t.* **1** (*scherz,sl*) (*to beat*) battere, colpire, picchiare. **2** (*to crush*) annientare, schiacciare, sbaragliare.

spiflication /ˌspɪflɪ'keɪʃən *Am* ˌspɪflə'keɪʃən/ *n.* bastonatura *f.*, botte *f.pl.*

spigot /'spɪgət/ *n.* **1** zipolo *m.*, zaffo *m.*, tappo *m.* **2** (*Am,dial*) rubinetto *m.* **3** (*Tecn*) (*of a pipe*) raccordo *m.*

spigot-and-socket /ˌspɪgətən'sɒkɪt *Am* ˌspɪgətən'saːkɪt/ □ (*Tecn*) ~ *joint* giunto a manicotto.

spike[1] /spaɪk/ I *n.* **1** arpione *m.* (per fissare) (*anche Ferr*). **2** (*Br,Tecn*) (*on top of a wall*) lancia *f.*, punta *f.*; (*for filing papers*) spuntone *m.* **3** (*Br,Calz,Sport*) chiodo *m.* **4** (*Tecn*) (*of a graph, etc.*) punta *f.* **5** *pl.* (*Calz,Sport*) scarpe *f.pl.* chiodate: *to run in -s* correre con le scarpe chiodate. II *v.t.* **1** munire di punte. **2** (*Br, Calz*) munire di chiodi, chiodare. **3** (*to fasten with a spike*) inchiodare, fissare con chiodi. **4** (*to pierce*) infilzare, infilare. **5** (*fig*) porre fine a, mettere a tacere, far cessare: *to ~ a rumour* mettere a tacere un pettegolezzo. **6** (*fig*) (*to make ineffective*) vanificare, mandare a vuoto, frustrare. **7** (*colloq*) (*of a drink*) correggere: *to ~ one's tea with rum* correggere il tè con rum. **8** (*Sport*) (*to injure with one's spikes*) ferire con le scarpe chiodate. **9** (*Arm,Mil,ant*) inchiodare. □ (*fig*) *to ~ so.'s drink* correggere, aggiungere (alcoolici o spezie) a una bevanda; (*Br*) (*fig*) *to ~ so.'s gun* mandare all'aria i piani di qcu., rovinare i piani di qcu.; (*Calz*) ~ *heels* tacchi a spillo; (*Bot*) ~ *lavender* nardo, spigo.

spike[2] /spaɪk/ *n.* (*Bot*) spiga *f.*

spikelet /'spaɪklɪt/ *n.* (*Bot*) spighetta *f.*

spikiness /'spaɪkɪnes/ *n.* **1** ispidezza *f.*, ispidità *f.*, condizione *f.* di ciò che è aguzzo o pungente. **2** (*fig*) spigolosità *f.*, permalosità *f.*

spiky /'spaɪkɪ/ *a.* **1** appuntito, acuminato, aguzzo. **2** (*having spikes*) munito di punte. **3** (*Rel,fig*) intransigente, rigido. **4** (*colloq*) (*touchy*) permaloso, ombroso.

spile /spaɪl/ I *n.* **1** zaffo *m.*, zipolo *m.*, tappo *m.* **2** (*stake*) palo *m.*, paletto *m.* **3** (*Edil*) palafitta *f.*, palo *m.* II *v.t.* **1** turare, tappare, zaffare. **2** (*to furnish with a spile*) munire di zipolo. **3** (*to draw off through a spile*) spillare.

spiling /'spaɪlɪŋ/ *n.* (*collett.*) (*piles*) palafitte *f.pl.*, pali *m.pl.*

spill[1] /spɪl/ I *v.t.* (*past, p.p.* **spilled** /-d/ o **spilt** /-t/) **1** versare, rovesciare, spargere, spandere: *to ~ tea on the tablecloth* versare il tè sulla tovaglia. **2** (*of blood*) versare, spargere. **3** (*colloq*) (*to cause to fall, to throw*) far cadere, buttare a terra, rovesciare: *the horse -ed him* il cavallo lo buttò a terra. **4** (*Mar*) (*of a sail*) sventare. II *v.i.* (*past, p.p.* **spilled** /-d/ o **spilt** /-t/) **1** rovesciarsi, versarsi. **2** (*to spread, to overflow*) riversarsi, spargersi (in massa). III *n.* **1** perdita *f.*, fuoriuscita *f.*: *toxic ~* fuoriuscita di liquidi tossici. **2** (*colloq*) (*fall*) caduta *f.*, capitombolo *m.*: *to take a ~* fare un capitombolo. □ (*fig*) *to ~ blood*

catori d'azzardo. **4** (*Am,sl*) (*barker*) imbonitore *m.*

spargere sangue; (*fig*) *to ~ over* (*to spread, to overflow*) riversarsi, spargersi (in massa); (*colloq*) *to ~ the beans* rivelare un segreto, spiattellare tutto, vuotare il sacco.

spill[2] /spɪl/ *n.* **1** (*for lighting candles, etc.*) striscia *f.* di carta, legnetto *m.* per accendere una candela, legnetto *m.* per accendere la pipa. **2** (*spile*) zipolo *m.*, zaffo *m.*

spillage /'spɪlɪdʒ/ *n.* **1** (*instance of spilling*) spargimento *m.*, il versare (un liquido). **2** (*substance spilled*) perdita *f.*, fuoriuscita *f.*, quantità *f.* versata.

spiller /'spɪlə/ *n.* (*Pesc*) **1** lenza *f.* a più ami. **2** (*net*) rete *f.* tenuta immersa nell'acqua per mantenere vivi i pesci.

spillikin /'spɪlɪkɪn/ *n.* **1** bastoncino *m.* dello sciangai. **2** *pl.* (*costr.sing.*) (*game*) sciangai *m.sing.*

spill-over /'spɪlouvə/ *n.* eccesso *m.* (di popolazione).

spillway /'spɪlweɪ/ *n.* (*Idr*) sfioratore *m.*

spilt /spɪlt/ → **spill**[1].

spin[1] /spɪn/ (*past, p.p.* **spun** /spʌn/) I *v.t.* **1** (*to cause to rotate*) fare girare, far roteare, rotare: *to ~ a top* fare girare una trottola. **2** (*of a ball*) imprimere l'effetto a. **3** (*Tess*) filare: *to ~ wool* filare la lana. **4** (*Tess*) (*of fibres*) ridurre in filo. **5** (*Zool*) filare, tessere: *the spider was -ning its web* il ragno filava la tela. **6** (*fig*) (*to draw out, to prolong*) tirare per le lunghe, tirare in lungo, protrarre, prolungare. **7** (*fig*) (*give a favorable slant to events, spec. for political purposes*) trasformare, girare, ribaltare: *to ~ a blunder into a political win* trasformare una gaffe in un vantaggio politico. **8** (*fig*) (*of stories, etc.*) raccontare (tirando per le lunghe); (*of articles, etc.*) produrre, comporre. **9** (*of a record*) suonare. **10** (*Pesc*) pescare al lancio in. II *v.i.* **1** filare. **2** (*Zool*) filare, fare la tela. **3** (*to revolve*) girare, rotare: *the earth -s round the sun* la terra gira intorno al sole. **4** (*colloq*) (*of the head*) girare. **5** (*to turn on one's heel*) piroettare, fare giravolte. **6** (*colloq*) (*to move swiftly on wheels, in a vehicle*) andare a tutta birra, correre, filare. **7** (*Pesc*) pescare al lancio. □ *to ~ a coin* lanciare in aria una moneta (per fare testa o croce); *to ~ along* (*to move swiftly on wheels, in a vehicle*) andare a tutta birra, correre, filare; *to ~ around*: **1** (*to cause to rotate*) fare girare, far roteare, rotare; **2** (*to turn on one's heel*) piroettare, fare giravolte; *to ~ out* (*to draw out, to prolong*) tirare per le lunghe, tirare in lungo, protrarre, prolungare: *I spun out the interview* ho tirato per le lunghe l'intervista; *to ~ round*: **1** (*to cause to rotate*) fare girare, far roteare, rotare; **2** (*to turn on one's heel*) piroettare, fare giravolte; (*Am,colloq,fig*) *to ~ your wheels* perdere del tempo; (*colloq*) *to ~ a yarn* raccontare una storia.

spin[2] /spɪn/ *n.* **1** rotazione *f.*, movimento *m.* rotatorio. **2** (*whirl*) piroetta *f.* **3** (*of a ball, etc.*) effetto *m.*: *to put ~ on a ball* dare l'effetto a una palla. **4** (*colloq*) (*trip in a vehicle*) giretto *m.*, gita *f.*, gitarella *f.*: *to go for a ~* fare un giretto. **5** (*Pol,fig*) interpretazione *f.* particolare di una linea politica. **6** (*Aer*) vite *f.*, avvitamento *m.*: *to go into a ~* compiere un avvitamento. **7** (*Pesc*) pesca *f.* al lancio. **8** (*Am*) (*view*) interpretazione *f.*, angolazione *f.*: *to put a new ~ on sth.* dare una nuova interpretazione a qcs., guardare qcs. da una nuova angolazione. **9** (*Fis*) spin *m.*, momento *m.* angolare intrinseco. □ (*colloq*) ~ *doctor*: **1** persona che cerca di edulcorare una notizia, persona incaricata di promuovere tra i giornalisti l'interpretazione favorevole di un evento; **2** (*Rad,TV*) giornalista di regime;

(*colloq*) ~ *doctoring* presentazione di un fatto o di una notizia in modo edulcorato, il promuovere tra i giornalisti l'interpretazione favorevole di un evento; (*Pesc*) ~ *fishing* pesca al lancio; (*Aer*) *to go into a* ~ discendere in vite; *everything depended on the* ~ *of a coin* tutto dipendeva dal lancio di una moneta.

spina bifida /ˌspaɪnəˈbɪfɪdə/ *n.* (*Med*) spina *f.* bifida, rachischisi *f.*

spinach /ˈspɪnɪtʃ *Br also* ˈspɪnɪdʒ/ *n.* **1** (*Alim*) spinaci *m.pl.* **2** (*Bot*) spinacio *m.*

spinal /ˈspaɪnl/ *a.* (*Anat*) **1** (*of nerve, muscle*) spinale. **2** (*of injury, damage*) alla colonna vertebrale. **3** (*of disc*) intervertebrale. **4** (*of ligament*) delle vertebre. □ (*Chir*) ~ *anaesthesia* anestesia endorachidea, anestesia spinale; (*Anat*) ~ *canal* canale vertebrale; (*Anat*) ~ *column* colonna vertebrale, spina dorsale; (*Anat*) ~ *cord* midollo spinale; (*Med*) ~ *curvature* deviazione spinale; (*Anat*) ~ *fluid* liquido cefalorachidiano; (*Med*) ~ *meningitis* meningite cerebrospinale; (*Anat*) ~ *nerve* nervo spinale; (*Med*) ~ *tap* rachicentesi, puntura lombare.

spindle /ˈspɪndl/ I *n.* **1** (*Tess*) fuso *m.* **2** (*Mecc*) (*axis, shaft*) alberino *m.*; (*of a lathe*) mandrino *m.*, fuso *m.*; (*of a turntable*) alberino *m.* **3** (*Fis*) (*hydrometer*) idrometro *m.* **4** (*Tess*) (*unit of length*) unità *f.* di misura (pari a circa 14 iarde per il cotone e 15 iarde e mezzo per il lino). II *v.t.* **1** (*to equip with spindles*) munire di fusi. **2** (*to form into a spindle*) affusolare, assottigliare. III *v.i.* **1** (*of plant, stem: to shoot up*) crescere in altezza. **2** (*to grow in a slender form*) affusolarsi, assottigliarsi. □ ~ *side* linea di discendenza femminile; (*Bot*) ~ *tree* berretta da prete, fusaggine.

spindle-legged /ˌspɪndlˈlegd/ *a.* (*Br,ant*) dalle gambe lunghe e sottili.

spindlelegs /ˈspɪndlˈlegz/ *n.pl.* (*Br*) **1** (*ant*) gambe *f.pl.* lunghe e sottili. **2** (*costr.sing.*) (*person*) spilungone *m.sing.* (*f.* -a).

spindle-shanked /ˈspɪndlˌʃæŋkt/ *a.* (*Br,ant*) dalle gambe lunghe e sottili.

spindleshanks /ˈspɪndlˌʃæŋks/ *n.pl.* (*Br*) **1** (*ant*) gambe *f.pl.* lunghe e sottili. **2** (*costr.sing.*) (*person*) spilungone *m.sing.* (*f.* -a).

spindly /ˈspɪndli/ *a.* **1** lungo ed esile: ~ *legs* gambe lunghe ed esili. **2** (*tall and thin*) alto e magro.

spindrift /ˈspɪndrɪft/ *n.* (*Mar*) spruzzo *m.*, spruzzaglia *f.*

spin-dry /ˌspɪnˈdraɪ/ *v.t.* asciugare con la centrifuga, centrifugare.

spin-dryer /ˌspɪnˈdraɪər/ *n.* centrifuga *f.* (per il bucato).

spine /spaɪn/ *n.* **1** (*Anat*) spina *f.* dorsale, colonna *f.* vertebrale. **2** (*fig*) (*backbone*) carattere *m.*, spina *f.* dorsale. **3** (*Biol*) spina *f.* **4** (*Zool*) aculeo *m.*, pungiglione *m.* **5** (*Legat*) costa *f.*, dorso *m.*

spine-chiller /ˈspaɪnˌtʃɪlər/ *n.* **1** (*film*) film *m.* del brivido, film *m.* dell'orrore. **2** (*book*) racconto *m.* del brivido.

spine-chilling /ˈspaɪnˌtʃɪlɪŋ/ *a.* agghiacciante, raccapricciante, che fa rabbrividire, impressionante.

spinel /spɪˈnel *Am also* ˈspɪnl/ *n.* (*Min*) spinello *m.*

spineless /ˈspaɪnləs/ *a.* **1** (*Zool*) invertebrato, privo di colonna vertebrale, senza colonna vertebrale. **2** (*Bot*) privo di spine. **3** (*fig*) smidollato, rammollito, debole, senza spina dorsale, privo di spina dorsale. □ (*fig*) *a ~ person* uno smidollato, un rammollito, un uomo di pasta frolla.

spinelessly /ˈspaɪnləsli/ *avv.* (*fig*) da smidollato, senza forza di carattere.

spinelessness /ˈspaɪnləsnəs/ *n.* (*fig*) debolezza *f.*, mancanza *f.* di carattere.

spinet /spɪˈnet *Am* ˈspɪnɪt/ *n.* (*Mus*) spinetta *f.*

spine-tingling /ˈspaɪnˌtɪŋglɪŋ/ *a.* (*thrilling*) eccitante, emozionante, impressionante.

spininess /ˈspaɪnɪnəs/ *n.* spinosità *f.*

spinnaker /ˈspɪnəkər/ *n.* (*Mar*) spinnaker *m.*, fiocco *m.* a pallone. □ (*Mar*) ~ *boom* tangone dello spinnaker.

spinner /ˈspɪnər/ *n.* **1** (*Tess*) (*person*) filatore *m.* (*f.* -trice). **2** (*Tess*) (*machine*) filatoio *m.*, filatrice *f.* **3** (*one who tells yarns*) chi racconta lunghe storie. **4** (*Pesc*) mosca *f.* artificiale. **5** (*Sport*) (*in cricket: bowled ball*) palla *f.* lanciata con effetto; (*bowler*) lanciatore *m.* che dà l'effetto alla palla. **6** (*Zool*) (*spinneret*) filiera *f.*

spinneret /ˈspɪnəret/ *n.* (*Zool*) filiera *f.* **2** (*Tess*) filiera *f.*

spinnerette /ˌspɪnəˈret/ *n.* (*Tess*) filiera *f.*

spinnery /ˈspɪnəri/ *n.* (*Tess*) filanda *f.*

spinney /ˈspɪni/ *n.* (*Br*) boschetto *m.*

spinning /ˈspɪnɪŋ/ I *n.* **1** (*Tess*) filatura *f.* **2** (*rotation*) rotazione *f.*, movimento *m.* rotatorio. **3** (*Pesc*) pesca *f.* al lancio. II *a.* **1** (*Tess*) usato per la filatura, usato per filare. **2** (*rotating*) rotante, che gira. □ (*Tess*) ~ *frame* filatoio, filatrice; (*Tess*) ~ *jenny* giannetta, filatoio meccanico; (*Tess*) ~ *machine* filatoio, filatrice; (*Tess*) ~ *mill* filanda; ~ *programme* (*of a washing machine*) centrifuga; (*Pesc*) ~ *reel* mulinello; (*Pesc*) ~ *rod* canna da lancio; (*Pesc*) ~ *spoon* cucchiaino; (*Tess*) ~ *wheel* filarello, filatoio a mano.

spinoff /ˈspɪnɒf *Am* ˈspɪnɑːf/ *n.* **1** (*incidental benefit*) ricaduta *f.*, conseguenza *f.* positiva. **2** (*Ind*) prodotto *m.* secondario, derivato *m.* **3** (*Econ*) società *f.* che si stacca da un'altra di maggiori dimensioni. **4** (*Comm*) idea *f.* per nuovo prodotto. **5** (*TV*) (*programme derived from an earlier series*) seguito *m.*, continuazione *f.*, serie *f.* il cui protagonista era un personaggio secondario di un altro telefilm.

spinose /ˈspaɪnoʊs/ *a.* (*Bot*) spinoso.

spinosity /spaɪˈnɒsəti *Am* spaɪˈnɑːsəti/ *n.* spinosità *f.*, l'essere spinoso.

spinous /ˈspaɪnəs/ *a.* **1** (*Bot*) spinoso. **2** (*Zool*) aculeato, appuntito.

Spinozism /spɪˈnoʊzɪzəm/ *n.* (*Filos*) spinozismo *m.*

Spinozist /spɪˈnoʊzɪst/ *n.* (*Filos*) spinozista *m./f.*

spinster /ˈspɪnstər/ *n.* **1** (*vecchia*) zitella *f.*, anziana signorina *f.* **2** (*Dir*) nubile *f.*

spinsterhood /ˈspɪnstəhʊd *Am* ˈspɪnstərhʊd/ *n.* **1** stato *m.* di zitella, condizione *f.* di zitella, zitellaggio *m.* **2** (*Dir*) nubilato *m.*

spinsterish /ˈspɪnstərɪʃ/ *a.* da zitella, zitellesco.

spinule /ˈspaɪnjuːl/ *n.* (*Biol*) piccola spina *f.*

spiny /ˈspaɪni/ *a.* **1** (*of a plant*) spinoso. **2** (*of an animal*) coperto di spine, coperto di aculei. **3** (*fig*) spinoso, difficile, irto di difficoltà. □ (*Zool*) ~ *lobster* aragosta.

spiracle /ˈspaɪrəkl/ *n.* **1** (*Zool*) (*blow hole*) sfiatatoio *m.* **2** (*Entom*) (*tracheal aperture*) stigma *m.*

spiracular /spaɪˈrækjʊlər/ *a.* **1** (*Zool*) di sfiatatoio, relativo a sfiatatoio. **2** (*Entom*) di stigma, relativo a stigma.

spiraea /spaɪˈrɪə *Am* spaɪˈriːə/ *n.* (*Bot*) spirea *f.*

spiral /ˈspaɪrəl *Am* ˈspaɪrəl/ I *a.* **1** (*a*) spirale, a spire. **2** (*helical*) elicoidale. **3** (*resembling a spiral*) spiraliforme, spiroidale. II *n.* **1** (*Mat,Aer,Econ*) spirale *f.*: *wage price* ~ spirale prezzi-salari. **2** (*helix*) elica *f.* **3** (*trend*) spirale *f.*: *inflationary* ~ spirale inflazionistica. **4** (*single turn, coil*) spira *f.*, voluta *f.* III *v.i.* **1** muoversi a spirale, muoversi descrivendo

una spirale. **2** (*Econ*) crescere, aumentare vertiginosamente. IV *v.t.* **1** dare forma di spirale a, avvolgere a spirale. **2** (*to cause to take a spiral course*) far muovere a spirale. □ (*Mecc*) ~ *bevel gear* ingranaggio conico spiroidale; (*Legat*) ~ *binding* rilegatura a spirale; *the plane -led down* l'aereo discese a spirale; (*Astr*) ~ *galaxy* galassia spirale; (*Mecc*) ~ *gear* (o ~ *gearing*) ingranaggio spiroidale, ruota spiroidale; (*Astr*) ~ *nebula* nebulosa a spirale; ~ *notebook* quaderno a spirale; (*Tecn*) ~ *spring* molla a spirale; ~ *staircase* scala a chiocciola; (*Econ*) *wages and prices -led upward* salari e prezzi salivano a spirale.

spiral-bound /ˈspaɪrəlbaʊnd *Am* ˈspaɪrəlbaʊnd/ *a.* (*Legat*) rilegato a spirale.

spirant /ˈspaɪrənt *Am* ˈspaɪrənt/ I *n.* (*Fon*) spirante *f.*, costrittiva *f.* II *a.* (*Fon*) (*of a consonant*) spirante, costrittivo.

spirantization /ˌspaɪrəntaɪˈzeɪʃən *Am* ˌspaɪrəntɪˈzeɪʃən/ *n.* (*Fon*) spirantizzazione *f.*

spirantize /ˈspaɪrəntaɪz *Am* ˈspaɪrəntaɪz/ *v.t.* (*Fon*) spirantizzare.

spire[1] /spaɪər/ I *n.* **1** (*Arch*) guglia *f.*, pinnacolo *m.* **2** (*tapering point*) apice *m.*, cima *f.*, vertice *m.* **3** (*Bot*) filo *m.* (d'erba); (*stalk*) gambo *m.*, stelo *m.* II *v.i.* **1** svettare, innalzarsi a pinnacolo, ergersi a picco. **2** (*Bot*) spuntare, germogliare. III *v.t.* munire di guglie, munire di pinnacoli. □ ~ *to ~ up* svettare, innalzarsi a pinnacolo, ergersi a picco.

spire[2] /spaɪər/ *n.* (*Zool*) spira *f.*, spirale *f.*

spirit /ˈspɪrɪt/ I *n.* **1** spirito *m.*: *in* ~ *if not in body* in spirito, se non materialmente. **2** (*soul*) anima *f.*, spirito *m.* **3** (*ghost*) spirito *m.*, spettro *m.*, fantasma *m.* **4** (*supernatural being*) spirito *m.*, essere *m.* immateriale: *evil* ~*s* spiriti maligni. **5** (*sprite, elf*) spirito *m.*, folletto *m.*, genio *m.* **6** (*general intent, meaning*) spirito *m.*, essenza *f.*, significato *m.* sostanziale, significato *m.* intimo: *the* ~, *not the letter of the law* (interpretare) una legge secondo lo spirito, non secondo la lettera. **7** (*person as regards character*) spirito *m.*, anima *f.*: *a noble* ~ uno spirito superiore. **8** (*temper*) temperamento *m.*, indole *f.*, carattere *m.* **9** (*attitude, frame of mind*) spirito *m.*, disposizione *f.*, attitudine *f.*: *a* ~ *of optimism* uno spirito di ottimismo; *to do sth. in the right* ~ fare qcs. nella disposizione adatta; *to enter into the* ~ *of sth.* entrare nello spirito di qcs. **10** (*vigorousness, energy*) energia *f.*, forza *f.*, vigore *m.*: *he lacks* ~ manca di energia. **11** (*courage*) coraggio *m.*, animo *m.*, grinta *f.*: *he hasn't the* ~ *of a mouse* non ha il minimo coraggio. **12** (*prevailing tendency, atmosphere*) spirito *m.*: *the* ~ *of the times* lo spirito dei tempi. **13** (*Chim*) spirito *m.*, alcool *m.* etilico. **14** *pl.* (*mood, temper*) umore *m.sing.*, stato *m.sing.* d'animo, condizioni *f.pl.* di spirito: *to be in good* ~*s* essere di buon umore; *our* ~*s rose* il nostro morale si sollevò. **15** *pl.* (*strong alcoholic drinks*) superalcolici *m.pl.*, acquaviti *f.pl.* II *a.* **1** (*of spiritual matters*) spiritualista, spiritualistico. **2** (*using alcohol as a fuel*) a spirito, ad alcool. III *v.t.* **1** (*to infuse with ardour, courage, etc.*) incoraggiare, infondere coraggio a. **2** (*with energy*) dare forza a, vivificare. **3** (*to stimulate*) stimolare, incitare. □ ~ *of adventure* spirito di avventura; *to* ~ *away*: **1** trafugare, sottrarre di nascosto, portare via di nascosto: *the evidence was -ed away* le prove furono trafugate; **2** (*to carry off mysteriously*) fare sparire misteriosamente; (*Chim*) ~ *blue* blu di anilina; ~ *compass* bussola a spirito; (*Occult*) ~ *guide* spirito guida; *to keep one's* ~*s up* tenersi su (di morale); ~ *lamp* lampada a spirito; (*Tecn*) ~ *level* livella a bolla d'aria; ~ *of competition* spirito agonistico; (*Chim*) ~ *of salt* (o -*s of salt*) spirito di sale, acido cloridrico; *to* ~ *off*: 1 trafugare, sottrarre di nascosto, portare via di nascosto: *the evidence was -ed away* le prove furono trafugate; 2 (*to carry off mysteriously*) fare sparire misteriosamente; ~ *stove* fornello a spirito; *that's the* ~*!* così!, bravo!; *to* ~ *up*: 1 (*to infuse with ardour, courage, etc.*) incoraggiare, infondere coraggio a; 2 (*with energy*) dare forza a, vivificare; 3 (*to stimulate*) stimolare, incitare. *Prov.*: (*Bibl*) *the* ~ *is willing but the flesh is weak* lo spirito è forte ma la carne è debole.

Spirit /'spɪrɪt/ *n.* (*Teol*) (*Holy Spirit*) Spirito *m.* Santo.

spirited /'spɪrɪtɪd *Am* 'spɪrɪţɪd/ *a.* **1** vigoroso, energico, vivace, animato: *a* ~ *defence* una vigorosa difesa. **2** (*of animals, a horse*) focoso, impetuoso. **3** (*in compounds*) *generally translated with the corresponding word*: *public*-~ dotato di senso civico.

spiritedly /'spɪrɪtɪdli *Am* 'spɪrɪţɪdli/ *avv.* vivacemente, animatamente, energicamente.

spiritedness /'spɪrɪtɪdnəs *Am* 'spɪrɪţɪdnəs/ *n.* **1** vivacità *f.*, animazione *f.*, energia *f.*, brio *m.* **2** (*in compounds*) *generally translated with the corresponding word*: *mean-*~ meschinità.

spirit-gum /'spɪrɪtɡʌm *Am* 'spɪrɪţɡʌm/ *n.* soluzione *f.* di gomma arabica in etere.

spiritism /'spɪrɪtɪzəm *Am* 'spɪrɪţɪzᵊm/ *n.* (*Occult*) spiritismo *m.*

spiritist /'spɪrɪtɪst *Am* 'spɪrɪţɪst/ *n.* (*Occult*) spiritista *m./f.*

spiritistic /'spɪrɪtɪstɪk *Am* 'spɪrɪţɪstɪk/ *a.* (*Occult*) spiritico, spiritistico.

spirit-lamp /'spɪrɪtlæmp/ *n.* lampada *f.* a spirito.

spiritless /'spɪrɪtləs/ *a.* **1** fiacco, debole, molle. **2** (*lacking liveliness*) depresso, abbattuto, avvilito.

spiritlessly /'spɪrɪtləsli/ *avv.* debolmente, fiaccamente, senza energia.

spiritlessness /'spɪrɪtləsnəs/ *n.* **1** debolezza *f.*, fiacchezza *f.* **2** (*want of animation*) abbattimento *m.*, depressione *f.*, avvilimento *m.*

spirit-level /'spɪrɪtlevᵊl/ *n.* (*Tecn*) livella *f.* a bolla d'aria.

spiritual /'spɪrɪtʃuəl *Br also* 'spɪrɪtjuəl/ **I** *a.* **1** spirituale: ~ *guide* guida spirituale. **2** (*ecclesiastical*) ecclesiastico; ~ *courts* tribunali ecclesiastici. **II** *n.* **1** (*things of the spirit*) cose *f.pl.* spirituali, cose *f.pl.* dello spirito. **2** (*Mus*) spiritual *m.*: *negro* ~ spiritual, canto religioso dei neri d'America. ☐ (*Rel.catt*) ~ *director* direttore spirituale.

spiritualism /'spɪrɪtʃuᵊlɪzᵊm *Br also* 'spɪrɪtjuᵊlɪzᵊm/ *n.* **1** (*Occult*) spiritismo *m.* **2** (*Filos*) spiritualismo *m.*

spiritualist /'spɪrɪtʃuᵊlɪst *Br also* 'spɪrɪtjuᵊlɪst/ *n.* **1** (*Occult*) spiritista *m./f.* **2** (*Filos*) spiritualista *m./f.*

spiritualistic /ˌspɪrɪtʃuᵊˈlɪstɪk *Br also* ˌspɪrɪtjuᵊˈlɪstɪk/ *a.* **1** spirituale. **2** (*Occult*) spiritistico, spiritico.

spirituality /ˌspɪrɪtʃuˈælɪti *Am* ˌspɪrɪtʃuˈæləţi/ *n.* **1** spiritualità *f.* **2** *pl.* (*Rel*) beni *m.pl.* ecclesiastici.

spiritualization /ˌspɪrɪtʃuᵊlaɪˈzeɪʃᵊn *Am* ˌspɪrɪtʃuᵊlᵊˈzeɪʃᵊn/ *n.* spiritualizzazione *f.*

spiritualize /'spɪrɪtʃuᵊlaɪz/ *v.t.* **1** spiritualizzare. **2** (*to interpret spiritually*) dare un significato spirituale a, idealizzare.

spiritually /'spɪrɪtʃuᵊli/ *avv.* spiritualmente.

spirituel, spirituelle /ˌspiːriːˌtʃuːˈel/ *a.* delicato, raffinato, distinto.

spirituosity /ˌspɪrɪtʃuˈɒsəti *Am* ˌspɪrɪtʃuːˈɑːsəţi/ *n.* (*rar*) l'essere alcolico.

spirituous /'spɪrɪtʃuəs/ *a.* (*rar*) alcolico.

spiritus /'spɪrɪtəs *Am* 'spɪrɪţəs/ *n.* (*Ling*) spirito *m.* ☐ (*Ling*) ~ *asper* spirito aspro; (*Ling*) ~ *lenis* spirito dolce.

spirochaete /ˌspaɪroʊˈkiːt/ *n.* (*Biol*) spirocheta *f.*

spirograph /ˌspaɪroʊˈɡrɑːf *Am* ˌspaɪroʊˈɡrɑːf/ *n.* (*Med*) spirografo *m.*

spirographic /ˌspaɪroʊˈɡræfɪk *Am* ˌspaɪroʊˈɡræfɪk/ *a.* (*Med*) spirografico.

spiroid /'spaɪrɔɪd/ *a.* spiroidale, spiroide.

spirometer /ˌspɪˈrɒmɪtər *Am* ˌspɪˈrɑːmɪţər/ *n.* (*Med*) spirometro *m.*

spirometric /ˌspaɪroʊˈmetrɪk *Am* ˌspaɪroʊˈmetrɪk/ *a.* (*Med*) spirometrico.

spirometry /spaɪˈrɒmətri *Am* spaɪˈrɑːmətri/ *n.* (*Med*) spirometria *f.*, pneumometria *f.*

spirt /spɜːt *Am* spɜːrt/ *n./v.* → **spurt**.

spiry /'spaɪəri *Am* 'spaɪri/ *a.* **1** simile a una guglia, sottile e appuntito. **2** (*abounding in spires*) ricco di guglie.

spit[1] /spɪt/ **I** *v.i.* (*past, p.p.* spit o spat /spæt/) **1** sputare (*at, on* su, addosso a; *into* in; *out of* da), espettorare. **2** (*to sputter*) scoppiettare, crepitare, sfrigolare. **3** (*of cats, etc.*) soffiare (minaccioso) (*at* contro). **4** (*fig*) (*of fire*) scoppiettare, mandare faville, crepitare. **5** (*Am,sl*) (*to vomit*) vomitare. **6** (*Br,fig*) (*of rain*) cadere a gocce rade; (*to drizzle*) piovigginare. **II** *v.t.* (*past, p.p.* spit o spat /spæt/) **1** sputare (*into* in; *onto* su, addosso a): *to* ~ *out a cherry stone* sputare un nocciolo di ciliegia. **2** (*to utter as if by spitting*) dire con disprezzo, dire con malignità. **3** (*fig*) sputare, gettar fuori: *his gun spat fire* il suo fucile sputò fuoco. **III** *n.* **1** sputo *m.*, saliva *f.* **2** (*act of spitting*) lo sputare. **3** (*light rain*) spruzzata *f.* **4** (*Entom*) schiuma *f.* ☐ (*fig*) ~ *and polish* pulizia accuratissima e perfetto ordine; (*fig*) *to* ~ *at* so. sputare (in faccia) a qcu.; (*fig*) *to* ~ *blood* sputare veleno, parlare con rabbia; (*fig*) *to* ~ *in so.'s face* ricoprire qcu. di sputi, sputare in faccia a qcu., insultare gravemente qcu.; (*fig*) *to* ~ *in the wind* fare (qcs.) per niente; (*fig*) *to* ~ *on* so. sputare (in faccia) a qcu.; *to* ~ *out*: 1 sputare: *to* ~ *out a cherry stone* sputare un nocciolo di ciliegia; 2 (*to utter as if by spitting*) dire con disprezzo, dire con malignità: (*colloq*) ~ *it out!* parla!, sputa il rospo!; (*Am,sl*) *to* ~ *up* vomitare.

spit[2] /spɪt/ **I** *n.* **1** (*for cooking*) spiedo *m.*, schidione *m.* **2** (*land projecting into the sea*) promontorio *m.*, lingua *f.* di terra. **II** *v.t.* (*past, p.p.* **spitted** /'spɪtɪd *Am* 'spɪţɪd/). **1** infilzare sullo spiedo, schidionare; (*to cook on a spit*) cuocere allo spiedo. **2** (*fig*) (*to impale*) infilzare, trafiggere.

spit[3] /spɪt/ *n.* (*spade's depth of earth*) profondità *f.* raggiunta con una vangata; (*quantity of earth*) vangata *f.*

spitball /'spɪtbɔːl/ **I** *n.* **1** (*Am*) punzecchiatura *f.*, cattiveria *f.*, piccola critica *f.* **2** (*colloq*) pallottola *f.* di carta masticata usata dai ragazzi come proiettile. **3** (*Sport*) (*in baseball*) lancio *m.* illegale in cui la palla è stata bagnata con saliva o sudore. **II** *v.t.* (*to throw out a suggestion in a discussion*) mettere in tavola (un'idea per la discussione).

spitchcock /'spɪtʃkɒk/ **I** *n.* (*Gastron*) anguilla *f.* arrostita sulla graticola. **II** *v.t.* arrostire sulla graticola.

spite /spaɪt/ **I** *n.* **1** dispetto *m.*, ripicca *f.*, (*lett*) ripicco *m.*: *to do sth. from* ~ (o *out of* ~) fare qcs. per dispetto. **2** (*grudge*) rancore *m.*, risentimento *m.*, astio *m.*, ruggine *f.*, malanimo *m.*: ~ *against* so. rancore nei confronti di qcu. **3** (*malice*) malignità *f.*, perfidia *f.* **II** *v.t.* **1** fare dispetto a. **2** (*to thwart, to annoy*) indispet-

tire, irritare, contrariare, seccare. ☐ *in* ~ *of* nonostante, malgrado.

spiteful /'spaɪtfᵊl, 'spaɪtfʊl/ *a.* **1** dispettoso, malevolo, acido. **2** (*malicious*) maligno, velenoso, perfido. **3** (*vindicative*) rancoroso, vendicativo.

spitefully /'spaɪtfᵊli, 'spaɪtfʊli/ *avv.* dispettosamente, malignamente, perfidamente, rancorosamente.

spitefulness /'spaɪtfᵊlnəs, 'spaɪtfʊlnəs/ *n.* **1** (*malice*) malignità *f.*, perfidia *f.* **2** (*vindictiveness*) rancore *m.*

spitfire /'spɪtˌfaɪᵊr/ *n.* persona *f.* irascibile, persona *f.* stizzosa, testa *f.* calda, bisbetico *m.* (*f.* -a).

spitter /'spɪtər *Am* 'spɪţər/ *n.* **1** chi sputa. **2** (*Sport*) (*in baseball*) lancio *m.* illegale in cui la palla è stata bagnata con saliva o sudore.

spitting /'spɪtɪŋ *Am* 'spɪţɪŋ/ *n.* (*act of spitting*) lo sputare. ☐ *to be withing* ~ *distance of* essere a uno sputo da; (*colloq*) ~ *image* ritratto: *the baby is the* ~ *image of his father* il bambino è suo padre sputato, il bambino è il ritratto del padre; (*Zool*) ~ *snake* cobra sputatore, cobra collonero.

spittle /'spɪtᵊl *Am* 'spɪţl/ *n.* **1** sputo *m.*, saliva *f.* **2** (*Entom*) schiuma *f.*

spittoon /spɪˈtuːn/ *n.* sputacchiera *f.*

spitz /spɪts/ *n.* **1** (*Zool*) cane *m.* di razza nordica. **2** (*pomeranian*) cane *m.* pomere, pomere *m.* ☐ (*Zool*) ~ *dog*: 1 cane di razza nordica; 2 (*pomeranian*) cane pomere, pomere.

spiv /spɪv/ *n.* (*Br,sl*) (*petty criminal*) maneggione *m.*, trafficone *m.*

spivvish /'spɪvɪʃ/ *a.* **1** (*Br,sl*) da maneggione, da trafficone. **2** (*Br,colloq*) (*of appearance, clothes*) sgargiante, pacchiano.

spivvy /'spɪvi/ *a.* **1** (*Br,sl*) da maneggione, da trafficone. **2** (*Br,colloq*) (*of appearance, clothes*) sgargiante, pacchiano.

splanchnic /'splæŋknɪk/ *a.* (*Anat*) splancnico, intestinale: ~ *nerve* nervo splancnico.

splanchnology /ˌsplæŋkˈnɒlədʒi *Am* ˌsplæŋkˈnɑːlədʒi/ *n.* (*Anat*) splancnologia *f.*

splash /splæʃ/ **I** *v.t.* **1** spruzzare, schizzare: *to* ~ *one's face with water* spruzzarsi acqua sul viso. **2** (*with mud*) inzaccherare, infangare. **3** (*of liquids*) (*fare*) schizzare, schizzare di: *you've -ed paint all over the floor* hai fatto schizzare la vernice su tutto il pavimento. **4** (*to mark with patches of colour*) chiazzare: *the canvas was -ed with colour* la tela era chiazzata di colore. **5** (*Br,colloq*) (*to announce, to print prominently*) annunciare con titoli a caratteri cubitali, dare grande risalto a: *to* ~ *a piece of news* annunciare una notizia con titoli a caratteri cubitali. **II** *v.i.* **1** sguazzare, diguazzare: *the children were -ing in the pool* i bambini sguazzavano nella piscina. **2** (*to move with splashing*) procedere sguazzando, avanzare sguazzando: *the troops -ed through the mud* le truppe avanzavano sguazzando nel fango. **3** (*of liquids*) schizzare. **III** *n.* **1** schizzo *m.*, spruzzo *m.*: -*es of paint* schizzi di vernice. **2** (*of mud*) zacchera *f.*, schizzo *m.* di fango. **3** (*sound*) tonfo *m.* **4** (*patch of colour, light*) macchia *f.* **5** (*short swim, dip*) tuffo *m.*, nuotatina *f.*, bagno *m.* **6** (*colloq*) (*soda water*) spruzzo *m.* di soda. **7** (*colloq*) (*showy display*) sfoggio *m.* **8** (*Giorn*) titolone *m.*, titolo *m.* a caratteri cubitali, titolo *m.* a caratteri di scatola. ☐ *to* ~ *about*: 1 sguazzare, diguazzare; 2 (*Br,colloq*) (*of money*) spendere alla grande, scialacquare; *to* ~ *around* sguazzare (in giro); (*Astron*) ~ *down* ammarare; *to give one's face a* ~ spruzzarsi il viso; (*colloq*) *to make a* ~ fare furore, fare colpo, fare notizia, suscitare grande interesse; (*colloq,fig*) *to* ~ *out* (*to* *spend money*) fare una pazzia.

splashback /'splæʃbæk/ *n.* paraspruzzi *m.* (per lavandino).

splash-board /'splæʃbɔːd *Am* 'splæʃbɔːrd/ *n.* 1 schermo *m.* paraspruzzi. 2 (*Aut*) parafango *m.*

splash-down /'splæʃdaʊn/ *n.* (*Astron*) ammaraggio *m.*

splashing /'splæʃɪŋ/ *n.* (*of sea, waves*) sciacquio *m.*, sciabordio *m.*

splashy /'splæʃi/ *a.* 1 fangoso, limaccioso, pieno di fanghiglia, pieno di fango. 2 (*fig*) (*spectacular*) sensazionale, clamoroso, spettacolare. 3 (*making the sound of splashing*) che fa un tonfo. 4 (*of, covered with patches of colours*) a chiazze, chiazzato.

splatter /'splætər *Am* 'splætər/ *n./v.* → **spatter**.

splay /splei/ I *v.t.* 1 estendere, aprire, allargare, distendere. 2 (*Arch,Edil*) strombare. 3 (*Med*) (*to dislocate*) slogare, lussare. 4 (*Veter*) (*of a horse*) spallare. II *v.i.* 1 aprirsi, allargarsi, estendersi, distendersi. 2 (*to slant*) pendere, essere inclinato. 3 (*Arch,Edil*) essere strombato. III *a.* aperto, allargato, disteso. IV *n.* (*Arch,Edil*) strombatura *f.*, strombo *m.* □ *to ~ out*: 1 (*used transitively*) estendere, aprire, allargare, distendere; 2 (*used intransitively*) aprirsi, allargarsi, estendersi, distendersi.

splayed /spleid/ *a.* 1 aperto, allargato, disteso. 2 (*Arch,Edil*) strombato: *~ arch* arco strombato.

splay-foot /,splei'fʊt *Am* 'splei,fʊt/ *n.irr.* (*Med*) piede *m.* piatto (volto all'infuori).

splay-footed /,splei'fʊtid *Am* 'splei,fʊtid/ *a.* (*Med*) che ha i piedi piatti.

spleen /spliːn/ *n.* 1 (*Anat*) milza *f.*, splene *m.* 2 (*fig*) (*ill-humour*) malumore *m.*: *to vent one's ~ on so.* sfogare il proprio malumore su qcu. 3 (*fig*) (*anger, spite*) rabbia *f.*, stizza *f.*, collera *f.*, bile *f.* 4 (*rar*) (*melancholy*) malinconia *f.*, tristezza *f.*, ipocondria *f.*; (*lett*) spleen *m.*

spleenful /'spliːnfəl, 'spliːnfʊl/ *a.* bilioso, stizzoso, irascibile, collerico, iroso.

spleenwort /'spliːnwɜːt *Am* 'spliːnwɜːrt/ *n.* (*Bot*) asplenio *m.*

spleeny /'spliːni/ *a.* bilioso, stizzoso, irascibile, collerico, iroso.

splendent /'splendənt/ *a.* (*ant*) (*shining brightly*) splendente.

splendid /'splendid/ *a.* 1 splendido, fastoso, sontuoso, sfarzoso, lussuoso. 2 (*glorious, distinguished*) magnifico, splendido, brillante: *a ~ victory* una magnifica vittoria. 3 (*fine, excellent*) eccellente, splendido, ottimo, magnifico.

splendidly /'splendidli/ *avv.* 1 fastosamente, splendidamente, sontuosamente. 2 (*colloq*) (*excellently*) ottimamente, in modo eccellente, magnificamente.

splendidness /'splendidnəs/ *n.* splendore *m.*, magnificenza *f.*, sfarzo *m.*, fasto *m.*

splendiferous /splen'difərəs/ *a.* (*colloq*) splendido, magnifico, bellissimo, stupendo.

splendiferously /splen'difərəsli/ *avv.* (*colloq*) in modo splendido, in modo magnifico, in modo stupendo.

splendiferousness /splen'difərəsnəs/ *n.* (*colloq*) l'essere splendido, l'essere magnifico, l'essere bellissimo, l'essere stupendo.

splendor /'splendər/ *e der.* (*Am*) → **splendour** *e der.*

splendour /'splendər/ *n.* 1 fasto *m.*, splendore *m.*, sfarzo *m.*, magnificenza *f.*: *the ~ of the imperial court* il fasto della corte imperiale. 2 (*glory, grandeur*) grandezza *f.*, magnificenza *f.*, splendore *m.* 3 (*excellence*) eccel-

---

lenza *f.* 4 (*great brightness*) splendore *m.*, fulgore *m.*, radiosità *f.*

splenectomy /spli'nektəmi/ *n.* (*Chir*) splenectomia *f.*, rimozione *f.* della milza.

splenetic /splə'netik *Am* spli'netik/ I *a.* 1 (*Anat*) plenico. 2 (*Med*) malato di milza, splenico. 3 (*fig*) stizzoso, irritabile, bilioso, irascibile. II *n.* 1 (*Med*) splenetico *m.* (*f. -a*), splenico *m.* (*f. -a*). 2 (*fig*) persona *f.* stizzosa.

splenial /'spliːniəl/ *a.* 1 (*Zool*) spleniale. 2 (*Anat*) dello splenio, relativo allo splenio.

splenic /'splenik/ *a.* (*Anat,Med*) splenico.

splenitis /spli'naitis/ *n.* (*Med*) splenite *f.*

splenius /'spliːniəs/ (*pl.* **-nii** /-niai/) *n.* (*Anat*) splenio *m.*

splenotomy /spli'nɒtəmi *Am* spli'nɑːtəmi/ *n.* (*Chir*) splenotomia *f.*

splice /splais/ I *v.t.* 1 (*Mar*) impiombare due cavi; (*of timbers, spars*) congiungere a ganasce. 2 (*of magnetic tape, film*) giuntare. 3 (*colloq*) (*to unite in marriage*) sposare, unire in matrimonio. II *n.* 1 (*Mar*) impiombatura *f.*; (*of timbers*) giunto *m.* a ganasce. 2 (*of tape, film*) giuntura *f.* □ (*Sport*) *to sit on the ~* chiudersi in difesa; (*Mar,colloq*) *to ~ the main* distribuire una doppia razione di rum; (*Mar, colloq*) *to ~ the mainbrace* (*to have a drink*) bere un bicchiere.

spliced /splaist/ *a.* 1 (*of tape, film*) giuntato. 2 (*Mar*) impiombato. 3 (*of hose*) rinforzato. 4 (*colloq*) (*married*) sposato. □ (*colloq*) *to get ~* sposarsi.

splicer /'splaisər/ *n.* (*of tape, film*) giuntatrice *f.*, incollatrice *f.*, macchina *f.* per giuntare (pellicola, nastro magnetico).

splicing /'splaisiŋ/ *n.* 1 (*Mar*) impiombatura *f.* 2 (*of a film, tape*) giuntaggio *m.* 3 (*of hose*) rinforzo *m.* 4 (*Mecc*) giunto *m.* □ (*Cin*) *~ table* tavolo di montaggio.

spliff /splif/ *n.* (*Br,sl*) spinello *m.*, canna *f.*

spline /splain/ I *n.* 1 striscia *f.* di metallo, linguetta *f.* 2 (*flexible wood or rubber strip*) striscia *f.* flessibile (di legno o gomma) usata per disegnare curve. 3 (*Mecc*) chiavetta *f.*, linguetta *f.*; (*longitudinal groove*) scanalatura *f.* 4 (*Mat*) spline *f.* II *v.t.* 1 (*Mecc*) montare una linguetta in. 2 (*to provide with a key-way*) fare un alloggiamento per chiavetta in; (*to slot*) scanalare.

splint /splint/ I *n.* 1 (*Med*) stecca *f.* (per fratture). 2 (*in basket-making, etc.*) listello *m.*, assicella *f.*, stecca *f.* 3 (*Veter*) soprosso *m.* II *v.t.* (*Med*) steccare, immobilizzare con una stecca. □ *~ bone*: 1 (*Anat*) fibula, perone; 2 (*Zool*) (*of a horse*) osso metacarpale.

splinter /'splintər *Am* 'splintər/ I *n.* 1 scheggia *f.*, frammento *m.*, scaglia *f.*: *-s of wood* schegge di legno; *~ of bone* frammento di osso; *to have a ~ in one's finger* avere una scheggia nel dito. 2 (*Pol*) gruppo *m.* scissionista. II *v.t.* 1 scheggiare, scagliare, ridurre in schegge, ridurre in scaglie. 2 (*fig*) dividere, spaccare, provocare una scissione in. III *v.i.* 1 scheggiarsi, scagliarsi, ridursi in schegge, ridursi in scaglie. 2 (*fig*) dividersi, spaccarsi; (*to break away as a group*) scindersi, spaccarsi, staccarsi. IV *a.* scissionista. □ *~ bar* (*in a carriage*) bilancino; (*Pol*) *~ group* gruppo scissionista; (*Mil*) *~ guard* paraschegge; (*Pol*) *~ party* gruppo scissionista.

splinterless /'splintərləs *Am* 'splintərləs/ *a.* (*Vetr*) infrangibile.

splinter-proof /'splintərpruːf *Am* 'splintərpruːf/ (*Vetr*) *~ glass* vetro infrangibile.

splintery /'splintəri *Am* 'splintəri/ *a.* 1 pieno di schegge. 2 (*like a splinter*) simile a scheggia.

split¹ /split/ (*past, p.p.* **split**) I *v.t.* 1 spaccare, fendere, rompere: *to ~ logs* spaccare tronchi.

---

2 (*to remove by splitting*) staccare (rompendo). 3 (*to tear*) strappare, lacerare, stracciare: *to ~ one's trousers* strapparsi i pantaloni. 4 (*to divide, to separate*) dividere, scindere, separare: *to ~ the country into two* dividere il paese in due. 5 (*fig*) lacerare, fendere: *a scream ~ the air* un urlo lacerò l'aria. 6 (*to share*) dividere, spartire. 7 (*to divide into opposing factions*) dividere, spaccare, provocare una scissione in: *to ~ a party* dividere un partito. 8 (*Mar*) (*of a sail*) sfondare, sventrare; (*of a ship*) infrangere. 9 (*Econ*) frazionare. 10 (*Inform*) suddividere. II *v.i.* 1 spaccarsi, fendersi, rompersi: *soft wood -s easily* il legno dolce si spacca facilmente. 2 (*to become rent, torn*) strapparsi, lacerarsi, stracciarsi, rompersi. 3 (*to break apart, to burst*) rompersi, infrangersi, schiantarsi. 4 (*to become divided*) separarsi, dividersi, frazionarsi, scindersi. 5 (*of married couples*) separarsi: *they ~ after five years of marriage* si sono separati dopo cinque anni di matrimonio. 6 (*to sever connections*) tagliare i ponti, rompere (*with, from* con). 7 (*to share sth.*) dividere qcs. (*with* con). 8 (*sl*) (*to betray a secret*) fare la spia, tradire un segreto, rivelare un segreto, soffiare. 9 (*Mar*) (*of a ship*) infrangersi, schiantarsi. □ *to ~ down the middle*: 1 spaccare in due, spezzare a metà; 2 (*fig*) dividersi: *the party was ~ down the middle on foreign policy* il partito si divise sulla politica estera; *to ~ hairs* fare il pignolo, fare lo scrupoloso, spaccare in quattro un capello; *to ~ in half* spaccare in due, rompersi a metà; *to ~ off* (*to become separated by splitting*) staccarsi (per rottura) (*from* da), biforcarsi, scindersi, dividersi, separarsi; (*sl*) *to ~ on* tradire, rivelare, fare la spia; (*pop*) soffiare; *to ~ open*: 1 (*to cut open*) aprire, fendere, spaccare; 2 (*to crack open*) aprirsi, fendersi, spaccarsi; (*colloq*) *to ~ one's sides* (*with laughter*) scoppiare dalle risa, ridere a crepapelle, sganasciarsi dalle risa, sbellicarsi dalle risa; (*fig*) *to ~ straws* spaccare un capello in quattro; (*Am,Pol*) *to ~ one's ticket* dividere il proprio voto tra più candidati; *to ~ up*: 1 (*to divide, to separate*) dividere, scindere, separare; 2 (*to become divided*) dividersi, separarsi, frazionarsi, scindersi: *we ~ up into two teams* ci dividemmo in due squadre; 3 (*Ferr*) scomporre: *to ~ up a train* scomporre un treno; 4 (*Econ*) frazionare; (*Am,Pol*) *to ~ one's vote* dividere il proprio voto tra più candidati; *to ~ with* (*to remove by splitting*) staccare (rompendo).

split² /split/ *n.* 1 spaccatura *f.*, fenditura *f.*, fessura *f.* 2 (*tear*) spacco *m.*, strappo *m.*, lacerazione *f.* 3 (*fig*) scissione *f.*, separazione *f.*, scissura *f.*, scisma *m.* (*in* in, all'interno di), rottura *f.*, spaccatura *f.*, frattura *f.* (*between* tra; *in, into* in): *the party is heading for a ~* il partito va incontro a una scissione. 4 (*share*) porzione *f.*, parte *f.*, quota *f.* 5 (*colloq*) (*half-size bottle of soft drink*) mezza bottiglia *f.*; (*half-glass of liquor*) bicchierino *m.* 6 (*Dolc*) focaccina *f.* ripiena di crema (o di marmellata). 7 (*Pell*) striscia *f.* di pelle tagliata nello spessore. 8 (*Am,Econ*) differenziale *m.*, divario *m.*: *income ~* (o *wage ~*) divario salariale. 9 *pl.* (*in basket work*) assicelle *f.pl.*, listelli *m.pl.* 10 *pl.* (*Ginn*) spaccata *f.sing.*: *to do the -s* fare la spaccata. I *a.* 1 spaccato, lacerato. 2 (*fig*) (*divided*) diviso, in disaccordo. □ *~ cane* vimini; (*Sport*) *~ decision* (*in boxing*) verdetto ai punti; *~ ends* (*of hair*) doppie punte; (*Gramm*) *~ infinitive* infinito con un avverbio interposto tra "to" e il verbo; (*Alim*) *~ peas* piselli secchi spezzati; (*Psic*) *~ personality* sdoppiamento della personalità, personalità dissociata; (*Tecn*) ~ *pin* fermacampioni; ~ *ring*: 1 (*Mecc*) anello elastico; 2 (*colloq*) portachiavi, anello doppio (di metallo); (*Econ*) ~ *risks* ripartizione dei rischi; (*TV,Cin*) ~ *screen* schermo diviso, schermo suddiviso; (*colloq*) ~ *second* frazione di secondo, istante, attimo; ~ *shift* turno a orario spezzato; (*Am,Pol*) ~ *ticket* preferenza divisa; (*Br,Alim*) ~ *tin* (*loaf*) filone di pane con taglio longitudinale.

split-level /ˌsplɪt'levəl/ *a.* 1 (*of a room or building*) a livelli sfalsati. 2 (*of a cooker*) split, in versione split: *a* ~ *cooker* una cucina con forno separato.

splitter /'splɪtər *Am* 'splɪtər/ *n.* 1 chi spacca, chi fende. 2 (*fig*) (*hairsplitter*) chi spacca il capello in quattro, pedante *m./f.*, cavillatore *m.* (*f.* -trice).

splitting /'splɪtɪŋ *Am* 'splɪtɪŋ/ I *a.* 1 che spacca, che fende. 2 (*colloq*) (*of a headache*) che fa soffrire molto: *to have a* ~ *headache* avere un mal di testa lancinante. 3 (*colloq*) (*extremely amusing*) che fa ridere a crepapelle, da spanciarsi dalle risate. II *n.* 1 spaccatura *f.*, fenditura *f.* 2 (*Econ*) frazionamento *m.* azionario. 3 (*fig*) scissione *f.*, separazione *f.*, scisma *m.* 4 (*Nucl*) fissione *f.* 5 (*Psic*) scissione *f.*

splittism /'splɪtɪzəm *Am* 'splɪtɪzəm/ *n.* (*Pol*) scissionismo *m.*

splittist /'splɪtɪst *Am* 'splɪtɪst/ *n.* (*Pol*) scissionista *m./f.*

split-up /'splɪtʌp *Am* 'splɪtʌp/ *n.* separazione *f.*

splodge /splɒdʒ/ I *n.* (*Br*) macchia *f.*, chiazza *f.*: -*s of paint* macchie di vernice. II *v.t.* (*Br*) macchiare, chiazzare.

splodgy /'splɒdʒi/ *a.* (*Br*) chiazzato, pieno di macchie.

splosh /splɒʃ *Am* splɑːʃ/ I *n.* 1 (*colloq*) tonfo *m.* 2 (*ant,sl*) (*money*) denaro *m.*, soldi *m.pl.*; (*gerg*) grana *f.* II *v.t.* schizzare, spruzzare. III *v.i.* sguazzare, diguazzare.

splotch /splɒtʃ/ I *n.* (*Am*) macchia *f.*, chiazza *f.*: -*es of paint* macchie di vernice. II *v.t.* (*Am*) macchiare, chiazzare. □ *to* ~ *with* macchiare, chiazzare.

splotchy /'splɒtʃi/ *a.* (*Am*) chiazzato, pieno di macchie.

splurge /splɜːdʒ *Am* splɜːrdʒ/ I *n.* (*colloq*) 1 sfoggio *m.*, ostentazione *f.*, esibizionismo *m.* 2 (*showy display of wealth*) sfoggio *m.* (di ricchezze), ostentazione *f.* di lusso: *the garden was a* ~ *of colour* il giardino era una festa di colori. II *v.i.* (*colloq*) (*spend*), spendere a piene mani, buttare via (*on* per): *he* -*ed on a new sports car* ha sprecato i suoi soldi per comprarsi una nuova auto sportiva.

splurt /splɜːt *Am* splɜːrt/ I *n.* (*colloq*) (*a sudden gush of liquid*) schizzo *m.*, spruzzo *m.* II *v.i./t.* (*colloq*) schizzare.

splutter /'splʌtər *Am* 'splʌtər/ I *v.i.* 1 scoppiettare, crepitare. 2 (*to talk confusedly*) farfugliare, barbugliare, borbottare: *to* ~ *with rage* farfugliare per la rabbia. 3 (*to splash, to spatter*) schizzare, spruzzare. II *v.t.* 1 borbottare, barbugliare, farfugliare. 2 (*to spatter*) schizzare, spruzzare. III *n.* 1 scoppiettio *m.*, crepitio *m.* 2 (*incoherent talking*) borbottio *m.*, balbettamento *m.*, farfugliamento *m.* 3 (*splashing, spattering*) spruzzo *m.*, schizzo *m.* □ *to* ~ *forth* (o *to* ~ *out*) borbottare, barbugliare, farfugliare: *to* ~ *out an apology* borbottare una scusa.

Spode /spəʊd/ *n.* (*Ceram*) porcellana *f.* fine.

spoil /spɔɪl/ I *v.t.* (*past, p.p.* -**ed** /-d/ o -**t** /-t/) 1 rovinare, sciupare, guastare. 2 (*to cause to decay*) rovinare, deteriorare, danneggiare: *the crops were -ed by weeks of rain* i raccolti furono rovinati da settimane di pioggia. 3 (*to impair the character of*) viziare: *an only child is often spoilt* un figlio unico è spesso viziato. 4 (*to pamper, to coddle*) coccolare, vezzeggiare, viziare. 5 (*rar*) (*to despoil*) saccheggiare, depredare. II *v.i.* (*past, p.p.* -**ed** /-d/ o -**t** /-t/) 1 guastarsi, rovinarsi, deteriorarsi, alterarsi. 2 (*to plunder*) compiere saccheggi. III *n.* 1 saccheggio *m.*, sacco *m.*, razzia *f.* 2 (*fig*) profitto *m.*, utile *m.*, guadagno *m.* 3 (*Pol*) vantaggi *m.pl.*, benefici *m.pl.*, agevolazioni *f.pl.* 4 (*refuse earth or rock*) sterro *m.*, detriti *m.pl.* 5 *pl.* bottino *m.sing.*, preda *f.sing.*: *the* -*s of war* il bottino di guerra; *to get a share of the* -*s* spartirsi il bottino. □ *to* ~ *one's appetite* guastarsi l'appetito; *to be* -*ing for* avere una gran voglia di, essere ansioso di; (*Am*) ~ *heap* cumulo di macerie; (*Pol*) *the* -*s of office* cariche che si distribuiscono ai seguaci del partito vincente; (*Pol*) -*s system* sistema di distribuire cariche ai seguaci del partito vincente; (*fig*) *to* ~ *the Egyptians* spogliare il nemico vinto; (*fig*) *to* ~ *the fun* guastare la festa.

spoilage /'spɔɪlɪdʒ/ *n.* 1 (*wastage*) scarto *m.*, sciupo *m.*, spreco *m.* 2 (*decay*) deterioramento *m.* 3 (*Tip*) fogli *m.pl.* di scarto.

spoiler /'spɔɪlər/ *n.* 1 chi guasta, chi rovina. 2 (*plunderer*) saccheggiatore *m.* (*f.* -trice), predone *m.* 3 (*Aer*) spoiler *m.*, diruttore *m.*

spoilsman /'spɔɪlsmən/ *n.irr.* (*Pol*) chi aderisce a un partito per ottenere cariche.

spoil-sport /'spɔɪlspɔːt *Am* 'spɔɪlspɔːrt/ *n.* guastafeste *m./f.*

spoilt¹ /spɔɪlt/ → **spoil.**

spoilt² /spɔɪlt/ *a.* 1 rovinato, sciupato, guastato, danneggiato. 2 (*of food*) deteriorato, avariato, guasto, andato a male. 3 (*overindulged*) viziato: *a* ~ *child* un bambino viziato. □ *to be* ~ *for choice* avere l'imbarazzo della scelta; *to get* ~ rovinarsi, guastarsi, sciuparsi.

spoke¹ /spəʊk/ → **speak.**

spoke² /spəʊk/ I *n.* 1 (*of a wheel*) raggio *m.* 2 (*rung*) piolo *m.* 3 (*bar acting as a brake*) calzatoia *f.*, zeppa *f.* 4 (*Mar*) (*of a helm*) maniglia *f.* II *v.t.* munire di raggi. □ (*fig*) *to put a* ~ *in so.'s wheel* mettere il bastone tra le ruote a qcu.

spoken¹ /'spəʊkən/ → **speak.**

spoken² /'spəʊkən/ *a.* 1 orale, detto a voce: *a* ~ *message* un messaggio orale. 2 (*of a language*) parlato: ~ *English* inglese parlato; *his* ~ *French is excellent* il suo francese (parlato) è perfetto. 3 (*in compounds*) che parla..., *often translated with the corresponding word*: *well*-~ che parla bene; *plain*-~ sincero. □ *to be* ~ *for*: 1 (*scherz*) essere fidanzato, essere impegnato; 2 (*of seat, object*) essere prenotato; *the* ~ *word* la parola.

spokeshave /'spəʊkʃeɪv/ *n.* (*Fal*) raschietto *m.*, pialletto *m.* per arrotondare, coltello *m.* americano.

spokesman /'spəʊksmən/ *n.irr.* portavoce *m.*

spokeswoman /'spəʊkswʊmən/ *n.irr.* portavoce *f.*

spoliate /'spəʊlɪeɪt/ *v.t.* spogliare, saccheggiare, depredare.

spoliation /ˌspəʊlɪ'eɪʃən/ *n.* 1 saccheggio *m.*, ruberia *f.* 2 (*Dir*) (*of a document*) distruzione *f.*

spoliator /'spəʊlɪeɪtər *Am* 'spəʊlɪeɪtər/ *n.* saccheggiatore *m.* (*f.* -trice), predatore *m.* (*f.* -trice).

spollatory /'spəʊlɪətri *Am* 'spəʊlɪətɔːri/ *a.* di saccheggio, relativo a saccheggio.

spondaic /spɒn'deɪɪk *Am* spɑːn'deɪɪk/ *a.* (*Metr*) spondaico.

spondee /'spɒndiː *Am* 'spɑːndiː/ *n.* (*Metr*) spondeo *m.*

spondulicks /spɒn'djuːlɪks/ *n.pl.* (*Br,colloq,*

ant) soldi *m.pl.*, quattrini *m.pl.*, grana *f.sing.*

spondyl, spondyle /'spɒndɪl *Am* 'spɑːndɪl/ *n.* (*Anat*) vertebra *f.*, spondilo *m.*

spondylitis /ˌspɒndɪ'laɪtɪs *Am* ˌspɑːndə'laɪtɪs/ *n.* (*Med*) spondilite *f.*

sponge /spʌndʒ/ I *n.* 1 spugna *f.* (*anche fig*): *bath* ~ spugna da bagno. 2 (*Zool*) spugna *f.* 3 (*sl*) (*habitual drinker*) ubriacone *m.* (*f.* -a), beone *m.* (*f.* -a), spugna *f.* 4 (*sl*) (*sponger*) parassita *m.* (*f.* -a), spugna *f.*, sbafatore *m.* (*f.* -trice). 5 (*Alim*) (*raised bread dough*) pasta *f.* (per pane) lievitata. 6 (*Met*) spugna *f.* 7 (*colloq*) (*contraceptive*) spugna *f.* vaginale. 8 (*Br,Chir*) tampone *m.* di garza. 9 (*Arm*) scovolo *m.* II *v.t.* 1 pulire con una spugna, lavare con una spugna, spugnare: *to* ~ *one's hands* pulirsi le mani con una spugna. 2 (*to remove, to erase with a sponge*) cancellare con una spugna, eliminare con una spugna: *to* ~ *words off the blackboard* cancellare con una spugna le parole dalla lavagna. 3 (*to wash with a sponge*) lavare con una spugna. 4 (*to absorb*) assorbire (con una spugna). 5 (*colloq*) (*to cadge*) scroccare, sbafare. III *v.i.* 1 assorbire, impregnarsi, imbeversi. 2 (*to gather sponges*) pescare spugne, raccogliere spugne. 3 (*colloq*) (*to live at the expense of another*) vivere alle spalle (*on, upon, off* di). □ *to* ~ *away* (*to remove, to erase with a sponge*) cancellare con una spugna, eliminare con una spugna; ~ *bag* pochette, trousse (impermeabile); ~ *bath* spugnatura; (*Dolc*) ~ *cake* pan di Spagna, pandispagna; (*Tess*) ~ *cloth* spugna, tessuto di spugna; ~ *diver* pescatore di spugne; *to* ~ *down* lavare con la spugna; (*Br,Dolc*) ~ *finger* savoiardo; *to* ~ *off* (o *to* ~ *out*) (*to remove, to erase with a sponge*) cancellare con una spugna, eliminare con una spugna; (*Dolc*) ~ *pudding* specie di pan di spagna cotto a vapore; ~ *rubber* gommaspugna, gommapiuma; (*Bot*) ~ *tree* gaggia; *to* ~ *up* (*to absorb*) assorbire con una spugna.

sponger /'spʌndʒər/ *n.* 1 pescatore *m.* (*f.* -trice) di spugne. 2 (*colloq*) (*cadger*) parassita *m./f.*, scroccone *m.* (*f.* -a), sbafatore *m.* (*f.* -trice).

spongiform /'spʌndʒɪfɔːm *Am* 'spʌndʒɪfɔːrm/ *a.* (*Med*) spongiforme: *bovine* ~ *encephalopathy* encefalopatia spongiforme bovina, (*colloq*) malattia della mucca pazza; *subacute* ~ *encephalopathy* encefalopatia spongiforme subacuta, malattia di Creutzfeldt-Jakob.

sponginess /'spʌndʒɪnəs/ *n.* (*of texture, material*) spugnosità *f.*; (*of terrain, ground*) porosità *f.*

sponging /'spʌndʒɪŋ/ □ (*Stor*) ~ *house* prigione provvisoria per debitori.

spongy /'spʌndʒi/ *a.* 1 spugnoso. 2 (*porous, absorbent*) spugnoso, poroso, assorbente. 3 (*elastic*) elastico. 4 (*saturated*) impregnato, inzuppato. 5 (*fig*) (*lacking in firmness, solidity*) molle, cedevole.

sponsion /'spɒnʃən/ *n.* (*Dir*) garanzia *f.*, malleveria *f.*

sponson /'spɒnsən *Am* 'spɑːnsən/ *n.* 1 (*Mar*) piattaforma *f.* sporgente; (*gun platform*) piattaforma *f.* di armamento. 2 (*of a canoe*) pinna *f.* 3 (*of a flying boat*) cassa *f.* d'aria stabilizzatrice.

sponsor /'spɒnsər *Am* 'spɑːnsər/ I *n.* 1 (*guarantor*) garante *m./f.*, mallevadore *m.* (*f.* -trice): *to act as a* ~ *for so.* rendersi garante per qcu. 2 (*patron*) mecenate *m./f.*, patrocinatore *m.* (*f.* -trice). 3 (*for charity*) patrono *m.* (*f.* -essa), benefattore *m.* (*f.* -trice). 4 (*TV,Rad,Sport*) sponsor *m.*, finanziatore *m.* (*f.* -trice) (a scopo pubblicitario). 5 (*Rel*) padrino *m.* (*f.* madrina). **6** (*Parl*) promotore *m.* (*f.* -trice), chi presenta un disegno di legge. **7** (*Comm*) (*advertiser, backer*) sponsor *m.*, finanziatore *m.* (*f.* -trice): *to act as a ~ for sth.* sponsorizzare qcs.; *to be a ~ to a programme* sponsorizzare un programma. **II** *v.t.* **1** garantire per, fare da mallevadore, fare da garante. **2** (*Rad,TV,Sport*) sponsorizzare, finanziare (a scopo pubblicitario). **3** (*to lend support, aid to*) patrocinare, sostenere, concedere il proprio patrocinio a, concedere il sostegno a, appoggiare: *the charity is -ed by the Queen* l'istituto di beneficenza è patrocinato dalla regina. **4** (*Rel*) fare da padrino (*o* da madrina) a. **5** (*Parl*) presentare: *to ~ a bill* presentare un disegno di legge. □ *to ~ a child* adottare un bambino a distanza.

sponsorial /spɒnˈsɔːrɪəl *Am* spɑːnˈsɔːrɪəl/ *a.* **1** (*Dir*) di un garante, relativo a un garante, fideiussorio, di malleveria. **2** (*Rel*) da padrino, da madrina.

sponsorship /ˈspɒnsərʃɪp *Am* ˈspɑːnsərʃɪp/ *n.* **1** garanzia *f.*, malleveria *f.* **2** (*financial backing*) finanziamento *m.*, sponsorizzazione *f.* **3** (*cultural backing*) patronato *m.*, patrocinio *m.* **4** (*moral, political backing*) sostegno *m.* **5** (*Rel*) l'essere padrino, l'essere madrina. **6** (*Econ*) (*corporate funding*) sponsorizzazione *f.*, finanziamento *m.* (*from* di). **7** (*TV,Rad*) finanziamento *m.* di programmi (a scopo pubblicitario).

spontaneity /ˌspɒntəˈneɪti *Am* ˌspɑːntənˈeɪti/ *n.* spontaneità *f.*

spontaneous /spɒnˈteɪnɪəs *Am* spɑːnˈteɪnɪəs/ *a.* **1** spontaneo, istintivo: *~ laugh* risata spontanea. **2** (*voluntary*) spontaneo, volontario. **3** (*automatic*) involontario, automatico. **4** (*Biol,Med*) spontaneo: *~ recovery* guarigione spontanea. □ (*Chim*) *~ combustion* autocombustione, accensione spontanea, combustione spontanea; (*Stor*) *~ generation* abiogenesi, generazione spontanea.

spontaneously /spɒnˈteɪnɪəsli *Am* spɑːnˈteɪnɪəsli/ *avv.* spontaneamente, con spontaneità.

spontaneousness /spɒnˈteɪnɪəsnəs *Am* spɑːnˈteɪnɪəsnəs/ *n.* spontaneità *f.*

spoof /spuːf/ **I** *n.* (*colloq*) **1** beffa *f.*, burla *f.*, tiro *m.* **2** (*trick*) imbroglio *m.*, raggiro *m.* **3** (*parody*) parodia *f.*, caricatura *f.* (*on* di). **II** *a.* falso, fasullo: *a ~ crime novel* una parodia di un romanzo poliziesco. **III** *v.t.* **1** imbrogliare, ingannare, truffare; (*pop*) fregare. **2** (*to make fun of*) prendere in giro, mettere in ridicolo, beffare.

spoofer /ˈspuːfər/ *n.* (*colloq*) imbroglione *m.* (*f.* -a), truffatore *m.* (*f.* -trice).

spoofery /ˈspuːfəri/ *n.* (*colloq*) presa *f.* in giro, il prendere in giro, il giocare brutti tiri.

spook /spuːk/ **I** *n.* **1** (*colloq*) fantasma *m.*, spettro *m.* **2** (*colloq*) poliziotto *m.* **II** *v.t.* (*colloq*) spaventare, mettere paura.

spookily /ˈspuːkəli/ *avv.* (*colloq*) in modo spettrale, in modo sinistro.

spookiness /ˈspuːkɪnəs/ *n.* (*colloq*) spettralità *f.*, l'essere spettrale, l'essere sinistro.

spookish /ˈspuːkɪʃ/ *a.* **1** (*colloq*) sinistro, spettrale. **2** (*haunted*) visitato da fantasmi, frequentato da fantasmi.

spooky /ˈspuːki/ *a.* **1** (*colloq*) sinistro, spettrale: *a ~ old castle* un vecchio castello sinistro. **2** (*haunted*) visitato da fantasmi, frequentato da fantasmi.

spool /spuːl/ **I** *n.* **1** rocchetto *m.*, bobina *f.* **2** (*Tess*) (*for yarn*) bobina *f.*, spola *f.*, spoletta *f.*; (*for sewing thread*) rocchetto *m.* **II** *v.t.* **1** (*Tess*) incannare, avvolgere su un rocchetto, avvolgere su una bobina, bobinare. **2** (*El*) bobinare. **3** (*Inform*) registrare (dati) provvisoria-

mente (su disco), elaborare (*o* stampare) su una periferica mentre l'unità centrale svolge altre funzioni.

spooler /ˈspuːlər/ *n.* (*Inform*) spooler *m.*

spooling /ˈspuːlɪŋ/ *n.* (*Inform*) spooling *m.*, il mettere (dati) in coda: *printer ~* il mettere in coda di stampa.

spoon /spuːn/ **I** *n.* **1** cucchiaio *m.* **2** (*spoonful*) cucchiaiata *f.*, cucchiaio *m.* **3** (*Sport,ant*) (*in golf*) spoon *m.*, legno *m.* **4** (*Pesc*) (*spinning spoon*) cucchiaino *m.* **II** *v.t.* **1** raccogliere con il cucchiaio, prendere su con il cucchiaio. **2** (*to distribute with a spoon*) distribuire con il cucchiaio, servire con il cucchiaio. **3** (*Sport*) (*to hit gently into the air*) colpire (troppo) debolmente. **III** *v.i.* **1** (*colloq*) (*of lovers*) sbaciucchiarsi, amoreggiare. **2** (*Sport*) colpire (troppo) debolmente la palla. **3** (*Pesc*) pescare con il cucchiaino. □ (*Pesc*) *~ bait* cucchiaino; (*Am,Gastron*) *~ bread* pane morbido di mais; (*Am*) *~ meat* cibo semiliquido, cibo liquido; *~ oar* remo a pala ricurva, remo a cucchiaio; *to ~ out* (*to distribute with a spoon*) distribuire con il cucchiaio, servire con il cucchiaio; *to ~ up* raccogliere con il cucchiaio, prendere con il cucchiaio.

spoonbill /ˈspuːnbɪl/ *n.* (*Ornit*) mestolone *m.*, spatola *f.*

spoonerism, Spoonerism /ˈspuːnərɪzəm/ *n.* gioco *m.* di parole consistente nello scambio delle iniziali di due parole.

spooney /ˈspuːni/ **I** *a.* (*colloq*) **1** stupido, sciocco. **2** (*foolishly amorous*) svenevole, sentimentale. **3** (*enamoured*) innamorato (cotto) (*over, on* di). **II** *n.* (*colloq*) **1** cascamorto *m.*, sentimentale *m./f.*, tenero *m.* (*f.* -a), innamorato *m.* (*f.* -a). **2** *pl.* semplicione *m.sing.* (*f.* -a), sciocco *m.sing.* (*f.* -a).

spoon-fed /ˈspuːnfed/ *a.* **1** nutrito con il cucchiaio, imboccato. **2** (*fig*) che ha sempre avuto la pappa scodellata. **3** (*Scol*) (*of students*) che ha ricevuto un insegnamento troppo semplificato. **4** (*of industries, etc.*) sovvenzionato dallo stato.

spoon-feed /ˈspuːnfiːd/ *v.t.* **1** nutrire con il cucchiaio. **2** (*fig*) scodellare la pappa a, far trovare la pappa pronta. **3** (*Scol*) insegnare in modo troppo semplificato. **4** (*of industries, etc.*) sovvenzionare.

spoonful /ˈspuːnfʊl/ *n.* cucchiaiata *f.*, cucchiaio *m.*

spoony /ˈspuːni/ **I** *a.* (*Am,colloq*) **1** stupido, sciocco. **2** (*foolishly amorous*) svenevole, sentimentale. **3** (*enamoured*) innamorato (cotto) (*over, on* di). **II** *n.* (*Am,colloq*) **1** cascamorto *m.*; sentimentale *m./f.*, tenero *m.* (*f.* -a), innamorato *m.* (*f.* -a). **2** *pl.* semplicione *m.sing.* (*f.* -a), sciocco *m.sing.* (*f.* -a).

spoor /spɔːr *Am* spʊr/ **I** *n.* (*Caccia*) traccia *f.*, pista *f.* **II** *v.t.* (*Caccia*) seguire la traccia di, seguire la pista di.

sporadic /spəˈrædɪk/ *a.* sporadico (*anche Med*).

sporadical /spəˈrædɪkəl/ *a.* (*rar*) sporadico (*anche Med*).

sporadically /spəˈrædɪkəli/ *avv.* sporadicamente.

sporangium /spəˈrændʒɪəm/ (*pl.* **-gia** /-dʒɪə/) *n.* (*Bot*) sporangio *m.*

spore /spɔːr *Am* spɔːr/ *n.* **1** (*Biol*) spora *f.* **2** (*estens*) (*seed, germ*) seme *m.*, germe *m.*

spore-case /ˈspɔːrkeɪs *Am* spɔːrkeɪs/ *n.* (*Bot*) sporangio *m.*

sporogenesis /ˌspɔːroʊˈdʒenɪsɪs/ *n.* (*Bot*) sporogenesi *f.*

sporogenous /spɔːˈrɒdʒɪnəs/ *a.* (*Bot*) sporogeno, sporigeno.

sporogony /spɔːˈrɒɡəni/ *n.* (*Bot*) sporogonia *f.*

sporozoan /ˌspɔːrəˈzoʊən/ *n.* (*Zool*) sporozoo *m.*

sporran /ˈspɒrən *Am* ˈspɑːrən/ *n.* borsa *f.* ricoperta di pelo (accessorio del costume scozzese).

sport /spɔːt *Am* spɔːrt/ **I** *n.* **1** sport *m.*: *the ~ of boxing* lo sport del pugilato. **2** (*athletic activity*) sport *m.*, attività *f.* sportiva. **3** (*athletic exercise*) esercizio *m.* fisico: *the doctor advised plenty of ~* il medico consigliò molto esercizio fisico. **4** (*Scol*) educazione *f.* fisica. **5** (*pastime, recreation*) divertimento *m.*, passatempo *m.*, svago *m.*, sport *m.* **6** (*pleasantry, jesting*) scherzo *m.*, burla *f.*, celia *f.*: *to say sth. in ~* dire qcs. per scherzo. **7** (*mockery*) beffa *f.*, gioco *m.*: *to make ~ of so.* farsi beffe di qcu., prendersi gioco di qcu. **8** (*fig*) (*sth. driven about, plaything*) trastullo *m.*; (*laughing stock*) zimbello *m.*, trastullo *m.* **9** (*Aus, colloq*) amico *m.*, compare *m.*: *good day, ~!* *How's tricks?* salve, amico! Come va la vita? **10** (*colloq*) (*good companion*) persona *f.* che sa stare allo scherzo, tipo *m.* sportivo. **11** (*Biol*) individuo *m.* anomalo; (*mutation*) mutazione *f.* **12** *pl.* (*athletics meeting*) gare *f.pl.* atletiche, incontri *m.pl.* (sportivi): *school -s* gare scolastiche. **II** *a.* (*Am*) sportivo. **III** *v.i.* **1** divertirsi, svagarsi. **2** (*to frolic, to gambol*) saltellare, ruzzare. **3** (*to take part in a sport*) praticare uno sport, impegnarsi in uno sport. **4** (*to joke*) scherzare, celiare. **5** (*Biol*) presentare un'anomalia, presentare una mutazione. **6** (*Bot*) produrre una varietà. **IV** *v.t.* **1** (*colloq*) (*to wear proudly*) mettere in mostra, ostentare, sfoggiare, esibire, fare sfoggio di: *she showed up an hour late -ing her new dress* arrivò con un'ora di ritardo, sfoggiando un vestito nuovo. **2** (*to be proud about*) sfoggiare, ostentare: *to ~ one's learning* sfoggiare la propria cultura; *to ~ a flower in one's buttonhole* ostentare un fiore all'occhiello. **3** (*of time: to spend in amusement*) divertirsi. **4** (*Bot*) produrre come varietà. □ *be a ~ and do it for me* sii bravo, fallo per me; *the ~ of kings* l'ippica, lo sport preferito dai sovrani; (*Aut*) *~ utility vehicle* sport utility vehicle, SUV, autoveicolo per lo sport e il lavoro.

sportful /ˈspɔːtfʊl *Am* ˈspɔːrtfʊl/ *a.* **1** (*enjoyable*) divertente. **2** (*playful*) giocoso, scherzoso.

sportily /ˈspɔːtəli *Am* ˈspɔːrtəli/ *avv.* sportivamente.

sportiness /ˈspɔːtɪnəs *Am* ˈspɔːrtɪnəs/ *n.* **1** sportività *f.*, spirito *m.* sportivo. **2** (*of dress*) l'essere sportivo.

sporting /ˈspɔːtɪŋ *Am* ˈspɔːrtɪŋ/ *a.* **1** sportivo: *the ~ public* il pubblico sportivo; *~ equipment* attrezzatura sportiva. **2** (*sportsmanlike*) sportivo, leale: *~ conduct* condotta sportiva. **3** (*risking*) pronto a rischiare. **4** (*Caccia*) (*given to, concerned with hunting, shooting*) di caccia, relativo alla caccia. **5** (*Pesc*) (*given to fishing*) di pesca, relativo alla pesca. □ *~ chance* possibilità di successo; *~ event* manifestazione sportiva; *~ offer* giusta offerta, proposta equa.

sportingly /ˈspɔːtɪŋli *Am* ˈspɔːrtɪŋli/ *avv.* sportivamente, lealmente, generosamente.

sportive /ˈspɔːtɪv *Am* ˈspɔːrtɪv/ *a.* giocoso, allegro, gaio.

sportively /ˈspɔːtɪvli *Am* ˈspɔːrtɪvli/ *avv.* giocosamente, scherzosamente.

sportiveness /ˈspɔːtɪvnəs *Am* ˈspɔːrtɪvnəs/ *n.* giocosità *f.*, gaiezza *f.*

sports /spɔːts *Am* spɔːrts/ *a.* sportivo: *a ~ meeting* un incontro sportivo. □ *~ bar* bar con maxi-schermo su cui è possibile seguire tutti gli eventi sportivi; *~ car* automobile sportiva; (*Abbigl*) ~ *coat* giacca sportiva; (*Giorn*) ~ *column* rubrica sportiva; (*Scol*) ~ *day* giorno delle gare scolastiche; (*Giorn*) ~ *desk* redazione sportiva; ~*drink* sport drink, bevanda isotonica; (*Giorn*) ~*editor* redattore sportivo; ~*event* manifestazione sportiva; ~ *ground*: 1 stadio; 2 (*in school, club*) campo sportivo; ~ *hall* palestra; (*Abbigl*) ~ *jacket* giacca sportiva (da uomo); ~ *medicine* medicina dello sport, medicina sportiva; (*Giorn*) ~*page* pagina sportiva; ~*physician* medico sportivo; ~ *psychology* psicologia dello sport; ~*riots* disordini negli stadi; ~*science* scienza dello sport; ~*stadium* stadio sportivo; ~*supplement* integratore alimentare per atleti.

sportscast /'spɔːtskæst *Am* 'spɔːrtskæst/ *n*. (*Giorn,TV*) cronaca *f*. sportiva, notizie *f.pl*. sportive.

sportscaster /'spɔːtskæstə^r *Am* 'spɔːrtskæstə^r/ *n*. (*Giorn,TV*) cronista *m./f*. sportivo, giornalista *m./f*. sportivo.

sportsfield /'spɔːtsfiːld *Am* 'spɔːrtsfiːld/ *n*. campo *m*. sportivo.

sportsman /'spɔːtsmən *Am* 'spɔːrtsmən/ *n.irr*. 1 sportivo *m*. 2 (*hunter*) cacciatore *m*. 3 (*fisherman*) pescatore *m*. 4 (*one who behaves well in defeat or victory*) sportivo *m*., persona *f*. corretta e leale.

sportsmanlike /'spɔːtsmənlaɪk *Am* 'spɔːrts mənlaɪk/ *a*. (degno di uno) sportivo, leale. □ ~*conduct* spirito sportivo, sportività.

sportsmanship /'spɔːtsmənʃɪp *Am* 'spɔːrts mənʃɪp/ *n*. 1 abilità *f*. nello sport. 2 (*qualities of a sportsman*) spirito *m*. sportivo, lealtà *f*.

sportsperson /'spɔːts,pɜːsən *Am* 'spɔːrts ,pɜːrsən/ *n*. sportivo *m*. (*f*. -a).

sports-shirt /'spɔːtsʃɜːt *Am* 'spɔːrtsʃɜːrt/ *n*. (*Abbigl*) camicia *f*. sportiva.

sportswear /'spɔːtsweə^r *Am* 'spɔːrtswer/ *n*. abiti *m.pl*. sportivi.

sportswoman /'spɔːtswumən *Am* 'spɔːrts wumən/ *n.irr*. sportiva *f*.

sportswriter /'spɔːtsraɪtə^r *Am* 'spɔːrtsraɪtə^r/ *n*. (*Giorn*) redattore *m*. sportivo (*f*. redattrice sportiva).

sporty /'spɔːti *Am* 'spɔːrti/ *a*. 1 (*colloq*) appassionato di sport, sportivo. 2 (*Abbigl*) sportivo.

sporulate /'spɒrjuːleɪt *Am* 'spɑːrjuːleɪt/ *v.i*. (*Biol*) produrre spore.

sporule /'spɒrjuːl *Am* 'spɑːrjuːl/ *n*. (*Biol*) sporula *f*.

spot /spɒt *Am* spɑːt/ *n*. 1 pallino *m*., punto *m*., puntino *m*.: *a green tie with white -s* una cravatta verde a pallini bianchi. 2 (*patch*) macchia *f*., chiazza *f*.: *a Dalmatian's -s* le macchie di un cane dalmata. 3 (*blot, stain*) macchia *f*.: *-s of grease* macchie di grasso. 4 (*fig*) (*taint, blemish*) macchia *f*., neo *m*., onta *f*.: *to be without a ~ on one's reputation* avere una reputazione senza macchia. 5 (*pimple*) (piccolo) foruncolo *m*., pustoletta *f*. 6 (*small quantity, bit*) briciolo *m*., traccia *f*., punta *f*., pizzico *m*.: *a ~ of dust* un briciolo di polvere. 7 (*small amount, a little*) po' *m*., poco *m*.: *he did a ~ of gardening* fece un po' di giardinaggio. 8 (*small drink*) goccio *m*., goccetto *m*. 9 (*place, locality*) posto *m*., luogo *m*., punto *m*.: *a suitable ~ for a picnic* un posto adatto per un picnic. 10 (*colloq*) (*difficulty*) guaio *m*., pasticcio *m*., difficoltà *f*.: *to be in a* (*tight*) ~ trovarsi in un (brutto) guaio. 11 (*position, situation*) posizione *f*. in graduatoria, posto *m*. 12 (*drop*) goccia *f*.: *-s of rain* gocce di pioggia. 13 (*Teat,Cin*) (*light*) riflettore *m*., spot *m*.; (*spotlight*) riflettore *m*. lenticolare, occhio *m*. di bue. 14 (*light, in home, display, etc.*) faretto *m*. 15 (*Teat,Rad,TV*) posto *m*. (in un programma), spazio *m*. fisso, passaggio

m. fisso. 16 (*Sport*) (*penalty spot*) punto *m*. di penalizzazione. 17 (*Radiol,Med*) ombra *f*.: *a ~ on the lungs* un'ombra sui polmoni. 18 (*Astr*) (*sunspot*) macchia *f*. solare. 19 (*Am,colloq*) (*building used for a particular purpose*) locale *m*.: *a gambling* ~ un locale da gioco; *night* ~ locale notturno. 20 (*Am,sl*) (*in compounds: dollar bill*) banconota *f*., biglietto *m*.: *a five-* ~ una banconota da cinque dollari. 21 *pl*. (*Comm*) merce *f.sing*. venduta per contanti. **I** *v.t*. 1 (*to make out with the eye*) individuare, distinguere, scorgere. 2 (*to detect*) scoprire, trovare. 3 (*to stain with spots*) macchiare, punteggiare, macchiettare, chiazzare. 4 (*to appear as spots on*) punteggiare: *tiny figures -ted the mountainside* minuscole figure punteggiavano il fianco della montagna. 5 (*Am,colloq*) prestare (denaro) a, anticipare a: *could you ~ me five dollars* mi presteresti cinque dollari? 6 (*Sport*) dare punti di vantaggio. 7 (*Arm*) localizzare. **II** *v.i*. 1 (*colloq*) (*to rain slightly*) piovigginare: *it's -ting with rain* sta piovigginando. 2 (*Med*) (*to spot blood*) avere delle perdite di sangue. 3 (*in dance*) riportare gli occhi in un punto fisso (per mantenere l'equilibrio). □ (*Comm*) ~ *cash* pronta cassa, denaro contante, contanti; ~*check* controllo a campione, controllo casuale (*on* su): *to carry out a ~ check* eseguire un controllo a campione; (*Inform*) ~ *colour* colore piatto; (*Comm*) ~*contract* contratto per merce esistente sul mercato, contratto per merce pronta; (*Comm*) ~ *delivery* consegna immediata; ~ *fine* multa conciliata (sul luogo dell'infrazione); ~*goods* merci pronte; ~ *height* altitudine (di un punto segnato su una cartina), punto quotato; (*Sport*) ~*kick* (*penalty kick*) calcio di rigore; ~*market* mercato a pronti; (*Giorn*) ~ *news* notizia dell'ultima ora; (*Br,colloq*) *to have a ~ of bother with*: 1 avere noie con: *I'm in a ~ of bother* sono un po' nei guai; 2 (*to have a slight quarrel with*) bisticciare con; *a ~ of sth. to eat* qualcosa da mangiare; *on the ~*: 1 sul posto; 2 (*at once, there and then*) su due piedi, immediatamente, lì per lì: *he refused to make a decision on the ~* rifiutò di prendere una decisione su due piedi; 3 (*colloq*) (*alert, wide-awake*) vigile, all'erta, informato; 4 (*colloq*) (*in a difficult position*) nei guai, in imbarazzo: *put so. on the ~* mettere qcu. in difficoltà, cacciare qcu. nei guai; (*Comm*) ~ *price* prezzo del pronto, corso a contanti; (*Comm*) ~ *purchase* acquisto a pronti; (*Econ*) ~*rate* tasso di cambio a pronti, tasso di cambio a vista; (*Comm*) ~ *remover* smacchiatore; (*Comm*) ~ *sale* vendita per consegna immediata; (*Chim*) ~*test* saggio alla tocca; (*Econ*) ~*trader* operatore commerciale a pronti; (*Econ*) ~ *transaction* operazione a pronti, operazione a contanti; (*Tecn*) ~*welding* saldatura a punti.

spotless /'spɒtləs *Am* 'spɑːtləs/ *a*. 1 immacolato, candido, pulitissimo: ~ *linen* biancheria immacolata. 2 (*fig*) senza macchia, immacolato, incontaminato: *a ~ reputation* una reputazione senza macchia.

spotlessly /'spɒtləsli *Am* 'spɑːtləsli/ *avv*. impeccabilmente.

spotlessness /'spɒtləsnəs *Am* 'spɑːtləsnəs/ *n*. l'essere senza macchia (*anche fig*).

spotlight /'spɒtlaɪt *Am* 'spɑːtlaɪt/ **I** *n*. 1 (*Teat, TV*) riflettore *m*. lenticolare, occhio *m*. di bue. 2 (*Aut*) faro *m*. battistrada. 3 (*fig*) (*limelight*) ribalta *f*.; (*sth. that illuminates*) luce *f*. **II** *v.t*. 1 (*Teat,TV*) illuminare con riflettore lenticolare, illuminare con l'occhio di bue. 2 (*fig*) portare alla ribalta, mettere in luce.

spot-on /ˌspɒt'ɒn *Am* ˌspɑːt'ɑːn/ *a*. 1 (*colloq*)

ben centrato, preciso: *the shot was* ~ il colpo era ben centrato. 2 (*exact, accurate*) fedele, preciso, accurato. 3 (*ideal*) ideale, perfetto.

spotted /'spɒtɪd *Am* 'spɑːtɪd/ *a*. 1 a pallini, a puntini: ~ *material* stoffa a pallini. 2 (*stained with spots*) macchiato, chiazzato. □ (*Br,Dolc*) ~*dick* budino con uva passa; ~*dog*: 1 (*Dalmatian*) cane dalmata; 2 (*Dolc*) budino con uva passa; (*Med*) ~*fever* tifo petecchiale, meningite cerebrospinale; (*Zool*) ~*flycatcher* pigliamosche.

spotter /'spɒtə^r *Am* 'spɑːtə^r/ *n*. 1 (*Arm,Mar.mil*) osservatore *m*. 2 (*Aer.mil*) aereo *m*. da ricognizione, ricognitore *m*. 3 (*one who notices trains, cars, etc.*) chi ha l'hobby di identificare tipi (*o* targhe) di veicoli. 4 (*Am,colloq*) (*one who keeps a watch on employees*) sorvegliante *m./f*. 5 (*Am,colloq*) (*private detective*) investigatore *m*. (*f*. -trice) privato. □ (*Aer.mil*) ~*plane* aereo da ricognizione.

spottily /'spɒtɪli *Am* 'spɑːtɪli/ *avv*. (*unevenly*) irregolarmente.

spottiness /'spɒtɪnəs *Am* 'spɑːtɪnəs/ *n*. 1 l'essere macchiato, l'essere pezzato. 2 (*fig*) irregolarità *f*., discontinuità *f*.

spotting /'spɒtɪŋ *Am* 'spɑːtɪŋ/ *n*. 1 (*Arm*) rilevamento *m*.; (*location*) localizzazione *f*. 2 (*Aer.mil*) ricognizione *f*.: *aircraft* ~ ricognizione aerea. 3 (*act, practice of noticing trains, cars, etc.*) l'identificare per divertimento tipi (*o* targhe) di veicoli. 4 (*Med*) perdite *f.pl*. di sangue, spotting *m*.: ~ *is a dangerous sign for a pregnant woman* le perdite di sangue sono un brutto segno in gravidanza.

spotty /'spɒti *Am* 'spɑːti/ *a*. 1 a puntini, a pallini. 2 (*stained*) macchiato. 3 (*pimply*) foruncoloso, pieno di pustolette. 4 (*colloq*) (*irregular, uneven*) discontinuo, ineguale.

spot-weld /'spɒtweld *Am* 'spɑːtweld/ **I** *n*. (*Tecn*) saldatura *f*. a punti. **II** *v.t*. (*Tecn*) saldare a punti.

spousal /'spauzəl/ *a*. coniugale. □ ~ *equivalent* coniuge legalmente riconosciuto (nelle coppie di fatto).

spouse /spauz/ *n*. 1 sposo *m*. (*f*. -a). 2 (*Dir*) consorte *m./f*.

spout /spaut/ **I** *v.t*. 1 versare a fiotti, gettare, far sgorgare: *the wound -ed blood* la ferita versava sangue a fiotti. 2 (*colloq*) (*to talk at length*) dire a getto continuo: *to ~ nonsense* dire sciocchezze a getto continuo. 3 (*colloq*) (*to declaim*) declamare: *to ~ poetry* declamare versi. **II** *v.i*. 1 sgorgare, zampillare, scaturire. 2 (*to discharge*) gettare, sgorgare: *the well began to ~* il pozzo cominciò a gettare. 3 (*colloq*) (*to talk at length*) parlare a getto continuo. 4 (*colloq*) (*to declaim*) declamare, recitare; (*spreg*) concionare. **III** *n*. 1 beccuccio *m*., becco *m*., cannella *f*.: *the ~ of a teapot* il beccuccio di una teiera. 2 (*tube, pipe*) tubo *m*. di scarico. 3 (*of a fountain, pump*) getto *m*., zampillo *m*. 4 (*Edil*) grondaia *f*. 5 (*discharge, jet of liquid*) getto *m*., spruzzo *m*. 6 (*Zool*) (*of a whale*) getto *m*. 7 (*spring of water*) sorgente *f*., fonte *f*. 8 (*waterspout*) tromba *f*. marina. 9 (*Stor*) (*in a pawnshop*) monte acario *m*. □ (*colloq*) **down the** ~: 1 (*lost*) perduto; 2 (*ruined*) in rovina; *to ~out* versare a fiotti, gettare, far sgorgare; sgorgare, zampillare, scaturire: *oil -ed out of the pipe* il petrolio sgorgò dal tubo; (*colloq*) *to be up the ~*: 1 (*in pawn*) essere impegnato, essere al monte dei pegni; 2 (*almost bankrupt*) avere perso dei soldi.

spout-hole /'spauthəʊl/ *n*. (*Zool*) sfiatatoio *m*.

sprag /spræg/ **I** *n*. 1 (*Tecn,Minier*) puntello *m*. 2 (*of a cart, wagon*) puntone *m*. di arresto. **II** *v.t*. (*past, p.p.* **spragged** /-d/) 1 (*Minier*) puntellare. **2** (*to check with a sprag*) trattenere con un puntone di arresto.

sprain /spreɪn/ **I** *v.t.* (*Med*) storcere: *to ~ one's ankle* storcersi una caviglia, (*colloq*) prendere una storta alla caviglia. **II** *n.* (*Med*) distorsione *f.*, (*colloq*) storta *f.*

sprang /spræŋ/ → **spring**[1].

sprat /spræt/ *n.* **1** (*Itt*) spratto *m.* **2** (*Br,colloq*) (*small person*) persona *f.* minuta, persona *f.* piccola; (*insignificant person*) persona *f.* insignificante, nullità *f.* □ (*fig*) *to throw a ~ to catch a mackerel* dare poco per avere molto, dare uno per avere cento.

sprawl /sprɔːl/ **I** *v.i.* **1** sedere scompostamente, stare sdraiato, stare disteso (in modo scomposto): *to ~ in an armchair* sprofondarsi in una poltrona. **2** (*fig*) (*to spread untidily*) espandersi disordinatamente, estendersi disordinatamente. **3** (*to scramble*) arrampicarsi, salire aiutandosi con le mani e con i piedi. **II** *v.t.* (*of the arms, legs*) distendere, allungare. **III** *n.* **1** posizione *f.* scomposta. **2** (*instance of sprawling*) movimento *m.* scomposto. **3** (*on city's edges*) espansione *f.* incontrollata: *suburban ~* sviluppo tentacolare delle periferie. **4** (*fig*) massa *f.* disordinata, insieme *m.* disordinato.

sprawling /sprɔːlɪŋ/ □ *to go ~* andare a gambe levate; *to send so. ~* mandare qcu. a gambe levate.

spray[1] /spreɪ/ **I** *n.* **1** spruzzi *m.pl.*, spruzzo *m.*: *~ was coming off the sea* arrivavano spruzzi dal mare; *he watered the lawn with a fine ~* annaffiò il prato con un sottile spruzzo (d'acqua). **2** (*of the sea*) spruzzi *m.pl.*, spruzzaglia *f.* **3** (*jet of liquid, vapour from an atomizer*) getto *m.* vaporizzato, spruzzo *m.*, spray *m.* **4** (*instrument, atomizer*) spruzzatore *m.*, nebulizzatore *m.*, spray *m.* **5** (*fig*) scarica *f.*, sventagliata *f.*: *a ~ of bullets* una scarica di proiettili. **II** *v.t.* **1** spruzzare, irrorare: *to ~ a plant* irrorare una pianta. **2** (*to cover by means of a sprayer, atomizer*) spruzzare, vaporizzare: *to ~ one's hair with lacquer* spruzzarsi i capelli con la lacca. **3** (*fig*) spargere, sparpagliare, disseminare. **III** *v.i.* schizzare, sprizzare, zampillare. □ *~ attachment* ugello; *~ can* bomboletta spray; (*Mot*) *~ carburettor* carburatore a getto; *~ compressor* compressore a spruzzo; *~ deodorant* deodorante spray; (*Tecn*) *~ gun* pistola a spruzzo; (*Agr*) *~ irrigation* pioggia artificiale, irrigazione a pioggia; *to ~ paint* verniciare a spruzzo; *~ painting* verniciatura a spruzzo; (*Pitt*) *~ varnish* vernice spray, vernice a spruzzo.

spray[2] /spreɪ/ *n.* **1** (*small branch, shoot*) ramoscello *m.*, fronda *f.*, frasca *f.*: *a ~ of cherry blossoms* un ramoscello di fiori di ciliegio. **2** (*cluster of cut flowers*) mazzetto *m.*, mazzo *m.* **3** (*Oref*) ornamento *m.* a forma di ramo. □ *~ drain* canale di scolo fatto di rami interrati.

spraydeck /spreɪdek/ *n.* paraspruzzi *m.*

spray-dry /spreɪdraɪ/ *v.t* (*Ceram,Alim*) essiccare per atomizzazione.

spray-dryer /spreɪdraɪər/ *n.* (*Ceram,Alim*) essiccatore *m.* per atomizzazione.

sprayer /spreɪər/ *n.* **1** chi spruzza. **2** (*spray, atomizer*) spruzzatore *m.*, nebulizzatore *m.*, spray *m.* **3** (*Tecn*) pistola *f.* a spruzzo.

spray-on /spreɪɒn/ *a.* a spruzzo, spray.

sprayskirt /spreɪskɜːt *Am* 'spreɪskɜːrt/ *n.* paraspruzzi *m.*

spread /spred/ **I** *v.t.* (*past, p.p.* **spread**) **1** stendere, distendere, spiegare: *to ~ a blanket on the grass* stendere una coperta sull'erba. **2** (*to distribute over an area*) spandere, spargere, sparpagliare, disseminare: *to ~ manure* spandere il concime. **3** (*to distribute*) ripar-

tire, distribuire in. **4** (*to distribute over a period of time*) scaglionare, distribuire (lungo un certo periodo). **5** (*to apply*) spalmare, stendere: *to ~ butter on bread* spalmare il burro sul pane. **6** (*to overlay*) coprire, ricoprire: *to ~ a table with a cloth* coprire un tavolo con una tovaglia. **7** (*to diffuse, to disseminate*) diffondere, divulgare, propagare, trasmettere. **8** (*rifl.*) *to ~ oneself* (*to occupy much room*) stare comodo, stare largo, distendersi. **9** (*rifl.*) *to ~ oneself* (*to be lavish, generous*) essere prodigo, essere generoso. **10** (*Br,rifl.*) *to ~ oneself* (*to talk, to write effusively*) dilungarsi, diffondersi. **II** *v.i.* (*past, p.p.* **spread**) **1** estendersi, propagarsi. **2** (*to become dispersed*) spargersi, sparpagliarsi, disseminarsi. **3** (*to become known, to circulate*) diffondersi, propagarsi, spargersi, circolare. **4** (*to become diffused*) diffondersi, propagarsi, trasmettersi. **5** (*of fear, panic*) disseminarsi, diffondersi. **6** (*of stain*) spandersi. **7** (*of pain*) irradiarsi: *a smile ~ over his face* un sorriso si diffuse sul suo volto. **8** (*to be able to spread*) stendersi, spalmarsi: *this paint ~s easily* questa vernice si stende facilmente. **9** (*to be extended, to lie extended*) stendersi, estendersi, aprirsi: *a green valley ~ before us* una verde valle si stendeva davanti a noi. **10** (*of plants*) propagarsi. **III** *n.* **1** espansione *f.*, estensione *f.* **2** (*act of being diffused*) diffusione *f.*, propagazione *f.* **3** (*of infections*) trasmissione *f.* **4** (*of information*) divulgazione *f.*: *the ~ of revolutionary ideas* la diffusione di idee rivoluzionarie. **5** (*extent of expanding*) estensione *f.*, ampiezza *f.*, larghezza *f.* **6** (*Arch*) (*of arch*) campata *f.*, passata *f.* **7** (*of products*) gamma *f.*, ventaglio *m.*: *the ~ of a sail* l'estensione di una vela. **8** (*Aer, Ornit*) apertura *f.*: *the ~ of a bird's wings* l'apertura d'ali di un uccello. **9** (*surface area, expanse*) distesa *f.*, estensione *f.* **10** (*gap, distance between two points*) distanza *f.*, intervallo *m.* **11** (*bedspread*) copriletto *m.* **12** (*colloq*) (*sumptuous meal*) banchetto *m.*, lauto pasto *m.* **13** (*Alim*) pasta *f.* (spalmabile): *shrimp ~* pasta di gamberetti. **14** (*Giorn*) articolo *m.* su più colonne, articolo *m.* su più pagine; (*in advertising*) doppia pagina *f.*: *a three-column ~* un articolo a tre colonne; *double-page ~* paginone, articolo su pagina doppia. **15** (*Mecc*) distanza *f.* **16** (*Comm*) differenza *f.* fra costo di produzione e prezzo al consumo. **17** (*Mat*) scarto *m.* □ *to ~ abroad* divulgare, propalare, diffondere, diffondersi; *to ~ one's arms wide* spalancare le braccia; *to ~ around* diffondere, divulgare; *~ city* sviluppo urbanistico incontrollato; (*Arald*) *eagle* aquila spiegata; (*fig*) *to ~ like wildfire* diffondersi come un lampo, diffondersi a macchia d'olio, propagarsi in un baleno; *to ~ out*: 1 stendere, distendere, spiegare; 2 (*to distribute over an area*) spandere, spargere, sparpagliare, disseminare; 3 (*to distribute over a period of time*) scaglionare, distribuire (lungo un certo periodo): *withdrawal of troops is to be ~ out over two years* il ritiro delle truppe sarà scaglionato in due anni; (*Mar*) *to ~ the sails* spiegare le vele; (*fig*) *to ~ the word* apparecchiare la tavola; *to ~ the word* fare circolar la voce; (*fig*) *to ~ oneself thin* (o *to ~ oneself too thin*) mettere troppa carne al fuoco; (*fig*) *to ~ one's wings* stendere le ali, prendere il volo, sentire il gusto della libertà.

spread-eagle /spred'iːgl/ **I** *n.* **1** (*Arald*) aquila *f.* spiegata. **2** (*colloq*) (*chicken split open*) pollo *m.* alla diavola. **3** (*Sport*) (*in skating*) spread-eagle *m.* **II** *a.* (*Am,colloq*) **1** (*jingoistic*) sciovinistico, fanaticamente patriottico. **2** (*bombastic*) altisonante, pomposo. **3**

(*stretched out and taking up much space when sleeping*) a braccia e gambe divaricate. **III** *v.t.* stendere a braccia e gambe divaricate. **IV** *v.i.* **1** stare a braccia e gambe divaricate. **2** (*to fall with limbs wide apart*) cadere a braccia e gambe divaricate.

spread-eagleism /spred'iːglɪzəm/ *n.* (*Am*) nazionalismo *m.* fanatico, sciovinismo *m.*

spreader /spredər/ *n.* **1** chi stende, chi spiega. **2** (*one who diffuses*) chi diffonde, propagatore *m.* (*f.* -trice). **3** (*one who applies*) chi spalma. **4** (*knife*) coltello *m.* per spalmare; (*spatula*) spatola *f.* **5** (*Agr*) concimatrice *f.*, spandiconcime *m.*, spandiletame *m.* **6** (*Mar*) buttafuori *m.* di crocetta, crocetta *f.* di servizio.

spreading /spredɪŋ/ *n.* diffusione *f.*: *~ of false news* diffusione di notizie false.

spreadsheet /spredʃiːt/ *n.* (*Inform*) foglio *m.* elettronico.

spree /spriː/ **I** *n.* **1** baldoria *f.* **2** (*bout of drinking, binge*) bisboccia *f.*, baldoria *f.*, gozzoviglia *f.*, bagordi *m.pl.* **II** *v.i.* fare baldoria, gozzovigliare. □ *~ killer* pazzo omicida (che spara nel mucchio); *to be on a ~* (o *to go on a ~*) fare baldoria.

sprig /sprɪg/ **I** *n.* **1** ramoscello *m.*, fronda *f.*, frasca *f.* **2** (*ornament*) ornamento *m.* a forma di ramoscello. **3** (*ant,scherz*) (*offspring*) rampollo *m.* (*f.* -a), discendente *m./f.*; (*young fellow*) giovincello *m.*, ragazzo *m.* **4** (*Agr,Giard*) stolone *m.* **5** (*Tecn*) (*headless nail*) chiodo *m.* senza testa. **II** *v.t.* (*past, p.p.* **sprigged** /-d/) **1** decorare a fiorami. **2** (*Tecn*) fissare con chiodi senza testa.

spriggy /sprɪgɪ/ *a.* pieno di ramoscelli, frondoso.

sprightliness /spraɪtlɪnəs *Am* 'spraɪtlɪnəs/ *n.* vivacità *f.*, brio *m.*, allegria *f.*

sprightly /spraɪtlɪ *Am* 'spraɪtli/ **I** *a.* vivace, brioso, brillante. **II** *avv.* vivacemente, con brio.

spring[1] /sprɪŋ/ **I** *v.i.* (*past* **sprang** /spræŋ/, *p.p.* **sprung** /sprʌŋ/) **1** scattare, fare un balzo, balzare, saltare: *to ~ to one's feet* scattare in piedi; *the lion sprang* il leone fece un balzo. **2** (*fig*) (*to arise*) sorgere, spuntare, apparire, nascere. **3** (*fig*) (*to proceed, to result*) derivare, provenire, venire, discendere (*from* da): *his protest ~s from an acute social conscience* la sua protesta deriva da una viva coscienza sociale. **4** (*to issue, to pour forth*) sgorgare, scaturire, zampillare: *tears sprang from* (o *to*) *his eyes* lacrime sgorgarono dai suoi occhi; *water sprang from the rock* l'acqua zampillava dalla roccia. **5** (*to issue by birth*) discendere, provenire, trarre origine: *to ~ from an ancient family* discendere da un'antica famiglia. **6** (*to appear from the ground*) spuntare, nascere; (*to grow*) crescere. **7** (*to move by elastic force*) scattare: *the trap sprang* la trappola scattò. **8** (*of a mine*) esplodere, brillare. **9** (*to become cracked*) incrinarsi, fendersi. **10** (*to become split*) spaccarsi. **11** (*to become warped*) curvarsi, incurvarsi, storcersi. **12** (*Mar*) (*to develop a leak*) fare aprire una falla. **II** *v.t.* (*past* **sprang** /spræŋ/, *p.p.* **sprung** /sprʌŋ/) **1** far scattare: *to ~ a lock* far scattare una serratura. **2** (*to cause to issue, to flow*) far scorrere. **3** (*to cause to explode*) far brillare, far esplodere: *to ~ a mine* far brillare una mina. **4** (*to cause to crack*) incrinare, fendere. **5** (*to cause to split*) spaccare, fendere. **6** (*to cause to warp*) piegare, curvare, incurvare. **7** (*colloq*) (*to produce unexpectedly*) tirar fuori, presentare inaspettatamente, presentare all'improvviso, lanciare. **8** (*sl*) (*to release from confinement, etc.*) tirar fuori, rilasciare, mettere in libertà. **9** (*Tecn*) (*to equip with springs*) provvedere di molle, molleggiare. **10** (*Caccia*) levare. **11** (*Arch*) (*of an arch*) impostare. **III** *n.* **1** salto *m.*, balzo *m.*, scatto *m.* **2** (*Tecn*) molla *f.*; (*of a car, etc.*) balestra *f.* **3** (*bedspring*) rete *f.* del letto. **4** (*elasticity*) elasticità *f.* **5** (*action of flying back from a sprung state*) il tornare a posto di scatto. **6** (*issue, source of water*) sorgente *f.*, fonte *f.* **7** (*fig*) (*source*) fonte *f.*, sorgente *f.*: *a ~ of inspiration* una fonte di ispirazione. **8** (*fig*) (*motive*) causa *f.*, motivo *m.* **9** (*Arch*) linea *f.* di imposta, piano *m.* di imposta. **10** (*Mar*) cavetto *m.* di tonneggio, cavetto *m.* di ormeggio, spring *m.* **11** *pl.* sorgenti *f.pl.*, acque *f.pl.*: *mineral -s* sorgenti minerali. **IV** *a.* **1** (*Tecn*) a molla, a scatto. **2** (*equipped with springs*) molleggiato, a molle: *a ~ seat* un sedile molleggiato. **3** (*in compounds*) molleggiato: *a well-sprung car* un'automobile ben molleggiata. □ *to ~ aside* balzare da una parte; *to ~ back*: 1 scattare all'indietro, tornare a posto di scatto: *the lid sprang back* il coperchio scattò all'indietro; 2 (*to jump back*) saltare indietro, balzare indietro; *~ balance* bilancia a molla; *~ binder* raccoglitore a molla; (*Tecn*) *~ bolt* bloccaggio a molla; *~ clip* molletta di fissaggio; *to ~ down* saltar giù; *to ~ for* sborsare per; *to ~ forward* balzare in avanti; (*Tess*) *~ frame* telaio molleggiato; *~ hammer* maglio elastico; *to ~ a leak*: 1 (*Mar*) aprire una falla; 2 (*of pipes, etc.*) perdere; (*Mar*) *~ line* cavetto di ormeggio, cavetto di tonneggio, spring; *~ lock* serratura a scrocco; *to make ~ at so.* slanciarsi su qcu.; *~ mattress* materasso a molle; *to ~ open* aprire a scatto; *to ~ out of bed* saltare fuori dal letto; *to ~ over* saltare: *the horse sprang over the fence* il cavallo saltò lo steccato; (*Am*) *~ scale* bilancia a molla; *to ~ shut* chiudere a scatto; *to ~ a surprise on so.* fare una sorpresa a qcu.; *to take a ~* fare un salto; (*Mil*) *to ~ to attention* scattare sull'attenti; *to ~ up*: 1 (*to arise*) saltar su, sorgere, spuntare, apparire, nascere: *new towns were -ing up all over the country* nuove città sorgevano in tutto il paese; 2 (*to appear from the ground*) spuntare, nascere; 3 (*to grow*) crescere; 4 (*of a breeze, wind*) alzarsi, levarsi; *~ water* acqua di sorgente, acqua sorgiva.

spring[2] /sprɪŋ/ **I** *n.* **1** primavera *f.* **2** (*fig*) (*youth*) giovinezza *f.*, anni *m.pl.* verdi, primavera *f.* (della vita). **II** *a.* primaverile, di primavera. □ *~ chicken*: 1 (*Gastron*) pollo novello; 2 (*colloq*) novellino, persona di primo pelo, giovincello: (*iron*) *she's no ~ chicken* non è proprio giovanissima; *~ cleaning* pulizie di primavera, pulizie generali: *to give the house a ~ cleaning* pulire a fondo la casa; *~ fever*: 1 (*restlessness*) irrequietezza causata dall'inizio della primavera; 2 (*tiredness*) stanchezza causata dall'inizio della primavera, (*Med*) astenia primaverile; (*Bot*) *~ onion* cipollina, cipollotto; (*Gastron*) *~ roll* involtino primavera; (*Mar*) *~ tide* marea equinoziale, marea sizigiale.

springboard /ˈsprɪŋbɔːd *Am* ˈsprɪŋbɔːrd/ *n.* **1** (*Sport*) (*for diving*) trampolino *m.* (di lancio). **2** (*Ginn*) asse *f.* elastica. **3** (*fig*) punto *m.* di partenza, trampolino *m.* (di lancio) (*to, for* per).

spring-clean /ˌsprɪŋˈkliːn/ *v.t.* fare le pulizie generali in, fare le pulizie di primavera in, pulire a fondo.

spring-cleaning /ˌsprɪŋˈkliːnɪŋ/ *n.* pulizie *f.pl.* generali, pulizie *f.pl.* di primavera.

springe /sprɪndʒ/ **I** *n.* (*Caccia*) (*noose*) laccio *m.*, cappio *m.*, (*trap*) trappola *f.*, tagliola *f.* **II** *v.t.* (*Caccia*) prendere al laccio, accalappiare.

springer /ˈsprɪŋəʳ/ *n.* **1** chi balza, chi salta, saltatore *m.* (*f.* -trice). **2** (*Arch*) imposta *f.* (di un arco). **3** (*Zool*) varietà *f.* di spaniel. **4** (*Veter*) mucca *f.* che sta per figliare. □ (*Zool*) *~ spaniel* varietà di spaniel.

springily /ˈsprɪŋ°li/ *avv.* elasticamente.

springiness /ˈsprɪŋɪnəs/ *n.* elasticità *f.*, agilità *f.*

springing /ˈsprɪŋɪŋ/ *n.* **1** salto *m.*, balzo *m.*, scatto *m.* **2** (*Mecc,Aut*) molleggio *m.* **3** (*Arch*) (*of an arch*) piano *m.* di imposta, linea *f.* di imposta.

springless /ˈsprɪŋləs/ *a.* **1** senza sorgenti, arido. **2** (*Mecc,Aut*) senza molle. **3** (*lacking elasticity*) privo di elasticità, non elastico.

springlet /ˈsprɪŋlet/ *n.* piccola sorgente.

springlike /ˈsprɪŋlaɪk/ *a.* primaverile: *~ weather* tempo primaverile.

spring-load /ˈsprɪŋloʊd/ *v.t.* caricare a molla.

spring-loaded /ˈsprɪŋloʊdɪd/ *a.* caricato a molla.

springtide /ˈsprɪŋtaɪd/ *n.* (*poet*) **1** (*Mar*) marea *f.* equinoziale. **2** primavera *f.*, stagione *f.* primaverile. **3** (*fig*) (*youth*) giovinezza *f.*, anni *m.pl.* verdi, primavera *f.* (della vita). **4** (*fig*) (*early stage*) inizio *m.*, principio *m.*

springtime /ˈsprɪŋtaɪm/ *n.* **1** primavera *f.*, stagione *f.* primaverile. **2** (*fig*) (*youth*) giovinezza *f.*, anni *m.pl.* verdi, primavera *f.* (della vita). **3** (*fig*) (*early stage*) inizio *m.*, principio *m.*

springy /ˈsprɪŋi/ *a.* **1** elastico, molleggiato: *a ~ step* un passo elastico. **2** (*of land*) ricco di sorgenti.

sprinkle /ˈsprɪŋkl/ **I** *v.t.* **1** spruzzare, spargere, cospargere. **2** (*of powder*) spolverizzare di, cospargere: *to ~ sugar on a cake* spolverizzare una torta di zucchero. **3** (*to scatter*) sparpagliare, disseminare, spargere (qua e là), cospargere. **4** (*fig*) (*to vary*) rendere vario, variare. **5** (*fig*) (*to intersperse*) frammezzare, inframmezzare: *to ~ jokes throughout a speech* frammezzare un discorso con barzellette. **II** *v.i.* **1** spruzzare un liquido. **2** (*to become sprinkled*) essere spruzzato. **III** *n.* **1** spruzzata *f.*, schizzata *f.*, schizzo *m.*, pizzico *m.* (*of* di). **2** (*light rain*) pioggerella *f.*, spruzzata *f.* **3** *pl.* (*decoration*) piccoli confetti *m.pl.*

sprinkler /ˈsprɪŋkləʳ/ *n.* **1** (*one that sprinkles*) chi spruzza. **2** (*one who scatters powder*) chi spolverizza. **3** (*device for sprinkling*) spruzzatore *m.*; (*for powders*) spolverino *m.* **4** (*Agr,Giard*) aspersorio *m.* a pioggia. **5** (*Lit*) aspersorio *m.* **6** (*Strad*) innaffiatrice *f.*, annaffiatrice *f.*, innaffiatore *m.* stradale. □ *~ ban* divieto di irrorare campi e giardini; *~ head* nebulizzatore; *~ system*: 1 (*fire-extinguishing system*) sprinkler; 2 (*Agr,Giard*) impianto di irrigazione a pioggia.

sprinkling /ˈsprɪŋklɪŋ/ *n.* **1** spruzzata *f.*, schizzata *f.*, schizzo *m.* **2** (*fig*) pizzico *m.*, piccola quantità *f.*: *a ~ of salt* un pizzico di sale; *there was only a ~ of people present* ben poche persone erano presenti. **3** (*of lawn*) irrigazione *f.*: *to need a ~* aver bisogno di essere bagnato.

sprint /sprɪnt/ **I** *v.i.* **1** correre a tutta velocità. **2** (*Sport*) prendere la volata, scattare, fare uno scatto, sprintare. **II** *v.t.* percorrere a tutta velocità. **III** *n.* (*Sport*) **1** (*race*) corsa *f.* breve e veloce. **2** (*burst of speed*) sprint *m.*, scatto *m.*, volata *f.*, spunto *m.*, allungo *m.*: *the final ~* lo scatto finale.

sprinter /ˈsprɪntəʳ *Am* ˈsprɪntəʳ/ *n.* (*Sport*) scattista *m./f.*, velocista *m./f.*

sprit /sprɪt/ *n.* (*Mar*) balestrone *m.*, livarda *f.*, perticone *m.*

sprite /spraɪt/ *n.* **1** elfo *m.*, folletto *m.*, spiri-

tello *m.* **2** (*Inform*) sprite *m.*

spritely /ˈspraɪt°li *Am* ˈspraɪt°li/ *avv.* vivacemente, con brio.

spritsail /ˈsprɪts°l *Am* ˈsprɪtseɪl/ *n.* (*Mar*) (*sail extended by a sprit*) civada *f.*, (*ant*) tarchia *f.*

spritz /sprɪts/ **I** *n.* spruzzo *m.*, spruzzata *f.*: *a quick ~ of scent* una veloce spruzzata di profumo. **II** *v.t.* spruzzare (di, con), vaporizzare.

spritzer /ˈsprɪtsəʳ/ *n.* bevanda *f.* ottenuta mescolando vino bianco e acqua gassata.

sprocket /ˈsprɒkɪt *Am* ˈsprɑːkɪt/ *n.* (*Mecc*) dente *m.* di ingranaggio. □ (*Inform*) *~ feed* alimentazione a trascinamento; (*Mecc*) *~ wheel* ruota di catena.

sprog /sprɒg/ **I** *n.* (*Br,spreg*) **1** bambino *m.* (*f.* -a), marmocchio *m.* (*f.* -a). **2** (*Mil*) recluta *f.*; (*pop*) marmittone *m.*, spina *f.* **II** *v.i.* (*Br,pop*) partorire.

sprout /spraʊt/ **I** *v.i.* **1** germogliare, mettere le gemme, mettere i germogli, germinare: *the rose trees are beginning to ~* le piante di rose cominciano a germogliare. **2** (*fig,scherz*) spuntare. **II** *v.t.* **1** mettere, produrre: *to ~ buds* mettere gemme. **2** (*fig,scherz*) far crescere: *to ~ a moustache* farsi crescere i baffi. **III** *n.* **1** germoglio *m.*, getto *m.* **2** (*colloq*) (*scion, offspring*) rampollo *m.* (*f.* -a), discendente *m./f.*; (*young person*) giovane *m./f.* **3** *pl.* (*Bot,Alim*) (*Brussels sprouts*) cavoletti *m.pl.* di Bruxelles.

spruce[1] /spruːs/ *a.* **1** lindo, netto, pulito. **2** (*smart*) accurato, ben vestito, attillato, elegante, azzimato. **II** *v.t.* mettere in ghingheri, agghindare, azzimare, attillare. □ *to ~ up* mettere in ghingheri, agghindare, azzimare, attillare: *to ~ oneself up* mettersi in ghingheri, agghindarsi, azzimarsi, attillarsi.

spruce[2] /spruːs/ *n.* **1** (*Bot*) abete *m.*: *white ~* abete bianco. **2** (*wood*) abete *m.* □ *~ beer* bevanda derivata dalla fermentazione di foglie e ramoscelli di abete rosso.

spruced /spruːst/ □ *~ up* elegante.

sprucefir /ˈspruːsfɜːʳ *Am* ˈspruːsfɜːr/ *n.* (*Bot*) **1** abete *m.* **2** (*red fir*) abete *m.* rosso.

sprucely /ˈspruːs°li/ *avv.* elegantemente: *~ dressed* vestito raffinatamente.

spruceness /ˈspruːsnəs/ *n.* **1** eleganza *f.*, ricercatezza *f.* **2** (*neatness*) lindura *f.*, pulizia *f.*, nettezza *f.*, ordine *m.*

sprue[1] /spruː/ *n.* (*Met*) **1** canale *m.* di colata, foro *m.* di colata. **2** (*waste metal*) colame *m.*

sprue[2] /spruː/ *n.* (*Med*) sprue *f.*

sprung /sprʌŋ/ → **spring**[1].

spry /spraɪ/ (*compar.* **spryer** /ˈspraɪəʳ/, *sup.* **spryest** /ˈspraɪɪst/) *a.* vivace, vivo, sveglio, attivo: *a ~ old man* un vecchietto arzillo.

spryly /ˈspraɪli/ *avv.* vispamente, vivacemente.

spryness /ˈspraɪnəs/ *n.* vivacità *f.*, energia *f.*, vispezza *f.*

spud /spʌd/ **I** *n.* **1** (*colloq*) (*potato*) patata *f.* **2** (*Agr*) sarchio *m.*, sarchietto *m.*, sarchiello *m.*, zappetto *m.* **II** *v.t.* (*Agr*) sarchiare, rimuovere col sarchio. □ (*Mil,colloq*) *~ bashing* corvée che consiste nel pelare patate; (*Agr*) *to ~ out* (*o to ~ up*) sarchiare, rimuovere col sarchio.

spue /spjuː/ **I** *v.i.* **1** (*fig*) (*to gush, to flood*) sgorgare, scaturire, zampillare. **2** (*sl*) vomitare. **II** *v.t.* **1** (*fig*) vomitare, eruttare. **2** (*sl*) vomitare, rigurgitare.

spume /spjuːm/ **I** *n.* spuma *f.*, schiuma *f.* **II** *v.i.* spumare, spumeggiare, schiumare.

spumescence /spjuːˈmesəns/ *n.* spumosità *f.*, schiumosità *f.*

spumescent /spjuːˈmesənt/ *a.* spumoso, spumeggiante.

spumous /ˈspjuːməs/ *a.* spumoso, schiumoso.

spumy /'spjuːmi/ *a.* spumoso, schiumoso.

spun /spʌn/ → **spin**[1]. □ *(Tess)* ~ *silk* tessuto di cascami di seta; *(Dolc)* ~ *sugar* zucchero filato; *(Mar)* ~ *yarn* commando.

spunk /spʌŋk/ *n.* 1 *(colloq) (pluck, courage)* coraggio *m.*, audacia *f.*, fegato *m.* 2 *(Br,dial) (small fire)* fuocherello *m.*; *(match)* fiammifero *m.* 3 *(Br,volg) (semen)* sperma *m.*, sborra *f.*

spunky /'spʌŋki/ *a.* 1 *(colloq)* coraggioso, audace, di fegato, che ha fegato. 2 *(colloq) (Australian)* attraente, sexy, fico.

spur /spɜːʳ *Am* spɜːr/ **I** *n.* 1 *(Equit)* sperone *m.*, sprone *m.* 2 *(fig) (incentive)* sprone *m.*, stimolo *m.*, incitamento *m.*, incentivo *m.*, impulso *m.* 3 *(sharp projection)* sperone *m.*, parte *f.* sporgente. 4 *(Bot)* sperone *m.*, getto *m.*, cornetto *m.* 5 *(climbing iron)* rampone *m.* 6 *(Ornit,Geog,Arch)* sperone *m.* 7 *(Edil)* sperone *m.*, contrafforte *m.* 8 *(Ferr)* raccordo *m.* ferroviario; *(spur track)* binario *m.* di raccordo. **II** *v.t. (past, p.p.* **spurred** /-d/) 1 spronare, dar sprone a: *to* ~ *a horse* spronare un cavallo. 2 *(fig)* spronare, incitare, stimolare, incoraggiare, esortare. 3 *(to furnish with spurs)* provvedere di speroni. **III** *v.i. (past, p.p.* **spurred** /-d/) 1 spronare il cavallo, dar di sprone. 2 *(fig) (to proceed quickly)* correre, andare a spron battuto. □ *(Mecc)* ~ *gear* ingranaggio cilindrico (a denti diritti); *on the* ~ *of the moment* d'impulso, lì per lì, su due piedi; *(fig) to* ~ *(so.)* .*on* esortare, incoraggiare, spronare, incitare, stimolare: *to be -red on by ambition* essere spronato dall'ambizione; *(Equit) to put* (o *to set) one's -s to a horse* dar di sprone al (proprio) cavallo; *to* ~ *towards sth.* cavalcare a spron battuto verso qcs.; *(Ferr)* ~ *track* raccordo ferroviario, binario di raccordo; *(Mecc)* ~ *wheel* ingranaggio cilindrico (a denti diritti).

spurge /spɜːdʒ *Am* spɜːrdʒ/ *n.* *(Bot)* euforbia *f.* □ *(Bot)* ~ *flax* erba corza; *(Bot)* ~ *laurel* erba laurina, laureola.

spurious /'spjʊəriəs *Am* 'spjʊriəs/ *a.* 1 apocrifo, spurio: *a* ~ *text* un testo apocrifo. 2 *(counterfeit)* falso, falsificato, fasullo, spurio. 3 *(illegitimate)* spurio, illegittimo.

spuriously /'spjʊəriəsli *Am* 'spjʊriəsli/ *avv.* in modo spurio, falsamente, fittiziamente.

spuriousness /'spjʊəriəsnəs *Am* 'spjʊriəsnəs/ *n.* falsità *f.*, pretestuosità *f.*, superficialità *f.*, l'essere spurio.

spurless /'spɜːles *Am* 'spɜːrles/ *a.* senza speroni.

spurn /spɜːn *Am* spɜːrn/ **I** *v.t.* 1 rifiutare sdegnosamente, rifiutare con disprezzo, sdegnare, respingere: *to* ~ *so.'s offer of help* rifiutare sdegnosamente l'offerta di aiuto di qcu. 2 *(to kick away)* respingere col piede, respingere a calci. **II** *n.* 1 ripulsa *f.*, disprezzo *m.*, rifiuto *m.* sdegnoso. 2 *(rar) (kick)* calcio *m.*

spurner /'spɜːnəʳ *Am* 'spɜːrnər/ *n.* disprezzatore *m.* (*f.* -trice).

spur-of-the-moment /ˌspɜːrəvðə'məʊ mənt/ □ *a* ~ *decision* una decisione impulsiva, una decisione presa su due piedi.

spurred /spɜːrd *Am* spɜːrd/ *a.* 1 fornito di speroni, che porta gli speroni. 2 *(Bot,Ornit)* speronato.

spurrey /'spɜːri/ *n.* *(Bot)* spergola *f.*

spurrier /'spɜːriəʳ/ *n.* chi fabbrica speroni, chi vende speroni.

spurry /'spɜːri/ *n.* *(Bot)* spergola *f.*

spurt /spɜːt *Am* spɜːrt/ **I** *v.i.* 1 sgorgare, scaturire, zampillare, sprizzare. 2 *(to make a sudden, violent effort)* fare uno sforzo improvviso e violento. 3 *(to increase speed suddenly)* scattare. **II** *v.t.* espellere, cacciar fuori. **III** *n.* 1 *(of water, blood)* zampillo *m.*, fiotto *m.* 2 *(of oil)* schizzo *m.* 3 *(of flame)*

guizzo *m.* 4 *(of steam)* getto *m.* 5 *(sudden, violent effort)* sforzo *m.* improvviso e violento. 6 *(sudden increase in speed)* scatto *m.*, volata *f.*, spunto *m.*, allungo *m.* 7 *(sudden outburst)* accesso *m.*, impeto *m.* 8 *(of enthusiasm)* ondata *f.*, ventata *f.*: *a* ~ *of anger* un accesso d'ira. □ *to* ~ *forth*: 1 *(used transitively)* espellere, cacciar fuori; 2 *(used intransitively)* sgorgare, scaturire, zampillare, sprizzare; *to* ~ *out*: 1 *(used transitively)* espellere, cacciar fuori; 2 *(used intransitively)* sgorgare, scaturire, zampillare, sprizzare; *(Br,colloq) put a* ~ *on!* sbrigati!, spicciati!

sputter /'spʌtəʳ *Am* 'spʌtər/ **I** *v.i.* 1 scoppiettare, crepitare: *the engine -ed* il motore scoppiettava. 2 *(to speak confusedly)* borbottare, barbugliare, farfugliare. 3 *(to spray particles of saliva or food from the mouth)* sputacchiare. **II** *v.t.* 1 borbottare, barbugliare, dire in modo confuso. 2 *(of particles of food, saliva)* spruzzare. **III** *n.* 1 scoppiettio *m.*, crepitio *m.*, sfrigolio *m.* 2 *(confused speech)* borbottio *m.*, farfugliamento *m.*

sputtering /'spʌtərɪŋ *Am* 'spʌtərɪŋ/ *a.* scoppiettante, crepitante. **II** *n.* 1 scoppiettio *m.*, crepitio *m.* 2 *(Elettron)* sputtering *m.*

sputum /'spjuːtəm *Am* 'spjuːtəm/ *(pl.* **-ta** /-ta *Am* -tə/ o **-s** /-z/) *n.* sputo *m.*, escreato *m.*, espettorato *m.* (*anche Med*).

spy /spaɪ/ **I** *n.* 1 spia *f.* 2 *(informer)* spia *f.*, informatore *m.* (*f.* -trice) (della polizia), delatore *m.* (*f.* -trice). **II** *v.i.* 1 essere una spia, spiare, fare la spia. 2 *(to watch secretly)* spiare *(into, on, upon so.* qcu.): *to* ~ *on one's wife* spiare la (propria) moglie. 3 *(to look out, to keep watch)* stare in guardia *(for* contro). **III** *v.t.* 1 spiare. 2 *(poet) (to catch sight of)* avvistare, scorgere. 3 *(of a place)* esplorare, perlustrare: *to* ~ *out the land* esplorare il terreno. 4 *(to discover by close examination)* scoprire (osservando). □ *to be arrested on* ~ *charges* essere arrestato per spionaggio; ~ *glass* cannocchiale; ~ *hole* spioncino, spia; ~ *network* rete di spionaggio; *to* ~ *out*: 1 *(of a place)* esplorare, perlustrare: *to* ~ *out the land* esplorare il terreno; 2 *(to discover by close examination)* scoprire (osservando); ~ *ring* organizzazione spionistica; *(Astron)* ~ *satellite* satellite spia; ~ *story* racconto di spionaggio.

spy-in-the-cab /'spaɪɪnðəˌkæb/ *n.* *(colloq)* tachigrafo *m.*

spymaster /'spaɪˌmɑːstəʳ/ *n.* capo *m.* di organizzazione spionistica.

sq. 1 *(Aer.mil) squadron* (squadriglia). 2 *square* (quadrato).

Sq. 1 *(Aer.mil) Squadron* (squadriglia). 2 *Square* P.za (piazza).

sq.cm. *square centimetre* cm² (centimetro quadrato).

sqd. *squad* (squadra).

sq.ft. *square foot* ft² (piede quadrato).

sq.in. *square inch* in² (pollice quadrato).

sq.km. *square kilometre* km² (chilometro quadrato).

SQL *(Inform) Structured Query Language* SQL (linguaggio per interrogazioni strutturate).

sq.m., sq.mi. *square mile* mi² (miglio quadrato).

sq.mm. *square millimetre* mm² (millimetro quadrato).

Sqn Ldr *(Aer.mil) Squadron Leader* (maggiore dell'aeronautica).

sq.perch *square perch* (pertica quadrata).

sq.po. *square pole* (pertica quadrata).

sq.rd. *square rod* (pertica quadrata).

squab /skwɒb *Am* skwɑːb/ **I** *n.* *(pl.inv.* o **-s** /-z/; *il pl. inv. si usa general. con valore collett.)*

1 *(young pigeon)* piccioncino *m.* 2 *(colloq) (short plump person)* persona *f.* piccola e grassoccia; *(colloq)* bombolotto *m.* 3 *(Br) (couch, sofa)* divano *m.*, sofà *m.*, canapè *m.* 4 *(Br) (cushion)* cuscino *m.* **II** *a.* 1 *(of a bird)* implume. 2 *(plump and squat)* grassoccio e tozzo. **III** *avv.* *(plump)* di peso, di schianto. □ *(Br,Gastron)* ~ *pie*: 1 pasticcio di piccione; 2 *(ant) (pie of mutton)* pasticcio di montone.

squabble /'skwɒbl *Am* 'skwɑːbl/ **I** *n.* 1 bisticcio *m.*, battibecco *m.*, litigio *m.*, alterco *m.* 2 *(minor dispute)* controversia *f.*, discussione *f.*, disputa *f.* **II** *v.i.* 1 litigare, altercare, battibeccare *(over, about* su, per). 2 *(Tip)* scomporsi. **III** *v.t.* *(Tip)* scomporre.

squabbler /'skwɒbləʳ *Am* 'skwɑːblər/ *n.* attaccabrighe *m./f.*, persona *f.* litigiosa.

squad /skwɒd *Am* skwɑːd/ *n.* 1 *(Mil)* squadra *f.*, drappello *m.* 2 *(Am,Sport)* squadra *f.*, sezione *f.*, rappresentativa *f.*, rosa *f.* 3 *(of police)* squadra *f.*: *drug* ~ (squadra) narcotici, squadra antidroga. □ ~ *car* automobile della polizia, volante.

squadron /'skwɒdrən *Am* 'skwɑːdrən/ **I** *n.* 1 *(Aer.mil)* squadriglia *f.* 2 *(Mar.mil)* squadra *f.* 3 *(Mil)* squadrone *m.* 4 *(fig)* gruppo *m.*, comitiva *f.* **II** *v.t.* disporre in squadriglie, disporre in squadre. □ *(Aer.mil)* ~ *leader* maggiore dell'aeronautica.

squalid /'skwɒlɪd *Am* 'skwɑːlɪd/ *a.* 1 sordido, lurido, sozzo, sporco: *a* ~ *hovel* un sordido tugurio. 2 *(wretched, miserable)* squallido, misero, desolato.

squalidity /skwɒ'lɪdəti *Am* skwɑː'lɪdəti/ *n.* sordidezza *f.*, sudiciume *m.*

squalidly /'skwɒlɪdli *Am* 'skwɑːlɪdli/ *avv.* sordidamente.

squalidness /'skwɒlɪdnəs *Am* 'skwɑːlɪdnəs/ *n.* sordidezza *f.*, sudiciume *m.*

squall /skwɔːl/ **I** *n.* 1 *(Meteor)* groppo *m.*, piovasco *m.* 2 *(fig)* grido *m.*, urlo *m.*, strillo *m.* 3 *(fig) (quarrel)* litigio *m.*, baruffa *f.*, lite *f.* **II** *v.i.* 1 *(Meteor)* fare burrasca. 2 *(fig)* strillare, urlare: *the baby began to* ~ il bambino cominciò a strillare. □ *(Meteor)* ~ *line* groppo (di vento), linea temporalesca, fronte temporalesco; *(fig) to look out for -s* stare in guardia, tenere gli occhi bene aperti.

squally /'skwɔːli/ *a.* 1 tempestoso, burrascoso. 2 *(of wind)* (che soffia) a raffiche, turbinoso. 3 *(fig)* tempestoso, burrascoso.

squalor /'skwɒləʳ *Am* 'skwɑːlər/ *n.* squallore *m.*, desolazione *f.*

squama /'skweɪmə/ *(pl.* **-mae** /-miː/) *n.* *(Anat)* squama *f.*, scaglia *f.*

squamose /'skweɪməʊs/ *a.* squamoso, scaglioso.

squamous /'skweɪməs/ *a.* squamoso, scaglioso. □ *(Med)* ~ *cell carcinoma* carcinoma a cellule squamose.

squander /'skwɒndəʳ *Am* 'skwɑːndər/ *v.t.* dissipare, sciupare, sperperare, dilapidare, sprecare: *to* ~ *one's money on gambling* sperperare i propri soldi al gioco.

squanderer /'skwɒndərəʳ *Am* 'skwɑːndərər/ *n.* sprecone *m.* (*f.* -a), sciupone *m.* (*f.* -a), scialacquatore *m.* (*f.* -trice).

squandering /'skwɒndərɪŋ *Am* 'skwɑːndərɪŋ/ *n.* sperpero *m.*, spreco *m.*, sciupio *m.*

squandermania /ˌskwɒndə'meɪnɪə *Am* ˌskwɑːndər'meɪnɪə/ *n.* *(colloq)* mania *f.* di spendere, mania *f.* di sprecare denaro.

square /skweəʳ *Am* skwer/ **I** *n.* 1 *(Geom,Mat, Mil)* quadrato *m.*: *the* ~ *of 4 is 16* il quadrato di 4 è 16; *a* ~ *of chocolate* un quadrato di cioccolato. 2 *(on a chessboard, etc.)* scacco *m.*; *(in board game, crossword)* casella *f.* 3 *(area enclosed by buildings)* piazza *f.* (a quattro lati), piazzale *m.*: *main* ~ piazza principale. **4** (*colloq*) (*unsophisticated or old-fashioned person*) tradizionalista *m./f.*, conservatore *m.* (*f.* -trice). **5** (*Abbigl*) fazzoletto *m.* da collo. **6** (*Tecn*) (*instrument*) squadra *f.* **II** *a.* **1** quadrato, quadro: *a ~ sheet of paper* un foglio di carta quadrato. **2** (*forming, formed by a right angle*) (ad angolo) retto, che forma un angolo retto, formato da un angolo retto: ~ *corners* angoli retti. **3** (*at right angles*) ad angolo retto, a squadra (*to* con). **4** (*perpendicular*) perpendicolare, ortogonale (*to* a), a squadro (con). **5** (*of parts of the body*) quadrato, robusto: ~ *shoulders* spalle quadrate. **6** (*of the frame*) tarchiato, tozzo. **7** (*of a unit of length*) quadrato, quadro: ~ *inch* pollice quadrato; ~ *metre* (o *Am* ~ *meter*) metro quadrato; ~ *yard* iarda quadrata; *a room ten feet* ~ una stanza dieci piedi quadrati. **8** (*colloq*) (*conservative, old-fashioned*) tradizionalista, conservatore, (di) vecchio stampo, (di) vecchio stile. **9** (*colloq*) (*honest, fair*) onesto, retto, leale: *to give so. a* ~ *deal* riservare a qcu. un trattamento onesto. **10** (*colloq*) (*direct, unequivocal*) netto, franco, schietto: *a* ~ *refusal* un secco rifiuto. **11** (*colloq*) (*of meals*) soddisfacente, sostanzioso, abbondante: *a* ~ *meal* un pasto soddisfacente. **12** (*of an account*) saldato. **13** (*having all accounts settled*) pari (e patta): *I'll give you the rest tomorrow and then we'll be* ~ ti darò il resto domani, così saremo pari. **14** (*in scoring*) pari. **III** *avv.* **1** ad angolo retto: *to cut sth.* ~ tagliare qcs. ad angolo retto. **2** (*so as to face directly*) di fronte, dirimpetto: *the houses stood* ~ *to the road* le case erano di fronte alla strada. **3** (*colloq*) (*directly, straight*) diritto, proprio, esattamente, in pieno: *I hit him* ~ *on the chin* lo colpii diritto sul mento. **4** (*colloq*) (*honestly*) onestamente, lealmente: *to play* ~ giocare lealmente. **IV** *v.t.* **1** quadrare, squadrare: *to* ~ *stones* squadrare pietre; ~ *the end of a log* squadrare l'estremità di un tronco. **2** (*to mark into squares*) dividere in quadrati, quadrettare. **3** (*of one's shoulders*) raddrizzare, drizzare. **4** (*Mat*) elevare al quadrato, quadrare: *to* ~ *a number* elevare un numero al quadrato. **5** (*Mat*) (*to find the* ~ *equivalent of*) fare la quadratura di, quadrare. **6** (*of an account*) regolare, pagare, saldare. **7** (*to even the score of*) pareggiare. **8** (*fig*) (*to bring into harmony*) conciliare, accordare: *how can he* ~ *it with his conscience?* come può conciliare ciò con la sua coscienza? **9** (*colloq*) (*to persuade*) persuadere, convincere. **10** (*colloq*) (*to persuade by bribery*) corrompere, comprare. **11** (*colloq*) (*to obtain the connivance of*) ottenere la complicità di. **12** (*Tecn*) (*to test with a try-square*) controllare con la squadra fissa. **V** *v.i.* **1** quadrare, coincidere (*with* con), corrispondere (a): *his story does not* ~ *with the facts* la sua storia non quadra con i fatti. **2** (*to settle matters*) sistemare le cose (con). **3** (*Sport*) pareggiare. □ *to* ~ *accounts with so.*: **1** (*Comm*) saldare i conti con qcu.; **2** (*fig*) fare i conti con qcu., regolare i conti con qcu.; *to* ~ *away*: **1** (*Mar*) navigare con i pennoni bracciati in croce; **2** (*Am,fig*) (*to get moving*) darsi una mossa, muoversi; **3** (*Am,fig*) (*to tidy up*) riassettare, ordinare; (*Mil*) ~ *bashing* esercitazione militare; (*Tip*) ~ *bracket* parentesi quadra; ~ *dance* quadriglia; ~*dancing* il prendere parte a una quadriglia; (*colloq*) ~*deal* giusto trattamento; *to give so. a* ~ *deal* trattare qcu. onestamente, agire lealmente verso qcu.; (*colloq*) *to get* ~ *with so.* regolare i conti con qcu.; (*Am,Mar*) ~ *knot* nodo piano; (*Mat*) ~

matrix matrice quadrata; ~*meal* pasto completo; ~*measure* unità (di misura) di superficie; (*Mat*) ~ *number* quadrato; *to* ~ *off* squadrare; (*to mark into squares*) dividere in quadrati, quadrettare; *on the* ~: **1** ad angolo retto: *to cut sth. on the* ~ tagliare qcs. ad angolo retto; **2** (*colloq*) (*honest*) onesto, leale; **3** (*honestly*) lealmente, onestamente; **4** (*on terms of equality*) da pari a pari; (*fig*) ~ *one* (*starting point*) punto di partenza: *to be back to* ~ *one* tornare al punto di partenza; (*fig*) *a* ~*peg in a round hole* un pesce fuor d'acqua, una persona al posto sbagliato, una persona inadatta al posto che occupa; (*Mat*) ~ *root* radice quadrata; (*Mar*) ~ *sail* vela quadra; (*colloq,fig*) ~ *shooter* (*honest person*) persona leale, persona onesta, galantuomo; *to* ~ *the circle* cercare la quadratura del cerchio; (*colloq*) *to* ~ *things with so.* regolare i conti con qcu.; *to* ~ *get things* ~ sistemare le cose; *to* ~ *up*: **1** (*to adopt a fighting stance*) assumere un atteggiamento bellicoso; **2** (*to prepare to fight*) mettersi in guardia (*to* contro); **3** (*to settle matters*) sistemare le cose; **4** (*to pay the bill*) pagare il conto, saldare il conto, pagare; **5** (*to place at right angles*) mettere ad angolo retto; **6** (*colloq*) (*to face*) affrontare (*to sth.* qcs.); (*El*) ~ *wave* onda quadra; *to* ~ *with* (*to be consistent with*) quadrare con.

square-bashing /'skweə^{r}ˌbæʃɪŋ *Am* 'skwer ˌbæʃɪŋ/ *n.* (*Br,Mil,colloq*) esercitazioni *f.pl.* di marcia.

square-built /'skweəbɪlt *Am* 'skwerbɪlt/ *a.* tarchiato, tozzo.

squared /'skweə^{r}d *Am* 'skwerd/ *a.* **1** (*of paper*) quadrettato. **2** (*Mat*) (elevato) al quadrato: *6* ~ *is 36* 6 al quadrato fa 36.

squarely /'skweə^{r}li *Am* 'skwerli/ *avv.* **1** a modo di quadrato, a forma di quadrato. **2** (*at right angles*) perpendicolarmente. **3** (*fig*) (*directly, straight*) diritto, in pieno, esattamente. **4** (*colloq*) (*honestly*) onestamente, lealmente.

squareness /'skweə^{r}nəs *Am* 'skwernəs/ *n.* **1** l'essere quadrato, l'avere forma quadrata. **2** (*of accounts*) quadratura *f.* **3** (*fig*) (*honesty*) lealtà *f.*, onestà *f.*, correttezza *f.* **4** (*fig*) (*narrow outlook*) quadratura *f.* mentale.

square-rigged /ˌskweə^{r}rɪgd *Am* 'skwerˌrɪgd/ *a.* (*Mar*) con attrezzatura a vele quadre.

square-rigger /ˌskweə^{r}ˌrɪgə^r *Am* 'skwerˌrɪgə^r/ *n.* (*Mar*) nave *f.* con attrezzatura a vele quadre.

square-shouldered /'skweəˌʃouldəd *Am* 'skwerˌʃouldə^{r}d/ *a.* dalle spalle quadrate.

squaring /'skweərɪŋ *Am* 'skwerɪŋ/ *n.* **1** squadratura *f.* **2** (*Mat*) quadratura *f.* **3** (*act of settling*) pagamento *m.*

squarish /'skweərɪʃ *Am* 'skwerɪʃ/ *a.* approssimativamente quadrato, quasi quadrato.

squark /'skwɑːk *Am* 'skwɑːrk/ *n.* (*Fis*) (*supersymmetric counterpart of a quark*) squark *m.*

squarrose /'skwærous/ *a.* (*Biol*) squamoso, scaglioso.

squash[1] /skwɒʃ *Am* skwɑːʃ/ **I** *v.t.* **1** schiacciare, spiaccicare, appiattire (*against* contro; *between* tra): *to* ~ *a beetle under one's foot* schiacciare uno scarafaggio con il piede. **2** (*of fruit*) spremere, pigiare. **3** (*fig*) (*suppress*) reprimere, soffocare, stroncare: *to* ~ *a rebellion* reprimere una ribellione. **4** (*to press, to squeeze too tight*) schiacciare, comprimere, pigiare: *move over, you're -ing me* spostati, mi stai schiacciando. **5** (*colloq*) (*to reduce to silence*) far tacere, ridurre al silenzio, chiudere la bocca a: *I -ed him with a glance* lo feci tacere con un'occhiata. **II** *v.i.* **1** schiacciarsi, spiaccicarsi. **2** (*to move with a splashing sound*) diguazzare, sguazzare:

to ~ *through the mud* diguazzare nel fango. **3** (*to squeeze, to crowd*) pigiarsi, spingersi a forza: *we -ed into the back seat* ci siamo pigiati sul sedile posteriore. **III** *n.* **1** schiacciamento *m.* **2** (*Sport*) squash *m.* **3** (*squashed mash*) poltiglia *f.* **4** (*Br*) (*drink made of crushed fruit*) spremuta *f.*, succo *m.* **5** (*tightly-packed crowd*) calca *f.*, ressa *f.*, folla *f.*, pigia pigia *m.* **6** (*Mod*) cappello *m.* floscio. □ (*Mod*) ~*hat* cappello floscio; *to* ~*in* infilarsi, riuscire a entrare; (*Sport*) ~ *rackets* squash; *to* ~*up* stringersi, ammassarsi (*against* contro).

squash[2] /skwɒʃ *Am* skwɑːʃ/ *n.* (*Bot*) zucca *f.*

squashily /'skwɒʃɪli *Am* 'skwɑːʃɪli/ *avv.* mollemente.

squashiness /'skwɒʃɪnəs *Am* 'skwɑːʃɪnəs/ *n.* l'essere floscio, mollezza *f.*

squashy /'skwɒʃi *Am* 'skwɑːʃi/ *a.* **1** molle, floscio, molliccio. **2** (*of ground, etc.*) pantanoso, acquitrinoso.

squat /skwɒt *Am* skwɑːt/ **I** *v.i.* (*past, p.p.* **squatted** /'skwɒtɪd *Am* 'skwɑːtɪd/) **1** accovacciarsi, accosciarsi, accoccolarsi. **2** (*to sit cross-legged*) sedere a gambe incrociate. **3** (*of an animal*) acquattarsi, accucciarsi. **4** (*to occupy property illegally*) occupare abusivamente, abitare abusivamente. **II** *n.* **1** l'accoccolarsi, l'accovacciarsi. **2** (*squatting posture*) posizione *f.* accoccolata, posizione *f.* accovacciata. **3** (*colloq*) locale *m.* abitato abusivamente. **4** (*Sport*) (*in weightlifting*) accosciata *f.* **III** *a.* **1** (*of people, the body, etc.*) tarchiato, tracagnotto, tozzo; (*of things*) tozzo. **2** (*in a squatting position*) accovacciato. □ *to* ~*down*: **1** accovacciarsi, accosciarsi, accoccolarsi; **2** (*to sit cross-legged*) sedere a gambe incrociate.

squatt /skwɒt *Am* skwɑːt/ *n.* (*Pesc*) larva *f.* di mosca usata come esca.

squatter /'skwɒtə^r *Am* 'skwɑːtə^r/ *n.* **1** chi si accovaccia. **2** (*an animal*) animale *m.* che si accuccia, animale *m.* che si acquatta. **3** (*one who occupies property illegally*) squatter *m./f.*, occupatore *m.* (*f.* -trice) abusivo. **4** (*Aus*) (*sheep farmer*) allevatore *m.* (*f.* -trice) di pecore. □ (*Dir*) ~*'s right* usucapione, diritto dell'occupante di un suolo pubblico al possesso del terreno occupato.

squatting /'skwɒtɪŋ *Am* 'skwɑːtɪŋ/ *n.* occupazione *f.* abusiva.

squatty /'skwɒti *Am* 'skwɑːti/ *a.* alquanto tozzo, tarchiato.

squaw /skwɔː/ *n.* (*spreg*) squaw *f.* □ (*spreg, ant*) ~*man* uomo bianco sposato con una pellerossa.

squawk /skwɔːk/ **I** *v.i.* **1** strillare, emettere strida rauche, gracchiare. **2** (*of a hen*) chiocciare. **3** (*of a duck*) starnazzare. **4** (*colloq*) (*to complain loudly*) lamentarsi ad alta voce, protestare ad alta voce, strillare. **II** *n.* **1** strido *m.* rauco, gracchio *m.* **2** (*of hens*) il chiocciare. **3** (*of ducks*) starnazzamento *m.* **4** (*of parrots*) verso *m.* **5** (*colloq*) protesta *f.* rumorosa, strilli *m.pl.*

squawker /'skwɔːkə^r/ *n.* **1** chi emette strida rauche. **2** (*colloq*) chi si lamenta, chi protesta ad alta voce. **3** (*toy*) trombetta *f.* **4** (*loudspeaker*) altoparlante *m.*

squeak /skwiːk/ **I** *v.i.* **1** (*of animals*) squittire, stridere, strillare; (*of puppies*) guaire; (*of pigeons, etc.*) pigolare. **2** (*of persons*) emettere piccoli gridi striduli; (*scherz,spreg*) squittire: *she -ed with excitement* squittiva per l'eccitazione. **3** (*of things*) cigolare, stridere, scricchiolare. **4** (*sl*) (*to turn informer*) fare la spia; (*gerg*) soffiare. **II** *v.t.* dire con voce stridula. **III** *n.* **1** (*of animals*) squittio *m.*, stridio *m.*, strillo *m.*; (*of a puppy*) guaito *m.*; (*of pigeons, etc.*) pigolio *m.* 2 (*of persons*) strillo *m.*; (*of infants*) vagito *m.* 3 (*of things*) cigolio *m.*, stridio *m.*, scricchiolio *m.* □ (*sl*) *to ~ by* (*to accomplish by a narrow margin*) farcela a stento, cavarsela appena.

squeaker /'skwiːkəʳ/ *n.* 1 animale *m.* che squittisce, animale *m.* che stride. 2 (*toy*) giocattolo *m.* che fa un verso stridulo. 3 (*sl*) (*informer*) spia *f.*, delatore *m.* (*f.* -trice), informatore *m.* (*f.* -trice); (*gerg*) soffiatore *m.* (*f.* -trice).

squeakiness /'skwiːkɪnəs/ *n.* l'essere stridulo, l'essere stridente.

squeakingly /'skwiːkɪŋli/ *avv.* in modo stridulo, in modo stridente.

squeaky /'skwiːki/ *a.* stridulo, stridente, cigolante, scricchiolante: *a ~ voice* una voce stridula. □ (*colloq*) *~ toy* giocattolo che fa un verso stridulo.

squeaky-clean /ˌskwiːkiˈkliːn/ *a.* (*colloq*) 1 pulitissimo, immacolato. 2 (*of person, company*) irreprensibile, senza macchia: *a squeaky clean* (*public*) *image* un'immagine (pubblica) irreprensibile.

squeal /skwiːl/ *I v.i.* 1 (*of animals*) stridere, strillare, squittire. 2 (*of people*) emettere piccoli gridi striduli, gridare, urlare (*in, with* di); (*scherz,spreg*) squittire. 3 (*to emit a shrill noise*) stridere: *the brakes -ed* i freni stridevano. 4 (*colloq*) (*to complain loudly*) protestare rumorosamente, lamentarsi ad alta voce. 5 (*sl*) (*to become an informer*) fare la spia (*on* a), cantare, spifferare. *II v.t.* gridare con voce stridula. *III n.* 1 squittio *m.*, stridio *m.*: *the ~ of pigs* lo squittio dei maiali. 2 (*shrill noise*) stridore *m.*: *a ~ of brakes* uno stridore di freni.

squealer /'skwiːləʳ/ *n.* 1 chi stride. 2 (*sl*) (*informer*) spia *f.*, delatore *m.* (*f.* -trice); (*gerg*) soffiatore *m.* (*f.* -trice). 3 (*young pig*) maialino *m.*, lattonzolo *m.*

squeamish /'skwiːmɪʃ/ *a.* 1 (*easily made sick*) facilmente impressionabile, che si scandalizza facilmente. 2 (*fastidious*) schizzinoso, schifiltoso: *to be ~* fare lo schizzinoso, fare lo schifiltoso.

squeamishly /'skwiːmɪʃli/ *avv.* con schizzinosità, schifiltosamente.

squeamishness /'skwiːmɪʃnəs/ *n.* 1 sensibilità *f.*, impressionabilità *f.*, ipersensibilità *f.* 2 (*prudishness*) pruderie *f.*

squeegee /'skwiːdʒiː/ *I n.* 1 (*for cleaning windows*) lavavetri *m.* 2 (*Fot*) seccatoio *m.*, prosciugatoio *m.* *II v.t.* 1 lavare (vetri). 2 (*Fot*) asciugare con un seccatoio. □ (*spreg*) *~ man* lavavetri (che lavora ai semafori).

squeezable /'skwiːzəbl/ *a.* 1 che si può premere, che si può comprimere. 2 (*colloq*) (*susceptible to extortion*) che si può spremere.

squeeze /skwiːz/ *I v.t.* 1 stringere, premere: *to ~ so.'s hand* stringere (forte) la mano a qcu. 2 (*to compress*) schiacciare, pigiare, comprimere. 3 (*in order to extract sth.*) strizzare, spremere: *to ~ a lemon* strizzare un limone. 4 (*to force by pressure*) spingere con forza, premere con forza, calcare, pigiare. 5 (*to embrace closely, to hug*) abbracciare stretto, stringere (in un abbraccio). 6 (*to crowd, to find room for*) fare posto a, trovare spazio per, trovare tempo per, fare entrare. 7 (*to obtain by extortion*) spremere, estorcere, spillare: *to ~ money out of so.* spremere denari a qcu. 8 (*to exert financial or other pressure on*) fare pressioni su, esercitare pressioni su, costringere, forzare. 9 (*of a trigger*) premere, far scattare. 10 (*to take an impression of*) prendere l'impronta di. 11 (*Econ*) restringere: *small businesses were -d by high interest rates* le piccole società sono state

schiacciate dagli alti tassi di interesse. *II v.i.* 1 spingere. 2 (*to force one's way*) introdursi a forza, aprirsi un varco. *III n.* 1 stretta *f.*: *she gave my hand a ~* mi ha dato una stretta di mano. 2 (*close embrace, hug*) abbraccio *m.*, stretta *f.* 3 (*quantity squeezed out of sth.*) spremuta *f.*, strizzata *f.* 4 (*tightly-packed crowd*) ressa *f.*, calca *f.*, folla *f.*, pigia pigia *m.* 5 (*colloq*) (*extortion*) estorsione *f.*; (*extortionary pressure*) pressione *f.* a scopo di estorsione. 6 (*economic hardship*) difficoltà *f.pl.* economiche, ristrettezze *f.pl.* 7 (*Econ*) restrizione *f.* (*on* su): *credit ~* restrizione creditizia. 8 (*impression*) impronta *f.*, calco *m.* 9 (*in bridge*) compressione *f.* □ (*Ginn*) *to ~ the buttocks* stringere forte i glutei; *to ~ by* avvicinarsi, venire vicino: *he dropped his name tag when he squeezed by me* quando era vicino a me ha lasciato cadere il cartellino con il suo nome; *he was -d to death in the crowd* morì schiacciato dalla folla; (*colloq*) *to have a narrow* (o *a near*) *~* scamparla per un miracolo, scamparla per un pelo, salvarsi per il rotto della cuffia; *to ~ in* (*to crowd, to find room for*) fare posto a, trovare spazio per, trovare tempo per, fare entrare: *we can ~ another one in* possiamo far posto a un altro; *to ~ out*: 1 riuscire a uscire; 2 spremere, strizzare; 3 emarginare; *to ~ past* riuscire a passare, infilarsi; (*Tecn*) *~ roller* cilindro pressatore; *to ~ through*: 1 passare a stento, passare a mala pena (attraverso): *he was able to ~ through the crowd* riuscì a a stento a passare tra la folla; 2 (*fig*) farcela a mala pena, farcela per il rotto della cuffia; *to ~ together* stringersi, accostarsi, serrarsi; *to ~ up* stringersi, accostarsi, serrarsi.

squeezebox /'skwiːzbɒks *Am* 'skwiːzbɑːks/ *n.* (*colloq*) fisarmonica *f.*

squeezer /'skwiːzəʳ/ *n.* 1 chi spreme, spremitore *m.* (*f.* -trice). 2 (*for fruit, vegetables*) spremitoio *m.*, spremilimoni *m.*, spremiagrumi *m.* 3 (*playing card*) carta *f.* da gioco il cui valore è indicato in alto a sinistra. 4 (*Agr*) torchio *m.* (a vite), strettoio *m.* 5 (*Met*) formatrice *f.* a compressione.

squelch /skweltʃ/ *I v.t.* 1 (*colloq*) (*to suppress*) reprimere, soffocare, stroncare. 2 (*colloq*) (*to reduce to silence*) ridurre al silenzio, far tacere, chiudere la bocca a. 3 (*to make a sucking sound*) far fare cic ciac. 4 (*to crush, to squash*) schiacciare, spiaccicare. *II v.i.* 1 (*to make a sucking sound*) fare cic ciac. 2 (*to move with a sucking, splashing noise*) diguazzare, sguazzare: *to ~ through the mud* diguazzare nel fango. *III n.* 1 (*sucking sound*) cic ciac *m.* 2 (*squelched mass*) poltiglia *f.*, cosa *f.* spiaccicata. 3 (*Elettron*) (*squelch circuit, noise suppressor*) squelch *m.*, soppressore *m.* di rumore.

squelcher /'skweltʃəʳ/ *n.* 1 (*that which squelches*) cosa *f.* che fa cic ciac. 2 (*Tecn*) (*pocket-size device that can jam and sabotage a cellular phone call*) squelcher *m.*

squib /skwɪb/ *I n.* 1 (*colloq*) petardo *m.*, piccolo razzo *m.* 2 (*Tecn*) (*for a charge*) innesco *m.*; (*for a rocket*) detonatore *m.* 3 (*fig*) (*short satiric writing or speech*) pasquinata *f.*, satira *f.*, osservazione *f.* sarcastica. *II v.t.* (*ant*) scrivere satire, far pasquinate, satireggiare.

squid /skwɪd/ *I n.* (*pl.inv.* o *-s* /-z/; *il pl. inv. si usa general. con valore collett.*) 1 (*Itt*) calamaro *m.* 2 (*Pesc*) esca *f.* artificiale a forma di calamaro. *II v.i.* (*past, p.p.* **squidded** /'skwɪdɪd/) 1 andare a pesca di calamari. 2 (*Pesc*) pescare usando un'esca artificiale a forma di calamaro.

squiffed /skwɪft/ *a.* (*sl*) brillo, alticcio.

squiffer /'skwɪfəʳ/ *n.* (*sl*) (*concertina*) con-

certina *f.*

squiffy /'skwɪfi/ *a.* 1 (*colloq*) (*slightly drunk*) brillo, alticcio. 2 (*askew, crooked*) storto, sghembo, di traverso. 3 (*silly*) sciocco.

squiggle /'skwɪgl/ *I n.* 1 svolazzo *m.*, ghirigoro *m.*, voluta *f.* 2 (*squiggly handwriting*) scarabocchi *m.pl.* *II v.i.* 1 contorcersi, torcersi, dimenarsi. 2 (*to write in squiggles*) fare scarabocchi, scrivere in modo illeggibile, fare ghirigori. *III v.t.* scarabocchiare, sgorbiare: *to ~ one's signature* scarabocchiare la propria firma.

squiggly /'skwɪgli/ *a.* a svolazzi, a volute.

squilgee /'skwɪldʒiː/ *n.* (*Mar*) seccatoio *m.*

squill /skwɪl/ *n.* 1 (*Bot*) scilla *f.* marittima, cipolla *f.* marina, squilla *f.* 2 (*Zool*) squilla *f.*

squilla /'skwɪlə/ (*pl. -s* /-z/ o *-llae* /-liː/) *n.* 1 (*Zool*) squilla *f.* 2 (*mantis shrimp*) cicala *f.* di mare, canocchia *f.*

squillion /'skwɪliən/ *n.* (*colloq*) millanta *f.*, fantastilione *m.*, numero *m.* iperbolico.

squinch /skwɪntʃ/ *n.* (*Arch*) pennacchio *m.*

squint /skwɪnt/ *I v.i.* 1 strizzare gli occhi. 2 (*Med*) essere strabico. 3 (*to look obliquely, to look askance*) guardare di traverso, guardare storto. 4 (*fig*) (*to tend, to incline*) tendere, inclinare (a). *II v.t.* (*of the eyes*) socchiudere, tenere socchiuso. *III n.* 1 (*Med*) strabismo *m.* 2 (*oblique look*) sguardo *m.* di traverso, il guardare storto. 3 (*colloq*) (*glance, look*) sguardo *m.*, occhiata *f.*, guardata *f.*: *to have a quick ~ at sth.* dare un rapido sguardo a qcs. 4 (*fig*) (*indirect reference*) riferimento *m.* indiretto. 5 (*fig*) (*tendency, inclination*) tendenza *f.*, inclinazione *f.* *IV a.* (*Scott*) strabico, storto, di traverso.

squinter /'skwɪntəʳ *Am* 'skwɪntəʳ/ *n.* strabico *m.* (*f.* -a).

squint-eyed /'skwɪntaɪd/ *a.* (*spreg*) maligno, malizioso.

squire /'skwaɪəʳ/ *I n.* 1 gentiluomo *m.* di campagna, signorotto *m.* 2 (*principal landowner in a village*) principale possidente *m.*; (*country landowner*) possidente *m.* terriero. 3 (*Stor*) scudiero *m.* 4 (*Br,colloq*) (*sir*) signore *m.* 5 (*fig*) (*lady's escort*) accompagnatore *m.*, cavaliere *m.* (servente). 6 (*Am,ant*) (*rural magistrate*) giudice *m.* di pace; (*local judge*) giudice *m.* locale. *II v.t.* (*Br,ant*) accompagnare, scortare, fare da cavaliere a.

squirearchy /'skwaɪərɑːki *Am* 'skwaɪərɑːrki/ *n.* 1 classe *f.* dei possidenti, classe *f.* dei proprietari terrieri. 2 (*power*) potere *m.* dei proprietari terrieri. 3 (*government by landed gentry*) governo *m.* dei proprietari terrieri.

squiredom /'skwaɪədəm *Am* 'skwaɪəʳdəm/ *n.* 1 condizione *f.* di possidente, condizione *f.* di proprietario terriero. 2 (*collett.*) (*landed gentry of a country*) possidenti *m.pl.*, proprietari *m.pl.* terrieri.

squireen /'skwaɪˌriːn/ *n.* piccolo possidente *m.*

squirehood /'swaɪəhʊd *Am* 'swaɪəʳhʊd/, **squireship** /'skwaɪəʃɪp *Am* 'skwaɪəʳʃɪp/ *n.* 1 condizione *f.* di possidente, condizione *f.* di proprietario terriero. 2 (*collett.*) (*landed gentry of a country*) possidenti *m.pl.*, proprietari *m.pl.* terrieri.

squirm /skwɜːm *Am* skwɜːrm/ *I v.i.* 1 dimenarsi, contorcersi, agitarsi: *to ~ in the dentist's chair* dimenarsi sulla poltrona del dentista. 2 (*fig*) (*to feel embarrassed*) stare sulle spine, sentirsi a disagio, sentirsi in imbarazzo. 3 (*fig*) (*to feel humiliated*) essere umiliato, vergognarsi. 4 (*fig*) (*to extricate oneself*) liberarsi, districarsi. *II n.* contorcimento *m.*, contorsione *f.*, attorcigliamento *m.* □ (*fig*) *to ~ out* (*to extricate oneself*) liberarsi, districarsi: *to ~ out of a commitment* liberarsi da un impegno.

squirrel /'skwɪrəl *Am* 'skwɜːrəl/ **I** *n.* **1** (*Zool*) scoiattolo *m.* **2** (*fur, pelt*) pelle *f.* di scoiattolo. **3** (*one who hoards objects of small value*) chi raccoglie e conserva oggetti di nessun valore. **II** *a.* di (pelle di) scoiattolo: *a ~ coat* un cappotto di scoiattolo. **III** *v.t.* accumulare, mettere da parte. □ *to ~ away* mettere via, accumulare; *~ cage*: 1 gabbia per scoiattolo; 2 (*fig*) (*monotonous repetitive activity*) pizza, noia; (*Mecc*) *~ cage motor* motore a gabbia di scoiattolo; (*Zool*) *~ hawk* falco predatore; (*Zool*) *~ monkey* scimmia scoiattolo.

squirrelly /'skwɪrəli *Am* 'skwɜːrəli/ *a.* (*fig*) eccentrico, strambo, scentrato.

squirt /skwɜːt *Am* skwɜːrt/ **I** *v.i.* schizzare, zampillare, sprizzare (*from, out of* da): *the lemon -ed in my eye* il limone mi è schizzato nell'occhio; *the hose began to ~* il tubo (di gomma) cominciò a schizzare. **II** *v.t.* schizzare, spruzzare (*from, out of* da): *to ~ water on so.* schizzare acqua (o l'acqua) addosso a qcu. **III** *n.* **1** schizzo *m.*, spruzzo *m.* **2** (*Med*) (*syringe*) siringa *f.* (per lavature), schizzetto *m.* **3** (*sl*) (*insignificant but bumptious person*) persona *f.* insignificante ma piena di boria. **4** (*sl*) (*mean, untrustworthy person*) canaglia *f.*, mascalzone *m.* □ (*Tecn*) *~ can* oliatore a mano a pressione; *~ gun*: 1 (*Tecn*) pistola a spruzzo; 2 (*Am*) (*water pistol*) schizzetto, pistola ad acqua; *to ~ out*: 1 (*used intransitively*) schizzare (*of, from* da); 2 (*used transitively*) fare fuoriuscire (*of* da); *to ~ up* sgorgare.

squirter /'skwɜːtər *Am* 'skwɜːrtər/ *n.* **1** schizzetto *m.*, pompetta *f.* **2** (*gun*) pistola *f.* ad acqua.

squish /skwɪʃ/ **I** *v.i.* (*colloq*) fare cic ciac. **II** *v.t.* (*colloq*) fare cic ciac. **III** *n.* (*colloq*) **1** cic ciac *m.* **2** (*soft wet mud*) melma *f.*, mota *f.*, fanghiglia *f.*, poltiglia *f.*

squishy /'skwɪʃi/ *a.* (*sl*) (*clammily viscous*) viscoso, appiccicoso, molliccio, attaccaticcio.

squit /skwɪt/ *n.* **1** (*sl*) (*unimportant person*) persona *f.* insignificante. **2** (*sl*) (*mean, untrustworthy person*) canaglia *f.*, mascalzone *m.* **3** (*volg*) (*nonsense, rubbish*) sciocchezze *f.pl.*, balle *f.pl.*, (*pop*) fesserie *f.pl.* **4** *pl.* (*Br,sl*) cagotto *m.sing.*, cacarella *f.sing.*, diarrea *f.sing.*

squitters /'skwɪtərz/ *n.pl.* (*Br,sl*) cacarella *f.sing.*, diarrea *f.sing.*, (*region*) cagotto *m.sing.*

sq.yd. *square yard* yd² (iarda quadrata).

Sr. /'siːnɪər *Am* 'sɪːnjər/ *Senior* sr. (senior).

SRAM /'es,ræm/ (*Elettron*) *Static Random Access Memory* SRAM (memoria ad accesso casuale in lettura/scrittura).

SRBM (*Mil*) *Short-Range Ballistic Missile* SRBM (missile balistico a corto raggio).

Sri Lanka /ˌsriː'læŋkə *Am* ˌsriː'lɑːŋkə/ *n.pr.* (*Geog*) Sri Lanka *m.*

Sri Lankan /ˌsriː'læŋkən *Am* ˌsriː'lɑːŋkən/ **I** *n.* nativo *m.* (*f.* -a) dello Sri Lanka, abitante *m./f.* dello Sri Lanka. **II** *a.* dello Sri Lanka, relativo allo Sri Lanka, cingalese, singalese.

SS /ˌes'es/ **1** *steamship* M/N (motonave). **2** (*Stor*) *Schutzstaffel* SS (milizia nazista). **3** (*Sport*) (*in baseball*) *shortstop* SS (interbase). **4** *Secret Service* (servizio segreto).

SS. *Saints* SS., ss., Ss. (santi).

SSA *Social Security Administration* (ente che si occupa della gestione della previdenza sociale).

SSE, S.S.E. /ˌesesˈiː/ *south-south-east* SSE (sud-sud-est).

SSSI (*Br*) *Site of Special Scientific Interest* (luogo di particolare interesse scientifico).

SSW, S.S.W. /ˌesesˈdʌbljuː/ *south-south-west* SSO (sud-sud-ovest).

ST *standard time* (ora ufficiale).

st. /stəʊn/ **1** *stanza* str. (strofa). **2** *statute* (statuto). **3** (*Br*) *stone* stone (unità di misura pari a circa 6,35 kg). **4** *street* v. (via).

St. /sənt, sɪnt, seɪnt *Am* seɪnt/ **1** *Saint* S. (Santo, Sant', San). **2** *Street* v. (via).

s.t. *short ton* sh tn (piccola tonnellata).

sta. (*Ferr*) *railway station* (stazione ferroviaria, stazione).

stab /stæb/ **I** *v.t.* (*past, p.p.* **stabbed** /-d/) **1** pugnalare: *to ~ so. in the chest* pugnalare qcu. al petto. **2** (*with a knife*) accoltellare. **3** (*to pierce with sth. pointed*) pungere, trafiggere, bucare. **4** (*fig*) (*to cause a piercing pain to*) dare fitte a. **5** (*fig*) (*to cause mental pain to*) rimordere, pungere: *my conscience -bed me* la coscienza mi rimordeva. **6** (*Edil*) martellinare, scalpellare. **7** (*Aut*) aderizzare. **II** *v.i.* (*past, p.p.* **stabbed** /-d/) **1** dare colpi di pugnale, dare pugnalate (*at* a). **2** (*to thrust with sth. pointed*) pungere, trafiggere, bucare (*at sth.* qcs.). **III** *n.* **1** pugnalata *f.*, stoccata *f.* **2** (*with a knife*) coltellata *f.* **3** (*wound*) ferita *f.* di arma da taglio. **4** (*fig*) (*sudden sharp pain*) fitta *f.*, trafittura *f.*, stilettata *f.*: *a ~ of rheumatism* una fitta di reumatismi. **5** (*colloq*) (*attempt, try*) tentativo *m.*, prova *f.*: *I'll have* (o *make*) *a ~ at it* farò un tentativo. □ *to ~ so. in the back* pugnalare qcu. alle spalle (*anche fig*); *a ~ in the back* una pugnalata alle spalle (*anche fig*); *~ method* (*in embroidery*) punto croce; *~ wound* ferita da (arma da) taglio.

stabber /'stæbər/ *n.* **1** chi ferisce con un'arma da taglio, chi pugnala. **2** (*with a knife*) accoltellatore *m.* (*f.* -trice). **3** (*knife*) pugnale *m.*, stiletto *m.* **4** (*pointed instrument*) strumento *m.* appuntito. **5** (*weapon*) arma *f.* bianca.

stabbing /'stæbɪŋ/ **I** *a.* (*of pain*) lancinante, acuto. **II** *n.* **1** accoltellamento *m.*, aggressione *f.* con arma da taglio. **2** (*Aut*) aderizzazione *f.*

stabile /'steɪbaɪl *Am* 'steɪbɪl/ *a.* stabile (*anche Chim*).

stability /stə'bɪləti *Am* stə'bɪləti/ *n.* **1** stabilità *f.*, solidità *f.*: *the ~ of the economy* la stabilità dell'economia. **2** (*steadfastness*) stabilità *f.*, costanza *f.*, fermezza *f.*, saldezza *f.*: *emotional ~* stabilità emotiva. **3** (*Chim,Aer,Fis*) stabilità *f.*

stabilization /ˌsteɪbəlaɪ'zeɪʃən *Am* ˌsteɪbəlɪ'zeɪʃən/ *n.* stabilizzazione *f.* □ (*Econ*) *~ fund* fondo di stabilizzazione.

stabilize /'steɪbəlaɪz *Am* 'steɪbəlaɪz/ **I** *v.t.* **1** stabilizzare, rendere fermo, rendere stabile. **2** (*Econ,Aer,Chim*) stabilizzare. **II** *v.i.* stabilizzarsi.

stabilizer /'steɪbəlaɪzər *Am* 'steɪbəlaɪzər/ *n.* **1** chi stabilizza, stabilizzatore *m.* (*f.* -trice). **2** (*Aer,Mar,Arm*) stabilizzatore *m.* **3** (*Econ*) stabilizzatore *m.* di prezzi.

stabilizing /'steɪbəlaɪzɪŋ *Am* 'steɪbəlaɪzɪŋ/ *a.* stabilizzante, stabilizzatore.

stable¹ /'steɪbl/ **I** *n.* **1** (*for horses*) stalla *f.*, scuderia *f.*; (*for cattle*) stalla *f.* **2** (*horse establishment*) scuderia *f.* **3** (*collett.*) (*horses under one owner, trainer, etc.*) scuderia *f.* **4** (*fig*) (*of people*) gruppo *m.* (legato da interessi comuni), scuderia *f.* **5** (*fig*) (*of things*) scuderia *f.*: *a ~ of racing cars* una scuderia di macchine da corsa. **II** *v.t.* mettere nella scuderia, tenere nella scuderia, stallare. **III** *v.i.* stare nella stalla, stare nella scuderia. □ *~ boy* stalliere, garzone di stalla; *~ companion*: 1 (*of a racehorse*) cavallo della medesima scuderia; 2 (*fig*) (*of a club*) membro dello stesso circolo; 3 (*fig*) (*of a school, etc.*) compagno di scuola, compagno di studi;

(*fig*) *to close the ~ door after the horse has bolted* chiudere la stalla quando i buoi sono scappati; *~ fly* mosca delle stalle; *~ lad* stalliere, garzone di stalla.

stable² /'steɪbl/ *a.* **1** saldo, stabile, solido, fermo: *a ~ structure* una solida struttura; *a ~ government* un governo stabile. **2** (*abiding, permanent*) stabile, permanente, duraturo, durevole: *a ~ job* un impiego stabile; *~ peace* pace duratura. **3** (*Econ*) stabile, saldo, solido: *~ currency* moneta stabile. **4** (*steadfast, constant*) stabile, costante, fermo, saldo. **5** (*mentally sound*) equilibrato. **6** (*Fis,Aer, Chim*) stabile.

stableboy /'steɪblˌbɔɪ/ *n.* stalliere *m.*, garzone *m.* di stalla.

stableman /'steɪblmən/ *n.irr.* stalliere *m.*

stablemate /'steɪblmeɪt/ *n.* **1** cavallo *m.* della stessa scuderia. **2** (*fig*) compagno *m.* di scuderia, persona *f.* dello stesso gruppo.

stabling /'steɪblɪŋ/ *n.* **1** (*accommodation for horses*) stallaggio *m.* **2** (*stables*) stalle *f.pl.*; (*for horses*) scuderie *f.pl.*

stably /'steɪbli/ *avv.* stabilmente.

staccato /stə'kɑːtəʊ *Am* stə'kɑːtoʊ/ **I** *a.* **1** (*Mus*) staccato: *~ mark* segno di staccato. **2** (*fig*) intermittente, discontinuo: *the ~ sound of gunfire* il rumore intermittente degli spari. **II** *avv.* (*Mus*) staccato.

stack /stæk/ **I** *n.* **1** catasta *f.*, pila *f.*, mucchio *m.*, cumulo *m.*: *a ~ of logs* una catasta di tronchi; *to pile books in -s* fare delle pile di libri. **2** (*Agr*) (*of grain*) bica *f.*, barca *f.*; (*of hay*) pagliaio *m.* **3** (*colloq*) (*large quantity, lot; spesso al pl.*) grande quantità *f.*, cumulo *m.*; (*colloq*) mucchio *m.*, sacco *m.*: *I have a ~ of work to do* ho un mucchio di lavoro da fare; *they have -s of money* hanno un sacco di soldi. **4** (*group of chimneys*) gruppo *m.* di camini. **5** (*tall chimney*) ciminiera *f.* **6** (*Mar,Ferr*) (*smokestack*) fumaiolo *m.* **7** (*unit of measure for firewood*) unità di misura (inglese) per legna da ardere (pari a 3,05 m³). **8** (*Geol*) (*in sea*) faraglione *m.* **9** (*Mil*) fascio *m.* di fucili. **10** (*Aer*) stack *m.*, gruppo *m.* di aerei in attesa di atterrare. **11** (*in card games*) posta *f.* **12** (*Inform*) stack *m.*, catasta *f.* **13** (*pl.*) (*book storage*) scaffalatura *f.sing.* per libri, scansia *f.sing.* per libri. **II** *v.t.* **1** accatastare, ammucchiare, ammassare: *to ~ firewood* accatastare legna da ardere. **2** (*Agr*) accovonare, accatastare: *to ~ hay* accovonare il fieno. **3** (*Agr*) (*of grain*) abbicare. **4** (*to fill with stacks of sth.*) riempire, caricare: *to ~ the shelves with books* riempire gli scaffali di libri. **5** (*Mil*) mettere in fascio. **6** (*sl*) (*of cards*) truccare, preparare ad arte (a proprio favore). **7** (*Aer*) assegnare la quota a (per l'atterraggio). □ *to ~ up*: 1 impilare, ammucchiare; 2 (*colloq,fig*) reggere al confronto (con), competere (con) (*against, with* con); 3 (*to accumulate*) accumularsi, ammucchiarsi: *a lot of work had -ed up* si era accumulato un mucchio di lavoro.

stacked /stækt/ *a.* **1** accatastato, ammucchiato, impilato. **2** (*piled high*) colmo. **3** (*sl*) (*of a woman*) ben carrozzata, formosa. **4** (*Inform*) in sequenza, in catasta.

stacking /'stækɪŋ/ *n.* (*Aer*) stacking *m.*, circuito *m.* di attesa.

stacte /'stæktiː/ *n.* (*Bibl*) mirra *f.* usata per preparare l'incenso.

staddle /'stædl/ *n.* piattaforma *f.* su cui viene accovonato il fieno.

stadia /'steɪdiə/ *n.* (*Topogr*) **1** rilievo *m.* topografico a mezzo stadia. **2** (*rod*) stadia *f.* □ (*Topogr*) *~ rod* stadia.

stadium /'steɪdɪəm/ *n.* (*pl.* **-s** /-z/ o **-dia** /-diə/) *n.* **1** (*Sport*) stadio *m.*: *a football ~* uno stadio di

calcio. **2** (*pl.* **-s**) (*Stor.gr*) (*course for footraces*) stadio *m.* **3** (*pl.* **-dia**) (*Stor.gr*) (*unit of length*) stadio *m.* (pari a circa 192 m). **4** (*pl.* **-dia**) (*Stor.rom*) (*unit of length*) stadio *m.* (pari a circa 185 m). **5** (*Biol*) stadio *m.*, fase *f.*
staff[1] /stɑːf *Am* stæf/ **I** *n.* (*pl.* **staffs** /stɑːfs/ o **staves** /steivz/) **1** (*group of assistants, aides*) staff *m.*, gruppo *m.* di assistenti, gruppo *m.* di funzionari: *the President's* ~ lo staff del presidente. **2** (*personnel*) personale *m.*, impiegati *m.pl.*, dipendenti *m.pl.*, staff *m.*: *the editorial* ~ *of a newspaper* il personale della redazione di un giornale. **3** (*of a hospital*) personale *m.* medico dirigente, dirigenti *m.pl.* sanitari. **4** (*of a school*) personale *m.* docente e amministrativo. **5** (*of a factory*) personale *m.* con funzioni direttive. **6** (*Mil*) (*pl.* **staffs**) stato *m.* maggiore. **7** (*stick*) bastone *m.*; (*pilgrim's staff*) bordone *m.*; (*supporting bar, rod*) staffa *f.*, barra *f.* di sostegno. **8** (*pl.* **staffs**) (*fig*) (*sth. that supports, upholds*) bastone *m.*, sostegno *m.*, appoggio *m.* **9** (*flagstaff*) asta *f.* della bandiera. **10** (*rod of office*) bastone *m.* (di comando). **11** (*graduated stick, rod*) asta *f.* graduata. **12** (*Rel.catt*) bastone *m.* pastorale. **13** (*pl.* **staves**) (*Mus*) pentagramma *m.*, rigo *m.* (musicale). **II** *a.* **1** del personale, dei dipendenti, aziendale: ~ *canteen* mensa aziendale. **2** (*Mil*) con funzioni (solo) esecutive: *a* ~ *job* un incarico con funzioni esecutive. **III** *v.t.* **1** fornire di personale, provvedere di personale. **2** (*to be the personnel of*) essere alle dipendenze di. □ ~ *assistant* assistente del personale; ~ *association* sindacato aziendale; (*Mil*) ~ *college* scuola di guerra, accademia militare; ~ *corps* corpo di stato maggiore; ~ *discount* agevolazioni per il personale, sconto per il personale; ~ *management* gestione del personale; ~ *manager* direttore del personale; ~ *mobility* mobilità del personale; ~ *nurse* vice caposala; ~ *of Aesculapius* bastone di Esculapio; (*fig*) *the* ~ *of life* il pane; ~ *officer* ufficiale di stato maggiore; *to be on the* ~ *of* far parte del personale di; (*Scol*) ~ *room* sala professori; (*Mil*) ~ *sergeant* sergente maggiore; ~ *training* addestramento del personale.
staff[2] /stɑːf *Am* stæf/ *n.* (*Edil*) materiale *m.* da decorazione composto di gesso, sostanze fibrose ecc. □ (*Edil*) ~ *angle* paraspigolo.
staffer /'stæfər/ *n.* (*Am*) membro *m.* del personale, chi fa parte di uno staff, impiegato *m.* (*f.* -a), lavoratore *m.* (*f.* -trice) esecutivo. **2** (*Giorn*) redattore *m.* (*f.* -trice), membro *m.* dello staff redazionale.
staffing /'stɑːfɪŋ *Am* 'stæfɪŋ/ *n.* **1** (*personnel*) personale *m.*, impiegati *m.pl.*, dipendenti *m.pl.*, staff *m.* **2** (*act of providing workers*) reclutamento *m.* del personale, reclutamento *m.* dello staff.
staff-officer /'stɑːf,ɒfɪsər *Am* 'stæf,ɑːfɪsər/ *n.* (*Mil*) ufficiale *m.* di stato maggiore.
Staffordshire /'stæfədʃər *Am* 'stæfərdʃər/ *n.pr.* (*Geog*) Staffordshire *m.*, contea *f.* di Stafford.
staffroom /'stɑːfrʊm *Am* 'stæfrʊm/ *n.* (*Scol*) sala *f.* professori.
stag /stæg/ **I** *n.* **1** (*Zool*) cervo *m.* **2** (*colloq*) riunione *f.* per soli uomini. **3** (*party given by bachelor before his marriage*) festa *f.* di addio al celibato, addio *m.* al celibato. **4** (*Econ*) chi compra nuovi titoli a fine speculativo. **II** *a.* **1** di soli uomini, solo al maschile. **2** (*Am*) (*pornographic*) per soli uomini, pornografico. **III** *avv.* da solo, non accompagnato da una donna. **IV** *v.i.* (*Econ*) acquistare nuovi titoli a fine speculativo. □ (*Entom*) ~ *beetle* cervo volante; ~ *hunt* (o ~ *hunting*) caccia al cervo; (*colloq*) ~ *night* (o ~ *party*) (festa di)

addio al celibato.
stage /steidʒ/ **I** *n.* **1** (*Teat*) palcoscenico *m.*, scena *f.* **2** (*fig*) (*dramatic art, profession*) palcoscenico *m.*, teatro *m.*, scene *f.pl.*: *stars of* ~ *and screen* stelle del palcoscenico e dello schermo. **3** (*fig*) (*place where sth. is done, exhibited, etc.*) teatro *m.*, ambiente *m.*, scenario *m.* **4** (*raised platform*) palco *m.*, podio *m.* **5** (*step in a process, an activity, etc.*) fase *f.*, stadio *m.*: *experimental* ~ stadio sperimentale. **6** (*Med*) fase *f.*, stadio *m.*, periodo *m.*: *the critical* ~ *of a disease* la fase critica di una malattia. **7** (*Chir*) (*of operations*) tempo *m.*; (*of anaesthesia*) grado *m.* **8** (*regular stopping place of a public vehicle*) fermata *f.*, sosta *f.*, stazione *f.*, tappa *f.* **9** (*distance between two stopping places*) tappa *f.*, posta *f.* **10** (*Stor*) (*stagecoach*) diligenza *f.*, postale *m.*; (*stopping place*) posta *f.* **11** (*Astron, Aer.mil*) stadio *m.*: *a three-* ~ *rocket* un razzo a tre stadi. **12** (*platform supported by scaffolding*) ponteggio *m.*, piattaforma *f.*, impalcatura *f.*, palco *m.* **13** (*Mar*) pontile *m.* **14** (*of a microscope*) piatto *m.* portaoggetti, tavolino *m.* portaoggetti. **15** (*Geol*) stadio *m.*, era *f.*, epoca *f.* **16** (*Econ,Sociol*) tappa *f.*, periodo *m.*, fase *f.*: *the* ~ *s of civilization* le tappe della civiltà. **17** (*Sport*) tappa *f.* **18** (*Biol,Rad*) stadio *m.* **19** (*Tecn*) (*distance between hoisting levels*) fase *f.* **20** (*Mecc*) salto *m.*: *pressure* ~ salto di pressione. **21** *pl.* (*period of time, moment*) battute *f.pl.*, fasi *f.pl.*, stadio *m.sing.*: *the closing* -*s of a match* le battute finali di un incontro; *the opening* -*s of a historical process* le fasi iniziali di un processo storico. **22** (*Arch, rar*) (*storey*) piano *m.*; (*landing*) pianerottolo *m.* **II** *a.* (*Teat*) teatrale, di teatro, da teatro. **III** *v.t.* **1** mettere in scena, portare in scena, allestire, rappresentare: *to* ~ *a new drama* mettere in scena un nuovo dramma. **2** (*to produce for public view*) allestire, organizzare, mettere su: *to* ~ *an exhibition* allestire una mostra. **3** (*colloq*) (*to contrive, to fake*) simulare, inscenare, fingere: *to* ~ *an accident* simulare un incidente. **4** (*colloq*) (*to do, to arrange, etc.*) organizzare, preparare, promuovere: *to* ~ *a strike* organizzare uno sciopero. **IV** *v.i.* (*Teat*) essere adatto per il palcoscenico, essere adatto per le scene, essere rappresentabile: *the play does not* ~ *well* la commedia non è adatta per il palcoscenico. □ *by* -*s*: **1** a tappe, per tappe: *to travel by* -*s* viaggiare a tappe; **2** (*fig*) per gradi, gradatamente, gradualmente: *to disarm by* -*s* disarmare per gradi; (*Stor*) ~ *coach* postale, diligenza; (*Teat*) ~ *designer* scenografo; (*Teat*) ~ *direction* didascalia; ~ *director*: **1** (*Teat*) regista (teatrale); **2** (*estens*) direttore artistico, direttore di scena; (*Br,sl*) ~ *diving* dal palco di un concerto ed essere preso dal pubblico; (*Teat*) ~ *door* ingresso del personale di scena, ingresso degli artisti; (*Teat*) ~ *effect* effetto scenico; (*Teat*) ~ *fright* trac, paura del pubblico, panico che assale gli attori prima di andare in scena; (*Teat*) ~ *hand* macchinista; (*Teat*) ~ *left* lato sinistro del palcoscenico (dal punto di vista dell'attore); (*Teat*) ~ *lighting* luci di scena, illuminazione di scena; ~ *management* direzione di scena, direzione artistica; ~ *manager* direttore di scena, direttore artistico; ~ *name* nome d'arte; (*Teat*) *on* ~ in scena, di scena, sul palcoscenico; (*fig*) *to be on the* ~ lavorare in teatro, fare l'attrice, fare l'attore; (*fig*) *to go on the* ~ darsi alle scene, calcare le scene; (*Teat*) ~ *play* opera teatrale; ~ *production* produzione teatrale; (*Teat*) ~ *right* lato destro del palcoscenico (dal punto di vista dell'attore); (*Teat*) ~ *rights* diritti di rappresentazione te-

atrale; (*colloq,fig*) *to set the* ~ *for* preparare la scena per, preparare la strada per; (*Teat*) ~ *wait* pausa nella recitazione (perché l'attore non ricorda la battuta); ~ *whisper*: **1** (*Teat*) a parte; **2** (*estens*) sussurro perfettamente udibile.
stagecoach /'steidʒkoutʃ/ *n.* (*Stor*) postale *m.*, diligenza *f.*
stagecraft /'steidʒkrɑːft *Am* 'steidʒkræft/ *n.* (*Teat*) arte *f.* scenica, tecnica *f.* teatrale, scenotecnica *f.*
staged /steidʒd/ *a.* costruito, artificiale.
stage-door /'steidʒdɔːr *Am* 'steidʒdɔːr/ □ (*colloq*) ~ *Johnny* chi va a teatro per corteggiare le ballerine (o le attrici).
stagehand /'steidʒhænd/ *n.* (*Teat*) macchinista *m.*
stage-manage /,steidʒ'mænidʒ *Am* 'steidʒ,mænidʒ/ *v.t.* **1** (*Teat*) mettere in scena, allestire. **2** (*fig*) dirigere dietro le quinte, (*to arrange from behind the scenes*) architettare, macchinare.
stager /'steidʒər/ *n.* (*old stager*) veterano *m.* (*f.* -a), esperto *m.* (*f.* -a) (del mestiere).
stage-struck /'steidʒstrʌk/ *a.* affascinato dal teatro, attratto dal teatro.
stage-whisper /'steidʒwispər/ *n.* **1** (*Teat*) a parte *m.* **2** (*estens*) sussurro *m.* perfettamente udibile.
stagey /'steidʒi/ *a.* **1** teatrale, non spontaneo. **2** (*artificial*) teatrale, artificioso, che fa scena.
stagflation /stæg'fleiʃən/ *n.* (*Econ*) stagflazione *f.*, stagnazione *f.* e inflazione.
stagger /'stægər/ **I** *v.i.* **1** barcollare, traballare, vacillare, ondeggiare: *the injured man* -*ed and fell* l'uomo ferito barcollò e cadde. **2** (*fig*) (*to waver, to hesitate*) esitare, vacillare, essere incerto, tentennare, titubare. **II** *v.t.* **1** (*to place on either side of a centre line*) sfalsare. **2** (*to arrange in a zigzag order*) disporre a zigzag. **3** (*to arrange at intervals of time*) scaglionare, distribuire nel tempo: *to* ~ *holidays* scaglionare le ferie. **4** (*Aer*) scalare. **5** (*to make stumble*) far barcollare, far vacillare. **6** (*fig*) (*to shock, to amaze*) lasciare di stucco, sbalordire, sconcertare: *the price he asked* -*ed me* il prezzo che mi chiese mi lasciò di stucco. **7** (*fig*) (*to cause to waver*) fare tentennare, fare titubare. **III** *n.* **1** traballamento *m.*, barcollamento *m.*, vacillamento *m.* **2** (*staggered arrangement*) sfalsamento *m.* **3** (*Aer*) scalamento *m.* **4** *pl.* (*giddiness*) vertigini *f.pl.*, capogiro *m.sing.* **5** *pl.* (*Veter*) vermocane *m.sing.*, capostorno *m.sing.*, capogato *m.sing.* □ *to* ~ *along* muoversi barcollando, muoversi traballando, andare vacillando.
staggered /'stægəd *Am* 'stægərd/ *a.* scaglionato, distribuito nel tempo: ~ *opening hours* orari di apertura scaglionati. □ ~ *holidays* scaglionamento delle ferie; ~ *hours* orario scaglionato; ~ *junction* raccordo sfalsato; (*Sport*) ~ *start* partenza a scaglioni; ~ *strike* sciopero a scacchiera.
staggerer /'stægərər/ *n.* (*Am,colloq*) (*staggering questions, remark, etc.*) quesito *m.* che lascia di stucco, osservazione *f.* che lascia di stucco, domanda *f.* sconcertante.
staggering /'stægərɪŋ/ *a.* incredibile, sbalorditivo, sconcertante: *a* ~ *increase in productivity* un incredibile incremento di produttività. □ *a* ~ *blow* un colpo da far barcollare (*anche fig*).
staggeringly /'stægərɪŋli/ *avv.* in modo sbalorditivo, in modo incredibile.
staghorn /'stæghɔːn *Am* 'stæghɔːrn/ *n.* **1** corno *m.* di cervo. **2** (*Bot*) licopodio *m.* □ (*Bot*) ~ *moss* licopodio.

staghound /'stæghaʊnd/ n. (Caccia) segugio m. da cervi.

stagily /'steɪdʒɪli/ avv. teatralmente.

staginess /'steɪdʒɪnəs/ n. teatralità f.

staging /'steɪdʒɪŋ/ n. **1** (instance of planning sth.) pianificazione f. **2** (Teat) arte f. scenica, allestimento m. scenico, messa f. in scena. **3** (stage, scaffolding) impalcatura f., palco m., ponteggio m., piattaforma f. **4** (Stor) (business of running a stagecoach) viaggio m. in diligenza, viaggio m. in postale. **5** (Astron) sganciamento m. □ (Mil) ~ area zona di attestamento, punto di raccolta (per truppe, profughi, deportati ecc.); ~post: 1 (Aer) scalo aereo, aeroscalo; 2 (Mil) linea di attestamento; 3 (fig) passaggio obbligato.

Stagira /stæ'dʒ(a)ɪrə/ n.pr. (Geog) Stagira f.

Stagirite /'stædʒɪraɪt/ I n. stagirita m./f. II n.pr.m. (Stor.gr) (Aristotle) lo Stagirita.

stagnancy /'stægnənsi/ n. stagnazione f., ristagno m., stasi f., arresto m.

stagnant /'stægnənt/ a. **1** stagnante, immobile. **2** (Econ,fig) stagnante, in ristagno: a ~ economy un'economia stagnante. **3** (fig) (lifeless, dull) morto, privo di vita, privo di animazione.

stagnantly /'stægnəntli Am 'stægnəntli/ avv. in modo stagnante.

stagnate /stæg'neɪt/ v.i. **1** stagnare, ristagnare. **2** (Econ,fig) stagnare, ristagnare, essere in ristagno. **3** (fig) (to lead a dull, sluggish life) vegetare.

stagnation /stæg'neɪʃ°n/ n. **1** stasi f., ristagno m. (anche Econ). **2** (fig) stasi f., arresto m., sosta f.

stagy /'steɪdʒi/ a. **1** teatrale, non spontaneo. **2** (artificial) teatrale, artificioso, che fa scena.

staid /steɪd/ a. contegnoso, posato, serio, grave.

staidly /'steɪdli/ avv. con posatezza, contegnosamente.

staidness /'steɪdnəs/ n. posatezza f., serietà f., gravità f.

stain /steɪn/ I n. **1** macchia f., chiazza f.: wine -s macchie di vino. **2** (fig) macchia f., onta f., disonore m.: a ~ on the reputation una macchia sulla reputazione. **3** (Fal) (dye for wood) mordente m. **4** (Tess) (dye for textiles) colorante m. II v.t. **1** macchiare: -ed with blood macchiato di sangue. **2** (fig) macchiare, disonorare. **3** (Fal) (of wood) trattare con un mordente. **4** (Vetr) (of glass) colorare. **5** (Tess) (of cloth) trattare con un colorante, colorare, tingere. III v.i. **1** macchiarsi: this cloth will not ~ questo tessuto non si macchia. **2** (to take stain) tingersi, colorarsi. □ ~ remover smacchiatore; ~ resistant antimacchia.

stainable /'steɪnəbl/ a. **1** macchiabile. **2** (capable of being stained) colorabile, che si può tingere.

stained /steɪnd/ □ (Vetr) ~ glass vetro colorato.

stained-glass /'steɪndɡlɑːs Am 'steɪndɡlæs/ I n. vetro m. colorato. II a. di vetro colorato: ~ window vetrata colorata.

stainer /'steɪnər/ n. **1** chi macchia, tintore m. **2** (pigment) pigmento m., colore m.

staining /'steɪnɪŋ/ n. **1** tintura f., colorazione f. **2** (for microscopic examination) colorazione f.

stainless /'steɪnləs/ a. **1** senza macchia. **2** (resistant to staining) antimacchia. **3** (fig) senza macchia, senza colpa, incontaminato, puro. **4** (Met) inossidabile: ~ steel acciaio inossidabile.

stair /steər Am steər/ n. **1** gradino m., scalino m. **2** spec.pl. (flight of steps) scale f.pl., scala f.sing., scalinata f.sing.: to fall down the -s ca-

dere giù per le scale. **3** pl. (Mar) pontile m.sing. □ below -s: 1 nel sottoscala, nell'interrato; 2 (in the servants' quarters) negli alloggi della servitù; ~ carpet guida, passatoia; ~ rail appoggiatoio, ringhiera delle scale; ~ rod asta metallica per fissare una guida.

staircase /'steəkeɪs Am 'sterkeɪs/ n. **1** scala f., scalinata f. **2** (Arch) scalea f. □ ~ landing caposcala.

stairgate /'steəɡeɪt Am 'sterɡeɪt/ n. cancelletto m. (di sicurezza) per le scale.

stairhead /'steəhed Am 'sterhed/ n. caposcala m., pianerottolo m. in cima alle scale.

stairstep /'steəstep Am 'sterstep/ n. (Ginn) step m.

stairway /'steəweɪ Am 'sterweɪ/ n. scale f.pl.

stairwell /'steəwel Am 'sterwel/ n. tromba f. delle scale.

staith, staithe /steɪθ/ n. (Mar) **1** pontile m. da sbarco. **2** (for loading coal vessels) calata f. (o banchina) per il carico (o scarico) del carbone.

stake /steɪk/ I n. **1** palo m., piolo m., picchetto m.: the boundary was marked with -s il confine era segnato con pali. **2** (Stor) (post to which so. is bound for execution by burning) palo m. del rogo: to be burned at the ~ essere bruciato sul rogo. **3** (fig) (execution by burning) rogo m., pira f.: to suffer the ~ morire sul rogo. **4** (sum of money staked) posta f., puntata f., scommessa f. **5** (interest, share) interesse m., quota f., posta f. in gioco: we all have a ~ in the country's welfare tutti abbiamo un interesse nel benessere del paese. **6** (of a cart, truck) montante m. **7** (Econ) quota f. di partecipazione. **8** pl. (amount that may be staked) puntata f.sing. massima, posta f.sing. massima: what are the ~s? qual è la puntata massima? **9** pl. (prize in a contest) premio m.sing. **10** pl. (Sport) (race) corsa f.sing. ippica a premi, premio m.sing. II v.t. **1** picchettare, segnare con picchetti, delimitare con picchetti. **2** (to venture, to bet) scommettere, azzardare, rischiare, giocare, giocarsi: he has -d a lot of money on that horse ha scommesso molto denaro su quel cavallo; I have -d everything on this deal ho rischiato tutto in quest'affare; (fig) I'd ~ my life on it ci giocherei la vita. **3** (to tether) legare a un palo. **4** (of the police esp.) (to survey a place or person undercover) sorvegliare, tenere d'occhio, montare la guardia, piantonare. **5** (Agr) palettare, sostenere con pali. **6** (Stor) (to impale on a stake) impalare. □ ~ at ~ in gioco, in palio, in ballo: a lot of money is at ~ è in gioco un mucchio di denaro; your future is at ~ è in ballo il tuo avvenire; (Mar) ~ boat imbarcazione che sostituisce una boa in regata; (Am) ~ body pianale (nudo) di camion; (Pesc) ~ net gradella, rete da pesca a graticola; to ~ off picchettare, segnare con picchetti, delimitare con picchetti; to ~ out (of the police esp.: to survey a place or person undercover) sorvegliare, tenere d'occhio, montare la guardia, piantonare; (colloq, fig) to pull up one's -s andarsene, far fagotto; (Am) to ~ so. to sth. finanziare qcs. a qcu., pagare qcs. a qcu., offrire qcs. a qcu.

stakeholder /'steɪkhoʊldər/ n. **1** persona f. che tiene le poste delle scommesse. **2** (Econ) persona f. che possiede una quota di partecipazione azionaria. **3** (Dir) fiduciario m. (nella vendita di immobili).

stake-out /'steɪkaʊt/ n. (colloq) appostamento m., piantonamento m., sorveglianza f. (di una persona, un edificio ecc.).

Stakhanovism /stæk'ænəvɪz°m Am stæk 'ɑːnəvɪz°m/ n. (Stor) stacanovismo m.

Stakhanovite /stæk'ænəvɪst Am stæk

'ɑːnəvɪst/ n. (Stor) stacanovista m./f.

stalactic /stə'læktɪk Am stə'lætɪk/ a. (Geol) stalattitico.

stalactite /'stæləktaɪt Am stə'læktaɪt/ n. (Geol) stalattite f.

stalactitic /ˌstæləkˈtɪtɪk Am ˌstələkˈtɪtɪk/ a. (Geol) stalattitico.

stalagmite /'stæləɡmaɪt Am stə'læɡmaɪt/ n. (Geol) stalagmite f., stalammite f.

stalagmitic /ˌstæləɡmɪtɪk Am 'stələɡmɪtɪk/ a. (Geol) stalagmitico.

stale[1] /steɪl/ I a. **1** stantio, non fresco, vecchio, raffermo: ~ biscuits biscotti stantii. **2** (of air) viziato. **3** (fig) stantio, frusto, vieto, superato, vecchio: ~ news notizia stantia. **4** (fig) (of a joke) trito (e ritrito), risaputo, vecchio. **5** (having lost vitality due to overstrain, monotony, etc.) esaurito, stanco, spossato. **6** (Sport) in superallenamento, esaurito. **7** (Dir) (of a claim) caduto in prescrizione, prescritto; (of a cheque) scaduto. II v.t. **1** rendere stantio, perdere la freschezza, avvizzire. **2** (fig) (to make uninteresting, monotonous) rendere monotono, rendere noioso. III v.i. **1** avvizzire, perdere la freschezza, diventare stantio. **2** (fig) (to become uninteresting, monotonous) diventare monotono, diventare noioso. □ ~ bread pane raffermo; to go ~: 1 diventare stantio, perdere la freschezza (of people, sportsmen, etc.) esaurirsi, stancarsi.

stale[2] /steɪl/ I n. (of a domestic animal: urine) urina f. II v.i. urinare.

stalemate /'steɪlmeɪt/ I n. **1** (in chess) stallo m. **2** (fig) punto m. morto, situazione f. di stallo, stasi f. (in in). II v.t. **1** (in chess) mettere in stallo. **2** (fig) bloccare, portare a una situazione di stallo, portare a un punto morto.

staleness /'steɪlnəs/ n. **1** l'essere stantio. **2** (of people, sportsmen, etc.) stanchezza f., spossatezza f., esaurimento m. **3** (fig) l'essere sorpassato, l'essere superato, l'essere vieto, l'essere trito.

Stalingrad /'stɑːlɪnˌɡræd/ n.pr. (Geog.stor) Stalingrado m.

Stalinism /'stɑːlɪnɪz°m/ n. (Stor,Pol) stalinismo m.

Stalinist /'stɑːlɪnɪst/ I n. (Stor,Pol) stalinista m./f. II a. (Stor,Pol) stalinista.

stalk[1] /stɔːk/ n. **1** (Bot) gambo m., stelo m.; (petiole) picciolo m.; (peduncle) peduncolo m. **2** (Zool) peduncolo m. **3** (slender supporting shaft) fusto m., gambo m., stelo m.; (of a wine glass) stelo m., gambo m. **4** (of a chimney) fusto m.

stalk[2] /stɔːk/ I v.t. **1** (Caccia) (of game) cacciare in appostamento. **2** (fig) tampinare, stare sempre dietro a: he -ed the girl all week ha tampinato la ragazza per tutta la settimana. **3** (Econ,Comm) tentare di prendere il controllo di. II v.i. **1** (Caccia) cacciare in appostamento. **2** (fig) (to move in an ominous manner) avvicinarsi furtivamente. **3** (to walk with long steps) camminare a lunghi passi. **4** (to walk haughtily) camminare impettito, camminare con sussiego, incedere solennemente. III n. **1** (Caccia) caccia f. in appostamento. **2** (estens) inseguimento m. furtivo. **3** (stalking gait) andatura f. impettita, incedere m. solenne.

stalker /'stɔːkər/ n. **1** (Caccia) cacciatore m. (f. -trice) in agguato. **2** (estens) malintenzionato m. (f. -a), inseguitore m. (f. -trice), insidiatore m. (f. -trice).

stalking /'stɔːkɪŋ/ □ ~ horse: 1 (Caccia) cavallo dietro cui si nasconde un cacciatore in appostamento; 2 (fig) pretesto, specchietto per le allodole; 3 (Pol) candidato civetta.

stalkless /'stɔːkləs/ a. **1** privo di gambo, privo di stelo. **2** (*Bot*) sessile.

stalklet /'stɔːklɪt/ *n.* (*Bot*) stelo *m.* secondario.

stalky /'stɔːki/ *a.* **1** (*Bot*) a forma di stelo. **2** (*resembling a stalk*) lungo, esile, sottile, simile a uno stelo.

stall[1] /stɔːl/ **I** *n.* **1** box *m.* di stalla. **2** (*estens*) (*stable*) stalla *f.*, scuderia *f.*; (*cattle shed*) stalla *f.* per bovini. **3** (*Am*) (*very small room*) box *m.*, cabina *f.*, scomparto *m.*: *shower ~* cabina per la doccia, box doccia. **4** (*booth, stand*) chiosco *m.*, bancarella *f.*: *to set up a ~ in the market* mettere su un chiosco al mercato. **5** (*bookstall*) bancarella *f.* **6** (*newsstand*) edicola *f.*, chiosco *m.* **7** (*Rel*) stallo *m.*, scanno *m.* **8** (*Med*) ditale *m.*, salvadito *m.* **9** (*Mot*) arresto *m.* del motore (per ingolfamento o mancanza di carburante). **10** (*Aer*) stallo *m.* **11** (*Am*) (*space in a car park*) posto *m.* macchina (in un parcheggio). **12** *pl.* (*Teat*) pubblico *m.sing.* delle poltrone, platea *f.sing.* **II** *v.t.* **1** (*of animals*) mettere all'ingrasso nella stalla. **2** (*Mot*) fare spegnere. **3** (*Aer*) fare andare in stallo. **III** *v.i.* **1** (*Mot*) spegnersi, fermarsi. **2** (*Aer*) andare in stallo. **3** (*to come to a standstill*) giungere a un punto morto. ☐ *~ holder*: 1 bancarellista; 2 (*of a news-stand*) edicolante.

stall[2] /stɔːl/ **I** *v.i.* (*colloq*) prendere tempo, cercare pretesti, cercare cavilli, menare il can per l'aia. **II** *v.t.* (*colloq*) **1** (*to delay*) tirare per le lunghe, ritardare deliberatamente, ritardare con sotterfugi: *to ~ a payment* tirare per le lunghe un pagamento. **2** (*to avoid acting, speaking, etc.*) tenere a bada con sotterfugi. **3** (*to get rid of by evasion*) sbarazzarsi (con l'inganno) di. **III** *n.* **1** (*pickpocket's assistant*) complice *m./f.* di un ladro, (*gerg*) palo *m.* **2** (*colloq*) (*pretext used to delay*) espediente *m.*, stratagemma *m.*, scappatoia *f.* **3** (*colloq*) (*trick used to deceive*) inganno *m.*, sotterfugio *m.*, trucco *m.* ☐ (*colloq*) *to ~ off*: 1 (*to delay*) tirare per le lunghe, ritardare deliberatamente, ritardare con sotterfugi; 2 (*to avoid acting, speaking, etc.*) tenere a bada con sotterfugi; 3 (*to get rid of by evasion*) sbarazzarsi (con l'inganno) di.

stallage /'stɔːlɪdʒ/ *n.* (*Dir.mediev*) **1** diritto *m.* di erigere un chiosco (in una fiera o un mercato). **2** (*rent paid*) plateatico *m.*

stall-fed /'stɔːlfed/ *a.* (*Zootecn*) messo all'ingrasso nella stalla.

stalling /'stɔːlɪŋ/ ☐ (*Aer*) *~ angle* incidenza di stallo.

stallion /'stæljən/ *n.* **1** (*Zootecn*) stallone *m.* (da monta). **2** (*fig*) stallone *m.*

stalwart /'stɔːlwət *Am* 'stɔːlwərt/ **I** *a.* **1** robusto, vigoroso, forte, gagliardo. **2** (*valiant*) animoso, coraggioso, valoroso, intrepido. **3** (*resolute*) risoluto, deciso. **II** *n.* **1** persona *f.* robusta e vigorosa. **2** (*valiant person*) persona *f.* coraggiosa. **3** (*resolute person*) persona *f.* risoluta. **4** (*Pol*) (*of a party, etc.*) membro *m.* fidato.

stalwartly /'stɔːlwətli *Am* 'stɔːlwərtli/ *avv.* **1** (*valiantly*) coraggiosamente. **2** (*resolutely*) risolutamente, con decisione.

stalwartness /'stɔːlwətnəs *Am* 'stɔːlwərtnəs/ *n.* **1** forza *f.*, robustezza *f.*, vigore *m.*, gagliardia *f.* **2** (*courage*) coraggio *m.*, audacia *f.*, intrepidezza *f.* **3** (*resolution*) risolutezza *f.*, decisione *f.*

stamen /'steɪmen, 'steɪmən/ (*pl.* **-s** /-z/ o **-mina** /-mɪnə/) *n.* (*Bot*) stame *m.*

stamina[1] /'stæmɪnə/ *n.* **1** forza *f.* di resistenza, resistenza *f.*, fibra *f.*, energia *f.*, vigore *m.* **2** (*fig*) forza *f.* di sopportazione, tenacia *f.*

stamina[2] /'stæmɪnə/ *n.pl.* → **stamen**.

staminal /'stæmɪnəl/ *a.* (*Bot*) staminale, sta-

mineo.

staminate /'stæmɪnɪt/ *a.* (*Bot*) **1** stamineo, che ha stami. **2** (*having stamens but no pistils*) staminifero.

staminiferous /ˌstæmɪ'nɪfərəs/ *a.* (*Bot*) staminifero, che ha stami.

stammer /'stæmər/ **I** *v.i.* **1** balbettare, tartagliare, essere balbuziente. **2** (*to speak haltingly, confusedly*) farfugliare, balbettare, borbottare, bofonchiare. **II** *v.t.* pronunciare balbettando, balbettare, tartagliare. **III** *n.* **1** balbuzie *f.* **2** (*stammered utterance*) balbettamento *m.*, tartagliamento *m.* ☐ *to ~ out* pronunciare balbettando, balbettare, tartagliare.

stammerer /'stæmərər/ *n.* balbuziente *m./f.*

stammering /'stæmərɪŋ/ *a.* **1** balbettato, pronunciato con un balbettio. **2** (*having a stammer*) balbuziente, tartaglione.

stammeringly /'stæmərɪŋli/ *avv.* balbettando, tartagliando.

stamp /stæmp/ **I** *n.* **1** francobollo *m.*: *a five-penny ~* un francobollo da cinque penny; *to collect -s* collezionare francobolli, fare collezione di francobolli. **2** (*postmark*) timbro *m.* postale, bollo *m.* postale: *first-class ~* francobollo per posta prioritaria; *second-class ~* francobollo ordinario. **3** (*device for impressing, imprinting*) timbro *m.*, bollo *m.*, stampiglia *f.* **4** (*impression, etc., made*) bollo *m.*, stampigliatura *f.* **5** (*mark signifying payment of duty*) bollo *m.*; (*mark certifying genuineness, etc.*) bollo *m.*, marchio *m.* **6** (*trading stamp*) bollo *m.* premio. **7** (*fig*) (*distinguishing characteristic*) impronta *f.*, segno *m.*: *to leave one's ~ on sth.* lasciare la propria impronta su qcs. **8** (*fig*) (*character, type*) stampo *m.*, indole *f.*, carattere *m.*, tempra *f.*: *men of his ~* uomini del suo stampo. **9** (*act of stamping*) il battere i piedi, scalpitio *m.* **10** (*downward stroke*) pestata *f.* **11** (*Minier*) mazza *f.* battente. **12** (*Legat*) bulino *m.* **13** (*Tip*) (*engraving*) incisione *f.* **II** *v.t.* **1** (*to impress, to mark with an official stamp*) timbrare, bollare. **2** (*to impress, to mark with words, a design, etc.*) imprimere su, marcare, contrassegnare, stampigliare. **3** battere, pestare: *to ~ one's foot with impatience* battere il piede con impazienza. **4** (*to strike forcibly with the bottom of the foot*) battere i piedi su, pestare i piedi su. **5** (*to affix a postage stamp to*) affrancare. **6** (*fig*) (*to characterize, to distinguish*) caratterizzare, distinguere, contrassegnare. **7** (*fig*) (*to impress deeply*) imprimere: *the sight remained -ed on his mind* la visione rimase impressa nella sua mente. **8** (*Minier*) frantumare. **9** (*Tecn*) stampare, punzonare. **III** *v.i.* pestare i piedi, battere i piedi, scalpitare: *to ~ with rage* pestare i piedi per la rabbia. **2** (*to move with a pounding tread*) muoversi con passo pesante (e rumoroso). ☐ *to ~ about* camminare battendo i piedi, camminare rumorosamente; (*Stor*) *Stamp Act* atto del parlamento britannico che sanciva l'introduzione dei bolli nelle colonie americane; *~ album* album per francobolli; *to ~ around* camminare battendo i piedi, camminare rumorosamente; *~ collecting* filatelia; *~ collection* collezione di francobolli; *~ collector* collezionista di francobolli, filatelico, filatelista; *~ duty* tassa di bollo, imposta di bollo; *to ~ sth. flat* calpestare qcs.; *to ~ in* entrare camminando rumorosamente; *~ machine* distributore automatico di francobolli; *~ mill* mulino a pestelli (per macinare minerali); *~ of approval* visto di approvazione; (*Br*) *~ office* ufficio del bollo; *to ~ out*: 1 schiacciare (per

spegnere), spegnere pestando con i piedi; 2 (*fig*) soffocare, schiacciare, estinguere; 3 (*Met*) punzonare; *~ paper* carta da bollo.

stamp-collecting /'stæmpkə,lektɪŋ *Am* 'stæmpkə,lektɪn/ *n.* filatelia *f.*, il collezionare francobolli.

stamped /stæmpt/ ☐ *~ addressed envelope* busta preaffrancata e preindirizzata; *~ paper* carta da bollo.

stampede /stæm'piːd/ **I** *n.* **1** fuga *f.* precipitosa (di animali spaventati o in preda al panico). **2** (*fig*) (*headlong rush*) fuggi fuggi *m.*, fuga *f.* precipitosa: *there was a ~ for the exit* ci fu un fuggi fuggi verso l'uscita. **3** (*Pol*) convergenza *f.* di voti. **II** *v.i.* **1** fuggire in preda al panico, darsi a una fuga precipitosa. **2** (*of people*) fuggire in disordine, correre via tumultuosamente. **III** *v.t.* **1** far fuggire in preda al panico. **2** (*of an army*) sbaragliare, mettere in rotta. **3** (*fig*) (*to hustle into rash action*) indurre a un'azione precipitosa.

stamper /'stæmpər/ *n.* **1** bollatore *m.*, timbratore *m.* **2** (*device for stamping*) timbro *m.*; (*machine*) bollatrice *f.* **3** (*Met*) stampatore *m.* **4** (*Tecn*) stampo *m.*; (*for records*) matrice *f.* **5** (*Minier*) frantumatrice *f.*

stamping /'stæmpɪŋ/ *n.* **1** timbratura *f.*, impressione *f.* **2** (*of mail*) affrancatura *f.* **3** (*Mecc*) punzonatura *f.* **4** (*Minier*) frantumatura *f.* ☐ *~ ground*: 1 (*of animals*) rifugio favorito, covo favorito; 2 (*colloq*) (*of people*) luogo di ritrovo (preferito); (*Min*) *~ mill* impianto di frantumazione; (*Tecn*) *~ press* imbutitrice, pressa per imbutitura.

stance /stæns/ *n.* **1** posizione *f.*, atteggiamento *m.* del corpo. **2** (*Sport*) posizione *f.* (del corpo o dei piedi): *to take up one's ~* mettersi in posizione (per giocare).

stanch[1] /stɑːnʃ *Am* stɑːntʃ/ *v.t.* **1** (*of blood*) stagnare; (*of a wound*) stagnare il sangue di. **2** (*estens*) (*of liquids*) arrestare il flusso di, stagnare; (*of a leak, hole, etc.*) tamponare. **3** (*fig*) arrestare, fermare.

stanch[2] /stɑːnʃ *Am* stɑːntʃ/ *a.* **1** fedele, devoto, fidato, leale: *a ~ ally* un alleato fedele. **2** (*of a ship: watertight*) impermeabile.

stanchion /'stɑːnʃən *Am* 'stæntʃən/ **I** *n.* **1** stegno *m.*, puntello *m.* **2** (*El*) montante *m.* (in ferro). **3** (*Mar*) puntale *m.*, candeliere *m.* **4** (*Zootecn*) coppia *f.* di sbarre che limita i movimenti della testa dei bovini. **II** *v.t.* **1** munire di montanti, sostenere con puntelli. **2** (*Zootecn*) (*of a cow*) tener fermo con una coppia di sbarre. ☐ (*Zootecn*) *~ barn* stalla a posta fissa.

stand /stænd/ **I** *v.i.* (*past, p.p.* **stood** /stʊd/) **1** stare in piedi, stare ritto, stare eretto, restare ritto, restare eretto, reggersi in piedi, tenersi in piedi: *there are no chairs, we'll have to ~* non ci sono sedie, dobbiamo stare in piedi; *he was too weak to ~* era troppo debole per reggersi in piedi; *to ~ on one leg* stare ritto su un piede solo. **2** (*to be or remain in a specified position*) stare, restare, mantenersi: *~ still* sta' fermo. **3** (*of things: to be, to remain upright*) stare (ritto, in piedi), stare su, reggersi: *a vase stood on the mantelpiece* un vaso stava (ritto) sulla mensola del camino. **4** (*to occupy a place*) essere, essere situato, trovarsi, stare: *the house -s on a hill* la casa è su una collina. **5** (*to be in a specific state, for, etc.*) essere, stare, *often translated with the corresponding verb*: *it may be wrong, but print it as it -s* può darsi che sia sbagliato, ma stampalo così com'è; *to buy a property as it -s* acquistare una proprietà così com'è (senza modifiche). **6** (*to occupy a position*) essere, stare, occupare un posto: *to ~ first on the list* essere il primo della lista.

7 (*to remain stationary*) stare fermo, fermarsi: ~, *who goes there?* fermi, chi va là? **8** (*to remain inactive, unused*) restare fermo, rimanere fermo: *the car stood in the garage for several weeks* la macchina restò ferma in garage per diverse settimane. **9** (*of liquids*) posare, riposare: *let the tea ~ before you pour it* lascia posare il tè prima di versarlo. **10** (*to remain without change*) restare immutato: *the agreement must ~* l'accordo deve restare immutato. **11** (*to remain valid*) valere, restare valido, restare in vigore. **12** (*to hold one's ground*) resistere, tener duro, tenere le proprie posizioni, mantenere le proprie posizioni: *to ~ and fight* resistere e combattere. **13** (*of a height*) essere alto: *he -s six feet in his bare feet* è alto circa un metro e ottanta senza scarpe. **14** (*to act as*) fare da, *often translated with the corresponding verb*: *to ~ godfather to a child* fare da padrino a un bambino; *to ~ sponsor for so.* garantire per qcu. **15** (*Parl*) presentarsi, concorrere, partecipare: *he will not ~ at the next election* non si presenterà alle prossime elezioni. **16** (*Mar*) tenere una rotta, salpare: *to ~ (of the wind)* soffiare, spirare, tirare. **II** *v.t.* (*past, p.p.* stood /stud/) **1** mettere, mettere in piedi, mettere ritto, poggiare in piedi, posare in piedi, porre (*verticalmente*): *to ~ a ladder against the wall* mettere una scala contro il muro. **2** (*to move to a place*) spostare, mettere: *~ it over by that tree* mettilo vicino a quell'albero. **3** (*to resist, to withstand*) resistere a, sopportare, reggere (a): *to ~ torture* resistere alla tortura. **4** (*to bear, to undergo successfully*) reggere a, resistere a, superare: *your theory will not ~ close examination* la tua teoria non reggerà a un esame accurato. **5** (*to tolerate*) tollerare, sopportare, resistere a, reggere: *I can't ~ this heat* non sopporto questo caldo. **6** (*colloq*) (*of people*) sopportare, soffrire, tollerare: *I can't ~ him* non posso sopportarlo. **7** (*to submit to*) subire, sostenere, sottoporsi a: *to ~ trial* subire un processo. **8** (*to perform the duty of*) fare (da): *to ~ watch over sth.* fare la guardia a qcs.; *to ~ witness* fare da testimone. **9** (*colloq*) (*to pay as a treat*) offrire: *he stood me a drink* mi offrì da bere. **10** (*Mar*) dirigere: *to ~ a ship out to sea* dirigere una nave al largo. **III** *n.* **1** sosta *f.*, pausa *f.*, fermata *f.*, arresto *m.*: *to come to a ~* fare una sosta. **2** (*fig*) (*firm resistance*) resistenza *f.* risoluta, opposizione *f.* decisa, opposizione *f.* ferma (*anche Mil*): *to make a ~* opporre una resistenza risoluta. **3** (*Sport*) difesa *f.* **4** (*station, position*) posto *m.*, posizione *f.*: *the umpire's ~ at cricket* il posto dell'arbitro nel cricket. **5** (*fig*) (*position, attitude*) posizione *f.*, atteggiamento *m.*, presa *f.* di posizione: *to take a ~ on an issue* prendere posizione su un problema. **6** (*podium*) podio *m.*, tribuna *f.*, palco *m.*: *the conductor's ~* il podio del direttore di orchestra. **7** (*bandstand*) palco *m.* della banda, tribuna *f.* della banda. **8** (*structure for spectators*) tribuna *f.* **9** (*stall, booth*) bancarella *f.*, chiosco *m.* **10** (*at an exhibition, trade fair*) stand *m.* **11** (*news-stand*) edicola *f.*, chiosco *m.* **12** (*parking place for public vehicles*) fermata *f.* **13** (*taxi stand*) parcheggio *m.*, posteggio *m.*, stazione *f.* **14** (*frame, support for holding sth.*) supporto *m.*, sostegno *m.*; (*for embroidery*) supporto *m.* del telaio. **15** (*small table*) tavolinetto *m.* **16** (*Teat*) sosta *f.* (di una compagnia teatrale in tournée); (*town*) città *f.* dove una compagnia in tournée si ferma per una rappresentazione. **17** (*Mar*) (*of the tide*) stanca *f.*, marea *f.* ferma, marea *f.* stanca. **18** (*Agr, Forest*) zona *f.* coltivata: *a ~ of timber* una

zona coltivata ad alberi da legname. **19** (*Am, Dir*) (*witness box*) banco *m.* dei testimoni. **20** *pl.* (*people*) pubblico *m.sing.* della tribuna, tribuna *f.sing.* □ *to ~ about* starsene, restarsene (*doing* a fare); *to ~ alone*: 1 essere senza pari, essere unico, non avere eguali; 2 (*to be without friends*) essere solo, essere senza amici; 3 (*to be without supporters*) non avere sostenitori; (*ant*) ~ *and deliver!* o la borsa o la vita!; *to ~ around* starsene, restarsene (*doing* a fare); *to ~ aside* farsi da parte, scansarsi (*to do* per fare); *to ~ back*: 1 indietreggiare, farsi indietro (*from* da); 2 (*fig*) prendere le distanze (*from* da); *to ~ by*: 1 stare vicino a, mettersi vicino a: *to ~ by the window* stare vicino alla finestra; 2 (*to be present*) essere presente, assistere; 3 (*to remain loyal to*) stare vicino a, sostenere, appoggiare: *to ~ by so. in time of trouble* essere vicino a qcu. nelle avversità; 4 (*to maintain*) mantenere, tener fede a: *to ~ by one's word* mantenere la parola; *to ~ by one's opinion* restare della propria idea; 5 (*to remain aloof*) stare (lì) a guardare, non intervenire, non far nulla: *he stood by and watched* stava lì a guardare (senza far nulla); 6 (*to be ready to act*) tenersi pronto, essere pronto, stare pronto; *to ~ a good chance* avere buone probabilità; *to ~ a poor chance* avere scarse probabilità; *to ~ corrected* riconoscere i propri torti; *to ~ down*: 1 lasciare il comando, lasciare un posto direttivo; 2 (*to withdraw one's candidature*) ritirare la propria candidatura, ritirarsi; 3 (*of a witness*) ritirarsi, lasciare il banco dei testimoni; 4 (*Mil*) (*to go off duty*) smontare di guardia; 5 (*Mil*) (*to release without disbanding*) smobilitare; 6 (*Mar*) salpare con il vento in poppa, prendere il vento; (*Mil*) ~ *easy!* riposo!; (*fig*) *to ~ fast* tener duro, insistere nel proprio atteggiamento, persistere nel proprio atteggiamento; *to ~ firm* resistere, tener duro; *to ~ for*: 1 rappresentare, indicare, stare per: *white -s for purity* il bianco rappresenta la purezza; 2 (*Parl*) concorrere per, presentarsi come candidato a, presentare la propria candidatura a: *to ~ for election* porre la propria candidatura alle elezioni; 3 (*colloq*) (*to tolerate*) tollerare, ammettere, sopportare: *I will not ~ for any more of this insolence* non tollererò un'altra impertinenza simile; 4 (*to be steadfast in supporting*) battersi per, sostenere strenuamente; 5 (*Mar*) dirigersi verso, fare rotta per: *to ~ for port* dirigersi verso il porto; (*fig*) *to ~ one's ground* mantenere la propria posizione, mantenere il proprio punto di vista; (*Mil*) *to ~ guard* essere di guardia; *to ~ high in so.'s account* (o *to ~ high in so.'s esteem*) essere molto considerato da qcu., essere molto stimato da qcu.; *to ~ idle*: 1 (*of people*) rimanere inattivo, stare con le mani in mano; 2 (*of machines, etc.*) restare inattivo; *to ~ in*: 1 sostituire, fare le veci di, supplire; 2 (*Cin*) fare la controfigura di; *to ~ so. in good stead* tornare molto utile a qcu., essere molto utile a qcu.; (*fig*) *to ~ in so.'s light* fare ombra a qcu., togliere la luce a qcu., (*fig*) danneggiare qcu., nuocere a qcu.; *to ~ in one's own light* danneggiarsi, nuocere a se stesso; *to ~ in the breach*: 1 sostenere l'assalto; 2 (*fig*) essere sulla breccia; (*fig*) *to make a ~ against sth.* assumere un atteggiamento contrario a qcs., prendere posizione contro qcs.; *to ~ off*: 1 (*to hold off, to repel*) tener lontano, respingere, allontanare, tenere a distanza; 2 (*to stall*) tenere a bada con sotterfugi; 3 (*Am*) (*of workers, to lay off*) sospendere temporaneamente (dal lavoro); 4 (*Mar*) portarsi al largo, dirigersi al largo; (*Mar*) *to ~ off and on* bor-

deggiare, incrociare; *to ~ on*: 1 essere su, stare su; 2 (*to have an opinion regarding*) avere un'opinione su; 3 (*to have a basis in, to rest on*) basarsi su, fondarsi su, reggersi su; 4 (*to insist on*) insistere su, insistere in, non rinunciare a, essere irremovibile su: *to ~ on one's rights* insistere sui propri diritti, sostenere i propri diritti; *to ~ on principle* rimanere fermo sui propri principi; *to ~ on ceremony* fare complimenti, fare cerimonie; 5 (*Mar*) continuare la rotta, mantenere la rotta; (*fig*) *to ~ on one's own feet* (o *to ~ on one's own two feet*) essere indipendente, cavarsela da solo, badare a se stesso; *to ~ out*: 1 sporgere; 2 (*to be prominent, conspicuous*) spiccare, risaltare, distinguersi (*against* tra): (*fig*) *to ~ out like a ~ thumb* spiccare, essere molto evidente, colpire l'occhio; stonare, stridere: *to ~ out a mile* essere visibilissimo, essere lampante, vedersi lontano un miglio; 3 (*to be silhouetted*) stagliarsi, profilarsi (*against* contro): *the mountains stood out against the sky* le montagne si stagliavano contro il cielo; 4 (*to be persistent*) insistere, tener duro, essere irremovibile; 5 (*Mar*) dirigersi al largo, mettere la prua al largo, prendere il largo: *to ~ out to sea* tenersi al largo; *to ~ over so.* stare dietro a qcu., sorvegliare qcu., controllare qcu.; *to ~ over*: 1 (*to postpone*) rinviare, rimandare, differire; 2 (*to be adjourned*) essere rinviato, essere rimandato, ~ *over there, will you?* mettiti lì, per favore; *to ~ pat*: 1 non mutare opinione, non cambiare idea, essere irremovibile; 2 (*in poker*) essere servito; *to ~ punishment* prenderle; (*Am,sl*) *to ~ Sam* pagare il conto (di una bevuta), offrire da bere; *to ~ still*: 1 stare fermo, non muoversi; 2 (*fig*) fermarsi, arrestarsi: *science cannot ~ still* la scienza non può fermarsi; *time stood still* il tempo si fermò; *to ~ surety for so.* farsi garante per qcu.; (*Am,Dir*) *to take the ~* testimoniare, deporre; *to ~ the pace*: 1 reggere l'andatura, reggere il passo (*anche Sport*); 2 (*fig*) reggere il ritmo, tenere il ritmo; *to ~ to*: 1 potere, avere probabilità di; 2 (*to persist in*) stare a, mantenere, tenere fede a: *to ~ to terms* stare ai patti; 3 (*to stand by*) essere pronto, tenersi pronto, prepararsi, stare pronto (*anche Mil*); 4 (*Mar*) far rotta per, dirigersi verso, portarsi verso; (*fig*) *to ~ to one's guns* mantenere le proprie posizioni, tener duro, restare della propria idea, non cambiare atteggiamento; *it -s to reason* è logico, è ovvio; (*colloq*) *to ~ so. up* non farsi vedere a un appuntamento, dare buca a qcu., (fare o) tirare un bidone a qcu.; *to ~ up*: 1 (*to rise to one's feet*) alzarsi (in piedi): *~ up when I speak to you!* alzati quando ti parlo!; *no one stood up when he came in* nessuno si è alzato quando lui è entrato; 2 (*to remain sound, intact*) reggere, resistere; *he was stood up against a wall and shot* fu messo contro un muro e fucilato; (*fig*) *to ~ up and be counted* rendere conto delle proprie azioni; *to ~ up for*: 1 (*of a person*) stare dalla parte di, parteggiare per, sostenere, prendere le parti di; 2 (*of a cause, an idea, etc.*) sostenere, battersi per; (*colloq*) *he has only the clothes he -s up in* possiede solo gli abiti che indossa; *to ~ up to*: 1 resistere a, sopportare, tollerare, reggere (a): *this plant -s up well to cold weather* questa pianta resiste bene al freddo; 2 (*of a danger, etc., to face boldly*) far fronte a, fronteggiare, affrontare coraggiosamente; 3 (*of a person*) tener testa a, resistere a, fronteggiare: *he'll respect you if you ~ up to him* ti rispetterà se gli terrai testa; *to ~ up with*: 1 (*to be best man for*) essere il testimone dello sposo, fare da testimone allo sposo; 2 (*to be bridesmaid for*) fare da damigella d'onore alla sposa, essere la damigella d'onore della sposa; *to ~ upon*: 1 essere su, stare su; 2 (*to have an opinion regarding*) avere un'opinione su; 3 (*to have a basis in, to rest on*) basarsi su, fondarsi su, reggersi su; 4 (*to insist on*) insistere su, insistere in, non rinunciare a, essere irremovibile su; 5 (*Mar*) continuare la rotta, mantenere la rotta; *to ~ watch*: 1 essere di guardia, stare di guardia; 2 (*Mar*) fare servizio di guardia, essere di guardia, montare di guardia; *now I know where I ~* adesso so quanta importanza ho per te. *Prov.*: *if you can't ~ the heat, get out of the kitchen* se non supporti il ritmo, togliti di mezzo.

stand-alone /'stændə‚ləʊn/ *a.* autosufficiente, autonomo.

standard /'stændəd *Am* 'stændərd/ **I** *n.* **1** standard *m.*, modello *m.*, campione *m.* **2** (*level, degree*) grado *m.*, livello *m.*: *~ of knowledge* grado di conoscenza. **3** (*level of quality*) livello *m.*, tenore *m.* (qualitativo), qualità *f.*, standard *m.*: *his work is of a good ~* il suo lavoro è di buon livello; *to reach the required ~* raggiungere il livello richiesto. **4** (*proper, normal level*) media *f.*, norma *f.*, livello *m.* normale, livello *m.* medio: *the consignment is not up to ~* la consegna è di qualità inferiore alla media. **5** (*criterion, test*) criterio *m.*, metro *m.*, norma *f.*, principio *m.*, regola *f.*: *to apply strict -s to sth.* applicare criteri rigidi a qcs.; *to judge everyone by the same ~* giudicare tutti con lo stesso metro. **6** (*Tecn*) campione *m.* **7** (*Scol*) classe *f.* **8** (*Mil,ant*) insegna *f.*, stendardo *m.*, vessillo *m.*: *the Roman -s* le insegne romane. **9** (*fig*) insegna *f.*, vessillo *m.*, bandiera *f.*: *to flock to the -s of the New Left* raggrupparsi all'insegna della nuova sinistra. **10** (*flag of monarch, head of state*) stendardo *m.*, insegna *f.* **11** (*upright support*) montante *m.*, supporto *m.* verticale, sostegno *m.* verticale. **12** (*vertical water pipe, gas pipe*) colonna *f.*, tubazione *f.* verticale. **13** (*Tecn*) (*specification*) caratteristiche *f.pl.* **14** (*Mus*) classico *m.* di repertorio: *the piece has become a jazz ~* il pezzo è diventato un classico del jazz. **15** *pl.* (*established moral, social values*) valori *m.pl.* (spirituali), principi *m.pl.* (morali), senso *m.sing.* morale, senso *m.sing.* sociale: *the country's -s are in decline* i valori del paese sono in declino; *high -s* alto livello di qualità, grandi pretese. **16** *pl.* (*Tip*) campione *m.sing.*, modello *m.sing.* **II** *a.* **1** standard, tipo, campione: *~ weights and measures* pesi e misure standard. **2** (*being of the normal or established type*) normale, tipico, tipo, standard: *a ~ size tyre* una gomma di misura normale. **3** (*normal, usual*) normale, usuale, solito, consueto: *~ practice* procedura normale. **4** (*of recognized worth, authority*) classico, base, autorevole, esemplare: *a ~ work of reference* un testo di riferimento classico. **5** (*Gramm,Ling, Fon*) corrente e corretto, universalmente adottato, ufficiale. □ *~amenities* comfort di base; (*Br,Scol*) *Standard Assessment Task* esame di idoneità scolastica; *~ bearer*: 1 vessillifero, portabandiera, alfiere; 2 (*fig*) antesignano, alfiere; (*El*) *~cell* pila campione; (*Comm*) *~ charge* tariffa fissa; (*Dir*) *~ contracts* contratti unificati, contratti tipici; (*Comm*) *~cost* costo standard; *~ deviation*: 1 (*Statist*) scarto tipo, deviazione standard; 2 (*Inform*) scarto quadratico medio; *~ dollar* dollaro USA (legale); *Standard English* inglese corrente e corretto; (*Statist*) *~error* errore standard; (*Ferr*) *~ gauge* scartamento normale; (*Ferr*) *~ gauge railway* ferrovia a

scartamento normale; *~lamp* lampada a stelo; *~model* modello di serie; (*Econ*) *~money* moneta legale; (*Statist*) *~ normal distribution* distribuzione normale standardizzata; *~ of living* tenore di vita; (*Zootecn*) *~ of perfection* norme per stabilire l'eccellenza di una razza; (*Econ*) *~ of value* corso legale; *~ rate* retribuzione minima, salario base; (*Ind, Comm*) *~sample* campione unificato; *~ time* ora solare (vera); *~version* versione normale.

standard-bearer /'stændə‚beərər *Am* 'stændərd‚beərər/ *n.* **1** vessillifero *m.*, portabandiera *m.*, alfiere *m.* **2** (*fig*) antesignano *m.*, alfiere *m.*

standardization /‚stændədaɪ'zeɪʃ°n *Am* ‚stændərdaɪ'zeɪʃ°n/ *n.* **1** standardizzazione *f.*, tipizzazione *f.*, unificazione *f.*, normalizzazione *f.* **2** (*Ind*) costruzione *f.* in serie. **3** (*Chim*) ricerca *f.* del titolo.

standardize /'stændədaɪz *Am* 'stændərdaɪz/ *v.t.* **1** standardizzare, tipizzare, unificare, normalizzare: *to ~ military equipment* standardizzare l'equipaggiamento militare. **2** (*to compare, to test with a standard*) confrontare con un campione. **3** (*Ind*) costruire in serie. **4** (*Chim*) titolare.

standard-size /'stændədsaɪz *Am* 'stændərdsaɪz/ *a.* di dimensioni standard, unificato.

stand-by /'stæn(d)baɪ *Br also* 'stæm(d)baɪ/ **I** *n.* **1** cosa *f.* su cui si può contare, persona *f.* su cui si può contare, appoggio *m.*, sostegno *m.* **2** (*sth. held in reserve for an emergency*) riserva *f.*, scorta *f.* **3** (*state of waiting in readiness*) il tenersi pronto. **II** *a.* **1** di riserva, di scorta, di emergenza. **2** (*of a waiting period*) d'attesa. **III** *avv.* in lista d'attesa, in stand-by: *to fly ~* mettersi in lista d'attesa (per un volo). □ (*Econ*) *~ credit* credito stand-by, credito di riserva.

standee /stæn'diː/ *n.* (*Am.colloq*) **1** persona *f.* in piedi. **2** (*spectator*) spettatore *m.* (*f.* -trice) in piedi. **3** (*passenger*) passeggero *m.* (*f.* -a) in piedi.

standfast /'stæn(d)fɑːst *Am* 'stæn(d)fæst/ *n.* **1** posizione *f.* solida, posizione *f.* sicura.

stand-in /'stændɪn/ *n.* **1** sostituto *m.* (*f.* -a). **2** (*Cin,Teat*) (*double*) controfigura *f.*; (*replacement*) rimpiazzo *m.*

standing /'stændɪŋ/ **I** *n.* **1** rango *m.*, condizione *f.* (economica e sociale), posizione *f.*, livello *m.*: *a person of high ~* una persona di alto rango. **2** (*reputation*) fama *f.*, reputazione *f.*, stima *f.*, credito *m.* (*among, with* tra). **3** (*maintenance of position, condition*) durata *f.* **4** (*experience, length of service*) anzianità *f.* di servizio, permanenza *f.* in servizio. **5** *pl.* (*Am,Sport*) graduatoria *f.sing.*, classifica *f.sing.* **II** *a.* **1** in piedi, eretto. **2** (*erect*) eretto, dritto, diritto, verticale. **3** (*continuing in force, usage, etc.*) che resta in vigore, (sempre) valido, permanente: *a ~ agreement* un contratto che resta in vigore; *a ~ rule* una regola sempre valida. **4** (*stationary, not movable*) fisso, permanente (*anche Mar*). **5** (*Mil*) permanente. **6** (*Agr*) (*of crops*) non raccolto, non mietuto: *~ corn* granoturco non raccolto. **7** (*Tip*) in piedi, fisso, che resta composto. □ (*Mil*) *~ army* esercito regolare, esercito permanente; *~charge* spese fisse; (*Parl*) *~committee* commissione permanente; (*Biol*) *~ crop* standing crop, biomassa permanente; *~joke* scherzo classico, scherzo tradizionale; (*Sport*) *~jump* salto senza rincorsa, salto da fermo; (*Am*) *~no* divieto di sosta; (*fig*) *~ on one's head* a occhi chiusi; (*fig*) *~ order*: 1 (*Mil*) disposizione permanente; 2 (*Comm*) ordinazione permanente, ordine permanente; 3

norme permanenti, regolamento (*anche Parl*); *~ ovation* standing ovation, applauso in piedi; *to be in a ~ position* stare in piedi; *~room* posto in piedi; *~room only* solo posti in piedi; *~ stone*: 1 (*monolith*) monolito, 2 (*menhir*) menhir; (*Fis*) *~wave* onda stazionaria.

stand-off /'stændɒf *Am* 'stændɑːf/ *n.* **1** (*stalemate*) stallo *m.*, punto *m.* morto. **2** (*counterbalancing of forces*) compensazione *f.*, contropartita *f.* **3** (*Sport*) (*stand-off half*) mediano *m.* di apertura. □ (*Mil,Tecn*) *~ missile* missile lanciabile fuori tiro nemico.

stand-offish, standoffish /‚stænd'ɒfɪʃ *Am* ‚stænd'ɑːfɪʃ/ *a.* **1** scostante, riservato, freddo. **2** (*haughty*) sdegnoso, altezzoso, spocchioso.

stand-offishly /‚stænd'ɒfɪʃli *Am* ‚stænd'ɑːfɪʃli/ *avv.* **1** in modo scostante, freddamente. **2** (*haughtily*) altezzosamente.

stand-offishness /‚stænd'ɒfɪʃnəs *Am* ‚stænd'ɑːfɪʃnəs/ *n.* **1** riserbo *m.*, freddezza *f.* **2** (*haughtiness*) altezzosità *f.*

standout /'stændaʊt/ *n.* (*colloq*) persona *f.* che si impone, cosa *f.* di spicco.

standover /'stændəʊvər/ *a.* aggressivo, minaccioso. □ (*Aus*) *~man* ricattatore, estorsore.

standpat /'stæn(d)pæt/ **I** *a.* (*Am,colloq*) conservatore, tradizionalista (*anche Pol*). **II** *n.* (*Am,colloq*) conservatore *m.* (*f.* -trice), tradizionalista *m./f.* (*anche Pol*).

standpatter /'stæn(d)pætər/ *n.* (*Am,colloq*) conservatore *m.* (*f.* -trice), tradizionalista *m./f.* (*anche Pol*).

standpipe /'stæn(d)paɪp/ *n.* **1** (*Mecc*) tubo *m.* verticale (dell'acqua ecc.), cannella *f.* montante. **2** (*Idr*) cassa *f.* piezometrica, serbatoio *m.* piezometrico (di forma cilindrica).

standpoint /'stæn(d)pɔɪnt/ *n.* **1** punto *m.* di vista, prospettiva *f.*, angolazione *f.*, visuale *f.* **2** (*concr*) posto *m.* di osservazione.

standstill /'stæn(d)stɪl/ *n.* **1** arresto *m.*, fermata *f.*, sosta *f.*, pausa *f.* **2** (*fig*) (*state of deadlock*) punto *m.* morto, stasi *f.*, ristagno *m.*, battuta *f.* di arresto: *negotiations are at a ~* i negoziati sono giunti a un punto morto, *business is at a ~* gli affari sono fermi; *to come to a ~* giungere a un punto morto; *the train came to a ~* il treno si fermò. □ (*Econ*) *~ agreement* accordo di immobilizzazione, accordo di arresto.

stand-to /'stæn(d)tuː/ *n.* (*Mil*) allarme *m.*, stato *m.* d'allerta.

stand-up /'stændʌp/ **I** *a.* **1** eretto, ritto, in piedi. **2** (*of a meal*) in piedi. **3** (*of a fight*) accanito, senza risparmio di colpi. **4** (*of a collar*) alto e rigido. **II** *n.* **1** (*comedian*) cabarettista *m./f.*, comico *m.* di cabaret. **2** (*comic routine*) cabaret *m.*, spettacolo *m.* di cabaret. **3** (*restaurant*) rosticceria *f.*, tavola *f.* calda, locale *m.* in cui si consuma in piedi. □ *~ comedian* (o *~ comic*) comico di cabaret, cabarettista; *~ comedy* cabaret, spettacolo di cabaret.

stang /stæŋ/ → **sting**[1].

stanhope /'stænəp, 'stænhoʊp/ *n.* (*Stor*) specie *f.* di carrozza leggera.

stank /stæŋk/ → **stink**[1].

stannary /'stænəri/ *n.* (*Br,ant*) **1** miniera *f.* di stagno. **2** (*tin-mining district*) zona *f.* stannifera.

stannate /'stæneɪt/ *n.* (*Chim*) stannato *m.*

stannel /'stænəl/ *n.* (*Ornit*) gheppio *m.*

stannic /'stænɪk/ *a.* (*Chim*) stannico.

stanniferous /stæ'nɪfərəs/ *a.* (*Chim*) stannifero.

stannite /'stænaɪt/ *n.* (*Min*) stannite *f.*, stannina *f.*

stannous /'stænəs/ *a.* (*Chim*) stannoso.

stanza /'stænzə/ (*pl.* **-s** /-z/ o **-ze** /-ze/) *n.* (*Metr*) strofa *f.*

stanzaed /'stænzəd/, **stanzaic** /stænˈzeɪk/ *a.* (*Metr*) a strofe.

staph /stæf/ *n.* (*colloq*) stafilococco *m.*

staphylococcal /ˌstæfɪloʊˈkɒkəl *Am* ˌstæfə loʊˈkɑːkəl/ *a.* (*Biol*) stafilococcico.

staphylococcic /ˌstæfɪloʊˈkɒkɪk *Am* ˌstæfə loʊˈkɑːkɪk/ *a.* (*Biol*) stafilococcico.

staphylococcus /ˌstæfɪloʊˈkɒkəs *Am* ˌstæfə loʊˈkɑːkəs/ (*pl.* **-cci** /-ksaɪ/) *n.* (*Biol*) stafilococco *m.*

staple[1] /'steɪpl/ **I** *n.* **1** (*Mecc*) chiodo *m.* a U, grappa *f.*, forcella *f.*, ponticello *m.* **2** (*for paper*) punto *m.* metallico. **3** (*Fal*) cambretta *f.*, cavallottino *m.* **4** (*Met*) supporto *m.* di formatura, chiodo *m.* di formatura. **5** (*Tecn*) (*socket for a bolt*) graffa *f.* **6** (*Br,Mus*) fermaglio *m.* dell'ancia. **7** (*Legat*) punto *m.* metallico. **II** *v.t.* **1** fermare (*o* assicurare) con un chiodo a U, fermare (*o* assicurare) con una graffa. **2** (*of paper*) cucire, spillare, pinzare (*to* a; *onto* su). □ **~ gun** cucitrice, pinzatrice; **~ remover** levapunti, macchinetta per rimuovere i punti metallici; *to ~ together* (*of paper*) cucire, spillare, pinzare (*to* a; *onto* su).

staple[2] /'steɪpl/ **I** *n.* **1** (*Econ*) prodotto *m.* principale, materia *f.* prima: *wool is one of the ~s of this country* la lana è uno dei principali prodotti di questo paese. **2** (*Comm*) genere *m.* di maggior richiesta, articolo *m.* di prima necessità, merce *f.* di prima necessità. **3** (*chief ingredient, item of food*) ingrediente *m.* base, alimento *m.* base: *potatoes are the ~ of their diet* le patate sono l'ingrediente base della loro dieta. **4** (*raw material*) materiale *m.* grezzo. **5** (*fig*) pezzo *m.* base: *old films are one of the ~s of television* i vecchi film sono uno dei pezzi base della televisione. **6** (*fig*) (*principal element, core*) nocciolo *m.*, cuore *m.*, centro *m.* **7** (*Tess*) fiocco *m.*; (*fibre*) fibra *f.*; (*length*) lunghezza *f.* **II** *a.* **1** (*Econ*) di prima necessità, di maggior consumo: *~ commodities* generi di prima necessità. **2** (*fig*) corrente, comune: *~ industries* industrie di base. **3** (*Tess*) di fiocco. **III** *v.t.* (*Tess*) classificare secondo la qualità del fiocco. □ (*Tecn*) *~ gun* pistola sparapunti.

stapler[1] /'steɪplər/ *n.* cucitrice *f.*, pinzatrice *f.*

stapler[2] /'steɪplər/ *n.* **1** (*Comm*) chi commercia in prodotti tipici di un paese. **2** (*Tess*) classificatore *m.* (*f.* -trice), cernitore *m.* (*f.* -trice).

stapling /'steɪplɪŋ/ □ *~ machine* cucitrice, pinzatrice.

star /stɑːr *Am* stɑːr/ **I** *n.* **1** (*Astr*) stella *f.*, astro *m.* **2** (*principal actor, actress*) vedette *f.*, attore *m.* (*f.* -trice) principale, protagonista *m./f.*: *the ~ of the show* la vedette dello spettacolo. **3** (*celebrated actress*) stella *f.*, star *f.*, diva *f.*: *a Hollywood ~* una stella di Hollywood. **4** (*celebrated actor*) stella *f.*, star *f.*, divo *m.* **5** (*pre-eminent athlete*) asso *m.*, fuoriclasse *m./f.*, campione *m.* (*f.* -essa). **6** (*fig*) (*destiny, fortune*) destino *m.*, stella *f.*, sorte *f.* **7** (*star-shaped ornament, medal*) stella *f.*: *a sheriff's ~* una stella da sceriffo. **8** (*as a mark of excellence, spec. in compounds*) stella *f.*, stelletta *f.*: *the film rates four ~s* il film è contrassegnato con quattro stelle; *three-~ hotel* albergo a tre stelle. **9** (*fig*) (*sth. that attracts attention*) centro *m.* di attrazione. **10** (*on a horse's forehead*) stella *f.*, chiazza *f.* a forma di stella. **11** (*Tip*) (*asterisk*) asterisco *m.* **12** (*Mar*) (*racing sloop*) stella *f.*, star *f.* **13** *pl.* (*in astrology*) astri *m.pl.*, stelle *f.pl.*, pianeti *m.pl.*: *to consult the ~s* consultare le stelle. **II** *a.* **1** (*Astr*) (*of a star*) stellare, astrale; (*composed of stars*) (composto) di stelle. **2**

(*star-shaped*) stellato, a (forma di) stella. **3** (*pre-eminent, outstanding*) di prim'ordine, di primo piano, di prima grandezza: *a ~ tennis player* un tennista di prim'ordine. **4** (*principal, chief*) chiave, principale, fondamentale: *the defence's ~ witness* il testimone chiave della difesa. **III** *v.t.* **1** cospargere di stelle, ornare di stelle. **2** (*to award a star to*) conferire una stella a. **3** (*estens*) cospargere, costellare. **4** (*Tip*) asteriscare, segnare con un asterisco. **5** (*as a sign of excellence*) segnare con una stella, contrassegnare con una stella. **6** (*to feature as a star*) dare una parte di primo piano a. **7** (*to present as a star*) presentare come una stella. **IV** *v.i.* essere il protagonista, avere la parte di primo attore: *to ~ in a film* essere il protagonista di un film. □ (*Stor.am*) *the Stars and Bars* bandiera degli stati confederati durante la guerra di secessione; (*Am*) *the Stars and Stripes* la bandiera stellata, la bandiera degli Stati Uniti d'America; (*Bot*) *~ anise* anice stellato; (*Bot,Alim*) *~ aniseed* anice stellato; (*Bot*) *~ cactus* astrophytum; (*Stor.brit*) *Star Chamber* camera stellata; (*Astr*) *~ chart* mappa siderale, carta siderale; (*Tecn,El*) *~ connection* collegamento a stella; *~ dust*: **1** nebulosa stellare; **2** (*cosmic dust*) polvere cosmica; **3** (*fig*) atmosfera sognante; (*colloq*) *to have ~s in one's eyes* vedere il mondo tutto rosa, essere romantico, essere un sognatore; (*Oref*) *~ facet* (*of a gem*) faccettatura a stella; (*Bot*) *~ fruit* carambola; *~ gazer*: **1** chi guarda le stelle, chi osserva le stelle; **2** (*spreg*) (*astronomer*) astronomo; **3** (*spreg*) (*astrologer*) astrologo; **4** (*fig*) (*daydreamer*) sognatore; *~ gazing*: **1** il guardare le stelle, osservazione delle stelle; **2** (*spreg*) (*astronomy*) astronomia; **3** (*spreg*) (*astrology*) astrologia; **4** (*fig*) sogni a occhi aperti; (*Astr*) *~ map* carta del cielo, carta delle costellazioni, carta celeste; (*Tecn,El*) *~ network* rete a stella; *Star of Bethlehem*: **1** (*Bibl*) la stella dei re Magi, la stella di Betlemme; **2** (*Bot*) latte di gallina, cipollone bianco; (*Rel.ebr*) *Star of David* stella di David; (*Bot*) *~ pine* pino selvatico, pino marittimo, pinastro; (*Min,Oref*) *~ ruby* rubino asteria, rubino asteriato, rubino stellato; (*Min, Oref*) *~ sapphire* zaffiro asteria, zaffiro asteriato, zaffiro stellato; (*colloq,fig*) *to see ~s* vedere le stelle: *to make so. see ~s* far vedere le stelle a qcu.; *~ shell* razzo luminoso, bengala (*anche Mil*); *~ ship* (*in science fiction*) astronave, nave spaziale, navicella spaziale; *~ sign* segno zodiacale: *what ~ sign are you?* di che segno sei?; (*Cin*) *~ system* star system; (*Teat,TV*) *~ turn* attrazione principale, numero principale (di uno spettacolo); *~ wars* guerre stellari.

starboard /'stɑːbəd *Am* 'stɑːrbərd/ **I** *n.* (*Mar*) dritta *f.*, destra *f.*, tribordo *m.* **II** *a.* (*Mar*) di dritta, di tribordo. **III** *avv.* (*Mar*) a dritta, a tribordo. **IV** *v.t.* (*Mar*) virare a dritta, mettere a dritta. □ (*Mar*) *on the ~ beam* a dritta; (*Mar*) *to ~ the helm* accostare a dritta; (*Mar*) *on the ~ tack* con le mura a dritta.

starch /stɑːtʃ *Am* stɑːrtʃ/ **I** *n.* **1** (*Chim*) amido *m.*: *wheat ~* amido di grano; *potato ~* fecola di patate. **2** (*for stiffening laundry*) amido *m.*, appretto *m.*, salda *f.* **3** (*fig*) rigidezza *f.*, sostenutezza *f.* **4** (*colloq*) (*vitality, energy*) energia *f.*, vigore *m.*, vitalità *f.* **II** *v.t.* inamidare, apprettare: *to ~ a shirt* inamidare una camicia. □ (*Chim*) *~ gum* destrina; (*Chim*) *~ syrup* sciroppo di amido.

starched /stɑːtʃt *Am* stɑːrtʃt/ *a.* **1** inamidato, apprettato: *a ~ shirt* una camicia inamidata. **2** (*fig*) rigido, sostenuto.

starcher /'stɑːtʃər *Am* 'stɑːrtʃər/ *n.* **1** (*worker*)

apprettatore *m.* (*f.* -trice). **2** (*machine*) apprettatrice *f.*

starchily /'stɑːtʃɪli *Am* 'stɑːrtʃɪli/ *avv.* (*fig*) in modo rigido, in modo sostenuto.

starchiness /'stɑːtʃɪnəs *Am* 'stɑːrtʃɪnəs/ *n.* **1** l'essere inamidato. **2** (*of food*) ricchezza *f.* d'amido. **3** (*fig*) rigidezza *f.*, sostenutezza *f.*

starch-reduced /ˈstɑːtʃrɪˈdjuːst *Am* ˈstɑːrtʃrɪ ˌduːst/ *a.* (*Chim*) povero d'amido.

starchy /'stɑːtʃi *Am* 'stɑːrtʃi/ *a.* **1** amidaceo: *~ foods* cibi amidacei. **2** (*stiffened with starch*) inamidato, apprettato. **3** (*fig*) rigido, sostenuto.

star-crossed /'stɑːkrɒst *Am* 'stɑːrkrɔːst/ *a.* nato sotto una cattiva stella.

stardom /'stɑːdəm *Am* 'stɑːrdəm/ *n.* celebrità *f.*, notorietà *f.*, popolarità *f.*: *to achieve ~* conquistare la celebrità.

stardust /'stɑːdʌst *Am* 'stɑːrdʌst/ *n.* polvere *f.* di stelle.

stare /steər *Am* ster/ **I** *v.i.* **1** fissare, guardare fissamente, guardare fisso (*at so.* qcu.): *I ~d at him in amazement* lo fissai sbalordito. **2** (*fig*) (*to be conspicuous*) essere evidente, saltare agli occhi, risaltare, spiccare. **II** *v.t.* fissare, guardare fissamente, guardare fisso. **III** *n.* **1** il fissare, il guardare fisso. **2** (*staring gaze*) sguardo *m.* fisso. □ *to ~ after so.* seguire con lo sguardo qcu., essere chiaro come il sole; *to ~ so. down* fare abbassare gli occhi a qcu. (fissandolo); (*fig*) *to ~ in the face*: **1** essere ovvio, essere evidente, saltare agli occhi; **2** (*to be imminent*) incombere su, essere imminente, sovrastare: *disaster ~d him in the face* su di lui incombeva la catastrofe; *death ~d him in the face* ha visto la morte in faccia; *to ~ so. into silence* far tacere qcu. fissandolo, fissare qcu. fino a farlo tacere; *to ~ so. out* far abbassare gli occhi a qcu. (fissandolo); *to ~ so. out of countenance* mettere in imbarazzo qcu. a forza di fissarlo; *to ~ so. up and down* squadrare qcu. da capo a piedi.

starfish /'stɑːfɪʃ *Am* 'stɑːrfɪʃ/ *n.* (*Zool*) stella *f.* di mare.

starflower /'stɑːflaʊər *Am* 'stɑːrflaʊər/ *n.* (*Bot*) latte *m.* di gallina, cipollone *m.* bianco.

stargaze /'stɑːgeɪz *Am* 'stɑːrgeɪz/ *v.i.* **1** (*to study stars*) osservare le stelle. **2** (*fig*) (*to daydream*) sognare a occhi aperti.

stargazer /'stɑːgeɪzər *Am* 'stɑːrgeɪzər/ *n.* **1** astronomo *m.* (*f.* -a), astrologo *m.* (*f.* -a). **2** (*fig*) idealista *m./f.*, sognatore *m.* (*f.* -trice).

staring /'steərɪŋ/ **I** *a.* **1** fisso: *~ eyes* occhi fissi. **2** (*of colours*) sgargiante, vistoso, chiassoso: *~ yellow* giallo sgargiante. **II** *avv.* (*completely*) completamente, del tutto, totalmente.

staringly /'steərɪŋli/ *avv.* fisso, fissamente, con lo sguardo fisso.

stark /stɑːk *Am* stɑːrk/ **I** *a.* **1** (*bleak, barren*) desolato, brullo: *a ~ landscape* un paesaggio desolato. **2** (*bare, empty*) spoglio, nudo. **3** (*harsh, blunt*) crudo, aspro: *~ realism* crudo realismo. **4** (*strict, unbending*) rigido, inflessibile, severo, rigoroso: *~ discipline* disciplina rigida. **5** (*sheer, utter*) completo, totale, bell'e buono: *~ stupidity* stupidità bell'e buona. **6** (*ant*) rigido, duro. **7** (*stark-naked*) completamente nudo, nudo come un verme. **II** *avv.* (*absolutely*) totalmente, completamente, del tutto, decisamente. □ (*colloq*) *~ mad* matto da legare, pazzo furioso; (*colloq*) *~ madness* pura follia; (*colloq*) *~ raving mad* matto da legare, pazzo furioso.

starkers /'stɑːkəz/ *a.* (*Br,colloq*) completamente nudo, come mamma l'ha fatto.

starkly /'stɑːkli *Am* 'stɑːrkli/ *avv.* **1** (*bluntly*) decisamente, del tutto. **2** (*clear*) assolutamente, perfettamente. **3** (*demonstrated*) chiaramente. **4** (*barely*) in modo essenziale, con luce cruda.

stark-naked /ˌstɑːkˈneɪkɪd *Am* ˌstɑːrkˈneɪkɪd/ *a.* completamente nudo, nudo come un verme.

starkness /ˈstɑːknəs *Am* ˈstɑːrknəs/ *n.* **1** (*bleakness*) desolazione *f.* **2** (*bluntness, harshness*) crudezza *f.*, asprezza *f.* **3** (*ant*) rigidità *f.*, durezza *f.*

starless /ˈstɑːləs *Am* ˈstɑːrləs/ *a.* senza stelle, privo di stelle: *a ~ sky* un cielo senza stelle.

starlet /ˈstɑːlət *Am* ˈstɑːrlət/ *n.* **1** (*Cin,Teat*) attricetta *f.*, stellina *f.*, starlet *f.* **2** (*small star*) piccola stella *f.*, stellina *f.*

starlight /ˈstɑːlaɪt *Am* ˈstɑːrlaɪt/ **I** *n.* luce *f.* stellare, chiarore *m.* stellare. **II** *a.* illuminato dalle stelle.

star-like /ˈstɑːlaɪk *Am* ˈstɑːrlaɪk/ *a.* **1** simile a una stella. **2** (*star-shaped*) stellato, stellare, a forma di stella. **3** (*shining like a star*) luminoso come una stella, brillante, splendente.

starling /ˈstɑːlɪŋ *Am* ˈstɑːrlɪŋ/ *n.* (*Ornit*) storno *m.*

starlit /ˈstɑːlɪt *Am* ˈstɑːrlɪt/ *a.* illuminato dalle stelle: *a ~ night* una notte stellata.

star-of-Bethlehem /ˌstɑːrəvˈbeθlɪhem *Am* ˌstɑːrəvˈbeθləhem/ *n.* (*Bot*) latte *m.* di gallina, cipollone *m.* bianco.

starred /ˈstɑːd *Am* ˈstɑːrd/ *a.* **1** (*adorned with stars*) stellato, ornato di stelle. **2** (*marked with asterisk*) asteriscato, segnato con un asterisco.

starrily /ˈstɑːrɪli/ *avv.* come le stelle.

starriness /ˈstɑːrɪnəs/ *n.* splendore *m.* delle stelle, fulgore *m.* delle stelle.

starring /ˈstɑːrɪŋ/ □ (*Cin,Teat*) *~role* ruolo di protagonista.

starry /ˈstɑːri/ *a.* **1** stellato, pieno di stelle: *the ~ heavens* i cieli stellati. **2** (*of stars, stellar*) stellare, delle stelle, relativo alle stelle. **3** (*resembling a star*) simile a una stella. **4** (*shining like stars*) luminoso come una stella, brillante, splendente.

starry-eyed /ˌstɑːriˈaɪd *Am* ˈstɑːriˌaɪd/ *a.* **1** eccessivamente sentimentale, eccessivamente romantico. **2** (*romantically enamoured*) innamorato in modo romantico. **3** (*naïve*) ingenuo, candido. **4** (*visionary*) visionario, utopistico, (da) sognatore.

star-shaped /ˈstɑːʃeɪpt *Am* ˈstɑːrʃeɪpt/ *a.* stellato, stellare.

star-spangled /ˈstɑːˌspæŋgld *Am* ˈstɑːrˌspæŋgld/ *a.* stellato, trapunto di stelle. □ (*Am*) *Star-spangled Banner*: 1 (*flag*) bandiera stellata, bandiera degli Stati Uniti d'America; 2 (*national anthem*) inno nazionale americano, inno degli Stati Uniti d'America.

star-struck /ˈstɑːstrʌk *Am* ˈstɑːrstrʌk/ *n.* persona *f.* che stravede per i divi, persona *f.* abbagliata dalle celebrità.

star-studded /ˈstɑːˌstʌdɪd *Am* ˈstɑːrˌstʌdɪd/ *a.* **1** (*star-spangled*) stellato, trapunto di stelle. **2** (*Cin*) con attori di richiamo, con attori famosi.

start /stɑːt *Am* stɑːrt/ **I** *v.i.* **1** cominciare, incominciare, iniziare: *what time does the film ~?* a che ora comincia il film? **2** (*to begin a journey*) partire, mettersi in viaggio, incamminarsi: *we -ed at dawn* partimmo all'alba. **3** (*to range from an initial point*) partire (*at, with* da), cominciare (da, con): *prices -ed at two pounds* i prezzi partivano da due sterline. **4** (*to make a sudden startled movement*) sobbalzare, trasalire, sussultare, fare un balzo: *to ~ with surprise* trasalire per la sorpre-

sa. **5** (*to move suddenly*) balzare, scattare: *a rabbit -ed from the bush* un coniglio balzò dal cespuglio. **6** (*Sport*) partecipare, concorrere. **7** (*of liquids: to flow, to spurt out*) sgorgare, prorompere, scaturire, zampillare: *blood -ed from the wound* il sangue sgorgava dalla ferita. **8** (*Mot*) mettersi in moto, avviarsi, partire. **9** (*Tecn*) (*to work free, to become loose*) allentarsi. **10** (*Mar*) (*of a ship*) staccarsi, sconnettersi: *some timbers in the hull have -ed* alcune assi dello scafo si sono staccate. **II** *v.t.* **1** cominciare, dare inizio a, principiare, iniziare: *to ~ work* cominciare il lavoro. **2** (*to give the starting signal to*) dare il segnale di partenza a, dare il via a (*anche Sport*). **3** (*to bring into being*) avviare, iniziare, dare inizio a, impostare. **4** (*to found, to establish*) istituire, fondare, creare: *to ~ a new political party* istituire un nuovo partito politico. **5** (*to cause to act, to operate, etc.*) avviare, *generally translated with the corresponding verb*: *to ~ so. in business* avviare qcu. negli affari; *his remarks -ed me thinking* le sue osservazioni mi hanno dato da pensare; *the cold air -ed me sneezing* l'aria fredda mi fece starnutire. **6** (*to bring up*) sollevare. **7** (*to introduce*) introdurre. **8** (*Mot*) avviare, mettere in moto: *to ~ the engine* avviare il motore. **9** (*Caccia*) stanare, scovare. **III** *n.* **1** inizio *m.*, avvio *m.*, principio *m.*, fase *f.* iniziale, primo passo *m.*: *the ~ of a long process* l'inizio di un lungo processo. **2** (*of a journey*) partenza *f.* **3** (*Sport*) partenza *f.*; (*signal to begin a race*) via *m.*, segnale *m.* di partenza: *to give the ~* dare il via. **4** (*lead, advantage*) vantaggio *m.* (*anche Sport*): *to give so. a hundred yards'* dare a qcu. un vantaggio di cento iarde. **5** (*act of coming into existence*) inizio *m.*, nascita *f.* **6** (*sudden involuntary movement*) sobbalzo *m.*, balzo *m.*, sussulto *m.*, soprassalto *m.*, salto *m.* **7** (*slight shock, surprise*) sorpresa *f.* **8** (*Mot*) avviamento *m.*, messa *f.* in moto. **9** (*Inform*) avvio *m.* □ *to ~ all over again* ricominciare tutto da capo; *to ~ at* partire da: *tickets -ed at fifty dollars* biglietti a partire da cinquanta dollari; *at the ~*: 1 all'inizio, in principio; 2 (*Sport*) alla partenza: *to line up at the ~* allinearsi alla partenza; (*Inform*) *~ bit* bit di start, bit di avvio; *to ~ from scratch* ripartire da zero, ricominciare da capo; *from the ~* dall'inizio, dal principio; *from ~ to finish*: 1 dall'inizio alla fine, dal principio alla fine: *the story is gripping from ~ to finish* la storia è avvincente dall'inizio alla fine; 2 (*Sport*) dalla partenza all'arrivo; *to get -ed*: 1 iniziare, cominciare; 2 (*to begin a journey*) partire, mettersi in viaggio: *it's time we got -ed* è tempo di partire; *to give a ~* sobbalzare; *to give so. a ~* fare trasalire qcu.; (*Br,fig*) *to ~ a hare* sollevare una questione (irrilevante); (*colloq*) *to ~ in* cominciare, iniziare; (*colloq*) *to ~in on so.* inveire contro qcu., attaccare qcu., prendersela con qcu.; *to make a ~* iniziare, cominciare (*on sth. qcs.*); *to ~ off*: 1 incamminarsi, partire, mettersi in cammino, 2 (*to begin*) cominciare, principiare, esordire (*by doing* col fare; *with* con): *the evening -ed off badly* la serata cominciò male; (*fig*) *to ~ off on the right foot* partire con il piede giusto; (*fig*) *to ~ off on the wrong foot* partire con il piede sbagliato; *to ~ on a new novel* cominciare un nuovo romanzo; *to ~ out*: 1 partire (*for* per); 2 (*to begin a career*) cominciare (una carriera, un nuovo tipo di vita): *he -ed out as an office boy* cominciò come fattorino; *to be just -ing out* essere appena agli inizi (di un nuovo tipo di vita); 3 (*to take on*) assumere: *the company -ed him out at the same salary*

he had been getting in his previous job la società lo ha assunto con lo stesso stipendio che aveva nel posto precedente; **4** (*to begin with a specific intent*) avere l'intenzione di, accingersi a; *his eyes were -ing out of his head* aveva gli occhi fuori dalle orbite; *to ~ over* ricominciare, cominciare da capo; *to ~ up*: 1 balzare in piedi, saltare in piedi; 2 (*to begin to function*) cominciare, avere inizio; 3 (*Mot*) (*of an engine: used transitively*) mettere in moto, avviare; (*used intransitively*) mettersi in moto, avviarsi, partire; **4** (*to come suddenly into existence*) saltare fuori, venire fuori.

starter /ˈstɑːtə *Am* ˈstɑːrtər/ *n.* **1** chi comincia. **2** (*one who initiates sth.*) iniziatore *m.* (*f.* -trice). **3** (*one who begins a journey*) chi si mette in viaggio. **4** (*Sport*) partente *m./f.*: *there were only five -s* c'erano soltanto cinque partenti. **5** (*Sport*) (*starting official*) starter *m.* **6** (*Equit*) mossiere *m.* **7** (*Mot*) (*self-starter*) avviatore *m.* automatico, motorino *m.* di avviamento. **8** (*Gastron*) antipasto *m.* □ (*El*) *~ battery* batteria di avviamento; (*colloq,fig*) *for -s* (*to begin with*) tanto per cominciare, come inizio; *~ home* prima casa (di una giovane coppia), casa monofamiliare offerta a prezzi accessibili (generalmente per giovani).

starting /ˈstɑːtɪŋ *Am* ˈstɑːrtɪŋ/ **I** *n.* **1** inizio *m.*, principio *m.* **2** (*act of initiating*) avvio *m.*, avviamento *m.* **3** (*Mot*) avviamento *m.*, messa *f.* in moto. **II** *a.* iniziale, d'inizio. □ (*Sport, fig*) *~ block* blocco di partenza; (*Sport*) *~ gate*: 1 (*of horse racing*) gabbia di partenza, cancello di partenza; 2 (*of skiing*) cancelletto di partenza; (*Sport*) *~ grid* (*in motor racing*) griglia di partenza; (*Sport*) *~ gun* pistola dello starter; (*Mot*) *~ handle* manovella di avviamento; (*Mecc*) *~ lever* leva di avviamento; (*Sport*) *~ line* linea di partenza; (*Mot*) *~ motor* motorino di avviamento; (*Sport*) *~ pistol* pistola dello starter; *~ point* punto di partenza; (*Sport*) *~ post* palo di partenza; *~ price*: 1 (*Sport*) quotazione alla partenza; 2 (*Comm*) offerta iniziale; *~ salary* stipendio iniziale; (*Aut*) *to have ~ trouble* avere difficoltà a mettere in moto la macchina.

startle /ˈstɑːtl̩ *Am* ˈstɑːrtl̩/ **I** *v.t.* **1** far trasalire, far sobbalzare, far sussultare. **2** (*to shock slightly*) sbigottire, spaventare. **II** *v.i.* trasalire, sobbalzare, sussultare. □ *to ~ so. out of his sleep* svegliare qcu. di soprassalto.

startled /ˈstɑːtl̩d *Am* ˈstɑːrtl̩d/ *a.* sbigottito (*at* per, *to do* di fare), spaventato, impressionato, allarmato.

startler /ˈstɑːtlə *Am* ˈstɑːrtlər/ *n.* **1** chi allarma, allarmista *m./f.* **2** (*colloq*) (*sth. startling*) cosa *f.* che sbigottisce, cosa *f.* che spaventa.

startling /ˈstɑːtlɪŋ *Am* ˈstɑːrtlɪŋ/ *a.* **1** sorprendente, sbalorditivo: *a ~ discovery* una scoperta sorprendente. **2** (*alarming*) allarmante, impressionante: *~ news* notizie allarmanti.

startlingly /ˈstɑːtlɪŋli *Am* ˈstɑːrtlɪŋli/ *avv.* sorprendentemente: *to be ~ similar* assomigliarsi in modo impressionante.

start-up /ˈstɑːtʌp *Am* ˈstɑːrtʌp/ *n.* **1** messa *f.* in moto, avviamento *m.* **2** (*fig*) avviamento *m.* **3** (*Comm*) (*of e-business*) startup *m.* □ (*Comm*) *~company* attività aperta tramite Internet; (*Comm*) *~costs* spese di avviamento; (*Inform*) *~ disk* disco di avvio; (*Comm*) *~ expenses* spese di avviamento; (*Br*) *~ scheme* programma di aiuti statali per l'avviamento di piccole imprese.

starvation /stɑːˈveɪʃᵊn *Am* stɑːrˈveɪʃᵊn/ *n.* **1** fame *f.* **2** (*state of being starved*) inedia *f.*: *to die of ~* morire di inedia. □ *~diet* dieta da fame, dieta rigidissima; ~ *wages* salari da fame.

starve /staːv *Am* staːrv/ **I** *v.i.* **1** morire di fame, morire di inedia. **2** (*to suffer extreme hunger*) soffrire la fame, patire la fame. **3** (*fig*) soffrire per mancanza (*for* di): *the child -d for affection* il bambino soffriva per mancanza di affetto. **4** (*colloq*) (*to be very hungry*) morire di fame, avere una fame da lupo. **II** *v.t.* **1** far morire di fame, affamare. **2** (*to cause to suffer extreme hunger*) far patire la fame a. **3** (*fig*) far soffrire per mancanza di qcs. □ *to ~* (*a garrison*) *out* prendere una guarnigione per fame; *to ~ to death*: **1** (*used intransitively*) morire di fame; **2** (*used transitively*) fare morire di fame.

starved /staːvd *Am* staːrvd/ *a.* (*deprived*) privo, privato, con gravi carenze (*of* di).

starveling /ˈstaːvlɪŋ *Am* ˈstaːrvlɪŋ/ **I** *n.* **1** (*person*) persona *f.* affamata, persona *f.* mal nutrita. **2** (*animal*) animale *m.* famelico, animale *m.* affamato. **3** (*plant*) pianta *f.* mal nutrita. **II** *a.* affamato, mal nutrito.

starving /ˈstaːvɪŋ *Am* ˈstaːrvɪŋ/ *a.* **1** affamato, mal nutrito: ~ *children* bambini affamati. **2** (*colloq*) (*very hungry*) affamato, che muore di fame. **3** (*Br,region*) (*very cold*) freddissimo.

stash /stæʃ/ **I** *v.t.* (*colloq*) riporre, mettere da parte. **II** *v.i.* (*colloq*) fermarsi, smettere. □ (*colloq*) *to ~ away* riporre, mettere da parte, nascondere: *the squirrels -ed away nuts for the winter* gli scoiattoli riponevano le noci per l'inverno.

stasis /ˈsteɪsɪs *Am also* ˈstæsɪs/ (*pl.* **-ses** /-siːz/) *n.* stasi *f.* (*anche Med*).

statable /ˈsteɪtəbl *Am* ˈsteɪtəbl/ *a.* dichiarabile, enunciabile.

state /steɪt/ **I** *n.* **1** stato *m.*, condizione *f.*, condizioni *f.pl.*, situazione *f.*: ~ *of health* stato di salute; *to be in no ~ to do sth.* non essere in condizioni di fare qcs.; *with things in their present ~* nella situazione attuale; *a very unpleasant ~ of affairs* una situazione molto spiacevole. **2** (*of the mind or emotions*) stato *m.* d'animo: *a ~ of melancholy* uno stato d'animo malinconico. **3** (*colloq*) (*anxiety, tension*) agitazione *f.*, tensione *f.*, ansietà *f.*, fibrillazione *f.*: *don't get into a ~* non metterti in agitazione. **4** (*mode of being*) stato *m.*: *married ~* stato coniugale; *gaseous ~* stato gassoso. **5** (*Biol*) stato *m.*: *larval ~* stadio larvale. **6** (*social status, rank*) posizione *f.* sociale, stato *m.*, ceto *m.*, rango *m.*: *as befits his ~* come si addice alla sua posizione sociale. **7** (*nation*) stato *m.*, nazione *f.*: *affairs of ~* affari di stato. **8** (*form of government, society*) regime *m.*, stato *m.*: *the totalitarian ~* il regime totalitario. **9** (*splendour, luxury*) lusso *m.*, sfarzo *m.*, fasto *m.*: *to live in ~* vivere nel lusso. **10** (*pomp*) pompa *f.*, parata *f.*, sfoggio *m.* **II** *a.* **1** di stato, dello stato, statale, pubblico: ~ *property* proprietà di stato. **2** (*of, for ceremonial use*) di rappresentanza, di cerimonia, da cerimonia: *the ~ apartments* gli appartamenti di rappresentanza. **3** (*characterized by ceremony*) solenne, ufficiale: *a ~ occasion* un'occasione solenne. **III** *v.t.* **1** specificare, dichiarare, indicare: *please ~ name and address* si prega di specificare (il) nome e (l')indirizzo; *to ~ one's particulars* declinare le proprie generalità. **2** (*to express in proper form*) esporre, enunciare, formulare: *to ~ the facts* esporre i fatti. **3** (*to declare*) dichiarare, affermare, asserire: *the government -d that there was no economic crisis* il governo dichiarò che non c'era crisi economica. □ ~ *aided* sovvenzionato dallo stato; ~ *archives* archivi di stato; ~ *bank*: **1** (*Br*) banca di diritto pubblico; **2** (*Am*) banca

di uno stato; ~ *benefit* sussidio statale; (*Econ*) ~ *capitalism* capitalismo di stato; ~ *carriage* carrozza da parata, carrozza di gala; ~ *control* controllo statale, statalizzazione; *to bring under ~ control* statalizzare; ~ *criminal* delinquente politico; (*Dir*) ~ *'s evidence* testimonianza per l'accusa; *to turn ~ 's evidence* denunciare i complici; ~ *monopoly* monopolio di stato; (*Br*) *in a ~ of ~*: **1** (*naked*) nudo, come mamma l'ha fatto; **2** (*not affected by human influence*) allo stato naturale; ~ *of decay* stato di decomposizione; ~ *of emergency* stato di emergenza; (*Rel.catt*) ~ *of grace* stato di grazia; ~ *of mind* stato d'animo, condizioni di spirito: *he was in a confused ~ of mind* era confuso; *the ~ of play* la situazione attuale, il quadro della situazione; ~ *of repair* stato, condizioni: *to be in a good ~ of repair* essere in buono stato; ~ *of the art* stato dell'arte, livello delle conoscenze tecnico-scientifiche; (*Pol*) ~ *of war*: **1** stato di guerra; **2** (*duration*) durata della guerra, stato di guerra; (*Rel.prot*) ~ *prayers* preghiere per le autorità di governo; ~ *room* sala di rappresentanza; ~ *school* scuola statale; ~ *secret* segreto di stato; (*Rel.prot*) ~ *services* funzioni per le feste nazionali; (*Econ*) ~ *socialism* socialismo di stato; ~ *trial* processo politico; ~ *trooper* agente della polizia di stato; *what a ~ you are* (*in*)*!* in che stato ti sei ridotto!, come ti sei conciato!

State /steɪt/ *n.* **1** stato *m.*: *the ~ of Madras* lo stato di Madras; *the fifty -s of the USA* i cinquanta stati degli Stati Uniti d'America. **2** (*supreme civil authority*) stato *m.*: *Church and ~* chiesa e stato. **3** (*Am,colloq*) (*Department of State*) ministero *m.* degli esteri, dipartimento *m.* di stato. **4** *pl.* (*colloq*) (*United States*) Stati *m.pl.* Uniti (d'America). □ (*Dir*) ~ *'s Attorney* (*prosecuting attorney*) pubblico ministero; (*US,Pol*) ~ *Capitol* assemblea legislativa di stato; (*US*) ~ *Department* ministero degli esteri, dipartimento di stato; (*Med*) ~ *Enrolled Nurse* infermiera professionale; ~ *flower* fiore scelto come emblema di uno stato; ~ *forest* foresta demaniale; *-s General*: **1** (*Pol*) parlamento dei Paesi Bassi; **2** (*Stor*) stati generali; (*Am*) ~ *of the Union Address* Messaggio sullo stato dell'Unione; ~ *Police* polizia di stato; ~ *representative* deputato di uno stato; (*Pol*) *-s' righter* federalista; *-s' rights* diritti dei singoli stati; ~ *university* università di uno stato.

state-controlled /ˌsteɪtkənˈtrəʊld/ *a.* controllato dallo stato, sotto il controllo statale, sotto il controllo dello stato.

statecraft /ˈsteɪtkrɑːft *Am* ˈsteɪtkræft/ *n.* arte *f.* di governare, politica *f.*

stated /ˈsteɪtɪd *Am* ˈsteɪtɪd/ *a.* **1** (*declared*) dichiarato, indicato, asserito. **2** (*fixed*) stabilito, fissato, determinato: *at ~ times* a intervalli stabiliti; ~ *prices* prezzi fissati. **3** (*mentioned, said*) indicato, detto: *as ~ below* come indicato sotto.

statehood /ˈsteɪthʊd/ *n.* **1** condizione *f.* di Stato: (*Stor.am*) *to achieve ~* diventare uno Stato dell'Unione. **2** (*state*) entità *f.* statale, stato *m.* (di una federazione).

statehouse /ˈsteɪthaʊs/ *n.* (*US*) edificio *m.* in cui si riunisce il corpo legislativo (di ogni stato degli USA).

stateless /ˈsteɪtləs/ *a.* (*Dir*) apolide, senza patria. □ *a ~ person* un apolide.

statelessness /ˈsteɪtləsnəs/ *n.* (*Dir*) apolidia *f.*

stateliness /ˈsteɪtlɪnəs/ *n.* **1** splendore *m.*, magnificenza *f.* **2** (*dignity*) dignità *f.*, nobiltà

f., elevatezza *f.* **3** (*majesty*) maestosità *f.*, grandiosità *f.*, imponenza *f.*

stately /ˈsteɪtli/ *a.* **1** maestoso, imponente, grandioso. **2** (*dignified*) solenne, dignitoso, maestoso, regale. □ (*Br*) ~ *home* casa signorile.

statement /ˈsteɪtmənt/ *n.* **1** esposizione *f.*, enunciazione *f.* **2** (*sth. stated*) esposto *m.* **3** (*assertion*) asserzione *f.*, affermazione *f.*, dichiarazione *f.* (*by* di; *on, about* riguardo a, circa; *to a;* *of* di): *that ~ is false* quell'asserzione è falsa. **4** (*account, recital*) relazione *f.*, resoconto *m.*, rapporto *m.* **5** (*Parl*) dichiarazione *f.*: *to make a ~ to the House* fare una dichiarazione in parlamento. **6** (*Dir*) deposizione *f.* **7** (*Econ*) estratto *m.* conto. **8** (*Comm*) rendiconto *m.*, resoconto *m.*: *annual ~* rendiconto di gestione; *monthly ~* rendiconto mensile. **9** (*Inform*) istruzione *f.*, frase *f.* □ (*Comm*) ~ *of account* estratto conto; (*Econ*) ~ *of affairs* bilancio di un fallimento, situazione di un fallimento; (*Econ*) ~ *of assets and liabilities* stato patrimoniale; (*Scol*) ~ *of attainment* esposizione degli obiettivi da raggiungere; ~ *of charges* nota spese.

state-of-the-art /ˌsteɪtəvðiˈɑːt *Am* ˌsteɪtəvði ˈɑːrt/ *a.* di altissimo livello, di punta, modernissimo, avanzato.

state-owned /ˈsteɪtˌəʊnd/ *a.* statale, (di proprietà) dello stato, pubblico.

stater /ˈsteɪtər *Am* ˈsteɪtər/ *n.* (*Stor,Numism*) statere *m.*

state-registered /ˈsteɪtˌredʒɪstəd *Am* ˈsteɪt ˌredʒɪstərd/ □ (*Med*) ~ *nurse* infermiera diplomata.

stateroom /ˈsteɪtrʊm/ *n.* **1** salone *m.* per cerimonie, salone *m.* di rappresentanza. **2** (*Mar*) cabina *f.* privata. **3** (*Ferr*) scompartimento *m.* privato.

States-General /ˈsteɪtsˌdʒenərəl/ *n.* (*Stor*) stati *m.pl.* generali.

stateside /ˈsteɪtsaɪd/ **I** *a.* (*Am*) negli Stati Uniti, degli Stati Uniti. **II** *avv.* (*Am*) negli Stati Uniti.

statesman /ˈsteɪtsmən/ *n.irr.* (*Pol*) statista *m.*, uomo *m.* di stato.

statesmanlike /ˈsteɪtsmənlaɪk/, **statesmanly** /ˈsteɪtsmənli/ *a.* (*Pol*) da statista, da uomo di stato.

statesmanship /ˈsteɪtsmənʃɪp/ *n.* (*Pol*) arte *f.* di governare, politica *f.*

stateswoman /ˈsteɪtswʊmən/ *n.irr.* (*Pol*) statista *f.*

state-trading /ˈsteɪtreɪdɪŋ/ □ ~ *country* paese a commercio di stato.

statewide /ˈsteɪtwaɪd/ *avv./a.* (*Am*) in tutto lo stato.

static /ˈstætɪk *Am* ˈstætɪk/ **I** *a.* **1** (*Fis,Econ*) statico (*anche fig*). **2** (*Rad*) di disturbi atmosferici, relativo a disturbi atmosferici. **3** (*El*) elettrostatico: ~ *charge* carica elettrostatica. **II** *n.* **1** (*El*) elettricità *f.* statica. **2** (*Tel,TV,Rad*) interferenze *f.pl.*, scariche *f.pl.*, disturbi *m.pl.* atmosferici. **3** (*fig*) critiche *f.pl.*, rimostranze *f.pl.*, commenti *m.pl.* ostili. □ (*Fis*) ~ *balance* equilibrio statico; (*Mecc*) ~ *balancing* equilibratura statica, bilanciamento statico; (*El*) ~ *converter* convertitore statico; (*Fis*) ~ *electricity* elettricità *f.* statica; (*Aer*) ~ *line* (*of parachute*) fune statica; (*Fis*) ~ *pressure* pressione statica; (*Met*) ~ *test* prova statica; (*Fis*) ~ *tube* tubo a presa statica.

statically /ˈstætɪkəli *Am* ˈstætɪkəli/ *avv.* staticamente.

statice /ˈstætɪs *Am* ˈstætəsi/ *n.* (*Bot*) statice *f.*

statics /ˈstætɪks *Am* ˈstætɪks/ *n.pl.* (*costr.sing.*) (*Fis*) statica *f.sing.*

statin /ˈstætən/ *n.* (*Med*) statina *f.*

station /ˈsteɪʃən/ **I** *n.* **1** posto *m.* (assegnato):

sentry's ~ posto di guardia. **2** (*stopping place*) stazione *f*.: *a railway* ~ una stazione ferroviaria. **3** (*headquarters of a public service*) stazione *f*., posto *m*. **4** (*police station*) stazione *f*. di polizia. **5** (*fire station*) caserma *f*. dei vigili del fuoco. **6** (*place providing a service*) stazione *f*., posto *m*.: *a first-aid* ~ un posto di pronto soccorso; *a petrol* ~ una stazione di rifornimento. **7** (*place for observation, research, etc.*) stazione *f*., osservatorio *m*.: *an agricultural* ~ una stazione agricola. **8** (*rank, social position*) condizione *f*. sociale, rango *m*., ceto *m*. **9** (*Rad, TV*) stazione *f*., emittente *m*.: *broadcasting* ~ stazione radiotrasmittente, stazione teletrasmittente. **10** (*Mar.mil*) (*naval base*) base *f*. navale. **11** (*Lit*) stazione *f*. (della Via Crucis): *to do the -s of the Cross* fare la Via Crucis. **12** (*Aus*) (*ranch*) allevamento *m*. **II** *v.t.* appostare, mettere, collocare, disporre, piazzare: *policemen were -ed at strategic points* furono appostati poliziotti nei punti strategici; *I -ed myself at the head of the queue* mi sono messo all'inizio della fila. **2** (*Mil*) (*of troops*) postare. ☐ (*Ferr*) ~ *agent* capostazione; (*TV, Rad*) ~ *break* stacco pubblicitario: *we are going to take a* ~ *break* e ora un breve stacco pubblicitario; (*Am*) ~ *house*: 1 (*police station*) stazione di polizia; 2 (*fire station*) caserma dei vigili del fuoco; (*Mar*) *to be in* ~ essere al proprio posto nella formazione; (*Ferr*) ~ *manager* capostazione; (*Ferr*) ~ *master* capostazione; (*Mar*) *to be out of* ~ essere fuori formazione; (*Topogr*) ~ *pointer* staziografo, rapportatore a tre aste; (*Ferr*) ~ *roof* pensilina; (*Mar*) *every man to his* ~ tutti ai posti di manovra; (*Am, Aus, Aut*) ~ *wagon* familiare, station wagon.

stationarily /'steɪʃənərɪli *Am* 'steɪʃənerɪli/ *avv.* in modo stazionario.

stationary /'steɪʃənərɪ *Am* 'steɪʃəneri/ **I** *a.* **1** fermo, fisso, immobile: *to remain* ~ rimanere fermo; *a* ~ *train* un treno in sosta. **2** (*unchanging, stable*) stazionario, stabile, costante: *the temperature remained* ~ la temperatura rimase stazionaria. **3** (*not movable*) non portatile, fisso. **4** (*having no movable parts*) fisso: *a* ~ *crane* una gru fissa. **5** (*Mil*) di stanza: *the* ~ *troops* le truppe di stanza. **6** (*Econ, Fis*) stazionario. **II** *n.* (*so. stationary*) persona *f*. sedentaria. ☐ (*Ginn*) ~ *bike* cyclette; (*Med*) ~ *diseases* malattie endemiche; (*Meteor*) ~ *front* fronte stazionario; (*Aer*) ~ *orbit* orbita stazionaria; ~ *point*: 1 (*Astron*) stazione; 2 (*Mat*) punto stazionario; (*Fis*) ~ *wave* onda stazionaria.

stationed /'steɪʃənd/ *a.* (*Mil*) di stanza (*at* a).

stationer /'steɪʃənər/ *n.* (*Br*) cartolaio *m*. (*f.* -a). ☐ (*Stor.brit*) Stationers' *Company* corporazione dei librai; (*Stor.brit*) *Stationers' Hall* palazzo della corporazione dei librai; *to enter a book at Stationers' Hall* depositare un libro presso la corporazione dei librai (per la tutela dei diritti di autore).

stationery /'steɪʃənərɪ *Am* 'steɪʃəneri/ *n.* **1** cancelleria *f*., articoli *m.pl.* di cancelleria. **2** (*writing paper*) carta *f*. da lettere. **3** (*Inform*) documento *m*. modello.

stationmaster /'steɪʃənˌmɑːstər *Am* 'steɪʃən ˌmæstər/ *n.* (*Ferr*) capostazione *m./f.*

statism /'steɪtɪzəm *Am* 'steɪtɪzəm/ *n.* (*Pol*) statalismo *m*.

statist[1] /'steɪtɪst *Am* 'steɪtɪst/ **I** *n.* (*Pol*) statalista *m./f.* **II** *a.* (*Pol*) statalistico.

statist[2] /'steɪtɪst *Am* 'steɪtɪst/ *n.* statistico *m*. (*f.* -a), studioso *m*. (*f.* -a) di statistica.

statistic /stə'tɪstɪk/ **I** *n.* statistica *f*., dato *m*. statistico. **II** *a.* statistico.

statistical /stə'tɪstɪkəl/ *a.* statistico. ☐

(*Fis*) ~ *mechanics* meccanica statistica; ~ *series* serie statistica; (*Statist*) ~ *significance* significatività statistica, rilevanza statistica.

statistically /stə'tɪstɪkəli/ *avv.* statisticamente.

statistician /ˌstætɪ'stɪʃən/ *n.* statistico *m*. (*f.* -a), studioso *m*. (*f.* -a) di statistica.

statistics /stə'tɪstɪks/ *n.pl.* **1** statistiche *f.pl.* (*anche Sport*): *devoted fans know all the* ~ i fans più incalliti conoscono tutte le statistiche. **2** (*costr.sing.*) (*science*) statistica *f.sing.*

stative /'steɪtɪv *Am* 'steɪtɪv/ *a.* (*Ling*) di stato, stativo.

statoblast /'steɪtəˌblæst *Am* 'steɪtəˌblæst/ *n.* (*Zool*) statoblasto *m*.

statolith /'steɪtəlɪθ *Am* 'steɪtəlɪθ/ *n.* (*Zool*) statolito *m*.

stator /'steɪtər *Am* 'steɪtər/ *n.* (*El*) statore *m*.

statoscope /'steɪtəskoʊp *Am* 'stætəskoʊp/ *n.* (*Tecn*) statoscopio *m*.

stats /stæts/ *n.pl.* (*colloq*) **1** statistiche *f.pl.* (*anche Sport*): *devoted fans know all the* ~ i fans più incalliti conoscono tutte le statistiche. **2** (*costr.sing.*) (*science*) statistica *f.sing.*

statuary /'stætjʊəri *Am* 'stætʃueri/ **I** *n.* **1** (*statues*) statue *f.pl.* **2** (*collection*) collezione *f*. di statue, raccolta *f*. di statue. **3** (*branch of sculpture*) arte *f*. statuaria, statuaria *f*. **4** (*ant*) (*sculptor*) scultore *m*. **II** *a.* statuario: ~ *marble* marmo statuario.

statue /'stætjuː/ *n.* statua *f*.: *a bronze* ~ una statua di bronzo. ☐ (*US*) *the Statue of Liberty* la Statua della Libertà.

statued /'stætjuːd/ *a.* **1** (*with statues*) ornato di statue, con statue. **2** (*represented in statue*) scolpito, raffigurato in una statua.

statuesque /ˌstætjʊ'esk *Am* ˌstætʃu'esk/ *a.* **1** simile a una statua. **2** (*well-proportioned*) ben proporzionato, statuario. **3** (*tall and imposing*) statuario, scultoreo, solenne, maestoso.

statuesquely /ˌstætju'eskli *Am* ˌstætʃu'eskli/ *avv.* in maniera statuaria.

statuesqueness /ˌstætju'esknəs *Am* ˌstætʃu 'esknəs/ *n.* l'essere statuario.

statuette /ˌstætju'et *Am* ˌstætʃu'et/ *n.* statuetta *f*., statuina *f*.

stature /'stætʃər/ *n.* **1** statura *f*., altezza *f*. **2** (*fig*) levatura *f*. (morale), statura *f*.: *a politician of great* ~ un uomo politico di grande levatura.

status /'steɪtəs *Am* 'steɪtəs/ *n.* **1** posizione *f*., stato *m*., condizione *f*. sociale. **2** (*prestige, recognition*) prestigio *m*., credito *m*., reputazione *f*.: *his new job has given him* ~ il suo nuovo lavoro gli ha conferito prestigio. **3** (*Dir*) stato *m*., condizione *f*. giuridica: *marital* ~ stato coniugale. ☐ (*Inform*) ~ *bar* barra di stato; (*Econ*) ~ *inquiry* richiesta di informazioni commerciali; ~ *meeting* riunione del bilancio; ~ *quo* status quo; ~ *seeker* arrivista, arrampicatore sociale; ~ *symbol* simbolo di condizione economica, simbolo di condizione sociale.

statutable /'stætjuːtəbl *Am* 'stætʃuːtəbl/ *a.* **1** legalmente punibile. **2** (*prescribed by statute*) stabilito dalla legge, prescritto dalla legge.

statute /'stætjuːt *Am* 'stætʃuːt/ *n.* **1** (*Dir, Parl*) legge *f*. (del parlamento). **2** (*Dir*) (*of a corporation, an association*) statuto *m*.: *the -s of a university* gli statuti di un'università. **3** (*Dir, Pol*) statuto *m*. ☐ (*Dir*) ~-*barred* prescritto, (caduto) in prescrizione; (*Dir*) ~ *book* raccolta di leggi; (*Dir*) ~ *law* legge scritta, diritto scritto, corpus delle leggi parlamentari, legge statutaria; ~ *mile* miglio terrestre (pari a 1,609 km); (*Dir*) ~ *of limitations* legge sulla prescrizione; (*Dir*) ~ *of repose* legge sulla

prescrizione; (*Stor*) *Statute of Westminster* statuto di Westminster.

statutorily /'stætjətərɪli *Am* 'stætʃətɔːrɪli/ *avv.* per legge, disposto dalla legge.

statutory /'stætjətəri *Am* 'stætʃətɔːri/ *a.* **1** statutario. **2** (*prescribed, regulated by statute*) stabilito dalla legge, prescritto dalla legge. **3** (*of an offence*) legalmente punibile. ☐ (*Econ*) ~ *allowance* detrazione ammessa; (*Econ*) ~ *auditor* sindaco; *board of* ~ *auditors* collegio sindacale; (*Econ*) ~ *books* libri contabili (obbligatori); (*Dir*) ~ *crime* infrazione della legge; (*Dir*) ~ *instrument* legge delega; (*Dir*) ~ *law* legge parlamentare, legge scritta; (*Dir*) ~ *meeting* prima assemblea generale degli azionisti; (*Dir*) ~ *offence* (o *Am* ~ *offense*) infrazione della legge; (*Dir*) ~ *order* legge delega; (*Dir*) ~ *rape* stupro di minorenne, corruzione di minorenne; (*Econ*) ~ *report* rapporto finanziario.

staunch[1] /stɔːnʃ *Am* stɔːntʃ/ *v.t.* **1** (*of blood*) stagnare; (*of a wound*) stagnare il sangue di. **2** (*estens*) (*of liquids*) arrestare il flusso di, stagnare; (*of a leak, hole, etc.*) tamponare. **3** (*fig*) arrestare, fermare.

staunch[2] /stɔːntʃ *Am also* stɑːntʃ/ *a.* **1** (*faithful*) fedele, devoto, fidato, leale: *a* ~ *ally* un alleato fedele. **2** (*of a ship: watertight*) impermeabile.

staunchly /'stɔːntʃli *Am also* 'stɑːntʃli/ *avv.* fedelmente, lealmente.

staunchness /'stɔːntʃnəs *Am also* 'stɑːntʃ nəs/ *n.* **1** fedeltà *f*., lealtà *f*., devozione *f*. **2** (*watertightness*) impermeabilità *f*.

stave /steɪv/ **I** *n.* **1** doga *f*. **2** (*strip of wood*) striscia *f*., lista *f*. **3** (*rung*) piolo *m*. **4** (*staff*) bastone *m*. **5** (*Metr*) stanza *f*., strofa *f*. **6** (*Mus*) pentagramma *m*., rigo *m*. (musicale). **II** *v.t.* (*past, p.p.* **stove** /stoʊv/ o **staved** /steɪvd/) **1** (*to furnish with staves*) fornire di doghe, dogare. **III** *v.i.* (*past, p.p.* **stove** /stoʊv/ o **staved** /steɪvd/) (*of a cask, boat, etc.*) sfondarsi. ☐ *to* ~ *in* fare un buco in, sfondare, rompere; (*fig*) *to* ~ *off*: 1 (*to keep at a distance*) sfuggire a, evitare, sottrarsi a: *to* ~ *off creditors* sfuggire ai creditori; 2 (*to avert*) evitare, prevenire.

staves /steɪvz/ → **staff**[1].

stay[1] /steɪ/ **I** *v.i.* **1** rimanere, stare, restare, trattenersi, fermarsi: *how long did you* ~ *there?* quanto tempo sei rimasto là?; *I'll* ~ *with you till the bus comes* starò con te fino all'arrivo dell'autobus; *I -ed to see what would happen* mi trattenni per vedere che cosa sarebbe successo. **2** (*to continue in a condition, to continue unchanged*) restare, rimanere: *we can* ~ *friends* possiamo restare amici. **3** (*to lodge*) alloggiare, essere alloggiato, stare, essere ospite: *to* ~ *in the best hotel* alloggiare nel miglior albergo; *to* ~ *with friends* essere ospite di amici. **4** (*to satisfy the appetite*) soddisfare l'appetito, saziare. **5** (*to stop*) fermarsi, arrestarsi. **6** (*to stop doing sth., to cease*) interrompere, smettere di fare (*from sth.* qcs.). **7** (*to endure*) reggere, resistere: *the favourite is -ing well* il favorito regge bene. **II** *v.t.* **1** resistere (fino) a, reggere (fino) a: *the horse failed to* ~ *the last mile* il cavallo non riuscì a resistere fino all'ultimo miglio. **2** (*to hold back, to restrain*) trattenere, fermare, arrestare: *if your mind is set I cannot* ~ *you* se hai deciso non posso trattenerti. **3** (*Dir*) (*to suspend*) sospendere: *to* ~ *execution* sospendere l'esecuzione. **4** (*to delay*) rinviare, rimandare: *to* ~ *a decision* rinviare una decisione. **5** (*of hunger, thirst, etc.*) calmare, placare, soddisfare. **6** (*to back, to support*) sostenere, sorreggere (*anche fig*). **III** *n.* **1** permanenza *f*., soggiorno *m.*: *a month's ~ at the best hotels* un soggiorno di un mese nei migliori alberghi. **2** (*in a hospital, etc.*) degenza *f.* **3** (*halt, pause*) arresto *m.*, fermata *f.*, pausa *f.*, sosta *f.* **4** (*Dir*) sospensione *f.*: *he was granted a ~ of execution* gli fu concessa una sospensione dell'esecuzione. **5** (*check, restraint*) ostacolo *m.*, impedimento *m.*, freno *m.* **6** (*support, prop*) sostegno *m.*, puntello *m.* **7** (*fig*) sostegno *m.*, bastone *m.*, appoggio *m.*: *the ~ of his old age* il sostegno della sua vecchiaia. **8** *pl.* (*corset*) busto *m.sing.*, corsetto *m.sing.*; (*bones of a corset*) stecche *f.pl.* (di busto). **1** sostenere, reggere. **2** (*fig*) sostenere, sorreggere, aiutare. □ *to ~ away* rimanere lontano, assentarsi (*from* da): *to ~ away from school* assentarsi da scuola; (*Arch*) *~ bar* montante; *to ~ behind* restare a casa, rimanere a casa, rimanere indietro: *he -ed behind a rock out of sight* restò nascosto diero una roccia; *to come to ~*: 1 (*of visitors*) venire a passare qualche giorno; 2 (*colloq,fig*) prendere piede (definitivamente), affermarsi; (*fig*) *to ~ cool* conservare la calma; *to ~ for* fermarsi per, restare per, rimanere per: *I didn't ~ for tea* non mi sono fermato per il tè; *to ~ in*: 1 rimanere in casa, restare a casa, non uscire; 2 (*Scol*) restare in classe dopo la fine delle lezioni, rimanere a scuola dopo la fine delle lezioni; 3 (*to remain in place*) rimanere a posto; *to ~ on* rimanere, restare, trattenersi; *to ~ out*: 1 rimanere fuori (di casa), non rientrare: *to ~ out late* rimanere fuori fino a tardi; 2 (*to remain out of sth.*) tenersi fuori da; 3 (*to remain until the end of*) rimanere fino alla fine di, fermarsi fino alla fine di: *to ~ out a lecture* rimanere fino alla fine di una conferenza; (*colloq*) *to ~ put*: 1 tenere, restare fisso, restare fermo: *the lid won't ~ put* il coperchio non tiene; 2 (*of people*) stare fermo, non muoversi; *~ rod* tirante; (*Sart*) *~ stitching* imbastitura; (*fig*) *to ~ the course* tirare dritto; *to ~ the pace*: 1 reggere l'andatura, reggere il passo (*anche Sport*); 2 (*fig*) reggere il ritmo, tenere il ritmo; *to ~ up*: 1 rimanere alzato, rimanere in piedi, stare sveglio: *he -ed up till after midnight* è rimasto alzato fin dopo la mezzanotte; *to ~ up late* restare alzato fino a tarda ora, fare tardi, rimanere alzato fino a tardi; 2 (*to remain erected, assembled, etc.*) restare in piedi; (*S.Afr,colloq*) *well!* ciao!, stammi bene!

stay² /steɪ/ **I** *n.* (*Mar*) (*for a mast*) strallo *m.*, straglio *m.* **II** *v.t.* (*Mar*) fissare con uno straglio, fissare con uno strallo. **III** *v.i.* (*Mar*) virare (di prua). □ (*Mar*) *~foresail* trinchettina; (*Mar*) *in -s*: 1 che vira (di prua); 2 (*heading into the wind*) con la prua al vento; (*Mar*) *~ sail* vela di strallo; (*Mar*) *~ tackle* paranco di strallo.

stay-at-home /ˌsteɪt'hoʊm *Am* ˌsteɪət'hoʊm/ **I** *a.* casalingo, che ama stare in casa. **II** *n.* tipo *m.* casalingo.

stay-down /'steɪdaʊn/ □ *~ strike* (*of miners*) sciopero con occupazione del posto di lavoro.

stayer /'steɪər/ *n.* **1** chi resta, chi rimane. **2** (*Sport*) persona *f.* (*o animale m.*) che ha doti di resistenza.

stay-in /'steɪɪn/ □ *~ strike* sciopero con occupazione del posto di lavoro.

staying /'steɪɪŋ/ *n.* (*Dir*) (*of execution*) sospensione *f.*; (*of proceedings*) rinvio *m.* □ *~ power* resistenza, capacità di resistenza.

stay-lace /'steɪleɪs/ *n.* stringa *f.* per busto, laccio *m.* per busto.

staymaker /'steɪmeɪkər/ *n.* bustaio *m.* (*f.* -a).

STD /ˌestiː'diː/ **1** *Sexually Transmitted Disease* MST (malattia sessualmente trasmissi-

bile, malattia venerea). **2** *Sanctae Theologiae Doctor* (dottore in teologia). **3** (*Tel*) *Subscriber Trunk Dialling* (teleselezione): *~ code* prefisso teleselettivo.

stead /sted/ *n.* **1** vece *f.*, veci *f.pl.*, posto *m.*: *I came in his ~* sono venuto io in sua vece. **2** (*Br*) (*bedstead*) letto *m.*, fusto *m.* del letto. **3** (*Br*) (*farmstead*) fattoria *f.*

steadfast /'stedfɑːst *Am* 'stedfæst/ *a.* **1** fermo, saldo, risoluto. **2** (*of a gaze, etc.*) fermo, fisso. **3** (*firmly fixed, established*) ben saldo, stabile. **4** (*immutable*) invariabile, immutabile.

steadfastly /'stedfɑːstli *Am* 'stedfæstli/ *avv.* fermamente, con fermezza, con risolutezza: *he ~ refused to co-operate* si rifiutò fermamente di collaborare.

steadfastness /'stedfɑːstnəs *Am* 'stedfæstnəs/ *n.* fermezza *f.*, saldezza *f.*, risolutezza *f.*, determinazione *f.*

steadily /'stedɪli/ *avv.* **1** fermamente, stabilmente. **2** (*unfalteringly*) fisso, fissamente: *to gaze ~ at so.* guardare fisso qcu. **3** (*uniformly, regularly*) uniformemente, regolarmente. **4** (*gradually, continuously*) costantemente, in modo continuo: *the patient is improving ~* il paziente migliora continuamente. **5** (*calmly*) con calma, tranquillamente.

steadiness /'stedɪnəs/ *n.* **1** fermezza *f.*, saldezza *f.*, stabilità *f.* **2** (*uniformity, regularity*) uniformità *f.*, regolarità *f.* **3** (*calmness*) calma *f.*, tranquillità *f.*

steady /'stedi/ **I** *a.* **1** stabile, fermo, saldo: *the tripod was not ~* il treppiedi non era stabile; *not to be ~ on one's legs* non essere saldo sulle gambe, reggersi male sulle gambe. **2** (*not shaking*) fermo: *a surgeon must have ~ hands* un chirurgo deve avere le mani ferme. **3** (*sober, responsible*) giudizioso, serio, posato. **4** (*uniform, regular*) costante, regolare, uniforme: *a ~ speed* una velocità costante; *at a ~ pace* a velocità costante, a un ritmo costante. **5** (*continuous*) incessante, ininterrotto, continuo: *~ rain* pioggia incessante. **6** (*constant, habitual*) abituale, regolare: *a ~ customer* un cliente abituale. **7** (*consistent, dependable*) fidato, sicuro: *a ~ worker* un lavoratore fidato. **8** (*colloq*) (*of a girl friend, boy friend*) fisso. **9** (*Econ*) (*of the market*) sostenuto. **II** *n.* (*colloq*) **1** (*regular boyfriend*) ragazzo *m.* fisso. **2** (*regular girlfriend*) ragazza *f.* fissa. **III** *avv.* → **steadily**. **IV** *v.t.* **1** fissare, tenere fermo, reggere: *ropes were used to ~ the pole* per fissare il palo furono usati dei cavi. **2** (*rifl.*) *to ~ oneself* reggersi, tenersi fermo, tenersi saldo. **3** (*to make calm, composed*) calmare, distendere: *a stiff drink steadied his nerves* un liquore forte gli calmò i nervi. **4** (*to make serious, responsible*) fare mettere giudizio a, fare mettere la testa a partito a. **5** (*Mar*) tenere in rotta, mantenere in rotta. **V** *v.i.* **1** fermarsi, stabilizzarsi. **2** (*to become sober, responsible*) mettere giudizio, mettere la testa a partito. **3** (*to become calm*) calmarsi, distendersi. **4** (*Mar*) rimettersi in rotta. **VI** *intz.* **1** calma!, attenzione!, piano! **2** (*Mar*) alla via!, via (così)!: *~ as she goes* via così. □ *as ~ as a rock* saldo come una roccia; *to ~ down* (*to become sober, responsible*) mettere giudizio, mettere la testa a partito; (*colloq*) *to go ~* fare coppia fissa, filare (*with* con); *to have a ~ job* avere un impiego fisso; (*Fis*) *~ state* stato stazionario.

steady-going /'stedɪˌɡoʊɪŋ/ *a.* serio, posato, equilibrato.

steady-state /'stedɪˌsteɪt/ □ *~ growth* crescita a tasso costante; (*Astr*) *~ theory* teoria dello stato stazionario; (*Astr*) *~ universe*

universo stazionario.

steak /steɪk/ *n.* **1** bistecca *f.* **2** (*of fish*) trancia *f.*, fetta *f.* □ (*Gastron*) *~ tartare* bistecca alla tartara.

steal /stiːl/ (*past* **stole** /stoʊl/, *p.p.* **stolen** /'stoʊlən/) **I** *v.t.* **1** rubare, sottrarre: *to ~ so.'s watch* rubare l'orologio a qcu.; *to ~ sth. from so.* rubare qcs. a qcu.; *to ~ customers from a rival* sottrarre clienti a un concorrente. **2** (*fig*) (*to appropriate*) rubare, appropriarsi di: *to ~ so.'s ideas* rubare le idee a qcu. **3** (*fig*) (*to plagiarize*) plagiare, rubare. **4** (*to take without permission*) rubare, carpire: *to ~ a kiss from so.* rubare un bacio a qcu. **5** (*of time*) rubare: *to ~ a few hours from one's work* rubare qualche ora al lavoro. **II** *v.i.* **1** rubare: (*Bibl*) *thou shalt not ~* non rubare. **2** (*fig*) (*to move, to go secretly*) muoversi furtivamente. **III** *n.* **1** (*colloq*) furto *m.* **2** (*colloq*) (*sth. stolen*) cosa *f.* rubata, furto *m.* **3** (*Am,colloq*) (*bargain*) (buon) affare *m.*, occasione *f.*: *it's a real ~!* è regalato! □ *to ~ a glance at so.* dare un'occhiata furtiva a qcu., guardare qcu. di soppiatto, guardare qcu. di sottecchi; *to ~ a march on so.* battere qcu. sul tempo; *to ~ along* procedere quatto quatto, camminare furtivamente; (*fig*) *to ~ away* andarsene di nascosto, andarsene alla chetichella, allontanarsi con passo furtivo, sgattaiolare via (*from* fuori da); *to ~ by* (*of time*) passare (lentamente); *a tear stole down her cheek* una lacrima le scese lentamente sulla guancia; *to ~ in* entrare di soppiatto; *I stole out of the house* sono uscito di casa alla chetichella; *to ~ the show*: 1 (*Teat*) rubare la scena; 2 (*fig*) manipolare l'attenzione.

stealer /'stiːlər/ *n.* ladro *m.* (*f.* -a).

stealing /'stiːlɪŋ/ *n.* **1** furto *m.* **2** *pl.* (*things stolen*) refurtiva *f.sing.*, oggetti *m.pl.* rubati.

stealth /stelθ/ *n.* **1** azione *f.* furtiva, azione *f.* clandestina. **2** (*furtiveness*) l'essere furtivo, clandestinità *f.* □ *by ~* furtivamente, di soppiatto, di nascosto; *~ tower* antenna (per telecomunicazioni) camuffata (per non rovinare il paesaggio).

stealthily /'stelθɪli/ *avv.* furtivamente, di nascosto, di soppiatto; (*colloq*) alla chetichella.

stealthiness /'stelθɪnəs/ *n.* clandestinità *f.*, segretezza *f.*, furtività *f.*, l'essere furtivo.

stealthy /'stelθi/ *a.* furtivo, clandestino, nascosto.

steam /stiːm/ **I** *n.* **1** vapore *m.*: *it works by ~* funziona a vapore. **2** (*estens*) (*vapour, exhalation*) vapore *m.*, esalazione *f.*, emanazione *f.* **3** (*colloq*) (*power, energy*) energia *f.*, carica *f.* **II** *a.* a vapore. **III** *v.i.* **1** fumare, esalare vapore, esalare fumo: *a pot was -ing on the stove* una pentola fumava sul fornello. **2** (*to give off vapour*) fumare: *the horse was -ing after the gallop* dopo il galoppo il cavallo fumava. **3** (*to move by steam-produced power*) andare a vapore. **4** (*colloq*) (*to move rapidly, powerfully*) muoversi rapidamente e con molta energia. **5** (*colloq*) (*to show anger*) ribollire d'ira, fremere di rabbia. **IV** *v.t.* **1** cuocere al vapore. **2** (*to treat with steam*) trattare con vapore. **3** (*Tess*) passare al vapore. **4** (*Tecn,Cosmet*) vaporizzare. □ *to ~ ahead* andare a gonfie vele, andare bene; (*colloq*) *~ along* (*to move rapidly, powerfully*) muoversi rapidamente e con molta energia; *to ~ away*: 1 (*of a ship, train*) partire; 2 (*to evaporate*) evaporare; *~ bath* bagno di vapore (*anche Tecn*); (*Tecn*) *~ boiler* caldaia a vapore; (*Mecc*) *~ box* camera (di distribuzione) del vapore; *~ brake* freno a pressione; (*Mecc*) *~ chest* camera (di distribuzione) del vapore; *~ cleaner* macchina per il lavaggio a vapore; (*Gastron*) *~ cooking* cottura a vapore; ~ *engine*: 1 macchina a vapore; 2 (*Ferr*) locomotiva a vapore; (*Tecn*) ~ *gauge* manometro (per la pressione del vapore); ~ *generator* generatore di vapore; ~ *hammer* maglio a vapore; ~ *heat* calore prodotto dal vapore; ~ *heater* riscaldatore a vapore; ~ *heating* riscaldamento a vapore; *the ship -ed into port* il piroscafo entrò nel porto; *the train -ed into the station* il treno entrò in stazione; ~ *iron* ferro da stiro a vapore; ~ *ironing* stiratura a vapore; (*Tecn*) ~ *jacket* camicia di vapore; (*fig,colloq*) *to let off* ~ sfogarsi; (*Ferr*) ~ *locomotive* locomotiva a vapore; *to* ~ *off wallpaper* rimuovere la tappezzeria con un getto di vapore; (*Am*) *on one's own* ~: 1 (*Mar*) con i propri mezzi; 2 (*colloq*) (*without help from others*) da solo, senza aiuto; *to* ~ *open an envelope* aprire una busta con il vapore; (*Mus*) ~ *organ* organo a vapore, calliope; *to* ~ *over*: 1 appannarsi, coprirsi di vapore; 2 (*colloq*) (*to make angry*) far arrabbiare, far andare in collera; (*Fis*) ~ *point* punto di ebollizione dell'acqua; ~ *power* forza (motrice del) vapore, energia (termica) del vapore; ~ *pressing* stiratura a vapore; (*Fis*) ~ *pressure* tensione di vapore; ~ *pump* pompa a vapore; ~ *room* sauna; (*Tecn*) ~ *shovel* escavatore a vapore; (*Mar*) ~ *tug* rimorchiatore a vapore; (*Tecn*) ~ *turbine* turbina a vapore; *under one's own* ~: 1 (*Mar*) con i propri mezzi; 2 (*colloq*) (*without help from others*) da solo, senza aiuto; *to* ~ *up the kitchen* riempire la cucina di vapore; ~ *whistle* sirena a vapore.

steamboat /'sti:mbəʊt/ *n.* nave *f.* a vapore, vapore *m.*, piroscafo *m.*

steamed /sti:md/ *a.* (*Gastron*) (cotto) al vapore. □ (*colloq,fig*) *to get* ~ *up* andare in collera, montare in collera, arrabbiarsi.

steamer /'sti:mər/ *n.* 1 (*Mar*) piroscafo *m.*, nave *f.* a vapore, vapore *m.*, vaporetto *m.* 2 (*Mecc*) macchina *f.* a vapore. 3 (*Tecn*) autoclave *f.* 4 (*cooking vessel*) pentola *f.* a vapore.

steam-heated /'sti:mhi:tɪd *Am* 'sti:mhi:t̬ɪd/ *a.* riscaldato a vapore.

steamily /'sti:mɪli/ *avv.* estremamente. □ ~ *hot* caldissimo, fumante; ~ *sensous* estremamente sensuale.

steaminess /'sti:mɪnəs/ *n.* 1 l'essere pieno di vapore. 2 (*colloq*) (*sensuality*) sensualità *f.*

steaming /'sti:mɪŋ/ **I** *a.* fumante, caldissimo, bollente: ~ *coffee* caffè fumante. **II** *avv.* estremeamente, fino a fumare. □ ~ *hot* fumante, bollente.

steamroller /'sti:m‚rəʊlər/ **I** *n.* 1 (*Strad,Tecn*) compressore *m.* (stradale) a vapore, rullo *m.* compressore a vapore. 2 (*fig*) forza *f.* irresistibile, forza *f.* travolgente. **II** *v.t.* 1 (*Strad, Tecn*) passare sotto al rullo compressore. 2 (*fig*) travolgere, schiacciare, sopraffare. □ ~ *operator* compressorista.

steamship /'sti:mʃɪp/ *n.* (*Mar*) motonave *f.*, piroscafo *m.*, nave *f.* a vapore, vapore *m.*

steamtight /'sti:mtaɪt/ *a.* a tenuta di vapore.

steamy /'sti:mi/ *a.* 1 pieno di vapore, coperto di vapore. 2 (*misty*) nebbioso. 3 (*giving off steam*) fumigante, che emette vapore. 4 (*colloq*) (*sensual*) sensuale, erotico.

steapsin /'sti:psɪn/ *n.* (*Biol*) steapsina *f.*

stearate /'stɪəreɪt/ *n.* (*Chim*) stearato *m.*

stearic /sti'ærɪk/ *a.* (*Chim*) stearico *m.*: ~ *acid* acido stearico.

stearin /'stɪərɪn *Am* 'sti:ərɪn/, **stearine** /'stɪrɪn/ *n.* (*Chim*) stearina *f.*

steatite /'stɪətaɪt *Am* 'sti:ətaɪt/ *n.* (*Min*) steatite *f.*

steed /sti:d/ *n.* (*poet,scherz*) 1 (*horse*) cavallo *m.*, destriero *m.* 2 (*nag*) rozza *f.*, brenna *f.*

steel /sti:l/ **I** *n.* 1 acciaio *m.* 2 (*for sharpening knives*) acciaiolo *m.*, acciaiuolo *m.* 3 (*for*

striking from flint) acciarino *m.* 4 (*fig*) (*extreme hardness*) estrema durezza *f.* 5 (*fig*) (*firm resolution*) risolutezza *f.*, decisione *f.* 6 (*lett*) (*sword*) spada *f.*, (*lett*) acciaio *m.* 7 (*in a corset*) stecca *f.* di acciaio. **II** *a.* 1 di acciaio. 2 (*of the steel industry*) dell'industria dell'acciaio, relativo all'industria dell'acciaio. 3 (*fig*) (*resembling, hard as steel*) di acciaio, forte, saldo. **III** *v.t.* 1 ricoprire di acciaio, rivestire di acciaio. 2 (*of an electrotype*) acciaiare. 3 (*to point, to edge with steel*) arrotare con l'acciaiolo. 4 (*fig*) indurire, rendere insensibile. 5 (*rifl*) *to* ~ *oneself* (*fig*) diventare insensibile, indurirsi. □ ~ *band*: 1 banda di strumenti a percussione; 2 (*Orol*) braccialetto in acciaio; ~ *blue* azzurro metallizzato; (*Aut*) ~ *bodywork* lastratura, lastroferratura; ~ *collar* computer (che sostituiscono gli operai); (*Mus*) ~ *drum* steel drum, tamburo d'acciaio, strumento a percussione ricavato dal coperchio di un bidone; (*Art*) ~ *engraving* (*process*) incisione su acciaio, (*Edil,Ferr*) ~ *girder* trave di acciaio, longherina; (*Mus*) ~ *guitar* chitarra hawaiana, ukulele; ~ *industry* industria siderurgica; ~ *making* fabbricazione dell'acciaio; ~ *mill* acciaieria, stabilimento per la laminazione dell'acciaio; ~ *section* profilato in acciaio; (*Ind*) ~ *wool* lana di acciaio.

steel-blue /'sti:l‚blu:/ **I** *n.* blu *m.* acciaio, blu *m.* metallizzato. **II** *a.* blu acciaio, blu metallizzato.

steel-clad /'sti:l‚klæd/ *a.* rivestito in acciaio, rivestito di acciaio.

steel-gray /'sti:l‚greɪ/ **I** *n.* (*Am*) grigio *m.* scuro, acciaio *m.* **II** *a.* (*Am*) grigio scuro, color acciaio, color dell'acciaio.

steel-grey /'sti:l‚greɪ/ **I** *n.* grigio *m.* scuro, acciaio *m.* **II** *a.* grigio scuro, color acciaio, color dell'acciaio.

steel-hearted /'sti:l‚hɑːtɪd *Am* 'sti:l‚hɑːrt̬ɪd/ *a.* dal cuore di pietra.

steelify /'sti:lɪfaɪ/ *v.t.* acciaiare.

steeliness /'sti:lɪnəs/ *n.* 1 l'essere di acciaio. 2 (*fig*) durezza *f.*, inflessibilità *f.*

steel-plated /'sti:lpleɪtɪd *Am* 'sti:lpleɪt̬ɪd/ *a.* ricoperto di acciaio, corazzato.

steel wool /'sti:l‚wʊl/ *n.* paglietta *f.*, ramina *f.*, lana *f.* di acciaio, paglia *f.* di ferro.

steelwork /'sti:l‚wɜːk *Am* 'sti:l‚wɜːrk/ *n.* 1 oggetto *m.* di acciaio. 2 (*Edil*) struttura *f.* di acciaio.

steelworker /'sti:l‚wɜːkər *Am* 'sti:l‚wɜːrkər/ *n.* chi lavora l'acciaio, operaio *m.* (*f.* -a) metallurgico.

steelworks /'sti:l‚wɜːks *Am* 'sti:l‚wɜːrks/ *n.pl.* (*costr.sing. o pl.*) acciaieria *f.sing.*

steely /'sti:li/ *a.* 1 (fatto) di acciaio. 2 (*hard as steel*) duro come l'acciaio. 3 (*resembling steel in colour*) del colore dell'acciaio. 4 (*of the sky*) grigio piombo. 5 (*fig*) ferreo, di acciaio, inflessibile. □ ~ *blue* blu acciaio, blu metallizzato; ~ *grey* (o *Am* ~ *gray*) grigio acciaio.

steelyard[1] /'sti:l‚jɑːd *Am* 'sti:l‚jɑːrd/ *n.* stadera *f.*, bilancia *f.* romana.

steelyard[2] /'sti:l‚jɑːd *Am* 'sti:l‚jɑːrd/ *n.* (*steelworks*) acciaieria *f.*

steen /sti:n/ *v.t.* (*Edil,Minier*) rivestire internamente.

steenbok /'sti:nbɒk *Am* 'sti:nbɑːk/ (*pl.inv.* o -**s** /-s/; *il pl. inv. si usa general. con valore collett.*) *n.* (*Zool*) raficero *m.* campestre.

steep[1] /sti:p/ **I** *a.* 1 ripido, scosceso, dirupato, erto: *a* ~ *hill* una collina ripida. 2 (*fig*) precipitoso: *a* ~ *drop in production* un calo precipitoso della produzione. 3 (*colloq*) (*of a price*) esorbitante, eccessivo. 4 (*colloq*) (*of a story, etc.: incredible*) incredibile, assurdo,

inverosimile. 5 (*colloq*) (*exaggerated*) esagerato. **II** *n.* pendio *m.*, china *f.* **III** *avv.* 1 ripidamente. 2 (*fig*) vertiginosamente, precipitosamente: *prices rose* ~ i prezzi aumentarono vertiginosamente.

steep[2] /sti:p/ **I** *v.t.* 1 immergere, bagnare, mettere a bagno: *to* ~ *cloth in dye* immergere la stoffa nella tintura; (*to infuse*) mettere in infusione. 2 (*to saturate*) imbevere, impregnare, intridere, inzuppare. 3 (*fig*) imbevere, permeare, pervadere: *to* ~ *oneself in classical literature* imbeversi di letteratura classica. 4 (*Ind*) macerare. **II** *v.i.* essere in infusione. **III** *n.* 1 immersione *f.*, bagno *m.* 2 (*infusion*) infusione *f.*

steepen /'sti:pən/ **I** *v.i.* farsi (più) ripido, diventare (più) scosceso: *prices have -ed a lot* i prezzi sono aumentati di molto. **II** *v.t.* rendere (più) ripido, rendere (più) scosceso: *to* ~ *costs* far aumentare i costi.

steeper /'sti:pər/ *n.* 1 chi immerge, chi bagna, maceratore *m.* (*f.* -trice). 2 (*Ind*) maceratore *m.*, maceratoio *m.*, vasca *f.* di macerazione, recipiente *m.* di macerazione.

steepish /'sti:pɪʃ/ *a.* piuttosto ripido, piuttosto scosceso.

steeple /'sti:pl/ *n.* 1 (*Arch*) guglia *f.* 2 (*tower*) torre *f.* campanaria, campanile *m.*

steeplechase /'sti:pltʃeɪs/ *n.* 1 (*Equit*) corsa *f.* a ostacoli, steeplechase *m.* 2 (*Sport*) corsa *f.* campestre a ostacoli: *3.000 metres* ~ 3.000 metri a ostacoli.

steeplechaser /'sti:pltʃeɪsər/ *n.* 1 (*Equit*) cavallo *m.* allenato per corse a ostacoli. 2 (*Sport*) podista *m./f.* di corsa campestre a ostacoli.

steeplechasing /'sti:pltʃeɪsɪŋ/ *n.* 1 (*Equit*) corse *f.pl.* a ostacoli. 2 (*Sport*) corse *f.pl.* campestri a ostacoli.

steepled /'sti:pld/ *a.* 1 (*Arch*) con guglia, fornito di guglia. 2 (*having the form of a steeple*) a forma di guglia.

steeplejack /'sti:pldʒæk/ *n.* addetto *m.* alla manutenzione di campanili, camini ecc.

steeply /'sti:pli/ *avv.* 1 ripidamente. 2 (*fig*) vertiginosamente, precipitosamente: *prices rose* ~ i prezzi aumentarono vertiginosamente.

steepness /'sti:pnəs/ *n.* ripidezza *f.*, ripidità *f.*

steer[1] /stɪər *Am* stɪr/ **I** *v.t.* 1 (*Mar*) governare, guidare, manovrare: *to* ~ *a ship* governare una nave. 2 (*estens*) guidare, condurre, pilotare: *to* ~ *a car* guidare una macchina. 3 (*fig*) guidare, dirigere, indirizzare, rivolgere: *to* ~ *the conversation in the desired direction* indirizzare la conversazione nella direzione voluta. **II** *v.i.* 1 (*Mar*) governare (una nave): *to* ~ *by the wind* governare secondo il vento. 2 (*estens*) (*to drive*) guidare, stare al volante. 3 (*Mar*) (*to admit of being steered*) governarsi, rispondere al timone: *the ship -s well* la nave si governa bene. 4 (*Aut*) guidarsi, rispondere allo sterzo. 5 (*fig*) dirigersi, andare (*for a, verso*): *to* ~ *for home* dirigersi a casa. □ *to* ~ *a course*: 1 (*Mar*) seguire una rotta; 2 (*fig*) seguire una via; *to* ~ *clear of*: 1 (*Mar*) tenersi al largo di: *to* ~ *clear of the rocks* tenersi al largo degli scogli; 2 (*fig*) evitare, scansare.

steer[2] /stɪər *Am* stɪr/ *n.* (*Zootecn*) manzo *m.*; (*young steer*) giovenco *m.*

steerage /'stɪərɪdʒ *Am* 'stɪrɪdʒ/ *n.* 1 (*Mar*) governo *m.* 2 (*fig*) (*guidance, direction*) guida *f.*, direzione *f.* 3 (*Mar*) (*effectiveness of the helm*) effetto *m.* del timone, governo *m.* del timone; (*steering apparatus*) comandi *m.pl.* del timone. 4 (*Mar*) (*stern of a ship*) poppa *f.* 5 (*Mar*) (*cheap accommodation*) alloggio *m.* in in terza classe. **II** *avv.* (*Mar*) in terza classe: *to sail* ~ viaggiare in terza classe. □ (*Mar*) ~ *passenger* passeggero di terza classe.

steerageway /'stɪərɪdʒweɪ *Am* 'stɪrɪdʒweɪ/ *n.* (*Mar*) abbrivo *m.*, abbrivio *m.* (sufficiente per governare): *to lose* ~ perdere l'abbrivio.

steerer /'stɪərər *Am* 'stɪrər/ *n.* pilota *m./f.*, timoniere *m.* (*f.* -a).

steering /'stɪərɪŋ *Am* 'stɪrɪŋ/ *n.* 1 (*Mar*) governo *m.* 2 (*Mecc*) sterzo *m.*, comando *m.* sterzo. □ ~ *column* piantone di guida, piantone dello sterzo; ~ *committee* comitato direttivo; ~ *gear*: 1 (*Mecc*) sterzo, comando sterzo; 2 (*Mar*) apparato del timone, agghiaccio; (*Aut*) ~ *lock*: 1 bloccasterzo; 2 (*turning of wheels*) massimo angolo di sterzata; (*Mar*) ~ *oar* remo di governo; ~ *wheel*: 1 (*Aut*) volante (di guida), sterzo; 2 (*Mar*) ruota del timone.

steersman /'stɪəzmən *Am* 'stɪrzmən/ *n.irr.* (*Mar*) timoniere *m.*, nocchiere *m.*

steersmanship /'stɪəzmənʃɪp *Am* 'stɪrzmən ʃɪp/ *n.* abilità *f.* di timoniere.

steeve /stiːv/ **I** *v.t.* (*Mar*) stivare: *to* ~ *cotton* stivare cotone. **II** *n.* (*Mar*) barra *f.* di stivaggio.

steinbock /'staɪnbɒk *Am* 'staɪnbɑːk/ (*pl.inv.* o -s /-s/; *il pl. inv. si usa general. con valore collett.*) *n.* (*Zool*) stambecco *m.* delle Alpi.

steinbok /'staɪnbɒk *Am* 'staɪnbɑːk/ *n.* (*Zool*) raficero *m.* campestre.

stele /'stiːli/ (*pl.* -**lai** /-lai/ o -**s** /-z/) *n.* (*Archeol*, *Bot*) stele *f.*

stellar /'stelər/ *a.* 1 (*Astr*) stellare, delle stelle: ~ *light* luce stellare. 2 (*colloq*) (*excellent*, *having the quality of a star*) che brilla di luce propria, straordinario, stupendo, favoloso, eccellente, magnifico. □ (*Astr*) ~ *evolution* evoluzione stellare; (*Astr*) ~ *wind* vento stellare.

stellate /'stelɪt/, **stellated** /'stelɪtɪd *Am* 'stelɪtɪd/ *a.* stellare, a stella, a raggiera.

stelliferous /ste'lɪfərəs/ *a.* (*Biol*) a forma di stella, stellare, stellato.

stelliform /'stelɪfɔːm *Am* 'stelɪfɔːrm/ *a.* fatto a stella.

stem[1] /stem/ **I** *n.* 1 (*Bot*) stelo *m.*, fusto *m.*; (*stalk*) gambo *m.*; (*peduncle*, *pedicel*) peduncolo *m.*, pedicello *m.*; (*petiole*) picciolo *m.* 2 (*of a glass*) gambo *m.*, stelo *m.* 3 (*of a pipe*) cannello *m.*, cannuccia *f.* 4 (*of a spoon*) manico *m.* 5 (*Ling*) (*root of a word*) radice *f.*, radicale *m.*, tema *m.* 6 (*Mus*) gambo *m.* della nota. 7 (*Mar*) dritto *m.* di prua, ruota *f.* di prua; (*bows*) prua *f.* 8 (*rar.fig*) (*line of ancestry*) ceppo *m.* **II** *v.t.* 1 staccare il gambo a. 2 (*of artificial flowers*) fornire di gambo, fare il gambo a. 3 (*Mar*) (*to make headway against*) andare contro, procedere contro: *to* ~ *the tide* andare contro la corrente. 4 (*fig*) opporre resistenza a, lottare contro. **III** *v.i.* 1 provenire, derivare, aver origine, essere causato (*from* da). 2 (*to descend*) discendere, provenire (*from* da). □ (*Biol*) ~ *cell* cellula staminale; (*Dolc*) ~ *ginger* zenzero candito; ~ *stitch* (*in embroidery*) punto erba; *from* ~ *to stern*: 1 (*Mar*) da prua a poppa, da un capo all'altro della nave; 2 (*fig*) da cima a fondo, completamente.

stem[2] /stem/ **I** *v.t.* (*past, p.p.* **stemmed** /-d/) 1 (*to stop, to check*) contenere, arginare, frenare, porre freno a: *to* ~ *the enemy's attack* contenere l'attacco nemico. 2 (*to stanch*) stagnare. 3 (*a river, etc.*) arginare. **II** *v.i.* (*past, p.p.* **stemmed** /-d/) 1 stagnare. 2 (*Sport*) (*in skiing*) curvare a spazzaneve, fare lo spazzaneve per curvare. **III** *n.* (*Sport*) (*in skiing*) spazzaneve *m.* (per curvare). □ *to* ~ *back* (*to stop, to check*) contenere, arginare,

frenare, porre freno a; (*Sport*) ~ *christie* (*in skiing*) stem-cristiania; (*Sport*) ~ *turn* (*in skiing*) curva a spazzaneve.

stemless /'stemləs/ *a.* (*Bot*) privo di stelo, privo di gambo.

stemlet /'stemlət/ *n.* (*Bot*) piccolo gambo *m.*, piccolo stelo *m.*

stemma /'stemə/ (*pl.* -**s** /-z/ o -**mata** /-mətə *Am* -mətə/) *n.* 1 (*Entom,Zool*) ocello *m.* 2 (*Filol*) stemma *m.* dei codici. 3 (*family tree*) albero *m.* genealogico; (*pedigree*) pedigree *m.*

stemmed /stemd/ *a.* 1 (*Bot*) provvisto di gambo. 2 (*in compounds*) dal gambo...: *long-*~ dal gambo lungo.

stempel, stemple /'stempl/ *n.* (*Minier*) puntello *m.*

stemware /'stemweər *Am* 'stemwer/ *n.* (*collett.*) calici *m.pl.*, bicchieri *m.pl.* a stelo.

Sten /sten/ *n.* (*Mil*) pistola *f.* mitragliatrice leggera, sten *f./m.* □ (*Mil*) ~ *gun* pistola mitragliatrice leggera, sten.

stench /stenʃ *Am* stentʃ/ *n.* puzzo *m.*, fetore *m.*, tanfo *m.* □ ~ *trap* pozzetto intercettatore.

stencil /'stensəl/ **I** *n.* 1 stampino *m.*, mascherina *f.*, stencil *m.* 2 (*lettering, design*) marchio *m.*, stampinatura *f.* 3 (*for duplication*) matrice *f.* (per ciclostile). **II** *v.t.* (*past, p.p.* **stencilled** /*Am* **stenciled** /-d/) 1 stampinare, riprodurre con uno stampino. 2 (*to mark with a stencil*) marcare con uno stampino, contrassegnare con uno stampino. 3 (*to duplicate*) ciclostilare.

stenciler /'stensələr/ *n.* (*Am*) stampinatore *m.* (*f.* -trice).

stenciller /'stensələr/ *n.* stampinatore *m.* (*f.* -trice).

stencilling /'stensəlɪŋ/ *n.* 1 stampinatura *f.* 2 (*tecnique*) stencil *m.*, decorazione *f.* con stampini.

steno /'stenou/ *n.* (*colloq*) 1 (*stenographer*) stenografo *m.* (*f.* -a). 2 (*stenography*) steno *f.*, stenografia *f.*

stenograph /'stenougrɑːf *Am* 'stenəgræf/ **I** *n.* 1 stenogramma *m.* 2 (*machine*) macchina *f.* stenografica. **II** *v.t.* stenografare.

stenographer /ste'nɒgrəfər *Am* ste'nɑːgrəfər/ *n.* (*Am*) stenografo *m.* (*f.* -a).

stenographic /ˌstenə'græfɪk/, **stenographical** /ˌstenə'græfɪkəl/ *a.* stenografico.

stenographically /ˌstenə'græfɪkəli/ *avv.* in stenografia.

stenographist /ˌste'nɒgrəfɪst *Am* ˌste 'nɑːgrəfɪst/ *n.* stenografo *m.* (*f.* -a).

stenography /ste'nɒgrəfi *Am* ste'nɑːgrəfi/ *n.* stenografia *f.*

stenohaline /ˌstenou'heɪliːn/ *a.* (*Biol*) stenoalino.

stenosis /stɪ'nousɪs/ *n.* stenosi *f.*

stenotype /'stenoutaɪp *Am* 'stenətaɪp/ *n.* 1 carattere *m.* di stenotipia. 2 (*machine*) macchina *f.* per stenotipia.

stenotypist /'stenouˌtaɪpɪst *Am* 'stenəˌtaɪpɪst/ *n.* chi scrive con una macchina per stenotipia.

stenotypy /'stenouˌtaɪpi *Am* 'stenəˌtaɪpi/ *n.* stenotipia *f.*

stent /stent/ *n.* (*Med*) stent *m.*

Stentor /'stentɔː *Am* 'stentɔːr/ *n.pr.m.* (*Mitol*) Stentore.

stentorian /sten'tɔːriən/, **stentorious** /sten'tɔːriəs/ *a.* potente, forte, stentoreo.

step /step/ **I** *n.* 1 passo *m.* (*anche fig*): *to take a* ~ *forward* fare un passo avanti. 2 (*footprint*) orma *f.*, impronta *f.*, passo *m.*: ~ *-s in the sand* orme sulla sabbia. 3 (*sound*) passo *m.*, rumore *m.* di un passo. 4 (*manner of walking*) passo *m.*, andatura *f.*, modo di camminare: *a heavy* ~ un passo pesante. 5 (*short distance*) passo *m.*, due passi *m.pl.*: *within a*

~ *of the house* a un passo dalla casa. 6 (*in dancing*) passo *m.* (di danza). 7 (*Mil,Sport*) passo *m.* 8 (*fig*) (*measure, action*) mossa *f.*, passo *m.*, iniziativa *f.*, azione *f.*: *what is your next* ~? qual è la vostra prossima mossa? 9 (*of a single stair*) gradino *m.*, scalino *m.*; (*of a step ladder*) gradino *m.*; (*of a ladder*) piolo *m.* 10 (*fig*) (*grade, degree*) gradino *m.*, scalino *m.*, grado *m.*: *the first* ~ *in one's career* il primo scalino della carriera. 11 (*Aut*) predellino *m.*, montatoio *m.* 12 (*Alp*) gradino *m.*, scalino *m.* 13 (*Geog,Agr*) terrazza *f.*, ripiano *m.*, gradino *m.*: *the hillside was cultivated in* ~*s* la collina era coltivata a terrazze. 14 (*Mus*) (*of the scale*) grado *m.*; (*interval*) intervallo *m.* 15 (*Inform*) passo *m.* di elaborazione. 16 (*Sport, colloq*) step *m.* 17 *pl.* (*course, way*) passi *m.pl.*: *to retrace one's* ~*s* tornare sui propri passi. 18 *pl.* (*flight of steps*) scala *f.sing.*, scalinata *f.sing.* 19 *pl.* scala *f.sing.* a libro, scala *f.sing.* a libretto. **II** *v.i.* (*past, p.p.* **stepped** /-t/) 1 fare un passo (*in*; *on* su): *to* ~ *forward* fare un passo avanti. 2 (*to walk, to go on foot*) andare a piedi, camminare; (*to go*) andare: *he asked me to* ~ *along to his office* mi chiese di andare al suo ufficio. 3 (*to come*) venire. **III** *v.t.* (*past, p.p.* **stepped** /-t/) 1 fare muovere. 2 (*of a dance*) ballare, danzare. 3 (*of the foot*) muovere. 4 (*Agr*) tagliare a terrazze, tagliare a gradini. 5 (*Mar*) (*of a mast*) sistemare nella cassa; (*of a ship*) alberare. □ *to* ~ *across a stream* attraversare un ruscello; (*Sport*) ~ *aerobics* step; *to* ~ *along* (*to leave, to go*) andarsene; *to* ~ *ashore* sbarcare, scendere a terra; *to* ~ *aside*: 1 farsi da parte, farsi da un lato, fare un passo di lato: *he -ped aside to let me pass* si fece da parte per lasciarmi passare; 2 (*fig*) (*to retire*) mettersi da parte, tirarsi da parte; *to* ~ *back* fare un passo indietro, indietreggiare; prendere le distanze (*from* da); ~ *by* ~ passo a passo, a passo a passo, per gradi, gradualmente; *to* ~ *down*: 1 scendere, discendere (*from* da); 2 (*fig*) ritirarsi, dimettersi, dare le dimissioni (*da*); 3 (*El*) trasformare in bassa tensione; (*Mat*) ~ *function* funzione a gradini; *to* ~ *in*: 1 entrare; 2 (*to intervene*) intervenire, intromettersi; 3 (*to make a brief visit*) fare una breve visita (*on* a), fare un salto (*da*); *in* ~: 1 al passo; (*Mil*) *to be in* ~ andare al passo; 2 (*fig*) in armonia, in accordo; 3 (*El*) in fase; *to* ~ *into* mettere i piedi in, mettere il piede in: *to* ~ *into a puddle* mettere il piede in una pozzanghera; *to* ~ *into a taxi* salire su un taxi; *to* ~ *into so.'s shoes* prendere il posto di qcu.; *to* ~ *into so's boots* prendere il posto di qcu.; (*fig*) *to* ~ *into the breach* aiutare qcu. in crisi, sostituire qcu. in un momento di urgenza; *to keep* ~: 1 (*Mil*) marciare al passo (*with* con); 2 (*fig*) andare di pari passo, andare dello stesso passo, stare al passo, tenere il passo (*with* con); ~ *ladder* scala a libretto, scala a libro; *to* ~ *lively* affrettarsi: (*colloq*) ~ *lively!* sbrigati!, spicciati!, muoviti!; *to* ~ *off*: 1 scendere; 2 (*to leave, to depart*) andarsene, andar via; 3 (*to measure with steps*) misurare con i passi; (*sl*) ~ *off!* piantala!, vattene!, aria!; *to* ~ *on*: 1 pestare, calpestare: *to* ~ *on the cat's tail* pestare la coda al gatto; 2 (*to press with the foot*) premere, schiacciare, pigiare: *to* ~ *on the accelerator* premere l'acceleratore; (*colloq*) *to* ~ *on it* sbrigarsi, affrettarsi, far presto: ~ *on it!* svelto!, muoviti!; (*colloq*) *to* ~ *on the gas* sbrigarsi, affrettarsi, far presto; *to* ~ *out*: 1 scendere: *the taxi stopped and they -ped out* il tassì si fermò ed essi scesero; 2 (*to go out for a short time*) uscire un momento, fare due passi, andare fuori per un po'; 3 (*to walk briskly*) allungare il passo, affrettare il passo, affrettarsi; 4 (*colloq*) (*to go out to have a good time*) andare a divertirsi; 5 (*Br,sl*) (*to be unfaithful*) tradire (*on so. qcu.*), essere infedele, (*volg*) mettere le corna (a), fare le corna (a); 6 (*Br,sl*) (*to die*) morire, (*volg*) crepare; *out of* ~: 1 (*Mil*) non al passo: *to be out of* ~ non andare al passo, perdere il passo; 2 (*fig*) in disaccordo, non in armonia; ~ *stool* scaleo, scala a libretto; (*fig*) *to take* -*s* prendere delle misure, prendere dei provvedimenti, fare i passi necessari; ~ *this way, please* da questa parte, prego; *to* ~ *so.'s toes* pestare i piedi a qcu. (*anche fig*); *a* ~ *up in the world* una promozione, un avanzamento sociale; *to* ~ *up*: 1 salire; 2 (*to be promoted*) ottenere una promozione, ottenere un avanzamento; 3 (*to increase*) aumentare: *to* ~ *up production* aumentare la produzione; 4 (*to increase the rate, the speed of*) accelerare, affrettare; 5 (*El*) trasformare in alta tensione.

stepbrother /'stepbrʌðər/ *n.* fratellastro *m.*

step-by-step /ˌstepbaɪ'step/ □ (*Pol*) ~ *strategy* strategia del passo dopo passo.

stepchild /'steptʃaɪld/ *n.irr.* figliastro *m.* (*f. -a*).

stepdaughter /'stepdɔːtər *Am* 'stepdɑːt̬ər/ *n.* figliastra *f.*

step-down /'stepdaʊn/ □ (*El*) ~ *transformer* trasformatore in discesa.

stepfather /'stepˌfɑːðər/ *n.* patrigno *m.*, (nuovo) marito *m.* della madre.

Stephanie /'stefəni/ *n.pr.f.* Stefania.

Stephen /'stiːvən/ *n.pr.m.* Stefano.

stepladder /'stepˌlædər/ *n.* scala *f.* a libretto.

stepmother /'stepˌmʌðər/ *n.* matrigna *f.*, (nuova) moglie *f.* del padre.

stepmotherly /'stepmʌðəli/ *Am* 'stepmʌðərli/ *a.* di matrigna, da matrigna; (*spreg*) matrignesco.

step-parent /'stepˌpeərənt/ *n.* 1 (*stepfather*) patrigno *m.*, (nuovo) marito *m.* della madre. 2 (*stepmother*) matrigna *f.*, (nuova) moglie *f.* del padre.

steppe /step/ *n.* (*Geog*) steppa *f.*

stepped /stept/ *a.* a gradini, a scalini: ~ *pyramid* piramide a gradini.

stepper /'stepər/ □ (*Inform*) ~ *motor* motore passo passo.

stepping /'stepɪŋ/ □ ~ *stone*: 1 pietra di un guado, guado, (pietra di) passatoio, pietra per passare il guado; 2 (*fig*) (*an action taken towards reaching a goal*) gradino, passo: *that was the first* ~ *stone to victory* quello fu il primo passo verso la vittoria; *a first* ~ *stone to success* un primo passo verso il successo.

stepsister /'stepˌsɪstər/ *n.* sorellastra *f.*

stepson /'stepsʌn/ *n.* figliastro *m.*

step-up /'stepʌp/ □ (*El*) ~ *transformer* trasformatore in salita.

stepwise /'stepwaɪz/ *avv.* 1 (*Mus*) (*moving by step*) a scala. 2 (*estens*) (*gradually*) gradualmente, per gradi, a stadi successivi.

steradian /stə'reɪdiən/ *n.* (*Geom*) steradiante *m.*

stercoraceous /ˌstɜːkə'reɪʃəs *Am* ˌstɜːrkə-'reɪʃəs/ *a.* (*Med*) stercoraceo.

stercoral /'stɜːkərəl *Am* 'stɜːrkərəl/ *a.* 1 (*Med*) stercoraceo. 2 (*Zool*) che si nutre di sterco.

stere /stɪər/ *n.* stero *m.* (pari a 1 m³).

stereo /'steriəʊ *Am* 'steriəʊ/ **I** *n.* 1 (*colloq*) riproduzione *f.* stereofonica; (*sound system*) sistema *m.* stereofonico. 2 (*stereotype*) stereotipia *f.* 3 (*stereoscopic photography*) fotografia *f.* stereoscopica, stereofotografia *f.* **II** *a.* 1 (*Acus*) (*stereophonic*) stereo, stereofonico. 2 (*Tip*) stereotipo, stereotipico, stereotipato. 3 (*stereoscopic*) stereoscopico. **III** *v.t.* (*colloq*) (*to stereotype*) stereotipare. □ (*Fot*) ~ *camera* apparecchio (fotografico)

stereoscopico; (*Acus*) ~ *headphone* cuffia stereo, cuffia stereofonica; (*Acus*) ~ *image* immagine stereo; (*Acus,colloq*) *in* ~ in stereo; ~ *radio-cassette player* radioregistratore (a cassette) stereo.

stereochemical /ˌsteriəʊ'kemɪkəl *Am* ˌsteriə'kemɪkəl/ *a.* stereochimico.

stereochemically /ˌsteriəʊ'kemɪkli *Am* ˌsteriə'kemɪkəli/ *avv.* stereochimicamente.

stereochemistry /ˌsteriəʊ'kemɪstri *Am* ˌsteriə'kemɪstri/ *n.* stereochimica *f.*

stereogram /'steriəɡræm/ *n.* 1 stereogramma *m.* 2 (*stereograph*) stereografo *m.*

stereograph /'steriəɡrɑːf *Am* 'steriəɡræf/ *n.* stereografo *m.*

stereographic /ˌsteriə'ɡræfɪk/, **stereographical** /ˌsteriə'ɡræfɪkəl/ *a.* stereografico.

stereography /ˌsteri'ɒɡrəfi *Am* ˌsteri'ɑːɡrəfi/ *n.* (*Geom*) stereografia *f.*

stereoisomer /ˌsteriəʊ'aɪsəmər/ *n.* (*Chim*) stereoisomero *m.*

stereology /ˌsteri'ɒlədʒi *Am* ˌsteri'ɑːlədʒi/ *n.* stereologia *f.*

stereometric /ˌsteri'ɒmetrɪk *Am* ˌsteri'ɑːmetrɪk/, **stereometrical** /ˌsteri'ɒmetrɪkəl *Am* ˌsteri'ɑːmetrɪkəl/ *a.* (*Geom*) stereometrico.

stereometry /ˌsteri'ɒmitri *Am* ˌsteri'ɑːmitri/ *n.* (*Geom*) stereometria *f.*

stereophonic /ˌsteriəʊ'fɒnɪk *Am* ˌsteriə'fɑːnɪk/ *a.* (*Acus*) stereofonico. □ (*Acus*) ~ *sound system* impianto stereofonico.

stereophonically /ˌsteriəʊ'fɒnɪkli *Am* ˌsteriə'fɑːnɪkli/ *avv.* stereofonicamente, in stereofonia.

stereophony /ˌsteri'ɒfəni *Am* ˌsteri'ɑːfəni/ *n.* stereofonia *f.*

stereophotography /ˌsteriəʊfə'tɒɡrəfi *Am* ˌsteriəfə'tɑːɡrəfi/ *n.* stereofotografia *f.*

stereopsis /ˌsteri'ɒpsɪs *Am* ˌsteri'ɑːpsɪs/ *n.* (*Ott*) stereoscopia *f.*, visione *f.* stereoscopica.

stereoptic /ˌsteri'ɒptɪk *Am* ˌsteri'ɑːptɪk/ *a.* (*Ott*) stereoscopico.

stereopticon /ˌsteri'ɒptɪkən *Am* ˌsteri'ɑːptɪkən/ *n.* (*Ott*) stereopticon *m.*

stereoscope /'steriəskəʊp/ *n.* (*Ott*) stereoscopio *m.*

stereoscopic /ˌsteriə'skɒpɪk *Am* ˌsteriə'skɑːpɪk/, **stereoscopical** /ˌsteriə'skɒpɪkəl *Am* ˌsteriə'skɑːpɪkəl/ *a.* (*Fot*) ~ *camera* apparecchio (fotografico) stereoscopico; (*Ott*) ~ *microscope* microscopio stereoscopico.

stereoscopically /ˌsteriə'skɒpɪkli *Am* ˌsteriə'skɑːpɪkəli/ *avv.* stereoscopicamente, in stereoscopia.

stereoscopy /ˌsteri'ɒskəpi *Am* ˌsteri'ɑːskəpi/ *n.* (*Ott*) stereoscopia *f.*

stereospecific /ˌsteriəʊspe'sɪfɪk/ *a.* (*Chim*) stereospecifico.

stereotape /'steriəteɪp/ *n.* nastro *m.* magnetico stereofonico.

stereotomy /ˌsteri'ɒtəmi *Am* ˌsteri'ɑːt̬əmi/ *n.* (*Geom*) stereotomia *f.*

stereotype /'steriətaɪp/ **I** *n.* 1 (*Tip*) (*process*) stereotipia *f.*; (*plate*) lastra *f.* stereotipa, stereotipia *f.* 2 (*fig*) stereotipo *m.* **II** *v.t.* 1 (*Tip*) stereotipare. 2 (*fig*) uniformare secondo un modello, rendere convenzionale. 3 (*fig*) (*to repeat without changes*) ripetere senza variazioni.

stereotyped /'steriətaɪpt/ *a.* 1 (*Tip*) stereotipo, stereotipico, stereotipato. 2 (*fig*) stereotipato, convenzionale, stereotipo. 3 (*fig*) (*trite*) trito, banale.

stereotyper /'steriətaɪpər/ *n.* (*Tip*) stereotipista *m./f.*

stereotypic /ˌsteriəʊ'tɪpɪk/, **stereotypical** /ˌsteriəʊ'tɪpɪkəl/ *a.* stereotipico.

stereotypically /ˌsteriəʊ'tɪpɪkli/ *avv.* stere-

otipicamente, secondo gli stereotipi.

stereotypist /'steriəˌtaɪpɪst/ *n.* (*Tip*) stereotipista *m./f.*

stereotypy /'steriətaɪpi/ *n.* (*Tip,Psic*) stereotipia *f.*

steric /'sterɪk/ *a.* (*Chim*) sterico.

sterilant /'sterɪlənt/ *n.* sterilizzante *m.*

sterile /'steraɪl *Am* 'sterəl/ *a.* 1 sterile, infecondo (*anche fig*). 2 (*Med*) sterile, sterilizzato, asettico: ~ *gloves* guanti sterili.

sterilely /'steraɪli *Am* 'sterəlɪli/ *avv.* sterilmente (*anche fig*).

sterilisation /ˌsterəlaɪ'zeɪʃən/ *n.* (*Br*) 1 sterilizzazione *f.* 2 (*state of having become sterile*) isterilimento *m.* 3 (*Med*) sterilizzazione *f.*

sterilise /'sterəlaɪz/ *v.t.* (*Br*) 1 (*Med*) sterilizzare. 2 (*to make incapable of reproduction*) sterilizzare, isterilire, rendere sterile.

sterility /ste'rɪləti *Am* ste'rɪləti̬/ *n.* sterilità *f.*, infecondità *f.*, infruttuosità *f.* (*anche fig*).

sterilizable /ˌsterəl'aɪzəbl *Am* ˌsterə'laɪzəbl/ *a.* sterilizzabile.

sterilization /ˌsterəlaɪ'zeɪʃən *Am* ˌsterəli'zeɪʃən/ *n.* 1 sterilizzazione *f.* 2 (*state of having become sterile*) isterilimento *m.* 3 (*Med*) sterilizzazione *f.*

sterilize /'sterəlaɪz *Am* 'sterəlaɪz/ *v.t.* 1 (*Med*) sterilizzare. 2 (*to make incapable of reproduction*) sterilizzare, isterilire, sterilire, rendere sterile.

sterilized /'sterəlaɪzd *Am* 'sterəlaɪzd/ *a.* 1 sterilizzato, reso infecondo. 2 (*Med*) sterile, sterilizzato, reso asettico.

sterilizer /'sterəlaɪzər *Am* 'sterəlaɪzər/ *n.* (*apparatus*) sterilizzatore *m.*

sterlet /'stɜːlɪt *Am* 'stɜːrlɪt/ *n.* (*Itt*) sterleto *m.*, sterletto *m.*, sterlatto *m.*

sterling /'stɜːlɪŋ *Am* 'stɜːrlɪŋ/ **I** *a.* 1 (*Econ*) della sterlina, relativo alla sterlina, (calcolato) in sterline. 2 (*of silver*) al titolo di 925/1000. 3 (*made of sterling silver*) di argento al titolo di 925/1000. 4 (*fig*) genuino, schietto, autentico: ~ *qualities* qualità genuine. **II** *n.* 1 (*collett.*) (*Econ*) sterlina *f.*, lira *f.* sterlina. 2 (*silver*) argento *m.* sterling, argento *m.* al titolo di 925/1000. □ (*Econ*) ~ *area* (o ~ *bloc*) area della sterlina; (*fig*) *a* ~ *reputation* un'ottima reputazione; ~ *silver* argento sterling, argento al titolo di 925/1000.

stern[1] /stɜːn *Am* stɜːrn/ *a.* 1 severo, rigido, inflessibile, duro: *a* ~ *parent* un genitore severo; ~ *discipline* disciplina rigida. 2 (*severe, harsh*) severo, duro, aspro: ~ *criticism* critica severa. 3 (*austere*) austero, severo, serio, grave. 4 (*grim in aspect*) arcigno, severo. 5 (*resolved, stout*) fermo, saldo, tenace, risoluto: *a* ~ *resolution* un fermo proponimento. 6 (*hard, demanding*) duro, aspro, arduo, impegnativo: *the battle was* ~ la battaglia fu dura.

stern[2] /stɜːn *Am* stɜːrn/ **I** *n.* 1 (*Mar*) poppa *f.* 2 (*estens*) (*back, rear*) parte *f.* posteriore, dietro *m.*, didietro *m.*, retro *m.* 3 (*colloq*) (*buttocks*) deretano *m.*, sedere *m.*; (*colloq*) didietro *m.* 4 (*Caccia*) coda *f.* (di cane da caccia). **II** *a.* (*Mar*) poppiero, di poppa. □ (*Mar*) *board* abbriv(i)o indietro: *to make a* ~ *board* far retrocedere la nave; (*Mar*) **by the** ~ di poppa: *to sink by the* ~ affondare di poppa; *to bring down by the* ~ far appoppare; (*Mar*) ~ *chase* inseguimento sulla scia; (*Br,Mar*) ~ *chaser* cannone da caccia; (*Mar*) ~ *foremost* con la poppa in avanti; (*Mar*) ~ *on* con la poppa in avanti; (*Mar*) ~ *rudder* timone di poppa; (*Mar*) ~ *sheets* camera di poppa, poppetta; (*Mar*) ~ *wheel* ruota poppiera a pale; (*Mar*) ~ *wheeler* piroscafo con ruota poppiera a pale.

sternal /'stɜːnl Am 'stɜːrnl/ a. (Anat,Med) sternale.

sterner /'stɜːnə' Am 'stɜːrnə'/ a. forte. □ the ~ sex il sesso forte.

sternfast /'stɜːnfɑːst Am 'stɜːrnfæst/ n. (Mar) ormeggio m. di poppa, (ant) poppese f.

sternforemost /ˌstɜːn'fɔːmoʊst Am ˌstɜːrn 'fɔːrmoʊst/ avv. 1 (Mar) con la poppa in avanti. 2 (fig) goffamente, in modo impacciato.

sternly /'stɜːnli Am 'stɜːrnli/ avv. severamente, rigidamente, inflessibilmente.

sternmost /'stɜːnmoʊst Am 'stɜːrnmoʊst/ a. (Mar) il più prossimo alla poppa.

sternness /'stɜːnnəs Am 'stɜːrnnəs/ n. 1 severità f., rigore m., rigorosità f., inflessibilità f. 2 (firmness) fermezza f., risolutezza f., saldezza f.

sternpost /'stɜːnpoʊst Am 'stɜːrnpoʊst/ n. (Mar) dritto m. di poppa, ruota f. di poppa.

sternum /'stɜːnəm Am 'stɜːrnəm/ (pl. **-na** /-nə/) n. (Anat) sterno m.

sternutation /ˌstɜːnjuː'teɪʃən Am ˌstɜːrnjuː 'teɪʃən/ n. starnuto m.

sternutative /stə'njuːtətɪv Am stə'njuːtətɪv/, **sternutatory** /stə'njuːtətəri Am stə 'njuːtətɔːri/ I a. starnutatorio. II n. starnutatorio m.

sternward /'stɜːnwəd Am 'stɜːrnwəd/ I a. (Mar) a poppa, verso poppa. II avv. (Mar) verso poppa.

sternwards /'stɜːnwədz Am 'stɜːrnwədz/ avv. (Mar) verso poppa.

sternway /'stɜːnweɪ Am 'stɜːrnweɪ/ n. (Mar) abbrivio m. indietro, abbrivio m. indietro.

steroid /'sterɔɪd/ n. (Farm) steroide m. □ (colloq) to be on -s prendere degli steroidi.

steroidal /'sterɔɪdl/ a. (Farm) steroideo.

sterol /sterɒl Am 'sterɑːl/ n. (Chim) sterolo m.

stertor /'stɜːtər Am 'stɜːrtər/ n. (Med) stertore m.

stertorous /'stɜːtərəs Am 'stɜːrtərəs/ a. 1 (Med) stertoroso. 2 (breathing loudly) che respira rumorosamente; (of breathing) rumoroso.

stertorously /'stɜːtərəsli Am 'stɜːrtərəsli/ avv. con un respiro rumoroso.

stertorousness /'stɜːtərəsnəs Am 'stɜːrtərəs nəs/ n. (Med) stertore m.

stet /stet/ I intz. (Tip) vive. II v.t. (past, p.p. **stetted** /'stetɪd Am 'stetɪd/) annullare la correzione di (scrivendo vive a margine).

stethoscope /'steθəskoʊp/ n. (Med) stetoscopio m.

stethoscopic /ˌsteθə'skɒpɪk Am ˌsteθə 'skɑːpɪk/, **stethoscopical** /ˌsteθə'skɒpɪkəl Am ˌsteθə'skɑːpɪkəl/ a. (Med) stetoscopico.

stethoscopy /steθ'ɒskəpi Am steθ'ɑːskəpi/ n. (Med) stetoscopia f.

stetson, Stetson /'stetsən/ n. (Mod) cappello m. da uomo a tesa larga e a cupola alta.

Steve /stiːv/ n.pr.m. dim. di Stephen.

stevedore /'stiːvədɔːr/ n. (Mar) stivatore m. (f. -trice), scaricatore m. (f. -trice) di porto.

Stevie /stiːvi/ n.pr.m. dim. di Stephen.

stew[1] /stjuː/ n. stuː/ I v.t. stufare, cuocere a fuoco lento, cuocere in umido: to ~ beef stufare il manzo. II v.i. 1 cuocere a fuoco lento, cuocere in umido. 2 (colloq) (to suffer from heat) essere oppresso dal caldo, soffocare (per l'afa). 3 (sl) (to worry, to be anxious) essere in ansia, essere in agitazione (over, about per), preoccuparsi (per, di). III n. 1 (Gastron) stufato m., umido m. 2 (colloq) (state of agitation, worry) preoccupazione f., inquietudine f., agitazione f., turbamento m. □ (colloq) to be in a ~ essere agitato per qcs.; (fig) to ~ in one's own juice cuocere nel proprio brodo; (colloq) to get (oneself) into a ~ about (o over) sth. mettersi

in agitazione per qcs.

stew[2] /stjuː Am stuː/ n. 1 (tank, pond for fish) peschiera f., vivaio m. per pesci. 2 (artificial oyster bed) vivaio m. per la coltura delle ostriche.

steward /'stjuːəd Am 'stuːərd/ n. 1 amministratore m., economo m. 2 (manager of an estate) fattore m., castaldo m. 3 (manager of a manor) maggiordomo m. 4 (catering manager) dispensiere m. 5 (Mar) (catering officer) dispensiere m. di bordo, cambusiere m.; (cabin attendant) steward m., cameriere m. di bordo, assistente m. di bordo. 6 (Aer) assistente m. di volo, steward m. 7 (Am) (on a bus, train) assistente m. addetto al servizio passeggeri. 8 (official at a meeting, dance, etc.) maestro m. di cerimonie. 9 (shop steward) membro m. della commissione interna. 10 (Sport) (organizing official) commissario m. sportivo. 11 (Mediev) castaldo m.

stewardess /'stjuːədɪs Am 'stuːərdɪs/ n. 1 dispensiera f. 2 (Mar) assistente f. di bordo. 3 (Aer) assistente f. di volo, hostess f.

stewardship /'stjuːədʃɪp Am 'stuːərdʃɪp/ n. 1 amministrazione f., gestione f. 2 (office of steward) carica f. di amministratore. 3 (Mediev) castalderia f.

stewed /'stjuːd Am 'stuːd/ a. 1 stufato, in umido. 2 (of fruit) cotto (a fuoco lento): ~ apples mele cotte. 3 (of tea) troppo carico. 4 (sl) (drunk) ubriaco; (colloq) sbronzo; (pop) sborniato.

stewing /'stjuːɪŋ Am 'stuːɪŋ/ a. 1 (of meat) per stufato, per umido. 2 (of fruit) da cuocere.

stewpan /'stjuːpæn Am 'stuːpæn/ n. casseruola f. per stufato, tegame m. per cuocere in umido.

stewpot /'stjuːpɒt Am 'stuːpɒt/ n. stufaiola f.

St.Ex. (Econ) Stock Exchange (borsa valori).

stg. (Econ) sterling £ (sterlina).

STH (Biol) somatotropic hormone STH (ormone somatotropico).

sthenic /'sθenɪk/ a. 1 forte, vigoroso. 2 (Med) forte, stenico.

stibial /'stɪbɪəl/ a. (Chim) antimoniale.

stibine /'stɪbaɪn/ n. (Chim) stibina f.

stibium /'stɪbɪəm/ n. (Chim) antimonio m.

stibnite /'stɪbnaɪt/ n. (Min) stibnite f., antimonite f.

stich /stɪk/ n. (Metr) stico m., verso m., rigo m., versetto m.

stick[1] /stɪk/ I n. 1 stecco m., ramoscello m. (secco), legnetto m., sterpo m.: to gather -s for a fire raccogliere stecchi per accendere un fuoco. 2 (slender piece of wood) stecco m., bastoncino m.: he skewered the meat on a ~ infilzò la carne su uno stecco. 3 (for beating) bastone m., bacchetta f. 4 (club, cudgel) bastone m., randello m., mazza f.; (beating) bastonate f.pl., legnate f.pl., (ant) busse f.pl.: to get the ~ prendere delle bastonate. 5 (walking stick) bastone m. da passeggio, canna f., mazza f. 6 (rod-shaped piece) bastone m., stecchetto m.: a ~ of sealing wax un bastoncino di ceralacca. 7 (of plants) gambo m.: a ~ of celery un gambo di sedano. 8 (Mus) (baton) bacchetta f. (di direttore di orchestra); (drumstick) bacchetta f. (di tamburo); (fiddlebow) archetto m. (di violino). 9 (Sport) (in hockey) bastone m., stecca f.; (in lacrosse) mazza f. 10 (billiard stick) stecca f. 11 (colloq) (person) persona f., tipo m.; (colloq) diavolo m.: a funny ~ un tipo buffo. 12 (colloq) (stiff, formal person) tipo m. contegnoso, uno che ha mangiato il manico della scopa. 13 (colloq) (dull person) allocco m. (f. -a); (colloq) baccalà m. 14 (Econ) grossa quantità f. di titoli invenduti. 15 (Aer) barra f. di co-

mando, cloche f. 16 (Tip) (composing stick) compositoio m. 17 (Mar) (mast) albero m.; (yard, spar) pennone m. 18 (Aer.mil) (of bombs) grappolo m. 19 pl. (Sport) (cricket stumps) paletti m.pl. da cricket. 20 pl. (Equit) ostacoli m.pl.: a fast horse over the -s un cavallo veloce nel salto degli ostacoli. 21 pl. (colloq) (legs) gambe f.pl. 22 pl. (colloq) (rural districts) zone f.pl. rurali; (country) campagna f.sing.; (back country) entroterra m.sing. II v.t. 1 mettere bastoncini a sostegno di, sostenere con bastoncini. 2 (Tip) comporre. □ (Sport) ~ ball gioco simile al baseball giocato dai bambini nelle strade (con manici di scopa e palle di gomma); ~ figure figura (di persona o animale) stilizzata; ~ float galleggiante (attaccato in cima e in fondo alla lenza); to give so. the ~ prendere qcu. a legnate, fare assaggiare il bastone a qcu.; (Entom) ~ insect insetto stecco; (fig) any ~ is good to beat a dog ogni mezzo è buono per colpire il nemico; (sl) ~jaw caramella gommosa che si attacca ai denti; a ~ of dynamite un candelotto di dinamite; we have only a few -s of furniture abbiamo soltanto quattro mobili sgangherati; to be out in the -s essere fuori mano; (Am) ~ pin spilla da cravatta; (Am,Aut) ~ shift cambio a mano, cambio manuale; (Br, sl) to up -s (to go to live elsewhere) andarsene, trasferirsi, trasferire baracca e burattini.

stick[2] /stɪk/ (past, p.p. **stuck** /stʌk/) I v.t. 1 conficcare, ficcare, infilare, infiggere: to ~ a pin in a hat conficcare uno spillone in un cappello; to ~ a finger into one's eye ficcarsi un dito in un occhio. 2 (to fix by thrusting) conficcare, piantare, infiggere: to ~ a tent-peg in the ground conficcare un picchetto nel terreno. 3 (to impale on a point) infilzare, infilare: to ~ a chicken on a spit infilzare un pollo su uno spiedo. 4 (of a specimen) fissare con uno spillo, infilzare. 5 (to pierce with sth. pointed) pungere, trafiggere: to ~ one's finger with a needle pungersi il dito con un ago. 6 (Macell) (of a pig) sgozzare, scannare. 7 (Caccia) (of a wild pig) infilzare con la lancia. 8 (Pesc) (of a fish) arpionare. 9 (colloq) (to place by pushing, thrusting) ficcare, infilare, cacciare, mettere: to ~ one's hands in one's pockets ficcarsi le mani in tasca. 10 (to cause to adhere) attaccare, appiccicare, incollare (in in; on su; to a): to ~ a stamp on a letter attaccare un francobollo a una lettera. 11 (to attach with pins, etc.) affiggere, attaccare: to ~ a notice on a board affiggere un avviso su un tabellone. 12 (to bring to a halt; general. al pass.) bloccare, fermare, arrestare. 13 (colloq) (to stand, to bear) sopportare, tollerare, reggere, resistere a: he couldn't ~ that job non poteva sopportare quel lavoro. 14 (colloq) (to confuse; general. al pass.) confondere, rendere perplesso. 15 (sl) (to impose with sth.; spesso al pass.) appioppare, scaricare, sbolognare, rifilare (with a): recruits are usually stuck with the dirty jobs i lavori ingrati vengono di solito appioppati alle reclute; he always -s someone else with the bill rifila sempre il conto a qualcun altro. II v.i. 1 conficcarsi, penetrare, ficcarsi: the arrow stuck in the tree la freccia si conficcò nell'albero. 2 (to adhere) attaccare, appiccicare, aderire, tenere: the stamp won't ~ il francobollo non attacca; the wet shirt stuck to his skin la camicia bagnata gli si appiccicò alla pelle. 3 (to become fixed, blocked) incepparsi, bloccarsi: the key stuck in the lock la chiave s'inceppò nella serratura. 4 (to be brought to a halt) restare bloccato, restare fermo: the car stuck in the snow l'auto restò bloccata nella neve. **5** (*fig*) rimanere, restare: *to ~ to one's room* restare in camera. **6** (*colloq*) (*to remain valid*) reggere, stare in piedi: *the charge didn't ~* l'accusa non reggeva. **7** (*in cards*) passare. □ (*Am,sl,fig*) *~ a fork in me, I'm done* non ce la faccio più!; (*colloq*) *to ~ around* non allontanarsi, restare nei paraggi; *to ~ at*: 1 perseverare in, tener duro in, persistere in, insistere in; 2 (*colloq*) (*to stop short of*) esitare davanti a, indietreggiare davanti a, tirarsi indietro davanti a: *he would ~ at nothing* è completamente privo di scrupoli; (*fig*) *to ~ at it* persistere; *to ~ by* restare fedele a, restare vicino a; *to ~ down*: 1 incollare, chiudere incollando: *to ~ down the flap of an envelope* incollare i lembi di una busta; 2 (*colloq*) (*to put down*) posare, poggiare, deporre, porre giù, mettere giù: *~ it down in the corner* posalo nell'angolo; 3 (*to write down*) buttar giù, annotare, scrivere: *he stuck down the details* annotare i dettagli; 4 (*to remain attached*) stare attaccato, reggere, tenere; *to ~ from* (*to protrude*) sporgere da; *to ~ one's head round the door* fare capolino dalla porta; (*colloq*) *to ~ in*: 1 incollare, attaccare, appiccicare: *to ~ in photographs* incollare fotografie; 2 (*to put in, to insert*) inserire, introdurre, mettere dentro: *to ~ in a few statistics* inserire alcune statistiche; *to ~ in so.'s craw* restare sullo stomaco a qcu., restare sul gozzo a qcu., non andare giù a qcu.; *to ~ in one's memory* imprimersi nella memoria; (*Br,colloq*) *to ~ in one's oar* intromettersi, immischiarsi, metterci il becco; *to ~ in one's throat* restare in gola, fermarsi in gola; (*fig*) *to ~ in so.'s throat* restare sullo stomaco a qcu., restare sul gozzo qcu., non andare giù a qcu.; (*iron*) *~ that in your pipe and smoke it* prendi e porta a casa; *to ~ it* cadere in piedi, rimanere in piedi (*anche fig*); (*colloq*) *~ it!* resisti!, tieni duro!; (*colloq*) *~ it out!* resisti!, tieni duro!; (*colloq*) *to ~ to so. like a bur* stare attaccato a qcu. come una sanguisuga; (*colloq*) *to ~ to so. like a leech* stare attaccato a qcu. come una sanguisuga; (*colloq*) *to ~ to so. like glue* stare attaccato a qcu. come una sanguisuga; (*colloq*) *to ~ one's neck out* esporsi, rischiare di essere criticato per le proprie opinioni, rischiare grosso, esporsi; (*fig*) *to ~ one's neck out for so.* farsi in quattro per qcu.; *~ no bills* vietata l'affissione, divieto di affissione; *to ~ on* appiccicare, incollare, attaccare: *to ~ on a label* appiccicare un'etichetta; *to ~ out*: 1 saltare agli occhi, essere evidente: *the mistakes ~ out a mile away* gli errori saltano agli occhi (a un miglio di distanza); 2 (*to protrude*) sporgere: *a handkerchief was sticking out of his pocket* un fazzoletto gli sporgeva dalla tasca; 3 (*to cause to protrude*) sporgere, protendere, tirar fuori: *to ~ one's head out of the window* sporgere la testa dal finestrino; *to ~ out one's tongue* tirare fuori la lingua, mostrare la lingua; *to ~ one's tongue out at so.* fare le linguacce a qcu.; 4 (*to persevere*) perseverare, persistere, insistere, resistere, tener duro: *to ~ out till the end* perseverare fino alla fine; *to ~ out one's chest* stare impettito; *to ~ out for* tener duro per avere, insistere per avere, battersi per avere: *he stuck out for better terms* insistette per avere condizioni migliori; (*fig*) *to ~ out like a sore thumb* spiccare, farsi notare (perché fuori posto), essere molto evidente, colpire l'occhio, stonare, stridere; *to ~ through* (*to protrude*) sporgere; *to ~ to*: 1 tenersi a, attenersi a, stare a, non divagare da: *to ~ to the point* restare in argomento, non divagare, parlare attenendosi all'argomento; 2 (*to persevere with*) perseverare

in, persistere in, tener duro in: *~ to it!* tieni duro!, non mollare!; *to ~ to one's work* lavorare sodo, darci dentro; 3 (*to remain loyal to*) restar fedele a, tener fede a; 4 (*of a translation, etc.*) attenersi a, aderire a, essere fedele a, essere conforme a; (*fig*) *to ~ to one's colours* essere fedele ai propri principi, non cambiare bandiera, non mutare bandiera; *to ~ to facts* attenersi ai fatti; (*fig*) *to ~ to one's guns* mantenere le proprie posizioni, tener duro, restare della propria idea, non cambiare atteggiamento; *to ~ to so.'s heels* stare alle calcagna di qcu.; *to ~ together*: 1 attaccarsi, appiccicarsi, incollarsi: *the pages had stuck together* le pagine si erano attaccate; 2 (*colloq*) (*of people*) restare insieme, restare uniti; 3 (*colloq*) (*to remain loyal to each other*) restare uniti, sostenersi a vicenda: *we'll win if we ~ together* vinceremo se restiamo uniti; *to ~ up*: 1 affiggere, attaccare; 2 (*to raise*) alzare, levare: *to ~ one's hand up* alzare la mano; 3 (*to cause to stand upright*) rizzare, alzare: *to ~ up a flagpole* rizzare un'asta di bandiera; *to ~ up* (*to rob at gunpoint*) compiere una rapina (a mano armata) in, assaltare; (*colloq*) *to ~ up for* difendere, battersi per, sostenere; *to ~ with* stare alle costole di.

stickability /ˌstɪkəˈbɪləti *Am* ˌstɪkəˈbɪlæti/ *n.* (capacità di) sopportazione *f.*, persistenza *f.*, perseveranza *f.* (*anche fig*).

sticker /ˈstɪkə/ *n.* **1** (*gummed label*) adesivo *m.*, etichetta *f.* gommata, cartellino *m.* adesivo. **2** (*person who sticks*) chi infigge, chi conficca. **3** (*piercing instrument*) arnese *m.* per forare, arnese *m.* per pungere. **4** (*Macell*) coltello *m.* da macellaio. **5** (*Bot*) (*bur*) lappola *f.*; (*bramble*) rovo *m.* **6** (*bill poster*) attacchino *m.* **7** (*colloq*) (*one who perseveres*) chi tiene duro, chi resiste, chi non si dà per vinto. **8** (*one who remains constant*) persona *f.* fedele, persona *f.* fidata. □ *~ price* prezzo ufficiale, prezzo imposto (stabilito dal produttore); (*colloq*) *~ shock* choc per il prezzo eccessivo, choc avuto davanti al cartellino del prezzo.

stickful /ˈstɪkfʊl/ *n.* (*Tip,ant*) cassa *f.* dei caratteri.

stickily /ˈstɪkəli/ *avv.* appiccicosamente, in modo appiccicoso, in modo attaccaticcio.

stickiness /ˈstɪkɪnəs/ *n.* **1** aderenza *f.*, adesione *f.* **2** (*viscousness*) vischiosità *f.*, viscosità *f.* **3** (*humidity, mugginess*) afosità *f.*, umidità *f.*

sticking /ˈstɪkɪŋ/ □ (*Farm*) *~ plaster* cerotto (adesivo); *~ point*: 1 (*Tecn*) punto di arresto; 2 (*fig*) blocco, punto morto.

stick-in-the-mud /ˈstɪkɪnðəˌmʌd/ **I** *n.* (*colloq*) **1** (*old fogey*) persona *f.* dalle idee antiquate, parruccone *m.* (*f.* -a); (*scherz*) matusa *m./f.* **2** pigrone *m.* (*f.* -a), posapiano *m./f.* **II** *a.* (*colloq*) **1** (*unprogressive*) arretrato, retrogrado, conservatore. **2** (*slow and lazy*) lento e privo di iniziativa.

stickleback /ˈstɪkl̩bæk/ *n.* (*Itt*) spinarello *m.*

stickler /ˈstɪklə/ *n.* **1** pedante *m./f.*, pignolo *m.* (*f.* -a). **2** (*colloq*) (*puzzling problem, question*) questione *f.* difficile, faccenda *f.* difficile. □ *a ~ for form* una persona tutta esteriorità, una persona che bada solo alla forma; *to be a ~ for procedure* essere ligio alla procedura, essere attaccato alla procedura.

stick-on /ˈstɪkɒn *Am* ˈstɪkɑːn/ *a.* gommato, da incollare: *~ label* etichetta gommata.

stickpin /ˈstɪkpɪn/ *n.* (*Am*) (*tie pin*) spilla *f.* da cravatta.

stick-resistant /ˌstɪkrɪˈzɪstənt/ *a.* antiaderente.

stickseed /ˈstɪksiːd/ *n.* (*Bot*) lappola *f.*

sticktuitiveness /stɪkˈtuːɪtɪvnəs *Am* ˌstɪkˈtuːɪtɪvnəs/ *n.* (*colloq*) capacità *f.* di andare avanti nelle circostanze difficili, tenacia *f.*

stick-up /ˈstɪkʌp/ **I** *n.* (*sl*) (*hold-up*) rapina *f.* a mano armata. **II** *a.* (*of a collar*) montante, rialzato.

stickweed /ˈstɪkwiːd/ *n.* (*Bot*) ambrosia *f.*

sticky /ˈstɪki/ *a.* **1** adesivo, collante; *~ paper* carta adesiva. **2** (*viscous*) appiccicoso, attaccaticcio, viscoso, colloso, vischioso: *~ hands* mani appiccicose. **3** (*of ground, etc.*) viscido. **4** (*humid, muggy*) umido, afoso, pesante. **5** (*colloq*) (*difficult*) difficile (da trattare), complicato, complesso: *a ~ question* una questione difficile. **6** (*colloq*) (*awkward, uncomfortable*) imbarazzante, che mette a disagio: *a ~ talk* una conversazione imbarazzante. **7** (*colloq*) (*fussy, particular*) pignolo, meticoloso, pedante: *he was very ~ about giving me leave* ha fatto un sacco di storie per darmi il permesso. **8** (*sl*) (*unpleasant, painful*) spiacevole, doloroso; (*colloq*) brutto: *I had a ~ ten minutes* ho passato un brutto quarto d'ora. □ (*sl*) *he will come to a ~ end* farà una brutta fine; (*fig*) *to have ~ fingers* essere lesto di mano, avere le mani lunghe; *~ tape* nastro adesivo, scotch; *~ wicket*: 1 (*Sport*) (*in cricket*) terreno viscido; 2 (*colloq*) (*awkward situation*) situazione difficile, situazione imbarazzante, una situazione spinosa.

sticky-fingered /ˈstɪkiˌfɪŋgərəd/ *a.* (*colloq*) lesto di mano, che ha le mani lunghe, che tende a rubare.

stiff /stɪf/ **I** *a.* **1** rigido, duro: *~ cardboard* cartone rigido; *a ~ collar* un colletto duro. **2** (*of the body*) rigido, irrigidito, legato, indolenzito: *to have a ~ leg* avere una gamba rigida; (*of a dead body*) rigido, irrigidito, stecchito. **3** (*not moving easily*) duro, che funziona male: *the lock was ~* il lucchetto era duro. **4** (*firm, resolute*) fermo, risoluto, deciso, inflessibile. **5** (*stubborn*) ostinato, testardo, caparbio. **6** (*formal, cold*) sostenuto, formale, freddo, rigido: *~ manners* modi sostenuti. **7** (*hard, tough*) difficile, duro, arduo, gravoso: *a ~ assignment* un compito difficile. **8** (*exacting*) impegnativo: *a ~ examination* un esame impegnativo. **9** (*harsh, severe*) severo, duro, pesante, gravoso, oneroso: *a ~ fine* una multa severa. **10** (*thick, of firm consistency*) consistente, spesso, compatto, denso. **11** (*of wind*) teso, forte. **12** (*of a drink*) forte, (*molto*) alcolico. **13** (*colloq*) (*of prices, etc.*) molto alto; (*colloq*) salato. **II** *n.* **1** (*sl*) (*corpse*) cadavere *m.*, morto *m.* **2** (*Sport*) (*racehorse certain to lose*) cavallo *m.* da corsa (certamente) perdente. **III** *avv.* (*colloq*) totalmente, estremamente; (*colloq*) a morte: *bored ~* annoiato a morte. **IV** *v.t.* imbrogliare, fregare, tirare il bidone. **V** *v.i.* essere un fiasco commerciale. □ *as ~ as a board* rigidissimo, duro come un baccalà; *as ~ as a poker* impettito, dritto come un fuso; *to have a ~ neck*: 1 avere il torcicollo; 2 (*fig*) essere ostinato, essere caparbio; (*fig*) *to keep a ~ upper lip* tenere duro, non mollare; non fare una piega, non mostrare (le proprie) emozioni.

stiff-arm /ˌstɪfˈɑːm *Am* ˌstɪfˈɑːrm/ *v.t.* (*Sport*) (*in football*) respingere con il braccio teso.

stiff-backed /ˈstɪfˌbækt/ *a.* dallo schienale rigido.

stiffen /ˈstɪfən/ **I** *v.t.* **1** irrigidire, indolenzire: *the cold has -ed my legs* il freddo mi ha irrigidito le gambe. **2** (*to make thick*) ispessire, addensare, infittire. **3** (*Sart*) (*to reinforce*) rinforzare; (*to starch*) dare l'appretto a, inamidare. **4** (*fig*) (*to bolster, to support*) consolidare, rinsaldare, rafforzare. **5** (*fig*) (*of an examination, etc.*) rendere più difficile, rendere più impegnativo, rendere più duro. **II** *v.i.* **1** irrigidirsi. **2** (*to become thick, dense*) ispessirsi, addensarsi, infittirsi. **3** (*fig*) (*to become more resolute*) rafforzarsi, rinsaldarsi. **4** (*fig*) (*to increase in difficulty, etc.*) diventare più difficile, diventare più impegnativo, diventare più duro.

stiffener /'stɪfənər/ *n.* **1** chi dà l'appretto, chi inamida. **2** (*Sart*) rinforzo *m.*, sostegno *m.*, teletta *f.* **3** (*colloq*) (*strong drink*) tonico *m.*, stimolante *m.*

stiffening /'stɪfənɪŋ/ **I** *n.* **1** irrigidimento *m.* **2** (*stiffening material*) materiale *m.* di rinforzo, materiale *m.* di sostegno. **II** *a.* (*of a breeze, etc.*) che diventa più forte, che rinforza.

stiffish /'stɪfɪʃ/ *a.* (*Br*) **1** piuttosto rigido, alquanto duro. **2** (*fig*) (*somewhat formal*) piuttosto formale, piuttosto sostenuto. **3** (*fig*) (*somewhat difficult*) alquanto difficile, alquanto arduo. **4** (*colloq*) (*of prices, etc.*) piuttosto alto, (*colloq*) alquanto salato.

stiffly /'stɪfli/ *avv.* **1** tutto di un pezzo, rigidamente: *to walk* ~ camminare tutto di un pezzo. **2** (*fig*) (*resolutely*) risolutamente, fermamente. **3** (*fig*) (*stubbornly*) caparbiamente, testardamente, ostinatamente. **4** (*fig*) (*formally, coldly*) con freddezza, freddamente, in modo formale.

stiff-necked /'stɪfnekt/ *a.* (*fig*) ostinato, caparbio, cocciuto, testardo.

stiffness /'stɪfnəs/ *n.* **1** rigidità *f.* **2** (*fig*) (*resolution*) determinatezza *f.*, decisione *f.*, risolutezza *f.*, fermezza *f.* **3** (*fig*) (*stubbornness*) caparbietà *f.*, ostinazione *f.*, testardaggine *f.*, cocciutaggine *f.* **4** (*fig*) (*formality*) freddezza *f.*, formalità *f.*, riserbo *m.* **5** (*density*) densità *f.*, fierezza *f.*

stifle[1] /'staɪfl/ **I** *v.t.* **1** soffocare, togliere il fiato a, togliere il respiro a, asfissiare: *the heat -d us* il caldo ci soffocava. **2** (*to kill by depriving of breath*) soffocare (*anche fig*): *the victim had been -d* la vittima era stata soffocata; *they -d his cries with a gag* soffocarono le sue grida con un bavaglio. **3** (*fig*) (*to repress*) soffocare, reprimere, trattenere: *to ~ a yawn* soffocare uno sbadiglio. **4** (*fig*) (*to suppress*) reprimere, domare, soffocare, stroncare: *to ~ a rebellion* reprimere una rivolta; *to ~ a fire* domare un incendio. **II** *v.i.* **1** soffocare, sentirsi mancare il respiro, non poter respirare. **2** (*to die by suffocation*) morire per soffocamento.

stifle[2] /'staɪfl/ *n.* **1** (*Zool*) grassella *f.*, grasciola *f.* **2** (*Veter*) malattia *f.* della grassella. □ (*Zool*) ~ *bone* rotula; (*Zool*) ~ *joint* grassella, grasciola.

stifling /'staɪflɪŋ/ *a.* soffocante, asfissiante: ~ *heat* caldo soffocante.

stigma /'stɪgmə/ *n.* (*pl.* **-s** /-z/ o **-mata** /stɪg'mɑːtə *Am* stɪg'mætə/) **1** stigma *m.*, marchio *m.* **2** (*identifying mark*) stigma *m.*, impronta *f.*, segno *m.* caratteristico. **3** (*Biol*) stigma *m.* **4** *pl.* (*Rel.catt*) stimmate *f.pl.*, stigmate *f.pl.*

stigmata /stɪg'mɑːtə *Am* stɪg'mætə/ *n.pl.* stimmate *f.pl.*, stigmate *f.pl.* (*anche fig*).

stigmatic /stɪg'mætɪk *Am* stɪg'mætɪk/ *a.* **1** (*Rel.catt*) che ha le stimmate. **2** (*Bot*, *Ott*) stigmatico.

stigmatism /'stɪgmətɪzəm *Am* 'stɪgmətɪzəm/ *n.* **1** (*Ott*) stigmatismo *m.* **2** (*Rel.catt*) presenza *f.* di stimmate.

stigmatist /'stɪgmətɪst *Am* 'stɪgmətɪst/ *n.* (*Rel.catt*) chi ha le stimmate, chi porta le stimmate.

stigmatization /ˌstɪgmətaɪ'zeɪʃən *Am*

ˌstɪgmətɪ'zeɪʃən/ *n.* **1** stigmatizzazione *f.*, biasimo *m.* **2** (*Rel.catt*) stigmatizzazione *f.*

stigmatize /'stɪgmətaɪz/ *v.t.* **1** stigmatizzare, biasimare. **2** (*to mark with a stigma, to brand*) contrassegnare con un marchio, bollare; *to be -d as sth.* essere bollato come qcs. **3** (*Rel.catt*) produrre le stimmate in.

stile[1] /staɪl/ *n.* **1** scaletta *f.* per superare una siepe (*o* uno steccato ecc.), gradini *m.pl.* per superare una siepe (*o* uno steccato ecc.). **2** (*turnstile*) tornello *m.*, tornella *f.*

stile[2] /staɪl/ *n.* (*Fal*) montante *m.* verticale (di porta, finestra ecc.).

stiletto /stɪ'letoʊ *Am* stɪ'letoʊ/ *it.* (*pl.* **-s/-es** /-z/) *n.* **1** stiletto *m.*, stilo *m.* **2** (*for making eyelet holes*) punteruolo *m.* □ (*Calz*) ~ *heels* tacchi a spillo.

still[1] /stɪl/ **I** *a.* **1** fermo, immobile, quieto, inerte: *to keep* ~ stare fermo. **2** (*of water*) fermo, stagnante. **3** (*of the air*) fermo, calmo, immobile. **4** (*free from noise*) silenzioso, quieto, calmo: ~ *streets* strade silenziose. **5** (*calm, peaceful*) tranquillo, calmo, quieto, sereno. **6** (*Enol*) non frizzante, non effervescente, non spumante. **II** *n.* **1** silenzio *m.*, quiete *f.*, calma *f.*: *in the ~ of the night* nel silenzio della notte. **2** (*Fot,Cin*) posa *f.* **3** (*Cin*) fotogramma *m.* **III** *v.t.* **1** calmare, quietare, acquietare, tranquillizzare: *to ~ so.'s fears* calmare i timori di qcu. **2** (*to silence*) far tacere, ridurre al silenzio. **3** (*to appease, to allay*) placare, appagare, soddisfare: *to ~ the appetite* placare l'appetito. **IV** *v.i.* (*lett*) quietarsi, placarsi, tranquillizzarsi, calmarsi. **V** *avv.* **1** ancora, tuttora: *there is ~ time* c'è ancora tempo. **2** (*in negatives*) ancora, per ora: *I ~ haven't finished* non ho ancora finito. **3** (*nevertheless*) tuttavia, ciò nonostante, (ciò) nondimeno, lo stesso: *it is obvious, but it ~ needs saying* è ovvio, tuttavia bisogna dirlo; *I ~ like you* mi piaci lo stesso. **4** (*with a comparative: even, yet*) ancora, persino, anche, pure: *higher and ~ higher* più in alto e ancora più in alto. **5** (*in addition*) ancora, in aggiunta: ~ *another case of misunderstanding* ancora un altro caso di incomprensione. **6** (*rar*) (*continuously, always*) sempre, continuamente. □ ~ *less* ancor meno, tanto meno, meno che mai, meno che meno: *I can hardly afford a bicycle, ~ less a car* non posso permettermi una bicicletta, tanto meno una macchina; (*Cin*) ~ *man* fotografo di scena; ~ *more* ancor più, anche più; (*Cin*) ~ *photographer* fotografo di scena; (*fig*) *the ~ small voice* la voce della coscienza; ~ *video* fermo immagine; ~ *water* acqua stagnante, acqua ferma. *Prov.*: ~ *waters run deep* l'acqua cheta rovina i ponti, acqua cheta rompe i ponti.

still[2] /stɪl/ **I** *n.* **1** (*Chim*) alambicco *m.*, storta *f.* **2** (*distillery*) distilleria *f.* **II** *v.t.* (*rar*) (*to distil*) distillare. □ ~ *house* distilleria; ~ *room*: **1** cantina, dispensa; **2** (*for distillation*) sala, laboratorio di distillazione.

stillbirth /'stɪlbɜːθ *Am* 'stɪlbɜːrθ/ *n.* **1** bambino *m.* (*f.* -a) nato morto. **2** (*Med*) parto *m.* di feto morto, nascita *f.* di un bambino morto. □ (*Statist*) ~ *rate* natimortalità.

still-born, stillborn /'stɪlbɔːn *Am* 'stɪlbɔːrn/ *a.* **1** nato morto. **2** (*fig*) abortito, fallito, mancato, non riuscito: *the project was* ~ il progetto fu un fallimento.

still-life /stɪl,laɪf/ **I** *n.* (*pl.* **-s** /-s/ o **-lives** /-,laɪvz/) (*Pitt*) natura *f.* morta. **II** *a.* (*Pitt*) relativo a una natura morta.

stillness /'stɪlnəs/ *n.* **1** immobilità *f.* **2** (*absence of sound*) silenzio *m.*, quiete *f.* **3** (*calmness, tranquillity*) quiete *f.*, tranquillità *f.*,

pace *f.*

stilly /'stɪli/ *a.* (*poet*) calmo, quieto, cheto, silente. **II** *avv.* (*poet*) quietamente, chetamente.

stilt /stɪlt/ *n.* **1** trampolo *m.* **2** (*Edil*) palafitta *f.*, palo *m.* **3** (*Ornit*) imantopo *m.* □ (*Ornit*) ~ *bird* trampoliere, cavaliere d'India; *on* -*s*: **1** sui trampoli: *to walk on* -*s* camminare sui trampoli; **2** (*fig*) pomposo, ampolloso, elevato; (*Ornit*) ~ *plover* imantopo; ~ *walker*: **1** chi cammina sui trampoli; **2** (*Ornit*) imantopo.

stilted /'stɪltɪd *Am* 'stɪltɪd/ *a.* **1** montato su trampoli. **2** (*fig*) pomposo, ampolloso, elevato; (*artificial*) artificiale, artefatto. **3** (*Arch*) a sesto rialzato: ~ *arch* arco a sesto rialzato.

stiltedness /'stɪltɪdnəs *Am* 'stɪltɪdnəs/ *n.* (*fig*) ampollosità *f.*, pomposità *f.*

Stilton /'stɪltən *Am* 'stɪltən/ *n.* (*Alim*) stilton *m.*, formaggio *m.* stilton. □ (*Alim*) ~ *cheese* stilton, formaggio stilton.

stimulant /'stɪmjələnt/ **I** *n.* **1** (*Fisiol,Farm*) stimolante *m.*, stimolatore *m.*, eccitante *m.* **2** (*sth. that incites to action*) stimolo *m.*, sprone *m.*, incentivo *m.*, incitamento *m.* **II** *a.* (*Fisiol,Farm*) stimolante, eccitante.

stimulate /'stɪmjəleɪt/ *v.t.* stimolare, spronare, spingere, incitare: *the setback only -d him to greater efforts* la sconfitta non fece che stimolarlo a intensificare i suoi sforzi. **2** (*to arouse*) suscitare, provocare, destare, stimolare: *to ~ so.'s interest* suscitare l'interesse di qcu. **3** (*Fisiol*) stimolare.

stimulating /'stɪmjəleɪtɪŋ *Am* 'stɪmjəleɪtɪŋ/ *a.* stimolante.

stimulatingly /'stɪmjəleɪtɪŋli *Am* 'stɪmjəleɪtɪŋli/ *avv.* in modo stimolante.

stimulation /ˌstɪmjə'leɪʃən *Am* ˌstɪmjə'leɪʃən/ *n.* **1** stimolazione *f.*, incitamento *m.* **2** (*Fisiol,Med*) stimolazione *f.*, eccitazione *f.*

stimulative /'stɪmjələtɪv *Am* 'stɪmjələtɪv/ *a.* stimolante, eccitante.

stimulator /'stɪmjəleɪtər *Am* 'stɪmjəleɪtər/ *n.* **1** stimolatore *m.* (*f.* -trice). **2** (*Med*) stimolatore *m.*

stimulatory /'stɪmjə,leɪtəri *Am* 'stɪmjələtɔːri/ *a.* stimolatore, stimolante, che stimola.

stimulus /'stɪmjələs/ (*pl.* **-li** /-laɪ/) *n.* **1** stimolo *m.*, pungolo *m.*, sprone *m.*, incitamento *m.*, incentivo *m.* **2** (*Fisiol*) stimolo *m.*

stimy /'staɪmi/ **I** *n.* **1** (*Sport*) (*in golf*) posizione *f.* in cui la palla di un giocatore ostacola l'entrata in buca della palla avversaria. **2** (*fig*) situazione *f.* irta di ostacoli. **II** *v.t.* **1** (*fig*) ostacolare, contrastare, intralciare. **2** (*Sport*) ostacolare mettendo la propria palla tra quella avversaria e la buca.

sting /stɪŋ/ **I** *v.t.* (*past* **stung** /stʌŋ/ *o ant* **stang** /stæŋ/, *p.p.* **stung**) **1** pungere, pizzicare: *the wasp stung me* la vespa mi punse; *the nettles stung our legs* le ortiche ci pizzicavano le gambe. **2** (*to cause smarting*) bruciare: *the smoke stung our eyes* il fumo ci bruciava gli occhi. **3** (*fig*) (*to cause sharp mental pain to*) ferire, pungere, offendere: *my reproach stung him to the quick* il mio rimprovero lo ferì sul vivo. **4** (*fig*) (*to incite, to goad*) spronare, stimolare, pungolare, incitare: *to ~ so. into action* spronare qcu. all'azione. **5** (*sl*) (*to obtain money from*) far tirare fuori; (*pop*) scucire *o* far tirare fuori: *he stung me for five pounds* mi ha scucito cinque sterline. **II** *v.i.* (*past* **stung** /stʌŋ/, *ant* **stang** /stæŋ/; *p.p.* **stung**) **1** pungere, pizzicare. **2** (*to feel a smarting pain*) bruciare (*anche fig*). **III** *n.* **1** puntura *f.*, punzecchiatura *f.* **2** (*wound, pain caused*) puntura *f.*, trafittura *f.* **3** (*sharp pain*) fitta *f.* (di dolore). **4** (*fig*) (*sharp mental pain*) tormento *m.*, morso *m.*, tarlo *m.*: *the ~ of remorse* il tormento del rimorso; *the ~ of jealousy* il morso della gelosia. **5** (*fig*) elaborata operazione *f.* di polizia per incastrare un criminale. **6** (*colloq*) (*force, vigour*) forza *f.*, vigore *m.*, energia *f.* **7** (*fig*) (*stimulus*) stimolo *m.*, pungolo *m.*, sprone *m.*, incentivo *m.* **8** (*Zool*) pungiglione *m.*, aculeo *m.*: *the ~ of a scorpion* il pungiglione di uno scorpione. **9** (*Bot*) pelo *m.* urticante. □ *the ~ of the wind* il soffio gelido del vento.

stingaree /'stɪŋəriː/ *n.* (*Itt*) pastinaca *f.* comune.

stinger /'stɪŋər/ *n.* **1** (*Zool*) insetto *m.* provvisto di pungiglione, animale *m.* provvisto di pungiglione. **2** (*Zool*) (*stinging organ*) pungiglione *m.*, aculeo *m.* **3** (*Bot*) pianta *f.* urticante. **4** (*colloq*) (*stinging remark*) frecciata *f.*, stoccata *f.* **5** (*colloq*) (*sharp blow*) forte colpo *m.*

stingily /'stɪndʒɪli/ *avv.* **1** avaramente, con tirchieria, grettamente. **2** (*meagrely*) magramente, scarsamente.

stinginess /'stɪndʒɪnəs/ *n.* **1** avarizia *f.*, tirchieria *f.*, grettezza *f.*, spilorceria *f.* **2** (*meagreness*) magrezza *f.*, scarsezza *f.*

stinging /'stɪŋɪŋ/ *a.* **1** pungente, bruciante. **2** (*fig*) pungente, mordace: *~ criticism* critica pungente. **3** (*Bot*) orticante. □ (*Bot*) *~ hair* pelo urticante; (*Bot*) *~ nettle* ortica (comune).

stingless /'stɪŋləs/ *a.* **1** (*Zool*) senza pungiglione, senza aculeo. **2** (*Bot*) senza peli urticanti.

stingo /'stɪŋgoʊ/ (*pl.* -s /-z/) *n.* **1** (*sl*) forza *f.*, vigore *m.*, energia *f.* **2** (*strong beer, ale*) birra *f.* forte.

sting-ray /'stɪŋreɪ/ *n.* (*Itt*) pastinaca *f.* comune.

stingy /'stɪndʒi/ *a.* **1** avaro, spilorcio, tirchio, taccagno, gretto. **2** (*meagre*) magro, scarso: *a ~ wage* una magra paga.

stink /stɪŋk/ **I** *v.i.* (*past* **stank** /stæŋk/ o **stunk** /stʌŋk/, *p.p.* **stunk**) **1** puzzare, mandare cattivo odore, mandare puzzo. **2** (*colloq*) (*to be dishonest, offensive to morality, etc.*) puzzare: *the deal -s of corruption* l'affare puzza di corruzione. **3** (*sl*) (*to be extremely bad*) essere uno schifo, essere una porcheria, fare schifo: *the film -s* questo film è uno schifo. **II** *n.* **1** puzzo *m.*, fetore *m.*, cattivo odore *m.* **2** (*sl*) (*scandal*) scandalo *m.*, scalpore *m.* **3** (*sl*) (*fuss, to-do*) putiferio *m.*, baccano *m.*, trambusto *m.*, chiasso *m.*: *to cause a ~* (o *to make a ~* o *to raise a ~*) fare scoppiare una grana, suscitare clamore, fare scoppiare un putiferio. **4** *pl.* (*Scol*) (*chemistry*) chimica *f.sing.* □ *~ bomb* bombetta puzzolente, fialetta puzzolente; (*Entom*) *~ bug* cimice delle piante; (*sl*) *to ~ of money* essere ricco sfondato; *to ~ out*: **1** appestare, ammorbare, impuzzolentire: *you're -ing out the room with that pipe* stai appestando la stanza con quella pipa; **2** (*to drive out with a stinking substance*) cacciare via per mezzo di una sostanza puzzolente; *to ~ to high heaven* avere una puzza tremenda; *to ~ up* appestare, ammorbare, impuzzolentire: *you're -ing up the room with that pipe* stai appestando la stanza con quella pipa.

stinker /'stɪŋkər/ *n.* **1** persona *f.* che puzza, cosa *f.* che puzza. **2** (*sl*) (*despicable person*) fetente *m./f.*, carogna *f.* **3** (*sl*) cosa *f.* molto difficile, grana *f.*, osso *m.* duro; (*sth. very bad*) porcheria *f.*, schifo *m.*, schifezza *f.*

stinking /'stɪŋkɪŋ/ *a.* **1** puzzolente, fetente, fetido. **2** (*colloq*) (*repulsive*) ripugnante, disgustoso. **3** (*sl*) (*very unpleasant*) molto sgradevole, assai spiacevole. **4** (*sl*) (*very drunk*) ubriaco fradicio. **5** (*sl*) (*very rich*) ricco sfondato, straricco.

stinkingly /'stɪŋkɪŋli/ *avv.* **1** in modo puzzo-

lente, in modo fetido. **2** (*extremely*) moltissimo, terribilmente.

stinko /'stɪŋkoʊ/ *a.* (*Am*) ubriaco fradicio.

stinkpot /'stɪŋkpɒt *Am* 'stɪŋkpɑːt/ *n.* **1** (*Mil,ant*) pentola *f.* con zolfo acceso (che veniva lanciata sul ponte di una nave nemica). **2** (*sl*) (*stinker*) fetente *m./f.*, carogna *f.*, individuo *m.* spregevole.

stinkstone /'stɪŋkstoʊn/ *n.* (*Min*) pietra *f.* (calcarea) fetida.

stinkweed /'stɪŋkwiːd/ *n.* (*Bot*) **1** (*wall rocket*) rucchetta *f.* selvatica. **2** (*Am*) (*thorn-apple*) stramonio *f.*, pomo *m.* spinoso.

stint[1] /stɪnt/ **I** *v.t.* **1** tenere a stecchetto, imporre restrizioni a. **2** (*rifl.*) *to ~ oneself* fare economia, stare a stecchetto, risparmiare, tirare la cinghia: *we have to ~ ourselves to pay the rent* dobbiamo fare economia per pagare l'affitto. **3** (*to distribute sparingly*) lesinare, dare con parsimonia, risparmiare su. **II** *n.* **1** limitazione *f.*, restrizione *f.* **2** (*allotted amount of work*) lavoro *m.* (assegnato), compito *m.* (assegnato), dovere *m.*: *to do one's daily ~* fare il proprio lavoro quotidiano. **3** (*period of work*) periodo *m.* di lavoro, periodo *m.* di servizio: *he did a ~ as a waiter* ha fatto un periodo di servizio come cameriere. **4** (*Minier*) quantità *f.* di carbone da estrarre assegnata a un minatore. □ *without ~* senza limiti, senza restrizioni, senza risparmio, abbondantemente: *to labour without ~* lavorare senza risparmiarsi.

stint[2] /stɪnt/ *n.* (*Ornit*) piovanello *m.* pancianera.

stintless /'stɪntləs/ *a.* **1** abbondante, senza risparmio, senza restrizioni. **2** (*ceaseless, unending*) incessante, continuo.

stipe /staɪp/ *n.* **1** (*Bot*) stipite *m.*, gambo *m.* **2** (*Zool*) peduncolo *m.*

stipel /'staɪpəl/ *n.* (*Bot*) stipola *f.*

stipellate /'staɪpəlɪt/ *a.* stipolato.

stipend /'staɪpend/ *n.* **1** stipendio *m.*, retribuzione *f.* **2** (*Rel*) prebenda *f.*, congrua *f.*

stipendiary /staɪ'pendɪəri *Am* staɪ'pendieri/ *a.* stipendiato, che percepisce uno stipendio, retribuito. □ (*GB*) *~ magistrate* giudice stipendiato, magistrato di carriera.

stipes /'staɪpiːz/ (*pl.* **stipites** /'stɪpɪtiːz/) *n.* (*Biol*) stipite *m.*, peduncolo *m.*

stipiform /'staɪpɪfɔːm *Am* 'staɪpɪfɔːrm/ *a.* a forma di gambo.

stipitate /'stɪpɪteɪt/ *a.* stipitato.

stipitiform /'stɪpɪtɪfɔːm *Am* 'stɪpɪtəfɔːrm/ *a.* a forma di gambo.

stipple /'stɪpl/ **I** *v.t.* **1** (*Pitt*) disegnare (o dipingere) con la tecnica del puntinismo, punteggiare. **2** (*Tip*) incidere a retino. **II** *n.* **1** (*Pitt*) puntinismo *m.*; (*stippled work*) lavoro *m.* eseguito con la tecnica del puntinismo. **2** (*Tip*) incisione *f.* a retino. □ (*Tip*) *~ engraving* incisione a retino.

stippler /'stɪplər/ *n.* (*Pitt*) puntinista *m./f.*

stippling /'stɪplɪŋ/ *n.* **1** (*Pitt*) puntinismo *m.*; (*stippled work*) lavoro *m.* eseguito con la tecnica del puntinismo. **2** (*Tip*) incisione *f.* a retino.

stipulate[1] /'stɪpjəleɪt/ **I** *v.i.* **1** (*Dir*) concordare, pattuire, stabilire, stipulare (*for sth.* qcs.). **2** (*to make a demand in an agreement*) esigere come condizione essenziale (qcs.), richiedere con contratto (qcs.). **II** *v.t.* prevedere, stabilire, prescrivere.

stipulate[2] /'stɪpjəleɪt/ *a.* (*Bot*) stipolato.

stipulated[1] /'stɪpjəleɪtɪd *Am* 'stɪpjəleɪtɪd/ *a.* (*Dir*) convenuto, stabilito, pattuito. □ *as ~* come stipulato: *as ~ by law* come previsto dalla legge.

stipulated[2] /'stɪpjəleɪtɪd *Am* 'stɪpjəleɪtɪd/ *a.* (*Bot*) stipolato.

stipulation /ˌstɪpjə'leɪʃən/ *n.* **1** (*Dir*) contratto *m.*, accordo *m.*, patto *m.*, stipulazione *f.*, stipula *f.* **2** (*condition, requirement in a contract*) disposizione *f.*, condizione *f.*, clausola *f.* □ *on the ~ that...* (o *under the ~ that...* o *with the ~ that...*) a patto che..., a condizione che...

stipulator /'stɪpjəleɪtər *Am* 'stɪpjəleɪtər/ *n.* stipulante *m./f.*

stipulatory /'stɪpjələtɔːri/ *a.* contrattuale.

stipule /'stɪpjuːl/ *n.* (*Bot*) stipola *f.*

stir[1] /stɜː *Am* stɜːr/ **I** *v.t.* (*past, p.p.* **stirred** /-d/) **1** mescolare, rimestare, rimescolare: *your tea is not -red* il tuo tè non è mescolato. **2** (*to agitate, to disturb*) smuovere, muovere, agitare. **3** (*to cause to move*) muovere, agitare: *the breeze hardly -red the leaves* la brezza muoveva appena le foglie. **4** (*rifl.*) *to ~ oneself* muoversi, darsi da fare: *come on, ~ yourself* su, muoviti. **5** (*to excite, to inflame*) eccitare, infiammare, stimolare: *to ~ so.'s imagination* eccitare la fantasia di qcu. **6** (*to wake up, to rouse*) scuotere (dal torpore), svegliare. **7** (*to instigate*) incitare, istigare, aizzare: *to ~ up a people to rebellion* incitare un popolo alla ribellione. **8** (*to arouse, to evoke*) risvegliare, destare, provocare, suscitare: *to ~ nostalgic memories* risvegliare ricordi nostalgici. **II** *v.i.* (*past, p.p.* **stirred** /-d/) **1** muoversi, agitarsi (lievemente): *not a leaf -red* non si muoveva una foglia. **2** (*to move, to budge*) muoversi, spostarsi: *I haven't -red out of the house all day* non mi sono mosso da casa tutto il giorno. **3** (*to be active, to move around*) muoversi, darsi d'attorno, muoversi, darsi da fare, affaccendarsi. **4** (*to be awake and up*) essere in piedi, essere già alzato. **III** *n.* **1** mescolata *f.*, rimescolata *f.*, rimestamento *m.* **2** (*slight movement*) lieve movimento *m.*: *the ~ of leaves in the wind* il lieve movimento delle foglie al vento. **3** (*state of agitation, disturbance*) agitazione *f.*, confusione *f.*, trambusto *m.*, scompiglio *m.* **4** (*public interest, excitement*) scalpore *m.*, chiasso *m.*, rumore *m.*, clamore *m.* □ *to ~ abroad* andare fuori, uscire; (*fig*) *not to ~ an eyelid* non battere ciglio, restare impassibile; (*fig*) *to ~ so.'s blood* fare rimescolare il sangue a qcu.; *to ~ in* incorporare, aggiungere mescolando; (*fig*) *to ~ so.'s pulses* suscitare emozioni in qcu.; (*Br,colloq*) *to ~ one's stumps* affrettarsi, spicciarsi, sbrigarsi: *~ your stumps!* muoviti!, spicciati!; *to ~ up*: **1** (*to agitate, to disturb*) smuovere, muovere, agitare; **2** (*of the fire*) attizzare, sbraciare; **3** (*to excite, to inflame*) eccitare, infiammare, stimolare; **4** (*to wake up, to rouse*) scuotere (dal torpore), svegliare; **5** (*to instigate*) incitare, istigare, aizzare: *to ~ up a people to rebellion* incitare un popolo alla ribellione; **6** (*to arouse, to evoke*) risvegliare, destare, provocare, suscitare.

stir[2] /stɜː *Am* stɜːr/ *n.* (*sl*) (*prison*) prigione *f.*, (*pop*) gattabuia *f.*: *he's in ~* è al fresco.

stirabout /'stɜːrəbaʊt/ **I** *n.* **1** (*Ir,ant,Gastron*) porridge *m.* **2** (*bustling person*) persona *f.* indaffarata. **II** *a.* (*bustling*) indaffarato, affaccendato.

stir-crazy /ˌstɜː'kreɪzi *Am* ˌstɜːr'kreɪzi/ *a.* **1** che dà i numeri, fuori di testa, paranoico, sballato. **2** (*as a result of a long time in prison*) mentalmente disturbato (a causa di una lunga prigionia).

stir-fried /ˌstɜː'fraɪd *Am* 'stɜːrfraɪd/ *a.* (*Gastron*) fritto in padella, (cotto) al salto.

stir-fry /ˌstɜː'fraɪ *Am* 'stɜːrfraɪ/ **I** *n.* (*Gastron*) frittura *f.* mossa, frittura *f.* al salto. **II** *v.t.* (*Gastron*) friggere (in padella).

stirpiculture /'stɜːpɪˌkʌltʃər *Am* 'stɜːrpi-

ˌkʌltʃər/ n. selezione f. genetica del bestiame.

stirps /stɜːps Am stɜːrps/ (pl. **stirpes** /ˈstɜːpiːz Am ˈstɜːrpiːz/) n. 1 capostipite m./f., progenitore m. (f. -trice). 2 (Zool) famiglia f. 3 (Bot) razza f.

stirrer /ˈstɜːrər/ n. 1 malalingua f., incitatore m. (f. -trice), istigatore m. (f. -trice). 2 (instrument) agitatore m.

stirring /ˈstɜːrɪŋ/ a. 1 eccitante, emozionante, entusiasmante, stimolante: ~ events avvenimenti eccitanti; a ~ speech un discorso entusiasmante. 2 (bustling, active) attivo, indaffarato, affaccendato.

stirringly /ˈstɜːrɪŋli/ avv. in modo eccitante, in modo entusiasmante.

stirrup /ˈstɪrəp Am ˈstɜːrəp/ n. 1 (Equit,Edil, Mecc) staffa f. 2 (Mar) staffa f., reggitoio m., penzolo m. □ (Anat) ~ bone staffa; ~ cup (o ~ glass) bicchiere della staffa; (Equit) ~ iron occhio della staffa; (Equit) ~ leather cinghia della staffa, staffile; (Abbigl) ~ pants pantaloni con le staffe, calzoni con le staffe; ~ pump piccolo estintore portatile (munito di staffa per trattenerlo con un piede).

stishovite /ˈstɪʃoʊvaɪt/ n. (Min) stishovite f.

stitch /stɪtʃ/ I n. 1 (in sewing) punto m.; (in knitting) maglia f.: to drop a ~ perdere una maglia; to pick up a ~ riprendere una maglia. 2 (Chir) punto m.: she had 10 -es le hanno dato 10 punti (di sutura) (in, to a). 3 (Med) fitta f. al fianco, trafittura f. al fianco: to get a (o the) ~ sentire una fitta al fianco. 4 (Legat) cucitura f. 5 (fig) briciolo m., briciola f., filo m.: she hasn't done a ~ of work all day non ha fatto (neanche) un briciolo di lavoro per tutto il giorno. 6 (colloq) spasso m., cosa f. divertente, persona f. che fa morire dal ridere. II v.t. 1 attaccare, cucire: to ~ a button on a shirt attaccare un bottone a una camicia; to ~ two pieces of cloth cucire due pezzi di stoffa. 2 (to embroider) ricamare. 3 (to sew after puncturing) impunturare. 4 (Chir) suturare, cucire. 5 (Legat) cucire insieme. III v.i. cucire, fare lavori di cucito. □ ~ count (in embroidery) numero di punti dello schema; (fig,colloq) to be in -es essere piegato in due dal ridere, ridere a crepapelle, morire dal ridere; she hadn't a ~ on non aveva nulla addosso, era completamente nuda; not have a ~ to one's back non avere un soldo in tasca, essere povero in canna; to ~ up: 1 (to mend) rammendare, cucire; 2 (Chir) suturare, cucire: to ~ up a wound suturare una ferita; ~ work ricamo. Prov.: a ~ in time saves nine un punto in tempo ne salva cento.

stitcher /ˈstɪtʃər/ n. 1 cucitore m. (f. -trice). 2 (stapler) cucitrice f.

stitching /ˈstɪtʃɪŋ/ n. 1 cucitura f. 2 (embroidery) ricamo m.; (mending) rammendo m. 3 (Med) sutura f.

stithy /ˈstɪði/ n. (ant,poet) fucina f.

stiver /ˈstaɪvər/ n. soldo m., centesimo m., lira f., spicciolo m.: (fig) it is not worth a ~ non vale un soldo.

stoa /stoʊ/ (pl. **stoae** /ˈstoʊiː/ o -s /-z/) n. (Archeol) stoà f.

stoat /stoʊt/ n. (Zool) ermellino m.

stoating /ˈstoʊtɪŋ Am ˈstoʊtɪŋ/ n. (Sart) cucitura f. invisibile.

stochastic /stɒkˈæstɪk Am stoʊˈkæstɪk/ a. (Statist) stocastico, probabilistico.

stochastics /stɒkˈæstɪks Am stoʊˈkæstɪks/ n.pl. (costr.sing.) (Statist) stocastica f.sing.

stock /stɒk Am stɑːk/ I n. 1 provvista f., scorta f., riserva f.: fuel -s provviste di carburante; to lay in a ~ of food fare una scorta di viveri. 2 (Comm) merce f. in magazzino, scorte f.pl. in magazzino, giacenza f., scorta f., assortimento m., stock m. 3 (Econ) capitale m. sociale, capitale m. azionario; (shares) titoli m.pl., azioni f.pl.; (government stock) titoli m.pl. di stato. 4 (Gastron) brodo m. 5 (fig) (estimation) credito m., valutazione f., stima f.: his ~ with the boss is high gode di molto credito presso il capo. 6 (tree stump) ceppo m.; (trunk) tronco m. di albero. 7 (supporting framework) base f., sostegno m., supporto m. 8 (Agr,Giard) marza f., innesto m.; (stock plant) pianta f. da cui si prelevano le marze (o gli innesti). 9 (line of descent) stirpe f., famiglia f., schiatta f.: of Scottish ~ di stirpe scozzese; she comes of good ~ è di buona famiglia. 10 (Dir) capostipite m./f., progenitore m. (f. -trice). 11 pl. (Stor) ceppi m.pl. 12 (Etnol) razza f. 13 (Ling) stipite m.; (family) famiglia f. 14 (Biol) colonia f. 15 (Mar) (of an anchor) ceppo m.; (of a rudder) anima f., asta f. 16 (Arm) (of a rifle, shotgun) cassa f.; (of a hand-gun) impugnatura f., calcio m.; (of a field gun) affusto m. 17 (handle of a whip, fishing rod) impugnatura f. 18 (Fal) (plane stock) ceppo m. della pialla, corpo m. della pialla. 19 (of a plough, an anvil, a bell) ceppo m. 20 (Mecc) (of a bit) menarola f.; (of a die, set of dies) portacuscinetti m. 21 (hub) mozzo m. 22 (Br,fig) (dull stupid person) stupido m. (f. -a). 23 (Bot) violacciocca f. 24 (Agr) (supply of seeds, plants, etc.) scorte f.pl. orticole. 25 (Zootecn) (livestock) bestiame m., scorte f.pl. vive. 26 (Ferr) impianti m.pl.; (rolling stock) materiale m. rotabile. 27 (Abbigl) (wide band, scarf) cravattona f.; (of a clerical collar) collarina f. 28 (Teat) repertorio m.; (stock company) compagnia f. di repertorio. 29 (Rel.catt) ampolla f. 30 pl. (Mar) (in shipbuilding) taccate f.pl. II a. 1 in magazzino, di scorta, di riserva. 2 (of the normal, general size, type, etc.) comune, di formato normale, di tipo corrente, standard. 3 (estens) consueto, usuale, tipo, abituale, comune: a ~ joke on such occasions una barzelletta consueta in occasioni simili; the ~ answer to all queries of this type la risposta tipo a tutte le domande di questo genere. 4 (fig) (commonplace, trite) banale, trito, ovvio. 5 (Econ) azionario. III v.t. 1 rifornire, fornire, provvedere, approvvigionare: to ~ one's cellar with wine rifornire la (propria) cantina di vino. 2 (Comm) avere in magazzino, avere una scorta di, tenere: we do not ~ it but we can order it non lo abbiamo in magazzino, ma possiamo ordinarlo. 3 (Zootecn) fornire di bestiame, fornire di scorte vive. 4 (Caccia) popolare. 5 (Arm) (of a rifle, shotgun) applicare la cassa a; (of a hand-gun) munire di calcio, munire di impugnatura; (of a field-gun) munire di affusto. 6 (of a plough, a bell) munire di ceppo. 7 (Mar) (of an anchor) acceppare, inceppare. 8 (Stor) (to put in the stocks) mettere in ceppi. IV v.i. (Comm) fare una scorta di merce. □ (Econ) ~ allotment warrant certificato di sottoscrizione; (Br) -s and stones (lifeless things) cose inanimate; (Econ) ~ bid for titoli molto richiesti; ~ bonus gratifica per azioni; (Comm) ~ book libro magazzino, libro inventari, schedario di magazzino; (Aut) ~ car automobile truccata (per gare su piste sterrate); (Comm) ~ clearance liquidazione delle scorte di magazzino; ~ company: 1 (Econ) società per azioni, 2 (Teat) compagnia di repertorio; ~ control controllo (del livello) delle scorte; (Econ) ~ coupon cedola azionaria; (Br,Alim) ~ cube dado da brodo; (Econ) ~ dividend dividendo in azioni; (Zool) ~ dove colombella; (Econ) ~ exchange borsa valori; listed on the ~ exchange quotato in borsa; (Econ) ~ exchange list listino di borsa;

(Zootecn) ~ farm fattoria per l'allevamento del bestiame; (Zootecn) ~ farmer allevatore di bestiame; (Zootecn) ~ farming allevamento di bestiame; (Comm) in ~ in magazzino, disponibile (per la vendita), in stock: to have sth. in ~ avere qcs. disponibile per la vendita; (Econ) ~ issue emissione di azioni; (Econ) ~ jobber operatore di Borsa; ~ list: 1 (Econ) listino di borsa; 2 (Comm) elenco delle scorte; (Econ) ~ market borsa valori, mercato finanziario, mercato azionario: to be listed on the ~ market essere quotato in borsa; (Br) off the ~: 1 (Mar) varato, che è stato varato; 2 (fig) completato, portato a buon fine, varato; (Comm) ~ on hand giacenza, scorta; (Comm) ~ on order ordinazioni in arrivo; (Br) on the -s: 1 (Mar) in cantiere, sulle taccate; 2 (fig) in cantiere, in preparazione, in allestimento; (Econ) ~ option opzione su azioni, diritto di opzione; (Econ) ~ option plan piano opzione su azioni; out of ~ esaurito, non disponibile: we are out of ~ of that article siamo sprovvisti di quell'articolo; (Econ) ~ owner azionista, detentore di azione; (Econ) ~ ownership possesso di azioni; (Comm) ~ photography foto in conto deposito; ~ room magazzino; ~ sheet foglio per l'inventario; ~ shot immagine di repertorio, fotografia d'archivio; ~ split frazionamento azionario; (fig) ~ still immobile, impalato: to stand ~ still rimanere immobile, restare impalato; (Econ) ~ subscription warrant certificato di sottoscrizione; to take ~: 1 (fig) valutare attentamente (of sth. qcs.); 2 (Comm) fare l'inventario (of di); (fig) to take no ~ in sth. non avere alcuna fiducia in qcs., non riporre alcuna fiducia in qcs.; (Econ) ~ trading compravendita di azioni, operazioni di borsa; ~ turnover rotazione delle scorte; to ~ up fare provvista, fare una scorta (on, with di): to ~ up with firewood for the winter fare provvista di legna (da ardere) per l'inverno; (Econ) ~ warrant buono di diritto di opzione.

stockade /stɒkˈeɪd Am stɑːkˈeɪd/ I n. palizzata f., steccato m., staccionata f., stecconata f. II v.t. steccare, recintare con una palizzata.

stockbreeder /ˈstɒkˌbriːdər Am ˈstɑːkˌbriːdər/ n. (Zootecn) allevatore m. (f. -trice) di bestiame.

stockbreeding /ˈstɒkˌbriːdɪŋ Am ˈstɑːkˌbriːdɪŋ/ n. (Zootecn) allevamento m. di bestiame.

stockbroker /ˈstɒkˌbroʊkər Am ˈstɑːkˌbroʊkər/ n. (Econ) agente m. di cambio. □ (Br,colloq) ~ belt periferia residenziale di lusso, zona residenziale per gente ricca.

stockbrokerage /ˈstɒkˌbroʊkərɪdʒ Am ˈstɑːkˌbroʊkərɪdʒ/ n., **stockbroking** /ˈstɒkˌbroʊkɪŋ Am ˈstɑːkˌbroʊkɪŋ/ n. (Econ) lavoro m. di agente di cambio, mediazione f. nella compravendita di titoli.

stocked /stɒkt Am stɑːkt/ a. fornito: well ~ ben fornito; the lake is well ~ with fish il lago è molto pescoso.

stocker /ˈstɒkər Am ˈstɑːkər/ n. 1 chi fa le casse dei fucili. 2 (Zootecn) animale m. da ingrasso.

stockfish /ˈstɒkfɪʃ Am ˈstɑːkfɪʃ/ n. (Gastron) stoccafisso m.

stockholder /ˈstɒkˌhoʊldər Am ˈstɑːkˌhoʊldər/ n. (Econ) azionista m./f. □ (Econ) -s' equity capitale netto; (Econ) -s' meeting assemblea degli azionisti; (Econ) -s' report rapporto agli azionisti.

stockholding /ˈstɒkˌhoʊldɪŋ Am ˈstɑːkˌhoʊldɪŋ/ n. (Econ) azionariato m., partecipazione f. azionaria.

stockholdings /ˈstɒkˌhoʊldɪŋz Am ˈstɑːkˌhoʊldɪŋz/ n.pl. (Econ) azionariato m.sing., partecipazione *f.sing.* azionaria.

Stockholm /'stɒkhoʊm *Am* 'staːkhoʊlm/ *n.pr.* (*Geog*) Stoccolma *f.* ☐ ~ *syndrome* sindrome di Stoccolma.

stockily /'stɒkɪli *Am* 'staːkəli/ *avv.* in modo massiccio. ☐ ~ *built* di corporatura tozza, tracagnotto.

stockiness /'stɒkɪnəs *Am* 'staːkɪnəs/ *n.* robustezza *f.*, l'essere massiccio, l'essere tozzo.

stockinet, stockinette /ˌstɒkɪ'net *Am* ˌstaːkɪ'net/ *n.* (*Tess*) tessuto *m.* di maglia leggermente elastico. ☐ (*Am*) ~ *stitch* (*in knitting*) maglia rasata.

stocking /'stɒkɪŋ *Am* 'staːkɪŋ/ *n.* **1** calza *f.*: *nylon* -*s* calze di nylon; *a pair of* -*s* un paio di calze. **2** (*reaching to the knees*) calzettone *m.*: *football* -*s* calzettoni da calcio. **3** (*elastic stocking*) calza *f.* elastica. **4** (*on a horse*) balza *f.*, balzana *f.* ☐ (*Am*) ~ *cap* berretto di lana a cono con pompom; ~ *filler* regalo da mettere nella calza di Babbo Natale; ~ *mask* calza di nylon usata come maschera; ~ *stitch* (*in knitting*) maglia rasata; ~ *stuffer* regalo da mettere nella calza di Babbo Natale.

stockinged /'stɒkɪŋd *Am* 'staːkɪŋd/ *a.* con (indosso) le calze. ☐ *in one's* ~ *feet* con le calze infilate (senza scarpe).

stockingless /'stɒkɪŋləs *Am* 'staːkɪŋləs/ *a.* che non ha calze, senza calze, a piedi nudi.

stock-in-trade /ˌstɒkɪn'treɪd *Am* ˌstaːkɪn 'treɪd/ *n.* **1** attrezzatura *f.* necessaria per la conduzione di un'impresa. **2** (*Comm*) (*of a shop*) merce *f.* in vendita. **3** (*Dir*) beni *m.pl.* strumentali. **4** (*fig*) ferri *m.pl.* del mestiere.

stockish /'staːkɪʃ/ *a.* (*Am*) **1** tonto, stupido, balordo, ottuso, stolto. **2** (*somewhat stocky*) alquanto tozzo, alquanto tarchiato.

stockist /'stɒkɪst *Am* 'staːkɪst/ *n.* (*Comm*) stocchista *m./f.*, grossista *m./f.*, fornitore *m.* (*f.* -*trice*): *sole* -*s* fornitore unico.

stockjobber /'stɒkˌdʒɒbər *Am* 'staːkˌdʒaːbər/ *n.* **1** (*Br,Econ*) speculatore *m.* di borsa. **2** (*Am, Econ*) (*stockbroker*) agente *m.* di cambio.

stockjobbery /'stɒkˌdʒɒbəri *Am* 'staːkˌdʒaːbəri/, **stockjobbing** /'stɒkˌdʒɒbɪŋ *Am* 'staːkˌdʒaːbɪŋ/ *n.* (*Econ*) speculazione *f.* di borsa.

stockman /'stɒkmən *Am* 'staːkmən/ *n.irr.* (*f.* -**woman**) **1** (*Agr*) (*for cattle*) guardiano *m.* (*f.* -a) di bestiame; (*for sheep and cattle*) mandriano *m.* (*f.* -a). **2** (*Am*) (*warehouseman*) magazziniere *m.* (*f.* -a).

stockpile /'stɒkpaɪl *Am* 'staːkpaɪl/ **I** *v.t.* **1** accumulare riserve di. **2** (*Mil*) fare una scorta di. **II** *v.i.* fare scorte. **III** *n.* **1** riserva *f.* (di generi di prima necessità). **2** (*Mil*) scorta *f.*: *a nuclear* ~ una scorta nucleare.

stockpiling /'stɒkˌpaɪlɪŋ *Am* 'staːkˌpaɪlɪŋ/ *n.* stoccaggio *m.*, immagazzinamento *m.*, l'accumulare riserve, l'accumulare scorte.

stockpot /'stɒkˌpɒt *Am* 'staːkˌpaːt/ *n.* grossa pentola *f.* (per il brodo).

stock-room /'stɒkrʊm *Am* 'staːkrʊm/ *n.* magazzino *m.*

stock-still /'stɒkstɪl *Am* 'staːkstɪl/ *a.* immobile, impalato: *to stand* ~ rimanere immobile, restare impalato.

stocktaking /'stɒkteɪkɪŋ *Am* 'staːkteɪkɪŋ/ *n.* **1** (*Comm*) inventario *m.*, inventariazione *f.* **2** (*fig*) attenta valutazione *f.*

stocky /'stɒki *Am* 'staːki/ *a.* tarchiato, tozzo, tracagnotto.

stockyard /'stɒkjaːd *Am* 'staːkjaːrd/ *n.* (*Zootecn*) recinto *m.* per il bestiame.

stodge /stɒdʒ *Am* staːdʒ/ **I** *n.* (*Br*) **1** (*colloq*) cibo *m.* pesante e poco appetitoso. **2** (*tedious written material*) scritto *m.* noioso e privo di fantasia; (*colloq*) mattone *m.* **II** *v.i.* (*Br*) rimpinzarsi, ingozzarsi (*with* di).

stodgily /'stɒdʒɪli *Am* 'staːdʒɪli/ *avv.* pesantemente.

stodginess /'stɒdʒɪnəs *Am* 'staːdʒɪnəs/ *n.* **1** pesantezza *f.* **2** (*of speech*) barbosità *f.*

stodgy /'stɒdʒi *Am* 'staːdʒi/ *a.* **1** pesante, indigesto. **2** (*dull, uninteresting*) noioso, indigesto, tedioso.

stoep /stuːp/ *n.* (*S.Afr*) veranda *f.*

stogie, stogy /'stoʊɡi/ *n.* (*Am,colloq*) sigaro *m.* a buon mercato.

stoic /'stoʊɪk/ **I** *n.* (*Filos*) stoico *m.* (*f.* -a) (*anche fig*). **II** *a.* (*Filos*) stoico (*anche fig*).

stoical /'stoʊɪkəl/ *a.* stoico, impassibile: *a ~ person* una persona stoica.

stoically /'stoʊɪkəli/ *avv.* stoicamente.

stoichiometric /ˌstɔɪkɪoʊ'metrɪk/ *a.* (*Chim*) stechiometrico.

stoichiometrically /ˌstɔɪkɪoʊ'metrɪkəli/ *avv.* (*Chim*) stechiometricamente.

stoichiometry /ˌstɔɪkɪ'ɒmətri *Am* ˌstɔɪkɪ 'aːmətri/ *n.* (*Chim*) stechiometria *f.*

stoicism /'stoʊɪsɪzəm/ *n.* **1** (*Filos*) stoicismo *m.* **2** (*fig*) stoicismo *m.*, impassibilità *f.*

stoke /stoʊk/ **I** *v.t.* **1** alimentare, rifornire: *to ~ the furnace* alimentare la fornace. **2** (*of a fire: to stir up*) attizzare. **3** (*colloq*) (*to feed abundantly*) rimpinzare, ingozzare, inzeppare, imbottire. **II** *v.i.* **1** fare il fuochista. **2** (*colloq*) (*to eat abundantly*) rimpinzarsi, ingozzarsi. ☐ (*colloq*) *to ~ up* (*to eat abundantly*) rimpinzarsi, ingozzarsi.

stoked /stoʊkt/ *a.* (*Am,fig*) felicissimo, entusiasta, eccitato, gasato, euforico.

stokehold /'stoʊkhoʊld/ *n.* (*Mar*) locale *m.* delle caldaie, sala *f.* delle caldaie.

stokehole /'stoʊkhoʊl/ *n.* **1** bocca *f.* del forno, bocca *f.* della caldaia. **2** (*Mar*) (*stokehold*) locale *m.* delle caldaie, sala *f.* delle caldaie.

stoker /'stoʊkər/ *n.* **1** (*Ind,Mar,Ferr*) fuochista *m.* **2** (*machine*) alimentatore *m.* (automatico).

STOL /stɒl, 'estɒl *Am* staːl, 'estaːl/ **I** (*Aer*) *short take-off and landing* STOL (decollo e atterraggio corti). **II** *n.* (*Aer*) aereo *m.* STOL.

stola /'stoʊlə/ *n.* (*pl.* -**lae** /-liː/ o -**s** /-z/) *n.* (*Stor.gr, Stor.rom*) stola *f.*

stole[1] /stoʊl/ → **steal**[1].

stole[2] /stoʊl/ *n.* (*Abbigl,Lit*) stola *f.*

stolen /'stoʊlən/ *→* **steal**[1].

stolid /'stɒlɪd *Am* 'staːlɪd/ *a.* **1** (*of a person, character*) flemmatico, impassibile, imperturbabile. **2** (*of a book, style*) noioso, tedioso.

stolidity /stɒ'lɪdəti *Am* staː'lɪdəti/ *n.* flemma *f.*, impassibilità *f.*, imperturbabilità *f.*

stolidly /'stɒlɪdli *Am* 'staːlɪdli/ *avv.* flemmaticamente, in modo imperturbabile, in maniera impassibile.

stolidness /'stɒlɪdnəs *Am* 'staːlɪdnəs/ *n.* flemma *f.*, impassibilità *f.*, imperturbabilità *f.*

stolon /'stoʊlɒn *Am* 'stoʊlaːn/ *n.* (*Biol*) stolone *m.*

stolonate /'stoʊləneɪt/ *a.* (*Biol*) stolonifero.

stoloniferous /ˌstoʊlə'nɪfərəs/ *a.* (*Biol*) stolonifero.

stoma /'stoʊmə/ *n.* (*pl.* -**mata** /-mətə *Am* -mətə/ o -**s** /-z/) *n.* (*Biol*) stoma *m.*

stomach /'stʌmək/ **I** *n.* **1** (*Anat*) stomaco *m.* **2** (*central part of the body*) pancia *f.*, addome *m.*, ventre *m.*: *to hit so. in the* ~ colpire qcu. allo stomaco. **3** (*fig*) (*appetite*) fame *f.*, appetito *m.*: *to stay one's* ~ calmare la fame. **4** (*fig*) (*desire, inclination*) voglia *f.*, desiderio *m.* **5** (*fig*) (*courage*) fegato *m.*, cuore *m.*: *he has no* ~ *for a fight* non ha il fegato di battersi. **6** (*fig*) (*capacity for enduring*) capacità *f.* di sopportazione; (*colloq*) stomaco *m.* **7** (*rar*) (*pride*) orgoglio *m.*, fierezza *f.* **II** *v.t.* **1** ritenere: *the patient could not ~ anything solid* il paziente

non poteva ritenere niente di solido; (*to digest*) digerire. **2** (*colloq*) sopportare, digerire, mandare giù. ☐ (*Ginn*) ~ *crunch* (esercizi) addominali; *to lie heavy on the* ~ rimanere sullo stomaco; (*Med*) ~ *pump* sonda per lavanda gastrica; (*Med*) ~ *tube* sonda per lavanda gastrica.

stomach-ache /'stʌmˌkeɪk/ *n.* mal *m.* di pancia.

stomachal /'stʌmək'l/ *a.* **1** gastrico. **2** (*Med, Farm*) stomachico, stomacale.

stomached /'stʌmkt/ *a.* (*in compounds*) dallo stomaco...: *strong-*~ dallo stomaco forte.

stomacher /'stʌməkər/ *n.* (*Stor*) pettino *m.*, pettorina *f.*

stomachful /'stʌməkful/ *n.* scorpacciata *f.*, quantità *f.* contenuta nello stomaco. ☐ (*colloq,fig*) *I've had a ~ of your complaints* ne ho fin sopra i capelli delle tue lamentele.

stomachic /stoʊ'mækɪk *Am* stə'mækɪk/ **I** *a.* **1** gastrico. **2** (*Med,Farm*) stomachico, stomacale. **II** *n.* (*Med,Farm*) stomachico *m.*, farmaco *m.* stomachico.

stomatitis /ˌstoʊmə'taɪtɪs *Am* ˌstoʊmə'taɪtɪs/ *n.* (*Med*) stomatite *f.*

stomatological /ˌstoʊmətə'lɒdʒɪk'l *Am* ˌstoʊmətə'laːdʒɪk'l/ *a.* (*Med*) stomatologico.

stomatologist /ˌstoʊmə'tɒlədʒɪst *Am* ˌstoʊmə'taːlədʒɪst/ *n.* (*Med*) stomatologo *m.* (*f.* -a).

stomatology /ˌstoʊmə'tɒlədʒi *Am* ˌstoʊmə'taːlədʒi/ *n.* (*Med*) stomatologia *f.*

stomp /stɒmp *Am* staːmp/ **I** *v.t.* **1** (*to step down harshly upon sth.*) pestare, calpestare. **2** (*to hit*) aggredire, pestare, massacrare di botte. **3** (*fig*) (*to defeat utterly*) sconfiggere, stracciare, massacrare. **II** *v.i.* camminare con passo pesante: *to ~ in* entrare con passo pesante. **III** *n.* **1** (*of feet*) rumore *m.* di passi pesanti. **2** (*Am*) (*dance*) ballo *m.* sincopato, musica *f.* fortemente ritmata.

stomping /'staːmpɪŋ/ ☐ (*Am*) ~ *ground*: **1** posto preferito; **2** (*bar*) locale preferito; **3** (*neighbourhood*) zona preferita.

stone /stoʊn/ **I** *n.* **1** pietra *f.* (*anche Edil*): *built of ~* costruito di pietra. **2** (*block*) macigno *m.*, masso *m.* **3** (*small piece of stone, pebble*) pietra *f.*, sasso *m.*, ciottolo *m.*: *he threw a ~ at the dog* scagliò una pietra contro il cane. **4** (*precious stone, gem*) pietra *f.* preziosa, gemma *f.* **5** (*hailstone*) chicco *m.* di grandine. **6** (*Med*) calcolo *m.*: *kidney* ~ calcolo renale. **7** (*of a fruit*) nocciolo *m.*, osso *m.*; (*of a date, etc.*) seme *m.* **8** (*pl.inv.: unit of weight*) stone *m.* (pari a circa 6,35 kg). **9** (*colour*) colore *m.* grigiastro. **10** (*Edil*) (*paving stone*) lastra *f.* di pietra per pavimentazion. **11** (*monument*) cippo *m.*, colonna *f.* di pietra. **12** (*gravestone*) lastra *f.* tombale, lapide *f.*, pietra *f.* sepolcrale. **13** (*Tecn*) (*grindstone*) mola *f.* (per affilare); (*whetstone*) cote *f.*; (*millstone*) mola *f.*, macina *f.* **14** (*Tip*) pietra *f.* litografica; (*in lithography*) matrice *f.* litografica, lastra *f.* litografica. **II** *a.* **1** di pietra, pietroso: *a ~ hut* una capanna di pietra. **2** (*made of stoneware*) di terraglia. **3** (*colour*) (*stone-grey*) grigio *m.* pietra. **III** *v.t.* **1** scagliare pietre contro (*o* a), prendere a sassate. **2** (*to pelt to death with stones*) lapidare. **3** (*Edil*) (*to face with stone*) rivestire di pietra. **4** (*Edil*) (*to pave with stone*) lastricare, pavimentare (con pietra). **5** (*of fruit*) snocciolare, togliere il nocciolo a. **6** (*to sharpen with a whetstone*) affilare. **7** (*to rub, to polish with a stone*) molare, levigare. ☐ (*Geol*) *Stone Age* età della pietra; (*Am,Edil*) ~ *ax* (o ~ *axe*) mazza da spaccapietre; (*Edil*) ~ *chisel* scalpello da muratore; (*Ornit*) ~ *curlew* occhione, regino; (*Edil*)

hammer martellina; (*Itt*) ~ **loach** cobite; barbatello, barbatello, (*Edil*) ~ **masonry** muratura di pietra; (*Bot*) ~ **pine** pino domestico; ~ **pit** cava di pietre; (*Itt*) ~ **sucker** lampreda; *within a ~'s throw* (o *at a ~'s throw*) a un tiro di schioppo, a breve distanza, a due passi da; *to ~ so. to death* lapidare qcu.; (*fig*) *to leave no ~ unturned* non lasciare nulla di intentato, tentare tutte le strade.

stone-ax, stone-axe /ˈstoʊnæks/ *n.* (*Am, Edil*) mazza *f.* da spaccapietre.

stone-blind /ˈstoʊnblaɪnd/ *a.* completamente cieco, cieco come una talpa.

stone-breaker /ˈstoʊnbreɪkər/ *n.* **1** spaccapietre *m.* **2** (*machine*) frantoio *m.* (per pietre).

stone-broke /ˈstoʊnˌbroʊk/ *a.* (*colloq*) senza un soldo, in bolletta, al verde, a secco.

stonecast /ˈstoʊnkæst/ *n.* (*Br*) (*short distance*) tiro *m.* di schioppo, due passi *m.pl.*, quattro passi *m.pl.*: *it is only a ~ from our house* è a due passi da casa nostra.

stonechat /ˈstoʊntʃæt/ *n.* (*Ornit*) saltimpalo *m.*

stone-coal /ˈstoʊnˌkoʊl/ *n.* antracite *f.*

stone-cold /ˌstoʊnˈkoʊld/ **I** *a.* freddissimo, freddo come il marmo. **II** *avv.* (*colloq*) (*absolutely*) perfettamente, assolutamente.

stone-crusher /ˈstoʊnˌkrʌʃər/ *n.* **1** spaccapietre *m.* **2** (*machine*) frantoio *m.* (per pietre).

stone-cutter /ˈstoʊnˌkʌtər Am ˈstoʊnˌkʌtər/ *n.* **1** scalpellino *m.*, tagliapietre *m.* **2** (*machine*) mola *f.*

stone-cutting /ˈstoʊnˌkʌtɪŋ Am ˈstoʊnˌkʌtɪŋ/ *n.* lavorazione *f.* della pietra.

stoned /stoʊnd/ *a.* **1** (*sl*) (*exhilarated by drugs*) fatto, su di giri per l'effetto di droghe. **2** (*Br*) (*of fruit*) senza nocciolo, snocciolato.

stone-dead /ˌstoʊnˈded/ *a.* morto stecchito.

stone-deaf /ˈstoʊnˈdef/ *a.* completamente sordo, sordo come una campana.

stone-fruit /ˈstoʊnfruːt/ *n.* (*Br*) frutto *m.* a nocciolo, drupa *f.*

stoneground /ˌstoʊnˈgraʊnd/ *a.* macinato a pietra.

Stonehenge /ˌstoʊnˈhendʒ/ *n.pr.* (*Geog*) Stonehenge *f.*

stoneless /ˈstoʊnləs/ *a.* (*Br*) **1** senza pietre. **2** (*of fruit*) senza nocciolo.

stonemason /ˈstoʊnˌmeɪsən/ *n.* (*Edil*) **1** muratore *m.* **2** (*one who dresses stone*) scalpellino *m.*, tagliapietre *m.*

stonemasonry /ˈstoʊnˌmeɪsənri/ *n.* (*Edil*) **1** muratura *f.* (in pietra). **2** (*stone dressing*) arte *f.* di scalpellino, abilità *f.* di scalpellino.

stonewall /ˌstoʊnˈwɔːl/ **I** *v.i.* **1** (*Sport*) (*in cricket*) fare un gioco di difesa. **2** (*Parl*) fare ostruzionismo. **3** (*fig*) tergiversare, rispondere evasivamente. **II** *v.t.* ostacolare, boicottare, fare ostruzionismo.

stonewaller /ˌstoʊnˈwɔːlər/ *n.* **1** (*Sport*) battitore *m.* che fa un gioco di difesa. **2** (*Parl*) ostruzionista *m./f.*

stonewalling /ˌstoʊnˈwɔːlɪŋ/ *n.* **1** (*Sport*) gioco *m.* di difesa. **2** (*Parl*) ostruzionismo *m.*

stoneware /ˈstoʊnweər Am ˈstoʊnwer/ *n.* (*Ceram*) **1** terraglia *f.* **2** (*gres*) gres *m.*

stone-washed /ˈstoʊnˈwɒʃt Am ˌstoʊnˈwɔːʃt/ *a.* (*Tess,Abbigl*) slavato, stonewashed.

stonework /ˈstoʊnwɜːk Am ˈstoʊnwɜːrk/ *n.* **1** lavoro *m.* in pietra. **2** (*masonry*) muratura *f.* (di pietra). **3** (*process of working in stone*) lavorazione *f.* della pietra.

stoneworker /ˈstoʊnwɜːkər Am ˈstoʊnwɜːrkər/ *n.* scalpellino *m.*, tagliapietre *m.*

stonily /ˈstoʊnɪli/ *avv.* con durezza, con insensibilità.

stoniness /ˈstoʊnɪnəs/ *n.* **1** l'essere pietroso, l'essere sassoso. **2** (*fig*) durezza *f.*, insensibilità *f.*

stoning /ˈstoʊnɪŋ/ *n.* **1** (*throwing of stones*) lapidazione *f.* **2** (*of fruit*) snocciolatura *f.*

stony /ˈstoʊni/ *a.* **1** pietroso, sassoso: ~ *ground* terreno pietroso. **2** (*rocky*) roccioso. **3** (*resembling stone*) simile a pietra. **4** (*as hard as stone*) duro come la pietra. **5** (*fig*) (*lacking pity*) di pietra, duro, insensibile: *a ~ heart* un cuore di pietra. **6** (*fig*) (*hard-hearted*) duro, crudele, spietato. **7** (*fig*) (*expressionless*) inespressivo: *a ~ face* un volto inespressivo.

stood /stʊd/ → **stand**[1].

stooge /stuːdʒ/ **I** *n.* **1** (*Teat*) spalla *f.* **2** (*colloq*) (*underling*) tirapiedi *m.*; (*spreg*) scagnozzo *m.* **3** (*colloq*) (*decoy*) persona *f.* che fa da esca, adescatore *m.* (*f.* -trice); (*stool pigeon*) informatore *m.* (*f.* -trice), spia *f.* **4** (*colloq*) (*dupe*) burattino *m.*, fantoccio *m.*, marionetta *f.* **5** (*Aer*) allievo *m.* pilota. **II** *v.i.* **1** (*Teat*) fare da spalla. **2** (*colloq*) (*to act as a stooge*) fare lo scagnozzo, fare il tirapiedi. □ (*Aer*) *to ~ around* volare a velocità di crociera.

stook /stuːk/ **I** *n.* (*Br,Agr*) bica *f.*, covone *m.*, mucchio *m.* di fieno. **II** *v.t.* (*Br,Agr*) abbicare, ammucchiare.

stool /stuːl/ **I** *n.* **1** sgabello *m.*, seggiolino *m.*: *a three-legged ~* uno sgabello a tre piedi. **2** (*footstool*) poggiapiedi *m.*, sgabello *m.* (poggiapiedi). **3** (*for kneeling*) inginocchiatoio *m.* **4** (*Med*) defecazione *f.*, evacuazione *f.*; (*faeces*) feci *f.pl.* **5** (*Bot*) (*stump*) troncone *m.*, ceppaia *f.*, ceppo *m.* **6** (*Caccia*) uccello *m.* da richiamo, piccione *m.* da richiamo. **7** (*commode*) seggetta *f.* **8** (*Br*) (*window-sill*) davanzale *m.* (di finestra). **II** *v.i.* **1** (*Bot*) germogliare. **2** (*Caccia*) rispondere al richiamo. **3** (*sl*) (*to turn informer*) fare la spia (*on* contro); (*to act as a decoy*) fare da esca (a). **4** (*rar*) (*to defecate*) defecare. □ ~ **pigeon**: 1 (*Caccia*) piccione da richiamo; 2 (*sl*) (*informer*) spia, informatore, confidente; (*decoy*) persona che fa da esca, adescatore.

stoop[1] /stuːp/ **I** *v.i.* **1** chinarsi, abbassarsi, curvarsi, piegarsi: *he -ed to pick up the baby* si chinò per sollevare il bambino; *to ~ over one's desk* curvarsi sulla scrivania. **2** (*to walk with a stoop*) camminare curvo. **3** (*to stand with a stoop*) stare con la schiena curva. **4** (*fig*) (*to condescend, to lower oneself*) abbassarsi, accondiscendere, scendere (*to* a): *he would never ~ to such mean tactics* non si abbasserebbe mai a espedienti così meschini. **5** (*fig*) (*to humble oneself, to submit*) umiliarsi, abbassarsi, sottomettersi, curvare la schiena. **II** *v.t.* **1** curvare, chinare, piegare: *age had -ed his shoulders* la vecchiaia gli aveva curvato le spalle. **2** (*fig*) degradare, umiliare. **III** *n.* **1** (*act of stooping*) curvatura *f.* (del corpo). **2** (*posture*) posizione *f.* curva. **3** (*of hawk*) (discesa in) picchiata *f.* **4** (*fig*) condiscendenza *f.*, sottomissione *f.* □ *to ~ down* chinarsi, abbassarsi, curvarsi, piegarsi; *to walk with a ~* camminare curvo.

stoop[2] /stuːp/ *n.* (*Am*) (*porch*) portico *m.*; (*veranda*) (piccola) veranda *f.*

stoop[3] /stuːp/ *n.* (*Rel.catt*) acquasantiera *f.*

stooping /ˈstuːpɪŋ/ *a.* curvo, arcuato, ricurvo.

stoopingly /ˈstuːpɪŋli/ *avv.* in modo curvo.

stop /stɒp Am stɑːp/ **I** *v.t.* (*past, p.p.* **stopped** / *rar* **stopt** /-t/) **1** cessare, smettere, finire: *we -ped work at noon* cessammo il lavoro a mezzogiorno; *the baby -ped crying* il bambino smise di piangere. **2** (*to discontinue*) sospendere, interrompere. **3** (*to cause to cease*) fare cessare, interrompere, mettere fine a: *to ~ the children's noise* fare cessare il chiasso dei bambini. **4** (*to check, to halt*) arrestare, fermare, trattenere, contenere: *to* ~ *the flight of capital out of the country* arrestare la fuga di capitali dal paese. **5** (*to bring to a standstill*) arrestare, fermare: *to ~ traffic* arrestare il traffico (anche *fig*). **6** (*to restrain, to prevent*) impedire, trattenere, fermare. **7** (*to prevent the flow, the passage of*) impedire il passaggio di, arrestare, fermare. **8** (*of the blood*) stagnare, fermare. **9** (*to prevent the payment of*) bloccare, fermare, mettere il fermo a: *to ~ a cheque* bloccare un assegno. **10** (*to accost*) avvicinare, rivolgersi a. **11** (*to deduct, to withhold*) detrarre, trattenere: *income tax -ped at source* imposta sul reddito trattenuta alla fonte. **12** (*to close, to block*) otturare, chiudere, bloccare: *to ~ a leak* otturare una falla. **13** (*of a body orifice*) tappare, turare: *to ~ one's ears* turarsi le orecchie. **14** (*of a bottle, etc.*) otturare, tappare. **15** (*Dent*) otturare. **16** (*colloq*) (*of a blow: to receive*) ricevere, incassare. **17** (*to parry*) parare, schivare, scansare: *to ~ a blow* parare un colpo. **18** (*Sport*) (*in boxing*) mettere fuori combattimento, battere per k.o. **19** (*Sport*) (*to defeat*) sconfiggere, battere, vincere (in una gara). **20** (*Sport*) (*of the ball*) bloccare, stoppare, fermare; (*to save*) parare, salvare. **21** (*Mus*) (*of a string*) premere, toccare; (*of a fingerhole of a wind instrument*) chiudere. **22** (*Gramm*) punteggiare, mettere i segni di interpunzione in. **II** *v.i.* (*past, p.p.* **stopped** / *rar* **stopt** /-t/) **1** cessare, finire, smettere: *the rain has -ped* la pioggia è cessata. **2** (*to come to a halt*) fermarsi, arrestarsi: (*estens*) *his heart -ped* il suo cuore si fermò. **3** (*to make a scheduled halt*) fermare, fare una fermata: *the train doesn't ~ at this station* il treno non ferma a questa stazione. **4** (*to interrupt a journey*) fermarsi, sostare, fare una sosta. **5** (*to halt for a brief stay*) fare una breve sosta, fermarsi brevemente. **6** (*of a machine, etc.*) fermarsi, smettere di funzionare, cessare di funzionare: *my watch has -ped* il mio orologio si è fermato. **7** (*to stay, to remain*) restare, trattenersi, rimanere, fermarsi: *to ~ at home* restare a casa. **8** (*to make a brief visit*) fare un salto, fare una scappata. **9** (*to cease to extend*) terminare, finire: *the path -ped at the gate* il sentiero terminava al cancello. **10** (*to become blocked*) ostruirsi, intasarsi, otturarsi. **III** *n.* **1** termine *m.*, fine *f.* **2** (*halt*) sosta *f.*, fermata *f.*, breve pausa *f.* **3** (*Aer,Mar*) scalo *m.* **4** (*scheduled stopping place of a bus, etc.*) fermata *f.* **5** (*Ferr*) (*for train*) stazione *f.* **6** (*signal, notice, etc., to stop*) segnale *m.* di arresto. **7** (*Mecc*) arresto *m.*, fermo *m.*, scontro *m.*, ritegno *m.* **8** (*doorstop*) fermaporta *m.* **9** (*on window*) nottolino *m.* di arresto. **10** (*on typewriter*) marginatore *m.* **11** (*for drawer*) blocco *m.* **12** (*plug, stopper*) tappo *m.*, turacciolo *m.* **13** (*Mus*) registro *m.*; (*stop knob*) tasto *m.* di registro. **14** (*Sport*) (*in hockey*) deviazione *f.* di tiro; (*in soccer: save*) parata *f.*, salvataggio *m.*; (*in boxing*) posizione *f.* di guardia. **15** (*Gramm*) segno *m.* di interpunzione. **16** (*in telegrams*) stop *m.* **17** (*Fot*) diaframma *m.* **18** (*Fon*) consonante *f.* esplosiva, esplosiva *f.* **19** (*in cards*) carta *f.* che ferma il gioco. □ *to ~ so.'s allowance* togliere il sussidio a qcu.; (*fig*) *to ~ at nothing* non fermarsi davanti a nulla; *to ~ away*: 1 (*not to go*) non andare (*from* da); 2 (*not to come*) non venire (*from* a); (*Fot*) ~ *bath* bagno di arresto; (*Edil*) ~ *bead* (*in a window*) listello di arresto; (*Inform*) ~ *bit* bit di arresto; *to bring to a* ~ arrestare, fermare; *to* ~ *by* fare un salto, fare una scappata; ~ *card* (*in canasta, etc.*) carta che congela il mazzo; (*Fot*) *to* ~ *down* ridurre l'apertura dell'obiettivo; (*fig*) *to* ~ *one's ears* non voler ascoltare, turarsi le orecchie, tapparsi le orecchie; ~ *it!* finiscila!, smettila!, piantala!; ~ *key*: 1 (*Mus*) tasto di registro; 2 (*Mecc*) chiave di arresto; (*Mus*) ~ *knob* tasto di registro; ~ *lamp* (o ~ *light*): 1 (*on a vehicle*) stop, luce di arresto; 2 (*traffic light*) rosso, semaforo rosso; *to make a* ~ fermarsi, fare una sosta; (*Cin*) ~ *motion* stop motion, (tecnica che permette di animare pupazzi o modellini messi in posa e ripresi fotogramma per fotogramma); (*Mecc*) ~ *nut* dado di bloccaggio; *to* ~ *off*: 1 fare una sosta, fare una tappa: *to* ~ *off in Bristol* fare una sosta a Bristol; 2 (*to make a brief visit*) fare un salto, fare una scappata; (*Econ*) ~ *order* ordine con limite di prezzo, ordine débordant; *to* ~ *out all night* stare fuori tutta la notte; *to* ~ *over*: 1 fare una sosta, fare una tappa; 2 (*to make a brief visit*) fare un salto, fare una scappata; (*Econ*) ~ *payment* sospensione di pagamento, (ordine di) fermo; ~ *price* prezzo limite; *to put a* ~ *to sth.* mettere fine a qcs., porre fine a qcs., far cessare qcs.; (*Mecc*) ~ *ring* anello di bloccaggio; (*Mecc*) ~ *screw* vite di bloccaggio; *to* ~ *short* fermarsi bruscamente, fermarsi di colpo; (*Strad*) ~ *sign* segnale di stop; (*Ferr*) ~ *signal* segnale di arresto; *to* ~ *the way*: 1 ostruire il passaggio; 2 (*fig*) sbarrare la strada; ~ *thief!* al ladro!; (*Sport*) ~ *thrust* (*in fencing*) contro-offesa; *to come to a* ~ fermarsi, arrestarsi; *to* ~ *to think* riflettere, (fermarsi a) pensare; *to* ~ *up*: 1 (*to close, to block*) otturare, chiudere, bloccare; 2 (*of a body orifice*) tappare, turare; 3 (*of a bottle, etc.*) otturare, tappare; 4 (*to become blocked*) ostruirsi, intasarsi, otturarsi; 5 (*Br*) (*to stay up late*) stare alzato fino a tardi; (*Tecn*) ~ *valve* valvola di arresto; (*Sport*) ~ *volley* (*in tennis*) smorzata.

stopcock /'stɒpkɒk *Am* 'stɑːpkɑːk/ *n.* rubinetto *m.* di arresto, rubinetto *m.* di regolazione.

stope /stəʊp/ **I** *n.* (*Minier*) scavo *m.* di estrazione, cantiere *m.* di abbattimento (a gradini). **II** *v.t./i.* (*Minier*) coltivare (una miniera) a gradini. □ (*Minier*) ~ *drill* fucile perforatore.

stopgap /'stɒpgæp *Am* 'stɑːpgæp/ **I** *n.* 1 soluzione *f.* provvisoria, espediente *m.* temporaneo, ripiego *m.* 2 (*of a person*) sostituto *m.* (temporaneo), (*colloq*) tappabuchi *m.* **II** *a.* provvisorio, temporaneo.

stop-go /ˌstɒp'gəʊ/ *a.* (*Br*) oscillante: *a* ~ *economic policy* una politica economica oscillante.

stoplight /'stɒplaɪt *Am* 'stɑːplaɪt/ *n.* 1 (*Aut*) indicatore *m.* di arresto, fanale *m.* di arresto. 2 (*Strad*) luce *f.* rossa (del semaforo).

stop-off /'stɒpɒf *Am* 'stɑːpɔːf/, **stop-over** /'stɒpəʊvər *Am* 'stɑːpəʊvər/ *n.* 1 breve sosta *f.*, breve fermata *f.* 2 (*stop with the privilege of continuing on the same ticket*) fermata *f.* intermedia. 3 (*Aer*) scalo *m.* intermedio. 4 (*stopping place*) luogo *m.* di sosta, fermata *f.*

stoppage /'stɒpɪdʒ *Am* 'stɑːpɪdʒ/ *n.* 1 fermata *f.*, sosta *f.*, arresto *m.* 2 (*state of being stopped*) sospensione *f.*, interruzione *f.* 3 (*deduction from pay*) detrazione *f.*, trattenuta *f.* 4 (*strike*) sciopero *m.* 5 (*suspension*) astensione *f.* dal lavoro. 6 (*Econ*) sospensione *f.* di pagamento, interruzione *f.* di pagamento. 7 (*of a firearm*) inceppamento *m.* 8 (*Med*) ostruzione *f.*, blocco *m.* 9 (*Dir*) fermo *m.*: ~ *in transit* fermo durante il viaggio. □ (*Mil*) ~ *of leave* consegna, (*Sport*) ~ *time* recupero, minuti di recupero.

stopper /'stɒpər *Am* 'stɑːpər/ **I** *n.* 1 chi ferma, chi arresta. 2 (*bung, cork, plug, etc.*) tappo *m.*, turacciolo *m.* 3 (*of a bottle*) zaffo *m.*, zipolo *m.* 4 (*plastic material*) stucco *m.* 5 (*Sport*) (*in soccer*) stopper *m.*, mediano *m.* **II**

v.t. 1 tappare, turare. 2 (*to fill with a plastic material*) stuccare, dare lo stucco a. □ (*colloq*) *to put a* ~ *on sth.* (o *to put the* ~ *on sth.*) porre fine a qcs., mettere fine a qcs.

stopping /'stɒpɪŋ *Am* 'stɑːpɪŋ/ **I** *n.* 1 arresto *m.*, fermata *f.* 2 (*act of closing, blocking up*) otturazione *f.*, ostruzione *f.*, intasamento *m.* 3 (*Dent*) otturazione *f.*; (*material*) amalgama *m.*, cemento *m.* 4 (*Gramm*) punteggiatura *f.* 5 (*Econ*) sospensione *f.* dei pagamenti. **II** *a.* (*Ferr*) che fa fermate lungo il percorso. □ (*Strad*) *no* ~ divieto di fermata; ~ *place* fermata, area di sosta; (*Aut*) ~ *time* tempo di arresto; (*Ferr*) ~ *train* treno locale, treno che fa molte fermate.

stopple /'stɒpl *Am* 'stɑːpl/ **I** *n.* tappo *m.*, turacciolo *m.* **II** *v.t.* tappare, turare.

stop-press /'stɒpres/ **I** *n.* (*Br,Giorn*) ultimissime *f.pl.*, notizie *f.pl.* dell'ultima ora. **II** *a.* (*Br, Giorn*) ultimissimo, recentissimo, dell'ultima ora. □ (*Br,Giorn*) ~ *news* ultimissime.

stopt /stɒpt/ → **stop¹**.

stopwatch /'stɒpwɒtʃ *Am* 'stɑːpwɑːtʃ/ *n.* cronografo *m.*, cronometro *m.* (a scatto).

storable /'stɔːrəbl/ *a.* 1 conservabile, che si può conservare. 2 (*Inform*) memorizzabile.

storage /'stɔːrɪdʒ/ *n.* 1 immagazzinamento *m.*, magazzinaggio *m.*, deposito *m.* 2 (*of documents*) archiviazione *f.* 3 (*storage capacity*) capienza *f.* di magazzino. 4 (*storing place*) deposito *m.*, magazzino *m.* 5 (*price charged for storing*) prezzo *m.* di magazzinaggio, spese *f.pl.* di magazzinaggio. 6 (*Tecn*) accumulazione *f.*: ~ *of heat* accumulazione di calore. 7 (*Inform*) memoria *f.*; (*process*) memorizzazione *f.* 8 (*El,Chim*) carica *f.* □ (*El*) ~ *battery* batteria di accumulatori; (*Inform*) ~ *capacity* capacità di memorizzazione, capacità di memoria; (*El*) ~ *cell* pila secondaria; (*Post*) ~ *charges* tassa di custodia; (*Comm*) ~ *costs* (spese di) magazzinaggio; (*Inform*) ~ *device* dispositivo di memorizzazione; (*Br*) ~ *heater* calorifero ad accumulo di calore; (*Ott*) ~ *solution* soluzione conservante; ~ *tank* 1 (*for chemicals*) serbatoio; 2 (*for rainwater*) cisterna; ~ *unit*: 1 (*Inform*) unità di memoria; 2 (*Comm*) area di stoccaggio.

storax /'stɔːræks/ *n.* (*Chim,Bot*) storace *m.*

store /stɔː *Am* stɔːr/ **I** *n.* 1 provvista *f.*, riserva *f.*, scorta *f.*: *a* ~ *of candles* una provvista di candele. 2 (*of information*) bagaglio *m.* 3 (*place of storage*) magazzino *m.*, deposito *m.* 4 (*large shop*) grandi magazzini *m.pl.* 5 (*shop*) bottega *f.*, negozio *m.*: *the village* ~ la bottega del paese. 6 (*large quantity*) grande quantità *f.*, abbondanza *f.* 7 *pl.* rifornimenti *m.pl.*, scorte *f.pl.* (*anche Mil*): *fuel* -s scorte di carburante. **II** *v.t.* 1 fare provvista di, mettere in serbo, mettere da parte, conservare: *to* ~ *fruit for the the winter* fare provvista di frutta per l'inverno. 2 (*to accumulate*) accumulare. 3 (*to deposit in a place for keeping*) depositare, mettere in magazzino, immagazzinare. 4 (*to furnish, to supply*) fornire, rifornire, provvedere, approvvigionare. 5 (*Inform*) memorizzare, immagazzinare (*on* su). □ *to* ~ *away*: 1 fare provvista di, mettere in serbo, mettere da parte, conservare; 2 (*to accumulate*) accumulare; (*Abbigl, colloq*) ~ *clothes* abiti confezionati, confezioni; ~ *detective* sorvegliante (in un grande magazzino); *in* ~: 1 in deposito, in magazzino; 2 (*in reserve*) in serbo, di scorta, di riserva; 3 (*fig*) (*destined to happen*) in vista, imminente: *there are troubles in* ~ ci sono guai in vista; *I wonder what the future has in* ~ *for us* mi chiedo che cosa ci riservi il futuro; (*fig*) *to set* ~ *by sth.* attribuire importanza a qcs., dare importanza a qcs., te-

nere conto di qcs., tenere qcs. in considerazione; *to* ~ *up*: 1 fare provvista di, mettere in serbo, mettere da parte, conservare; 2 (*to accumulate*) accumulare.

store-bought /'stɔːbɔːt *Am* 'stɔːrbɔːt/ *a.* (*Am*) confezionato, pronto.

storecard /'stɔːkɑːd *Am* 'stɔːrkɑːrd/ *n.* carta *f.* di credito di un grande magazzino.

storehouse /'stɔːhaʊs *Am* 'stɔːrhaʊs/ *n.* 1 magazzino *m.*, deposito *m.* 2 (*fig*) miniera *f.*: *that book is a* ~ *of information* quel libro è una miniera di informazioni.

storekeeper /'stɔːkiːpər *Am* 'stɔːrkiːpər/ *n.* 1 magazziniere *m.* (*anche Mil*). 2 (*Mar*) cambusiere *m.* 3 (*shopkeeper*) negoziante *m./f.*, esercente *m./f.*, bottegaio *m.* (*f.* -a).

storer /'stɔːrər/ *n.* serbatore *m.* (*f.* -trice).

storeroom /'stɔːrum, 'stɔːrʊm/ *n.* 1 ripostiglio *m.*, stanzino *m.* 2 (*Mar*) cambusa *f.*

storey /'stɔːri/ *n.* piano *m.* (di edificio): *I live on the fifth* ~ abito al quinto piano; *a house of three* -s una casa a tre piani. □ (*Arch*) ~ *post* pilastro, colonna di sostegno.

storeyed /'stɔːrid/ *a.* (*often in compounds*) a... piani: *six-* ~ *building* un edificio a sei piani.

storiated /'stɔːrieɪtid *Am* 'stɔːrieɪtɪd/ *a.* (*historiated*) istoriato.

storied¹ /'stɔːrid/ *a.* storico, famoso nella storia; (*celebrated in legend*) leggendario, mitico.

storied² /'stɔːrid/ *a.* (*Am*) (*often in compounds*) a... piani: *six-* ~ *building* un edificio a sei piani.

stork /stɔːk *Am* stɔːrk/ (*pl.inv.* o **-s** /-s/; *il pl. inv. si usa general. con valore collett.*) *n.* (*Ornit*) cicogna *f.*

storm /stɔːm *Am* stɔːrm/ **I** *n.* 1 (*Meteor*) tempesta *f.*, uragano *m.*, burrasca *f.*, temporale *m.* 2 (*Meteor*) (*heavy fall of rain, snow, hail*) bufera *f.*, tormenta *f.*, tempesta *f.* 3 (*Meteor*) (*strong wind*) fortunale *m.* 4 (*fig*) (*violent disturbance*) tumulto *m.*, subbuglio *m.*: *the bill's passage was accompanied by many a* ~ il passaggio del disegno di legge fu accompagnato da molti tumulti. 5 (*fig*) (*violent outburst*) scroscio *m.*, uragano *m.*, esplosione *f.*, scoppio *m.*: *a* ~ *of cheering* uno scroscio di applausi; *a* ~ *of protests* un uragano di proteste. 6 (*fig*) (*hail, shower*) scarica *f.*, pioggia *f.*, tempesta *f.*: *a* ~ *of arrows* una scarica di frecce. 7 (*Mil*) assalto *m.*, attacco *m.* (violento e improvviso). 8 (*outburst*) esplosione *f.*, tempesta *f.*: *to bring a* ~ *down about one's ears* attirarsi una pioggia di critiche. **II** *v.i.* 1 (*Meteor*) imperversare, infuriare: *it -ed all night* la tempesta imperversò tutta la notte. 2 (*fig*) (*to rage*) infuriarsi, dare in escandescenze, montare su tutte le furie. 3 (*fig*) (*to rush violently, angrily*) precipitarsi (con violenza e rabbia): *he* ~ *ed out of the house* si precipitò fuori di casa. **III** *v.t.* 1 (*Mil*) prendere d'assalto: *to* ~ *a city* prendere d'assalto una città. 2 (*fig*) aggredire, tempestare, assalire: *to* ~ *so. with questions* tempestare qcu. di domande. □ *to* ~ *at so.* fare una scenata a qcu.; ~ *beach* spiaggia piena di detriti (formatasi in seguito a mareggiata); (*Meteor*) ~ *belt* zona dei cicloni; ~ *cellar* rifugio contro i cicloni; ~ *centre* (o *Am* ~ *center*): 1 (*Meteor*) zona di minima pressione atmosferica, centro del ciclone, occhio del ciclone; 2 (*fig*) focolaio di disordini; ~ *cloud*: 1 nube temporalesca; 2 (*fig*) minaccia di disordini, nubi minacciose; (*Edil*) ~ *door* controporta, doppia porta; (*Br*) ~ *drain* collettore di acque pluviali; (*Meteor*) ~ *force* vento tempestoso, burrasca, vento di tempesta; (*Br,fig*) *a* ~ *in a teacup* una tempesta in un bicchier d'acqua; (*Mar*) ~ *jib* mangiavento; ~ *lamp* (o ~ *lantern*) lanterna a vento, lampada antivento; (*Ornit*) ~ *petrel* collettore di acque pluviali; ~ *signal*: 1 (*Mar*) segnale di tempesta; 2 (*fig*) presagio di tempesta; *to take by* ~: 1 (*Mil*) prendere d'assalto; 2 (*fig*) conquistare di colpo, affascinare immediatamente: *to take the audience by* ~ trascinare l'uditorio; ~ *trooper*: 1 (*Mil*) soldato delle truppe di assalto; 2 (*Stor*) camicia bruna; ~ *troops*: 1 (*Mil*) truppe di assalto; 2 (*Stor*) squadre di assalto; ~ *warning*: 1 avviso di tempesta; 2 (*Rad*) annuncio di tempesta, comunicazione di tempesta; 3 (*fig*) presagio di tempesta; (*Meteor*) ~ *wind* vento tempestoso, burrasca, vento di tempesta; (*Edil*) ~ *window* doppia finestra, controfinestra.

storm-beaten /'stɔːmbiːtən Am 'stɔːrmbiːtən/ a. flagellato dalla tempesta.

stormbird /'stɔːmbɜːd Am 'stɔːrmbɜːrd/ n. 1 (*Ornit*) uccello m. delle tempeste, procellaria f. 2 (*fig*) uccello m. del malaugurio.

storm-bound /'stɔːmbaʊnd Am 'stɔːrmbaʊnd/ a. bloccato dalla tempesta, isolato dalla tempesta.

stormer /'stɔːmər Am 'stɔːrmər/ n. (*Mil*) assaltatore m., soldato m. di un reparto di assalto.

stormily /'stɔːmɪli Am 'stɔːrmɪli/ avv. tempestosamente, burrascosamente.

storminess /'stɔːmɪnəs Am 'stɔːrmɪnəs/ n. 1 tempestosità f., burrascosità f. 2 (*fig*) violenza f., impeto m., furia f.

storming /'stɔːmɪŋ Am 'stɔːrmɪŋ/ n. (*Mil*) assalto m. □ (*Mil*) ~ *party* reparto di assalto.

stormless /'stɔːmləs Am 'stɔːrmləs/ a. calmo, placido, senza tempeste.

stormproof /'stɔːmpruːf Am 'stɔːrmpruːf/ a. resistente alle tempeste.

storm-tossed /'stɔːmtɒst Am 'stɔːrmtɔːst/ a. (*Mar*) sballottato dalla tempesta (*anche fig*).

stormy /'stɔːmi Am 'stɔːrmi/ a. burrascoso, tempestoso (*anche fig*). □ ~ *petrel*: 1 (*Ornit*) uccello delle tempeste, procellaria f. 2 (*fig*) uccello del malaugurio.

story[1] /'stɔːri/ n. 1 favola f., storia f., fiaba f. 2 (*Lett*) narrazione f., racconto m. 3 (*Lett*) (*short story*) novella f., racconto m., favola f., romanzo m. breve. 4 (*Lett*) (*plot*) intreccio m., trama f. 5 (*description of a person's life, facts of sth., etc.*) storia f.: *the ~ of Ulysses* la storia di Ulisse. 6 (*anecdote*) aneddoto m., storiella f. 7 (*version*) versione f. (dei fatti), esposizione f. (degli avvenimenti): *I'd like to hear your brother's ~ now* ora vorrei sentire la versione di tuo fratello. 8 (*fig*) (*information*) storia f., faccenda f., questione f.: *I must have the whole ~* devo conoscere tutta la storia. 9 (*rumour*) voce f., diceria f.: *the ~ goes that...* (o *the ~ runs that...*) corre voce che, si dice che, dicono che. 10 (*colloq*) (*lie, fib*) storia f., fandonia f., frottola f., bugia f.: *don't tell stories* non raccontare storie. 11 (*Giorn*) articolo m., servizio m. (*on, about* su): *to carry a ~* (o *to run a ~*) pubblicare un articolo. □ ~ *line* (*plot*) intreccio, trama; (*colloq*) (*that's the*) ~ *of my life* è il mio destino!, a me succede sempre così!; (*colloq*) *that's your ~!* questa è la tua versione!

story[2] /'stɔːri/ n. (*Am*) piano m. (di edificio): *I live on the fifth* ~ abito al quinto piano; *a house of three stories* una casa a tre piani.

storyboard /'stɔːrbɔːd Am 'stɔːribɔːrd/ n. (*Cin*) story board m., bozzetti m.pl. che formano la trama di un film, di un programma televisivo, di uno spot pubblicitario ecc.

story-book /'stɔːribʊk/ n. libro m. di racconti, libro m. di fiabe. □ (*fig*) ~ *ending* lieto fine.

storyline /'stɔːrilaɪn/ n. (*Lett*) (*plot*) argomento m., storia f., intreccio m., trama f., soggetto m., affabulazione f., ordito m.

storyteller /'stɔːriˌtelər/ n. 1 narratore m. (f. -trice). 2 (*colloq*) (*liar, fibber*) chi racconta fandonie (o storie), bugiardo m. (f. -a).

storytelling /'stɔːriˌtelɪŋ/ n. il narrare storie.

stoss /stɒs Am stɑːs/ n. (*Geol*) stoss m., pendio m. posteriore.

stoup /stuːp/ n. 1 (*Rel.catt*) acquasantiera f. 2 (*flagon*) caraffa f., bricco m.

stout /staʊt/ **I** a. 1 corpulento, grasso, pingue. 2 (*valiant*) valoroso, coraggioso, intrepido, prode. 3 (*firm, resolute*) fermo, risoluto, deciso: ~ *opposition* ferma opposizione. 4 (*physically strong*) forte, robusto, gagliardo. 5 (*of things*) robusto, resistente, solido: ~ *shoes* scarpe robuste. **II** n. tipo m. di birra forte e scura.

stout-hearted /'staʊthɑːtɪd Am 'staʊthɑːrtɪd/ a. intrepido, valoroso, coraggioso.

stout-heartedly /'staʊthɑːtɪdli Am 'staʊthɑːrtɪdli/ avv. intrepidamente, valorosamente, coraggiosamente.

stout-heartedness /'staʊthɑːtɪdnəs Am 'staʊthɑːrtɪdnəs/ n. coraggio m., ardimento m., valore m.

stoutish /'staʊtɪʃ/ a. piuttosto corpulento, piuttosto grasso.

stoutly /'staʊtli Am 'staʊtli/ avv. 1 valorosamente, coraggiosamente. 2 (*resolutely*) risolutamente, decisamente, fermamente. 3 (*solidly*) solidamente: ~ *built* solidamente costruito.

stoutness /'staʊtnəs/ n. 1 corpulenza f., pinguedine f. 2 (*courage*) ardimento m., coraggio m., valore m. 3 (*resolution*) fermezza f., risolutezza f., decisione f. 4 (*solidness*) solidità f., resistenza f.

stove[1] /stəʊv/ **I** n. 1 stufa f. 2 (*cooking apparatus*) cucina f., fornello m. 3 (*Tecn*) (*kiln*) essiccatoio m., camera f. di essiccazione. 4 (*Agr;Giard*) serra f. calda. **II** v.t. 1 essiccare. 2 (*Agr;Giard*) coltivare in una serra calda. □ (*Tecn*) ~ *enamel* vernice a forno.

stove[2] /stəʊv/ → **stave**[2].

stovepipe /'stəʊvpaɪp/ n. 1 tubo m. da stufa. 2 (*colloq*) cappello m. a cilindro. 3 pl. pantaloni m.pl. attillati; (*Am*) pantaloni m.pl. a tubo. □ (*colloq*) ~ *hat* cappello a cilindro.

stow /stəʊ/ v.t. 1 (*Mar*) stivare; (*of gear*) assicurare; (*of a sail*) serrare, imbrogliare. 2 (*to put away, to store*) riporre, mettere via, mettere da parte: *to* ~ *away one's football boots for the summer* riporre le scarpe da calcio per l'estate. 3 (*Am,sl*) (*to stop*) smettere, cessare, finire: ~ *the chatter* smettila di chiacchierare. 4 (*colloq*) (*to eat greedily*) rimpinzarsi di. □ *to* ~ *away*: 1 (*colloq*) (*to eat greedily*) rimpinzarsi di; 2 (*colloq*) (*to eat greedily*) rimpinzarsi di; 3 (*used intransitively*) imbarcarsi clandestinamente; (*sl*) ~ *it!* chiudi il becco!, sta' zitto!, piantala!

stowage /'stəʊɪdʒ/ n. 1 (*Mar*) stivaggio m., stivamento m.; (*state of being stowed*) l'essere stivato; (*manner of stowing*) sistemazione m.; (*charge for stowing*) spese f.pl. di stivaggio. 2 (*place for storing*) deposito m., magazzino m.; (*storage capacity*) capienza f. (di magazzino).

stowaway /'stəʊəˌweɪ/ n. passeggero m. (f. -a) clandestino.

stower /'stəʊər/ n. (*Am,Mar*) stivatore m.

STP *São Tomé and Príncipe* STP (São Tomé e Príncipe).

str *street* v. (via), str. (strada).

strabismal /strəˈbɪzməl/, **strabismic** /strəˈbɪzmɪk/ a. (*Med*) strabico.

strabismus /strəˈbɪzməs/ n. (*Med*) strabi-

smo m.

Strabo /'streɪbəʊ/ n.pr.m. (*Lett*) Strabone.

straddle /'strædl/ **I** v.t. 1 stare a cavalcioni di, mettersi a cavalcioni di: *to* ~ *a wall* stare a cavalcioni di un muro. 2 (*of a horse*) montare, inforcare. 3 (*of the legs*) divaricare. 4 (*in location*) scavalcare. 5 (*of towns*) estendersi, essere attraversato da, essere ai lati di. 6 (*Arm*) centrare con una forcella. **II** v.i. 1 stare a gambe divaricate, sedere a gambe divaricate. 2 (*to walk with legs apart*) camminare a gambe larghe. 3 (*to sit astride*) sedere a cavalcioni, stare a cavalcioni. 4 (*of the legs: to spread apart*) divaricare le gambe. 5 (*fig*) estendersi disordinatamente. **III** n. 1 posizione f. a cavalcioni, posizione f. a gambe divaricate. 2 (*Econ*) contratto m. a doppio premio, doppia opzione f., stellaggio m. 3 (*Sport*) (*jump*) salto m. ventrale. □ (*colloq*) *to* ~ *an issue* (o *to* ~ *the fence*) non prendere partito, non prendere posizione.

Stradivarius /ˌstrædɪˈveəriəs Am ˌstrædəˈveriəs/ n. (*Mus*) stradivario m.

strafe /strɑːf Am streɪf/ **I** v.t. 1 (*Aer.mil*) mitragliare a bassa quota; (*to bomb heavily*) bombardare pesantemente. 2 (*colloq*) (*to punish severely*) punire severamente. 3 (*colloq*) (*to censure severely*) biasimare aspramente, criticare aspramente. **II** n. 1 (*Aer.mil*) mitragliamento m. a bassa quota. 2 (*colloq*) punizione f. severa.

straggle /'strægl/ **I** n. (*loose group*) insieme m. sparso, gruppo m. sparso. **II** v.i. 1 sbandarsi, disperdersi. 2 (*to lag behind*) rimanere indietro. 3 (*to wander about in a scattered fashion*) muoversi disordinatamente, muoversi in ordine sparso, andare alla spicciolata. 4 (*to ramble*) vagare, errare, vagabondare. 5 (*to spread irregularly*) estendersi disordinatamente; (*of branches, etc.*) crescere in modo disordinato. 6 (*to occur here and there*) accadere sporadicamente, verificarsi sporadicamente. □ *to* ~ *in* arrivare alla spicciolata; *to* ~ *off* disperdersi (poco alla volta).

straggler /'stræglər/ n. 1 sbandato m. (f. -a). 2 (*one who lags behind*) chi resta indietro. 3 (*Mil*) sbandato m.

straggling /'stræglɪŋ/, **straggly** /'strægli/ a. 1 (*untidy, spaced out*) sparso, sparpagliato, disordinato, confuso: ~ *houses* case sparse. 2 (*of hair*) arruffato, in disordine. 3 (*of bush, hedge*) cespuglioso, frondoso. □ ~ *beard* barba rada.

straight /streɪt/ **I** a. 1 diritto, dritto: *a* ~ *road* una strada diritta. 2 (*of people*) eretto, diritto, non curvo. 3 (*Geom*) retto: *a* ~ *line* una linea retta. 4 (*vertical*) diritto, verticale, a piombo: *that picture isn't* ~ quel quadro non è diritto. 5 (*horizontal, level*) orizzontale, piano. 6 (*of hair: not curly*) liscio, diritto. 7 (*fig*) (*frank*) franco, schietto, aperto, leale: *a* ~ *answer to a* ~ *question* una franca risposta a una franca domanda. 8 (*fig*) (*proceeding directly*) preciso, esatto: *what the problem needs is* ~ *thinking* ciò che il problema richiede è un ragionamento preciso. 9 (*fig*) (*upright, honest*) retto, onesto, diritto. 10 (*in the proper order*) a posto, in ordine, ordinato, sistemato: *things are* ~ *now* le cose sono a posto adesso. 11 (*colloq*) (*of information, etc.: reliable*) attendibile, sicuro, di fonte sicura. 12 (*colloq*) (*heterosexual*) eterosessuale, etero. 13 (*Teat*) convenzionale, classico: ~ *part* ruolo convenzionale. 14 (*Teat*) (*of acting*) semplice, spontaneo, non ricercato. 15 (*of whisky, drinks: undiluted*) liscio, non diluito, puro. **II** n. 1 l'essere diritto. 2 (*straight line*) linea f. retta. 3 (*straight part*) rettilineo *m.*, rettifilo *m.* **4** (*level part*) piano *m.*, superficie *f.* piana. **5** (*Sport*) (*straight part of a track*) rettilineo *m.*, dirittura *f.* d'arrivo. **6** (*Sport*) (*in golf*) straight *m.*, palla *f.* colpita dritta. **7** (*in poker*) scala *f.* **III** *avv.* **1** diritto, in linea retta: *to walk* ~ camminare diritto; *to throw* ~ lanciare in linea retta. **2** (*directly*) direttamente, diritto: *he went* ~ *home* andò direttamente a casa. **3** (*straightaway, immediately*) immediatamente, subito. **4** (*perfectly vertically*) diritto, verticalmente, a piombo. **5** (*horizontally, evenly*) orizzontalmente, in piano. **6** (*with the body erect*) con il corpo eretto, diritto, dritto. **7** (*fig*) (*honestly*) onestamente, rettamente. **8** (*fig*) (*without hesitation, equivocation*) senza esitazione, senza tergiversare. **9** (*fig*) (*openly*) apertamente, francamente. □ ~ *ahead* avanti diritto: *go* ~ *ahead* vai sempre diritto; (*fig*) *the* ~ *and narrow* la retta via: *to keep to the* ~ *and narrow* seguire la retta via, comportarsi con rettitudine; (*Geom*) ~ *angle* angolo piatto; (*Edil*) ~ *arch* piattabanda; *as* ~ *as a die* onestissimo, fidatissimo; ~ *away* immediatamente, subito, senza indugio; (*Br,fig*) *to play a* ~ *bat* non guardare né a destra né a sinistra, seguire la retta via; ~ *down* direttamente giù; ~ *face* viso impassibile, viso serio: (*fig*) *to keep a* ~ *face* stare serio, riuscire a trattenere il riso, rimanere impassibile; ~ *fight:* **1** lotta accanita; **2** (*Pol*) campagna elettorale tra due soli candidati; ~ *flush* (*in poker*) scala reale; (*fig*) ~ *from the shoulder* apertamente, francamente, fuori dai denti; (*colloq*) *to go* ~ rigare diritto; (*colloq*) *to let so. have it* ~ dire a qcu. il fatto suo; (*Sport*) ~ *left* diretto sinistro; (*Geom*) ~ *line* linea retta; *in a* ~ *line* in linea retta; (*Teat*) ~ *man* spalla; ~ *off:* **1** immediatamente, subito; **2** (*without hesitation, equivocation*) senza esitazione, senza tergiversare; (*fig*) ~ *off the reel:* **1** (*without interruption*) senza interruzione, ininterrottamente; **2** (*without hesitation*) senza esitazione, risolutamente; ~ *on* (sempre) diritto; *your hat isn't on* ~ hai il cappello storto, hai il cappello di traverso; ~ *out* chiaro e tondo, esplicito, franco, diretto; (*colloq,fig*) *to put so.* ~ dire a qcu. come stanno veramente le cose, chiarire le idee a qcu.; (*Am*) ~ *razor* rasoio (da barbiere); (*Sport*) ~ *right* diretto destro; (*colloq,fig*) *to set so.* ~: spiegare a qcu. come stanno esattamente le cose; (*Am,Pol*) ~ *ticket* voto dato ai candidati in una sola lista, preferenza unica; *to come* (o *to go*) ~ *to the point* andare direttamente al punto, venire direttamente al punto, andare direttamente allo scopo; (*Br,colloq*) ~ *up!* davvero! sul serio!

straightaway /ˌstreɪtəˈweɪ/ **I** *avv.* immediatamente, subito, senza indugio. **II** *a.* diritto, rettilineo. **III** *n.* **1** rettifilo *m.*, rettilineo *m.* **2** (*Sport*) dirittura *f.*

straight-cut /ˌstreɪtˈkʌt/ □ ~ *tobacco* trinciato, tabacco trinciato.

straightedge /ˈstreɪtedʒ *Am* ˈstreɪtedʒ/ *n.* (*Tecn*) riga *f.*, righello *m.*

straighten /ˈstreɪtn/ **I** *v.t.* **1** raddrizzare, drizzare: *to* ~ *an iron bar* raddrizzare una barra di ferro. **2** (*to put in order*) mettere in ordine, mettere a posto, assettare, sistemare. **II** *v.i.* **1** drizzarsi, raddrizzarsi. **2** (*to reform oneself*) raddrizzarsi, correggersi. **3** (*of things*) accomodarsi, aggiustarsi. □ *to* ~ *out:* **1** raddrizzare, drizzare; **2** (*to reform oneself*) raddrizzarsi, correggersi; **3** (*of things*) accomodarsi, aggiustarsi; **4** (*to put in order*) mettere in ordine, mettere a posto, assettare, sistemare; **5** (*to put on the correct road*) correggere, raddrizzare; *to* ~ *up:* **1** rad-

drizzarsi; **2** (*to put in order*) mettere in ordine, mettere a posto, assettare, sistemare; **3** (*to reform oneself*) raddrizzarsi, correggersi; **4** (*fig*) (*to tidy up*) mettere a posto; (*Am,fig*) *to* ~ *up and fly right* rigare dritto.

straightening /ˈstreɪtnɪŋ/ *n.* **1** raddrizzamento *m.*, raddrizzatura *f.* **2** (*of hair*) stiratura *f.* □ (*Mecc*) ~ *press* pressa raddrizzatrice.

straight-faced /ˌstreɪtˈfeɪst/ *a.* impassibile, imperturbabile.

straightforward /ˌstreɪtˈfɔːwəd *Am* ˈfɔːrwərd/ *a.* **1** diritto, rettilineo. **2** (*frank*) franco, schietto, leale, aperto: *a* ~ *explanation* una franca spiegazione. **3** (*honest, upright*) retto, onesto, tutto di un pezzo. **4** (*without complications, simple*) semplice, chiaro, lineare.

straightforwardly /ˌstreɪtˈfɔːwədli *Am* ˌstreɪtˈfɔːrwərdli/ *avv.* **1** francamente, schiettamente, lealmente, apertamente. **2** (*honestly*) rettamente, onestamente. **3** (*simply*) semplicemente, in modo lineare, chiaramente.

straightforwardness /ˌstreɪtˈfɔːwədnəs *Am* ˌstreɪtˈfɔːrwərdnəs/ *n.* **1** franchezza *f.*, schiettezza *f.*, lealtà *f.* **2** (*honesty*) rettitudine *f.*, onestà *f.* **3** (*simplicity*) semplicità *f.*, linearità *f.*

straightlaced /ˌstreɪtˈleɪst *Am* ˈstreɪtleɪst/ *a.* rigido, rigoroso, severo.

straight-life /ˈstreɪtlaɪf/ □ (*Br,Assic*) ~ *insurance* assicurazione sulla vita.

straight-line /ˈstreɪtlaɪn/ *a.* **1** (*Mot*) in linea. **2** (*Fis,Mat,Tecn*) rettilineo. **3** (*Comm*) a quote costanti. □ (*Comm*) ~ *depreciation* ammortamento a quote costanti.

straight-lined /ˈstreɪtlaɪnd/ *a.* rettilineo.

straightly /ˈstreɪtli *Am* ˈstreɪtli/ *avv.* schiettamente.

straightness /ˈstreɪtnəs *Am* ˈstreɪtnəs/ *n.* **1** l'essere diritto, l'essere rettilineo. **2** (*fig*) rettitudine *f.*, onestà *f.*, dirittura *f.* morale.

straight-out /ˈstreɪtaut *Am* ˈstreɪtaut/ *a.* (*colloq*) chiaro e tondo, esplicito, franco, diretto.

straight-up /ˈstreɪtʌp *Am* ˈstreɪtʌp/ *a.* (*colloq*) onesto, fidato.

straightway /ˈstreɪtweɪ *Am* ˈstreɪtweɪ/ *avv.* (*ant*) subito, senza indugio.

strain[1] /streɪn/ **I** *v.t.* **1** tendere, tirare. **2** (*to damage by excessive tension*) deformare (per eccessiva tensione), sformare. **3** (*to exert to the utmost*) sforzare, sottoporre a sforzo. **4** (*Med*) sforzare, affaticare: *to* ~ *one's heart* affaticare il cuore. **5** (*Med*) (*to sprain*) slogare, storcere. **6** (*rifl.*) *to* ~ *oneself* sforzarsi, affaticarsi. **7** (*to make excessive demands on*) abusare di, pretendere troppo da, esigere troppo da, chiedere troppo a: *to* ~ *so.'s goodwill* abusare della benevolenza di qcu. **8** (*fig*) (*to stretch beyond the proper limit*) forzare, travisare, svisare: *to* ~ *the meaning of a word* forzare il significato di una parola. **9** (*to filter*) filtrare, passare: *to* ~ *coffee* filtrare il caffè. **10** (*of solid matter*) passare: *to* ~ *the potatoes* passare le patate. **11** (*lett*) (*to embrace closely*) stringere, serrare, abbracciare (stretto): *to* ~ *so. to one's breast* stringere al petto qcu. **II** *v.i.* **1** dare strattoni (*at* a), tirare (qcs.): *the hounds were -ing at the leash* i segugi davano strattoni al guinzaglio. **2** (*to make violent efforts*) sforzarsi (moltissimo), fare sforzi violenti: *she -ed to lift the heavy suitcase* si sforzava di sollevare la pesante valigia. **3** (*fig*) (*to balk*) esitare, indietreggiare, tirarsi indietro (*at* davanti a). **4** (*to become filtered*) filtrare. **III** *n.* **1** sforzo *m.*, tensione *f.*, sollecitazione *f.*: *the rope parted under the* ~ la corda si spezzò sotto lo sforzo. **2** (*damage, distortion caused by tension*,

stress) deformazione *f.* (per eccessiva tensione). **3** (*condition of being tight*) tensione *f.*, l'essere teso. **4** (*physical, mental tension*) logorio *m.*, tensione *f.*: *the* ~ *of modern life* il logorio della vita moderna. **5** (*Fis*) (*weight*) sforzo *m.* (*on* su); (*from pulling*) tensione *f.* (*on* di): *to put a* ~ *on* sottoporre a sforzo, sottoporre a sollecitazione. **6** (*Med*) strappo *m.* (muscolare); (*sprain*) distorsione *f.*, storta *f.* **7** (*excessive demand*) il chiedere troppo, pretesa *f.* eccessiva: *a* ~ *on the nation's resources* il chiedere troppo alle risorse della nazione. **8** (*Mecc,Tecn*) sollecitazione *f.* **9** (*Edil,Ind*) deformazione *f.* **10** (*piece, passage of poetry*) brano *m.*, passo *m.* **11** (*tone, tenor*) tono *m.*, tenore *m.*: *a speech in a lofty* ~ un discorso in tono elevato. **12** *pl.* (*tune, melody*) motivo *m.sing.* (musicale), aria *f.sing.*, melodia *f.sing.* □ *to* ~ *after* fare di tutto per, fare grandi sforzi per, sforzarsi di; *to* ~ *after effect* ricercare l'effetto; (*fig*) *to* ~ *at the leash* mordere il freno; *to* ~ *one's authority* abusare della propria autorità; *to* ~ *away* filtrare, colare; *to* ~ *one's ears* stare con le orecchie tese, stare con gli orecchi all'erta; (*fig*) *to* ~ *every nerve in one's body to do sth.* fare ogni sforzo per fare qcs.; *to* ~ *one's eyes:* **1** aguzzare gli occhi, aguzzare lo sguardo, sforzarsi di vedere meglio; **2** (*Med*) sforzare la vista, affaticarsi gli occhi; (*Tecn*) ~ *gauge* estensimetro; *to* ~ *off* filtrare, colare; *to* ~ *one's rights* abusare dei propri diritti; *to* ~ *one's voice:* **1** (*to shout*) alzare la voce; **2** (*Med*) sforzare la voce.

strain[2] /streɪn/ *n.* **1** (*lineage*) lignaggio *m.*, schiatta *f.*, stirpe *f.*, ceppo *m.* **2** (*Biol*) (*of animal*) razza *f.*; (*of plant*) varietà *f.*; (*of virus, bacteria*) specie *f.* **3** (*hereditary quality, character*) predisposizione *f.*, tendenza *f.* **4** (*style*) stile *m.*, tono *m.* **5** *pl.* (*Mus*) (*of piece of music, song*) canto *m.sing.*, motivo *m.sing.* musicale.

strainable /ˈstreɪnəbl/ *a.* che si può tendere.

strained /streɪnd/ *a.* **1** forzato, innaturale, artificioso: *a* ~ *smile* un sorriso forzato. **2** (*subjected to tension*) teso: ~ *relations* rapporti tesi. **3** (*Med*) affaticato: *a* ~ *heart* un cuore affaticato. **4** (*distorted, forced in meaning*) distorto, svisato, travisato. **5** (*filtered*) filtrato: ~ *grape juice* succo di uva filtrato. **6** (*of solids*) passato.

strainer /ˈstreɪnər/ *n.* **1** (*device that stretches, tightens*) dispositivo *m.* per stringere, dispositivo *m.* per tendere. **2** (*filter, sieve, colander, etc.*) colino *m.*, passino *m.*, filtro *m.*; scolapasta *m.*

straining /ˈstreɪnɪŋ/ *n.* **1** (*weight*) sforzo *m.*, tensione *f.* **2** (*tense atmosphere*) tensione *f.*, atmosfera *f.* tesa. □ (*Edil*) ~ *beam* (o *piece*) controcatena.

strainometer /streɪˈnɒmɪtər *Am* streɪˈnɑːmɪtər/ *n.* (*Tecn*) estensimetro *m.*

strait /streɪt/ **I** *n.* **1** (*Geog*) (*spesso al pl.*) stretto *m.*: *the Straits of Messina* lo stretto di Messina. **2** *pl.* (*situation of difficulty, need*) strettezze *f.pl.*, difficoltà *f.pl.*, stato *m.sing.* di necessità: *to be in financial* ~*s* trovarsi in strettezze (finanziarie). **II** *a.* (*rar*) **1** (*narrow*) stretto, angusto; (*confined, restricted*) limitato, ristretto. **2** (*strict*) severo, rigoroso. □ ~ *jacket:* **1** camicia di forza; **2** (*fig*) costrizione; (*Stor*) *Strait Question* questione degli Stretti; (*Geog.stor*) *Strait Settlements* colonia britannica malese, stabilimenti dello stretto.

straiten /ˈstreɪtn/ *v.t.* **1** restringere, limitare. **2** (*reduce to straits*) mettere in difficoltà finanziarie.

straitened /ˈstreɪtnd/ *a.* impoverito, immiserito. □ *to be in* ~ *circumstances* trovarsi in strettezze; ~ *for* sth. scarsamente provvisto di qcs.

straitlaced /ˌstreɪtˈleɪst *Am* ˈstreɪtˌleɪst/ *a.* rigido, rigoroso, severo.

strake /streɪk/ *n.* (*Mar*) corso *m.* di fasciame.

stramonium /strəˈmoʊnɪəm/, **stramony** /ˈstraːmənɪ/ *n.* (*Bot,Farm*) stramonio *m.*

strand[1] /strænd/ **I** *n.* (*poet*) sponda *f.*, riva *f.*, spiaggia *f.* **II** *v.t.* **1** (*Mar*) incagliare, mandare in secca. **2** (*estens*) lasciare senza mezzi di trasporto, lasciare a piedi. **3** (*fig*) mettere nei guai, mettere in difficoltà. **III** *v.i.* (*Mar*) arenarsi, incagliarsi.

strand[2] /strænd/ **I** *n.* **1** (*of a rope*) trefolo *m.* **2** (*estens*) (*rope, cable, etc.*) fune *f.*, cavo *m.*, corda *f.* **3** (*lock of hair*) ciocca *f.* (di capelli). **4** (*of pearls, beads, etc.*) filo *m.* **II** *v.t.* **1** fare intrecciando i trefoli: *to ~ a rope* fare una fune intrecciando i trefoli. **2** (*to break a strand of*) spezzare un trefolo di. □ (*Biol*) *~ of DNA* filamento di DNA.

stranded /ˈstrændɪd/ *a.* **1** arenato, incagliato. **2** (*estens*) lasciato senza mezzi di trasporto, lasciato a piedi. **3** (*fig*) nei guai, in difficoltà.

strandline /ˈstrændlaɪn/ *n.* (*Geol*) spiaggia *f.*

strange /streɪndʒ/ **I** *a.* **1** strano, insolito, inconsueto: ~ *customs* abitudini strane; *a ~ sight* una vista insolita; *it may seem ~ but* può sembrare strano ma. **2** (*odd, curious*) bizzarro, strano, strambo, singolare. **3** (*unknown, unfamiliar*) sconosciuto, estraneo: *his name is ~ to me* il suo nome mi è sconosciuto. **4** (*unaccountable*) inspiegabile, inesplicabile: *he showed a ~ unwillingness* dimostrò un'inspiegabile riluttanza. **5** (*unaccustomed*) non pratico, nuovo: *I am ~ to this town* non sono pratico di questa città. **6** (*rar*) (*foreign*) straniero, forestiero. **II** *avv.* stranamente, insolitamente, in modo strano, in modo insolito. □ *-r things have happened* può capitare di tutto, la cosa non mi stupirebbe; *~ to say* strano a dirsi.

strangely /ˈstreɪndʒlɪ/ *avv.* stranamente, insolitamente. □ *~ enough* stranamente, curiosamente.

strangeness /ˈstreɪndʒnəs/ *n.* **1** stranezza *f.*, stramberia *f.*, bizzarria *f.*, singolarità *f.* **2** (*unfamiliarity*) estraneità *f.*: *the ~ of the surroundings* l'estraneità dell'ambiente.

stranger /ˈstreɪndʒər/ *n.* **1** sconosciuto *m.* (*f.* -a), estraneo *m.* (*f.* -a): *a perfect ~* (o *a total ~*) un perfetto sconosciuto. **2** (*one from another country*) straniero *m.* (*f.* -a), forestiero *m.* (*f.* -a). **3** (*outsider*) estraneo *m.* (*f.* -a). **4** (*Dir*) terzo *m.* **5** (*Am,colloq*) (*as a vocative*) signore *m.*, capo *m.* **6** (*Parl*) estraneo *m.* (*f.* -a): *I see (o I spy) -s* noto la presenza di estranei, chiedo un dibattito a porte chiuse. □ *to become a ~ to* so. diventare un estraneo per qcu.; (*fig*) *don't be a ~* torna a trovarci!; (*GB, Parl*) *~'s gallery* galleria di visitatori alla Camera dei Comuni; *to make a ~ of* so. trattare qcu. da estraneo; *to be a ~ to* so. essere un estraneo per qcu.: *he is a ~ to* me non lo conosco affatto; *I am a ~ to this town* non sono pratico di questa città; (*fig*) *he is a ~ to deceit* non conosce l'inganno; (*fig*) *he is no ~ to sorrow* ha conosciuto il dolore, sa cos'è la sofferenza.

strangle /ˈstræŋgl/ **I** *v.t.* strangolare, strozzare, soffocare (*anche fig*): *this collar is strangling me* questo colletto mi strangola; *the motorcar is strangling our cities* il traffico sta soffocando le nostre città. **II** *v.i.* soffocare, sentirsi soffocare.

stranglehold /ˈstræŋglhoʊld/ *n.* **1** stretta *f.* alla gola. **2** (*Sport*) presa *f.* di gola. **3** (*fig*) stretta *f.* mortale: *to put a ~ on trade* strangolare

il commercio. □ *to get a ~ on* so. strangolare qcu.

strangler /ˈstræŋglər/ *n.* strangolatore *m.* (*f.* -trice).

strangles /ˈstræŋglz/ *n.pl.* (*costr.sing.*) (*Veter*) adenite *f.sing.* equina; (*pop*) stranguglione *m.sing.*

strangulate /ˈstræŋgjəleɪt/ *v.t.* **1** (*Med*) strozzare. **2** (*to strangle*) strangolare, strozzare.

strangulated /ˈstræŋgjəleɪtɪd *Am* ˈstræŋgjəleɪtɪd/ □ (*Med*) *~ hernia* ernia strozzata.

strangulation /ˌstræŋgjəˈleɪʃən/ *n.* **1** strangolamento *m.*, strozzamento *m.* **2** (*Med*) strozzamento *m.* □ *death by ~* morte per strangolamento.

strangury /ˈstræŋgjʊrɪ/ *n.* (*Med*) stranguria *f.*

strap /stræp/ **I** *n.* **1** cinghia *f.*, correggia *f.*: *a leather ~* una cinghia di cuoio. **2** (*of a wristwatch*) cinturino *m.* **3** (*bootstrap*) linguetta *f.* (per calzare gli stivali). **4** (*shoulder strap*) spallina *f.*, bretella *f.* **5** (*looped band in a bus, etc.*) maniglia *f.* (a pendaglio), sostegno *m.*: *to hang on to the ~* sorreggersi alla maniglia. **6** (*razor strap*) coramella *f.* **7** (*punishment by flogging with a strap*) il prendere a cinghiate: *to get the ~* assaggiare la cinghia. **8** (*of adhesive tape*) striscia *f.* **9** (*Fal,Mecc*) moietta *f.*, reggetta *f.*, piattina *f.* **10** (*El*) (*in a battery*) piattina *f.* **11** (*Mar*) (*strop*) stroppo *m.* **12** (*Edil*) (*for gutters*) staffa *f.* **II** *v.t.* (*past, p.p.* **strapped** /-t/) **1** legare con una cinghia; (*to attach with a strap*) fissare con una cinghia: *to ~ a suitcase to the roof-rack* fissare una valigia al portabagagli con una cinghia. **2** (*to flog with a strap*) frustare con una cinghia, prendere a cinghiate. **3** (*Med*) mettere un cerotto adesivo a. **4** (*to sharpen with a strop*) affilare con la coramella. **5** (*Mar*) stroppare. □ *to ~ down* legare (con le cinghie); *~ fastening* chiusura a fascetta; (*Tecn*) *~ hinge* cerniera a sedia; *to ~ in* mettere la cintura di sicurezza; *to ~ up*: **1** legare con una cinghia; **2** (*to attach with a strap*) fissare con una cinghia; **3** (*Med*) mettere un cerotto adesivo a; (*Arch*) *~ work* intreccio, arabesco.

strap-hang /ˈstræphæŋ/ *v.i.irr.* (*Br,colloq*) viaggiare in piedi (in autobus ecc.) sorreggendosi alla maniglia.

straphanger /ˈstræpˌhæŋər/ *n.* (*colloq*) chi viaggia in piedi sorreggendosi alla maniglia.

strapless /ˈstræpləs/ *a.* **1** senza cinghia, privo di cinghia. **2** (*Abbigl*) senza spalline, senza bretelle.

strapline /ˈstræplaɪn/ *n.* (*Tip,Edit,Giorn*) sottotitolo *m.*

strappado /strəˈpeɪdoʊ/ **I** *n.* (*pl.* -s /-z/) (*Stor*) supplizio *m.* della corda. **II** *v.t.* (*Stor*) sottoporre al supplizio della corda.

strapped /stræpt/ *a.* (*colloq*) a corto (*for* di), senza: *~ for cash* senza soldi.

strapper /ˈstræpər/ *n.* **1** (*colloq*) persona *f.* robusta, persona *f.* ben piantata. **2** (*Fal,Mecc*) macchina *f.* per legatura con moietta.

strapping /ˈstræpɪŋ/ *a.* robusto, ben piantato, grande e grosso. **II** *n.* **1** materiale *m.* per cinghie. **2** (*collett.*) cinghie *f.pl.* **3** (*flogging*) cinghiate *f.pl.* **4** (*Med*) applicazione *f.* di cerotto adesivo; (*material used*) cerotto *m.* adesivo.

Strasbourg /ˈstræzbɜːg *Am* ˈstraːsbʊrg/ *n.pr.* (*Geog*) Strasburgo *f.*

strass[1] /stræs/ *n.* (*Vetr*) strass *m.*

strass[2] /stræs/ *n.* (*Tess*) strass *m.*

stratagem /ˈstrætədʒəm *Am* ˈstrætədʒəm/ *n.* (*Mil*) stratagemma *m.* (*anche estens*).

strategic /strəˈtiːdʒɪk/, **strategical** /strəˈtiːdʒɪkəl/ *a.* (*Mil*) strategico (*anche fig*): *~ retreat* ritirata strategica. □ (*Am,Mil*) *Strategic Air Command* Comando delle Forze

Aeree Strategiche; (*Mil*) *~ balance* equilibrio strategico; (*Mil*) *~ defense initiative* iniziativa di difesa strategica; *~ nuclear weapons* armi nucleari strategiche; *~ warning* allarme strategico; *~ withdrawal* ritirata strategica (*anche fig*).

strategically /strəˈtiːdʒɪkəlɪ/ *avv.* strategicamente.

strategics /strəˈtiːdʒɪks/ *n.pl.* (*costr.sing.*) (*Mil*) strategia *f.sing.* (*anche fig*).

strategist /ˈstrætɪdʒɪst/ *n.* stratega *m.*, stratego *m.* (*anche Mil,Pol*): *armchair ~* stratega da tavolino, stratega da quattro soldi.

strategy /ˈstrætədʒɪ *Am* ˈstrætədʒɪ/ *n.* (*Mil*) strategia *f.* (*anche fig*). □ (*Comm*) *~ marketing* marketing strategico.

Stratford /ˈstrætfəd/, **Stratford-on-Avon** /ˌstrætfədɒnˈeɪvən/ *n.pr.* (*Geog*) Stratford *f.*

strathspey /stræθˈspeɪ/ *n.* (*Scott*) danza *f.* scozzese.

stratification /ˌstrætɪfɪˈkeɪʃən *Am* ˌstrætəfɪˈkeɪʃən/ *n.* stratificazione *f.* (*anche Geol,fig*): *the ~ of society* la stratificazione della società.

stratified /ˈstrætɪfaɪd *Am* ˈstrætəfaɪd/ *a.* a strati, stratificato. □ (*Mot*) *~ charge engine* motore a carica stratificata; (*Statist*) *~ sample* campione stratificato.

stratiform /ˈstrætɪfɔːm *Am* ˈstrætəfɔːrm/ *a.* (*Geol,Anat,Meteor*) stratiforme.

stratify /ˈstrætɪfaɪ *Am* ˈstrætəfaɪ/ **I** *v.t.* (*Geol, Sociol,Agr*) stratificare. **II** *v.i.* stratificarsi.

stratigrapher /strəˈtɪgrəfər *Am* strəˈtɪgrəfər/ *n.* (*Geol*) stratigrafo *m.*

stratigraphic /ˌstrætɪˈgræfɪk *Am* ˌstrætəˈgræfɪk/, **stratigraphical** /ˌstrætɪˈgræfɪkəl *Am* ˌstrætəˈgræfɪkəl/ *a.* (*Geol*) stratigrafico. □ (*Geol*) *~ unit* unità stratigrafica.

stratigraphy /strəˈtɪgrəfɪ *Am* strəˈtɪgrəfɪ/ *n.* (*Geol*) stratigrafia *f.*

stratocirrus /ˈstrætoʊˌsɪrəs *Am* ˈstrætoʊ ˌsɪrəs/ (*pl.inv.* o *-cirri* /-ˈsɪraɪ/) *n.* (*Meteor*) cirrostrato *m.*

stratocracy /strəˈtɒkrəsɪ *Am* strəˈtɑːkrəsɪ/ *n.* (*Pol*) stratocrazia *f.*

stratocruiser /ˈstrætəˌkruːzər *Am* ˈstrætə ˌkruːzər/ *n.* (*Aer*) aereo *m.* stratosferico.

stratocumulus /ˌstrætoʊˈkjuːmjələs *Am* ˌstrætoʊˈkjuːmjələs/ (*pl.inv.* o *-li* /-laɪ/) *n.* (*Meteor*) stratocumulo *m.*

stratopause /ˈstrætoʊpɔːz *Am* ˈstrætəpɔːz/ *n.* (*Meteor*) stratopausa *f.*

stratosphere /ˈstrætoʊsfɪər *Am* ˈstrætəsfɪr/ *n.* stratosfera *f.*

stratospheric /ˌstrætoʊˈsferɪk *Am* ˌstrætə ˈsferɪk/ *a.* stratosferico.

stratospherically /ˌstrætoʊˈsferɪkəlɪ *Am* ˌstrætəˈsferɪkəlɪ/ *avv.* stratosfericamente.

stratovolcano /ˌstrætoʊvɒlˈkeɪnoʊ *Am* ˌstrætəvɑːlˈkeɪnoʊ/ *n.* (*Geol*) stratovolcano *m.*

stratum /ˈstreɪtəm *Am* ˈstreɪtəm/ (*pl.* -**ta** /-tə *Am* -ṭə/ o -**s** /-z/) *n.* **1** (*Geol*) strato *m.*, falda *f.* **2** (*Sociol*) strato *m.* (sociale), ceto *m.*, classe *f.*

stratus /ˈstreɪtəs *Am* ˈstreɪtəs/ (*pl.inv.* o -**ti** /-taɪ/) *n.* (*Meteor*) strato *m.*

straw /strɔː/ **I** *n.* **1** paglia *f.*, filo *m.* di paglia, festuca *f.* (*collett.*) paglia *f.*: *a mattress stuffed with ~* un materasso (imbottito) di paglia. **3** (*drinking straw*) cannuccia *f.*, (*ant*) paglia *f.* **4** (*fig*) cosa *f.* di poco valore, inezia *f.*, piccolezza *f.* **II** *a.* **1** (*fatto*) di paglia; (*stuffed with straw*) (imbottito) di paglia. **2** (*straw-coloured*) color paglia, (giallo) paglierino. □ (*Cart*) *~ board* cartone (di pasta) di paglia; *~ cutter* trinciapaglia; (*Mod*) *hat* cappello di paglia, paglia, paglietta; (*fig*) *a ~ in the wind* un segno premonitore; (*Am*) *~ man* uomo di paglia; *~ mat* stuoia, stoino; *~ mattress* pagliericcio; (*Pol*) *~ poll* votazione di sondaggio, sondaggio di opinione

pre-elettorale; (*fig*) *the ~ that broke the camel's back* la goccia che fa traboccare il vaso; (*Pol*) ~ *vote* votazione di sondaggio, sondaggio di opinione pre-elettorale; (*Enol*) ~ *wine* passito; (*Agr*) ~ *yard* cortile ricoperto di paglia; ~ *yellow* (color) giallo paglierino.

strawberry /ˈstrɔːbᵊri *Am* ˈstrɑːˌberi/ **I** *n.* **1** (*Bot*) fragola *f.* **2** (*colour*) rosso *m.* fragola, rosa *f.* fragola. **II** *a.* **1** di fragole: ~ *jam* marmellata di fragole. **2** (*of the colour strawberry*) rosso fragola, rosa fragola. □ (*Agr*) ~ *bed* campo di fragole, fragolaia, fragoleto; ~ *blonde*: **1** (*used as an adjective*) biondo tizianesco, biondo rosso; **2** (*used as a noun*) bionda tizianesca; (*Am*) ~ *jar* vaso di terracotta; (*Med*) ~ *mark* neo angiomatoso; (*pop*) voglia di fragola; (*Equit*) ~ *roan* roano; (*Bot*) ~ *tomato* alchechengi; (*Bot*) ~ *tree* corbezzolo.

strawboard /ˈstrɔːbɔːd *Am* ˈstrɑːbɔːrd/ *n.* (*Cart*) cartone *m.* (di pasta) di paglia.

straw-coloured /ˈstrɔːkʌləd *Am* ˈstrɑːkʌlᵊrd/ *a.* color paglia, giallo paglierino.

strawy /ˈstrɔːi/ *a.* **1** di paglia. **2** (*like straw*) simile a paglia. **3** (*strewed with straw*) ricoperto di paglia.

stray /streɪ/ **I** *v.i.* **1** (*to wander*) vagare, vagabondare. **2** allontanarsi, deviare (*from* da): *they -ed from the path* si allontanarono dal sentiero. **3** (*to lose one's way*) smarrirsi, perdersi, perdere la strada. **4** (*of animals*) sbrancarsi, disperdersi. **5** (*fig*) allontanarsi, deviare (da): *to ~ from the Church* allontanarsi dalla Chiesa. **6** (*fig*) (*to go astray, to err*) sviarsi, allontanarsi dalla retta via. **7** (*fig*) (*of thoughts*) distrarsi. **II** *n.* **1** animale *m.* randagio. **2** (*person that strays*) disperso *m.* (*f.* -a); (*lost child*) bambino *m.* (*f.* -a) smarrito. **3** (*Rad*) onda *f.* parassita, onda *f.* accidentale. **4** (*Biol*) esemplare *m.* isolato. **5** *pl.* (*Rad*) disturbi *m.pl.* atmosferici, scariche *f.pl.*, interferenza *f.sing.* atmosferica. **III** *a.* **1** (*of an animal*) disperso, sbrancato; (*of a domestic animal*) randagio. **2** (*of a person, child*) smarrito. **3** (*of things: lost*) smarrito, perduto. **4** (*sporadic*) sporadico, isolato: ~ *shots* colpi sporadici. **5** (*occasional*) occasionale, casuale: ~ *customers* clienti occasionali. **6** (*incidental*) incidentale, fortuito. **7** (*Tecn,El,Rad*) vagante: ~ *current* corrente vagante. □ *to be hit by a ~ bullet* essere colpito da un proiettile vagante; *to ~ from the subject* uscire dall'argomento, andare fuori tema.

streak /striːk/ **I** *n.* **1** striscia *f.*, riga *f.*, stria *f.*: *there were -s of blood on the wall* sulla parete c'erano strisce di sangue. **2** (*Zool,Ornit*) striscia *f.* **3** (*of lightning*) lampo *m.* **4** (*layer*) strato *m.*, striscia *f.* **5** (*Minier*) filone *m.*, vena *f.*, strato *m.* **6** (*Cosmet*) mèche *f.*: *to have -s done* farsi fare le mèche. **7** (*fig*) (*trace, strain*) vena *f.*, venatura *f.*, traccia *f.*, filo *m.*: *a ~ of humour* una vena di umorismo. **8** (*colloq*) (*temporary manifestation*) momento *m.*, periodo *m.*: *a ~ of bad luck* un momento di sfortuna. **9** (*colloq*) (*consecutive series*) serie *f.*, sequela *f.*: *a long winning ~* una lunga serie di vittorie. **II** *v.t.* **1** striare, screziare, rigare. **2** (*of wood, etc.*) venare. **3** (*Cosmet*) fare le mèche. **III** *v.i.* **1** (*colloq*) correre come un fulmine, muoversi a grande velocità. **2** (*colloq*) correre nudi in luoghi pubblici in segno di protesta. □ (*colloq*) *like a ~* come una scheggia, come un razzo, come un fulmine; (*colloq*) *like a ~ of lightning* come una scheggia, come un razzo, come un fulmine; *to be like a ~ of lightning* essere un fulmine; *a ~ of genius* un lampo di genio.

streaked /striːkt/ *a.* **1** striato, screziato. **2** (*of wood, etc.*) venato.

streakily /ˈstriːkɪli/ *avv.* a striature.

streakiness /ˈstriːkɪnəs/ *n.* striatura *f.*, l'essere striato.

streaking /ˈstriːkɪŋ/ *n.* streaking *m.*

streaky /ˈstriːki/ *a.* **1** striato, screziato. **2** (*of bacon*) a strati (alterni) di grasso e magro.

stream /striːm/ **I** *n.* **1** corso *m.* d'acqua, ruscello *m.*, torrente *m.* **2** (*current*) corrente *f.* **3** (*flow of liquid*) flusso *m.*, getto *m.* **4** (*fig*) fiume *m.*, flusso *m.*, marea *f.*: *a ~ of words* un fiume di parole. **5** (*fig*) (*trend*) tendenza *f.*, corrente *f.*: *the ~ of modern philosophical thought* la tendenza del pensiero filosofico moderno. **6** (*fig*) (*linked succession of events*) corso *m.*, svolgimento *m.*: *the ~ of history* il corso della storia. **7** (*Scol*) classe *f.* formata secondo il rendimento. **8** (*Geol*) (*glacier*) ghiacciaio *m.*; (*of lava*) colata *f.* **9** (*Inform*) flusso *m.* di dati. **II** *v.t.* **1** grondare, versare (a fiotti), far fluire: *the wound -ed blood* la ferita grondava sangue. **2** (*of a flag*) far sventolare. **3** (*Scol*) dividere in gruppi secondo il rendimento. **III** *v.i.* **1** scorrere, fluire, uscire a fiotti. **2** (*to emit in a stream*) grondare, colare abbondantemente: *his body was -ing with sweat* il suo corpo grondava sudore. **3** (*fig*) (*to pour in large numbers*) riversarsi, spargersi in massa, fluire: *the crowd -ed into the streets* la folla si riversò nelle strade. **4** (*to trail out, to float*) ondeggiare, fluttuare. □ (*Mar*) ~ *anchor* ancora di corrente, ancora di stretto, ancora di costa; ~ *cable* cavo di rimorchio; *-s of blood* fiotti di sangue; (*Lett*) ~ *of consciousness* flusso di coscienza; *the ~ of thought* l'opinione corrente; *with the ~* seguendo la corrente (*anche fig*).

streamer /ˈstriːmər/ *n.* **1** bandiera *f.* al vento. **2** (*pennant*) pennello *m.*, guidone *m.*, fiamma *f.* **3** (*long strip of paper*) stella *f.* filante. **4** (*of cloth, ribbon*) nastro *m.* **5** (*Giorn*) (*banner*) titolo *m.* a tutta pagina, titolone *m.*

streaming /ˈstriːmɪŋ/ *a.* **1** fluente, che scorre: ~ *tears* lacrime fluenti. **2** (*suffused with streams*) grondante. □ *to have a ~ cold* avere il naso che cola per il raffreddore.

streamlet /ˈstriːmlɪt/ *n.* ruscelletto *m.*, torrentello *m.*

streamline /ˈstriːmlaɪn/ **I** *n.* **1** (*Mecc,Aer*) linea *f.* aerodinamica, forma *f.* aerodinamica. **2** (*Fis*) linea *f.* di flusso, linea *f.* di corrente. **II** *v.t.* **1** (*Mecc,Aer*) dare (una) forma aerodinamica a, dare (una) linea aerodinamica a. **2** (*fig*) sveltire, semplificare, ottimizzare, rendere pià efficiente.

streamlined /ˈstriːmlaɪnd/ *a.* **1** (*Mecc,Aer*) aerodinamico, affusolato. **2** (*fig*) sveltito, semplificato.

street /striːt/ **I** *n.* **1** strada *f.*, via *f.*: *a busy ~* una strada piena di traffico; *to cross the ~* attraversare la strada; *across the ~* dall'altra parte della strada. **2** (*inhabitants*) abitanti *m.pl.* di una strada. **II** *a.* **1** stradale, di strada: ~ *lighting* illuminazione stradale. **2** (*living on the streets*) di strada. **3** (*working in the streets*) ambulante: ~ *salesmen* venditori ambulanti. **4** (*of clothes*) da passeggio. □ (*spreg,ant*) ~ *Arab* monello; ~ *cleaner*: **1** spazzino, operatore ecologico; **2** (*machine*) spazzatrice; ~ *credibility* successo popolare (soprattutto fra i giovani); ~ *cries* grida dei venditori ambulanti; ~ *door* porta che dà sulla strada, portone; ~ *fashion* moda di strada; ~ *fighting* rissa; ~ *furniture*: **1** (*Strad*) arredo urbano; **2** (*Am,colloq*) mobili scartati e abbandonati per strada; ~ *guide* elenco stradale, stradario; ~ *lamp* lampione *m.*; (*Am*) *at ~ level* a pianterreno; ~ *light* lampione *m.*; ~ *market*: **1** mercato all'aperto; **2** (*Econ*) dopoborsa; ~

name: **1** (*name of a street*) nome di strada, (*rar*) odonimo; **2** (*common familiar name*) nome colloquiale, nome gergale; (*Am,Econ*) ~ *name securities* titoli intestati a un operatore di borsa; (*colloq*) *to keep so. off the ~* tenere qcu. lontano dalla strada; (*colloq*) *on the ~*: **1** (*sold on the street*) (venduto) per strada; **2** (*homeless*) per la strada, sul lastrico, in mezzo a una strada: *you are going to be on the ~ if you keep spending your money like that* ti troverai sul lastrico se continui a spendere i soldi così; **3** (*out of jail*) fuori di prigione; ~ *sweeper*: **1** spazzino; **2** (*machine*) spazzatrice; (*Br,colloq*) *up one's ~*: **1** di proprio gusto, di proprio gradimento; **2** (*within one's ability*) di propria competenza; ~ *value* (*of drugs*) valore sul mercato; ~ *vendor* venditore ambulante; (*Biol*) ~ *virus* virus selvaggio.

Street /striːt/ *n.* **1** (*Br*) (*Fleet Street*) Fleet Street *f.* **2** (*Am*) (*Wall Street*) Wall Street *f.*

streetcar /ˈstriːtkɑr *Am* ˈstriːtkɑːr/ *n.* (*Am*) **1** (*tram*) tram *m.* **2** (*trolley bus*) filobus *m.* **3** (*bus*) autobus *m.*

streetlamp /ˈstriːtlæmp/ *n.* lampione *m.*

streetlight /ˈstriːtlaɪt/ *n.* lampione *m.*

streets /striːts/ *avv.* (*colloq*) di gran lunga: ~ *better* di gran lunga migliore. □ (*fig*) ~ *ahead of* in gran vantaggio su, anni luce più avanti di.

streetscape /ˈstriːtskeɪp/ *n.* (*Pitt*) scorcio *m.* (di strada).

street-smart /ˈstriːtsmɑrt *Am* ˈstriːtsmɑːrt/ *a.* (*Am*) scaltro, astuto (come la strada può insegnare ad essere), che ha imparato ad arrangiarsi.

streetwalker /ˈstriːtwɔːkər *Am* ˈstriːtwɑːkᵊr/ *n.* prostituta *f.*, donna *f.* di strada, passeggiatrice *f.*

streetwise /ˈstriːtwaɪz/ *a.* scaltro, astuto (come la strada può insegnare ad essere), che ha imparato ad arrangiarsi.

strelitzia /strəˈlɪtsiə/ *n.* (*Bot*) strelitzia *f.*

strength /streŋ(k)θ/ *n.* **1** forza *f.*, forze *f.pl.*, vigoria *f.*, gagliardia *f.*: *his ~ failed him* gli mancarono le forze; *by sheer ~* a viva forza. **2** (*moral courage*) coraggio *m.*, forza *f.* morale, forza *f.* d'animo: *he lacked the ~ to protest* gli mancò il coraggio di protestare; (*Bibl*) *God is our ~* Dio è la nostra forza. **3** (*effectiveness, power*) potere *m.*, potenza *f.*, forza *f.*, efficacia *f.*: *the ~ of propaganda* il potere della propaganda. **4** (*source of power*) forza *f.*, potenza *f.*: *his ~ is in his optimism* la sua forza sta nel suo ottimismo. **5** (*degree of credibility*) validità *f.*, forza *f.*, solidità *f.*: *the ~ of an argument* la validità di un argomento; (*asset*) pregio *m.*, merito *m.*, punto *m.* di forza. **6** (*toughness*) resistenza *f.*, robustezza *f.*: *to test the ~ of steel* collaudare la resistenza dell'acciaio; (*solidity*) solidità *f.* **7** (*intensity*) forza *f.*, intensità *f.*, impeto *m.*: *the ~ of his passion* la forza della sua passione. **8** (*of solution*) titolo *m.* **9** (*of dose, medicine*) concentrazione *f.*: *taste the ~ of the coffee* assaggia il caffé per vedere se è forte. **10** (*Mil*) effettivo *m.*, forza *f.*: *a ~ of 10,000* un effettivo di 10.000 uomini. **11** (*estens*) (*number of personnel*) dipendenti *m.pl.*, personale *m.*, forze *f.pl.* di lavoro. **12** (*of alcohol*) gradazione *f.* (alcolica), forza *f.* **13** (*Chim*) concentrazione *f.*, titolo *m.* **14** (*Fis*) (*of sound, etc.*) intensità *f.* **15** (*El*) (*of bulb*) potenza *f.*; (*of current*) intensità *f.* **16** (*Econ*) (*of prices*) tendenza *f.* al rialzo; (*of the market*) resistenza *f.* □ *to go from ~ to ~* fare grandi progressi, andare di bene in meglio; ~ *of character* forza di carattere; ~ *of mind* forza d'animo; *on the ~ of* contando su, basandosi su.

strengthen /'streŋ(k)θən/ I *v.t.* **1** rinforzare, rafforzare, consolidare. **2** (*to give vigour to*) fortificare, irrobustire, rinvigorire, potenziare. **3** (*to corroborate*) convalidare, confermare, corroborare, avvalorare. **4** (*to encourage, to hearten*) incoraggiare, rincorare. **5** (*to intensify*) rafforzare, intensificare. **6** (*Chim*) (*of a solution*) rinforzare. II *v.i.* **1** rafforzarsi, rinforzarsi. **2** (*to become more intense*) intensificarsi, rafforzarsi.

strengthener /'streŋ(k)θənər/ *n.* **1** cosa *f.* che dà forza. **2** (*Med*) corroborante *m.*, tonificante *m.*, tonico *m.*

strengthening /'streŋ(k)θənɪŋ/ I *n.* rinforzamento *m.*, rinforzo *m.*, rafforzamento *m.*, consolidamento *m.*, potenziamento *m.* II *a.* **1** che rinforza, fortificante. **2** (*increasing in intensity*) che aumenta di intensità, che si rafforza. **3** (*Med*) corroborante.

strenuous /'strenjuəs/ *a.* **1** (*arduous, laborious*) duro, faticoso, pesante. **2** (*energetic*) attivo, energico, vigoroso: *a ~ person* una persona attiva.

strenuously /'strenjuəslɪ/ *avv.* vigorosamente, energicamente, con vigore.

strenuousness /'strenjuəsnəs/ *n.* energia *f.*, vigore *m.*

strep /strep/ *n.* (*colloq*) streptococco *m.*

streptococcus /ˌstreptoʊ'kɒkəs *Am* ˌstreptə-'kɑːkəs/ (*pl.* **-cci** /-saɪ/) *n.* (*Med*) streptococco *m.*

streptomycin /ˌstreptoʊ'maɪsɪn *Am* ˌstreptə-'maɪsɪn/ *n.* (*Farm*) streptomicina *f.*

stress /stres/ I *n.* **1** (*Fis,Mecc*) tensione *f.*, sollecitazione *f.*, sforzo *m.* **2** (*Fisiol*) tensione *f.*, sforzo *m.*, stress *m.* **3** (*pressure*) spinta *f.*, pressione *f.*: *under* (*the*) ~ *of circumstances* sotto la spinta delle circostanze. **4** (*Ling*) accento *m.* (tonico), accentazione *f.*: *the ~ falls on...* l'accento cade su... **5** (*Metr,Mus*) accento *m.* **6** (*fig*) accento *m.*, rilievo *m.*, risalto *m.*, enfasi *f.*: *the report lays ~ on the abnormality of the situation* la relazione pone l'accento sull'anormalità della situazione. II *v.t.* **1** (*Ling*) accentare, mettere l'accento su, segnare l'accento su: *to ~ the last syllable* accentare l'ultima sillaba. **2** (*fig*) sottolineare, far rilevare, mettere in evidenza, mettere in rilievo: *I must ~ that* tengo a sottolineare che. **3** (*to subject to physical strain*) sottoporre a tensione. **4** (*Mecc*) sollecitare, sottoporre a sollecitazioni. □ (*Ling*) ~ *accent* accento tonico; (*Fis*) ~ *diagram* diagramma cremoniano, diagramma reciproco; ~ *fracture*: **1** (*Med*) frattura da stress; **2** (*Tecn*) rottura da stress, rottura dovuta a sollecitazioni; (*Tecn*) ~ *limit* limite di rottura; (*Ling*) ~ *mark* accento (grafico), (segno di) accento tonico; (*Mar*) ~ *of weather* violenza del tempo, fortunale; (*Tecn*) ~ *relief* distensione; (*Inform*) ~ *test* collaudo in condizioni di stress; *to put under* ~ mettere sotto sforzo; ~ *unit* unità di carico.

stressed /strest/ *a.* **1** (*emotionally*) stressato. **2** (*Mecc,Fis,Tecn*) sotto sforzo. **3** (*Ling,Fon*) accentato. □ ~ *out* stressato.

stress-free /'stresfriː/ *a.* **1** antistress. **2** (*without stress*) senza stress.

stressful /'stresfʊl, 'stresfəl/ *a.* stressante, logorante.

stressfully /'stresfʊlɪ, 'stresfəlɪ/ *avv.* in modo stressante, in modo logorante.

stressfulness /'stresfʊlnes, 'stresfəlnes/ *n.* l'essere stressante, l'essere logorante.

stress-induced /ˌstresɪn'djuːst *Am* ˌstresɪn'duːst/ *a.* (*Med*) da stress, causato dallo stress.

stress-inducing /ˌstresɪn'djuːsɪŋ *Am* ˌstresɪn'duːsɪŋ/ *a.* stressante.

stressless /'stresles/ *a.* **1** senza tensione,

non sottoposto a sforzo, non sottoposto a sollecitazioni. **2** (*Fon*) privo di accento tonico, atono, non accentato. **3** (*fig*) privo di enfasi, non enfatizzato.

stressor /'stresər/ *n.* fattore *m.* di stress.

stretch /stretʃ/ I *v.t.* **1** stendere, distendere, tendere, allungare: *to ~ one's arms above one's head* stendere le braccia sopra la testa; *to ~ one's neck* allungare il collo. **2** (*of wings*) stendere, allargare, aprire. **3** (*rifl.*) *to ~ oneself* stiracchiarsi, stirarsi, stendersi: *the cat -ed itself* il gatto si stiracchiò. **4** (*to put out, to hold out*) allungare, tendere, stendere. **5** (*to pull taut*) tendere, allungare tirando, allargare tirando: *to ~ a rubber band* tendere un elastico. **6** (*fig*) forzare, travisare, svisare: *to ~ the truth* forzare la verità. **7** (*colloq*) (*to cause to be sufficient*) fare bastare: *she -ed the omelette to feed five of us* ha fatto bastare la frittata per cinque di noi. **8** (*Am,colloq*) (*to knock flat*) stendere, abbattere, tramortire. **9** (*Stor*) (*on the rack*) stendere. **10** (*Am,sl*) (*to hang*) impiccare. II *v.i.* **1** estendersi, stendersi: *the desert -es for hundreds of miles* il deserto si estende per centinaia di miglia. **2** (*to straighten oneself after lying, sitting, etc.*) stirarsi, stiracchiarsi. **3** (*to reach out*) allungare la mano. **4** (*to extend oneself, to lie down*) stendersi, distendersi, sdraiarsi, allungarsi. **5** (*to become extended by tension*) allungarsi, allargarsi (sotto tensione): *rubber -es easily* la gomma si allunga facilmente. **6** (*fig*) forzare la verità, svisare i fatti. **7** (*Am,sl*) (*to be hanged*) essere impiccato. III *n.* **1** stirata *f.*, stiratina *f.* **2** (*act of extending*) estensione *f.*, il tendere; (*in length*) allungamento *m.* **3** (*extent, length*) tratto *m.*, lunghezza *f.*: *a long ~ of road* un lungo tratto di strada. **4** (*expanse*) distesa *f.*, estensione *f.*: *a wide ~ of water* un'ampia distesa di acqua. **5** (*continuous period of time*) periodo *m.* ininterrotto. **6** (*colloq*) (*difficult task, questionably possible*) impresa *f.*, ardua impresa *f.*: *it will be a ~ for us to meet our deadline as it is* sarà difficile riuscire a rispettare le scadenze. **7** (*colloq*) (*idea requiring the use of imagination and faith*) cosa *f.* che richiede coraggio, cosa *f.* che richiede fede, pio desiderio *m.*: *it's a bit of a ~ to suggest that a nation can ever be secure from terrorism* ci vuole un bel coraggio per credere che un paese possa davvero essere al sicuro dai pericoli del terrorismo. **8** (*colloq*) (*period of employment*) periodo *m.* di impiego, periodo *m.* di servizio. **9** (*sl*) (*term of imprisonment*) carcerazione *f.*, detenzione *f.* **10** (*state of tension*) tensione *f.* **11** (*fig*) abuso *m.*, eccesso *m.*: *~ of authority* abuso di potere. **12** (*elasticity*) elasticità *f.* **13** (*Sport*) (*of muscles*) allungamento *m.*, stretching *m.*; (*last part of a race*) dirittura *f.*, rettilineo *m.*: *the home ~* il rettilineo finale, la dirittura d'arrivo. **14** (*Mar*) bordata *f.* **15** (*Met*) stiramento *m.* **16** (*Mecc*) deformazione *f.* **17** (*Tess*) (*of yarn*) gugliata *f.* IV *a.* (*colloq*) (*elastic*) elastico. □ *to ~ a point* fare un'eccezione alla regola, fare uno strappo alla regola; *at a ~* di fila, ininterrottamente, di seguito, difilato: *ten hours at a ~* dieci ore di fila; *to ~ forth* allungare, tendere, stendere; (*Tess*) ~ *knit* maglia tubolare; *to ~ one's legs*: **1** distendere le gambe, allungare le gambe, stendere le gambe; **2** (*fig*) sgranchirsi le gambe, fare quattro passi: *I'm going out to ~ my legs* esco per sgranchirmi le gambe; (*Med*) ~ *mark* smagliatura (cutanea); *by a ~ of language* in senso lato; *a ~ of the imagination* uno sforzo di immaginazione; *by no ~ of the imagination* neanche per sogno; *to ~ out*: **1** (*to lie down*) distendersi,

allungarsi; **2** (*to extend*) allungare, tendere, stendere: *he -ed out a hand* allungò una mano; **3** (*used intransitively*) (*to extend oneself, to lie down*) stendersi, distendersi, sdraiarsi, allungarsi; **4** (*rifl.*) *to ~ oneself out* distendersi, stendersi, allungarsi; *to ~ one's powers* abusare del proprio potere; *to ~ the law* violare la legge; (*fig*) *to ~ one's wings* stendere le ali, prendere il volo, sentire il gusto della libertà; (*Tess*) ~ *yarn* filo elastico.

stretchable /'stretʃəbl/ *a.* allungabile, estensibile, elastico.

stretched /stretʃt/ □ ~ *limo* limousine superlusso.

stretcher /'stretʃər/ *n.* **1** barella *f.*, lettiga *f.* **2** (*one that stretches*) chi tende. **3** (*device for stretching*) dispositivo *m.* per allargare, forma *f.*, telaio *m.* **4** (*Calz*) (*shoe stretcher*) allargascarpe *m.* **5** (*glove-stretcher*) allargaguanti *m.* **6** (*Edil*) mattone *m.* per piano. **7** (*Mar*) puntapiedi *m.*, pedagna *f.* □ ~ *bearer*: **1** barellante, portantino; **2** (*Mil*) portaferiti.

stretchiness /'stretʃɪnəs/ *n.* **1** elasticità *f.* **2** (*deformability*) deformabilità *f.*

stretching /'stretʃɪŋ/ *n.* **1** stiramento *m.* **2** (*extension in length*) allungamento *m.* **3** (*Met*) stiratura *f.*

stretchy /'stretʃɪ/ *a.* **1** elastico, estensibile. **2** (*deformable*) deformabile. **3** (*Tess*) elasticizzato.

strew /struː/ (*past* **-ed** /-d/, *p.p.* **-ed** o **-n** /-n/) *v.t.* **1** spargere, sparpagliare, disseminare (*on, over* su): *to ~ seed* spargere semi. **2** (*to cover by scattering*) cospargere, coprire, ricoprire: *the lawn was -n with leaves* il prato era cosparso di foglie.

strewn /struːn/ → **strew**.

strewth /struːθ/ *intz.* (*sl*) perdinci!, cavolo!

stria /'straɪə/ (*pl.* **striae** /'straɪiː/) *n.* **1** stria *f.*, (piccolo) solco *m.* **2** (*tiny stripe, streak*) stria *f.*, riga *f.* **3** (*Anat,Geol,Vetr*) stria *f.*

striate /'straɪɪt, 'straɪeɪt/, **striated** /straɪ'eɪtɪd *Am* straɪ'eɪtɪd/ *a.* **1** striato, cosparso di strie. **2** (*Anat, Geol,Min*) striato.

striation /straɪ'eɪʃn/, **striature** /'straɪətʃər/ *n.* striatura *f.* (*anche Min*).

stricken[1] /'strɪkən/ → **strike[1]**.

stricken[2] /'strɪkən/ *a.* **1** colpito, ferito: *the ~ beast fell* l'animale colpito cadde. **2** (*afflicted*) provato, colpito. **3** (*deeply affected*) affranto. **4** (*of things: incapacitated*) (messo) fuori uso: *a ~ ship* una nave fuori uso.

strickle /'strɪkl/ *n.* **1** (*Agr*) rasiera *f.* **2** (*tool for sharpening scythes*) arnese *m.* per affilare le falci. **3** (*Met*) sagoma *f.*

strict /strɪkt/ *a.* **1** severo, rigoroso, rigido, stretto: *a ~ parent* un genitore severo; ~ *discipline* disciplina rigida. **2** (*exact, precise*) preciso, stretto, esatto: ~ *orders* ordini precisi; *in the ~ sense of the word* nel senso stretto della parola. **3** (*thorough, total*) assoluto, totale, completo, pieno, perfetto: ~ *impartiality* assoluta imparzialità. □ *in ~ confidence* in confidenza, in gran segreto, in via strettamente confidenziale, con la massima riservatezza; (*Dir*) ~ *construction* interpretazione restrittiva (della legge); (*Dir*) ~ *constructionism* interpretazione letterale (della legge); (*Dir*) ~ *liability* responsabilità oggettiva.

strictly /'strɪktlɪ *Am* 'strɪktḷɪ/ *avv.* **1** rigorosamente, severamente: ~ *prohibited* severamente vietato. **2** (*exactly, precisely*) precisamente, strettamente. **3** (*colloq*) (*exclusively*) esclusivamente, solo, soltanto: ~ *for men* solo per uomini. □ ~ *speaking* a rigore di termini, a dire il vero, strettamente parlando, in senso stretto.

strictness /'strɪktnəs *Am* 'strɪktṇəs/ *n.* **1** severità *f.*, rigore *m.*, rigorosità *f.* **2** (*precision*) precisione *f.*, esattezza *f.*

stricture /'strɪktʃər/ *n.* **1** critica *f.*, biasimo *m.*, censura *f.*: *to pass -s on* (o *upon*) *so.* trovare da ridire sul conto di qcu. **2** (*Med*) restringimento *m.*

stride /straɪd/ **I** *v.i.* (*past* **strode** /stroud/, *p.p.* **stridden** /'strɪdən/) **1** camminare a grandi passi, muoversi a grandi passi: *he strode out of the room* uscì a grandi passi dalla stanza. **2** (*to take a long step*) fare un passo lungo, fare un lungo passo. **3** (*to stand astride*) stare a cavalcioni. **II** *v.t.* (*past* **strode** /stroud/, *p.p.* **stridden** /'strɪdən/) **1** camminare a grandi passi su (o per), andare a grandi passi su (o per). **2** (*to pass over with a long step*) scavalcare con un solo passo. **3** (*to straddle*) stare a cavalcioni di. **III** *n.* **1** andatura *f.* a passi lunghi, buona andatura *f.* **2** (*long step*) passo *m.* lungo, gran passo *m.* **3** (*distance*) buon passo *m.*, passo *m.* lungo, passo *m.* abbondante: *she walked a couple of -s behind me* camminava a un paio di passi buoni dietro di me. **4** (*fig*) passo *m.* avanti, progresso *m.*, avanzamento *m.*: *the company made enormous -s* la società ha fatto enormi passi avanti. **5** (*of animals*) passo *m.* (completo). **6** (*Sport*) falcata *f.* □ *to ~ along* camminare a grandi passi, muoversi a grandi passi; (*colloq*) *to get into one's ~* trovare il ritmo giusto; (*fig*) *to take sth. in one's ~*: **1** fare qcs. con grande facilità, **2** (*to adjust oneself without fuss*) prendersela con calma di fronte a qcs.

stridency /'straɪdnsi/ *n.* **1** l'essere stridulo, l'essere stridente. **2** (*of sound, voice*) stridore *m.* **3** (*of a protest*) veemenza *f.*

strident /'straɪdnt/ *a.* **1** stridulo, stridente, acuto. **2** (*fig*) energico, forte: *~ protests* energiche proteste.

stridently /'straɪdntli *Am* 'straɪdntʃi/ *avv.* in modo stridulo, con veemenza.

stridor /'straɪdər/ *n.* **1** stridore *m.* **2** (*Med*) stridore *m.* respiratorio.

stridulant /'strɪdjələnt *Am* 'strɪdʒələnt/ *a.* (*Entom*) stridulante, stridulatore.

stridulate /'strɪdjəleɪt *Am* 'strɪdʒəleɪt/ *v.i.* stridulare.

stridulation /ˌstrɪdjə'leɪʃən *Am* ˌstrɪdʒə'leɪʃən/ *n.* stridulazione *f.*

stridulous /'strɪdjələs *Am* 'strɪdʒələs/ *a.* stridulo, stridente, acuto.

strife /straɪf/ *n.* **1** lotta *f.*, conflitto *m.*, guerra *f.* (*among* tra; *in* in). **2** (*discord*) discordia *f.*

strigose /'straɪgous/ *a.* **1** (*Bot*) fornito di setole rigide, che ha setole rigide. **2** (*Zool*) striato.

strike[1] /straɪk/ (*past* **struck** /strʌk/, *p.p.* **struck** o **stricken** /'strɪkən/) **I** *v.t.* **1** colpire, battere, percuotere: *he struck me* mi ha colpito. **2** (*of a blow: to deliver*) dare, affibbiare, sferrare, tirare, assestare. **3** (*of natural agencies*) flagellare, colpire, abbattersi su: *the storm struck the coast* la tempesta flagellò la costa. **4** (*to bring suffering on*) affliggere, tormentare. **5** (*to thrust forcefully*) ficcare, conficcare, piantare, cacciare, configgere: *to ~ a stake into the ground* conficcare un paletto nel terreno. **6** (*fig*) (*of fear, etc.: to implant*) infondere, inculcare, istillare. **7** (*to collide with*) urtare, entrare in collisione con: *the ship struck the sandbank* la nave urtò il banco di sabbia. **8** (*to bump, to bang*) sbattere, picchiare, battere. **9** (*of light*) battere, colpire: *the sun struck him full in the face* il sole gli batteva in pieno sul volto; (*of sound*) colpire. **10** (*to occur to the mind of*) venire in mente, passare per la mente a, passare per la testa a, venir fatto di pensare a: *it struck me that* mi venne in mente che; *a*

thought struck me mi colpì un pensiero. **11** (*to appear to the judgement of*) parere a, sembrare a, apparire a: *how does my plan ~ you?* che te ne pare del mio piano? **12** (*to make a strong impression on*) impressionare, colpire, far colpo su, fare effetto su: *I was struck by her beauty* rimasi colpito dalla sua bellezza. **13** (*to indicate by sounding*) battere, suonare, scoccare: *the clock struck ten* l'orologio batté le dieci. **14** (*to produce by percussion or friction*) far sprizzare, far sprigionare, far scoccare: *to ~ sparks out of a flint* far sprizzare scintille da una pietra focaia. **15** (*of a match*) accendere (strofinando). **16** (*of an attitude, a pose*) assumere, darsi, prendere. **17** (*to reach, to come to*) raggiungere, arrivare a, giungere a: *we struck the road after a few miles cross-country* raggiungemmo la strada dopo (aver fatto) qualche miglio attraverso i campi. **18** (*to make a discovery of*) trovare, scoprire (*anche Minier*): *to ~ water* trovare l'acqua. **19** (*to come up against*) incontrare, imbattersi in: *they struck various difficulties* incontrarono varie difficoltà. **20** (*to dismantle*) smontare: *to ~ a tent* smontare una tenda. **21** (*Mar*) (*of sails, flags, etc.*) ammainare, calare, abbassare; (*of a cargo*) stivare. **22** (*Numism*) coniare, battere: *to ~ a commemorative medal* coniare una medaglia commemorativa. **23** (*Bot*) (*of roots*) buttare, gettare. **24** (*Mil*) attaccare: *to ~ a target* attaccare un bersaglio. **25** (*of a measure of grain, etc.*) rasierare. **26** (*Edil*) lisciare. **27** (*Tecn*) (*to level, to smooth*) spianare, lisciare, levigare, appianare. **28** (*Pesc*) prendere all'amo dando uno strappo alla lenza; (*of a whale*) arpionare. **29** (*of a bird of prey*) artigliare; (*of a snake*) mordere, morsicare, pungere. **30** (*Arch*) far assestare. **31** (*Met*) stampare. **32** (*Dir*) (*of a jury*) formare, costituire. **33** (*El*) (*of an arc*) far scoccare. **II** *v.i.* **1** (*to abstain from work*) scioperare, far sciopero: *to ~ for higher wages* scioperare per ottenere salari più alti. **2** (*to chime*) rintoccare, suonare. **3** (*to become sound*) suonare: *midnight had just struck* era appena suonata la mezzanotte; (*fig*) *his hour has struck* è arrivata la sua ora. **4** (*Mil*) attaccare, sferrare un attacco. **5** (*to hit*) dare un colpo, sferrare un colpo, tirare un colpo, colpire; (*to knock, to rap*) picchiare, battere. **6** (*of natural agencies*) colpire, abbattersi. **7** (*to collide*) scontrarsi, entrare in collisione. **8** (*to take a course*) prendere, piegare, avviarsi (in una certa direzione): *we struck into the woods* si avviò per i boschi; *he struck south* si avviò verso sud. **9** (*to become ignited*) accendersi, prendere fuoco. **10** (*to pulsate, to throb*) battere, pulsare, palpitare: *his heart struck heavily* il cuore gli batteva forte. **11** (*to fight, to contend*) battersi, lottare, combattere (*for* per): *to ~ for one's rights* battersi per i propri diritti. **12** (*to strive*) sforzarsi di raggiungere, sforzarsi di ottenere (*for* sth. qcs.). **13** (*to pierce, to penetrate*) trapelare, filtrare, penetrare: *the sun-rays struck through the fog* i raggi del sole filtravano attraverso la nebbia. **14** (*Mar*) (*to run aground*) arenare, arenarsi, incagliarsi, dare in secco. **15** (*Sport*) (*with an oar*) dare un colpo di remo; (*in swimming*) fare una bracciata, dare una bracciata. **16** (*Mar*) (*to down a flag*) ammainare la bandiera, fare l'ammainabandiera; (*as a signal of surrender*) arrendersi, ammainare la bandiera. **17** (*Agr, Bot*) (*to take root*) mettere radici, attecchire, radicare. **18** (*Pesc*) dare uno strappo alla lenza (per far abboccare il pesce); (*of a fish*) abboccare. **19** (*Geol*) avere una direzione.

□ *to ~ a balance*: **1** (*Comm*) stendere il bilancio, chiudere i conti, fare un bilancio (*anche fig*); **2** (*fig*) trovare un equilibrio, trovare il giusto mezzo; (*fig*) *to ~ a blow for so.* spezzare una lancia a favore di qcu.; *without striking a blow* senza colpo ferire; (*fig*) *to ~ a false note* toccare un tasto sbagliato; (*colloq,fig*) *~ a light!* che mi venga un colpo!; *to ~ a note*: **1** (*Mus*) far vibrare una nota; **2** (*fig*) avere un certo tono, dare una certa impressione: *he struck a note of warning in his speech* il suo discorso aveva il tono di un avvertimento; *to ~ at*: **1** cercare di colpire, tentare di colpire: *he struck at the ball* cercò di colpire la palla; **2** (*fig*) mirare a colpire, tendere a colpire, attentare a; *to ~ back* reagire, rispondere (con un colpo), restituire il colpo (*at* a); *to ~ so. dead* fulminare qcu.; *to ~ down*: **1** gettare a terra, abbattere, atterrare; **2** (*fig*) rovinare, mandare in rovina; **3** (*Mar*) (*of a cargo*) stivare; *to ~ fire from flint* accendere il fuoco con un acciarino; *to ~ the flag* (o *to ~ one's flag*): **1** (*Mar*) ammainare la bandiera; **2** (*fig*) alzare bandiera bianca; (*fig*) *to ~ home* cogliere nel segno, colpire nel segno; (*Br*) *how does my idea ~ your fancy?* (o *Am how does my idea ~ you?*) ti piace la mia idea?, ti va la mia idea?; *to ~ in*: **1** (*Tip*) stampare; **2** (*of line*) tirare; **3** (*to interrupt*) interrompere, interloquire; (*Br*) *to ~ it lucky* avere una botta di fortuna, (*pop*) avere culo; (*colloq*) *to ~ it rich*: **1** trovare un ricco giacimento, scoprire un ricco giacimento; **2** (*fig*) trovare una miniera d'oro, fare fortuna; (*Br*) *to ~ lucky* avere una botta di fortuna, (*pop*) avere culo; *to ~ off*: **1** tagliar via (con un colpo), mozzare, troncare (*across* per; *towards* verso); **2** (*to erase, to cancel*) cancellare, depennare, tirare un frego su: *to ~ off so.'s name* cancellare il nome di qcu.; **3** (*of a person*) radiare: *to be struck off the membership list* essere radiato dall'elenco dei soci; **4** (*to take a diversionary course*) deviare, piegare: *the rest of the party struck off towards the hills* il resto della comitiva deviò verso le colline; **5** (*Tip*) tirare, stampare; *to ~ oil*: **1** (*Minier*) trovare il petrolio, scoprire un giacimento petrolifero; **2** (*fig*) (*to grow rich*) arricchire, arricchirsi; *to ~ out*: **1** menare botte da orbi, dare botte da orbi, tirare colpi; **2** (*to cancel, to efface*) cancellare, depennare, tirare un frego su; **3** (*to set out in a vigorous manner*) partire difilato: *they struck out for the hills* partirono difilato verso le colline; **4** (*of a swimmer*) nuotare di buona lena, nuotare con forti bracciate, dirigersi con forti bracciate (*for* verso); **5** (*to make a vigorous beginning*) lanciarsi a capofitto (*on* in, su), buttarsi a corpo morto (*on* in, su); *to ~ root* attecchire, mettere radici; (*Mar*) *to ~ sail* ammainare le vele (in segno di resa o saluto); (*Mar*) *to ~ the bells* suonare i turni di guardia; *to ~ the first blow*: **1** colpire per primo; **2** (*fig*) attaccare per primo; (*Br*) *to ~ the quarter* (*of a clock*) battere il quarto; (*fig*) *to ~ the wrong note* toccare un tasto sbagliato; *to ~ through* depennare, tirare una riga su, cancellare, barrare; *to ~ together* battere insieme, battere l'uno contro l'altro: *to ~ the hands together* battere le mani l'una contro l'altra; *to ~ two things together* sbattere due cose l'una contro l'altra; *to ~ up*: **1** attaccare, intonare: *the band struck up a waltz* l'orchestra attaccò un valzer; *~ up the band!* forza con l'orchestra!, via all'orchestra!; **2** (*to begin*) fare, cominciare, attaccare: *to ~ up a conversation with so.* attaccare discorso con qcu.

strike[2] /straɪk/ *n.* **1** (*ceasing work*) sciopero *m.*: *general ~* sciopero generale; *to come out* *on* ~ mettersi in sciopero; *to break a* ~ interrompere uno sciopero; *to call off a* ~ revocare uno sciopero. **2** (*hit*) colpo *m.*, battuta *f.* **3** (*clock mechanism*) suoneria *f.* **4** (*Mil*) attacco *m.* (*on, against* contro). **5** (*Aer.mil*) attacco *m.* aereo. **6** (*Minier*) scoperta *f.* (di un giacimento). **7** (*Sport*) (*in bowling*) massa *f.*, strike *m.*, palla *f.* buona. **8** (*Geol*) direzione *f.* di uno strato, direzione *f.* di una vena. **9** (*Tecn*) sagoma *f.*; (*for grain*) rasiera *f.* **10** (*Edil*) spianatoio *m.* **11** (*Pesc*) ferrata *f.*, l'abboccare. ☐ ~ *action* azione di sciopero; (*Aer.mil*) ~ *aircraft* aereo da combattimento; ~ *ballot* voto per decidere uno sciopero; *a* ~ *committee* un comitato di agitazione; (*Geol*) ~ *fault* faglia longitudinale; (*Mil*) ~ *force* forza d'urto; *to be on* ~ essere in sciopero; *to go on* ~ fare sciopero; ~ *pay* indennità di sciopero.

strike-a-light /ˌstraɪkəˈlaɪt/ *intz.* (*colloq*) accidenti!, per la miseria!

strike-bound, **strikebound** /ˈstraɪkˌbaʊnd/ *a.* bloccato dallo sciopero, bloccato per lo sciopero, fermo per sciopero.

strike-breaker, **strikebreaker** /ˈstraɪkˌbreɪkər/ *n.* crumiro *m.* (*f.* -a).

strike-breaking /ˈstraɪkˌbreɪkɪŋ/ *n.* crumiraggio *m.*

striker /ˈstraɪkər/ *n.* **1** chi colpisce, chi batte. **2** (*person on strike*) scioperante *m./f.* **3** (*Sport*) (*in cricket*) battitore *m.*; (*in soccer*) attaccante *m.*, avanti *m.* **4** (*Orol*) batacchio *m.*; (*clock, watch that strikes*) orologio *m.* a suoneria.

striking /ˈstraɪkɪŋ/ *a.* **1** evidente, manifesto, lampante: ~ *discrepancies* discrepanze evidenti. **2** (*noticeable*) notevole, considerevole. **3** (*impressive*) che fa colpo, impressionante: *a* ~ *beauty* una bellezza che fa colpo. ☐ (*Mil*) ~ *capability* capacità di offesa, capacità offensiva; *to be within* ~ *distance of sth.*: **1** (*Arm*) avere qcs. a tiro, avere qcs. sotto tiro, essere alla distanza giusta per colpire qcs; **2** (*fig*) avere qcs. a portata di mano.

strikingly /ˈstraɪkɪŋli/ *avv.* straordinariamente, eccezionalmente: ~ *beautiful* straordinariamente bello.

strikingness /ˈstraɪkɪŋnəs/ *n.* singolarità *f.*, straordinarietà *f.*, eccezionalità *f.*

string /strɪŋ/ **I** *n.* **1** spago *m.*, corda *f.*: *a piece of* ~ un pezzo di spago; *a ball of* ~ un gomitolo di spago. **2** (*piece, length*) spago *m.*, corda *f.*, cordicella *f.*, cordella *f.*, cordoncino *m.* **3** (*cord for closing a bag, garment, etc.*) laccio *m.*, cordella *f.*, nastrino *m.*, legaccio *m.* **4** (*of a puppet*) filo *m.* **5** (*Mus*) (*wire cord*) corda *f.*; (*bowstring*) corda *f.* di archetto. **6** (*group of objects threaded on a string*) filza *f.* **7** (*of onions*) treccia *f.* **8** (*Oref*) (*of a necklace*) filo *m.*, filza *f.* **9** (*group of things arranged in line*) fila *f.*: *a* ~ *of houses* una fila di case. **10** (*series, sequence*) sequela *f.*, filza *f.*, sfilza *f.*, sequenza *f.*, (*lunga*) serie *f.*, catena *f.*: *a long* ~ *of failures* una lunga sequela di fallimenti; *a* ~ *of lies* una filza di bugie. **11** (*train of animals, vehicles*) fila *f.*, coda *f.*, colonna *f.* **12** (*Econ*) catena *f.*, serie *f.*: *a* ~ *of supermarkets* una catena di supermercati. **13** (*Bot*) fibra *f.*, filo *m.*; (*of a pod*) filo *m.* **14** (*Inform*) stringa *f.*, sequenza *f.*: *numeric* ~ stringa numerica. **15** *pl.* (*Mus*) (*section of an orchestra*) strumenti *m.pl.* a corda, strumenti *m.pl.* ad arco, archi *m.pl.* **16** *pl.* (*Br,colloq*) (*conditions, limitations*) condizioni *f.pl.* accessorie, clausole *f.pl.* restrittive. **II** *v.t.* (*past, p.p.* **strung** /strʌŋ/) **1** munire di spago, munire di corda, mettere uno spago, mettere una corda a. **2** (*to tie with a string*) legare con uno spago. **3** (*of a bow*) incordare, mettere la corda a, munire di corda. **4** (*of a tennis racket, etc.*) mettere le corde a, incordare, munire di corde. **5**

(*Mus*) (*of a stringed instrument*) incordare. **6** (*to thread on a string*) infilare, infilzare: *to* ~ *beads* infilare perline. **7** (*to extend, to stretch*) tendere, stendere: *to* ~ *a clothes line between two trees* tendere una corda per i panni fra due alberi. **8** (*to arrange, to hang on a string*) appendere, attaccare: *to* ~ *paper lanterns round the terrace* appendere dei lampioncini intorno al terrazzo. **9** (*fig*) (*to arrange in a succession*) mettere insieme, collegare, connettere: *to* ~ *words together* mettere insieme le parole. **10** (*of beans*) togliere il filo a, togliere i fili a; (*colloq*) pulire. **III** *v.i.* (*past, p.p.* **strung** /strʌŋ/) **1** essere in fila. **2** (*to form into strings*) diventare fibroso, diventare filaccioso. **3** (*of a viscous substance*) filare. **4** (*in billiards, etc.*) tirare per stabilire l'ordine di gioco. ☐ (*colloq*) *to* ~ *along*: **1** tenere sulla corda, lasciare sulla corda; **2** (*to be in agreement with*) essere d'accordo (*with* con); ~ *alphabet* alfabeto per ciechi; *no* ~ *attached* senza condizioni, senza restrizioni; ~ *bag* borsa a rete, rete; (*Mus*) ~ *band* complesso di archi, complesso di strumenti a corda; (*Mus*) ~ *bass* contrabbasso; ~ *bean*: **1** fagiolino (verde); **2** (*colloq*) (*tall, thin person*) spilungone; (*Edil*) ~ *board* montante delle scale; (*Edil*) ~ *course* marcapiano; (*Mus*) ~ *instrument* strumento a corda; ~ *line* (*in billiards, etc.*) corda; (*colloq*) *to have so. on a* ~ tenere qcu. in pugno, dominare qcu.; (*colloq*) *to keep so. on a* ~ tenere qcu. sulla corda; (*Mus*) ~ *orchestra* orchestra di archi, orchestra di strumenti a corda; *to* ~ *out*: **1** disporsi di fianco, allargarsi di fianco; **2** (*to extend linearly*) mettersi in fila, mettersi per il lungo, allungarsi formando una fila; (*colloq*) *to pull* ~s ottenere con amicizie influenti, ottenere con raccomandazioni; (*fig*) *to pull the* ~s esercitare nascostamente la propria autorità, esercitare nascostamente la propria influenza, manovrare dietro le quinte; ~ *puppet* marionetta; (*Mus*) ~ *quartet* quartetto d'archi; (*Mat*) ~ *theory* teoria delle stringhe; (*Br,fig*) *to have two* ~s *to one's bow* avere una seconda opportunità; (*Br,fig*) *to have many* ~s *to one's bow* avere molte frecce al proprio arco; *to* ~ *together* mettere in fila, legare; *to* ~ *up*: **1** appendere a una corda, appendere ad uno spago; **2** (*colloq*) (*to put to death by hanging*) impiccare: ~ *him up!* alla forca!, impiccatelo!; **3** (*fig*) (*to make tense, nervous*) agitare, mettere in agitazione; (*Inform*) ~ *variable* variabile (di) stringa alfanumerica; (*Abbigl*) ~ *vest* canottiera a maglie larghe.

stringed /strɪŋd/ *a.* **1** a corda, munito di corde: ~ *instrument* strumento a corda. **2** (*in compounds*) a... corde: *an eight-~ guitar* una chitarra a otto corde.

stringency /ˈstrɪndʒənsi/ *n.* **1** severità *f.*, rigore *m.*, rigidezza *f.* **2** (*urgency*) urgenza *f.*, impellenza *f.* **3** (*convincing quality*) forza *f.* di persuasione. **4** (*want, scarcity*) penuria *f.*, scarsità *f.*, mancanza *f.*

stringent /ˈstrɪndʒənt/ *a.* **1** severo, rigido, rigoroso, stretto: ~ *laws* leggi severe. **2** (*compelling*) stringente, impellente, urgente, imperioso: ~ *necessity* necessità stringente. **3** (*convincing*) convincente, persuasivo: ~ *arguments* argomenti convincenti. **4** (*Econ*) caratterizzato da mancanza di denaro circolante.

stringently /ˈstrɪndʒəntli/ *Am* ˈstrɪndʒəntli/ *avv.* rigorosamente, rigidamente, severamente.

stringer /ˈstrɪŋər/ *n.* **1** chi munisce di spago (o corda). **2** (*one who threads sth. on a string*) chi infila, chi infilza. **3** (*Edil*) traversa

f., corrente *m.* **4** (*Edil*) montante *m.* delle scale. **5** (*Edil,Ferr*) longherina *f.*, longarina *f.* **6** (*Giorn*) corrispondente *m./f.* freelance.

stringiness /ˈstrɪŋɪnəs/ *n.* **1** l'essere filamentoso, l'essere fibroso, fibrosità *f.* **2** (*of a glutinous substance*) viscosità *f.*, vischiosità *f.*

stringpiece /ˈstrɪŋpiːs/ *n.* (*Edil*) trave *f.* orizzontale di rinforzo.

stringy /ˈstrɪŋi/ *a.* **1** simile a spago, simile a corda. **2** (*long and thin*) lungo e rado: ~ *hair* capelli lunghi e radi. **3** (*fibrous*) filaccioso, fibroso: ~ *meat* carne fibrosa. **4** (*of beans*) filamentoso. **5** (*viscous*) vischioso, viscoso.

strip[1] /strɪp/ **I** *n.* (*striptease*) spogliarello *m.*, strip *m.*, strip-tease *m.* **II** *v.t.* (*past, p.p.* **stripped** /-t/, *rar* **-t** /-t/) **1** svestire, spogliare. **2** (*of clothes*) togliere, levare: *to* ~ *off one's shirt* togliersi la camicia. **3** (*of an outer covering*) staccare, togliere, rimuovere, levar via: *to* ~ *wallpaper from the walls* staccare la tappezzeria dalle pareti. **4** (*to remove the bark from*) scortecciare. **5** (*Aut,Mecc*) smontare. **6** (*to remove the contents of*) svuotare, vuotare: *the house was -ped of furniture* la casa fu svuotata dei mobili. **7** (*to dispossess, to rob*) derubare, depredare, spogliare (*of* di). **8** (*to deprive of a uniform, insignia of rank, etc.*) spogliare. **9** (*Mil*) degradare. **10** (*Mar*) disarmare. **11** (*Mil,Mar,Mecc*) smantellare. **12** (*Mecc*) (*of a bolt, screw, gear*) spanare. **III** *v.i.* (*past, p.p.* **stripped** /-t/, *rar* **-t** /-t/) **1** spogliarsi, svestirsi. **2** (*to perform a striptease*) fare uno spogliarello. **3** (*of bark*) scortecciarsi. **4** (*Mecc*) spanarsi. **IV** *a.* con spogliarello. ☐ *to* ~ *a bed* disfare un letto; ~ *club* night con spettacolo di spogliarello; *to* ~ *down*: **1** spogliarsi, svestirsi; **2** (*Aut,Mecc*) (*to dismantle*) smontare; (*Am*) ~ *joint* night con spettacolo di spogliarello; *to* ~ *so. naked* spogliare completamente qcu., denudare qcu.; *to* ~ *off* (*of clothes*) togliere, levare: *to* ~ *off one's shirt* togliersi la camicia; *to* ~ *out*: **1** (*Econ,Statist*) (*to disregard*) scorporare; **2** (*to remove*) estirpare, togliere; **3** (*Inform*) rimuovere; *to* ~ *paint from a door* sverniciare una porta; ~ *poker* strip poker.

strip[2] /strɪp/ **I** *n.* **1** striscia *f.*, lista *f.*: *a* ~ *of paper* una striscia di carta. **2** (*narrow length of land, water*) striscia *f.* **3** (*Aer*) (*airstrip*) pista *f.* di atterraggio. **4** (*Fal*) (*piece of wood*) listello *m.*; (*for securing boxes, crates, etc.*) reggetta *f.*, moietta *f.* **5** (*Mil*) piattina *f.*, nastro *m.* **6** (*Filat*) banderuola *f.* **II** *a.* (*in the shape or form of a strip*) a strisce. ☐ ~ *cartoon* fumetto; ~ *light* (o ~ *lighting*) illuminazione al neon; ~ *mall* serie di negozi posti uno di fianco all'altro (con un parcheggio in comune); (*sl*) *to tear so. off a* ~ rimproverare severamente qcu., (*pop*) levare il pelo a qcu.; (*Cosmet*) ~ *wax* ceretta depilatoria a strisce.

stripe[1] /straɪp/ **I** *n.* **1** striscia *f.*, riga *f.*, banda *f.*, stria *f.*, lista *f.*: *white with blue* ~s bianco a strisce blu. **2** (*Mil*) gallone *m.* **II** *v.t.* rigare, striare.

stripe[2] /straɪp/ *n.* (*stroke with a whip, rod, etc.*) frustata *f.*, sferzata *f.*, staffilata *f.*

striped /straɪpt/ *a.* a strisce, a righe, rigato.

striper /ˈstraɪpər/ *n.* (*Am,Mil*) graduato *m.*, sottufficiale *m.*: *one-~* caporale; *two-~* caporalmaggiore.

striplight /ˈstrɪplaɪt/ *n.* illuminazione *f.* al neon.

stripling /ˈstrɪplɪŋ/ *n.* adolescente *m.*, giovanetto *m.*

strip-mine /ˈstrɪpmaɪn/ **I** *v.t./i.* (*Minier*) estrarre a sbancamento, coltivare a sbancamento. **II** *n.* (*Minier*) miniera *f.* a cielo aperto, miniera *f.* a giorno, miniera *f.* coltivata con sbancamento.

strip-mining /'strɪpmaɪnɪŋ/ n. (Minier) (open-cast mining) coltivazione f. a (cielo aperto previo) sbancamento.

stripped /strɪpt/ a. 1 svestito, spogliato; (naked) nudo, denudato. 2 (of machines, etc.) smontato. 3 (of a tree, wood) scortecciato.

stripper /'strɪpər/ n. 1 chi spoglia, chi sveste. 2 (stripteaser) spogliarellista m./f. 3 (Pitt) (paint stripper) sverniciatore m. 4 (Chim,Ind) estrattore m.

stripping /'strɪpɪŋ/ n. 1 strip-tease m., lo svestire, lo spogliare. 2 (Aut,Mecc) smontaggio m.

strip-search /'strɪpsɜːtʃ Am 'strɪpsɜːrtʃ/ I n. perquisizione f. personale. II v.t.irr. perquisire.

striptease /'strɪptiːz/ I n. spogliarello m. II v.i. fare lo spogliarello.

stripteaser /'strɪptiːzər/ n. spogliarellista m./f.

stripy /'straɪpɪ/ a. a righe, a strisce, rigato, striato.

strive /straɪv/ (past **strove** /strəʊv/, p.p. **striven** /'strɪvən/ o **strived** /-d/) v.i. 1 sforzarsi, fare sforzi, adoperarsi: he strove to keep his temper si sforzò di mantenere la calma. 2 (to devote oneself, to work) lottare, impegnarsi, adoperarsi, battersi (for, after per): to ~ for peace lottare per la pace. 3 (to contend) lottare, battersi, combattere (against, with contro, con): to ~ against fate lottare contro il destino.

striver /'straɪvər/ n. 1 persona f. che si sforza, persona f. che si ingegna (di fare qcs.). 2 (fig) persona f. attiva, persona f. energica, lottatore m. (f. -trice).

strobe /strəʊb/ I n. 1 (colloq) stroboscopio m. 2 (Fot) impulso m. di riferimento, traccia f. di riferimento. II v.i. (to flash intermittently) lampeggiare. □ ~ light lampeggio m.

stroboscope /'strəʊbəskəʊp/ n. (Fis) stroboscopio m.

stroboscopic /ˌstrəʊbə'skɒpɪk Am ˌstrəʊbə'skɑːpɪk/, **stroboscopical** /ˌstrəʊbə'skɒpɪkəl Am ˌstrəʊbə'skɑːpɪkəl/ a. stroboscopico.

stroboscopically /ˌstrəʊbə'skɒpɪkəli Am ˌstrəʊbə'skɑːpɪkəli/ avv. stroboscopicamente.

stroboscopy /ˌstrəʊ'bɒskəpɪ Am ˌstrəʊ'bɑːskəpɪ/ n. stroboscopia f.

strode /strəʊd/ → **stride**[1].

stroganoff /'strɒgənɒf Am 'strɔːgənɔːf/ n. (Gastron) stroganoff m., manzo m. alla stroganoff.

stroke[1] /strəʊk/ I n. 1 colpo m.: a ~ of a whip un colpo di frusta; a ~ of a hammer un colpo di martello. 2 (with the hand) botta f., percossa f. 3 (single movement of a pen, etc.) tratto m., segno m., linea f. 4 (fig) lampo m., colpo m.: a ~ of genius un lampo di genio; a ~ of luck un colpo di fortuna. 5 (of a bird's wing) colpo m. d'ala. 6 (of lightning) colpo m. 7 (sound of a bell, clock) rintocco m., il battere. 8 (heartbeat) battito m. cardiaco. 9 (Med) (apoplexy) colpo m. (apoplettico). 10 (lett) tocco m.: the ~ of a master il tocco di un maestro. 11 (Art) tocco m., colpo m. di pennello, pennellata f. 12 (Sport) colpo m., tiro m., lancio m.: a forehand ~ un colpo diretto. 13 (Sport) (in golf) colpo m., tiro m.: to win by thirty -s vincere con trenta colpi di vantaggio. 14 (Sport) (in swimming) bracciata f., colpo m.: to swim with quick -s nuotare con bracciate veloci. 15 (Sport) (manner of swimming) modo m. di nuotare, nuoto m. 16 (Sport) (pulling on the oar) vogata f., palata f., remata f. 17 (Sport) (manner of pulling on the oar) voga f., vogata f., remata f.: a long ~ una voga

lunga. 18 (Sport) (oarsman who sets the stroke) capovoga m. 19 (Mus) (movement of the baton) colpo m. di bacchetta; (movement of the bow) arcata f. 20 (Mot,Mecc) corsa f.: the piston completed its ~ lo stantuffo completò la sua corsa. 21 (Mot,Mecc) (of an engine) tempo m., ciclo m. 22 (Tip) sbarra f., lineetta f. (obliqua o verticale); (one of the lines of a letter) tratto m. 23 (in typewriting) battuta f. 24 (Mus) (in musical notation) linea f. II v.t. 1 (Sport,Mar) fare da capovoga per; (of a boat, crew) dare la voga (o il tempo) a. 2 (Sport) (of a ball) tirare (accompagnando il tiro). III v.i. (Sport,Mar) 1 fare da capovoga. 2 (to row at a specific rate) remare (o vogare) a un ritmo determinato. □ at a ~ in un attimo, in un battibaleno, d'un tratto; at one ~ in un attimo, in un battibaleno, d'un tratto; at the ~ of allo scoccare di, al battere di; (Sport,Mar) to keep ~ vogare in cadenza, vogare a un tempo, regolare la voga; a good ~ of business un buon affare; (colloq) un bel colpo; a ~ of fortune un colpo di fortuna; a ~ of luck un colpo di fortuna; a ~ of the pen: 1 un tratto di penna; 2 (fig) una firma; not to do a ~ of work non lavorare neanche un po', non alzare un dito; (colloq) on the ~ (precisely on time) puntualmente, in perfetto orario, spaccando il minuto; on the ~ of allo scoccare di, al battere di: he arrived on the ~ of twelve arrivò allo scoccare delle dodici; (Sport,Mar) to set the ~ dare il tempo, dare la voga.

stroke[2] /strəʊk/ I v.t. 1 accarezzare, lisciare: to ~ the cat accarezzare il gatto. 2 (Tecn) lisciare; (to whet) affilare. II n. lisciata f., carezza f.: to give one's beard a ~ darsi una lisciata alla barba. □ to ~ so. the wrong way prendere qcu. per il verso sbagliato.

stroking /'strəʊkɪŋ/ n. 1 lisciata f., carezza f. 2 (Mot,Mecc) (of a piston) movimento m.; (of an engine) funzionamento m.

stroll /strəʊl/ I v.i. 1 andare a zonzo, andare a spasso, passeggiare senza meta, girellare, gironzolare, bighellonare: to ~ around the town andare a zonzo per la città. 2 (to take a walk) passeggiare: to ~ up and down the road passeggiare su e giù per la strada. II v.t. vagabondare per, andare a zonzo per: to ~ the streets vagabondare per le strade. III n. passeggiatina f., giro m., giretto m.: to go for a ~ (o to take a ~) fare due passi.

stroller /'strəʊlər/ n. 1 (Am) (push chair) passeggino m. 2 (one that walks in a leisurely manner) chi va a zonzo, chi va a spasso, chi gira senza meta, chi passeggia.

strolling /'strəʊlɪŋ/ a. girovago, ambulante. □ ~ player attore ambulante.

stroma /'strəʊmə/ (pl. **-mata** /-mətə Am -mətə/) n. (Biol) stroma m.

stromal /'strəʊməl/, **stromatic** /strə'mætɪk Am strə'mætɪk/, **stromatous** /'strəʊmətəs Am 'strəʊmətəs/ a. (Biol) stromatico.

strong /strɒŋ Am strɔːŋ/ I a. 1 forte, robusto, vigoroso, valido, gagliardo: a ~ man un uomo forte. 2 (done, accomplished with strength) forte, energico, vigoroso, robusto: a ~ blow un forte colpo; a ~ handshake un'energica stretta di mano. 3 (of things) solido, resistente, forte, robusto: ~ furniture mobili solidi. 4 (firm, stable) stabile, fermo, saldo. 5 (robust, healthy) robusto, forte, sano. 6 (powerful in authority, influence, etc.) forte, energico: a ~ government un governo forte; a ~ headmaster un preside energico. 7 (powerful) potente, forte: a ~ nation una nazione potente. 8 (having special competence, ability) forte, valido (in, on in): ~ in attack, weak in defence forte in attacco, de-

bole in difesa. 9 (clever) forte, bravo, abile, valente (in in): I am not ~ in mathematics non sono forte in matematica. 10 (moving forcefully, swiftly) impetuoso, violento, potente, forte: a ~ wind un vento impetuoso; ~ currents forti correnti. 11 (intense) violento, impetuoso, veemente, forte, intenso: ~ passions passioni violente. 12 (uncompromising, firm) rigido, intransigente, inflessibile: to have ~ views on sth. avere idee rigide su qcs. 13 (of light, colour) forte, vivido, intenso, vivo. 14 (of a voice) potente, forte. 15 (distinct, vivid) marcato, spiccato, forte, accentuato: a ~ resemblance una marcata somiglianza. 16 (valid, convincing) valido, forte, convincente: ~ reasons validi motivi. 17 (having a high content of sth.) forte: ~ coffee caffè forte; ~ tobacco tabacco forte. 18 (having a high alcohol content) alcolico, forte: ~ beer birra forte, birra ad alta gradazione. 19 (having an offensive smell) maleodorante; (colloq) puzzolente; (having an extremely intense smell) forte, penetrante. 20 (of butter) rancido. 21 (of cheese) piccante. 22 (Econ) in rialzo, sostenuto: the market is ~ il mercato è in rialzo. 23 (Econ) (of an economy) forte. 24 (Mil) inespugnabile, invincibile: a ~ position una posizione inespugnabile. 25 (being of a specified number) forte di...: an army one hundred thousand ~ un esercito forte di centomila uomini. 26 (Gramm,Fon) forte. II avv. (colloq) forte, fortemente, vigorosamente. □ as ~ as a horse forte come un toro; as ~ as a lion forte come un leone; as ~ as an ox forte come un toro; ~ box cassaforte; (Meteor) ~ breeze vento fresco; (Br,colloq) to come it ~ esagerare, oltrepassare i limiti, passare il segno; ~ drink bevanda alcolica; (colloq) to be ~ for dare grande importanza a; (Fis) ~ interaction interazione forte; (colloq) to be going ~: 1 andare (sempre) forte, andare a gonfie vele: the company was founded forty years ago and is still going ~ la compagnia fu fondata quarant'anni fa e va ancora forte; 2 (running, moving vigorously) correre, muoversi velocemente, andare forte; to have a ~ head (for drink) reggere bene l'alcol; ~ hopes buone speranze; (Fis) ~ interaction interazione forte; ~ language: 1 bestemmie, imprecazioni; 2 (forcible expressions) parole forti; ~ man uomo forte (anche Bibl); ~ meat cosa (o situazione) dura da affrontare; (fig) ~ point forte, specialità: mathematics is not my ~ point la matematica non è il mio forte; ~ prescription occhiali spessi; (Am,fig) ~ suit: 1 cavallo di battaglia, forte: punctuality is not my ~ suit la puntualità non è il mio forte; 2 (a good hand of cards in bridge) mano buona; (Gramm) ~ verb verbo forte.

strong-arm /'strɒŋɑːm Am 'strɔːŋɑːrm/ I a. forte, violento, energico: to use ~ methods usare la maniera forte. II v.t. (colloq) usare la maniera forte con, intimidire, costringere con le minacce.

stronghold /'strɒŋhəʊld Am 'strɔːŋhəʊld/ n. 1 (Mil) fortezza f., roccaforte f. 2 (fig) roccaforte f.

strongish /'strɒŋɪʃ Am 'strɔːŋɪʃ/ a. alquanto forte, piuttosto robusto.

strongly /'strɒŋli Am 'strɔːŋli/ avv. 1 impetuosamente, con forza, fortemente. 2 (emphatically) vigorosamente, energicamente. 3 (intensely) vivamente, fortemente: to be ~ against sth. essere vivamente contrario a qcs.

strongman /'strɒŋmæn Am 'strɔːŋmæn/ n.irr. uomo m. forte.

strong-minded /ˌstrɒŋ'maɪndɪd Am 'strɔːŋ

,maɪndɪd/ *a.* **1** intelligente, di forte ingegno. **2** (*able to resist temptation, etc.*) di animo forte e virile. **3** (*firm*) risoluto, deciso.

strong-mindedness /ˌstrɒŋˈmaɪndɪdnəs *Am* ˈstrɑːŋˌmaɪndɪdnəs/ *n.* risoluzione *f.*, decisione *f.*

strong-nerved /ˈstrɒŋnɜːvd *Am* ˈstrɑːŋ nɜːrvd/ *a.* dai nervi saldi.

strongroom /ˈstrɒŋruːm *Am* ˈstrɑːŋruːm/ *n.* camera *f.* blindata, camera *f.* di sicurezza.

strong-stomached /ˈstrɒŋˌstʌməkt *Am* ˈstrɑːŋˌstʌməkt/ *a.* dallo stomaco forte.

strong-willed /ˌstrɒŋˈwɪld *Am* ˌstrɑːŋˈwɪld/ *a.* **1** risoluto, deciso. **2** (*stubborn*) ostinato, testardo, cocciuto.

strontium /ˈstrɒnʃɪəm *Am* ˈstrɑːnʃɪəm/ *n.* (*Chim*) stronzio *m.*

strop /strɒp *Am* strɑːp/ **I** *n.* **1** coramella *f.* **2** (*Mar*) stroppo *m.* **II** *v.t.* (*past, p.p.* **stropped** /-t/) affilare sulla coramella.

strophanthin /strəˈfænθɪn/ *n.* (*Chim*) strofantina *f.*

strophe /ˈstrəʊfi/ *n.* (*Metr*) strofa *f.*, strofe *f.*

strophic /ˈstrɒfɪk *Am* ˈstrɑːfɪk/ *a.* (*Metr,Mus*) strofico *a.*

strove /strəʊv/ → **strive**.

struck[1] /strʌk/ → **strike**[1]. ☐ (*colloq,ant*) *to be ~ all of a heap* rimanere stupefatto, rimanere stordito; *to be ~ by lightning* essere colpito da un fulmine; (*fig*) *to be ~ dumb* ammutolire (*with* da, per).

struck[2] /strʌk/ *a.* (*colloq*) **1** (*in love*) innamorato; (*colloq*) cotto (*on, with* di). **2** (*charmed, bewitched*) incantato, stregato.

structural /ˈstrʌktʃərəl/ *a.* **1** strutturale, di struttura: *~ defects* difetti strutturali. **2** (*Ling*) strutturale. ☐ (*Ling*) *~ analysis* analisi strutturale; (*Econ*) *~ crisis* crisi strutturale; *~ engineer* strutturista; *~ engineering* tecnica delle costruzioni, ingegneria strutturale; (*Chim*) *~ formula* formula di struttura; *~ geology* geologia strutturale, tettonica; (*Edil*) *iron* profilati di ferro; (*Ling*) *~ linguistics* linguistica strutturale; *~ metal* metallo strutturale; *~ psychology* psicologia strutturale; *~ reform* riforma strutturale; (*Met*) *~ steel* profilato di acciaio; (*Econ*) *~ unemployment* disoccupazione strutturale.

structuralism /ˈstrʌktʃərəlɪzəm/ *n.* (*Ling*) strutturalismo *m.*

structuralist /ˈstrʌktʃərəlɪst/ *n.* (*Ling*) strutturalista *m./f.*

structuralistic /ˌstrʌktʃərəlˈɪstɪk *Am* ˌstrʌktʃərəˈlɪstɪk/ *a.* strutturalistico.

structurally /ˈstrʌktʃərəli/ *avv.* strutturalmente, dal punto di vista strutturale.

structure /ˈstrʌktʃər/ **I** *n.* **1** struttura *f.*, composizione *f.*, costituzione *f.*: *the ~ of modern society* la struttura della società moderna. **2** (*sth. composed of many parts*) organizzazione *f.*, organismo *m.*: *a vast international ~* una vasta organizzazione internazionale. **3** (*construction*) struttura *f.*, costruzione *f.*, fabbricato *m.*, edificio *f.*: *a simple wooden ~* una semplice struttura in legno. **4** (*Biol, Geol,Chim,Econ*) struttura *f.* **5** (*Ling,Gramm*) struttura *f.*: *the ~ of a sentence* la struttura di una frase. **II** *v.t.* **1** (*to organize*) strutturare, organizzare. **2** (*Tecn*) strutturare, costruire.

structured /ˈstrʌktʃəd *Am* ˈstrʌktʃərd/ *a.* strutturato. ☐ (*Inform*) *~ programming* programmazione strutturata.

structureless /ˈstrʌktʃələs *Am* ˈstrʌktʃərləs/ *a.* privo di struttura.

strudel /ˈstruːdəl/ *n.* (*Dolc*) strudel *m.*, torta *f.* di frutta.

struggle /ˈstrʌgl/ **I** *n.* **1** combattimento *m.*, lotta *f.* (*against* contro; *between* tra; *for, over* per; *to do* per fare). **2** (*act of striving*) lotta

f.: *the ~ for freedom* la lotta per la libertà. **3** (*great effort*) grande sforzo *m.* **II** *v.i.* **1** lottare, combattere, battersi: *to ~ to survive* lottare per sopravvivere. **2** (*to make great efforts*) fare grandi sforzi, sforzarsi, affannarsi. **3** (*to fight vigorously, to tussle*) dimenarsi, dibattersi, contorcersi, divincolarsi: *the prisoner -d and kicked* il prigioniero si dimenava e dava calci. **4** (*to proceed with difficulty*) farsi strada a fatica, avanzare a stento, farsi strada a fatica, avanzare con difficoltà: *to ~ through the snow* farsi strada a fatica nella neve. **5** (*of a light*) passare a stento, penetrare a stento. ☐ *to ~ along* procedere a fatica, arrancare (*anche fig*); (*Biol*) *the ~ for existence* la lotta per l'esistenza; *to ~ through* superare a stento, superare a fatica, farsi strada a fatica: *to ~ through life* stentare la vita, passare la vita fra gli stenti.

struggler /ˈstrʌglər/ *n.* lottatore *m.* (*f.* -trice).

struggling /ˈstrʌglɪŋ/ *a.* **1** che lotta, che si batte. **2** (*striving to overcome poverty, obscurity*) che lotta per emergere (*o* affermarsi).

strum /strʌm/ **I** *v.t./i.* (*past, p.p.* **strummed** /-d/) strimpellare, suonare dolcemente: *to ~ (on) a guitar* strimpellare una chitarra. **II** *n.* **1** (*act*) strimpellamento *m.* **2** (*sound*) strimpellio *m.*, strimpellata *f.*

struma /ˈstruːmə/ *n.* (*pl.* **-mae** /-miː/) (*Med*) **1** scrofolosi *f.*, struma *f.* **2** (*goitre*) gozzo *m.*

strummer /ˈstrʌmər/ *n.* strimpellatore *m.* (*f.* -trice).

strumose /ˈstruːməʊs/, **strumous** /ˈstruː məs/ *a.* (*Med*) scrofoloso.

strumpet /ˈstrʌmpɪt/ *n.* prostituta *f.*, sgualdrina *f.*; (*volg*) puttana *f.*

strung /strʌŋ/ → **string**.

strut[1] /strʌt/ *v.i.* (*past, p.p.* **strutted** /ˈstrʌtɪd *Am* ˈstrʌtɪd/) avanzare impettito, incedere con sussiego. **II** *n.* incedere *m.* impettito, incedere *m.* tronfio. ☐ (*fig*) *to ~ about like a peacock* pavoneggiarsi.

strut[2] /strʌt/ **I** *n.* **1** (*Edil*) puntone *m.* **2** (*Fal*) contropalo *m.* **3** (*Aer*) montante *m.* **II** *v.t.* (*past, p.p.* **strutted** /ˈstrʌtɪd *Am* ˈstrʌtɪd/) rinforzare con puntoni, sostenere con puntoni.

strutter /ˈstrʌtər *Am* ˈstrʌtər/ *n.* chi cammina impettito, chi si pavoneggia.

struttingly /ˈstrʌtɪŋli *Am* ˈstrʌtɪŋli/ *avv.* in modo tronfio, pavoneggiandosi.

strychnin /ˈstrɪknɪn/, **strychnine** /ˈstrɪk niːn *Am also* ˈstrɪknaɪn/ *n.* (*Chim*) stricnina *f.*

strychninism /ˈstrɪknɪnɪzəm/, **strychnism** /ˈstrɪknɪzəm/ *n.* (*Med*) stricninismo *m.*

Stuart /ˈstjʊət *Am* ˈstuːərt/ *n.pr.m.* Stuart.

stub /stʌb/ **I** *n.* **1** troncone *m.*, ceppo *m.*, ceppaia *f.* **2** (*of a pencil, cigarette, etc.*) mozzicone *m.*; (*of a candle*) moccolo *m.* **3** (*of a ticket, cheque*) matrice *f.*, madre *f.* **II** *v.t.* (*past, p.p.* **stubbed** /-d/) **1** (*of one's foot, toe*) urtare, battere, sbattere. **2** (*to dig up, to root out*) sradicare, estirpare; (*of land*) sgombrare dai tronconi, sgombrare dai ceppi. ☐ *to ~ out* (*of a cigarette*) spegnere (schiacciando), schiacciare; *to ~ one's toe against the table leg* inciampare nella gamba del tavolo; *to ~ up*: 1 (*to dig up, to root out*) sradicare, estirpare; 2 (*of land*) sgombrare dai tronconi, sgombrare dai ceppi.

stubble /ˈstʌbl/ *n.* **1** (*Agr*) stoppia *f.* **2** (*short growth of beard*) barba *f.* corta; (*of hair*) capelli *m.pl.* a spazzola. ☐ (*Agr*) *~ field* campo di stoppie.

stubbly /ˈstʌbli/ *a.* **1** coperto di stoppie. **2** (*bristly*) (corto e) ispido, irsuto.

stubborn /ˈstʌbən *Am* ˈstʌbərn/ *a.* **1** testardo, caparbio, ostinato, cocciuto: *a ~ child* un bambino testardo. **2** (*determined, resolute*)

deciso, fermo, risoluto. **3** (*enduring, persistent*) ostinato, pervicace: *~ prejudices* pregiudizi ostinati. **4** (*of things*) difficile da trattare, difficile da lavorare. **5** (*Med*) cronico, persistente. ☐ *as ~ as a donkey* testardo come un mulo; *as ~ as a mule* testardo come un mulo; *unpleasant but ~ facts* fatti spiacevoli ma indiscutibili.

stubbornly /ˈstʌbənli *Am* ˈstʌbərnli/ *avv.* **1** in modo testardo, ostinatamente, caparbiamente. **2** (*resolutely*) risolutamente, con decisione.

stubbornness /ˈstʌbənnəs *Am* ˈstʌbərnnəs/ *n.* **1** testardaggine *f.*, caparbietà *f.*, cocciutaggine *f.*, ostinazione *f.* **2** (*resolution*) determinazione *f.*, risolutezza *f.*, decisione *f.*

stubby /ˈstʌbi/ *a.* **1** tozzo: *~ fingers* dita tozze. **2** (*of a person: short and thickset*) tarchiato. **3** (*abounding with stubs*) coperto di tronconi.

stucco /ˈstʌkəʊ/ **I** *n.* (*pl.* **-s/-es** /-z/) (*Art*) stucco *m.* **II** *v.t.* (*Art*) stuccare. ☐ (*Art*) *~ work* lavoro a stucco, decorazione a stucco.

stuck[1] /stʌk/ → **stick**[2].

stuck[2] /stʌk/ *a.* **1** bloccato, inceppato: *the drawer was ~* il cassetto era bloccato; *the car was ~ in the mud* la macchina si era impantanata. **2** (*perplexed*) perplesso, confuso, imbarazzato, sconcertato. ☐ (*Br*) *to be ~ for words* rimanere senza parole; *to get ~*: 1 bloccarsi; 2 (*to become perplexed*) essere confuso, essere perplesso; (*colloq*) *~ on so.* (*infatuated with*) infatuato, cotto (*on* di); (*sl*) *he got ~ with a dirty job* gli fu appioppata una rogna.

stuck-up /ˈstʌkʌp/ *a.* (*colloq*) borioso, presuntuoso, pieno di sé.

stud[1] /stʌd/ **I** *n.* **1** (*for a collar*) bottoncino *m.* **2** (*Oref*) (*of earrings*) vite *f.* di orecchino. **3** (*large headed nail, boss, etc.*) borchia *f.*: *his leather jacket was decorated with -s* la sua giacca di pelle era guarnita di borchie. **4** (*Strad*) chiodo *m.* (a testa grossa). **5** (*Mecc*) perno *m.* (sporgente), colonnetta *f.* **6** (*Tecn*) (*bolt*) bullone *m.* prigioniero, vite *f.* prigioniera. **7** (*Edil*) montante *m.*, trave *f.* verticale. **8** (*Calz*) bulletta *f.*; (*on football boot*) tacchetto *m.* **II** *v.t.* (*past, p.p.* **studded** /ˈstʌdɪd/) **1** ornare di borchie, guarnire di borchie. **2** (*fig*) punteggiare, costellare: *the sky was -ded with stars* il cielo era punteggiato di stelle. **3** (*Edil*) munire di montanti. ☐ (*Mecc*) *~ bolt* vite prigioniera, prigioniero.

stud[2] /stʌd/ *n.* **1** (*group of horses for breeding*) cavalli *m.pl.* da allevamento, cavalli *m.pl.* da allevamento *m.* di cavalli. **2** (*group of animals for breeding*) allevamento *m.*, animali *m.pl.* da allevamento. **3** (*group of horses for racing*) cavalli *m.pl.* da corsa, scuderia *f.* **4** (*farm, establishment*) allevamento *m.*, scuderia *f.* **5** (*sl*) (*virile man*) fico *m.*, bel ragazzo *m.* ☐ *at ~* per la riproduzione, da monta: *to stand at ~* essere destinato alla riproduzione; (*Zootecn*) *~ book* libro genealogico, registro di allevamento; *~ farm* scuderia di allevamento (di cavalli); *~ horse* stallone (da monta); *in ~* per la riproduzione, da monta; *~ mare* cavalla da riproduzione, (cavalla) fattrice.

stud. *student* (studente).

studded /ˈstʌdɪd/ *a.* **1** borchiato, chiodato: *~ shoes* scarpe con tacchetti; *~ tyres* pneumatici chiodati. **2** (*Edil*) (*in compounds*) dai montanti: *low-~* dai montanti bassi.

studding /ˈstʌdɪŋ/ *n.* **1** (*collett.*) montanti *m.pl.* **2** (*wood for studs*) legname *m.* per montanti. ☐ (*Mar*) *~ sail* coltellaccio, vela di coltellaccio.

student /ˈstjuːdənt *Am also* ˈstuːdənt/ *n.* **1**

(*Scol*) alunno *m.* (*f.* -a), scolaro *m.* (*f.* -a). **2** (*Univ*) studente *m.* (*f.* -essa): *university* -*s* studenti universitari. **3** (*studious person*) studioso *m.* (*f.* -a): *a ~ of law* uno studioso di diritto. **4** (*Univ*) (*one receiving a grant, scholarship*) borsista *m./f.* □ *~ body* corpo studentesco, studenti; *~ driver* allievo di scuola guida; (*Univ*) *~ grant* prestito a uno studente; *~ interpreter* funzionario che si prepara per la carriera diplomatica; *~ lamp* lampada da tavolo (a braccio mobile); (*Univ*) *~ loan* prestito bancario per studenti universitari; (*Br*) *~ lodgings* casa dello studente; *~ movement* movimento studentesco; (*Univ*) *~ number* numero di matricola; *~ organization* organizzazione studentesca; *~ protest* contestazione studentesca; *~ revolution* rivolta studentesca, rivoluzione studentesca; *~ union* (o *~'s union*) unione studentesca; *~ unrest* disordini studenteschi; *~ uprising* rivolta studentesca, rivoluzione studentesca.

studentship /ˈstjuːdəntʃɪp *Am also* ˈstuːdntʃɪp/ *n.* **1** condizione *f.* di studente. **2** (*Univ*) borsa *f.* di studio.

studied /ˈstʌdɪd/ *a.* **1** studiato, intenzionale, deliberato, voluto: *~ indifference* studiata noncuranza. **2** (*affected*) affettato, studiato, ricercato: *~ gestures* gesti affettati.

studiedly /ˈstʌdɪdlɪ/ *avv.* **1** deliberatamente, studiatamente, di proposito. **2** (*affectedly*) affettatamente.

studio /ˈstjuːdɪəʊ *Am also* ˈstuːdɪəʊ/ (*pl.* -**s** /-z/) *n.* **1** studio *m.* **2** (*Rad,TV*) studio *m.*; (*auditorium*) auditorio *m.* **3** (*Cin*) studio *m.*, teatro *m.* di posa. □ *~ couch* divano letto; (*Fot*) *~ portrait* fotografia di artista.

studious /ˈstjuːdɪəs *Am also* ˈstuːdɪəs/ *a.* **1** studioso, diligente: *a ~ boy* un ragazzo studioso. **2** (*of, concerned with study*) di studio, relativo a studio: *the ~ life of a scientist* la vita di studio di uno scienziato. **3** (*diligent*) diligente, attento. **4** (*eager, zealous*) premuroso, sollecito, zelante. **5** (*studied*) studiato, intenzionale, deliberato, voluto.

studiously /ˈstjuːdɪəslɪ *Am also* ˈstuːdɪəslɪ/ *avv.* **1** attentamente, diligentemente. **2** (*studiedly*) deliberatamente, studiatamente, di proposito.

studiousness /ˈstjuːdɪəsnəs *Am also* ˈstuːdɪəsnəs/ *n.* **1** l'essere studioso. **2** (*care, diligence*) cura *f.*, premura *f.*, diligenza *f.*

study /ˈstʌdɪ/ **I** *n.* **1** studio *m.*: *a life devoted to ~* una vita dedicata allo studio; *to complete one's studies* completare gli studi, finire gli studi; *to pursue one's studies* proseguire gli studi. **2** (*examination, analysis*) indagine *f.*, ricerca *f.*, studio *m.*, esame *m.* (*of, on* su): *to make a ~ of sth.* svolgere un'indagine su qcs. **3** (*written account, paper*) studio *m.*, lavoro *m.*, scritto *m.*, trattato *m.*: *to publish a ~ of sth.* pubblicare uno studio su qcs. **4** (*room devoted to study, writing, etc.*) studio *m.* **5** (*Lett,Mus*) studio *m.* **6** (*Art*) studio *m.*, schizzo *m.*, bozzetto *m.* **II** *v.i.* **1** studiare, essere studente: *to ~ at university* studiare all'università. **2** (*to deliberate*) pensare a lungo, meditare: *he studied before replying* pensò a lungo prima di rispondere. **III** *v.t.* **1** studiare: *to ~ medicine* studiare medicina. **2** (*to examine, to analyze*) esaminare, analizzare, studiare, indagare. **3** (*to read carefully*) leggere attentamente, esaminare: *to ~ an application form* leggere attentamente un modulo di domanda. **4** (*to scrutinize*) scrutare, esaminare (accuratamente), studiare: *I studied his face* scrutai la sua faccia. **5** (*to think out carefully*) studiare con grande attenzione, meditare a lungo, ponderare. **6** (*to be solicitous for, to give attention to*) curarsi di,

interessarsi di, attendere a, curare: *to ~ one's own interests* curarsi dei propri interessi. **7** (*Teat*) (*of a part*) studiare, imparare. □ *~ aid* supporto didattico; *~ hall* (*room*) sala di studio; (*period*) ore di studio assistito; (*Br, fig*) *to be in a ~* essere assorto nei propri pensieri; *to ~ out* progettare; *to ~ up* approfondire, studiare ben bene.

stuff /stʌf/ **I** *n.* **1** materia *f.*, sostanza *f.*, materiale *m.*: *a statue made of hard greenish ~* una statua fatta di una materia dura verdastra. **2** (*material to be worked, manufactured, used*) materiale *m.*: *building ~* materiale da costruzione. **3** (*possessions, things*) cose *f.pl.*, roba *f.*: *I gathered my ~ together and left* raccolsi le mie cose e me ne andai. **4** (*equipment, materials*) materiale *m.*, attrezzatura *f.*: *the shop sells artists' ~* il negozio vende materiale per artisti. **5** (*cloth*) stoffa *f.*, tessuto *m.*; (*woollen cloth*) tessuto *m.* di lana, stoffa *f.* di lana. **6** (*sth. of which the name is unspecified or unknown*) roba *f.*, cosa *f.*: *a cushion filled with some soft ~* un cuscino imbottito di roba morbida. **7** (*worthless matter, things*) ciarpame *m.*, robaccia *f.*, cianfrusaglie *f.pl.* **8** (*worthless ideas, talk, etc.*) sciocchezze *f.pl.*, stupidaggini *f.pl.* **9** (*colloq*) (*literary, artistic productions*) lavori *m.pl.*, opere *f.pl.*: *he's been turning out some good ~ lately* recentemente ha tirato fuori dei buoni lavori; *the gymnast was doing his ~* il ginnasta fece vedere quello che sapeva fare. **10** (*fig*) (*fundamental component, essence*) essenza *f.*, componente *f.* fondamentale: *the ~ of life* l'essenza della vita. **11** (*fig*) (*basic qualities, character*) stoffa *f.* **12** (*colloq*) (*one's subject, field*) campo *m.*, ramo *m.*, materia *f.* **13** (*colloq*) (*drugs*) roba *f.*, droga *f.*; (*stolen goods*) roba *f.*, refurtiva *f.* **II** *v.t.* **1** imbottire, riempire: *the mattress is -ed with horsehair* il materasso è imbottito di crine di cavallo. **2** (*to cram*) stipare, inzeppare: *to ~ a case with clothes* stipare una valigia di vestiti. **3** (*colloq*) (*to fill with food*) rimpinzare, riempire, ingozzare: *to ~ so. with cakes* rimpinzare qcu. di dolci. **4** (*of a goose*) ingozzare. **5** (*rifl.*) *to ~ oneself* (*to eat too much*) rimpinzarsi, riempirsi lo stomaco, abbuffarsi. **6** (*Gastron*) farcire, infarcire: *to ~ a pheasant with rice* farcire un fagiano di riso. **7** (*of a dead animal, bird*) impagliare, imbalsamare. **8** (*of a person's mind, etc.*) imbottire, infarcire, riempire. **9** (*to press, to thrust*) ficcare, cacciare, comprimere: *he -ed the money into his wallet* ficcò il denaro nel portafoglio. **10** (*to plug, to stop up*) turare, tappare, otturare: *to ~ a hole with putty* turare un buco con lo stucco. **III** *v.i.* (*colloq*) *to eat too much*) rimpinzarsi, imbottirsi, abbuffarsi. □ *~ and nonsense* sciocchezze, stupidaggini, balle (*anche esclam.*); *it's the ~ of life* sono cose reali, sono cose che succedono nella vita vera; (*colloq*) *that's the ~* questo è quello che ci vuole: *that's the ~ to give the troops* (o '*em*)! così vanno trattati!; *to ~ up* (*to plug, to stop up*) turare, tappare, otturare (*with con*).

stuffed /stʌft/ *a.* **1** imbottito: *a ~ pillow* un cuscino imbottito. **2** (*Gastron*) ripieno, farcito: *~ peppers* peperoni ripieni. **3** (*of a dead animal*) impagliato, imbalsamato. **4** (*colloq*) pieno, zeppo: *no thanks, I'm ~* no grazie, sono pieno. □ (*Am*) *~ animals* pupazzi di stoffa, animali di stoffa; (*colloq*) *get ~!* va' a quel paese!; (*Gastron*) *~ olives* olive farcite; (*colloq*) *~ shirt* pallone gonfiato.

stuffer /ˈstʌfər/ *n.* **1** impagliatore *m.* (*f.* -trice), imbalsamatore *m.* (*f.* -trice). **2** (*Br*) (*one that fills himself with food*) chi si rimpinza,

mangione *m.* (*f.* -a).

stuffily /ˈstʌfɪlɪ/ *avv.* **1** (*colloq*) in modo pretenzioso, con boria. **2** (*boringly*) in modo noioso.

stuffiness /ˈstʌfɪnəs/ *n.* **1** (*of a room, etc.*) il sapere di chiuso; (*of air*) l'essere viziato, mancanza *f.* di aria fresca. **2** (*colloq*) (*tediousness*) noiosità *f.*, uggiosità *f.* **3** (*colloq*) (*pompousness*) boria *f.*, presunzione *f.* **4** (*colloq*) (*narrow-mindedness*) ristrettezza *f.* di idee, grettezza *f.*

stuffing /ˈstʌfɪŋ/ *n.* **1** imbottitura *f.* **2** (*Gastron*) ripieno *m.*, farcitura *f.* **3** (*of a dead animal, bird*) impagliatura *f.*, imbalsamatura *f.* □ *~ box*: 1 (*Mecc*) premistoppa; 2 (*Mar*) premibaderna; (*colloq*) *to knock the ~ out of so.* (o *to beat the ~ out of so.*): 1 fare scendere dal piedistallo qcu.; 2 (*to defeat utterly*) battere in modo schiacciante qcu.; 3 (*to upset, to unnerve*) sconcertare, sconvolgere.

stuffy /ˈstʌfɪ/ *a.* **1** (*of a room, etc.*) dall'aria viziata, dall'aria chiusa, che sa di chiuso, che sa di rinchiuso. **2** (*ill-ventilated*) mal ventilato. **3** (*colloq*) (*dull, tedious*) noioso, barboso. **4** (*colloq*) (*pompous*) borioso, presuntuoso, pieno di sé. **5** (*colloq*) (*narrow-minded*) provinciale, gretto, ristretto di mente.

stull /stʌl/ *n.* **1** (*Minier*) sbatacchio *m.*, puntello *m.* **2** (*platform*) palchetto *m.*

stultification /ˌstʌltɪfɪˈkeɪʃən *Am* ˌstʌltɪfəˈkeɪʃən/ *n.* **1** (*act of stultifying*) il mettere in ridicolo. **2** (*state of being stultified*) l'essere messo in ridicolo. **3** (*Dir*) il dichiarare infermo di mente.

stultify /ˈstʌltɪfaɪ *Am* ˈstʌltəfaɪ/ *v.t.* **1** mettere in ridicolo, far apparire ridicolo. **2** (*to cause to appear illogical*) fare apparire illogico, far sembrare illogico. **3** (*to make stupid*) istupidire, stordire: *repetitive jobs ~ the mind* i lavori monotoni istupidiscono la mente. **4** (*to frustrate*) frustrare, rendere vano, rendere inutile. **5** (*Dir*) dichiarare infermo di mente.

stum /stʌm/ **I** *n.* (*Enol*) **1** mosto *m.* **2** (*wine*) vino *m.* conciato con il mosto. **II** *v.t.* (*past, p.p.* **stummed** /-d/) (*Enol*) conciare con il mosto.

stumble /ˈstʌmbl/ **I** *n.* **1** l'incespicare, inciampata *f.*, passo *m.* incerto. **2** (*fig*) (*error, slip*) sbaglio *m.*, errore *m.*, passo *m.* falso: *without a ~* senza esitazioni. **3** (*fig*) (*moral lapse*) peccato *m.*, errore *m.* **II** *v.i.* **1** inciampare, incespicare (*against* contro; *on, over* in): *the horse -d and fell* il cavallo inciampò e cadde; *to ~ over a stone* inciampare in una pietra. **2** (*to stagger*) andare con passo malfermo: *he -d around the room* barcollava per la stanza. **3** (*fig*) errare, sbagliare. **4** (*to make a slip in speaking*) incespicare, impuntare, impuntarsi: *to ~ over one's words* incespicare nel parlare. □ *to ~ across* (*to find by chance*) trovare (per caso), imbattersi in; *to ~ along* avanzare con passo incerto, muoversi incespicando, procedere incespicando: *we -d along in the dark* avanzammo al buio con passo incerto; (*fig*) *to ~ at* avere perplessità su, avere dubbi su, esitare di fronte a; *to ~ into* cadere (inciampando) in: *to ~ into a ditch* cadere in un fosso; (*fig*) *to ~ into error* errare, sbagliare; *to ~ on*: 1 (*to walk unsteadily*) avanzare barcollando, andare avanti incespicando; 2 (*to find by chance*) trovare (per caso), imbattersi in: *to ~ upon the truth* imbattersi nella verità; *to ~ through*: 1 percorrere con passo incerto, attraversare con passo malsicuro, attraversare con passo malfermo; 2 (*fig*) (*in speaking*) incespicare nel dire, impuntare, impuntarsi: *to ~ through a prayer* incespicare nel dire una preghiera; *to ~ upon*: 1 (*to walk unsteadily*) avanzare barcollando, andare avanti incespicando; 2 (*to find by chance*) trovare (per caso), imbattersi in: *to ~ on the truth* imbattersi nella verità.

stumblebum /'stʌmblˌbʌm/ *n.* pasticcione *m.* (*f.* -a).

stumbling /'stʌmblɪŋ/ **I** *a.* 1 che inciampa, che incespica. 2 (*fig*) (*of speech*) esitante, che manca di speditezza. **II** *n.* 1 l'incespicare, inciampata *f.* 2 (*fig*) errore *m.*, passo *m.* falso. □ *~ block*: 1 ostacolo, intoppo, incaglio; 2 (*fig*) (*impediment to understanding*) difficoltà, grosso scoglio.

stumblingly /'stʌmblɪŋli/ *avv.* inciampando, incespicando, barcollando, con passo malfermo.

stumer /'stjuːmər/ *n.* (*Br*) 1 (*sl*) assegno *m.* falso; (*forged coin*) moneta *f.* falsa, moneta *f.* fasulla; (*forged note*) banconota *f.* falsa. 2 (*sth. worthless*) cosa *f.* di nessun valore, patacca *f.* 3 (*horse that fails to win*) cavallo *m.* perdente, perdente *m.* 4 (*ruin, bankruptcy*) fallimento *m.*, crac *m.*

stump¹ /stʌmp/ *n.* 1 troncone *m.*, ceppaia *f.*, ceppo *m.* 2 (*of a limb*) moncone *m.*, troncone *m.*, moncherino *m.* 3 (*small remnant, stub*) mozzicone *m.*, moncone *m.*; (*estens*) troncone *m.* 4 (*Biol,Anat*) organo *m.* rudimentale, arto *m.* rudimentale. 5 (*Dent*) radice *f.*; (*broken tooth*) dente *m.* rotto. 6 (*Sport*) (*in cricket*) piolo *m.*, paletto *m.* 7 (*Art*) sfumino *m.* 8 (*Pol*) podio *m.*, tribuna *f.* 9 *pl.* (*colloq*) (*legs*) gambe *f.pl.* □ (*Pol*) *to go on the ~* fare un giro di comizi; (*Mar*) *~ mast* albero tronco; (*Pol*) *~ orator* (o *~ speaker*) chi tiene comizi; (*Pol*) *to take to the ~* fare un giro di comizi.

stump² /stʌmp/ **I** *v.t.* 1 (*colloq*) (*to perplex*) lasciare perplesso, sconcertare, imbarazzare: *the last question -ed me* l'ultima domanda mi ha lasciato perplesso. 2 (*Sport*) (*in cricket*) mettere fuori gioco colpendo la porta. 3 (*Pol*) tenere comizi in, percorrere tenendo comizi: *to ~ the whole district* tenere comizi in tutta la regione. 4 (*to walk heavily*) camminare pesantemente su, camminare con passo pesante su. 5 (*Art*) sfumare. **II** *v.i.* 1 camminare pesantemente, camminare con passo pesante. 2 (*Pol*) fare un giro di comizi. □ *to ~ along* camminare pesantemente, camminare con passo pesante; (*Br,colloq*) *to ~ up* cacciare i soldi, tirar fuori i soldi, scucire i soldi: *you lost the bet, now ~ up* hai perso la scommessa, adesso tira fuori i soldi.

stumped /stʌmpt/ *a.* (*colloq*) (*perplexed*) perplesso, sconcertato, imbarazzato.

stumper /'stʌmpər/ *n.* 1 (*colloq*) rompicapo *m.*, domanda *f.* difficile, domanda *f.* sconcertante. 2 (*Sport*) (*in cricket: wicket keeper*) guardiano *m.*

stumpiness /'stʌmpɪnəs/ *n.* l'essere tozzo, l'essere tarchiato.

stumpy /'stʌmpi/ *a.* 1 tozzo, grosso e corto. 2 (*of a person*) tozzo, tracagnotto, tarchiato.

stun /stʌn/ (*past, p.p.* **stunned** /-d/) *v.t.* 1 stordire, tramortire, far perdere i sensi a: *the blow on the head -ned him* la botta in testa lo stordì. 2 (*to astonish, to stupefy*) sbalordire, sbigottire, stupire. 3 (*to daze with noise*) frastornare, stordire, rintronare. 4 (*to bewilder, to benumb*) intontire, istupidire. 5 (*sl*) (*to delight*) estasiare, mandare in estasi, mandare in visibilio.

stung /stʌŋ/ → **sting**.

stunk /stʌŋk/ → **stink**.

stunned /stʌnd/ *a.* 1 (*dazed*) stordito, intontito. 2 (*amazed, shocked*) scioccato, ammutolito.

stunner /'stʌnər/ *n.* 1 cosa *f.* che stordisce. 2

(*stunning blow*) colpo *m.* che stordisce, botta *f.* che stordisce. 3 (*sl*) (*sth. that amazes*) evento *m.* clamoroso, bomba *f.*: *the announcement was a ~* l'annuncio fu una bomba. 4 (*sl*) (*so., sth. of extraordinary attractiveness*) persona *f.* meravigliosa, cosa *f.* meravigliosa; (*colloq*) cannonata *f.*: *to be a ~* essere uno schianto, lasciare a bocca aperta.

stunning /'stʌnɪŋ/ *a.* 1 che stordisce, che tramortisce. 2 (*deafening*) assordante. 3 (*astonishing*) sbalorditivo, stupefacente, sorprendente. 4 (*sl*) (*excellent*) fantastico, favoloso, formidabile. 5 (*sl*) (*extremely attractive*) splendido, stupendo; (*colloq*) che è uno schianto: *a ~ blonde* una bionda che è uno schianto.

stunningly /'stʌnɪŋli/ *avv.* (*sl*) favolosamente, fantasticamente, in modo formidabile.

stunsail, stuns'l /'stʌnsəl/ *n.* (*Mar*) coltellaccio *m.*, vela *f.* di coltellaccio.

stunt¹ /stʌnt/ *v.t.* arrestare lo sviluppo di, fermare la crescita di.

stunt² /stʌnt/ **I** *n.* 1 (*feat of skill*) prodezza *f.*, acrobazia *f.*, esibizione *f.*, numero *m.* acrobatico. 2 (*Aer*) acrobazia *f.* (aerea). 3 (*sth. done to gain publicity*) montatura *f.* pubblicitaria. **II** *v.i.* 1 fare prodezze, fare acrobazie. 2 (*Aer*) fare acrobazie (aeree). □ (*Cin*) *~ double* cascatore (usato come controfigura); (*Aer*) *~ flying* volo acrobatico.

stunted /'stʌntɪd *Am* 'stʌntɪd/ *a.* rachitico, stentato, striminzito: *~ plants* piante rachitiche; *~ growth* crescita stentata.

stunt-man /'stʌntmən/ *n.irr.* (*Cin*) cascatore *m.*, stuntman *m.*

stunt-woman /'stʌnt,wʊmən/ *n.irr.* (*Cin*) cascatrice *f.*, stuntwoman *f.*

stupe¹ /stjuːp *Am* stuːp/ *n.* (*Med*) panno *m.* per impacchi caldi. **II** *v.t.* (*Med*) applicare un impacco caldo su.

stupe² /stjuːp *Am* stuːp/ *n.* (*Am,sl*) (*stupid person*) stupido *m.* (*f.* -a), sciocco *m.* (*f.* -a).

stupefacient /ˌstjuːpɪ'feɪʃənt *Am* ˌstuːpə'feɪʃənt/ **I** *a.* che istupidisce, stupefacente. **II** *n.* (*Farm*) stupefacente *m.*

stupefaction /ˌstjuːpɪ'fækʃən *Am* ˌstuːpə'fækʃən/ *n.* 1 intontimento *m.*, stordimento *m.* 2 (*state of being stupefied*) torpore *m.*, stordimento *m.* 3 (*Med*) stupore *m.* 4 (*astonishment*) sbalordimento *m.*, stupefazione *f.*

stupefactive /ˌstjuːpɪ'fæktɪv *Am* ˌstuːpə'fæktɪv/ *a.* (*rar*) che istupidisce, stupefacente.

stupefy /'stjuːpɪfaɪ *Am* 'stuːpəfaɪ/ *v.t.* 1 istupidire, inebetire, intontire. 2 (*to deaden the faculties, perception of*) intorpidire, ottundere, ottenebrare, offuscare. 3 (*to astonish*) sbalordire, stupefare, stupire, sorprendere.

stupefying /'stjuːpɪfaɪɪŋ *Am* 'stjuːpəfaɪɪŋ/ *a.* 1 che istupidisce, che inebetisce. 2 (*astonishing*) sbalorditivo, stupefacente, sorprendente.

stupefyingly /'stjuːpɪfaɪɪŋli *Am* 'stuːpəfaɪɪŋli/ *avv.* in modo sbalorditivo, in modo stupefacente, in modo sorprendente.

stupendous /stjuː'pendəs *Am* stuː'pendəs/ *a.* 1 stupendo, mirabile, prodigioso, portentoso. 2 (*of astonishing size*) enorme.

stupendously /stjuː'pendəsli *Am* stuː'pendəsli/ *avv.* mirabilmente, stupendamente.

stupendousness /stjuː'pendəsnəs *Am* stuː'pendəsnəs/ *n.* meraviglia *f.*, l'essere stupendo, l'essere mirabile.

stupid /'stjuːpɪd *Am* 'stuːpɪd/ **I** *a.* 1 stupido, ottuso: *the child is lazy but not ~* il bambino è pigro ma non stupido. 2 (*foolish*) stolto, scemo, sciocco, stupido: *you've been very ~* sei stato proprio stolto. 3 (*marked by foolishness*) stupido, sciocco, scemo, cretino, stolto: *~ behaviour* comportamento sciocco.

4 (*lacking point, meaning*) insulso, sciocco, futile, balordo: *a ~ book* un libro insulso. 5 (*boring, dreary*) noioso, barboso, tedioso. **II** *n.* (*colloq*) stupido *m.* (*f.* -a), sciocco *m.* (*f.* -a), stolto *m.* (*f.* -a), scimunito *m.* (*f.* -a). □ *to become ~* (o *to get ~*) diventare stupido, istupidire; (*colloq*) *are you ~ or are you just playing ~?* sei stupido o lo fai?, ci fai o ci sei?

stupidity /stjuː'pɪdəti *Am* stuː'pɪdəti/ *n.* 1 stupidità *f.*, stupidaggine *f.* 2 (*stupid act, idea, etc.*) stupidaggine *f.*, stupidità *f.*, scemenza *f.*, cretinata *f.*

stupidly /'stjuːpɪdli *Am* stuː'pɪdli/ *avv.* stupidamente, scioccamente.

stupor /'stjuːpər *Am* 'stuːpər/ *n.* 1 (*Med*) stupore *m.* 2 (*mental torpor, apathy*) torpore *m.*, stordimento *m.*

stuporose /'stjuːpərəʊs *Am* 'stuːpərəʊs/, **stuporous** /'stjuːpərəs *Am* 'stuːpərəs/ *a.* 1 intorpidito, intontito. 2 (*Med*) in stato di stupore.

sturdily /'stɜːdɪli *Am* 'stɜːrdɪli/ *avv.* 1 solidamente, in modo robusto, in modo forte, robustamente: *~ built* costruito solidamente. 2 (*fig*) risolutamente, con decisione.

sturdiness /'stɜːdɪnəs *Am* 'stɜːrdɪnəs/ *n.* 1 robustezza *f.*, forza *f.*, vigore *m.*, gagliardia *f.* 2 (*of things*) robustezza *f.*, solidità *f.*, resistenza *f.* 3 (*fig*) fermezza *f.*, risolutezza *f.*, decisione *f.*

sturdy¹ /'stɜːdi *Am* 'stɜːrdi/ *a.* 1 robusto, forte, vigoroso, gagliardo. 2 (*of things*) solido, robusto, resistente: *~ walls* muri solidi. 3 (*fig*) saldo, fermo, risoluto.

sturdy² /'stɜːdi *Am* 'stɜːrdi/ *n.* (*Veter*) capostorno *m.*, capogatto *m.*

sturgeon /'stɜːdʒən *Am* 'stɜːrdʒən/ *n.* (*pl.inv.* o *-s* /-z/; il *pl. inv. si usa general. con valore collett.*) *n.* (*Itt*) storione *m.*

stutter /'stʌtər *Am* 'stʌtər/ **I** *n.* 1 (*burst of repeated sounds*) balbettamento *m.*, balbettio *m.* 2 (*speech defect*) balbuzie *f.* **II** *v.i.* balbettare, tartagliare. **III** *v.t.* balbettare, dire balbettando. □ *to ~ out* balbettare, dire balbettando.

stutterer /'stʌtərər *Am* 'stʌtərər/ *n.* balbuziente *m./f.*, tartaglione *m.* (*f.* -a).

stuttering /'stʌtərɪŋ *Am* 'stʌtərɪŋ/ **I** *a.* che balbetta, balbettante, balbuziente. **II** *n.* 1 (*burst of repeated sounds*) balbettamento *m.*, balbettio *m.* 2 (*speech defect*) balbuzie *f.*

stutteringly /'stʌtərɪŋli *Am* 'stʌtərɪŋli/ *avv.* balbettando, tartagliando.

sty¹ /staɪ/ *n.* 1 porcile *m.*, stabbiolo *m.* 2 (*fig*) porcile *m.*, porcaio *m.*

sty², stye /staɪ/ *n.* (*Med*) orzaiolo *m.*

Stygian /'stɪdʒɪən/ *a.* 1 (*Mitol*) stigio. 2 (*fig*) scuro, tetro, cupo. 3 (*of an oath, vow*) sacro, inviolabile.

style /staɪl/ **I** *n.* 1 stile *m.*: *he is not a strong swimmer, but he has a good ~* non è un forte nuotatore, ma ha un buono stile; *to lack ~* non avere stile. 2 (*manner, method*) maniera *f.*, modo *m.*, foggia *f.*: *chicken cooked Spanish ~* pollo cotto alla (maniera) spagnola. 3 (*mode of living, behaving, etc.*) stile *m.*, modo *m.* di vivere, modo *m.* di agire. 4 (*luxurious mode of living*) tenore *m.* di vita elevato. 5 (*Abbigl*) linea *f.*, stile *m.*, foggia *f.*, taglio *m.*: *the new summer -s* la nuova linea per l'estate. 6 (*fashionable elegance*) stile *m.* (nel vestire), eleganza *f.*, classe *f.*: *she dresses with ~* veste con stile. 7 (*Lett*) stile *m.*, maniera *f.*: *a florid ~* uno stile fiorito. 8 (*Lett*) (*as opposed to content*) forma *f.*: *in his works, ~ is everything* nelle sue opere, la forma è tutto. 9 (*Arch,Art,Mus*) stile *m.*: *the Norman ~* lo stile normanno. 10 (*sort, type*) genere *m.*, tipo *m.*, sorta *f.*, specie *f.*: *that ~ of house does* *not appeal to me* quel genere di casa non mi attira. **11** (*manner of speaking*) stile *m.* (nel parlare), modo *m.* di esprimersi, modo *m.* di parlare. **12** (*title*) titolo *m.*, nome *m.*, appellativo *m.* **13** (*method of reckoning dates*) modo *m.* di computare il tempo, stile *m.* **14** (*Tecn*) (*engraving tool*) bulino *m.*; (*etching needle*) punta *f.* per incidere. **15** (*gramophone needle*) puntina *f.* **16** (*gnomon*) gnomone *m.*, stilo *m.* **17** (*Stor,Biol*) stilo *m.* **18** (*Comm*) ragione *f.* sociale. **II** *v.t.* **1** chiamare, denominare, designare: *he -s himself a count* si fa chiamare conte. **2** (*Abbigl*) disegnare, dare uno stile a, dare una linea a. ☐ *~ book* trattato di stilistica, stilistica; *~ counsellor* arbitro dell'eleganza, esperto che detta la moda; *in ~* come si deve, in perfetto stile; *in the ~ of* alla maniera di; *~ of living* stile di vita; *out of ~* fuori moda, non più in voga, passato di moda; (*Inform*) *~sheet* foglio stile; *that's the ~!* così va bene!

styler /ˈstaɪləʳ/ *n.* pettine *m.* elettrico.

styliform /ˈstaɪlɪfɔːm Am ˈstaɪləfɔːrm/ *a.* (*Anat*) stiliforme.

styling /ˈstaɪlɪŋ/ *n.* **1** (*design*) styling *m.*, progettazione *f.* **2** (*contours*) linea *f.* **3** (*in hairdressing*) acconciatura *f.*, taglio *m.* ☐ *~ brush* spazzola arricciacapelli elettrica; *~ comb* pettine elettrico; (*Cosmet*) *~ mousse* schiuma per capelli.

stylish /ˈstaɪlɪʃ/ *a.* **1** elegante, alla moda. **2** (*of people*) che ha stile, che ha classe, distinto.

stylishly /ˈstaɪlɪʃli/ *avv.* in modo elegante, elegantemente.

stylishness /ˈstaɪlɪʃnəs/ *n.* eleganza *f.*, stile *m.*, classe *f.*

stylist /ˈstaɪlɪst/ *n.* **1** stilista *m./f.* **2** (*designer*) stilista *m./f.*, designer *m./f.* **3** (*of hair*) acconciatore *m.* (*f.* -trice), parrucchiere *m.* (*f.* -a).

stylistic /staɪˈlɪstɪk/ *a.* stilistico. ☐ (*Ling*) *~ marker* marcatore stilistico.

stylistical /staɪˈlɪstɪkᵊl/ *a.* stilistico.

stylistically /staɪˈlɪstɪkᵊli/ *avv.* stilisticamente.

stylistics /staɪˈlɪstɪks/ *n.pl.* (*costr.sing.*) (*Lett*) stilistica *f.sing.*

stylite /ˈstaɪlaɪt/ *n.* (*Rel*) stilita *m.*, stilite *m.*

stylization /ˌstaɪlaɪˈzeɪʃᵊn Am ˌstaɪlɪˈzeɪʃᵊn/ *n.* stilizzazione *f.*

stylize /ˈstaɪlaɪz/ *v.t.* stilizzare.

stylized /ˈstaɪlaɪzd/ *a.* stilizzato.

stylo /ˈstaɪloʊ/ (*pl.* *-s* /-z/) *n.* (*colloq*) stilografica *f.*, penna *f.* stilografica.

stylobate /ˈstaɪləbeɪt/ *n.* (*Archeol*) stilobate *m.*

stylograph /ˈstaɪlougrɑːf Am ˈstaɪləgræf/ *n.* stilografica *f.*, penna *f.* stilografica.

stylographic /ˌstaɪlouˈgræfɪk Am ˌstaɪləˈgræfɪk/ *a.* stilografico: *~ pen* stilografica, penna stilografica.

styloid /ˈstaɪlɔɪd/ *a.* (*pen-shaped*) stiloide.

stylolite /ˈstaɪləlaɪt/ *n.* (*Geol*) stilolite *f.*

stylus /ˈstaɪləs/ (*pl.* **-li** /-laɪ/ o **-luses** /-ləsɪz/) *n.* **1** stilo *m.* (*anche Inform*). **2** (*of a gramophone*) puntina *f.*; (*cutting stylus*) punta *f.* da registrazione, punta *f.* di incisione. **3** (*Biol*) stilo *m.*

stymie /ˈstaɪmi/ **I** *n.* **1** (*Sport*) (*in golf*) posizione *f.* in cui la palla di un giocatore ostacola l'entrata in buca della palla avversaria. **2** (*fig*) situazione *f.* irta di ostacoli. **II** *v.t.* **1** (*fig*) ostacolare, contrastare, intralciare. **2** (*Sport*) ostacolare mettendo la propria palla tra quella avversaria e la buca.

styptic /ˈstɪptɪk/ **I** *a.* (*Med*) **1** (*astringent*) astringente. **2** (*checking bleeding*) emostatico: *~ pencil* matita emostatica. **II** *n.* (*Med*) astringente *m.*

Styria /ˈstɪriə/ *n.pr.* (*Geog*) Stiria *f.*

Styrian /ˈstɪriən/ **I** *n.* abitante *m./f.* della Stiria. **II** *a.* stiriano.

styrofoam /ˈstaɪroʊfoʊm/ *n.* polistirolo *m.* espanso.

styrol /ˈstɪrɒl Am ˈstɪraɪl/ *n.* (*Chim*) stirolo *m.*

Styx /stɪks/ *n.pr.* (*Mitol*) Stige *m.*

suability /ˌsjuːəˈbɪləti Am ˌsuːəˈbɪləti/ *n.* (*Dir*) perseguibilità *f.*, l'essere perseguibile, l'essere processabile.

suable /ˈsjuːəbl Am ˈsuːəbl/ *a.* (*Dir*) perseguibile, processabile.

suasion /ˈsweɪʒᵊn/ *n.* persuasione *f.*

suasive /ˈsweɪsɪv/ *a.* persuasivo, convincente.

suave /swɑːv/ *a.* cortese, affabile, gentile, garbato.

suavely /ˈswɑːvli/ *avv.* affabilmente, cortesemente.

suavity /ˈswævəti Am ˈswævəti/ *n.* soavità *f.*, affabilità *f.*, cortesia *f.*, gentilezza *f.*, garbo *m.*

sub[1] /sʌb/ *n.* **1** (*colloq*) (*submarine*) sottomarino *m.* **2** (*substitute*) sostituto *m.* (*f.* -a). **3** (*Am, colloq*) (*submarine sandwich*) sfilatino *m.*, panino *m.* lungo. **4** (*subscription*) sottoscrizione *f.*, quota *f.* associativa; (*for magazine, TV*) abbonamento *m.* **5** (*subscriber*) abbonato *m.* (*f.* -a). **6** (*subeditor*) redattore *m.* aggiunto. **7** (*subaltern*) subalterno *m.* (*f.* -a).

sub[2] /sʌb/ (*past, p.p.* **subbed** /-d/) *v.i.* (*colloq*) fare le veci (*for* di), sostituire, supplire (qcu.): *to ~ for so.* fare le veci di qcu.

sub. **1** *subaltern* (subalterno). **2** *submarine* (sottomarino). **3** *subscription* (abbonamento). **4** *substitute* (sostituto).

subacid /ˌsʌbˈæsɪd/ *a.* **1** leggermente acido. **2** (*Chim*) subacido.

subacute /ˌsʌbəˈkjuːt/ *a.* (*Med*) subacuto.

subadult /ˌsʌbˈædʌlt Am ˌsʌbəˈdʌlt/ *a.* (*Zool*) subadulto: *a male ~* un maschio subadulto.

subaerial /ˌsʌbˈeəriəl Am ˌsʌbˈeriəl/ *a.* subaereo (*anche Geol*).

subagency /ˌsʌbˈeɪdʒᵊnsi/ *n.* subagenzia *f.*

subagent /ˌsʌbˈeɪdʒᵊnt/ *n.* subagente *m.*

subalpine /ˌsʌbˈælpaɪn/ *a.* (*Geog,Biol*) subalpino.

subaltern /ˈsʌbᵊltən Am səbˈɔːltərn/ **I** *a.* **1** subalterno, subordinato. **2** (*Mil,Filos*) subalterno. **II** *n.* **1** subalterno *m.*, sottoposto *m.*, subordinato *m.* **2** (*Mil*) subalterno *m.*, ufficiale *m.* subalterno. **3** (*Filos*) proposizione *f.* subalterna.

subantarctic /ˌsʌbænˈtɑːktɪk Am sʌbæn ˈtɑːrktɪk/ *a.* (*Geog*) subantartico.

subaqua /ˌsʌbˈækwə Am sʌbˈɑːkwə/, **subaquatic** /ˌsʌbəˈkwætɪk Am sʌbəˈkwætɪk/ *a.* **1** (*Biol*) parzialmente acquatico. **2** (*subaqueous*) subacqueo.

subaqueous /ˌsʌbˈeɪkwɪəs/ *a.* (*Geol*) subacqueo, sottomarino.

subarctic /ˌsʌbˈɑːktɪk Am sʌbˈɑːrktɪk/ *a.* (*Geog,Biol*) subartico.

subarid /ˌsʌbˈærɪd/ *a.* (*Meteor*) subarido.

sub-assembly /ˌsʌbəˈsembli/ *n.* **1** (*small meeting meant to join later with larger one*) sottocomitato *m.* **2** (*Mecc*) sottogruppo *m.*, unità *f.*

sub-Atlantic /ˌsʌbətˈlæntɪk Am sʌbətˈlæntɪk/ *a.* (*Geog*) subatlantico.

subatomic /ˌsʌbəˈtɒmɪk Am ˌsʌbəˈtɑːmɪk/ *a.* (*Fis*) subatomico.

subaudition /ˌsʌbɔːˈdɪʃᵊn/ *n.* l'intendere ciò che non è detto, il leggere tra le righe.

subcategorization /ˌsʌbˌkætəgəraɪˈzeɪʃᵊn Am sʌbˌkætəgərɪˈzeɪʃᵊn/ *n.* sottocategorizzazione *f.*, sottocategorizzazione *f.*

subcategorize /ˌsʌbˈkætəgəraɪz Am sʌb ˈkætəgəraɪz/ *v.t./i.* sottocategorizzare.

subcategory /sʌbˈkætəgᵊri Am sʌb

/ˈkætəgɔːri/ *n.* sottocategoria *f.*

subchaser /ˈsʌbˌtʃeɪsəʳ/ *n.* (*Mil*) cacciasommergibili *m.*

subclass /ˈsʌbklɑːs Am ˈsʌbklæs/ *n.* sottoclasse *f.* (*anche Biol*).

sub-clause /ˈsʌbˌklɔːz/ *n.* (*Dir*) sottoclausola *f.*

sub-clinical /ˌsʌbˈklɪnɪkᵊl/ *a.* (*Med*) (*of a disease*) subclinico, infraclinico.

subcommission /ˌsʌbkəˈmɪʃᵊn/ *n.* sottocommissione *f.*

subcommittee /ˈsʌbkəˌmɪti Am ˈsʌbkəˌmɪti/ *n.* sottocomitato *m.*

subconscious /ˌsʌbˈkɒnʃəs Am sʌbˈkɑːnʃəs/ **I** *a.* (*Psic*) subcosciente. **II** *n.* (*Psic*) subcosciente *m.*

subconsciously /ˌsʌbˈkɒnʃəsli Am sʌb ˈkɑːnʃəsli/ *avv.* **1** inconsciamente. **2** (*Psic*) in modo subconscio.

subconsciousness /ˌsʌbˈkɒnʃəsnəs Am sʌbˈkɑːnʃəsnəs/ *n.* subcosciente *m.*, subcoscienza *f.*

subcontinent /ˌsʌbˈkɒntɪnənt Am ˈsʌb ˌkɑːntᵊnənt/ *n.* (*Geog*) subcontinente *m.*

subcontinental /ˌsʌbkɒntɪˈnəntᵊl Am ˌsʌbkɑːntᵊnˈəntᵊl/ *a.* subcontinentale: *~ climate* clima subcontinentale.

subcontract[1] /ˈsʌbˌkɒntrækt Am ˈsʌb ˌkɑːntrækt/ *n.* (*Dir,Econ*) subappalto *m.*, subcontratto *m.*

subcontract[2] /ˌsʌbkənˈtrækt Am sʌb ˈkɑːntrækt/ **I** *v.t.* subappaltare (*to, out to* a). **II** *v.i.* dare lavoro in subappalto.

subcontracting /ˌsʌbkənˈtræktɪŋ Am ˌsʌb ˈkɑːntræktɪŋ/ *n.* subappalto *m.*

subcontractor /ˌsʌbkənˈtræktəʳ Am ˌsʌb ˈkɑːntræktəʳ/ *n.* subcontraente *m./f.*, subappaltatore *m.* (*f.* -trice).

subcultural /ˈsʌbˌkʌltʃᵊrᵊl/ *a.* subculturale, sottoculturale, di una sottocultura.

subculture /ˈsʌbˌkʌltʃəʳ/ *n.* **1** (*Biol*) subcoltura *f.* **2** (*Sociol*) sottocultura *f.*, subcultura *f.*

subcutaneous /ˌsʌbkjuːˈteɪniəs/ *a.* **1** (*Anat*) sottocutaneo. **2** (*of an injection*) ipodermico, sottocutaneo.

subcutaneously /ˌsʌbkjuːˈteɪniəsli/ *avv.* (*Med*) sottocute.

subdeacon /ˌsʌbˈdiːkᵊn/ *n.* (*Rel*) suddiacono *m.*

subdeaconate /ˌsʌbdaɪˈækᵊneɪt, ˌsʌbdaɪ ˈækᵊnɪt/, **subdeaconship** /ˌsʌbˈdiːkᵊnʃɪp/ *n.* (*Rel*) subdiaconato *m.*

subdean /ˌsʌbˈdiːn/ *n.* sottodecano *m.*

subdiaconate /ˌsʌbdaɪˈækᵊneɪt, ˌsʌbdaɪ ˈækᵊnɪt/ *n.* (*Rel*) subdiaconato *m.*

subdirectory /ˌsʌbdɪˈrektᵊri, ˌsʌbdaɪˈrektᵊri/ *n.* (*Inform*) sottodirectory *f.*

subdistributor /ˌsʌbdɪˈstrɪbjuːtəʳ Am ˌsʌbdɪ ˈstrɪbjuːtəʳ/ *n.* subdistributore *m.*

subdivide /ˌsʌbdɪˈvaɪd/ **I** *v.t.* suddividere. **II** *v.i.* suddividersi.

subdivisible /ˌsʌbdɪˈvɪzᵊbl/ *a.* suddivisibile.

subdivision /ˌsʌbdɪˈvɪʒᵊn/ *n.* suddivisione *f.*

subdominant /ˌsʌbˈdɒmɪnənt Am sʌb ˈdɑːmᵊnənt/ *n.* **1** (*Mus*) sottodominante *f.* **2** (*Biol*) (specie) subdominante *f.*

subduable /ˌsəbˈdjuːəbl Am ˌsəbˈduːəbl/ *a.* assoggettabile, che si può sottomettere.

subdual /ˌsəbˈdjuːəl Am ˌsəbˈduːəl/ *n.* assoggettamento *m.*, sottomissione *f.*

subdue /səbˈdjuː Am səbˈduː/ *v.t.* **1** sottomettere, soggiogare, assoggettare, asservire: *to ~ a nation* sottomettere una nazione. **2** (*to make submissive*) domare, sottomettere. **3** (*to control, to curb*) dominare, controllare, domare: *to ~ a passion* dominare una passione. **4** (*of light, sound, etc.*) attenuare, diminuire, mitigare. **5** (*of land*) coltivare.

subdued /səb'dju:d *Am* səb'du:d/ *a.* **1** sottomesso, assoggettato, soggiogato. **2** (*of a person*) calmo, controllato. **3** (*of light, colours, etc.*) attenuato, mitigato, diminuito, smorzato. **4** (*of sound, tone, etc.*) pacato, sommesso, smorzato.

subduedness /səb'dju:dnəs *Am* səb'du:dnəs/ *n.* **1** sottomissione *f.*, asservimento *m.* **2** (*of colours sound, etc.*) attenuazione *f.*, smorzamento *m.*

subdural /ˌsʌb'djorəl *Am* ˌsʌb'dorəl/ **I** *n.* (*Anat*) subdurale *m.* **II** *a.* (*Anat*) sottodurale, subdurale.

sub-edit /ˌsʌb'edɪt/ *v.t.* **1** essere il redattore aggiunto di. **2** (*of copy*) fare la revisione di, revisionare.

sub-editor /ˌsʌb'edɪtər *Am* ˌsʌb'edɪtər/ *n.* redattore *m.* aggiunto, secondo redattore *m.*

subentry /'sʌbˌentrɪ/ *n.* **1** (*in account*) rubrica *f.* **2** (*Inform*) sottorubrica *f.*

subereous /'sju:bərəs *Am* 'su:bərəs/, **suberic** /sju'berɪk *Am* su:'berɪk/ *a.* (*Bot*) sugheroso.

subfamily /'sʌbˌfæməli/ *n.* (*Biol,Ling*) sottofamiglia *f.*

subfloor /'sʌbˌflɔːr/ *n.* (*Edil*) sottopavimento *m.*

subframe /'sʌbˌfreɪm/ *n.* (*Inform*) subframe *f.*

subfusc /'sʌbfʌsk/ **I** *a.* **1** scuro, spento. **2** (*sl*) (*insignificant*) insignificante, scialbo. **II** *n.* abiti *m.pl.* scuri.

subgeneric /ˌsʌbdʒə'nerɪk/, **subgenerical** /ˌsʌbdʒə'nerɪkəl/ *a.* del sottogenere, relativo al sottogenere.

subgenus /'sʌbˌdʒiːnəs/ *n.* (*Biol*) sottogenere *m.*

subglacial /sʌb'gleɪsɪəl/ *a.* (*Geol*) subglaciale, posto sotto un ghiacciaio.

subgroup /'sʌbgruːp/ *n.* sottogruppo *m.* (*anche Chim*).

subhead /'sʌbhed/ *n.* (*Am*) **1** (*Tip,Giorn,Edit*) sottotitolo *m.* **2** (*Scol*) vicedirettore *m.*

subheading /'sʌbhedɪŋ/ *n.* (*Tip,Edit,Giorn*) sottotitolo *m.*

subhuman /sʌb'hju:mən/ *a.* **1** subumano. **2** (*almost human*) quasi umano. **3** (*subnormal*) subnormale. **4** (*almost bestial*) disumano.

subirrigate /sʌb'ɪrɪgeɪt/ *v.t.* (*Agr*) irrigare per drenaggio.

subirrigation /ˌsʌbɪrɪ'geɪʃən/ *n.* (*Agr*) subirrigazione *f.*, irrigazione *f.* sotterranea, irrigazione *f.* per drenaggio.

subj. 1 (*Gramm*) *subject* sogg. (soggetto). **2** (*Gramm*) *subjunctive* cong. (congiuntivo).

subjacency /sʌb'dʒeɪsənsi/ *n.* l' essere sottostante, l'essere inferiore.

subjacent /sʌb'dʒeɪsənt/ *a.* sottostante, inferiore.

subject[1] /'sʌbdʒɪkt/ **I** *n.* **1** cittadino *m.* (*f.* -a), suddito *m.* (*f.* -a): *a British ~* un cittadino britannico. **2** (*one subject to a monarch, ruler*) suddito *m.* (*f.* -a): *the king's -s* i sudditi del re. **3** (*theme, topic*) argomento *m.*, soggetto *m.*, tema *m.*: *the ~ of a speech* il tema di un discorso. **4** (*motive, ground*) motivo *m.*, causa *f.*, occasione *f.*: *a ~ for concern* un motivo di preoccupazione. **5** (*one that is acted upon*) oggetto *m.*: *he became the ~ of much criticism* divenne oggetto di molte critiche. **6** (*one that is studied, tested*) oggetto *m.*, soggetto *m.*: *the ~ of an experiment* l' oggetto di un esperimento. **7** (*Pedag*) materia *f.* **8** (*Pitt, Med,Gramm*) soggetto *m.* **9** (*Med*) (*cadaver for dissection*) cadavere *m.* (per sala anatomica). **10** (*Agr,Giard*) esemplare *m.* **11** (*Filos*) (*thinking mind*) soggetto *m.*; (*self, ego*) io *m.*; (*substance*) sostanza *f.* **12** (*Filat*) vignetta *f.*, soggetto *m.* del francobollo. **II** *a.* **1** assoggettato, sottomesso, soggetto (*to* a): *a ~ people*

un popolo assoggettato. **2** (*owing allegiance, obedience*) soggetto, sottomesso, sottoposto (a). **3** (*liable*) soggetto, esposto (a), passibile, suscettibile (di). **4** (*prone, disposed*) soggetto, predisposto (*to* a): *to be ~ to severe headaches* andare soggetto a forti emicranie. **5** (*conditional, contingent*) soggetto, condizionato, subordinato (*to* a): *~ official approval* soggetto all' approvazione ufficiale. □ *~ catalogue* catalogo per materie; *~ heading* titolo di indice, voce di indice; *~ index*: **1** (*in book*) indice analitico; **2** (*in library*) indice per soggetti; *to keep to the ~* non divagare, tenersi al tema, restare in argomento; *~ matter*: **1** soggetto, argomento, tema, materia; **2** (*Lett,Art*) contenuto; **3** (*Dir*) materia del contendere; (*Dir*) *~ of law* soggetto di diritto; *on the ~ of* a proposito di; (*Ling*) *~ pronoun* pronome soggetto; *~ to agreement* previo accordo; *~ to alteration* salvo modifica, salvo modifiche; (*Comm*) *~ to approval* salvo benestare, salvo approvazione; (*Comm*) *~ to collection* salvo buon fine; (*Comm*) *~ to sale* salvo venduto; (*Dir*) *~ to the provisions of Regulation 10* fatte salve le disposizioni della norma 10.

subject[2] /səb'dʒekt/ *v.t.* **1** soggiogare, sottomettere, assoggettare. **2** (*to make submissive*) sottomettere, rendere sottomesso. **3** (*rifl.*) *to be ~ oneself* sottomettersi. **4** (*to cause to undergo*) sottoporre: *to ~ so. to great hardship* sottoporre qcu. a grandi privazioni. **5** (*to expose*) esporre: *to ~ oneself to ridicule* esporsi al ridicolo. **6** (*Med*) predisporre.

subjection /səb'dʒekʃən/ *n.* **1** assoggettamento *m.*, sottomissione *f.* **2** (*state of being subjected*) servitù *f.*, soggezione *f.*, schiavitù *f.*, sudditanza *f.*: *to hold* (o *keep*) *a nation in ~* tenere una nazione in servitù. **3** (*submission, dependence*) soggezione *f.*, dipendenza *f.*

subjective /səb'dʒektɪv/ **I** *a.* **1** soggettivo: *a ~ impression* un'impressione soggettiva. **2** (*fanciful*) immaginario. **II** *n.* (*Gramm*) nominativo *m.*

subjectively /səb'dʒektɪvli/ *avv.* soggettivamente, in modo soggettivo.

subjectiveness /səb'dʒektɪvnəs/ *n.* soggettività *f.*

subjectivism /səb'dʒektɪvɪzᵊm/ *n.* (*Filos*) soggettivismo *m.*

subjectivist /səb'dʒektɪvɪst/ **I** *n.* soggettivista *m./f.* **II** *a.* soggettivistico.

subjectivistic /səbˌdʒektɪ'vɪstɪk/ *a.* soggettivistico.

subjectivity /ˌsʌbdʒek'tɪvəti *Am* ˌsʌbdʒek'tɪvəti/ *n.* **1** soggettività *f.* **2** (*Filos*) soggettivismo *m.*

subjoin /sʌb'dʒɔɪn *Am* səb'dʒɔɪn/ *v.t.* aggiungere, soggiungere.

subjoinder /sʌb'dʒɔɪndər *Am* səb'dʒɔɪndər/ *n.* appendice *f.*, aggiunta *f.*

sub judice /ˌsʌb'dʒu:dɪsi *Am* ˌsʌb'dʒu:dəsi/ *avv.* (*Dir*) in discussione, da discutere in tribunale.

subjugate /'sʌbdʒəgeɪt/ *v.t.* **1** soggiogare, assoggettare. **2** (*to make submissive*) sottomettere, rendere sottomesso. **3** (*to dominate*) dominare, domare.

subjugation /ˌsʌbdʒə'geɪʃən/ *n.* **1** (*act*) assoggettamento *m.* **2** (*state*) soggezione *f.*, sottomissione *f.*

subjugator /'sʌbdʒəgeɪtər *Am* 'sʌbdʒəgeɪtər/ *n.* chi soggioga, soggiogatore *m.* (*f.* -trice), assoggettatore *m.* (*f.* -trice).

subjunctive /səb'dʒʌŋ(k)tɪv/ **I** *a.* (*Gramm*) congiuntivo, soggiuntivo. **II** *n.* (*Gramm*) **1** (*mood*) congiuntivo *m.*, modo *m.* congiunti-

vo. **2** (*verb*) congiuntivo *m.*, soggiuntivo *m.*

subjunctively /səb'dʒʌŋ(k)tɪvli/ *avv.* con un congiuntivo.

subkingdom /'sʌbˌkɪŋdəm/ *n.* (*Biol*) sottoregno *m.*

sublease[1] /'sʌbliːs/ *n.* (*Dir*) subaffitto *m.*, sublocazione *f.*

sublease[2] /sʌb'liːs/ *v.t.* (*Dir*) subaffittare.

sublessee /ˌsʌbles'iː/ *n.* (*Dir*) subaffittuario *m.* (*f.* -a), sublocatario *m.* (*f.* -a).

sublessor /ˌsʌbles'ɔːr *Am* ˌsʌbles'ɔːr/ *n.* (*Dir*) chi subaffitta, sublocatore *m.* (*f.* -trice).

sublet[1] /'sʌblet/ *n.* (*Dir*) subaffitto *m.*, sublocazione *f.*

sublet[2] /sʌb'let/ *v.t.irr.* (*Dir*) subaffittare.

sublieutenancy /ˌsʌblef'tenənsi *Am* ˌsʌblu:'tenənsi/ *n.* (*Mar.mil*) posizione *f.* di sottotenente di vascello, carica *f.* di sottotenente di vascello.

sublieutenant /ˌsʌblef'tenənt *Am* ˌsʌblu:'tenənt/ *n.* **1** (*Mar.mil*) sottotenente *m.* di vascello. **2** (*Mil*) sottotenente *m.*

sublimate[1] /'sʌblimeɪt/ **I** *v.t.* **1** (*Psic,Chim,Fis*) sublimare. **2** (*fig*) affinare, purificare, sublimare. **II** *v.i.* **1** (*Psic*) sublimarsi. **2** (*Chim,Fis*) sublimare.

sublimate[2] /'sʌblimət/ **I** *n.* (*Chim*) sublimato *m.* **II** *a.* (*Chim*) sublimato.

sublimation /ˌsʌbli'meɪʃən/ *n.* (*Fis*) sublimazione *f.*

sublime /sə'blaɪm/ **I** *a.* **1** sublime, eccelso, altissimo, nobile. **2** (*colloq*) (*extreme*) sommo, massimo; (*scherz*) sublime: *~ disregard* sommo disprezzo. **3** (*in titles*) supremo, sublime. **II** *n.* sublime *m.* **III** *v.t.* **1** rendere sublime, sublimare, elevare. **2** (*Chim,Fis*) sublimare. **IV** *v.i.* **1** sublimarsi, elevarsi. **2** (*Chim, Fis*) sublimare. □ (*Stor*) *Sublime Porte* Sublime Porta; (*Br,iron*) *from the ~ to the ridiculous* dalle stelle alle stalle.

sublimely /sə'blaɪmli/ *avv.* **1** sublimemente, in modo sublime. **2** (*colloq*) (*utterly*) totalmente, completamente, del tutto: *~ ignorant* totalmente ignorante.

sublimeness /sə'blaɪmnəs/ *n.* sublimità *f.*

subliminal /sʌb'lɪmɪnəl/ *a.* (*Psic,Med*) subliminale. □ (*Comm*) *~ advertising* pubblicità occulta.

subliminally /sʌb'lɪmɪnəli/ *avv.* subliminalmente, a livello subliminale.

sublimity /sə'blɪməti *Am* sə'blɪməti/ *n.* sublimità *f.*

sublingual /ˌsʌb'lɪŋgwəl/ *a.* (*Anat,Farm*) sublinguale.

sublittoral /sʌb'lɪtᵊrəl *Am* sʌb'lɪtᵊrəl/ *a.* (*Geog*) sublitorale, sublitoraneo.

sublunary /sʌb'lu:nəri/ *a.* (*Astr*) sublunare.

sub-machine-gun /ˌsʌbmə'ʃi:n,gʌn/ *n.* (*Mil*) mitra *m.*, fucile *m.* mitragliatore.

submandibular /ˌsʌbmæn'dɪbjulər/ *a.* (*Anat*) sottomandibolare, submandibolare. □ (*Anat*) *~ gland* ghiandola sottomandibolare.

submarginal /sʌb'mɑ:dʒɪnᵊl *Am* sʌb'mɑ:rdʒɪnᵊl/ *a.* submarginale: *~ land* terra submarginale.

submarine /ˌsʌbmᵊr'i:n *Am* 'sʌbməri:n/ **I** *a.* subacqueo, sottomarino. **II** *n.* **1** (*Mar.mil*) sommergibile *m.*, sottomarino *m.* **2** (*colloq*) grosso panino *m.* farcito. □ (*Tel*) *~ cable* cavo sottomarino; (*Mar.mil*) *~ chaser* caccia-sommergibile; (*Mar.mil*) *~ pen* riparo per sottomarini.

submariner /sʌb'mærɪnər *Am* ˌsʌbmə'ri:nər/ *n.* sommergibilista *m.*

submediant /ˌsʌb'mi:djənt/ *n.* (*Mus*) (*superdominant*) sopraddominante *f.*

submenu /ˌsʌb'menju:/ *n.* (*Inform*) sottomenù *m.*

submerge /səbˈmɜːdʒ Am səbˈmɜːrdʒ/ I v.t. 1 immergere, tuffare. 2 (to cover with water) sommergere, allagare, inondare. 3 (fig) sommergere. II v.i. immergersi, sommergersi.

submerged /səbˈmɜːdʒd Am səbˈmɜːrdʒd/ a. 1 sommerso, allagato, inondato. 2 (of a submarine) in immersione. 3 (Bot) subacqueo. □ (Mar) ~running navigazione in immersione; ~tenth classe sociale più povera, diseredati.

submergence /səbˈmɜːdʒəns Am səbˈmɜːrdʒəns/ n. 1 sommersione f. 2 (of a submarine) immersione f.

submergibility /səbˌmɜːdʒəˈbɪləti Am səbˌmɜːrdʒəˈbɪləti/ n. l'essere sommergibile.

submergible /səbˈmɜːdʒəbl Am səbˈmɜːrdʒəbl/ a. sommergibile.

submerse /səbˈmɜːs Am səbˈmɜːrs/ I v.t. 1 immergere, tuffare. 2 (to cover with water) sommergere, allagare, inondare. 3 (fig) sommergere. II v.i. immergersi, sommergersi.

submersed /səbˈmɜːst Am səbˈmɜːrst/ a. 1 sommerso, allagato, inondato. 2 (of a submarine) in immersione. 3 (Bot) subacqueo.

submersibility /səbˌmɜːsəˈbɪləti Am səbˌmɜːrsəˈbɪləti/ n. l'essere sommergibile.

submersible /səbˈmɜːsəbl Am səbˈmɜːrsəbl/ a. sommergibile.

submersion /səbˈmɜːʃən Am səbˈmɜːrʃən/ n. 1 sommersione f. 2 (of a submarine) immersione f.

submission /səbˈmɪʃən/ n. 1 presentazione f., il sottoporre: the ~ of a proposal la presentazione di una proposta. 2 (sth. submitted) cosa f. sottoposta, cosa f. presentata. 3 (application) domanda f., richiesta f. 4 (theory) teoria f., tesi f. 5 (submissiveness) sottomissione f., remissività f. 6 (deference) rispetto m., deferenza f.: with all due ~ con tutto il dovuto rispetto. 7 (act of yielding to another's power) sottomissione f. (to a). 8 (surrendering) resa f., capitolazione f. 9 (Dir) compromesso m. arbitrale. □ ~ of accounts presentazione dei conti.

submissive /səbˈmɪsɪv/ a. 1 remissivo, sottomesso. 2 (meek, humble) sottomesso, umile.

submissively /səbˈmɪsɪvli/ avv. in modo sottomesso, in modo remissivo, con sottomissione.

submissiveness /səbˈmɪsɪvnəs/ n. sottomissione f., remissività f., docilità f.

submit /səbˈmɪt/ (past, p.p. **submitted** /səbˈmɪtɪd Am səbˈmɪtɪd/) I v.t. 1 presentare, sottoporre, sottomettere: to ~ a proposal presentare una proposta; to ~ sth. to so. for approval sottoporre qcs. all'approvazione di qcu.; to ~ an application presentare una domanda. 2 (rifl.) to ~ oneself sottomettersi, sottoporsi. 3 (to suggest) proporre, suggerire, ipotizzare. 4 (to maintain, to argue) affermare, asserire, sostenere. 5 (Dir) rimettere, demandare: to ~ a question to a higher court rimettere una controversia a un tribunale superiore. II v.i. 1 sottomettersi, cedere, arrendersi (to a). 2 (to acquiesce uncritically) piegarsi, rassegnarsi, accondiscendere. 3 (to allow oneself to be subjected) sottoporsi (a): to ~ to medical treatment sottoporsi a un trattamento medico. 4 (to grant precedence) rimettersi (a).

submitter /səbˈmɪtər Am səbˈmɪtər/ n. rinunciatario m. (f. -a).

submultiple /sʌbˈmʌltɪpl Am sʌbˈmʌltəpl/ I n. (Mat) sottomultiplo m. (of di). II a. (Mat) sottomultiplo.

subnormal /sʌbˈnɔːməl Am sʌbˈnɔːrməl/ I a. 1 al di sotto della norma. 2 (Med) subnormale. II n. 1 (Geom) sottonormale f. 2 (Med) sub-

subnormality /ˌsʌbnɔːˈmæləti Am ˌsʌbnɔːrˈmæləti/ n. subnormalità f.: mental ~ oligofrenia.

subnuclear /sʌbˈnjuːkliər Am sʌbˈnuːkliər/ a. (Fis) subnucleare.

suboptimal /ˈsʌbɒptɪməl Am ˈsʌbɑːptɪməl/ a. subottimale.

suborbital /sʌbˈɔːbɪtl Am sʌbˈɔːrbətl/ a. (Astr, Anat) suborbitale.

suborder /ˈsʌbɔːdər Am ˈsʌbɔːrdər/ n. (Biol) sottordine m.

subordinate [1] /səˈbɔːdənət Am səˈbɔːrdənɪt/ a. 1 subalterno, subordinato: a ~ officer un ufficiale subalterno. 2 (of less importance) subordinato, secondario. 3 (subject, dependent) subordinato, sottoposto, soggetto, dipendente. 4 (Gramm) subordinato, dipendente, secondario. II n. subalterno m., subordinato m., sottoposto m. □ (Gramm) ~ clause proposizione subordinata; (Dir) ~ legislation leggi emanate in virtù di poteri delegati.

subordinate [2] /səˈbɔːdɪneɪt Am səˈbɔːrdəneɪt/ v.t. 1 subordinare, mettere su un piano secondario, mettere su un piano inferiore. 2 (to make dependent) far dipendere, subordinare: you must not ~ your decisions to his non devi far dipendere le tue decisioni dalle sue.

subordinately /səˈbɔːdənətli Am səˈbɔːrdənɪtli/ avv. subordinatamente: ~ he asked to be released on bail in subordine chiese di essere rilasciato su cauzione...

subordinating /səˈbɔːdɪneɪtɪŋ Am səˈbɔːrdəneɪtɪŋ/ a. (Gramm) subordinativo, subordinante: ~ conjunction congiunzione subordinativa.

subordination /səˌbɔːdɪˈneɪʃən Am səˌbɔːrdəˈneɪʃən/ n. 1 subordinazione f., dipendenza f. 2 (submission) sottomissione f., subordinazione f.

subordinative /səˈbɔːdɪnətɪv Am səˈbɔːrdəneɪtɪv/ a. (Gramm) subordinativo, subordinante.

suborn /səˈbɔːn Am səˈbɔːrn/ v.t. 1 istigare, sobillare. 2 (Dir) subornare: to ~ a witness subornare un teste.

subornation /ˌsʌbɔːˈneɪʃən Am ˌsʌbɔːrˈneɪʃən/ n. 1 istigazione f. 2 (Dir) subornazione f.

suborner /səˈbɔːnər Am səˈbɔːrnər/ n. 1 istigatore m. (f. -trice). 2 (Dir) subornatore m. (f. -trice).

subparagraph /ˌsʌbˈpærəɡrɑːf Am ˌsʌbˈperəɡræf/ n. sottoparagrafo m.

sub-plot /ˈsʌbplɒt Am ˈsʌbplɑːt/ n. (Lett) trama f. secondaria, digressione f., intreccio m. secondario.

subpoena /səbˈpiːnə/ I n. (Dir) ordine m. di comparizione, mandato m. di comparizione, citazione f. (in giudizio): to serve a ~ on so. emanare un mandato di comparizione nei confronti di qcu. II v.t. (Dir) notificare un ordine di comparizione a, citare in giudizio.

subpolar /ˌsʌbˈpoʊlər/ a. (Geog) subpolare.

subprogramme /ˌsʌbˈproʊɡræm Am ˈsʌbproʊɡræm/ n. (Inform) sottoprogramma m.

subreption /səbˈrepʃən/ n. (Dir) surrezione f.

subreptitious /ˌsʌbrepˈtɪʃəs/ a. (Dir) surrettizio.

subrogate /ˈsʌbroʊɡeɪt Am ˈsʌbroʊɡeɪt/ v.t. surrogare (anche Dir).

subrogation /ˌsʌbroʊˈɡeɪʃən Am ˌsʌbroʊ ˈɡeɪʃən/ n. surrogazione f. (anche Dir).

subroutine /ˈsʌbruːˌtiːn/ n. (Inform) subroutine f., sottoprogramma m.

sub-Saharan /ˌsʌbsəˈhɑːrən Am ˌsʌbsə ˈherən/ a. (Geog) subsahariano: ~ Africa Africa subsahariana.

subsample /ˈsʌbsɑːmpl Am ˈsʌbsæmpl/ I n.

(Statist) sottocampione m. II v.t. (Statist) sottocampionare.

subscribe /səbˈskraɪb/ I v.t. 1 contribuire con, dare come contributo, sottoscrivere per, dare un'offerta di: to ~ fifty pounds to a charity contribuire con cinquanta sterline a un'opera di beneficenza. 2 (Econ) sottoscrivere. 3 (to consent by signing) sottoscrivere, firmare. II v.i. 1 dare un contributo, dare denaro, versare denaro (to per). 2 (Econ) sottoscrivere (for per). 3 (to be a subscriber) abbonarsi (to a): I ~ to several weeklies sono abbonato a diversi settimanali. 4 (to consent by signing) sottoscrivere (to sth. qcs.). 5 (to agree) aderire (a), sottoscrivere (to a): to ~ to a doctrine aderire a una dottrina.

subscriber /səbˈskraɪbər/ n. 1 abbonato m. (f. -a). 2 (Tel) abbonato m. (f. -a), utente m./f. 3 (to a charity, etc.) sottoscrittore m. (f. -trice) (anche Econ). □ ~base base-utenti; -s only riservato agli abbonati; (Tel) ~trunk dialling teleselezione.

subscript /ˈsʌbskrɪpt/ a. (Tip, Mat) deponente.

subscription /səbˈskrɪpʃən/ n. 1 contribuzione f., sottoscrizione f. 2 (sum subscribed) contributo m. 3 (of a periodical, theatre, etc.) abbonamento m.: to start a ~ fare un abbonamento; to renew one's ~ rinnovare l'abbonamento; to withdraw one's ~ disdire l'abbonamento. 4 (of a club, society) quota f. di associazione. 5 (Econ, Edit) sottoscrizione f. 6 (signing, signature) sottoscrizione f., firma f. □ ~concert concerto in abbonamento; ~fee quota di abbonamento; ~magazine rivista venduta in abbonamento; ~rate quota di abbonamento.

subsection /ˈsʌbˌsekʃən/ n. sottosezione f. (anche Dir).

subsequence /ˈsʌbsɪkwəns/ n. susseguenza f.

subsequent /ˈsʌbsɪkwənt/ a. 1 successivo, susseguente, seguente (to a): ~ events proved me right gli avvenimenti successivi mi diedero ragione. 2 (following as a result) susseguente, conseguente (to, on a). □ ~ to my letter of the 5th ult. facendo seguito alla mia lettera del 5 scorso.

subsequently /ˈsʌbsɪkwəntli Am ˈsʌbsɪ kwəntli/ avv. successivamente, in seguito, susseguentemente.

subserve /səbˈsɜːv Am səbˈsɜːrv/ v.t. servire a, giovare a, contribuire a, promuovere, favorire: to ~ the purpose servire allo scopo.

subservience /səbˈsɜːviəns Am səb ˈsɜːrviəns/, **subserviency** /səbˈsɜːviənsi Am səbˈsɜːrviənsi/ n. 1 giovamento m., utilità f. 2 (submissiveness) sottomissione f., remissività f. 3 (servility) servilismo m.

subservient /səbˈsɜːviənt Am səbˈsɜːrviənt/ a. 1 utile, giovevole. 2 (submissive) sottomesso, remissivo. 3 (servile) servile.

subserviently /səbˈsɜːviəntli Am səb ˈsɜːrviəntli/ avv. 1 utilmente, in modo giovevole. 2 (submissively) in modo sottomesso, remissivamente. 3 (servilely) servilmente.

subset /ˈsʌbset/ n. 1 sottoinsieme m., sottoclasse f. 2 (Mat) sottoinsieme m. 3 (Tel) (subscriber set) telefono m. di abbonato.

subside /səbˈsaɪd/ v.i. 1 (of flood water) decrescere, calare, abbassarsi; (of waves, wind) abbassarsi, calare. 2 (fig) placarsi, quietarsi, calmarsi. 3 (of land) avvallarsi, abbassarsi, cedere. 4 (of buildings) affondare, sprofondare (into in; onto su), cedere. 5 (colloq) (to lower oneself, to collapse) sprofondarsi, abbandonarsi, lasciarsi andare: ~ -d into an armchair si sprofondò in una poltrona. 6 (to settle, to precipitate) depositarsi, sedimentare.

subsidence /sǝb'saɪdǝns, 'sʌbsɪdǝns/ *n.* **1** cedimento *m.*, avvallamento *m.*, abbassamento *m.* **2** (*of waters, wind*) abbassamento *m.* **3** (*fig*) il calmarsi, il quietarsi.

subsidiarity /sǝb,sɪdi'ærǝti *Am* sǝb,sɪdi'erǝti/ *n.* (*Pol*) sussidiarietà *f.*, principio *m.* di sussidiarietà.

subsidiary /sǝb'sɪdiǝri *Am* sǝb'sɪdieri/ **I** *n.* **1** cosa *f.* ausiliaria, cosa *f.* accessoria. **2** (*assistant*) assistente *m./f.*, aiuto *m./f.* **3** (*Econ*) società *f.* sussidiaria, società *f.* consociata. **II** *a.* **1** sussidiario, ausiliario. **2** (*supplementary*) supplementare. **3** (*secondary, minor*) secondario, accessorio (*to* in rapporto a). **4** (*of a subsidy*) di un sussidio, relativo a un sussidio. **5** (*being a subsidy*) sotto forma di sussidio. □ (*Econ*) ~ *coin* moneta sussidiaria; (*Econ*) ~ *company* società consociata, società sussidiaria.

subsidization /,sʌbsɪdaɪ'zeɪʃǝn *Am* ,sʌbsɪdɪ'zeɪʃǝn/ *n.* il sussidiare, il sovvenzionare.

subsidize /'sʌbsɪdaɪz *Am* 'sʌbsǝdaɪz/ *v.t.* sovvenzionare, sussidiare: *to* ~ *agriculture* sovvenzionare l'agricoltura.

subsidy /'sʌbsɪdi *Am* 'sʌbsǝdi/ *n.* **1** sovvenzione *f.*, sussidio *m.*, aiuto *m.* finanziario (*to, for* a). **2** (*Stor*) appannaggio *m.*

subsist /sǝb'sɪst/ *v.i.* **1** vivere (*on* di), sostenersi, tenersi in vita (con): *to* ~ *on charity* vivere di elemosina. **2** (*to exist*) esistere, essere, sussistere. **3** (*Filos*) sussistere.

subsistence /sǝb'sɪstǝns/ *n.* **1** mezzi *m.pl.* di sussistenza, mezzi *m.pl.* di sostentamento. **2** (*allowance*) indennità *f.* di viaggio, indennità *f.* di trasferta. **3** (*existence*) esistenza *f.*, vita *f.* **4** (*Filos*) sussistenza *f.* □ ~ *agriculture* agricoltura di sussistenza; ~ *allowance* indennità di trasferta, indennità di viaggio; ~ *farming* agricoltura di sussistenza; ~ *level* livello minimo di vita; ~ *money* indennità di trasferta, indennità di viaggio.

subsistent /sǝb'sɪstǝnt/ *a.* sussistente.

subsoil /'sʌbsɔɪl/ *n.* sottosuolo *m.*

subsonic /sʌb'sɒnɪk *Am* sʌb'sɑːnɪk/ *a.* (*Aer*) subsonico.

subsonically /sʌb'sɒnɪkǝli *Am* sʌb'sɑːnɪkǝli/ *avv.* (*Aer*) al di sotto della velocità del suono.

subspecies /'sʌb,spiːʃiːz/ (*pl.inv.*) *n.* (*Biol*) sottospecie *f.*

subspecific /,sʌbspǝ'sɪfɪk/ *a.* (*Biol*) sottospecifico, subspecifico.

subst. 1 (*Gramm*) *substantive* s., sost. (sostantivo). **2** *substitute* (sostituto).

substance /'sʌbstǝns/ *n.* **1** sostanza *f.*, materia *f.*, materiale *m.*: *a hard* ~ una sostanza dura; *chalky* ~ materiale gessoso. **2** (*essential part, quality*) sostanza *f.*, essenza *f.*, succo *m.*: *the* ~ *of a proposal* la sostanza di una proposta. **3** (*meaning, import*) significato *m.*, senso *m.*, portata *f.*, valore *m.* **4** (*solidity*) consistenza *f.*, solidità *f.*: *claims lacking in* ~ richieste prive di consistenza. **5** (*consistency, body*) consistenza *f.*, corpo *m.* **6** (*possessions, property*) sostanze *f.pl.*, patrimonio *m.*, beni *m.*, averi *m.pl.*: *to waste one's* ~ dilapidare le proprie sostanze. **7** (*Filos*) essenza *f.* □ ~ *abuse* abuso di sostanze stupefacenti; *in* ~: **1** sostanzialmente, fondamentalmente; **2** (*really*) in effetti, in sostanza, in realtà; *a man of* ~ un uomo agiato; (*Biol*) ~ *P* sostanza P.

sub-standard /sʌb'stændǝd *Am* sʌb'stændǝrd/ *a.* **1** al di sotto della norma, sotto la norma. **2** (*of goods*) scadente, di qualità inferiore. **3** (*Ling*) non standard.

substantial /sǝb'stænʃǝl/ *a.* **1** solido, stabile, consistente: *a* ~ *building* un edificio solido. **2** (*stout, strong*) robusto, forte, ben piantato,

solido. **3** (*of meals, food*) sostanzioso. **4** (*considerable*) considerevole, grande, notevole: *a* ~ *profit* un guadagno considerevole. **5** (*of arguments, evidence, etc.*) solido, ben fondato, valido. **6** (*wealthy*) ricco, agiato. **7** (*as regards the essential part*) sostanziale: *we are in* ~ *agreement* siamo sostanzialmente d'accordo. **8** (*real*) reale, effettivo. **9** (*of substance, matter*) materiale. **10** (*essential*) essenziale, fondamentale, sostanziale. **11** (*Filos*) sostanziale. **12** (*Dir*) materiale: ~ *right* diritto materiale.

substantialism /sǝb'stænʃǝlɪzǝm/ *n.* (*Filos*) sostanzialismo *m.*

substantialist /sǝb'stænʃǝlɪst/ *n.* (*Filos*) sostanzialista *m./f.*

substantiality /sǝb,stænʃi'ælǝti *Am* sǝb,stænʃi'ælǝti/ *n.* **1** corporeità *f.*, materialità *f.* **2** (*solid quality*) stabilità *f.*, solidità *f.*, consistenza *f.* **3** (*real value*) importanza *f.*, (effettivo) valore *m.*, sostanzialità *f.* **4** (*Filos*) sostanzialità *f.*

substantialize /sǝb'stænʃǝlaɪz/ *v.t.* rendere sostanziale, rendere reale, concretare.

substantially /sǝb'stænʃli/ *avv.* **1** sostanzialmente, fondamentalmente. **2** (*as regards essentials*) sostanzialmente, per ciò che concerne la sostanza: *it is* ~ *correct* è sostanzialmente corretto.

substantiate /sǝb'stænʃieɪt/ *v.t.* **1** dimostrare la fondatezza di, comprovare, convalidare, confermare. **2** (*to give reality to*) rendere sostanziale, rendere reale, concretare.

substantiation /sǝb,stænʃi'eɪʃǝn/ *n.* prova *f.*

substantival /,sʌbstǝn'taɪvǝl/ *a.* (*Gramm*) sostantivale.

substantive /'sʌbstǝntɪv *Am* 'sʌbstǝntɪv/ **I** *n.* (*Gramm*) sostantivo *m.* **II** *a.* **1** (*Gramm*) sostantivato. **2** (*real*) reale, effettivo. **3** (*significant*) sostanziale, importante, considerevole, sostanziale. □ (*Dir*) ~ *law* diritto sostanziale.

substantively /'sʌbstǝntɪvli *Am* 'sʌbstǝntɪvli/ *avv.* (*Gramm*) sostantivamente.

substation /'sʌb,steɪʃǝn/ *n.* **1** stazione *f.* secondaria, stazione *f.* sussidiaria. **2** (*El*) sottostazione *f.*

substitutability /'sʌbstɪtjuːtǝbɪlǝti *Am* 'sʌbstɪ tuːtǝbɪlǝti/ *n.* **1** sostituibilità *f.*, surrogabilità *f.* **2** (*Econ*) sostituzionalità *f.*, succedaneità *f.*

substitutable /'sʌbstɪtjuːtǝbl *Am* 'sʌbstɪ tuːtǝbl/ *a.* **1** sostituibile, rimpiazzabile, surrogabile. **2** (*Econ*) sostituzionale.

substitute /'sʌbstɪtjuːt *Am* 'sʌbstɪtuːt/ **I** *n.* **1** sostituto *m.* (*f.* -a), delegato (*f.* -a), supplente *m./f.* **2** (*Alim*) surrogato *m.*, succedaneo *m.* **3** (*Sport*) riserva *f.*: *to come on as a* ~ giocare come riserva. **II** *v.t.* sostituire, rimpiazzare, mettere al posto di: *to* ~ *one thing for another* sostituire una cosa con un'altra. **III** *v.i.* sostituire, fare da sostituto (*for* a), prendere il posto, fare le veci (di): *to* ~ *for so. on a committee* sostituire qcu. in un comitato. □ *to act as* ~ *for so.* fare le veci di qcu.; (*Sport*) ~ *'s bench* panchina (delle riserve).

substitution /,sʌbstɪ'tjuːʃǝn *Am* ,sʌbstǝ 'tuːʃǝn/ *n.* sostituzione *f.*

substitutional /,sʌbstɪ'tjuːʃǝnl *Am* ,sʌbstǝ 'tuːʃǝnl/ *a.* **1** sostitutivo, di sostituzione. **2** (*substitute*) supplente, che sostituisce.

substitutionary /,sʌbstɪ'tjuːʃǝnǝri *Am* ,sʌbstǝ'tuːʃǝneri/ *a.* **1** sostitutivo, di sostituzione. **2** (*substitute*) supplente, che sostituisce.

substitutive /'sʌbstɪtjuːtɪv *Am* 'sʌbstǝtuːtɪv/ *a.* **1** sostitutivo, di sostituzione. **2** (*serving as a substitute*) supplente, che sostituisce.

substratum /sʌb'strɑːtǝm, sʌb'streɪtǝm, 'sʌbstreɪtǝm/ (*pl.* **-ta** /sʌbstreɪtǝ *Am* 'sʌbstreɪtǝ/) *n.* **1** sostrato *m.*, strato *m.* sotto-

stante. **2** (*fig*) fondo *m.* **3** (*Sociol*) base *f.* **4** (*Geol,Agr*) sostrato *m.*; (*subsoil*) sottosuolo *m.*

substruction /sʌb'strʌkʃǝn/ *n.* (*Edil*) sostruzione *f.*

substructural /sʌb'strʌktʃǝrǝl/ *a.* (*Edil*) delle fondamenta, relativo alle fondamenta.

substructure /'sʌb,strʌktʃǝr/ *n.* **1** (*Edil*) fondazioni *f.pl.*, fondamenta *f.pl.* **2** (*Edil*) (*substruction*) sostruzione *f.* **3** (*fig*) fondamento *m.*, base *f.* **4** (*Ferr*) piano *m.* di posa.

subsumable /sǝb'sjuːmǝbl *Am* sǝb'suːmǝbl/ *a.* (*Filos*) sussumibile.

subsume /sǝb'sjuːm *Am* sǝb'suːm/ *v.t.* **1** includere in una categoria più vasta. **2** (*Filos*) sussumere (*into, under* a).

subsumption /sǝb'sʌmpʃǝn/ *n.* **1** inclusione *f.* in una categoria più vasta. **2** (*Filos*) sussunzione *f.*

subsystem /'sʌb,sɪstǝm/ *n.* (*Inform*) sottosistema *m.*

subtangent /sʌb'tændʒǝnt/ *n.* (*Geom*) sottotangente *f.*

subtenancy /sʌb'tenǝnsi/ *n.* subaffitto *m.*, sublocazione *f.*

subtenant /sʌb'tenǝnt/ *n.* subaffittuario *m.* (*f.* -a), sublocatario *m.* (*f.* -a).

subtend /sǝb'tend/ *v.t.* (*Geom*) sottendere.

subtense /sǝb'tens/ *n.* (*Geom*) corda *f.* che sottende un arco.

subterfuge /'sʌbtǝfjuː(d)ʒ *Am* 'sʌbtǝr fjuː(d)ʒ/ *n.* **1** raggiro *m.*, maneggio *m.*, inganno *m.* **2** (*deceptive device, stratagem*) sotterfugio *m.*, stratagemma *m.*, astuzia *f.*

subterminal /'sʌbtɜːmɪnl *Am* 'sʌbtɜːrmɪnl/ *a.* (*Tecn*) subterminale: ~ *band* banda subterminale.

subterrain, subterrane /'sʌbtǝreɪn/ *n.* sotterraneo *m.*

subterranean /,sʌbtǝr'eɪniǝn *Am* ,sʌbtǝ 'reɪniǝn/, **subterraneous** /,sʌbtǝr'eɪniǝs *Am* ,sʌbtǝ'reɪniǝs/ *a.* **1** sotterraneo. **2** (*fig*) segreto, celato, nascosto.

subterraneously /,sʌbtǝr'eɪniǝsli *Am* ,sʌbtǝ 'reɪniǝsli/ *avv.* sotto terra.

subtext /'sʌbtekst/ *n.* (*Lett*) significato *m.* sottinteso, allusione *f.* celata.

subtile /'sʌtǝl *Am* 'sʌtl, 'sʌbtɪl/ *a.* (*rar*) → **subtle**.

subtilise /'sʌtǝlaɪz/ **I** *v.t.* (*Br*) **1** sottilizzare su, cavillare su. **2** (*of the mind, senses*) acuire, affinare. **II** *v.i.* (*Br*) sottilizzare, cavillare, sofisticare.

subtilization /,sʌtǝlaɪ'zeɪʃǝn *Am* ,sʌtǝlɪ'zeɪ ʃǝn/ *n.* sottigliezza *f.*, sofisma *m.*, cavillo *m.*

subtilize /'sʌtǝlaɪz *Am* 'sʌtǝlaɪz/ **I** *v.t.* **1** sottilizzare su, cavillare su. **2** (*of the mind, senses*) acuire, affinare. **II** *v.i.* sottilizzare, cavillare, sofisticare.

subtitle /'sʌb,taɪtl *Am* 'sʌb,taɪtl/ **I** *n.* **1** sottotitolo *m.*, titolo *m.* alternativo. **2** (*Cin*) sottotitolo *m.*, didascalia *f.* **II** *v.t.* **1** dare un sottotitolo a. **2** (*Cin*) mettere sottotitoli a, provvedere di didascalie.

subtle /'sʌtl *Am* 'sʌtl/ *a.* **1** (*difficult to perceive*) impercettibile, inafferrabile, sottile: *a* ~ *difference* una differenza impercettibile. **2** (*light*) tenue, sottile, debole: *a* ~ *perfume* un profumo tenue. **3** (*perceptive*) sottile, acuto, perspicace, penetrante: *a* ~ *observer* un osservatore acuto. **4** (*sensitive*) sensibile. **5** (*skilful*) abile, destro: *a* ~ *negotiator* un abile negoziatore. **6** (*devious, cunning*) astuto, scaltro, accorto, furbo.

subtleness /'sʌtlnes *Am* 'sʌtlnes/, **subtlety** /'sʌtlti *Am* 'sʌtlti/ *n.* **1** tenuità *f.*, sottigliezza *f.* **2** (*quality of being difficult to perceive*) impercettibilità *f.*, inafferrabilità *f.* **3** (*obscurity*) austerità *f.*, oscurità *f.* **4** (*fine-drawn distinction*) sottigliezza *f.*, sofisticheria *f.* **5**

(*mental acuteness*) acutezza *f.*, sottigliezza *f.*, finezza *f.*, perspicacia *f.*: *a writer of great* ~ uno scrittore di grande acutezza. **6** (*sensitivity*) sensibilità *f.* **7** (*skilfulness*) abilità *f.*, destrezza *f.* **8** (*deviousness*) astuzia *f.*, scaltrezza *f.*, furberia *f.*

subtly /ˈsʌtli Am ˈsʌtli/ *avv.* **1** sottilmente, argutamente. **2** (*skilfully*) abilmente, destramente. **3** (*deviously*) furbamente, scaltramente.

subtonic /sʌbˈtɒnɪk Am sʌbˈtɑːnɪk/ *n.* (*Mus*) (*leading note*) sensibile *f.*, nota *f.* sensibile.

subtotal /ˈsʌbˌtəʊtəl Am ˈsʌbˌtəʊtəl/ *n.* subtotale *m.*

subtract /səbˈtrækt/ **I** *v.t.* **1** sottrarre, detrarre, levar via, togliere. **2** (*Mat*) sottrarre: *to* ~ *six from ten* sottrarre sei da dieci. **II** *v.i.* fare una sottrazione.

subtracter /səbˈtræktər/ *n.* sottrattore *m.*, dispositivo *m.* di sottrazione.

subtraction /səbˈtrækʃən/ *n.* **1** sottrazione *f.*, detrazione *f.* **2** (*Mat,Filos*) sottrazione *f.*

subtractive /səbˈtræktɪv/ *a.* (*Mat,Fot,Fis*) sottrattivo.

subtrahend /ˈsʌbtrəhend/ *n.* (*Mat*) sottraendo *m.*

subtropic /sʌbˈtrɒpɪk Am sʌbˈtrɑːpɪk/, **subtropical** /sʌbˈtrɒpɪkəl Am sʌbˈtrɑːpɪkəl/ *a.* (*Geog*) subtropicale.

subtropics /sʌbˈtrɒpɪks Am sʌbˈtrɑːpɪks/ *n.pl.* (*Geog*) regioni *f.pl.* subtropicali.

suburb /ˈsʌbɜːb Am ˈsʌbɜːrb/ *n.* **1** sobborgo *m.*, zona *f.* periferica, periferia *f.* **2** *pl.* periferia *f.sing.*, sobborghi *m.pl.*, suburbio *m.sing.*: *to live in the -s* vivere in periferia.

suburban /səˈbɜːbən Am səˈbɜːrbən/ **I** *a.* **1** suburbano. **2** (*fig*) provinciale, gretto. **II** *n.* abitante *m./f.* dei sobborghi.

suburbanite /səˈbɜːbənaɪt Am səˈbɜːrbənaɪt/ *n.* abitante *m./f.* dei sobborghi.

suburbanize /səˈbɜːbənaɪz Am səˈbɜːrbənaɪz/ *v.t.* trasformare in sobborgo, trasformare in quartiere suburbano.

suburbia /səˈbɜːbɪə Am səˈbɜːrbɪə/ *n.* **1** suburbio *m.*, periferia *f.*, sobborghi *m.pl.* **2** (*suburbanites*) abitanti *m.pl.* dei sobborghi. **3** (*suburban manners, etc.*) usi e costumi *m.pl.* (tipici) degli abitanti dei sobborghi.

subvention /səbˈvenʃən/ *n.* sovvenzione *f.*, sussidio *m.*

subversion /səbˈvɜːʃən, sʌbˈvɜːʒən Am səbˈvɜːrʃən, sʌbˈvɜːrʒən/ *n.* eversione *f.*, sovversione *f.*, sovvertimento *m.*, rovesciamento *m.* dell'ordine costituito.

subversionary /səbˈvɜːʃənri, sʌbˈvɜːʒənri Am səbˈvɜːrʃəneri, sʌbˈvɜːrʒəneri/, **subversive** /səbˈvɜːsɪv Am səbˈvɜːrsɪv/ **I** *a.* sovversivo, sovvertitore. **II** *n.* sovversivo *m.* (*f.* -a).

subversively /səbˈvɜːsɪvli Am səbˈvɜːrsɪvli/ *avv.* in modo sovversivo, in modo sovvertitore.

subversiveness /səbˈvɜːsɪvnəs Am səbˈvɜːrsɪvnəs/ *n.* sovversionismo *m.*

subvert /səbˈvɜːt Am səbˈvɜːrt/ *v.t.* **1** sovvertire, rovesciare, abbattere: *to* ~ *the established order* sovvertire l'ordine costituito. **2** (*to corrupt*) corrompere, pervertire, sovvertire.

subverter /sʌbˈvɜːtər Am sʌbˈvɜːrtər/ *n.* eversore *m.*, sovvertitore *m.* (*f.* -trice).

subway /ˈsʌbweɪ/ *n.* **1** (*Strad*) sottopassaggio *m.* **2** (*Am*) (*underground*) metropolitana *f.*, ferrovia *f.* sotterranea.

succade /sʌˈkeɪd/ *n.* (*Dolc*) frutta *f.* candita.

succeed /səkˈsiːd/ **I** *v.t.* **1** seguire a, succedere a, venire dopo. **2** (*to come after in an office, etc.*) succedere a, subentrare a. **II** *v.i.* **1** riuscire, avere successo: *the plot -ed* la

congiura riuscì. **2** (*to be sucessful, to prosper*) riuscire, avere successo, prosperare: *to* ~ *at school* riuscire a scuola; *to* ~ *in one's career* avere successo nella (propria) carriera. **3** (*to follow in order, time*) seguire, subentrare, venire dopo. **4** (*to be the successor*) succedere, subentrare (*to* a). □ *to* ~ *in one's object* riuscire nel proprio intento; (*fig*) *to* ~ *to the crown* succedere al trono, salire al trono.

succeeding /səkˈsiːdɪŋ/ *a.* successivo, seguente: *the* ~ *weeks* le settimane successive.

success /səkˈses/ *n.* **1** (buona) riuscita *f.*, affermazione *f.*: ~ *and failure* successo e fallimento. **2** (*sth. that succeeds*) successo *m.*, cosa *f.* ben riuscita. **3** (*achievement of wealth, fame, etc.*) successo *m.* □ *to make a* ~ *of sth.* fare di qcs. un successo; ~ *rate* percentuale di studenti promossi; ~ *story* persona di grande successo, cosa di successo; *with* ~ con successo; *without* ~ invano, senza successo, inutilmente.

successful /səkˈsesfəl, səkˈsesful/ *a.* **1** riuscito, coronato da successo: *a* ~ *experiment* un esperimento riuscito; *we were* ~ *in persuading him* riuscimmo a persuaderlo. **2** (*of people*) che ha successo. **3** (*having attained wealth, fame, etc.*) di successo, arrivato: *a* ~ *writer* uno scrittore di successo.

successfully /səkˈsesfəli, səkˈsesfuli/ *avv.* con successo.

successfulness /səkˈsesfəlnəs, səkˈsesfulnəs/ *n.* riuscita *f.*, l'aver (avuto) successo.

succession /səkˈseʃən/ *n.* **1** il susseguirsi, successione *f.*: *the* ~ *of events* il susseguirsi degli avvenimenti. **2** (*group of things, events succeeding each other*) serie *f.*, sequenza *f.*, sequela *f.*, successione *f.*: *a* ~ *of fine days* una serie di belle giornate. **3** (*act of following so. in an office, etc.*) successione *f.*: *the* ~ *to the throne* la successione al trono. **4** (*order*) ordine *m.* di successione, successione *f.* **5** (*Dir*) successione *f.*; (*estate*) eredità *f.* **6** (*series of descendants, heirs*) eredi *m.pl.*, discendenti *m.pl.* □ (*Agr*) ~ *crops* successione delle colture, rotazione; (*Dir*) ~ *duty* imposta di successione; *in* ~ di seguito, in successione; (*Pol*) ~ *of States* successione tra stati.

successional /səkˈseʃənəl/ *a.* **1** della successione, relativo alla successione. **2** (*in a regular order*) consecutivo, successivo.

successive /səkˈsesɪv/ *a.* successivo, consecutivo: *it rained for the sixth* ~ *day* è piovuto per il sesto giorno consecutivo.

successively /səkˈsesɪvli/ *avv.* consecutivamente, di seguito, successivamente.

successiveness /səkˈsesɪvnəs/ *n.* l'essere continuo, l'essere ininterrotto.

successor /səkˈsesər/ *n.* successore *m.* (*of so., to so.* di qcu.; *to sth.* a qcs.); (*heir*) erede *m./f.*: *Henry VIII's* ~ il successore di Enrico VIII.

succinct /səkˈsɪŋ(k)t/ *a.* conciso, breve, succinto.

succinctly /səkˈsɪŋ(k)tli/ *avv.* succintamente, in breve.

succinctness /səkˈsɪŋ(k)tnəs/ *n.* succintezza *f.*, concisione *f.*, brevità *f.*, stringatezza *f.*

succinic /səkˈsɪnɪk/ *a.* **1** di ambra. **2** (*Chim*) succinico: ~ *acid* acido succinico.

succor /ˈsʌkər/ **I** *n.* (*Am*) soccorso *m.*, aiuto *m.*, assistenza *f.* **II** *v.t.* (*Am*) aiutare, soccorrere.

succotash /ˈsʌkətæʃ/ *n.* (*Am,Gastron*) piatto *m.* di granturco e fagioli.

succour /ˈsʌkər/ **I** *n.* soccorso *m.*, aiuto *m.*, assistenza *f.* **II** *v.t.* aiutare, soccorrere.

succuba /ˈsʌkjəbə/ *n.* (*pl.* **-bae** /-biː/) *n.* **1** (*Folcl*)

succube *m.* **2** (*estens*) demone *m.*, spirito *m.* demoniaco.

succubus /ˈsʌkjəbəs/ (*pl.* **-bi** /-baɪ/) *n.* **1** (*Folcl*) succube *m.* **2** (*estens*) demone *m.*, spirito *m.* demoniaco.

succulence /ˈsʌkjələns/, **succulency** /ˈsʌkjələnsi/ *n.* succulenza *f.*, succosità *f.*

succulent /ˈsʌkjələnt/ *a.* **1** succulento, succoso, sugoso. **2** (*Bot*) succulento, grasso.

succulently /ˈsʌkjələntli Am ˈsʌkjələntli/ *avv.* in modo succulento.

succumb /səˈkʌm/ *v.i.* **1** cedere, soccombere, soggiacere (*to* a): *to* ~ *to temptation* cedere alla tentazione. **2** (*to die*) soccombere, morire.

succursal /səˈkɜːsəl Am səˈkɜːrsəl/ *a.* succursale.

such /sʌtʃ/ **I** *a.* **1** simile, tale, siffatto, di tal fatta, del genere: ~ *people are dangerous* gente simile è pericolosa; *he would never stoop to* ~ *a trick* non si abbasserebbe mai a un trucco del genere. **2** (*similar*) simile, del genere, similare: *is there* ~ *a book in English?* c'è un libro simile in inglese?; *ink, paper and other* ~ *items* inchiostro, carta e altre cose del genere. **3** (*of the degree to be indicated: used correlatively with that*) tale, tanto: *he spoke with* ~ *passion that he convinced us all* parlò con tanta passione da convincerci tutti. **4** (*being as indicated*) tale, così, siffatto: ~ *was the situation* tale era la situazione. **5** (*used to avoid repetition*) tale: *his arrogance, if it is* ~, *has a very simple explanation* la sua arroganza, se è tale, ha una spiegazione molto semplice. **6** (*intens*) così grande, tale, tanto: *I have never heard* ~ *nonsense* non ho mai sentito sciocchezze così grandi. **7** (*not specified, such and such*) certo, tale, determinato (ma non specificato): *in* ~ *a place and at* ~ *a time* in un certo posto e a una certa ora. **II** *pron.* **1** questo, tale: ~ *was not my intention* questa non era la mia intenzione. **2** (*suchlike*) simile, siffatto, di tal sorta. **3** (*colloq*) (*the thing or person mentioned*) *not translated*: *he claims to be a friend but he is not* ~ si proclama amico ma non lo è. □ ~ *a one* : 1 un tale; 2 (*rar*) (*such and such*) il tale, il tal dei tali; (*Br,fig*) *to* ~ *a pitch that...* a tal punto che...; *all* ~ : 1 simile, siffatto: *all* ~ *injustices must be removed* simili ingiustizie devono scomparire; 2 (*used pronominally*) tutti quelli che: *all* ~ *as believe in justice* tutti quelli che credono nella giustizia; *and* ~ e simili, e così via: *tea and coffee and* ~ tè, caffè e simili; ~ *and* ~ : 1 tale, certo, determinato (ma non specificato): *at* ~ *and* ~ *time* alla tale ora; ~ *and* ~ *a kind of people* un certo tipo di persone; 2 (*used pronominally*) quella tal cosa: *he maintained that* ~ *and* ~ *was not true* sosteneva che quella tal cosa non era vera; 3 (*so. not specified*) il tale, il tal dei tali; ~ *as* : 1 (*like*) come: *this is my house,* ~ *as it is* questa è la mia casa, se così si può chiamare; *the offer,* ~ *as it was, was refused* l'offerta, così com'era, fu respinta; 2 (*of the kind that*) come, del genere che; 3 (*for example*) per esempio; 4 (*those things which*) quelle cose che, le cose che; 5 (*those people who*) quelli che, coloro che; ~ *as to* : tale da; ~ *being the case* stando così le cose; ~ *is life !* così è la vita!; ~ *is the world !* così va il mondo!; *and* ~ *like* e (cose) simili, e via dicendo, e così via; *no* ~ nessuno del genere, niente del genere; (*colloq*) *no* ~ *luck!* figurati!, macché!; ~ *that* tale da, tale che. *Prov.*: *there's no* ~ *thing as a free lunch* nessuno ti dà niente per niente.

suchlike /ˈsʌtʃlaɪk/ **I** *a.* (*colloq*) simile, siffatto, di tal sorta. **II** *pron.* **1** (*people*) persone *f.pl.* simili, persone *f.pl.* del genere. 2 (*things*) cose *f.pl.* simili, cose *f.pl.* del genere.

suck /sʌk/ I *n.* 1 succhiamento *m.*, succhiata *f.* 2 (*sucking force*) risucchio *m.* 3 (*sound of sucking*) gorgoglio *m.* 4 (*sip*) sorso *m.* 5 (*milk from the breast*) poppata *f.* 6 (*sl*) (*obsequious person*) adulatore *m.* (*f.* -trice) servile, leccapiedi *m./f.* II *v.t.* 1 succhiare (*from* da): *insects ~ honey from flowers* gli insetti succhiano il miele dai fiori. 2 (*from a breast, an udder*) succhiare, poppare. 3 (*to draw by suction*) aspirare (*from* da; *through* con): *the pumps -ed the water out of the hold* le pompe aspiravano l'acqua dalla stiva. 4 (*to draw by absorption*) assorbire, succhiare. 5 (*of air*) inspirare. 6 (*fig*) prendere, trarre: *to ~ strength from so.'s presence* trarre forza dalla presenza di qcu. III *v.i.* 1 succhiare. 2 (*to draw milk from the breast, udder*) poppare, succhiare il latte. 3 (*sl,volg*) (*to be of poor quality*) fare schifo, essere repellente, essere schifoso: *the weather -s* il tempo è schifoso. 4 (*Tecn*) (*of a pump*) aspirare aria. □ *to be at ~* (*of a baby*) poppare; (*colloq*) *to ~ so.'s brains* sfruttare le idee di qcu.; *to ~ dry*: 1 succhiare sino in fondo, succhiare sino all'ultima goccia; 2 (*fig*) esaurire, sfinire; *to ~ an egg* bere un uovo (crudo); (*fig*) *to teach one's grandmother to ~ eggs* dare consigli a chi ha molta più esperienza di noi; *to give ~* (*to*) dare il latte (a), allattare; *to ~ in*: 1 aspirare; 2 (*fig*) imbeversi di, assorbire, assimilare: *to ~ in knowledge* imbeversi di sapere; 3 (*sl*) (*to swindle*) imbrogliare, raggirare, truffare; (*pop*) fregare; (*sl*) *to ~ it up* tenere duro; *to ~ out* aspirare, succhiare (*from* da); (*colloq*) *that -s!* che iella!; (*Am,colloq*) *it -s to be me* scusa se esisto, faccio davvero schifo; *to ~ up*: 1 aspirare; 2 (*to absorb*) assorbire; (*sl*) *to ~ up to* (*to flatter, to fawn on*) adulare sfacciatamente, leccare i piedi a; (*colloq,scherz*) fare una sviolinata a.

sucker /ˈsʌkər/ I *n.* 1 succhiatore *m.* (*f.* -trice). 2 (*suckling*) lattante *m./f.*, poppante *m./f.* 3 (*colloq*) (*dupe*) sempliciotto *m.* (*f.* -a), babbeo *m.* (*f.* -a), citrullo *m.* (*f.* -a). 4 (*colloq*) patito *m.*, persona *f.* che ha un debole per: *I'm a ~ for old black and white movies* ho un debole per i vecchi film in bianco e nero. 5 (*colloq*) affare *m.*, aggeggio *m.*, roba *f.* 6 (*colloq*) (*lollipop*) lecca lecca *m.*; (*boiled sweet*) caramella *f.* (dura). 7 (*rubber disk that adheres by suction*) ventosa *f.* 8 (*Zool*) ventosa *f.* 9 (*Entom*) succhiatoio *m.* 10 (*pipe, tube through which sth. is sucked*) tubo *m.* di aspirazione. 11 (*Mecc*) pistone *m.* (valvolato); (*valve*) valvola *f.* di pistone. 12 (*Bot*) pollone *m.*, succhione *m.* II *v.t.* (*Bot*) togliere i polloni a, togliere i succhioni a. III *v.i.* (*Bot*) mettere polloni, mettere succhioni. □ (*colloq*) *to be a ~ for* essere un patito di, avere il pallino di, avere una un debole per, avere una passione per; (*colloq*) *to play so. for a ~* imbrogliare qcu.; (*pop*) far fesso qcu., fregare qcu.; (*Am,colloq*) *to ~ punch* colpire alle spalle, attaccare a sorpresa.

Sucker /ˈsʌkər/ *n.* (*Am,colloq*) (*Illinoisan*) abitante *m./f.* dell'Illinois.

suckfish /ˈsʌkfɪʃ/ *n.* (*Itt*) remora *f.*

sucking /ˈsʌkɪŋ/ *a.* 1 lattante, poppante. 2 (*very young*) molto giovane; (*colloq*) lattante. □ (*Zootecn*) *~ lamb* agnello da latte; (*Zootecn*) *~ pig* lattonzolo, porcellino da latte.

suckle /ˈsʌkl/ *v.t.* allattare, dare il latte a.

suckler /ˈsʌklər/ *n.* chi allatta, allattatrice *f.*, nutrice *f.*

suckling /ˈsʌklɪŋ/ *n.* 1 lattante *m./f.*, poppante *m./f.* 2 (*young animal*) animale *m.* da latte.

3 (*fig*) inesperto *m.* (*f.* -a), novellino *m.* (*f.* -a).

sucky /ˈsʌki/ *a.* (*Am,sl*) 1 succhiabile, che si può succhiare. 2 (*fig*) sdolcinato, smancinoso, svenevole, stucchevole, ossequioso, servile. 3 (*sl*) (*horrible*) brutto, disgustoso, che fa schifo, spregevole, pessimo.

sucrose /ˈsuːkrous/ *n.* (*Chim*) saccarosio *m.*

suction /ˈsʌkʃən/ I *n.* 1 succhiamento *m.* 2 (*Mot*) aspirazione *f.*, suzione *f.*: *by ~* per aspirazione. II *v.t.* risucchiare, aspirare. □ (*Tecn*) *~ apparatus* aspiratore; (*Tecn*) *~ chamber* camera di aspirazione; *~ cup* coppetta di suzione, ventosa; *~ fan* ventilatore di aspirazione, aspiratore; *~ head* (*of a pump*) altezza di aspirazione; *to ~ off* risucchiare, aspirare; *~ pad* tampone; (*Dent*) *~ plate* palato (di protesi) a ventosa; (*Mecc*) *~ pump* pompa aspirante; (*Tecn*) *~ valve* valvola di aspirazione.

SUD *Sudan* SUD (Sudan).

Sudan /suːˈdɑːn/ *n.pr.* (*Geog*) Sudan *m.*

Sudanese /ˌsuːdəˈniːz/ I *n.inv.* 1 (*costr.pl.*) (*people*) sudanesi *m./f.pl.* 2 (*person*) sudanese *m./f.* II *a.* sudanese.

sudanic /suːˈdænɪk/ *a.* (*Ling*) sudanese.

sudarium /sjuːˈdeəriəm/ (*pl.* -ria /-riə/) *n.* (*Stor.rom*) sudario *m.*

sudatorium /ˌsjuːdəˈtɔːriəm/ (*pl.* -ria /-riə/) *n.* 1 sudatorio *m.*, stanza *f.* riscaldata per la sudorazione. 2 (*Archeol*) sudatorio *m.*

sudatory /ˈsjuːdətəri* Am* ˈsjuːdətɔːri/ I *a.* sudorifero, sudorifico. II *n.* 1 sudatorio *m.*, stanza *f.* riscaldata per la sudorazione. 2 (*Archeol*) sudatorio *m.*

sudden /ˈsʌdən/ I *a.* 1 improvviso, subitaneo, repentino: *a ~ noise* un rumore improvviso. 2 (*unexpected*) improvviso, imprevisto, inaspettato. II *avv.* (*poet*) immediatamente, subito. □ *all of a ~* improvviso, all'improvviso, tutt'a un tratto; *~ death*: 1 morte improvvisa; 2 (*Sport*) spareggio che termina non appena una squadra segna il punto decisivo; (*Med*) *~ infant death syndrome* sindrome di morte infantile improvvisa; (*scherz*) *this is so ~* mi prendi alla sprovvista, mi cogli impreparato.

suddenly /ˈsʌdənli/ *avv.* 1 improvvisamente, all'improvviso, d'un tratto, tutt'a un tratto: *I ~ realized my mistake* improvvisamente mi resi conto del mio errore. 2 (*abruptly*) bruscamente, improvvisamente, di colpo: *the road curved ~* la strada voltava bruscamente.

suddenness /ˈsʌdənnəs/ *n.* 1 subitaneità *f.*, repentinità *f.* 2 (*abruptness*) l'essere brusco, l'essere improvviso.

sudoral /ˈsjuːdərəl* Am* ˈsuːdərəl/ *a.* (*Med*) sudorale.

sudoriferous /ˌsjuːdəˈrɪfərəs* Am* ˌsuːdəˈrɪfərəs/ *a.* (*Anat*) sudorifero, sudoriparo.

sudorific /ˌsjuːdəˈrɪfɪk* Am* ˌsuːdəˈrɪfɪk/ I *a.* (*Med*) sudorifero, diaforetico. II *n.* (*Farm*) sudorifero *m.*, diaforetico *m.*

suds /sʌdz/ *n.pl.* 1 saponata *f.sing.*, schiuma *f.sing.*; (*soapy water*) saponata *f.sing.* 2 (*sl*) (*beer*) birra *f.sing.*

sudsy /ˈsʌdzi/ *a.* saponoso, saponata: *~ dishes* piatti saponosi; *~ water* saponata.

sue /suː Br also sjuː/ I *v.t.* 1 (*Dir*) citare (in giudizio), chiamare in giudizio: *to ~ so. for libel* citare qcu. per diffamazione. 2 (*Dir*) (*of a court*) adire. 3 (*Dir*) (*of an action*) intentare. 4 (*to make petition to*) supplicare, implorare. 5 (*ant*) (*to court*) corteggiare, fare la corte. II *v.i.* 1 (*Dir*) intentare (una) causa. 2 (*to make a request, petition*) chiedere, sollecitare. 3 (*ant*) (*to court*) corteggiare, fare la corte a. □ (*Dir*) *to ~ for damages* intentare una causa per danni; *to ~ so. for damages*

citare qcu. per danni; (*Dir*) *to ~ for a divorce* iniziare una causa di divorzio; (*Dir*) *to ~ out* (*of a writ, etc.*) ottenere dietro istanza.

Sue /sjuː/ *n.pr.f. dim. di* Susan.

suede, suède /sweɪd/ I *n.* (*Pell*) pelle *f.* scamosciata. II *a.* (*Pell*) di pelle scamosciata: *~ shoes* scarpe di pelle scamosciata.

suet /ˈsuːɪt* Br also* ˈsjuːɪt/ *n.* (*Alim*) grasso *m.* di rognone di bue, grasso *m.* di rognone di pecora.

Suetonius /swɪˈtouniəs* Am* swiːˈtouniəs/ *n.pr.m.* (*Stor.rom*) Svetonio.

Suez /ˈsuːɪz* Am* suːˈez/ *n.pr.* (*Geog*) Suez *f.*: *~ Canal* canale di Suez.

suff. 1 *sufficient* suff. (sufficiente). 2 (*Ling*) *suffix* suff. (suffisso).

suffer /ˈsʌfər/ I *v.t.* 1 soffrire, patire: *to ~ hunger* soffrire la fame. 2 (*to be forced to undergo*) subire, patire: *to ~ imprisonment* subire la prigione; *to ~ a wrong* patire un torto. 3 (*to tolerate*) sopportare, tollerare: *how can you ~ such insolence?* come puoi sopportare una simile insolenza? 4 (*to allow*) lasciare, permettere: (*Bibl*) *~ little children to come unto me* lasciate che i fanciulli vengano a me. II *v.i.* 1 soffrire, patire: *the patient -ed terribly* il paziente soffriva terribilmente. 2 (*to be afflicted*) soffrire (*from* di, a causa di): *to ~ from headaches* soffrire di mal di testa. 3 (*to sustain injury, to damage*) soffrire, subire danno, essere danneggiato. 4 (*to be object of action*) subire. 5 (*to be punished*) essere punito. 6 (*ant*) (*of a condemned man*) essere giustiziato. □ *to ~ death* morire (martire o giustiziato); *to ~ defeat* subire una sconfitta; *to ~ fools gladly* sopportare pazientemente le persone stupide; *to ~ hell on earth* patire le pene dell'inferno, soffrire le pene dell'inferno; *to ~ in one's pocket* rimetterci di tasca propria; *to ~ pain* soffrire; *to ~ torment* (o *to ~ torments*) soffrire le pene dell'inferno.

sufferable /ˈsʌfərəbl/ *a.* sopportabile, tollerabile.

sufferably /ˈsʌfərəbli/ *avv.* sopportabilmente.

sufferance /ˈsʌfərəns/ *n.* 1 tacito consenso *m.*, tacito assenso *m.*, acquiescenza *f.* 2 (*tolerance*) tolleranza *f.* 3 (*Econ*) lettera *f.* di esenzione dai diritti doganali. 4 (*rar*) (*act of suffering*) sofferenza *f.* □ *on ~* (*of people*) tollerato, sopportato.

sufferer /ˈsʌfərər/ *n.* 1 vittima *f.* 2 (*one afflicted with sth.*) chi soffre, sofferente *m./f.*, malato *m.* (*f.* -a) (*from* di).

suffering /ˈsʌfərɪŋ/ I *n.* 1 sofferenza *f.* 2 (*affliction*) dolore *m.*, sofferenza *f.*, patimento *m.*: *to endure great ~* sopportare grandi dolori. II *a.* sofferente.

suffice /səˈfaɪs/ I *v.t.* 1 essere sufficiente a, bastare a. 2 (*of a want*) soddisfare, appagare. II *v.i.* essere sufficiente, bastare: *a hundred pounds will ~* cento sterline saranno sufficienti; *your word will ~* basta la tua parola; *~ it to say that* basti dire che.

sufficiency /səˈfɪʃənsi/ *n.* 1 sufficienza *f.*, l'essere sufficiente. 2 (*state of being adequate*) adeguatezza *f.* 3 (*sth. that is enough*) quantità *f.* sufficiente: *to eat a ~* mangiare in quantità sufficiente. 4 (*adequate financial means*) necessario *m.* per vivere, mezzi *m.pl.* sufficienti per vivere: *his job gives him a ~* il suo lavoro gli dà il necessario per vivere. 5 (*ant*) (*capacity*) abilità *f.*, capacità *f.*

sufficient /səˈfɪʃənt/ *a.* 1 sufficiente, bastante. 2 (*ant*) (*competent*) competente. II *n.* sufficiente *m.*, quantità *f.* sufficiente. □ *Prov.*: (*Bibl*) *~ unto the day is the evil thereof* basta a ogni giorno la sua pena.

sufficiently /sə'fɪʃəntli Am sə'fɪʃəntḷi/ avv. sufficientemente, a sufficienza, abbastanza.

suffix /'sʌfɪks/ I n. (Ling) suffisso m. II v.t. (Ling) suffigere, suffissare.

suffixation /ˌsʌfɪks'eɪʃən/ n. (Ling) suffissazione f.

suffocate /'sʌfəkeɪt/ I v.t. 1 soffocare, asfissiare, privare dell'aria. 2 (to kill by depriving of air) soffocare, strangolare, strozzare. 3 (fig) soffocare, domare, reprimere: to ~ opposition soffocare l'opposizione. II v.i. 1 sentirsi soffocare, boccheggiare. 2 (to die by suffocation) morire per soffocamento, morire per asfissia.

suffocating /'sʌfəkeɪtɪŋ Am 'sʌfəkeɪṭɪŋ/ a. soffocante, asfissiante, opprimente: ~ heat caldo soffocante (anche fig).

suffocatingly /'sʌfəkeɪtɪŋli Am 'sʌfəkeɪṭɪŋli/ avv. soffocantemente, asfissiantemente, in maniera opprimente.

suffocation /ˌsʌfə'keɪʃən/ n. 1 soffocamento m., soffocazione f. 2 (Med) asfissia f.: death by ~ morte per asfissia.

Suffolk /'sʌfək/ n.pr. (Geog) Suffolk m.

suffragan /'sʌfrəgən/ I a. (Dir.can) suffraganeo. II n. (Dir.can) vescovo m. suffraganeo. □ (Dir.can) ~bishop vescovo suffraganeo.

suffraganship /'sʌfrəgənʃɪp/ n. (Dir.can) suffraganeità f.

suffrage /'sʌfrɪdʒ/ n. 1 suffragio m., diritto m. di voto. 2 (vote) suffragio m., voto m. 3 (ant) (approval) approvazione f., parere m. favorevole, suffragio m. 4 pl. (Teol) suffragio m.sing.

suffragette /ˌsʌfrə'dʒet/ n. suffragetta f.

suffragist /'sʌfrədʒɪst/ n. suffragista m./f.

suffumigate /sʌf'juːmɪgeɪt/ v.t. suffumicare, suffumigare.

suffuse /sə'fjuːz/ v.t. 1 colorire (delicatamente), cospargere; (lett) soffondere: the cold light of dawn -d the sky la fredda luce dell'alba colorì il cielo; her cheeks were -ed with blushes le sue guance erano soffuse di rossore. 2 (to pour over, to overspread) bagnare, inondare.

suffusion /sə'fjuːʒən/ n. 1 il cospargere, coloritura f. (leggera). 2 (Med) soffusione f. 3 (colouring spread over a surface) colore m. diffuso. 4 (over the face) rossore m.

Sufi /'suːfi/ I n. (Rel.islam) sufi m./f., sufita m./f. II a. (Rel.islam) sufi, sufico, sufita.

Sufic /'suːfik/ a. (Rel.islam) sufi, sufico.

Sufism /'suːfɪzəm/ n. (Rel.islam) sufismo m.

Sufistic /ˌsuːf'ɪstɪk/ a. (Rel.islam) sufi, del sufismo.

sugar /'ʃugər/ I n. 1 zucchero m.: beet ~ zucchero di barbabietola. 2 (colloq) (beautiful girl) bella ragazza f., bellezza f. 3 (as a term of address) dolcezza f. (mia), amore m., tesoro m. 4 (sl) droga f., narcotico m. (spec. eroina e LSD). II v.t. 1 zuccherare, inzuccherare. 2 (fig) inzuccherare, addolcire, raddolcire: to ~ the pill inzuccherare la pillola. III v.i. 1 formare zucchero. 2 (fig) (to granulate) formare granuli, divenire granulare. 3 (fig) (to make sugar or syrup from sugar maple sap) produrre zucchero (o sciroppo) dalla linfa dell'acero da zucchero. □ (Br) ~ basin zuccheriera f.; (Bot) ~ beet barbabietola da zucchero; (Br) ~ bowl zuccheriera f.; ~ bush bosco di aceri da zucchero; ~candy zucchero candito (Bot) ~ cane canna da zucchero; ~cube zucchero in zollette, zolletta f.; (sl) ~ daddy vecchio ricchissimo che colma di regali una giovane donna; (Med,colloq) ~diabetes diabete mellito; (Med,colloq) ~disease diabete mellito; ~loaf : 1 pan di zucchero; 2 (Geog) montagna a forma di pan di zucchero; ~ lump zuccherino, zolletta di zuc-

chero; ~ maple : 1 (Bot) acero da zucchero, acero del Canada; 2 (wood) acero del Canada; ~ mill zuccherificio (per zucchero di canna); (Chim) ~of lead acetato di piombo; ~of milk lattosio; to ~off produrre zucchero (o sciroppo) dalla linfa dell'acero da zucchero; (Bot,Alim) ~pea pisello; (Bot) ~pine pinus lambertiana; ~plantation piantagione di canna da zucchero; ~refinery raffineria di zucchero; ~sifter spolverino; (Bot,Alim) ~snap pea taccola, pisello mangiatutto; (Bot, Alim) ~ snaps tipo di taccola; ~ spoon cucchiaino da zucchero; ~tongs mollette per lo zucchero; ~tree : 1 (Bot) acero da zucchero, acero del Canada; 2 (wood) acero del Canada.

sugar-coat, sugarcoat /'ʃugəkout Am 'ʃugərkout/ v.t. 1 ricoprire di zucchero, confettare. 2 (fig) addolcire, raddolcire, inzuccherare.

sugar-coated /'ʃugəkoutɪd Am 'ʃugərkoutɪd/ a. 1 ricoperto di zucchero. 2 (fig) addolcito, raddolcito, inzuccherato.

sugared /'ʃugəd Am 'ʃugərd/ a. 1 zuccherato, inzuccherato. 2 (sugar-coated) ricoperto di zucchero. □ ~ almonds confetti (alla mandorla).

sugar-free /'ʃugəfriː Am 'ʃugərfriː/ a. senza zucchero.

sugariness /'ʃugərɪnəs/ n. 1 l'essere zuccherino. 2 (fig) sdolcinatezza f.

sugarplum /'ʃugəplʌm Am 'ʃugərplʌm/ n. 1 (Dolc) zuccherino m. 2 (fig) zuccherino m.; complimento m., lusinga f. 3 (as endearment) dolcezza f., tesoro m.

sugar-tongs /'ʃugətɒŋz Am 'ʃugərtɑːŋz/ n.pl. mollette f.pl. da zucchero.

sugarworks /'ʃugəwɜːks Am 'ʃugərwɜːrks/ n.pl. (costr.sing. o pl.) zuccherificio m.sing.

sugary /'ʃugəri/ a. 1 zuccherino. 2 (fig) (excessively sweet) zuccheroso, zuccherato, sdolcinato. 3 (fig) (flattering) zuccheroso, mellifluo, melato.

suggest /sə'dʒest Am səg'dʒest/ v.t. 1 proporre, suggerire, ipotizzare: to ~ a walk proporre una passeggiata; (Br) I -ed he should go home (o Am I -ed he go home) ho suggerito che andasse a casa. 2 (to hint) far capire, lasciare intendere. 3 (to give rise to the idea of) far venire in mente, suggerire. 4 (rifl.) ~ oneself prospettarsi, presentarsi: an idea -ed itself to his mind gli venne (in mente) un'idea. 5 (to imply) insinuare. □ (Dir) I ~that sostengo che.

suggestibility /sə,dʒestə'bɪləti Am sə,dʒestə'bɪləti/ n. 1 suggestionabilità f. 2 (Med) suggestionabilità f.

suggestible /sə'dʒestəbl Am səg'dʒestəbl/ a. 1 suggestionabile. 2 (that may be suggested) proponibile, che può essere suggerito. 3 (Med) suggestionabile.

suggestion /sə'dʒestʃən Am səg'dʒestʃən/ n. 1 suggerimento m., proposta f., consiglio m. (about su; as to riguardo a; that che): his -s are always sensible i suoi suggerimenti sono sempre sensati; to do sth. at (o on) so.'s ~ fare qcs. su consiglio di qcu. 2 (hint, intimation) accenno m., indizio m., allusione f. 3 (fig) traccia f., pizzico m., ombra f.: a ~ of a foreign accent una traccia di accento straniero. (Psic) suggestione f. 5 (in hypnosis) suggestione f. (ipnotica). □ ~box cassetta dei suggerimenti; what a ~! che razza di proposta!, ma che idea!

suggestive /sə'dʒestɪv Am səg'dʒestɪv/ a. 1 indicativo (of di), che significa, che denota (qcs.): the decision was ~ of panic rather than foresight la decisione denotava panico più che prudenza. 2 (full of suggestions) che

richiama alla mente, evocativo, suggestivo: ~ poetry poesia evocativa. 3 (suggesting sth. indecent, improper) provocante, spinto, sfacciato: a ~ look uno sguardo provocante.

suggestively /sə'dʒestɪvli Am səg'dʒestɪvli/ avv. 1 significativamente. 2 (so as to suggest sth. indecent) in modo provocante, in modo spinto.

suggestiveness /sə'dʒestɪvnəs Am səg 'dʒestɪvnəs/ n. 1 l'essere significativo, l'essere indicativo. 2 (evocativeness) l'essere evocativo, suggestività f. 3 (intimation of sth. indecent) l'essere provocante, l'essere spinto.

suicidal /ˌsuːɪ'saɪdl Am ˌsuːə'saɪdl/ a. 1 suicida, di suicidio: ~ insanity mania suicida. 2 (fig) funesto, rovinoso, suicida, deleterio: a ~ economic policy una politica economica funesta.

suicidally /ˌsuːɪ'saɪdəli Am ˌsuːə'saɪdəli/ avv. da suicida, follemente, come un pazzo suicida.

suicide /'suːɪsaɪd Am 'suːəsaɪd/ n. 1 suicidio m. (anche fig): to commit ~ suicidarsi; political ~ suicidio politico. 2 (person who kills himself) suicida m./f. □ ~bomber kamikaze; ~ pact patto suicida; (Br,Comm) ~ sale svendita totale, saldi da capogiro.

suine /'suːɪn/ n. suino m.

suing /'suːɪŋ/ n. (Dir) citazione f.

suit /suːt/ I n. 1 (Abbigl) (for men) abito m., vestito m., completo m.: a three-piece ~ un abito a tre pezzi. 2 (Abbigl) (for women) giacca e gonna f., completo m., tailleur m. 3 (fig) manager m./f. amministratore (f. -trice), funzionario m., uomo m. in grisaglia. 4 (special garment) completo m., costume m.: a diving ~ un completo da subacqueo. 5 (of cards) seme m., colore m.; (aggregate of cards of the same suit held) carte f.pl. dello stesso seme in mano a un giocatore. 6 (Dir) processo m., azione f. legale, causa f., lite f.: to file a ~ intentare causa (against a, contro; for per). 7 (act of petitioning) istanza f., richiesta f., appello m., petizione f. 8 (lett) (courtship, wooing) corte f., corteggiamento m.: to press one's ~ with so. fare una corte serrata a qcu. 9 (Mar) (set of sails) muta f. di vele, gioco m. di vele. II v.t. 1 andar bene a, andare bene per, soddisfare, contentare, fare proprio al caso di: I think this room will ~ you penso che questa stanza vi andrà bene. 2 (to be appropriate for) essere adatto a, essere appropriato a, convenirsi a, confarsi a, addirsi a. 3 (to look well on) star bene a, adattarsi a, confarsi a. 4 (to be beneficial) (of sea air, change) fare bene a. 5 (to adapt) adattare (to a). III v.i. 1 andar bene, essere accettabile: will ten o'clock tomorrow ~ you? va bene domani alle dieci? 2 (to be appropriate) convenire, convenirsi, addirsi, adattarsi, essere adatto, essere appropriato. 3 (to be in accordance, agreement) convenire, essere d'accordo, concordare (with con). □ (Dir) ~ at law procedimento giudiziario; (Br) to ~ one's book andare a genio a qcu.; (Br) (colloq) to ~ so. down to the ground andare benissimo, andare a pennello, andare alla perfezione, essere fatto per: it -s me down to the ground mi soddisfa pienamente, mi sta proprio bene; (Abbigl) ~ dress completo a giacca; (Abbigl) a ~of clothes un completo; to ~oneself fare il proprio comodo: ~ yourself fai come ti pare, fai come credi; to ~the action to the word (o to the words) fare quello che si è detto, far seguire alle parole i fatti.

suitability /ˌsuːtə'bɪləti Am ˌsuːtə'bɪləti/ n. 1 opportunità f., convenienza f., adeguatezza f. 2 (quality of being adapted, fit) rispondenza *f.*, adattabilità *f.*, idoneità *f.* **3** (*propriety*) proprietà *f.*: ~ *of style* proprietà di stile.

suitable /'su:təbl *Am* 'su:təbl/ *a.* **1** appropriato, opportuno, adatto, adeguato. **2** (*meeting requirements*) adatto, qualificato.

suitableness /'su:təblnəs *Am* 'su:təblnəs/ *n.* **1** opportunità *f.*, convenienza *f.*, adeguatezza *f.* **2** (*quality of being adapted, fit*) rispondenza *f.*, adattabilità *f.*, idoneità *f.* **3** (*propriety*) proprietà *f.*: ~ *of style* proprietà di stile.

suitably /'su:təbli *Am* 'su:təbli/ *avv.* **1** in modo adatto, adeguatamente. **2** (*fitly, properly*) in modo appropriato, in modo opportuno, convenientemente.

suitcase /'su:tkeɪs/ *n.* **1** valigia *f.* **2** (*Inform*) valigetta *f.* (per font).

suite /swi:t/ *n.* **1** (*Arred*) mobilia *f.*, mobilio *m.*, arredo *m.*: *a bedroom* ~ mobilia per una camera da letto; (*set of two armchairs and a sofa*) salotto *m.* **2** (*group of rooms*) appartamento *m.* **3** (*Am,Ferr*) due cabine *f.pl.* letto comunicanti. **4** (*company of followers*) seguito *m.*, scorta *f.*: *the Minister and his* ~ il ministro e il suo seguito. **5** (*Mus*) suite *f.* **6** (*Lett*) seguito *m.* **7** (*Inform*) suite *f.*

suited /'su:tɪd *Am* 'su:tɪd/ *a.* **1** adatto, confacente, conveniente, adeguato: *the climate is not* ~ *to vine growing* il clima non è adatto alla viticoltura. **2** (*qualified*) adatto, qualificato. **3** (*compatible, conformable*) che è in armonia, che concorda, che si accorda, compatibile. ☐ *the couple seems well* ~ la coppia sembra (essere) bene assortita.

suitemate /'swi:tmeɪt/ *n.* (*Am*) compagno *m.* (*f.* -a) di camera (*spec. Univ.*).

suiting /'su:tɪŋ *Am* 'su:tɪŋ/ *n.* (*Tess,Sart*) tessuto *m.* per vestiti, stoffa *f.* per abiti.

suitor /'su:tər *Am* 'su:tər/ *n.* **1** corteggiatore *m.*, pretendente *m.*; (*scherz*) spasimante *m.* **2** (*Dir*) (*plaintiff*) attore *m.* (*f.* -trice). **3** (*applicant*) richiedente *m./f.*

sulcate /'sʌlkeɪt/ *a.* solcato, scanalato.

sulcus /'sʌlkəs/ (*pl.* **-ci** /-saɪ/) *n.* **1** solco *m.*, scanalatura *f.* **2** (*Anat*) solco *m.*

sulfa /'sʌlfə/ *a./n. e der.* (*Am*) → **sulpha** *e der.*

sulfur /'sʌlfər/ *n. e der.* (*Am*) → **sulphur** *e der.*

sulk /sʌlk/ **I** *n.* **1** broncio *m.*, muso *m.* **2** *pl.* malumore *m.sing.* **II** *v.i.* tenere il broncio (*about, over* per), fare il broncio, tenere il muso, allungare il muso, fare lo scontroso. ☐ *to have the -s* avere le la luna (di traverso); *to be in the -s* tenere il muso.

sulkily /'sʌlkɪli/ *avv.* in modo imbronciato, in modo scontroso, da musone.

sulkiness /'sʌlkɪnəs/ *n.* musoneria *f.*, scontrosità *f.*, scontrosaggine *f.*, tetraggine *f.*

sulky /'sʌlki/ **I** *a.* **1** imbronciato, di malumore, immusonito: *a* ~ *child* un bambino imbronciato. **2** (*suggestive of sulkiness*) corrucciato, accigliato, cupo, aggrondato. **3** (*of weather, etc.: gloomy*) tetro, fosco, cupo. **II** *n.* (*Sport*) sulky *m.*, sediolo *m.*

Sulla /'sʌlə/ *n.pr.m.* (*Stor.rom*) Silla.

sullage /'sʌlɪdʒ/ *n.* **1** immondizia *f.*, spazzatura *f.*, rifiuti *m.pl.* **2** (*sewage*) acque *f.pl.* luride. **3** (*Met*) scoria *f.*

sullen /'sʌlən/ *a.* **1** accigliato, imbronciato, di cattivo umore, scontroso, corrucciato. **2** (*resentful*) ostile, astioso, torvo. **3** (*of weather, etc.*) cupo, scuro, fosco.

sullenly /'sʌlənli/ *avv.* scontrosamente, in modo accigliato, corrucciatamente.

sullenness /'sʌlənnəs/ *n.* tetraggine *f.*, aspetto *m.* accigliato.

sullens /'sʌlənz/ *n.pl.* (*dial*) (*sullen mood, sulk*) broncio *m.sing.*, muso *m.sing.*

sully /'sʌli/ *v.t.* macchiare, insudiciare, sporcare (*anche fig*): *to* ~ *so.'s reputation* mac-

chiare l'onore di qcu.

sulpha /'sʌlfə/ **I** *a.* (*Farm*) sulfamidico. **II** *n.* (*Farm*) sulfamidico *m.* ☐ (*Farm*) ~ *drug* sulfamidico.

sulphate /'sʌlfeɪt/ **I** *n.* (*Chim*) solfato *m.* **II** *v.t.* (*Chim*) solfonare. **III** *v.i.* (*El*) (*of an accumulator*) solfatizzarsi.

sulphid, sulphide /'sʌlfaɪd/ *n.* (*Chim*) solfuro *m.*

sulphite /'sʌlfaɪt/ *n.* (*Chim*) solfito *m.*

sulphonamid, sulphonamide /sʌl'fɒnəmaɪd *Am* sʌl'fɑːnəmaɪd/ *n.* (*Farm*) solfonammide *m.*

sulphonate /'sʌlfəneɪt/ *n.* (*Chim*) solfonato *m.*

sulphone /'sʌlfoʊn/ *n.* (*Chim*) solfone *m.*

sulphonic /sʌl'fɒnɪk *Am* sʌl'fɑːnɪk/ *a.* (*Chim*) solfonico: ~ *acid* acido solfonico.

sulphur /'sʌlfər/ **I** *n.* **1** (*Chim*) zolfo *m.*: *flowers of* ~ fiori di zolfo. **2** (*colour*) giallo *m.* citrino, color *m.* sulfureo. **3** (*Entom*) colia *f.*, coliade *m.* **II** *a.* sulfureo, solfureo. **III** *v.t.* solforare, solfare, zolfare. ☐ (*Biol*) ~ *bacteria* solfobatteri; (*Chim*) ~ *dioxide* biossido di zolfo; (*Chim*) ~ *oxide* ossido di zolfo; ~ *rain* (o ~ *shower*) pioggia di zolfo; ~ *spring* sorgente solfurea; ~ *water* acqua sulfurea.

sulphurate /'sʌlfjəreɪt/ *v.t.* zolfare, solfare, solforare.

sulphurated /'sʌlfjəreɪtɪd *Am* 'sʌlfjəreɪtɪd/ *a.* solforato, trattato con zolfo.

sulphuration /ˌsʌlfjə'reɪʃən/ *n.* (*Chim,Agr*) solforazione *f.*

sulphurator /'sʌlfjəreɪtər *Am* 'sʌlfjəreɪtər/ *n.* (*Agr*) solforatrice *f.*

sulphureous /sʌl'fjʊrəs *Am* sʌl'fjʊrəs/ *a.* **1** (*Chim*) sulfureo, solfureo. **2** (*sulphur-coloured*) sulfureo, del color dello zolfo.

sulphureted /'sʌlfjʊretɪd *Am* 'sʌlfjʊretɪd/ *a.* (*Chim*) solforato: ~ *hydrogen* idrogeno solforato.

sulphuric /sʌl'fjʊərɪk *Am* sʌl'fjʊrɪk/ *a.* (*Chim*) solforico: ~ *acid* acido solforico.

sulphurization /ˌsʌlfjʊəraɪ'zeɪʃən *Am* ˌsʌlfjərɪ'zeɪʃən/ *n.* (*Chim,Agr*) solforazione *f.*

sulphurize /'sʌlfjəraɪz/ *v.t.* (*Chim*) zolfare, solfare, solforare.

sulphurous /'sʌlfrəs *Am* 'sʌlfərəs/ *a.* **1** (*Chim*) solforoso: ~ *acid* acido solforoso. **2** (*fig*) diabolico, infernale, diabolico. **3** (*fig*) (*fiery, passionate*) appassionato, di fuoco, ardente.

sulphury /'sʌlfri/ *a.* sulfureo, solfureo.

sultan /'sʌltən/ *n.* **1** sultano *m.* **2** (*Ornit*) cimandorlo *m.*, pollo *m.* sultano, porfirione *m.*

sultana /səl'tɑːnə *Am* sʌl'tænə/ *n.* **1** sultana *f.* **2** (*Alim*) uva *f.* sultanina. **3** (*Ornit*) cimandorlo *m.*, pollo *m.* sultano, porfirione *m.* ☐ (*Ornit*) ~ *bird* cimandorlo *m.*, pollo sultano, porfirione.

sultanate /'sʌltənət *Am* 'sʌltnɪt/ *n.* sultanato *m.*

sultaness /'sʌltənəs *Am* 'sʌltnəs/ *n.* (*rar*) sultana *f.*

sultrily /'sʌltrɪli/ *avv.* **1** in modo afoso, in maniera soffocante. **2** (*fig*) con ardore.

sultriness /'sʌltrɪnəs/ *n.* **1** afosità *f.*, pesantezza *f.* **2** (*fig*) passionalità *f.*, ardore *m.*

sultry /'sʌltri/ *a.* **1** (*fig*) appassionato, ardente, focoso, passionale. **2** (*of weather, spec. hot and humid*) afoso, soffocante, opprimente, pesante.

sum /sʌm/ **I** *n.* **1** somma *f.*, totale *m.*: *the* ~ *of two numbers* la somma di due numeri. **2** (*addition*) somma *f.*, addizione *f.* **3** (*Scol*) (*arithmetical problem*) problema *m.* di aritmetica, esercizio *m.* di aritmetica. **4** (*amount*) somma *f.*, importo *m.*, ammontare *m.*: *a small* ~ *of money* una piccola somma di denaro. **5** (*fig*) (*totality*) complesso *m.*, somma *f.*, insie-

me *m.*, quantità *f.* complessiva: *the* ~ *of human knowledge* il complesso delle conoscenze umane. **6** (*fig*) (*gist, substance*) essenza *f.*, somma *f.*, sostanza *f.*, succo *m.*, nocciolo *m.*: *the* ~ *of an argument* la somma di un ragionamento. **7** (*epitome*) riassunto *m.*, compendio *m.*, epitome *f.* **8** *pl.* (*Scol*) (*arithmetic*) aritmetica *f.sing.*, matematica *f.sing.*: *to be good at -s* essere bravo in aritmetica. **II** *v.t.* (*past, p.p.* **summed** /-d/) (*Mat*) sommare, addizionare. ☐ (*fig*) *the* ~ *and substance* la somma delle somme, il succo, l'essenza; *in* ~ insomma, in breve, in sintesi, sommariamente; ~ *total*: **1** (*of money*) somma, totale; **2** (*of achievements*) insieme, totalità; *to* ~ *up*: **1** riassumere, ricapitolare, riepilogare; **2** (*Dir*) riassumere: *the judge -med up the evidence* il giudice riassunse le testimonianze; **3** (*colloq*) (*of a person*) valutare, giudicare: *the interviewer -med him up in less than a minute* l'intervistatore lo valutò in meno di un minuto; **4** (*Mat*) (*to add up*) sommare, addizionare.

sumac, sumach /'ʃuːmæk *Am* 'suːmæk/ *n.* (*Bot*) sommacco *m.*: *Venetian* ~ sommacco tintorio, scotano, capecchio.

Sumatra /suˈmɑːtrə/ *n.pr.* (*Geog*) Sumatra *f.*

Sumerian /sʌˈmɪəraɪz/ **I** *n.* (*Stor*) **1** (*person*) sumero *m.* (*f.* -a). **2** (*language*) sumero *m.* **II** *a.* (*Stor*) sumero.

summa cum laude /ˌsʊmɑːkumˈlaʊdeɪ *Am* ˌsʊməˌkʌmˈlɔːdi/ *avv.* (*Univ*) con lode.

summand /'sʌmənd/ *n.* (*Mat*) addendo *m.*

summarily /'sʌmərɪli/ *avv.* in modo sbrigativo, sommariamente, sbrigativamente: *he was* ~ *dismissed from his job* fu licenziato in tronco.

summarization /ˌsʌmərar'zeɪʃən *Am* ˌsʌmrɪ'zeɪʃən/ *n.* sommario *m.*, riassunto *m.*, sunto *m.*, capitolazione *f.*

summarize /'sʌmərarɪz/ **I** *v.t.* ricapitolare, riepilogare, riassumere, compendiare. **II** *v.i.* fare un riassunto, fare un riepilogo.

summary /'sʌmri/ **I** *n.* riassunto *m.*, sommario *m.*, sunto *m.*, ricapitolazione *f.*: *to make a* ~ *of a speech* fare il riassunto di un discorso. **II** *a.* **1** sbrigativo, senza eccessiva formalità, sommario. **2** (*Dir*) sommario. **3** (*summarizing*) riassuntivo, fatto per sommi capi, sommario. ☐ (*Dir*) ~ *judgement* giudizio per direttissima; (*Dir*) ~ *jurisdiction* giurisdizione sommaria, autorità di fare ricorso a procedure eccezionali (*spec.* di giudicare senza giuria); (*Dir*) ~ *offence* reato minore (giudicato senza giuria); (*Dir*) ~ *procedure* procedura sommaria; ~ *sheet* prospetto riepilogativo.

summat /'sʌmət/ *n.* (*colloq,dial*) (*something*) qualcosa *f.*

summation /sʌm'eɪʃən *Am* səm'eɪʃən/ *n.* **1** (*summary*) riassunto *m.*, ricapitolazione *f.* **2** (*addition*) somma *f.*, totale *m.* **3** (*Mat*) sommatoria *f.*, sommazione *f.* **4** (*Fisiol*) sommazione *f.* **5** (*Am,Dir*) arringa *f.* finale.

summational /sʌm'eɪʃənl *Am* səm'eɪʃənl/ *a.* sommatorio, sommativo.

summative /'sʌmətɪv *Am* 'səmətɪv/ *a.* sommatorio, sommativo.

summer[1] /'sʌmər/ **I** *n.* **1** estate *f.* **2** (*fig*) (*prime*) estate *f.*, maturità *f.*: *the* ~ *of life* l'estate della vita. **3** (*fig*) (*year of one's life*) anno *m.*, primavera *f.*: *a youth of sixteen -s* un giovane di sedici anni. **II** *a.* estivo, da estate, d'estate: ~ *clothes* abiti estivi. **III** *v.i.* passare l'estate: *to* ~ *in the south of France* passare l'estate nel sud della Francia. **IV** *v.t.* (*Zootecn*) portare ai pascoli estivi, estivare. ☐ ~ *camp* campeggio estivo, colonia estiva; ~ *coat* mantello estivo (*anche Zool*); (*Scol*) *course* corso estivo; ~*holiday* vacanze estive (*anche Scol,Univ*); ~*house*: 1 chiosco (in un giardino), padiglione; 2 (*country house*) casa di campagna; *in* ~ d'estate, durante l'estate, in estate; (*Meteor*) ~*lightning* lampi di calore; (*Agr,Giard*) ~ *pruning* potatura estiva; (*Dolc*) ~ *pudding* budino a base di pane e frutti di bosco; ~ *resort* luogo di villeggiatura estiva, soggiorno estivo; (*Bot*) ~ *savory* satureia; ~ *school*: 1 (*course*) corso estivo; 2 (*school*) scuola estiva; (*Astr*) ~ *solstice* solstizio d'estate; (*Bot,Alim*) ~ *squash* zucca estiva; (*Teat*) ~*stock* calendario estivo; (*Scol,Univ*) ~ *term* semestre estivo; ~ *time*: 1 stagione estiva, periodo estivo, tempo d'estate; 2 (*of clocks*) ora legale, ora estiva; (*Am*) ~ *vacation* vacanze estive (*anche Scol, Univ*).

summer[2] /'sʌmər/ *n.* (*Edil*) **1** trave *f.* principale. **2** (*breastsummer*) architrave *m.* □ (*Edil*) ~*stone* architrave.

summerhouse /'sʌməhaus Am 'sʌmərhaus/ *n.* padiglione *m.*, chiosco *m.*

summerish /'sʌmərɪʃ/ *a.* estivo.

summerlike /'sʌməlaɪk Am 'sʌmərlaɪk/ *a.* estivo.

summersault /'sʌməsɔːlt Am 'sʌmərsɔːlt/, **summerset** /'sʌməset Am 'sʌmərset/ **I** *n.* **1** (*Ginn*) capriola *f.* **2** (*Sport*) salto *m.* mortale. **3** (*fig*) (completo) rovesciamento *m.*, capovolgimento *m.* **II** *v.i.* **1** (*Ginn*) fare una capriola. **2** (*Sport*) fare un salto mortale.

summertime /'sʌmətaɪm Am 'sʌmərtaɪm/ *n.* **1** stagione *f.* estiva, periodo *m.* estivo, tempo *m.* d'estate. **2** (*of clocks*) ora *f.* legale, ora *f.* estiva.

summertree /'sʌmətriː Am 'sʌmərtriː/ *n.* (*Edil*) trave *f.* principale.

summery /'sʌməri/ *a.* estivo, dell'estate.

summing-up /,sʌmɪŋ'ʌp/ (*pl.* **summings-up** /,sʌmɪŋz'ʌp/) *n.* **1** riepilogo *m.*, ricapitolazione *f.* **2** (*Dir*) ricapitolazione *f.* del processo.

summit /'sʌmɪt/ *n.* **1** cima *f.*, vetta *f.*, sommità *f.* **2** (*highest point of elevation*) sommità *f.*, vertice *m.*, sommo *m.*, culmine *m.* **3** (*fig*) apice *m.*, sommità *f.*, massimo *m.*, sommo *m.*, vertice *m.*: *the* ~ *of one's fame* l'apice della fama. **4** (*Mar,Geom*) vertice *m.* **5** (*Pol*) conferenza *f.* al vertice, summit *m.* □ (*Pol*) *talks at* ~ colloqui al vertice; (*Pol*) ~ *conference* conferenza al vertice, summit; (*Pol*) ~ *level* vertice, sommità; (*Pol*) ~*meeting* conferenza al vertice, summit.

summiteer /,sʌmɪ'tɪər/ *n.* (*Pol*) partecipante *m./f.* a una conferenza al vertice.

summon /'sʌmən/ *v.t.* **1** chiamare, convocare, far venire, invitare: *to* ~ *the fire brigade* chiamare i vigili del fuoco. **2** (*to convene*) convocare, radunare, riunire, adunare: *to* ~ *Parliament* convocare il parlamento. **3** (*to request, to call upon*) intimare a, ordinare a, ingiungere a: *to* ~ *the enemy to surrender* intimare la resa al nemico. **4** (*fig*) fare appello a, raccogliere. **5** (*Dir*) citare (in giudizio) (*for* per; *for doing for* per aver fatto): *to* ~ *a witness* citare un testimone. **6** (*Mil*) radunare. □ *to* ~ *up* fare appello a, raccogliere: *to* ~ *up one's strength* (o *to* ~ *up one's courage*) farsi animo, farsi coraggio, prendere il coraggio a due mani.

summoner /'sʌmənər/ *n.* **1** convocatore *m.* (*f.* -trice), chi convoca. **2** (*Dir*) (*plaintiff*) attore *m.* (*f.* -trice). **3** (*Dir,ant*) usciere *m.*, cursore *m.*

summons /'sʌmənz/ **I** *n.* **1** convocazione *f.*, chiamata *f.*, invito *m.*, appello *m.* **2** (*Dir*) citazione *f.*, ordine *m.* di comparizione, mandato *m.* di comparizione: *to serve a* ~ *on so.* noti-

ficare una citazione a qcu. **3** (*Mil*) precetto *m.*, chiamata *f.* alle armi. **II** *v.t.* (*Dir*) citare (in giudizio) (*to* a; *to do* a fare; *for* per). □ *to take out a* ~ *against so.* citare in giudizio qcu.

sumo /'suːmou/ *n.* (*Sport*) sumo *m.* □ (*Sport*) ~*wrestler* lottatore di sumo; (*Sport*) ~ *wrestling* sumo.

sump /sʌmp/ *n.* **1** pozzo *m.* di scarico, scolo *m.* **2** (*Mot,Mecc*) coppa *f.*, carter *m.* **3** (*Minier*) pozzo *m.* di scarico; (*pilot shaft*) bacino *m.* di pompaggio. **4** (*cesspit*) pozzo *m.* nero, fogna *f.*, fossa *f.* biologica. **5** (*open drain*) fogna *f.* **6** (*dial*) (*swamp, bog*) pantano *m.*, palude *f.* □ (*Idr*) ~*pump* pompa idrovora.

sumpter /'sʌm(p)tər/ *n.* **1** (*rar*) bestia *f.* da soma. **2** (*saddlebag*) basto *m.*

sumptuary /'sʌm(p)tjʊəri Am 'sʌm(p)tjueri/ *a.* suntuario. □ (*Stor*) ~ *law* legge suntuaria.

sumptuosity /,sʌm(p)tʃu'ɒsəti Am ,sʌm(p)tʃu'ɑːsəti/ *n.* sontuosità *f.*, sfarzosità *f.*

sumptuous /'sʌm(p)tʃuəs/ *a.* sontuoso, splendido, lussuoso, sfarzoso.

sumptuously /'sʌm(p)tʃuəsli/ *avv.* sontuosamente.

sumptuousness /'sʌm(p)tʃuəsnəs/ *n.* sontuosità *f.*, sfarzosità *f.*

sun /sʌn/ **I** *n.* **1** sole *m.* (*anche Astr,fig*). **2** (*Astr*) (*star*) astro *m.*, stella *f.* **3** (*sunlight, sunshine*) sole *m.*, luce *f.* solare, calore *m.* del sole: *the* ~ *came in through the window* il sole entrò dalla finestra; *a week of* ~ una settimana di sole. **4** (*fig,poet*) (*day*) giorno *m.*; (*poet*) sole *m.* **5** (*fig,poet*) (*year*) anno *m.*; (*poet*) sole *m.* **II** *v.t.* scaldare al sole, esporre al sole, esporre alla luce solare, soleggiare, asciugare al sole: *to* ~ *oneself on the terrace* scaldarsi al sole sulla terrazza. **III** *v.i.* crogiolarsi al sole, prendere il sole. □ (*Ornit*) ~ *angel* eliangelo; ~*bath* bagno di sole; (*Zool*) ~*bear* orso malese; (*Br*) ~ *bed*: 1 (*with sunlamp*) lettino abbronzante; 2 (*sunlounger*) sedia sdraio; ~ *blind*: 1 (*used as a noun*) tenda da sole, frangisole, stuoino; 2 (*used as an adjective: blinded by the sun*) accecato dal sole; (*Cosmet*) ~ *block* schermo solare totale, crema solare (ad alto fattore di protezione); (*Mod*) ~ *bonnet* cappello a falde larghe, cappello da sole; (*Etnol*) ~ *catcher* catturasole; ~ *compass* bussola solare; (*Cosmet*) ~ *cream* crema solare; (*Folcl*) ~ *dance* danza del sole; ~ *deck*: 1 (*in a house*) terrazzo, solarium; 2 (*Mar*) ponte scoperto; (*Art,Stor*) ~ *disk* disco solare; (*Cosmet*) ~ *filter* crema solare ad alta protezione, filtro solare; *to get some* ~: 1 prendere il sole, fare la cura del sole; 2 (*Mar*) (*to shoot the sun*) prendere l'altezza meridiana del sole; (*Stor,Rel*) ~ *god* dio sole; (*Stor*) ~ *helmet* casco coloniale; (*fig*) *in the* ~ (*in the spotlight, in the public eye*) alla luce del sole; (*Stor*) *the Sun King* il Re Sole; ~ *lamp* lampada al quarzo, lampada a raggi ultravioletti; (*Cosmet*) ~ *lotion* lozione solare; ~ *lounge* (o ~ *parlour* o *Am* ~ *parlor*) stanza (con ampie vetrate) esposta al sole; ~ *porch* atrio a vetrate, veranda; ~ *power* energia solare; ~ *protection* protezione contro il sole; (*Cosmet*) ~ *protection factor* fattore di protezione solare; (*Aut*) ~ *roof* capote, tettuccio apribile; (*fig*) *his* ~ *has set* la sua stella è tramontata; (*Astr*) ~ *spot* macchia solare; *to take the* ~: 1 prendere il sole, fare la cura del sole; 2 (*Mar*) (*to shoot the sun*) prendere l'altezza meridiana del sole; ~ *tea* tè preparato facendo scaldare l'acqua al sole; (*fig*) *under the* ~ sotto il sole, su questa terra: *the most beautiful city under the* ~ la città più bella sotto il sole; (*Aut*) ~ *visor* aletta parasole; ~

worship adorazione del sole, culto del sole; ~*worshipper* adoratore del sole.

Sun. *Sunday* dom. (domenica).

sunbake /'sʌnbeɪk/ *n.* (*Aus*) bagno *m.* di sole.

sun-baked /'sʌnbeɪkt/ *a.* cotto dal sole, riarso dal sole.

sunbathe /'sʌnbeɪð/ *v.i.* **1** prendere il sole, fare un bagno di sole. **2** (*estens*) fare la cura del sole.

sunbather /'sʌnbeɪðər/ *n.* **1** chi prende il sole, chi fa bagni di sole. **2** (*estens*) chi fa la cura del sole.

sunbathing /'sʌnbeɪðɪŋ/ *n.* **1** il prendere il sole, l'esporsi al sole. **2** (*estens*) cura *f.* del sole, elioterapia *f.*

sunbeam /'sʌnbiːm/ *n.* raggio *m.* di sole (*anche fig*).

sunbed /'sʌnbed/ *n.* (*Br*) **1** (*with sunlamp*) lettino *m.* abbronzante. **2** (*sunlounger*) sedia *f.* sdraio.

Sunbelt /'sʌnbelt/ *n.* (*Am*) zona *f.* che comprende gli stati meridionali degli Stati Uniti (dalla California alla Florida).

sunblock /'sʌnblɒk Am 'sʌnblɑːk/ *n.* (*Cosmet*) schermo *m.* solare totale, crema *f.* solare (ad alto fattore di protezione).

sunbonnet /'sʌn,bɒnɪt Am 'sʌn,bɑːnɪt/ *n.* (*Mod*) cappello *m.* a falde larghe, cappello *m.* da sole.

sunbow /'sʌnbou/ *n.* arcobaleno *m.* (formato nella foschia o negli spruzzi d'acqua).

sunburn /'sʌnbɜːn Am 'sʌnbɜːrn/ **I** *n.* (*Med*) scottatura *f.*, eritema *m.* solare. **II** *v.i.* bruciarsi al sole, scottarsi al sole. **III** *v.t.* scottare, bruciare.

sunburned /'sʌnbɜːnd Am 'sʌnbɜːrnd/, **sunburnt** /'sʌnbɜːnt Am 'sʌnbɜːrnt/ *a.* scottato dal sole, bruciato dal sole.

sunburst /'sʌnbɜːst Am 'sʌnbɜːrst/ *n.* **1** sprazzo *m.* di sole. **2** (*sun-shaped design*) sole *m.* splendente. **3** (*Oref*) gioiello *m.* (a forma di disco) raggiato.

sun-cured /'sʌnkjʊəd Am 'sʌnkurd/ *a.* seccato al sole.

sundae /'sʌndeɪ Am also 'sʌndi/ *n.* (*Dolc*) coppa *f.* di gelato guarnita con frutta, sciroppi, nocciole tostate e panna montata.

Sunday /'sʌndeɪ, 'sʌndi/ **I** *n.* **1** domenica *f.*: *on* ~ domenica; *on -s* (o *Am -s*) di domenica, la domenica, tutte le domeniche. **2** (*Br,Giorn*) giornali *m.pl.* della domenica. **II** *a.* **1** domenicale, della domenica: *a* ~ *newspaper* un giornale domenicale. **2** (*fig*) (*lacking experience*) dilettante, inesperto; (*colloq*) della domenica: *a* ~ *driver* un guidatore della domenica. □ (*colloq*) *one's* ~ *best* (o *one's* ~ *clothes*) il vestito della festa, il vestito della domenica, l'abito buono; (*Rel.catt*) ~*observance* precetto domenicale; (*Am,Comm*) ~ *opening* apertura domenicale; (*Rel.prot*) ~ *school* scuola domenicale; (*Br,Comm*) ~*trading laws* regolamentazione dell'apertura domenicale.

sundeck /'sʌndek/ *n.* **1** (*in a house*) terrazzo *m.*, solarium *m.* **2** (*Mar*) ponte *m.* scoperto, ponte *m.* di coperta.

sunder[1] /'sʌndər/ **I** *v.t.* (*poet*) dividere, separare, scindere, disunire. **II** *v.i.* (*poet*) dividersi, separarsi.

sunder[2] /'sʌndər/ □ (*poet*) *in* ~ a pezzi, disfatto.

sundew /'sʌndjuː Am 'sʌnduː/ *n.* (*Bot*) drosera *f.*; (*round leaved sundew*) rosolida *f.*

sundial /'sʌndaɪəl/ *n.* meridiana *f.*, orologio *m.* solare.

sundog /'sʌndɒg Am 'sʌndɑːg/ *n.* **1** (*Astr*) parelio *m.* **2** (*Meteor*) piccolo alone *m.* (sul cerchio parelico).

sundown /'sʌndaun/ *n.* **1** tramonto *m.* **2**

(Mod) (hat) cappello *m.* a larga tesa.

sundowner /'sʌn,daʊnər/ *n.* **1** *(Br,S.Afr)* *(drink at sunset)* aperitivo *m.* serale. **2** *(Aus)* *(tramp)* vagabondo *m. (f. -a)* in cerca di asilo per la notte.

sun-drenched /'sʌndreʃt/ *a.* inondato dal sole, assolato, soleggiato.

sundress /'sʌndres/ *n. (Abbigl)* prendisole *m.*, abito *m.* prendisole.

sun-dried /'sʌndraɪd/ *a.* seccato al sole. □ *(Alim)* ~ *tomatoes* pomodori secchi.

sundries /'sʌndrɪz/ *n.pl.* **1** articoli *m.pl.* vari, oggetti *m.pl.* di vario genere. **2** *(Comm)* articoli *m.pl.* diversi; *(sundry expenses)* diversi *m.pl.*, spese *f.pl.* diverse.

sundry /'sʌndri/ *a.* vari, diversi, svariati: ~ *gardening tools* vari utensili da giardino; *on* ~ *occasions* in diverse occasioni. □ *all and* ~ tutti (indistintamente), tutti quanti, ciascuno.

sunfast /'sʌnfæst/ *a. (of a dye or fabric: not prone to fade)* resistente al sole, che non sbiadisce (al sole).

sunfish /'sʌnfɪʃ/ *n. (Itt)* **1** *(saltwater fish)* pesce *m.* mola, pesce *m.* luna. **2** *(freshwater fish)* pesce *m.* della famiglia Molidae.

sunflower /'sʌnflaʊər/ *n. (Bot)* girasole *m.*, eliotropio *m.* □ ~ *seed* seme di girasole; *(Am,colloq) Sunflower State* Kansas.

sung /sʌŋ/ → **sing¹**.

sunglasses /'sʌn,glɑːsɪz Am 'sʌn,glæsɪz/ *n.pl.* occhiali *m.pl.* da sole.

sunglow /'sʌngloʊ/ *n.* **1** bagliori *m.pl.* del sole (all'alba o al tramonto). **2** *(Meteor)* alone *m.*

sun-god /'sʌngɒd Am 'sʌngɑːd/ *n. (Stor,Rel)* dio *m.* sole.

sunhat /'sʌnhæt/ *n. (Mod)* cappello *m.* da sole.

sunk¹ /sʌŋk/ → **sink¹**. □ *(Pesc)* ~ *fly* mosca sommersa; ~ *in thought* immerso nei propri pensieri.

sunk² /sʌŋk/ *a. (colloq)* rovinato, perduto, finito, spacciato.

sunken /'sʌŋkən/ → **sink¹**. *a.* **1** affondato, sommerso: *a* ~ *ship* una nave affondata; ~ *treasure* tesoro sommerso. **2** *(hollow)* infossato, incavato: ~ *cheeks* guance infossate. **3** *(situated, built at a lower level)* incassato.

sun-kissed /'sʌn,kɪst/ *a.* accarezzato dal sole, baciato dal sole: *the* ~ *shores of Sicily* le assolate spiagge siciliane.

sunlamp /'sʌnlæmp/ *n. (for tanning)* lampada *f.* abbronzante, lampada *f.* a raggi ultravioletti, lampada *f.* solare.

sunless /'sʌnləs/ *a.* **1** senza sole, buio. **2** *(fig)* triste, tetro.

sunlight /'sʌnlaɪt/ *n.* luce *f.* solare, sole *m.*

sunlit /'sʌnlɪt/ *a.* illuminato dal sole, assolato, soleggiato.

sunlounger /'sʌn,laʊndʒər/ *n.* sedia *f.* a sdraio, sdraio *f.*

sunn /sʌn/ *n.* **1** *(Bot)* crotalaria *f.* juncea. **2** *(Tess)* sunn *m.*, canapa *f.* di Calcutta.

Sunna /'sʊnə/ *n. (Rel.islam)* sunna *f.*

Sunni /'sʊni/ *n. (Rel.islam)* sunnita *m./f.*

sunnily /'sʌnɪli/ *avv.* **1** in modo radioso, in maniera sfolgorante, in modo splendente. **2** *(fig)* allegramente, gioiosamente.

sunniness /'sʌninəs/ *n.* **1** l'essere soleggiato. **2** *(fig)* allegria *f.*, gioia *f.*

Sunnite /'sʊnaɪt/ *n. (Rel.islam)* sunnita *m./f.*

sunny /'sʌni/ *a.* **1** pieno di sole, splendente: *a* ~ *day* una giornata piena di sole. **2** *(exposed to the sun)* soleggiato, assolato, pieno di sole, esposto al sole. **3** *(fig)* allegro, gioioso, gaio. □ ~ *side*: **1** parte soleggiata, lato *m.*: *the* ~ *side of the house* la parte soleggiata della casa. **2** *(fig)* lato bello: *to look*

on the ~ *of things* vedere il lato bello delle cose; *(colloq) to be on the* ~ *side of fifty* essere al di sotto della cinquantina, avere meno di cinquant'anni.

sunny-side /'sʌnisaɪd/ □ *(Gastron,colloq)* ~ *up (of a fried egg)* all'occhio di bue, al tegamino.

sunproof /'sʌnpruːf/ *a.* inalterabile al sole, che non sbiadisce, che non scolorisce.

sunray /'sʌnreɪ/ *n.* **1** *(ray of sunlight)* raggio *m.* di sole. **2** *(ultraviolet ray)* raggio *m.* ultravioletto. □ *(Med)* ~ *treatment* elioterapia.

sun-resistant /'sʌnɪ,zɪstənt/ *a. (Tess)* inalterabile al sole.

sunrise /'sʌnraɪz/ *n.* alba *f.*, aurora *f.*, sorgere *m.* del sole, levar *m.* del sole. □ ~ *industry* industria ad alta tecnologia.

sunroof /'sʌnruːf/ *n. (Aut)* capote *f.*, tettuccio *m.* apribile.

sunscreen /'sʌnskriːn/ *n. (Cosmet)* crema *f.* solare ad alta protezione, filtro *m.* solare.

sunseeker /'sʌnsiːkər/ *n. (Astron)* cercasole *m.*

sunset /'sʌnset/ *n.* **1** tramonto *m.*, calar *m.* del sole. **2** *(fig)* tramonto *m.*, declino *m.*

sunshade /'sʌnʃeɪd/ *n.* **1** ombrello *m.* da sole, parasole *m.* **2** *(eye shade)* visiera *f.* **3** *(sun blind)* tenda *f.* da sole.

sunshine /'sʌnʃaɪn/ *n.* **1** luce *f.* del sole, sole *m.* **2** *(sunny weather)* tempo *m.* bello, sole *m.* **3** *(fig)* allegria *f.*, felicità *f.*, gioia *f.*, contentezza *f.* **4** *(colloq,iron) (as a term of address)* tesoro *m.*, caro *m. (f. -a).* □ *(Aut)* ~ *roof* cappotta, capote, tetto apribile; *(Am,colloq) Sunshine State* Florida.

sun-soaked /'sʌnsoʊkt/ *a.* assolato.

sunspecs /'sʌnspeks/ *n.pl.* occhiali *m.pl.* da sole.

sunspot /'sʌnspɒt Am 'sʌnspɑːt/ *n. (Astr)* macchia *f.* solare.

sunstroke /'sʌnstroʊk/ *n. (Med)* insolazione *f.*, colpo *m.* di sole.

sunsuit /'sʌnsuːt/ *n. (Abbigl)* pagliaccetto *m.* sbracciato (per bambino).

suntan /'sʌntæn/ **I** *n.* abbronzatura *f.*; *(colloq)* tintarella *f.* **II** *v.t. (past, p.p.* **suntanned** */-d/)* abbronzare. □ *(Cosmet)* ~ *cream* crema abbronzante; *(Cosmet)* ~ *lotion* lozione solare; *(Cosmet)* ~ *oil* olio solare.

suntanned /'sʌntænd/ *a.* abbronzato.

suntrap /'sʌntræp/ *n.* luogo *m.* particolarmente assolato.

sun-up /'sʌnʌp/ *n. (colloq)* alba *f.*, aurora *f.*, sorgere *m.* del sole, levar *m.* del sole.

sunward /'sʌnwəd Am 'sʌnwərd/ **I** *a.* esposto al sole, volto verso il sole. **II** *avv.* verso il sole, in direzione del sole.

sunwards /'sʌnwədz Am 'sʌnwərdz/ *avv.* verso il sole, in direzione del sole.

sunwise /'sʌnwaɪz/ *avv.* in senso orario.

sup¹ /sʌp/ *(past, p.p.* **supped** */-t/) v.i.* cenare *(on, upon, off con)*, mangiare a cena (qcs.): *to* ~ *off cold meat* cenare con carne fredda.

sup² /sʌp/ **I** *v.t. (past, p.p.* **supped** */-t/) (poet) (to sip)* sorseggiare, bere a piccoli sorsi. **II** *v.i. (past, p.p.* **supped** */-t/) (poet)* bere a piccoli sorsi. **III** *n. (poet) (sip)* sorso *m.* □ *(fig) to* ~ *sorrow* provare rimorso.

sup. /sʌp/ **1** *superior* (superiore). **2** *(Gramm) superlative* superl., sup. (superlativo).

super /'suːpər/ **I** *a.* **1** *(colloq)* super, eccellente, di prim'ordine, superiore, meraviglioso. **2** *(of measurements)* di superficie, quadrato: *a hundred feet* ~ cento piedri quadrati. **3** *(in compounds)* super, iper: *super-absorbent* super-assorbente; *superstore* ipermercato. **II** *n.* **1** *(colloq) (superintendent)* sovrintendente *m./f.* **2** *(colloq) (supervisor)* supervisore *m. (f. -a).* **3** *(Cin) (supernumerary)* comparsa

f. **4** *(Comm)* articolo *m.* di qualità superiore. **III** *intz. (colloq)* fantastico!, magnifico! **IV** *avv. (colloq)* estremamente, tantissimo. □ *(Am,Sport) Super Bowl* super coppa, finale di campionato di football americano.

super. **1** *superfine* (finissimo). **2** *(Gramm) superlative* sup., superl. (superlativo). **3** *superior* (superiore).

superability /,suːpərə'bɪləti Am ,suːpərə'bɪləti/ *n.* superabilità *f.*

superable /'suːpərəbl/ *a.* superabile.

superableness /'suːpərəblnəs/ *n.* superabilità *f.*

superably /'suːpərəbli/ *avv.* in modo superabile.

superabound /,suːpərə'baʊnd/ *v.i.* sovrabbondare, abbondare.

superabundance /,suːpərə'bʌndəns/ *n.* sovrabbondanza *f.*

superabundant /,suːpərə'bʌndənt/ *a.* sovrabbondante, eccessivo.

superabundantly /,suːpərə'bʌndəntli Am ,suːpərə'bʌndəntli/ *avv.* sovrabbondantemente, eccessivamente.

superacid /'suːpəræsɪd/ *a. (Chim)* eccessivamente acido.

superadd /'suːpəræd/ *v.t.* aggiungere ancora, aggiungere in più.

superaddition /,suːpərə'dɪʃən/ *n.* **1** l'aggiungere in più, l'aggiungere soprappiù. **2** *(sth. superadded)* aggiunta *f.* in più, aggiunta *f.* in soprappiù, soprappiù *m.*

superalloy /,suːpərə'lɔɪ/ *n. (Met)* superlega *f.*

superannuable /,suːpər'ænjuəbl/ *a.* pensionabile.

superannuate /,suːpər'ænjueɪt/ *v.t.* **1** collocare a riposo (per raggiungimento dei limiti di età), mettere in pensione, *(ant)* giubilare. **2** *(to make out-of-date)* rendere superato, far cadere in disuso. **3** *(to declare out-of-date)* dichiarare superato, dichiarare scaduto.

superannuated /,suːpər'ænjueɪtɪd/ *a.* **1** pensionato, messo in pensione, collocato a riposo. **2** *(too old for use)* disusato, andato in disuso; *(obsolete)* antiquato.

superannuation /,suːpər,ænju'eɪʃən/ *n.* **1** collocamento *m.* a riposo. **2** *(pension)* pensione *f.* □ ~ *fund* fondo pensione.

superb /suː'pɜːb Am suː'pɜːrb/ *a.* **1** superbo, eccellente, straordinario, splendido, magnifico. **2** *(grand, majestic)* superbo, grandioso, imponente, maestoso: *a* ~ *view* una visione grandiosa.

superbly /suː'pɜːbli Am suː'pɜːrbli/ *avv.* **1** superbamente, magnificamente, in modo eccellente. **2** *(majestically)* maestosamente, in modo imponente.

superbness /suː'pɜːbnəs Am suː'pɜːrbnəs/ *n.* **1** eccellenza *f.*, superiorità *f.* **2** *(majesty)* maestosità *f.*, grandiosità *f.*, imponenza *f.*

supercalender /,suːpə'kæləndər Am ,suːpər'kæləndər/ *n. (Cart)* calandra *f.* a più rulli.

supercalendered /,suːpə'kæləndərd Am ,suːpər'kæləndərd/ *a. (Cart)* superpatinato.

supercargo /,suːpə,kɑːgoʊ Am 'suːpər ,kɑːrgoʊ/ *n. (Mar)* commissario *m.* di bordo (che sovrintende al carico).

supercelestial /,suːpəsə'lestiəl Am ,suːpərsə 'lestiəl/ *a.* divino.

supercharge /'suːpətʃɑːdʒ Am 'suːpər tʃɑːrdʒ/ *v.t.* **1** sovraccaricare. **2** *(Mot)* sovralimentare.

supercharged /'suːpətʃɑːdʒd Am 'suːpər tʃɑːrdʒd/ □ *(Mot)* ~ *engine* motore sovralimentato.

supercharger /'suːpətʃɑːdʒər Am 'suːpər tʃɑːrdʒər/ *n. (Mot)* compressore *m.*, sovralimentatore *m.*

supercharging /'suːpətʃɑːdʒɪŋ *Am* 'suːpər tʃɑːdʒɪŋ/ *n.* (*Mot*) sovralimentazione *f.*

superciliary /ˌsuːpə'sɪliˤri *Am* ˌsuːpər'sɪlieri/ *a.* (*Anat*) sopracciliare, sopraorbitale.

supercilious /ˌsuːpə'sɪliəs *Am* ˌsuːpər'sɪlias/ *a.* 1 superbo, borioso, altezzoso. 2 (*expressing haughtiness*) sprezzante, sdegnoso.

superciliously /ˌsuːpə'sɪliəsli *Am* ˌsuːpər 'sɪliəsli/ *avv.* arrogantemente, con alterigia, sdegnosamente.

superciliousness /ˌsuːpə'sɪliəsnəs *Am* ˌsuːpər'sɪliəsnəs/ *n.* arroganza *f.*, alterigia *f.*, boria *f.*

superclass /ˌsuːpə'klɑːs *Am* ˌsuːpər'klæs/ *n.* (*Zool*) superclasse boria *f.*

supercluster /ˌsuːpə'klʌstər *Am* ˌsuːpər 'klʌstər/ *n.* (*Astr*) superammasso *m.*

supercolumnar /ˌsuːpəkə'lʌmnər *Am* ˌsuːpərkə'lʌmnər/ *a.* (*Arch*) a doppio ordine di colonne.

supercompression /ˌsuːpəkəm'preʃən *Am* ˌsuːpərkəm'preʃən/ *n.* (*Mot*) surcompressione *f.*

supercomputer /'suːpəkəmˌpjuːtər *Am* 'suːpərkəmˌpjuːtər/ *n.* (*Inform*) supercomputer *m.*, supercalcolatore *m.*

superconducting /ˌsuːpəkən'dʌktɪŋ *Am* ˌsuːpərkən'dʌktɪŋ/, **superconductive** /ˌsuːpəkən'dʌktɪv *Am* ˌsuːpərkən'dʌktɪv/ *a.* (*El*) superconduttore.

superconductivity /ˌsuːpəˌkɒndʌk'tɪvəti *Am* ˌsuːpərˌkɑːndʌk'tɪvəti/ *n.* (*El*) superconduttività *f.*

superconductor /'suːpəkənˌdʌktər *Am* 'suːpərkənˌdʌktər/ *n.* (*El*) superconduttore *m.*

supercontinent /ˌsuːpə'kɒntɪnənt *Am* ˌsuːpər'kɑːntɪnənt/ *n.* supercontinente *m.*

supercool /ˌsuːpə'kuːl *Am* ˌsuːpər'kuːl/ *v.t.* (*Fis*) sovraraffreddare.

supercooled /ˌsuːpə'kuːld *Am* ˌsuːpər'kuːld/ *a.* (*Fis*) sovraraffreddato.

supercooling /ˌsuːpə'kuːlɪŋ *Am* ˌsuːpər 'kuːlɪŋ/ *n.* (*Fis*) sovraraffreddamento *m.*

supercritical /ˌsuːpə'krɪtɪkəl *Am* ˌsuːpər 'krɪtɪkəl/ *a.* (*Nucl*) sovracritico, sopracritico, supercritico.

superdominant /ˌsuːpə'dɒmɪnənt *Am* ˌsuːpər 'dɑːmənənt/ *n.* (*Mus*) sopradominante *f.*

superdreadnought /ˌsuːpə'drednɔːt *Am* ˌsuːpər'drednɔːt/ *n.* (*Mar.mil*) supercorazzata *f.*

super-duper /ˌsuːpə'duːpər *Am* ˌsuːpər 'duːpər/ *a.* (*sl*) fantastico, super.

superego /ˌsuːpər'iːgoʊ *Am* ˌsuːpər'iːgoʊ/ *n.* (*Psic*) super-io *m.*, super-ego *m.*

superelevate /ˌsuːpər'elɪveɪt/ *v.t.* (*Strad,Ferr*) sopraelevare.

superelevated /ˌsuːpər'elɪveɪtɪd *Am* ˌsuːpər 'elɪveɪtɪd/ *a.* (*Strad,Ferr*) sopraelevato.

superelevation /ˌsuːpərˌelɪ'veɪʃən *Am* ˌsuːpər, (*Strad, Ferr*) sopraelevazione *f.*

supererogation /ˌsuːpərˌeroʊ'geɪʃən *Am* ˌsuːpərˌerə'geɪʃən/ *n.* 1 zelo *m.* eccessivo. 2 (*Rel.catt*) supererogazione *f.*

supererogatory /ˌsuːpə'rerɒgətəri *Am* ˌsuːpərɪ'rɑːgətɔːri/ *a.* 1 troppo zelante. 2 (*Rel.catt*) supererogatorio.

superexcellence /ˌsuːpər'eksəl⁰ns/ *n.* sovraeccellenza *f.*

superexcellent /ˌsuːpər'eksələnt/ *a.* sovraeccellente.

superfamily /ˌsuːpə'fæm⁰li *Am* ˌsuːpər 'fæm⁰li/ *n.* (*Biol*) superfamiglia *f.*

superfecundation /ˌsuːpəˌfekən'deɪʃən *Am* ˌsuːpərˌfekən'deɪʃən/ *n.* (*Biol*) superfecondazione *f.*

superfetation /ˌsuːpəfeˈteɪʃən *Am* ˌsuːpərfe 'teɪʃən/ *n.* (*Biol*) superfetazione *f.*

superficial /ˌsuːpə'fɪʃəl *Am* ˌsuːpər'fɪʃəl/ *a.* 1 superficiale (*anche fig*): ~ *wound* ferita superficiale; *a* ~ *explanation* una spiegazione su-

perficiale. 2 (*of measurements*) di superficie, quadrato.

superficiality /ˌsuːpəˌfɪʃi'æləti *Am* ˌsuːpər ˌfɪʃi'æləti/ *n.* superficialità *f.* (*anche fig*).

superficially /ˌsuːpə'fɪʃəli *Am* ˌsuːpər'fɪʃəli/ *avv.* superficialmente (*anche fig*).

superficialness /ˌsuːpə'fɪʃəlnəs *Am* ˌsuːpər 'fɪʃəlnəs/ *n.* superficialità *f.* (*anche fig*).

superficies /ˌsuːpə'fɪʃiːz *Am* ˌsuːpər'fɪʃiːz/ *n.inv.* superficie *f.*, area *f.*

superfine /ˌsuːpə'faɪn *Am* ˌsuːpər'faɪn/ *a.* 1 (*Comm*) finissimo, extrafino, superfino. 2 (*Tess*) ultrasottile 3 (*fig*) molto raffinato, sopraffino.

superfluid /ˌsuːpə'fluːɪd *Am* ˌsuːpər'fluːɪd/ I *a.* superfluido. II *n.* superfluido *m.*

superfluidity /ˌsuːpə'fluːɪdəti *Am* ˌsuːpər 'fluːɪdəti/ *n.* superfluidità *f.*

superfluity /ˌsuːpə'fluːəti *Am* ˌsuːpər'fluːəti/ *n.* 1 superfluità *f.* 2 (*superabundance*) eccesso *m.*, eccedenza *f.*, sovrabbondanza *f.*

superfluous /suːˈpɜːfluəs *Am* ˌsuːˈpɜːrfluəs/ *a.* 1 superfluo, eccedente, che è in più, d'avanzo. 2 (*unnecessary*) superfluo, inutile.

superfluously /suːˈpɜːfluəsli *Am* suː 'pɜːrfluəsli/ *avv.* in modo superfluo, superfluamente.

superfluousness /suːˈpɜːfluəsnəs *Am* suː 'pɜːrfluəsnəs/ *n.* superfluità *f.*

supergene /'suːpɜːrˌdʒiːn/ *n.* (*Biol*) supergene *m.*

supergiant /ˌsuːpə'dʒaɪənt *Am* ˌsuːpər 'dʒaɪənt/ *n.* (*Astr*) supergigante *f.*

superglue /'suːpəgluː *Am* 'suːpərgluː/ *n.* attaccatutto *m.*

supergrass /'suːpəgrɑːs/ *n.* (*Br,colloq*) superinformatore *m.* (*f.* -trice), collaboratore *m.* (*f.* -trice) (della polizia).

superheat /'suːpəhiːt *Am* 'suːpərhiːt/ *v.t.* (*Fis, Tecn*) surriscaldare.

superheater /'suːpəhiːtər *Am* 'suːpərhiːtər/ *n.* (*Tecn*) surriscaldatore *m.*

superhelix /'suːpəhiːlɪks *Am* 'suːpərhiːlɪks/ *n.* (*Biol*) superelica *f.*

superhero /'suːpəˌhɪəroʊ *Am* 'suːpərˌhɪəroʊ/ *n.* (*colloq*) supereroe *m.*

superhet /'suːpəhet *Am* 'suːpərhet/ *n.* (*colloq*) (*superheterodyne*) supereterodina *f.*

superheterodyne /ˌsuːpə'hetəroʊdaɪn *Am* ˌsuːpər'hetəroʊdaɪn/ *n.* (*Rad*) radioricevitore *m.* a supereterodina, supereterodina *f.*

superhigh /ˌsuːpə'haɪ *Am* ˌsuːpər'haɪ/ *a.* altissimo. □ (*Rad*) ~ *frequency* altissima frequenza.

superhighway /ˌsuːpə'haɪweɪ *Am* ˌsuːpər 'haɪweɪ/ *n.* (*Am,Strad*) superstrada *f.*

superhuman /ˌsuːpə'hjuːmən *Am* ˌsuːpər 'hjuːmən/ *a.* sovrumano.

superhumanly /ˌsuːpə'hjuːmənli *Am* ˌsuːpər 'hjuːmənli/ *avv.* in modo sovrumano.

superimposable /ˌsuːpərɪm'poʊzəbl *Am* ˌsuːpərɪm'poʊzəbl/ *a.* sovrapponibile: ~ *pictures* figure sovrapponibili.

superimpose /ˌsuːpərɪm'poʊz *Am* ˌsuːpərɪm 'poʊz/ *v.t.* sovrapporre, (*rar*) sovrimporre (*on* a).

superimposition /ˌsuːpərˌɪmpə'zɪʃən *Am* ˌsuːpərˌɪmpə'zɪʃən/ *n.* sovrapposizione *f.*

superincumbent /ˌsuːpərɪn'kʌmbənt *Am* ˌsuːpərɪn'kʌmbənt/ *a.* sovrastante, incombente.

superinduce /ˌsuːpərɪn'djuːs *Am* ˌsuːpərɪn 'duːs/ *v.t.* 1 (*to introduce in addition*) introdurre in aggiunta. 2 (*to produce, to bring about*) indurre, apportare, portare: *a disease -d by poverty* una malattia indotta dalla povertà.

superinfection /ˌsuːpərɪn'fekʃən *Am* ˌsuːpərɪn'fekʃən/ *n.* (*Med*) superinfezione *f.*

superintend /ˌsuːpərɪn'tend *Am* ˌsuːpərɪn 'tend/ I *v.t.* 1 soprintendere a, vigilare su, sorvegliare: *to* ~ *the work of reconstruction* soprintendere all'opera di ricostruzione. 2 (*of an institution, etc.*) soprintendere a, dirigere. II *v.i.* soprintendere, esercitare una supervisione.

superintendence /ˌsuːpərɪn'tend⁰ns *Am* ˌsuːpərɪn'tend⁰ns/ *n.* controllo *m.*, supervisione *f.*

superintendency /ˌsuːpərɪn'tend⁰nsi *Am* ˌsuːpərɪn'tend⁰nsi/ *n.* 1 soprintendenza *f.* 2 (*superintendence*) controllo *m.*, supervisione *f.*

superintendent /ˌsuːpərɪn'tend⁰nt *Am* ˌsuːpərɪn'tend⁰nt/ *n.* 1 soprintendente *m./f.*, supervisore *m.* 2 (*Br*) (*police officer*) commissario *m.* (capo). 3 (*of a house, building*) custode *m./f.*

superior /suːˈpɪəriər *Am* səˈpɪriər/ I *a.* 1 superiore (*to* a; *in* in): ~ *officer* ufficiale superiore; *his second novel is infinitely* ~ *to his first* il suo secondo romanzo è di gran lunga superiore al primo. 2 (*excellent*) superiore, eccellente, ottimo: *a* ~ *artist* un artista superiore. 3 (*high-class*) di prim'ordine, superiore: *a* ~ *residence* un alloggio di prim'ordine. 4 (*not susceptible*) immune (*to* da), non soggetto, superiore (a): *to be* ~ *to temptation* essere immune dalle tentazioni. 5 (*supercilious, haughty*) che si dà arie di superiorità, altezzoso, borioso, sprezzante. II *n.* 1 superiore *m.* 2 (*Rel.catt*) superiore *m.* □ (*Astr*) ~ *conjunction* congiunzione superiore; (*Dir*) ~ *court*: 1 tribunale di seconda istanza; 2 (*Am*) corte di assise; *to have no* ~ *in sth.* non essere inferiore a nessuno in qcs., non essere secondo a nessuno in qcs.; ~ *numbers* superiorità numerica; (*Astr*) ~ *planets* pianeti superiori.

superioress /suːˈpɪəriərəs *Am* səˈpɪriərəs/ *n.* (*Rel.catt*) superiora *f.*, madre *f.* superiora.

superiority /suːˌpɪəri'ɒrəti *Am* səˌpɪri'ɔːrəti/ *n.* superiorità *f.* (*over, to* su; *in* in). □ (*Psic*) ~ *complex* complesso di superiorità.

superiorly /suːˈpɪəriəli *Am* səˈpɪriərli/ *a.* superiormente, a un grado più alto, di più, meglio, con aria di superiorità.

superjacent /ˌsuːpə'dʒeɪsənt *Am* ˌsuːpər 'dʒeɪsənt/ *a.* incombente, sovrastante.

superlative /suːˈpɜːlətɪv *Am* səˈpɜːrlətɪv/ I *a.* 1 superlativo, sommo: *a musician of* ~ *talent* un musicista di talento superlativo; ~ *wisdom* somma saggezza. 2 (*excellent*) eccellente, ottimo: ~ *food* cibo eccellente. 3 (*Gramm*) superlativo. II *n.* (*Gramm*) superlativo *m.* (*anche fig*). □ (*Gramm*) ~ *degree* grado superlativo, superlativo; *to speak in -s* fare largo uso di superlativi nel parlare.

superlatively /suːˈpɜːlətɪvli *Am* səˈpɜːrlətɪvli/ *avv.* superlativamente, in modo superlativo.

superlativeness /suːˈpɜːlətɪvnəs *Am* sə 'pɜːrlətɪvnəs/ *n.* eccellenza *f.*, l'essere superlativo.

superlunar /ˌsuːpə'luːnər *Am* ˌsuːpər'luːnər/ *a.* 1 (*beyond the moon*) traslunare. 2 (*celestial*) celestiale. 3 (*fig*) stravagante, fantastico.

superlunary /ˌsuːpə'luːnəri *Am* ˌsuːpər 'luːneri/ *a.* 1 (*beyond the moon*) traslunare. 2 (*celestial*) celestiale. 3 (*fig*) stravagante, fantastico.

superman /'suːpəmæn *Am* 'suːpərmæn/ *n.irr.* 1 superuomo *m.*, superman *m.* 2 (*Filos*) superuomo *m.*

supermarket /'suːpəˌmɑːkɪt *Am* 'suːpər ˌmɑːrkɪt/ *n.* supermercato *m.*

supermedial /ˌsuːpə'miːdiəl *Am* ˌsuːpər 'miːdiəl/ *a.* che si trova sopra il piano mediano.

supermodel /'su:pə,mɒdəl *Am* 'su:pər,mɑːdəl/ *n.* top model *f.*

supernaculum /,su:pə'nækjuləm *Am* ,su:pər 'nækjuːlm/ **I** *n.* vino *m.* squisito, nettare *m.* **II** *avv.* (ant) fino all'ultima goccia: *to drink ~* bere fino all'ultima goccia.

supernal /su:'pɜːnəl *Am* sə'pɜːrnəl/ *a.* **1** del cielo, celeste. **2** (fig) celeste, spirituale, celestiale.

supernatant /,su:pə'neɪtənt *Am* ,su:pər 'neɪtənt/ *a.* galleggiante, sopranatante.

supernational /,su:pə'næʃənl *Am* ,su:pər 'næʃənl/ *a.* sopranazionale, supernazionale.

supernatural /,su:pə'nætʃərəl *Am* ,su:pər 'nætʃərl/ **I** *a.* soprannaturale. **II** *n.* soprannaturale *m.*

supernaturalism /,su:pə'nætʃərəlɪzəm *Am* ,su:pər'nætʃərəlɪzm/ *n.* **1** soprannaturalità *f.* **2** (belief in the supernatural) fede *f.* nel soprannaturale. **3** (Filos) soprannaturalismo *m.*

supernaturalist /,su:pə'nætʃərəlɪst *Am* ,su:pər'nætʃərəlɪst/ *n.* soprannaturalista *m./f.*, seguace *m./f.* del soprannaturalismo.

supernaturality /,su:pə,nætʃər'æləti *Am* ,su:pər,nætʃər'æləti/ *n.* (Filos) soprannaturalità *f.*

supernaturally /,su:pə'nætʃərəli *Am* ,su:pər 'nætʃərəli/ *avv.* in modo soprannaturale, soprannaturalmente.

supernormal /,su:pə'nɔːml *Am* ,su:pər 'nɔːrml/ *a.* che supera la norma, superiore al normale.

supernormality /,su:pə,nɔː'mæləti *Am* ,su:pər,nɔːr'mæləti/ *n.* l'essere superiore al normale.

supernova /,su:pə'nouvə *Am* ,su:pər'nouvə/ *n.* (Astr) supernova *f.*

supernumerary /,su:pə'nju:mərəri *Am* ,su:pər'nu:məreri/ **I** *a.* **1** soprannumerario. **2** (fig) superfluo, eccedente, che è in più. **II** *n.* **1** impiegato *m.* (f. -a) straordinario, impiegato *m.* (f. -a) soprannumerario. **2** (Cin,Teat) comparsa *f.*

supernutrition /,su:pə,nju:'trɪʃən *Am* ,su:pər ,nu:'trɪʃən/ *n.* superalimentazione *f.*, supernutrizione *f.*, iperalimentazione *f.*

superorder /,su:pə'ɔːdə *Am* ,su:pər'ɔːrdər/ *n.* **1** (Biol) superordine *m.* **2** (subclass) sottoclasse *f.*

superordinate /,su:pər'ɔːdənət *Am* ,su:pər 'ɔːrdnɪt/ **I** *n.* **1** (Ling) iperonimo *m.* **2** (in rank) superiore *m.* **II** *a.* sovraordinato (to rispetto a) (anche Ling).

superorganism /,su:pə'ɔːgənɪzəm *Am* ,su:pər'ɔːrgənɪzəm/ *n.* (Biol) superorganismo *m.*

superovulation /,su:pə,ɒvjə'leɪʃən *Am* ,su:pər,ɑ:vju:'leɪʃən/ *n.* (Biol,Med) superovulazione *f.*

superphosphate /,su:pə'fɒsfeɪt *Am* ,su:pər 'fɑːsfeɪt/ *n.* (Chim) superfosfato *m.*, perfosfato *m.*

superplastic /,su:pə'plæstɪk *Am* ,su:pər 'plæstɪk/ *a.* (Fis) superplastico.

superplasticity /,su:pə,plæs'tɪsəti *Am* ,su:pər ,plæs'tɪsəti/ *n.* (Fis) superplasticità *f.*

superpose /,su:pə'pouz *Am* ,su:pər'pouz/ *v.t.* sovrapporre (on a) (anche El,Geom).

superposed /,su:pə'pouzd *Am* ,su:pər'pouzd/ *a.* (Geom,Bot) sovrapposto. □ (El) ~ *circuit* circuito supplementare.

superposition /,su:pəpə'zɪʃən *Am* ,su:pərpə 'zɪʃən/ *n.* **1** sovrapposizione *f.* **2** (Fis,Geol) principio *m.* di sovrapposizione.

superpower /'su:pə,pauə *Am* 'su:pər,pauər/ *n.* (Pol) superpotenza *f.*

superprint /'su:pəprɪnt *Am* 'su:pərprɪnt/ **I** *v.t.* (Tip) sovrastampare. **II** *n.* (Tip) sovrastampa *f.*

supersaturate /,su:pə'sætʃəreɪt *Am* ,su:pər

'sætʃəreɪt/ *v.t.* (Chim,Tecn) soprassaturare.

supersaturated /,su:pə'sætʃəreɪtɪd *Am* ,su:pər'sætʃəreɪtɪd/ *a.* (Chim,Tecn) soprassaturo, soprasaturo.

supersaturation /,su:pə,sætʃər'eɪʃən *Am* ,su:pər,sætʃər'eɪʃən/ *n.* (Chim,Tecn) sovrasaturazione *f.*

supersaver /,su:pə'seɪvə *Am* ,su:pər'seɪvər/ *n.* biglietto *m.* a tariffa supereconomica.

superscribe /,su:pə'skraɪb *Am* ,su:pər'skraɪb/ *v.t.* **1** scrivere sopra, incidere in cima a. **2** (to write at the head of) intestare.

superscript /'su:pəskrɪpt *Am* 'su:pərskrɪpt/ **I** *a.* **1** scritto in alto. **2** (Tip) stampato sopra la riga, apice. **II** *n.* **1** (Tip) carattere *m.* stampato sopra la riga. **2** (Mat) indice *m.*, esponente *m.*

superscription /,su:pə'skrɪpʃən *Am* ,su:pər 'skrɪpʃən/ *n.* **1** lo scrivere sopra. **2** (on a letter, envelope) indirizzo *m.*; (heading) intestazione *f.*

supersede /,su:pə'si:d *Am* ,su:pər'si:d/ *v.t.* **1** sostituire, prendere il posto di, soppiantare: *tractors have -d oxen in farm work* i trattori hanno sostituito i buoi nei lavori agricoli. **2** (to replace in an office, position, etc.) surrogare, prendere il posto di, rimpiazzare, sostituire. **3** (to put in the place of) sostituire, rimpiazzare, surrogare. **4** (to make obsolete) rendere superato, far cadere in disuso.

supersensitive /,su:pə'sensɪtɪv *Am* ,su:pər 'sensətɪv/ *a.* ipersensibile.

supersensual /,su:pə'sensjuəl *Am* ,su:pər 'sensjuəl/ *a.* **1** estremamente sensuale. **2** (spiritual) spirituale.

superserver /,su:pə'sɜːvə *Am* ,su:pər 'sɜːrvər/ *n.* sostituzione *f.*, rimpiazzo *m.*

supersession /,su:pə'seʃən *Am* ,su:pər'seʃən/ *n.* sostituzione *f.*, rimpiazzo *m.*

supersonic /,su:pə'sɒnɪk *Am* ,su:pər'sɑːnɪk/ **I** *a.* **1** (Aer) supersonico: *a ~ fighter* un caccia supersonico. **2** (ultrasonic) ultrasonico, ultrasonoro, supersonico. **n** (Fis,Rad) onda *f.* ultrasonica, frequenza *f.* ultrasonica. □ (Aer) ~ *bang* (o ~ *boom*) bang supersonico; (Aer) ~ *transport* aereo supersonico da trasporto.

supersonically /,su:pə'sɒnɪkəli *Am* ,su:pər 'sɑːnɪkəli/ *avv.* in modo supersonico, a una velocità supersonica.

supersonics /,su:pə'sɒnɪks *Am* ,su:pər 'sɑːnɪks/ *n.pl.* (costr.sing.) **1** (Fis) scienza *f.sing.* degli ultrasuoni, studio *m.sing.* degli ultrasuoni. **2** (Aer) studio *m.sing.* del volo supersonico.

superstar /'su:pəstɑː *Am* 'su:pərstɑːr/ *n.* superstar *f.*, divo *m.* (f. -a).

superstardom /'su:pəstɑːdəm *Am* 'su:pərstɑːrdəm/ *n.* condizione *f.* di superstar.

superstition /,su:pə'stɪʃən *Am* ,su:pər'stɪʃən/ *n.* **1** superstizione *f.* **2** (fig) pregiudizio *m.*, preconcetto *m.*

superstitious /,su:pə'stɪʃəs *Am* ,su:pər'stɪʃəs/ *a.* superstizioso.

superstitiously /,su:pə'stɪʃəsli *Am* ,su:pər 'stɪʃəsli/ *avv.* superstiziosamente.

superstitiousness /,su:pə'stɪʃəsnəs *Am* ,su:pər'stɪʃəsnəs/ *n.* superstiziosità *f.*

superstore /'su:pəstɔː *Am* 'su:pərstɔːr/ *n.* **1** (large supermarket) ipermercato *m.* **2** (specialist shop) grande negozio *m.*

superstratum /'su:pə,streɪtəm *Am* 'su:pər ,streɪtəm/ (pl. **-ta** /-tə *Am* -ṭə/ o **-s** /-z/) *n.* **1** (Geol) strato *m.* sovrapposto, strato *m.* superiore. **2** (Ling) superstrato *m.*

superstring /'su:pəstrɪŋ *Am* 'su:pərstrɪŋ/ *n.* (Fis) superstringa *f.*

superstructural /'su:pə,strʌktʃərəl *Am* 'su:pər,strʌktʃərəl/ *a.* di una sovrastruttura, relativo a una sovrastruttura.

superstructure /'su:pə,strʌktʃər *Am* 'su:pər ,strʌktʃər/ *n.* **1** (Tecn) sovrastruttura *f.*, soprastruttura *f.* (anche fig). **2** (Ferr) armamento *m.*

supersubtle /,su:pə'sʌtl *Am* ,su:pər'sʌtl̩/ *a.* troppo sottile.

supersubtlety /,su:pə'sʌtəlti *Am* ,su:pər 'sʌtəlti/ *n.* eccessiva sottigliezza *f.*

supersymmetry /,su:pə'sɪmetri *Am* ,su:pər 'sɪmetri/ *n.* (Fis) supersimmetria *f.*

supertanker /'su:pə,tæŋkə *Am* 'su:pər ,tæŋkər/ *n.* superpetroliera *f.*: *methane ~* supermetaniera.

supertax /'su:pətæks *Am* 'su:pərtæks/ *n.* (Econ) sovrimposta *f.*, imposta *f.* complementare.

superterranean /,su:pətə'reɪnɪən *Am* ,su:pərtə'reɪnɪən/, **superterraneous** /,su:pətə'reɪnɪəs *Am* ,su:pərtə'reɪnɪəs/, **superterrene** /,su:pər'teri:n/ *a.* ultrarreno.

supertitle /'su:pər,taɪtl/ *n.* (Am,Teat) sopratitolo *m.*

supertonic /,su:pə'tɒnɪk *Am* ,su:pər'tɑːnɪk/ *n.* (Mus) sopratonica *f.*

supervene /,su:pə'vi:n *Am* ,su:pər'vi:n/ *v.i.* sopravvenire, sopraggiungere.

supervenient /,su:pə'vi:njənt *Am* ,su:pər 'vi:njənt/ *a.* che sopravviene, che sopraggiunge.

supervention /,su:pə'ventʃən *Am* ,su:pər 'ventʃən/ *n.* sopravvenienza *f.*, avvenimento *m.* inatteso.

supervise /'su:pəvaɪz *Am* 'su:pərvaɪz/ *v.t.* soprintendere a, vigilare su, dirigere, sorvegliare.

supervision /,su:pə'vɪʒən *Am* ,su:pər'vɪʒən/ *n.* **1** supervisione *f.*, soprintendenza *f.* **2** (direction, inspection) sorveglianza *f.*, controllo *m.*, vigilanza *f.* **3** (Scol) ispezione *f.* scolastica. □ *under the ~ of* sotto la supervisione di.

supervisor /'su:pəvaɪzə *Am* 'su:pərvaɪzər/ *n.* **1** soprintendente *m./f.*, supervisore *m.*, sorvegliante *m./f.* **2** (inspector) ispettore *m.* (f. -trice). **3** (Edil) capomastro *m.*

supervisory /,su:pə'vaɪzəri *Am* ,su:pər 'vaɪzəri/ *a.* di supervisore, di supervisione, di sorveglianza. □ (Dir) ~ *body* organo di vigilanza; ~ *committee* commissione di vigilanza.

superwoman /'su:pə,wumən *Am* 'su:pər ,wumən/ *n.* superdonna *f.* (anche iron): *to act as a ~* darsi arie da superdonna.

supinate /'su:pɪneɪt/ *v.t.* mettere supino.

supination /,su:pɪ'neɪʃən/ *n.* supinazione *f.*

supinator /'su:pɪneɪtə *Am* 'su:pɪneɪtər/ *n.* (Anat) muscolo *m.* supinatore, supinatore *m.*

supine /'su:paɪn *Am* su:'paɪn/ **I** *a.* **1** supino, sdraiato, sul dorso: *to lie ~* giacere supino. **2** (fig) indolente, pigro; (passive, inert) inerte, passivo, indifferente, apatico. **II** *n.* (Gramm) supino *m.*

supinely /'su:paɪnli *Am* su:'paɪnli/ *avv.* supinamente (anche fig).

supineness /'su:paɪnnəs *Am* su:'paɪnnəs/, **supinity** /su:'paɪnəti *Am* su:'paɪnəti/ *n.* **1** posizione *f.* supina. **2** (fig) indolenza *f.*, pigrizia *f.*: (inertness) inerzia *f.*, passività *f.*, indifferenza *f.*, apatia *f.*

supper /'sʌpə *Am* 'sʌpər/ *n.* **1** (evening meal) cena *f.* **2** (late snack) spuntino *m.* serale. □ *to have ~* cenare; ~ *time* ora di cena.

supperless /'sʌpələs *Am* 'sʌpərləs/ *a.* senza cena, che non ha cenato: *to go to bed ~* andare a letto senza cena.

supper-time, **suppertime** /'sʌpətaɪm *Am* 'sʌpərtaɪm/ *n.* ora *f.* di cena.

suppl. *supplement* suppl. (supplemento).

supplant /sə'plɑːnt *Am* sə'plænt/ *v.t.* soppiantare, scalzare, fare lo sgambetto a.

supplantation /,sʌplæn'teɪʃən/ *n.* sostituzione *f.*, rimpiazzo *m.*

supplanter /sə'plɑːntər *Am* sə'plæntər/ *n.* soppiantatore *m.* (*f.* -trice), persona *f.* che subentra, cosa *f.* che soppianta.

supple /'sʌpl/ **I** *a.* **1** flessibile, agile, pieghevole: *a ~ body* un corpo flessibile. **2** (*of a person*) agile, flessibile: *a ~ gymnast* un ginnasta agile. **3** (*fig*) (*adaptable, flexible*) duttile, agile, svelto, pronto, elastico: *to have a ~ mind* avere una mente duttile. **4** (*fig*) (*yielding*) cedevole, arrendevole, flessibile, docile. **5** (*fig*) (*obsequious*) ossequioso, servile. **II** *v.t.* **1** rendere flessibile. **2** (*fig*) rendere docile, rendere arrendevole.

supplejack /'sʌpldʒæk/ *n.* **1** (*cane*) canna *f.*; (*walking stick*) bastone *m.* da passeggio. **2** (*Bot*) pianta *f.* palustre, pianta *f.* rampicante.

supplely /'sʌpli/ *avv.* agilmente, flessuosamente.

supplement [1] /'sʌplɪmənt *Am* 'sʌpləmənt/ *n.* **1** supplemento *m.*, integrazione *f.* (*to a*), aggiunta *f.* **2** (*to diet*) integratore *m.*: *vitamin ~* integratore vitaminico. **3** (*Edit*) supplemento *m.*, aggiornamento *m.* **4** (*Giorn,Geom*) supplemento *m.*

supplement [2] /'sʌplɪment *Am* 'sʌpləmənt/ *v.t.* integrare, completare: *to ~ one's diet with mineral salts* integrare la dieta con sali minerali; (*of salary, income, etc.*) arrotondare, integrare (*with* con).

supplemental /ˌsʌplɪ'mentəl *Am* ˌsʌplə'mentl/ *a.* **1** supplementare, addizionale, integrativo, suppletivo, suppletorio. **2** (*Mat, Geom*) supplementare. **3** (*Dir*) supplementare.

supplementarily /ˌsʌplɪ'mentərɪli *Am* ˌsʌplə'mentərli/ *a.* suppletivamente, in aggiunta, in più.

supplementary /ˌsʌplɪ'mentəri *Am* ˌsʌplə'mentəri/ *a.* **1** supplementare, addizionale, integrativo, suppletivo, suppletorio. **2** (*Mat, Geom*) supplementare. □ (*Geom*) *~angles* angoli supplementari; *~benefit* sussidio, indennità integrativa, previdenza integrativa, assegno integrativo (ai salari più bassi); *~ pension* pensione integrativa.

supplementation /ˌsʌplɪmen'teɪʃən *Am* ˌsʌpləmen'teɪʃən/ *n.* **1** integrazione *f.*, completamento *m.* **2** (*that which supplements*) supplemento *m.*

suppleness /'sʌplnəs/ *n.* agilità *f.*, flessibilità *f.*, elasticità *f.*

suppletion /sə'pliːʃən/ *n.* (*Ling*) suppletivismo *m.*

suppletory /'sʌplətɔːri/ *a.* supplementare, addizionale, integrativo, suppletivo.

suppliance /'sʌpliəns/ *n.* supplica *f.*, preghiera *f.*, implorazione *f.*

suppliant /'sʌpliənt/ **I** *n.* supplice *m./f.*, supplicante *m./f.* **II** *a.* supplice, supplicante, implorante, supplichevole.

suppliantly /'sʌpliəntli *Am* 'sʌpliəntli/ *avv.* in modo supplichevole, in modo implorante.

supplicant /'sʌplɪkənt/ *n.* supplice *m./f.*, supplicante *m./f.*

supplicate /'sʌplɪkeɪt/ *v.t./i.* supplicare, implorare, scongiurare: *to ~ so. for sth.* supplicare qcu. di qcs.

supplicatingly /'sʌplɪkeɪtɪŋli *Am* 'sʌplɪkeɪtɪŋli/ *avv.* supplichevolmente.

supplication /ˌsʌplɪ'keɪʃən/ *n.* **1** supplica *f.*, implorazione *f.*, preghiera *f.* **2** (*Rel*) supplica *f.*

supplicatory /'sʌplɪkətɔːri *Am* 'sʌplɪkətɔːri/ *a.* implorante, supplichevole.

supplier /sə'plaɪər/ *n.* (*Comm*) fornitore *m.* (*f.* -trice) (*of, to* di). □ (*Econ*) *~country* paese fornitore.

supply [1] /sə'plaɪ/ **I** *n.* **1** fornitura *f.*, rifornimento *m.*, approvvigionamento *m.*, provvista

f.: *to have a good ~ of sth.* avere una buona provvista di qcs. **2** (*that which is supplied*) dotazione *f.*, rifornimento *m.*, fornitura *f.*: *the town's water ~* la dotazione di acqua di una città. **3** (*of fuel, gas*) erogazione *f.* **4** (*of blood*) flusso *m.* **5** (*of water, oxygen, food*) apporto *m.* (*of* di). **6** (*amount of sth. available*) disponibilità *f.*: *~ of skilled labour* disponibilità di manodopera specializzata. **7** (*Econ*) offerta *f.* **8** (*temporary substitute*) sostituto *m.* (*f.* -a) temporaneo, supplente *m./f.* **9** (*Scol*) supplente *m./f.* **10** (*Rel.catt*) vicario *m.* temporaneo, facente *m.* funzioni. **11** *pl.* (*provisions*) rifornimenti *m.pl.*, provviste *f.pl.*: *to lay in supplies* fare rifornimenti. **12** *pl.* (*Mil*) approvvigionamenti *m.pl.*, rifornimenti *m.pl.* **13** *pl.* (*Econ,Pol*) stanziamenti *m.pl.* **14** *pl.* (*Br, colloq*) (*allowance*) assegno *m.sing.* personale; (*colloq*) viveri *m.pl.*: *my father is threatening to cut off my supplies* mio padre minaccia di tagliarmi i viveri. **II** *a.* che fa le veci, supplente, interino. **III** *v.t.* **1** fornire (*to, for* a), rifornire, provvedere, dotare: *to ~ a town with water* fornire una città di acqua. **2** (*of a need, lack*) soddisfare, far fronte a, appagare, sopperire a. **3** (*to furnish with supplies*) approvvigionare, vettovagliare (*with* di): *to ~ an army* approvvigionare un esercito. **4** (*ant*) (*to serve as a substitute in*) occupare: *to ~ a vacancy* occupare un posto vacante. **IV** *v.i.* fare da sostituto. □ (*Econ*) *~and demand* domanda e offerta; (*Econ*) *~chain* catena logistica; (*Econ*) *~chain management* gestione della catena delle forniture; (*Econ*) *~curve* curva dell'offerta; *~line* linea di approvvigionamento; (*Br,Scol*) *to be on ~* supplire: *he is on ~* sta facendo il supplente; (*Comm*) *~ price* prezzo di offerta; (*Scol*) *~ teacher* supplente.

supply [2] /'sʌpli/ *avv.* (*in a supple manner*) flessuosamente, agilmente.

supply-side /sə'plaɪsaɪd/ □ (*Econ*) *~economics* economia dell'offerta.

supply-sider /sə'plaɪsaɪdər/ *n.* (*Econ*) offertista *m./f.*

support /sə'pɔːt *Am* sə'pɔːrt/ **I** *n.* **1** sostegno *m.*, appoggio *m.*, puntello *m.* **2** (*backing, assistance*) aiuto *m.*, appoggio *m.*, sostegno *m.* (*for sth.* a, per qcs; *for so.* a, per qcu.). **3** (*Mil*) sostegno *m.*, appoggio *m.* **4** (*means of livelihood*) sostentamento *m.*, mezzi *m.pl.* di sostentamento; (*maintenance*) mantenimento *m.*, sostentamento *m.*; (*person that provides maintenance*) sostegno *m.*: *to be the ~ of the family* essere il sostegno della famiglia. **5** (*corroboration*) convalida *f.*, convalidamento *m.*, conferma *f.*, sostegno *m.* **6** (*Pitt,Fot,Tecn*) supporto *m.* **7** (*Econ*) sostegno *m.*: *~ price* sostegno dei prezzi. **8** (*Med*) (*for limb*) stecca *f.*: *athletic ~* sospensorio; *neck ~* minerva. **9** (*singer*) supporter *m.*, gruppo *m.* di supporto. **II** *v.t.* **1** sostenere, reggere, sorreggere, sopportare: *the roof was -ed by four pillars* il tetto era sostenuto da quattro pilastri. **2** (*fig*) (*to sustain, to comfort*) sostenere, aiutare, confortare. **3** (*to uphold the interests of*) sostenere, appoggiare, aiutare: *to ~ a political party* sostenere un partito politico. **4** (*to uphold as valid, to advocate*) sostenere, patrocinare, difendere: *to ~ a proposal* sostenere una proposta. **5** (*Mil*) sostenere (logisticamente), appoggiare: *to ~ an attack* sostenere un attacco. **6** (*to maintain*) mantenere, sostenere, provvedere a: *he has a wife and three children to ~* ha moglie e tre figli da mantenere. **7** (*to maintain financially*) sovvenzionare, finanziare, aiutare finanziariamente: *the hospital is -ed by voluntary contributions* l'ospedale è sovvenzionato da contri-

buti volontari. **8** (*to bear, to tolerate*) sopportare, tollerare, sostenere: *he could ~ the pain no longer* non poteva più sopportare il dolore. **9** (*to verify, to corroborate*) suffragare, corroborare, confermare, sostenere. **10** (*Sport*) fare il tifo per, essere sostenitore di: *which team do you ~?* per quale squadra fai il tifo? **11** (*Econ*) (*of prices*) sostenere. **12** (*Inform*) supportare. □ (*Mus*) *~act*: 1 (*individual*) supporter; 2 (*band*) supporter, banda di supporto; (*Mil*) *~area* area di supporto logistico; *to give ~ to*: 1 dare sostegno a, appoggiare, sostenere; 2 (*Mil*) sostenere, appoggiare; (*Sociol*) *~group* gruppo di sostegno; (*Calz*) *~ hose* calze elasticizzate (contenitive); (*Mil*) *~in ~ of* a favore di, a sostegno di: *to argue in ~ of a proposal* caldeggiare una proposta; (*Mil*) *~personnel* personale ausiliario; (*Econ*) *~purchase* acquisto di sostegno; (*Mus*) *~slot* fuori programma; (*Am,Calz*) *~stockings* calze elasticizzate (contenitive); *~system* rete di sostegno.

supportability /sə,pɔːtə'bɪləti *Am* sə,pɔːrtə'bɪləti/ *n.* sostenibilità *f.*, sopportabilità *f.*, tollerabilità *f.*

supportable /sə'pɔːtəbl *Am* sə'pɔːrtəbl/ *a.* tollerabile, sopportabile, sostenibile.

supporter /sə'pɔːtər *Am* sə'pɔːrtər/ *n.* **1** sostenitore *m.* (*f.* -trice): *a government ~* un sostenitore del governo. **2** (*one who advocates*) sostenitore *m.* (*f.* -trice), fautore *m.* (*f.* -trice), difensore *m.*, propugnatore *m.* (*f.* -trice). **3** (*Abbigl*) (*elastic support*) fascia *f.* elastica; (*garter*) giarrettiera *f.*; (*jock strap*) sospensorio *m.* **4** (*Sport*) tifoso *m.* (*f.* -a), sostenitore *m.* (*f.* -trice). **5** (*Arald*) sostegno *m.*, supporto *m.*

supporting /sə'pɔːtɪŋ *Am* sə'pɔːrtɪŋ/ *a.* **1** di sostegno, di rinforzo, portante. **2** (*Cin,Teat*) di secondo piano, secondario: *best ~ actress* miglior attrice non protagonista. **3** (*Mil*) di rincalzo. □ (*Dir*) *~document* documento giustificativo; (*Dir*) *~evidence* prova corroborante; (*Teat,Cin*) *~role* parte secondaria; (*Br*) *~stockings* calze elastiche.

supposable /sə'pəʊzəbl/ *a.* supponibile, che si può supporre.

supposal /sə'pəʊzl/ *n.* supposizione *f.*, ipotesi *f.*, congettura *f.*

suppose /sə'pəʊz/ *v.t.* **1** supporre, ammettere (per ipotesi): *let's ~* (*that*) *things are as you say* supponiamo che le cose stiano come dici tu; *~ somebody came* metti (caso) che venga qualcuno; *~ we leave it till tomorrow* se lo rimandassimo a domani? **2** (*to believe, to imagine*) credere, pensare, immaginare. **3** (*to think probable, to assume as likely*) supporre, ritenere, presumere, pensare (come probabile). **4** (*to imply, to presuppose*) presupporre, implicare: *imperfection ~s perfection* l'imperfezione presuppone la perfezione. □ *I ~so*: 1 credo di sì, suppongo di sì, direi di sì: *I don't ~ so* penso di no, non credo, non direi; 2 (*to indicate reluctant agreement*) sarà..., può darsi.

supposed /sə'pəʊzd/ *a.* **1** presunto, supposto, ritenuto: *the ~ murderer* il presunto assassino. **2** (*assumed, hypothetical*) ipotetico, presunto, supposto. **3** (*imagined*) presunto, immaginario: *~ benefits* i presunti benefici. □ *policemen are not ~to smoke when in uniform* agli agenti di polizia non è consentito fumare quando sono in divisa; *referees are ~ to know the rules* gli arbitri sono tenuti a conoscere il regolamento, gli arbitri devono conoscere il regolamento; *you are ~ to be asleep at this time* dovresti già dormire a quest'ora; (*iron*) *what's that ~*

to be? e questo che cosa sarebbe?; *how am I ~ to find all that money?* e dove li trovo tutti quei soldi?

supposedly /sə'pouzɪdli/ *avv.* **1** presumibilmente, stando alle supposizioni. **2** (*apparently*) apparentemente, stando alle apparenze.

supposing /sə'pouzɪŋ/ *congz.* ammesso che, se (per ipotesi), supponendo che, nel caso che.

supposition /ˌsʌpə'zɪʃən/ *n.* supposizione *f.*, ipotesi *f.*, congettura *f.*: *a gratuitous ~* una supposizione gratuita; *a theory based on ~* rather than fact una teoria basata su congetture piuttosto che su fatti. □ *on the ~ that* nell'ipotesi che.

suppositional /ˌsʌpə'zɪʃənəl/ *a.* ipotetico, presunto, supposto.

supposititious /ˌsʌpə'zɪʃəs/ *a.* (*suppositional*) ipotetico, presunto, supposto.

suppositious /sə,pɒzɪ'tɪʃəs Am sə,pɑːzə'tɪʃəs/ *a.* **1** falso, spurio. **2** (*hypothetical*) ipotetico, presunto, supposto. **3** (*imaginary*) immaginario, fantastico.

supposititiously /sə,pɒzɪ'tɪʃəsli Am sə,pɑːzə'tɪʃəsli/ *avv.* **1** falsamente. **2** (*hypothetically*) ipoteticamente.

suppositive /sə'pɒzɪtɪv Am sə'pɑːzɪtɪv/ *a.* (*Gramm*) condizionale.

suppository /sə'pɒzɪtəri Am sə'pɑːzətɔːri/ *n.* (*Farm*) supposta *f.*, (*ant*) suppositorio *m.*

suppress /sə'pres/ *v.t.* **1** reprimere, soffocare: *to ~ a revolt* reprimere una rivolta; *to ~ freedom* soffocare la libertà. **2** (*of a practice, custom, etc.*) abolire, eliminare, sopprimere. **3** (*to hold back*) trattenere, soffocare, reprimere: *to ~ one's laughter* trattenere il riso. **4** (*to leave undisclosed*) tenere segreto, tenere nascosto, tacere, non divulgare, occultare: *to ~ the truth* tacere la verità. **5** (*to prohibit publication of*) sopprimere, togliere dalla circolazione. **6** (*Med*) (*of a haemorrhage*) arrestare; (*of a cough*) sedare. **7** (*Psic,El*) sopprimere. **8** (*Elettron,Rad*) munire di filtro antidisturbo.

suppressed /sə'prest/ *a.* **1** represso, soffocato, trattenuto. **2** (*abolished*) soppresso, abolito. **3** (*Psic*) soppresso. **4** (*Forest*) soffocato.

suppressible /sə'presəbl/ *a.* sopprimibile, reprimibile, che può essere soppresso (*o* represso).

suppression /sə'preʃn/ *n.* **1** repressione *f.*, soffocamento *m.* **2** (*of a practice, custom, etc.*) soppressione *f.*, abolizione *f.* **3** (*concealment, failure to disclose*) occultamento *m.*, il tenere nascosto: *~ of the truth* occultamento della verità. **4** (*Dir,Psic,Med*) soppressione *f.*: *~ of evidence* soppressione delle prove. **5** (*Bot,Forest*) soffocamento *m.*

suppressive /sə'presɪv/ *a.* che tende a sopprimere, soppressivo, repressivo (*anche Pol*).

suppressor /sə'presər/ *n.* **1** repressore *m.* **2** (*Rad,TV,Tecn*) soppressore *m.*, filtro *m.* antidisturbo.

suppurate /'sʌpjərət/ *v.i.* (*Med*) suppurare.

suppuration /ˌsʌpjə'reɪʃn Am ˌsʌpjə'reɪʃn/ *n.* (*Med*) suppurazione *f.*

suppurative /'sʌpjərətɪv Am 'sʌpjərətɪv/ **I** *a.* (*Med*) suppurativo. **II** *n.* (*Farm*) suppurativo *m.*

supranational /ˌsuːprə'næʃənl/ *a.* sopranazionale, soprannazionale, supernazionale, sovrannazionale.

supranationalism /ˌsuːprə'næʃənlɪzəm/ *n.* sopranazionalità *f.*, supernazionalità *f.*

supranationality /ˌsuːprəˌnæʃə'nælətɪ Am ˌsuːprəˌnæʃə'nælətɪ/ *n.* sopranazionalità *f.*, supernazionalità *f.*

supranatural /ˌsuːprə'nætʃərəl/ *a.* soprannaturale.

supraprotest /ˌsuːprə'prəutest/ *n.* (*Econ,Dir*) accettazione *f.* per intervento.

supremacism /suː'preməsɪzəm/ *n.* supremazia *f.*: *White ~* dottrina della supremazia dei bianchi.

supremacist /suː'preməsɪst/ *n.* chi crede in e pratica la supremazia (di qcu. o qcs.): *male ~* sostenitore della supremazia maschile, maschilista.

supremacy /suː'preməsɪ/ *n.* **1** (*power*) primato *m.*, supremazia *f.*, preminenza *f.* **2** (*greater ability*) primato *m.*, superiorità *f.*: *the political ~ of a country* il primato politico di una nazione; *naval ~* supremazia navale.

suprematism /suː'premətɪzəm/ *n.* (*Art*) suprematismo *m.*

suprematist /suː'premətɪst/ **I** *n.* suprematista *m./f.* **II** *a.* del suprematismo.

supreme /suː'priːm Am sə'priːm/ *a.* **1** supremo, altissimo, massimo, sommo: *~ goodness* somma bontà; *~ contempt* supremo disprezzo. **2** (*being the best, greatest*) il più grande, il migliore. **3** (*fig*) (*crucial*) cruciale, supremo: *~ importance* massima importanza. □ *the Supreme Being* l'Ente Supremo, l'Essere Supremo; (*Mil*) *~ command* comando supremo; (*Mil*) *~ commander* comandante supremo; (*US*) *Supreme Court* corte suprema; (*Rel.catt*) *Supreme Pontiff* sommo pontefice; *~ sacrifice* sacrificio supremo: *to make the ~ sacrifice* compiere il sacrificio supremo, sacrificare la propria vita; (*Stor*) *Supreme Soviet* soviet supremo.

supremely /suː'priːmli Am sə'priːmli/ *avv.* estremamente, sommamente, in sommo grado: *~ happy* estremamente felice.

supremo /suː'priːmou/ *n.* capo *m.* supremo. □ (*Stor*) *~ Presidium* presidium del soviet supremo.

sural /'suərəl/ *a.* (*Med*) surale.

surbase /'sɜːbeɪs Am 'sɜːrbeɪs/ *n.* (*Arch*) modanatura *f.* di basamento.

surcharge[1] /'sɜːtʃɑːdʒ Am 'sɜːrtʃɑːrdʒ/ *n.* **1** soprattassa *f.*, sovrimposta *f.* **2** (*additional cost, charge, etc.*) supplemento *m.*, sovrapprezzo *m.* **3** (*excessive load*) carico *m.* eccessivo, sovraccarico *m.* **4** (*Filat*) (*overprint*) sovrastampa *f.* (che modifica il valore); (*stamp*) francobollo *m.* sovrastampato.

surcharge[2] /sɜː'tʃɑːdʒ Am 'sɜːrtʃɑːrdʒ/ *v.t.* **1** mettere un supplemento a. **2** (*to overcharge*) far pagare troppo a. **3** (*to overload; general. al pass.*) sovraccaricare. **4** (*Filat*) sovrastampare (per modificare il valore).

surcingle /'sɜːsɪŋgl Am 'sɜːrsɪŋgl/ **I** *n.* **1** (*for a horse*) sopraccinghia *f.* **2** (*of a cassock*) cintura *f.*, cinghia *f.* **II** *v.t.* (*of a horse*) mettere la sopraccinghia a.

surcoat /'sɜːkout Am 'sɜːrkout/ *n.* (*Abbigl,ant*) sopravveste *f.*

surd /sɜːd Am sɜːrd/ **I** *a.* **1** (*Fon*) sordo, aspro. **2** (*Mat*) irrazionale. **II** *n.* **1** (*Fon*) consonante *f.* sorda. **2** (*Mat*) numero *m.* irrazionale.

sure /ʃuər Am ʃur/ **I** *a.* **1** (*pred.*) sicuro, certo: *I am ~ you are wrong* sono sicuro che hai torto; *to be ~ of a welcome* essere sicuro di ricevere una buona accoglienza; *you may be ~ I shall back you up* puoi contare sul mio appoggio; *do you feel ~ about it?* ne sei sicuro?, ne sei certo?; *we felt ~ of success* ci sentivamo sicuri del successo; *it's not my fault, I'm ~* non è colpa mia, davvero! **2** (*convinced*) convinto, persuaso, sicuro, certo: *~ of her innocence* è convinto della sua innocenza. **3** (*unfailing*) infallibile, sicuro: *a ~ cure* una cura infallibile. **4** (*reliable,*

dependable) fidato, attendibile, sicuro: *a ~ friend* un amico fidato. **5** (*firm, stable*) saldo, solido, fermo, sicuro: *a ~ hold* una presa salda. **6** (*steadfast, enduring*) incrollabile, saldo: *~ faith* fede incrollabile. **7** (*steady, unfaltering*) fermo, sicuro, deciso, non esitante: *he made the incision with a ~ hand* eseguì l'incisione con mano ferma. **II** *avv.* (*colloq*) certo, sicuro, indubbiamente, di sicuro, senza dubbio. **III** *intz.* senz'altro!, certo!, sicuro!, senza dubbio! □ *to be ~ and do sth.* non mancare di fare qcs., avere cura di fare qcs.; (*Am,colloq*) *as ~ as a gun* sicurissimo, (*ant*) quanto è vero Iddio; *as ~ as can be* senza dubbio; (*colloq*) *as ~ as eggs is eggs* com'è certo che due più due fa quattro; *as ~ as fate* sicurissimo, (*ant*) quanto è vero Iddio; *~ enough* e infatti, naturalmente, com'era prevedibile: *I expected him to disapprove and, ~ enough, he did* mi aspettavo che non fosse d'accordo, e infatti così è stato; (*colloq*) (*and that's*) *for ~* di sicuro, certamente, per certo: *it's going to rain again, for ~* pioverà di nuovo, di sicuro; *I do not know for ~* non ne sono sicuro; (*fig*) *to be on ~ ground* conoscere il terreno; *to make ~*: **1** accertarsi, assicurarsi: *he tied another knot, just to make ~* fece un altro nodo per sicurezza; **2** (*in imperatives*) badare, vedere: *make ~ you try their icecream* vedi di provare il loro gelato; *to make ~ of*: **1** (*to remove all doubt about*) assicurarsi di, accertarsi di; **2** (*to secure possession of*) procurarsi, assicurarsi. *~ of oneself* sicuro di sé; (*colloq*) *~ thing*: **1** (*used as a noun*) cosa sicura, cosa su cui si può contare; **2** (*used as an adverb*) certamente, senza dubbio, sì, senz'altro; *to be ~*: **1** dobbiamo ammettere, dobbiamo riconoscerlo: *it costs a lot, to be ~* è caro, dobbiamo ammetterlo; **2** (*without doubt*) certamente, certo, senza dubbio; *to be ~ to do sth.* non mancare di fare qcs., avere cura di fare qcs.: *be ~ to lock the door* non mancare di chiudere la porta.

sure-fire /'ʃɔːfaɪə Am 'ʃurˌfaɪər/ *a.* (*colloq*) infallibile, sicuro, certo: *a ~ way to make money* un modo infallibile per fare quattrini.

sure-footed /ˌʃɔː'futɪd Am 'ʃurˌfuːtɪd/ *a.* **1** dal passo sicuro, che ha il piede fermo. **2** (*fig*) che non fa passi falsi.

sure-footedly /ˌʃɔː'futɪdli Am 'ʃurˌfuːtɪdli/ *avv.* senza fare passi falsi.

sure-footedness /ˌʃɔː'futɪdnəs Am 'ʃurˌfuːtɪdnəs/ *n.* il non fare passi falsi (*anche fig*).

sure-handed /ˌʃɔː'hændɪd Am 'ʃurˌhændɪd/ *a.* dalla mano sicura.

surely /'ʃɔːli Am 'ʃurli/ *avv.* **1** certamente, sicuramente, senza dubbio, di sicuro: *he will ~ succeed* avrà certamente successo. **2** (*in emphatic sentences*) certo, indubbiamente, di sicuro: *~ you don't intend giving up now* certo non vorrai arrenderti ora. **3** (*undoubtedly, definitely*) senza dubbio, decisamente: *the news is ~ encouraging* la notizia è senza dubbio incoraggiante. **4** (*firmly*) fermamente, saldamente. **5** (*unerringly*) infallibilmente.

sureness /'ʃuənəs Am 'ʃurnəs/ *n.* **1** sicurezza *f.*, certezza *f.*, fiducia *f.* **2** (*firmness, steadiness*) fermezza *f.*, risolutezza *f.*, decisione *f.* **3** (*infallibility*) infallibilità *f.*

surety /'ʃɔːrəti Am 'ʃurəti/ *n.* **1** garanzia *f.*, avallo *m.*, malleveria *f.* **2** (*Dir*) garante *m./f.*, mallevadore *m.* (*f.* -drice), fideiussore *m.*; (*money given as a guaranty*) cauzione *f.*, caparra *f.* **3** (*certainty*) certezza *f.*, sicurezza *f.* □ (*Dir*) *~ bond* cauzione; *to go ~ for so.* (*o to stand ~ for so.*) farsi garante per qcu.

suretyship /'ʃɔːrətiʃɪp Am 'ʃurətiʃɪp/ *n.* (*Dir*) fideiussione *f.*

surf /sɜːf *Am* sɜːrf/ **I** *n.* **1** spuma *f.* delle onde, spuma *f.* dei frangenti. **2** (*breaking waves*) cavalloni *m.pl.*, frangenti *m.pl.* **3** (*undertow*) risacca *f.* **4** (*Sport*) surf *m.* **II** *v.i.* **1** (*Sport*) praticare il surfing. **2** (*Inform*) navigare su Internet, navigare in Internet. **III** *v.t.* (*Inform*) navigare su: *to ~ the net* navigare in Internet. □ (*Am,colloq*) *~ and turf* mare e monti; (*Sport*) *~rider* surfista; (*Sport*) *~ riding* surfing.

surface /ˈsɜːfɪs *Am* ˈsɜːrfɪs/ **I** *n.* **1** superficie *f.*: *the ~ of a lake* la superficie di un lago. **2** (*face*) faccia *f.*: *the six -s of a cube* le sei facce di un cubo. **3** (*fig*) (*outward aspect*) superficie *f.*, esteriorità *f.*, apparenza *f.*, aspetto *m.* esteriore, scorza *f.* **4** (*Geom,Aer,Minier*) (*area*) superficie *f.*; (*face*) faccia *f.* **5** (*Strad*) manto *m.* di usura. **II** *a.* **1** superficiale, di superficie, esteriore. **2** (*fig*) superficiale, non profondo: *a ~ judgement* un giudizio superficiale. **3** (*of transport*) di superficie. **4** (*Post*) ordinario, non aereo. **5** (*Minier*) (*of mining*) a cielo aperto; (*of miners*) che lavora in superficie. **III** *v.t.* **1** rifinire: *the house was -d with pebbledash* la casa fu rifinita con intonaco a pinocchino. **2** (*Strad*) dotare di manto di usura. **3** (*Fal*) spianare, rendere liscio, piallare; (*to polish*) lucidare. **4** (*of a submarine*) far emergere, far affiorare. **IV** *v.i.* risalire alla superficie, emergere, venire a galla, affiorare: *the diver -d* il tuffatore risalì alla superficie. □ *~area* superficie; (*Minier*) *at the ~* a cielo aperto; (*Mar*) *~craft* naviglio di superficie; (*Post*) *~mail* posta non aerea, posta ordinaria, posta via terra o via mare; *~noise* fruscio di fondo; *on the ~:* **1** sulla superficie, in superficie; **2** (*fig*) apparentemente, in apparenza; **3** (*Minier*) a cielo aperto; (*Fis*) *~tension* tensione superficiale; *~water* acqua di scolo.

surface-active /ˌsɜːfɪsˈæktɪv *Am* ˌsɜːrfɪs ˈæktɪv/ *a.* (*Chim*) tensioattivo.

surface-activity /ˌsɜːfəsækˈtɪvəti *Am* ˌsɜːrfɪsækˈtɪvəti/ *n.* (*Chim*) tensioattività *f.*

surfaceman /ˈsɜːfɪsmən *Am* ˈsɜːrfɪsmən/ *n.irr.* **1** (*Ferr*) operaio *m.* addetto alla manutenzione della linea. **2** (*Minier*) minatore *m.* che lavora in superficie.

surface-to-air /ˌsɜːfɪstuˈeər *Am* ˌsɜːrfɪstuˈer/ *a.* (*Mil*) (*of missiles*) terra-aria.

surface-to-surface /ˌsɜːfɪstəˈsɜːfɪs *Am* ˌsɜːrfɪstəˈsɜːrfɪs/ *a.* (*Mil*) (*of missiles*) terra-terra.

surfactant /sɜːˈfæktənt *Am* sɜːrˈfæktənt/ *n.* (*Chim*) surfactante *m.*, tensioattivo *m.*

surfboard /ˈsɜːfbɔːd *Am* ˈsɜːrfbɔːrd/ *n.* (*Sport*) tavola *f.* per surfing.

surfboat /ˈsɜːfbəʊt *Am* ˈsɜːrfboʊt/ *n.* (*Mar*) barca *f.* a fondo piatto.

surfcaster /ˈsɜːfkæstər *Am* ˈsɜːrfkæstər/ *n.* (*Pesc*) surfcaster *m.*

surfcasting /ˈsɜːfkæstɪŋ *Am* ˈsɜːrfkæstɪŋ/ *n.* (*Pesc*) surf-casting *m.*

surfeit /ˈsɜːfɪt *Am* ˈsɜːrfɪt/ **I** *n.* **1** eccesso *m.* (*of* di), sovrabbondanza *f.*, quantità *f.* eccessiva. **2** (*excess of food, drink*) eccesso *m.* nel mangiare, eccesso *m.* nel bere. **3** (*disgust caused by excess*) sazietà *f.*, nausea *f.*, disgusto *m.* **II** *v.t.* **1** rimpinzare. **2** (*fig*) disgustare, nauseare, saziare. **III** *v.i.* rimpinzarsi (*with* di).

surfer /ˈsɜːfər *Am* ˈsɜːrfər/ *n.* **1** (*Sport*) surfista *m./f.* **2** (*Inform*) navigatore *m.* (*f. -trice*) in rete.

surfing /ˈsɜːfɪŋ *Am* ˈsɜːrfɪŋ/ *n.* **1** surfing *m.* **2** (*Inform*) navigazione *f.*

surf-rider /ˈsɜːfˌraɪdər *Am* ˈsɜːrfˌraɪdər/ *n.* (*Sport*) surfista *m./f.*

surfy /ˈsɜːfi *Am* ˈsɜːrfi/ *a.* **1** pieno di frangenti. **2** (*resembling surf*) spumoso, spumeggiante.

---

surge /sɜːdʒ *Am* sɜːrdʒ/ **I** *n.* **1** (*strong swelling rush*) ondata *f.* travolgente. **2** (*large, rolling wave*) cavallone *m.*, maroso *m.*, flutto *m.*, (*grossa*) ondata *f.* **3** (*fig*) (*of emotions*) impeto *m.*, impulso *m.*, slancio *m.*: *a ~ of anger* un impeto di collera. **4** (*fig*) (*violent rising and falling*) ondata *f.*: *a ~ of enthusiasm* un'ondata di entusiasmo. **5** (*Fis,Meteor*) fronte *m.* d'onda. **6** (*Econ,Pol*) (*increase*) impennata *f.*, picco *m.*, brusco aumento *m.* (*in* di). **7** (*El*) (*power surge*) sovratensione *f.*, sovraccorrente *f.* momentanea. **8** (*Sport*) rimonta *f.* **II** *v.i.* **1** ondeggiare, fluttuare: *the crowd -d forward* la folla avanzò ondeggiando. **2** (*of the sea*) gonfiarsi: *the waves -d over the breakwater* le onde si sollevavano sul frangiflutti. **3** (*fig*) sollevarsi (come un'ondata): *the blood -d to his cheeks* il sangue gli affluì al viso. **4** (*Mar*) (*of a rope*) allentarsi, allascare. **5** (*El*) aumentare improvvisamente di intensità; (*to oscillate violently*) oscillare violentemente. **6** (*Aut*) (*of a wheel*) girare a vuoto. **7** (*Econ*) avere un picco, salire alle stelle. **8** (*Sport*) slanciarsi: *to ~ through* (*to win*) rimontare (*per vincere*). **III** *v.t.* (*Mar*) (*of a rope*) allentare, allascare. □ (*Idr*) *~ chamber* serbatoio di compensazione; (*El*) *~protector* protezione dalle sovraccorrenti; (*Idr*) *~tank* serbatoio di compensazione.

surgeon /ˈsɜːdʒən *Am* ˈsɜːrdʒən/ *n.* **1** chirurgo *m.*, medico *m.* chirurgo. **2** (*Mil,Mar.mil*) ufficiale *m.* medico. **3** (*Mar*) medico *m.* di bordo. **4** (*Itt*) acanturo *m.* □ (*Itt*) *~fish* acanturo, pesce chirurgo; (*Am*) *Surgeons general:* **1** (*Med,Mil*) ispettore del servizio sanitario militare; **2** (*Pol*) ministro della sanità.

surgery /ˈsɜːdʒəri *Am* ˈsɜːrdʒəri/ *n.* **1** chirurgia *f.* **2** (*surgical treatment*) intervento *m.* chirurgico: *to undergo ~* sottoporsi a un intervento chirurgico. **3** (*doctor's consulting office*) ambulatorio *m.*, gabinetto *m.* medico, dispensario *m.* **4** (*surgery hours*) orario *m.* delle visite, orario *m.* di consultazione.

surgical /ˈsɜːdʒɪkəl *Am* ˈsɜːrdʒɪkəl/ *a.* **1** chirurgico: *~ instruments* strumenti chirurgici (*anche fig*). **2** (*of boot*) ortopedico. **3** (*of stocking*) contenitivo. **4** (*Mil*) chirurgico, mirato: *~ strike* attacco chirurgico, incursione aerea mirata, attacco su un preciso obiettivo. **5** (*resulting from surgery*) postoperatorio: *~fever* febbre postoperatoria. □ (*Med*) *~appliance* apparecchio ortopedico; (*Chir*) *~ clamp* pinza; (*Chir*) *~ dressing* fasciatura; (*Chir*) *~ instruments* strumenti chirurgici; (*Chir*) *~knife* bisturi; (*Med*) *~shock* shock operatorio; (*Chir*) *~spirit* alcol denaturato; (*Met*) *~ steel* acciaio chirurgico; (*Med*) *~ ward* (reparto di) chirurgia.

surgically /ˈsɜːdʒɪkəli *Am* ˈsɜːrdʒɪkəli/ *avv.* chirurgicamente (*anche fig*).

surging /ˈsɜːdʒɪŋ *Am* ˈsɜːrdʒɪŋ/ *a.* **1** agitato, ondoso, ondeggiante. **2** (*fig*) (*of emotions*) impetuoso. **3** (*Econ*) in rialzo.

surgy /ˈsɜːdʒi *Am* ˈsɜːrdʒi/ *a.* (*rar*) (*surging*) ondoso, agitato.

suricate /ˈsʊrɪkeɪt/ *n.* (*Zool*) suricata *f.*

Suriname /ˌsʊərɪˈnæm *Am* ˌsʊrɪˈnɑːm/ *n.pr.* (*Geog*) Suriname *m.*

Surinamese /ˌsʊərɪnæmˈiːz/ **I** *n.* nativo *m.* (*f. -a*) del Suriname, abitante *m./f.* del Suriname. **II** *a.* del Suriname.

surlily /ˈsɜːlɪli *Am* ˈsɜːrlɪli/ *avv.* in modo arcigno, in modo scontroso, scontrosamente, intrattabilmente.

surliness /ˈsɜːlɪlnəs *Am* ˈsɜːrlɪlnəs/ *n.* scontrosità *f.*, intrattabilità *f.*

surly /ˈsɜːli *Am* ˈsɜːrli/ *a.* arcigno, burbero, scontroso, scorbutico.

surmise[1] /ˈsɜːmaɪz *Am* ˈsɜːrmaɪz/ *n.* conget-

---

tura *f.*, ipotesi *f.*, supposizione *f.*

surmise[2] /səˈmaɪz *Am* sərˈmaɪz/ **I** *v.t.* supporre, congetturare. **II** *v.i.* fare una supposizione, fare una congettura.

surmount /səˈmaʊnt *Am* sərˈmaʊnt/ *v.t.* **1** valicare: *to ~ a height* valicare un'altura. **2** (*climb over*) scavalcare, sormontare: *to ~ a fence* scavalcare uno steccato. **3** (*fig*) superare, sormontare: *to ~ all obstacles* superare tutti gli ostacoli. **4** (*to be situated at the top of*) essere (situato) in cima a, essere appollaiato su. **5** (*to place on the top of*) collocare su, collocare in cima a: *to ~ a pedestal with a bust* collocare un busto su un piedistallo. **6** (*to rise above in height*) sovrastare, dominare.

surmountable /səˈmaʊntəbl̩ *Am* sər ˈmaʊntəbl̩/ *a.* **1** sormontabile. **2** (*fig*) superabile, sormontabile: *~ difficulties* difficoltà superabili.

surmullet /ˈsɜːˌmʌlɪt *Am* ˈsɜːrˌmʌlɪt/ *n.* (*Itt*) triglia *f.* di scoglio.

surname /ˈsɜːneɪm *Am* ˈsɜːrneɪm/ **I** *n.* **1** cognome *m.*, casato *m.*, nome *m.* di famiglia. **2** (*name added to an original name*) soprannome *m.*, nomignolo *m.* **II** *v.t.* **1** chiamare con il cognome. **2** (*to call, to nickname*) soprannominare, dare un soprannome a: *Richard I -d Lionheart* Riccardo I soprannominato (*o* detto) Cuor di Leone.

surpass /səˈpɑːs *Am* sərˈpæs/ *v.t.* **1** superare, essere superiore a, sorpassare, essere più bravo (*o* valente) di: *to ~ so.* in cunning superare qcu. in astuzia. **2** (*to exceed*) superare, eccedere: *to ~ all expectations* superare tutte le aspettative.

surpassable /səˈpɑːsəbl̩ *Am* sərˈpæsəbl̩/ *a.* superabile, sorpassabile.

surpassing /səˈpɑːsɪŋ *Am* sərˈpæsɪŋ/ **I** *a.* incomparabile, senza uguale, straordinario: *of ~ beauty* di una bellezza incomparabile. **II** *avv.* (*rar,poet*) incomparabilmente, senza pari.

surpassingly /səˈpɑːsɪŋli *Am* sərˈpæsɪŋli/ *avv.* incomparabilmente, senza pari.

surplice /ˈsɜːplɪs *Am* ˈsɜːrplɪs/ *n.* (*Lit*) cotta *f.*

surpliced /ˈsɜːplɪst *Am* ˈsɜːrplɪst/ *a.* (*Lit*) che indossa la cotta, in cotta.

surplus /ˈsɜːpləs *Am* ˈsɜːrpləs/ **I** *n.* **1** soprappiù *m.*, eccesso *m.*, eccedenza *f.* **2** (*Econ*) surplus *m.*: *a balance of payments ~* un surplus nella bilancia dei pagamenti. **3** (*Econ*) (*excess of net value over capital stock value*) eccedenza *f.* attiva. **4** (*Comm*) residuo *m.* attivo, avanzo *m.*, eccedente *m.* **5** (*Agr*) sovrapproduzione *f.* **II** *a.* **1** eccedente, in eccedenza, in soprappiù, d'avanzo. **2** (*superfluous*) superfluo. **3** (*Mil*) residuato. □ *~area* regione eccedentaria; *~ disposal* smaltimento delle eccedenze; *~labour* eccesso di manodopera; *~population* eccesso di popolazione; *~product* prodotto eccedentario; (*Econ*) *~value* plusvalore, valore aggiunto.

surplusage /ˈsɜːpləsɪdʒ *Am* ˈsɜːrpləsɪdʒ/ *n.* **1** eccedenza *f.*, soprappiù *m.*, eccesso *m.*, soprannumero *m.* **2** (*Dir*) materia *f.* superflua.

surprisal /səˈpraɪzl̩ *Am* sərˈpraɪzl̩/ *n.* sorpresa *f.*

surprise /səˈpraɪz *Am* sərˈpraɪz/ **I** *n.* **1** sorpresa *f.*: *an unpleasant ~* una spiacevole sorpresa; *it comes as no ~ that...* non è sorprendente che...; *it came as a great ~ to me* è stata una grande sorpresa per me; *to my great ~, he agreed* con mia grande sorpresa, acconsentì. **2** (*emotion aroused*) stupore *m.*, sorpresa *f.*, meraviglia *f.*: *I gasped in ~* restai senza fiato per lo stupore; *to feel ~* essere stupito, provare stupore. **II** *a.* **1** inaspettato, a sorpresa: *a ~ announcement* un annuncio inaspettato. **2** (*Mil*) di sorpresa: *a ~ attack* un attacco di sorpresa. **III** *v.t.* **1** sorprendere, meravigliare, stupire: *the price -d me* il prezzo mi sorprese. **2** (*to take, to catch in the act*) sorprendere, cogliere di sorpresa, sorprendere, cogliere sul fatto: *I -d him dipping into the jam jar* l'ho sorpreso a rubare la marmellata. **3** (*Mil*) sorprendere, attaccare di sorpresa, prendere di sorpresa. □ (*scherz*) ~ ~! sorpresa!; *to ~ so. into* (*doing*) *sth.* far fare qcs. a qcu. prendendolo alla sprovvista; ~ *package* (o ~ *packet*) pacchetto a sorpresa; ~ *party* festa a sorpresa; *to take by* ~: **1** sorprendere, meravigliare, stupire: *his resignation took us all by* ~ le sue dimissioni ci sorpresero tutti; **2** (*to catch unprepared*) cogliere di sorpresa, cogliere alla sprovvista, sorprendere; *they were taken by* ~ furono colti di sorpresa; **3** (*Mil*) sorprendere, cogliere di sorpresa; *what a* ~! che sorpresa!

surprised /sə'praizd *Am* sər'praizd/ *a.* sorpreso, stupito: *to be ~ at sth.* essere sorpreso da qcs., stupirsi di qcs.

surprisedly /sə'praizdli *Am* sər'praizdli/ *avv.* con sorpresa, con stupore.

surprising /sə'praiziŋ *Am* sər'praiziŋ/ *a.* sorprendente, stupefacente: ~ *revelations* rivelazioni sorprendenti.

surprisingly /sə'praiziŋli *Am* sər'praiziŋli/ *avv.* in modo sorprendente, incredibilmente, sorprendentemente.

surreal /sə'riəl *Am* sə'ri:əl/ *a.* (*bizarre*) surreale, surrealistico.

surrealism /sə'riəliz°m *Am* sə'ri:əliz°m/ *n.* (*Art*) surrealismo *m.*

surrealist /sə'riəlist *Am* sə'ri:əlist/ **I** *n.* (*Art*) surrealista *m./f.* **II** *a.* (*Art*) surrealistico, surrealista.

surrealistic /sə,riə'listik *Am* sə,ri:ə'listik/ *a.* (*Art*) surrealistico, surrealista.

surrealistically /sə,riə'listik°li *Am* sə,ri:ə 'listik°li/ *avv.* surrealisticamente.

surreality /sə,riæ'ləti *Am* sə,riæ'ləti/ *n.* surrealtà *f.*

surreally /sə'riəli *Am* sə'ri:əli/ *avv.* in modo surreale.

surrender /sə'rendər *Am* sə'rendər/ **I** *n.* **1** resa *f.*, capitolazione *f.* (*to a*). **2** (*act of relinquishing*) abbandono *m.*, rinuncia *f.*, cessione *f.* **3** (*fig*) resa *f.*, cedimento *m.*, capitolazione *f.* **4** (*Dir*) (*of rights*) rinuncia *f.*; (*of an estate*) cessione *f.* **5** (*Assic*) riscatto *m.* **II** *v.t.* **1** consegnare, cedere, abbandonare: *the city was -ed to the enemy* la città fu consegnata al nemico. **2** (*to relinquish*) cedere, rinunciare a, lasciare: *to ~ one's seat to a lady* cedere il posto a una signora; *to ~ a privilege* rinunciare a un privilegio. **3** (*rifl.*) *to ~ oneself* arrendersi, capitolare, cedere. **4** (*rifl. fig*) *to ~ oneself* abbandonarsi, darsi: *to ~ oneself to despair* abbandonarsi alla disperazione. **5** (*of hopes, etc.*) abbandonare, rinunciare a. **6** (*Dir*) (*of rights*) rinunciare a; (*of an estate*) cedere. **7** (*Assic*) riscattare: *to ~ an insurance policy* riscattare una polizza di assicurazione. **III** *v.i.* **1** arrendersi (*to a*): *to ~ to the police* arrendersi alla polizia. **2** (*fig*) abbandonarsi, darsi (a). □ (*fig*) *to ~ the seals* dare le dimissioni; *to ~ to one's bail* presentarsi al processo (dopo la libertà provvisoria); (*Dir*) *to ~ oneself to justice* costituirsi; (*Assic*) ~ *value* valore di riscatto di una polizza.

surrenderee /sə,rendə'ri:/ *n.* (*Dir*) cessionario *m.* (*f. -a*).

surrenderor /sə'rendərər/ *n.* (*Dir*) cedente *m./f.*

surreptitious /,sʌrəp'tiʃəs/ *a.* **1** furtivo, di nascosto: *a ~ glance* uno sguardo furtivo. **2** (*acting stealthily*) clandestino, che agisce furtivamente (*o* di nascosto). **3**

(*sly, shifty*) subdolo, falso. □ ~ *edition* edizione clandestina.

surreptitiously /,sʌrəp'tiʃəsli *Am* ,sɜːrəp 'tiʃəsli/ *avv.* furtivamente, di nascosto.

surreptitiousness /,sʌrəp'tiʃəsnəs *Am* ,sɜːrəp'tiʃəsnəs/ *n.* clandestinità *f.*

surrey /'sʌri *Am* 'sɜːri/ *n.* (*Am*) carrozza *f.* leggera a quattro ruote e due posti.

Surrey /'sʌri *Am* 'sɜːri/ *n.pr.* Surrey *m.*

surrogacy /'sʌrəgəsi/ *n.* ufficio *m.* di sostituto, maternità *f.* sostitutiva.

surrogate /'sʌrəgit *Am* 'sɜːrəgit/ *n.* **1** sostituto *m.* (*f. -a*) (*for* di). **2** (*Rel*) delegato *m.* □ ~ *mother* madre in affitto.

surrogateship /'sʌrəgitʃip *Am* 'sɜːrəgitʃip/ *n.* ufficio *m.* di sostituto.

surrogation /,sʌrə'geiʃən *Am* 'sɜːrəgeiʃən/ *n.* sostituzione *f.*

surround /sə'raund/ **I** *v.t.* **1** circondare, attorniare, cingere, racchiudere: *the garden was -ed by a wall* il giardino era circondato da un muro. **2** (*fig*) circondare: *to be -ed by dangers* essere circondato da pericoli. **3** (*to place round*) cingere, circondare, mettere attorno a: *to ~ a garden with a hedge* cingere un giardino con una siepe. **4** (*rifl.*) *to ~ oneself* circondarsi, attorniarsi. **5** (*Mil*) circondare, accerchiare. **II** *n.* bordo *m.*, bordatura *f.* □ (*Acus*) ~ *sound* suono surround, impianto di surround sound.

surrounding /sə'raundiŋ/ **I** *a.* **1** circostante: *the ~ countryside* la campagna circostante. **2** (*enclosing, encircling*) che circonda, che cinge. **II** *n.* **1** ciò che circonda. **2** *pl.* dintorni *m.pl.* **3** *pl.* (*fig*) ambiente *m.sing.*: *cultured -s* ambiente colto.

surtax /'sɜːtæks *Am* 'sɜːrtæks/ **I** *n.* (*Econ*) soprattassa *f.*, imposta *f.* addizionale. **II** *v.t.* (*Econ*) imporre una soprattassa su.

surtitle /'sɜː,taitl *Am* 'sɜːr,taitl/ *n.* (*Teat*) sopratitolo *m.*

surtout /,sɜː'tuː/ *n.* (*Stor,Abbigl*) **1** (*for men*) soprabito *m.* **2** (*for women*) mantello *m.* con cappuccio.

surveillance /sɜː'veiləns *Am* sər'veiləns/ *n.* sorveglianza *f.*, vigilanza *f.*, controllo *m.*: *under police ~* sotto sorveglianza speciale.

surveillant /sɜː'veilənt *Am* sər'veilənt/ *n.* sorvegliante *m./f.*

survey[1] /'sɜːvei *Am* 'sɜːrvei/ *n.* **1** sguardo *m.* (generale), veduta *f.*, vista *f.*, colpo *m.* d'occhio. **2** (*general consideration, exposition*) esame *m.*, indagine *f.*: *a ~ of trade-union history* uno studio sulla storia dei sindacati. **3** (*official examination, inspection*) ispezione *f.*, controllo *m.*, esame *m.* **4** (*report, document containing a survey*) stima *f.*, perizia *f.* **5** (*Statist*) indagine *f.* **6** (*Topogr*) (*action*) rilevamento *m.*, rilievo *m.* topografico; (*survey map*) mappa *f.* catastale, carta *f.* topografica; (*organization*) catasto *m.* □ (*Am,Univ*) ~ *course* corso istituzionale.

survey[2] /sə'vei *Am* sər'vei/ *v.t.* **1** guardare, osservare, contemplare. **2** (*to make a general examination of*) esaminare, prendere in esame, studiare, osservare. **3** (*to inspect, to assess*) valutare, stimare, fare la perizia di: *an architect -ed the house* un architetto valutò la casa. **4** (*Topogr*) misurare, rilevare, fare il rilievo topografico di. **5** (*Statist*) fare un'indagine su, fare uno studio su.

surveying /sə'veiŋ *Am* sər'veiŋ/ *n.* **1** (*Topogr*) (*science, occupation*) agrimensura *f.* **2** (*act*) misurazione *f.* **3** (*in housebuying*) perizia *f.* (immobiliare).

surveyor /sə'veiər *Am* sər'veiər/ *n.* **1** ispettore *m.*, controllore *m.*, perito *m.*: ~ *of roads* ispet-

tore delle strade. **2** (*Topogr*) agrimensore *m.*, topografo *m.* **3** (*architect*) architetto *m.* **4** (*Am*) (*customs officer*) doganiere *m.* □ (*Topogr*) ~ *'s chain* catena da topografo, catena metrica; (*Topogr*) ~ *'s compass* (o ~ *'s dial*) bussola azimutale, bussola topografica; (*Topogr*) ~ *'s level* livella a cannocchiale.

surveyorship /sə'veiərʃip *Am* sər'veiərʃip/ *n.* ufficio *m.* di ispettore, ispettorato *m.*

survival /sə'vaivəl *Am* sər'vaivəl/ *n.* **1** sopravvivenza *f.*: *their chances of ~ are slim* le loro possibilità di sopravvivenza sono esigue. **2** (*surviving remnant, individual*) avanzo *m.*, reliquia *f.*, resto *m.*, vestigio *m.* **3** (*of a custom, etc.*) sopravvivenza *f.* **4** (*surviving custom, belief, etc.*) usanza *f.* sopravvissuta, credenza *f.* sopravvissuta. □ (*Biol*) *the ~ of the fittest* la sopravvivenza degli individui più adatti, la selezione naturale; (*Biol*) ~ *value* valore di sopravvivenza.

survive /sə'vaiv *Am* sər'vaiv/ **I** *v.i.* sopravvivere, restare in vita: *the custom still -s* l'usanza sopravvive tuttora. **II** *v.t.* **1** sopravvivere a: *he -d the operation* sopravvisse all'operazione; *she -d her husband by five years* sopravvisse cinque anni al marito. **2** (*to escape danger, etc.*) scampare a.

surviving /sə'vaiviŋ *Am* sər'vaiviŋ/ *a.* **1** sopravvivente, ancora in vita, superstite. **2** (*still existing*) superstite, che resta, che rimane.

survivor /sə'vaivər *Am* sər'vaivər/ *n.* superstite *m./f.*, sopravvissuto *m.* (*f. -a*): *the sole ~* l'unico superstite. □ (*Assic*) *-s' pension* pensione superstiti.

survivorship /sə'vaivəʃip *Am* sər'vaivəʃip/ *n.* **1** (*Dir*) diritto *m.* del comproprietario superstite alla quota lasciata dal defunto. **2** (*survival*) sopravvivenza *f.*

Susan /'suːz°n/, **Susanna**, **Susannah** /suː'zænə/ *n.pr.f.* Susanna.

susceptance /sə'septəns/ *n.* suscettanza *f.*

susceptibility /sə,septə'biləti *Am* sə,septə 'biləti/ *n.* **1** suscettibilità *f.* **2** (*Med*) predisposizione *f.*, ricettività *f.* (*to a*). **3** (*sensitive, impressionable nature*) sensibilità *f.*, impressionabilità *f.* (*to a*). **4** (*El,Fis*) suscettività *f.* **5** *pl.* (*Br*) (*feelings*) suscettibilità *f.sing.*, sentimenti *m.pl.*: *to offend so.'s susceptibilities* offendere la suscettibilità di qcu.

susceptible /sə'septəbl/ *a.* **1** suscettibile (*of* di): ~ *of improvement* suscettibile di miglioramento. **2** (*easily offended*) ombroso, permaloso, suscettibile. **3** (*easily affected, influenced*) sensibile (*to* a): ~ *to flattery* sensibile all'adulazione. **4** (*sensitive, impressionable*) sensibile, impressionabile. **5** (*Med*) predisposto, soggetto, ricettivo (*to* a).

susceptibly /sə'septəbli/ *avv.* in modo suscettibile.

susceptive /sə'septiv/ *a.* **1** ricettivo. **2** (*susceptible*) suscettibile.

susceptiveness /sə'septivnəs/, **susceptivity** /sə,sep'tivəti *Am* sə,sep'tivəti/ *n.* **1** (*susceptibility*) suscettibilità *f.* **2** (*receptiveness*) ricettività *f.*

sushi /'suːʃi/ *n.* (*Gastron*) sushi *m.*

suspect[1] /'sʌspekt/ **I** *n.* persona *f.* sospetta, sospetto *m.*: *a murder ~* una persona sospetta di omicidio. **II** *a.* sospetto, che desta diffidenza (*o* sospetto), dubbio, di dubbia provenienza, strano.

suspect[2] /sə'spekt/ **I** *v.t.* **1** sospettare (di): *to ~ so. of a crime* sospettare qcu. di un delitto. **2** (*to have doubts about*) dubitare di, diffidare di: *I ~ his honesty* dubito della sua onestà. **3** (*to have an intuition*) subodorare, intuire, presentire, avere sentore di: *to ~ danger* subodorare il pericolo. **4** (*to have a suspicion,* *feeling*) avere il sospetto (*o* la sensazione, l'impressione) che: *I ~ you are making fun of me* ho il sospetto che ti stia burlando di me. **5** (*to imagine, to surmise*) sospettare, immaginare, presumere, supporre, credere. **II** *v.i.* avere sospetti, nutrire sospetti.

suspected /sə'spektɪd/ *a.* sospetto, sospettato, presunto.

suspend /sə'spend/ *v.t.* **1** sospendere, attaccare (in alto), appendere (*from* a). **2** (*to hold fixed, floating*) sospendere, tenere sospeso, tenere appeso. **3** (*fig*) sospendere, lasciare in sospeso: *to ~ judgement* sospendere il giudizio. **4** (*to set aside temporarily*) mettere temporaneamente da parte, sospendere. **5** (*to interrupt*) sospendere, interrompere, cessare (temporaneamente). **6** (*to stay, to adjourn*) sospendere, aggiornare, rinviare, rimandare; (*to postpone*) differire. **7** (*Scol*) (*to debar temporarily*) sospendere: *to ~ a boy from school* sospendere un alunno dalla scuola. **8** (*Mus*) ritardare. **9** (*Chim,Fis*) sospendere. □ (*Econ*) *to ~ trading* sospendere le contrattazioni (in Borsa).

suspended /sə'spendɪd/ *a.* **1** appeso, sospeso, pendente. **2** (*Scol*) sospeso. **3** (*Chim*) in sospensione. **4** (*Mus*) ritardato. □ (*Med*) ~ *animation* morte apparente; (*Dir*) ~ *sentence* condanna con sospensione della pena: *to give so. a two-year ~ sentence* condannare qcu. a due anni con la penale.

suspender /sə'spendər/ *n.* **1** chi sospende. **2** (*that which suspends*) sospensore *m.* **3** *spec.pl.* reggicalze *m.pl.*, giarrettiera *f.sing.* **4** *pl.* (*Am*) (*braces*) bretelle *f.pl.* □ (*Br*) ~ *belt* reggicalze, giarrettiera.

suspense /sə'spens/ *n.* **1** ansia *f.*, apprensione *f.*, stato *m.* di ansia, stato *m.* di attesa: *the ~ became unbearable* l'ansia divenne intollerabile. **2** (*excited expectation*) suspense *m.* **3** (*state of being undecided, unconcluded*) incertezza *f.*, sospensione *f.*, indecisione *f.*: *the affair hung in ~* l'affare rimase in sospeso. **4** (*Dir*) sospensione *f.* □ (*Econ*) ~ *account* conto in sospeso, conto provvisorio, conto d'ordine; *to hold so. in ~* tenere qcu. in sospeso, tenere qcu. sulla corda: *to hold a decision in ~* tenere in sospeso una decisione; *to keep so. in ~* tenere qcu. in sospeso, tenere qcu. sulla corda.

suspenseful /sə'spensfəl/ *a.* pieno di suspense, ricco di suspense.

suspension /sə'spenʃən/ *n.* **1** sospensione *f.* **2** (*interruption*) sospensione *f.*, interruzione *f.*, differimento *m.*, dilazione *f.* **3** (*temporary withdrawal from office, etc.*) sospensione *f.* (*anche Scol*) (*from* da). **4** (*Sport*) squalifica *f.* **5** (*Econ,Chim,Fis*) sospensione *f.*: ~ *of payment* sospensione dei pagamenti. **6** (*Aut,Mecc*) sospensione *f.*, molleggio *m.* **7** (*Dir*) sospensione *f.*, dilazione *f.* **8** (*Mus*) ritardo *m.* □ ~ *bridge* ponte sospeso; (*Fis,Chim*) *in ~* in sospensione; (*Dir*) ~ *of decision* aggiornamento della decisione; ~ *of execution* sospensione dell'esecuzione; (*Mil*) ~ *of military operations* tregua d'armi, sospensione delle ostilità; (*Tip*) ~ *periods* (*o* ~ *points*) punti di sospensione, puntini di sospensione.

suspensive /sə'spensɪv/ *a.* **1** sospensivo, dilatorio: ~ *sentence* decreto sospensivo. **2** (*anxious*) ansioso, apprensivo, esitante, indeciso, incerto. **3** (*causing tension*) pieno di suspense, che tiene in ansia.

suspensively /sə'spensɪvlɪ/ *avv.* in modo sospensivo, sospensivamente.

suspensory /sə'spensəri/ **I** *a.* **1** che serve a sospendere, che serve a tenere sollevato. **2** (*Anat*) sospensorio. **II** *n.* **1** sospensorio *m.* **2** (*Anat*) legamento *m.* sospensorio, muscolo *m.*

sospensorio. □ (*Med*) ~ *bandage* sospensorio; (*Anat*) ~ *ligament* legamento sospensorio; (*Anat*) ~ *muscle* muscolo sospensorio.

suspicion /sə'spɪʃən/ **I** *n.* **1** sospetto *m.* (*of* di), diffidenza *f.*, dubbio *m.*: *to regard so. with ~* guardare qcu. con sospetto. **2** (*belief in so.'s guilt*) sospetto *m.*, presunzione *f.* di colpevolezza: ~ *fell on the butler* i sospetti caddero sul maggiordomo. **3** (*slight feeling*) vaga idea *f.*, sentore *m.*, impressione *f.*, sospetto *m.* **4** (*fig*) accenno *m.*, traccia *f.*, punta *f.*, pizzico *m.*: *a ~ of a smile* un accenno di sorriso. **II** *v.t.* (*dial*) sospettare. □ *above ~* al di sopra di ogni sospetto, insospettabile; (*Dir*) *imprisonment on ~* detenzione preventiva; *under ~* sospettato.

suspicionless /sə'spɪʃənləs/ *a.* privo di sospetto, senza sospetto.

suspicious /sə'spɪʃəs/ *a.* **1** sospetto, che desta sospetto: *a ~ character* un tipo sospetto. **2** (*given to suspicion*) diffidente, sospettoso (*of* con): *he is ~ of strangers* è diffidente con gli estranei. **3** (*indicative of suspicion*) diffidente, sospetto: *a ~ look* uno sguardo diffidente. □ *to be ~ about so.* (*o to feel ~ of so.*) nutrire sospetti nei riguardi di qcu.; *under ~ circumstances* in circostanze sospette.

suspiciously /sə'spɪʃəslɪ/ *avv.* **1** in modo sospetto. **2** (*with suspicion*) con sospetto, con diffidenza.

suspiciousness /sə'spɪʃəsnəs/ *n.* sospettosità *f.*, diffidenza *f.* (*of* nei confronti di).

suspiration /ˌsʌspɪ'reɪʃən *Am* ˌsʌspə'reɪʃən/ *n.* (*poet,lett*) sospiro *m.*

suspire /sə'spaɪər/ *v.i.* (*poet,lett*) sospirare.

Sussex /'sʌsɪks/ *n.pr.* (*Geog*) Sussex *m.*

sustain /sə'steɪn/ *v.t.* **1** sostenere, sorreggere, reggere, sopportare. **2** (*to withstand*) sostenere, resistere a: *to ~ the hardship of imprisonment* resistere ai disagi della prigionia. **3** (*to give support, aid to*) sostenere, sorreggere, essere di aiuto a. **4** (*to give moral strength to*) confortare, sorreggere, aiutare. **5** (*to maintain*) mantenere, provvedere al sostentamento di, sostenere. **6** (*to keep going*) sostenere: *to ~ a conversation* sostenere una conversazione. **7** (*to suffer, to undergo*) subire, patire, soffrire: *to ~ heavy losses* subire gravi perdite. **8** (*to argue in favour of*) sostenere: *to ~ one's innocence* sostenere la propria innocenza. **9** (*to corroborate*) confermare, corroborare, convalidare. **10** (*Dir*) accogliere, ammettere, accettare (come valido): *the judge -ed his objection* il giudice accolse la sua obiezione. **11** (*Mus*) filare, prolungare. **12** (*Teat*) (*of a role, character*) sostenere, interpretare.

sustainability /sə,steɪnə'bɪlətɪ *Am* sə,steɪnə'bɪlətɪ/ *f.* sostenibilità *f.* (*anche Econ*).

sustainable /sə'steɪnəbl/ *a.* sostenibile (*anche Econ*): ~ *development* sviluppo sostenibile.

sustained /sə'steɪnd/ *a.* **1** sostenuto, prolungato: *a ~ effort* uno sforzo prolungato. **2** (*Mus*) sostenuto.

sustained-release /səs,teɪndrɪ'liːs/ *a.* (*Farm*) a rilascio prolungato.

sustaining /sə'steɪnɪŋ/ *a.* **1** che sostiene, di sostegno. **2** (*of food*) nutriente, sostanzioso. □ ~ *member* membro sostenitore; (*Mus*) *pedal* pedale di risonanza.

sustainment /sə'steɪnmənt/ *n.* il sostenere.

sustenance /'sʌstɪnəns/ *n.* **1** sostentazione *f.*, nutrimento *m.*; (*food*) cibo *m.* **2** (*nourishing quality*) sostanza *f.*: *their diet lacks ~* la loro dieta è priva di sostanza. **3** (*livelihood, living*) mezzi *m.pl.* di sussistenza, mezzi *m.pl.* di sostentamento, sostentamento *m.*

sustentation /ˌsʌsten'teɪʃən/ *n.* **1** manteni-

mento *m.*, sostentamento *m.* **2** (*means of sustaining life*) sostentazione *f.*, nutrimento *m.*

sutler /'sʌtlər/ *n.* (*Mil,ant*) vivandiere *m.* (*f.* -a).

sutural /'suːtʃərəl/ *a.* (*Anat,Chir*) suturale.

suture /'suːtʃər/ **I** *n.* (*Chir,Anat,Bot*) sutura *f.* **II** *v.t.* (*Chir*) suturare. □ (*Chir*) ~ *needle* ago da sutura.

SUV /,esjuː'viː/ (*Am,Aut*) *sport utility vehicle* SUV (sport utility vehicle, autoveicolo per lo sport e il lavoro).

suzerain /'suːzəreɪn *Am* 'suːzərɪn/ *n.* **1** (*Mediev*) signore *m.* feudale. **2** (*Pol*) stato *m.* avente diritto di sovranità su un altro stato.

suzerainty /'suːzəreɪnti *Am* 'suːzərɪnti/ *n.* **1** (*Mediev*) potere *m.* di un signore feudale. **2** (*Pol*) sovranità *f.*

svelte /svelt/ *a.* snello, sottile, slanciato, svelto.

SW 1 (*Rad*) *short waves* SW (onde corte). **2** *south-west* SO (sud-ovest).

swab /swɒb *Am* swɑːb/ **I** *n.* **1** strofinaccio *m.* per pavimenti, straccio *m.* **2** (*Mar*) redazza *f.*, radazza *f.* **3** (*Med*) (*tool*) tampone *m.*, zaffo *m.*, stuello *m.* **4** (*Med*) (*specimen*) tampone *m.* **5** (*Arm*) scovolo *m.* **6** (*sl*) (*clumsy fool*) individuo *m.* goffo e maldestro. **II** *v.t.* (*past, p.p.* **swabbed** /-d/) **1** passare lo straccio su, pulire con lo straccio. **2** (*Mar*) redazzare, radazzare: *to ~ the deck* redazzare il ponte. **3** (*Mar*) (*to take up with a swab*) togliere con una redazza, rimuovere con una redazza. **4** (*Med*) pulire con un tampone. □ (*Mar*) *to ~ down* redazzare, radazzare; (*Mar*) *to ~ up* (*to take up with a swab*) togliere con una redazza, rimuovere con una redazza.

swabber /'swɒbər *Am* 'swɑːbər/ *n.* **1** chi pulisce con lo straccio. **2** (*Mar*) mozzo *m.*, marinaio *m.* addetto alla pulizia dei ponti. **3** (*ant, sl*) (*swab, clumsy fool*) persona *f.* goffa e maldestra.

Swabia /'sweɪbɪə/ *n.pr.* (*Geog*) Svevia *f.*

Swabian /'sweɪbɪən/ **I** *a.* svevo. **II** *n.* **1** svevo *m.* (*f.* -a). **2** (*dialect*) svevo *m.*

swaddle /'swɒdl *Am* 'swɑːdl/ *v.t.* fasciare, avvolgere (in in).

swaddling /'swɒdlɪŋ *Am* 'swɑːdlɪŋ/ □ ~ *bands* (*o* ~ *clothes*) fasce (da neonato), pannolini; (*fig*) *to be still in ~ bands* (*o* ~ *clothes*) essere ancora in fasce (*anche Bibl*).

swag /swæg/ *n.* **1** festone *m.* (*anche Arch*). **2** (*sl*) (*booty*) refurtiva *f.*, bottino *m.*; (*gerg*) malloppo *m.* **3** (*swaying movement*) ondeggiamento *m.*, barcollamento *m.* **4** (*Aus*) (*swagman's pack*) fagotto *m.*

swag-bellied /,swæg'belɪd/ *a.* panciuto.

swage /sweɪdʒ/ **I** *n.* **1** (*Met*) stampo *m.*, forma *f.* **2** (*Mecc*) chiodaia *f.* **II** *v.t.* stampare, foggiare con uno stampo. □ (*Mecc*) ~ *block* chiodaia.

swagger /'swægər/ **I** *n.* **1** andatura *f.* burbanzosa. **2** (*cockiness*) tracotanza *f.*, arroganza *f.*, spavalderia *f.* **3** (*swaggering behaviour*) millanteria *f.*, vanteria *f.*, boria *f.* **II** *a.* (*Br, colloq*) elegante, alla moda. **III** *v.i.* **1** camminare dandosi delle arie, camminare con aria tracotante. **2** (*to talk boastfully*) vantarsi, fare lo spaccone, millantarsi. □ *to ~ along* camminare dandosi delle arie, camminare con aria tracotante; (*Mil*) ~ *cane* canna da ufficiale, bastone; (*Abbigl*) ~ *coat* trequarti di linea ampia; *to ~ so. out of his money* ottenere del denaro da qcu. con la prepotenza; (*Mil*) ~ *stick* canna da ufficiale, bastone.

swaggerer /'swægərər/ *n.* smargiasso *m.* (*f.* -a), spaccone *m.* (*f.* -a), fanfarone *m.* (*f.* -a).

swaggering /'swægərɪŋ/ *a.* **1** millantatore, vanaglorioso. **2** (*haughty*) tracotante, arrogante, spavaldo.

swaggeringly /'swægərɪŋli/ *avv.* con tracotanza, con arroganza, con spavalderia.

swagman /'swægmən/ *n.irr.* (*Aus*) vagabondo *m.* (*f.* -a).

Swahili /swa:'hi:li/ *n.* (*Ling*) swahili *m.*

swain /sweɪn/ *n.* 1 (*poet,scherz*) innamorato *m.*, corteggiatore *m.* 2 (*country youth*) contadinello *m.*

swallow[1] /'swɒloʊ Am 'swɑːloʊ/ *n.* (*Ornit*) rondine *f.* □ (*Br,Sport*) ~ *dive* tuffo ad angelo; (*Itt*) ~ *fish* pesce rondine, pesce volante; ~ *tail*: 1 (*Zool*) coda forcuta; 2 (*Abbigl*) abito a coda di rondine, marsina, frac; 3 (*Entom*) macaone. *Prov.*: one ~ *does not make a summer* una rondine non fa primavera.

swallow[2] /'swɒloʊ Am 'swɑːloʊ/ I *n.* 1 inghiottimento *m.*, deglutizione *f.* 2 (*amount swallowed*) boccone *m.*; (*of liquid*) sorso *m.* 3 (*gullet*) gola *f.* 4 (*Geol*) inghiottitoio *m.* II *v.t.* 1 inghiottire, deglutire, mandar giù: *to ~ a pill* inghiottire una pillola. 2 (*to gulp down*) ingoiare, ingozzare, ingollare, ingurgitare, trangugiare. 3 (*to accept submissively*) mandar giù, inghiottire, ingoiare: *to ~ an insult* inghiottire un insulto; *to ~ a bitter pill* ingoiare un boccone amaro. 4 (*to believe credulously*) credere (ingenuamente) a, bere: *he has -ed the whole tale* ha bevuto tutta la storia. 5 (*fig*) (*to retract, to recant*) ritrarre, rimangiarsi. 6 (*fig*) (*to repress*) soffocare, reprimere, trattenere, tenere a freno. III *v.i.* inghiottire. □ *to ~ down*: 1 (*of drink*) trancannare; 2 (*of meal, medicine*) ingollare, ingurgitare; (*Geol*) ~ *hole* inghiottitoio; (*Mar*) *to ~ the anchor* sbarcare, lasciare il mare; (*fig*) *to ~ the bait* abboccare, cadere in trappola; (*fig*) *to ~ up*: 1 (*to engulf*) inghiottire, ingoiare, far scomparire: *the ship was -ed up by the waves* la nave fu inghiottita dalle onde; 2 (*to use up*) inghiottire, esaurire, consumare: *their savings were -ed up by devaluation* i loro risparmi furono inghiottiti dalla svalutazione.

swallowable /'swɒloʊəbl̩ Am 'swɑːloʊəbl̩/ *a.* che si può inghiottire.

swallow-dive /'swɒloʊdaɪv Am 'swɑːloʊdaɪv/ I *n.* (*Sport*) tuffo *m.* a rondine. II *v.i.irr.* (*Sport*) tuffarsi a rondine.

swallower /'swɒloʊəʳ Am 'swɑːloʊəʳ/ *n.* 1 (*Zool*) chiasmodonte *m.* 2 (*in compound*) mangiatore *m.* (*f.* -trice): *fire-~* mangiatore di fuoco; *sword-~* mangiatore di spade.

swallowtail /'swɒloʊteɪl Am 'swɑːloʊteɪl/ *n.* 1 (*Zool*) coda *f.* forcuta, coda *f.* di rondine. 2 (*Entom*) macaone *m.* □ (*Entom*) ~ *butterfly* macaone; (*Abbigl*) ~ *coat* abito a coda di rondine, marsina, frac.

swallow-tailed /'swɒloʊteɪld Am 'swɑːloʊteɪld/ *a.* a coda di rondine. □ (*Abbigl*) ~ *coat* abito a coda di rondine, marsina, frac.

swam /swæm/ → **swim**[1].

swamp /swɒmp Am swɑːmp/ I *n.* pantano *m.*, palude *f.*, acquitrino *m.* II *a.* palustre, di palude. III *v.t.* 1 sommergere, inondare, allagare: *the boat was -ed by a huge wave* la barca fu sommersa da un'enorme ondata. 2 (*to sink*) colare a picco, affondare. 3 (*fig*) sommergere, inondare: *to be -ed with work* essere sommerso di lavoro. 4 (*colloq*) (*to defeat utterly*) schiacciare, annientare, travolgere. IV *v.i.* 1 allagarsi. 2 (*of a boat*) imbarcare acqua. 3 (*to sink into a swamp*) impantanarsi. □ ~ *buggy* mezzo anfibio; (*Med*) ~ *fever* malaria.

swampish /'swɒmpɪʃ Am 'swɑːmpɪʃ/, **swampy** /'swɒmpi Am 'swɑːmpi/ *a.* paludoso, acquitrinoso, pantanoso: ~ *land* terreno paludoso.

swan /swɒn Am swɑːn/ *n.* 1 (*Ornit*) cigno *m.* 2 (*fig*) (*poet*) cigno *m.*, poeta *m.*, cantore *m.* □ (*Am,Sport*) ~ *dive* tuffo ad angelo; *the Swan Lake* il Lago dei cigni; ~ *mark* marchio di proprietà sul becco dei cigni; (*Tecn*) ~ *neck* collo di cigno; (*Caccia*) ~ *shot* pallettone; ~ *song* canto del cigno (*anche fig*); ~ *upping*: 1 marcatura dei cigni reali; 2 (*annual ceremony*) cerimonia annuale sul Tamigi per la marcatura dei cigni reali.

Swan /swɒn Am swɑːn/ *n.pr.* (*Astr*) Cigno *m.*

swang /swæŋ/ → **swing**.

swank /swæŋk/ I *n.* (*colloq*) 1 il pavoneggiarsi, il mettersi in mostra. 2 (*boasting*) vanto *m.*, vanteria *f.*, millanteria *f.* 3 (*dashing elegance*) eleganza *f.* vistosa. II *v.i.* (*colloq*) 1 mettersi in mostra, pavoneggiarsi. 2 (*to boast*) vantarsi, fare lo spaccone, millantarsi, darsi delle arie.

swanker /'swæŋkəʳ/ *n.* 1 borioso *m.* (*f.* -a), spaccone *m.* (*f.* -a). 2 (*elegant, posh person*) elegantone *m.* (*f.* -a), persona *f.* sciccosa.

swankily /'swæŋkɪli/ *avv.* (*colloq*) con vanagloria, con boria.

swankiness /'swæŋkɪnəs/ *n.* 1 (*colloq*) boria *f.*, arie *f.pl.* 2 (*boastfulness*) millanteria *f.*

swanky /'swæŋki/ *a.* 1 (*colloq*) borioso, pieno di arie. 2 (*boastful*) vanaglorioso, millantatore. 3 (*ostentatious, showy*) appariscente, vistoso, sgargiante. 4 (*elegant, posh*) elegante; (*colloq*) sciccoso.

swanlike /'swɒnlaɪk Am 'swɑːnlaɪk/ *a.* simile a un cigno, cignoide.

swan-necked /'swɒnekt Am 'swɑːnekt/ *a.* a collo d'oca.

swannery /'swɒnəri Am 'swɑːnəri/ *n.* allevamento *m.* di cigni, colonia *f.* di cigni.

swansdown, **swan's-down** /'swɒnzdaʊn Am 'swɑːnzdaʊn/ *n.* 1 piuma *f.* di cigno. 2 (*Tess*) mollettone *m.*

swanskin /'swɒnskɪn Am 'swɑːnskɪn/ *n.* (*Tess*) flanella *f.* spigata.

swap /swɒp Am swɑːp/ I *n.* 1 (*colloq*) scambio *m.*, baratto *m.*, cambio *m.* 2 (*object swapped*) oggetto *m.* barattato, oggetto *m.* scambiato. 3 (*Econ*) swap *m.*, operazione *f.* a pronto contro termine. II *v.t.* (*past, p.p.* **swapped** /-t/) (*colloq*) cambiare, scambiare, dare in cambio, barattare: *I'd like to ~ my ring for yours* vorrei cambiare il mio anello con il tuo. 2 (*Inform*) scambiare. III *v.i.* (*past, p.p.* **swapped** /-t/) (*colloq*) fare uno scambio. □ *to ~ sth. around* scambiarsi qcs.; (*Inform*) *to ~ in* trasferire (informazioni) alla memoria centrale; (*colloq*) ~ *meet* riunione per la vendita e lo scambio di oggetti usati; (*Inform*) *to ~ out* trasferire (informazioni) dalla memoria centrale; *to ~ yarns* raccontarsi storie a vicenda.

swapping /'swɒpɪŋ Am 'swɑːpɪŋ/ *n.* (*Inform*) trasferimento *m.* di informazioni (tra memorie).

sward /swɔːd Am swɔːrd/ *n.* terreno *m.* erboso, prato *m.*, tappeto *m.* verde.

swarded /'swɔːdɪd Am 'swɔːrdɪd/ *a.* coperto con un tappeto verde.

sware /sweəʳ Am swer/ → **swear**.

swarf /swɔːf Am swɔːrf/ *n.* (*Mecc*) sfridi *m.pl.*

swarm /swɔːm Am swɔːrm/ I *n.* 1 (*of bees*) sciame *m.* 2 (*estens*) sciame *m.*, frotta *f.*: *a ~ of locusts* uno sciame di locuste. 3 (*fig*) sciame *m.*, moltitudine *f.*, folla *f.*, frotta *f.*, nugolo *m.* II *v.i.* 1 (*of bees*) sciamare. 2 (*fig*) sciamare, muoversi a frotte, allontanarsi in massa: *the crowd -ed out of the stadium* la folla sciamò fuori dallo stadio. 3 (*fig*) (*to mass, to mill about*) formicolare, pullulare, brulicare: *people were -ing in the streets* la gente formicolava per le strade. 4 (*fig*) (*to seethe, to teem*) brulicare, essere gremito, essere pieno

(*with* di). 5 arrampicarsi (su): *to ~* (*up*) *a palm tree* arrampicarsi su (per) una palma. III *v.i.* far brulicare. □ (*Biol*) ~ *cell* (o ~ *spore*) zoospora.

swarthiness /'swɔːðɪnəs Am 'swɔːrðɪnəs/ *n.* l'essere di colorito scuro, carnagione *f.* bruna.

swarthy /'swɔːði Am 'swɔːrði/ *a.* di colorito scuro, dalla carnagione bruna.

swash /swɒʃ Am swɑːʃ/ I *v.i.* 1 (*of liquids*) agitarsi rumorosamente, sciabordare. 2 (*to splash through a liquid*) sguazzare, diguazzare: *he was -ing around in the flooded cellar* sguazzava nella cantina allagata. II *v.t.* sciabordare, rimescolare. III *n.* 1 sciacquio *m.*, sciabordio *m.* 2 (*sound*) sciabordio *m.* □ (*Tip*) ~ *letter* lettera maiuscola ornata; (*Mecc*) ~ *plate* disco inclinato.

swashbuckler /'swɒʃˌbʌkləʳ Am 'swɑːʃˌbʌkləʳ/ *n.* fanfarone *m.* (*f.* -a), smargiasso *m.* (*f.* -a), spaccone *m.* (*f.* -a).

swashbuckling /'swɒʃˌbʌklɪŋ Am 'swɑːʃˌbʌklɪŋ/ I *a.* 1 di smargiasso, da smargiasso. 2 (*fig*) (*of a novel, etc.*) caratterizzato da spacconate, di cappa e spada. II *n.* spaccconata *f.*, fanfaronata *f.*, smargiassata *f.*

swashing /'swɒʃɪŋ Am 'swɑːʃɪŋ/ *a.* (*of a blow*) sonoro.

swastica, **swastika** /'swɒstɪkə Am 'swɑːstɪkə/ *n.* svastica *f.*, croce *f.* uncinata.

swat /swɒt Am swɑːt/ I *v.t.* (*past, p.p.* **swatted** /'swɒtɪd Am 'swɑːtɪd/) schiacciare: *to ~ a fly* schiacciare una mosca. II *n.* 1 colpo *m.* secco. 2 (*fly swatter*) acchiappamosche *m.*, pigliamosche *m.*

SWAT /swɒt Am swɑːt/ (*Mil*) *Special Weapons and Tactics* (reparto armi e tattiche speciali). □ (*Mil*) ~ *team* unità speciale, forza speciale, corpo speciale (dell'esercito).

swatch /swɒtʃ Am swɑːtʃ/ *n.* 1 campione *m.* 2 (*collection of samples*) campionario *m.*

swath /swɒθ Am swɑːθ/ *n.* (*Agr*) 1 (*sweep of a scythe, mower*) falciata *f.* 2 (*strip, path cut*) vuoto *m.* lasciato dalle spighe falciate. 3 (*line of grain, grass left after cutting*) fila *f.* di spighe falciate.

swathe[1] /sweɪð/ *n.* (*Agr*) 1 (*sweep of a scythe, mower*) falciata *f.* 2 (*strip, path cut*) vuoto *m.* lasciato dalle spighe falciate. 3 (*line of grain, grass left after cutting*) fila *f.* di spighe falciate.

swathe[2] /sweɪð/ I *v.t.* 1 fasciare, bendare. 2 (*to wrap tightly*) avvolgere, avviluppare. II *n.* 1 fasciatura *f.*, bendaggio *m.* 2 (*wrapping*) rivestimento *m.*, copertura *f.*

swathing /'sweɪðɪŋ/ □ ~ *bands* (o ~ *clothes*) fasce (da neonato); pannolini; (*fig*) *to be still in ~ bands* (o *in ~ clothes*) essere ancora in fasce.

swatter /'swɒtəʳ Am 'swɑːtəʳ/ *n.* (*fly swatter*) acchiappamosche *m.*, pigliamosche *m.*

sway /sweɪ/ I *n.* 1 ondeggiamento *m.*, oscillazione *f.*, dondolio *m.* 2 (*Mar*) (*of boat*) beccheggio *m.* 3 (*inclination, deflection*) inclinazione *f.*, pendenza *f.* 4 (*fig*) influenza *f.*, potere *m.*, potestà *f.*: *to hold ~ over so.* esercitare il proprio impero su qcu., dominare qcu. 5 (*control, rule*) dominio *m.*, impero *m.* II *v.i.* 1 ondeggiare, oscillare, dondolare: *the tree -ed in the wind* l'albero ondeggiava al vento. 2 (*of people*) vacillare, barcollare, traballare, ondeggiare; *the drunkard -ed and fell* l'ubriaco vacillò e cadde. 3 (*to incline, to lean*) inclinarsi, pendere, pendolare. III *v.t.* 1 fare oscillare, fare ondeggiare. 2 (*to cause to incline*) far inclinare, fare pendere. 3 (*fig*) influenzare: *to be -ed by another's opinions* essere influenzato dalle opinioni altrui; *to refuse to be -ed* essere inflessibile. 4 (*to* *cause to swerve*) distogliere, deviare: *to ~ so. from his plans* distogliere qcu. dai suoi piani. **5** (*to rule, to govern*) imperare su, dominare. **6** (*rar*) (*of a mast, etc.*) issare. **7** (*rar*) (*of a symbol of authority*) reggere. □ *to ~ one's hips* ancheggiare, scuttettare; *under the ~ of*: **1** sotto l'influenza di; **2** (*lett,poet*) sotto l'impero di: *under the ~ of ancient Rome* sotto l'impero dell'antica Roma; (*rar*) *to ~ sth. up* (*of a mast, etc.*) issare qcs.

swayback /'sweɪbæk/ *n.* (*Veter*) (*of a horse*) insellatura *f.*, dorso *m.* insellato.

Swaziland /'swɑːzilænd/ *n.pr.* (*Geog*) Swaziland *m.*

sweal /swiːəl/ (*Br,dial*) **I** *v.i.* (*of a candle*) sciogliersi, liquefarsi. **II** *v.t.* (*to burn*) bruciare, dar fuoco a.

swear /sweəʳ Am swer/ **I** *v.i.* (*past swore* /swɔːʳ Am swɔːr/ o *ant sware* /sweəʳ/, *p.p. sworn* /swɔːn Am swɔːrn/) **1** prestare giuramento, giurare: *the witness refused to ~* il testimone rifiutò di prestare giuramento; *to ~ on the Bible* giurare sulla Bibbia. **2** (*to use profane language*) imprecare, bestemmiare: *there's no need to ~!* non c'è bisogno di imprecare! **II** *v.t.* (*past swore* /swɔːʳ Am swɔːr/ o *ant sware* /sweəʳ/, *p.p. sworn* /swɔːn Am swɔːrn/) **1** (*of an oath*) prestare giuramento. **2** (*to affirm with an oath, solemnly*) giurare, affermare con giuramento: *he swore that he was innocent* giurò di essere innocente. **3** (*to promise solemnly*) giurare, promettere solennemente: *to ~ to tell the truth* giurare di dire la verità. **4** (*to administer an oath to*) far prestare giuramento a, far giurare. **III** *n.* (*colloq*) imprecazione *f.*, bestemmia *f.* □ *to ~ at* inveire contro, imprecare contro; *to ~ black is white* negare l'evidenza; (*Br,colloq*) *to ~ blind* giurare sulla propria pelle; *to ~ by*: **1** giurare su: *to ~ by all the saints* giurare su tutti i santi; *to ~ by all that is holy* giurare e spergiurare; **2** (*colloq*) (*to have faith, confidence in*) avere piena fiducia in, credere ciecamente in: *to ~ by one's doctor* avere piena fiducia nel proprio medico; *to ~ for* rispondere di, garantire per; *to ~ in*: **1** insediare (facendo prestare giuramento); **2** (*Dir*) (*of a witness*) far giurare, far prestare giuramento a; *to ~ like a trooper* bestemmiare come un turco, usare un linguaggio da scaricatore di porto, bestemmiare come un carrettiere; (*Am,colloq*) *to ~ off* giurare di rinunciare a, giurare di smettere: *to ~ off smoking* giurare di smettere di fumare; (*Am,Dir*) *to ~ out a warrant for so.'s arrest* ottenere un mandato d'arresto per qcu., giurando sulla sua colpevolezza; *to ~ to* giurare: *to ~ to the truth* giurare il vero; *to ~ so. to secrecy* (o *to ~ so. to silence*) fare giurare a qualcuno di mantenere un segreto.

swearer /'sweərəʳ Am 'swerəʳ/ *n.* **1** chi presta giuramento. **2** (*one who uses profane language*) chi impreca, bestemmiatore *m.* (*f.* -trice).

swearing /'sweərɪŋ Am 'swerɪŋ/ *n.* bestemmie *f.pl.*, imprecazioni *f.pl.*

swearing-in /'sweərɪŋ Am 'swerɪŋ/ □ *~ ceremony* cerimonia di investitura.

swearword /'sweərwɜːd Am 'swerwɜːrd/ *n.* (*colloq*) imprecazione *f.*, bestemmia *f.*, parolaccia *f.*

sweat /swet/ **I** *n.* **1** sudore *m.*, traspirazione *f.* **2** (*act, spell of sweating*) sudata *f.*: *to have a good ~* farsi una bella sudata. **3** (*condition of sweating*) bagno *m.* di sudore: *to be in a ~* essere in un bagno di sudore. **4** (*moisture exuded from a substance*) trasudazione *f.* **5** (*Equit*) (*exercise given to a horse*) corsa *f.* di allenamento, giro *m.* di allenamento. **6**

(*colloq*) (*state of anxiety*) agitazione *f.*, sudore *m.* freddo. **7** (*colloq*) (*hard work*) faticata *f.*, faticaccia *f.*, sgobbata *f.*, sfacchinata *f.* **8** (*colloq*) (*old soldier*) veterano *m.*, vecchio *m.* del mestiere. **II** *v.i.* (*past, p.p. sweated* /'swetɪd Am 'swetɪd/ o *sweat*) **1** sudare, traspirare: *to ~ profusely* sudare abbondantemente. **2** (*colloq*) (*to labour, to work hard*) lavorare sodo, faticare molto, sudare, sfacchinare, sgobbare. **3** (*of green plants*) trasudare, stillare. **4** (*of tobacco*) fermentare. **5** (*of cheese*) trasudare. **6** (*fig*) sudare, penare, soffrire, essere in ansia, stare sulle spine. **III** *v.t.* (*past, p.p. sweated* /'swetɪd Am 'swetɪd/ o *sweat*) **1** trasudare, sudare. **2** (*of weight*) perdere sudando, perdere con una sudata. **3** (*colloq*) (*to force to work hard*) far lavorare sodo, far sudare, far sfacchinare, far sgobbare. **4** (*colloq*) (*to exact work from for low wages*) sfruttare. **5** (*to wet with sweat*) bagnare di sudore. **6** (*to cause to sweat*) fare sudare, far fare una sudata a. **7** (*sl*) (*to worry about*) preoccuparsi di, prendersela per. **8** (*sl*) (*to subject to severe questioning*) sottoporre a un interrogatorio serrato, mettere sotto il torchio, tenere sotto il torchio. **9** (*of tobacco*) far fermentare. **10** (*Met*) (*to join by heating and melting*) saldare con fusione parziale. **11** (*Numism*) (*of gold coins*) tosare. □ (*colloq*) *to be all of a ~* grondare sudore, essere in un bagno di sudore; *to ~ away* (*of weight*) perdere sudando, perdere con una sudata; *~ band*: **1** striscia di pelle all'interno di un cappello; **2** (*band tied around the head or wrist*) fascia tergisudore; *~ bath* bagno di sudore; (*sl*) *to ~ blood* sudare sette camicie, sudare sangue; (*Anat*) *~ duct* dotto sudoriparo; (*Anat*) *~ gland* ghiandola sudoripara; (*Met*) *to ~ in* (*to join by heating and melting*) saldare con fusione parziale; (*sl*) *no ~* senza fatica, facilmente; *by the ~ of one's brow* con il sudore della (propria) fronte; *to ~ off* (*of weight*) perdere sudando, perdere con una sudata; (*Met*) *to ~ on* (*to join by heating and melting*) saldare con fusione parziale; (*sl*) *to ~ out*: **1** (*to endure till the end of*) sopportare fino alla fine; **2** (*of a problem*) riuscire a risolvere; **3** (*of a solution*) trovare con fatica; *to ~ out a cold* farsi passare il raffreddore con una sudata; (*Abbigl*) *~ pants* pantaloni di tuta sportiva, pantaloni di felpa; (*Abbigl*) *~ shirt* felpa; (*Abbigl*) *~ suit* tuta da ginnastica.

sweated /'swetɪd Am 'swetɪd/ *a.* **1** sfruttato: *~ labour* manodopera sfruttata. **2** (*of goods*) prodotto da maestranze sfruttate.

sweater[1] /'swetəʳ Am 'swetəʳ/ *n.* **1** (*one who is sweating*) chi suda. **2** (*one who employs sweated labour*) sfruttatore *m.* (*f.* -trice). **3** (*Farm*) diaforetico *m.*, sudorifero *m.* □ (*Am, colloq*) *~ girl* ragazza tutta curve, ragazza procace.

sweater[2] /'swetəʳ Am 'swetəʳ/ *n.* (*Abbigl*) maglione *m.* di lana; (*pullover*) maglione *m.* sportivo: *turtle-neck ~* maglione a collo alto. □ (*Am,colloq*) *~ vest* gilet lavorato a maglia.

sweathouse /'swethaus Am 'swethaus/ *n.* (*Etnol*) capanna *f.* sudatoria.

sweatily /'swetɪli Am 'swetəli/ *avv.* con sudore, sudando.

sweatiness /'swetɪnəs Am 'swetɪnəs/ *n.* l'essere sudato.

sweating /'swetɪŋ Am 'swetɪŋ/ *n.* **1** sudore *m.*, traspirazione *f.* **2** (*fig*) sfruttamento *m.* **3** (*Fisiol*) sudorazione *f.*, diaforesi *f.* □ *~ iron* striglia; *~ room* stanza per il bagno turco; (*Med*) *~ sickness* febbre eruttiva, febbre miliare.

sweatpants /'swetpænts/ *n.* (*Abbigl*) pantaloni *m.pl.* di tuta sportiva, pantaloni *m.pl.* di

felpa.

sweatshirt /'swetʃɜːt Am 'swetʃɜːrt/ *n.* (*Abbigl*) felpa *f.*

sweatshop /'swetʃɒp Am 'swetʃɑːp/ *n.* azienda *f.* che sfrutta la manodopera.

sweatsoaked /'swetsoukt/ *a.* madido di sudore.

sweatsuit /'swetsuːt/ *n.* (*Abbigl*) tuta *f.* da ginnastica.

sweaty /'sweti Am 'sweti/ *a.* **1** che suda. **2** (*wet, stained with sweat*) bagnato di sudore, coperto di sudore, sudato (*fradicio*). **3** (*colloq*) (*laboured, laborious*) faticoso, laborioso, duro, che fa sudare.

swede /swiːd/ *n.* (*Bot,Alim*) rapa *f.* svedese.

Swede /swiːd/ *n.* svedese *m./f.*

Sweden /'swiːdən/ *n.pr.* (*Geog*) Svezia *f.*

Swedish /'swiːdɪʃ/ **I** *a.* svedese. **II** *n.* **1** (*costr.pl.*) (*people*) svedesi *m./f.pl.* **2** (*language*) svedese *m.* □ (*Bot*) *~ fir* pino silvestre; *~ mile* miglio svedese; (*Bot,Alim*) *~ turnip* rapa svedese.

sweeny /'swiːni/ *n.* (*Am,Veter*) (*of a horse*) atrofia *f.* del muscolo della spalla.

sweep /swiːp/ **I** *n.* **1** spazzata *f.*, scopata *f.*: *to give a room a ~* dare una spazzata a una stanza. **2** (*of waves, wind, etc.*) colpo *m.* **3** (*of tide*) flusso *m.* **4** (*of oars*) palata *f.*, cadenza *f.* **5** (*fig*) (*strong forward movement, progress*) avanzata *f.* impetuosa: *the ~ of the Mongol invasions of Europe* l'avanzata impetuosa dei mongoli in Europa. **6** (*extent, unbroken area*) distesa *f.*: *a ~ of meadows* una distesa di prati. **7** (*curve*) curva *f.* **8** (*of a building*) curvatura *f.* **9** (*curved driveway*) viale *m.* ricurvo. **10** (*of a telescope*) portata *f.* **11** (*search*) (*on land*) perlustrazione *f.*, ricerca *f.*; (*by air*) sorvolo *m.* **12** (*Mil*) azione *f.*, operazione *f.* **13** (*Mil*) (*capture*) rastrellamento *m.*; (*attack*) bombardamento *m.* a tappeto. **14** (*Mar.mil*) (*minesweeping operation*) dragaggio *m.* di mine. **15** (*Mar*) (*long oar*) remo *m.* sensile. **16** (*fig*) portata *f.*, campo *m.*, ambito *m.*: *within the ~ of human intelligence* alla portata dell'intelligenza umana. **17** (*chimney-sweep*) spazzacamino *m.* **18** (*colloq*) (*overwhelming victory*) vittoria *f.* schiacciante, grande successo *m.* **19** (*sail of a windmill*) pala *f.* **20** (*water raising device*) mazzacavallo *m.* (di pozzo). **21** (*colloq*) (*sweepstake*) lotteria *f.* abbinata a una gara sportiva. **22** (*Aer*) angolo *m.* di freccia. **II** *v.t.* (*past, p.p. swept* /swept/) **1** spazzare, scopare: *to ~ the floor* spazzare il pavimento; *to ~ the streets* spazzare le strade. **2** (*fig*) spazzare via, eliminare, distruggere, togliere di mezzo: *to ~ away prejudice* spazzare via i pregiudizi. **3** (*fig*) (*to clear, to purge*) liberare, spazzare, ripulire: *to ~ the seas of pirates* liberare il mare dai pirati. **4** (*fig*) (*to drive away*) portar via, spazzare: *the wind has swept the clouds away* il vento ha portato via le nuvole. **5** (*to remove with a sweeping motion*) spazzare via: *he swept the books off the table with his hand* spazzò via con la mano i libri dal tavolo. **6** (*to carry forcibly*) trascinare: *the current swept him midstream* la corrente lo trascinò in mezzo al fiume. **7** (*to pass swiftly across, along, etc.*) percorrere rapidamente, passare velocemente attraverso (o lungo ecc.): *her eyes swept the room* il suo sguardo percorse rapidamente la stanza. **8** (*to pass over*) spazzare: *high winds swept the plain* forti venti spazzavano la pianura. **9** (*to pass, to draw with a continuous movement*) passare, far scorrere: *he swept his hand over the child's hair* passò la mano sui capelli del bambino. **10** (*of the eyes, gaze*) fare spaziare. **11** (*to move round in a circular path*) far fare un movimento circolare a, far descrivere un'ampia curva a. **12** (*to come into contact with*) spazzare, strascicare su, strascicare per: *her dress swept the floor* il suo abito spazzava il pavimento. **13** (*of a river, etc.*) dragare (*anche Mar.mil*). **14** (*Sport*) (*to win all the games of*) vincere tutte le gare di: *to ~ the tournament* vincere tutte le gare del torneo. **15** (*colloq*) (*of a contest, election, etc.*) vincere con largo margine, stravincere. **16** (*Mus*) (*of the fingers over a stringed instrument*) passare leggermente, sfiorare con; (*of a stringed instrument*) sfiorare, toccare leggermente; (*of music*) far scaturire sfiorando le corde. **17** (*Mil*) battere col tiro, spazzare. **III** *v.i.* (*past, p.p.* **swept** /swept/) **1** spazzare, scopare. **2** (*to move swiftly*) spazzare: *the fierce winds swept through the valley* i forti venti spazzavano la vallata. **3** (*to rush past*) sfrecciare: *a couple of sports cars swept past me* due macchine sportive mi sfrecciarono accanto. **4** (*to move proudly, majestically*) camminare con andatura solenne e maestosa. **5** (*to move in a wide curve*) muoversi descrivendo un'ampia curva; (*to extend in a wide curve*) allargarsi in un'ampia curva. **6** (*of garments: to trail*) strascicare, strusciare. **7** (*Aer*) sfrecciare. □ (*fig*) *to ~all before one* travolgere ogni ostacolo; *to ~along* trascinare via, portare con sé; *to ~aside* spingere da parte (con un ampio gesto): *he swept aside the papers to clear a space on his desk* spinse da parte le carte per fare spazio sul suo scrittoio; *to ~away*: **1** spazzare via: *to ~ snow away* spazzar via la neve; **2** (*to clear, to purge*) liberare, spazzare, ripulire, portare via: *the wind has swept the clouds away* il vento ha portato via le nuvole; **3** (*fig*) spazzare via, eliminare, distruggere, togliere di mezzo: *to ~ away prejudice* spazzare via i pregiudizi; *to ~down* scendere per afferrare: *the Normans swept down from Normandy to Southern Italy* i Normanni scesero dalla Normandia nell'Italia meridionale; *the soldiers swept down on the enemy* i soldati si precipitarono sul nemico; (*Orol*) *~hand* lancetta dei secondi; *~ net*: **1** (*Pesc*) (grande) rete a strascico; **2** (*Entom*) retino; *with a ~of his arm* con un ampio gesto del braccio; (*fig*) *to ~ so. off his feet* entusiasmare qcu, conquistare qcu.; (*fig*) *to ~ over* (*of emotions*) sopraffare, invadere: *pity swept over her* fu sopraffatta dalla pietà; *to ~ round*: **1** (*to move in a wide curve*) muoversi descrivendo un'ampia curva; **2** (*to extend in a wide curve*) allargarsi in un'ampia curva; **3** (*to move round in a circular path*) far fare un movimento circolare a, far descrivere un'ampia curva a; (*Pesc*) *~ seine* (grande) rete a strascico; *to ~ the board*: **1** (*in card games*) fare cappotto; **2** (*Br,fig*) vincere tutti i premi, fare piazza pulita; *to ~the table*: **1** (*in card games*) fare cappotto; **2** (*Br,fig*) vincere tutti i premi, fare piazza pulita; (*fig*) *to ~ sth.under the carpet* (o *to ~ sth.under the rug*) nascondere qcs. sotto il tappeto; *to ~ up*: **1** raccogliere (con la scopa), spazzare; **2** (*Tecn*) (*of a mould*) sagomare.

sweeper /'swiːpəʳ/ *n.* **1** chi spazza, chi scopa; (*street cleaner*) netturbino *m.*, spazzino *m.* **2** (*device for sweeping*) spazzatrice *f.*; (*carpet sweeper*) spazzola *f.* per tappeti. **3** (*Mar.mil*) (*minesweeper*) dragamine *m.*, nave *f.* dragamine. **4** (*carpet sweeper*) battitappeto *m.*

sweeping /'swiːpɪŋ/ **I** *a.* **1** ampio (e circolare): *a ~ movement of the hand* un ampio gesto della mano. **2** (*passing over a wide area*) che spazia. **3** (*fig*) (*generalized*) generico, di

carattere generale: *~ accusations* accuse generiche. **4** (*fig*) (*extensive, of wide range*) vasto, ampio, molto esteso: *~ reforms* vaste riforme. **5** (*fig*) (*of a victory, etc.*) totale, schiacciante, travolgente. **6** (*making vigorous changes*) radicale. **7** (*driving forcefully*) impetuoso, travolgente, irresistibile: *~ winds* venti impetuosi. **II** *n.pl.* spazzatura *f.sing.*, scopatura *f.sing.*

sweeping /'swiːpɪŋli/ *avv.* **1** genericamente. **2** (*extensively*) estesamente, ampiamente.

sweepstake /'swiːpsteɪk/ *n.* **1** (*race*) corsa *f.* di cavalli con lotteria. **2** (*lottery*) lotteria *f.* abbinata a una corsa di cavalli: *~ ticket* biglietto di lotteria abbinata a una corsa di cavalli.

sweepstakes /'swiːpsteɪks/ *n.* **1** (*race*) corsa *f.* di cavalli con lotteria. **2** (*lottery*) lotteria *f.* abbinata a una corsa di cavalli: *~ ticket* biglietto di lotteria abbinata a una corsa di cavalli.

sweet /swiːt/ **I** *a.* **1** dolce: *this pudding is too ~* questo budino è troppo dolce. **2** (*sentimental*) sdolcinato, sentimentale, svenevole. **3** (*pleasant, agreeable*) dolce, piacevole, gradevole: *~ memories* dolci ricordi. **4** (*pleasing to the ear*) dolce, melodioso, soave: *the ~ sound of a lark* il dolce canto di un'allodola. **5** (*pleasing to the eye*) dolce, delicato, soave, gradevole (alla vista). **6** (*pretty*) grazioso, bello: *a ~ face* un viso grazioso. **7** (*fragrant*) profumato, fragrante, odoroso. **8** (*gracious, charming*) attraente, grazioso, leggiadro: *a ~ girl* una ragazza attraente. **9** (*kind, nice*) gentile, cortese: *it was ~ of you* è stato gentile da parte tua. **10** (*characterized by gentleness, etc.*) dolce, mite: *to have a ~ temper* avere un carattere dolce. **11** (*fresh*) non andato a male, fresco; (*not salted*) dolce, non salato, non piccante. **12** (*of wine*) dolce. **13** (*of air*) puro; (*of breath*) fresco. **14** (*Agr*) (*of land, soil*) non acido. **15** (*colloq*) (*excellent, impressive*) magnifico, stupendo: *a ~ piece of machinery* una macchina magnifica. **16** (*rar,poet*) (*dear, beloved*) dolce, amato, diletto: *goodnight, ~ prince* buona notte, dolce principe. **II** *n.* **1** dolce *m.*: *~ and sour* il dolce e l'agro. **2** (*piece of sweet confectionery*) caramella *f.*, bonbon *m.*: *a packet of ~s* un pacchetto di caramelle. **3** (*dessert*) dolce *m.*, dessert *m.* **4** (*beloved, darling*) dolcezza *f.*, caro *m.* (*f.* -a), tesoro *m.*: *my ~!* dolcezza mia! **5** (*fam*) (*sweet potato*) patata *f.* dolce, batata *f.* **6** *pl.* (*fig*) gioie *f.pl.*, dolcezze *f.pl.*, piaceri *m.pl.*, delizie *f.pl.*: *the ~s of success* le gioie del successo. □ *as ~as honey* dolce come il miele; (*Bot,Alim*) *~basil* basilico; (*Bot,Alim*) *~bay* alloro, lauro; (*Bot*) *~ briar* rosa canina, rosa di macchia; *~ chestnut*: **1** (*nut*) castagna, marrone; **2** (*tree*) castagno; (*Bot*) *~ cicely* cerfoglio; (*Gastron*) *~herbs* erbe aromatiche; (*sl*) *to keep so. ~* tenersi caro qcu., tenersi buono qcu.; (*Bot, Alim*) *~ marjoram* maggiorana; (*colloq*) *~ nothings* (*words of affection*) paroline dolci, tenerezze: *to whisper ~ nothings in a girl's ear* sussurrare paroline dolci all'orecchio di una ragazza; *~oil* olio dolce; (*colloq*) *to be ~ on so.* essere innamorato di qcu.; (*Bot,Alim*) *~ pea* pisello odoroso; (*Bot,Alim*) *~pepper* peperone; (*Bot,Alim*) *~ potato* patata dolce, batata; (*spec.scherz*) *~ sixteen* (*and never been kissed*) ragazza innocente, ragazza casta e pura; (*colloq*) *~ talk* lusinghe, moine, belle parole; (*colloq*) *in his own ~time* quando gli fa comodo, quando gli pare; (*fig*) *to have a ~ tooth* avere un debole per i dolci, essere ~ ghiotto di dolci, l'essere goloso di

dolciumi; *~ water*: varietà di uva bianca e dolce; (*Bot*) *~william* garofano dei poeti.

sweet-and-sour /ˌswiːtˀnˈsaʊəʳ/ *a.* (*Gastron*) (in) agrodolce.

sweetbread /'swiːtbred/ *n.* (*Gastron*) animelle *f.pl.* (fritte).

sweetbriar, **sweetbrier** /'swiːtbraɪəʳ/ *n.* (*Bot*) rosa *f.* canina, rosa *f.* di macchia.

sweetcorn /'swiːtkɔːn *Am* 'swiːtkɔːrn/ *n.* (*Bot, Alim*) granoturco *m.* dolce.

sweeten /'swiːtˀn/ **I** *v.t.* **1** addolcire, dolcificare. **2** (*to add sugar to*) zuccherare. **3** (*fig*) addolcire, ingentilire: *age -ed his caustic tongue* l'età ha addolcito la sua lingua mordace. **4** (*fig*) (*to mollify*) addolcire, placare, rabbonire. **5** (*sl*) (*to bribe*) corrompere, comprare. **6** (*to make fresh*) rendere fresco. **7** (*to purify*) purificare. **8** (*Agr*) (*of soil*) ridurre l'acidità di. **II** *v.i.* addolcirsi, diventare (più) dolce.

sweetener /'swiːtˀnəʳ/ *n.* **1** dolcificante *m.* **2** (*sl*) (*bribe*) denaro *m.* per corrompere; (*colloq*) bustarella *f.*, tangente *f.*

sweetening /'swiːtˀnɪŋ/ *n.* **1** addolcimento *m.*, dolcificazione *f.* **2** (*sth. that sweetens*) dolcificante *m.*

sweetheart /'swiːthɑːt *Am* 'swiːthɑːrt/ *n.* **1** (*term of endearment*) tesoro *m.*, dolcezza *f.*, caro *m.* (*f.* -a). **2** (*sweet person*) tesoro *m.*, amore *m.*, persona *f.* dolcissima. **3** (*boyfriend, girlfriend*) innamorato *m.* (*f.* -a), (*region*) moroso *m.* (*f.* -a).

sweetie /'swiːti *Am* 'swiːţi/ *n.* **1** (*term of endearment*) tesoro *m.*, dolcezza *f.*, caro *m.* (*f.* -a). **2** (*sweet person*) tesoro *m.*, amore *m.*, persona *f.* dolcissima. **3** (*boyfriend, girlfriend*) innamorato *m.* (*f.* -a), (*region*) moroso *m.* (*f.* -a). **4** (*Dolc,colloq*) caramella *f.*, bonbon *m.* □ (*Am,colloq*) *~ pie* tesoro, dolcezza, caro.

sweeting /'swiːtɪŋ *Am* 'swiːţɪŋ/ *n.* (*Agr*) varietà di mela dolce.

sweetish /'swiːtɪʃ/ *a.* dolcigno, dolciastro.

sweetly /'swiːtli *Am* 'swiːţli/ *avv.* **1** dolcemente, soavemente. **2** (*graciously, charmingly*) in modo grazioso, in modo attraente. **3** (*smoothly*) scorrevolmente.

sweetmeal /'swiːtmiːl/ *a.* (*Gastron*) integrale, fatto con farina integrale e zucchero.

sweetmeat /'swiːtmiːt/ *n.* **1** (*Stor,Dolc*) caramella *f.*, bonbon *m.* **2** (*candied fruit*) frutta *f.* candita.

sweetness /'swiːtnəs *Am* 'swiːţnəs/ *n.* **1** dolcezza *f.*, sapore *m.* dolce. **2** (*pleasantness to the ear*) dolcezza *f.*, soavità *f.*: *the ~ of her voice* la dolcezza della sua voce. **3** (*fragrance*) fragranza *f.*, profumo *m.*, aroma *m.* **4** (*gracefulness*) grazia *f.*, leggiadria *f.* **5** (*pleasantness*) piacevolezza *f.*, dolcezza *f.* □ *to be all ~and light* essere tutto zucchero e miele, essere uno zuccherino: *it hasn't been all ~ and light recently* ultimamente non sono state tutte rose e fiori.

sweetroot /'swiːtˌruːt/ *n.* (*licorice*) liquirizia *f.*

sweet-scented /'swiːtˌsentɪd *Am* 'swiːtˌsentɪd/ *a.* profumato.

sweetshop /'swiːtʃɒp/ *n.* (*Br*) negozio *m.* di dolciumi, negozio *m.* di caramelle.

sweet-smelling /'swiːtsmelɪŋ/ *a.* profumato.

sweet-talk /'swiːtɔːk/ *v.t.* (*colloq*) convincere con (le) belle parole, convincere con (le) moine, convincere con (le) lusinghe: *he -ed me into doing overtime* mi convinse con belle parole a fare lo straordinario.

sweet-tempered /'swiːtˌtempəd *Am* 'swiːtˌtempərd/ *a.* di carattere mite, dal carattere dolce.

swell¹ /swel/ **I** n. **1** (*act*) gonfiatura f., ingrossamento m. **2** (*state*) gonfiezza f. **3** (*bulge*) gonfio m., rigonfiamento m., protuberanza f. **4** (*increase*) aumento m., crescita f., ingrossamento m., accrescimento m. **5** (*of sound*) aumento m. di intensità. **6** (*Mus*) crescendo m. seguito da (un) diminuendo. **7** (*Mar*) mare m. lungo, mare m. morto. **8** (*ant,colloq*) (*fashionably dressed person*) damerino m., elegantone m. **9** (*Am,colloq*) (*person of high social standing*) gran signore m., signorone m. **10** (*Am,colloq*) (*person of importance*) persona f. importante, pezzo m. grosso. **11** (*Geog*) altura f. **II** a. **1** (*Am*) (*excellent*) magnifico, eccellente, ottimo: a ~ party una magnifica festa. **2** (*Am*) (*kind, nice*) gentile, cortese, amabile. **3** (*Am,colloq*) vestito alla moda, elegante. **4** (*Am*) (*socially prominent*) dell'alta società, del bel mondo. □ (*Mus*) ~ box cassa di organo; (*Am,sl*) ~ mobsman borsaiolo ben vestito, ladro in guanti gialli; (*Mus*) ~ organ organo di espressione.

swell² /swel/ (*past* -**ed** /-d/, *p.p.* -**ed** o **swollen** /'swəʊlən/) **I** v.i. **1** gonfiarsi, dilatarsi, ingrossarsi: the balloon -ed slowly il pallone si gonfiò lentamente. **2** (*to become turgid*) inturgidire, inturgidirsi. **3** (*to tumefy*) tumefarsi. **4** (*to have a curved surface*) gonfiarsi, sporgere, essere protuberante, essere sporgente. **5** (*fig*) (*to become filled with emotion*) gonfiarsi, essere gonfio, essere pieno, essere traboccante di: he -ed with pride si gonfiò di orgoglio. **6** (*fig*) (*to become puffed up*) insuperbirsi, inorgoglirsi, gonfiarsi, gonfiare. **7** (*fig*) (*to increase*) aumentare, crescere, salire, ingrossare. **8** (*of sounds*) crescere, salire. **9** (*of a river, etc.: to rise*) ingrossarsi, gonfiarsi. **II** v.t. **1** (*fare*) gonfiare, ingrossare. **2** (*of a body of water*) ingrossare, gonfiare. **3** (*fig*) gonfiare, riempire. **4** (*fig*) (*to increase*) ingrossare, aumentare, fare salire, accrescere: inflation -ed the ranks of the unemployed l'inflazione ha ingrossato le file dei disoccupati. **5** (*to increase in loudness*) aumentare. □ (*fig*) to ~ like a turkey cock gonfiarsi come un tacchino, andare tronfio come un tacchino; to ~ out (*to have a curved surface*) gonfiarsi, sporgere, essere protuberante, essere sporgente: the sails -ed out in the wind le vele si gonfiavano al vento; to ~ up : 1 gonfiarsi, dilatarsi, ingrossarsi; 2 (*to become turgid*) inturgidire, inturgidirsi; 3 (*to tumefy*) tumefarsi.

swelldom /'sweldəm/ n. (*colloq*) bel mondo m., società f. elegante.

swelled /sweld/ □ (*Am,colloq*) ~ head presuntuoso; to get a ~ head montarsi la testa.

swellfish /'swelfɪʃ/ n. (*Itt*) pesce m. palla.

swellhead /'swelhed/ n. (*Am,colloq*) montato m. (f. -a), gasato m. (f. -a), presuntuoso m. (f. -a).

swelling /'swelɪŋ/ **I** n. **1** gonfiatura f., ingrossamento m. **2** (*condition of being swollen*) gonfiezza f. **3** (*sth. swollen, swollen part*) rigonfiamento m., gonfio m., protuberanza f. **4** (*Med*) gonfiore m., edema m., tumefazione f. **II** a. **1** gonfio, rigonfio. **2** (*of sound, music*) che aumenta di intensità, in crescendo.

swellish /'swelɪʃ/ a. (*colloq*) alla moda, elegante.

swelter /'sweltə' Am 'sweltə'/ **I** v.i. **1** soffocare (dal caldo), essere oppresso dal caldo: the cooks -ed in the hotel kitchen i cuochi soffocavano dal caldo nella cucina dell'albergo. **2** (*to sweat profusely*) sudare abbondantemente. **II** n. afa f., caldo m. soffocante.

sweltering /'sweltərɪŋ Am 'sweltərɪŋ/ a. **1** soffocante, oppressivo, afoso: ~ heat caldo soffocante; ~ weather tempo afoso. **2** (*suffering*

from oppressive heat) che soffoca dal caldo.

sweltry /'sweltri/ a. afoso, opprimente, soffocante.

swept /swept/ → **sweep**.

sweptback /'sweptbæk/ a. **1** (*of hair*) raccolto sulla nuca. **2** (*Aer*) a freccia.

sweptwing /'sweptwɪŋ/ n. (*Aer*) ala f. a freccia.

swerve /swɜːv Am swɜːrv/ **I** n. scarto m., scartata f., deviazione f. brusca, sterzata f. **II** v.i. **1** deviare (bruscamente), scartare, sterzare: I -d to avoid a hole in the road sterzai bruscamente per evitare una buca sulla strada. **2** (*of things*) piegare, deviare, svoltare: the highway -s south l'autostrada piega verso sud. **3** (*of a ball*) deviare (in volo). **4** (*fig*) deviare, allontanarsi, scostarsi: to ~ from one's principles deviare dai propri principi. **III** v.t. **1** deviare. **2** (*of a ball*) deviare (in volo). **3** (*fig*) distogliere, (fare) deviare, allontanare.

swift /swɪft/ **I** a. **1** rapido, veloce, celere, lesto: a ~ current una corrente rapida; a ~ race una corsa veloce. **2** (*brief, rapid*) rapido: ~ changes rapidi cambiamenti; a ~ glance una rapida occhiata; (*sudden*) improvviso, subitaneo, repentino. **3** (*ready, prompt*) immediato, pronto, lesto, sollecito, svelto: a ~ reaction una reazione immediata. **II** n. **1** (*Ornit*) rondone m. (comune). **2** (*Zool*) sceloporo m. **3** (*Zool*) (*newt*) tritone m., trituro m. **4** (*Tess*) aspo m., arcolaio m.; (*of a carding machine*) tamburo m. **III** avv. velocemente, rapidamente, (*ant*) celermente, lestamente. □ as ~ as an arrow veloce come una freccia, veloce come una scheggia; as ~ as thought rapido come il pensiero; (*Ornit*) ~ foot corriere biondo; to be ~ of foot avere il passo veloce, (*ant*) essere lesto di piede; to be ~ to action agire prontamente; to be ~ to anger essere facile ad adirarsi, essere irascibile.

SWIFT /swɪft/ Society for Worldwide Interbank Financial Telecommunication SWIFT (Società per telecomunicazioni finanziarie interbancarie su scala mondiale).

swifter /'swɪftə'/ n. **1** (*Mar*) cavo m. di ritenuta delle aspe, passerino m. **2** (*Mar,ant*) cintura f. di imbarcazione.

swift-footed /'swɪft,fʊtɪd Am 'swɪft,fʊtɪd/ a. dal piede veloce.

swiftly /'swɪftli Am 'swɪftli/ avv. velocemente, rapidamente, (*ant*) celermente, lestamente.

swiftness /'swɪftnəs Am 'swɪftnəs/ n. rapidità f., celerità f., velocità f., sveltezza f., (*ant*) lestezza f.

swig /swɪg/ **I** v.t. (*past, p.p.* **swigged** /-d/) (*colloq*) tracannare, bere a gran sorsi, bere tutto d'un fiato. **II** v.i. (*past, p.p.* **swigged** /-d/) (*colloq*) bere a gran sorsi. **III** n. (*colloq*) gran sorso m., sorsata f.

swill /swɪl/ **I** n. **1** (*liquid pig food*) broda f. per maiali. **2** (*food refuse*) rifiuti m.pl., avanzi m.pl. **3** (*colloq*) (*unappetizing food*) broda f., brodaglia f., sbobba f.; (*spreg*) porcheria f. **4** (*colloq*) (*long drink*) abbondante bevuta f. **5** (*act of washing with copious water*) lavatura f. con acqua abbondante; (*act of rinsing*) lavata f., risciacquata f. **II** v.i. (*to drink greedily*) lavare avidamente; (*colloq*) attaccarsi al fiasco, attaccarsi alla bottiglia; (*spreg*) sbevazzare. **III** v.t. **1** lavare (con molta acqua): to ~ the decks lavare i ponti. **2** (*to rinse*) sciacquare, risciacquare, lavare. **3** (*of liquid in a container*) agitare, scuotere. **4** (*to drink greedily*) tracannare, bere ingordamente. □ to ~ around (*of liquid in a container*) agitare, scuotere; to ~ out (*to rinse*) sciacquare, risciacquare, lavare; to ~ out a milk can sciacquare un bidone del latte; to ~ round (*of liquid in a container*) agitare, scuotere; (*colloq*)

to take a ~ at a bottle of beer attaccarsi a una bottiglia di birra.

swiller /'swɪlə'/ n. (*colloq*) chi sbevazza, beone m. (f. -a).

swillings /'swɪlɪŋz/ n.pl. **1** broda f.sing. per maiali. **2** (*liquid refuse*) risciacquatura f.sing.

swim /swɪm/ **I** n. **1** il nuotare, nuoto m. **2** (*spell of swimming*) nuotata f., nuotatina f.: to go for a ~ andare a fare una nuotata. **3** (*distance*) nuotata f. **4** (*Pesc*) tonfano m. ricco di pesci. **5** (*Itt*) vescica f. natatoria. **II** v.i. (*past* **swam** /swæm/, *p.p.* **swum** /swʌm/) **1** nuotare (*in* in; *out* to verso, fino a): can you ~? sai nuotare? **2** (*to have a swim, to bathe*) fare il bagno, nuotare: it's dangerous to ~ in this lake è pericoloso fare il bagno in questo lago. **3** (*to be immersed, drenched*) nuotare, essere immerso, galleggiare: the mushrooms were -ming in butter i funghi nuotavano nel burro. **4** (*to float*) galleggiare, nuotare. **5** (*fig*) (*to hover*) librarsi, nuotare. **6** (*fig*) (*to move smoothly*) scivolare, muoversi silenziosamente: he swam into the room scivolò dentro la stanza. **7** (*to become covered with a liquid*) essere inondato, essere coperto: her eyes swam with tears i suoi occhi erano inondati di lacrime. **8** (*to overflow*) traboccare: her heart swam with joy il suo cuore traboccava di gioia. **9** (*to reel*) girare (vorticosamente), roteare: the room swam before her eyes la stanza girava davanti ai suoi occhi. **10** (*of the head*) girare: to make so.'s head ~ far girare la testa a qcu. **III** v.t. (*past* **swam** /swæm/, *p.p.* **swum** /swʌm/) **1** percorrere a nuoto, fare a nuoto. **2** (*to cross by swimming*) attraversare a nuoto: to ~ a river attraversare a nuoto un fiume. **3** (*Sport*) (*of a race*) partecipare a; (*of a stroke*) nuotare a: to ~ the butterfly nuotare a farfalla. **4** (*to cause to swim*) fare nuotare, fare percorrere a nuoto. **5** (*to cause to swim across*) fare attraversare a nuoto. □ (*colloq*) he can't ~ a stroke non sa dare neanche una bracciata; to ~ across attraversare a nuoto: to ~ across the lake attraversare a nuoto il lago; to ~ against the tide (o to ~ against the stream): 1 nuotare contro corrente; 2 (*fig*) andare controcorrente; to ~ away andarsene via a nuoto; to ~ back ritornare a nuoto; to ~ on one's back nuotare sul dorso; (*Itt*) ~ bladder vescica natatoria; (*colloq*) to ~ for it salvarsi a nuoto; to be in the ~ essere al corrente, essere nel giro; (*iron*) to ~ like a brick nuotare come un sasso; to ~ like a fish nuotare come un pesce; to ~ out to sea nuotare al largo; (*colloq*) to be out of the ~ essere fuori del giro; to ~ up to raggiungere a nuoto; (*fig*) to ~ with the tide (o to ~ with the stream) seguire la corrente, andare con la corrente.

swimmer /'swɪmə'/ n. nuotatore m. (f. -trice).

swimmeret /'swɪmərət/ n. (*Zool*) appendice f. natatoria.

swimming /'swɪmɪŋ/ **I** n. **1** (*Sport*) nuoto m., il nuotare. **2** (*fig*) (*dizziness*) capogiro m., vertigini f.pl. **II** a. **1** per il nuoto, da bagno. **2** (*Zool*) natante: a ~ animal un animale natante. **3** (*fig*) (*immersed, drenched*) che nuota, immerso. □ (*Sport*) ~ bath piscina coperta, piscina all'aperto; ~ belt cintura di salvataggio, salvagente (a cintura); (*Itt*) ~ bladder vescica natatoria; (*Br*) ~ cap cuffia da bagno; (*Br,Abbigl*) ~ costume costume da bagno (intero); (*Sport*) ~ instructor maestro di nuoto, istruttore di nuoto; (*Sport*) ~ pool piscina (all'aperto); (*Min*) ~ stone quarzo poroso e spugnoso; (*Sport*) ~ stroke stile di nuoto, posizione di nuoto; ~ trunks calzoncini da bagno.

swimmingly /'swɪmɪŋli/ avv. (*colloq*) liscio,

bene, senza intoppi, a meraviglia: *everything went* ~ tutto andò liscio.

swimsuit /'swɪmsuːt/ *n.* (*Abbigl*) costume *m.* da bagno (intero).

swimwear /'swɪmweəʳ *Am* 'swɪmwer/ *n.* (*Abbigl*) indumenti *m.pl.* da mare e piscina, costumi *m.pl.* da bagno.

swindle /'swɪndl/ **I** *v.t.* frodare, imbrogliare, truffare, raggirare, turlupinare. **II** *n.* **1** truffa *f.*, frode *f.*, inganno *m.*, imbroglio *m.*, raggiro *m.* **2** (*sth. fraudulent*) truffa *f.* □ *to* ~ *so. out of his money* estorcere denaro a qcu. con l'inganno.

swindler /'swɪndləʳ/ *n.* truffatore *m.* (*f.* -trice), imbroglione *m.* (*f.* -a), turlupinatore *m.* (*f.* -trice).

swine /swaɪn/ *n.inv.* **1** maiale *m.*, porco *m.* **2** (*collett., costr.pl.*) suini *m.pl.*, maiali *m.pl.*, porci *m.pl.* **3** (*fig,spreg*) maiale *m.*, porco *m.* □ (*Veter*) ~ *fever* peste suina.

swineherd /'swaɪnhɜːd *Am* 'swaɪnhɜːrd/ *n.* porcaro *m.*, porcaio *m.*

swinery /'swaɪnəri/ *n.* **1** porcile *m.* **2** (*collett.*) porci *m.pl.* **3** (*fig*) porcheria *f.*

swing /swɪŋ/ **I** *n.* **1** oscillazione *f.*: *one* ~ *of the pendulum* un'oscillazione del pendolo. **2** (*distance, arc through which sth. swings*) ampiezza *f.* dell'oscillazione. **3** (*swaying or rocking movement*) dondolamento *m.*, dondolio *m.* **4** (*free, easy motion*) movimento *m.* sciolto. **5** (*in marching*) andatura *f.* sciolta. **6** (*swinging shot*) colpo *m.* dato con un movimento rotatorio del braccio. **7** (*Sport*) (*in golf*) swing *m.*; (*in boxing*) sventola *f.*: (*estens*) *to take a* ~ *at so.* tirare una sventola a qcu. **8** (*seat suspended by two ropes, etc.*) altalena *f.* **9** (*fig*) (*shift of opinion, etc.*) cambiamento *m.* di opinione, mutamento *m.* di opinione: *the* ~ *of the pendulum* gli alti e i bassi dell'opinione pubblica. **10** (*Écon*) fluttuazione *f.* (periodica). **11** (*lively rhythm*) ritmo *m.* sostenuto: *to go with a* ~ avere un ritmo sostenuto. **12** (*Mus*) musica *f.* swing, swing *m.* **13** (*Mecc*) diametro *m.* massimo eseguibile. **II** *v.t.* (*past* **swung** /swʌŋ/ o *dial* **swang** /swæŋ/, *p.p.* **swung**) **1** (*turn*) roteare, far girare: *to* ~ *an axe* roteare un'ascia. **2** (*to cause to turn on an axis*) fare girare su un asse, fare ruotare su un asse. **3** (*of a gate, door*) fare ruotare sui cardini, fare girare sui cardini. **4** (*to cause to sway or rock*) dondolare, fare oscillare, ciondolare: *to* ~ *one's arms* dondolare le braccia. **5** (*to cause to turn in another direction*) far fare una giravolta a, fare girare (in un'altra direzione): *he swung me round* mi ha fatto fare una giravolta. **6** (*Mil*) far fare una conversione a. **7** (*to a person: to give a ride on a swing, etc.*) fare dondolare (su un'altalena ecc.). **8** (*to suspend so as to permit swinging*) sospendere, appendere, far penzolare, far pendere: *to* ~ *a hammock between two trees* sospendere un'amaca tra due alberi. **9** (*to convey by moving through the air*) sollevare (con un movimento rotatorio). **10** (*colloq*) (*to bring off, to accomplish*) (riuscire a) portare a termine, riuscire a fare, riuscire a compiere: *to* ~ *a deal* portare a termine un affare. **11** (*colloq*) (*to influence decisively*) avere un'influenza determinante su, influenzare in modo determinante. **12** (*Mar*) girare sull'ancora. **13** (*Aer*) imbardare; (*of a propeller*) far girare, mettere in moto. **III** *v.i.* (*past* **swung** /swʌŋ/ o *dial* **swang** /swæŋ/, *p.p.* **swung**) **1** oscillare, dondolare, ondeggiare, ciondolare: *the pendulum is -ing* il pendolo oscilla. **2** (*to be suspended, to hang*) pendolare, pendere, ciondolare. **3** (*to turn on hinges, a pivot, etc.*) girare sui cardini, ruotare sui cardi-

ni, girare su un perno, ruotare su un perno. **4** (*to turn in a circle, an arc*) roteare, rotare, girare. **5** (*to turn to face another direction*) girarsi, voltarsi, fare una giravolta. **6** (*Mil*) fare una conversione. **7** (*to take a curving course*) girare, curvare: *a road swung round the edge of the lake* una strada girava attorno alla riva del lago. **8** (*of a car*) fare una curva stretta, fare una curva brusca. **9** (*to aim a blow*) colpire (*at so.* qcu.), sferrare un colpo (a). **10** (*to walk in a free, easy manner*) camminare con passo sciolto. **11** (*to ride on a swing*) altalenare, fare l'altalena, dondolarsi. **12** (*in dancing*) fare un giro, girare. **13** (*Mus*) suonare musica swing. **14** (*in dancing*) ballare lo swing. **15** (*colloq*) (*to play in a lively rhythm*) suonare con ritmo vivace; (*to sing in a lively rhythm*) cantare con ritmo vivace. **16** (*sl*) (*to be modern*) essere all'ultimissima moda. **17** (*sl*) (*to die by hanging*) essere impiccato. **18** (*Mar*) girare sull'ancora. **19** (*Aer*) imbardare. □ *to* ~*aboard a train* balzare su un treno in corsa; *to* ~*along* (*to walk in a free, easy manner*) camminare con passo sciolto; (*Tecn*) ~*arm* braccio regolabile; *to* ~*back* tornare indietro; (*Tecn*) ~*bar* stadera; ~ *boat* (*at a fair*) altalena (a forma di barca); ~ *bridge* ponte girevole; *to* ~ *by* passare da, fare un salto da; ~*door* porta a vento; (*sl*) *to* ~*for* essere impiccato per; ~*gate* cancello a vento, cancello oscillante; (*Tecn*) ~*hoist* paranco a bandiera; (*colloq*) *to* ~*into action* entrare in azione risolutamente; *to* ~*into* the saddle balzare in sella; *the pianist swung into a tune* il pianista attaccò un motivo; (*Mus*) ~ *music* musica swing, swing; *to* ~*open* spalancarsi; *to* ~*round*: 1 (*to turn in a circle, an arc*) roteare, ruotare, girare; 2 (*to turn to face another direction*) girarsi, voltarsi, fare una giravolta; ~*shift* turno (di lavoro) serale; *to* ~*shut* chiudersi; (*colloq*) *to* ~ *the lead*: 1 fingersi malato, simulare una malattia; 2 (*Br,fig*) fare lo scansafatiche, bighellonare; *to* ~*to* chiudersi; (*Pol*) ~*voters* elettorato fluttuante; (*Aer*) ~*wing* ala a geometria variabile.

swing-arm /'swɪŋɑːm *Am* 'swɪŋɑːrm/ □ ~ *lamp* lampada a braccio regolabile.

swingeing /'swɪndʒɪŋ/ *a.* **1** (*of a blow*) forte, violento; (*colloq*) (*enormous*) enorme, stragrande: ~ *damages* danni enormi. **3** (*Am*) (*very good*) eccellente, ottimo.

swinging /'swɪŋɪŋ/ **I** *n.* **1** dondolamento *m.*, oscillazione *f.* **2** (*fig*) (*fluctuation*) fluttuazione *f.* **II** *a.* **1** dondolante, oscillante. **2** (*of rhythm, music, etc.*) cadenzato, ritmico. **3** (*sl*) (*modern*) all'ultimissima moda. □ (*Mar*) ~*boom* asta di posta; ~*door* porta a vento.

swingingly /'swɪŋɪŋli/ *avv.* **1** con ritmo vivace. **2** (*sl*) (*animatedly*) in modo vivace, in modo animato. **3** (*sl*) (*in a modern way*) all'ultimissima moda, in modo moderno: *to dress* ~ vestirsi all'ultimissima moda.

swingle /'swɪŋgl/ **I** *n.* **1** (*Tess*) stigliatrice *f.* **2** (*Agr*) parte *f.* mobile (del correggiato). **II** *v.t.* (*Tess*) stigliare. □ ~*bar* bilancino.

swingletree /'swɪŋgltriː/ *n.* bilancino *m.*

swinish /'swaɪnɪʃ/ *a.* maialesco, da maiale.

swinishly /'swaɪnɪʃli/ *avv.* da maiale.

swinishness /'swaɪnɪʃnəs/ *n.* l'essere maialesco.

swipe /swaɪp/ **I** *n.* (*colloq,Sport*) forte colpo *m.* **II** *v.t.* **1** (*Elettron*) fare leggere (a un lettore): *to* ~ *a credit card* far leggere una carta di credito a un lettore. **2** (*colloq*) colpire con forza, battere forte, dare un forte colpo a. **3** (*sl*) (*to steal, to pinch*) rubacchiare; (*gerg*) sgraffignare. **III** *v.i.* (*colloq*) dare un forte colpo (*at*

a), battere forte, colpire con forza (qcs.). □ ~*card* scheda magnetica.

swipes /swaɪps/ *n.pl.* (*colloq*) (*weak beer*) birra *f.sing.* leggera (di bassa qualità).

swirl /swɜːl *Am* swɜːrl/ **I** *n.* **1** turbinio *m.*, movimento *m.* vorticoso, mulinello *m.* **2** (*swirling mass*) turbine *m.*, vortice *m.* **3** (*coil, convolution*) spira *f.*, voluta *f.* **4** (*Dolc*) (*of a cake decoration*) riccio *m.*, ghirigoro *m.*: *a* ~ *of whipped cream* un riccio di panna montata. **II** *v.i.* **1** turbinare, mulinare, fare mulinello: *dust -ed in the streets* la polvere turbinava nelle strade. **2** (*to move with a spinning motion*) girare vorticosamente, roteare. **3** (*to be dizzy*) girare. **III** *v.t.* **1** far turbinare. **2** (*to carry with a whirling motion*) trasportare con moto vorticoso. □ (*Fis*) ~*chamber* camera a turbolenza.

swirly /'swɜːli *Am* 'swɜːrli/ *a.* vorticoso, turbinoso.

swish /swɪʃ/ **I** *n.* **1** sibilo *m.*, fischio *m.* **2** (*rustle*) fruscio *m.* **3** (*swishing movement*) sferzata *f.* **4** (*cane, birch*) canna *f.*, verga *f.* **II** *a.* (*colloq*) elegante, alla moda. **III** *v.i.* **1** sibilare, fischiare: *the cane -ed as it cleft the air* la verga sibilava frustando l'aria. **2** (*to rustle*) frusciare. **IV** *v.t.* **1** far sibilare, far fischiare. **2** (*to flourish with a swishing sound*) agitare facendo sibilare, brandire facendo sibilare. **3** (*colloq*) (*to thrash with a cane, to whip*) sferzare, fustigare.

Swiss /swɪs/ **I** *a.* svizzero. **II** *n.inv.* **1** svizzero *m.* (*f.* -a). **2** (*costr.pl.*) (*people*) svizzeri *m.pl.* (*f.pl.* -e). □ ~*Army knife* coltellino svizzero; ~*chard* bieta da coste, bietola (di cui si mangiano foglie e gambi cotti); (*Alim*) ~ *cheese* formaggio svizzero, emmenthal; ~ *guard* guardia svizzera; (*Tess*) ~*muslin* mussolina svizzera, mussola svizzera; (*Dolc*) ~*roll* rotolo (di pan di Spagna) ripieno di marmellata.

switch /swɪtʃ/ **I** *n.* **1** (*El*) interruttore *m.*, chiavetta *f.*, commutatore *m.*, pulsante *m.*, bottone *m.* **2** (*Ferr*) scambio *m.*, deviatoio *m.* **3** (*changing, switching*) cambiamento *m.*, mutamento *m.*: *a last-minute* ~ un cambiamento all'ultimo momento. **4** (*slender rod for whipping, etc.*) bacchetta *f.*, verga *f.*, sferza *f.* **5** (*of hair*) treccia *f.* di capelli finti. **II** *v.t.* **1** fustigare, sferzare, battere con una verga. **2** spostare, trasferire (*to* a, in). **3** (*to twitch, to jerk*) dare uno strattone a: *to* ~ *a fishing rod* dare uno strattone a una canna da pesca. **4** (*of an animal's tail, etc.: to flick*) sferzare l'aria con, agitare violentemente: *the lion -ed its tail* il leone sferzava l'aria con la coda. **5** (*Ferr*) smistare, instradare. **6** (*fig*) (*to change abruptly*) cambiare all'improvviso, mutare all'improvviso: *to* ~ *direction* cambiare all'improvviso direzione. **7** (*fig*) (*to shift, to turn*) cambiare, mutare, volgere (in altra direzione): *to* ~ *the conversation* cambiare discorso. **8** (*fig*) (*to exchange*) scambiare, cambiare: *to* ~ *over seats with so.* scambiarsi i posti. **III** *v.i.* **1** (*fig*) (*to change course*) passare (*to* a), spostarsi (*su*): *to* ~ *to a new brand of cigarettes* passare a una nuova marca di sigarette. **2** (*in bridge*) dichiarare un colore diverso da quello dichiarato in precedenza. □ (*Sport*) ~*hitter* battitore ambidestro; (*El*) *to* ~ *off* spegnere, disinserire: *to* ~ *off the light* spegnere la luce; (*El*) *to* ~*on* accendere, inserire: *to* ~ *on the light* accendere la luce; *to* ~*over*: 1 (*TV,Rad*) cambiare canale; 2 (*fig*) (*to change course*) passare (*to* a), spostarsi (*su*); (*Inform*) *to* ~*to sth.* commutare in qcs.

switchable /'swɪtʃəbl/ *a.* cambiabile, commutabile.

switchback /'swɪtʃbæk/ *n.* **1** (*Strad,Ferr*)

tracciato *m.* a stretti tornanti, tracciato *m.* a rampe. **2** (*at a funfair*) montagne *f.pl.* russe. **3** (*fig*) (*series of abrupt changes*) serie *f.* di cambiamenti improvvisi (*o* repentini).

switchblade /ˈswɪtʃbleɪd/ □ ~ *knife* coltello a molla, coltello a serramanico.

switchboard /ˈswɪtʃbɔːd *Am* ˈswɪtʃbɔːrd/ *n.* centralino *m.* **2** (*El*) quadro *m.* di comando, quadro *m.* di distribuzione. **3** (*Tel*) tavolo *m.* di commutazione, tavolo *m.* intermediario. □ (*Tel*) ~ *operator* centralinista.

switched /swɪtʃt/ *a.* (*Inform*) commutato: ~ *line* linea commutata.

switched-off /ˈswɪtʃtɒf *Am* ˈswɪtʃtɑːf/ *a.* **1** spento, staccato. **2** (*fig*) fuori moda.

switched-on /ˈswɪtʃtɒn *Am* ˈswɪtʃtɑːn/ *a.* **1** (*Am,colloq*) (*up to date*) aggiornato, alla moda. **2** (*Am,colloq*) (*excited*) su di giri. **3** (*Am, colloq*) (*on drugs*) sballato. **4** (*Br,colloq*) (*brilliant*) sveglio, brillante.

switcheroo /ˈswɪtʃəˌruː/ *n.* (*Am,colloq*) dietrofront *m.*, rovesciamento *m.*, ribaltone *m.*, cambiamento *m.* brusco.

switchgear /ˈswɪtʃɡɪər/ *n.* (*El*) apparecchiatura *f.* di manovra.

switching /ˈswɪtʃɪŋ/ *n.* **1** (*El*) commutazione *f.* **2** (*Ferr*) smistamento *m.* □ (*Ferr*) ~ *rail* rotaia di smistamento; (*Inform*) ~ *speed* velocità di commutazione.

switchman /ˈswɪtʃmən/ *n.irr.* (*Ferr*) deviatore *m.*, scambista *m.*

switch-over /ˈswɪtʃouvər/ *n.* passaggio *m.*, cambiamento *m.* (*from* da; *to* a): *the ~ to the decimal system* il passaggio al sistema decimale.

switchyard /ˈswɪtʃjɑːd *Am* ˈswɪtʃjɑːrd/ *n.* (*Am,Ferr*) piazzale *m.* di smistamento.

Switzerland /ˈswɪtsələnd *Am* ˈswɪtsərlənd/ *n.pr.* (*Geog*) Svizzera *f.*

swivel /ˈswɪvəl/ **I** *n.* **1** (*Tecn*) parte *f.* girevole; (*of a chain*) anello *m.* girevole, anello *m.* imperniato, mulinello *m.* **2** (*Arm,Mecc*) piattaforma *f.* girevole. **3** (*Arm*) cannone *m.* girevole. **4** (*Pesc*) mulinello *m.* **II** *a.* girevole, orientabile. **III** *v.t./i.* girare, ruotare. □ (*Mar*) ~ *block* bozzello a mulinello; ~ *chair* sedia girevole; (*colloq*) ~ *eye* (*squinting eye*) occhio strabico; (*Arm*) ~ *gun* cannone girevole; *to ~ round* girare, ruotare; ~ *seat* sedia girevole.

swivel-eyed /ˈswɪvəlaɪd/ *a.* strabico.

swiz, swizz /swɪz/ *n.* **1** (*colloq*) delusione *f.*, disappunto *m.* **2** (*swindle, fraud*) imbroglio *m.*, raggiro *m.*, (*pop*) fregatura *f.*, bidone *m.*

swizzle[1] /ˈswɪzl/ **I** *n.* **1** (*Br,colloq*) delusione *f.*, disappunto *m.* **2** (*swindle, fraud*) imbroglio *m.*, raggiro *m.*; (*pop*) fregatura *f.*, bidone *m.* **II** *v.t.* (*Br,colloq*) imbrogliare, raggirare, truffare; (*pop*) fregare.

swizzle[2] /ˈswɪzl/ *n.* (*mixed drink*) miscela *f.* di liquori, cocktail *m.* (con ghiaccio). □ ~ *stick* bacchetta per mescolare i cocktail.

swob /swɒb *Am* swɑːb/ **I** *n.* → **swab. II** *v.t.* (*past, p.p.* **swobbed** /-d/) → **swab.**

swobber /ˈswɒbər *Am* ˈswɑːbər/ *n.* **1** chi pulisce con lo straccio. **2** (*Mar*) mozzo *m.*, marinaio *m.* addetto alla pulizia dei ponti. **3** (*sl*) (*swab, clumsy fool*) persona *f.* goffa e maldestra.

swollen /ˈswəulən/ → **swell**[2].

swollen-headed /ˈswəulənˌhedɪd/ *a.* montato, presuntuoso.

swoon /swuːn/ **I** *v.i.* **1** (*colloq*) (*to go into ecstasies*) andare in estasi, delirare (*over* per): *the singer had his fans -ing* il cantante fece andare in estasi i suoi ammiratori. **2** (*to fall in a faint*) svenire, venir meno, perdere i sensi (*with* da; *at* davanti a). **3** (*fig*) (*of sound: to fade*) affievolirsi, attutirsi, morire. **II** *n.* **1** (*colloq*) (*ecstasy*) delirio *m.*, estasi *f.*, rapi-

mento *m.* **2** (*loss of consciuousness*) svenimento *m.*, deliquio *m.*

swoop /swuːp/ **I** *n.* **1** (*of a bird*) il piombare sulla preda, il calarsi a precipizio, balzo *m.*, picchiata *f.*, discesa *f.* rapida. **2** (*estens*) (*incursion*) incursione *f.*; (*police raid*) retata *f.*, blitz *m.* **II** *v.i.* **1** scendere a capofitto, gettarsi a capofitto, precipitarsi: *the seagull -ed* il gabbiano scese a capofitto. **2** (*of birds of prey*) piombare, calare a precipizio (*on* su). **3** (*estens*) (*to descend in attack*) piombare, gettarsi, lanciarsi, avventarsi (su). **4** (*fig*) (*of hills*) digradare. **III** *v.t.* **1** (*to seize suddenly*) afferrare di colpo, sollevare di colpo. **2** (*to carry off abruptly*) portar via bruscamente. □ *at one ~* d'un sol colpo, in una volta sola; *to ~ away* (*to carry off abruptly*) portare via bruscamente; *to ~ down*: **1** (*of birds of prey*) piombare, calare a precipizio (*on* su): *the hawk -ed down on its prey* il falco piombò sulla preda; **2** (*estens*) (*to descend in attack*) piombare, gettarsi, lanciarsi, avventarsi (su): *the bandits -ed down on the village* i banditi piombarono sul villaggio; *to ~ off*: (*to carry off abruptly*) portar via bruscamente; *to ~ up* afferrare di colpo, sollevare di colpo.

swoosh /swuːʃ/ **I** *n.* (*sound*) fruscio *m.* **II** *v.i.* frusciare.

swop /swɒp *Am* swɑːp/ (*past, p.p.* **swopped** /-t/) → **swap.**

sword /sɔːd *Am* sɔːrd/ *n.* **1** spada *f.* (*anche fig*): *the ~ of justice* la spada della giustizia. **2** (*fig*) (*military power*) forza *f.* militare, armi *f.pl.*; (*war*) guerra *f.* **3** (*Itt*) (*of a swordfish*) spada *f.* □ ~ *arm* braccio destro; (*Mil,ant*) ~ *bayonet* spada baionetta; (*GB*) ~ *bearer* chi porta la spada del sovrano; ~ *belt* cinturone (per appendere la spada); ~ *dance* danza delle spade; ~ *guard* guardia della spada; (*Mil*) ~ *knot* dragona; (*Bot*) ~ *lily* gladiolo, fil di spada; (*fig*) ~ *of Damocles* spada di Damocle; ~ *of honour* spada d'onore; (*GB*) *Sword of State* spada delle cerimonie, spada del sovrano; ~ *play*: **1** abilità nel maneggiare la spada; **2** (*Sport*) (*fencing*) scherma (con la spada); **3** (*fig*) schermaglia: *verbal ~ play* schermaglia verbale; (*fig*) *to be at -s' points* essere ai ferri corti; *to put to the ~* passare a fil di spada; ~ *swallower* mangiatore di spade.

swordbearer /ˈsɔːdˌberər/ *n.* (*GB*) chi porta la spada del sovrano.

swordbelt /ˈsɔːdbelt *Am* ˈsɔːrdbelt/ *n.* cinturone *m.*

swordfish /ˈsɔːdfɪʃ *Am* ˈsɔːrdfɪʃ/ *n.* (*Itt*) pesce *m.* spada.

swordless /ˈsɔːdləs *Am* ˈsɔːrdləs/ *a.* (che è) senza spada.

swordsman /ˈsɔːdzmən *Am* ˈsɔːrdzmən/ *n.irr.* **1** spadaccino *m.* **2** (*fencer*) schermitore *m.*

swordsmanship /ˈsɔːdzmənʃɪp *Am* ˈsɔːrdzmənʃɪp/ *n.* abilità *f.* nella scherma (con la spada).

swordstick /ˈsɔːdstɪk *Am* ˈsɔːrdstɪk/ *n.* bastone *m.* animato, bastone *m.* da stocco.

swordswoman /ˈsɔːdzwumən *Am* ˈsɔːrdzwumən/ *n.irr.* schermitrice *f.*

swore /swɔː *Am* swɔːr/ → **swear.**

sworn[1] /swɔːn *Am* swɔːrn/ → **swear.**

sworn[2] /swɔːn *Am* swɔːrn/ *a.* **1** (*Dir*) vincolato da giuramento. **2** (*Dir*) (*of officials*) giurato: ~ *interpreter* interprete giurato. **3** (*Dir*) (*of evidence*) giurato, fatto sotto giuramento. **4** (*fig*) giurato, accanito: ~ *enemies* nemici giurati; ~ *friends* amici per la pelle.

swot /swɒt/ **I** *v.t.* (*past, p.p.* **swotted** /ˈswɒtɪd/) (*Br,colloq,Scol*) studiare molto, sgobbare: *to ~ for an examination* sgobbare per un esame.

II *v.t.* (*past, p.p.* **swotted** /ˈswɒtɪd/) (*Br*) studiare molto, sgobbare su. **III** *n.* (*Br,colloq,Scol*) **1** secchione *m.* (*f.* -a), secchia *f.* **2** (*hard study*) sgobbata *f.* □ *to ~ up* studiare molto, sgobbare su.

SWOT /swɒt/ (*Comm*) *strengths, weaknesses, opportunities and threats* SWOT (forze, debolezze, opportunità e minacce). □ (*Comm*) ~ *analysis* analisi SWOT.

swotty /ˈswɒti/ *a.* da sgobbone, da secchione.

swum /swʌm/ → **swim.**

swung /swʌŋ/ → **swing.** □ (*Tip*) ~ *dash* tilde.

SY *Seichelles* SY (Seicelle, Seychelles).

Sybaris /ˈsɪbərɪs/ *n.pr.* (*Geog.stor*) Sibari *f.*

Sybarite /ˈsɪbəraɪt/ *n.* (*Stor*) sibarita *m./f.* (*anche fig*).

Sybaritic /ˌsɪbəˈrɪtɪk *Am* ˌsɪbəˈrɪtɪk/, **Sybaritical** /ˌsɪbəˈrɪtɪkəl *Am* ˌsɪbəˈrɪtɪkəl/ *a.* (*Stor*) sibaritico (*anche fig*).

sybaritically /ˌsɪbəˈrɪtɪkəli *Am* ˌsɪbəˈrɪtɪkəli/ *avv.* da sibarita, in modo sibaritico.

sybaritism /ˈsɪbərɪtɪzəm *Am* ˈsɪbərɪtɪzəm/ *n.* l'essere dedito ai piaceri e al lusso.

Sybil /ˈsɪbɪl *Am* ˈsɪbəl/ *n.pr.f.* Sibilla.

sycamine /ˈsɪkəmiːn/ *n.* (*ant*) gelso *m.* nero, gelso *m.* moro.

sycamore /ˈsɪkəmɔː *Am* ˈsɪkəmɔːr/ *n.* (*Bot*) **1** loppone *m.*, acero *m.* fico, acero *m.* pseudoplatano. **2** (*plane*) platano *m.* d'America. **3** (*wood*) sicomoro *m.*, platano *m.* **4** sicomoro *m.*, fico *m.* d'Egitto. □ (*Bot*) ~ *fig* sicomoro, fico d'Egitto.

syconium /saɪˈkouniəm/ (*pl.* -**nia** /-niə/) *n.* (*Bot*) siconio *m.*

sycophancy /ˈsɪkəfənsi/ *n.* bassa adulazione *f.*, servilismo *m.*, ruffianeria *f.*

sycophant /ˈsɪkəfənt/ *n.* adulatore *m.* (*f.* -trice) servile; (*spreg*) leccapiedi *m./f.*, lacchè *m.*

sycophantic /ˌsɪkouˈfæntɪk *Am* ˌsɪkou ˈfæntɪk/, **sycophantical** /ˌsɪkouˈfæntɪkəl *Am* ˌsɪkouˈfæntɪkəl/ *a.* servile, adulatorio.

sycophantically /ˌsɪkouˈfæntɪkəli *Am* ˌsɪkou ˈfæntɪkəli/ *avv.* servilmente.

sycosis /saɪˈkousɪs/ (*pl.* -**ses** /-siːz/) *n.* (*Med*) sicosi *f.*

syenite /ˈsaɪənaɪt/ *n.* (*Min*) sienite *f.*

syenitic /ˌsaɪəˈnɪtɪk *Am* ˌsaɪəˈnɪtɪk/ *a.* (*Min*) sienitico.

syllabary /ˈsɪləbri *Am* ˈsɪləberi/ *n.* **1** sillabario *m.* **2** (*list of syllables*) tavola *f.* di sillabogrammi.

syllabic /sɪˈlæbɪk/ *a.* **1** sillabico (*anche Fon, Metr,Mus*). **2** (*pronounced with careful separation of syllables*) sillabato.

syllabically /sɪˈlæbɪkəli/ *avv.* in sillabe, sillabicamente.

syllabicate /sɪˈlæbɪkeɪt/ *v.t.* sillabare, dividere in sillabe.

syllabication /sɪˌlæbɪˈkeɪʃən/, **syllabification** /sɪˌlæbɪfɪˈkeɪʃən/ *n.* sillabazione *f.*

syllabicity /sɪˈlæbɪsəti *Am* sɪˈlæbɪsəti/ *n.* sillabicità *f.*

syllabification /sɪˌlæbɪfɪˈkeɪʃən/ *n.* (*Ling*) sillabazione *f.*, divisione *f.* in sillabe, divisione *f.* sillabica.

syllabify /sɪˈlæbɪfaɪ/, **syllabize** /ˈsɪləbaɪz/ *v.t.* sillabare, dividere in sillabe.

syllable /ˈsɪləbl/ **I** *n.* sillaba *f.* (*anche fig*): *I didn't understand one ~* non ho capito una sillaba. **II** *v.t.* sillabare.

syllabled /ˈsɪləbld/ *a.* (*in compounds*) di sillabe: *a five-~ word* una parola di cinque sillabe.

syllabub /ˈsɪləbʌb/ *n.* **1** (*drink*) latte *m.* caldo con vino o liquori e spezie. **2** (*Dolc*) dessert *m.* freddo di latte o panna, con vino, zucchero e limone.

syllabus /'sɪləbəs/ (pl. **-buses** /-bəsɪz/ o **-bi** /-baɪ/) n. **1** sommario m., raccolta f. **2** (Scol) programma m. (di un corso di studi).

Syllabus /'sɪləbəs/ n. (Rel.catt) sillabo m. □ (Rel.catt) ~ of Errors sillabo.

syllepsis /sɪ'lepsɪs/ (pl. **-ses** /-siːz/) n. (Gramm,Ret) sillessi f., sillepsi f.

sylleptic /sɪ'leptɪk/, **sylleptical** /sɪ'leptɪkəl/ a. (Gramm,Ret) della sillessi, relativo alla sillessi.

sylleptically /sɪ'leptɪkəli/ avv. (Gramm,Ret) con una sillessi.

syllogism /'sɪlədʒɪzəm/ n. **1** (Filos) sillogismo m. **2** (deductive reasoning) ragionamento m. deduttivo. **3** (estens) sillogismo m., ragionamento m. cavilloso, ragionamento m. sottile, cavillo m., sofisma m.

syllogistic /ˌsɪlə'dʒɪstɪk/, **syllogistical** /ˌsɪlə'dʒɪstɪkəl/ a. sillogistico.

syllogistically /ˌsɪlə'dʒɪstɪkəli/ avv. sillogisticamente.

syllogize /'sɪlədʒaɪz/ v.i./t. (Filos) sillogizzare.

sylph /sɪlf/ n. **1** (Mitol.nord) silfo m. **2** (fig) silfide f., ragazza f. snella e graziosa.

sylphid /'sɪlfɪd/ n. (Mitol.nord) silfide f.

sylphlike /'sɪlflaɪk/ a. simile a una silfide, snella e graziosa.

sylvan /'sɪlvən/ I a. dei boschi, silvestre, silvano. II n. (Mitol) divinità f. silvana.

Sylvester /sɪl'vestər/ n.pr.m. Silvestro.

Sylvia /'sɪlvɪə/ n.pr.f. Silvia.

sylviculture /'sɪlvɪˌkʌltʃər/ n. silvicoltura f., selvicoltura f.

symbion /'sɪmbɪən/, **symbiont** /'sɪmbɪənt/ n. (Biol) simbionte m.

symbiosis /ˌsɪmbaɪ'oʊsɪs Am ˌsɪmbi'oʊsɪs/ (pl. **-ses** /-siːz/) n. (Biol) simbiosi f.

symbiotic /ˌsɪmbaɪ'ɒtɪk Am ˌsɪmbi'ɑːtɪk/, **symbiotical** /ˌsɪmbaɪ'ɒtɪkəl Am ˌsɪmbi'ɑːtɪkəl/ a. simbiotico.

symbiotically /ˌsɪmbaɪ'ɒtɪkəli Am ˌsɪmbi'ɑːtɪkəli/ avv. in simbiosi.

symbol /'sɪmbəl/ n. **1** simbolo m. (of, for di). **2** (Tip,Mat,Chim) simbolo m., segno m. **3** (Rel) simbolo m. (della fede), credo m. □ ~table tabella dei simboli.

symbolic /sɪm'bɒlɪk Am sɪm'bɑːlɪk/, **symbolical** /sɪm'bɒlɪkəl Am sɪm'bɑːlɪkəl/ a. simbolico (of sth. di qcs.).

symbolically /sɪm'bɒlɪkəli Am sɪm'bɑːlɪkəli/ avv. simbolicamente.

symbolism /'sɪmbəlɪzəm/ n. simbolismo m.

symbolist /'sɪmbəlɪst/ n. simbolista m./f.

Symbolist /'sɪmbəlɪst/ n. (Rel,Lett,Art) simbolista m./f.

symbolistic /ˌsɪmbəl'ɪstɪk/ a. simbolistico.

symbolistically /ˌsɪmbəl'ɪstɪkəli/ avv. in modo simbolistico.

symbolization /ˌsɪmbəlaɪ'zeɪʃən/ n. simbolizzazione f. (di; by attraverso).

symbolize /'sɪmbəlaɪz/ v.t. **1** simboleggiare. **2** (to represent by a symbol) rappresentare con un simbolo, simbolizzare. **3** (to treat as symbolic) interpretare simbolicamente.

symbology /sɪm'bɒlədʒi Am ˌsɪm'bɑːlədʒi/ n. simbologia f., simbolismo m.

symmetric /sɪ'metrɪk/, **symmetrical** /sɪ'metrɪkəl/ a. simmetrico.

symmetrically /sɪ'metrɪkəli/ avv. simmetricamente.

symmetrization /ˌsɪmɪtrɪ'zeɪʃən/ n. simmetrizzazione f., il rendere simmetrico.

symmetrize /'sɪmɪtraɪz/ v.t. simmetrizzare, rendere simmetrico.

symmetry /'sɪmɪtri/ n. **1** simmetria f. **2** (harmony of proportion) simmetria f., armonia f., equilibrio m. (perfetto).

sympathectomy /ˌsɪmpə'θektəmi Am ˌsɪmpə-**

'θektəmi/ n. (Med) simpaticectomia f., simpatectomia f.

sympathetic /ˌsɪmpə'θetɪk Am ˌsɪmpə'θetɪk/ I a. **1** comprensivo, indulgente, tollerante (to, towards verso, nei confronti di): the teacher was very ~ il maestro fu molto comprensivo. **2** (characterized by friendly, fellow feelings) affettuoso, cordiale, amichevole: ~ words parole affettuose. **3** (congenial) che va a genio, congeniale, adatto. **4** (favouring, not antagonistic) favorevole (to a), ben disposto (verso), d'accordo (con): to be ~ to a proposal essere favorevole a una proposta. **5** (Anat,Acus) simpatico. **6** (Fisiol) simpatico, riflesso. II n. (Anat) nervo m. simpatico, sistema m. nervoso simpatico, (gran) simpatico m. □ ~ink inchiostro simpatico; (Anat) ~ nerve nervo simpatico; (Anat) ~ nervous system sistema nervoso simpatico, (gran) simpatico; ~strike sciopero di solidarietà; (Mus) ~string corda di risonanza.

sympathetically /ˌsɪmpə'θetɪkəli Am ˌsɪmpə'θetɪkəli/ avv. **1** in modo comprensivo, in modo compassionevole. **2** (kindly) benevolmente. **3** (favourably) favorevolmente.

sympathize /'sɪmpəθaɪz/ v.i. **1** commiserare, compatire, compiangere (with so. qcu.). **2** (to condole) condolersi (with so. con qcu.). **3** (to be in approving accord) approvare, vedere di buon occhio (with sth. qcs.), essere d'accordo (su). **4** (to share the same feelings) simpatizzare (per). **5** (to accord, to correspond) essere conforme, corrispondere (a).

sympathizer /'sɪmpəθaɪzər/ n. **1** persona f. comprensiva. **2** (one who acts in sympathy) sostenitore m. (f. -trice), simpatizzante m./f., fautore m. (f. -trice).

sympathy /'sɪmpəθi/ n. **1** commiserazione f., compassione f., pietà f. **2** (capacity for sharing the feelings of another) comprensione f., indulgenza f., tolleranza f., immedesimazione f. **3** (agreement in feeling, emotional accord) comunione f. di sentimenti, armonia f. **4** (Psic,Fisiol,Fis) simpatia f. **5** pl. (expression of condolence) condoglianze f.pl., cordoglio m.sing.: you have my sympathies ti faccio le mie condoglianze. **6** pl. (feelings of support, loyalty) simpatie f.pl., solidarietà f.sing., comprensione f.sing. □ in ~ with d'accordo con: I am in ~ with your proposal sono d'accordo con la tua proposta; to have no ~ for so. non avere compassione di qcu.; to have no ~ with so.'s ideas non condividere le idee di qcu.; ~strike sciopero di solidarietà.

sympetalous /sɪm'petələs Am sɪm'peʈələs/ a. (Bot) simpetalo.

sympetaly /sɪm'petəli Am ˌsɪm'peʈəli/ n. (Bot) simpetalia f.

symphonic /sɪm'fɒnɪk Am sɪm'fɑːnɪk/ a. (Mus) sinfonico: ~ poem poema sinfonico.

symphonically /sɪm'fɒnɪkəli Am sɪm 'fɑːnɪkəli/ avv. sinfonicamente.

symphonious /sɪm'foʊnɪəs/ a. armonioso, armonico.

symphony /'sɪm(p)fəni/ n. **1** (Mus) sinfonia f. **2** (fig) sinfonia f., armonia f. □ (Mus) ~ orchestra orchestra sinfonica.

symphysis /'sɪmfɪsɪs/ (pl. **-ses** /-siːz/) n. (Anat,Bot) sinfisi f. □ (Anat) ~of the chin sinfisi mentoniera.

symposium /sɪm'poʊzɪəm/ (pl. **-sia** /-zɪə/ o **-s** /-z/) n. **1** simposio m., convegno m. **2** (collection of opinions) raccolta f. di opinioni su un dato argomento. **3** (Stor.gr) simposio m.

symptom /'sɪm(p)təm/ n. **1** (Med) sintomo m.: the -s of scarlet fever i sintomi della scarlattina. **2** (estens) sintomo m., segno m., indi-

zio m.: the -s of social discontent i sintomi del malcontento sociale.

symptomatic /ˌsɪm(p)tə'mætɪk Am ˌsɪm(p)tə'mætɪk/, **symptomatical** /ˌsɪm(p)tə'mætɪkəl Am ˌsɪm(p)tə'mætɪkəl/ a. **1** (Med) sintomatico (of di). **2** (estens) sintomatico, indicativo.

symptomatically /ˌsɪm(p)tə'mætɪkəli Am ˌsɪm(p)tə'mætɪkəli/ avv. in modo sintomatico.

symptomatology /ˌsɪm(p)təmə'tɒlədʒi Am ˌsɪm(p)təmə'tɑːlədʒi/ n. sintomatologia f.

symptomless /'sɪm(p)təmles/ a. (Med) asintomatico.

synaeresis /sɪ'nerɪsɪs/ (pl. **-ses** /-siːz/) n. (Gramm) sineresi f.

synagogal /ˌsɪnə'gɒgəl Am ˌsɪnə'gɑːgəl/, **synagogical** /ˌsɪnə'gɒdʒɪkəl Am ˌsɪnə 'gɑːdʒɪkəl/ a. (Rel.ebr) sinagogale.

synagogue /'sɪnəgɒg Am 'sɪnəgɑːg/ n. (Rel.ebr) sinagoga f.

synalepha /ˌsɪnə'liːfə Am ˌsɪnə'liːfə/, **synalephe** /ˌsɪnə'liːfiː/, **synaloepha** /ˌsɪnə'liːfə/ n. (Metr) sinalefe f.

synapse /'saɪnæps/ n. (Anat) sinapsi f., giunzione f. sinaptica.

synapsis /sɪ'næpsɪs/ n. (Biol) sinapsi f., appaiamento m. di cromosomi omologhi.

synaptic /sɪ'næptɪk/ a. (Anat,Biol) sinaptico: ~ cleft fessura sinaptica; ~ junction giunzione sinaptica.

sync /sɪŋk/ n. (colloq) sincronizzazione f. □ (Inform) ~character carattere di sincronizzazione; (colloq) to be in ~ with essere in sincronia con, essere sulla stella lunghezza d'onda; it's a ~ è facile (riuscirci), si può fare facilmente; (colloq) to be out of ~ with non essere in sincronia con, non essere sincronizzato con.

syncarp /'sɪnkɑːp Am 'sɪnkɑːrp/ n. (Bot) sincarpio m.

syncarpous /'sɪnkɑːpəs Am 'sɪnkɑːrpəs/ a. (Bot) sincarpico, sincarpio.

synch /sɪŋk/ n. (colloq) sincronizzazione f. □ (Inform) ~character carattere di sincronizzazione; (colloq) to be in ~ with essere in sincronia con, essere sulla stella lunghezza d'onda; (colloq) to be out of ~ with non essere in sincronia con, non essere sincronizzato con.

synchro /'sɪŋkroʊ/ n. (colloq) **1** (Aut) cambio m. sincronizzato. **2** (Sport) nuoto m. sincronizzato.

synchroflash /'sɪŋkroʊflæʃ/ I a. (Fot) fornito di sincrolampo. II n. (Fot) sincrolampo m., fotolampo m. sincronizzato.

synchromesh /'sɪŋkroʊmeʃ/ I a. (Aut) sincronizzato. II n. (Aut) cambio m. sincronizzato. □ (Aut) ~gear cambio sincronizzato.

synchronal /'sɪŋkrənəl/ a. contemporaneo (with a), sincrono (con).

synchronic /sɪŋ'krɒnɪk Am sɪŋ'krɑːnɪk/, **synchronical** /sɪŋ'krɒnɪkəl Am sɪŋ'krɑːnɪkəl/ a. (Ling) sincronico.

synchronically /sɪŋ'krɒnɪkəli Am sɪŋ 'krɑːnɪkəli/ avv. sincronicamente.

synchronicity /ˌsɪŋ'krɒnɪsəti Am sɪŋ 'krɑːnɪsəti/ n. **1** (simultaneous occurence) simultaneità f. **2** (state of being synchronized) sincronismo m., sincronicità f.

synchronism /'sɪŋkrənɪzəm/ n. **1** sincronismo m. **2** (chronological table) tavola f. sincronica.

synchronistic /ˌsɪŋkrə'nɪstɪk/ a. sincronistico.

synchronistically /ˌsɪŋkrə'nɪstɪkəli/ avv. in modo sincronistico.

synchronization /ˌsɪŋkrənaɪ'zeɪʃən Am ˌsɪŋkrənɪ'zeɪʃən/ n. sincronizzazione f. (anche Cin).

synchronize /'sɪŋkrənaɪz/ I v.i. **1** essere

contemporaneo (*with* a), essere sincrono (con). **2** (*Cin*) essere sincronizzato. **II** *v.t.* **1** sincronizzare. **2** (*to cause to happen, to be done, etc., at the same time*) sincronizzare, rendere contemporaneo.

synchronized /'sıŋkrǝnaɪzd/ □ (*Aut*) ~ *shifting* cambio sincronizzato; (*Sport*) ~ *swimming* nuoto sincronizzato.

synchronizer /'sıŋkrǝnaɪzǝr/ *n.* (*Tecn*) sincronizzatore *m.*

synchronous /'sıŋkrǝnǝs/ *a.* **1** contemporaneo (*with* a), sincrono (con). **2** (*recurring together*) simultaneo, contemporaneo. **3** (*Fis, El*) sincrono. **4** (*of synchronism*) sincronistico. □ (*El*) ~*converter* convertitore sincrono; (*El*) ~ *motor* motore sincrono; (*Aer*) ~ *orbit* orbita geostazionaria; (*El*) ~ *speed* velocità di sincronismo; (*Inform*) ~ *transmission* trasmissione sincrona.

synchronously /'sıŋkrǝnǝsli/ *avv.* sincronicamente.

synchrony /'sıŋkrǝni/ *n.* sincronia *f.*, sincronismo *m.*

synchrotron /'sıŋkrǝutrɒn *Am* 'sıŋkrǝtrɑːn/ *n.* (*Nucl*) sincrotrone *m.*

synclinal /sın'klaınǝl/ **I** *a.* (*Geol*) sinclinale: ~ *axis* asse sinclinale. **II** *n.* (*Geol*) sinclinale *f.*

syncline /'sın,klaın/ *n.* (*Geol*) sinclinale *f.*

syncopal /'sıŋkǝpǝl/ *a.* (*Med*) sincopale.

syncopate /'sıŋkǝpeɪt/ *v.t.* (*Mus,Ling*) sincopare.

syncopated /'sıŋkǝpeɪtɪd *Am* 'sıŋkǝpeɪṭɪd/ *a.* (*Mus,Ling*) sincopato.

syncopation /,sıŋkǝ'peɪʃǝn/ *n.* (*Mus,Ling*) sincope *f.*

syncope /'sıŋkǝpi/ *n.* (*Ling,Mus,Med*) sincope *f.*

syncretic /sıŋ'kriːtık *Am* sıŋ'kreṭık/ *a.* (*Rel, Filos*) sincretistico, sincretico.

syncretism /'sıŋkrıtız⁼m *Am* 'sıŋkrǝtız⁼m/ *n.* (*Rel,Filos*) sincretismo *m.*

syncretist /'sıŋkrıtıst *Am* 'sıŋkrǝtıst/ *n.* (*Rel, Filos*) sincretista *m./f.*

syncretistic /,sıŋkrı'tıstık *Am* ,sıŋkrǝ'tıstık/ *a.* (*Rel,Filos*) sincretistico, sincretico.

syncretization /,sıŋkrıtı'zeıʃⁿn *Am* ,sıŋkrǝtı 'zeıʃⁿn/ *n.* (*Rel,Filos*) sincretizzazione *f.*

syncretize /'sıŋkrǝtaɪz/ **I** *v.t.* (*Rel,Filos*) sincretizzare, far subire un processo di sincretismo a. **II** *v.i.* (*Rel,Filos*) subire un processo di sincretismo.

syndetic /sın'detık *Am* sın'deṭık/, **syndetical** /sın'detıkǝl *Am* sın'deṭıkǝl/ *a.* (*Ling*) sindetico.

syndic /'sındık/ *n.* **1** chi cura gli interessi di un ente. **2** (*Univ*) (*in Cambridge*) membro *m.* di uno speciale comitato del senato universitario. **3** (*Dir*) (*administrative official*) sindaco *m.*

syndical /'sındıkǝl/ *a.* di sindaco, relativo a sindaco.

syndicalism /'sındık⁼lız⁼m/ *n.* (*Pol,Stor*) sindacalismo *m.* (rivoluzionario).

syndicalist /'sındık⁼lıst/ *n.* (*Pol,Stor*) sindacalista *m./f.*

syndicalistic /,sındık⁼l'ıstık/ *a.* (*Pol,Stor*) sindacalistico.

syndicate[1] /'sındıkıt/ *n.* **1** (*Econ,Comm*) sindacato *m.*; (*of people*) associazione *f.* (di imprenditori); (*of companies*) consorzio *m.* (industriale). **2** (*of organized crime*) sindacato *m.*, racket *m.* **3** (*Giorn*) (*agency*) associazione *f.* di agenzie di stampa; (*for cartoons*) associazione *f.* di studi di produzione. **4** (*group of syndics*) sindaci *m.pl.* **5** (*council, senate*) assemblea *f.*, consiglio *m.*, senato *m.*

syndicate[2] /'sındıkeıt/ **I** *v.t.* **1** (*Econ*) costituire in sindacato, riunire in sindacato, raggruppare in consorzio. **2** (*Giorn*) pubblicare

simultaneamente, vendere a una catena di giornali: -*d in over 50 newspapers* pubblicato contemporaneamente su più di 50 giornali. **3** (*Am,Rad,TV*) (*to sell*) distribuire (programmi) su licenza. **II** *v.i.* costituirsi in sindacato.

syndication /,sındı'keıʃⁿn/ *n.* **1** (*Econ*) organizzazione *f.* in sindacato. **2** (*Giorn*) diffusione *f.* tramite un'agenzia stampa.

syndrome /'sındrǝum/ *n.* (*Med*) sindrome *f.*

syndromic /'sındrǝumık/ *a.* sindromico.

syne /saın/ **I** *avv.* (*Scott*) (*ago*) fa, or sono. **II** *congz.* (*Scott*) (*since*) da quando, dacché.

synecdoche /sı'nekdǝki/ *n.* (*Ret*) sineddoche *f.*

synecdochic /sı'nekdǝkık/ *a.* (*Ret*) di sineddoche.

synergetic /,sınǝ'dʒetık *Am* ,sınǝr'dʒeṭık/, **synergic** /'sınǝdʒık *Am* 'sınǝrdʒık/ *a.* (*Med*) sinergico.

synergist /'sınǝdʒıst *Am* 'sınǝrdʒıst/ *n.* **1** (*Anat*) muscolo *m.* sinergico. **2** (*Farm*) farmaco *m.* sinergico, farmaco *m.* ad azione sinergica.

synergistic /,sınǝ'dʒıstık *Am* ,sınǝr'dʒıstık/ *a.* (*Med*) sinergico: ~ *muscles* muscoli sinergici.

synergistically /,sınǝ'dʒıstık⁼li *Am* ,sınǝr 'dʒıstık⁼li/ *avv.* sinergicamente.

synergy /'sınǝdʒı *Am* 'sınǝrdʒı/ *n.* **1** cooperazione *f.*, sinergismo *m.* **2** (*Fisiol,Med*) sinergia *f.*, sinergismo *m.*

synesis /'sınısıs/ *n.* (*Gramm*) sinesi *f.*

synfuel /'sınfjuǝl/ *n.* (*Am*) carburante *m.* sintetico.

syngas /'sıngæs/ *n.* (*synthetic gas*) gas *m.* di sintesi.

synizesis /,sını'ziːsıs/ *n.* (*Metr*) sinizesi *f.*

synod /'sınǝd/ *n.* **1** (*Rel*) sinodo *m.* **2** (*estens*) (*meeting*) convegno *m.*, riunione *f.*

synodal /'sınǝd⁼l/ *a.* (*Rel*) sinodale, sinodico.

synodic /sı'nɒdık *Am* sı'nɑːdık/ *a.* **1** (*Rel*) sinodale, sinodico. **2** (*Astr*) sinodico: ~ *month* mese sinodico.

synodical /sı'nɒdık⁼l *Am* sı'nɑːdık⁼l/ *a.* (*Rel*) sinodale, sinodico.

synodically /sı'nɒdık⁼li *Am* sı'nɑːdık⁼li/ *avv.* sinodicamente.

synonym /'sınǝnım/ *n.* (*Ling,Biol*) sinonimo *m.* (*of, for* di).

synonymic /,sınǝ'nımık/, **synonymical** /,sınǝ'nımık⁼l/ *a.* (*Ling*) sinonimico.

synonymity /,sınǝ'nımǝti *Am* ,sınǝ'nımǝṭi/ *n.* (*Ling*) sinonimia *f.*

synonymous /sı'nɒnımǝs *Am* sı'nɑːnǝmǝs/ *a.* (*Ling*) sinonimo (*with* di) (*anche fig*).

synonymously /sı'nɒnımǝsli *Am* sı 'nɑːnǝmǝsli/ *avv.* sinonimicamente.

synonymousness /sı'nɒnımǝsnǝs *Am* sı 'nɑːnǝmǝsnǝs/ *n.* (*Ling*) sinonimicità *f.*

synonymy /sı'nɒnımi *Am* sı'nɑːnǝmi/ *n.* (*Ling*) sinonimia *f.*

synop. *synopsis* (sinopsi).

synopsis /sı'nɒpsıs *Am* sı'nɑːpsıs/ (*pl.* -ses /-siːz/) *n.* **1** (*Cin*) sinopsi *f.* **2** (*summary*) compendio *m.*, riassunto *m.*, sinossi *f.*, sommario *m.*

synoptic /sı'nɒptık *Am* sı'nɑːptık/, **synoptical** /sı'nɒptık⁼l *Am* sı'nɑːptık⁼l/ *a.* sinottico (*anche Meteor,Bibl*). □ (*Meteor*) ~ *chart* carta sinottica; (*Bibl*) *Synoptic Gospels* vangeli sinottici; (*Meteor*) ~ *meteorology* meteorologia sinottica.

synoptically /sı'nɒptık⁼li *Am* sı'nɑːptık⁼li/ *avv.* in modo sinottico.

synoptist /sı'nɒptıst *Am* sı'nɑːptıst/ *n.* (*Bibl*) autore *m.* di un vangelo sinottico.

synovia /saı'nǝuvıǝ *Am* sı'nǝuvıǝ/ *n.* (*Anat*)

sinovia *f.*

synovial /saı'nǝuvıⁱl *Am* sı'nǝuvıⁱl/ *a.* (*Anat*) sinoviale.

synovitis /,sınǝu'vaıtıs *Am* ,sınǝ'vaıṭıs/ *n.* (*Med*) sinovite *f.*

syntactic /sın'tæktık/, **syntactical** /sın'tæktık⁼l/ *a.* (*Ling*) sintattico.

syntactically /sın'tæktık⁼li/ *avv.* sintatticamente, secondo la sintassi, dal punto di vista sintattico.

syntagma /sın'tægmǝ/ *n.* (*Ling*) sintagma *f.*

syntax /'sıntæks/ *n.* (*Ling*) sintassi *f.* □ (*Inform*) ~ *checker* controllo sintattico.

synthesis /'sınθǝsıs/ (*pl.* -ses /-siːz/) *n.* sintesi *f.* (*anche fig*).

synthesist /'sınθǝsıst/ *n.* chi segue metodi sintetici.

synthesize /'sınθǝsaız/ *v.t.* **1** sintetizzare, ordinare in forma sintetica. **2** (*Chim*) sintetizzare, produrre per sintesi. **3** (*Elettron,Mus*) sintetizzare.

synthesizer /'sınθǝsaızǝr/ *n.* sintetizzatore *m.* (*anche Mus*): *frequency* ~ sintetizzatore di frequenza.

synthetic /sın'θetık *Am* sın'θeṭık/ **I** *a.* **1** (*Tecn, Ind*) sintetico, artificiale (*anche fig*). **2** (*Ling, Chim*) sintetico. **II** *n.* (*Chim*) prodotto *m.* sintetico. □ ~ *detergents* detersivi sintetici; ~ *fibre* (o *Am* ~ *fiber*) fibra sintetica; ~ *geometry* geometria sintetica; ~ *resin* resina sintetica; ~ *rubber* gomma sintetica.

synthetical /sın'θetık⁼l *Am* sın'θeṭık⁼l/ *a.* **1** (*Tecn,Ind*) sintetico, artificiale (*anche fig*). **2** (*Ling,Chim*) sintetico.

synthetically /sın'θetık⁼li *Am* sın'θeṭık⁼li/ *avv.* sinteticamente.

synthetize /'sınθǝtaız/ *v.t.* **1** sintetizzare, ordinare in forma sintetica. **2** (*Chim*) sintetizzare, produrre per sintesi. **3** (*El,Mus*) sintetizzare.

syntonic /sın'tɒnık *Am* sın'tɑːnık/, **syntonical** /sın'tɒnık⁼l *Am* sın'tɑːnık⁼l/ *a.* (*Rad*) sintonico.

syntonization /,sıntǝnaı'zeıʃⁿn *Am* ,sıntǝnı 'zeıʃⁿn/ *n.* (*Rad*) sintonizzazione *f.*

syntonize /'sıntǝnaız/ *v.t.* (*Rad*) sintonizzare.

syntony /'sıntǝni/ *n.* (*Rad*) sintonia *f.*

syphilis /'sıfılıs/ *n.* (*Med*) sifilide *f.*, lue *f.*

syphilitic /,sıfı'lıtık *Am* ,sıfı'lıṭık/ **I** *a.* (*Med*) sifilitico, luetico. **II** *n.* (*Med*) sifilitico *m.* (*f.* -a), luetico *m.* (*f.* -a).

syphon /'saıfⁿn/ **I** *n.* **1** (*Idr,Biol,Geol*) sifone *m.* **2** (*bottle for soda water, etc.*) sifone *m.* (da seltz). **II** *v.t.* **1** travasare con un sifone: *to* ~ *petrol out of the tank* travasare con un sifone la benzina dal serbatoio. **2** (*fig*) distrarre, sottrarre: *to* ~ *out funds* distrarre fondi.

SYR *Syria* SYR (Siria).

syr. (*Farm*) *syrup* (sciroppo).

Syr. *Syrian* (siriano).

Syracusan /,saı(ǝ)rǝ'kjuːzǝn *Am* ,sırǝ 'kjuːzǝn/ **I** *n.* siracusano *m.* (*f.* -a). **II** *a.* siracusano.

Syracuse /'saı(ǝ)rǝkjuːz *Am* 'sırǝkjuːz/ *n.pr.* (*Geog*) Siracusa *f.*

Syria /'sırıǝ/ *n.pr.* (*Geog*) Siria *f.*

Syriac /'sırıæk/ **I** *n.* (*language*) siriaco *m.* **II** *a.* siriaco.

Syrian /'sırıǝn/ **I** *n.* siriano *m.* (*f.* -a). **II** *a.* siriano.

syringa /sı'rıŋgǝ/ *n.* **1** (*Bot*) siringa *f.* **2** (*mock orange*) fior *m.* di arancio, fior *m.* di angelo.

syringe /sı'rın(d)ʒ, 'sırındʒ/ *n.* **1** (*Med*) (*hypodermic syringe*) siringa *f.* per iniezioni. **2** (*Tecn,Chim*) schizzatoio *m.* **II** *v.t.* **1** (*Med*) sottoporre a lavaggio con una siringa. **2** (*Agr, Giard*) spruzzare, schizzare. □ (*Med*) *to* ~ *out* sottoporre a lavaggio con una siringa.

syringeal /sɪˈrɪn(d)ʒɪəl, ˈsɪrɪndʒɪəl/ *a.* (*Ornit*) della siringe, relativo alla siringe.
syringitis /ˌsɪrɪnˈdʒaɪtɪs *Am* ˌsɪrɪnˈdʒaɪtɪs/ *n.* (*Med*) salpingite *f.* eustachiana.
syrinx /ˈsɪrɪŋks/ (*pl.* **-ringes** /-ˈrɪndʒiːz/ o **-es** /-ɪz/) *n.* **1** (*Ornit*) siringe *f.* **2** (*Mus*) (*panpipe*) siringa *f.* **3** (*Anat*) tromba *f.* di Eustachio. **4** (*Chir*) fistola *f.* **5** (*Archeol*) (*in Egyptian tombs*) stretta galleria *f.*
syrup /ˈsɪrəp/ *n.* **1** (*Alim*) sciroppo *m.* **2** (*Alim*) (*golden syrup*) melassa *f.* (raffinata). **3** (*Farm*) sciroppo *m.* **4** (*fig*) l'essere sciroppo-so, sdolcinatezza *f.* □ (*Alim*) *peaches in* ~ pesche sciroppate.
syrupy /ˈsɪrəpi/ *a.* **1** sciropposo. **2** (*fig*) sdol-cinato, sciropposo.
syst. *system* sist. (sistema).
systaltic /sɪsˈtæltɪk *Am* sɪsˈtɑːltɪk/ *a.* (*Fisiol*) pulsante.
system /ˈsɪstəm/ *n.* **1** sistema *m.*: *a mountain* ~ un sistema montuoso. **2** (*network*) rete *f.*: *a railway* ~ una rete ferroviaria. **3** (*group of devices*) sistema *m.*, impianto *m.*: *the ignition* ~ *of a car* il sistema di accensione di una macchina. **4** (*of knowledge, etc.*) sistema *m.*: *a philosophic* ~ un sistema filosofico. **5** (*form of organization, order*) ordinamento *m.*, sistema *m.*, organizzazione *f.*, struttura *f.*: *social* ~ ordinamento sociale; ~ *of government* sistema di governo. **6** (*method, scheme*) sistema *m.*, metodo *m.* **7** (*structure or organized society*) sistema *m.*: *to be against the* ~ essere contro il sistema. **8** (*Astr, Chim,Mus,Geol*) sistema *m.*: *the solar* ~ il si-stema solare. **9** (*Fisiol*) sistema *m.*, apparato *m.*: *nervous* ~ sistema nervoso. **10** (*whole body*) organismo *m.* **11** (*health*) salute *f.* **12** (*Inform*) sistema *m.* □ (*Inform*) *~administrator* amministratore di sistema; (*Inform*) -*s analysis* analisi dei sistemi, analisi sistemi-ca; (*Inform*) -*s analyst* analista dei sistemi; (*Inform*) *~clock* clock di sistema; (*Inform*) -*s design* progettazione di sistemi; (*Inform*) ~ *disk* disco di sistema; (*Inform*) -*s engineer* ingegnere di sistema; (*Inform*) -*s engineering* ingegneria di sistema; (*Inform*) ~ *error* erroredi sistema; *~flowchart* diagramma di flusso; (*Inform*) *~language* linguaggio di si-stema; (*Inform*) *~smanagement* gestione dei sistemi; (*Inform*) *~operator* operatore di si-stema; (*Inform*) ~ *output* dati di emissione; (*Inform*) -*splanning* pianificazione dei siste-mi; (*Inform*) *~program* programma di siste-ma; (*Inform*) *~requirements* requisiti di si-stema; (*Inform*) *~software* software di siste-ma, software di base; (*Inform*) -*stheory* teo-ria dei sistemi; (*Inform*) *~unit* unità di siste-ma.
systematic /ˌsɪstəˈmætɪk *Am* ˌsɪstəˈmætɪk/, **systematical** /ˌsɪstəˈmætɪkəl *Am* ˌsɪstə ˈmætɪkəl/ *a.* **1** sistematico, metodico: *a* ~ *worker* un lavoratore metodico. **2** (*consist-ent, regular*) sistematico, regolare: ~ *oppo-sition* opposizione sistematica. **3** (*compre-hensive, thorough*) globale, completo: *a* ~ *examination of the situation* un esame glo-bale della situazione. **4** (*Biol*) sistematico, tassonomico. **5** (*Med,Fisiol*) sistemico, siste-matico. □ (*Teol*) *~theology* teologia siste-matica.
systematically /ˌsɪstəˈmætɪkəli *Am* ˌsɪstə ˈmætɪkəli/ *avv.* **1** sistematicamente. **2** (*in an* *ordered way*) metodicamente, con metodo, in modo sistematico.
systematics /ˌsɪstəˈmætɪks *Am* ˌsɪstəˈmætɪks/ *n.pl.* (*costr.sing.*) sistematica *f.sing.*
systematism /ˈsɪstəmə̩tɪzəm *Am* ˈsɪstəmə ̩tɪzəm/ *n.* il seguire un sistema.
systematist /ˈsɪstəmətɪst *Am* ˈsɪstəmətɪst/ *n.* chi segue un sistema.
systematization /ˌsɪstəmətaɪˈzeɪʃən *Am* ˌsɪstəmə̩tɪˈzeɪʃən/ *n.* sistematizzazione *f.*, or-ganizzazione *f.* in sistema.
systematize /ˈsɪstəmətaɪz/ *v.t.* ordinare in sistema, organizzare in sistema, sistematiz-zare.
systemic /sɪˈstemɪk/ *a.* (*Med,Fisiol,Ling*) si-stemico. □ (*Fisiol*) *~circulation* circola-zione sistemica; (*Med*) *~disease* malattia si-stemica; (*Ling*) *~grammar* grammatica si-stemica; *~insecticide* insetticida sistemico.
systemically /sɪˈstemɪkəli/ *avv.* in modo si-stemico.
systemization /ˌsɪstəmaɪˈzeɪʃən *Am* ˌsɪstəmɪ ˈzeɪʃən/ *n.* sistematizzazione *f.*, organizzazio-ne *f.* in sistema.
systemize /ˈsɪstəmaɪz/ *v.t.* ordinare in siste-ma, organizzare in sistema, sistematizzare.
systole /ˈsɪstəli/ *n.* (*Fisiol*) sistole *f.*
systolic /sɪˈstɒlɪk *Am* sɪˈstɑːlɪk/ *a.* (*Fisiol*) si-stolico.
systyle /ˈsɪstaɪl/ **I** *a.* (*Archeol*) sistilo. **II** *n.* (*Archeol*) sistilo *m.*, tempio *m.* sistilo.
syzygetic /ˌsɪzɪˈdʒetɪk *Am* ˌsɪzɪˈdʒetɪk/, **syzygial** /ˈsɪzɪdʒəl/ *a.* (*Astr*) sizigiale, sizi-gio.
syzygy /ˈsɪzɪdʒi/ *n.* (*Astr*) sizigia *f.*

T

t¹, T¹ /tiː/ (*pl.* **t's/ts, T's/Ts** /tiːz/) *n.* (*letter of the alphabet*) t, T *f./m.*: (*Tel*) *T for Tommy* (o *Am T as in Tom*) t come Torino. □ (*colloq*) *to a T* benissimo, perfettamente, a pennello, alla perfezione: *this flat would suit us to a T* questo appartamento ci andrebbe benissimo; *it suits me to a T* mi va a pennello.

t² **1** (*Fis*) *time* t (tempo). **2** *ton* t (tonnellata).

T² /tiː/ *a.* (*T-shaped*) a (forma di) T. □ (*Edil*) ~ *girder* trave a T.

T³ *Thailand* T (Tailandia).

t. **1** *table* tab. (tabella). **2** (*Mus*) *tempo* t. (tempo). **3** (*Mus*) *tenor* t. (tenore). **4** (*Gramm*) *tense* t. (tempo). **5** *territory* (territorio).

T. *Tuesday* mar., mart. (martedì).

t' /t/ *contraz. di* the.

't *contraz. di* it.

ta /tɑː/ *intz.* (*Br,infant,sl*) (*thank-you*) grazie: *you must say* ~ devi dire grazie.

tab /tæb/ **I** *n.* **1** linguetta *f.*: *pull the* ~ *to open the packet* tirare la linguetta per aprire il pacco. **2** (*small label, tag*) etichetta *f.*, cartellino *m.* **3** (*for hanging up a garment*) laccetto *m.* **4** (*of a thumb index*) scanalatura *f.* **5** (*of a filing card*) linguetta *f.* **6** (*colloq*) (*tabulator*) tabulatore *m.* **7** (*Aer*) aletta *f.* **8** (*Mil*) (*collar insignia*) mostrina *f.* **9** (*Am,colloq*) (*bill*) conto *m.*: *to pick up the* ~ pagare il conto. **10** (*Am, colloq*) (*tabloid newspaper*) tabloid *m.* **11** (*sl*) (*drug pill*) pasticca *f.* (*spec.* di droga). **II** *v.t.* (*past, p.p.* **tabbed** /-d/) **1** munire di linguetta. **2** (*colloq*) (*to tabulate*) tabulare, disporre in tabelle, ordinare in tabelle, catalogare, classificare. **3** (*Am,colloq*) (*to name, to designate*) qualificare, etichettare, catalogare: *to* ~ *so. as a troublemaker* qualificare qcu. come un piantagrane. □ (*Inform*) ~ *character* carattere di tabulazione; (*colloq*) *to keep* -*s on* (o *to keep a* ~ *on*): 1 sorvegliare attentamente, controllare attentamente, tenere d'occhio; 2 (*to keep an account of*) tenere il conto di, registrare; (*Inform*) ~ *key* tasto tabulatore, tasto Tab.

TAB *Technical Assistance Board* UAT (ufficio assistenza tecnica).

tabard /'tæbɑːd *Am* 'tæbəʳd/ *n.* (*Stor*) **1** (*herald's coat*) cotta *f.* d'arme. **2** (*heavy coat*) tabarro *m.*

tabaret /'tæbərɪt/ *n.* (*Tess*) raso *m.* rigato.

Tabasco /tə'bæskəʊ/ *n.* (*Gastron*) Tabasco *m.*, salsa *f.* tabasco.

tabby /'tæbi/ **I** *n.* **1** gatto *m.* tigrato, gatto *m.* soriano, soriano *m.* **2** (*female cat*) gatta *f.* **3** (*colloq*) (*female gossip*) pettegola *f.*, chiacchierona *f.* **4** (*Tess*) (*watered silk*) seta *f.* marezzata. **5** (*Tess,rar*) (*silk taffeta*) tabì *m.* **II** *v.t.* (*Tess*) (*of silk*) marezzare.

tabernacle /'tæbənækḷ *Am* 'tæbəʳnækḷ/ **I** *n.* **1** (*Rel.ebr*) tabernacolo *m.* **2** (*place of worship*) luogo *m.* di culto, chiesa *f.*, tempio *m.*; (*chapel*) cappella *f.* **3** (*Arch*) tabernacolo *m.* **4** (*Lit*) tabernacolo *m.*; (*ciborium*) ciborio *m.* **5** (*the body as the temporary abode of the soul*) corpo *m.* (come sede temporanea dell'anima). **II** *v.i.* risiedere temporaneamente. **III** *v.t.* mettere in un tabernacolo. □ (*Arch*) ~ *work* ornamentazione merlettata.

tabernacular /ˌtæbə'nækjʊləʳ/ *a.* **1** di un tabernacolo, simile a un tabernacolo. **2** (*Arch*) con ornamentazione merlettata.

tabes /'teɪbiːz/ *n.* **1** (*Med*) tabe *f.* **2** (*Med*) (*tabes dorsalis*) tabe *f.* dorsale. □ (*Med*) ~ *dorsalis* tabe dorsale.

tabescent /tə'besənt/ *a.* (*Med*) tabetico.

tabetic /tə'betɪk *Am* tə'betɪk/ **I** *a.* (*Med*) tabetico, tabico. **II** *n.* (*Med*) tabetico *m.*

tablature /'tæblətʃəʳ/ *n.* (*Mus*) intavolatura *f.*

table /'teɪbḷ/ **I** *n.* **1** tavolo *m.*, (*for dining*) tavola *f.*: *to set the* ~ apparecchiare (la tavola), preparare la tavola; *to clear the* ~ sparecchiare (la tavola). **2** (*fig*) (*meal*) pasto *m.*, tavola *f.* **3** (*fig*) (*group of people at a table*) commensali *m.pl.*, tavolata *f.*, tavola *f.*: *the* ~ *rose* i commensali si alzarono. **4** (*in negotiations*) tavolo *m.*: *the conference* ~ il tavolo della conferenza. **5** (*Geog*) tavola *f.*; (*tableland*) tavolato *m.*, altopiano *m.* **6** (*index, catalogue*) tabella *f.*, tavola *f.*, quadro *m.*, prospetto *m.*: *a* ~ *of distances* una tabella delle distanze. **7** (*list*) tabella *f.*, prospetto *m.*, elenco *m.*: *a* ~ *of prices* una tabella dei prezzi. **8** (*tablet for inscriptions*) tavola *f.*, tavoletta *f.*; (*of stone*) lastra *f.*, lastrone *m.* **9** (*Stor*) (*laws inscribed on a tablet*) tavola *f.*: *the Twelve Tables of Rome* le dodici tavole di Roma. **10** *pl.* (*Scol,Mat*) tabelline *f.pl.*: *to learn one's* -*s* imparare le tabelline. **11** *pl.* (*Stor*) (*backgammon*) tavola *f.* reale, tric-trac *m.*, (*rar*) sbaraglino *m.* **II** *v.t.* **1** mettere su un tavolo. **2** (*to tabulate*) tabulare, ordinare in tabelle, sistemare in tabelle, dare sistemazione tabellare a. **3** (*Parl*) (*to propose*) presentare, proporre, porre: *to* ~ *a motion* presentare una mozione. **4** (*Am,fig*) (*postpone*) rinviare, rimandare, differire. **5** (*Fal*) incastrare, congiungere a incastro. □ *to sit at* ~ sedere a tavola; ~ *board* vitto senza alloggio; ~ *flap* ribalta della tavola; (*Br*) ~ *football* biliardino, calcetto; ~ *knife* coltello da tavola; ~ *lamp* lume da tavolo, lampada da tavolo; ~ *leaf* ribalta della tavola; ~ *linen* biancheria da tavola; (*Inform*) ~ *lookup* ricerca tabellare; ~ *manners* buone maniere a tavola; *he has no* ~ *manners* non sa stare a tavola; ~ *mat* sottopiatto; (*Mil*) ~ *money* indennità di mensa; (*Geog*) *Table Mountain* Montagna della Tavola; ~ *napkin* tovagliolo, salvietta; ~ *of contents* elenco del contenuto, indice; (*Mat*) ~ *of logarithms* tavola dei logaritmi; (*Bibl*) *Tables of the Law* tavole della legge; ~ *of weights and measures* tabella dei pesi e delle misure; ~ *salt* sale da tavola; (*Sport*) ~ *tennis* tennis da tavolo, ping-pong; (*fig*) *to turn the* -*s on so.* capovolgere la situazione a danno di qcu.; (*colloq*) *under the* ~: 1 (*colloq*) (*drunk*) in stato di ubriachezza, ubriaco, sbronzo; (*colloq*) *to drink so. under the* ~ ubriacare qcu.; 2 (*fig*) (*under the counter*) sottobanco, di nascosto: *to sell under the* ~ vendere sottobanco; ~ *water* acqua minerale (da tavola); ~ *wine* vino da pasto, vino da tavola.

tableau /tæ'bləʊ/ *n.* (*pl.* **-s** o **-x** /-z/) **1** quadro *m.*, scena *f.*, figura *f.*, immagine *f.* **2** (*grouping, arrangement*) gruppo *m.*, quadro *m.* **3** (*Teat*) (*tableau vivant*) tableau *m.* vivant, quadro *m.* vivente. □ (*Teat*) ~ *curtain* sipario all'italiana; (*Teat*) ~ *vivant* tableau vivant, quadro vivente.

tablecloth /'teɪbḷklɒθ *Am* 'teɪbḷklɑː θ/ *n.* tovaglia *f.*

table-cut /'teɪbḷkʌt/ **I** *n.* (*Oref*) taglio *m.* in tavola. **II** *a.* (*Oref*) tagliato in tavola.

table d'hôte /ˌtɑːbḷ'dəʊt/ (*pl.* **tables d'hôte/ table d'hôtes**) *n.* **1** table d'hôte *f.*, pasto *m.* comune (a prezzi e ore stabiliti). **2** (*full-course meal*) menu *m.* a prezzo fisso.

table-hop /'teɪbḷhɒp *Am* 'teɪbḷhɑːp/ (*past, p.p.* **table-hopped** -t) *v.i.* andare di tavolo in tavolo (per salutare gli amici).

tableland /'teɪbḷlænd/ *n.* (*Geog*) tavolato *m.*, altopiano *m.*

tablespoon /'teɪbḷˌspuːn/ *n.* **1** cucchiaio *m.* da tavola. **2** (*tablespoonful*) cucchiaiata *f.*

tablespoonful /'teɪbḷˌspuːnful/ (*pl.* **-s** /-z/, **tablespoonsful** /'teɪbəlˌspuːnzful/) *n.* cucchiaiata *f.*

tablet /'tæblɪt/ *n.* **1** (*plaque*) targa *f.* **2** (*slab*) lastra *f.*, piastra *f.* **3** (*slab of slate, etc., for writing*) tavola *f.*, tavoletta *f.* **4** (*writing pad*) blocco *m.* di carta da scrivere. **5** (*cake, bar*) pane *m.*, tavoletta *f.*, barra *f.*: *a* ~ *of soap* un pane di sapone. **6** (*Farm*) compressa *f.*, pasticca *f.*, tavoletta *f.*

tabletop /'tæblɒp *Am* 'teɪblɑːp/ *n.* piano *m.* della tavola, ripiano *m.* della tavola.

tableware /'teɪblweəʳ *Am* 'teɪblwer/ *n.* servizio *m.* da tavola, articoli *m.pl.* per la tavola.

tabling /'teɪblɪŋ/ *n.* **1** (*Edil*) cimasa *f.*, copertina *f.* **2** (*Edil*) incastro *m.* orizzontale. **3** (*Fal*) congiunzione *f.* a incastro. **4** (*Mar*) (*of a sail*) guaina *f.*

tabloid /'tæblɔɪd/ **I** *n.* **1** (*Giorn*) tabloid *m.* **2** (*Giorn,estens*) (*sensational newspaper*) giornale *m.* scandalistico, tabloid *m.* **3** (*Farm*) tavoletta *f.*, tabloide *m.* **II** *a.* condensato, succinto, per sommi capi, conciso. □ *in* ~ *form* in formato ridotto; ~ *TV* TV scandalistica, televisione scandalistica.

taboo /tə'buː, tæ'buː/ **I** *a.* **1** (*Folcl,Sociol*) tabù. **2** (*fig*) (*banned, prohibited*) tabù, vietato, proibito, interdetto: ~ *subjects of conversation* argomenti tabù. **II** *n.* **1** (*Folcl,Sociol*) tabù *m.* **2** (*fig*) tabù *m.*, cosa *f.* vietata. **III** *v.t.* **1** (*Folcl, Sociol*) tabuizzare. **2** (*fig*) vietare, proibire, interdire.

tabooing /tə'buːɪŋ, tæ'buːɪŋ/ *n.* tabuizzazione *f.*

tabor /'teɪbəʳ/ *n.* (*Mus*) tamburino *m.*

tabouret /'tæbərɪt *Am* ˌtæbə'ret/ *n.* **1** (*Arred*) sgabello *m.* rotondo, tabouret *m.* **2** (*embroidery frame*) piccolo telaio *m.* da ricamo.

tabu /tə'buː, tæ'buː/ *a./n./v.* → **taboo**.

tabuing /tə'buːɪŋ, tæ'buːɪŋ/ *n.* tabuizzazione *f.*

tabular /'tæbjʊləʳ/ *a.* **1** di tabella, di tabelle, tabellare: *to list sth. in* ~ *form* elencare qcs. sotto forma di tabella. **2** (*computed from a table*) calcolato in base a una tabella. **3** (*having a flat surface*) piatto, appiattito, tabulare. **4** (*Geog,Min,Bot*) tabulare.

tabula rasa /ˌtæbjʊlə'rɑːzə/ *n.* (*Filos*) tabula *f.* rasa.

tabulate¹ /'tæbjʊˌleɪt/ **I** *v.t.* **1** tabulare, disporre in tabelle, disporre in tavole, dare sistemazione tabellare a (*anche Inform*). **2** (*to catalogue*) catalogare, classificare. **3** (*to give a flat surface to*) spianare, appianare, appiattire.

tabulate [2] /'tæbjʊlɪt/ *a.* **1** in forma di tabella, tabellare. **2** (*ascertained from a table*) calcolato in base a una tabella.

tabulating /'tæbjʊ,leɪtɪŋ *Am* 'tæbjʊ,leɪtɪŋ/ □ *~machine* tabulatrice.

tabulation /,tæbjʊ'leɪʃən/ *n.* **1** tabulazione *f.*, disposizione *f.* in tabelle, disposizione *f.* in tavole. **2** (*result*) tabulato *m.* **3** (*Mat,Statist*) tabulazione *f.*

tabulator /'tæbjʊ,leɪtər *Am* 'tæbjʊleɪtər/ *n.* **1** (*machine*) tabulatrice *f.* **2** (*of a typewriter*) tabulatore *m.* □ *~key* tasto tabulatore.

tacheometer /,tæki'ɒmɪtər *Am* ,tæki'ɑːmɪtər/ *n.* (*Topogr*) tacheometro *m.*

tachism /'tækɪzəm/ *n.* (*Pitt*) tachismo *m.*

tachistoscope /tæk'ɪstəskoʊp/ *n.* tachistoscopio *m.*

tachometer /tæk'ɒmɪtər *Am* ,tæk'ɑːmɪtər/ *n.* **1** (*Tecn*) tachimetro *m.* **2** (*Aut*) contagiri *m.*

tachometry /tæk'ɒmɪtri *Am* ,tæk'ɑːmɪtri/ *n.* (*Fis*) tachimetria *f.*

tachycardia /,tæki'kɑːdiə *Am* ,tæki'kɑːrdiə/ *n.* (*Med*) tachicardia *f.*

tachygraphy /tə'kɪgrəfi/ *n.* tachigrafia *f.*

tachymeter /tæ'kɪmɪtər *Am* tæ'kɪmɪtər/ *n.* (*Topogr*) tacheometro *m.*

tachymetry /tæ'kɪmɪtri/ *n.* tacheometria *f.*

tachyon /'tækɪɒn *Am* 'tækɪɑːn/ *n.* (*Fis*) tachione *m.*

tachyphylaxis /,tækɪfə'læksɪs/ *n.* (*Med*) tachifilassi *f.*

tacit /'tæsɪt/ *a.* **1** tacito, implicito, sottinteso: *~ renewal of a contract* rinnovo tacito di un contratto. **2** (*unspoken*) muto, tacito, non espresso: *a ~ prayer* una muta preghiera.

tacitly /'tæsɪtli/ *avv.* tacitamente.

taciturn /'tæsɪtɜːn *Am* 'tæsɪtɜrn/ *a.* taciturno, silenzioso.

taciturnity /,tæsɪ'tɜːnɪti *Am* ,tæsɪ'tɜrnɪti/ *n.* taciturnità *f.*

taciturnly /'tæsɪ,tɜːnli *Am* 'tæsɪtɜrnli/ *avv.* in modo taciturno.

tack [1] /tæk/ **I** *n.* **1** bulletta *f.* **2** (*carpet tack*) bulletta *f.* per tappeti. **3** (*spec. Am*) (*drawing pin*) puntina *f.* da disegno. **4** (*in sewing: temporary stitch*) punto *m.* lungo, punto *m.* di imbastitura. **5** (*sticky quality*) adesività *f.*, viscosità *f.* **6** (*Mar*) (*for holding a sail*) mura *f.* **7** (*Mar*) (*direction*) bordo *m.*, bordata *f.* (*change of direction*) virata *f.* di bordo. **8** (*fig*) linea *f.* d'azione, linea *f.* di condotta: *to change one's ~* cambiare la propria linea di condotta. **9** (*zigzag movement*) movimento *m.* a zigzag. **II** *v.t.* **1** attaccare con bullette, fissare con bullette, imbullettare. **2** (*in sewing*) imbastire: *to ~ the hem of a curtain* imbastire l'orlo di una tenda. **3** (*to attach slightly, temporarily*) fissare provvisoriamente. **4** (*fig*) (*to attach*) aggiungere, attaccare. **5** (*Mar*) far virare di bordo in prua; (*to navigate by a series of tacks*) far bordeggiare. **III** *v.i.* **1** (*Mar*) virare di bordo in prua; (*to sail by a series of tacks*) bordeggiare. **2** (*to zigzag*) muoversi a zigzag, zigzagare. **3** (*fig*) cambiare opinione (*o tattica*). □ (*spec. Am*) *~board* bacheca, albo (per affissioni); *to ~ down* (*of a carpet*) fissare con bullette; *to ~ sth.on* aggiungere, attaccare: *to ~ on a summarizing paragraph at the end* aggiungere un paragrafo riassuntivo alla fine; (*colloq*) *to ~on to so.* seguire passo passo qcu., seguire da vicino qcu., stare alle calcagna di qcu.

tack [2] /tæk/ *n.* (*Mar,colloq*) (*food*) cibo *m.*

tack [3] /tæk/ *n.* (*Equit*) finimenti *m.pl.*, bardatura *f.*

tack [4] /tæk/ *n.* (*bad taste*) cattivo gusto *m.*, pacchianeria *f.*

tackily /'tækɪli/ *avv* **1** (*in a sticky way*) in modo viscoso. **2** (*in bad taste*) in modo vol-

gare, con cattivo gusto.

tackiness /'tækɪnɪs/ *n.* **1** (*fact of being sticky*) adesività *f.*, viscosità *f.* **2** (*being in bad taste*) aspetto *m.* dozzinale e di cattivo gusto.

tacking /'tækɪŋ/ *n.* **1** l'imbullettare. **2** (*in sewing*) imbastitura *f.* **3** (*Mar*) virata *f.* di bordo in prua.

tackle /'tækl/ **I** *n.* **1** attrezzatura *f.*, equipaggiamento *m.*: *fishing ~* attrezzatura da pesca. **2** (*Mar*) paranco *m.* **3** (*Mecc*) (*hoisting device*) taglia *f.*, paranco *m.* (a fune). **4** (*Sport*) (*in soccer*) tackle *m.*, (*rar*) carica *f.*, contrasto *m.*; (*in rugby*) placcaggio *m.* **II** *v.t.* **1** affrontare, esaminare, (*cominciare a*) trattare: *let's ~ the easier part first* affrontiamo prima la parte più facile. **2** (*of a person: to confront*) affrontare. **3** (*colloq*) (*offood*) attaccare. **4** (*to seize*) afferrare, abbrancare. **5** (*to grapple with*) venire alle prese con. **6** (*Sport*) (*in soccer, etc.*) caricare, contrastare; (*in rugby*) placcare. **III** *v.i.* (*Sport*) (*in soccer, etc.*) effettuare una carica; (*in rugby*) placcare, contrastare, affrontare. □ (*Mar*) *~block* bozzello del paranco; (*Mar*) *~fall* cavo del paranco.

tackling /'tæklɪŋ/ *n.* **1** (*Sport*) il caricare, carica *f.*; (*in rugby*) placcaggio *m.* **2** (*rar*) (*tackle, equipment*) attrezzatura *f.*, equipaggiamento *m.* **3** (*Mar,rar*) paranco *m.*

tacky /'tæki/ *a.* **1** (*sticky*) viscoso, colloso, appiccicaticcio. **2** (*colloq*) (*showing poor taste*) pacchiano, di cattivo gusto.

taco /'tɑːkoʊ/ *n.* (*Gastron*) taco *m.*: *~ chips* patatine di mais.

TACS /,tiː,eɪ,si:'ti:/ (*Tel*) *Total Access Communication System* TACS (sistema di comunicazione ad accesso totale).

tact /tækt/ *n.* tatto *m.*, delicatezza *f.*, riguardo *m.*

tactful /'tæktfʊl/ *a.* pieno di tatto, pieno di riguardo, delicato, discreto.

tactfully /'tæktfʊli/ *avv.* con tatto, con delicatezza, con discrezione.

tactfulness /'tæktfʊlnɪs/ *n.* delicatezza *f.*, tatto *m.*, discrezione *f.*

tactical /'tæktɪkəl *Am* 'tæktɪkəl/ *a.* **1** (*Mil*) tattico (*anche fig*): *a ~ error* un errore tattico. **2** (*fig*) (*skilful*) abile, destro.

tactically /'tæktɪkəli *Am* 'tæktɪkəli/ *avv.* (*Mil*) tatticamente (*anche fig*).

tactician /tæk'tɪʃən/ *n.* **1** (*Mil*) tattico *m.* **2** (*fig*) persona *f.* abile e scaltra, tatticone *m.* (*f.* -a), manovriero *m.* (*f.* -a).

tactics /'tæktɪks *Am* 'tæktɪks/ *n.pl.* (*costr.sing. o pl.*) (*Mil*) tattica *f.* (*anche fig*).

tactile /'tæktaɪl *Am* 'tæktəl/ *a.* **1** tattile, del tatto. **2** (*possessing the sense of touch*) che ha il senso del tatto. **3** (*tangible*) tangibile.

tactility /tæk'tɪlɪti *Am* ,tæk'tɪlɪti/ *n.* **1** tattilità *f.* **2** (*tangibility*) tangibilità *f.*

tactless /'tæktlɪs/ *a.* che manca di tatto, indiscreto, indelicato.

tactlessly /'tæktlɪsli/ *avv.* senza tatto, senza riguardo.

tactlessness /'tæktlɪsnɪs/ *n.* mancanza *f.* di tatto, indiscrezione *f.*

tactual /'tæktjʊəl *Am* 'tæktʃʊəl/ *a.* tattile, del tatto.

tad /tæd/ *n.* **1** (*Am,colloq*) bambino *m.* **2** (*small amount, somewhat*) pochino *m.*, po' *m.*: *he's a ~ arrogant if you ask me* è un pochino arrogante secondo me.

TAD *Tajikistan* TAD (Tagikistan).

ta-da /tɑː,dɑː/ *intz.* tattaratà! (imitazione dello squillo di una tromba).

tadpole /'tædpoʊl/ *n.* (*Zool*) girino *m.*

Tadzhikistan /tɑː'dʒɪkɪstɑːn/ *n.pr.* (*Geog*) Tagikistan *m.*

Tadzik /tɑː'dʒɪk *Am* tɑː'dʒɪk/ **I** *a.* tagiko. **II** *n.* tagiko *m.* (*f.* -a).

Tadziki /tɑː'dʒiːki/ **I** *a.* tagiko. **II** *n.* tagiko *m.* (*f.* -a).

tae kwon do /,taɪkwɒn'doʊ *Am* ,taɪkwɑːn'doʊ/ *n.* (*Sport*) tae-kwon-do *m.*

taenia /'tiːniə/ (*pl.* **-niae** /-niːiː/) *n.* (*Zool,Arch, Stor.gr*) tenia *f.*

taffeta /'tæfɪtə *Am* 'tæfɪtə/ *n.* (*Tess*) taffettà *m.*

taffety /'tæfɪti *Am* 'tæfɪti/ *n.* (*Tess*) taffettà *m.*

taffrail /'tæf,reɪl/ *n.* (*Mar*) **1** coronamento *m.* **2** (*rail*) ringhiera *f.* del coronamento.

taffy /'tæfi/ *n.* (*Am*) **1** (*Dolc*) caramella *f.* morbida. **2** (*insincere flattery*) sviolinata *f.*, (*rar*) sviolinatura *f.*

Taffy /'tæfi/ *n.* (*spreg,colloq*) (*Welshman*) gallese *m.*

tafia /'tæfiə/ *n.* ratafià *m.*

tag [1] /tæg/ *n.* **1** (*of a shoe lace, etc.*) puntale *m.* (di stringa), aghetto *m.* **2** (*of a boot*) tirante *m.* **3** *spec.pl.* (*Am*) targa *f.* di veicolo. **4** (*tatter, hanging piece*) brandello *m.*, straccio *m.* **5** (*loop of material for hanging a garment*) laccetto *m.* **6** (*small label*) etichetta *f.*, cartellino *m.*: *price ~* etichetta con il prezzo. **7** (*identifying description, epithet*) qualifica *f.*, etichetta *f.*, epiteto *m.* **8** (*Inform*) tag *m.*, nome *m.* convenzionale, codice *m.* **9** (*brief quotation, dictum*) citazione *f.*: *Latin -s* citazioni latine. **10** (*hackneyed saying*) espressione *f.* trita, frase *f.* fatta. **11** (*catchword*) slogan *m.* **12** (*Teat*) (*curtain line*) conclusione *f.*, fine *f.*, finale *m.* **13** (*fig*) (*concluding part*) parte *f.* finale (*o conclusiva*). **14** (*Mus*) ritornello *m.* **15** (*tip of the tail*) punta *f.* della coda (*spec.* di volpe). **16** (*lock of matted wool*) fiocco *m.* di lana arruffata, fiocco *m.* di lana infeltrita. □ *~day* giornata dedicata alla raccolta di fondi a scopo di beneficenza; (*Am,colloq*) *~end* : 1 parte finale, fine, conclusione; 2 (*random fragment, remnant*) resto, residuo; (*Am*) *~line* battuta finale, slogan; (*Gramm*) *~question* tag question, question tag, breve domanda in coda a una frase; (*Am,colloq*) *~sale* svendita di vari articoli usati; (*Am*) *~team* : 1 (*Sport*) (*in wrestling*) due lottatori che competono insieme come squadra; 2 (*fig*) due persone che lavorano a un progetto insieme.

tag [2] /tæg/ (*past, p.p.* **tagged** /-d/) **I** *v.t.* **1** munire di etichetta, etichettare. **2** (*to identify, to brand*) bollare, tacciare. **3** (*to label*) etichettare, classificare, qualificare (*sommariamente*). **4** (*fig*) (*to append*) aggiungere, apporre. **5** (*colloq*) (*to follow closely*) seguire passo passo, seguire da vicino, pedinare, stare dietro (a). **6** (*of sheep*) tagliare i fiocchi di lana arruffata a. **7** (*Inform*) etichettare. **II** *v.i.* (*colloq*) seguire da vicino, seguire passo passo, pedinare (*with so.* qcu.), stare dietro (a), stare alle calcagna (di). □ *to ~along* (*with*) aggregarsi, accodarsi; *to ~on* aggiungere, apporre.

tag [3] /tæg/ *n.* (*children's game*) il giocare a prendersi, chiapparello *m.*, (*region*) acchiappino *m.*

tagalong /'tægəlɒŋ *Am* 'tægəlɔːŋ/ *n.* inseguitore *m.* (*f.* -trice).

tagger /'tægər/ *n.* **1** chi attacca un'etichetta, chi attacca un cartellino. **2** *pl.* (*Met*) lamierino *m.* sottilissimo.

tagma /'tægmə/ *n.* (*Zool*) tagma *m.*

tagmeme /'tægmiːm/ *n.* (*Ling*) tagmema *m.*

tagmemics /tæg'memɪks/ *n.pl.* (*costr.sing.*) (*Gramm*) tagmemica *f.*, analisi *f.* tagmemica.

Tagus /'teɪgəs/ *n.pr.* (*Geog*) Tago *m.*

Tahiti /tə'hiːti *Am* tə'hiːti/ *n.pr.* (*Geog*) Tahiti *m.*

Tahitian /tə'hiːʃən/ **I** *a.* tahitiano, di Tahiti. **II** *n.* **1** tahitiano *m.* (*f.* -a). **2** (*language*) lingua *f.* di Tahiti.

taiga /'taɪgə/ *n.* (*Geog*) taiga *f.*

tail[1] /teɪl/ **I** *n.* **1** coda *f.* (*anche fig*). **2** (*hindmost, trailing part*) coda *f.*, estremità *f.*, parte *f.* finale (*o* estrema): *the ~ of a kite* la coda di un aquilone. **3** (*fig*) (*concluding part*) parte *f.* conclusiva, conclusione *f.*, chiusa *f.* **4** (*Aer*) coda *f.* **5** (*colloq*) (*person who follows closely*) chi segue passo passo, chi pedina. **6** (*retinue, train*) seguito *m.*, corteo *m.* **7** (*of a letter, type character*) coda *f.*: *the ~ of the q* la coda della q. **8** (*braid of hair*) treccia *f.*; (*ponytail*) codino *m.* **9** (*Am,colloq*) (*buttocks*) sedere *m.*, sederino *m.*, chiappe *f.pl.* **10** *pl.* (*reverse of a coin*) rovescio *m.* (di moneta), croce *f.* **11** *pl.* (*Abbigl*) abito *m.* a coda di rondine, marsina *f.*, frac *m.* □ (*Aer*) *~ assembly* piani di coda, impennaggi; (*colloq*) *with one's ~ between one's legs* con la coda tra le gambe; *~ board* (*of a wagon*) ribalta; (*colloq*) *~ bone* osso sacro, (*colloq*) codino; (*Abbigl*) *~ coat* marsina, abito a coda di rondine; *~ end*: 1 coda, estremità, parte finale; 2 (*concluding part*) parte conclusiva, parte finale, conclusione, fine, chiusura: *the ~ end of a conference* la parte conclusiva di una conferenza; *~ fin*: 1 (*Itt*) pinna caudale, ala di coda; 2 (*Aer*) deriva; (*Aut*) *~ lamp* fanale posteriore, fanale di coda; (*Aut*) *~ light* fanale posteriore, fanale di coda; *to be on so.'s ~* seguire molto da vicino; *~ pipe*: 1 (*of a pump*) tubo di aspirazione; 2 (*Fis*) tubo barometrico; 3 (*Aut*) tubo di scappamento; 4 (*Aer*) ugello di uscita; (*Aer*) *~ plane* stabilizzatore, piano di coda orizzontale, piano stabilizzatore orizzontale; (*Aer*) *~ skid* pattino di coda; *~ spin*: 1 (*Aer*) avvitamento di coda, vite di coda; 2 (*fig*) caos, panico, confusione; (*fig*) *to turn ~* voltare la schiena, volgere le spalle, fuggire; (*colloq*) *~ twisting* fastidio, molestia; (*colloq*) *to be ~s up* essere di buonumore, essere su di giri; (*colloq*) *to keep one's ~ up* non abbattersi, non scoraggiarsi, stare su di morale.

tail[2] /teɪl/ **I** *v.t.* **1** mettere una coda a, munire di coda: *to ~ a kite* mettere la coda a un aquilone. **2** (*to join end to end*) unire le estremità di. **3** (*to form the end part of*) formare la coda di: *our group -ed the procession* il nostro gruppo formava la coda della processione. **4** (*to terminate*) chiudere. **5** (*to follow, to come behind*) seguire, venir dietro. **6** (*colloq*) (*to follow, to trail*) pedinare, seguire da vicino, tenere sotto sorveglianza. **7** (*of an animal: to dock*) tagliare la coda a, mozzare la coda a. **II** *v.i.* **1** muoversi in fila, formare una colonna. **2** (*to straggle*) muoversi alla spicciolata, andare alla spicciolata. **3** (*fig*) (*to subside, to dwindle*) affievolirsi, diminuire gradatamente, scemare: *her voice -ed off into a whisper* la sua voce si affievolì in un sussurro. **4** (*fig*) (*to fade gradually*) sfumare, disperdersi (gradualmente). □ *to ~ along* (*to follow closely*) seguire da vicino, seguire passo passo, pedinare (*with so.* qcu.), stare dietro (*with* a), stare alle calcagna (*with* di); (*fig*) *to ~ away*: 1 (*to subside, to dwindle*) affievolirsi, diminuire gradatamente, scemare; 2 (*to fade gradually*) sfumare, disperdersi; (*fig*) *to ~ off*: 1 (*to subside, to dwindle*) affievolirsi, diminuire gradatamente, scemare: *her voice -ed off into a whisper* la sua voce si affievolì in un sussurro; 2 (*to fade gradually*) sfumare, disperdersi; (*fig*) *to ~ out*: 1 (*to straggle*) muoversi alla spicciolata, andare alla spicciolata; 2 (*to fade gradually*) sfumare, disperdersi.

tail[3] /teɪl/ **I** *n.* (*Dir*) proprietà *f.* limitata a una persona, proprietà *f.* limitata agli eredi diretti. **II** *a.* (*Dir*) soggetto a proprietà limitata.

tailback /'teɪlbɒk/ *n.* (*Br*) (*queue of traffic*)

coda *f.* di auto, colonna *f.* di veicoli, incolonnamento *m.*

tailboard /'teɪlbɔːd/ *n.* (*of trucks, etc.*) sponda *f.* posteriore, ribalta *f.*

tailed /teɪld/ *a.* **1** fornito di coda, caudato. **2** (*in compounds*) dalla coda...: *long-~* dalla coda lunga.

tailgate /'teɪlgeɪt/ **I** *n.* **1** (*of a wagon, truck*) porta *f.* posteriore, ribalta *f.* **2** (*Idr*) paratoia *f.* di fondo chiusa. **II** *v.t.* (*Am,colloq*) stare troppo vicino a (un veicolo davanti). **III** *v.i.* (*Am, colloq*) stare troppo vicino al veicolo davanti. □ (*Am,colloq*) *~ picnic* merenda consumata sulla ribalta di una macchina parcheggiata.

tail-heavy /'teɪlhevi/ *a.* (*Aer,Mar*) appoppato.

tailing /'teɪlɪŋ/ **I** *n.* **1** (*Edil*) parte *f.* incastrata di un mattone in aggetto. **2** (*colloq*) (*act of following*) pedinamento *m.* **3** *pl.* (*Ind*) (*refuse, residue*) residui *m.pl.*, scarto *m.sing.* **4** *pl.* (*Minier*) sterile *m.sing.*

tailless /'teɪllɪs/ *a.* senza coda, privo di coda.

tailor /'teɪlər/ **I** *n.* sarto *m.* **II** *v.t.* **1** (*Sart*) fezionare su misura, fare su misura: *to ~ a suit* confezionare un abito su misura. **2** (*Sart*) (*of women's garments*) dare una linea maschile a. **3** (*fig*) adeguare, adattare, fare su misura: *to ~ an army to modern military requirements* adeguare un esercito alle esigenze belliche moderne. **4** (*to furnish with clothing*) fornire gli abiti a, provvedere di vestiti. **III** *v.i.* fare il sarto. □ (*Ornit*) *~ bird* ortotomo; *~'s chair* sgabello da sarto; *~'s chalk* pietra da sarto, gesso da sarto; *~'s dummy* manichino; (*Sart*) *~'s tack* imbastitura da sarto.

tailored /'teɪləd *Am* 'teɪlərd/ *a.* fatto su misura, fatto da un sarto.

tailoress /'teɪlərɪs/ *n.* sarta *f.* (da uomo).

tailoring /'teɪlərɪŋ/ *n.* **1** mestiere *m.* di sarto. **2** (*skill of a tailor*) abilità *f.* di sarto, sartoria *f.* **3** (*style*) stile *m.* (di un abito).

tailor-made /'teɪləmeɪd *Am* 'teɪlərmeɪd/ *a.* **1** (*Sart*) confezionato su misura. **2** (*Sart*) (*of women's garment*) di linea maschile. **3** (*fig*) fatto su misura, adatto.

tailpiece /'teɪlpiːs/ *n.* **1** appendice *f.* **2** (*Tip*) finale *m.*, finalino *m.* **3** (*fig*) conclusione *f.*, finale *m.*, parte *f.* conclusiva. **4** (*Mus*) cordiera *f.*

tailpipe /'teɪlpaɪp/ *n.* (*Am,Mot*) tubo *m.* di scappamento, tubo *m.* di scarico.

tailplane /'teɪlpleɪn/ *n.* (*Br,Aer*) impennaggio *m.* orizzontale.

tailrace /'teɪlreɪs/ *n.* **1** (*Idr*) canale *m.* di scarico. **2** (*Minier*) galleria *f.* di scarico.

tails /teɪlz/ *n.pl.* (*colloq,Abbigl*) **1** abito *m.sing.* a coda di rondine, marsina *f.sing.*, frac *m.sing.* **2** (*dress suit*) completo *m.sing.* da cerimonia (*o* da gran sera).

tailslide /'teɪlslaɪd/ *n.* (*Aer*) scivolata *f.* di coda.

tailspin /'teɪlspɪn/ **I** *n.* **1** (*Aer*) discesa *f.* a vite, avvitamento *m.* **2** (*fig*) crollo *m.*, discesa *f.* rapida in una crisi: *to be in an emotional ~* essere in crisi. **II** *v.i.* (*Aer*) fare una discesa a vite (*anche fig*).

tailstock /'teɪlstɒk *Am* 'teɪlstɑːk/ *n.* (*Mecc*) (*of a lathe*) contropunta *f.*

tailwind /'teɪlwɪnd/ *n.* (*Aer,Mar*) vento *m.* di coda.

taint /teɪnt/ **I** *n.* **1** macchia *f.* (*anche fig*). **2** (*trace of decay*) segno *m.* di decomposizione. **3** (*of infection*) traccia *f.* di infezione, segno *m.* di infezione. **II** *v.t.* **1** guastare, alterare, inquinare. **2** (*fig*) corrompere, contaminare, guastare. **3** (*fig*) (*to sully, to tarnish*) macchiare, disonorare. **III** *v.i.* guastarsi, alterarsi, inquinarsi.

tainted /'teɪntɪd *Am* 'teɪntəd/ *a.* **1** guasto. **2**

(*fig*) (*contaminated*) contaminato, corrotto. **3** (*fig*) (*sullied*) macchiato.

taintless /'teɪntlɪs/ *a.* senza macchia, puro, immacolato.

Taiwan /taɪ'wɒn *Am* taɪ'wɑːn/ *n.pr.* (*Geog*) Taiwan *m.*

Tajiki /tə'dʒiːki/ **I** *a.* tagiko. **II** *n.* tagiko *m.* (*f.* -a).

Tajikistan /'tɑdʒɪkstɒn *Am* 'tɑdʒɪkstɑːn/ *n.pr.* (*Geog*) Tagikistan *m.*

take[1] /teɪk/ (*past* **took** /tʊk/, *p.p.* **taken** /'teɪkən/ *o dial* **took**) **I** *v.t.* **1** prendere, (*colloq*) pigliare: *he took his pen and began to write* prese la penna e cominciò a scrivere. **2** (*to grasp*) prendere, afferrare, agguantare, abbrancare: *to ~ so. by the shoulders* prendere qcu. per le spalle. **3** (*to remove*) togliere, levare: *to ~ a book from the shelf* togliere un libro dallo scaffale. **4** (*to remove by death*) strappare, prendere: *he was -n from us at an early age* la morte ce l'ha strappato in giovane età. **5** (*of a life*) togliere. **6** (*to deduct, to subtract*) sottrarre, detrarre, togliere: *to ~ six from ten* sottrarre sei da dieci. **7** (*to bring into relation*) prendere, scegliersi: *to ~ a wife* prendere moglie; *to ~ a business partner* scegliersi un socio. **8** (*to receive into one's household*) ospitare, prendere (in casa), accogliere: *we were asked to ~ three evacuees* ci è stato chiesto di ospitare tre sfollati. **9** (*to receive by subscription*) ricevere (in abbonamento): *we ~ two daily papers* riceviamo due quotidiani. **10** (*to rent*) affittare, prendere in affitto: *to ~ a seaside cottage for the summer* affittare un cottage al mare per l'estate. **11** (*to buy*) acquistare, comprare, prendere: *we have decided to ~ the house* abbiamo deciso di acquistare la casa. **12** (*to eat, to drink, etc.*) ingerire: *to ~ an aspirin* prendere un'aspirina; *I'll just ~ a little wine* prenderò solo un po' di vino. **13** (*of a meal*) fare, consumare, prendere: *to ~ breakfast* fare colazione. **14** (*of the sun, air*) prendere, esporsi a. **15** (*to make, to perform*) fare: *to ~ a step forward* fare un passo avanti; *to ~ a bath* fare un bagno. **16** (*to indulge in*) prendere, prendersi, concedersi, fare, permettersi: *to ~ a holiday* prendersi una vacanza; *let's ~ a break* facciamo una pausa. **17** (*to perform, to conduct*) tenere, fare: *to ~ a course* tenere un corso. **18** (*of a part, role*) avere, interpretare, rappresentare, eseguire: *he took an important part in the negotiations* ha avuto una parte importante nei negoziati; *to ~ the role of the heroine* interpretare la parte dell'eroina. **19** (*to convey, to accompany*) condurre, portare: *will you ~ me to the station?* mi porti alla stazione?; *to ~ the dog for a walk* portare a spasso il cane; *his business -s him all over the country* i suoi affari lo portano in tutto il paese. **20** (*to carry with one*) portare (con sé), prendere: *you had better ~ your umbrella* faresti bene a portare l'ombrello. **21** (*to convey to a higher or lower degree*) portare: *the increase took his salary to one thousand pounds* l'aumento portò il suo stipendio a mille sterline. **22** (*of a road, etc.*) portare, condurre. **23** (*of a means of transport*) prendere: *shall we ~ a taxi?* prendiamo un taxi? **24** (*to occupy*) prendere, occupare: *to ~ one's place at the head of the table* prendere posto a capotavola. **25** (*of space*) occupare, prendere: *her luggage took a lot of room* il suo bagaglio occupava molto spazio. **26** (*to have room for*) contenere, accogliere, avere spazio sufficiente per: *the runway was rebuilt to ~ the jumbo jet* la pista fu ricostruita per accogliere il jumbo. **27** (*of time*) volerci, metterci, richiedere, impiegare: *it doesn't ~ long* non ci vuole molto (tempo); *how long will it ~ you?* quanto tempo ci metterai?; *it will only ~ me five minutes* impiegherò soltanto cinque minuti. **28** (*to need, to require*) volere, richiedere, occorrere, bisognare: *it took two men to lift the bed* ci vollero due uomini per sollevare il letto; *this sort of thing -s time* una cosa del genere richiede tempo. **29** (*to need with respect to size*) calzare, prendere. **30** (*to avail oneself of*) approfittare di, avvalersi di, cogliere: *he -s every opportunity to insult me* approfitta di ogni occasione per insultarmi. **31** (*to appropriate*) prendere, impossessarsi di, appropriarsi di: *someone has -n my umbrella* qualcuno mi ha preso l'ombrello. **32** (*to attribute to oneself*) prendersi, attribuirsi, assumersi, addossarsi: *to ~ all the credit* prendersi tutto il merito; *I ~ the blame for what happened* mi assumo la colpa dell'accaduto. **33** (*to draw, to derive*) prendere, derivare: *the place -s its name from an ancient abbey* il posto ha preso il nome da un'antica abbazia. **34** (*to extract*) trarre, prendere: *a quotation -n from Shakespeare* una citazione tratta da Shakespeare. **35** (*to choose*) scegliere, prendere: *~ whichever you want* scegli quello che vuoi. **36** (*to proceed along*) prendere, imboccare, incamminarsi per: *~ the first road to the left* prendi la prima strada a sinistra. **37** (*to adopt, to have recourse to*) prendere, adottare, ricorrere a: *to ~ immediate action* prendere un provvedimento immediato; *to ~ stern measures* adottare misure severe. **38** (*as an instrument*) ricorrere a, fare ricorso a. **39** (*to understand*) capire, comprendere: *I didn't ~ it like that* non l'avevo capita in quel modo; *if I ~ you correctly* se ti capisco bene. **40** (*to interpret*) interpretare, intendere: *how am I to ~ this passage?* come devo interpretare questo brano? **41** (*to assume, to suppose*) prendere, ritenere, supporre: *I took his silence to indicate consent* ho preso il suo silenzio come un segno di approvazione. **42** (*to feel, to experience*) provare, sentire: *to ~ pleasure in sth.* provare piacere in qcs. **43** (*to form in the mind*) avere, formarsi. **44** (*to ascertain*) prendere, rilevare, misurare: *to ~ so.'s measurements* prendere le misure di qcu.; *to ~ so.'s temperature* misurare la temperatura a qcu. **45** (*to consider as an example*) prendere, porre, mettere: *~ the case of my mother, for example* prendi il caso di mia madre, per esempio. **46** (*of lessons*) prendere, ricevere. **47** (*of a course, subject*) studiare, seguire un corso di, prendere: *I took French at university* ho studiato francese all'università. **48** (*to deal with*) affrontare, trattare: *to ~ the easiest problem first* affrontare prima il problema più facile. **49** (*to surmount*) superare, *often translated with the corresponding verb*: *to ~ a hill in bottom gear* superare una collina in prima (marcia); *to ~ two stairs at a time* salire due scalini alla volta. **50** (*to contract*) prendere, contrarre: *to ~ pneumonia* prendere la polmonite. **51** (*to attack, to have an effect on*) cogliere, prendere, assalire: *to be -n with a fit of depression* essere colto da una crisi di depressione. **52** (*to come upon, to catch*) prendere, cogliere, sorprendere: *to ~ so. unawares* prendere qcu. alla sprovvista. **53** (*of the attention, fancy, etc.*) attrarre, affascinare, incatenare, avvincere. **54** (*to capture*) prendere, conquistare, catturare; (*of people*) catturare, fare prigioniero, prendere: *to be -n by the enemy* essere catturato dal nemico. **55** (*in chess*) mangiare. **56** (*Pesc,Caccia*) prendere,

catturare. **57** (*to win*) ottenere, prendere, vincere, conquistare: *to ~ the first prize* ottenere il primo premio; *to ~ three games in a row* vincere tre partite di fila. **58** (*to assume*) prendere, acquistare, assumere: *our plans are beginning to ~ shape* i nostri progetti cominciano a prendere forma. **59** (*to undertake*) assumersi, addossarsi, prendere: *he refused to ~ responsibility* rifiutò di assumersi la responsabilità. **60** (*to bind oneself by*) vincolarsi con, obbligarsi con: *to ~ an oath* vincolarsi con un giuramento. **61** (*to accept*) accettare, prendere: *to ~ so.'s help* accettare l'aiuto di qcu.; *to ~ things as they come* prendere le cose come vengono. **62** (*to follow*) seguire: *to ~ so.'s advice* seguire il consiglio di qcu. **63** (*to believe*) credere a, prestar fede a: *you must ~ my word* devi credere alla mia parola. **64** (*to endure, to undergo*) subire, sopportare, incassare: *he took his punishment like a man* subì la punizione da uomo. **65** (*to stand, to bear*) sopportare, tollerare, soffrire. **66** (*to withstand*) sostenere, resistere a, reggere: *this pillar has to ~ the whole weight of the construction* questo pilastro deve sostenere l'intero peso della costruzione; *to ~ a stress* resistere a uno sforzo. **67** (*to react to*) prendere, reagire a: *he took the news calmly* prese la notizia con calma. **68** (*to write down*) prendere, scrivere: *to ~ notes* prendere appunti. **69** (*Fot*) scattare, prendere, fare: *to ~ a photograph* scattare una fotografia. **70** (*Cin*) riprendere, girare. **71** (*of a blow: to direct*) tirare, vibrare, assestare, mollare, sferrare: *to ~ a swing at so.* tirare una sventola a qcu. **72** (*colloq*) (*to defeat*) sconfiggere, battere: *the champion took him in two rounds* il campione lo sconfisse in due riprese. **73** (*sl*) (*to cheat*) ingannare, imbrogliare, truffare, raggirare, (*pop*) fregare. **74** (*Dir*) intentare, promuovere: *to ~ legal action against so.* intentare un'azione legale contro qcu. **75** (*Tecn*) prendere: *glass does not ~ paint well* il vetro non prende bene la vernice. **76** (*Gramm*) reggere, prendere, richiedere: *this verb -s the gerund* questo verbo regge il gerundio; *most English nouns ~ s in the plural* la maggior parte dei sostantivi inglesi prende la s al plurale. **II** *v.i.* **1** fare presa, prendere: *the anchor took* l'ancora fece presa. **2** (*Bot*) attecchire, prendere: *the seedlings have -n well* i semenzali hanno attecchito bene. **3** (*Med*) (*of a vaccination*) agire, avere effetto. **4** (*Tecn*) (*of paint, dye, etc.*) attaccare, prendere, fare presa. **5** (*to catch fire*) prendere fuoco, accendersi: *the wet leaves didn't ~* le foglie umidicce non presero fuoco. **6** (*Pesc*) abboccare. **7** (*colloq*) (*to be successful, to win favour*) avere successo, incontrare il favore: *despite the advertising, the film didn't ~* nonostante la pubblicità il film non ha avuto successo; *the actor took with the public* l'attore incontrò il favore del pubblico. **8** (*to detract*) detrarre, sottrarre, togliere (*from* da). **9** (*to fall*) cadere: *to ~ sick* cadere ammalato. **10** (*to become*) divenire, diventare. **11** (*to come out well in a photograph*) essere fotogenico, (*colloq*) venire bene (in fotografia). □ *to ~ a look at sth.* dare uno sguardo a qcs.; *to ~aback* prendere alla sprovvista, cogliere di sorpresa, sorprendere; *to ~aboard* prendere a bordo, far salire; *to ~ aboard* condurre in giro, portare in giro; *to ~after* : 1 assomigliare a, prendere da: *the baby -s after his mother* il bambino assomiglia alla madre; 2 (*to chase*) inseguire: *to ~ (off) after a thief* inseguire un ladro; (*colloq*) *I'm not taking any* no, grazie!, non ci sto!; *to ~apart* : 1 (*to disassemble*) smon-

tare; 2 (*to admit of being dismantled*) smontarsi, essere smontabile; 3 (*fig*) sviscerare, trattare a fondo, analizzare accuratamente; 4 (*fig*) (*to criticize*) criticare, attaccare; *to ~ sth.as* ritenere qcs., considerare qcs.: *I ~ the matter as settled* considero chiusa la questione; *to ~aside* prendere in disparte, prendere da parte; *to ~away* : 1 portare via: *~ him away!* portatelo via!; 2 (*to remove*) togliere: *the child was -n away from school* il bambino fu tolto dalla scuola; 3 (*to take off the premises*) portare via, asportare: *two beers to ~ away* due birre da portare via; 4 (*to remove by death*) strappare, prendere; 5 (*to deprive*) privare di, togliere: *to ~ away so.'s right to vote* privare qcu. del diritto di voto; *to ~back* : 1 riportare, portare indietro; 2 (*fig*) riportare, far ricordare, far riandare: *this tune -s me back to my childhood* questo motivo mi riporta all'infanzia, questo motivo mi fa ricordare l'infanzia; 3 (*to accept the return of*) prendere indietro, accettare indietro, riprendere, ripigliare: *goods that have left the premises cannot be -n back* non si prende indietro la merce una volta uscita dal negozio; 4 (*to allow to come back*) assumere di nuovo, riprendere; 5 (*to retract*) ritirare, ritrattare: *I do not ~ back a word of what I said* non ritiro una sola parola di quello che ho detto; *to ~down* : 1 tirare giù, prendere: *to ~ down a picture* tirare giù un quadro; 2 (*to remove by lifting down*) togliere, tirar giù: *it is time to ~ down the Christmas decorations* è ora di togliere le decorazioni natalizie; 3 (*of a flag*) abbassare, ammainare; 4 (*to escort to a lower place*) accompagnare giù; 5 (*to dismantle*) smontare: *to ~ down the engine* smontare il motore; 6 (*colloq*) (*to diminish the pride of*) far abbassare la cresta a, dare una lezione di modestia a: *to ~ so. down a peg or two* far abbassare la cresta a qcu.; 7 (*to become attacked*) prendersi (*with sth.* qcs.), essere colpito (da): *to be -n down with measles* prendersi il morbillo; 8 (*to write*) scrivere (sotto dettatura): *to ~ a letter down* scrivere una lettera (sotto dettatura); *to ~ for* : 1 prendere per, considerare, ritenere, stimare, credere: *do you ~ me for a fool?* mi prendi per uno stupido?; (*colloq*) *what do you ~ me for?* per chi mi prendi?; 2 (*to mistake for*) prendere per, scambiare per; *to ~in* : 1 contenere, accogliere, ospitare: *the stadium cannot ~ in any more spectators* lo stadio non può contenere altri spettatori; 2 (*to receive into one's household*) prendere, accogliere, ricevere, ospitare: *to ~ in lodgers* prendere pensionanti; 3 (*to carry inside*) portare dentro: *to ~ in the newspaper* portare dentro il giornale; 4 (*to escort into a room*) accompagnare in una stanza; 5 (*to take into custody*) arrestare, mettere dentro: *the police took him in for attempted murder* la polizia lo arrestò per tentato omicidio; 6 (*of work*) prendere a domicilio: *to ~ in sewing* prendere lavori di cucito a domicilio; 7 (*to comprise*) comprendere, includere: *all -n in* tutto compreso; 8 (*to comprehend*) capire, comprendere, afferrare; 9 (*colloq*) (*to deceive*) abbindolare, ingannare, imbrogliare: *I wasn't -n in by his smooth manner* non mi sono lasciato abbindolare dal suo modo di fare mellifluo; 10 (*Am,colloq*) (*to go to*) andare: *we took in a movie after supper* dopo cena siamo andati al cinema; 11 (*Sart*) riprendere, stringere; *to ~it* : 1 supporre, presumere, ritenere: *I ~ it you have no objections* suppongo che non abbiate obiezioni; 2 (*to believe*) credere, prestar fede a: *you can ~ it from me* puoi credermi; 3 (*sl*) (*to endure*

take

sth.) sopportare stoicamente, non battere ciglio; (*colloq*) ~ *it or leave it* non provare né simpatia né antipatia per: *as for skiing, I can* ~ *it or leave it* per quanto riguarda lo sci, mi è indifferente; (*colloq*) *to* ~ *it out of* spossare, estenuare, fiaccare; (*colloq*) *to* ~ *it out on* sfogare la propria collera su, sfogarsi con; *he won't* ~ *no for an answer* non accetta una risposta negativa; *to* ~ *off:* 1 (*of clothes*) togliere, levare, cavare; 2 (*to remove*) togliere, rimuovere, levare: *to* ~ *off import restrictions* rimuovere le restrizioni alle importazioni; 3 (*to discontinue*) sospendere, interrompere: *the show was -n off* lo spettacolo fu sospeso; 4 (*to allow as a discount*) fare uno sconto di: *to* ~ *twenty per cent off the list price* fare uno sconto del venti per cento sul prezzo di listino; 5 (*to amputate*) amputare, tagliare: *he had his leg -n off* gli fu amputata una gamba; 6 (*to carry away*) portare via: *he was -n off in an ambulance* è stato portato via con l'ambulanza; 7 (*colloq*) (*to leave suddenly*) andarsene improvvisamente, filare via; 8 (*to distract*) distogliere, distrarre, allontanare: *music helps to* ~ *my mind off my troubles* la musica mi aiuta a distogliere la mente dai guai; 9 (*colloq*) (*to imitate, to mimic*) imitare, fare il verso a, scimmiottare; 10 (*Aer*) decollare, alzarsi in volo; *to* ~ *on:* 1 intraprendere: *to* ~ *a job on* intraprendere un lavoro; 2 (*to assume*) addossarsi, prendersi, assumersi: *you are taking on a heavy responsibility* ti stai addossando una grande responsabilità; 3 (*to face up to*) sfidare, competere con, affrontare: *to* ~ *on the champion* sfidare il campione; 4 (*to engage*) prendere, assumere, impiegare: *to* ~ *on more hands* prendere altra manodopera; 5 (*to take aboard*) far salire, prendere su, prendere a bordo; 6 (*to load*) caricare, fare un carico di; 7 (*to assume, to acquire*) assumere, prendere, acquistare: *the incident took on the character of a crisis* l'incidente assunse il carattere di una crisi; 8 (*to adopt, to take over*) adottare, prendere: *to* ~ *on new ways of life* adottare nuovi sistemi di vita; 9 (*Br,colloq, ant*) (*to show distress*) disperarsi, affliggersi, dolersi; *it -s one to know one* tra simili ci si intende; *to* ~ *out:* 1 tirare fuori: *he took out his wallet* tirò fuori il portafoglio; 2 (*to take outside*) portare fuori, far uscire: *perfect weather for taking the children out* un tempo eccellente per portare fuori i bambini; 3 (*to escort*) portare fuori, accompagnare fuori: *I'd like to* ~ *you out some evening* mi piacerebbe portarti fuori una sera; 4 (*to remove*) togliere, asportare: *to have one's tonsils -n out* farsi togliere le tonsille; 5 (*to withdraw*) ritirare, togliere: *to* ~ *money out of an account* prelevare denaro da un conto; 6 (*to deduct*) detrarre, sottrarre, togliere; 7 (*to obtain by application*) prendere, ottenere, conseguire; 8 (*to give vent to*) sfogare, riversare, scaricare; 9 (*Am,colloq*) (*buy food to be eaten elsewhere*) asportare cibo; 10 (*Am,colloq*) ammazzare, far fuori; (*spec. Am,colloq*) *to* ~ *out after a thief* inseguire un ladro; *to* ~ *over:* 1 assumere la direzione di: *to* ~ *over another company* assumere la direzione di un'altra società; 2 (*to assume control*) prendere il comando, prendere la direzione, mettersi a comandare: *the army took over* l'esercito prese il comando; 3 (*to adopt, to borrow*) prendere, adottare: *to* ~ *over a custom* prendere un'usanza; 4 (*to carry, to escort to a distance*) portare, trasportare, accompagnare, condurre: *he took me over to the bar* mi portò al bar; 5 (*to transport across a river, etc.*) traghettare; 6 (*to prevail, to get the upper*

hand) prendere il sopravvento, prevalere; 7 (*Comm*) rilevare, subentrare in: *to* ~ *over a shop* rilevare un negozio; (*colloq*) ~ *that!* prendi questa!, beccati questa!; *to* ~ *the oath* prestare giuramento, giurare; *to* ~ *your time* fai con comodo, fate con comodo; *to* ~ *to:* 1 ricorrere a, fare uso di: *to* ~ *to the lifeboats* ricorrere alle scialuppe di salvataggio; 2 (*to begin the habit of*) prendere l'abitudine di, cominciare a: *to* ~ *to drink* cominciare a bere; 3 (*to respond to, to react to*) prendere, accogliere, reagire a; 4 (*to conceive a liking for*) prendere in simpatia, prendere gusto a; 5 (*to take charge of*) prendersi cura di, curarsi di; *to* ~ *up:* 1 prendere (su), raccogliere, raccattare: *to* ~ *up one's pen* prendere la penna; 2 (*to remove by lifting*) tirare su, togliere sollevando, rimuovere sollevando: *to* ~ *up the carpet* tirare su il tappeto; 3 (*to carry to a higher place*) portare (su), condurre (su); 4 (*of space: to occupy*) occupare, prendere: *this piano -s up too much room* questo pianoforte occupa troppo spazio; 5 (*of time*) occupare, prendere, assorbire: *reading -s up all my spare time* la lettura occupa tutto il mio tempo libero; 6 (*to accept*) accettare, accogliere: *to* ~ *up a challenge* accettare una sfida; (*fig*) *to* ~ *up the gauntlet* raccogliere il guanto, accettare la sfida; 7 (*to form the habit of*) prendere l'abitudine di, mettersi a, darsi a: *to* ~ *up smoking* prendere l'abitudine di fumare; 8 (*to enter upon, to begin practising*) intraprendere, dedicarsi a: *to* ~ *up a career* intraprendere una carriera; 9 (*to deal with*) occuparsi di, trattare, prendere in mano; 10 (*to take on oneself, to assume*) prendere, assumere; 11 (*to take aboard*) far salire, raccogliere, prendere su; 12 (*of a cause: to espouse*) abbracciare, aderire a, sposare; 13 (*to begin again*) riprendere, ripigliare, ricominciare: *to* ~ *up a story* riprendere un racconto; 14 (*to make a beginning*) iniziare, cominciare; 15 (*Econ*) (*of a loan*) contrarre; (*of a mortgage*) accendere; (*of shares*) sottoscrivere; 16 (*Sart*) accorciare; *to* ~ *up arms* prendere le armi, ricorrere alle armi; *to* ~ *up one's residence in a hotel* alloggiare in albergo; *to* ~ *up with:* 1 mettersi con, iniziare una relazione con: *she has -n up with a married man* si è messa con un uomo sposato; 2 (*to become interested in*) prendere interesse a, cominciare a interessarsi di, cominciare a interessarsi a; 3 (*to adopt, to espouse*) abbracciare, aderire a, sposare; *to* ~ *it upon oneself* assumersi il compito di, assumersi l'incarico di, incaricarsi di; (*fig*) *to have what it -s* avere la stoffa.

take² /teɪk/ *n.* 1 presa *f.* 2 (*money received, takings*) incasso *m.*, introito *m.*, entrata *f.* 3 (*Cin,TV*) ripresa *f.*, presa *f.: a ten-minute* ~ una ripresa di dieci minuti. 4 (*of a musical performance*) registrazione *f.* 5 (*thief's haul*) bottino *m.*, refurtiva *f.* 6 (*Pesc*) retata *f.*, pesca *f.* 7 (*Caccia*) cacciagione *f.* 8 (*Tip,Giorn*) parte *f.* di una copia data al compositore. □ (*sl*) *on the* ~: 1 (*Am*) (*ready to take the most of an opportunity to take*) pronto a cogliere l'occasione favorevole; 2 (*taking bribes*) che si fa corrompere, che prende bustarelle.

takeaway /ˈteɪkəweɪ/ **I** *a.* (*Br*) (*of prepared food, drinks, etc.*) da asporto, da portare via. **II** *n.* (*Br*) 1 (*food*) cibi *m.pl.* da asporto. 2 (*restaurant, etc.*) ristorante *m.* (*o* rosticceria *f.*) che vende cibi da asporto.

takedown /ˈteɪkdaʊn/ **I** *n.* (*Am*) 1 smontaggio *m.* 2 (*colloq*) immobilizzazione *f.* a terra ed arresto *m.* 3 (*colloq*) umiliazione *f.*, mortificazione *f.* **II** *a.* smontabile.

take-home /ˈteɪkhoʊm/ □ ~ *pay* paga

netta, salario netto, stipendio netto.

take-in /ˈteɪkɪn/ *n.* (*colloq*) inganno *m.*, imbroglio *m.*, truffa *f.*, raggiro *m.*, (*colloq*) fregatura *f.*

taken /ˈteɪkən/ → **take**¹.

take-off, takeoff /ˈteɪkɒf/ **I** *n.* 1 (*Aer*) decollo *m.*, involo *m.* 2 (*Sport*) scatto *m.* **II** *n.* 1 (*Sport*) trampolino *m.*, pedana *f.* 2 (*fig*) punto *m.* di partenza. 3 (*colloq*) (*imitation*) imitazione *f.*, caricatura *f.*; (*parody*) parodia *f.* □ (*Sport*) ~ *board* trampolino pedana; (*Pol*) ~ *country* paese emergente; (*Aer*) ~ *distance* percorso di partenza, percorso di decollo; (*Aer*) ~ *run* corsa di decollo.

takeout /ˈteɪkaʊt/ **I** *a.* (*Am*) (*of prepared food, drinks, etc.*) da asporto, da portare via. **II** *n.* (*Am*) 1 (*food*) cibi *m.pl.* da asporto. 2 (*restaurant, etc.*) ristorante *m.* (*o* rosticceria *f.*) che vende cibi da asporto.

takeover /ˈteɪkoʊvər/ *n.* 1 assunzione *f.* di potere, golpe *m.* 2 (*Comm*) rilevamento *m.*, rilievo *m.* 3 (*Econ*) incorporazione *f.*, integrazione *f.*, acquisizione *f.*, (*hostile*) scalata *f.* □ (*Comm*) ~ *bid* offerta pubblica di acquisto.

taker /ˈteɪkər/ *n.* 1 chi prende, chi afferra. 2 (*one who accepts bets*) chi accetta scommesse. 3 (*one who accepts an offer*) chi accetta un'offerta: *I put my house up for sale but there were no -s* ho messo in vendita la mia casa ma non ho ricevuto nessuna offerta.

taker-in /ˈteɪkərˈɪn/ *n.* (*colloq*) imbroglione *m.* (*f.* -a), truffatore *m.* (*f.* -trice), impostore *m.* (*f.* -a).

take-up /ˈteɪkʌp/ *n.* 1 (*Mecc*) dispositivo *m.* per l'eliminazione del gioco. 2 (*Fot,Cin*) avvolgimento *m.* della pellicola; (*device*) ~ avvolgitore *m.*

taking /ˈteɪkɪŋ/ **I** *n.* 1 il prendere, presa *f.* 2 (*capture*) presa *f.*, cattura *f.* 3 (*colloq,ant*) (*state of agitation*) stato *m.* di agitazione, agitazione *f.* 4 *pl.* incasso *m.sing.*, introito *m.sing.*, entrata *f.sing.* **II** *a.* (*ant*) attraente, seducente, affascinante. □ *for the* ~ che può essere preso liberamente, da prendere.

takingly /ˈteɪkɪŋli/ *avv.* (*ant*) in maniera attraente.

takingness /ˈteɪkɪŋnɪs/ *n.* attrattiva *f.*, fascino *m.*

talc /tælk/ **I** *n.* 1 (*Min*) talco *m.* 2 (*Cosmet, colloq*) (*talcum powder*) talco *m.*, polvere *f.* di talco. **II** *v.t.* (*past, p.p.* **talc(k)ed** /-t/) trattare con talco.

talcky /ˈtælki/ *a.* 1 talcoso. 2 (*resembling talc*) simile a talco.

talcose /ˈtælkoʊs/ *a.* 1 talcoso. 2 (*resembling talc*) simile a talco.

talcous /ˈtælkəs/ *a.* 1 talcoso. 2 (*resembling talc*) simile a talco.

talcum /ˈtælkəm/ □ (*Cosmet*) ~ *powder* talco, polvere di talco.

tale /teɪl/ *n.* 1 racconto *m.*, storia *f.: -s for children* racconti per bambini. 2 (*fable*) favola *f.* 3 (*Lett*) racconto *m.*, novella *f.: Canterbury Tales* i racconti di Canterbury. 4 (*report, account*) resoconto *m.*, relazione *f.* 5 (*justification, excuse*) storia *f.*, scusa *f.*, pretesto *m.* 6 (*piece of gossip*) pettegolezzo *m.*, diceria *f.*, chiacchiera *f.*, maldicenza *f.* 7 (*falsehood, lie*) storia *f.*, fandonia *f.*, bugia *f.*, frottola *f.* □ *so runs the* ~ così dicono; (*fig*) *his* ~ *is told* è finito, è (bell'e) spacciato; *if all -s be true* se è vero quel che si dice in giro.

talebearer /ˈteɪlbɛrər *Am* ˈteɪlbɛrər/ *n.* 1 pettegolo *m.* (*f.* -a), maldicente *m./f.*, linguaccia *f.* 2 (*one who reports secrets*) chiacchierone *m.* (*f.* -a), (*scherz*) spione *m.* (*f.* -a).

talebearing /ˈteɪlbɛrɪŋ *Am* ˈteɪlbɛrɪŋ/ *n.* pettegolezzi *m.pl.*, chiacchiere *f.pl.*, maldicenza *f.*

talent /'tælənt/ *n.* **1** talento *m.*, ingegno *m.*, capacità *f.*: *the child has ~* il bambino ha talento; *an artist of ~* un artista di talento. **2** (*special ability, aptitude*) talento *m.*, attitudine *f.*, disposizione *f.*, tendenza *f.*: *to have a ~ for music* avere talento musicale; *to develop one's ~-s* sviluppare le proprie attitudini. **3** (*talented person*) talento *m.*, persona *f.* di ingegno, talento *m.*, persona *f.* di talento. **4** (*collett.*) persone *f.pl.* di ingegno, persone *f.pl.* di talento, talenti *m.pl.* **5** (*iron*) dono *m.*, talento *m.*: *he has a ~ for saying the wrong thing at the wrong time* ha il dono di dire la cosa sbagliata al momento sbagliato. **6** (*Bibl, Numism*) talento *m.* **7** (*Br,colloq*) (*sexually attractive people*) materia *f.* prima. □ (*Sport*) *~ money* premio (in denaro) per una partita vinta, premio di rendimento (in denaro); *~ scout* talent scout, scopritore di talenti.

talented /'tælǝntɪd *Am* 'tælǝntɪd/ *a.* (dotato) di talento, di ingegno, capace: *a ~ actor* un attore di talento.

talentless /'tælǝntlɪs/ *a.* privo di talento, privo di ingegno, incapace.

tales /'teɪliːz/ *n.pl.* (*Dir*) **1** giurati *m.pl.* supplenti. **2** (*costr.sing. o pl.*) (*writ, order*) mandato *m.* di convocazione dei giurati supplenti.

talesman /'teɪliːzmǝn/ *n.irr.* giurato *m.* supplente.

taleteller, tale-teller /'teɪl,telǝr/ *n.* **1** chi racconta, narratore *m.* (*f.* -trice). **2** (*talebearer*) pettegolo *m.* (*f.* -a), maldicente *m./f.*, linguaccia *f.* **3** (*one who reports secrets*) chiacchierone *m.* (*f.* -a), (*scherz*) spione *m.* (*f.* -a).

taletelling, tale-telling /'teɪl,telɪŋ/ *n.* **1** il raccontare, narrazione *f.* **2** (*talebearing*) pettegolezzi *m.pl.*, chiacchiere *f.pl.*, maldicenza *f.*

Taliban /'tælɪbæn/ *n.* (*Rel.islam*) talebano *m.*: *the ~* (*costr.sing.*) i talebani, i talibani.

talion /'tælɪǝn/ *n.* (*Stor*) taglione *m.*

taliped /'tælɪ,ped/ *a.* **1** (*Med*) (*of a foot*) talo. **2** (*of a person*) talipede, dal piede talo.

talipes /'tælɪ,piːz/ *n.* (*Med*) piede *m.* talo, talismo *m.*

talisman /'tælɪzmǝn/ *n.* talismano *m.* (*anche fig.*).

talismanic /,tælɪz'mænɪk/ *a.* talismanico, di talismano, magico.

talismanical /,tælɪz'mænɪkǝl/ *a.* talismanico, di talismano, magico.

talk¹ /tɔːk/ **I** *v.i.* **1** parlare, discorrere, conversare, chiacchierare: *we -ed for several hours* abbiamo parlato per diverse ore; *to ~ to* (o *with*) *so. about sth.* parlare a (*o* con) qcu. di qcs.; *to ~ to so. on the telephone* parlare al telefono con qcu. **2** (*to have the power of speech*) parlare: *the baby can't ~ yet* il bambino non sa ancora parlare. **3** (*to employ speech*) parlare: *don't ~ so loudly* non parlare così forte. **4** (*fig*) parlare, esprimersi, comunicare, farsi capire: *to ~ with one's eyes* parlare con gli occhi; *to ~ by signs* esprimersi a segni. **5** (*to consult*) parlare (*to* con), consultare (qcu.): *you had better ~ to a lawyer about it* faresti meglio a parlarne con un avvocato. **6** (*to deliver a discourse, lecture, etc.*) parlare, tenere un discorso, tenere una conferenza, intervenire: *he often -s on the radio* parla spesso alla radio. **7** (*to chat*) chiacchierare, cianciare, ciarlare, cicalare. **8** (*to gossip*) fare pettegolezzi, spettegolare: *people will ~* la gente è pettegola, la gente mormora. **9** (*to reveal secrets*) parlare, rivelare segreti, fare rivelazioni: *the spy refused to ~* la spia si rifiutò di parlare. **II** *v.t.* **1** parlare di, discutere di, ragionare di, trattare: *to ~ business* parlare di affari; *to ~ politics* discutere di politica; (*Am,colloq*) *a home in Beverly*

Hills? We're -ing big bucks una casa a Beverly Hills? Si tratta di soldi a palate. **2** (*of a language*) parlare. **3** (*to express, to utter*) dire, esprimere: *~ sense* dire cose sensate; *to ~ nonsense* dire stupidaggini. □ *~ a mile a minute* parlare a raffica; *~ about stupid, he's the worst* a proposito di stupidità, lui batte tutti; *to be -ed about* essere oggetto di pettegolezzi, essere oggetto di chiacchiere, essere chiacchierato; *what are you -ing about?*: **1** di che cosa stai parlando?; **2** (*to indicate disagreement, etc.*) che dici mai, ma che stai dicendo?; *to ~ about one thing and another* parlare del più e del meno; *to ~ around* (*o a subject*) girare intorno a; *to ~ so. around* persuadere qcu. a furia di parlare, convincere qcu. a furia di parlare; *to ~ at so.*: **1** parlare a qcu. senza prestare attenzione alle sue risposte; **2** (*to address one's remarks indirectly to*) parlare indirettamente a qcu., parlare a una terza persona affinché qcu. intenda; *to ~ away* **1** continuare a parlare; **2** (*of time*) trascorrere parlando, passare a parlare: *we -ed the night away* passammo tutta la notte a parlare; *to ~ back* ribattere (con arroganza), rimbeccare (*to so.* qcu.); (*colloq*) *to ~ big* sparalare grosse, (*rar*) dire smargiassate; (*colloq*) *to ~ dirty* dire volgarità, dire oscenità, parlare di sesso in modo volgare; *to ~ down*: **1** far tacere a furia di parlare; **2** (*to disparage*) sminuire, svilire, deprezzare; **3** (*Aer*) dare istruzioni per l'atterraggio a; *to ~ down to so.* parlare a qcu. con condiscendenza (usando parole semplici), rivolgersi a qcu. con condiscendenza (usando parole semplici); *to ~ for the sake of talking* parlare tanto per parlare, parlare (solo) per il gusto di parlare; (*Am,colloq*) *to ~ garbage* dire stupidate; *to ~ so.'s head off* intontire qcu. di parole o chiacchiere, fare una testa come un pallone a qcu., stordire qcu.; *to ~ oneself hoarse* parlare fino a diventare rauco, sgolarsi a furia di parlare; *to ~ in one's sleep* parlare nel sonno; *to ~ so. into sth.* convincere qcu. a fare qcs. a furia di parlare, persuadere qcu. a fare qcs. a furia di parlare; *to ~ of* parlare di, progettare di: *they are -ing of opening a new factory* parlano di aprire una nuova fabbrica; *-ing of* a proposito di, parlando di; *to ~ on*: **1** parlare su, tenere un discorso su, tenere una conferenza su; **2** (*to continue talking*) continuare a parlare; *to ~ out*: **1** discutere a fondo; **2** (*Parl*) ostacolare l'approvazione di (protraendo la discussione); *to ~ out of* dissuadere, far desistere, distogliere; *to ~ sth. over* discutere di qcs., ragionare parlando di qcs.; *to ~ over a bottle* discutere bevendoci sopra; *to ~ round*: **1** persuadere a furia di parlare, convincere a furia di parlare; **2** (*of a subject*) girare intorno a; (*fig*) *to ~ shop* parlare dei propri affari, parlare del proprio lavoro: *stop -ing shop all the time* smettila di parlare sempre dei tuoi affari; *to ~ tall* vantarsi, (*colloq*) tirarsela (per), (*ant*) millantarsi; (*Br*) *to ~ the hind legs off a donkey* parlare a raffica, parlare di continuo, sproloquiare; (*colloq*) *to ~ through one's hat* ragionare con i piedi, dire delle sciocchezze; (*colloq*) *to ~ to so.* (*to reprimand*) rimproverare qcu., sgridare qcu., dare una girata a qcu.; *who do you think you're -ing to?* con chi credi di parlare?; (*colloq*) *to ~ tough* metterla giù dura; (*Am,sl*) *to ~ turkey* parlare apertamente, dire le cose chiaramente, dire le cose come stanno; (*Aus*) *to ~ under water* parlare sempre e comunque; (*Am*) *to ~ up*: **1** parlare chiaro, parlare schietto, dire le cose chiaramente, dire le cose come stanno, non avere peli sulla lin-

gua; **2** (*to discuss enthusiastically*) discutere con entusiasmo di; **3** (*to commend*) caldeggiare, promuovere; (*fig*) *to ~ up a storm* parlare in toni entusiastici, parlare a ruota libera.

talk² /tɔːk/ *n.* **1** conversazione *f.*, colloquio *m.*, discorso *m.*: *I had an interesting ~ with your brother* ho avuto un'interessante conversazione con tuo fratello. **2** (*way of speaking*) parlare *m.*, modo *m.* di parlare, parlata *f.* **3** (*language, jargon, etc.*) linguaggio *m.*, gergo *m.*: *their ~ was very technical* il loro linguaggio era molto tecnico. **4** (*idle speech, chatter*) chiacchiere *f.pl.*, parole *f.pl.*, ciarle *f.pl.*: *less ~ and more work* meno chiacchiere e più lavoro; *that's only ~* non sono altro che parole. **5** (*discourse, lecture, etc.*) (breve) conferenza *f.*, conversazione *f.*, discorso *m.*, intervento *m.* **6** (*gossip, rumour*) diceria *f.*, voce *f.*, chiacchiera *f.*, pettegolezzo *m.* **7** (*topic of gossip*) oggetto *m.* di chiacchiere, oggetto *m.* di dicerie, favola *f.*: *his wife is the ~ of the neighbourhood* sua moglie è la favola del vicinato. **8** *pl.* colloqui *m.pl.*, negoziati *m.pl.*, trattative *f.pl.*: *peace -s* colloqui di pace. □ *she's all ~* non fa che chiacchierare, è una chiacchierona; *all your ~ didn't convince anyone* il tuo sproloquio non ha convinto nessuno; *~ is cheap* le chiacchiere non costano nulla; *there was much ~ of another government crisis* si fece un gran parlare di un'altra crisi di governo; (*Am,Rad*) *~ radio* talk show radiofonico in cui possono partecipare gli ascoltatori; (*TV*) *~ show* talk show.

talkathon /'tɔːkǝθɑːn *Am* 'tɔːkǝθɑːn/ *n.* (*Am, colloq*) riunione *f.* fiume, discussione *f.* fiume.

talkative /'tɔːkǝtɪv *Am* 'tɔːkǝtɪv/ *a.* loquace, di molte parole, chiacchierone, ciarliero.

talkatively /'tɔːkǝtɪvli *Am* 'tɔːkǝtɪvli/ *avv.* loquacemente, con loquacità.

talkativeness /'tɔːkǝtɪvnɪs *Am* 'tɔːkǝtɪvnǝs/ *n.* loquacità *f.*, (*colloq*) parlantina *f.*

talked-about /'tɔːkǝ,baʊt/ *a.* di cui si parla, chiacchierato: *a much ~ film star* un'attrice molto chiacchierata, un'attrice di cui si parla molto.

talker /'tɔːkǝr/ *n.* **1** chi parla. **2** (*conversationalist*) conversatore *m.* (*f.* -trice). **3** (*lecturer, speaker*) oratore *m.* (*f.* -trice), conferenziere *m.* (*f.* -a), parlatore *m.* (*f.* -trice). **4** (*colloq*) (*one who talks a lot*) chiacchierone *m.* (*f.* -a), ciarlone *m.* (*f.* -a).

talkfest /'tɔːkfest/ *n.* (*Am,sl*) lunga discussione *f.*, lungo dibattito *m.*

talkie /'tɔːki/ *n.* film *m.* sonoro.

talk-in /'tɔːkɪn/ *n.* **1** (*protest demonstration*) comizi *m.pl.* di protesta. **2** (*informal talk, lecture*) chiacchierata *f.*, discorsetto *m.* **3** (*conference, discussion*) colloquio *m.*, conversazione *f.*

talking /'tɔːkɪŋ/ **I** *n.* **1** il parlare, parlare *m.*, il conversare: *I'll do the ~* (non preoccuparti), parlo io. **2** (*instance*) conversazione *f.* **II** *a.* **1** che parla, parlante: *a ~ doll* una bambola che parla. **2** (*fig*) (*expressive*) espressivo, eloquente, parlante. □ *~ book* audiolibro, *~ film* film sonoro; (*Am,spreg*) *~ head* mezzobusto; *~ machine* fonografo; *~ picture* film sonoro; *~ point*: **1** argomento di conversazione, argomento di discussione; **2** (*topic*) argomento di attualità; (*Br,colloq,fig*) *~ shop* fabbrica di chiacchiere; (*colloq*) *talking to him is like ~ to a brick wall* parlare a lui è come parlare al muro.

talking-to /'tɔːkɪntuː/ *n.* (*colloq*) ramanzina *f.*, paternale *f.*, (*colloq*) predica *f.*

talky /'tɔːki/ *a.* **1** (*talkative*) loquace, di molte parole, chiacchierone, ciarliero. **2** (*contain-*

ing too much talk) prolisso, verboso.

tall /tɔːl/ **I** *a.* **1** (*of people*) alto: *he is ~ for his age* è alto per la sua età. **2** (*of things*) elevato, alto: *a ~ hill* una collina elevata. **3** (*having a specific height*) alto, di altezza: *he is six foot ~* è alto sei piedi. **4** (*colloq*) (*large, high*) elevato, alto, considerevole, rilevante: *~ prices* prezzi elevati. **5** (*colloq*) (*unlikely*) inverosimile, assurdo, incredibile. **II** *avv.* **1** (*upstandingly*) in modo eretto. **2** (*incredibly*) incredibilmente, inverosimilmente. □ *as ~as a lamppost* alto come un campanile; *~drink* bevanda servita in un bicchiere alto; (*colloq*) *a ~order* un'impresa ardua: *that's rather a ~ order!* questo è chiedere un po' troppo!; (*colloq*) *~story* (o *~tale*) frottola, panzana, (*region*) pallonata: *to tell ~ stories* dire panzane; *~talk* spacconata, (*ant*) millanteria.

tallage /ˈtælɪdʒ/ *n.* (*Stor*) taglia *f.*

tallboy /ˈtɔːlbɔɪ/ *n.* (*Arred*) cassettone *m.* alto.

tallish /ˈtɔːlɪʃ/ *a.* piuttosto alto.

tallness /ˈtɔːlnɪs/ *n.* altezza *f.*, statura *f.* (alta).

tallow /ˈtæloʊ/ **I** *n.* sego *m.* **II** *v.t.* **1** ingrassare con sego, ungere con sego. **2** (*to fatten*) ingrassare. □ *~candle* candela di sego; *~ chandler* fabbricante di candele (di sego).

tallow-faced /ˈtæloʊfeɪst/ *a.* pallido, terreo.

tallowy /ˈtæloʊi/ *a.* **1** sebaceo. **2** (*resembling tallow in colour*) giallognolo, del colore del sego.

tally /ˈtæli/ **I** *n.* **1** (*Stor*) taglia *f.*; (*notch, mark*) tacca *f.* (di contrassegno), taglia *f.* **2** (*reckoning, account*) conto *m.*, conteggio *m.*, computo *m.* **3** (*Sport*) punteggio *m.*, punti *m.pl.* **4** (*Comm*) registrazione *f.*, riscontro *m.* **5** (*fig*) (*corresponding half*) equivalente *m.*, corrispondente *m.* **6** (*label, tag*) etichetta *f.*, cartellino *m.*, contrassegno *m.* **II** *v.t.* **1** registrare, annotare. **2** (*to make a count of*) contare, fare il conto di, calcolare. **III** *v.i.* **1** fare una registrazione. **2** (*to balance numerically*) corrispondere, essere uguale (*with* a). **3** (*fig*) corrispondere, concordare, coincidere (con): *their stories do not ~* i loro racconti non concordano. □ (*Comm*) *~sheet* foglio di riscontro; (*Stor*) *~stick* taglia; (*Br*) *~system* sistema di vendita a credito; *to ~up* (*to make a count of*) contare, fare il conto di, calcolare.

tally-ho /ˌtæliˈhoʊ/ **I** *intz.* (*Caccia*) dalli! **II** *n.* (*Caccia*) grido *m.* di dalli. **III** *v.i.* (*Caccia*) gridare dalli. **IV** *v.t.* (*Caccia*) incitare con il grido di dalli.

tallyman /ˈtælimən, ˈtælimæn/ *n.irr.* **1** (*Sport*) chi segna i punti. **2** (*one who owns or runs a tally shop*) proprietario *m.* di negozio che vende a credito.

talmi /ˈtælmi, ˈtɑːlmi/ □ (*Met*) *~gold* ottone placcato d'oro, ottone dorato.

Talmud /ˈtælmʊd, ˈtælmʌd/ *n.* (*Rel.ebr*) Talmud *m.*

Talmudic /tælˈmʊdɪk, tælˈmʌdɪk/ *n.* talmudista *m./f.*

Talmudist /tælˈmʊdɪst, tælˈmʌdɪst/ *n.* talmudista *m./f.*

talon /ˈtælən/ *n.* **1** (*Ornit*) artiglio *m.*, grinfia *f.*: *an eagle's ~s* gli artigli di un'aquila. **2** (*colloq*) (*long fingernail*) unghia *f.* lunga, artiglio *m.* **3** (*Arch*) modanatura *f.* a S. **4** (*of a lock*) dente *m.* **5** (*in cards: stock*) mazzo *m.* non distribuito; (*in solitaire*) mazzo *m.* degli scarti. **6** (*Econ*) cedola *f.*, tallone *m.*, tagliando *m.*

taloned /ˈtælənd/ *a.* artigliato, munito di artigli.

talus [1] /ˈteɪləs/ (*pl.* **tali** /ˈteɪlaɪ/) *n.* (*Anat*) (*ankle bone*) astragalo *m.*; (*ankle*) caviglia *f.*

talus [2] /ˈteɪləs/ *n.* **1** (*Geol*) scarpata *f.*, scoscendimento *m.* detritico. **2** (*scree*) ghiaione *m.*

TAM *Television Audience Measurement* (misurazione dell'audience televisiva).

tamability /ˌteɪməˈbɪlɪti Am ˌteɪməˈbɪlɪti/ *n.* l'essere domabile, (*rar*) addomestichevolezza *f.*

tamable /ˈteɪməbl/ *a.* domabile, addomesticabile, (*rar*) addomestichevole.

tamarack /ˈtæməˌræk/ *n.* (*Bot*) larice *m.* americano.

tamarind /ˈtæmərɪnd/ *n.* (*Bot*) tamarindo *m.*

tamarisk /ˈtæmərɪsk/ *n.* (*Bot*) tamarice *f.*, tamerice *f.*, tamarisco *m.*

tambour /ˈtæmbʊər/ **I** *n.* **1** (*Mus,Arch*) tamburo *m.* **2** (*for sewing*) telaio *m.* da ricamo, tamburello *m.* **II** *n.* merletto *m.* a telaio. **III** *v.t.* ricamare con il telaio. **IV** *v.i.* ricamare con il telaio. □ *~lace* merletto a telaio.

tambourin /tɑːbuˈrɛ̃, ˈtæmbʊrɪn/ *n.* (*Mus*) tambourin *m.*

tambourine /ˌtæmbəˈriːn/ *n.* (*Mus*) tamburello *m.*, tamburo *m.* basco.

tame /teɪm/ **I** *a.* **1** addomesticato, mansueto, (*lett*) mansuefatto: *a ~ chimpanzee* uno scimpanzè addomesticato. **2** (*lacking natural ferocity or shyness*) domestico, mansueto: *pigeons are rather ~ birds* i piccioni sono uccelli abbastanza domestici. **3** (*fig*) (*submissive, docile*) mansueto, sottomesso, docile, remissivo. **4** (*fig*) (*spiritless*) scialbo, piatto, insulso, banale, insipido: *a ~ speech* un discorso scialbo. **5** (*fig*) (*dull*) noioso, barboso, uggioso. **6** (*Am,Bot,Agr*) coltivato, addomesticato. **II** *v.t.* **1** domare, addomesticare, (*lett*) mansuefare. **2** (*fig*) sottomettere, domare. **3** (*of natural resources*) utilizzare, sfruttare. **4** (*of rivers*) imbrigliare. **5** (*of land*) coltivare, addomesticare.

tameability /ˌteɪməˈbɪlɪti Am ˌteɪməˈbɪlɪti/ *n.* l'essere domabile, (*rar*) addomestichevolezza *f.*

tameable /ˈteɪməbl/ *a.* domabile, addomesticabile, (*rar*) addomestichevole.

tameless /ˈteɪmlɪs/ *a.* (*lett*) indomabile, indomito.

tamely /ˈteɪmli/ *avv.* supinamente, arrendevolmente, con sottomissione.

tameness /ˈteɪmnɪs/ *n.* **1** domestichezza *f.*, domesticità *f.* **2** (*fig*) (*submissiveness, docility*) sottomissione *f.*, arrendevolezza *f.*, mitezza *f.*, docilità *f.* **3** (*fig*) (*dullness*) insipidezza *f.*, banalità *f.*, insulsaggine *f.*

tamer /ˈteɪmər/ *n.* domatore *m.* (*f.* -trice).

Tamil /ˈtæmɪl/ **I** *n.* **1** (*pl.inv.* o **-s** /-z/) **1** (*costr.pl.*) (*people*) tamil *m./f.pl.* **2** (*person*) tamil *m./f.* **3** (*language*) tamil *m.* **II** *a.* tamilico.

Tamilian /təˈmɪliən/ *a.* tamilico.

taming /ˈteɪmɪŋ/ *n.* addomesticamento *m.*

tamis /ˈtæmɪs/ *n.* staccio *m.*, buratto *m.*

Tammany /ˈtæməni/ **I** *a.* (*Am,fig*) corrotto. **II** *n.* (*Am*) **1** (*Stor.am*) Tammany Hall *f.* **2** (*fig*) corruzione *f.* politica. □ *~Hall* Tammany Hall.

tammy /ˈtæmi/ *n.* (*colloq*) berretto *m.* scozzese.

tam-o'-shanter /ˌtæməˈʃæntər/ *n.* berretto *m.* scozzese.

tamoxifen /təˈmɒksɪfɪn/ *n.* (*Farm*) tamossifene *m.*, tamoxifene *m.*

tamp /tæmp/ *v.t.* **1** pigiare, comprimere, pressare, premere, pestare. **2** (*Minier*) (*of a drill hole*) borrare, intasare. **3** (*Edil*) pigiare, pestare. □ *to ~down* pigiare, comprimere, pressare, premere, pestare: *to ~down the tobacco in the pipe* pigiare il tabacco dentro la pipa.

tamper [1] /ˈtæmpər/ *n.* **1** chi pigia, chi comprime. **2** (*Minier*) calcatoio *m.* **3** (*Edil*) mazzeranga *f.*, mazzapicchio *m.*; (*machine*) compressore *m.*, cilindratrice *f.*

---

tamper [2] /ˈtæmpər/ *v.i.* **1** immischiarsi, interferire, intromettersi (*with* in), impicciarsi (di): *don't ~ with my things* non immischiarti nei miei affari. **2** (*to interfere with harmfully*) manomettere (*with* sth. qcs.): *someone tampered with the lock* qualcuno ha manomesso la serratura. **3** (*to make unlawful changes*) falsificare, adulterare, manomettere (*qcs.*). **4** (*to influence improperly*) subornare, comprometttere, comprare (qcu.): *to ~ with a witness* subornare un testimone.

tamping /ˈtæmpɪŋ/ *n.* **1** pestatura *f.*, pigiatura *f.* (*anche Edil*). **2** (*of ground*) costipamento *m.* **3** (*Minier*) borraggio *m.*

tampon /ˈtæmpɒn Am ˈtæmpɑːn/ **I** *n.* **1** (*for menstruation*) tampone *m.*, assorbente *m.* interno. **2** (*Med*) tampone *m.*, tasello *m.*, zaffo *m.* **II** *v.t.* (*Chir*) tamponare, zaffare, stuellare.

tamponade /ˌtæmpəˈneɪd/ *n.* (*Chir*) tamponatura *f.*, tamponamento *m.*

tamponage /ˈtæmpənɪdʒ/ *n.* (*Chir*) tamponatura *f.*, tamponamento *m.*

tam-tam /ˈtæmˌtæm/ *n.* (*Mus*) tam-tam *m.*

tan [1] /tæn/ **I** *n.* **1** abbronzatura *f.*, (*colloq*) tintarella *f.* **2** (*light brown colour*) marrone *m.* chiaro. **3** (*tanbark*) corteccia *f.* di quercia, concino *m.* **4** (*Chim*) tannino *m.* **II** *a.* **1** marrone chiaro. **2** (*Am*) abbronzato.

tan [2] /tæn/ (*past, p.p.* **tanned** /-d/) **I** *v.t.* **1** abbronzare, dare la tintarella a. **2** (*Pell*) conciare, tannare. **3** (*ant,colloq*) (*to thrash, to beat*) battere, picchiare, suonarle a. **II** *v.i.* abbronzarsi, prendere la tintarella. □ (*colloq*) *to ~ so.'shide* picchiare qcu. di santa ragione, picchiare qcu., lisciare il pelo a qcu., dare delle bastonate a qcu.

tan. (*Mat*) *tangent* tang (tangente).

Tanagra /ˈtænəgrə/ *n.* (*Archeol*) tanagra *f.*, tanagrina *f.*, statuetta *f.* di Tanagra. □ (*Archeol*) *~figurine* tanagra, tanagrina, statuetta di Tanagra.

tanbark /ˈtænˌbɑːk Am ˈtænˌbɑːrk/ *n.* corteccia *f.* di quercia, concino *m.*

Tancred /ˈtæŋkrɪd/ *n.pr.m.* (*Stor*) Tancredi.

tandem /ˈtændəm/ **I** *n.* **1** (*carriage*) carrozza *f.* (leggera) tirata da due cavalli in fila. **2** (*team of horses*) tiro *m.* di due cavalli uno dietro l'altro. **3** (*bicycle*) tandem *m.* **II** *a.* in fila, uno dietro l'altro. **III** *avv.* in fila, uno dietro l'altro. □ *~bicycle* tandem; (*Mot*) *~connection* collegamento in tandem.

tandoori /tænˈdʊri/ *n.* (*Gastron*) (*Indian dish*) tandoori: *~ chicken* pollo tandoori.

tang [1] /tæŋ/ **I** *n.* **1** sapore *m.* forte, sapore *m.* piccante. **2** (*sharp odour*) odore *m.* acuto, odore *m.* penetrante. **3** (*faint suggestion*) punta *f.*, pizzico *m.*, traccia *f.*, ombra *f.*: *a ~ of irony* una punta d'ironia. **4** (*Mecc*) linguetta *f.* **5** (*of a knife, chisel, etc.*) codolo *m.* **II** *v.t.* munire di codolo.

tang [2] /tæŋ/ **I** *n.* suono *m.* metallico. **II** *v.i.* risuonare. **III** *v.t.* risuonare.

tang [3] /tæŋ/ *n.* (*Bot*) fuco *m.*

tanga /ˈtæŋgə/ *n.* (*Abbigl*) tanga *m.*

Tanganyika /ˌtæŋgəˈnjiːkə/ *n.pr.* (*Geog*) Tanganica *m.*

Tanganyikan /ˌtæŋgəˈnjiːkən/ **I** *a.* tanganicano. **II** *n.* tanganicano *m.* (*f.* -a).

tangelo /ˈtændʒəloʊ/ *n.* (*Bot*) tangelo *m.*

tangency /ˈtændʒənsi/ *n.* (*Geom*) tangenza *f.*

tangent /ˈtændʒənt/ **I** *a.* (*Geom*) tangente (*to* a). **II** *n.* (*Geom,Mus*) tangente *f.* □ (*fig*) *to fly* (o *to go*) *off at a ~* mutare improvvisamente atteggiamento, mutare improvvisamente opinione, fare un voltafaccia; (*fig*) *to fly* (o *to go*) *off on a ~* mutare improvvisamente atteggiamento, mutare improvvisamente opinione, fare un voltafaccia; (*Geom*) *~plane* piano di contatto, piano tangente;

(*Mecc*) ~ *screw*: 1 vite senza fine; 2 (*for precision instruments*) vite micrometrica; (*Mecc*) ~ *wheel* ruota elicoidale.

tangential /tæn'dʒentʃəl/ *a.* 1 (*Geom*) tangenziale. 2 (*fig*) marginale, secondario: *a* ~ *remark* un'osservazione marginale.

tangentially /tæn'dʒentʃəli/ *avv.* tangenzialmente.

tangerine /ˌtændʒə'riːn/ *n.* (*Bot*) mandarino *m.*

Tangerine /ˌtændʒə'riːn/ **I** *a.* di Tangeri. **II** *n.* abitante *m./f.* di Tangeri.

tangibility /ˌtændʒɪ'bɪlɪti *Am* ˌtændʒə'bɪlɪti/ *n.* tangibilità *f.*

tangible /'tændʒɪbl/ *a.* 1 tangibile, palpabile. 2 (*real, actual*) tangibile, concreto, reale, effettivo: ~ *results* risultati tangibili; *a* ~ *advantage* un vantaggio concreto. 3 (*fig*) tangibile, sicuro, evidente, manifesto: ~ *proof* prova tangibile; ~ *evidence* prove materiali. □ (*Econ*) ~ *assets* patrimonio reale; (*Econ*) ~ *property* beni materiali.

tangibly /'tændʒɪbli/ *avv.* tangibilmente.

Tangier /tæn'dʒɪər/ *n.pr.* (*Geog*) Tangeri *f.*

tangle /'tæŋgl/ **I** *n.* 1 groviglio *m.*, intrico *m.*, garbuglio *m.*, viluppo *m.*: *a* ~ *of weeds* un groviglio di erbacce. 2 (*fig*) groviglio *m.*, confusione *f.*, guazzabuglio *m.* 3 (*fig*) (*state of confusion*) pasticcio *m.*, impiccio *m.*, imbroglio *m.* 4 (*colloq*) (*disagreement*) zuffa *f.* **II** *v.t.* 1 aggrovigliare, ingarbugliare, arruffare, imbrogliare: *the kitten had -d the wool* la gattina aveva aggrovigliato la lana. 2 (*fig*) ingarbugliare, imbrogliare, complicare. 3 (*to catch in a net*) intrappolare, prendere con la rete. **III** *v.i.* 1 aggrovigliarsi, imbrogliarsi, ingarbugliarsi. 2 (*colloq*) (*to engage in an argument*) litigare (*with* con). □ (*colloq*) *to* ~ *with* affrontare, scontrarsi con.

tangled /'tæŋgld/ *a.* 1 aggrovigliato, annodato. 2 (*fig*) impasticciato, confuso: *a* ~ *situation* una situazione intricata.

tangly /'tæŋgli/ *a.* 1 intricato, aggrovigliato, ingarbugliato. 2 (*fig*) confuso, intricato, imbrogliato.

tango /'tæŋgoʊ/ **I** *n.* (*pl.* **-s** /-z/) tango *m.* **II** *v.i.* ballare il tango. □ (*colloq*) *it takes two to* ~ (per litigare) bisogna essere in due.

tangram /'tæŋgrəm/ *n.* tangram *m.*, rompicapo *m.* cinese.

tangy /'tæŋi/ *a.* 1 piccante, forte: *a* ~ *flavour* un sapore piccante. 2 (*of scent*) penetrante, intenso, forte. 3 (*fig*) caratteristico, tipico.

tank /tæŋk/ **I** *n.* 1 cisterna *f.*, serbatoio *m.*, vasca *f.* 2 (*Aut*) serbatoio *m.* 3 (*Agr*) carro *m.* botte, carro *m.* cisterna. 4 (*Aer*) tanica *f.*, serbatoio *m.* ausiliario. 5 (*Mar*) tanca *f.*, tanica *f.* 6 (*test tank*) vasca *f.* navale, bacino *m.* 7 (*Fot*) vasca *f.* 8 (*Mil*) carro *m.* armato, tank *m.* 9 (*in India: reservoir*) serbatoio *m.* d'acqua. 10 (*Am,sl*) (*prison cell*) cella *f.* **II** *v.t.* 1 (*Br*) annientare, battere spettacolarmente. 2 (*Am*) (*in sports, games*) perdere volutamente. **III** *v.i.* 1 (*Aut*) fare il pieno. 2 (*Am,colloq*) (*to fail*) essere un fiasco colossale. □ (*Mil*) ~ *buster* aeroplano munito di cannoncino anticarro; (*Am,Ferr*) ~ *car* carro cisterna, vagone cisterna; (*Mil*) ~ *destroyer* semovente anticarro; (*Ferr*) ~ *engine* locomotiva con scorta autonoma di combustibile e acqua; (*Met*) ~ *iron* lamiera media; (*Ferr*) ~ *locomotive* locomotiva con scorta autonoma di combustibile e acqua; (*Abbigl*) ~ *top* maglietta scollata senza maniche, canotta; (*Am*) ~ *town*: 1 (*Ferr*) stazione dove i treni fermano solo per rifornirsi d'acqua; 2 (*colloq*) cittadina di provincia insignificante; (*spec. Am*) ~ *truck* autobotte, autocisterna; (*Aut*) *to* ~ *up* fare il pieno; (*Br,Ferr*) ~

wagon carro cisterna, vagone cisterna.

tankage /'tæŋkɪdʒ/ *n.* 1 capacità *f.* di un serbatoio. 2 (*act of putting in tanks*) riempimento *m.* dei serbatoi. 3 (*storage fee*) prezzo *m.* di noleggio dei serbatoi. 4 (*Agr*) scarti *m.pl.* di animali macellati usati nei fertilizzanti.

tankard /'tæŋkəd *Am* 'tæŋkərd/ *n.* boccale *m.* con coperchio.

tanked /tæŋkd/ *a.* (*colloq*) ubriaco fradicio. □ (*colloq*) ~ *up* ubriaco fradicio.

tanker /'tæŋkər/ *n.* 1 (*Mar*) nave *f.* cisterna; (*for oil*) petroliera *f.* 2 (*Aer*) aerocisterna *f.* 3 (*Aut*) autobotte *f.*, autocisterna *f.*

tank-farming /'tæŋkfɑːrmɪŋ/ *n.* idrocoltura *f.*, idroponica *f.*

tankful /'tæŋkfʊl/ *n.* contenuto *m.* di un serbatoio, serbatoio *m.*, pieno *m.*

tankman /'tæŋkmən/ *n.irr.* (*Mil*) carrista *m.*

tankship /'tæŋkʃɪp/ *n.* nave *f.* cisterna.

tanksteamer /'tæŋkstiːmər/ *n.* nave *f.* cisterna.

tannable /'tænəbl/ *a.* (*Pell*) conciabile.

tannage /'tænɪdʒ/ *n.* (*Pell*) 1 concia *f.*, conciatura *f.* 2 (*product*) pelli *f.pl.* conciate.

tannate /'tæneɪt/ *n.* (*Chim*) tannato *m.*

tanned /tænd/ *a.* 1 (*sun-tanned*) abbronzato. 2 (*Pell*) conciato.

tanner[1] /'tænər/ *n.* conciatore *m.* (*f.* -trice).

tanner[2] /'tænər/ *n.* (*Br,ant*) (*sixpence*) moneta *f.* da sei penny, mezzo scellino *m.*

tannery /'tænəri/ *n.* (*Pell*) 1 conceria *f.* 2 (*tannage*) conciatura *f.*, concia *f.*

tannic /'tænɪk/ *a.* (*Chim*) tannico: ~ *acid* acido tannico.

tanniferous /ˌtæ'nɪfərəs/ *a.* tannifero.

tannin /'tænɪn/ *n.* tannino *m.*

tanning /'tænɪŋ/ *n.* 1 (*Pell*) concia *f.*, conciatura *f.* 2 (*tan*) abbronzatura *f.*, (*colloq*) tintarella *f.* 3 (*colloq,ant*) (*thrashing*) legnate *f.pl.*, botte *f.pl.*, (*rar*) busse *f.pl.* □ (*Am*) ~ *bed* lettino abbronzante; (*Cosmet*) ~ *lotion* lozione abbronzante; ~ *salon* solarium.

tansy /'tænzi/ *n.* (*Bot*) tanaceto *m.*

tantalic /tæn'tælɪk/ *a.* (*Chim*) tantalico: ~ *acid* acido tantalico.

tantalite /'tæntəlaɪt/ *n.* (*Min*) tantalite *f.*

tantalization /ˌtæntəlaɪ'zeɪʃən/ *n.* tormento *m.*, supplizio *m.* di Tantalo.

tantalize /'tæntəlaɪz/ *v.t.* 1 tormentare, stuzzicare. 2 (*to alternate promises and disappointments*) allettare e poi deludere.

tantalizer /'tæntəˌlaɪzər/ *n.* chi tormenta, chi stuzzica.

tantalizing /'tæntəˌlaɪzɪŋ/ *a.* allettante, tentatore.

tantalizingly /'tæntəˌlaɪzɪŋli/ *avv.* in modo allettante.

tantalum /'tæntələm/ *n.* (*Chim*) tantalio *m.*

tantalus /'tæntələs/ *n.* (*Br*) mobile *m.* bar a vetrinetta chiuso a chiave.

Tantalus /'tæntələs/ *n.pr.m.* (*Mitol*) Tantalo.

tantamount /'tæntəˌmaʊnt/ *a.* equivalente, uguale, pari (*to a*): *that is* ~ *to saying that...* è come dire che...

tantra /'tæntrə/ *n.* (*Rel*) tantra *m.*

tantrum /'tæntrəm/ *n.* 1 collera *f.*, stizza *f.*, (*colloq*) nervi *m.pl.* 2 (*fit of bad temper*) accesso *m.* d'ira. □ *to go* (o *to get*) *into a* ~ andare in collera.

Tanzania /tænˈzeɪniə/ *n.pr.* (*Geog*) Tanzania *f.*

Tanzanian /tæn'zeɪniən/ **I** *a.* tanzaniano. **II** *n.* tanzaniano *m.* (*f.* -a).

tao, Tao /taʊ(ʊ), taʊ/ *n.* (*Filos,Rel*) tao *m.*

Taoism /'taʊ(ʊ)ɪzəm, 'taʊɪzəm/ *n.* (*Filos,Rel*) taoismo *m.*

Taoist /'taʊ(ʊ)ɪst, 'taʊɪst/ **I** *n.* (*Filos,Rel*) taoista *m./f.* **II** *a.* (*Filos,Rel*) taoistico.

Taoistic /taʊ(ʊ)'ɪstɪk, taʊ'ɪstɪk/ *a.* (*Filos,Rel*) taoistico.

tap[1] /tæp/ **I** *n.* 1 rubinetto *m.*: *don't leave the* ~ *running* non lasciare aperto il rubinetto; *the hot-water* ~ il rubinetto dell'acqua calda. 2 (*plug in a cask*) tappo *m.*, zipolo *m.*, zaffo *m.*, spina *f.* 3 (*liquor drawn through a tap*) bevanda *f.* alcolica alla spina. 4 (*bar*) bar *m.*, mescita *f.* (di alcolici). 5 (*Mecc*) maschio *m.* per filettare. 6 (*Tel*) controllo *m.*, intercettazione *f.*: *to put a* ~ *on a telephone* tenere un telefono sotto controllo. 7 (*sl*) (*request for a loan*) richiesta *f.* di un prestito. 8 (*El*) spina *f.* di intercettazione. 9 (*Met*) spillata *f.* 10 (*Met*) (*taphole*) foro *m.* di spillatura, foro *m.* di colata. **II** *v.t.* (*past, p.p.* **tapped** /-t/) 1 spillare: *to* ~ *a barrel* spillare una botte. 2 (*to furnish with a tap*) munire di un rubinetto. 3 (*of a barrel, etc.*) munire di uno zipolo, munire di una spina, mettere una spina a. 4 (*Chir*) fare la paracentesi a, estrarre liquido da. 5 (*Agr*) incidere (per estrarre il lattice); (*of rubber, sap, etc.*) estrarre. 6 (*fig*) attingere a (o da), sfruttare, utilizzare: *to* ~ *the country's resources* attingere alle risorse del paese. 7 (*Br, sl*) (*to extract money from*) spillare, cavare: *he -ped me for five pounds* mi ha spillato cinque sterline. 8 (*Mil*) spillare. 9 (*Mecc*) maschiare; (*of nuts, etc.*) filettare. 10 (*Tel*) mettere sotto controllo per intercettare: *to* ~ *so.'s phone* intercettare le telefonate di qcu.; *to* ~ *a wire* (o *to* ~ *a line*) controllare una linea telefonica. 11 (*El*) inserire (su un altro circuito). □ (*Tecn*) ~ *bolt* vite mordente; *on* ~: 1 (*of beer, etc.*) alla spina; 2 (*Br,colloq*) (*always available*) pronto, a disposizione, a portata di mano; 3 (*Am,colloq*) previsto, imminente; (*Bot*) ~ *root* fittone, radice a fittone; ~ *water* acqua di rubinetto.

tap[2] /tæp/ *n.* 1 colpetto *m.*, busso *m.* leggero: *to give so. a* ~ *on the shoulder* dare un colpetto sulla spalla a qcu. 2 (*Calz*) (*partial sole*) mezza suola *f.*; (*metal plate*) rinforzo *m.* metallico, salvatacco *m.* metallico, placchetta *f.* di metallo. 3 (*step in tap dancing*) passo *m.* di tip tap; (*tap dancing*) tip tap *m.*, punta *f.* e tacco. 4 *pl.* (*Mil*) silenzio *m.*: *to sound -s* suonare il silenzio. □ *we heard a* ~ *at the door* sentimmo bussare alla porta; ~ *dance* tip tap.

tap[3] /tæp/ (*past, p.p.* **tapped** /-t/) **I** *v.t.* 1 battere leggermente, picchiare leggermente, dare un colpetto a. 2 (*to cause to tap*) battere, picchiettare, picchiare, ticchettare: *to* ~ *one's feet* battere i piedi. 3 (*Calz*) mettere le mezze suole a; (*to reinforce the heel of*) mettere un salvatacco a. **II** *v.i.* 1 bussare, battere, picchiare: *to* ~ *on the door* bussare alla porta. 2 (*to make a tapping sound*) picchiettare, battere, picchiare, ticchettare: *the rain was -ping against the window panes* la pioggia picchiettava sui vetri della finestra. □ *to* ~ *a nail into the wall* piantare un chiodo nel muro; (*Tel*) *to* ~ *off a message* inviare un messaggio in alfabeto Morse, trasmettere un messaggio in alfabeto Morse; *to* ~ *out*: 1 svuotare con piccoli colpi; 2 (*Tel*) trasmettere in alfabeto Morse; 3 (*to type*) battere a macchina.

tap-dance /'tæpdæns/ *v.i.* ballare il tip tap.

tap-dancer /'tæpdænsər/ *n.* ballerino *m.* (*f.* -a) di tip tap.

tap-dancing /'tæpdænsɪŋ/ *n.* tip tap *m.*

tape /teɪp/ **I** *n.* 1 nastro *m.*, fettuccia *f.*: *to edge curtains with* ~ bordare le tende con un nastro. 2 (*magnetic tape*) nastro *m.* magnetico. 3 (*adhesive tape*) nastro *m.* adesivo. 4 (*recording*) registrazione *f.* su nastro: *to make a* ~ *of country music* fare una registrazione di musica country. 5 (*strip of paper, metal, etc.*) nastro *m.* 6 (*ticker tape*) nastro *m.* del telegrafo, nastro *m.* di telescrivente. 7

(*Sport*) nastro *m.* del traguardo, traguardo *m.*: *to cross the* ~ tagliare il traguardo. **8** (*tape measure*) metro *m.* a nastro, nastro *m.* metrico, rotella *f.* metrica. **9** (*El*) (*insulating tape*) nastro *m.* isolante. **10** (*Elettron*) nastro *m.* **II** *v.t.* **1** mettere un nastro, mettere nastri a. **2** (*to fasten with tape*) legare con un nastro, assicurare con un nastro, fissare con un nastro. **3** (*to fasten with adhesive tape*) fermare con un nastro adesivo, assicurare con un nastro adesivo. **4** (*to record on magnetic tape*) registrare (su nastro magnetico). **5** (*to measure with a tape-measure*) misurare con un metro a nastro. **6** (*El*) fasciare con nastro isolante. □ (*Tecn*) ~*cartridge* cartuccia di nastro; ~*counter* contanastro; ~*deck* piastra di registrazione; (*Inform*) ~*drive* unità a nastro; (*Acus*) ~*head* testina di registrazione; ~*library* nastroteca; (*Tel*) ~*machine* telescrivente; ~*measure* metro a nastro, nastro metrico, rotella metrica; *to get sth. down* on ~ registrare qcs. (su nastro); ~*player* fonoriproduttore a nastro magnetico, mangianastri; (*Inform,ant*) ~*punch* perforatore di nastro; ~*recorder* registratore (a nastro), magnetofono; ~ *recording* registrazione (su nastro magnetico); *to* ~*up* : **1** (*to fasten with tape*) legare con un nastro, assicurare con un nastro, fissare con un nastro: *to* ~ *up a parcel* legare un pacco con un nastro; **2** (*to fasten with adhesive tape*) fermare con un nastro adesivo, assicurare con un nastro adesivo.

taped /teɪpt/ *a.* **1** legato con un nastro, assicurato con un nastro, fissato con un nastro. **2** (*tape-recorded*) registrato.

taper /'teɪpər/ **I** *n.* **1** candela *f.* sottile. **2** (*wax-coated wick*) accendinoio *m.* **3** (*Mat, Mecc*) conicità *f.* **4** (*Arch*) rastremazione *f.* **II** *a.* affusolato, a punta. **III** *v.i.* **1** assottigliarsi, affusolarsi. **2** (*fig*) (*to grow less*) diminuire, ridursi, scemare. **3** (*Arch*) rastremarsi. **IV** *v.t.* **1** affusolare, assottigliare. **2** (*Arch*) rastremare. **3** (*to reduce*) diminuire, ridurre: *to* ~ *one's smoking* ridurre il fumo. □ *to* ~ *down* : **1** assottigliarsi, affusolarsi; **2** (*fig*) (*to grow less*) diminuire, ridursi, scemare; **3** (*to reduce*) diminuire, ridurre; *to* ~*off* : **1** assottigliarsi, affusolarsi; **2** (*fig*) (*to grow less*) diminuire, ridursi, scemare; (*Tecn*) ~*pin* spina conica, perno conico.

tape-record /'teɪprɪˌkɔːrd/ *v.t.* registrare (su nastro magnetico).

tapered /'teɪpəd *Am* 'teɪpərd/ *a.* **1** affusolato, a punta: ~ *fingers* dita affusolate. **2** (*conical*) conico. **3** (*fig*) che diminuisce gradatamente, che cala gradatamente.

tapering /'teɪpərɪŋ/ *a.* **1** affusolato, a punta. **2** (*conical*) conico. **3** (*fig*) che diminuisce gradatamente, che cala gradatamente.

taperness /'teɪpənɪs *Am* 'teɪpərnɪs/ *n.* forma *f.* affusolata, forma *f.* a punta.

taperstick /'teɪpəstɪk *Am* 'teɪpərstɪk/ *n.* bugia *f.*, portacandela *m.*, portacandele *m.*

tapestry /'tæpɪstrɪ/ **I** *n.* **1** arazzo *m.* **2** (*tapestry work*) arazzeria *f.* **3** (*Tess*) tappezzeria *f.* **II** *v.t.* coprire di arazzi, ornare di arazzi, tappezzare.

tapetum /tə'piːtəm *Am* tə'piːtəm/ *n.* (*Anat*) tapetum *m.*

tapeworm /'teɪpˌwɜːm *Am* 'teɪpwɜːrm/ *n.* (*Zool*) verme *m.* solitario.

taphole /'tæphoʊl/ *n.* **1** spina *f.* **2** (*Met*) foro *m.* di spillatura, foro *m.* di colata.

taphonomy /tə'fɒnəmɪ *Am* tə'fɑːnəmi/ *n.* (*Paleont*) tafonomia *f.*

taphouse /'tæphaʊs/ *n.* osteria *f.*, taverna *f.*, bettola *f.*

tapioca /ˌtæpɪ'oʊkə/ *n.* (*Alim*) tapioca *f.*

tapir /'teɪpər/ (*pl.inv.* o -**s** /-z/; *il pl. inv. si usa*

general. con valore collett.) *n.* (*Zool*) tapiro *m.*

tapis /'tæpiː/ *n.inv.* (*rar*) tappeto *m.* □ (*fig*) *on the* ~ (*under discussion*) sul tappeto, in discussione.

tapper [1] /'tæpər/ *n.* **1** chi batte, chi picchia. **2** (*Tel*) tasto *m.*

tapper [2] /'tæpər/ *n.* **1** chi spilla un liquido. **2** (*Mecc*) maschiatore *m.*; (*of nuts, etc.*) filettatore *m.* **3** (*Mecc*) (*machine*) maschiatrice *f.*; (*for nuts, etc.*) filettatrice *f.*

tappet /'tæpɪt/ *n.* **1** (*Mecc*) punteria *f.* **2** (*Tess*) (*in a power loom*) eccentrico *m.* □ (*Mecc*) ~*rod* (o ~*stem*) asta della punteria.

tapping [1] /'tæpɪŋ/ *n.* **1** bussata *f.* leggera, colpetto *m.* **2** (*sound*) colpetto *m.*

tapping [2] /'tæpɪŋ/ *n.* **1** spillatura *f.* (*anche Met*). **2** (*Agr*) incisione *f.* **3** (*Mecc*) maschiatura *f.*; (*of nuts, etc.*) filettatura *f.* **4** (*Tel*) intercettazione *f.* **5** (*Chir*) paracentesi *f.*

taproom /'tæpruːm/ *n.* sala *f.* dove sono disponibili bibite alcoliche alla spina.

taproot /'tæpruːt/ *n.* (*Bot*) radice *f.* fittonata.

tapster /'tæpstər/ *n.* (*ant*) chi mesce alcolici, mescitore *m.*, cantiniere *m.*

tar [1] /tɑː *Am* tɑːr/ **I** *n.* catrame *m.*, pece *f.* liquida, (*Br,estens*) asfalto *m.* **II** *a.* **1** di catrame. **2** (*covered, smeared with tar*) incatramato, catramato. **III** *v.t.* (*past, p.p.* **tarred** /-d/) incatramare, catramare, impeciare (*Br,estens*) asfaltare. □ (*fig,colloq*) ~*baby* problema che, più si cerca di risolvere, più si complica; ~*board* cartone catramato; ~*brush* pennello da catrame, spazzola da catrame; *to* ~ *and feather so.*: **1** spalmare di catrame e ricoprire di penne qcu. (come punizione); **2** (*fig*) punire severamente qcu.; (*Chim*) ~*oil* olio di catrame; (*Am,Cart*) ~*paper* carta catramata; (*fig*) *to* ~ *so.with the same brush* fare di ogni erba un fascio.

tar [2] /tɑː/ *n.* (*colloq*) (*tarpaulin*) marinaio *m.*

taradiddle /'tærəˌdɪdl/ *n.* (*Br,colloq*) piccola bugia *f.*, frottola *f.*, fandonia *f.*

tarantella /ˌtærən'telə/ *n.* tarantella *f.*

tarantism /'tærən,tɪzəm/ *n.* (*Med*) coreomania *f.*, tarantismo *m.*, tarantolismo *m.*

tarantist /'tærəntɪst/ *n.* tarantolato *m.* (*f.* -a).

tarantula /tə'ræntjʊlə *Am* tə'ræntʃulə/ (*pl.* -**s** /-z/ o -**lae** /-liː/) *n.* (*Zool*) tarantola *f.*

taraxacum /tə'ræksəkəm/ *n.* **1** (*Bot*) tarassaco *m.* **2** (*Farm*) tarassaco *m.*, radici *f.pl.* di tarassaco.

tardily /'tɑːdɪlɪ *Am* 'tɑːrdɪli/ *avv.* **1** lentamente. **2** (*late*) tardi, in ritardo: *help came* ~ l'aiuto arrivò tardi.

tardiness /'tɑːdɪnɪs *Am* 'tɑːrdɪnɪs/ *n.* **1** lentezza *f.*, mancanza *f.* di prontezza. **2** (*lateness*) ritardo *m.* **3** (*reluctance*) riluttanza *f.*

tardive /'tɑːdiːv/ □ (*Med*) ~*dyskinesia* discinesia tardiva.

tardy /'tɑːdɪ *Am* 'tɑːrdi/ *a.* **1** lento, tardo. **2** (*delayed*) in ritardo, tardivo. **3** (*late*) tardo, avanzato, inoltrato. **4** (*dilatory*) lento, tardivo, tardo. **5** (*reluctant*) riluttante.

tare [1] /teər *Am* ter/ *n.* (*Bot*) **1** veccia *f.* **2** (*vetch*) veccia *f.* comune, veccia *f.* nera.

tare [2] /teər *Am* ter/ *n.* (*Comm*) tara *f.* **II** *v.t.* (*Comm*) tarare.

targe /tɑːdʒ *Am* tɑːrdʒ/ *n.* (*Mil,ant*) targa *f.*

target /'tɑːgɪt *Am* 'tɑːrgɪt/ *n.* **1** bersaglio *m.*, segno *m.*, target *m.* **2** (*Mil*) obiettivo *m.*, bersaglio *m.* **3** (*fig*) oggetto *m.*: *he is a* ~ *for scorn* è oggetto di scherno. **4** (*fig*) (*object of action*) obiettivo *m.*, bersaglio *m.*: *the new government chose public expenditure as its first* ~ il nuovo governo scelse la spesa pubblica come suo primo obiettivo. **5** (*fig*) (*sth. aimed at, goal*) meta *f.*, traguardo *m.*, obiettivo *m.*, scopo *m.* **6** (*Sport*) (*in fencing*) bersaglio *m.* **7**

(*in marketing*) target *m.* **8** (*Ferr*) semaforo *m.*, disco *m.* **9** (*Topogr*) scopo *m.* **10** (*Arald*) ancile *m.*, parma *f.* **11** (*Mil,ant*) targa *f.* □ (*Mil*) ~ *area* zona in cui si trovano gli obiettivi da colpire; ~*date* data prescritta, data stabilita; (*Inform*) ~*disk* disco di destinazione; (*Sport*) ~ *heart rate* frequenza cardiaca mirata; ~ *language* : **1** (*in translation*) lingua di arrivo; **2** (*Inform*) linguaggio tradotto; (*Comm*) ~ *market* mercato obiettivo; *on* ~ (*on the right track*) sulla pista giusta, sulla buona strada; (*Mil*) ~*practice* esercitazioni di tiro al bersaglio, tiro al bersaglio; (*Econ*) ~*price* prezzo di obiettivo; (*Mar.mil*) ~*ship* nave bersaglio; ~*shooting* tirassegno, tiro a segno.

tariff /'tærɪf/ **I** *n.* **1** (*Econ*) tariffe *f.pl.* doganali. **2** (*Econ*) (*duty, rate of duty*) dazio *m.*, tariffa *f.* doganale. **3** (*Comm*) (*table of charges, prices*) tariffe *f.pl.*, listino *m.* prezzi, tariffario *m.*: *hotel* -*s* tariffe alberghiere. **II** *v.t.* tariffare. □ (*Econ*) ~*acts* leggi tariffarie; ~*barrier* barriera doganale; (*Econ*) ~*listing* tariffazione; ~*negotiations* negoziati tariffari; (*Econ*) ~*quota* contingente tariffario; ~*reform* riforma tariffaria; ~*wall* barriera doganale.

tarlatan /'tɑːrlətən/ *n.* (*Tess,Sart*) tarlatana *f.*

tarmac /'tɑːmæk/ *n.* (*Br*) **1** (*Strad*) strato *m.* di macadam al catrame, (*estens*) asfalto *m.*; (*surface, road*) superficie *f.* (o strada *f.*) in macadam al catrame, (*estens*) superficie *f.* asfaltata. **2** (*Aer*) pista *f.* (in macadam al catrame).

tar-macadam /ˌtɑːmə'kædəm/ *n.* (*Br,Strad*) macadam *m.* al catrame, (*estens*) asfalto *m.*

tarn /tɑːn *Am* tɑːrn/ *n.* laghetto *m.* di montagna.

tarnal /'tɑːnəl *Am* 'tɑːrnəl/ **I** *a.* (*Am,dial*) (*damned*) dannato, maledetto. **II** *intz.* (*Am, dial*) (*damned*) dannato!, maledetto!

tarnation /ˌtɑːr'neɪʃən/ **I** *intz.* (*Am,eufem*) dannazione!, maledizione!, accidenti! **II** *n.* (*Am, eufem*) dannazione *f.*, maledizione *f.*

tarnish /'tɑːnɪʃ *Am* 'tɑːrnɪʃ/ **I** *v.t.* **1** (*of metals*) ossidare, appanare, annerire. **2** (*fig*) infangare, macchiare, sporcare: *the scandal -ed his name* lo scandalo ha infangato il suo nome. **II** *v.i.* **1** ossidarsi, annerirsi, appannarsi. **2** (*fig*) macchiarsi, sporcarsi. **III** *n.* **1** annerimento *m.*, appannamento *m.* **2** (*tarnished coating*) patina *f.* **3** (*fig*) onta *f.*, macchia *f.*

tarnishable /'tɑːnɪʃəbl *Am* 'tɑːrnɪʃəbl/ *a.* che si può annerire, ossidabile.

tarot /'tæroʊ/ *n.* tarocco *m.*: ~ *cards* i tarocchi.

tarp /tɑːrp/ *n.* (*Am,colloq*) (*tarpaulin*) incerata *f.*, tela *f.* incerata, copertone *m.* impermeabile.

tarpaulin /'tɑːpəlɪn *Am* 'tɑːrpəlɪn/ *n.* **1** incerata *f.*, tela *f.* incerata, copertone *m.* impermeabile. **2** (*fig,rar*) (*sailor*) marinaio *m.* **3** *pl.* (*garments*) abiti *m.pl.* d'incerata.

Tarpeia /tɑːr'piːə *Am* tɑːr'piːə/ *n.pr.f.* (*Stor.rom*) Tarpea.

Tarpeian /tɑːr'piːən *Am* tɑːr'piːən/ *a.* (*Stor.rom*) tarpeo: ~ *Rock* rupe tarpea.

tarpon /'tɑːpən *Am* 'tɑːrpən/ (*pl.inv.* o -**s** /-z/; *il pl. inv. si usa general. con valore collett.*) *n.* (*Itt*) tarpone *m.* atlantico.

tarradiddle /'tærəˌdɪdl/ *n.* (*Br,colloq*) piccola bugia *f.*, frottola *f.*, fandonia *f.*

tarragon /'tærəgən *Am* 'terəˌgɑːn/ *n.* (*Bot*) dragoncella *f.*, dragoncello *m.*

tarred /tɑːd *Am* tɑːrd/ *a.* incatramato, (*estens*) asfaltato. □ (*fig*) ~*with the same brush* della stessa razza.

tarry [1] /'tærɪ *Am* 'teri/ *v.i.* (*ant*) **1** (*lett*) indugiare, temporeggiare; (*to be late*) essere in ritardo. **2** (*to sojourn*) trattenersi, sostare in un luogo, soggiornare.

tarry[2] /'ta:ri *Am* 'teri/ *a.* **1** catramoso. **2** (*covered with tar*) incatramato, catramato.

tarsal /'ta:səl *Am* 'ta:rsəl/ *a.* (*Anat*) tarsale.

tarsia /'ta:siə *Am* 'ta:rsiə/ *n.* (*Art*) tarsia *f.*

tarsus /'ta:səs *Am* 'ta:rsəs/ (*pl.* **-si** /-sai/) *n.* (*Anat,Entom*) tarso *m.*

Tarsus /'ta:səs *Am* 'ta:rsəs/ *n.pr.* (*Geog*) Tarso *f.*

tart[1] /ta:t *Am* ta:rt/ *a.* **1** acido, aspro, agro. **2** (*fig*) aspro, acido, mordace, caustico.

tart[2] /ta:t *Am* ta:rt/ *n.* **1** (*Dolc*) (*uncovered pie*) crostata *f.*; (*small pastry*) pasta *f.*, crostatina *f.*, tortina *f.*: *jam -s* crostatine alla marmellata. **2** (*sl*) (*woman of loose morals*) sgualdrina *f.*; (*prostitute*) puttana *f.* □ (*Br,sl*) *to ~ up*: **1** (*to make gaudy, showy*) ornare in modo vistoso; **2** (*to clean up superficially*) pulire superficialmente, dare una pulita a.

tartan[1] /'ta:tən *Am* 'ta:rtən/ **I** *n.* **1** (*Tess*) tartan *m.*, tessuto *m.* di lana scozzese. **2** (*Abbigl*) indumento *m.* di tessuto scozzese. **II** *a.* scozzese: *a ~ skirt* una gonna scozzese; *~ trousers* pantaloni scozzesi.

tartan[2] /'ta:tən *Am* 'ta:rtən/ *n.* (*Mar*) tartana *f.*

tartar /'ta:tə *Am* 'ta:rtə/ **I** *n.* **1** (*Dent,Chim*) tartaro *m.* **2** (*fearsome person*) energumeno *m.* (*f.* -a), individuo *m.* violento (e irascibile). **II** *a.* tartaro, tataro, tartaresco. □ (*Chim, Farm*) *~ emetic* tartaro emetico; (*Gastron*) *~ sauce* salsa tartara.

Tartar /'ta:tə *Am* 'ta:rtə/ **I** *n.* (*Stor*) tartaro *m.* **II** *a.* tartaro, tataro, tartaresco. □ (*fig*) *to catch a ~* trovare pane per i propri denti.

tartare /'ta:tə *Am* ,ta:r'ta:r/ □ (*Gastron*) *~ sauce* salsa tartara; (*Gastron*) *~ steak* tartara, bistecca alla tartara.

Tartarean /ta:'teəriən *Am* ta:r'teriən/ *a.* **1** (*Mitol*) tartareo. **2** (*fig*) infernale, tartareo.

Tartarian /ta:'teəriən *Am* ta:r'teriən/ *a.* tartaro, tataro, tartaresco.

tartaric /ta:'tærik *Am* ta:r'terik/ *a.* (*Chim*) tartarico: *~ acid* acido tartarico.

tartarisation /,ta:tərai'zeiʃən/ *n.* (*Br,Chim*) il sottoporre all'azione del tartaro.

tartarise /'ta:tə,raiz/ *v.t.* (*Br*) sottoporre all'azione del tartaro.

tartarization /,ta:tərai'zeiʃən *Am* ,ta:rtəri'zeiʃən/ *n.* (*Chim*) il sottoporre all'azione del tartaro.

tartarize /'ta:tə,raiz *Am* 'ta:rtər,aiz/ *v.t.* sottoporre all'azione del tartaro.

tartarous /'ta:tərəs *Am* 'ta:rtərəs/ *a.* tartarico.

Tartarus /'ta:tərəs *Am* 'ta:rtərəs/ *n.pr.* (*Mitol*) Tartaro *m.*

Tartary /'ta:təri *Am* 'ta:rtəri/ *n.pr.* (*Geog.stor*) Tartaria *f.*

tartlet /'ta:tlɪt *Am* 'ta:rtlɪt/ *n.* (*Dolc*) tartelletta *f.*, tortina *f.*

tartly /'ta:tli *Am* 'ta:rtli/ *avv.* **1** aspramente, acidamente. **2** (*fig*) aspramente, acidamente, causticamente.

tartness /'ta:tnɪs *Am* 'ta:rtnɪs/ *n.* **1** acidità *f.*, agro *m.* **2** (*fig*) asprezza *f.*, acidità *f.*, causticità *f.*

tartrate /'ta:treit *Am* 'ta:rtreit/ *n.* (*Chim*) tartrato *m.*, tartarato *m.*

tartrazine /'ta:trəzi:n *Am* 'ta:rtrəzi:n/ *n.* (*Chim*) tartrazina *f.*

Tartufe, Tartuffe /ta:'tuf *Am* ,ta:r'tuf/ *n.* (*fig*) tartufo *m.*, ipocrita *m.*, bigotto *m.*

Tartuffery /ta:'tufəri *Am* ,ta:r'tufəri/ *n.* ipocrisia *f.*, fariseismo *m.*, bigottismo *m.*

Tartuffism /ta:'tufiz(ə)m *Am* ,ta:r'tufɪz(ə)m/ *n.* ipocrisia *f.*, fariseismo *m.*, bigottismo *m.*

tarty /'ta:ti *Am* 'ta:rti/ *a.* provocante, eccitante.

task /ta:sk *Am* tæsk/ **I** *n.* **1** compito *m.*, lavoro *m.*: *to set so. a ~* assegnare un compito a qcu. **2** (*duty*) incarico *m.*, compito *m.*, mansione *f.*, dovere *m.*, incombenza *f.* **3** (*Inform*) task *m.* **II** *v.t.* **1** affaticare, sforzare, sottoporre a uno sforzo. **2** (*to impose a task on*) incaricare, imporre un compito a, assegnare un compito a. □ *~ force*: **1** (*Mil*) task-force, unità operativa; **2** (*group of experts*) task-force, gruppo di esperti (incaricato di formulare strategie operative); (*Inform*) *~ management* gestione dei compiti; (*Inform*) *~ swapping* scambio di task; (*Inform*) *~ switching* commutazione di task; *to take to ~*: **1** richiamare (all'ordine), rimproverare, riprendere; **2** (*to find fault with*) trovare da ridire su, criticare.

taskbar /'ta:skba:ᵣ *Am* 'tæskba:r/ *n.* (*Inform*) barra *f.* delle applicazioni.

taskmaster /'ta:skma:stə *Am* 'tæskmæstəᵣ/ *n.* **1** chi sovraccarica gli altri di lavoro. **2** (*strict overseer*) sorvegliante *m.* severo: *the new manager proved a hard ~* il nuovo direttore si rivelò un vero aguzzino.

taskmistress /'ta:skmistrɪs *Am* 'tæskmɪstrɪs/ *n.* sorvegliante *f.* severa.

taskwork /'ta:skwɜːk *Am* 'tæskwɜːrk/ *n.* (*piecework*) lavoro *m.* a cottimo.

Tasmania /tæz'meiniə *Am* tæz'meiniə/ *n.pr.* (*Geog*) Tasmania *f.*

Tasmanian /tæz'meiniən *Am* tæz'meiniən/ **I** *a.* tasmaniano. **II** *n.* **1** tasmaniano *m.* (*f.* -a). **2** (*language*) lingua *f.* tasmanide.

tass /tæs/ *n.* (*Scott*) **1** (*cup*) coppa *f.* **2** (*small drink*) sorso *m.*, goccio *m.*

tassel[1] /'tæsəl/ *n.* **1** nappa *f.*, fiocco *m.* **2** (*silk bookmark*) segnalibro *m.* di seta con nappina. **3** (*Bot*) barba *f.* (di pannocchia).

tassel[2] /'tæsəl/ (*past, p.p.* **tasselled** /*Am* tasseled /-d/) *I v.t.* **1** munire di nappe, provvedere di nappe. **2** (*Agr*) cimare. **II** *v.i.* (*Am,Agr*) (*of corn, etc.*) fiorire. □ (*Am,Agr*) *to ~ out* (*of corn, etc.*) fiorire.

tastable /'teistəbl̩/ *a.* gustabile.

taste /teist/ **I** *v.t.* **1** assaggiare, degustare, gustare: *she -d the dish* assaggiò la pietanza; *to ~ wine* degustare il vino. **2** (*to perceive the flavour of*) sentire (il sapore di), gustare: *I couldn't ~ the brandy in the sauce* non sono riuscito a sentire il sapore del brandy nella salsa. **3** (*to eat, to drink a small quantity of*) assaggiare, toccare, mangiare pochissimo di: *you've hardly -d your dinner* non hai quasi toccato il pranzo. **4** (*fig*) provare, sentire, gustare, sperimentare: *to ~ the joys of victory* provare le gioie della vittoria. **II** *v.i.* **1** sentire i sapori, distinguere i sapori, avere il senso del gusto: *it's difficult to ~ when you have a cold* è difficile sentire i sapori quando si è raffreddati. **2** (*to have a flavour*) sapere, avere un sapore, avere un gusto: *to ~ sweet* avere un sapore dolce; *this salad -s of garlic* questa insalata sa di aglio; *it -s terrible* ha un sapore orribile. **3** (*fig,lett*) assaporare, provare (qcs.), fare esperienza (di): *to ~ success* assaporare il successo. **III** *n.* **1** gusto *m.*, palato *m.* **2** (*flavour*) sapore *m.*, gusto *m.* (*anche fig*): *the bitter ~ of defeat* il sapore amaro della sconfitta. **3** (*small quantity, sample*) (un) po', assaggio *m.*, assaggino *m.*: *give me a ~ of your ice-cream* dammi un po' del tuo gelato. **4** (*fig*) saggio *m.*, campione *m.*, assaggio *m.*: *he gave us a ~ of his abilities* ci diede un saggio delle sue capacità. **5** (*fig*) (*slight trace, tinge*) pizzico *m.*, traccia *f.*, ombra *f.* **6** (*liking, inclination*) inclinazione *f.*, gusto *m.*, tendenza *f.*, propensione *f.*: *to have a ~ for music* avere un'inclinazione per la musica. **7** (*preference in food, drink*) predilezione *f.*, preferenza *f.*: *to have a ~ for spicy food* avere una predilezione per i cibi piccanti. **8** (*appreciation of aesthetic, artistic excellence*) gusto *m.*, senso *m.* estetico: *her ~ in clothes is perfect* ha un gusto perfetto nella scelta degli abiti. **9** (*good, correct discernment*) (buon) gusto *m.*: *a person of ~* una persona che ha buon gusto, una persona di buon gusto. **10** (*tact*) tatto *m.*, senso *m.* dell'opportunità, delicatezza *f.*, garbo *m.* □ (*Anat*) *~ bud* organo gustativo; *the film was too violent for my ~* il film era troppo violento per i miei gusti; *to ~ like* sapere di, avere sapore di: *this wine -s like vinegar* questo vino sa di aceto; *what does it ~ like?* di che cosa sa?, di cosa sa?; (*colloq,fig*) *to give so. a ~ of his own medicine* ripagare qcu. con la stessa moneta, rendere a qcu. pan per focaccia; *to ~ a piacere*, come si gradisce, come si preferisce, a proprio gusto: *add milk and sugar to ~* aggiungete latte e zucchero a piacere; *modern music is not to my ~* la musica moderna non è di mio gusto, la musica moderna non mi piace; *everyone to his ~* ognuno ha i suoi gusti. *Prov.*: *-s differ* (tutti) i gusti sono gusti, de gustibus non est disputandum.

tasteable /'teistəbl̩/ *a.* gustabile.

tasteful /'teistful/ *a.* di gusto, di buon gusto, raffinato, fine: *~ furniture* mobili di gusto.

tastefully /'teistfuli/ *avv.* con gusto, raffinatamente.

tastefulness /'teistfulnis/ *n.* (buon) gusto *m.*, raffinatezza *f.*

tasteless /'teistlis/ *a.* **1** insapore, senza sapore, insaporo, insipido: *~ food* cibo insaporе. **2** (*lacking aesthetic taste*) di cattivo gusto, privo di, di cattivo gusto, senza gusto.

tastelessly /'teistlisli/ *avv.* **1** scipitamente, insipidamente, senza sapore. **2** (*without aesthetic taste*) senza gusto, privo di gusto, dozzinale.

tastelessness /'teistlisnis/ *n.* **1** insipidità *f.*, scipitezza *f.*, insipidezza *f.* **2** (*lack of aesthetic taste*) cattivo gusto *m.*, dozzinalità *f.*

tastemaker /'teistmeikəᵣ/ *n.* persona *f.* che plasma o condiziona i gusti, persona *f.* che decide ciò che è accettabile o di tendenza.

taster /'teistəᵣ *Am* 'teistəᵣ/ *n.* **1** assaggiatore *m.* (*f.* -trice), degustatore *m.* (*f.* -trice). **2** (*instrument for taking samples of cheese*) saggiatore *m.*

tastily /'teistili/ *avv.* gustosamente, saporitamente, saporosamente.

tastiness /'teistinis/ *n.* gustosità *f.*, saporosità *f.*

tasty /'teisti/ *a.* **1** saporito, di buon sapore, gustoso, di gusto gradevole: *a ~ dish* un piatto saporito. **2** (*Br,colloq*) attraente, piacente.

tat[1] /tæt/ (*past, p.p.* **tatted** *Am* 'tætid/) **I** *v.i.* fare il chiacchierino. **II** *v.t.* (*to make by tatting*) fare a chiacchierino.

tat[2] /tæt/ *n.* (*Tess*) stuoia *f.*

tat[3] /tæt/ *n.* (*Br,colloq*) robaccia *f.*, ciarpame *m.*

TAT (*Psic*) *thematic apperception test* TAT (test di appercezione tematica).

ta-ta /,tə'ta:/ *intz.* (*Br,colloq*) (*good-bye*) ciao!

ta-tas /'ta:ta:z/ *n.pl.* (*infant,colloq*) (*walk*) passeggiatina *f.sing.*, spasso *m.sing.*: *to go ~* andare a spasso.

tater /'teitəᵣ/ *n.* (*dial,sl*) (*potato*) patata *f.*

tatter /'tætəᵣ *Am* 'tætəᵣ/ *n.* **1** straccio *m.*, cencio *m.* **2** *pl.* abiti *m.pl.* sbrindellati, stracci *m.pl.*, cenci *m.pl.* □ *in -s*: **1** stracciato, in pezzi; **2** (*fig*) distrutto, rovinato.

tatterdemalion /,tætədə'meiljən *Am* ,tætᵊrdə'meiliən/ *n.* straccione *m.* (*f.* -a).

tattered /'tætəd *Am* 'tætᵊrd/ *a.* **1** cencioso, stracciato, sbrindellato, lacero, a brandelli: *~ clothes* abiti cenciosi. **2** (*fig*) rovinato, malridotto, malconcio, malandato.

tattily /'tætili *Am* 'tætili/ *avv.* in cattivo stato, in disordine.

tattiness /'tætinis *Am* 'tætinis/ *n.* cattivo stato *m.*

tatting /'tætɪŋ *Am* 'tæṭɪŋ/ *n.* **1** (*act*) il fare il chiacchierino. **2** (*result: type of lace*) chiacchierino *m.*

tattle /'tætəl/ **I** *v.i.* **1** chiacchierare, ciarlare, cianciare, blaterare. **2** (*to gossip*) pettegolare, spettegolare, fare pettegolezzi. **3** (*to reveal secrets*) rivelare segreti, spifferare segreti. **II** *v.t.* **1** dire scioccamente. **2** (*to make known by foolish talk*) divulgare chiacchierando scioccamente. **III** *n.* **1** chiacchiera *f.*, ciarla *f.*, cicalata *f.*, discorso *m.* sciocco, discorso *m.* futile. **2** (*gossip*) pettegolezzi *m.pl.*, chiacchiere *f.pl.*, maldicenza *f.*

tattler /'tætlər *Am* 'tæṭlər/ *n.* chiacchierone *m.* (*f.* -a), pettegolo *m.* (*f.* -a).

tattoo[1] /tə'tu:, tæ'tu:/ **I** *n.* **1** (*Mil*) (*signal*) ritirata *f.*: *to beat the ~* suonarc la ritirata. **2** (*military pageant, entertainment*) parata *f.* serale accompagnata da musica. **3** (*drumming, beating*) picchiettio *m.*, ticchettio *m.*, il tamburellare, il picchiettare: *the ~ of rain on the roof* il picchiettio della pioggia sul tetto. **II** *v.i.* **1** tamburellare, picchiettare, picchierellare. **2** (*Mil*) suonare la ritirata. **III** *v.t.* tamburellare su, picchiettare su, picchierellare su, battere su.

tattoo[2] /tə'tu:, tæ'tu:/ **I** *n.* tatuaggio *m.* (*anche Etnol*). **II** *v.t.* tatuare.

tattooer /tæ'tu:ər/ *n.* tatuatore *m.* (*f.* -trice).

tattooing /tæ'tu:ɪŋ/ *n.* tatuaggio *m.* (*anche Etnol*).

tattooist /tæ'tu:ɪst/ *n.* chi esegue tatuaggi.

tatty /'tæti *Am* 'tæṭi/ *a.* **1** maltenuto, in cattivo stato, malconcio. **2** (*tattered*) stracciato, cencioso, lacero, a brandelli, sbrindellato: *~ clothes* abiti stracciati.

tau /tɔ:, taʊ/ *n.* (*letter of the Greek alphabet*) tau *f./m.* □ *~cross* croce di Sant'Antonio, tau, croce a tau; (*Fis*) *~particle* particella tau.

taught /tɔ:t/ → **teach**.

taunt /tɔ:nt/ **I** *v.t.* **1** beffarsi di, prendersi gioco di, deridere, schernire, beffare: *to ~ so. about her shyness* beffarsi di qcu. per la sua timidezza. **2** (*to reproach sarcastically*) rimproverare con sarcasmo, criticare con sarcasmo. **3** (*to provoke by taunts*) provocare (con lo scherno), stuzzicare, punzecchiare. **II** *n.* **1** beffa *f.*, (*rar,lett*) dileggio *m.*, scherno *m.*, derisione *f.* **2** (*bitter, stinging remark*) osservazione *f.* sarcastica, battuta *f.* pungente, stoccata *f.* □ *to ~ so.into doing sth.* spingere qcu. a fare qcs. schernendolo.

taunter /'tɔ:ntər/ *n.* chi fa osservazioni sarcastiche, stoccatore *m.* (*f.* -trice).

tauntingly /'tɔ:ntɪŋli *Am* 'tɔ:nṭɪŋli/ *avv.* sarcasticamente.

taupe /toʊp/ *n.* grigio *m.* talpa.

tauriform /'tɔ:rɪfɔ:m *Am* 'tɔ:rɪfɔ:rm/ *a.* tauriforme, tauromorfo.

taurine[1] /'tɔ:ri:n/ *a.* **1** taurino. **2** (*of the zodiacal sign Taurus*) del segno del Toro.

taurine[2] /'tɔ:ri:n/ *m.* (*Chim*) taurina *f.*

taurocholic /,tɔ:rə'kɒlɪk/ □ (*Biol,Chim*) *~ acid* acido taurocolico.

tauromachy /tɔ:'rɒməki *Am* ,tɔ:'rɑ:məki/ *n.* tauromachia *f.*

Taurus /'tɔ:rəs/ *n.pr.* **1** (*Astr*) Toro *m.* **2** (*person*) Toro *m.*, persona *f.* nata sotto il segno del Toro.

taut /tɔ:t/ *a.* **1** teso, rigido, tirato: *to keep a rope ~* tenere tesa una corda; *~ nerves* nervi tesi. **2** (*Mar*) (*of a ship*) in ordine. □ *~ muscles* muscoli tesi; *~skin* pelle tesa.

tauten /'tɔ:tən/ **I** *v.t.* tendere, tirare: *to ~ a rope* tendere una corda. **II** *v.i.* tendersi.

tautly /'tɔ:tli/ *avv.* in modo teso, in modo tirato.

tautness /'tɔ:tnɪs/ *n.* l'essere teso, tensione *f.*

tautologic /,tɔ:tə'lɒdʒɪk *Am* ,tɔ:ṭə'lɑ:dʒɪk/ *a.* (*Filos, Ling*) tautologico.

tautological /,tɔ:tə'lɒdʒɪkəl *Am* ,tɔ:ṭə'lɑ:dʒɪkəl/ *a.* (*Filos, Ling*) tautologico.

tautologically /,tɔ:tə'lɒdʒɪkli *Am* ,tɔ:ṭə'lɑ:dʒɪkəli/ *avv.* in modo tautologico.

tautologise /tɔ:'tɒlə,dʒaɪz/ *v.i.* (*Br*) fare uso di tautologie.

tautologize /tɔ:'tɒlə,dʒaɪz *Am* ,tɔ:'tɑ:lədʒaɪz/ *v.i.* fare uso di tautologie.

tautology /tɔ:'tɒlədʒi *Am* ,tɔ:'tɑ:lədʒi/ *n.* tautologia *f.*

tautomer /'tɔ:təmər *Am* 'tɔ:ṭəmər/ *n.* (*Chim*) tautomero *m.*

tavern /'tævən *Am* 'tævərn/ *n.* **1** locanda *f.*, alberghetto *m.* **2** (*place where liquors are sold*) osteria *f.*, bettola *f.*, taverna *f.*

taverner /'tævənər *Am* 'tævərnər/ *n.* oste *m.*, taverniere *m.*

taw[1] /tɔ:/ *n.* **1** bilia *f.*, biglia *f.*, pallina *f.* **2** (*game*) gioco *m.* delle bilie, gioco *m.* delle biglie.

taw[2] /tɔ:/ *v.t.* (*Pell*) trattare con allume, allumare.

tawdrily /'tɔ:drɪli/ *avv.* in modo pacchiano, con cattivo gusto.

tawdriness /'tɔ:drɪnɪs/ *n.* vistosità *f.*, pacchianeria *f.*

tawdry /'tɔ:dri/ *a.* **1** appariscente, vistoso, pacchiano, di cattivo gusto. **2** (*worthless*) da due soldi, di scarso valore, da poco.

tawer /'tɔ:ər/ *n.* (*Pell*) conciatore *m.* (che usa l'allume).

tawery /'tɔ:ri/ *n.* (*Pell*) conceria *f.* (in cui si usa l'allume).

tawing /'tɔ:ɪŋ/ *n.* (*Pell*) concia *f.* con allume.

tawniness /'tɔ:nɪnɪs/ *n.* l'essere di color bruno fulvo.

tawny /'tɔ:ni/ **I** *a.* bruno fulvo. **II** *n.* color *m.* bruno fulvo.

tax /tæks/ **I** *n.* **1** (*Econ*) tassa *f.*, imposta *f.*, gravame *m.*, tributo *m.*: *to pay one's -es* pagare le tasse; *to collect -es* riscuotere le imposte. **2** (*fig*) carico *m.*, onere *m.*, peso *m.*, gravame *m.* **II** *v.t.* **1** (*Econ*) tassare, sottoporre a tassazione, sottoporre a imposta. **2** (*fig*) (*to place under a burden*) affaticare, gravare, sforzare. **3** (*fig*) (*to make demands on*) mettere alla prova: *to ~ so.'s patience* mêttere alla prova la pazienza di qcu. **4** (*fig*) (*to accuse*) accusare, tacciare, incolpare: *to ~ so. with laziness* accusare qcu. di pigrizia. □ *~adviser* fiscalista; *~allowance* detrazione fiscale, sgravio di imposta; (*Br*) *~avoidance* elusione fiscale; *~base* base imponibile; *~ bracket* categoria fiscale; (*colloq*) *~ break* agevolazione fiscale; *~burden* carico fiscale, onere fiscale; *~capitalization* capitalizzazione di un'imposta; *~collector* esattore delle imposte; *~concession* agevolazioni fiscali, sgravi fiscali; *~credit* credito d'imposta; *~ cut* riduzione fiscale; *~declaration* dichiarazione delle imposte; *~deduction* detrazione fiscale; (*Aut*) *~disc* bollo di circolazione; *~discrimination* discriminazione fiscale; (*colloq*) *~dodger* evasore fiscale; (*colloq*) *~dodging* evasione fiscale; *~equity* giustizia fiscale; *~evader* evasore fiscale; *~ evasion* evasione fiscale; *~ exemption* : 1(*Br*) esenzione fiscale; 2 (*Am*) detrazione fiscale; *~exile* (o *~expatriate*) chi ripara all'estero per evadere le tasse; *~form* modulo per la dichiarazione dei redditi; *~haven* paradiso fiscale; *~law* diritto tributario; *~loophole* scappatoia fiscale; *~offence* reato tributario; *the last lap was a terrible ~on histstamina* l'ultimo giro mise a dura prova la sua forza di resistenza; (*Econ*) *~on value added* imposta sul valore aggiunto; *~payer* contribuente: *list of ~ payers* ruolo dei contribuenti; *~progression* progressione fiscale; *~rate* aliquota contributiva; (*Econ*) *~rebate* rimborso fiscale; *~reduction* riduzione delle tasse; *~ reform* riforma tributaria; *~refund* rimborso d'imposta; *~relief* agevolazioni fiscali, sgravi fiscali; *~ return* dichiarazione dei redditi; *~schedule* categoria d'imposta; *~ shelter* scappatoia fiscale; *~ statement* dichiarazione delle imposte; (*fig*) *a ~ on one'sstrength* una cosa che richiede un dispendio di forze; (*fig*) *to ~ so.'s strength* affaticare molto qcu.; *~ voucher* certificato di credito d'imposta; (*Econ*) *~withheld at source* (o *~withheld at the source*) ritenuta alla fonte; *~year* anno fiscale; *~yield* gettito di un'imposta.

taxability /,tæksə'bɪlɪti *Am* ,tæksə'bɪlɪṭi/ *n.* tassabilità *f.*, imponibilità *f.*

taxable /'tæksəbl/ *a.* tassabile, imponibile, soggetto a tassazione. □ *~income* reddito imponibile, imponibile; *~profit* utile imponibile; *~value* valore fiscale.

taxation /tæk'seɪʃən/ *n.* **1** (*Econ*) tassazione *f.* **2** (*collett.*) tasse *f.pl.*, imposte *f.pl.* □ *~power* autonomia impositiva; *~ schedule* categoria d'imposta; *~ system* sistema tributario.

taxational /tæk'seɪʃənəl/ *a.* tributario, fiscale, della tassazione.

tax-deductible /,tæksdɪ'dʌktɪbl *Am* ,tæksdɪ'dʌktɪbl/ *a.* detraibile (dall'imposta).

taxeme /'tæk'si:m/ *n.* (*Ling*) tassema *m.*

tax-exempt /'tæksəg,zempt/ *a.* esentasse, esente da imposte.

tax-free /'tæksfri:/ *a.* esentasse, esente da imposte.

taxi /'tæksi/ **I** *n.* (*pl.* **-s/-es** /-z/) taxi *m.*, (*rar*) tassì *m.*, (*ant*) autopubblica *f.* **II** *v.i.* **1** andare in taxi. **2** (*Aer*) far rullare; (*of a seaplane*) far flottare. □ *~cab* taxi; *~dancer* taxi-girl, entraineuse; *~driver* tassista; (*Br*) *~rank* (o *Am ~stand*) posteggio dei taxi.

taxidermal /'tæksɪ,dɜ:məl *Am* 'tæksɪdɜ:rməl/ *a.* della tassidermia, relativo alla tassidermia.

taxidermic /'tæksɪ,dɜ:mɪk *Am* 'tæksɪ,dɜ:rmɪk/ *a.* della tassidermia, relativo alla tassidermia.

taxidermist /'tæksɪ,dɜ:mɪst *Am* 'tæksɪdɜ:rmɪst/ *n.* tassidermista *m./f.*

taxidermy /'tæksɪ,dɜ:mi *Am* 'tæksɪ,dɜ:rmi/ *n.* tassidermia *f.*

taximeter /'tæksɪmi:tər *Am* 'tæksɪmi:ṭər/ *n.* tassametro *m.*

taxing /'tæksɪŋ/ *a.* gravoso, faticoso.

taxi-plane /'tæksɪpleɪn/ *n.* (*Aer*) aerotaxi *m.*

taxis /'tæksɪs/ *n.* (*pl.* **-xes** /-si:z/) **1** (*Biol*) tassismo *m.*, tattismo *m.*, tassia *f.*; (*classification*) classificazione *f.*, tassonomia *f.* **2** (*Med*) taxis *f.*

taxiway /'tæksɪweɪ/ *n.* (*Aer*) pista *f.* di rullaggio.

taxman /'tæksmæn/ *n.irr.* (*colloq*) **1** esattore *m.* delle imposte, (*estens*) guardia *f.* di finanza. **2** (*estens*) fisco *m.*

taxology /tæk'sɒlədʒi *Am* ,tæk'sɑ:lədʒi/ *n.* tassonomia *f.*

taxonomic /,tæksə'nɒmɪk *Am* ,tæksə'nɑ:mɪk/ *a.* (*Biol*) tassonomico.

taxonomical /,tæksə'nɒmɪkəl *Am* ,tæksə'nɑ:mɪkəl/ *a.* (*Biol*) tassonomico.

taxonomy /tæk'sɒnəmi *Am* ,tæk'sɑ:nəmi/ *n.* tassonomia *f.*

taxpayer /'tækspeɪər/ *n.* contribuente *m./f.*

tax-ridden /'tæksrɪdən/ *a.* tartassato dal fisco.

taxroll /'tæksroul/ n. ruolo m. delle imposte.

tayberry /'teɪbəri Am 'teɪˌberi/ n. (Bot) ibrido m. tra mora e lampone.

Taylor /'teɪləʳ/ □ (Mat) ~ series serie di Taylor.

Tay-Sachs /ˌteɪ'sæks/ □ (Med) ~ disease gangliosidosi di Tay-Sachs.

TB /ˌtiː'biː/ n. (Med) tuberculosis TBC (tubercolosi).

t.b.a. /ˌtiːbiː'eɪ/ to be announced (da comunicare, detto di data).

T-bar /'tiːbɑːʳ Am 'tiːbɑːr/ n. (Tecn) trave f. a T, ferro m. a T.

TBD /ˌtiːbiː'diː/ **1** (Mar.mil) torpedo-boat destroyer CT (cacciatorpediniere). **2** (colloq) to be discussed (da discutere, da discutersi).

T-bevel /'tiːbevəl/ n. (Fal) squadra f. a T.

T-bolt /'tiːboʊlt/ n. (Tecn) vite f. con testa a T.

T-bond /'tiːbɑːnd/ m. (Econ) buono m. del tesoro, BOT m., certificato m. del tesoro, CCT m.

T-bone /'tiːboʊn/ n. (Macell,Gastron) bistecca f. con l'osso (simile alla fiorentina). □ (Macell,Gastron) ~ steak bistecca con l'osso (simile alla fiorentina).

tbsp tablespoon (cucchiaio, cucchiata).

T.C. Town Councillor (consigliere comunale).

TCH Chad TCH (Ciad).

T.D. (US) Treasury Department (ministero del tesoro).

tea /tiː/ **I** n. **1** (Bot) tè m., (rar) the m. **2** (leaves, drink) tè m.: a packet of ~ un pacchetto di tè; a cup of ~ una tazza di tè. **3** (estens) (vegetable infusion) infuso m., tè m. **4** (Br) (afternoon refreshments) tè m., ricevimento m. pomeridiano, rinfresco m. pomeridiano. **5** (Am, sl,ant) (marijuana) marijuana f., (gerg) erba f. **II** a. di tè, relativo al tè. □ to be at ~ stare prendendo il tè; ~ bag bustina di tè; (Am) ~ ball uovo da tè; ~ biscuits biscotti da tè,, biscottini da tè; ~ break pausa per il tè, intervallo per il tè; ~ caddy scatola per il tè, barattolo per il tè; (Am) ~ cart carrello portavivande; ~ ceremony ceremonia del tè; ~ chest cassa usata per trasportare te; (Mar) ~ clipper clipper per il trasporto del tè; ~ cloth: 1 canovaccio per asciugare i piatti, strofinaccio per asciugare i piatti; 2 (small tablecloth) tovaglietta da tè; ~ cosy (o ~ cozy) copriteiera; ~ dance tè danzante; (sl) ~ fight tè, ricevimento pomeridiano, trattenimento pomeridiano; ~ garden: 1 ristorante all'aperto; 2 (tea plantation) piantagione di tè; (Abbigl,ant) ~ gown abito da pomeriggio; ~ house (in the East) casa da tè; (colloq) not for all the ~ in China neanche per tutto l'oro del mondo, per niente al mondo; ~ kettle bollitore da tè; ~ lady donna addetta alla preparazione del tè (in un luogo di lavoro ecc.); ~ leaf foglia di tè; ~ party: 1 tè, ricevimento pomeridiano, trattenimento pomeridiano; 2 (sl) (sth. easy, without danger) scherzo, giochetto, bazzecola, bagatella, inezia; ~ plantation piantagione di tè; ~ planter coltivatore di tè, piantatore di tè; ~ room sala da tè; (Bot) ~ rose rosa tea, rosa tè; ~ service (o ~ set) servizio da tè; ~ shop sala da tè; ~ strainer colino da tè; ~ table tavolino da tè; ~ taster assaggiatore di tè; to invite (o to ask) so. to ~ invitare qcu. per il tè, invitare qcu. a un tè; ~ towel canovaccio per asciugare i piatti, strofinaccio per asciugare i piatti; ~ tray vassoio da tè; ~ trolley carrello da tè; ~ urn samovar; (Am) ~ wagon carrello da tè.

teacake /'tiːkeɪk/ n. (Br,Dolc) focaccia f. dolce imburrata (servita calda).

teach /tiːtʃ/ (past, p.p. **taught** /tɔːt/) **I** v.t. **1** insegnare, istruire in: to ~ English insegnare (l')inglese. **2** (to give instruction to) istruire, impartire un'istruzione a. **3** (to cause to know) insegnare a, far apprendere a, ammaestrare: to ~ a child (how) to swim insegnare a nuotare a un bambino. **4** (colloq) (to cause to know the undesirable consequence of an action) insegnare a, far imparare a: that'll ~ you to talk back! così impari a rispondermi male! **5** (to preach) predicare, insegnare: Jesus taught forgiveness Gesù predicò il perdono. **II** v.i. **1** insegnare, essere un insegnante, fare l'insegnante. **2** (to give instruction, lessons) dare lezioni, insegnare. □ you can't ~ an old dog new tricks non è possibile far cambiare ai vecchi le loro idee, non è possibile far cambiare ai vecchi le loro abitudini; (fig) to ~ one's grandmother (how) to suck eggs pretendere di insegnare a chi ne sa di più; (Am,colloq) to ~ school fare l'insegnante.

teachability /ˌtiːtʃə'bɪlɪti Am ˌtiːtʃə'bɪlɪţi/ n. **1** il potersi insegnare con facilità, comprensibilità f. **2** (aptness to learn) capacità f. di apprendimento, ricettività f.

teachable /'tiːtʃəbl/ a. **1** (of a subject) che si può insegnare con facilità, comprensibile. **2** (of a person) ricettivo, che apprende facilmente; (willing to learn) che ha voglia di imparare.

teachableness /'tiːtʃəblnɪs/ n. **1** il potersi insegnare con facilità, comprensibilità f. **2** (aptness to learn) capacità f. di apprendimento, ricettività f.

teacher /'tiːtʃəʳ/ n. **1** insegnante m./f., maestro m. (f. -a), professore m. (f. -essa), docente m./f.: a ~ of English un insegnante d'inglese; a university ~ un docente universitario. **2** (estens) maestro m. (f. -a): experience is a ~ l'esperienza è maestra. □ ~-s' aid assistente (ai docenti); ~-s' centre centro di documentazione per insegnanti; ~-s' college magistero; ~-s' pet beniamino dell'insegnante, preferito dell'insegnante; ~-s' strike sciopero degli insegnanti.

teachership /'tiːtʃəʃɪp Am 'tiːtʃərʃɪp/ n. professione f. di insegnante, insegnamento m.

teach-in /'tiːtʃɪn/ n. (ant) manifestazione f. di protesta tenuta in un'università (consistente in una serie di discorsi, dibattiti ecc.), occupazione f.

teaching /'tiːtʃɪŋ/ **I** n. **1** insegnamento m., istruzione f. **2** (profession) insegnamento m., professione f. di insegnante: to take up ~ darsi all'insegnamento. **3** pl. insegnamenti m.pl., dottrina f., precetti m.pl.: the ~s of the Church gli insegnamenti della chiesa. **II** a. docente, insegnante. □ ~ aids materiale di insegnamento, materiale didattico, supporti didattici; ~ hospital clinica universitaria; ~ methods metodo didattico; ~ practice tirocinio didattico; ~ profession professione di insegnante; ~ staff corpo docente.

teacup /'tiːkʌp/ n. **1** tazza f. da tè. **2** (teacupful) tazza f. da tè, contenuto m. di una tazza da tè.

teacupful /'tiːkʌpful/ (pl. -s /-z/ o **teacupsful** /'tiːkʌpsful/) n. tazza f. da tè, contenuto m. di una tazza da tè.

teak /tiːk/ **I** n. (Bot) tek m., teak m., teck m. **II** a. di tek, di teak.

teal /tiːl/ n. (Ornit) alzavola f. □ ~ blue (colore) blu tendente al verde; (Ornit) ~ duck alzavola.

team /tiːm/ **I** n. **1** (Sport) squadra f., formazione f.: a football ~ una squadra di calcio. **2** (of scientists, doctors, etc.) gruppo m. di lavoro, team m., équipe f. **3** (of workmen) squadra f. **4** (of draught animals) tiro m., attacco m. **II** a. di squadra: ~ games giochi di squadra. **III** v.t. **1** (of horses) attaccare. **2** (of oxen) aggiogare. **3** (fig) (to cause to join) mettere in squadra, mettere in coppia, accoppiare, mettere insieme. **IV** v.i. **1** mettersi insieme, formare una squadra, formare un gruppo. **2** (to join forces, to collaborate) collaborare, cooperare, unire le forze, mettersi (with con). □ ~ leader capogruppo; ~ player giocatore che ha spirito di gruppo, giocatore non individualistico; ~ spirit spirito di corpo, spirito di squadra; ~ sport sport di squadra; ~ teaching team teaching, insegnamento in squadra; to ~ up: 1 mettersi insieme, formare una squadra, formare un gruppo; 2 (to join forces, to collaborate) collaborare, cooperare, unire le forze, mettersi (with con): we must all ~ up dobbiamo collaborare tutti.

tea-maker /'tiːˌmeɪkəʳ/ n. macchina f. per fare il tè.

teammate, team-mate /'tiːmmeɪt/ n. compagno m. (f. -a) di squadra.

teamster /'tiːmstəʳ Am 'tiːmstər/ n. **1** chi guida un tiro (di cavalli). **2** (Am) (truckdriver) camionista m.

teamwork /'tiːmwɜːk Am 'tiːmwɜːrk/ n. **1** lavoro m. di squadra. **2** (cooperative effort) sforzo m. combinato, lavoro m. di squadra, sforzo m. combinato, lavoro m. in collaborazione.

teapot /'tiːpɒt Am 'tiːpɑːt/ n. teiera f.

teapoy /'tiːpɔɪ/ n. tavolinetto m. a tre gambe.

tear[1] /tɪəʳ/ n. **1** lacrima f., (lett) lagrima f.: her eyes filled with ~s le si riempirono gli occhi di lacrime; to burst into ~s scoppiare in lacrime. **2** (drop of liquid) lacrima f., goccio m., goccia f. **3** (globule of transparent matter) goccia f., (rar) gocciola f., stilla f., lacrima f. **4** pl. (fig) (grief, sorrow) lacrime f.pl., dolore m., afflizione f. □ ~ bomb bomba lacrimogena; to bring ~s to the eyes fare venire le lacrime agli occhi; (Anat) ~ duct condotto lacrimale; ~ gas gas lacrimogeno; (Anat) ~ gland ghiandola lacrimale; (colloq) ~ jerker storia o film strappalacrime; ~ shell bomba lacrimogena.

tear[2] /teəʳ Am ter/ (past **tore** /tɔːʳ Am tɔːr/ o rar **tare** /teəʳ/, p.p. **torn** /tɔːn Am tɔːrn/ o rar **tare**) **I** v.t. **1** strappare, stracciare, lacerare, squarciare: to ~ a piece of cloth in two strappare un pezzo di stoffa in due; to ~ a letter into pieces stracciare una lettera. **2** (to pull violently, to wrench) strappare, tirare via: he tore the newspaper out of my hands mi strappò il giornale di mano; I could not ~ my eyes from that scene non potevo staccare gli occhi da quella scena. **3** (to make by rending) fare (lacerando): to ~ a hole in one's trousers farsi un buco nei pantaloni. **4** (fig) (to disrupt, to divide) dividere, lacerare, spaccare, dilaniare. **5** (fig) (to affect deeply) tormentare, lacerare, straziare: to be torn by suspicion essere tormentato dal sospetto. **6** (Med) (of a muscle) strappare. **II** v.i. **1** strapparsi, lacerarsi, stracciarsi: the coat tore at the elbow il cappotto si strappò al gomito. **2** (to move rapidly, forcefully) passare a tutta velocità, andare a tutta velocità, correre velocemente, precipitarsi. □ to ~ apart: 1 separare, dividere, staccare; 2 (colloq) (to destroy utterly) distruggere (completamente): the bomb tore the house apart la bomba distrusse la casa; to ~ around correre all'impazzata; to ~ at: 1 dare uno strappo a, tirare con forza; 2 (to try to tear) cercare di strappare, cercare di staccare; to ~ away: 1 strappare, tirar via, togliere; 2 (rifl.) to ~ oneself away lasciare a malincuore, abbandonare a malincuore, staccarsi; 3 (to depart at speed) partire a gran velocità, andarsene di gran carriera, andarsene in fretta e furia; *to be torn between hope and despair* essere combattuto tra la speranza e la disperazione; *to ~ down* : 1 staccare, tirare giù, tirare via: *to ~ down a poster* staccare un manifesto; 2 (*to demolish*) demolire, abbattere, distruggere: *to ~ down a building* demolire un palazzo; 3 (*to descend rapidly*) precipitarsi giù per, scendere in fretta e furia: *she tore down the stairs* si precipitò giù per le scale; (*fig*) *to ~ one's hair out* strapparsi i capelli; (*colloq*) *to ~ into* : 1 (*to attack violently*) attaccare energicamente, attaccare con violenza, aggredire, assalire; 2 (*to attack verbally*) aggredire, investire con ingiurie; (*Br,colloq*) *to ~it* sciupare tutto, guastare tutto; *that's torn it!* è finita!; ci mancava solo questo!; (*Am,colloq*) *~it up !* dacci dentro!; *to ~off* : 1 strappare, staccare, tirare via; *to ~ off a cheque* staccare un assegno; 2 (*colloq*) (*to produce, to compose rapidly*) buttare giù, comporre rapidamente; 3 (*to depart at speed*) partire in fretta, andarsene in fretta; (*sl*) *to ~ so. off a strip* rimproverare severamente qc.; (*pop*) levare il pelo a qcu.; *to ~ a letter open* aprire una lettera lacerando la busta; *to ~ sth. out* strappare via, staccare: *to ~ a page out of the phonebook* strappare via una pagina dall'elenco telefonico; *to ~ round* correre all'impazzata; *to ~to shreds* (o *to ~to pieces*): 1 strappare, fare a pezzi; 2 (*fig*) criticare violentemente, fare a pezzi; *to ~up* : 1 strappare, fare a pezzi, stracciare; 2 (*to pull up violently*) strappare, svellere, sradicare; 3 (*fig*) rompere, annullare: *to ~ up an agreement* rompere un accordo; 4 (*to go up rapidly*) salire rapidamente (su per), precipitarsi su per.

tear [3] /teəʳ *Am* ter/ *n.* strappo *m.*, lacerazione *f.*, rottura *f.*, squarcio *m.*: *he had a ~ in his sleeve* aveva uno strappo nella manica. □ (*Am,colloq*) *on a ~* una serie di vittorie; *~ sheet* pagina (*spec.* pubblicitaria) strappata da una pubblicazione (da usare come allegato di curriculum).

tearaway /ˈteərəˌweɪ *Am* ˈterəweɪ/ *n.* (*sl*) (*young hooligan*) giovane teppista *m./f.*

teardrop /ˈteədrɒp *Am* ˈtɪrdrɑːp/ *n.* 1 lacrima *f.* 2 (*Oref*) goccia *f.*, gemma *f.* a goccia.

tearful /ˈtɪəful *Am* ˈtɪrful/ *a.* 1 piangente, lacrimoso, in lacrime. 2 (*inclined to weep*) che ha il pianto facile, (*colloq*) che ha le lacrime in tasca. 3 (*causing tears*) lacrimoso, lacrimevole, doloroso, triste.

tearfully /ˈtɪəfuli *Am* ˈtɪrfuli/ *avv.* lacrimevolmente.

tearfulness /ˈtɪəfulnɪs *Am* ˈtɪrfulnɪs/ *n.* l'essere lacrimoso.

tearing /ˈteərɪŋ *Am* ˈterɪŋ/ *a.* 1 terribile, tremendo, furioso, furibondo: *to be in a ~ hurry* avere una fretta terribile. 2 (*violent*) violento, furioso, furibondo: *to be in a ~ rage* essere in preda a un'ira violenta. II *n.* lacerazione *f.*, strappo *m.*

tearjerker, tear-jerker /ˈtɪəˌdʒɜːkəʳ *Am* ˈtɪrˌdʒɜːrkəʳ/ *n.* (*colloq*) storia *f.* strappalacrime.

tearjerking, tear-jerking /ˈtɪəˌdʒɜːkɪŋ *Am* ˈtɪrˌdʒɜːrkɪŋ/ *a.* (*colloq*) strappalacrime.

tearless /ˈtɪəlɪs *Am* ˈtɪrlɪs/ *a.* 1 senza lacrime. 2 (*shedding no tears*) che non versa una lacrima. 3 (*Cosmet*) (*of shampoo*) che non fa bruciare gli occhi.

tear-off /ˈteərɒf/ *a.* (*colloq*) staccabile, a fogli staccabili.

tearproof /ˈteəpruːf *Am* ˈterpruːf/ *a.* che non si strappa, a prova di strappo.

tear-stained /ˈtɪəsteɪnd *Am* ˈtɪrsteɪnd/ *a.* ba-

---

gnato di lacrime, rigato di lacrime, lacrimoso: *~ cheeks* guance bagnate di lacrime.

tease /tiːz/ I *v.t.* 1 canzonare, beffare, burlare. 2 (*to make fun of playfully*) prendere in giro, canzonare: *she used to ~ her husband about his hairy chest* prendeva sempre in giro il marito per il suo petto villoso. 3 (*to importune persistently*) infastidire, importunare, seccare, dar noia a, stuzzicare. 4 (*to torment*) tormentare: *stop teasing your little sister* smettila di tormentare la (tua) sorellina. 5 (*Tess*) (*of wool, etc.*) cardare, sottoporre a cardatura; (*of cloth*) garzare, scardassare. 6 (*Am*) (*of hair*) cotonare. 7 (*to flirt*) provocare, stuzzicare, stimolare. II *v.i.* essere molesto, essere importuno. III *n.* 1 beffatore *m.* (*f.* -trice), canzonatore *m.* (*f.* -trice), burlone *m.* (*f.* -a). 2 (*irritating person*) persona *f.* importuna, persona *f.* molesta, persona *f.* che stuzzica sempre. 3 (*flirt*) persona *f.* che stuzzica o provoca sessualmente (e poi si nega), provocatore *m.* (*f.* -trice). □ *to ~out* : 1 (*of wool, etc*) cardare, sottoporre a cardatura; 2 (*of cloth*) garzare, scardassare.

teasel /ˈtiːzəl/ I *n.* 1 (*Bot*) cardo *m.* 2 (*Tess*) garzo *m.*; (*mechanical device*) scardasso *m.*, cardo *m.* II *v.t.* (*past, p.p.* **teaselled** /*Am* **teaseled** /ˈtiːzəld/) (*Tess*) scardassare, garzare.

teaser /ˈtiːzəʳ/ *n.* 1 → **tease**. 2 (*colloq*) (*difficult problem, question*) rompicapo *m.*, enigma *m.* 3 (*Tess*) (*worker*) scardassatore *m.* (*f.* -trice), garzatore *m.* (*f.* -trice). 4 (*Tess*) (*machine*) garzatrice *f.* 5 (*in advertising*) teaser *m.*

teasingly /ˈtiːzɪŋli/ *avv.* 1 per burla, scherzosamente, per scherzo. 2 (*annoyingly*) in modo importuno, in modo molesto.

teaspoon /ˈtiːspuːn/ *n.* 1 cucchiaino *m.* (da tè). 2 (*teaspoonful*) cucchiaino *m.* (da tè), contenuto *m.* di un cucchiaino (da tè).

teaspoonful /ˈtiːspuːnful/ (*pl.* **-s** /-z/ o **teaspoonsful** /ˈtiːspuːnzful/) *n.* cucchiaino *m.* da tè, contenuto *m.* di un cucchiaino da tè.

teat /tiːt/ *n.* 1 (*Anat*) capezzolo *m.* 2 (*of baby's bottle*) tettarella *f.*

teatime, tea-time /ˈtiːtaɪm/ *n.* ora *f.* del tè.

teazel, teazle /ˈtiːzəl/ *n.* 1 (*Bot*) cardo *m.* 2 (*Tess*) garzo *m.*; (*mechanical device*) scardasso *m.*, cardo *m.*

tec /tek/ *n.* 1 (*sl*) (*detective*) investigatore *m.* privato, detective *m.* 2 (*Scol*) (*technical college*) politecnico *m.*

tech. /tek/ 1 *technical* tecn. (tecnico). 2 *technology* tecnol. (tecnologia). 3 (*Br*) *technical institute* (istituto tecnico).

techie /ˈteki/ *n.* (*colloq*) 1 (*Am*) studente *m.* di un istituto tecnico. 2 (*expert in technology*) esperto *m.* di tecnologia (*spec.* informatica).

technetium /tekˈniːʃɪəm/ *n.* (*Chim*) tecnezio *m.*, tecneto *m.*

technic /ˈteknɪk/ *n.* (*Am*) 1 tecnica *f.* 2 (*costr.sing. o pl.*) *pl.* (*technology*) tecnologia *f.*, tecnica *f.*

technical /ˈteknɪkəl/ *a.* 1 tecnico: *~ language* linguaggio tecnico; *~ skill* abilità tecnica; *~ schools* istituti tecnici. 2 (*according to a strict interpretation of the rules*) tecnico: *it was a ~ defeat* fu una sconfitta tecnica. 3 (*Dir*) secondo una stretta interpretazione della legge. □ (*Scol*) *~college* politecnico; (*Pol*) *~cooperation* cooperazione tecnica; *~ drawing* disegno tecnico; (*Tess*) *~fabric* tessuto tecnico; (*Sport*) *~ foul* (*in basketball*) fallo tecnico, (*colloq*) tecnico; (*Sport*) *~ knockout* knockout tecnico; *~language* linguaggio tecnico; *~manager* direttore tecnico; (*Econ*) *~market analyst* analista del mercato azionario; *~rehearsal* prove tecniche;

~skill abilità tecnica; *~support* assistenza tecnica; *~term* termine tecnico.

technicalisation /ˌteknɪkəl(a)ɪˈzeɪʃən/ *n.* (*Br*) tecnicizzazione *f.*

technicalise /ˈteknɪkəˌlaɪz/ *v.t.* (*Br*) tecnicizzare.

technicality /ˌteknɪˈkælɪti *Am* ˌteknɪˈkælɪti/ *n.* 1 tecnicità *f.*: *the ~ of a language* la tecnicità di un linguaggio. 2 (*technical point, detail*) dettaglio *m.* tecnico, elemento *m.* tecnico, tecnicità *f.* 3 (*use of technical methods*) tecnicismo *m.*

technicalization /ˌteknɪkəl(a)ɪˈzeɪʃən/ *n.* tecnicizzazione *f.*

technicalize /ˈteknɪkəˌlaɪz/ *v.t.* tecnicizzare.

technically /ˈteknɪkəli/ *avv.* 1 tecnicamente. 2 (*with technical language*) con una terminologia tecnica: *to write ~* scrivere con una terminologia tecnica.

technician /tekˈnɪʃən/ *n.* tecnico *m.*, perito *m.*

Technicolor /ˈteknɪˌkʌləʳ/ *n.* (*Cin*) technicolor *m.* (*anche scherz*): *a ~ evening dress* un abito da sera in technicolor, un abito da sera coloratissimo.

technique /tekˈniːk/ *n.* 1 tecnica *f.*: *a violinist's ~* la tecnica di un violinista. 2 (*skill in technique*) abilità *f.* tecnica, perizia *f.*, maestria *f.* 3 (*technical methods*) tecnica *f.*, metodo *m.* tecnico, procedimento *m.* tecnico.

technobabble /ˈteknəʊˌbæbəl/ *n.* (*spreg, colloq*) gergo *m.* tecnico astruso.

technocracy /tekˈnɒkrəsi *Am* tekˈnɑːkrəsi/ *n.* tecnocrazia *f.*

technocrat /ˈteknəˌkræt/ *n.* tecnocrate *m./f.*

technocratic /ˌteknəˈkrætɪk *Am* teknəˈkrætɪk/ *a.* tecnocratico.

technological /ˌteknəˈlɒdʒɪkəl *Am* ˌteknəˈlɑːdʒɪkəl/ *a.* tecnologico: *~ gap* divario tecnologico.

technologically /ˌteknəˈlɒdʒɪkəli *Am* teknəˈlɑːdʒɪkəli/ *avv.* in modo tecnologico.

technologist /tekˈnɒlədʒɪst *Am* tekˈnɑːlədʒɪst/ *n.* tecnologo *m.* (*f.* -a), esperto *m.* (*f.* -a) in tecnologia.

technology /tekˈnɒlədʒi *Am* tekˈnɑːlədʒi/ *n.* 1 tecnologia *f.* 2 (*technical terminology*) terminologia *f.* tecnica, linguaggio *m.* tecnico. □ *~transfer* trasferimento di tecnologia.

technospeak /ˈteknəʊˌspiːk/ *n.* (*spreg, colloq*) gergo *m.* tecnico astruso.

technostructure /ˈteknəʊˌstrʌktʃəʳ/ *n.* tecnostruttura *f.*

techy /ˈtetʃi/ *a.* irritabile, stizzoso.

tectonic /tekˈtɒnɪk *Am* tekˈtɑːnɪk/ *a.* 1 (*Geol*) tettonico, tectonico. 2 (*Edil*) architettonico. □ (*Geol*) *~plate* zolla tettonica.

tectonics /tekˈtɒnɪks *Am* tekˈtɑːnɪks/ *n.pl.* (*costr.sing.*) 1 (*Edil*) architettura *f.* 2 (*Geol*) tettonica *f.*

tectonophysics /ˌteknəʊˈfɪzɪks/ *n.* (*Geol*) tettonofisica *f.*

tectorial /tekˈtɔːrɪəl/ *a.* (*Biol*) tettorio, tectorio, tettore, copritore. □ (*Anat*) *~membrane* membrana tettoria, lamina tettoria.

tectrix /ˈtektrɪks/ (*pl.* **-trices** /-ˈtraɪsiːz/) *n.* (*Ornit*) penna *f.* copritrice, penna *f.* tettrice.

ted /ted/ (*past, p.p.* **tedded** /ˈtedɪd/) *v.t.* (*Agr*) (*of hay*) stendere ad asciugare.

Ted /ted/ I *n.pr.m.* *dim.di* Edward, Theodore. II *n.* teddy boy *m.*, (*giovane*) teppista *m.*

tedder /ˈtedəʳ/ *n.* (*Agr*) 1 chi stende il fieno ad asciugare. 2 (*machine*) voltafieno *m.*

teddy /ˈtedi/ *n.* 1 orsacchiotto *m.*, orsetto *m.* (di peluche *o* di pezza). 2 (*undergarment*) pagliaccetto *m.* □ *~ bear* orsacchiotto *m.*, orsetto *m.* (di peluche *o* di pezza).

Teddy /ˈtedi/ *n.pr.m.* *dim.di* Edward, Theodore. □ *~boy* teddy boy, (*giovane*) teppista *m.*

~ *girl* (giovane) teppista.

Te Deum /te'deu:m/ *n.* (*Lit*) Te Deum *m.*

tedious /'ti:diəs/ *a.* noioso, tedioso, uggioso: *a ~ speech* un discorso noioso.

tediously /'ti:diəsli/ *avv.* noiosamente, tediosamente.

tediousness /'ti:diəsnıs/ *n.* noia *f.*, tedio *m.*

tedium /'ti:diəm/ *n.* noia *f.*, tedio *m.*

tee¹ /ti:/ **I** *n.* **1** (*letter T*) ti *f./m.* **2** (*sth. T-shaped*) cosa *f.* a forma di T. **3** (*Tecn*) (*T-shaped pipe joint*) raccordo *m.* a T; (*T-bar*) trave *f.* a T, ferro *m.* a T. **4** (*Am,Abbigl*) T-shirt *f.* **II** *a.* (*T-shaped*) a T, a forma di T. □ (*Abbigl*) ~ *shirt* T-shirt; (*colloq*) *to a ~* benissimo, perfettamente, a pennello, alla perfezione: *this flat would suit us to a ~* questo appartamento ci andrebbe benissimo; *it suits me to a ~* mi va a pennello.

tee² /ti:/ *n.* **1** (*Sport*) (*in golf*) tee *m.* **2** (*in curling*) bersaglio *m.* □ *to ~ off*: **1** (*Sport*) (*in golf*) lanciare la palla dal tee, cominciare la partita; **2** (*fig*) cominciare, dare il via, iniziare; **3** (*Am,sl*) irritare, rompere, scocciare; *to ~ up*: **1** (*Sport*) (*in golf*) collocare sul tee; **2** (*colloq*) prepararsi, approntarsi.

teed /ti:d/ □ (*Am,sl*) ~ *off* scocciato, incazzato.

tee-hee /'ti:,hi:/ **I** *n.* risatina *f.* sommessa. **II** *intz.* hi! hi! **III** *v.i.* ridacchiare, ridere sommessamente.

teeing /'ti:ıŋ/ □ (*Sport*) ~ *ground* (*in golf*) piazzola di partenza.

teem¹ /ti:m/ *v.i.* brulicare, abbondare, essere affollato (*o* pieno), pullulare, formicolare (*with* di): *the streets were -ing with tourists* le strade brulicavano di turisti.

teem² /ti:m/ **I** *v.t.* **1** (*to pour*) versare. **2** (*to pour out, to discharge*) vuotare, scaricare. **3** (*Met*) colare. **II** *v.i.* piovere a dirotto. □ *it's -ing with rain* piove a dirotto.

teeming¹ /'ti:mıŋ/ *a.* **1** affollato, pieno, brulicante, formicolante, pullulante. **2** (*fruitful*) fertile, fecondo.

teeming² /'ti:mıŋ/ *a.* (*of rain*) che cade a dirotto.

teen /ti:n/ **I** *n.* **1** (*teenager*) adolescente *m./f.* **2** *pl.* età *f.* fra i 13 e i 19 anni, adolescenza *f.* **II** *a.* (*teenage*) adolescente. □ ~ *idol* idolo degli adolescenti; *to be in one's -s* essere un adolescente.

teenage /'ti:neıdʒ/ *a.* degli adolescenti (fra i 13 e i 19 anni), giovanile, da teen-ager: ~ *problems* i problemi degli adolescenti.

teenaged /'ti:neıdʒd/ *a.* di età compresa fra i 13 e i 19 anni, adolescente.

teenager /'ti:neıdʒər/ *n.* adolescente *m./f.* (fra i 13 e i 19 anni), teen-ager *m./f.*

teeny /'ti:ni/ *a.* (*colloq*) piccolino, piccino, minuscolo.

teeny-bopper /'ti:ni,bɒpər/ *n.* (*colloq*) adolescente *m./f.* che segue con attenzione le mode e la musica pop.

teeny-weeny /'ti:ni,wi:ni/ *a.* (*colloq*) piccolino, piccino, minuscolo.

teepee /'ti:pi:/ *n.* tepee *m.*, tenda *f.* conica degli indiani d'America.

tee-shirt /'ti:ʃɜ:t *Am* 'ti:ʃɜ:rt/ *n.* (*Abbigl*) T-shirt *f.*

teeter /'ti:tər *Am* 'ti:ţər/ **I** *v.i.* **1** avere un passo malfermo, camminare con passo malfermo. **2** (*to stand, to balance unsteadily*) barcollare, vacillare, traballare, pencolare. **3** (*Am*) (*to seesaw*) andare in altalena. **II** *n.* (*Am*) (*seesaw*) altalena *f.*

teeth /ti:θ/ → **tooth**.

teethe /ti:ð/ *v.i.* mettere i denti: *the baby is teething* il bambino mette i denti.

teething /'ti:ðıŋ/ *n.* dentizione *f.* □ ~ *ring* dentaruolo, dentarolo; ~ *troubles*: **1** disturbi

della dentizione; **2** (*colloq*) (*initial difficulties*) difficoltà iniziali, problemi iniziali.

teethridge /'ti:θrıdʒ/ *n.* (*Anat,Fon*) arcata *f.* alveolare.

teetotal /ti:'toutəl/ *a.* **1** antialcolico, antialcolista: ~ *movement* movimento antialcolico. **2** (*completely abstaining from alcoholic drinks*) astemio.

teetotaler /ti:'toutələr/ *n.* (*Am*) astemio *m.* (*f.* -a).

teetotalism /ti:'toutəlızəm/ *n.* astinenza *f.* dalle bevande alcoliche, antialcolismo *m.*

teetotaller /ti:'toutlər/ *n.* astemio *m.* (*f.* -a).

teetotum /ti:'toutəm *Am* ,ti:'toutəm/ *n.* piccola trottola *f.*, trottolino *m.*

TEFL /,ti:i:ef'el/ *Teaching of English as a Foreign Language* (insegnamento dell'inglese come lingua straniera).

Teflon /'teflɑ:n/ **I** *n.* teflon *m.* **II** *a.* (*fig*) che sa liberarsi facilmente (dagli effetti causati da situazioni negative).

teg /teg/ *n.* (*Zool*) pecora *f.* di due anni.

tegmentum /teg'mentəm/ *n.* (*Anat*) tegmento *m.*

tegument /'tegjumənt/ *n.* **1** copertura *f.*, rivestimento *m.* **2** (*Anat,Bot,Zool*) tegumento *m.*

tegumental /,tegju'mentəl/ *a.* tegumentale, tegumentario.

tegumentary /,tegju'mentəri/ *a.* tegumentale, tegumentario.

tehee, te-hee /ti:'hi:/ **I** *n.* risatina *f.* sommessa. **II** *intz.* hi, hi! **III** *v.i.* ridacchiare, ridere sommessamente.

teil /ti:l/ *n.* (*Bot*) tiglio *m.* □ (*Bot*) ~ *tree* tiglio.

Tejano /te'hɑ:nou/ *n.* (*Am*) texano *m.* di origine messicana (*anche spreg*).

tektite /'tektaıt/ *n.* (*Geol*) tectite *f.*

tel., Tel. **1** *telegraph* (telegrafo). **2** *telephone* tel. (telefono).

telaesthesia /,telıs'θi:zıə,telıs'θi:ʒə/ *n.* telestesia *f.*

telamon /'teləmɒn, 'teləmən/ (*pl.* **-mones** /,telə'mouni:z/) *n.* (*Arch*) telamone *m.*, atlante *m.*

telangiectasia /,telæn,dʒıık'teızıə, ,telæn ,dʒıık'teıʒıə/ *n.* (*Med*) telangectasia *f.*, teleangectasia *f.*

telangiectasis /,telæn,dʒıık'teısıs/ *n.* (*Med*) telangectasia *f.*, teleangectasia *f.*

telautogram /tel'ɔ:tə,græm *Am* tel'ɔ:tə ,græm/ *n.* (*Tel*) messaggio *m.* trasmesso per teleautografo.

telautograph /tel'ɔ:tə,grɑ:f *Am* tel'ɔ:tə,græf/ *n.* teleautografo *m.*

telautography /,telɔ:'tɒgrəfi *Am* ,telɔ:'tɑ:grəfi/ *n.* teleautografia *f.*

Tel Aviv /,tela'vi:v/ *n.pr.* (*Geog*) Tel Aviv *f.*

telebanking /'telə,bæŋkıŋ/ *n.* (*Econ*) telebanking *m.*

telebreaker /'teləbreıkər/ *n.* (*El*) teleruttore *m.*

telecamera /,telı'kæmərə/ *n.* (*TV*) telecamera *f.*

telecast /'telı,kɑ:st *Am* 'telıkæst/ **I** *n.* (*TV*) trasmissione *f.* televisiva, teletrasmissione *f.* **II** *v.t.irr.* (*TV*) trasmettere per televisione, teletrasmettere.

telecaster /'telı,kɑ:stər *Am* 'telı,kæstər/ *n.* (*TV*) annunciatore *m.* televisivo, annunciatore *m.* (*f.* -trice) della televisione.

telecenter /'telısentər/ *n.* (*Am,Inform*) centro *m.* di teletrattamento.

telecentre /'telısentər/ *n.* (*Inform*) centro *m.* di teletrattamento.

telecommunications /,telıkə,mju:nı'keıʃənz/ *n.pl.* **1** telecomunicazioni *f.pl.* **2** (*costr.sing.*) (*science*) scienza *f.* delle telecomunicazioni.

telecommuter /telıkə'mju:tər *Am* ,telıkə 'mju:ţər/ *n.* (*Inform*) telelavoratore *m.* (*f.* -trice).

telecommuting /,telıkə,mju:tıŋ *Am* ,telıkə 'mju:ţıŋ/ *n.* (*Inform*) telelavoro *m.*

telecomputer /'telıkəm'pju:tər/ *n.* (*Inform*) telecomputer *m.*

telecoms /'telıkɑ:ms/ *n.pl.* (*colloq*) telecomunicazioni *f.pl.*

teleconference /,telı'kɒnfərəns *Am* 'telı ,kɑ:nfərəns/ **I** *n.* teleconferenza *f.* **II** *v.i.* tenere una teleconferenza.

teleconferencing /,telı'kɒnfərənsıŋ *Am* 'telı ,kɑ:nfərənsıŋ/ *n.* teleconferenza *f.*

telecontrol /'telıkən,troul/ *n.* (*Tecn*) telecomando *m.* □ *to operate by* ~ telecomandare.

telecontrolled /,telıkən'trould/ *a.* telecomandato.

teleconverter /,telıkən'vɜ:rtər *Am* 'telıkən ,vɜ:rţər/ *n.* (*Fot*) moltiplicatore *m.* di focale.

telecopier /'telı'kɒpıər *Am* 'telı,kɑ:pıər/ *n.* telecopiatore *m.*

telecopy /'telıkɒpi *Am* 'telıkɑ:pi/ **I** *v.t.* telecopiare. **II** *n.* facsimile *m.*, telecopia *f.*

telecottage /'telı,kɒtıdʒ *Am* 'telı,kɑ:ţıdʒ/ *n.* (*Inform*) telecottage *m.*

telecourse /'telıkɔ:s *Am* 'telıkɔ:rs/ *n.* corso *m.* di studi televisivi.

tele-evangelist /telə'vændʒəlıst/ *n.* (*Am*) televangelista *m.*, predicatore *m.* televisivo.

telefilm /'telıfılm/ *n.* **1** telefilm *m.* **2** (*movie*) film *m.* per la TV.

telegenic /telı'dʒenık/ *a.* telegenico.

telegram /'telıgræm/ *n.* telegramma *m.*

telegraph /'telıgrɑ:f *Am* 'telıgræf/ **I** *n.* **1** telegrafo *m.* **2** (*telegram*) telegramma *m.* **3** (*Mar*) telegrafo *m.* di macchina. **II** *v.t.* **1** telegrafare: *to ~ a message* telegrafare un messaggio. **2** (*of flowers, money*) mandare telegraficamente. **3** (*of a person*) telegrafare a, mandare un telegramma a. **4** (*fig*) far capire a segni (*o* gesti ecc.); (*of a punch*) far prevedere (inavvertitamente). **III** *v.i.* inviare un telegramma, mandare un telegramma. □ (*Sport*) ~ *board* tabellone; ~ *key* tasto (del telegrafo), manipolatore; ~ *line* cavo telegrafico; ~ *pole* (*o* ~ *post*) palo del telegrafo, palo telegrafico; ~ *service* servizio telegrafico; ~ *wire* cavo telegrafico.

telegrapher /'telıgrɒfər *Am* 'telıgræfər/ *n.* telegrafista *m./f.*

telegraphese /,telıgrɑ:'fi:z *Am* ,telıgræf'i:z/ *n.* stile *m.* telegrafico, linguaggio *m.* telegrafico.

telegraphic /,telı'græfık/ *a.* **1** telegrafico: ~ *address* indirizzo telegrafico. **2** (*fig*) telegrafico, conciso, rapido: *a ~ greeting* un saluto telegrafico. □ ~ *money order* vaglia telegrafico; ~ *transfer* bonifico telegrafico.

telegraphically /,telı'græfık(ə)li/ *avv.* telegraficamente.

telegraphist /'telıgrɒfıst *Am* 'telıgræfıst/ *n.* telegrafista *m./f.*

telegraphy /tı'legrəfi/ *n.* telegrafia *f.*

telekinesis /,telıkı'ni:sıs/ *n.* (*Occult*) telecinesi *f.*

Telemachus /tı'leməkəs/ *n.pr.m.* (*Mitol*) Telemaco.

telemark, Telemark /'telımɑ:k *Am* 'telımɑ:rk/ *n.* (*Sport*) (*in skiing*) telemark *m.*

telemarketing /,telı'mɑ:rkətıŋ *Am* ,telı 'mɑ:rkətıŋ/ *n.* telemarketing *m.*

telematics /,telı'mætıks *Am* ,telı'mætıks/ *n.pl.* (*costr.sing.*) telematica *f.*

telemechanics /,telımı'kænıks/ *n.pl.* (*costr.sing.*) telemeccanica *f.*

telemedicine /,telı'medısın/ *n.* telemedicina *f.*

telemeeting /'telɪmiːtɪŋ *Am* 'telɪmiːt̬ɪŋ/ *n.* teleconferenza *f.*

telemessage /'telɪmesɪdʒ/ *n.* (*Br*) telegramma *f.* inviato per telefono.

telemeter /tɪ'lemɪtər *Am* 'teləmiːt̬ər/ I *n.* (*Ott*) telemetro *m.* II *v.t.* telemetrare.

telemetering /tɪle'mɪtərɪŋ *Am* 'teləmiːt̬ərɪŋ/ *n.* telemetraggio *m.*

telemetric /ˌtelɪ'metrɪk/ *a.* telemetrico.

telemetrist /tɪ'lemɪtrɪst/ *n.* telemetrista *m./f.*

telemetry /tɪ'lemɪtrɪ/ *n.* telemetria *f.*

telencephalon /ˌtelə'sefəlɒn *Am* ˌtelə'sefələn/ *n.* (*Anat*) telencefalo *m.*

telenovela /ˌtelənou'velə/ *n.* telenovela *f.*

teleobjective /ˌtelɪɒb'dʒektɪv *Am* ˌteləʊbdʒektɪv/ *n.* (*Fot*) teleobiettivo *m.*, teleobbiettivo *m.*

teleologic /ˌtelɪə'lɒdʒɪk *Am* ˌtelɪə'lɑːdʒɪk/ *a.* (*Filos*) teleologico.

teleological /ˌtelɪə'lɒdʒɪkᵊl *Am* ˌtelɪə'lɑːdʒɪkᵊl/ *a.* (*Filos*) teleologico. □ (*Filos*) ~ *argument* argomento teleologico.

teleology /ˌtelɪ'ɒlədʒɪ *Am* ˌtelɪɑːlədʒɪ/ *n.* (*Filos, Teol*) teleologia *f.*

teleost /'telɪɒːst/ *n.* (*Itt*) teleosteo *m.*

telepathic /ˌtelɪ'pæθɪk/ *a.* telepatico.

telepathically /ˌtelɪ'pæθɪkᵊli/ *avv.* per telepatia.

telepathist /tɪ'lepəθɪst/ *n.* 1 chi crede nella telepatia. 2 (*student of telepathy*) studioso *m.* (*f.* -a) di telepatia. 3 (*one having telepathic powers*) chi ha poteri telepatici, soggetto *m.* telepatico.

telepathy /tɪ'lepəθi/ *n.* telepatia *f.*

telephone /'telɪfoun/ I *n.* telefono *m.* II *v.t.* 1 telefonare, trasmettere per telefono: *to ~ a message* telefonare un messaggio. 2 (*of a person*) telefonare a, fare una telefonata a, chiamare: *I'll ~ you tomorrow* ti telefono domani. III *v.i.* telefonare, parlare al telefono. □ ~ *answering service* segreteria telefonica; ~ *book* elenco telefonico, elenco del telefono, elenco degli abbonati; (*Am*) ~ *booth* cabina telefonica; (*Br*) ~ *box* cabina telefonica; (*Tel*) ~ *call* comunicazione telefonica, telefonata; ~ *call person to person* conversazione con avviso di chiamata; (*Tel*) ~ *conference* conferenza telefonica, teleconferenza; (*Tel*) ~ *connection* collegamento telefonico; ~ *directory* elenco telefonico, elenco del telefono, elenco degli abbonati; (*Tel*) ~ *exchange* centrale telefonica, centralino telefonico; (*Tel*) ~ *lead* cordone del telefono, cordone telefonico; (*Inform*) ~ *modem* modem; (*Tel*) ~ *network* rete telefonica; (*Tel*) ~ *number* numero di telefono, numero telefonico; *on the* ~ al telefono: *to be on the* ~ essere al telefono, stare a parlare al telefono; (*Tel*) ~ *operator* telefonista, centralinista; (*Tel*) ~ *receiver* ricevitore del telefono; ~ *research* indagine telefonica; (*Tel*) ~ *set* apparecchio telefonico; (*Tel*) ~ *subscriber* abbonato (al telefono); (*collog*) ~ *tag* situazione in cui due persone si cercano al telefono (senza mai riuscire a trovarsi), il cercarsi (e lasciarsi messaggi) a vicenda.

telephonic /ˌtelɪ'fɒnɪk *Am* ˌtelɪ'fɑːnɪk/ *a.* telefonico.

telephonically /ˌtelɪ'fɒnɪkᵊli *Am* ˌtelɪ'fɑːnɪkᵊli/ *avv.* telefonicamente, per telefono.

telephonist /tɪ'lefənɪst/ *n.* (*Br*) telefonista *m./f.*, centralinista *m./f.*

telephonitis /ˌtelɪfou'naɪtɪs *Am* ˌtelɪfou'naɪt̬ɪs/ *n.* (*scherz*) lo stare sempre al telefono.

telephony /tɪ'lefəni/ *n.* telefonia *f.*

telephote /'telɪfout/ *n.* apparecchio *m.* telefotografico.

telephoto /ˌtelɪ'foutou *Am* ˌtelɪ'foutou/ I *n.* (*pl.* -s /-z/) (*Fot*) telefoto *f.*, telefotografia *f.* II *a.*

telefotografico. □ (*Fot*) ~ *lens* teleobiettivo, teleobbiettivo.

telephotograph /ˌtelɪ'foutəgrɑːf *Am* ˌtelɪ'foutəgræf/ *n.* telefoto *f.*, telefotografia *f.*

telephotographic /ˌtelɪˌfoutə'græfɪk *Am* ˌtelɪˌfoutə'græfɪk/ *a.* telefotografico.

telephotography /ˌtelɪfə'tɒgrəfi *Am* ˌtelɪfə'tɑːgrəfi/ *n.* telefotografia *f.*

teleplay /'telɪpleɪ/ *n.* (*TV*) originale *m.* televisivo, teledramma *m.*

teleport /'telɪpɔːt *Am* 'telɪpɔːrt/ I *n.* (*in science fiction*) teletrasporto *m.* II *v.t.* (*in science fiction*) teletrasportare.

teleprint /'telɪprɪnt *Am* 'telɪprɪnt/ I *v.t.* trasmettere per telescrivente, telescrivere. II *v.i.* usare la telescrivente.

teleprinter /'telɪˌprɪntər *Am* ˌtelɪ'prɪnt̬ər/ *n.* telescrivente *f.* □ ~ *operator* telescriventista.

teleprocess /ˌtelɪ'prouses *Am* ˌtelɪ'prɑːses/ *v.t.* (*Inform*) elaborare a distanza, trattare a distanza.

teleprocessing /ˌtelɪ'prousesɪŋ *Am* ˌtelɪ'prɑːsesɪŋ/ *n.* (*Inform*) teleelaborazione *f.*

teleprompter /ˌtelɪ'prɒmptər *Am* 'telɪˌprɑːmptər/ *n.* (*Am,TV*) gobbo *m.*

telerecord /ˌtelɪrɪ'kɔːd *Am* ˌtelɪrɪ'kɔːrd/ *v.t.* registrare per la televisione.

telerecording /ˌtelɪrɪ'kɔːdɪŋ *Am* ˌtelɪrɪ'kɔːrdɪŋ/ *n.* registrazione *f.* televisiva.

telescience /ˌtelɪ'saɪəns/ *n.* telescienza *f.*

telescope /'telɪˌskoup/ I *n.* 1 (*Astr*) telescopio *m.* 2 (*Ott,Mar*) cannocchiale *m.* II *a.* a cannocchiale, a telescopio, telescopico, rientrante, a incastro. III *v.i.* 1 rientrare (come le parti di un cannocchiale), essere a cannocchiale. 2 (*of cars, etc.*) incastrarsi l'uno nell'altro. IV *v.t.* 1 incastrare, rientrare (come le parti di un cannocchiale). 2 (*of cars, etc.*) incastrarsi in, schiacciare.

telescopic /ˌtelɪ'skɒpɪk *Am* ˌtelɪ'skɑːpɪk/ *a.* 1 telescopico. 2 (*constructed of parts sliding into each other*) rientrante, a incastro, a cannocchiale, a telescopio: *a ~ aerial* un'antenna rientrante. □ (*Aut*) ~ *dumper* ammortizzatore telescopico; (*Mecc*) ~ *fork* forcella telescopica; (*Mil*) ~ *sight* mira a cannocchiale.

telescopically /ˌtelɪ'skɒpɪkᵊli *Am* ˌtelɪ'skɑːpɪkᵊli/ *avv.* per mezzo del telescopio.

telescopist /tɪ'leskəpɪst/ *n.* chi usa il telescopio.

telescopy /tɪ'leskəpi/ *n.* telescopia *f.*

telescreen /'telɪskriːn/ *n.* (*TV*) schermo *m.* televisivo, video *m.*, teleschermo *m.*

telescript /'telɪskrɪpt/ *n.* soggetto *m.* per la televisione.

telescriptor /'telɪˌskrɪptər *Am* 'telɪˌskrɪptər/ *n.* telescrivente *f.*

teleshopping /'telɪʃɒpɪŋ *Am* 'telɪʃɑːpɪŋ/ *n.* teleacquisti *m.pl.*

telesoftware /'telɪˌsɒfweər/ *n.* (*Br,Inform*) telesoftware *m.*

telespectroscope /ˌtelɪ'spektrou(ʊ)skoup/ *n.* (*Astr*) telespettroscopio *m.*

telesthesia /ˌtelɪs'θiːzɪə/ *n.* telestesia *f.*

telesurgery /'telɪˈsɜːdʒəri *Am* 'telɪ'sɜːrdʒəri/ *n.* (*Med*) telechirurgia *f.*

teletext /'telətekst/ *n.* (*TV*) teletext *m.*, televideo *m.*

telethon /'teləθɑːn/ *n.* (*TV*) telethon *m.*, maratona *f.* televisiva.

teletype /'telɪˌtaɪp/ *v.t.* trasmettere per telescrivente, telescrivere. II *v.i.* usare la telescrivente.

teletypewriter /ˌteləˈtaɪpˌraɪt̬ər/ *n.* (*Am*) telescrivente *f.*

teletypist /'telɪˌtaɪpɪst/ *n.* telescriventista *m./f.*

televangelist /ˌtelə'vændʒəlɪst/ *n.* (*Am*) televangelista *m.*, predicatore *m.* televisivo.

teleview /'telɪvjuː/ I *v.i.* guardare uno spettacolo televisivo. II *v.t.* vedere in television, vedere alla televisione.

televiewer /'telɪvjuːər/ *n.* telespettatore *m.* (*f.* -trice).

televise /'telɪvaɪz/ I *n.* (*TV*) trasmissione *f.* televisiva, teletrasmissione *f.* II *v.t.* (*TV*) trasmettere per televisione, teletrasmettere.

televising /'telɪvaɪzɪŋ/ *n.* (*TV*) ripresa *f.* televisiva.

television /'telɪvɪʒᵊn/ *n.* 1 televisione *f.* 2 (*apparatus*) televisore *m.*, televisione *f.* □ ~ *broadcast* programma televisivo, trasmissione televisiva, teletrasmissione; ~ *comedy* telecommedia, commedia televisiva; ~ *film* film per la TV; ~ *licence* abbonamento alla TV, canone; ~ *licence fee* canone d'abbonamento televisivo; ~ *message* messaggio televisivo, telemessaggio; ~ *network* rete televisiva; *on* ~ alla televisione, in television: *to see sth. on* ~ vedere qcs. alla televisione; *to appear on* ~ comparire in televisione; ~ *play* originale televisivo; ~ *programme* programma televisivo, teleprogramma; ~ *receiver* televisore, televisione; ~ *set* televisore, televisione; ~ *subscriber* abbonato (alla TV); ~ *team* troupe televisiva; ~ *transmitter* trasmettitore televisivo; ~ *tube* cinescopio.

televisor /'telɪvaɪzər/ *n.* apparecchio *m.* televisivo, televisione *f.*

teleworking /'telɪwɜːkɪŋ *Am* 'telɪwɜːrkɪŋ/ *n.* telelavoro *m.*

telex /'teleks/ I *n.* telex *m.* II *v.t.* trasmettere per telex, inviare per telex. □ ~ *machine* apparecchio telex; ~ *subscriber* abbonato telex.

telfer /'telfər/ *n.* → **telpher**.

tell /tel/ (*past, p.p.* **told** /tould/) I *v.t.* 1 dire: *to ~ sth. to so.* dire qcs. a qcu.; *can you ~ me the time?* puoi dirmi l'ora? 2 (*to say positively*) dire (di certo), sapere, conoscere: *no one can ~ what will happen* nessuno può dire cosa accadrà. 3 (*of a person: to inform*) dire a, far sapere a: *you will be told where to go* ti sarà detto dove devi andare. 4 (*to inform positively*) assicurare a, dire (con certezza) a: *it's suicidal, I ~ you* è un suicidio, te lo assicuro (*o* te lo dico io). 5 (*to order*) dire, ordinare, comandare: *do as I told you* fate come vi ho detto. 6 (*to narrate, to recount*) raccontare, narrare, dire: *to ~ a story* raccontare una storia. 7 (*to utter*) dire, raccontare: *to ~ a lie* dire una bugia. 8 (*to express in words*) dire, esprimere a parole: *I cannot ~ you how sorry I am* non so dirti quanto mi dispiaccia. 9 (*to divulge*) svelare, rivelare, dire: *to ~ a secret to so.* svelare un segreto a qcu.; *one glance told me everything* uno sguardo mi svelò tutto. 10 (*to see, to discern*) vedere, scorgere, distinguere, discernere: *it is difficult to ~ what it is at this distance* a questa distanza è difficile vedere cos'è. 11 (*to recognize, to distinguish*) riconoscere, discernere, distinguere: *I don't know much about music but I can ~ a good tune* non m'intendo molto di musica ma so riconoscere un buon motivo; *to ~ good from evil* discernere il bene dal male. 12 (*to judge*) giudicare, valutare. 13 (*to decide, to choose*) decidere, scegliere: *she can't ~ which is best* non sa decidere quale sia il migliore. 14 (*ant*) (*to count, to number*) contare, numerare. II *v.i.* 1 raccontare, riferire (*of sth.* qcs.), parlare (di): *he told of his many misfortunes* raccontò le sue innumerevoli disgrazie. 2 (*to be evidence, indication*) testimoniare, provare (qcs.), essere una prova (di): *the ruined tem-*

ples told of an ancient culture i templi in rovina testimoniavano un'antica civiltà. **3** (*to have effect*) farsi sentire, avere effetto: *the government's economic policy is beginning to ~* la politica economica del governo comincia a farsi sentire. **4** (*to produce a marked effect, to wear out*) logorare (*on, upon so.* qcu.): *her troubles have told on her* i dispiaceri l'hanno logorata. **5** (*colloq*) (*to disclose sth.*) parlare: *you promised not to ~* avevi promesso di non parlare. **6** (*colloq*) (*to report the misdeeds of*) fare la spia (*on* contro, a): *to ~ on so. to the teacher* fare la spia al maestro contro qcu. ☐ *I shall not ~ you again* è l'ultima volta che te lo dico, non te lo ripeterò più; *to ~ against* nuocere a, danneggiare, recare danno a; *to ~ apart* riconoscere l'uno dall'altro, distinguere l'uno dall'altro, distinguere tra; (*Rel*) *to ~ one's beads* recitare il rosario, dire il rosario; *don't ~ me!* non me ne parlare!, non venire a dirlo a me!; *don't ~ me you won't be coming* non dirmi che non verrai; *to ~ so.'s fortune* predire il futuro a qcu., predire la fortuna a qcu., leggere la fortuna a qcu.; *to ~ so. good-bye* dire addio a qcu.; *to ~ it like it is* dire la verità; (*colloq*) *you're -ing me!* a chi lo dici!, e lo dici a me?!; *to ~ off:* 1 distaccare, designare: *five soldiers were told off for kitchen duties* cinque soldati furono distaccati alle cucine; 2 (*colloq*) (*to reprimand*) sgridare, rimproverare aspramente, fare una ramanzina a, fare una lavata di capo a; (*colloq*) *I told you so!* te lo dicevo io!, te l'avevo detto!; *so I've been told* questo mi è stato riferito, questo mi è stato detto, così mi è stato riferito, così mi è stato detto; (*fig*) *to ~ its own tale* parlare da solo, parlare da sé, non aver bisogno di commenti; (*fig*) *to ~ one's own tale* raccontarla a modo proprio, dare la propria versione; (*fig*) *that -s a tale* la cosa si commenta da sé; (*fig*) *to ~ tales:* 1 spettegolare, fare della maldicenza, raccontare i fatti degli altri; 2 (*to give away a secret*) svelare un segreto; *the child is learning to ~ the time* il bambino sta imparando a leggere le ore; (*Am*) *to ~ time* dire l'ora; *to ~ the truth, I forgot all about it* a dire la verità (*o* a dire il vero), me ne sono completamente dimenticato; (*Dir*) *to ~ the truth, the whole truth and nothing but the truth* dire la verità, tutta la verità, nient'altro che la verità; (*sl*) *to ~ the world* dire ai quattro venti: *~ me the worst* forza, dimmi tutto; (*colloq*) *~ it to the marines* (o *~ that to the marines*) vai a raccontarla a qualcun altro; (*I'll*) *~ you what!* stammi bene a sentire!, te lo dico io (cosa fare)!; (*colloq*) *to ~ so. where to get off* mandare qcu. a quel paese.

tellable /ˈtelǝbl/ *a.* raccontabile, narrabile, che si può raccontare, che si può dire.

teller /ˈtelǝr/ *n.* **1** narratore *m.* (*f.* -trice), chi racconta. **2** (*Pol*) scrutinatore *m.* (*f.* -trice), scrutatore *m.* (*f.* -trice). **3** (*bank clerk*) sportellista *m./f.*, operatore *m.* (*f.* -trice) di sportello.

tellership /ˈtelǝʃɪp *Am* ˈtelǝrʃɪp/ *n.* (*Pol*) ufficio *m.* di scrutinatore, carica *f.* di scrutinatore.

telling /ˈtelɪŋ/ **I** *n.* **1** racconto *m.*, il raccontare, narrazione *f.* **2** (*of a secret, etc.*) rivelazione *f.* **II** *a.* **1** efficace, forte, energico: *a ~ phrase* una frase efficace; *a ~ blow* un forte colpo. **2** (*revealing*) espressivo, significativo. ☐ *the story loses a lot in the ~* a raccontarla la storia perde molto; *no ~* impossibile sapere: *there is no ~ what may happen* non si sa cosa può succedere.

tellingly /ˈtelɪŋli/ *avv.* **1** efficacemente, energicamente, con forza. **2** (*in a revealing man-*

ner) espressivamente.

telling-off /ˈtelɪŋˈɔːf/ *n.* (*colloq*) rimprovero *m.* (severo), sgridata *f.*, (*colloq*) lavata *f.* di capo.

telltale /ˈtelteɪl/ **I** *n.* **1** spia *f.*, spione *m.* (*f.* -a), (*colloq*) spifferone *m.* (*f.* -a). **2** (*gossip, prattler*) pettegolo *m.* (*f.* -a), malalingua *f.* **3** (*Tecn*) dispositivo *m.* di controllo, spia *f.*; (*time clock*) orologio *m.* di controllo, segnatempo *m.* **4** (*Ferr*) segnale *m.* di pericolo. **II** *a.* (*on a steering wheel*) assiometro *m.*; (*compass in the captain's cabin*) bussola *f.* nella cabina del capitano; (*on a sailing boat*) indicatore *m.* della direzione del vento. **II** *a.* **1** significativo, rivelatore, indicativo: *a ~ blush* un rossore significativo; *~ sign* segno rivelatore. **2** (*Tecn*) rivelatore, spia, indicatore. ☐ (*Aut*) *~ lamp* spia luminosa.

tellurian /teˈlʊǝrɪǝn *Am* ˌtelˈʊǝrɪǝn/ **I** *a.* (*poet*) terrestre, della Terra, relativo alla Terra. **II** *n.* (*poet*) terrestre *m./f.*, abitante *m./f.* della Terra.

telluric[1] /teˈlʊǝrɪk *Am* teˈlʊrɪk/ *a.* (*Geol*) tellurico, terrestre.

telluric[2] /teˈlʊǝrɪk *Am* teˈlʊrɪk/ *a.* (*Chim*) tellurico: *~ acid* acido tellurico.

tellurium /teˈlʊǝrɪǝm *Am* teˈlʊrɪǝm/ *n.* (*Chim*) tellurio *m.*

tellurous /ˈtelʊrǝs/ *a.* (*Chim*) telluroso: *~ acid* acido telluroso.

telly /ˈteli/ *n.* (*Br,colloq*) televisione *f.*, (*colloq*) tivù *f.*

telnet /ˈtelnet/ *n.* (*Inform*) Telnet *f.*

telomere /ˈtelǝmɪǝ *Am* ˈtelǝmɪr/ *n.* (*Biol*) telomero *m.*

telophase /ˈtelǝfeɪz/ *n.* (*Biol*) telofase *f.*

telos /ˈtelɒs/ *n.* (*Filos,poet*) meta *f.*, obiettivo *m.*, scopo *m.* finale.

telpher /ˈtelfǝr/ **I** *n.* (*Tecn*) carrello *m.* di teleferica. **II** *a.* di teleferica. ☐ *~ operator* (o *~ man*) teleferista.

telpherage /ˈtelfǝrɪdʒ/ *n.* telferaggio *m.*

telson /ˈtelsǝn/ *n.* (*Zool*) telson *m.*

temazepam /tǝˈmeɪzǝpæm/ *n.* (*Farm*) temazepam *m.*

temblor /temˈblɔːr/ *n.* (*Am*) terremoto *m.*

temerarious /ˌtemǝˈreǝrɪǝs *Am* temǝˈreriǝs/ *a.* (*poet,lett*) temerario, audace.

temerariously /ˌtemǝˈreǝrɪǝsli/ *avv.* temerariamente, audacemente.

temerity /tɪˈmerɪti *Am* tɪˈmerɪti/ *n.* audacia *f.*, temerarietà *f.*, temerità *f.*

temp /temp/ **I** *n.* (*colloq*) lavoratore *m.* (*f.* -trice) temporaneo (*spec.* in lavori impiegatizi), lavoratore *m.* (*f.* -trice) ad interim, lavoratore *m.* (*f.* -trice) interinale, sostituto *m.* (*f.* -a): *we're looking for a ~ to fill in for the secretary* stiamo cercando una sostituta per rimpiazzare la segretaria. **II** *v.i.* fare un lavoro temporaneo, lavorare ad interim (*spec.* in lavori impiegatizi).

temp. *temperature* temp. (temperatura).

temper /ˈtempǝr/ **I** *n.* **1** umore *m.*, disposizione *f.* d'animo: *to be in a bad ~* essere di cattivo umore. **2** (*tendency to anger*) carattere *m.* irascibile, temperamento *m.* irascibile, caratteraccio *m.*, (*iron*) caratterino *m.* **3** (*anger*) ira *f.*, collera *f.*, rabbia *f.*, stizza *f.*: *a fit of ~* uno scatto d'ira; *to get into a ~* adirarsi, montare in collera. **4** (*disposition*) indole *f.*, temperamento *m.*, carattere *m.*: *she has a sweet ~* ha un'indole dolce. **5** (*Met*) tempra *f.*, tempera *f.*; (*tempering*) rinvenimento *m.*; (*mixture of metals added to an alloy*) miscela *f.* (di metalli) legante. **6** (*Vetr*) tempra *f.*, tempera *f.* **II** *v.t.* **1** moderare, attenuare, temperare, mitigare: *to ~ one's words* moderare i termini. **2** (*to adjust, to modify*) modificare, cambiare, trasformare, adattare: *to ~ a regulation* modificare un regolamento. **3** (*Vetr,Met*)

temprare. 4 (*fig*) temprare, fortificare, rendere più forte: *work has -ed his character* il lavoro ha temprato il suo carattere. **5** (*Tecn*) mescolare, mischiare, miscelare: *to ~ clay* mescolare l'argilla. **6** (*of colours: to mix oil with*) temperare, stemperare. **7** (*Mus*) temprare. **8** (*fig*) (*to attune*) intonare, armonizzare, accordare, sintonizzare. **III** *v.i.* (*Met*) prendere la tempra, temprarsi. ☐ *out of ~* arrabbiato, che ha perso le staffe; *to put so. out of ~* far scappare la pazienza a qcu., fare andare in collera qcu.

tempera /ˈtempǝrǝ/ *n.* (*Pitt*) tempera *f.*, pittura *f.* a tempera.

temperable /ˈtempǝrǝbl/ *a.* (*Met*) che può essere temprato.

temperament /ˈtemprǝmǝnt/ *n.* **1** temperamento *m.*, carattere *m.*, indole *f.*, natura *f.*, tempra *f.*: *she has an artistic ~* ha (un) temperamento artistico. **2** (*excessive sensitivity*) ipersensibilità *f.*, (eccessiva) emotività *f.* **3** (*excessive irritability*) eccessiva irritabilità *f.* **4** (*Stor,Mus*) temperamento *m.*

temperamental /ˌtemprǝˈmentǝl/ *a.* **1** capriccioso, instabile, mutevole: *a ~ actress* un'attrice capricciosa. **2** (*easily excited*) emotivo, ipersensibile. **3** (*of temperament*) innato, costituzionale, congenito, connaturato.

temperamentally /ˌtemprǝˈmentǝli/ *avv.* per temperamento, costituzionalmente.

temperance /ˈtempǝrǝns/ *n.* **1** temperanza *f.*, moderazione *f.* **2** (*moderation in drink*) sobrietà *f.* (o moderazione, temperanza) nel bere. **3** (*abstinence*) astinenza *f.* dall'alcol, astinenza *f.* da bevande alcoliche. ☐ (*Stor.am*) *~ organizations* leghe antialcoliche (attive durante il proibizionismo); *~ society* lega antialcolica.

temperate /ˈtempǝrɪt/ *a.* **1** misurato, sobrio, moderato, temperato: *a ~ answer* una risposta misurata. **2** (*moderate in drinking habits*) misurato nel bere, moderato nel bere, sobrio nel bere. **3** (*abstinent*) astemio. **4** (*Meteor, Mus*) temperato. ☐ (*Geog*) *Temperate Zone* zona temperata.

temperately /ˈtemprɪtli/ *avv.* temperatamente, moderatamente.

temperateness /ˈtemprɪtnɪs/ *n.* **1** temperanza *f.*, moderazione *f.*, misura *f.*, sobrietà *f.* **2** (*of climate*) l'essere temperato, mitezza *f.*

temperature /ˈtemprǝtʃǝr/ *n.* **1** (*Fis,Meteor*) temperatura *f.*: *a ~ of 30°* una temperatura di 30°. **2** (*Med*) temperatura *f.*, (*colloq*) febbre *f.*: *to take so.'s ~* misurare la temperatura a qcu., (*colloq*) misurare la febbre a qcu. **3** (*Med*) (*excess*) febbre *f.*, temperatura *f.* febbrile: *to run a ~* (o *to have a ~*) avere la febbre; *to have a slight ~* avere qualche linea di febbre. **4** (*fig*) atmosfera *f.*, temperatura *f.*: *-s rose during the transport strike* l'atmosfera si è fatta incandescente durante lo sciopero dei mezzi. ☐ (*Med*) *~ chart* tabella della temperatura, tabella termometrica; (*Meteor*) *~ curve* curva termometrica.

temperature-humidity /ˌtemprǝtʃǝrhjuː-ˈmɪdɪti *Am* ˌtemprǝtʃǝrhjuːˈmɪdɪti/ ☐ (*Meteor*) *~ index* indice temperatura-umidità.

tempered /ˈtempǝd *Am* ˈtempǝrd/ *a.* **1** (*in compounds*) di carattere..., d'indole..., di temperamento...: *good-~* di carattere buono. **2** (*temperate, moderate*) moderato, misurato, sobrio, temperato. **3** (*Met*) rinvenuto. **4** (*Vetr,Met*) temprato. **5** (*Mus*) temperato.

temperer /ˈtempǝrǝr/ *n.* **1** chi attenua, chi mitiga. **2** (*Met*) rinvenitore *m.*

tempering /ˈtempǝrɪŋ/ *n.* **1** (*Met*) rinvenimento *m.* **2** (*Vetr,Met*) tempra *f.*, tempera *f.*

tempest /ˈtempɪst/ *n.* **1** bufera *f.* di vento,

tempesta *f.* 2 (*violent storm*) tempesta *f.*, burrasca *f.* 3 (*fig*) tempesta *f.*, esplosione *f.*: *a ~ of protests* una tempesta di proteste. □ (*Am*) *a ~ in a teapot* un gran putiferio per niente, molto rumore per nulla.

tempestuous /tem'pestjʊəs/ *a.* 1 tempestoso, burrascoso. 2 (*fig*) tempestoso, agitato, violento, turbolento: *a ~ meeting* una riunione tempestosa.

tempestuously /tem'pestjʊəsli/ *avv.* 1 tempestosamente, burrascosamente. 2 (*fig*) tempestosamente, in maniera agitata.

tempestuousness /tem'pestjʊəsnɪs/ *n.* 1 l'essere tempestoso, l'essere burrascoso. 2 (*fig*) turbolenza *f.*, agitazione *f.*

templar /'templər/ *n.* (*member of the Temple: barrister*) avvocato *m.* del Temple di Londra; (*student*) studente *m.* in legge del Temple di Londra.

Templar /'templər/ *n.* (*Stor*) Templare *m.*

template /'templɪt, 'templeɪt/ *n.* 1 (*Inform*) template *m.*, modello *m.*, schema *m.* 2 (*Mecc*) sagoma *f.*, calibro *m.* sagomato. 3 (*Arch*) architrave *m.* 4 (*Edil*) cuscino *m.* d'appoggio. 5 (*Biol*) stampo *m.* 6 (*Mar*) sagoma *f.*, garbo *m.* 7 (*Met*) calibro *m.*, dima *f.* □ *~ matching* confronto con una sagoma.

temple[1] /'templ/ *n.* 1 tempio *m.* (*anche fig*): *the Temple of Vesta* il tempio di Vesta; *a ~ of music* un tempio della musica. 2 (*Bibl,fig*) (*place in which God resides*) tempio *m.* 3 (*Am,Rel,ebr*) (*synagogue*) sinagoga *f.*

temple[2] /'templ/ *n.* (*Anat*) tempia *f.*

Temple /'templ/ *n.* 1 (*in Jerusalem*) tempio *m.* di Gerusalemme. 2 (*in London*) Temple *m.* 3 (*Stor*) (*of the Templars*) Tempio *m.*

templet /'templɪt/ *n.* (*ant*) → **template**.

tempo /'tempoʊ/ (*pl.* **-s** /-z/ o **-pi** /-pɪ/) *n.* 1 (*Mus*) tempo *m.* 2 (*fig*) ritmo *m.*: *the ~ of modern life* il ritmo della vita moderna.

temporal[1] /'tempərəl/ *a.* 1 temporale, del tempo, relativo al tempo. 2 (*temporary, transitory*) temporaneo, transitorio, provvisorio. 3 (*worldly*) terreno, mondano, temporale: *~ interests* interessi terreni. 4 (*secular, lay*) secolare, laico. 5 (*Gramm*) temporale, di tempo: *~ adverb* avverbio temporale. □ *~ power* potere temporale.

temporal[2] /'tempərəl/ *a.* (*Anat*) temporale. □ (*Anat*) *~ bone* osso temporale; (*Anat*) *~ lobe* lobo temporale.

temporality /ˌtempə'rælɪti Am ˌtempə'rælɪti/ *n.* 1 temporalità *f.* 2 (*Rel*) beni *m.pl.* temporali, beni *m.pl.* terreni, temporalità *f.pl.*

temporally /'tempərəli/ *avv.* 1 dal punto di vista temporale. 2 (*with regard to time*) nel tempo, con riguardo al tempo.

temporalty /'tempərəlti/ *n.* 1 (*GB*) laici *m.pl.* 2 (*ant*) (*temporality*) temporalità *f.*

temporarily /ˌtempə'rerɪli/ *avv.* temporaneamente, provvisoriamente: *~ out of order* temporaneamente guasto.

temporariness /'tempərerɪnɪs/ *n.* temporaneità *f.*, transitorietà *f.*, provvisorietà *f.*

temporary /'tempəreri/ **I** *a.* 1 temporaneo, provvisorio, transitorio: *a ~ solution* una soluzione temporanea; *a ~ job* un lavoro provvisorio. 2 (*of an employee, etc.*) temporaneo, (*rar*) avventizio, **II** *n.* avventizio *m.* (*f.* -a). □ *~ contract* contratto a tempo determinato; (*Assic*) *~ cover note* polizza provvisoria; *~ employment* occupazione a termine; (*Inform*) *~ file* file temporaneo; *~ life annuity* vitalizio temporaneo; *~ personnel* personale a tempo (determinato); *~ worker* lavoratore temporaneo, lavoratore ad interim.

temporisation /ˌtempər(ə)r'zeɪʃən/ *n.* (*Br*) temporeggiamento *m.*

temporise /'tempəraɪz/ *v.i.* (*Br*) temporeg-

giare, prendere tempo, guadagnare tempo. 2 (*to act in accordance with circumstances*) adeguarsi alle circostanze, adattarsi alle circostanze. 3 (*to come to terms*) accordarsi, giungere a un accordo (*with* con).

temporiser /'tempəraɪzər/ *n.* (*Br*) temporeggiatore *m.* (*f.* -trice).

temporization /ˌtempər(ə)r'zeɪʃən/ *n.* temporeggiamento *m.*

temporize /'tempəraɪz/ *v.i.* 1 temporeggiare, prendere tempo, guadagnare tempo. 2 (*to act in accordance with circumstances*) adeguarsi alle circostanze, adattarsi alle circostanze. 3 (*to come to terms*) accordarsi, giungere a un accordo (*with* con).

temporizer /'tempəraɪzər/ *n.* temporeggiatore *m.* (*f.* -trice).

tempt /tempt/ *v.t.* 1 tentare, cercare di corrompere, indurre in tentazione. 2 (*to attract*) allettare, tentare, invogliare, attrarre, attirare: *he was strongly -ed by the offer* era molto allettato dall'offerta. 3 (*to induce, to persuade*) indurre, persuadere, convincere. 4 (*to put to the test*) mettere alla prova, provare. 5 (*to provoke*) tentare, provocare, sfidare: *don't ~ the Lord* non tentare il Signore. □ *to ~ Providence* sfidare la provvidenza, correre un grosso rischio.

temptable /'temptəbl/ *a.* che può essere tentato.

temptation /temp'teɪʃən/ *n.* 1 tentazione *f.*: *to yield to ~* cedere alla tentazione. 2 (*sth. that tempts*) tentazione *f.*, attrazione *f.*, lusinga *f.*, allettamento *m.*: *the -s of the city* le tentazioni della città.

tempted /'temptɪd Am 'temptɪd/ *a.* 1 tentato. 2 (*estens*) tentato, incline, propenso: *I was ~ to forget the whole thing* fui tentato di dimenticare tutto.

tempter /'temptər Am 'temptər/ *n.* tentatore *m.* (*f.* -trice). □ *the Tempter* (*Satan*) il grande tentatore, Satana.

tempting /'temptɪŋ Am 'temptɪŋ/ *a.* allettante, seducente, attraente.

temptingly /'temptɪŋli Am 'temptɪŋli/ *avv.* in modo allettante, in maniera allettante.

temptress /'temptrɪs Am 'temptrɪs/ *n.* tentatrice *f.*

ten /ten/ **I** *a.* dieci: *~ men* dieci uomini. **II** *n.* (*pl.inv.* o **-s** /-z/; *il pl. in -s si usa general. con valore collett.*) 1 dieci *m.* 2 (*ten objects, units*) decina *f.*: *about ~ years ago* una decina d'anni fa. 3 (*ten o'clock*) dieci *f.pl.* 4 (*playing card*) dieci *m.* 5 (*Am*) (*ten-dollar note*) banconota *f.* da dieci dollari, biglietto *m.* da dieci dollari. 6 *pl.* (*Mat*) decine *f.pl.* 7 (*Am,sl*) (*beautiful woman*) schianto *m.*, bomba *f.*, donna *f.* bellissima: *when she was young, she was a real ~* quando era giovane, era davvero fantastica. □ (*colloq*) *~ times* dieci volte più grande, dieci volte di più, cento volte più grande, cento volte di più; *it's ~ times better* è dieci volte meglio; *~ to one he wins* scommetto dieci contro uno che vince, (*colloq*) dieci a uno che vince.

tenability /ˌtenə'bɪlɪti Am 'tenə'bɪlɪti/ *n.* 1 sostenibilità *f.* 2 (*Mil*) difendibilità *f.*

tenable /'tenəbl/ *a.* 1 sostenibile, che può essere affermato, che può essere asserito: *a ~ theory* una teoria sostenibile. 2 (*of an office, post*) che può essere ricoperto, che può essere occupato, ricopribile: *the chair is ~ for two years* la cattedra può essere ricoperta per due anni. 3 (*Mil*) difendibile, che può essere mantenuto.

tenacious /tɪ'neɪʃəs/ *a.* 1 tenace: *a ~ grip* una stretta tenace. 2 (*fig*) tenace, fermo, saldo, costante. 3 (*fig*) (*stubborn*) ostinato, caparbio, cocciuto. 4 (*of memory: retentive*)

ritentivo. 5 (*holding together*) compatto, tenace, coesivo. 6 (*sticky*) tenace, viscoso, adesivo, che fa presa.

tenaciously /tɪ'neɪʃəsli/ *avv.* tenacemente.

tenaciousness /tɪ'neɪʃəsnɪs/ *n.* 1 l'essere tenace. 2 (*fig*) tenacia *f.*, fermezza *f.*, determinazione *f.* 3 (*retentiveness*) ritentività *f.* 4 (*cohesiveness*) compattezza *f.*, tenacia *f.*, coesione *f.*; (*adhesiveness*) adesività *f.*, viscosità *f.*

tenacity /tɪ'næsɪti Am tə'næsɪti/ *n.* 1 l'essere tenace. 2 (*fig*) tenacia *f.*, fermezza *f.*, determinazione *f.* 3 (*retentiveness*) ritentività *f.* 4 (*cohesiveness*) compattezza *f.*, tenacia *f.*, coesione *f.*; (*adhesiveness*) adesività *f.*, viscosità *f.*

tenaculum /tə'nækjʊləm/ *n.* (*Chir*) tenacolo *m.*

tenancy /'tenənsi/ *n.* 1 affitto *m.*, locazione *f.*: *our ~ expires next year* il nostro affitto scade l'anno prossimo. 2 (*period*) periodo *m.* d'affitto, periodo *m.* di locazione, durata *f.* dell'affitto, durata *f.* della locazione.

tenant /'tenənt/ **I** *n.* 1 inquilino *m.* (*f.* -a), affittuario *m.* (*f.* -a), locatario *m.* (*f.* -a): *to give a ~ notice to quit* dare la disdetta a un inquilino. 2 (*occupant, inhabitant*) abitante *m./f.*, occupante *m./f.* **II** *v.t.* avere in affitto, tenere in affitto, occupare come inquilino. □ (*Dir*) *~ at will* locatario a tempo indeterminato; *~ farmer* affittuario di terreni, fittavolo, fittaiolo; *~ for life* locatario a vita; (*Dir*) *~ right* diritto d'affittanza, diritto di locatario.

tenantable /'tenəntəbl/ *a.* idoneo ad essere occupato, abitabile.

tenanted /'tenəntɪd Am 'tenəntɪd/ *a.* affittato, preso in affitto.

tenantless /'tenəntlɪs/ *a.* sfitto, non affittato, libero.

tenantry /'tenəntri/ *n.* 1 (*tenants*) inquilini *m.pl.*, affittuari *m.pl.* 2 (*condition of being a tenant*) affittanza *f.*, inquilinato *m.* 3 (*property tenanted*) proprietà *f.* affittata, proprietà *f.* in affitto.

ten-cent /ˌten'sent/ *a.* (*Am,colloq*) di nessun valore, da due soldi, da quattro soldi, da poco.

tench /tenʃ/ (*pl.inv.* o **tenches** /'tenʃɪz/; *il pl. inv. si usa general. con valore collett.*) *n.* (*Itt*) tinca *f.*

tend[1] /tend/ *v.i.* 1 tendere, essere incline, avere tendenza, essere portato: *he -s to exaggerate* tende a esagerare; *it -s to be dangerous* per sua natura è pericoloso. 2 (*to lead*) portare, condurre. 3 (*of a course, road, etc.*) portare, condurre, dirigersi.

tend[2] /tend/ **I** *v.t.* 1 prendersi cura di, avere cura di, badare a, occuparsi di, attendere a: *to ~ a sick child* prendersi cura di un bambino malato. 2 (*of things*) controllare, sorvegliare, badare a: *to ~ a machine* controllare una macchina; *to ~ the fire* sorvegliare il fuoco. 3 (*of a shop, etc.*) badare a, occuparsi di. 4 (*Am*) (*manage, direct*) dirigere, gestire: *to ~ a shop* dirigere un negozio. **II** *v.i.* 1 fare attenzione, badare (*to* a). 2 (*to attend by care, etc.*) curarsi (di), occuparsi (di), badare (a).

tendencious /ten'denʃəs/ *a.* tendenzioso.

tendency /'tendənsi/ *n.* 1 tendenza *f.*, inclinazione *f.* (naturale). 2 (*direction towards an effect*) tendenza *f.*

tendentious /ten'denʃəs/ *a.* tendenzioso.

tendentiously /ten'denʃəsli/ *avv.* tendenziosamente.

tender[1] /'tendər/ *a.* 1 tenero, morbido, molle: *cook until ~ fate* cuocere finché diventa tenero. 2 (*delicate, fragile*) fragile, delicato.

3 (*young, immature*) tenero, giovane: *a child of ~ years* un bambino in tenera età. **4** (*loving, affectionate*) tenero, affettuoso, amoroso, dolce: *~ words* parole tenere. **5** (*soft, gentle*) lieve, gentile, dolce, delicato: *a ~ touch* un tocco lieve. **6** (*solicitous*) premuroso, sollecito: *with ~ care* con premurosa cura. **7** (*touchy*) suscettibile, permaloso. **8** (*easily moved*) tenero, sensibile, che si commuove facilmente: *a ~ heart* un cuore tenero. **9** (*painfully sensitive*) indolenzito. **10** (*Bot*) delicato, tenero: *a ~ plant* pianta delicata. **11** (*of a delicate nature*) scabroso, difficile, delicato: *a ~ subject* una nota dolente. **12** (*of colours*) pallido, tenero, delicato. □ *to be at ~ age* essere in tenera età; *to have a ~ conscience* essere troppo scrupoloso; *to be left to the ~ mercy* (o *to the ~ mercies*) *of so.* essere lasciato alla mercé di qcu., essere lasciato in balia di qcu.; (*ant*) *to be ~ of one's honour* essere geloso del proprio onore.

tender² /'tendəʳ/ **I** *v.t.* **1** porgere, offrire, presentare: *to ~ one's thanks* porgere i propri ringraziamenti. **2** (*to present formally*) presentare (formalmente): *to ~ one's resignation* presentare le proprie dimissioni. **3** (*to offer in payment, satisfaction*) offrire in pagamento, offrire a saldo. **II** *v.i.* (*Comm*) concorrere a un appalto, fare un'offerta. **III** *n.* **1** offerta *f.* **2** (*money*) denaro *m.*, valuta *f.*, moneta *f.*: *legal ~* valuta legale. **3** (*Comm*) offerta *f.*: *to make a ~ for a contract* fare un'offerta per un appalto. **4** (*Dir*) offerta *f.* reale, offerta *f.* di appalto.

tender³ /'tendəʳ/ *n.* **1** (*one who tends*) chi bada, chi ha cura. **2** (*keeper*) guardiano *m.* (*f.* -a), sorvegliante *m./f.* **3** (*Mar*) imbarcazione *f.* ausiliaria, nave *f.* ausiliaria, nave *f.* appoggio; (*for ship to shore communications*) lancia *f.* **4** (*Mar.mil*) nave *f.* appoggio. **5** (*Ferr*) carro *m.* (di) scorta, tender *m.* **6** (*of a fire engine*) autopompa *f.* ausiliaria. **7** (*Econ,Dir*) offerta *f.* di appalto.

tenderable /'tendərəbl/ *a.* (*Econ,Dir*) che può essere offerto in pagamento.

tenderer /'tendərəʳ/ *n.* (*Comm*) offerente *m./f.*

tenderfoot /'tendəʳfut/ (*pl.* **-feet** /-fiːt/ o **-s** /-s/) *n.* **1** (*Am*) novizio *m.* (*f.* -a), novellino *m.* (*f.* -a), principiante *m./f.*, (*colloq*) pivello *m.* (*f.* -a). **2** (*Am*) (*newcomer to frontier life*) nuovo arrivato *m.* non abituato alla vita dura del pioniere. **3** (*ant*) (*in the Scout movement*) piede *m.* tenero.

tender-hearted /'tendə,haːtɪd Am 'tendəʳ,haːrtɪd/ *a.* dal cuore tenero, sensibile.

tender-heartedly /'tendə,haːtɪdlɪ Am 'tendəʳ,haːrtɪdlɪ/ *avv.* con sensibilità.

tender-heartedness /'tendə,haːtɪdnɪs Am 'tendəʳ,haːrtɪdnɪs/ *n.* l'avere il cuore tenero, sensibilità *f.*

tenderise /'tendəraɪz/ *v.t.* (*Br,Macell*) tenerizzare, intenerire.

tenderiser /'tendəraɪzəʳ/ *n.* (*Br,Macell*) tenerizzatore *m.*

tenderize /'tendəraɪz/ *v.t.* (*Macell*) tenerizzare, intenerire.

tenderizer /'tendəraɪzəʳ/ *n.* (*Macell*) tenerizzatore *m.*

tenderloin /'tendəlɔɪn Am 'tendəʳlɔɪn/ *n.* **1** (*Macell,Gastron*) filetto *m.* **2** (*Am,sl*) (*vice district*) quartiere *m.* malfamato.

tenderly /'tendəlɪ Am 'tendəʳli/ *avv.* **1** delicatamente, gentilmente, dolcemente. **2** (*lovingly, fondly*) teneramente, amorosamente, dolcemente, affettuosamente. **3** (*solicitously*) premurosamente, sollecitamente.

tenderness /'tendənɪs Am 'tendəʳnɪs/ *n.* **1** tenerezza *f.* **2** (*fondness*) tenerezza *f.*, affettuosità *f.*, dolcezza *f.*, amorevolezza *f.* **3** (*gentle-*

ness, softness) gentilezza *f.*, delicatezza *f.*, dolcezza *f.* **4** (*solicitousness*) premurosità *f.*, sollecitudine *f.* **5** (*sensitiveness*) sensibilità *f.*

tendinitis /,tendɪ'naɪtɪs Am 'tendɪ'naɪtɪs/ *n.* (*Med*) tendinite *f.*

tendinous /'tendɪnəs/ *a.* **1** tendineo. **2** (*like a tendon*) tendinoso, simile a un tendine. **3** (*consisting of tendons*) tendinoso.

tendon /'tendən/ *n.* (*Anat*) tendine *m.*

tendril /'tendrɪl/ *n.* **1** (*Bot*) viticcio *m.* **2** (*of hair*) riccio *m.*

tendriled /'tendrɪld/ *a.* (*Am*) viticcioso.

tendrilled /'tendrɪld/ *a.* viticcioso.

tenebrous /'tenɪbrəs/ *a.* **1** (*dark*) tenebroso, buio, oscuro. **2** (*gloomy*) cupo, tetro.

tenement /'tenɪmənt/ *n.* **1** (*flat*) appartamento *m.* **2** (*dwelling house*) casa *f.* d'abitazione. **3** (*tenement house*) casa *f.* divisa in appartamenti. **4** (*for poorer people*) casa *f.* popolare, casamento *m.* **5** (*Dir*) proprietà *f.* in affitto. □ *~ house:* 1 casa divisa in appartamenti; 2 (*for poorer people*) casa popolare, casamento *m.*

tenemental /,tenɪ'mentəl/ *a.* in affitto, dato in affitto: *~ lands* terre in affitto.

tenementary /,tenɪ'mentərɪ/ *a.* in affitto, dato in affitto.

tenesmus /tɪ'nezməs/ *n.* (*Med*) tenesmo *m.*

tenet /'tenɪt/ *n.* principio *m.*, credo *m.*, dottrina *f.*, dogma *m.*

tenfold /'ten,fould/ **I** *a.* decuplo. **II** *avv.* dieci volte (tanto).

ten-four /,ten'fɔːr/ *intz.* (*Am,sl*) okay!, ricevuto!, affermativo!

ten-gallon /'tengælən/ □ (*Am*) *by ~s* dieci a dieci; (*Am*) *~ hat* cappello da cow boy; (*Am*) *in ~s* dieci a dieci.

tenner /'tenəʳ/ *n.* **1** (*Br,colloq*) (*ten pounds*) biglietto *m.* da dieci sterline. **2** (*Am,colloq*) (*ten dollars*) biglietto *m.* da dieci dollari.

Tennessee /'tenə,siː/ *n.pr.* (*Geog*) Tennessee *m.*

tennies /'teniːz/ *n.pl.* (*Am,colloq*) scarpe *f.pl.* da tennis.

tennis /'tenɪs/ *n.* (*Sport*) tennis *m.* □ (*Sport*) *~ ball* palla da tennis; (*Sport*) *~ court* campo da tennis, campo di tennis; (*Med*) *~ elbow* gomito del tennista, epicondilalgia; (*Sport*) *~ player* tennista; (*Sport*) *~ racket* (o *~ racquet*) racchetta da tennis; *~ shoes* scarpe da tennis.

tenon /'tenən/ **I** *n.* (*Fal*) tenone *m.* **II** *v.t.* (*Fal*) **1** fare un tenone. **2** (*to join by a tenon*) unire a tenone, congiungere mediante tenone. □ (*Fal*) *~ saw* sega per tenoni.

tenoner /'tenənəʳ/ *n.* (*Fal*) tenatrice *f.*

tenor /'tenəʳ/ **I** *n.* **1** tenore *m.*, tono *m.*: *the ~ of a speech* il tenore di un discorso. **2** (*direction*) tenore *m.*, andamento *m.*, corso *m.*, procedimento *m.*: *the ~ of one's life* il proprio tenore di vita. **3** (*Mus*) (*part, singer*) tenore *m.*; (*voice*) voce *f.* di tenore, tenore *m.* **4** (*Dir*) copia *f.* conforme, trascrizione *f.* **II** *a.* (*Mus*) **1** tenore, di tenore. **2** (*of a voice*) tenorile, di tenore, di tenore. □ (*Mus*) *~ clef* chiave di tenore; (*Mus*) *~ horn* flicorno tenore.

tenosynovitis /,tenoʊ,saɪnoʊ'vaɪtɪs Am ,tenoʊ,saɪnoʊ'vaɪtɪs/ *n.* (*Med*) tenosinovite *f.*

tenotomy /te'nɒtəmɪ Am te'naːtəmɪ/ *n.* (*Med*) tenotomia *f.*

tenpence /'tenpəns/ *n.* **1** (*sum*) dieci penny *m.pl.* **2** (*coin*) moneta *f.* da dieci penny.

tenpenny /'tenpəni Am 'tenpeni/ *a.* da dieci penny.

ten-percenter /,tenpəʳ'sentəʳ/ *n.* (*Am*) agente *m.* (di attore, cantante ecc.) che prende il 10%.

tenpin /'tenpɪn/ *n.* **1** birillo *m.* **2** *pl.* (*costr.sing.*) (*Am*) (*game*) gioco *m.* dei dieci birilli,

bowling *m.* □ (*Br*) *~ bowling* gioco dei dieci birilli, bowling.

ten-pounder /'ten'paʊndəʳ/ *n.* **1** cosa *f.* che pesa dieci libbre. **2** (*Stor.brit*) elettore *m.* che occupava una proprietà il cui reddito annuo era di dieci sterline. **3** (*Br*) (*ten pound note*) biglietto *m.* da dieci sterline.

tense¹ /tens/ **I** *a.* **1** teso, tirato. **2** (*fig*) teso, ansioso, inquieto: *a ~ atmosphere* un'atmosfera tesa. **II** *v.t.* tendere: *to ~ one's muscles* tendere i muscoli. **III** *v.i.* tendersi, irrigidirsi.

tense² /tens/ *n.* (*Gramm*) tempo *m.*

tensely /'tenslɪ/ *avv.* **1** in modo teso, in modo tirato. **2** (*fig*) in tensione, in stato di tensione.

tenseness /'tensnɪs/ *n.* tensione *f.* (*anche fig*).

tensibility /,tensɪ'bɪlɪtɪ Am ,tensɪ'bɪlɪtɪ/ *n.* l'essere assoggettabile a tensione.

tensible /'tensɪbl/ *a.* **1** assoggettabile a tensione. **2** (*ductile*) duttile, elastico.

tensile /'tensaɪl Am 'tensɪl/ *a.* **1** di tensione, relativo a tensione. **2** (*tensible*) assoggettabile a tensione. **3** (*ductile*) duttile, elastico. □ (*Tecn*) *~ strength* resistenza alla rottura; (*Tecn*) *~ stress* sollecitazione alla trazione; (*Arch*) *~ structure* tensostruttura; (*Tecn*) *~ test* prova di trazione.

tensility /,ten'sɪlɪtɪ Am ,ten'sɪlɪtɪ/ *n.* duttilità *f.*, elasticità *f.*

tensimeter /ten'sɪmɪtəʳ Am ,ten'sɪmɪtəʳ/ *n.* (*Fis,Tecn*) tensiometro *m.*

tensiometer /,tensɪ'ɒmɪtəʳ Am ,tensɪ'aːmɪtəʳ/ *n.* (*Fis,Tecn*) tensiometro *m.*

tensiometric /,tensɪɒ'metrɪk Am ,tensɪə'metrɪk/ *a.* tensiometrico.

tensiometry /,tensɪ'ɒmtrɪ Am ,tensɪ'aːmətrɪ/ *n.* tensiometria *f.*

tension /'tenʃən/ **I** *n.* **1** tensione *f.* (*anche fig*): *to subject a rope to ~* sottoporre una corda a tensione. **2** (*Fisiol,Mecc,Fis*) tensione *f.*: *arterial ~* tensione arteriosa. **3** (*El*) differenza *f.* di potenziale, tensione *f.* **II** *v.t.* sottoporre a tensione. □ (*Med*) *~ headache* cefalea tensiva.

tensional /'tenʃənl/ *a.* di tensione, relativo a tensione.

tensity /'tensɪtɪ Am 'tensɪti/ *n.* tensione *f.* (*anche fig*).

tenson /'tensən/ *n.* (*Stor*) tenzone *f.*

tensor /'tensəʳ/ *n.* (*Anat,Mat*) tensore *m.* □ (*Anat*) *~ muscle* muscolo tensore.

ten-spot /'tenspaːt/ *n.* (*Am,colloq*) biglietto *m.* da dieci dollari, deca *m.*

tent¹ /tent/ **I** *n.* tenda *f.* **II** *v.t.* **1** sistemare in tende. **2** (*to cover as with a tent*) coprire a mo' di tenda. **III** *v.i.* **1** vivere in tenda. **2** (*to encamp*) accamparsi. □ *~ bed:* 1 branda, letto da campo; 2 (*canopy bed*) letto a baldacchino; (*Am,Entom*) *~ caterpillar* malacosoma; (*Abbigl*) *~ dress* abito a sacco; *~ peg* paletto da tenda, picchetto da tenda; *~ pole* palo della tenda; *~ stitch* (*in embroidery*) mezzo punto; *~ town* tendopoli.

tent² /tent/ **I** *n.* (*Chir*) tampone *m.*, zaffo *m.*, stuello *m.* **II** *v.t.* (*Chir*) stuellare.

tent³ /tent/ *n.* (*Enol*) vino *m.* spagnolo rosso scuro.

tentacle /'tentəkl/ *n.* (*Biol*) tentacolo *m.* (*anche fig*).

tentacled /'tentəkld/ *a.* munito di tentacoli.

tentacular /ten'tækjʊləʳ/ *a.* tentacolare.

tentage /'tentɪdʒ/ *n.* accampamento *m.* di tende.

tentative /'tentətɪv Am 'tentɪv/ **I** *a.* **1** sperimentale, di prova. **2** (*provisional*) provvisorio: *a ~ proposal* una proposta provvisoria. **3** (*uncertain, hesitant*) esitante, incerto, titubante: *a ~ smile* un sorriso esitante. **II** *n.* (*rar*) esperimento *m.*, prova *f.*, tentativo *m.*

tentatively /'tentətɪvlɪ Am 'tentɪvlɪ/ *avv.* sperimentalmente, a titolo di prova.

tenter [1] /'tentər/ n. (Tess) stenditoio m., allargatrice f.

tenter [2] /'tentər/ n. (machine minder) addetto m. a un macchinario.

tenterhook /'tentəhu:k Am 'tentərhʊk/ n. (Tess) uncino m. di stenditoio. ☐ (fig)on -s sulle spine, sui carboni ardenti.

tenth /tenθ/ I a. decimo (anche Mat). II n. 1 decimo m. 2 (tenth member) decimo m. (f. -a). 3 (Mus) decima f.

tenthly /'tenθli/ avv. in decimo luogo.

tenuis /'tenjʊɪs/ (pl. -nues /-n'jʊi:z/) n. (Fon) tenue f.

tenuity /ten'jʊɪti Am ten'jʊɪti/ n. 1 tenuità f., sottigliezza f., esilità f. 2 (lack of substance) inconsistenza f., leggerezza f., tenuità f. 3 (lack of density) l'essere rarefatto.

tenuous /'tenjʊəs/ a. 1 sottile, esile, tenue. 2 (flimsy) inconsistente, tenue: ~ arguments argomenti inconsistenti. 3 (rarefied) rarefatto, non denso: a ~ atmosphere un'aria rarefatta. 4 (vague, hazy) vago, incerto, indefinito.

tenuously /'tenjʊəsli/ avv. tenuemente.

tenuousness /'tenjʊəsnɪs/ n. 1 tenuità f., sottigliezza f., esilità f. 2 (lack of substance) inconsistenza f., leggerezza f., tenuità f. 3 (lack of density) l'essere rarefatto.

tenure /'tenjər/ n. (Dir) 1 possesso m., occupazione f.; (right) diritto m. di possesso. 2 (period of holding) durata f. di un possesso. 3 (period of holding office) durata f. (di una carica). ☐ ~ of employment posto fisso (di professori universitari); ~ of an office permanenza in carica.

tepee /'ti:pi:/ n. tepee m., tenda f. conica degli indiani d'America.

tephra /'tefrə/ n. (Geol) tefra m.

tepid /'tepɪd/ a. tiepido (anche fig).

tepidarium /,tepɪ'deəriəm Am ,tepɪ'deriəm/ (pl. -ria /-riə/) n. (Archeol) tepidario m.

tepidity /te'pɪdɪti Am te'pɪdɪti/ n. tepidezza f., tiepidezza f. (anche fig).

tepidly /'tepɪdli/ avv. tepidamente, tiepidamente (anche fig).

tepidness /'tepɪdnɪs/ n. tepidezza f., tiepidezza f. (anche fig).

tequila /tə'ki:lə/ n. tequila f. ☐ ~slammer tequila bum bum; ~sunrise tequila sunrise.

terabyte /'terəbaɪt/ n. (Inform) terabyte m.

teraflop /'terəflɒp Am 'terəflɑ:p/ n. (Inform) teraflop m.

teratogen /'terətədʒən/ n. (Med) agente m. teratogeno.

teratological /,terətə'lɒdʒɪkəl Am 'terətə'lɑ:dʒɪkəl/ a. (Biol) teratologico.

teratology /,terə'tɒlədʒi Am ,terə'tɑ:lədʒi/ n. (Med,Biol) teratologia f.

teratoma /terə'toʊmə/ n. (Med) teratoma m.

terawatt /'terəwɒt Am 'terəwɑ:t/ n. (Fis) terawatt m.

terbium /'tɜ:biəm Am 'terbiəm/ n. (Chim) terbio m.

tercel /'tɜrsəl Am ,ter'sel/ n. (Zool) terzuolo m.

tercentenary /,tɜ:sen'ti:nəri Am tər'sentəneri/ I a. del terzo centenario, relativo al terzo centenario. II n. terzo centenario m.

tercentennial /,tɜ:sen'teniəl Am ,tərsen'teniəl/ I a. del terzo centenario, relativo al terzo centenario. II n. terzo centenario m.

tercet /'tɜ:sɪt Am 'tersət/ n. (Metr,Mus) terzina f.

terebinth /'terəbɪnθ/ n. (Bot) terebinto m. ☐ (Bot) ~pistache terebinto.

teredo /tə'ri:doʊ/ n. (Zool) teredine f.

Terence /'terəns/ n.pr.m. Terenzio.

terephthalic /,terəf'θælɪk/ ☐ (Chim) ~acid acido tereftalico.

Teresa /te'ri:sə/ n.pr.f. Teresa.

terete /tə'ri:t/ a. (Bot) affusolato alle estremità.

tergal /'tɜ:gəl Am 'tɜrgəl/ a. 1 (Zool) del tergite, relativo al tergite. 2 (dorsal) dorsale.

tergiversate /'tɜːdʒɪvɜː,seɪt Am 'tɜrdʒɪvɜː ,seɪt/ v.i. 1 fare un voltafaccia, tradire. 2 (to equivocate) tergiversare, rispondere ambiguamente.

tergiversation /,tɜ:dʒɪvɜː'zeɪʃən Am ,tɜːrdʒɪvɜːr'zeɪʃən/ n. 1 tradimento m., voltafaccia m. 2 (equivocation) tergiversazione f.

tergiversator /'tɜːdʒɪvɜː,seɪtər Am 'tɜːrdʒɪvɜː,seɪtər/ n. chi fa un voltafaccia, traditore m. (f. -trice).

term /tɜ:m Am tɜrm/ I n. 1 termine m., parola f., vocabolo m.: technical ~ termine tecnico; to describe a holiday in enthusiastic -s parlare di una vacanza in termini entusiastici. 2 (duration, period) periodo m. (di tempo), durata f.: a ~ of imprisonment un periodo di prigionia. 3 (Scol,Univ) trimestre m., quadrimestre m. 4 (Dir) (of a law court) sessione f. 5 (end) fine f., termine m. 6 (of an elected official) durata f. di una carica. 7 (time, date agreed upon) scadenza f., termine m. 8 (Econ) scadenza f. 9 (Mat,Filos) termine m.: the -s of an equation i termini di un'equazione. 10 (boundary post) pietra f. di confine, termine m. 11 (Archeol) termine m., erma f. 12 (rar) (boundary, limit) termine m., limite m. 13 pl. (conditions, stipulations) condizioni f.pl., clausole f.pl., termini m.pl.: -s of sale condizioni di vendita; the -s of a treaty le condizioni di un trattato. 14 pl. (conditions as regard prices, wages, etc.) prezzi m.pl., tariffe f.pl.: the hotel's -s i prezzi dell'albergo. 15 pl. (relationship) rapporti m.pl., relazioni f.pl., termini m.pl.: to be on bad -s essere in cattivi rapporti (with con); to be on good -s essere in buoni rapporti (with con); to be on excellent -s (with con) essere in ottimi rapporti (with con). 16 pl. (agreement) patti m.pl., accordo m.: to come to -s with so. venire a patti con qcu. II v.t. definire, chiamare: behaviour which a psychiatrist would ~ pathologic un comportamento che uno psichiatra definirebbe patologico. ☐ (Econ) ~bond obbligazione a termine; (Dir) by the -s of article two ai sensi dell'articolo due; by the -s of the treaty secondo i termini del trattato; tocome to -s: 1 venire a patti, trovare un accordo (with con), raggiungere un accordo (with con); 2 (fig) rassegnarsi, adattarsi (a); (Dir, Econ) ~day giorno di scadenza dei canoni di locazione; (iron) the second gentleman, and I use the ~loosely, was in dirty jeans and a sweatshirt il secondo signore, se così posso chiamarlo, indossava un paio di jeans sporchi e una felpa;not on any -s a nessun patto, a nessuna condizione; ~ of abuse ingiuria; -sof accession condizioni di adesione; -sof contract capitolati di contratto; (Comm) -sof delivery condizioni di consegna, termini di consegna; ~ of endearment espressione di affetto; to be on -s of familiarity with so. avere confidenza con qcu., avere familiarità con qcu., essere in confidenza con qcu.; ~of office : 1 periodo di permanenza in carica, mandato, durata della carica; 2 (Pol) mandato, durata del mandato; (Comm) -s of payment condizioni di pagamento; (Comm) -sof settlement condizioni di pagamento, termini di pagamento; (Econ) -sof trade ragioni di scambio; (Am,Scol,Univ) ~paper elaborato di metà trimestre;under the -s of the contract secondo quanto disposto dal contratto, secondo le clausole del contratto.

termagancy /'tɜːməgənsi Am 'tɜːrmɪdʒənsi/ n. l'essere bisbetico.

termagant /'tɜːməgənt Am 'tɜːrməgənt/ n. bisbetica f., brontolona f.

terminability /,tɜːmɪnə'bɪlɪti Am ,tɜːrmɪnə 'bɪlɪti/ n. l'essere terminabile.

terminable /'tɜːmɪnəbl Am 'tɜːrmɪnəbl/ a. 1 terminabile, a cui si può porre termine. 2 (Comm) a termine: ~ annuity rendita a termine.

terminableness /'tɜːmɪnəblnɪs Am 'tɜːr mɪnəblnɪs/ n. l'essere terminabile.

terminably /'tɜːmɪnəbli Am 'tɜːrmɪnəbli/ avv. terminabilmente.

terminal /'tɜːmɪnəl Am 'tɜːrmɪnəl/ I a. 1 finale, terminale: the ~ speech il discorso finale. 2 (of a boundary) terminale, di confine. 3 (of, being the end of a transport route) (di) capolinea, terminale. 4 (occurring each term) trimestrale (anche Scol,Univ): ~ payments pagamenti trimestrali. 5 (Med,Bot) terminale. 6 (colloq) estremo, micidiale, mortale. II n. 1 (of buses) capolinea m. 2 (Ferr) stazione f. di testa, stazione f. capolinea, stazione f. terminale. 3 (Aer) aerostazione f. (urbana), terminal m. 4 (Arch) dettaglio m. (ornamentale) di finitura. 5 (El) morsetto m.; (end of a circuit) terminale m., capocorda m. 6 (Inform) terminale m. ☐ (El) ~board morsettiera; (Bot) ~bud gemma apicale, gemma terminale; (Aer) ~building aerostazione, terminal; (Med) ~disease malattia terminale; (Inform) ~emulation emulazione di terminale; (Arch) ~figure erma; (Med) ~illness malattia terminale; (Inform) ~server server di terminale; (Inform) ~session sessione di terminale; (Fis) ~velocity velocità finale.

terminally /'tɜːmɪnəli/ avv. 1 alla fine, finalmente, da ultimo. 2 (by terms) trimestrale, a trimestre.

terminate /'tɜːmɪneɪt Am 'tɜːrmɪneɪt/ I v.t. 1 terminare, porre termine a, porre fine a, finire, portare a termine: to ~ one's work terminare il proprio lavoro. 2 (to bring to a close) concludere, terminare, finire: to ~ a conversation concludere una conversazione. 3 (to set a limit) limitare, fare di confine a. 4 (Am, colloq,eufem) assassinare. 5 (spec. Am) (to fire) licenziare. II v.i. 1 concludersi, finire, terminare. 2 (to expire) scadere, terminare, finire. 3 (to form an ending) terminare, finire (in in): the plural -s in s il plurale termina in s. 4 (to come to a limit) terminare, finire (in, at in, con). ☐ to ~ acontract rescindere un contratto; to ~ a pregnancy interrompere una gravidanza; (Am,colloq,eufem) to ~ so. with extreme prejudice fare fuori, assassinare, eliminare.

termination /,tɜːmɪ'neɪʃən Am ,tɜːrmɪ'neɪʃən/ n. 1 fine f., conclusione f. 2 (extremity) fine f., termine m., estremità f. 3 (limit) confine m., limite m. 4 (Ling) desinenza f. ☐ ~of pregnancy interruzione di gravidanza.

terminational /'tɜːmɪ,neɪʃənəl Am ,tɜːrmɪ 'neɪʃənəl/ a. 1 conclusivo, finale. 2 (Ling) formato da suffissi flessionali.

terminative /'tɜːmɪnətɪv Am 'tɜːrmɪnətɪv/ a. 1 che pone termine, che serve a terminare. 2 (Ling) terminativo, perfettivo.

terminatively /'tɜːmɪ,nətɪvli Am 'tɜːr mɪnətɪvli/ avv. in modo conclusivo.

terminator /'tɜːmɪ,neɪtər Am 'tɜːrmɪnətər/ n. 1 chi termina. 2 (Astr,Inform) terminatore m.

terminatory /'tɜːmɪnə,tɔːri/ a. finale, terminale.

terminism /'tɜːmɪnɪzəm Am 'tɜːrmɪnɪzəm/ n. (Filos) terminismo m.

terminist /'tɜːmɪnɪst Am 'tɜːrmɪnɪst/ n. terminista m./f.

terminographer /,tɜːmɪ'nɒgrəfər Am ,tɜːrmɪ

'nɑːɡrəf ər/ n. terminografo m. (f. -a).

terminography /ˌtɜːmɪ'nɒɡrəfi Am ˌtɜːrmɪ 'nɑːɡrəfi/ n. terminografia f.

terminological /ˌtɜːmɪnə'lɒdʒɪkəl Am ˌtɜːrmɪnə'lɑːdʒɪkəl/ a. terminologico (anche Ling). □ ~ inexactitude: 1 inesattezza di termini; 2 (scherz) (lie) bugia.

terminologist /ˌtɜːmɪ'nɒlədʒɪst Am ˌtɜːrmɪ 'nɑːlədʒɪst/ n. terminologo m. (f. -a) (anche Ling).

terminology /ˌtɜːmɪ'nɒlədʒi Am ˌtɜːrmɪ 'nɑːlədʒi/ n. terminologia f. (anche Ling).

terminus /'tɜːmɪnəs Am 'tɜːrmɪnəs/ (pl. -es /-ɪz/ o -ni /-naɪ/) n. 1 (Br,Ferr) stazione f. di testa, stazione f. capolinea, stazione f. terminale. 2 (of a bus route, etc.) capolinea m. 3 (end, goal) scopo m., fine m., obiettivo m. 4 (boundary post) pietra f. di confine. 5 (Archeol) termine m., erma f. □ ~ a quo terminus a quo, termine dopo il quale; ~ ad quem terminus ad quem, termine prima del quale; ~ ante quem terminus ante quem, termine prima del quale; ~ post quem terminus post quem, termine dopo il quale.

termitarium /ˌtɜːmɪ'teərɪəm Am ˌtɜːrmɪ 'teriəm/ (pl. -ria /-rɪə/) n. (Entom) termitaio m.

termitary /'tɜːmɪˌtəri/ n. (Entom) termitaio m.

termite /'tɜːmaɪt Am 'tɜːrmaɪt/ n. (Entom) termite f.

termitic /tɜː'mɪtɪk Am ˌtɜːr'mɪtɪk/ a. delle termiti, relativo alle termiti.

termor /'tɜːmər Am 'tɜːrmər/ n. (Dir) usufruttuario m. (f. -a).

tern[1] /tɜːn Am tɜːrn/ n. (Ornit) sterna f. comune, rondine f. di mare.

tern[2] /tɜːn Am tɜːrn/ n. (rar) 1 (group of three) terna f., gruppo m. di tre. 2 (Am) (in a lottery) terno m.

ternal /'tɜːnəl Am 'tɜːrnəl/ a. triplice, disposto a gruppi di tre.

ternary /'tɜːnəri Am 'tɜːrnəri/ a. 1 ternario, triplice. 2 (Mat,Chim,Met) ternario. □ (Mus) ~ form forma ternaria.

ternate /'tɜːn(e)ɪt Am 'tɜːrneɪt/ a. 1 disposto a gruppi di tre, triplice. 2 (Bot) ternato, trifogliato, trifogliolato.

terne /tɜːn Am tɜːrn/ n. (Met) 1 lega f. per piombatura. 2 (terneplate) lamiera f. (di ferro) piombata.

terneplate /'tɜːnpleɪt Am 'tɜːrnpleɪt/ n. (Met) lamiera f. (di ferro) piombata.

Terpsichore /tɜːp'sɪkəri Am ˌtɜːrp'sɪkəri/ n.pr.f. (Mitol) Tersicore.

terpsichorean /tɜːpsɪ'kɔːriən Am ˌtɜːrpsɪ 'kɔːriən/ I a. (rar,scherz) tersicoreo. II n. (rar, scherz) ballerino m., danzatore m.

terra /'teriə/ n. (Geol) terra f. □ ~ firma terraferma; ~ incognita terra sconosciuta.

terrace /'terəs/ I n. 1 terrazza f., terrazzo m. (anche Agr,Geol). 2 (raised embankment) terrapieno m. 3 (Br) (row of attached houses) fila f. di case a schiera; (street) strada f. con file di case a schiera. II v.t. 1 (Agr) terrazzare, sistemare a terrazze. 2 (Arch) fornire di terrazza, fornire di terrazzo. □ (Agr) ~ cultivation coltura a terrazze.

terraced /'terəst/ a. 1 (Agr) terrazzato, sistemato a terrazze. 2 (Arch) fornito di terrazza, fornito di terrazzo. □ ~ café bar con dehors; (Br) ~ houses villette a schiera; (Arch) ~ roof tetto a terrazza.

terracotta /ˌterə'kɒtə Am ˌterə'kɑːtə/ I n. 1 (Ceram) terracotta f. 2 (object) figurina f. di terracotta; (vase) vaso m. di terracotta. 3 (colour) color m. terracotta. II a. 1 di terracotta. 2 (having the colour of terracotta) color terracotta.

terraforming /ˌterə'fɔːmɪŋ Am ˌterə'fɔːrmɪŋ/ n. (Astron) trasformazione f. di un pianeta in

qualcosa di simile alla Terra.

terrain /tə'reɪn/ n. 1 terreno m. 2 (features of an area of land) caratteristiche f.pl. di un terreno.

terramare /ˌterə'mɑːri/ n. (Archeol) terramara f.

terrane /tə'reɪn/ n. (Geol) terrano m.

terrapin /'terəpɪn/ n. (Zool) tartaruga f. d'acqua dolce.

terrazzo /te'rɒtsou Am te'rɑːtsou/ (pl. -s /-z/) n. (Edil) mosaico m. seminato, palladiana f.

terrene /te'riːn,'ter,iːn/ a. terreno, terrestre, mondano.

terreplein /'terəpleɪn/ n. (Mil) terrapieno m.

terrestrial /tɪ'restriəl/ I a. 1 terrestre. 2 (TV) trasmesso da stazioni a terra. II n. terrestre m., abitante m. della terra. □ ~ globe globo terrestre; ~ latitude latitudine terrestre; ~ longitude longitudine terrestre; (Fis) ~ magnetic field campo magnetico terrestre; ~ magnetism magnetismo terrestre; (Astr) ~ planet pianeta terrestre; (Geol,Fis) ~ radiation radiazione terrestre; ~ telescope telescopio terrestre.

terret /'terɪt/ n. (Equit) anello m. metallico attraverso cui passano le redini.

terre verte /tɜːrə'vɜːrt/ n. (Pitt) terra f. verde.

terrible /'terəbl/ a. 1 terribile, tremendo: ~ pain dolore terribile. 2 (colloq) (very bad) pessimo, orribile, bruttissimo, terribile, orrendo: ~ food cibo pessimo. 3 (colloq) (extreme, great) tremendo, enorme, terribile: a ~ hurry una fretta tremenda. 4 (terrifying) spaventoso, terribile, pauroso, terrificante.

terribleness /'terəblnɪs/ n. l'essere terribile.

terribly /'terəbli/ avv. 1 terribilmente, tremendamente. 2 (colloq) (extremely) terribilmente, estremamente, tremendamente: ~ cold terribilmente freddo. 3 (terrifyingly) spaventosamente, terribilmente.

terricolous /te'rɪkələs/ a. (Biol) terricolo, terrestre.

terrier[1] /'terɪər/ n. (Zool) terrier m.

terrier[2] /'terɪər/ n. (Dir) catasto m. (fondiario).

terrific /tə'rɪfɪk/ a. 1 terrificante, spaventoso, terribile, pauroso. 2 (colloq) (extreme) pazzesco, formidabile: ~ speed velocità pazzesca. 3 (colloq) (extremely good) favoloso, eccezionale, stupendo: a ~ party una festa favolosa.

terrifically /tə'rɪfɪkəli/ avv. 1 spaventosamente, terribilmente, paurosamente. 2 (colloq) (extremely) eccezionalmente, straordinariamente.

terrified /'terɪˌfaɪd/ a. terrorizzato, spaventato, atterrito.

terrify /'terɪˌfaɪ/ v.t. terrorizzare, spaventare, atterrire, terrificare.

terrigenous /te'rɪdʒɪnəs/ a. terrigeno (anche Geol).

terrine /te'riːn/ n. 1 terrina f., tegame m. di terracotta. 2 (Gastron) terrina f.

territorial /ˌterɪ'tɔːrɪəl/ a. 1 territoriale: ~ claims rivendicazioni territoriali. 2 (of private property) terriero. □ (US,Dir) ~ courts corti territoriali.

Territorial /ˌterɪ'tɔːrɪəl/ n. (Mil) soldato m. della milizia territoriale; (estens) riservista m. □ (GB) ~ Army milizia territoriale, territoriale.

territorialise /ˌterɪ'tɔːrɪəˌlaɪz/ v.t. (Br) territorializzare.

territoriality /ˌterɪˌtɔːri'ælɪti/ n. territorialità f.

territorialize /ˌterɪ'tɔːriəˌlaɪz/ v.t. territorializzare.

territorially /ˌterɪ'tɔːriəli/ avv. riguardo al territorio.

territory /'terɪtəri Am 'teri,tɔːri/ n. 1 territorio m. (anche Biol): this island is British ~ quest'isola è territorio britannico. 2 (geographical area, region) territorio m., regione f.; (colonial possession) colonia f. 3 (US) (administrative division) territorio m. 4 (fig) (field, sphere) campo m., sfera f., territorio m. 5 (Comm) zona f., distretto m.

terror /'terər/ n. 1 terrore m., forte paura f., forte spavento m., vivo sgomento m., orrore m. 2 (colloq) (extremely annoying child) bambino m. pestifero, (colloq) peste f. □ ~ commando comando terroristico; to be in ~ of so. avere una tremenda paura di qcu.; to go in ~ of one's life temere molto per la propria vita; ~ organization organizzazione terroristica; ~ wave ondata terroristica.

Terror /'terər/ n. (Stor) (Reign of Terror) Terrore m., regno m. del Terrore.

terrorisation /ˌterər(ə)ɪ'zeɪʃən/ n. (Br) il terrorizzare.

terrorise /'terəraɪz/ v.t. (Br) terrorizzare, atterrire.

terrorism /'terə,rɪzəm/ n. terrorismo m.

terrorist /'terərɪst/ I n. terrorista m./f. II a. terroristico. □ ~ act atto di terrorismo, atto terroristico; ~ activity attività terroristica; ~ attack attacco terroristico; ~ bombing bombardamento terroristico; ~ group gruppo terroristico; ~ movement movimento terroristico.

terroristic /ˌterə'rɪstɪk/ a. terroristico.

terrorization /ˌterər(ə)ɪ'zeɪʃən/ n. il terrorizzare.

terrorize /'terəraɪz/ v.t. terrorizzare, atterrire.

terror-stricken /'terərˌstrɪkən/ a. terrorizzato, atterrito, pieno di terrore.

terry /'teri/ n. (Tess) tessuto m. di spugna, spugna f. □ (Tess) ~ cloth tessuto di spugna, spugna.

Terry /'teri/ I n.pr.f. dim.di Teresa, Theresa. II n.pr.m. dim.di Terence.

terse /tɜːs Am tɜːrs/ a. 1 succinto, conciso, essenziale. 2 (polished) terso, forbito.

tersely /'tɜːsli Am 'tɜːrsli/ avv. succintamente, concisamente.

terseness /'tɜːsnɪs Am 'tɜːrsnɪs/ n. l'essere succinto, concisione f., essenzialità f.

tertian /'tɜːʃən Am 'tɜːrʃən/ I a. (Med) terzana. II n. (Med) terzana f., febbre f. terzana.

tertiary /'tɜːʃəri Am 'tɜːrʃi,eri/ I a. 1 terziario, terzo. 2 (Chim,El,Med) terziario. 3 (Econ) terziario: ~ sector settore terziario, terziario. II n. (Rel.catt) terziario m. (f. -a). □ (Econ) ~ industry attività terziaria, terziario.

Tertiary /'tɜːʃəri Am 'tɜːrʃi,eri/ I a. 1 (Geol) terziario. II n. (Geol) era f. terziaria, terziario m.

tertius /'tɜːʃəs Am 'tɜːrʃəs/ a. terzo: Smith ~ Smith terzo.

tervalent /tɜː'veɪlənt Am tɜːr'veɪlənt/ a. (Chim) trivalente.

terza rima /ˌtɜːrtsə'riːmə/ n. (Lett) terza rima f.

terzetto /ˌtɜːrt'setou Am ˌtɜːrt'setou/ n. (Mus) terzetto m.

TESL /ˌtiːiːes'el/ Teaching of English as a Second Language (insegnamento dell'inglese come seconda lingua).

tesla /'teslə/ n. (Fis) tesla m.

TESOL /ˌtiːiːesou'el/ Teaching of English to Speakers of Other Languages (insegnamento dell'inglese ai parlanti di altre lingue, insegnamento dell'inglese come lingua straniera).

Tess /tes/ n.pr.f. dim.di Teresa, Theresa.

Tessa /'tesə/ n.pr.f. dim.di Teresa, Theresa.

TESSA /'tesə/ (Br) Tax-Exempt Special Savings Account (conto di risparmio speciale esentasse).

tessellate /'tesɪ,leɪt/ **I** v.t. decorare con mosaico a scacchiera. **II** v.i. incastrarsi senza lasciare spazi vuoti.

tessellated /'tesɪ,leɪtɪd Am 'tesɪ,leɪtɪd/ a. **1** decorato con mosaico a scacchiera. **2** (Archeol) tessellato. **3** (Zool) tessellato.

tessellation /,tesɪ'leɪʃən/ n. decorazione f. con mosaico a scacchiera.

tessera /'tesərə/ (pl. **-rae** /-riː/) n. tessera f. (musiva).

tesseral /'tesərl/ a. a forma di tessera.

Tessie /'tesɪ/ n.pr.f. dim.di Teresa, Theresa.

tessitura /tesɪ'tʊrə/ n. (Mus) tessitura f.

test[1] /test/ **I** n. **1** prova f., saggio m., esperimento m., test m.: the machine was given an endurance ~ la macchina fu sottoposta a una prova di resistenza. **2** (standardized examination, trial) esame m., prova f.: driving ~ esame di guida; to stand the ~ reggere alla prova, sostenere la prova. **3** (sth. that aids evaluation) criterio m. di valutazione, metro m. di valutazione: box-office success is not the best ~ of a film il successo di cassetta non è il migliore criterio di valutazione per un film. **4** (Scol) test m., breve esame m.: a spelling ~ un test di ortografia. **5** (Psic) test m., reattivo m. (psicologico), saggio m. reattivo. **6** (Med) esame m., analisi f.: eye ~ esame degli occhi; blood ~ analisi del sangue. **7** (Nucl) esperimento m.: atomic -s esperimenti atomici. **8** (Chim) analisi f.; (reagent used) reagente m., reattivo m. **9** (Cin) (screen test) provino m. **10** (Mecc) collaudo m. **11** (Met) coppella f. **II** a. **1** di prova, che costituisce una prova. **2** (subjected to a test) sperimentale. **III** v.t. **1** sottoporre a un esame, sottoporre a una prova, esaminare: to ~ applicants esaminare i candidati. **2** (Scol) esaminare. **3** (to put to the test) saggiare, mettere alla prova, provare, verificare: this assignment will ~ your ability questo incarico saggerà la tua capacità; to ~ a theory verificare una teoria. **4** (Med) fare un esame di, esaminare: to ~ one's hearing fare un esame dell'udito. **5** (Chim) analizzare, fare l'analisi di. **6** (Mecc) collaudare. **7** (Met) coppellare. □ (Stor.brit) Test Act provvedimento che escludeva i cattolici dalle cariche pubbliche; (Pol) ~ ban accordo di messa al bando delle armi nucleari; (Mot) ~ bed banco di prova; (Br,TV) ~ card monoscopio; (Dir) ~ case: 1 causa che crea un precedente per casi analoghi; 2 (estens) azione legale volta a ottenere una decisione sulla costituzionalità di uno statuto; (Inform) ~ data dati di prova; ~ drive: 1 collaudo; (before purchasing) prova; ~ driver: 1 collaudatore (di automobili); 2 (Inform) programma di verifica; ~ flight volo di collaudo, volo di prova; ~ market mercato di prova; ~ marketing marketing di prova; (Sport) ~ match (in cricket or rugby) partita internazionale; (Tecn) ~ meter analizzatore; ~ paper: 1 (Scol) foglio con il testo d'esame; 2 (Chim) carta reattiva; (Am,TV) ~ pattern monoscopio; (Aer) ~ pilot collaudatore di aerei; ~ plant impianto sperimentale; (Inform) ~ program programma di prova; to put to the ~ sperimentare, mettere alla prova, saggiare; (Tecn) ~ set analizzatore; (fig) to ~ the water (o to ~ the waters) sondare il terreno; ~ tube provetta, tubo di saggio.

test[2] /test/ n. (Zool) guscio m., conchiglia f.

test. testament test. (testamento).

testability /testə'bɪlɪtɪ Am testə'bɪlɪtɪ/ n. (Tecn) testabilità f.

testable[1] /'testəbl/ a. **1** (Tecn) testabile. **2** (estens) saggiabile.

testable[2] /'testəbl/ a. (Dir) che può essere oggetto di testamento.

testacean /tes'teɪʃən Am tes'teɪʃən/ **I** a. (Zool) testaceo. **II** n. (Zool) testaceo m.

testaceous /tes'teɪʃəs Am tes'teɪʃəs/ a. **1** (Zool) testaceo. **2** (Biol) (of a brick colour) rossiccio, rosso mattone.

testacy /'testəsi/ n. (Dir) condizione f. di testatore.

testament /'testəmənt/ n. (Dir) testamento m.

Testament /'testəmənt/ n. (Bibl) testamento m.

testamentary /,testə'mentəri/ a. (Dir) testamentario. □ (Dir) ~ arrangements disposizioni testamentarie; (Dir) ~ capacity capacità di testare.

testamur /tes'teɪmər/ n. (Br,Univ) certificato m. di promozione, certificato m. d'esame.

testate /'test(e)ɪt Am tes'teɪt/ **I** a. (Dir) che ha fatto testamento, che ha testato. **II** n. (Dir) testatore m.

testator /tes'teɪtər Am tes'teɪtər/ n. testatore m.

testatrix /tes'teɪtrɪks/ (pl. **-trices** /-trɪsiːz/) n. testatrice f.

test-drive /'tes,draɪv/ v.t.irr. collaudare, provare su strada.

tested /'testɪd Am 'testɪd/ a. sperimentato, collaudato: a ~ remedy un rimedio sperimentale.

tester[1] /'testər Am 'testər/ n. **1** collaudatore m. (f. -trice), verificatore m. (f. -trice). **2** (El) apparecchio m. di misura universale, tester m. **3** (Met) saggiatore m. **4** (Cosmet) campioncino m.

tester[2] /'testər Am 'testər/ n. (canopy of a bed) baldacchino m.

testicle /'testɪkl Am 'testɪkəl/ n. (Anat) testicolo m.

testicular /tes'tɪkjʊlər Am ,tes'tɪkjʊlər/ a. (Anat) testicolare.

testification /,testɪfɪ'keɪʃən Am ,testɪfɪ'keɪʃən/ n. (Dir) il testificare, testimonianza f.

testifier /'testɪ,faɪər Am 'testɪ,faɪər/ n. testimone m./f., teste m./f.

testify /'testɪfaɪ Am 'testɪfaɪ/ **I** v.t. **1** attestare, testimoniare: I can ~ to his honesty posso attestare la sua onestà. **2** (Dir) testimoniare, deporre: to ~ against so. testimoniare contro qcu. **3** (to serve as evidence) provare, testimoniare, dimostrare, attestare (to sth. qcs.), essere una prova (di). **II** v.i. **1** attestare, testimoniare: I can ~ to his honesty posso attestare la sua onestà. **2** (Dir) testimoniare, deporre: to ~ against so. testimoniare contro qcu. **3** (to serve as evidence) provare, testimoniare, dimostrare, attestare (to sth. qcs.), essere una prova (di). **4** (Rel.prot) testimoniare, dare la propria testimonianza.

testimonial /,testɪ'mouniəl Am ,testɪ'mouniəl/ n. **1** benservito m., referenze f.pl., certificato m. di servizio. **2** (gift in token of gratitude, esteem) dono m. offerto in segno di gratitudine e stima. **3** (advertising) testimonial m., dichiarazione f. fatta da un testimonial.

testimony /'testɪ,mouni Am 'testɪ,mouni/ n. **1** (Dir) testimonianza f., deposizione f. **2** (evidence, proof) prova f., dimostrazione f., testimonianza f.: to produce ~ of (o to) sth. fornire la prova di qcs. **3** (profession) dichiarazione f., affermazione f., professione f. **4** (Bibl) testimonianza f., tavole f.pl. della legge. □ to give ~ deporre, testimoniare, fare una deposizione; in ~ (o in ~ whereof) (e) in fede di ciò.

testiness /'testɪnɪs Am 'testɪnɪs/ n. irritabilità f.

testing /'testɪŋ Am 'testɪŋ/ **I** n. prova f., collaudo m. **II** a. difficile, duro, severo: a ~ examination un esame difficile. □ ~ ground campo di prova, campo di collaudo; ~ labo-

ratory laboratorio sperimentale.

testis /'testɪs Am 'testɪs/ (pl. **-tes** /-tiːz Am tiːz/) n. (Anat) testicolo m.

teston /'testən/ n. (Numism) scellino m. di Enrico VIII.

testoon /tes'tuːn/ n. (Numism) scellino m. di Enrico VIII.

testosterone /tes'tɒstə,roun Am tes'tɑːstə,roun/ n. (Biol) testosterone m.

test-tube /'testjuːb Am 'tes,tuːb/ □ (colloq) ~ baby bambino nato per inseminazione artificiale.

testudinal /tes'tjuːdɪnəl Am ,tes'tuːdɪnəli/ a. (Zool) testuggineo.

testudinarious /tes,tjuːdɪ'neəriəs Am ,testuːdɪ'neriəs/ a. (Zool) testuggineo.

testudinate /tes'tjuːdɪn(e)ɪt Am ,tes'tuːdɪn(e)ɪt/ a. **1** (Zool) dei testudinati, relativo ai testudinati. **2** (Archeol) testudinato, testugginato.

testudo /tes'tjuːdou Am ,tes'tuːdou/ (pl. **-s** /-z/ o **-dines** /-dɪniːz/) n. **1** (Stor.rom) testuggine f., testudo f. **2** (Archeol,Zool) testuggine f.

testy /'testi Am 'testi/ a. irritabile, stizzoso.

tetanic /tɪ'tænɪk/ a. (Med) **1** tetanico: ~ contraction contrazione tetanica. **2** (producing tetanus) che provoca il tetano.

tetanus /'tetənəs/ n. tetano m.

tetany /'tetəni/ n. (Med) tetania f.

tetchily /'tetʃɪli/ avv. stizzosamente.

tetchiness /'tetʃɪnɪs/ n. irritabilità f.

tetchy /'tetʃi/ a. irritabile, stizzoso.

tête-à-tête /'teɪtaː'teɪt/ **I** n. (pl. **-s** /-s/ o **têtes-à-têtes**) **1** colloquio m. a quattrocchi, tête-à-tête m. **2** (Arred) amorino m. **II** a. intimo, privato, confidenziale. **III** avv. a quattrocchi, in privato.

tether /'teðər/ **I** n. pastoia f., catena f., cavezza f. **II** v.t. impastoiare, legare, mettere la cavezza a.

tetrachloride /,tetrə'klɔːr,aɪd/ n. (Chim) tetracloruro m.

tetrachord /'tetrə,kɔːd Am 'tetrə,kɔːrd/ n. (Mus) tetracordo m.

tetracycline /,tetrə'saɪkliːn/ n. (Farm) tetraciclina f.

tetrad /'tetræd/ n. **1** tetrade f. (anche Biol). **2** (Chim) elemento m. quadrivalente.

tetradactyl /,tetrə'dæktəl/ a. (Zool) tetradattilo.

tetraethyl /,tetrə'iːθəl/ a. (Chim) tetraetile: ~ lead piombo tetraetile.

tetragon /'tetrə,gɒn Am 'tetrə,gɑːn/ n. (Geom) quadrangolo m., tetragono m.

tetragonal /te'trægənl/ a. quadrangolare, tetragonale.

tetragram /'tetrə,græm/ n. tetragramma m.

tetrahedral /,tetrə'hiːdrəl/ a. (Geom) tetraedrico.

tetrahedrite /,tetrə'hiːdraɪt/ n. (Min) tetraedrite f.

tetrahedron /,tetrə'hiːdrən/ (pl. **-s** /-z/ o **-dra** /-drə/) n. (Geom) tetraedro m.

tetralogy /te'trɒlədʒi Am te'trɑːlədʒi/ n. (Lett, Teat,Mus) tetralogia f.

tetramer /'tetrəmər/ n. (Chim) tetramero m.

tetramerous /te'træmərəs/ a. (Bot,Zool) tetramero.

tetrameter /te'træmɪtər Am 'tetrə,miːtər/ n. (Lett) tetrametro m.

tetraplegia /,tetrə'pliːdʒ(ɪ)ə/ n. (Med) tetraplegia f.

tetraplegic /,tetrə'pliːdʒɪk/ **I** a. (Med) tetraplegico. **II** n. (Med) tetraplegico m. (f. -a).

tetraploid /'tetrəplɔɪd/ **I** n. (Biol) tetraploide m. **II** a. (Biol) tetraploide.

tetrapod /'tetrə,pɒd Am 'tetrə,pɑːd/ n. (Zool) tetrapode m.

tetrapterous /te'træptərəs/ a. (Entom) tetraptero.

tetrarch /ˈteˌtrɑːk *Am* ˈteˌtrɑːrk/ *n.* (*Stor*) tetrarca *m.*

tetrarchate /ˈtetrɑːˌkeɪt *Am* ˈtetrɑːrˌkeɪt/ *n.* (*Stor*) **1** tetrarchia *f.* **2** (*office of a tetrarch*) tetrarcato *m.*

tetrarchy /ˈtetrɑːki *Am* ˈtetrɑːrki/ *n.* (*Stor*) **1** tetrarchia *f.* **2** (*office of a tetrarch*) tetrarcato *m.*

tetrastich /ˈtetrəstɪtʃ/ *n.* (*Lett*) tetrastico *m.*

tetrastyle /ˈtetrəstaɪl/ I *n.* (*Arch*) edificio *m.* tetrastilo. II *a.* (*Arch*) tetrastilo.

tetrasyllabic /ˌtetrəsɪˈlæbɪk/ *a.* (*Metr*) quadrisillabo.

tetrasyllabical /ˌtetrəsɪˈlæbɪkəl/ *a.* (*Metr*) quadrisillabo.

tetrasyllable /ˌtetrəˈsɪləbḷ/ *n.* (*Metr*) quadrisillabo *m.*

tetrathlon /teˈtræθlɒn *Am* teˈtræθlɑːn/ *n.* (*Sport*) tetrathlon *m.*

tetratomic /ˌtetrəˈtɒmɪk/ *a.* (*Chim*) tetratomico.

tetravalent /ˌtetrəˈveɪlənt/ *a.* (*Chim*) tetravalente.

tetrode /ˈtetroʊd/ *n.* (*El,Rad*) tetrodo *m.*

tetter /ˈtetər *Am* ˈtetər/ *n.* (*Med,ant*) malattia *f.* cutanea.

Teucer /ˈtjuːsər *Am* ˈtuːsər/ *n.pr.m.* (*Mitol*) Teucro.

Teucrian /ˈtjuːkriən *Am* ˈtuːkriən/ I *a.* (*Stor, Mitol*) troiano, teucro. II *n.* (*Stor,Mitol*) troiano *m.* (*f.* -a), teucro *m.* (*f.* -a).

Teuton /ˈtjuːtən *Am* ˈtuːtən/ *n.* **1** (*Stor*) teutone *m./f.* **2** (*colloq,spreg,scherz*) (*German*) teutone *m./f.*, tedesco *m.* (*f.* -a).

Teutonic /tjuːˈtɒnɪk *Am* tuːˈtɑːnɪk/ I *a.* **1** (*Stor*) teutonico. **2** (*colloq,spreg,scherz*) (*German*) tedesco, germanico. **3** (*Ling*) (*Germanic*) germanico. II *n.* (*language*) lingua *f.* germanica.

Teutonicism /tjuːˈtɒnɪsɪzəm *Am* tuːˈtɑːnɪˌsɪzəm/ *n.* germanismo *m.*, germanesimo *m.* (*anche Ling*).

Teutonisation /ˌtjuːtənaɪˈzeɪʃən/ *n.* (*Br*) germanizzazione *f.*

Teutonise /ˈtjuːtənaɪz/ I *v.t.* (*Br*) germanizzare. II *v.i.* (*Br*) germanizzare.

Teutonism /ˈtjuːtəˌnɪzəm *Am* ˈtuːtəˌnɪzəm/ *n.* civiltà *f.* germanica, cultura *f.* germanica.

Teutonist /ˈtjuːtənɪst *Am* ˈtuːtənɪst/ *n.* germanista *m./f.*

Teutonization /ˌtjuːtənaɪˈzeɪʃən *Am* ˌtuːtəni ˈzeɪʃən/ *n.* germanizzazione *f.*

Teutonize /ˈtjuːtəˌnaɪz *Am* ˈtuːtəˌnaɪz/ I *v.t.* germanizzare. II *v.i.* germanizzare.

Texan /ˈteksən/ I *a.* texano. II *n.* texano *m.* (*f.* -a).

Texas /ˈteksəs/ *n.pr.* (*Geog*) Texas *m.*

Tex-Mex /ˈteksˌmeks/ I *n.* (*Am*) cucina *f.* tex-mex. II *a.* tex-mex.

text /tekst/ *n.* **1** testo *m.*: *too many pictures and little* ~ troppe illustrazioni e un testo striminzito; *to study the original* ~ studiare il testo originale. **2** (*edited copy*) edizione *f.*: *a new* ~ *of the Divine Comedy* una nuova edizione della Divina Commedia. **3** (*fig*) tema *m.*, argomento *m.*, soggetto *m.*: *to stick to one's* ~ attenersi al tema. **4** (*passage*) testo *m.*, passo *m.* **5** (*Rel*) passo *m.* biblico, passo *m.* delle Sacre Scritture. **6** (*Tip*) carattere *m.* **7** (*Tip,Mus*) testo *m.* □ (*Edit*) ~ *edition* edizione scolastica; (*Inform*) ~ *editor* editor di testo; (*Inform*) ~ *file* file di testo; ~ *hand* scrittura grossa (e chiara); (*Inform*) ~ *processing* elaborazione dei testi; (*Inform*) ~ *processor* elaboratore di testi; (*Inform*) ~ *wrap* text wrapping, a capo automatico del testo.

textbook /ˈtekstbʊk/ I *n.* **1** (*Scol*) libro *m.* di testo, testo *m.* **2** (*manual*) manuale *m.*, testo

m. **3** (*Mus*) libretto *m.* (d'opera). II *a.* (*fig*) da manuale, perfetto: *a* ~ *backhand volley* una volée di rovescio da manuale.

textile /ˈtekstaɪl/ I *n.* (*Tess*) **1** tessuto *m.* **2** (*material, fibre, etc.*) tessile *m.*, materiale *m.* tessile. II *a.* (*Tess*) **1** (*woven*) tessuto. **2** (*of weaving*) tessile: ~ *industry* industria tessile.

textual /ˈtekstjʊəl/ *a.* **1** testuale, del testo: ~ *criticism* critica testuale. **2** (*conforming to the text*) testuale, aderente al testo, letterale.

textualism /ˈtekstjʊəˌlɪzəm/ *n.* **1** stretta aderenza *f.* al testo. **2** (*Bibl*) testualismo *m.*, stretta aderenza *f.* al testo delle Sacre Scritture.

textualist /ˈtekstjʊəlɪst/ *n.* **1** chi si attiene strettamente al testo. **2** (*Bibl*) buon conoscitore *m.* (*f.* -trice) dei testi biblici.

textually /ˈtekstjʊəli/ *avv.* **1** riguardo al testo. **2** (*verbatim*) testualmente, alla lettera.

textural /ˈtekstjʊrəl *Am* ˈtekstʃʊrəl/ *a.* **1** (*Tess*) della tessitura, relativo alla tessitura. **2** (*fig*) strutturale.

texture /ˈtekstjər *Am* ˈtekstʃʊr/ I *n.* **1** (*Tess*) consistenza *f.*; (*weave*) trama *f.* **2** (*physical structure*) struttura *f.*: *the* ~ *of soil* la struttura del suolo; *the skin* ~ la tessitura della pelle. **3** (*of cheese*) pasta. **4** (*fig*) struttura *f.*, composizione *f.*, tessitura *f.*: *the* ~ *of a poem* la struttura di un poema. **5** (*Biol*) tessuto *m.* **6** (*Fal*) (*grain*) venatura *f.*, andamento *m.* delle fibre. **7** (*Inform*) texture *f.*, trama *f.* **8** (*Art,Mus*) tessitura *f.* II *a.* testurale. □ (*Inform*) ~ *mapping* mappatura della trama.

textured /ˈtekstjʊrd *Am* ˈtekstʃʊrd/ *a.* **1** (*Cart*) tramato. **2** (*Tess*) testurizzato.

textureless /ˈtekstjʊrlɪs *Am* ˈtekstʃʊrlɪs/ *a.* privo di struttura, amorfo.

texturise /ˈtekstjʊraɪz/ *v.t.* (*Br,Tess*) (*of fabric*) testurizzare, voluminizzare.

texturize /ˈtekstjʊraɪz *Am* ˈtekstʃʊraɪz/ *v.t.* (*Tess*) (*of fabric*) testurizzare, voluminizzare.

TG *Togo* TG (Togo).

TGIF /ˌtiːdʒiːaɪˈef/ *intz.* (*Am,colloq*) (*thank God it's Friday*) grazie a Dio è venerdì!

T-group /ˈtiːˌgruːp/ *n.* (*Psic*) gruppo *m.* di addestramento.

TGWU (*Br*) *Transport and General Worker's Union* (sindacato dei trasportatori e dei lavoratori generici).

Th. *Thursday* gio, giov. (giovedì).

Thaddaeus /ˈθædiːəs/ *n.prm.* Taddeo.

Thai /taɪ/ I *n.* (*pl.inv.* o -**s** /-z/) **1** thailandese *m./f.*, tailandese *m./f.* **2** (*costr.pl.*) (*people*) thailandesi *m./f.pl.*, tailandesi *m./f.pl.* **3** (*language*) thai *m.* II *a.* thailandese, tailandese.

Thailand /ˈtaɪˌlænd/ *n.pr.* (*Geog*) Tailandia *f.*

thalamus /ˈθæləməs/ *n.* (*pl.* -**mi** /-maɪ/) *n.* (*Anat, Bot*) talamo *m.*

thalassaemia /ˌθælæˈsiːmiə/ *n.* (*Med*) talassemia *f.*

thalassaemic /ˌθæləˈsiːmɪk/ *a.* (*Med*) talassemico.

thalassemia /ˌθæləˈsiːmiə/ *n.* (*Am,Med*) talassemia *f.*

thalassemic /ˌθæləˈsiːmɪk/ *a.* (*Am,Med*) talassemico.

thalassic /θəˈlæsɪk/ *a.* **1** del mare, relativo al mare, talassico. **2** (*Biol*) talassicolo.

thalassography /ˌθæləˈsɒgrəfi *Am* ˌθælə ˈsɑːgrəfi/ *n.* talassografia *f.*, oceanografia *f.*

thalassotherapy /θəˌlæsoʊˈθerəpi/ *n.* (*Med*) talassoterapia *f.*

thaler /ˈtɑːlər/ *n.* (*pl.inv.* o -**s** /-z/) *n.* (*Numism*) tallero *m.*

Thalia /θəˈlaɪə/ *n.pr.f.* (*Mitol*) Talia.

thalidomide /θəˈlɪdəmaɪd/ *n.* (*Farm,ant*) talidomide *m.*

thallium /ˈθæliəm/ *n.* (*Chim*) tallio *m.*

thallophyte /ˈθæləfaɪt/ *n.* (*Bot*) tallofita *f.*

thallous /ˈθæləs/ *a.* (*Chim*) talloso.

thallus /ˈθæləs/ (*pl.* -**luses** /-ləsɪz/ o -**lli** /-laɪ/) *n.* (*Bot*) tallo *m.*, talloma *m.*

thalweg /ˈtɑːlˌveg, ˈθɑːlˌweg/ *n.* (*Geol*) thalweg *m.*, asse *m.* della valle.

Thames /temz/ *n.* (*Geog*) Tamigi *m.* □ (*Br, fig*) *not to set the* ~ *on fire* non essere particolarmente brillante, non fare scintille.

than /ðæn, ðən/ I *congz.* **1** (*after comparatives*) di, che (non), di quello che (non), di quanto (non): *it was better* ~ *I expected* è stato meglio di quanto (non) pensassi; *he is bigger* ~ *I am* è più grande di me. **2** (*after no: other than*) altro... che: *we had no alternative* ~ *to agree* non avevamo altra alternativa che accettare. **3** (*after scarcely, hardly, barely: when*) quando: *he had hardly spoken* ~ *I entered* aveva appena finito di parlare quando io entrai. II *prep.* (*in comparison with*) al cui confronto, paragonato a, in confronto a.

thanage /ˈθeɪnɪdʒ/ *n.* (*Stor.brit*) **1** ufficio *m.* di thane, rango *m.* di thane. **2** (*land held*) territorio *m.* di un thane.

thanatology /ˌθænəˈtɒlədʒi/ *n.* tanatologia *f.*

thanatophobia /ˌθænəˈfoʊbiə/ *n.* tanatofobia *f.*

thane /θeɪn/ *n.* (*Stor.brit*) **1** membro *m.* di una classe intermedia fra la nobiltà e i liberi cittadini, thane *m.* **2** (*in Scotland*) chi riceveva terre dal re; (*noble*) nobile *m./f.* (scozzese); (*chief of a clan*) capo *m.* di un clan.

thanedom /ˈθeɪndəm/ *n.* (*Stor.brit*) **1** ufficio *m.* di thane, rango *m.* di thane. **2** (*land held*) territorio *m.* di un thane.

thanehood /ˈθeɪnhʊd/ *n.* ufficio *m.* di thane, rango *m.* di thane.

thaneship /ˈθeɪnʃɪp/ *n.* ufficio *m.* di thane, rango *m.* di thane.

thank /θæŋk/ I *v.t.* **1** ringraziare, rendere (*o dire*) grazie a: *to* ~ *so. for a gift* ringraziare qcu. per (*o* di) un regalo. **2** (*iron*) (*in peremptory requests*) pregare, invitare: *I'll* ~ *you to mind your own business* sei pregato di farti gli affari tuoi. **3** (*iron*) (*to hold responsible*) considerare responsabile, (*iron*) ringraziare: *he has only himself to* ~ *if he lost his job* deve ringraziare solo se stesso se ha perso il posto. II *n.pl.* **1** gratitudine *f.sing.*, riconoscenza *f.sing.*, grazie *m.sing.*: *to express one's* -**s** esprimere la propria gratitudine. **2** (*expression of gratitude*) ringraziamenti *m.pl.*, grazie *m.sing.*, ringraziamento *m.sing.* □ -*s a lot* grazie mille, mille grazie, molte grazie, tante grazie (*anche iron*); (*colloq*) -*s a million* grazie mille, mille grazie; (*colloq*) -*s awfully* grazie mille; -*s be to God!* (sia) grazie a Dio!; (*iron*) -*s for nothing!* grazie tante!; *to give* -*s* (*before or after a meal*) ringraziare Dio; ~*God!* grazie a Dio!, fortunatamente!; ~*goodness!* grazie al cielo!, meno male!; ~*Heaven* (o ~*Heavens*)*!* grazie al cielo!; *to* ~ *one's lucky stars* ringraziare la propria buona stella, ringraziare il cielo; *no,* ~ *you* (o *no, -s*) no, grazie!; (*colloq*) *no* -*s to* non (certo) per merito (di): *he was successful, no -s to your intervention* ci è riuscito, non certo per merito tuo; *to* ~ *one's stars* ringraziare la propria buona stella, ringraziare il cielo; -*s to* grazie a; *with* -*s* con ringraziamenti, con un grazie: *returned with* -*s* restituisco e ringrazio; ~*you!* grazie!; ~ *you very much* grazie infinite!, grazie molte!

thankful /ˈθæŋkfʊl/ *a.* **1** grato, riconoscente: *we are* ~ *to you for your help* vi siamo grati per il vostro aiuto; *a* ~ *smile* un sorriso grato. **2** (*glad, relieved*) contento, sollevato, confortato. **3** (*expressive of relief*) di sollievo: *a* ~ *sigh* un sospiro di sollievo. □

you should be ~ you were not hurt dovresti ringraziare il cielo di non esserti fatto male.

thankfully /'θæŋkfʊli/ *avv.* **1** con gratitudine, con riconoscenza. **2** (*in a relieved manner*) con sollievo.

thankfulness /'θæŋkfʊlnɪs/ *n.* gratitudine *f.*, riconoscenza *f.*

thankless /'θæŋklɪs/ *a.* **1** (*of a person*) ingrato, che non dimostra gratitudine, che non mostra riconoscenza. **2** (*unlikely to be appreciated*) ingrato, sgradevole: *a ~ task* un compito ingrato.

thanklessness /'θæŋklɪsnɪs/ *n.* **1** ingratitudine *f.*, mancanza *f.* di riconoscenza, mancanza *f.* di gratitudine. **2** (*state, quality of being unappreciated*) l'essere ingrato, sgradevolezza *f.*

thanksgiver /'θæŋks,gɪvəʳ/ *n.* chi rende grazie.

thanksgiving /'θæŋks,gɪvɪŋ/ *n.* **1** rendimento *m.* di grazie, ringraziamento *m.* (a Dio). **2** (*expression of thanks*) ringraziamento *m.*, grazie *m.*, ringraziamenti *m.pl.* **3** (*before or after a meal*) preghiera *f.* di ringraziamento.

Thanksgiving /'θæŋks,gɪvɪŋ/ *n.* (Am, Canad) giorno *m.* del ringraziamento. □ (Am, Canad) ~ Day giorno del ringraziamento (quarto giovedì di novembre).

thankworthy /'θæŋk,wɜːði Am 'θæŋks,wɜːrði/ *a.* (ant) degno di riconoscenza, degno di gratitudine.

thank-you /'θæŋkjuː/ **I** *n.* ringraziamento *m.* **II** *a.* di ringraziamento: *a ~ note* un biglietto di ringraziamento.

that[1] /ðæt/ **I** *a.* (*pl.* **those** /ðoʊz/) **1** quello: *give me ~ newspaper* dammi quel giornale; *those friends of yours* quei tuoi amici; *who are those people?* chi è quella gente? **2** (*contrasted with this*) quello (là): *this bed is mine and ~ one is yours* questo è il mio letto e quello è il tuo. **3** (*being the one specified*) il, quello: *those sly animals, foxes* quegli animali furbi, le volpi. **4** (*spreg*) quello: *~ James ought to be shot!* quel James dovrebbe essere fucilato! **II** *pron.* (*pl.* **those**) **1** (*the one predicated*) quello, quella, questo, questa: *~'s mine* quello è mio; *~ is not what I said* questo non è quello che ho detto; *is ~ what you really think?* è proprio quello che pensi?; *those are my ideas* queste sono le mie idee. **2** (*contrasted with this*) quello (là), quella (là): *this is better than ~* questo è migliore di quello. **3** (*referring to persons*) quello, quella, *often not translated*: *~ is my wife, the one with the red hair* mia moglie è quella con i capelli rossi; *who was ~ on the phone?* chi era al telefono? **4** (*as the antecedent of a relative clause*) ciò, quello: *~ which I believe* ciò che credo. **5** (*such a one, such ones, such a thing*) questo, questa: *~'s life* questa è la vita, così è la vita. **III** *avv.* **1** così, tanto: *he was only ~ tall at the time* a quei tempi era solo alto così. **2** (*colloq*) (*to such an extent*) fino a quel (*o* questo) punto, così, talmente: *he's stupid, but not ~ stupid* è stupido, ma non fino a questo punto; *it's not ~ important* non è così importante. **3** (*dial,colloq*) (*very*) molto, tanto: *I was ~ angry* ero molto arrabbiato. □ *all ~*: **1** e via dicendo, e così via, eccetera eccetera: *he's studied chemistry and physics and all ~* ha studiato chimica, fisica e via dicendo; **2** (*the indicated degree*) così, tanto: *it's not as expensive as all ~* non è così caro; (colloq) *and ~ (and so on)* eccetera eccetera, e così via, e via dicendo; *have things come to ~?* le cose sono arrivate a questo punto?; *~ does it!* questo è troppo!; *he takes after his father in ~* he likes music ha preso

da suo padre nella passione per la musica; *~ is* cioè, vale a dire; *~ is ~* ecco tutto, (e) questo è quanto: *I can't lend you even a penny, and ~ is ~* non ti posso prestare neanche un centesimo, ecco tutto; *~ is so* le cose stanno così, questo è tutto, è così; *is ~ so?* è così?, davvero?, le cose stanno così?, è giusto?; *~ is to say* cioè, vale a dire; (esclam.) *~'s it!*: **1** questo è tutto!, tutto qui!, e basta!; **2** (*exactly, precisely*) esattamente!, precisamente!, proprio!; *why are you shouting like ~?* perché urli così?; (esclam.) *~'s right!* giusto!, bene!, proprio così!, sta bene!, d'accordo!, è così!, è vero!, infatti!; *~ said* detto ciò; *at ~ time* in quel periodo, allora, in quel momento; *with ~* dopodiché, dopo di che, al che: *with ~ he went out* dopodiché uscì.

that[2] /ðæt/ **I** *congz.* **1** (*to introduce a subordinate clause*) che: *I hear ~ you are to be married* ho saputo che ti sposi; *it was clear ~ he did not approve* era chiaro che non era d'accordo. **2** (*to introduce purpose clauses*; *general. preceduto da in order, so*) perché, per, affinché: *he died in order ~ we might live* morì perché noi vivessimo; *they went there so ~ they might see it* andarono là per vederlo. **3** (*to introduce a clause expressing result, reason*) che: *he is so strong ~ he can lift a horse* è così forte che può sollevare un cavallo; *you should be thankful ~ you are still alive* dovresti ringraziare il cielo che sei ancora vivo. **4** (*with it as a subject*) che: *it was then ~ I understood* fu allora che capii; *it is not ~ I disagree but* non è che non sia d'accordo, ma. **5** (*to modify an adverb, adverbial expression*) not translated: *everywhere ~ Mary went* ovunque Maria andasse. **6** (*to introduce an exclamation*) che: *~ I should live to see such a day!* che io dovessi vivere per vedere un giorno come questo! **7** (*to introduce wishes*) se: *oh ~ I knew the truth* oh, se potessi sapere la verità. **II** *pron.rel.* **1** che: *the house ~ Jack built* la casa che Jack costruì; *the man ~ came to dinner* l'uomo che è venuto a cena. **2** (*with prepositions*) che, il, il quale, la quale: *the girl ~ he was talking to* la ragazza con la quale stava parlando. **3** (*with time expressions: in which, on which*) in cui, quando: *since the day ~ he was born* sin dal giorno in cui nacque. **4** (*so far as*) che, per quanto, per quello: *she has never been married ~ I know* non è mai stata sposata che io sappia. □ (Br,colloq) *Mrs. Green, Mary Brown ~ was* la signora Green, Mary Brown da ragazza.

thatch /θætʃ/ **I** *n.* **1** paglia *f.* per ricoprire i tetti, canne *f.pl.* per ricoprire tetti. **2** (*covering*) copertura *f.* di paglia, tetto *m.* di paglia. **3** (*fig*) (*thick hair*) capigliatura *f.* folta. **II** *v.t.* ricoprire di paglia: *to ~ a roof* ricoprire un tetto di paglia.

thatched /θætʃt/ *a.* di paglia o canne: *a ~ roof* un tetto in paglia.

thatcher /'θætʃəʳ/ *n.* chi fa tetti di paglia.

Thatcherism /'θætʃərˌɪzəm/ *n.* (Pol,Stor) thatcherismo *m.*, politica *f.* di Margaret Thatcher.

Thatcherite /'θætʃəraɪt/ *n.* (Pol,Stor) sostenitore *m.* (*f.* -trice) della politica di Margaret Thatcher.

thatching /'θætʃɪŋ/ *n.* **1** copertura *f.* di tetti con paglia (*o* con canne ecc.). **2** (*material used*) paglia *f.* per ricoprire tetti, canne *f.pl.* per ricoprire tetti.

thaumatology /,θɔːmə'tɒlədʒi Am ,θɔːmə'tɑːlədʒi/ *n.* taumatologia *f.*

thaumaturge /'θɔːmə,tɜːdʒ Am 'θɔːmə,tɜːrdʒ/ *n.* taumaturgo *m.* (*f.* -a).

thaumaturgic /,θɔːmə'tɜːdʒɪk Am ,θɔːmə'tɜːrdʒɪk/ *a.* taumaturgico.

thaumaturgical /,θɔːmə'tɜːdʒɪkəl Am ,θɔːmə'tɜːrdʒɪkəl/ *a.* taumaturgico.

thaumaturgist /'θɔːmətɜːdʒɪst Am 'θɔːmə,tɜːrdʒɪst/ *n.* taumaturgo *m.* (*f.* -a).

thaumaturgy /'θɔːmətɜːdʒi Am 'θɔːmə,tɜːrdʒi/ *n.* taumaturgia *f.*

thaw /θɔː/ **I** *v.i.* **1** sciogliersi, squagliarsi, sgelarsi, disgelarsi: *the snow is -ing* la neve si sta sciogliendo. **2** (*costr.impers.*) (*to be warm enough to melt ice or snow*) sgelare, disgelare: *it -ed last night* la scorsa notte ha sgelato. **3** (*to become free of the effects of cold*) sgelarsi, disgelarsi: *the pipes have -ed out* le tubazioni si sono sgelate. **4** (*fig*) diventare più cordiale, diventare meno freddo: *he -ed somewhat as the interview progressed* diventava più cordiale man mano che l'intervista andava avanti. **II** *v.t.* **1** sciogliere, squagliare, sgelare, disgelare. **2** (*of frozen foods*) scongelare: *to ~ some frozen vegetables* scongelare della verdura. **3** (*to free of the effects of cold*) fare sgelare, fare disgelare. **4** (*fig*) rendere più cordiale, rendere meno freddo. **III** *n.* **1** disgelo *m.*, sgelo *m.*: *the ~ set in* è venuto il disgelo. **2** (*fig*) il diventare più cordiale, il diventare meno freddo. **3** (*Pol,fig*) disgelo *m.*, distensione *f.* □ *to ~ out* sgelare, disgelare.

the[1] (*before consonants*: /ðə/; *before vowels*: /ði/; *used emphatically*: /ðiː/) *art.* **1** il, lo, la, i, gli, le: *~ boy in ~ white shirt* il ragazzo con la camicia bianca; *~ girl I married* la ragazza che ho sposato; *~ best that you can find* il meglio che tu possa trovare; *~ longest day of ~ year* il giorno più lungo dell'anno. **2** (*with substantivized adjectives*) il, lo, la, i, gli, le: *~ beautiful* il bello; *~ poor* i poveri; *~ English* gli inglesi. **3** (*used with names: the famous, prominent, etc.*) il famoso: *I dined with Brad Pitt - ~ Brad Pitt?* ho cenato con Brad Pitt - il famoso Brad Pitt? **4** (*each*) il, lo, la, al, ciascuno: *two dollars ~ packet* due dollari il pacchetto.

the[2] (*before consonants*: /ðə/; *before vowels*: /ðɪ/; *used emphatically*: /ðiː/) *avv.* **1** (*used before comparatives*) tanto, *often not translated*: *so much ~ worse for him* tanto peggio per lui. **2** (*in double comparatives*) quanto... tanto: *~ sooner, ~ better* quanto prima tanto meglio.

theanthropic /,θiən'θɒpɪk Am ,θiən'θrɑːpɪk/ *a.* (Rel) teandrico.

theater /'θɪətəʳ/ *n.* (Am) → **theatre**.

theatre /'θɪətəʳ/ *n.* **1** teatro *m.* **2** (Am) (*cinema*) cinema *m.* **3** (*drama as an art*) teatro *m.*, prosa *f.* **4** (*collett.*) (*plays*) teatro *m.*, opere *f.pl.* teatrali: *the ~ of Shaw* il teatro di Shaw. **5** (*dramatic art*) arte *f.* drammatica. **6** (Med) (*operating room*) sala *f.* operatoria. **7** (*fig*) luogo *m.* d'azione, teatro *m.* □ *~ goer* (assiduo) frequentatore di teatri; *~ going*: **1** (*used as a noun*) il frequentare i teatri; **2** (*used as an adjective*) che va a teatro, che frequenta i teatri; (Med) *~ nurse* ferrista; (Lett) *~ of cruelty* teatro della crudeltà; (Mil) *~ of operations* teatro delle operazioni; (Lett) *~ of the absurd* teatro dell'assurdo; (Mil) *~ of war* teatro delle ostilità, teatro della guerra; (Mil) *~ weapons* armi di teatro.

theatre-in-the-round /ˌθɪətərɪnðə'raʊnd Am ˌθɪətərɪnðə'raʊnd/ *n.* (*arena theatre*) teatro *m.* con palcoscenico centrale, arena *f.*

theatrical /θi'ætrɪkəl/ *a.* **1** teatrale: *~ company* compagnia teatrale. **2** (*fig*) teatrale, istrionico, artificioso, melodrammatico. **3** (*fig*) (*extravagant, showy*) appariscente, vistoso.

theatricalism /θi'ætrɪkəlɪzəm/ *n.* teatralità *f.*

theatricality /θiˌætrɪˈkælɪti Am ˌθiætrɪˈkæləti/ n. teatralità f.

theatrically /θiˈætrɪkəli/ avv. in modo teatrale.

theatricals /θiˈætrɪkəlz/ n.pl. (costr.sing.) rappresentazione f.sing. teatrale, recita f.sing.

Theban /ˈθiːbən/ I n. (Geog.stor) tebano m. (f. -a). II a. (Geog.stor) tebano.

Thebes /θiːbz/ n.pr. (Geog.stor) Tebe f.

theca /ˈθiːkə/ (pl. -cae /-siː/) n. (Biol,Zool) teca f.

thee /ðiː/ pron. (rar,poet,dial) 1 (objective case of thou) te, ti; (after prepositions) te: sweet land of liberty, of ~ I sing dolce terra della libertà, di te io canto. 2 (thou) tu, often not translated: ~ still thinks of going to Rome (tu) pensi ancora di andare a Roma.

theft /θeft/ n. furto m.

theftproof /ˈθeftpruːf/ I a. antifurto. II n. antifurto m.

theine /ˈθiːiːn/ n. (Chim) teina f.

their /ðeə Am ðer/ a.poss. 1 loro, di loro: ~ children i loro bambini; ~ problem il loro problema; ~ house la loro casa. 2 (his or her) suo, sua: everyone brought ~ own food ciascuno portò la sua roba da mangiare. □ ~ own di (loro) proprietà, loro proprio: a house of ~ own una casa di loro proprietà.

theirs /ðeəz Am ðerz/ pron.poss. 1 loro, di loro: this house is not ~ questa casa non è la loro; an old friend of ~ un loro vecchio amico. 2 (colloq) (his or hers) suo, sua.

theirselves /ˌðeəˈselvz Am ˌðerˈselvz/ pron. (colloq,dial) → themselves.

theism 1 /ˈθiːɪzəm/ n. (Teol,Filos) teismo m.

theism 2 /ˈθiːɪzəm/ n. (Med) teismo m.

theist /ˈθiːɪst/ n. (Teol,Filos) teista m./f.

theistic /θiˈɪstɪk/ a. (Teol,Filos) teistico.

them /ðem, ðəm/ I pron. 1 (direct object) loro, li, le: I saw ~, not you ho visto loro non te; take ~ home portali a casa. 2 (indirect object) loro: I gave ~ my name and address ho dato loro il mio nome e indirizzo. 3 (after prepositions) loro: I have never heard of ~ non ho mai sentito parlare di loro. 4 (in comparatives) loro: we are richer than ~ siamo più ricchi di loro. 5 (reflexive) sé, loro: they took the dog with ~ portarono il cane con sé. 6 (colloq) (in absolute constructions) loro: you'd better ask the Browns, ~ being the owners è meglio che tu chieda ai Brown, essendo loro i proprietari. 7 (dial,colloq) (those) quelli, quelle: ~ that want to can leave quelli che vogliono possono andarsene. II a. (dial, colloq) (those) quei, quegli: give me ~ plates dammi quei piatti.

thematic /θɪˈmætɪk Am θɪˈmætɪk/ a. (Ling, Mus,Lett) tematico. □ (Psic) ~ apperception test test di appercezione tematica; (Mus) ~ catalogue catalogo tematico.

thematically /θɪˈmætɪkəli Am θɪˈmætɪkəli/ avv. dal punto di vista tematico.

theme /θiːm/ n. 1 tema m., argomento m., soggetto m.: the ~ of a conference il tema di una conferenza. 2 (Scol) tema m., componimento m. 3 (Mus,Ling) tema m. □ (Am) ~ park parco di divertimenti a tema; (Am) ~ song: 1 tema musicale, motivo musicale di base; 2 (signature tune) sigla (musicale).

Themistocles /θəˈmɪstəkliːz/ n.pr.m. (Stor.gr) Temistocle.

themselves /ðəmˈselvz/ pron.pl. 1 (used reflexively) si, se stessi: they hurt ~ badly si fecero molto male. 2 (as an emphatic appositive) loro stessi, loro in persona, proprio loro: they ~ told me he l'hanno detto loro stessi. 3 (alone) da soli: they went by ~ andarono da soli. 4 (without help) da soli, senza l'aiuto di nessuno. 5 (for emphasis after preposi-

tions) sé, se stessi: they kept all the food for ~ tennero tutto il cibo per sè.

then /ðen, ðən/ I avv. 1 allora, a quell'epoca, a (o in) quel tempo, a quei tempi: I was ~ only ten years old allora avevo solo dieci anni; they will be on holiday ~ a quell'epoca saranno in vacanza. 2 (next, after that) poi, dopo, in seguito: he shut the door and ~ bolted it chiuse la porta e poi tirò il chiavistello; and ~ I went to bed e dopo andai a letto. 3 (consequently) allora: if that is true, ~ you have nothing to worry about se è vero, allora non hai nulla di che preoccuparti. 4 (in that case) allora, in questo (o tale) caso: if you didn't do it, ~ who did? se non l'hai fatto tu, allora chi è stato? 5 (besides) poi, inoltre: and ~ there's another problem e poi c'è un altro problema. 6 (apparently, therefore) allora, dunque, quindi, perciò: it's all settled, ~ allora tutto è sistemato. II n. quel momento m., quel giorno m., quell'epoca f.: they were friends from ~ onwards divennero amici da quel momento in poi. III a. di allora, di quel tempo, di quell'epoca: the ~ President il Presidente di allora. IV congz. (therefore) perciò, dunque, quindi. □ ~again (obut ~ again) d'altra parte, in fin dei conti; (colloq)and ~ some e non basta, e molto di più, e ancora; ~and there immediatamente, senza indugio, su due piedi, all'istante; by ~ per allora, per quel giorno, per quel tempo, per quell'epoca: we shall be back by ~ per allora saremo di ritorno; ~ this, ~ that ora questo, ora quello.

thence /ðens/ avv. 1 (from that place) di là, di lì, da quel luogo. 2 (from that time) da allora, da quel momento. 3 (therefore) quindi, perciò, pertanto.

thenceforth /ˌðensˈfɔːθ Am ˌðensˈfɔːrθ/ avv. da allora (in poi).

thenceforward /ˌðensˈfɔːwəd Am ˌðens ˈfɔːrwərd/ avv. da allora (in poi).

Theobald /ˈθiəbɒld Am ˈθiəbɑːld/ n.pr.m. Teobaldo.

theobromine /ˌθiəˈbrəʊmiːn/ n. (Chim) teobromina f.

theocentric /ˌθiːɒʊˈsentrɪk/ a. (Filos,Rel) teocentrico.

theocentrism /ˌθiːɒ(ʊ)ˈsentrɪzəm/ n. (Filos, Rel) teocentrismo m.

theocracy /θiˈɒkrəsi Am θiˈɑːkrəsi/ n. (Pol) teocrazia f.

theocrat /ˈθiːəkræt/ n. (Pol) teocratico m.

theocratic /ˌθiːəˈkrætɪk Am ˌθiːəˈkræt̬ɪk/ a. (Pol) teocratico.

theocratically /ˌθiːəˈkrætɪkəli Am ˌθiːə ˈkræt̬ɪkəli/ avv. in modo teocratico.

Theocritus /θiˈɒkrɪtəs Am θiˈɑːkrətəs/ n.pr.m. (Stor) Teocrito.

theodicy /θiˈɒdɪsi/ n. (rar) teodicea f.

theodolite /θiˈɒdəˌlaɪt Am θiˈɑːdəlaɪt/ n. (Topogr) teodolite m.

Theodora /ˌθiːəˈdɔːrə/ n.pr.f. Teodora.

Theodore /ˌθiːəˈdɔːr/ n.pr.m. Teodoro.

Theodosian /ˌθiːəˈdəʊziən/ a. (Stor) teodosiano. □ (Stor.rom) ~ code codice teodosiano, codice di Teodosio.

theogonic /ˌθiːəˈgɒnɪk Am ˌθiːəˈgɑːnɪk/ a. teogonico.

theogonist /θiˈɒgənɪst Am θiˈɑːgənɪst/ n. esperto m. (f. -a) di teogonia.

theogony /θiˈɒgəni Am θiˈɑːgəni/ n. teogonia f.

theologian /ˌθiːəˈləʊdʒən/ n. teologo m. (f. -a).

theologic /ˌθiːəˈlɒdʒɪk Am ˌθiːəˈlɑːdʒɪk/ a. 1 teologico. 2 (seminary) seminario teologico. 2 (Rel.catt) teologale.

theological /ˌθiːəˈlɒdʒɪkəl Am ˌθiːəˈlɑːdʒɪkəl/ a.

1 teologico. 2 (Rel.catt) teologale: ~ virtues virtù teologali.

theologically /ˌθiːəˈlɒdʒɪkəli Am ˌθiːə ˈlɑːdʒɪkəli/ avv. teologicamente.

theology /θiˈɒlədʒi Am θiˈɑːlədʒi/ n. teologia f.

theophany /θiˈɒfəni Am θiˈɑːfəni/ n. teofania f.

theophoric /ˌθiːəˈfɒrɪk/ a. teoforico.

theophylline /ˌθiːəˈfəliːn/ n. (Chim) teofillina f.

theorem /ˈθiːərəm Am ˈθiːərəm/ n. 1 (Mat,Filos) teorema m. 2 (fig) teoria f., idea f., principio m.

theorematic /ˌθiːərəˈmætɪk Am ˌθiːərəˈmæt̬ɪk/ a. teorematico.

theoretic /ˌθiːəˈretɪk Am ˌθiːəˈret̬ɪk/ a. 1 (Filos) teoretico. 2 (existing only in theory) teorico: a ~ advantage un vantaggio teorico. 3 (speculative) teorico, speculativo.

theoretical /ˌθiːəˈretɪkəl Am ˌθiːəˈret̬ɪkəl/ a. 1 (Filos) teoretico. 2 (existing only in theory) teorico. 3 (speculative) teorico, speculativo.

theoretically /ˌθiːəˈretɪkəli Am ˌθiːəˈret̬ɪkəli/ avv. teoricamente, in teoria.

theoretician /ˌθiːərəˈtɪʃən/ n. 1 teorico m. 2 (Filos) teoreta m./f.

theoretics /ˌθiːəˈretɪks Am ˌθiːəˈret̬ɪks/ n.pl. (costr.sing.) 1 (Filos) teoresi f. 2 (theoretical philosophy) teoretica f., filosofia f. teoretica.

theorisation /ˌθiːəraɪˈzeɪʃən/ n. (Br) teorizzazione f.

theorise /ˈθiːəˌraɪz/ v.i. (Br) teorizzare.

theoriser /ˈθiːəˌraɪzər/ n. (Br) chi teorizza.

theorist /ˈθiːərɪst/ n. (Filos) teoreta m./f.

theorization /ˌθiːərɪˈzeɪʃən/ n. teorizzazione f.

theorize /ˈθiːəˌraɪz/ v.i. teorizzare.

theorizer /ˈθiːəˌraɪzər/ n. chi teorizza.

theory /ˈθiːəri Am ˈθiːri/ n. 1 teoria f., dottrina f.: a ~ of the universe una teoria sull'universo. 2 (principles underlying a branch of knowledge, art) teoria f.: music ~ teoria musicale. 3 (hypothesis) ipotesi f., congettura f., supposizione f.: my explanation is no more than a ~ at the moment la mia spiegazione al momento non è che un'ipotesi. 4 (colloq) (idea, notion) teoria f., idea f., modo m. di pensare, opinione f., concezione f. 5 (Mat) teoria f. □ ~ in ~ in teoria, teoricamente; (Econ) the ~ of chances il calcolo delle probabilità; (Econ) ~ of comparative costs teoria dei costi comparati; (Biol) ~ of evolution teoria dell'evoluzione; (Biol) ~ of punctuated equilibria teoria degli equilibri punteggiati; (Fis) ~ of relativity teoria della relatività.

theosoph /ˈθiːəˌsɒf Am ˈθiːəˌsɑːf/ n. teosofo m. (f. -a).

theosopher /θiˈɒsəfər Am θiˈɑːsəfər/ n. teosofo m. (f. -a).

theosophic /ˌθiːəˈsɒfɪk Am ˌθiːəˈsɑːfɪk/ a. (Rel) teosofico.

theosophical /ˌθiːəˈsɒfɪkəl Am ˌθiːəˈsɑːfɪkəl/ a. (Rel) teosofico.

theosophise /θiˈɒsəˌfaɪz/ v.i. (Br) speculare in maniera teosofica.

theosophist /θiˈɒsəfɪst Am θiˈɑːsəfɪst/ n. teosofo m. (f. -a).

theosophize /θiˈɒsəˌfaɪz Am θiˈɑːsəfaɪz/ v.i. speculare in maniera teosofica.

theosophy /θiˈɒsəfi Am θiˈɑːsəfi/ n. teosofia f.

therapeutic /ˌθerəˈpjuːtɪk Am ˌθerəˈpjuːt̬ɪk/ a. terapeutico. □ (Farm) ~index indice terapeutico.

therapeutical /ˌθerəˈpjuːtɪkəl Am ˌθerə ˈpjuːt̬ɪkəl/ a. terapeutico.

therapeutically /ˌθerəˈpjuːtɪkəli Am ˌθerə ˈpjuːt̬ɪkəli/ avv. dal punto di vista terapeutico.

therapeutics /ˌθerəˈpjuːtɪks Am ˌθerə

'pjuːtɪks/ *n.pl.* (*costr.sing.*) terapeutica *f.sing.*

therapist /'θerəpɪst/ *n.* **1** (*psychotherapist*) psicoterapista *m./f.* **2** (*so. trained in therapy*) terapista *m./f.*, terapeuta *m./f.* **3** (*physiotherapist*) fisioterapista *m./f.*

therapy /'θerəpi/ *n.* **1** terapia *f.* **2** (*physical therapy*) fisioterapia *f.* **3** (*psychotherapy*) terapia *f.*, psicoterapia *f.*

there /ðeə^r *Am* ðer/ **I** *avv.* **1** là, lì, (*ant,region*) costà, costì: *here and ~* qui e là; *put it ~* mettilo lì. **2** (*to, into that place*) ci, vi, là, lì, colà: *I shall be going ~ next year* ci andrò l'anno prossimo. **3** (*in, at the place indicated*) là, lì: *~, where your left foot is* là, dove hai il piede sinistro. **4** (*used to direct attention to sth.*) ecco, ecco che (*o* là): *~ goes the bell* ecco che suona la campana. **5** (*at that point*) a quel punto: *he paused ~ and asked if it was clear* a quel punto si fermò e chiese se (tutto) era chiaro. **6** (*in that matter*) lì, là, in questo, su ciò, in quel punto: *I must admit you're right ~* devo ammettere che su questo hai ragione. **II** *pron.* **1** (*used to introduce a verb*) ci, vi: *~ was nothing more to do* non c'era altro da fare; *~ seems to be some mistake* sembra che ci sia un errore. **2** (*colloq*) (*to indicate a person*) lì, là: *hey, you ~, you with the glasses!* ehi, tu lì, tu con gli occhiali! **III** *n.* **1** quel luogo *m.*, quel posto *m.*: *he comes from ~, too* anche lui viene da quel luogo, anche lui viene di lì. **2** (*that point*) quel punto *m.*: *we'll begin from ~* cominceremo da quel punto. **IV** *a.* **1** (*used for emphasis after a demonstrative pronoun or noun*) lì, là, *often not translated*: *I'll have that one ~* prenderò quello (lì). **2** (*existent, present*) esistente, presente, *often translated with the corresponding verb*: *the problem is ~, and ~'s nothing we can do to solve it* il problema esiste e non possiamo fare nulla per risolverlo. **V** *intz.* **1** ecco!: *~, look what you've done* ecco, guarda cosa hai fatto! **2** (*to express satisfaction, etc.*) ecco!, là!, finalmente!: *~, it's finished* ecco, è finito! **3** (*to express consolation*) su!, coraggio!, suvvia!, via!: *~ ~, you'll feel better in a minute* su, tra un minuto ti sentirai meglio! □ *he is not all ~* gli manca un venerdì, gli manca qualche rotella; *it takes an hour ~ and back* ci vuole un'ora per andare e tornare: *we went ~ and back in less than a day* siamo andati e tornati in meno di una giornata; *~ and then* subito, lì per lì, là per là, sul momento; *to be ~*: **1** (*to have arrived*) essere lì, essere là, arrivare: *we will soon be ~* saremo lì tra breve; **2** (*to be available, present*) essere lì, essere presente, essere a disposizione: *the nurse was always ~ when I wanted her* l'infermiera era sempre lì quando avevo bisogno di lei; *to get ~*: **1** arrivare, giungere: *we got ~ late* arrivammo tardi; **2** (*colloq*) (*to succeed, to make it*) farcela, riuscire: *it was a struggle but we got ~ in the end* è stata dura ma alla fine ce l'abbiamo fatta; (*iron*) *~ you go again* ci risiamo, ecco che ricominci; (*colloq*) *to have been ~* conoscere per esperienza, averne fatto esperienza; *I have been ~* ne so qcs., so di che si tratta; *in ~* là dentro, lì dentro: (*colloq*) *he was still in ~ fighting* stava ancora combattendo; *he has failed four times but is still in ~ trying* non ci è riuscito per ben quattro volte ma è ancora lì che prova; *~ is c'è; ~ is more to translating than just looking up words* tradurre è ben altro che cercare parole in un dizionario; *~ was once* c'era una volta; *~ you are*: **1** eccoti: *~ you are, I've been looking all over for you* eccoti, ti ho cercato dappertutto; **2** (*here is what you wanted*) eccoti accontentato, eccoti servito, ecco quello che

volevi; *you just plug it in and ~ you are!* devi solo infilare la spina ed ecco fatto!; **3** (*colloq*) (*I told you so*) te l'avevo detto.

thereabout /,ðeərə'baʊt *Am* ,θerə'baʊt/ *avv.* **1** da quelle parti, nei dintorni, nei pressi, nelle vicinanze, là vicino, lì vicino. **2** (*near that time, number, etc.*) giù di lì, pressappoco, all'incirca, circa: *at midnight or ~* a mezzanotte o giù di lì; *ten pounds or ~* dieci sterline o giù di lì.

thereabouts /,ðeərə'baʊts *Am* ,θerə'baʊts/ *avv.* **1** da quelle parti, nei dintorni, nei pressi, nelle vicinanze, là vicino, lì vicino. **2** (*near that time, number, etc.*) giù di lì, pressappoco, all'incirca, circa.

thereafter /,ðeə'rɑːftə *Am* ,ðer'æftər/ *avv.* **1** (*lett*) da allora in poi, in seguito, dopo di ciò, dopodiché. **2** (*ant*) (*accordingly*) di conseguenza, quindi, perciò.

thereat /,ðeə'ræt *Am* ,ðer'æt/ *avv.* (*ant*) **1** di conseguenza, perciò, quindi. **2** (*at that*) al che, a ciò. **3** (*rar*) (*at that place*) in quel luogo, là, colà.

thereby /,ðeə'baɪ *Am* 'ðerbaɪ/ *avv.* **1** quindi, perciò, a causa di ciò, con ciò. **2** (*in that connection*) al riguardo, in merito: *~ hangs a tale* c'è (tutta) una storia al riguardo. **3** (*Scott*) (*nearby, thereabouts*) da quelle parti, nei dintorni, nei pressi, nelle vicinanze, là vicino, lì vicino.

there'd /ðeəd *Am* ðerd/ *contraz. di* there had, there would.

therefor /,ðeə'fɔː^r *Am* ,ðer'fɔːr/ *avv.* (*ant*) in cambio di ciò, come corrispettivo, per questo.

therefore /'ðeə,fɔː^r *Am* 'ðer,fɔːr/ *avv.* perciò, quindi, dunque, di conseguenza, indi: *the problem ~, does not exist* il problema, perciò, non esiste.

therefrom /,ðeə'frɒm/ *avv.* (*lett*) da ciò, indi, quindi.

therein /,ðeər'ɪn/ *avv.* (*ant*) **1** (*Dir*) ivi, (là) dentro, ci, vi: *enclosed ~* ivi allegato. **2** (*in that respect*) in ciò, riguardo a ciò, al riguardo, in merito: *~ lies your mistake* in ciò sta il tuo errore.

thereinafter /,ðeəri'nɑːftə *Am* ,ðerɪn'æftər/ *avv.* (*Dir*) più avanti, in seguito, oltre.

thereinbefore /,ðeərɪnbɪ'fɔː^r *Am* ,ðerɪnbɪ'fɔːr/ *avv.* (*Dir*) precedentemente, prima, già.

thereinto /,ðeərɪn'tu *Am* ,ðerɪn'tuː/ *avv.* (*ant*) là (*o* lì) dentro, dentro.

there'll /ðeəl *Am* ðerl/ *contraz. di* there will, there shall.

thereof /,ðeə'rɒv *Am* ,ðer'ɑːv/ *avv.* **1** di ciò, di questo, al riguardo. **2** (*because of that*) perciò, per questo, a causa di ciò, di conseguenza.

thereon /,ðeə'rɒn *Am* ,ðer'ɑːn/ *avv.* **1** (*ant*) su ciò, al riguardo, in merito. **2** → **thereupon**.

there's /ðeəz *Am* ðerz/ *contraz. di* there is, there has.

Theresa /tɪ'riːzə/ *n.pr.f.* Teresa.

thereto /,ðeə'tu: *Am* ,ðer'tuː/ *avv.* **1** (*ant*) a ciò, vi, ci. **2** (*rar*) (*besides*) inoltre, per giunta, oltre a ciò, per di più.

theretofore /,ðeətu:'fɔː^r *Am* ,ðertuː'fɔːr/ *avv.* fino ad allora, fino a quel momento.

thereunder /,ðeə'rʌndə^r *Am* ,ðer'ʌndər/ *avv.* (*ant*) sotto (*ciò*).

thereunto /,ðeə'rʌntu: *Am* ,ðerʌn'tuː/ *avv.* (*ant*) a ciò, vi, ci.

thereupon /,ðeərə'pɒn *Am* ,ðerə'pɑːn/ *avv.* **1** subito dopo, immediatamente dopo, al che, a ciò. **2** (*on that matter*) su ciò, in merito, al riguardo, a quel proposito. **3** (*because of that*) di conseguenza, indi, quindi, perciò.

therewith /,ðeə'wɪθ *Am* ,ðer'wɪθ/ *avv.* **1** con ciò, con questo, insieme. **2** (*in addition to*

that) in aggiunta, inoltre, in più. **3** (*rar*) (*thereupon*) subito dopo, immediatamente dopo.

therewithal /,ðeəwɪð'ɒl , ,ðeəwɪθ'ɒl *Am* ,ðerwɪθ'ɑːl , ,ðerwɪð'ɑːl/ *avv.* **1** (*ant*) con ciò, con questo. **2** (*immediately after that*) subito dopo, immediatamente dopo, al che, a ciò.

theriomorphic /,θɪəriəʊ'mɔːfɪk *Am* ,θeriou'mɔːrfɪk/ *a.* teriomorfo.

therm /θɜːm *Am* θɜːrm/ *n.* (*Fis*) termia *f.*

thermae /'θɜːmiː/ *n.pl.* (*Archeol*) terme *f.pl.*

thermal /'θɜːməl *Am* 'θɜːrməl/ **I** *a.* **1** (*thermic*) termico. **2** (*Fis,Nucl*) termico. **3** (*of thermae*) termale. **4** (*of clothing, blankets*) pesante, che tiene caldo: *~ underwear* biancheria intima pesante. **II** *n.* (*Meteor*) corrente *f.* ascendente d'aria calda. □ (*Aer*) *~ barrier* barriera del calore, barriera termica; *~ capacity* capacità termica; (*Inform*) *~ conduction module* modulo di conduzione termica; *~ efficiency* efficienza termica; *~ energy* energia termica; *~ imaging* termovisione; (*Tecn*) *~ insulation* isolamento termico; *~ pollution* inquinamento termico; (*El*) *~ power station* centrale termoelettrica; (*Inform*) *~ printer* stampante termica; *~ spring* sorgente (d'acqua) termale; (*Inform*) *~ transfer printer* stampante a trasferimento termico.

thermic /'θɜːmɪk *Am* 'θɜːrmɪk/ *a.* termico: *~ rays* raggi termici.

thermically /'θɜːmɪkəli *Am* 'θɜːrmɪkəli/ *avv.* dal punto di vista termico.

Thermidor /'θɜːmɪdɔː^r *Am* 'θɜːrmɪdɔːr/ *n.* (*Stor*) termidoro *m.*

thermion /'θɜːmiən *Am* 'θɜːrmiən/ *n.* (*Fis*) termoione *m.*

thermionic /θɜːmi'ɒnɪk *Am* ,θɜːrmi'ɑːnɪk/ *a.* termoionico: *~ tube* valvola termoionica.

thermionics /'θɜːmɪ'ɒnɪks *Am* ,θɜːrmi'ɑːnɪks/ *n.pl.* (*costr.sing.*) (*Fis*) termoionica *f.*

thermistor /θɜː'mɪstə^r *Am* 'θɜːrmɪstər/ *n.* (*Elettron*) termistore *m.*

thermit /'θɜːmɪt *Am* 'θɜːrmɪt/ *n.* (*Chim*) termite *f.*

thermite /'θɜːmaɪt *Am* 'θɜːrmaɪt/ *n.* (*Chim*) termite *f.*

thermochemical /,θɜːmoʊ'kemɪkəl *Am* ,θɜːrmoʊ'kemɪkəl/ *a.* termochimico.

thermochemistry /,θɜːmoʊ'kemɪstri *Am* ,θɜːrmoʊ'kemɪstri/ *n.* termochimica *f.*

thermocouple /'θɜːmoʊ,kʌpl *Am* 'θɜːrmoʊ,kʌpl/ *n.* (*El*) termocoppia *f.* coppia *f.* termoelettrica.

thermodynamic /,θɜːmoʊdaɪ'næmɪk *Am* 'θɜːrmoʊdaɪ'næmɪk/ *a.* (*Fis*) termodinamico.

thermodynamics /,θɜːmoʊdaɪ'næmɪks *Am* ,θɜːrmoʊdaɪ'næmɪks/ *n.pl.* (*costr.sing.*) termodinamica *f.*: *the laws of ~* le leggi della termodinamica.

thermoelectric /'θɜːmoʊɪ'lektrɪk *Am* 'θɜːrmoʊɪ'lektrɪk/ *a.* termoelettrico. □ (*El*) *~ multiplier* termomoltiplicatore, moltiplicatore termoelettrico; (*El*) *~ pair* termocoppia, coppia termoelettrica.

thermoelectricity /,θɜːmoʊɪlek'trɪsɪti *Am* ,θɜːrmoʊɪlek'trɪsɪti/ *n.* termoelettricità *f.*

thermogenesis /,θɜːmoʊ'dʒenɪsɪs *Am* ,θɜːrmoʊ'dʒenɪsɪs/ *n.* (*Fisiol*) termogenesi *f.*

thermogram /'θɜːmə,græm *Am* 'θɜːrməgræm/ *n.* termogramma *m.*

thermograph /'θɜːmə,grɑːf *Am* 'θɜːrməgræf/ *n.* termografo *m.*

thermography /θɜː'mɒgrəfi *Am* ,θɜː'mɑːgrəfi/ *n.* termografia *f.*

thermohaline /,θɜːmoʊ'heɪlaɪn *Am* ,θɜːrmoʊ'heɪlaɪn/ *a.* termoalino.

thermolabile /,θɜːmoʊ'leɪbaɪl *Am* ,θɜːrmoʊ'leɪbaɪl/ *a.* (*Biol,Chim*) termolabile.

thermoluminescence /,θɜːmoʊ,lju:mɪ

'nes⁹ns *Am* ˌθɜːˈrmoʊˌluːmɪˈnesⁿns/ *n.* termoluminescenza *f.*

thermolysis /ˌθɜːˈmɒləsɪs *Am* ˌθɜːrˈmɑːləsɪs/ *n.* (*Chim*) termolisi *f.*

thermomagnetic /ˌθɜːmo(ʊ)mægˈnetɪk *Am* ˌθɜːrmoʊmægˈnetɪk/ *a.* termomagnetico.

thermomagnetism /ˌθɜːmo(ʊ)ˈmæ gnetɪzⁿm *Am* ˌθɜːrmoʊˈmægnətɪzⁿm/ *n.* termomagnetismo *m.*

thermometer /θəˈmɒmɪtⁿ *Am* ˌθɜːr ˈmɑːmɪtə/ *n.* termometro *m.* (*anche fig*): *a ~ of public opinion* un termometro dell' opinione pubblica.

thermometric /ˌθɜːməˈmetrɪk *Am* ˌθɜːrmə ˈmetrɪk/ *a.* termometrico.

thermometrical /ˌθɜːməˈmetrɪkⁿl *Am* ˌθɜːrməˈmetrɪkⁿl/ *a.* termometrico.

thermometry /θəˈmɒmɪtri *Am* ˌθɜːrˈmɑːmɪtri/ *n.* termometria *f.*

thermonuclear /ˌθɜːmo(ʊ)ˈnjuːkliⁿ *Am* ˌθɜːrmoʊˈnuːkliⁿ/ *a.* (*Nucl*) termonucleare.

thermophile /ˈθɜːmo(ʊ)faɪl *Am* ˈθɜːrmoʊˌfaɪl/ *n.* (*Biol*) microorganismo *m.* termofilo.

thermophilic /ˌθɜːmoʊˈfɪlɪk *Am* ˌθɜːrmoʊ ˈfɪlɪk/ *a.* (*Biol*) termofilo.

thermopile /ˈθɜːmo(ʊ)paɪl *Am* ˈθɜːrmoʊˌpaɪl/ *n.* (*Fis*) termopila *f.*, pila *f.* termoelettrica.

thermoplastic /ˌθɜːmoʊˈplæstɪk *Am* ˌθɜːrmoʊˈplæstɪk/ **I** *a.* (*Chim*) termoplastico. **II** *n.* sostanza *f.* termoplastica.

Thermopylae /θɜːˈmɒpɪli: *Am* ˌθɜːrˈmɑːpəliː/ *n.pr.* (*Geog.stor*) Termopili *f.pl.*

thermoregulation /ˌθɜːmo(ʊ)ˌregjuˈleɪʃⁿn *Am* ˌθɜːrmo(ʊ)regjuˈleɪʃⁿn/ *n.* (*Biol*) termoregolazione *f.*

thermoregulator /ˌθɜːmo(ʊ)ˈregjuˌleɪtⁿ *Am* ˌθɜːrmo(ʊ)ˈregjuˌleɪtⁿ/ *n.* (*Biol*) termoregolatore *m.*

thermos /ˈθɜːmɒs *Am* ˈθɜːrməs/ *n.* thermos *m.*, termos *m.* ☐ *~ bottle* (o *~flask*) thermos, termos.

thermoscope /ˈθɜːmə.skoʊp *Am* ˈθɜːrmə ˌskoʊp/ *n.* (*Fis*) termoscopio *m.*

thermosensitive /ˌθɜːmo(ʊ)ˈsensɪtɪv *Am* ˌθɜːrmo(ʊ)ˈsensɪtɪv/ *a.* termosensibile.

thermosetting /ˌθɜːmo(ʊ)ˈsetɪŋ *Am* ˈθɜːrmoʊ ˌsetɪŋ/ *a.* (*Tecn*) termoindurente.

thermosphere /ˈθɜːmo(ʊ)ˌsfɪⁿ *Am* ˈθɜːrmə ˌsfɪr/ *n.* termosfera *f.*

thermostable /ˈθɜːmo(ʊ)ˌsteɪbl *Am* ˈθɜːrmə ˌsteɪbl/ *a.* (*Biol,Chim*) termostabile.

thermostat /ˈθɜːmo(ʊ)ˌstæt *Am* ˈθɜːrmə.stæt/ *n.* (*Tecn*) termostato *m.*

thermostatic /ˌθɜːmo(ʊ)ˈstætɪk *Am* ˈθɜːrmə ˌstætɪk/ *a.* (*Fis*) termostatico.

thermostatically /ˌθɜːmo(ʊ)ˈstætɪkⁿli *Am* ˈθɜːrmə.stætɪkⁿli/ *avv.* per mezzo di un termostato.

thermostatics /ˌθɜːmo(ʊ)ˈstætɪks *Am* ˌθɜːrmə ˈstætɪks/ *n.pl.* (*costr.sing.*) termostatica *f.sing.*

thermotherapy /ˌθɜːmo(ʊ)ˈθerəpi *Am* ˌθɜːrmoʊˈθerəpi/ *n.* (*Med*) termoterapia *f.*

thermotropism /ˌθɜːmo(ʊ)ˈθerəpi *Am* ˌθɜːrmo(ʊ)ˈtroʊpɪzⁿm/ *n.* (*Biol*) termotropismo *m.*

thesaurus /θɪˈsɔːrəs/ (*pl.* **-ri** /-raɪ/ o **-es** /-ɪz/) *n.* (*Edit*) **1** thesaurus *m.* **2** (*dictionary of synonyms*) dizionario *m.* dei sinonimi.

these /ðiːz/ → **this.**

Thesean /θɪˈsiːən/ *a.* (*Mitol*) di Teseo.

Theseus /ˈθiːsjuːs *Am* ˈθiːsiəs/ *n.pr.m.* (*Mitol*) Teseo.

thesis /ˈθiːsɪs/ (*pl.* **-ses** /-siːz/) *n.* **1** tesi *f.*, proposizione *f.* **2** (*Univ*) tesi *f.* di laurea, dissertazione *f.* di laurea. **3** (*Filos,Metr,Mus*) tesi *f.*

thespian /ˈθespiən/ **I** *a.* drammatico. **II** *n.* **1** (*tragedian*) tragediografo *m.* (*f.* -a). **2** (*actor, actress*) attore *m.* (*f.* -trice).

Thespian /ˈθespiən/ *a.* di Tespi.

Thespis /ˈθespis/ *n.pr.m.* (*Stor.gr*) Tespi.

Thessalian /θeˈseɪliən/ **I** *a.* tessalico, tessalo. **II** *n.* tessalo *m.* (*f.* -a).

Thessalonian /ˌθesəˈloʊniən/ **I** *n.* **1** tessalonicese *m./f.* **2** *pl.* (*costr.sing.*) (*Bibl*) Tessalonicesi: *1 -s* I Tessalonicesi; *2 -s* II Tessalonicesi. **II** *a.* tessalonicese.

Thessalonica /ˌθesəˈlɒnɪkə *Am* ˌθesələ: ˈnaɪkə, ˌθesəˈlɑːnɪkə/ *n.pr.* (*Geog.stor*) Tessalonica *f.*

Thessaloníki /ˌθesələˈniːki/ *n.pr.* (*Geog*) Salonicco *f.*

Thessaly /ˈθesəli/ *n.pr.* (*Geog*) Tessaglia *f.*

theta /ˈθiːtə *Am* ˈθeɪtə/ *n.* (*letter of the Greek alphabet*) teta *m./f.*, theta *m./f.* ☐ (*Fisiol*) *~ rhythm* ritmo teta.

thew /θjuː/ *n.spec.pl.* (*poet,lett*) muscolosità *f.*, forza *f.*

thewed /θjuːd/ *a.* (*in compounds*) dai muscoli...: *strong-~* dai muscoli forti.

thewy /ˈθjuːi/ *a.* muscolare.

they /ðeɪ/ *pron.* **1** essi, esse, loro, *often not translated*: *~ are late* sono in ritardo; *~ said it* l'hanno detto loro; *who are ~?* chi sono? **2** (*people, one*) si, la gente, uno: *~ say he is very ill* si dice che sia molto malato. **3** (*he or she*) egli, ella, *often not translated*: *everyone must attend whether ~ like it or not* tutti devono partecipare, lo vogliano o no. **4** (*lett*) (*those*) quelli, coloro: (*Bibl*) *blessed are ~ that mourn* beati quelli che piangono.

they'd /ðeɪd/ *contraz.* di they had, they would, they should.

they'll /ðeɪl/ *contraz.* di they will, they shall.

they're /ðeɪⁿ/ *contraz.* di they are.

they've /ðeɪv/ *contraz.* di they have.

thiabendazole /ˌθaɪəˈbendəzoʊl/ *n.* (*Med*) tiabendazolo *m.*

thiamine /ˈθaɪəmiːn/ *n.* (*Biol,Chim*) tiamina *f.*

thiazole /ˈθaɪəzoʊl/ *n.* (*Chim*) tiazolo *m.*

thick /θɪk/ **I** *a.* **1** spesso, grosso: *a ~ slice of bread* una fetta di pane spessa; *~ strokes of a pen* grossi tratti di penna. **2** (*in measurements*) spesso: *the plank is two inches ~* l'asse è spessa due pollici. **3** (*compact*) compatto, fitto: *a ~ crowd* una folla compatta. **4** (*dense, close*) fitto, folto, spesso, denso: *~ snow* neve fitta. **5** (*of hair*) folto. **6** (*crowded, filled*) denso, pieno, fitto (*with* di): *a tree ~ with leaves* un albero pieno di foglie. **7** (*covered*) coperto (*with* di): *his hands were ~ with soot* le sue mani erano coperte di fuliggine. **8** (*of the atmosphere in a room: stuffy*) viziato; (*heavy*) pesante. **9** (*of fog, smoke*) fitto, denso, spesso. **10** (*of weather*) coperto, offuscato, fosco. **11** (*of liquids*) denso, spesso: *a ~ soup* una minestra spessa. **12** (*of voice, speech: indistinct*) indistinto, poco chiaro. **13** (*hoarse*) rauco, roco. **14** (*of an accent*) molto marcato. **15** (*of parts of the body*) grosso: *~ fingers* dita grosse. **16** (*of lips*) spesso, grosso, carnoso. **17** (*of people: thickset*) tarchiato, tozzo. **18** (*colloq*) (*obtuse, dull*) ottuso, tardo, duro di comprendonio, tonto. **19** (*Br,colloq*) (*intimate, on friendly terms*) intimo, legato da stretti rapporti di amicizia. **II** *n.* **1** fitto *m.*, folto *m.* (*anche fig*): *in the ~ of the wood* nel fitto del bosco; *he was really in the ~ of the fight* era proprio nel folto della mischia. **2** (*colloq*) (*obtuse person*) stupido *m.* (*f.* -a), (*colloq*) testone *m.* (*f.* -a). **III** *avv.* **1** a strati grossi. **2** (*close together*) fitto, fitto fitto: *the roses grew ~ along the path* le rose crescevano fitte lungo il sentiero. ☐ *~ and fast* fitto come la grandine; *through ~ and thin* nella buona e nella cattiva sorte: *he had been his friend through ~ and thin* gli era stato amico nella buona e

---

nella cattiva sorte; (*Br,colloq*) *as ~ as a plank* (o *as ~ as two short planks*) veramente tonto; *to be as ~ as thieves* (o *as two thieves*) essere amici per la pelle, essere inseparabili, essere pane e cacio; (*Br,colloq*) *~ear* orecchio livido e gonfio: (*fig*) *to give so. a ~ ear* rimpire la faccia di schiaffi a qcu., dare uno scapaccione a qcu.; (*colloq*) *the ~ end of the stick* la parte difficile o sgradevole; (*Elettron*) *~film* film spesso; (*colloq*) *to have a ~head* : 1 (*after drinking*) avere la testa pesante; 2 (*to be obtuse*) essere ottuso, essere duro di comprendonio; (*Br,colloq*) *~ on the ground* pieno, fitto; (*colloq*) *to have a ~skin* essere indifferente, essere insensibile, non prendersela, essere poco sensibile, avere la pelle dura, avere la scorza dura; (*colloq*) *to have a ~ skull* avere la testa dura, essere un testone.

thicken /ˈθɪkən/ **I** *v.t.* **1** ispessire, aumentare lo spessore di, ingrossare. **2** (*of liquids*) ispessire, rendere più denso: *to ~ gravy with flour* ispessire il sugo con la farina. **3** (*to make compact*) infittire, infoltire. **II** *v.i.* **1** ingrossarsi, ispessirsi. **2** (*of liquids*) condensarsi, addensarsi: *stir the mixture until it -s* girare il composto fino a che non si addensa. **3** (*to become more dense*) infittirsi, addensarsi, infoltire: *the fog is -ing* la nebbia s'infittisce. **4** (*of weather*) offuscarsi, oscurarsi. **5** (*fig*) complicarsi, imbrogliarsi, ingarbugliarsi: *the plot -s* l'intreccio si complica.

thickener /ˈθɪkənⁿ/ *n.* addensatore *m.*

thickening /ˈθɪkənɪŋ/ *n.* **1** ispessimento *m.*, ingrossamento *m.* **2** (*thickened part*) ispessimento *m.*, parte *f.* ispessita. **3** (*sth. used to thicken a liquid*) addensatore *m.* **II** *a.* che si infittisce, che si addensa: *~ fog* nebbia che si infittisce.

thicket /ˈθɪkɪt/ *n.* **1** boschetto *m.*, folto *m.* d'alberi. **2** (*fig*) selva *f.*, moltitudine *f.*: *the ~ of Government regulation* la selva delle disposizioni governative.

thickhead /ˈθɪkˌhed/ *n.* (*colloq*) persona *f.* ottusa, stupido *m.* (*f.* -a), testone *m.* (*f.* -a).

thickheaded /ˈθɪkˌhedɪd/ *a.* (*colloq*) stupido, tonto.

thickish /ˈθɪkɪʃ/ *a.* piuttosto spesso, piuttosto fitto.

thick-lipped /ˈθɪklɪpt/ *a.* dalle labbra grosse.

thickly /ˈθɪkli/ *avv.* **1** fitto, fittamente: *the snow fell ~* la neve cadde fitta. **2** (*in speaking*) indistintamente, in modo confuso. **3** (*in a thick layer*) in uno strato spesso: *to spread butter ~* spalmare uno spesso strato di burro.

thickness /ˈθɪknɪs/ *n.* **1** grossezza *f.* **2** (*in measurements*) spessore *m.*: *the ~ of a wall* lo spessore di un muro. **3** (*layer*) strato *m.*, foglio *m.*, spessore *m.*: *she covered the cake with several -es of icing* ha ricoperto il dolce con diversi strati di glassa. **4** (*denseness, compactness*) fittezza *f.*, compattezza *f.*, densità *f.*, foltezza *f.* **5** (*of liquids*) densità *f.*, consistenza *f.* **6** (*of speech*) l'essere indistinto. **7** (*colloq*) (*obtuseness*) ottusità *f.*, stupidità *f.* ☐ (*Tecn*) *~gauge* spessimetro *m.*

thicko /ˈθɪkoʊ/ *n.* (*colloq*) tonto *m.* (*f.* -a), stupido *m.* (*f.* -a), scemo *m.* (*f.* -a).

thickset /ˈθɪkset/ *a.* **1** (*of a hedge, wood, etc.*) folto, fitto. **2** (*of people: stocky, burly*) tarchiato, tozzo.

thick-skinned /ˈθɪkˌskɪnd/ *a.* (*fig*) poco sensibile, insensibile, indifferente.

thick-skulled /ˈθɪkˌskʌld/ *a.* (*colloq*) stupido, tonto.

thick-witted /ˈθɪkˌwɪtɪd *Am* ˈθɪkˌwɪtɪd/ *a.* (*colloq*) stupido, tonto.

thief /θiːf/ (*pl.* **thieves** /θiːvz/) *n.* ladro *m.* (*f.* -a). ☐ (*Br*) *thieves' kitchen* covo di ladri;

thieves' Latin lingua furbesca, lingua furfantina, furbesco. *Prov.*: *it takes a ~ to catch a ~* a un furbo un furbo e mezzo, ci vuole un ladro per prendere un ladro.

thieve /θiːv/ **I** *v.t.* rubare. **II** *v.i.* rubare, fare il ladro.

thievery /ˈθiːvəri/ *n.* furto *m.*

thieves /θiːvz/ → **thief**

thieving /ˈθiːvɪŋ/ **I** *n.* il rubare. **II** *a.* dedito al furto, che ruba, ladro. □ (*Mus*) *The Thieving Magpie* La gazza ladra.

thievish /ˈθiːvɪʃ/ *a.* **1** (*thieving*) dedito al furto, che ruba, ladro. **2** (*characteristic of a thief*) ladresco, di ladro, da ladro. **3** (*stealthy*) furtivo, circospetto.

thievishly /ˈθiːvɪʃli/ *avv.* da ladro.

thievishness /ˈθiːvɪʃnɪs/ *n.* tendenza *f.* al furto.

thigh /θaɪ/ *n.* **1** (*Anat*) coscia *f.* **2** (*Anat*) (*bone*) femore *m.* □ (*Anat*) *~ bone* femore *m.*; (*Sport*) *~ guard* (o *~ pad*) cosciale.

thigh-slapper /ˈθaɪˌslæpər/ *n.* (*colloq*) storiella *f.* che fa molto ridere.

thigmotropism /ˌθɪgməˈtrəʊpɪzəm/ *n.* (*Biol*) tigmotropismo *m.*

thill /θɪl/ *n.* (*of a vehicle*) stanga *f.*

thimble /ˈθɪmbl/ *n.* **1** ditale *m.* **2** (*Mecc*) manicotto *m.*, bussola *f.* **3** (*Mar*) redancia *f.* **4** (*Mecc*) (*tubular cone*) mandrino *m.* conico; (*wall box*) cassa *f.* a muro.

thimbleful /ˈθɪmblˌfʊl/ *n.* **1** quantità *f.* contenuta in un ditale. **2** (*fig*) piccola quantità *f.* (di liquido), goccio *m.*, goccino *m.*

thimblerig /ˈθɪmblˌrɪg/ *n.* **1** gioco *m.* dei bussolotti. **2** (*estens*) inganno *m.*, gioco *m.* di bussolotti. **II** *v.t.* (*past, p.p.* **thimblerigged** /-d/) **1** imbrogliare facendo un gioco di bussolotti. **2** (*estens*) ingannare. **III** *v.i.* fare il gioco dei bussolotti.

thimblerigger /ˈθɪmblˌrɪgər/ *n.* chi fa il gioco dei bussolotti.

thimblerigging /ˈθɪmblˌrɪgɪŋ/ *n.* **1** gioco *m.* dei bussolotti. **2** (*estens*) inganno *m.*, gioco *m.* di bussolotti.

thin¹ /θɪn/ (*compar.* **thinner** /ˈθɪnə/, *sup.* **thinnest** /ˈθɪnɪst/) *a.* **1** sottile, leggero, fino, fine: *~ slices* fette sottili; *~ cloth* tessuto leggero. **2** (*small in cross section*) sottile, tenue: *a ~ stick* un bastone sottile. **3** (*having not much flesh*) esile, sottile, magro, snello: *a ~ girl* una ragazza esile; *~ legs* gambe sottili. **4** (*not dense, sparse*) rado, poco fitto: *~ hair* capelli radi. **5** (*not abundant*) scarso, limitato, modesto: *attendance was ~* la partecipazione fu scarsa; *~ stocks of food* scorte limitate di cibo. **6** (*of liquids*) fluido: *a ~ solution* una soluzione fluida. **7** (*watery*) brodoso, acquoso, lungo: *~ soup* minestra brodosa. **8** (*of wine*) leggero, non corposo. **9** (*of air: rarefied*) rarefatto, fine, leggero. **10** (*fig*) magro, debole, fiacco: *a ~ excuse* una magra scusa. **11** (*of a voice*) sottile, esile, fievole; (*of reproduced sound*) sottile, acuto e leggero. **12** (*of light*) fioco, debole, pallido. **13** (*of colours*) sbiadito, smorto. **14** (*Fot*) debole. **15** (*of soil*) sterile, infecondo, magro. **16** (*Econ*) fiacco. □ (*fig*) *~ air* nulla: *to vanish* (o *melt*) *into ~ air* dileguarsi nel nulla, svanire nel nulla; *out of ~ air* dal nulla: *to appear out of* (o *from*) *~ air* apparire dal nulla, saltare fuori di punto in bianco; *she is clever at creating delicious dishes out of ~ air* è bravissima nel creare piatti deliziosi dal nulla; *as ~ as a rake* magro come un chiodo; *a ~ disguise* un travestimento trasparente; (*fig*) *the ~ end of the wedge* la punta dell'iceberg, l'inizio della fine; *a ~ face* un viso scarno; (*Elettron*) *~ film* film sottile; (*Elettron*) *~ film transistor* transistor a film sottile; *to get ~* (o

to grow ~) assottigliarsi, dimagrire; (*fig*) *to be on ~ ice* trovarsi in una situazione rischiosa, essere in una situazione rischiosa, essere sul filo del rasoio, camminare sul filo del rasoio; (*Br,colloq*) *~ on the ground* raro, scarso; (*colloq*) *~ on top* stempiato, un po' pelato; (*colloq*) *to have a ~ skin* essere permaloso, essere ipersensibile; (*Tip,Inform*) *~ space* spazio sottile; (*Br,colloq*) *to have a ~ time* (*of it*) passarsela male.

thin² /θɪn/ (*past, p.p.* **thinned** /-d/) **I** *v.t.* **1** assottigliare, rendere sottile, ridurre lo spessore di. **2** (*to make thin, lean*) smagrire, rendere magro, far dimagrire. **3** (*to make less dense*) diradare, rendere meno fitto, sfoltire; (*to make less numerous*) ridurre, far diminuire. **4** (*of liquids*) diluire, allungare. **5** (*Agr, Giard*) sfoltire, diradare; (*to prune*) potare. **6** (*of hair*) sfoltire. **II** *v.i.* **1** smagrirsi, smagrire, dimagrire, diventare magro. **2** (*to become less dense*) diradarsi, diventare rado, sfoltirsi: *his hair is ~ning* i suoi capelli si stanno diradando. □ *to ~ down*: **1** (*used transitively*) assottigliare, rendere sottile, ridurre lo spessore di: *to ~ down a stick* assottigliare un bastone; **2** (*used transitively: to make thin, lean*) smagrire, rendere magro, far dimagrire; **3** (*used transitively: to make less dense*) diradare, rendere meno fitto, sfoltire; **4** (*used transitively: to make less numerous*) ridurre, far diminuire; **5** (*used transitively: of liquids*) diluire, allungare; **6** (*used intransitively*) smagrirsi, smagrire, dimagrire, diventare magro; **7** (*used intransitively: to become less dense*) diradarsi, diventare rado, sfoltirsi; *to ~ out*: **1** (*used transitively: to make less dense*) diradare, rendere meno fitto, sfoltire; **2** (*used transitively: to make less numerous*) ridurre, far diminuire; **3** (*used transitively: of liquids*) diluire, allungare; **4** (*used transitively*) (*Agr,Giard*) diradare: *to ~ out a flower bed* sfoltire un'aiuola. **5** (*used transitively*) (*Agr,Giard*) (*to prune*) potare; **6** (*used intransitively: to become less dense*) diradarsi, diventare rado, sfoltirsi; **7** (*used intransitively: to gradually disappear*) diradarsi: *the crowd began to ~ out* la folla cominciava a diradarsi.

thine /ðaɪn/ **I** *a.* (*poet,rar*) tuo: *~ honour* il tuo onore. **II** *pron.* (*poet,rar*) (*yours*) tuo, tua: *is this mine or ~?* è mio o tuo?

thing /θɪŋ/ *n.* **1** cosa *f.*: *it's a ~, not a person* è una cosa, non una persona. **2** (*unspecified object*) affare *m.*, arnese *m.*, aggeggio *m.*, (*colloq*) coso *m.*: *what's that ~ you're holding?* cos'è quell'affare che hai in mano?; *it's a ~ for stoning cherries* è un aggeggio per snocciolare le ciliege. **3** (*affair, matter*) cosa *f.*, faccenda *f.*, affare *m.*: *perjury is a serious ~* lo spergiuro è una cosa seria. **4** (*task*) cosa *f.*, lavoro *m.*, faccenda *f.*: *I have a lot of ~s to do today* ho tante cose da fare oggi. **5** (*point, detail*) cosa *f.*, punto *m.*, dettaglio *m.* **6** (*deed, accomplishment*) cosa *f.*, impresa *f.*, azione *f.* **7** (*word, utterance*) parola *f.*, verbo *m.*: *he didn't say a ~* non ha detto una parola. **8** (*being, person*) creatura *f.*, essere *m.* (vivente), persona *f.*: *what a pretty ~ she is!* che graziosa creatura! **9** (*animal*) bestiola *f.*, animale *m.* **10** (*food, substance, etc.*) roba *f.*, cosa *f.*, cibo *m.*: *she is mad about sweet ~s* va pazza per le cose dolci. **11** (*article of clothing*) vestito *m.*, abito *m.*: *I haven't got a ~ to wear to the party* non ho un vestito da mettere per la festa. **12** (*colloq*) (*way of acting*) modo *m.* di agire. **13** (*colloq*) (*irrational fear*) paura *f.* (irrazionale): *he has a ~ about cats* ha paura dei gatti. **14** (*colloq*) (*obsession*) mania *f.*, fissazione *f.*: *he has a ~ about punc-*

tuality ha la mania della puntualità. **15** (*Dir*) bene *m.*: *~s real* beni immobili. **16** *pl.* (*state of affairs*) cose *f.pl.*, situazione *f.*, affari *m.pl.*: *~s are going well* le cose vanno bene. **17** *pl.* (*possessions, effects*) cose *f.pl.*, roba *f.*: *he got his ~s together and left* raccolse le sue cose e se ne andò. **18** *pl.* (*equipment, gear*) equipaggiamento *m.*, roba *f.*, arnesi *m.pl.*, attrezzi *m.pl.*, cose *f.pl.*: *where are my skiing ~s?* dov'è il mio equipaggiamento da sci? □ *to have a ~ about*: **1** non sopportare, provare ribrezzo per; **2** aver una grande passione per, avere una fissa per; *one ~ after another* una cosa dopo l'altra, un guaio dopo l'altro; *she adores all ~s Italian* adora tutto ciò che è italiano; (*colloq*) *and ~s* e così via, eccetera eccetera; (*and*) *another ~* e inoltre, e per di più; *as ~s are* stando così le cose, così come stanno le cose; *as ~s go* così come vanno le cose, stando così le cose; *all ~s considered* tutto considerato; *to have a ~ for* essere segretamente innamorato di; *for one ~* tanto per dirne una, tanto per cominciare; (*colloq*) *a good ~*: **1** (*profitable enterprise*) un buon affare; **2** (*lucky circumstances*) fortuna, circostanza fortunata: *it was a good ~ no one was hurt* è stata una fortuna che nessuno si sia fatto male; (*fig*) *to be on to a good ~* avere fatto centro, avere trovato la cosa giusta; *one ~ leads to another* una cosa tira l'altra; *not a ~* niente, (*proprio*) nulla; *of all ~s* addirittura; *well, of all ~s!* questa poi!; *a ~ of the past* una cosa passata; *just one of those ~s* cosa a cui non c'è rimedio, cosa inevitabile; (*Dir*) *~s personal* beni mobili; *to take ~s as they come* prendere le cose come vengono; *the ~*: **1** la cosa giusta, la cosa da farsi, quello che ci vuole: *the ~ to do in that case is to rush to the hospital* la cosa da farsi in questo caso è correre all'ospedale; *a week's holiday is just the ~* una settimana di vacanza è proprio quello che ci vuole; **2** (*that which is polite*) ciò che è corretto, ciò che sta bene: *it is not the ~ to ask a lady her age* non sta bene chiedere l'età a una signora; *that's not at all the ~ to do* non è una cosa da farsi, non sta bene; **3** (*that which is fashionable*) la moda, ciò che è di moda: *leather hats are the ~ this year* i cappelli di pelle sono la moda di quest'anno; *the ~ is, can we afford it?* il punto è: possiamo permettercelo?; *taking one ~ with another* tutto sommato; (*what*) *with one ~ and another* tra una cosa e l'altra; *to make ~s worse* peggiorare la situazione, peggiorare le cose: *his presence only made ~s worse* la sua presenza non fece altro che peggiorare le cose.

thingamabob /ˈθɪŋəməˌbɒb Am ˈθɪŋəməˌbɑːb/ *n.* (*colloq*) **1** aggeggio *m.*, affare *m.*, arnese *m.*, coso *m.*, faccenda *f.* **2** (*person*) tizio *m.* (*f.* -a), coso *m.*

thingamajig /ˈθɪŋəmɪˌdʒɪg/ *n.* (*colloq*) **1** aggeggio *m.*, affare *m.*, arnese *m.*, coso *m.*, faccenda *f.* **2** (*person*) tizio *m.* (*f.* -a), coso *m.*, tipo *m.* (*f.* -a).

thingumabob /ˈθɪŋəmɪˌbɒb Am ˈθɪŋəməˌbɑːb/ *n.* (*colloq*) **1** aggeggio *m.*, affare *m.*, arnese *m.*, coso *m.*, faccenda *f.* **2** (*person*) tizio *m.* (*f.* -a), coso *m.*

thingumajig /ˈθɪŋəməˌdʒɪg/ *n.* (*colloq*) **1** aggeggio *m.*, affare *m.*, arnese *m.*, coso *m.*, faccenda *f.* **2** (*person*) tizio *m.* (*f.* -a), coso *m.*, tipo *m.* (*f.* -a).

thingummy /ˈθɪŋəmi/ *n.* (*colloq*) **1** aggeggio *m.*, affare *m.*, arnese *m.*, coso *m.*, faccenda *f.* **2** (*person*) tizio *m.* (*f.* -a), coso *m.*, tipo *m.* (*f.* -a).

thingy /ˈθɪŋi/ *n.* (*colloq*) **1** aggeggio *m.*, affare *m.*, arnese *m.*, coso *m.*, faccenda *f.* **2** (*person*) tizio *m.* (*f.* -a), coso *m.*, tipo *m.* (*f.* -a).

think /θɪŋk/ (past, p.p. **thought** /θɔ:t/ Am,dial **thunk** /θʌŋk/) **I** v.t. **1** pensare: to ~ badly of so. pensare male di qcu. **2** (to reflect on) pensare a, riflettere su: he thought what might happen pensò a ciò che sarebbe potuto succedere. **3** (to intend) pensare, avere in animo, proporsi: I thought to ask so. for help pensai di chiedere aiuto a qcu. **4** (to hold as an opinion) pensare, credere, ritenere, supporre: I ~ you are wrong credo che tu abbia torto. **5** (to consider, to regard) ritenere, credere, pensare, considerare: we thought it right to tell you ritenemmo (che fosse) giusto dirvelo; do what you ~ proper fa' ciò che credi giusto. **6** (to form a conception of, to imagine) immaginare, pensare, figurarsi, raffigurarsi. **7** (to be obsessed with the idea of) non fare altro che pensare a, avere l'idea fissa di: he -s revolution non fa altro che pensare alla rivoluzione. **8** (to remember; seguito dall'inf.) ricordare, rammentare, pensare a: I didn't ~ to invite him non mi sono ricordato di invitarlo, non ho pensato a invitarlo. **9** (to expect) aspettarsi, pensare: I didn't ~ to find you here non mi aspettavo di trovarti qui. **II** v.i. **1** pensare: ~, boy, ~! pensa, ragazzo, pensa! **2** (to reflect) riflettere, meditare, ponderare. **3** (to have opinions) ragionare, pensare. **4** (to suppose) pensare, supporre, ritenere, credere: it is easier than you ~ è più facile di quanto (tu non) pensi. **III** n. (colloq) pensiero m., riflessione f., pensata f.: I had a long ~ about it ci ho riflettuto a lungo. □ to ~ about: **1** pensare a: what are you -ing about? a che cosa stai pensando?; try not to ~ about it cerca di non pensarci; **2** (to entertain the idea of) avere in mente, avere in animo, pensare, proporsi, intendere: I am -ing about resigning sto pensando di dare le dimissioni, ho in mente di dare le dimissioni; to ~ again pensare ancora, riflettere ancora; to ~ ahead guardare in avanti, anticipare col pensiero; to ~ alike essere della stessa opinione; to ~ aloud pensare ad alta voce; I thought as much me l'aspettavo, lo pensavo, lo sapevo io; to ~ back ripensare, riandare con la mente, tornare indietro (con la mente); do as you ~ best fai come ti sembra meglio; to ~ better of it cambiare idea, ripensarci; to ~ big pensare in grande; if you ~ fit se lo ritieni il caso, se lo ritieni opportuno: do as you ~ fit fai come meglio credi; to ~ for oneself pensare con la propria testa; to ~ hard about sth. valutare bene qcs., considerare qcs. con attenzione; to ~ highly of so. avere una buona opinione di qcu., tenerc qcu. in grande considerazione, pensare bene di qcu.; to ~ too highly of oneself avere un'opinione troppo alta di sé; to ~ ill of so. pensare male di qcu.; to ~ it right to do sth. ritenere giusto fare qcs., ritenere opportuno fare qcs.; to ~ little of: **1** non pensarci due volte, metterci poco a, non esitare a; **2** (to have a low opinion of) tenere in poco conto, avere poca considerazione di; I ~ not credo di no, non credo; to ~ nothing of considerare una cosa da niente, considerare una cosa da nulla; to ~ nothing of so. non avere alcuna stima di qcu.; to ~ nothing of it non dare peso, prenderla alla leggera; ~ nothing of it! non c'è di che!; to ~ of: **1** pensare a; **2** (to bring to mind) pensare a, farsi venire in mente; **3** (to remember) ricordare, richiamare alla mente, richiamare alla memoria: I can't ~ of his name non riesco a ricordare il suo nome; **4** (to imagine, to conceive) raffigurarsi, pensare, immaginare: it is difficult to ~ of him as a father è difficile raffigurarselo come padre; **5** (to have in mind, to think about) pensare, avere

in mente, avere in animo, proporsi, intendere: we're -ing of going to the beach pensiamo di andare al mare; **6** (to make a mental discovery) escogitare, trovare, pensare: I thought of the plan first io per primo ho escogitato il piano; **7** (to suggest, to propose) suggerire, proporre: can you ~ of a good place for the holidays? puoi suggerire un buon posto per le vacanze?; **8** (to have regard for) pensare a, avere riguardo per, avere considerazione per: ~ of your reputation pensa alla tua reputazione; you never ~ of my feelings tu non hai mai riguardo per i miei sentimenti; (colloq) to ~ on sth. considerare qcs., pensarci su: are you going home for the holidays? - I'm -ing on it pensi di tornare a casa per le feste? - Sì, ci sto pensando; (colloq) to ~ on to do sth. ricordare di, pensare di: I didn't ~ on to tell him non mi sono ricordato di dirglielo; to ~ sth. out studiare qcs. a fondo; to ~ out of the box (o to ~ outside of the box o to ~ outside the box) uscire dai soliti schemi; to ~ over riflettere su, pensarci: I'll ~ over your offer rifletterò sulla tua offerta; to ~ things over riflettere a lungo, pensare a lungo; to ~ oneself silly pensare e ripensare fino a non capire più nulla, diventare stupido a furia di pensare; I ~ so credo di sì, penso di sì, lo penso; I don't ~ so credo di no, non credo; do you ~ so? pensi di sì?; to ~ the world of so. (o sth.) avere molta stima di qcu. (o qcs.), pensare un gran bene di qcu. (o qcs.); to ~ through riflettere a fondo su; to ~ to oneself pensare tra sé e sé; to ~ twice pensarci due volte; to ~ up ideare, escogitare, inventare: to ~ up a scheme ideare un piano; to ~ well of so. avere una buona opinione di qcu., pensare bene di qcu.

thinkable /'θɪŋkəbl/ a. **1** pensabile, immaginabile. **2** (possible, likely) probabile, possibile: it is hardly ~ that è poco probabile che.

thinker /'θɪŋkər/ n. pensatore m. (f. -trice).

thinking /'θɪŋkɪŋ/ **I** n. **1** il pensare, pensiero m. **2** (opinion, judgement) parere m., opinione f., avviso m.: to my (way of) ~ a mio parere; to be of so.'s (way of) ~ condividere l'opinione di qcu. **3** (system of thought, theory) dottrina f., pensiero m.: recent economic ~ la moderna dottrina economica. **II** a. **1** che pensa, pensante, ragionevole, dotato di raziocinio. **2** (serious-minded, reflective) serio, riflessivo, ponderato. □ (colloq) to put one's ~ cap on mettersi a pensare, ponzare.

think-piece /'θɪŋk.pi:s/ n. (Am,Giorn,sl) articolo m. basato più sulle opinioni che sui fatti.

think-tank /'θɪŋk.tæŋk/ n. **1** (institute for theoretical studies) centro m. di ricerca, istituto m. di ricerca. **2** (team of experts) gruppo m. di esperti, commissione f. di esperti, consulta f.

thinly /'θɪnli/ avv. **1** sottilmente, finemente, in modo sottile: to slice bread ~ tagliare il pane a fette sottili. **2** (sparsely) in modo rado. **3** (in a thin layer) in uno strato sottile: to spread jam ~ spalmare uno strato sottile di marmellata.

thinner[1] /'θɪnər/ → **thin**[1].

thinner[2] /'θɪnər/ n. solvente m., diluente m.

thinness /'θɪnnɪs/ n. **1** sottigliezza f., tenuità f., finezza f. **2** (leanness) magrezza f., sottigliezza f., esilità f. **3** (sparseness) l'essere rado, radezza f. **4** (of hair) radezza f. **5** (of liquids) diluizione f., (fig) debolezza f., fiacchezza f. **7** (of a voice) sottigliezza f., esilità f.

thinnest /'θɪnɪst/ → **thin**[1].

thinnish /'θɪnɪʃ/ a. piuttosto sottile, piuttosto fine.

thin-skinned /'θɪnskɪnd/ a. (fig) permaloso, suscettibile, molto sensibile.

third /θɜ:d Am θɜ:rd/ **I** a. terzo: the ~ day il terzo giorno. **II** n. **1** terzo m. **2** (one next after the second) terzo m. (f. -a). **3** (Aut) terza f. **4** (Mus) (interval) terza f., intervallo m. di terza. **5** (in ballet) terza f. **6** (in dates) tre m.: the ~ of May il tre di maggio, il tre maggio. □ (Br) ~ age terza età; (Sport) ~ base terza base; (colloq) ~ degree (interrogation) terzo grado, interrogatorio di terzo grado: to give so. the ~ degree fare il terzo grado a qcu.; ~ dimension terza dimensione; (Pol) ~ estate terzo stato, borghesia; (fig) ~ eye terzo occhio; (Anat,colloq) ~ eyelid terza palpebra; ~ finger: **1** (middle finger) medio, dito medio; **2** (ring finger) anulare, dito anulare; (Pol) ~ force terza forza; ~ last terzultimo; (Am, Econ) ~ market terzo mercato; ~ party: **1** (Dir) terzo; **2** (Pol) terzo partito; **3** (Comm) terza parte; **4** (used as an adjective) di un terzo, relativo a un terzo; (Assic) ~ party cover polizza di responsabilità civile; (Assic) ~ party motor (vehicle) insurance assicurazione RC auto, assicurazione responsabilità civile auto; (Assic) ~ party risks rischi contro terzi; ~ person: **1** (Dir) terzo; **2** (Gramm) terza persona; ~ position (in ballet) terza; (Ferr) ~ rail terza rotaia; (Stor) Third Reich Terzo Reich; (Pol) ~ states stati terzi; (fig,colloq) the ~ wheel terzo incomodo; to be the ~ wheel essere uno di troppo; ~ time lucky la terza volta porta fortuna; (Pol) Third World terzo mondo: Third World countries paesi del terzo mondo; Third Worldism terzomondismo.

third-class /'θɜ:d'kla:s Am 'θɜ:d'klæs/ **I** a. di terza classe: a ~ railway carriage uno scompartimento ferroviario di terza classe. **II** avv. in terza classe: to travel ~ viaggiare in terza classe. **III** n. **1** (Am,Post) posta f. non sigillata (e più economica). **2** (Br,Univ) laurea f. col minimo di voti.

third-degree /'θɜ:dɪgri:r/ a. (Med) di terzo grado: ~ burn ustione di terzo grado.

thirdly /'θɜ:dli Am 'θɜ:rdli/ avv. in terzo luogo, per terza cosa, terzo.

third-rate /'θɜ:dreɪt Am 'θɜ:rdreɪt/ a. di scarso valore, scadente, di terz'ordine.

thirst /θɜ:st Am θɜ:rst/ **I** n. **1** sete f.: to suffer from ~ soffrire la sete; to die of ~ morire di sete. **2** (fig) sete f., desiderio m. ardente, bramosia f.: ~ for knowledge sete di sapere. **II** v.i. **1** avere sete, essere assetato. **2** (fig) essere assetato, avere scte, essere bramoso (o avido) (for o after): to ~ for revenge essere assetato di vendetta.

thirstily /'θɜ:stɪli Am 'θɜ:rstɪli/ avv. (fig) bramosamente, avidamente.

thirstiness /'θɜ:sinɪs Am 'θɜ:rstɪnɪs/ n. l'essere assetato.

thirsty /'θɜ:sti Am 'θɜ:rsti/ a. **1** assetato: a ~ horse un cavallo assetato; to be ~ avere sete. **2** (of land) arido, secco, assetato, riarso. **3** (that causes thirst) che fa venire, che mette sete. **4** (fig) assetato, avido, bramoso: to be ~ for adventure essere assetato di avventure.

thirteen /θɜ:'ti:n Am θɜ:r'ti:n/ **I** a. tredici. **II** n. (pl.inv. o -s /-z/; il pl. in -s si usa general. con valore collett.) tredici m.

thirteenth /θɜ:'ti:nθ Am θɜ:r'ti:nθ/ **I** a. tredicesimo. **II** n. **1** tredicesimo m. **2** (Mus) tredicesima f. □ (Mus) ~ chord accordo di tredicesima; (colloq) at the ~ hour all'ultimo momento.

thirtieth /'θɜ:tiəθ Am 'θɜ:rtiθ/ **I** a. trentesimo. **II** n. trentesimo m. □ the ~ of April il trenta aprile.

thirty /'θɜ:ti Am 'θɜ:rti/ **I** a. trenta. **II** n. (pl.inv. o -ties /-tɪz/; il pl. in -ties si usa general. con valore collett.) **1** trenta m. **2** pl. trentina f.: to be in one's thirties essere sulla trentina; to *be in one's early thirties* essere sulla trentina; *to be in one's late thirties* essere sulla quarantina, andare verso i quaranta. **3** *pl.* (*of time*) anni *m.pl.* trenta: *the thirties of this century* gli anni trenta di questo secolo. □ *the temperature was in the thirties* la temperatura era tra i trenta e i quaranta gradi; (*Stor*) *Thirty Years' War* guerra dei Trent'anni.

thirty-eight /ˌθɜːtɪˈeɪt Am ˌθɜːrˈt̬iˈeɪt/ *n.* (*revolver*) trentotto *m.*, arma *f.* calibro trentotto.

thirtyfold /ˈθɜːtiˌfould Am ˈθɜːrt̬iˌfould/ I *a.* (che è) trenta volte tanto. II *avv.* trenta volte tanto, trenta volte tanti.

thirty-nine /ˌθɜːtɪˈnaɪn/ I *a.* trentanove. II *n.* trentanove *m.* □ (*Rel.prot*) *Thirty-Nine Articles* i trentanove articoli che riassumono la dottrina anglicana.

thirty-one /ˌθɜːtɪˈwʌn Am ˌθɜːrˈt̬iˈwʌn/ I *a.* trentuno. II *n.* trentuno *m.*

thirty-second note /ˌθɜːrˈt̬iˈsekəndˌnoʊt/ n. (*Am,Mus*) biscroma *f.*

thirty-twomo, thirty-two-mo /ˌθɜːtɪˈtuːmou Am ˌθɜːrˈt̬iˈtuːmou/ I *n.* (*pl.* **-s** /-z/) (*Edit, Tip*) trentaduesimo *m.* II *a.* (*Edit,Tip*) in trentaduesimo *m.*

this /ðɪs/ I *a.* (*pl.* **these** /ðiːz/) **1** questo, codesto: *is ~ dog yours?* è tuo questo cane?; *these people are with me* queste persone sono con me; *~ time tomorrow* domani a quest'ora. **2** (*in contrast to that*) questo: *~ car is faster than that one* quest'auto è più veloce di quella. **3** (*with days: the next, ensuing*) questo, prossimo: *I am leaving ~ Sunday* parto questa domenica. II *pron.* (*pl.* **these**) **1** questo, questa, codesto, ciò: *~ is yours, I believe* credo che questo sia tuo; *these are more expensive* questi sono più costosi. **2** (*of persons*) questo, questa, codesto, codesta: *~ is my wife* questa è mia moglie. **3** (*in contrast to that*) questo. III *avv.* così: *I never expected it to be ~ difficult* non mi sarei mai aspettato che fosse così difficile. □ *at ~* al che, (e) con ciò, con questo; *by ~* (*time*) ormai, a quest'ora; *~ day last year* un anno fa (come oggi), oggi è un anno; *~ day week* oggi a otto, tra una settimana; *now we've come ~ far we may as well continue* arrivati a questo punto, tanto vale continuare; (*colloq*) *~ here* questo, questo qui: *what's all ~ here fuss about you leaving your job?* cos'è questa storia che vuoi lasciare il lavoro?; *~ is he* (*telephone response*) sono io; *~ is Mr. Jones speaking* parla il signor Jones, qui il signor Jones; *these last six months* questi ultimi sei mesi; *~ morning* questa mattina, stamattina, stamani; *I know ~ much, I won't invite him again* so soltanto questo, non lo inviterò più; *~ and that* questo e quello, questo e quell'altro; *~, that or the other* questo, quello o quell'altro; *to talk about this and ~ and the other* parlare di tutto un po'; *what's ~?* (o *what's all ~?*) che succede qui?, che cosa c'è?; *with ~* al che, (e) con ciò, con questo: *with ~, he put down his glass and left the room* al che mise giù il bicchiere e lasciò la stanza; *~ won't do!* così non va!

Thisbe /ˈθɪzbi/ *n.pr.f.* Tisbe (*anche Mitol*).

thistle /ˈθɪsl/ n. (*Bot*) cardo *m.*

Thistle /ˈθɪsl/ n. (*Scott*) appartenente all'ordine del Cardo.

thistlebird /ˈθɪslˌbɜːd Am ˈθɪslˌbɜːrd/ n. (*Ornit*) lucarino *m.*

thistledown /ˈθɪslˌdaʊn/ n. (*Bot*) pappo *m.* del cardo.

thistly /ˈθɪs(ə)li/ a. pieno di cardi, ricco di cardi.

thither /ˈθɪðər/ avv. (*lett,ant*) là, laggiù, in quel luogo. □ *the ~ bank of the stream* l'altra riva del fiume.

thixotropic /ˌθɪksəˈtroupɪk/ a. (*Chim*) tixotropico, tissotropico.

thixotropy /ˈθɪksəˌtroupi/ n. (*Chim*) tixotropia *f.*, tissotropia *f.*

tho' /ðou/ I *congz.* (*colloq*) → **though**. II *avv.* (*colloq*) → **though**.

thole /θoul/ n. (*Mar*) scalmo *m.*

tholeiite /ˈθouliaɪt/ n. (*Geol*) toleite *f.*

tholepin /ˈθoulˌpɪn/ n. (*Mar*) scalmo *m.*

tholos /ˈθɒlɒs Am ˈθɑːlɑs/ n. (*Archeol*) tholos *f.*

Thomas /ˈtɒməs Am ˈtɑːməs/ n.pr.m. Tommaso. □ (*Stor*) *~ Becket* Tommaso Becket; (*Stor*) *~ More* Tommaso Moro.

Thomism /ˈtoumɪzəm/ n. (*Filos,Teol*) tomismo *m.*

Thomist /ˈtoumɪst/ n. (*Filos,Teol*) tomista *m./f.*

Thomistic /touˈmɪstɪk Am ˌtouˈmɪstɪk/ a. (*Filos,Teol*) tomistico.

thong /θɒŋ Am θɑːŋ, θɔːŋ/ n. **1** cinghia *f.* (di cuoio), correggia *f.* **2** (*leather lash*) staffile *m.* **3** (*of a sandal, etc.*) cinturino *m.* **4** (*spec. Am*) (*flip-flop*) infradito *m.*

Thor /θɔːr/ n.pr.m. (*Mitol.nord*) Thor.

thoracic /θɔːˈræsɪk/ a. (*Anat*) toracico.

thorax /ˈθɔːræks/ (*pl.* **-es** /-ɪz/ o **-races** /-rəsiːz/) n. **1** (*Anat*) torace *m.*, cavità *f.* toracica. **2** (*Entom,Zool*) torace *m.*

thoria /ˈθɔːriə/ n. (*Chim*) biossido *m.* di torio.

thorium /ˈθɔːriəm/ n. (*Chim*) torio *m.*

thorn /θɔːn Am θɔːrn/ n. **1** (*Bot,Zool*) spina *f.*, aculeo *m.* **2** (*Bot*) (*hawthorn*) biancospino *m.* **3** (*fig*) spina *f.*, angustia *f.*, cruccio *m.* □ (*fig*) *a ~ in one's flesh* (o *in one's side*) una spina nel cuore; (*fig*) *to be on ~s* essere sulle spine; (*fig*) *to sit on ~s* stare sulle spine; (*Bot*) *~ tree:* 1 albero spinoso; 2 (*hawthorn*) biancospino; 3 (*honey locust*) spino di Giuda.

thornback /ˈθɔːnbæk Am ˈθɔːrnbæk/ n. **1** (*Itt*) razza *f.* chiodata. **2** (*spider crab*) grancevola *f.*

thornbush /ˈθɔːnbuʃ Am ˈθɔːrnbuʃ/ n. **1** (*Bot*) cratego *m.* **2** (*thorny shrub*) pianta *f.* spinosa, spino *m.* **3** (*growth of thorny shrubs*) roveto *m.*

thornily /ˈθɔːnili Am ˈθɔːrnili/ avv. in modo pungente, come una spina.

thorniness /ˈθɔːninɪs Am ˈθɔːrninɪs/ n. **1** spinosità *f.* **2** (*fig*) spinosità *f.*, difficoltà *f.*, scabrosità *f.*

thorny /ˈθɔːni Am ˈθɔːrni/ a. **1** spinoso, pieno di spine, irto di spine. **2** (*fig*) spinoso, difficile, scabroso, irto di difficoltà: *~ problems* problemi spinosi.

thorough /ˈθʌrə Am ˈθɜːrou/ I *a.* **1** completo, intero, totale, esauriente. **2** (*of a search*) minuzioso, accurato. **3** (*of knowledge, etc.*) profondo. **4** (*of a person: attentive to detail*) preciso, accurato, minuzioso, meticoloso, scrupoloso: *to be ~ in one's work* essere preciso nel proprio lavoro. **5** (*utter, perfect*) perfetto, assoluto, vero e proprio, bell'e buono: *a ~ scoundrel* un perfetto mascalzone. II *prep.* (*ant*) (*through*) attraverso, per. □ (*Mus*) *~ bass* basso continuo; (*Am*) *~ brace* (*of a coach*) bandella *f.*; *to give a room a ~ cleaning* pulire a fondo una stanza.

thoroughbred /ˈθʌrəˌbred, ˈθʌrouˌbred/ I *a.* **1** (*Zootecn*) purosangue, di razza. **2** (*fig*) distinto, raffinato, nobile. II *n.* **1** (*Zootecn*) purosangue *m.*, animale *m.* purosangue. **2** (*fig*) persona *f.* raffinata, persona *f.* colta.

thoroughfare /ˈθʌrəˌfeər Am ˈθɜːrouˌfer/ n. (*Strad*) strada *f.* transitabile; (*major road*) strada *f.* principale. □ (*Strad*) *no ~* divieto di transito, circolazione vietata.

thoroughgoing /ˈθʌrəˌgouɪŋ Am ˈθɜːrou ˌgouɪŋ/ a. **1** deciso, risoluto. **2** (*thorough*) completo, intero, totale, esauriente. **3** (*utter, perfect*) perfetto, assoluto, vero e proprio,

bell'e buono.

thoroughly /ˈθʌrəli Am ˈθɜːrouli/ avv. **1** interamente, in modo esauriente, completamente. **2** (*utterly, in all respects*) completamente, sotto tutti i punti di vista, totalmente: *a ~ enjoyable film* un film davvero piacevole.

thoroughness /ˈθʌrənɪs Am ˈθɜːrounɪs/ n. **1** completezza *f.* **2** (*accuracy*) precisione *f.*, accuratezza *f.*

thorough-paced /ˈθʌrəˌpeɪst Am ˈθɜːrou ˌpeɪst/ a. **1** (*of a horse*) addestrato a tutte le andature. **2** (*fig*) perfetto, vero e proprio, bell'e buono.

thoroughpin /ˈθʌrəpɪn Am ˈθɜːrouˌpɪn/ n. (*Veter*) vescicone *m.*

thorp /θɔːp Am θɔːrp/ n. (*dial,rar*) (*village*) villaggio *m.*

thorpe /θɔːp Am θɔːrp/ n. (*dial,rar*) (*village*) villaggio *m.*

those /ðouz/ → **that**[1].

thou[1] /ðau/ pron. (*Bibl,rar,poet*) tu, *generally not translated:* *~ shalt not kill* non ammazzare.

thou[2] /θau/ (*pl.inv.* o **-s** /-z/; *il pl. in* **-s** *si usa general. con valore collett.*) n. (*sl*) (*thousandth part*) millesimo *m.*: *a tolerance of five ~* una tolleranza di cinque millesimi.

though /ðou/ I *congz.* **1** benché, sebbene, quantunque: *~ it was raining, the match went on* benché piovesse, l'incontro proseguì. **2** (*even though, even if*) anche se: *strange ~ it may seem* anche se può sembrare strano. **3** (*and yet, but*) ma, però, tuttavia: *he will probably win, ~ it's not certain* è probabile che vinca, ma non è certo. II *avv.* comunque, ciò nonostante, tuttavia, nondimeno: *it's not as easy as it looks, ~* comunque non è così facile come sembra. □ *he talks as ~ he were drunk* parla come se fosse ubriaco; (*rar*) *what ~?* che importa se?

thought[1] /θɔːt/ n. **1** il pensare, pensiero *m.* **2** (*meditation, contemplation*) pensiero *m.*, meditazione *f.*, riflessione *f.*: *to be lost in ~* essere assorto nei propri pensieri. **3** (*sth. that is thought*) pensiero *m.*: *a frivolous ~* un pensiero frivolo. **4** (*body of ideas, principles, etc.*) pensiero *m.*, dottrina *f.*: *Greek ~* il pensiero greco. **5** (*attention, regard*) considerazione *f.*, attenzione *f.*: *to give serious ~ to a problem* prendere in seria considerazione un problema. **6** (*intention, plan*) intenzione *f.*, proposito *m.*, pensiero *m.*: *we had some ~ of going to Alaska* avevamo intenzione di andare in Alaska. **7** (*expectation, hope*) speranza *f.*, aspettazione *f.*: *to give up all ~ of winning* abbandonare ogni speranza di vittoria. **8** (*opinion, judgement*) opinione *f.*, pensiero *m.*, parere *m.* **9** (*imagination, conception*) immaginazione *f.*, raffigurazione *f.*: *rich beyond ~* ricco oltre ogni immaginazione. **10** (*ant*) (*small amount, trifle*) poco *m.*, po' *m.*, tantino *m.*, pizzico *m.*: *he was a ~ too crafty* è stato un po' troppo furbo. □ *after much ~* dopo lunga riflessione, pensa e ripensa; *his -s were elsewhere* i suoi pensieri erano altrove; *to give ~ to* pensare a, curarsi di, darsi pensiero per; *give it some ~* pensaci su, riflettici; *to have no ~ of* non avere (alcuna) intenzione di, non pensare di, non intendere; *~ pattern* modo di pensare abituale; (*fig*) *~ police* polizia del pensiero; *~ reader* chi legge nel pensiero; *~ reading* lettura del pensiero; *~ reform* riforma del pensiero; *~ stream* flusso del pensiero; *~ transference* trasmissione del pensiero, telepatia; *what are your -s on the matter?* che ne pensi della questione?; *with no ~ for* senza pensare a.

thought[2] /θɔːt/ → **think**.

thoughtful /ˈθɔːtful/ a. **1** pensoso, pensieroso, soprappensiero, meditabondo: *he was ~ for a moment* rimase pensoso un istante. **2** (*characterized by thought, meditation*) riflessivo, pensoso, assorto, pensieroso: *a ~ look* un'aria assorta. **3** (*characterized by careful thought*) ponderato, meditato, serio: *a ~ book* un libro ponderato. **4** (*considerate*) premuroso, attento, sollecito, pieno di attenzioni, pieno di riguardi, riguardoso: *a ~ husband* un marito premuroso; *to be ~ of the feelings of others* avere riguardo per i sentimenti altrui.

thoughtfully /ˈθɔːtfʊli/ *avv.* **1** pensosamente, pensierosamente. **2** (*in a manner showing careful thought*) con ponderazione, meditatamente. **3** (*considerately*) premurosamente, sollecitamente.

thoughtfulness /ˈθɔːtfʊlnɪs/ *n.* **1** pensosità *f.*, pensierosità *f.*, meditazione *f.*, raccoglimento *m.* **2** (*careful thought*) ponderazione *f.* **3** (*consideration*) riguardo *m.*, premura *f.*, sollecitudine *f.*

thoughtless /ˈθɔːtlɪs/ *a.* **1** avventato, sconsiderato, irriflessivo, sbadato. **2** (*heedless*) incurante (*of* di): *to be ~ of danger* essere incurante del pericolo; *to be ~ for the future* non pensare al futuro. **3** (*inconsiderate*) irriguardoso, scortese, privo di tatto: *a ~ remark* un'osservazione irriguardosa. **4** (*stupid*) stupido, ottuso.

thoughtlessly /ˈθɔːtlɪsli/ *avv.* **1** irriflessivamente, sconsideratamente. **2** (*heedlessly*) senza cura, in modo incurante. **3** (*inconsiderately*) irriguardosamente.

thoughtlessness /ˈθɔːtlɪsnɪs/ *n.* **1** sbadataggine *f.*, sconsideratezza *f.*, irriflessività *f.* **2** (*inconsiderateness*) mancanza *f.* di riguardo.

thought-provoking /ˈθɔːtprəˌvəʊkɪŋ/ *a.* che fa pensare, che dà da pensare.

thousand /ˈθaʊzənd/ **I** *a.* **1** mille, mila: *a ~ men* mille uomini; *two ~ kilometres* duemila kilometri. **2** (*fig*) mille, moltissimi: *a ~ thanks* mille grazie, grazie mille; *I have a ~ things to do today* ho moltissime cose da fare oggi. **II** *n.* (*pl.inv.* o *-s* /-z/; *il pl. in -s si usa general. con valore collett.*) **1** mille *m.* **2** *pl.* migliaia *f.pl.*: *-s of people* migliaia di persone. □ (*a*) *~and one* innumerevoli; (*Lett*) *the Thousand and One Nights* le mille e una notte; *by -s* a migliaia; *by the ~* a migliaia: *applications came in by the ~* le domande arrivarono a migliaia; *in a ~* su mille: *one person in a ~* una persona su mille; (*Gastron*) *Thousand Island dressing* condimento a base di maionese, salsa di pomodoro e spezie; (*Geog*) *the Thousand Islands* le Mille isole (del S. Lorenzo); *one ~million* un miliardo; (*fig*)*one in a ~* eccezionale, che non ha rivali: *his wife is one in a ~* sua moglie è una mosca bianca;*out of a ~* su mille;*some ~ men* circa mille uomini, un migliaio di uomini.

thousandfold /ˈθaʊzəndˌfəʊld/ **I** *a.* mille volte tanto. **II** *avv.* mille volte tanto, mille volte tanti.

thousandth /ˈθaʊzənθ/ **I** *a.* millesimo. **II** *n.* millesimo *m.*

Thrace /θreɪs/ *n.pr.* (*Geog*) Tracia *f.*

Thracian /ˈθreɪʃən/ **I** *a.* tracio, tracico, trace. **II** *n.* **1** trace *m./f.* **2** (*language*) lingua *f.* tracia, tracio *m.*

thraldom /ˈθrɔːldəm/ *n.* schiavitù *f.*, soggezione *f.*, servitù *f.*, servaggio *m.*

thrall /θrɔːl/ *n.* **1** (*Stor*) schiavo *m.* (*f.* -a) (*anche fig*): *to be a ~ to one's passions* essere schiavo delle proprie passioni. **2** (*thraldom*) schiavitù *f.*, soggezione *f.*, servitù *f.*, servaggio *m.* □ (*fig*) *to be in ~ to* essere schiavo di.

thrash /θræʃ/ *v.t.* **1** battere, percuotere, picchiare, (*colloq*) pestare: *to ~ so. with a stick* battere qcu. con un bastone. **2** (*to flog*) sferzare, frustare, fustigare. **3** (*colloq*) (*to defeat utterly*) battere, sconfiggere. **4** (*Agr*) (*to thresh*) trebbiare, battere. **5** (*to flail*) agitare: *to ~ one's arms* agitare le braccia. **II** *v.i.* **1** battere, percuotere, colpire (*at* so. qcu.). **2** (*to toss, to move the limbs wildly*) dimenarsi, dibattersi, agitarsi. **3** (*Mar*) navigare controvento. **4** (*Agr*) trebbiare. **III** *n.* (*Br,colloq*) festa *f.* chiassosa o sontuosa. □ (*fig*) *to ~about* (*to toss, to move the limbs wildly*) dimenarsi, dibattersi, agitarsi; (*fig*) *to ~out* : **1** dibattere a fondo, discutere a fondo, sviscerare; **2** (*of a problem, to clear up*) chiarire, definire; *to ~the life out of so.* ridurre qcu. in fin di vita a furia di botte.

thrasher /ˈθræʃər/ **I** *n.* **1** chi batte. **2** (*Agr*) (*person*) trebbiatore *m.* (*f.* -trice); (*machine*) trebbiatrice *f.*, trebbia *f.* **II** *n.* (*Itt*) pesce *m.* volpe, pavone *m.* di mare. □ (*Itt*) *~shark* pesce volpe, pavone di mare.

thrashing /ˈθræʃɪŋ/ *n.* **1** bastonatura *f.*, botte *f.pl.*, percosse *f.pl.*, legnate *f.pl.* **2** (*flogging*) fustigazione *f.* **3** (*colloq*) (*overwhelming defeat*) sconfitta *f.*, (*colloq*) batosta *f.*: *to take a ~* subire una batosta. **4** (*Agr*) trebbiatura *f.*, trebbia *f.* **5** (*Inform*) sovraccarico *m.* □ (*fig*) *to give so.a ~* picchiare ben bene qcu., bastonare qcu. di santa ragione.

thrasonical /θrəˈsɒnɪkəl *Am* ˌθrəˈsɑːnɪkl/ *a.* vanaglorioso, borioso.

thread /θred/ **I** *n.* **1** filo *m.*: *needle and ~* ago e filo; *silk ~* filo di seta. **2** (*Tess*) filo *m.*, filato *m.* **3** (*filament*) filamento *m.*: *fibre glass ~* filamento di fibra di vetro. **4** (*natural filament*) filo *m.*, filamento *m.*: *the -s of a cobweb* i fili di una ragnatela. **5** (*anything threadlike*) filo *m.*: *a ~ of light* un filo di luce. **6** (*fig*) filo *m.*, svolgimento *m.* logico: *to lose the ~ of a speech* perdere il filo del discorso. **7** (*Mecc*) (*of a screw*) filettatura *f.*, filetto *m.*, impanatura *f.* **8** (*Inform*) thread *m.* **9** *pl.* (*Am,colloq*) vestiti *m.pl.* **II** *v.t.* **1** infilare, far passare un filo in, infilzare: *to ~ a needle* infilare un ago. **2** (*to place on a thread*) infilare: *to ~ beads* infilare perline. **3** (*Fot*) caricare. **4** (*of hair, etc.*) striare. **5** (*fig*) pervadere: *a sense of despair -s his later works* un senso di disperazione pervade i suoi ultimi lavori. **6** (*to move one's way through, between*) infilarsi tra (*o* in), farsi strada tra. **7** (*Mecc*) filettare: *to ~ a screw* filettare una vite. **III** *v.i.* farsi strada (*through* tra), infilarsi (tra, in). □ (*fig*) *to hang by a ~* essere appeso a un filo: *his life hung by a ~* la sua vita era appesa a un filo; *~cutter* filettatrice; *~lace* pizzo di filo (di lino); *~ mark* (*in paper money*) filigrana; (*Mecc*) *~roller* rullo per filettare; *to ~ one's way* infilarsi (*through* in, tra), farsi strada (tra): *we -ed our way through the crowd* ci infilammo tra la folla.

threadbare /ˈθredˌbeər *Am* ˈθredˌber/ *a.* **1** logoro, consunto, liso, frusto: *~ clothes* abiti logori. **2** (*shabbily dressed*) male in arnese, stracciato, cencioso. **3** (*fig*) debole, magro, fiacco: *a ~ plot* una trama debole. **4** (*fig*) (*hackneyed*) trito, fritto e rifritto, vieto, vecchio: *a ~ argument* un argomento trito.

threadbareness /ˈθredˌbeənɪs *Am* ˈθred ˌbernɪs/ *n.* **1** l'essere logoro, l'essere frusto. **2** (*fig*) l'essere trito, banalità *f.*

thread-cutting /ˈθredˌkʌtɪŋ *Am* ˈθredˌkʌtɪŋ/ □ (*Mecc*) *~machine* filettatrice.

threader /ˈθredər/ **I** *n.* **1** chi infila, chi infilza. **2** (*device for threading a needle*) infila-ago *m.* **II** *n.* filettatrice *f.*

threading /ˈθredɪŋ/ *n.* (*Inform*) threading *m.*

□ (*Mecc*) *~lathe* tornio per filettare.

threadlike /ˈθredˌlaɪk/ *a.* filiforme.

threadworm /ˈθredˌwɜːm *Am* ˈθredˌwɜːrm/ *n.* (*Zool*) nematodo *m.*

threat /θret/ *n.* **1** minaccia *f.*: *to utter a ~ against so.* fare una minaccia a qcu.; *to carry out a ~* mettere in atto una minaccia. **2** (*indication of sth. undesirable*) minaccia *f.*, sintomo *m.*: *~ of rain* minaccia di pioggia. □ *under ~ of* (*ounder the ~ of*) sotto la minaccia di.

threaten /ˈθretən/ **I** *v.t.* minacciare: *he -ed me with instant dismissal* minacciò di licenziarmi in tronco; *the sky -s a storm* il cielo minaccia tempesta. **II** *v.i.* **1** proferire minacce. **2** (*to be threatening*) essere minaccioso. **3** (*to be imminent*) essere imminente, essere incombente.

threatening /ˈθretənɪŋ/ *a.* minatorio, minaccioso: *a ~ letter* una lettera minatoria.

threateningly /ˈθretənɪŋli/ *avv.* minacciosamente.

three /θriː/ **I** *a.* tre: *~ men* tre uomini. **II** *n.* (*pl.inv.* o *-s* /-z/; *il pl. in -s si usa general. con valore collett.*) **1** tre *m.* **2** (*three o'clock*) tre *f.pl.* **3** (*playing card, die, etc.*) tre *m.* □ (*GB*) *the Three Estates of the Realm* i tre poteri del regno; (*Teol*) *Three in One* Trinità; (*Rel.catt*)*Three Kings' Day* epifania, giorno dell'epifania; *~of akind* (*in poker, etc.*) tris; (*Scol,ant*) *the ~Rs* (o *the ~R's*) le tre R (reading, writing, arithmetic) su cui è basato il programma scolastico nazionale, leggere, scrivere, far di conto.

three-act /ˈθriːækt/ □ (*Teat*) *~play* commedia in tre atti.

three-bedroomed /ˈθriːˌbedruːmd/ *a.* con tre camere da letto.

three-card /ˈθriːkɑːd *Am* ˈθriːkɑːrd/ □ *trick* gioco delle tre carte.

three-color /ˈθriːkʌlər/ *a.* (*Am,Tip*) a tre colori. □ (*Fot*) *~process* tricromia.

three-colour /ˈθriːkʌlər/ *a.* (*Br,Tip*) a tre colori. □ (*Fot*) *~process* tricromia.

three-cornered /ˈθriːkɔːnəd *Am* ˈθriː ˌkɔːrnərd/ *a.* **1** a tre angoli, con tre angoli, triangolare. **2** (*involving three participants*) a tre: *a ~ discussion* una discussione a tre. □ *~contest* scontro a tre; *~election fight* battaglia elettorale fra tre candidati; *~fight* scontro a tre; *~hat* cappello a tre punte, tricorno.

three-day /ˌθriːˈdeɪ/ □ *~event* concorso equestre (che dura tre giorni).

three-decker /ˈθriːdekər/ *n.* **1** (*Mar*) nave *f.* a tre ponti. **2** (*sth. with three layers, floors, etc.*) ciò che ha tre strati (o piani ecc.).

three-dimensional /ˌθriːdɪˈmenʃənəl/ *a.* **1** tridimensionale (*anche Cin*). **2** (*of literary characters*) realistico.

threefold /ˈθriːfəʊld/ **I** *a.* **1** triplice. **2** (*being three times as much*) triplo, tre volte tanto. **II** *avv.* tre volte tanto, tre volte tanti.

three-four /ˈθriːfɔːr/ □ (*Mus*) *~time* tempo di tre quarti.

three-lane /ˈθriːleɪn/ *a.* (*Strad*) a tre corsie.

three-legged /ˈθriːleɡ(ə)d/ *a.* a tre gambe: *a ~ stool* uno sgabello a tre gambe. □ *~race* corsa a tre gambe in coppie (in cui la gamba di un corridore è legata a quella dell'altro partecipante).

three-line /ˈθriːlaɪn/ □ (*GB,Parl*) *~whip* notifica sottolineata tre volte (inviata ai deputati dal responsabile della disciplina del partito, indica che la presenza del deputato al dibattito è essenziale).

three-master /ˈθriːmɑːstər *Am* ˈθriːmæstər/ *n.* (*Mar*) trealberi *m.*

three-mile /ˈθriːmaɪl/ □ (*Mar,Pol*) *~limit*

limite di tre miglia (delle acque territoriali).

threepence /'θriːpəns/ n. tre penny m.pl., moneta f. da tre penny.

threepenny /'θriːpəni/ a. **1** che costa tre penny, che vale tre penny, da tre penny. **2** (fig) da quattro soldi, di poco valore. □ (ant) ~ bit (o ~ piece) moneta da tre penny.

three-phase /'θriːˌfeɪz/ a. (El) trifase: ~ motor motore trifase.

three-piece /'θriːpiːs/ a. **1** di tre pezzi, a tre pezzi, di tre parti. **2** (Abbigl) (composto) di tre pezzi.

three-pin /'θriːpɪn/ a. (El) tripolare.

three-ply /'θriːplaɪ/ a. **1** (Tess) a tre capi, a tre fili. **2** (Fal) a tre strati.

three-point /'θriːpɔɪnt/ □ (Aer) ~ landing atterraggio con il carrello, atterraggio su tre punti.

three-quarter /'θriːkwɔːtər Am 'θriːˌkɔːrtər/ **I** a. **1** (Abbigl) (a) ~ coat una giacca tre quarti. **2** (Pitt,Fot) di tre quarti. **II** n. (Sport) (in rugby) trequarti m. □ (Sport) ~ back trequarti; (Mus) ~ time tempo di tre quarti.

three-ring circus /ˌθriːrɪŋ'sɜːrkəs/ n. (Am) **1** circo m. a tre piste. **2** (colloq) situazione f. di grande confusione, casino m.

threescore /'θriːskɔːr/ **I** a. (poet,lett) sessanta. **II** n. (poet,lett) sessanta m. □ ~ years and ten settant'anni.

threesome /'θriːsəm/ n. **1** gruppo m. di tre persone, (scherz) terzetto m. **2** (Sport) (in golf) partita f. a tre.

three-strikes /'θriːstraɪks/ □ (US,Dir) ~ laws leggi che prevedono lunghe pene detentive per chi ha commesso tre volte un reato.

three-way /'θriːweɪ/ a. **1** a tre. **2** (Tecn) a tre vie: ~ cock rubinetto a tre vie.

three-wheeler /'θriːwiːlər/ n. **1** (Aut) veicolo m. a tre ruote. **2** (tricycle) triciclo m.

threnody /'θrenədi/ n. canto m. funebre.

threonine /'θriːənaɪn/ n. (Biol,Chim) treonina f.

thresh /θreʃ/ **I** v.t. **1** (Agr) trebbiare, battere: to ~ corn trebbiare il grano. **2** (to beat repeatedly) battere, percuotere. **II** v.i. **1** (Agr) trebbiare. **2** (to deliver blows) battere, percuotere (at so. qcu.). □ (fig) to ~ out: **1** dibattere a fondo, discutere a fondo, sviscerare; **2** (of a problem, to clear up) chiarire, definire.

thresher /'θreʃər/ **I** n. (Agr) trebbiatore m. (f. -trice), trebbiatrice f., trebbia f. **II** n. (Itt) pesce m. volpe, pavone m. di mare. □ (Itt) ~ shark pesce volpe, pavone di mare.

threshing /'θreʃɪŋ/ n. (Agr) trebbiatura f., trebbia f. □ (Agr) ~ floor aia f.; (Agr,Mecc) ~ machine trebbiatrice, trebbia.

threshold /'θreʃhəʊld/ n. **1** soglia f., limitare m. **2** (fig) soglia f., inizio m., principio m.: on the ~ of old age alla soglia della vecchiaia. **3** (Psic,Fisiol) soglia f. □ (Psic) ~ of consciousness soglia della coscienza; (Fisiol) ~ of pain soglia del dolore; (Comm) ~ price prezzo di soglia.

threw /θruː/ → **throw**[1].

thrice /θraɪs/ avv. **1** (lett) tre volte: ~ daily tre volte al giorno. **2** (fig) molto, assai.

thrift /θrɪft/ n. **1** economia f., parsimonia f., frugalità f. **2** (Bot) armeria f. □ (Am) ~ shop (o ~ store) negozio di vestiti e oggetti usati (spec. per beneficenza).

thriftily /'θrɪftɪli Am 'θrɪftʲli/ avv. parsimoniosamente, con frugalità.

thriftiness /'θrɪftɪnɪs Am 'θrɪftʲtɪnɪs/ n. economia f., parsimonia f., frugalità f.

thriftless /'θrɪftlɪs/ a. scialacquatore, prodigo.

thriftlessly /'θrɪftlɪsli/ avv. prodigalmente,

senza parsimonia.

thriftlessness /'θrɪftlɪsnɪs/ n. prodigalità f., scialacquamento m., spreco m.

thrifty /'θrɪfti Am 'θrɪfti/ a. economo, parsimonioso, frugale: a ~ housewife una massaia economa.

thrill /θrɪl/ **I** v.t. **1** entusiasmare, eccitare, elettrizzare. **2** (to make one shiver) far rabbrividire, far trasalire. **3** (to affect emotionally) commuovere, fare fremere, fare palpitare. **II** v.i. **1** entusiasmarsi, eccitarsi, elettrizzarsi: he -ed at the good news si entusiasmò alla buona notizia. **2** (to be stirred by a tingling sensation) fremere, palpitare, rabbrividire: to ~ with delight fremere di gioia. **III** n. **1** brivido m., fremito m., palpito m., sensazione f. forte: a ~ of fear un brivido di paura. **2** (thrilling experience) esperienza f. eccitante, esperienza f. entusiasmante. **3** (Med) fremito m. □ to get a ~ out of sth. provare molto piacere a fare qcs.; the ~ of a lifetime un'occasione unica nella vita; ~ seeker chi cerca situazioni o emozioni molto eccitanti.

thriller /'θrɪlər/ n. (Edit,Cin) thriller m., giallo m.

thrilling /'θrɪlɪŋ/ a. **1** entusiasmante, eccitante, elettrizzante: a ~ race una gara entusiasmante. **2** (vibrating) vibrante. **3** (of sound) squillante, acuto.

thrillingly /'θrɪlɪŋli/ avv. in modo eccitante.

thrive /θraɪv/ (past **throve** /θrəʊv/ o **thrived** /-d/, p.p. **thriven** /'θrɪvən/ o **thrived**) v.i. **1** crescere robusto, crescere rigogliosamente: children ~ on fresh air i bambini crescono robusti all'aria aperta. **2** (of plants) attecchire, allignare. **3** (to prosper) prosperare, fiorire, essere fiorente: industry -d under the new regime l'industria prosperò sotto il nuovo regime.

thriving /'θraɪvɪŋ/ a. prosperoso, prospero, florido: ~ industries industrie prosperose.

thro' /θruː/ prep. (rar,colloq) (through) attraverso, per.

throat /θrəʊt/ **I** n. **1** gola f.: to grip so. by the ~ afferrare qcu. per la gola; to have a sore ~ avere mal di gola. **2** (windpipe) trachea f. **3** (narrow part, passage) strozzatura f., gola f. **4** (of a fireplace) gola f. **5** (of a tennis racket) collo m. **II** v.t. (Arch) scanalare. □ to be at each other's -s litigare, prendersi per la gola; to catch so. by the ~ prendere qcu. per la gola; to cut one's ~: **1** tagliarsi la gola; **2** (fig) darsi la zappa sui piedi; ~ microphone laringofono.

throated /'θrəʊtɪd Am 'θrəʊtʲɪd/ a. (in compounds) dalla gola..., con la gola...: a white-~ bird un uccello dalla gola bianca.

throatily /'θrəʊtɪli Am 'θrəʊtʲli/ avv. gutturalmente, di gola.

throatiness /'θrəʊtɪnɪs Am 'θrəʊtʲnɪs/ n. l'essere gutturale.

throaty /'θrəʊti Am 'θrəʊtʲi/ a. **1** gutturale, di gola: a ~ laugh una risata gutturale. **2** (of persons) dalla voce gutturale, dalla voce di gola, rauco. **3** (of an animal) dalla gola larga e flaccida.

throb /θrɒb Am θrɑːb/ **I** v.i. (past, p.p. **throbbed** /-d/) **1** battere, palpitare, pulsare: her heart -bed wildly il suo cuore batteva all'impazzata. **2** (to vibrate) vibrare: the engine -bed smoothly il motore vibrava dolcemente. **3** (to pulsate) pulsare. **4** (fig) palpitare, fremere, vibrare. **II** n. **1** battito m., palpito m., pulsazione f.: a ~ of the heart un battito del cuore. **2** (vibration) vibrazione f. **3** (fig) palpito m., fremito m.

throbbing /'θrɒbɪŋ Am 'θrɑːbɪŋ/ **I** a. **1** palpitante, pulsante. **2** (of pain) lancinante. **II** n. palpitazione f., pulsazione f., palpito m.

throe /θrəʊ/ n. **1** fitta f. (di dolore), spasimo m. **2** pl. (labour pains) doglie f.pl.; (death struggle) agonia f., spasimi m.pl. dell'agonia. □ in the -s of alle prese con.

thrombin /'θrɒmbɪn Am 'θrɑːmbɪn/ n. (Biol, Chim) trombina f.

thrombocyte /'θrɒmboʊˌsaɪt Am 'θrɑːmboʊˌsaɪt/ n. (Med) trombocita m., trombocito m.

thrombocytopenia /ˌθrɒmboʊˌsaɪtə'piːniə Am 'θrɑːmboʊˌsaɪtə'piːniə/ n. (Med) trombocitopenia f.

thromboembolism /ˌθrɒmboʊ'embəlɪzᵊm Am 'θrɑːmboʊ'embəlɪzᵊm/ n. (Med) tromboembolia f.

thrombolysis /ˌθrɒm'bɒləsɪs Am ˌθrɑːm'baːləsɪs/ n. (Med) trombolisi f.

thrombose /'θrɒmbəʊs Am 'θrɑːmbəʊs/ v.t. (Med) trombizzare.

thrombosis /ˌθrɒm'bəʊsɪs Am ˌθrɑːm'bəʊsɪs/ (pl. **-ses** /-siːz/) n. (Med) trombosi f.

thrombotic /θrɒm'bɒtɪk Am θrɑːm'bɑːtɪk/ a. (Med) trombotico.

thromboxane /ˌθrɒm'bɒkseɪn Am ˌθrɑːm'baːkseɪn/ n. (Biol,Chim) trombossano m.

thrombus /'θrɒmbəs Am 'θrɑːmbəs/ (pl. **-bi** /-baɪ/) n. (Med) trombo m.

throne /θrəʊn/ **I** n. **1** trono m. (anche fig): to be raised to the ~ essere elevato al trono; to accede to the ~ salire al trono. **2** (estens) sovrano m. (f. -a). **3** (Rel) cattedra f., soglio m. **4** pl. (Teol) (order of angels) troni m.pl. **5** (colloq, scherz) trono m., tazza f. (del water). **II** v.t. mettere sul trono, elevare al trono. □ ~ room sala del trono.

throng /θrɒŋ Am θrɑːŋ/ **I** n. folla f., ressa f., calca f., moltitudine f. **II** v.t. gremire, affollare, stipare, riempire: demonstrators -ed the streets i dimostranti gremivano le strade. **III** v.i. affollarsi, accalcarsi, stiparsi.

thronged /θrɒŋd Am θrɑːŋd/ a. affollato, pieno di gente, gremito.

throstle /'θrɒsl Am 'θrɑːsl/ n. **1** (Tess) filatoio m. **2** (Ornit) tordo m.

throttle /'θrɒtl Am 'θrɑːtl/ **I** v.t. **1** strozzare, strangolare, soffocare. **2** (fig) reprimere, soffocare. **3** (Mot) ridurre la velocità, far rallentare. **4** (Mecc) (of steam, fuel, etc.) strozzare. **II** n. **1** (Mot) valvola f. a farfalla. **2** (Mot) (accelerator) acceleratore m. **3** (ant) (throat) gola f. □ (Mot) ~ control regolazione del gas, comando del gas; to ~ down ridurre la velocità, far rallentare; ~ lever leva del gas, pedale del gas, acceleratore; (Mecc) ~ valve valvola a farfalla.

through /θruː/ **I** prep. **1** in, attraverso, often translated with the corresponding verb: to drill a hole ~ the wall fare un buco nel muro; the bullet went ~ his leg il proiettile gli attraversò la gamba. **2** (to indicate passage) per, attraverso, often translated with the corresponding verb: to go ~ the city passare per la città; the Tiber flows ~ Rome il Tevere attraversa Roma. **3** (over the surface of) attraverso: a path ~ the woods un sentiero attraverso i boschi. **4** (of an opening) da, per, attraverso: I came in ~ the window entrai dalla finestra. **5** (pass, without stopping for) oltre, al di là di: to go ~ a stop sign andare oltre un segnale di stop. **6** (of time) per, durante, per (tutta) la durata di: all ~ the year per tutto l'anno; the whole day ~ durante tutto il giorno. **7** (by means of) tramite, per mezzo di, grazie a: to get the job ~ a friend ottenni il posto tramite un amico; to speak ~ an interpreter parlare per mezzo di un interprete. **8** (because of) per, a causa di: they hid ~ fear of reprisal si nascosero per timore di una rappresaglia. **9** (to indicate descent from, relationship with) da parte di: we are related

~ *our mother* siamo parenti da parte di madre. **10** (*throughout*) per tutto: *the houses were scattered ~ the valley* le case erano sparpagliate per tutta la valle. **11** (*to, at the end of*) (fino) alla fine di, fino in fondo, *often translated with the corresponding verb: I am nearly ~ the book* sono quasi alla fine del libro; *he won't live ~ the night* non supererà la notte, non arriverà a domattina; *to sit ~ a lecture* ascoltare una conferenza fino in fondo. **12** (*to indicate successful result, achievement*) *translated with the corresponding verb: he was finally ~ the examination* ha superato finalmente l'esame. **13** (*Am*) (*up to and including*) (fino) a... compreso: *from Tuesday ~ Friday* da martedì (fino) a venerdì compreso. **II** *avv.* **1** attraverso, da parte a parte, da una parte all'altra, *often translated with the corresponding verb: a train steamed ~* un treno passò sbuffando. **2** (*all the distance*) direttamente: *the bus goes straight ~ to London* l'autobus va direttamente a Londra. **3** (*from beginning to end*) da cima a fondo, dal principio alla fine, tutto: *I've not read it ~* non l'ho letto da cima a fondo. **4** (*completely*) completamente, interamente: *to be wet ~* essere completamente bagnato. **III** *a.* **1** che attraversa, che va da una parte all'altra. **2** (*of a road*) con uscita. **3** (*going the whole distance*) diretto: *a ~ train* un treno diretto. **4** (*colloq*) (*finished, done for*) finito, spacciato: *as far as we're concerned, you're ~!* tu con noi hai chiuso. ☐ ~ *all* ~ (*all the time*) per tutto il tempo, sempre; *it was all ~ you that we were late* abbiamo fatto tardi per colpa tua; ~*and* ~ completamente, assolutamente: *he is reactionary ~ and ~* è (un) reazionario fino al midollo; (*Tecn*) ~*bolt* bullone passante; (*Ferr*) ~*carriage* vettura diretta; (*Strad*) ~*road* strada diretta; *no ~ road* strada chiusa, strada senza uscita.

throughly /ˈθruːli/ *avv.* (*rar*) → **thoroughly**.

throughout /θruːˈaʊt/ **I** *prep.* **1** per tutto, in tutto, dovunque in, dovunque per, dappertutto in, dappertutto per: ~ *the country* per tutto il paese. **2** (*of time*) per tutto, durante tutto: ~ *one's life* per tutta la vita. **II** *avv.* **1** interamente, completamente, dappertutto, dovunque, in ogni parte: *the house was painted white* ~ la casa era interamente dipinta di bianco. **2** (*from beginning to end*) sempre, dal principio alla fine, in ogni momento. ☐ ~*the ages* attraverso i secoli, in tutti i tempi.

throughput /ˈθruːpʊt/ *n.* **1** (*Tecn,Ind*) materiale *m.* di lavorazione. **2** (*Inform*) throughput *m.*, capacità *f.* di trasporto.

throughway /ˈθruːweɪ/ *n.* (*Am,Strad*) autostrada *f.*, superstrada *f.*

throve /θroʊv/ → **thrive**.

throw[1] /θroʊ/ (*past* **threw** /θruː/, *p.p.* **-n** /-n/) **I** *v.t.* **1** lanciare, tirare, gettare, buttare, scagliare: *to ~ a ball* tirare una palla; *to ~ a bone to a dog* tirare un osso a un cane. **2** (*rifl.*) *to ~ oneself* buttarsi, gettarsi, lanciarsi: *to ~ oneself under a train* buttarsi sotto un treno; *to ~ oneself into so.'s arms* gettarsi tra le braccia di qcu. **3** (*to put abruptly, roughly*) sbattere, gettare, schiaffare: *to ~ so. into prison* sbattere qcu. in galera; *to ~ a cloak around one's shoulders* gettarsi un mantello sulle spalle. **4** (*to drive violently, to dash*) scaraventare, sbattere, scagliare: *I was ~n against the barrier* fui scaraventato contro la barriera. **5** (*Sport*) lanciare, scagliare: *to ~ the javelin* lanciare il giavellotto. **6** (*Sport*) (*in wrestling*) gettare a terra. **7** (*to direct: of a glance*) lanciare; (*of words*) rivolgere, indirizzare. **8** (*of a blow*) tirare (con forza),

sferrare: *he threw me a right to the chin* mi tirò un destro al mento. **9** (*to bring to bear*) mettere, dedicare: *to ~ all one's energy into a job* mettere tutta la propria energia in un'impresa. **10** (*rifl.*) *to ~ oneself* (*to devote oneself energetically*) buttarsi, dedicarsi con impeto, dedicarsi con energia. **11** (*rifl.*) *to ~ oneself* (*to commit oneself*) affidarsi, raccomandarsi, rimettersi: *to ~ oneself on so.'s mercy* affidarsi alla clemenza di qcu. **12** (*to unseat*) disarcionare: *he was ~n at the first fence* fu disarcionato al primo steccato. **13** (*colloq*) (*to confuse*) confondere, imbarazzare, sconcertare: *his question threw me* la sua domanda mi confuse. **14** (*colloq*) (*of a party*) dare, fare. **15** (*colloq*) (*of a contest, etc.: to lose deliberately*) perdere deliberatamente. **16** (*Edil*) (*of a bridge*) gettare. **17** (*Zool*) (*to cast, to slough*) mutare. **18** (*to shed*) perdere: *my horse has ~n a shoe* il mio cavallo ha perso un ferro. **19** (*Zootecn*) (*to give birth to*) figliare, partorire. **20** (*of dice*) gettare, tirare. **21** (*of a cast*) fare. **22** (*Pesc*) (*to cast*) lanciare, gettare. **23** (*Ceram*) formare al tornio: *to ~ a pot* formare un vaso al tornio. **24** (*Tess*) torcere, avvolgere; *to double and twist*) ritorcere. **25** (*Met*) gettare, fondere. **26** (*Tecn*) (*of a lever, switch*) azionare, muovere. **II** *v.i.* **1** fare un lancio, fare un tiro, tirare. **2** (*Arm*) tirare. ☐ (*Am,colloq*) *to ~ a monkey wrench* provocare subbuglio; (*Am*) *to ~a wrench in the works* mettere i bastoni fra le ruote; *to ~about* : **1** gettare qua e là, gettare in giro: *don't ~ your clothes about* non gettare qua e là i vestiti; *the raft was ~n about by huge waves* la zattera era sbattuta da onde gigantesche; (*fig*) *to ~ one's money about* buttare via i soldi, gettare il denaro dalla finestra, spendere e spandere; **2** (*Mar*) virare di bordo in prua; *to ~ oneself at* : **1** gettarsi su, lanciarsi contro; **2** (*colloq*) (*of a person*) buttarsi nelle braccia di; *to ~ oneself at so.'s mercy* rimettersi alla mercé di qcu.; *to ~away* : **1** buttare via, gettare via; **2** (*in cards, to discard*) scartare; **3** (*to squander*) buttare via, gettare via, scialacquare, sperperare, dilapidare; **4** (*of an opportunity, one's life*) sprecare, sciupare, buttare via; *to ~back* : **1** rilanciare, rigettare: ~ *it back to me* rilanciamelo; **2** (*to throw backwards*) rovesciare, gettare (all')indietro; **3** (*to cause to go back*) ritornare con, rivolgere: *he threw his mind back to that day* ritornò col pensiero a quel giorno; **4** (*to reflect*) riflettere, rimandare: *the wet pavements threw back the lights* i marciapiedi bagnati riflettevano le luci; **5** (*to delay the progress of*) (fare) ritardare, ritardare; **6** (*to drink*) bere qcs. velocemente, mandare giù: ~ *back a cold beer* mandare giù una birra ghiacciata; *to ~ oneself backward* (o *to ~ oneself backwards*) buttarsi all'indietro, gettarsi all'indietro; *to ~down* : **1** gettare (in terra), tirare giù, gettare giù; (fig) *to ~ down one's arms* gettare le armi, arrendersi; (fig) *to ~ down the glove* (o *to ~ down the gauntlet*) gettare il guanto, sfidare; **2** (fig) gettare, buttare, lasciare cadere: *to ~ oneself down on the grass* gettarsi sull'erba; (*colloq*) *to ~ a fit* avere un attacco di nervi, avere una crisi di nervi, andare su tutte le furie, uscire dai gangheri; (*Am,colloq*) *to ~ so. for a loop* sbalordire qcu., lasciare a bocca aperta qcu.; (*Pol*) *to ~ one's hat into the ring* presentare la propria candidatura; *to ~ in* : **1** gettare (dentro); **2** (*Sport*) (*in soccer*) rimettere in gioco; **3** (*to add gratuitously*) dare in più, dare in aggiunta, aggiungere; **4** (*Aut*) (*of gears*) ingranare, innestare, mettere, (*of a*

clutch) innestare; **5** (*colloq*) (con *with*) mettersi con; (*colloq*) *if I may ~ in a word* posso interloquire, se posso parlare; (fig) *to ~ sth. in so.'s face* rinfacciare qcs. a qcu.; (fig) *to ~ in one's hand* gettare la spugna, darsi per vinto; (*Br,fig*) *to ~ in the sponge* gettare la spugna, darsi per vinto; (*Am,fig*) ~*in the towel* gettare la spugna, darsi per vinto; *to be ~n into so.'s company* capitare in compagnia di qcu.; *to ~ sth. into confusion* mettere qcs. in disordine, scompigliare qcs.; (*Mecc*) *to ~into gear* far ingranare, innestare; (*Br,fig*) *to ~ oneselfinto the breach* gettarsi nella mischia; *to ~ so. akiss* mandare un bacio a qcu.; (fig) *to ~light on sth.* far luce su qcs., chiarire qcs.; (fig) *to ~mud at so.* gettare fango addosso a qcu.; *to ~off* : **1** (*of clothes*) levarsi, togliersi (di dosso), liberarsi di; **2** (*to free oneself from*) gettare via, liberarsi di, sbarazzarsi di, disfarsi di *to ~ off a cold* liberarsi di un raffreddore; **3** (*colloq*) (*to shake off, to lose*) lasciare indietro, fare perdere la strada a qcu., (*colloq*) seminare: *we managed to ~ off our pursuers* riuscimmo a seminare i nostri inseguitori; **4** (*colloq*) (*to produce in a casual manner*) mettere insieme in fretta, mettere insieme sbrigativamente; **5** (*colloq*) (*in writing*) buttare giù: *he threw off a couple of articles* buttò giù un paio di articoli; *to ~ off the scent* fare perdere le tracce, mettere su una falsa pista (*anche fig*); (fig) *to ~ oil on the flame* (*oil on the flames*) buttare olio sul fuoco, gettare olio sul fuoco; *to ~ oneselfon one's knees* gettarsi in ginocchio, buttarsi in ginocchio; *to ~ open* aprire, permettere l'accesso a: *the villa was ~n open to the public* la villa fu aperta al pubblico; *to ~ open a door* spalancare una porta; *to ~out* : **1** (*to get rid of*) sbarazzarsi di, buttare via, gettare via, disfarsi di; **2** (*to remove, to dismiss*) buttare fuori, cacciare via: ~ *him out* buttalo fuori; **3** (*to reject*) respingere, rifiutare, scartare: *his proposal was ~n out* la sua proposta fu respinta; **4** (*to confuse, to disarrange*) scombussolare, scompigliare, mandare all'aria: *this has ~n my whole schedule out* questo ha scombussolato tutto il mio programma; **5** (*to emit*) emettere, mandare (fuori); **6** (*Aut*) (*of a clutch*) disinnestare; **7** (*colloq*) (*to strain*) prendere uno strappo a: *to ~ out one's back* prendere uno strappo alla schiena; **8** (*Sport*) (*in baseball, cricket*) eliminare un giocatore; *to ~out of gear* : **1** (*Mecc*) disingranare, disinnestare; **2** (fig) sconvolgere; *to ~out one's chest* gonfiare il petto; ~ *out your chest!* petto in fuori!; *to ~ out the baby with the bathwater* buttare via il buono e il cattivo; *to ~over* : **1** (*to reject*) rifiutare, respingere, scartare; **2** (*colloq*) (*to jilt*) abbandonare, (*gerg*) piantare, scaricare; (fig) *to ~overboard* : **1** (*to discard*) scartare, eliminare, gettare a mare; **2** (*of a person*) sbarazzarsi di, liberarsi di; *to ~round* cingere, buttare intorno, gettare intorno: *to ~ one's arms round so.'s neck* gettare le braccia al collo di qcu.; (fig) *to ~ stones at so.* attaccare aspramente qcu., criticare aspramente qcu.; (*colloq*) *to ~ the book at so.* : **1** accusare qcu. di ogni possibile reato; **2** (*to reprimand*) sgridare aspramente qcu.; (fig) *to ~ the scabbard away* battersi all'ultimo sangue; (fig) *to ~ so. to the wolves* dare qcu. in pasto ai lupi; *to ~together* : **1** raccogliere (alla meno peggio), racimolare, radunare come viene; **2** (*to produce, etc., hurriedly*) mettere insieme in fretta e furia, abborracciare, raffazzonare; **3** (*to cause to associate*) far frequentare; *to ~up* : **1** tirare (in alto), gettare alto, gettare in su: *to ~ a ball up in the air* tirare in aria un pallone; 2 (*to relinquish, to give up*) lasciare, abbandonare, piantare: *to ~ up a good job* lasciare un buon posto; *to ~ up the game* abbandonare il gioco; 3 (*to produce*) dare, produrre; 4 (*colloq*) (*to vomit*) vomitare, rimettere; (*fig*) *to ~ up one's hands* gettare la spugna, cedere, alzare le mani; (*Br,fig*) *to ~ up the cards* darsi per vinto, cedere; *to be -n upon one's own resources* essere abbandonato a se stesso; (*colloq*) *to ~ one's weight about* (o *one's weight around*) spadroneggiare. *Prov.: if you ~ enough mud, some of it will stick* calunnia, calunnia, che a tirar dell'acqua, al muro sempre se n'attacca.

throw[2] /θrou/ *n.* 1 tiro *m.*, getto *m.*, lancio *m.*, gettata *f.* 2 (*of dice*) tiro *m.* (o getto) dei dadi; (*number, combination thrown*) punto *m.*, punti *m.pl.* 3 (*Sport*) (*in wrestling*) l'atterrare. 4 (*Arm*) gittata *f.*, portata *f.* 5 (*Mecc*) (*maximum stroke*) corsa *f.* massima; (*radius*) raggio *m.* 6 (*Mecc*) (*of a crankshaft*) gomito *m.*, manovella *f.*; (*of a cam*) eccentricità *f.*, alzata *f.* 7 (*Geol*) rigetto *m.* verticale. □ (*colloq*) *a ~*: 1 (*each*) ciascuno, l'uno: *nice, aren't they? ten dollars a ~* carini, vero? dieci dollari l'uno; 2 (*each time*) alla volta, al colpo; (*Am*) *~ rug* tappetino.

throwaway /ˈθrouəˌwei/ **I** *a.* 1 (*Teat*) (*of a line, etc.*) detto con finta noncuranza, lasciato cadere. 2 (*disposable*) monouso, usa e getta, a perdere. 3 (*offhand*) disinteressato, casuale: *a ~ remark* un commento disinteressato. **II** *n.* 1 (*colloq*) (*leaflet*) volantino *m.* 2 oggetto *m.* a perdere. □ *~cups* bicchieri monouso, bicchieri usa e getta; *~goods* beni di consumo monouso, beni di consumo usa e getta; *~society* società dello spreco.

throwback /ˈθrouˌbæk/ *n.* 1 (*Biol*) regresso *m.* 2 (*so. exhibiting throwback*) organismo *m.* regredito.

thrower /ˈθrouər/ *n.* 1 lanciatore *m.* (*f.* -trice). 2 (*Sport*) lanciatore *m.* (*f.* -trice); (*in baseball*) chi tira la palla. 3 (*Ceram*) formatore *m.*, tornitore *m.* 4 (*Tess*) (*throwster*) torcitore *m.* (*f.* -trice) di seta.

throw-in /ˈθrouin/ *n.* (*Sport*) rimessa *f.* (in gioco).

thrown[1] /θroun/ → **throw**[1].

thrown[2] /θroun/ *a.* (*Tess*) ritorto: *~ silk* seta ritorta.

throw-off /ˈθrouˌɔːf/ *n.* 1 (*Caccia*) inizio *m.* (della caccia). 2 (*Tecn*) dispositivo *m.* di arresto. 3 (*imitation*) copia *f.*, imitazione *f.*: *a Versace ~* un'imitazione di Versace.

throw-out /ˈθrouˌaut/ *n.* 1 (*reject*) reietto *m.* (*f.* -a). 2 (*Aut*) dispositivo *m.* di disinnesto.

throw-over /ˈθrouˌ(o)uvər/ *a.* che copre (divani o letti), copritutto.

throwster /ˈθroustər/ *n.* (*Tess*) torcitore *m.* (*f.* -trice) di seta.

thru /θruː/ *prep./avv./a.* (*Am*) → **through**.

thrum[1] /θrʌm/ *n.* (*past, p.p.* **thrummed** /-d/) **I** *v.i.* 1 strimpellare (strumenti a corda). 2 (*to tap idly with the fingers*) tamburellare con le dita. **II** *v.t.* 1 strimpellare. 2 (*of the fingers*) tamburellare su.

thrum[2] /θrʌm/ *n.* 1 strimpellamento *m.* 2 (*monotonous sound*) suono *m.* monotono e smorzato.

thrum[3] /θrʌm/ **I** *n.* (*Tess*) 1 filo *m.* di ordito che rimane sul telaio. 2 (*fringe*) frangia *f.* di fili rimasti sul telaio, filaccia *f.* 3 (*tuft of threads*) ciuffo *m.* di fili. 4 (*loom waste*) cascame *m.* **II** *v.t.* (*past, p.p.* **thrummed** /-d/) (*Tess*) fornire di filacce.

thrummer /ˈθrʌmər/ *n.* strimpellatore *m.* (*f.* -trice).

thrummy /ˈθrʌmi/ *a.* 1 (*Tess*) filaccioso. 2 (*having a downy surface*) peloso, lanuginoso.

thrush[1] /θrʌʃ/ *n.* (*Ornit*) tordo *m.*

thrush[2] /θrʌʃ/ *n.* 1 (*Med*) mughetto *m.*, moniliasi *f.* orale. 2 (*Veter*) infiammazione *f.* della forchetta, infiammazione *f.* del fettone.

thrust[1] /θrʌst/ (*past, p.p.* **thrust**) **I** *v.t.* 1 spingere (con forza), cacciare: *to ~ so. to one side* spingere qcu. da (una) parte; *to ~ one's hand into one's pocket* cacciare una mano in tasca. 2 (*of a dagger, etc.*) ficcare, piantare, conficcare, cacciare. 3 (*to extend, to throw out*) stendere, distendere, allungare. 4 (*to impose the acceptance of*) costringere ad accettare, imporre: *the chairmanship was ~ upon him* fu costretto ad accettare la presidenza. 5 (*to introduce improperly*) intromettere, interporre. 6 (*rar*) (*to stab*) trafiggere, infilzare. **II** *v.i.* 1 farsi largo, aprirsi un varco, spingersi a forza, avanzare a forza: *to ~ through the crowd* farsi largo tra la folla. 2 (*to extend, to project*) protendersi, spingersi: *a promontory -s into the sea* un promontorio si protende nel mare. 3 (*to make a thrust*) dare un colpo (con un'arma appuntita) (*at a*). 4 (*to stab*) pugnalare (qcu.), dare una pugnalata (a). □ *to ~ aside* spingere da parte, scansare; *to ~ away* respingere, allontanare; *to ~ back* spingere indietro, respingere, ributtare, ricacciare; *to ~ one's chest out* gonfiare il petto; *to ~ oneself forward*: 1 spingersi avanti, lanciarsi avanti; 2 (*to make one's way by pushing*) farsi largo a gomitate (*anche fig*); 3 (*fig*) mettersi in evidenza, mettersi in vista, farsi avanti; *to ~ out* stendere, allungare, distendere: *to ~ out one's hand* stendere la mano; *to ~ past so.* passare davanti a qcu. dandogli una spinta.

thrust[2] /θrʌst/ *n.* 1 colpo *m.*, botta *f.*; (*stab wound*) pugnalata *f.* 2 (*violent push*) forte spinta *f.*, spintone *m.* 3 (*Mil*) attacco *m.*, offensiva *f.* 4 (*fig*) (*verbal attack*) critica *f.* violenta, attacco *m.*; (*hostile remark*) frecciata *f.*, stoccata *f.* 5 (*colloq*) (*unscrupulous determination*) arrivismo *m.*, ambizione *f.* sfrenata. 6 (*Mecc,Mar,Arch*) spinta *f.* 7 (*Aer*) trazione *f.*, spinta *f.* (del propulsore). 8 (*Am*) (*meaning, gist*) sostanza *f.*, succo *m.*: *I didn't get the full ~ of his speech* non ho capito la sostanza del suo discorso. □ (*Mecc*) *~ bearing* (o *~ block*) cuscinetto reggispinta, supporto reggispinta, reggispinta; (*Mecc*) *~ equalizer* equilibratore di spinta; (*Geol*) *~ fault* falda di ricoprimento, falda di carreggiamento, falda tettonica; (*Teat*) *~ stage* palcoscenico che aggetta in platea.

thruster /ˈθrʌstər *Am* ˈθrʌstər/ *n.* 1 chi spinge. 2 (*colloq*) (*unscrupulous businessman*) arrivista *m./f.* 3 (*Caccia*) cacciatore *m.* (*f.* -trice) che si spinge troppo vicino alla muta. 4 (*Aer, Astron*) propulsore *m.*

thrustful /ˈθrʌstful/ *a.* vigoroso, forte, energico, potente.

thrustfully /ˈθrʌstfuli/ *avv.* vigorosamente, fortemente, energicamente.

thrustfulness /ˈθrʌstfulnis/ *n.* vigore *m.*, forza *f.*, energia *f.*

thrusting /ˈθrʌstiŋ *Am* ˈθrʌstiŋ/ *a.* eccessivamente ambizioso, aggressivo.

thruway /ˈθruːwei/ *n.* (*Am,Strad*) autostrada *f.*, superstrada *f.*

Thucydides /θjuːˈsɪdɪˌdiːz *Am* ˌθuːˈsɪdɪdiːz/ *n.pr.m.* (*Stor.gr*) Tucidide *m.*

thud[1] /θʌd/ *n.* tonfo *m.*, rumore *m.* sordo (e cupo): *the parachutist landed with a ~* il paracadutista atterrò con un tonfo.

thud[2] /θʌd/ (*past, p.p.* **thudded** /ˈθʌdɪd/) *v.i.* 1 colpire con un tonfo, battere con un tonfo:

the ball -ded against the crossbar il pallone colpì la traversa con un tonfo, fare un tonfo. 2 (*to fall with a thud*) cadere con un tonfo, fare un tonfo.

thug /θʌg/ *n.* 1 criminale *m./f.*, gangster *m.*, delinquente *m./f.* 2 (*in India*) thug *m.*

thuggee /θʌˈgiː/ *n.* (*in India*) crimine *m.* dei thug, delitto *m.* dei thug.

thuggery /ˈθʌgəri/ *n.* criminalità *f.*, delinquenza *f.*

thuggish /ˈθʌgɪʃ/ *a.* criminoso, criminale, di criminale, da criminale.

Thule /ˈθjuːli *Am* ˈθuːli/ **I** *n.pr.* (*Geog.stor*) Tule *f.* **II** *n.* 1 mitica terra *f.* lontana. 2 (*fig*) meta *f.* lontana.

thulium /ˈθuːliəm/ *n.* (*Chim*) tulio *m.*

thumb /θʌm/ **I** *n.* 1 (*Anat*) pollice *m.* 2 (*Zool*) primo dito *m.* della zampa. 3 (*of a glove*) pollice *m.* (di un guanto). 4 (*Arch*) ovolo *m.* **II** *v.t.* 1 (*of pages*) sfogliare, girare. 2 (*to soil pages*) sciupare a forza di sfogliare, sporcare a forza di sfogliare. 3 (*to mark with a thumbprint*) lasciare l'impronta del pollice su. 4 (*Mus*) strimpellare. **III** *v.i.* sfogliare, scartabellare, scorrere (*through sth.* qcs.). □ (*colloq*) *to ~ a lift* fare l'autostop; (*colloq*) *to ~ a ride* fare l'autostop; (*colloq*) *to be all -s* essere maldestro, essere goffo; (*colloq*) *-s down* pollice verso; *to give sth. the -s down* non approvare qcs.; (*Tip*) *~ index* indice scavato nel margine; *~ latch* saliscendi a linguetta che si aziona con il pollice; *~ lock* saliscendi a linguetta che si aziona con il pollice; (*colloq*) *to ~ one's nose at* snobbare; (*Tecn*) *~ nut* dado ad alette; (*Mus*) *~ piano* mbira, thumb piano; *~ stall* cappuccio per proteggere il pollice; *to ~ through a magazine* sfogliare una rivista; (*fig*) *under one's ~* in proprio potere, in pugno; (*colloq*) *-s up!* evviva!, viva!; *to give sth. the -s up* approvare qcs.

thumbmark /ˈθʌmˌmɑːk *Am* ˈθʌmˌmɑːrk/ *n.* ditata *f.* lasciata dal pollice, impronta *f.* del pollice.

thumbnail /ˈθʌmneil/ **I** *n.* 1 unghia del pollice. 2 (*Inform*) miniatura *f.* **II** *a.* (*brief, concise*) breve, conciso. □ *~ description* (o *~ sketch*) descrizione sommaria, schizzo.

thumbprint /ˈθʌmprɪnt/ *n.* impronta *f.* digitale del pollice.

thumbscrew /ˈθʌmskruː/ *n.* 1 (*Stor*) serrapollici *m.* 2 (*Tecn*) vite *f.* ad alette.

thumbtack /ˈθʌmˌtæk/ *n.* (*Am*) puntina *f.* da disegno.

thump /θʌmp/ **I** *n.* 1 forte colpo *m.*, botta *f.*, percossa *f.* 2 (*with the fist*) pugno *m.* 3 (*dull heavy sound*) tonfo *m.*, rumore *m.* sordo (e cupo). **II** *v.t.* 1 battere su, dare colpi su, picchiare su: *to ~ the table* battere sul tavolo. 2 (*with the fist*) dare pugni su. 3 (*to cause to make a thumping sound*) battere con un tonfo, battere con un rumore sordo. 4 (*colloq*) (*to hit, to beat*) picchiare, (*colloq*) suonare, (*colloq*) suonarle a. 5 (*to defeat severely*) stracciare, surclassare. **III** *v.i.* 1 picchiare, battere (*o dare*) dei colpi (*at a, on* su): *to ~ at the door* picchiare all'uscio. 2 (*to pound, to throb*) battere forte, martellare: *just thinking of her made his heart ~* il pensiero di lei gli faceva battere forte il cuore. □ *to ~ sth. down* sbattere giù qcs.; *to ~ out*: 1 (*to play in an unmusical way*) strimpellare; 2 (*to leave noisily*) uscire con passo pesante: *he put on his boots and -ed out* si mise gli stivali e uscì con passo pesante; *to ~ a pillow* sprimacciare un guanciale.

thumper /ˈθʌmpər/ *n.* 1 chi batte, chi picchia. 2 (*colloq*) (*sth. very large of its kind*) cosa *f.* enorme, colosso *m.*

thumping /ˈθʌmpɪŋ/ *a.* 1 che batte, che picchia. 2 (*colloq*) enorme, colossale: *a ~ 25% pay raise* un fantastico aumento di stipendio del 25%.

thunder /'θʌndər/ **I** *n*. 1 tuono *m*. 2 (*fig*) rombo *m*., fragore *m*., tuono *m*., strepito *m*.: *the ~ of cannon* il rombo del cannone; *the ~ of applause* il fragore degli applausi. **II** *v.i.* (*costr.impers.*) 1 tonare, tuonare: *it -ed the whole night* ha tuonato per tutta la notte. 2 (*fig*) tuonare, rimbombare, rombare. 3 (*to move with a resounding noise*) muoversi con un rombo, muoversi rombando, muoversi con fragore. 4 (*to utter vehement denunciations*) tuonare, inveire, parlare con veemenza, scagliare fulmini. 5 (*to speak loudly*) gridare, urlare, sbraitare, tuonare. □ *~and lightning* tuoni e fulmini; *the train -ed through the tunnel* il treno passò con fragore nella galleria.

thunderbolt /'θʌndəˌbəʊlt/ *n*. 1 fulmine *m*., folgore *f*.: *the -s of Jove* i fulmini di Giove. 2 (*fig*) (*sth. very startling*) fulmine *m*. a ciel sereno: *the news was a ~* la notizia fu un fulmine a ciel sereno. 3 (*fig*) (*sth., so. that moves very fast*) fulmine *m*., saetta *f*., lampo *m*.

thunderbox /'θʌndəbɒks/ *n*. (*Br,colloq*) gabinetto *m*. (provvisorio o primitivo).

thunderclap /'θʌndəklæp *Am* 'θʌndərˌklæp/ *n*. 1 rombo *m*. di tuono. 2 (*resounding noise*) rombo *m*., fragore *m*., tuono *m*., strepito *m*. 3 (*fig*) fulmine *m*. a ciel sereno.

thundercloud /'θʌndəklaud *Am* 'θʌndərˌklaud/ *n*. (*Meteor*) nube *f*. temporalesca.

thunderer /'θʌndərər/ *n*. 1 chi tuona, chi scaglia fulmini, chi scaglia invettive. 2 (*powerful orator*) oratore *m*. travolgente. 3 (*Mitol*) (*Jupiter*) Giove *m*. tonante; (*Thor*) Thor *m*.

thundering /'θʌndərɪŋ/ **I** *a*. 1 che tuona, tonante. 2 (*fig*) rimbombante, tonante, fragoroso, strepitoso. 3 (*colloq*) (*very large, remarkable*) strepitoso, enorme, colossale, stragrande: *a ~ success* un successo strepitoso. **II** *n*. tuono *m*.

thunderingly /'θʌndərɪŋli/ *avv*. in modo tonante.

thunderous /'θʌndərəs/ *a*. 1 che tuona, tonante. 2 (*of weather*) temporalesco. 3 (*fig*) fragoroso, strepitoso, tonante: *~ applause* applausi fragorosi.

thunderously /'θʌndərəsli/ *avv*. come un tuono.

thundershower /'θʌndəʃaʊər *Am* 'θʌndərˌʃaʊər/ *n*. precipitazione *f*. temporalesca, acquazzone *m*. con tuoni e fulmini.

thundersquall /'θʌndəskwɔːl *Am* 'θʌndərˌskwɔːl/ *n*. groppo *m*. accompagnato da tuoni e fulmini.

thunderstorm /'θʌndəstɔːm *Am* 'θʌndərˌstɔːrm/ *n*. temporale *m*.

thunderstruck /'θʌndəstrʌk *Am* 'θʌndərˌstrʌk/ *a*. (*astounded*) sbalordito, sbigottito, attonito.

thunder-thighs /'θʌndəˌθaɪz *Am* 'θʌndərˌθaɪz/ *n*. (*colloq,spreg*) donna *f*. dalle gambe grosse.

thundery /'θʌndəri/ *a*. 1 temporalesco: *~ showers* precipitazioni temporalesche. 2 (*fig*) minaccioso.

thunk[1] /θʌŋk/ **I** *n*. (*muffled sound*) rumore *m*. smorzato prodotto da un colpo. **II** *v.i.* fare un rumore smorzato.

thunk[2] /θʌŋk/ → **think**

Thur. *Thursday* gio., giov. (giovedì).

thurible /'θjʊərɪb̩l *Am* 'θɜːrɪb̩l/ *n*. (*Lit*) turibolo *m*., incensiere *m*.

thurifer /'θjʊərɪfər *Am* 'θɜːrɪfər/ *n*. (*Lit*) turiferario *m*.

thuriferous /ˌθjʊəˈrɪfərəs *Am* ˈθjʊˈrɪfərəs/ *a*. che produce incenso.

Thursday /'θɜːzdi *Am* 'θɜːrzdeɪ/ *n*. giovedì *m*.: *on ~* giovedì; *on -s* (o *Am -s*) di giovedì, il giovedì, tutti i giovedì.

thus /ðʌs/ *avv*. 1 così, in questo modo. 2 (*consequently*) quindi, di conseguenza, conseguentemente, perciò. 3 (*to this extent, so*) così, fino a questo punto. □ *~far* fin qui.

thwack /θwæk/ **I** *v.t.* 1 battere (con qcs. di piatto): *to ~ a carpet* battere un tappeto. 2 (*to whack*) colpire, battere, picchiare, percuotere. **II** *n*. 1 botta *f*., battuta *f*., colpo *m*. 2 (*sound*) botta *f*., botto *m*.

thwart /θwɔːt *Am* θwɔːrt/ **I** *v.t.* 1 ostacolare, impedire, contrastare, tagliare la strada a: *he was -ed in his attempt to seize power* fu ostacolato nel suo tentativo di prendere il potere. 2 (*of plans, etc.*) sventare, far fallire, frustrare, mandare a vuoto. **II** *n*. (*Mar*) sedile *m*. del rematore.

thy /ðaɪ/ *a.poss*. (*Bibl,poet*) tuo: (*Bibl*) *~ kingdom come* venga il tuo regno; *~ will be done* sia fatta la tua volontà.

thylacine /'θaɪləsiːn/ *n*. (*Zool,ant*) tilacino *m*.

thyme /taɪm/ *n*. (*Bot,Alim*) timo *m*.

thymectomy /ˌtaɪmˈektəmi *Am* ˌtaɪmˈektəmi/ *n*. (*Med*) timectomia *f*.

thymic /'taɪmɪk/ *a*. (*Fisiol*) timico.

thymidine /'θaɪmədiːn/ *n*. (*Biol,Chim*) timidina *f*.

thymine /'θaɪmiːn/ *n*. (*Biol,Chim*) timina *f*.

thymol /'θaɪmɒl *Am* 'θaɪmɑːl/ *n*. (*Chim*) timolo *m*.

thymus /'θaɪməs/ (*pl*. **-mi** /-maɪ/ o **-es** /-ɪz/) *n*. (*Anat*) timo *m*. □ (*Anat*) *~gland* timo.

thyristor /θaɪˈrɪstər/ *n*. (*Elettron*) tiristore *m*.

thyroid /'θaɪrɔɪd/ *n*. (*Anat*) ghiandola *f*. tiroidea, tiroide *f*. □ (*Anat*) *~ artery* arteria tiroidea; (*Anat*) *~cartilage* cartilagine tiroidea; (*Anat*) *~gland* ghiandola tiroidea, tiroide.

thyroidal /'θaɪrɔɪdəl/ *a*. (*Anat,Med*) tiroideo.

thyroidism /'θaɪrɔɪdɪzəm/ *n*. (*Med*) tiroidismo *m*.

thyroid-stimulating /'θaɪrɔɪdˌstɪmjuːˌleɪtɪŋ *Am* 'θaɪrɔɪdˌstɪmjuːˌleɪtɪŋ/ □ (*Fisiol*) *~hormone* ormone tireostimolante, ormone tireotropo.

thyrsus /'θɜːsəs *Am* 'θɜːrsəs/ (*pl*. **-si** /-saɪ/) *n*. (*Bot,Mitol*) tirso *m*.

thyself /ðaɪ'self/ *pron.pers*. 1 (*Bibl,poet*) te stesso: *know ~* conosci te stesso. 2 (*ant*) (*emphatic form of thou*) tu stesso.

ti /tiː/ *n*. (*Mus*) si *m*.

tiara /tɪ'uːrə/ *n*. 1 diadema *m*., corona *f*.: *a diamond ~* un diadema di brillanti. 2 (*Lit, Stor*) tiara *f*.

Tiber /'taɪbər/ *n.pr*. (*Geog*) Tevere *m*.

Tiberias /taɪˈbɪəriːæs *Am* ˌtaɪˈbɪriəs/ *n.pr*. (*Geog*) Tiberiade *f*.

Tiberius /taɪˈbɪəriəs *Am* ˌtaɪˈbɪriəs/ *n.pr.m*. (*Stor.rom*) Tiberio *m*.

Tibet /tɪ'bet/ *n.pr*. (*Geog*) Tibet *m*.

Tibetan /tɪ'betən/ *a*. tibetano. **II** *n*. 1 tibetano *m*. (*f*. -a). 2 (*language*) tibetano *m*.

tibia /'tɪbiə/ (*pl*. **-biae** /-biiː/ o **-s** /-z/) *n*. (*Anat, Mus*) tibia *f*.

tibial /'tɪbiəl/ *a*. (*Anat*) tibiale.

tic /tɪk/ *n*. (*Med*) tic *m*. □ (*Med*) *~douloureux* nevralgia del trigemino, nevralgia facciale.

tick[1] /tɪk/ *n*. 1 tic tac *m*., ticche tacche *m*., tictac *m*., ticchettio *m*., battito *m*.: *the ~ of a clock* il tic tac di un orologio; *the ~ of a metronome* il ticchettio di un metronomo. 2 (*Br, colloq*) (*moment*) minuto *m*., attimo *m*., istante *m*., momento *m*., secondo *m*. 3 (*Br*) (*mark of approval, notation, etc.*) segno *m*. (di

spunta, richiamo ecc.); (*burocr*) spunta *f*. 4 (*Inform*) tick *m*. □ *~mark* spunta; (*colloq*) *on the ~* in perfetto orario, puntualmente; *to put a ~ against a name* spuntare un nome; (*colloq*) *to the ~* in perfetto orario, puntualmente.

tick[2] /tɪk/ **I** *v.i.* 1 fare tic tac, ticchettare, battere: *the clock -ed* l'orologio faceva tic tac. 2 (*sl*) (*to grumble*) borbottare, brontolare, bofonchiare. **II** *v.t.* (*to mark the passing of*) segnare con un ticchettio, indicare con un ticchettio. □ *to ~away* : 1 (*to elapse*) passare, trascorrere, scorrere; 2 (*to mark the passing of*) segnare con un ticchettio, indicare con un ticchettio; *to ~by* passare, trascorrere, scorrere: *the seconds -ed by* i secondi passavano; (*colloq*) *I can't figure out whatmakes her ~* non riesco proprio capire come ragiona; *to ~off* : 1 (*to count off*) contare; 2 (*to mark with a tick*) spuntare, fare un segno accanto a, segnare a margine: *to ~off the names on a list* spuntare i nomi di una lista; 3 (*to mark the passing of*) segnare con un ticchettio, indicare con un ticchettio; 4 (*Br,colloq*) (*to rebuke*) sgridare, dare una ripassata a, dare una lavata di capo; 5 (*Am, colloq*) fare arrabbiare, fare incavolare; *to ~over* : 1 (*Mot*) andare al minimo, tenere il minimo; 2 (*colloq*) (*to be relatively inactive*) ristagnare, segnare il passo.

tick[3] /tɪk/ *n*. 1 (*Tess*) traliccio *m*. 2 (*case for a mattress, etc.*) fodera *f*. di traliccio.

tick[4] /tɪk/ *n*. 1 (*Entom*) zecca *f*. 2 (*sl*) (*despicable person*) persona *f*. spregevole, verme *m*. □ (*Med*) *~fever* febbre da zecca.

tick[5] /tɪk/ *n*. (*Br,colloq*) (*credit*) credito *m*.: *to buy goods on ~* comprare merce a credito.

ticked /tɪkd/ *a*. (*Am,colloq*) irritato, incavolato. □ (*Am,colloq*) *~off* irritato, incavolato.

ticker /'tɪkər/ *n*. 1 (*Am*) telescrivente *f*. 2 (*colloq,ant*) (*watch*) orologio *m*. 3 (*colloq*) (*heart*) cuore *m*. □ (*Am*) *~tape* nastro per telescrivente; (*Am*) *~tape parade* avvenimento che festeggia l'arrivo di persone con una pioggia di coriandoli.

ticket /'tɪkɪt/ *n*. 1 biglietto *m*.: *a theatre ~* un biglietto per il teatro; *a railway ~* un biglietto ferroviario. 2 (*check, receipt*) scontrino *m*., tagliando *m*. 3 (*label, tag*) cartellino *m*., etichetta *f*. 4 (*price label*) cartellino *m*. del prezzo, etichetta *f*. del prezzo. 5 (*summons for a traffic violation*) multa *f*.: *a parking ~* una multa per divieto di sosta. 6 (*pawnbroker's receipt*) polizza *f*. di pegno. 7 (*master's certificate*) patente *f*. di comandante, patente *f*. di capitano marittimo. 8 (*Aer*) (*pilot's licence*) brevetto *m*. di pilota, brevetto *m*. di pilotaggio. 9 (*Mil*) (*discharge*) congedo *m*. 10 (*principles of a political party*) programma *m*. politico. 11 (*colloq*) (*the proper, desirable thing*) quello che ci vuole, cosa *f*. adatta: *that's the ~* proprio quello che ci vuole. 12 (*Am,Pol*) lista *f*. di candidati. **II** *v.t.* 1 etichettare, mettere l'etichetta, mettere il cartellino a. 2 (*to serve with a traffic summons*) multare, fare la multa a. □ *~agency* agenzia *f*. di vendita di biglietti; *~agent* chi gestisce un'agenzia di vendita di biglietti; *~broker* venditore di biglietti; *~collector* bigliettaio; (*Econ*) *~day* giorno prima della liquidazione; (*Mil*) *toget one's ~* essere congedato; (*Ferr*) *~inspector* controllore; *~machine* distributore automatico di biglietti; (*Stor*) *~of leave* documento attestante la concessione della libertà vigilata, documento attestante la concessione della libertà sulla parola; *~office* biglietteria; *~punch* pinza obliteratrice;*that's the ~!* così (sì che) va bene!; (*Br*) *~tout* (o *~touter*) bagarino; (*Br*)

~*touting* bagarinaggio; ~*window* biglietteria.

ticketing /'tɪkɪtɪŋ *Am* 'tɪkɪţɪŋ/ □ ~*counter* biglietteria.

ticking[1] /'tɪkɪŋ/ *n.* ticchettio *m.*, tictac *m.*, tic tac *m.*: *the ~ of a clock* il ticchettio di un orologio.

ticking[2] /'tɪkɪŋ/ *n.* (*Tess*) traliccio *m.*

tickle /'tɪkəl/ I *v.t.* 1 fare il solletico a, solleticare, (*ant*) vellicare: *you're tickling me* mi fai il solletico. 2 (*fig*) stuzzicare, lusingare, stimolare piacevolmente, sollecitare, eccitare: *to ~ so.'s fancy* stuzzicare la fantasia di qcu. 3 (*colloq*) (*to amuse*) divertire, deliziare, sollazzare. 4 (*colloq*) (*to please*) far piacere a, fare contento, rendere contento. 5 (*of fish: to capture with the hands*) prendere con le mani, catturare con le mani. II *v.i.* 1 sentire prurito, sentire pizzicore, pizzicare, formicolare: *my feet are tickling* mi pizzicano i piedi. 2 (*to cause tickling*) dare prurito, dare pizzicore, dare il solletico: *woollen vests ~* le maglie di lana danno prurito. III *n.* 1 solletico *m.*, pizzicorino *m.* 2 (*act of tickling*) solleticamento *m.*, titillamento *m.* □ *to ~ the palate* stuzzicare il palato; (*colloq*) *to ~ pink* (o *to ~ to death*): 1 mandare in brodo di giuggiole, fare contento come una pasqua; 2 (*to amuse greatly*) divertire un mondo, divertire da matti.

tickler /'tɪklər/ *n.* 1 chi solletica, chi fa il solletico. 2 (*colloq*) (*difficult problem*) problema *m.* difficile, rompicapo *m.* 3 (*Comm*) scadenzario *m.*

ticklish /'tɪklɪʃ/ *a.* 1 sensibile al solletico, che soffre il solletico. 2 (*fig*) permaloso, ipersensibile, suscettibile. 3 (*colloq*) (*requiring delicate handling*) delicato, scabroso, difficile: *the situation is rather ~* la situazione è piuttosto delicata.

ticklishness /'tɪklɪʃnɪs/ *n.* 1 sensibilità *f.* al solletico, il soffrire il solletico. 2 (*fig*) permalosità *f.*, ipersensibilità *f.*, suscettibilità *f.* 3 (*colloq*) (*of a situation, problem*) scabrosità *f.*, delicatezza *f.*

tick-tack-toe /ˌtɪktæk'toʊ/ *n.* (*Am*) (*game*) tris *m.*

tick-tock /'tɪk,tɑːk/ I *n.* tic-tac *m.*, tic-toc *m.* II *v.i.* fare tic-toc, ticchettare.

ticky-tacky /'tɪki,tæki/ *n.* (*Am,colloq*) materiale *m.* scadente, materiale *m.* di scarsa qualità.

tic-tac-toe /ˌtɪktæk'toʊ/ *n.* (*Am*) (*game*) tris *m.*

tidal /'taɪdəl/ *a.* 1 (*Mar*) di marea, della marea. 2 (*subject to the tide*) che dipende dalla marea, soggetto alla marea. □ (*Mar*) ~ *basin* bacino di marea; (*Mar*) ~ *current* corrente di marea; (*El*) ~ *power station* centrale mareomotrice; ~ *wave*: 1 cavallone enorme; 2 (*seismic sea wave*) onda di maremoto; 3 (*fig*) ondata: *a ~ wave of protest* un'ondata di proteste.

tidbit /'tɪtbɪt/ *n.* (*Am*) → **titbit**.

tiddler /'tɪdlər/ *n.* (*Br*) 1 (*small fish*) pesciolino *m.*, pescetto *m.* 2 (*Itt*) spinarello *m.* 3 (*very small child*) bambino *m.* piccolissimo (di statura).

tiddly[1] /'tɪdli/ *a.* 1 (*colloq*) (*slightly drunk*) alticcio, brillo, un po' bevuto, un po' sbronzo. 2 (*Mar*) in perfetto ordine, ben assestato.

tiddly[2] /'tɪdli/ *a.* (*Br*) piccolissimo, piccolino.

tiddlywink /'tɪdli,wɪŋk/ *n.* 1 (*counter used in the game of tiddlywinks*) pulce *f.* 2 *pl.* (*costr.sing.*) (*game*) gioco *m.* delle pulci.

tide[1] /taɪd/ *n.* 1 (*Geog*) marea *f.*: *high ~* alta marea; *low ~* bassa marea. 2 (*Mar*) (*flood tide*) marea *f.* montante, marea *f.* crescente,

marea *f.* ascendente, flusso *m.*: *to sail on the ~* salpare con la marea montante. 3 (*fig*) orientamento *m.*, corrente *f.*, indirizzo *m.*, corso *m.*, tendenza *f.*: *the ~ of public opinion* l'orientamento dell'opinione pubblica. 4 (*ant*) (*period of time*) periodo *m.*, tempo *m.*, (*poet*) stagione *f.* □ (*fig*) *to go* (o *to swim*) *against the ~* andare contro corrente; (*Idr*) ~ *gate* porta di conca ad alta marea; (*Mar*) ~ *gauge* scala di marea, mareometro (a scala); *the ~ is in* c'è alta marea; *the ~ is out* c'è bassa marea; ~ *race* forte corrente di marea; ~ *rip* frangente di marea, increspatura; ~ *waiter* funzionario di dogana che controlla lo sbarco delle merci; ~ *water* acqua soggetta a marea, acqua di marea; (*fig*) *to go* (o *to swim*) *with the ~* andare secondo la corrente.

tide[2] /taɪd/ *v.i.* (*Mar*) navigare con la marea. □ (*fig*) *to ~ over*: 1 (*to surmount, cope with*) superare, sormontare; 2 (*to enable to surmount sth.*) far superare, far sormontare: *I'll have a snack to ~ me over until dinner* mangerò una merenda per arrivare all'ora di cena; 3 (*to surmount a difficulty*) farcela, spuntarla; (*Mar*) *to ~ one's way* procedere con la marea, avanzare con la marea.

tideland /'taɪdlənd/ *n.* (*Am*) terreno *m.* soggetto all'alta marea, regione *f.* soggetta all'alta marea.

tidemark /'taɪdmɑːk *Am* 'taɪdmɑːrk/ *n.* 1 (*Mar*) linea *f.* di marea. 2 (*Br,scherz*) (*around the neck*) segno *m.* di sporco intorno al collo. 3 (*Br,scherz*) (*around a bath*) segno *m.* lasciato dal sapone su una vasca da bagno (che indica fin dove è stata riempita).

tidewater /'taɪdwɒtər *Am* 'taɪdwɑːţər/ *n.* 1 acqua *f.* di marea. 2 (*Am*) regione *f.* soggetta all'alta marea. 3 (*Am,Geog*) (*coastal region*) regione *f.* costiera della Virginia dell'est.

tideway /'taɪdweɪ/ *n.* letto *m.* di marea.

tidily /'taɪdɪli/ *avv.* in ordine, in bell'ordine, ordinatamente.

tidiness /'taɪdɪnɪs/ *n.* ordine *m.*, pulizia *f.*

tidings /'taɪdɪŋz/ *n.pl.* (*lett*) notizie *f.pl.*, nuove *f.pl.*, novità *f.pl.*: *good ~* buone notizie. □ (*Bibl*) *the ~ of great joy* la buona novella.

tidology /taɪ'dɒlədʒi *Am* ˌtaɪd'ɑːlədʒi/ *n.* scienza *f.* delle maree.

tidy /'taɪdi/ I *a.* 1 lindo, pulito e ordinato, pulito e in ordine, ben tenuto: *a ~ room* una stanza ordinata. 2 (*of a person*) ordinato, pulito. 3 (*of clothes, dress*) in ordine, curato. 4 (*systematic, well-ordered*) ordinato, sistematico: *to have a ~ mind* avere una mente ordinata. 5 (*colloq*) (*considerable*) considerevole, notevole, grosso, rispettabile: *a ~ sum of money* una considerevole somma di denaro. II *n.* 1 scatola *f.* per riporre ordinatamente piccoli oggetti. 2 (*Idr*) (*sink tidy*) gratella *f.* del lavandino, filtro *m.* estraibile del lavandino. 3 (*Am*) (*covering for back of chair*) coprischienale *m.*; (*for back of sofa*) copridivano *m.* III *v.t.* 1 riordinare, rimettere in ordine, mettere a posto: *to ~ a room* riordinare una stanza. 2 (*rifl.*) *to ~ oneself* (ri)mettersi in ordine, (ri)mettersi a posto, ravviarsi, rassettarsi. □ *to ~ one's hair* ravviarsi i capelli; *to ~ up*: 1 (*used transitively*) riordinare, mettere in ordine, mettere a posto; 2 (*used intransitively*) mettere tutto in ordine, rimettere tutto in ordine, mettere tutto a posto, rimettere tutto a posto.

tie[1] /taɪ/ (*past, p.p.* **-d** /-d/ *p.pres.* **tying** /'taɪɪŋ/) I *v.t.* 1 legare, allacciare, attaccare: *to ~ a horse to a pole* legare un cavallo a un palo. 2 (*of clothes*) allacciare, affibbiare. 3 (*of shoes*) legare, allacciare, annodare. 4 (*of a necktie*) fare il nodo a. 5 (*of a string, etc.*) annodare, allacciare: *to ~ a rope round one's

waist* annodarsi una corda intorno alla vita. 6 (*of a knot*) fare (legando): *to ~ a knot* fare un nodo. 7 (*estens*) (*to join, to connect*) unire, collegare, congiungere. 8 (*fig*) (*to confine, to limit*) confinare, relegare: *illness -d him to the house* la malattia lo confinava in casa. 9 (*to constrain, to obligate*) impegnare, legare, vincolare, obbligare: *to ~ so. to a contract* impegnare qcu. con un contratto. 10 (*Sport*) pareggiare con. 11 (*Mus*) legare. II *v.i.* 1 allacciarsi, annodarsi, legarsi: *this dress ~s down the side* questo vestito si allaccia di fianco. 2 (*Sport*) finire alla pari, pareggiare: *to ~ for first place* finire primi alla pari. □ *to ~ back* legare all'indietro; *to ~ down*: 1 assicurare con una corda, fissare con una corda, legare (ben) bene; 2 (*fig*) legare (mani e piedi): *she is -d down by two small children* è legata mani e piedi da due bambini piccoli; 3 (*fig*) costringere, vincolare, impegnare: *I eventually -d him down to a meeting next week* alla fine l'ho costretto a fissarmi un appuntamento per la settimana prossima; *to ~ in*: 1 collegarsi strettamente (*with, to* a, con), avere uno stretto rapporto, essere strettamente collegato (con), essere strettamente connesso (con); 2 (*to be consistent*) concordare, accordarsi (con): *your theory does not ~ in with the facts* la tua teoria non concorda con i fatti; (*colloq*) *to ~ so. in knots* confondere qcu.; (*Am*) *to ~ into*: 1 (*to attack*) aggredire, assalire; 2 (*to put one's back into it*) mettersi a fare (qcs.) con energia, darci dentro; *the -s of kindred* i vincoli del sangue; (*Chir*) *to ~ off* (*of a vein, etc.*) allacciare, eseguire la legatura di; *to ~ on* legare, fissare con lacci, allacciare: *to ~ on a label* legare un cartellino; (*Am,sl*) *to ~ one on* ubriacarsi, prendersi una sbronza; (*colloq*) *to ~ the knot* sposarsi; *to ~ two things together* legare (insieme) due cose; *to ~ up*: 1 legare, allacciare, attaccare: *to ~ up a parcel* legare un pacco; 2 (*to bind, to bandage*) fasciare, bendare: *to ~ up a wound* fasciare una ferita; 3 (*fig*) (*to keep occupied*) occupare, impegnare, prendere: *I'm sorry I'm late, I got -d up at the office* mi spiace di essere in ritardo, ma sono stato impegnato in ufficio; 4 (*bring to a conclusion*) chiudere, concludere: *that -s up everything that we'd hoped to discuss* e con questo concludiamo la serie di cose che speravamo di discutere; 5 (*Econ*) (*in finances, banking*) vincolare, immobilizzare: *we've -d up all our money in the stock market* abbiamo immobilizzato tutto il nostro denaro in borsa.

tie[2] /taɪ/ *n.* 1 legaccio *m.*, laccio *m.*, legame *m.*, cordella *f.* 2 (*that which is tied*) legatura *m.*, cordella *f.* 3 (*knot*) nodo *m.*, annodatura *f.*; (*bow*) fiocco *m.* 4 (*Abbigl*) cravatta *f.*: *a silk ~* una cravatta di seta. 5 (*fig*) legame *m.*, vincolo *m.*: *-s of friendship* legami di amicizia. 6 (*fig*) (*sth. that restrains*) catena *f.*, impaccio *m.*, ostacolo *m.*, impedimento *m.* 7 (*Sport*) pareggio *m.*, risultato *m.* di parità. 8 (*Parl,Pol*) parità *f.* di voti. 9 (*Edil,Fal*) cravatta *f.* 10 (*Mar*) amante *m.* 11 (*Mus,Legat*) legatura *f.* 12 (*El*) collegamento *m.*, connessione *f.* 13 (*Am,Ferr*) traversa *f.*, traversina *f.* 14 (*Am,Calz*) (*shoelace*) stringa *f.*, laccio *m.* da scarpe. □ ~ *bar*: 1 (*Mecc*) tirante; 2 (*Ferr*) traversa, traversina; (*Edil*) ~ *beam* catena; ~ *clasp* (o ~ *clip*) fermacravatta, fermacravatte; ~ *pin* spilla da cravatta, spillo da cravatta; ~ *rack* portacravatte; ~ *rod*: 1 (*Aut*) barra di accoppiamento; 2 (*Edil*) catena; (*Am*) ~ *tac* (o ~ *tack*) spilla da cravatta, spillo da cravatta.

tie-break, **tie-breaker** /'taɪbreɪkər/ *n.* (*Sport*) (*in tennis,volleyball*) tie break *m.*

tied-house /'taɪd,haʊs/ n. (GB) locale m. pubblico vincolato per contratto a rifornirsi presso una sola fabbrica di birra.

tie-dye /'taɪdaɪ/ **I** n. (Tess) tessuto m. tinto con la tecnica "tie-dye", tessuto m. tinto a nodi. **II** v.t. (Tess) tingere con la tecnica "tie-dye", tingere a nodi.

tie-dyeing /'taɪdaɪɪŋ/ n. (Tess) tecnica f. "tie-dye", tintura f. a nodi.

tie-in /'taɪdaɪn/ **I** n. **1** (Elettron) connessione f. elettrica. **2** (Comm) prodotto m. le cui vendite sono trainate dal successo di un altro prodotto. **II** a. (Comm) abbinato da articoli diversi. □ (Am,Comm) ~sale vendita abbinata di articoli diversi.

tie-on /'taɪɒn Am 'taɪɑːn/ a. che si allaccia, da allacciare. □ ~label etichetta volante.

tier 1 /tɪər Am tɪr/ **I** n. **1** fila f.: ~s of seats file di posti (a sedere). **2** (Teat) (of boxes) ordine m. (di palchi); (of a gallery) fila f. (di galleria). **3** (in compounds: layer) piano m., strato m.: a three-~ wedding-cake una torta nuziale a tre piani. **4** (of cable) duglia f. **5** (Mar) (of moored ships) andana f. **II** v.t. (to arrange in tiers) disporre in file. **III** v.i. (to rise in tiers) sorgere in file, ergersi in file. □ to ~up disporre in file.

tier 2 /tɪər Am tɪr/ n. **1** (one that ties) chi lega, chi allaccia. **2** (Am) (child's apron) grembiulino m. (per bambini).

tierce /tɪəs Am tɪrs/ n. **1** (Lit,Sport,Mus) terza f. **2** (in cards) sequenza f. di tre carte dello stesso seme.

tiercel /'tɜːsəl Am tər'sel/ n. (Zool) terzuolo m.

tiercet /'tɪəsɪt Am 'tɪrsət/ n. (Mus,Metr) (tercet) terzina f.

tiered /'tɪəd Am 'tɪrd/ a. **1** in file, a file. **2** (Abbigl) a balze.

tie-up /'taɪʌp/ n. **1** blocco m., bloccaggio m., bloccaggio m. **2** (of traffic) ingorgo m. **3** (connection, link) rapporto m., relazione f., legame m. **4** (Am,Mar) ormeggio m. **5** (Am, Zootecn,dial) luogo m. per legare bestiame.

tiff /tɪf/ **I** n. (slight quarrel) battibecco m., piccolo litigio m., scaramuccia f. **II** v.i. avere un battibecco, avere una scaramuccia.

tiffany /'tɪfəni/ n. (Tess) garza f.

Tiffany /'tɪfəni/ a. (Am) stile Tiffany: a ~ lamp una lampada Tiffany.

tiger /'taɪgər/ **I** n. **1** (Zool) tigre f. **2** (fig) (fierce cruel person) persona f. crudele, tigre f. **3** (fig) (ruthless aggressive opponent) avversario m. spietato. **4** (fig) persona f. di grande energia e coraggio. **5** (Am,ant) (extra yell after three cheers) urrà! (grido dopo tre evviva). □ ~balm balsamo di tigre; (Entom) ~beetle cicindela; (Zool) ~cat : **1** gattopardo americano, ozelot, ocelot; **2** (margay) gatto-tigre; (Min) ~'seye occhio di tigre; (Bot) ~lily giglio cinese; (Itt) ~shark squalo tigre.

tigerish /'taɪgərɪʃ/ a. **1** tigresco, di tigre, da tigre. **2** (fig) (fierce) feroce, spietato, crudele.

tight 1 /taɪt/ **I** a. **1** ben fissato, ben fisso, fermo, saldo, solido, assicurato: a ~ nut un dado ben fissato. **2** (taut) teso, tirato: a ~ rope una corda tesa; the skin was ~ over his cheekbones aveva la pelle tirata sugli zigomi. **3** (of a knot) stretto, serrato. **4** (fitting closely) attillato, aderente: ~ clothes abiti attillati. **5** (fitting too closely) stretto, troppo aderente, tirato: ~ shoes scarpe strette. **6** (firm, solid) solido, saldo, di ferro: a ~ defence una solida difesa. **7** (having the separate elements closely positioned) serrato, chiuso, stretto: to fly in ~ formation volare in formazione serrata. **8** (dense, compact) compatto, serrato. **9** (proof against leaks) a tenuta, ermetico. **10** (watertight) stagno, a tenuta d'acqua. **11** (packed full) zeppo, stra-

pieno, stipato, gremito. **12** (colloq) (difficult, trying) difficile, arduo: to be in a ~ situation essere in una situazione difficile. **13** (colloq) (stingy, miserly) avaro, taccagno, spilorcio, tirato. **14** (colloq,ant) (drunk) ubriaco, sbronzo, sborniato. **15** (of a match, race, etc.: evenly contested) bilanciato, equilibrato. **16** (fig) (strict) fermo, forte, energico: to rule with a ~ hand governare con mano ferma. **17** (Am,colloq) (intimate) grande amico, intimo (with di). **18** (Econ,Comm) (of money, commodities) scarso. **II** avv. **1** saldamente, fissamente, fermamente. **2** (so as to be full) completamente, del tutto, bene: to pack a suitcase ~ riempire completamente una valigia. □ (fig) ~as a drum teso come tamburo; (Am,fig) ~as a tick avarissimo, terribilmente spilorcio; (fig) to have a ~budget dover tirare la cinghia; (collo) a ~corner una brutta situazione, una situazione difficile; (Sport) ~ end (in football) tight end (ruolo difensivo nel football americano); to be ~ for sth. avere poco di qcs.: to be ~ for money avere denaro limitato; to be ~ for time avere tempo limitato, avere ben poco tempo; a ~ grip una presa solida; to keep a ~hold reggersi saldamente, tenersi forte; (colloq) to be in a ~squeeze essere pigiati come sardine; (Econ) ~ market mercato rigido, mercato stretto; to hold under a ~rein (o to keep under a ~ rein): **1** tenere in briglia; **2** (fig) tenere a freno; (Sport) ~scrum (o ~scrummage) (in rugby) mischia chiusa; a ~smile un sorriso forzato; (colloq) a ~spot una brutta situazione, una situazione difficile; (Tess) ~ weave trama fitta.

tight 2 /taɪt/ → **tie** 1.

tight-ass /'taɪtæs/ n. (Am,volg) persona f. rigida e inibita, bacchettone m. (f. -a), represso m. (f. -a).

tight-assed /'taɪtæsd/ a. (Am,volg) rigido, inibito, represso.

tighten /'taɪtən/ **I** v.t. **1** stringere, serrare: to ~ a knot stringere un nodo. **2** (of nuts, screws, etc.) avvitare a fondo, serrare, stringere. **3** (to make taut) tendere, tesare: to ~ a rope tendere una fune. **4** (to make more secure, more strict) rafforzare, rinforzare, rinsaldare, diventare più severo. **II** v.i. **1** stringersi, serrarsi. **2** (to become taut) diventare teso, diventare tirato, tendersi. **3** (to become more secure) rafforzarsi, rinforzarsi, rinsaldarsi. □ to ~ one's belt tirare la cinghia; to ~ one's grip stringere più forte; to ~up : **1** stringere, serrare; **2** (to make more secure, more strict) rafforzare, rinforzare, rinsaldare, diventare più severo; to ~up immigration controls rafforzare i controlli sull'immigrazione.

tightener /'taɪtnər/ **I** n. chi stringe, chi serra. **II** n. (Mecc) galoppino m.

tightening /'taɪtnɪŋ/ n. che serra, che stringe. □ (Mecc) ~pulley galoppino m.

tight-fisted /'taɪtfɪstɪd Am 'taɪtfɪstɪd/ a. avaro, taccagno, tirchio.

tight-fitting /'taɪtfɪtɪŋ Am 'taɪtfɪtɪŋ/ a. attillato, aderente.

tight-knit /'taɪtnɪt/ a. (of a group of people) unito (da forti legami e interessi in comune): a ~ family una famiglia molto unita.

tight-lipped /'taɪtlɪpt/ a. **1** a denti stretti: a ~ smile un sorriso a denti stretti. **2** (fig) abbottonato, riservato, reticente.

tightly /'taɪtli/ avv. **1** fissamente, saldamente, fermamente, ben bene. **2** (tautly) in modo teso, in modo tirato. **3** (Tess) fittamente: ~ knitted a maglia fitta.

tightness /'taɪtnɪs/ n. **1** saldezza f., solidità f., fermezza f. **2** (tautness) tensione f., l'esse-

re teso, l'essere tirato. **3** (retaining quality) tenuta f., ermeticità f. **4** (Econ) scarsità f. di denaro, scarsezza f. di denaro.

tightrope /'taɪt,roʊp/ n. corda f. dell'acrobata, corda f. dei funamboli. □ ~dancer (o ~walker) acrobata, funambolo.

tights /taɪts/ n.pl. **1** (Br) collant m.sing. **2** (Abbigl) calzamaglia f.sing.

tightwad /'taɪtwɒːd/ n. (Am,colloq) avaro m. (f. -a), taccagno m. (f. -a), tirchio m. (f. -a).

tigress /'taɪgrɪs/ n. (Zool) tigre f. femmina, femmina f. della tigre.

tike /taɪk/ n. → **tyke**.

til 1 /tɪl/ n. (Bot,Alim) sesamo m.: ~ oil olio di sesamo.

til 2 /tɪl/ → **till** 1.

tilbury /'tɪlbəri/ n. (Stor) calesse m. leggero, tilbury m.

tilde /'tɪldə/ n. (Fon,Tip) tilde f./m.

tile /taɪl/ **I** n. **1** (Edil) (for a roof) tegola f.; (for a floor, wall) mattonella f., piastrella f., formella f.; (pipe, tube) tubo m. di terracotta, condotto m. di terracotta. **2** (Br,colloq) (hat) cappello m.; (top hat) cappello m. a cilindro, cilindro m. **3** pl. (collett.) (tiles, tiling) laterizi m.pl. **II** v.t. **1** (Edil) coprire con tegole. **2** (Edil) (of a floor, etc.) piastrellare, coprire con piastrelle, rivestire di mattonelle. **3** (Inform) affiancare, disporre. □ (colloq) to have a ~ loose essere un po' picchiato, avere qualche rotella fuori posto.

tiler /'taɪlər/ n. **1** conciatetti m. **2** (Edil) (for floors, etc.) piastrellista m., piastrellaio m. **3** (Edil) (worker in a tilery) operaio m. di fornace (di laterizi). **4** (doorkeeper of a lodge) portinaio m. di una loggia massonica.

tilery /'taɪləri/ n. (Edil) fornace f. di laterizi, fabbrica f. di laterizi.

tiling /'taɪlɪŋ/ n. **1** (Edil) copertura f. di tegole, tegolato m.; (for floors, etc.) rivestimento m. a piastrelle (o mattonelle), ammattonato m. **2** (collett.) (Edil) laterizi m.pl. **3** (Inform) affiancamento m., disposizione f. (di finestre).

till 1 /tɪl/ **I** prep. **1** fino a, sino a: ~ next week fino alla settimana ventura; ~ the end fino alla fine. **2** (with negatives) prima di: he won't be back ~ Tuesday non sarà di ritorno prima di martedì. **II** congz. finché, fintanto che, fino a quando, sino a quando: wait ~ we get home aspetta finché arriviamo a casa; he ran ~ he could run no more corse fino a quando non ne poté più. □ ~death do us part finché morte non ci separi; (Econ) ~ money fondo cassa; ~the end of time per sempre; ~then fino (ad) allora, fino a quel giorno, fino a quel momento; not ~ then non prima di allora, non fino (ad) allora; goodbye ~tomorrow arrivederci a domani.

till 2 /tɪl/ v.t. (Agr) lavorare, arare, dissodare, coltivare: to ~ the soil lavorare la terra.

till 3 /tɪl/ n. **1** cassetto m. (del denaro). **2** (cash register) registratore m. di cassa. **3** (ready money) contante m. **4** (estens) (place where money is kept) cassa f.; (money) denaro m. in cassa.

till 4 /tɪl/ n. deposito m. glaciale.

tillable /'tɪləbl/ a. (Agr) (of land) coltivabile, dissodabile.

tillage /'tɪlɪdʒ/ n. (Agr) **1** coltivazione f., coltura f., lavorazione f. **2** (tilled land) terreno m. coltivato, terreno m. lavorato.

tiller 1 /'tɪlər/ n. (Agr) coltivatore m. agricolo, agricoltore m.

tiller 2 /'tɪlər/ n. (Mar) barra f. del timone. □ (Mar) ~chain (o ~rope) frenello (a catena).

tiller 3 /'tɪlər/ **I** n. (Bot) germoglio m. **II** v.i. (Bot) accestire, tallire.

tillerman /'tɪləmən Am 'tɪlərmən/ n.irr. timoniere m.

tilling /'tɪlɪŋ/ *n.* (*Agr*) lavorazione *f.*, coltivazione *f.*, coltura *f.*

tillite /'tɪlaɪt/ *n.* (*Geol*) tillite *f.*

Tilly /'tɪli/ *n.pr.f. dim.* di Matilda.

tilt¹ /tɪlt/ **I** *v.t.* **1** inclinare: *he -ed the table to let the water run off* inclinò il tavolo per far scorrere l'acqua. **2** (*to empty by inclining*) scaricare (inclinando): *to ~ a dump truck* scaricare un autocarro a cassone ribaltabile. **3** (*Met*) battere con il maglio a leva. **II** *v.i.* **1** inclinarsi, piegarsi, piegare: *the plank -ed* la tavola s'inclinò. **2** (*fig*) combattere, scagliarsi (contro), attaccare (qcs.). **3** (*Stor*) giostrare (con, contro). **III** *n.* **1** inclinazione *f.*, pendenza *f.*: *to give sth. a ~* dare un'inclinazione a qcs. **2** (*slope*) pendio *m.*, piano *m.* in pendenza, piano *m.* inclinato. **3** (*Met*) maglio *m.* meccanico a leva. **4** (*Stor*) giostra *f.*, torneo *m.* □ (*Aer,Astron*) *~ angle* angolo d'inclinazione; (*Stor*) *at ~* (*of a lance*) in resta; (*fig*) *to run at a ~* partire con la lancia in resta, partire all'attacco; *~ cart* carro ribaltabile; (*Met*) *~ hammer* maglio meccanico a leva; *~ mechanism* (*in pinball machines*) tilt; *to ~ up* scaricare (inclinando); (*Stor*) *~ yard* lizza, campo di torneo.

tilt² /tɪlt/ **I** *n.* **1** (*canvas*) copertone *m.*, telone *m.* **2** (*awning*) tenda *f.* **II** *v.t.* **1** coprire con un telone.

tilter /'tɪltər/ *n.* **1** (*Stor*) giostratore *m.* **2** (*Met*) operaio *m.* (*f.* -a) addetto al maglio a leva.

tilth /tɪlθ/ *n.* (*Agr*) **1** coltivazione *f.*, coltura *f.*, lavorazione *f.* **2** (*tilled land*) terreno *m.* coltivato, terreno *m.* lavorato.

tilting /'tɪltɪŋ *Am* 'tɪltɪŋ/ *n.* **1** inclinazione *f.*, pendenza *f.* **2** (*Stor*) il giostrare.

Tim /tɪm/ *n.pr.m. dim.* di Timothy.

timbal /'tɪmbl/ *n.* (*Mus,ant*) timballo *m.*, timpano *m.*

timber /'tɪmbər/ **I** *n.* **1** legname *m.* **2** (*growing trees*) alberi *m.pl.* da legname. **3** (*Edil,Fal*) tavolone *m.*, grossa asse *f.* **4** (*Mar*) ordinata *f.*, quinto *m.*, costa *f.* **5** (*Equit,Caccia*) steccati *m.pl.*, palizzate *f.pl.* **6** (*Am,fig*) (*personal qualities*) stoffa *f.*, tempra *f.*: *a man of executive ~* un uomo che ha la stoffa del dirigente. **II** *v.t.* **1** rafforzare con legname, sostenere con legname. **2** (*to afforest*) imboschire. **III** *intz.* (*lumberjack's call*) cade! □ *~ beam* trave di legno; *~ forest* fustaia, bosco d'alto fusto; *~ frame* tavolato; (*Mar*) *~ hitch* nodo d'anguilla; *~ mill* segheria; (*Am,Zool*) *~ rattlesnake* crotalo dei boschi; (*scherz*) *~ toe* (*wooden leg*) gamba di legno; (*Zool*) *~ wolf* lupo grigio.

timbered /'tɪmbəd *Am* 'tɪmbərd/ *a.* **1** (*of a buiding*) in legno, di legno. **2** (*of land*) alberato, coperto di alberi.

timber-framed /'tɪmbəfreɪmd *Am* 'tɪmbərfreɪmd/ *a.* (*Edil*) con struttura in legno.

timberhead /'tɪmbəhed *Am* 'tɪmbərhed/ *n.* (*Mar*) bitta *f.*

timbering /'tɪmbərɪŋ/ *n.* **1** legname *m.* (da costruzione). **2** (*timberwork*) costruzione *f.* in legno, opera *f.* in legno. **3** (*Minier*) armamento *m.*

timberjack /'tɪmbədʒæk *Am* 'tɪmbərdʒæk/ *n.* tagliaboschi *m.*

timberline /'tɪmbəlaɪn/ *n.* (*Am*) limite *m.* della vegetazione arborea.

timberwork /'tɪmbəwɜːk *Am* 'tɪmbərwɜːrk/ *n.* costruzione *f.* in legno, opera *f.* in legno.

timberyard /'tɪmbəjɑːd *Am* 'tɪmbərjɑːrd/ *n.* deposito *m.* di legname.

timbre /'tɪmbər *Br also* 'tæmbrə/ *n.* **1** (*Acus, Mus*) timbro *m.*, tempra *f.* **2** (*Fon*) timbro *m.*

timbrel /'tɪmbrəl/ *n.* (*Mus*) tamburello *m.*, tamburo *m.* basco.

time /taɪm/ **I** *n.* **1** tempo *m.*: *~ and space* il

tempo e lo spazio. **2** (*period*) tempo *m.*, periodo *m.* di tempo, lasso *m.* di tempo, spazio *m.*, tratto *m.* (di tempo): *a long ~* un lungo periodo di tempo. **3** (*period set apart, distinct*) tempo *m.*, periodo *m.*: *my childhood was a happy ~* la mia infanzia è stata un tempo felice. **4** (*part of the year, season*) stagione *f.*, tempo *m.*: *summer is a busy ~ for us* l'estate è per noi una stagione piena d'impegni; *holiday ~* tempo di vacanze. **5** (*part of the day*) ora *f.*, momento *m.*: *the worst ~ for traffic* l'ora peggiore per il traffico. **6** (*moment as fixed by a clock, etc.*) ora *f.*, often not translated: *what ~ is it?* che ora è?; *the ~ is ten o'clock* sono le dieci; *have you got the ~?* hai l'ora?, sai che ore sono? **7** (*appointed, customary moment*) ora *f.*, tempo *m.*: *it's ~ to go to bed* è ora di andare a letto. **8** (*moment of arrival or departure*) orario *m.*: *what is the ~ of the next train?* qual è l'orario del prossimo treno? **9** (*moment of death*) ora *f.*, tempo *m.*: *his ~ has come* è venuta la sua ora. **10** (*of childbirth*) tempo *m.* (di partorire). **11** (*moment when sth. occurs*) momento *m.*: *at the ~ of the accident* al momento dell'incidente. **12** (*system of measuring time*) tempo *m.*, tempo *m.*: *Greenwich mean ~* tempo medio di Greenwich. **13** *spec.pl.* (*age, era*) tempo *m.*, tempi *m.pl.*, epoca *f.*, periodo *m.*, età *f.*: *in the ~ of the Borgias* al tempo dei Borgia; *-s have changed* i tempi sono cambiati. **14** (*contemporary era*) tempo *m.*, epoca *f.*: *the greatest artists of the ~* i più grandi artisti del tempo. **15** (*lifetime*) vita *f.*: *I have seen great changes in my ~* ho visto grandi cambiamenti durante la mia vita. **16** (*duration*) tempo *m.*: *the ~ for the examination is three hours* il tempo concesso per l'esame è di tre ore. **17** (*Sport,Fis,Mus,Metr*) tempo *m.*: *the winner's ~* il tempo del vincitore. **18** (*sufficiently long period*) tempo *m.*: *there was no ~ for polite greetings* non ci fu tempo per i convenevoli. **19** (*favourable opportunity*) momento *m.* (giusto), tempo *m.* (adatto), occasione *f.*, ora *f.*: *the ~ has come to make a decision* è arrivato il momento di prendere una decisione. **20** (*instance*) volta *f.*: *several -s* parecchie volte. **21** *pl.* (*used to indicate multiplication*) volte *f.pl.*: *three -s as expensive* tre volte più caro; *four -s four equals sixteen* quattro volte quattro fa sedici. **22** (*colloq*) (*term of imprisonment*) periodo *m.* in galera, carcere *m.*: *to do ~* passare un periodo in galera. **23** (*rate of pay*) paga *f.*, tariffa *f.* salariale. **II** *a.* **1** di tempo, del tempo, orario. **2** (*recording time*) che registra il tempo, di registrazione del tempo. **3** (*of an explosive device*) a orologeria, a tempo. **4** (*Comm*) (*payable at a stated time*) a scadenza (determinata); (*payable in instalments*) a rate, rateizzato. **III** *v.t.* **1** stabilire il momento di (*o per*), progettare tenendo conto del tempo: *he -d his arrival to coincide with mine* ha stabilito il momento del suo arrivo in modo che coincidesse con il mio. **2** (*to do, to say at the best moment*) fare al momento buono, fare al momento giusto. **3** (*to say at the best moment*) dire al momento buono, dire al momento giusto. **4** (*to fix the duration of*) fissare la durata di, calcolare la durata di: *I -d my lecture to finish at midday* ho calcolato la durata della mia conferenza in modo che finisse a mezzogiorno. **5** (*to ascertain the time, rate of*) cronometrare (*anche Sport*). **6** (*to regulate the speed, rate, rhythm of*) regolare la velocità di, regolare il ritmo di: *to ~ one's strokes* regolare la velocità delle bracciate. **7** (*to set the rhythm, rate for*) dare il ritmo a, dare il tempo a. **8** (*of a clock,*

watch) regolare (sull'ora giusta), rimettere. **9** (*Ind*) determinare i tempi di lavorazione di. **10** (*Mecc*) mettere in fase. □ *~ after ~* ripetutamente, più volte; *all the ~*: **1** sempre, per tutto il tempo, dall'inizio alla fine: *I knew it all the ~* l'ho sempre saputo; **2** (*at all times*) sempre; *all the ~ that* per tutto il tempo che, per tutto il tempo in cui; *for all ~* per sempre; *~ and method study* studio di tempi e metodi; (*Ind*) *~ and motion study* analisi dei tempi (di lavorazione), cronotecnica; *at -s* talvolta, talora, a volte, ogni tanto; *at a ~* per volta, alla volta: *one at a ~* uno alla volta; *he took the stairs three at a ~* fece le scale a tre gradini per volta; *at all -s* sempre; *at any ~*: **1** mai: *did you at any ~ suspect him?* hai mai avuto dei sospetti su di lui?; **2** (*at whatever time*) in qualunque momento, in qualsiasi momento: *come at any ~* vieni in qualunque momento; *at no ~* mai, in nessuna occasione; *at one ~*: **1** un tempo, una volta, in passato: *at one ~ I trusted him* un tempo mi fidavo di lui; **2** (*at the same time*) insieme, contemporaneamente, nello stesso tempo, nello stesso momento; *at the ~* allora, in quel tempo; *at this ~*: **1** allora: *he was not married at this ~* allora non era (ancora) sposato; **2** (*now*) adesso, ora, in questo momento; *at what ~?* quando?, a che ora?; (*Econ*) *~ bill* effetto a termine; *~ bomb* bomba a orologeria; *by that ~* allora, a quel punto, in quel momento; *by the ~ you've finished it will be too late* quando avrai finito sarà troppo tardi; *by this ~* ormai, a questo punto; *~ capsule* capsula del tempo (scatola sotterrata per i posteri, in cui sono contenuti articoli rappresentativi di un'epoca); *~ card* cartellino di presenza, cartellino marcatempo; (*Gramm*) *~ clause* proposizione temporale; *~ clock* orologio marcatempo; *to punch the ~ clock* timbrare il cartellino; (*Inform*) *~ code* codice di tempo; (*Fis*) *~ constant* costante di tempo; (*Mecc*) *~ control* comando a tempo; (*Fis*) *~ dilation* dilatazione (relativistica) dei tempi; (*Fot*) *~ exposure* posa, esposizione; *~ factor* fattore tempo; *for a long ~ past* da molto tempo; *for old ~'s sake* in memoria dei tempi passati, in ricordo dei vecchi tempi; *for some ~ past* da qualche tempo; *for the ~ being* per ora, per il momento, provvisoriamente; *~ frame* spazio di tempo; (*Comm*) *~ freight* nolo a termine, nolo a tempo; (*Arm*) *~ fuse* spoletta a tempo; (*Br*) *~ gentlemen, please!* signori, si chiude!; *to get ~* trovare il tempo, avere il tempo; *to give so. ~* dare (del) tempo a qcu.: *you must give me ~ to recover* devi darmi il tempo di riprendermi; *to give it ~* lasciare tempo al tempo, dare tempo al tempo; *as ~ goes by* (o *as ~ goes on*) con il passare del tempo, con l'andare del tempo; (*colloq*) *to have a ~*: **1** (*to enjoy oneself*) divertirsi, spassarsela, spassarsi; **2** (*to have a hard time*) passarsela male; *~ immemorial* tempo immemorabile; *in ~*: **1** in tempo: *did you arrive in ~?* sei arrivato in tempo?; **2** (*with time*) col tempo, con l'andar del tempo, con il passar del tempo; **3** (*in correct tempo, rhythm*) a tempo, tenendo il tempo; *in no ~* in un momento, in un batter d'occhio; *to keep ~*: **1** andare a tempo (*with con*): *to keep ~ with the music* andare a tempo con la musica; **2** (*of a clock, watch*) segnare l'ora: *my watch keeps good ~* il mio orologio segna l'ora esatta, il mio orologio spacca il minuto; **3** (*to act as timekeeper*) cronometrare i tempi; *~ lag*: **1** intervallo; **2** (*delay*) ritardo; *~ limit* limite di tempo; (*Econ*) *~ loan* prestito a scadenza fissa; *~ lock* serratura a tempo; *~ machine* macchina del tempo; *to* *make* ~: 1 affrettarsi per ricuperare il tempo perduto, fare in fretta per recuperare il tempo perduto; 2 (*to travel at a particular speed*) andare (a una certa velocità), fare (un certo tempo): *to make good* ~ fare un buon tempo; *the rain caused us to make poor* ~ ci abbiamo messo parecchio tempo (a coprire il percorso) a causa della pioggia; *to make* ~ *for* trovare il tempo per; ~ *management* gestione del tempo; ~ *marches on* il tempo passa in fretta, il tempo passa presto; *to have no* ~ non avere tempo; (*colloq*) *to have no* ~ *for* non sopportare, non poter mandar giù, non poter soffrire; *there is no* ~ *to lose* non c'è tempo da perdere; *this is no* ~ non è (questo) il momento; ~ *of day* ora: *to ask so. the* ~ *of day* domandare l'ora a qcu.; *at this* ~ *of day*: 1 a quest'ora: *are you still in bed at this* ~ *of day?* sei ancora a letto a quest'ora?; 2 (*estens*) ormai, stando così le cose, (giunti a questo punto; (*colloq*) *to give so. the* ~ *of day* salutare qcu.; (*colloq*) *you're experienced enough to know the* ~ *of day* ormai hai abbastanza esperienza per sapere come vanno le cose; (*fig*) *to pass the* ~ *of day with so.* fermarsi a fare quattro chiacchiere con qcu., scambiare due parole con qcu., intrattenersi con qcu., scambiare quattro chiacchiere con qcu.; *at my* ~ *of life* alla mia età; (*colloq*) *to have the* ~ *of one's life* divertirsi un mondo; *in* ~*s of old* nei tempi antichi, ai tempi andati; ~*s of stress* tempi difficili, tempi duri; *a man of the* ~*s* un uomo del suo tempo; ~ *of year* stagione, periodo dell'anno: *it's cold for this* ~ *of year* fa freddo per questa stagione; ~ *off* pausa, vacanza, periodo di riposo; *on* ~: 1 puntuale, puntualmente, con puntualità; 2 (*on schedule*) in orario, puntuale: *the train was on* ~ il treno era in orario; 3 (*sl*) (*on hire purchase*) a rate, ratealmente; *on one's own* ~ gratis, gratuitamente, senza compenso; *one* ~ già, un tempo, ex: *the author, a one* ~ *Professor of Greek* l'autore, già professore di greco; *in one's* ~ ai propri tempi: *things were different in his* ~ ai suoi tempi era tutto diverso; *since* ~ *out of mind* da tempo immemorabile; ~ *saving* risparmio di tempo; ~ *scale* scala cronologica; (*Statist*) ~ *series* serie cronologica; ~ *sharing*: 1 (*Inform*) partizione del tempo, time sharing; 2 (*in real estate*) multiproprietà; ~ *sheet* foglio delle presenze; (*Mat*) ~ *sign* segno di moltiplicazione; (*El,Rad*) ~ *signal* segnale orario; (*Mus*) ~ *signature* tempo (indicato con una frazione sul pentagramma); (*Rad,TV*) ~ *slot* spazio (riservato a qcu.); (*Ind*) ~ *study* analisi dei tempi (di lavorazione), cronotecnica; (*Ind*) *study engineer* cronotecnico; (*El*) ~ *switch* interruttore a tempo, interruttore orario; (*Mat*) ~*stable* tabellina; *there is no* ~ *to spare* non c'è tempo da perdere; *this* ~ *tomorrow* domani a quest'ora; (*Sport*) ~ *trial* gara a cronometro; (*colloq*) ~*'s up* è ora; ~ *wage rate* tasso salariale orario; ~ *warp*: 1 (*in science fiction*) distorsione del tempo; 2 (*fig*) il sentirsi fuori dal tempo o nel luogo sbagliato; (*poet,scherz*) ~ *was, when...* un tempo..., una volta..., è passato il tempo in cui...; *what does the film start?* quando comincia il film?; *what a* (*long*) ~ *he's been!* quanto (tempo) ci ha messo!, ce ne ha messo di tempo!; *what* ~ *do you make it?* che ora fai?; ~ *will show* (o ~ *will tell*) chi vivrà vedrà; *with* ~ col tempo, con l'andar del tempo, con il passar del tempo; ~ *without number* tempo infinito; ~*s without number* innumerevoli volte, infinite volte, mille volte; ~ *work* lavoro retribuito a ore; (*Geog*) ~ *zone* fuso orario. *Prov.*: ~ *heals all wounds* il tempo guari-

sce tutte le ferite; ~ *is the great healer* il tempo è il miglior medico; ~ *is money* il tempo è denaro; *there's a* ~ *and place for everything* c'è un tempo e un luogo per ogni cosa; *there is no* ~ *like the present* chi ha tempo non aspetti tempo.

time-consuming /'taɪmkən,s(j)uːmɪŋ *Am* 'taɪmkən,suːmɪŋ/ *a.* 1 che richiede molto tempo. 2 (*wasteful of time*) che fa sprecare il tempo.

timed /taɪmd/ *a.* che avviene in un dato tempo.

timed-release /'taɪmrɪ,liːs/ *a.* (*Farm*) a rilascio graduale.

time-honored /'taɪm,ɒnəd/ *a.* (*Am*) consacrato dal tempo, venerabile (per l'età).

time-honoured /'taɪm,ɑːnəd/ *a.* consacrato dal tempo, venerabile (per l'età).

timekeeper /'taɪm,kiːpər/ *n.* 1 (*timepiece*) orologio *m.*; (*chronometer*) cronometro *m.* 2 (*Sport*) cronometrista *m./f.* 3 (*Ind*) addetto *m.* (*f.* -a) al controllo delle ore di lavoro.

timekeeping /'taɪm,kiːpɪŋ/ *n.* 1 cronometraggio *m.* 2 (*Ind*) rilevamento *m.* dei tempi.

time-lapse /'taɪmlæps/ *n.* (*Fot*) tecnica *f.* di ripresa al rallentatore.

timeless /'taɪmlɪs/ *a.* 1 eterno, infinito, senza tempo. 2 (*not restricted to a particular time*) di ogni tempo, senza tempo.

timelessly /'taɪmlɪsli/ *avv.* eternamente.

timelessness /'taɪmlɪsnəs/ *n.* eternità *f.*

timeliness /'taɪmlɪnɪs/ *n.* tempestività *f.*, opportunità *f.*

timely /'taɪmli/ *a.* 1 tempestivo, (che giunge) opportuno: *a* ~ *intervention* un intervento tempestivo. 2 (*opportune*) adatto al momento, opportuno, che capita a proposito, che arriva a proposito, provvidenziale.

timeout /'taɪm,aʊt/ *n.* 1 (*Am,Sport*) sospensione *f.*, timeout *m.* 2 (*Inform*) timeout *m.*, fine *f.* del tempo disponibile.

timepiece /'taɪm,piːs/ *n.* orologio *m.*; (*chronometer*) cronometro *m.*

timer /'taɪmər/ *n.* 1 cronometrista *m./f.* 2 (*stopwatch*) cronografo *m.* (a scatto). 3 (*device that signals the elapse of time*) contasecondi *m.*, timer *m.*, contaminuti *m.* 4 (*Mot*) ruttore *m.* di accensione. 5 (*Mecc*) sincronizzatore *m.*

time-release /'taɪmrɪ,liːs/ *a.* (*Farm*) a rilascio graduale.

timesaving /'taɪmseɪvɪŋ/ *a.* che fa risparmiare tempo.

time-served /'taɪmsɜːvd *Am* 'taɪmsɜːrvd/ *a.* (*of a worker*) che ha finito l'apprendistato, esperto.

time-server /'taɪmsɜːvər *Am* 'taɪmsɜːrvər/ *n.* (*spreg*) 1 banderuola *f.*, camaleonte *m.* 2 (*lazy worker*) lavativo *m.* (*f.* -a), persona *f.* che si impegna poco al lavoro (in attesa della pensione).

time-serving /'taɪmsɜːvɪŋ *Am* 'taɪmsɜːrvɪŋ/ I *a.* opportunistico, camaleontico. II *n.* opportunismo *m.*, camaleontismo *m.*

time-sharing /'taɪm,ʃerɪŋ/ *n.* 1 (*Inform*) time sharing *m.* 2 (*in real estate*) multiproprietà.

timetable /'taɪmteɪbl/ *n.* 1 orario *m.*: *a railway* ~ un orario ferroviario. 2 (*estens*) programma *m.*, tabella *f.* di marcia.

time-tested /'taɪmtestɪd *Am* 'taɪmtestɪd/ *a.* che ha retto alla prova del tempo, (ben) collaudato dal tempo.

timeworn, time-worn /'taɪmwɔːn *Am* 'taɪmwɔːrn/ *a.* 1 consumato dal tempo, logorato dal tempo. 2 (*hackneyed*) vecchio, trito (e ritrito), frusto.

timid /'tɪmɪd/ *a.* 1 timido, timoroso. 2 (*lacking boldness*) esitante, timido, incerto: *a* ~ *answer* una risposta esitante.

timidity /tɪ'mɪdɪti *Am* tɪ'mɪdəti/ *n.* timidezza *f.*

timidly /'tɪmɪdli/ *avv.* timidamente, timorosamente.

timidness /'tɪmɪdnəs/ *n.* timidezza *f.*

timing /'taɪmɪŋ/ *n.* 1 scelta *f.* del momento opportuno, tempestività *f.*, tempismo *m.*: *good* ~ tempismo. 2 (*relative occurrence of events*) collocazione *f.* nel tempo, distribuzione *f.* nel tempo. 3 (*Teat*) sincronismo *m.* di tono e di gesti, coordinazione *f.* tra movimento e recitazione; (*of dramatic action*) sincronizzazione *f.* 4 (*Sport*) ritmo *m.*, tempo *m.* 5 (*recording of elapsed time*) cronometraggio *m.* 6 (*Ind*) determinazione *f.* dei tempi. 7 (*Mot*) messa *f.* in fase. □ (*Mecc*) ~ *gear* distribuzione.

Timor /'tiːmɔː *Am* tiː'mɔːr/ *n.pr.* (*Geog*) Timor *f.* □ (*Geog*) ~ *East* Timor Orientale.

timorous /'tɪmərəs/ *a.* timoroso, pauroso (*of* di).

timorously /'tɪmərəsli/ *avv.* timorosamente, paurosamente.

timorousness /'tɪmərəsnəs/ *n.* l'essere timoroso, timore *m.*

timothy /'tɪməθi/ *n.* (*Bot*) fleolo *m.*, coda *f.* di topo.

Timothy /'tɪməθi/ *n.pr.m.* Timoteo (*anche Bibl*): *1* ~ I Timoteo; *2* ~ II Timoteo.

timpani /'tɪmpəni/ *n.pl.* (*Mus*) timpani *m.pl.*

timpanist /'tɪmpənɪst/ *n.* (*Mus*) timpanista *m./f.*

tin /tɪn/ I *n.* 1 (*Chim*) stagno *m.* 2 (*Br*) (*container*) scatola *f.*, barattolo *m.*, latta *f.*, lattina *f.*: *a* ~ *of peaches in syrup* una scatola di pesche sciroppate. 3 (*for baking*) teglia *f.* 4 (*sl, ant*) (*money*) denaro *m.*, quattrini *m.pl.*, soldi *m.pl.*, (*gerg*) grana *f.* II *a.* 1 di latta. 2 (*fig*) che non vale nulla. III *v.t.* (*past, p.p.* **tinned** /-d/) 1 (*Br*) inscatolare, conservare (o mettere) in scatola. 2 (*Met*) stagnare. 3 (*colloq*) (*of music, etc.: to can*) registrare (su dischi). □ ~ *alloys* leghe di stagno; (*Am*) ~ *can* scatola, barattolo, latta, lattina; (*Am,sl,ant*) *an old* ~ *can* (*of cars, etc.*) un vecchio macinino, una carcassa; (*fig*) *to have a* ~ *ear* essere stonato, essere privo di orecchio musicale; (*Mar*) ~ *fish* (*torpedo*) siluro; (*Ceram*) ~ *glaze* smalto allo stagno; (*fig*) ~ *god* pallone gonfiato, persona che si crede un superuomo; (*Br,Mil, colloq*) ~ *hat* elmetto; (*Am,sl,ant*) ~ *Lizzie* piccola automobile economica, utilitaria; ~ *mine* miniera di stagno; ~ *opener* apriscatole; (*Min*) ~ *ore* cassiterite; (*Met*) ~ *plate* latta (bianca), lamiera stagnata, foglio di latta; (*Met*) ~ *plating* stagnatura; (*colloq*) ~ *pot* scadente, da due soldi; ~ *soldier* soldatino di stagno, soldatino di latta; ~ *wedding* nozze di stagno; ~ *whistle* zufolo.

Tina /'tiːnə/ *n.pr.f.* Tina.

tinct /tɪŋkt/ *n.* (*poet,rar*) 1 (*tinge*) sfumatura *f.* 2 (*colour, die*) colore *m.*, tinta *f.*

tinctorial /tɪŋk'tɔːriəl/ *a.* tintoriale, tintorio.

tincture /'tɪŋktʃər/ I *n.* 1 (*Farm*) tintura *f.* 2 (*tinge, tint*) sfumatura *f.*, tinta *f.*, colore *m.* 3 (*fig*) sfumatura *f.*, colore *m.*, impronta *f.*; (*smattering, trace*) tocco *m.*, traccia *f.*, pizzico *m.* 4 *spec.pl.* (*Arald*) smalti *m.pl.* II *v.t.* 1 tingere leggermente, colorare leggermente. 2 (*fig*) impregnare, permeare, pervadere.

tinder /'tɪndər/ *n.* stoppaccio *m.* infiammabile, esca *f.*

tinderbox /'tɪndəbɒks *Am* 'tɪndərbɑːks/ *n.* 1 (*ant*) scatola *f.* contenente esca, acciarino *m.* e pietra *f.* focaia. 2 (*fig*) polveriera *f.*

tindery /'tɪndəri/ *a.* infiammabile.

tine /taɪn/ *n.* 1 punta *f.*, rebbio *m.*, dente *m.* 2 (*Zool*) (*of a deer's antler*) pugnale *m.*

tinea /'tɪniə/ *n.* (*Med,Veter*) tigna *f.*

tineid /'tɪniɪd/ *n.* (*Zool*) tignola *f.*, tarma *f.*

tinfoil /'tɪnfɔɪl/ n. 1 (food wrap) stagnola f., carta f. argentata, carta f. di alluminio. 2 (Met) lamierino m. di stagno.

ting /tɪŋ/ I n. drin drin m., tintinnio m.: the ~ of a bicycle bell il drin drin del campanello di una bicicletta. II v.i. tintinnare. III v.t. far tintinnare.

ting-a-ling /,tɪŋə'lɪŋ/ n. drin drin m., tintinnio m.

tinge[1] /tɪndʒ/ (past, p.p. **tinged** /-d/ p.pres. **tinging/tingeing** /'tɪndʒɪŋ/) v.t. 1 tingere leggermente, colorare leggermente, tinteggiare, colorare. 2 (usually passive) (fig) pervadere, permeare: his work is -d with pessimism la sua opera è permeata di pessimismo.

tinge[2] /tɪndʒ/ n. 1 lieve tinta f., colore m. leggero, mezzatinta f., sfumatura f. 2 (slight smell) leggero odore m. 3 (slight taste) leggero sapore m. 4 (fig) sfumatura f., pizzico m., traccia f., punta f.: a ~ of irony una sfumatura di ironia.

tingeing, **tinging** /'tɪndʒɪŋ/ → **tinge**[1].

tingle /'tɪŋgl/ I v.i. 1 pizzicare, formicolare, pungere: my fingers were tingling with cold le dita mi pizzicavano per il freddo. 2 (fig) fremere, agitarsi: the audience was tingling with excitment il pubblico fremeva dall'eccitazione. II v.t. fare formicolare, dare una sensazione di formicolio a, dare un pizzicore a, pizzicare. III n. 1 pizzicore m., formicolio m. 2 (fig) fremito m., brivido m.: a ~ of pleasure un fremito di piacere.

tinhorn /'tɪnhɔːrn/ I n. (Am,colloq) spaccone m. (f. -a), chi finge di essere ricco o importante. II a. (Am,colloq) appariscente, vistoso (ma di qualità scadente).

tinily /'taɪnɪli/ avv. minutamente, in modo minuscolo.

tininess /'taɪnɪnəs/ n. l'essere minuscolo, minutezza f.

tinker /'tɪŋkər/ I n. 1 stagnaio m. ambulante, calderaio m. ambulante. 2 (unskilful worker) lavoratore m. maldestro, pasticcione m. (f. -a), abborraccione m. (f. -a), (colloq) schiappa f. 3 (one who seeks to mend, improve sth.) abborracciatore m. (f. -trice), rappezzatore m. (f. -trice). 4 (act of tinkering) tentativo m. di riparazione, rabberciamento m. 5 (Br,spreg) (tramp) vagabondo m. (f. -a); (gypsy) zingaro m. (f. -a). 6 (Br,colloq) (naughty child) birichino m., monello m. 7 (Itt) sgombro m. goa. II v.i. 1 fare lo stagnaio, fare il calderaio. 2 (to make an amateurish attempt to repair sth.) tentare di riparare, tentare di aggiustare (with sth. qcs.), armeggiare (intorno a). 3 (to work unskilfully) abborracciare, rabberciare (with, at sth. qcs.). III v.t. 1 aggiustare, riparare (come stagnaio). 2 (to repair in an unskilful way) rabberciare, aggiustare alla meglio, rappezzare. □ not to give a ~'s curse (o a ~'s cuss o a ~'s damn) about sth. fregarsene altamente di qcs., infischiarsene di qcs.; to ~ up aggiustare alla meglio, rappezzare.

tinkle /'tɪŋkl/ I v.i. 1 tintinnare, trillare. 2 (to ring) squillare, scampanellare. II v.t. 1 fare tintinnare, fare trillare. 2 (of a clock) battere, suonare. 3 (of a tune) fare risuonare. 4 (colloq) fare la pipì. III n. 1 tintinnio m., suono m. argentino. 2 (Br,colloq) (telephone call) telefonata f., (colloq) colpo m. di telefono, (colloq) squillo m. 3 (colloq) il fare la pipì. □ to ~ out (of a tune) fare risuonare.

tinkler /'tɪŋklər/ n. 1 chi fa tintinnare. 2 (sth. that tinkles) cosa f. che tintinna. 3 (small bell) campanellino m.

tinkling /'tɪŋklɪŋ/ I n. tin tin m., tintinnio m., tintinno m. II a. tintinnante, argentino, squillante.

tinned /tɪnd/ a. 1 stagnato. 2 (Br) (of food) in scatola, inscatolato, conservato: ~ milk latte in scatola.

tinner /'tɪnər/ n. 1 (tinsmith) stagnaio m., lattoniere m. 2 (tin miner) minatore m. di una miniera di stagno. 3 (Br) (canner) operaio m. (f. -a) di un conservificio, conserviere m. (f. -a); (owner of a tinning factory) conserviere m. (f. -a).

tinnily /'tɪnɪli/ avv. con un suono metallico.

tinniness /'tɪnɪnəs/ n. l'avere un suono metallico.

tinning /'tɪnɪŋ/ n. 1 (Met) stagnatura f. 2 (Br, Ind) inscatolamento m.

tinnitus /tɪ'naɪtəs/ n. (Med) tinnitus m., tinnito m., ronzio m. auricolare.

tinny /'tɪni/ a. 1 di stagno, simile a stagno, di latta, simile a latta. 2 (of sound) metallico; (sounding thin) dal suono metallico. 3 (of food) che sa di scatola, che sa di latta.

Tin Pan Alley /,tɪnpæn'æli/ n. (Am) 1 quartiere m. dei compositori, quartiere m. delle case discografiche. 2 (collett.) mondo m. delle canzonette, mondo m. della musica leggera.

tinplate /tɪn'pleɪt Am 'tɪnpleɪt/ I v.t. stagnare. II n. banda f. stagnata.

tinplated /tɪn'pleɪtɪd Am 'tɪnpleɪtɪd/ a. stagnato.

tinsel /'tɪnsəl/ I n. 1 orpello m. (usato per decorazioni). 2 (fig) orpello m., orpelli m.pl., fronzoli m.pl. 3 (Tess) lamé m., laminato m. II a. 1 di orpello. 2 (fig) vistoso, sgargiante, appariscente. III v.t. (past, p.p. **tinselled** /Am tinseled** /-d/) 1 decorare con orpello. 2 (fig) caricare di orpelli, coprire di fronzoli.

tinselly /'tɪnsəli/ a. sgargiante, vistoso, appariscente.

Tinseltown /'tɪnsəltaʊn/ n. (spreg) il mondo m. dorato (ma superficiale) di Hollywood.

tinsmith /'tɪnsmɪθ/ n. stagnaio m., lattoniere m.

tinsnips /'tɪnsnɪps/ n. forbici f.pl. da lattoniere.

tinstone /'tɪnstoʊn/ n. (Min) cassiterite f.

tint /tɪnt/ I n. 1 colore m., tinta f.: the -s of autumn i colori dell'autunno. 2 (hue) tonalità f., gradazione f. (di colore), sfumatura f. 3 (hair dye) tinta f. per capelli. 4 (Tip) ombreggiatura f. II v.t. 1 colorare (leggermente), colorire lievemente, tinteggiare. 2 (to dye) tingere: to ~ one's hair tingersi i capelli. □ (Tip) ~ block cliché a mezzatinta.

tintack /'tɪntæk/ n. bulletta f. stagnata.

Tintagel /tɪn'tædʒəl/ n.pr. (Geog,Mitol) Tintagel f.

tinted /'tɪntɪd Am 'tɪntɪd/ a. tinto, fumé. □ ~ glass vetro fumé; ~ glasses occhiali affumicati, occhiali fumé; ~ lenses lenti colorate; ~ windows vetri fumé.

tinting /'tɪntɪŋ Am 'tɪntɪŋ/ n. 1 tinteggiatura f. 2 (Tip) ombreggiatura f.

tintinnabular /,tɪntɪ'næbjʊlər/ a. di campane, di campanelli.

tintinnabulary /,tɪntɪ'næbjʊləri/ a. di campane, di campanelli.

tintinnabulation /,tɪntɪ,næbjʊ'leɪʃən/ n. scampanellio m., tintinnio m.

tintinnabulous /,tɪntɪ'næbjʊləs/ a. di campane, di campanelli.

tintinnabulum /,tɪntɪ'næbjʊləm/ (pl. **-la** /-lə/) n. 1 campanello m., sonaglio m., campanellino m. 2 (Stor.rom) tintinnabolo m.

tintype /'tɪntaɪp/ n. (Fot,ant) ferrotipo m.

tinware /'tɪnweər Am 'tɪnwer/ n. oggetti m.pl. di latta, oggetti m.pl. di stagno.

tinworks /'tɪnwɜːks Am 'tɪnwɜːrks/ n.pl. (costr.sing. o pl.) stabilimento m. per la lavorazione dello stagno.

tiny /'taɪni/ a. minuscolo, minuto, molto piccolo, minimo.

tip[1] /tɪp/ I n. 1 punta f., estremità f.: the ~ of the nose la punta del naso. 2 (top, summit) cima f., vetta f., sommità f., apice m., punta f.: the ~ of a mountain la cima di una montagna. 3 (small piece attached to the end of sth.) punta f., puntale m., calzuolo m.: a metal ~ una punta di metallo. 4 (of a billiard cue) girello m. (di cuoio). 5 (of asparagus) punta f., cima f. 6 (Arch) cuspide f. 7 (Mecc) cresta f. 8 (Calz) salvapunte m. II v.t. (past, p.p. **tipped** /rar -t /-t/) 1 fornire di punta, fornire di puntale. 2 (to cover the tip of) coprire la punta di, spalmare la punta di: to ~ a spear with poison spalmare di veleno la punta di una lancia. 3 (of a cigarette) applicare il bocchino a. 4 (Agr,Giard) spuntare, cimare. □ ~ cart carro (con pianale ribaltabile); from ~ to ~ (of birds) da un'estremità dell'ala all'altra; from ~ to toe dalla testa ai piedi, da cima a fondo, completamente; (Br) ~ lorry autocarro a cassone ribaltabile; (fig) the ~ of the iceberg la punta dell'iceberg, (fig) on the ~ of one's tongue sulla punta della lingua; ~ tilted con la punta all'insù.

tip[2] /tɪp/ I v.t. (past, p.p. **tipped** /-t/) 1 capovolgere, rovesciare, ribaltare. 2 (to incline, to tilt) inclinare, piegare: to ~ a bottle to empty it inclinare una bottiglia per vuotarla; to ~ one's plate alzare il piatto da un lato (per raccogliere il liquido). 3 (to empty by tilting) scaricare, far cadere, rovesciare, versare: the lorry -ped the coal down the chute l'autocarro scaricò il carbone nello scivolo. 4 (of one's hat) sollevare appena in segno di saluto. II v.i. (past, p.p. **tipped** /-t/) 1 rovesciarsi, ribaltarsi, capovolgersi. 2 (to become tilted) inclinarsi, piegarsi, pendere da una parte. III n. 1 capovolgimento m., rovesciamento m. 2 (tilting) inclinazione f., pendenza f. 3 (Br) (dump for refuse from a mine, etc.) discarica f. 4 (Br) (rubbish dump) scarico m., immondezzaio m. (anche fig). □ (Am,colloq) to ~ one's hand scoprirsi, scoprire le proprie carte; to ~ out (to empty by tilting) scaricare, far cadere, rovesciare, versare; to ~ over. 1 (used transitively) capovolgere, ribaltare, rovesciare: the wave -ped the small boat over l'onda capovolse la piccola imbarcazione; 2 (used intransitively) rovesciarsi, ribaltarsi, capovolgersi: the car -ped over l'autocarro si rovesciò; (fig) to ~ the balance (in so.'s favour), (far) pendere la bilancia (dalla parte di qcu.); (fig) to ~ the balance of power mutare l'equilibrio del potere, spostare l'equilibrio del potere; to ~ the scales at pesare: the boxer -ped the scales at 95 kilos il pugile pesava 95 chili; (fig) to ~ the scales far pendere la bilancia, fare mutare la situazione; to ~ up: 1 capovolgere, ribaltare, rovesciare; 2 (to cause one end to rise) far sollevare un'estremità: his weight -ped up the plank il suo peso fece sollevare l'estremità dell'asse; 3 (to incline, to tilt) inclinare, piegare.

tip[3] /tɪp/ I n. 1 mancia f.: to leave a ~ for the waiter lasciare una mancia al cameriere. 2 (useful information) consiglio m., suggerimento m.: -s on gardening consigli di giardinaggio; to take so.'s ~ seguire i suggerimenti di qcu., seguire i consigli di qcu. 3 (advance inside information concerning gambling, etc.) informazione f. riservata, notizia f. riservata. II v.t. (past, p.p. **tipped** /rar **tipt** /-t/) 1 dare la mancia a. 2 (to inform) dare il nome di: to ~ a winner dare il nome del cavallo vincente: he has been -ped as the head of the new company è stato fatto il suo nome per la

presidenza della nuova società. □ *to ~ off*:
1 (*to give private information to*) dare informazioni riservate, dare una dritta, fare una soffiata: *the police were -ped off about the jewel theft* la polizia aveva ricevuto una soffiata sul furto dei gioielli; 2 (*to warn beforehand*) avvertire in anticipo, mettere in guardia; (*Br,colloq*) *to ~ so. the wink* fare un cenno a qcu., strizzare l'occhio a qcu. (in segno di intesa).

tip[4] /tɪp/ **I** *n.* (*light blow*) colpetto *m.*, tocco *m.* (leggero), bottarella *f.*, botterella *f.* **II** *v.t.* (*past, p.p.* **tipped** /-t/) toccare, colpire leggermente, sfiorare: *the tennis ball just barely -ped the tape of the net* la palla di tennis ha appena sfiorato il nastro della rete.

tip-and-run /ˌtɪpənˈ(d)rʌn/ **I** *n.* (*Sport*) gioco *m.* informale simile al cricket. **II** *a.* (*Mil*) (*of tactics, a raid, etc.*) caratterizzato da un rapido attacco seguito da un'immediata ritirata.

tipcat /ˈtɪpkæt/ *n.* (*ant*) lippa *f.*

tip-off /ˈtɪpɔːf/ *n.* (*colloq*) (*useful warning*) avvertimento *m.*, consiglio *m.*; soffiata *f.*

tipped /tɪpt/ *a.* **1** fornito di punta, fornito di puntale. **2** (*in compounds*) dalla punta..., dal puntale...: *a rubber ~-cane* un bastone dal puntale di gomma. **3** (*of cigarettes*) col bocchino.

tipper[1] /ˈtɪpər/ *n.* **1** autocarro *m.* a cassone ribaltabile. **2** (*Ferr*) carrello *m.* ribaltabile, carrello *m.* a bilico.

tipper[2] /ˈtɪpər/ *n.* (*one who gives tips*) chi dà mance. □ *a big ~* una persona generosa nelle mance.

tippet /ˈtɪpɪt/ *n.* **1** (*Abbigl*) mantellina *f.*, cappa *f.* **2** (*Lit*) stola *f.*

tipping /ˈtɪpɪŋ/ *n.* mancia *f.*

tipple /ˈtɪpl/ **I** *v.i.* darsi al bere, alzare il gomito. **II** *n.* alcolico *m.*, bevanda *f.* alcolica. □ (*Br,colloq*) *it's tippling down* sta piovendo a dirotto, si stanno aprendo le cataratte del cielo; (*colloq*) *what's your ~?* che cosa vuoi bere?

tippler /ˈtɪplər/ *n.* chi beve abitualmente alcolici, forte bevitore *m.* (*f.* -trice).

tippy-toe /ˈtɪpɪtoʊ/ *n./a./avv./v.i.* (*spec. Am, colloq*) → **tiptoe**

tipsily /ˈtɪpsɪli/ *avv.* da brillo.

tipsiness /ˈtɪpsɪnəs/ *n.* **1.** l'essere brillo, l'essere alticcio, ubriachezza *f.*

tipstaff /ˈtɪpstɑːf/ *Am* /ˈtɪpstæf/ *n.irr.* (*Dir*) ufficiale *m.* giudiziario.

tipster /ˈtɪpstər/ *n.* (*colloq*) chi dà informazioni riservate (sulle corse, sull'andamento della borsa ecc.).

tipsy /ˈtɪpsi/ *a.* **1** brillo, alticcio. **2** (*characterized by drunkenness*) da ubriaco: ~ *behaviour* comportamento da ubriaco. □ (*Br, Dolc*) ~ *cake* torta imbevuta di liquore.

tiptoe /ˈtɪptoʊ/ **I** *a.* **1** che sta in punta di piedi, che cammina in punta di piedi. **2** (*fig*) eccitato, in attesa, impaziente. **II** *n.* punta *f.* dei piedi. **III** *v.i.* camminare in punta di piedi. **IV** *avv.* in punta di piedi: *to walk ~* camminare in punta di piedi. □ *on ~* in punta di piedi.

tiptop /ˌtɪpˈtɒp/ *Am* /ˈtɪptɑːp/ **I** *a.* (*colloq*) di prim'ordine, eccellente, perfetto. **II** *avv.* (*colloq*) eccellentemente, ottimamente. **III** *n.* (*colloq*) cima *f.*, vertice *m.*

tip-up /ˈtɪpʌp/ *a.* ribaltabile: ~ *seat* sedile ribaltabile.

tirade /tɪ(a)rˈreɪd/ *Am* /ˈtaɪreɪd/ *n.* tirata *f.*, filippica *f.*, lunga invettiva *f.*, diatriba *f.*

tire[1] /ˈtaɪər/ **I** *v.t.* **1** stancare, affaticare: *the rush -d me* la corsa mi ha stancato. **2** (*fig*) stancare, annoiare, (*colloq*) scocciare. **II** *v.i.* **1** stancarsi, affaticarsi. **2** (*fig*) stancarsi, annoiarsi, seccarsi (*of di*): *she soon -d of him*

presto si stancò di lui. □ (*fig*) *to ~ out* fiaccare, spossare, sfinire.

tire[2] /ˈtaɪər/ *n./v.* (*Am*) *e der.* → **tyre** *e der.*

tire[3] /ˈtaɪər/ **I** *v.t.* (*rar*) **1** (*to attire*) abbigliare. **2** (*of the hair*) acconciare. **II** *n.* (*rar*) **1** (*attire*) abbigliamento *m.* **2** (*head dress*) acconciatura *f.*, pettinatura *f.*

tired /ˈtaɪəd *Am* ˈtaɪərd/ *a.* **1** stanco, affaticato: *to feel ~* sentirsi stanco. **2** (*bored, out of patience*) stanco, annoiato, seccato, stufo, (*colloq*) scocciato (*of* di): *I am ~ of his complaints* sono stanco delle sue lamentele. **3** (*colloq*) (*worn out, old*) vecchio, usato: *a ~ old sofa* una divano vecchio. **4** (*colloq*) detto e ridetto, già sentito, stantio: *the usual ~ excuses* le solite vecchie scuse. □ *to grow ~ of sth.* stancarsi di qcs.; *to be ~ out* essere esausto, essere sfinito; *~ to the world* stanco morto.

tiredly /ˈtaɪədli *Am* ˈtaɪərdli/ *avv.* stancamente.

tiredness /ˈtaɪədnəs *Am* ˈtaɪərdnəs/ *n.* **1** stanchezza *f.* **2** (*boredom*) stanchezza *f.*, tedio *m.*, noia *f.*

tireless[1] /ˈtaɪələs *Am* ˈtaɪərləs/ *a.* instancabile, indefesso: *a ~ worker* un lavoratore instancabile; ~ *efforts* sforzi indefessi.

tireless[2] /ˈtaɪərləs/ *a.* (*Am,Aut*) senza pneumatici, privo di pneumatici.

tirelessly /ˈtaɪələsli *Am* ˈtaɪərləsli/ *avv.* instancabilmente, indefessamente.

tirelessness /ˈtaɪələsnəs *Am* ˈtaɪərləsnəs/ *n.* l'essere instancabile.

tiresome /ˈtaɪəsəm *Am* ˈtaɪərsəm/ *a.* noioso, seccante, tedioso, (*colloq*) scocciante.

tiresomely /ˈtaɪəsəmli *Am* ˈtaɪərsəmli/ *avv.* noiosamente, tediosamente.

tiresomeness /ˈtaɪəsəmnəs *Am* ˈtaɪərsəm nəs/ *n.* noiosità *f.*, tediosità *f.*

tiring /ˈtaɪərɪŋ/ *a.* faticoso, che stanca, affaticante.

tiro /ˈtaɪroʊ *Am* ˈtaɪroʊ/ *n.* principiante *m./f.*, novizio *m.* (*f.* -a), novellino *m.* (*f.* -a).

tis /tɪz/ (*ant,poet*) *contraz. di* it is.

tisane /tɪˈzæn/ *n.* tisana *f.*

tissue /ˈtɪʃuː *Br also* ˈtɪsjuː/ *n.* **1** (*Biol,Anat*) tessuto *m.* **2** (*Cart*) carta *f.* velina. **3** (*Cosmet*) (*facial tissue*) velina *f.* da trucco; (*toilet tissue*) velina *f.* igienica; (*paper handkerchief*) fazzoletto *m.* di carta, (*colloq*) kleenex *m.* **4** (*Tess*) (*fine fabric*) tessuto *m.* leggero; (*lamé*) lamé *m.*, laminato *m.* **5** (*fig*) ordito *m.*, tessuto *m.*, intreccio *m.* □ (*Biol*) ~ *culture* coltura di tessuti; ~ *holder* portarotolo; (*fig*) *it's a ~ of lies* non sono altro che bugie; ~ *paper* carta velina.

tit[1] /tɪt/ *n.* (*Ornit*) paro *m.*, cincia *f.*

tit[2] /tɪt/ *n.* **1** (*teat*) capezzolo *m.* **2** (*sl,volg*) tetta *f.* (*region*) zinna *f.*, (*colloq*) boccia *f.* □ (*sl, volg*) *-s and ass* (*of magazines, films*) pieno di donne nude; (*Br,sl,volg*) *get on someone's -s* stare sulle palle a qcu.

tit[3] /tɪt/ □ ~ *for tat* colpo per colpo: *to give ~ for tat* ripagare della stessa moneta, rendere pan per focaccia.

tit[4] /tɪt/ *n.* (*Br,sl*) (*ineffectual fool*) stupido *m.* (*f.* -a), buono *m.* (*f.* -a) a nulla.

titan /ˈtaɪtən/ *n.* (*fig*) titano *m.*, colosso *m.*, gigante *m.*

Titan /ˈtaɪtən/ *n.pr.m.* (*Mitol,Astr*) Titano.

titanate /ˈtaɪtəneɪt/ *n.* (*Chim*) titanato *m.*

titanic[1] /t(a)ɪˈtænɪk/ *a.* (*Chim*) titanico: ~ *acid* acido titanico.

titanic[2] /t(a)ɪˈtænɪk/ *a.* colossale, gigantesco, titanico.

Titanic /t(a)ɪˈtænɪk/ *a.* (*Mitol*) titanico, dei titani.

titanium /t(a)ɪˈteɪnɪəm/ *n.* (*Chim*) titanio *m.*: ~ *dioxide* diossido di titanio.

titbit /ˈtɪtbɪt/ *n.* (*Br*) **1** bocconcino *m.*, ghiottoneria *f.*, golosità *f.*, leccornia *f.* **2** (*fig*) notizia *f.* ghiotta. □ *-s of information* notizie ghiotte.

titch /tɪtʃ/ *n.* (*Br,colloq,spreg*) tappo *m.*, nano *m.* (*f.* -a).

titer /ˈtaɪtər/ *n.* (*Am,Chim*) titolo *m.*

titfer /ˈtɪtfər/ *n.* (*sl*) (*hat*) cappello *m.*

tithable /ˈtaɪðəbl/ *a.* (*Rel,Stor*) soggetto alle decime.

tithe /taɪð/ **I** *n.* **1** (*Rel,Stor*) decima *f.*, tributo *m.* decimale. **2** (*tenth part*) decimo *m.*, decima parte *f.* **3** (*fig*) briciolo *m.*, oncia *f.*, pezzetto *m.* **II** *v.t.* **1** pagare la decima su. **2** (*to levy a tithe on*) imporre la decima su. **3** (*to take tithe of*) riscuotere la decima su. □ ~ *barn* granaio per raccogliere le decime.

tithing /ˈtaɪðɪŋ/ *n.* (*Rel,Stor*) decima *f.*

titian /ˈtɪʃ(j)ən/ *a.* (*of hair*) biondo tiziano, rosso tiziano, tizianesco.

Titian /ˈtɪʃ(j)ən/ *n.pr.m.* (*Stor*) Tiziano.

titillate /ˈtɪtɪleɪt/ *v.t.* titillare, solleticare (*anche fig*).

titillation /ˌtɪtɪˈleɪʃən/ *n.* titillamento *m.*, solleticamento *m.* (*anche fig*).

titivate /ˈtɪtɪveɪt *Am* ˈtɪtəveɪt/ **I** *v.t.* (*colloq*) **1** agghindare, ornare, adornare. **2** (*rifl.*) *to ~ oneself* farsi bello, agghindarsi, azzimarsi, attillarsi. **II** *v.i.* (*colloq*) agghindare, attillare, azzimare.

titivation /ˌtɪtɪˈveɪʃən *Am* ˌtɪtəˈveɪʃən/ *n.* attillatura *f.*, agghindamento *m.*

titlark /ˈtɪtlɑːk *Am* ˈtɪtlɑːrk/ *n.* (*Ornit,dial*) pispola *f.*

title /ˈtaɪtl *Am* ˈtaɪtl/ **I** *n.* **1** titolo *m.*, intitolazione *f.*: *the ~ of a film* il titolo di un film. **2** (*descriptive appellation*) titolo *m.*, appellativo *m.*, designazione *f.*, nome *m.*: *to address so. by his correct ~* rivolgersi a qcu. con il giusto titolo. **3** (*appellation of nobility*) titolo *m.* (nobiliare). **4** (*Edit*) (*book*) titolo *m.* (di libro), libro *m.*, pubblicazione *f.* **5** (*Sport*) titolo *m.*: *the heavyweight ~* il titolo dei pesi massimi. **6** (*just claim, right*) diritto *m.* (acquisto), titolo *m.*: *you have no ~ to my gratitude* non hai diritto alla mia riconoscenza. **7** (*Dir*) titolo *m.* (o diritto) di proprietà. **8** (*Rel*) titolo *m.*, titulus canonicus *m.* **9** *pl.* (*Cin*) titoli *m.pl.* (di testa); (*subtitle*) sottotitolo *m.*, didascalia *f.* **II** *v.t.* intitolare, dare un titolo a: *to ~ a book* intitolare un libro. □ (*Inform*) ~ *bar* barra del titolo; (*Bibliot*) ~ *catalogue* (o *Am* ~ *catalog*) catalogo per titoli; (*Teat,Cin*) ~ *character* protagonista; (*Dir*) ~ *deed* titolo di proprietà; (*TV,Cin*) ~ *music* sigla, musica dei titoli di testa; ~ *of nobility* titolo *m.* nobiliare; (*Edit*) ~ *page* frontespizio, titolo; (*fig,colloq*) *from ~ page to colophon* dal principio alla fine; (*Teat,Cin*) ~ *role* parte principale; ~ *search* visura, verifica catastale e ipotecaria; (*Mus*) ~ *song* (o ~ *track*) brano che dà il titolo al disco.

titled /ˈtaɪtld *Am* ˈtaɪtld/ *a.* titolato, nobile: *a ~ family* una famiglia titolata.

titleholder /ˈtaɪtlˌhoʊldər *Am* ˈtaɪtlˌhoʊldər/ *n.* **1** titolare *m./f.* **2** (*Sport*) campione *m.* (*f.* -essa), detentore *m.* (*f.* -trice) del titolo.

titler /ˈtaɪtlər/ *n.* (*Cin*) titolatrice *f.*

titling[1] /ˈtaɪtlɪŋ/ *n.* **1** (*Legat*) impressione *f.* del titolo sulla costa del libro. **2** (*Cin*) titolatura *f.*

titling[2] /ˈtaɪtlɪŋ/ *n.* (*Ornit,dial*) pispola *f.*

titmouse /ˈtɪtmaʊs/ *n.irr.* (*Ornit*) paro *m.*, cincia *f.*

titrate /t(a)ɪˈtreɪt/ *v.t.* (*Chim*) titolare.

titration /t(a)ɪˈtreɪʃən/ *n.* (*Chim*) titolazione *f.*

titre /ˈtaɪtər *Am* ˈtaɪtər/ *n.* (*Chim*) titolo *m.*

titter /ˈtɪtər *Am* ˈtɪtər/ **I** *v.i.* ridacchiare. **II** *n.* risolino *m.*, riso *m.* soffocato.

tittle /ˈtɪtl *Am* ˈtɪtl/ *n.* **1** punto *m.* **2** (*fig*) oncia f., briciolo m., pezzettino m. □ (fig) not a ~ un bel niente.

tittle-tattle /'tɪtl̩ˌtæt/ Am 'tɪtl̩ˌtæt‿l/ I n. ciarle f.pl., chiacchiere f.pl., pettegolezzi m.pl. II v.i. ciarlare, spettegolare, spettegolare.

tittup /'tɪtʌp/ I v.i. (past, p.p. **tittupped** /Am **tittuped** /-t/) 1 saltellare, salterellare, sgambettare. 2 (to behave in a lively way) comportarsi con vivacità. II n. salto m., saltello m., capriola f.

titty /'tɪti Am 'tɪti/ n. 1 (teat) capezzolo m. 2 (sl,volg) tetta f., (region) zinna f., (colloq) boccia f.

titubate/'tɪtjubeɪt/ v.i. (rar) vacillare, barcollare.

titubation /ˌtɪtjuˈbeɪʃən/ n. (Med) atassia f., titubazione f.

titular /'tɪtjulər Am also 'tɪtʃələr/ I a. 1 di titolo, relativo a un titolo, inerente al titolo. 2 (arising from a title) per titolo, di diritto, che compete. 3 (having a title) che ha un titolo. 4 (nominal) titolare, nominale. 5 (of the holder of an office) titolare (anche Rel): ~ bishop vescovo titolare. II n. titolare m./f. (anche Rel). □ (Rel.catt) ~ saint santo titolare.

titularly /'tɪtjulali Am 'tɪtʃələrli, 'tɪtjulərli/ avv. nominalmente.

Titus/'taɪtəs Am 'taɪtəs/ n.pr.m. Tito (anche Stor, Bibl).

tizzy/'tɪzi/ n. (colloq) eccitazione f., agitazione f.

T-junction /'tiːˌdʒʌŋkʃən/ n. 1 (Strad) incrocio m. a T. 2 (Tecn) giunzione f. a T.

TKO, T.K.O. /ˌtiːkeɪˈou/ (Sport) technical knockout KO tecnico (fuori combattimento tecnico).

TLC/ˌtiːelˈsiː/ Tender Loving Care (coccole, premure affettuose).

T-lymphocyte /'tiːˌlɪm(p)fousaɪt/ n. (Biol) linfocita m. T.

TM/ˌtiːˈem/ 1 trademark TM (marchio registrato). 2 transcendental meditation MT (meditazione trascendentale).

TMD (Mil) Theatre Missile Defence (o Am Theater Missile Defense) tmd (difesa antimissile tattica).

tmesis /təˈmiːsɪs Br also 'tmiːsɪs/ n. (Gramm, Metr) tmesi f.

TN 1 Tennessee TN (Tennessee). 2 Tunisia TN (Tunisia).

tn. (Am) ton tonnellata americana (pari a 907,18 kg).

TNT/ˌtiːenˈtiː/ trinitrotoluene TNT (trinitrotoluene).

to/tu, tə Am also t̬ə emphatic tuː/ I prep. 1 (to indicate motion towards) a: to go ~ school andare a scuola; to turn ~ the right girare a destra. 2 (used pleonastically with where) not translated: where are you going ~? dove stai andando? 3 (to indicate place) in, a: I have never been ~ America non sono mai stato in America. 4 (to introduce an indirect object) a: give it ~ Mummy dallo alla mamma; to show sth. ~ so. mostrare qcs. a qcu. 5 (towards) a, verso: a tendency ~ cynicism una tendenza al cinismo. 6 (used with the possessive 's to indicate a place) da: I've been ~ my aunt's sono stato da mia zia; let's go ~ Mario's for lunch andiamo a pranzo da Mario. 7 (to indicate limit in extent) fino a, sino a, a: the road stretches ~ the edge of the desert la strada arriva fino al bordo del deserto; it's not far ~ the station da qui alla stazione non c'è molta strada. 8 (to indicate contact, proximity) a, su: stick a poster ~ the wall attacca un manifesto al muro; a blow ~ the chin un colpo sul mento. 9 (to indicate relative position) a, rispetto a: parallel ~ the

river parallelo al fiume; the house is set at an angle ~ the road la casa è situata ad angolo rispetto alla strada. 10 (of time: before) a, prima di: twenty minutes ~ six venti minuti alle sei. 11 (until) a, fino a, sino a: from Tuesday ~ Friday da martedì a venerdì; we stayed ~ the end siamo rimasti fino alla fine. 12 (to indicate a point in a series) a: they sell everything from salt ~ cigarettes vendono di tutto, dal sale alle sigarette. 13 (to extent of completeness) fino a, sino a, a: they were killed ~ the last man furono uccisi fino all'ultimo uomo. 14 (to indicate purpose) in, a, per: to come ~ the rescue venire in aiuto. 15 (with a following infinitive: in order to) per, al fine di, a: he's come ~ mend the television è venuto per riparare il televisore. 16 (to indicate result) in, a: smashed ~ pieces andato in frantumi. 17 (with the result of) con (il risultato di), a: ~ my great surprise con mia grande sorpresa. 18 (in accordance with) secondo, (in base) a, in conformità di: the work is going ~ schedule il lavoro procede secondo il programma; add sugar ~ taste aggiungete zucchero a piacere. 19 (in the opinion of) secondo, a, nell'opinione di: ~ my way of thinking secondo il mio modo di pensare, a mio parere. 20 (with respect to, regarding) di, relativo a, rispetto a, riguardo a: pretensions ~ learning pretese di cultura. 21 (in favour of) a favore di, per: the score was two to one ~ England il punteggio era di due a una a favore dell'Inghilterra. 22 (in honour of) a, in onore di: they dedicated the temple ~ a god dedicarono un tempio a una divinità. 23 (to the accompaniment of) con l'accompagnamento di, a: we were singing ~ a guitar cantavamo con l'accompagnamento di una chitarra. 24 (to indicate belonging) di, per: where is the mate ~ this glove? dov'è il compagno di questo guanto? 25 (with reflexives: to indicate exclusiveness) (tutto) per, riservato a: we had the whole beach ~ ourselves avevamo l'intera spiaggia per noi. 26 (to indicate relationship) di: adviser ~ the President consigliere del presidente. 27 (in comparison with) rispetto a, in paragone a (o di), in confronto a: your troubles are nothing ~ mine i tuoi guai sono niente rispetto ai miei. 28 (to indicate proportion) con, a: the car does fifteen miles ~ the gallon la macchina fa quindici miglia con un gallone. 29 (used with a following infinitive) di: he decided ~ go decise di andare. 30 (to express result) per: born ~ be king nato per essere re; made ~ last fatto per durare. 31 (infinitive with adjectival function) da, a: we had little ~ do avevamo poco da fare; the first ~ arrive il primo ad arrivare. 32 (infinitive with passive force) da: oysters are good ~ eat le ostriche sono buone da mangiare. 33 (Mat) (raised to the power of) (elevato) a, alla... potenza: five ~ the tenth cinque alla decima. II avv. 1 (to an almost closed position) accostato, (quasi) chiuso, semichiuso: the door is ~ l'uscio è accostato. 2 (to its place) a posto, al suo posto. 3 (in telling time) alle, meno: it's a quarter ~ ten manca un quarto alle dieci, sono le dieci meno un quarto.

TO (Aer) take-off TO (decollo).

toad/toud/ n. 1 (Zool) rospo m. 2 (fig) persona f. sgradevole, (colloq) rospo m.

toadeater/'toudˌiːtər Am 'toudˌiːtər/ n. adulatore m. (f. -trice) (servile), (spreg) leccapiedi m./f.

toad-in-the-hole /ˌtoudɪnðəˈhoul/ n. (Br, Gastron) salsicce f.pl. in pastella cotte al forno.

toadish /'toudɪʃ/ a. di rospo, da rospo.

toadstool /'toudstuːl/ n. (poisonous mushroom) fungo m. velenoso, fungo m. a cappello.

toady/'toudi/ I n. adulatore m. (f. -trice) (servile), (spreg) leccapiedi m./f. II v.t. adulare, lusingare, incensare, lisciare.

toadyish /'toudiʃ/ a. adulatorio, servile.

toadyism /'toudiɪz‿m/ n. adulazione f. (servile), servilità f., ruffianeria f.

to-and-fro /ˌtuːən(d)ˈfrou/ I a. avanti e indietro, su e giù. II avv. avanti e indietro, su e giù. III n. va e vieni m., viavai m., andirivieni m.

toast¹ /toust/ I n. pane m. tostato, pane m. abbrustolito: ~ and butter pane tostato spalmato di burro; a piece of ~ una fetta di pane tostato. II v.t. 1 (of bread) tostare, abbrustolire. 2 (of cheese) sciogliere al fuoco, fondere al fuoco. 3 (fig) scaldare per bene, riscaldare bene, abbrustolire: to ~ oneself in front of the fire scaldarsi bene davanti al fuoco. III v.i. 1 abbrustolirsi, tostarsi. 2 (fig) abbrustolirsi, scaldarsi bene, riscaldarsi per bene. IV a. (Am,sl) finito, spacciato: we'll be ~ if your father catches us here siamo finiti se tuo padre ci becca qui. □ (Gastron) anchovies on ~ crostini di acciughe; (sl,fig) to have so. on ~ avere qcu. in pugno; ~ rack portatoast.

toast² /toust/ I n. 1 brindisi m.: to drink a ~ fare un brindisi. 2 (person who is toasted) persona f. in onore della quale si brinda. 3 (fig) persona f. oggetto di lode, persona f. oggetto di ammirazione, persona f. del momento. II v.t. brindare a (o in onore di), bere alla salute di, fare un brindisi a. III v.i. brindare, fare un brindisi. □ ~ master chi presiede ai brindisi in un banchetto.

toaster¹ /'toustər/ n. 1 chi tosta, chi abbrustolisce. 2 (device) tostapane m.; (electric toaster) tostapane m. elettrico. □ (Am) ~ oven fornellino elettrico.

toaster² /'toustər/ n. chi brinda, chi fa un brindisi.

toastie, toasty /'tousti/ n. (Br,Alim) toast m. farcito.

toasting /'toustɪŋ/ □ ~ fork forchettone per arrostire sulla brace, forchettone per tostare.

toastmaster /'tousˌmɑːstər Am 'tousˌmæstər/ n. (f. -mistress) chi presiede ai brindisi in un banchetto.

tobacco/təˈbækou/ (pl. -s/-es /-z/) n. 1 tabacco m. 2 (collett.) tabacchi m.pl. 3 (use of tobacco) fumo m.: to give up ~ rinunciare al fumo. 4 (Bot) nicotina f. □ (Am) ~ barn edificio usato per conciare foglie di tabacco; ~ grower tabacchicoltore; (Med) ~ heart cardionevrosi da nicotinismo; ~ leaf foglia di tabacco; (Bot) ~ mosaic virus virus del mosaico del tabacco; ~ pipe pipa; (Bot) ~ plant tabacco, pianta del tabacco; ~ shop tabaccheria.

tobacconist /təˈbækənɪst/ n. (Br) tabaccaio m. (f. -a).

to-be /təˈbiː/ a. (in compounds) futuro..., prossimo...: bride-~ futura sposa.

Tobias /touˈbaɪəs/ n.pr.m. Tobia (anche Bibl).

toboggan/təˈbɒɡən Am təˈbɑːɡən/ I n. toboga m. II v.i. andare in toboga.

tobogganer /təˈbɒɡənər Am təˈbɑːɡənər/ n. chi va in toboga.

tobogganing /təˈbɒɡənɪŋ Am təˈbɑːɡənɪŋ/ n. l'andare in toboga.

tobogganist /təˈbɒɡənɪst Am təˈbɑːɡənɪst/ n. chi va in toboga.

toby/'toubi/ n. 1 boccale m. da birra (raffigurante un vecchio con tricorno). 2 (Am,sl) (long slender cigar) lungo sigaro m. (di qualità mediocre). □ ~ jug boccale m. da birra (raffigurante un vecchio con tricorno).

Toby /'toubi/ *n.pr.m. dim.di* Tobias. □ (*Abbigl*) ~ *collar* collare increspato, collare pieghettato.

toccata /tə'kɑːtə *Am* tə'kɑːtə/ *n.* (*Mus*) toccata *f.*

tocopherol /tɒ'kɒfərɒl *Am* tou'kɑːfərɔːl/ *n.* (*Biol,Chim*) tocoferolo *m.*

tocsin /'tɒksɪn *Am* 'tɑːksɪn/ *n.* (*ant*) 1 campana *f.* d'allarme. 2 (*ringing of a warning bell*) campana *f.* a martello. 3 (*fig*) segnale *m.* d'allarme.

tod[1] /tɒd *Am* tɑːd/ *n.* 1 (*unit of weight for wool*) misura *f.* di peso per lana (pari a 12,70 kg). 2 (*of ivy*) cespuglio *m.*

tod[2] /tɒd/ □ (*Br,sl*) *on one's* ~ solo, da solo.

today /tə'deɪ, tu'deɪ/ I *avv.* 1 oggi, quest'oggi: *they arrive* ~ arrivano oggi. 2 (*fig*) al giorno d'oggi, oggigiorno, di questi tempi, oggidì: *it's impossible to find them* ~ è impossibile poterli trovare al giorno d'oggi. II *n.* 1 oggi *m.*, quest'oggi *m.*: ~ *is Tuesday* oggi è martedì. 2 (*fig*) oggi *m.*, tempo *m.* attuale, presente *m.*: *the world of* ~ il mondo di oggi. □ *a letter of* ~ *'s date* (o *a letter under* ~ *'s date*) una lettera in data di oggi, una lettera con la data di oggi; (*Br*) ~ *fortnight* tra due settimane; (*Br*) ~ *week* una settimana oggi, oggi a otto.

toddle /'tɒdl *Am* 'tɑːdl/ I *v.i.* 1 trotterellare, camminare a piccoli passi, camminare a passi incerti, sgambettare. 2 (*colloq*) (*to saunter*) fare quattro passi, fare una passeggiatina, fare un giretto. 3 (*colloq*) (*to take one's departure*) andarsene, andare via. II *n.* 1 andatura *f.* incerta, andatura *f.* vacillante, passo *m.* incerto. 2 (*colloq*) (*stroll, saunter*) breve passeggiata *f.*, passeggiatina *f.*, giretto *m.* □ (*colloq*) *to ~ off* andarsene, andare via.

toddler /'tɒdlər *Am* 'tɑːdlər/ *n.* bambino *m.* (*f.* -a) che fa i primi passi.

toddy /'tɒdi *Am* 'tɑːdi/ *n.* 1 (*hot alcoholic drink*) punch *m.*, ponce *m.* 2 (*sap of a toddy palm*) vino *m.* di palma.

to-do /tə'duː, tu'duː/ *n.* (*colloq*) 1 putiferio *m.*, baccano *m.*, trambusto *m.* 2 (*party*) festa *f.* rumorosa. 3 (*fig*) (*exaggeration*) dramma *m.*: *to make a ~ of sth.* fare di qcs. un dramma.

toe /tou/ I *n.* 1 (*Anat*) dito *m.* del piede: *big ~* alluce. 2 (*Zool*) dito *m.* della zampa, dito *m.* del piede. 3 (*of a sock, etc.*) punta *f.* 4 (*Sport*) (*of a golf club*) punta *f.* (del bastone). 5 (*Mecc*) perno *m.* 6 (*of a gunstock*) angolo *m.* inferiore del calcio di un fucile. II *v.t.* 1 toccare con la punta del piede, spingere con la punta del piede. 2 (*of a sock, etc.: to provide with a toe*) fare la punta a, rifare la punta a. 3 (*Sport*) (*in golf*) colpire con la punta del bastone. 4 (*Fal*) (*of a nail*) piantare di traverso. □ (*Calz*) ~ *cap* mascherina; ~ *clip* (*on a bicycle*) fermapiedi, puntapiedi; ~ *dance* danzare sulle punte (dei piedi), ballare sulle punte (dei piedi); *to ~ in* stare con i piedi rivolti all'indentro, camminare con i piedi rivolti all'indentro; (*Am,colloq*) ~ *jam* sudiciume accumulato tra le dita dei piedi; *on one's -s*: 1 sulla punta dei piedi; 2 (*colloq,fig*) (*alert*) attento, pronto, sveglio; 3 (*colloq,fig*) (*clever*) in gamba; *to ~ out* stare con i piedi rivolti all'infuori, camminare con i piedi rivolti all'infuori; *to ~ the line* 1 (*Sport*) disporsi lungo la linea di partenza; 2 (*fig*) rigare dritto, non sgarrare, conformarsi.

toed /tou d/ *a.* (*in compounds*) dalle dita dei piedi...: *long-~* dalle dita dei piedi lunghe.

TOEFL /'toufl/ *Test of English as a Foreign Language* TOEFL (prova di conoscenza dell'inglese come lingua straniera).

toehold /'touhould/ *n.* appiglio *m.*, spuntone *m.*

toeless /'touləs/ *a.* 1 senza dita dei piedi. 2 (*of a sock, etc.*) che manca di punta.

toenail /'touneɪl/ I *n.* 1 unghia *f.* del piede. 2 (*Fal*) chiodo *m.* piantato di traverso. II *v.t.* (*Fal*) fissare con un chiodo di traverso.

toeplate /'toupleɪt/ *n.* (*Calz*) salvapunta *m.*

toeshoes /'touʃuːz/ *n.pl.* (*Calz*) scarpe *f.pl.* da danza classica, punte *f.pl.*

toff /tɒf/ *n.* (*Br,spreg*) 1 (*rich, upper class man*) persona *f.* della buona società, signore *m.* 2 (*well-dressed man*) elegantone *m.*, damerino *m.*, zerbinotto *m.*

toffee /'tɒfi *Am* 'tɑːfi/ *n.* (*Dolc*) caramella *f.* morbida, toffee *m.* □ (*Br,Dolc*) ~ *apple* mela caramellata mangiata su un bastoncino; (*Br,sl*) *not to be able to do sth. for* ~ essere incapace di fare qcs.

toffee-nosed /'tɒfinouzd/ *a.* (*Br,sl*) (*stuck-up*) che si dà delle arie, tronfio, borioso.

tofu /'toufuː/ *n.* (*Alim*) tofu *m.*, formaggio *m.* di soia.

tog[1] /tɒg *Am* tɑːg/ *n.* → **togs**.

tog[2] /tɒg *Am* tɑːg/ (*past, p.p.* **togged** /-d/) I *v.t.* (*colloq*) vestire, abbigliare, agghindare. II *v.i.* (*colloq*) vestirsi, abbigliarsi, agghindarsi. □ *to ~ out* 1 (*used transitively*) vestire, abbigliare, agghindare; 2 (*used intransitively*) vestirsi, abbigliarsi, agghindarsi; *to ~ up*: 1 (*used transitively*) vestire, abbigliare, agghindare; 2 (*used intransitively*) vestirsi, abbigliarsi, agghindarsi.

toga /'tougə/ *n.* (*Stor.rom*) toga *f.*

togaed /'tougəd/ *a.* togato, in toga.

together /tə'geðər/ I *avv.* 1 insieme, assieme: *put them all* ~ mettili tutti insieme; *to walk* ~ camminare insieme. 2 (*in, into contact*) insieme, unitamente: *to tie two things* ~ legare due cose insieme. 3 (*jointly, collectively*) insieme, unitamente, congiuntamente: ~ *we forced the door* forzammo la porta insieme. 4 (*taken as a whole, in aggregate*) insieme: *he earns more than his two brothers* ~ guadagna più dei suoi due fratelli (messi) insieme. 5 (*simultaneously*) contemporaneamente, simultaneamente, a un tempo, insieme. 6 (*consecutively, on end*) di seguito, consecutivamente, senza interruzione: *for weeks* ~ per settimane di seguito. II *a.* capace, in gamba, organizzato: *a very ~ person* una persona in gamba e organizzata. □ ~ *with* insieme con, insieme a, unitamente a: *he sent him a letter* ~ *with some money* gli mandò una lettera insieme a del denaro.

togetherness /tə'geðənəs *Am* tə'geðərnəs/ *n.* spirito *m.* di solidarietà, solidarietà *f.*

toggle /'tɒgl *Am* 'tɑːgl/ I *n.* 1 (*of a rope, chain, etc.*) cavicchio *m.* 2 (*Mar*) borello *m.*, borrello *m.*, coccinello *m.* 3 (*peg of wood used as a button*) olivetta *f.* di legno. II *n.* (*Mecc*) giunto *m.* a ginocchiera, ginocchio *m.* □ (*Mecc*) ~ *bolt* perno o tassello ad alette; (*Mecc*) ~ *joint* giunto a ginocchiera, ginocchio; (*Mecc*) ~ *link* trasmissione articolata; (*Mecc*) ~ *press* pressa a leva articolata, pressa a ginocchiera; (*El*) ~ *switch* interruttore a levetta.

Togo /'tougou/ *n.pr.* (*Geog*) Togo *m.*

togs /tɒgz *Am* tɑːgz/ *n.pl.* (*colloq*) (*clothes, outfit*) abiti *m.pl.*, vestiti *m.pl.*, abbigliamento *m.*, tenuta *f.*: *one's best* ~ gli abiti migliori; *football* ~ tenuta da calciatore.

toil[1] /tɔɪl/ I *n.* duro lavoro *m.*, fatica *f.*, lavoro *m.* faticoso, sfacchinata *f.* II *v.i.* lavorare duramente (e senza tregua), sgobbare, faticare, sudare sette camicie: *to ~ at a task* lavorare duramente per assolvere un compito. □ *to ~ along* arrancare, procedere a fatica; *to ~ away* continuare a lavorare; *we -ed up the*

hill arrancammo su per la collina.

toil[2] /tɔɪl/ *v.t.* (*rar*) (*to ensnare*) prendere in trappola, intrappolare.

toiler /'tɔɪlər/ *n.* lavoratore *m.* (*f.* -trice).

toilet /'tɔɪlɪt/ *n.* 1 toilette *f.*, gabinetto *m.*, ritirata *f.*, latrina *f.* 2 (*fixture*) latrina *f.* con sciacquone, water-closet *m.* 3 (*process of dressing, preparing oneself, etc.*) toilette *f.*: *to make one's* ~ fare toilette. 4 (*ant*) (*costume, outfit*) toletta *f.*, abito *m.*, abbigliamento *m.* 5 (*ant*) (*dressing table*) tavolo *m.* da toletta, toletta *f.* □ (*Br*) ~ *bag* nécessaire da toilette; ~ *bowl* tazza del water, (*ant*) vaso della latrina; ~ *case* nécessaire da toilette; ~ *paper* carta igienica; ~ *powder* talco borato; ~ *roll* rotolo di carta igienica; ~ *seat* tavoletta del water; ~ *set* servizio da toilette; ~ *soap* sapone da toilette; (*ant*) ~ *table* tavolo da toletta, toletta; ~ *tissue* carta igienica; ~ *training* l'insegnare (a un bambino) a usare il vasino; ~ *water* eau de toilette, colonia, acqua di colonia.

toiletries /'tɔɪlɪtriz/ *n.pl.* articoli *m.pl.* da toilette.

toilet-train /'tɔɪlɪt,treɪn/ *v.t.* insegnare a un bambino a usare il vasino.

toilless /'tɔɪləs/ *a.* agevole, facile, che non comporta fatica, che non comporta sforzo.

toils /tɔɪlz/ *n.pl.* 1 (*Caccia*) (*net*) rete *f.sing.*; (*trap*) trappola *f.sing.*, laccio *m.sing.* 2 (*fig*) rete *f.sing.*, trappola *f.sing.*, insidia *f.sing.*, tranello *m.sing.* □ *to be in the ~ of debt* essere indebitato fino al collo.

toilsome /'tɔɪlsəm/ *a.* laborioso, gravoso, faticoso.

toilsomely /'tɔɪlsəmli/ *avv.* laboriosamente, faticosamente, a fatica.

toilsomeness /'tɔɪlsəmnəs/ *n.* laboriosità *f.*

toilworn /'tɔɪlwɔːn *Am* 'tɔɪlwɔːrn/ *a.* (*ant,poet*) spossato, stremato.

Tokay /tou'keɪ *Br also* tou'kaɪ/ *n.* (*Enol*) tocai *m.*

toke /touk/ I *n.* (*Am,sl*) tiro *m.* di sigaretta (*spec.* di uno spinello). II *v.t.* (*Am,sl*) fumare uno spinello.

token /'toukən/ I *n.* 1 pegno *m.*, simbolo *m.*, segno *m.*, prova *f.*: *let this ring be a ~ of my love for you* accetta questo anello quale pegno del mio amore (per te). 2 (*indication*) prova *f.*, segno *m.*, indizio *m.*, indicazione *f.* 3 (*memento, souvenir*) ricordo *m.*, souvenir *m.* 4 (*disk used as a coin*) gettone *m.* 5 (*disk having a designated value*) gettone *m.*, contromarca *f.*, contrassegno *m.* 6 (*voucher redeemable of goods*) buono *m.* 7 (*Inform*) token *m.*, elemento *m.* II *a.* 1 simbolico: *the enemy offered only ~ resistance* il nemico oppose solo una resistenza simbolica. 2 (*given as a token*) dato come pegno. □ *as a ~ of* in segno di, quale prova di; ~ *charge* costo simbolico; (*Econ*) ~ *coin* moneta fiduciaria; *in ~ of* in segno di, quale prova di; (*Econ*) ~ *money* moneta fiduciaria; ~ *payment* pagamento simbolico; (*Inform*) ~ *ring* anello di elementi; ~ *strike* sciopero dimostrativo.

tokenism /'toukənɪzəm/ *n.* (*spreg*) il fare cambiamenti o concessioni solo simboliche.

Tokyo /'toukiou/ *n.pr.* (*Geog*) Tokyo *f.*

told[1] /tould/ → **tell**.

told[2] /tould/ *a.* detto, raccontato. □ *all* ~ in totale, in tutto, nel complesso, nell'insieme.

Toledo /tə'liːdou/ I *n.pr.* Toledo *f.* II *a.* (*sword*) spada *f.* di Toledo.

tolerability /,tɒlərə'bɪlɪti *Am* ,tɑːlərə'bɪləti/ *n.* tollerabilità *f.*

tolerable /'tɒlərəbl *Am* 'tɑːlərəbl/ *a.* 1 tollerabile, sopportabile: *the pain was* ~ il dolore era sopportabile. **2** (*fairly good, not bad*) passabile, discreto, tollerabile: *a ~ performance* uno spettacolo passabile. **3** (*colloq*) (*of health*) discreto.

tolerableness/'tɒlərəblnəs *Am* 'tɑːlərəblnəs/ *n.* tollerabilità *f.*

tolerably /'tɒlərəbli *Am* 'tɑːlərəbli/ *avv.* **1** in maniera tollerabile, sopportabilmente. **2** (*fairly, reasonably*) discretamente, abbastanza: ~ *well* abbastanza bene.

tolerance/'tɒlərəns *Am* 'tɑːlərəns/ *n.* tolleranza *f.* (*anche Med,Mecc,Numism*): *religious* ~ tolleranza religiosa.

tolerant/'tɒlərənt *Am* 'tɑːlərənt/ *a.* **1** tollerante, indulgente: *to be ~ of other people's mistakes* mostrare tolleranza per gli errori altrui. **2** (*Med,Biol*) tollerante.

tolerantly/'tɒlərəntli *Am* 'tɑːlərəntli/ *avv.* con tolleranza, con indulgenza.

tolerate/'tɒləreɪt *Am* 'tɑːləreɪt/ *v.t.* **1** tollerare, sopportare: *I will not* ~ *your insults* non intendo tollerare i tuoi insulti. **2** (*Med*) tollerare.

toleration /,tɒlə'reɪʃən *Am* ,tɑːlə'reɪʃən/ *n.* **1** tolleranza *f.*, indulgenza *f.*, sopportazione *f.* **2** (*Pol*) tolleranza *f.* religiosa. ▢ (*Stor.brit*) *Toleration Act* atto di tolleranza (provvedimento che garantì la libertà di culto ai nonconformisti).

tolerationist /,tɒlə'reɪʃənɪst *Am* ,tɑːlə'reɪʃənɪst/ *n.* sostenitore *m.* (*f.* -trice) della tolleranza religiosa.

toll¹ /təʊl/ *n.* **1** pedaggio *m.* **2** (*import, export tax*) dazio *m.* (doganale). **3** (*portion of grain taken by a miller*) quota *f.* di macinato (spettante al mugnaio). **4** (*Stor*) (*right to take toll*) diritto *m.* di pedaggio. **5** (*Am,Tel*) costo *m.* di una telefonata interurbana. **6** (*fig*) numero *m.* di vittime, costo *m.* in termini di vite umane: *the earthquake ~ was very high* il terremoto fece molte vittime. ▢ (*Strad*) ~ *bar* barriera di pedaggio; (*Strad*) ~ *bridge* ponte a pedaggio; (*Tel*) ~ *call* telefonata interurbana; (*Strad*) ~ *gate* barriera di pedaggio; ~ *house,* **1** (*Strad*) (*of a road, bridge, etc.*) casello; **2** (*ant*) (*tollkeeper's house*) casa del gabelliere; (*Am,Gastron*) ~ *house cookie* biscotto fatto con gocce di cioccolato e noci; (*Am*) ~ *plaza* fila di caselli autostradali; (*Strad*) ~ *road* strada a pedaggio; *to take* ~: **1** esigere un tributo (*of* da); **2** (*fig*) costare (la vita a), portare via: *the flood took (a) heavy ~ of cattle* la piena costò la vita a molti animali; (*fig*) *to take ~ of so.* provare duramente qcu., colpire duramente qcu. (*Strad*) ~ *thorough* pedaggio municipale (per l'uso di un ponte ecc.); (*Strad*) ~ *traverse* pedaggio per attraversare una proprietà privata.

toll² /təʊl/ **I** *v.t.* suonare a rintocchi, suonare a morto. **II** *v.i.* suonare (a rintocchi, a morto), rintoccare: *who is the bell -ing for?* per chi suona la campana? **III** *n.* rintocco *m.* di campana a morto.

tollage /'təʊlɪdʒ/ *n.* **1** pedaggio *m.* **2** (*payment of toll*) pagamento *m.* di pedaggio.

tollbooth /'təʊlbuːθ *Am* -ð/ *n.* **1** dazio *m.*, casello *m.* daziario. **2** (*Strad*) casello *m.* per il pagamento del pedaggio. **3** (*Scott,ant*) (*town jail*) prigione *f.* municipale.

toll-free/,təʊl'friː/ *a.* (*Am,Tel*) (*of a telephone call*) senza addebito, a carico del destinatario.

tolling /'təʊlɪŋ/ *n.* (*of a bell*) il suonare a rintocchi, il suonare a morto.

tollkeeper /'təʊlkiːpər/ *n.* esattore *m.* di pedaggi.

toluene /'tɒljuːiːn *Am* 'tɑːljuːiːn/ *n.* (*Chim*) toluene *m.*, toluolo *m.*

toluol/'tɒljuɒl *Am* 'tɑːljuɑːl/ *n.* (*Chim*) toluene

m., toluolo *m.*

tom/tɒm *Am* tɑːm/ *n.* **1** maschio *m.* di animale. **2** (*tom cat*) gatto *m.* maschio.

Tom/tɒm *Am* tɑːm/ *n.pr.m. dim.di* Thomas. ▢ ~ *Collins* bibita composta da gin, zucchero e succo di limone; ~, *Dick and Harry* Tizio, Caio e Sempronio; *any* ~, *Dick or Harry* il primo venuto, uno qualunque; ~ *Thumb,* **1** (*Lett*) Pollicino; **2** (*extremely small person*) nanetto, nanerottolo, pigmeo, piccoletto.

tomahawk/'tɒməhɔːk *Am* 'tɑːməhɔːk/ **I** *n.* tomahawk *m.*, ascia *f.* di guerra. **II** *v.t.* **1** uccidere con il tomahawk, colpire con il tomahawk. **2** (*Am,fig*) criticare aspramente, attaccare aspramente, stroncare.

tomatillo/,tɒmə'tiːləʊ/ *a.* (*Am*) pomodoro *m.* verde (usato *spec.* nella cucina messicana).

tomato/tə'mɑːtəʊ *Am* tə'meɪtəʊ/ (*pl.* **-es** /-z/) *n.* (*Bot,Alim*) pomodoro *m.* ▢ ~ *juice* succo di pomodoro; (*Gastron*) ~ *ketchup* ketchup, salsa agrodolce al pomodoro; (*Gastron*) ~ *sauce* salsa di pomodoro, sugo di pomodoro; (*ketchup*) ketchup.

tomb/tuːm/ *n.* **1** tomba *f.*, sepolcro *m.*, fossa *f.* **2** (*fig*) (*death*) tomba *f.*, morte *f.*, fossa *f.* ▢ (*Archeol*) ~ *objects* corredo tombale.

tombac, tombak/'tɒmbæk *Am* 'tɑːmbæk/ *n.* (*Met*) tombacco *m.*

tombless /'tuːmləs/ *a.* che non ha tomba, che non ha una sepoltura, insepolto.

tombola/tɒm'bəʊlə *Am* tɑːm'bəʊlə, 'tɑːmbələ/ *n.* tombola *f.*

tomboy /'tɒmbɔɪ *Am* 'tɑːmbɔɪ/ *n.* (*of a girl*) maschiaccio *m.*

tombstone/'tuːmstəʊn/ *n.* **1** pietra *f.* tombale. **2** (*Econ,Giorn*) annuncio *m.* di emissione di titoli.

tomcat/'tɒmkæt *Am* 'tɑːmkæt/ **I** *n.* **1** gatto *m.* maschio. **2** (*womanizer*) donnaiolo *m.* **II** *v.i.* correre dietro alle donne, essere una donnaiolo.

tome/təʊm/ *n.* tomo *m.*

tomentum /tə'mentəm *Am* tə'mentəm/ *n.* (*Bot*) tomento *m.*

tomfool/,tɒm'fuːl *Am* ,tɑːm'fuːl/ **I** *n.* (*ant*) babbeo *m.* (*f.* -a), citrullo *m.* (*f.* -a), stupido *m.* (*f.* -a). **II** *a.* (*ant*) sciocco, stupido, da babbeo: *a ~ idea* un'idea da babbeo. **III** *v.i.* (*ant*) fare lo sciocco, comportarsi da citrullo.

tomfoolery /,tɒm'fuːləri *Am* ,tɑːm'fuːləri/ *n.* sciocchezze *f.pl.*, stupidaggini *f.pl.*, corbellerie *f.pl.*

tommy /'tɒmi *Am* 'tɑːmi/ *n.* **1** (*colloq*) (*British soldier*) soldato *m.* inglese. **2** (*sl*) (*provisions*) provviste *f.pl.*; (*ration of bread*) pagnotta *f.* **3** (*Tecn*) spina *f.* ▢ (*Tecn*) ~ *bar* spina; (*Mil,colloq*) ~ *gun* fucile mitragliatore, mitra.

Tommy /'tɒmi *Am* 'tɑːmi/ *n.pr.m. dim.di* Thomas. ▢ (*Mil*) ~ *Atkins* soldato (semplice inglese), tommy.

tommyrot /'tɒmirɒt/ *n.* (*Br,colloq,ant*) (*nonsense*) sciocchezze *f.pl.*, stupidaggini *f.pl.*, corbellerie *f.pl.*

tomograph /'təʊməgrɑːf *Am* 'təʊməgræf/ *n.* (*Med*) tomografo *m.*

tomography /tə'mɒgrəfi *Am* təʊ'mɑːgrəfi/ *n.* (*Med*) tomografia *f.*

tomorrow /tə'mɒrəʊ, tʊ'mɒrəʊ *Am* tə'mɑːrəʊ/ **I** *avv.* **1** domani: *I'll see you* ~ ci vediamo domani, a domani. **2** (*fig*) in futuro, domani, in un tempo futuro. **II** *n.* **1** domani *m.*: ~ *is Sunday* domani è domenica. **2** (*fig*) domani *m.*, futuro *m.*, avvenire *m.*: *the stars of* ~ le stelle di domani. ▢ ~ *afternoon* domani pomeriggio; ~ *evening* domani sera; ~ *morning* domani mattina; ~ *night,* **1** domani notte; **2** (*tomorrow evening*) domani sera;

like there was no ~ come se non ci fosse un futuro; (*Br*) ~ *week* domani a otto. *Prov.*: ~ *is another day* domani è un altro giorno.

tompion /'tɒmpiən *Am* 'tɑːmpiən/ *n.* (*Med*) tampone *m.*, zaffo *m.*, stuello *m.*

tomtit /'tɒmtɪt *Am* ,tɑːm'tɪt/ *n.* (*Ornit*) **1** paro *m.*, cincia *f.* **2** (*bluetit*) cinciarella *f.*

tomtom /'tɒmtɒm *Am* 'tɑːmtɑːm/ **I** *n.* (*Etnol*) tamtam *m.* **II** *v.i.* (*past, p.p.* **tomtommed** /Am **tomtomed** /-d/) (*Etnol*) suonare il tamtam.

ton /tʌn/ *n.* **1** (*in England: long, gross ton*) tonnellata *f.* (pari a 1016,05 kg). **2** (*in the USA, Canada: short, net ton*) tonnellata *f.* (pari a 907,18 kg). **3** (*metric ton*) tonnellata *f.* metrica (pari a 1000 kg). **4** (*Mar*) (*displacement ton*) tonnellata *f.* di dislocamento; (*register ton*) tonnellata *f.* di stazza (pari a 100 piedi cubi). **5** (*freight ton*) tonnellata *f.* di ingombro (pari a 40 piedi cubi). **6** (*sl*) (*speed of 100 m.p.h.*) cento *m.* (miglia) l'ora, cento *m.* (miglia) all'ora: *to do the* ~ (o *to do a* ~) fare i cento all'ora. **7** *pl.* (*colloq*) (*large quantity*) gran quantità *f.*, mucchio *m.*, (*colloq*) sacco *m.*: -*s of money* un sacco di quattrini; *you have -s of time* hai un mucchio di tempo. ▢ -*s coal equivalent* tonnellate equivalenti di carbone; (*colloq*) *to come down on so. like a* ~ *of bricks* scagliarsi contro qcu.

tonal /'təʊnəl/ *a.* (*Mus*) tonale.

tonalite/'təʊnəlaɪt *Am* 'tɑːnəlaɪt/ *n.* (*Min*) tonalite *f.*

tonality /təʊ'næliti *Am* təʊ'næləti/ *n.* (*Mus, Pitt*) tonalità *f.*

tone¹ /təʊn/ *n.* **1** tono *m.*: *to speak in a harsh ~ of voice* parlare in tono aspro. **2** (*Mus*) tono *m.*, tonalità *f.*; (*note*) nota *f.*, tono *m.* **3** (*Fon*) tono *m.*: *rising* ~ tono ascendente. **4** (*Fon*) (*word stress*) accento *m.* (tonico). **5** (*style of speaking, writing*) tono *m.*, carattere *m.* stilistico. **6** (*fig*) tono *m.*, stile *m.*, carattere *m.* **7** (*fig*) (*morale*) morale *m.*: *the ~ of the nation was very high* il morale della nazione era molto alto. **8** (*colloq*) (*distinction, style*) distinzione *f.*, stile *m.*, tono *m.* **9** (*of colour*) tonalità *f.*, gradazione *f.* **10** (*Fot*) colore *m.* della positiva. **11** (*Fisiol,Med*) tono *m.*: *muscular* ~ tono muscolare. **12** (*Tel*) segnale *m.* **13** (*Econ*) tendenza *f.* ▢ ~ *arm* braccio del giradischi; (*Mus*) ~ *colour* timbro; ~ *dialer* combinatore tonale; (*Ling*) ~ *language* lingua tonale; (*Mus*) ~ *painting* musica descrittiva; (*Mus*) ~ *poem* poema sinfonico; (*Fot*) ~ *separation* separazione dei toni; (*fig*) *to set the* ~ dare il tono a, regolare, guidare; (*Fon*) ~ *syllable* sillaba accentata.

tone² /təʊn/ **I** *v.t.* **1** dare un tono a. **2** (*Mus*) dare il tono a. **3** (*Pitt*) dare il tono desiderato a. **4** (*Fot*) virare. **5** (*Med*) tonificare, dare tono a, rinvigorire: *to ~ up the muscles* tonificare i muscoli. **II** *v.i.* **1** intonarsi, armonizzare. **2** (*Fot*) subire il viraggio. ▢ (*fig*) *to ~ down,* **1** mitigare, calmare, addolcire, attenuare: *to ~ down so.'s anger* mitigare l'ira di qcu.; **2** (*to become less intense*) attenuarsi, mitigarsi, addolcirsi: *the virulence of his criticism has ~d down* la virulenza della sua critica si è attenuata; **3** (*of colours: used transitively*) sfumare, smorzare; **4** (*of colours: used intransitively*) smorzarsi, sfumare; *to ~ in* intonarsi, armonizzare, accordarsi (*with* con): *the curtains do not ~ in with the carpet* le tende non s'intonano con il tappeto; *to ~ up,* **1** (*of colours*) ravvivare; **2** (*used transitively*) tonificare, rafforzare, dare tono a, rinvigorire: *to ~ up the muscles* tonificare i muscoli; **3** (*used intransitively*) tonificarsi.

tone-color /'təʊnkʌlər/ *n.* (*Am,Mus*) timbro *m.*

tone-colour /'təʊnkʌlər/ *n.* (*Mus*) timbro *m.*

toned /toʊnd/ a. 1 (in compounds) dal tono...: a high-~ flute un flauto dal tono alto. 2 (Fot) virato.

tone-deaf /ˌtoʊn'def Am 'toʊndef/ a. che non ha orecchio musicale, privo di orecchio musicale, completamente stonato.

toneless /'toʊnləs/ a. 1 privo di tono. 2 (expressionless) inespressivo, scialbo, privo di espressione: ~ voice voce inespressiva.

tonelessly /'toʊnləsli/ avv. in modo inespressivo, in modo scialbo.

toneme /'toʊniːm/ n. (Fon) tonema m.

toner /'toʊnər/ n. 1 (in photocopying, printers) toner m. 2 (Fot) viraggio m. 3 (Cosmet) tonico m. □ (Inform) ~ cartridge cartuccia del toner.

tong /tɒn Am tɑːŋ/ n. società f. segreta cinese, setta f. segreta cinese.

Tonga /'tɒŋgə Am 'tɑːŋgə/ n.pr. (Geog) Tonga m.

tongs /tɒŋz Am tɑːŋz/ n.pl. (costr.sing. o pl.) 1 tenaglie f.pl.: a pair of ~ un paio di tenaglie. 2 (for sugar, ice, etc.) molle f.pl., mollette f.pl. 3 (Met) tenaglione m. per crogiolo.

tongue /tʌŋ/ I n. 1 (Anat,Gastron) lingua f. (anche fig): to have a fluent ~ avere la lingua sciolta. 2 (language) lingua f.: the Greek ~ la lingua greca; foreign ~ lingua straniera. 3 (tongue-shaped object, part) lingua f., striscia f. 4 (Calz,Sart,Fal) linguetta f. 5 (Geog) (of land) lingua f. di terra. 6 (Geol) (of an iceberg) lingua f. glaciale, lingua f. di ablazione. 7 (of a bell) battaglio m., batacchio m. 8 (Mus) ancia f., linguetta f. 9 (of a buckle, brooch) puntale m. 10 (Mecc) linguetta f., aletta f., flangia f. 11 (Ferr) ago m. 12 (Pesc) ardiglione m. II v.t. 1 (Mus) (of notes, etc.) staccare (suonando uno strumento a fiato). 2 (Fal) fare una linguetta in; (to join with a tongue-and-groove joint) incastrare a linguetta. □ (Anat) ~ bone (hyoid) ioide, osso ioide; (Med) ~ depressor abbassalingua; (Br, colloq) to get one's ~ round sth. riuscire a pronunciare qcs. correttamente; to give ~: 1 parlare ad alta voce, gridare; 2 (Caccia) abbaiare seguendo la traccia, latrare seguendo la traccia; 3 (lett) (to utter one's thoughts) dar voce (to a), rivelare (qcs.); (Agr) ~ grafting copulazione a linguetta; my ~ is hanging out sto morendo di sete; ~ lashing severo rimprovero, lavata di capo, ramanzina; ~s of flame lingue di fuoco; to put one's ~ out at so. fare le linguacce a qcu., mostrare la lingua a qcu., tirare fuori la lingua a qcu.; (Med) ~ tie anchiloglossia; ~ twister scioglilingua; to set ~s wagging suscitare pettegolezzi, far parlare di sé.

tongue-and-groove /ˌtʌŋən'gruːv/ a. a linguetta: ~ joint incastro a linguetta.

tongued /tʌŋd/ a. (in compounds) dalla lingua..., che ha una lingua...: a loose-~ woman una donna dalla lingua sciolta.

tongue-in-cheek /ˌtʌŋɪn'tʃiːk/ I a. ironico, beffardo, scherzoso. II avv. ironicamente, in modo beffardo, scherzosamente.

tongueless /'tʌŋləs/ a. 1 senza lingua. 2 (lett) (speechless) muto, senza parola: the best grief is ~ il vero dolore è muto.

tonguelet /'tʌŋlɪt/ n. piccola lingua f., linguetta f.

tongue-tied /'tʌŋtaɪd/ a. 1 muto, ammutolito, ridotto (o costretto) al silenzio: to be ~ with embarrassment essere muto per l'imbarazzo. 2 (Med) affetto da anchiloglossia.

tonic /'tɒnɪk Am 'tɑːnɪk/ I a. 1 tonificante, stimolante, corroborante, tonico: a ~ medicine una medicina tonificante. 2 (Med,Mus,Fon) tonico: ~ spasm spasmo tonico; ~ accent accento tonico. II n. 1 (Farm) tonico m., ricosti-

tuente m. 2 (tonic water) acqua f. tonica. 3 (hair tonic) tonico m. per capelli. 4 (Mus) tonica f., nota f. tonica. 5 (Fon) tonica f. □ (Fisiol) ~ reflex riflesso tonico; (Mus) ~ sol-fa tonic solfa, solfeggio tonico; ~ water acqua tonica.

tonically /'tɒnɪkⁱli Am 'tɑːnɪkⁱli/ avv. in modo tonificante.

tonicity /toʊ'nɪsɪti Am toʊ'nɪsəti/ n. (Med) tonicità f., tono m.

tonight /tə'naɪt/ avv. 1 questa notte, stanotte. 2 (this evening) questa sera, stasera.

toning /'toʊnɪŋ/ n. 1 tonalità f., tono m. 2 (Fot) viraggio m.

tonite /tə'naɪt/ avv. (colloq) 1 questa notte, stanotte. 2 (this evening) questa sera, stasera.

tonk[1] /tɒŋk Am tɑːŋk/ v.i. 1 (sl) (to hit hard) colpire duramente. 2 (to defeat easily) sconfiggere facilmente.

tonk[2] /tɒŋk Am tɑːŋk/ I n. suono m. di clacson, colpo m. di clacson. II v.t. suonare (il clacson). III v.i. suonare il clacson.

Tonkin /'tɒŋkɪn Am 'tɑːŋkɪn/ n.pr. (Geog) Tonchino m.

tonn. 1 tonnage (tonnellaggio). 2 metric ton tonnellata (metrica).

tonnage /'tʌnɪdʒ/ n. (Mar) 1 tonnellaggio m., stazza f. 2 (collett.) (ships) naviglio m., tonnellaggio m. 3 (duty on ships) diritto m. di tonnellaggio, diritto m. di stazza. □ (Stor.brit) ~ and poundage dazio su ogni libbra di merce importata, dazio su ogni tonnellata di vino importata.

tonne /tʌn/ n. (metric ton) tonnellata f. metrica.

tonneau /'tɒnoʊ Am tə'noʊ/ (pl. -s/-x /-z/) n. (Aut) parte f. posteriore della carrozzeria (fornita di sedili).

tonometer /toʊ'nɒmɪtər Am toʊ'nɑːmətər/ n. (Fisiol,Med,Mus) tonometro m.

tonsil /'tɒnsⁱl Am 'tɑːnsⁱl/ n. (Anat) tonsilla f.: to have one's ~s out farsi togliere le tonsille.

tonsilar /'tɒnsⁱlər Am 'tɑːnsⁱlər/ a. (Anat,Med) tonsillare.

tonsillar /'tɒnsⁱlər Am 'tɑːnsⁱlər/ a. (Anat,Med) tonsillare.

tonsillectomy /ˌtɒnsⁱ'lektəmi Am ˌtɑːnsə'lektəmi/ n. (Chir) tonsillectomia f.

tonsillitis /ˌtɒnsⁱ'laɪtɪs Am ˌtɑːnsə'laɪtɪs/ n. (Med) tonsillite f.

tonsorial /tɒn'sɔːriəl Am tɑːn'sɔːriəl/ a. (scherz) di un barbiere, relativo a un barbiere.

tonsure /'tɒnʃər, 'tɒnʃʊər Am 'tɑːnʃər/ I n. (Rel) tonsura f., chierica f. II v.t. (Rel) tonsurare.

tontine /'tɒntiːn Am 'tɑːntiːn/ n. (ant) tontina f.

ton-up /'tʌn'ʌp/ a. (Br,colloq) che ha la passione di fare i cento all'ora con la moto.

tony /'toʊni/ a. (Am,colloq) elegante.

Tony /'toʊni/ n.pr.m. dim.di Anthony. □ (Am, Teat) ~ Awards premio teatrale statunitense.

too /tuː/ avv. 1 troppo eccessivamente: ~ far troppo lontano; you're ~ old sei troppo vecchio. 2 (extremely, very) molto, assai, troppo: you are ~ kind sei troppo gentile. 3 (also) anche, pure: I'll take that one ~ prenderò anche quello; me ~! anch'io! 4 (moreover, what is more) per di più, per giunta, anche, inoltre; young, clever, and rich ~ giovane, intelligente e per di più ricco. 5 (used to contradict a negative sentence) invece, al contrario: you surely don't expect to win - I do ~! certo non ti aspetti di vincere (e) invece sì! □ all ~ anche troppo, fin troppo; fin troppo: all ~ true fin troppo vero; all ~ quickly (o all ~ soon) con eccessiva prontezza; (that's) ~ bad! che peccato!, è un vero peccato: it's too ~ you can't come è un vero

peccato che tu non possa venire; not ~ bad abbastanza buono, non (c'è) male; ~ beautiful for words di una bellezza indicibile, di indescrivibile bellezza; ~ many troppi: there are ~ many mistakes ci sono troppi errori; you eat ~ many sweets mangi troppi dolciumi; one ~ many (uno) di troppo; three ~ many tre di troppo; ~ much troppo: you eat ~ much bread mangi troppo pane; the champion was ~ much for the challenger il campione era troppo forte per lo sfidante; ~ good to be true troppo bello per essere vero; ~ true fin troppo vero. Prov.: ~ much of a good thing is good for nothing il troppo stroppia.

toodle-oo /ˌtuːdl'uː/ intz. (colloq,ant) ciao!, addio!

took /tʊk/ → take[1].

tool /tuːl/ I n. 1 strumento m., arnese m., attrezzo m.: the carpenter's ~s gli strumenti del falegname. 2 (Mecc) (working part of a machine) utensile m.; (machine tool) macchina f. utensile. 3 (estens,fig) strumento m. di lavoro: a dictionary is an indispensable ~ for a translator il dizionario è uno strumento di lavoro indispensabile per un traduttore. 4 (fig) (puppet) burattino m., marionetta f., strumento m.: he was a mere ~ in their hands era solo un burattino nelle loro mani. 5 (Legat) (instrument) bulino m.; (design, stamp) figura f. impressa con il bulino. 6 (volg) (penis) attrezzo m., arnese m., manico m., pene m. 7 (Br,sl,ant) arma f., pistola f. II v.t. 1 foggiare con un attrezzo, lavorare con un attrezzo. 2 (to decorate with a hand tool) decorare a mano. 3 (of stone) lavorare con lo scalpello, scalpellare. 4 (Legat) bulinare. 5 (colloq) (of a vehicle) guidare, condurre; (to convey in a vehicle) trasportare, scarrozzare. III v.i. 1 lavorare con un attrezzo, lavorare con una macchina utensile. 2 (colloq) (to drive, to ride) scarrozzare. □ (colloq) to ~ along (o drive, to ride) scarrozzare; (colloq) to ~ around girare senza fare molto; (Inform) ~ bar barra degli strumenti; ~ box cassetta degli attrezzi, cassetta portautensili; ~ engineering ingegneria industriale; (Mecc) ~ holder portautensili; ~ kit borsa degli arnesi, borsa degli attrezzi; the ~s of the trade i ferri del mestiere; ~ operator utensilista; ~ rest barra portautensili; to ~ up: 1 (used transitively: to equip with tools, machines) attrezzare, provvedere di macchinari; 2 (used intransitively: to get equipped with tools, machines) attrezzarsi, fornirsi di macchinari.

toolbar /'tuːlbɑr/ n. (Inform) barra f. degli strumenti.

tooler /'tuːlər/ n. 1 (Legat) bulinatore m. (f. -trice). 2 (Tecn) scalpello m. a punta larga (per lavorare la pietra).

tooling /'tuːlɪŋ/ n. 1 (Mecc) lavorazione f. con utensili. 2 (of stone) lavorazione f. della pietra. 3 (Legat) bulinatura f. 4 (Ind) attrezzamento m.

toolpost /'tuːlpoʊst/ n. (Mecc) portautensili m.

toolroom /'tuːlruːm/ n. utensileria f.

toon /tuːn/ n. (Am,sl) 1 (cartoon) cartone m. animato. 2 (character) personaggio m. di un cartone animato.

toonie /'tuːni/ n. (Canad,colloq) moneta f. da due dollari.

toot /tuːt/ I v.i. 1 (of a horn) suonare. 2 (to sound a horn) strombettare, suonare un clacson, suonare una tromba. II v.t. suonare: to ~ the horn suonare un corno. 2 (Am,sl) sniffare (spec. cocaina). III n. 1 (sound) suono m. di corno, rumore m. di clacson. 2 (Am, sl) (snort of cocaine) sniffata f. di una droga. 3 (Am,sl) (drinking spree) bevuta f., bisboccia *f.*, trincata *f.*

tooth /tuːθ/ **I** *n.* (*pl.* **teeth** /tiːθ/) **1** (*Anat,Bot, Mecc*) dente *m.* **2** (*toothlike projection*) dente *m.*, sporgenza *f.* **3** (*of a comb, rake, etc.*) dente *m.* **4** (*Art,Cart*) (*rough surface on paper, canvas*) grana *f.* **5** *pl.* (*fig*) (*effective force*) forza *f.*, efficacia *f.*: *the proposed amendment will put teeth into the law* l'emendamento proposto darà forza alla legge. **II** *v.t.* **1** provvedere (*o* fornire) di denti. **2** (*of a saw, etc.*) dentellare, seghettare. **III** *v.i.* (*Mecc*) (*of cogged wheels*) ingranare, ingranarsi, addentarsi. □ *to fight – and nail* combattere con le unghie e coi denti; (*fig*) *to make so.'s teeth curl* fare spaventare qcu., fare venire i brividi a qcu.; (*fig*) *to cut one's teeth on sth.* farsi le ossa con qcs.; (*Med*) ~ *decay* carie dentaria; (*Anat*) ~ *enamel* smalto dentario, smalto dei denti; (*infant*) ~ *fairy* fatina che porta soldini in cambio dei denti caduti; (*fig*) *to get one's teeth into sth.* impegnarsi in qcs.; affondare i denti in qcs.; (*fig*) *in the teeth of*: **1** di fronte a, in faccia a; **2** (*in defiance of*) nonostante, a dispetto di, in barba a, malgrado: *the bill was passed in the teeth of fierce opposition* la legge fu approvata nonostante l'accanita opposizione; (*fig*) *to set so.'s teeth on edge*. **1** far rabbrividire qcu.; **2** (*to irritate*) dare ai nervi a qcu., urtare qcu., irritare qcu.; *to have a – out* farsi togliere un dente; (*Anat*) ~ *root* radice dentaria.

toothache /ˈtuːθeɪk/ *n.* (*Med*) mal *m.* di denti, odontalgia *f.*

tooth-billed /ˈtuːθbɪld/ *a.* (*Ornit*) dal becco dentellato.

toothbrush /ˈtuːθbrʌʃ/ *n.* spazzolino *m.* da denti. □ ~ *stand* portaspazzolino.

toothcomb /ˈtuːθkoʊm/ *n.* pettine *m.* fitto, pettinina *f.* □ (*fig*) *with a (fine)* ~ al setaccio, molto accuratamente.

toothed /tuːθt/ *a.* **1** che ha denti, dentato. **2** (*in compounds*) dai denti..., a denti...: *a long-~ animal* un animale dai denti lunghi. **3** (*Biol*) dentato. **4** (*Mecc*) a denti, dentato.

toothing /ˈtuːθɪŋ/ *n.* **1** dentellatura *f.*, seghettatura *f.* **2** (*toothed arrangement*) dentatura *f.* **3** (*Mecc*) addentatura *f.* **4** (*Edil*) addentellato *m.*, ammorsatura *f.*

toothless /ˈtuːθləs/ *a.* sdentato, senza denti.

toothpaste /ˈtuːθpeɪst/ *n.* dentifricio *m.* in pasta, pasta *f.* dentifricia.

toothpick /ˈtuːθpɪk/ *n.* stuzzicadenti *m.*, stecchino *m.*

toothpowder /ˈtuːθpaʊdəʳ/ *n.* dentifricio *m.* in polvere, polvere *f.* dentifricia.

toothshell /ˈtuːθʃel/ *n.* (*Zool*) dentalio *m.*

toothsome /ˈtuːθsəm/ *a.* gustoso, gradevole.

toothsomeness /ˈtuːθsəmnəs/ *n.* gradevolezza *f.*, gustosità *f.*

toothy /ˈtuːθi/ *a.* con i denti grossi e ben visibili: *a – smile* un sorriso a trentadue denti.

tootin' /ˈtuːtɪŋ/ *a.* (*Am,colloq*) (*used to emphasize*) molto, tanto: *are you gonna do something about it?* - *Darn ~, I am* hai intenzione di fare qualcosa? - Sì, eccome!

tootle /ˈtuːtl/ *Am* /ˈtuːtl/ **I** *v.i.* emettere suoni flautati. **II** *n.* (*sound*) suono *m.* (di clacson, flauto ecc.).

too-too /ˈtuːtuː, ˌtuːˈtuː/ **I** *a.* (*colloq,ant*) **1** eccessivo, esagerato. **2** (*excessively affected*) affettato, ricercato, lezioso. **II** *avv.* (*colloq, ant*) eccessivamente, troppo, esageratamente.

toots /tuːts/ *n.* **1** (*infant*) (*foot*) piedino *m.*, piede *m.* **2** (*Am,sl,ant*) tesoro *m.*, amore *m.*, bambola *f.*, pupa *f.*

tootsie /ˈtutsi/ *n.* **1** (*infant*) (*foot*) piedino *m.*, piede *m.* **2** (*Am,sl,ant*) tesoro *m.*, amore *m.*,

bambola *f.*, pupa *f.*

toots-woots /ˈtuːtswuːts/ *n.* **1** (*infant*) (*foot*) piede *m.*, piedino *m.* **2** (*Am,sl,ant*) tesoro *m.*, amore *m.*, bambola *f.*, pupa *f.*

tootsy-wootsy /ˈtuːtsiˈwuːtsi/ *n.* **1** (*infant*) (*foot*) piede *m.*, piedino *m.* **2** (*Am,sl,ant*) tesoro *m.*, amore *m.*, bambola *f.*, pupa *f.*

top[1] /tɒp *Am* tɑːp/ **I** *n.* **1** cima *f.*, sommità *f.*, cocuzzolo *m.*: *the ~ of a mountain* la cima di una montagna. **2** (*uppermost part, surface*) sopra *m.*, piano *m.* superiore, parte *f.* superiore. **3** (*surface of the land, sea*) superficie *f.* **4** (*lid, cover*) coperchio *m.*, copertura *f.*; (*cap*) tappo *m.*, cappuccio *m.*: *a screw on* ~ un tappo a vite. **5** (*Bot*) (*of a plant*) corna *f.*, testa *f.*; (*edible head*) cima *f.*, punta *f.*: *turnip -s* cime di rapa. **6** (*fig*) (*highest position*) apice *m.*, vertice *m.*, culmine *m.*: *the ~ of one's profession* l'apice della carriera. **7** (*Scol*) (*pupil*) il primo *m.* (f. -a), alunno *m.* (f. -a) migliore. **8** (*fig*) (*best, choicest part*) il meglio, parte *f.* migliore (*o* scelta): *the ~ of the crop* il meglio del raccolto. **9** (*colloq*) (*beginning*) inizio *m.*, principio *m.*: *we'll take the last movement from the ~ again* rifaremo l'ultimo movimento dall'inizio. **10** (*Abbigl*) (*upper garment*) pezzo *m.* superiore, corpetto *m.*, top *m.* **11** (*Aut*) (*top gear*) presa *f.* diretta, marcia *f.* più elevata, velocità più elevata. **12** (*Aut*) (*cover for a vehicle*) cappotta *f.*, capote *f.*, tettuccio *m.*, tetto *m.*: *to fold down the* ~ abbassare la cappotta. **13** (*circus tent, big top*) tendone *m.* da circo. **14** (*Sport*) (*top spin*) effetto *m.* **15** (*in cards: best card*) carta *f.* più alta di un seme. **16** (*Mar*) coffa *f.*; (*topsail*) vela *f.* di gabbia, seconda vela *f.* **17** (*Calz*) tomaia *f.* **18** (*Tess*) nastro *m.* di pettinato, pettinato *m.* **19** (*Oref*) faccia *f.* obliqua, stuccatura *f.* **20** *pl.* (*costr.sing.*) (*colloq,ant*) (*best example, specimen*) il migliore, il meglio, quanto *m.* di meglio ci può essere. **21** *pl.* (*Chim*) prodotto *m.* di testa. **22** *pl.* (*metal buttons plated only on face*) bottoni *m.pl.* di metallo placcati solo da una parte. **II** *a.* **1** più alto, più elevato, superiore: *the ~ branch of a tree* la rama più alto di un albero. **2** (*foremost in importance, rank, etc.*) migliore, primo, più quotato: *the ~ class of a school* la classe migliore di una scuola; *to be ~ of the class* essere il primo della classe; *Britain's ~ newspaper* il primo giornale inglese. **3** (*high in rank, etc.*) di grado elevato, di prim'ordine, superiore: *a ~ diplomat* un diplomatico di grado elevato; ~ *people* gente di prim'ordine. **4** (*first*) primo: ~ *prize* primo premio. **5** (*of the highest degree, intensity, etc.*) massimo: ~ *prices* prezzi massimi. **6** (*of very high quality*) ottimo, buonissimo. □ (*Am,colloq*) ~ *banana* grande capo; (*Teat,Cin*) ~ *billing* posto d'onore sul cartellone, l'essere in cima al cartellone; (*Calz*) ~ *boot* stivale alla scudiera; (*colloq*) ~ *brass* alti ufficiali, alti funzionari; (*Met*) ~ *casting* colata dall'alto; (*fig*) ~ *class* di primo piano; ~ *coat* **1** (*Abbigl*) soprabito (leggero); **2** (*Pitt*) ultima mano; *to come to the* ~: **1** venire in superficie; **2** (*fig*) avere successo, sfondare, affermarsi; ~ *dog*. **1** (*at a dog show*) cane vincente; **2** (*colloq*) vincitore, dominatore, capo: *to be ~ dog* essere un pezzo grosso, essere un cane grosso; (*Am,colloq*) ~ *dollar* un prezzo molto alto, una cifra altissima; (*colloq*) ~ *drawer* di classe elevata, dell'alta società, bene; ~ *executive* alto dirigente; ~ *floor* ultimo piano; ~ *forty* i quaranta titoli più venduti (di libri, album ecc.); (*Aut*) ~ *gear* marcia più elevata, velocità più elevata, presa diretta; (*Mod*) ~ *hat* cappello a cilindro, cilindro; ~ *knot*. **1** ciuffo; **2** (*arrangement of*

hair) acconciatura alta (a nodo) con fiori o nastri; **3** (*ornament worn on the head*) nastro, fiocco; **4** (*Ornit*) ciuffo, cresta; **5** (*sl*) (*head*) testa, (*pop*) zucca; (*Mar*) ~ *light* fanale di gabbia; ~ *management* alta dirigenza, vertice aziendale, top management; *to the ~ of one's bent* al massimo grado, moltissimo, a più non posso; *the champion was on the ~ of his form* il campione era in piena forma; *a room at the ~ of the house* una stanza all'ultimo piano della casa; (*fig*) *at the ~ of one's lungs* a pieni polmoni, fortissimo; (*Ir*) *the ~ of the morning to you!* buongiorno!; *to sit at the ~ of the table* sedere a capotavola; (*fig*) *the ~ of the tree* il vertice, l'apice (di una carriera ecc.), la posizione più elevata; (*colloq*) *to be on ~ of the world* essere beato, essere estasiato, essere al settimo cielo; *at the ~ of one's voice* a squarciagola, a perdifiato; (*colloq*) *off the ~ of one's head* colto di sorpresa, impreparato; (*colloq*) *to talk out off the ~ of one's head* improvvisare, parlare a braccio; *on ~*: **1** sopra, in cima, sulla parte superiore; **2** (*on the top-deck of a bus*) sull'imperiale: *to ride on* ~ viaggiare sull'imperiale; **3** (*fig*) (*in a state of predominance*) in una posizione di predominio, in una posizione di sopravvento; *to come out on* ~ riuscire primo; *on* ~ *of*. **1** in cima a, in vetta a, sopra, su: *on* ~ *of a hill* in cima a una collina; *on* ~ *of a wall* su un muro; **2** (*very closely*) addosso a, sopra a, vicino a: *you're sitting on* ~ *of me* mi stai seduto addosso; **3** (*following closely on*) subito dopo, immediatamente dopo: (*colloq*) *one thing on* ~ *another* gli eventi precipitano; **4** (*in addition to*) oltre, per giunta; ~ *priority* priorità assoluta; (*fig*) *the ~ rung of the ladder* il gradino più alto della scala; *at* ~ *speed* a tutta velocità, di gran carriera; ~ *ten* top ten, i dieci titoli più venduti (di libri, album ecc.); *from ~ to bottom* da cima a fondo; *from ~ to toe* dalla testa ai piedi; ~ *twenty* i venti titoli più venduti (di libri, album ecc.).

top[2] /tɒp *Am* tɑːp/ (*past, p.p.* **topped** /-t/) *v.t.* **1** (*to provide with a covering*) fornire di (una) copertura. **2** (*with a lid*) mettere un coperchio a, fornire di coperchio, coprire. **3** (*with a cap*) mettere un cappuccio a, mettere un tappo a. **4** (*to replenish with liquid*) riempire (fino all'orlo), colmare, rabboccare. **5** (*colloq*) (*to add a finishing touch to*) finire, completare, coronare, dare l'ultimo tocco a. **6** (*to exceed in height*) superare, essere più alto di, sorpassare: *he -s me by three inches* è più alto di me di tre pollici. **7** (*to exceed*) superare, eccedere, oltrepassare, sorpassare: *exports have -ped the million mark* le esportazioni hanno superato il traguardo del milione. **8** (*to surpass*) superare, fare meglio di: *he -ped his previous performance* ha superato la sua precedente esecuzione, ha superato se stesso. **9** (*to reach the summit of*) arrivare all'altezza di, raggiungere la vetta di, raggiungere la sommità di. **10** (*to rise, to surmount*) alzarsi su, superare, passare su, sormontare: *the sun -ped the horizon* il sole si alzò sull'orizzonte. **11** (*to be at the top, head of*) essere in testa a, essere in cima a, capeggiare: *my name -ped the list* il mio nome era in testa all'elenco. **12** (*Agr,Giard*) cimare, spuntare. **13** (*sl*) (*to execute by hanging*) impiccare; (*to top oneself*) suicidarsi, uccidersi. **14** (*Sport*) (*to put a spin on*) dare l'effetto a; (*of a golf ball*) colpire alto. □ (*Br,colloq*) *to ~ and tail*. **1** togliere le due estremità di qcs. (verdura ecc.); **2** (*to wash*) lavare il viso e il sedere di un bambino; *to ~ sth. off*. **1** completare qcs., concludere qcs. felicemente; 2 (*to replenish with liquid*) riempire (fino all'orlo), colmare, rabboccare; 3 (*colloq*) (*to add a finishing touch to*) finire, completare, coronare, dare l'ultimo tocco a: *we -ped off the dinner with brandy* abbiamo finito il pranzo con un brandy; *to ~ out* superare l'apice: *now that unemployment has -ped out* adesso che la disoccupazione ha superato l'apice; *to ~ the bill*: 1 essere in cima al cartellone; 2 (*fig*) essere il primo di tutti; *to ~ up* (*to replenish with liquid*) riempire (fino all'orlo), colmare: *to ~ up a cup of coffee* aggiungere ancora un po' di caffè; *to ~ up the petrol tank* rabboccare il serbatoio della benzina, riempire il serbatoio della benzina.

top[3] /tɒp *Am* tɑːp/ *n.* 1 (*child's toy*) trottola *f.* 2 (*colloq,ant*) (*form of familiar address*) vecchio *m.*, amico *m.*

topaz /ˈtoʊpæz/ *n.* 1 (*Min*) topazio *m.* 2 (*colour*) color *m.* topazio, topazio *m.*

top-bracket /ˈtɒpbrækɪt *Am* ˈtɑːpbrækɪt/ *a.* (*colloq*) di classe elevata, dell'alta società, bene.

top-down /ˌtɒpˈdaʊn *Am* ˌtɑːpˈdaʊn/ *a.* dall'alto al basso, gerarchico.

top-dress /ˌtɒpˈdres *Am* ˈtɑːpdres/ *v.t.* (*Agr, Giard*) concimare a spandimento, fertilizzare a spandimento.

top-dressing /ˌtɒpˈdresɪŋ *Am* ˈtɑːpdresɪŋ/ *n.* (*Agr,Giard*) 1 concimazione *f.* a spandimento. 2 (*material used*) fertilizzante *m.* usato per la concimazione a spandimento.

tope[1] /toʊp/ *v.i.* (*ant,poet*) (*to drink to excess*) essere un ubriacone, bere troppo.

tope[2] /toʊp/ *n.* (*Itt*) cagnesca *f.*, galeo *m.*

topee /ˈtoʊpiː, toʊˈpiː/ *n.* casco *m.* coloniale.

toper /ˈtoʊpər/ *n.* (*ant*) ubriacone *m.* (*f.* -a), beone *m.* (*f.* -a).

topflight /ˈtɒpflaɪt *Am* ˈtɑːpflaɪt/ *a.* (*colloq*) di classe elevata, dell'alta società, bene.

topgallant /ˌtɒpˈgælənt *Am* ˌtɑːpˈgælənt/ *n.* (*Mar*) 1 (*mast*) albero *m.* di velaccio. 2 (*sail*) velaccio *m.* □ (*Mar*) ~ *mast* albero di velaccio; (*Mar*) ~ *sail* velaccio.

top-grade /ˌtɒpˈɡreɪd *Am* ˈtɑːpɡreɪd/ *a.* di prima qualità.

toph /toʊf/ *n.* (*Geol*) tufo *m.*

top-heavy /ˌtɒpˈhevi *Am* ˈtɑːpˌhevi/ *a.* sbilanciato, che ha troppo peso nella parte superiore.

Tophet, Topheth /ˈtoʊfet/ *n.* 1 (*Bibl*) Tofet *m.* 2 (*fig*) (*hell, Gehenna*) inferno *m.*, Geenna *f.*

top-hole /ˌtɒpˈhoʊl *Am* ˌtɑːpˈhoʊl/ *a.* (*spec. Br, colloq,ant*) (*excellent, first-rate*) di prim'ordine, eccellente.

tophus /ˈtoʊfəs/ (*pl.* -**phi** /-faɪ/) *n.* (*Dent*) tofo *m.*

topiarist /ˈtoʊpiərɪst *Am* ˈtoʊpiərɪst/ *n.* (*Giard*) giardiniere *m.* esperto nell'arte topiaria.

topiary /ˈtoʊpiəri *Am* ˈtoʊpieri/ **I** *n.* (*Giard*) arte *f.* topiaria. **II** *a.* (*Giard*) topiario.

topic /ˈtɒpɪk *Am* ˈtɑːpɪk/ *n.* 1 argomento *m.*, tema *m.*, soggetto *m.*, materia *f.*: *current ~ of conversation* tema attuale di conversazione. 2 (*Ret*) topica *f.* □ ~ *sentence* frase all'inizio di un paragrafo (che introduce l'argomento (del paragrafo in questione)).

topical /ˈtɒpɪkəl *Am* ˈtɑːpɪkəl/ *a.* 1 di attualità, attuale. 2 (*Med*) locale, topico. 3 (*Ret*) topico.

topicality /ˌtɒpɪˈkæləti *Am* ˌtɑːpɪˈkæləti/ *n.* attualità *f.*

topically /ˈtɒpɪkəli *Am* ˈtɑːpɪkəli/ *avv.* attualmente, correntemente.

topless /ˈtɒpləs *Am* ˈtɑːpləs/ **I** *a.* (*Abbigl*) topless, che lascia il seno scoperto. **II** *n.* (*Abbigl*) abito *m.* che lascia il seno scoperto, topless *m.* □ ~ *dancing* ballo con donne

in topless.

top-level /ˌtɒpˈlevəl *Am* ˌtɑːpˌlevəl/ *a.* (*colloq*) ad alto livello: ~ *talks* colloqui ad alto livello.

toplofty /ˈtɒplɔːfti *Am* ˈtɑːplɔːfti/ *a.* (*Am,colloq*) altezzoso, arrogante.

topmast /ˈtɒpmɑːst *Am* ˈtɑːpmæst/ *n.* (*Mar*) albero *m.* di gabbia.

topmost /ˈtɒpmoʊst *Am* ˈtɑːpmoʊst/ *a.* 1 il più alto, il più elevato, eccelso. 2 (*uppermost*) superiore, il più alto: *the ~ layer* lo strato superiore.

top-notch /ˌtɒpˈnɒtʃ *Am* ˌtɑːpˈnɑːtʃ/ *a.* (*colloq*) 1 di prim'ordine, eccellente, di prima qualità. 2 (*of the highest rank*) il più importante, il più alto in grado, il più elevato in grado.

top-notcher /ˌtɒpˈnɒtʃər *Am* ˌtɑːpˈnɑːtʃər/ *n.* (*colloq*) asso *m.* dello sport.

topo /ˈtɑːpoʊ/ *n.* (*Am,colloq*) carta *f.* per alpinismo.

topographer /təˈpɒɡrəfər *Am* təˈpɑːɡrəfər/ *n.* topografo *m.*

topographic /ˌtɒpoʊˈɡræfɪk *Am* ˌtɑːpəˈɡræfɪk/ *a.* topografico.

topographical /ˌtɒpoʊˈɡræfɪkəl *Am* ˌtɑːpəˈɡræfɪkəl/ *a.* topografico.

topographically /ˌtɒpoʊˈɡræfɪkəli *Am* ˌtɑːpəˈɡræfɪkəli/ *avv.* topograficamente.

topography /təˈpɒɡrəfi *Am* təˈpɑːɡrəfi/ *n.* topografia *f.*

topoi /ˈtɒpɔɪ *Am* ˈtoʊpɔɪ/ → **topos**

topological /ˌtɒpəˈlɒdʒɪkəl *Am* ˌtɑːpəˈlɑːdʒɪkəl/ *a.* (*Mat*) topologico. □ (*Mat*) ~ *property* proprietà topologica.

topology /təˈpɒlədʒi *Am* təˈpɑːlədʒi/ *n.* topologia *f.* (*anche Geol,Mat,Inform*).

toponym /ˈtɒpənɪm *Am* ˈtɑːpənɪm/ *n.* toponimo *m.*

toponymy /təˈpɒnɪmi *Am* təˈpɑːnɪmi/ *n.* toponomastica *f.*

topos /ˈtɒpɒs *Am* ˈtoʊpoʊs/ (*pl.* **topoi** /-ɔɪ/) *m.* (*Lett*) topos *m.*: *literary ~* topos letterario.

topper /ˈtɒpər *Am* ˈtɑːpər/ *n.* 1 (*Agr*) cimatore *m.*(*f.* -trice), spuntatore *m.* (*f.* -trice); (*tool*) svettatoio *m.* 2 (*colloq*) (*top hat*) cappello *m.* a cilindro, cilindro *m.* 3 (*Br,colloq,ant*) (*so. excellent, first-rate*) persona *f.* di prim'ordine, asso *m.*; (*sth. excellent*) cosa *f.* di prim'ordine, cosa *f.* eccellente. 4 (*Br,colloq,ant*) (*good fellow*) tipo *m.* socievole, tipo *m.* cordiale.

topping /ˈtɒpɪŋ *Am* ˈtɑːpɪŋ/ **I** *n.* 1 (*Dolc, Gastron*) guarnizione *f.*, decorazione *f.* 2 (*Agr, Giard*) cimatura *f.*, svettatura *f.*, spuntatura *f.* 3 *pl.* (*Agr,Giard*) fronde *f.pl.* tagliate, spuntatura *f.* 4 (*Edil,Strad*) manto *m.* superficiale. 5 (*Chim*) predistillazione *f.* 6 (*Tess*) rifiuti *m.pl.* di pettinatura. **II** *a.* (*Br,colloq,ant*) eccellente, di prim'ordine, di prima qualità.

topple /ˈtɒpl *Am* ˈtɑːpl/ **I** *v.i.* 1 rovesciarsi, ruzzolare, fare un capitombolo: *he -d backwards* capitombolò all'indietro. 2 (*fig*) vacillare, traballare, barcollare. **II** *v.t.* 1 rovesciare, far cadere, far cadere. 2 (*fig*) (*to overthrow*) rovesciare, abbattere, far cadere: *to ~ the government* rovesciare il governo. □ *to ~ down* (o *to ~ over*) rovesciarsi, ruzzolare, fare un capitombolo.

topsail /ˈtɒpseɪl *Am* ˈtɑːpseɪl/ *n.* (*Mar*) controranda *f.*

top-sawyer /ˈtɒpsɔːjər *Am* ˈtɑːpsɔːjər/ *n.* (*ant*) personaggio *m.* importante, persona *f.* in vista.

top-secret /ˌtɒpˈsiːkrɪt *Am* ˌtɑːpˈsiːkrɪt/ *a.* segretissimo, top secret.

topside /ˈtɒpsaɪd *Am* ˈtɑːpsaɪd/ *n.* 1 parte *f.* superiore, lato *m.* superiore. 2 (*Macell*) controgirello *m.* 3 *pl.* (*Mar*) opera *f.* morta.

topsoil /ˈtɒpsɔɪl *Am* ˈtɑːpsɔɪl/ *n.* (*Agr*) 1 terreno *m.* di superficie. 2 (*loam*) terriccio *m.*

topspin /ˈtɒpspɪn *Am* ˈtɑːpspɪn/ *n.* (*Sport*) effetto *m.* topspin, topspin *m.*

topstitch /ˈtɒpstɪtʃ *Am* ˈtɑːpstɪtʃ/ *v.t.* (*Sart*) impunturare.

top-stitching /ˈtɒpstɪtʃɪŋ *Am* ˈtɑːpˌstɪtʃɪŋ/ *n.* (*Sart*) impuntura *f.*

topsy-turvy /ˌtɒpsiˈtɜːvi *Am* ˌtɑːpsiˈtɜːrvi/ **I** *a.* 1 (*upside down*) sottosopra. 2 (*in disorder*) sottosopra, a soqquadro: *to turn a room ~* mettere una stanza sottosopra. **II** *avv.* 1 (*upside down*) sottosopra. 2 (*in disorder*) sottosopra, a soqquadro: *to turn a room ~* mettere una stanza sottosopra.

toque /toʊk/ *n.* 1 (*Stor*) tocco *m.* 2 (*Mod*) toque *f.*

tor /tɔːr *Am* tɔːr/ *n.* (*rocky peak*) punta *f.* rocciosa.

Torah /ˈtɔːrə/ *n.* (*Rel,ebr*) Torah *f.*

torch /tɔːtʃ *Am* tɔːrtʃ/ *n.* 1 torcia *f.*, fiaccola *f.* 2 (*fig*) fiaccola *f.*, fiamma *f.*: *the ~ of liberty* la fiaccola della libertà; (*fig*) *to hand* (o *to pass*) *on the ~ of sth.* tramandare la fiaccola di qcs. 3 (*electric torch*) torcia *f.* elettrica, pila *f.* tascabile, lampadina *f.* tascabile. 4 (*Tecn*) cannello *m.*; (*for soldering or heating*) lampada *f.* a benzina. **II** *v.t.* (*colloq*) dare fuoco (a qcs.), incendiare. □ (*Folcl*) ~ *dance* danza con le fiaccole; (*Pesc*) ~ *fishing* pesca con la torcia; ~ *singer* chi canta canzoni d'amore non corrisposto; ~ *song* canzone d'amore non corrisposto.

torchbearer /ˈtɔːtʃbeərər *Am* ˈtɔːrtʃˌberər/ *n.* 1 portatore *m.* (*f.* -trice) di fiaccola, chi porta una fiaccola (*anche fig*). 2 (*Sport*) tedoforo *m.*

torchlight /ˈtɔːtʃlaɪt *Am* ˈtɔːrtʃlaɪt/ **I** *n.* luce *f.* di fiaccola, luce *f.* di torcia. **II** *a.* di fiaccole, di torce. □ *a ~ procession* una fiaccolata (in corteo).

torchlit /ˈtɔːtʃlɪt *Am* ˈtɔːrtʃlɪt/ *a.* illuminato da torce, illuminato da fiaccole.

torchon /ˈtɔːʃɒn *Am* ˈtɔːrʃɑːn/ *n.* pizzo *m.* a trama grossa, merletto *m.* a trama grossa. □ ~ *lace* pizzo a trama grossa, merletto a trama grossa.

tore[1] /tɔːr *Am* tɔːr/ → **tear**[2].

tore[2] /tɔːr *Am* tɔːr/ *n.* (*Arch,Mat*) toro *m.*

toreador /ˈtɒriədɔːr *Am* ˈtɔːriədɔːr/ *n.* toreador *m.* □ (*Am,Abbigl*) ~ *pants* pantaloni alla torero.

torero /tɒˈreəroʊ *Am* təˈreroʊ/ (*pl.* -**s** /-z/) *n.* torero *m.*

toreutics /təˈruːtɪks *Am* təˈruːtɪks/ *n.pl.* (*costr.sing.*) (*Met*) toreutica *f.*

toric /ˈtɒrɪk *Am* ˈtɔːrɪk/ *a.* (*Geom*) torico. □ (*Ott*) ~ *lens* lente torica.

torment[1] /tɔːˈment *Am* tɔːrˈment/ *v.t.* 1 tormentare, torturare, martoriare, affliggere. 2 (*to harass, to worry*) tormentare, infastidire, molestare: *to be -ed by mosquitoes* essere tormentato dalle zanzare; *to ~ so. with questions* infastidire qcu. con domande.

torment[2] /ˈtɔːment *Am* ˈtɔːrment/ *n.* 1 tormento *m.*, tortura *f.*, strazio *m.*, pena *f.* 2 (*source of pain, anguish*) tormento *m.*, patimento *m.*, pena *f.*, sofferenza *f.*, agonia *f.* 3 (*person that harasses, vexes*) tormento *m.*, pena *f.*, croce *f.*: *that child is a ~ to his mother* quel bambino è un tormento per sua madre. □ *to be in ~* essere tormentato.

tormentil /ˈtɔːməntɪl *Am* ˈtɔːrməntɪl/ *n.* (*Bot*) tormentilla *f.*

tormenting /tɔːˈmentɪŋ *Am* tɔːrˈmentɪŋ/ *a.* tormentoso, fastidioso, molesto.

tormentor /tɔːˈmentər *Am* tɔːrˈmentər/ *n.* 1 chi tormenta, tormentatore *m.* 2 (*Stor,Bibl*) torturatore *m.* 3 (*Teat*) tenda *f.* usata per nascondere le quinte.

tormentress /tɔːˈmentrəs *Am* tɔːrˈmentrəs/ *n.* tormentatrice *f.*

tormina /ˈtɔːmɪnə *Am* ˈtɔːrmɪnə/ *n.pl.* (*Med*) colica *f.sing.* intestinale.

torn[1] /tɔːn *Am* tɔːrn/ → **tear**[2].

torn[2] /tɔːn *Am* tɔːrn/ *a.* (*colloq*) indeciso, combattuto.

tornado /tɔːˈneɪdəʊ *Am* tɔːrˈneɪdəʊ/ (*pl.* **-s/-es** /-z/) *n.* **1** (*Meteor*) tornado *m.*; (*whirlwind*) tromba *f.* d'aria, turbine *m.* **2** (*fig*) uragano *m.*: *a ~ of applause* un uragano di applausi.

toroid /ˈtɔːrɔɪd/ *n.* (*Geom*) toroide *f.*

toroidal /tɔːˈrɔɪd°l/ *a.* (*Mat,El*) toroidale: *~ coil* bobina toroidale.

Toronto /təˈrɒntəʊ *Am* təˈrɑːntəʊ/ *n.pr.* (*Geog*) Toronto *f.*

torpedo /tɔːˈpiːdəʊ *Am* tɔːrˈpiːdəʊ/ **I** *n.* (*pl.* **-es** /-z/) **1** (*Mar.mil*) siluro *m.*, torpedine *f.* **2** (*Aer.mil*) (*aerial torpedo*) siluro *m.* **3** (*fog signal*) segnale *m.* da nebbia. **4** (*Ferr*) petardo *m.* **5** (*Itt*) torpedine *f.* **II** *v.t.* **1** (*Mar.mil*) silurare, attaccare con siluri. **2** (*fig*) silurare, bocciare, far fallire, far naufragare. □ (*Aer.mil*) ~ *aircraft* aerosilurante; (*Mar.mil*) ~ *boat* torpediniera, silurante; (*Aer.mil*) ~ *bomber* aerosilurante; (*Itt*) ~ *fish* torpedine; (*Mar.mil*) *net* rete parasiluri; (*Aer.mil*) ~ *plane* aerosilurante; (*Mar.mil*) ~ *tube* tubo di lancio, lanciasiluri.

torpedoman /tɔːˈpiːdəʊmən *Am* tɔːrˈpiːdəʊmən/ *n.irr.* (*Mar.mil*) torpediniere *m.*

torpid /ˈtɔːpɪd *Am* ˈtɔːrpɪd/ *a.* **1** torpido, intorpidito. **2** (*apathetic*) apatico, indolente.

torpidity /tɔːˈpɪdɪti *Am* tɔːrˈpɪdəti/ *n.* **1** torpidezza *f.*, torpore *m.* **2** (*fig*) apatia *f.*, indolenza *f.*

torpidly /ˈtɔːpɪdli *Am* ˈtɔːrpɪdli/ *avv.* **1** torpidamente. **2** (*fig*) apaticamente, con indolenza.

torpidness /ˈtɔːpɪdnəs *Am* ˈtɔːrpɪdnəs/ *n.* **1** torpidezza *f.*, torpore *m.* **2** (*fig*) apatia *f.*, indolenza *f.*

torpor /ˈtɔːpə *Am* ˈtɔːrpər/ *n.* **1** torpore *m.*, torpidezza *f.*, lentezza *f.*, fiacca *f.* **2** (*fig*) apatia *f.*

torquate /ˈtɔːkweɪt *Am* ˈtɔːrkweɪt/ *a.* (*Zool*) che ha un collare, dal collare.

torque /tɔːk *Am* tɔːrk/ *n.* **1** (*Fis*) momento *m.* torcente; (*rotating force*) forza *f.* di torsione. **2** (*Mecc*) coppia *f.* **3** (*Aer*) coppia *f.* di reazione. **4** (*Archeol*) torque *f.* □ (*Mecc*) ~ *converter* convertitore di coppia.

torr /tɔː *Am* tɔːr/ *n.* (*Fis*) torr *m.*

torrefaction /ˌtɒrɪˈfækʃən *Am* ˌtɔːrəˈfækʃən/ *n.* torrefazione *f.*

torrefy /ˈtɒrɪfaɪ *Am* ˈtɔːrəfaɪ/ *v.t.* torrefare (*anche Farm,Met*).

torrent /ˈtɒrənt *Am* ˈtɔːrənt/ *n.* **1** torrente *m.* **2** (*downpour of rain*) acquazzone *m.*, pioggia *f.* torrenziale. **3** (*fig*) torrente *m.*, fiume *m.*, diluvio *m.*: *a ~ of abuse* un torrente di ingiurie.

torrential /tɒˈrenʃəl *Am* tɔːˈrenʃ°l/ *a.* **1** torrentizio: *~ river* fiume torrentizio. **2** (*of rain*) torrenziale.

Torricellian /ˌtɒrɪˈtʃeliən *Am* ˌtɔːrəˈtʃeliən/ □ (*Fis*) ~ *vacuum* vuoto Torricelliano.

torrid /ˈtɒrɪd *Am* ˈtɔːrɪd/ *a.* **1** torrido: *~ heat* caldo torrido. **2** (*fig*) appassionato, ardente, focoso. □ (*Geog*) ~ *zone* zona torrida.

torridity /tɒˈrɪdɪti *Am* tɔːˈrɪdəti/ *n.* l'essere torrido.

torridness /ˈtɒrɪdnəs *Am* ˈtɔːrɪdnəs/ *n.* l'essere torrido.

torsel /ˈtɔːs°l *Am* ˈtɔːrs°l/ *n.* **1** voluta *f.*, spirale *f.* **2** (*Edil*) tassello *m.*

torsion /ˈtɔːʃən *Am* ˈtɔːrʃ°n/ *n.* **1** torsione *f.*, torcitura *f.* **2** (*Mecc,Mat,Chir*) torsione *f.* □ (*Mecc*) ~ *balance* bilancia di torsione; (*Mecc*) ~ *bar* barra di torsione; (*Mecc*) ~ *pendulum* pendolo di torsione.

torsional /ˈtɔːʃ°n°l *Am* ˈtɔːrʃ°n°l/ *a.* di torsione, torsionale: *~ elasticity* elasticità di torsione.

torso /ˈtɔːsəʊ *Am* ˈtɔːrsəʊ/ (*pl.* **-s** /-z/ o **-si** /-sɪ/) *n.* **1** (*Anat*) torso *m.*, tronco *m.* **2** (*Scult*) torso *m.* (di statua). **3** (*fig*) cosa *f.* incompleta o mutilata.

tort /tɔːt *Am* tɔːrt/ *n.* (*Dir*) illecito *m.* civile. □ (*Dir*) ~ *feasor* chi compie un illecito civile.

torticollis /ˌtɔːtɪˈkɒlɪs *Am* ˌtɔːrtəˈkɑːləs/ *n.* (*Med*) torcicollo *m.*

tortile /ˈtɔːtaɪl *Am* ˈtɔːrtaɪl/ *a.* ritorto, a spire.

tortilla /tɔːˈtiːjə *Am* tɔːrˈtiːjə/ *n.* (*Gastron*) tortilla *f.*, focaccia *f.* messicana di granoturco.

tortious /ˈtɔːʃəs *Am* ˈtɔːrʃəs/ *a.* (*Dir*) lesivo.

tortoise /ˈtɔːtəs *Am* ˈtɔːrtəs/ (*pl.inv.* o **-ses** /-sɪz/) *n.* **1** (*Zool*) tartaruga *f.*, testuggine *f.* **2** (*Stor.rom*) testuggine *f.*

tortoiseshell /ˈtɔːtəʃel *Am* ˈtɔːrtəʃel/ **I** *n.* tartaruga *f.* **II** *a.* di tartaruga: *a ~ comb* un pettine di tartaruga. □ ~ *cat* gatto dai colori nero, rosso e giallo, gatto tricolore.

tortuosity /ˌtɔːtʃuˈɒsɪti, ˌtɔːtʃuˈɒsɪti *Am* ˌtɔːrtʃuˈɑːsəti/ *n.* tortuosità *f.* (*anche fig*).

tortuous /ˈtɔːtʃuəs, ˈtɔːtʃuəs *Am* ˈtɔːrtʃuəs/ *a.* **1** tortuoso, serpeggiante: *a ~ path* un sentiero tortuoso. **2** (*fig*) contorto, tortuoso: *~ reasoning* ragionamento contorto. **3** (*fig*) (*devious, treacherous*) ambiguo, subdolo, tortuoso.

tortuously /ˈtɔːtʃuəsli, ˈtɔːtʃuəsli *Am* ˈtɔːrtʃuəsli/ *avv.* tortuosamente (*anche fig*).

tortuousness /ˈtɔːtʃuəsnəs, ˈtɔːtʃuəsnəs *Am* ˈtɔːrtʃuəsnəs/ *n.* tortuosità *f.* (*anche fig*).

torture /ˈtɔːtʃə *Am* ˈtɔːrtʃər/ **I** *n.* **1** tortura *f.*, supplizio *m.* **2** (*fig*) (*extreme suffering*) tormento *m.*, strazio *m.*, tortura *f.* **II** *v.t.* **1** torturare, mettere alla tortura. **2** (*fig*) tormentare, torturare: *to be -d by doubts* essere tormentato dai dubbi. **3** (*to wrench out of shape*) torcere, contorcere, distorcere. **4** (*of language, meaning, etc.*) svisare, travisare. □ ~ *chamber* camera di tortura; *to ~ so. to death* torturare qcu. alla morte.

torturer /ˈtɔːtʃərə *Am* ˈtɔːrtʃərər/ *n.* chi tortura, tormentatore *m.* (*f.* -trice).

torturous /ˈtɔːtʃərəs *Am* ˈtɔːrtʃərəs/ *a.* che è una tortura, tormentoso, angoscioso, straziante.

torula /ˈtɒrjuːlə *Am* ˈtɔːrjuːlə/ *n.* (*Bot*) torula *f.*

torus /ˈtɔːrəs/ (*pl.* **-ri** /-raɪ/) *n.* (*Arch,Mat,Anat, Bot*) toro *m.*

Tory /ˈtɔːri/ **I** *n.* **1** (*GB,Pol*) membro *m.* del partito conservatore, sostenitore (*f.* -trice) del partito conservatore, conservatore *m.* (*f.* -trice). **2** (*Stor.brit*) tory *m.* **3** (*Stor.am*) lealista *m./f.*, sostenitore *m.* (*f.* -trice) della corona britannica (durante la guerra di indipendenza americana). **4** (*Stor.irl*) fuorilegge *m./f.* realista. **II** *a.* **1** (*GB,Pol*) dei conservatori, conservatore. **2** (*Stor.brit*) dei tories. □ ~ *Party*: **1** (*GB,Pol*) partito conservatore; **2** (*Stor.brit*) partito tory.

Toryism /ˈtɔːriːɪz°m/ *n.* (*GB,Pol*) conservatorismo *m.*

tosh /tɒʃ/ *n.* **1** (*Br,colloq*) sciocchezze *f.pl.*, stupidaggini *f.pl.*, (*pop*) fesserie *f.pl.*, cavolate *f.pl.* **2** (*Br,colloq*) signore *m.*, capo *m.*, amico *m.*

toss[1] /tɒs *Am* tɔːs/ (*past, p.p.* **-ed** /*rar* **tost** /-t/) **I** *v.t.* **1** gettare, lanciare, buttare, tirare: *to ~ a bone to a dog* gettare un osso a un cane. **2** (*to cause to pitch*) sballottare, scuotere, agitare. **3** (*of a bull*) incornare e sbalzare in aria. **4** (*of a horse*) disarcionare, sbalzare di sella. **5** (*of a coin*) lanciare in aria, tirare in aria. **6** (*to compete with at heads and tails*) fare a testa e croce con, sfidare a testa e croce. **7** (*of a pancake, etc.*) voltare (facendo saltare in aria). **8** (*of the head*) scuotere, scrollare. **9** (*fig*) (*to put forcefully, swiftly*) buttare, gettare, sbattere: *to ~ so. into jail* sbattere qcu. in

prigione. **10** (*Am,sl*) (*of the police*) perquisire. **11** (*Gastron*) mescolare (per condire): *to ~ a salad* mescolare un'insalata. **II** *v.i.* **1** essere sballottato. **2** (*to twist, to fling oneself about*) dimenarsi, agitarsi, dibattersi. **3** (*to be agitated*) agitarsi, smaniare. **4** (*Br,sl,volg*) masturbarsi, farsi una sega. □ ~ *to ~ about* (*to twist, to fling oneself about*) dimenarsi, agitarsi, dibattersi; *to ~ around* considerare, discutere, dibattere, trattare: *to ~ an idea around* discutere un'idea; *we -ed the proposal around* abbiamo dibattuto la proposta; *to ~ away* scartare, eliminare, liberarsi di; *to ~ back*: **1** gettare (qcs.) all'indietro; **2** (*sl*) (*of a drink*) tracannare, bere (qcs.) tutto d'un fiato; (*sl*) *to ~ down* (*of a drink*) tracannare, bere (qcs.) tutto d'un fiato; *to ~ off*: **1** (*of a drink*) bere avidamente, bere tutto d'un fiato, tracannare; **2** (*to produce casually, swiftly*) fare alla meglio, improvvisare, allestire in fretta; **3** (*of an article, etc.*) buttare giù; **4** (*Br,sl,volg*) (*to masturbate*) farsi una sega, farsi una pippa; *to ~ sth. out* buttare via qcs., liberarsi di qcs.; *to ~ up*: **1** lanciare in aria, buttare in aria; **2** (*to toss a coin*) fare a testa e croce, tirare a testa e croce, tirare la moneta; **3** (*Br, sl*) vomitare, liberarsi.

toss[2] /tɒs *Am* tɔːs/ *n.* **1** lancio *m.*, tiro *m.* (*spec.* di una moneta): *to win the ~* vincere a testa e croce. **2** (*of the head*) scossa *f.*, scrollata *f.*, scuotimento *m.* **3** (*act of tossing-up*) tiro *m.* della moneta. □ (*Br,sl*) *not to care a ~* (o *not to give a ~*) fregarsene, infischiarsene, non interessarsene minimamente; *to take a ~* essere disarcionato, essere sbalzato di sella.

tosser /ˈtɒsə *Am* ˈtɑːsər/ *n.* (*sl,spreg*) coglione *m.* (*f.* -a), cretino *m.* (*f.* -a).

toss-up /ˈtɒsʌp *Am* ˈtɑːsʌp/ *n.* **1** il tirare a sorte, tiro *m.* della moneta, tiro *m.* a sorte. **2** (*colloq*) (*even chance*) probabilità *f.pl.* pari; (*matter of luck*) questione *f.* di fortuna. □ *it's a ~ whether or not he'll come* è dubbio se verrà.

tost /tɒst *Am* tɑːst/ → **toss**[1].

tot[1] /tɒt *Am* tɑːt/ *n.* **1** (*small child*) bimbo *m.* (*f.* -a), bimbetto *m.* (*f.* -a), frugoletto *m.* (*f.* -a). **2** (*Br*) (*dram of liquor*) sorso *m.*, goccio *m.*: *a ~ of rum* un sorso di rum.

tot[2] /tɒt/ (*past, p.p.* **totted** /ˈtɒtɪd/) □ (*Br*) *to ~ up*: **1** (*used transitively*) addizionare, sommare, fare la somma di: *to ~ up a column of figures* addizionare una colonna di cifre; **2** (*used intransitively*) ammontare (*to* a).

tot[3] /tɒt *Am* tɑːt/ *n.* (*sum, total*) somma *f.*, totale *m.*

total[1] /ˈtəʊt°l *Am* ˈtoʊt°l/ **I** *a.* **1** totale, complessivo, tutto: *the ~ amount* l'importo totale. **2** (*absolute, complete*) assoluto, totale, integrale, completo: *~ blindness* cecità assoluta; *a ~ failure* un fallimento totale. **3** (*of sth. in its entirety*) complessivo, totale, globale, intero: *the ~ outcome* il risultato complessivo. **II** *n.* totale *m.*, somma *f.* □ ~ *abstainer* astemio (per principio); (*Astr*) ~ *eclipse* eclissi totale; ~ *heat* entalpia; *to be in ~ ignorance of sth.* ignorare totalmente qcs.; (*Pedag*) ~ *immersion course* corso a immersione totale; ~ *income* reddito totale; (*Ott*) ~ *internal reflection* riflessione totale; *Total Quality Management* gestione della qualità totale; *to have the power of ~ recall* avere una memoria di ferro; (*Ott*) ~ *reflection* riflessione totale; *a ~ stranger* un perfetto estraneo; (*Pol*) ~ *war* guerra totale; ~ *weight* peso totale; ~ *wreck* sfacelo completo, disastro, cosa completa sfasciata.

total[2] /ˈtəʊt°l *Am* ˈtoʊt°l/ (*past, p.p.* **totalled** / *Am* **totaled** /-d/) *v.t.* **1** addizionare, sommare.

2 (*to amount to*) ammontare a, giungere a un totale di. **3** (*Am,sl*) (*to destroy*) distruggere, fracassare, sfasciare: *to ~ a car* sfasciare una macchina. **4** (*Am,sl*) (*to kill*) uccidere; (*to injure*) ferire gravemente. □ *to ~ up* ammontare (*to* a).

totalisation /ˌtəʊtəl(a)ɪˈzeɪʃ³n/ *n.* (*Br*) il sommare, addizione *f.*

totalisator /ˈtəʊtəl(a)ɪzeɪtər/ *n.* (*Br*) totalizzatore *m.* (*anche Sport*).

totalise /ˈtəʊtəlaɪz/ I *v.t.* (*Br*) sommare, addizionare. II *v.i.* (*Br*) (*in betting*) usare il totalizzatore.

totaliser /ˈtəʊtəlaɪzər/ *n.* **1** (*Br*) totalizzatore *m.* (*anche Sport*). **2** (*Br*) (*adding machine*) addizionatrice *f.*

totalitarian /təʊˌtælɪˈteərɪən/ Am təʊˌtæləˈteriən/ *a.* (*Pol*) totalitario.

totalitarianism /təʊˌtælɪˈteərɪənɪzᵊm Am təʊˌtælɪˈteriənɪzᵊm/ *n.* (*Pol*) totalitarismo *m.*

totality /təʊˈtælɪti Am təʊˈtæləti/ *n.* **1** totalità *f.* **2** (*Astr*) totalità *f.* □ *in ~* nel complesso, in totale.

totalization /ˌtəʊtəl(a)ɪˈzeɪʃᵊn Am ˌtəʊtᵊlɪˈzeɪʃᵊn/ *n.* il sommare, addizione *f.*

totalizator /ˈtəʊtᵊl(a)ɪzeɪtər Am ˈtəʊtᵊlɪzeɪtər/ *n.* totalizzatore *m.* (*anche Sport*).

totalize /ˈtəʊtᵊlaɪz Am ˈtəʊtᵊlaɪz/ I *v.t.* sommare, addizionare. II *v.i.* (*in betting*) usare il totalizzatore.

totalizer /ˈtəʊtᵊlaɪzər Am ˈtəʊtᵊlaɪzər/ *n.* **1** totalizzatore *m.* (*anche Sport*). **2** (*adding machine*) addizionatrice *f.*

totally /ˈtəʊtᵊli Am ˈtəʊtᵊli/ *avv.* completamente, totalmente, interamente, in tutto e per tutto: *~ wrong* completamente sbagliato.

tote[1] /təʊt/ *n.* (*Sport*) (*totalizator*) totalizzatore *m.*

tote[2] /təʊt/ (*colloq*) *v.t.* **1** portare sulle spalle, portare a braccia. **2** (*of weapons*) portare. **3** (*to transport*) trasportare, portare. □ *~ bag* borsa grande, sporta.

totem /ˈtəʊtəm Am ˈtəʊtəm/ *n.* (*Etnol*) totem *m.* □ (*Etnol*) *~ pole* (o *~ post*) totem, palo raffigurante un totem.

totemic /təʊˈtemɪk Am təʊˈtemɪk/ *a.* (*Etnol*) totemico.

totemism /ˈtəʊtəmɪzᵊm Am ˈtəʊtəmɪzᵊm/ *n.* (*Etnol*) totemismo *m.*

totemistic /ˌtəʊtəˈmɪstɪk/ *a.* (*Etnol*) totemico.

t'other, tother /ˈtʌðər/ I *pron.* (*dial,colloq*) quell'altro, l'altro: *this, that and ~* questo, quello e quell'altro. II *a.* (*dial,colloq*) altro.

totipotent /təʊˈtɪpətᵊnt/ *a.* (*Biol*) totipotente.

totter /ˈtɒtər Am ˈtɑːtər/ I *v.i.* barcollare, vacillare, traballare (*anche fig*): *the drunkard -ed and fell* l'ubriaco barcollò e cadde; *the regime is -ing* il regime vacilla. II *n.* barcollamento *m.*, vacillamento *m.*, traballamento *m.*

totterer /ˈtɒtərər Am ˈtɑːtᵊrᵊr/ *n.* chi barcolla, chi vacilla.

tottering /ˈtɒtᵊrɪŋ Am ˈtɑːtᵊrɪŋ/ *a.* barcollante, vacillante, traballante (*anche fig*).

tottery /ˈtɒtᵊri Am ˈtɑːtᵊri/ *a.* barcollante, vacillante, traballante (*anche fig*).

tottie /ˈtɒti/ *n.* (*Br,sl*) femmine *f.pl.*

totty /ˈtɒti/ *n.* (*Br,sl*) femmine *f.pl.*

toucan /ˈtuːkən, ˈtuːkæn/ *n.* (*Ornit*) tucano *m.*

touch[1] /tʌtʃ/ *v.t.* **1** toccare: *to ~ so. on the shoulder* toccare qcu. sulla spalla. **2** (*to feel*) toccare, tastare: *he -ed the iron to see if it was hot* toccò il ferro per sentire se era caldo. **3** (*to come into, to be in contact with*) toccare, essere a contatto con, venire a contatto con: *the ship -ed the bottom* la nave toccò il fondo. **4** (*to reach*) toccare, raggiungere, giungere a, arrivare a: *the tower seemed to ~ the sky* la torre sembrava toccare il cielo. **5**

(*Geom*) (*of a line, surface*) essere tangente a. **6** (*to bring into contact briefly*) accostare, far toccare appena: *to ~ one's lips with one's finger* accostarsi il dito alle labbra. **7** (*with expressed or implied negatives*: *to handle*) toccare: *please do not ~ the merchandise* si prega di non toccare la merce. **8** (*to have to do with*) avere a che fare con. **9** (*to deal with, to treat of*) occuparsi di, trattare: *everything I ~ turns out badly these days* tutto quello di cui mi occupo di questi tempi va male. **10** (*to concern, to affect*) riguardare, concernere, interessare, toccare: *the struggle for peace -es us all* la lotta per la pace riguarda tutti noi. **11** (*to affect the emotions of*) toccare (il cuore di), commuovere, impressionare, colpire: *I was deeply -ed* sono rimasto profondamente toccato. **12** (*to be efficacious in removing, etc.*) togliere, rimuovere: *water won't ~ grease spots* l'acqua non toglie le macchie di grasso. **13** (*colloq*) (*with expressed or implied negatives*: *to compare with, equal*) uguagliare, essere pari a, competere con, reggere il confronto con: *no one can ~ him as a writer* nessuno può uguagliarlo come scrittore. **14** (*of beverages, food*) consumare, toccare: *she hasn't -ed alcohol in years* sono anni che non beve più alcolici; *she hardly -ed her dinner* quasi non ha toccato il pranzo. **15** (*sl*) (*to get a loan from*) farsi prestare, chiedere in prestito a: *he -ed us for ten pounds* si è fatto prestare dieci sterline da noi. II *v.i.* **1** toccarsi, essere a contatto, venire a contatto: *their estates ~* le loro proprietà si toccano. **2** (*to touch sth.*) toccare: *she is always telling the baby not to ~* dice sempre al bambino di non toccare (nulla).

□ (*Mar*) *to ~ at* toccare, fare scalo a; *to ~ base* tornare alla base (per breve tempo); (*Am,fig*) *to ~ base with so.* contattare qcu.; (*Mar*) *to ~ bottom* toccare il fondo (*anche fig*); *to ~ down*: 1 (*Aer*) atterrare; 2 (*Sport*) (*in rugby, American football*) fare una meta, fare un touchdown; *to ~ glasses* toccare i bicchieri (per fare un brindisi); (*Mar*) *to ~ ground* arenarsi; *to ~ one's hat to so.* toccarsi il cappello in segno di saluto, salutare qcu. toccandosi il cappello; *to ~ off*: 1 far esplodere; 2 (*fig*) sollevare, provocare, suscitare, far scoppiare; *to ~ on*: 1 sfiorare, toccare, accennare a, trattare brevemente; 2 (*to verge on*) rasentare, sfiorare: *he has only -ed on the main problem* ha appena sfiorato il problema principale; (*fig*) *to ~ on a nerve* (o *to ~ on a raw nerve*) toccare un punto dolente; (*Mar*) *to ~ the bottom* toccare il fondo (*anche fig*); (*fig*) *to ~ the right key* toccare il tasto giusto; *to ~ up*: 1 (*of a photograph, etc.*) ritoccare, ripassare: *to ~ up one's makeup* ritoccarsi il trucco; 2 (*to stimulate, to rouse*) stimolare, spronare, pungolare; (*fig*) (*of a horse*) dare una frustatina a; 4 (*Br,sl*) palpare (una donna), toccare; *to ~ upon*: 1 sfiorare, toccare, accennare a, trattare brevemente; 2 (*to verge on*) rasentare, sfiorare; (*colloq*) *I wouldn't ~ it with a ten foot pole* non vorrei averci a che fare neanche di striscio; *~ wood!* tocca ferro!

touch[2] /tʌtʃ/ *n.* **1** tocco *m.* **2** (*sensation, sense*) tatto *m.*: *this fabric is rough to the ~* questa stoffa è ruvida al tatto. **3** (*light tap, push, etc.*) tocco *m.*, leggero colpo *m.*, colpetto *m.* **4** (*of a disease, etc.*) leggero attacco *m.*: *a ~ of rheumatism* un leggero attacco di reumatismi. **5** (*fig*) (*small quantity*) punta *f.*, pizzico *m.*, ombra *f.*, tocco *m.*: *a ~ of resentment* una punta di risentimento. **6** (*state of being in contact, communication*) contatto *m.*, rapporto *m.*, comunicazione *f.*: *to get in ~ with so.* mettersi in contatto con qcu. **7** (*Mus*) toc-

co *m.* **8** (*fig*) (*characteristic technique*) tocco *m.*, impronta *f.*, mano *f.*: *a novelist with a lively ~* un romanziere dal tocco vivace; *the ~ of a master* la mano di un maestro. **9** (*detail, stroke*) tocco *m.*, dettaglio *m.*, rifinitura *f.*: *to put the finishing -es to sth.* dare gli ultimi tocchi a qcs. **10** (*Sport*) (*in fencing*) colpo *m.* valido. **11** (*Sport*) (*in soccer, hockey, etc.*) parte *f.* del campo fuori delle linee laterali. **12** (*children's game*) il giocare a prendersi, chiapparello *m.* **13** (*Br,sl*) (*act, instance of asking for a loan*) molesta richiesta *f.* di prestito, (*pop*) stoccata *f.*; (*loan*) prestito *m.* **14** (*Med*) palpazione *f.* □ *a ~* un po', un poco, un tantino; *at a ~* al minimo tocco; (*Sport*) *to have ~* (*in tennis*) avere tocco, avere la sensibilità; *to be in ~* essere in contatto (*with* con); *to get in ~* mettersi in contatto (*with* con); *to keep in ~ with so.* tenersi in contatto con qcu.; *to keep in ~ with modern trends* tenersi al corrente delle tendenze moderne; *~ line* linea laterale; (*fig*) *at the ~ of a button* in un lampo; *to be out of ~ with so.* non sapere (più) nulla di qcu., non avere (più) notizie di qcu.; *~ paper* carta da innesco, carta nitrata; (*Inform*) *~ screen* touchscreen, schermo sensibile al tatto, schermo a sfioramento; *to the ~* al tatto; *to put to the ~* (*to the test*) mettere alla prova, saggiare; *~ tone telephone* telefono a tastiera.

touchable /ˈtʌtʃəbl/ *a.* toccabile, tangibile.

touch-and-go /ˌtʌtʃᵊn(d)ˈgəʊ/ *a.* **1** dubbio, incerto, precario, insicuro: *it was ~ whether he would survive* era dubbio se potesse sopravvivere. **2** (*risky*) rischioso, pericoloso.

touchback /ˈtʌtʃbæk/ *n.* (*Sport*) (*in American football*) touchback *m.*

touchdown /ˈtʌtʃdaʊn/ *n.* **1** (*Aer*) il toccare terra, impatto *m.* **2** (*Sport*) (*in rugby, football, American football*) meta *f.*, touchdown *m.*

touché /tuːˈʃeɪ/ *intz.* (*in fencing*) touché! (*anche fig*).

touched /tʌtʃt/ *a.* **1** commosso, toccato. **2** (*showing traces of colour*) tinto (*with* di): *the sky was ~ with pink* il cielo era tinto di rosa. **3** (*slightly crazy*) tocco, toccato. □ *~ in the wind* (*of a horse*) senza fiato, ansimante; *hair ~ with grey* capelli brizzolati.

toucher /ˈtʌtʃər/ *n.* chi tocca.

touch-hole /ˈtʌtʃhəʊl/ *n.* (*Arm,ant*) focone *m.*

touchily /ˈtʌtʃɪli/ *avv.* in modo suscettibile.

touchiness /ˈtʌtʃɪnəs/ *n.* suscettibilità *f.*, permalosità *f.*, ombrosità *f.*

touching /ˈtʌtʃɪŋ/ I *a.* commovente, toccante. II *prep.* (*concerning*) circa, riguardo a, in merito a, con riferimento a. □ *as ~* riguardo a, per quanto concerne, per quanto riguarda.

touchingly /ˈtʌtʃɪŋli/ *avv.* in modo toccante, in modo commovente.

touchingness /ˈtʌtʃɪŋnəs/ *n.* l'essere commovente, l'essere toccante.

touch-me-not /ˈtʌtʃmɪnɒt Am ˈtʌtʃminɑːt/ *n.* (*Bot*) noli me tangere *f.*

touchpad /ˈtʌtʃpæd/ *n.* (*Inform*) touchpad *m.*

touchscreen /ˈtʌtʃskriːn/ *n.* (*Inform*) touchscreen *m.*, schermo *m.* sensibile al tatto, schermo *m.* a sfioramento.

touchstone /ˈtʌtʃstəʊn/ *n.* (*Min*) pietra *f.* di paragone (*anche fig*).

touch-type /ˈtʌtʃtaɪp/ I *v.i.* scrivere a macchina senza guardare la tastiera. II *v.t.* battere a macchina senza guardare la tastiera.

touch-typist /ˈtʌtʃtaɪpɪst/ *n.* chi scrive a macchina senza guardare la tastiera.

touchwood /ˈtʌtʃwʊd/ *n.* esca *f.* per il fuoco.

touchy /ˈtʌtʃi/ *a.* **1** suscettibile, permaloso. **2** (*irritable*) irritabile. **3** (*precarious*) precario, incerto, insicuro: *a ~ situation* una situazione precaria. **4** (*risky*) rischioso, pericoloso.

touchy-feely /ˌtʌtʃiˈfiːli/ *a.* (*colloq,spreg*) (*of a person*) che ama il contatto fisico, che dimostra il proprio affetto toccando gli altri.

tough /tʌf/ **I** *a.* **1** resistente, forte, tenace: ~ *plastic* plastica resistente. **2** (*of meat, food*) duro, tiglioso, stopposo, (*colloq*) gommoso. **3** (*of people*) robusto, resistente, duro, forte: *a ~ race of nomads* una razza robusta di nomadi. **4** (*determined, unyielding*) rigido, severo, duro, deciso, tosto. **5** (*arduous, severe*) duro, arduo, difficile, aspro, tosto: *a ~ fight* una dura battaglia. **6** (*of climate*) aspro, crudo, inclemente. **7** (*colloq*) (*hard to bear*) duro, doloroso, spiacevole, difficile da sopportare. **8** (*colloq*) (*rowdy, ruffianly*) turbolento, violento, facinoroso, scalmanato. **II** *n.* **1** (*colloq*) (*hooligan*) teppista *m./f.* **2** (*gangster*) gangster *m.*, bandito *m.* **III** *intz.* tanto peggio! □ *as ~ as leather* duro come il cuoio; (*Am, colloq*) *a ~ baby* un tipo duro; (*Am,colloq*) ~ *cookie* una persona difficile; (*colloq*) *a ~ customer* un cliente difficile, osso duro, duro; *to get* ~: **1** usare le maniere forti, diventare severo; **2** (*to become arduous*) diventare difficile; ~ *love*: **1** responsabilizzazione, il richiedere che una persona si assuma le proprie responsabilità; **2** (*Am,Sociol*) responsabilizzazione, limitazione degli aiuti sociali per incentivare l'iniziativa di una persona; (*colloq*) ~ *luck*: **1** (*used as a noun*) malasorte, disdetta, scalogna; **2** (*esclam.*) peggio per te!, che scalogna!; (*colloq*) ~ *nut to crack* brutta gatta da pelare, osso duro da rodere; (*colloq*) *to ~ sth. out* stringere i denti, tenere duro; (*volg*) ~ *shit!* cazzi tuoi!; (*colloq*) *to be in a ~ spot* trovarsi in una situazione difficile, essere in una situazione difficile.

toughen /ˈtʌfən/ **I** *v.t.* **1** indurire, rendere (più) resistente, rinforzare. **2** (*to make sturdy, hardy*) temprare, irrobustire, indurire, fortificare. **II** *v.i.* indurirsi, indurire. □ *to ~ up* rendere più severe le leggi, inasprire le leggi (*on su*): *to ~ up on money laundering* inasprire le leggi sul riciclaggio di denaro sporco.

toughened /ˈtʌfənd/ □ (*Vetr*) ~ *glass* vetro temprato.

toughie /ˈtʌfi/ *n.* (*colloq*) **1** duro *m.*, teppista *m.* **2** (*tough person*) tipo *m.* duro, tipo *m.* tosto, osso *m.* duro. **3** (*difficult thing*) problema *m.* difficile, casino *m.*

toughish /ˈtʌfɪʃ/ *a.* piuttosto duro, duretto.

toughly /ˈtʌfli/ *avv.* duramente, rigidamente, severamente.

toughness /ˈtʌfnəs/ *n.* **1** resistenza *f.*, solidità *f.*, tenacità *f.* **2** (*of people*) robustezza *f.*, resistenza *f.* **3** (*strictness*) rigidezza *f.*, severità *f.*, rigorosità *f.* **4** (*arduousness*) difficoltà *f.* **5** (*Tecn*) tenacità *f.*

toughy /ˈtʌfi/ *n.* (*colloq*) **1** duro *m.*, teppista *m.* **2** (*tough person*) tipo *m.* duro, tipo *m.* tosto, osso *m.* duro. **3** (*difficult thing*) problema *m.* difficile, casino *m.*

toupee /ˈtuːpeɪ Am* tuːˈpeɪ/ *n.* **1** parrucchino *m.* **2** (*piece of false hair*) toupet *m.*, posticcio *m.*

tour /tʊər Am* tur/ *n.* **1** giro *m.*, viaggio *m.*, gita *f.*, escursione *f.*: *a round-the-world ~* un giro intorno al mondo. **2** (*of a building, place*) visita *f.*: *a conducted ~ of a museum* una visita guidata in un museo. **3** (*Teat*) tournée *f.* **4** (*Mil*) turno *m.* (di servizio). **II** *v.t.* girare, viaggiare (per), fare il giro di, visitare: *to ~ New Zealand by car* girare la Nuova Zelanda in macchina. **III** *v.i.* **1** viaggiare, fare un giro turistico, fare del turismo. **2** (*Teat*) andare in tournée, fare una tournée. □ *~*

of duty missione (o turno di lavoro) all'estero; *to go on~*: **1** fare un viaggio; **2** (*in theatrical, musical productions*) andare in tournée; ~ *operator* operatore turistico, tour operator.

tour de force /ˌtuədəˈfɔːs Am* ˌturdəˈfɔːrs/ *n.* tour de force *m.*

tourer /ˈtʊərər Am* ˈturər/ *n.* (*Aut*) vettura *f.* da turismo.

Tourette /tʊəˈret Am* tuˈret/ □ (*Med*) ~ *syndrome* sindrome di Tourette.

touring /ˈtʊərɪŋ Am* ˈtʊrɪŋ/ **I** *a.* turistico, da turismo. **II** *n.* turismo *m.* □ ~ *by bicycle* cicloturismo; (*Aut*) ~ *car* vettura da turismo; (*Teat*) ~ *company* compagnia teatrale; *to go ~* viaggiare per turismo; *a ~ party* una comitiva di turisti.

tourism /ˈtʊərɪzəm Am* ˈtʊrɪzəm/ *n.* turismo *m.*

tourist /ˈtʊərɪst Am* ˈtʊrɪst/ **I** *n.* **1** turista *m./f.* **2** classe *f.* turistica. **II** *a.* turistico: ~ *facilities* attrezzature turistiche. **III** *avv.* in classe turistica: *to travel ~* viaggiare in classe turistica. □ ~ *agency* agenzia turistica, agenzia di viaggi; ~ *class* classe turistica; ~ *industry* industria turistica; ~ *resort* località turistica; (*colloq*) ~ *trap* trappola per turisti, attrazione per turisti; ~ *visa* visto turistico.

touristic /tʊəˈrɪstɪk Am* tʊˈrɪstɪk/ *a.* turistico; (*spreg*) pieno di turisti, troppo turistico.

touristy /ˈtʊərɪsti Am* ˈtʊrɪsti/ *a.* (*colloq,spreg*) troppo turistico, pieno di turisti.

tourmalin /ˈtʊəməlɪn Am* ˈtʊrməlɪn/ *n.* (*Min*) tormalina *f.*

tourmaline /ˈtʊəməliːn Am* ˈtʊrməliːn/ *n.* (*Min*) tormalina *f.*

tournament /ˈtʊənəmənt Am* ˈtʊrnəmənt, ˈtɜːrnəmənt/ *n.* torneo *m.* (*anche Sport,Stor*): *a bridge ~* un torneo di bridge.

tournay /ˈtʊəneɪ Am* tʊrˈneɪ/ *n.* (*Tess*) stoffa *f.* stampata per tappezzerie.

tournedos /ˈtʊənədoʊ Am* ˈtʊrnədoʊ/ *n.* (*Macell*) tournedos *m.*

tourney /ˈtʊəni Am* ˈtʊrni, ˈtɜːrni/ **I** *n.* (*Stor*) torneo *m.* **II** *v.i.* (*Stor*) torneare, giostrare.

tourniquet /ˈtʊənɪkeɪ Am* ˈtʊrnɪkɪt, ˈtɜːrnɪkɪt/ *n.* (*Med*) laccio *m.* emostatico.

tousle /ˈtaʊzl/ *v.t.* arruffare, scompigliare, scarmigliare, mettere in disordine: *to ~ so.'s hair* arruffare i capelli a qcu.

tousled /ˈtaʊzld/ *a.* arruffato, disordinato.

tout /taʊt/ *v.i.* **1** (*to attract customers*) fare il propagandista, andare in cerca di clienti, sollecitare ordinazioni. **2** (*to insist*) sollecitare, brigare per ottenere. **3** (*in horse racing*) fare l'informatore. **4** (*Br*) (*to sell tickets illegally*) fare il bagarino. **II** *v.t.* **1** procacciare, sollecitare: *to ~ votes* procacciare voti. **2** (*to solicit sth.*) sollecitare l'adesione di: *to ~ voters* sollecitare l'adesione dei votanti. **3** (*to peddle, to hawk*) vendere per la strada, fare il venditore ambulante. **4** (*Br*) (*of a racehorse: to spy on*) osservare (durante gli allenamenti), spiare. **5** (*Am*) (*to sell a tip on*) vendere un'informazione riservata su (un cavallo). **III** *n.* **1** procacciatore *m.* (*f.* -trice) di clienti. **2** (*one who sells sth. importunately*) venditore *m.* (*f.* -trice) insistente, piazzista *m./f.* insistente. **3** (*in horse racing*) chi ottiene informazioni sui cavalli. **4** (*tipster*) chi vende informazioni (riservate) sulle corse. **5** (*Br*) (*illegal ticket seller*) bagarino *m.* □ *to ~ round* (*in horse racing*) fare l'informatore.

tow¹ /toʊ/ *v.t.* trainare, rimorchiare: *the car was -ed to the nearest garage* l'auto fu trainata fino al garage più vicino. **2** (*of the police*) rimuovere forzatamente: *had my vehicle -ed by the police* la mia auto è stata sottoposta a rimozione forzata. **3** (*Mar*) ri-

morchiare: *to ~ a ship astern* rimorchiare una nave di poppa. **4** (*Mar*) (*to haul*) alare. **5** (*Aer*) (*of a glider*) alare. **6** (*to pull behind one*) trascinare, tirarsi dietro, portarsi appresso (*anche fig*). **7** (*Pesc*) (*of a net, etc.*) strascinare, portare a strascico. **II** *n.* **1** il rimorchiare, traino *m.*, rimorchio *m.* **2** (*Aer*) alaggio *m.* **3** (*state of being towed*) l'essere trainato, l'essere rimorchiato. **4** (*tow line, chain*) traina *f.*, rimorchio *m.*, cavo *m.* da rimorchio, gomena *f.* da rimorchio. □ (*Aut,Strad*) ~ *away* rimozione; (*Aut,Strad*) ~ *away zone* zona di rimozione forzata, zona di rimozione autoveicoli; (*Aut*) ~ *bar* barra di rimorchio; (*Mar*) ~ *barge* chiatta; (*Mar*) ~ *boat* rimorchiatore; *in ~* (o *on~*): **1** a rimorchio, trainato, **2** (*fig*) (*under one's guidance*) sotto la propria guida, sotto la propria protezione; ~ *rope* traina *f.*, rimorchio, cavo da rimorchio, gomena da rimorchio.

tow² /toʊ/ *n.* (*Tess*) stoppa *f.* di lino, stoppa *f.* di canapa.

towage /ˈtoʊɪdʒ/ *n.* **1** rimorchio *m.*, traino *m.* **2** (*Mar*) (*haulage*) alaggio *m.* **3** (*price paid*) spese *f.pl.* di rimorchio.

toward¹ /təˈwɔːd Am* təˈwɔːrd/ *prep.* → **towards**.

toward² /ˈtoʊəd Am* ˈtoʊərd/ *a.* (*ant*) **1** (*imminent*) prossimo, imminente, in programma. **2** (*taking place*) in corso, in atto.

towards /təˈwɔːdz Am* təˈwɔːrdz/ *prep.* **1** verso, in direzione di, alla volta di: *he walked ~ the house* camminava verso la casa; *to look ~ the hills* guardare in direzione delle colline. **2** (*of time*) verso, circa, poco prima di, vicino a: ~ *midday* verso mezzogiorno; ~ *the end* poco prima della fine. **3** (*near*) dalle parti di, verso, presso, vicino a, nelle vicinanze di: *he lives ~ the river* abita dalle parti del fiume. **4** (*facing*) verso, di fronte a, rivolto a. **5** (*in relation to*) verso, nei confronti di, nei riguardi di: *one's attitude ~ foreigners* il proprio atteggiamento verso gli stranieri. **6** (*with a view to obtaining*) per, al fine di ottenere, rivolto a ottenere: *efforts ~ peace* sforzi per la pace.

towel /ˈtaʊəl/ **I** *n.* asciugamano *m.*, asciugatoio *m.*, telo *m.*: *bath ~* telo da bagno; *beach ~* telo da mare; *hand ~* asciugamano. **II** *v.t.* (*past, p.p.* **towelled** /*Am* **toweled** /-d/) asciugare (con un asciugamano): *to ~ one's face* asciugarsi la faccia; *to ~ oneself* asciugarsi. **2** (*colloq*) (*to thrash*) battere, picchiare, bastonare. □ ~ *bar* portasciugamani; ~ *pole* portasciugamani a piantana; ~ *ring* anello portasciugamani.

towelette /ˌtaʊəˈlet/ *n.* salviettina *f.* rinfrescante.

toweling /ˈtaʊəlɪŋ/ *n.* (*Am*) **1** asciugatura *f.* **2** (*Tess*) tela *f.* per asciugamani.

towelling /ˈtaʊəlɪŋ/ *n.* **1** asciugatura *f.* **2** (*Tess*) tela *f.* per asciugamani. **3** (*Aus,sl*) (*thrashing*) botte *f.pl.*, legnate *f.pl.*

towelrack /ˈtaʊəlræk/ *n.* portasciugamani *m.*

towelrail /ˈtaʊəlreɪl/ *n.* portasciugamani *m.*

tower¹ /ˈtaʊər/ **I** *n.* **1** torre *f.* **2** (*fortified castle*) fortezza *f.*, rocca *f.*, cittadella *f.*, roccaforte *f.* **3** (*water tower*) serbatoio *m.* idrico (a forma di torre). **4** (*Aer*) (*control tower*) torre *f.* di controllo. **5** (*Ferr*) torre *f.* degli scambi, cabina *f.* degli scambi. **6** (*Mar*) torretta *f.* **7** (*Rad*) (*of an antenna*) pilone *m.*, torre *f.* **8** (*Inform*) tower *f.* **II** *v.i.* **1** torreggiare, elevarsi, sovrastare, ergersi. **2** (*of a bird*) librarsi in alto. □ *to ~ above*: **1** torreggiare su, sovrastare, dominare; **2** (*fig*) sovrastare, elevarsi su, essere superiore a: *he -s above his contemporaries* sovrasta i suoi contemporanei; (*Br*) ~ *block* edificio a molti piani, palazzo a molti piani, grattacielo; (*Mecc*) ~ ***crane*** gru a torre; ~ ***garage*** autosilo; (*Bibl*) *Tower of Babel* torre di Babele; (*fig*) *a ~ of **strength*** pilastro, roccia, persona forte come una leone.

tower[2] /'toʊəʳ/ *n.* (*one who tows*) chi rimorchia, chi traina.

Tower /'taʊəʳ/ *n.pr.* (*tower of London*) torre *f.* di Londra.

towered /'taʊəʳd/ *a.* turrito, munito di torri, cinto da torri.

towering /'taʊərɪŋ/ *a.* **1** altissimo, elevato: *~ cypress trees* altissimi alberi di cipresso. **2** (*fig*) (*violent*) violento, furioso, intenso, smodato: *a ~ rage* un'ira violenta; *~ ambition* ambizione smodata. □ ~ ***inferno*** inferno di cristallo, inferno in un grattacielo.

tow-haired /'toʊ,heəd *Am* 'toʊ,herd/ *a.* dai capelli color stoppa.

tow-headed /'toʊ,hedɪd/ *a.* dai capelli color stoppa.

towing /'toʊɪŋ/ □ (*Aut,Strad*) ~ ***away*** rimozione; (*spec. Am,Aut,Strad*) ~ ***away zone*** zona di rimozione autoveicoli, zona di rimozione forzata.

towline /'toʊlaɪn/ *n.* traina *f.*, rimorchio *m.*, cavo *m.* da rimorchio, gomena *f.* da rimorchio.

town /taʊn/ **I** *n.* **1** città *f.* **2** (*small city*) cittadina *f.*, paese *m.* **3** (*particular town*) città *f.*: *to live on the outskirts of ~* vivere alla periferia della città; *to be out of ~* essere fuori città. **4** (*collett.*) (*inhabitants of a town*) città *f.*, abitanti *m./f.pl.* della città, cittadinanza *f.*: *the whole ~ knows of it already* lo sa già tutta la città. **5** (*urban life*) città *f.*, vita *f.* urbana, vita *f.* di città: *to prefer the ~ to the country* preferire la città alla campagna. **6** (*Br*) (*capital city of a country*) capitale *f.*, metropoli *f.*: *to go up to ~ for a conference* andare nella capitale per una conferenza. **7** (*market town*) città *f.* sede di mercato. **8** (*district of a city*) città *f.*, quartiere *m.* di città: *the upper ~* la città alta; *the old ~* il quartiere vecchio della città. **9** (*business district*) centro *m.* commerciale. **II** *a.* cittadino, da città, di città: *~ customs* abitudini cittadine; *~ clothes* abiti da città. □ *the news was **all over** ~* (o ***all over the*** *~*) la notizia era sulla bocca di tutti, la notizia era risaputa; ~ ***and country planning*** pianificazione urbana e rurale; (*Univ*) ~ ***and gown*** mondo cittadino e mondo accademico, i cittadini e i membri dell'Università; (*Comm*) ~ ***bill*** cambiale su piazza; (*Am*) ~ ***car*** limousine; ~ ***centre*** (o *Am* ~ ***center***): 1 centro cittadino; 2 (*Strad*) centro città; ~ ***clerk*** segretario comunale; ~ ***council*** consiglio municipale; ~ ***councillor*** consigliere comunale; (*ant*) ~ ***crier*** banditore; (*Br*) ~ ***gas*** gas di città; ~ ***hall***: 1 municipio; 2 (*theatre*) teatro cittadino, teatro comunale; ~ ***house***: 1 casa di città, residenza cittadina; 2 (*terraced house*) villetta a schiera in città; (*Am*) ~ ***meeting*** riunione cittadina; *to go out **on the** ~* uscire per i locali di una città; ~ ***plan*** piano regolatore; ~ ***planner*** urbanista; ~ ***planning*** urbanistica, pianificazione urbana: *-s planning policy* politica urbanistica.

Town /taʊn/ *n.* **1** (*London*) Londra *f.* **2** (*West End of London*) zona *f.* occidentale di Londra.

townee, townie /taʊ'ni:/ *n.* (*colloq,spreg*) **1** (*townsman*) uomo *m.* di città, cittadino *m.* (*f.* -a). **2** (*Univ*) abitante *m./f.* di città universitaria che non ha legami con l'università.

townsfolk /'taʊnzfoʊk/ *n.pl.* cittadini *m.pl.*, cittadinanza *f.sing.*

township /'taʊnʃɪp/ *n.* **1** municipalità *f.*, distretto *m.* amministrativo, circoscrizione *f.* amministrativa, municipalità *f.* **2** (*Am,Canad*) suddivisione *f.* (amministrativa) di una contea. **3** (*Br,Stor*) parrocchia *f.* **4** (*S.Afr,ant*) township *m.* (insediamento urbano riservato alla gente di colore, in prossimità di una grande città).

townsman /'taʊnzmən/ *n.irr.* **1** cittadino *m.* **2** (*fellow-townsman*) concittadino *m.*

townspeople /'taʊnz,pi:pl̩/ *n.pl.* cittadini *m.pl.*, cittadinanza *f.sing.*

townward /'taʊnwəd *Am* 'taʊnwəʳd/ *avv.* verso la città.

townwards /'taʊnwədz *Am* 'taʊnwəʳdz/ *avv.* verso la città.

towpath /'toʊpɑ:θ *Am* 'toʊpæθ/ *n.* (*Strad,Mar*) alzaia *f.*

toxaemia /tɒk'si:miə *Am* tɑ:k'si:miə/ *n.* (*Med*) tossiemia *f.*, toxiemia *f.*

toxic /'tɒksɪk *Am* 'tɑ:ksɪk/ *a.* **1** tossico. **2** (*poisonous*) velenoso, tossico. □ ~ ***cloud*** nube tossica; (*Med*) ~ ***shock syndrome*** sindrome da shock tossico; ~ ***substances*** sostanze tossiche; ~ ***waste*** rifiuti tossici.

toxically /'tɒksɪkᵊli *Am* 'tɑ:ksɪkᵊli/ *avv.* in modo tossico, in modo velenoso.

toxicant /'tɒksɪkənt *Am* 'tɑ:ksɪkənt/ **I** *a.* tossico, velenoso, venefico. **II** *n.* tossico *m.*, sostanza *f.* velenosa.

toxicity /tɒk'sɪsɪti *Am* tɑ:k'sɪsəṭi/ *n.* tossicità *f.*, velenosità *f.*

toxicological /,tɒksɪkᵊl'ɒdʒɪkᵊl *Am* ,tɑ:ksɪkə'lɑ:dʒɪkᵊl/ *a.* (*Farm*) tossicologico.

toxicologist /,tɒksɪ'kɒlədʒɪst *Am* ,tɑ:ksɪ'kɑ:lədʒɪst/ *n.* (*Farm*) tossicologo *m.* (*f.* -a).

toxicology /,tɒksɪ'kɒlədʒi *Am* ,tɑ:ksɪ'kɑ:lədʒi/ *n.* (*Farm*) tossicologia *f.*

toxin /'tɒksɪn *Am* 'tɑ:ksɪn/ *n.* (*Biol*) tossina *f.*

toxoid /'tɒksɔɪd *Am* 'tɑ:ksɔɪd/ *n.* (*Biol*) tossoide *m.*

toy /tɔɪ/ **I** *n.* **1** giocattolo *m.*, (*ant*) balocco *m.* **2** (*fig*) bazzecola *f.*, bagatella *f.*, inezia *f.*, quisquilia *f.* **II** *a.* **1** giocattolo, da bambino, per bambini: *a ~ gun* un fucile giocattolo. **2** (*of some breeds of animals*) molto piccolo, nano. **III** *v.i.* **1** giocherellare, trastullarsi, baloccarsi, gingillarsi (*with* con): *stop -ing with my pen* smetti di giocherellare con la mia penna. **2** (*to amuse oneself*) trastullarsi. □ ~ ***box*** scatola dei balocchi; ~ ***dog*** cagnolino, cane da salotto; ~ ***gun*** pistola giocattolo; ~ ***shop*** negozio di giocattoli; ~ ***soldier***: 1 soldatino di latta, soldatino di piombo; 2 (*Mil, fig*) soldato di un esercito che non fa mai la guerra, (*scherz*) soldato del papa; *to ~ **with** one's **food*** piluccare, mangiucchiare; *to ~ **with an idea*** gingillarsi con un'idea.

toy-boy /'tɔɪbɔɪ/ *n.* (*Br,colloq*) giovane amante *m.* di una donna più anziana, mantenuto *m.*

toyland /'tɔɪlænd/ *n.* paese *m.* dei balocchi.

toyshop /'tɔɪʃɒp *Am* 'tɔɪʃɑ:p/ *n.* negozio *m.* dei giocattoli.

TQM *Total Quality Management* TQM (gestione totale della qualità).

TR *Turkey* TR (Turchia).

tr. (*Gramm*) *transitive* tr., trans. (transitivo).

trabeate /'treɪbieɪt/ *a.* (*Arch*) a trabeazione.

trabeated /'treɪbiətɪd *Am* 'treɪbieɪṭɪd/ *a.* (*Arch*) a trabeazione.

trabeation /,treɪbi'eɪʃᵊn/ *n.* (*Arch*) trabeazione *f.*

trabecula /trə'bekjʊlə/ *n.* (*Anat*) trabecula *f.*

trace[1] /treɪs/ **I** *n.* **1** tracce *f.pl.*, vestigia *f.pl.*, resti *m.pl.*: *-s of a prehistoric village* tracce di un villaggio preistorico. **2** (*indication left behind*) traccia *f.*, segno *m.*, impronta *f.*, indizio *m.*: *to disappear without leaving a ~* scomparire senza lasciare traccia di sé. **3** (*fig*) ombra *f.*, pizzico *m.*, punta *f.*, traccia *f.*: *a ~ of irony* un'ombra di ironia. **4** (*Chim,Med*) traccia *f.*: *-s of blood* tracce di sangue. **5** (*Am*) (*path*) sentiero *m.*, viottolo *m.* **6** *pl.* (*animal's footprints*) orme *f.pl.*, peste *f.pl.*, impronte *f.pl.*, traccia *f.* **II** *v.t.* **1** seguire le orme di, seguire la traccia di, inseguire, essere sulle tracce di: *to ~ a wolf* seguire le orme di un lupo. **2** (*of a path, track, etc.*) seguire, percorrere: *to ~ a route* seguire un itinerario. **3** (*fig*) (*to ascertain by going backwards*) rintracciare (risalendo indietro): *to ~ the origin of sth.* rintracciare l'origine di qcs. **4** (*fig*) (*to study the course of*) approfondire, studiare a fondo: *to ~ the development of a political movement* approfondire lo sviluppo di un movimento politico. **5** (*fig*) (*to ascertain by studying the past*) accertare la causa di, accertare l'origine di, risalire a, rintracciare: *to ~ the failure of an enterprise* accertare la causa del fallimento di un'impresa. **6** (*to find, to discover*) rintracciare, scoprire, ritrovare. **7** (*to see with difficulty*) intravedere, scorgere appena: *in spite of the mist we could ~ the outline of an island* nonostante la nebbia potemmo intravedere il profilo di un'isola. **8** (*to draw in outline, to sketch*) tracciare, tratteggiare. **9** (*to draw, write carefully, precisely*) scrivere accuratamente, disegnare con precisione, tracciare con precisione: *the child -d his name* il bambino scrisse accuratamente il suo nome. **10** (*to copy by means of transparent paper*) lucidare, calcare, ricalcare. **11** (*to make a tracing of*) registrare, fare un tracciato di. □ *to lose **all** ~ of so.* perdere ogni traccia di qcu.; *to ~ a telephone **call*** risalire al numero del chiamante; (*Biol*) ~ ***elements*** oligoelementi; (*Meteor*) ~ ***of precipitation*** precipitazione minima; *to ~ **out*** (*to draw in outline, to sketch*) tracciare, tratteggiare.

trace[2] /treɪs/ *n.* **1** (*of a harness*) tirella *f.* **2** (*Mecc*) biella *f.*, asta *f.* di accoppiamento. □ *to be **in the** -s* (*of a horse*) essere bardato.

traceability /,treɪsə'bɪlɪti *Am* ,treɪsə'bɪləṭi/ *n.* **1** l'essere rintracciabile. **2** (*quality of being ascribable*) l'essere attribuibile, imputabilità *f.* **3** (*of a drawing, etc.*) l'essere ricalcabile.

traceable /'treɪsəbl̩/ *a.* **1** rintracciabile. **2** (*ascribable*) da attribuire, da ascrivere, attribuibile, imputabile (*to* a). **3** (*of a drawing, etc.*) ricalcabile.

tracer /'treɪsəʳ/ **I** *n.* **1** chi rintraccia. **2** (*of missing property*) chi rintraccia oggetti smarriti (durante il trasporto). **3** (*one who traces designs, etc.*) lucidista *m./f.*, ricalcatore *m.* (*f.* -trice). **4** (*device*) calcatoio *m.* **5** (*tracing wheel*) rotella *f.* dentata da ricalco. **II** *n.* **1** (*Mil*) proiettile *m.* tracciante. **2** (*Nucl,Biol*) elemento *m.* tracciante. □ (*Mil*) ~ ***bullet*** proiettile tracciante; (*Chim*) ~ ***element*** elemento tracciante; (*Mil*) ~ ***shell*** proiettile tracciante.

tracery /'treɪsᵊri/ *n.* **1** (*Arch*) intaglio *m.*, traforo *m.* **2** (*decorative network of lines*) disegno *m.* (ornamentale), intreccio *m.* decorativo. □ (*Arch*) ~ ***window*** finestra a traforo.

trachea /'treɪkiə *Br also* trə'ki:ə/ (*pl.* **-cheae** /-'ki:i/ o **-s** /-z/) *n.* (*Anat*) trachea *f.*

tracheal /'treɪkiəl *Br also* trə'ki:əl/ *a.* (*Anat, Med*) tracheale.

tracheitis /,træki'aɪtɪs *Am* ,treɪki'aɪṭɪs/ *n.* (*Med*) tracheite *f.*

tracheotomy /,træki'ɒtəmi *Am* ,treɪki'ɑ:ṭəmi/ *n.* (*Med*) tracheotomia *f.*

trachoma /trə'koʊmə/ *n.* (*Med*) tracoma *m.*

trachomatous /trə'koʊmətəs *Am* trə'koʊməṭəs/ *a.* (*Med*) tracomatoso.

trachyte /'trækaɪt, 'treɪkaɪt/ *n.* (*Geol*) trachite *f.*

tracing /'treɪsɪŋ/ *n.* **1** (*act*) tracciatura *f.*, tracciamento *m.*; (*result*) tracciato *m.* **2** (*act of tracing by means of transparent paper*) lucidatura *f.*, ricalco *m.*, ricalcatura *f.*; (*result*) lucido *m.* ☐ ~ *cloth*(o ~ *linen*) tela da lucidi; ~ *paper*carta da ricalco, carta da lucidi.

track[^1] /træk/ *n.* **1** traccia *f.*, striscia *f.*: *the ~ of a sleigh in the snow* la traccia di una slitta sulla neve. **2** (*of a ship*) scia *f.* **3** (*of a wheel*) solco *m.* **4** (*footprint*) traccia *f.*, orma *f.*, impronta *f.* **5** (*path*) viottolo *m.*, sentiero *m.*, pista *f.* **6** (*Sport*) pista *f.*; (*track events*) gare *f.pl.* su pista; (*track-and-field sports*) atletica *f.* leggera. **7** (*course, route*) percorso *m.*, traiettoria *f.*, corso *m.*, itinerario *m.*: *the ~ of a hurricane* il percorso di un uragano; *the ~ of a meteor* la traiettoria di una meteora. **8** (*Aut*) (*width between wheels*) carreggiata *f.*, scartamento *m.* **9** (*Aut*) (*thread of a tyre*) battistrada *m.* **10** (*Mecc*) (*of a bulldozer, etc.*) cingolo *m.* **11** (*Ferr*) rotaie *f.pl.*, binario *m.*; (*Am*) (*platform*) binario *m.*, banchina *f.* **12** (*Aer*) rotta *f.* effettiva. **13** (*Inform*) traccia *f.* ☐ (*Sport*) ~ *and field* atletica leggera; (*Sport*) ~ *events* gara di atletica su pista; (*colloq*) *in one's -s*: **1** al posto (dove uno si trova): *the explosion pulled me up in my -s* l'esplosione mi fece restare immobile dove mi trovavo; **2** (*instantly*) su due piedi, lì per lì; ~ *lighting* faretti su rotaia; (*colloq*) *to make -s* andarsene, fare fagotto; (*colloq*) *to make -s for* andare dritto (dritto) a, dirigersi a, avviarsi verso; (*Sport*) ~ *meeting* (o *Am* ~ *meet*) meeting di atletica; *off the* ~ fuori strada (*anche fig*); *to be on* ~ essere sulla buona strada; *to be on the~ of* essere sulle tracce di: *the police are on the ~ of the criminal* la polizia è sulle tracce del delinquente; (*fig*) ~ *record* **1** precedenti, storia; **2** (*curriculum vitae*) curriculum vitae; (*Sport*) ~ *shoe*scarpetta chiodata da corsa.

track[^2] /træk/ *v.t.* **1** seguire le tracce di, inseguire, essere sulle tracce di. **2** (*fig*) rintracciare (risalendo indietro). **3** (*of a path, etc.*) seguire, percorrere. **4** (*to travel over, to traverse*) percorrere, attraversare. **5** (*Ferr*) fornire di binario, fornire di rotaie, posare il binario su. **6** (*Arm*) puntare. **7** (*Mecc*) avere uno scartamento di. ☐ *to ~ down*rintracciare, trovare: *to ~ down a criminal* catturare un delinquente; *to ~ in*: **1** (*Cin*) carrellare in avanti; **2** (*Am*) (*to ~ sth. in*) portare dello sporco dall'esterno sui propri piedi; (*Cin*) *to ~ out*carrellare all'indietro; (*Aut*) *to ~ up* correggere la convergenza delle ruote.

track[^3] /træk/ *v.t.* (*Mar*) rimorchiare, alare.

trackage/'trækɪdʒ/ *n.* (*Am,Ferr*) binari *m.pl.*, rotaie *f.pl.*

trackball/'trækbɔːl/ *n.* (*Inform*) trackball *f.*

tracked/trækt/ *a.* **1** (*of a vehicle*) cingolato. **2** (*Ferr*) (*in compounds*) a binario...: *single-~ railway line* linea ferroviaria a binario unico.

tracker[^1] /'trækər/ *n.* **1** chi segue una traccia. **2** (*Caccia*) cacciatore *m.* (*f.* -trice) abile nello stanare la selvaggina. **3** (*Arm*) (*instrument*) strumento *m.* di puntamento; (*person*) puntatore *m.* ☐ ~ *dog.* **1** (*Caccia*) segugio; **2** (*dog used to track fugitives*) cane poliziotto.

tracker[^2] /'trækər/ *n.* (*one who tows*) chi rimorchia, chi ala.

tracking/'trækɪŋ/ *n.* **1** (*Caccia*) inseguimento *m.* della selvaggina. **2** (*Arm*) puntamento *m.* **3** (*Cin*) carrellata *f.* ☐ (*Cin*) ~ *shot*carrellata *f.*; (*Mil*) ~ *station* stazione di inseguimento.

tracklayer/'træk,leɪər/ *n.* (*Ferr*) operaio *m.* (*f.* -a) addetto alla posa dei binari.

tracklaying/'træk,leɪɪŋ/ *n.* (*Ferr*) posa *f.* dei binari.

trackless/'træklɪs/ *a.* **1** senza sentieri, sen-

za piste, impervio. **2** (*not leaving tracks, footprints*) che non lascia tracce, che non lascia impronte.

trackpoint /'trækpɔɪnt/ *n.* (*Inform*) trackpoint *m.*

tract[^1] /trækt/ *n.* **1** tratto *m.*, distesa *f.*, estensione *f.*, spazio *m.*: *a ~ of arable land* un tratto di terreno arabile. **2** (*Anat*) apparato *m.*, sistema *m.* **3** (*poet*) (*period of time*) periodo *m.*, tratto *m.* di tempo, lasso *m.* di tempo.

tract[^2] /trækt/ *n.* (*Rel,Pol*) trattato *m.*, opuscolo *m.*

tractability/,træktə'bɪlɪti *Am* ,træktə'bɪləti/ *n.* docilità *f.*, trattabilità *f.*, arrendevolezza *f.*

tractable/'træktəbl/ *a.* **1** docile, arrendevole. **2** (*of materials, metals*) trattabile, duttile.

tractably/'træktəbli/ *avv.* docilmente, arrendevolmente.

tractate /'trækteɪt/ *n.* (*treatise*) trattato *m.*, saggio *m.*, studio *m.*

traction/'trækʃən/ *n.* **1** trazione *f.* (*anche Fis, Mecc,Med*). **2** (*adhesive friction of a wheel*) aderenza *f.* ☐ (*Ferr*) ~ *coefficient*coefficiente di aderenza; (*Mecc*) ~ *engine*trattore da traino, trattrice; (*Mecc*) ~ *wheel*ruota motrice.

tractive/'træktɪv/ *a.* di trazione, da trazione, traente.

tractor/'træktər/ *I n.* **1** (*Agr*) trattore *m.*, trattrice *f.* **2** (*Aut*) (*bodiless truck*) motrice *f.* **II** *n.* (*Mecc*) trattore *m.* ☐ (*Inform*) ~ *feed*trascinamento a trattore.

tractor-trailer /'træktər,treɪlər/ *n.* (*Am,Aut*) autoarticolato *m.*

trad/træd/ *I a.* (*sl*) **1** (*traditional*) tradizionale. **2** (*of jazz*) classico. **II** *n.* (*sl*) jazz *m.* classico.

trade[^1] /treɪd/ *I n.* **1** commercio *m.*, scambio *m.* di merci: *international* ~ commercio internazionale. **2** (*industry*) industria *f.*: *the building* ~ l'industria delle costruzioni. **3** (*traffic*) commercio *m.*, attività *f.* **3** (*traffic*) commercio *m.*, attività *f.*, traffico *m.*, movimento *m.* degli affari. **4** (*market*) mercato *m.*, piazza *f.*, settore *m.* di affari, commercio *m.*: *souvenirs for the holiday* ~ souvenirs per il mercato turistico. **5** (*occupation*) attività *f.*, occupazione *f.*, lavoro *m.*: *to ply one's* ~ esercitare la propria attività; (*craft*) mestiere *m.* **6** (*occupation of a retail merchant*) commercio *m.* al dettaglio, commercio *m.* al minuto: *to go into* ~ mettersi nel commercio al dettaglio. **7** (*collett.*) (*workers*) lavoratori *m.pl.*, mondo *m.* del lavoro; (*merchant class*) commercianti *m.pl.* **8** *pl.* (*Meteor*) (*trade-winds*) alisei *m.pl.* **II** *a.* **1** del commercio, relativo al commercio, commerciale. **2** (*of trade unions*) sindacale, dei sindacati. ☐ ~ *acceptance* accettazione commerciale; ~ *agreement* accordo commerciale; ~ *association* associazione di categoria; (*Econ*) ~ *balance*bilancio commerciale, bilancia commerciale; ~ *barriers*barriere commerciali; (*Econ*) ~ *bill*titolo di credito all'ordine; *by ~* di mestiere, di professione; ~ *co-operation* cooperazione commerciale; ~ *credit*credito mercantile; ~ *cycle*ciclo economico; ~ *deficit*deficit della bilancia commerciale; ~ *discount* sconto commerciale; ~ *discount price* prezzo all'ingrosso; *to do* ~ *with* intrattenere relazioni commerciali con, commerciare con; ~ *fair*fiera campionaria; (*Econ*) ~ *gap*disavanzo della bilancia commerciale; *to be in* ~ essere nel commercio, fare il commerciante, esercitare il commercio; *to be in the~* essere del mestiere; ~ *journal* giornale di categoria; ~ *licence* licenza d'esercizio; ~ *magazine* rivista di categoria; ~ *name*. **1** (*of an article*) marca, nome depositato, marchio

registrato; **2** (*of a firm*) ragione sociale, denominazione sociale, nome commerciale; (*Br,Aut*) ~ *plate* targa provvisoria; ~ *report* bollettino commerciale; ~ *route*rotta commerciale, rotta mercantile; ~ *school*istituto tecnico; ~ *surplus*eccedenza commerciale; ~ *talks* negoziati commerciali, trattative commerciali; ~ *union* (o -*s union*): **1** (*used as as noun*) sindacato: *Trades Union Congress* congresso dei sindacati; **2** (*used as an adjective*) sindacale: ~ *union contributions* contributi sindacali; ~ *union rights* diritti sindacali; ~ *unionism* sindacalismo; ~ *unionist* sindacalista; ~ *war* guerra commerciale; (*Meteor*) ~ *wind*aliseo.

trade[^2] /treɪd/ *I v.t.* cambiare, scambiare, permutare, barattare: *to ~ wheat for machinery* scambiare frumento con macchinari; *can we ~?* possiamo fare cambio? **II** *v.i.* **1** commerciare, trafficare, esercitare il commercio: *our company -s all over the world* la nostra ditta commercia in tutto il mondo. **2** (*to traffic*) fare traffico (*in* di), (*spreg*) trafficare (qcs.). **3** (*to deal as a customer*) avere rapporti d'affari, intrattenere relazioni commerciali, trattare (*with* con). ☐ *to ~ down* scambiare un articolo costoso con uno meno costoso; (*fig*) *to ~ fire* scambiarsi colpi di artiglieria; *to ~ in*dare in pagamento parziale, dare in permuta; (*fig*) *to ~ on* sfruttare, approfittare di, speculare su; *to ~ up*scambiare un articolo con uno più costoso; (*fig*) *to ~ upon* sfruttare, approfittare di, speculare su.

trade-in/'treɪdɪn/ *n.* (*colloq*) articolo *m.* usato ceduto a parziale pagamento di uno nuovo, permuta *f.*

trademark /'treɪdmɑːk *Am* 'treɪdmɑːrk/ *n.* marchio *m.* (di fabbrica).

trade-name/'treɪdneɪm/ *n.* **1** (*of an article*) marca *f.*, nome *m.* depositato. **2** (*of a firm*) ragione *f.* sociale, denominazione *f.* sociale, nome *m.* commerciale.

trade-off/'treɪdɔːf/ *n.* **1** scambio *m.* **2** (*compromise*) compromesso *m.*

trader /'treɪdər/ *n.* **1** commerciante *m./f.*, mercante *m.*, trafficante *m./f.* **2** (*Econ*) scambista *m.*, operatore *m.* finanziario. **3** (*Mar*) nave *f.* mercantile, mercantile *m.*

tradesfolk /'treɪdzfəʊk/ *n.pl.* commercianti *m.pl.*, mercanti *m.pl.*

tradesman /'treɪdzmən/ *n.irr.* **1** negoziante *m.*, bottegaio *m.*, esercente *m.* **2** (*skilled worker*) artigiano *m.* **3** (*merchant*) mercante *m.*, commerciante *m.*, trafficante *m.* ☐ ~'s *entrance* entrata di servizio.

tradespeople /'treɪdz,piːpl/ *n.pl.* commercianti *m.pl.*, mercanti *m.pl.*

tradeswoman /'treɪdz,wʊmən/ *n.irr.* negoziante *f.*, bottegaia *f.*, esercente *f.*

trade-weighted /'treɪd,weɪtɪd *Am* 'treɪd ,weɪtɪd/ *a.* ponderato su base commerciale. ☐ (*Econ*) ~ *commodity price index* indice dei prezzi all'ingrosso ponderato su base commerciale.

trading/'treɪdɪŋ/ *I n.* commercio *m.*, negozio *m.*, traffico *m.* **II** *a.* commerciale, mercantile. ☐ ~ *area*area commerciale; ~ *association* associazione di categoria; ~ *block* blocco commerciale; ~ *certificate* decreto di autorizzazione a iniziare l'attività commerciale; ~ *company*società commerciale; (*Br*) ~ *estate*zona industriale; ~ *licence*licenza commerciale; ~ *partner* partner commerciale; (*ant*) ~ *post* stazione commerciale, base commerciale; ~ *stamp* bollo premio; (*Mar*) ~ *vessel*nave mercantile, mercantile.

tradition/trə'dɪʃən/ *n.* tradizione *f.* (*anche Art, Lett*).

traditional /trə'dɪʃənəl/ *a.* tradizionale.

traditionalism /trə'dɪʃənəlɪzəm/ *n.* tradizionalismo *m.* (*anche Rel,Filos*).

traditionalist /trə'dɪʃənəlɪst/ **I** *n.* tradizionalista *m./f.* **II** *a.* tradizionalistico, tradizionalista.

traditionalistic /trə,dɪʃənə'lɪstɪk/ *a.* tradizionalistico, tradizionalista.

traditionally /trə'dɪʃənəli/ *avv.* tradizionalmente.

traduce /trə'dju:s/ *v.t.* 1 calunniare, diffamare. 2 (*to misrepresent*) denigrare, screditare.

traducement /trə'dju:smənt/ *n.* calunnia *f.*, diffamazione *f.*

traducer /trə'dju:sər/ *n.* diffamatore *m.* (*f.* -trice), calunniatore *m.* (*f.* -trice).

traffic[1] /'træfɪk/ *n.* 1 (*Strad,Ferr,Aer,Inform*) traffico *m.*: *the ~ was heavy and we were late* il traffico era intenso e abbiamo fatto tardi. 2 (*commercial activity*) commercio *m.*, attività *f.* commerciale, traffico *m.* 3 (*illegal, disreputable trade*) traffico *m.*, commercio *m.* illecito, (*spreg*) mercato *m.*: *the arms ~* il traffico delle armi. 4 (*transport business*) trasporti *m.pl.*, trasporto *m.* ☐ *~ capacity* capacità di traffico; (*Am,Strad*) *~ circle* (o *~ circle rotary*) isola rotatoria; *~ control* regolazione del traffico; *~ density* densità del traffico; *~ hold-up* imbottigliamento; *~ island* isola spartitraffico, spartitraffico; *~ jam* ingorgo, intasamento (del traffico); (*Strad*) *~ lane* corsia di traffico; *~ light* (o *~ lights*) semaforo; *~ offence* infrazione al codice della strada; (*Aer*) *~ pattern* schema di traffico; *~ regulations* norme di circolazione; *~ signal* semaforo; *~ ticket* verbale di contravvenzione, multa; (*Br*) *~ warden* vigile urbano (addetto al traffico).

traffic[2] /'træfɪk/ (*past, p.p.* **-ked** /-t/) **I** *v.i.* 1 commerciare, trafficare, negoziare (*in* in). 2 (*to carry on illegal commercial activity*) fare traffico, (*spreg*) trafficare (qcs.): *to ~ in arms* fare traffico di armi. **II** *v.t.* cambiare, scambiare, permutare, barattare.

trafficator /'træfɪkeɪtər Am 'træfɪkeɪtʃər/ *n.* (*Aut*) lampeggiatore *m.* direzionale, freccia *f.* direzionale, indicatore *m.* di direzione.

trafficker /'træfɪkər/ *n.* 1 trafficante *m.*, mercante *m.*: *an arms ~* un trafficante di armi. 2 (*ant*) (*merchant, trader*) commerciante *m.*, mercante *m.*

trafficking /'træfɪkɪŋ/ *n.* traffico *m.*: *dope ~* traffico di stupefacenti.

tragacanth /'trægəkænθ/ *n.* (*Farm,Chim*) gomma *f.* adragante.

tragedian /trə'dʒi:dɪən/ *n.* 1 (*actor*) attore *m.* tragico, tragico *m.* 2 (*writer*) tragico *m.* (*f.* -a), tragediografo *m.* (*f.* -a).

tragedienne /trə,dʒi:di'en/ *n.* attrice *f.* tragica.

tragedy /'trædʒədi/ *n.* (*Lett*) tragedia *f.* (*anche fig*). ☐ (*fig*) *to end in ~* finire male, finire in tragedia.

tragic /'trædʒɪk/ *a.* tragico (*anche Lett,fig*): *~ style* stile tragico; *~ actor* attore tragico. ☐ (*Lett*) *~ flaw* colpa tragica, hamartia; *~ hero* eroe tragico; *~ irony* ironia tragica.

tragical /'trædʒɪkəl/ *a.* tragico (*anche Lett,fig*).

tragically /'trædʒɪkəli/ *avv.* tragicamente.

tragicomedy /,trædʒɪ'kɒmɪdi Am ,trædʒɪ'kɑːmədi/ *n.* (*Lett*) tragicommedia *f.* (*anche fig*).

tragicomic /,trædʒɪ'kɒmɪk Am ,trædʒɪ'kɑːmɪk/ *a.* tragicomico (*anche fig*).

tragicomical /,trædʒɪ'kɒmɪkəl Am ,trædʒɪ'kɑːmɪkəl/ *a.* tragicomico (*anche fig*).

tragicomically /,trædʒɪ'kɒmɪkli Am ,trædʒɪ'kɑːmɪkli/ *avv.* in modo tragicomico.

tragopan /'trægəpæn/ *n.* (*Ornit*) tragopano *m.*

tragus /'treɪgəs/ *n.* (*Anat*) trago *m.*

---

trail /treɪl/ **I** *v.t.* 1 strascicare, trascinare, far strisciare, strascinare: *to ~ one's skirt through the mud* strascicare la gonna nel fango. 2 (*to draw, to drag behind one*) trascinare, tirarsi dietro, tirarsi appresso: *the child -ed his toy car* il bambino trascinava l'automobilina. 3 (*of smoke, dust, etc.*) lasciare una scia di. 4 (*Mil*) (*of a firearm*) tenere a bilanciarm, portare a bilanciarm. 5 (*to track, to hunt*) inseguire, seguire le orme di, cacciare: *to ~ an animal* inseguire un animale. 6 (*of a person*) pedinare, seguire con circospezione. 7 (*colloq*) (*to be behind in a race, competition, etc.*) restare indietro a, rimanere indietro a. **II** *v.i.* 1 strusciare, strascicare, strisciare: *her dress was -ing through the dust* il suo vestito strusciava nella polvere. 2 (*to hang loosely, freely*) pendere, penzolare. 3 (*of smoke, dust, etc.*) formare una scia. 4 (*of plants*) arrampicarsi, strisciare: *ivy was -ing all over the wall* l'edera si arrampicava su tutto il muro. 5 (*fig*) (*to walk heavily, wearily*) trascinarsi, strascinarsi, arrancare, camminare faticosamente, camminare a stento. 6 (*colloq*) (*to lag behind in a race, competition, etc.*) rimanere indietro, restare indietro, rimanere staccato, rimanere in coda: *he was already -ing at the end of the first lap* alla fine del primo giro era già rimasto indietro. **III** *n.* 1 traccia *f.*, orma *f.*, impronta *f.*: *a ~ of blood* una traccia di sangue. 2 (*estens*) pista *f.*, traccia *f.*, tracce *f.pl.*: *to follow a ~* seguire una pista, seguire una traccia; *to lose the ~* perdere le tracce, perdere la pista; *to pick up the ~* rintracciare la pista, ritrovare la traccia. 3 (*path, track*) sentiero *m.*, tracciato *m.*, pista *f.*: *a mountain ~* un sentiero di montagna. 4 (*fig*) strada *f.*, strada *f.* battuta, traccia *f.*: *the tourist ~* la strada battuta dai turisti. 5 (*stream*) scia *f.*, striscia *f.*: *a ~ of smoke* una scia di fumo. 6 (*Astr*) (*of a meteor*) scia *f.* 7 (*of a skirt, robe*) strascico *m.*, coda *f.* 8 (*Arm*) coda *f.* d'affusto. ☐ *to ~ along behind* (o *after*) so. seguire qcu., stare alle calcagna di qcu.; (*Mil*) *~ arms* (*costr.sing.*) (*used as a noun*) posizione di bilanciarm; 2 (*esclam.*) bilanciarm!; 3 (*used as a verb*) bilanciare le armi; (*Mil*) *at ~* (o *at the ~*) in posizione di bilanciarm; *to ~ away* (*to become weak*) venire meno, affievolirsi, scemare: *her voice -ed away in embarrassment* la voce le venne meno per l'imbarazzo; *to ~ behind* rimanere indietro, restare indietro; *~ bike* motociclo fuoristrada, enduro; (*fig*) *to ~ one's coat* provocare (deliberatamente); (*spec. Am,Dolc*) *~ mix* merenda composta di frutta secca, noci e semi; (*Pesc*) *~ net* rete a strascico; (*Stor.am*) *~ of tears* pista delle lacrime (lungo la quale furono costretti a ritirarsi gli indiani Cherokee); *to ~ off* (*to become weak*) venir meno, affievolirsi, scemare; *on the ~ of* sulle tracce di, all'inseguimento di: *the police were hot on his ~* la polizia gli stava alle calcagna; (*Aer*) *~ rope* cavo moderatore, cavo guida.

trailblazer /'treɪl,bleɪzər/ *n.* 1 chi apre una nuova pista, chi traccia una nuova pista. 2 (*fig*) pioniere *m.* (*f.* -a), innovatore *m.* (*f.* -trice).

trailer /'treɪlər/ *n.* 1 chi segue una traccia. 2 (*hunter*) cacciatore *m.* (*f.* -trice). 3 (*Bot*) pianta *f.* rampicante, rampicante *m.* 4 (*Aut*) rimorchio *m.* 5 (*Am,Aut*) (*caravan*) roulotte *f.*, caravan *m.* 6 (*Cin*) trailer *m.*, presentazione *f.* di un film. ☐ (*Am*) *~ park*: 1 campeggio per roulotte; 2 (*sl*) (*used as an adjective*) dozzinale, di pessima qualità.

trailing /'treɪlɪŋ/ *a.* 1 che traina o rimorchia. 2 (*Bot*) strisciante, repente. ☐ (*Aer*) *~ edge*

---

bordo di uscita; *~ wheel* ruota non motrice (*spec. posteriore*).

train[1] /treɪn/ *n.* 1 (*Ferr*) treno *m.*: *to take the ~* prendere il treno; *to travel by ~* viaggiare in treno. 2 (*line, file of people, vehicles, etc.*) colonna *f.*, corteo *m.*, fila *f.*, processione *f.*, convoglio *m.*; (*caravan*) carovana *f.* 3 (*Mil*) convoglio *m.*, treno *m.* 4 (*retinue, following*) seguito *m.*, scorta *f.*, corteo *m.*, codazzo *m.*, accompagnamento *m.* 5 (*line of gunpowder for exploding a charge*) miccia *f.* 6 (*Mecc*) treno *m.* d'ingranaggi, rotismo *m.* 7 (*fig*) (*orderly linked sequence*) serie *f.*, sequenza *f.*, sequela *f.*, successione *f.*: *a ~ of reactions* una serie di reazioni. 8 (*fig*) (*aftermath, sequel*) conseguenza *f.*, seguito *m.*, strascico *m.*, coda *f.*: *the flood brought a famine in its ~* l'alluvione portò come conseguenza la carestia. 9 (*of a skirt, robe*) strascico *m.*, coda *f.* 10 (*of a peacock*) coda *f.* 11 (*Astr*) (*of a meteor*) traiettoria *f.* luminosa, scia *f.* luminosa; (*of a comet*) coda *f.* ☐ *~ bearer* valletto che regge lo strascico, paggio che regge lo strascico; (*Mar*) *~ ferry* traghetto ferroviario; (*fig*) *in ~* pronto; (*Ferr*) *~ man* ferroviere; *one's ~ of thought* il filo dei propri pensieri; *~ oil* olio di balena; (*Ferr*) *~ station* stazione ferroviaria; (*Ferr*) *~ ticket* biglietto del treno, biglietto ferroviario.

train[2] /treɪn/ **I** *v.t.* 1 educare, avvezzare, insegnare a, abituare: *to ~ one's children to obedience* educare i figli all'obbedienza. 2 (*to instruct in a skill, profession, etc.*) educare, istruire, preparare, addestrare, formare. 3 (*of animals*) addestrare, istruire, ammaestrare. 4 (*of horses*) scozzonare. 5 (*Sport*) allenare, addestrare, esercitare: *to ~ an athlete* allenare un atleta. 6 (*of one's mind, judgement, etc.*) coltivare, allenare, addestrare, esercitare. 7 (*Agr,Giard*) far crescere (nel modo voluto mediante potature, legature ecc.): *to ~ fruit trees as espaliers* far crescere alberi da frutta a spalliera. 8 (*to aim, to point*) puntare, dirigere: *to ~ a camera on so.* puntare una macchina fotografica su qcu. **II** *v.i.* 1 addestrarsi, prepararsi, istruirsi. 2 (*Sport*) allenarsi, addestrarsi, esercitarsi: *to ~ for the marathon* allenarsi per la maratona. ☐ *to ~ down* (*to become weak*) perdere peso con l'allenamento; *to ~ off* (*of weight*) perdere peso con l'allenamento, eliminare peso con l'allenamento.

trainable /'treɪnəbl/ *a.* addestrabile, ammaestrabile, educabile.

trainband /'treɪnbænd/ *n.* (*Stor.brit*) milizia *f.* paesana.

trained /treɪnd/ *a.* ☐ *~ nurse* infermiera professionale, infermiera diplomata.

trainee /,treɪ'ni:/ *n.* 1 tirocinante *m./f.*, apprendista *m./f.* 2 (*animal being trained*) animale *m.* che viene ammaestrato. 3 (*Am,Mil*) recluta *f.* 4 (*Am,Univ*) specializzando *m.* (*f.* -a) di corso di perfezionamento.

trainer /'treɪnər/ *n.* 1 (*Sport*) allenatore *m.* (*f.* -trice), istruttore *m.* (*f.* -trice). 2 (*of animals*) ammaestratore *m.* (*f.* -trice), addestratore *m.* (*f.* -trice), domatore *m.* (*f.* -trice); (*of horses*) scozzone *m.* 3 (*Arm*) puntatore *m.* 4 (*Aer*) apparecchio *m.* scuola; (*simulator*) simulatore *m.*

training /'treɪnɪŋ/ *n.* 1 istruzione *f.*, preparazione *f.*, educazione *f.*, addestramento *m.* 2 (*practice in a profession, etc.*) esercizio *m.*, pratica *f.*, tirocinio *m.* 3 (*Sport*) allenamento *m.*, preparazione *f.* atletica: *to break ~* sospendere l'allenamento, interrompere l'allenamento. 4 (*of animals*) ammaestramento *m.*, addestramento *m.* ☐ (*Mil*) *~ camp* campo di addestramento; *~ college* scuola di formazione per insegnanti; ~ *contract*contrat-to di formazione; ~ *course*corso di formazione, corso di addestramento, corso di aggiornamento; *to be in~*: 1 fare il tirocinio; 2 (*Sport*) essere in forma, essere ben allenato; (*Sport*) *to be out of~* essere fuori forma, essere fuori allenamento; ~ *school*scuola di formazione per insegnanti; (*Mar*) ~ *ship* nave scuola.

trainmaster/'treɪn,mɑːstəʳ *Am* 'treɪn,mæstəʳ/ *n.* (*Ferr*) capotreno *m.*

trainspotter/'treɪn,spɒtəʳ/ *n.* (*Br*) 1 chi colleziona i numeri di modello delle locomotive viste. 2 (*estens*) individuo *m.* con un hobby solitario e ossessivo.

trainspotting/'treɪn,spɒtɪŋ/ *n.* (*Br*) hobby *m.* che consiste nel collezionare i numeri di modello delle locomotive viste.

traipse/treɪps/ I *v.i.* trascinarsi, girare senza meta, girare stancamente. II *n.* camminata *f.* stanca e lenta. □ *to ~ round*trascinarsi, girare senza meta, girare stancamente.

trait/treɪ, treɪt/ *n.* 1 tratto *m.*, aspetto *m.*, caratteristica *f.*, peculiarità *f.* 2 (*facial feature*) tratti *m.pl.*, lineamenti *m.pl.*, fattezze *f.pl.*

traitor/'treɪtəʳ *Am* 'treɪtəʳ/ *n.* traditore *m.*: *a ~ to one's country* un traditore del proprio paese.

traitorous/'treɪtʳrəs *Am* 'treɪtʳrəs/ *a.* traditore, proditorio, sleale.

traitorously/'treɪtʳrəsli *Am* 'treɪtʳrəsli/ *avv.* a tradimento, proditoriamente.

traitorousness/'treɪtʳrəsnəs *Am* 'treɪtʳrəs-nəs/ *n.* slealtà *f.*, proditorietà *f.*

traitress/'treɪtrəs/ *n.* traditrice *f.*

trajectory/trə'dʒektʳri/ *n.* (*Aer,Astron,Geom*) traiettoria *f.*

tra-la/ˌtrɑː'lɑː/ *intz.* (*iron*) trallallero!, trallal-là!

tram[1] /træm/ *n.* 1 (*spec. Br*) tram *m.*, tranvai *m.*, vettura *f.* tranviaria. 2 (*Minier*) vagoncino *m.*, vagoncino *m.* □ (*spec. Br*) ~ *car*vettura tranviaria, tram, tranvai; ~ *rail*rotaia tranviaria; (*Minier*) ~ *road*decauville.

tram[2] /træm/ *v.i.* (*past, p.p.* **trammed** /-d/) *v.i.* (*spec. Br*) andare in tram.

tram[3] /træm/ *n.* (*Tess*) trama *f.* di seta. □ (*Tess*) ~ *silk*doppio filo di seta usato per la trama.

tramline/'træmlaɪn/ *n.* 1 (*spec. Br*) tranvia *f.* 2 (*route of a tram*) linea *f.* tranviaria. 3 *pl.* (*Sport*) (*in tennis*) corridoio *m.*

trammel/'træmʳl/ I *n.* 1 (*Pesc,Caccia*) tramaglio *m.* 2 (*for a horse*) pastoia *f.* 3 (*for a fireplace chain*) gancio *m.*, uncino *m.* 4 (*Tecn*) (*drawing instrument*) ellissografo *m.*; (*beam compass*) compasso *m.* a verga. 5 (*Mecc*) attrezzo *m.* per l'allineamento, attrezzo *m.* per il centraggio, attrezzo *m.* per la regolazione. 6 *pl.* (*fig*) pastoia *f.*, catena *f.*, impedimento *m.*, impaccio *m.* II *v.t.* (*past, p.p.* **trammelled** /*Am* **trammeled** /-d/) 1 impastoiare, inceppare, impedire, ostacolare, intralciare. 2 (*Pesc*) prendere nel tramaglio, impigliare nel tramaglio.

tramontane/trə'mɒnteɪn *Am* trə'mɑːnteɪn/ I *a.* (*rar*) oltramontano, tramontano. II *n.* tramontana *f.*

tramp/træmp/ I *v.i.* 1 camminare pesantemente, camminare con passo pesante. 2 (*to travel about*) nel camminare, andare a piedi, vagabondare, girare, girovagare, (*colloq,scherz*) scarpinare. 3 (*to travel as a tramp*) vagabondare, fare il vagabondo. II *v.t.* 1 percorrere a piedi, fare un'escursione a piedi per, camminare per: *to ~ the hills* percorrere a piedi le colline. 2 (*to go for long walks*) fare lunghe passeggiate in, fare lunghe camminate per. 3 (*to tramp over, through*) camminare (su e giù) per. III *n.* 1 passo *m.* pesante, andatura *f.* pesante: *the ~ of marching soldiers* il passo pesante dei soldati in marcia. 2 (*sound*) calpestio *m.* 3 (*long walk, hike*) lunga passeggiata *f.*, gita *f.*, escursione *f.* 4 (*vagrant, vagabond*) vagabondo *m.* (*f.* -a), (*gerg*) barbone *m.* (*f.* -a). 5 (*Mar*) nave *f.* da carico, (*spreg*) carretta *f.* 6 (*Am,colloq,volg*) (*immoral woman, girl*) sgualdrina *f.*, puttana *f.* □ *to ~ on* pestare, camminare su, calpestare: *to ~ on so.'s toes* pestare il piede a qcu.; (*spreg*) ~ *ship*(o ~ *steamer*) nave da carico, carretta.

trample/'træmpl/ I *v.i.* camminare con passo pesante. II *v.t.* 1 calpestare, camminare su, pestare. 2 (*fig*) calpestare, violare, offendere. III *n.* 1 il calpestare, pestata *f.*, pestatura *f.* 2 (*sound*) calpestio *m.* □ *to ~ down* 1 calpestare: *to ~ down the grass* calpestare l'erba; 2 (*fig*) violare, calpestare, offendere: *to ~ down the law* violare la legge; *to ~ on* 1 camminare su, calpestare, pestare; 2 (*fig*) calpestare, violare, infrangere, mettersi sotto i piedi; *to ~ out*(*to extinguish by stamping*) spegnere pestando con i piedi, schiacciare (per spegnere); *to ~ sth. under foot* mettersi qcs. sotto i piedi (*anche fig*).

trampoline/'træmpəliːn, ˌtræmpə'liːn/ *n.* (*Ginn*) trampolino *m.*

tramway/'træmweɪ/ *n.* tranvia *f.*

trance/trɑːns *Am* træns/ *n.* 1 (*Occult*) trance *f.* 2 (*Med*) catalessi *f.* 3 (*ecstasy*) estasi *f.*, rapimento *m.* 4 (*Mus*) musica *f.* trance.

tranche/trɑːnʃ *Br also* trænʃ/ *n.* tranche *f.*, quota *f.*

trank/træŋk/ *n.* (*sl*) tranquillante *m.*

tranquil/'træŋkwɪl/ (*compar.* **tranquiller**/ *Am* **tranquiler** /-əʳ/, *sup.* **tranquillest**/ *Am* **tranquilest** /-ɪst/) *a.* 1 tranquillo, sereno, calmo: *a ~ life* una vita tranquilla. 2 (*quiet, peaceful*) pacifico, quieto.

tranquility/træŋˈkwɪləti/ *n.* (*Am*) 1 tranquillità *f.*, serenità *f.*, calma *f.* 2 (*quietness*) tranquillità *f.*, pace *f.*, quiete *f.*

tranquillisation /ˌtræŋkwɪl(ə)ɪˈzeɪʃʳn/ *n.* (*Br*) il tranquillizzare.

tranquillise /'træŋkwɪlaɪz/ *v.t.* (*Br*) 1 tranquillizzare, tranquillare, rassicurare. 2 (*Med*) calmare (per mezzo di un tranquillante).

tranquilliser /'træŋkwɪlaɪzəʳ/ *n.* (*Br*) 1 chi rassicura, chi tranquillizza. 2 (*Farm*) tranquillante *m.*

tranquillity/træŋˈkwɪləti/ *n.* 1 tranquillità *f.*, serenità *f.*, calma *f.* 2 (*quietness*) tranquillità *f.*, pace *f.*, quiete *f.*

tranquillization /ˌtræŋkwɪl(ə)ɪˈzeɪʃʳn/ *n.* il tranquillizzare.

tranquillize /'træŋkwɪlaɪz/ *v.t.* 1 tranquillizzare, tranquillare, rassicurare. 2 (*Med*) calmare (per mezzo di un tranquillante).

tranquillizer /'træŋkwɪlaɪzəʳ/ *n.* 1 chi rassicura, chi tranquillizza. 2 (*Farm*) tranquillante *m.*

trans.(*Gramm*) *transitive* tr., trans. (transitivo).

transact/træn'zækt/ I *v.t.* sbrigare, trattare, fare, condurre, occuparsi di: *to ~ one's business* sbrigare i propri affari; *to ~ negotiations* condurre negoziati. II *v.i.* trattare, intrattenere relazioni (*with con*).

transaction/træn'zækʃʳn/ *n.* 1 disbrigo *m.*, trattazione *f.*, conduzione *f.* 2 (*deal*) affare *m.*, operazione *f.*: *the ~ yielded a good profit* l'affare ha dato un buon utile. 3 (*Comm,Econ, Dir*) transazione *f.* 4 *pl.* (*published record of proceedings*) atti *m.pl.*

transactional/træn'zækʃʳnʳl/ *a.* transazionale. □ (*Psic*) ~ *analysis*analisi transazionale.

transactive/træn'zæktɪv/ *a.* transattivo.

transactor/træn'zæktəʳ/ *n.* (*Comm*) operatore *m.* (*f.* -trice).

transalpine/træn'zælpaɪn/ *a.* transalpino.

transaminase/trænz'æmɪneɪs/ *n.* 1 (*Fisiol*) transaminasi *f.* 2 (*Biol*) transaminase *f.*

transatlantic /ˌtrænzət'læntɪk *Am* ˌtrænzæt'læntɪk/ *a.* 1 transatlantico. 2 (*Br*) americano, nordamericano. 3 (*Am*) (*European*) europeo; (*British*) britannico. □ (*Mar*) ~ *liner*transatlantico.

transceiver /træn'siːvəʳ/ *n.* (*Rad*) ricetrasmettitore *m.*

transcend/træn'send/ *v.t.* 1 trascendere, oltrepassare, superare: *to ~ the limits of common sense* trascendere i limiti del buon senso. 2 (*Filos*) trascendere.

transcendence /træn'sendəns/ *n.* (*Filos, Mat*) trascendenza *f.*

transcendency /træn'sendənsi/ *n.* (*Filos, Mat*) trascendenza *f.*

transcendent/træn'sendənt/ *a.* 1 straordinario, eccezionale, eccelso, trascendentale. 2 (*Filos,Mat*) trascendente.

transcendental /ˌtrænsen'dentʳl *Am* ˌtrænsen'dentʳl/ *a.* 1 straordinario, eccelso, eccezionale, trascendentale. 2 (*abstract*) astratto. 3 (*abstruse*) astruso, complicato, oscuro, trascendentale. 4 (*Mat*) trascendente. 5 (*Filos*) trascendentale. □ ~ *meditation* meditazione trascendentale.

transcendentalism /ˌtrænsen'dentʳlɪzʳm *Am* ˌtrænsen'dentʳlɪzʳm/ *n.* trascendentalismo *m.*

transcontinental /ˌtræns,kɒntɪ'nentʳl *Am* ˌtrænz,kɑːntʳn'entʳl/ *a.* transcontinentale: *a ~ express* un rapido transcontinentale.

transcribe /træn'skraɪb/ *v.t.* trascrivere (*anche Mus,Inform*): *to ~ one's lecture notes* trascrivere gli appunti di una conferenza.

transcriber/træn'skraɪbəʳ/ *n.* trascrittore *m.* (*f.* -trice).

transcript/'trænskrɪpt/ *n.* 1 copia *f.* (trascritta), trascrizione *f.* (*anche Dir*). 2 (*Am, Scol*) curriculum *m.* scolastico; (*Univ*) curriculum *m.* accademico. 3 (*Biol*) trascrizione *f.*

transcriptase /træn'skrɪpteɪs/ *n.* (*Biol,Chim*) transcriptasi *f.*

transcription /træn'skrɪpʃʳn/ *n.* trascrizione *f.* (*anche Mus,Biol*).

transcriptional /træn'skrɪpʃʳnʳl/ *a.* di una trascrizione, relativo a una trascrizione.

transcutaneous /ˌtrænzkjuˈteɪniəs/ *n.* transcutaneo.

transdermal /ˌtrænz'dɜːmʳl *Am* ˌtrænz'dɜːrmʳl/ *a.* (*Med*) transdermico.

transducer /trænz'djuːsəʳ/ *n.* (*Fis,Inform*) trasduttore *m.*

transect /træn'sekt/ *v.t.* tagliare trasversalmente.

transept/'trænsept/ *n.* (*Arch*) transetto *m.*

transfer[1] /træns'fɜːʳ *Am* 'trænsfɜːr/ *v.t.* (*past, p.p.* **transferred** /-d/) I *v.t.* 1 spostare, trasportare, passare: *to ~ sth. from one hand to another* spostare qcs. da una mano all'altra. 2 (*of an employee, etc.*) trasferire, spostare. 3 (*Mil*) trasferire, assegnare ad altra sede. 4 (*Dir*) trasferire, trasmettere, cedere. 5 (*of a drawing, design, etc.*) trasportare, riportare, decalcare. II *v.i.* 1 trasferirsi, spostarsi, traslocare, traslocarsi: *to ~ to a house in the suburbs* trasferirsi in una casa in periferia. 2 (*Mil,Scol*) trasferirsi. 3 (*to change from one transport vehicle to another*) trasbordare, fare un trasbordo.

transfer[2] /'trænsfɜːʳ *Am* 'trænsfɜːr/ *n.* 1 trasferimento *m.* (*anche Mil*): *to apply for a ~* chiedere un trasferimento. 2 (*person transferred*) militare *m.* trasferito (*o* assegnato ad altra sede). 3 (*of prisoners*) trasporto *m.* di detenuti, (*burocr*) traduzione *f.* **4** (*drawing that may be transferred*) disegno *m.* da trasporto, disegno *m.* da riporto. **5** (*transferable embroidery pattern*) decalcabile *m.*, modello *m.* da ricalcare. **6** (*design transferable by soaking*) decalcomania *f.* **7** (*Am*) (*ticket enabling a passenger to change routes*) biglietto *m.* cumulativo. **8** (*Dir*) trasferimento *m.*, passaggio *m.* di proprietà, cessione *f.* **9** (*Econ*) trapasso *m.*, traslazione *f.*; (*of shares*) trasferimento *m.* □ (*Econ*) ~ *book* libro dei trasferimenti di azioni; (*Med*) ~ *factor* fattore di trasferimento; ~ *fee* prezzo di trasferimento; ~ *ink* inchiostro litografico, inchiostro da trasporto; (*Sport*) ~ *list* lista di trasferimento; ~ *of ownership* passaggio (del diritto) di passaggio; ~ *of property* trapasso di proprietà; (*Psic*) ~ *of training* transfert; ~ *paper* carta da trasporto; (*Econ*) ~ *payment* trasferimento; ~ *picture* (o ~ *printing*) decalcomania; (*Inform*) ~ *rate* trasferimento dati; (*Biol, Chim*) ~ *RNA* RNA di trasporto, RNA transfer.

transferability /ˌtrænsˌfɜːrəˈbɪlɪti *Am* ˌtrænsˌfɜːrəˈbɪləti/ *n.* **1** trasferibilità *f.* (*anche Econ*). **2** (*Dir*) trasferibilità *f.*, cedibilità *f.*, trasmissibilità *f.*

transferable /trænsˈfɜːrəbl/ *a.* **1** trasferibile (*anche Econ*). **2** (*Dir*) trasferibile, cedibile.

transferee /ˌtrænsfəˈriː/ *n.* **1** chi viene trasferito in altra sede, che viene spostato in altra sede. **2** (*Mil*) militare *m.* trasferito, militare *m.* assegnato ad altra sede. **3** (*Dir*) cessionario *m.* (*f.* -a).

transference /ˈtrænsfərəns/ *n.* **1** trasferimento *m.* (*anche Econ*). **2** (*of a drawing, etc.*) riporto *m.* mediante calco, trasporto *m.* **3** (*Psic*) transfert *m.*

transferor /trænsˈfɜːrər/ *n.* (*Dir*) cedente *m./f.*

transfiguration /ˌtrænsfɪɡərˈeɪʃən *Am* ˌtrænsfɪɡjuˈreɪʃən/ *n.* trasfigurazione *f.*

Transfiguration /ˌtrænsfɪɡərˈeɪʃən *Am* ˌtrænsfɪɡjuˈreɪʃən/ *n.* (*Bibl, Art*) trasfigurazione *f.*

transfigure /trænsˈfɪɡər *Am* trænsˈfɪɡjər/ *v.t.* trasfigurare.

transfinite /trænsˈfaɪnaɪt/ *a.* (*Mat*) trasfinito.

transfix /trænsˈfɪks/ *v.t.* **1** trafiggere, trapassare, infilzare: *to ~ so. with a sword* trafiggere qcu. con una spada. **2** (*fig*) pietrificare, paralizzare, far restare di sasso.

transfixion /trænsˈfɪkʃən/ *n.* **1** trafittura *f.*, infilzamento *m.*, infilzatura *f.* **2** (*Chir*) transfissione *f.* **3** (*fig*) sbalordimento *m.*, pietrificazione *f.*

transform /trænsˈfɔːm *Am* trænsˈfɔːrm/ **I** *v.t.* **1** trasformare, mutare, cambiare: *the prince was ~ed into a frog* il principe fu trasformato in un ranocchio. **2** (*El*) trasformare (elevando o abbassando la tensione). **3** (*Fis*) convertire. **4** (*Mat*) trasformare. **II** *v.i.* trasformarsi, cambiarsi, convertirsi (*into* in). **III** *n.* (*Mat, Ling*) trasformata *f.* □ (*Geol*) ~ *fault* faglia trasforme.

transformable /trænsˈfɔːməbl *Am* trænsˈfɔːrməbl/ *a.* trasformabile, convertibile.

transformation /ˌtrænsfəˈmeɪʃən *Am* ˌtrænsfəˈmeɪʃən/ *n.* **1** trasformazione *f.*, mutamento *m.*, cambiamento *m.* **2** (*radical change*) mutamento *m.* radicale, trasformazione *f.* radicale, metamorfosi *f.*: *there has been a ~ in his attitude* c'è stato un mutamento radicale nel suo atteggiamento. **3** (*Fis, Filos*) conversione *f.* **4** (*Teat*) graduale cambiamento *m.* di scena a sipario aperto. **5** (*colloq*) (*of appearance of a place*) mutamento *m.* sorprendente. □ ~ *curve* curva di trasformazione; (*Met*) ~ *range* intervallo (termico) di trasformazione, intervallo (ter-

mico) critico; ~ *scene* **1** (*Teat*) graduale cambiamento di scena a sipario aperto; **2** (*colloq*) (*of appearance of a place*) mutamento sorprendente.

transformational /ˌtrænsfəˈmeɪʃənl *Am* ˌtrænsfəˈmeɪʃənl/ *a.* (*Ling*) trasformazionale: ~ *grammar* grammatica trasformazionale.

transformationalism /ˌtrænsfəˈmeɪʃənlɪzəm *Am* ˌtrænsfərˈmeɪʃənlɪzəm/ *n.* (*Ling*) linguistica *f.* trasformazionale.

transformationalist /ˌtrænsfəˈmeɪʃənlɪst *Am* ˌtrænsfərˈmeɪʃənlɪst/ *n.* (*Ling*) trasformazionalista *m./f.*

transformative /trænsˈfɔːmətɪv *Am* trænsˈfɔːrmətɪv/ *a.* trasformativo.

transformer /trænsˈfɔːmər *Am* trænsˈfɔːrmər/ *n.* **1** trasformatore *m.* (*f.* -trice). **2** (*El*) trasformatore *m.* □ (*El*) ~ *room* cabina elettrica.

transformism /trænsˈfɔːmɪzəm *Am* trænsˈfɔːrmɪzəm/ *n.* (*Biol, Pol*) trasformismo *m.*

transformist /trænsˈfɔːmɪst *Am* trænsˈfɔːrmɪst/ **I** *n.* trasformista *m./f.* **II** *a.* trasformistico.

transfuse /trænsˈfjuːz/ *v.t.* **1** (*Med*) (*of blood saline*) trasfondere; (*of a patient*) sottoporre a trasfusione. **2** (*fig*) infondere, instillare. **3** (*rar*) (*to transfer by pouring*) travasare.

transfusion /trænsˈfjuːʒən/ *n.* (*Med*) trasfusione *f.*

transfusive /trænsˈfjuːsɪv/ *a.* che serve a trasfondere, di trasfusione.

transgender /trænsˈdʒendər/ *a.* transessuale.

transgenic /trænsˈdʒenɪk/ *a.* (*Biol*) transgenico.

transgenically /trænsˈdʒenɪkəli/ *avv.* (*Biol*) transgenicamente.

transglobal /trænsˈɡloʊbl/ *a.* transglobale.

transgress /trænzˈgres/ *v.t.* **1** trasgredire a, violare, infrangere: *to ~ the law* trasgredire la legge. **2** (*to exceed*) oltrepassare, superare: *to ~ the bounds of decency* oltrepassare i limiti della decenza.

transgression /trænzˈgreʃən/ *n.* **1** trasgressione *f.*, violazione *f.*, infrazione *f.* **2** (*sin*) peccato *m.*, colpa *f.*, errore *m.*

transgressor /trænzˈgresər/ *n.* trasgressore *m.* (*f.* trasgreditrice), violatore *m.* (*f.* -trice).

tranship /trænˈʃɪp *Am* trænˈʃɪp/ *e der.* → **trans-ship** *e der.*

transhumance /trænsˈhjuːməns/ *n.* (*Zootecn*) transumanza *f.*

transience /ˈtrænziəns *Am also* ˈtrænʃəns/ *n.* caducità *f.*, labilità *f.*, precarietà *f.*, transitorietà *f.*

transiency /ˈtrænziənsi *Am also* ˈtrænʃənsi/ *n.* caducità *f.*, labilità *f.*, precarietà *f.*, transitorietà *f.*

transient /ˈtrænziənt *Am also* ˈtrænʃənt/ **I** *a.* transitorio, caduco. **II** *n.* **1** persona *f.* di passaggio, forestiero *m.* (*f.* -a). **2** (*Fis*) transitorio *m.*

transiently /ˈtrænziəntli *Am also* ˈtrænʃəntli/ *avv.* transitoriamente, fuggevolmente, fugacemente.

transire /trænˈzaɪər/ *n.* (*Mar*) lasciapassare *m.* doganale.

transistor /trænˈzɪstər/ **I** *n.* (*Elettron*) transistor *m.*, transistore *m.* **II** *n.* (*Rad*) radio *f.* a transistor, (*colloq*) radiolina *f.* □ (*Rad*) ~ *radio* radio a transistor, (*colloq*) radiolina.

transistorisation /ˌtrænzɪstəraɪˈzeɪʃən/ *n.* (*Br, Elettron*) transistorizzazione *f.*

transistorise /trænˈzɪstəraɪz/ *v.t.* (*Br, Elettron*) transistorizzare.

transistorization /ˌtrænzɪstəraɪˈzeɪʃən/ *n.* (*Elettron*) transistorizzazione *f.*

transistorize /trænˈzɪstəraɪz/ *v.t.* (*Elettron*) transistorizzare.

transit /ˈtrænsɪt/ **I** *n.* **1** passaggio *m.*, transito *m.* **2** (*public transportation*) trasporto *m.* sui mezzi pubblici; *rapid ~ system* sistema di trasporto pubblico veloce. **3** (*Astr*) (*across a meridian*) culminazione *f.*, passaggio *m.* al meridiano; (*across the sun*) transito *m.* **4** (*Astr*) (*transit instrument*) equatoriale *m.* **5** (*Topogr*) teodolite *m.* **II** *v.t.* (*Astr*) passare. **III** *v.i.* (*Astr*) passare. □ (*Comm*) ~ *bill* bolletta di transito; (*Astr*) ~ *circle* bussola di declinazione; (*Topogr*) ~ *compass* teodolite; (*Econ*) ~ *duty* diritti di transito; *in* ~ in transito; ~ *passenger* passeggero in transito; (*Astr*) ~ *time* ora di passaggio al meridiano di un corpo celeste; ~ *visa* visto di transito.

transition /trænˈzɪʃən/ *n.* **1** passaggio *m.*, transizione *f.*: *the ~ from adolescence to adulthood* il passaggio dall'adolescenza all'età adulta; *a period of ~* un periodo di transizione. **2** (*Mus*) modulazione *f.* □ (*Chim*) ~ *elements* elementi di transizione; (*Chim*) ~ *metals* metalli di transizione.

transitional /trænˈzɪʃənl/ *a.* di transizione, di passaggio.

transitionary /trænˈzɪʃənri *Am* trænˈzɪʃəneri/ *a.* di transizione, di passaggio.

transitive /ˈtrænsɪtɪv *Am* ˈtrænsɪtɪv/ **I** *a.* (*Gramm, Mat*) transitivo. **II** *n.* (*Gramm*) verbo *m.* transitivo, transitivo *m.*

transitively /ˈtrænsɪtɪvli *Am* ˈtrænsɪtɪvli/ *avv.* transitivamente.

transitorily /ˈtrænsɪtərli *Am* ˈtrænsɪtɔːrli/ *avv.* transitoriamente, temporaneamente.

transitoriness /ˈtrænsɪtərɪnəs *Am* ˈtrænsɪtɔːrɪnəs/ *n.* transitorietà *f.*, temporaneità *f.*, precarietà *f.*

transitory /ˈtrænsɪtəri *Am* ˈtrænsɪtɔːri/ *a.* transitorio, temporaneo, precario, fuggevole, passeggero.

translatable /trænzˈleɪtəbl *Am* trænzˈleɪtəbl/ *a.* traducibile.

translate /trænzˈleɪt/ **I** *v.t.* **1** tradurre: *to ~ an Italian novel into English* tradurre un romanzo italiano in inglese; *to ~ Shakespeare* tradurre Shakespeare. **2** (*to explain, to interpret*) interpretare, spiegare, chiarire. **3** (*to transform, to convert*) tradurre, trasformare, convertire: *to ~ ideas into action* tradurre le idee in azione. **4** (*to transfer*) trasferire, spostare. **5** (*Rel*) (*of a bishop*) trasferire. **6** (*Rel.catt*) (*of a saint's relics*) effettuare la traslazione di. **7** (*Tel*) ritrasmettere. **8** (*Biol*) tradurre. **9** (*Bibl, Teol*) assumere in cielo (con il corpo). **II** *v.i.* **1** fare il traduttore, tradurre. **2** (*to be translatable*) essere traducibile: *his poetry does not ~ easily* la sua poesia non è facilmente traducibile. □ *to ~ word for word* tradurre alla lettera.

translation /trænzˈleɪʃən/ *n.* **1** traduzione *f.*, versione *f.* **2** (*Rel, Fis, Astr*) traslazione *f.* **3** (*Tel*) ritrasmissione *f.*

translational /trænzˈleɪʃənl/ *a.* **1** traduttivo, di traduzione. **2** (*Mecc*) traslatorio, di traslazione: ~ *motion* moto traslatorio.

translator /trænzˈleɪtər *Am* trænzˈleɪtər/ *n.* **1** traduttore *m.* (*f.* -trice). **2** (*Inform*) traduttore *m.*

transliterate /trænzˈlɪtəreɪt *Am* trænzˈlɪtəreɪt/ *v.t.* traslitterare.

transliteration /ˌtrænzlɪtəˈreɪʃən *Am* ˌtrænzlɪtəˈreɪʃən/ *n.* traslitterazione *f.*

transliterator /trænzˈlɪtəreɪtər *Am* trænzˈlɪtəreɪtər/ *n.* esperto *m.* (*f.* -a) in traslitterazione.

translucence /trænzˈluːsəns/ *n.* traslucidità *f.*, semitrasparenza *f.*

translucency /trænzˈluːsənsi/ *n.* traslucidità *f.*, semitrasparenza *f.*

translucent /trænzˈluːsənt/ *a.* traslucido, semitrasparente.

translucid /trænz'luːsɪd/ a. traslucido, semitrasparente.

translunar /trænz'luːnəʳ/ a. translunare, lunare.

transmarine /,trænzmə'riːn/ a. oltremarino.

transmigrant /trænz'maɪgrənt/ I n. emigrante m./f. in transito. II a. trasmigrante.

transmigrate /,trænzmaɪ'greɪt/ v.i. trasmigrare (anche Rel).

transmigration /,trænzmaɪ'greɪʃ°n/ n. trasmigrazione f. (anche Rel). ☐ ~ of souls trasmigrazione delle anime, metempsicosi.

transmissibility /,trænzmɪsə'bɪlɪti n. trasmissibilità f. (anche Med).

transmissible /trænz'mɪsəbļ/ a. trasmissibile (anche Med).

transmission /trænz'mɪʃ°n/ n. 1 trasmissione f. (anche Rad,Mecc,Fis). 2 (gearbox) cambio m.: automatic ~ cambio automatico. ☐ ~ coefficient fattore di trasmissione; (El) ~ line linea di trasmissione; ~ tower pilone per linea di trasmissione.

transmissive /trænz'mɪsɪv/ a. 1 che trasmette, trasmittente, trasmettitore. 2 (capable of being transmitted) trasmissibile, che può essere trasmesso.

transmit /trænz'mɪt/ (past, p.p. transmitted /-tɪd Am -tɪd/) v.t. 1 trasmettere, inviare, mandare. 2 (of knowledge, news, etc.) trasmettere, comunicare. 3 (to hand down by inheritance) trasmettere, tramandare. 4 (Fis) trasmettere, condurre. 5 (Rad,Mecc) trasmettere.

transmittable /trænz'mɪtəbļ Am trænz 'mɪt̬əbļ/ a. trasmissibile, che si può trasmettere.

transmittal /trænz'mɪt°l Am trænz'mɪt̬°l/ n. trasmissione f.

transmittance /trænz'mɪt°ns Am trænz 'mɪt̬°ns/ n. trasmissione f. (anche Fis).

transmitter /trænz'mɪtəʳ Am trænz'mɪt̬əʳ/ n. 1 trasmettitore m. (f. -trice). 2 (Rad,TV) trasmittente f., trasmettitore m., stazione f. trasmittente. 3 (Tel) trasmettitore m. (telefonico).

transmitting /trænz'mɪtɪŋ Am trænz'mɪt̬ɪŋ/ ☐ ~ set radiotrasmettitore; (Rad,TV) ~ station trasmittente, trasmettitore, stazione trasmittente.

transmogrification /,trænz,mɒgrɪfɪ'keɪʃ°n Am ,trænz,mɑːgrɪfɪ'keɪʃ°n/ n. (scherz) trasformazione f. magica.

transmogrify /trænz'mɒgrɪfaɪ Am trænz 'mɑːgrɪfaɪ/ v.t. (scherz) trasformare d'incanto.

transmutability /,trænz,mjuːtə'bɪlɪti Am ,trænz,mjuːt̬ə'bɪlɪti/ n. trasformabilità f.

transmutable /trænz'mjuːtəbļ Am trænz 'mjuːt̬əbļ/ a. trasformabile, trasmutabile.

transmutation /,trænzmjuː'teɪʃ°n/ n. 1 trasformazione f., conversione f. 2 (Biol) mutazione f.

transmutational /,trænzmjuː'teɪʃ°n°l/ a. relativo a una trasformazione evolutiva.

transmutative /trænz'mjuːtətɪv Am trænz 'mjuːt̬ətɪv/ a. trasformatore.

transmute /trænz'mjuːt/ v.t. trasmutare, trasformare, mutare.

transnational /trænz'næʃ°n°l/ a. transnazionale.

transoceanic /,trænzəʊʃɪ'ænɪk/ a. transoceanico.

transom /'trænsəm/ I n. (Arch) (lintel) architrave f., piattabanda f.; (crosspiece dividing a window) traversa f. II n. 1 (Arch) (above a transom) sopraffinestra f. 2 (divided by a transom) finestra a lunetta. 3 (Mar) arcaccia f. 4 (Arm) traversa f. ☐ (Am,fig) over the

~ non richiesto; (Arch) ~ window: 1 (above a transom) sopraffinestra f.; 2 (divided by a transom) finestra a lunetta.

transomed /'trænsəmd/ a. (Arch) a lunetta.

transonic /træn'sɒnɪk Am træn'sɑːnɪk/ a. (Fis, Aer) transonico.

transparence /træn'speərəns Am træn 'sperⁿs/ n. trasparenza f.

transparency /træn'speərⁿsi Am træn 'sperⁿsi/ n. 1 trasparenza f. 2 (fig) chiarezza f., trasparenza f.: ~ of data trasparenza dei dati. 3 (Fot) diapositiva f.

transparent /træn'speərⁿt Am træn'sperⁿt/ a. 1 trasparente (anche Fis). 2 (fig) chiaro, limpido, trasparente, evidente.

transparently /træn'speərⁿtli Am træn 'sperⁿtli/ avv. 1 in modo trasparente. 2 (fig) chiaramente, limpidamente.

transpierce /,træns'pɪəs Am træns'pɪrs/ v.t. (lett) trafiggere, trapassare.

transpiration /,trænspɪ'reɪʃ°n/ n. 1 (Fisiol) traspirazione f. cutanea, sudore m. 2 (Fis,Bot) traspirazione f.

transpiratory /træn'sp(a)ɪərət°ri Am træn 'spaɪrət°ri/ a. traspiratorio.

transpire /træn'spaɪəʳ/ v.i. 1 traspirare, trasudare (anche Bot). 2 (fig) (to become known) trapelare, manifestarsi, palesarsi. 3 (pop) (to happen) succedere, avvenire, accadere.

transplant /træn'splɑːnt Am træn'splænt/ I v.t. 1 (Agr,Chir) trapiantare. 2 (to transfer, to transport) trasferire, trapiantare. II v.i. (Agr) sopportare il trapianto, essere trapiantabile.

transplantable /træn'splɑːntəbļ Am træn 'splæntəbļ/ a. trapiantabile.

transplantation /,trænsplɑːn'teɪʃ°n Am ,trænsplæn'teɪʃ°n/ n. (Agr,Chir) trapianto m.

transplanter /træn'splɑːntəʳ Am træn 'splæntəʳ/ (Agr) 1 persona f. che effettua trapianti. 2 (machine) trapiantatrice f. 3 (tool) trapiantatoio m.

transponder /træn'spɒndəʳ Am træn 'spɑːndəʳ/ n. (Elettron) trasponder m.

transpontine /træn'spɒntaɪn/ a. (Br,ant) transatlantico, nordamericano.

transport[1] /træn'spɔːt Am træn'spɔːrt/ v.t. 1 trasportare, spostare, trasferire. 2 (fig) rapire, estasiare, trasportare, entusiasmare. 3 (Stor) (to send to a penal colony) deportare.

transport[2] /'trænspɔːt Am 'trænspɔːrt/ n. 1 trasporto m. 2 (means of transportation) mezzo m. di trasporto. 3 (Marmil) nave f. trasporto (truppe). 4 (Aer) aereo m. da trasporto. 5 (fig) estasi f., rapimento m. 6 (rush of emotion) impeto m., trasporto m., impulso m., attacco m.: a ~ of rage un impeto d'ira. ☐ ~ by rail trasporto per ferrovia; ~ by sea trasporto via mare; (Br) ~ café posto di ristoro, autogrill; to be in -s of joy essere al colmo della gioia; (Aer) ~ plane aereo da trasporto.

transportability /,trænspɔːtə'bɪlɪti Am træn ,spɔːrtə'bɪlɪti/ n. l'essere trasportabile.

transportable /træn'spɔːtəbļ Am træn 'spɔːrtəbļ/ a. 1 trasportabile. 2 (Stor) (of a crime) punibile con la deportazione.

transportation /,trænspɔː'teɪʃ°n Am ,trænspəʳ'teɪʃ°n/ n. 1 trasporto m. 2 (Am) (means of conveyance) mezzo m. di trasporto. 3 (Stor) deportazione f.

transporter /træn'spɔːtəʳ Am træn'spɔːrtəʳ/ n. 1 trasportatore m. (f. -trice). 2 (Aut) bisarca f., autotreno m. per il trasporto di autoveicoli. 3 (Mecc) (travelling crane) gru f. mobile; (conveyor belt) nastro m. trasportatore.

transposability /træn,spəʊzə'bɪlɪti Am træn ,spəʊzə'bɪlɪti/ n. commutabilità f., permutabilità f.

transposable /træn'spəʊzəbļ/ a. commutabile, permutabile.

transposal /træn'spəʊzəl/ n. trasposizione f., permutazione f., commutazione f.

transpose /træn'spəʊz/ v.t. 1 trasporre, commutare, permutare, invertire. 2 (Mus) trasporre, trasportare.

transposer /træn'spəʊzəʳ/ n. (Mecc) traspositore m.

transposing /træn'spəʊzɪŋ/ ☐ (Mus) ~ instrument strumento traspositore.

transposition /,trænspə'zɪʃ°n/ n. 1 trasposizione f., permutazione f., commutazione f. 2 (Mat,Med,Mus) trasposizione f.

transpositional /,trænspə'zɪʃ°n°l/ a. commutativo.

transpositive /træn'spɒzɪtɪv Am træn 'spɑːzɪtɪv/ a. commutativo.

transposon /træns'pəʊzɒn Am træns 'pəʊzɑːn/ n. (Biol) trasposone m.

transputer /træn'spjuːtəʳ Am træn'spjuːt̬əʳ/ n. (Elettron) transputer m.

transsexual /træn'seksjʊəl Am træn'sekʃʊəl/ I a. transessuale. II n. transessuale m./f.

transsexualism /træn'seksjʊəlɪzᵐ Am træn'sekʃʊəlɪzᵐ/ n. transessualità f., transessualismo m.

trans-ship /træns'ʃɪp/ I v.t. trasbordare. II v.i. trasbordare.

trans-shipment /træns'ʃɪpmənt/ n. trasbordo m.

transubstantiate /,trænsəb'stænʃɪeɪt Br also ,trænsəb'stænsɪeɪt/ v.t. (Teol) transustanziare.

transubstantiation /,trænsəb,stænʃɪ'eɪʃ°n Br also ,trænsəb,stænsɪ'eɪʃ°n/ n. (Teol) transustanziazione f.

transudate /'træns(j)uːdeɪt/ n. (Med) trasudato m.

transudation /,træns(j)uː'deɪʃ°n/ n. 1 trasudazione f. 2 (Med) trasudato m.

transude /træn's(j)uːd/ I v.t. (ant) trasudare. II v.i. (ant) trasudare.

transuranic /,trænsjʊ'rænɪk/ a. (Chim) transuranico.

transvalue /,træns'væljuː/ v.t. valutare secondo nuovi principi.

transversal /trænz'vɜːsəl Am trænz'vɜːrsəl/ I a. trasversale, obliquo, traverso. II n. (Geom) retta f. trasversale, trasversale f.

transverse /trænz'vɜːs Am trænz'vɜːrs/ I a. trasversale, obliquo, traverso. II n. 1 cosa f. trasversale. 2 (Anat) muscolo m. traverso. 3 (Edil) traversa f. ☐ (Mus) ~ flute flauto traverso; ~ magnet magnete traverso; (Fis) ~ wave onda trasversale.

transversely /trænz'vɜːsli Am trænz'vɜːrsli/ avv. trasversalmente, obliquamente, di traverso, per traverso.

transvestism /trænz'vestɪzᵐ/ n. travestitismo m.

transvestite /trænz'vestaɪt/ n. travestito m.

Transylvania /,trænsɪl'veɪnɪə/ n.pr. (Geog) Transilvania f.

Transylvanian /,trænsɪl'veɪnɪən/ I a. transilvanico. II n. abitante m./f. della Transilvania.

trap[1] /træp/ n. 1 trappola f. 2 (fig) trappola f., tranello m., trabocchetto m., inganno m., insidia f.: to set (o to lay) a ~ tendere una trappola (for a). 3 (trap door) trabocchetto m., botola f. 4 (in clay-pigeon shooting) lanciapiattello m. 5 (Sport) stoppata f. 6 (light carriage) calesse m., carrozzella f. 7 (Idr) sifone m., pozzetto m. intercettatore, chiusino m. 8 (sl) (mouth) bocca f., (colloq) becco m.: shut your ~! chiudi il becco! 9 pl. (colloq) (percussion instrument) strumenti m.pl. a percussione. 10 pl. (colloq) (personal belongings) effetti m.pl. personali, bagagli m.pl. ☐ to be caught in a ~: 1 essere preso in una trappola; 2 (fig) essere preso in trappola; to fall into a ~: 1 cadere in una trappola; 2 (fig) cadere in un tranello, cadere in un trabocchetto, cadere nella trappola.

trap[2] /træp/ (*past, p.p.* **trapped** /-t/) **I** *v.t.* **1** prendere in trappola, intrappolare (*anche fig*). **2** (*fig*) (*to deceive*) intrappolare, ingannare, raggirare, imbrogliare. **3** (*to prevent from getting out*) intrappolare, imprigionare, chiudere in una trappola: *the lift broke down and they were -ped* l'ascensore si guastò e restarono intrappolati. **4** (*to catch, to entangle*) chiudere, impigliare, intrappolare: *to ~ one's finger in a door* chiudersi il dito in una porta. **5** (*of a place: to set with traps*) mettere trappole in, tendere trappole in. **6** (*Sport*) stoppare. **7** (*to stop, to hold*) trattenere, bloccare, fermare: *these walls ~ heat* questi muri trattengono il calore. **II** *v.i.* **1** mettere trappole, tendere trappole. **2** (*to work as a trapper*) fare il cacciatore di animali da pelliccia.

trap[3] /træp/ *v.t.* (*rar*) bardare, addobbare.

trap[4] /træp/ *n.* (*Am,Geol*) trappo *m.*

trapdoor /ˌtræpˈdɔːr Am ˈtræpdɔːr/ *n.* **1** trabocchetto *m.*, botola *f.* **2** (*Teat*) trabocchetto *m.* **3** (*Inform*) trapdoor *m.*, accesso *m.* segreto.

trapes/treɪps/ **I** *v.i.* trascinarsi, girare senza meta, girare stancamente. **II** *n.* camminata *f.* stanca e lenta.

trapeze /trəˈpiːz/ *n.* (*Ginn,Mar*) trapezio *m.* □ ~ *artist*trapezista.

trapeziform /trəˈpiːzɪfɔːm Am trəˈpiːzɪfɔːrm/ *a.* trapezoidale, trapezoide.

trapezium /trəˈpiːzɪəm/ (*pl.* **-s** /-z/ o **-zia** /-zɪə/) *n.* (*Geom*) trapezio *m.*

trapezius /trəˈpiːzɪəs/ *n.* (*Anat*) muscolo *m.* trapezio, trapezio *m.*

trapezoid/ˈtræpɪzɔɪd/ **I** *n.* (*Geom*) trapezoide *m.* **II** *a.* trapezoidale, trapezoide.

trapezoidal /ˌtræpɪˈzɔɪdəl/ *a.* trapezoidale, trapezoide.

trapper/ˈtræpər/ *n.* **1** chi tende trappole. **2** (*fur hunter*) cacciatore *m.* di animali da pelliccia.

trapping /ˈtræpɪŋ/ *n.* caccia *f.* a mezzo di trappole.

trappings/ˈtræpɪŋz/ *n.pl.* **1** decorazioni *f.pl.*, ornamenti *m.pl.*, guarnizioni *f.pl.* **2** (*fig*) sfoggio *m.sing.*, pompa *f.sing.*, lusso *m.sing.* **3** (*fig*) indicazioni *f.pl.*, segni *m.pl.* **4** (*of a horse*) bardatura *f.sing.*

Trappist/ˈtræpɪst/ **I** *n.* (*Rel.catt*) trappista *m.* **II** *a.* (*Rel.catt*) dei trappisti.

trappistine/ˈtræpɪstɪn/ *n.* (*liqueur*) liquore *m.* dei trappisti.

trapshoot/ˈtræpʃuːt/ *n.* (*Sport*) gara *f.* di tiro al piattello.

trapshooter/ˈtræpˌʃuːtər Am ˈtræpˌʃuːtər/ *n.* tiravolista *m./f.*

trapshooting/ˈtræpˌʃuːtɪŋ Am ˈtræpˌʃuːtɪŋ/ *n.* tiro *m.* al piattello.

trash/træʃ/ **I** *n.* (*spec. Am*) **1** immondizie *f.pl.*, rifiuti *m.pl.*, spazzatura *f.* **2** (*nonsense*) sciocchezze *f.pl.*, stupidaggini *f.pl.*, (*pop*) fesserie *f.pl.* **3** (*worthless goods*) ciarpame *m.*, cianfrusaglie *f.pl.* **4** (*worthless literary, artistic material*) schifezza *f.*, robaccia *f.*, porcheria *f.* **5** (*worthless person*) persona *f.* che non vale nulla, nullità *f.* **6** (*collett.*) (*worthless people*) gente *f.* volgare, gentaglia *f.* **7** (*fallen vegetable matter*) sterpi *m.pl.*, sfogliatura *f.*, ramaglia *f.* **8** (*Inform*) cestino *m.* **9** (*Agr*) (*of sugar cane*) bagassa *f.* **II** *v.t.* **1** (*Agr*) sfoltire, sfrondare. **2** (*Am,sl*) (*to destroy*) vandalizzare, distruggere. **3** (*Am,sl*) (*to criticize*) criticare negativamente (*spec.* di opere artistiche), stroncare. **4** (*Inform*) eliminare. □ (*Am*) ~ *bag*sacchetto per spazzature; (*Am*) ~ *can* pattumiera, secchio della spazzatura; (*Am*) ~ *collector* netturbino, spazzino, operatore ecologico; (*Mecc*) ~ *compactor*com-

pattatore per rifiuti.

trashed/træʃt/ *a.* (*Am,sl*) **1** (*drunk*) ubriaco, sbronzo. **2** (*under the influence of drugs*) fatto.

trashery/ˈtræʃəri/ *n.* cianfrusaglie *f.pl.*, ciarpame *m.*

trashily/ˈtræʃɪli/ *avv.* in modo scadente.

trashiness/ˈtræʃɪnəs/ *n.* l'essere di nessun valore.

trashman/ˈtræʃmən/ *n.irr.* (*Am,colloq*) spazzino *m.*, netturbino *m.*

trashy/ˈtræʃi/ *a.* **1** di nessun valore, scadente, di scarto. **2** (*strewn with trash*) pieno di sterpi, pieno di foglie secche, pieno di ramaglie.

trauma/ˈtrɔːmə/ (*pl.* **-s** /-z/ o **-mata** /-mətə Am mətə/) *n.* (*Med,Psic*) trauma *m.*

traumatic/trɔːˈmætɪk Am trɔːˈmætɪk/ *a.* (*Med, Psic*) traumatico.

traumatically /trɔːˈmætɪkəli Am trɔːˈmætɪkli/ *avv.* (*Med,Psic*) in modo traumatico.

traumatism/ˈtrɔːmətɪzəm/ *n.* (*Med*) traumatismo *m.*

traumatology /ˌtrɔːməˈtɒlədʒi Am ˌtrɔːmə ˈtɑːlədʒi/ *n.* (*Med*) traumatologia *f.*

trav. **1** *traveller* (viaggiatore). **2** *travels* (viaggi).

travail/ˈtræveɪl trəˈveɪl/ **I** *n.* **1** duro lavoro *m.*, fatica *f.*, faticata *f.* **2** (*pains of childbirth*) travaglio *m.* di parto, doglie *f.pl.* **II** *v.i.* **1** faticare, sgobbare, sfacchinare. **2** (*to be in labour*) avere le doglie, essere in travaglio.

travel /ˈtrævəl/ (*past, p.p.* **travelled** /Am **traveled** /-d/) **I** *v.i.* **1** viaggiare, fare un viaggio: *to ~ through Europe* viaggiare per l'Europa; *to ~ by train* viaggiare in treno. **2** (*to advance, to proceed*) procedere, andare, muoversi, viaggiare. **3** (*to be transmitted*) propagarsi, diffondersi: *news ~ fast in this town* le notizie si diffondono presto in questa città. **4** (*to work as a commercial traveller*) fare il commesso viaggiatore, fare il rappresentante, viaggiare. **5** (*colloq*) (*to move swiftly*) andare veloce, correre, volare. **6** (*Mecc*) compiere la corsa, percorrere la corsa. **II** *v.t.* **1** percorrere, coprire, fare: *to ~ fifty miles* percorrere cinquanta miglia. **2** (*to travel over, through*) viaggiare per (*o* in), percorrere, attraversare: *he has -led the whole country* ha viaggiato per tutto il paese. □ *to ~ at fifty miles an hour* andare a cinquanta miglia l'ora, fare cinquanta miglia l'ora; (*Comm*) *to ~ in* fare il rappresentante di, (*colloq*) viaggiare in; *to ~ light*viaggiare con poco bagaglio, viaggiare leggeri; *to ~ over*percorrere, viaggiare in, viaggiare per; *to ~ round*girare per, viaggiare per.

travel[2] /ˈtrævəl/ *n.* **1** viaggi *m.pl.*, il viaggiare: *space ~* viaggi spaziali, il viaggiare nello spazio. **2** (*Mecc*) corsa *f.*, escursione *f.* **3** *pl.* viaggi *m.pl.*, peregrinazioni *f.pl.*: *my -s in Southern Europe* i miei viaggi nell'Europa meridionale. □ ~ *agency*agenzia turistica, agenzia di viaggi; ~ *agent*agente di viaggi; ~ *kit*nécessaire da viaggio; *to set out on one's -s* mettersi in viaggio; ~ *organization* organizzazione di viaggi, organizzazione turistica; (*Cin*) ~ *shot* carrellata; (*Med*) ~ *sickness*malessere da viaggio, chinetosi.

traveled/ˈtrævəld/ *a.* (*Am*) **1** (*of a person*) che ha viaggiato: *he is much ~* è uno che ha viaggiato molto. **2** (*of a road*) di gran traffico.

traveler/ˈtrævələr/ *a.* (*Am*) → **traveller**.

traveling/ˈtrævəlɪŋ/ *n./a.* (*Am*) → **travelling**.

travelled/ˈtrævəld/ *a.* **1** (*of a person*) che ha viaggiato: *he is much ~* è uno che ha viaggiato molto. **2** (*of a road*) di gran traffico.

traveller /ˈtrævələr/ *n.* **1** viaggiatore *m.* (*f.*

-trice). **2** (*commercial traveller*) commesso *m.* viaggiatore, viaggiatore *m.* di commercio. **3** (*Mecc*) parte *f.* mobile di una macchina. **4** (*Tess*) anellino *m.*, cursore *m.* □ (*Econ*) ~'*s cheque* assegno turistico, traveller's chèque; (*Bot*) ~'*s joy*vitalba; ~'*s tales*storie o racconti esagerati di viaggi e imprese.

travelling/ˈtrævəlɪŋ/ **I** *n.* il viaggiare, viaggi *m.pl.* **II** *a.* **1** viaggiante, viaggiatore. **2** (*used by travellers*) da viaggio. □ ~ *allowance* indennità di trasferta, indennità di viaggio; ~ *bag* borsa a mano, borsa da viaggio; ~ *clock* sveglia da viaggio; ~ *companion* compagno di viaggio; ~ *crane* gru mobile; ~ *expenses* **1** spese di viaggio; **2** (*reimbursement*) indennità di trasferta; ~ *salesman*commesso viaggiatore, viaggiatore di commercio; ~ *scholarship*borsa per viaggi di studio o ricerca; (*Fis*) ~ *wave* onda progressiva, onda viaggiante.

travelog/ˈtrævəlɒg/ *n.* (*Am*) **1** (*lecture*) conferenza *f.* su un viaggio accompagnata da proiezioni. **2** (*book*) diario *m.* di viaggio, libro *m.* di viaggio. **3** (*Cin*) documentario *m.* su un paese straniero.

travelogue/ˈtrævəlɒg/ *n.* **1** (*lecture*) conferenza *f.* su un viaggio accompagnata da proiezioni. **2** (*book*) diario *m.* di viaggio, libro *m.* di viaggio. **3** (*Cin*) documentario *m.* su un paese straniero.

traversable /trəˈvɜːsəbl Am trəˈvɜːrsəbl/ *a.* **1** percorribile, transitabile, praticabile. **2** (*Dir*) contestabile, confutabile.

traverse /trəˈvɜːs, ˈtrævɜːs Am trəˈvɜːrs/ **I** *v.t.* **1** attraversare, traversare: *to ~ the desert* attraversare il deserto; *to ~ a period of unrest* attraversare un periodo di disordini. **2** (*fig*) esaminare (a fondo), considerare (attentamente), vagliare. **3** (*Alp*) traversare: *to ~ a rock face* traversare una parete di roccia. **4** (*to oppose*) opporsi a, contrastare (con), contraddire. **5** (*Dir*) contestare, confutare. **6** (*to cause to move laterally*) mettere di traverso, spostare lateralmente. **7** (*Arm*) brandeggiare. **II** *v.i.* **1** attraversare: *a point in the river where we could ~* un punto del fiume dove potevamo attraversare. **2** (*Alp*) fare una traversata. **3** (*to move laterally*) spostarsi lateralmente, muoversi di traverso. **4** (*Arm*) effettuare un brandeggio. **5** (*of a horse*) andare di sghembo. **6** (*Sport*) (*in skiing*) salire di traverso; (*in fencing*) fare un legamento. **III** *n.* **1** (*Geom*) linea *f.* trasversale. **2** (*Alp*) traversata *f.* **3** (*Sport*) (*in skiing*) salita *f.* di traverso; (*in fencing*) legamento *m.* **4** (*Mil*) traversa *f.*, riparo *m.* (*o* parapetto *m.*) trasversale. **5** (*Arm*) brandeggio *m.* **6** (*Mecc*) traslazione *f.* trasversale, corsa *f.* trasversale. **7** (*Arch*) galleria *f.* trasversale, balconata *f.* trasversale. **8** (*Dir*) contestazione *f.*, confutazione *f.* **IV** *a.* (*transverse*) traverso, trasversale, obliquo. **V** *avv.* trasversalmente, obliquamente.

traverser /trəˈvɜːsər, ˈtrævɜːsər Am trə ˈvɜːrsər/ *n.* **1** chi attraversa. **2** (*Dir*) chi confuta, chi contesta. **3** (*Ferr*) trasversatore *m.*, piattaforma *f.* girevole.

travertin, travertine /ˈtrævətiːn Am ˈtrævətiːn/ *n.* (*Min*) travertino *m.*

travesty /ˈtrævɪsti/ **I** *n.* **1** (*Lett,Art*) travestimento *m.*, parodia *f.* **2** (*fig*) parodia *f.*, farsa *f.*, caricatura *f.*, imitazione *f.* ridicola. **II** *v.t.* **1** (*Lett*) travestire, parodiare. **2** (*fig*) parodiare, ridicolizzare.

trawl /trɔːl/ **I** *n.* **1** (*Pesc*) rete *f.* a strascico, sciabica *f.*, trawl *m.* **2** (*Pesc*) palamite *m.*, palamito *m.*, palangaro *m.* **II** *v.t.* (*Pesc*) pescare a strascico, sciabicare. **III** *v.i.* (*Pesc*) pescare a strascico, sciabicare. □ (*Pesc*) ~ *line* palamite, palamito, palangaro; (*Pesc*) ~ *net* rete a strascico, sciabica, trawl.

trawler /ˈtrɔːlə/ n. (Pesc) **1** (person) chi pesca a strascico. **2** (ship) sciabica f., motopeschereccio m. a strascico, trawler m.

trawlerman /ˈtrɔːləmən Am ˈtrɔːlərmən/ n.irr. (Pesc) pescatore m. a strascico.

trawling /ˈtrɔːlɪŋ/ n. (Pesc) pesca f. a strascico.

tray /treɪ/ n. **1** vassoio m., (region) guantiera f. **2** (low-sided box-like receptacle) compartimento m., scompartimento m., ripiano m. (con bordi rialzati). **3** (for liquids) bacinella f., vaschetta f. **4** (for letters, papers) cassetta f. **5** (trayful) vassoiata f.

treacherous /ˈtretʃərəs/ a. **1** sleale, falso, infido, traditore: a ~ ally un alleato sleale. **2** (of things: hazardous) infido, pericoloso: a ~ stretch of water un corso d'acqua pericoloso.

treacherously /ˈtretʃərəsli/ avv. a tradimento, proditoriamente.

treacherousness /ˈtretʃərəsnəs/ n. slealtà f., falsità f.

treachery /ˈtretʃəri/ n. **1** tradimento m. **2** (instance) perfidia f., slealtà f., falsità f.

treacle /ˈtriːkl/ n. (Br) melassa f., sciroppo m. di melassa, (estens) sciroppo m. di canna da zucchero: ~ pudding dolce m. di pane e melassa cotto al vapore.

treacly /ˈtriːkli/ a. **1** stucchevole. **2** (fig) sdolcinato.

tread[1] /tred/ (past **trod** /trod/ Am trɑːd/ o **treaded** /ˈtredɪd/ o rar **trode** /troud/, p.p. **trodden** /ˈtrodn/ Am ˈtrɑːdn/ o **trod** /rar **tread**/) I v.t. **1** camminare su, percorrere. **2** (of a road, way: to follow) percorrere, seguire, battere. **3** (to form by walking) tracciare, fare (calpestando o pigiando): to ~ a path through the snow tracciare un sentiero nella neve. **4** (to press down by trampling on) calpestare, pestare, calcare, pigiare. **5** (Agr) (of grain) trebbiare, battere; (of grapes) pigiare, pestare. **6** (Tecn) (of a tyre) applicare il battistrada a. **7** (of a dance) ballare, danzare, eseguire, fare. **8** (of a male bird: to copulate with) accoppiarsi con. II v.i. **1** (to walk, to step) camminare, procedere, andare, muoversi. **2** (of a male bird: to copulate) accoppiarsi. □ to ~ **down**: 1 pigiare, pressare, comprimere: to ~ down the soil pigiare il terreno; 2 (to press down by trampling on) calpestare, pestare, calcare, pigiare; 3 (fig) opprimere, vessare, calpestare; (fig) to ~ **in the steps** of seguire l'esempio di, seguire le orme di; to ~ **lightly**: 1 camminare con passo leggero; 2 (fig) andare coi piedi di piombo, procedere con cautela; to ~ **on**: 1 calpestare, pestare; 2 (to press with the foot) pigiare, premere col piede: to ~ on the accelerator premere sull'acceleratore; 3 (fig) (to oppress) opprimere, calpestare, vessare; 4 (Agr) (of grain) trebbiare, battere; (fig) to ~ **on air** toccare il cielo con un dito, essere al settimo cielo; (colloq) to ~ **on so.'s corns** pestare i piedi a qcu. (anche fig), pestare i calli a qcu. (anche fig); to ~ **on so.'s heels** stare alle calcagna di qcu., tallonare qcu., seguire dappresso qcu.; to ~ **out** a fire spegnere un fuoco pestandolo con i piedi; (Teat) to ~ **the boards** (o to ~ **the stage**) calcare le scene, fare l'attore; (fig) to ~ **the steps** of seguire l'esempio di, seguire le orme di; to ~ **so.'s toes** pestare i piedi a qcu. (anche fig); to ~ **so. under** distruggere qcu.; to ~ **sth. under foot** mettersi qcs. sotto i piedi (anche fig); to ~ **water**: 1 stare a galla (quasi eretto) agitando i piedi, mantenersi a galla; 2 (fig) rimanere fermo, rimanere stabile.

tread[2] /tred/ n. **1** passo m.: I heard his ~ on the stairs ho sentito il suo passo per le scale. **2** (style of walking) passo m., andatura f.: a heavy ~ un passo pesante. **3** (rar) (mark left by treading) orma f., impronta f., passo m. **4** (of a stair, step) gradino m.; (width) alzata f.; (covering) pedata f. **5** (Aut) battistrada m.; (distance between the front or back wheels) carreggiata f. **6** (Mecc) cingolo m. **7** (Mar) lunghezza f. della chiglia.

treadle /ˈtredl/ I n. (Mecc) pedale m.: the ~ of a sewing machine il pedale di una macchina per cucire. II v.i. pedalare. III v.t. azionare il pedale di. □ (Tess) ~ **loom** telaio a pedale.

treadmill /ˈtredmɪl/ n. **1** mulino m. azionato a mano mediante una ruota. **2** (fig) ritmo m. monotono di lavoro, routine f. **3** (Ginn) tapis roulant m.

treadwheel /ˈtred(h)wiːl/ n. mulino m. azionato a mano mediante una ruota.

treason /ˈtriːzn/ n. (Dir) tradimento m.; (high treason) alto tradimento m.

treasonable /ˈtriːzənəbl/ a. proditorio, di tradimento, traditore: ~ act atto proditorio.

treasonably /ˈtriːzənəbli/ avv. a tradimento, proditoriamente.

treasonous /ˈtriːzənəs/ a. proditorio, di tradimento, traditore.

treasure /ˈtreʒər/ I n. **1** tesoro m.: a buried ~ un tesoro sepolto. **2** (estens) (wealth, riches) (grande) ricchezza f., ricchezze f.pl. **3** (fig) patrimonio m., tesoro m.: the country's artistic ~s il patrimonio artistico del paese. **4** (beloved person) tesoro m., amore m.: my ~! tesoro mio! **5** (highly valued person) persona f. preziosa, gioiello m., perla f., tesoro m. II v.t. **1** tesaurizzare, tesoreggiare, accumulare: to ~ gold tesaurizzare oro. **2** (fig) (to remember tenderly) ricordare con tenerezza. **3** (fig) (to cherish) avere caro, tenere in gran conto, apprezzare molto. □ ~ **chest** forziere; ~ **house** tesoreria, tesoro; ~ **hunt** caccia al tesoro; ~ **trove** tesoro (anche Dir); to ~ **up** ricordare con tenerezza.

treasurer /ˈtreʒərər/ n. **1** tesoriere m. (f. -a), cassiere m. (f. -a). **2** (of a club, society) tesoriere m. (f. -a), economo m. (f. -a). □ ~ '**s report** relazione finanziaria, rendiconto finanziario.

treasurership /ˈtreʒərəʃɪp Am ˈtreʒərərʃɪp/ n. ufficio m. di tesoriere, carica f. di tesoriere.

treasury /ˈtreʒəri/ n. **1** tesoro m. **2** (funds, revenue) cassa f. **3** (public funds) erario m. □ (Econ) ~ **bill** buono del tesoro (a breve scadenza); (Am) ~ **bill rate** tasso ufficiale di sconto; (Econ) ~ **bond** buono (poliennale) del tesoro, certificato del tesoro, titolo di stato; (Econ) ~ **management** gestione di tesoreria; (Econ) ~ **note** biglietto di banca; a ~ of verse un'antologia di versi.

Treasury /ˈtreʒəri/ n. ministero m. del tesoro, tesoro m., erario m. pubblico. □ (Br) ~ **Bench** banco dei ministri; (Br)~ **Board** ministero del tesoro; (Am)~ **Department** dipartimento del tesoro, ministero del tesoro.

treat /triːt/ I v.t. **1** trattare, comportarsi con, comportarsi verso: they ~ed me like a criminal mi hanno trattato come un delinquente; to ~ so. badly comportarsi male con qcu. **2** (to use, to handle in a particular way) trattare, maneggiare, adoperare: the child ~s his toys carefully il bambino tratta con cura i suoi giocattoli. **3** (Med) curare: to ~ so. for a cold curare il raffreddore a qcu. **4** (to discuss, to expound) trattare, discutere, esporre. **5** (to deal with artistically) trattare, elaborare, svolgere, sviluppare: the subject is ~ed realistically il soggetto è trattato con realismo. **6** (to regard, to consider) considerare, trattare: to ~ sth. as a joke considerare qcs. uno scherzo. **7** (to subject to an action) trattare: to ~ a substance with acid trattare una sostanza con acido. **8** (to provide with sth. at one's own expense) offrire a, invitare, pagare: next time we go out I'll ~ you la prossima volta che usciamo offro io; to ~ so. to the theatre invitare qcu. a teatro; to ~ oneself to sth. offrirsi il lusso di qcs., permettersi il lusso di qcs. **9** (iron) far sorbire (o subire) a: we were ~ed to ten minutes of biting irony abbiamo dovuto sorbirci dieci minuti di pungente ironia. II v.i. **1** trattare, negoziare, intavolare trattative: he refused to ~ with us rifiutò di negoziare con noi. **2** (to deal with) trattare, occuparsi (of, with di), considerare: the book ~s with the problem il libro tratta del problema. III n. **1** festa f., ricevimento m., trattenimento m.: a ~ for the children una festa per i bambini. **2** (anything that gives pleasure) piacere m., festa f., gioia f., godimento m. **3** (one's turn to treat) turno m. di offrire. □ (Br,colloq) a ~ (excellently) a meraviglia, in modo eccellente, che è un piacere: he is getting on a ~ va a meraviglia; to give oneself a ~ offrirsi qcs., concedersi il lusso di) qcs.; this is my ~ (I'll stand ~) offro io, tocca a me, pago io.

treatable /ˈtriːtəbl Am ˈtriːtəbl/ a. **1** trattabile. **2** (Med) curabile.

treater /ˈtriːtər/ n. **1** chi tratta. **2** (negotiator) negoziatore m. (f. -trice). **3** (Med) chi cura.

treatise /ˈtriːtɪz Am ˈtriːtɪs/ n. trattato m., dissertazione f., studio m., saggio m.

treatment /ˈtriːtmənt/ n. **1** modo m. di trattare, trattamento m.: his ~ of his wife is deplorable il suo modo di trattare la moglie è deplorevole. **2** (Med) trattamento m., cure f.pl., cura f.: the ~ of tumours il trattamento dei tumori. **3** (Tecn, Chim, Cosmet) trattamento m.: the ~ of leather il trattamento della pelle. **4** (as regards style) interpretazione f., esecuzione f. **5** (Cin) trattamento m. □ (Med) ~ **bath** piscina di rieducazione; (Med) to be **under** ~ essere in cura.

treaty /ˈtriːti/ n. **1** (Dir) trattato m., patto m.: to make a ~ stipulare un trattato. **2** (negotiation) trattativa f., negoziato m. □ to be **in** ~ with so. for sth. essere in trattative con qcu. per qcs.; ~ **of commerce** trattato commerciale, trattato di commercio; (Stor) Treaty of Maastricht Trattato di Maastricht; (Stor) Treaty of Rome Trattato di Roma.

treble /ˈtrebl/ I a. **1** triplo, triplice. **2** (Mus) di soprano. **3** (of sound: high-pitched, shrill) acuto, alto. II n. (Mus) **1** (voice) voce f. di soprano. **2** (part) parte f. di soprano. **3** (singer) soprano m./f. III v.t. triplicare. IV v.i. triplicarsi: profits have ~d i profitti si sono triplicati. □ (Br) ~ **chance** gioco simile al totocalcio; (Mus) ~ **clef** chiave di violino, chiave di sol, chiave di soprano; (Pesc) ~ **hook** ancoretta; ~ **staff** pentagramma con chiave di violino.

trebly /ˈtrebli/ avv. **1** (triply) in modo triplice. **2** (in a threefold manner) in modo triplo, tre volte tanto.

tree /triː/ I n. **1** albero m. **2** (shrub) arbusto m. **3** (Calz) forma f. (per calzature). **4** (Christmas tree) albero m. di Natale. **5** (saddletree) fusto m. della sella. **6** (in compounds: pole, post, etc.) albero m., palo m., antenna f. **7** (diagrammatical representation) albero m.: genealogical ~ albero genealogico. **8** (fig) (gallows) patibolo m., forca f.; (Christ's cross) croce f. (della crocifissione). II v.t. **1** costringere a salire (o a rifugiarsi) su un albero. **2** (Am,colloq) (to put in a difficult position) mettere in difficoltà, mettere con le spalle al muro. **3** (*of a shoe*) mettere in forma. **III** *v.i.* rifugiarsi su un albero. □ ~ *death* moria di alberi; (*Bot*) ~ *fern* felce arborea; (*Zool*) ~ *frog* raganella (comune); ~ *heath* scopa, scopa da ciocco; ~ *house* capanna costruita tra i rami di un albero; (*Bot*) ~ *mallow* lavatera; (*Bibl*) ~ *of Jesse* albero di Jesse; (*Bibl*) *the ~ of knowledge* (*of good and evil*) l'albero (della scienza) del bene e del male; (*Stor*) *the ~ of liberty* l'albero della libertà; (*Bibl*) ~ *of life* albero della vita; (*Am, colloq*) *out of one's ~* matto, pazzo, fuori di zucca, fuori di testa; ~ *planting*: 1 il piantare alberi; 2 (*ceremony*) festa degli alberi; ~ *ring* anello di accrescimento; (*Zool*) ~ *shrew* tupaia; (*Ornit*) ~ *sparrow* passero mattugio; ~ *stump* ceppaia; (*Agr, Giard*) ~ *surgeon* addetto alla cura e potatura degli alberi; (*Zool*) ~ *toad* raganella (comune); ~ *trunk* tronco d'albero; (*Am, colloq*) *up a* ~ in difficoltà, in una situazione difficile, con le spalle al muro.

treebox /'tri:bɒks *Am* 'tri:bɑːks/ *n.* aiuola *f.* alla base di un albero.

tree-hugger /'tri:ˌhʌgəʳ/ *n.* (*spreg*) ambientalista *m./f.* sfegatato.

treeless /'tri:ləs/ *a.* senza alberi, brullo.

treeline /'tri:laɪn/ *n.* limite *m.* di crescita della vegetazione arborea.

tree-lined /'tri:laɪnd/ *a.* alberato, fiancheggiato da alberi: *a ~ street* una strada alberata.

treenail /'tri:neɪl/ *n.* (*Mar*) caviglia *f.* di legno.

treetop /'tri:tɒp *Am* 'tri:tɑːp/ *n.* cima *f.* di (un) albero.

trefoil /'tri:fɔɪl, 'trefɔɪl/ **I** *n.* **1** (*Bot*) trifoglio *m.* **2** (*Arch*) decorazione *f.* a (foglie di) trifoglio. **II** *a.* trilobato, trifogliato. □ (*Arch*) ~ *arch* arco trilobato.

trehalose /trɪ'hɑːloʊs/ *n.* (*Chim*) trealosio *m.*

trek¹ /trek/ *n.* **1** (*S.Afr*) viaggio *m.* su un carro trainato da buoi; (*day's travel, stage*) tappa *f.* **2** (*hard journey*) viaggio *m.* duro, viaggio *m.* faticoso. **3** (*long walk*) camminata *f.*, trekking *m.*

trek² /trek/ *v.i.* (*past, p.p.* **trekked** /-t/) **I** *v.i.* **1** viaggiare su un carro trainato da buoi. **2** (*to migrate*) emigrare. **3** (*to travel slowly, arduously*) fare un viaggio faticoso e lento. **4** (*to have a long walk*) camminare, fare trekking. **II** *v.t.* (*of a vehicle*) tirare, trainare.

trekker /'trekəʳ/ *n.* **1** chi viaggia su un carro trainato da buoi. **2** (*one who has a long walk*) trekker, chi fa trekking, camminatore *m.* (*f.* -trice).

trekking /'trekɪŋ/ *n.* trekking *m.*

trellis /'trelɪs/ **I** *n.* **1** graticcio *m.*, graticolato *m.*, traliccio *m.*, ingraticciato *f.*, pergola *f.* **2** (*latticework structure*) pergolato *m.* (di graticcio). **3** (*Fal*) traliccio *m.* **II** *v.t.* **1** ingraticciare, ingraticolare. **2** (*of plants*) far crescere su un graticcio. **3** (*of a vine*) sostenere con una pergola.

trelliswork /'trelɪswɜːk *Am* 'trelɪswɜːrk/ *n.* **1** ingraticciatura *f.*, ingraticciata *f.* **2** (*Fal*) traliccio *m.*

tremble /'trembl/ **I** *v.i.* **1** tremare, fremere, vibrare, palpitare: *to ~ with fear* tremare di paura. **2** (*of things*) tremare, vibrare, oscillare: *his hands were trembling* gli tremavano le mani. **3** (*to sound tremulous*) tremare, tremolare: *her voice -d* la voce tremava. **4** (*to fear greatly*) tremare, aver paura, trepidare (*for* per). **II** *n.* tremito *m.*, brivido *m.*, fremito *m.*, tremore *m.* □ *to ~ at the idea of sth.* tremare all'idea di qcs., tremare alla prospettiva di qcs.; *his life -s in the balance* la sua vita è sospesa a un filo; *to ~ with anger* tremare di rabbia.

trembler /'tremblaʳ/ *n.* **1** chi trema. **2** (*Br,El*) ruttore *m.*

trembling /'tremblɪŋ/ **I** *n.* tremito *m.*, tremore *m.* **II** *a.* **1** tremante, tremebondo, trepidante. **2** (*shaking*) tremante, tremolante. □ (*Bot*) ~ *grass* tremolina; (*Bot*) ~ *poplar* (o ~ *tree*) pioppo tremolo.

tremblingly /'tremblɪŋli/ *avv.* in modo tremante, con tremore.

trembly /'trembli/ *a.* tremulo, tremante, tremolante.

tremendous /trɪ'mendəs/ *a.* **1** tremendo, terrificante, spaventoso, terribile. **2** (*exciting wonder*) straordinario, meraviglioso, formidabile. **3** (*colloq*) (*very large*) grandissimo, enorme, tremendo, immenso.

tremendously /trɪ'mendəsli/ *avv.* **1** tremendamente, spaventosamente, terribilmente. **2** (*colloq*) (*extremely*) tremendamente, estremamente, straordinariamente. **3** (*colloq*) (*very much*) immensamente, terribilmente, moltissimo: *I enjoyed it ~* mi è piaciuto immensamente.

tremendousness /trɪ'mendəsnəs/ *n.* l'essere terribile, l'essere spaventoso.

tremolite /'treməlaɪt/ *n.* (*Min*) tremolite *f.*

tremolo /'treməloʊ/ (*pl.* **-s** /-z/) *n.* (*Mus*) tremolo *m.*

tremor /'tremoʳ/ *n.* **1** tremito *m.*, tremore *m.*, fremito *m.* **2** (*earth tremor*) tremito *m.*, scossa *f.* (sussultoria). **3** (*of the voice*) tremolio *m.*, vibrazione *f.*

tremulant /'tremjulənt/ **I** *a.* (*Mus*) tremolante. **II** *n.* (*Mus*) tremolo *m.*

tremulous /'tremjuləs/ *a.* **1** tremante, tremolante, tremulo, vacillante. **2** (*of the voice*) tremulo, tremante, tremolante. **3** (*fig*) (*timid, timorous*) timoroso, timido.

tremulously /'tremjuləsli/ *avv.* con tremore, tremando.

tremulousness /'tremjuləsnəs/ *n.* l'essere tremante.

trenail /'trenəl/ *n.* (*Mar*) caviglia *f.* di legno.

trench /trenʃ/ **I** *n.* **1** fossa *f.*, fosso *m.*, scavo *m.*, fossato *m.* **2** (*Mil*) trincea *f.*: *to fight in the -es* combattere nelle trincee. **3** (*Edil*) scavo *m.* a trincea, trincea *f.* **II** *v.t.* **1** scavare una fossa, scavare fosse in. **2** (*Mil*) trincerare, proteggere con una trincea; (*to dig a trench in*) scavare una trincea in. **3** (*Agr*) (*to cut a drainage trench in*) scavare un fosso di drenaggio in. **4** (*to carve, to make a cut in*) incidere, scolpire. □ (*Abbigl*) ~ *coat* impermeabile, trench; (*Mecc*) ~ *digger* scavatrice; (*Mecc*) ~ *excavator* scavatrice, scavafossi; (*Med*) ~ *fever* febbre delle trincee; (*Med*) ~ *mouth* gengivite ulcerativa; (*fig*) *to ~ on* (o *to ~ upon*): 1 (*to encroach on*) sconfinare in, entrare abusivamente in: *to ~ on so.'s land* sconfinare nel terreno di qcu.; 2 (*to verge on*) rasentare, essere vicino a; (*Agr*) ~ *silo* silo a fossa; (*Mil*) ~ *warfare* guerra di trincea.

trenchancy /'trenʃənsi/ *n.* l'essere tagliente (*anche fig*).

trenchant /'trenʃənt/ *a.* **1** tagliente, affilato. **2** (*fig*) tagliente, mordace, pungente: ~ *words* parole taglienti. **3** (*penetrating, incisive*) incisivo, acuto, penetrante. **4** (*clear-cut*) netto, preciso, ben definito: ~ *distinctions* nette distinzioni. **5** (*vigorously effective*) energico, vigoroso.

trenchantly /'trenʃəntli/ *avv.* in modo tagliente (*anche fig*).

trencher¹ /'trenʃəʳ/ *n.* (*one who digs trenches*) scavafossi *m.* □ (*colloq, fig*) ~ *man* gran mangiatore.

trencher² /'trenʃəʳ/ *n.* (*ant*) (*wooden platter*) tagliere *m.* di legno.

trend /trend/ **I** *n.* **1** tendenza *f.*, orientamento *m.*, corrente *f.*: *literary -s* le tendenze della letteratura. **2** (*line of development*) corso *m.*, andamento *m.*, piega *f.*: *the ~ of events* il corso degli eventi. **3** (*vogue*) moda *f.*, voga *f.* **4** (*Econ*) tendenza *f.*, andamento *m.*, congiuntura *f.*, trend *m.* **5** (*Statist*) tendenza *f.* **6** (*line of direction*) direzione *f.*: *the ~ of a coastline* la direzione di una costa. **II** *v.i.* **1** tendere, avere una tendenza. **2** (*to extend in a direction*) volgere, dirigersi, tendere, volgere: *the coast -s south* la costa volge verso sud. □ (*Statist*) ~ *analysis* analisi di tendenza; (*Statist*) ~ *line* linea di tendenza.

trendily /'trendɪli/ *avv.* alla moda.

trendiness /'trendɪnəs/ *n.* l'essere alla moda.

trendsetter /'trend,setəʳ *Am* 'trend,setəʳ/ *n.* chi detta la moda.

trendsetting /'trend,setɪŋ *Am* 'trend,setɪŋ/ *a.* che detta la moda.

trend-spotter /'trend,spɒtəʳ *Am* 'trend ,spɑːtəʳ/ *n.* che prevede o scopre nuove tendenze.

trendy /'trendi/ **I** *a.* (*colloq*) **1** trendy, di moda, alla moda, di tendenza, che fa tendenza: *to be ~* fare tendenza. **2** (*of a person*) che segue l'ultima moda. **II** *n.* (*spreg*) chi segue tutto quello che fa moda.

Trent /trent/ *n.pr.* (*Geog*) **1** Trent *m.* **2** (*in Italy*) Trento *f.*

trepan¹ /trɪ'pæn/ **I** *n.* **1** (*Chir*) trapano *m.* **2** (*Mecc*) sega *f.* cilindrica. **3** (*Minier*) trivella *f.* **II** *v.t.* (*past, p.p.* **trepanned** /-d/) **1** (*Chir*) trapanare. **2** (*Mecc*) tagliare mediante sega cilindrica; (*on a lathe*) tornire scanalature anulari in. **3** (*Minier*) trivellare.

trepan² /trɪ'pæn/ **I** *n.* (*rar*) (*snare, trick*) trappola *f.*, insidia *f.* **II** *v.t.* (*past, p.p.* **trepanned** /-d/) **1** intrappolare, prendere in trappola. **2** (*to lure*) adescare, allettare. **3** (*to swindle*) raggirare, imbrogliare, truffare.

trepanation /ˌtrepə'neɪʃən/ *n.* (*Chir*) trapanazione *f.*

trepanning /trɪ'pænɪŋ/ *n.* **1** (*Chir*) trapanazione *f.* **2** (*Mecc*) foratura *f.* con utensile tubolare.

trephination /ˌtrefɪ'neɪʃən/ *n.* (*Chir*) trapanazione *f.*

trephine /ˌtrɪ'fiːn, ˌtrɪ'faɪn/ **I** *n.* trapano *m.* **II** *v.t.* trapanare.

trepidation /ˌtrepɪ'deɪʃən/ *n.* **1** trepidazione *f.*, apprensione *f.*, ansia *f.* **2** (*Med, ant*) tremito *m.*

treponeme /'trepəniːm/ *n.* (*Biol*) treponema *m.*

trespass /'trespəs/ **I** *v.i.* **1** (*Dir*) sconfinare, entrare abusivamente (*on* in), invadere (qcs.): *to ~ on so.'s property* sconfinare nella proprietà di qcu. (*estens*) abusare (*on, upon* di): *to ~ on so.'s time* abusare del tempo di qcu.; (*to encroach*) usurpare, invadere (qcs.). **3** (*to sin*) peccare (contro). **4** (*to transgress*) trasgredire. **II** *n.* **1** (*Dir*) trasgressione *f.*, contravvenzione *f.*; (*wrongful entry on another's land*) sconfinamento *m.*, ingresso *m.* abusivo. **2** (*estens*) usurpazione *f.*, invasione *f.* **3** (*transgression, sin*) peccato *m.*, colpa *f.*, trasgressione *f.* □ *to ~ on* abusare o approfittare di; (*fig*) *to ~ on so.'s preserve* invadere il campo altrui; (*Dir*) ~ *to goods* violazione di proprietà; (*Dir*) ~ *to land* violazione di un diritto al possesso; (*Dir*) ~ *to the person* violazione contro la persona; *to ~ upon* abusare o approfittare di.

trespasser /'trespəsəʳ/ *n.* trasgressore *m.* (*f.* trasgreditrice), contravventore *m.* (*f.* -trice).

tress /tres/ *n.* **1** (*lock of hair*) ricciolo *m.*, ciocca *f.* **2** (*rar*) (*plait, braid*) treccia *f.* **3** *pl.* capigliatura *f.*, capelli *m.pl.*

tressed /trest/ *a.* **1** (*braided, plaited*) intrecciato. **2** (*in compounds*) dai capelli...: *golden-~* dai capelli d'oro.

trestle /'tresl/ *n.* **1** cavalletto *m.*, trespolo *m.*, supporto *m.*, sostegno *m.* **2** tavolo *m.* poggiato su cavalletti. □ (*Arch*) ~ *bridge* ponte a traliccio; ~ *table* tavolo poggiato su cavalletti.

trestletree /'tresltri:/ *n.* (*Mar*) barra *f.* costiera.

trestlework /'treslwɜːk *Am* 'treslwɜːrk/ *n.* **1** (*Edil*) tralicci *m.pl.* **2** (*structure*) travatura *f.* a traliccio.

tret /tret/ *n.* (*Stor*) abbuono *m.* per calo della merce.

Trevor /'trevər/ *n.pr.m.* Trevor.

trews /tru:z/ *n.pl.* (*Scott,Abbigl*) calzoni *m.pl.* corti e attillati.

trey /treɪ/ *n.* **1** (*in cards and dice*) tre *m.* **2** (*Sport*) (*in basketball*) tiro *m.* da tre punti.

TRH /ˌtiːɑːr'eɪtʃ/ **1** *Their Royal Highnesses* LL.AA. (Loro Altezze). **2** (*Biol,Chim*) *thyrotropin-releasing hormone* TRH (fattore di liberazione dell'ormone tireotropo).

triable /'traɪəbl/ *a.* **1** (*Dir*) processabile, perseguibile. **2** (*ant*) (*that may be tested*) sperimentabile, che si può sperimentare, che si può saggiare. **3** (*ant*) (*that may be attempted*) tentabile, che si può tentare.

triac /'traɪæk/ *n.* (*Elettron*) triac *m.*

triacetate /traɪ'æsɪteɪt/ *n.* (*Chim*) triacetato *m.*

triad /'traɪæd/ *n.* **1** triade *f.* (*anche Mus,Metr*). **2** (*Chim*) elemento *m.* trivalente.

triadic /traɪ'ædɪk/ *a.* triadico.

triage /'triːɑːʒ *Br also* 'traɪɪdʒ/ *n.* (*Med*) sistema *m.* per stabilire la priorità di urgenza.

trial /'traɪəl/ **I** *n.* **1** prova *f.*, esperimento *f.*, saggio *m.* **2** (*state of being tried*) prova *f.*, collaudo *m.*: *a ~ of one's patience* una prova della propria pazienza. **3** (*cause of affliction, trouble*) cruccio *m.*, tribolazione *f.*, croce *f.*: *he has always been a great ~ to his parents* è sempre stato un gran cruccio per i suoi genitori. **4** (*affliction, trouble*) afflizione *f.*, dolore *m.*, sofferenza *f.*: *the -s and tribulations of life* i dolori e le tribolazioni della vita. **5** (*distressed, painful state*) prova *f.*, momento *m.* difficile (*o* doloroso): *a comfort in the hour of ~* un conforto nell'ora della prova. **6** (*act of trying out*) prova *f.*: *the manager decided to give the boy a ~* il direttore decise di mettere alla prova il ragazzo. **7** (*Dir*) processo *m.*, giudizio *m.* **8** (*Sport*) prova *f.*, gara *f.* **9** (*Med*) sperimentazione *f.* clinica. **10** *pl.* (*Sport*) prove *f.pl.*, gare *f.pl.*: *motor-cycle -s* prove di motociclismo. **II** *a.* **1** di prova, sperimentale. **2** (*used in testing*) di prova. **3** (*Dir*) processuale. □ *by ~ and error* per tentativi; *-s and tribulations* travagli e tribolazioni; (*Dir*) ~ *at bar* udienza plenaria; (*Comm*) ~ *balance* bilancio di verifica; (*Giorn*) ~ *balloon* ballon d'essai; (*Dir*) ~ *by jury* processo con la partecipazione della giuria; (*Stor*) ~ *by ordeal* ordalia, giudizio di Dio; (*Am,Dir*) ~ *court* tribunale di primo grado; (*Aer*) ~ *flight* volo di collaudo; *to be brought to court for* ~ venire citato in giudizio, venire citato in tribunale; ~ *marriage* matrimonio di prova; (*Sport*) ~ *match* eliminatoria, incontro di selezione; *a ~ of skill* una prova di abilità; *a ~ of strength* una prova di forza; *to be on ~*: **1** (*Dir*) essere sotto processo; **2** (*fig*) essere in prova, fare un periodo di prova: *he was on ~ for three months with the company* è stato in prova tre mesi presso la società; (*Comm*) ~ *order* ordinativo di prova; ~ *period* periodo di prova; (*Dir*) *to put so. on* ~ mettere qcu. sotto processo; ~ *run* collaudo (*anche fig*);

(*Dir*) *to stand* ~ (*o to stand one's* ~) subire un processo, essere processato; (*Dir*) *to bring so. up for* ~ (*o to bring so. up to* ~) mettere qcu. sotto processo.

trialogue /'traɪəlɒg *Am* 'traɪəlɑːg/ *n.* discussione *f.* a tre.

triangle /'traɪæŋgl/ *n.* **1** (*Geom,Mus*) triangolo *m.* **2** (*drawing instrument*) squadra *f.* **3** (*Am*) (*set square*) squadra *f.* a 90°. **4** (*colloq*) (*eternal triangle*) triangolo *m.*, eterno triangolo *m.*, classico triangolo *m.* □ (*Fis*) ~ *of forces* triangolo delle forze.

triangular /traɪ'æŋgjʊlər/ *a.* **1** (*Geom*) triangolare. **2** (*involving three elements, parts, etc.*) triangolare, triplice: ~ *agreement* accordo triangolare. □ (*Econ*) ~ *trade* commercio triangolare.

triangularity /traɪˌæŋgjʊ'lærɪti *Am* traɪˌæŋgjʊ'lerəti/ *n.* triangolarità *f.*

triangulate /traɪ'æŋgjʊleɪt/ *v.t.* **1** dividere in triangoli. **2** (*to make triangular*) rendere triangolare, dare forma triangolare a. **3** (*Topogr*) triangolare.

triangulation /traɪˌæŋgjʊ'leɪʃən/ *n.* (*Topogr*) triangolazione *f.*

triannual /traɪ'ænjʊəl/ *a.* che ha luogo tre volte all'anno.

Trias /'traɪəs/ **I** *a.* (*Geol*) triassico. **II** *n.* (*Geol*) trias *m.*, triassico *m.*

Triassic /traɪ'æsɪk/ **I** *a.* (*Geol*) triassico. **II** *n.* (*Geol*) trias *m.*, triassico *m.*

triathlete /traɪ'æθliːt/ *n.* (*Sport*) triatleta *m./f.*

triathlon /traɪ'æθlən/ *n.* (*Sport*) triathlon *m.*

triatomic /traɪə'tɒmɪk *Am* ˌtraɪə'tɑːmɪk/ *a.* (*Chim*) triatomico.

triaxial /traɪ'æksɪəl/ *a.* triassiale.

triazine /'traɪəziːn, traɪ'æzɪn/ *n.* (*Chim*) triazina *f.*

tribadism /'trɪb(ə)ɪbədɪzəm/ *n.* (*rar*) lesbismo *m.*

tribal /'traɪbəl/ *a.* tribale: ~ *customs* costumi tribali.

tribalism /'traɪbəlɪzəm/ *n.* organizzazione *f.* tribale, organizzazione *f.* in tribù.

tribally /'traɪbəli/ *avv.* **1** come una tribù. **2** (*into tribes*) in tribù.

triband /traɪ'bænd/ *a.* (*Tel*) triband, a tripla banda.

tribasic /traɪ'beɪsɪk/ *a.* (*Chim*) tribasico.

tribe /traɪb/ *n.* **1** tribù *f.* (*anche Biol,Stor.rom*): *a ~ of natives* una tribù di indigeni; *nomadic -s* tribù nomadi. **2** (*fig,spreg*) classe *f.*, gruppo *m.*, (*spreg*) genia *f.* **3** (*scherz,spreg*) (*family*) famiglia *f.* (numerosa), tribù *f.*

tribesman /'traɪbzmən/ *n.irr.* membro *m.* di una tribù.

triblet /'traɪblɪt/ *n.* (*Ind*) barra *f.* cilindrica usata per fare dadi, anelli ecc.

triboelectric /ˌtr(a)ɪbəʊɪ'lektrɪk/ *a.* (*El*) triboelettrico.

triboelectricity /ˌtr(a)ɪbəʊɪlek'trɪsɪti *Am* ˌtr(a)ɪbəʊɪlek'trɪsəti/ *n.* (*El*) triboelettricità *f.*

tribology /traɪ'bɒlədʒi *Am* traɪ'bɑːlədʒi/ *n.* (*Tecn*) tribologia *f.*

triboluminescence /ˌtr(a)ɪbəʊ,luːmɪ'nesəns/ *n.* (*Fis*) triboluminescenza *f.*

tribometer /traɪ'bɒmɪtər *Am* traɪ'bɑːmətər/ *n.* (*Mecc*) tribometro *m.*

tribrach /'tr(a)ɪbræk/ *n.* (*Lett*) tribraco *m.*

tribulation /ˌtrɪbjʊ'leɪʃən/ *n.* tribolazione *f.*, patimento *m.*, pena *f.*, sofferenza *f.*

tribunal /tr(a)ɪ'bjuːnəl/ *n.* **1** tribunale *m.* (*anche fig*): *the ~ of public opinion* il tribunale dell'opinione pubblica. **2** (*seat of a judge*) scranno *m.* del giudice. **3** (*Teol*) (*judgement seat*) tribunale *m.* divino. **4** (*Stor.rom*) tribuna *f.* (*GB,Dir*) ~ *of inquiry* tribunali istituiti dal Parlamento per indagare su questioni di interesse pubblico.

tribunate /'trɪbjʊn(e)ɪt/ *n.* (*Stor.rom*) tribunato *m.*

tribune[1] /'trɪbjuːn/ *n.* **1** (*Stor.rom*) tribuno *m.* **2** (*fig*) tribuno *m.*, demagogo *m.*

tribune[2] /'trɪbjuːn/ *n.* **1** (*raised platform*) tribuna *f.*, podio *m.* **2** (*Rel*) (*bishop's throne*) sedia *f.* episcopale; (*pulpit*) pulpito *m.*

tribunicial /ˌtrɪbjʊ'nɪʃəl/ *a.* (*Stor.rom*) tribunizio.

tribunician /ˌtrɪbjʊ'nɪʃən/ *a.* (*Stor.rom*) tribunizio.

tribunitial /ˌtrɪbjʊ'nɪʃəl/ *a.* (*Stor.rom*) tribunizio.

tributary /'trɪbjʊtəri *Am* 'trɪbjuteri/ **I** *a.* **1** ausiliario, sussidiario. **2** (*Geog*) (*of a stream*) tributario. **3** (*Stor*) (*paying tribute*) tributario. **II** *n.* **1** (*Geog*) tributario *m.*, affluente *m.*: *a ~ of the Thames* un affluente del Tamigi. **2** (*tributary state*) stato *m.* tributario. **3** (*tributary person*) persona *f.* soggetta al pagamento di un tributo.

tribute /'trɪbjuːt/ *n.* **1** tributo *m.* (*anche fig*). **2** (*fig*) (*praise, homage*) omaggio *m.*, tributo *m.*: *floral -s* omaggi floreali. **3** (*Minier,ant*) minerale *m.* (*o* equivalente in denaro) corrisposto a un minatore.

tricar /'traɪkɑːr/ *n.* (*Br,Aut,ant*) autoveicolo *m.* a tre ruote, mototriciclo *m.*, triciclo *m.* a motore.

trice[1] /traɪs/ *n.* attimo *m.*, momento *m.*, istante *m.*: *in a ~* in un attimo.

trice[2] /traɪs/ □ (*Mar*) *to ~ up* issare e legare.

tricentenary /ˌtraɪsen'tiːnəri *Am* traɪ'sentəneri/ **I** *a.* del terzo centenario, relativo al terzo centenario. **II** *n.* terzo centenario *m.*

tricentennial /ˌtraɪsen'teniəl/ **I** *a.* del terzo centenario, relativo al terzo centenario. **II** *n.* terzo centenario *m.*

triceps /'traɪseps/ (*pl.inv.* o *-es* /-ɪz/) *n.* (*Anat*) tricipite *m.*, muscolo *m.* tricipite.

triceratops /traɪ'serətɒps *Am* traɪ'serətɑːps/ *n.* (*Paleont*) triceratopo *m.*

trichiasis /trɪ'kaɪəsɪs/ *n.* (*Med*) trichiasi *f.*

trichina /trɪ'kaɪnə/ (*pl.* -nae /-niː/) *n.* (*Zool*) trichina *f.*

trichiniasis /ˌtrɪkɪ'naɪəsɪs/ (*pl.* -ses /-siːz/) *n.*

trichinosis /ˌtrɪkɪ'nəʊsɪs/ *n.* (*Med*) trichinosi *f.*

trichloroethane /ˌtraɪklɔːrəʊ'iːθeɪn/ *n.* (*Chim*) tricloroetano *m.*

trichlorophenol /ˌtraɪklɔːrəʊ'fiːnɒl *Am* ˌtraɪklɔːrəʊ'fiːnɑːl/ *n.* (*Chim*) triclorofenolo *m.*

trichologist /trɪ'kɒlədʒɪst *Am* trɪ'kɑːlədʒɪst/ *n.* tricologo *m.* (*f.* -a).

trichology /trɪ'kɒlədʒi *Am* trɪ'kɑːlədʒi/ *n.* tricologia *f.*

trichomatous /tr(a)ɪ'kəʊmətəs *Am* tr(a)ɪ'kəʊmətəs/ *a.* (*Bot,Entom*) tricomatoso.

trichome /'tr(a)ɪkəʊm/ *n.* (*Bot,Entom*) tricoma *m.*

trichomonad /ˌtrɪkəʊ'mɒnæd *Am* ˌtrɪkəʊ'mɒunæd/ *n.* (*Zool,Med*) tricomonade *f.*

Trichoptera /traɪ'kɒptərə *Am* traɪ'kɑːptərə/ *n.* (*Entom*) Tricotteri *m.pl.*

trichord /'traɪkɔːd *Am* 'traɪkɔːrd/ *a.* (*Mus*) che ha tre corde, tricordo, tricorde.

trichotomy /trɪ'kɒtəmi *Am* trɪ'kɑːtəmi/ *n.* tricotomia *f.*, tripartizione *f.*

trichromatic /ˌtraɪkrəʊ'mætɪk *Am* ˌtraɪkrəʊ'mætɪk/ *a.* (*Tip*) della tricromia, relativo alla tricromia.

trichromatism /traɪ'krəʊmətɪzəm/ *n.* (*Tip*) tricromia *f.*

trick /trɪk/ **I** *n.* **1** stratagemma *m.*, trucco *m.*, inganno *m.* **2** (*mischievous act, practical joke*) tiro *m.* mancino, scherzo *m.* di cattivo genere, beffa *f.*: *to play a ~ on so.* giocare un tiro mancino a qcu. **3** (*ingenious, clever de-*

vice) trucco *m.* **4** (*art of doing sth.*) capacità *f.*, abilità *f.*, destrezza *f.* **5** (*feat of dexterity*) trucco *m.*, gioco *m.* di abilità: *the conjuror's -s* i trucchi del prestigiatore. **6** (*habitual peculiarity*) abitudine *f.*, vezzo *m.*, modo *m.* particolare, maniera *f.* particolare: *he has a ~ of answering every question with another* ha l'abitudine di rispondere a ogni domanda con un'altra domanda. **7** (*in cards*) mano *f.*: *to win the last ~* vincere l'ultima mano; (*scoring unit*) presa *f.*; (*honour trick*) mano *f.* d'onori. **8** (*Mar*) turno *m.* di barra. **II** *a.* **1** che comporta un trucco, truccato. **2** (*being a trick*) che è un trucco. **3** (*being an illusion*) illusorio, ingannevole. **III** *v.t.* **1** ingannare, imbrogliare, raggirare. **2** (*to cheat*) truffare, frodare, defraudare. **IV** *v.i.* usare inganni, imbrogliare, fare imbrogli. □ ~ *cyclist*: 1 ciclista acrobata; 2 (*spec. Br,iron*) (*psychiatrist*) psichiatra; (*colloq*) *to do the ~* servire allo scopo, produrre l'effetto desiderato; (*colloq*) *how's ~*? come vanno le cose?; *to ~ so. into doing sth.* convincere con l'inganno qcu. a fare qcs.; *the -s of the trade* i trucchi del mestiere; (*Am*) ~ *or treat* dolcetto o scherzetto (frase detta dai bambini per la festa di Hallowe'en); *to have a ~ or two up one's sleeve* conoscere un trucco segreto; *to ~ out*: 1 (*to dress ornately*) azzimare, agghindare; 2 (*to decorate, to adorn*) addobbare, adornare; (*Fot*) ~ *photography* trucco fotografico; *to ~ up*: 1 (*to dress ornately*) azzimare, agghindare; 2 (*to decorate, to adorn*) addobbare, adornare; (*colloq*) *to be up to one's -s* (*to misbehave in one's usual way*) scoprire i piani di qcu.; *he's up to his -s again* ne sta combinando di nuovo una delle sue.

tricker /ˈtrɪkəʳ/ *n.* **1** imbroglione *m.* (*f.* -a), truffatore *m.* (*f.* -trice). **2** (*one who plays tricks*) burlone *m.* (*f.* -a), tipo *m.* ameno.

trickery /ˈtrɪkəri/ *n.* **1** inganno *m.*, impostura *f.*, frode *f.* **2** (*trick*) tiro *m.* mancino, scherzo *m.* di cattivo genere.

trickily /ˈtrɪkili/ *avv.* astutamente, scaltramente, con furbizia.

trickiness /ˈtrɪkinəs/ *n.* **1** astuzia *f.*, scaltrezza *f.*, furberia *f.* **2** (*difficult quality, ticklishness*) scabrosità *f.*, delicatezza *f.* **3** (*intricacy, complexity*) complessità *f.*, complicazione *f.*

trickle /ˈtrɪkl/ **I** *v.i.* **1** gocciolare, sgocciolare, stillare, colare. **2** (*fig*) (*to move one by one*) uscire alla spicciolata. **II** *v.t.* **1** fare gocciolare, fare colare, far stillare. **2** (*fig*) fare andare alla spicciolata. **III** *n.* **1** gocciolamento *m.*, sgocciolamento *m.*, sgocciolatura *f.*, stillicidio *m.* **2** (*thin slow stream*) rivolo *m.*: *a ~ of blood* un rivolo di sangue. **3** (*fig*) flusso *m.* irregolare: *a ~ of spectators* un flusso irregolare di spettatori. □ (*fig*) *to ~ away* uscire alla spicciolata, andarsene alla spicciolata; (*El*) ~ *charger* caricabatterie; *to ~ down* passare, filtrare o diffondersi gradualmente; *to ~ out*: 1 gocciolare, sgocciolare, stillare; 2 (*fig*) (*of news, etc.*) trapelare poco a poco.

trickly /ˈtrɪkli/ *a.* gocciolante.

trickster /ˈtrɪkstəʳ/ *n.* **1** imbroglione *m.* (*f.* -a), truffatore *m.* (*f.* -trice). **2** (*one who plays tricks*) burlone *m.* (*f.* -a), tipo *m.* ameno.

tricksy /ˈtrɪksi/ *a.* **1** giocoso, scherzoso, burlone. **2** (*deceptive*) ingannevole, fallace, menzognero.

trick-track /ˈtrɪkˌtræk/ *n.* (*variety of backgammon*) tric trac *m.*, tavola *f.* reale.

tricky /ˈtrɪki/ *a.* **1** scaltro, astuto, furbo. **2** (*unreliable, deceitful*) ingannevole, infido. **3** (*difficult to deal with*) scabroso, delicato, difficile: *a ~ situation* una situazione scabrosa. **4** (*intricate, complicated*) complicato,

complesso. **5** (*estens*) (*ingenious*) ingegnoso.

triclinic /traɪˈklɪnɪk/ *a.* (*Min*) triclino.

triclinium /traɪˈklɪniəm/ *n.* (*Stor.rom*) triclinio *m.*

tricolor /ˈtraɪˌkʌləʳ/ **I** *a.* (*Am*) tricolore. **II** *n.* (*Am*) tricolore *m.*, bandiera *f.* tricolore.

tricolour /ˈtrɪkˈələʳ, ˈtraɪˌkʌləʳ/ **I** *a.* tricolore. **II** *n.* tricolore *m.*, bandiera *f.* tricolore.

tricorn /ˈtraɪkɔːn Am ˈtraɪkɔːrn/ **I** *a.* che ha tre corna, tricorne. **II** *n.* (*Mod*) tricorno *m.*

tricorne /ˈtraɪkɔːn Am ˈtraɪkɔːrn/ *n.* (*Mod*) tricorno *m.*

tricot /ˈtriːkou/ *n.* (*Tess*) tricot *m.*

tric-trac /ˈtrɪkˌtræk/ *n.* (*variety of backgammon*) tric trac *m.*, tavola *f.* reale.

tricuspid /traɪˈkʌspɪd/ **I** *a.* (*Anat*) tricuspide, tricuspidale: ~ *valve* valvola tricuspide. **II** *n.* **1** (*Anat*) organo *m.* tricuspide. **2** (*Dent*) dente *m.* tricuspide.

tricuspidal /traɪˈkʌspɪdəl/ *a.* tricuspide.

tricuspidate /traɪˈkʌspɪdeɪt/ *a.* tricuspide.

tricuspidated /traɪˈkʌspɪdeɪtɪd Am traɪˈkʌspɪseɪtɪd/ *a.* tricuspide.

tricycle /ˈtraɪsɪkl/ **I** *n.* **1** triciclo *m.* **2** (*three-wheeled motor-cycle*) motociclo *m.* a tre ruote, triciclo *m.* a motore. **II** *v.i.* andare in triciclo.

tricyclic /traɪˈsɪklɪk/ **I** *a.* (*Chim*) triciclico. **II** *n.* (*Farm*) antidepressivo *m.* triciclico.

tricyclist /ˈtraɪsɪklɪst/ *n.* chi va in triciclo.

tridactyl /traɪˈdæktɪl Am traɪˈdæktəl/ *n.* (*Zool*) tridattilo *m.*

trident /ˈtraɪdənt/ *n.* **1** tridente *m.* (*anche Mitol*). **2** (*Stor.rom*) fuscina *f.*

tridentate /traɪˈdenteɪt/ *a.* (*Bot*) tridentato.

Tridentine /traɪˈdentaɪn, traɪˈdentiːn/ *a.* **1** (*Geog*) tridentino. **2** (*Stor,Rel*) tridentino, del concilio di Trento. □ (*Stor,Rel*) ~ *Mass* Messa tridentina.

tridimensional /ˌtraɪdaɪ(r)ˈmenʃənəl/ *a.* tridimensionale, a tre dimensioni.

triduo /ˈtriːdjuou/ (*pl.* **-s** /-z/), **triduum** /ˈtr(a)ɪdjuəm/ *n.* (*Rel.catt*) triduo *m.*

tried¹ /traɪd/ → **try¹**.

tried² /traɪd/ *a.* sperimentato, provato, fidato, sicuro: *a ~ remedy* un rimedio sperimentato; *a ~ friend* un amico fidato.

tried-and-true /ˌtraɪdˈən(d)ˈtruː/ *a.* a tutta prova, provato, sperimentato.

triennial /traɪˈeniəl/ **I** *a.* triennale. **II** *n.* **1** terzo anniversario *m.* **2** (*sth. done, occurring every three years*) triennale *f.*

triennially /traɪˈeniəli/ *avv.* ogni tre anni.

triennium /traɪˈeniəm/ (*pl.* **-s** /-z/ o **-nia** /-niə/) *n.* triennio *m.*

trier /ˈtraɪəʳ/ *n.* **1** chi prova, chi tenta. **2** (*one who tests*) sperimentatore *m.* (*f.* -trice).

trifacial /traɪˈfeɪʃəl/ □ (*Anat*) ~ *nerve* nervo trigemino, nervo trigemino.

trifid /ˈtraɪfɪd/ *a.* (*Bot,Zool*) trifido.

trifle /ˈtraɪfl/ **I** *n.* **1** sciocchezza *f.*, cosetta *f.* (da nulla), (*colloq*) carabattola *f.* **2** (*sth. of little importance, worth*) sciocchezza *f.*, bazzecola *f.*, inezia *f.*, bagatella *f.*, quisquilia *f.*, (*colloq*) carabattola *f.*, scarabattola *f.*: *to waste one's time on -s* perdere tempo in sciocchezze; *it costs only a ~* costa (soltanto) una sciocchezza. **3** (*Dolc*) zuppa *f.* inglese. **4** (*kind of pewter*) specie di peltro. **5** *pl.* (*utensils made of trifle*) utensili *m.pl.* di peltro. **II** *v.i.* **1** scherzare (*with* con), non prendere sul serio, prendere alla leggera (qcs.). **2** (*to toy, to play*) giocherellare, trastullarsi, gingillarsi, baloccarsi (con): *to ~ with a pen* giocherellare con una penna. **3** (*ant*) (*to talk jestingly*) scherzare, parlare alla leggera; (*to behave jestingly*) agire con leggerezza. **4** (*to waste time*) sprecare il tempo, gingillarsi. □ *a ~* un po', piuttosto, alquanto: *a ~ an-*

noyed un po' seccato; *to ~ away* (*of time, money*) sprecare, buttare via.

trifler /ˈtraɪfləʳ/ *n.* **1** persona *f.* frivola. **2** (*ant*) (*idler*) fannullone *m.* (*f.* -a), sfaccendato *m.* (*f.* -a), ozioso *m.* (*f.* -a).

trifling /ˈtraɪflɪŋ/ *a.* **1** trascurabile, insignificante, di nessun conto: ~ *details* particolari trascurabili. **2** (*of small amount*) esiguo, piccolo, irrilevante: *a ~ sum of money* una somma esigua. **3** (*ant*) (*frivolous*) frivolo, fatuo, superficiale.

triflingly /ˈtraɪflɪŋli/ *avv.* in modo insignificante, in modo trascurabile.

trifoliate /traɪˈfouliɪt/ *a.* (*Bot*) che ha tre foglie, trifogliato.

trifoliated /traɪˈfoulieɪtid Am traɪˈfoulieɪtid/ *a.* (*Bot*) che ha tre foglie, trifogliato.

triforium /traɪˈfɔːriəm/ *n.* (*Arch*) triforio *m.*

triform /ˈtraɪfɔːm Am ˈtraɪfɔːrm/ *a.* **1** che ha tre forme, triforme. **2** (*formed of three parts*) formato da tre parti.

triformed /ˈtraɪfɔːmd Am ˈtraɪfɔːrmd/ *a.* **1** che ha tre forme, triforme. **2** (*formed of three parts*) formato da tre parti.

trifurcate /traɪˈfɜːkət Am traɪˈfɜːrk(e)ɪt/ *a.* triforcuto, a tre rami (*o* punte).

trig¹ /trɪg/ **I** *a.* **1** (*neat, trim*) lindo, ordinato, pulito. **2** (*stylish, smart*) elegante, ben vestito, attillato, azzimato. **II** *v.t.* (*past, p.p.* **trigged** /-d/) **1** mettere in ordine, assettare, ordinare, sistemare. **2** (*to make smart*) attillare, azzimare. □ *to ~ out* attillare, azzimare; (*spec. Am*) *to ~ up*: 1 mettere in ordine, assettare, ordinare, sistemare; 2 (*to make smart*) attillare, azzimare.

trig² /trɪg/ **I** *n.* (*wedge for a wheel, etc.*) zeppa *f.*, bietta *f.* **II** *v.t.* (*past, p.p.* **trigged** /-d/) bloccare con una zeppa. □ *to ~ up* puntellare.

trig³ /trɪg/ *n.* (*colloq*) (*trigonometry*) trigonometria *f.* □ (*Mat,colloq*) ~ *function* funzione trigonometrica.

trigamist /ˈtrɪgəmɪst/ *n.* trigamo *m.*

trigamous /ˈtrɪgəməs/ *a.* trigamo (*anche Bot*).

trigamy /ˈtrɪgəmi/ *n.* trigamia *f.*

trigeminal /traɪˈdʒemɪnəl/ **I** *a.* (*Anat*) trigeminale. **II** *n.* (*Anat*) nervo *m.* trigemino, trigemino *m.* □ (*Anat*) ~ *nerve* nervo trigemino, trigemino; (*Med*) ~ *neuralgia* nevralgia del trigemino.

trigger /ˈtrɪgəʳ/ **I** *n.* **1** (*of a firearm*) grilletto *m.*: *to pull the ~* premere il grilletto. **2** (*Tecn*) levetta *f.* di scatto, levetta *f.* di sgancio, scatto *m.* **3** (*Fot*) scatto *m.* **II** *v.t.* **1** premere il grilletto di. **2** (*fig*) (*to initiate, to precipitate*) dare l'avvio a, essere la causa immediata di. □ ~ *finger*: 1 dito che preme il grilletto; 2 (*forefinger*) indice, dito indice; (*Arm*) ~ *guard* (*of a firearm*) ponticello; (*fig*) *to ~ off* (*to initiate, to precipitate*) dare l'avvio a, essere la causa immediata di: *the measure -ed off a wave of protest* il provvedimento diede l'avvio a un'ondata di proteste; ~ *point*: 1 (*Med,Fisiol*) zona di grilletto, zona di innesco; 2 (*fig*) circostanza (*o* situazione) che innesca un meccanismo.

trigger-happy /ˈtrɪgəˌhæpi Am ˈtrɪgəʳˌhæpi/ *a.* (*colloq*) dal grilletto facile, che spara con facilità.

triglyceride /traɪˈglɪsəraɪd/ *n.* (*Biol*) trigliceride *m.*

triglyph /ˈtraɪglɪf/ *n.* (*Arch*) triglifo *m.*

triglyphic /traɪˈglɪfɪk/ *a.* a tre glifi.

triglyphical /traɪˈglɪfɪkəl/ *a.* a tre glifi.

trigon /ˈtraɪgon Am ˈtraɪgɑːn/ *n.* **1** (*Mus*) trigono *m.* **2** (*in astrology*) trigono *m.* **3** (*rar*) (*triangle*) triangolo *m.*

trigonal /ˈtrɪgənəl/ *a.* **1** triangolare, trigonale. 2 (*Bot*) trigono. 3 (*Min*) trigonale. 3 (*in astrology*) trigonale.

trigonometric /ˌtrɪgənə'metrɪk/ *a.* (*Mat*) trigonometrico.

trigonometrical /ˌtrɪgənə'metrɪkəl/ *a.* (*Mat*) trigonometrico.

trigonometrically /ˌtrɪgənə'metrɪkəli/ *avv.* (*Mat*) trigonometricamente.

trigonometry /ˌtrɪgə'nɒmɪtri Am ˌtrɪgə'nɑːmɪtri/ *n.* (*Mat*) trigonometria *f.*

trigram /'traɪgræm/ *n.* (*Ling*) trigramma *m.*

trigraph /'traɪgrɑːf Am 'traɪgræf/ *n.* trigramma *m.*

trihedral /traɪ'hiːdrəl/ *a.* (*Geom*) triedrico.

trihedron /traɪ'hiːdrən/ (*pl.* **-s** /-z/ o **-dra** /-drə/) *n.* (*Geom*) triedro *m.*

trike /traɪk/ *n.* (*colloq*) (*tricycle*) triciclo *m.*

trilateral /traɪ'lætərəl Am traɪ'lætərəl/ I *a.* trilaterale (*anche fig*): ~ *agreement* accordo trilaterale. II *n.* (*Geom*) trilatero *m.*

trilby /'trɪlbi/ *n.* (*Br,Mod*) cappello *m.* floscio (di feltro). □ (*Mod*) ~ *hat* cappello floscio (di feltro).

trilinear /traɪ'lɪnɪər/ *a.* (*Geom*) trilineare.

trilingual /traɪ'lɪŋgwəl/ *a.* trilingue.

trill /trɪl/ I *n.* 1 (*Mus*) trillo *m.* 2 (*Fon*) consonante *f.* fatta vibrare. 3 (*of birds, insects*) trillo *m.*, suono *m.* vibrante, suono *m.* vibrato. II *v.t.* 1 (*Mus*) trillare su, fare il trillo su. 2 (*to sing with a trill*) cantare col trillo. 3 (*Fon*) (fare) vibrare: *to ~ one's rs* far vibrare le erre. III *v.i.* 1 (*Mus*) trillare. 2 (*of birds, insects*) emettere trilli. 3 (*scherz*) (*to sing cheerfully in a high voice*) cantare trillando, gorgheggiare.

trilling /'trɪlɪŋ/ *n.* (*Min*) cristallo *m.* composto formato da tre individui cristallini.

trillion /'trɪljən/ I *n.* (*pl.inv.* o **-s** /-z/; *il pl. in* -s *si usa general. con valore collett.*) 1 trilione *m.*, dieci *m.* alla diciottesima. 2 (*Am*) bilione *m.*, mille miliardi *m.pl.*, dieci *m.* alla dodicesima. II *a.* 1 trilione. 2 (*Am*) bilione.

trillionth /'trɪljənθ/ I *a.* 1 trilionesimo. 2 (*Am*) bilionesimo. II *n.* 1 trilionesimo *m.* 2 (*Am*) bilionesimo *m.*

trilobate /traɪ'loʊbeɪt/ *a.* (*Bot*) trilobato.

trilobated /traɪ'loʊbeɪtɪd Am traɪ'loʊbeɪtɪd/ *a.* (*Bot*) trilobato.

trilobed /traɪ'loʊbd/ *a.* (*Bot*) trilobato.

trilogy /'trɪlədʒi/ *n.* (*Lett,Mus*) trilogia *f.*

trim[1] /trɪm/ (*past, p.p.* **trimmed** /-d/) I *v.t.* 1 ordinare, mettere in ordine, assettare, rassettare, sistemare. 2 (*to make neat by cutting, clipping*) tagliare, spuntare: *to have one's hair -med* farsi tagliare i capelli. 3 (*Agr*) potare, cimare. 4 (*to remove by cutting, clipping*) togliere (tagliando), ritagliare, tagliare (via). 5 (*fig*) (*to reduce*) ridurre, diminuire: *to ~ overheads* ridurre le spese generali. 6 (*fig*) (*to make slimmer*) sveltire, rendere più snello, rendere più sottile: *gymnastics ~ the figure* la ginnastica sveltisce la figura. 7 (*of a lamp wick*) pulire e accorciare. 8 (*of a show animal*) preparare per la mostra (mettendo in ordine il mantello). 9 (*Sart*) guarnire, ornare, decorare: *to ~ a dress with lace* guarnire un vestito di merletto. 10 (*of a shop window, etc.*) addobbare, allestire. 11 (*fig*) (*of opinions, etc.*) cambiare, mutare. 12 (*colloq*) (*to thrash, to beat*) battere, percuotere, bastonare, picchiare, suonarle a. 13 (*colloq*) (*to defeat soundly*) dare una (bella) batosta a. 14 (*ant,colloq*) (*to rebuke, to reprove*) rimproverare, dare una strigliata a. 15 (*ant,colloq*) (*to defraud, to cheat*) imbrogliare, truffare, fregare. 16 (*Met*) sbavare. 17 (*Fal*) squadrare: *to ~ a board* squadrare un'asse. 18 (*Mar*) (*of sails*) orientare; (*of a ship*) assettare, assestare il carico su; (*of cargo*) assestare. 19

(*Aer*) equilibrare longitudinalmente, regolare l'assetto longitudinale di. II *v.i.* 1 (*Mar*) essere bilanciato, essere in buon assetto. 2 (*fig*) essere un opportunista, destreggiarsi, barcamenarsi. □ *to ~ away* (*to remove by cutting, clipping*) togliere (tagliando), ritagliare, tagliare (via); (*Mar*) *to ~ by the bow* appruare; (*Mar*) *to ~ by the stern* appoppare; (*fig*) *to ~ down* (*to reduce*) ridurre, diminuire; *to ~ holds* stivare; (*colloq*) *to ~ so.'s jacket* picchiare qcu., dare una spolverata a qcu.; *to ~ off* (*to remove by cutting, clipping*) togliere (tagliando), ritagliare, tagliar (via): *to ~ fat off meat* togliere il grasso dalla carne; (*Mar*) *to ~ sail* orientare le vele; (*fig*) *to ~ one's sails* fare economia, ridurre le spese; (*fig*) *to ~ one's sails* (*to the wind*) girare il mantello secondo il vento, navigare secondo il vento, aver mantello per ogni acqua; *to ~ the wick of a candle* smoccolare una candela; *to ~ up* ordinare, mettere in ordine, assettare, rassettare, sistemare; *to ~ oneself up* agghindarsi, azzimarsi, attillarsi.

trim[2] /trɪm/ I *a.* (*compar.* **trimmer** /'trɪmər/, *sup.* **trimmest** /'trɪmɪst/) 1 (*of things*) ben tenuto, ordinato, assettato, ben messo, in ordine: *a ~ garden* un giardino ben tenuto. 2 (*of people*) curato, lindo, assettato; *a ~ figure* un corpo snello. 3 (*suitably equipped*) bene attrezzato, bene equipaggiato, in pieno assetto. II *n.* 1 (*state of readiness*) disposizione *f.*, assetto *m.*, ordine *m.*, stato *m.*: *the troops are in fighting ~* le truppe sono in assetto di guerra. 2 (*haircut*) taglio *m.*, spuntata *f.* 3 (*of a shop window*) addobbo *m.* 4 (*Edil*) finiture *f.pl.* interne in legno. 5 (*Mar*) assetto *m.*; (*position of the sails*) orientamento *m.* delle vele; (*of a submarine*) casse *f.pl.* di zavorra, immersione *m.* 6 (*Aer*) assetto *m.* 7 (*Cin*) taglio *m.* □ *to be in ~* essere in ordine, essere in assetto; *to be out of ~* essere fuori assetto; (*Aer*) ~ *tab* trim

trimaran /'traɪməræn/ *n.* (*Mar*) trimarano *m.*

trimester /traɪ'mestər Br also trɪ'mestər/ *n.* 1 trimestre *m.* (*anche Scol*). 2 (*Am,Univ*) quadrimestre *m.*

trimestral /traɪ'mestrəl Br also trɪ'mestrəl/ *a.* trimestrale.

trimestrial /traɪ'mestrɪəl Br also traɪ'mestrɪəl/ *a.* trimestrale.

trimeter /'trɪmɪtər Am 'trɪmətər/ *n.* (*Lett*) trimetro *m.*

trimly /'trɪmli/ *avv.* con ordine, assestatamente.

trimmer /'trɪmər/ *n.* 1 chi assetta, chi mette in ordine. 2 (*one who decorates*) guarnitore *m.* (*f.* -trice), decoratore *m.* (*f.* -trice). 3 (*window dresser*) vetrinista *m./f.* 4 (*fig*) opportunista *m./f.*, voltagabbana *m./f.* 5 (*Agr*) (*worker*) potatore *m.* (*f.* -trice), cimatore *m.* (*f.* -trice). 6 (*Agr*) (*instrument*) forbici *f.pl.* per potare, svettatoio *m.* 7 (*Fal*) sega *f.* circolare per rifinire il legname. 8 (*Edil*) trave *f.* principale. 9 (*Fot*) taglierina *f.* 10 (*Mar*) stivatore *m.* 11 (*Met*) attrezzo *m.* sbavatore.

trimming /'trɪmɪŋ/ *n.* 1 guarnizione *f.*, ornamento *m.*, decorazione *f.* 2 (*Sart*) rifinitura *f.*, guarnizione *f.*: *lace -s* rifiniture di merletto. 3 (*act of clipping*) il rifilare, rifilatura *f.* 4 (*Met*) sbavatura *f.* 5 (*Br,ant,colloq*) (*thrashing*) percosse *f.pl.*, legnate *f.pl.*, (*pop*) botte *f.pl.*; (*severe defeat*) sconfitta *f.* clamorosa, (*bella*) batosta *f.* 6 (*Br,ant,colloq*) (*rebuke*) rimprovero *m.*, sgridata *f.*, strigliata *f.* 7 *pl.* (*things trimmed away*) ritagli *m.pl.* 8 *pl.* (*additional items, garnishings*) contorno *m.*, guarnizione *f.*: *roast turkey and -s* tacchino arrosto con contorno. □ (*Mecc*) ~ *machine* macchina rifilatrice.

trimness /'trɪmnəs/ *n.* 1 l'essere ordinato (*o* assettato). 2 (*elegance*) eleganza *f.*

trinal /'traɪnəl/ *a.* triplice, trino.

trinary /'traɪnəri/ *a.* 1 ternario. 2 (*threefold*) triplice.

trine /traɪn/ I *a.* triplice. II *n.* 1 gruppo *m.* di tre, triade *f.* 2 (*in astrology*) trigono *m.*

tringle /'trɪŋgl/ *n.* 1 (*Arch*) listello *m.* 2 (*curtain-rod*) bacchetta *f.* per tende.

Trinidad /'trɪnɪdæd Br also ˌtrɪnɪ'dæd/ *n.pr.* (*Geog*) Trinidad *f.* □ (*Geog*) ~ *and Tobago* Trinidad e Tobago.

Trinidadian /ˌtrɪnɪ'dædiən/ I *a.* di Trinidad. II *n.* abitante *m./f.* di Trinidad.

trinitarian /ˌtrɪnɪ'teəriən Am ˌtrɪnɪ'teriən/ *a.* (*threefold*) triplice.

Trinitarian /ˌtrɪnɪ'teəriən Am ˌtrɪnɪ'teriən/ I *a.* (*Teol*) 1 della dottrina della trinità, relativo alla dottrina della trinità. 2 (*of the Trinity*) trinitario. II *n.* 1 (*Rel*) chi crede nella dottrina della trinità. 2 (*Rel.catt*) trinitario *m.*, monaco *m.* trinitario.

Trinitarianism /ˌtrɪnɪ'teəriənɪzəm Am ˌtrɪnɪ'teriənɪzəm/ *n.* (*Rel*) dottrina *f.* della trinità.

trinitrotoluene /traɪˌnaɪtroʊ'tɒljuiːn Am traɪˌnaɪtroʊ'tɑːljuiːn/ *n.* (*Chim*) trinitrotoluene *m.*, tritolo *m.*

trinitrotoluol /traɪˌnaɪtroʊ'tɒljuɒl Am traɪˌnaɪtroʊ'tɑːljuɑːl/ *n.* (*Chim*) trinitrotoluene *m.*, tritolo *m.*

trinity /'trɪnɪti Am 'trɪnəti/ *n.* 1 l'essere triplice. 2 (*sth. threefold*) cosa *f.* triplice.

Trinity /'trɪnɪti Am 'trɪnəti/ *n.* (*Teol,Art*) Trinità *f.* □ (*GB*) ~ *House* corporazione per la concessione di brevetti di pilota per la disciplina portuale di fari, fanali, ecc; (*Lit*) ~ *Sunday* festa della santissima Trinità.

trinket /'trɪŋkɪt/ *n.* 1 ciondolo *m.*, gingillo *m.*, ninnolo *m.* 2 (*trifle*) bagattella *f.*, inezia *f.*, sciocchezza *f.*, (*colloq*) carabattola *f.*, scarabattola *f.*

trinketry /'trɪŋkɪtri/ *n.* (*collett.*) ciondoli *m.pl.*, gingilli *m.pl.*

trinomial /traɪ'noʊmiəl/ I *a.* trinomio (*anche Mat*). II *n.* (*Mat*) trinomio *m.*

trio /'triːoʊ/ (*pl.* **-s** /-z/) *n.* 1 (*Mus*) trio *m.* 2 (*group of three*) trio *m.*, terzetto *m.* 3 (*of playing cards*) tris *m.*

triode /'traɪoʊd/ *n.* (*Elettron*) triodo *m.*

triolet /'triːoʊlet, 'traɪəlet/ *n.* (*Lett*) poesia *f.* di otto versi.

triose /'traɪoʊz/ *n.* (*Chim*) triosio *f.*

trioxid /traɪ'ɒksɪd Am traɪ'ɒksɪd/ *n.* (*Chim*) triossido *m.*

trioxide /traɪ'ɒksaɪd Am traɪ'ɑːksaɪd/ *n.* (*Chim*) triossido *m.*

trip[1] /trɪp/ I *n.* 1 viaggio *m.*, gita *f.*, escursione *f.*: *a business ~* un viaggio d'affari; *a ~ to the seaside* una gita al mare. 2 (*stumble, false step*) l'inciampare, passo *m.* falso. 3 (*fig*) (*mistake*) errore *m.*, sbaglio *m.*, passo *m.* falso. 4 (*act of tripping so.*) sgambetto *m.* (*anche Sport*). 5 (*light nimble step*) passo *m.* agile e leggero. 6 (*Mecc*) disinnesto *m.* (a scatto), rilascio *m.* 7 (*Aut,Mar*) percorso *m.* parziale. 8 (*Mar,Pesc*) pescata *f.* 9 (*sl*) (*visionary experience produced by drugs*) viaggio *m.*, trip *m.* 10 (*sl*) (*exciting experience*) sballo *m.*, esperienza *f.* eccitante (*o* stimolante): *what a ~ to see her after all these years!* che sballo vederla dopo tanti anni! II *a.* (*Mecc*) a scatto. □ ~ *counter* (*o* ~ *indicator* o ~ *meter*): (*Aut*) contachilometri parziale, contamiglia parziale; (*Mar*) log parziale; (*Aut*) ~ *odometer* contachilometri parziale.

trip[2] /trɪp/ (*past, p.p.* **tripped** /-t/) I *v.i.* 1 inciampare, incespicare, mettere un piede in fallo, fare un passo falso: *to ~ over the edge of the carpet* inciampare nel bordo del tappeto; *he -ped and fell over* mise un piede in fallo e cadde. **2** (*fig*) sbagliare, commettere un errore, fare un passo falso. **3** (*to stumble in speaking*) inciampare (nel parlare), incespicare. **4** (*to move or walk lightly*) muoversi (*o* camminare) con passi leggeri e agili. **5** (*Mecc*) scattare. **6** (*to go on a trip*) fare un viaggetto, fare una gita. **7** (*sl*) (*to hallucinate*) essere fatto, farsi un trip, essere fuori, sballarsi. **II** *v.t.* **1** fare lo sgambetto a, far inciampare, far incespicare. **2** (*fig*) cogliere in fallo. **3** (*Mecc*) far scattare, liberare, disinnestare. **4** (*Mar*) (*of an anchor*) spedare. **5** (*rar*) (*of a dance*) ballare agilmente. □ (*scherz, ant*) *to ~ the light fantastic* divertirsi come pazzi (*spec.* ballando); *to ~ up.* **1** (*used intransitively*) inciampare, incespicare, mettere un piede in fallo, fare un passo falso; **2** (*used transitively*) fare lo sgambetto a, far inciampare, far incespicare: *he -ped me up* mi fece lo sgambetto; **3** (*fig*) (*used transitively*) cogliere in fallo: *to ~ up a witness by artful questions* cogliere in fallo un testimone con abili domande.

tripartite /traɪ'pɑːtaɪt *Am* ˌtraɪ'pɑːrtaɪt/ *a.* tripartito (*anche Bot,Pol*): *a ~ bloc* un blocco tripartito.

tripartition /ˌtraɪpɑː'tɪʃᵊn *Am* ˌtraɪpɑːr'tɪʃᵊn/ *n.* tripartizione *f.*

tripe /traɪp/ *n.* **1** (*Macell,Gastron*) trippa *f.* **2** (*colloq*) (*nonsense, rubbish*) sciocchezze *f.pl.*, stupidaggini *f.pl.*, (*pop*) fesserie *f.pl.*

trip-hammer /'trɪpˌhæmər/ *n.* (*Tecn*) maglio *m.* meccanico.

triphase /'traɪfeɪz/ *a.* (*El*) trifase.

triphthong /'trɪfθɒŋ *Am* 'trɪfθɑːŋ/ *n.* (*Fon*) trittongo *m.*

triplane /'traɪpleɪn/ *n.* (*Aer*) triplano *m.*

triple /'trɪpl/ **I** *a.* **1** triplo, tre volte maggiore. **2** (*having three elements, parts*) triplice, triplo. **3** (*Mus*) ternario. **II** *n.* **1** triplo *m.* **2** (*in baseball*) triplo *m.* **III** *v.t.* triplicare: *the fine was -d* la multa fu triplicata. **IV** *v.i.* triplicarsi. □ (*Stor*) *Triple Alliance* triplice alleanza; ~ *crown* triregno; (*Stor*) *Triple Entente* triplice intesa; (*Sport*) ~ *jump* salto triplo; (*Sport*) ~ *play* (*in baseball*) triplo gioco; (*Chim*) ~ *point* punto triplo; (*Mus*) ~ *time* ritmo ternario.

triplet /'trɪplɪt/ *n.* **1** bambino *m.* (nato da un parto) trigemino. **2** (*group, set of three*) gruppo *m.* di tre, triade *f.*, terzetto *m.* **3** (*Mus, Metr*) terzina *f.* **4** *pl.* parto *m.* trigemino. □ (*Biol*) ~ *code* tripletta.

triplex /'trɪpleks/ **I** *a.* **1** triplice, triplo. **2** (*Mus*) ternario. **II** *n.* **1** (*Mus*) tempo *m.* ternario. **2** (*Am,Edil*) edificio *m.* con tre appartamenti indipendenti. □ ~ *glass* vetro di sicurezza (a tre strati).

triplicate[1] /'trɪplɪkɪt/ *a.* triplice, triplo. **II** *n.* terza copia *f.* □ *to type a letter in* ~ dattilografare una lettera in triplice copia.

triplicate[2] /'trɪplɪkeɪt/ *v.t.* **1** triplicare. **2** (*to make in triplicate*) fare in triplice copia.

triplication /ˌtrɪplɪ'keɪʃᵊn/ *n.* triplicazione *f.*

triplicity /trɪ'plɪsɪti *Am* trɪ(a)'plɪsᵊti/ *n.* l'essere triplice.

triploid /'trɪplɔɪd/ *a.* (*Biol*) triploide.

triply /'trɪpli/ *avv.* in modo triplice, triplamente.

tripod /'traɪpɒd *Am* 'traɪpɑːd/ *n.* **1** treppiede *m.* **2** (*stool*) sgabello *m.* a tre gambe. **3** (*table*) tavolo *m.* a tre gambe.

tripodal /'trɪpɒdᵊl/ *a.* a tre gambe, a tre piedi.

tripolar /traɪ'poʊlər/ *n.* (*El*) tripolare.

tripoli /'trɪpli/ *n.* (*Geol*) tripoli *m.*, farina *f.* fossile.

Tripoli /'trɪpli/ *n.pr.* (*Geog*) Tripoli *f.*

Tripolitan /trɪ'pɒlɪtᵊn *Am* trɪ'pɑːlɪtᵊn/ **I** *a.* tri-

politano. **II** *n.* tripolitano *m.* (*f.* -a).

Tripolitanian /trɪˌpɒlɪ'teɪnjən *Am* trɪˌpɑːlɪ'teɪnjən/ **I** *a.* tripolitano. **II** *n.* tripolitano *m.* (*f.* -a).

tripos /'traɪpɒs/ *n.* (*Br,Univ*) (*at Cambridge*) esame *m.* finale per ottenere la laurea con lode.

tripper /'trɪpər/ *n.* (*Br*) **1** gitante *m./f.*, escursionista *m./f.* **2** (*tourist*) turista *m./f.*

tripping /'trɪpɪŋ/ *a.* **1** (*of a step, pace*) agile, leggero, svelto. **2** (*of words*) dal ritmo svelto.

trippingly /'trɪpɪŋli/ *avv.* agilmente, con leggerezza.

triptych /'trɪptɪk/ *n.* (*Art,Stor*) trittico *m.*

tripwire /'trɪpwaɪər/ *n.* (*Mil*) cavo *m.* elettrico nascosto che innesca mine o cariche esplosive.

trireme /'traɪriːm/ *n.* (*Mar,ant*) trireme *f.*, nave *f.* trireme.

trisaccharide /traɪ'sækəraɪd/ *n.* (*Chim*) trisaccaride *m.*

trisect /traɪ'sekt/ *v.t.* **1** dividere in tre parti uguali, risecare. **2** (*Geom*) trisecare.

trisection /traɪ'sekʃᵊn/ *n.* trisezione *f.*

triskaidekaphobia /ˌtrɪskaɪdekə'foʊbiə/ *n.* paura *f.* morbosa del numero tredici.

triskelion /trɪ'skeliən/ *n.* triscele *f.*, triskelion *m.* (simbolo celtico).

trismus /'trɪzməs/ *n.* (*Med*) trisma *m.*, trismo *m.*

trisomy /'trɪsəmi/ *n.* (*Med*) trisomia *f.*

Tristam /'trɪstəm/ *n.pr.m.* Tristano.

Tristan /'trɪstən/ *n.pr.m.* Tristano.

tristful /'trɪstfʊl/ *a.* (*rar*) triste, afflitto, malinconico.

Tristram /'trɪstrəm/ *n.pr.m.* Tristano.

trisyllabic /ˌtraɪsɪ'læbɪk/ *a.* (*Gramm*) trisillabico, trisillabo.

trisyllable /traɪ'sɪləbl/ *n.* (*Gramm*) trisillabo *m.*

tritanopia /ˌtrɪtə'noʊpiə/ *n.* (*Med*) tritanopia *f.*

trite /traɪt/ *a.* banale, trito, trito e ritrito, stantio, risaputo: *a ~ sentence* una frase banale.

tritely /'traɪtli/ *avv.* in modo trito.

triteness /'traɪtnəs/ *n.* l'essere trito (e ritrito), banalità *f.*

tritheism /'traɪˌθiːɪzᵊm/ *n.* (*Rel*) triteismo *m.*

tritium /'trɪtiəm/ *n.* (*Chim*) trizio *m.*

triton /'traɪtᵊn/ *n.* (*Zool*) tritone *m.*

Triton /'traɪtᵊn/ *n.pr.m.* (*Mitol,Astr*) Tritone.

tritone /'traɪtoʊn/ *n.* (*Mus*) tritono *m.*

triturable /'trɪtjʊrəbl *Am* 'trɪtʃərəbl/ *a.* triturabile.

triturate /'trɪtjʊreɪt *Am* 'trɪtʃəreɪt/ *v.t.* triturare, tritare.

trituration /ˌtrɪtjʊ'reɪʃᵊn *Am* ˌtrɪtʃə'reɪʃᵊn/ *n.* triturazione *f.*

triumph /'traɪəm(p)f/ **I** *n.* **1** trionfo *m.*, splendida vittoria *f.* **2** (*great success, achievement*) vittoria *f.*, grande successo *m.*, trionfo *m.* **3** (*exultation*) esultanza *f.*, tripudio *m.*: *to shout in ~* gridare per l'esultanza. **4** (*Stor.rom*) trionfo *m.* **II** *v.i.* **1** trionfare, vincere, riportare una vittoria (*over* su): *to ~ over one's foes* trionfare sui (propri) nemici. **2** (*to prevail*) trionfare, prevalere, avere la meglio (*on, over* su): *mind -s over matter* lo spirito trionfa sulla materia. **3** (*to exult, to express joy in victory*) trionfare, esultare (di gioia). **4** (*Stor.rom*) trionfare.

triumphal /traɪ'ʌm(p)fᵊl/ *a.* trionfale, di trionfo: ~ *arch* arco di trionfo.

triumphalism /traɪ'ʌm(p)fᵊlɪzᵊm/ *n.* trionfalismo *m.*

triumphalistic /traɪˌʌm(p)fə'lɪstɪk/ *a.* trionfalistico.

triumphant /traɪ'ʌm(p)fᵊnt/ *a.* **1** trionfante, esultante. **2** (*victorious*) trionfante, vittorioso.

triumphantly /traɪ'ʌm(p)fᵊntli/ *avv.* trionfalmente, in modo trionfale.

triumvir /traɪ'ʌmvər, 'traɪʌmvɪər *Am* traɪ'ʌmvɪr/ (*pl.* -s /-z/ *o* -viri /-vɪraɪ/) *n.* (*Stor.rom*) triunviro *m.*, triumviro *m.* (*anche estens*).

triumviral /traɪ'ʌmvɪrᵊl/ *a.* triunvirale, triumvirale.

triumvirate /traɪ'ʌmvɪrɪt/ *n.* **1** (*Stor.rom*) triunvirato *m.*, triumvirato *m.* (*anche estens*). **2** (*fig*) triade *f.*, terzetto *m.*

triune /'traɪuːn *Am* 'traɪjuːn/ *a.* (*Teol*) uno e trino, tre in uno.

trivalence /traɪ'veɪləns/ *n.* (*Chim*) trivalenza *f.*

trivalency /traɪ'veɪlənsi/ *n.* (*Chim*) trivalenza *f.*

trivalent /traɪ'veɪlᵊnt/ *a.* (*Chim*) trivalente.

trivalve /'traɪvælv/ *a.* (*Zool*) trivalve.

trivet /'trɪvɪt/ *n.* treppiedi *m.*

trivia /'trɪviə/ *n.pl.* cose *f.pl.* banali, banalità *f.pl.*

trivial /'trɪviᵊl/ *a.* **1** futile, banale, frivolo, senza importanza: ~ *matters* questioni futili; *a ~ objection* un'obiezione banale. **2** (*of people*) frivolo, leggero, superficiale. □ (*Biol*) ~ *name* nome non scientifico, nome volgare; ~ *round* solito tran tran, routine.

triviality /ˌtrɪvi'æliti *Am* ˌtrɪvi'æləti/ *n.* futilità *f.*, banalità *f.*, frivolezza *f.*

trivially /'trɪviᵊli/ *avv.* banalmente.

trivium /'trɪviəm/ (*pl.* -via /-viə/) *n.* (*Mediev*) trivio *m.*

triweekly /traɪ'wiːkli/ **I** *a.* **1** (*every three weeks*) che ha luogo ogni tre settimane. **2** (*three times a week*) che ha luogo tre volte la settimana. **3** (*Giorn*) (*every three weeks*) che esce ogni tre settimane. **4** (*Giorn*) (*three times a week*) che esce tre volte la settimana. **II** *avv.* tre volte alla settimana. **III** *n.* **1** (*Giorn*) (*publication issued three times a week*) pubblicazione *f.* che esce tre volte alla settimana. **2** (*Giorn*) (*publication issued every three weeks*) pubblicazione *f.* che esce ogni tre settimane.

tRNA /ˌtiːɑːr'en'eɪ/ (*Biol*) *transfer RNA* RNAt (RNA transfer).

troat /troʊt/ **I** *v.i.* (*of a buck*) bramire. **II** *n.* bramito *m.*

trocar /'troʊkɑːr *Am* 'troʊkɑːr/ *n.* (*Chir*) trequarti *m.*

trochaic /troʊ'keɪɪk/ **I** *a.* (*Metr*) trocaico, trocheo. **II** *n.* (*Metr*) trocheo *m.*

trochanter /troʊ'kæntər *Am* troʊ'kæntʃər/ *n.* (*Anat,Entom*) trocantere *m.*

trochee /'troʊkiː/ *n.* (*Metr*) trocheo *m.*

trochlea /'trɒkliə *Am* 'trɑːkliə/ *n.* (*Anat*) troclea *f.*

trochlear /'trɒkliər *Am* 'trɑːkliər/ *a.* (*Anat*) trocleare. □ (*Anat*) ~ *nerve* nervo trocleare.

trochoid /'troʊkɔɪd/ **I** *n.* (*Mat*) trocoide *f.* **II** *a.* (*Mat*) trocoidale.

troctolite /'trɒktoʊlaɪt *Am* 'trɑːktoʊlaɪt/ *n.* (*Geol*) troctolite *f.*

trod /trɒd *Am* trɑːd/ → **tread**[1].

trodden /'trɒdᵊn *Am* 'trɑːdᵊn/ → **tread**[1].

trode /troʊd/ → **tread**[1].

trog /trɒg/ **I** *n.* (*Br,colloq*) (*troglodyte*) buzzurro *m.*, becero *m.* **II** *v.i.* (*Br,colloq*) camminare arrancando, scarpinare.

troglodyte /'trɒgloʊdaɪt *Am* 'trɑːglədaɪt/ *n.* troglodita *m./f.* (*anche fig*).

troglodytic /ˌtrɒgloʊ'dɪtɪk *Am* ˌtrɑːglə'dɪtɪk/ *a.* trogloditico (*anche fig*).

troglodytical /ˌtrɒgloʊ'dɪtɪkᵊl *Am* ˌtrɑːglə'dɪtɪkᵊl/ *a.* trogloditico (*anche fig*).

troglodytism /'trɒgloʊdaɪtɪzᵊm *Am* 'trɑːglədaɪtɪzᵊm/ *n.* troglodtismo *m.*

Troilus /'trɔɪləs, 'troʊləs/ *n.pr.m.* (*Mitol*) Troilo.

Trojan /ˈtroʊdʒən/ **I** a. troiano, di Troia. **II** n. **1** troiano m. (f. -a). **2** (fig) persona f. energica e coraggiosa. □ (Mitol,Inform) ~ **horse** cavallo di Troia; (colloq) to work like a ~ lavorare come un mulo; (Mitol) ~ **War** guerra di Troia, guerra troiana.

troll¹ /troʊl/ **I** v.t. **1** cantare allegramente a voce spiegata, cantare allegramente a gran voce. **2** (of a round, catch) cantare alternatamente. **3** (Pesc) pescare a traina (for sth. qcs.). **II** v.i. **1** cantare allegramente a voce spiegata, cantare allegramente a gran voce. **2** (of a round, catch) cantare alternatamente. **3** (Pesc) pescare a traina (for sth. qcs.). **4** (Br) camminare, passeggiare. **III** n. **1** canto m. alternato, stornello m. **2** (Pesc) (lure) cucchiaino m.; (reel) mulinello m.

troll² /troʊl/ n. (Mitol.nord) troll m.

trolley /ˈtrɒli Am ˈtrɑːli/ n. **1** carretto m. a mano, carrettino m. a mano. **2** (small truck running on rails) carrello m. su rotaie. **3** (Minier) vagoncino m. da miniera. **4** (dinner wagon) portavivande m., carrello m. portavivande. **5** (of a tram, trolley bus) trolley m., presa f. ad asta. **6** (carriage running on an overhead track) carrello m. pensile. **7** tram m., vettura f. tranviaria. □ ~ **bus** filobus, trolleybus; (Am) ~ **car** tram, vettura tranviaria; (Br,colloq) off one's ~ pazzo, matto; ~ **pole** asta di presa.

trolling /ˈtroʊlɪŋ/ n. (Pesc) pesca f. a traina.

trollop /ˈtrɒləp Am ˈtrɑːləp/ n. **1** donna f. sciatta, sciattona f., sciamannona f. **2** (woman of loose morals) donnaccia f., prostituta f., sgualdrina f.

trollopy /ˈtrɒləpi Am ˈtrɑːləpi/ a. **1** sciatto, trascurato. **2** (immoral) di facili costumi, di malaffare.

trombone /trɒmˈboʊn Am trɑːmˈboʊn/ n. (Mus) trombone m.

trombonist /trɒmˈboʊnɪst Am trɑːmˈboʊnɪst/ n. (Mus) trombonista m./f., trombone m.

trommel /ˈtrɒməl Am ˈtrɑːməl/ n. (Minier) trommel m., tamburo m. sfangatore.

trompe l'oeil /ˌtrɒmpˈlɔɪ Am ˌtrɔːmpˈlɔɪ/ n. (Pitt) trompe l'oeil m.

troop /truːp/ **I** n. **1** (Mil) truppa f.; (cavalry unit) squadrone m. (di cavalleria). **2** (collection of people, things) gruppo m., truppa f., frotta f. **3** (large number) stuolo m., frotta f., schiera f. **4** (Boy Scout unit) reparto m. **5** (rar) (theatrical troupe) compagnia f. teatrale, troupe f. teatrale. **6** pl. truppe f.pl., soldati m.pl.: to raise -s arruolare truppe. **II** v.i. **1** radunarsi, raccogliersi, raggrupparsi, assembrarsi. **2** (to move in a file) muoversi in fila (ordinatamente). **3** (to flock) muoversi a frotte, muoversi a gruppi: fans -ed to the stadium i tifosi si dirigevano a frotte verso lo stadio. □ to ~ **along**: 1 (to move in a file) muoversi in fila (ordinatamente); 2 (to flock) muoversi a frotte, muoversi a gruppi; to ~ **away** andare via, andarsene; ~ **carrier**: 1 (Aer.mil) aereo per il trasporto di truppe; 2 (Mil) carro per il trasporto di truppe; to ~ **in** entrare a frotte; to ~ **off** andarsene a frotte; to ~ **out** uscire a frotte; (Mar.mil) ~ **ship** nave per il trasporto di truppe; (Br,Mil) to ~ **the colour** (o to ~ **the colours**) far sfilare le bandiere, sfilare in parata con le bandiere in testa; to ~ **together** radunarsi, raccogliersi, raggrupparsi, assembrarsi; (Mil) ~ **withdrawal** ritiro delle truppe.

trooper /ˈtruːpər/ n. **1** (Mar.mil) nave f. per il trasporto di truppe. **2** (Am) (mounted policeman) poliziotto m. a cavallo. **3** (Am) (State trooper) agente m. della polizia di stato. **4** (member of a cavalry unit) soldato m. di cavalleria, soldato m. a cavallo. **5** (paratrooper) paracadutista m.

trooping /ˈtruːpɪŋ/ n. (Mil) sfilata f.: ~ the colour sfilata con le bandiere in testa.

trope /troʊp/ n. **1** (Ret) tropo m., traslato m. **2** (Lit,Mus) tropo m.

trophic /ˈtrɒfɪk Am ˈtrɑːfɪk/ a. (Fisiol) trofico, relativo alla nutrizione.

trophoblast /ˈtrɒfoʊblæst Am ˈtrɑːfoʊblæst/ n. (Biol) trofoblasto m.

trophy /ˈtroʊfi/ n. **1** trofeo m. (anche fig). **2** (estens) trofeo m., premio m.: bridge trophies trofei di bridge. **3** (estens) (cup) coppa f. □ (colloq,spreg) ~ **wife** moglie bella e giovane (di un uomo più anziano).

tropic /ˈtrɒpɪk Am ˈtrɑːpɪk/ **I** n. **1** (Geog,Astr) tropico m. **2** pl. (Geog) tropici m.pl., zone f.pl. (o paesi m.pl.) tropicali: to live in the -s vivere ai tropici. **II** a. tropicale. □ (Ornit) ~ **bird** uccello del sole, uccello dei tropici, uccello dell'oceano; (Geog) ~ **of Cancer** tropico del Cancro; (Geog) ~ **of Capricorn** tropico del Capricorno.

tropical /ˈtrɒpɪkəl Am ˈtrɑːpɪkəl/ a. **1** tropicale, dei tropici, relativo ai tropici: ~ regions regioni tropicali; ~ vegetation vegetazione tropicale. **2** (for use in the tropics) adatto ai tropici, usato nelle zone tropicali: ~ clothes abiti adatti ai tropici. **3** (fig) tropicale, torrido, caldissimo. □ ~ **disease** malattia tropicale; ~ **fish** pesce tropicale; ~ **rain forest** foresta pluviale tropicale; (Meteor) ~ **storm** tempesta tropicale.

tropicalisation /ˌtrɒpɪkəl(a)ɪˈzeɪʃən/ n. (Br) tropicalizzazione f.

tropicalise /ˈtrɒpɪkəlaɪz/ v.t. (Br) tropicalizzare.

tropicalization /ˌtrɒpɪkəl(a)ɪˈzeɪʃən Am ˌtrɑːpɪkəlɪˈzeɪʃən/ n. tropicalizzazione f.

tropicalize /ˈtrɒpɪkəlaɪz Am ˈtrɑːpɪkəlaɪz/ v.t. tropicalizzare.

tropism /ˈtroʊpɪzəm/ n. (Biol) tropismo m.

tropologic /ˌtrɒpəˈlɒdʒɪk Am ˌtrɑːpəˈlɑːdʒɪk/ a. tropologico, allegorico, figurato.

tropological /ˌtrɒpəˈlɒdʒɪkəl Am ˌtrɑːpəˈlɑːdʒɪkəl/ a. tropologico, allegorico, figurato.

tropologically /ˌtrɒpəˈlɒdʒɪkəli Am ˌtrɑːpəˈlɑːdʒɪkəli/ avv. tropologicamente, allegoricamente.

tropology /trəˈpɒlədʒi Am trəˈpɑːlədʒi/ n. tropologia f., allegoria f.

tropopause /ˈtrɒpoʊpɔːz Am ˈtrɑːpəpɔːz/ n. tropopausa f.

troposphere /ˈtrɒpəsfɪər Am ˈtrɑːpəsfɪr/ n. (Meteor) troposfera f.

tropospheric /ˌtrɒpəˈsferɪk Am ˌtrɑːpəˈsfɪrɪk/ a. (Meteor) troposferico.

troppo /ˈtrɒpoʊ/ a. (Br,Aus) matto, pazzo, pazzoide: to go ~ diventare pazzo.

trot¹ /trɒt Am trɑːt/ (past, p.p. **trotted** /ˈtrɒtɪd Am ˈtrɑːtɪd/) **I** v.i. **1** (of a horse) trottare, andare al trotto. **2** (of people) trottare, camminare con passo veloce. **II** v.t. (of a horse) mettere al trotto, fare andare al trotto. □ to ~ **along**: 1 (colloq) andare via, andarsene, muoversi: it's time I was -ting along è ora che vada via; 2 (to go quickly) camminare con passo veloce, trottare; to ~ **in** entrare trotterellando; to ~ **off**: 1 partire al trotto; 2 (colloq) (to run off, to go off) andar via di corsa, scappare via; to ~ **out**: 1 (of a horse) far trottare (per mostrare l'andatura); 2 (fig) (to produce) presentare, tirare fuori.

trot² /trɒt Am trɑːt/ n. **1** trotto m. **2** (of a person) trotto m., andatura f. svelta, passo m. veloce. **3** (ride on horseback) trottata f.: to go for a ~ fare una trottata. **4** (easy run) trottata f., corsetta f., camminata f. veloce. **5** (sl) (whore) puttana f. **6** (Am,Scol) (crib) traduttore m., (region) bigino m. **7** pl. (sl) diarrea f.,

sciolta f., (region) cagotto m. □ (colloq) **on the** ~ (one after the other) uno dopo l'altro, di fila; to keep so. on the ~ fare trottare qcu., tenere qcu. in attività, tenere qcu. in movimento.

troth /troʊθ/ n. **1** (rar,ant) fedeltà f., lealtà f. **2** (promise to marry so.) promessa f. di matrimonio. **3** (pledged word) parola f. (d'onore): by my ~ parola d'onore, sul mio onore.

trotter /ˈtrɒtər Am ˈtrɑːtər/ n. **1** (horse) trottatore m. **2** (person) camminatore m. svelto, trottatore m. (f. -trice). **3** (of a pig) zampa f. **4** (Macell,Gastron) zampetto m., zampone m. **5** pl. (colloq) (feet) piedi m.pl.

trotting /ˈtrɒtɪŋ Am ˈtrɑːtɪŋ/ □ (Equit) ~ **race** corsa al trotto.

troubadour /ˈtruːbədʊər Am ˈtruːbədɔːr/ n. (Stor) trovatore m.

trouble /ˈtrʌbl/ **I** n. **1** preoccupazione f., agitazione f., ansia f. **2** (cause of worry) fastidio m., noia f., disturbo m., inconveniente m., (colloq) seccatura f.: we have been having ~ with the new machines abbiamo avuto dei fastidi con le nuove macchine. **3** (difficult, distressing position) guaio m., difficoltà f., pasticcio m., impiccio m.: to help those in ~ aiutare chi è nei guai. **4** (distress, need) sofferenza f., afflizione f., pena f.: a life of ~ una vita di sofferenze. **5** (source of inconvenience) disturbo m., fastidio m., incomodo m., seccatura f.: to be a ~ to so. essere disturbo a qcu. **6** (disorder, unrest) agitazione f., disordine m., tumulto m.: labour -s agitazioni operaie. **7** (effort made, pains) disturbo m., pena f., briga f. **8** (physical disorder, ailment) disturbo m., indisposizione f. (fisica). **9** (Mecc) guasto m., inconveniente m. **II** v.t. **1** preoccupare, agitare, turbare, tormentare, affliggere: is sth. troubling you? qcs. ti preoccupa? **2** (to annoy, to bother) disturbare, infastidire, importunare, seccare, scocciare. **3** (to cause physical distress to) affliggere, tormentare: I was -d by the heat il caldo mi tormentava. **4** (to put to inconvenience) recare disturbo a, recare molestia a, incomodare, scomodare, disturbare: she did not want to ~ her sister with the care of the children non voleva recare disturbo a sua sorella affidandole i bambini. **5** (rifl.) to ~ oneself preoccuparsi, agitarsi, darsi pensiero: don't ~ yourself about it non preoccuparti per questo. **6** (to agitate, to make turbulent) agitare, turbare, muovere: a strong wind was troubling the lake un forte vento agitava le acque del lago. **III** v.i. **1** preoccuparsi, darsi pensiero, agitarsi. **2** (to inconvenience oneself) disturbarsi, incomodarsi, scomodarsi: you needn't ~ to see me off non disturbarti ad accompagnarmi. □ (Br,sl) ~ **and strife** moglie; to ~ so. for sth. incomodare qcu. per qcs., scomodare qcu. per qcs.: may I ~ you for a match? ti dispiace darmi un fiammifero?; to **get into** ~: 1 mettersi nei guai, cacciarsi nei guai, inguaiarsi: he is always getting into ~ si mette sempre nei guai; 2 (to put to inconvenience) mettere nei pasticci, mettere nei guai, inguaiare: his frankness will get him into ~ la sua franchezza lo metterà nei pasticci; 3 (eufem.ant) (of an unmarried girl) inguaiare, mettere incinta; to **get out of** ~ tirarsi fuori dai pasticci, tirarsi fuori dai guai, tirare fuori dai pasticci, tirare fuori dai guai; to **give** ~ dare delle seccature, dare delle noie, dare dei fastidi: the fuel pump is giving ~ la pompa del carburante sta dando delle noie; to **go to much** ~ darsi gran pena; to **have** ~ with avere delle seccature da, avere delle noie da, avere delle noie con; (colloq) don't ~ your **head**

about it non darti pensiero per questo, non preoccuparti; *to be in* ~ avere dei fastidi, avere delle noie, essere nei guai: *he is in* ~ *with the police* ha delle noie con la polizia; (*scherz*) ~ *is brewing* c'è odore di tempesta nell'aria; *the* ~ *is that* il guaio è che; *to make* ~ dare delle noie, creare fastidi; *may I* ~ *you to pass the sugar?* ti dispiacerebbe passarmi lo zucchero?; *to run into* ~ incontrare difficoltà; (*Pol*) ~ *spot* zona calda, zona di tensione, punto caldo; *to take the* ~ darsi la pena, preoccuparsi, darsi la briga: *he did not even take the* ~ *to check the figures* non si diede neanche la pena di controllare le cifre; *what's the* ~? cosa c'è che non va?

troubled /'trʌbld/ *a.* turbato, preoccupato, inquieto, agitato: *to be* ~ *in mind* avere l'animo turbato; *a* ~ *glance* uno sguardo preoccupato. ☐ ~ *times* tempi difficili; (*fig*) ~ *waters* disordine, confusione, caos, acque agitate.

troublemaker /'trʌbl‚meɪkər/ *n.* **1** istigatore *m.* (*f.* -trice), fomentatore *m.* (*f.* -trice), sobillatore *m.* (*f.* -trice). **2** (*one who causes trouble*) chi provoca guai, chi causa guai.

trouble-prone /'trʌblproʊn/ *a.* (*Tecn*) sensibile ai guasti.

troubleshoot /'trʌbl‚ʃuːt/ *v.irr.* **I** *v.i.* (*Tecn*) localizzare (e riparare) guasti. **II** *v.t.* (*Tecn*) localizzare (e riparare) guasti.

troubleshooter /'trʌbl‚ʃuːtər *Am* 'trʌbl‚ʃuːtər/ *n.* **1** (*Am*) chi svolge opera di mediazione nelle vertenze sindacali. **2** chi localizza (e ripara) i guasti.

troubleshooting /'trʌbl‚ʃuːtɪŋ *Am* 'trʌbl‚ʃuːtɪŋ/ *n.* **1** (*Pol*) opera *f.* di mediazione. **2** (*Tecn,Inform*) identificazione *f.* (ed eliminazione) dei guasti.

troublesome /'trʌblsəm/ *a.* importuno, fastidioso, seccante, molesto: *a* ~ *cough* una tosse fastidiosa; *a* ~ *child* un bambino molesto.

troublesomely /'trʌblsəmli/ *avv.* importunamente, fastidiosamente.

troublesomeness /'trʌblsəmnəs/ *n.* fastidio *m.*, noia *f.*, seccatura *f.*

troublous /'trʌbləs/ *a.* (*poet*) agitato, inquieto: ~ *times* tempi agitati.

trough /trɒf *Am* trɑːf/ *n.* **1** (*for feeding animals*) trogolo *m.*, mangiatoia *f.* **2** (*for water*) abbeveratoio *m.* **3** (*vessel for kneading dough*) madia *f.* **4** (*between two waves*) solco *m.*, cavo *m.* **5** (*Meteor*) saccatura *f.* **6** (*Geog, Geol*) avvallamento *m.*, depressione *f.* **7** (*channel, conduit for water*) condotto *m.*, canale *m.* **8** (*Edil*) (*eaves trough*) doccia *f.* (di grondaia).

trounce /traʊns/ *v.t.* **1** battere, percuotere, bastonare, picchiare, (*colloq*) suonarle a. **2** (*to defeat heavily*) sconfiggere duramente, sgominare, annientare. **3** (*to scold, to censure*) sgridare, (*colloq*) dare una lavata di capo a.

trouncing /'traʊnsɪŋ/ *n.* **1** percosse *f.pl.*, botte *f.pl.*, busse *f.pl.* **2** (*severe defeat*) dura sconfitta *f.*, (*bella*) batosta *f.* **3** (*scolding*) sgridata *f.*, ramanzina *f.*, (*colloq*) lavata *f.* di capo.

troupe /truːp/ *n.* **1** (*Teat*) compagnia *f.* teatrale, troupe *f.* teatrale. **2** (*travelling company*) compagnia *f.* ambulante.

trouper /'truːpər/ *n.* **1** membro *m.* di una compagnia ambulante. **2** (*actor*) attore *m.* (*f.* -trice). ☐ (*fig*) *to be a good* ~ essere (un tipo) in gamba.

trouser /'traʊzər/ **I** *a.* dei pantaloni. **II** *v.t.* (*Br, sl*) (*of money*) intascare, mettersi in tasca. ☐ ~ *press* stirapantaloni; (*Abbigl*) ~ *skirt* gonna pantalone; (*Br,Abbigl*) ~ *suit* abito pantalone, tailleur pantalone.

trousered /'traʊzəd *Am* 'traʊzərd/ *a.* che porta i calzoni.

trousering /'traʊzərɪŋ/ *n.* stoffa *f.* per calzoni.

trousers /'traʊzəz *Am* 'traʊzərz/ *n.pl.* **1** calzoni *m.pl.*, pantaloni *m.pl.* (*colloq,ant*) brache *f.pl.*: *a pair of* ~ un paio di calzoni. **2** (*Stor*) (*pantalets*) mutandoni *m.pl.* da donna guarniti di gale. ☐ (*colloq*) *with one's* ~ *down* in una situazione imbarazzante.

trousseau /'truːsoʊ, truːˈsoʊ/ (*pl.* -s /-z/ o -x /-z/) *n.* corredo *m.* da sposa.

trout /traʊt/ **I** *n.* (*pl.inv.* o -s /-s/; *il pl. inv. si usa general. con valore collett.*) **1** (*Itt*) trota *f.* **2** (*sl*) (*ugly, stupid old woman*) vecchia megera *f.*, stupida vecchiaccia *f.* **II** *v.i.* (*Pesc*) pescare trote, andare a pesca di trote. ☐ (*Pesc*) ~ *breeder* troticoltore; (*Pesc*) ~ *breeding* troticoltura; (*Pesc*) ~ *fishing* pesca delle trote.

trout-colored /'traʊt‚kʌlərd/ *a.* (*Am*) trotino, che presenta trotinature.

trout-coloured /'traʊt‚kʌləd *Am* 'traʊt ‚kʌlərd/ *a.* trotino, che presenta trotinature.

troutlet /'traʊtlɪt/ *n.* piccola trota *f.*

troutling /'traʊtlɪŋ/ *n.* piccola trota *f.*

trouvère /truːˈvɛər *Am* truːˈvɛr/ *n.* (*Stor*) troviero *m.*

trouveur /truːˈvɜːr/ *n.* (*Stor*) troviero *m.*

trove /troʊv/ *n.* **1** oggetto *m.* trovato. **2** (*collection of things found*) collezione *f.* di cose trovate, raccolta *f.* di cose trovate. **3** (*fig*) miniera *f.*, pozzo *m.*

trover /'troʊvər/ *n.* (*Dir*) appropriazione *f.* di un oggetto trovato.

trowel /'traʊəl/ **I** *n.* **1** (*Edil*) mestola *f.*, cazzuola *f.* **2** (*Giard*) paletta *f.* da giardiniere, trapiantatoio *m.* **II** *v.t.* (*past, p.p.* **trowelled** /*Am* **troweled** /-d/) **1** (*Edil*) lisciare con una cazzuola; (*to apply with a trowel*) applicare con una cazzuola. **2** (*Giard*) scavare con una paletta. ☐ (*colloq*) *to lay it on with a* ~: **1** adulare sfacciatamente, adulare esageratamente; **2** (*scherz*) fare una sviolinata.

troy /trɔɪ/ **I** *n.* troy *m.* (sistema di misura per pietre e metalli preziosi). **II** *a.* troy. ☐ ~ *ounce* oncia troy; ~ *weight* troy (per pesare pietre e metalli preziosi).

Troy /trɔɪ/ *n.pr.* (*Geog.stor*) Troia *f.*

truancy /'truːənsi/ *n.* assenza *f.* ingiustificata.

truant /'truːənt/ **I** *n.* **1** scolaro *m.* (*f.* -a) che marina la scuola. **2** (*shirker*) scansafatiche *m./f.*, pigrone *m.* (*f.* -a), fannullone *m.* (*f.* -a). **II** *a.* **1** che ha marinato la scuola. **2** (*neglectful of duty*) ozioso, infingardo, pigro.

truce /truːs/ *n.* **1** (*Mil*) tregua *f.* (d'armi). **2** (*fig*) tregua *f.*, pausa *f.*, respiro *m.*, sosta *f.* ☐ (*Stor*) *Truce of God* tregua di Dio.

truck¹ /trʌk/ **I** *n.* **1** (*spec. Br,Ferr*) carro *m.* merci aperto, pianale *m.* **2** (*Am*) (*lorry*) autocarro *m.*, camion *m.* **3** (*porter's barrow*) carrello *m.* portabagagli. **4** (*hand truck*) carrello *m.* a mano. **5** (*heavy horse-drawn vehicle*) carro *m.* **6** (*Mar*) formaggetta *f.*, galletta *f.* (d'albero). **II** *v.t.* (*Am*) trasportare (merci) su un camion, trasportare (merci) su un autocarro. **III** *v.i.* (*Am*) **1** trasportare merci su un camion, trasportare merci su un autocarro. **2** (*sl*) andare, andarsene, camminare. ☐ (*Am,sl*) *to keep on* -*ing* tener duro, tirare avanti; (*Am, Edil*) ~ *mixer* autobetoniera; (*Am*) ~ *stop* autogrill, ristoro per camionisti; (*Am*) ~ *trailer* rimorchio.

truck² /trʌk/ *n.* **1** (*ant*) (*goods for barter*) merci *f.pl.* di scambio. **2** (*ant*) (*practice of bartering*) baratto *m.*, scambio *m.* **3** (*colloq*) rapporti *m.pl.*, relazioni *f.pl.*: *I will have no* ~ *with such people* non voglio avere rapporti

con gente simile. **4** (*rubbish, trash*) ciarpame *m.*, robaccia *f.* **5** (*ant,Econ*) pagamento *m.* dei salari in natura. **6** (*ant*) sistema *m.* di pagamento dei salari in natura. **7** (*Am*) (*vegetables grown for market*) ortaggi *m.pl.* coltivati per la vendita. ☐ (*Am,Agr*) ~ *crop* prodotti orticoli, ortaggi; (*Am,Agr*) ~ *farm* fattoria che produce ortaggi su grande scala; (*Am,Agr*) ~ *farmer* orticoltore (su grande scala); (*Am, Agr*) ~ *farming* orticoltura (su grande scala); ~ *system* sistema di pagamento dei salari in natura.

truckage /'trʌkɪdʒ/ *n.* (*Am*) **1** trasporto *m.* su camion, trasporto *m.* su autocarro. **2** (*charge*) spese *f.pl.* di trasporto.

truck-drawn /'trʌkdrɔːn/ *a.* (*Am*) autotrainato *m.*

truckdriver /'trʌk‚draɪvər/ *n.* (*Am*) camionista *m./f.*

trucker¹ /'trʌkər/ *n.* (*Am*) **1** autotrasportatore *m.* **2** (*truck driver*) camionista *m./f.*

trucker² /'trʌkər/ *n.* (*Am,Agr*) orticoltore *m.* (su grande scala).

trucking¹ /'trʌkɪŋ/ *n.* (*Am*) trasporto *m.* per mezzo di autocarri.

trucking² /'trʌkɪŋ/ **I** *n.* (*ant*) (*bartering*) baratto *m.* **II** *a.* (*Agr*) orticoltura *f.* (su grande scala).

truckle /'trʌkl/ **I** *v.i.* essere servile (*to* nei confronti di, verso, con), (*colloq*) strisciare (*davanti a*). **II** *n.* (*Br*) letto *m.* basso, branda *m.* su rotelle. ☐ (*Br*) ~ *bed* branda su rotelle, letto basso su rotelle.

truckler /'trʌklər/ *n.* persona *f.* servile, individuo *m.* strisciante.

truckload /'trʌkloʊd/ *n.* (*Am*) **1** quantità *f.* che può contenere un camion, camionata *f.* **2** (*fig*) grande quantità, valanga *f.*

truckman /'trʌkmən/ *n.irr.* (*Am*) **1** autotrasportatore *m.* **2** (*truck driver*) camionista *m./f.*

truckstop /'trʌkstɑːp/ *n.* (*Am*) area *f.* di servizio (o trattoria *f.*) frequentata dai camionisti.

truculence /'trʌkjʊləns/ *n.* ferocia *f.*, crudeltà *f.*

truculency /'trʌkjʊlənsi/ *n.* ferocia *f.*, crudeltà *f.*

truculent /'trʌkjʊlənt/ *a.* **1** aggressivo, bellicoso, battagliero. **2** (*fierce, cruel*) feroce, crudele, (*lett*) truculento.

truculently /'trʌkjʊləntli/ *avv.* con ferocia.

trudge /trʌdʒ/ **I** *v.i.* camminare a fatica, camminare a stento, camminare faticosamente, arrancare. **II** *n.* camminata *f.* lunga e faticosa.

trudgen /'trʌdʒən/ *n.* (*Sport*) trudgen *m.* ☐ (*Sport*) ~ *stroke* trudgen.

Trudy /'truːdi/ *n.pr.f. dim.di* Gertrude.

true /truː/ **I** *a.* **1** vero: *a* ~ *story* una storia vera; *is it* ~ *that you are to be married?* è vero che ti sposi? **2** (*real, genuine*) vero, effettivo, reale: *the* ~ *reason for his disappearance* la vera ragione della sua scomparsa. **3** (*sincere*) sincero, vero, verace: ~ *love* amore sincero. **4** (*firm, steadfast*) fedele, leale, sincero: *a* ~ *friend* un amico fedele. **5** (*honest, upright*) onesto, leale. **6** (*accurate, correct*) esatto, preciso, corretto, vero: *a* ~ *version of the incident* una versione esatta dell'incidente. **7** (*conforming to an original*) conforme, fedele, veritiero: ~ *copy* copia conforme. **8** (*legitimate, rightful*) legittimo, vero, reale: *the* ~ *owner* il legittimo proprietario. **9** (*typical*) vero (e proprio), tipico: *a* ~ *son of the Renaissance* un vero figlio del Rinascimento. **10** (*Tecn*) preciso, accurato. **11** (*Biol*) vero e proprio: *a lizard is a* ~ *reptile* la lucertola è un vero e proprio rettile. **12** (*typical*) tipico. **II** *n.* **1** vero *m.*: *the* ~ *and the false* il vero e il falso. **2** (*Tecn*) allineamento *m.*, centratura *f.* **III** *avv.* **1** sinceramente: *he spoke ~ parlava sinceramente*; *~, I did not know him well* (è) vero, non lo conoscevo bene. **2** (*exactly, accurately*) con precisione, precisamente, accuratamente (*spec. Tecn*). **IV** *v.t.* (*Tecn*) allineare, centrare. □ (*Aer*) *~ airspeed* velocità vera, velocità effettiva, velocità al suolo; (*Aer*) *~ altitude* altezza effettiva; *good man and ~* persona per bene; (*Dir*) *~ and just cause* giusta causa; *as ~ as steel* (*of a friend, etc.*) provato, fedele, sicuro; (*Mar,Aer*) *~ bearing* rilevamento vero; (*Am, Dir*) *~ bill* incriminazione; *~ blue*: **1** (*Am*) fedele, leale; **2** (*Br,Pol*) fedele sostenitore del Partito conservatore; (*fig*) *to see so.'s ~ colours* vedere qcu. come realmente è; (*Mar, Aer*) *~ course* rotta vera; *the ~ faith* la vera fede; *the ~ God* il vero Dio; *~ love*: **1** innamorato, (*region*) moroso; **2** (*loved one*) amato; **3** amore sincero; (*Geog*) *~ meridian* meridiano geografico; (*Geog*) *~ north* nord geografico; *to be ~ of* valere, essere vero, essere giusto; (*Tecn*) *to be out of ~* essere fuori posto, essere fuori centro; (*Anat*) *~ rib* costa vera; *to be ~ to oneself* restare fedele ai propri principi; *~ to form* tipico, caratteristico, (*fig*) *to run ~ to form* andare come previsto, andare secondo le previsioni; *~ to life* verissimo, realistico, naturale; *~ to type*: **1** (*Biol*) conforme alla specie; **2** (*fig*) vero e proprio; *to be ~ to one's word* tenere fede alla parola data, essere (*Anat*) *~ value* valore congruo; (*Anat*) *~ vocal cords* corde vocali vere. *Prov.: there is many a ~ word spoken in jest* spesso scherzando si dice il vero.

true-blue /ˌtruːˈbluː/ I *a.* **1** fedele, leale, devoto: *a ~ Conservative* un fedele conservatore. **2** (*genuine*) vero, genuino, autentico. **II** *n.* persona *f.* fedele, persona *f.* leale.

true-born /ˈtruːbɔːn *Am* ˈtruːbɔːrn/ *a.* autentico, di razza pura, vero, genuino: *a ~ Englishman* un inglese autentico.

true-bred /ˈtruːbred/ *a.* di pura razza, purosangue.

true-hearted /ˌtruːˈhɑːtɪd *Am* ˈtruːˌhɑːrtɪd/ *a.* leale, sincero.

true-heartedness /ˌtruːˈhɑːtɪdnəs *Am* ˈtruːˌhɑːrtɪdnəs/ *n.* lealtà *f.*, sincerità *f.*

true-love /ˈtruːlʌv/ □ *~ knot* nodo d'amore.

true-lover /ˈtruːlʌvər/ □ *~'s knot* nodo d'amore.

trueness /ˈtruːnəs/ *n.* **1** verità *f.* **2** (*exactness, accuracy*) esattezza *f.*, accuratezza *f.*, precisione *f.*

true-to-life /ˌtruːtəˈlaɪf/ *a.* realistico, naturale, che riproduce fedelmente la realtà.

truffle /ˈtrʌfl̩/ *n.* (*Bot*) tartufo *m.*

truffled /ˈtrʌfl̩d/ *a.* (*Gastron*) tartufato.

trug /trʌg/ *n.* (*Br*) **1** cesto *m.*, cestello *m.* **2** (*wooden milk pan*) ciotola *f.* di legno per il latte.

truism /ˈtruːɪzᵊm/ *n.* verità *f.* lapalissiana, truismo *m.*

trull /trʌl/ *n.* (*ant*) prostituta *f.*

truly /ˈtruːli/ *avv.* **1** correttamente, giustamente, con esattezza: *it has been ~ said that* è stato giustamente detto che. **2** (*accurately*) accuratamente, con precisione. **3** (*genuinely, really*) veramente, sinceramente, realmente: *I am ~ sorry* sono veramente spiacente. **4** (*indeed*) davvero, in verità, proprio, realmente. **5** (*rar*) (*faithfully*) fedelmente. □ (*Am*) *yours ~* distinti saluti.

trump¹ /trʌmp/ *n.* **1** briscola *f.*, trionfo *m.*, atout *m.* **2** (*fig*) ultima risorsa *f.* **3** (*colloq*) (*fine, good-natured person*) tipo *m.* in gamba, brav'uomo *m.* **4** *pl.* briscola *f.*: *diamonds are*

-s la briscola è quadri; *to call for -s* chiamare briscola. □ *~ card*: **1** briscola, atout; **2** (*fig*) argomento decisivo, argomento determinante: *to hold a ~ card* avere l'asso nella manica; *to play one's ~ card* giocare la carta buona; (*Br*) *to come up -s* avere successo; (*fig*) *to put so. to his ~-s* ridurre qcu. agli estremi.

trump² /trʌmp/ I *v.t.* prendere con una briscola. II *v.i.* giocare una briscola. □ (*colloq*) *to ~ up* inventare, architettare: *to ~ up an excuse* inventare una scusa.

trump³ /trʌmp/ *n.* (*rar,poet*) tromba *f.*: *the ~ of doom* la tromba del giudizio universale.

trumped-up /ˌtrʌmptˈʌp/ *a.* falso, inventato.

trumpery /ˈtrʌmpᵊri/ I *n.* **1** chincaglierie *f.pl.*, cianfrusaglie *f.pl.* **2** (*nonsense, rubbish*) sciocchezze *f.pl.*, stupidaggini *f.pl.* **3** (*rar*) (*worthless finery*) fronzoli *m.pl.*, orpelli *m.pl.* II *a.* scadente, di nessun valore.

trumpet /ˈtrʌmpɪt/ I *n.* **1** (*Mus*) tromba *f.* **2** (*sound of a trumpet*) suono *m.* di tromba. **3** (*of an elephant*) barrito *m.* **4** (*sth. trumpet-shaped*) cosa *f.* a forma di tromba, a forma di imbuto. **5** (*ear trumpet*) cornetto *m.* acustico; (*speaking trumpet*) megafono *m.*, portavoce *m.* **6** (*Mecc*) tubo *m.* svasato, tubo *m.* a tromba. **7** (*Tess*) imbuto *m.* II *v.i.* **1** suonare la tromba. **2** (*of an elephant*) barrire. **3** (*fig*) dar fiato alle trombe, suonare la tromba. III *v.t.* **1** divulgare a suon di tromba, annunciare a suon di tromba. **2** (*fig*) strombazzare, divulgare. **3** (*Mecc*) svasare. □ *~ call*: **1** squillo di tromba, segnale di tromba; **2** (*fig*) invito all'azione, appello all'azione; (*Bot*) *~ flower* pianta dai fiori a corolla imbutiforme; *to ~ forth* divulgare a suon di tromba, annunciare a suon di tromba; (*Bot*) *~ lily* calla; (*Mil*) *~ major* primo trombettiere.

trumpeter /ˈtrʌmpɪtər *Am* ˈtrʌmpətər/ *n.* **1** suonatore *m.* di tromba, tromba *f.* **2** (*Mil*) trombettiere *m.*, tromba *f.*: *~ major* primo trombettiere. **3** (*Ornit*) agami *m.*, agamì *m.* **4** (*Ornit*) cigno *m.* trombetta. **5** (*Zootecn*) trombettiere *m.*

trumpet-shaped /ˈtrʌmpɪtˌʃeɪpt/ *a.* **1** a forma di tromba, a forma di imbuto. **2** (*Bot*) imbutiforme, campanulato.

truncal /ˈtrʌŋkᵊl/ *a.* (*Anat*) del tronco, relativo al tronco.

truncate /ˈtrʌŋkeɪt/ I *v.t.* **1** mozzare, troncare, tagliare. **2** (*fig*) tagliare, ridurre, abbreviare. II *a.* **1** troncato, mozzo, tronco. **2** (*Bot, Zool*) troncato.

truncated /ˈtrʌŋkeɪtɪd *Am* ˈtrʌŋkeɪtɪd/ *a.* **1** troncato, mozzo, tronco. **2** (*fig*) abbreviato, ridotto. **3** (*Geom,Metr*) tronco.

truncation /trʌŋˈkeɪʃᵊn/ *n.* troncatura *f.*, troncamento *m.*

truncheon /ˈtrʌntʃᵊn/ *n.* **1** (*policeman's club*) bastone *m.*, manganello *m.* **2** (*staff of authority, baton*) bastone *m.* (di comando).

trundle /ˈtrʌndl̩/ I *v.t.* **1** (*far*) rotolare: *to ~ a hoop* far rotolare un cerchio. **2** (*of a cart, etc.*) spingere. **3** (*colloq*) (*in cricket: to bowl*) lanciare. II *v.i.* **1** (*far*) rotolare: *to ~ a hoop* far rotolare un cerchio. **2** (*of a cart, etc.*) spingere. **3** (*to move slowly*) muoversi lentamente, progredire lentamente, camminare lentamente (*anche fig*). **4** (*colloq*) (*in cricket: to bowl*) lanciare. III *n.* **1** (*small wheel*) rotella *f.*; (*roller*) curro *m.* **2** (*Mecc*) (*lantern pinion*) rocchetto *m.* a lanterna, pignone *m.* a lanterna. **3** (*low truck, trolley*) carrello *m.* □ *to ~ along* arrancare, avanzare pesantemente; (*Am*) *~ bed* branda su rotelle, letto basso su rotelle; *to ~ a hoop* giocare al cerchio.

trundler /ˈtrʌndlər/ *n.* (*colloq*) (*in cricket: bowler*) lanciatore *m.*

trunk /trʌŋk/ *n.* **1** tronco *m.* **2** (*of a man*) tronco *m.*, torso *m.*, busto *m.*; (*of an animal*) tronco *m.* **3** (*of an elephant*) proboscide *f.* **4** (*Arch*) (*of a column*) fusto *m.*, tronco *m.*; (*of a pedestal*) tronco *m.* **5** (*Ferr,Strad*) linea *f.* principale. **6** (*large case, chest*) baule *m.* **7** (*Mecc*) motore *m.* a pistoni cavi. **8** (*Am,Aut*) bagagliaio *m.*, baule *m.* **9** *pl.* (*Abbigl*) pantaloncini *m.pl.* da ginnastica; (*swimming trunks*) costume *m.* da bagno. **10** *pl.* (*Abbigl,ant*) brache *f.pl.* a sbuffo. □ (*Br,Tel,ant*) *~ call* chiamata interurbana, telefonata interurbana, interurbana; (*Abbigl*) *~ drawers* calzoni corti; (*Mecc*) *~ engine* motore a pistoni cavi; (*Br, Tel,ant*) *~ exchange* centrale interurbana; (*Abbigl,ant*) *~ hose* brache a sbuffo; *~ line* linea principale (*anche Ferr,Tel*); (*Mecc*) *~ piston* pistone cavo; *~ road* strada statale, strada principale.

trunkfish /ˈtrʌŋkfɪʃ/ *n.* (*Itt*) pesce *m.* cofano.

trunkful /ˈtrʌŋkfʊl/ *n.* **1** contenuto *m.* di un baule, baule *m.* **2** (*colloq*) (*large number*) gran numero *m.*, (*colloq*) mucchio *m.*, (*colloq*) sacco *m.*

trunnion /ˈtrʌnjᵊn/ *n.* (*Mecc*) perno *m.* di articolazione.

truss /trʌs/ I *v.t.* **1** legare (stretto): *he was -ed and gagged* fu legato e imbavagliato. **2** (*Gastron*) (*of a chicken, etc.*) legare le ali a (prima di cucinarlo). **3** (*Edil*) sostenere con una travatura reticolare. II *n.* **1** (*Edil*) travatura *f.* reticolare; (*of a roof*) capriata *f.* **2** (*Arch*) mensola *f.*, modiglione *m.* **3** (*Med*) cinto *m.* erniario. **4** (*Mar*) trozza *f.* **5** (*Bot*) grappolo *m.* di fiori, grappolo *m.* di frutti. **6** (*bundle of hay*) fascio *m.* di fieno (pari a 56 libbre); (*of straw*) fascio *m.* di paglia (pari a 36 libbre). □ *~ bridge* ponte a travi reticolari; (*Mar*) *to ~ a sail* imbrogliare una vela; (*Mar*) *to ~ up* legare (stretto).

trust /trʌst/ I *n.* **1** fiducia *f.*, confidenza *f.*: *he inspires ~* ispira fiducia; *I have little ~ in him* ho poca fiducia in lui. **2** (*confident expectation of sth.*) speranza *f.*, aspettazione *f.* **3** (*responsibility imposed or accepted*) responsabilità *f.*: *he has a position of great ~* ha un posto di grande responsabilità. **4** (*sth. entrusted to so.*) compito *m.*, incarico *m.*: *to fulfil one's ~* assolvere il proprio compito; (*duty*) dovere *m.* **5** (*charge, custody*) cura *f.*, custodia *f.*: *to leave a child in so.'s ~* affidare un bambino alle cure di qcu. **6** (*Comm*) (*credit*) credito *m.*: *to sell goods on ~* vendere merci a credito. **7** (*Dir*) amministrazione *f.* fiduciaria: *to hold a property in ~ for so.* avere l'amministrazione fiduciaria della proprietà di qcu. **8** (*Dir*) (*property*) patrimonio *m.* fiduciario. **9** (*Econ*) consorzio *m.* monopolistico, monopolio *m.*, trust *m.* II *a.* (*Dir,Econ*) fiduciario. III *v.t.* **1** avere fiducia in, confidare in: *I ~ him implicitly* ho assoluta fiducia in lui. **2** (*to rely on*) contare su, fare assegnamento su: *you may ~ me* puoi contare su di me. **3** (*to believe in the truthfulness of*) fidarsi di, credere a, dare credito a: *I shall never ~ him again* non mi fiderò mai più di lui; *to ~ so.'s word* credere alla parola di qcu. **4** (*to hope, to expect*) sperare, confidare, aver fiducia: *I ~ you will repay the money* spero che rimborserai il denaro. **5** (*to allow to have sth.*), *to do sth. without anxiety*) fidarsi di. **6** (*to confer as a trust*) affidare, dare in consegna, dare in custodia: *to ~ one's jewels to so.* affidare i propri gioielli a qcu. IV *v.i.* **1** confidare, aver fiducia, avere fede, riporre fiducia (*in, to* in), affidarsi (a): *to ~ in God* confidare in Dio. **2** (*to believe, to have faith*) avere fede, credere. **3** (*to be confident*) essere fiducioso. **4** (*to hope*) sperare: *your wife, I ~, is* *feeling better* spero che tua moglie stia meglio. **5** (*to rely on hopefully*) affidarsi (*to* a), fare assegnamento, contare (su), fidarsi (di): *to ~ to chance* (o *to luck*) affidarsi al caso. □ (*Econ*) *~ account* conto fiduciario; *I don't ~ him an inch* non mi fido minimamente di lui; *not to ~ so.* as far as one could throw him (o her) non fidarsi minimamente di qcu.; *~ company* società fiduciaria; (*Dir*) *~ deed* atto fiduciario; (*Econ*) *~ fund* fondo fiduciario; *he is not to be ~ed* di lui non ci si può fidare; *I don't ~ him one inch* non mi fido minimamente di lui; *to take sth. on ~* accettare qcs. per vero senza verifiche, accettare qcs. per vero senza prove; (*Geog*) *Trust Territory of the Pacific Islands* Territorio delle isole del Pacifico; (*Pol*) *~ territory* territorio soggetto ad amministrazione fiduciaria; (*iron*) *~ him to let out the secret* conta su di lui perché la cosa si sappia in giro.

trustbuster /'trʌst,bʌstəʳ/ *n.* (*Am,Econ*) persona *f.* (o ente *m.*) incaricato di controllare l'applicazione delle leggi antitrust.

trustee /trʌs'tiː/ *n.* **1** (*Dir*) amministratore *m.* fiduciario. **2** (*Econ*) membro *m.* del consiglio di amministrazione, amministratore *m.* □ (*Dir*) *~ in bankruptcy* curatore fallimentare.

trusteeship /trʌs'tiːʃɪp/ *n.* **1** (*Dir*) carica *f.* di amministratore fiduciario, funzione *f.* di amministratore fiduciario. **2** (*Pol,Dir*) amministrazione *f.* fiduciaria. **3** (*Pol*) territorio *m.* soggetto ad amministrazione fiduciaria.

trustful /'trʌstful/ *a.* fiducioso, confidente.

trustfully /'trʌstful/ *avv.* fiduciosamente, con fiducia.

trustfulness /'trʌstfulnəs/ *n.* fiducia *f.*, confidenza *f.*

trustily /'trʌstɪli/ *avv.* in maniera fidata, fedelmente, lealmente.

trustiness /'trʌstɪnəs/ *n.* fedeltà *f.*, fidatezza *f.*, lealtà *f.*

trusting /'trʌstɪŋ/ *a.* fiducioso, confidente.

trustless /'trʌstləs/ *a.* **1** infido, sleale. **2** (*distrustful*) diffidente, sospettoso.

trustworthily /'trʌst,wɜːðɪli *Am* 'trʌst ,wɜːrðɪli/ *avv.* **1** in maniera fidata. **2** (*reliably*) in maniera attendibile.

trustworthiness /'trʌst,wɜːðɪnəs *Am* 'trʌst ,wɜːrðɪnəs/ *n.* **1** fidatezza *f.* **2** (*reliability*) attendibilità *f.*

trustworthy /'trʌst,wɜːðɪ *Am* 'trʌst,wɜːrðɪ/ *a.* **1** fido, fidato, sicuro, (degno) di fiducia. **2** (*reliable*) attendibile, degno di fede.

trusty /'trʌstɪ/ **I** *a.* **1** fido, fidato, sicuro, (degno) di fiducia: *a ~ servant* un domestico fidato. **2** (*of things*) fido, fedele. **II** *n.* detenuto *m.* (*f.* -a) che merita fiducia e gode di speciali privilegi.

truth /truːθ/ *n.* **1** verità *f.*, vero *m.*: *to find out the ~* appurare la verità. **2** (*conformity with fact*) verità *f.*, giustezza *f.*, esattezza *f.*: *the ~ of a statement* la verità di un'affermazione. **3** (*fidelity to an original*) fedeltà *f.*, conformità *f.* all'originale. **4** (*truthfulness*) veridicità *f.*, sincerità *f.* **5** (*Tecn,Mecc*) precisione *f.* di regolazione (o posizione). □ *if (the) ~ be told* a dire il vero; *by the ~ that* col fatto che, portando l'esempio di; *~ drug* siero della verità; *~ function* (*in logic*) funzione di verità; (*Lett*) *in ~* in verità; *~ serum* siero della verità; *~ table* (*in logic*) tavola di verità; *there is no ~ in the story* non c'è nulla di vero nel racconto; *there is some ~ in what you say* c'è del vero in ciò che dici; *~ to tell* a dire il vero. *~ value* (*in logic*) valore di verità.

truthful /'truːθful/ *a.* **1** sincero, veritiero, veridico: *a ~ person* una persona sincera. **2** (*conforming to the truth*) veritiero, vero,

---

esatto, verace: *a ~ account of the accident* un resoconto veritiero dell'incidente.

truthfully /'truːθfuli/ *avv.* sinceramente, con sincerità.

truthfulness /'truːθfulnəs/ *n.* sincerità *f.*, veridicità *f.*

truthless /'truːθləs/ *a.* falso, menzognero, bugiardo.

try[1] /traɪ/ **I** *v.t.* **1** cercare, provare, tentare: *I tried not to laugh* cercai di non ridere; *you will see how easy it is if you ~* vedrai com'è facile se ci provi. **2** (*to test by tasting*) assaggiare, provare, degustare. **3** (*to make a trial of*) sperimentare, provare: *to ~ a new technique* sperimentare una nuova tecnica. **4** (*to test the operation of*) verificare, provare, collaudare. **5** (*to put to a severe test*) mettere alla prova, mettere a dura prova, provare: *to ~ so.'s patience* mettere alla prova la pazienza di qcu. **6** (*of the eyes*) sforzare, affaticare. **7** (*of a door, etc.*) provare ad aprire. **8** (*Dir*) (*of a case*) giudicare; (*of a person*) processare. **II** *v.i.* **1** cercare, provare, tentare: *~ and get here on time* cerca di arrivare in tempo. **2** (*Mar*) stare alla cappa, cappeggiare. □ (*fig*) *to ~ a fall with so.* scontrarsi con qcu.; *to ~ again* riprovare, provare di nuovo; *to ~ for*: 1 cercare di ottenere; 2 (*to aim at*) mirare a; *to ~ one's hand at sth.* tentare di fare qcs., misurarsi in qcs., cimentarsi in qcs., fare un tentativo in qcs.; *to ~ hard* fare ogni sforzo (possibile); *to ~ one's hardest* fare ogni sforzo (possibile), mettercela tutta; (*spec. Br,colloq*) *to ~ it on* cercare di menare per il naso (*with so.* qcu.), cercare di farla (*with* a); *to ~ one's luck* tentare la sorte; *to ~ on (of clothes)* provare; *to ~ out*: 1 provare, collaudare, verificare; 2 (*to test the ability of*) provare, mettere alla prova; 3 (*Am,Sport, Teat*) tentare, ottoporsi a una prova per, concorrere a; 4 (*of oil, fat, etc.*) purificare mediante fusione; *to ~ one's strength against so.* misurare la propria forza contro qcu.; *to ~ up*: 1 (*Tecn*) rifinire; 2 (*Fal*) rifinire (con la pialla), piallare.

try[2] /traɪ/ *n.* **1** tentativo *m.*, prova *f.*: *I don't think I can do it but I'll have a ~* non credo di poterlo fare, ma farò un tentativo. **2** (*Sport*) (*in rugby*) meta *f.* □ *to have a ~ at sth.* provare a fare qcs.; (*Fal*) *~ square* squadra da falegname, squadra a battente.

trying /'traɪɪŋ/ *a.* **1** difficile, duro, logorante, pesante: *a ~ situation* una situazione difficile; *a ~ day at the office* una dura giornata in ufficio. **2** (*irritating*) snervante, che mette a dura prova. □ *~ circumstances* circostanze penose; (*Fal*) *~ plane* piallone, pialla lunga.

try-on /'traɪɒn *Am* 'traɪɑːn/ *n.* **1** (*of clothes*) prova *f.* **2** (*colloq*) (*attempt at deceiving, outwitting*) tentativo *m.* di ingannare.

try-out /'traɪaʊt/ *n.* **1** prova *f.* (preliminare), esperimento *m.* **2** (*Sport*) prova *f.* **3** (*Teat*) rappresentazione *f.* di prova.

trypanosome /'trɪpənousoum, trɪ'pænə soum/ *n.* (*Zool,Med*) tripanosoma *m.*

trypanosomiasis /,trɪpənousou'maɪəsɪs, trɪ ,pænəsou'maɪəsɪs/ *n.* (*Med*) tripanosomiasi *f.*

trypsin /'trɪpsɪn/ *n.* (*Biol*) tripsina *f.*

tryptophan /'trɪptəfæn/ *n.* (*Chim*) triptofano *m.*

trysail /'traɪsəl/ *n.* (*Mar*) vela *f.* di cappa.

tryst /trɪst/ **I** *n.* (*poet*) convegno *m.* (amoroso): *to keep a ~ with so.* andare a un appuntamento con qcu. **2** luogo *m.* di appuntamento. **II** *v.i.* fissare un appuntamento.

trysting /'trɪstɪŋ/ □ *~ place* luogo di appuntamento.

---

tsar /tsɑːʳ, zɑːʳ *Am* zɑːr, tsɑːr/ *n.* (*Stor*) (*czar*) zar *m.*

tsarevitch /'tsɑːrəvɪtʃ, 'zɑːrəvɪtʃ/ *n.* (*Stor*) zarevic *m.*

tsarina /tsɑː'riːnə, zɑː'riːnə/ *n.* (*Stor*) zarina *f.*

tsarism /'tsɑːrɪzᵊm, 'zɑːrɪzᵊm/ *n.* (*Stor*) zarismo *m.*

tsarist /'tsɑːrɪst, 'zɑːrɪst/ **I** *a.* (*Stor*) zarista. **II** *n.* (*Stor*) zarista *m./f.*

tsaristic /tsɑː'rɪstɪk, zɑː'rɪstɪk/ *a.* (*Stor*) zarista.

tsetse /'tsetsi, 'tsetsi/ *n.* (*Entom*) mosca *f.* tse-tse, glossina *f.* □ (*Entom*) *~ fly* mosca tsetse, glossina.

TSH /,tiːes'eɪtʃ/ *thyroid-stimulating hormone* TSH (ormone tireostimolante, ormone tireotropo).

T-shirt /'tiːʃɜːt *Am* 'tiːʃɜːrt/ *n.* (*Abbigl*) T-shirt *f.*, maglietta *f.*

T-square /'tiːskweəʳ *Am* 'tiːskwer/ *n.* (*Tecn*) riga *f.* a T.

TSS /,tiːes'es/ (*Med*) *Toxic Shock Syndrome* TSS (sindrome da shock tossico).

TT /,tiː'tiː/ **1** *teletype, teletypewriter* (telescrivente). **2** *Telegraphic Transfer* (bonifico telegrafico). **3** *Trinidad and Tobago* TT (Trinidad e Tobago).

TTYL (*colloq*) (*used in chat messages, etc.*) *talk to you later* ci sentiamo più tardi, a dopo.

T.U. *Trade Union* (sindacato).

tub[1] /tʌb/ *n.* **1** tino *m.*, mastello *m.*, tinozza *f.* **2** (*spec. Am,colloq*) (*bath tub*) vasca *f.* da bagno; (*bath*) bagno *m.* (in vasca). **3** (*contents of a tub*) tino *m.*, tinozza *f.* **4** (*colloq*) (*slow old boat*) barcaccia *f.*, tinozza *f.*, sciabecco *m.* **5** (*Minier*) vagonetto *m.* da miniera. **6** (*Sport*) (*for training oarsmen*) barca *f.* per l'allenamento alla voga. **7** (*keg*) barilotto *m.* □ *~ thumper* oratore teatrale, oratore ampolloso; *~ thumping*: 1 (*used as a noun*) ampollosità; 2 (*used as an adjective*) teatrale, ampolloso.

tub[2] /tʌb/ (*past, p.p.* **tubbed** /-d/) **I** *v.t.* **1** mettere in un tino, mettere in un mastello. **2** (*to wash in a tub*) lavare in una tinozza. **3** (*Minier*) (*of a shaft*) rivestire. **4** (*Sport*) allenare alla voga. **5** (*Br,colloq*) (*to have a bath*) farsi un bagno. **II** *v.i.* **1** fare il bagno (in una tinozza). **2** (*Sport*) allenarsi alla voga. □ (*Minier*) *to ~ off (of a shaft*) rivestire.

tuba /'tjuːbə *Br also* 'tʃuːbə/ *n.* (*Mus*) tuba *f.*

tubal /'tjuːbᵊl *Br also* 'tʃuːbᵊl/ *a.* (*Anat*) tubarico: *~ pregnancy* gravidanza tubarica.

tubate /'tjuːbeɪt *Br also* 'tʃuːbeɪt/ *a.* tubolare.

tubbiness /'tʌbɪnəs/ *n.* corpulenza *f.*, grassezza *f.*

tubby /'tʌbɪ/ *a.* **1** a forma di tino. **2** (*of people*) grasso e basso, piccolo e grassoccio. **3** (*Mus*) (*of a stringed instrument*) dal suono cupo, dal suono sordo.

tube /tjuːb *Br also* tʃuːb/ **I** *n.* **1** tubo *m.*, conduttura *f.*; (*estens*) tubatura *f.* **2** (*for dispensing a paste*) tubetto *m.*, tubo *m.*: *a ~ of toothpaste* un tubetto di dentifricio. **3** (*Br,colloq*) (*underground railway*) metropolitana *f.*, ferrovia *f.* sotterranea, sotterranea *f.*: *to travel by ~* viaggiare in metropolitana. **4** (*Br,colloq*) (*tunnel*) galleria *f.* di ferrovia sotterranea, galleria *f.* di metropolitana. **5** (*Anat*) tuba *f.*, tromba *f.*: *to have one's -s tied* farsi fare la legatura delle tube. **6** (*Mus*) canna *f.*, tubo *m.* **7** (*Aut*) (*inner tube*) camera *f.* d'aria (di pneumatico). **8** (*Chim*) provetta *f.* **9** (*Elettron*) valvola *f.*, tubo *m.* elettronico. **II** *v.t.* **1** fornire di tubi, fornire di un tubo. **2** (*to enclose in a tube*) chiudere in un tubo. **III** *v.i.* (*Am,colloq*) viaggiare in metropolitana. □ (*Am,colloq*) *to go down the ~* (o *to go down the -s*) fallire;

(*Tecn*) ~ **expander** allargatubi; (*Am,colloq*) *the Tube* la televisione; (*Br,colloq*) ~ *train* treno di ferrovia sotterranea.

Tube /tju:b, tʃu:b/ *n.* (*in London*) metropolitana *f.* di Londra.

tubectomy /tju:'bektəmi/ *n.* (*Chir*) salpingectomia *f.*

tubeless /'tju:bləs *Br also* 'tʃu:bləs/ *a.* (*Aut*) (*of a tyre*) senza camera d'aria.

tuber /'tju:bər/ *n.* **1** (*Bot*) tubero *m.* **2** (*Anat*) tubercolo *m.*

tubercle /'tju:bəkl̩ *Am* 't(j)u:bərkl̩/ *n.* (*Biol, Anat,Med*) tubercolo *m.*

tubercular /tju:'bɜːkjələr *Am* t(j)u:'bɜːrkjələr/ *a.* (*Med*) **1** tubercolare. **2** (*tuberculous*) tubercoloso, tubercolotico.

tuberculate /tju:'bɜːkjʊleɪt *Am* t(j)u:'bɜːrkjʊleɪt/ *a.* **1** (*Biol*) tubercolato, tubercoloso. **2** (*Med*) tubercolare.

tuberculated /tju:'bɜːkjʊleɪtɪd *Am* t(j)u:'bɜːrkjʊleɪtɪd/ *a.* **1** (*Biol*) tubercolato, tubercoloso. **2** (*Med*) tubercolare.

tuberculation /tju:ˌbɜːkjʊ'leɪʃən *Am* t(j)u:ˌbɜːrkjʊ'leɪʃən/ *n.* (*Med*) sviluppo *m.* di tubercoli.

tuberculin /tju:'bɜːkjʊlɪn *Am* t(j)u:'bɜːrkjʊlɪn/ □ (*Med*) ~ *test* tubercolinoreazione.

tuberculin-tested /tju:'bɜːkjʊlɪnˌtestɪd *Am* t(j)u:'bɜːrkjʊlɪnˌtestɪd/ *a.* (*of milk*) sottoposto a test della tubercolina.

tuberculisation /tju:ˌbɜːkjʊl(a)ɪ'zeɪʃən/ *n.* (*Br,Med*) tubercolizzazione *f.*

tuberculise /tju:'bɜːkjʊlaɪz/ *v.t.* (*Br,Med*) tubercolizzare.

tuberculization /tju:ˌbɜːkjʊl(a)ɪ'zeɪʃən *Am* t(j)u:ˌbɜːrkjʊlɪ'zeɪʃən/ *n.* (*Med*) tubercolizzazione *f.*

tuberculize /tju:'bɜːkjʊlaɪz *Am* t(j)u:'bɜːrkjʊlaɪz/ *v.t.* (*Med*) tubercolizzare.

tuberculoid /tju:'bɜːkjʊlɔɪd *Am* t(j)u:'bɜːrkjʊlɔɪd/ *a.* simile a un tubercolo, tubercoloide.

tuberculosis /tju:ˌbɜːkjʊ'ləʊsɪs *Am* t(j)u:ˌbɜːrkjʊ'ləʊsɪs/ *n.* (*Med*) tubercolosi *f.*

tuberculous /tju:'bɜːkjʊləs *Am* t(j)u:'bɜːrkjʊləs/ *a.* tubercoloso, tubercolotico.

tuberose[1] /'tju:bəˌrəʊz *Am* 't(j)u:bəˌrəʊz/ *n.* (*Bot*) tuberosa *f.*

tuberose[2] /'tju:bərəʊs *Am* 't(j)u:bərəʊs/ *a.* **1** tuberoso, nodulare. **2** (*Bot*) tuberoso.

tuberosity /ˌtju:bə'rɒsɪti *Am* ˌt(j)u:bə'rɑːsəti/ *n.* (*Anat*) tuberosità *f.*, eminenza *f.* ossea.

tuberous /'tju:bərəs *Am* 't(j)u:bərəs/ *a.* **1** tuberoso, nodulare. **2** (*Bot*) tuberoso. □ (*Bot*) ~ *root* radice tuberizzata.

tuberous-rooted /'tju:bərəsˌru:tɪd *Am* 't(j)u:bərəsˌru:tɪd/ *a.* (*Bot*) a radice tuberizzata.

tubewell /'tju:bwel *Am* 't(j)u:bwel/ *n.* pozzo *m.* tubolare.

tubful /'tʌbfʊl/ *n.* (*contents of a tub*) tino *m.*, tinozza *f.*

tubing /'tju:bɪŋ *Br also* 'tʃu:bɪŋ/ *n.* **1** tubo *m.*: *a roll of rubber* ~ un rotolo di tubo di gomma. **2** (*collett.*) (*tubes*) tubazione *f.*, tubi *m.pl.*, tubatura *f.*

tub-thumping /'tʌbˌθʌmpɪŋ/ **I** *a.* (*colloq, spreg*) da comiziante, da agitatore. **II** *n.* (*colloq,spreg*) oratoria *f.* da strapazzo.

tubular /'tju:bjələr *Br also* 'tʃu:bjələr/ *a.* **1** tubolare. **2** (*having tubes*) tubolare, provvisto di tubi. □ (*Mus*) ~ *bells* campane tubolari; ~ *boiler* caldaia tubolare; (*Arch*) ~ *bridge* ponte tubolare; (*Aut*) ~ *radiator* radiatore tubolare; (*Am*) ~ *tire* (pneumatico) tubolare; ~ *tyre* (pneumatico) tubolare.

tubule /'tju:bju:l *Br also* 'tʃu:bju:l/ *n.* tubulo *m.* (*anche Anat,Biol*).

TUC /ˌti:ju:'si:/ (*GB*) *Trades Union Congress*

congresso dei sindacati.

tuck[1] /tʌk/ **I** *v.t.* **1** rimboccare, rincalzare: *to ~ the sheet under the mattress* rimboccare il lenzuolo sotto il materasso. **2** (*to gather up*) raccogliere: *she -ed her hair under her hat* raccolse i capelli sotto il cappello. **3** (*to place securely*) riporre, mettere via. **4** (*to put into a snug place*) nascondere: *the bird -ed its head under its wing* l'uccello nascose la testa sotto l'ala. **5** (*to push into a little space, pocket, etc.*) infilare, cacciare, metter dentro. **6** (*of legs, knees*) ripiegare, piegare. **7** (*Sart*) (*in sewing*) fare una basta in. **8** (*Pesc*) vuotare (una rete grande) col bertuello. **II** *v.i.* **1** fare (delle) baste. **2** (*to become puckered, drawn together*) ripiegarsi, piegarsi. □ *to ~ away*: **1** riporre, mettere via; **2** (*in passive constructions: to lle concealed*) essere nascosto: *the house was -ed away in the middle of a wood* la casa era nascosta in mezzo a un bosco; **3** (*colloq*) (*to consume heartily*) divorare, mangiare avidamente; *to ~ in*: **1** mettere dentro, infilare: ~ *in your shirt* metti dentro la camicia; **2** (*to become tucked in*) ripiegarsi, piegarsi; **3** (*colloq*) (*to eat with a hearty appetite*) fare una scorpacciata; (*colloq*) *to ~ into* fare una scorpacciata di; *to ~ so. into bed* rimboccare le coperte a qcu.; *to ~ up*: **1** rimboccare, tirar su; **2** (*pop*) (*to hang*) impiccare; **3** (*to gather up*) raccogliere: *she -ed up her hair under her hat* raccolse i capelli sotto il cappello; **4** (*to gather up in a fold, folds*) rimboccare, tirar su: *she -ed up her sleeves* si rimboccò le maniche; **5** (*of legs, knees*) ripiegare, piegare.

tuck[2] /tʌk/ *n.* **1** (*Sart*) basta *f.*: *to put a ~ in a sleeve* fare una basta in una manica. **2** (*Br, Scol,colloq*) (*food*) cibo *m.*; (*sweet foods*) dolciumi *m.pl.*, dolci *m.pl.* **3** (*Mar*) parte *f.* inferiore della poppa. **4** (*Pesc*) bertovello *m.*, bertuello *m.* **5** (*Chir*) lipectomia *f.*: *a tummy* ~ lipectomia addominale. **6** (*Sport,Ginn*) posizione *f.* raggruppata. □ (*Br,Scol,ant,colloq*) ~ *box* scatola di dolciumi mandata da casa (a uno studente in collegio); (*Pesc*) ~ *net* bertovello, bertuello; (*Sport*) ~ *position* posizione raccolta; (*Pesc*) ~ *seine* bertovello, bertuello; (*Br,Scol*) ~ *shop* spaccio di dolciumi.

tucker[1] /'tʌkər/ *n.* **1** (*Abbigl*) scialletto *m.*, fisciù *m.*; (*chemisette*) davantino *m.* (di pizzo). **2** (*Aus*) (*food*) cibo *m.*

tucker[2] /'tʌkər/ *v.t.* (*Am,colloq*) sfinire, estenuare, spossare. □ (*Am,colloq*) *to ~ out* sfinire, estenuare, spossare.

tuck-in /'tʌkɪn/ *n.* (*colloq*) gran mangiata *f.*, scorpacciata *f.*

Tudor /'tju:dər *Br also* 'tʃu:dər/ **I** *a.* **1** Tudor, (della dinastia) dei Tudor. **2** (*Arch*) (in stile) Tudor. **II** *n.* **1** appartenente *m./f.* alla dinastia dei Tudor. **2** (*Arch*) stile *m.* Tudor. □ (*Arch*) ~ *arch* arco Tudor; (*Stor*) ~ *rose* rosa dei Tudor; ~ *style* stile Tudor.

Tues. *Tuesday* mar., mart. (martedì).

Tuesday /'tju:zdi, 'tʃu:zdeɪ *Am* 't(j)u:zdeɪ/ *n.* martedì *m.*: *on* ~ martedì; *on -s* (o *Am -s*) di martedì, il martedì, tutti i martedì.

tufa /'tju:fə/ *n.* (*Geol*) tufo *m.* calcareo.

tufaceous /tju:'feɪʃəs/ *a.* tufaceo, di tufo.

tuff /tʌf/ *n.* (*Geol*) tufo *m.* vulcanico.

tuffaceous /tʌ'feɪʃəs/ *a.* (*Geol*) di tufo vulcanico.

tuft /tʌft/ **I** *n.* **1** ciuffo *m.*: *-s of grass* ciuffi di erba; *a ~ of feathers* un ciuffo di penne. **2** (*of hair*) ciuffo *m.*, ciocca *f.* **3** (*Tess*) fiocco *m.* **4** (*Stor*) nappa *f.* portata dagli studenti nobili; (*titled undergraduate*) studente *m.* universitario di famiglia nobile. **II** *v.t.* **1** ornare di ciuffi. **2** (*a cushion, mattress*) trapuntare. **III** *v.i.* crescere a ciuffi.

tufted /'tʌftɪd/ *a.* **1** ornato di ciuffi. **2** (*of a bird*) dal ciuffo, crestato: ~ *duck* moretta. **3** (*growing in tufts*) che cresce a ciuffi.

tufty /'tʌfti/ *a.* **1** che cresce a ciuffi. **2** (*abounding in tufts*) ricco di ciuffi, pieno di ciuffi.

tug[1] /tʌg/ (*past, p.p.* **tugged** /-d/) **I** *v.t.* **1** tirare (con forza), dare una stratta, dare uno strattone a: *to ~ a rope* tirare una corda. **2** (*to drag*) tirare, trascinare (tirando): *to ~ a car out of a ditch* tirare una macchina fuori da un fosso. **3** (*Mar*) rimorchiare, trainare con un rimorchiatore. **II** *v.i.* tirare (con forza) (*at sth.* qcs.), dare uno strattone (a). □ *to ~ sth. along* trascinare qcs.

tug[2] /tʌg/ *n.* **1** strattone *m.*, tirata *f.*, stratta *f.*: *he gave a ~ and the drawer flew open* diede uno strattone e il cassetto si aprì. **2** (*pulling force*) forza *f.* di trazione. **3** (*Mar*) (*tugboat*) rimorchiatore *m.* **4** (*trace of a harness*) tirella *f.* □ (*Br*) ~ *of love* disputa tra divorziati sulla custodia dei figli; ~ *of war* tiro alla fune.

tug[3] /tʌg/ *n.* (*Br*) (*at Eton: colleger*) studente *m.*

tugboat /'tʌgbəʊt/ *n.* (*Mar*) rimorchiatore *m.*

tugman /'tʌgmən/ *n.irr.* (*Mar*) chi lavora su un rimorchiatore.

tug-of-war /ˌtʌgə(v)'wɔːr *Am* ˌtʌgə(v)'wɔːr/ *n.* **1** tiro *m.* alla fune. **2** (*fig*) prova *f.* di forza, braccio *m.* di ferro.

tuition /tju:'ɪʃən *Am* t(j)u'ɪʃən/ *n.* **1** insegnamento *m.*, istruzione *f.* **2** (*Am,Univ*) (*tuition fees*) tasse *f.pl.* universitarie. □ (*Univ*) ~ *fees* tasse universitarie.

tuitional /tju:'ɪʃənəl *Am* t(j)u'ɪʃənəl/ *a.* didattico, educativo: ~ *films* film didattici.

tuitionary /tju:'ɪʃənri *Am* t(j)u'ɪʃəneri/ *a.* didattico, educativo.

tularaemia /ˌt(j)u:lə'ri:miə/ *n.* (*Veter,Med*) tularemia *f.*

tulip /'tju:lɪp *Br also* 'tʃu:lɪp/ *n.* (*Bot*) tulipano *m.* □ (*Bot*) ~ *tree* tulipifero *m.*

tulle /tju:l *Am* tu:l/ *n.* (*Tess*) tulle *m.*

tum /tʌm/ *n.* (*colloq,infant*) pancia *f.*

tumble /'tʌmbl̩/ **I** *v.i.* **1** ruzzolare, fare un capitombolo, fare un ruzzolone: *to ~ down the stairs* ruzzolare dalle scale. **2** (*to fall headlong*) precipitare, cadere a testa in giù, cadere a capofitto: *to ~ out of a window* precipitare da una finestra; *to ~ off a horse* cadere a testa in giù da un cavallo. **3** (*to stumble*) inciampare. **4** (*to turn somersaults*) fare acrobazie. **5** (*fig*) (*to fall from power*) perdere l'autorità, perdere il potere, fare un ruzzolone. **6** (*fig*) (*to decline abruptly*) crollare, subire un tracollo: *prices -d* i prezzi sono crollati. **7** (*to roll about*) rotolarsi. **8** (*to toss about*) agitarsi, dimenarsi: *to ~ in one's sleep* agitarsi nel sonno. **9** (*to collapse*) crollare, rovinare, franare. **II** *v.t.* **1** fare ruzzolare, far fare un ruzzolone a, far fare un capitombolo a. **2** (*to cause to fall headlong*) fare cadere a testa in giù, fare cadere a capofitto, fare precipitare. **3** (*to throw about in disorder*) gettare disordinatamente, spargere qua e là. **4** (*to rumple, to dishevel*) disordinare, scompigliare, mettere in disordine, mettere sottosopra. **5** (*Mecc*) barilare; (*to dry in a tumble dryer*) asciugare in un essiccatoio a tamburo. **6** (*sl*) avere un rapporto sessuale con, scopare, farsi. □ *to ~ about*: **1** (*to roll about*) rotolarsi; **2** (*to toss about*) agitarsi, dimenarsi; *to ~ down* (*to collapse*) crollare, rovinare, franare: *the old castle finally -d down* alla fine il vecchio castello crollò; *to ~ into* imbattersi in, incontrare per caso, inciampare in; *to ~ into bed* gettarsi di schianto sul letto; *to ~ into one's clothes* vestirsi in fretta e furia; *to ~ out of bed* cadere dal letto; (*colloq*) *to ~ to* capire, afferrare, cogliere: *it took me some time to ~ to what he was up to* mi ci è voluto un po' di tempo per capire quello che stava combinando; *to ~ upon* imbattersi in, incontrare per caso, inciampare in.

tumble[2] /'tʌmbl̩/ *n.* **1** capitombolo *m.*, ruzzolone *m.*, (*colloq*) tombola *f.* **2** (*headlong fall*) caduta *f.* a testa in giù, caduta *f.* a capofitto. **3** (*acrobatic feats*) acrobazie *f.pl.*, esercizi *m.pl.* acrobatici. **4** (*somersault*) salto *m.* mortale, capriola *f.* **5** (*Am*) (*knowing looks*) cenno *m.* di riconoscimento. **6** (*disorderly state*) confusione *f.*, disordine *m.*, scompiglio *m.* **7** (*sl*) rapporto *m.* sessuale, scopata *f.*

tumble-down /'tʌmbl̩daʊn/ *a.* cadente, in rovina, diroccato.

tumble-dry /ˌtʌmbl̩'draɪ, 'tʌmbl̩draɪ/ *v.t.* asciugare nell'asciugabiancheria.

tumble-dryer /ˌtʌmbl̩'draɪər, 'tʌmbl̩draɪər/ *n.* asciugabiancheria *m./f.*, asciugatrice *f.*

tumbler /'tʌmblər/ *n.* **1** (*acrobat*) chi esegue esercizi acrobatici, acrobata *m./f.* **2** (*drinking glass*) bicchiere *m.* (senza piede). **3** (*in a lock*) meccanismo *m.* di ritenuta. **4** (*Arm*) (*in a gunlock*) blocco *m.* **5** (*Mecc*) (*part of a tumbler gear*) chiavetta *f.* mobile; (*on a rotating shaft*) canna *f.* **6** (*Mecc*) barilatrice *f.*, tamburo *m.*, botte *f.* **7** (*Mecc*) (*dryer*) asciugatrice *f.* **8** (*Ornit*) colombo *m.* tomboliere.   □   (*Mecc*) *~ gear* cambio di velocità; (*Ornit*) *~ pigeon* colombo tomboliere; (*Mecc*) *~ switch* interruttore a levetta.

tumblerful /'tʌmbləful *Am* 'tʌmblərful/ *n.* contenuto *m.* di un bicchiere, bicchiere *m.*

tumbleweed /'tʌmbl̩wi:d/ *n.* (*Am,Aus*) arbusto *m.* di zone aride che secca e viene trasportato dal vento.

tumbling /'tʌmblɪŋ/ *n.* **1** capitombolo *m.*, ruzzolone *m.* **2** (*acrobatic tumbles*) esecuzione *f.* di esercizi acrobatici. **3** (*Mecc*) barilatura *f.*   □   (*Mecc*) *~ barrel* barilatrice, tamburo, botte.

tumbrel /'tʌmbrəl/ *n.* **1** (*Stor*) carretta *f.* per il trasporto dei condannati (durante la rivoluzione francese). **2** (*Agr*) carro *m.* ribaltabile. **3** (*Mil,ant*) carro *m.* per munizioni.

tumbril /'tʌmbrɪl/ *n.* **1** (*Stor*) carretta *f.* per il trasporto dei condannati (durante la rivoluzione francese). **2** (*Agr*) carro *m.* ribaltabile. **3** (*Mil,ant*) carro *m.* per munizioni.

tumefacient /ˌtjuːmɪ'feɪʃənt/ *a.* tumescente.

tumefaction /ˌtjuːmɪ'fækʃən/ *n.* tumefazione *f.*

tumefy /'tjuːmɪfaɪ/ **I** *v.t.* tumefare, gonfiare. **II** *v.i.* tumefarsi, gonfiarsi.

tumescence /tjuː'mesəns/ *n.* tumescenza *f.*, turgore *m.*

tumescent /tjuː'mesənt/ *a.* turgido, gonfio.

tumid /'tjuːmɪd/ *a.* **1** gonfio, turgido, enfiato. **2** (*fig*) (*of style, speech*) ampolloso, gonfio, ridondante.

tumidity /tjuː'mɪdɪti *Am* tjuː'mɪdəti/ *n.* **1** tumidezza *f.*, turgore *m.*, gonfiore *m.*, gonfiezza *f.* **2** (*fig*) ampollosità *f.*, ridondanza *f.*

tumidly /'tjuːmɪdli/ *avv.* ampollosamente, in maniera ampollosa.

tumidness /'tjuːmɪdnəs/ *n.* **1** tumidezza *f.*, turgore *m.*, gonfiore *m.*, gonfiezza *f.* **2** (*fig*) ampollosità *f.*, ridondanza *f.*

tummy /'tʌmi/ *n.* (*colloq,infant*) pancia *f.*

tumor /'t(j)uːmər/ *n.* (*Am*) → **tumour**.

tumorigenesis /ˌtjuːmərɪ'dʒenəsɪs/ *n.* (*Med*) oncogenesi *f.*

tumorigenic /ˌtjuːmərɪ'dʒenɪk/ *a.* (*Med*) oncogeno, tumorigeno.

tumorous /'tjuːmərəs/ *a.* (*Med*) tumorale.

tumour /'tjuːmə *Am* 't(j)uːmər/ *n.* (*Med*) tu-

more *m.*   □   (*Med*) *~ necrosis factor* fattore di necrosi tumorale; (*Med*) *~ specific antigen* antigene tumorale specifico.

tumular /'tjuːmjʊlər/ *a.* di un tumulo, relativo a un tumulo.

tumulary /'tjuːmjʊləri *Am* 'tjuːmjuleri/ *a.* di un tumulo, relativo a un tumulo.

tumult /'tjuːmʌlt/ *n.* **1** tumulto *m.*, agitazione *f.*, fermento *m.*, scompiglio *m.*, trambusto *m.* **2** (*fig*) tumulto *m.*, turbamento *m.*, agitazione *f.* **3** (*violent uprising*) tumulto *m.*, sommossa *f.*, sollevazione *f.*, rivolta *f.*

tumultuous /tjuː'mʌltjuəs *Am also* t(j)uː'mʌltʃuːəs/ *a.* **1** tumultuoso, turbolento: *~ shouting* grida tumultuose. **2** (*raising a great clatter*) tumultuante, agitato, tumultuoso: *a ~ crowd* una folla tumultuante.

tumultuously /tjuː'mʌltjuəsli *Am also* t(j)uː'mʌltʃuːəsli/ *avv.* tumultuosamente, in modo turbolento.

tumultuousness /tjuː'mʌltjuəsnəs *Am also* t(j)uː'mʌltʃuːəsnəs/ *n.* l'essere tumultuoso, turbolenza *f.*

tumulus /'tjuːmjuləs/ (*pl.* **-li** /-laɪ/) *n.* tumulo *m.*

tun /tʌn/ **I** *n.* **1** botte *f.* **2** (*unit of liquid capacity*) botte *f.* (pari a circa 954 1). **3** (*in brewing*) tino *m.* (per fermentazione). **II** *v.t.* (*past, p.p.* **tunned** /-d/) mettere in una botte, imbottare.

tuna /'t(j)uːnə/ (*pl.inv.* o **-s** /-z/; *il pl. inv. si usa general. con valore collett.*) *n.* (*Itt*) tonno *m.*   □   (*Itt*) *~ fish* tonno; (*Gastron*) *~ salad* insalata di tonno; (*Gastron*) *~ sandwich* panino con il tonno.

tunable /'tjuːnəbl *Br also* 'tjuːnəbl̩/ *a.* **1** (*Mus*) accordabile. **2** (*Rad*) sintonizzabile (*to* su). **3** (*melodious*) armonioso, melodioso, musicale.

tundra /'tʌndrə/ *n.* (*Geog*) tundra *f.*

tune[1] /tjuːn *Br also* tʃuːn/ *n.* **1** melodia *f.*, motivo *m.*, aria *f.*: *the ~ is pleasant, but the words are trite* la melodia è piacevole, ma le parole sono banali; *to play a ~ on the piano* suonare un motivo al pianoforte. **2** (*song*) canzone *f.* **3** (*Mus*) tono *m.* **4** (*fig*) armonia *f.*, sintonia *f.*, tono *m.*, accordo *m.* **5** (*Rad*) sintonia *f.*   □   *in ~*: 1 (*Mus*) intonato, in tono: *to be in ~* essere intonato; *to sing in ~* cantare in tono, cantare senza stonare; 2 (*fig*) in sintonia, in armonia, in tono (*with* con): *a speaker in ~ with his audience* un oratore in sintonia con il pubblico; *out of ~*: 1 (*Mus*) (*of a person*) stonato: *to sing out of ~* essere stonato; 2 (*Mus*) (*of a musical instrument*) scordato; 3 (*fig*) non in armonia, in contrasto, in disaccordo (*with* con); 4 (*Tecn*) starato: *to put out of ~* starare; (*colloq*) *to the ~ of* (per) la somma di, (*colloq*) (per) la bellezza di: *he paid for it to the ~ of ten pounds* l'ha pagato la bellezza di dieci sterline.

tune[2] /tjuːn *Br also* tʃuːn/ **I** *v.t.* **1** (*Mus*) accordare: *to ~ a piano* accordare un pianoforte. **2** (*fig*) sintonizzare, armonizzare. **3** (*Rad*) sintonizzare, porre in sintonia. **4** (*Mot*) mettere a punto. **II** *v.i.* (*fig*) essere in sintonia, essere in armonia, armonizzare (*with* con).   □   *to ~ in* sintonizzare: 1 (*Rad*) sintonizzare: *to ~ a radio in* sintonizzare un apparecchio radio; 2 (*fig*) entrare in sintonia con; (*colloq*) *to ~ out* disinteressarsi di, non fare attenzione a; *to ~ up*: 1 (*Mus*) intonare, accordare: *to ~ up the orchestra* intonare l'orchestra; 2 (*to start singing*) incominciare a cantare; 3 (*Mot*) mettere a punto.

tuned /tjuːnd *Br also* tʃuːnd/   □   (*El*) *~ amplifier* amplificatore a risonanza; (*fig*) *~ in* sintonia, che è sensibile a, che capisce; (*fig*) *~ out* non in armonia, insensibile, indifferente.

tuneful /'tjuːnfʊl *Br also* 'tʃuːnfʊl/ *a.* armonioso, melodioso, musicale.

tunefully /'tjuːnfʊli *Br also* 'tʃuːnfʊli/ *avv.* armoniosamente, melodiosamente.

tunefulness /'tjuːnfʊlnəs *Br also* 'tʃuːnfʊlnəs/ *n.* armoniosità *f.*

tuneless /'tjuːnləs *Br also* 'tʃuːnləs/ *a.* **1** non melodioso, non armonico. **2** (*out of tune: of a person*) stonato; (*of a musical instrument*) scordato.

tunelessly /'tjuːnləsli *Br also* 'tʃuːnləsli/ *avv.* senza melodia.

tunelessness /'tjuːnləsnəs *Br also* 'tʃuːnləsnəs/ *n.* mancanza *f.* di melodia.

tuner /'tjuːnə *Br also* 'tʃuːnər/ *n.* **1** (*Mus*) accordatore *m.* (*f.* -trice). **2** (*Rad*) sintonizzatore *m.*

tune-up /'tjuːnʌp *Br also* 'tʃuːnʌp/ *n.* (*Mot*) messa *f.* a punto.

tung /tʌŋ/ *n.* (*Bot*) tung *m.*   □   *~ oil* olio di tung.

tungstate /'tʌŋsteɪt/ *n.* (*Chim*) tungstato *m.*, wolframato *m.*

tungsten /'tʌŋ(k)stən/ *n.* tungsteno *m.*, wolframio *m.*   □   (*El*) *~ lamp* lampada al tungsteno.

tungstenic /tʌŋ(k)'stenɪk/ *a.* tungstenico.

tunic /'tjuːnɪk *Br also* 'tʃuːnɪk/ *n.* **1** (*Abbigl*) tunica *f.*; (*loose coat*) casacca *f.*, sopravveste *f.* **2** (*Mil*) giubba *f.* **3** (*Mil,ant*) tunica *f.* **4** (*Biol, Anat*) tunica *f.*

tunicate /'tjuːnɪkət *Br also* 'tʃuːnɪkət/ **I** *n.* (*Zool*) tunicato *m.*, urocordato *m.* **II** *a.* **1** (*Zool*) provvisto di tunica. **2** (*Bot*) tunicato.

tunicated /'tjuːnɪkeɪtɪd *Br also* 'tʃuːnɪkeɪtɪd *Am* 'tjuːnɪkeɪtɪd/ *a.* (*Zool*) provvisto di tunica.

tunicle /'tjuːnɪkl̩/ *n.* (*Lit*) tunicella *f.*, dalmatica *f.* minore.

tuning /'tjuːnɪŋ *Br also* 'tʃuːnɪŋ/ *n.* **1** (*Mus*) accordatura *f.* **2** (*Rad*) sintonia *f.*, sintonizzazione *f.* **3** (*Mot*) messa *f.* a punto.   □   (*Rad*) *~ coil* bobina di sintonia; (*Rad*) *~ dial* scala di sintonia; (*Mus*) *~ fork* diapason, corista; (*Rad*) *~ indicator* indicatore di sintonia; (*Mus*) *~ peg* bischero, pirolo; (*Mus*) *~ pipe* zufolo, corista.

Tunis /'tjuːnɪs/ *n.pr.* (*Geog*) Tunisi *f.*

Tunisia /tjuː'nɪziə *Am* t(j)uː'nɪʒə/ *n.pr.* (*Geog*) Tunisia *f.*

Tunisian /tjuː'nɪziən *Am* t(j)uː'nɪʒən/ **I** *a.* tunisino. **II** *n.* tunisino *m.* (*f.* -a).

tunnage /'tʌnɪdʒ/ *n.* → **tonnage**.

tunnel[1] /'tʌnəl/ *n.* **1** galleria *f.*, passaggio *m.* sotterraneo. **2** (*Ferr,Strad*) traforo *m.*, tunnel *m.*, galleria *f.*: *the Mont Blanc ~* il traforo del Monte Bianco. **3** (*Minier*) galleria *f.* **4** (*Aer*) (*wind tunnel*) tunnel *m.* aerodinamico, galleria *f.* aerodinamica, galleria *f.* del vento.   □   (*Elettron*) *~ diode* diodo tunnel; (*Pesc*) *~ net* rete a sacco; (*Arch*) *~ vault* volta a botte; *~ vision*: 1 (*Med*) visione tubulare; 2 (*fig*) miopia, visione limitata.

tunnel[2] /'tʌnəl/ (*past, p.p.* **tunnelled** /*Am* **tunneled** /-d/) **I** *v.i.* scavare una galleria. **II** *v.t.* **1** traforare, scavare una galleria in, scavare una galleria sotto. **2** (*of a passage, way*) scavare, aprire.

tunneler /'tʌnələr/ *n.* (*Am*) chi trafora, chi scava gallerie.

tunneling /'tʌnəlɪŋ/ *n.* (*Am*) scavo *m.* di una galleria, traforo *m.* (di una montagna).

tunneller /'tʌnələr/ *n.* chi trafora, chi scava gallerie.

tunnelling /'tʌnəlɪŋ/ *n.* scavo *m.* di una galleria, traforo *m.* (di una montagna).

tunny /'tʌni/ *n.* (*Itt*) tonno *m.*

tup[1] /tʌp/ *n.* **1** (*Br*) (*ram*) ariete *m.*, montone *m.* **2** (*Mecc*) mazza *f.* battente.

tup[2] /tʌp/ (*past, p.p.* **tupped** /-t/) *v.t.* **1** (*Br*) (*of* *a ram*) coprire, montare. **2** (*Mecc*) battere con il maglio.

tuppence /'tʌpəns/ *n.* (*Br*) due penny *m.pl.*

tuppenny /'tʌpəni/ *a.* (*Br*) da due penny, del valore di due penny.

tuque /tuːk/ *n.* (*Canad*) berretto *m.* lungo di lana.

TUR *Turkmenistan* TUR (Turkmenistan).

turban /'tɜːbən *Am* 'tɜːrbən/ *n.* **1** turbante *m.* **2** (*Zool*) turbinide *m.*

turbaned, turbanned /'tɜːbənd *Am* 'tɜːrbənd/ *a.* che porta un turbante, che indossa un turbante, col turbante (in testa).

turbid /'tɜːbɪd *Am* 'tɜːrbɪd/ *a.* **1** torbido. **2** (*fig*) torbido, confuso.

turbidimeter /,tɜːbɪ'dɪmɪtər *Am* ,tɜːrbɪ'dɪmətər/ *n.* turbidometro *m.*

turbidite /'tɜːbɪdaɪt *Am* 'tɜːrbɪdaɪt/ *n.* (*Geol*) torbidite *f.*

turbidity /tɜː'bɪdɪti *Am* tɜːr'bɪdəti/ *n.* torbidezza *f.* (*anche fig*). □ (*Mar*) ~ **current** corrente di torbidità.

turbidly /'tɜːbɪdli *Am* 'tɜːrbɪdli/ *avv.* torbidamente (*anche fig*).

turbidness /'tɜːbɪdnəs *Am* 'tɜːrbɪdnəs/ *n.* torbidezza *f.*

turbinal /'tɜːbɪnəl *Am* 'tɜːrbɪnəl/ **I** *a.* (*Bot,Biol*) turbinato. **II** *n.* (*Anat*) (*turbinal bone*) turbinato *m.*

turbinate /'tɜːbɪnət *Am* 'tɜːrbɪnət/ **I** *a.* (*Bot, Biol*) turbinato. **II** *n.* (*Anat*) (*turbinal bone*) turbinato *m.*

turbine /'tɜːb(a)ɪn *Am* 'tɜːrb(a)ɪn/ *n.* (*Mecc*) turbina *f.* □ (*Mar*) ~ **boat** turbonave; (*Ferr*) ~ **locomotive** turbolocomotiva, locomotiva a turbina.

turbocharger /'tɜːbəʊˌtʃɑːdʒər *Am* 'tɜːrbəʊ ,tʃɑːrdʒər/ *n.* (*Aer*) turbocompressore *m.*

turbocompressor /,tɜːbəʊkəm'presər *Am* ,tɜːrbəʊkəm'presər/ *n.* (*Aer*) turbocompressore *m.*

turbodynamo /'tɜːbəʊˌdaɪnəməʊ *Am* 'tɜːrbəʊˌdaɪnəməʊ/ *n.* (*El*) turbodinamo *f.*

turbofan /'tɜːbəʊfæn *Am* 'tɜːrbəʊfæn/ *n.* (*Aer*) turbofan *m.*, turboventola *f.*

turbogenerator /,tɜːbəʊ'dʒenəreɪtər *Am* ,tɜːrbəʊ'dʒenəreɪtər/ *n.* (*El*) turbogeneratore *m.*

turbojet /'tɜːbəʊdʒet *Am* 'tɜːrbəʊdʒet/ *n.* (*Aer*) **1** turbogetto *m.*, motore *m.* a turbogetto, turboreattore *m.* **2** (*aircraft*) aereo *m.* a turbogetto, turbogetto *m.*, turboreattore *m.* □ (*Aer*) ~ **engine** turbogetto, motore a turbogetto, turboreattore.

turboprop /'tɜːbəʊprɒp *Am* 'tɜːrbəʊprɑːp/ *n.* (*Aer*) **1** turboelica *f.*, turbopropulsore *m.* **2** (*aircraft*) aereo *m.* a turboelica, turboelica *m.*

turbopropeller /,tɜːbəʊprə'pelər *Am* ,tɜːrbəʊprə'pelər/ *n.* □ (*Aer*) ~ **engine** turboelica, turbopropulsore.

turbot /'tɜːbət *Am* 'tɜːrbət/ *n.* (*pl.inv.* o **-s** /-s/; *il pl. inv. si usa general. con valore collett.*) *n.* (*Itt*) **1** rombo *m.* gigante, rombo *m.* maggiore, rombo *m.* chiodato. **2** (*halibut*) ippoglosso *m.*, halibut *m.*

turbulence /'tɜːbjʊləns *Am* 'tɜːrbjʊləns/ *n.* **1** turbolenza *f.*, agitazione *f.*, disordine *m.* **2** (*Fis,Chim,Meteor*) turbolenza *f.*

turbulent /'tɜːbjʊlənt *Am* 'tɜːrbjʊlənt/ *a.* **1** turbolento, burrascoso: *a ~ period in the country's history* un periodo turbolento nella storia del paese. **2** (*Fis,Meteor*) turbolento.

turbulently /'tɜːbjʊləntli *Am* 'tɜːrbjʊləntli/ *avv.* turbolentemente.

Turco /'tɜːkəʊ *Am* 'tɜːrkəʊ/ *n.* (*pl.* **-s** /-z/) *n.* (*Mil*) turco *m.*

turd /tɜːd *Am* tɜːrd/ *n.* (*volg*) stronzo *m.* (*anche fig*). □ (*colloq,scherz*) ~ **alert!** attento alla cacca di cane!, occhio alla cacca di cane! (sul marciapiede).

turdiform /'tɜːdɪfɔːm *Am* 'tɜːrdɪfɔːrm/ *a.* (*Ornit*) simile a un tordo.

turdine /'tɜːd(a)ɪn *Am* 'tɜːrd(a)ɪn/ *a.* dei turdidi, relativo ai turdidi.

tureen /təˈriːn *Am* t(j)ʊˈriːn/ *n.* zuppiera *f.*

turf /tɜːf *Am* tɜːrf/ **I** *n.* (*pl.* **-s** /-s/ *ant* **turves** /tɜːvz *Am* tɜːrvz/) **1** tappeto *m.* erboso, terreno *m.* erboso. **2** (*piece of turf*) zolla *f.* (erbosa), piota *f.* **3** (*peat*) torba *f.*; (*piece of peat*) zolla *f.* di torba. **4** (*sl*) (il proprio) quartiere *m.*, ambiente *m.* **5** (*fig*) (*horse racing*) ippica *f.*; (*horse-racing track*) ippodromo *m.*, pista *f.* per corse ippiche, turf *m.* **II** *v.t.* coprire con un tappeto erboso, ricoprire di zolle erbose, piotare. □ (*Br, colloq*) *to ~ off* (*to remove forcefully*) buttare giù: *they were -ed off the train* furono buttati giù dal treno; (*Br,colloq*) *to ~ out* (*to eject forcefully*) buttare fuori.

turfing /'tɜːfɪŋ *Am* 'tɜːrfɪŋ/ *n.* **1** il coprire di zolle erbose, il ricoprire di zolle erbose. **2** (*act of digging up peat*) estrazione *f.* della torba.

turfite /'tɜːfaɪt/ *n.* (*spec. Am*) appassionato *m.* di corse di cavalli, frequentatore *m.* di ippodromi.

turfman /'tɜːfmən/ *n.irr.* (*spec. Am*) appassionato *m.* di corse di cavalli, frequentatore *m.* di ippodromi.

turfy /'tɜːfi *Am* 'tɜːrfi/ *a.* **1** erboso, coperto di zolle erbose, ricco di zolle erbose. **2** (*abounding in peat*) ricco di torba, torboso.

turgescence /tɜːˈdʒesəns *Am* tɜːrˈdʒesəns/ *n.* **1** turgore *m.*, turgidezza *f.*, turgidità *f.* **2** (*Med, Bot*) turgescenza *f.* **3** (*fig*) ampollosità *f.*, pomposità *f.*, turgidità *f.*

turgescency /tɜːˈdʒesənsi *Am* tɜːrˈdʒesənsi/ *n.* **1** turgore *m.*, turgidezza *f.*, turgidità *f.* **2** (*Med,Bot*) turgescenza *f.* **3** (*fig*) ampollosità *f.*, pomposità *f.*, turgidità *f.*

turgescent /tɜːˈdʒesənt *Am* tɜːrˈdʒesənt/ *a.* (*Med*) turgescente.

turgid /'tɜːdʒɪd *Am* 'tɜːrdʒɪd/ *a.* **1** turgido, gonfio. **2** (*fig*) ampolloso, turgido, pomposo, enfatico: *a ~ style* uno stile ampolloso.

turgidity /tɜːˈdʒɪdɪti *Am* tɜːrˈdʒɪdəti/ *n.* **1** turgidità *f.*, turgidezza *f.*, turgore *m.* **2** (*fig*) enfasi *f.*, ampollosità *f.*, pomposità *f.*, magniloquenza *f.*

turgidly /'tɜːdʒɪdli *Am* 'tɜːrdʒɪdli/ *avv.* **1** in modo turgido, in modo gonfio. **2** (*fig*) enfaticamente, ampollosamente, pomposamente.

turgidness /'tɜːdʒɪdnəs *Am* 'tɜːrdʒɪdnəs/ *n.* **1** turgidità *f.*, turgidezza *f.*, turgore *m.* **2** (*fig*) enfasi *f.*, ampollosità *f.*, pomposità *f.*, magniloquenza *f.*

Turin /tjʊˈ(ə)rɪn *Am* t(j)ʊˈrɪn/ *n.pr.* (*Geog*) Torino *f.*

turion /'tjʊəriən *Am* 't(j)ʊriən/ *n.* (*Bot*) turione *m.*

Turk /tɜːk *Am* tɜːrk/ *n.* turco *m.* (*f.* **-a**).

Turkestan /,tɜːkɪˈstɑːn *Am* 'tɜːrkɪstæn/ *n.pr.* (*Geog*) Turkestan *m.*

turkey /'tɜːki *Am* 'tɜːrki/ *n.* (*pl.inv.* o **-s** /-z/; *il pl. inv. si usa general. con valore collett.*) *n.* **1** (*Ornit,Gastron*) tacchino *m.* **2** (*Am,sl*) (*failure, flop*) fiasco *m.*, insuccesso *m.*, fallimento *m.* **3** (*Am,sl*) (*inept person*) pollo *m.* da spennare. □ (*Ornit*) ~ **buzzard** avvoltoio dal collo rosso; ~ **cock** (*Ornit*) tacchino (maschio); **2** (*fig*) persona piena di sé, presuntuoso; (*Ornit*) ~ **hen** tacchina.

Turkey /'tɜːki *Am* 'tɜːrki/ *n.pr.* (*Geog*) Turchia *f.* □ ~ **carpet** tappeto turco; ~ **red**: **1** (*Chim*) alizarina, robbia di Turchia, robbia di Levante; **2** (*Tess*) tessuto color rosso di robbia.

Turkish /'tɜːkɪʃ *Am* 'tɜːrkɪʃ/ **I** *a.* turco. **II** *n.* turco *m.*, lingua *f.* turca. □ ~ **bath** bagno

turco; ~ **carpet** tappeto turco; ~ **coffee** caffè turco, caffè alla turca; (*Dolc*) ~ **delight** lokum (cubetto di gelatina ricoperto di zucchero); (*Stor*) ~ **Empire** impero ottomano; ~ **slipper** babbuccia; ~ **tobacco** tabacco turco; ~ **towel** asciugamano di spugna.

Turkism /'tɜːkɪzəm *Am* 'tɜːrkɪzəm/ *n.* civiltà *f.* turca, costumi *m.pl.* (*o usanze f.pl.*) del mondo turco.

Turkistan /,tɜːkɪˈstɑːn *Am* 'tɜːrkɪstæn/ *n.pr.* (*Geog*) Turkestan *m.*

Turkmenistan /tɜːk,menɪˈstɑːn *Am* tɜːrk 'menɪstæn/ *n.pr.* (*Geog*) Turkmenistan *m.*

Turkoman /'tɜːkoumən *Am* 'tɜːrkoumən/ *n.irr.* **1** turcomanno *m.*, turkmeno *m.* **2** (*language*) turcomanno *m.*

turmeric /'tɜːmərɪk *Am* 'tɜːrmərɪk/ *n.* **1** (*Bot*) curcuma *f.*, radice *f.* gialla. **2** (*rhizome*) rizoma *m.* di curcuma, radice *f.* gialla. **3** (*powder*) curcumina *f.* □ (*Chim*) ~ **paper** carta alla curcuma.

turmoil /'tɜːmɔɪl *Am* 'tɜːrmɔɪl/ *n.* tumulto *m.*, trambusto *m.*, agitazione *f.*, parapiglia *m.*, subbuglio *m.* □ *to be in a ~* essere in subbuglio.

turn[1] /tɜːn *Am* tɜːrn/ **I** *v.t.* **1** girare, fare girare, ruotare, fare ruotare: *to ~ a wheel* fare girare una ruota. **2** (*to change the position, direction of*) voltare, girare, spostare, volgere: *he -ed his horse and made for home* voltò il cavallo e si avviò verso casa; *to ~ one's back on so.* voltare le spalle a qcu. **3** (*to cause to take a circular course*) (fare) girare (attorno), fare svoltare: *he -ed the car* ha girato la macchina. **4** (*to go round*) girare, voltare: *to ~ the corner* voltare l'angolo. **5** (*to invert*) girare, capovolgere, rivoltare, rovesciare. **6** (*to direct, to bring to bear*) volgere, dirigere, rivolgere, girare: *to ~ one's glance on so.* volgere lo sguardo su qcu. **7** (*of the mind*) rivolgere, volgere, indirizzare. **8** (*to divert, to deflect*) (fare) deviare, distogliere, sviare: *to ~ so. from his purpose* distogliere qcu. dal suo proposito. **9** (*to reverse the progress of*) respingere: *to ~ an attack* respingere un attacco. **10** (*of the eyes, face: to avert*) girare, volgere altrove. **11** (*to convert, to transform*) mutare, convertire, trasformare: *to ~ water into ice* mutare l'acqua in ghiaccio; *the Prince was -ed into a frog* il principe fu trasformato in ranocchio. **12** (*to cause to become*) fare diventare: *the shock -ed his hair grey* lo spavento gli fece diventare i capelli grigi. **13** (*of leaves: to change the colour of*) mutare il colore di, far cambiare di colore. **14** (*to make sour*) far andare a male, inacidire, guastare. **15** (*to derange*) sconvolgere, turbare: *grief had -ed his mind* il dolore gli aveva sconvolto la mente. **16** (*of the stomach*) (fare) rivoltare, nauseare, sconvolgere. **17** (*to render*) volgere, rendere, mettere: *to ~ prose into verse* volgere (della) prosa in versi. **18** (*to translate*) tradurre, volgere. **19** (*to apply, to make use of*) applicare, usare, impiegare. **20** (*of a person: to apply*) impiegare, utilizzare, mettere all'opera, mettere al lavoro. **21** (*Agr*) (*of the soil*) rivoltare. **22** (*to twist, to wrench*) storcere, distorcere, torcere: *to ~ one's ankle* storcersi la caviglia. **23** (*of an age, amount, time*) superare, passare, oltrepassare: *he has -ed eighty* ha superato l'ottantina; *it had just -ed midnight* era appena passata mezzanotte. **24** (*Sart*) rivoltare, rovesciare. **25** (*Mil*) aggirare: *to ~ the enemy's flank* aggirare il fianco del nemico. **26** (*Sport*) tirare d'effetto. **27** (*of a gymnastic feat*) fare, eseguire: *to ~ a somersault* fare un salto mortale. **28** (*Mecc,Fal*) tornire, lavorare al tornio. **29** (*to fashion skilfully*) tornire, rifinire con cura: *to ~ a phrase* tornire una frase. **30** (*of the edge of a blade*) smussare. **II** *v.i.* **1** girare, rotare: *the wheels began to ~* le ruote cominciarono a girare. **2** (*to change one's position*) girarsi, voltarsi, volgersi, rivoltarsi: *to ~ in one's sleep* girarsi nel sonno. **3** (*to direct one's course*) girare, voltare, dirigersi, curvare, piegare: *~ to the right* girate a destra; *to ~ towards home* dirigersi verso casa. **4** (*to take a circular course*) fare un giro, girare; (*of a road, etc.*) girare, curvare, piegare. **5** (*to become reversed*) rivoltarsi, rovesciarsi, capovolgersi. **6** (*to become converted, transformed*) diventare, farsi (*into sth.* qcs.), trasformarsi, convertirsi, mutare (in): *the wine had -ed into vinegar* il vino era diventato aceto. **7** (*to become, to grow*) farsi, diventare, divenire: *to ~ pale* impallidire, diventare pallido. **8** (*to become*) diventare: *he has -ed traitor* è diventato un traditore. **9** (*of leaves*) cambiare colore. **10** (*to become sour*) andare a male, inacidire, guastarsi. **11** (*to become deranged*) sconvolgersi, turbarsi. **12** (*of the stomach*) rivoltarsi, sconvolgersi. **13** (*of the head: to move sideways*) girare. **14** (*to desert, to defect*) tradire, disertare, defezionare. **15** (*to change one's religion*) convertirsi. **16** (*of the tide*) cambiare. **17** (*of the wind*) girare, cambiare. **18** (*Mar*) (*to change direction by tacking*) virare. **19** (*of a balance, scales*) pendere, inclinarsi. □ *to ~ about*: **1** girare, voltare: *to ~ the car about* girare la macchina; **2** (*to turn round, to face about*) girarsi, voltarsi; **3** (*to relate to, to centre on*) accentrarsi su, concentrarsi su, polarizzarsi su; *to ~ against*: **1** mettere contro, inimicare, rendere nemico; **2** (*to become hostile to*) diventare ostile a, (ri)voltarsi contro: *even his wife has -ed against him* perfino sua moglie gli è diventata ostile; **3** (*to recoil on*) ritorcersi contro, ricadere su: *his astuteness -ed against him* la sua astuzia si è ritorta contro di lui; *to ~ around*: **1** voltare, girare, far mutare direzione a: *to ~ one's head round* voltare la testa; **2** (*to face about*) girarsi, voltarsi; **3** (*to do an about-face*) fare dietro front; **4** (*to make improve*) migliorare, dare una svolta a; *to ~ aside*: **1** sviare, deviare; **2** (*to turn in a different direction*) girarsi, voltarsi; *to ~ away*: **1** mandar via, cacciare, scacciare, mettere alla porta; **2** (*to refuse admission to*) rifiutare l'accesso a, mandar via, non lasciar entrare; **3** (*to deflect, to avert*) deviare, volgere altrove, sviare: *to ~ away a blow* deviare un colpo; **4** (*to divert*) sviare, girare, cambiare: *to ~ the conversation away* sviare la conversazione; **5** (*to turn oneself so as not to face*) girarsi da un'altra parte; **6** (*to go away, to leave*) andarsene, allontanarsi, andar via; *to ~ back*: **1** tornare indietro, tornare sui propri passi; **2** (*in reading*) ritornare, tornare (*to* a); **3** (*to cause to return*) far tornare indietro; **4** (*to fold back*) ripiegare, piegare su se stesso; (*fig*) *to ~ back the clock* rimettere indietro l'orologio, andare contro il progresso; *to ~ one's back on so.* voltare le spalle a qcu. (*anche fig*); (*colloq,fig*) *to ~ one's coat* fare un voltafaccia; *to ~ down*: **1** (*to fold down*) ripiegare, piegar giù, rivoltare: *to ~ down the corner of the page* ripiegare l'angolo della pagina; **2** (*of a card*) girare, rivoltare, mettere a faccia in giù; **3** (*to reduce in volume, intensity, etc.*) abbassare, attenuare, ridurre: *to ~ down the radio* abbassare la radio; **4** (*to decline, to reject*) respingere, rifiutare; (*of a person, suitor*) respingere; **5** (*of a road*) imboccare, camminare per, prendere, percorrere; *to ~ down the bed* preparare il letto per la notte; *to ~ grey* (*of hair*)

incanutire, diventare bianchi; (*colloq*) *not to ~ hair* non batter ciglio, restare impassibile; *without -ing a hair* senza batter ciglio; *to ~ one's hand to sth.* dedicarsi a qcs., intraprendere qcs.; (*fig*) *to ~ so.'s head* far girare la testa a qcu.; *to ~ in*: **1** girare in dentro, voltare in dentro: *to ~ one's toes in* girare in dentro i piedi; **2** (*to slant inwards*) piegare in dentro, piegarsi in dentro; **3** (*to hand, to deliver*) consegnare, presentare: *~ in your examination paper now* ora consegnate i temi d'esame; **4** (*to deliver to the police*) consegnare alla polizia, denunciare, tradire; **5** (*colloq*) (*to go to bed*) andare a letto, coricarsi; (*colloq*) *to make so. ~ in his grave* far rivoltare qcu. nella tomba; (*Dir*) *to ~ in King's evidence* (o *to ~ in Queen's evidence* o *to ~ in State's evidence*) testimoniare contro i propri complici (dietro promessa di indulgenza); *to ~ inside out* rivoltare, rovesciare; (*Am,colloq*) *~ it up!* smettila!, stai zitto!, piantala!; *to ~ loose*: **1** lasciare libero; **2** (*fig*) concedere la massima libertà a; *to ~ the gas low* abbassare il gas; (*fig*) *to ~ night into day* fare di notte giorno; *to ~ off*: **1** (*used transitively*) chiudere, spegnere: *to ~ off the tap* chiudere il rubinetto; **2** (*used transitively: to disgust*) disgustare, schifare, fare schifo a; **3** (*used intransitively: to deviate*) girare, deviare, voltare; **4** (*used transitively: to deviate from*) deviare da, prendere una diversa direzione da, lasciare; **5** (*used intransitively: to go off, to turn sour*) andare a male, guastarsi; *to ~ on*: **1** (*used transitively*) accendere, aprire: *to ~ on the radio* accendere la radio; *to ~ on the tap* aprire il rubinetto; **2** (*used transitively: to arouse*) eccitare (sessualmente), stimolare; **3** (*spec. Am,colloq*) (*to introduce*) iniziare, introdurre, fare conoscere (*to* a): *she -ed me on to crossword puzzles* è stata lei ad insegnarmi come si fanno i cruciverba; **4** (*used intransitively: to be based*) fondarsi su, poggiare su; *to ~ on the heat* (o *to ~ on up the heat*) aumentare la pressione, aumentare il ritmo; *to ~ out*: **1** mandar via, cacciare, scacciare, espellere, mettere alla porta; **2** (*to cause to point outwards*) girare in fuori, voltare in fuori: *to ~ out one's toes* voltare i piedi in fuori; **3** (*to switch off*) spegnere, chiudere: *to ~ out the light* spegnere la luce; **4** (*to empty*) rovesciare, vuotare: *to ~ out one's pockets* rovesciarsi le tasche; *to ~ out a drawer* vuotare un cassetto; **5** (*to cause to go, to send*) mandare; **6** (*to pour out*) rovesciare, versare: *she -ed out the contents of her bag* rovesciò il contenuto della borsetta; **7** (*Ind*) produrre, fabbricare: *the factory -s out two hundred cars a day* la fabbrica produce duecento macchine al giorno; **8** (*Mil*) far uscire: *to ~ out the guard* far uscire la guardia; **9** (*Mil*) (*of the guard*) uscire; **10** (*to present oneself, to assemble*) riunirsi, radunarsi; **11** (*to result*) finire, risultare, mettersi: *his son -ed out badly* suo figlio è finito male; *the weather -ed out fine* il tempo si è messo al bello; *to ~ so. out into* (o *onto*) *the street* mettere qcu. in mezzo a una strada, mettere qcu. sulla strada, gettare qcu. sul lastrico; *to ~ out right*: **1** (*of guesses, etc.*) avverarsi, risultare esatto; **2** (*to guess right*) indovinare; **3** (*of situations*) finire bene; *to ~ over*: **1** voltare, rivoltare, girare, capovolgere, rovesciare: *to ~ a brick over* voltare un mattone; **2** (*to overturn*) capovolgere, ribaltare, rovesciare; **3** (*to upset, to capsize*) capovolgersi, ribaltarsi, rovesciarsi; **4** (*Mot*) girare, rotare; **5** (*of a page*) girare, voltare; **6** (*to search through by lifting*) scartabellare, sfogliare; **7** (*colloq*) (*of one's stomach*) rivoltarsi, scon-

volgersi; **8** (*colloq*) (*of one's heart*) (battere fino a) scoppiare, battere forte; **9** (*to hand over, to deliver*) consegnare, presentare; **10** (*to transfer*) cedere, trasferire, passare: *he -ed over his business to his brother* ha ceduto la ditta al fratello; **11** (*to think about*) riflettere su, pensarci su, meditare a lungo su; (*fig*) *to ~ over a new leaf* voltare pagina, mutare sistema; *to ~ round*: **1** voltare, girare, far mutare direzione a: *to ~ one's head round* voltare la testa; **2** (*to face about*) girarsi, voltarsi; **3** (*to make improve*) migliorare, dare una svolta a; (*fig*) *to ~ so. round one's finger* (o *to ~ so. round one's little finger*) rigirare qcu. come si vuole; *to ~ tail* girarsi e scappare; (*fig*) *to ~ the page* (*on sth.*) voltare pagina (su qcs.); (*fig*) *to ~ the scale* far pendere la bilancia, fare mutare la situazione; (*fig*) *to ~ the screw on so.* dare un giro di vite a qcu., sottoporre qcu. a forti pressioni; (*fig*) *to ~ the tide* rovesciare le sorti, segnare una svolta completa; *to ~ to*: **1** voltarsi verso, girarsi verso: *he -ed to me in surprise* si volse sorpreso verso di me; **2** (*to divert one's attention to, to address oneself to*) mettersi a, occuparsi di, rivolgere l'attenzione a; **3** (*to apply oneself*) mettersi all'opera, mettersi al lavoro; (*of talk*) passare a: *the conversation -ed to politics* la conversazione passò alla politica; **5** (*to refer to*) ricorrere a, fare ricorso a: *he -ed to the dictionary when he was puzzled* quando era in dubbio ricorreva al dizionario; (*colloq*) *to ~ turtle* ribaltarsi, capovolgersi (*anche Mar*); *to ~ under*: **1** piegare in sotto, piegare in giù; **2** (*Agr*) (*of soil*) rivoltare; *to ~ up*: **1** rimboccare, tirare su: *to ~ up one's sleeves* rimboccarsi le maniche; **2** (*of a hem, etc.*) ripiegare; **3** (*of a skirt*) accorciare, tirar su (facendo un risvolto); **4** (*of eyes, noses, etc.*) essere rivolto leggermente all'insù; **5** (*to discover by digging*) portare alla luce, scoprire scavando; **6** (*to increase the volume, intensity, etc., of*) aumentare il volume, aumentare l'intensità di: *to ~ up the radio* aumentare il volume della radio; **7** (*to look up in a book*) cercare in un libro; **8** (*of a card*) scoprire; **9** (*colloq*) (*to cause to vomit*) far vomitare, dare il voltastomaco a; **10** (*to show up*) arrivare, giungere, presentarsi: *to ~ up late* arrivare tardi; **11** (*to appear, to be found unexpectedly*) emergere, apparire, saltar fuori; **12** (*to happen*) capitare, succedere, accadere: *sth. is bound to ~ up* qcs. deve assolutamente capitare; (*colloq*) *to ~ up one's nose at* torcere il naso davanti a, arricciare il naso davanti a; (*sl*) *to ~ up one's toes* (*to die*) crepare, tirare le cuoia; (*colloq*) *to ~ up trumps* (*of a person*) rivelarsi superiore alle aspettative; *to ~ upon* fondarsi su, poggiare su.

turn² /tɜːn *Am* tɜrn/ *n.* **1** giro *m.*, girata *f.*, torsione *f.*, volta *f.*: *to give a handle a ~* dare un giro a una manopola; *a ~ of the head* una torsione del capo. **2** (*single revolution*) giro *m.*, rivoluzione *f.*, rotazione *f.* **3** (*act of taking a direction*) girata *f.*, svolta *f.*, svoltata *f.*, voltata *f.*: *a ~ to the right* una svolta a destra. **4** (*place where sth. turns*) svolta *f.*, curva *f.*, curvatura *f.*, voltata *f.*: *a sharp ~ in the road* una svolta brusca nella strada. **5** (*direction, trend*) andamento *m.*, corso *m.*, piega *f.*, tendenza *f.*, indirizzo *m.*: *the ~ of events* l'andamento degli eventi; *the conversation took an unexpected ~* la conversazione prese una piega inaspettata. **6** (*alternation, change*) cambiamento *m.*, mutamento *m.*, svolta *f.*: *a ~ in the weather* un cambiamento di tempo. **7** (*rightful time, opportunity to do sth.*) turno *m.*, volta *f.*: *it's your ~* è il tuo turno. **8** (*period* *of activity)* turno *m.*: *a ~ at the helm* un turno al timone. **9** *(period of work, shift)* turno *m.* (di lavoro), periodo *m.* di lavoro. **10** *(short walk)* giretto *m.*, passeggiatina *f.*, due passi *m.pl.*, quattro passi *m.pl.*: *to take a ~ round the garden* fare un giretto in giardino. **11** *(expression, peculiarity of phrasing)* giro *m.*, forma *f.*: *the ~ of the sentence* il giro del periodo. **12** *(Sport)* *(in skiing)* voltata *f.*; *(in a swimming race)* virata *f.*; *(in golf)* mezzo percorso *m.* **13** *(Mil)* *(drill manoeuvre)* conversione *f.* **14** *(of the tide)* cambiamento *m.* **15** *(Mar)* virata *f.*, accostata *f.* **16** *(Teat)* numero *m.*, esibizione *f.*: *a juggling ~* un numero di prestidigitazione. **17** *(attack of illness, dizziness, etc.)* attacco *m.*, crisi *f.* **18** *(colloq)* *(fright, scare)* spavento *m.*, paura *f.*, colpo *m.*: *you gave me quite a ~* mi hai fatto prendere un bello spavento. **19** *(service rendered to so.)* servizio *m.*, azione *f.*: *to do so. a good ~* rendere un buon servizio a qcu. **20** *(single round of sth. coiled)* giro *m.*, volta *f.*: *a ~ of the rope* un giro di corda. **21** *(curved, rounded form)* tondo *m.*, forma *f.* curva. **22** *(Mus)* fioritura *f.*, abbellimento *m.*, ornamento *m.*; *(sign)* gruppetto *m.* **23** *(Tip)* lettera *f.* rovesciata, rovescio *m.*, carattere *m.* capovolto. **24** *(Econ)* *(in the Stock Exchange)* differenza *f.* *(o scarto m.)* tra prezzo di acquisto e prezzo di vendita. □ *~ and ~ about* a turno, alternativamente, a vicenda; *at every ~* dovunque; *at the ~ of the century* alla svolta del secolo; *by -s* a turno, alternativamente, ora... ora; *a ~ for the better* un cambiamento in meglio; *to take a ~ for the better* cambiare in meglio, prendere una buona piega; *a ~ for the worse* un cambiamento in peggio; *in ~*: **1** subito dopo, successivamente; **2** *(alternately)* alternativamente, ora... ora..., a turno; *~ of mind* carattere, temperamento; *~ of speed* capacità di andare veloce, doti di corridore: *the horse has a fine ~ of speed* il cavallo può andare molto veloce; *(fig) a ~ of the screw* un giro di vite; *~ of the tide*: **1** cambiamento di marea; **2** *(fig)* rovesciamento, capovolgimento, svolta completa; *on the ~*: **1** prossimo a cambiare; *the tide is on the ~* la marea sta per cambiare; **2** *(while turning)* girandosi, voltandosi; **3** *(about to turn sour)* prossimo ad andare a male, sul punto di inacidirsi; *out of ~*: **1** fuori turno, fuori posto; **2** *(tactlessly)* in modo inopportuno; *(Am,Aut) ~ signal* indicatore di direzione, freccia; *to take -s* fare a turni, alternarsi; *take your ~ (at it)* fallo quando viene il tuo turno, fallo quando tocca a te; *(Br) cooked to a ~* cotto alla perfezione, cotto a puntino; *whose ~ is it?* a chi tocca?

turnabout /'tɜːnəˌbaʊt *Am* 'tɜːrnəˌbaʊt/ *n.* **1** il voltarsi, mutamento *m.* di direzione, dietrofront *m.*, giravolta *f.* **2** *(fig)* voltafaccia *m.*, cambiamento *m.* di tendenze, cambiamento *m.* di opinioni. **3** *(Mar)* inversione *f.* di rotta.

turn-and-bank /ˌtɜːnən(d)'bæŋk *Am* ˌtɜːrnən(d)'bæŋk/ □ *(Aer) ~ indicator* indicatore di virata e sbandamento.

turn-and-slip /ˌtɜːnən(d)'slɪp *Am* ˌtɜːrnən(d)'slɪp/ □ *(Aer) ~ indicator* indicatore di virata e sbandamento.

turnaround /'tɜːnəraʊnd *Am* 'tɜːrnəraʊnd/ *n.* **1** voltafaccia *m.* **2** *(turnaround time)* tempo *m.* occorrente per un percorso di andata e ritorno. **3** *(Am,Strad)* piazzola *f.* di inversione di marcia.

turnbuckle /'tɜːnbʌkl *Am* 'tɜːrnbʌkl/ *n.* **1** *(Tecn)* tenditore *m.* (a doppia vite). **2** *(Mar)* tendisartie *m.*

turncoat /'tɜːnkoʊt *Am* 'tɜːrnkoʊt/ *n.* **1** voltagabbana *m./f.* **2** *(renegade)* rinnegato *m.*

turncock /'tɜːnkɒk *Am* 'tɜːrnkɑːk/ *n.* **1** *(Tecn)* rubinetto *m.* girevole. **2** *(person)* addetto *m.* al servizio idrico, fontaniere *m.*

turndown /'tɜːndaʊn *Am* 'tɜːrndaʊn/ *a.* **1** *(Mod)* rovesciabile. **2** *(folded, doubled down)* rovesciato: *~ collar* colletto rovesciato.

turned /'tɜːnd *Am* 'tɜːrnd/ □ *to be all ~ out* essere tutto elegante.

turner /'tɜːnə *Am* 'tɜːrnə/ *n.* **1** *(Mecc,Fal)* tornitore *m.* **2** *(Ceram)* vasaio *m.* **3** *(Ornit)* piccione *m.* tomboliere.

Turner /'tɜːnə *Am* 'tɜːrnə/ □ *(Med) ~'s syndrome* sindrome di Turner.

turnery /'tɜːnəri *Am* 'tɜːrnəri/ *n.* **1** *(Mecc,Fal)* tornitura *f.*, arte *f.* del tornio. **2** *(turned objects)* pezzi *m.pl.* torniti.

turning /'tɜːnɪŋ *Am* 'tɜːrnɪŋ/ *n.* **1** girata *f.*, rotazione *f.* **2** *(act of reversing direction)* inversione *f.* di marcia, dietrofront *m.*, giravolta *f.* **3** *(Br)* *(place where a road branches off)* svolta *f.*, curva *f.*: *take the next ~ to the right* prendi la prima svolta a destra. **4** *(Mecc,Fal)* tornitura *f.* □ *(Fal) ~ chisel* scalpello da tornitore; *(Aut) ~ circle* angolo di sterzata; *(Tecn) ~ gouge* sgorbia, scalpello concavo (da tornitore); *(fig) ~ point* svolta (decisiva).

turnip /'tɜːnɪp *Am* 'tɜːrnɪp/ *n.* **1** *(Bot)* rapa *f.* **2** *(colloq)* *(large pocket watch)* grosso orologio *m.* da tasca, *(colloq)* cipolla *f.*

turnipy /'tɜːnɪpi *Am* 'tɜːrnɪpi/ *a.* simile a una rapa, che sa di rapa.

turnkey /'tɜːnkiː *Am* 'tɜːrnkiː/ I *n.* *(ant)* **1** chi custodisce le chiavi di una prigione. **2** *(jailer, warder)* carceriere *m.*, secondino *m.* II *a.* chiavi in mano, tutto compreso, pronto per l'uso. □ *~ contract* contratto chiavi in mano; *(Inform) ~ system* sistema chiavi in mano.

turn-on /'tɜːnɒn *Am* 'tɜːrnɑːn/ *n.* *(sl)* cosa *f.* *(o persona f.)* che eccita *(spec. sessualmente).*

turnout /'tɜːnaʊt *Am* 'tɜːrnaʊt/ *n.* **1** *(attendance)* affluenza *f.*, afflusso *m.*, presenza *f.*: *the ~ at the meeting was rather low* la partecipazione al raduno fu piuttosto scarsa. **2** *(manner of dress)* abbigliamento *m.*, modo *m.* di vestire. **3** *(set of clothes, outfit)* abbigliamento *m.*, tenuta *f.* **4** *(equipment)* attrezzatura *f.*, equipaggiamento *m.* **5** *(Mil)* divisa *f.*, uniforme *f.*, tenuta *f.* **6** *(Am, Ferr)* scambio *m.* **7** *(Am,Strad)* punto *m.* di sorpasso.

turnover /'tɜːnˌoʊvə *Am* 'tɜːrnˌoʊvə/ *n.* **1** capovolgimento *m.*, ribaltamento *m.*, rovesciamento *m.* **2** *(fig)* voltafaccia *m.*, giravolta *f.* **3** *(movement of customers, etc.)* movimento *m.* di clienti. **4** *(of a club, etc.)* frequenze *f.pl.*, presenze *f.pl.* **5** *(of workers)* rotazione *f.*, avvicendamento *m.*, ricambio *m.* **6** *(Econ,Comm)* giro *m.* di affari, volume *m.* di affari, movimento *m.* degli affari; *(rate at which stock is sold)* indice *m.* di rotazione della merce, smercio *m.*; *(of capital)* movimento *m.*, giro *m.* **7** *(Pol)* partecipazione *f.* al voto *m.* **8** *(Ind)* produzione *f.*, rendimento *m.*, resa *f.*; *(rate)* tasso *m.* di produzione. **9** *(Am)* *(reorganization of personnel)* riassetto *m.*, riordinamento *m.* **10** *(Am,Sport)* perdita *f.* della palla a favore dell'avversario. **11** *(Gastron)* focaccia *f.* ripiena. □ *(Econ) ~ tax* imposta (generale) sull'entrata.

turnpike /'tɜːnpaɪk *Am* 'tɜːrnpaɪk/ *n.* **1** barriera *f.* *(o cancello m. o sbarra f.)* di una strada a pedaggio. **2** *(ant)* strada *f.* a pedaggio. **3** *(Am, Strad)* autostrada *f.* a pedaggio, autostrada *f.* a pagamento. □ *~ road*: **1** *(ant)* strada a pedaggio; **2** *(Am)* *(expressway)* autostrada a pedaggio, autostrada a pagamento.

turnplate /'tɜːnpleɪt *Am* 'tɜːrnpleɪt/ *n.* *(Ferr)*

piattaforma *f.* girevole.

turn-round /'tɜːnraʊnd *Am* 'tɜːrnraʊnd/ *n.* **1** voltafaccia *m.* **2** *(turnaround time)* tempo *m.* occorrente per un percorso di andata e ritorno. **3** *(Am,Strad)* piazzola *f.* di inversione di marcia.

turnsole /'tɜːnsoʊl *Am* 'tɜːrnsoʊl/ *n.* *(Bot)* tornasole *m.* comune.

turnspit /'tɜːnspɪt *Am* 'tɜːrnspɪt/ *n.* **1** girarrosto *m.* **2** *(person)* chi fa girare uno spiedo. **3** *(Stor)* *(dog)* cane *m.* che faceva girare lo spiedo.

turnstile /'tɜːnstaɪl *Am* 'tɜːrnstaɪl/ *n.* tornello *m.*, cancello *m.* girevole.

turntable /'tɜːnˌteɪbl *Am* 'tɜːrnˌteɪbl/ *n.* **1** giradischi *m.* **2** *(Ferr,Aer)* piattaforma *f.* girevole.

turn-up /'tɜːnʌp/ *n.* *(Br)* **1** *(Abbigl)* risvolto *m.* di pantaloni. **2** *(colloq)* *(unexpected event)* avvenimento *m.* imprevisto, sorpresa *f.* □ *(colloq) a ~ for the book* avvenimento imprevisto, colpo di scena.

turpentine /'tɜːpəntaɪn *Am* 'tɜːrpəntaɪn/ I *n.* *(Chim)* **1** trementina *f.* **2** *(turpentine oil)* essenza *f.* di trementina, acquaragia *f.* II *v.t.* trattare alla trementina. □ *~ oil* essenza di trementina, acquaragia; *(Bot) ~ tree* terebinto.

turpitude /'tɜːpɪtjuːd, 'tɜːpɪtʃuːd *Am* 'tɜːrpɪt(j)uːd/ *n.* *(rar)* turpitudine *f.*, depravazione *f.*

turps /tɜːps *Am* tɜːrps/ *n.pl.* *(costr.sing.)* *(colloq)* trementina *f.*

turquoise /'tɜːkwɔːz, 'tɜːkwɔɪz *Am* 'tɜːrk(w)ɔɪz/ I *n.* **1** *(colour)* turchese *m.* **2** *(Min, Oref)* turchese *m.* II *a.* **1** *(colour)* turchese. **2** *(of turquoise)* di turchese.

turret /'tʌrɪt *Am* 'tɜːrɪt/ *n.* **1** *(Arch,Mil,Aer)* torretta *f.* **2** *(Mecc)* torretta *f.* rotante. **3** *(Mar.mil)* torre *f.* □ *(Mil) ~ gun* mitragliatrice installata in torretta, pezzo in torre; *(Mecc) ~ lathe* tornio a revolver; *(Zool) ~ shell* conchiglia di mollusco gasteropode.

turreted /'tʌrɪtɪd *Am* 'tɜːrɪtɪd/ *a.* *(Arch)* turrito.

turrethead /'tʌrɪthed *Am* 'tɜːrɪthed/ *n.* *(Mecc)* torretta *f.* rotante.

turriculate /tʌ'rɪkjuːl(e)ɪt *Am* tɜː'rɪkjuːl(e)ɪt/ *a.* *(Zool)* turricolato.

turtle[1] /'tɜːtl *Am* 'tɜːrtl/ I *n.* **1** *(Zool)* tartaruga *f.* (acquatica). **2** *(Inform)* tartaruga *f.* II *v.i.* andare a caccia di tartarughe.

turtle[2] /'tɜːtl *Am* 'tɜːrtl/ *n.* **1** *(Ornit)* tortora *f.* **2** *(colloq)* *(lover, sweetheart)* amato bene *m.*, tesoro *m.* □ *~ dove*: **1** *(Ornit)* tortora; **2** *(colloq,ant)* *(lover, sweetheart)* amato bene, tesoro.

turtleback /'tɜːtlbæk *Am* 'tɜːrtlbæk/ *n.* *(Mar)* ponte *m.* arcuato.

turtleneck /'tɜːtlnek *Am* 'tɜːrtlnek/ *n.* *(Abbigl)* **1** *(spec. Br)* collo *m.* alto, collo *m.* alla ciclista. **2** *(spec. Am)* *(sweater)* dolcevita *m./f.*

turtler /'tɜːtlə *Am* 'tɜːrtlə/ *n.* cacciatore *m.* (*f.* -trice) di tartarughe.

turves /tɜːvz *Am* tɜːrvz/ → **turf**.

Tuscan /'tʌskən/ I *a.* toscano. II *n.* **1** toscano *m.* (*f.* -a). **2** *(straw)* paglia *f.* di Firenze.

Tuscany /'tʌskəni/ *n.* *(Geog)* Toscana *f.*

tush[1] /tʌʃ/ *intz.* puh,! puah!, cavoli!

tush[2] /tʌʃ/ *n.* **1** *(Zool)* dente *m.* canino di cavallo. **2** *(tusk)* zanna *f.*

tush[3] /tʌʃ/ *n.* *(Am,sl)* *(buttocks)* sedere *m.*, chiappe *f.pl.*

tusk /tʌsk/ *n.* **1** *(Zool)* zanna *f.* **2** *(long protruding tooth)* dente *m.* lungo e sporgente. **3** *(in a harrow, lock, etc.)* dente *m.*, punta *f.*

tusked /tʌskt/ *a.* zannuto.

tusker /'tʌskə/ *n.* *(elephant)* elefante *m.* dalle zanne grosse; *(boar)* cinghiale *m.* dalle zanne grosse.

tusky /'tʌski/ *a.* zannuto.

tussis /'tʌsɪs/ n. (Med) tosse f.

tussive /'tʌsɪv/ a. (Med) della tosse, causato dalla tosse.

tussle /'tʌsl/ I v.i. azzuffarsi, accapigliarsi, far baruffa. II n. 1 baruffa f., mischia f., tafferuglio m. 2 (struggle) lotta f., battaglia f.

tussock /'tʌsək/ n. ciuffo m. d'erba, cespo m. d'erba.

tussocky /'tʌsəki/ a. coperto di ciuffi d'erba.

tut¹ /tʌt/ I intz. puah!, vergogna! II v.i. (past, p.p. **tutted** /'tʌtɪd Am 'tʌtɪd/) dire puah, esprimere la propria disapprovazione.

tut² /tʌt/ n. (dial) (piece) pezzo m. ☐ (Minier) by ~ (o by the ~) a cottimo.

tutelage /'tju:tǝlɪdʒ Am 't(j)u:tǝlɪdʒ/ n. 1 (Dir) tutela f. 2 (state of being under a guardian) l'essere sotto tutela.

tutelar /'tju:tǝlǝr Am 't(j)u:tǝlǝr/ a. (Dir) tutelare, tutorio: ~ authority autorità tutelare.

tutelary /'tju:tǝlri Am 't(j)u:tǝleri/ a. (Dir) tutelare, tutorio.

tutor /'tju:tǝr, 'tʃu:tǝr Am 't(j)u:tǝr/ I n. 1 istitutore m., ripetitore m., insegnante m. privato, precettore m. 2 (Br,Univ) (personal tutor) docente m. incaricato di assistere un gruppo di studenti, tutor m. 3 (Univ) assistente m. (con incarico di insegnamento). 4 (Dir) tutore m. II v.t. 1 fare l'istitutore di. 2 (to teach, to instruct) insegnare, istruire, educare. 3 (fig) dominare, disciplinare. III v.i. 1 fare l'istitutore. 2 (Am) (to receive private instruction) prendere lezioni private, prendere ripetizioni.

tutorial /tju:'tɔ:rɪǝl Br also tʃu:'tɔ:rɪǝl/ I a. d'istitutore, di precettore. II n. (Univ) lezione f. affidata a un tutor, lezione f. di gruppo. ☐ (Univ) ~ group gruppo di studenti; (Inform) ~ program programma di istruzione; (Univ) ~ system sistema didattico in cui l'insegnamento è impartito a piccoli gruppi.

tutorship /'tju:tǝʃɪp, 'tʃu:tǝʃɪp Am 't(j)u:tǝʃɪp/ n. 1 incarico m. di istitutore, funzione f. di istitutore. 2 (Dir) tutela f.

tutti-frutti /,tu:ti'fru:ti Am ,tu:ṭi'fru:ṭi/ a. (Dolc) con frutta candita o secca. ☐ (Dolc) ~ ice-cream gelato con pezzi di frutta.

tutu /'tu:tu:/ n. (Abbigl) tutù m.

tutwork /'tʌtwɜ:k Am 'tʌtwɜ:rk/ n. (Minier, dial) (piecework) lavoro m. a cottimo.

TUV Tuvalu TUV (Tuvalu).

Tuvalu /tu:'vɑ:lu:/ n.pr. (Geog) Tuvalu m.

tu-whit tu-whoo /tu,(h)wɪttu'(h)wu:/ intz. (cry of an owl) chiù chiù! (grido della civetta).

tux /tʌks/ n. (Am,Abbigl,colloq) abito m. da sera, smoking m.

tuxedo /tʌk'si:dou/ (pl. -s /-z/) n. (Am,Abbigl) abito m. da sera, smoking m.

tuyère /twi:'jeǝr Am twi:'er/ n. (Met) tubiera f., ugello m.

TV /,ti:'vi:/ I (television) TV (televisione). II n. (colloq) (television) TV f., tivù f.: to watch ~ guardare la TV. III a. (colloq) televisivo, della TV: a ~ programme un programma televisivo. ☐ (Am) ~ dinner pasto congelato da riscaldare e mangiare guardando la TV.

twa /twɑ:/ I a. (Scott) (two) due. II n. (Scott) due m.

twaddle /'twɒdl Am 'twɑ:dl/ I n. scemenze f.pl., sciocchezze f.pl., stupidaggini f.pl. II v.i. (ant) parlare a vanvera, dire sciocchezze.

twaddler /'twɒdlǝr Am 'twɑ:dlǝr/ n. chiacchierone m. (f. -a), ciarlone m. (f. -a).

twain /tweɪn/ I a. (poet,rar,ant) (two) due. II n. (poet,rar,ant) due m. ☐ in ~ in due, a metà: to split in ~ dividere in due, tagliare a metà.

twang /twæŋ/ I n. 1 (sound) suono m. metallico. 2 (act of twanging) pizzicata f. 3 (nasal speech) pronuncia f. nasale (spec. regionale). II v.i. 1 vibrare, risuonare, dare un suono metallico. 2 (to speak with a nasal twang) parlare con un timbro nasale, parlare col naso (spec. regionale). III v.t. 1 pizzicare le corde di, fare vibrare le corde di: to ~ a guitar pizzicare le corde di una chitarra. 2 (to utter with a nasal twang) pronunciare con un suono nasale.

twangy /'twæŋi/ a. 1 stridulo, vibrato. 2 (of a voice) nasale.

'twas /twɒz emphatic twɒz Am twɑ:z/ contraz. di it was.

twat /twɒt Am twɑ:t/ n. 1 (Br,sl) (fool) idiota m./f., stupido m. (f. -a). 2 (sl,volg) (woman's genital area) passera f., fica f., topa f.

twayblade /'tweɪbleɪd/ n. (Bot) listera f.

tweak /twi:k/ I v.t. 1 stringere e tirare (torcendo), pizzicare. 2 (of the nose) dare un pizzico a. II n. pizzicata f.

tweaker /'twi:kǝr/ n. (colloq) fionda f. (da ragazzi).

tweed /twi:d/ I n. 1 (Tess) tweed m. 2 pl. (Abbigl) indumenti m.pl. di tweed. II a. (Tess) di tweed.

Tweed /twi:d/ n.pr. (Geog) Tweed m.

tweedledum /,twi:dl'dʌm/ ☐ (scherz) ~ and tweedledee due cose quasi uguali, due persone quasi uguali.

tween /twi:n/ (contraz. di between) I prep. (poet) tra, fra. II avv. (poet) in mezzo.

tween-deck /'twi:ndek/ I a. (Mar) che è sottocoperta. II n. (Mar) interponte m., ponte m. di corridoio.

tweeny /'twi:ni/ n. (ant) aiuto domestica f.

tweet /twi:t/ I n. (of a bird) cinguettio m. II v.i. cinguettare.

tweeter /'twi:tǝr Am 'twi:tǝr/ n. (Acus) tweeter m., altoparlante m. per alte frequenze.

tweezers /'twi:zǝz Am 'twi:zǝrz/ n.pl. pinzette f.pl.: a pair of ~ un paio di pinzette.

twelfth /twelfθ/ I a. dodicesimo. II n. dodicesimo m. ☐ Twelfth Day giorno dell'Epifania, Epifania; (Sport) ~ man giocatore di riserva; Twelfth Night notte dell'Epifania, (estens) la vigilia dell'Epifania.

twelve /twelv/ I a. dodici. II n. (pl.inv. o -s /-z/; il pl. in -s si usa general. con valore collett.) 1 dodici m. 2 (group of twelve) dozzina f. 3 (twelve objects, units) dodici m.pl. 4 (twelve o'clock) dodici f.pl. ☐ (Bibl) the ~ tribes of Israel le dodici tribù di Israele.

Twelve /twelv/ n. (costr.pl.) (Bibl) i dodici apostoli.

twelvefold /'twelvfould/ I a. che ha dodici elementi, che ha dodici aspetti. 2 (being twelve times as great) dodici volte più grande. II avv. dodici volte tanto, dodici volte tanti.

twelvemo /'twelvmou/ (pl. -s /-z/) n. (Tip, Cart) dodicesimo m., formato m. in dodicesimo.

twelvemonth /'twelvmʌnθ/ n. (ant) (year) anno m.

twelve-note /'twelvnout/ a. (Mus) dodecafonico.

twelve-step /'twelvstep/ ☐ ~ programme dodici passi (di Alcolisti Anonimi).

twelve-tone /,twelv'toun/ a. (Mus) dodecafonico.

twentieth /'twentiɪθ Am 'tenṭiɪθ/ I a. ventesimo. II n. ventesimo m.

twenty /'twenti Am 'twenṭi/ I a. venti. II n. (pl.inv. o -ties /-tiz/; il pl. in -ties si usa general. con valore collett.) 1 venti m. 2 (twenty objects, units) venti m.pl. 3 pl. (of age) vent'anni m.pl., ventina f.: to be in one's twenties avere passato la ventina, essere tra i venti e i ventinove anni. 4 pl. (of time) anni m.pl. venti. ☐ (colloq) I've told you ~ times te l'ho detto mille volte.

twentyfold /'twentifould Am 'twentifould/ I a. 1 che ha venti aspetti, che ha venti elementi. 2 (being twenty times as great) venti volte più grande. II avv. venti volte tanto, venti volte tanti.

twenty-four /,twenti'fɔ:r Am ,twenṭi'fɔ:r/ ☐ ~ hour clock orologio con quadrante da ventiquattro ore; (spec. Am,colloq) ~ seven ventiquattr'ore al giorno, sette giorni su sette; (estens) negozio sempre aperto.

twenty-fourmo /,twenti'fɔ:rmou Am ,twenṭi'fɔ:rmou/ (pl. -s /-z/) n. (Tip,Cart) formato m. in ventiquattresimo, ventiquattresimo m.

twenty-one /,twenti'wʌn Am ,twenṭi'wan/ n. (card game) ventuno m.

twenty-twenty /,twenti'twenti Am ,twenṭi'twenṭi/ ☐ (Med) ~ vision acuità visiva normale, acuità visiva di 10/10.

'twere /twɜ:r Am twɜ:r/ (ant) contraz. di were.

twerp /twɜ:p Am twɜ:rp/ n. (colloq) fesso m., deficiente m.

twice /twaɪs/ avv. due volte. ☐ to think ~ about sth. pensarci (su) due volte; ~ as due volte tanto, due volte più, il doppio: he is ~ as rich as me è ricco due volte più di me; ~ as many as il doppio di, due volte tanto; ~ as much as il doppio di, due volte tanto.

twice-told /twaɪs'tould/ a. 1 detto due volte. 2 (fig) detto e ridetto, trito, trito e ritrito, vecchio, risaputo.

twiddle /'twɪdl/ v.t. rigirare fra le dita, giocherellare con: to ~ a pencil rigirare fra le dita una matita. II v.i. 1 giocherellare, trastullarsi, gingillarsi (with con). 2 (to turn, to twirl) girare, rigirare. III v. il rigirare fra le dita. ☐ to ~ one's thumbs girarsi i pollici (anche fig).

twig¹ /twɪg/ n. 1 ramoscello m., rametto m. 2 (divining-rod) bacchetta f. da rabdomante.

twig² /twɪg/ (past, p.p. **twigged** /-d/) (colloq) I v.i. (spec. Br) capire, afferrare. II v.t. 1 capire, afferrare: nobody ever -s my jokes nessuno capisce mai le mie barzellette. 2 (to notice) notare, osservare, accorgersi di.

twiggy /'twɪgi/ a. 1 ricco di ramoscelli. 2 (rar) (thin) sottile, esile.

twilight /'twaɪlaɪt/ I n. 1 crepuscolo m. 2 (light) luce f. crepuscolare. 3 (fig) crepuscolo m., tramonto m., fine f.: the ~ of life il crepuscolo della vita. II a. 1 crepuscolare. 2 (fig) vago, incerto, indistinto, crepuscolare. ☐ (Mitol.nord) Twilight of the Gods il crepuscolo degli dei; (Med,ant) ~ sleep stato di dormiveglia (provocato da scopolamina o da da morfina); (Med) ~ state stato crepuscolare; ~ zone zona crepuscolare.

twilit /'twaɪlɪt/ a. 1 crepuscolare. 2 (dim) oscuro, fosco, buio.

twill /twɪl/ I n. 1 (Tess) twill m., spigato m., diagonale m. 2 (Tess) (twill weave) tessitura f. diagonale, armatura f. diagonale. II v.t. (Tess) tessere in diagonale. ☐ (Tess) ~ weave armatura diagonale, tessitura diagonale.

'twill /twɪl/ (ant) contraz. di it will.

twilled /twɪld/ a. (Tess) (tessuto in) diagonale, spigato.

twin¹ /twɪn/ I n. 1 gemello m. (f. -a): my brother and I are -s mio fratello e io siamo gemelli. 2 (person, thing similar to another) gemello m. (f. -a), cosa f. (o persona f.) identica a un'altra. 3 (Min) cristallo m. geminato, geminato m. II a. 1 gemello: ~ sisters sorelle gemelle. 2 (fig) gemello, uguale, identico. 3 (Min,Bot) geminato. ☐ ~ bed letto gemello: a room with ~ beds una camera con due letti;

~ *brother* fratello gemello; (*Tel*) ~ *cable* linea bifilare; (*Abbigl*) ~ *set* twin set, gemelli.

twin² /twɪn/ (*past, p.p.* **twinned** /-d/) I *v.i.* 1 partorire gemelli. 2 (*to be coupled*) accoppiarsi, appaiarsi. II *v.t.* accoppiare, appaiare.

twin-bedded /'twɪn,bedɪd/ *a.* con due letti: *a ~ room* una camera con due letti.

twin-cylinder /'twɪn,sɪlɪndər/ *a.* (*Mot*) a due cilindri, bicilindrico.

twine /twaɪn/ I *n.* 1 spago *m.*, cordicella *f.*, funicella *f.* 2 (*sth. twined*) groviglio *m.*, viluppo *m.* 3 (*coil, convolution*) spira *f.*, spirale *f.*, voluta *f.* II *v.t.* 1 attorcigliare (assieme), attorcere. 2 (*to interweave*) intrecciare, intessere: *to ~ a wreath* intrecciare una ghirlanda. 3 (*to cause to encircle by winding*) attorcigliare, avvolgere, avviluppare: *the snake -d itself round the branch* il serpente si attorcigliò intorno al ramo. III *v.i.* 1 avvolgersi (a spirale), attorcigliarsi (*around, about* intorno a). 2 (*fig*) serpeggiare, procedere con movimento tortuoso.

twin-engine /'twɪn,endʒɪn/ *a.* (*Aer*) bimotore, a due motori.

twin-engined /'twɪn,endʒɪnd/ *a.* (*Aer*) bimotore, a due motori.

twinge /twɪndʒ/ I *n.* 1 fitta *f.*, trafittura *f.*, dolore *m.* acuto: *a ~ of toothache* una fitta di mal di denti. 2 (*pang*) fitta *f.* II *v.i.* avere una fitta, sentire una fitta, avere un dolore acuto, sentire un dolore acuto. ☐ *-s of conscience* rimorso di coscienza; *I have twinges of conscience* mi rimorde la coscienza.

twinkie /'twɪŋki/ *n.* (*Am*) 1 (*Dolc*) merendina *f.* soffice con crema bianca. 2 (*sl,spreg*) checca *f.*, omosessuale *m.*, frocio *m.*

twinkle /'twɪŋkl/ I *v.i.* 1 scintillare, brillare, luccicare, sfavillare: *the stars -d* le stelle scintillavano. 2 (*to move as flashes of light*) muoversi velocemente, guizzare. 3 (*of the eyes*) brillare, avere uno scintillio. II *v.t.* 1 fare scintillare. 2 (*of light*) emettere a intervalli, fare balenare. 3 (*of the eyes*) guardare con uno scintillio. III *n.* 1 scintillio *m.*, luccichio *m.*, sfavillio *m.* 2 (*of the eyes*) scintillio *m.*, luce *f.* 3 (*of the eyelids*) il battere. 4 (*flashing movement*) movimento *m.* rapido. 5 (*short period of time*) lampo *m.*, attimo *m.*, istante *m.* ☐ *in a ~* (o *in the ~ of an eye*) in un batter d'occhio.

twinkling /'twɪŋklɪŋ/ *n.* 1 scintillio *m.*, luccichio *m.*, sfavillio *m.* 2 (*short period of time*) lampo *m.*, attimo *m.*, istante *m.* 3 (*Astr,Fis*) scintillazione *f.* ☐ *in the ~ of an eye* in un batter d'occhio.

Twins /twɪnz/ *n.pr.pl.* (*costr.sing.*) (*Astr*) Gemelli *m.pl.*

twirl /twɜːl Am twɜːrl/ I *v.t.* 1 roteare, far girare (rapidamente), mulinare. 2 (*to twiddle*) girare, rigirare. 3 (*to twist, to curl*) arricciare, attorcigliare, torcere. II *v.i.* roteare, girare vorticosamente, piroettare. III *n.* 1 giro *m.* vorticoso, rotazione *f.*, piroetta *f.* 2 (*in writting*) ghirigoro *m.*, svolazzo *m.* 3 (*coil*) spira *f.*, spirale *f.*, giro *m.*; (*of a rope*) volta *f.* 4 (*colloq*) (*short drive*) giro *m.* (in macchina).

twirp /twɜːp Am twɜːrp/ *n.* (*colloq,ant*) fesso *m.*, deficiente *m.*

twist /twɪst/ I *v.t.* 1 attorcigliare, (*rar*) attorcere: *to ~ the strands of a rope* attorcigliare i trefoli di una fune. 2 (*to plait*) intrecciare. 3 (*to turn forcibly*) torcere, strizzare: *to ~ a wet cloth* torcere un panno bagnato. 4 (*Med*) storcere, distorcere: *to ~ one's ankle* distorcersi la caviglia. 5 (*of the face, features*) storcere, distorcere, contorcere. 6 (*fig*) travisare, storcere, distorcere, svisare, alterare: *his words had been -ed* le sue parole erano state travisate. 7 (*fig*) (*to deform, to warp*) defor-

mare: *their minds have been -ed by prejudice* le loro menti sono state deformate dai pregiudizi. 8 (*to turn, to rotate*) girare, volgere, rotare: *he -ed his head to look at me* girò la testa per guardarmi. 9 (*to form into a coil, spiral*) avvolgere, attorcigliare: *to ~ the hair into a knot* avvolgere i capelli in un nodo. 10 (*to bend, to distort by tension*) torcere, storcere: *the force of the explosion had -ed the girders* la forza dell'esplosione aveva storto le travi. 11 (*Br,colloq*) (*to cheat*) ingannare, abbindolare. 12 (*Mecc*) sottoporre a torsione. II *v.i.* 1 dimenarsi, contorcersi, torcersi: *stop -ing in your chair* smettila di dimenarti sulla sedia. 2 (*to turn round*) girarsi, volgersi, voltarsi. 3 (*to take a winding, sinuous course*) serpeggiare, procedere tortuosamente: *the road -ed up the mountain-side* la strada serpeggiava su per il fianco della montagna. 4 (*to curve, to bend*) piegare, curvare, torcere. 5 (*to bend, under torsion*) torcersi, storcersi. 6 (*to coil*) attorcigliarsi, avvolgersi. 7 (*colloq*) (*to act dishonestly*) imbrogliare, truffare. 8 (*to dance the twist*) ballare il twist. III *n.* 1 torcimento *m.*, torsione *f.*, storta *f.* 2 (*Med*) distorsione *f.*, storta *f.* 3 (*thread, rope, etc.*) corda *f.* ritorta, filo *m.* ritorto, spago *m.* ritorto. 4 (*of tobacco*) rotolo *m.* 5 (*screw of paper*) cartoccio *m.* 6 (*Gastron*) filoncino *m.* 7 (*curve*) curva *f.*, svolta *f.*, voltata *f.*, piega *f.*: *a ~ in the road* una curva nella strada. 8 (*of a river*) ansa *f.* 9 (*spiral, coil*) voluta *f.*, spira *f.* 10 (*of a rope*) volta *f.* 11 (*fig*) (*distortion of meaning*) travisamento *m.*, distorsione *f.* del significato, alterazione *f.* del significato. 12 (*fig*) (*strong individual tendency*) forte inclinazione *f.*, forte tendenza *f.* 13 (*fig*) (*eccentricity*) eccentricità *f.*, stravaganza *f.* 14 (*fig*) (*unexpected development*) sviluppo *m.* imprevisto. 15 (*dance*) twist *m.* 16 (*Sport*) (*in swimming*) avvitamento *m.* 17 (*Tess*) torcitura *f.* 18 (*Mecc*) torsione *f.* ☐ *to ~ about* dimenarsi, contorcersi, torcersi: *stop -ing about in your chair* smettila di dimenarti sulla sedia; *to ~ so.'s arm* 1 storcere il braccio a qcu.; 2 (*colloq*) (*to compel*) costringere qcu., forzare qcu.; *to ~ around* 1 dimenarsi, contorcersi, torcersi; 2 (*to turn round*) girarsi, volgersi, voltarsi; *~ cap* tappo a vite; *a ~ of lemon* una goccia di limone; *to ~ off* staccare, svitare, svitarsi; *to ~ round* girarsi, volgersi, voltarsi; *(fig) to ~ so. round one's finger* (o *to ~ so. round one's little finger*) rigirare qcu. come si vuole; (*colloq*) *to ~ so.'s tail* pestare i piedi a qcu., molestare qcu., infastidire qcu.; *to ~ together* attorcigliare, (*rar*) attorcere; *to ~ top* tappo a vite.

twistable /'twɪstəbl/ *a.* che si può torcere, che si può attorcigliare.

twisted /'twɪstɪd/ *a.* 1 attorcigliato. 2 (*of the face, features*) contorto, distorto. 3 (*spiral, winding*) a spirale, attorcigliato. 4 (*of people*) storto. 5 (*of people: puzzled*) confuso, perplesso. 6 (*Tess*) ritorto. ☐ (*El*) ~ *pair cable* doppino.

twister /'twɪstər/ *n.* 1 torcitore *m.* (*f.* -trice). 2 (*colloq*) (*dishonest person*) disonesto *m.* (*f.* -a); (*cheat, crook*) imbroglione *m.* (*f.* -a), truffatore *m.* (*f.* -trice). 3 (*Sport*) palla *f.* con effetto. 4 (*Am,colloq*) (*tornado*) tornado *m.* 5 (*Tess*) ritorcitoio *m.*

twisting /'twɪstɪŋ/ *a.* serpeggiante, tortuoso: *a ~ road* una strada serpeggiante.

twisty /'twɪsti/ *a.* 1 (*twisting*) serpeggiante, tortuoso. 2 (*colloq*) (*dishonest*) disonesto, corrotto.

twit /twɪt/ I *v.t.* (*past, p.p.* **twitted** /'twɪtɪd Am 'twɪtɪd/) 1 prendere in giro, canzonare, stuzzicare, punzecchiare: *to ~ so. about sth.*

prendere in giro qcu. per qcs. 2 (*to reproach*) rimproverare, sgridare. II *n.* 1 presa *f.* in giro, canzonatura *f.* 2 (*spec. Br,colloq*) (*idiot*) idiota *m.* completo, cretino *m.* integrale.

twitch /twɪtʃ/ I *v.t.* 1 tirare, dare uno strattone a: *to ~ so. by the sleeve* tirare qcu. per la manica. 2 (*of a part of the body*) contrarre. II *v.i.* 1 dare uno strattone (*at* a), tirare (qcu.). 2 (*of a part of the body*) contrarsi, contorcersi. III *n.* 1 strattone *m.*, stratta *f.*, strappo *m.* 2 (*of a part of the body*) spasmo *m.*, contrazione *f.* convulsa; (*of a muscle*) contrazione *f.* involontaria, contrattura *f.*, (*estens*) tic *m.* 3 (*fig*) morso *m.*, pena *f.*: *a ~ of jealousy* il morso della gelosia. 4 (*restraining device for a horse*) stringilabbro *m.*, torcinaso *m.*, stringinaso *m.*

twitchy /'twɪtʃi/ *a.* 1 nervoso, irrequieto. 2 (*irritable*) eccitabile, irritabile.

twitter /'twɪtər Am 'twɪtər/ *v.i.* 1 (*of birds*) cinguettare, pigolare. 2 (*of people*) cinguettare, chiacchierare animatamente. II *n.* 1 (*of birds*) cinguettio *m.*, pigolio *m.* 2 (*of people*) cinguettio *m.*, chiacchierio *m.* ☐ (*colloq*) *to be all of a ~* essere in grande agitazione.

twixt /twɪkst/ *prep.* (*poet,rar*) tra, fra.

two /tuː/ I *a.* due. II *n.* (*pl.inv.* o *-s* /-z/; *il pl. in -s si usa general. con valore collett.*) 1 due *m.* 2 (*two objects, units*) due *m.pl.* 3 (*two o'clock*) due *f.pl.* ☐ *as like as ~ peas* (o *as like as ~ peas in a pod*) somiglianti come due gocce d'acqua; *by ~* (o *~ by ~*) a due a due, due per volta; (*fig*) *to put in one's own ~ cents* (o *to put in one's ~ cents' worth*) dare il proprio parere, dire la propria (in una discussione), intervenire; (*Mil*) *~ deep* in fila per due; (*fig*) *to be (caught) between ~ fires* essere tra due fuochi; (*Br,fig*) *for ~ pins I'd give up* sono a un pelo dal rinunciare; *in ~* in due: *to cut sth. in ~* tagliare qcs. in due; *in -s* a due a due, due per volta: *we were interviewed in -s* siamo stati intervistati a due a due; *to be in ~ minds about sth.* essere indeciso su qcs., essere incerto su qcs.; (*fig*) *in ~ twos* in quattro e quatt'otto, in men che non si dica, in un batter d'occhio; (*iron*) *that makes ~ of us!* allora siamo in due!; *one or ~* uno o due, qualche; (*fig*) *to put ~ and ~ together* trarre le logiche conseguenze, rendersi conto; (*Stor*) *Two Sicilies* due Sicilie, regno delle due Sicilie; (*Am,colloq*) *to have ~ strikes against one* essere in posizione di svantaggio; (*pop*) essere fregato in partenza; *it takes ~ to tango* per fare certe cose bisogna essere in due; *there are no ~ ways about it* non c'è niente da fare, c'è poco da discutere. *Prov.*: *~ heads are better than one* due teste sono meglio di una; *~'s company, three's a crowd* in due ci si fa compagnia, in tre si è troppi; *~ wrongs don't make a right* la miglior vendetta è il perdono.

two-bedder /'tuːbedər/ *n.* (*Br,colloq*) bilocale *m.*

two-bedroom /'tuː,bedruːm/ *a.* con due camere da letto.

two-bedroomed /'tuː,bedruːmd/ *a.* con due camere da letto.

two-bit /'tuːbɪt/ *a.* (*Am,sl*) 1 (*cheap*) da due soldi. 2 (*of little importance*) insignificante, senza importanza.

two-bits /'tuːbɪts/ *n.* (*Am*) 1 (*colloq*) venticinque cents *m.* 2 (*petty sum*) somma *f.* irrisoria.

two-by-four /'tuːbaɪfɔːr Am 'tuːbaɪfɔːr/ I *n.* misura *f.* standard di listelli da costruzione (2 x 4 pollici). II *a.* (*Am,fig*) insignificante, piccolo.

two-chamber /'tuː,tʃeɪmbər/ ☐ (*Am,Pol*) ~ *legislature* assemblea legislativa bicamerale.

two-color /ˌtuːˈkʌlər/ a. (Am) bicolore, a due colori.

two-colour /ˌtuːˈkʌlər/ a. bicolore, a due colori.

two-decker /ˌtuːˈdekər/ n. (Mar) nave f. a due ponti. ☐ ~ bus autobus a due piani, autobus con imperiale.

two-dimensional /ˌtuːd(a)ɪˈmenʃənəl/ a. bidimensionale.

two-dimensionality /ˌtuːd(a)ɪmenʃənˈælɪti Am ˌtuːd(a)ɪmenʃənˈæləti/ n. bidimensionalità f.

two-edged /ˌtuːˈedʒd/ a. a doppio taglio (anche fig). ☐ ~ sword: 1 spada a doppio taglio; 2 (fig) arma a doppio taglio.

two-engined /ˌtuːˈendʒɪnd/ a. (Aer) bimotore, a due motori.

two-faced /ˌtuːˈfeɪst Am ˈtuːfeɪst/ a. 1 a due facce. 2 (fig) falso, finto, ipocrita.

two-fisted /ˌtuːˈfɪstɪd/ a. 1 (colloq) che sa tirare pugni. 2 (clumsy) goffo, impacciato. 3 (in tennis) che impugna la racchetta con due mani: ~ backhand rovescio a due mani.

twofold /ˈtuːfəʊld/ I a. 1 duplice. 2 (being twice as great) doppio. II avv. due volte tanto, due volte tanti.

two-four /ˈtuːˈfɔːr Am ˌtuːˈfɔːr/ a. (Mus) di due quarti: ~ time tempo di due quarti.

two-handed /ˌtuːˈhændɪd Am ˈtuːˌhændɪd/ a. 1 che richiede l'uso di entrambe le mani: a ~ axe un'ascia che richiede l'uso di entrambe le mani. 2 (ambidextrous) ambidestro.

two-legged /ˌtuːˈleg(ɪ)d Am ˈtuːˌleg(ɪ)d/ a. bipede.

two-masted /ˌtuːˈmɑːstɪd Am ˈtuːˌmæstɪd/ a. (Mar) a due alberi.

two-master /ˈtuːˌmɑːstər Am ˈtuːˌmæstər/ n. (Mar) nave f. a due alberi, due alberi m.

twoness /ˈtuːnəs/ n. dualità f., duplicità f.

two-party /ˈtuːpɑːti Am ˈtuːpɑːrti/ a. (Tel) ~ line duplex; (Pol) ~ system bipartitismo.

twopence /ˈtʌpəns/ n. 1 due penny m.pl. 2 (colloq) (trifling sum) sciocchezza f., stupidaggine f.

twopenn'orth /ˌtuːˈpenɜːθ/ n. (Br,ant) 1 valore m. di due pence. 2 (colloq) valore m. insignificante. ☐ (colloq,fig) to put in one's ~ dare il proprio parere.

twopenny /ˈtʌpəni/ a. 1 da due penny, del valore di due penny. 2 (colloq) (cheap) di poco valore, scadente. 3 (colloq) (insignificant) insignificante, trascurabile.

twopenny-halfpenny /ˌtʌpniˈheɪpni/ a. 1 da due penny e mezzo. 2 (colloq) (insignificant) insignificante, di poca importanza.

two-phase /ˈtuːfeɪz/ a. (El) bifase: ~ current corrente bifase.

two-piece /ˈtuːpiːs/ I a. (Abbigl) in due pezzi, a due pezzi. II n. (Abbigl) 1 (swimsuit) costume m. a due pezzi, duepezzi m., due pezzi m. 2 (woman's suit) abito m. con giacca, gonna f. e giacca, duepezzi m., due pezzi m.

twoply /ˈtuːplaɪ/ I a. 1 (of wood) a due strati. 2 (of wool, wire, etc.) a due capi. 3 (Tess) (woven double) doppio. II n. (Fal) pannello m. compensato a due strati.

two-point /ˈtuːpɔɪnt/ ☐ (Aer) ~ landing atterraggio a due punti.

two-seater /ˌtuːˈsiːtər Am ˈtuːˌsiːtər/ n. 1 (Aut) vettura f. sportiva, vettura f. a due posti. 2 (Aer) aereo m. biposto, biposto m.

two-shot /ˈtuːʃɒt Am ˈtuːʃɑːt/ n. (Cin,TV) inquadratura f. a due.

two-sided /ˌtuːˈsaɪdɪd/ a. 1 che ha due lati, bilaterale. 2 (fig) duplice, che presenta due aspetti.

twosome /ˈtuːsəm/ I n. 1 gruppo m. di due, duo m., coppia f., paio m. 2 (Sport) (in golf) partita f. tra due persone. II a. a due, in coppia.

two-speed /ˈtuːspiːd/ a. (Mot) a due velocità: ~ gear cambio a due velocità.

two-stage /ˈtuːsteɪdʒ/ ☐ (Mil) ~ missile missile a due stadi.

two-stroke /ˈtuːstrəʊk/ ☐ (Mot) ~ engine motore a due tempi.

two-tier /ˈtuːtaɪər/ ☐ (Br) ~ authorities enti a duplice amministrazione.

two-time /ˌtuːˈtaɪm Am ˈtuːtaɪm/ v.t. (colloq) essere infedele a, tradire, fare le corna a.

two-timer /ˌtuːˈtaɪmər Am ˈtuːˌtaɪmər/ n. (colloq) traditore m. (f. -trice), chi fa le corna.

two-tone /ˌtuːˈtəʊn Am ˈtuːtəʊn/ a. 1 a due tonalità di colore. 2 (Acus) a due suoni. 3 (Elettron) a due toni.

two-toned /ˌtuːˈtəʊnd Am ˈtuːtəʊnd/ a. 1 a due tonalità di colore. 2 (Acus) a due suoni. 3 (Elettron) a due toni.

two-tongued /ˈtuːtʌŋd/ a. doppio, falso, ipocrita.

two-twenty /ˌtuːˈtwenti Am ˌtuːˈtwenti/ n. (Sport) (220-yard race) duecentoventi iarde f.pl.

'twould /twʊd/ (poet) contraz. di it would.

two-way /ˌtuːˈweɪ Am ˈtuːweɪ/ a. 1 (Strad) a due sensi, a senso doppio (di circolazione): a ~ street una strada a due sensi. 2 (involving two parties, groups) bilaterale. 3 (Tecn) (of valve, cock) a due vie. ☐ ~ mirror specchio segreto; (Rad) ~ radio ricetrasmettitore, radio ricevente e trasmittente.

two-wheeled /ˌtuːˈ(h)wiːld/ a. a due ruote.

two-wheeler /ˌtuːˈ(h)wiːlər/ n. veicolo m. a due ruote.

TX Texas TX (Texas).

Tyburn /ˈtaɪbɜːn Am ˈtaɪbɜːrn/ ☐ ~ tippet capestro; ~ tree (gallows) forca, patibolo.

tycoon /taɪˈkuːn/ n. 1 grande industriale m., magnate m., tycoon m. 2 (Stor) (in Japan) shogun m.

tying /ˈtaɪɪŋ/ → tie[1].

tyke /taɪk/ n. 1 cane m. bastardo. 2 (naughty child) monello m., birba f. 3 (Am) (little child) bambino m. piccolo. 4 (colloq) (ill-bred fellow) persona f. maleducata, zoticone m.

tymp /tɪmp/ n. 1 (Met) timpano m. 2 (Minier) trave f. orizzontale.

tympan /ˈtɪmpən/ n. 1 membrana f. (tesa). 2 (Arch,Mus,Anat) timpano m. 3 (Tip) (sheet) foglio m. di maestra; (frame) timpano m.

tympani /ˈtɪmpəni/ n.pl. (costr.sing. o pl.) (Mus) timpani m.pl.

tympanic /tɪmˈpænɪk/ a. (Anat) timpanico, del timpano: ~ membrane membrana timpanica.

tympanist /ˈtɪmpənɪst/ n. (Mus) timpanista m./f.

tympanites /ˌtɪmpəˈnaɪtiːz/ n. (Med) meteorismo m., timpanite f.

tympanitis /ˌtɪmpəˈnaɪtɪs Am ˌtɪmpəˈnaɪtɪs/ n. (Med) timpanite f.

tympanum /ˈtɪmpənəm/ (pl. -s /-z/ o -na /-nə/) n. 1 (Anat) timpano m., orecchio m. medio. 2 (Zool,Arch,Mus,Idr) timpano m.

type /taɪp/ I n. 1 tipo m., genere m., sorta f., specie f., razza f.: all -s of people ogni tipo di gente; music of a ~ I enjoy musica di un genere che mi piace. 2 (representative specimen) tipo m., esemplare m., modello m. 3 (Biol) tipo m. 4 (Zootecn) tipo m., razza f. 5 (Tip) carattere m. tipografico; (collett.) caratteri m.pl. tipografici, tipi m.pl. 6 (colloq) (person, fellow) tizio m., tipo m., individuo m. 7 (model, pattern) tipo m., modello m., schema m. ideale. 8 (symbol) simbolo m., figura f., emblema m. 9 (Numism) conio m., stampa f. II v.t. 1 scrivere a macchina, battere (a macchina), dattilografare: to ~ a letter dattilografare una lettera, battere una lettera. 2 (Biol) clas-

sificare secondo il tipo. III v.i. scrivere a macchina, battere a macchina. ☐ (Psic) Type A personalità di tipo A; (Ind) ~ approval omologazione; (Psic) Type B personalità di tipo B; (Fisiol) ~ A blood gruppo sanguigno A; (Tip) ~ gauge tipometro; (Tip) ~ metal lega tipografica; (Dir) ~ of offence configurazione di reato; to ~ out scrivere a macchina, battere (a macchina), dattilografare; ~ specimen: 1 (Biol) tipo di una specie; 2 (Tip) campione di un font.

type-approved /ˈtaɪpəˌpruːvd/ a. (Ind) omologato.

typebar /ˈtaɪpbɑːr Am ˈtaɪpbɑːr/ n. 1 (of a typewriter) martelletto m., leva f. porta-carattere. 2 (Tip) riga f. intera (o in un solo blocco), riga f. di composizione. 3 (Inform) barra f. portacaratteri.

typecase /ˈtaɪpkeɪs/ n. (Tip) cassa f. dei caratteri.

typecast /ˈtaɪpkɑːst Am ˈtaɪpkæst/ v.t.irr. (Cin, Teat) 1 (to cast repeatedly in similar roles) scritturare sempre per la stessa parte. 2 (to cast suitably) scritturare (un attore) adatto alla parte.

type-cast /ˈtaɪpkɑːst Am ˈtaɪpkæst/ v.t.irr. (Tip, ant) fondere.

typeface /ˈtaɪpfeɪs/ n. (Tip) occhio m. del carattere.

typeholder /ˈtaɪpˌhəʊldər/ n. (Tip,ant) compositoio m.

typer /ˈtaɪpər/ n. dattilografo m. (f. -a).

typescript /ˈtaɪpskrɪpt/ n. dattiloscritto m.

typeset /ˈtaɪpset/ v.t.irr. (Tip) comporre.

typesetter /ˈtaɪpˌsetər Am ˈtaɪpˌsetər/ n. (Tip) 1 (person) compositore m. (f. -trice) tipografico. 2 (machine) compositrice f., macchina f. compositrice.

typesetting /ˈtaɪpsetɪŋ Am ˈtaɪpsetɪŋ/ n. (Tip) composizione f. tipografica. ☐ (Tip) ~ machine compositrice.

typewrite /ˈtaɪpraɪt/ v.irr I v.t. scrivere a macchina, battere (a macchina), dattilografare. II v.i. scrivere a macchina.

typewriter /ˈtaɪpˌraɪtər Am ˈtaɪpˌraɪtər/ n. macchina f. da scrivere, macchina f. per scrivere.

typewriting /ˈtaɪpˌraɪtɪŋ Am ˈtaɪpˌraɪtɪŋ/ n. dattilografia f.

typewritten /ˈtaɪpˌrɪtən/ a. dattiloscritto, scritto a macchina.

typhoid /ˈtaɪfɔɪd/ I n. (Med) febbre f. tifoide, tifoidea f. II a. (Med) tifoide, tifoideo. ☐ (Biol) ~ bacillus bacillo del tifo; (Med) ~ fever febbre tifoide, tifoidea; (spreg) Typhoid Mary: 1 (so. who spreads diseases) untore, chi diffonde la malattia; 2 (so. who spreads bad news) uccello del malaugurio, menagramo, iettatore.

typhoidal /ˈtaɪfɔɪdəl/ a. (Med) tifoide, tifoideo.

typhonic /taɪˈfɒnɪk Am taɪˈfɑːnɪk/ a. (Meteor) di un tifone.

typhoon /taɪˈfuːn/ n. (Meteor) tifone m.

typhous /ˈtaɪfəs/ a. (Med) tifoso.

typhus /ˈtaɪfəs/ n. (Med) tifo m. ☐ (Med) ~ fever tifo.

typical /ˈtɪpɪkəl/ a. 1 tipico, tipo: a ~ Englishman un inglese tipico. 2 (characteristic) tipico, caratteristico, proprio: he is ~ of his class è tipico della sua classe. 3 (conforming to expectation) prevedibile, tipico: that was ~ of you to act like that era prevedibile che ti saresti comportato così. 4 (Biol) tipico.

typically /ˈtɪpɪkəli/ avv. tipicamente.

typification /ˌtɪpɪfɪˈkeɪʃən/ n. 1 tipizzazione f. 2 (sth. that typifies) tipo m.

typify /ˈtɪpɪfaɪ/ v.t. 1 tipizzare. 2 (to be typical of) essere tipico di, caratterizzare. 3 (to sym-

bolize) simboleggiare, simbolizzare, rappresentare (simbolicamente).

typing/'taɪpɪŋ/ □ ~ *paper* carta per macchina per scrivere; ~ *service* copisteria.

typist/'taɪpɪst/ *n.* dattilografo *m.* (*f.* -a).

typo /'taɪpoʊ/ *n.* (*Edit,colloq*) errore *m.* di stampa.

typographer/taɪ'pɒɡrəfə^r *Am* taɪ'pɑːɡrəfər/ *n.* (*Tip*) tipografo *m.* (*f.* -a).

typographic/ˌtaɪpə'ɡræfɪk/ *a.* (*Tip*) tipografico.

typographical/ˌtaɪpə'ɡræfɪkəl/ *a.* (*Tip*) tipografico.

typography /taɪ'pɒɡrəfi *Am* taɪ'pɑːɡrəfi/ *n.* (*Tip*) tipografia *f.*

typologic /ˌtaɪpə'lɒdʒɪk *Am* ˌtaɪpə'lɑːdʒɪk/ *a.* tipologico.

typological /ˌtaɪpə'lɒdʒɪkəl *Am* ˌtaɪpə'lɑːdʒɪkəl/ *a.* tipologico.

typology/taɪ'pɒlədʒi *Am* taɪ'pɑːlədʒi/ *n.* tipologia *f.* (*anche Bibl*).

tyramine /'taɪrəmiːn/ *n.* (*Chim*) tiramina *f.*, tirammina *f.*

tyrannical /tɪ(ə)r'ænɪkəl/ *a.* tirannico, di tiranno, da tiranno.

tyrannically /tɪ(ə)r'ænɪkəli/ *avv.* tirannicamente, in modo tirannico.

tyrannicide/tɪ(ə)r'ænɪsaɪd/ *n.* 1 (*act*) tirannicidio *m.* 2 (*person*) tirannicida *m./f.*

tyrannise /'tɪrənaɪz/ *v.i.* (*Br*) tiranneggiare,

opprimere (*over so.* qcu.), agire da tiranno (con).

tyrannize /'tɪrənaɪz/ *v.i.* tiranneggiare, opprimere (*over so.* qcu.), agire da tiranno (con).

tyrannosaur /t(a)ɪ'rænəsɔːr *Am* t(a)ɪ'rænəsɔːr/ *n.* (*Paleont*) tirannosauro *m.*

tyrannosaurus /t(a)ɪˌrænə'sɔːrəs/ *n.* (*Paleont*) tirannosauro *m.* □ (*Paleont*) ~ *rex* tirannosauro.

tyranny/'tɪrəni/ *n.* 1 tirannia *f.*, tirannide *f.* 2 (*fig*) tirannia *f.*, despotismo *m.*

tyrant/'taɪrənt/ *n.* 1 tiranno *m.* (*anche Stor.gr*). 2 (*fig*) tiranno *m.*, despota *m.* □ (*Zool*) ~ *flycatcher* tiranno.

tyre/'taɪər/ I *n.* 1 (*Aut*) pneumatico *m.* 2 (*of a wooden wheel*) cerchione *m.* II *v.t.* munire di pneumatico, gommare. □ ~ *dealer* gommista; ~ *gauge* manometro per pneumatici; (*Am*) ~ *iron* levacerchioni; ~ *pressure* pressione del pneumatico; ~ *pump* pompa per pneumatici (di bicicletta); ~ *service* gommista.

Tyre/'taɪər/ *n.pr.* (*Geog.stor*) Tiro *f.*

tyred /'taɪəd *Am* 'taɪərd/ *a.* (*Aut*) munito di pneumatico gommato.

tyreless /'taɪələs *Am* 'taɪərləs/ *a.* (*Aut*) senza pneumatici, privo di pneumatici.

Tyrian/'tɪriən/ I *a.* di Tiro. II *n.* abitante *m./*

f. di Tiro. □ ~ *purple*: 1 (*Chim*) porpora di Tiro; 2 (*colour*) color porpora di Tiro.

tyro/'taɪroʊ *Am* 'taɪroʊ/ (*pl.* -**s** /-z/) *n.* principiante *m./f.*, novizio *m.* (*f.* -a), novellino *m.* (*f.* -a).

Tyrol /'tɪrəl, t(a)ɪ'roʊl/ *n.pr.* (*Geog*) Tirolo *m.*

Tyrolean/t(a)ɪ'roʊliən, tɪrə'liːən/ I *a.* tirolese. II *n.* tirolese *m./f.*

Tyrolese /ˌt(a)ɪrə'liːz/ I *a.* tirolese. II *n.inv.* 1 (*costr.pl.*) (*people*) tirolesi *m./f.pl.* 2 (*person*) tirolese *m./f.*

Tyrolienne/t(a)ɪ,roʊlɪ'en/ *n.* (*Mus*) tirolese *f.*

Tyrrhenian /tɪ'riːniən/ *a.* 1 Tirreno. 2 (*Stor*) tirreno, etrusco. □ (*Geog*) ~ *Sea* mar Tirreno, Tirreno.

tzar/tsɑːr, zɑːr *Am* tsɑːr, zɑːr/ *e der.* → **tsar** *e der.*

tzatziki /tsæt'siːki/ *n.* (*Gastron*) tzatziki *m.* (salsa greca a base di yogurt, cetrioli e aglio).

tzetze /'t(s)etsi/ *n.* (*Entom*) mosca *f.* tse-tse, glossina *f.* □ (*Entom*) ~ *fly* mosca tse-tse, glossina.

tzigane, Tzigane/tsi'ɡɑːn/ I *a.* zingaresco. II *n.* zigano *m.* (*f.* -a), zingaro *m.* (*f.* -a) d'Ungheria.

T-zone/'tiːzoʊn/ *n.* (*Cosmet*) zona *f.* T (fronte, naso e mento).

U

u, U[1] /juː/ *(pl.* **u's/us, U's/Us** /-z/) *n. (letter of the alphabet)* u, U *f./m.: a capital U* una u maiuscola; *a small u* una u minuscola; *(Tel) U for uncle* (o *Am U as in uncle*) u come Udine.

U[2] /juː/ I *a.* **1** *(U-shaped)* a U, a forma di U. **2** *(Br,colloq,ant) (characteristic of the upper classes)* tipico delle classi elevate. II *n.* oggetto *m.* a U, oggetto *m.* a forma di U.

U[3] /juː/ **1** *University* U (università). **2** *Union* U (unione). **3** *Unit* U (unità). **4** *United* U (unito). **5** *(Br) (classification for films)* universal (per tutti).

UAE /juːeˈiː/ *United Arab Emirates* UAE (Emirati Arabi Uniti).

UAR /ˌjuːeɪˈɑːr/ *United Arab Republic* RAU (Repubblica Araba Unita).

UB40 /ˌjuːbiːˈfɔːti/ *n. (Br)* modulo *m.* per ottenere il sussidio di disoccupazione.

ubac /juːˈbæk/ *n. (Geog)* ubac *m.*

U-bend /juːˈbend/ *n.* tubo *m.* a U.

Übermensch /ˈuːbəmenʃ *Am* ˈuːbərmenʃ/ *n. (Lett)* superuomo *m.*, oltreuomo *m.*

ubiety /juːˈbaɪəti *Am* juːˈbaɪəti/ *n. (lett)* ubicazione *f.*, collocazione *f.*

Ubiquarian /ˌjuːbɪˈkweərɪən *Am* ˌjuːbɪˈkweriən/ I *a. (Teol)* ubiquista, ubiquitario. II *n. (Teol)* ubiquista *m./f.*, ubiquitario *m.* *(f.* -a).

Ubiquist /ˈjuːbɪkwɪst/ I *a. (Teol)* ubiquista, ubiquitario. II *n. (Teol)* ubiquista *m./f.*, ubiquitario *m.* *(f.* -a).

Ubiquitarian /juːˌbɪkwɪˈteərɪən *Am* juːˌbɪkwɪˈterɪən/ I *a. (Teol)* ubiquista, ubiquitario. II *n. (Teol)* ubiquista *m./f.*, ubiquitario *m.* *(f.* -a).

ubiquitous /juːˈbɪkwɪtəs *Am* juːˈbɪkwɪtəs/ *a.* onnipresente, ubiquitario.

ubiquitously /juːˈbɪkwɪtəsli *Am* juːˈbɪkwɪtəsli/ *avv.* ubiquitariamente.

ubiquitousness /juːˈbɪkwɪtəsnəs *Am* juːˈbɪkwɪtəsnəs/ *n.* ubiquità *f. (anche Teol).*

ubiquity /juːˈbɪkwɪti *Am* juːˈbɪkwɪti/ *n.* ubiquità *f. (anche Teol).*

U-boat /ˈjuːbəʊt/ *n. (Mar.mil)* sottomarino *m.* (tedesco).

U-bolt /ˈjuːbəʊlt/ *n. (Tecn)* staffa *f.* (filettata) a U, cavallotto *m.*

UCAS /ˈjuːkæs/ *(GB) University and College Admissions Service* (servizio di ammissione all'università e ai college).

udal /ˈjuːdəl/ I *n. (Stor,Dir)* allodio *m.* II *a. (Stor,Dir)* allodiale.

udder /ˈʌdər/ *n. (Zool)* mammella *f.*

UEFA /juːˈeɪfə/ *Union of European Football Associations* UEFA (Unione europea delle federazioni di calcio).

UFO /juːˈefəʊ/ *(Aer) unidentified flying object* UFO (oggetto volante non identificato).

ufological /ˌjuːfəˈlɒdʒɪkəl *Am* ˌjuːfəˈlɑːdʒɪkəl/ *a.* ufologico.

ufologist /juːˈfɒlədʒɪst *Am* ˌjuːˈfɑːlədʒɪst/ *n.* ufologo *m.* *(f.* -a).

ufology /juːˈfɒlədʒi *Am* juːˈfɑːlədʒi/ *n.* ufologia *f.*

Uganda /juːˈgændə/ *n.pr. (Geog)* Uganda *m.*

Ugandan /juːˈgændən/ I *a.* ugandese. II *n.* ugandese *m./f.*

ugh /uːh,ʌx/ *intz. (to express disgust, horror, etc.)* puh!, puah!

uglification /ˌʌglɪfɪˈkeɪʃ(ə)n/ *n.* imbruttimento *m.*

uglify /ˈʌglɪfaɪ/ *v.t.* imbruttire.

uglily /ˈʌglɪli/ *avv.* bruttamente.

ugliness /ˈʌglɪnəs/ *n.* bruttezza *f.*

ugly /ˈʌgli/ *a.* **1** brutto: *an ~ girl* una ragazza brutta. **2** *(offensive, unpleasant)* sgradevole, disgustoso. **3** *(morally offensive)* turpe, infame, ignobile, brutto. **4** *(colloq) (quarrelsome)* litigioso. **5** *(causing, threatening to cause trouble)* brutto, preoccupante, spiacevole: *an ~ situation* una brutta situazione. **6** *(of natural phenomena)* brutto, cattivo: *~ weather* brutto tempo. □ *(Am,colloq) ~ American* turista americano maleducato; *~ as sin* brutto come il peccato; *~ duckling* brutto anatroccolo *(anche fig).*

Ugrian /ˈuːgrɪən, ˈjuːgrɪən/ I *a.* ugrico. II *n.* **1** ugro *m.* *(f.* -a). **2** *(Ling)* ugrico *m.*

ugric /(j)uːgrɪk/ I *n. (Ling)* ugrico *m.* II *a. (Ling)* ugrico.

Ugro-Finnic /ˌ(j)uːgrəʊˈfɪnɪk/ I *n. (Ling)* gruppo *m.* ugro-finnico. II *a. (Ling)* ugro-finnico.

uh /ʌ/ *intz.* ehm..., eh... (suono che indica esitazione).

UHF /ˌjuːeɪtʃˈef/ *(El) ultrahigh frequency* UHF (frequenza ultraelevata).

uhlan /ˈ(j)uːlɑːn/ *n. (Mil,ant)* ulano *m.*

uh-oh /ˈʌˌəʊ/ *intz.* oh oh! (suono che indica la scoperta di una sorpresa spiacevole).

UHT /ˌjuːeɪtʃˈtiː/ *ultrahigh temperature* UHT (temperatura ultraalta, altissima temperatura).

U.K., UK /ˌjuːˈkeɪ/ *(Geog) United Kingdom* UK (Regno Unito).

ukase /juːˈkeɪz, juːˈkeɪs/ *n. (Stor)* ukase *m.*

UKR *Ukraine* UKR (Ucraina).

Ukraine /juːˈkreɪn/ *n.pr. (Geog)* Ucraina *f.*

Ukrainian /juːˈkreɪnɪən/ I *a.* ucraino. II *n.* **1** ucraino *m.* *(f.* -a). **2** *(language)* ucraino *m.*

ulcer /ˈʌlsər/ *n.* **1** *(Med)* ulcera *f.*, ulcerazione *f.* **2** *(fig) (corruption)* cancrena *f.*, corruzione *f.*

ulcerate /ˈʌlsəreɪt/ I *v.t. (Med)* ulcerare. II *v.i. (Med)* ulcerare, ulcerarsi.

ulceration /ˌʌlsəˈreɪʃ(ə)n/ *n.* **1** ulcerazione *f.* **2** *(ulcer)* ulcera *f.*

ulcerative /ˈʌlsərətɪv *Am* ˈʌlsərətɪv/ *a.* ulcerativo.

ulcered /ˈʌlsəd *Am* ˈʌlsərd/ *a.* ulcerato.

ulcerous /ˈʌlsərəs/ *a.* **1** ulceroso. **2** *(fig)* corrotto, guasto.

ulex /ˈjuːleks/ *n. (Bot)* ulice *m.*

ullage /ˈʌlɪdʒ/ *n.* **1** calo *m.* dei liquidi, colaggio *m.* II *v.t.* **1** provocare un calo in. **2** *(to fill up the ullage of)* compensare il calo di. **3** *(to reckon the ullage of)* calcolare il calo di.

ulna /ˈʌlnə/ *(pl.* **-s** /-z/ o **-nae** /-niː/) *n. (Anat)* ulna *f.*

ulnar /ˈʌlnər/ *a. (Anat)* ulnare: *~ nerve* nervo ulnare.

ulster /ˈʌlstər *Am* ˈʌlstər/ *n. (Abbigl)* ulster *m.*

Ulster /ˈʌlstər *Am* ˈʌlstər/ *n.pr. (Geog)* Ulster *m.*, Irlanda *f.* del Nord. □ *~ Scot* irlandese di origine scozzese.

Ulsterman /ˈʌlstəmən *Am* ˈʌlstərmən/ *n.irr.* abitante *m.* dell'Ulster.

Ulsterwoman /ˈʌlstəˌwʊmən *Am* ˈʌlstərˌwʊmən/ *n.irr.* abitante *f.* dell'Ulster.

ult. *(Comm,epist)* ultimo u.s. (ultimo scorso).

ulterior /ʌlˈtɪərɪər/ *a.* **1** recondito, nascosto,

celato: *~ motives* motivi reconditi, secondi fini. **2** *(ant) (of time)* ulteriore, successivo. **3** *(of place)* ulteriore, più remoto.

ultima /ˈʌltɪmə *Am* ˈʌltɪmə/ *a.* ultima: *~ ratio* ultima soluzione possibile.

ultimacy /ˈʌltɪməsi *Am* ˈʌltɪməsi/ *n. (rar)* **1** *(state of being ultimate)* definitività *f.* **2** *(most extreme in degree)* non plus ultra *m.*, grado *m.* supremo, grado *m.* massimo, eccellenza *f.* **3** *(most extreme in size)* massimo *m.*, grado *m.* supremo, apice *m.*

ultimate /ˈʌltɪmət *Am* ˈʌltɪmət/ I *a.* **1** ultimo, definitivo, finale: *~ analysis* ultima analisi; *the ~ decision* la decisione finale. **2** *(highest)* massimo, sommo, supremo: *the ~ authority* la massima autorità; *our ~ goal* il nostro fine supremo. **3** *(basic)* basilare, fondamentale, primario, primo, ultimo: *~ truths* verità basilari. **4** *(best)* il migliore possibile, il più grande: *~ compliment* il massimo dei complimenti. II *n.* **1** ultimo stadio *m.* **2** *(the best achievable)* massimo *m.*, non plus ultra *m.* (in di). **3** *(sth. fundamental)* fondamento *m.*, base *f.* □ *(Sport) ~ fighting* ultimate fighting (lotta senza esclusione di colpi); *(Edil) ~ strength* (o *~ stress*) carico di rottura.

ultimately /ˈʌltɪmətli *Am* ˈʌltɪmətli/ *avv.* **1** *(in the end)* infine, alla fine. **2** *(in conclusion)* in definitiva, in fin dei conti, in fondo, alla fin fine.

ultimatum /ˌʌltɪˈmeɪtəm *Am* ˌʌltɪˈmeɪtəm/ *(pl.* **-s** /-z/ o **-ta** /-tə/ *Am* /-tə/) *n. (anche Mil,Pol)* ultimatum *m. (anche estens).*

ultimo /ˈʌltɪˌməʊ *Am* ˈʌltɪməʊ/ *avv. (Comm, epist)* ultimo scorso.

ultra /ˈʌltrə/ I *a.* che supera la norma, che eccede la norma, estremo. II *n.* oltranzista *m./f.*, estremista *m./f.*, ultra *m./f.*

ultracentrifugation /ˌʌltrəsentrɪfjʊˈgeɪʃ(ə)n/ *n. (Chim,Fis)* ultracentrifugazione *f.*

ultracentrifuge /ˌʌltrəˈsentrɪfjuːdʒ/ I *n. (Chim,Fis)* ultracentrifuga *f.* II *v.t. (Chim,Fis)* ultracentrifugare, sottoporre a ultracentrifugazione.

ultraconservative /ˌʌltrəkənˈsɜːvətɪv *Am* ˌʌltrəkənˈsɜːrvətɪv/ I *a. (Pol)* ultraconservatore. II *n. (Pol)* ultraconservatore *m.* *(f.* -trice).

ultracritical /ˌʌltrəˈkrɪtɪkəl *Am* ˌʌltrəˈkrɪtɪkəl/ *a.* ipercritico.

ultrafiltration /ˌʌltrəfɪlˈtreɪʃ(ə)n/ *n. (Chim,Fis)* ultrafiltrazione *f.*

ultrahigh /ˈʌltrəhaɪ/ *a.* ulraalto. □ *(Fis) ~ vacuum* vuoto ultraspinto.

ultraism /ˈʌltraɪz(ə)m/ *n.* radicalismo *m.*, estremismo *m.*

ultraist /ˈʌltraɪst/ *n.* radicale *m./f.*, estremista *m./f.*

ultraleft /ˌʌltrəˈleft/ *n. (Pol)* ultrasinistra *f.*

ultraliberal /ˌʌltrəˈlɪbrəl/ I *a. (Pol)* ultraliberale. II *n. (Pol)* ultraliberale *m./f.*

ultramarine /ˌʌltrəməˈriːn/ I *n. (pigment)* blu *m.* oltremare. II *a.* **1** oltremare. **2** *(ant) (beyond the sea)* d'oltremare, oltremarino.

ultramicroscope /ˌʌltrəˈmaɪkrəskəʊp/ *n.* ultramicroscopio *m.*

ultramicroscopic /ˌʌltrəˌmaɪkrəˈskɒpɪk *Am* ˌʌltrəˌmaɪkrəˈskɑːpɪk/ *a.* ultramicroscopico.

ultramodern /ˌʌltrəˈmɒdən *Am* ˌʌltrəˈmɑːdərn/ *a.* ultramoderno, modernissimo.

ultramontane /ˌʌltrə'mɒnteɪn *Am* ˌʌltrə
'mɑːnteɪn/ **I** *a.* (*Stor,Rel*) ultramontano. **II** *n.*
(*Stor,Rel*) ultramontanista *m./f.*

ultramontanism /ˌʌltrə'mɒntəˌnɪzᵊm *Am*
ˌʌltrə'mɑːntəˌnɪzᵊm/ *n.* (*Stor,Rel*) ultramontani-
smo *m.*

ultramundane /ˌʌltrəmʌn'deɪn/ *a.* (*poet,lett*)
oltremondano.

ultrarapid /ˌʌltrə'ræpɪd/ *a.* (*Fot*) ultrarapido.

ultra-short /ˌʌltrə'ʃɔːt *Am* ˌʌltrə'ʃɔːrt/ *a.* (*Rad*)
ultracorto: ~ *waves* onde ultracorte.

ultrasonic /ˌʌltrə'sɒnɪk *Am* ˌʌltrə'sɑːnɪk/ *a.*
(*Acus*) ultrasonico, ultrasonoro.

ultrasonically /ˌʌltrə'sɒnɪkᵊli *Am* ˌʌltrə
'sɑːnɪkᵊli/ *avv.* (*Acus*) ultrasonicamente.

ultrasonographic /ˌʌltrəsɒnə'græfɪk *Am*
ˌʌltrəsɑːnə'græfɪk/ *a.* (*Med*) ecografico, ultrasonografico.

ultrasonography /ˌʌltrəsə'nɒgrəfi *Am*
ˌʌltrəsɑː'nɑːgrəfi/ *n.* (*Med*) ecografia *f.*, ultrasonografia *f.*

ultrasound /'ʌltrəsaʊnd/ *n.* (*Acus*) ultrasuono *m.* ☐ (*Rad*) ~ *detector* rivelatore a ultrasuoni.

ultrastructure /'ʌltrəˌstrʌktʃər/ *n.* (*Biol*) ultrastruttura *f.*

ultra-violet /ˌʌltrə'vaɪəlɪt/ *a.* (*Fis*) ultravioletto: ~ *rays* raggi ultravioletti.

ultravirus /ˌʌltrə'vaɪərəs/ *n.* (*Biol,Med*) ultravirus *m.*

ululant /'juːljələnt, 'ʌljələnt/ *a.* ululante, che
ulula.

ululate /'juːljuˌleɪt, 'ʌljəleɪt/ *v.i.* ululare.

ululation /juːlju'leɪʃᵊn, ʌlju'leɪʃᵊn/ *n.* ululato
m., ululo *m.*

Ulyssean /juː'lɪsiːən/ *a.* di Ulisse, relativo a
Ulisse.

Ulysses /juː'lɪsiːz 'juːlɪsiːz/ *n.pr.m.* (*Lett*) Ulisse.

um /ʌm/ *intz.* ehm..., eh... (suono che indica
esitazione).

umbel /'ʌmbᵊl/ *n.* (*Bot*) umbella *f.*, ombrella *f.*

umbellar /'ʌmbᵊlər/ *a.* (*Bot*) umbellato.

umbellate /'ʌmbᵊl(e)ɪt/ *a.* (*Bot*) umbellato.

umbellated /'ʌmbəˌleɪtɪd *Am* 'ʌmbəˌleɪtɪd/ *a.*
(*Bot*) umbellato.

umbellet /'ʌmbᵊlɪt/ *n.* (*Bot*) umbella *f.* secondaria, ombrella *f.* secondaria.

umbellifer /ʌm'belɪfər/ *n.* (*Bot*) ombrellifera
f.

umbelliferous /ʌmbe'lɪfərəs/ *a.* ombrellife-
ro.

umbellule /ʌm'beljuːl/ *n.* (*Bot*) umbella *f.* secondaria, ombrella *f.* secondaria.

umber¹ /'ʌmbər/ **I** *n.* **1** (*Min*) terra *f.* d'ombra.
2 (*colour*) terra *f.* d'ombra: *burnt* ~ terra
d'ombra bruciata. **3** *a.* color terra d'ombra.
III *v.t.* colorare con terra d'ombra.

umber² /'ʌmbər/ *n.* **1** (*Itt*) temolo *m.* **2** (*Ornit*)
umbretta *f.*, uccello *m.* martello.

umbilical /ʌm'bɪlɪkəl/ *a.* (*Anat,Astron,Aer.mil*)
ombelicale: ~ *cord* cordone ombelicale.

umbilicus /ʌm'bɪlɪkəs/ (*pl.* -**ci** /-saɪ/) *n.* (*Anat*)
ombelico *m.*

umbles /'ʌmbᵊlz/ *n.pl.* (*Macell,Gastron*) interiora *f.pl.* di cervo, interiora *f.pl.* di capriolo.

umbo /'ʌmboʊ/ (*pl.* -**s** /-z/ o -**bones** /-'boʊniːz/)
n. (*Mil,Stor,Biol*) umbone *m.*

umbonate /'ʌmboʊn(e)ɪt/, **umbonated**
/'ʌmbəˌneɪtd *Am* 'ʌmbəˌneɪtɪd/ *a.* (*Bot*) umbonato.

umbra /'ʌmbrə/ (*pl.* -**s** /-z/ o -**brae** /-briː/) *n.*
(*Astr*) ombra *f.* **1** cono *m.* d'ombra. **2** (*of a sunspot*)
parte *f.* centrale di una macchia solare.

umbrage /'ʌmbrɪdʒ/ *n.* **1** offesa *f.*, risentimento *m.* **2** (*poet*) (*shade, shadow*) ombra *f.*
☐ *to give* ~ *to so.* offendere qcu.; *to take*
~ *at sth.* impermalirsi per qcs., adombrarsi
per qcs., risentirsi per qcs.

umbrageous /ʌm'breɪdʒəs/ *a.* **1** permaloso,
ombroso. **2** (*giving shade*) che dà ombra,
ombroso.

umbrella /ʌm'brelə, 'ʌmˌbrelə/ **I** *n.* **1** ombrello *m.* (da pioggia). **2** (*sunshade, parasol*) ombrello *m.* da sole, parasole *m.*, ombrellino *m.*
3 (*for the beach, garden, etc.*) ombrellone *m.*
(da giardino, da spiaggia). **4** (*Aer.mil*) ombrello *m.* aereo. **II** *a.* **1** (*folding*) a ombrello:
~ *stroller* passeggino a ombrello. **2** (*fig*) (*including or encompassing different parts*)
generico, generale: ~ *term* termine generico;
~ *organization* organizzazione che ne inclu-
de altre minori. **III** *v.t.* **1** (*rar*) (*to protect under an umbrella*) proteggere sotto un om-
brello, riparare sotto un ombrello. **2** (*fig*) (*include different parts*) racchiudere, includere: *to* ~ *various words under a term* racchiudere varie parole sotto un termine generico.
☐ (*Econ*) ~ *fund* fondo di investimento a
ombrello; (*Bot*) ~ *pine* pino da pinoli; (*Bot*) ~
plant cipero; (*Bot*) ~ *stand* portaombrelli; (*Bot*) ~
tree magnolia tripetala.

umbrellaed /ʌm'breləd/ *a.* **1** (*with an umbrella*) con ombrello, con ombrellone: ~ *tables* tavoli con ombrellone. **2** (*like an umbrella, folding*) a ombrello.

umbrette /ʌm'bret/ *n.* (*Ornit*) umbretta *f.*, uccello *m.* martello.

Umbria /'ʌmbriə/ *n.pr.* (*Geog*) Umbria *f.*

Umbrian /'ʌmbriən/ **I** *a.* umbro. **II** *n.* **1** umbro *m.* (*f.* -a). **2** (*Italic language*) umbro *m.*
☐ (*Pitt*) ~ *school* scuola umbra.

umbriferous /ʌm'brɪfərəs/ *a.* che dà ombra,
ombroso.

umbrine /ʌm'briːn/ *n.* (*Itt*) ombrina *f.*

ump /ʌmp/ *n.* (*Am,Sport,colloq*) arbitro *m.* (*f.*
-a), fischietto *m.*

umph /ʌmf/ *n.* (*Am,colloq*) **1** (*energy, vitality*)
energia *f.*, carica *f.*, brio *m.* **2** (*sl*) (*sex appeal*)
attrattiva *f.* fisica, sex-appeal *m.*

umpirage /'ʌmpaɪərɪdʒ/ *n.* **1** arbitrato *m.* **2**
(*act of umpiring*) arbitraggio *m.*

umpire /'ʌmpaɪər/ **I** *n.* **1** (*Sport*) arbitro *m.* (*f.*
-a), fischietto *m.* **2** (*Dir*) arbitratore *m.* (*f.* -tri-
ce). **II** *v.t.* arbitrare (*anche Sport*). **III** *v.i.* fare
da arbitro (*anche Sport*).

umpteen /'ʌmpˌtiːn/ *a.* (*colloq*) parecchi, decine e decine, molti, un mucchio di, innumerevoli: *I have tried* ~ *diets* ho provato non so
quante diete.

umpteenth /'ʌmpˌtiːnθ/ *a.* (*colloq*) ennesimo: *for the* ~ *time* per l'ennesima volta.

'un /ən/ *pron.* (*dial*) (*one*) uno, una: *he's a bad*
~ è un tipaccio; *that's a good* ~ questa è buona.

UN /juː'en/ *United Nations* ONU (Nazioni
Unite).

unabashed /ˌʌnə'bæʃt/ *a.* **1** (*not embarrassed*) impassibile, imperturbato. **2** (*not
ashamed*) sfacciato, sfrontato.

unabashedly /ˌʌnə'bæʃɪdli/ *avv.* sfacciatamente.

unabated /ˌʌnə'beɪtɪd *Am* ˌʌnə'beɪtɪd/ *a.* non
diminuito.

unabatedly /ˌʌnə'beɪtɪdli *Am* ˌʌnə'beɪtɪdli/
avv. senza diminuire, senza ridursi.

unabbreviated /ˌʌnə'briːviˌeɪtɪd *Am* ˌʌnə
'briːviːeɪtɪd/ *a.* non abbreviato, non accorciato.

unable /ʌn'eɪbᵊl/ *a.* **1** non in grado, non in
condizione, incapace, inabile: *I was* ~ *to attend* non ero in grado di partecipare. **2** (*incompetent, inefficient*) incapace, inabile,
inesperto, incompetente.

unabridged /ˌʌnə'brɪdʒd/ *a.* non abbreviato,
integrale, completo. ☐ (*Edit*) ~ *version*
versione integrale.

unacademic /ˌʌnækə'demɪk/, **unacadem-**

ical /ˌʌnækə'demɪkəl/ *a.* non accademico.

unaccented /ˌʌnæk'sentɪd *Am* ˌʌnæk'sentɪd/
a. (*Gramm*) non accentato, atono.

unacceptability /ˌʌnækseptə'bɪlɪti *Am*
ˌʌnækseptə'bɪlɪti/ *n.* inaccettabilità *f.*

unacceptable /ˌʌnæk'septəbᵊl/ *a.* inaccettabile.

unacceptableness /ˌʌnæk'septəbᵊlnəs/ *n.*
inaccettabilità *f.*

unacceptably /ˌʌnæk'septəbli/ *avv.* in modo
inaccettabile.

unaccommodating /ˌʌnə'kɒmədeɪtɪŋ *Am*
ˌʌnə'kɑːmədeɪtɪŋ/ *a.* poco accomodante, poco
condiscendente.

unaccompanied /ˌʌnə'kʌmpəniːd/ *a.* **1** non
accompagnato, senza compagnia, solo. **2**
(*Mus*) senza accompagnamento.

unaccomplished /ˌʌnə'kʌmplɪʃt/ *a.* **1** non
completato, incompiuto, non finito. **2** (*inexpert*) inesperto, poco pratico.

unaccountability /ˌʌnəkaʊntə'bɪlɪti *Am*
ˌʌnəkaʊntə'bɪlɪti/ *n.* **1** inesplicabilità *f.* **2** (*irresponsibility*) irresponsabilità *f.*

unaccountable /ˌʌnə'kaʊntəbᵊl *Am* ˌʌnə
'kaʊntəbᵊl/ *a.* **1** inspiegabile, inesplicabile, incomprensibile: *for some* ~ *reason* per qualche ragione inspiegabile. **2** (*strange*) strano,
bizzarro. **3** (*not answerable*) non responsabile, irresponsabile.

unaccountableness /ˌʌnə'kaʊntəbᵊlnəs *Am*
ˌʌnə'kaʊntəbᵊlnəs/ *n.* **1** (*unaccountability*) inesplicabilità *f.* **2** (*irresponsibility*) irresponsabilità *f.*

unaccountably /ˌʌnə'kaʊntəbli *Am* ˌʌnə
'kaʊntəbli/ *avv.* inesplicabilmente, inspiegabilmente.

unaccounted-for /ˌʌnə'kaʊntɪdfɔːr *Am* ˌʌnə
'kaʊntɪdfɔːr/ *a.* inspiegato, misterioso.

unaccredited /ˌʌnə'kredɪtɪd *Am* ˌʌnə
'kredɪtɪd/ *a.* **1** non accreditato. **2** (*unauthorized*) non autorizzato.

unaccustomed /ˌʌnə'kʌstəmd/ *a.* **1** non
abituato, non avvezzo: *I am* ~ *to speaking in
public* non sono abituato a parlare in pubblico. **2** (*not customary*) strano, inconsueto, insolito.

unachievable /ˌʌnə'tʃiːvəbᵊl/ *a.* irrealizzabile, irraggiungibile.

unachieved /ˌʌnə'tʃiːvd/ *a.* irrealizzato, non
raggiunto.

unacknowledged /ˌʌnək'nɒlɪdʒd *Am* ˌʌnək
'nɑːlɪdʒd/ *a.* **1** (*of faults*) non riconosciuto,
non ammesso, inconfessato. **2** (*of people*)
misconosciuto, non riconosciuto. **3** (*not answered*) senza risposta, (*burocr*) inevaso: *my
letter went* ~ la mia lettera è rimasta senza
risposta.

unacquainted /ˌʌnə'kweɪntɪd *Am* ˌʌnə
'kweɪntɪd/ *a.* **1** che non ha fatto la conoscenza
(*with* di), che non è stato presentato (a). **2**
(*not acquainted*) non al corrente, non informato (di), che ignora (qcs.).

unacquired /ˌʌnə'kwaɪəd *Am* ˌʌnə'kwaɪərd/
a. **1** non acquisito, non acquistato. **2** (*of abilities, etc.: innate*) innato, naturale, congenito.

unacquitted /ˌʌnə'kwɪtɪd *Am* ˌʌnə'kwɪtɪd/ *a.*
(*Dir*) non assolto.

unacted /ʌn'æktɪd *Am* ʌn'æktɪd/ *a.* **1** non effettuato, non fatto, non eseguito. **2** (*of a
play*) non rappresentato, non recitato.

unadaptability /ˌʌnədæptə'bɪlɪti *Am* ˌʌn
ədæptə'bɪlɪti/ *n.* inadattabilità *f.*

unadaptable /ˌʌnə'dæptəbᵊl *Am* ˌʌnə'dæptəbᵊl/
a. inadattabile.

unadaptableness /ˌʌnə'dæptəbᵊlnəs *Am*
ˌʌnə'dæptəbᵊlnəs/ *n.* inadattabilità *f.*

unadapted /ˌʌnə'dæptɪd *Am* ˌʌnə'dæptɪd/ *a.*
non adatto, inadatto.

unaddicted /ˌʌnəˈdɪktɪd Am ˌʌnəˈdɪkt̬ɪd/ *a.* non dedito (*to* a).

unaddressed /ˌʌnəˈdrest/ *a.* (*Post*) non indirizzato, senza indirizzo.

unadjusted /ˌʌnəˈdʒʌstɪd Am ˌʌnəˈdʒʌst̬ɪd/ *a.* **1** non assestato, non sistemato. **2** (*not settled*) non appianato, non definito.

unadopted /ˌʌnəˈdɒptɪd Am ˌʌnəˈdɑːpt̬ɪd/ *a.* **1** non adottato. **2** (*of roads*) privato, con manutenzione a carico dei privati.

unadorned /ˌʌnəˈdɔːnd Am ˌʌnəˈdɔːrnd/ *a.* disadorno, privo di ornamenti, senza ornamenti.

unadulterated /ˌʌnəˈdʌltəˌreɪtɪd Am ˌʌnə ˈdʌltəˌreɪt̬ɪd/ *a.* **1** non adulterato, non sofisticato, genuino, schietto. **2** (*colloq*) (*complete, utter*) assoluto, totale, completo, bell'e buono: ~ *nonsense* sciocchezze belle e buone.

unadventurous /ˌʌnədˈventʃʊrəs/ *a.* non avventuroso.

unadvisable /ˌʌnədˈvaɪzəbl/ *a.* non consigliabile, sconsigliabile.

unadvised /ˌʌnədˈvaɪzd/ *a.* **1** (*of an action*) avventato, sconsiderato, inconsulto: *an* ~ *investment* un investimento avventato. **2** (*of people*) imprudente, irriflessivo. **3** (*uninformed*) non informato, all'oscuro (*of* di).

unadvisedly /ˌʌnədˈvaɪzədli/ *avv.* avventatamente, sconsideratamente, in modo inconsulto.

unadvisedness /ˌʌnədˈvaɪzɪdnəs/ *n.* avventatezza *f.*, sconsideratezza *f.*

unaesthetic /ˌʌnesˈθetɪk Am ˌʌnesˈθet̬ɪk/ *a.* **1** antiestetico, inestetico. **2** (*not motivated by aesthetic principles*) senza principi estetici, privo di principi estetici.

unaffected /ˌʌnəˈfektɪd Am ˌʌnəˈfekt̬ɪd/ *a.* **1** non affettato, privo di affettazione, semplice, spontaneo, naturale, sincero, genuino. **2** (*undergoing no change*) inalterabile, inattaccabile, impassibile, imperturbabile. **3** (*not influenced*) non influenzato. **4** (*not harmed*) non danneggiato. **5** (*not interrupted*) non interrotto.

unaffectedly /ˌʌnəˈfektɪdli Am ˌʌnəˈfekt̬ɪdli/ *avv.* senza affettazione, con semplicità.

unaffectedness /ˌʌnəˈfektɪdnəs Am ˌʌnə ˈfektɪdnəs/ *n.* semplicità *f.*, naturalezza *f.*

unaffiliated /ˌʌnəˈfɪliˌeɪtɪd Am ˌʌnəˈfɪliˌeɪt̬ɪd/ *a.* non affiliato, indipendente.

unaffordable /ˌʌnəˈfɔːrdəbl/ *a.* troppo caro, proibitivo.

unafraid /ˌʌnəˈfreɪd/ *a.* senza paura, intrepido.

unaided /ˌʌnˈeɪdɪd/ *a.* da solo, senza aiuto, senza assistenza.

unalarmed /ˌʌnəˈlɑːmd Am ˌʌnəˈlɑːrmd/ *a.* non allarmato, tranquillo, imperturbato.

unalienable /ˌʌnˈeɪliənbl/ *a.* (*Dir*) inalienabile: ~ *rights* diritti inalienabili.

unaligned /ˌʌnəˈlaɪnd/ *a.* non allineato (*anche fig,Stor,Pol*): ~ *nations* paesi non allineati.

unalike /ˌʌnəˈlaɪk/ *a.* dissimile, diverso.

unallayed /ˌʌnæˈleɪd/ *a.* non alleviato, non placato.

unalleviated /ˌʌnəˈliːviˌeɪtɪd Am ˌʌnə ˈliːviˌeɪt̬ɪd/ *a.* (*of pain*) non alleviato, non mitigato.

unalloyed /ˌʌnəˈlɔɪd/ *a.* **1** (*Met*) non legato, senza lega, puro. **2** (*fig*) puro, schietto.

unalterability /ʌnˌɔːltərəˈbɪlɪti Am ʌnˌɔːltərə ˈbɪlɪti/ *n.* immutabilità *f.*, inalterabilità *f.*

unalterable /ʌnˈɔːltərəbl/ *a.* immutabile, inalterabile.

unalterableness /ʌnˈɔːltərəblnəs/ *n.* immutabilità *f.*, inalterabilità *f.*

unalterably /ʌnˈɔːltərəbli/ *avv.* inalterabilmente, immutabilmente.

unaltered /ʌnˈɔːltəd Am ʌnˈɔːltərd/ *a.* inalte-

rato, immutato, costante.

unamazed /ˌʌnəˈmeɪzd/ *a.* che non prova stupore, che non prova meraviglia, impassibile. ☐ *to be* ~ *at sth.* non meravigliarsi di qcs.

unambiguity /ˌʌnæmbɪˈɡjuːɪti Am ˌʌnæmbɪ ˈɡjuːt̬i/ *n.* l'essere inequivocabile, mancanza *f.* di ambiguità, chiarezza *f.*

unambiguous /ˌʌnæmˈbɪɡjuəs/ *a.* non ambiguo, chiaro, inequivocabile.

unambiguousness /ˌʌnæmˈbɪɡjuəsnəs/ *n.* l'essere inequivocabile, mancanza *f.* di ambiguità, chiarezza *f.*

unambitious /ˌʌnæmˈbɪʃəs/ *a.* privo di ambizioni, senza ambizioni.

unambitiously /ˌʌnæmˈbɪʃəsli/ *avv.* senza ambizioni.

unambitiousness /ˌʌnæmˈbɪʃəsnəs/ *n.* mancanza *f.* di ambizione.

unamenable /ˌʌnəˈmiːnəbl/ *a.* **1** ribelle, indomabile, intrattabile: *he is* ~ *to reason* non vuole intendere ragioni. **2** (*Dir*) non responsabile.

unamended /ˌʌnəˈmendɪd/ *a.* non emendato, non corretto, senza emendamenti.

un-American /ˌʌnəˈmerɪkən/ *a.* **1** non americano, non caratteristico dell'America, non tipicamente americano. **2** (*Am*) (*unpatriotic*) non patriottico. **3** (*Pol*) antiamericano.

unamused /ˌʌnəˈmjuːzd/ *a.* non divertito.

unamusing /ˌʌnəˈmjuːzɪŋ/ *a.* non divertente.

unanalysable /ʌnˈænəlaɪzəbl/ *a.* non analizzabile.

unanimity /ˌjuːnəˈnɪmɪti Am ˌjuːnəˈnɪmɪt̬i/ *n.* unanimità *f.*

unanimous /juːˈnænɪməs/ *a.* unanime: *the jury was* ~ la giuria è stata unanime; ~ *decision* decisione unanime.

unanimously /juːˈnænɪməsli/ *avv.* all'unanimità, unanimemente.

unanimousness /juːˈnænɪməsnəs/ *n.* unanimità *f.*

unannounced /ˌʌnəˈnaʊnst/ *a.* non annunciato, senza preavviso.

unanswerable /ʌnˈɑːnsərəbl Am ʌnˈæn sərəbl/ *a.* **1** a cui non si può rispondere. **2** (*irrefutable*) irrefutabile, inoppugnabile, incontestabile, innegabile: *an* ~ *argument* un'argomentazione irrefutabile.

unanswerably /ʌnˈænsərəbli/ *avv.* irrefutabilmente, incontestabilmente.

unanswered /ʌnˈænsəd Am ʌnˈænsərd/ *a.* **1** senza risposta: *my letter went* ~ la mia lettera è restata senza risposta. **2** (*not refuted*) incontestato, indiscusso. **3** (*unrequited*) non corrisposto, non contraccambiato.

unanticipated /ˌʌnænˈtɪsɪpeɪtɪd Am ˌʌnæn ˈtɪsɪpeɪt̬ɪd/ *a.* inatteso, imprevisto.

unapologetic /ˌʌnəpɒləˈdʒetɪk Am ˌʌnəpɑːlə ˈdʒet̬ɪk/ *a.* senza rimorsi, per niente dispiaciuto (*for* per, di).

unapologetically /ˌʌnəpɒləˈdʒetɪkli Am ˌʌnəpɑːləˈdʒet̬ɪkəli/ *avv.* senza rimorsi, per niente dispiaciuto.

unappareled /ˌʌnəˈpærəld/ *a.* (*Am,lett,ant*) discinto, svestito.

unapparelled /ˌʌnəˈpærəld/ *a.* (*lett,ant*) non abbigliato, svestito.

unapparent /ˌʌnəˈpærənt/ *a.* non evidente, non chiaro.

unappealable /ˌʌnəˈpiːləbl/ *a.* (*Dir*) inappellabile, non appellabile.

unappeasable /ˌʌnəˈpiːzəbl/ *a.* **1** (*impossible to appease*) implacabile, che non si può calmare. **2** (*impossible to satisfy*) inappagabile, insaziabile (*anche fig*).

unappeasably /ˌʌnəˈpiːzəbli/ *avv.* **1** implacabilmente, fino all'eccesso. **2** (*insatiably*) insaziabilmente. **3** (*in an unconsolable*

manner) inconsolabilmente, irrimediabilmente.

unappetizing /ʌnˈæpɪtaɪzɪŋ/ *a.* non appetitoso, non invitante.

unappetizingly /ʌnˈæpɪˌtaɪzɪŋli/ *avv.* in modo poco appetitoso, in modo poco invitante.

unappreciated /ˌʌnəˈpriːʃiˌeɪtɪd Am ˌʌnə ˈpriːʃiˌeɪt̬ɪd/ *a.* non apprezzato, sottovalutato.

unappreciative /ˌʌnəˈpriːʃiətɪv Am ˌʌnə ˈpriːʃət̬ɪv/ *a.* che non apprezza, che sottovaluta (*of sth.* qcs.): *he was not* ~ *of my help* ha apprezzato il mio aiuto.

unapprehended /ˌʌnæprɪˈhendɪd/ *a.* **1** non compreso, non capito. **2** (*not captured*) non arrestato.

unapprehensive /ˌʌnæprɪˈhensɪv/ *a.* **1** lento nel comprendere, tardo nel comprendere, poco sveglio, poco intelligente. **2** (*slow to recognize danger*) non apprensivo, calmo, non ansioso.

unapproachable /ˌʌnəˈprəʊtʃəbl/ *a.* **1** inaccessibile. **2** (*of a person*) inaccessibile, inavvicinabile. **3** (*unrivalled*) impareggiabile, ineguagliabile, senza rivali, senza pari.

unappropriated /ˌʌnəˈprəʊprieɪtɪd Am ˌʌnə ˈprəʊprieɪt̬ɪd/ *a.* non assegnato; (*of money*) non stanziato.

unapproved /ˌʌnəˈpruːvd/ *a.* non approvato.

unarguable /ʌnˈɑːɡjuəbl Am ʌnˈɑːrɡjuəbl/ *a.* indiscutibile.

unarguably /ʌnˈɑːɡjuəbli Am ʌnˈɑːrɡjuəbli/ *avv.* indiscutibilmente.

unargued /ʌnˈɑːɡjuːd Am ʌnˈɑːrɡjud/ *a.* indiscusso.

unarm /ʌnˈɑːm Am ʌnˈɑːrm/ *v.t.* disarmare.

unarmed /ʌnˈɑːmd Am ʌnˈɑːrmd/ *a.* **1** disarmato, inerme. **2** (*Bot,Zool*) inerme. ☐ ~ *combat* lotta a mani nude.

unarmored /ʌnˈɑːməd Am ʌnˈɑːrmərd/ *a.* (*Am*) **1** (*Mil*) non corazzato. **2** (*of cables*) non armato.

unarmoured /ʌnˈɑːməd/ *a.* **1** (*Mil*) non corazzato. **2** (*of cables*) non armato.

unarrested /ˌʌnəˈrestɪd/ *a.* **1** non arrestato, libero. **2** (*uninterrupted*) ininterrotto.

unarticulated /ˌʌnɑːˈtɪkjuleɪtɪd Am ˌʌnɑːr ˈtɪkjəleɪt̬ɪd/ *a.* inarticolato, indistinto.

unascertainable /ˌʌnæsəˈteɪnəbl Am ˌʌn æsərˈteɪnəbl/ *a.* non accertabile, che non si può appurare.

unascertained /ˌʌnæsəˈteɪnd Am ˌʌnæsər ˈteɪnd/ *a.* non accertato, non appurato.

unashamed /ˌʌnəˈʃeɪmd/ *a.* **1** che non si vergogna (*of* di). **2** (*unabashed*) sfacciato, sfrontato.

unashamedly /ˌʌnəˈʃeɪmədli/ *avv.* **1** senza vergogna. **2** (*unabashedly*) sfacciatamente, sfrontatamente.

unasked /ʌnˈɑːskt Am ʌnˈæskt/ *a.* **1** spontaneo, non sollecitato, non richiesto. **2** (*uninvited*) non invitato, senza invito.

unassailability /ˌʌnəseɪləˈbɪlɪti Am ˌʌnəseɪlə ˈbɪlɪti/ *n.* **1** (*of*) inattaccabilità *f.* **2** (*of arguments, etc.*) incontestabilità *f.*, inoppugnabilità *f.*, irrefutabilità *f.*

unassailable /ˌʌnəˈseɪləbl/ *a.* **1** (*Mil*) inattaccabile. **2** (*of arguments, etc.*) incontestabile, inoppugnabile, irrefutabile.

unassayed /ˌʌnəˈseɪd/ *a.* **1** intentato, non provato. **2** (*Met,Chim*) non saggiato.

unassertive /ˌʌnəˈsɜːtɪv Am ˌʌnəˈsɜːrt̬ɪv/ *a.* **1** non assertivo, che non riesce ad affermarsi. **2** (*reserved*) riservato, timido.

unassisted /ˌʌnəˈsɪstɪd Am ˌʌnəˈsɪst̬ɪd/ *a.* senza aiuto, da solo, non assistito.

unassociated /ˌʌnəˈsəʊʃieɪtɪd Am ˌʌnə ˈsəʊʃieɪt̬ɪd/ *a.* non connesso, non associato.

unassuming /ˌʌnəˈsjuːmɪŋ Am ˌʌnəˈsuːmɪŋ/ *a.* modesto, alla buona, senza pretese.

unassumingly /ˌʌnə'sjuːmɪŋli *Am* ˌʌnə'suːmɪŋli/ *avv.* in modo modesto, alla buona, senza pretese.

unattached /ˌʌnə'tætʃt/ *a.* **1** non legato, libero, sciolto. **2** (*not engaged or married*) senza legami, libero. **3** (*independent of any group, organization, etc.*) indipendente, libero. **4** (*Mil*) non assegnato a un reggimento.

unattainable /ˌʌnə'teɪnəbl/ *a.* irraggiungibile, inaccessibile.

unattempted /ˌʌnə'temptɪd *Am* ˌʌnə'temptɪd/ *a.* intentato, non provato.

unattended /ˌʌnə'tendɪd/ *a.* **1** (*unguarded*) incustodito, senza sorveglianza: *an ~ car park* un parcheggio non custodito. **2** (*untended*) trascurato, negletto. **3** (*not accompanied*) non accompagnato. **4** (*not staffed*) senza personale, senza responsabile: *the petrol pump was ~* dal benzinaio non c'era nessuno degli addetti. **5** (*without audience*) senza pubblico, senza uditorio.

unattentive /ˌʌnə'tentɪv *Am* ˌʌnə'tentɪv/ *a.* disattento, distratto.

unattested /ˌʌnə'testɪd *Am* ˌʌnə'testɪd/ *a.* non attestato, non comprovato.

unattired /ˌʌnə'taɪəd/ *a.* (*Br,rar,scherz*) svestito, non vestito.

unattractive /ˌʌnə'træktɪv *Am* ˌʌnə'træktɪv/ *a.* senza attrattiva, privo di attrattiva, non attraente.

unattractively /ˌʌnə'træktɪvli *Am* ˌʌnə'træktɪvli/ *avv.* in modo non attraente.

unattractiveness /ˌʌnə'træktɪvnəs *Am* ˌʌnə'træktɪvnəs/ *n.* mancanza *f.* di attrattiva.

unattributable /ˌʌnə'trɪbjutəbl *Am* ˌʌnə'trɪbjətəbl/ *a.* non attribuibile.

unauthentic /ˌʌnɔː'θentɪk *Am* ˌʌnɔː'θentɪk/ *a.* non autentico, falso.

unauthorized /ʌn'ɔːθəraɪzd/ *a.* **1** non autorizzato, abusivo, illecito: *an ~ biography* una biografia non autorizzata. **2** (*Inform*) non autorizzato: *~ access* accesso non autorizzato.

unavailable /ˌʌnə'veɪləbl/ *a.* non disponibile (*anche Comm*): *the president was ~ for comment* il presidente non era disposto a fare commenti.

unavailing /ˌʌnə'veɪlɪŋ/ *a.* vano, inutile, inefficace.

unavailingly /ˌʌnə'veɪlɪŋli/ *avv.* senza successo, senza esito, vanamente.

unavenged /ˌʌnə'vendʒd/ *a.* invendicato, non vendicato.

unavoidability /ˌʌnəvɔːɪdə'bɪlɪti/ *n.* inevitabilità *f.*, ineluttabilità *f.*

unavoidable /ˌʌnə'vɔːɪdəbl/ *a.* inevitabile, ineluttabile.

unavoidably /ˌʌnə'vɔːɪdəbli/ *avv.* inevitabilmente, ineluttabilmente.

unavowed /ˌʌnə'vaud/ *a.* (*lett*) non ammesso, inconfessato.

unawakened /ˌʌnə'weɪkənd/ *a.* **1** non sveglio, addormentato. **2** (*fig*) latente, potenziale.

unaware /ˌʌnə'weə *Am* ˌʌnə'wer/ **I** *a.* ignaro, inconscio, inconsapevole (*of di*): *he was ~ of the danger* era ignaro del pericolo. **II** *avv.* **1** (*unawares*) inavvertitamente, inconsapevolmente. **2** (*without warning*) alla sprovvista, inaspettatamente, di sorpresa.

unawareness /ˌʌnə'weənəs *Am* ˌʌnə'wernəs/ *n.* inconsapevolezza *f.*

unawares /ˌʌnə'weəz *Am* ˌʌnə'werz/ *avv.* **1** inavvertitamente, inconsapevolmente. **2** (*without warning*) alla sprovvista, inaspettatamente, di sorpresa: *the storm caught us ~* il temporale ci ha colti alla sprovvista.

unbacked /ʌn'bækt/ *a.* **1** (*of a chair*) senza schienale, senza spalliera. **2** (*unsupported*)

senza appoggio, senza aiuto, che non ha sostenitori, privo di sostegno. **3** (*not betted on*) su cui nessuno scommette, senza scommettitori. **4** (*of a horse*) che non è mai stato montato, che non è mai stato cavalcato, indomato.

unbalance /ʌn'bæləns/ *v.t.* **1** sbilanciare, squilibrare, scompensare: *the blow -d me* il colpo mi ha fatto perdere l'equilibrio. **2** (*to derange mentally*) turbare l'equilibrio (psichico) di, squilibrare.

unbalanced /ʌn'bælənst/ *a.* **1** sbilanciato, squilibrato, non equilibrato. **2** (*mentally deranged*) squilibrato. **3** (*of accounts*) non pareggiato.

unballasted /ʌn'bæləstɪd *Am* ʌn'bæləstɪd/ *a.* senza zavorra.

unbankable /ʌn'bæŋkəbl/ *a.* (*Comm*) non bancabile.

unbaptized /ˌʌnbæp'taɪzd *Am* ˌʌn'bæptaɪzd/ *a.* non battezzato.

unbar /ʌn'bɑːr *Am* ʌn'bɑːr/ *v.t.* **1** togliere la sbarra a, disserrare. **2** (*fig*) aprire.

unbarred /ʌn'bɑːd *Am* ʌn'bɑːrd/ *a.* aperto, non sbarrato.

unbearable /ʌn'beərəbl *Am* ʌn'berəbl/ *a.* insopportabile, intollerabile.

unbearableness /ʌn'beərəblnəs *Am* ʌn'berəblnəs/ *n.* insopportabilità *f.*, intollerabilità *f.*

unbearably /ʌn'beərəbli *Am* ʌn'berəbli/ *avv.* insopportabilmente, intollerabilmente.

unbeatable /ʌn'biːtəbl *Am* ʌn'biːtəbl/ *a.* imbattibile, insuperabile, invincibile: *~ prices* prezzi imbattibili.

unbeaten /ʌn'biːtən *Am* ˌʌn'biːtən/ *a.* **1** imbattuto, non battuto, insuperato: *an ~ record* un record imbattuto. **2** (*of a path, etc.*) non frequentato, non battuto. **3** (*fig*) inesplorato: *the ~ paths of science* i sentieri inesplorati della scienza.

unbecoming /ˌʌnbɪ'kʌmɪŋ/ *a.* (*rar*) **1** indecoroso, sconveniente: *conduct ~ a doctor* condotta indecorosa per un medico. **2** (*of clothing: not flattering or attractive*) che non dona, che non sta bene.

unbecomingly /ˌʌnbɪ'kʌmɪŋli/ *avv.* (*rar*) indecorosamente, sconvenientemente.

unbecomingness /ˌʌnbɪ'kʌmɪŋnəs/ *n.* (*rar*) sconvenienza *f.*, indecorosità *f.*

unbefitting /ˌʌnbɪ'fɪtɪŋ *Am* ˌʌn'bɪfɪtɪŋ/ *a.* (*rar*) non adatto, che non si addice.

unbegotten /ˌʌnbɪ'gɒtən *Am* ˌʌnbɪ'gɑːtən/ *a.* (*ant*) **1** non generato, non procreato. **2** (*eternal*) eterno, sempiterno.

unbegrudging /ˌʌnbɪ'grʌdʒɪŋ/ *a.* **1** concesso di buon grado, dato di buon grado. **2** (*generous*) generoso, liberale, munifico.

unbegrudgingly /ˌʌnbɪ'grʌdʒɪŋli/ *avv.* di buon grado.

unbeknown /ˌʌnbɪ'nəʊn/ *avv.* di nascosto, all'insaputa (di): *~ to everyone* all'insaputa di tutti.

unbeknownst /ˌʌnbɪ'nəʊnst/ *avv.* di nascosto, all'insaputa (di).

unbelief /ˌʌnbɪ'liːf/ *n.* incredulità *f.* (*spec.* religiosa).

unbelievable /ˌʌnbɪ'liːvəbl/ *a.* incredibile, inconcepibile.

unbelievably /ˌʌnbɪ'liːvəbli/ *avv.* incredibilmente, inconcepibilmente.

unbeliever /ˌʌnbɪ'liːvə/ *n.* **1** chi non crede, scettico *m.* (*f.* -a). **2** (*Rel*) non credente *m./f.*, miscredente *m./f.*

unbelieving /ˌʌnbɪ'liːvɪŋ/ *a.* (*Rel*) non credente, incredulo, miscredente.

unbelt /ʌn'belt/ **I** *v.i.* togliersi la cintura di sicurezza. **II** *v.t.* togliere la cintura a, allentare la cintura a.

unbelted /ʌn'beltɪd/ *a.* **1** senza cintura. **2** (*not wearing a seat belt*) senza cintura di sicurezza.

unbend /ʌn'bend/ (*past, p.p.* **unbent** /ʌn'bent/) *v.irr.* **I** *v.t.* **1** (*to straighten*) raddrizzare. **2** (*fig*) rilassare, distendere. **3** (*Mar*) (*of a sail*) sciogliere; (*of a rope*) allascare. **II** *v.i.* **1** stendersi, tendersi. **2** (*to become straight*) raddrizzarsi. **3** (*fig*) (*to become less intransigent*) rilassarsi, distendersi.

unbending /ʌn'bendɪŋ/ *a.* **1** (*not bending*) non flessibile, che non si piega, rigido. **2** (*inflexible in opinion*) risoluto, deciso, fermo, inflessibile, intransigente, rigido.

unbendingly /ʌn'bendɪŋli/ *avv.* risolutamente, fermamente, in modo inflessibile, in modo intransigente.

unbent[1] /ʌn'bent/ → **unbend**.

unbent[2] /ʌn'bent/ *a.* **1** non piegato, non curvo. **2** (*fig*) non sottomesso, non piegato.

unbiased /ʌn'baɪəst/ *a.* imparziale, obiettivo, equo, spassionato.

unbiassed /ʌn'baɪəst/ *a.* imparziale, obiettivo, equo, spassionato.

unbidden /ʌn'bɪdən/ *a.* **1** non richiesto, spontaneo. **2** (*uninvited*) non invitato, senza invito.

unbind /ʌn'baɪnd/ (*past, p.p.* **unbound** /ʌn'baund/) *v.t.irr.* (*rar*) **1** (*to free from bonds*) liberare, sciogliere. **2** (*of a bond, knot, etc.*) sciogliere, slegare.

unblamable /ʌn'bleɪməbl/ *a.* ineccepibile, irreprensibile, non biasimevole.

unblamableness /ʌn'bleɪməblnəs/ *n.* irreprensibilità *f.*

unblanched /ʌn'blɑːntʃt *Am* ʌn'blæntʃt/ *a.* (*of almonds*) non pelato.

unbleached /ʌn'bliːtʃt/ *a.* non candeggiato.

unblemished /ʌn'blemɪʃt/ *a.* senza macchia, puro, incontaminato: *an ~ reputation* una reputazione senza macchia.

unblended /ʌn'blendɪd/ *a.* non mischiato, non miscelato, puro. □ *~ whisky* whisky di puro malto.

unblinking /ʌn'blɪŋkɪŋ/ *a.* **1** che non batte le palpebre. **2** (*fig*) che non batte ciglio, imperturbabile.

unblock /ʌn'blɒk *Am* ˌʌn'blɑːk/ *v.t.* **1** sturare, disintasare, sbloccare. **2** (*in bridge*) liberare (giocando una carta alta dello stesso seme). **II** *v.i.* (*in bridge*) liberare il gioco.

unblushing /ʌn'blʌʃɪŋ/ *a.* (*fig*) sfrontato, sfacciato, svergognato: *~ corruption* corruzione sfrontata.

unbolt /ʌn'bəʊlt/ *v.t.* (*Mecc*) sbullonare, disserrare, aprire.

unbolted[1] /ʌn'bəʊltɪd *Am* ˌʌn'bəʊltɪd/ *a.* senza catenaccio.

unbolted[2] /ʌn'bəʊltɪd *Am* ʌn'bəʊltɪd/ *a.* (*of flour*) non abburattato, non stacciato.

unboned /ʌn'bəʊnd/ *a.* **1** senza ossa, invertebrato. **2** (*Gastron*) non dissossato.

unboot /ʌn'buːt/ **I** *v.t.* togliere le scarpe, togliere gli stivali a. **II** *v.i.* togliersi le scarpe, togliersi gli stivali.

unborn /ʌn'bɔːn *Am* ʌn'bɔːrn/ *a.* **1** futuro, non ancora nato, non ancora apparso, di là da venire: *~ generations* le generazioni future. **2** (*of a baby*) non ancora nato, nascituro.

unbosom /ʌn'bʊzəm/ *v.t.* **1** (*ant*) (*of sentiments, etc.*) rivelare, svelare, confidare. **2** (*rifl.*) *to ~ oneself* aprirsi, confidarsi, sfogarsi, aprire il proprio cuore.

unbound[1] /ʌn'baund/ → **unbind**.

unbound[2] /ʌn'baund/ *a.* **1** sciolto, slegato: *hair* capelli sciolti. **2** (*Legat*) non rilegato.

unbounded /ʌn'baundɪd/ *a.* **1** illimitato, infinito, sconfinato. **2** (*fig*) sfrenato, senza freno, incontrollabile: *~ enthusiasm* entusiasmo sfrenato.

unboundedly /ʌnˈbaʊndɪdlɪ/ avv. illimitatamente, infinitamente, sconfinatamente.

unboundedness /ʌnˈbaʊndɪdnəs/ n. l'essere illimitato, l'essere infinito, l'essere sconfinato.

unbowed /ʌnˈbaʊd/ a. 1 non curvo, non piegato, diritto. 2 (fig) non sottomesso, indomito.

unbrace /ʌnˈbreɪs/ I v.t. 1 allentare. 2 (to untie) sciogliere, slacciare, slegare. 3 (fig) rilassare, distendere; (to weaken) indebolire, infiacchire. II v.i. rilassarsi.

unbraid /ʌnˈbreɪd/ v.t. 1 dipanare, sbrogliare, districare. 2 (of hair in plaits) disfare. 3 (of a rope) separare i capi di.

unbranded /ʌnˈbrændɪd/ a. 1 (of goods, not carrying a brand name) no brand, non di marca. 2 (of livestock) non marchiato.

unbreachable /ʌnˈbriːtʃəbl/ a. nel quale non si riesce a far breccia, impenetrabile.

unbreakable /ʌnˈbreɪkəbl/ a. infrangibile: ~ glass vetro infrangibile.

unbreathable /ʌnˈbriːðəbl/ a. irrespirabile.

unbred /ʌnˈbred/ a. 1 inesperto, poco abile. 2 (of animals) non addestrato. 3 (ant) (ill-bred) ineducato.

unbribable /ʌnˈbraɪbəbl/ a. incorruttibile.

unbridgeable /ʌnˈbrɪdʒəbl/ a. (of a gap) incolmabile.

unbridle /ʌnˈbraɪdl/ v.t. 1 liberare dalle briglie, sbrigliare. 2 (fig) sfrenare, lasciare libero, scatenare, sbrigliare.

unbridled /ʌnˈbraɪdld/ a. 1 senza briglia, sbrigliato. 2 (fig) sfrenato, sbrigliato, senza freno: to have an ~ tongue avere la lingua sciolta.

unbroken /ʌnˈbroʊkən/ a. 1 intero, integro, non rotto. 2 (uninterrupted, continuous) ininterrotto, continuo: ten hours of ~ sleep dieci ore di sonno ininterrotto. 3 (of a record) imbattuto, insuperato. 4 (of a horse) non domato. 5 (Agr) (of land) non arato.

unbuckle /ʌnˈbʌkl/ v.t. sfibbiare, slacciare.

unbuilt /ʌnˈbɪlt/ a. non costruito. □ the land remained ~ on il terreno è rimasto non costruito, il terreno non è stato occupato da fabbricati.

unbundle /ʌnˈbʌndl/ v.t. 1 (charge for market products or services separately) fatturare separatamente. 2 (split a business into parts) ripartire, frazionare.

unburden /ʌnˈbɜːdən Am ˌʌnˈbɜːrdən/ v.t. 1 togliere il carico a, scaricare, alleggerire. 2 (fig) alleggerire, sgravare, liberare da un peso: to ~ one's conscience alleggerire la propria coscienza. 3 (rifl.) to ~ oneself sfogarsi, confidarsi, sgravarsi.

unburied /ʌnˈberɪd/ a. insepolto, non sepolto.

unburned /ʌnˈbɜːnd Am ˌʌnˈbɜːrnd/ a. 1 incombusto, non bruciato. 2 (Tecn) crudo: ~ bricks mattoni crudi.

unburnt /ʌnˈbɜːnt Am ˌʌnˈbɜːrnt/ a. 1 incombusto, non bruciato. 2 (Tecn) crudo: ~ bricks mattoni crudi.

unbusinesslike /ʌnˈbɪznɪslaɪk/ a. poco professionale, non corretto professionalmente: ~ conduct comportamento poco professionale; ~ appearance aspetto poco professionale.

unbutton /ʌnˈbʌtən Am ˌʌnˈbʌtən/ v.t. 1 sbottonare: to ~ one's shirt sbottonarsi la camicia. 2 (Br,colloq) (to open up) sbottonarsi.

unbuttoned /ʌnˈbʌtənd Am ˌʌnˈbʌtənd/ a. 1 sbottonato. 2 (not having buttons) senza bottoni. 3 (Br,colloq) confidenziale.

uncage /ʌnˈkeɪdʒ/ v.t. 1 togliere dalla gabbia. 2 (fig) mettere in libertà, liberare.

uncalculated /ʌnˈkælkjʊˌleɪtɪd Am ʌnˈkælkjəˌleɪtɪd/ a. 1 non calcolato. 2 (fig) inaspettato, inatteso, imprevisto.

uncalled /ʌnˈkɔːld/ a. 1 non chiamato. 2 (Econ) (of capital, etc.) non richiamato. 3 (Sport) (of a foul) non visto, non fischiato.

uncalled-for /ʌnˈkɔːldfɔː Am ʌnˈkɔːldfɔːr/ a. 1 non necessario, superfluo. 2 (impertinent) fuori luogo, non pertinente, gratuito: an ~ remark un'osservazione fuori luogo.

uncannily /ʌnˈkænɪlɪ/ avv. misteriosamente.

uncanniness /ʌnˈkænɪnəs/ n. misteriosità f.

uncanny /ʌnˈkænɪ/ a. 1 misterioso, arcano. 2 (beyond what is normal) prodigioso, miracoloso, portentoso.

uncanonical /ˌʌnkəˈnɒnɪkəl Am ʌnkəˈnɑːnɪkəl/ a. 1 non canonico, non standard. 2 (Bibl) non canonico.

uncanonized /ʌnˈkænənaɪzd/ a. 1 (Rel) non canonizzato. 2 (Bibl) non accettato nei canoni (della Sacra Scrittura).

uncap /ʌnˈkæp/ I v.t. 1 togliere il coperchio a, togliere il tappo a, togliere il cappuccio a. 2 (to remove a limit from such as a price or rate) togliere il limite massimo a, togliere il tetto massimo a. II v.i. togliersi il cappello, togliersi il berretto.

uncared-for /ˌʌnˈkeədfɔː Am ʌnˈkerdfɔːr/ a. trascurato, negletto, abbandonato.

uncaring /ˌʌnˈkeərɪŋ Am ʌnˈkerɪŋ/ a. incurante, indifferente, insensibile.

uncarpeted /ˌʌnˈkɑːpɪtɪd Am ʌnˈkɑːrpɪtɪd/ a. senza tappeto, senza tappeti, senza moquette.

uncase /ʌnˈkeɪs/ v.t. togliere dall'astuccio, togliere dal fodero.

uncatalogued /ˌʌnˈkætəlɒgd Am ʌnˈkætələːgd/ a. non catalogato.

unceasing /ʌnˈsiːsɪŋ/ a. continuo, incessante, ininterrotto.

unceasingly /ʌnˈsiːsɪŋlɪ/ avv. incessantemente, continuamente.

uncensored /ʌnˈsensəd Am ʌnˈsensərd/ a. 1 non censurato, non soggetto a censura. 2 (Lett,Cin) in versione integrale.

uncensured /ʌnˈsenʃəd Am ʌnˈsenʃərd/ a. incensurato.

unceremonious /ˌʌnserɪˈmoʊnɪəs/ a. 1 senza cerimonie, senza formalità, alla buona, semplice. 2 (abrupt, rude) che non fa tante cerimonie, brusco, sbrigativo.

unceremoniously /ˌʌnserɪˈmoʊnɪəslɪ/ avv. 1 senza cerimonie. 2 (abruptly) bruscamente, senza tante cerimonie.

unceremoniousness /ˌʌnserɪˈmoʊnɪəsnəs/ n. 1 mancanza f. di cerimonie, semplicità f. 2 (abruptness) mancanza f. di cerimoniosità, bruschezza f.

uncertain /ʌnˈsɜːtən Am ʌnˈsɜːrtən/ a. 1 incerto, non sicuro, dubbio, non definito, vago: the date is ~ la data è incerta. 2 (questionable) discutibile. 3 (not having certain knowledge) incerto, dubbioso, indeciso, insicuro, non sicuro: we were ~ what to do (o we were ~ as to what to do) eravamo incerti sul da fare. 4 (changeable) instabile, incerto, variabile: ~ weather tempo instabile. 5 (hesitant, not confident) timido, incerto, esitante: an ~ smile un sorriso timido. □ in no ~ terms molto chiaramente, senza peli sulla lingua, senza mezzi termini, senza tanti giri di parole.

uncertainly /ʌnˈsɜːtənlɪ Am ʌnˈsɜːrtənlɪ/ avv. 1 in modo incerto. 2 (hesitantly) in modo esitante.

uncertainty /ʌnˈsɜːtəntɪ Am ʌnˈsɜːrtənti/ n. 1 insicurezza f., incertezza f., dubbio m. 2 (sth. uncertain) incerto m.

unchain /ʌnˈtʃeɪn/ v.t. 1 sciogliere dalla catena, togliere la catena a, liberare dalla catena. 2 (fig) liberare, sciogliere dalle catene.

unchallengeable /ʌnˈtʃælɪndʒəbl/ a. 1 che non si può sfidare. 2 (not to be disputed) incontestabile.

unchallenged /ʌnˈtʃælɪndʒd/ a. 1 non sfidato. 2 (not disputed) incontestato.

unchancy /ʌnˈtʃɑːnsɪ/ a. (Scott) 1 malaugurato, infausto, nefasto. 2 (clumsy, ill-judged) malaccorto, maldestro.

unchangeable /ʌnˈtʃeɪndʒəbl/ a. immutabile, invariabile.

unchangeableness /ʌnˈtʃeɪndʒəblnəs/ n. immutabilità f., invariabilità f.

unchangeably /ʌnˈtʃeɪndʒəblɪ/ avv. invariabilmente.

unchanged /ʌnˈtʃeɪndʒd/ a. immutato, invariato, uguale, identico.

unchanging /ʌnˈtʃeɪndʒɪŋ/ a. immutabile, costante, invariabile.

uncharacteristic /ˌʌnkærəktərˈɪstɪk/ a. non caratteristico, insolito.

uncharacteristically /ˌʌnkærəktərˈɪstɪklɪ/ avv. in modo non caratteristico, in modo insolito.

uncharged /ʌnˈtʃɑːdʒd Am ʌnˈtʃɑːrdʒd/ a. 1 (El) scarico. 2 (Comm) gratuito. 3 (Dir) non formalmente accusato. 4 (of a gun) scarico.

uncharismatic /ˌʌnkærɪzˈmætɪk Am ˌʌn kærɪzˈmætɪk/ a. senza carisma, privo di carisma, che non ha carisma.

uncharitable /ʌnˈtʃærɪtəbl Am ʌnˈtʃærɪtəbl/ a. 1 duro, spietato, aspro. 2 (of a remark) poco gentile.

uncharitableness /ʌnˈtʃærɪtəblnəs Am ʌn ˈtʃærɪtəblnəs/ n. 1 asprezza f., durezza f., severità f. 2 (lack of generosity) mancanza f. di gentilezza.

uncharted /ʌnˈtʃɑːtɪd Am ʌnˈtʃɑːrtəd/ a. non segnato sulle carte geografiche, sconosciuto, inesplorato: ~ seas mari sconosciuti.

unchartered /ʌnˈtʃɑːtəd Am ʌnˈtʃɑːrtərd/ a. 1 (not having a charter) senza un atto istitutivo, non dotato di atto costitutivo. 2 (not having a written constitution) senza costituzione.

unchaste /ʌnˈtʃeɪst/ a. impudico, lascivo.

unchasteness /ʌnˈtʃeɪstnəs/, **unchastity** /ʌnˈtʃæstɪti Am ʌnˈtʃæstəti/ n. impudicizia f., lascivia f.

uncheck /ʌnˈtʃek/ v.t. (Inform) deselezionare (una casella di spunta).

unchecked /ʌnˈtʃekt/ a. 1 incontrollato, libero, senza freno, senza controllo, indisciplinato: the flight of capital abroad continued ~ la fuga di capitali all'estero continuò incontrollata. 2 (not tested) non controllato, non verificato.

unchivalrous /ʌnˈʃɪvəlrəs/ a. che manca di cavalleria, scortese, sgarbato.

unchivalrously /ʌnˈʃɪvəlrəslɪ/ avv. in modo scortese, sgarbatamente.

unchristened /ʌnˈkrɪsənd/ a. non battezzato, a cui non è ancora stato dato un nome.

unchristian /ʌnˈkrɪstʃən/ a. 1 non cristiano, non caritatevole, che non ha spirito cristiano. 2 (not Christian) non cristiano, pagano. 3 (scherz) (uncivilized) barbaro, incivile.

unchurch /ʌnˈtʃɜːtʃ Am ʌnˈtʃɜːrtʃ/ v.t. 1 (to excommunicate) scomunicare. 2 (to declare as no longer a church) sconsacrare.

unchurched /ʌnˈtʃɜːtʃt Am ʌnˈtʃɜːrtʃt/ a. che non frequenta la chiesa, che non ha istruzione religiosa.

uncia /ˈʌnsɪə/ (pl. **-ciae** /-ʃiː, -ʃɪeɪ/) n. (Stor. rom) oncia f.

uncial /ˈʌnsɪəl/ I a. onciale. II n. 1 (uncial letter) onciale f., lettera f. onciale. 2 (uncial writing) scrittura f. onciale. 3 (uncial manu-

script) manoscritto *m.* onciale.

unciform /'ʌnsɪ,fɔːm *Am* 'ʌnsɪ,fɔːrm/, **uncinal** /'ʌnsɪnəl/, **uncinate** /'ʌnsɪn(e)ɪt/, **uncinated** /'ʌnsɪ,neɪtɪd *Am* ,ʌnsɪ'neɪtɪd/ *a.* uncinato, a forma di uncino.

uncircumcised /ʌn'sɜːkəm,saɪzd *Am* ʌn'sɜːrkəm,saɪzd/ I *a.* **1** non circonciso, incirconciso. **2** (*Bibl*) (*not Jewish, Gentile*) non giudeo, gentile. II *n.* (*costr.pl.*) (*Bibl*) (*Gentiles*) incirconcisi *m.pl.*, gentili *m.pl.*

uncircumcision /ʌn,sɜːkəm'sɪʒən *Am* ʌn,sɜːrkəm'sɪʒən/ *n.* **1** incirconcisione *f.* **2** (*Bibl*) (*Gentiles*) incirconcisi *m.pl.*, gentili *m.pl.*

uncircumspect /ʌn'sɜːkəm,spekt *Am* ʌn'sɜːrkəm,spekt/ *a.* imprudente, incauto.

uncivil /ʌn'sɪvəl/ *a.* sgarbato, scortese, maleducato, incivile.

uncivilized /ʌn'sɪvɪlaɪzd/ *a.* incivile, barbaro, selvaggio.

uncivilly /ʌn'sɪvɪli/ *avv.* scortesemente, senza educazione.

unclad /ʌn'klæd/ *a.* svestito, spogliato, nudo.

unclaimed /ʌn'kleɪmd/ *a.* **1** non reclamato, non rivendicato: ~ *lands* terre non reclamate. **2** (*of baggage, letters, etc.*) non ritirato. **3** (*of a prize*) non riscosso.

unclasp /ʌn'klɑːsp *Am* ʌn'klæsp/ I *v.t.* **1** sfibbiare, togliere il fermaglio a, togliere la fibbia a, slacciare. **2** (*to release from one's grasp*) lasciare andare, mollare. **3** (*of one's hands*) disgiungere. II *v.i.* allentare la stretta, allentare la presa.

unclassifiable /,ʌnklæsɪ'faɪəbḷ/ *a.* inclassificabile.

unclassified /ʌn'klæsɪfaɪd/ *a.* non classificato (*anche Mil,Pol*).

uncle /'ʌŋkḷ/ *n.* **1** zio *m.* **2** (*colloq*) (*unrelated adult male friend of the child or of the family*) zio *m.* **3** (*ant,sl*) (*pawnbroker*) prestatore *m.* su pegno, pignoratario *m.* ☐ (*scherz*) ~ *Sam* (*personification of the US*) lo zio Sam; (*Am,sl*) *say* ~! arrenditi! (per chiedere a qcu. di ammettere la sconfitta in una lotta); (*sl*) *Uncle Tom* nero servile nei confronti dei bianchi.

unclean /ʌn'kliːn/ *a.* **1** sporco, sozzo, sudicio. **2** (*fig*) impuro, immorale: ~ *thoughts* pensieri impuri. **3** (*Rel,Etnol*) (*of a food, etc.*) immondo.

uncleanliness /ʌn'klenlɪnəs/ *n.* sporcizia *f.*, sozzura *f.*, sudiciume *m.*

uncleanness /ʌn'kliːnnəs/ *n.* impurità *f.*

unclear /ʌn'klɪə *Am* ʌn'klɪr/ *a.* non chiaro, oscuro.

unclearly /ʌn'klɪəli *Am* ʌn'klɪrli/ *avv.* non chiaramente, in modo oscuro.

unclench /ʌn'klentʃ/ *v.t.* **1** (*of fingers, hands*) aprire, disserrare. **2** (*of fists*) lasciare andare, aprire.

unclimbable /ʌn'klaɪməbḷ/ *a.* (*of a mountain or rock*) che non si può scalare.

unclimbed /ʌn'klaɪmd/ *a.* (*of a mountain or rock*) non ancora scalato.

uncloak /ʌn'kloʊk/ *v.t.* **1** togliere il mantello a. **2** (*fig*) scoprire, smascherare: *to* ~ *a plot* scoprire una congiura.

unclog /ʌn'klɒg *Am* ʌn'klɔːg/ *v.t.* liberare da intasamenti, stasare, sturare: *to* ~ *a drain* stasare un tubo.

unclogged /ʌn'klɒgd *Am* ʌn'klɔːgd/ *a.* libero da intasamenti, stasato, sturato.

unclothe /ʌn'kloʊð/ *v.t.irr.* spogliare, svestire, denudare.

unclothed /ʌn'kloʊðd/ *a.* spogliato, svestito, nudo.

unclouded /ʌn'klaʊdɪd/ *a.* **1** senza nubi, sereno. **2** (*fig*) non offuscato, chiaro. **3** (*of liquids*) limpido.

uncluttered /ʌn'klʌtəd *Am* ʌn'klʌtərd/ *a.* sgombro (*anche fig*).

uncoated /ʌn'koʊtɪd *Am* ʌn'koʊtɪd/ *n.* (*Cart*) non patinato.

uncoil /ʌn'kɔɪl/ I *v.t.* srotolare, svolgere, snodare. II *v.i.* srotolarsi, svolgersi.

uncoined /ʌn'kɔɪnd/ *a.* (*Econ,Numism*) non monetato.

uncollectible /,ʌnkə'lektəbḷ *Am* ,ʌnkə'lektəbḷ/ *a.* (*Econ*) non incassabile.

uncolored /ʌn'kʌlərd/ *a.* (*Am*) **1** non colorato, incolore. **2** (*fig*) non colorito, senza abbellimenti.

uncoloured /ʌn'kʌləd/ *a.* **1** non colorato, incolore. **2** (*fig*) non colorito, senza abbellimenti.

uncombed /ʌn'koʊmd/ *a.* non pettinato, spettinato.

uncomeliness /ʌn'kʌmlɪnəs/ *n.* (*ant*) mancanza *f.* di grazia, mancanza *f.* di avvenenza, bruttezza *f.*

uncomely /ʌn'kʌmli/ *a.* (*ant*) non avvenente, brutto, sgraziato.

uncomfortable /ʌn'kʌmfətəbḷ *Am* ʌn'kʌmfərtəbḷ/ *a.* **1** scomodo, non confortevole, disagevole: *an* ~ *chair* una sedia scomoda. **2** (*causing uneasiness*) sgradevole, spiacevole, fastidioso. **3** (*not at ease*) a disagio, inquieto, agitato: *to feel* ~ sentirsi a disagio.

uncomfortableness /ʌn'kʌmfətəbḷnəs *Am* ʌn'kʌmfərtəbḷnəs/ *n.* scomodità *f.*, disagio *m.*

uncomfortably /ʌn'kʌmfətəbli *Am* ʌn'kʌmfərtəbli/ *avv.* scomodamente, in modo scomodo.

uncomfy /ʌn'kʌmfi/ *a.* (*Br,colloq*) scomodo, non confortevole, disagevole.

uncommercial /,ʌnkə'mɜːʃəl *Am* ,ʌnkə'mɜːrʃəl/ *a.* **1** senza attività commerciali, privo di attività commerciali. **2** (*not seeking profit*) non commerciale, senza fini commerciali. **3** (*not in accordance with commercial principles*) non conforme alle regole del commercio.

uncommitted /,ʌnkə'mɪtɪd *Am* ,ʌnkə'mɪtɪd/ *a.* **1** non legato, non vincolato (*to* a), non impegnato (*to* con), libero, indipendente (*to* da). **2** (*Pol*) non allineato, non impegnato. **3** (*Econ*) non vincolato. **4** (*Parl*) non rinviato a una commissione. **5** (*of a crime, etc.*) non commesso, non compiuto, non perpetrato.

uncommon /ʌn'kɒmən *Am* ʌn'kɑːmən/ I *a.* **1** notevole, inconsueto, non comune. **2** (*exceptional*) straordinario, singolare, eccezionale, fuori del comune. II *avv.* **1** (*uncommonly*) insolitamente. **2** (*exceptionally*) eccezionalmente, straordinariamente.

uncommonly /ʌn'kɒmənli *Am* ʌn'kɑːmənli/ *avv.* **1** insolitamente. **2** (*exceptionally*) eccezionalmente, straordinariamente.

uncommonness /ʌn'kɒmənnəs *Am* ʌn'kɑːmənnəs/ *n.* rarità *f.*, singolarità *f.*

uncommunicable /,ʌnkə'mjuːnɪkəbḷ/ *a.* incomunicabile.

uncommunicative /,ʌnkə'mjuːnɪkətɪv *Am* ,ʌnkə'mjuːnɪkətɪv/ *a.* taciturno, silenzioso, chiuso, non comunicativo.

uncommunicativeness /,ʌnkə'mjuːnɪkətɪvnəs *Am* ,ʌnkə'mjuːnɪkətɪvnəs/ *n.* taciturnità *f.*, riserbo *m.*

uncompanionable /,ʌnkəm'pænjənəbḷ/ *a.* insocievole, non che è di compagnia.

uncompetitive /,ʌnkəm'petɪtɪv *Am* ,ʌnkəm'petɪtɪv/ *a.* non competitivo.

uncompetitiveness /,ʌnkəm'petɪtɪvnəs *Am* ,ʌnkəm'petɪtɪvnəs/ *n.* non competitività *f.*

uncomplaining /,ʌnkəm'pleɪnɪŋ/ *a.* che non si lamenta, paziente, rassegnato.

uncomplainingly /,ʌnkəm'pleɪnɪŋli/ *avv.* senza lamentarsi, con rassegnazione, pa-

zientemente.

uncompleted /,ʌnkəm'pliːtɪd *Am* ,ʌnkəm'pliːtɪd/ *a.* incompleto, non completato, non terminato, incompiuto.

uncomplicated /ʌn'kɒmplɪ,keɪtɪd *Am* ʌn'kɑːmplɪ,keɪtɪd/ *a.* semplice, non complicato, senza complicazioni.

uncomplicatedly /ʌn'kɒmplɪ,keɪtɪdli *Am* ʌn'kɑːmplɪ,keɪtɪdli/ *avv.* in modo semplice, in modo non complicato, senza complicazioni.

uncomplicatedness /ʌn'kɒmplɪ,keɪtɪdnəs *Am* ʌn'kɑːmplɪ,keɪtɪdnəs/ *n.* semplicità *f.*, non complicatezza *f.*

uncomplimentary /,ʌnkɒmplɪ'mentəri *Am* ,ʌnkɑːmplɪ'mentərɪ/ *a.* non complimentoso, poco lusinghiero.

uncomprehending /,ʌnkɒmprɪ'hendɪŋ *Am* ,ʌnkɑːmprɪ'hendɪŋ/ *a.* che non capisce.

uncomprehendingly /,ʌnkɒmprɪ'hendɪŋli *Am* ʌn'kɑːmprɪ'hendɪŋli/ *avv.* senza comprensione.

uncompromising /ʌn'kɒmprəmaɪzɪŋ *Am* ʌn'kɑːmprɪmaɪzɪŋ/ *a.* intransigente, che non scende a compromessi, inflessibile, irriducibile.

uncompromisingly /ʌn'kɒmprə,maɪzɪŋli *Am* ʌn'kɑːmprɪ,maɪzɪŋli/ *avv.* senza compromessi.

unconcealed /,ʌnkən'siːld/ *a.* non celato, manifesto, evidente, palese.

unconcern /,ʌnkən'sɜːn *Am* ,ʌnkən'sɜːrn/ *n.* **1** indifferenza *f.*, noncuranza *f.*, disinteresse *m.* **2** (*lack of anxiety*) serenità *f.*, tranquillità *f.*

unconcerned /,ʌnkən'sɜːnd *Am* ,ʌnkən'sɜːrnd/ *a.* **1** indifferente (*with* a), noncurante (*with* di). **2** (*not worried*) sereno, tranquillo, senza pensieri, senza preoccupazioni: *to be* ~ *about the future* non avere preoccupazioni per il futuro.

unconcernedly /,ʌnkən'sɜːnɪdli *Am* ,ʌnkən'sɜːrnɪdli/ *avv.* con indifferenza, in modo noncurante.

unconciliatory /,ʌnkən'sɪliətɔːri/ *a.* non conciliante.

unconditional /,ʌnkən'dɪʃənl/ *a.* incondizionato, pieno, assoluto, senza riserve, senza condizioni: ~ *surrender* resa incondizionata.

unconditionality /,ʌnkəndɪʃə'nælɪti *Am* ,ʌnkəndɪʃə'nælɪti/ *n.* l'essere incondizionato, l'essere senza condizioni.

unconditionally /,ʌnkən'dɪʃənəli/ *avv.* incondizionatamente, senza riserve.

unconditioned /,ʌnkən'dɪʃənd/ *a.* **1** incondizionato, assoluto, senza riserve, senza condizioni. **2** (*Psic,Med*) non condizionato, incondizionato. **3** (*Mat,Filos*) assoluto. **4** (*in poor physical condition*) in cattive condizioni fisiche, non in forma.

unconfessed /,ʌnkən'fest/ *a.* inconfessato, non ammesso.

unconfident /,ʌn'kɒnfɪdənt *Am* ,ʌn'kɑːnfɪdənt/ *a.* insicuro di sé, incerto, indeciso.

unconfirmed /,ʌnkən'fɜːmd *Am* ,ʌnkən'fɜːrmd/ *a.* **1** non confermato, non convalidato: ~ *rumours* voci non confermate. **2** (*Rel.catt*) non cresimato; (*Rel.prot*) non confermato.

unconformability /,ʌnkənfɔːmə'bɪlɪti *Am* ,ʌnkənfɔːrmə'bɪlɪti/ *n.* (*Geol*) il presentare discordanze.

unconformable /,ʌnkən'fɔːməbḷ *Am* ,ʌnkən'fɔːrməbḷ/ *a.* **1** non conforme, non corrispondente (*to* a). **2** (*Geol*) che presenta discordanze.

unconformably /,ʌnkən'fɔːməbli *Am* ,ʌnkən'fɔːrməbli/ *avv.* non conformemente, in modo non corrispondente.

unconformity /ˌʌnkən'fɔːmɪti *Am* ˌʌnkən 'fɔːrməti/ *n.* **1** mancanza *f.* di conformità, mancanza *f.* di corrispondenza. **2** (*incongruity*) incongruenza *f.* **3** (*non-conformity*) non-conformismo *m.* **4** (*Geol*) discordanza *f.*

uncongenial /ˌʌnkən'dʒiːniəl/ *a.* **1** inadatto, non congeniale, non consono (*to* a). **2** (*not sympathetic*) non amichevole, non cordiale. **3** (*disagreeable*) spiacevole, che non va a genio.

unconnected /ˌʌnkə'nektɪd *Am* ˌʌnkə 'nektɪd/ *a.* **1** distaccato, separato, a sé (stante), disgiunto. **2** (*not linked in a sequential order*) sconnesso, incoerente, non sequenziale. **3** (*having no ties*) senza legami di parentela. **4** (*having no connection*) estraneo (*with* a).

unconquerable /ʌn'kɒŋkərəbl̩ *Am* ʌn 'kɑːŋkərəbl̩/ *a.* **1** invincibile, indomabile. **2** (*insuperable*) insuperabile, insormontabile.

unconquered /ʌn'kɒŋkəd *Am* ʌn'kɑːŋkərd/ *a.* non vinto, indomito.

unconscionable /ʌn'kɒnʃənəbl̩ *Am* ʌn 'kɑːnʃənəbl̩/ I *a.* **1** (*unreasonable*) irragionevole, illogico. **2** (*excessive, outrageous*) eccessivo, esorbitante, esagerato, spropositato. II *avv.* (*unconscionably*) eccessivamente, in modo spropositato.

unconscionably /ʌn'kɒnʃənəbli *Am* ʌn 'kɑːnʃənəbli/ *avv.* eccessivamente, in modo spropositato.

unconscious /ʌn'kɒnʃəs *Am* ʌn'kɑːnʃəs/ I *a.* **1** (*having lost consciousness*) privo di sensi, privo di conoscenza, svenuto, incosciente. **2** (*unaware*) inconsapevole, inconscio, ignaro (*of* di): he was ~ *of the irony of the situation* non si rendeva conto dell'ironia della situazione. **3** (*unintentional*) involontario, non premeditato, non intenzionale: ~ *humour* umorismo involontario. **4** (*Psic*) inconscio; (*of the unconscious*) dell'inconscio. II *n.* (*Psic*) inconscio *m.*

unconsciously /ʌn'kɒnʃəsli *Am* ʌn 'kɑːnʃəsli/ *avv.* **1** inconsciamente, inconsapevolmente. **2** (*without intention*) inconsciamente, involontariamente, senza intenzione.

unconsciousness /ʌn'kɒnʃəsnəs *Am* ʌn 'kɑːnʃəsnəs/ *n.* **1** inconsapevolezza *f.* **2** (*Med*) stato *m.* di incoscienza, incoscienza *f.*

unconsecrated /ʌn'kɒnsɪkreɪtɪd *Am* ˌʌn 'kɑːnsɪkreɪtɪd/ *a.* non consacrato.

unconsidered /ˌʌnkən'sɪdəd *Am* ˌʌnkən 'sɪdərd/ *a.* **1** (*disregarded*) trascurato, ignorato, non preso in considerazione. **2** (*not carefully thought about*) incauto, sconsiderato, azzardato.

unconsolable /ˌʌnkən'səʊləbl̩/ *a.* inconsolabile.

unconsolably /ˌʌnkən'səʊləbli/ *avv.* inconsolabilmente.

unconstitutional /ˌʌnkɒnstɪ'tjuːʃənl̩ *Am* ˌʌnkɑːnstɪ'tuːʃənl̩/ *a.* (*Dir*) incostituzionale.

unconstitutionality /ˌʌnkɒnstɪˌtjuːʃə'næl ɪti *Am* ˌʌnkɑːnstɪˌtuːʃə'næliti/ *n.* (*Dir*) incostituzionalità *f.*

unconstitutionally /ˌʌnkɒnstɪ'tjuːʃənəli *Am* ˌʌnkɑːnstɪ'tuːʃənəli/ *avv.* (*Dir*) incostituzionalmente.

unconstrained /ˌʌnkən'streɪnd/ *a.* non costretto, senza costrizione, senza costrizioni, libero.

unconstrainedly /ˌʌnkən'streɪnɪdli/ *avv.* senza costrizione, liberamente.

unconsumed /ˌʌnkən'sjuːmd *Am* ˌʌnkən 'suːmd/ *a.* non consumato, intatto, integro.

unconsummated /ʌn'kɒnsjəmeɪtɪd *Am* ʌn 'kɑːnsəmeɪtɪd/ *a.* (*Dir*) non consumato.

uncontainable /ˌʌnkən'teɪnəbl̩/ *a.* incontenibile.

uncontaminated /ˌʌnkən'tæmɪneɪtɪd *Am* ˌʌnkən'tæmɪneɪtɪd/ *a.* non contaminato, incontaminato.

uncontemplated /ʌn'kɒntəmˌpleɪtɪd *Am* ʌn 'kɑːntəmˌpleɪtɪd/ *a.* **1** non preso in considerazione, non considerato, non contemplato. **2** (*unexpected*) imprevisto, inatteso.

uncontentious /ˌʌnkən'tentʃəs/ *a.* non contenzioso.

uncontested /ˌʌnkən'testɪd/ *a.* **1** incontrastato, incontestato. **2** (*Pol*) (*of an election, seat, etc.*) non conteso, non disputato.

uncontradicted /ˌʌnkɒntrə'dɪktɪd *Am* ˌʌn kɑːntrə'dɪktɪd/ *a.* non contraddetto, non contrastato, non smentito.

uncontrived /ˌʌnkən'traɪvd/ *a.* non artefatto, non artificiale.

uncontrollable /ˌʌnkən'trəʊləbl̩/ *a.* **1** incontrollabile. **2** (*irrepressible, uncontainable*) incontenibile, irreprimibile, irrefrenabile. **3** (*unmanageable*) indomabile, incontrollabile, irriducibile.

uncontrollably /ˌʌnkən'trəʊləbli/ *avv.* in modo incontrollabile.

uncontrolled /ˌʌnkən'trəʊld/ *a.* incontrollato, privo di controllo.

uncontroversial /ˌʌnkɒntrə'vɜːʃəl *Am* ˌʌn kɑːntrə'vɜːrʃəl/ *a.* non controverso.

uncontroversially /ˌʌnkɒntrə'vɜːʃəli *Am* ˌʌnkɑːntrə'vɜːrʃəli/ *avv.* in modo non controverso.

uncontroverted /ʌn'kɒntrəˌvɜːtɪd *Am* ʌn 'kɑːntrəˌvɜːrtɪd/ *a.* non controverso, incontestato, indiscusso.

unconventional /ˌʌnkən'venʃ°nəl/ *a.* anticonformista, anticonformistico, non convenzionale: ~ *behaviour* comportamento anticonformista.

unconventionality /ˌʌnkənvenʃ°'nælɪti *Am* ˌʌnkənvenʃ°'nælɪti/ *n.* **1** anticonformismo *m.* **2** (*based on new innovative ideas*) non convenzionalità *f.*

unconventionally /ˌʌnkən'venʃ°nəli/ *avv.* in modo non convenzionale.

unconverted /ˌʌnkən'vɜːtɪd *Am* ˌʌnkən 'vɜːrtɪd/ *a.* non convertito (*anche Rel*).

unconvinced /ˌʌnkən'vɪnst/ *a.* scettico, non convinto, non persuaso.

unconvincing /ˌʌnkən'vɪnsɪŋ/ *a.* non convincente, non plausibile.

unconvincingly /ˌʌnkən'vɪnsɪŋli/ *avv.* in modo non convincente.

uncooked /ʌn'kʊkt/ *a.* non cucinato, non cotto, crudo.

uncool /ʌn'kuːl/ *a.* (*colloq*) **1** (*not fashionable*) fuori moda, non elegante. **2** (*unlikable*) antipatico, poco carino. **3** (*inappropriate*) non giusto, non adatto. **4** (*clumsy*) goffo. **5** (*embarrassing*) imbarazzante.

uncooperative /ˌʌnkəʊ'ɒpərətɪv *Am* ˌʌnkəʊ 'ɑːpərətɪv/ *a.* non disposto a cooperare, che non collabora, restio a collaborare.

uncoordinated /ˌʌnkəʊ'ɔːdɪneɪtəd *Am* ˌʌnkəʊ'ɔːrdɪneɪtəd/ *a.* **1** (*badly organized*) non coordinato. **2** (*clumsy*) scoordinato: I'm too ~ *to do aerobics* sono troppo scoordinato per fare aerobica.

uncork /ʌn'kɔːk *Am* ʌn'kɔːrk/ *v.t.* **1** stappare, sturare. **2** (*fig*) dare libero sfogo a, dare la stura a, sfogare.

uncorrected /ˌʌnkə'rektɪd *Am* ˌʌnkə'rektɪd/ *a.* **1** non corretto, non riveduto. **2** (*not rebuked or punished*) non ammonito, non ripreso; (*undisciplined*) indisciplinato.

uncorroborated /ˌʌnkə'rɒbəˌreɪtɪd *Am* ˌʌnkə'rɑːbəˌreɪtɪd/ *a.* non corroborato, non convalidato, non avvalorato.

uncorrupted /ˌʌnkə'rʌptɪd/ *a.* incorrotto, incontaminato.

uncountable /ʌn'kaʊntəbl̩ *Am* ʌn'kaʊntəbl̩/ *a.* **1** (*Gramm*) non numerabile. **2** (*too many to be counted*) innumerevole.

uncouple /ʌn'kʌpl̩/ *v.t.* **1** staccare, sganciare, disgiungere: to ~ *a railway car* staccare una vettura ferroviaria. **2** (*of hounds, etc.*) sciogliere dal guinzaglio, sguinzagliare, liberare dal guinzaglio.

uncouth /ʌn'kuːθ/ *a.* **1** (*lacking good manners*) maleducato, rozzo, zotico, grossolano. **2** (*lacking grace*) goffo, sgraziato, impacciato.

uncouthly /ʌn'kuːθli/ *avv.* **1** (*lacking good manners*) in modo maleducato, rozzamente, in modo grossolano. **2** (*lacking grace*) goffamente, sgraziatamente, in modo impacciato.

uncouthness /ʌn'kuːθnəs/ *n.* **1** (*lack of good manners*) rozzezza *f.*, villania *f.*, maleducazione *f.* **2** (*lack of grace*) goffaggine *f.* **3** (*strangeness*) stranezza *f.*

uncovenanted /ʌn'kʌvɪnəntɪd *Am* ʌn'kə vɪnəntɪd/ *a.* **1** non pattuito, non convenuto. **2** (*Rel*) non promesso (da Dio).

uncover /ʌn'kʌvər/ I *v.t.* **1** scoprire, rivelare. **2** (*to remove the lid of*) scoperchiare, scoprire. **3** (*to expose to view*) riportare alla luce, scoprire: *the archaeologist -ed a vase* l'archeologo riportò alla luce un vaso. **4** (*fig*) svelare, rivelare, manifestare, scoprire, palesare. **5** (*of one's head*) scoprire. **6** (*Mil*) (*of soldiers, etc.*) portare allo scoperto. II *v.i.* **1** togliere una copertura. **2** (*ant*) (*to take off one's hat*) togliersi il cappello, scappellarsi.

uncovered /ʌn'kʌvəd *Am* ʌn'kʌvərd/ *a.* **1** scoperto, senza copertura, senza coperchio, scoperchiato. **2** (*bareheaded*) a capo scoperto, senza cappello. **3** (*Econ*) senza copertura, (*allo*) scoperto. **4** (*Assic*) non coperto da assicurazione.

uncreated /ˌʌnkri'eɪtɪd *Am* ˌʌnkriː'eɪtɪd/ *a.* non creato, increato.

uncritical /ʌn'krɪtɪkəl *Am* ʌn'krɪtɪkəl/ *a.* **1** privo di senso critico, acritico, non critico; (*estens*) poco esigente, superficiale. **2** (*disregarding the principles of criticism*) non conforme ai principi della critica.

uncropped /ʌn'krɒpt *Am* ʌn'krɔːpt/ *a.* **1** (*of a dog's ears*) non mozzato, non tagliato. **2** (*Agr*) (*of land*) incolto, non seminato; (*of crops*) non raccolto; (*of grass, etc.*) non brucato.

uncross /ʌn'krɒs *Am* ʌn'krɔːs/ *v.t.* disincrociare: to ~ *one's legs* scavallare le gambe, disincrociare le gambe.

uncrossed /ʌn'krɒst *Am* ʌn'krɔːst/ *a.* **1** non incrociato; (*of legs*) non accavallato. **2** (*Econ*) (*of a cheque*) non sbarrato.

uncrowded /ʌn'kraʊdɪd *Am* ʌn'kraʊdɪd/ *a.* non affollato.

uncrowned /ʌn'kraʊnd/ *a.* **1** non ancora incoronato. **2** (*deprived of a crown*) detronizzato, privato della corona. □ ~ *king* re senza corona (*anche fig*).

UNCTAD /'ʌŋktæd/ *United Nations Conference on Trade and Development* UNCTAD (Conferenza delle Nazioni Unite sul commercio e lo sviluppo).

unction /'ʌŋkʃ°n/ *n.* **1** l'ungere, unzione *f.* (*anche Med*) **2** (*Lit,Rel.catt*) (*Extreme Unction*) unzione *f.* degli infermi, unzione *f.* dei morenti, estrema unzione *f.* **3** (*ointment*) unguento *m.*, pomata *f.*; **4** (*Lit,Rel.catt*) crisma *m.*, olio *m.* santo. **5** (*fig*) (*sth. that soothes*) balsamo *m.*, conforto *m.*, lenimento *m.*, sollievo *m.* **6** (*fig*) (*religious fervour*) fervore *m.* religioso; (*gusto, relish*) gusto *m.*, compiacimento *m.*, soddisfazione *f.* **7** (*fig*) (*assumed earnestness*) atteggiamento *m.* affettato, ipocrisia *f.*, unzione *f.*

unctuosity /ˌʌŋkt(ʃ)juːˈɒsɪti *Am* ˌʌŋkt(ʃ)juːˈɑːsɪti/ *n.* **1** (*unctuousness*) untuosità *f.* **2** (*fig*) untuosità *f.*, ipocrisia *f.*, affettazione *f.*

unctuous/ˈʌŋkt(ʃ)juəs/ *a.* **1** (*fig*) (*ingratiating, insincere*) untuoso, ipocrita, viscido, falso. **2** (*of an ointment*) untuoso, oleoso. **3** (*of food: greasy*) unto, untuoso, impregnato d'olio. **4** (*Min*) untuoso, grasso, viscoso.

unctuously /ˈʌŋkt(ʃ)juəsli/ *avv.* untuosamente, con untuosità.

unctuousness/ˈʌŋkt(ʃ)juəsnəs/ *n.* **1** untuosità *f.* **2** (*fig*) untuosità *f.*, ipocrisia *f.*, affettazione *f.*

uncultivable/ʌnˈkʌltɪvəbl̩/ *a.* incoltivabile.

uncultivated /ʌnˈkʌltɪˌveɪtɪd *Am* ʌnˈkʌltɪˌveɪtɪd/ *a.* **1** (*Agr*) (*of land*) non coltivato, incolto; (*of plants*) non coltivato, spontaneo. **2** (*fig*) incivile, barbaro, selvaggio; (*uneducated*) incolto, ignorante.

uncultured /ʌnˈkʌltʃəd *Am* ʌnˈkʌltʃəʳd/ *a.* **1** (*Agr*) non coltivato, incolto. **2** (*fig*) incolto, ignorante.

uncurbed/ʌnˈkɜːbd *Am* ʌnˈkɜːrbd/ *a.* sfrenato, sregolato.

uncurl/ʌnˈkɜːl *Am* ʌnˈkɜːrl/ **I** *v.t.* **1** (*of hair: straighten*) togliere i ricci a, lisciare, stirare. **2** (*to move out of a curled position*) distendere, aprire: ~ *your fingers slowly* distendi lentamente le dita. **3** (*rifl.*) to ~ *oneself* distendersi, stirarsi. **4** (*to unroll*) svolgere, srotolare. **II** *v.i.* **1** svolgersi, diventare liscio. **2** (*to unroll*) distendersi, aprirsi.

uncurtailed/ʌnkəˈteɪld *Am* ˌʌnkɑːrˈteɪld/ *a.* non accorciato, non ridotto, integro.

uncut/ʌnˈkʌt/ *a.* **1** non tagliato. **2** (*of a text, film*) in versione integrale. **3** (*fig*) integrale, intero. **4** (*Legat*) intonso. **5** (*Oref*) non tagliato.

undamaged /ʌnˈdæmɪdʒd/ *a.* indenne, intatto, non danneggiato.

undamped/ʌnˈdæmpt/ *a.* **1** (*fig*) non smorzato, non attutito. **2** (*Fis*) (*of oscillations*) non smorzato, persistente.

undated/ʌnˈdeɪtɪd *Am* ʌnˈdeɪtɪd/ *a.* non datato, senza data.

undaunted/ʌnˈdɔːntɪd *Am* ʌnˈdɔːntɪd/ *a.* imperterrito, intrepido, coraggioso.

undauntedly/ʌnˈdɔːntɪdli *Am* ʌnˈdɔːntɪdli/ *avv.* intrepidamente, coraggiosamente.

undauntedness /ʌnˈdɔːntɪdnəs *Am* ʌn ˈdɔːntɪdnəs/ *n.* intrepidezza *f.*, coraggio *m.*

undeceive/ˌʌndɪˈsiːv/ *v.t.* disingannare, disincantare, disilludere.

undeceived /ˌʌndɪˈsiːvd/ *a.* disingannato, disincantato, disilluso.

undecided/ˌʌndɪˈsaɪdɪd/ *a.* **1** indeciso, incerto, dubbioso. **2** (*irresolute*) indeciso, irresoluto, esitante. **3** (*of a question, issue, etc.*) non deciso, indeciso, in sospeso, aperto.

undecipherable/ˌʌndɪˈsaɪfərəbl̩/ *a.* indecifrabile.

undecked/ʌnˈdekt/ *a.* **1** (*Mar*) senza ponte, privo di ponte. **2** (*unadorned*) disadorno, privo di ornamenti, senza ornamenti, semplice.

undeclared/ˌʌndɪˈkleəd *Am* ˌʌndɪˈklerd/ *a.* **1** non dichiarato: ~ *war* guerra non dichiarata; (*Econ*) ~ *earnings* redditi non dichiarati. **2** (*kept secret*) tenuto segreto.

undefeatable/ˌʌndɪˈfiːtəbl̩ *Am* ˌʌndɪˈfiːtəbl̩/ *a.* invincibile, imbattibile.

undefeated/ˌʌndɪˈfiːtɪd *Am* ˌʌndɪˈfiːtɪd/ *a.* imbattuto, non sconfitto, (*lett*) invitto.

undefended/ˌʌndɪˈfendɪd/ *a.* **1** indifeso (*anche Mil*). **2** (*Dir*) senza difesa (legale).

undefiled /ˌʌndɪˈfaɪld/ *a.* puro, incontaminato, incorrotto.

undefinable/ˌʌndɪˈfaɪnəbl̩/ *a.* indefinibile.

undefined/ˌʌndɪˈfaɪnd/ *a.* indefinito, indeterminato.

undelivered/ˌʌndɪˈlɪvəd *Am* ˌʌndɪˈlɪvəʳd/ *a.* **1** (*Post*) non recapitato, non consegnato, inesitato: ~ *correspondence* corrispondenza inesitata. **2** (*of a speech, etc.*) non pronunciato. **3** (*not freed*) non liberato, non rilasciato. □ (*Post*) *if* ~, *return to sender* in caso di mancata consegna rinviare al mittente.

undemocratic/ˌʌndeməˈkrætɪk *Am* ˌʌndemə ˈkrætɪk/ *a.* non democratico, antidemocratico.

undemocratically /ˌʌndemə'krætɪkli *Am* ˌʌndemə'krætɪkli/ *avv.* in modo antidemocratico.

undemonstrable/ˌʌndɪˈmɒnstrəbl̩ *Am* ˌʌndɪ 'mɑːnstrəbl̩/ *a.* indimostrabile, che non si può provare.

undemonstrative /ˌʌndɪˈmɒnstrətɪv *Am* ˌʌndɪˈmɑːnstrətɪv/ *a.* (*of person, behaviour*) chiuso, non espansivo, riservato.

undemonstratively/ˌʌndɪˈmɒnstrətɪvli *Am* ˌʌndɪˈmɑːnstrətɪvli/ *avv.* non in modo espansivo, in modo riservato.

undeniable/ˌʌndɪˈnaɪəbl̩/ *a.* innegabile, irrefutabile, indiscutibile, incontestabile.

undeniably /ˌʌndɪˈnaɪəbli/ *avv.* innegabilmente.

undependable /ˌʌndɪˈpendəbl̩/ *a.* che non dà affidamento, di cui non ci si può fidare, inaffidabile, inattendibile.

undepressed/ˌʌndɪˈprest/ *a.* **1** non depresso. **2** (*Econ*) fermo, stabile.

under/ˈʌndəʳ/ **I** *prep.* **1** sotto: ~ *the bed* sotto il letto; *come out from* ~ *the bed!* esci da sotto il letto!; ~ *a cloudless sky* sotto un cielo sereno. **2** (*below the surface of*) sotto, sotto la superficie di: ~ *the water* sott'acqua. **3** (*in the shelter of, at the foot of*) sotto, ai piedi di, al riparo di: ~ *the castle walls* sotto le mura del castello. **4** (*at a point below*) sotto, al di sotto di: *bags* ~ *one's eyes* borse sotto gli occhi. **5** (*less than*) sotto, meno di: *children* ~ *the age of six* bambini sotto i sei anni; *he cannot do it* ~ *an hour* non può farlo in meno di un'ora. **6** (*subject to*) sotto, in: ~ *stress* sotto sforzo; *to be* ~ *an obligation to so.* essere in obbligo verso qcu.; ~ *a totalitarian regime* sotto un regime totalitario. **7** (*in the process of*) in (corso di): ~ *construction* in costruzione; ~ *consideration* in esame. **8** (*bound by*) sotto, legato da, vincolato con: ~ *oath* sotto giuramento. **9** (*according to*) secondo, in conformità a: ~ *the terms of the treaty* secondo le clausole del trattato; ~ *the law* secondo la legge. **10** (*subject to the authority, direction of*) sotto, con: *he fought* ~ *Wellington* ha combattuto sotto Wellington; *he studied physics* ~ *Maxwell* ha studiato fisica con Maxwell. **11** (*during the reign, etc., of*) sotto (il regno di): *England* ~ *the Tudors* l'Inghilterra sotto i Tudor. **12** (*within the classification of, beneath the heading of*) sotto: *see* ~ *"hit"* vedere sotto "hit". **13** (*lower in rank, importance, etc., than*) di grado inferiore a. **14** (*bearing as a signature*) sotto: *he published his novel* ~ *a pen name* pubblicò il romanzo sotto uno pseudonimo. **15** (*Agr*) coltivato a: *the field is* ~ *wheat* il campo è coltivato a grano. **II** *avv.* **1** (*in, to a position beneath sth.*) (di) sotto. **2** (*in, to a lower position*) (di) sotto, abbasso. **3** (*below a surface, the horizon*) sotto. **4** (*in a condition of subjection*) in soggezione, in servitù: *they cannot keep the natives* ~ *for ever* non possono tenere gli indigeni in soggezione per sempre. **5** (*in writing: below*) in calce, sotto: *see* ~ vedere in calce. **III** *a.* **1** (*lower in position*) inferiore, (di) sotto. **2** (*lower in degree, amount, etc.*) scarso, insufficiente: *an* ~ *dose of medicine* una dose insufficiente di medicina. **3** (*lower in rank, importance*) inferiore, subordinato. **4** (*under anaesthetic*) sotto anestesia, incosciente. □ ~ *age* minorenne; (*Dir*) ~ *the influence* sotto l'effetto dell'alcol, in stato di ebbrezza; (*fig,colloq*) ~ *the table* sottobanco, illegalmente; (*colloq*) *to drink* so. ~ *the table* bere molto di più di qcu.: *he could drink me* ~ *the table* io bevo tanto ma lui mi batte.

underachieve/ˌʌndərəˈtʃiːv/ *v.i.* non realizzare le proprie potenzialità.

underachievement /ˌʌndərəˈtʃiːvmənt/ *n.* rendimento *m.* inferiore al previsto.

underachiever/ˌʌndərəˈtʃiːvəʳ/ *n.* persona *f.* che dà un rendimento inferiore al previsto.

underact /ˌʌndərˈækt/ *v.t./i.* (*Teat*) recitare con scarsa forza drammatica.

underage, under-age/ˌʌndərˈeɪdʒ/ *a.* minorenne, da minorenne.

underagent /ˈʌndərˌeɪdʒənt/ *n.* (*Br,Comm*) subagente *m./f.*

underarm/ˈʌndərɑːm *Am* ˈʌndərˈɑːrm/ *a.* **1** (*of the armpit*) dell'ascella, relativo all'ascella. **2** (*of a seam*) che va dall'ascella alla vita. **3** (*Br,Sport*) (*of a pitch, etc.*) dato facendo ruotare il braccio sotto la spalla, dal basso verso l'alto, sottomano: *to throw* ~ (o *to bowl* ~) lanciare (una palla) dal basso verso l'alto.

underbelly/ˈʌndəˌbeli *Am* ˈʌndərˌbeli/ *n.* **1** (*of an animal*) parte *f.* soffice del ventre. **2** (*fig*) ventre *m.* molle.

underbid /ˌʌndəˈbɪd *Am* ˌʌndərˈbɪd/ (*past, p.p.* **underbid**) **I** *v.t.* **1** (*Comm*) offrire a minor prezzo rispetto a quello di: *to* ~ *a competitor* offrire a un prezzo inferiore rispetto a un altro concorrente. **2** (*in cards*) fare una dichiarazione troppo bassa rispetto a. **II** *v.i.* **1** (*Comm*) fare un'offerta inferiore. **2** (*in cards*) fare una dichiarazione troppo bassa (rispetto alle carte che si hanno in mano).

underbody /ˈʌndəbɒdi *Am* ˈʌndərˈbɑːdi/ *n.* **1** (*Zool*) parte inferiore *f.* del corpo. **2** (*Aut*) sottoscocca *f.* **3** (*Mar*) carena *f.*

underbred/ˈʌndəbred *Am* ˈʌndərˈbred/ *a.* maleducato, rozzo, zotico.

underbrush /ˈʌndəbrʌʃ *Am* ˈʌndərˈbrʌʃ/ *n.* sottobosco *m.*

underbuy/ˌʌndəˈbaɪ *Am* ˌʌndərˈbaɪ/ *v.irr.* **I** *v.t.* **1** comprare a minor prezzo di. **2** (*to buy below cost price*) comprare sotto prezzo. **3** (*to buy insufficient quantities of*) comprare in quantità insufficiente. **II** *v.i.* comprare quantità insufficienti.

undercapitalization /ˌʌndəkæpɪtəlaɪ ˈzeɪʃən *Am* ˌʌndərˈkæpɪtəliˈzeɪʃən/ *v.t.* (*Econ*) sottocapitalizzazione *f.*

undercapitalize /ˌʌndəˈkæpɪtəlaɪz *Am* ˌʌndərˈkæpɪtəlaɪz/ *v.t.* (*Econ*) sottocapitalizzare.

undercarriage /ˈʌndəkærɪdʒ *Am* ˈʌndər ˈkærɪdʒ/ *n.* **1** (*Aut*) telaio *m.* **2** (*Aer*) carrello *m.* (di atterraggio).

undercast /ˌʌndəˈkɑːst *Am* ˌʌndərˈkæst/ **I** *v.t.* (*Cin,Teat*) selezionare attori scadenti. **II** *v.i.* (*Cin,Teat*) selezionare attori scadenti. **III** *a.* (*Cin,Teat*) con attori scadenti.

undercast[2] /ˈʌndəkɑːst *Am* ˈʌndərˈkæst/ *n.* (*Meteor,Aer*) strato *m.* di nubi sottostante.

undercharge /ˌʌndəˈtʃɑːdʒ *Am* ˌʌndər ˈtʃɑːrdʒ/ *v.t.* far pagare meno del dovuto a. **2** (*Arm,El*) caricare in modo insufficiente.

underclass /ˈʌndəklɑːs *Am* ˈʌndərˈklæs/ *n.* (*Sociol*) sottoproletariato *m.*, classe *f.* inferiore.

underclay/ˈʌndəkleɪ *Am* ˈʌndərˈkleɪ/ *n.* (*Geol*) strato *m.* di argilla sotto uno (strato) di carbone.

undercliff /'ʌndəklɪf *Am* 'ʌndər̩klɪf/ *n.* (*Geol*) terrazza *f.* sotto una scogliera (formata da una frana).

underclothes /'ʌndəklouðz *Am* 'ʌndər̩klouðz/ *n.pl.* biancheria *f.sing.* personale, biancheria *f.sing.* intima, intimo *m.sing.*

underclothing /'ʌndəˌklouðɪŋ *Am* 'ʌndər̩ˌklouðɪŋ/ *n.* biancheria *f.* personale, biancheria *f.* intima, intimo *m.*

undercoat /'ʌndəkout *Am* 'ʌndər̩kout/ *n.* 1 (*Pitt*) sottosmalto *m.* 2 (*Zool*) peluria *f.* 3 (*Abbigl*) indumento *m.* indossato sotto una giacca (*o* un cappotto).

undercook /ˌʌndə'kuk *Am* ˌʌndər̩'kuk/ *v.t.* cuocere troppo poco.

undercooked /ˌʌndə'kukd *Am* ˌʌndər̩'kukd/ *a.* poco cotto, non cotto abbastanza.

undercover /ˌʌndəkʌvə *Am* 'ʌndər̩kʌvər̩/ **I** *a.* segreto, clandestino. **II** *avv.* segretamente, sotto copertura. □ ~ *activity* attività segrete; ~ *agent* agente segreto, agente sotto copertura.

undercurrent /'ʌndəkʌrənt *Am* 'ʌndəkɜːrənt/ *n.* 1 corrente *f.* sottomarina. 2 (*fig*) tendenza *f.* occulta, influenza *f.* nascosta, sensazione *f.* vaga. 3 (*El*) tensione *f.* debole.

undercut[1] /ˌʌndə'kʌt *Am* ˌʌndər̩'kʌt/ *v.t.irr.* 1 tagliare (via) la parte inferiore di. 2 (*to cut away material from under*) tagliare (di) sotto. 3 (*fig*) indebolire, minare alla base. 4 (*Econ*) vendere a minor prezzo di, offrire a minor prezzo di; (*to work for lower wages than*) lavorare per salari più bassi di. 5 (*Sport*) (*in golf*) colpire dal basso, dare un effetto inverso a; (*in tennis*) tagliare.

undercut[2] /'ʌndəkʌt *Am* 'ʌndər̩ˌkʌt/ *n.* 1 taglio *m.* della (*o* nella) parte inferiore. 2 (*Sport*) (*in golf*) colpo *m.* dal basso; (*in tennis*) taglio *m.*; (*in boxing*) undercut *m.* 3 (*Br, Macell,Gastron*) filetto *m.*

underdevelop /ˌʌndədɪ'veləp *Am* ˌʌndər̩dɪ'veləp/ *v.t.* (*Fot*) sviluppare insufficientemente, sottosviluppare.

underdeveloped /ˌʌndədɪ'veləpd *Am* ˌʌndər̩dɪ'veləpd/ *a.* 1 (*Pol*) sottosviluppato: ~ *countries* paesi sottosviluppati. 2 (*Fot*) sviluppato insufficientemente, sottosviluppato. 3 (*not developed physically*) non molto sviluppato, stentato; (*not developed mentally*) ritardato (mentale).

underdevelopment /ˌʌndədɪ'veləpmənt *Am* ˌʌndər̩dɪ'veləpmənt/ *n.* 1 (*Pol*) sottosviluppo *m.* 2 (*Fot*) sviluppo *m.* insufficiente, sottosviluppo *m.*

underdog /'ʌndədɒg *Am* 'ʌndər̩dɔːg/ *n.* 1 povero *m.*, derelitto *m.* 2 (*Sport*) sfavorito *m.*: *I always root for the* ~ io tifo sempre per chi parte sfavorito.

underdone /ˌʌndə'dʌn *Am* ˌʌndər̩'dʌn/ *a.* (*undercooked*) poco cotto, non cotto abbastanza; (*of meat*) al sangue.

underdrain[1] /'ʌndədreɪn *Am* 'ʌndər̩dreɪn/ *n.* canale *m.* sotterraneo di scolo, canale *m.* sotterraneo di drenaggio.

underdrain[2] /ˌʌndə'dreɪn *Am* ˌʌndər̩'dreɪn/ *v.t.* drenare in profondità.

underdrawers /'ʌndər̩ˌdrɔː(ər)z/ *n.pl.* (*Am, colloq*) biancheria *f.sing.* intima da uomo, intimo *m.sing.* da uomo.

underdress /ˌʌndə'dres *Am* ˌʌndər̩'dres/ *v.i.* 1 (*not formally enough*) vestirsi in modo non abbastanza elegante. 2 (*too lightweight*) vestirsi in modo troppo leggero.

underemphasis /ˌʌndər̩'emfəsɪs/ *n.* scarso rilievo *m.*

underemphasize /ˌʌndər̩'emfəsaɪz/ *v.t.* non mettere nel giusto rilievo, non dare il giusto rilievo a.

underemployment /ˌʌndər̩ɪm'plɔɪmənt/ *n.* sottoccupazione *f.*

underestimate[1] /ˌʌndər̩'estɪmeɪt *Am* ˌʌndər̩'estɪmeɪt/ *v.t.* 1 sottovalutare, sottostimare: *to* ~ *the enemy strength* sottovalutare le forze del nemico. 2 (*Comm*) fare un preventivo troppo basso di (*o* per).

underestimate[2] /ˌʌndər̩'estɪmɪt *Am* ˌʌndər̩'estɪmɪt/ *n.* 1 sottovalutazione *f.*, valutazione *f.* inadeguata. 2 (*Comm*) preventivo *m.* troppo basso.

underestimation /ˌʌndər̩ˌestɪ'meɪʃ°n *Am* ˌʌndər̩ˌestɪ'meɪʃ°n/ *n.* sottovalutazione *f.*

underexpose /ˌʌndər̩ɪk'spouz/ *v.t.* (*Fot*) sottoesporre.

underexposed /ˌʌndər̩ɪk'spouzd/ *a.* (*Fot*) sottoesposto.

underexposure /ˌʌndər̩ɪk'spouʒər̩/ *n.* (*Fot*) sottoesposizione *f.*

underfed /ˌʌndə'fed *Am* ˌʌndər̩'fed/ *a.* denutrito.

underfeed /ˌʌndə'fiːd *Am* ˌʌndər̩'fiːd/ *v.t.irr.* 1 sottoalimentare. 2 (*Tecn*) (*to feed with fuel from below*) alimentare da sotto.

underfelt /'ʌndəfelt/ *n.* (*Br*) feltro *m.* su cui poggia un tappeto.

underfired /ˌʌndə'faɪəd *Am* ˌʌndər̩'faɪrd/ *a.* (*Tecn*) poco cotto, non cotto sufficientemente.

underfloor /'ʌndəflɔːr *Am* 'ʌndər̩flɔːr/ *a.* sotto il pavimento: ~ *heating* riscaldamento sottopavimento.

underflow /'ʌndəflou *Am* 'ʌndər̩flou/ *n.* 1 flusso *m.* sotterraneo. 2 (*Inform*) sottoeccedenza *f.*

underfoot /ˌʌndə'fut *Am* ˌʌndər̩'fut/ *avv.* sotto i piedi: *to tread sth.* ~ calpestare qcs.; *the ground was soft* ~ la terra era molle sotto i piedi.

underframe /'ʌndəfreɪm *Am* 'ʌndər̩freɪm/ *n.* (*Ferr*) telaio *m.* (di carrozza ferroviaria).

underfund /ˌʌndə'fʌnd *Am* ˌʌndər̩'fʌnd/ *v.t.* (*Econ*) dotare di fondi insufficienti.

underfunded /ˌʌndə'fʌndɪd *Am* ˌʌndər̩'fʌndɪd/ *a.* dotato di fondi insufficienti, non adeguatamente finanziato.

undergarment /'ʌndəˌgɑːmənt *Am* 'ʌndər̩ˌgɑːrmənt/ *n.* (*rar*) capo *m.* di biancheria personale, indumento *m.* intimo.

undergird /ˌʌndə'gɜːd *Am* ˌʌndər̩'gɜːrd/ *v.t.* 1 imbracare, imbrigliare, sostenere (con corde) dal di sotto. 2 (*fig*) sostenere, appoggiare, incoraggiare.

undergo /ˌʌndə'gou *Am* ˌʌndər̩'gou/ (*past* **underwent** /-'went/, *p.p.* **undergone** /-'gɒn *Am* -gɑːn/) *v.t.* 1 (*sth. unpleasant*) sopportare, subire, soffrire, patire: *to* ~ *much suffering* sopportare molte sofferenze. 2 (*treatment, etc.*) sottoporsi, essere sottoposto a, affrontare, subire: *she had to* ~ *treatment* ha dovuto sottoporsi a una cura.

undergone /ˌʌndə'gɒn *Am* ˌʌndər̩'gɑːn/ → **undergo**.

undergrad /'ʌndəgræd *Am* 'ʌndər̩græd/ *n.* (*Univ,colloq*) studente *m.* (*f.* -essa) (universitario) che non ancora ottenuto il diploma di laurea di primo grado.

undergraduate /ˌʌndə'grædʒuɪt *Am* ˌʌndər̩'grædʒuɪt/ **I** *n.* (*Univ*) studente *m.* (*f.* -essa) (universitario) che non ancora ottenuto il diploma di laurea di primo grado. **II** *a.* universitario (di primo grado): ~ *studies* studi universitari di primo grado.

underground[1] /ˌʌndə'graund *Am* ˌʌndər̩'graund/ *avv.* 1 sottoterra, sotto terra, nel sottosuolo. 2 (*fig,Pol*) in clandestinità, clandestinamente.

underground[2] /ˌʌndə'graund *Am* ˌʌndər̩'graund/ **I** *a.* 1 sotterraneo, sottoterra: *an* ~ *stream* una corrente sotterranea. 2 (*fig,Pol*) clandestino, segreto. 3 (*in arts, etc.*) underground. 4 (*Minier*) sotto la superficie. **II** *n.* 1 sotterraneo *m.*, sottosuolo *m.*, sottoterra *m.* 2 (*Ferr*) metropolitana *f.*: *by* ~ in metropolitana. 3 (*Pol,Mil*) movimento *m.* clandestino. 4 (*in arts, etc.*) underground *m.* **III** *v.t.* interrare: *to* ~ *telephone wires* interrare cavi telefonici. □ (*Canad,Am*) ~ *city* città sotterranea; ~ *economy* economia sommersa; ~ *garage* parcheggio sotterraneo; ~ *press* stampa clandestina; (*Ferr*) ~ *railway* ferrovia sotterranea, metropolitana; (*Nucl*) ~ *repository* scarico sotterraneo di sostanze radioattive; ~ *station* stazione della metropolitana.

undergrown /ˌʌndə'groun *Am* ˌʌndər̩'groun/ *a.* non cresciuto normalmente, cresciuto male, poco sviluppato.

undergrowth /'ʌndəgrouθ *Am* 'ʌndər̩grouθ/ *n.* 1 sottobosco *m.* 2 (*condition of being undergrown*) l'essere cresciuto male, crescita *f.* insufficiente, crescita *f.* incompleta.

underhand /ˌʌndə'hænd/ **I** *a.* 1 furtivo, subdolo. 2 (*secret*) segreto, clandestino, nascosto. 3 (*Am,Sport*) dal basso verso l'alto. **II** *avv.* 1 di soppiatto, subdolamente. 2 (*secretly*) di nascosto, clandestinamente. 3 (*Am,Sport*) dal basso verso l'alto.

underhanded /ˌʌndə'hændəd *Am* ˌʌndər̩'hændəd/ *a.* 1 furtivo, subdolo. 2 (*secret*) clandestino, segreto. 3 (*Ind,Comm*) a corto di personale, a corto di manodopera. 4 (*Sport*) dal basso verso l'alto.

underhandedly /ˌʌndə'hændɪdli *Am* ˌʌndər̩'hændɪdli/ *avv.* 1 furtivamente, subdolamente. 2 (*secretly*) clandestinamente, segretamente.

underhung /ˌʌndə'hʌŋ *Am* ˌʌndər̩'hʌŋ/ *a.* 1 (*Anat*) (*of the lower jaw*) sporgente. 2 (*having an underhung jaw*) dalla mandibola sporgente. 3 (*Tecn*) sostenuto da sotto; (*of a sliding door*) che poggia sulla rotaia inferiore.

underindustrialized /ˌʌndərɪn'dʌstriəlaɪzd/ *a.* insufficientemente industrializzato, scarsamente industrializzato.

underinsure /ˌʌndərɪn'ʃuər̩/ *v.t.* sottoassicurare, non assicurare sufficientemente.

underinsured /ˌʌndərɪn'ʃuərd/ *a.* sottoassicurato, non sufficientemente assicurato.

underlay[1] /ˌʌndə'leɪ *Am* ˌʌndər̩'leɪ/ *v.t.irr.* 1 ricoprire il fondo di, foderare il fondo di. 2 (*to support from underneath*) sostenere da sotto. 3 (*Tip*) taccheggiare. 4 (*Minier*) (*of a lode*) essere inclinato.

underlay[2] /'ʌndəˌleɪ *Am* 'ʌndər̩ˌleɪ/ *n.* 1 feltro *m.* (*o* strato *m.* di gomma ecc.) posto sotto un tappeto. 2 (*Tip*) alzo *m.*, tacco *m.* 3 (*Minier*) (*of a lode*) inclinazione *f.*; (*inclined shaft*) pozzo *m.* inclinato.

underlease /'ʌndəliːs/ **I** *n.* (*Br*) subaffitto *m.*, sublocazione *f.* **II** *v.t.* (*Br*) subaffittare.

underlie /ˌʌndə'laɪ *Am* ˌʌndər̩'laɪ/ *v.t.irr.* 1 essere posto sotto a, essere al di sotto di, sottostare a. 2 (*fig*) essere alla base di, costituire il fondamento di.

underline[1] /ˌʌndə'laɪn *Am* ˌʌndər̩'laɪn/ *v.t.* 1 sottolineare: *to* ~ *a mistake* sottolineare un errore. 2 (*fig*) mettere in evidenza, mettere in rilievo, sottolineare: *the failure -d the importance of thorough preparation* il fallimento mise in evidenza l'importanza di un'accurata preparazione.

underline[2] /'ʌndəlaɪn *Am* 'ʌndər̩laɪn/ *n.* 1 sottolineatura *f.* 2 (*Tip*) didascalia *f.*

underlinen /'ʌndəˌlɪnən *Am* 'ʌndər̩ˌlɪnən/ *n.* (*ant*) biancheria *f.* personale, biancheria *f.* intima.

underling /'ʌndəlɪŋ *Am* 'ʌndər̩lɪŋ/ *n.* (*spreg*) subalterno *m.*, inferiore *m.*, (*colloq*) tirapiedi *m.*

underlining/'ʌndəˌlaɪnɪŋ/ *n.* sottolineatura *f.*

underlip/'ʌndərlɪp/ *n.* (*Anat*) labbro *m.* inferiore.

underlying/'ʌndəˌlaɪɪŋ *Am* 'ʌndərˌlaɪɪŋ/ *a.* **1** che sta sotto, posto sotto, sottostante. **2** (*fig*) basilare, fondamentale: *the ~ principles of a doctrine* i principi basilari di una dottrina. **3** (*innate, organic*) implicito. **4** (*Dir,Econ*) che ha la precedenza, che ha la priorità.

underman/ˌʌndə'mæn *Am* ˌʌndər'mæn/ *v.t.* equipaggiare scarsamente, equipaggiare in modo insufficiente.

undermanager/'ʌndəˌmænədʒər *Am* 'ʌndər ˌmænədʒər/ *n.* vicedirettore *m.* (*f.* -trice).

undermanned/ˌʌndə'mænd/ *a.* **1** a corto di personale, a corto di manodopera. **2** (*Mar*) con un equipaggio scarso.

undermentioned/ˌʌndə'menʃənd *Am* 'ʌndər ˌmentʃənd/ *a.* sotto menzionato, sotto indicato.

undermine/ˌʌndə'maɪn *Am* 'ʌndər'maɪn/ *v.t.* **1** scalzare, scavare dal di sotto. **2** (*of water*) erodere, scalzare. **3** (*fig*) scalzare, indebolire, insidiare, minare.

undermost/'ʌndəmoust *Am* 'ʌndər'moust/ *a.* il più basso, infimo.

underneath/ˌʌndə'niːθ *Am* ˌʌndər'niːθ/ *prep.* sotto, al di sotto di: *he wore a bullet-proof vest ~ his shirt* sotto la camicia portava un giubbotto antiproiettile. **II** *avv.* sotto, disotto, abbasso. **III** *a.* disotto, inferiore, sottostante: *the part ~* la parte disotto. **IV** *n.* sotto *m.*, disotto *m.*, parte *f.* inferiore.

undernourished/ˌʌndə'nɜːrɪʃt *Am* ˌʌndər 'nɜːrɪʃt/ *a.* nutrito insufficientemente, denutrito.

undernourishment/ˌʌndə'nɜːrɪʃmənt *Am* ˌʌndər'nɜːrɪʃmənt/ *n.* denutrizione *f.*

undernutrition/ˌʌndənjuː'trɪʃən *Am* ˌʌndər nuː'trɪʃən/ *n.* denutrizione *f.*

underpaid/ˌʌndə'peɪd *Am* ˌʌndər'peɪd/ *a.* mal retribuito, mal pagato, sottopagato: *~ workers* operai mal retribuiti.

underpants /'ʌndəpænts *Am* 'ʌndər'pænts/ *n.pl.* (*colloq*) mutande *f.pl.* (da uomo).

underpart/'ʌndəpɑːt *Am* 'ʌndər'pɑːrt/ *n.* sotto *m.*, disotto *m.*, parte *f.* inferiore.

underpass /'ʌndəpɑːs *Am* 'ʌndər'pæs/ *n.* **1** (*Strad*) sottopassaggio *m.* **2** (*Am*) (*subway*) sotterranea *f.*, metropolitana *f.*, ferrovia *f.* sotterranea.

underpay/ˌʌndə'peɪ *Am* ˌʌndər'peɪ/ *v.t.irr.* sottopagare, pagare meno del dovuto.

underperform/ˌʌndəpə'fɔːm *Am* ˌʌndərpər 'fɔːrm/ **I** *v.t.* eseguire peggio del solito. **II** *v.i.* dare una prestazione peggiore del solito, dare una performance inferiore al normale.

underpin/ˌʌndə'pɪn *Am* ˌʌndər'pɪn/ *v.t.* **1** (*Edil*) sottomurare; (*to prop*) puntellare. **2** (*fig*) consolidare, rafforzare.

underplay[1] /ˌʌndə'pleɪ *Am* ˌʌndər'pleɪ/ *v.t./i.* **1** (*Teat*) recitare con scarsa enfasi (*o* efficacia). **2** (*in card games*) giocare una carta più bassa (di).

underplay[2] /'ʌndəpleɪ *Am* 'ʌndər'pleɪ/ *n.* **1** (*Teat*) il recitare con scarsa enfasi, il recitare con scarsa efficacia. **2** (*in card games*) il giocare una carta bassa (avendone una più alta in mano).

underplot/'ʌndəplɒt *Am* 'ʌndər'plɑːt/ *n.* (*Lett, rar*) intreccio *m.* secondario.

underpopulated /ˌʌndə'pɒpjuleɪtəd *Am* ˌʌndər'pɑːpjəleɪtəd/ *a.* scarsamente popolato.

underpowered /ˌʌndə'pauəd *Am* ˌʌndər 'pauər d/ *a.* (*Mecc*) spinto da un motore di potenza insufficiente.

underprice/ˌʌndə'praɪs/ *v.t.*

(*Comm*) **1** dare un prezzo più basso a. **2** (*to undercut in price*) offrire un prezzo più basso di.

underprivileged /ˌʌndə'prɪvɪlɪdʒd *Am* ˌʌndər'prɪvɪlɪdʒd/ **I** *a.* derelitto, diseredato, non privilegiato. **II** *n.* (*costr.pl.*) diseredati *m.pl.*, derelitti *m.pl.*

underproduce/ˌʌndəprə'dʒuːs *Am* ˌʌndərprə 'duːs/ *v.t./i* produrre meno del dovuto, sottoprodurre.

underproduction /ˌʌndəprə'dʌkʃən *Am* ˌʌndərprə'dʌkʃən/ *n.* produzione *f.* scarsa, produzione *f.* insufficiente, sottoproduzione *f.*

underproof/ˌʌndə'pruːf *Am* ˌʌndər'pruːf/ *a.* (*of alcoholic drinks*) di gradazione inferiore (a quella stabilita per legge).

underprop/ˌʌndə'prɒp *Am* ˌʌndər'prɑːp/ *v.t.* puntellare, sostenere dal di sotto.

underquote/ˌʌndə'kwout *Am* ˌʌndər'kwout/ *v.t.* (*Econ,Comm*) **1** offrire a un prezzo inferiore. **2** (*of a competitor*) offrire a minor prezzo di.

underrate/ˌʌndə'reɪt *Am* ˌʌndər'reɪt/ *v.t.* sottovalutare, sottostimare.

underrepresent/ˌʌndər'reprɪ'zent/ *v.t.* rappresentare in modo inadeguato, dare una rappresentazione inadeguata di.

underresourced/ˌʌndər'riːsɔːrst/ *a.* con risorse insufficienti, dalle risorse insufficienti.

underripe/ˌʌndə'raɪp *Am* ˌʌndər'raɪp/ *a.* (*of fruit*) non del tutto maturo, immaturo, (ancora) acerbo.

underrun/ˌʌndə'rʌn *Am* ˌʌndər'rʌn/ *v.irr.* **I** *v.t.* **1** passare sotto, scorrere sotto. **2** (*Mar*) (*of a cable*) passare sotto (per ispezionare); (*of a net*) tirare a bordo (per svuotare e rimettere a posto); (*of a tackle*) sartiare. **II** *v.i.* durare meno tempo del previsto.

undersaturated /ˌʌndə'sætʃərˌeɪtɪd *Am* ˌʌndər'sætʃərˌeɪtɪd/ *a.* (*Chim*) quasi saturo.

underscore/ˌʌndə'skɔː *Am* ˌʌndər'skɔːr/ **I** *v.t.* **1** sottolineare. **2** (*fig*) mettere in evidenza, mettere in rilievo, sottolineare. **II** *n.* **1** sottolineatura *f.* **2** (*Tip*) carattere *m.* di sottolineatura, underscore *m.* **3** (*Inform*) underscore *m.*, trattino *m.* basso.

undersea/ˌʌndə'siː *Am* ˌʌndər'siː/ **I** *a.* sottomarino. **II** *avv.* sotto la superficie del mare, in fondo al mare.

underseas/ˌʌndə'siːz *Am* ˌʌndər'siːz/ *avv.* sotto la superficie del mare, in fondo al mare.

under-secretary/ˌʌndə'sekrətəri *Am* ˌʌndər 'sekrəteri/ *n.* sottosegretario *m.* (*f.* -a), vicesegretario *m.* (*f.* -a).

Under-Secretary /'ʌndəˌsekrətəri *Am* 'ʌndərˌsekrəteri/ *n.* (*Parl*) sottosegretario *m.* (*f.* -a).

undersecretaryship /ˌʌndə'sekrətərɪʃɪp *Am* 'ʌndərˌsekrəterɪʃɪp/ *n.* sottosegretariato *m.* (anche Parl).

undersell/ˌʌndə'sel *Am* ˌʌndər'sel/ (*past, p.p.* **undersold**/-'sould/) *v.t.* **1** vendere a prezzi più bassi di. **2** (*to sell for less than the actual value*) vendere sottocosto, svendere. **3** (*fig*) sminuire, svalutare, svendere.

underset[1] /ˌʌndə'set *Am* ˌʌndər'set/ *v.t.irr.* (*Edil*) puntellare.

underset[2] /'ʌndəˌset *Am* 'ʌndər'set/ *n.* (*Mar*) corrente *f.* sottomarina; (*undertow*) risacca *f.*

undersexed/ˌʌndə'sekst *Am* ˌʌndər'sekst/ *a.* con scarso desiderio sessuale, che ha scarsi appetiti sessuali.

undersheriff/ˌʌndəˌʃerɪf *Am* ˌʌndərˌʃerɪf/ *n.* vicesceriffo *m.*

undershirt/ˌʌndə'ʃɜːrt/ *n.* (*Am,Abbigl*) maglietta *f.* intima.

undershoot/ˌʌndə'ʃuːt *Am* ˌʌndər'ʃuːt/ **I** *v.i.* **1** mancare il bersaglio, tirare corto. **2** (*Aer*) an-

dare troppo corto (nell'atterraggio). **II** *v.t.* mancare.

undershorts /'ʌndəʃɔːts *Am* 'ʌndərʃɔːrts/ *n.pl.* mutande *f.pl.* (da uomo).

undershot/'ʌndəʃɒt *Am* 'ʌndərʃɑːt/ *a.* **1** dalla mandibola sporgente. **2** (*Idr*) (*of a mill wheel*) azionato da sotto.

underside /'ʌndəˌsaɪd *Am* 'ʌndərˌsaɪd/ *n.* **1** sotto *m.*, parte *f.* inferiore, parte *f.* di sotto, disotto *m.* **2** (*hidden side, part*) parte *f.* nascosta, rovescio *m.*

undersign/'ʌndəˌsaɪn *Am* 'ʌndərˌsaɪn/ *v.t.* firmare in calce, sottoscrivere.

undersigned/ˌʌndə'saɪnd *Am* 'ʌndərˌsaɪnd/ **I** *a.* sottoscritto, firmato in calce. **II** *n.* firmatario *m.* (*f.* -a); (*burocr*) sottoscritto *m.* (*f.* -a).

undersize/ˌʌndə'saɪz *Am* ˌʌndər'saɪz/ *a.* **1** di misura inferiore al normale, di misura inferiore alla media. **2** (*dwarfish*) nano. **3** (*Tecn*) sottodimensionato.

undersized/ˌʌndə'saɪzd *Am* 'ʌndərˌsaɪzd/ *a.* **1** di misura inferiore al normale, di misura inferiore alla media. **2** (*dwarfish*) nano. **3** (*Tecn*) sottodimensionato.

underskirt /'ʌndəskɜːt *Am* 'ʌndərsk3ːrt/ *n.* (*Abbigl*) sottogonna *f.*, sottoveste *f.*

undersleeve /'ʌndəsliːv *Am* 'ʌndərsliːv/ *n.* (*Sart*) sottomanica *f.*

underslung/ˌʌndə'slʌŋ *Am* ˌʌndər'slʌŋ/ *a.* **1** sostenuto da sopra. **2** (*Aut*) montato sotto gli assi.

undersoil/'ʌndəsɔɪl *Am* 'ʌndərsɔɪl/ *n.* (*subsoil*) sottosuolo *m.*

undersold/ˌʌndə'sould *Am* ˌʌndər'sould/ → **undersell.**

understaffed/ˌʌndə'stɑːft *Am* ˌʌndər'stæft/ *a.* con personale insufficiente, a corto di personale.

understand/ˌʌndə'stænd *Am* ˌʌndər'stænd/ (*past, p.p.* **understood** /-'stud/) *v.irr.* **I** *v.t.* **1** capire, comprendere, intendere: *did you ~ that article?* hai capito quell'articolo?; *I didn't ~ what you said* non ho capito quello che mi hai detto; *am I to ~ that...?* devo dedurre che...? **2** (*of words, symbols*) capire, comprendere: *to ~ French* capire il francese. **3** (*to have a thorough knowledge of*) conoscere bene, conoscere a fondo, intendersi di, essere competente di (*o* in): *to ~ economics well* conoscere bene l'economia. **4** (*to appreciate and sympathize with*) avere comprensione per, capire, essere comprensivo con. **5** (*to gather, to infer*) ritenere, arguire, dedurre, desumere: *I ~ it will soon be finished* ritengo che sarà presto completato. **6** (*to consider, to accept as a fact*) prendere per certo, prendere per scontato, accettare come un dato di fatto. **7** (*to get, to hear knowledge of*) sentire, venire a sapere, apprendere: *I ~ you are to be married* ho sentito dire che ti sposi. **8** (*to realize*) capire, rendersi conto di, comprendere. **9** (*to interpret*) vedere, intendere, interpretare. **10** (*implied*) sottintendere: *the subject of the verb is understood* il soggetto del verbo è sottinteso. **II** *v.i.* **1** capire, comprendere: *do you ~?* capisci? **2** (*to be sympathetic, indulgent*) avere comprensione. **3** (*to infer, to take it*) ritenere, desumere, arguire, dedurre: *your objections are, I ~, purely formal* le tue obiezioni sono, ritengo, puramente formali. □ *to ~ each other* capirsi, comprendersi; *to give so. to ~* lasciare intendere a qcu., far capire a qcu.; *to make so. ~* far sì che qcu. capisca, far capire a qcu.; *to ~ one another* capirsi, comprendersi.

understandable/ˌʌndə'stændəbl̩ *Am* ˌʌndər 'stændəbl̩/ *a.* comprensibile.

understandably/ˌʌndə'stændəbli *Am* ˌʌndər 'stændəbli/ *avv.* comprensibilmente.

understanding /ˌʌndə'stændɪŋ *Am* ˌʌndərˈstændɪŋ/ I *n.* 1 (*agreement*) accordo *m.*, intesa *f.*: *to come to an ~ with so.* venire a un'intesa con qcu.; *to reach an ~* raggiungere un accordo. 2 (*ability to understand*) capacità *f.* di intendere, comprensione *f.*, intendimento *m.*: *it goes* (o *it is*) *beyond my ~* questo va al di là della mia comprensione. 3 (*sympathy*) comprensione *f.*, indulgenza *f.* 4 (*knowledge, familiarity*) conoscenza *f.*, familiarità *f.* 5 (*interpretation*) interpretazione *f.*, modo *m.* di intendere: *what is your ~ of this passage?* qual è la tua interpretazione di questo brano? 6 (*informal engagement to marry*) fidanzamento *m.* ufficioso. II *a.* comprensivo, indulgente, tollerante: *~ parents* genitori comprensivi. □ *on the~ that...* (o *with the~ that...*) a patto che..., a condizione che...

understandingly /ˌʌndə'stændɪŋli *Am* ˌʌndərˈstændɪŋli/ *avv.* con comprensione, con indulgenza.

understate /ˌʌndə'steɪt *Am* ˌʌndərˈsteɪt/ I *v.t.* minimizzare, attenuare. II *v.i.* dire meno del vero, essere reticente.

understatement /ˌʌndə'steɪtmənt *Am* ˌʌndərˈsteɪtmənt/ *n.* 1 (*act*) lo sminuire, l'attenuare, il minimizzare. 2 (*instance*) dichiarazione *f.* attenuata, dichiarazione *f.* incompleta, understatement *m.*, affermazione *f.* sotto tono.

understeer /ˌʌndə'stɪər *Am* ˌʌndərˈstɪr/ I *v.i.* (*Aut*) sottosterzare. II *n.* (*Aut*) sottosterzata *f.*, sottosterzo *m.*

understood /ˌʌndə'stud *Am* ˌʌndərˈstud/ → **understand**.

understood² /ˌʌndə'stud *Am* ˌʌndərˈstud/ *a.* 1 compreso, capito. 2 (*agreed upon*) inteso, pattuito, convenuto. 3 (*implicit*) implicito, sottinteso. 4 (*Gramm*) sottinteso. □ *to make oneself~* farsi capire; *an ~ thing* una cosa che va da sé, una cosa sottintesa.

understratum /ˌʌndə'strɑːtəm *Am* ˌʌndərˈstræʔəm/ *n.* (*Geol*) (*substratum*) sostrato *m.*, substrato *m.*

understudy /ˈʌndəˌstʌdi *Am* ˈʌndərˌstʌdi/ I *n.* (*Teat*) attore *m.* (*f.* -trice) che studia la parte di un altro per un'eventuale sostituzione. II *v.i.* (*Teat*) prepararsi a sostituire, studiare la parte di un altro per un'eventuale sostituzione. III *v.t.* (*Teat*) 1 (*of a role*) studiare per un'eventuale sostituzione. 2 (*of an actor*) prepararsi a sostituire.

undersubscribed /ˌʌndəsəb'skraɪbd *Am* ˌʌndərsəb'skraɪbd/ *a.* 1 (*of a magazine, etc.*) con pochi abbonati, con pochi iscritti. 2 (*of a concert, a vacation package*) con poche prenotazioni. 3 (*Econ*) (*of a stock issue*) non completamente sottoscritto.

underswell /ˈʌndəˌswel *Am* ˈʌndərˌswel/ *n.* (*Mar*) (*undercurrent*) corrente *f.* sottomarina.

undertake /ˌʌndə'teɪk *Am* ˌʌndərˈteɪk/ *v.* (*past* **undertook** /-'tuk/, *p.p.* **undertaken** /-'teɪkən/) *v.irr.* I *v.t.* 1 intraprendere, accingersi a: *to ~ a task* intraprendere un compito; *to ~ to do sth.* accingersi a fare qcs. 2 (*to obligate oneself*) impegnarsi a, assumersi l'impegno di, incaricarsi di: *she undertook the organization of the class reunion* si è presa l'impegno di organizzare la rimpatriata. 3 (*to promise formally*) promettere (solennemente), impegnarsi formalmente in (o a). 4 (*to accept as a charge*) assumersi, addossarsi: *to ~ a responsibility* assumersi una responsabilità. II *v.i.* (*colloq*) fare l'impresario di pompe funebri.

undertaken /ˌʌndə'teɪkən *Am* ˌʌndərˈteɪkən/ → **undertake**.

undertaker /ˈʌndəˌteɪkər *Am* ˈʌndərˌteɪkər/ *n.* 1 impresario *m.* di pompe funebri. 2 (*Comm*)

---

appaltatore *m.*, imprenditore *m.*

undertaking /ˈʌndəˌteɪkɪŋ *Am* ˈʌndərˌteɪkɪŋ/ *n.* 1 impresa *f.*, iniziativa *f.* 2 (*promise, pledge*) promessa *f.*, impegno *m.* 3 (*business of an undertaker*) impresa *f.* di pompe funebri.

undertenancy /ˈʌndəˌtenənsi *Am* ˈʌndərˌtenənsi/ *n.* subaffitto *m.*

undertenant /ˈʌndəˌtenənt *Am* ˈʌndərˌtenənt/ *n.* subaffittuario *m.* (*f.* -a).

under-the-counter /ˈʌndəðəˌkaʊntə *Am* ˈʌndərðəˌkaʊnʔər/ *a.* (*colloq*) sottobanco: *~ sales* vendite sottobanco.

under-the-table /ˈʌndəðəˌteɪbl̩ *Am* ˈʌndərðə ˌteɪbl̩/ *a.* (*colloq*) venduto sottobanco, venduto illegalmente.

undertint /ˈʌndətɪnt *Am* ˈʌndərˌtɪnt/ *n.* colore *m.* smorzato, colore *m.* spento.

undertone /ˈʌndətoʊn *Am* ˈʌndərˌtoʊn/ *n.* 1 tono *m.* sommesso, tono *m.* smorzato: *to speak in -s* parlare in tono sommesso. 2 (*fig*) senso *m.* nascosto, accenno *m.*, sfumatura *f.*, punta *f.* 3 (*subdued colour*) colore *m.* smorzato, tinta *f.* tenue.

undertook /ˌʌndə'tuk *Am* ˌʌndərˈtuk/ → **undertake**.

undertow /ˈʌndətoʊ *Am* ˈʌndərˌtoʊ/ *n.* (*Mar*) risacca *f.*

underuse /ˌʌndər'juːz/ *v.t.* sottoutilizzare.

underutilize /ˌʌndə'juːtɪlaɪz *Am* ˌʌndərˈjuːʔəlaɪz/ *v.t.* sottoutilizzare.

undervaluation /ˌʌndəˌvæljuˈeɪʃən/ *n.* 1 sottovalutazione *f.*, svalutazione *f.* 2 (*insufficient value*) valore *m.* inferiore al dovuto.

undervalue /ˌʌndə'vælju: *Am* ˌʌndərˈvælju:/ *v.t.* sottovalutare (*anche fig*).

undervest /ˈʌndəvest *Am* ˈʌndərˌvest/ *n.* (*Abbigl*) maglietta *f.* intima, canottiera *f.*

underwater /ˌʌndə'wɔːtə *Am* ˌʌndərˌwɑːʔər/ *a.* 1 subacqueo, sott'acqua: *~ fishing* pesca subacquea. 2 (*Mar*) (*below the water line*) immerso. □ *~ environment* ambiente sottomarino; (*Fot*) *~ photography* fotografia subacquea.

underway /ˌʌndə'weɪ *Am* ˌʌndərˌweɪ/ *avv.* in corso, avviato.

underwear /ˈʌndəweər *Am* ˈʌndərˌwer/ *n.* biancheria *f.* personale, biancheria *f.* intima.

underweight¹ /ˈʌndəˌweɪt *Am* ˈʌndərˌweɪt/ *n.* 1 peso *m.* scarso, peso *m.* inferiore al normale. 2 (*person*) persona *f.* sottopeso.

underweight² /ˌʌndə'weɪt *Am* ˌʌndərˌweɪt/ *a.* di peso inferiore al normale, sottopeso: *she is eight kilos ~* (o *she is ~ by eight kilos*) è sottopeso di otto chili.

underwhelm /ˌʌndə'welm *Am* ˌʌndərˈwelm/ *v.t.* (*scherz*) deludere, non essere travolgente, lasciare freddo.

underwood /ˈʌndəˌwud *Am* ˈʌndərˌwud/ *n.* sottobosco *m.*

underwork /ˌʌndə'wɜːk *Am* ˌʌndərˈwɜːrk/ I *v.t.* 1 lavorare troppo poco a. 2 (*to cause to work insufficiently*) far lavorare troppo poco. II *v.i.* lavorare troppo poco.

underworld /ˈʌndəˌwɜːld *Am* ˈʌndərˌwɜːrld/ *n.* 1 (*Mitol*) (*Hades*) Ade *m.*, Inferi *m.pl.* 2 (*criminal world*) malavita *f.*, mondo *m.* della malavita, (*gerg*) mala *f.*

underwrite /ˌʌndə'raɪt *Am* ˌʌndərˌraɪt/ *v.* (*past* **underwrote** /-'roʊt/, *p.p.* **underwritten** /-'rɪtən/ *Am* -'rɪʔən/) *v.irr.* I *v.t.* 1 sottoscrivere, firmare. 2 (*Assic*) (*of a policy*) sottoscrivere, assicurare; (*of a sum, risk*) coprire; (*of a shipment*) assicurare. 3 (*Econ*) (*of shares*) sottoscrivere. 4 (*to guarantee financially*) finanziare (*anche Econ*). 5 (*fig*) garantire per. II *v.i.* fare l'assicuratore.

underwriter /ˈʌndəˌraɪtə *Am* ˈʌndərˌraɪʔər/ *n.* 1 assicuratore *m.* (*f.* -trice). 2 (*Econ*) sottoscrittore *m.* (*f.* -trice) (di azioni).

---

underwriting /ˈʌndəˌraɪtɪŋ *Am* ˈʌndərˌraɪʔɪŋ/ *n.* 1 assicurazione *f.* 2 (*Econ*) sottoscrizione *f.*

underwritten /ˌʌndə'rɪtən *Am* ˌʌndərˈrɪtən/ → **underwrite**.

underwrote /ˌʌndə'roʊt *Am* ˌʌndərˈroʊt/ → **underwrite**.

undescended /ˌʌndɪ'sendɪd/ □ (*Med*) *~ testicles* testicoli ritenuti, criptorchidia, criptorchidismo.

undeserved /ˌʌndɪ'zɜːvd *Am* ˌʌndɪ'zɜːrvd/ *a.* immeritato, ingiusto: *an ~ reward* una ricompensa immeritata.

undeservedly /ˌʌndɪ'zɜːvədli *Am* ˌʌndɪ'zɜːrvədli/ *avv.* immeritatamente, ingiustamente.

undeserving /ˌʌndɪ'zɜːvɪŋ *Am* ˌʌndɪ'zɜːrvɪŋ/ *a.* immeritevole, indegno (*of* di): *to be ~ of forgiveness* essere immeritevole del perdono.

undesigned /ˌʌndɪ'zaɪnd/ *a.* involontario, non intenzionale, non premeditato.

undesignedly /ˌʌndɪ'zaɪnədli/ *avv.* involontariamente, senza volere.

undesigning /ˌʌndɪ'zaɪnɪŋ/ *a.* sincero, leale, schietto.

undesigningly /ˌʌndɪ'zaɪnɪŋli/ *avv.* lealmente, sinceramente.

undesirability /ˌʌndɪzaɪərə'bɪliti *Am* ʌndɪzaɪrə'bɪliti/ *n.* indesiderabilità *f.*

undesirable /ˌʌndɪ'zaɪərəbl̩ *Am* ˌʌndɪ'zaɪrəbl̩/ I *a.* indesiderabile, sgradito, non grato. II *n.* persona *f.* non grata, persona *f.* indesiderabile, indesiderabile *m./f.* (*anche Pol*). □ (*Dir*) *~ alien* straniero indesiderato.

undesirableness /ˌʌndɪ'zaɪərəbl̩nəs *Am* ˌʌndɪ'zaɪrəbl̩nəs/ *n.* indesiderabilità *f.*

undesirably /ˌʌndɪ'zaɪərəbli *Am* ˌʌndɪ'zaɪrəbli/ *avv.* in modo indesiderabile.

undesired /ˌʌndɪ'zaɪəd *Am* ˌʌndɪ'zaɪrd/ *a.* non desiderato, indesiderato, non voluto.

undesirous /ˌʌndɪ'zaɪərəs *Am* ˌʌndɪ'zaɪrəs/ *a.pred.* non desideroso (*of* di).

undetectability /ˌʌndɪtektə'bɪliti *Am* ˌʌndɪtektə'bɪliti/ *n.* 1 (*ability to go unnoticed*) non avvertibilità *f.*, impercettibilità *f.* 2 (*ability to go undiscovered*) il non poter essere scoperto, lo sfuggire all'osservazione.

undetectable /ˌʌndɪ'tektəbl̩/ *a.* 1 (*able to go unnoticed*) impercettibile, inavvertibile. 2 (*able to go undiscovered*) che non si può scoprire, che sfugge all'osservazione.

undetectably /ˌʌndɪ'tektəbli/ *avv.* impercettibilmente, inavvertibilmente.

undetected /ˌʌndɪ'tektɪd/ *a.* non scoperto, non individuato.

undetermined /ˌʌndɪ'tɜːmɪnd *Am* ˌʌndɪ'tɜːrmɪnd/ *a.* 1 indeterminato, non stabilito, non fissato. 2 (*not precise*) vago, incerto, indefinito, indeterminato. 3 (*irresolute*) irresoluto, incerto, indeciso.

undeterred /ˌʌndɪ'tɜːd *Am* ˌʌndɪ'tɜːrd/ *a.* non scoraggiato, imperterrito, imperturbato: *to be ~ by criticism* non lasciarsi scoraggiare dalle critiche.

undeveloped /ˌʌndɪ'veləpt/ *a.* 1 non sviluppato. 2 (*immature*) immaturo. 3 (*of land*) non edificato.

undeviating /ʌn'diːvieɪtɪŋ *Am* ʌn'diːvieɪʔɪŋ/ *a.* che non devia, perseverante, costante.

undeviatingly /ʌn'diːvieɪtɪŋli *Am* ʌn 'diːvieɪʔɪŋli/ *avv.* con perseveranza, con costanza.

undevout /ˌʌndɪ'vaʊt/ *a.* non devoto.

undid /ʌn'dɪd/ → **undo**.

undies /ˈʌndɪz/ *n.pl.* (*colloq*) biancheria *f.sing.* intima, intimo *m.sing.*

undifferentiated /ˌʌndɪfə'renʃɪeɪtɪd *Am* ˌʌndɪfə'rentʃɪˌeɪʔɪd/ *a.* non differenziato, uniforme.

undigested /ˌʌnd(a)ɪˈdʒestɪd/ *a*. **1** non digerito. **2** (*fig*) non assimilato, non digerito. **3** (*Econ*) (*of securities*) non assorbito dal mercato.

undigestible /ˌʌnd(a)ɪˈdʒestɪbl/ *a*. indigesto, non digeribile.

undignified /ʌnˈdɪgnɪfaɪd/ *a*. non dignitoso, senza dignità.

undiluted /ˌʌnd(a)ɪˈl(j)uːtɪd *Am* ˌʌnd(a)ɪˈluːtɪd/ *a*. **1** non diluito, puro. **2** (*fig*) bell'e buono, puro e semplice: **~** *nonsense* sciocchezze bell'e buone.

undiminished /ˌʌndɪˈmɪnɪʃt/ *a*. non diminuito, non sminuito, integro, intatto: *with* **~** *enthusiasm* con entusiasmo immutato.

undimmed /ʌnˈdɪmd/ *a*. **1** non offuscato, chiaro, limpido. **2** (*of lights*) non abbassato. **3** (*of feelings*) non attenuato, non diminuito.

undine /ˈʌndiːn/ *n*. (*Mitol.nord*) ondina *f*.

undiplomatic /ˌʌndɪpləˈmætɪk *Am* ˌʌndɪpləˈmætɪk/ *a*. non diplomatico, privo di tatto, privo di diplomazia.

undiplomatically /ˌʌndɪpləˈmætɪkli *Am* ˌʌndɪpləˈmætɪkli/ *avv*. senza tatto, senza diplomazia.

undirected /ˌʌnd(a)ɪˈrektɪd *Am* ˌʌnd(a)ɪˈrektɪd/ *a*. **1** non guidato, senza guida, senza direzione, senza direttive. **2** senza meta, senza scopo. **3** (*Post*) senza indirizzo.

undiscerned /ˌʌndɪˈsɜːnd *Am* ˌʌndɪˈsɜːrnd/ *a*. inosservato, non scorto, non visto.

undiscerning /ˌʌndɪˈsɜːnɪŋ *Am* ˌʌndɪˈsɜːrnɪŋ/ *a*. senza discernimento, poco giudizioso.

undischarged /ˌʌndɪsˈtʃɑːdʒd *Am* ˌʌndɪsˈtʃɑːrdʒd/ *a*. **1** non finito, non terminato, incompiuto. **2** (*of a firearm*) carico, non scaricato; (*of bullets*) non ancora esploso. **3** (*not released from hospital*) non dimesso; (*from prison*) non rilasciato. **4** (*Econ,Dir*) (*of an account, claim*) non pagato, non liquidato; (*of a bankrupt*) non riabilitato. **5** (*of cargo*) non scaricato. **6** (*Mil*) non congedato.

undisciplined /ʌnˈdɪsɪplɪnd/ *a*. **1** indisciplinato. **2** (*untrained*) non esercitato, non addestrato, inesperto.

undisclosed /ˌʌndɪsˈkloʊzd/ *a*. segreto, non rivelato, non svelato, nascosto: **~** *sources of information* fonti di informazione segrete.

undiscovered /ˌʌndɪsˈkʌvəd *Am* ˌʌndɪsˈkʌvərd/ *a*. **1** non scoperto, non trovato. **2** (*unobserved*) non osservato, non individuato. **3** (*unknown*) sconosciuto.

undiscriminating /ˌʌndɪsˈkrɪmɪneɪtɪŋ *Am* ˌʌndɪsˈkrɪmɪneɪtɪŋ/ *a*. che non discrimina, che non distingue, che non fa discriminazioni.

undiscussed /ˌʌndɪsˈkʌst/ *a*. indiscusso, non dibattuto.

undisguised /ˌʌndɪsˈgaɪzd/ *a*. **1** non mascherato, non travestito. **2** (*fig*) aperto, dichiarato, manifesto: **~** *hostility* aperta ostilità.

undisguisedly /ˌʌndɪsˈgaɪzɪdli/ *avv*. apertamente, dichiaratamente, manifestamente.

undismayed /ˌʌndɪsˈmeɪd/ *a*. non spaventato, non scoraggiato, imperterrito.

undisputed /ˌʌndɪsˈpjuːtɪd *Am* ˌʌndɪsˈpjuːtɪd/ *a*. indiscusso, incontrastato.

undisputedly /ˌʌndɪsˈpjuːtɪdli *Am* ˌʌndɪsˈpjuːtɪdli/ *avv*. indiscutibilmente, incontestabilmente.

undissolvable /ˌʌndɪˈzɒlvəbl *Am* ˌʌndɪˈzɑːlvəbl/ *a*. **1** non solubile, indissolubile. **2** (*of a bond, tie*) indissolubile, insolubile, che non si può sciogliere.

undissolved /ˌʌndɪˈzɒlvd *Am* ˌʌndɪˈzɑːlvd/ *a*. non sciolto, non disciolto, non dissolto.

undistinguished /ˌʌndɪsˈtɪŋgwɪʃt *Am* ˌʌndɪsˈtɪŋgwɪʃt/ *a*. mediocre, modesto, medio.

undistracted /ˌʌndɪsˈtræktɪd *Am* ˌʌndɪs-

'træktɪd/ *a*. non distratto, non sviato.

undistributed /ˌʌndɪsˈtrɪbjuːtɪd *Am* ˌʌndɪsˈtrɪbjuːtɪd/ *a*. non distribuito.

undisturbed /ˌʌndɪsˈtɜːbd *Am* ˌʌndɪsˈtɜːrbd/ *a*. **1** indisturbato, senza interruzioni. **2** (*calm*) imperturbato, calmo, tranquillo.

undivided /ˌʌndɪˈvaɪdɪd/ *a*. **1** intero, non diviso, indiviso. **2** (*not shared*) non spartito, non suddiviso. **3** (*total, whole*) completo, assoluto, totale: *to give one's ~ attention to sth.* prestare la massima attenzione a qcs., concentrarsi totalmente su qcs.

undo /ʌnˈduː/ (*past* **undid** /-ˈdɪd/, *p.p.* **undone** /-ˈdʌn/) *v.t.irr*. **1** disfare, sfare. **2** (*to unwrap*) scartare, aprire. **3** (*to untie*) sciogliere, slacciare, slegare: *to ~ a knot* sciogliere un nodo. **4** (*to unbutton, to unfasten*) sbottonare, slacciare, sfibbiare. **5** (*to ruin*) rovinare, distruggere, perdere: *his weakness for women finally undid him* la sua debolezza per le donne finì per rovinarlo. **6** (*to bring to nothing*) annientare, distruggere: *to ~ so.'s hopes* distruggere le speranze di qcu. **7** (*Inform*) annullare (le modifiche).

undocumented /ʌnˈdɒkjumentɪd *Am* ʌnˈdɑːkjumentɪd/ *a*. non documentato.

undoer /ʌnˈduːər/ *n*. chi disfa, distruttore *m*. (*f*. -trice).

undoing /ʌnˈduːɪŋ/ *n*. **1** il disfare. **2** (*cause of ruin*) rovina *f*., distruzione *f*., perdita *f*.: *gambling will be his ~* il gioco sarà la sua rovina. **3** (*unfastening, loosening*) lo sciogliere, lo slegare.

undomesticated /ˌʌndəˈmestɪkeɪtɪd *Am* ˌʌndəˈmestɪkeɪtɪd/ *a*. non addomesticato, selvaggio, selvatico.

undone[1] /ʌnˈdʌn/ → **undo**.

undone[2] /ʌnˈdʌn/ *a*. **1** (*not done*) non fatto, (ancora) da fare. **2** (*unfastened, untied*) slacciato, slegato, sciolto; (*unbuttoned*) sbottonato. **3** (*ruined*) rovinato, distrutto. □ *to come ~* lasciarsi prendere dal panico, perdere il controllo, perdere la testa.

undoubtable /ʌnˈdaʊtəbl *Am* ʌnˈdaʊtəbl/ *avv*. indubitabile, sicuro.

undoubtably /ʌnˈdaʊtəbli *Am* ʌnˈdaʊtəbli/ *avv*. senza dubbio, sicuramente.

undoubted /ʌnˈdaʊtɪd *Am* ʌnˈdaʊtəd/ *a*. sicuro, certo, indubbio.

undoubtedly /ʌnˈdaʊtɪdli *Am* ʌnˈdaʊtədli/ *avv*. indubbiamente, senza dubbio, certamente.

undoubting /ʌnˈdaʊtɪŋ *Am* ʌnˈdaʊtɪŋ/ *a*. che non dubita, sicuro, convinto.

undramatic /ˌʌndrəˈmætɪk *Am* ˌʌndrəˈmætɪk/ *a*. non drammatico, privo di qualità drammatiche.

undramatically /ˌʌndrəˈmætɪkli *Am* ˌʌndrəˈmætɪkli/ *avv*. in modo non drammatico.

undraped /ʌnˈdreɪpd/ *a*. nudo, senza veli.

undreamed /ʌnˈdriːmd/ *a*. inaspettato, impensato: **~** *success* successo inaspettato.

undreamed-of /ʌnˈdriːmdəv/ *a*. inaspettato, impensato.

undreamt /ʌnˈdremt/ *a*. inaspettato, impensato.

undreamt-of /ʌnˈdremtəv/ *a*. inaspettato, impensato.

undress[1] /ʌnˈdres/ *v.t.* **1** spogliare, svestire. **2** (*of a wound*) sfasciare, togliere la benda a. **II** *v.i.* spogliarsi, svestirsi.

undress[2] /ˈʌndres/ *n*. (*Mil*) uniforme *f*. ordinaria, tenuta *f*. piccola. □ (*Mil*) **~** *uniform* uniforme ordinaria, tenuta piccola.

undressed /ʌnˈdrest/ *a*. **1** svestito, spogliato. **2** (*having removed day clothing*) in veste da camera. **3** (*of a wound*) non fasciato, senza benda. **4** (*of salads*) non condito. **5** (*Pell*) non conciato. **6** (*of stone, wood*) grezzo. □

to get **~** spogliarsi.

undrinkable /ʌnˈdrɪŋkəbl/ *a*. imbevibile, non potabile.

undue /ʌnˈdjuː *Am* ʌnˈduː/ *a*. **1** eccessivo, immoderato, smodato, irragionevole. **2** (*improper, not fit*) improprio, non appropriato, non opportuno, non adatto. **3** (*not seemly*) sconveniente. **4** (*Econ*) non scaduto. □ (*Dir*) **~** *influence* captazione, intimidazione.

undulance /ˈʌndjuləns/ *n*. l'essere ondeggiante.

undulant /ˈʌndjulənt/ *a*. **1** ondeggiante, fluttuante. **2** (*undulated*) ondulato. □ (*Med*) **~** *fever* brucellosi, febbre maltese, febbre ondulante.

undulate[1] /ˈʌndjuleɪt/ *v.i.* **1** ondeggiare, fluttuare. **2** (*to have a wavy surface*) avere una superficie ondulata.

undulate[2] /ˈʌndjulət/ *a*. ondulato.

undulated /ˈʌndjuleɪtɪd *Am* ˈʌndjuleɪtəd/ *a*. ondulato.

undulating /ˈʌndjuleɪtɪŋ *Am* ˈʌndjuleɪtɪŋ/ *a*. **1** (*ondulant*) ondeggiante, fluttuante. **2** (*undulated*) ondulato.

undulation /ˌʌndjuˈleɪʃən/ *n*. **1** ondulazione *f*., ondeggiamento *m*. **2** (*Fis*) movimento *m*. ondulatorio.

undulatory /ˈʌndjulətɔːri/ *a*. **1** ondulatorio (*anche Fis*). **2** (*wavelike*) ondulato.

unduly /ʌnˈdjuːli *Am* ʌnˈduːli/ *avv*. **1** ingiustamente. **2** (*excessively*) eccessivamente: **~** *optimistic* eccessivamente ottimista. **3** (*unreasonably*) irragionevolmente.

undutiful /ʌnˈdjuːtɪfʊl *Am* ʌnˈduːtɪfʊl/ *a*. **1** che manca ai propri doveri. **2** (*disobedient*) disubbidiente, ribelle.

undutifully /ʌnˈdjuːtɪfʊli *Am* ʌnˈduːtɪfəli/ *avv*. mancando ai propri doveri.

undutifulness /ʌnˈdjuːtɪfʊlnəs *Am* ʌnˈduːtɪfʊlnəs/ *n*. mancanza *f*. ai propri doveri.

undyed /ʌnˈdaɪd/ *n*. non tinto.

undying /ʌnˈdaɪɪŋ/ *a*. imperituro, eterno, immortale.

undyingly /ʌnˈdaɪɪŋli/ *avv*. eternamente, imperituramente.

unearned /ʌnˈɜːnd *Am* ʌnˈɜːrnd/ *a*. **1** non guadagnato. **2** (*unmerited*) immeritato, non meritato: **~** *victory* vittoria immeritata. □ (*Econ*) **~** *income* reddito da investimento, reddito di capitale, rendite; (*Econ*) **~** *increment* incremento di valore patrimoniale.

unearth /ʌnˈɜːθ *Am* ʌnˈɜːrθ/ *v.t.* **1** dissotterrare, disseppellire, riportare alla luce. **2** (*fig*) scoprire, portare alla luce: *to ~ new evidence* scoprire nuove prove. **3** (*of animals*) stanare.

unearthed /ʌnˈɜːθt *Am* ʌnˈɜːrθt/ *a*. (*El*) non messo a massa, senza collegamento a terra.

unearthly /ʌnˈɜːθli *Am* ʌnˈɜːrθli/ *a*. **1** non terreno, soprannaturale. **2** (*fig*) (*eerie*) misterioso, sinistro, strano, che ha del soprannaturale. **3** (*colloq*) (*preposterous*) assurdo, irragionevole, impossibile.

unease /ʌnˈiːz/ *n*. inquietudine *f*., agitazione *f*., ansia *f*., turbamento *m*., malessere *m*., disagio *m*.

uneasily /ʌnˈiːzɪli/ *avv*. **1** con apprensione. **2** (*with embarrassment*) con imbarazzo. **3** (*uncomfortably*) scomodamente, in modo scomodo, in modo disagevole.

uneasiness /ʌnˈiːzɪnəs/ *n*. **1** inquietudine *f*., agitazione *f*., ansia *f*., turbamento *m*., malessere *m*. **2** (*embarrassment*) imbarazzo *m*., impaccio *m*., disagio *m*. **3** (*uncomfortableness*) scomodità *f*., disagio *m*.

uneasy /ʌnˈiːzi/ *a*. **1** inquieto, agitato, ansioso, turbato. **2** (*embarrassed*) imbarazzato, impacciato, a disagio. **3** (*restless*) agitato, inquieto, irrequieto: *I spent an ~ night* ho passato una notte agitata. **4** (*uncomfortable*) scomodo, disagevole.

uneatable /ʌn'iːtəbḷ *Am* ʌn'iːṭəbḷ/ *a.* immangiabile.

uneaten /ʌn'iːtˀn *Am* ʌn'iːṭˀn/ *a.* non mangiato, intatto, avanzato.

uneconomic /ˌʌniːkə'nɒmɪk *Am* ˌʌnekə'nɑːmɪk/, **uneconomical** /ˌʌniːkə'nɒmɪkˀl *Am* ˌʌnekə'nɑːmɪkˀl/ *a.* **1** non economico, dispendioso. **2** (*Econ*) antieconomico.

uneconomically /ˌʌniːkə'nɒmɪkəli *Am* ˌʌnekə'nɑːmɪkli/ *avv.* **1** in modo non economico, in modo dispendioso. **2** (*Econ*) in modo antieconomico.

unedifying /ʌn'edɪˌfaɪɪŋ/ *a.* poco edificante, moralmente discutibile.

unedifyingly /ˌʌn'edɪˌfaɪɪŋli/ *avv.* in modo poco edificante, in modo moralmente discutibile.

unedited /ʌn'edɪtɪd *Am* ʌn'edɪṭɪd/ *a.* **1** non rivisto, non revisionato, non riveduto. **2** (*not yet published*) inedito.

uneducated /ʌn'edʒʊˌkeɪtɪd *Am* ʌn'edʒʊˌkeɪṭɪd/ *a.* ignorante, incolto, illetterato, privo di istruzione.

unembarrassed /ˌʌnɪm'berəst/ *a.* non imbarazzato, disinvolto, a proprio agio.

unembellished /ˌʌnem'belɪʃt/ *a.* non abbellito, non decorato.

unemotional /ˌʌnɪ'moʊʃˀnˀl/ *a.* **1** impassibile, imperturbabile, compassato, calmo. **2** (*unfeeling*) insensibile, indifferente, freddo. **3** (*rational*) razionale.

unemotionally /ˌʌnɪ'moʊʃˀnˀli/ *avv.* **1** impassibilmente, imperturbabilmente, compassatamente. **2** (*without emotion*) freddamente, con indifferenza.

unemphatic /ˌʌnɪm'fætɪk *Am* ˌʌnɪm'fæṭɪk/ *a.* non enfatico.

unemphatically /ˌʌnɪm'fætɪkˀli *Am* ˌʌnɪm'fæṭɪkˀli/ *avv.* non enfaticamente.

unemployable /ˌʌnɪm'plɔɪəbḷ/ *a.* **1** inabile al lavoro. **2** (*unusable*) inutilizzabile, inservibile.

unemployed /ˌʌnɪm'plɔɪd/ **I** *a.* **1** disoccupato, senza lavoro. **2** (*not used*) non usato, non utilizzato, inutilizzato. **II** *n.* (*costr.pl.,collett.*) disoccupati *m.pl.* ☐ (*Econ*) ~ *capital* capitale inutilizzato.

unemployment /ˌʌnɪm'plɔɪmənt/ *n.* disoccupazione *f.* ☐ ~ *benefit* (o ~ *compensation*) sussidio di disoccupazione; ~ *fund* fondo di assistenza per disoccupati; ~ *insurance* assicurazione contro la disoccupazione; ~ *rate* tasso di disoccupazione.

unenclosed /ˌʌnɪn'kloʊzd/ *a.* non cintato, non recintato, non circondato, aperto.

unencumbered /ˌʌnɪn'kʌmbəd *Am* ˌʌnɪn'kʌmbəd/ *a.* **1** non ingombro, libero, sgombro. **2** (*Dir*) non gravato da ipoteche.

unending /ʌn'endɪŋ/ *a.* **1** infinito, senza fine, eterno. **2** (*incessant*) incessante, continuo. **3** (*apparently interminable*) interminabile, infinito, eterno.

unendingly /ʌn'endɪŋli/ *avv.* **1** interminabilmente, infinitamente. **2** (*incessantly*) incessantemente.

unendorsed /ˌʌnɪn'dɔːst *Am* ˌʌnɪn'dɔːrst/ *a.* **1** non sottoscritto. **2** (*Econ*) non girato.

unendowed /ˌʌnɪn'daʊd/ *a.* non dotato, sprovvisto, privo (*with* di).

unendurable /ˌʌnɪn'djʊrəbḷ/ *a.* insopportabile, intollerabile.

unendurably /ˌʌnɪn'djʊrəbli/ *avv.* insopportabilmente, intollerabilmente.

unenforceable /ˌʌnɪn'fɔːsəbḷ *Am* ˌʌnɪn'fɔːrsəbḷ/ *a.* (*Dir*) inapplicabile: *an ~ law* una legge inapplicabile.

unengaged /ˌʌnɪn'geɪdʒd/ *a.* **1** (*not pledged*) non impegnato. **2** (*as in a military*

action) non impegnato in azioni militari. **3** (*not committed to a particular view*) non schierato. **4** (*not busy*) non occupato, libero. **5** (*scherz*) non fidanzato.

un-English /ʌn'ɪŋglɪʃ/ *a.* non tipicamente inglese, contrario alla cultura inglese.

unenlightened /ˌʌnɪn'laɪtˀnd *Am* ˌʌnɪn'laɪṭˀnd/ *a.* non illuminato, ottenebrato.

unenlightening /ˌʌnɪn'laɪtˀnɪŋ/ *a.* poco illuminante, scarsamente informativo, che non chiarisce le idee.

unentangle /ˌʌnɪn'tæŋgḷ/ *v.t.* districare, sbrogliare.

unenterprising /ʌn'entəpraɪzɪŋ *Am* ʌn'entəˀpraɪzɪŋ/ *a.* non intraprendente, senza iniziativa, privo di iniziativa.

unentertaining /ˌʌnentə'teɪnɪŋ *Am* ˌʌnentəˀ'teɪnɪŋ/ *a.* non divertente, noioso.

unenthusiastic /ˌʌnɪnθjuːzɪ'æstɪk *Am* ˌʌnenθuːzi'æstɪk/ *a.* senza entusiasmo, privo di entusiasmo.

unenthusiastically /ˌʌnɪnθjuːzɪ'æstɪkˀli *Am* ˌʌnenθuːzi'æstɪkˀli/ *avv.* senza entusiasmo.

unenviable /ʌn'enviəbḷ/ *a.* non invidiabile.

unenviably /ʌn'enviəbli/ *avv.* in modo non invidiabile.

unenvied /ʌn'enviːd/ *a.* non invidiato.

unenvious /ʌn'enviəs/ *a.* non invidioso.

UNEP /ˈjuːeniːpiː/ *United Nations Environment Programme* UNEP (programma delle Nazioni Unite per l'ambiente).

unequable /ʌn'ekwəbḷ/ *a.* **1** variabile, irregolare. **2** (*of temperament*) irrequieto, volubile.

unequal /ʌn'iːkwəl/ *a.* **1** diverso, differente, ineguale, disuguale: *of ~ lenght* di diversa lunghezza. **2** (*not of the same worth, ability, etc.*) dissimile, diverso, differente, difforme. **3** (*involving badly matched parties*) impari, disuguale, ineguale: *an ~ contest* una lotta impari. **4** (*unjust, unfair*) ingiusto, iniquo. **5** (*inadequate*) non all'altezza (*to* di), inadeguato, inadatto (*to* a): ~ *to the task* non all'altezza del compito. **6** (*uneven, irregular*) irregolare, non uniforme.

unequaled /ʌn'iːkwəld/ *a.* (*Am*) **1** senza pari, ineguagliato, imbattuto, insuperato: *as a photographer he is ~* come fotografo è senza pari; *an ~ record* un record imbattuto. **2** (*unparalleled*) che non ha l'uguale, ineguagliabile, incomparabile, impareggiabile.

unequalled /ʌn'iːkwəld/ *a.* **1** senza pari, ineguagliato, imbattuto, insuperato: *as a photographer he is ~* come fotografo è senza pari; *an ~ record* un record imbattuto. **2** (*unparalleled*) che non ha l'uguale, ineguagliabile, incomparabile, impareggiabile.

unequally /ʌn'iːkwəli/ *avv.* **1** diversamente. **2** (*unjustly*) ingiustamente. **3** (*unevenly*) irregolarmente, non uniformemente.

unequipped /ˌʌnɪ'kwɪpt/ *a.* **1** (*inadequately supplied*) non attrezzato, non fornito, non equipaggiato, non dotato. **2** (*inadequately prepared*) non preparato. **3** (*inadequately skilled*) non addestrato, senza formazione, senza preparazione.

unequivocal /ˌʌnɪ'kwɪvəkəl/ *a.* **1** inequivocabile. **2** (*plain, clear*) chiaro, esplicito.

unequivocally /ˌʌnɪ'kwɪvəkli/ *avv.* in modo inequivocabile.

unequivocalness /ˌʌnɪ'kwɪvəkəlnəs/ *n.* inequivocabilità *f.*

unerring /ʌn'ɜːrɪŋ/ *a.* **1** infallibile, preciso: *an ~ aim* una mira infallibile. **2** (*certain, unfailing*) sicuro, infallibile: ~ *taste* gusto sicuro.

unerringly /ʌn'ɜːrɪŋli/ *avv.* infallibilmente.

unerringness /ʌn'ɜːrɪŋnəs/ *n.* infallibilità *f.*

UNESCO /juˈneskoʊ/ *United Nations Edu-*

cational Scientific and Cultural Organization UNESCO (Organizzazione delle Nazioni Unite per l'educazione, la scienza e la cultura).

unescorted /ˌʌn'eskɔːtɪd *Am* ʌn'eskɔːrtɪd/ *a.* **1** non scortato, senza scorta. **2** (*to a party*) non accompagnato, senza accompagnatore.

unestablished /ˌʌnɪ'stæblɪʃt/ *a.* non affermato, non noto.

unethical /ʌn'eθɪkəl/ *a.* **1** privo di senso morale, disonesto, immorale. **2** (*of conduct*) non professionale.

unethically /ʌn'eθɪkˀli/ *avv.* **1** senza senso morale, in modo disonesto, in modo immorale. **2** (*of conduct*) in modo non professionale.

uneven /ʌn'iːvən/ *a.* **1** (*of a surface*) ineguale, irregolare, scabroso: ~ *ground* terreno ineguale; ~ *teeth* denti irregolari. **2** (*variable, changeable*) volubile, variabile, incostante, mutevole: *to have an ~ temper* avere un carattere volubile. **3** (*of a contest, etc.: unequal*) impari, ineguale. **4** (*Mat*) (*odd*) dispari.

unevenly /ʌn'iːvənli/ *avv.* **1** irregolarmente, in modo non uniforme. **2** (*in unequal parts*) in parti disuguali. **3** (*on unequal terms*) in modo impari.

unevenness /ʌn'iːvənnəs/ *n.* **1** (*of a surface*) irregolarità *f.*, scabrosità *f.* **2** (*irregularity*) irregolarità *f.* **3** (*imbalance*) disparità *f.*

uneventful /ˌʌnɪ'ventfʊl/ *a.* non movimentato, privo di avvenimenti importanti, tranquillo.

uneventfully /ˌʌnɪ'ventfʊli/ *avv.* in modo tranquillo, senza avvenimenti importanti.

uneventfulness /ˌʌnɪ'ventfʊlnəs/ *n.* mancanza *f.* di avvenimenti importanti.

unexampled /ˌʌnɪg'zɑːmpḷd *Am* ˌʌnɪg'zæmpḷd/ *a.* senza precedenti, unico, singolare.

unexcelled /ˌʌnɪk'seld/ *a.* insuperato, non sorpassato, senza pari.

unexceptionable /ˌʌnɪk'sepʃənəbḷ/ *a.* ineccepibile, irreprensibile.

unexceptional /ˌʌnɪk'sepʃˀnˀl/ *a.* **1** non eccezionale, comune, ordinario. **2** (*admitting of no exception*) che non ammette eccezioni.

unexcised[1] /ˌʌn'eksaɪzd/ *a.* (*Comm*) non soggetto a dazio.

unexcised[2] /ˌʌnɪk'saɪzd/ *a.* **1** (*Med,Chir*) non asportato, non rimosso. **2** (*of a film, article: uncut*) non ridotto, senza tagli, integrale.

unexcitable /ˌʌnɪk'saɪtəbḷ *Am* ˌʌnɪk'saɪṭəbḷ/ *a.* non eccitabile.

unexciting /ˌʌnɪk'saɪtɪŋ *Am* ˌʌnɪk'saɪṭɪŋ/ *a.* non eccitante, non emozionante, banale.

unexecuted /ʌn'eksɪˌkjuːtɪd *Am* ʌn'eksɪˌkjuːṭɪd/ *a.* **1** non eseguito, non fatto, non effettuato. **2** (*Dir*) non reso esecutivo.

unexemplified /ˌʌnɪg'zemplɪfaɪd/ *a.* non esemplificato, senza esempi.

unexhausted /ˌʌnɪg'zɔːstɪd/ *a.* non esaurito.

unexpected /ˌʌnɪks'pektɪd/ **I** *a.* inatteso, inaspettato, imprevisto: *an ~ guest* un ospite inatteso. **II** *n.* imprevisto *m.*

unexpectedly /ˌʌnɪks'pektɪdli/ *avv.* inaspettatamente, in modo imprevisto.

unexpectedness /ˌʌnɪks'pektɪdnəs/ *n.* l'essere inaspettato.

unexpired /ˌʌnɪks'paɪəd *Am* ˌʌnɪk'spaɪrd/ *a.* (*Dir,Comm*) non (ancora) scaduto.

unexplainable /ˌʌnɪks'pleɪnəbḷ/ *a.* inesplicabile, inspiegabile.

unexplained /ˌʌnɪks'pleɪnd/ *a.* non spiegato, non chiarito.

unexploded /ˌʌnɪks'ploʊdɪd/ *a.* inesploso.

unexploited /ˌʌnɪks'plɔɪtɪd *Am* ˌʌnɪk'splɔɪtɪd/ *a.* non sfruttato, non utilizzato.

unexplored /ˌʌnɪksˈplɔːd *Am* ˌʌnɪkˈsplɔːrd/ *a.* inesplorato.

unexposed /ˌʌnɪksˈpouzd/ *a.* **1** non svelato, non rivelato; (*concealed*) nascosto. **2** (*Fot*) non esposto.

unexpressed /ˌʌnɪksˈprest/ *a.* **1** tacito, sottinteso. **2** (*of anger, thoughts, feelings*) non espresso, inespresso.

unexpurgated /ʌnˈekspəˌgeɪtɪd *Am* ʌnˈeks pəˈgeɪtɪd/ *a.* integrale, non espurgato: ~ *edition* edizione integrale.

unextended /ˌʌnɪksˈtendɪd/ *a.* **1** non esteso, non disteso. **2** (*not having extension*) che non ha estensione. **3** (*Filos*) inesteso.

unfading /ʌnˈfeɪdɪŋ/ *a.* **1** (*fig*) imperituro, immortale: ~ *glory* gloria imperitura. **2** (*of a flower*) che non appassisce. **3** (*of colours*) che non sbiadisce, che non scolorisce.

unfailing /ʌnˈfeɪlɪŋ/ *a.* **1** infallibile, sicuro, certo. **2** (*inexhaustible*) inesauribile: *a source of ~ pleasure* una fonte inesauribile di piacere. **3** (*reliable*) fidato, sicuro, fido.

unfailingly /ʌnˈfeɪlɪŋli/ *avv.* infallibilmente, sicuramente.

unfailingness /ʌnˈfeɪlɪŋnəs/ *n.* infallibilità *f.*, certezza *f.*

unfair /ʌnˈfeəʳ *Am* ʌnˈfer/ *a.* **1** ingiusto, non equo, sleale, disonesto, ingiustificato: ~ *treatment* trattamento ingiusto; ~ *dismissal* licenziamento ingiustificato. **2** (*Econ*) sleale: ~ *competition* concorrenza sleale.

unfairly /ʌnˈfeəli *Am* ʌnˈferli/ *avv.* ingiustamente, slealmente.

unfairness /ʌnˈfeənəs *Am* ʌnˈfernəs/ *n.* ingiustizia *f.*, slealtà *f.*, disonestà *f.*

unfaithful /ʌnˈfeɪθful/ *a.* **1** infedele (*to* a). **2** (*inaccurate*) impreciso, inesatto, non fedele.

unfaithfully /ʌnˈfeɪθfuli/ *avv.* infedelmente.

unfaithfulness /ʌnˈfeɪθfulnəs/ *n.* infedeltà *f.*

unfaltering /ʌnˈfɔːltərɪŋ *Am* ʌnˈfɔːltərɪŋ/ *a.* fermo, risoluto, deciso.

unfalteringly /ʌnˈfɔːltərɪŋli *Am* ʌnˈfɔːltərɪŋli/ *avv.* fermamente, con risolutezza.

unfamiliar /ˌʌnfəˈmɪliəʳ/ *a.* **1** che non ha familiarità, che non ha dimestichezza (*with* con), non pratico, non esperto (*with* di). **2** (*not known*) sconosciuto, non noto, ignoto (*to* a). **3** (*not well known*) non familiare, poco familiare (*to* a): *his name is ~ to me* il suo nome non mi è familiare. **4** (*unusual, strange*) strano, inconsueto, insolito. ☐ ~ *territory*: 1 territorio sconosciuto; 2 (*fig*) argomenti non familiari.

unfamiliarity /ˌʌnfəmɪliˈærɪti *Am* ˌʌnfəmɪli ˈerɪti/ *n.* **1** mancanza *f.* di familiarità, mancanza *f.* di esperienza. **2** (*strangeness, unusualness*) stranezza *f.*, singolarità *f.*

unfashionable /ʌnˈfæʃ(ə)nəbl/ *a.* fuori moda, non alla moda.

unfashionably /ʌnˈfæʃ(ə)nəbli/ *avv.* non alla moda.

unfashioned /ʌnˈfæʃ(ə)nd/ *a.* non foggiato, informe.

unfasten /ʌnˈfɑːsən *Am* ʌnˈfæs(ə)n/ *v.t.* slacciare, sciogliere, slegare: *to ~ one's belt* slacciarsi la cintura.

unfathomable /ʌnˈfæðəməbl/ *a.* **1** (*impossible to measure*) insondabile, che non si può scandagliare, non misurabile. **2** (*incapable of being fully understood*) impenetrabile, insondabile, imperscrutabile.

unfathomed /ʌnˈfæðəmd/ *a.* non scandagliato, insondato, non penetrato.

unfavorable /ʌnˈfeɪvərəbl/ *a.* (*Am*) **1** sfavorevole, non propizio, infausto: ~ *predictions* previsioni infauste. **2** (*contrary, adverse*) contrario, avverso, sfavorevole, negativo: ~

outcomes esiti sfavorevoli. **3** (*disadvantageous*) svantaggioso, sfavorevole, sconveniente, controproducente.

unfavorableness /ʌnˈfeɪvərəbl̩nəs/ *n.* (*Am*) l'essere sfavorevole.

unfavorably /ʌnˈfeɪvərəbli/ *avv.* (*Am*) sfavorevolmente.

unfavourable /ʌnˈfeɪvərəbl/ *a.* **1** sfavorevole, non propizio, infausto: ~ *predictions* previsioni infauste. **2** (*contrary, adverse*) contrario, avverso, sfavorevole, negativo: ~ *outcomes* esiti sfavorevoli. **3** (*disadvantageous*) svantaggioso, sfavorevole, sconveniente, controproducente.

unfavourableness /ʌnˈfeɪvərəbl̩nəs/ *n.* l'essere sfavorevole.

unfavourably /ʌnˈfeɪvərəbli/ *avv.* sfavorevolmente.

unfeasibility /ˌʌnfiːzəˈbɪlɪti *Am* ˌʌnfiːzə ˈbɪlɪti/ *n.* irrealizzabilità *f.*, inattuabilità *f.*, non fattibilità *f.*

unfeasible /ʌnˈfiːzəbl/ *a.* irrealizzabile, inattuabile, non fattibile.

unfeasibly /ʌnˈfiːzəbl̩i/ *avv.* in modo irrealizzabile, in modo inattuabile.

unfeathered /ʌnˈfeðəd *Am* ʌnˈfeðərd/ *a.* senza penne, implume.

unfeeling /ʌnˈfiːlɪŋ/ *a.* **1** insensibile, indifferente, arido, freddo. **2** (*hard-hearted*) crudele, spietato, duro (*di cuore*).

unfeelingly /ʌnˈfiːlɪŋli/ *avv.* insensibilmente, crudelmente.

unfeelingness /ʌnˈfiːlɪŋnəs/ *n.* insensibilità *f.*, indifferenza *f.*

unfeigned /ʌnˈfeɪnd/ *a.* non finto, non simulato, sincero, genuino.

unfeignedly /ʌnˈfeɪnɪdli/ *avv.* sinceramente, senza simulazione.

unfelt /ʌnˈfelt/ *a.* non sentito, insincero.

unfeminine /ʌnˈfemɪnɪn/ *a.* non femminile, poco femminile, che non si addice a una donna.

unfemininity /ˌʌnfemɪˈnɪnɪti *Am* ˌʌnfemɪ ˈnɪnɪti/ *n.* mancanza *f.* di femminilità, scarsa femminilità *f.*

unfenced /ʌnˈfenst/ *a.* non cintato, non recintato, aperto.

unfermented /ˌʌnfəˈmentɪd *Am* ʌnˈfɜːr mentɪd/ *a.* (*Enol*) non fermentato.

unfertilized /ʌnˈfɜːtɪˌlaɪzd *Am* ʌnˈfɜːrtə ˌlaɪzd/ *a.* non fertilizzato.

unfetter /ʌnˈfetəʳ *Am* ʌnˈfetər/ *v.t.* **1** liberare dai ceppi, liberare dalle catene. **2** (*fig*) liberare, affrancare.

unfettered /ʌnˈfetəd *Am* ʌnˈfetərd/ *a.* **1** liberato dai ceppi, liberato dalle catene. **2** (*fig*) senza impedimenti, senza limitazioni, libero.

unfilial /ʌnˈfɪliəl/ *a.* non filiale, indegno di un figlio.

unfilled /ʌnˈfɪld/ *a.* **1** non riempito, vuoto. **2** (*of a post, position*) libero, non occupato, vacante.

unfiltered /ʌnˈfɪltəd *Am* ʌnˈfɪltərd/ *a.* non filtrato.

unfinished /ʌnˈfɪnɪʃt/ *a.* **1** non finito, non terminato, incompiuto, incompleto. **2** (*of business, matters*) in sospeso, in pendenza. **3** (*Ind*) semilavorato. **4** (*fig*) grezzo, non rifinito: *an ~ style* uno stile grezzo. **5** (*Tess*) senza finissaggio. ☐ (*Mus*) *the Unfinished Symphony* l'Incompiuta.

unfit /ʌnˈfɪt/ *a.* **1** inadatto, non adatto, non idoneo (*anche Dir*). **2** (*Mil*) inabile: *to be ~ for military service* essere inabile al servizio militare. **3** (*not physically fit*) non in buona salute, non in forma, malandato. **4** (*not qualified, incompetent*) inadatto, non qualificato, incompetente. ☐ ~ *for habitation* ina-

bitabile; (*Dir*) *an ~ mother* una madre dichiarata decaduta dalla potestà genitoriale; ~ *to eat*: 1 immangiabile; 2 (*inedible*) non commestibile.

unfitness /ʌnˈfɪtnəs/ *n.* **1** l'essere inadatto, inadeguatezza *f.* **2** (*lack of physical fitness*) cattiva salute *f.*, salute *f.* cagionevole, cattiva forma *f.* fisica. **3** (*incompetence*) incapacità *f.*, incompetenza *f.*

unfitted /ʌnˈfɪtɪd *Am* ʌnˈfɪtɪd/ *a.* **1** non idoneo, disadatto. **2** (*without furniture*) senza arredo, senza mobili.

unfitting /ʌnˈfɪtɪŋ *Am* ʌnˈfɪtɪŋ/ *a.* che non si addice, improprio, non appropriato.

unfittingly /ʌnˈfɪtɪŋli *Am* ʌnˈfɪtɪŋli/ *avv.* in modo improprio, in modo non appropriato.

unfix /ʌnˈfɪks/ *v.t.* **1** slacciare, sciogliere, slegare. **2** (*to detach*) staccare, scombaciare. **3** (*fig*) sconvolgere, agitare. **4** (*Mil*) (*of bayonets*) togliere.

unfixed /ʌnˈfɪkst/ *a.* **1** slacciato, sciolto. **2** (*not fixed*) non fissato, staccato, libero. **3** (*undetermined*) non fissato, non stabilito, indeterminato.

unflagging /ʌnˈflæɡɪŋ/ *a.* infaticabile, instancabile.

unflaggingly /ʌnˈflæɡɪŋli/ *avv.* in modo infaticabile, in modo instancabile.

unflappability /ˌʌnflæpəˈbɪlɪti *Am* ˌʌnflæpə ˈbɪlɪti/ *n.* imperturbabilità *f.*, calma *f.*

unflappable /ʌnˈflæpəbl/ *a.* imperturbabile, (sempre) calmo.

unflappably /ʌnˈflæpəbli/ *avv.* imperturbabilmente, incrollabilmente.

unflattering /ʌnˈflætərɪŋ *Am* ʌnˈflætərɪŋ/ *a.* **1** veritiero, non adulatorio. **2** (*of remarks, etc.*) poco lusinghiero.

unflatteringly /ʌnˈflætərɪŋli *Am* ʌnˈflætərɪŋli/ *avv.* **1** senza adulazione, senza abbellimenti. **2** (*unfavourably*) in modo poco lusinghiero.

unfledged /ʌnˈfledʒd/ *a.* **1** senza penne, implume. **2** (*fig*) immaturo, acerbo, in erba.

unflinching /ʌnˈflɪntʃɪŋ/ *a.* che non indietreggia, che non vacilla, risoluto.

unflinchingly /ʌnˈflɪntʃɪŋli/ *avv.* risolutamente, senza vacillare.

unfold /ʌnˈfould/ **I** *v.t.* **1** spiegare, stendere, distendere: *to ~ a sheet* spiegare un foglio. **2** (*of one's arms, wings*) stendere, aprire, spiegare. **3** (*fig*) dischiudere, svelare, rivelare, scoprire, palesare. **4** (*of a story, etc.*) narrare. **II** *v.i.* **1** spiegarsi, distendersi. **2** (*of buds*) aprirsi, schiudersi. **3** (*fig*) manifestarsi, rivelarsi, mostrarsi, palesarsi: *as the story ~s* col tempo, via via che le cose si evolvono. **4** (*fig*) (*to develop*) svilupparsi, svolgersi.

unforced /ʌnˈfɔːst *Am* ʌnˈfɔːrst/ *a.* spontaneo, volontario, non forzato.

unforeseeable /ˌʌnfɔːˈsiːəbl *Am* ʌnfɔːrˈsiːəbl/ *a.* imprevedibile: *the ~ future* il futuro imprevedibile.

unforeseen /ˌʌnfɔːˈsiːn *Am* ʌnfɔːrˈsiːn/ *a.* imprevisto, inaspettato, inatteso. ☐ ~ *circumstances* (cause di) forza maggiore.

unforgettable /ˌʌnfəˈɡetəbl *Am* ˌʌnfərˈɡetəbl/ *a.* indimenticabile: *an ~ experience* un'esperienza indimenticabile.

unforgettably /ˌʌnfəˈɡetəbli *Am* ˌʌnfər ˈɡetəbli/ *avv.* in modo indimenticabile.

unforgivable /ˌʌnfəˈɡɪvəbl *Am* ˌʌnfərˈɡɪvəbl/ *a.* imperdonabile.

unforgivably /ˌʌnfəˈɡɪvəbli *Am* ˌʌnfər ˈɡɪvəbli/ *avv.* imperdonabilmente.

unforgiving /ˌʌnfəˈɡɪvɪŋ *Am* ˌʌnfərˈɡɪvɪŋ/ *a.* che non perdona, senza misericordia, inesorabile, implacabile.

unforgivingly /ˌʌnfəˈɡɪvɪŋli *Am* ˌʌnfər ˈɡɪvɪŋli/ *avv.* senza misericordia, inesorabilmente.

unforgotten/ˌʌnfəˈgɒtən Am ˌʌnfərˈgɑ:ʈən/ a. non dimenticato.

unformatted/ʌnˈfɔ:mætɪd Am ʌnˈfɔ:rmæʈəd/ a. (Inform) non formattato.

unformed/ʌnˈfɔ:md Am ʌnˈfɔ:rmd/ a. 1 non formato, non foggiato. 2 (formless, shapeless) informe, senza forma, amorfo. 3 (fig) non sviluppato, non formato. 4 (immature) immaturo, acerbo.

unformulated /ʌnˈfɔ:mjʊˌleɪtɪd Am ʌn 'fɔ:rmjʊˌleɪtɪd/ a. non formulato.

unfortified/ʌnˈfɔ:tɪˌfaɪd Am ʌnˈfɔ:rtɪˌfaɪd/ a. non fortificato (anche Mil).

unfortunate/ʌnˈfɔ:tʃənɪt Am ʌnˈfɔ:rtʃənɪt/ I a. 1 sfortunato, disgraziato, sventurato. 2 (infelicitous) infelice, inopportuno: an ~ phrase una frase infelice. 3 (unfavourable, inauspicious) poco propizio, sfavorevole. 4 (regrettable) deplorevole, increscioso, spiacevole. II n. persona f. sfortunata.

unfortunately /ʌnˈfɔ:tʃənɪtli Am ʌn 'fɔ:rtʃənɪtli/ avv. purtroppo, sfortunatamente, per disgrazia, disgraziatamente.

unfounded /ʌnˈfaʊndɪd/ a. infondato, ingiustificato, senza base, che non ha fondamento: ~ rumours voci infondate.

unframed/ʌnˈfreɪmd/ a. (of a painting, photo, etc.) senza cornice.

unfreeze/ʌnˈfri:z/ v.t.irr. 1 disgelare, sgelare, scongelare. 2 (Econ) (of prices, wages, etc.) sbloccare.

unfrequented /ˌʌnfrɪˈkwentɪd Am ʌn 'frikwəntɪd/ a. non frequentato, solitario, poco frequentato.

unfriended/ʌnˈfrendɪd/ a. senza amici, privo di amici.

unfriendliness /ʌnˈfrendlinəs/ n. 1 scarsa affabilità f., atteggiamento m. poco amichevole. 2 (unkind act) scortesia f.

unfriendly/ʌnˈfrendli/ a. 1 poco amichevole, scortese. 2 (hostile) ostile, contrario, mal disposto.

unfrock /ʌnˈfrɒk Am ʌnˈfrɑ:k/ v.t. (Rel) sospendere a divinis.

unfrozen/ʌnˈfrəʊzən/ a. non gelato, disgelato.

unfruitful/ʌnˈfru:tfʊl/ a. 1 infruttuoso, sterile, inutile: our efforts were ~ i nostri sforzi furono infruttuosi. 2 (not bearing fruit) infruttifero. 3 (of land) sterile, infecondo; (barren) arido, brullo, desolato.

unfruitfully/ʌnˈfru:tfʊli/ avv. infruttuosamente.

unfulfillable /ˌʌnfʊlˈfɪləbl/ a. inadempibile, irrealizzabile.

unfulfilled /ˌʌnfʊlˈfɪld/ a. 1 inesaudito: ~ wishes desideri inesauditi. 2 (of needs) insoddisfatto, inappagato. 3 (not carried out) inadempiuto, incompiuto. 4 (of a person in career) non realizzato, insoddisfatto.

unfulfilling/ˌʌnfʊlˈfɪlɪŋ/ a. insoddisfacente, non appagante.

unfunded /ˌʌnfˈʌndɪd/ a. 1 (not funded or provided with a budget) senza fondi. 2 (of a debt) non consolidato, fluttuante.

unfurl /ʌnˈfɜ:l Am ʌnˈfɜ:rl/ I v.t. spiegare, aprire, distendere, sciogliere: to ~ the sails spiegare le vele. II v.i. spiegarsi, distendersi, aprirsi.

unfurnished/ʌnˈfɜ:nɪʃt Am ʌnˈfɜ:rnɪʃt/ a. 1 non ammobiliato, privo di mobili: an ~ flat un appartamento non ammobiliato. 2 (not provided, supplied) sfornito, sprovvisto, privo (with di).

ungainliness/ʌnˈgeɪnlinəs/ n. mancanza f. di grazia, goffaggine f.

ungainly/ʌnˈgeɪnli/ a. 1 goffo, impacciato, sgraziato. 2 (lacking dexterity) maldestro.

ungarbled /ʌnˈgɑ:bld Am ʌnˈgɑ:rbld/ a. (of reports, etc.) fedele, esatto, non distorto, non alterato.

ungarnished /ʌnˈgɑ:nɪʃt Am ʌnˈgɑ:rnɪʃt/ a. sguarnito, disadorno.

ungenerous/ʌnˈdʒenərəs/ a. 1 non generoso, ingeneroso (anche estens). 2 (petty) gretto, meschino.

ungenerously /ʌnˈdʒenərəsli/ avv. senza generosità, ingenerosamente (anche estens).

ungenerousness/ʌnˈdʒenərəsnəs/ n. mancanza f. di generosità, ingenerosità f.

ungenteel /ˌʌndʒenˈti:l/ a. rozzo, volgare, plebeo.

ungentle/ʌnˈdʒentl Am ʌnˈdʒentl/ a. sgarbato, scortese, rude, aspro.

ungentlemanliness /ʌnˈdʒentlmənlinəs Am ʌnˈdʒentlmənlinəs/ n. mancanza f. di signorilità, mancanza f. di distinzione.

ungentlemanly /ʌnˈdʒentlmənli Am ʌn 'dʒentlmənli/ a. 1 non signorile, non distinto, non raffinato. 2 (ill-bred) maleducato, sgarbato, villano.

ungetatable /ˌʌngetˈætəbl/ a. (Br,colloq) inaccessibile, irraggiungibile.

ungilded/ʌnˈgɪldɪd/, **ungilt**/ʌnˈgɪlt/ a. non dorato, senza doratura.

ungird /ʌnˈgɜ:d Am ʌnˈgɜ:rd/ v.t. 1 togliere una cinghia a, togliere una cintura a. 2 (to unload by undoing a belt) togliere (slacciando una cinghia o cintura).

ungiving /ʌnˈgɪvɪŋ/ a. non incline a dare, poco generoso.

unglazed/ʌnˈgleɪzd/ a. 1 (Ceram) non vetrinato. 2 (lacking glass) senza vetri, non invetriato: ~ windows finestre senza vetri. 3 (Cart) non calandrato.

unglove /ʌnˈglʌv/ I v.t. togliere i guanti a. II v.i. togliersi i guanti.

ungloved /ʌnˈglʌvd/ a. che non porta guanti, senza guanti.

unglued/ʌnˈglu:d/ a. 1 scollato, senza colla. 2 (colloq) fuori di testa, fuso. □ to come ~: 1 scollarsi; 2 (fig) andare fuori di testa, uscire di testa, dare i numeri.

ungodliness /ʌnˈgɒdlinəs Am ʌnˈgɑ:dlinəs/ n. empietà f.

ungodly /ʌnˈgɒdli Am ʌnˈgɑ:dli/ a. 1 empio. 2 (wicked) malvagio, empio, scellerato. 3 (colloq) (outrageous) irragionevole, assurdo. □ we had to get up at some ~ hour ci siamo dovuti alzare a un'ora assurda.

ungovernability /ˌʌngʌvənəˈbɪlɪti Am ˌʌn gʌvərnəˈbɪlɪti/ n. 1 indisciplina f., indocilità f. 2 (Pol) ingovernabilità f.

ungovernable /ʌnˈgʌvənəbl Am ʌnˈgʌvərn əbl/ a. 1 indisciplinato, indocile, ribelle; (wild) sfrenato. 2 (Pol) ingovernabile.

ungovernably /ʌnˈgʌvənəbli Am ʌn 'gʌvərnəbli/ avv. in modo indisciplinato.

ungoverned/ʌnˈgʌvənd Am ʌnˈgʌvərnd/ a. 1 (Pol) incontrollato, non governato. 2 (fig) sfrenato, senza freno.

ungraceful/ʌnˈgreɪsfʊl/ a. sgraziato, goffo.

ungracefully /ʌnˈgreɪsfʊli/ avv. senza grazia, goffamente.

ungracefulness /ʌnˈgreɪsfʊlnəs/ n. mancanza f. di grazia, goffaggine f.

ungracious /ʌnˈgreɪʃəs/ a. scortese, maleducato, sgarbato, (ant) villano: it was ~ of you to refuse è stato scortese da parte tua rifiutare.

ungraciously /ʌnˈgreɪʃəsli/ avv. scortesemente, maleducatamente, sgarbatamente.

ungraciousness /ʌnˈgreɪʃəsnəs/ n. scortesia f., sgarbatezza f., (ant) villania f.

ungrammatical /ˌʌngrəˈmætɪkəl Am ˌʌngrə 'mætɪkəl/ a. sgrammaticato, scorretto (dal punto di vista grammaticale).

ungrammaticality /ˌʌngrəmætɪˈkælɪti Am ˌʌngrəmætɪˈkælɪti/ n. l'essere sgrammaticato, l'essere scorretto (dal punto di vista grammaticale).

ungrammatically /ˌʌngrəˈmætɪkli Am ˌʌngrəˈmætɪkli/ avv. in modo sgrammaticato, scorrettamente.

ungrammaticalness /ˌʌngrəˈmætɪkəlnəs Am ʌngrəˈmætɪkəlnəs/ n. agrammaticalità f.

ungrateful/ʌnˈgreɪtfʊl/ a. 1 ingrato, non riconoscente. 2 (Am) (unpleasant) ingrato, spiacevole. 3 (fig) (of soil) improduttivo, ingrato, che non rende.

ungratefully /ʌnˈgreɪtfʊli/ avv. in modo ingrato, senza riconoscenza, senza gratitudine.

ungratefulness /ʌnˈgreɪtfʊlnəs/ n. ingratitudine f.

ungratified /ʌnˈgrætɪˌfaɪd Am ʌnˈgrætɪfaɪd/ a. inappagato, insoddisfatto.

ungrounded /ʌnˈgraʊndɪd/ a. 1 (unfounded) infondato, ingiustificato, senza base, che non ha fondamento. 2 (El) non collegato a massa, non collegato a terra. 3 (uncomfortable in a task or field) non preparato, privo delle conoscenze basilari.

ungrudging /ʌnˈgrʌdʒɪŋ/ a. 1 concesso di buon grado, dato di buon grado. 2 (generous) generoso, liberale, munifico.

ungrudgingly /ʌnˈgrʌdʒɪŋli/ avv. di buon grado.

ungual/ˈʌŋgwəl/ a. (Anat) ungueale.

unguarded/ʌnˈgɑ:dɪd Am ʌnˈgɑ:rdɪd/ a. 1 incustodito, indifeso, senza difesa. 2 (not cautious) imprudente, incauto, avventato. □ in an ~ moment in un momento di disattenzione.

unguardedly /ʌnˈgɑ:dɪdli Am ʌnˈgɑ:rdɪdli/ avv. imprudentemente, incautamente.

unguardedness /ʌnˈgɑ:dɪdnəs Am ʌn 'gɑ:rdɪdnəs/ n. imprudenza f.

unguent/ˈʌŋgwənt/ n. (Farm) unguento m.

unguided /ʌnˈgaɪdɪd/ a. 1 non guidato, senza guida. 2 (Aer.mil) non guidato.

unguiform /ˈʌŋgwɪfɔ:m Am 'ʌŋgwɪfɔ:rm/ a. (Zool) a forma di unghia, a forma di artiglio.

ungula /ˈʌŋgjʊlə/ (pl. -lae /-li:/) n. 1 (Geom) tronco m. di cono, tronco m. di cilindro. 2 (Zool) ungula f.

ungular/ˈʌŋgjʊlər/ a. (Anat) ungueale.

ungulate /ˈʌŋgjʊl(e)rt/ I a. (Zool) ungulato. II n. (Zool) ungulato m.

unhair/ʌnˈheər Am ʌnˈher/ v.t. (Pell) depilare.

unhallowed/ʌnˈhæləʊd/ a. 1 non consacrato, non sacro: ~ ground terra non consacrata. 2 (profane) profano, sacrilego, empio.

unhampered /ʌnˈhæmpəd Am ʌnˈhæmpərd/ a. 1 non ostacolato. 2 (free, unrestricted) libero, incontrollato.

unhand/ʌnˈhænd/ v.t. (ant,scherz) togliere le mani di dosso a; (to let go) lasciar andare.

unhandiness/ʌnˈhændinəs/ n. 1 scarsa maneggevolezza f. 2 (clumsiness) goffaggine f., scarsa destrezza f.

unhandled /ʌnˈhændld/ a. 1 (of animals) non (ancora) addestrato. 2 (fig) non (ancora) trattato, non (ancora) discusso. □ (Inform) ~ exception eccezione non trattata; (Inform) ~ request richiesta non gestita.

unhandsome /ʌnˈhænsəm/ a. 1 brutto, sgraziato, privo di attrattiva. 2 (rude) scortese, sgarbato, maleducato. 3 (ungenerous) gretto, meschino.

unhandsomeness /ʌnˈhænsəmnəs/ n. 1 mancanza f. di grazia, mancanza f. di attrattiva. 2 (rudeness) scortesia f., sgarbatezza f. 3 (meanness) meschinità f., tirchieria f.

unhandy/ʌnˈhændi/ a. 1 poco maneggevole, difficile da maneggiare, scomodo. 2 (clumsy) maldestro, goffo.

unhappily /ʌnˈhæpɪli/ avv. **1** infelicemente. **2** (unfortunately) sfortunatamente, per disgrazia, disgraziatamente.

unhappiness /ʌnˈhæpɪnəs/ n. infelicità f.

unhappy /ʌnˈhæpi/ a. **1** infelice, triste. **2** (unlucky, ill-fated) sfortunato, disgraziato, sventurato, infelice. **3** (dissatisfied) insoddisfatto, inappagato, scontento: to be ~ with the result essere insoddisfatto del risultato. **4** (inauspicious) infausto, avverso, sfavorevole. **5** (infelicitous) infelice, inadatto, inopportuno, fuori luogo: an ~ choice una scelta infelice.

unharmed /ʌnˈhɑːmd Am ʌnˈhɑːrmd/ a. incolume, illeso, indenne.

unharmful /ʌnˈhɑːmful Am ʌnˈhɑːrmfʊl/ a. non dannoso, non nocivo, innocuo.

unharness /ʌnˈhɑːnəs Am ʌnˈhɑːrnəs/ v.t. **1** togliere la bardatura a, togliere i finimenti a. **2** (to divest of armour) togliere l'armatura a.

unharnessed /ʌnˈhɑːnɪst Am ʌnˈhɑːrnɪst/ a. **1** senza bardatura, senza finimenti. **2** (divested of armour) senza armatura. **3** (of natural resources, etc.) inutilizzato, non sfruttato.

unhatched /ʌnˈhætʃt/ a. **1** non covato; (of a chick) non uscito dall'uovo. **2** (fig) (of a plan, plot, etc.) non (ancora) tramato, non (ancora) ordito.

unhealthful /ʌnˈhelθful/ a. non salutare, non salubre, insalubre, nocivo per la salute.

unhealthfulness /ʌnˈhelθfulnəs/ n. insalubrità f., non salutarietà f.

unhealthily /ʌnˈhelθɪli/ avv. in modo poco salubre, in modo nocivo per la salute.

unhealthiness /ʌnˈhelθɪnəs/ n. **1** salute f. malferma, cattiva salute f. **2** (unhealthfulness) insalubrità f., non salutarietà f.

unhealthy /ʌnˈhelθi/ a. **1** di salute cagionevole, malaticcio, non (molto) sano, malsano. **2** (harmful to health) insalubre, malsano: an ~ climate un clima insalubre. **3** (indicative of bad health) malsano: an ~ pallor un pallore malsano. **4** (morally harmful) morboso, malsano, patologico. **5** (morally contaminated) immorale, corrotto. **6** (colloq) (dangerous) rischioso, azzardoso, pericoloso.

unheard /ʌnˈhɜːd Am ʌnˈhɜːrd/ a. **1** non udito, non sentito. **2** (not given a hearing) non ascoltato, inascoltato, senza essere sentito. **3** (unheard-of) senza precedenti, inaudito, senza pari. ☐ to go ~ rimanere inascoltato.

unheard-of /ʌnˈhɜːdəv Am ʌnˈhɜːrdəv/ a. senza precedenti, inaudito, senza pari.

unheated /ʌnˈhiːtɪd Am ʌnˈhiːtɪd/ a. non riscaldato.

unheeded /ʌnˈhiːdɪd/ a. ignorato, trascurato, cui non si fa caso, inosservato: my warnings went ~ i miei avvertimenti sono stati ignorati.

unheedful /ʌnˈhiːdfʊl/ (rar) a. **1** (heedless) sbadato, sventato, disattento. **2** (unmindful) incurante. **3** (reckless) incauto, avventato.

unheeding /ʌnˈhiːdɪŋ/ a. disattento, sbadato, distratto.

unheedingly /ʌnˈhiːdɪŋli/ avv. in modo disattento, sbadatamente, distrattamente.

unhelpful /ʌnˈhelpfʊl/ a. inutile, di nessun aiuto, che non giova, vano.

unhelpfully /ʌnˈhelpfʊli/ avv. in modo poco utile, inutilmente.

unhelpfulness /ʌnˈhelpfʊlnəs/ n. l'essere inutile, l'essere vano, inutilità f.

unheralded /ʌnˈherəldɪd/ a. non annunciato, inatteso, imprevisto.

unheroic /ˌʌnhɪˈrəʊɪk/ a. non eroico.

unheroically /ˌʌnhɪˈrəʊɪkli/ avv. in modo non eroico.

unhesitating /ʌnˈhezɪteɪtɪŋ Am ʌn**

'hezɪteɪtɪŋ/ a. che non esita, deciso, risoluto.

unhesitatingly /ʌnˈhezɪteɪtɪŋli Am ʌn 'hezɪteɪtɪŋli/ avv. senza esitazione, risolutamente.

unhewn /ʌnˈhjuːn/ a. **1** (of stone, etc.) non sbozzato, non sgrossato, grezzo. **2** (of wood) non squadrato.

unhindered /ʌnˈhɪndəd Am ʌnˈhɪndərd/ a. non intralciato, non ostacolato, senza impedimenti.

unhinge /ʌnˈhɪndʒ/ v.t. **1** scardinare. **2** (fig) sconvolgere: grief -d his mind il dolore gli ha sconvolto la mente.

unhinged /ʌnˈhɪndʒd/ a. **1** scardinato. **2** (fig) svitato, squilibrato.

unhistoric /ˌʌnhɪsˈtɒrɪk Am ˌʌnhɪsˈtɔːrɪk/ a. non storico, non importante.

unhistorical /ˌʌnhɪsˈtɒrɪkəl Am ˌʌnhɪs'tɔːrɪkəl/ a. non storico, leggendario.

unhistorically /ˌʌnhɪsˈtɒrɪkli Am ˌʌnhɪs'tɔːrɪkli/ avv. non dal punto di vista storico.

unhitch /ʌnˈhɪtʃ/ v.t. **1** staccare, distaccare: to ~ a locomotive from a train staccare una locomotiva da un treno. **2** (of horses) staccare. **3** (to set loose) sciogliere, liberare.

unholiness /ʌnˈhəʊlɪnəs/ n. irreligiosità f., empietà f.

unholy /ʌnˈhəʊli/ a. **1** empio, irreligioso. **2** (wicked, sinful) malvagio, empio, scellerato. **3** (colloq) (unearthly) irragionevole, assurdo, impossibile. **4** (colloq) (awful) tremendo, terribile, spaventoso: an ~ mess una confusione tremenda.

unhonored /ʌnˈɑːnərd/ a. (Am) non onorato.

unhonoured /ʌnˈɒnəd/ a. non onorato.

unhook /ʌnˈhʊk/ v.t. **1** sganciare, staccare. **2** (to undo the hook, hooks of) sfibbiare.

unhoped-for /ʌnˈhəʊptfɔː Am ʌnˈhəʊptfɔːr/ a. insperato, inaspettato.

unhorse /ʌnˈhɔːs Am ʌnˈhɔːrs/ v.t. disarcionare.

unhouse /ʌnˈhaʊz/ v.t. sloggiare.

unhoused /ʌnˈhaʊzd/ a. **1** privo di alloggio, senza alloggio. **2** (driven from a house) sloggiato.

unhung /ʌnˈhʌŋ/ a. **1** non appeso. **2** (of paintings) non esposto.

unhurried /ʌnˈhʌrɪd/ a. tranquillo, rilassato, senza fretta.

unhurriedly /ʌnˈhʌrɪdli/ avv. tranquillamente, in modo rilassato, senza fretta.

unhurt /ʌnˈhɜːt Am ʌnˈhɜːrt/ a. incolume, illeso, sano e salvo.

unhygienic /ˌʌnhaɪˈdʒiːnɪk Am ˌʌnhaɪ 'dʒenɪk/ a. non igienico.

unhygienically /ˌʌnhaɪˈdʒiːnɪkli Am ˌʌnhaɪ 'dʒenɪkli/ avv. in modo non igienico.

unhyphenated /ʌnˈhaɪfəˌneɪtɪd Am ʌnˈhaɪfə ˌneɪtɪd/ a. senza trattino.

Uniate /ˈjuːni(e)ɪt/ I a. (Rel) uniate. II n. (Rel) uniate m.

uniaxial /ˌjuːniˈæksɪəl/ a. (Ott) uniassico.

unicameral /ˌjuːnɪˈkæmərəl/ a. (Pol) unicamerale.

UNICEF /ˈjuːnɪsef/ United Nations International Children's Emergency Fund UNICEF (Fondo internazionale di emergenza per l'infanzia delle Nazioni Unite).

unicellular /ˌjuːnɪˈseljələr/ a. (Biol) unicellulare: ~ animal organismo animale unicellulare.

unicolor /ˈjuːnɪˌkʌlər/ a. (Am) monocolore, monocromatico.

unicolour /ˈjuːnɪˌkʌlər/ a. monocolore, monocromatico.

unicorn /ˈjuːnɪkɔːn Am ˈjuːnɪkɔːrn/ n. **1** (Mitol) unicorno m., liocorno m. **2** (Zool) monodonte m., narvalo m. ☐ (Ornit) ~ bird caimichi cornuto, palameda cornuta; ~ fish:

1 (Zool) monodonte, narvalo; **2** (Itt) teutide, sigano; (Zool) ~ whale monodonte, narvalo.

unicycle /ˈjuːnɪˌsaɪkl/ n. monociclo m.

unidentified /ˌʌn(a)ɪˈdentɪfaɪd Am ˌʌn(a)ɪ 'dentɪfaɪd/ a. non identificato: ~ flying object oggetto volante non identificato, UFO.

unidimensional /ˌjuːnɪdɪˈmenʃənl/ a. unidimensionale.

unidiomatic /ˌʌnɪdɪoʊˈmætɪk Am ˌʌnɪdɪoʊ 'mætɪk/ a. non idiomatico, che non contiene forme idiomatiche.

unidirectional /ˌjuːnɪd(a)ɪˈrekʃənl/ a. (Rad, El) unidirezionale.

unidirectionality /ˌjuːnɪd(a)ɪˌrekʃəˈnælɪti Am ˌjuːnɪd(a)ɪˌrekʃəˈnælɪti/ n. unidirezionalità f.

unidirectionally /ˌjuːnɪd(a)ɪˈrekʃənli/ avv. unidirezionalmente.

uniface /ˈjuːnɪˌfeɪs/ a. (Numism) monofacciale.

unifiable /ˈjuːnɪˌfaɪəbl/ a. unificabile.

unification /ˌjuːnɪfɪˈkeɪʃn/ n. unificazione f.

unificatory /ˈjuːˈnɪfɪkəˌtɔːri/ a. unificatore.

unified /ˈjuːnɪfaɪd/ a. unificato.

unifier /ˈjuːnɪfaɪər/ n. unificatore m. (f. -trice).

uniform /ˈjuːnɪfɔːm Am ˈjuːnɪfɔːrm/ I a. **1** uniforme (anche Fis). **2** (unvarying) costante, uguale, invariabile, uniforme: ~ temperature temperatura costante. **3** (of surfaces) piano, uniforme. II n. uniforme f., divisa f., tenuta f. (anche Mil): school ~ uniforme scolastica. ☐ in ~ in uniforme (anche Mil); (Mil) in full ~ in alta uniforme; (Mil) out of ~ in uniforme non regolamentare.

uniformed /ˈjuːnɪfɔːmd Am ˈjuːnɪfɔːrmd/ a. in uniforme, in divisa.

uniformity /ˌjuːnɪˈfɔːmɪti Am ˌjuːnɪˈfɔːrmɪti/ n. uniformità f.

uniformly /ˈjuːnɪˌfɔːmli Am ˈjuːnɪˌfɔːrmli/ avv. uniformemente.

unify /ˈjuːnɪfaɪ/ v.t. **1** unificare, unire, riunire. **2** (to standardize) uniformare, standardizzare.

unilateral /ˌjuːnɪˈlætərəl Am ˌjuːnɪˈlætərəl/ a. **1** unilaterale (anche Dir, Pol, Bot): ~ disarmament disarmo unilaterale. **2** (Mat) unilatero.

unilateralist /ˌjuːnɪˈlætərəlɪst Am ˌjuːnɪ 'lætərəlɪst/ n. fautore m. (f. -trice) dell'unilateralismo.

unilaterally /ˌjuːnɪˈlætərəli Am ˌjuːnɪˈlætərəli/ avv. in modo unilaterale, unilateralmente: to decide sth. ~ decidere qcs. unilateralmente.

unilingual /ˌjuːnɪˈlɪŋgwəl/ a. monolingue.

unimaginable /ˌʌnɪˈmædʒɪnəbl/ a. inimmaginabile, inconcepibile, impensabile.

unimaginably /ˌʌnɪˈmædʒɪnəbli/ avv. inconcepibilmente.

unimaginative /ˌʌnɪˈmædʒɪnətɪv Am ˌʌnɪ 'mædʒənətɪv/ a. **1** (lacking imagination) che manca di fantasia, privo di fantasia. **2** (lacking creativity) poco creativo, privo di creatività. **3** (lacking ingenuity) poco ingegnoso, privo di ingegno.

unimaginatively /ˌʌnɪˈmædʒɪnətɪvli Am ˌʌnɪ 'mædʒənətɪvli/ avv. senza fantasia.

unimaginativeness /ˌʌnɪˈmædʒɪnətɪvnəs Am ˌʌnɪˈmædʒənətɪvnəs/ n. mancanza f. di fantasia.

unimpaired /ˌʌnɪmˈpeəd Am ˌʌnɪmˈpɜːrd/ a. **1** indenne, non danneggiato, non menomato. **2** (of mind) lucido: with faculties ~ in pieno possesso delle proprie facoltà (mentali).

unimpassioned /ˌʌnɪmˈpæʃnd/ a. calmo, padrone di sé, freddo, misurato.

unimpeachability /ˌʌnɪmpiːtʃəˈbɪlɪti Am ˌʌnɪmpiːtʃəˈbɪlɪti/ n. irreprensibilità f., incensurabilità f., incontestabilità f.

unimpeachable /ˌʌnɪmˈpiːtʃəbl/ a. **1** irre-

prensibile, incensurabile, inattaccabile, inappuntabile. 2 (*not open to question*) indiscutibile, incontestabile, irrefutabile.

unimpeachably /ˌʌnɪm'piːtʃəbli/ *avv.* in modo irreprensibile, in modo inappuntabile, in modo incontestabile.

unimpeded /ˌʌnɪm'piːdɪd/ *a.* non impedito, senza ostacoli, senza impedimenti.

unimportance /ˌʌnɪm'pɔːtəns *Am* ˌʌnɪm 'pɔːrtəns/ *n.* l'essere privo di importanza, trascurabilità *f.*

unimportant /ˌʌnɪm'pɔːtənt *Am* ˌʌnɪm 'pɔːrtənt/ *a.* senza importanza, non importante, trascurabile.

unimposing /ˌʌnɪm'pouzɪŋ/ *a.* non imponente, che non incute soggezione.

unimpressed /ˌʌnɪm'prest/ *a.* non impressionato, non colpito: *I was ~ by his performance* la sua prestazione non mi ha colpito, la sua prestazione mi ha lasciato freddo.

unimpressionable /ˌʌnɪm'preʃənəbl/ *a.* non impressionabile, freddo, non emotivo.

unimpressive /ˌʌnɪm'presɪv/ *a.* scialbo, che non colpisce.

unimpressively /ˌʌnɪm'presɪvli/ *avv.* in un modo che non impressiona, in un modo che non colpisce.

unimpressiveness /ˌʌnɪm'presɪvnəs/ *n.* l'essere scialbo, il non fare un'impressione particolare.

unimproved /ˌʌnɪm'pruːvd/ *a.* 1 non migliorato. 2 (*of the mind*) non coltivato. 3 (*Agr*) (*of land*) non valorizzato, che non ha avuto migliorie.

unincorporated /ˌʌnɪn'kɔːpəˌreɪtɪd *Am* ˌʌnɪn 'kɔːrpəˌreɪtɪd/ *a.* (*Comm*) non registrato. ☐ (*Comm,Dir*) ~ *company* società irregolare.

unindented /ˌʌnɪn'dentɪd/ *a.* 1 (*Tip*) non rientrato. 2 (*estens*) poco sporgente, appena accennato.

uninflected /ˌʌnɪn'flektɪd/ *a.* 1 (*Gramm*) invariabile, non declinato. 2 (*of voice*) non modulato.

uninfluenced /ʌn'ɪnfluənst/ *a.* non influenzato, non soggetto a influssi.

uninfluential /ʌnˌɪnflu'entʃəl/ *a.* non influente, senza influenza, senza autorità.

uninformed /ˌʌnɪn'fɔːmd *Am* ˌʌnɪn'fɔːrmd/ *a.* 1 non informato, non al corrente, ignaro (*of* di). 2 (*ignorant*) ignorante, incolto.

uninhabitable /ˌʌnɪn'hæbɪtəbl *Am* ˌʌnɪn 'hæbɪtəbl/ *a.* inabitabile.

uninhabited /ˌʌnɪn'hæbɪtɪd *Am* ˌʌnɪn 'hæbɪtɪd/ *a.* 1 (*of houses*) disabitato. 2 (*of places*) deserto, disabitato, abbandonato.

uninhibited /ˌʌnɪn'hɪbɪtɪd *Am* ˌʌnɪn'hɪbɪtɪd/ *a.* non inibito, senza inibizioni, disinvolto.

uninhibitedly /ˌʌnɪn'hɪbɪtɪdli *Am* ˌʌnɪn 'hɪbɪtɪdli/ *avv.* senza inibizioni, in modo disinvolto.

uninhibitedness /ˌʌnɪn'hɪbɪtɪdnəs *Am* ˌʌnɪn 'hɪbɪtɪdnəs/ *n.* mancanza *f.* di inibizioni, disinvoltura *f.*

uninitiated /ˌʌnɪ'nɪʃiˌeɪtɪd *Am* ˌʌnɪ'nɪʃiˌeɪtɪd/ *a.* non iniziato, non introdotto, profano.

uninjured /ʌn'ɪndʒəd *Am* ʌn'ɪndʒərd/ *a.* illeso, incolume.

uninspired /ˌʌnɪn'spaɪəd *Am* ˌʌnɪn'spaɪrd/ *a.* che manca di ispirazione, che manca di originalità, banale, non ispirato.

uninspiring /ˌʌnɪn'spaɪərɪŋ *Am* ˌʌnɪn'spaɪrɪŋ/ *a.* che non ispira, insipido, banale.

uninspiringly /ˌʌnɪn'spaɪərɪŋli *Am* ˌʌnɪn 'spaɪrɪŋli/ *avv.* in un modo che non ispira, in modo insipido, in modo banale.

uninstall /ˌʌnɪn'stɔːl/ *a.* (*Inform*) disinstallare.

uninsurable /ˌʌnɪn'ʃʊrəbl/ *a.* non assicurabile.

uninsured /ˌʌnɪn'ʃʊəd *Am* ˌʌnɪn'ʃʊrd/ *a.* non assicurato, non coperto da assicurazione.

unintelligent /ˌʌnɪn'telɪdʒənt/ *a.* non intelligente, ottuso, stupido.

unintelligently /ˌʌnɪn'telɪdʒəntli/ *avv.* in modo non intelligente, in modo ottuso, in modo stupido, stupidamente.

unintelligibility /ˌʌnɪnˌtelɪdʒə'bɪlɪti *Am* ˌʌnɪn ˌtelɪdʒə'bɪlɪti/ *n.* inintelligibilità *f.*, incomprensibilità *f.*

unintelligible /ˌʌnɪn'telɪdʒəbl/ *a.* inintelligibile, incomprensibile.

unintelligibly /ˌʌnɪn'telɪdʒəbli/ *avv.* in modo inintelligibile, in modo incomprensibile.

unintended /ˌʌnɪn'tendɪd/ *a.* non voluto, non intenzionale.

unintentional /ˌʌnɪn'tenʃənl/ *a.* 1 non intenzionale, involontario, non voluto. 2 (*Dir*) preterintenzionale.

unintentionally /ˌʌnɪn'tenʃənli/ *avv.* non intenzionalmente, involontariamente, inavvertitamente.

uninterested /ʌn'ɪntrɪstɪd/ *a.* non interessato, indifferente (*in* a), incurante (*in* di).

uninterestedly /ʌn'ɪntrɪstɪdli/ *avv.* senza interesse, con indifferenza, con noncuranza.

uninterestedness /ʌn'ɪntrɪstɪdnəs/ *n.* mancanza *f.* di interesse, disinteresse *m.*, differenza *f.*, noncuranza *f.*

uninteresting /ʌn'ɪntrɪstɪŋ/ *a.* non interessante, privo di interesse.

uninterestingly /ʌn'ɪntrɪstɪŋli/ *avv.* in modo non interessante, in modo privo di interesse.

uninterestingness /ʌn'ɪntrɪstɪŋnəs/ *n.* il non essere interessante, l'essere privo di interesse.

uninterrupted /ˌʌnɪntə'rʌptɪd *Am* ˌʌnɪntə 'rʌptɪd/ *a.* ininterrotto, continuo, incessante.

uninterruptedly /ˌʌnɪntə'rʌptɪdli *Am* ˌʌnɪntə 'rʌptɪdli/ *avv.* ininterrottamente, incessantemente.

uninterruptible /ˌʌnɪntə'rʌptəbl *Am* ˌʌnɪntə 'rʌptɪbl/ *a.* non interrompibile.

uninventive /ˌʌnɪn'ventɪv *Am* ˌʌnɪn'ventɪv/ *a.* non creativo, privo di creatività, privo di inventiva.

uninvited /ˌʌnɪn'vaɪtɪd *Am* ˌʌnɪn'vaɪtɪd/ *a.* non invitato, senza invito.

uninvitedly /ˌʌnɪn'vaɪtɪdli *Am* ˌʌnɪn'vaɪtɪdli/ *avv.* senza invito.

uninviting /ˌʌnɪn'vaɪtɪŋ *Am* ˌʌnɪn'vaɪtɪŋ/ *a.* 1 non invitante, non allettante, non attraente. 2 (*of food*) non appetitoso, non invitante.

uninvitingly /ˌʌnɪn'vaɪtɪŋli *Am* ˌʌnɪn'vaɪtɪŋli/ *avv.* in modo poco invitante, in modo poco allettante.

union /'juːnjən/ I *n.* 1 unione *f.*, associazione *f.*, lega *f.*, alleanza *f.* 2 (*trade union*) sindacato *m.* (operaio, dei lavoratori), organizzazione *f.* sindacale, organizzazione *f.* dei lavoratori. 3 (*Pol*) unione *f.* 4 (*uniting in marriage*) unione *f.* (matrimoniale), matrimonio *m.* 5 (*harmony, agreement*) armonia *f.*, accordo *m.*, concordia *f.*, unione *f.* 6 (*Mecc*) raccordo *m.*, giunto *m.* 7 (*of a flag, ensign*) emblema *m.* che simboleggia l'unione di due (*o* più) stati; (*upper inner corner*) quarto *m.* superiore (vicino all'asta). 8 (*Stor.brit*) (*for the administration of poor relief*) organizzazione *f.* tra parrocchie per l'assistenza ai poveri; (*workhouse*) ricovero *m.* di mendicità. 9 (*Univ*) circolo *m.* universitario; (*premises*) sede *f.* (*o* locali *m.pl.*) del circolo universitario. 10 (*Tess*) tessuto *m.* misto. 11 (*ant*) perla *f.*, piccola sfera *f.* II *a.* 1 (*of trade unions*) sindacale. 2 (*Tess*) misto. ☐ ~ *agreement* accordo sindacale; ~ *dues* contributi sindacali; *the Union Flag* la bandiera britannica; *Union Jack* bandiera del Regno Unito; ~ *militant*

attivista sindacale; (*Stor*) *Union of South Africa* Unione Sudafricana; (*Stor*) *Union of Soviet Socialist Republics* Unione delle Repubbliche Socialiste Sovietiche; (*Pol*) ~ *of States* unione di Stati; ~ *steward* rappresentante sindacale.

Union /'juːnjən/ I *n.* 1 (*Stor.brit*) unione *f.* fra Inghilterra e Scozia. 2 (*Stor.am*) stati *m.pl.* dell'Unione. II *n.pr.* (*United States*) Stati *m.pl.* Uniti d'America. III *a.* (*Stor.am*) dell'Unione: *a ~ soldier* un soldato dell'Unione, un soldato nordista.

unionism /'juːnjənˌɪzm/ *n.* 1 (*Pol,Rel*) unionismo *m.* 2 (*trade unionism*) sindacalismo *m.*, unionismo *m.*, tradunionismo *m.*

Unionism /'juːnjənˌɪzm/ *n.* 1 (*Pol, Stor.brit*) unionismo *m.* 2 (*Stor.am*) lealtà *f.* agli stati dell'Unione.

unionist /'juːnjənɪst/ *n.* 1 unionista *m./f.* 2 (*trade unionist*) sindacalista *m./f.*, unionista *m./f.*, tradunionista *m./f.*

Unionist /'juːnjənɪst/ *n.* 1 (*Pol,Stor.brit*) unionista *m./f.*: *the Ulster -s* gli unionisti dell'Irlanda del nord. 2 (*Stor.am*) sostenitore *m.* (*f. -trice*) degli stati dell'Unione.

unionistic /ˌjuːnjə'nɪstɪk *Am* ˌjuːnjə'nɪstɪk/ *a.* dell'unionismo, relativo all'unionismo, unionista.

unionization /ˌjuːnjən(a)ɪ'zeɪʃən/ *n.* sindacalizzazione *f.*

unionize /'juːnjəˌnaɪz/ I *v.t.* 1 organizzare in sindacato. 2 (*to cause to join a labour union*) sindacalizzare. II *v.i.* sindacalizzarsi.

unionized /'juːnjəˌnaɪzd/ *a.* sindacalizzato: ~ *worker* lavoratore sindacalizzato.

uniparous /juːˈnɪpərəs/ *a.* (*Biol*) uniparo.

unipersonal /ˌjuːnɪ'pɜːsənəl *Am* ˌjuːnɪ 'pɜːrsənl/ *a.* 1 unipersonale, che esiste come una sola persona (*anche Teol*). 2 (*Gramm*) (*of verbs*) usato in una sola persona.

uniplanar /ˌjuːnɪ'pleɪnər/ *a.* (*Geom*) uniplanare.

unipod /'juːnɪˌpɑːd/ *n.* (*Fot*) monopiede *m.*

unipolar /ˌjuːnɪ'poʊlər/ *a.* 1 (*El*) unipolare. 2 (*Biol*) monopolare.

unipolarity /ˌjuːnɪ'poʊlærɪti *Am* ˌjuːnɪpoʊ 'lerɪti/ *n.* unipolarità *f.* (*anche El*).

unique /juːˈniːk/ *a.* 1 unico, singolo, solo: *a ~ specimen of a butterfly* un esemplare unico di farfalla. 2 (*remarkable*) eccezionale, straordinario, singolare.

uniquely /juːˈniːkli/ *avv.* 1 unicamente, solamente, singolarmente. 2 (*remarkably*) eccezionalmente, straordinariamente.

uniqueness /juːˈniːknəs/ *n.* unicità *f.* (*anche Mat*).

unisex /'juːnɪˌseks/ *a.* unisex: ~ *look* moda unisex.

unisexual /ˌjuːnɪ'sekʃʊəl, ˌjuːnɪ'seksjʊəl/ *a.* (*Biol*) unisessuale, unisessuato.

unisexuality /ˌjuːnɪˌseksjʊ'ælɪti, ˌjuːnɪˌsekʃʊ 'ælɪti *Am* ˌjuːnɪˌseksjʊ'ælɪti, ˌjuːnɪˌsekʃʊ'ælɪti/ *n.* (*Biol*) unisessualità *f.*

unison /'juːnɪzən 'juːnɪsən/ *n.* 1 (*Mus*) unisono *m.* 2 (*fig*) (*perfetto*) accordo *m.*, (piena) armonia *f.*, unisono *m.* ☐ *in ~*: 1 (*Mus*) all'unisono: *to sing in ~* cantare all'unisono; 2 (*fig*) in perfetto accordo, concordemente, in (piena) armonia, all'unisono: *we acted in ~* agivamo in perfetto accordo.

unisonal /'juːnɪsənl/ *a.* (*Mus*) unisono.

unisonance /'juːnɪsənəns/ *n.* consonanza *f.* di suoni unisoni.

unisonant /ju'nɪsənənt/ *a.* (*Mus*) unisono.

unisonous /ju'nɪsənəs/ *a.* 1 (*Mus*) unisono. 2 (*fig*) in perfetto accordo, unisono, in (perfetta) armonia, concorde.

unit /'juːnɪt/ *n.* 1 unità *f.* (*anche Mat,Med,Biol*): ~ *of length* unità di lunghezza; *monetary ~*

unità monetaria. **2** (*piece of apparatus, machinery*) elemento *m.*, componente *m.*; (*set*) gruppo *m.* **3** (*Comm,Econ,Ind*) pezzo *m.*, unità *f.* **4** (*Arred*) elemento *m.*: *a kitchen* ~ un elemento per cucina componibile. **5** (*Mil*) unità *f.*, reparto *m.* **6** (*Tel*) scatto *m.*, unità *f.* **7** (*Scol*) unità *f.* didattica. □ (*Econ*) ~ *cost* costo unitario; (*Biol*) ~ *factor* gene; ~ *furniture* mobili componibili; (*Econ*) ~ *holder* sottoscrittore di fondo comune di investimento; (*Econ*) ~ *investment trust* fondo comune di investimento; (*Fis*) ~ *of account* unità di conto; (*Fis*) ~ *of heat* unità di calore; (*Fis*) ~ *of measure* unità di misura; (*Econ*) ~ *price* prezzo unitario; (*Econ*) ~ *trust* fondo comune di investimento.

unitard /ˈjuːnɪtɑːd *Am* ˈjuːnɪtɑːrd/ *n.* (*Abbigl*) body *m.* (con calzamaglia incorporata).

Unitarian /juːnɪˈteərɪən *Am* juːnɪˈterɪən/ **I** *n.* (*Rel*) unitariano *m.* (*f.* -a), unitario *m.* (*f.* -a). **II** *a.* (*Rel*) unitariano.

Unitarianism /juːnɪˈteərɪəˌnɪzm *Am* juːnɪˈterɪəˌnɪzm/ *n.* (*Rel*) unitarianismo *m.*, unitarismo *m.*

unitarily /juːnɪˈterɪli/ *avv.* in modo unitario.

unitarist /ˈjuːnɪtərɪst/ *n.* (*Pol*) unitario *m.* (*f.* -a).

unitary /ˈjuːnɪteri/ *a.* unitario (*anche Mat*).

unite /juːˈnaɪt/ **I** *v.t.* **1** riunire, unire: *the two armies were -d under one commander* i due eserciti furono riuniti sotto un unico comandante. **2** (*to connect, to link*) collegare, congiungere, connettere, unire. **3** (*to relate, to connect closely*) associare, riunire. **4** (*to join in marriage*) unire in matrimonio. **II** *v.i.* **1** unirsi. **2** (*to become linked, connected*) congiungersi, unirsi. **3** (*to mix together*) mescolarsi, unirsi. **4** (*to act in concert*) unirsi, essere d'accordo, agire congiuntamente: *all the parties -d in condemning the bomb attempt* tutti i partiti si sono uniti nel condannare l'attentato dinamitardo.

united /juːˈnaɪtɪd *Am* juːˈnaɪtɪd/ *a.* **1** unito, associato. **2** (*produced by joint action*) congiunto, unito: *a* ~ *effort* uno sforzo congiunto. **3** (*in agreement, harmony*) unito, d'accordo, in armonia: *a* ~ *party* un partito unito; *to be* ~ *in a decision* essere d'accordo su una decisione. **4** (*joined in marriage*) unito in matrimonio. □ (*Geog*) *United Arab Emirates* Emirati Arabi Uniti; (*Geog*) *United Arab Republic* Repubblica Araba Unita; (*Geog*) *United Kingdom* Regno Unito; *United Nations* Nazioni Unite; *United Nations specialized agency* organizzazione specializzata delle Nazioni Unite; (*Stor*) *United Provinces* Province Unite; (*Geog*) *United States* (*of America*) Stati Uniti (d'America). *Prov.*: ~ *we stand, divided we fall* l'unione fa la forza.

unity /ˈjuːnɪti *Am* ˈjuːnɪti/ *n.* **1** (*union*) unità *f.* **2** (*harmony, accord*) (perfetto) accordo *m.*, (piena) armonia *f.*, unione *f.*: *to live in* ~ *with one's neighbours* vivere in perfetto accordo con i propri vicini. **3** (*Lett,Art,Teat*) unità *f.*: *dramatic unities* unità drammatiche. □ (*Lett,Teat*) ~ *of action* unità di azione; (*Lett, Teat*) ~ *of place* unità di luogo; (*Lett,Teat*) ~ *of time* unità di tempo.

Univ. *University* U (università).

univalence /juːnɪˈveɪləns/, **univalency** /juːnɪˈveɪlənsi/ *n.* (*Chim*) monovalenza *f.*

univalent /juːnɪˈveɪlənt/ *a.* (*Chim,Biol*) monovalente.

univalve /ˈjuːnɪˌvælv/ **I** *a.* (*Zool*) univalve. **II** *n.* (*Zool*) mollusco *m.* univalve.

universal /juːnɪˈvɜːsəl *Am* juːnɪˈvɜːrsəl/ *a.* **1** universale, generale, totale: ~ *peace* pace universale. **2** (*Mecc,Filos,Dir*) universale:

heir erede universale. □ ~ *banking* attività bancaria universale; (*Tecn*) ~ *compass* compasso universale; (*Mecc*) ~ *coupling* giunto cardanico, giunto universale; (*El*) ~ *current* corrente universale; (*Med*) ~ *donor* donatore universale; (*Ling*) ~ *grammar* grammatica universale; (*Mecc*) ~ *joint* giunto cardanico, giunto universale; (*Mil*) ~ *military service* servizio militare obbligatorio; (*El*) ~ *motor* motore universale; *Universal Postal Union* unione postale universale; (*Filos*) ~ *proposition* proposizione universale; (*El*) ~ *socket* presa universale; (*Pol*) ~ *suffrage* suffragio universale; *Universal Time* Tempo Universale.

universalism /juːnɪˈvɜːsəˌlɪzəm *Am* juːnɪˈvɜːrsəˌlɪzəm/ *n.* (*Rel,Filos,Pol*) universalismo *m.*

universalist /juːnɪˈvɜːsəlɪst *Am* juːnɪˈvɜːrsəlɪst/ *n.* (*Rel,Filos,Pol*) universalista *m./f.*

universalistic /juːnɪvɜːsəˈlɪstɪk *Am* juːnɪˌvɜːrsəˈlɪstɪk/ *a.* (*Rel,Filos,Pol*) universalistico.

universality /juːnɪvɜːˈsælɪti *Am* juːnɪˌvɜːrˈsælɪti/ *n.* universalità *f.*

universalization /juːnɪˌvɜːsəlaɪˈzeɪʃən *Am* juːnɪvɜːrsəl(ə)rˈzeɪʃən/ *n.* universalizzazione *f.*

universalize /juːnɪˈvɜːsəˌlaɪz *Am* juːnɪˈvɜːrsəˌlaɪz/ *v.t.* universalizzare.

universally /juːnɪˈvɜːsəli *Am* juːnɪˈvɜːrsəli/ *avv.* universalmente.

universe /ˈjuːnɪvɜːs *Am* ˈjuːnɪˌvɜːrs/ *n.* **1** universo *m.*, cosmo *m.* **2** (*fig*) (*the whole world*) universo *m.*, mondo *m.* (intero); (*all mankind*) umanità *f.*, universo *m.* **3** (*fig*) (*field of thought*) sistema *m.* filosofico.

university /juːnɪˈvɜːsɪti *Am* juːnɪˈvɜːrsɪti/ **I** *n.* università *f.*: *to go to* ~ andare all'università. **II** *a.* universitario: ~ *life* vita universitaria. □ ~ *college* college universitario; ~ *hospital* ospedale universitario; ~ *press* stampa universitaria; ~ *researcher* ricercatore universitario; ~ *training centre* (o *Am* ~ *training center*) centro di formazione universitaria.

univocal /juːnɪˈvəʊkəl/ **I** *a.* univoco. **II** *n.* termine *m.* univoco.

unjust /ʌnˈdʒʌst/ *a.* ingiusto, iniquo.

unjustifiable /ʌnˈdʒʌstɪˌfaɪəbl/ *a.* ingiustificabile.

unjustifiably /ʌnˈdʒʌstɪˌfaɪəbli/ *avv.* in modo ingiustificabile.

unjustified /ʌnˈdʒʌstɪˌfaɪd/ *a.* ingiustificato, immotivato, infondato.

unjustly /ʌnˈdʒʌstli/ *avv.* ingiustamente.

unkempt /ʌnˈkempt/ *a.* **1** spettinato, scompigliato, scarmigliato, arruffato. **2** (*untidy*) sciatto, disordinato, trascurato, trasandato: ~ *clothes* abiti sciatti.

unkemptness /ʌnˈkemptnəs/ *n.* **1** l'essere spettinato, l'essere scompigliato, l'essere arruffato. **2** (*state of being untidy*) sciatteria *f.*, disordine *m.*, trascuratezza *f.*, trasandatezza *f.*

unkept /ʌnˈkept/ *a.* **1** (*not fulfilled: of a promise or obligation*) non mantenuto. **2** (*poorly maintained*) tenuto male, mal tenuto, trascurato.

unkind /ʌnˈkaɪnd/ *a.* **1** scortese, sgarbato, non gentile. **2** (*harsh, cruel*) duro, cattivo, crudele. **3** (*of weather, climate*) rigido, aspro, inclemente.

unkindly /ʌnˈkaɪndli/ *avv.* **1** scortesemente, sgarbatamente. **2** (*cruelly*) duramente, crudelmente.

unkindness /ʌnˈkaɪndnəs/ *n.* **1** scortesia *f.*, sgarbatezza *f.* **2** (*unkind behaviour*) scortesia *f.*, sgarbo *m.* **3** (*of weather, climate*) rigore *m.*, asprezza *f.*

unkingly /ʌnˈkɪŋli/ *a.* (*ant*) non regale, non degno di un re.

unkink /ʌnˈkɪŋk/ *v.t.* **1** (*work the tension out of*) distendere: ~ *a muscle* distendere un muscolo. **2** (*straighten the curves out of*) raddrizzare, drizzare. **3** (*work the problems out of*) risolvere i problemi di; (*work the kinks out of*) eliminare le stranezze di.

unknightly /ʌnˈnaɪtli/ *a.* (*Br,poet*) poco cavalleresco, indegno di un cavaliere (medievale).

unknit /ʌnˈnɪt/ *v.t.* sciogliere, disfare, slegare.

unknot /ʌnˈnɒt *Am* ʌnˈnɑːt/ *v.t.* snodare, slacciare, sciogliere.

unknowability /ʌnˌnəʊəˈbɪlɪti *Am* ʌnnəʊəˈbɪlɪti/ *n.* inconoscibilità *f.*

unknowable /ʌnˈnəʊəbl/ *a.* inconoscibile.

unknowing /ʌnˈnəʊɪŋ/ *a.* inconsapevole, ignaro.

unknowingly /ʌnˈnəʊɪŋli/ *avv.* inconsapevolmente.

unknown /ʌnˈnəʊn/ **I** *a.* **1** sconosciuto, ignoto, non noto: *an* ~ *writer* uno scrittore sconosciuto. **2** (*unidentified*) ignoto, sconosciuto, non identificato: *a crime committed by a person or persons* ~ un reato commesso da una o più persone ignote. **3** (*of regions: unexplored*) inesplorato, sconosciuto, ignoto. **II** *n.* **1** ignoto *m.*: *fear of the* ~ paura dell'ignoto. **2** (*so. unknown*) sconosciuto *m.* (*f.* -a). **3** (*Mat,fig*) incognita *f.*: *the challenger is an* ~ lo sfidante rappresenta un'incognita. **III** *avv.* all'insaputa: *he did it* ~ *to anyone* lo fece all'insaputa di tutti. □ (*fig*) *this is* ~ *country to me* questo è un campo a me sconosciuto, è un settore che non conosco; *of* ~ *parentage* di genitori sconosciuti; ~ *quantity*: **1** (*Mat*) incognita *f.*; **2** (*fig*) persona imprevedibile, incognita; *Unknown Soldier* milite ignoto; (*Br,Post*) ~ *to the postman* destinatario sconosciuto; *Unknown Warrior* milite ignoto.

unlabeled /ʌnˈleɪbld/ *a.* (*Am*) senza etichetta, senza cartellino.

unlabelled /ʌnˈleɪbld/ *a.* senza etichetta, senza cartellino.

unlabored /ʌnˈleɪbərd/ *a.* (*Am*) **1** (*effortless*) che non richiede sforzo, facile, agevole. **2** (*natural, unstudied*) non elaborato, spontaneo, naturale. **3** (*Agr*) non coltivato, incolto: *an* ~ *style* uno stile non elaborato.

unlaboured /ʌnˈleɪbəd/ *a.* **1** (*effortless*) che non richiede sforzo, facile, agevole. **2** (*natural, unstudied*) non elaborato, spontaneo, naturale, non ricercato: *an* ~ *style* uno stile non elaborato. **3** (*Agr*) non coltivato, incolto.

unlace /ʌnˈleɪs/ *v.t.* slacciare, slegare, sciogliere: *to* ~ *one's shoes* slacciarsi le scarpe.

unlade /ʌnˈleɪd/ *v.t.* (*Mar,ant*) scaricare.

unladylike /ʌnˈleɪdiˌlaɪk/ *a.* non adatto a una signora, non degno di una signora.

unlaid /ʌnˈleɪd/ *a.* **1** non posato, non posto. **2** (*of a table*) non apparecchiato. **3** (*of a ghost*) non esorcizzato. **4** (*Mar*) (*of a rope*) disfatto.

unlash /ʌnˈlæʃ/ *v.t.* sciogliere, slegare, allentare.

unlatch /ʌnˈlætʃ/ *v.t.* aprire togliendo il chiavistello.

unlawful /ʌnˈlɔːfl/ *a.* **1** (*Dir*) illecito, illegale. **2** (*morally wrong*) illecito. **3** (*born out of wedlock*) illegittimo.

unlawfully /ʌnˈlɔːfʊli/ *avv.* illegalmente, illecitamente.

unlawfulness /ʌnˈlɔːfʊlnəs/ *n.* illegalità *f.*

unlay /ʌnˈleɪ/ *v.t.* (*Mar*) svolgere (una cima).

unleaded /ʌnˈledɪd/ *a.* **1** (*of petrol: no con-*

taining lead) senza piombo, verde. **2** (*Tip*) sterlineato. **3** (*not covered with lead*) non piombato, non rivestito di piombo. **4** (*not weighted with lead*) senza piombo, non appesantito con piombo.

unlearn/ʌn'lɜːn *Am* ʌn'lɜːrn/ *v.t.* dimenticare, disimparare.

unlearned[1] /ʌn'lɜːnɪd *Am* ʌn'lɜːrnɪd/ *a.* che manca di cultura, ignorante, illetterato, non istruito: *to be ~ in philosophy* essere digiuno di filosofia.

unlearned[2] /ʌn'lɜːnd *Am* ʌn'lɜːrnd/ *a.* (*not learned*) non imparato.

unlearnt /ʌn'lɜːnt *Am* ʌn'lɜːrnt/ *a.* (*not learned*) non imparato.

unleash /ʌn'liːʃ/ *v.t.* **1** liberare, slegare, sguinzagliare. **2** (*fury, attack*) scatenare. **3** (*fig*) liberare, dare libero sfogo a, dare via libera a.

unleavened /ʌn'levənd/ *a.* **1** (*of bread*) azzimo, non lievitato, senza lievito. **2** (*fig*) non rinvigorito.

unless /ən'les, ʌn'les/ *congz.* se non, a meno che, tranne che, salvo che, eccetto che: *you can't go abroad ~ you have a passport* non si può andare all'estero se non si ha un passaporto; *I'll start ~ you tell me not to* io incomincio a meno che tu non mi dica di no; *~ I hear to the contrary* se non c'è niente in contrario. □ *~ otherwise agreed* salvo accordi contrari.

unlettered/ʌn'letəd *Am* ʌn'letərd/ *a.* **1** incolto, ignorante. **2** (*illiterate*) analfabeta, illetterato.

unlicensed/ʌn'laɪsnzd/ *a.* **1** senza licenza, senza patente. **2** (*unauthorized*) non autorizzato, non permesso.

unlike /ʌn'laɪk/ **I** *a.* **1** non somigliante, dissimile, diverso. **2** (*unequal*) non uguale, diverso, differente, ineguale. **II** *prep.* **1** diverso da, differente da: *she is ~ her mother* è diversa da sua madre. **2** (*not characteristic of*) non da, non tipico di, non caratteristico di: *it is ~ him to lose his temper* non è da lui perdere la pazienza. **3** (*in a way different from*) diversamente da, a differenza di: *~ his wife, he is quite broadminded* diversamente da sua moglie, lui è di larghe vedute.

unlikelihood/ʌn'laɪklihʊd/, **unlikeliness** /ʌn'laɪklinəs/ *n.* inverosimiglianza *f.*, improbabilità *f.*

unlikely/ʌn'laɪkli/ *a.* **1** improbabile, inverosimile, poco probabile: *it is ~ that he will come* è improbabile che venga; *an ~ excuse* una scusa inverosimile; *he is ~ to agree* è poco probabile che lui sia d'accordo. **2** (*unpromising*) poco promettente, che non promette bene.

unlikeness /ʌn'laɪknəs/ *n.* differenza *f.*, diversità *f.*

unlimited /ʌn'lɪmɪtɪd *Am* ʌn'lɪmɪtɪd/ *a.* **1** illimitato, senza limiti: *~ power* potere illimitato. **2** (*boundless*) sconfinato, immenso, illimitato. □ (*Econ*) *~ company* società a responsabilità illimitata.

unlimitedly /ʌn'lɪmɪtɪdli *Am* ʌn'lɪmɪtɪdli/ *avv.* in modo illimitato, senza limiti.

unlimitedness /ʌn'lɪmɪtɪdnəs *Am* ʌn 'lɪmɪtɪdnəs/ *n.* l'essere illimitato, l'essere senza limiti.

unlined[1] /ʌn'laɪnd/ *a.* (*not having a lining*) sfoderato, senza fodera.

unlined[2] /ʌn'laɪnd/ *a.* **1** (*unruled*) non rigato, senza righe: *~ paper* carta non rigata. **2** (*of a face*) senza rughe, non rugoso, liscio.

unlink/ʌn'lɪŋk/ *v.t.* **1** (*of a chain, etc.*) dividere gli anelli, dividere le maglie di. **2** (*to detach, to separate*) disgiungere, staccare.

unlisted/ʌn'lɪstɪd *Am* ʌn'lɪstɪd/ *a.* **1** (*of a tel-*

ephone number) che non è sull'elenco. **2** (*Econ*) non quotato in borsa. □ (*Econ*) *~ securities market* mercato dei titoli non quotati.

unlit/ʌn'lɪt/ *a.* **1** non illuminato. **2** (*of a fire, candle, cigarette*) non acceso.

unlivable, unliveable /ʌn'lɪvəbl̩/ *a.* **1** (*uninhabitable*) invivibile, inabitabile. **2** (*fig*) (*of a situation*) insostenibile, insopportabile.

unliveable /ʌn'lɪvəbl̩/ *a.* **1** (*uninhabitable*) invivibile, inabitabile. **2** (*fig*) (*of a situation*) insostenibile, insopportabile.

unload /ʌn'ləʊd/ **I** *v.t.* **1** scaricare (*anche Arm*): *to ~ a cargo* scaricare un carico. **2** (*to discharge*) scaricare. **3** (*fig*) liberare, alleggerire, scaricare. **4** (*colloq*) (*to get rid of*) liberarsi di. **5** (*Econ*) (*of shares*) vendere, disfarsi di. **6** (*Inform*) scaricare (da hard disk a rete). **II** *v.i.* **1** scaricare: *the ship is -ing* la nave sta scaricando. **2** (*Arm*) scaricare un fucile.

unloader/ʌn'ləʊdə*/ *n.* scaricatore *m.*

unlocated /ˌʌnləʊ'keɪtɪd *Am* ʌn'ləʊkeɪtɪd/ *a.* non localizzato.

unlock/ʌn'lɒk *Am* ʌn'lɑːk/ *v.t.* **1** aprire (con la chiave). **2** (*to open*) aprire. **3** (*fig*) aprire, schiudere: *to ~ one's heart to so.* aprire il proprio cuore a qcu. **4** (*fig*) (*to disclose, to reveal*) svelare, rivelare, scoprire. **5** (*Mecc, Inform*) sbloccare.

unlocked/ʌn'lɒkt *Am* ʌn'lɑːkt/ *a.* non chiuso a chiave.

unlooked-for /ʌn'lʊktfɔː*r *Am* ʌn'lʊktfɔːr/ *a.* imprevisto, inaspettato, inatteso.

unloose /ʌn'luːs/ *v.t.* **1** liberare, slegare, sguinzagliare. **2** (*fig*) liberare, dare libero sfogo a, dare via libera a.

unlovable/ʌn'lʌvəbl̩/ *a.* **1** non amabile, non simpatico. **2** (*unattractive*) sgradevole, spiacevole.

unloved/ʌn'lʌvd/ *a.* non amato.

unloveliness /ʌn'lʌvlinəs/ *n.* bruttezza *f.*, mancanza *f.* di attrattive.

unlovely/ʌn'lʌvli/ *a.* brutto, non attraente.

unloving/ʌn'lʌvɪŋ/ *a.* non affettuoso.

unluckily /ʌn'lʌkɪli/ *avv.* sfortunatamente, disgraziatamente, sventuratamente.

unluckiness /ʌn'lʌkinəs/ *n.* sfortuna *f.*, disgrazia *f.*, sventura *f.*, (*colloq*) scalogna *f.*

unlucky/ʌn'lʌki/ *a.* **1** sfortunato, disgraziato, (*colloq*) scalognato. **2** (*of an event: ill-omened*) malaugurato, infausto, nefasto. **3** (*that brings bad luck*) che porta sfortuna, di malaugurio: *it is ~ to spill salt* versare il sale porta sfortuna.

unmade/ʌn'meɪd/ *a.* **1** disfatto, non (ancora) fatto, sfatto: *the beds were still ~* i letti erano ancora disfatti. **2** (*uncreated*) non creato. **3** (*Br,Strad*) sterrato.

unmaidenly /ʌn'meɪdənli/ *a.* che non si addice a una fanciulla.

unmake/ʌn'meɪk/ *v.t.irr.* **1** disfare, distruggere. **2** (*to deprive of rank, office*) deporre.

unmalleability /ʌn,mælɪ'bɪlɪti *Am* ʌnmælɪə 'bɪlɪti/ *n.* mancanza *f.* di malleabilità.

unmalleable /ʌn'mæliəbl̩/ *a.* non malleabile, non duttile.

unman /ʌn'mæn/ *v.t.* **1** scoraggiare, prostrare, abbattere. **2** (*lett*) (*to deprive of virility*) evirare, castrare. **3** (*Mar*) (*of a ship*) privare dell'equipaggio, disarmare.

unmanageable/ʌn'mænɪdʒəbl̩/ *a.* **1** ribelle, intrattabile, spigoloso, difficile, (*colloq*) impossibile: *an ~ child* un bambino ribelle. **2** (*not handy*) non maneggevole, non manovrabile. **3** (*of material*) difficile da lavorare.

unmanageably /ʌn'mænɪdʒəbli/ *avv.* in modo intrattabile.

unmanliness/ʌn'mænlinəs/ *n.* **1** (*effeminacy*) effeminatezza *f.* **2** (*cowardice*) codardia *f.*, viltà *f.*, pusillanimità *f.*

unmanly /ʌn'mænli/ *a.* **1** (*effeminate*) effeminato. **2** (*coward*) vile, codardo, pusillanime; (*weak*) debole.

unmanned /ʌn'mænd/ *a.* **1** (*of a ship, aircraft, etc.*) senza equipaggio, senza uomini. **2** (*deprived of courage*) accasciato, prostrato, abbattuto. **3** (*deprived of virility*) evirato, castrato.

unmannerliness /ʌn'mænəlinəs *Am* ʌn 'mænərlinəs/ *n.* grossolanità *f.*, rozzezza *f.*, sgarbatezza *f.*, scortesia *f.*

unmannerly /ʌn'mænəli *Am* ʌn'mænərli/ *a.* grossolano, rozzo, sgarbato, scortese.

unmarked /ʌn'mɑːkt *Am* ʌn'mɑːrkt/ *a.* **1** non marcato, non segnato, non contrassegnato, senza dicitura. **2** (*having no stains*) non macchiato. **3** (*unnoticed*) inosservato, non notato. **4** (*not characterized*) non caratterizzato (*by* da). **5** (*Scol*) non classificato, senza voto. □ *an ~ grave* una tomba senza iscrizione.

unmarketable /ʌn'mɑːkɪtəbl̩ *Am* ʌn 'mɑːrkɪtəbl̩/ *a.* (*Comm*) non commerciabile, invendibile, non negoziabile.

unmarred /ʌn'mɑːd *Am* ʌn'mɑːrd/ *a.* **1** non sfigurato, non deturpato. **2** (*not damaged*) non danneggiato, non sciupato. **3** (*without blemish*) senza ombra, senza macchia.

unmarriageable /ʌn'mærɪdʒəbl̩/ *a.* **1** troppo giovane per sposarsi. **2** (*unlikely to find a husband*) che difficilmente troverà un marito; (*unlikely to find a wife*) che difficilmente troverà una moglie.

unmarried /ʌn'mærid/ *a.* **1** (*of a man*) scapolo, celibe, non sposato, non coniugato. **2** (*of a woman*) nubile, non sposata, non coniugata. □ *~ mother* ragazza madre.

unmask /ʌn'mɑːsk *Am* ʌn'mæsk/ **I** *v.t.* smascherare (*anche fig*): *to ~ a plot* smascherare un complotto. **II** *v.i.* levarsi la maschera, smascherarsi (*anche fig*).

unmatchable/ʌn'mætʃəbl̩/ *a.* **1** che non può essere appaiato, che non può essere accoppiato. **2** (*incomparable*) incomparabile, ineguagliabile, impareggiabile.

unmatched /ʌn'mætʃt/ *a.* **1** spaiato, scompagnato: *~ gloves* guanti spaiati. **2** (*unequalled*) senza pari, senza uguali, ineguagliato.

unmated/ʌn'meɪtɪd *Am* ʌn'meɪtɪd/ *a.* non accoppiato, non appaiato.

unmeaning/ʌn'miːnɪŋ/ *a.* **1** privo di senso, privo di significato. **2** (*of the face, expressions*) inespressivo, senza espressione.

unmeant/ʌn'ment/ *a.* non voluto, non intenzionale, involontario.

unmeasurable /ʌn'meʒərəbl̩/ *a.* **1** non misurabile. **2** (*fig*) incommensurabile.

unmeasurably /ʌn'meʒərəbli/ *avv.* (*fig*) incommensurabilmente.

unmeasured /ʌn'meʒəd *Am* ʌn'meʒərd/ *a.* **1** non misurato. **2** (*measureless*) smisurato, illimitato, immenso, sterminato. **3** (*unrestrained*) smodato, sfrenato, senza freno.

unmeet/ʌn'miːt/ *a.* (*ant,rar*) **1** inadatto, disadatto, non adatto (*for* a). **2** (*of behaviour, etc.*) sconveniente, indecoroso.

unmelodious /ˌʌnme'ləʊdɪəs/ *a.* non melodioso, non musicale, (*rar*) inarmonico.

unmelodiously /ˌʌnme'ləʊdɪəsli/ *avv.* in modo non melodioso, in modo non musicale, (*rar*) inarmonicamente.

unmentionability /ʌn,menʃʃə'bɪlɪti *Am* ʌn ,mentʃʃə'bɪlɪti/ *n.* non nominabilità *f.*

unmentionable/ʌn'menʃʃnəbl̩/ **I** *a.* di cui non si può parlare, innominabile. **II** *n.pl.* (*ant,* scherz) (*underwear*) indumenti *m.pl.* intimi; (*trousers*) pantaloni *m.pl.*

unmentionableness /ʌnˈmenʃˈnəb̩ləs/ *n.* non nominabilità *f.*

unmentionably /ʌnˈmenʃˈnəbli/ *avv.* indicibilmente.

unmerchantable /ʌnˈmɜːtʃˈntəb̩l Am ʌn ˈmɜːtʃˈntəb̩l/ *a.* (*Dir*) non commerciabile.

unmerciful /ʌnˈmɜːsɪfʊl Am ʌnˈmɜːrsɪfʊl/ *a.* spietato, implacabile, inesorabile, crudele, senza pietà.

unmercifully /ʌnˈmɜːsɪfʊli Am ʌnˈmɜːrsɪfʊli/ *avv.* spietatamente, inesorabilmente, crudelmente.

unmercifulness /ʌnˈmɜːsɪfʊlnəs Am ʌn ˈmɜːrsɪfʊlnəs/ *n.* spietatezza *f.*, inesorabilità *f.*, crudeltà *f.*

unmeritable /ʌnˈmerɪtəb̩l Am ʌnˈmerɪt̬əb̩l/ *a.* immeritevole.

unmerited /ʌnˈmerɪtɪd Am ʌnˈmerɪt̬ɪd/ *a.* immeritato: *an ~ honour* un onore immeritato.

unmeriting /ʌnˈmerɪtɪŋ Am ʌnˈmerɪt̬ɪŋ/ *a.* immeritevole.

unmetalled /ʌnˈmetəld/ *a.* (*Br,Strad*) senza massicciata, sterrato.

unmethodical /ˌʌnmɪˈθɒdɪkəl Am ˌʌnmɪ ˈθɑːdɪkˈl/ *a.* non metodico, senza metodo.

unmethodically /ˌʌnmɪˈθɒdɪkli Am ˌʌnmɪ ˈθɑːdɪkli/ *avv.* senza metodo.

unmetrical /ʌnˈmetrɪkˈl/ *a.* (*Lett*) (*of a line*) ametrico, in versi liberi.

unmindful /ʌnˈmaɪndfʊl/ *a.* (*lett*) 1 dimentico, immemore, incurante (*of* di). 2 (*heedless*) sbadato, disattento. 3 (*careless*) incurante, negligente.

unmindfully /ʌnˈmaɪndfʊli/ *avv.* 1 (*heedlessly*) sbadatamente, con poca attenzione. 2 (*carelessly*) con incuranza, con negligenza.

unmindfulness /ʌnˈmaɪndfʊlnəs/ *n.* (*heedlessness*) sbadataggine *f.*, disattenzione *f.*

unmingled /ʌnˈmɪŋgəld/ *a.* non mescolato, puro.

unmistakable /ˌʌnmɪsˈteɪkəb̩l/ *a.* 1 (*clear*) chiaro, lampante, evidente. 2 (*easily recognizable*) inconfondibile, facilmente riconoscibile.

unmistakableness /ˌʌnmɪsˈteɪkəb̩lnəs/ *n.* 1 (*clarity*) chiarezza *f.*, evidenza *f.* 2 (*obviousness*) ovvietà *f.* 3 (*inability to be misunderstood*) inequivocabilità *f.*

unmistakably /ˌʌnmɪsˈteɪkəbli/ *avv.* chiaramente, inequivocabilmente.

unmitigated /ʌnˈmɪtɪˌgeɪtɪd Am ʌnˈmɪt̬ə ˌgeɪt̬ɪd/ *a.* 1 non mitigato, non attenuato, non moderato. 2 (*colloq*) (*utter*) perfetto, vero e proprio, bell'e buono, totale: *an ~ fool* un perfetto imbecille.

unmitigatedly /ʌnˈmɪtɪˌgeɪtɪdli Am ʌnˈmɪt̬ə ˌgeɪt̬ɪdli/ *avv.* completamente, totalmente, assolutamente.

unmixed /ʌnˈmɪkst/ *a.* 1 genuino, puro, non mescolato, schietto. 2 (*fig*) perfetto, totale.

unmodified /ʌnˈmɒdɪfaɪd Am ʌnˈmɑːdɪfaɪd/ *a.* non modificato, invariato, tale e quale.

unmodulated /ʌnˈmɒdjʊleɪtɪd Am ʌnˈmɒdʒə ˌleɪtɪd Am ʌnˈmɑːdʒəˌleɪt̬ɪd/ *a.* non modulato.

unmolested /ˌʌnməˈlestɪd/ *a.* indisturbato, non molestato.

unmoor /ʌnˈmʊər Am ʌnˈmʊr/ **I** *v.t.* (*Mar*) disormeggiare, togliere gli ormeggi a, levare gli ormeggi a. **II** *v.i.* (*Mar*) togliere gli ormeggi, levare gli ormeggi.

unmoral /ʌnˈmɒrəl Am ʌnˈmɔːrəl/ *a.* amorale.

unmorality /ˌʌnməˈrælɪti Am ˌʌnmɔːˈræltɪti/ *n.* amoralità *f.*

unmortgaged /ʌnˈmɔːgɪdʒd Am ʌn ˈmɔːrgədʒd/ *a.* (*Dir*) non ipotecato.

unmotivated /ʌnˈmoʊtɪˌveɪtɪd Am ʌnˈmoʊt̬ɪ ˌveɪt̬ɪd/ *a.* poco motivato, non motivato.

unmounted /ʌnˈmaʊntɪd Am ʌnˈmaʊnt̬ɪd/ *a.* 1 senza montatura, non montato, non incorniciato. 2 (*of a gem*) non incastonato, non montato. 3 (*not provided with horses*) non a cavallo, appiedato. 4 (*Arm*) non in posizione di tiro.

unmourned /ʌnˈmɔːnd Am ʌnˈmɔːrnd/ *a.* non pianto, non compianto.

unmovable /ʌnˈmuːvəb̩l/ *a.* fisso, non movibile.

unmoved /ʌnˈmuːvd/ *a.* 1 fermo, fisso, non rimosso. 2 (*fig*) (*impassive*) impassibile, imperturbato, calmo, tranquillo.

unmoving /ʌnˈmuːvɪŋ/ *a.* 1 fermo, immobile, fisso. 2 (*fig*) che non suscita emozioni.

unmuffle /ʌnˈmʌfl/ *v.t.* scoprire, togliere la copertura a.

unmurmuring /ʌnˈmɜːmərɪŋ Am ʌn ˈmɜːrmərɪŋ/ *a.* 1 (*lett*) che non mormora, che non sussurra, silenzioso. 2 (*uncomplaining*) che non si lamenta, che non si lagna, rassegnato, paziente.

unmurmuringly /ʌnˈmɜːmərɪŋli Am ʌn ˈmɜːrmərɪŋli/ *avv.* 1 (*lett*) senza mormorare, senza sussurrare, silenziosamente. 2 (*uncomplaining*) senza lamentarsi, senza lagnarsi, con rassegnazione, pazientemente.

unmusical /ʌnˈmjuːzɪkˈl/ *a.* 1 non musicale, privo di musicalità, disarmonico, discordante. 2 (*of a person*) non dotato per la musica, che non ha orecchio musicale.

unmusically /ʌnˈmjuːzɪkˈli/ *avv.* senza musicalità.

unmuzzle /ʌnˈmʌzl/ *v.t.* 1 togliere la museruola a. 2 (*fig*) togliere il bavaglio a, dare piena libertà (di espressione) a.

unnamable, unnameable /ʌnˈneɪməb̩l/ *a.* innominabile.

unnamed /ʌnˈneɪmd/ *a.* 1 anonimo, senza nome. 2 (*unspecified*) imprecisato, innominato.

unnatural /ʌnˈnætʃ(ə)rəl/ *a.* 1 innaturale, non naturale. 2 (*affected, contrived*) innaturale, affettato, ricercato, artificioso. 3 (*abnormal*) anormale, contro natura, innaturale. 4 (*monstrous*) snaturato, inumano, disumano, mostruoso. 5 (*supernatural*) soprannaturale.

unnaturally /ʌnˈnætʃ(ə)rəli/ *avv.* 1 in modo innaturale. 2 (*unusually*) insolitamente.

unnaturalness /ʌnˈnætʃ(ə)rəlnəs/ *n.* 1 innaturalezza *f.* 2 (*affectation*) mancanza *f.* di naturalezza, artificiosità *f.*, affettazione *f.* 3 (*abnormality*) anormalità *f.*

unnavigability /ˌʌnnævɪgəˈbɪlɪti Am ˌʌnnævɪgəˈbɪlɪti/ *n.* non navigabilità *f.*

unnavigable /ʌnˈnævɪgəb̩l/ *a.* non navigabile, innavigabile.

unnecessarily /ʌnˈnesəˈserɪli/ *avv.* senza necessità, inutilmente.

unnecessariness /ʌnˈnesɪserɪnəs/ *n.* non necessarietà *f.*, inutilità *f.*, superfluità *f.*

unnecessary /ʌnˈnesɪseri/ *a.* non necessario, inutile, superfluo.

unneeded /ʌnˈniːdɪd/ *a.* non necessario, di cui non c'è bisogno, che non occorre.

unneedful /ʌnˈniːdɪdfʊl/ *a.* 1 (*not required*) non richiesto, non necessario, di cui non c'è bisogno, che non occorre. 2 (*not needy*) che non ha bisogno.

unnegotiable /ˌʌnnɪˈgoʊʃˈb̩l/ *a.* non negoziabile (*anche Econ*).

unneighborly /ʌnˈneɪbəli/ *a.* (*Am*) non da buon vicino, poco amichevole.

unneighbourly /ʌnˈneɪbəli/ *a.* non da buon vicino, poco amichevole.

unnerve /ʌnˈnɜːv Am ʌnˈnɜːrv/ *v.t.* 1 (*deprive of strength*) snervare, infiacchire. 2 (*deprive of courage*) snervare, privare del coraggio. 3 (*to make nervous*) innervosire, rendere nervoso, rendere agitato.

unnerving /ʌnˈnɜːvɪŋ Am ʌnˈnɜːrvɪŋ/ *a.* 1 (*frightening*) spaventoso, pauroso, tremendo. 2 (*depriving of strength*) snervante, spossante, debilitante. 3 (*depriving of courage*) snervante, che priva di tutto il coraggio. 4 (*shocking*) scioccante, impressionante.

unnervingly /ʌnˈnɜːvɪŋli Am ʌnˈnɜːrvɪŋli/ *avv.* 1 (*frighteningly*) spaventosamente, paurosamente, tremendamente. 2 (*shocking*) in modo scioccante, in modo impressionante.

unnoted /ʌnˈnoʊtɪd Am ʌnˈnoʊt̬ɪd/ *a.* 1 (*unnoticed*) inosservato, non notato, inavvertito. 2 (*not famous*) non famoso; (*not known*) non conosciuto.

unnoticeable /ʌnˈnoʊtɪsəb̩l Am ʌn ˈnoʊt̬ɪsəb̩l/ *a.* che passa inosservato, impercettibile.

unnoticeably /ʌnˈnoʊtɪsəbli Am ʌn ˈnoʊt̬ɪsəbli/ *avv.* impercettibilmente, inosservatamente.

unnoticed /ʌnˈnoʊtɪst Am ʌnˈnoʊt̬ɪst/ *a.* inosservato, non notato, inavvertito: *to leave a fact ~* non notare un fatto. □ *to go ~* sfuggire: *how did this mistake go ~?* com'è possibile che questo errore sia sfuggito?; *to let sth. pass ~* non fare caso a qcs.

unnumbered /ʌnˈnʌmbəd Am ʌnˈnʌmbərd/ *a.* 1 non numerato. 2 (*innumerable*) innumerevole, innumerabile.

UNO, U.N.O. /ˈjuːnoʊ/ *United Nations Organization* ONU (Organizzazione delle Nazioni Unite).

unobjectionable /ˌʌnəbˈdʒekʃˈnəb̩l/ *a.* ineccepibile, irreprensibile.

unobjective /ˌʌnəbˈdʒektɪv Am ˌʌnəb ˈdʒektɪv/ *a.* non oggettivo, soggettivo.

unobliging /ˌʌnəˈblaɪdʒɪŋ/ *a.* non compiacente, non servizievole.

unobscured /ˌʌnəbˈskjʊəd Am ˌʌnəbˈskjʊrd/ *a.* non oscurato, chiaro.

unobservant /ˌʌnəbˈzɜːvənt Am ˌʌnəb ˈzɜːrvənt/ *a.* 1 (*having little power of observation*) che ha poco spirito di osservazione, con scarso spirito di osservazione. 2 (*inattentive*) inosservante, non osservante.

unobserved /ˌʌnəbˈzɜːvd Am ˌʌnəbˈzɜːrvd/ *a.* inosservato, non notato.

unobserving /ˌʌnəbˈzɜːvɪŋ Am ˌʌnəbˈzɜːrvɪŋ/ *a.* (*having little power of observation*) che ha poco spirito di osservazione, con scarso spirito di osservazione: *I was young, but not ~* ero giovane, ma le cose le vedevo.

unobstructed /ˌʌnəbˈstrʌktɪd Am ˌʌnəb ˈstrʌktɪd/ *a.* 1 non ostruito, non impedito, libero, sgombro. 2 (*fig*) non ostacolato, non impedito.

unobtainable /ˌʌnəbˈteɪnəb̩l/ *a.* non ottenibile, indisponibile, non disponibile.

unobtrusive /ˌʌnəbˈtruːsɪv/ *a.* discreto, riservato.

unobtrusively /ˌʌnəbˈtruːsɪvli/ *avv.* con discrezione, in maniera riservata.

unobtrusiveness /ˌʌnəbˈtruːsɪvnəs/ *n.* discrezione *f.*, riservatezza *f.*

unoccupied /ʌnˈɒkjʊˌpaɪd Am ʌnˈɑːkjuˌpaɪd/ *a.* 1 non occupato, disoccupato. 2 (*not busy*) libero, senza impegni. 3 (*of a house*) libero, non occupato, vuoto; (*of land*) disabitato; (*of a seat, etc.*) disponibile. 4 (*Mil,Pol*) non occupato.

unoffending /ˌʌnəˈfendɪŋ/ *a.* inoffensivo, innocuo.

unofficial /ˌʌnəˈfɪʃˈl/ *a.* 1 non ufficiale, informale. 2 (*of news, etc.*) ufficioso, non ufficiale. □ *~ strike* sciopero spontaneo.

unofficially /ˌʌnəˈfɪʃˈli/ *avv.* 1 non ufficialmente, in modo informale. **2** (*of news, etc.*) ufficiosamente.

unopened /ʌn'oʊpᵊnd/ *a.* **1** non aperto, chiuso. **2** (*of a letter, etc.*) chiuso, non dissigillato. **3** (*of a book*) intonso.

unopposed /ʌnə'poʊzd/ *a.* **1** (*not opposed*) senza opposizione, incontrastato. **2** (*not challenged*) incontrastato, incontestato.

unorganized /ʌn'ɔːɡə,naɪzd Am ʌn'ɔːrgə ,naɪzd/ *a.* **1** non organizzato, disorganizzato. **2** (*Biol*) inorganico. **3** (*not belonging to a labour union*) non organizzato in sindacato, privo di organizzazione sindacale.

unoriginal /ʌnə'rɪdʒɪnᵊl/ *a.* **1** non originale. **2** (*incapable of original work*) non originale, privo di originalità.

unoriginality /ʌnərɪdʒɪ'nælɪti Am ʌnərɪdʒɪ 'nælɪtɪ/ *n.* mancanza *f.* di originalità.

unoriginally /ʌnə'rɪdʒɪnᵊli/ *avv.* in modo poco originale.

unorthodox /ʌn'ɔːθədɒks Am ʌn'ɔːrθədɑːks/ *a.* non ortodosso, eterodosso (*anche Rel*).

unorthodoxly /ʌn'ɔːθə,dɒksli Am ʌn 'ɔːrθədɑːksli/ *avv.* in modo non ortodosso.

unorthodoxy /ʌn'ɔːθə,dɒksi Am ʌn 'ɔːrθədɑːksi/ *n.* non ortodossia *f.*, eterodossia *f.* (*anche Rel*).

unostentatious /ʌnɒsten'teɪʃəs Am ʌnɑːsten'teɪʃəs/ *a.* modesto, non vistoso, semplice.

unostentatiously /ʌnɒsten'teɪʃᵊsli Am ʌnɑːsten'teɪʃsli/ *avv.* senza ostentazione, modestamente.

unostentatiousness /ʌnɒsten'teɪʃᵊsnəs Am ʌnɑːsten'teɪʃᵊsnəs/ *n.* modestia *f.*, semplicità *f.*, mancanza *f.* di ostentazione.

unowned /ʌn'oʊnd/ *a.* **1** senza proprietario, che non ha proprietario. **2** (*unacknowledged*) non riconosciuto, inconfessato, non ammesso.

unpack /ʌn'pæk/ **I** *v.t.* **1** togliere da una valigia; (*from a trunk*) togliere da un baule. **2** (*of a container*) svuotare, vuotare, disfare: *to ~ a trunk* svuotare un baule. **3** (*to remove a pack or load from*) scaricare. **4** (*Inform*) scompattare. **II** *v.i.* disfare le valigie.

unpacked /ʌn'pækt/ *a.* **1** (*of clothes, etc.*) tolto da una valigia; (*from a trunk*) tolto da un baule. **2** (*of a container*) svuotato, vuotato. **3** (*of food*) non confezionato, sciolto, sfuso. **4** (*Inform*) scompattato, non compresso.

unpaid /ʌn'peɪd/ *a.* **1** non retribuito, non pagato, non rimunerato. **2** (*of a bill, fine, etc.*) non pagato, non saldato, insoluto.

unpaid-for /ʌn'peɪdfɔː Am ʌn'peɪdfɔːr/ *a.* non pagato.

unpaired /ʌn'peəd Am ʌn'pɜːrd/ *a.* non accoppiato, spaiato.

unpalatability /ʌn,pælətə'bɪlɪti Am ʌn ,pælətə'bɪlɪtɪ/ *n.* sgradevolezza *f.* (*anche fig*).

unpalatable /ʌn'pælətəbḷ Am ʌn'pælətᵊbḷ/ *a.* sgradevole (*anche fig*).

unpalatably /ʌn'pælətəbli Am ʌn'pælətᵊbli/ *avv.* sgradevolmente (*anche fig*).

unparalleled /ʌn'pærəleld/ *a.* **1** ineguagliabile, incomparabile, impareggiabile. **2** (*unprecedented*) senza precedenti.

unpardonability /ʌn,pɑːdᵊnə'bɪlɪti Am ʌn ,pɑːrdᵊnə'bɪlɪtɪ/ *n.* imperdonabilità *f.*

unpardonable /ʌn'pɑːdᵊnəbḷ Am ʌn 'pɑːrdᵊnəbḷ/ *a.* imperdonabile.

unpardonably /ʌn'pɑːdᵊnəbli Am ʌn 'pɑːrdᵊnəbli/ *avv.* imperdonabilmente, inescusabilmente.

unparliamentary /ʌnpɑːlə'mentᵊri Am ʌnpɑːrlə'mentᵊri/ *a.* contrario alle regole parlamentari. ☐ (*fig*) ~ *language* linguaggio grossolano, linguaggio scorretto, parolacce, imprecazioni.

unpasteurized /ʌn'pæstʃʊraɪzd/ *a.* (*Alim*) non pastorizzato.

unpatriotic /ʌnpætrɪ'ɒtɪk Am ʌnpeɪtrɪ'ɑːtɪk/ *a.* non patriottico, antipatriottico.

unpatriotically /ʌnpætrɪ'ɒtɪkli Am ʌnpeɪtrɪ 'ɑːtɪkli/ *avv.* in modo non patriottico.

unpaved /ʌn'peɪvd/ *a.* **1** non pavimentato, non lastricato. **2** (*of roads*) non asfaltato, bianco.

unpeaceful /ʌn'piːsfʊl/ *a.* agitato, inquieto, turbato.

unpedantic /ʌnpɪ'dæntɪk Am ʌnpə'dænṭɪk/ *a.* non pedante.

unpeeled /ʌn'piːld/ *a.* con la buccia, non pelato, non sbucciato: ~ *tomatoes* pomodori non pelati.

unpeg /ʌn'peg/ *v.t.* **1** togliere rimuovendo i pioli. **2** (*Econ*) sbloccare: *to ~ prices* sbloccare i prezzi.

unpen /ʌn'pen/ *v.t.* (*of sheep*) far uscire dal chiuso.

unpensioned /ʌn'penʃᵊnd/ *a.* senza pensione, non pensionato.

unpeople /ʌn'piːpl/ *v.t.* spopolare.

unpeopled /ʌn'piːpḷd/ *a.* non popolato, spopolato.

unperceivable /ʌnpə'siːvəbḷ Am ʌnpər 'siːvəbḷ/ *a.* impercettibile.

unperceived /ʌnpə'siːvd Am ʌnpər'siːvd/ *a.* **1** non percepito. **2** (*unnoticed*) inosservato, inavvertito.

unperformed /ʌnpə'fɔːmd Am ʌnpər 'fɔːrmd/ *a.* **1** non fatto, non eseguito, ineseguito. **2** (*Teat*) non rappresentato. **3** (*Mus*) eseguito.

unperson /ʌn'pɜːsᵊn Am 'ʌn'pɜːrsᵊn/ *n.* persona *f.* la cui esistenza viene negata o nascosta (*spec.* per motivi politici).

unpersuadable /ʌnpə'sweɪdəbḷ Am ʌnpər 'sweɪdᵊbḷ/ *a.* impersuasibile, che non si lascia persuadere, che non si lascia convincere.

unpersuaded /ʌnpə'sweɪdɪd Am ʌnpər 'sweɪdɪd/ *a.* non persuaso, non convinto.

unpersuasive /ʌnpə'sweɪsɪv Am ʌnpər 'sweɪsɪv/ *a.* non persuasivo, non convincente.

unperturbed /ʌnpə'tɜːbd Am ʌnpər'tɜːrbd/ *a.* imperturbato, calmo, imperterrito, impassibile.

unphilosophic /ʌnfɪlə'sɒfɪk Am ʌnfɪlə 'sɑːfɪk/, **unphilosophical** /ʌnfɪlə'sɒfɪkᵊl Am ʌnfɪlə'sɑːfɪkᵊl/ *a.* non filosofico.

unpick /ʌn'pɪk/ *v.t.* scucire, sfilare, disfare.

unpicked /ʌn'pɪkt/ *a.* **1** non scelto, non selezionato. **2** (*of fruit, flowers*) non colto, non raccolto. **3** (*of sewing, etc.*) scucito, sfilato.

unpicturesque /ʌnpɪktʃʊr'esk/ *a.* non pittoresco.

unpin /ʌn'pɪn/ *v.t.* spuntare, staccare togliendo gli spilli.

unpitied /ʌn'pɪtɪd Am ʌn'pɪṭiːd/ *a.* non commiserato, non compatito, non compianto.

unpitying /ʌn'pɪtiɪŋ Am ʌn'pɪṭiɪŋ/ *a.* spietato, duro, senza pietà.

unpityingly /ʌn'pɪtiɪŋli Am ʌn'pɪṭiɪŋli/ *avv.* spietatamente, senza pietà, con durezza.

unplaced /ʌn'pleɪst/ *a.* **1** non posto in un luogo preciso, senza un luogo preciso. **2** (*Sport*) non piazzato, che non si è piazzato.

unplanned /ʌn'plænd/ *a.* **1** non progettato, non pianificato. **2** (*haphazard*) casuale, accidentale, fortuito.

unplanted /ʌn'plɑːntɪd Am ʌn'plæntɪd/ *a.* (*Agr*) non piantato, non coltivato.

unplayable /ʌn'pleɪəbḷ/ *a.* (*Mus*) insuonabile.

unplayed /ʌn'pleɪd/ *a.* **1** (*of a game*) non giocato. **2** (*of music*) non suonato. **3** (*of an instrument*) mai suonato. **4** (*of a tape, recorded message*) mai ascoltato.

unpleasant /ʌn'plezᵊnt/ *a.* **1** sgradevole, spiacevole. **2** (*of a person*) antipatico, scortese.

unpleasantly /ʌn'plezᵊntli/ *avv.* sgradevolmente, spiacevolmente.

unpleasantness /ʌn'plezᵊntnəs/ *n.* **1** l'essere sgradevole, sgradevolezza *f.*, spiacevolezza *f.* **2** (*embarrassing incident*) incidente *m.* spiacevole, fatto *m.* spiacevole. **3** (*quarrel, argument*) discussione *f.*, litigio *m.*, lite *f.* **4** (*resentment*) risentimento *m.* **5** (*hostility*) dissenso *m.*, disaccordo *m.*

unpleasing /ʌn'pliːzɪŋ/ *a.* spiacevole, sgradevole.

unpliable /ʌn'plaɪəbḷ/, **unpliant** /ʌn 'plaɪənt/ *a.* **1** non flessibile, rigido. **2** (*fig*) non arrendevole, inflessibile, rigido.

unploughed /ʌn'plaʊd/ *a.* **1** (*Agr*) non arato. **2** (*Strad*) ingombro di neve.

unplucked /ʌn'plʌkt/ *a.* **1** non colto, non raccolto. **2** (*of poultry*) non spennato. **3** (*of eyebrows*) non depilato.

unplug /ʌn'plʌg/ *v.t.* **1** togliere il tappo a, stappare: *to ~ the bath* togliere il tappo alla vasca del bagno; *to ~ a cask* stappare una botte. **2** (*El*) staccare, togliere la spina a.

unplugged /ʌn'plʌgd/ *a.* (*Mus*) acustico, senza amplificazione elettrica.

unplumbable /ʌn'plʌməbḷ/ *a.* inesplorabile, non sondabile.

unplumbed /ʌn'plʌmd/ *a.* **1** (*Mar*) non scandagliato. **2** (*fig*) inesplorato, non scandagliato, non sondato. **3** (*having no plumbing installations*) privo di impianto idraulico.

unpoetic /ʌnpoʊ'etɪk Am ʌnpoʊ'eṭɪk/, **unpoetical** /ʌnpoʊ'etɪkᵊl Am ʌnpoʊ'eṭɪkᵊl/ *a.* non poetico, impoetico.

unpointed /ʌn'pɔɪntɪd Am ʌn'pɔɪnṭɪd/ *a.* **1** spuntato, senza punta. **2** (*not punctuated*) senza punteggiatura, privo di punteggiatura. **3** (*Fon*) privo di segni diacritici. **4** (*Edil*) (*of brickwork*) senza stuccatura (*o* calce) negli interstizi.

unpolished /ʌn'pɒlɪʃt Am ʌn'pɑːlɪʃt/ *a.* **1** non lucidato, non lustrato. **2** (*of rice*) non brillato. **3** (*fig*) (*of style, etc.*) non rifinito, grezzo; (*of manners, people*) non raffinato, rozzo, grossolano.

unpolitical /ʌnpə'lɪtɪkəl Am ʌnpə'lɪtɪkᵊl/ *a.* **1** non politico, impolitico. **2** (*apolitical*) apolitico.

unpolled /ʌn'poʊld/ *a.* **1** (*of a voter*) che non ha votato. **2** (*of a vote*) non scrutinato.

unpolluted /ʌnpə'luːtɪd Am ʌnpə'luːṭɪd/ *a.* non inquinato, non contaminato.

unpopular /ʌn'pɒpjʊlə Am ʌn'pɑːpjʊlᵊr/ *a.* impopolare, malvisto: *an ~ measure* un provvedimento impopolare; *to make oneself ~* rendersi impopolare.

unpopularity /ʌnpɒpjʊ'lærɪti Am ʌnpɑːpjʊ 'lerɪtɪ/ *n.* impopolarità *f.*

unpopularly /ʌn'pɒpjʊləli Am ʌn'pɑːpjʊlᵊrli/ *avv.* in modo impopolare.

unpopulated /ʌn'pɒpjʊ,leɪtɪd Am ʌn'pɑːpjʊ ,leɪṭɪd/ *a.* non popolato, spopolato, disabitato.

unposted /ʌn'poʊstɪd/ *a.* **1** (*of a letter*) non imbucato, non spedito. **2** (*not informed*) non informato, non messo al corrente.

unpowered /ʌn'paʊəd Am ʌn'paʊᵊrd/ *a.* non dotato di mezzo di propulsione.

unpractical /ʌn'præktɪkəl Am ʌn'præktɪkᵊl/ *a.* **1** (*of things: impractical, not feasible*) irrealizzabile, inattuabile. **2** (*of people: non practical*) privo di senso pratico.

unpracticality /ʌnpræktɪ'kælɪti Am ʌn 'præktɪ'kælɪtɪ/ *n.* mancanza *f.* di praticità.

unpracticed /ʌn'præktɪst/ *a.* (*Am*) **1** inesperto, poco pratico. **2** (*untried*) non sperimentato, non provato.

unpractised /ʌnˈpræktɪst/ a. 1 inesperto, poco pratico. 2 (untried) non sperimentato, non provato.

unprecedented /ʌnˈpresɪˌdəntɪd/ a. senza precedenti, che non ha precedenti, nuovo.

unprecedentedly /ʌnˈpresɪˌdəntɪdli/ avv. senza precedenti.

unpredictability /ˌʌnprɪdɪktəˈbɪlɪti Am ˌʌnprɪdɪktəˈbɪlɪti/ n. 1 non prevedibilità f. 2 (of a person) imprevedibilità f.

unpredictable /ˌʌnprɪˈdɪktəbl̩ Am ˌʌnprɪˈdɪktəbl̩/ a. 1 non prevedibile. 2 (of a person) imprevedibile.

unpredictably /ˌʌnprɪˈdɪktəbli Am ˌʌnprɪˈdɪktəbli/ avv. in modo imprevedibile.

unprejudiced /ʌnˈpredʒədɪst/ a. senza pregiudizi, senza preconcetti, non prevenuto, imparziale.

unpremeditated /ˌʌnpriˈmedɪteɪtɪd Am ˌʌnpriːˈmedɪteɪtɪd/ a. non premeditato, spontaneo.

unpremeditatedly /ˌʌnprɪˈmedɪteɪtɪdli Am ˌʌnprɪˈmedɪteɪtɪdli/ avv. in modo non premeditato, senza premeditazione, in modo spontaneo.

unprepared /ˌʌnprɪˈpeəd Am ˌʌnprɪˈpɜːrd/ a. 1 non preparato, improvvisato. 2 (taken by surprise) impreparato, preso alla sprovvista, colto alla sprovvista. 3 (happening unexpectedly) inaspettato, imprevisto, inatteso.

unpreparedly /ˌʌnprɪˈpeərɪdli Am ˌʌnprɪˈpɜːrɪdli/ avv. senza preparazione.

unpreparedness /ˌʌnprɪˈpeərɪdnəs Am ˌʌnprɪˈpɜːrɪdnəs/ n. impreparazione f.

unprepossessed /ˌʌnpriːpəˈzest/ a. non prevenuto, senza pregiudizi, privo di pregiudizi.

unprepossessing /ˌʌnpriːpəˈzesɪŋ/ a. 1 (unattractive) brutto. 2 (unimpressive) scialbo, che non colpisce. 3 (objective) non preconcetto, senza pregiudizi, privo di pregiudizi.

unpresentable /ˌʌnprɪˈzentəbl̩/ a. impresentabile, indecoroso.

unpressurized /ʌnˈpreʃəˌraɪzd/ a. non pressurizzato: to become ~ depressurizzarsi.

unpresuming /ˌʌnprɪˈz(j)uːmɪŋ/, **unpresumptuous** /ˌʌnprɪˈzʌmpʃuəs/ a. modesto, non presuntuoso, senza presunzione.

unpresumptuously /ˌʌnprɪˈzʌmptʃəsli Am ˌʌnprɪˈzʌmpʃuəsli/ avv. modestamente, senza presunzione.

unpretending /ˌʌnprɪˈtendɪŋ/ a. (ant) semplice, modesto, poco pretenzioso, senza pretese.

unpretentious /ˌʌnprɪˈtentʃəs/ a. semplice, modesto, poco pretenzioso, senza pretese.

unpretentiously /ˌʌnprɪˈtentʃəsli/ avv. semplicemente, modestamente, senza pretese.

unpretentiousness /ˌʌnprɪˈtentʃəsnəs/ n. semplicità f., modestia f.

unpreventable /ˌʌnprɪˈventəbl̩/ a. inevitabile, ineluttabile.

unpriced /ʌnˈpraɪst/ a. il cui prezzo non è stato fissato, senza prezzo.

unprincipled /ʌnˈprɪnsəpl̩d/ a. senza principi morali, privo di scrupoli, disonesto.

unprintable /ʌnˈprɪntəbl̩ Am ˌʌnˈprɪntəbl̩/ a. non pubblicabile.

unprivileged /ʌnˈprɪv(ɪ)lɪdʒd/ a. 1 non privilegiato, senza privilegi. 2 (Inform) (unauthorized) non privilegiato, senza diritti di accesso: ~ users utenti non privilegiati.

unprized /ʌnˈpraɪzd/ a. non apprezzato.

unproblematic /ˌʌnprɒbləˈmætɪk Am ˌʌnprɑːbləˈmætɪk/ a. che non presenta problemi, che non crea problemi, non problematico.

unproblematical /ˌʌnprɒbləˈmætɪkᵊl Am ˌʌnprɑːbləˈmætɪkᵊl/ a. che non presenta problemi, che non crea problemi, non problematico.

unproblematically /ˌʌnprɒbləˈmætɪkli Am ˌʌnprɑːbləˈmætɪkli/ avv. senza (presentare) problemi.

unprocessed /ʌnˈprəʊsest Am ʌnˈprɑːsest/ a. 1 (Ind,Alim) non sottoposto a un processo, non sottoposto a un trattamento. 2 (Inform) non elaborato.

unproclaimed /ˌʌnprəʊˈkleɪmd/ a. non proclamato.

unprocurable /ˌʌnprəʊˈkjʊərəbl̩/ a. introvabile, che non si può ottenere.

unproductive /ˌʌnprəˈdʌktɪv Am ˌʌnprəˈdʌktɪv/ a. improduttivo, sterile, infecondo, infruttuoso.

unproductively /ˌʌnprəˈdʌktɪvli Am ˌʌnprəˈdʌktɪvli/ avv. in modo improduttivo, in modo sterile.

unproductiveness /ˌʌnprəˈdʌktɪvnəs Am ˌʌnprəˈdʌktɪvnəs/ n. improduttività f., sterilità f., infecondità f.

unprofessional /ˌʌnprəˈfeʃᵊnᵊl/ a. 1 non professionale, contrario all'etica professionale. 2 (amateurish) dilettantesco, da dilettante, non da professionista.

unprofessionalism /ˌʌnprəˈfeʃᵊnᵊlɪzᵊm/ n. mancanza f. di professionalità.

unprofessionally /ˌʌnprəˈfeʃᵊnᵊli/ avv. 1 in modo non professionale, non professionalmente. 2 (amateurishly) in modo dilettantesco, non da professionista.

unprofitability /ˌʌnprɒfɪtəˈbɪlɪti Am ˌʌnprɑːfɪtəˈbɪlɪti/ n. non redditività f., non rimuneratività f., improduttività f.

unprofitable /ʌnˈprɒfɪtəbl̩ Am ʌnˈprɑːfɪtəbl̩/ a. 1 non redditizio, non rimunerativo, infruttuoso. 2 (vain, idle) inutile, vano: ~ arguments discussioni inutili.

unprofitableness /ʌnˈprɒfɪtəblnəs Am ʌnˈprɑːfɪtəblnəs/ n. 1 infruttuosità f. 2 (vainness) inutilità f.

unprofitably /ʌnˈprɒfɪtəbli Am ʌnˈprɑːfɪtəbli/ avv. 1 non proficuamente, senza profitto. 2 (vainly) inutilmente, vanamente.

unprogressive /ˌʌnprəˈgresɪv/ a. retrogrado, conservatore, retrivo.

unpromising /ʌnˈprɒmɪsɪŋ Am ʌnˈprɑːmɪsɪŋ/ a. non promettente, poco promettente, che non promette bene.

unpromisingly /ʌnˈprɒmɪsɪŋli Am ʌnˈprɑːmɪsɪŋli/ avv. in modo poco promettente.

unprompted /ʌnˈprɒmptɪd Am ʌnˈprɑːmptɪd/ a. 1 non suggerito, spontaneo. 2 (given without being asked for) non richiesto.

unpronounceable /ˌʌnprəˈnaʊnsəbl̩/ a. impronunciabile.

unprop /ʌnˈprɒp Am ʌnˈprɑːp/ v.t. togliere i puntelli a.

unprophetic /ˌʌnprəˈfetɪk Am ˌʌnprəˈfeʈɪk/ a. non profetico.

unpropitious /ˌʌnprəˈpɪʃəs/ a. non propizio, sfavorevole, avverso.

unpropitiously /ˌʌnprəˈpɪʃəsli/ avv. sfavorevolmente, in modo non propizio.

unprotected /ˌʌnprəˈtektɪd Am ˌʌnprəˈtektɪd/ a. 1 (lacking shelter) non protetto, non riparato. 2 (undefended) indifeso, non protetto.
□ ~ sex rapporti sessuali non protetti.

unprovable /ʌnˈpruːvəbl̩/ a. che non si può provare, che non si può dimostrare, improvabile.

unproved /ʌnˈpruːvd/, **unproven** /ʌn ˈpruːvᵊn/ a. non provato, non dimostrato.

unprovided /ˌʌnprəˈvaɪdɪd/ a. sprovvisto, sfornito (with di). □ ~ for: 1 senza mezzi, senza risorse, sprovvisto di mezzi: to leave

one's wife and children ~ for lasciare moglie e figli senza mezzi; 2 (not prepared for) imprevisto, inatteso, inaspettato.

unprovoked /ˌʌnprəˈvəʊkt/ a. non provocato: an ~ attack un attacco non provocato.

unpublishable /ʌnˈpʌblɪʃəbl̩/ a. non pubblicabile, impubblicabile.

unpublished /ʌnˈpʌblɪʃt/ a. 1 inedito, non pubblicato. 2 (not made known) non reso noto, non reso pubblico, non divulgato.

unpunctual /ʌnˈpʌŋktʃuəl/ a. non puntuale.

unpunctuated /ʌnˈpʌŋktʃuˌeɪtɪd Am ʌnˈpʌŋktʃuˌeɪtɪd/ a. senza punteggiatura, senza segni di interpunzione.

unpunishable /ʌnˈpʌnɪʃəbl̩/ a. impunibile, non punibile.

unpunished /ʌnˈpʌnɪʃt/ a. impunito, non punito: the crime went ~ il delitto restò impunito.

unqualified /ʌnˈkwɒlɪˌfaɪd Am ʌnˈkwɑːlɪfaɪd/ a. 1 non qualificato, incompetente. 2 (not having requisite qualifications) che non ha i requisiti necessari. 3 (not limited) incondizionato, illimitato, assoluto, pieno, senza riserve. 4 (colloq) (utter) perfetto, vero e proprio, bell'e buono: an ~ scoundrel un perfetto farabutto.

unquenchable /ʌnˈkwentʃəbl̩/ a. (fig) inestinguibile, insaziabile.

unquestionable /ʌnˈkwestʃənəbl̩/ a. incontestabile, indiscutibile, indubbio.

unquestionably /ʌnˈkwestʃənəbli/ avv. indiscutibilmente, incontestabilmente.

unquestioned /ʌnˈkwestʃənd/ a. 1 indiscusso, incontestato, incontrastato: an ~ expert un esperto indiscusso. 2 (not interrogated) non interrogato.

unquestioning /ʌnˈkwestʃənɪŋ/ a. 1 che non fa domande, che non discute. 2 (undoubted) assoluto, totale, senza condizioni: ~ loyalty fedeltà assoluta.

unquestioningly /ʌnˈkwestʃənɪŋli/ avv. senza far domande, senza discutere.

unquiet /ʌnˈkwaɪət/ I a. 1 turbolento, agitato, irrequieto, tumultuoso: ~ times tempi turbolenti. 2 (uneasy) inquieto, turbato, agitato. II n. inquietudine f., turbamento m., agitazione f.

unquotable /ʌnˈkwəʊtəbl̩ Am ʌnˈkwoʊtəbl̩/ a. 1 non citabile. 2 (Econ) non quotabile.

unquote /ʌnˈkwəʊt/ v.t. chiudere le virgolette.

unransomed /ʌnˈrænsəmd/ a. non riscattato.

unratified /ʌnˈrætɪfaɪd Am ʌnˈrætɪfaɪd/ a. non ratificato.

unrationed /ʌnˈræʃᵊnd/ a. non razionato.

unravel /ʌnˈrævᵊl/ (past, p.p. **unravelled** Am **unraveled** /-d/) I v.t. 1 dipanare, sbrogliare, districare: to ~ a skein of wool dipanare una matassa di lana. 2 (to undo the threads of) disfare: to ~ a stocking disfare una calza. 3 (fig) chiarire, sbrogliare, districare, dipanare: to ~ a mystery chiarire un mistero. II v.i. 1 districarsi, sbrogliarsi. 2 (to separate into threads) disfarsi.

unreachable /ʌnˈriːtʃəbl̩/ a. irraggiungibile.

unreachableness /ʌnˈriːtʃəblnəs/ n. irraggiungibilità f.

unreachably /ʌnˈriːtʃəbli/ avv. irraggiungibilmente.

unread /ʌnˈred/ a. 1 non letto. 2 (ant) (illiterate) incolto, illetterato.

unreadable /ʌnˈriːdəbl̩/ a. 1 che non si legge facilmente, non piacevole a leggersi. 2 (illegible) illeggibile, indecifrabile.

unreadiness /ʌnˈredinəs/ n. 1 impreparazione f. 2 (irresoluteness) incertezza f., indecisione *f.*, irresolutezza *f.*

unready/ʌn'redi/ *a.* **1** non pronto. **2** (*unprepared*) impreparato, preso alla sprovvista, colto alla sprovvista. **3** (*irresolute*) irresoluto, esitante, incerto, indeciso.

unreal/ʌn'riəl/ *a.* **1** non reale, non effettivo. **2** (*imaginary*) illusorio, immaginario, irreale.

unrealistic/ˌʌnriə'lɪstɪk/ *a.* non realistico, irrealistico.

unrealistically/ˌʌnriə'lɪstɪkli/ *avv.* in modo non realistico.

unreality/ˌʌnri'æliti *Am* ˌʌnri'ælɪti/ *n.* **1** irrealtà *f.* **2** (*sth. unreal*) cosa *f.* irreale, chimera *f.*, illusione *f.*

unrealizable/ʌn'riəlaizəbḷ/ *a.* **1** irrealizzabile. **2** (*incapable of being sensed*) di cui non ci si rende conto. **3** (*incapable of being understood*) incomprensibile.

unrealized/ʌn'ri:əlaizd/ *a.* non realizzato, non attuato.

unreasonable/ʌn'ri:zᵊnəbḷ/ *a.* **1** irragionevole, illogico, insensato: ~ *behaviour* comportamento irragionevole. **2** (*exorbitant*) irragionevole, eccessivo, smodato, esagerato: ~ *demands* pretese irragionevoli.

unreasonableness/ʌn'ri:zᵊnəbḷnəs/ *n.* irragionevolezza *f.*

unreasonably/ʌn'ri:zᵊnəbli/ *avv.* irragionevolmente, in modo irragionevole.

unreasoned/ʌn'ri:zᵊnd/ *a.* non ragionato, non meditato, non ponderato.

unreasoning/ʌn'ri:zᵊnɪŋ/ *a.* **1** che non ragiona. **2** (*irrational*) irrazionale, incontrollato: ~ *fear* paura irrazionale.

unreceipted/ˌʌnri'si:tid *Am* ˌʌnri'si:tɪd/ *a.* (*Comm*) senza ricevuta, non quietanzato.

unreceived/ˌʌnri'si:vd/ *a.* non ricevuto (anche *Comm*).

unreceptive/ˌʌnri'septiv/ *a.* non ricettivo.

unreciprocated/ˌʌnri'siprəkeitid *Am* ˌʌnri'siprəkeitid/ *a.* non ricambiato, non corrisposto.

unreckonable/ʌn'rekᵊnəbḷ/ *a.* incalcolabile, che non può essere calcolato.

unreckoned/ʌn'rekᵊnd/ *a.* non calcolato, non computato.

unreclaimed/ˌʌnri'kleimd/ *a.* **1** (*of land*) non bonificato, non prosciugato. **2** (*unreformed*) non riformato, non corretto.

unrecognizable/ʌn'rekəgˌnaizəbḷ/ *a.* irriconoscibile.

unrecognizably/ʌn'rekəgˌnaizəbli/ *avv.* in modo irriconoscibile, irriconoscibilmente.

unrecognized/ʌn'rekəgˌnaizd/ *a.* **1** non riconosciuto, non ravvisato. **2** (*not appreciated*) misconosciuto, non apprezzato.

unrecompensed /ʌn'rekəmˌpenst/ *a.* non ricompensato, senza compenso.

unreconciled/ʌn'rekənˌsaild/ *a.* non rassegnato (*to* a).

unrecorded/ˌʌnri'kɔːdid *Am* ˌʌnri'kɔːrdid/ *a.* **1** non registrato, non annotato. **2** (*Dir*) non verbalizzato, non messo a verbale. **3** (*of a song*) non (ancora) inciso, inedito.

unrecoverable/ˌʌnri'kʌvərəbḷ/ *a.* **1** non recuperabile. **2** (*of credit*) non recuperabile, inesigibile.

unrectified/ʌn'rektifaid/ *a.* non rettificato, non corretto.

unredeemed/ˌʌnri'di:md/ *a.* **1** non riscattato. **2** (*Comm*) non ammortizzato, non estinto.

unredressed/ˌʌnri'drest/ *a.* non riparato: *an* ~ *wrong* un torto non riparato.

unreel/ʌn'ri:l/ **I** *v.t.* srotolare, svolgere, sgomitolare: *to* ~ *a film* srotolare una pellicola. **II** *v.i.* srotolarsi, svolgersi, sgomitolarsi.

unrefined/ˌʌnri'faind/ *a.* **1** non raffinato,

---

grezzo, greggio: ~ *sugar* zucchero non raffinato. **2** (*fig*) grossolano, rozzo, non raffinato: ~ *manners* maniere rozze.

unreflecting/ˌʌnri'flektɪŋ *Am* ˌʌnri'flektɪŋ/ *a.* irriflessivo, sventato.

unreflective/ˌʌnri'flektiv *Am* ˌʌnri'flektɪv/ *a.* irriflessivo, sventato.

unreformable /ˌʌnri'fɔːməbḷ *Am* ˌʌnri 'fɔːrməbḷ/ *a.* non riformabile, incorreggibile.

unreformed/ˌʌnri'fɔːmd *Am* ˌʌnri'fɔːrmd/ *a.* non riformato, non corretto.

unrefuted/ˌʌnri'fju:tid *Am* ˌʌnri'fju:tɪd/ *a.* inconfutato.

unregarded/ˌʌnri'gɑːdid *Am* ˌʌnri'gɑːrdid/ *a.* ignorato, negletto, trascurato.

unregeneracy/ˌʌnri'dʒenərəsi/ *n.* il non essere rinato spiritualmente, il non essere rigenerato.

unregenerate/ˌʌnri'dʒenərət/ *a.* **1** non rinato spiritualmente, non rigenerato. **2** (*stubborn*) ostinato, testardo, caparbio.

unregenerately/ˌʌnri'dʒenərətli/ *avv.* (*stubbornly*) ostinatamente, testardamente, caparbiamente.

unregistered/ʌn'redʒistəd *Am* ʌn'redʒistᵊrd/ *a.* **1** non registrato, non iscritto. **2** (*Post*) non raccomandato. **3** (*Econ*) non nominativo.

unregulated/ʌn'regjʊˌleitid *Am* ʌn'regjʊˌleitid/ *a.* sregolato, disordinato.

unrehearsed/ˌʌnri'hɜːst *Am* ˌʌnri'hɜːrst/ *a.* **1** (*Teat*) che non è stato provato, di cui non sono state fatte prove. **2** (*estens*) imprevisto, inaspettato: *the demonstration was quite* ~ la manifestazione era del tutto imprevista. **3** (*of a speech, etc.*) improvvisato, non preparato, spontaneo.

unrelated /ˌʌnri'leitid *Am* ˌʌnri'leitid/ *a.* **1** non parente (*to* di), non imparentato (*to* con): *they have the same name but are* ~ hanno lo stesso cognome ma non sono parenti. **2** (*not connected*) indipendente (*to* da), non collegato (*to* a, con), senza rapporto, senza relazione (*to* con). **3** (*not narrated*) non raccontato, non narrato, non detto.

unreleased/ˌʌnri'li:sd/ *a.* **1** (*Cin*) non distribuito, non messo in circolazione. **2** (*Mus*) inedito: *an* ~ *piece of music* un brano inedito.

unrelenting/ˌʌnri'lentɪŋ *Am* ˌʌnri'lentɪŋ/ *a.* **1** implacabile, inesorabile, spietato. **2** (*not slackening*) che non rallenta, accanito.

unrelentingly /ˌʌnri'lentɪŋli *Am* ˌʌnri 'lentɪŋli/ *avv.* implacabilmente, inesorabilmente.

unrelentingness /ˌʌnri'lentɪŋnəs *Am* ˌʌnri 'lentɪŋnəs/ *n.* implacabilità *f.*, inesorabilità *f.*

unreliability /ˌʌnrilaiə'biliti *Am* ˌʌnrilaiə 'bɪliti/ *n.* inaffidabilità *f.*

unreliable/ˌʌnri'laiəbḷ/ *a.* che non dà affidamento, inaffidabile.

unreliably/ˌʌnri'laiəbli/ *avv.* in modo inaffidabile.

unrelieved/ˌʌnri'li:vd/ *a.* **1** non assistito, non aiutato, non soccorso. **2** (*of pain, etc.*) non alleviato. **3** (*not varied*) invariato, monotono, sempre uguale, uniforme.

unreligious/ˌʌnri'lidʒəs/ *a.* non religioso.

unremarkable /ˌʌnri'mɑːkəbḷ *Am* ˌʌnri 'mɑːrkəbḷ/ *a.* irrilevante, non degno di nota.

unremarked/ˌʌnri'mɑːkt *Am* ˌʌnri'mɑːrkt/ *a.* inosservato, non notato, non visto.

unremembered /ˌʌnri'membəd *Am* ˌʌnri 'membᵊrd/ *a.* dimenticato, non ricordato.

unremitting/ˌʌnri'mitɪŋ *Am* ˌʌnri'mitɪŋ/ *a.* **1** incessante, ininterrotto, continuo. **2** (*assiduous*) assiduo, persistente.

unremunerated /ˌʌnri'mju:nəˌreitid *Am* ˌʌnri'mju:nəˌreitid/ *a.* non rimunerato, non pa-

---

gato, non retribuito.

unremunerative/ˌʌnri'mju:nərətiv *Am* ˌʌnri 'mju:nəˌreitiv/ *a.* non rimunerativo, non redditizio: *an* ~ *job* un lavoro non rimunerativo.

unrenewed/ˌʌnri'nju:d *Am* ˌʌnri'nu:d/ *a.* non rinnovato.

unrepaired/ˌʌnri'peəd *Am* ˌʌnri'pɜːrd/ *a.* non riparato, non aggiustato.

unrepealed /ˌʌnri'pi:ld/ *a.* (*of a law*) non abrogato, non revocato.

unrepeatable /ˌʌnri'pi:təbḷ *Am* ˌʌnri'pi:təbḷ/ *a.* irripetibile.

unrepentant/ˌʌnri'pentᵊnt/ *a.* impenitente, incorreggibile.

unrepentantly/ˌʌnri'pentᵊntli/ *avv.* senza rimorsi, senza pentimento.

unreplenished/ˌʌnri'pleniʃt/ *a.* non riempito (di nuovo).

unreported/ˌʌnri'pɔːtid *Am* ˌʌnri'pɔːrtid/ *a.* non riferito, non comunicato. ☐ ~ *crime* crimine non denunciato.

unrepresentative/ˌʌnrepri'zentətiv *Am* ˌʌnrepri'zentətiv/ *a.* non rappresentativo (anche *Pol*).

unrepresented/ˌʌnrepri'zentid *Am* ˌʌnrepri 'zentid/ *a.* non rappresentato (anche *Pol*).

unrequested/ˌʌnri'kwestid/ *a.* non chiesto, non richiesto, spontaneo.

unrequited /ˌʌnri'kwaitid *Am* ˌʌnri'kwaitid/ *a.* **1** non corrisposto, non ricambiato: ~ *love* amore non corrisposto. **2** (*unavenged*) non vendicato, invendicato. **3** (*not recompensed*) non ricompensato, non ripagato. ☐ (*Econ*) ~ *transfers* aiuti per lo sviluppo economico.

unreserved/ˌʌnri'zɜːvd *Am* ˌʌnri'zɜːrvd/ *a.* **1** (*not booked*) non prenotato, non riservato: ~ *seats* posti non prenotati. **2** (*unconditional*) incondizionato, senza riserve, illimitato: ~ *support* appoggio incondizionato. **3** (*frank, open*) franco, aperto, espansivo, schietto.

unreservedly/ˌʌnri'zɜːvidli *Am* ˌʌnri 'zɜːrvdli/ *avv.* **1** incondizionatamente, senza riserve. **2** (*frankly*) francamente, schiettamente.

unresisted/ˌʌnri'zistid *Am* ˌʌnri'zistid/ *a.* senza contrasti, senza opposizioni, incontrastato.

unresisting/ˌʌnri'zistɪŋ *Am* ˌʌnri'zistɪŋ/ *a.* che non oppone resistenza, sottomesso, docile, remissivo.

unresolved/ˌʌnri'zɒlvd *Am* ˌʌnri'zɑːlvd/ *a.* **1** insoluto, non risolto: ~ *problems* problemi insoluti. **2** (*irresolute*) irresoluto, incerto, indeciso, esitante. **3** (*not separated into compound parts*) non scomposto.

unrespectable /ˌʌnri'spektəbḷ *Am* ˌʌnri 'spektəbḷ/ *a.* non rispettabile, che non merita rispetto.

unresponsive/ˌʌnri'spɒnsiv *Am* ˌʌnri 'spɑːnsiv/ *a.* insensibile (*to* a).

unrest/ʌn'rest/ *n.* **1** tensione *f.*, agitazione *f.*, irrequietezza *f.*, inquietudine *f.* **2** (*fighting*) disordini *m.pl.*, agitazioni *f.pl.* ☐ *social* ~ malcontento sociale.

unrestrained/ˌʌnri'streind/ *a.* senza freno, senza restrizioni, sfrenato.

unrestrainedly/ˌʌnri'streinidli/ *avv.* senza freno, senza restrizioni.

unrestrainedness/ˌʌnri'streindnəs/ *n.* l'essere senza freno, l'essere senza restrizioni.

unrestricted/ˌʌnri'striktid *Am* ˌʌnri'striktid/ *a.* senza limitazioni, senza restrizioni, illimitato.

unrevealed/ˌʌnri'vi:ld/ *a.* non rivelato, non reso noto.

unrevenged/ˌʌnri'vendʒd/ *a.* invendicato, non vendicato.

unrevised/ˌʌnri'vaizd/ *a.* non riveduto, non

revisionato.

unrevoked /ˌʌnrɪ'voukt/ *a.* non revocato.

unrewarded /ˌʌnrɪ'wɔːdɪd *Am* ˌʌnrɪ'wɔːrdɪd/ *a.* non ricompensato.

unrewarding /ˌʌnrɪ'wɔːdɪŋ *Am* ˌʌnrɪ'wɔːrdɪŋ/ *a.* non gratificante.

unriddle /ʌn'rɪdəl/ *v.t.* trovare la soluzione di, risolvere.

unrig /ʌn'rɪg/ *v.t.* (*Mar*) disarmare, disattrezzare, sguarnire.

unrighteous /ʌn'raɪtʃəs/ **I** *a.* **1** malvagio, cattivo, iniquo. **2** (*unjust*) ingiusto, iniquo. **II** *n.* (*costr.pl.*) (*unrighteous people*) ingiusti *m.pl.*, malvagi *m.pl.*

unrighteously /ʌn'raɪtʃəsli/ *avv.* **1** malvagiamente, iniquamente. **2** (*unjustly*) ingiustamente, iniquamente.

unrighteousness /ʌn'raɪtʃəsnəs/ *n.* **1** cattiveria *f.*, malvagità *f.*, iniquità *f.* **2** (*unjustness*) ingiustizia *f.*

unrip /ʌn'rɪp/ *v.t.* lacerare, squarciare, aprire.

unripe /ʌn'raɪp/ *a.* acerbo, non maturo: ~ *fruit* frutto acerbo.

unrivaled /ʌn'raɪvəld/ *a.* (*Am*) **1** incomparabile, ineguagliabile, impareggiabile, senza pari. **2** (*not yet beaten*) ineguagliato, insuperato.

unrivalled /ʌn'raɪvəld/ *a.* **1** incomparabile, ineguagliabile, impareggiabile, senza pari. **2** (*not yet beaten*) ineguagliato, insuperato.

unrivet /ʌn'rɪvɪt/ *v.t.* (*Tecn*) schiodare.

unrobe /ʌn'roub/ **I** *v.i.* svestirsi, spogliarsi. **II** *v.r.* to ~ *oneself* svestirsi, spogliarsi.

unroll /ʌn'roul/ **I** *v.t.* srotolare, svolgere, spiegare: to ~ *a carpet* srotolare un tappeto. **II** *v.i.* srotolarsi, svolgersi, spiegarsi.

unromantic /ˌʌnrə'mæntɪk *Am* ˌʌnrou'mæntɪk/ *a.* **1** non romantico. **2** (*commonplace*) banale, comune, ordinario, prosaico. **3** (*objective, tough-minded*) obiettivo, realista, pragmatico.

unroof /ʌn'ruːf/ *v.t.* scoperchiare, portare via il tetto a.

unroot /ʌn'ruːt/ *v.t.* sradicare, svellere, estirpare.

unrope /ʌn'roup/ **I** *v.i.* (*Alp*) staccarsi (da una cordata). **II** *v.t.* (*Alp*) staccare (da una cordata).

UNRRA, U.N.R.R.A. *United Nations Relief and Rehabilitation Administration* UNRRA (Amministrazione delle Nazioni Unite per la riabilitazione e il soccorso dei paesi liberati).

unruffled /ʌn'rʌfld/ *a.* **1** (*fig*) calmo, imperturbato, imperturbabile. **2** (*of water*) liscio, non increspato.

unruled /ʌn'ruːld/ *a.* **1** non controllato, non dominato. **2** (*not governed*) non governato. **3** (*of paper*) senza righe, non rigato.

unruliness /ʌn'ruːlinəs/ *n.* indisciplinatezza *f.*, insubordinatezza *f.*

unruly /ʌn'ruːli/ *a.* **1** indisciplinato, insubordinato; (*turbulent*) turbolento. **2** (*of hair*) ribelle. □ (*ant*) *the* ~ *member* la lingua.

unsaddle /ʌn'sædl/ **I** *v.t.* **1** (*of a horse*) dissellare. **2** (*of a person: to unhorse*) disarcionare. **II** *v.i.* dissellare un cavallo.

unsafe /ʌn'seɪf/ *a.* **1** pericoloso, rischioso, non sicuro. **2** (*Dir*) appellabile.

unsafely /ʌn'seɪfli/ *avv.* pericolosamente, rischiosamente.

unsafeness /ʌn'seɪfnəs/ *n.* pericolosità *f.*, l'essere rischioso.

unsaid /ʌn'sed/ *a.* non detto, taciuto: *many things went* (o *were left*) ~ molte cose sono state taciute.

unsalable /ʌn'seɪləbl/ *a.* invendibile, incommerciabile.

unsalaried /ʌn'sælərɪd/ *a.* **1** non retribuito,

senza stipendio, non stipendiato. **2** (*honorary, unpaid*) onorario, a titolo onorifico.

unsaleability /ˌʌnseɪlə'bɪlɪti *Am* ˌʌnseɪlə'bɪliti/ *n.* invendibilità *f.*, incommerciabilità *f.*

unsaleable /ʌn'seɪləbl/ *a.* invendibile, incommerciabile.

unsalted /ʌn'sɔːltɪd *Am* ʌn'sɔːltɪd/ *a.* senza sale, non salato.

unsanctified /ˌʌn'sæŋktɪfaɪd *Am* ʌn'sæŋktɪfaɪd/ *a.* **1** non consacrato; (*not holy*) non sacro; (*profane*) profano. **2** (*fig*) malvagio, cattivo.

unsanctioned /ʌn'sæŋkʃnd/ *a.* non sanzionato, non sancito.

unsanitary /ʌn'sæniteri/ *a.* senza servizio sanitario.

unsated /ʌn'seɪtɪd *Am* ʌn'seɪtɪd/ *a.* insoddisfatto, non saziato, insaziato.

unsatisfactorily /ˌʌnsætɪs'fæktərili *Am* ˌʌn'sætɪs'fæktərili/ *avv.* in modo non soddisfacente.

unsatisfactoriness /ˌʌnsætɪs'fæktərinəs *Am* ˌʌn'sætɪs'fæktərinəs/ *n.* il lasciare a desiderare, il non essere soddisfacente, manchevolezza *f.*

unsatisfactory /ˌʌnsætɪs'fæktəri *Am* ˌʌn'sætɪs'fæktəri/ *a.* **1** che lascia a desiderare, insoddisfacente. **2** (*not adequate*) insufficiente, non adeguato.

unsatisfied /ʌn'sætɪsˌfaɪd *Am* ʌn'sætɪsˌfaɪd/ *a.* **1** insoddisfatto, scontento. **2** (*not convinced*) non convinto, non persuaso. **3** (*Econ*) non saldato, non pagato.

unsatisfying /ʌn'sætɪsˌfaɪɪŋ *Am* ʌn'sætɪs'faɪɪŋ/ *a.* insoddisfacente, che non soddisfa, che lascia a desiderare.

unsaturable /ʌn'sætʃərəbl/ *a.* (*Chim*) insaturabile.

unsaturated /ʌn'sætʃəˌreɪtɪd *Am* ʌn'sætʃəˌreɪtɪd/ *a.* (*Chim*) insaturo, non saturo. □ (*Geol*) ~ *soil* terreno non saturo.

unsaved /ʌn'seɪvd/ *a.* non salvato (*anche Teol*).

unsavorily /ʌn'seɪvərili/ *avv.* (*Am*) in modo disgustoso, in modo ripugnante.

unsavoriness /ʌn'seɪvərinəs/ *n.* (*Am*) **1** insipidezza *f.*, scipitezza *f.* **2** (*fig*) l'essere disgustoso, l'essere ripugnante.

unsavory /ʌn'seɪvəri/ *a.* (*Am*) **1** insipido, scipito, senza sapore, non saporito. **2** (*fig*) sgradevole.

unsavourily /ʌn'seɪvərili/ *avv.* in modo disgustoso, in modo ripugnante.

unsavouriness /ʌn'seɪvərinəs/ *n.* **1** insipidezza *f.*, scipitezza *f.* **2** (*fig*) l'essere disgustoso, l'essere ripugnante.

unsavoury /ʌn'seɪvəri/ *a.* **1** insipido, scipito, senza sapore, non saporito. **2** (*fig*) sgradevole.

unsay /ʌn'seɪ/ *v.t.irr.* ritrattare.

unscalable /ʌn'skeɪləbl/ *a.* non scalabile, che è impossibile scalare.

unscared /ʌn'skeəd *Am* ʌn'skɜːrd/ *a.* imperterrito, intrepido, impavido.

unscarred /ʌn'skɑːd *Am* ʌn'skɑːrd/ *a.* **1** non sfregiato, non segnato da cicatrici. **2** (*fig*) intatto, illeso, non scalfito.

unscathed /ʌn'skeɪðd/ *a.* illeso, incolume, sano e salvo, indenne.

unscented /ʌn'sentɪd *Am* ʌn'sentɪd/ *a.* non profumato, senza profumo.

unscheduled /ʌn'ʃedjuːld *Am* ʌn'skedʒəld/ *a.* **1** non messo in lista, non previsto, fuori programma. **2** (*Aer*) non di linea. **3** (*Ferr*) straordinario.

unscholarly /ʌn'skɒləli *Am* ʌn'skɑːlərli/ *a.* non dotto, non erudito.

unschooled /ʌn'skuːld/ *a.* **1** non addestrato, impreparato. **2** (*inexperienced*) inesperto. **3**

(*not educated*) non istruito, senza istruzione.

unscientific /ˌʌnsaɪən'tɪfɪk/ *a.* **1** non scientifico, ascientifico. **2** (*of a person*) poco scientifico. □ ~ *character* ascientificità.

unscientifically /ˌʌnsaɪən'tɪfɪkli/ *avv.* non scientificamente, ascientificamente.

unscramble /ʌn'skræmbl/ *v.t.* **1** (*of a writing*) riordinare, rendere comprensibile. **2** (*of signals*) decodificare.

unscratched /ʌn'skrætʃt/ *a.* **1** senza un graffio. **2** (*estens*) illeso, incolume.

unscreened /ʌn'skriːnd/ *a.* **1** (*Tecn*) non schermato, non protetto da uno schermo, non riparato da uno schermo. **2** (*not sifted*) non vagliato, non crivellato, non cernito, non setacciato. **3** (*unchecked*) non controllato, non esaminato. **4** (*Cin,TV*) non trasmesso, non proiettato.

unscrew /ʌn'skruː/ **I** *v.t.* svitare. **II** *v.i.* svitarsi, allentarsi.

unscripted /ʌn'skrɪptɪd *Am* ʌn'skrɪptɪd/ *a.* senza copione, senza testo, improvvisato, estemporaneo.

unscriptural /ʌn'skrɪptʃərəl/ *a.* (*Teol*) non scritturale, non biblico.

unscrupulous /ʌn'skruːpjələs/ *a.* senza scrupoli, privo di scrupoli, che non ha scrupoli.

unscrupulously /ʌn'skruːpjələsli/ *avv.* senza scrupoli.

unscrupulousness /ʌn'skruːpjələsnəs/ *n.* mancanza *f.* di scrupoli.

unseal /ʌn'siːl/ *v.t.* dissigillare, togliere i sigilli a, aprire.

unsealed /ʌn'siːld/ *a.* non sigillato; (*opened*) aperto, dissigillato.

unseam /ʌn'siːm/ *v.t.* scucire.

unsearchable /ʌn'sɜːtʃəbl *Am* ʌn'sɜːrtʃəbl/ *a.* misterioso, imperscrutabile, impenetrabile.

unsearched /ʌn'sɜːtʃt *Am* ʌn'sɜːrtʃt/ *a.* non perquisito.

unseasonable /ʌn'siːznəbl/ *a.* **1** (*unusual for the season*) non normale per la stagione in atto, non di stagione. **2** (*out of season*) fuori stagione, non di stagione: ~ *vegetables* verdure fuori stagione. **3** (*untimely*) inopportuno, a sproposito, intempestivo.

unseasonableness /ʌn'siːznəblnəs/ *n.* **1** l'essere fuori stagione. **2** (*untimeliness*) inopportunità *f.*, intempestività *f.*

unseasonably /ʌn'siːznəbli/ *avv.* stranamente (per la stagione): ~ *warm* stranamente caldo (per la stagione).

unseasoned /ʌn'siːznd/ *a.* **1** (*of food*) scondito, non condito. **2** (*of wood*) non stagionato. **3** (*fig*) inesperto, non abituato.

unseat /ʌn'siːt/ *v.t.* **1** togliere la sedia a, privare del posto (a sedere). **2** (*to dislodge from a horse*) disarcionare, sbalzare di sella. **3** (*fig*) defenestrare. **4** (*Parl*) far perdere il seggio a, privare del seggio. **5** (*Sport*) (*to replace a championship team in their rank*) scalzare, sorpassare.

unseaworthiness /ʌn'siːˌwɜːðɪnəs *Am* ʌn'siːˌwɜːrðɪnəs/ *n.* (*Mar*) non navigabilità *f.*, inidoneità *f.* alla navigazione.

unseaworthy /ʌn'siːˌwɜːði *Am* ʌn'siːrˌwɜːrði/ *a.* (*Mar*) non idoneo alla navigazione, non navigabile.

unseconded /ʌn'sekəndɪd/ *a.* **1** non sostenuto, non spalleggiato, non assecondato. **2** (*of a motion, etc.*) non appoggiato, non sostenuto.

unsecured /ˌʌnsɪ'kjʊəd *Am* ˌʌnsɪ'kʊrd/ *a.* **1** non assicurato, non fissato, non fissato. **2** (*Econ*) non garantito; (*of a debt*) chirografario. □ (*Econ*) ~ *loan* credito allo scoperto.

unseeded /ʌnˈsiːdəd/ a. 1 (*Sport*) (*in tennis*) non scelto come testa di serie. 2 (*Agr*) non seminato.

unseeing/ʌnˈsiːɪŋ/ a. 1 che non vede, cieco. 2 (*not consciously observing*) assente, vacuo, vuoto: ~ *eyes* sguardo assente, sguardo vacuo.

unseemliness /ʌnˈsiːmlinəs/ n. 1 sconvenienza f., indecorosità f. 2 (*unseasonableness*) inopportunità f., intempestività f.

unseemly /ʌnˈsiːmli/ a. 1 sconveniente, indecoroso. 2 (*inopportune*) inopportuno, intempestivo.

unseen /ʌnˈsiːn/ a. 1 non visto, non veduto. 2 (*invisible*) invisibile. 3 (*unnoticed*) inosservato, non notato. 4 (*of a translation*) all'improvvista, estemporaneo, a prima vista.

unseizable /ʌnˈsiːzəbl/ a. 1 inafferrabile. 2 (*Dir*) non confiscabile.

unselfconscious /ˌʌnself ˈkɒnʃəs *Am* ˌʌnselfˈkɑːntʃəs/ a. non impacciato, non imbarazzato, disinvolto, spigliato.

unselfconsciously /ˌʌnselfˈkɒnʃəsli *Am* ˌʌnselfˈkɑːntʃəsli/ avv. disinvoltamente, con disinvoltura, spigliatamente.

unselfconsciousness /ˌʌnselfˈkɒnʃəsnəs *Am* ˌʌnselfˈkɑːntʃəsnəs/ n. disinvoltura f., spigliatezza f.

unselfish /ʌnˈselfɪʃ/ a. non egoista, altruista, disinteressato, generoso.

unselfishly /ʌnˈselfɪʃli/ avv. con altruismo, disinteressatamente.

unselfishness /ʌnˈselfɪʃnəs/ n. altruismo m., generosità f.

unsensational /ˌʌnsenˈseɪʃənl/ a. non sensazionale.

unsent/ʌnˈsent/ a. non spedito, non inviato, non mandato. ☐ *he came ~ for* è venuto senza essere stato chiamato.

unsentimental /ˌʌnsentɪˈmentl *Am* ˌʌnsentəˈmentl/ a. non sentimentale, pratico.

unsentimentally /ˌʌnsentɪˈmentli *Am* ˌʌnsentəˈmentli/ avv. senza sentimentalismi.

unserious /ʌnˈsɪriəs/ a. non particolarmente serio, non impegnato.

unserved /ʌnˈsɜːvd/ *Am* /ʌnˈsɜːrvd/ a. 1 (*not attended to*) non servito, non assistito. 2 (*of a female animal not mated to a male*) non coperta, non montata.

unserviceability /ˌʌnsɜːvɪsəˈbɪliti *Am* ˌʌnsɜːrvɪsəˈbɪliti/ n. l'essere inservibile, l'essere inutilizzabile.

unserviceable /ʌnˈsɜːvɪsəbl *Am* ʌnˈsɜːrvɪsəbl/ a. 1 inservibile, inutilizzabile, fuori uso. 2 (*not able to give service or aid*) inutile, di nessun aiuto. 3 (*not helpful*) non servizievole.

unset /ʌnˈset/ a. 1 (*not solidified*) non rappreso, non solidificato: ~ *concrete* cemento armato non rappreso. 2 (*Oref*) non montato, non incastonato.

unsettle /ʌnˈsetl *Am* ʌnˈsetl̩/ v.t. 1 sconvolgere, scompaginare, scompigliare. 2 (*to disturb emotionally*) sconvolgere, scombussolare, turbare.

unsettled /ʌnˈsetld *Am* ʌnˈsetl̩d/ a. 1 non sistemato, non a posto. 2 (*unresolved*) non definito, non deciso, non risolto: ~ *problems* questioni non definite. 3 (*disturbed*) scombussolato, sconvolto, turbato. 4 (*unstable, wavering*) instabile, incostante. 5 (*not staying in one place*) senza fissa dimora, nomade. 6 (*not populated*) disabitato, non popolato. 7 (*of weather*) variabile, mutevole, instabile. 8 (*Comm,Econ*) (*of bills, debts*) non saldato, non pagato.

unsex /ʌnˈseks/ v.t. 1 (*of a man*) rendere impotente; (*of a woman*) rendere frigida. 2 (*to deprive of sexual characteristics: of a man*)

rendere effeminato, privare della mascolinità, svirilizzare; (*of a woman*) privare della femminilità, mascolinizzare.

unsexed /ʌnˈsekst/ a. 1 impotente. 2 (*Biol*) non sessuato.

unshackle/ʌnˈʃækl/ v.t. 1 liberare dai ceppi, togliere le catene a. 2 (*fig*) togliere ogni costrizione a, togliere ogni limitazione a.

unshaded /ʌnˈʃeɪdɪd/ a. 1 non riparato (dal sole). 2 (*of a lamp*) non schermato. 3 (*Art, Pitt*) non ombreggiato, non sfumato.

unshadowed /ʌnˈʃædoʊd/ a. 1 non ombreggiato. 2 (*fig*) non offuscato.

unshakable /ʌnˈʃeɪkəbl/ a. 1 fermo, saldo. 2 (*fig*) fermo, saldo, incrollabile, irremovibile: ~ *determination* ferma determinazione.

unshakably /ʌnˈʃeɪkəbli/ avv. incrollabilmente, irremovibilmente.

unshakeable /ʌnˈʃeɪkəbl/ a. 1 fermo, saldo. 2 (*fig*) fermo, saldo, incrollabile, irremovibile: ~ *determination* ferma determinazione.

unshakeably /ʌnˈʃeɪkəbli/ avv. incrollabilmente, irremovibilmente.

unshaken /ʌnˈʃeɪkən/ a. 1 non scosso. 2 (*fig*) fermo, saldo.

unshaped /ʌnˈʃeɪpt/ a. senza forma, informe.

unshapely /ʌnˈʃeɪpli/ a. informe, sgraziato, malfatto.

unshaved /ʌnˈʃeɪvd/, **unshaven** /ʌnˈʃeɪvən/ a. 1 non rasato, non sbarbato. 2 (*with a beard*) che porta la barba, con la barba.

unsheathe /ʌnˈʃiːð/ v.t. (*of a sword*) sguainare, sfoderare.

unshed /ʌnˈʃed/ ☐ ~ *tears* lacrime non versate.

unshell /ʌnˈʃel/ v.t. sgusciare, sgranare.

unshelled /ʌnˈʃeld/ a. sgusciato, sgranato.

unsheltered /ʌnˈʃeltəd *Am* ʌnˈʃeltərd/ a. 1 non riparato, non protetto, esposto. 2 (*fig*) senza protezione: *I had an ~ life* non sono cresciuto nella bambagia.

unshielded /ʌnˈʃiːldɪd/ a. (*El*) non schermato: ~ *twisted pair cable* doppino non schermato.

unship /ʌnˈʃɪp/ v.t. (*Mar*) 1 (*of a cargo*) scaricare; (*of passengers*) sbarcare. 2 (*of a mast: to remove from its place of use*) smontare. 3 (*of an oar*) disarmare.

unshod /ʌnˈʃɒd *Am* ʌnˈʃɑːd/ a. 1 senza scarpe, scalzo, a piedi nudi. 2 (*of a horse*) non ferrato.

unshorn /ʌnˈʃɔːn *Am* ʌnˈʃɔːrn/ a. 1 (*of a sheep*) non tosato. 2 (*of hair*) non tagliato.

unshrinkable /ʌnˈʃrɪŋkəbl/ a. irrestringibile.

unshrinking /ʌnˈʃrɪŋkɪŋ/ a. 1 (*unshrinkable*) irrestringibile. 2 (*fig*) che non indietreggia, risoluto.

unsifted /ʌnˈsɪftɪd *Am* ʌnˈsɪftɪd/ a. 1 non setacciato, non passato al setaccio, non passato al crivello. 2 (*fig*) (*unexamined*) non vagliato.

unsighted /ʌnˈsaɪtɪd *Am* ʌnˈsaɪtɪd/ a. 1 non in vista. 2 (*having one's view obscured*) che non può vedere, che non è in condizione di vedere, che ha la vista impedita. 3 (*Arm*) (*of a gun*) senza mirino; (*of a shot*) senza aver mirato.

unsightliness /ʌnˈsaɪtlinəs/ n. bruttezza f.

unsightly /ʌnˈsaɪtli/ a. 1 brutto, sgradevole. 2 (*of physical defect*) inestetico.

unsigned /ʌnˈsaɪnd/ a. non firmato, senza firma: ~ *letter* lettera anonima.

unsinkable /ʌnˈsɪŋkəbl/ a. inaffondabile.

unsisterly/ʌnˈsɪstəli *Am* ʌnˈsɪstərli/ a. non da sorella, indegno di una sorella.

unsized/ʌnˈsaɪzd/ a. (*Cart*) non imbozzimato.

unskilful /ʌnˈskɪlful/ a. non abile, maldestro, inesperto.

unskilfully/ʌnˈskɪlfuli/ avv. maldestramente, da inesperto.

unskilfulness/ʌnˈskɪlfulnəs/ n. imperizia f.

unskilled /ʌnˈskɪld/ a. 1 non abile, inesperto. 2 (*of a worker*) non specializzato, non qualificato: ~ *labour* (o *Am* ~ *labor*) manodopera non specializzata, manovalanza. 3 (*of an occupation*) che non richiede specializzazione.

unskillful /ʌnˈskɪlful/ e der. (*Am*) → **unskilful** e der.

unslaked/ʌnˈsleɪkt/ a. 1 (*of lime*) vivo. 2 (*of thirst*) non spento, non placato.

unsleeping /ʌnˈsliːpɪŋ/ a. 1 che non dorme, desto, sveglio. 2 (*fig*) vigile, guardingo, attento, vigilante.

unsling /ʌnˈslɪŋ/ v.t.irr. togliere da una sospensione, togliere da un'imbracatura.

unsmiling /ʌnˈsmaɪlɪŋ/ a. 1 senza sorriso, serio. 2 (*unhappy*) triste, accigliato. 3 (*unfriendly*) severo.

unsmilingly /ʌnˈsmaɪlɪŋli/ avv. 1 senza sorriso, in modo serio. 2 (*unhappily*) con tristezza, in modo accigliato. 3 (*unfriendly*) severamente.

unsmoked /ʌnˈsmoʊkt/ a. 1 (*of food, etc.*) non affumicato. 2 (*of a cigarette, etc.*) non fumato.

unsnap /ʌnˈsnæp/ v.t. aprire sganciando, slacciare.

unsociability /ˌʌnsoʊʃəˈbɪliti *Am* ˌʌnsoʊʃəˈbɪliti/ n. mancanza f. di socievolezza f., scontrosità f.

unsociable /ʌnˈsoʊʃəbl/ a. non socievole, scontroso.

unsociableness /ʌnˈsoʊʃəblnəs/ n. mancanza f. di socievolezza f., scontrosità f.

unsocial /ʌnˈsoʊʃəl/ a. 1 (*not sociable*) asociale. 2 (*antisocial*) antisociale, asociale. ☐ ~ *hours* orario di lavoro che non permette una vita sociale (o familiare) normale.

unsoiled /ʌnˈsɔɪld/ a. 1 non insudiciato, non insozzato, non sporcato. 2 (*fig*) incontaminato, immacolato, puro.

unsold /ʌnˈsoʊld/ a. (*Comm*) invenduto, non venduto.

unsoldierly /ʌnˈsoʊldʒəli *Am* ʌnˈsoʊldʒərli/ a. indegno di un soldato (o di un militare), non da soldato (o da militare).

unsolicited /ˌʌnsəˈlɪsɪtɪd *Am* ˌʌnsəˈlɪsɪtɪd/ a. non sollecitato, non richiesto, non commissionato.

unsolicitedly /ˌʌnsəˈlɪsɪtɪdli *Am* ˌʌnsəˈlɪsɪtɪdli/ avv. senza averlo sollecitato, senza averlo richiesto, senza averlo commissionato.

unsolicitous /ˌʌnsəˈlɪsɪtəs *Am* ˌʌnsəˈlɪsɪtəs/ a. non sollecito, non premuroso.

unsolvable/ʌnˈsɒlvəbl *Am* ʌnˈsɑːlvəbl/ a. insolubile, irresolubile.

unsolved /ʌnˈsɒlvd *Am* ʌnˈsɑːlvd/ a. insoluto, non risolto.

unsophisticated /ˌʌnsəˈfɪstɪkeɪtɪd *Am* ˌʌnsəˈfɪstɪkeɪtɪd/ a. 1 non sofisticato, non adulterato. 2 (*low tech*) a bassa tecnologia. 3 (*naïve*) ingenuo, innocente, inesperto (del mondo). 4 (*fig*) (*plain, simple*) senza sofisticazione, genuino, schietto, semplice.

unsophisticatedly /ˌʌnsəˈfɪstɪkeɪtɪdli *Am* ˌʌnsəˈfɪstɪkeɪtɪdli/ avv. 1 (*not complicated*) semplice, non complicato. 2 (*fig*) con genuinità, con schiettezza, con semplicità.

unsophisticatedness /ˌʌnsəˈfɪstɪˌkeɪtɪd nəs *Am* ˌʌnsəˈfɪstɪkeɪtɪdnəs/ n. 1 il non essere sofisticato, il non essere adulterato. 2 (*fig*) genuinità f., schiettezza f., semplicità f.

unsorted /ʌnˈsɔːtɪd *Am* ʌnˈsɔːrtɪd/ a. 1 non

scelto, non selezionato. **2** (*not classified*) non classificato.

unsought /ʌn'sɔːt/ *a.* non chiesto, non richiesto, non ricercato.

unsound /ʌn'saʊnd/ *a.* **1** (*not physically sound*) non in buona salute, non sano, malsano, malato; (*mentally*) malato di mente, non sano di mente; (*morally*) corrotto, pervertito, vizioso. **2** (*not well-founded*) che non regge, non valido, non ben fondato, poco solido: ~ *reasoning* un ragionamento che non regge. **3** (*fallacious*) falso, erroneo, fallace. **4** (*financially unreliable*) non (finanziariamente) solido, (economicamente) instabile. **5** (*not solid, not firm*) instabile, poco solido, malfermo, pericolante. **6** (*of food*) andato a male, guasto, avariato. ☐ (*Dir*) *of ~ mind* non sano di mente.

unsounded /ʌn'saʊndɪd/ *a.* **1** non scandagliato, non sondato, inesplorato (*anche fig*): ~ *depths* profondità non scandagliate. **2** (*Fon*) muto.

unsoundness /ʌn'saʊndnəs/ *n.* **1** (*lack of physical soundness*) cagionevolezza *f.*, cattiva salute *f.*; (*mental*) l'essere malato di mente. **2** (*fallaciousness*) erroneità *f.*, falsità *f.*, fallacia *f.* **3** (*of food*) l'essere guasto, l'essere avariato.

unsown /ʌn'saʊn/ *a.* (*Agr*) non seminato.

unsparing /ʌn'speərɪŋ *Am* ʌn'sperɪŋ/ *a.* **1** prodigo, generoso, liberale, munifico: *to be ~ in one's praise* essere prodigo di lodi. **2** (*showing no mercy*) spietato, inesorabile, crudele.

unsparingly /ʌn'speərɪŋli *Am* ʌn'sperɪŋli/ *avv.* **1** generosamente, con liberalità. **2** (*mercilessly*) spietatamente, inesorabilmente, crudelmente.

unspeakable /ʌn'spiːkəbl/ *a.* **1** indescrivibile, indicibile, inesprimibile. **2** (*indescribably objectionable*) odioso, detestabile, abominevole.

unspeakably /ʌn'spiːkəbli/ *avv.* in modo indescrivibile, indicibilmente.

unspecialized /ʌn'speʃəlaɪzd/ *a.* **1** non specializzato, generico. **2** (*Biol*) non adattato.

unspecified /ʌn'spesɪfaɪd/ *a.* imprecisato, non specificato.

unspent /ʌn'spent/ *a.* **1** (*of money*) non speso. **2** (*not used up*) non consumato, non esaurito, non finito.

unspiritual /ʌn'spɪrɪt(ʃ)jʊəl/ *a.* non spirituale, materiale, corporeo.

unspoiled /ʌn'spɔɪld/, **unspoilt** /ʌn'spɔɪlt/ *a.* **1** non rovinato, non guastato, non sciupato. **2** (*of a child*) non viziato. **3** (*of nature, etc.*) non contaminato, vergine.

unspoken /ʌn'spəʊkən/ *a.* **1** tacito, non (apertamente) espresso: *an ~ agreement* un tacito accordo. **2** (*unsaid*) non detto: *things left ~* cose non dette.

unspool /ʌn'spuːl/ *v.t.* **1** togliere da una bobina. **2** (*Cin*) proiettare.

unsporting /ʌn'spɔːtɪŋ *Am* ʌn'spɔːrtɪŋ/ *a.* non degno di uno sportivo, non (da) sportivo.

unsportingly /ʌn'spɔːtɪŋli *Am* ʌn'spɔːrtɪŋli/ *avv.* in modo non degno di uno sportivo, non (da) sportivo.

unsportsmanlike /ʌn'spɔːtsmən,laɪk *Am* ʌn'spɔːrtsmən,laɪk/ *a.* non degno di uno sportivo, non (da) sportivo: ~ *conduct* un comportamento per niente sportivo.

unspotted /ʌn'spɒtɪd *Am* ʌn'spɑːtɪd/ *a.* **1** non macchiato, senza macchie. **2** (*fig*) senza macchia, puro, incontaminato. **3** (*Zool*) non pezzato.

unsprung /ʌn'sprʌŋ/ *a.* **1** (*Aut,Mecc*) non sospeso (elasticamente). **2** (*of a mattress, etc.*)

non molleggiato. **3** (*of a trap*) che non è scattato.

unstable /ʌn'steɪbl/ *a.* **1** instabile, malfermo, non solido. **2** (*changeable*) instabile, incerto, mutevole, variabile. **3** (*not steadfast*) non saldo, non fermo, oscillante, instabile, incostante: ~ *convictions* convinzioni non salde. **4** (*marked by emotional instability*) volubile, incostante, mutevole. **5** (*Chim,Fis, Econ*) instabile.

unstableness /ʌn'steɪblnəs/ *n.* instabilità *f.*

unstably /ʌn'steɪbli/ *avv.* instabilmente.

unstained /ʌn'steɪnd/ *a.* **1** non macchiato, senza macchie, pulito. **2** (*fig*) immacolato, incontaminato, senza macchia.

unstamped /ʌn'stæmpt/ *a.* **1** non timbrato, non bollato. **2** (*of a letter*) senza francobollo, non affrancato.

unstated /ʌn'steɪtɪd *Am* ʌn'steɪtɪd/ *a.* non dichiarato, non detto, inespresso.

unstatesmanlike /ʌn'steɪtsmən,laɪk/ *a.* indegno di un uomo di stato, indegno di uno statista.

unsteadfast /ʌn'stedfɑːst *Am* ʌn'stedfæst/ *a.* vacillante, instabile, incostante, malfermo, non solido.

unsteadily /ʌn'stedɪli/ *a.* in modo instabile, in modo malfermo: *the drunken man walked ~* l'ubriaco camminava barcollando.

unsteadiness /ʌn'stedinəs/ *n.* **1** instabilità *f.* **2** (*changeableness*) incostanza *f.*, variabilità *f.*, mutevolezza *f.*

unsteady /ʌn'stedi/ *a.* **1** poco solido, instabile, malsicuro, malfermo: *an ~ construction* una costruzione poco solida. **2** (*wavering, vacillating*) barcollante, traballante, vacillante. **3** (*emotionally unstable*) irresoluto, indeciso, instabile, incostante, mutevole. **4** (*of voice*) tremolante, incerto.

unsteel /ʌn'stiːl/ *v.t.* (*fig*) intenerire, addolcire, ammorbidire.

unstick /ʌn'stɪk/ *v.irr.* **I** *v.t.* **1** staccare, scollare. **2** (*Br,colloq*) (*of an aircraft: to cause to leave ground*) fare decollare. **II** *v.i.* scollarsi.

unstinted /ʌn'stɪntɪd *Am* ʌn'stɪntɪd/ *a.* generoso, abbondante, copioso, non limitato.

unstinting /ʌn'stɪntɪŋ *Am* ʌn'stɪntɪŋ/ *a.* **1** (*unstinted*) generoso, abbondante, copioso, non limitato. **2** (*unqualified*) incondizionato, illimitato, assoluto.

unstintingly /ʌn'stɪntɪŋli *Am* ʌn'stɪntɪŋli/ *avv.* **1** (*without hesitation*) senza esitazione, senza riserve, incondizionatamente. **2** (*without limits*) illimitatamente, assolutamente.

unstitch /ʌn'stɪtʃ/ *v.t.* scucire, disfare.

unstop /ʌn'stɒp *Am* ʌn'stɑːp/ *v.t.* **1** stappare, sturare. **2** (*to unblock*) sturare, stasare, disintasare.

unstoppable /ʌn'stɒpəbl *Am* ʌn'stɑːpəbl/ *a.* (*colloq*) inarrestabile.

unstoppably /ʌn'stɒpəbli *Am* ʌn'stɑːpəbli/ *avv.* (*colloq*) inarrestabilmente.

unstopped /ʌn'stɒpt *Am* ʌn'stɑːpt/ *a.* **1** non fermato, non arrestato. **2** (*not blocked up*) non otturato, non ostruito, non intasato, libero. **3** (*Fon*) aperto.

unstopper /ʌn'stɒpər *Am* ʌn'stɑːpər/ *v.t.* togliere il tappo a.

unstoppered /ʌn'stɒpəd *Am* ʌn'stɑːpərd/ *a.* senza tappo.

unstrained /ʌn'streɪnd/ *a.* **1** non filtrato. **2** (*not placed under a strain*) non sottoposto a sforzo, non sforzato. **3** (*not forced*) naturale, non forzato, spontaneo.

unstrap /ʌn'stræp/ *v.t.* slacciare.

unstressed /ʌn'strest/ *a.* **1** (*Fon*) atono, non accentato. **2** (*not emphasized*) non accentuato, non messo in evidenza, non messo in rilievo. **3** (*not subject to emotional strain*) non

stressato, non sotto stress.

unstring /ʌn'strɪŋ/ *v.t.* **1** (*of a musical instrument*) togliere le corde a; (*to slacken*) allentare le corde di. **2** (*of a bow*) togliere la corda a; (*to loosen*) allentare la corda di. **3** (*to remove from a string, e.g. beads*) sfilare.

unstructured /ʌn'strʌkʃəd *Am* ʌn'strʌkʃərd/ *a.* **1** non strutturato. **2** (*Abbigl*) dalla linea morbida, non sciancrato.

unstrung /ʌn'strʌŋ/ *a.* **1** (*of a musical instrument*) senza corde; (*having the strings loosened*) con le corde allentate. **2** (*of a bow*) senza corda; (*having the string loosened*) con la corda allentata. **3** (*fig*) (*unnerved*) nervoso, innervosito, con i nervi tesi. ☐ *to come ~ (of beads)* sfilarsi.

unstuck /ʌn'stʌk/ *a.* staccato, scollato. ☐ *to come ~*: 1 scollarsi, staccarsi; 2 (*fig*) fallire, andare male, andare a monte: *our plan has come ~* il nostro piano è fallito.

unstudied /ʌn'stʌdɪd/ *a.* **1** naturale, spontaneo, non studiato. **2** (*unlearned*) non istruito, che manca di cultura, illetterato.

unsubdued /ˌʌnsəb'djuːd *Am* ˌʌnsəb'duːd/ *a.* non sottomesso, non soggiogato.

unsubsidized /ʌn'sʌbsɪdaɪzd/ *a.* (*Econ*) non sovvenzionato.

unsubstantial /ˌʌnsəb'stænʃəl/ *a.* **1** immateriale, incorporeo. **2** (*fig*) (*of an argument, etc.*) privo di fondamento, inconsistente, non solido. **3** (*fig*) (*visionary, unreal*) immaginario, chimerico, illusorio. **4** (*weak, flimsy*) leggero, inconsistente. **5** (*of a meal*) non sostanzioso.

unsubstantiality /ˌʌnsəbstæntʃɪ'ælɪti *Am* ˌʌnsəbstæntʃi'ælɪti/ *n.* **1** immaterialità *f.*, incorporeità *f.* **2** (*fig*) inconsistenza *f.*, mancanza *f.* di fondamento, mancanza *f.* di solidità. **3** (*weakness, flimsiness*) leggerezza *f.*, inconsistenza *f.*

unsubstantially /ˌʌnsəb'stænʃəli/ *avv.* (*not significantly*) non significativamente, non sostanzialmente.

unsubstantiated /ˌʌnsʌb'stænʃieɪtɪd *Am* ˌʌnsʌb'stænʃieɪtɪd/ *a.* **1** non provato, non dimostrato: *an ~ accusation* un'accusa non provata. **2** (*not backed by sufficient reason or proof*) senza prove (per dimostrarlo), senza prove alla mano.

unsubtle /ˌʌn'sʌtl *Am* ˌʌn'sʌtl/ *a.* **1** (*clumsy*) goffo, privo di delicatezza. **2** (*lacking finesse or subtlety*) privo di tatto.

unsubtly /ˌʌn'sʌtli *Am* ˌʌn'sʌtli/ *avv.* **1** (*clumsily*) goffamente, in modo privo di delicatezza. **2** (*lacking finesse or subtlety*) senza tatto, in modo privo di tatto.

unsuccessful /ˌʌnsək'sesfʊl/ *a.* **1** che non ha avuto successo, non riuscito, non coronato da successo, che ha fatto fiasco: *an ~ show* uno spettacolo che non ha avuto successo. **2** (*of people*) che non ha successo, non di successo. **3** (*of an attempt*) fallito, vano.

unsuccessfully /ˌʌnsək'sesfʊli/ *avv.* senza successo.

unsuccessfulness /ˌʌnsək'sesfʊlnəs/ *n.* il non avere (avuto) successo.

unsugared /ʌn'ʃʊgəd *Am* ʌn'ʃʊgərd/ *a.* non zuccherato, senza zucchero.

unsuitability /ˌʌns(j)uːtə'bɪlɪti *Am* ˌʌnsuːtə'bɪlɪti/ *n.* **1** l'essere inadatto. **2** (*unseasonableness*) inopportunità *f.*, sconvenienza *f.*

unsuitable /ʌn's(j)uːtəbl *Am* ʌn'suːtəbl/ *a.* inadatto, non adatto: *clothes ~ for the occasion* abiti non adatti all'occasione.

unsuitableness /ʌn's(j)uːtəblnəs *Am* ʌn'suːtəblnəs/ *n.* **1** (*unsuitability*) l'essere inadatto. **2** (*unseasonableness*) inopportunità *f.*, sconvenienza *f.*

unsuitably /ʌn's(j)uːtəbli *Am* ʌn'suːtəbli/ *avv.*

in modo inadatto.

unsuited /ʌn's(j)uːtɪd *Am* ʌn'suːt̬ɪd/ *a.* inadatto, non adatto, non idoneo (*to* a): *to be ~ to one's job* non essere adatto al proprio lavoro; *they are ~ to each other* non sono fatti l'uno per l'altro.

unsullied /ʌn'sʌliːd/ *a.* **1** pulito, senza macchie, non macchiato. **2** (*fig*) incontaminato, senza macchia.

unsung /ʌn'sʌŋ/ *a.* **1** non cantato. **2** (*not celebrated in song, verse*) non cantato, non celebrato (in versi).

unsupervised /ˌʌn'suːpəvaɪzd *Am* ˌʌn'suːpərvaɪzd/ *a.* **1** (*unattended*) non sorvegliato, non custodito: *children below a certain age should not go* ~ i bambini al di sotto di una certa età non dovrebbero essere lasciati senza qualcuno che li sorveglia. **2** (*unchecked*) non controllato, senza sovrintendenza, senza supervisione: *the work always suffers when a construction project goes* ~ se nessuno sovrintende un progetto di costruzione, alla fine il lavoro ne soffre.

unsupportable /ˌʌnsə'pɔːtəbl̩ *Am* ˌʌnsə'pɔːrtəbl̩/ *a.* **1** che non si può sorreggere, che non può essere sostenuto. **2** (*indefensible*) insostenibile, che non si può difendere. **3** (*intolerable*) insostenibile, intollerabile.

unsupportably /ˌʌnsə'pɔːtəbli *Am* ˌʌnsə'pɔːrtəbli/ *avv.* **1** (*indefensibly*) insostenibilmente. **2** (*intolerably*) insostenibilmente, intollerabilmente.

unsupported /ˌʌnsə'pɔːtɪd *Am* ˌʌnsə'pɔːrtɪd/ *a.* **1** senza sostegni, senza appoggi, non sorretto, non sostenuto: *the roof was* ~ *except for a central pillar* il tetto poggiava soltanto su un pilastro centrale. **2** (*not given support, backing*) senza appoggi, senza aiuto, non appoggiato, non sostenuto. **3** (*unsubstantiated*) non provato, non comprovato, non dimostrato. **4** (*Inform*) non supportato.

unsure /ʌn'ʃʊər *Am* ʌn'ʃʊr/ *a.* **1** insicuro, non sicuro, incerto. **2** (*lacking certain knowledge*) incerto (*of* su), non certo (*of* di): *I am* ~ *of the exact figures* sono incerto sulle cifre esatte. **3** (*unreliable*) che non dà affidamento, di cui non ci si può fidare, inattendibile.

unsurely /ʌn'ʃʊəli *Am* ʌn'ʃʊrli/ *avv.* **1** con insicurezza, con incertezza. **2** (*unreliably*) in modo inattendibile, in modo inaffidabile.

unsureness /ʌn'ʃʊərnəs *Am* ʌn'ʃʊrnəs/ *n.* incertezza *f.*, insicurezza *f.*

unsurpassable /ˌʌnsə'pɑːsəbl̩ *Am* ˌʌnsər'pæsəbl̩/ *a.* insuperabile, che non si può sorpassare: ~ *skill* abilità insuperabile.

unsurpassably /ˌʌnsə'pɑːsəbli *Am* ˌʌnsər'pæsəbli/ *avv.* in modo insuperabile.

unsurpassed /ˌʌnsə'pɑːst *Am* ˌʌnsər'pæst/ *a.* insuperato, non sorpassato.

unsurprising /ˌʌnsə'praɪzɪŋ *Am* ˌʌnsər'praɪzɪŋ/ *a.* non sorprendente, prevedibile, immaginabile.

unsurprisingly /ˌʌnsə'praɪzɪŋli *Am* ˌʌnsər'praɪzɪŋli/ *avv.* non sorprendentemente, come si poteva prevedere, come si poteva immaginare.

unsusceptible /ˌʌnsə'septəbl̩ *Am* ˌʌnsə'septəbl̩/ *a.* **1** non suscettibile (*of* di). **2** (*insensitive*) non sensibile, insensibile (*to* a).

unsuspected /ˌʌnsəs'pektɪd *Am* ˌʌnsə'spektɪd/ *a.* **1** insospettato, non sospettato. **2** (*unexpected*) imprevisto, inaspettato, inatteso: ~ *problems* problemi imprevisti.

unsuspectedly /ˌʌnsəs'pektɪdli *Am* ˌʌnsə'spektɪdli/ *avv.* insospettatamente.

unsuspecting /ˌʌnsəs'pektɪŋ *Am* ˌʌnsə'spektɪŋ/ *a.* ignaro, senza sospetti, che non sospetta nulla.

unsuspectingly /ˌʌnsəs'pektɪŋli *Am* ˌʌnsə

'spektɪŋli/ *avv.* senza diffidenza, senza sospetto, fiduciosamente.

unsuspicious /ˌʌnsəs'pɪʃəs/ *a.* **1** non sospettoso, senza diffidenza, fiducioso. **2** (*not arousing suspicion*) non sospetto, che non desta sospetti.

unsustainable /ˌʌnsəs'teɪnəbl̩/ *a.* insostenibile.

unsustainably /ˌʌnsəs'teɪnəbli/ *avv.* insostenibilmente.

unsustained /ˌʌnsəs'teɪnd/ *a.* non sostenuto, non sorretto.

unswayed /ʌn'sweɪd/ *a.* non influenzato.

unswear /ʌn'sweər *Am* ʌn'swer/ *v.irr.* **I** *v.t.* (*ant*) rinnegare, abiurare. **II** *v.i.* (*ant*) fare abiura.

unsweetened /ʌn'swiːtnd/ *a.* senza zucchero, non zuccherato.

unswept /ʌn'swept/ *a.* non spazzato, non scopato.

unswerving /ʌn'swɜːvɪŋ *Am* ʌn'swɜːrvɪŋ/ *a.* **1** saldo, fermo, costante. **2** (*loyal*) leale, fedele. **3** (*not swerving*) che non devia, retto.

unswervingly /ʌn'swɜːvɪŋli *Am* ʌn'swɜːrvɪŋli/ *avv.* **1** fermamente, saldamente, costantemente. **2** (*loyally*) lealmente, fedelmente. **3** (*without swerving*) senza deviare, in linea retta.

unsworn /ʌn'swɔːn *Am* ʌn'swɔːrn/ *a.* **1** (*of a witness*) che non ha prestato giuramento. **2** (*of testimony*) non sotto giuramento, non giurato.

unsymmetrical /ˌʌnsɪ'metrɪkəl/ *a.* asimmetrico, non simmetrico.

unsympathetic /ˌʌnsɪmpə'θetɪk *Am* ˌʌnsɪmpə'θet̬ɪk/ *a.* insensibile, indifferente, non comprensivo.

unsympathetically /ˌʌnsɪmpə'θetɪkli *Am* ˌʌnsɪmpə'θet̬ɪkli/ *avv.* con indifferenza, senza comprensione.

unsystematic /ˌʌnsɪstə'mætɪk *Am* ˌʌnsɪstə'mæt̬ɪk/ *a.* non sistematico, privo di metodo, senza metodo.

unsystematically /ˌʌnsɪstɪ'mætɪkli *Am* ˌʌnsɪstə'mæt̬ɪkli/ *avv.* non sistematicamente, senza metodo.

untack /ʌn'tæk/ *v.t.* **1** staccare, disunire, disgiungere. **2** (*to detach by removing tacks*) togliere le puntine a, sbullettare. **3** (*a horse*) sbardare. **4** (*Sart*) sbastire.

untainted /ʌn'teɪntɪd *Am* ʌn'teɪnt̬ɪd/ *a.* incontaminato, non corrotto.

untalented /ʌn'tælntɪd *Am* ʌn'tælnt̬ɪd/ *a.* non dotato, privo di talento, privo di ingegno.

untamable, untameable /ʌn'teɪməbl̩/ *a.* indomabile, non addomesticabile.

untamed /ʌn'teɪmd/ *a.* non domato, non addomesticato, selvaggio.

untangle /ʌn'tæŋgl̩/ *v.t.* sbrogliare, districare (*anche fig*).

untanned /ʌn'tænd/ *a.* **1** (*Pell*) non conciato. **2** (*of skin*) non abbronzato.

untapped /ʌn'tæpt/ *a.* **1** (*Agr*) non inciso (per estrarre il latice). **2** (*of a barrel*) non spillato. **3** (*fig*) non sfruttato, inutilizzato: ~ *resources* risorse non sfruttate.

untarnished /ʌn'tɑːnɪʃt *Am* ʌn'tɑːrnɪʃt/ *a.* **1** (*Met*) non ossidato. **2** (*of a mirror*) non appannato, non offuscato, lucido. **3** (*fig*) (*of reputation*) senza macchia, immacolato, incontaminato.

untasted /ʌn'teɪstɪd/ *a.* non assaggiato, non gustato.

untaught /ʌn'tɔːt/ *a.* **1** non istruito, incolto, ignorante. **2** (*natural*) non studiato, naturale, spontaneo.

untaxed /ʌn'tækst/ *a.* esente da imposte, non tassato.

unteachable /ʌn'tiːtʃəbl̩/ *a.* **1** non ricettivo, che non apprende facilmente. **2** (*of a subject, etc.*) che non si può insegnare.

untempered /ʌn'tempəd *Am* ʌn'tempərd/ *a.* **1** (*Met*) non rinvenuto, non temprato. **2** (*fig*) non temperato, non mitigato, non attenuato.

untenability /ˌʌntenə'bɪlɪti *Am* ˌʌntenə'bɪlɪt̬i/ *n.* insostenibilità *f.*

untenable /ʌn'tenəbl̩/ *a.* **1** insostenibile, che non si può sostenere, che non si può affermare. **2** (*Mil*) indifendibile: *an* ~ *position* una posizione indifendibile.

untenably /ʌn'tenəbli/ *avv.* insostenibilmente, intollerabilmente.

untenanted /ʌn'tenəntɪd *Am* ʌn'tenənt̬ɪd/ *a.* sfitto, non affittato.

untended /ʌn'tendɪd/ *a.* trascurato, non curato, negletto.

untenured /ʌn'tenjəd *Am* ʌn'tenjərd/ *a.* (*Univ*) con un contratto temporaneo, con incarico a termine.

untestable /ʌn'testəbl̩ *Am* ʌn'testəbl̩/ *a.* non testabile.

untested /ʌn'testɪd *Am* ʌn'testɪd/ *a.* **1** non provato, non sperimentato, non collaudato. **2** (*Chim*) non analizzato.

untether /ʌn'teðər/ *v.t.* togliere la pastoia a, liberare, slegare (*anche fig*).

unthanked /ʌn'θæŋkt/ *a.* non ringraziato, che non ha avuto ringraziamenti.

unthankful /ʌn'θæŋkfʊl/ *a.* **1** ingrato, sgradevole, spiacevole. **2** (*ungrateful*) ingrato, privo di riconoscenza, irriconoscente.

unthaw /ʌn'θɔː/ **I** *v.t.* (*Am,colloq*) sciogliere. **II** *v.i.* (*Am,colloq*) sciogliersi.

unthinkable /ʌn'θɪŋkəbl̩/ *a.* **1** inconcepibile, inimmaginabile, assurdo, impensabile. **2** (*incredible*) incredibile, inverosimile. **3** (*not to be considered*) inammissibile, fuori questione, impensabile: *surrender is* ~ la resa è fuori questione.

unthinkably /ʌn'θɪŋkəbli/ *avv.* **1** (*inconceivably*) inconcepibilmente, impensabilmente. **2** (*incredibly*) incredibilmente, inverosimilmente. **3** (*not to be considered*) inammissibilmente, impensabilmente.

unthinking /ʌn'θɪŋkɪŋ/ *a.* **1** irriguardoso, privo di tatto, privo di premure. **2** (*without thinking, reflection*) irriflessivo, leggero, sbadato, sventato.

unthinkingly /ʌn'θɪŋkɪŋli/ *avv.* senza pensare.

unthoughtful /ʌn'θɔːtfʊl/ *a.* **1** sconsiderato, avventato, sventato, sbadato. **2** (*thoughtless*) non premuroso, irriguardoso.

unthought-of /ʌn'θɔːtɒv *Am* ʌn'θɔːtɑːv/ *a.* impensato, imprevisto, inatteso.

unthread /ʌn'θred/ *v.t.* **1** sfilare: *to* ~ *a needle* sfilare un ago. **2** (*fig*) (*to unravel*) sciogliere, districare, sbrogliare.

unthreatening /ʌn'θretnɪŋ/ *a.* non minaccioso, non intimidatorio.

unthreateningly /ʌn'θretnɪŋli/ *avv.* in modo non minaccioso, in modo non intimidatorio.

unthrone /ʌn'θroʊn/ *v.t.* detronizzare.

untidily /ʌn'taɪdɪli/ *avv.* disordinatamente, sciattamente.

untidiness /ʌn'taɪdɪnəs/ *n.* disordine *m.*, sciattezza *f.*, trascuratezza *f.*, trasandatezza *f.*

untidy /ʌn'taɪdi/ *a.* disordinato, in disordine: *an* ~ *room* una stanza disordinata. **2** (*of a person*) sciatto, trascurato, trasandato.

untie /ʌn'taɪ/ *v.t.* **1** sciogliere, slegare; (*a bow*) disfare (*to undo the strings of*) slegare: *to* ~ *a parcel* slegare un pacco. **3** (*to untether*) sciogliere, slegare: *to* ~ *the dog* slegare il cane.

untied /ʌn'taɪd/ *a.* **1** (*of a knot*) sciolto. **2** (*of* *a bow*) disfatto. **3** (*of shoes*) slegato, slacciato.

until /ən'tıl, ʌn'tıl/ **I** *prep.* **1** fino a, sino a: ~ *next week* fino alla prossima settimana. **2** (*in negative constructions: before*) prima di: *he won't be here ~ tomorrow* non sarà qui prima di domani. **II** *congz.* **1** finché, fino a quando, fino al momento che, fino a che: *I waited ~ everyone else had left* attesi finché tutti gli altri se ne furono andati. **2** (*to the point, degree that*) finché, fino al punto che: *he sang ~ his throat began to hurt* cantò finché cominciò a fargli male la gola. **3** (*in negative constructions: before*) prima di, prima che: *we won't start dinner ~ you get here* non cominceremo a mangiare prima del tuo arrivo. □ *~further advice* fino a nuovo ordine; *~then* fino (ad) allora, fino a quel giorno, fino a quel momento; *not ~ then* non prima di allora, non fino (ad) allora.

untile /ʌn'taıl/ *v.t.* rimuovere le tegole da, scoperchiare.

untillable /ʌn'tıləbl̩/ *a.* (*Agr*) non coltivabile.

untilled /ʌn'tıld/ *a.* (*Agr*) non coltivato, incolto.

untimeliness /ʌn'taımlınəs/ *n.* **1** intempestività *f.*, inopportunità *f.* **2** (*prematureness*) prematurità *f.*

untimely /ʌn'taımli/ **I** *a.* **1** intempestivo, inopportuno. **2** (*premature*) prematuro: ~ *death* prematura scomparsa. **II** *avv.* (*ant*) **1** intempestivamente, inopportunamente. **2** (*prematurely*) prematuramente.

untiring /ʌn'taıərıŋ Am ʌn'taırıŋ/ *a.* instancabile, infaticabile.

untiringly /ʌn'taıərıŋli Am ʌn'taırıŋli/ *avv.* instancabilmente, infaticabilmente.

untitled /ʌn'taıtl̩d/ *a.* **1** non titolato. **2** (*of a book, etc.*) senza titolo, privo di titolo.

unto /'ʌntu:/ *prep.* **1** (*Bibl,rar,poet*) (*to*) a, in: *they came ~ a village* giunsero a un villaggio. **2** (*towards*) verso, in direzione di: (*Bibl*) *suffer little children to come ~ me* lasciate che i bambini vengano a me. **3** (*until*) fino a, sino a.

untold /ʌn'təʊld/ *a.* **1** non raccontato, non detto, taciuto. **2** (*not revealed*) non rivelato, non svelato, segreto. **3** (*innumerable, unlimited*) incalcolabile, innumerevole. **4** (*not numbered*) non numerato, non contato.

untomb /ʌn'tu:m/ *v.t.* togliere dalla tomba, esumare, dissotterrare.

untouchability /ˌʌntʌtʃə'bılıtı Am ˌʌntʌtʃə'bılıtı/ *n.* **1** l'essere intoccabile, l'essere intangibile. **2** (*state of being forbidden to the touch*) l'essere intoccabile. **3** (*undesirability*) l'essere indesiderabile.

untouchable /ʌn'tʌtʃəbl̩/ **I** *a.* **1** intoccabile, intangibile. **2** (*forbidden to the touch*) intoccabile, che non si deve toccare. **3** (*inaccessible*) inaccessibile, fuori portata. **II** *n.* (*in Hinduism*) intoccabile *m./f.*, paria *m./f.*

untouchably /ʌn'tʌtʃəbli/ *avv.* in modo inaccessibile, fuori portata.

untouched /ʌn'tʌtʃt/ *a.* **1** non toccato. **2** (*of food, drink*) intatto. **3** (*not damaged*) intatto, integro, intero. **4** (*unaffected*) non commosso, non toccato. **5** (*unmoved*) imperturbato, impassibile, calmo. **6** (*unequalled*) senza pari, senza uguali, insuperabile, ineguagliabile.

untoward /ˌʌntə'wɔːd Am ˌʌntə'wɔːrd/ *a.* **1** spiacevole, increscioso, deplorevole: *an ~ incident* uno spiacevole incidente. **2** (*improper*) sconveniente, scorretto, indecoroso: ~ *behaviour* comportamento sconveniente. **3** (*unruly*) intrattabile, ribelle, indisciplinato.

untowardly /ˌʌntə'wɔːdli Am ˌʌntə'wɔːrdli/ *avv.* **1** spiacevolmente, incresciosamente. **2** (*inappropriately, offensively*) in modo sconveniente, in modo scorretto.

untowardness /ˌʌntə'wɔːdnəs Am ˌʌntə 'wɔːrdnəs/ *n.* **1** spiacevolezza *f.*, incresciosità *f.* **2** (*inappropriateness, offensiveness*) sconvenienza *f.*, scorrettezza *f.*

untraceable /ʌn'treısəbl̩/ *a.* **1** (*unable to be found*) irreperibile, introvabile. **2** (*unable to be traced*) irrintracciabile, non rintracciabile.

untraceably /ʌn'treısəbli/ *avv.* irreperibilmente. □ *~anonymous* anonimo e senza possibilità di essere rintracciato.

untrainable /ʌn'treınəbl̩/ *a.* non addestrabile.

untrained /ʌn'treınd/ *a.* **1** non addestrato, non esercitato. **2** (*inexpert*) inesperto, impreparato. **3** (*uninstructed*) ignorante, incolto, non istruito. **4** (*Sport*) non allenato.

untrammeled /ʌn'træmld̩/ *a.* (*Am*) non impacciato, non impedito, non ostacolato, libero.

untrammelled /ʌn'træmld̩/ *a.* non impacciato, non impedito, non ostacolato, libero.

untransferable /ˌʌntræns'fɜːrəbl̩/ *a.* (*Dir, Econ*) non trasferibile.

untranslatability /ˌʌntrænsleıtə'bılıti Am ˌʌntrænsleıtə'bılıti/ *n.* intraducibilità *f.*

untranslatable /ˌʌntræns'leıtəbl̩ Am ˌʌn træns'leıtəbl̩/ *a.* intraducibile, non traducibile.

untraveled /ʌn'trævld/ *a.* (*Am*) **1** (*of a person*) che non ha viaggiato. **2** (*of a road*) non battuto, non frequentato. **3** (*of a region, etc.*) inesplorato, poco conosciuto.

untravelled /ʌn'trævld̩/ *a.* **1** (*of a person*) che non ha viaggiato. **2** (*of a road*) non battuto, non frequentato. **3** (*of a region, etc.*) inesplorato, poco conosciuto.

untreatable /ʌn'triːtəbl̩ Am ʌn'triːt̬əbl̩/ *a.* (*Med*) incurabile.

untreated /ʌn'triːtıd Am ʌn'triːt̬əd/ *a.* **1** (*of fruit, vegetables, refuse, sewage*) non trattato. **2** (*Med*) non curato, trascurato.

untried /ʌn'traıd/ *a.* **1** non provato, non sperimentato: *an ~ method* un metodo non sperimentato. **2** (*not attempted*) non tentato, intentato. **3** (*of a person, inexperienced*) inesperto, privo di esperienza. **4** (*Dir*) non processato.

untrimmed /ʌn'trımd/ *a.* **1** non spuntato, non tagliato: ~ *hair* capelli non spuntati. **2** (*Abbigl*) senza guarnizioni, senza decorazioni. **3** (*Agr*) non spuntato, non cimato. **4** (*Legat*) non raffilato, non rifilato.

untrod /ʌn'trɒd Am ʌn'trɑːd/, **untrodden** /ʌn'trɒdn̩ Am ʌn'trɑːdn̩/ *a.* **1** non calpestato. **2** (*not traversed*) non battuto, non frequentato: ~ *paths* sentieri non battuti.

untroubled /ʌn'trʌbl̩d/ *a.* imperturbato, calmo, tranquillo, sereno.

untrue /ʌn'truː/ *a.* **1** falso, non vero: *an ~ statement* un'affermazione falsa. **2** (*unfaithful*) infedele, sleale. **3** (*Tecn*) non centrato.

untruly /ʌn'truːli/ *avv.* **1** falsamente. **2** (*unfaithfully*) infedelmente, slealmente.

untruss /ʌn'trʌs/ *v.t.* (*rar*) slegare, sciogliere.

untrustworthiness /ʌn'trʌst,wɜːðınəs Am ʌn'trʌst,wɜːrðınəs/ *n.* **1** inaffidabilità *f.* **2** (*dishonesty*) disonestà *f.*

untrustworthy /ʌn'trʌst,wɜːði Am ʌn'trʌst ,wɜːrði/ *a.* **1** indegno di fiducia, inaffidabile, non degno di fede. **2** (*dishonest*) disonesto.

untruth /ʌn'truːθ/ *n.* bugia *f.*, menzogna *f.*, falsità *f.*

untruthful /ʌn'truːθfʊl/ *a.* falso, menzogne-

ro, bugiardo.

untruthfully /ʌn'truːθfʊli/ *avv.* falsamente.

untruthfulness /ʌn'truːθfʊlnəs/ *n.* falsità *f.*, bugiardaggine *f.*

untucked /ʌn'tʌkt/ *a.* (*of shirt, bed covers, etc.*) sfilato, non infilato.

untuned /ʌn't(ʃ)juːnd Am ʌn'tuːnd/ *a.* **1** (*Mus*) scordato. **2** (*Rad*) non sintonizzato.

unturned /ʌn'tɜːnd Am ʌn'tɜːrnd/ *a.* non rivoltato, non girato, non rovesciato.

untutored /ʌn'tjuːtəd Am ʌn'tuːt̬ərd/ *a.* **1** non istruito, incolto, ignorante. **2** (*fig*) semplice, schietto, non affettato, naturale, spontaneo.

untwine /ʌn'twaın/ **I** *v.t.* districare, sbrogliare, sciogliere. **II** *v.i.* sciogliersi, districarsi.

untwist /ʌn'twıst/ **I** *v.t.* **1** districare, sbrogliare, sciogliere. **2** (*sth. crooked*) raddrizzare. **II** *v.i.* sciogliersi, districarsi.

unusable /ʌn'juːzəbl̩/ *a.* inutilizzabile, inutile.

unused [1] /ʌn'juːzd/ *a.* **1** non utilizzato, non usato. **2** (*never having been used*) non ancora usato, non ancora utilizzato. **3** (*new*) nuovo.

unused [2] /ʌn'juːst/ *a.* (*unaccustomed*) non abituato, non avvezzo (*to* a).

unusual /ʌn'juːʒʊəl/ *a.* **1** insolito, inconsueto, inusuale: *an ~ hobby* un hobby insolito. **2** (*exceptional*) eccezionale, straordinario, singolare.

unusually /ʌn'juːʒʊəli/ *avv.* **1** insolitamente, in modo inconsueto. **2** (*exceptionally*) eccezionalmente, straordinariamente: ~ *hot* eccezionalmente caldo.

unusualness /ʌn'juːʒʊəlnəs/ *n.* **1** l'essere inconsueto, l'essere insolito. **2** (*singularity*) eccezionalità *f.*, singolarità *f.*

unutilized /ʌn'juːtı,laızd Am ʌn'juːt̬ə,laızd/ *a.* inutilizzato.

unutterable /ʌn'ʌtərəbl̩ Am ʌn'ʌt̬ərəbl̩/ *a.* **1** inesprimibile, indicibile, ineffabile. **2** (*colloq*) (*utter, absolute*) assoluto, completo, totale, bell'e buono: *an ~ scoundrel* un furfante matricolato.

unutterably /ʌn'ʌtərəbli Am ʌn'ʌt̬ərəbli/ *avv.* indicibilmente: ~ *tired* indicibilmente stanco.

unuttered /ʌn'ʌtəd Am ʌn'ʌt̬ərd/ *a.* (*poet*) **1** inespresso, non espresso. **2** (*of words, thoughts*) non pronunciato, non detto.

unvalued /ʌn'væljuːd/ *a.* **1** non valutato, non stimato. **2** (*not prized*) non stimato, non apprezzato, non valutato.

unvanquished /ʌn'væŋkwıʃt/ *a.* non vinto, invitto.

unvaried /ʌn'veərıd Am ʌn'veri:d/ *a.* monotono, uniforme, senza varietà, non variato.

unvarnished /ʌn'vɑːnıʃt Am ʌn'vɑːrnıʃt/ *a.* **1** non verniciato. **2** (*fig*) non abbellito, semplice: *the ~ truth* la verità nuda e cruda.

unvarying /ʌn'veərııŋ Am ʌn'verııŋ/ *a.* invariabile, costante, sempre uguale.

unvaryingly /ʌn'veərııŋli Am ʌn'verııŋli/ *avv.* invariabilmente, immutabilmente.

unveil /ʌn'veıl/ **I** *v.t.* **1** togliere il velo a: *the bride -ed herself* la sposa si tolse il velo. **2** (*to disclose by removing a veil, cover*) scoprire, inaugurare: *to ~ a statue* scoprire una statua. **3** (*fig*) svelare, rivelare, scoprire: *to ~ a mystery* svelare un mistero. **4** (*Comm*) presentare, lanciare. **II** *v.i.* svelarsi, scoprirsi.

unveiling /ʌn'veılıŋ/ *n.* **1** cerimonia *f.* inaugurale, scoprimento *m.* **2** (*Comm*) presentazione *f.* (di un nuovo prodotto).

unventilated /ʌn'ventı,leıtıd Am ʌn'ventı ,leıtıd/ *a.* non ventilato, non aerato.

unverifiable /ʌn'verıfaıəbl̩/ *a.* non verificabile, non controllabile.

unverified /ʌn'verıfaıd/ *a.* non verificato,

non controllato.

unversed /ʌnˈvɜːst *Am* ʌnˈvɜːrst/ *a.* non versato, inesperto (*in* in), non pratico (*in* di).

unviability /ˌʌnvaɪəˈbɪlɪti *Am* ˌʌnvaɪəˈbɪlɪti/ *n.* 1 inattuabilità *f.*, impossibilità *f.* di realizzazione. 2 (*Econ*) non solvibilità *f.*

unviable /ʌnˈvaɪəbl̩ *Am* ʌnˈvaɪəbl̩/ *a.* 1 inattuabile, non realizzabile. 2 (*Econ*) non solvibile.

unvisited /ʌnˈvɪzɪtɪd *Am* ʌnˈvɪzɪtɪd/ *a.* non frequentato, non visitato.

unvoiced /ʌnˈvɔɪst *Am* ʌnˈvɔɪst/ *a.* 1 inespresso, non espresso, non detto. 2 (*Fon*) sordo.

unwaged /ʌnˈwedʒd/ **I** *a.* (*Br,eufem*) senza lavoro, disoccupato. **II** *n.pl.* (*costr.sing*) disoccupati *m.pl.*

unwanted /ʌnˈwɒntɪd *Am* ʌnˈwɑːntɪd/ *a.* non voluto, non desiderato, indesiderato, non richiesto.

unwarily /ʌnˈweərɪli *Am* ʌnˈwerɪli/ *avv.* incautamente, imprudentemente.

unwariness /ʌnˈweərɪnəs *Am* ʌnˈwerɪnəs/ *n.* imprudenza *f.*, imprevidenza *f.*, sconsideratezza *f.*

unwarlike /ʌnˈwɔːˌlaɪk *Am* ʌnˈwɔːrˌlaɪk/ *a.* 1 non militare, non bellico. 2 (*peaceable*) non bellicoso, pacifico.

unwarned /ʌnˈwɔːnd *Am* ʌnˈwɔːrnd/ *a.* non avvertito, non messo in guardia, non messo sull'avviso.

unwarrantable /ʌnˈwɒrəntəbl̩ *Am* ʌnˈwɔːrəntəbl̩/ *a.* ingiustificabile, inammissibile: ~ *interference* interferenza ingiustificabile.

unwarrantably /ʌnˈwɒrəntəbli *Am* ʌnˈwɔːrəntəbli/ *avv.* ingiustificabilmente, inammissibilmente.

unwarranted /ʌnˈwɒrəntɪd *Am* ʌnˈwɔːrəntɪd/ *a.* 1 ingiustificato, immotivato. 2 (*not guaranteed*) senza garanzia, non garantito.

unwary /ʌnˈweəri *Am* ʌnˈweri/ *a.* 1 non circospetto, non guardingo. 2 (*rash*) incauto, imprudente, avventato.

unwashed /ʌnˈwɒʃt *Am* ʌnˈwɑːʃt/ *a.* non lavato, sporco, sudicio.

unwatched /ʌnˈwɒtʃt *Am* ʌnˈwɑːtʃt/ *a.* 1 trascurato, negletto. 2 (*unattended*) non sorvegliato, incustodito, non custodito, non vigilato.

unwatchful /ʌnˈwɒtʃful *Am* ʌnˈwɑːtʃful/ *a.* disattento, sbadato, non vigile.

unwatered /ʌnˈwɔːtəd *Am* ʌnˈwɑːt̬əd/ *a.* 1 non innaffiato. 2 (*of animals*) non abbeverato. 3 (*undiluted*) non diluito con acqua, puro.

unwavering /ʌnˈweɪvərɪŋ/ *a.* non vacillante, saldo, fermo, incrollabile.

unweaned /ʌnˈwiːnd/ *a.* non svezzato, non divezzato.

unwearable /ʌnˈweərəbl̩ *Am* ʌnˈwerəbl̩/ *a.* 1 che non può essere indossato, non indossabile, non portabile. 2 (*worn-out*) logoro, consunto.

unwearied /ʌnˈwɪərid *Am* ʌnˈwɪriːd/ *a.* 1 non stanco, non affaticato. 2 (*indefatigable*) infaticabile, instancabile, che non si stanca mai.

unwearying /ʌnˈwɪərɪŋ *Am* ʌnˈwɪriŋ/ *a.* 1 che non stanca. 2 (*persistent*) persistente, insistente.

unweave /ʌnˈwiːv/ *v.t.irr.* disfare (il tessuto di), (*lett*) stessere.

unwed /ʌnˈwed/ *a.* 1 (*of a man*) celibe, scapolo, non sposato, non coniugato. 2 (*of a woman*) nubile, non sposata, non coniugata. □ ~ *mother* ragazza madre.

unwedded /ʌnˈwedɪd/ *a.* 1 (*of a man*) celibe, scapolo, non sposato, non coniugato. 2 (*of a woman*) nubile, non sposata, non coniugata.

unweighed /ʌnˈweɪtɪd *Am* ʌnˈweɪt̬ɪd/ *a.* 1 non pesato. 2 (*fig*) non soppesato, non vagliato, non ponderato.

unweight /ʌnˈweɪt/ *v.t.* spostare il peso da (sci *o* skateboard).

unwelcome /ʌnˈwelkəm/ *a.* sgradito, non gradito, mal accetto, male accolto.

unwelcoming /ʌnˈwelkəmɪŋ/ *a.* freddo, non ospitale.

unwell /ʌnˈwel/ *a.* indisposto, ammalato.

unwept /ʌnˈwept/ *a.* (*poet*) illacrimato, non compianto.

unwholesome /ʌnˈhoʊlsəm/ *a.* 1 malsano, insalubre, non salutare, che non giova alla salute. 2 (*indicative of ill-health*) malsano, da persona malata: *an ~ pallor* un pallore malsano. 3 (*morally harmful*) moralmente dannoso, moralmente nocivo, malsano. 4 (*fig*) corrotto, guasto, pervertito, morboso.

unwholesomely /ʌnˈhoʊlsəmli/ *avv.* in modo malsano.

unwholesomeness /ʌnˈhoʊlsəmnəs/ *n.* 1 insalubrità *f.* 2 (*fig*) l'essere corrotto, l'essere guasto, morbosità *f.*

unwieldiness /ʌnˈwiːldɪnəs/ *n.* 1 scarsa maneggevolezza *f.* 2 (*clumsiness, ungainliness*) goffaggine *f.* di movimenti.

unwieldy /ʌnˈwiːldi/ *a.* 1 poco maneggevole, scomodo. 2 (*cumbersome*) ingombrante. 3 (*hard to control or handle*) difficile da controllare. 4 (*moving with difficulty, clumsy*) che si muove con difficoltà, goffo.

unwilling /ʌnˈwɪlɪŋ/ *a.* 1 che non vuole, non disposto. 2 (*reluctant*) riluttante, restio: *he was ~ to admit his error* non voleva ammettere il suo errore. 3 (*averse*) contrario.

unwillingly /ʌnˈwɪlɪŋli/ *avv.* con riluttanza, malvolentieri.

unwillingness /ʌnˈwɪlɪŋnəs/ *n.* riluttanza *f.*, malavoglia *f.*

unwind /ʌnˈwaɪnd/ *v.irr.* **I** *v.t.* 1 svolgere, spiegare, srotolare. 2 (*Tess*) dipanare. 3 (*to untwist, to disentangle*) districare, sbrogliare. 4 (*Mar*) (*of a rope*) mollare. **II** *v.i.* 1 svolgersi, srotolarsi. 2 (*colloq*) (*to relax*) rilassarsi, distendersi, staccare la spina.

unwinking /ʌnˈwɪŋkɪŋ/ *a.* 1 (*of a look, stare*) fisso. 2 (*fig*) (*vigilant*) attento, vigile, all'erta.

unwinnable /ʌnˈwɪnəbl̩/ *a.* invincibile, che non può essere vinto.

unwise /ʌnˈwaɪz/ *a.* insensato, imprudente, sventato, stolto.

unwisely /ʌnˈwaɪzli/ *avv.* insensatamente, imprudentemente.

unwished /ʌnˈwɪʃt/ *a.* non voluto, non desiderato, indesiderato.

unwished-for /ʌnˈwɪʃtfɔːr *Am* ʌnˈwɪʃtfɔːr/ *a.* non voluto, non desiderato, indesiderato.

unwitnessed /ʌnˈwɪtnɪst/ *a.* 1 non notato, non osservato, inosservato. 2 (*Dir*) (*of a document*) non sottoscritto da testimoni.

unwitting /ʌnˈwɪtɪŋ *Am* ʌnˈwɪt̬ɪŋ/ *a.* 1 involontario, non intenzionale, non voluto, non volontario. 2 (*unaware*) inconsapevole, ignaro, inconscio.

unwittingly /ʌnˈwɪtɪŋli *Am* ʌnˈwɪt̬ɪŋli/ *avv.* involontariamente, inavvedutamente.

unwittingness /ʌnˈwɪtɪŋnəs *Am* ʌnˈwɪt̬ɪŋnəs/ *n.* non consapevolezza *f.* dei fatti, ignoranza *f.* sullo stato delle cose.

unwomanliness /ʌnˈwʊmənlɪnəs *Am* ʌnˈwʊmənlɪnəs/ *n.* l'essere poco femminile, mancanza *f.* di femminilità.

unwomanly /ʌnˈwʊmənli/ *a.* non femminile, poco femminile, che non è da donna.

unwonted /ʌnˈwoʊntɪd *Am* ʌnˈwoʊntɪd/ *a.* (*rar*) 1 insolito, inconsueto, non frequente, inusitato. 2 (*rare*) raro. 3 (*unaccustomed*) non abituato, non avvezzo.

unwontedly /ʌnˈwoʊntɪdli *Am* ʌnˈwoʊntɪdli/ *avv.* (*rar*) insolitamente.

unwontedness /ʌnˈwoʊntɪdnəs *Am* ʌnˈwoʊntɪdnəs/ *n.* (*rar*) l'essere insolito, l'essere infrequente.

unwooded /ʌnˈwʊdɪd/ *a.* senza boschi, disboscato.

unworkability /ˌʌnwɜːkəˈbɪlɪti *Am* ˌʌnwɜːrkəˈbɪlɪti/ *n.* 1 (*of a substance*) non lavorabilità *f.* 2 (*impracticality*) inattuabilità *f.*, impossibilità *f.*

unworkable /ʌnˈwɜːkəbl̩ *Am* ʌnˈwɜːrkəbl̩/ *a.* 1 (*of a substance*) non trattabile, non lavorabile, difficile da lavorare. 2 (*impractical*) inattuabile, irrealizzabile, impossibile. 3 (*not exploitable*) non sfruttabile, non utilizzabile: *an ~ mine* una miniera non sfruttabile.

unworkably /ʌnˈwɜːkəbli *Am* ʌnˈwɜːrkəbli/ *avv.* inaccettabilmente, eccessivamente, con troppi problemi (per poterlo risolvere).

unworked /ʌnˈwɜːkt *Am* ʌnˈwɜːrkt/ *a.* 1 grezzo, greggio, non lavorato. 2 (*not exploited*) non sfruttato, non utilizzato.

unworkmanlike /ʌnˈwɜːkmənˌlaɪk *Am* ʌnˈwɜːrkmənˌlaɪk/ *a.* 1 inetto, incapace, inesperto. 2 (*badly done*) malfatto, eseguito male, abborracciato.

unworldly /ʌnˈwɜːdli *Am* ʌnˈwɜːrdli/ *a.* 1 spirituale. 2 (*naive, unsophisticated*) naturale, spontaneo, semplice, schietto. 3 (*unearthly*) non terreno.

unworn /ʌnˈwɔːn *Am* ʌnˈwɔːrn/ *a.* 1 mai indossato, nuovo. 2 (*not damaged by use*) non logoro, non frusto.

unworthily /ʌnˈwɜːðɪli *Am* ʌnˈwɜːrðɪli/ *avv.* indegnamente, in modo indegno.

unworthiness /ʌnˈwɜːðɪnəs *Am* ʌnˈwɜːrðɪnəs/ *n.* indegnità *f.*

unworthy /ʌnˈwɜːði *Am* ʌnˈwɜːrði/ *a.* 1 non degno, indegno, immeritevole (*of* di), che non merita (qcs.): *he is ~ of your trust* non è degno della tua fiducia, non merita la tua fiducia. 2 (*base, mean*) non degno, indegno, meschino: *it is ~ of you* non è degno di te. 3 (*not befitting*) che non si addice (*of* a), non adatto (*of* a), disdicevole (*of* per), indegno (*of* di): *language ~ of a girl* un linguaggio che non si addice a una ragazza.

unwound /ʌnˈwaʊnd/ *a.* 1 srotolato. 2 (*of a clock, etc.*) non caricato, scarico.

unwounded /ʌnˈwuːndɪd/ *a.* non ferito, incolume, illeso.

unwoven /ʌnˈwoʊvən/ *a.* (*Tess*) non tessuto. □ (*Tess*) ~ *fabric* tessuto non tessuto.

unwrap /ʌnˈræp/ *v.t.* scartare, aprire, togliere l'imballaggio a: *to ~ a parcel* scartare un pacco.

unwrinkle /ʌnˈrɪŋkl̩/ *v.t.* spianare, lisciare, cancellare le rughe da, togliere le pieghe da.

unwrinkled /ʌnˈrɪŋkl̩d/ *a.* liscio, spianato, senza rughe.

unwritten /ʌnˈrɪtən/ *a.* non scritto, orale. □ (*Dir*) ~ *constitution* costituzione consuetudinaria; ~ *law*: 1 (*Dir*) legge non scritta, legge consuetudinaria; 2 (*fig*) codice d'onore.

unwrought /ʌnˈrɔːt/ *a.* 1 allo stato naturale. 2 (*unworked*) greggio, grezzo, non lavorato.

unyielding /ʌnˈjiːldɪŋ/ *a.* 1 rigido, duro, non flessibile. 2 (*fig*) che non cede, fermo, inflessibile; (*obstinate*) ostinato, caparbio.

unyieldingly /ʌnˈjiːldɪŋli/ *avv.* 1 senza cedere, con fermezza, in modo inflessibile. 2 (*fig*) (*obstinately*) ostinatamente, con caparbietà.

unyieldingness /ʌnˈjiːldɪŋnəs/ *n.* 1 rigidità *f.*, mancanza *f.* di flessibilità. 2 (*fig*) fermezza *f.*, inflessibilità *f.*; (*obstinacy*) ostinatezza *f.*, caparbietà f.

unyoke /ʌn'jouk/ v.t. togliere il giogo da.

unzip /ʌn'zɪp/ v.t. **1** aprire la cerniera di, aprire la chiusura lampo di. **2** (Inform) decomprimere, (colloq) dezippare.

unzipped /ʌn'zɪpt/ a. con la cerniera aperta. □ **tocome** ~ (of a zip) aprirsi.

up ¹ /ʌp/ **I** avv. **1** (to, toward a higher position) su, (di) sopra, in alto, in su, insù: to go ~ andare su. **2** (in a high position) su, in alto, often not translated: we sat ~ on the roof ci siamo seduti sul tetto. **3** (in an erect position) diritto, in piedi, alzato, often not translated: to stand ~ alzarsi (in piedi); the boxer was ~ after the count of six il pugile era in piedi dopo sei secondi; aren't you ~ yet? non sei ancora alzato? **4** (erected, constructed) alzato, eretto. **5** (of a heavenly body) alto: the sun is ~ il sole è alto. **6** (visible above a surface) visibile in superficie. **7** (come to an end) finito; (of time) finito, scaduto: the game is ~ il gioco è finito (anche fig); time's ~ il tempo è scaduto. **8** (Parl) chiuso, in vacanza. **9** (increased) aumentato, salito: prices are ~ i prezzi sono aumentati. **10** (in a state of rebellion) in rivolta. **11** (in advance, ahead) in vantaggio, avanti: the Bulls were ~ by two i Bulls erano in vantaggio di due punti. **12** (on trial) sotto processo: to be ~ for larceny essere sotto processo per furto. **13** (being considered) candidato: to be ~ for a promotion essere candidato a una promozione. **14** (Mar) (of wind) alzato; (of a ship: bound) in rotta (for verso), diretto (for a). **15** (of a river, etc.) in piena; (of the tide) alto. **16** (in the air, aloft) in aria. **17** (facing upwards) rivolto verso l'alto. **18** (to the surface) su, in superficie, often translated with the corresponding verb: the diver came ~ il sommozzatore venne su, il sommozzatore risalì in superficie. **19** (from below the horizon) dall'orizzonte, da dietro l'orizzonte, often translated with the corresponding verb: the sun came ~ spuntò il sole. **20** (so as to approach, arrive) translated with the corresponding verb: a policeman came ~ to me un poliziotto mi si avvicinò. **21** (to a place of importance) su, often not translated: to go ~ to town andare in città; he's ~ in (o ~ at) the front of the line è all'inizio della fila; he is ~ in London è a Londra. **22** (in, towards the north) su, a nord, verso il nord: I'm going ~ to Scotland vado su in Scozia; ~ in Edinburgh (su) a Edimburgo. **23** (before a judge, court, etc.) not translated: the case was brought ~ before the Assizes la causa è stata portata in assise. **24** (to a state of increased volume, brightness, etc.) translated with the corresponding verb: to turn the radio ~ alzare il volume della radio; speak ~! parla più forte!, alza la voce! **25** (to, in a greater degree, amount, etc.) su, often translated with the corresponding verb: prices have gone ~ i prezzi sono andati su, i prezzi sono saliti. **26** (to a state of completeness, finality) completamente, del tutto, often not translated: the pipe is stopped ~ la conduttura è completamente ostruita. **27** (in continuance) in su: prices run from ten dollars ~ i prezzi vanno da dieci dollari in su; from the age of ten ~ dai dieci anni in su. **28** (into existence or operation) translated with the corresponding verb: to work ~ a sales organization sviluppare un'organizzazione di vendita. **29** (in, into a condition of union, repair) translated with the corresponding verb: to glue ~ a broken vase incollare un vaso rotto. **30** (in, into a state of separation) translated with the corresponding verb: to tear ~ a sheet

strappare un foglio; to divide ~ an estate dividere una proprietà. **31** (in, into a condition of closure) translated with the corresponding verb: to block ~ a hole chiudere un buco. **32** (under consideration) all'esame, in esame: the bill is ~ before the House of Lords il progetto di legge è all'esame della camera dei Lord. **33** (to, in a state of expansion) translated with the corresponding verb: to pump a tyre ~ gonfiare un pneumatico. **34** (so as to expose a surface) scoperto, a faccia in su: to deal cards face ~ dare le carte scoperte. **35** (at a point on a river nearer the source) alla sorgente. **36** (Mar) (towards the wind) in direzione del vento. **37** (colloq) (to prison) in prigione, in galera, dentro: to be sent ~ for eight years andare dentro per otto anni. **II** prep. **1** su (per): to run ~ the hill correre su per il colle. **2** (along) lungo: to walk ~ the street camminare lungo la strada. **3** (at, towards a point nearer the source of) alla sorgente di, verso la sorgente: a cruise ~ the river una crociera (fino) alla sorgente del fiume. **4** (in a direction contrary to) contro, in direzione opposta a: to sail ~ wind veleggiare controvento. **III** a. **1** (moving upwards) che sale, in salita, che va su, diretto verso l'alto: (Br) the ~ escalator le scale mobili che salgono. **2** (on horseback) in sella. **3** (in good spirits) di buonumore, su di giri. **4** (of money: wagered, at stake) in gioco, scommesso, puntato. **5** (Strad) (of a road) in riparazione: road ~ strada interrotta (per lavori in corso). **6** (Inform) in funzione. □ (colloq) to be ~against essere alle prese con, trovarsi di fronte a; (colloq) it'sall ~with è finita, è tutto finito; ~and ~: 1 sempre più in alto; 2 (Am) (honest) onesto, affidabile, per bene; to be ~and about: 1 essere in giro, essere in movimento: at 5 a.m. he was already ~ and about era già in giro alle 5 del mattino; 2 (recovered from an illness) essere guarito, essere di nuovo in piedi; (fig) ~and coming (on the way to fame, etc.) promettente, con un avvenire; (Br) to be ~and doing darsi da fare, essere attivo; ~and down : 1 in su e giù: to walk ~ and down camminare su e giù; 2 (from head to foot) da capo a piedi, da cima a fondo: to look so. ~ and down guardare qcu. da capo a piedi; ~sand downs : 1 alti e bassi, alterne vicende: life has its ~s and downs nella vita ci sono (degli) alti e bassi; 2 (of a surface) irregolarità; ~and running in funzione; ~country all'interno del paese, nell'entroterra; to be ~for it essere disposto: I'm ~ for it io ci sto; ~front : 1 avanti (spec. in una fila): he's way ~ front by the cashier è molto avanti nella fila, vicino alla cassa; 2 (in advance) anticipatamente, in anticipo: cash ~ front contante anticipato; payment ~ front pagamento anticipato; 3 (clearly) schiettamente, chiaramente: I told you ~ front that it would not be easy te l'ho detto subito che non sarebbe stato facile; to be ~ on sth. essere al corrente di qcs., essere informato di qcs.; (colloq) to be on the ~ and ~: 1 (Br) andare sempre meglio; 2 (Am) essere onesto, essere pulito; ~there lassù; ~till now finora, fino a ora; ~to fino a; to be ~ to: 1 arrivare a: the water was ~ to her knees l'acqua le arrivava al ginocchio; 2 (colloq) (capable of, equal to) essere all'altezza di; (colloq) he's ~to no good starà combinando qualche guaio; (colloq) it's ~to you tocca a te (decidere), decidi tu; ~top in alto, sul piano più alto; (colloq)what's ~? che c'è di nuovo?, che succede?; (colloq) ~with Manchester! viva il Manchester!; (sl,volg) ~yours ! vaffanculo!, vai a farti fottere!

up ² /ʌp/ (past, p.p. **upped** /-t/) **I** v.t. (colloq) **1** (Br) alzare, sollevare, tirare su: he ~ped his glass and swallowed the lot alzò il bicchiere e tracannò tutto. **2** (to increase) aumentare, alzare, far salire: to ~ prices aumentare i prezzi; to ~ the average alzare la media, tirare su la media (anche Scol). **3** (in betting: to raise) aumentare, alzare: to ~ the stakes alzare la posta. **II** v.i. (colloq) (to do sth. suddenly) balzare su (a fare qcs.): you can't just ~ and walk out non puoi semplicemente alzarti e andartene. □ (Mar) ~anchor ! levate l'ancora!; (Mar) ~sail ! issate le vele!; (colloq) to ~ one'ssalary ricevere un aumento di stipendio.

UP (US) United Press UP (agenzia di stampa americana).

up-anchor /ʌp'æŋkə/ v.t. (Mar) levare l'ancora.

up-and-coming /ˌʌpən(d)'kʌmɪŋ/ a. (colloq) promettente, emergente, con buone prospettive.

up-and-down /ˌʌpən'daun/ **I** a. **1** altalenante, che va su e giù: ~ motion moto altalenante. **2** (hilly) irregolare, accidentato. **II** n. oscillazione f., fluttuazione f.

upbeat /'ʌpbiːt/ **I** n. (Mus) levare m. **II** a. (colloq) ottimistico, allegro, che tira su il morale.

upbraid /ʌp'breɪd/ v.t. rimproverare, riprendere, sgridare.

upbraiding /ʌp'breɪdɪŋ/ n. rimprovero m., sgridata f.

upbringing /'ʌpbrɪŋɪŋ/ n. educazione f.: to have a strict ~ ricevere un'educazione severa.

UPC /ˌjuːpiːˈsiː/ (Am,Comm) Universal Product Code UPC (codifica universale a barre del prodotto).

upcast /'ʌpkɑːst Am ʌp'kæst/ **I** a. **1** rivolto verso l'alto, in alto. **2** (Minier) di ventilazione. **II** n. **1** lancio m. in alto. **2** (Minier) pozzo m. di ventilazione. **3** (Geol) (of a seam) dislocazione f. verso l'alto.

upchuck /'ʌptʃʌk/ v.t./i. (Am,colloq) vomitare.

upcoming /'ʌp,kʌmɪŋ/ a. imminente, prossimo, vicino. □ ~events prossimi appuntamenti.

up-country /'ʌpkʌntri/ **I** a. dell'interno di un paese, lontano dalla costa, (che si trova) nell'entroterra. **II** avv. nell'interno, nell'entroterra; (toward the hinterland) verso l'interno, verso l'entroterra. **III** n. entroterra, interno m. (di un paese).

update ¹ /ʌp'deɪt/ v.t. **1** aggiornare, ammodernare. **2** (of people) aggiornare, mettere al corrente. **3** (Inform) aggiornare.

update ² /'ʌpdeɪt/ n. aggiornamento m.: an ~ will appear on the 6 o'clock news vi sarà un ulteriore aggiornamento nel notiziario delle 6.

upend /ʌp'end/ v.t. capovolgere, mettere sottosopra.

upfield /ʌp'fiːld/ avv. **1** (Sport) in avanti: to send the ball ~ mandare il pallone in avanti. **2** (Fis) nella direzione (positiva) del campo.

upfront /'ʌp'frʌnt/ a. **1** (bold,honest) franco, onesto. **2** (of a payment) anticipato.

upgrade ¹ /'ʌpgreɪd/ n. **1** salita f. **2** (Tecn) potenziamento m. **3** (Inform) upgrade m., potenziamento m. □ on the ~: 1 in aumento: production is on the ~ la produzione è in aumento; 2 (fig) in miglioramento.

upgrade ² /ʌp'greɪd/ v.t. **1** promuovere, avanzare di grado. **2** (Comm) (of a manufactured product) migliorare la qualità di; (to put a higher price on) aumentare il prezzo di. **3** (Zootecn) migliorare mediante incroci (con animali di razza pura). **4** (*Inform*) (*a computer*) potenziare, migliorare le prestazioni di; (*a programme*) aggiornare.

upgrowth /ʌpgrouθ/ *n.* crescita *f.*, sviluppo *m.* (verso l'alto).

upheaval /ʌp'hiːvəl/ *n.* **1** (*Geol*) sollevamento *m.*; (*earthquake*) terremoto *m.*, sisma *m.* **2** (*fig*) sovvertimento *m.*, sconvolgimento *m.*

upheave /ʌp'hiːv/ *v.irr.* **I** *v.t.* (*lett*) sollevare, alzare (con sforzo). **II** *v.i.* sollevarsi.

uphill[1] /ʌp'hɪl/ *avv.* in salita, in su, verso l'alto.

uphill[2] /'ʌphɪl/ *a.* **1** in salita, che sale, ascendente, in ascesa: *an ~ road* una strada in salita. **2** (*fig*) duro, arduo, difficile, faticoso, in salita: *I'm trying to lose weight but it's an ~ battle* sto cercando di perdere peso, ma è una dura lotta.

uphold /ʌp'hould/ *v.t.irr.* **1** sostenere, sorreggere. **2** (*fig*) sostenere, appoggiare: *to be upheld by one's faith* essere sostenuto dalla fede. **3**: *to adjudge valid*) accogliere (*anche Dir*): *to ~ an appeal* accogliere un ricorso. **4** (*to maintain*) confermare.

upholder /ʌp'houldər/ *n.* sostenitore *m.* (*f.* -trice), fautore *m.* (*f.* -trice).

upholster /ʌ'poulstər *Am* ʌ'poulstər/ *v.t.* **1** (*furniture, cars*) imbottire, ricoprire. **2** (*to provide with furnishing*) tappezzare.

upholstered /ʌp'houlstəd *Am* ʌ'poulstərd/ *a.* **1** imbottito, ricoperto. **2** (*covered with fabric*) tappezzato.

upholsterer /ʌp'houlstərər *Am* ʌ'poulstərər/ *n.* tappezziere *m.* (*f.* -a).

upholstery /ʌp'houlstəri *Am* ʌ'poulstəri/ *n.* **1** imbottitura *f.* **2** (*with textiles*) tappezzeria *f.* **3** (*of a car, etc.*) rivestimento *m.* (interno), tappezzeria *f.* **4** (*business of an upholsterer*) imbottitura *f.*; (*with textiles*) tappezzeria *f.*

UPI, U.P.I. /ˌjuːpiːˈaɪ/ (*US*) *United Press International* UPI (agenzia di informazioni americana).

upkeep /'ʌpkiːp/ *n.* **1** (*of a building, etc.*) manutenzione *f.*; (*cost*) spese *f.pl.* di manutenzione. **2** (*of a person, family, etc.*) mantenimento *m.*, sostentamento *m.*; (*cost*) spese *f.pl.* di mantenimento.

upland /'ʌplənd/ **I** *n.* (*often pl.*) territorio *m.* montano, regione *f.* montagnosa; (*upland plain*) altopiano *m.* **II** *a.* **1** montano, montuoso, montagnoso. **2** (*Biol*) montano, di montagna.

uplift[1] /ʌp'lɪft/ *v.t.* **1** sollevare, alzare, tirare su. **2** (*fig*) (*to improve spiritually, etc.*) elevare. **3** (*fig*) (*to cheer, to encourage*) sollevare, incoraggiare, confortare.

uplift[2] /'ʌplɪft/ *n.* **1** sollevamento *m.* **2** (*fig, iron*) edificazione *f.*, elevazione *f.* morale. **3** (*fig*) (*encouragement*) incoraggiamento *m.*, conforto *m.* **4** (*Geol*) sollevamento *m.*

uplifting /ʌp'lɪftɪŋ *Am* ʌp'lɪftɪŋ/ *a.* edificante.

uplink /'ʌplɪŋk/ *n.* (*Astron*) trasferimento *m.* dati da Terra a satellite.

upload[1] /ʌp'loud/ *v.t.* (*Inform*) inviare dati (a una periferica o in rete), caricare dati (su una periferica o in rete).

upload[2] /ʌp'loud/ *n.* (*Inform*) trasferimento *m.* di dati (a una periferica o in rete), caricamento *m.* di dati.

upmarket /ʌp'mɑːkɪt/ *a.* (*Br,Comm*) del settore più caro del mercato, che tratta articoli esclusivi.

upmost /'ʌpmoust/ *a.* **1** (*uppermost*) superiore, altissimo: *the ~ layer* lo strato superiore. **2** (*highest in rank, importance, etc.*) massimo, il più alto, supremo. **3** (*most prominent*) dominante, predominante, prevalente, preponderante: *the ~ thought* il pensiero predominante.

upon /ə'pɒn *Am* ʌ'pɑːn/ *prep.* **1** su, sopra: *a house ~ the hill* una casa sulla collina; (*fig*) *our nation was built ~ these principles* la nostra nazione è stata costruita su questi principi. **2** (*in, into proximity*) su, vicino a: *disaster was ~ us* la sventura incombeva su di noi. ☐ *~ my life!* (o *~ my soul!* o *~ my word!*) parola mia!, parola d'onore!; *God's blessing be ~ you* che Dio ti benedica.

upper /'ʌpər/ **I** *a.* **1** più alto, superiore, più elevato: *the ~ branches of a tree* i rami più alti di un albero. **2** (*higher in rank, importance, etc.*) (di grado) superiore. **3** (*of a river: farther from the mouth*) alto, superiore, più lontano dalla foce: *the ~ course of the Nile* l'alto corso del Nilo. **II** *n.* **1** (*Calz*) tomaia *f.* **2** *spec.pl.* (*colloq*) droga *f.* stimolante, stimolante *m.* ☐ *~ arm* parte superiore del braccio; (*Tip*) *~ case* maiuscolo, carattere maiuscolo; (*Parl*) *~ chamber* camera alta; *~ classes* ceti alti, ceti elevati, aristocrazia; (*scherz*) *~ crust* fior fiore della società, crema della società; (*Mar*) *~ deck* ponte superiore, ponte di coperta, coperta; (*Br,colloq*) *to be down on one's -s* essere senza una lira, essere in bolletta, essere al verde; *to be at the ~ end of the market* essere di prim'ordine, essere in testa al mercato; (*fig*) *~ hand* vantaggio; (*fig*) *to gain* (o *to have*) *the ~ hand* (*on*) avere la meglio (su), prendere il sopravvento (su), acquisire il controllo (di); (*Parl*) *house* camera alta; (*Anat*) *~ jaw* mascella superiore; (*Anat*) *~ lip* labbro superiore; (*Inform*) *~ memory* memoria superiore; (*Br, colloq*) *to be on one's -s* essere senza una lira, essere in bolletta, essere al verde; (*Br*) *~ storey* (o *Am ~ story*): 1 piano superiore; 2 (*sl*) (*head, brains*) cervello, testa: *to be weak in the ~ storey* avere il cervello di una gallina; (*Br,colloq,ant*) *~ ten* (o *~ ten thousand*) aristocrazia, gran mondo; (*Mar*) *~ works* opera morta, accastellamento.

Upper /'ʌpər/ *a.* (*Geol*) superiore. ☐ (*Parl*) *~ House* camera alta; (*House of Lords*) camera dei Pari, camera dei Lord; (*Geog*) *~ Volta* Alto Volta.

uppercase /ʌpə'keɪs *Am* ʌpər'keɪs/ **I** *a.* maiuscolo: *an ~ letter* una lettera maiuscola. **II** *n.* maiuscolo *m.*, lettera *f.* maiuscola.

upper-class /ʌpə'klɑːs *Am* ˌʌpər'klæs/ *a.* di alto ceto, di classe elevata. ☐ (*colloq*) *~ districts* quartieri alti, quartieri bene.

upperclassman /ʌpə'klæsmən/ *n.irr.* (*Am*) studente *m.* (*f.* -essa) del terzo o quarto anno.

uppercrust /ˌʌpə'krʌst *Am* ˌʌpər'krʌst/ *a.* (*colloq*) (*upper-class*) di ceto alto, di classe elevata.

uppercut[1] /'ʌpəkʌt *Am* 'ʌpərkʌt/ *n.* (*Sport*) montante *m.*, uppercut *m.*

uppercut[2] /'ʌpəkʌt *Am* 'ʌpərkʌt/ *v.irr.* **I** *v.t.* (*Sport*) colpire con un montante. **II** *v.i.* (*Sport*) tirare un montante.

uppermost /'ʌpəˌmoust *Am* 'ʌpərˌmoust/ **I** *a.* **1** superiore, altissimo: *the ~ layer* lo strato superiore. **2** (*highest in rank, importance, etc.*) massimo, il più alto, supremo. **3** (*most prominent*) dominante, predominante, prevalente, preponderante: *the ~ thought* il pensiero predominante. **II** *avv.* più in alto di tutti, nel posto più elevato, nel posto più alto.

uppish /'ʌpɪʃ/ *a.* (*Br,colloq*) arrogante, presuntuoso, superbo, altezzoso, borioso.

uppity /'ʌpɪti *Am* 'ʌpɪʈi/ *a.* (*colloq*) arrogante, spocchioso, con la puzza sotto il naso.

upraise /ʌp'reɪz/ *v.t.* alzare, tirare su, sollevare.

uprate /ʌp'reɪt/ *v.t.* **1** (*to increase the price or value of*) rivalutare, aumentare il prezzo di. **2** (*to increase the size or power of*) ingrandire, am-

pliare. **3** (*to improve the performance of*) potenziare, migliorare.

upright /'ʌpraɪt/ **I** *a.* **1** dritto, diritto, eretto, verticale: *an ~ post* un palo diritto; *an ~ stance* un portamento eretto. **2** (*perpendicular*) perpendicolare. **3** (*fig*) (*having moral integrity*) retto, onesto, integro. **II** *n.* **1** (*Edil*) montante *m.*, stipite *m.* **2** (*Mus*) pianoforte *m.* verticale. **3** *pl.* (*Br,Sport*) montante *m.sing.* (della porta). **III** *avv.* **1** dritto, diritto, verticalmente, in posizione verticale: *to sit ~* sedere diritto. **2** (*perpendicularly*) perpendicolarmente. ☐ *~ chair* sedia (senza braccioli); (*Mus*) *~ piano* pianoforte verticale.

uprightness /'ʌpraɪtnəs/ *n.* **1** l'essere diritto, verticalità *f.* **2** (*fig*) dirittura *f.*, rettitudine *f.*, onestà *f.*

uprising /'ʌpraɪzɪŋ/ *n.* insurrezione *f.*, rivolta *f.*, ribellione *f.*

upriver /ʌp'rɪvər/ **I** *avv.* **1** a monte, su, verso l'alto. **2** (*against the current*) contro corrente. **II** *a.* **1** (*posto*) a monte. **2** (*moving against the current*) che va contro (la) corrente.

uproar /'ʌprɔːr/ *n.* **1** chiasso *m.*, tumulto *m.*, strepito *m.*, frastuono *m.*, baccano *m.* **2** (*commotion, disturbance*) scompiglio *m.*, agitazione *f.*, trambusto *m.*

uproarious /ʌp'rɔːriəs/ *a.* **1** tumultuoso, chiassoso: *an ~ session* una seduta tumultuosa. **2** (*very loud*) fragoroso, rumoroso: *~ laughter* risate fragorose. **3** (*very funny*) molto divertente, spassosissimo.

uproariously /'ʌprɔːriəsli/ *avv.* **1** tumultuosamente, chiassosamente. **2** (*very loudly*) fragorosamente, rumorosamente. **3** (*very funnily*) molto spassosamente, in modo spassosissimo.

uproariousness /'ʌprɔːriəsnəs/ *n.* chiassosità *f.*

uproot /ʌp'ruːt/ *v.t.* **1** sradicare, svellere, estirpare. **2** (*fig*) (*to root out*) sradicare, estirpare.

uprush /'ʌprʌʃ/ *n.* **1** (*of air, gas, etc.*) flusso *m.* ascensionale. **2** (*of an emotion*) impeto *m.*, accesso *m.*

UPS /ˌjuːpiːˈes/ (*Inform*) *Uninterruptable Power Supply* UPS (gruppo di continuità).

upscale /ʌp'skeɪl/ *a.* (*Am,Comm*) del settore più caro del mercato, che tratta articoli esclusivi.

upset[1] /ʌp'set/ *v.t.irr.* **1** rovesciare: *to ~ a jug of milk* rovesciare una brocca di latte. **2** (*to capsize*) capovolgere, rovesciare: *the wave ~ the boat* l'onda ha capovolto la barca. **3** (*to throw into disorder*) scombussolare, sconvolgere, scompigliare: *the weather ~ our programme* il tempo ha scombussolato i nostri programmi. **4** (*fig*) (*to disturb emotionally*) sconvolgere, turbare (profondamente), scombussolare. **5** (*to cause to feel ill*) far stare male, causare malessere a, scombussolare; (*of the stomach*) rovinare, sconvolgere, scombussolare. **6** (*Mecc*) ricalcare. **II** *a.* **1** rovesciato. **2** (*capsized*) capovolto, rovesciato. **3** (*thrown into disorder*) scombussolato, sconvolto, scompigliato. **4** (*fig*) sconvolto (profondamente) turbato, scombussolato. **5** (*of the stomach*) in disordine, sconvolto, scombussolato.

upset[2] /'ʌpset/ *n.* **1** rovesciamento *m.* **2** (*capsizing*) capovolgimento *m.*, rovesciamento *m.* **3** (*state of disorder*) sconvolgimento *m.*, scompiglio *m.*, scombussolamento *m.* **4** (*fig*) turbamento *m.* (profondo), scombussolamento *m.* **5** (*colloq*) (*quarrel*) lite *f.*, litigio *m.* **6** (*physical disturbance*) sconvolgimento *m.* **7** (*Sport*) (*unexpected defeat*) sconfitta *f.* inaspettata, scivolone *m.* **8** (*Met*) (*swage*) stampo *m.* ☐ (*Comm*) *~ price* (*at an auction*)

upsetting /ʌp'setɪŋ Am ʌp'seṭɪŋ/ **I** a. sconvolgente, che scombussola, che turba profondamente. **II** n. (Mecc) ricalcatura f.

upshift /'ʌpʃɪft/ v.i. (Aut) mettere una marcia più alta.

upshot /'ʌpʃɒt Am 'ʌpʃɑ:t/ n. risultato m., esito m., conclusione f.

upside /'ʌpsaɪd/ n. (positive aspect) lato m. positivo, aspetto m. positivo.

upside-down /ˌʌpsaɪd'daʊn/ **I** avv. **1** a rovescio, alla rovescia, al contrario: to turn sth. ~ mettere qcs. a testa in giù, capovolgere qcs. **2** (fig) a soqquadro, sottosopra, in disordine: the thieves turned the house ~ i ladri hanno messo a soqquadro la casa. **II** a. **1** rovesciato, capovolto, sottosopra. **2** (confused, disordered) sottosopra, disordinato, a soqquadro. **3** (marked by an inversion of the reasonable) a rovescio: ~ logic logica a rovescio. ☐ (Dolc) pineapple ~cake torta di ananas (cotta con l'ananas come base e servita capovolta).

upsides /'ʌpsaɪdz/ a./avv. (Br,colloq,ant) pari (e patta): to be ~ with so. essere pari e patta con qcu. ☐ (Br) toget ~ with so. vendicarsi di qcu.

upsilon /ju:p'saɪlən ʌp'saɪlən Am 'ʌpsɪlɑ:n/ n. (letter of the Greek alphabet) ipsilon m./f.

upstage /ʌp'steɪdʒ/ **I** avv. (Teat) verso il fondo (della scena). **II** a. (sl) (supercilious) altezzoso, sprezzante, sdegnoso, altero. **III** v.t. (estens) (to steal the limelight from) superare, fare meglio di, mettere in ombra.

upstairs /ʌp'steəz Am ʌp'sterz/ **I** avv. al piano superiore, verso il piano superiore, su, di sopra: to go ~ salire al piano superiore; your brother is ~ tuo fratello è di sopra. **II** a. al piano superiore, del piano superiore: an ~ room una stanza al piano superiore. **III** n.pl. (costr.sing. o pl.) piano m. superiore, piani m.pl. superiori.

upstanding /ʌp'stændɪŋ/ a. **1** (fig) (respectable) retto, onesto, diritto, tutto d'un pezzo: an ~ citizen un onesto cittadino. **2** (erect) dritto, diritto, eretto. **3** (of an animal: healthy and strong) forte e sano.

upstart /'ʌpstɑːt Am 'ʌpstɑːrt/ **I** n. (parvenu) nuovo ricco m., villano m. rifatto, parvenu m. **II** a. **1** (of things, newly set up) nuovo. **2** (of a person) che si è fatto da solo, che è venuto su dal nulla. **3** (characteristic of a parvenu) da nuovo ricco, da villano rifatto.

upstate /ʌp'steɪt/ **I** n. (Am) parte f. settentrionale (di uno stato). **II** a. (Am) situato a nord, caratteristico del nord (di uno stato): ~ New York la parte settentrionale dello stato di New York. **III** avv. (Am) **1** (in the North) nel nord (di uno stato). **2** (towards the North) verso il nord (di uno stato).

upstream /ʌp'striːm/ **I** avv. **1** a monte, su, verso l'alto. **2** (against the current) contro corrente. **II** a. **1** (posto) a monte. **2** (moving against the current) che va contro (la) corrente.

upstroke /'ʌpstroʊk/ n. **1** (of a letter) asta f. ascendente, tratto m. ascendente. **2** (Tip) asta f. superiore. **3** (Mot) corsa f. ascendente.

upsurge /'ʌpsɜːdʒ Am 'ʌpsɜːrdʒ/ n. rapido aumento m., impennata f., brusco rialzo m.

upsweep /'ʌpswiːp/ n. **1** curvatura f. verso l'alto. **2** (slope) pendio m. ripido. **3** (hairdo) pettinatura f. coi capelli tirati su. **4** (fig) aumento m. di attività.

upswept /'ʌpswept/ a. **1** (curved upwards) curvato verso l'alto. **2** (directed upwards) diretto verso l'alto. **3** (of hair, upwards and off the face) tirati su.

upswing /'ʌpswɪŋ/ n. **1** oscillazione f. verso l'alto. **2** (Econ) boom m.

upsy-daisy /'ʌpsɪdeɪzɪ,'ʌpsɪdeɪzɪ/ intz. oplà!, opplà!

uptake /'ʌpteɪk/ n. **1** utilizzo m. **2** (understanding) comprensione f., comprendonio m. **3** (act of lifting) sollevamento m. **4** (Tecn) (amount taken up by a machine) quantità f. presa da una macchina. **5** (Tecn) (pipe, flue, etc., leading upwards) tubo m. ascendente, condotto m. ascendente. ☐ to be quickon the ~ essere pronto nel capire, capire subito, essere sveglio; to be slow on the ~ essere lento a capire, essere lento di comprendonio.

uptempo /ʌp'tempoʊ/ a. (Mus) uptempo, a ritmo veloce.

upthrow /'ʌpθroʊ/ n. **1** (Geol) sollevamento m. **2** (Minier) (of a load, seam) dislocazione f. verso l'alto.

upthrust /'ʌpθrʌst/ n. (Geol) sollevamento m.

uptick /'ʌptɪk/ n. (Am) piccolo miglioramento m.

uptight /ʌp'taɪt/ a. (colloq) **1** (tense) teso, agitato. **2** (lacking a sense of humour) privo di senso dell'umorismo.

uptime /'ʌp,taɪm/ n. (Inform) autonomia f., tempo m. di funzionamento.

up-to-date /ˌʌptə'deɪt/ a. **1** aggiornato: the ~ edition of a dictionary l'edizione aggiornata di un dizionario. **2** (of people) aggiornato, ben aggiornato. **3** (modern, current) moderno, attuale, adatto al tempo. **4** (currently fashionable) moderno, alla moda. ☐ to bring ~: 1 (of people) mettere al corrente, aggiornare; 2 (of things) aggiornare.

up-to-the-minute /ˌʌptəðə'mɪnɪt/ a. **1** aggiornatissimo, nuovissimo, dell'ultima ora. **2** (very modern) modernissimo, all'ultima moda.

uptown /'ʌptaʊn/ **I** avv. (Am) **1** (in the residential area) nei quartieri alti (o residenziali) della città. **2** (towards the residential area) verso i quartieri alti (o residenziali) della città. **II** a. (Am) **1** dei (o relativo ai) quartieri alti (o residenziali) della città: in ~ New York nei quartieri residenziali di New York. **2** (fig) (high class) raffinato, di classe, sofisticato. **III** n. (Am) quartieri m.pl. alti, quartieri m.pl. residenziali.

uptrend /'ʌptrend/ n. (Econ) tendenza f. al rialzo.

upturned [1] /ʌp'tɜːnd Am ʌp'tɜːrnd/ n. (Econ) rialzo m.

upturned [2] /ʌp'tɜːnd Am ʌp'tɜːrnd/ a. **1** diretto verso l'alto, rivolto in alto. **2** (of a nose) all'insù. **3** (overturned) rovesciato.

UPU Universal Postal Union UPU (Unione postale universale).

upward /'ʌpwəd Am 'ʌpwərd/ **I** avv. **1** in su, all'insù, in alto, verso l'alto: to look ~ guardare in su. **2** (of a road, etc.) in salita. **3** (along the course of one's life) in poi, in su: from youth ~ dalla giovinezza in poi. **II** a. **1** (diretto) verso l'alto, ascensionale, ascendente: ~ movement movimento verso l'alto. **2** (of a road, etc.) in salita. **3** (situated in a higher place) in alto, elevato. **4** (Econ) al rialzo, in aumento: ~ trend tendenza al rialzo. ☐ (Sociol) ~mobility mobilità verso l'alto.

upwards /'ʌpwədz Am 'ʌpwərdz/ avv. **1** in su, all'insù, in alto, verso l'alto: to look ~ guardare in su. **2** (of a road, etc.) in salita. **3** (along the course of one's life) in poi, in su: from childhood ~ dall'infanzia in poi. ☐ ~ and ~ e più, e oltre; ~of più di, oltre: he spent ~ of a hundred dollars ha speso più di cento dollari.

upwind /ʌp'wɪnd/ avv. **1** controvento. **2** (in a position from where the wind is blowing) nella direzione del vento.

uraemia /juə'riːmɪə Am ju:'riːmɪə/ n. (Med) uremia f.

uraemic /jʊ(ə)'riːmɪk Am ju:'riːmɪk/ a. (Med) uremico.

Ural /'jʊ(ə)rəl Am 'jʊrəl/ **I** n.pr. (Geog) Ural m. **II** a. uralico. ☐ (Geog) ~Mountains Urali.

Ural-altaic /'jʊ(ə)rələl'teɪk Am ,jʊ:rə'lælˈteɪk/ a. (Ling) uralo-altaico.

Urals /'jʊ(ə)rəlz Am 'jʊ:rəlz/ n.pr.pl. (Geog) Urali m.pl.

uranic /jʊ(ə)'rænɪk Am ju:'rænɪk/ a. (Chim) uranico.

uranite /'jʊ(ə)rənaɪt Am 'jʊ:rə,naɪt/ n. (Min) uranite f., autunnite f.

uranium /jʊ(ə)'reɪnɪəm Am ju:'reɪnɪəm/ n. (Chim) uranio m. ☐ (Chim) ~dioxide biossido di uranio; (Nucl) ~enrichment arricchimento dell'uranio.

uranographer /jʊ(ə)rə'nɒɡrəfər Am ju:rə'nɑːɡrəfər/ n. (Astr) uranografo m. (f. -a).

uranographic /ˌjʊ(ə)rənoʊ'ɡræfɪk Am ˌju:rənə'ɡræfɪk/ a. (Astr) uranografico.

uranographical /ˌjʊ(ə)rənoʊ'ɡræfɪkəl Am ˌju:rənə'ɡræfɪkəl/ a. (Astr) uranografico.

uranographist /ˌjʊ(ə)rə'nɒɡrəfɪst Am ju:rə'nɑːɡrəfɪst/ n. (Astr) uranografo m. (f. -a).

uranography /ˌjʊ(ə)rə'nɒɡrəfi Am ju:rə'nɑːɡrəfi/ n. (Astr) uranografia f.

uranous /'jʊ(ə)rənəs Am 'jʊ:rənəs/ a. (Chim) uranoso.

Uranus /'jʊ(ə)rˈnəs Am 'jʊ:rˈnəs,jʊ'reɪnəs/ n.pr.m. (Mitol) Urano m. **II** n.pr. (Astr) Urano m.

urate /'jʊ(ə)reɪt/ n. (Chim) urato m.

urban /'ɜːbən Am 'ɜːrbən/ a. **1** urbano. **2** (characteristic of cities) di città, cittadino. ☐ ~blight degrado urbano; ~development sviluppo urbano; ~district council consiglio urbano municipale; ~environment ambiente urbano; (Pol) ~guerrilla guerriglia urbana; ~legend (o ~myth) leggenda metropolitana; ~planning urbanistica; ~population popolazione urbana; ~renewal bonifica urbana; (Univ) ~studies urbanistica.

urbane /ɜː'beɪn Am 'ɜːrbeɪn/ a. civile, cortese, urbano, educato.

urbanely /ɜː'beɪnli Am 'ɜːrbeɪnli/ avv. civilmente, cortesemente, urbanamente.

urbanism /'ɜːbə,nɪzəm Am 'ɜːrbə,nɪzəm/ n. **1** vita f. cittadina, vita f. di città. **2** (town planning) urbanistica f.

urbanist /'ɜːbənɪst Am 'ɜːrbənɪst/ n. urbanista m./f.

urbanistic /ɜː'bənɪstɪk Am ɜːrbə'nɪstɪk/ a. urbanistico.

urbanity /ɜː'bænɪti Am ɜːr'bænɪṭi/ n. cortesia f., gentilezza f., civiltà f., urbanità f.

urbanization /ˌɜːbən(a)ɪ'zeɪʃən Am ,ɜːrbəni'zeɪʃən/ n. urbanizzazione f.

urbanize /'ɜːbənaɪz Am 'ɜːrbənaɪz/ v.t. urbanizzare.

urchin /'ɜːtʃɪn Am 'ɜːrtʃɪn/ n. **1** monello m., discolo m. **2** (Zool) (sea urchin) riccio m. di mare, echino m. **3** (Tess) (of a carding machine) cilindro m. **4** (dial) (hedgehog) riccio m.

Urdu /'ʊədu:, ɜː'du:/ **I** n. (Ling) urdu m., urdù m. **II** a. (Ling) urdu.

urea /'jʊərɪə, ju:'rɪə/ n. (Biol) urea f.

ureter /jʊə'riːtər Am jʊ'riːṭər/ n. (Anat) uretere m.

urethra /jʊə'riːθrə Am jʊ'riːθrə/ (pl. -thrae /-θriː/ o -s /-z/) n. (Anat) uretra f.

urethral /jʊə'riːθrəl Am jʊ'riːθrəl/ a. (Anat) uretrale.

urethritis /ˌjʊərɪ'θraɪtɪs Am jʊ'riːθraɪṭɪs/ n. (Med) uretrite f.

urethroscope /juə'ri:θrə,skoup *Am* ju'ri:θrə ,skoup/ *n.* (*Med*) uretroscopio *m.*

urethroscopy /,juəri:'θrɒskəpi *Am* ,juri: 'θrɑ:skəpi/ *n.* (*Med*) uretroscopia *f.*

urethrotomy /,juəri:'θrɒtəmi *Am* ,juri: 'θrɑ:təmi/ *n.* (*Med*) uretrotomia *f.*

uretic/juə'retɪk *Am* ju'reṭɪk/ *a.* 1 (*Med*) urinario. 2 (*diuretic*) diuretico.

urge /ɜːdʒ *Am* ɜːrdʒ/ I *v.t.* 1 spronare, stimolare, esortare, incitare, pungolare: *to ~ one's horse* spronare il cavallo. 2 (*to hasten, to press*) sollecitare, incalzare, spingere. 3 (*to bring to notice in a persistent way*) mettere in evidenza (con insistenza), far valere, insistere su. 4 (*to advocate in a persistent way*) chiedere con insistenza, sollecitare. II *n.* 1 impulso *m.*, spinta *f.*, stimolo *m.*, sollecitazione *f.* 2 (*strong, instinctive desire*) forte desiderio *m.*, impulso *m.*, passione *f.*: *an ~ to travel* un forte desiderio di viaggiare. □ *to ~ along* (o *to ~ on*) spronare, stimolare, esortare, incitare, pungolare.

urgency/'ɜːdʒənsi *Am* ɜːrdʒənsi/ *n.* 1 urgenza *f.*, l'essere urgente, l'essere pressante. 2 (*insistent quality*) insistenza *f.* 3 (*pressing need, requirement*) assoluta necessità *f.*, bisogno *m.* incalzante.

urgent /'ɜːdʒənt *Am* 'ɜːrdʒənt/ *a.* 1 urgente, pressante, impellente: *to be in ~ need of sth.* avere urgente bisogno di qcs., avere urgentemente bisogno di qcs. 2 (*conveying urgency*) insistente, pressante: *an ~ request* una richiesta insistente. 3 (*importunate, insistent*) insistente, invadente, importuno. □ *to be ~ about* (o *to be ~ for*) *sth.* insistere per qcs.; *to be ~ with so.* fare pressioni su qcu.

urgently /'ɜːdʒəntli *Am* 'ɜːrdʒəntli/ *avv.* pressantemente, urgentemente.

uric /'juərɪk *Am* 'jurɪk/ *a.* (*Chim*) urico: *~ acid* acido urico.

urinal/'juərɪnəl, ju'raɪnəl *Am* 'jurɪnl/ *n.* orinatoio *m.*, vespasiano *m.*

urinalysis /,juərɪ'næləsɪs *Am* ,jurɪ'næləsɪs/ *n.* (*Med*) analisi *f.* delle urine.

urinary /'juərɪnəri *Am* 'jurɪneri/ *a.* 1 (*Fisiol*) urinario, dell'urina. 2 (*Anat,Med*) urinario. □ (*Anat*) *~ bladder* vescica urinaria; (*Med*) *~ calculus* calcolo urinario.

urinate /'juərɪneɪt *Am* 'jurɪneɪt/ *v.i.* urinare.

urination/,juərɪ'neɪʃən *Am* ,jurɪ'neɪʃən/ *n.* urinazione *f.*

urine/'juərɪn *Am* 'jurɪn/ *n.* (*Fisiol*) urina *f.*, orina *f.*

urinogenital /,juərɪnou'dʒenɪtəl *Am* ,jurɪnou 'dʒenɪṭəl/ *a.* (*Med*) urogenitale, genitourinario.

urinometer/,juərɪ'nɒmɪtər *Am* ,jurɪ'nɑ:mɪṭər/ *n.* (*Med*) urometro *m.*

urinometry/,juərɪ'nɒmɪtri *Am* ,jurɪ'nɑ:mɪtri/ *n.* (*Med*) urometria *f.*

urinose /'juərɪnous *Am* 'jurɪnous/, **urinous** /'juərɪnəs *Am* 'jurɪnəs/ *a.* (*Fisiol,Med*) urinoso.

URL /,juːɑːr'el/ (*Inform*) *Uniform Resource Locator* URL (identificatore standard di risorse, indirizzo univoco).

urn /ɜːn *Am* ɜːrn/ *n.* 1 urna *f.*, vaso *m.* (*anche Archeol*). 2 (*coffee urn*) scaldacaffè *m.*; (*tea urn*) samovar *m.* 3 (*Bot*) urna *f.*

urogenital /,juərou'dʒenɪtəl *Am* ,jurou 'dʒenɪṭəl/ *a.* (*Med*) urogenitale, genitourinario.

urogenitary /,juərou'dʒenɪtəri *Am* ,jurou 'dʒenɪteri/ *a.* (*Med*) urogenitale, genitourinario.

urologic /,juərou'lɒdʒɪk *Am* ,jurə'lɑ:dʒɪkəl/, **urological** /,juərou'lɒdʒɪk *Am* ,jurə'lɑ:dʒɪkəl/ *a.* (*Med*) urologico.

urologist /juə'rɒlədʒɪst *Am* jur'ɑ:lədʒɪst/ *n.* (*Med*) urologo *m.* (*f.* -a).

urology /juə'rɒlədʒi *Am* ,jur'ɑ:lədʒi/ *n.* (*Med*) urologia *f.*

uroscopy /ju(ə)'rɒskəpi *Am* ,jur'ɑ:skəpi/ *n.* (*Med*) uroscopia *f.*, esame *m.* delle urine.

ursine/'ɜːsaɪn *Am* 'ɜːrsaɪn/ *a.* 1 (*of bears*) orsino. 2 (*bearlike*) simile a un orso.

Ursula/'ɜːsjulə *Am* 'ɜːrsələ/ *n.pr.f.* Orsola, Ursula.

Ursuline /'ɜːsjulaɪn *Am* 'ɜːrsəlaɪn/ I *n.* (*Rel.catt*) orsolina *f.* II *a.* (*Rel.catt*) delle orsoline, relativo alle orsoline.

urticaceous /,ɜːtɪ'keɪʃəs *Am* ,ɜːrṭə'keɪʃəs/ *a.* (*Bot*) urticaceo.

urticant /'ɜːtɪkənt *Am* 'ɜːrṭɪkənt/ *a.* (*Biol*) urticante, orticante.

urticaria/,ɜːtɪ'keəriə *Am* ,ɜːrṭə'keriə/ *n.* (*Med*) orticaria *f.*

urticate /'ɜːtɪkeɪt *Am* 'ɜːrṭɪkeɪt/ I *v.t.* 1 pungere (come l'ortica). 2 (*to whip*) flagellare. II *v.i.* 1 pungere come l'ortica. 2 (*to produce urticaria*) causare l'orticaria.

urtication /,ɜːtɪ'keɪʃən *Am* ,ɜːrṭə'keɪʃən/ *n.* 1 prurito *m.* 2 (*Med*) eruzione *f.* dell'orticaria.

Uruguay /'juərə,gwaɪ *Am* 'jurəgweɪ/ *n.pr.* (*Geog*) Uruguay *m.*

Uruguayan /,juərə'gwaɪən *Am* ,jurə'gweɪən/ I *n.* uruguaiano *m.* (*f.* -a), uruguayano *m.* (*f.* -a). II *a.* uruguaiano, uruguayano, dell'Uruguay.

us /ʌs, əs/ *pron.* 1 (*direct object*) ci, noi: *come and see ~ sometime* venite a trovarci qualche volta. 2 (*indirect object*) ci, a noi: *tell ~ what you want* dicci che cosa vuoi; *he gave it to ~ not to you* lo ha dato a noi, non a te. 3 (*after prepositions*) noi: *don't stand in front of ~* non stateci davanti; *it's all right by ~* per noi va bene. 4 (*in comparison*) noi: *they're richer than ~* sono più ricchi di noi. 5 (*Br, colloq*) (*me*) me, a me: *give ~ a hand will you?* vuoi darmi una mano?

US /juː'es/ I 1 *United States* Stati Uniti. 2 (*GB*) *Undersecretary* (sottosegretario, vicesegretario). II *n.* (*Geog*) Stati Uniti *m.pl.* III *a.* 1 statunitense, degli Stati Uniti. 2 (*Br,colloq*) (*useless, unserviceable*) inutilizzabile, inservibile, fuori uso: *our radio's ~* la nostra radio è inutilizzabile.

U/S /'juː,es/ *a.* (*Br,colloq*) (*unserviceable*) inutilizzabile, inservibile, fuori uso: *our radio's ~* la nostra radio è inutilizzabile.

u.s. *ubi supra* c.s. (come sopra).

USA /,juː,es'eɪ/ *United States of America* USA (Stati Uniti d'America).

usability /,juːzə'bɪlɪti *Am* ,juːzə'bɪlɪṭi/ *n.* 1 l'essere usabile, l'essere utilizzabile. 2 (*Inform*) grado *m.* di utilizzabilità.

usable/'juːzəbl/ *a.* usabile, utilizzabile, adoperabile, che si può impiegare.

USAF/,juː,es'ef/ (*US,Mil*) *United States Air Force* USAF (aviazione militare degli Stati Uniti).

usage/'juːzɪdʒ/ *n.* 1 uso *m.*, consuetudine *f.*, usanza *f.*, costume *m.* 2 (*Gramm,Ling*) uso *m.* 3 (*act of using, use*) uso *m.*: *do you charge for the ~ of deckchairs?* si paga per l'uso delle sedie a sdraio? 4 (*manner of using*) uso *m.*, impiego *m.*, utilizzazione *f.* 5 (*treatment*) trattamento *m.*: *the furniture was given rough ~* i mobili erano stati trattati male. 6 (*Dir*) consuetudine *f.*, uso *m.*

usance /'juːzəns/ *n.* 1 (*Comm*) (*on foreign bills of exchange*) scadenza *f.* consueta, termine *m.* consueto. 2 (*customary practice, usage*) consuetudine *f.*, uso *m.*

USB *Uzbekistan* USB (Uzbekistan).

use[1] /juːs/ *n.* 1 uso *m.*: *there is no charge for the ~ of the library* l'uso della biblioteca è gratuito. 2 (*manner of using*) uso *m.*, impiego *m.*, utilizzazione *f.*, utilizzo *m.*: *the proper ~ of an instrument* il giusto impiego di uno

strumento; *to find a ~ for sth.* trovare un impiego per qcs. 3 (*right, benefit of using*) uso *m.*, diritto *m.* di usare: *all students have the ~ of the library* l'uso della biblioteca è consentito a tutti gli studenti. 4 (*ability to use*) uso *m.*, capacità *f.* di usare: *to lose the ~ of one's right eye* perdere l'uso dell'occhio destro. 5 (*usefulness, utility*) utilità *f.*, vantaggio *m.*, profitto *m.*, pro *m.* 6 (*occasion, need for using*) opportunità *f.* di usare, necessità *f.* di usare: *I have little ~ for a car* ho poche opportunità di usare un'automobile. 7 (*customary practice*) uso *m.*, usanza *f.* 8 (*custom, habit*) abitudine *f.*, consuetudine *f.*, uso *m.* 9 (*Lit*) usanza *f.* 10 (*Dir*) (*legal enjoyment of property*) uso *m.*, diritto *m.* d'uso, godimento *m.*; (*of land*) godimento *m.* □ *not to find any ~ for sth.* non sapere che fare di qcs.; *instructions for ~* istruzioni per l'uso; *for the ~ of* per, a uso di; *to have one's -s* essere utile; *to be in ~* essere in uso, essere usato; *to make ~ of* usare, utilizzare, adoperare, servirsi di; *to make good ~ of* usare bene, far buon uso di; *to be no ~* essere inutile, non servire a niente: *it's no ~ fighting* litigare non serve a niente; *to have no ~ for sth.* non avere bisogno di qcs.; (*Am*) *to be not in ~* essere fuori uso, essere caduto in disuso *to be of ~* servire, essere di utilità, essere utile; *to be of no ~* essere inutile, non servire a niente; *to be out of ~* essere fuori uso, essere caduto in disuso; *to go out of ~* cadere in disuso; *to put sth. to ~* usare qcs., fare uso qcs., servirsi di qcs.; *what's the ~?* a che cosa serve?, a che pro? *Prov.: it is no ~ crying over spilled milk* (o *it is no ~ crying over spilt milk*) è inutile piangere sul latte versato.

use[2] /juːz/ I *v.t.* 1 usare, adoperare, fare uso di, utilizzare, impiegare, servirsi di: *may I ~ your telephone?* posso usare il tuo telefono?; *~ a knife, it's quicker* adopera un coltello, si fa prima. 2 (*to avail oneself of*) servirsi di, usare, utilizzare, approfittare di: *you may ~ my office while I'm away* puoi servirti del mio ufficio mentre sono fuori. 3 (*of a language*) usare. 4 (*of a title, name*) usare, servirsi di: *to ~ a pseudonym* usare uno pseudonimo. 5 (*to consume*) consumare: *my car -s a lot of petrol* la mia auto consuma molta benzina. 6 (*to expend, to consume completely*) finire, consumare, esaurire: *I have -d all the money* ho finito tutti i soldi. 7 (*to exhaust, to tire*) spossare, sfinire, esaurire. 8 (*of time: to pass, to spend*) trascorrere, passare, spendere: *~ your time wisely* usa bene il tempo che hai. 9 (*to exercise*) usare, adoperare, esercitare: *to ~ one's judgement* usare il proprio discernimento. 10 (*colloq*) (*to benefit from*) trarre vantaggio da, trarre profitto da. 11 (*spreg*) usare, sfruttare. II *v.i.* (*usato al past* used /juːst/ *seguito dall'inf.*) (*refers to past habits not discontinued*) essere solito, solere, usare, essere avvezzo, *often not translated: I -d to collect stamps when I was a boy* da ragazzo collezionavo francobolli; *you -d not to be so intolerant* non eri così intollerante una volta. □ (*Br,colloq*) *I could ~ a drink* berrei volentieri qualcosa; (*colloq*) *to ~ one's brains* adoperare il cervello, usare la testa, ragionare; *to ~ one's legs* andare a piedi, camminare; *to ~ up:* 1 (*to expend, to consume completely*) finire, consumare (tutto), esaurire: *I have -d up all the money* ho finito tutti i soldi; *to ~ up one's energies* esaurire le proprie forze; 2 (*to exhaust, to tire*) spossare, sfinire, esaurire.

used[1] /juːzd/ *a.* 1 usato, adoperato, utilizzato: *a frequently ~ expression* un'espressione usata spesso. 2 (*second-hand*) usato, di seconda mano: *a ~ car* un'auto usata. **3** (*of clothes*) smesso. **4** (*experienced*) esperto, navigato (*in* in).

used [2] /ju:zt/ *a.* **1** (*habituated, accustomed to*) abituato, avvezzo (*to* a): *I am not ~ to this climate* non sono abituato a questo clima. □ *to get* ~ *to* abituarsi a, fare l'abitudine a; *to get ~ to doing sth.* abituarsi a fare qcs.; *you can get ~ to anything in time* con il tempo ci si abitua a tutto; *it's easy once you get ~ to it* è facile una volta che hai fatto l'abitudine.

used-up /ju:zdʌp/ *a.* **1** esaurito, consumato (completamente). **2** (*colloq*) (*exhausted*) esausto, sfinito, spossato.

useful /'ju:sfʊl/ *a.* utile, giovevole, vantaggioso, proficuo, pratico, funzionale: *a ~ tool* un attrezzo utile. □ (*Tecn*) ~ *life* durata utile; *to make oneself ~* rendersi utile.

usefully /'ju:sfʊli/ *avv.* utilmente, con vantaggio.

usefulness /'ju:sfʊlnəs/ *n.* utilità *f.*, vantaggio *m.*

useless /'ju:slɪs/ *a.* **1** inutile, che non serve a niente, non vantaggioso, non proficuo, vano: *all attempts were ~* tutti i tentativi sono stati vani; *it's ~ for you to try* è inutile che tenti. **2** (*colloq*) (*incompetent*) incapace, incompetente.

uselessly /'ju:slɪsli/ *avv.* inutilmente, invano.

uselessness /'ju:slɪsnəs/ *n.* inutilità *f.*

user [1] /'ju:zər/ *n.* **1** utente *m./f.*, utilizzatore *m.* (*f.* -trice). **2** (*of public utilities, computers, etc.*) utente *m./f.*: *telephone -s* utenti del telefono. **3** (*colloq*) sfruttatore *m.* (*f.* -trice), persona *f.* che sfrutta gli altri. □ (*Inform*) ~ *group* gruppo di utenti; (*Inform*) ~*'s guide* manuale d'uso, guida per l'utente; (*Inform*) ~ *interface* interfaccia utente; (*Inform*) ~*program* programma applicativo.

user [2] /'ju:zər/ *n.* (*Dir*) godimento *m.* di un diritto d'uso: *right of ~* diritto basato sull'uso continuato.

user-friendliness /,ju:zə'frendlinəs Am ,ju:zər'frendlinəs/ *n.* facilità *f.* d'uso (*anche Inform*).

user-friendly /'ju:zə,frendli Am 'ju:zər,frendli/ *a.* facile da usare, amichevole (*anche Inform*).

User ID /,ju:zəraɪ'di:/ *n.* (*Inform*) (*user identification*) userid *m.* (identificazione utente).

username /'ju:zə,neɪm Am 'ju:zər,neɪm/ *n.* (*Inform*) nome *m.* utente.

usher /'ʌʃər/ **I** *n.* **1** (*at a theatre*) maschera *f.* **2** (*officer, servant in charge of a door*) usciere *m.* (*f.* -a). **3** (*one who walks before a dignitary*) maestro *m.* di cerimonie. **II** *v.t.* accompagnare, scortare: *to ~ so. to his seat* accompagnare qcu. al suo posto. □ *to ~ in* far entrare, introdurre.

usherette /,ʌʃə'ret/ *n.* (*ant,spreg*) (*at a theatre*) maschera *f.*, mascherina *f.*

USIS /,ju:,es,aɪ'es/ *United States Information Service* USIS (Servizio di informazione per gli Stati Uniti d'America).

USN /,ju:es'en/ (*US,Mil*) *United States Navy* USN (Marina militare statunitense).

USSR /,ju:es'a:r/ (*Stor*) *Union of Soviet Socialist Republics* URSS (Unione delle Repubbliche Socialiste Sovietiche).

usual /'ju:ʒʊəl/ **I** *a.* **1** solito, usuale, consueto, abituale: *the ~ procedure* la solita procedura; *the weather was better than ~* il tempo era migliore del solito. **2** (*commonplace, or-*

---

dinary) ordinario, solito. **II** *n.* (*colloq*) (*usual thing ordered*) solito *m.*: *I'll have my ~* il solito, prego. □ *as ~* come al solito, come di consueto, come sempre.

usually /'ju:ʒʊəli/ *avv.* **1** solitamente, di solito. **2** (*habitually*) abitualmente, d'abitudine.

usualness /'ju:ʒʊəlnəs/ *n.* abitudine *f.*, consuetudine *f.*

usucapion /,ju:zju:'keɪpɪən/, **usucaption** /,ju:zju:'kæpʃən/ *n.* (*Dir*) usucapione *f.*

usufruct /'ju:zju:,frʌkt Am 'ju:zu:,frʌkt/ *n.* (*Dir*) usufrutto *m.*

usufructuary /,ju:sju:'frʌkt(ʃ)jʊəri Am ,ju:zu:'frʌkt(ʃ)ʊeri/ **I** *n.* (*Dir*) usufruttuario *m.* (*f.* -a). **II** *a.* (*Dir*) usufruttuario.

usurer /'ju:ʒərər/ *n.* usuraio *m.* (*f.* -a), strozzino *m.* (*f.* -a).

usurious /ju:'ʒʊərɪəs/ *a.* **1** usurario, d'usura, da usuraio: *a ~ rate of interest* un tasso d'interesse usurario. **2** (*practising usury*) che esercita l'usura.

usuriously /ju:'ʒʊərɪəsli/ *avv.* eccessivamente, esageratamente.

usurp /ju:'zз:p Am ,ju:'sз:rp/ *v.t.* usurpare (*anche estens*): *to ~ the throne* usurpare il trono; *to ~ power* usurpare il potere. □ (*ant*) *to ~on* (o *to ~upon*) violare i diritti di.

usurpation /,ju:zз:'peɪʃən Am ,ju:sз:r'peɪʃən/ *n.* usurpazione *f.*

usurper /ju:'zз:pər Am ju:'sз:rpər/ *n.* usurpatore *m.* (*f.* -trice).

usury /'ju:ʒəri/ *n.* **1** usura *f.* **2** (*fig*) interesse *m.*

UT *Utah* UT (Utah).

Utah /'ju:tɑ: Am also 'ju:tɔ:/ *n.pr.* (*Geog*) Utah *m.*

UTC /,ju:ti:'si:/ *Coordinated Universal Time* UTC (Tempo Universale Coordinato).

Ute /'ju:t/ (*pl.inv.* o **-s** /-z/) *n.* **1** Ute *m./f.*, indiano *m.* (*f.* -a) Ute. **2** (*Ling*) ute *m.*, lingua *f.* ute.

utensil /ju:'tensəl/ *n.* utensile *m.*, arnese *m.*, attrezzo *m.*, articolo *m.*, strumento *m.*: *kitchen -s* utensili da cucina.

uterine /'ju:tə,raɪn Am 'ju:tə,rɪn/ *a.* **1** (*Anat*) uterino, dell'utero. **2** (*Dir*) (*born of the same mother*) uterino: ~ *brother* fratello uterino.

uterus /'ju:tərəs Am 'ju:tərəs/ *n.* (*pl.* **-ri** /-raɪ/) *n.* (*Anat*) utero *m.*

utilitarian /,ju:tɪlɪ'teərɪən Am ,ju:tɪlɪ'terɪən/ **I** *a.* **1** funzionale, pratico, utilitario. **2** (*of people*) utilitarista. **3** (*Filos*) utilitaristico. **II** *n.* utilitarista *m./f.* (*anche Filos*).

utilitarianism /,ju:tɪlɪ'teərɪə,nɪzəm Am ,ju:tɪlɪ'terɪə,nɪzəm/ *n.* (*Filos*) utilitarismo *m.*

utility /ju:'tɪlɪti Am ju:'tɪlɪti/ **I** *n.* **1** utilità *f.*, vantaggiosità *f.* **2** *spec.pl.* (*public service*) servizio *m.* pubblico, ente *m.* erogatore. **3** (*Inform*) programma *m.* di utilità, utility *f.* **II** *a.* **1** funzionale, pratico, utilitario. **2** (*adaptable for many uses*) che si può adibire a vari usi, pluriuso. □ ~ *company* impresa di pubblici servizi (gas, acqua, elettricità); *knife* coltello Stanley, taglierino; ~*man* : **1** (*Teat*) attore secondario, generico; **2** (*Sport*) (*in baseball*) giocatore utility, utility; (*Inform*) ~ *program* programma di utilità, utility; ~*room* locale di servizio; (*Aut*) *sport ~vehicle* sport utility vehicle, SUV, autoveicolo per lo sport e il lavoro.

utilizable /'ju:tɪ,laɪzəbl Am 'ju:ti,laɪzəbl/ *a.* utilizzabile.

utilization /,ju:tɪl(a)ɪ'zeɪʃən Am 'ju:ti,laɪ'zeɪʃən/ *n.* utilizzazione *f.*, sfruttamento *m.*

utilize /'ju:tɪ,laɪz Am 'ju:ti,laɪz/ *v.t.* utilizzare.

utmost /'ʌtmoʊst Am 'ʌtmoʊst/ **I** *a.* **1** estremo, massimo, sommo: *a matter of the ~ importance* una

---

questione di estrema importanza. **2** (*being at the farthest limits of*) estremo: *the ~ ends of the earth* gli estremi limiti della terra. **3** (*final*) estremo, ultimo. **II** *n.* **1** massimo *m.*, colmo *m.*, estremo *m.*: *the ~ in convenience* il massimo della comodità. **2** (*the extreme limit*) estremo limite *m.*, estremo *m.* □ *todo one's ~* fare tutto il possibile, mettercela tutta; *to give sth. one's ~* sforzarsi al massimo per qcs.

utopia /ju:'toʊpiə/ *n.* utopia *f.*

Utopia /ju:'toʊpiə/ *n.* (*Lett*) Utopia *f.*

utopian /ju:'toʊpiən/ *a.* **1** utopistico, chimerico, illusorio. **2** (*Pol,Filos*) utopistico, utopico. **II** *n.* utopista *m./f.* (*anche Pol,Filos*).

Utopian /ju:'toʊpiən/ **I** *a.* (*Lett*) di Utopia. **II** *n.* (*Lett*) abitante *m./f.* di Utopia.

utopianism /ju:'toʊpiə,nɪzəm/ *n.* idealismo *m.* utopistico, utopismo *m.*

utricle /'ju:trɪkl/ *n.* **1** (*Anat*) otricolo *m.*, utricolo *m.* **2** (*Bot*) otricolo *m.*

utricular /ju:'trɪkjʊlər/ *a.* (*Anat*) otricolare, utricolare.

utter [1] /'ʌtər Am 'ʌtər/ *v.t.* (*rar*) **1** (*with one's voice*) emettere, mandare, lanciare: *to ~ a sigh of relief* emettere un sospiro di sollievo. **2** (*to express in words*) esprimere, dire, proferire, manifestare: *to ~ an opinion* esprimere un'opinione. **3** (*Econ*) (*of false coins, notes*) spacciare, mettere in circolazione.

utter [2] /'ʌtər Am 'ʌtər/ *a.* completo, assoluto, totale, bell'e buono: ~ *misery* completa miseria.

utterable /'ʌtərəbl Am 'ʌtərəbl/ *a.* esprimibile.

utterance /'ʌtərəns Am 'ʌtərəns/ *n.* **1** espressione *f.*, l'esprimersi. **2** (*manner, style of speaking*) modo *m.* di parlare, parlata *f.* **3** (*sth. uttered*) cosa *f.* detta. **4** (*word, words uttered*) parola *f.*, parole *f.pl.* □ *to give ~ to one's opinions* esprimere le proprie opinioni.

utterly /'ʌtəli Am 'ʌtərli/ *avv.* assolutamente, totalmente, completamente.

uttermost /'ʌtə,moʊst Am 'ʌtər,moʊst/ **I** *a.* **1** (*farthest, most remote*) (il) più lontano. **2** (*utmost*) supremo, massimo, sommo. **II** *n.* (*utmost*) massimo *m.*, colmo *m.*, estremo *m.*

U-tube /'ju:tju:b Am 'ju:tu:b/ *n.* (*Tecn*) tubo *m.* a U.

U-turn /'ju:tз:n Am 'ju:tз:rn/ *n.* **1** (*Aut*) inversione *f.* a U, inversione *f.* di marcia. **2** (*fig*) dietrofront *m.*

UV /ju:'vi:/ *Ultraviolet* UV, Uv (ultravioletto).

uvula /'ju:vjʊlə Am 'ju:vjʊlə/ *n.* (*pl.* **-lae** /-li:/ o **-s** /-z/) *n.* (*Anat*) ugola *f.*

uvular /'ju:vjʊlər Am 'ju:vjʊlər/ **I** *a.* (*Anat,Fon*) uvulare. **II** *n.* (*Fon*) suono *m.* uvulare.

u/w, U/w (*Assic*) *underwriter* (sottoscrittore).

uxorial /ʌk'sɔ:riəl/ *a.* uxorio.

uxoricidal /ʌk'sɔ:rɪ'saɪdəl/ *a.* uxoricida.

uxoricide /ʌk'sɔ:rɪ,saɪd/ *n.* **1** (*act*) uxoricidio *m.* **2** (*person*) uxoricida *m./f.*

uxorious /ʌk'sɔ:riəs/ *a.* **1** troppo tenero con la moglie. **2** (*oversubmissive*) troppo sottomesso alla moglie, dominato dalla moglie.

uxoriousness /ʌk'sɔ:riəsnəs/ *n.* **1** eccessiva tenerezza *f.* per la moglie. **2** (*oversubmission*) eccessiva sottomissione *f.* alla moglie.

Uzbek /'ʊzbek/ **I** *a.* uzbeco. **II** *n.* uzbeco (*f.* -a).

Uzbekistan /ʊz'bekɪ,stɑ:n Am ʊz'bekɪstæn/ *n.pr.* (*Geog*) Uzbekistan *m.*

V

ᴠⁱ, Vⁱ /viː/ (*pl.* **v's/vs, V's/Vs** /viːz/) *n.* (*letter of the alphabet*) v, V *f./m.*: *a capital V* una v maiuscola; *a small v* una v minuscola; (*Tel*) *V for Victor* (o *Am V as in Victor*) V come Venezia.

V² (*Fis*) **1** *velocity* v (velocità). **2** *specific volume* v (volume specifico).

V² /viː/ **I** *a.* (*V-shaped*) a (forma di) V. **II** *n.* (*V-sign*) segno *m.* di vittoria.

V³ *Vatican* V (Città del Vaticano).

v. 1 *valve* (valvola). **2** (*Mat,Fis*) *vector* (vettore). **3** (*Gramm*) *verb* v. (verbo). **4** (*Filol*) *verse* v., vs. (verso). **5** *versus* vs., v. (verso). **6** (*Edit*) *vide* v. (vedi).

VA /viːˈei/ **1** *Virginia* VA (Virginia). **2** (*US*) *Departement of Veterans Affairs*, (*ant*) *Veteran's Administration* (amministrazione dei Veterani). **3** (*Mar*) *Vice-Admiral* VA (vice-ammiraglio).

vac /væk/ *n.* (*Br,colloq*) (*vacation*) vacanza *f.*

vacancy /ˈveikənsi/ *n.* **1** posto *m.* libero, posto *m.* vacante. **2** (*vacant room*) stanza *f.* libera; (*vacant flat*) appartamento *m.* libero. **3** (*state of being inactive, idle*) inoperosità *f.*, oziosità *f.*, inerzia *f.* **4** (*fig*) (*lack of intelligence, vacuity*) ottusità *f.*, stupidità *f.* **5** (*empty space*) vuoto *m.*, spazio *m.* vuoto. **6** (*gap, breach*) vuoto *m.*, lacuna *f.* **7** (*Fis*) vacanza *f.*, lacuna *f.*

vacant /ˈveikənt/ *a.* **1** libero, non occupato, disponibile: *a ~ flat* un appartamento sfitto; *a ~ seat* un posto libero. **2** (*of a post, office*) libero, vacante. **3** (*empty*) vuoto. **4** (*of time*) libero, senza impegni. **5** (*devoid*) privo, mancante (*of* di). **6** (*of the mind*) vacuo, vuoto; (*of the eyes*) vacuo, assente, senza espressione, inespressivo. **7** (*Dir*) (*of land*) non occupato; (*of an estate: having no heir or claimant*) privo di proprietario. ☐ (*Br,Dir*) *~ possession* possesso di un immobile non occupato.

vacantly /ˈveikəntli/ *avv.* **1** con aria assente, con aria inespressiva. **2** (*foolishly*) scioccamente.

vacate /vəˈkeit, veiˈkeit *Am* ˈveikeit/ *v.t.* **1** lasciare libero, sgomberare, sgomberare, liberare: *to ~ a flat* lasciare libero un appartamento. **2** (*of a post, office*) dare le dimissioni da, dimettersi da, lasciare. **3** (*to annul*) annullare, invalidare.

vacation /vəˈkeiʃən *Am also* veiˈkeiʃən/ **I** *n.* **1** (*of a house*) sgombero *m.*, trasloco *m.* **2** (*of an office, post*) dimissioni *f.pl.*, rinuncia *f.* **3** (*of a law court, a university*) vacanza *f.*, vacanze *f.pl.* **4** (*Am*) (*holiday*) ferie *f.pl.*, vacanza *f.*, vacanze *f.pl.*: *to be on ~* essere in ferie. **II** *v.i.* (*Am*) prendere le ferie, prendersi una vacanza. **2** (*to pass one's vacation*) passare le vacanze (*in, at* in, a).

vacationer /vəˈkeiʃənər *Am* ˈveikeiʃənər/, **vacationist** /vəˈkeiʃənist *Am* ˈveikeiʃənist/ *n.* villeggiante *m./f.*, turista *m./f.*, vacanziere *m.* (*f.* -a).

vaccinal /ˈvæksinəl/ *a.* (*Med*) vaccinico.

vaccinate /ˈvæksineit *Am* ˈvæksəneit/ *v.t.* vaccinare (*against* contro).

vaccination /ˌvæksiˈneiʃən *Am* ˌvæksəˈneiʃən/ *n.* (*Med*) vaccinazione *f.*: *oral ~* vaccinazione (per via) orale.

vaccinator /ˈvæksineitər *Am* ˈvæksəˌneitər/ *n.*

---

1 vaccinatore *m.* (*f.* -trice). **2** (*instrument*) lancetta *f.* (per vaccinare).

vaccine /ˈvæksiːn *Am also* vækˈsiːn/ **I** *n.* **1** (*Med*) vaccino *m.*: *the Salk ~ against polio* il vaccino Salk contro la poliomielite. **2** (*Med*) (*against smallpox*) vaccino *m.* antivaioloso. **3** (*Inform*) antivirus *m.*, programma *m.* antivirus. **II** *a.* **1** (*Med*) (*of vaccination*) della vaccinazione, relativo alla vaccinazione; (*of vaccinia*) del vaiolo vaccino, relativo al vaiolo vaccino, vaccinico. **2** (*of cows*) vaccino, di vacca. ☐ (*Med*) *~ point* vaccinostilo.

vaccinia /vækˈsiniə/ *n.* (*Med*) vaiolo *m.* vaccino, vaiolo *m.* bovino.

vacillate /ˈvæsileit *Am* ˈvæsəleit/ *v.i.* **1** esitare, tentennare, essere indeciso, essere incerto, titubare. **2** (*Am*) (*to totter, to stagger*) vacillare, barcollare. **3** (*to fluctuate*) ondeggiare, oscillare.

vacillating /ˈvæsileitiŋ *Am* ˈvæsəleitiŋ/ *a.* **1** esitante, titubante, indeciso. **2** (*tottering*) vacillante, barcollante. **3** (*fluctuating*) ondeggiante, oscillante.

vacillation /ˌvæsiˈleiʃən *Am* ˌvæsəˈleiʃən/ *n.* **1** (*act of hesitating, wavering*) vacillamento *m.*, incertezza *f.* **2** (*hesitation*) esitazione *f.*, tentennamento *m.*, indecisione *f.* **3** (*act of tottering*) vacillamento *m.*, barcollamento *m.*

vactor /ˈvæktər/ *n.* attore *m.* virtuale.

vacuity /væˈkjuːəti *Am* vəˈkjuːəti/ *n.* **1** vuoto *m.*, vacuità *f.* **2** (*empty space, gap*) vuoto *m.*, lacuna *f.*, spazio *m.* vuoto. **3** (*fig*) (*mental emptiness*) vacuità *f.*, (*rar*) vuotaggine *f.*; (*lack of intelligence*) ottusità *f.*, stupidità *f.*

vacuolar /ˌvækjuˈoulər/, **vacuolate** /ˈvækjuoˌleit/, **vacuolated** /ˈvækjuouˌleitid *Am* ˈvækjuouˌleitid/ *a.* (*Biol*) vacuolare.

vacuole /ˈvækjuoul/ *n.* (*Biol*) vacuolo *m.*

vacuometer /ˌvækjuˈɒmitər *Am* ˌvækju'ɑːmətər/ *n.* (*Fis,Tecn*) vacuometro *m.*, vuotometro *m.*

vacuous /ˈvækjuəs/ *a.* **1** vuoto. **2** (*fig*) vacuo, vuoto: *a ~ mind* una testa vuota. **3** (*fig*) (*inane, stupid*) sciocco, stupido. **4** (*fig*) (*of the eyes, an expression, etc.*) vacuo, assente; (*expressionless*) privo di espressione, inespressivo. **5** (*fig*) (*idle, purposeless*) senza scopo, inutile.

vacuously /ˈvækjuəsli/ *avv.* in modo vacuo.

vacuousness /ˈvækjuəsnəs/ *n.* vacuità *f.*, vuoto *m.*

vacuum /ˈvækjuːm, ˈvækjuəm/ **I** *n.* (*pl.* **-s** /-z/ o **-cua** /-kjuə/) **1** (*Fis*) vuoto *m.* **2** (*empty space*) vuoto *m.*, spazio *m.* vuoto. **3** (*fig*) (*void, emptiness*) vuoto *m.*, mancanza *f.*: *his death has left a ~* la sua morte ha lasciato un vuoto. **4** (*colloq*) aspirapolvere *m.* **II** *v.t.* passare l'aspirapolvere su, pulire con l'aspirapolvere. ☐ (*Mecc*) *~ brake* freno a depressione, freno pneumatico a vuoto; (*El*) *~ capacitor* condensatore sotto vuoto; *~ cleaner* aspirapolvere; (*Tecn*) *~ drier* essiccatore a vuoto; (*Mecc*) *~ feed* alimentazione per depressione; (*Br*) *~ flask* termos; (*Fis*) *~ gauge* vacuometro, vuotometro; (*Ind,Alim*) *~ pack* imballaggio sottovuoto, confezione sottovuoto; *~ pump*: 1 pulsometro; 2 (*Mecc*) pompa per vuoto; 3 (*Aer*) depressore; (*Med*) *~ treatment* vacuumterapia; (*El,Rad*) *~ tube* tubo elettronico a vuoto, valvola elettronica; (*El,Rad*) *~*

---

valve valvola a vuoto.

vacuum-clean /ˈvækjuːmˌkliːn/ *v.t.* pulire con l'aspirapolvere, passare con l'aspirapolvere.

vacuum-pack /ˈvækjuːmˈpæk/ **I** *v.t.* confezionare sottovuoto. **II** *n.* (*Ind,Alim*) confezione *f.* sottovuoto.

vacuum-packed /ˈvækjuːmˈpækt/ *a.* (*of a can, jar*) sottovuoto.

vade mecum /ˌvɑːdeiˈmeikəm, ˌveidiˈmiːkəm/ *n.* manuale *m.*, prontuario *m.*, vademecum *m.*

vadose /ˈveidəus/ *a.* (*Geol*) vadoso: *~ water* acqua vadosa.

vagabond /ˈvægəbənd, ˈvægəbɒnd *Am* ˈvægəbuːnd/ **I** *a.* **1** vagabondo, vagante, errante, nomade. **2** (*characteristic of a vagabond*) (da) vagabondo, randagio. **3** (*shiftless, worthless*) buono a nulla, incapace, inetto. **II** *n.* **1** vagabondo *m.* (*f.* -a); (*nomad*) nomade *m./f.*; (*tramp, vagrant*) vagabondo (*f.* -a), girovago (*f.* -a), giramondo *m./f.* **2** (*fig*) furfante *m./f.*, canaglia *f.*, birbante *m./f.* **III** *v.i.* (*ant*) vagabondare, vagare, girovagare, errare.

vagabondish /ˈvægəˌbɒndiʃ/ *a.* da vagabondo.

vagal /ˈveigl/ *a.* (*Anat*) vagale.

vagarious /vəˈgeəriəs/ *a.* **1** mutevole, incostante, capriccioso. **2** (*roving*) vagante, girovago, vagabondo.

vagary /ˈveigəri/ *n.* **1** stravaganza *f.*, bizzarria *f.*, capriccio *m.* **2** (*unexpected change*) mutamento *m.* inaspettato, mutamento *m.* imprevedibile. **3** (*capricious notion*) idea *f.* stravagante, idea *f.* capricciosa.

vagina /vəˈdʒainə/ *n.* (*pl.* **-s** /-z/ o **-nae** /-niː/) *n.* **1** (*Anat*) vagina *f.* **2** (*Bot*) guaina *f.* (fogliare).

vaginal /vəˈdʒainl, ˈvædʒənl *Am* ˈvædʒənl/ *a.* **1** (*Anat, Med*) vaginale. **2** (*Bot*) guainante.

vaginate /ˈvædʒineit/, **vaginated** /ˈvædʒineitid *Am* ˈvædʒineitid/ *a.* **1** (*Anat*) invaginato. **2** (*Bot*) guainato.

vaginismus /ˌvædʒəˈnizməs/ *n.* (*Med*) vaginismo *m.*

vaginitis /ˌvædʒiˈnaitis/ *n.* (*Med*) vaginite *f.*

vagotomy /vəˈgɒtəmi *Am* veiˈgɑːtəmi/ *n.* (*Med*) vagotomia *f.*

vagrancy /ˈveigrənsi/ *n.* **1** il vagabondare, vagabondaggio *m.* **2** (*collett.*) vagabondi *m.pl.* **3** (*Dir*) vagabondaggio *m.*

vagrant /ˈveigrənt/ **I** *n.* **1** vagabondo *m.* (*f.* -a), girovago *m.* (*f.* -a), giramondo *m./f.*; (*nomad*) nomade *m./f.* **2** (*Dir*) vagabondo *m.* (*f.* -a). **3** (*Ornit*) esemplare *m.* erratico. **II** *a.* **1** vagabondo, errante, vagante, nomade. **2** (*characteristic of a vagrant*) vagabondo, randagio. **3** (*fig*) (*wayward, inconstant*) incostante, instabile, errante.

vague /veig/ *a.* **1** vago, impreciso, generico: *to be ~ about the source of one's income* essere vago circa la fonte dei propri guadagni. **2** (*of person*) distratto, assente. ☐ *I haven't the -st notion* non ne ho la più pallida idea, non (ne) ho la più vaga idea.

vaguely /ˈveigli/ *avv.* **1** vagamente. **2** (*somewhat, a little*) vagamente, un po'.

vagueness /ˈveignəs/ *n.* vaghezza *f.*, indeterminatezza *f.*, imprecisione *f.*

vagus /ˈveigəs/ *n.* (*pl.* **-gi** /-dʒai/) *n.* (*Anat*) nervo *m.* vago, vago *m.* ☐ (*Anat*) *~ nerve* nervo vago, vago.

vail /veɪl/ v.t. (ant) abbassare (in segno di deferenza); (to remove) togliersi (in segno di rispetto), levarsi (in segno di sottomissione).

vain /veɪn/ a. 1 inutile, vano. 2 (empty, idle) vano, vuoto, privo di fondamento: ~ promises vane promesse. 3 (unsuccessful) vano, infruttuoso, inutile. 4 (conceited) vanitoso, pieno di sé, presuntuoso: a ~ woman una donna vanitosa. □ in ~: 1 (uselessly) inutilmente, invano, vanamente; 2 (to no purpose) inutile, vano: all our efforts were in ~ tutti i nostri sforzi furono inutili; totake so's namein ~ nominare il nome di qcu. invano.

vainglorious /ˌveɪnˈɡlɔːrɪəs/ a. 1 vanaglorioso. 2 (showing vainglory) vanitoso.

vaingloriously /ˌveɪnˈɡlɔːrɪəslɪ/ avv. con vanagloria.

vaingloriousness /ˌveɪnˈɡlɔːrɪəsnəs/ n. vanagloria f.

vainglory /ˌveɪnˈɡlɔːrɪ Am also ˈveɪnˌɡlɔːrɪ/ n. (lett,poet) 1 (vaingloriousness) vanagloria f. 2 (vain display, show) vanità f.

vainly /ˈveɪnlɪ/ avv. 1 vanamente, inutilmente, invano. 2 (conceitedly) vanitosamente.

vainness /ˈveɪnəs/ n. (ant) 1 vanità f., inutilità f. 2 (conceitedness) vanità f., presunzione f.

vair /veər/ n. (Arald) vaio m.

vairy /ˈveərɪ/ a. vaiato.

valance /ˈvæləns/ n. 1 (Arred) (of a bed) mantovana f. per giroletto. 2 (Am,Arred) (pelmet) mantovana f. 3 (damask used for furniture) damasco m. per tappezzeria.

valanced /ˈvælənst/ a. con una mantovana.

vale[1] /veɪl/ n. 1 (poet) (valley) valle f. 2 (fig) (earthly life) vita f. terrena. □ (fig,poet) this ~of tears questa valle di lacrime.

vale[2] /ˈveɪlɪ, ˈvɑːleɪ/ I intz. (farewell) addio! II n. addio m.

valediction /ˌvælɪˈdɪkʃən/ n. 1 commiato m., addio m. 2 (valedictory speech) discorso m. di commiato, discorso m. di addio.

valedictorian /ˌvælɪdɪkˈtɔːrɪən/ n. (Am,Univ) studente m. (f. -essa) che tiene il discorso di commiato.

valedictory /ˌvælɪˈdɪktəri/ I a. di addio, di commiato. II n. 1 discorso m. di commiato, discorso m. di addio. 2 (Am,Univ) discorso m. di commiato (al termine dell'anno accademico).

valence[1] /ˈveɪləns/ n. (Chim,Biol) valenza f.

valence[2] /ˈvælns/ n. 1 (Arred) (of a bed) mantovana f. per giroletto. 2 (Am,Arred) (pelmet) mantovana f. 3 (damask used for furniture) damasco m. per tappezzeria.

Valencia /vəˈlenʃɪə/ n.pr. (Geog) Valencia f.

Valenciennes /ˌvælənsɪˈen Am ˌvælənsɪˈenz/ n. pizzo m. Valenciennes. □ ~lace pizzo Valenciennes.

valency /ˈveɪlənsɪ/ n. (Chim,Biol) valenza f.

Valens /ˈveɪlenz/ n.pr.m. (Stor) Valente.

Valentina /ˌvælənˈtiːnə/ n.pr.f. Valentina.

valentine /ˈvæləntaɪn/ n. 1 (card sent on St. Valentine's Day) cartoncino m. mandato il giorno di san Valentino, valentina f. 2 (sweetheart chosen) innamorato m. (f. -a) (a cui si manda un cartoncino il giorno di san Valentino), valentino m. (f. -a).

Valentine /ˈvæləntaɪn/ n.pr.m. Valentino. □ ~'sDay giorno (o festa) di san Valentino (14 febbraio).

valentinian, Valentinian /ˌvælənˈtɪnɪən/ n. (Rel,Stor) valentiniano m.

valerian /vəˈlɪərɪən Am vəˈlɪrɪən/ n. (Bot,Farm) valeriana f.

Valerian /vəˈlɪərɪən Am vəˈlɪrɪən/ n.pr.m. (Stor.rom) Valeriano.

valerianate /vəˈlɪərɪəˌneɪt Am vəˈlɪrɪəˌneɪt/ n.

(Chim) valerianato m.

valerianic /vəˌlɪərɪˈænɪk/ a. (Chim) valerianico, valerico. □ (Chim) ~acid acido valerianico.

valeric /vəˈlɪərɪk/ a. (Chim) valerianico, valerico. □ (Chim) ~acid acido valerianico.

Valerie /ˈvælərɪ/ n.pr.f. Valeria.

valet /ˈvælɪt, ˈvæleɪ Am also vəˈleɪ/ I n. 1 cameriere m. personale. 2 (of a hotel) addetto m. al servizio di lavanderia. 3 (person performing car parking service) addetto m. al parcheggio delle auto dei clienti. II v.i. servire come cameriere personale. III v.t. 1 fare da cameriere personale a. 2 (to clean a car) lavare. □ (Am) ~parking servizio di parcheggio e riconsegna delle auto dei clienti (di un hotel o ristorante); (Am) ~service servizio di lavanderia (di hotel).

valetudinarian /ˌvælɪtjuːdɪˈneərɪən Am ˌvælə-ˌtuːdəˈnerɪən/ I a. 1 (sickly) cagionevole, malaticcio, (lett) valetudinario. 2 (excessively concerned about one's health) che si preoccupa troppo della propria salute, eccessivamente preoccupato della propria salute. II n. 1 persona f. di salute cagionevole, (lett) valetudinario m. (f. -a). 2 (one excessively concerned about his health) chi si preoccupa troppo della propria salute.

valetudinarianism /ˌvælɪtjuːdɪˈneərɪən-ɪzəm Am ˌvælə,tuːdəˈnerɪənɪzəm/ n. salute f. cagionevole, salute f. malferma.

valetudinary /ˈvælɪˈtjuːdɪnərɪ Am I a. 1 (sickly) cagionevole, malaticcio, (lett) valetudinario. 2 (excessively concerned about one's health) che si preoccupa troppo della propria salute, eccessivamente preoccupato della propria salute. II n. 1 persona f. di salute cagionevole, (lett) valetudinario m. (f. -a). 2 (one excessively concerned about his health) chi si preoccupa troppo della propria salute.

valgus /ˈvælɡəs/ n. (Med) valgismo m., piede m. valgo.

Valhall /vælˈhæl/ n.pr. 1 (Mitol.nord) Walhall m., Walhalla m. 2 (fig) sacrario m., pantheon m.

Valhalla /vælˈhælə/ n.pr. 1 (Mitol.nord) Walhall m., Walhalla m. 2 (fig) sacrario m., pantheon m.

valiance /ˈvælɪəns/, **valiancy** /ˈvælɪənsɪ/ n. valore m., coraggio m.

valiant /ˈvælɪənt/ a. coraggioso, valoroso, prode, intrepido.

valiantly /ˈvælɪəntlɪ/ avv. coraggiosamente, valorosamente.

valid /ˈvælɪd/ a. 1 valido, valevole: this ticket is ~for two persons questo biglietto è valido per due persone. 2 (Dir) (having legal force) (legalmente) valido, che ha efficacia giuridica: the law is no longer ~ la legge non è più valida. 3 (well-founded) solido, valido, (ben) fondato: a ~theory una teoria solida. 4 (effective) valido, efficace: ~help valido aiuto. □ ~argument argomentazione valida; ~excuse giustificazione valida; ~for all purposes valido a tutti gli effetti.

validate /ˈvæləˌdeɪt/ v.t. 1 (to corroborate, to confirm) convalidare, avvalorare, dare valore a. 2 (to check the validity of) validare, verificare la validità di. 3 (Dir) dare efficacia giuridica a, convalidare, rendere valido; (of papers, passports, etc.) convalidare.

validation /ˌvæləˈdeɪʃən/ n. 1 convalida f., (rar) convalidazione f. 2 (Inform) validazione f.

validity /vəˈlɪdətɪ Am vəˈlɪdətɪ/ n. 1 validità f.: the ~of a ticket la validità di un biglietto. 2 (Dir) (legal force) validità f., efficacia f. giuridica. 3 (quality of being well-founded) fon-

datezza f., validità f., solidità f. 4 (effectiveness) efficacia f., validità f.

validly /ˈvælɪdlɪ/ avv. 1 validamente, efficacemente. 2 (Dir) validamente.

valine /ˈveɪliːn/ n. (Chim) valina f.

valise /vəˈliːz, vəˈliːs/ n. (piccola) valigia f., borsa f. da viaggio.

Valkyr /ˈvælkɪər/ n. (Mitol.nord) valchiria f.

Valkyrian /ˌvælˈkɪrɪən/ a. (Mitol.nord) delle valchirie, relativo alle valchirie.

Valkyrie /ˌvælˈkɪrɪ/ n. (Mitol.nord) valchiria f.

vallation /væˈleɪʃən/ n. (Mil) 1 costruzione f. di fortificazioni. 2 (rampart) bastione m., fortificazione f.

vallecula /vəˈlekjʊlə/ n. (Anat) vallecola f.

valley /ˈvælɪ/ n. 1 (Geog) valle f., vallata f.: the Thames ~ la valle del Tamigi. 2 (Edil) linea f. di compluvio, compluvio m. □ (Edil) ~board conversa.

vallum /ˈvæləm/ n. (Archeol) vallo m.

valonia /vəˈləʊnɪə/ n. (Bot) vallonea f.

valor /ˈvælər/ n. (Am) valore m., coraggio m., prodezza f.

valorise /ˈvæləraɪz/ v.t. (Br) 1 (to give value to) dare valore a, valorizzare. 2 (Econ) sostenere il prezzo di; (to fix the price of) fissare (artificialmente) il prezzo di.

valorization /ˌvælərɪˈzeɪʃən/ n. 1 valorizzazione f. 2 (Econ) fissazione f. (artificiale) del prezzo.

valorize /ˈvæləraɪz/ v.t. 1 (to give value to) dare valore a, valorizzare. 2 (Econ) sostenere il prezzo di; (to fix the price of) fissare (artificialmente) il prezzo di.

valorous /ˈvælərəs/ a. valoroso, coraggioso, prode.

valorously /ˈvælərəslɪ/ avv. valorosamente, coraggiosamente.

valour /ˈvælər/ n. valore m., coraggio m., prodezza f.

valuable /ˈvæljuəbl/ I a. 1 prezioso, insostituibile: my time is ~ il mio tempo è prezioso. 2 (having monetary value) di (gran) valore, costoso, prezioso. 3 (valued, esteemed) prezioso, apprezzato, stimato: a ~ friend un amico prezioso; to be ~ avere un grosso valore. 4 (very useful) prezioso, molto utile. II n.pl. valori m.pl., oggetti m.pl. di valore, preziosi m.pl.

valuableness /ˈvæljuəblnəs/ n. pregio m., preziosità f., valore m.

valuation /ˌvæljuˈeɪʃən/ n. 1 il valutare, valutazione f., stima f. 2 (value set on sth.) prezzo m., stima f. 3 (Comm) valutazione f., stima f. 4 (fig) apprezzamento m., stima f., considerazione f.

valuator /ˈvæljuˌeɪtər Am ˈvæljuˌeɪtər/ n. (ant) stimatore m. (f. -trice).

value /ˈvæljuː/ I n. 1 valore m., pregio m.: the ~ of a literary work il valore di un'opera letteraria. 2 (utility) utilità f.: your advice was of great ~ to me il tuo consiglio mi è stato di grande utilità. 3 (importance, significance) importanza f., significato m., valore m. 4 (monetary worth) valore m., prezzo m., costo m.; (valuation) stima f., valutazione f. 6 (of a card, chessman, etc.) valore m. 7 (Econ,Filos,Mat) valore m. 8 (of words: precise meaning) valore m., significato m., portata f. 9 (Mus,Metr) valore m., durata f. 10 (Chim) valore m.; (constant value) indice m., numero m.: acid ~ indice di acidità. 11 pl. valori m.pl., principi m.pl.: the traditional ~s of Western society i valori tradizionali della società occidentale. II v.t. 1 tenere in gran conto, stimare, apprezzare, valutare: to ~ so.'s friendship tenere in gran conto l'amicizia di qcu. 2 (to consider of value) apprezzare, dare valore a, valutare.

3 (*to assess, to appraise*) valutare (*at* a), dare un prezzo a, determinare il valore di. **4** (*rifl.*) *to ~ oneself* (*to pride oneself*) vantarsi, andare fiero di, essere orgoglioso di. □ (*Econ*) ~ **added** valore aggiunto; (*Econ*) ~ **added tax** imposta sul valore aggiunto; ~ **analysis** analisi del valore; (*Comm,Econ*) *at ~* al prezzo di mercato; (*Econ*) ~ *date* valuta, giorno di valuta; ~ **engineering** analisi del valore; *for ~ received* per valuta ricevuta; ~ *free* oggettivo, avalutativo, non influenzato da giudizi di valore; *in ~* di valore: *the property will increase in ~* la proprietà aumenterà di valore; (*Econ*) ~ *in account* valuta in conto; ~ *judgment* giudizio di valore; *of no ~* di nessun valore; ~ *system* sistema di valori; ~ *theory* teoria del valore.

valued /'vælju:d/ *a.* **1** stimato, apprezzato, tenuto in grande considerazione, prezioso. **2** (*appraised*) del prezzo (*at* di), che costa, valutato.

value-driven /'vælju:ˌdrɪvᵊn/ *a.* motivato dai valori di fondo (del fondatore di un'azienda).

value-free /'vælju:ˌfri:/ *a.* oggettivo, avalutativo, non influenzato da giudizi di valore.

valueless /'vælju:ləs/ *a.* privo di valore, senza valore.

valuer /'vælju:ᵊr/ *n.* **1** stimatore *m.* (*f.* -trice), perito *m.* (*f.* -a), valutatore *m.* (*f.* -trice). **2** (*appraiser*) estimatore *m.* (*f.* -trice), chi apprezza.

valval /'vælvəl/, **valvar** /'vælvᵊr/ *a.* (*Biol,Med*) valvolare.

valvate /'vælveɪt/ *a.* **1** (*Biol*) munito di valva, munito di valve. **2** (*Anat*) provvisto di valvola, provvisto di valvole.

valve /vælv/ **I** *n.* **1** (*Mecc,Mus,Anat*) valvola *f.* **2** (*Biol*) valva *f.* **3** (*El,Rad*) (*vacuum tube*) tubo *m.* elettronico a vuoto, valvola *f.* elettronica. **II** *v.t.* **1** (*Mecc*) munire di valvole. **2** (*of a flow*) regolare mediante valvole. □ (*Mecc*) ~ *box* (o ~ *chest*) camera (di distribuzione) del vapore; (*Mecc*) ~ *gear* meccanismo della distribuzione, distribuzione.

valved /vælvd/ *a.* **1** (*Biol*) munito di valva, munito di valve. **2** (*Anat*) provvisto di valvola, provvisto di valvole. **3** (*Mecc*) munito di valvola, munito di valvole.

valve-in-head /ˌvælvɪn'hed/ □ (*Mot*) ~ *engine* motore a valvole in testa.

valveless /'vælvləs/ *a.* **1** (*Anat,Mecc*) privo di valvola, privo di valvole. **2** (*Biol*) privo di valve.

valvelet /'vælvlət/ *n.* **1** (*Mecc*) valvolina *f.* **2** (*Anat,Biol*) (*valvule*) piccola valvola *f.*, piccola valva *f.*

valvula /'vælvjulə/ (*pl.* **-lae** /-li:/) *n.* **1** (*Biol*) piccola valva *f.* **2** (*Anat*) valvola *f.*

valvular /'vælvjələr/ *a.* (*Biol,Med*) valvolare.

valvule /'vælvju:l/ *n.* **1** (*Anat*) piccola valvola *f.* **2** (*Biol*) piccola valva *f.*

valvulitis /ˌvælvju:'laɪtɪs/ *n.* (*Med*) valvulite *f.*

vambrace /'væmbreɪs/ *n.* (*Arm*) bracciale *m.* (di antibraccio), cannone *m.* (di avambraccio).

vamoose /væm'u:s/, **vamose** /və'moʊs/ *v.i.* (*Am,sl*) (*to depart hurriedly*) andarsene in fretta, filare via, tagliare la corda.

vamp¹ /væmp/ **I** *n.* **1** (*Calz*) tomaia *f.*; (*patch on footwear*) pezza *f.*, rattoppo *m.*, toppa *f.* **2** (*fig*) raffazzonatura *f.*, raffazzonamento *m.*, rabberciamento *m.*, rappezzamento *m.* **3** (*Mus*) accompagnamento *m.* improvvisato. **II** *v.t.* **1** (*Calz*) fare la tomaia a. **2** (*to patch up, to repair*) rappezzare, rabberciare, accomodare alla meglio. **3** (*fig*) raffazzonare, rabberciare, rappezzare, abborracciare. **4** (*Mus*) improvvisare. **III** *v.i.* (*Mus*) improvvisare (al

pianoforte). □ *to ~ together* (o *to ~ up*) rappezzare, rabberciare, accomodare alla meglio (*anche fig*).

vamp² /væmp/ **I** *n.* (*colloq*) (*woman who seduces men*) vamp *f.*, mangiatrice *f.* di uomini. **II** *v.t.* (*colloq*) adescare, sedurre. **III** *v.i.* (*colloq*) fare la vamp, comportarsi da mangiatrice di uomini.

vamper /'væmpᵊr/ *n.* (*Mus*) improvvisatore *m.* (*f.* -trice).

vampire /'væmpaɪᵊr/ **I** *n.* **1** vampiro *m.* **2** (*fig*) persona *f.* malvagia, sfruttatore *m.* (*f.* -trice), sanguisuga *f.* **3** (*Zool*) vampiro *m.*, pipistrello *m.* vampiro. **4** (*Teat*) trabocchetto *m.* (per far scomparire gli attori dalla scena). □ (*Zool*) ~ *bat* pipistrello vampiro; (*Teat*) ~ *trap* trabocchetto (per far scomparire gli attori dalla scena).

vampiric /væm'pɪrɪk/, **vampirish** /væm 'pɪᵊrɪʃ/ *a.* di vampiro, da vampiro, vampiresco.

vampirism /'væmpaɪᵊrɪzᵊm/ *n.* **1** vampirismo *m.* (*anche Psic*). **2** (*belief in vampires*) il credere nei vampiri. **3** (*fig*) sfruttamento *m.* vergognoso.

vamplate /'væmpleɪt/ *n.* (*Arm,ant*) guardalancia *f.*, schifalancia *f.*, rotella *f.* di guardia.

van¹ /væn/ *n.* (*Mil*) avanguardia *f.* (*anche fig*): *to be in the ~ of progress* essere all'avanguardia del progresso.

van² /væn/ *n.* **1** (*Aut*) furgone *m.*, autofurgone *m.*, camion *m.*: *a furniture ~* un furgone per il trasporto dei mobili. **2** (*small covered lorry*) furgoncino *m.*: *the grocer's ~* il furgoncino del droghiere. **3** (*Am,Ferr*) (*baggage car*) bagagliaio *m.*; (*freight car*) carro *m.* merci. **4** (*police van*) furgone *m.* (della polizia), cellulare *m.* **5** (*caravan used by gipsies*) carrozzone *m.* **II** *v.t.* (*past, p.p.* **vanned** /-d/) trasportare con un furgone. □ ~ *driver* furgonista.

van³ /væn/ *n.* (*Sport*) (*in lawn tennis*) vantaggio *m.* (dopo il pareggio).

van⁴ /væn/ **I** *n.* **1** (*ant*) (*fan*) vaglio *m.*, crivello *m.* **2** (*ant,lett*) ala *f.* **3** (*Minier*) prova *f.* (al crivello) della purezza di un minerale. **II** *v.t.* (*past, p.p.* **vanned** /-d/) (*Minier*) provare la purezza di.

vanadate /'vænəˌdeɪt/, **vanadiate** /'vænəd(e)ɪt/ *n.* (*Chim*) vanadato *m.*

vanadic /və'nædɪk/ *a.* vanadico. □ (*Chim*) ~ *acid* acido vanadico.

vanadious /və'neɪdɪəs/ *a.* (*Chim*) vanadoso.

vanadium /və'neɪdɪəm/ *n.* (*Chim*) vanadio *m.*

vancomycin /ˌvæŋkə'maɪsɪn/ *n.* (*Farm*) vancomicina *f.*

Vancouver /væn'ku:vᵊr/ *n.pr.* (*Geog*) Vancouver *f.* □ (*Geog*) ~ *Island* Isola di Vancouver.

vandal /'vændᵊl/ **I** *n.* vandalo *m.* (*f.* -a). **II** *a.* vandalico, degno di un vandalo.

Vandal /'vændᵊl/ **I** *n.* (*Stor*) vandalo *m.* (*f.* -a). **II** *a.* vandalico, vandalo.

Vandalic /væn'dælɪk/ *a.* vandalico, degno di un vandalo.

vandalise /'vændᵊlaɪz/ *v.t.* (*Br*) distruggere, devastare, compiere atti di vandalismo contro.

vandalism /'vændᵊlɪzᵊm/ *n.* vandalismo *m.*

vandalistic /ˌvændᵊl'ɪstɪk/ *a.* vandalico.

vandalistically /ˌvændᵊl'ɪstɪkᵊli/ *avv.* vandalicamente.

vandalize /'vændᵊlaɪz/ *v.t.* distruggere, devastare, compiere atti di vandalismo contro.

Vandyke /væn'daɪk/ **I** *n.pr.m.* (*Stor*) Van Dyck. **II** *n.* **1** (*painting by Vandyke*) dipinto *m.* di Van Dyck. **2** (*zigzag border*) bordo *m.* smerlato. **3** (*beard*) barba *f.* alla Van Dyck. **4** (*Abbigl,ant*) colletto *m.* alla Van Dyck. □ ~

beard barba alla Van Dyck; ~ *brown* marrone scuro; (*Abbigl,ant*) ~ *collar* colletto alla Van Dyck.

vane /veɪn/ *n.* **1** (*weather vane*) banderuola *f.*, segnavento *m.* **2** (*of a windmill*) pala *f.*, ala *f.* **3** (*of a turbine, pump*) pala *f.*, paletta *f.*; (*of a propeller*) pala *f.* **4** (*Aer*) (*of a rocket, missile*) governale *m.* **5** (*Aer,Mar*) manica *f.* a vento. **6** (*Ornit*) (*of a feather*) barbe *f.pl.* (libere). **7** (*of an arrow*) impennaggio *m.* **8** (*Mar*) (*of a quadrant*) traguardo *m.*, pinnula *f.* **9** (*Topogr*) mirino *m.*, traguardo *m.*

vaned /veɪnd/ *a.* **1** munito di banderuola, munito di segnavento. **2** (*of an arrow*) munito di impennaggio.

vanessa /və'nesə/ *n.* (*Entom*) vanessa *f.*

Vanessa /və'nesə/ *n.pr.f.* Vanessa.

vang /væŋ/ *n.* (*Mar*) ostino *m.*

vanguard /'væŋgɑ:d *Am* 'væŋgɑ:rd/ *n.* (*Mil*) avanguardia *f.* (*anche fig*).

vanilla /və'nɪlə/ **I** *n.* **1** (*Bot*) vaniglia *f.* **2** (*flavouring*) vaniglia *f.* **3** (*pod*) baccello *m.* di vaniglia, frutto *m.* della vaniglia, vaniglia *f.* **II** *a.* (*colloq*) normale, senza nulla di particolare. □ (*Alim*) ~ *bean* baccello di vaniglia; (*Dolc*) ~ *ice-cream* gelato alla vaniglia.

vanillin /və'nɪlɪn/ *n.* (*Chim*) vanillina *f.*, vaniglina *f.*

vanish /'vænɪʃ/ *v.i.* **1** scomparire, svanire, dileguarsi; (*to disappear*) sparire, scomparire. **2** (*Mat*) annullarsi, diventare zero. □ (*fig*) *to ~ into thin air* dileguarsi.

vanishing /'vænɪʃ/ □ (*Cosmet,ant*) ~ *cream* crema evanescente; ~ *line* (*in perspective*) retta di fuga; ~ *point* **1** (*in perspective*) punto di fuga; **2** (*fig*) punto di estinzione, punto di esaurimento.

vanity /'vænɪti *Am* 'vænəti/ *n.* **1** vanità *f.*, vanagloria *f.*; (*sth. about which one is conceited*) vanità *f.* **2** (*worthlessness*) vanità *f.*, futilità *f.*, inutilità *f.*; (*sth. worthless*) vanità *f.*, cosa *f.* vana, cosa *f.* dappoco, futilità *f.* **3** valigetta *f.* per cosmetici, beauty case *m.* **4** (*Am*) (*powder compact*) portacipria *m.* **5** (*Am,Arred*) (*dressing table*) toilette *f.* **6** (*Bibl*) (*heathen deity*) divinità *f.* pagana. □ ~ *bag* (o ~ *case*) beauty-case, (*colloq*) beauty; (*Aut*) ~ *mirror* specchietto di cortesia; (*Am*) *plate* targa automobistica personalizzata (scelta e pagata per avere lettere e numeri di proprio gradimento); (*Edit*) ~ *press* pubblicazioni a spese dell'autore; ~ *surgery* chirurgia estetica; (*Arred*) ~ *table* toilette, tavolino da toilette, specchiera; (*Arred*) ~ *unit* mobiletto con lavandino incorporato.

vanner /'vænᵊr/ *n.* (*Minier*) **1** (*worker*) vagliatore *m.*, crivellatore *m.* **2** (*device*) vaglio *m.* a scossa.

vanquish /'væŋkwɪʃ/ *v.t.* **1** sgominare, sconfiggere completamente; (*to defeat in battle*) vincere. **2** (*of fears, passions, etc.*) vincere, dominare.

vanquishable /'væŋkwɪʃəbl/ *a.* che si può vincere, vincibile.

vanquished /'væŋkwɪʃt/ **I** *a.* vinto, sconfitto. **II** *n.* (*costr.pl.*) *with m.pl.*: *the victors and the ~* i vincitori e i vinti.

vanquisher /'væŋkwɪʃᵊr/ *n.* vincitore *m.* (*f.* -trice), dominatore *m.* (*f.* -trice).

vanquishment /'væŋkwɪʃmᵊnt/ *n.* vittoria *f.*; (*state of being vanquished*) sconfitta *f.*

vantage /'vɑ:ntɪdʒ *Am* 'væntɪdʒ/ *n.* **1** vantaggio *m.*, superiorità *f.* **2** (*Sport*) (*in tennis*) vantaggio *m.* (dopo il pareggio): ~ *in* vantaggio interno; ~ *out* vantaggio esterno. □ (*Mil*) ~ *ground* terreno favorevole (*anche fig*); (*Mil*) ~ *point* posizione di forza, posizione vantaggiosa (*anche fig*).

Vanuatu /ˌvænu'ɑ:tu *Am* væn'wɑ:tu/ *n.pr.*

(*Geog*) Vanuatu *m*.

Vanuatuan /ˌvænuˈɑːtjuən *Am* vænˈwɑːtuːən/ **I** *a*. di Vanuatu. **II** *n*. abitante *m./f.* di Vanuatu.

vapid /ˈvæpɪd/ *a*. **1** insulso, scipito, sciocco: *a ~ discussion* una discussione insulsa. **2** (*of food*) insipido, scipito. **3** (*of drinks*) svaporato, svanito.

vapidity /væˈpɪdəti *Am* væpˈɪdəti/ *n*. insulsaggine *f*., scipitezza *f*., insipidità *f*.

vapidly /ˈvæpɪdli/ *avv*. in modo insipido, insulsamente.

vapidness /ˈvæpɪdnəs/ *n*. insulsaggine *f*., scipitezza *f*., insipidità *f*.

vapor /ˈveɪpər/ *n./v*. (*Am*) → **vapour**.

vaporable /ˈveɪpərəbl̩/ *a*. vaporizzabile, evaporabile.

vaporific /veɪpərˈɪfɪk/ *a*. **1** che produce vapore. **2** (*of vapour*) di vapore, relativo a vapore.

vaporimeter /veɪpəˈrɪmɪtər *Am* veɪpəˈrɪmətər/ *n*. (*Fis*) vaporimetro *m*.

vaporise /ˈveɪpəraɪz/ **I** *v.t.* (*Br*) vaporizzare. **II** *v.i.* (*Br*) evaporare, vaporizzarsi.

vaporizable /ˈveɪpəˌraɪzəbl̩/ *a*. vaporizzabile, evaporabile.

vaporization /ˌveɪpərɪˈzeɪʃən/ *n*. **1** vaporizzazione *f*., (*rar*) evaporizzazione *f*., evaporazione *f*. **2** (*Med*) vaporizzazione *f*. □ (*Fis*) *~coefficient* coefficiente di vaporizzazione.

vaporize /ˈveɪpəraɪz/ **I** *v.t.* vaporizzare. **II** *v.i.* evaporare, vaporizzarsi.

vaporizer /ˈveɪpəˌraɪzər/ *n*. **1** vaporizzatore *m*., spruzzatore *m*. **2** (*Mecc*) iniettore *m*.

vaporous /ˈveɪpərəs/ *a*. **1** di vapore: *a ~ cloud* una nube di vapore, (*resembling vapour*) simile a vapore, vaporoso. **2** (*misty, foggy*) nebbioso, nebuloso. **3** (*fig*) vago, indeterminato, fantastico.

vaporware /ˈveɪpərˌweər/ *n*. (*Inform*) vaporware *m*. (materiale hardware o software la cui commercializzazione è stata annunciata ma non è ancora avvenuta).

vapour /ˈveɪpər/ **I** *n*. **1** vapore *m*. (*anche Fis*). **2** (*Med*) vapore *m*. per inalazioni, aerosol *m*. **3** (*Mot*) vapore *m*. (acqueo). **4** (*fig*) fantasticheria *f*., stravaganza *f*. **5** (*rar*) depressione *f*. **II** *v.t.* vaporizzare. **III** *v.i.* parlare in tono pomposo; (*to boast*) vantarsi. □ *~bath* bagno di vapore; (*Fis*) *~density* densità di vapore; (*Mot*) *~engine* macchina a vapore; (*Tecn*) *~lamp* lampada a vapore; (*Fis*) *~pressure* (o *~tension*) tensione di vapore; (*Aer*) *~trail* scia di condensazione.

vapourer /ˈveɪpərər/ *n*. (*rar*) millantatore *m*. (f. -trice), fanfarone *m*. (f. -a), spaccone *m*. (f. -a). □ (*Entom*) *~moth* orgia.

vapouring /ˈveɪpərɪŋ/ *n.spec.pl.* (*ant*) millanteria *f*., spacconata *f*., fanfaronata *f*.

vapourish /ˈveɪpərɪʃ/ *a*. **1** simile a vapore, vaporoso. **2** (*ant*) (*depressed*) abbattuto, depresso.

vapourishness /ˈveɪpərɪʃnəs/ *n*. **1** vaporosità *f*. **2** (*ant*) (*nervous depression*) depressione *f*.

var /vɑː/ *n*. (*El*) var *m*.

VAR 1 (*Inform*) *Value-Added Reseller* VAR (rivenditore a valore aggiunto). **2** (*Econ*) *value at risk* VaR (valore a rischio, perdita massima potenziale del valore).

var. *variety* (varietà).

varactor /ˈveəˌræktər/ *n*. (*Elettron*) diodo *m*. varactor, varactor *m*.

Varangian /vəˈrændʒiən/ **I** *a*. variago, varego. **II** *n*. variago *m*., varego *m*.

varec ,varech /ˈværek/ *n*. **1** (*Bot*) varech *m*., laminaria *f*. **2** (*ash*) varech *m*.

variability /ˌveəriəˈbɪləti *Am* ˌveriəˈbɪləti/ *n*. **1** variabilità *f*., incostanza *f*., mutevolezza *f*. **2** (*Biol,Fis*) variabilità *f*.

variable /ˈveəriəbl̩ *Am* ˈveriəbl̩/ **I** *a*. **1** (*of things*) variabile, incostante, mutevole, vario: *~ mood* umore mutevole. **2** (*of people*) incostante, volubile, variabile. **3** (*capable of being changed*) che varia, variabile. **4** (*Meteor,Mat,Astr,Biol*) variabile. **II** *n*. **1** (*Mat, Inform*) variabile *f*. **2** (*Astr*) (*variable star*) stella *f*. variabile. **3** (*Meteor*) (*variable wind*) vento *m*. variabile. □ (*Econ*) *~cost* costo variabile; (*Fis*) *~force* forza variabile; (*Astr*) *~ star* stella variabile; (*Meteor*) *~ weather* tempo variabile.

variable-geometry /ˌveəriəbl̩dʒiˈɒmətri *Am* ˌveriəbl̩dʒiˈɑːmətri/ *a*. (*Aer*) a geometria variabile: *~ aircraft* aereo a geometria variabile; *~ wing* ala a geometria variabile.

variably /ˈveəriəbli *Am* ˈveriəbli/ *avv*. in modo variabile.

variance /ˈveəriəns *Am* ˈveriəns/ *n*. **1** variazione *f*.; (*difference*) differenza *f*., discordanza *f*. **2** (*state of being in disagreement*) divergenza *f*. (di opinioni), disaccordo *m*., discrepanza *f*.; (*dispute*) lite *f*., disputa *f*. **3** (*Dir*) discordanza *f*. **4** (*US,Dir*) autorizzazione *f*. speciale, dispensa *f*. speciale. **5** (*Fis,Mat,Statist*) varianza *f*. □ (*Statist*) *~analysis* analisi di varianza; *to be at ~*: **1** discostarsi (*with* da), non accordarsi, essere in disaccordo (con); **2** (*of people*) non andare d'accordo, essere in disaccordo (con); *to set two people at ~* mettere zizzania tra due persone.

variant /ˈveəriənt *Am* ˈveriənt/ **I** *a*. **1** vario, diverso, differente. **2** (*differing, disagreeing*) discordante, diverso, divergente: *~ interpretations* interpretazioni discordanti. **II** *n*. **1** variante *f*. **2** (*Statist*) variabile *f*. casuale, variabile *f*. aleatoria.

variate /ˈveəriət *Am* ˈveriɪt/ *n*. (*Statist*) variabile *f*. casuale, variabile *f*. aleatoria.

variation /ˌveəriˈeɪʃən *Am* ˌveriˈeɪʃən/ *n*. **1** variazione *f*., cambiamento *m*., modifica *f*., mutamento *m*.: *the timetable is subject to ~* l'orario è soggetto a variazioni; *-s in temperature* variazioni di temperatura. **2** (*variant*) variante *f*.: *there are several -s of the model* il modello viene presentato in più varianti. **3** (*Mus,Mat*) variazione *f*. (*on* su). **4** (*Geol*) (*magnetic variation*) variazione *f*. magnetica, declinazione *f*. magnetica. **5** (*Biol*) variazione *f*.; (*variant*) variante *f*.

variational /ˌveəriˈeɪʃnəl *Am* ˌveriˈeɪʃnəl/ *a*. **1** di variazione, relativo a variazione. **2** (*characterized by variation*) caratterizzato da una variazione.

variceal /ˌværɪˈsiːəl/ *a*. (*Med*) varicoso.

varicella /ˌværɪˈselə/ *n*. (*Med*) varicella *f*.

varicocele /ˈværɪkouˌsiːl/ *n*. (*Med*) varicocele *m*.

varicolored /ˈverɪˌkʌlərd/ *a*. (*Am*) **1** multicolore, policromo. **2** (*fig*) diversificato, differenziato.

varicoloured /ˈveərɪˌkʌləd/ *a*. **1** multicolore, policromo. **2** (*fig*) diversificato, differenziato.

varicose /ˈværɪkous *Am* ˈværəkous/ *a*. (*Med*) **1** varicoso. **2** (*affected with varicose veins*) affetto da vene varicose. □ (*Med*) *~ veins* vene varicose.

varicosis /ˌværɪˈkousɪs/ (*pl.* **-ses** /-siːz/) *n*. (*Med*) varicosi *f*.

varicosity /ˌværɪˈkɒsəti *Am* ˌverɪˈkɑːsəti/ *n*. (*Med*) varicosità *f*.

varicotomy /ˌværɪˈkɒtəmi *Am* ˌværɪˈkɑːtəmi/ *n*. (*Chir*) varicectomia *f*.

varied /ˈveərɪd *Am* ˈverɪd/ *a*. **1** svariato, vario, diverso, differente: *a man of ~ interests* un uomo che ha svariati interessi. **2** (*changing from time to time*) mutevole, movimentato, pieno di varietà; (*changed*) variato, mutato,

cambiato. **3** (*variegated*) variegato, screziato.

variedly /ˈveərɪdli *Am* ˈverɪdli/ *avv*. variamente, in modo vario.

variegate /ˈveərɪgeɪt *Am* ˈverɪəgeɪt/ *v.t.* **1** screziare, rendere variegato. **2** (*to give variety to*) rendere vario, rendere variato.

variegated /ˈveərɪˌgeɪtɪd *Am* ˈverɪgeɪtɪd/ *a*. **1** variegato, screziato. **2** (*varied*) variato, mutevole, non uniforme, pieno di varietà.

variegation /ˌveərɪˈgeɪʃən *Am* ˌveriəˈgeɪʃən/ *n*. variegatura *f*., screziatura *f*., aspetto *m*. variegato, aspetto *m*. screziato.

varietal /vəˈraɪətl *Am* vəˈraɪətl̩/ *a*. (*Biol*) varietale.

variety /vəˈraɪəti *Am* vəˈraɪəti/ **I** *n*. **1** varietà *f*., diversità *f*., molteplicità *f*.: *the ~ of the scenery* la varietà dello scenario. **2** (*assortment*) varietà *f*., assortimento *m*. **3** (*different form of sth.*) varietà *f*.: *several varieties of sandwiches* parecchie varietà di panini imbottiti. **4** (*sort, class*) sorta *f*., genere *m*., tipo *m*.: *people of every ~* gente di ogni sorta. **5** (*Teat*) varietà *m*., spettacolo *m*. di varietà. **6** (*Biol, Giard,Min,Filat*) varietà *f*. **7** (*Am*) emporio *m*. **II** *a*. (*Teat*) di varietà. □ (*Am,Macell*) *~meats* interiora, frattaglie; *a ~ of* molti, svariati, una grande varietà di: *for a ~ of reasons* per svariati motivi, per molte ragioni; (*Am*) *~ shop* emporio; (*Teat*) *~ show* spettacolo di varietà, varietà; (*Am*) *~store* emporio; *~theatre* teatro di varietà. Prov.: *~ is the spice of life* il mondo è bello perché è vario.

varifocal /ˌveərɪˈfoukəl/ **I** *a*. (*Ott*) multifocale: *~ glasses* occhiali (con lenti) multifocali. **II** *n.pl.* (*Ott*) occhiali *m.pl.* (con lenti) multifocali.

variform /ˈveərɪfɔːm *Am* ˈverəfɔːrm/ *a*. multiforme.

variola /vəˈraɪələ/ *n*. (*Med,Veter*) vaiolo *m*.

variolar /vəˈraɪələr/ *a*. (*Med*) vaioloso.

variolate /ˈveərɪˌleɪt/ **I** *v.t.* (*Med*) inoculare contro il vaiolo. **II** *a*. **1** (*Med*) butterato. **2** (*Met*) vaiolato.

variolated /ˈveərɪˌleɪtɪd/ *a*. (*Med*) butterato.

variolation /ˌveərɪˈleɪʃən/ *n*. (*Med*) vaiolizzazione *f*., (*rar*) variolizzazione *f*.

variole /ˈveərɪˌoul, ˈverioul/ *n*. **1** (*Med*) buttero *m*. **2** (*Min*) vaiola *f*.

variolite /ˈveərɪoulaɪt/ *n*. (*Min*) variolite *f*.

varioloid /ˈveərɪəlɔɪd/ **I** *a*. (*Med*) della vaioloide, relativo alla vaioloide. **II** *n*. (*Med*) vaioloide *f*.

variolous /ˈveərɪələs/ *a*. (*Med*) vaioloso.

variometer /ˌveərɪˈɒmɪtər *Am* ˌveriˈɑːmətər/ *n*. (*Fis*) variometro *m*.

variorum /ˌveərɪˈɔːrəm/ **I** *a*. (*Edit*) annotato da vari commentatori; (*including variant readings*) con apparato critico. **II** *n*. (*Edit*) (*variorum edition*) edizione *f*. annotata da vari commentatori; (*including variant readings*) edizione *f*. con apparato critico.

various /ˈveərɪəs *Am* ˈveriəs/ *a*. **1** svariato, vario, diverso: *for ~ reasons* per svariate ragioni; *at ~ times and in ~ places* in tempi e luoghi diversi. **2** (*unlike*) differente, diverso. **3** (*marked by variety*) vario, variato, non uniforme. **4** (*several, many*) vari, parecchi, diversi, molti: *~ people left early* molta gente andò via presto. □ *~and sundry* vari, una vasta gamma di.

variously /ˈveərɪəsli *Am* ˈveriəsli/ *avv*. variamente, in modo vario, in modo variato.

variousness /ˈveərɪəsnəs *Am* ˈveriəsnəs/ *n*. (*rar*) varietà *f*.

varistor /vəˈrɪstər/ *n*. (*Elettron*) varistore *m*.

varix /ˈveərɪks/ (*pl.* **-rices** /-rɪsiːz/) *n*. **1** (*Med*) varice *f*. **2** (*Zool*) solco *m*. (su una conchiglia), varice *f*.

varlet /'vɑːlət Am 'vɑːrlət/ n. **1** (ant,scherz) briccone m. (f. -a), canaglia f. **2** (knight's page) paggio m., valletto m.; (attendant) servitore m.

varmint /'vɑːmɪnt Am 'vɑːrmɪnt/ n. **1** (Br, colloq) canaglia f., furfante m./f., mascalzone m. (f. -a). **2** (Am,dial) (vermin) animale m. dannoso, animale m. nocivo.

varnish/'vɑːnɪʃ Am 'vɑːrnɪʃ/ I n. **1** (Pitt) vernice f.; (lacquer) lacca f. **2** (Cosmet) smalto m. (per unghie), lacca f. **3** (fig) apparenza f., vernice f., verniciatura f. II v.t. **1** verniciare, laccare: to ~ a wardrobe verniciare un armadio, verniciare un guardaroba. **2** (fig) (to embellish) far apparire migliore, abbellire; (to disguise, to gloss over) mascherare, coprire. ☐ to ~ sth. over verniciare qcs., laccare qcs.

varnished/'vɑːnɪʃt Am 'vɑːrnɪʃt/ a. verniciato, laccato.

varnisher /'vɑːnɪʃər Am 'vɑːrnɪʃər/ n. verniciatore m. (f. -trice).

varnishing/'vɑːnɪʃɪŋ Am 'vɑːrnɪʃɪŋ/ n. verniciatura f., laccatura f. ☐ (Art) ~ day vernissage, (rar) vernice.

varroa/'vɑːroʊə/ n. (Entom) varroa f.

varsity /'vɑːsəti Am 'vɑːrsəti/ n. (colloq) università f.

varus/'veərəs/ n. (Med) varismo m., piede m. varo.

varve/vɑːv Am vɑːrv/ n. (Geol) varva f.

vary/'veəri Am 'veri/ I v.t. **1** variare, cambiare, mutare, modificare: to ~ one's methods cambiare metodo. **2** (to diversify) rendere vario, variare, diversificare: to ~ one's diet variare la dieta. II v.i. **1** cambiare, variare, mutare: his style never varies il suo stile non cambia mai. **2** (to be different) variare, essere diverso, essere differente. **3** (to change in succession) variare, subire variazioni: pressure varies with altitude la pressione varia con l'altitudine. **4** (to diverge, to deviate) discostarsi, divergere, deviare, allontanarsi (from da): to ~ from the norm discostarsi dalla norma.

varying/'veərɪŋ Am 'veriŋ/ a. variabile, che varia.

vas/væs/ (pl. **vasa** /'veɪsə/) n. (Anat) vaso m.

vasal/veɪsl/ a. (Anat) vasale.

vascular/'væskjʊlər/ a. (Anat,Bot) vascolare. ☐ (Bot) ~ bundle fascio vascolare; (Bot) ~ plant pianta vascolare; (Bot) ~ tissue tessuto vascolare.

vascularise/'væskjʊləraɪz/ v.t. (Br) vascolarizzare.

vascularity/ˌvæskjʊ'lærəti Am ˌvæskjʊ'lerəti/ n. (Anat,Fisiol) vascolarità f.

vascularization /ˌvæskjʊlərɑɪ'zeɪʃən Am ˌvæskjʊlərɪ'zeɪʃən/ n. (Anat,Fisiol) vascolarizzazione f.

vascularize /'væskjʊləraɪz/ v.t. vascolarizzare.

vasculature /'væskjʊlətʃər/ n. (Anat,Fisiol) vascolarizzazione f.

vasculitis/ˌvæskjʊ'laɪtɪs Am ˌvæskjʊ'laɪtɪs/ n. (Med) vasculite f.

vasculose /'væskjʊloʊs/, **vasculous** /'væskjʊləs/ a. → **vascular**.

vasculum /'væskjʊləm/ (pl. **-s** /-z/ o **-la** /-lə/) n. (Bot) vascolo m.

vas deferens/ˌvæs'defərenz/ n. (Anat) dotto m. deferente.

vase/vɑːz Am veɪs/ n. vaso m.

vasectomise /və'sektəmaɪz/ v.t. (Br,Chir) vasectomizzare.

vasectomize /və'sektəmaɪz/ v.t. (Chir) vasectomizzare.

vasectomy /və'sektəmi/ n. (Chir) vasectomia f.

vaseline/'væsəliːn Am ˌvæsəl'iːn/ n. (Chim) vaselina f., (pop) vasellina f.

vasoactive/ˌveɪzoʊ'æktɪv/ a. (Med) vasoattivo.

vasoconstriction /ˌveɪzoʊkən'strɪkʃən/ n. (Med) vasocostrizione f.

vasoconstrictive /ˌveɪzoʊkən'strɪktɪv/ a. (Anat,Farm) vasocostrittore.

vasoconstrictor /ˌveɪzoʊkən'strɪktər/ I a. (Anat,Farm) vasocostrittore. II n. (Anat,Farm) vasocostrittore m.

vasodilatation /ˌveɪzoʊdaɪlə'teɪʃən/, **vasodilation**/ˌveɪzoʊdaɪ'leɪʃən/ n. (Med) vasodilatazione f.

vasodilator /ˌveɪzoʊdaɪ'leɪtər Am ˌvæsoʊ'daɪleɪtər/ I a. (Anat,Farm) vasodilatatore. II n. (Anat,Farm) vasodilatatore m.

vasodilatory /ˌveɪzoʊdaɪ'leɪtəri Am ˌvæsoʊ'daɪleɪtəri/ a. (Anat,Farm) vasodilatatore.

vasomotion/ˌveɪzoʊ(ʊ)'moʊʃən/ n. (Anat) vasomotilità f.

vasomotor /ˌveɪzoʊ'moʊtər Am ˌvæsoʊ'moʊtər/ a. (Anat) vasomotore, vasomotorio.

vasopressor/ˌveɪzoʊ'presər/ n. (Farm) vasopressore m., vasopressorio m.

vassal/'væsl/ I n. **1** (Mediev) vassallo m. **2** (fig) (dependent) dipendente m., vassallo m., suddito m.; (servant) servo m., servitore m., (spreg) vassallo m. II a. **1** (Mediev) di un vassallo, relativo a un vassallo, vassallesco; (having the status of a vassal) vassallo. **2** (fig) servile, vassallesco.

vassalage /'væsəlɪdʒ/ n. **1** (Mediev,Dir) vassallaggio m. **2** (collett.) (vassals) vassalli m.pl. **3** (fig) stato m. di soggezione, vassallaggio m., servitù f.

vassalise /'væsəˌlaɪz/ v.t. (Br) rendere vassallo, ridurre in condizione di vassallo.

vassalize /'væsəˌlaɪz/ v.t. rendere vassallo, ridurre in condizione di vassallo.

vassalry /'væsəlri/ n. (collett.) (Mediev) vassalli m.pl.

vast/vɑːst Am væst/ I a. **1** vasto, ampio, esteso, immenso: a ~ country un paese vasto. **2** (great in degree) vasto, largo, ampio, grande: ~ experience vasta esperienza. II n. (poet, ant) vastità f., spazio m. illimitato, immensità f.: the ~ of heaven la vastità del cielo.

vastitude /'vɑːstɪtjuːd Am 'væstɪtjuːd/ n. vastità f., immensità f.

vastly /'vɑːstli Am 'væstli/ avv. **1** ampiamente, immensamente. **2** (colloq) (very) molto, assai, grandemente: ~ different molto diverso.

vastness /'vɑːstnəs Am 'væstnəs/ n. vastità f., immensità f.

vasty/'vɑːsti Am 'væsti/ a. (poet,rar) vasto, immenso, esteso: the ~ deep il vasto mare.

vat/væt/ I n. **1** (for wine, etc.) tino m., tinozza f. **2** (Pell) (tan pit) fossa f. da concia. II v.t. (past,p.p. **vatted** /'vætɪd Am 'vætɪd/) mettere in un tino, mettere in una tinozza. ☐ (Chim, Tess) ~ dye colorante al tino.

VAT /væt, ˌviːeɪ'tiː/ n. (Econ) Value Added Tax IVA (imposta sul valore aggiunto).

Vatican /'vætɪk Am 'vætɪkən/ I n.pr. **1** Vaticano m. (Geog) Vaticano m., Città f. del Vaticano. II n. (Papal authority, rule) Vaticano m. ☐ (Geog) ~ City Vaticano m., Città del Vaticano; (Rel.catt) ~ Council concilio vaticano; (sl,spreg) ~ roulette controllo delle nascite secondo il metodo naturale.

vaticinal /'vætɪsɪn Am 'vætɪk/ a. (rar,lett) vaticinatore.

vaticinate /və'tɪsɪneɪt Am və'tɪsəneɪt/ I v.t. (rar,lett) profetare, profetizzare, vaticinare. II v.i. (rar,lett) profetare.

vaticination /ˌvætəsɪ'neɪʃən Am ˌvætəsɪ'neɪʃən/ n. (rar,lett) **1** il vaticinare. **2** (prophecy) vaticinio m., profezia f.

vaticinator /væ'tɪsɪneɪtər Am ˌvætəsɪneɪtər/ n. (rar,lett) profeta m., vaticinatore m.

vaticinatory /'vætəsɪˌneɪtəri Am 'vætəsɪ ˌneɪtəri/ a. (rar,lett) vaticinatore.

vaticinatress /ˌvætəsɪ'neɪtrəs Am ˌvætəsɪ 'neɪtrəs/ n. (rar,lett) profetessa f.

vaudeville /'vɔːdvɪl, 'vɔːdvɪl/ n. (Am,Teat) commedia f. musicale; (variety show) spettacolo m. di varietà, varietà m.

Vaudois /'voʊdwɑː/ n.inv. **1** abitante m./f. del (cantone di) Vaud. **2** (language) lingua f. del Vaud.

Vaudois /'voʊdwɑː/ n.pl. (costr.sing.) (Rel) (Waldenses) valdesi m.pl.

vault /vɔːlt/ I n. **1** (Arch) volta f. **2** (underground chamber) sotterraneo m. a volta, scantinato m. a volta; (cellar) cantina f. **3** (burial chamber) cripta f.: family ~ cripta di famiglia. **4** (room for the safekeeping of valuables) camera f. blindata, camera f. di sicurezza; (strong box) cassaforte f. **5** (fig) (sky) volta f. celeste, cielo m.: the ~ of heaven la volta celeste. **6** (Anat) volta f., calotta f.: cranic ~ volta cranica. II v.t. **1** (Arch) costruire a volta. **2** (to extend over in the form of a vault) coprire a volta. III v.i. curvarsi a volta.

vault /vɔːlt/ I v.t. saltare (aiutandosi con una pertica o appoggiando le mani): to ~ a fence saltare uno steccato. II v.i. **1** saltare con un volteggio. **2** (Ginn) volteggiare. **3** (Sport) (to pole-vault) saltare con l'asta. III n. **1** salto m., balzo m. **2** (Ginn) volteggio m. **3** (Sport) salto m. (con l'asta). **4** (Equit) (curvet) corvetta f.

vaulted/'vɔːltɪd Am 'vɔːltɪd/ a. (Arch) coperto da una volta; (arched) (costruito) a volta.

vaulting /'vɔːltɪŋ Am 'vɔːltɪŋ/ n. **1** (Arch) costruzione f. di volte. **2** (vaulted structure) struttura f. a volta, volta f. ☐ (Arch) ~ capital capitello di un pilastro di volta; (Ginn) ~ horse cavallo m.; (Arch) ~ pillar (o ~ shaft) pilastro di (una) volta.

vaulting /'vɔːltɪŋ Am 'vɔːltɪŋ/ I a. **1** (Ginn) di volteggio, usato per il volteggio. **2** (fig) che mira in alto. **3** (fig) (exaggerated) esagerato. II n. (Ginn) volteggio m. ☐ (fig) ~ ambition ambizione sfrenata.

vaunt /vɔːnt/ I v.t. vantarsi di, vantare: to ~ one's successes vantarsi dei propri successi. II v.i. vantarsi, gloriarsi. III n. (ant) vanto m., vanteria f.

vaunt-courier /ˌvɔːnt'kʊriər/ n. **1** (forerunner) precursore m. **2** (ant) (avant-courier) araldo m., messaggero m.

vaunted /'vɔːntɪd Am 'vɔːntɪd/ a. celebrato, vantato, magnificato.

vaunter/'vɔːntər Am 'vɔːntər/ n. chi si vanta.

vaunting /'vɔːntɪŋ Am 'vɔːntɪŋ/ I n. vanteria f., vanto m. II a. vanaglorioso, vanitoso.

vavasor/'vævəsɔːr/ n. (Am,Mediev) valvassore m.

vavasory /'vævəsɔːri/ n. (Mediev) **1** (tenure) possesso m. di un feudo da parte di un valvassore. **2** (land held) feudo m. di un valvassore.

vavasour /'vævəsɔːr/ n. (Mediev) valvassore m.

V-block /'viːˌblɒk Am 'viːˌblɑːk/ n. (Mecc) blocco m. a V.

VC, **V.C.** /ˌviː'siː/ **1** Vice-Chairman (vicepresidente). **2** Vice-Chancellor (vicecancelliere). **3** Vice-Consul VC (viceconsole). **4** Victoria Cross (Croce della Regina Vittoria, Victoria Cross).

VCR/ˌviːsiː'ɑːr Am ˌviːsiː'ɑːr/ I Video Cassette Recorder videoregistratore. II n. videoregistratore m.

VD/ˌviː'diː/ (Med) venereal disease MV (malattia venerea).

V-Day /'vi:ˌdeɪ/ n. giorno m. della vittoria.

VDT /ˌviːdiːˈtiː/ (Inform) Video Display Terminal VDT (videoterminale).

VDU /ˌviːdiːˈjuː/ (Inform) Visual Display Unit VDU (unità di visualizzazione).

've /v/ accorc. di have.

veal /viːl/ n. (Macell,Gastron) carne f. di vitello, vitello m.: a ~ cutlet una costoletta di vitello.

vector /'vektər/ I n. 1 (Mat,Biol,Med) vettore m. 2 (Aer) direzione f. di rotta. 3 (Astr) (radius vector) raggio m. vettore. II v.t. (Aer) teleguidare. □ (Mat) ~analysis analisi vettoriale; (Fis) ~current corrente vettoriale; (Mat) ~equation equazione vettoriale; (Fis) ~field campo vettoriale; (Inform) ~graphics grafica vettoriale; (Mat) ~product prodotto vettoriale; (Mat) ~space spazio vettoriale; (Mat) ~sum somma vettoriale.

vectorial /vek'tɔːrɪəl/ a. (Mat,Fis) vettoriale. □ (Mat) ~angle angolo polare.

vectorially /ˌvek'tɔːriəli/ avv. (Mat,Fis) vettorialmente.

VED vehicle excise duty (imposta sui veicoli a motore).

Veda /'veɪdə/ (pl.inv. o -s /-z/) n. (Rel) Veda m.

Vedaism /'veɪdɑɪzəm/ n. (Rel) vedismo m.

Vedanta /vɪd'ɑːntə/ n. (Rel) vedanta m.

V-E Day /ˌviːˈiːˌdeɪ/ n. (Stor) giorno m. della vittoria alleata in Europa (8 maggio 1945).

vedette /və'det/ n. 1 (Mar.mil) vedetta f. 2 (Mil,ant) vedetta f. (a cavallo). 3 (Am,Cin) divo m. (f. -a), vedette f. □ (Mar.mil) ~boat vedetta.

Vedic /'veɪdɪk/ I a. (Rel) vedico. II n. (language) vedico m.

vee /viː/ n. vi f./m., vu f./m.

veejay /ˌviːˈdʒeɪ/ n. (video jockey) veejay m./f.

Veep, veep /viːp/ n. (Am,colloq) vicepresidente m./f.

veer /vɪə/ Am vɪr/ I v.i. 1 girare, voltare, cambiare direzione: the road veers to the right la strada gira a destra. 2 (fig) cambiare (orientamento), mutare parere. 3 (Br,Meteor) (of the wind) girare (in senso orario nell'emisfero boreale). 4 (Mar) (of a ship) virare di bordo, cambiare rotta. II v.t. 1 cambiare il corso di, far girare. 2 (Mar) (of a ship) far virare di bordo. 3 (Mar) (of a cable) alare. III n. 1 cambiamento m. di direzione. 2 (fig) cambiamento m. di direzione, virata f. 3 (Mar) virata f. □ (Mar) to ~away (o to ~out) filare (un cavo).

veering /'vɪərɪŋ Am 'vɪərɪŋ/ I n. 1 cambiamento m. di direzione. 2 (Mar) cambiamento m. di rotta, virata f. 3 (Meteor) vento m. destrogiro. II a. (of the wind) che cambia.

veg¹ /vedʒ/ n. (Br) 1 ortaggio m., verdura f.: to grow -s coltivare ortaggi. 2 (estens) (plant) vegetale m., pianta f. 3 (Am,colloq) contorno m. di verdure: meat and two ~ carne con due contorni. 4 (fig) vegetale m., persona f. ridotta a un vegetale. 5 (fig) (inactive person) vegetale m., persona f. inattiva.

veg² /vedʒ/ v.i. (Am,colloq) vegetare. □ (Am, colloq) to ~out vegetare.

vegan /'viːgən/ n. vegetaliano m. (f. -a), vegan m./f., vegano m. (f. -a), vegetalista m./f.

veganism /'viːgə,nɪzəm/ n. vegetalismo m.

vegeburger /'vedʒɪˌbɜːgə Am 'vedʒɪˌbɜːrgə/ n. (Alim) hamburger m. vegetariano.

Vegemite /'vedʒɪmaɪt/ n. (Alim) estratto m. di lievito spalmabile.

vegetable /'vedʒtəbl, 'vedʒətəbl Am 'vedʒətəbl/ I n. 1 ortaggio m., verdura f.: to grow -s coltivare ortaggi. 2 (estens) (plant) vegetale m., pianta f. 3 (fig) vegetale m., persona ridotta a un vegetale. 4 (fig) (inactive

person) vegetale m., ameba f., persona f. inattiva. II a. vegetale. □ (Alim) ~fat grasso vegetale; ~growing orticoltura; (Bot) ~ivory corozo, avorio vegetale; ~kingdom regno vegetale; (Br,Bot,Alim) ~marrow zucchina gigante, zucca; (Alim) ~oil olio vegetale; (Tess) ~silk seta vegetale; ~sponge spugna vegetale.

vegetal /'vedʒətl/ I a. 1 vegetale. 2 (vegetative) vegetativo. II n. (ant) (vegetable) vegetale m., pianta f.

vegetarian /ˌvedʒɪˈteərɪən Am ˌvedʒəˈteriən/ I n. vegetariano m. (f. -a). II a. vegetariano.

vegetarianism /ˌvedʒɪˈteərɪənɪzəm Am ˌvedʒəˈterɪənɪzəm/ n. vegetarianismo m.

vegetate /'vedʒəteɪt/ v.i. vegetare (anche fig).

vegetation /ˌvedʒəˈteɪʃən/ n. 1 vegetazione f. 2 (fig) il vegetare, vita f. vegetale.

vegetative /'vedʒɪtətɪv Am 'vedʒəteɪtɪv/ a. 1 che vegeta; (of vegetable growth) vegetativo. 2 (Bot,Biol,Fisiol) vegetativo: ~reproduction riproduzione vegetativa. 3 (fig) da vegetale, vegetativo: to lead a ~ existence far vita vegetale, far vita vegetativa.

veggie /'vedʒi/ a. (colloq) 1 (vegetarian) vegetariano. 2 (vegetal) vegetale. □ (Alim) ~burger hamburger m. vegetariano.

vehemence /'viːəməns/ n. impeto m., veemenza f., impetuosità f., violenza f.

vehemency /'viːəmənsi/ n. (rar) impeto m., veemenza f., impetuosità f., violenza f.

vehement /'viːəmənt/ a. 1 veemente, ardente, impetuoso, violento: ~passions passioni veementi. 2 (impassioned) appassionato, caloroso, veemente, ardente; (bitter, violent) violento, aspro, duro.

vehemently /'viːəməntli/ avv. con veemenza, con impeto, violentemente.

vehicle /'vɪəkl/ n. 1 veicolo m., mezzo m. di trasporto; (motor vehicle) veicolo m. a motore, motoveicolo m. 2 (means of transmission) mezzo m. di trasmissione, mezzo m. di propagazione, veicolo m. 3 (means of expression) mezzo m. di espressione, mezzo m. di comunicazione. 4 (means, medium) strumento m., mezzo m.: a newspaper is a powerful propaganda ~ un giornale è un potente strumento di propaganda. 5 (Med) veicolo m. di infezione. 6 (Farm) veicolo m., eccipiente m. 7 (Chim) veicolo m. □ ~excise duty imposta sui veicoli a motore; (GB) Vehicle Inspectorate ispettorato automobilistico; ~park parco veicoli.

vehicular /vɪˈhɪkjələr/ a. 1 veicolare, di veicoli, per veicoli: ~traffic traffico veicolare. 2 (serving as a vehicle) che serve da veicolo. 3 (carried on a vehicle) trasportato su un veicolo.

Veii /'viːjaɪ/ n.pr. (Geog.stor) Veio f.

veil /veɪl/ I n. 1 velo m.: widow's ~ velo vedovile. 2 (fig) (sth. that masks, cloaks) velo m., schermo m.: a ~ of cynicism un velo di cinismo. 3 (fig) (cover, haze) velo m., strato m. leggero: a ~ of mist un velo di nebbia. 4 (fig) (nun's life) velo m., vita f. monacale. 5 (Lit,Fot,Bot) velo m. II v.t. 1 velare, coprire con un velo. 2 (fig) (to conceal) velare, nascondere; (to mask, to disguise) mascherare, celare, dissimulare, velare. □ (fig) the ~of death il velo della morte; (fig) to take the ~ farsi monaca, prendere il velo.

veiled /veɪld/ a. 1 velato, coperto da un velo. 2 (fig) (concealed) velato, nascosto, non esplicito: ~threats velate minacce. 3 (fig) (masked, disguised) mascherato, coperto, velato.

veiling /'veɪlɪŋ/ n. 1 il velare, velatura f. 2 (material for veils) stoffa f. per veli. 3 (veil) velo m.

vein /veɪn/ I n. 1 (Anat) vena f. (anche estens). 2 (Bot,Entom) venatura f. 3 (Minier,Geol) vena f., filone m. 4 (line of a different colour) vena f., venatura f.; (streak, stripe) striatura f., striscia f.; (in marble) venatura f. 5 (fig) (manner of expression) forma f., maniera f., stile m.: in a satirical ~ in forma satirica. 6 (fig) (mood, temper) vena f., disposizione f., umore m. 7 (fig) (thread, strain) venatura f., vena f., traccia f., filo m.: there was a ~ of sadness in his words c'era una venatura di tristezza nelle sue parole. II v.t. segnare di venature, coprire di venature; (to striate) striare. □ (fig) to be in the ~ essere in vena.

veined /veɪnd/ a. 1 segnato da vene, venato: a ~ forehead una fronte segnata da vene. 2 (streaked) striato: the sky was ~ with red il cielo era striato di rosso. 3 (Bot) nervato.

veining /'veɪnɪŋ/ n. 1 venatura f. 2 (streak) striatura f., striscia f. 3 (Bot) nervatura f.

veinlet /'veɪnlət/ n. 1 venetta f., venula f., piccola vena f. 2 (Bot) venetta f., nervetto m.

veinstone /'veɪnˌstəʊn/ n. (Minier) (gangue) ganga f.

veinule /'veɪnjuːl/ n. (Anat) venula f.

velar /'viːlər/ I a. (Anat,Fon) velare. II n. (Fon) suono m. velare.

velarise /'viːləraɪz/ v.t. (Br,Fon) velarizzare.

velarium /vɪˈleərɪəm/ (pl. -ria /-rɪə/) n. (Stor.rom) velario m.

velarization /ˌviːlərɪˈzeɪʃən/ n. (Fon) velarizzazione f.

velarize /'viːləraɪz/ v.t. (Fon) velarizzare.

Velcro /'velkrəʊ/ n. velcro m.

Velcroed /'velkrəʊd/ a. con chiusura a velcro.

veld /velt/ n. (in South Africa) veld m., pianura f.

veliger /'velɪdʒər/ n. (Zool) veliger m.

velites /'viːlɪt/ n.pl. (Stor.rom) veliti m.pl.

velleity /ve'liːəti/ n. velleità f.

vellum /'veləm/ n. 1 pergamena f., cartapecora f. 2 (manuscript on vellum) manoscritto m. su pergamena, documento m. su pergamena, pergamena f. □ (Cart) ~paper carta pergamenata.

velocimeter /vɪˈlɒsɪmɪtər Am vɪˈlɑːsɪmətər/ n. (Tecn) tachimetro m.

velocipede /vɪˈlɒsɪpiːd Am vəˈlɑːsəpiːd/ n. 1 (ant) velocipede m. 2 (child's tricycle) triciclo m.

velocipedist /vɪˈlɒsəˈpiːdɪst Am vəˌlɑːsəˈpiːdɪst/ n. (ant) velocipedista m./f.

velociraptor /vɪˈlɒsɪˌræptər Am vəˈlɑːsəˌræptər/ n. (Paleont) velociraptor m.

velocity /vɪˈlɒsɪti Am vəˈlɑːsəti/ n. 1 velocità f. (anche Fis): the ~ of light la velocità della luce. 2 (rapidity of action, occurrence) velocità f., rapidità f., celerità f. 3 (Chim) velocità f. di reazione. □ (Mecc) ~governor regolatore di velocità; (Econ) ~of circulation velocità di circolazione; (Astr) ~of escape velocità di fuga; (Mecc) ~ratio rapporto di trasmissione.

velodrome /'verədrəʊm/ n. (Sport) velodromo m.

velour /və'lʊər Am və'lʊr/ n. (Tess) velours m.

velours /və'lʊər Am və'lʊr/ n. (Tess) velours m.

velum /'viːləm/ (pl. -la /-lə/) n. 1 (Biol) velo m. 2 (Anat) velo m. pendulo, velo m. palatino.

velutinous /və'luːtɪnəs/ a. 1 vellutato. 2 (Bot) coperto di peluria, vellutato.

velveret /ˌvelvə'ret/ n. (Tess) velluto m. di cotone stampato.

velvet /'velvɪt/ I n. 1 (Tess) velluto m. 2 (fig) (sth. soft, smooth) cosa f. vellutata, cosa f. morbida, velluto m. 3 (fig) (softness, smoothness) aspetto m. vellutato, morbidezza f. II a. 1 di velluto: a ~ suit un abito di velluto. 2

(*velvety*) vellutato (*anche fig*). □ (*Entom*) ~ **ant** mutillide; ~ *glove* guanto di velluto (*anche fig*): *the iron hand in the ~ glove* (o *the iron fist in the ~ glove*) pugno di ferro in guanto di velluto; (*sl*) *to be on ~*: 1 (*to be in an easy position*) camminare sul velluto; 2 (*to live luxuriously*) dormire tra due guanciali; 3 (*to have won money in gambling*) giocare sul velluto; ~ *revolution* rivoluzione di velluto (*anche Stor*); (*Ornit*) ~ *scoter* orco marino.

velveted /'velvɪtɪd *Am* 'velvɪtɪd/ *a.* vellutato.

velveteen /ˌvelvɪ'tiːn, 'velvɪtiːn/ *n.* **1** (*Tess*) velluto *m.* di cotone. **2** *pl.* (*Abbigl*) (*trousers*) calzoni *m.pl.* di velluto di cotone.

velvety /'velvɪti *Am* 'velvəti/ *a.* vellutato.

venal /'viːnəl/ *a.* **1** venale, corrotto; (*of things*) disonesto. **2** (*corrupt*) corrotto: *a ~ administration* un'amministrazione corrotta.

venality /viː'næləti *Am* vɪ'næləti/ *n.* venalità *f.*

venally /'viːnəli/ *avv.* in modo venale, venalmente.

venatic /vɪ'nætɪk *Am* viː'nætɪk/, **venatical** /vɪ'nætɪkəl *Am* viː'nætɪkəl/ *a.* **1** venatorio. **2** (*of people*) dedito alla caccia.

venation /viː'neɪʃən/ *n.* **1** disposizione *f.* delle vene. **2** (*Bot*) nervazione *f.* **3** (*Entom*) venatura *f.*

vend /vend/ *v.t.* **1** vendere per la strada, vendere porta a porta. **2** (*to sell*) vendere (*anche Dir*).

vendace /'vendeɪs/ *n.* (*Itt*) coregone *m.*

vendee /ven'diː/ *n.* (*Dir*) acquirente *m./f.*, compratore *m.* (*f.* -trice).

vender /'vendər/ *n.* venditore *m.* (*f.* -trice) (*anche Dir*).

vendetta /ven'detə *Am* ven'detə/ *n.* **1** (*Etnol*) vendetta *f.* di sangue. **2** (*fig*) odio *m.* implacabile.

vendibility /ˌvendə'bɪləti *Am* ˌvendə'bɪləti/ *n.* (*Econ*) vendibilità *f.*

vendible /'vendəbl/ *a.* **1** vendibile. **2** (*ant*) (*venal*) venale, mercenario.

vendibles /'vendəblz/ *n.pl.* (*Econ,Comm*) articoli *m.pl.* vendibili.

vending /'vendɪŋ/ *n.* vendita *f.* □ ~ *machine* distributore automatico (a moneta).

vendor /'vendər/ *n.* **1** venditore *m.* (*f.* -trice) (*anche Dir*). **2** (*Inform*) fornitore *m.* di hardware o software, vendor *m.* □ (*Econ*) ~ *placing* collocamento di un'emissione azionaria futura presso un investitore esterno.

vendue /'venduː, 'vendjuː/ *n.* (*Am*) asta *f.* pubblica.

veneer /və'nɪər *Am* və'nɪr/ **I** *n.* **1** (*Fal*) piallaccio *m.*, foglio *m.* per impiallacciatura; (*in cabinet-making*) impiallacciatura *f.* **2** (*fig*) vernice *f.*, apparenza *f.* (superficiale): *he has a ~ of respectability* ha una vernice di rispettabilità. **3** (*Edil*) rivestimento *m.* esterno (in mattoni o pietra). **4** (*Ceram*) leggero strato *m.* decorativo. **II** *v.t.* **1** (*Fal*) impiallacciare. **2** (*fig*) nascondere sotto una vernice, (*lett*) orpellare.

veneering /və'nɪərɪŋ *Am* və'nɪrɪŋ/ *n.* **1** (*Fal*) impiallacciatura *f.* **2** (*fig*) vernice *f.*, verniciatura *f.*, apparenza *f.* (superficiale).

venepuncture /'venɪˌpʌŋktʃər/ *n.* (*Med*) venopuntura *f.*

venerability /ˌvenərə'bɪləti *Am* ˌvenərə'bɪləti/ *n.* venerabilità *f.*

venerable /'venərəbl/ *a.* **1** venerando, venerabile, degno di venerazione: *a ~ old man* un vecchio venerando. **2** (*of age*) venerabile. **3** (*colloq*) (*old*) di età avanzata, venerando, vecchio; (*antique*) antico, vecchio. **4** (*Rel*) venerabile.

venerableness /'venərəblnəs/ *n.* venerabilità *f.*

venerably /'venərəbli/ *avv.* in modo venerabile.

venerate /'venəreɪt *Am* 'venəreɪt/ *v.t.* venerare, onorare, riverire.

veneration /ˌvenə'reɪʃən *Am* ˌvenə'reɪʃn/ *n.* venerazione *f.*

venerator /'venəˌreɪtər *Am* ˌvenə'reɪtər/ *n.* veneratore *m.* (*f.* -trice).

venereal /və'nɪərɪəl *Am* və'nɪrɪəl/ *a.* **1** venereo: ~ *diseases* malattie veneree. **2** (*Med*) (*of venereal diseases*) venereo, di malattie veneree.

venereologist /vəˌnɪərɪ'ɒlədʒɪst *Am* vəˌnɪri'ɑːlədʒɪst/ *n.* (*Med*) venerologo *m.* (*f.* -a).

venereology /vəˌnɪərɪ'ɒlədʒi *Am* vəˌnɪri'ɑːlədʒi/ *n.* (*Med*) venerologia *f.*, venereologia *f.*

venery[1] /'venəri/ *n.* (*ant*) lussuria *f.*

venery[2] /'venəri/ *n.* (*ant*) (*hunting*) venazione *f.*, caccia *f.*

venesect /'venɪsekt/ *v.t.* (*Chir*) salassare, praticare la flebotomia a.

venesection /ˌvenɪ'sekʃən/ *n.* (*Chir*) flebotomia *f.*, salasso *m.*

Venetian /və'niːʃən/ **I** *a.* **1** veneziano. **2** (*Art, Arch*) alla veneziana, (in stile) veneziano. **II** *n.* veneziano *m.* (*f.* -a). □ ~ *blind* veneziana, tenda alla veneziana; ~ *chalk* steatite, pietra da sarto; (*Vetr*) ~ *glass* vetro di Murano; (*Tess*) ~ *lace* merletto veneziano; ~ *red* rosso di Venezia; (*Pitt*) ~ *school* scuola veneziana; ~ *shade* veneziana; (*Arch*) ~ *window* finestra palladiana.

venetianed, **Venetianed** /vɪ'niːʃənd/ *a.* che ha tende alla veneziana.

Venetic /vɪ'netɪk *Am* vɪ'netɪk/ *n.* (*language*) venetico *m.*

Venezuela /ˌvenə'zweɪlə/ *n.pr.* (*Geog*) Venezuela *m.*

Venezuelan /ˌvenə'zweɪlən/ **I** *a.* venezuelano. **II** *n.* venezuelano *m.* (*f.* -a).

vengeance /'vendʒəns/ *n.* vendetta *f.* □ *to take ~ on so. for sth.* vendicarsi su qcu. di qcs.; *with a ~*: 1 (*violently*) furiosamente, violentemente; 2 (*to an abundant, surprising degree*) estremamente, straordinariamente: *his appetite had returned with a ~* gli era ritornato un appetito più forte che mai.

vengeful /'vendʒful/ *a.* vendicativo.

vengefully /'vendʒfuli/ *avv.* vendicativamente.

vengefulness /'vendʒfulnəs/ *n.* l'essere vendicativo.

V-engine /'viːˌendʒɪn/ *n.* (*Mot*) motore *m.* a V.

venial /'viːnɪəl/ *a.* **1** (*Teol*) veniale. **2** (*of errors, etc.: excusable*) perdonabile, scusabile, veniale.

veniality /ˌviːni'æləti *Am* ˌviːni'æləti/ *n.* (*Teol*) venialità *f.*

venially /'viːnɪəli/ *avv.* venialmente.

Venice /'venɪs/ *n.pr.* (*Geog*) Venezia *f.*

venipuncture *Am* /'viːnɪpʌŋktʃər/ *n.* (*Med*) venopuntura *f.*

venire /və'naɪri/ *n.* (*US,Dir*) gruppo *m.* di potenziali giurati.

venison /'venɪsn/ *n.* (*Alim*) carne *f.* di cervo, cervo *m.*

venom /'venəm/ *n.* **1** (*Zool*) veleno *m.* (di insetti, serpenti e sim.). **2** (*fig*) veleno *m.*, livore *m.*, astio *m.*, acredine *f.*

venomed /'venəmd/ *a.* **1** velenoso. **2** (*fig*) astioso, velenoso.

venomous /'venəməs/ *a.* **1** velenoso: ~ *snakes* serpenti velenosi. **2** (*of a spear, etc.*) avvelenato. **3** (*estens*) (*poisonous*) velenoso, tossico, venefico. **4** (*fig*) velenoso, astioso, pieno di livore.

venomously /'venəməsli/ *avv.* con velenosità, velenosamente (*anche fig*).

venomousness /'venəməsnəs/ *n.* velenosità *f.* (*anche fig*).

venose /'viːnəs/ *a.* **1** venoso (*anche Fisiol*). **2** (*veined*) venato (*anche Biol*).

venosity /vɪ'nɒsəti *Am* vɪ'nɑːsəti/ *n.* venosità *f.*

venous /'viːnəs/ *a.* **1** venoso (*anche Fisiol*). **2** (*veined*) venato (*anche Biol*).

vent[1] /vent/ **I** *n.* **1** foro *m.*, apertura *f.*, spiraglio *m.*, orifizio *m.*, buco *m.*; (*for gases, liquids, etc.*) sfogo *m.* **2** (*Edil*) (*opening for ventilation*) foro *m.* di ventilazione; (*flue*) canna *f.* fumaria. **3** (*means of outlet or escape*) sfogo *m.*, sbocco *m.*, via *f.* d'uscita. **4** (*fig*) sfogo *m.*, espressione *f.*: *to give ~ to one's anger* dare sfogo alla propria ira. **5** (*Sart*) spacco *m.* **6** (*Arm*) focone *m.* **7** (*Zool*) ano *m.* **II** *v.t.* **1** divulgare, rendere noto, manifestare, palesare. **2** (*fig*) (*to release by expressing*) sfogare, dare sfogo a, esprimere: *to ~ one's anger on so.* sfogare la propria ira su qcu. **3** (*to provide with a vent, outlet*) aprire un foro in, fare un buco in. **III** *v.i.* **1** sfogare (*on* su); (*of a flue*) tirare. **2** (*of an otter*) salire in superficie per respirare. □ ~ *faucet* succhiello per botti; ~ *hole*: 1 spiraglio, foro; 2 (*Met*) aria, respiro; ~ *pipe* tubo di sfiato; (*Arm*) ~ *plug* tappo del focone; (*Aut*) ~ *wing* finestrino deflettore.

vent[2] /vent/ *n.* (*Sart*) spacchetto *m.*

ventage /'ventɪdʒ/ *n.* **1** (*vent*) foro *m.*, buco *m.*, apertura *f.* **2** (*Mus*) foro *m.*, apertura *f.*

ventail /'venteɪl/ *n.* (*Mediev*) ventaglia *f.*

venter[1] /'ventər *Am* 'ventər/ *n.* (*one who vents*) divulgatore *m.* (*f.* -trice).

venter[2] /'ventər *Am* 'ventər/ *n.* **1** (*Anat*) (*abdomen*) addome *m.*; (*belly*) ventre *m.*, pancia *f.* **2** (*Bot*) ventre *m.* **3** (*Dir*) (*womb*) grembo *m.* materno, utero *m.*, ventre *m.*; (*mother*) madre *f.*: *children of the same ~* figli della stessa madre.

ventiduct /'ventɪdʌkt/ *n.* (*Edil*) condotto *m.* dell'aria, sfiatatoio *m.*, sfiato *m.*

ventifact /'ventɪˌfækt/ *n.* (*Geol*) ciottolo *m.* sfaccettato (a causa dell'erosione eolica).

ventil /'ventɪl/ *n.* (*Mus*) ventilabro *m.*

ventilate /'ventɪleɪt *Am* 'ventəleɪt/ *v.t.* **1** arieggiare, dare aria a, ventilare: *to ~ a room* arieggiare una stanza. **2** (*fig*) esaminare, dibattere, ventilare, discutere: *the problem has been -d* il problema è stato esaminato. **3** (*to give expression to*) divulgare, rendere noto, manifestare, palesare. **4** (*Fisiol*) (*of blood*) ossigenare. **5** (*Agr*) (*of grain, hay*) ventilare.

ventilating /'ventɪleɪtɪŋ *Am* 'ventəleɪtɪŋ/ □ (*Tecn*) ~ *fan* ventilatore elettrico; (*Minier*) ~ *shaft* pozzo di ventilazione.

ventilation /ˌventɪ'leɪʃən *Am* ˌventə'leɪʃn/ *n.* **1** ventilazione *f.*, areazione *f.* **2** (*means of ventilating*) impianto *m.* di ventilazione. **3** (*fig*) esame *m.*, discussione *f.* **4** (*Fisiol*) ossigenazione *f.*

ventilative /'ventɪˌleɪtɪv *Am* 'ventəˌleɪtɪv/ *a.* di ventilazione.

ventilator /'ventɪleɪtər *Am* 'ventəleɪtər/ *n.* **1** ventilatore *m.* **2** (*Med*) ventilatore *m.* **3** (*fig*) chi dibatte, chi discute.

ventral /'ventrəl/ *a.* (*Anat,Bot*) ventrale. □ (*Itt*) ~ *fin* pinna ventrale.

ventricle /'ventrɪkl/ *n.* (*Anat*) **1** ventricolo *m.* **2** (*of the heart*) ventricolo *m.* cardiaco. **3** (*of the brain*) ventricolo *m.* cerebrale.

ventricose /'ventrɪˌkous/ *a.* **1** (*Biol*) rigonfio nel mezzo, (*rar*) ventricoso. **2** (*having a large abdomen*) panciuto.

ventricular /ven'trɪkjələr/ *a.* (*Anat*) ventricolare.

ventriculus /ven'trɪkjələs/ (*pl.* -li /-laɪ/) *n.* **1** (*Anat*) stomaco *m.*, (*rar*) ventricolo *m.* **2** (*Ornit*) ventriglio *m.*

ventriloquial /ˌventrə'loʊkwiəl/ a. 1 ventri-loquistico. 2 (using ventriloquism) ventrilo-quo.

ventriloquise /ven'trɪləkwaɪz/ v.i. (Br) esse-re ventriloquo.

ventriloquism /ven'trɪləkwɪzəm/ n. ventri-loquio m., ventriloquia f.

ventriloquist /ven'trɪləkwɪst/ n. ventrilo-quo m. (f. -a).

ventriloquize /ven'trɪləkwaɪz/ v.i. essere ventriloquo.

ventriloquous /ven'trɪləkwəs/ a. ventrilo-quo, ventriloquistico.

ventriloquy /ven'trɪləkwi/ n. ventriloquio m., ventriloquia f.

venture /'ventʃər/ I n. 1 iniziativa f. 2 (chal-lenge) impresa f. rischiosa, avventura f., az-zardo m., rischio m.: the expedition was a ~ la spedizione fu un'impresa rischiosa. 3 (Comm) speculazione f., operazione f. a ri-schio. II v.t. 1 rischiare, azzardare, arrischia-re, avventurare: to ~ one's life rischiare la vita. 2 (to face the risks, dangers of) affron-tare i rischi di, avventurarsi in. 3 (to dare to propose, offer, etc.) azzardare, avventurare: if I may ~ a suggestion se posso azzardare un suggerimento. 4 (to presume, to have the courage) osare, ardire, avere il coraggio di, avventurarsi a. III v.i. avventurarsi, arri-schiarsi, azzardarsi: to ~ into a den of thieves avventurarsi in un covo di ladri. □ (rar)at a ~ alla cieca, a caso, a casaccio; (Econ) ~ capital capitale di rischio.

venturer /'ventʃərər/ n. 1 (Comm) speculato-re m. (f. -trice). 2 (adventurer) avventuriero m. (f. -a) (lett) avventuriere (f. -a).

venturesome /'ventʃəsəm Am 'ventʃərsəm/ a. 1 (of people) avventuroso, audace, ardito. 2 (of things) arrischiato.

venturesomeness /'ventʃəsəmnəs Am 'ventʃərsəmnəs/ n. 1 coraggio m., audacia f., ardimento m. 2 (riskiness) l'essere rischioso.

venturous /'ventʃərəs/ a. 1 (of people) av-venturoso, audace, ardito. 2 (of things) arri-schiato.

venturousness /'ventʃərəsnəs/ n. 1 corag-gio m., audacia f., ardimento m. 2 (riskiness) l'essere rischioso.

venue /'venjuː/ n. 1 (scene of an action, event) luogo m., scena f. 2 (colloq) (appointed meeting place) luogo m. di convegno, luogo m. di riunione. 3 (Dir) sede f. processuale. 4 (Sport) località f. designata per un incontro. 5 (for concerts, etc.) spazio m. per concerti.

venule /'venjuːl/ n. (Anat) venula f.

Venus /'viːnəs/ I n.pr.f. (Mitol) Venere. II n.pr. (Astr) Venere m. III n. donna f. bellissima, venere f. □ (Bot) ~'s flytrap dionea, ac-chiappamosche; (Bot) ~'s hair capelvenere; (Bot) ~'s looking glass specchio di Venere; (Zool) ~ shell vongola.

Venusian /vɪ'njuːziən/ I a. (Astr) venusiano. II n. venusiano m. (f. -a).

ver. 1 verse v., vs. (verso). 2 version vers. (versione).

veracious /və'reɪʃəs/ a. 1 (truthful) veritie-ro, veridico, sincero. 2 (true) vero, veritiero, esatto, che risponde al vero.

veraciousness /və'reɪʃəsnəs/ n. 1 sincerità f., veridicità f. 2 (conformity with truth) esat-tezza f., fedeltà f. 3 (sth. true) verità f. 4 (ac-curacy, precision) accuratezza f., precisione f.

veracity /və'ræsəti Am və'ræsəṭi/ n. 1 sinceri-tà f., veridicità f. 2 (conformity with truth) esattezza f., fedeltà f. 3 (sth. true) verità f. 4 (accuracy, precision) accuratezza f., preci-sione f.

veranda /və'rændə/ n. (Edil) veranda f.

verandaed /və'rændəd/ a. (Edil) verandato.

verandah /və'rændə/ n. (Edil) veranda f.

verandahed /və'rændəd/ a. (Edil) veranda-to.

veratrine /'verəˌtriːn/ n. (Chim) veratrina f.

verb /vɜːb Am vɜːrb/ n. (Gramm) verbo m. □ (Gramm) ~ phrase gruppo verbale.

verbal /'vɜːbəl Am 'vɜːrbəl/ I a. 1 verbale, di parole: a purely ~ distinction una distinzio-ne puramente verbale. 2 (using, based on the use of words) verbale, a parole: a ~ protest una protesta verbale. 3 (spoken, oral) orale, verbale, a voce: ~ evidence testimonianza orale; a ~ agreement un accordo verbale. 4 (Gramm) verbale, del verbo. 5 (rar) (verba-tim) letterale, alla lettera, parola per parola, testuale. II n. 1 (Gramm) nome m. verbale. 2 (Br,colloq) dichiarazione f. incriminante (resa alla polizia), ammissione f. di colpevolezza. □ (Gramm) ~ auxiliary verbo ausiliario; (Gramm) ~ noun nome verbale, sostantivo verbale.

verbalise /'vɜːbəlaɪz/ I v.t. (Br) 1 esprimere (a parole), formulare: he couldn't ~ his feel-ings non sapeva esprimere i suoi sentimenti. 2 (Gramm) trasformare in verbo. II v.i. (Br) 1 esprimersi. 2 (to speak, to write verbosely) esprimersi verbosamente, essere verboso.

verbalism /'vɜːbəlɪzəm Am vɜːrbəlɪzəm/ n. 1 espressione f. verbale; (word) termine m., pa-rola f.; (phrase) frase f. 2 (meaningless words) parole f.pl. vuote. 3 (verbiage, word-iness) verbosità f., prolissità f. 4 (acceptance of words as a substitute for reality) verbali-smo m.

verbalist /'vɜːbəlɪst Am vɜːrbəlɪst/ n. 1 perso-na f. esperta nell'uso delle parole. 2 (one who accepts words in place of reality) chi dà im-portanza solo alle parole.

verbalization /ˌvɜːbəlaɪ'zeɪʃən Am ˌvɜːrbəlɪ'zeɪʃən/ n. 1 formulazione f. 2 (Gramm) verba-lizzazione f., trasformazione f. (di un nome) in verbo.

verbalize /'vɜːbəlaɪz Am 'vɜːrbəlaɪz/ I v.t. 1 esprimere (a parole), formulare: he couldn't ~ his feelings non sapeva esprimere i suoi sentimenti. 2 (Gramm) trasformare in verbo. II v.i. 1 esprimersi. 2 (to speak, to write ver-bosely) esprimersi verbosamente, essere verboso.

verbally /'vɜːbəli Am 'vɜːrbəli/ avv. 1 verbal-mente, oralmente. 2 (word for word) lette-ralmente, parola per parola, testualmente.

verbascum /vɜː'bæskəm Am vɜːr'bæskəm/ n. (Bot) verbasco m., tassobarbasso m.

verbatim /vɜː'beɪtɪm Am vər'beɪtɪm/ I avv. alla lettera, letteralmente, parola per parola, testualmente: to quote so. ~ citare alla lettera le parole di qcu. II a. letterale, alla lettera, testuale, parola per parola.

verbena /vɜː'biːnə Am vɜːr'biːnə/ n. (Bot) ver-bena f.

verbiage /'vɜːbɪɪdʒ Am vɜːr'biːɪdʒ/ n. 1 verbo-sità f., prolissità f. 2 (manner of expression) frasario m., modo m. di esprimersi.

verbid /'vɜːbɪd Am vɜːrbɪd/ n. (Gramm) nome m. verbale.

verbose /vɜː'boʊs Am vər'boʊs/ a. prolisso, verboso.

verbosely /vɜː'boʊsli Am vər'boʊsli/ avv. ver-bosamente, prolissamente.

verboseness /vɜː'boʊsnəs Am vər'boʊsnəs/ n. verbosità f., prolissità f.

verbosity /vɜː'bɒsəti Am vər'bɑːsəṭi/ n. ver-bosità f., prolissità f.

verdancy /'vɜːdənsi Am 'vɜːrdənsi/ n. 1 l'es-sere verdeggiante. 2 (fig) inesperienza f., in-genuità f., immaturità f.

verdant /'vɜːdənt Am 'vɜːrdənt/ a. 1 verdeg-giante, verde: ~ pastures pascoli verdeg-

gianti. 2 (fig) inesperto, ingenuo, immaturo.

verd-antique /ˌvɜːdæn'tiːk Am ˌvɜːrdænt'iːk/ n. 1 (marble) verde m. antico. 2 (verdigris) verderame m., patina f. di verderame.

verderer,verderor /'vɜːdərər Am 'vɜːrdərər/ n. (Mediev) guardaboschi m. (reale).

verdict /'vɜːdɪkt Am 'vɜːrdɪkt/ n. 1 (Dir) ver-detto m.: ~ of not guilty verdetto di non col-pevolezza. 2 (estens) (judgement, opinion) giudizio m., opinione f., verdetto m. (on su).

verdigris /'vɜːdɪgrɪs Am 'vɜːrdɪgriːs/ n. 1 (Chim) verderame m. 2 (crystallized verdi-gris) verderame m. cristallizzato.

verditer /'vɜːdɪtər Am 'vɜːrdɪtər/ n. (Chim) ver-daccio m.

verdure /'vɜːdjər Am 'vɜːrdʒər/ n. 1 verde m.: the ~ of trees il verde degli alberi. 2 (green vegetation) piante f.pl. verdi, verde m., vegeta-zione f. 3 (fig) freschezza f., rigoglio m., ver-de m.

verdured /'vɜːdjərd Am 'vɜːrdʒərd/ a. coperto di piante verdi, coperto di vegetazione.

verdurous /'vɜːdjərəs Am 'vɜːrdʒərəs/ a. 1 (verdured) coperto di piante verdi, coperto di vegetazione. 2 (of a rich green colour) verdeggiante, verde.

verdurousness /'vɜːdjərəsnəs Am 'vɜːrdʒərəsnəs/ n. l'essere verdeggiante.

verge[1] /vɜːdʒ Am vɜːrdʒ/ I n. 1 margine m., contorno m., bordo m., orlo m.; (limit) limite m. 2 (edge) orlo m., margine m. estremo: the ~ of a precipice l'orlo di un precipizio. 3 (edge of a flower bed) bordo m., bordatura f. 4 (Strad) banchina f., bordo m. della strada; (strip of vegetation along a road) bordatura f. di piante (lungo una strada). 5 (fig) orlo m., limite m., limitare m., soglia f.: we are on the ~ of war siamo sull'orlo della guerra; she was on the ~ of tears era sul punto di pian-gere; to be on the ~ of ruin essere sull'orlo della rovina. 6 (fig) (marginal area) limite m. (estremo), margine m.: the ~ of legality il li-mite della legalità. 7 (Arch) (of a sloping roof) frontone m.; (of a column) fusto m. 8 (Orol) asse m. del bilanciere. 9 (rod, staff of office) verga f., bastone m. (di comando). 10 (Dir) area f. di giurisdizione. II v.i. 1 confina-re (on con), essere contiguo (a), essere adia-cente (a), delimitare (qcs.). 2 (fig) rasentare (on sth. qcs.), essere sull'orlo (di), essere vi-cino (a), confinare (con): his zealousness -s on fanaticism il suo zelo rasenta il fanati-smo; to ~ on bankruptcy essere sull'orlo del fallimento.

verge[2] /vɜːdʒ Am vɜːrdʒ/ v.i. 1 (to incline, to extend in a slope) tendere, piegare, inclina-re. 2 (of the sun) declinare, calare.

vergence /'vɜːdʒəns Am 'vɜːrdʒəns/ n. 1 (Fisiol) deviazione f. della direzione dello sguardo. 2 (Geol) vergenza f.

vergency /'vɜːdʒənsi Am 'vɜːrdʒənsi/ n. ver-genza f.

verger /'vɜːdʒər Am 'vɜːrdʒər/ n. 1 (sacristan) sagrestano m. 2 (official carrying a verge be-fore a bishop, etc.) mazziere m. 3 (Univ) vi-cecancelliere m.

verglas /'vɜːglɑː/ n. (Meteor,Alp) verglas m.

veridical /və'rɪdɪkl/ a. veridico, veritiero.

veridicality /vəˌrɪdɪ'kælɪti Am vəˌrɪdɪ'kælɪṭi/ n. veridicità f.

veridically /və'rɪdɪkəli/ avv. in modo veritie-ro.

verifiability /ˌverɪfaɪə'bɪləti Am verɪfaɪə'bɪləṭi/ n. verificabilità f.

verifiable /'verəfaɪəbl/ a. verificabile, con-trollabile.

verification /ˌverɪfɪ'keɪʃən/ n. 1 verifica f., accertamento m., controllo m., (rar) verifica-zione f. 2 (sth. that verifies) prova f., confer-

ma f., dimostrazione f. ☐ (*Filos*) ~*principle* principio di verificazione.

verifier /'verɪfaɪəʳ/ n. verificatore m. (f. -trice), controllore m.

verify /'verɪfaɪ/ v.t. **1** verificare, accertare, appurare. **2** (*to confirm*) confermare, provare, dimostrare. **3** (*to check*) controllare, verificare. **4** (*Dir*) ratificare, sanzionare. **5** (*Inform*) verificare.

verily /'verɪli/ avv. (*ant*) veramente, in verità, certamente: ~ *I say unto you* in verità vi dico.

verisimilar /ˌverɪ'sɪmɪləʳ/ a. verosimile.

verisimilarly /ˌverɪ'sɪmɪləʳli/ avv. verosimilmente.

verisimilitude /ˌverɪsɪ'mɪlɪtjuːd Am ˌverəsə'mɪlətuːd/ n. **1** verosimiglianza f. **2** (*sth. verisimilar*) cosa f. (solo) verosimile.

verism /'vɪərɪzəm/ n. (*Art,Lett*) verismo m.

verismo /vəˈrɪzmoʊ/ n. (*Art,Lett*) verismo m.

verist /'vɪərɪst/ n. verista m./f.

veristic /vɪə'rɪstɪk/ a. veristico, realistico.

veritable /'verɪtəbl̩ Am 'verətəbl̩/ a. **1** (*genuine*) vero, autentico, genuino. **2** (*real*) vero (e proprio), autentico, reale: *the election was a ~ landslide* l'elezione fu una vera e propria vittoria schiacciante.

veritably /'verɪtəbli Am 'verətəbli/ avv. veramente, in effetti, in verità.

verity /'verəti Am 'verəti/ n. verità f.: *the eternal verities* le verità eterne.

verjuice /'vɜːdʒuːs Am 'vɜːrdʒuːs/ n. agresto m.

vermeil /'vɜːmeɪl Am 'vɜːrmɪl/ n. **1** (*poet*) (*vermilion*) vermiglio m., cinabro m. **2** (*gilded silver*) argento m. dorato, vermeil m.

vermian /'vɜːmɪən Am 'vɜːrmɪən/ a. **1** dei vermi, relativo ai vermi. **2** (*poet*) (*resembling worms*) simile a vermi, vermiforme.

vermicelli /ˌvɜːmɪ'tʃeli Am ˌvɜːrmə'tʃeli/ n. (*Alim*) vermicelli m.pl.

vermicidal /ˌvɜːmɪ'saɪdl̩ Am ˌvɜːrmə'saɪdl̩/ a. (*Farm*) vermicida, vermifugo, antelmintico.

vermicide /'vɜːmɪsaɪd Am 'vɜːrməsaɪd/ n. (*Farm*) vermicida m., antelmintico m., antelmintico m.

vermicular /vɜː'mɪkjələʳ Am vəʳ'mɪkjələʳ/ a. **1** vermicolare, vermiforme, simile a verme. **2** decorato con motivi vermicolari. **3** (*wormlike in shape*) vermiforme, a forma di verme.

vermiculate /vɜː'mɪkjʊ,leɪt Am vəʳ'mɪkjə,leɪt/ a. **1** decorato con motivi vermicolari. **2** (*wormlike in shape*) vermiforme, a forma di verme.

vermiculated /vɜː'mɪkjʊ,leɪtɪd Am vəʳ'mɪkjə,leɪtɪd/ a. **1** decorato con motivi vermicolari. **2** (*worm-eaten*) roso dai vermi, bacato.

vermiculation /vɜː'mɪkjʊ,leɪʃ°n Am vəʳ'mɪkjə,leɪʃ°n/ n. **1** l'essere infestato dai vermi. **2** (*Fisiol*) moto m. vermicolare; (*of the intestines*) peristalsi f., contrazione f. vermicolare. **3** (*Art,Arch*) motivo m. vermicolare, disegno m. vermicolare.

vermicule /'vɜːmɪkjuːl Am 'vɜːʳmɪkjəl/ n. vermiciattolo m.

vermiculite /vɜː'mɪkjʊ,laɪt Am vəʳ'mɪkjə,laɪt/ n. (*Min*) vermiculite f.

vermiculture /vɜːmɪ'kʌltʃəʳ Am vəʳmɪ'kʌltʃəʳ/ n. vermicoltura f.

vermiform /'vɜːmɪfɔːm Am 'vɜːrməfɔːrm/ a. vermiforme. ☐ (*Anat*) ~*appendix* appendice vermiforme.

vermifugal /ˌvɜːmɪ'fjuːgl̩ Am 'vɜːrmə,fjuːgl̩/ a. (*Farm*) vermicida, vermifugo, antelmintico, antelmintico.

vermifuge /'vɜːmɪ,fjuːdʒ Am 'vɜːrmə,fjuːdʒ/ n. (*Farm*) vermifugo m., antelmintico m., antielmintico m.

vermilion /və'mɪljən Am vəʳ'mɪljən/ I n. **1**

---

vermiglio m. **2** (*pigment*) vermiglione m. **II** a. vermiglio.

vermin /'vɜːmɪn Am 'vɜːrmɪn/ n.inv. (*costr.pl.*) **1** (*harmful animals*) animali m.pl. nocivi, animali m.pl. dannosi. **2** (*parasitic animals*) parassiti m.pl., insetti m.pl. parassiti. **3** (*fig*) feccia f. della società, criminali m.pl., delinquenti m.pl.; (*parasites*) parassiti m.pl.

verminate /'vɜːmɪneɪt Am 'vɜːrmɪneɪt/ v.i. essere infestato da animali nocivi.

vermination /ˌvɜːmɪ'neɪʃ°n Am ˌvɜːrmə'neɪʃ°n/ n. l'essere infestato da animali nocivi.

verminous /'vɜːmɪnəs Am 'vɜːrmənəs/ a. **1** di parassiti, relativo a parassiti. **2** (*infested by vermin*) infestato da parassiti, infestato da insetti.

verminousness /'vɜːmɪnəsnəs Am 'vɜːrmənəsnəs/ n. l'essere infestato da insetti, l'essere infestato da parassiti.

vermivorous /vɜː'mɪvərəs Am vɜːr'mɪvərəs/ a. che si ciba di vermi.

Vermont /və'mɒnt Am vəʳ'mɑːnt/ n.pr. (*Geog*) Vermont m.

Vermonter /və'mɒntəʳ Am vəʳ'mɑːntəʳ/ n. (*Geog*) abitante m./f. del Vermont.

vermouth , vermuth /'vɜːməθ Am vəʳ'muːθ/ n. (*Enol*) vermut m.

vernacular /və'nækjələʳ Am vəʳ'nækjələʳ/ I a. **1** vernacolare, vernacolo, locale. **2** (*of a writer, speaker*) vernacolare, vernacolo; (*of writing*) vernacolo, dialettale, in vernacolo. **3** (*fig*) (*colloquial*) colloquiale, familiare. **4** (*Arch*) indigeno, locale. **5** (*Med,rar*) endemico. **II** n. **1** vernacolo m., dialetto m., parlata f. locale. **2** (*vernacular expression, word*) espressione f. vernacolare, parola f. dialettale. **3** (*fig*) lingua f. colloquiale, lingua f. familiare, linguaggio m. corrente. **4** (*jargon*) gergo m. **5** (*profanity*) linguaggio m. blasfemo.

vernacularise /və'nækjələ,raɪz/ v.t. (*Br*) esprimere in vernacolo, dire in dialetto; (*to translate into vernacular*) tradurre in vernacolo.

vernacularism /və'nækjələ,rɪzəm Am vəʳ'nækjələ,rɪzm/ n. **1** espressione f. vernacolare, parola f. dialettale. **2** (*use of the vernacular*) uso m. del vernacolo.

vernacularize /və'nækjələ,raɪz Am vəʳ'nækjələ,raɪz/ v.t. esprimere in vernacolo, dire in dialetto; (*to translate into vernacular*) tradurre in vernacolo.

vernal /'vɜːnl̩ Am 'vɜːrnl̩/ a. **1** primaverile, di primavera. **2** (*fig*) fresco, primaverile; (*youthful*) giovanile. **3** (*fig*) (*youthful*) giovanile. ☐ (*Astr*) ~*equinox* equinozio di primavera; (*Bot*) ~*grass* paleino.

vernalise /'vɜːnə,laɪz/ v.t. (*Br,Agr*) vernalizzare.

vernalization /ˌvɜːnəlaɪ'zeɪʃ°n Am ˌvɜːrnəlɪ'zeɪʃ°n/ n. (*Agr*) vernalizzazione f., iarovizzazione f., jarovizzazione f.

vernalize /'vɜːnə,laɪz Am 'vɜːrnə,laɪz/ v.t. (*Agr*) vernalizzare.

vernation /və'neɪʃ°n Am vəʳ'neɪʃ°n/ n. (*Bot*) vernazione f., prefogliazione f.

vernier /'vɜːnɪəʳ Am 'vɜːrnɪəʳ/ I n. (*Tecn,Fis*) **1** nonio m., (*rar*) verniero m. **2** (*scale*) scala f. del nonio. **II** a. con nonio, (*rar*) a verniero. ☐ (*Tecn*) ~*compass* compasso con nonio; (*Astron*) ~*engine* o ~*rocket*) razzo verniero; ~*scale* scala del nonio.

vernissage /ˌvɜːnɪ'sɑːʒ Am ˌvɜːrnɪ'sɑːʒ/ n. (*Art*) vernissage m.

veronal /'verənl̩/ n. (*Farm*) veronal m.

veronica [1] /və'rɒnɪkə Am və'rɑːnɪkə/ n. (*Bot*) veronica f.

veronica [2] /və'rɒnɪkə Am və'rɑːnɪkə/ n. (*Rel*)

Veronica f., sudario m. (di Cristo). **2** (*estens*) (*sudarium*) sudario m.

veronique /ˌverə'niːk/ n. (*Gastron*) guarnito con uva.

verruca /və'ruːkə/ (pl. -**cae** /-kiː/) n. (*Med*) verruca f.

verrucose /və'ruːkoʊs Am 'veruːkoʊs/ a. (*Med*) verrucoso.

verrucous /ve'ruːkəs, 'verʊkəs/ a. **1** (*Med*) (*verrucose*) verrucoso. **2** (*resembling a wart*) simile a una verruca.

versant [1] /'vɜːsᵊnt Am 'vɜːrsᵊnt/ n. (*Geog,Alp*) versante m., pendio m.

versant [2] /'vɜːsᵊnt Am 'vɜːrsᵊnt/ a. (*ant*) (*experienced*) pratico, esperto (*with* di).

versatile /'vɜːsətaɪl Am 'vɜːrsətᵊl/ a. **1** versatile, multiforme: *a ~ actor* un attore versatile. **2** (*of tools, materials, etc.: capable of many uses*) versatile, che si presta a molti usi. **3** (*ant*) (*changeable*) variabile, mutevole, incostante. **4** (*capable of turning*) girevole: *a ~ spindle* un fuso girevole. **5** (*Zool*) mobile: ~ *antennae* antenne mobili.

versatilely /'vɜːsətaɪli Am 'vɜːrsətᵊli/ avv. in modo versatile.

versatility /ˌvɜːsə'tɪləti Am ˌvɜːrsə'tɪləti/ n. **1** (*of people*) versatilità f. **2** (*of things*) versatilità f., varietà f. di impiego.

verse /vɜːs Am vɜːrs/ I n. **1** versi m.pl.: *to write ~* scrivere versi. **2** (*metrical composition, poem*) poesia f., componimento m. poetico: *elegiac ~* poesia elegiaca. **3** (*collett.*) poesia f.: *Elizabethan ~* poesia elisabettiana. **4** (*stanza*) stanza f.; (*line of metrical writing*) verso m.; (*of a song*) strofa f. **5** (*Bibl*) versetto m. **II** v.t. **1** dire in versi, narrare in versi. **2** (*to turn into verse*) mettere in versi, versificare. **III** v.i. verseggiare, versificare, comporre versi.

versed [1] /vɜːst Am vɜːrst/ a. (*experienced*) versato (*in* in), esperto, pratico (di): *to be* (*well*) ~ *in*: essere ferrato in, essere esperto in.

versed [2] /vɜːst Am vɜːrst/ a. (*Mat*) inverso: ~ *sine* seno inverso.

verselet /'vɜːslət Am 'vɜːrslət/ n. breve poesia f.

verset /'vɜːset Am 'vɜːrset/ n. **1** (*Bibl*) versetto m. **2** (*Mus*) breve preludio m. per organo, breve interludio m. per organo.

versicle /'vɜːsɪkl̩ Am 'vɜːrsɪkl̩/ n. **1** versicolo m. **2** (*Lit*) versetto m., verso m.

versicolor /'vɜːsɪ,kʌləʳ/ a. (*Am*) di colore cangiante, iridescente.

versicolored /'vɜːrsɪ,kʌləʳd/ a. (*Am*) di colore cangiante, iridescente.

versicolour /'vɜːsɪ,kʌləʳ/ a. di colore cangiante, iridescente.

versicoloured /'vɜːrsɪ,kʌləd/ a. di colore cangiante, iridescente.

versicular /vɜː'sɪkjələʳ Am vɜːr'sɪkjʊləʳ/ a. **1** dei versi, relativo ai versi. **2** (*Bibl*) dei versetti, relativo ai versetti.

versification /ˌvɜːsɪfɪ'keɪʃ°n Am ˌvɜːrsəfɪ'keɪʃ°n/ n. **1** versificazione f., verseggiatura f. **2** (*metrical structure*) forma f. metrica.

versifier /'vɜːsɪfaɪəʳ Am 'vɜːrsəfaɪəʳ/ n. **1** verseggiatore m. (f. -trice), versificatore m. (f. -trice). **2** (*one who turns prose into verse*) chi mette prosa in versi.

versify /'vɜːsɪfaɪ Am 'vɜːrsəfaɪ/ I v.t. **1** dire in versi, narrare in versi. **2** (*to turn into verse*) mettere in versi, versificare. **II** v.i. verseggiare, versificare, comporre versi.

versin , versine /'vɜːsɪn Am 'vɜːrsaɪn/ n. (*Mat*) senoverso m.

version /'vɜːʃ°n Am 'vɜːrʒ°n/ n. **1** (*particular account, variant*) versione f.: *what is your ~ of the accident?* qual è la tua versione dell'incidente? **2** (*translation*) traduzione *f.*, versione *f.* **3** (*Bibl*) versione *f.* della Bibbia: *Authorized Version* versione autorizzata della Bibbia. **4** (*Lett,Mus*) (*adaptation*) adattamento *m.* **5** (*Med*) versione *f.* □ (*Inform*) ~ *number* numero di versione.

versional /'vɜːʃənl *Am* 'vɜːrʒ°nəl/ *a.* (*Bibl*) di una versione della Bibbia.

verso /'vɜːsəʊ *Am* 'vɜːrsoʊ/ (*pl.* -s /-z/) *n.* **1** (*Tip*) verso *m.* **2** (*Legat*) pagina *f.* a sinistra. **3** (*Numism*) rovescio *m.*

verst /vɜːst *Am* vɜːrst/ *n.* (*ant*) versta *f.*

versus /'vɜːsəs *Am* 'vɜːrsəs/ *prep.* **1** (*Sport,Dir*) contro: (*Sport*) *England* ~ *Australia* Inghilterra contro Australia; (*Dir*) *Regina* ~ *Smith* la Regina contro Smith. **2** (*as opposed to*) in rapporto a, in contrasto con, in contrapposizione con.

vert /vɜːt *Am* vɜːrt/ *n.* **1** (*Stor*) (*forest vegetation*) vegetazione *f.*, verde *m.*; (*right to cut living wood*) legnatico *m.*, boscatico *m.* **2** (*Arald*) verde *m.*

vert. *vertical* (verticale).

vertebra /'vɜːtɪbrə *Am* 'vɜːrtəbrə/ (*pl.* -s /-z/ o -brae /-briː/) *n.* **1** (*Anat*) vertebra *f.* **2** *pl.* (*estens*) colonna *f.sing.* vertebrale.

vertebral /'vɜːtɪbrəl *Am* 'vɜːrtəbrəl/ *a.* **1** (*Anat*) vertebrale: ~ *column* colonna vertebrale. **2** (*having vertebrae*) vertebrato.

vertebrate /'vɜːtɪbreɪt *Am* 'vɜːrtəbrɪt/ **I** *a.* (*Zool*) vertebrato. **II** *n.* (*Zool*) vertebrato *m.*

vertebrated /'vɜːtɪbreɪtɪd *Am* 'vɜːrtəbrɪtɪd/ *a.* (*Zool*) vertebrato.

vertex /'vɜːteks *Am* 'vɜːrteks/ (*pl.* -tices /-tɪsiːz *Am* tɪsiːz/ o -es /-ɪz/) *n.* **1** vertice *m.*, apice *m.*, sommità *f.* **2** (*Geom*) vertice *m.* **3** (*Astr*) culmine *m.* **4** (*Anat*) sommità *f.* del capo, vertice *m.* **5** (*Arch*) chiave *f.* (di un arco). **6** (*Ott*) vertice *m.* □ (*Geom*) ~ *angle* angolo al vertice.

vertical /'vɜːtɪkəl *Am* 'vɜːrtəkl/ **I** *a.* **1** verticale: ~ *lines* linee verticali; (*perpendicular*) perpendicolare. **2** (*Astr*) dello zenit, allo zenit. **II** *n.* verticale *f.* □ ~ *angle*: (*Geom*) angolo opposto al vertice; (*Inform*) ~ *application* applicazione verticale; (*Astr*) ~ *circle* circolo verticale; (*Econ*) ~ *concentration* concentrazione verticale; (*Mecc*) ~ *engine* motore verticale; (*US*) ~ *federalism* federalismo verticale; (*Itt*) ~ *fin* pinna verticale; ~ *mobile* mobilità verticale; (*Am,Aer*) ~ *stabilizer* deriva, stabilizzatore verticale; (*Aer*) ~ *takeoff* decollo verticale; ~ *thinking* pensiero verticale.

verticality /'vɜːtɪkˈələti *Am* 'vɜːrtəkˈələti/ *n.* l'essere verticale, perpendicolarità *f.*

vertically /'vɜːtɪkˈəli *Am* 'vɜːrtəkˈəli/ *avv.* verticalmente, a perpendicolo. □ (*eufem*) ~ *challenged* piccoletto, piccolo di statura, tappetto; (*Geom*) ~ *opposite angles* angoli opposti al vertice.

verticil /'vɜːtɪsɪl *Am* 'vɜːrtɪsɪl/ *n.* (*Bot*) verticillo *m.*

verticillate /vɜːˈtɪsɪlət *Am* vɜːrˈtɪsɪlət/, **verticillated** /'vɜːtɪsɪˌleɪtɪd *Am* 'vɜːrtɪsɪˌleɪtɪd/ *a.* (*Bot*) verticillato.

vertiginous /vɜːˈtɪdʒɪnəs *Am* vərˈtɪdʒənəs/ *a.* **1** che soffre di vertigini. **2** (*causing vertigo*) vertiginoso, che dà le vertigini: ~ *heights* altezze vertiginose. **3** (*whirling*) vorticoso.

vertiginously /vɜːˈtɪdʒɪnəsli *Am* vərˈtɪdʒənəsli/ *avv.* vertiginosamente.

vertiginousness /vɜːˈtɪdʒɪnəsnəs *Am* vərˈtɪdʒənəsnəs/ *n.* vertiginosità *f.pl.*

vertigo /'vɜːtɪgəʊ *Am* 'vɜːrtəgoʊ/ (*pl.* -s /-z/ o **vertigines** /vəˈtɪdʒɪniːz/) *n.* (*Med*) vertigine *f.*

vertisol /'vɜːtɪsɒl *Am* 'vɜːrtɪsɑːl/ *n.* (*Geol*) vertisuolo *m.*

vertu /vɜːˈtuː *Am* vərˈtuː/ *n.* **1** (*Art*) bellezza *f.* di un oggetto d'arte, qualità *f.pl.* artistiche. **2**

(*love of objects d'art*) amore *m.* per gli oggetti d'arte. **3** (*collett.*) oggetti *m.pl.* d'arte.

vervain /'vɜːveɪn *Am* 'vɜːrveɪn/ *n.* (*Bot*) verbena *f.*

verve /vɜːv *Am* vɜːrv/ *n.* **1** brio *m.*, vivacità *f.*, spigliatezza *f.*, verve *f.* **2** (*energy, vigour*) vigore *m.*, energia *f.*, nerbo *m.*

vervet /'vɜːvɪt *Am* 'vɜːrvɪt/ *n.* (*Zool*) cercopiteco *m.* grigioverde. □ (*Zool*) ~ *monkey* cercopiteco grigioverde.

very /'veri/ **I** *avv.* **1** molto, assai, oltremodo: *it is* ~ *beautiful* è molto bello. **2** (*with superlatives*) proprio: *the* ~ *latest model* proprio l'ultimo modello. **3** (*with words of identity or oppositeness*) proprio, esattamente, precisamente: *the* ~ *same man* proprio lo stesso uomo. **II** *a.* **1** (*precise, particular*) proprio, preciso, esatto, giusto: *you are the* ~ *man I need* sei proprio l'uomo di cui ho bisogno. **2** (*selfsame, identical*) preciso, identico, proprio, stesso: *at that* ~ *moment* in quel preciso istante. **3** (*mere*) solo, semplice: *the* ~ *thought of it makes me shiver* il solo pensiero mi fa rabbrividire. **4** (*to emphasize identity*) stesso, medesimo: *the* ~ *nature of the problem precludes solution* la natura stessa del problema ne impedisce la soluzione. **5** (*being such in the true sense of the term*) vero, reale, effettivo: *the* ~ *heart of the problem* il vero nocciolo della questione. □ *at the* ~ *latest* al più tardi; *the* ~ *best* il non plus ultra, senz'altro il migliore; *to do the* ~ *best one can* fare del proprio meglio; (*Fis*) ~ *high frequency* altissima frequenza; *the* ~ *idea of it!* questa è bella!; *to be caught in the* ~ *act* essere colto in flagranza di reato, essere colto sul fatto; (*Fis*) ~ *low frequency* bassissima frequenza; ~ *many mistakes* moltissimi errori; ~ *much* moltissimo: *I like him* ~ *much* mi piace moltissimo; *we now have a house all of our* ~ *own* ora abbiamo una casa tutta nostra (o tutta per noi); (*Rel.prot*) *Very Reverend* molto reverendo; *the* ~ *same* lo stesso (medesimo), esattamente lo stesso, proprio lo stesso; *it's the* ~ *thing* (*for doing sth.*) (proprio) quello che ci vuole (per fare qcs.); *this* ~ *day* proprio oggi; ~ *well* molto bene.

Very /'viəri *Am* 'vɪri/ □ ~ *Light* fuoco Very; ~ *pistol* pistola Very; ~ *pistol signal* segnale luminoso Very, razzo Very.

very-high-frequency /'veri,haɪˈfriːkwənsi/ *a.* (*Fis*) ad altissima frequenza.

very-low-frequency /'veri,ləʊˈfriːkwənsi/ *a.* (*Fis*) a bassissima frequenza.

vesica /'vesɪkə, vɪˈsaɪkə/ (*pl.* -cae /-kiː/) *n.* **1** (*Anat*) vescica *f.* **2** (*Art,Rel*) mandorla *f.* □ (*Art,Rel*) ~ *piscis* mandorla.

vesical /'vesɪkl/ *a.* (*Anat*) vescicale.

vesicant /'vesɪkənt/ *a.* vescicante, vescicatorio (*anche Farm*).

vesicate /'vesɪkeɪt/ **I** *v.t.* produrre vesciche su, riempire di vesciche. **II** *v.i.* coprirsi di vesciche.

vesication /vesɪˈkeɪʃən/ *n.* vescicazione *f.*

vesicle /'vesɪkl/ *n.* **1** (*Anat,Biol,Med*) vescicola *f.* **2** (*Geol*) cavità *f.*

vesicular /vəˈsɪkjələr/ *a.* (*Anat,Biol*) vescicolare.

vesiculate /vəˈsɪkjələɪt/ *a.* (*Anat,Biol*) vescicolare.

vesiculation /vəsɪkjuˈleɪʃən/ *n.* (*Med*) formazione *f.* di vescicole.

Vespasian /vesˈpeɪʒən/ *n.pr.m.* (*Stor.rom*) Vespasiano *m.*

vesper /'vespər/ *n.* **1** (*Rel*) preghiera *f.* della sera. **2** (*ant*) (*evening*) sera *f.* **3** *pl.* (*Lit*) vespro *m.sing.* □ ~ *bell* campana del vespro, vespro.

Vesper /'vespər/ *n.pr.* (*Astr,ant*) Espero *m.*, Ve-

spero *m.*, Venere *m.*

vespertillionid /,vespəˈtɪliənɪd/ *n.* (*Zool*) vespertilionide *m.*

vespertinal /,vespəˈtaɪnl *Am* ,vespərˈtɪnəl/, **vespertine** /'vespətaɪn *Am* 'vespərtɪn/ *a.* **1** serale, della sera. **2** (*Biol*) notturno.

vespiary /'vespɪəri/ *n.* vespaio *m.*

vespid /'vespɪd/ *n.* (*Entom*) vespide *m.*, vespa *f.*

vespine /'vespaɪn/ *a.* **1** delle vespe, relativo alle vespe. **2** (*resembling a wasp*) simile a una vespa.

vessel /'vesəl/ *n.* **1** vaso *m.*, recipiente *m.* **2** (*Mar*) nave *f.*, bastimento *m.* **3** (*Anat,Biol*) vaso *m.* **4** (*Bibl,fig*) vaso *m.*: *chosen* ~ vaso di elezione.

vest /vest/ **I** *n.* **1** (*Abbigl*) maglia *f.*, maglietta *f.*: *a woollen* ~ una maglia di lana. **2** (*Am*) (*waistcoat*) panciotto *m.*, gilè *m.*; (*dickey*) sparato *m.*, pettino *m.* **II** *v.t.* **1** (*Dir*) (*of rights, etc.*) investire di; (*of a person, group*) conferire a, attribuire a, investire: *to* ~ *so. with authority* conferire autorità a qcu. **2** (*Dir*) (*of an estate*) assegnare. **3** (*to dress in ceremonial garments*) vestire degli abiti da cerimonia. **4** (*Lit*) vestire paramenti liturgici. **5** (*rar*) (*to dress*) vestire, abbigliare. **III** *v.i.* **1** essere conferito, essere attribuito (*in a*). **2** (*Dir*) (*of an estate*) essere assegnato (*a*). **3** (*to put on ceremonial garments*) vestire gli abiti da cerimonia. **4** (*Lit*) vestire i paramenti liturgici. **5** (*rar*) (*to dress oneself*) vestirsi, abbigliarsi. □ (*Abbigl*) ~ *top* canottiera.

vesta /'vestə/ *n.* (*wax match*) cerino *m.*; (*short match*) fiammifero *m.*

Vesta /'vestə/ **I** *n.pr.f* (*Mitol*) Vesta. **II** *n.pr.* (*Astr*) Vesta *m.*

vestal /'vestəl/ **I** *a.* **1** (*Mitol*) di Vesta, relativo a Vesta. **2** (*Stor.rom*) di vestale, relativo a vestale. **3** (*fig*) (*chaste*) casto, puro. **II** *n.* **1** (*Stor.rom*) vestale *f.* (*anche fig*). **2** (*fig*) (*virgin*) vergine *f.* **3** (*fig*) (*nun*) suora *f.*, monaca *f.* (*Stor.rom*) ~ *virgin* vestale (*anche fig*).

vested /'vestɪd/ *a.* **1** (*of rights*) acquisito. **2** (*protected, established by law*) acquisito, assegnato legalmente, assegnato per legge. □ ~ *interest*: **1** interesse acquisito; **2** (*estens*) (*personal stake*) interesse personale; **3** (*fig*) persone che godono di privilegi economici e politici; ~ *right* diritto acquisito.

vestibular /vesˈtɪbjələr/ *a.* **1** di un vestibolo, relativo a un vestibolo. **2** (*Anat*) vestibolare.

vestibule /'vestɪbjuːl/ *n.* **1** atrio *m.*, vestibolo *m.* **2** (*Anat,Archeol*) vestibolo *m.* **3** (*Am,Ferr*) mantice *m.* tra due carrozze, intercomunicante *m.* □ (*Ferr*) ~ *car* vagone intercomunicante, carrozza intercomunicante; (*Ferr*) ~ *train* treno composto di carrozze intercomunicanti.

vestige /'vestɪdʒ/ *n.* **1** vestigio *m.*, traccia *f.*, orma *f.*: *the* -s *of a Stone Age village* le vestigia di un villaggio dell'età della pietra. **2** (*sign, trace*) traccia *f.*, segno *m.* **3** (*fig*) traccia *f.*, ombra *f.*, residuo *m.* **4** (*Biol*) rudimento *m.*

vestigial /vesˈtɪdʒɪəl/, **vestigiary** /'vesˈtɪdʒ°ri/ *a.* **1** di tracce, relativo a vestigia. **2** (*Biol*) rudimentale, vestigiale.

vesting /'vestɪŋ/ *n.* (*Tess*) tessuto *m.* per panciotti.

vestment /'vesmənt/ *n.* **1** (*ceremonial, official garment*) abito *m.* da cerimonia. **2** (*Lit*) paramento *m.* liturgico; (*altar cloth*) tovaglia *f.* dall'altare.

vest-pocket /'vestˈpɑːkɪt/ *a.* (*Am*) tascabile, piccolo, compatto.

vestry /'vestri/ *n.* **1** (*sacristy*) sagrestia *f.*; (*room used for meetings, etc.*) sala *f.* per riunioni. **2** (*Rel.prot*) (*parish meeting*) assemblea *f.* parrocchiale. **3** (*Dir.can*) (*administra-*

tive body of a parish) fabbriceria *f.* ☐ ~ **book** : 1 libro dei verbali della fabbriceria; 2 (*parish registry*) registro parrocchiale.

vestryman /'vestrimən/ *n.irr.* **1** (*Rel.prot*) membro *m.* dell'assemblea parrocchiale. **2** (*Dir.can*) fabbriciere *m.*

vesture /'vestʃər/ *n.* (*poet*) (*clothing*) vestiario *m.*, abbigliamento *m.*

vesturer /'vestʃərər/ *n.* **1** (*sexton*) sagrestano *m.*; (*one in charge of church vestments*) custode *m.* dei paramenti sacri. **2** (*of a cathedral, etc.*) vicetesoriere *m.*

vesuvian /və'su:viən/ *n.* **1** (*Min*) vesuvianite *f.* **2** (*ant*) tipo *m.* di zolfanello.

Vesuvian /və'su:viən/ *a.* **1** vesuviano, del Vesuvio. **2** (*estens*) (*volcanic*) vulcanico.

vesuvianite /və'su:viə,naɪt/ *n.* (*Min*) vesuvianite *f.*

Vesuvius /və'su:viəs/ *n.pr.* (*Geog*) Vesuvio *m.*

vet[1] /vet/ **I** *n.* (*colloq*) (*veterinarian*) veterinario *m.* **II** *v.t.* (*past, p.p.* **vetted** /'vetɪd/ *Am* /'vetɪd/) **1** (*colloq*) (*of an animal*) visitare, curare. **2** (*colloq,scherz*) (*of a person*) curare, visitare. **3** (*to examine, to check*) esaminare, controllare, rivedere.

vet[2] /vet/ *n./a.* (*Am,colloq*) → **veteran**.

vetch /vetʃ/ *n.* (*Bot*) veccia *f.*

vetchling /'vetʃlɪŋ/ *n.* (*Bot*) erba *f.* galletta.

vetchy /'vetʃi/ *a.* (*Bot*) veccioso.

veteran /'vetərən *Am* 'vetərən/ **I** *n.* **1** (*Mil*) terano *m.*, ex combattente *m.*, reduce *m.*: *Vietnam -s* veterani della guerra del Vietnam. **2** (*fig*) veterano *m.*: *he's a ~ at his trade* è un veterano del (suo) mestiere. **II** *a.* **1** (*Mil*) dei veterani, relativo ai veterani, degli ex combattenti, dei reduci. **2** (*fig*) veterano, esperto. ☐ (*Br*) *~car* auto d'epoca (costruita prima del 1905); (*US*) *Veterans Day* Anniversario della Vittoria (della prima guerra mondiale, 11 novembre).

veterinarian /,vetərɪ'neəriən *Am* ,vetərɪ 'neriən/ *n.* veterinario *m.*

veterinary /'vetərɪnəri *Am* 'vetərɪ'neri/ *a.* veterinario. ☐ *~hospital* clinica veterinaria; *~medicine* veterinaria, medicina veterinaria, arte veterinaria; (*Br*) *~surgeon* veterinario.

vetiver /'vetɪvər/ *n.* (*Bot*) vetiver *m.*

veto /'vi:təʊ *Am* 'vitoʊ/ **I** *n.* (*pl.* **-s** /-z/) **1** (*Pol*) (*power*) diritto *m.* di veto; (*exercise*) veto *m.* **2** (*Pol*) comunicazione *f.* del veto. **3** (*estens*) (*prohibition*) proibizione *f.*, divieto *m.*, veto *m.* **II** *v.t.* **1** (*Pol*) porre il veto a, mettere il veto a, opporre il veto a. **2** (*estens*) respingere: *my scheme was -ed* il mio progetto fu respinto. **3** (*estens*) (*to prohibit*) proibire, vietare, porre il veto a. ☐ (*Pol*) *~message* comunicazione del veto.

vex /veks/ *v.t.* **1** irritare, contrariare, infastidire, seccare. **2** (*to torment*) tormentare, molestare. **3** (*to make anxious*) preoccupare, agitare, turbare.

vexation /vek'seɪʃən/ *n.* **1** irritazione *f.*, fastidio *m.* **2** (*sth. that vexes*) contrarietà *f.*, fastidio *m.* **3** (*affliction, distress*) afflizione *f.*, dispiacere *m.*, cruccio *m.*

vexatious /vek'seɪʃəs/ *a.* **1** fastidioso, molesto, irritante, seccante. **2** (*troubled, turbulent*) inquieto, agitato, turbolento. **3** (*Dir*) vessatorio.

vexatiously /vek'seɪʃəsli/ *avv.* in modo fastidioso, in modo irritante.

vexatiousness /vek'seɪʃəsnəs/ *n.* fastidio *m.*, seccatura *f.*

vexed /vekst/ *a.* **1** irritato, contrariato, infastidito, seccato. **2** (*tormented*) tormentato, molestato. **3** (*anxious*) in ansia, preoccupato. **4** (*of a question, etc.*) agitato, dibattuto. **5** (*poet*) (*of the waves*) agitato.

vexillary /'veksɪləri *Am* 'veksələri/ **I** *n.* (*Stor.rom*) vessillario *m.*, vessillifero *m.* **II** *a.* (*Stor.rom*) di un vessillo, relativo a un vessillo.

vexillate /'veksɪleɪt/ *a.* (*Bot*) che ha un vessillo, vessillato.

vexillation /,veksɪ'leɪʃən/ *n.* (*Stor.rom*) vessillazione *f.*

vexillologist /,veksɪ'lɒlədʒɪst *Am* ,veksɪ 'lɑːlədʒɪst/ *n.* vessillologo *m.* (*f.* -a).

vexillology /,veksɪ'lɒlədʒi *Am* ,veksɪ'lɑːlədʒi/ *n.* vessillologia *f.*

vexillum /vek'sɪləm/ (*pl.* **-la** /-lə/) *n.* **1** (*Stor.rom,Ornit*) vessillo *m.* **2** (*Bot*) vessillo *m.*, stendardo *m.*

vexing /'veksɪŋ/ *a.* irritante, fastidioso, seccante.

VFR /,vi:ef'ɑːr *Am* ,vi:ef'ɑːr/ (*Aer*) *visual flight rules* VFR (regole del volo a vista).

VG 1 *very good* (molto bene). **2** *vicar general* V.G. (Vicario Generale).

VGA /,vi:dʒi:'eɪ/ (*Inform*) *video graphics array* VGA (matrice grafica per video).

VHF /,vi:eɪtʃ'ef/ (*Elettron*) *very high frequency* VHF (altissima frequenza).

VHS /,vi:eɪtʃ'es/ **I** *video home system* VHS (sistema video personale). **II** *n.* VHS *m.*, sistema *m.* video domestico.

v.i. 1 (*Gramm*) *verb intransitive* v.i., v.intr. (verbo intransitivo). **2** *vide infra* v.s. (vedi sotto).

via /'vaɪə/ **I** *prep.* **1** via, passando per: *a ticket to Rome ~ Paris* un biglietto per Roma via Parigi. **2** (*by the agency of*) per (mezzo di), tramite, via: *~ air mail* per posta aerea. **II** *n.* (*pl.* **-s** /-z/ o **viae** /vaii/) via *f.* (*anche Astr*).

viability /,vaɪə'bɪlɪti *Am* ,vaɪə'bɪləti/ *n.* **1** (*Med, Biol*) vitalità *f.* (*anche estens*). **2** (*fig*) attualità *f.*, applicabilità *f.*, realizzazione *f.* pratica.

viable /'vaɪəbl/ *a.* **1** vitale (*anche estens*). **2** (*fig*) (*practicable*) possibile, attuabile, realizzabile concretamente.

viaduct /'vaɪədʌkt/ *n.* (*Strad,Ferr*) viadotto *m.*

vial /'vaɪəl/ *n.* (*phial*) fiala *f.*; (*small glass bottle*) bottiglietta *f.*, boccetta *f.*

viand /'vaɪənd/ *n.* (*ant*) vivanda *f.*, pietanza *f.*, piatto *m.*, cibo *m.* **2** *pl.* (*food*) viveri *m.pl.*, vivande *f.pl.*, alimenti *m.pl.*

viaticum /vaɪ'ætɪkəm/ *n.* (*pl.* **-s** /-z/ o **-ca** /-kə/) **1** (*Rel,Mediev*) viatico *m.*

vibe /vaɪb/ *n.* (*colloq*) **1** atmosfera *f.*; (*between two people*) sintonia *f.* **2** *pl.* (*Mus*) (*vibraphone*) vibrafono *m.sing.* **3** *pl.* (*Br*) (*feeling*) sensazioni *f.pl.*, reazione *f.sing.* emotiva: *to have good -s* avere una sensazione piacevole; *I don't like the -s* non mi piace la sensazione (che dà questo posto).

vibraculum /vaɪ'brækjʊləm/ (*pl.* **-la** /-lə/) *n.* (*Zool*) vibraculo *m.*

vibrance /'vaɪbrəns/, **vibrancy** /'vaɪbrənsi/ *n.* vibrazione *f.*

vibrant /'vaɪbrənt/ *a.* **1** che vibra, vibrante. **2** (*of sound*) vibrante, risonante. **3** (*Mus*) (*of a voice*) sonoro, vibrante; (*of strings*) vibrante. **4** (*fig*) pieno di vita, palpitante, vivo.

vibraphone /'vaɪbrəfoʊn/ *n.* (*Mus*) vibrafono *m.*

vibraphonist /'vaɪbrə,foʊnɪst/ *n.* (*Mus*) vibrafonista *m./f.*

vibrate /vaɪ'breɪt *Am* 'vaɪbreɪt/ **I** *v.i.* **1** vibrare. **2** (*to oscillate*) oscillare. **3** (*of sounds*) risuonare. **4** (*fig*) (*to quiver*) fremere, vibrare: *to ~ with passion* fremere di passione. **II** *v.t.* **1** far vibrare, mettere in vibrazione. **2** (*to cause to oscillate*) fare oscillare. **3** (*of a sound*) emettere una vibrazione. **4** (*of a pendulum*) misurare oscillando.

vibratile /'vaɪbrətaɪl/ *a.* vibratile.

vibratility /vaɪbrə'tɪləti *Am* vaɪbrə'tɪlɪti/ *n.* l'essere vibratile.

vibration /vaɪ'breɪʃən/ *n.* **1** vibrazione *f.* (*anche Fis*). **2** (*oscillating motion*) oscillazione *f.* **3** (*fig*) vibrazione *f.*, fremito *m.*

vibrational /vaɪ'breɪʃənl/ *a.* **1** vibratorio, di vibrazione. **2** (*Fis*) vibrazionale.

vibrative /vaɪ'breɪtɪv *Am* 'vaɪbrətɪv/ *a.* vibratorio.

vibrator /vaɪ'breɪtər *Am* 'vaɪbreɪtər/ *n.* **1** (*Tecn, El*) vibratore *m.* **2** (*Mus*) ancia *f.*, linguetta *f.* **3** (*Edil*) vibratore *m.* per calcestruzzo. **4** (*Tip*) rullo *m.* prenditore, penna *f.* **5** (*device for massage or sexual stimulation*) vibromassaggiatore *m.*

vibratory /'vaɪbrətəri *Am* 'vaɪbrətɔːri/ *a.* vibratorio.

vibromassage /,vaɪbroʊ'mæsɑːʒ *Am* ,vaɪbroʊmə'sɑːʒ/ *n.* vibromassaggio *m.*

viburnum /vaɪ'bɜːnəm *Am* vaɪ'bɜːrnəm/ *n.* (*Bot*) viburno *m.*

vicar /'vɪkər/ *n.* **1** (*Rel.prot*) parroco *m.* (di una parrocchia senza decime), vicario *m.* **2** (*Rel.catt*) vicario *m.* ☐ (*Rel.catt*) *~forane* vicario foraneo; (*fig*) *~of Bray* opportunista, banderuola, girella, voltagabbana; (*Rel.catt*) *the ~of* (*Jesus*)*Christ* il vicario di Cristo.

vicarage /'vɪkərɪdʒ/ *n.* **1** canonica *f.*, casa *f.* parrocchiale. **2** (*benefice*) beneficio *m.* di parroco.

vicar-apostolic /,vɪkər,æpə'stɒlɪk *Am* ,vɪkər ,æpə'stɑːlɪk/ (*pl.* **vicars apostolic**) *n.* (*Rel.catt*) vicario *m.* apostolico.

vicar-general /,vɪkər'dʒenərəl/ (*pl.* **vicars-general**) *n.* (*Rel.catt*) vicario *m.* generale.

vicarial /vɪ'keəriəl/ *a.* **1** (*Rel.catt*) vicariale. **2** (*Rel.prot*) parrocchiale, di parroco. **3** (*delegated*) delegato: *~ powers* poteri delegati.

vicariate /vɪ'keəriət/ *n.* **1** (*Rel.catt*) vicariato *m.* **2** (*Rel.prot*) ufficio *m.* di parroco; (*district*) parrocchia *f.* (senza decime).

vicarious /vɪ'keəriəs/ *a.* **1** subìto al posto di un altro, sofferto al posto di un altro: *~ punishment* punizione subìta al posto di un altro; *~ liability* responsabilità indiretta. **2** (*experienced through another person*) vissuto di riflesso: *he gets a ~ joy from his son's success* goisce di riflesso per successi del figlio. **3** (*delegated, deputed*) delegato, deputato, sostituto. **4** (*being a substitute*) facente funzioni, sostituto. **5** (*Biol,Med*) vicariante.

vicariously /vɪ'keəriəsli/ *avv.* con funzione sostitutiva, in sostituzione.

vicariousness /vɪ'keəriəsnəs/ *n.* il fare (le) funzioni, il sostituire.

vicarship /'vɪkəʃɪp/ *n.* vicariato *m.*

vice[1] /vaɪs/ *n.* **1** vizio *m.* **2** (*depravity*) depravazione *f.* **3** (*bad habit*) vizio *m.*, cattiva abitudine *f.*: *his only ~ is smoking* il suo solo vizio è il fumo. **4** (*fault, failing*) difetto *m.*, vizio *m.*, imperfezione *f.* ☐ *~squad* squadra del buon costume, la (divisione) buoncostume.

vice[2] /vaɪs/ **I** *n.* (*Mecc*) morsa *f.* **II** *v.t.* serrare in una morsa.

vice[3] /vaɪs/ *n.* (*colloq*) (*deputy*) vice *m./f.*; (*substitute*) sostituto *m.* (*f.* -a), delegato *m.* (*f.* -a), supplente *m./f.*

vice[4] /'vaɪsi/ *prep.* (*in place of*) in vece di, in luogo di, al posto di.

Vice /vaɪs/ *n.* (*Teat*) vizio *m.*

vice-admiral /,vaɪs'ædmɪrəl/ *n.* (*Mar.mil*) ammiraglio *m.* di divisione.

vice-chairman /,vaɪs'tʃeəmən *Am* ,vaɪs 'tʃermæn/ *n.irr.* vicepresidente *m.*

vice-chairmanship /,vaɪs'tʃeəmənʃɪp *Am* ,vaɪs'tʃermənʃɪp/ *n.* vicepresidenza *f.*

vice-chancellor /,vaɪs'tʃɑːnsələr *Am* ,vaɪs 'tʃænsələr/ *n.* **1** vicecancelliere *m.* **2** (*Univ*) vicerettore *m.* (*f.* -trice).

vice-consul /ˌvaɪsˈkɒnsəl *Am* ˌvaɪsˈkɑːnsəl/ *n.* **1** viceconsole *m./f.* **2** (*Stor.rom*) (*proconsul*) proconsole *m.*

vice-consulate /ˌvaɪsˈkɒnsjələt *Am* ˌvaɪsˈkɑːnsələt/ *n.* viceconsolato *m.*

vice-governor /ˌvaɪsˈɡʌvənəʳ/ *n.* vicegovernatore *m.* (*f.* -trice).

vicennial /vɪˈseniəl/ *a.* ventennale.

vice-presidency /ˌvaɪsˈprezɪdənsi/ *n.* vicepresidenza *f.* (*anche Pol*).

vice-president /ˌvaɪsˈprezɪdənt/ *n.* vicepresidente *m./f.* (*anche Pol*).

vice-presidential /ˌvaɪsprezɪˈdenʃəl/ *a.* di vicepresidente.

viceregal /ˌvaɪsˈriːɡəl/ *a.* di vicerè, relativo a un vicerè.

vice-regency /ˌvaɪsˈriːdʒənsi/ *n.* carica *f.* di vicereggente.

vice-regent /ˌvaɪsˈriːdʒənt/ *n.* vicereggente *m./f.*

vicereine /ˌvaɪsˈreɪn, ˈvaɪsreɪn/ *n.* viceregina *f.*

viceroy /ˈvaɪsrɔɪ/ *n.* viceré *m.*

viceroyal /ˈvaɪsrɔɪəl/ *a.* di vicerè, relativo a un vicerè.

viceroyalty /ˌvaɪsˈrɔɪəlti *Am* ˌvaɪsˈrɔɪəlti/, **viceroyship** /ˈvaɪsrɔɪʃɪp/ *n.* **1** carica *f.* di viceré, (*rar*) vicereame *m.* **2** (*territory*) territorio *m.* governato da un viceré, vicereame *m.*

vice versa /ˌvaɪsiˈvɜːsə *Am* ˌvaɪsəˈvɜːrsə/ *avv.* viceversa.

Vichy /ˈviːʃiː/ □ (*Cosmet*) ~ *water* acqua di Vichy.

vichyssoise /ˌviːʃiˈswɑːz/ *n.* (*Gastron*) passata *f.* di patate e porri servita fredda.

vicinage /ˈvɪsənɪdʒ/ *n.* (*Am*) (*vicinity*) vicinanze *f.pl.*, vicinato *m.*

vicinal /ˈvɪsənəl/ *a.* locale, vicinale.

vicinity /vɪˈsɪnəti *Am* vəˈsɪnəti/ *n.* **1** vicinanze *f.pl.*, vicinato *m.* **2** (*state of being near*) vicinanza *f.*, prossimità *f.* □ *in the* ~ *of*: **1** nelle vicinanze di; **2** (*estens*) che si aggira su, intorno a, dell'ordine di.

vicious /ˈvɪʃəs/ *a.* **1** vizioso, cattivo, malefico, crudele, dissoluto. **2** (*dangerous*) pericoloso, insidioso: *a* ~ *terrorist organization* una pericolosa organizzazione terroristica. **3** (*spiteful, malicious*) maligno, malizioso, malevolo, cattivo: *a* ~ *remark* un'osservazione maligna; *a* ~ *lie* una bugia maliziosa. **4** (*depraved*) depravato, corrotto, dissoluto: *a* ~ *life* una vita dissoluta. **5** (*ferocious, violent*) feroce, violento, spietato: ~ *criticism* un critica al vetriolo; *a* ~ *attack* un attacco efferato. **6** (*savage*) selvaggio, feroce, selvatico: *a* ~ *animal* un animale selvaggio; *a* ~ *horse* un cavallo ombroso; ~ *dog* cane feroce, cane pericoloso. **7** (*given to biting*) mordace. **8** (*faulty, wrong*) errato, erroneo, vizioso, inesatto: *a* ~ *argument* un'argomentazione erronea. **9** (*Dir*) vizioso, non valido. □ (*fig*) ~ *blow* colpo basso; ~ *circle* circolo vizioso; ~ *wind* ventaccio, vento che taglia la faccia.

viciously /ˈvɪʃəsli/ *avv.* **1** viziosamente, in modo vizioso, in modo depravato. **2** (*spitefully*) malevolmente, malignamente. **3** (*ferociously*) ferocemente, selvaggiamente.

viciousness /ˈvɪʃəsnəs/ *n.* **1** depravazione *f.*, immoralità *f.* **2** (*maliciousness*) malignità *f.*, cattiveria *f.*, malevolenza *f.* **3** (*ferociousness*) ferocia *f.*, crudeltà *f.* **4** (*defectiveness*) vizio *m.*, difetto *m.*

vicissitude /vɪˈsɪsɪtjuːd *Am* vɪˈsɪsɪtuːd/ *n.* **1** (*alternation, interchange*) alternanza *f.*, (*lett, ant*) vicenda *f.*, avvicendamento *m.* **2** *pl.* vicissitudini *f.pl.*, traversie *f.pl.*: *the -s of a long career* le vicissitudini di una lunga carriera.

vicissitudinary /vɪˌsɪsɪˈtjuːdɪnəri *Am* vɪˌsɪsə-**

ˈtuːdɪneri/, vicissitudinous /vɪsɪsɪˈtjuːdɪnəs *Am* vɪsɪsəˈtuːdɪnəs/ *a.* pieno di vicissitudini.

Vicky /ˈvɪki/ *n.pr.f.* dim. di Victoria.

Vict. 1 *Victoria* (Vittoria). **2** *Victorian* (vittoriano).

victim /ˈvɪktɪm/ *n.* **1** vittima *f.*: *to fall* ~ *to* essere vittima di, ammalarsi di. **2** (*person deceived, badly used*) vittima *f.*, preda *f.*, succube *m.*

victimise /ˈvɪktɪmaɪz/ *v.t.* (*Br*) **1** (*to make a victim of*) vittimizzare, rendere vittima. **2** (*to deceive, to dupe*) ingannare, frodare, truffare. **3** (*to sacrifice*) sacrificare, offrire in sacrificio, immolare.

victimization /ˌvɪktəmɪˈzeɪʃən/ *n.* **1** vittimizzazione *f.* **2** (*swindle, cheat*) imbroglio *m.*, inganno *m.*, raggiro *m.*

victimize /ˈvɪktəmaɪz/ *v.t.* **1** (*to make a victim of*) vittimizzare, rendere vittima. **2** (*to deceive, to dupe*) ingannare, frodare, truffare. **3** (*to sacrifice*) sacrificare, offrire in sacrificio, immolare.

victimless /ˈvɪktɪmləs/ □ (*Dir*) ~ *crime* crimine senza vittime.

victimology /ˌvɪktɪˈmɒlədʒi *Am* ˌvɪktɪˈmɑːlədʒi/ *n.* vittimologia *f.*

victor /ˈvɪktəʳ/ *n.* vincitore *m.* (*f.* -trice).

Victor /ˈvɪktəʳ/ *n.pr.m.* Vittorio.

victoria /vɪkˈtɔːriə/ *n.* **1** (*carriage*) victoria *f.* **2** (*Bot*) victoria *f.*

Victoria /vɪkˈtɔːriə/ **I** *n.pr.f.* **1** Vittoria (*anche Mitol*). **2** (*Stor.brit*) regina *f.* Vittoria. **II** *n.pr.* (*Geog*) Victoria *f.*; (*country*) Victoria *m.* □ (*Mil*) ~ *Cross* croce della regina Vittoria; ~ *Day* festa nazionale canadese (24 maggio); (*Geog*) ~ *Falls* cascate Vittoria; (*Geog*) ~ *Island* isola Vittoria; (*Geog*) ~ *Lake* lago Vittoria; (*Geog*) ~ *Land* Terra di Vittoria.

Victorian /vɪkˈtɔːriən/ **I** *a.* **1** vittoriano: ~ *age* età vittoriana. **2** (*fig*) (*prudish*) vittoriano, moralista, che ostenta pudore. **3** (*Arch,Arred*) (*di stile*) vittoriano. **II** *n.* **1** persona *f.* vissuta nell'età vittoriana. **2** (*Lett*) scrittore *m.* (*f.* -trice) dell'età vittoriana.

Victorianism /vɪkˈtɔːriəˌnɪzəm/ *n.* **1** carattere *m.* (*o* pensiero *o* gusto) tipico dell'epoca vittoriana. **2** (*instance*) esempio *m.* tipico dell'epoca vittoriana, prodotto *m.* tipico dell'epoca vittoriana.

victorious /vɪkˈtɔːriəs/ *a.* vittorioso, trionfante: *a* ~ *general* un generale vittorioso; *a* ~ *smile* un sorriso trionfante. □ *to be* ~ *over so.* riportare una vittoria su qcu., spuntarla su qcu., vincerla su qcu.

victoriously /vɪkˈtɔːriəsli/ *avv.* vittoriosamente.

victoriousness /vɪkˈtɔːriəsnəs/ *n.* l'essere vittorioso.

victory /ˈvɪktəri/ *n.* vittoria *f.* (*anche estens*): *to win* (*o to gain*) *a* ~ *over the enemy* riportare una vittoria sul nemico; *moral* ~ vittoria morale.

victress /ˈvɪktrɪs/ *n.* vincitrice *f.*

victual /ˈvɪtl *Am* ˈvɪtəl/ **I** (*past, p.p.* **victualled** /*Am* **victualed** /-d/) *v.t.* approvvigionare, fornire di provviste, fornire di viveri, vettovagliare. **II** (*past, p.p.* **victualled** /*Am* **victualed** /-d/) *v.i.* approvvigionarsi, rifornirsi di provviste, rifornirsi di viveri. **III** *n.pl.* provviste *f.pl.*, vettovaglie *f.pl.*, viveri *m.pl.*, approvvigionamenti *m.pl.*

victualer /ˈvɪtlər/ *n.* (*Am*) **1** chi approvvigiona, fornitore *m.* (di viveri). **2** (*Mar*) nave *f.* (di) rifornimento. **3** (*licensed victualler*) bettoliere *m.*, locandiere *m.*

victualing /ˈvɪtlɪŋ/ *n.* (*Am*) approvvigionamento *m.*, vettovagliamento *m.*

victualler /ˈvɪtlər/ *n.* **1** chi approvvigiona, fornitore *m.* (di viveri). **2** (*Mar*) nave *f.* (di)

rifornimento. **3** (*licensed victualler*) bettoliere *m.*, locandiere *m.*

victualling /ˈvɪtlɪŋ/ *n.* approvvigionamento *m.*, vettovagliamento *m.*

vicugna, vicuña /vɪˈkjuːnə, vɪˈkuːnjə/ *n.* (*Zool,Tess*) vigogna *f.*

vid /vɪd/ *n.* (*colloq*) video *m.*

vide /ˈvaɪdiː/ *v.imperat.* (*imperative form used to direct a reader*) vedi, vedasi: ~ *infra* vedasi sotto; ~ *supra* vedi sopra.

videlicet /vɪˈdiːlɪset *Am* vɪˈdeləsɪt/ *avv.* cioè, vale a dire, in altre parole.

video /ˈvɪdiou/ **I** *a.* del video, relativo al video, video. **II** *n.* **1** (*system of recording, etc.*) videoregistrazione *f.* **2** (*film recording*) video *m.* **3** (*video cassette*) videocassetta *f.*, video *m.* **4** (*Br*) (*video recorder*) videoregistratore *m.*, (*colloq*) video *m.* **5** (*colloq*) (*television*) tv *f.*, televisione *f.* □ ~ *amplifier* amplificatore video; ~ *art* video art; ~ *billboard* video-cartellone; ~ *camera* videocamera; (*TV*) ~ *cartridge* (o ~ *cassette*) videocassetta; ~ *cassette recorder* videoregistratore; ~ *clip* videoclip; ~ *conference* videoconferenza; ~ *disc* videodisco; (*Inform*) ~ *display unit* unità di visualizzazione; ~ *doorphone* videocitofono; ~ *film* videofilm; ~ *frequency* videofrequenza; ~ *intercom* videocitofono; (*TV*) ~ *jockey* video jockey, veejay, VJ; ~ *monitor* monitor video; ~ *recorder* videoregistratore; ~ *recording*: **1** programma registrato; **2** (*video tape recording*) videoregistrazione; ~ *signal* segnale video; ~ *telephone* videotelefono; (*Inform*) ~ *terminal* terminale video, videoterminale.

videocassette /ˌvɪdioukəˈset/ *n.* (*TV*) videocassetta *f.* □ ~ *recorder* videoregistratore.

videoclip /ˈvɪdiouklɪp/ *n.* videoclip *m.*

videoconference /ˌvɪdiouˈkɒnfərəns *Am* ˈvɪdiouˌkɑːnfrəns/ *n.* videoconferenza *f.*

videodisc /ˈvɪdiouˌdɪsk/ □ ~ *player* riproduttore di videodischi, lettore di videodischi.

videogame /ˈvɪdiouˌɡeɪm/ *n.* (*Inform*) videogioco *m.*, videogame *m.* □ (*Inform*) ~ *cartridge* cassetta per videogiochi.

videogenic /ˌvɪdiouˈdʒenɪk/ *a.* telegenico.

videogram /ˈvɪdiouˌɡræm/ *n.* videogramma *m.*

videographics /ˌvɪdiouˈɡræfɪks/ *n.* videografica *f.*

videography /vɪdiˈɒɡrəfi *Am* vɪdiˈɑːɡrəfi/ *n.* cinematografia *f.* su video, videocinematografia *f.*

videophile /ˈvɪdiouˌfaɪl/ *n.* videofilo *m.* (*f.* -a).

videophone /ˈvɪdioufoun/ *n.* videotelefono *m.*

videoscope /ˈvɪdiouˌskoup/ □ ~ *surgery* chirurgia videoscopica.

videotape /ˈvɪdiouteɪp/ **I** *n.* **1** videotape *m.* **2** (*recording on videotape*) videoregistrazione *f.* **II** *v.t.* videoregistrare, registrare mediante un videoregistratore. □ ~ *recorder* videoregistratore.

videotaping /ˈvɪdiouˌteɪpɪŋ/ *n.* videoregistrazione *f.*

videotext /ˈvɪdioutekst/ *n.* videotex *m.*, videotel *m.*

vidicon /ˈvɪdɪkɒn *Am* ˈvɪdɪkɑːn/ *n.* (*TV*) vidicon *m.*, vidiconoscopio *m.*

vie /vaɪ/ (*p.pres.* **vying** /ˈvaɪɪŋ/) *v.i.* gareggiare, rivaleggiare, competere (*with* con; *for* per).

Vienna /viˈenə/ *n.pr.* (*Geog*) Vienna *f.*

Viennese /ˌviəˈniːz *Am* ˌviːəˈniːz/ **I** *n.inv.* **1** (*costr.pl.*) (*people*) viennesi *m./f.pl.* **2** (*person*) viennese *m./f.* **3** (*dialect*) viennese *m.* **II** *a.* viennese: ~ *waltz* valzer viennese.

Vietcong /ˌvjetˈkɒŋ *Am* ˌviːetˈkɑːŋ/ *n.* (*Stor*) vietcong *m./f.*

Vietnam , Viet Nam /ˌvjetˈnæm *Am* ˌviːet ˈnɑːm/ *n.pr.* (*Geog*) Vietnam *m.*

Vietnamese /ˌvjetnəˈmiːz/ **I** *n.* **1** vietnamita *m./f.* **2** (*costr.pl.*) (*people*) vietnamiti *m.pl.* (*f.pl.* -e). **3** (*language*) vietnamita *m.* **II** *a.* vietnamita, del Vietnam.

view /vjuː/ **I** *n.* **1** vista *f.*, veduta *f.*, panorama *m.*: *there is a wonderful ~ from the terrace* c'è una magnifica vista dalla terrazza; *my flat affords a ~ of the whole town* dal mio appartamento si gode la vista dell'intera città. **2** (*pictorial representation*) veduta *f.*; (*photograph*) fotografia *f.*; (*sketch*) schizzo *m.* **3** (*act of seeing*) il vedere, visione *f.*, vista *f.* **4** (*opportunity, occasion of seeing*) mostra *f.*: *a private ~ of paintings* una mostra privata di quadri. **5** (*of a film*) visione *f.* **6** (*range of vision, sight*) vista *f.*, veduta *f.*, campo *m.* visivo (*of* su). **7** (*manner of regarding sth.*) concezione *f.*, modo *m.* di vedere, teoria *f.*, opinione *f.* (*about,on* su): *you have a strange ~ of a father's responsibilities* hai una strana concezione delle responsabilità di un padre. **8** (*opinion, set of opinions*) opinioni *f.pl.*, idee *f.pl.*, vedute *f.pl.* **9** (*prospect, outlook*) prospettiva *f.*, previsione *f.* **10** (*aim, intention*) intento *m.*, mira *f.*, scopo *m.* **11** (*formal examination*) ispezione *f.*, controllo *m.*, esame *m.* minuzioso. **12** (*survey, review*) rassegna *f.*, esame *m.* **13** (*Dir*) sopralluogo *m.* **II** *v.t.* **1** osservare, guardare attentamente, scrutare. **2** (*to examine, to inspect*) esaminare, ispezionare. **3** (*to have an opinion about*) vedere, considerare, giudicare, reputare (*as* come; *with* con): *does anyone ~ it differently?* qualcuno vede la cosa in modo diverso? **4** (*colloq*) (*to see*) vedere: *to ~ a film* vedere un film. **5** (*colloq*) (*to watch on television*) vedere in televisione, guardare alla televisione. □ *tocome in ~ of* giungere in vista di, arrivare vicino a; *tocome into ~* apparire (alla vista), presentarsi alla vista, offrirsi alla vista; *tohave in ~* avere in vista, prendere in considerazione, avere sottomano: *who do you have in ~ for the job?* chi hai in vista per questo lavoro?; *in ~*: **1** in vista: *there were several ships in ~* c'erano parecchie navi in vista; **2** (*as a prospect*) come prospettiva; **3** (*under consideration*) in esame, in considerazione; *in my ~* secondo me, a mio avviso, a mio parere; *in ~ of* considerato, visto, tenuto conto di, in considerazione di; *tokeep in ~* avere in vista, prendere in considerazione; *on ~* esposto (al pubblico), in mostra: *the Crown Jewels are on ~* i gioielli della Corona sono esposti al pubblico; *totake the ~ that* essere dell'opinione che; *with a ~ of doing sth.* (o*with the ~ to doing sth.*): **1** (*with the aim of*) con lo scopo di fare; **2** (*in the hope of*) con la speranza di.

viewable /ˈvjuːəbl/ *a.* **1** che si può osservare, osservabile. **2** (*capable of being inspected*) che si può esaminare, che si può ispezionare, esaminabile.

viewdata /ˈvjuːdeɪtə/ *n.* videotex *m.*, videotel *m.*

viewer /ˈvjuːər/ *n.* **1** spettatore *m.* (*f.* -trice), osservatore *m.* (*f.* -trice), chi scruta. **2** (*inspector*) ispettore *m.* (*f.* -trice), esaminatore *m.* (*f.* -trice). **3** (*colloq*) (*televiewer*) telespettatore *m.* (*f.* -trice). **4** (*Fot*) visore *m.* **5** (*Inform*) visualizzatore *m.*

viewerphone /ˈvjuːərfoun/ *n.* videotelefono *m.*

viewership /ˈvjuːərʃɪp/ *n.* numero *m.* di spettatori, audience *f.* televisiva.

viewfinder /ˈvjuːˌfaɪndər/ *n.* (*Fot*) mirino *m.*

viewgraph /ˈvjuːɡrɑːf *Am* ˈvjuːɡræf/ *n.* slide *m.* (elettronico).

view-hallo , view-halloa /ˈvjuːhəˌlou/ *intz.* (*Caccia*) dagli!, dalli!

view-halloo /ˈvjuːhəˌluː/ *intz.* (*Caccia*) dagli!, dalli!

viewing /ˈvjuːɪŋ/ *n.* **1** lo scrutare, osservazione *f.* **2** (*inspection*) ispezione *f.*, esame *m.* **3** (*TV,colloq*) il guardare.

viewless /ˈvjuːləs/ *a.* **1** senza vista, senza panorama. **2** (*expressing no opinions*) che non esprime opinioni, che non si pronuncia. **3** (*having no opinions*) che non ha opinioni, che non ha idee. **4** (*rar*) (*invisible*) invisibile.

viewpoint /ˈvjuːpɔɪnt/ *n.* **1** punto *m.* di vista. **2** (*fig*) punto *m.* di vista, parere *m.*, avviso *m.*, opinione *f.*

viewport /ˈvjuːpɔːt *Am* ˈvjuːpɔːrt/ *n.* (*Astron*) oblò *m.* di astronave.

vig /vɪɡ/ *n.* (*Am,colloq*) interessi *m.pl.* su un prestito o un debito (nei confronti di allibratori, usurai, bande criminali, case da gioco).

vigesimal /vaɪˈdʒesɪməl/ *a.* **1** vigesimale. **2** (*twentieth*) ventesimo.

vigil /ˈvɪdʒəl/ *n.* **1** veglia *f.* **2** (*act of watching, watch*) veglia *f.*, sorveglianza *f.*: *to keep ~ over a sick person* fare la veglia a un ammalato. **3** (*Rel*) veglia *f.*; (*eve before a feast*) vigilia *f.*

vigilance /ˈvɪdʒɪləns/ *n.* **1** vigilanza *f.*, cautela *f.* **2** (*Med*) insonnia *f.* □ *~committee* comitato di salute pubblica, comitato di vigilanza.

vigilant /ˈvɪdʒɪlənt/ *a.* vigile, (*rar*) vigilante, attento, guardingo.

vigilante /ˌvɪdʒɪˈlænti/ *n.* (*Am*) vigilante *m.*, membro *m.* di un comitato di vigilanza.

vigilantly /ˈvɪdʒɪləntli/ *avv.* in modo guardingo.

vignette /vɪˈnjet/ **I** *n.* **1** (*Tip*) vignetta *f.*, fregio *m.* **2** (*Fot,Tip*) ritratto *m.* della sola testa scontornato e sfumato. **3** (*fig*) (*brief pen portrait*) descrizione *f.*, schizzo *m.* **II** *v.t.* (*Fot*) scontornare e sfumare.

vignetter /vɪˈnjetər *Am* vɪˈnjetər/ *n.* **1** (*vignettist*) autore *m.* (*f.* -trice) di vignette. **2** (*Fot*) mascherina *f.*

vignettist /vɪˈnjetɪst *Am* vɪˈnjetɪst/ *n.* autore *m.* (*f.* -trice) di vignette.

vigor /ˈvɪɡər/ *n.* (*Am*) **1** vigore *m.*, forza *f.*, gagliardia *f.* **2** (*vitality*) vitalità *f.*, forza *f.* vitale, vigore *m.*

vigorish /ˈvɪɡərɪʃ/ *n.* (*Am,colloq*) interessi *m.pl.* su un prestito o un debito (nei confronti di allibratori, usurai, bande criminali, case da gioco).

vigorous /ˈvɪɡərəs/ *a.* **1** vigoroso, gagliardo, forte, robusto. **2** (*forceful*) energico, vigoroso, forte: *a ~ protest* un'energica protesta; *a ~ personality* una forte personalità.

vigorously /ˈvɪɡərəsli/ *avv.* **1** vigorosamente, gagliardamente. **2** (*forcefully*) energicamente, vigorosamente.

vigorousness /ˈvɪɡərəsnəs/ *n.* **1** vigorosità *f.*, gagliardia *f.*, vigoria *f.* **2** (*forcefulness*) energia *f.*, gagliardia *f.*

vigour /ˈvɪɡər/ *n.* **1** vigore *m.*, forza *f.*, gagliardia *f.* **2** (*vitality*) vitalità *f.*, forza *f.* vitale, vigore *m.*

Viking /ˈvaɪkɪŋ/ **I** *n.* (*Stor*) vichingo *m.* (*f.* -a). **II** *a.* (*Stor*) vichingo.

vile /vaɪl/ *a.* **1** pessimo, orribile, detestabile: *~ food* cibo disgustoso; *~ weather* tempo orribile. **2** (*foul, repulsive*) disgustoso, nauseante, ripugnante. **3** (*morally despicable*) spregevole, ignobile, abietto: *~ habits* abitudini spregevoli. **4** (*lowly, menial*) umile, modesto: *~ tasks* umili incombenze. **5** (*of low condition*) umile, basso, (*spreg*) vile. □ *~*

existence vita grama.

vilely /ˈvaɪli/ *avv.* **1** in modo pessimo, in modo infame. **2** (*foully*) disgustosamente. **3** (*despicably*) vilmente, spregevolmente.

vileness /ˈvaɪlnəs/ *n.* **1** l'essere pessimo. **2** (*foulness*) l'essere disgustoso. **3** (*despicable quality*) viltà *f.*, bassezza *f.*, abiezione *f.*

vilification /ˌvɪlɪfɪˈkeɪʃən/ *n.* diffamazione *f.*, denigrazione *f.*, vilipendio *m.*

vilifier /ˈvɪləfaɪər/ *n.* diffamatore *m.* (*f.* -trice), calunniatore *m.* (*f.* -trice), maldicente *m./f.*

vilify /ˈvɪləfaɪ/ *v.t.* diffamare, calunniare.

vilipend /ˈvɪlɪpend/ *v.t.* **1** sminuire, deprezzare. **2** (*to despise*) disprezzare, (*lett*) vilipendere.

villa /ˈvɪlə/ *n.* villa *f.*

village /ˈvɪlɪdʒ/ **I** *n.* **1** paese *m.*, villaggio *m.* **2** (*inhabitants*) abitanti *m.pl.* (di un paese, di un villaggio), paesani *m.pl.*, (*estens*) paese *m.* **3** (*US*) area *f.* urbana (di estensione limitata). **II** *a.* di un villaggio, relativo a un villaggio: *the ~ doctor* il medico del villaggio.

villager /ˈvɪlɪdʒər/ *n.* abitante *m./f.* (di villaggio, di paese), paesano *m.* (*f.* -a).

villain /ˈvɪlən/ *n.* **1** furfante *m./f.*, canaglia *f.*, farabutto *m.* (*f.* -a), mascalzone *m.* (*f.* -a), cattivo *m.* (*f.* -a). **2** (*in a novel, play, etc.*) personaggio *m.* malvagio, cattivo *m.* (*f.* -a). **3** (*uncouth person*) villano *m.* (*f.* -a), zoticone *m.* (*f.* -a). **4** (*scherz*) (*of a child*) birichino *m.* (*f.* -a), birba *f.* **5** (*ant,Mediev*) villano *m.*, servo *m.* della gleba. □ (*fig*) *the ~ of the piece* il cattivo della situazione.

villainage /ˈvɪlənɪdʒ/ *n.* condizione *f.* di villano, servitù *f.* della gleba.

villainous /ˈvɪlənəs/ *a.* **1** scellerato, infame, malvagio. **2** (*characteristic of a villain*) scellerato, malvagio, canagliesco, furfantesco: *~ behaviour* condotta scellerata. **3** (*colloq*) (*extremely bad*) pessimo, orribile, (*scherz*) infame: *~ weather* tempo pessimo.

villainously /ˈvɪlənəsli/ *avv.* **1** in modo infame, in modo scellerato. **2** (*colloq*) (*very badly*) in modo pessimo, orribilmente.

villainousness /ˈvɪlənəsnəs/ *n.* scelleratezza *f.*, malvagità *f.*, infamia *f.*

villainy /ˈvɪləni/ *n.* **1** scelleratezza *f.*, malvagità *f.*, infamia *f.* **2** (*villainous act*) azione *f.* scellerata, infamia *f.*

villein /ˈvɪlɪn *Am* ˈvɪlən/ *n.* (*Mediev*) villano *m.*, servo *m.* della gleba.

villeinage /ˈvɪlənɪdʒ/ *n.* condizione *f.* di villano, servitù *f.* della gleba.

villose /ˈvɪlous/ *a.* **1** (*Biol*) villoso, peloso. **2** (*Bot*) villoso.

villosity /vɪˈlɒsəti *Am* vɪˈlɑːsəti/ *n.* villosità *f.*

villous /ˈvɪləs/ *a.* **1** (*Biol*) villoso, peloso. **2** (*Bot*) villoso.

villus /ˈvɪləs/ (*pl.* **-lli** /-laɪ/) *n.* (*Biol*) villo *m.*

vim /vɪm/ *n.* (*Am,colloq*) forza *f.*, energia *f.*, vigore *m.*

vimen /ˈvaɪmɪn/ (*pl.* **-mina** /-mɪnə/) *n.* (*Bot*) vimine *m.*, vimini *m.pl.*

viminal /ˈvɪmɪnəl/ *a.* di vimini, (*lett*) vimineo.

Viminal /ˈvɪmɪnəl/ *n.pr.* (*Geog*) Viminale *m.*

VIN /ˌviːaɪˈen/ (*Am,Aut*) *Vehicle Identification Number* (numero di identificazione di un veicolo).

vinaceous /vaɪˈneɪʃəs/ *a.* del colore del vino rosso, rosso vino.

vinaigrette /ˌvɪnɪˈɡret *Am* ˌvɪnəˈɡret/ *n.* **1** boccetta *f.* per sali, flaconcino *m.* per sali. **2** (*Gastron*) vinaigrette *f.*, condimento *m.* per insalata.

Vince /vɪns/, **Vincent** /ˈvɪnsənt/ *n.pr.m.* Vincenzo.

vincibility /ˌvɪnsəˈbɪləti *Am* ˌvɪnsəˈbɪləti/ *n.*

l'essere vincibile.

vincible /'vɪnsəbl/ a. vincibile, battibile.

vinculum /'vɪŋkjələm/ n. 1 (Anat) ligamento m., frenulo m. 2 (Mat) vincolo m.

vindicability /ˌvɪndɪkə'bɪləti Am ˌvɪndɪkə'bɪləti/ n. 1 l'essere rivendicabile. 2 (justifiability) l'essere giustificabile, giustificabilità f.

vindicable /'vɪndɪkəbl/ a. 1 rivendicabile. 2 (justifiable) giustificabile.

vindicate /'vɪndɪkeɪt/ v.t. 1 rivendicare, affermare: to ~ a claim rivendicare un diritto. 2 (to justify, to defend) giustificare, difendere: to ~ one's acts giustificare le proprie azioni. 3 (to avenge) vendicare.

vindication /ˌvɪndɪ'keɪʃən Am ˌvɪndə'keɪʃən/ n. 1 rivendicazione f., affermazione f. 2 (that which vindicates, justifies) giustificazione f., difesa f.

vindicative /'vɪndɪkətɪv Am vɪn'dɪkətɪv/ a. 1 rivendicatore. 2 (that justifies) giustificativo, che serve a giustificare. 3 (punitive) punitivo.

vindicator /'vɪndɪˌkeɪtə Am 'vɪndɪˌkeɪtər/ n. 1 rivendicatore m. 2 (assertor) assertore m., difensore m.

vindicatory /'vɪndɪˌkeɪtəri Am 'vɪndɪˌkeɪtəri/ a. 1 rivendicatore. 2 (that justifies) giustificativo, che serve a giustificare. 3 (punitive) punitivo.

vindicatress /'vɪndɪˌkeɪtrəs/ n. 1 rivendicatrice f. 2 (assertress) assertrice f.

vindictive /vɪn'dɪktɪv/ a. 1 vendicativo. 2 (malicious) maligno, malevolo, astioso. 3 (punitive) punitivo.

vindictively /vɪn'dɪktɪvli/ avv. vendicativamente.

vindictiveness /vɪn'dɪktɪvnəs/ n. 1 l'essere vendicativo, carattere m. vendicativo, spirito m. di vendetta.

vine /vaɪn/ n. 1 (Bot) vite f. 2 (climbing plant) pianta f. rampicante, rampicante m.; (trailing plant) viticcio m., cirro m. ☐ (Entom) ~ borer oziorinco della vite; (Bot) ~ branch tralcio, sarmento; (Agr) ~ disease malattia della vite; (Agr) ~ dresser (o ~ grower) viticoltore; (Agr) ~ growing viticoltura; (Bot) ~ maple acero vite; (Bot) ~ tomatoes pomodori ramati.

vinegar /'vɪnəgər/ I n. 1 (Alim) aceto m. 2 (fig) (sourness) acidità f., asprezza f., acredine f. 3 (Am,fig) energia f., vigore m., spirito m. II v.t. trattare con aceto, applicare aceto su. ☐ (Agr) ~ plant fungo della fermentazione acetica, madre dell'aceto.

vinegarish /'vɪnəgrɪʃ/ a. 1 acidulo, acetoso. 2 (fig) acido, aspro.

vinegary /'vɪnəgri/ a. 1 acidulo, acetoso. 2 (fig) acido, aspro. 3 (colloq) (irritable) irascibile, irascibile.

vinery /'vaɪnəri/ n. (Agr) serra f. di viti.

vineyard /'vɪnjəd Am 'vɪnjərd/ n. (Agr) vigna f., vigneto m.

vinic /'v(a)ɪnɪk/ a. 1 vinicolo, di vino. 2 (of alcohol) alcolico, di alcol.

vinicultural /ˌvɪnɪ'kʌltʃərəl/ a. viticolo.

viniculture /'vɪnɪˌkʌltʃər/ n. (Agr) viticoltura f.

viniculturist /ˌvɪnɪ'kʌltʃərɪst/ n. viticoltore m. (f. -trice).

viniferous /vɪ'nɪfərəs/ a. vinifero.

vinification /ˌvɪnɪfɪ'keɪʃən/ n. (Enol) vinificazione f.

vinosity /vaɪ'nɒsəti Am vaɪ'nɑːsəti/ n. (Enol) vinosità f.

vinous /'vaɪnəs/ a. 1 vinoso, del vino, di vino, relativo a vino. 2 (caused by wine) causato dal (bere) vino. 3 (given to drinking wine) dedito al vino.

vint /vɪnt/ v.t. (of wine) vinificare.

vintage /'vɪntɪdʒ Am 'vɪntɪdʒ/ I n. 1 annata f., produzione f.: Bordeaux of the 1968 ~ Bordeaux dell'annata 1968. 2 (harvesting of grapes, season) vendemmia f. 3 (estens) (wine) vino m. 4 (wine of high quality) vino m. di annata, vino m. pregiato. 5 (fig) (output of a particular time) produzione f., fabbricazione f.: a car of pre-war ~ un'automobile di produzione anteguerra; (date as a criterion of quality) data f. di produzione, data f. di fabbricazione. II a. 1 di annata. 2 (fig) (of the best, most typical quality) ottimo, della migliore qualità. ☐ (Aut) ~ car d'epoca; (Abbigl) ~ clothes vestiti d'epoca, capi vintage; (Enol) ~ wine vino pregiato, vino di annata; ~ year: 1 (Enol) annata (vinicola); 2 (fig) anno eccellente, annata eccellente: a ~ year for novels un anno eccellente per i romanzi.

vintager /'vɪntɪdʒər/ n. vendemmiatore m. (f. -trice).

vintner /'vɪntnər/ n. vinaio m.

viny /'vaɪni/ agg. coperto di viti.

vinyl /'vaɪnəl/ I n. (Chim) vinile m., radicale m. vinilico. II a. (Chim) vinilico. ☐ (Chim) ~ acetate vinilacetato; (Chim) ~ alcohol vinilalcol, alcol vinicolo; (Chim) ~ chloride cloruro di vinile; (Chim) ~ resin resina vinilica.

viol /'vaɪəl/ n. (Mus,ant) viola f. (a sei corde).

viola[1] /vi'oʊlə/ n. (Mus) viola f. (moderna).

viola[2] /'vaɪələ, vaɪ'oʊlə, 'viːələ/ n. (Bot) viola f.

Viola /'vaɪələ Am vaɪ'oʊlə/ n.pr.f. Viola.

violability /ˌvaɪələ'bɪləti Am ˌvaɪələ'bɪləti/ n. l'essere violabile, violabilità f.

violable /'vaɪələbl/ a. violabile.

violableness /'vaɪələblnəs/ n. l'essere violabile, violabilità f.

violaceous /ˌvaɪoʊ'leɪʃəs/ a. 1 (Bot) delle violacee, relativo alle violacee. 2 (colour) violaceo, violetto.

violate /'vaɪəˌleɪt/ v.t. 1 violare, infrangere, non osservare, contravvenire a, trasgredire. 2 (of an oath) violare, venir meno a, non rispettare, mancare a: to ~ a promise venire meno a una promessa. 3 (to rape) stuprare, violentare. 4 (to interfere with) violare, non rispettare, offendere. 5 (to desecrate) profanare, violare: to ~ a temple profanare un tempio.

violation /ˌvaɪə'leɪʃən/ n. 1 violazione f., inosservanza f. 2 (infringement) violazione f., infrazione f., trasgressione f.: ~ of a law violazione di una legge. 3 (desecration) violazione f., profanazione f. 4 (disturbance) disturbo m., turbamento m. 5 (rape) violenza f. carnale, stupro m. ☐ in ~ of in violazione a.

violator /'vaɪəˌleɪtə Am 'vaɪəˌleɪtər/ n. 1 violatore m. (f. -trice), trasgressore m. (f. -ditrice). 2 (rapist) stupratore m. (f. -trice), violentatore m. (f. -trice).

violence /'vaɪələns/ n. 1 furia f., violenza f., forza f., veemenza f.: the ~ of the wind la furia del vento; the ~ of a blow la violenza di un colpo. 2 (physical force) forza f.: to assume power by ~ assumere il potere con la forza. 3 (vehemence, passion) veemenza f., impeto m., passione f., irruenza f.: a speech of exceptional ~ un discorso di eccezionale veemenza. 4 (damage, injury) danno m., offesa f., ingiuria f. ☐ (Am) to do ~ to: 1 fare violenza a; 2 (of a text) alterare; 3 (fig) (to insult) insultare, oltraggiare.

violent /'vaɪələnt/ a. 1 violento, fortissimo, impetuoso, furioso: a ~ storm una violenta tempesta. 2 (characterized by violence) violento: a ~ attack un attacco violento. 3 (vehement) violento, veemente, impetuoso, ap-

passionato. 4 (intense) intenso, violento. 5 (marked by distortion) alterato, distorto, travisato; (causing distortion) fuorviante. ☐ to lay ~ hands on so. aggredire qcu., assalire qcu.

violently /'vaɪələntli/ avv. violentemente.

violet /'vaɪəlɪt/ I n. 1 (Bot) viola f. 2 (colour) violetto m., viola m. II a. viola, violetto.

Violet /'vaɪəlɪt/ n.pr.f. Violetta.

violin /ˌvaɪə'lɪn/ n. 1 (Mus) 1 violino m. 2 (violinist) violinista m./f., (estens) violino m.: first ~ primo violino. ☐ (Mus) ~ clef chiave di sol, chiave di violino.

violinist /ˌvaɪə'lɪnɪst/ n. violinista m./f., violino m.

violist /vi'oʊlɪst, 'vaɪəlɪst/ n. (Mus) violista m./f., (estens) viola f.

violoncellist /ˌvaɪələn'tʃelɪst Am ˌviːələn'tʃelɪst/ n. (Mus) violoncellista m./f., (estens) violoncello m.

violoncello /ˌvaɪələn'tʃeloʊ Am ˌviːələn'tʃeloʊ/ (pl. -s /-z/) n. (Mus) violoncello m.

VIP, V.I.P. /ˌviːaɪ'piː/ n. (colloq) (very important person) vip m./f., persona f. molto importante.

viper /'vaɪpər/ n. 1 (Zool) vipera f. 2 (Zool) (adder) marasso m. 3 (fig) vipera f., persona f. infida, serpe f. ☐ (Bot) ~'s bugloss buglossa selvatica, erba viperina.

viperine /'vaɪpəraɪn/ a. di vipera, viperino.

viperish /'vaɪpərɪʃ/ a. (fig) viperino, velenoso, infido.

viperous /'vaɪpərəs/ a. (fig) 1 (malignant) viperino, maligno. 2 (treacherous) viperino, velenoso, infido.

virago /vɪ'rɑːgoʊ Am vɪ'rɑːgoʊ/ (pl. -s/-es /-z/) n. 1 megera f., strega f., bisbetica f., brontolona f. 2 (rar) (woman of strength, spirit) virago f.

viral /'vaɪ(ə)rəl/ a. (Med) virale. ☐ (Med) ~ hepatitis epatite virale.

virement /'vaɪəmənt Am 'vaɪrmənt/ n. (Econ) giroconto m., storno m. (da un conto a un altro).

virescence /vɪ'resəns/ n. (Bot) virescenza f.

virescent /vɪ'resənt/ a. (Bot) virescente.

virgate[1] /'vɜːgət Am 'vɜːrgət/ a. (rod-shaped) a forma di verga, a forma di bacchetta.

virgate[2] /'vɜːgət Am 'vɜːrgət/ n. (ant) misura inglese di superficie (pari a circa 30 acri).

Virgil /'vɜːdʒɪl Am 'vɜːrdʒɪl/ n.pr.m. Virgilio.

Virgilian /vɜː'dʒɪliən Am vɜːr'dʒɪliən/ a. virgiliano.

virgin /'vɜːdʒɪn Am 'vɜːrdʒɪn/ I n. 1 vergine f. 2 (unmarried woman) nubile f. 3 (chaste woman) donna f. casta, vergine f. 4 (Zool) animale m. vergine. II a. 1 vergine. 2 (of, characteristic of a virgin) verginale, di vergine, da vergine. 3 (fig) (pure, untouched) vergine, puro, incontaminato, verginale: ~ snow neve vergine. 4 (fig) (never before used) nuovo, vergine. ☐ (Teol) ~ birth nascita verginale; (Bot) ~'s bower vitalba; (Tess) ~ wool lana vergine.

Virgin /'vɜːdʒɪn Am 'vɜːrdʒɪn/ I n.pr.f. (Rel,Bibl) Vergine Maria, Maria Vergine, Vergine. II n.pr. (Astr) Vergine f. ☐ (Teol) ~ Birth nascita verginale; ~ Islander abitante delle Isole Vergini; (Geog) ~ Islands Isole Vergini; (Rel) ~ Mary Vergine, Vergine Maria; (Stor.brit) ~ Queen Regina Vergine, Elisabetta I d'Inghilterra.

virginal[1] /'vɜːdʒɪnəl Am 'vɜːrdʒɪnəl/ a. 1 verginale. 2 (fig) verginale, puro, incontaminato, vergine.

virginal[2] /'vɜːdʒɪnəl Am 'vɜːrdʒɪnəl/ n. (Mus) virginale m.

Virginia /və'dʒɪnjə Am vər'dʒɪnjə/ I n.pr.f. Virginia. II n.pr. (Geog) Virginia f. ☐ (Bot) ~

creeper vite del Canada; (*Am*) ~*rail fence* recinto a zig-zag; (*Am*) ~*reel* tipo di danza country.

Virginian /vəˈdʒɪnjən *Am* vərˈdʒɪnjən/ I *a.* virginiano, della Virginia. II *n.* abitante *m./f.* della Virginia.

virginity /vəˈdʒɪnəti *Am* vərˈdʒɪnəti/ *n.* verginità *f.*

Virgo /ˈvɜːɡou *Am* ˈvɜːrɡou/ *n.pr.* 1 (*Astr*) Vergine *f.* 2 (*person*) Vergine *f.*, persona *f.* nata sotto il segno della Vergine.

viridescence /ˌvɪrɪˈdesⁿs *Am* ˌvɪrəˈdesⁿs/ *n.* l'essere verdastro, l'essere verdognolo.

viridescent /ˌvɪrɪˈdesⁿt *Am* ˌvɪrəˈdesⁿt/ *a.* verdastro, verdognolo.

viridity /vəˈrɪdəti *Am* vəˈrɪdəti/ *n.* 1 l'essere verde. 2 (*fig*) giovinezza *f.*, verde età *f.*

virile /ˈvɪraɪl *Am also* ˈvɪrⁿl/ *a.* 1 virile, mascolino, maschio. 2 (*fig*) virile, forte, energico, vigoroso. 3 (*sexually potent*) virile.

virility /vɪˈrɪləti *Am* vəˈrɪləti/ *n.* virilità *f.* (*anche fig*).

virological /ˌvaɪərəˈlɒdʒɪkⁿl *Am* ˌvaɪərəˈlɑːdʒɪkⁿl/ *a.* (*Biol*) virologico.

virologist /ˌvaɪəˈrɒlədʒɪst *Am* ˌvaɪˈrɑːlədʒɪst/ *n.* (*Biol*) virologo *m.* (*f.* -a).

virology /vaɪəˈrɒlədʒi *Am* vaɪˈrɑːlədʒi/ *n.* (*Biol*) virologia *f.*

virose /ˈvaɪərous *Am* ˈvaɪrous/ *a.* 1 fetido, puzzolente. 2 (*Bot*) viroso.

virtu /vɜːˈtuː *Am* vɜːˈrtuː/ *n.* 1 (*Art*) bellezza *f.* di un oggetto d'arte, qualità *f.pl.* artistiche. 2 (*love of objects d'art*) amore *m.* per gli oggetti d'arte. 3 (*collett.*) oggetti *m.pl.* d'arte.

virtual /ˈvɜːtʃuəl, ˈvɜːtjuəl *Am* ˈvɜːrtʃuəl/ *a.* 1 effettivo, in pratica, di fatto, a tutti gli effetti: *he is the ~ head of the company* è il capo effettivo della società. 2 (*Fis,Inform*) virtuale: ~ *focus* fuoco virtuale. ☐ (*Fis*) ~*image* immagine virtuale; (*Inform*) ~*memory* memoria virtuale; (*Inform*) ~*reality* realtà virtuale.

virtually /ˈvɜːtʃuəli, ˈvɜːtjuəli *Am* ˈvɜːrtʃuəli/ *avv.* praticamente, a tutti gli effetti: *the twins were ~ identical* i gemelli erano praticamente identici.

virtue /ˈvɜːtʃuː *Am* ˈvɜːrtʃuː/ *n.* 1 virtù *f.*, rettitudine *f.*, moralità *f.* 2 (*specific moral excellence*) virtù *f.*: *forgiveness is a ~* la clemenza è una virtù. 3 (*admirable quality*) pregio *m.*, dote *f.*, virtù *f.*: *his speech had at least the ~ of being brief* il suo discorso ebbe per lo meno il pregio di essere breve. 4 (*merit*) valore *m.*, pregio *m.*, merito *m.* 5 (*beneficial quality, power*) virtù *f.*, efficacia *f.*, potenza *f.*, potere *m.* attivo: *the healing -s of herbs* le virtù terapeutiche delle erbe. 6 (*ant*) (*chastity*) purezza *f.*, castità *f.*, virtù *f.* 7 *pl.* (*Teol*) (*order of angels*) virtù *f.pl.* ☐ *by ~of* per virtù di, in virtù di, in forza di, grazie a: *by ~ of authority conferred* in virtù dell'autorità conferita; (*rar*)*in ~of* per virtù di, in virtù di, in forza di, grazie a; *to make a ~ of sth.* farsi vanto di qcs.; *to make a ~of necessity* fare di necessità virtù. *Prov.*: ~ *is its own reward* (o ~ *is her own reward*) la virtù è premio a se stessa.

virtuosity /ˌvɜːtjuˈɒsəti *Am* ˌvɜːrtʃuˈɑːsəti/ *n.* 1 virtuosismo *m.*, virtuosità *f.* 2 (*taste, liking for the arts*) amore *m.* per l'arte.

virtuoso /ˌvɜːtjuˈousou *Am* ˌvɜːrtʃuˈousou/ (*pl.* -s /-z/ o -si /-ziː/) *n.* 1 virtuoso *m.*, chi eccelle in un'arte. 2 (*Mus*) virtuoso *m.*, esecutore *m.* eccellente. 3 (*person interested in the arts*) conoscitore *m.*, intenditore *m.* (d'arte).

virtuous /ˈvɜːtʃuəs *Am* ˈvɜːrtʃuəs/ *a.* 1 onesto, retto: ~ *life* vita virtuosa; *a ~ man* un uomo onesto. 2 (*chaste*) virtuoso, casto, puro.

virtuously /ˈvɜːtʃuəsli *Am* ˈvɜːrtʃuəsli/ *avv.*

virtuosamente.

virtuousness /ˈvɜːtʃuəsnəs *Am* ˈvɜːrtʃuəsnəs/ *n.* 1 l'essere virtuoso, rettitudine *f.* 2 (*chastity*) castità *f.*, purezza *f.*

virulence /ˈvɪrələns/, **virulency** /ˈvɪrələnsi/ *n.* (*Biol*) virulenza *f.* (*anche fig*).

virulent /ˈvɪrələnt/ *a.* 1 (*Biol*) virulento (*anche fig*). 2 (*extremely poisonous*) velenoso. 3 (*extremely harmful*) fatale, dannoso.

virulently /ˈvɪrələntli/ *avv.* in modo virulento.

virus /ˈvaɪ(ə)rəs/ *n.* 1 (*Biol,Inform*) virus *m.* 2 (*fig*) cattiva influenza *f.*; (*poison*) veleno *m.* ☐ (*Med*) ~*disease* virosi, malattia virale; (*Med*) ~*infection* infezione virale; (*Med*) ~*pneumonia* polmonite virale.

visa /ˈviːzə/ I *n.* (*burocr*) visto *m.*, vidimazione *f.* II *v.t.* (*burocr*) vistare, vidimare, mettere il visto su. 2 (*of people*) concedere il visto a. ☐ (*burocr*) ~*application* richiesta di visto.

visage /ˈvɪzɪdʒ/ *n.* 1 volto *m.*, faccia *f.*, viso *m.* 2 (*facial expression*) espressione *f.*, faccia *f.* 3 (*fig*) aspetto *m.*, (*poet*) sembiante *m.*, apparenza *f.*

visaged /ˈvɪzɪdʒd/ *a.* (*in compounds*) dal volto..., dalla faccia..., dal viso...: *grim-~* dal volto severo.

vis-à-vis /ˌviːzəˈviː/ I *avv.* faccia a faccia, vis-à-vis, di faccia: *to sit ~* sedere faccia a faccia. II *n.* 1 chi sta di fronte, dirimpettaio *m.* (*f.* -a). 2 (*one holding an equal position*) omologo *m.* 3 (*carriage*) vis-à-vis *m.* 4 (*Arred*) amorino *m.*, vis-à-vis *m.* III *prep.* 1 rispetto a, nei riguardi di, relativamente a: *the value of the euro ~ the dollar* il valore dell'euro rispetto al dollaro. 2 (*opposite, facing*) rispetto a, dirimpetto a, in faccia a.

Visc. 1 *Viscount* visc. (visconte). 2 *Viscountess* (viscontessa).

viscera /ˈvɪsərə/ *n.pl.* (*Anat*) visceri *m.pl.*

visceral /ˈvɪsərⁿl/ *a.* 1 viscerale. 2 (*profound*) viscerale, profondo: *a state of ~ anguish* uno stato di angoscia viscerale. 3 (*instinctive*) istintivo: ~ *needs* bisogni istintivi.

viscid /ˈvɪsɪd/ *a.* viscoso, vischioso.

viscidity /vɪˈsɪdəti *Am* vɪˈsɪdəti/ *n.* viscosità *f.*, vischiosità *f.*

viscin /ˈvɪsɪn/ *n.* (*Chim*) viscina *f.*

viscoelasticity /ˌvɪskouɪlæsˈtɪsɪti *Am* ˌvɪskouɪlæsˈtɪsəti/ *n.* (*Fis*) viscoelasticità *f.*

viscometer /vɪˈskɒmɪtəʳ *Am* vɪˈskɑːmɪtəʳ/ *n.* (*Fis*) viscosimetro *m.*

viscose /ˈvɪskous, ˈvɪskouz/ *n.* (*Tess*) viscosa *f.*

viscosimeter /ˌvɪskouˈsɪmɪtəʳ *Am* ˌvɪskəˈsɪmɪtəʳ/ *n.* (*Fis*) viscosimetro *m.*

viscosity /vɪˈskɒsəti *Am* vɪˈskɑːsəti/ *n.* (*Fis*) viscosità *f.* (*anche estens*).

viscount /ˈvaɪkaunt/ *n.* visconte *m.*

viscountcy /ˈvaɪkauntsi/ *n.* viscontado *m.*

viscountess /ˌvaɪkaunˈtes *Am* ˈvaɪkauntɪs/ *n.* viscontessa *f.*

viscounty /ˈvaɪkaunti *Am* ˈvaɪkaunti/ *n.* 1 viscontea *f.* 2 viscontado *m.*

viscous /ˈvɪskəs/ *a.* (*Fis*) viscoso (*anche estens*).

vise /vaɪs/ I *n.* (*Am,Mecc*) morsa *f.* II *v.t.* (*Am, Mecc*) serrare in una morsa.

visé /ˈviːzeɪ, viːˈzeɪ/ I *n.* (*Am*) visto *m.*, vidimazione *f.* II *v.t.* (*past, p.p.* **viséd/viséed** /-d/) (*Am*) 1 vistare, vidimare, mettere il visto su. 2 (*of people*) concedere il visto a.

Vishnu /ˈvɪʃnuː/ *n.pr.m.* (*Rel*) Visnù.

visibility /ˌvɪzəˈbɪləti *Am* ˌvɪzəˈbɪləti/ *n.* visibilità *f.* (*anche Meteor,Fis*): *fog had reduced ~ to a few yards* la nebbia aveva ridotto la visibilità a poche iarde.

visible /ˈvɪzəbl̩/ *a.* 1 visibile, distinguibile:

the tower was ~ for many miles around la torre era visibile per molte miglia intorno. 2 (*able to be perceived easily*) ben visibile, bene in vista. 3 (*in public prominence*) in vista. 4 (*discoverable, perceivable*) apparente, evidente, accertabile: *without ~ means of support* senza apparenti mezzi di sostentamento. 5 (*manifest, obvious*) evidente, (ben) visibile, chiaro, manifesto, palese. 6 (*willing, able to receive visitors*) visibile, che si può incontrare: *the manager is not ~ today* il direttore oggi non è visibile. 7 (*Econ*) disponibile, visibile. ☐ (*Comm, Econ*) ~*balance* bilancia delle partite visibili; (*Comm,Econ*) ~*items* partite visibili; (*Dir*) *without ~means of support* senza mezzi di sussistenza apparenti; (*Fis*) ~*spectrum* spettro visibile; (*Econ*) ~*supply* scorta disponibile.

visibleness /ˈvɪzəbl̩nəs/ *n.* visibilità *f.*

visibles /ˈvɪzəbl̩z/ *n.pl.* (*Econ*) partite *f.pl.* visibili.

visibly /ˈvɪzəbli/ *avv.* visibilmente, manifestamente, palesemente: *he was ~ moved* era visibilmente commosso, si vedeva che era commosso.

Visigoth /ˈvɪzɪɡɒθ *Am* ˌvɪzəɡɑːθ/ *n.* (*Stor*) visigoto *m.* (*f.* -a).

Visigothic /ˌvɪzɪˈɡɒθɪk *Am* ˌvɪzəˈɡɑːθɪk/ *a.* (*Stor*) visigotico, visigoto.

vision /ˈvɪʒⁿn/ I *n.* 1 visione *f.*, veduta *f.* 2 (*power of seeing, sight*) vista *f.*, visione *f.*, capacità *f.* visiva. 3 (*range of sight*) vista *f.*, veduta *f.*, campo *m.* visivo. 4 (*supernatural apparition*) visione *f.*, apparizione *f.* 5 (*person or sight of unusual beauty*) visione *f.* 6 (*fig*) (*vivid conception, expectation*) visione *f.*: ~*s of power* visioni di gloria. 7 (*fig*) (*mental perception, imagination*) visione *f.*, fantasia *f.*: (*colloq*) *to see ~s* avere delle visioni. 8 (*foresight, discernment*) sagacia *f.*, discernimento *m.*, acume *m.*: *a man of great ~* un uomo di grande sagacia. II *v.t.* avere una visione di. ☐ (*Am,colloq*) *to have a ~ for sth.* avere molto a cuore qcs.

visional /ˈvɪʒⁿnⁿl/ *a.* 1 di visioni, di visione. 2 (*based upon a vision*) irreale, immaginario, fantastico.

visionary /ˈvɪʒⁿnri *Am* ˈvɪʒⁿneri/ I *a.* 1 irrealizzabile, inattuabile, da visionario, visionario: ~ *schemes* programmi irrealizzabili. 2 (*of people*) visionario, sognatore. 3 (*unreal, illusory*) irreale, infondato, immaginario, illusorio. II *n.* 1 visionario *m.* (*f.* -a), idealista *m./f.*, sognatore *m.* (*f.* -trice), utopista *m./f.* 2 (*one who sees visions*) visionario *m.* (*f.* -a).

visit /ˈvɪzɪt/ I *v.t.* 1 visitare, fare (una) visita a, andare a trovare: *to ~ relations* visitare i parenti. 2 (*of places*) visitare, andare a vedere: *to ~ a museum* visitare un museo. 3 (*to frequent*) frequentare: *to ~ public houses* frequentare le osterie. 4 (*to inspect*) ispezionare, controllare: *to ~ the troops* ispezionare le truppe. 5 (*to consult*) consultare, andare da: *to ~ a doctor* consultare un dottore. 6 (*to inflict*) far subire, infliggere, imporre: *to ~ one's anger on so.* fare subire la propria collera a qcu. 7 (*of disease, grief, etc.: to come upon*) colpire, cogliere. 8 (*to stay with*) essere ospite di: *to ~ a friend for the weekend* essere ospite di un amico per il fine settimana. 9 (*Am,colloq*) chiacchierare con, conversare con (*spec.* durante una visita). 10 (*Bibl*) (*to punish*) punire. II *v.i.* 1 fare una visita, fare visite. 2 (*Am*) (*to stay as a guest*) essere ospite. 3 (*Am,colloq*) chiacchierare, conversare (*spec.* durante una visita). III *n.* 1 visita *f.* (*to a*): *a ~ to one's grandparents* una visita ai nonni. 2 (*brief stay*) gita *f.*, viaggio *m.* 3

(*official call for inspection*) visita *f.*, ispezione *f.* 4 (*Mar*) visita *f.* 5 (*Am,colloq*) quattro chiacchiere *f.pl.*, chiacchierata *f.* (*with con*). □ *for a* ~ in visita; (*Am*) *to ~ in* visitare: *he is -ing in London* sta visitando Londra; *to make a* ~ fare una visita; *on a* ~ in visita; *to ~ one's patients* (*of a doctor*) fare il giro delle visite, visitare i malati; (*Am*) *to ~ with a friend* fare visita a un amico.

visitable /'vɪzɪtəbl/ *a.* 1 aperto ai visitatori, che si può visitare, visitabile. 2 (*worth visiting*) degno di essere visitato, degno di essere visto. 3 (*liable to official inspection*) soggetto a ispezione.

visitant /'vɪzɪtənt *Am* 'vɪzɪtənt/ **I** *n.* 1 visitatore *m.* (*f.* -trice), ospite *m./f.* 2 (*apparition*) apparizione *f.*, visione *f.* 3 (*Ornit*) uccello *m.* migratore. **II** *a.* (*rar,poet*) che visita, visitante.

visitation /,vɪzɪ'teɪʃən *Am* ,vɪzə'teɪʃən/ *n.* 1 visita *f.*, ispezione *f.* 2 (*Rel*) (*pastoral call*) visita *f.* pastorale. 3 (*Rel*) (*special dispensation of favour*) dono *m.* di Dio, benedizione *f.* celeste; (*special dispensation of affliction*) castigo *m.* divino, punizione *f.* divina. 4 (*affliction, trial*) afflizione *f.*, castigo *m.*, punizione *f.*, prova *f.* 5 (*colloq*) (*long, unwelcome visit*) visita *f.* lunga e non gradita. 6 (*Occult*) apparizione *f.* di uno spirito. 7 (*Zool,Ornit*) migrazione *f.* eccezionale, migrazione *f.* insolita. 8 (*Am,Dir*) diritto *m.* di visita (di genitore divorziato o separato al figlio). 9 (*Am*) (*gathering with the family of a deceased person*) visita *f.* alla famiglia di un defunto.

Visitation /,vɪzɪ'teɪʃən *Am* ,vɪzə'teɪʃən/ *n.* (*Bibl*) Visitazione *f.*

visitatorial /,vɪzɪtə'tɔːrɪəl/ *a.* di visita, di ispezione.

visiting /'vɪzɪtɪŋ *Am* 'vɪzɪtɪŋ/ *n.* il fare visita, il visitare. **II** *a.* a ore, volante. 2 (*Pedag*) privato, che dà lezioni a domicilio. □ ~ *card* biglietto da visita; ~ *day* giorno di visite; (*Am,sl*) ~ *fireman* ospite trattato in modo speciale per la sua importanza; ~ *nurse* assistente sanitaria visitatrice; (*Univ*) ~ *professor* professore ospite; (*Univ*) ~ *scholar* studioso ospite; *to be on* ~ *terms with so.* essere in rapporti di amicizia con qcu., scambiare visite con qcu.

visitor /'vɪzɪtə *Am* 'vɪzɪtər/ *n.* 1 ospite *m./f.*, visitatore *m.* (*f.* -trice) (*to a*; *from* da). 2 (*tourist*) turista *m./f.*, visitatore *m.* (*f.* -trice): ~ *from overseas* turisti d'oltreoceano. 3 (*official inspector*) ispettore *m.* (*f.* -trice) (*anche Scol*). 4 (*Univ*) censore *m.* 5 (*Ornit*) uccello *m.* migratore. □ *-s' book* registro dei visitatori; *-s' tax* imposta di soggiorno.

visitorial /,vɪzɪ'tɔːrɪəl/ *a.* di visita, di ispezione.

visor /'vaɪzə/ *n.* 1 (*Inform*) visor *m.*, (tipo di) computer *m.* palmare. 2 (*Mil,ant*) visiera *f.* 3 (*Mod*) (*of a cap, hat*) visiera *f.* 4 (*ant*) (*mask*) maschera *f.*

visored /'vaɪzəd/ *a.* 1 con la visiera abbassata. 2 (*equipped with a visor*) fornito di visiera.

vista /'vɪstə/ *n.* 1 vista *f.*, veduta *f.* (*on* su), prospettiva *f.* (attraverso un'apertura lunga e stretta). 2 (*long narrow avenue, row of trees, etc.*) viale *m.* (o fila *f.* di alberi ecc.) che crea una prospettiva. 3 (*Arch*) fuga *f.* prospettica. 4 (*mental view, prospect*) prospettiva *f.*, orizzonte *m.*, panorama *m.*: *new -s of the future* nuove prospettive per il futuro. 5 *pl.* (*long series of scenes, events, etc.*) memorie *f.pl.*, ricordi *m.pl.*: *-s of bygone times* memorie del passato.

visual /'vɪʒuəl/ *I a.* 1 visuale, visivo, della vista. 2 (*used in seeing, optical*) ottico: ~ *nerve* nervo ottico. 3 (*achieved by sight*) vi-

sivo: ~ *impressions* impressioni visive. 4 (*visible*) visibile. **II** *n.* (*in advertising*) elemento *m.* visivo (illustrazione, foto, videocassetta). □ (*Pedag*) ~ *aids* sussidi visivi, ausili visivi, supporti visivi; (*Ott*) ~ *angle* angolo visuale; ~ *arts* arti visive; (*Inform*) ~ *display unit* unità video; ~ *field* campo visuale, campo visivo; (*Med*) ~ *hallucination* allucinazione visiva; ~ *memory* memoria visiva; (*Ott*) ~ *point* punto visivo; (*Biol*) ~ *purple* rodopsina, porpora retinica; (*Ott*) ~ *ray* raggio visuale, raggio visivo; (*ant*) ~ *signaling* (o ~ *signalling*) telegrafo ottico.

visualise /'vɪʒuəlaɪz/ **I** *v.t.* (*Br*) 1 immaginare, raffigurarsi, figurarsi: *I tried to ~ his face* cercai di immaginare la sua faccia. 2 (*to make visual, visible*) visualizzare, rendere visibile, dare forma visibile a. **II** *v.i.* (*Br*) vedere con l'occhio della mente, farsi un'idea di.

visuality /,vɪʒu'ælɪti *Am* ,vɪʒu'ælɪti/ *n.* 1 immagine *f.*, visione *f.* fuggevole. 2 (*visibility*) visibilità *f.*, visuale *f.*

visualization /,vɪʒuəlɪ'zeɪʃən/ *n.* 1 l'immaginare, immaginazione *f.*, il vedere con l'occhio della mente. 2 (*sth. visualized*) immagine *f.*

visualize /'vɪʒuəlaɪz/ **I** *v.t.* 1 immaginare, raffigurarsi, figurarsi: *I tried to ~ his face* cercai di immaginare la sua faccia. 2 (*to make visual, visible*) visualizzare, rendere visibile, dare forma visibile a. **II** *v.i.* vedere con l'occhio della mente, farsi un'idea di.

visually /'vɪʒuəli/ *avv.* 1 in modo visivo, visivamente. 2 (*by visual means*) per mezzo di immagini. 3 (*by sight*) di vista. □ (*Med*) ~ *handicapped* minorato della vista; (*Med*) ~ *impaired* non vedente.

vital /'vaɪtl *Am* 'vaɪtl/ **I** *a.* 1 vitale, della vita. 2 (*necessary to life*) vitale, necessario alla vita. 3 (*essential*) di importanza vitale, essenziale, fondamentale (*to,for* per): *matters ~ to national security* questioni di importanza vitale per la sicurezza nazionale. 4 (*fig*) (*lively, animated*) pieno di vitalità, vivo, vivace. □ (*Fisiol*) ~ *capacity* capacità vitale; (*Biol*) ~ *force* forza vitale; (*Biol*) ~ *function* funzione vitale; ~ *signs* segni di vita; ~ *statistics* statistica demografica.

vitalise /'vaɪtlaɪz/ *v.t.* (*Br*) 1 infondere vita a, rendere vitale. 2 (*to give vitality to, to animate*) animare, vivificare, infondere vita a, infondere vitalità a.

vitalism /'vaɪtlɪzəm *Am* 'vaɪtlɪzəm/ *n.* vitalismo *m.*

vitalist /'vaɪtlɪst *Am* 'vaɪtlɪst/ *n.* vitalista *m./f.*

vitalistic /,vaɪtl'ɪstɪk *Am* ,vaɪtl'ɪstɪk/ *a.* vitalistico.

vitality /vaɪ'tæləti *Am* vaɪ'tæləti/ *n.* 1 vitalità *f.*, vivacità *f.*, brio *m.*, vita *f.* 2 (*capacity to live, survive*) vitalità *f.*

vitalize /'vaɪtlaɪz *Am* 'vaɪtlaɪz/ *v.t.* 1 infondere vita a, rendere vitale. 2 (*to give vitality to, to animate*) animare, vivificare, infondere vita a, infondere vitalità a.

vitally /'vaɪtli *Am* 'vaɪtli/ *avv.* 1 vitalmente, con vitalità, in modo vitale. 2 (*very, extremely*) estremamente, molto: ~ *important* estremamente importante, di importanza vitale.

vitals /'vaɪtlz *Am* 'vaɪtlz/ *n.pl.* 1 (*Anat*) organi *m.pl.* vitali. 2 (*fig*) elementi *m.pl.* essenziali, parti *f.pl.* essenziali.

vitamin /'vɪtəmɪn *Am* 'vaɪtəmɪn/ **I** *n.* (*Biol*) vitamina *f.*: ~ *A* vitamina A. **II** *a.* di vitamine: *the ~ content of a diet* il contenuto vitaminico di una dieta. □ ~ *complex* complesso vitaminico; (*Med,Veter*) ~ *deficiency* carenza vitaminica, avitaminosi.

vitaminic /,vɪtə'mɪnɪk *Am* ,vaɪtə'mɪnɪk/ *a.* vi-

taminico.

vitaminization /,vɪtə'mɪnɪzeɪʃən *Am* ,vaɪtə'mɪnɪzeɪʃən/ *n.* vitaminizzazione *f.*

vitaminize /'vɪtəmɪnaɪz *Am* 'vaɪtəmɪnaɪz/ *v.t.* (*of food*) vitaminizzare.

vitellin /vɪ'telɪn *Am* vaɪ'telɪn/ *n.* (*Biol*) vitellina *f.*

vitelline /vɪ'telaɪn *Am* vaɪ'telaɪn/ *a.* (*Anat*) vitellino: ~ *membrane* membrana vitellina.

vitellus /vɪ'teləs/ (*pl.* **vitelluses** /vɪ'teləsɪz/ o **-lli** /-laɪ/) *n.* (*Biol*) vitello *m.*, tuorlo *m.*, deutoplasma *m.*

vitiate /'vɪʃieɪt/ *v.t.* 1 rovinare, guastare, viziare, rendere difettoso. 2 (*to corrupt, to deprave*) viziare, guastare, corrompere, depravare. 3 (*Dir*) viziare, invalidare.

vitiation /,vɪʃi'eɪʃən/ *n.* 1 (*act*) il rovinare, il guastare. 2 (*corruption*) corruzione *f.*, depravazione *f.* 3 (*Dir*) invalidamento *m.*, invalidazione *f.*

vitiator /'vɪʃiˌeɪtə *Am* 'vɪʃiˌeɪtər/ *n.* chi vizia, corruttore *m.* (*f.* -trice).

viticultural /,vɪtɪ'kʌltʃərəl *Am* ,vɪtə'kʌltʃərəl/ *a.* viticolo.

viticulture /'vɪtɪˌkʌltʃə *Am* 'vɪtəˌkʌltʃər/ *n.* viticoltura *f.*

viticulturer /,vɪtɪ'kʌltʃərə *Am* ,vɪtə'kʌltʃərər/, **viticulturist** /,vɪtɪ'kʌltʃərɪst *Am* ,vɪtə'kʌltʃərɪst/ *n.* viticoltore *m.* (*f.* -trice).

vitiligo /,vɪtɪ'laɪgəʊ *Am* ,vɪtɪ'laɪgoʊ/ *n.* (*Med*) vitiligine *f.*

vitreosity /,vɪtri'ɒsəti *Am* ,vɪtri'ɑːsəti/ *n.* l'essere vitreo, l'essere vetroso.

vitreous /'vɪtriəs/ *a.* 1 vitreo, vetroso. 2 (*Ceram*) vetrificato. 3 (*Anat*) vitreo. □ (*Anat*) ~ *body* corpo vitreo; (*Ceram*) ~ *china* ceramica vetrificata; (*Fis*) ~ *electricity* elettricità statica positiva, elettricità vetrosa; (*Anat*) ~ *humour* (o *Am* ~ *humor*) umore vitreo.

vitreously /'vɪtriəsli/ *avv.* in modo vitreo.

vitreousness /'vɪtriəsnəs/ *n.* l'essere vitreo, l'essere vetroso.

vitrescence /vɪ'tresəns/ *n.* 1 vitrescenza *f.* 2 (*glassiness*) l'essere vitreo, l'essere vetroso.

vitrescent /vɪ'tresnt/ *a.* 1 che tende ad assumere un aspetto vitreo. 2 (*capable of being formed into glass*) vetrificabile.

vitrifaction /,vɪtrɪ'fækʃən *Am* ,vɪtrə'fækʃən/ *n.* vetrificazione *f.*

vitrifiability /,vɪtrɪ,faɪə'bɪlɪti *Am* ,vɪtrə,faɪə'bɪləti/ *n.* l'essere vetrificabile.

vitrifiable /'vɪtrɪ,faɪəbl *Am* 'vɪtrə,faɪəbl/ *a.* vetrificabile.

vitrification /,vɪtrɪfɪ'keɪʃən/ *n.* vetrificazione *f.*

vitriform /'vɪtrɪ,fɔːm *Am* 'vɪtrə,fɔːrm/ *a.* simile al vetro, vitreo.

vitrify /'vɪtrɪfaɪ *Am* 'vɪtrəfaɪ/ **I** *v.t.* vetrificare. **II** *v.i.* vetrificare, vetrificarsi.

vitriol /'vɪtriəl/ *n.* 1 (*Chim*) vetriolo *m.*: *blue* ~ vitriolo azzurro, solfato di rame; *green* ~ vetriolo verde, solfato ferroso; *white* ~ vetriolo bianco, solfato di zinco. 2 (*fig*) scritto *m.* caustico, critica *f.* caustica; (*sarcasm*) sarcasmo *m.*

vitriolate /'vɪtriəleɪt/ *v.t.* (*Chim*) trasformare in vetriolo.

vitriolic /,vɪtri'ɒlɪk *Am* ,vɪtri'ɑːlɪk/ *a.* 1 (*Chim*) di vetriolo, relativo a vetriolo. 2 (*obtained from vitriol*) ottenuto dal vetriolo. 3 (*resembling vitriol*) simile al vetriolo. 3 (*fig*) corrosivo, caustico, mordace: ~ *criticism* critica corrosiva.

vitriolization /,vɪtriəl(a)ɪ'zeɪʃən/ *n.* (*Chim*) il trasformare in vetriolo.

vitriolize /'vɪtriəlaɪz/ *v.t.* trasformare in vetriolo.

Vitruvian /vɪ'truːviən/ *a.* (*Lett,Art*) vitruvia-

no. □ (*Art*) ~***man*** uomo vitruviano.

vitta /'vɪtə/ (*pl.* **-ttae** /-ti/) *n.* **1** (*Bot,Stor.rom*) vitta *f.* **2** (*Zool*) striscia *f.* di colore, stria *f.* di colore. **3** (*Lit*) infula *f.* della mitra.

vituline /'vɪtjʊlaɪn/ *a.* di un vitello, relativo a un vitello.

vituperate /vɪ'tjuːpᵊreɪt *Am* vaɪ'tuːpəreɪt/ **I** *v.t.* vituperare, ingiuriare, insultare. **II** *v.i.* usare parole ingiuriose, usare vituperi, avere un linguaggio offensivo.

vituperation /vɪ,tjuːpᵊr'eɪʃᵊn *Am* vaɪ,tuːpə'reɪʃᵊn/ *n.* **1** il vituperare. **2** (*vituperative utterance*) vituperio *m.*, parole *f.pl.* ingiuriose.

vituperative /vɪ'tjuːpᵊrətɪv *Am* vaɪ'tuːpᵊrətɪv/ *a.* ingiurioso, offensivo, oltraggioso.

vituperator /vɪ'tjuːpᵊreɪtəʳ *Am* vaɪ'tuːpᵊreɪtᵊʳ/ *n.* vituperatore *m.* (*f.* -trice).

viva ¹ /'viːvə/ **I** *intz.* viva!, evviva! **II** *n.* evviva *m.*, acclamazione *f.*

viva ² /'vaɪvə/ **I** *n.* (*colloq*) esame *m.* orale. **II** *v.t.* (*colloq*) sottoporre a un esame orale.

vivacious /vɪ'veɪʃəs/ *a.* **1** vivace, brioso, animato, vivo: *a ~ girl* una ragazza vivace. **2** (*Bot*) vivace, perenne.

vivaciously /vɪ'veɪʃəsli/ *avv.* vivacemente, briosamente.

vivaciousness /vɪ'veɪʃəsnəs/, **vivacity** /vɪ'væsəti *Am* vɪ'væsəti/ *n.* vivacità *f.*, animazione *f.*, brio *m.*, vita *f.*

vivarium /vaɪ'veərɪəm *Am* vaɪ'veriəm/ (*pl.* **-s** /-z/ o **-ria** /-rɪə/) *n.* **1** terrario *m.* **2** (*place where living animals are kept*) recinto *m.* per animali; (*fish pond*) peschiera *f.*, vivaio *m.*

viva voce /,vaɪvə'vəʊtʃi,,vaɪvə'vəʊsi/ **I** *avv.* a (viva) voce, verbalmente, oralmente. **II** *a.* orale, verbale. **III** *n.* esame *m.* orale.

Vivian /'vɪvɪən/ *n.pr.f.* Viviana.

vivid /'vɪvɪd/ *a.* **1** vivido, intenso, vivo: ~ *colours* colori vividi; *a ~ imagination* una vivida immaginazione. **2** (*distinct, clear*) distinto, chiaro.

vividly /'vɪvɪdli/ *avv.* vividamente.

vividness /'vɪvɪdnəs/ *n.* **1** vivacità *f.*, vivezza *f.* **2** (*clarity*) chiarezza *f.*

vivification /,vɪvɪfɪ'keɪʃᵊn *Am* ,vɪvəfɪ'keɪʃᵊn/ *n.* vivificazione *f.*

vivifier /'vɪvɪfaɪəʳ *Am* 'vɪvəfaɪᵊʳ/ *n.* vivificatore *m.* (*f.* -trice), animatore *m.* (*f.* -trice).

vivify /'vɪvɪfaɪ *Am* 'vɪvəfaɪ/ *v.t.* **1** dotare di vita, animare, dare vita a. **2** (*to make vivid*) vivificare, rendere vivace, rendere vivo, animare.

vivipara /,vɪvɪ'pɑːrə/ *n.pl.* (*Zool*) vivipari *m.pl.*

viviparity /,vɪvɪ'pærəti *Am* ,vɪvə'perəti/ *n.* (*Biol*) viviparità *f.*

viviparous /vɪ'vɪpᵊrəs *Am* vaɪ'vɪpᵊrəs/ *a.* (*Zool*) viviparo.

viviparously /vɪ'vɪpᵊrəsli *Am* vaɪ'vɪpᵊrəsli/ *avv.* in modo viviparo.

vivisect /,vɪvɪ'sekt *Am* 'vɪvəsekt/ **I** *v.t.* vivisezionare. **II** *v.i.* praticare la vivisezione.

vivisection /,vɪvɪ'sekʃᵊn *Am* vɪvə'sekʃᵊn/ *n.* vivisezione *f.*

vivisectional /,vɪvɪ'sekʃᵊnᵊl *Am* vɪvə'sekʃᵊnᵊl/ *a.* vivisettorio.

vivisectionist /,vɪvɪ'sekʃᵊnɪst *Am* vɪvə'sekʃɪst/ *n.* **1** vivisezionista *m./f.*, sostenitore *m.* (*f.* -trice) della vivisezione. **2** (*vivisector*) vivisettore *m.* (*f.* -trice), chi pratica la vivisezione.

vivisector /,vɪvɪ'sektəʳ *Am* ,vɪvə'sektəʳ/ *n.* vivisettore *m.* (*f.* -trice), chi pratica la vivisezione.

vixen /'vɪksᵊn/ *n.* **1** (*Zool*) volpe *f.* femmina. **2** (*fig*) bisbetica *f.*, attaccabrighe *f.*, donna *f.* litigiosa.

vixenish /'vɪksᵊnɪʃ/ *a.* (*of a woman*) bisbetica, litigiosa.

---

viz. /vɪz/ *avv.* cioè, ossia, vale a dire.

vizard /'vɪzəd *Am* 'vɪzᵊrd/ *n.* (*ant*) maschera *f.*

vizier /vɪ'zɪəʳ *Am* vɪ'zɪr/ *n.* visir *m.*

VJ /,viː'dʒeɪ/ *video jockey* VJ (veejay, video jockey).

Vlach /vlɑːk/ **I** *n.* valacco *m.* (*f.* -a). **II** *a.* valacco.

VLDP (*Biol*) *very low density lipoprotein* VLDP (lipoproteina a bassissima densità).

VLF (*Fis*) *very low frequency* VLF (bassissima frequenza).

VLSI (*Elettron*) *very large-scale integration* VLSI (integrazione su grandissima scala).

VN *Vietnam* VN (Vietnam).

V-neck /,viː'nek *Am* 'viːnek/ *n.* (*Abbigl*) scollatura *f.* a V.

V-necked /,viː'nekt *Am* 'viːnekt/ *a.* (*Abbigl*) scollato a V.

vocable /'vəʊkəbl/ *n.* vocabolo *m.*

vocabulary /vəʊ'kæbjᵊlᵊri *Am* vəʊ'kæbjəleri/ *n.* lessico *m.*, vocabolario *m.*

vocal /'vəʊkᵊl/ **I** *a.* **1** vocale. **2** (*oral*) orale. **3** (*having, exercising a voice*) dotato di voce; (*having, exercising the power of speech*) parlante. **4** (*fig*) (*expressive*) espressivo, parlante. **5** (*fig*) (*explicit*) esplicito, che parla chiaro. **6** (*Mus*) vocale, di canto, per canto. **7** (*Fon*) vocalico; (*voiced*) sonoro. **II** *n.* **1** (*Fon*) suono *m.* vocalico. **2** *pl.* (*on CDs, etc.*) voce *f.sing.*: -*s by...* voce... □ (*Anat*) ~***cords*** corde vocali; ~***pedagogy*** pedagogia vocale.

vocalic /vəʊ'kælɪk, vəʊ'kælɪk/ *a.* vocalico.

vocalism /'vəʊkᵊlɪzᵊm/ *n.* **1** vocalizzazione *f.* **2** (*Fon*) vocalismo *m.*, sistema *m.* vocalico. **3** (*Mus*) canto *m.*; (*vocal art, technique*) arte *f.* del canto, tecnica *f.* del canto.

vocalist /'vəʊkᵊlɪst/ *n.* vocalist *m./f.*, vocalista *m./f.*

vocality /vəʊ'kæləti *Am* vəʊ'kæləti/ *n.* **1** (*Fon*) l'essere vocalico. **2** (*Mus*) vocalità *f.*

vocalization /,vəʊkᵊlɪ'zeɪʃᵊn *Am* -laɪ'zeɪʃ.../ *n.* **1** (*act of vocalizing*) articolazione *f.*, il pronunciare. **2** (*Fon*) vocalizzazione *f.* **3** (*Mus*) vocalizzo *m.*, vocalizzazione *f.*

vocalize /'vəʊkᵊlaɪz/ **I** *v.t.* **1** (*to sing*) cantare, intonare. **2** (*Fon,Ling*) vocalizzare. **II** *v.i.* **1** cantare; (*to sing without words*) vocalizzare. **2** (*Fon*) vocalizzarsi.

vocally /'vəʊkᵊli/ *avv.* **1** a voce, verbalmente, oralmente. **2** (*Fon*) in modo vocalico. **3** (*Mus*) cantando.

vocation /vəʊ'keɪʃᵊn *Am* vəʊ'keɪʃᵊn/ *n.* **1** (*Rel*) vocazione *f.* **2** (*estens*) vocazione *f.*, inclinazione *f.*, attitudine *f.*, tendenza *f.*, disposizione *f.*: *he has a ~ for teaching* ha la vocazione dell'insegnante. **3** (*trade, profession*) occupazione *f.*, professione *f.*, mestiere *m.*, attività *f.*, lavoro *m.*

vocational /vəʊ'keɪʃᵊnᵊl *Am* vəʊ'keɪʃᵊnᵊl/ *a.* **1** di vocazione, per vocazione, per disposizione, per attitudine. **2** (*Scol*) professionale. □ ~***bias*** deformazione professionale; (*Scol*) ~***course*** corso di specializzazione; (*Scol*) ~***education*** preparazione professionale, istruzione professionale, formazione; ~***guidance*** orientamento professionale, assistenza nell'avviamento al lavoro; ~***guidance counsellor*** esperto in orientamento professionale; (*Scol*) ~***school*** scuola professionale; ~***training*** formazione professionale.

vocative /'vɒkᵊtɪv *Am* 'vɑːkəṭɪv/ **I** *a.* (*Gramm*) vocativo. **II** *n.* (*Gramm*) vocativo, vocativo *m.* □ (*Gramm*) ~***case*** caso vocativo, vocativo.

vociferance /vəʊ'sɪfᵊrᵊns/ *n.* clamore *m.*, grida *f.pl.*, urla *f.pl.*

vociferant /vəʊ'sɪfᵊrᵊnt/ **I** *a.* urlante, strepitante, sbraitante, vociferante. **II** *n.* urlatore

---

m. (*f.* -trice), schiamazzatore *m.* (*f.* -trice).

vociferate /vəʊ'sɪfᵊreɪt *Am* vəʊ'sɪfᵊreɪt/ **I** *v.i.* vociare, sbraitare, gridare, schiamazzare. **II** *v.t.* gridare, strillare, urlare: *to ~ a protest* gridare una protesta.

vociferation /vəʊ,sɪfᵊ'reɪʃᵊn *Am* vəʊ,sɪfə 'reɪʃᵊn/ *n.* clamore *m.*, grida *f.pl.*, urla *f.pl.*

vociferator /vəʊ'sɪfᵊreɪtəʳ *Am* vəʊ'sɪfᵊreɪtᵊʳ/ *n.* urlatore *m.* (*f.* -trice), urlone *m.* (*f.* -a), schiamazzatore *m.* (*f.* -trice).

vociferous /vəʊ'sɪfᵊrəs *Am* vəʊ'sɪfᵊrəs/ *a.* **1** rumoroso, chiassoso, strepitante. **2** (*of things*) clamoroso, chiassoso, strepitoso, fragoroso.

vociferously /vəʊ'sɪfᵊrəsli *Am* vəʊ'sɪfᵊrəsli/ *avv.* chiassosamente, clamorosamente.

vociferousness /vəʊ'sɪfᵊrəsnəs *Am* vəʊ 'sɪfᵊrəsnəs/ *n.* chiassosità *f.*, clamorosità *f.*

vocoder /,vəʊ'kəʊdᵊʳ/ *n.* (*Elettron*) vocoder *m.*

vodka /'vɒdkə *Am* 'vɑːdkə/ *n.* vodka *f.*

vogue /vəʊg/ *n.* **1** voga *f.*, popolarità *f.*, moda *f.*: *a style in ~ in the last century* uno stile in voga nel secolo scorso. **2** (*sth. in fashion*) moda *f.*, articolo *m.* di moda, articolo *m.* in voga. □ ***to be all the*** ~ essere molto in voga; ***to come into*** ~ venire in voga, diventare di moda; ***to go out of*** ~ non essere più di moda; ***to be in*** ~ essere di moda, essere in voga.

voice /vɔɪs/ **I** *n.* **1** voce *f.*: *she has a pleasant* ~ ha una voce gradevole. **2** (*of animals*) voce *f.*, verso *m.*, grido *m.* **3** (*in singing*) voce *f.*: *a bass* ~ una voce di basso; *to be in good* ~ essere in voce. **4** (*faculty of uttering sounds, speech*) voce *f.*: *to lose one's* ~ perdere la voce. **5** (*opinion, choice*) voce *f.*, opinione *f.* **6** (*Pol*) voto *m.*, diritto *m.* di voto. **7** (*fig*) voce *f.*, richiamo *m.*, suggerimento *m.*: *the ~ of reason* la voce della ragione. **8** (*fig*) (*medium through which sth. is expressed*) voce *f.*, portavoce *m.*: *Parliament is the ~ of the people* il parlamento è la voce del popolo. **9** (*Gramm*) voce *f.*, forma *f.* (verbale): *passive* ~ voce passiva. **10** (*Fon*) suono *m.* sonoro. **II** *v.t.* **1** esprimere, formulare, dar voce a, manifestare, proclamare: *to ~ one's protest* esprimere il proprio dissenso. **2** (*Mus*) (*to adjust the tone of*) intonare, accordare. **3** (*Fon*) sonorizzare. □ (*Anat*) ~***box*** laringe; *a ~crying in the wilderness* : **1** (*Bibl*) vox clamans in deserto, una voce che grida nel deserto; **2** (*fig*) chi parla al deserto, chi predica al deserto, voce nel deserto; *to give* ~ *to* manifestare, esprimere, dare voce a; *to have* ~ *in sth.* avere voce in capitolo su qcs.; *a ~in the wilderness* : **1** (*Bibl*) vox clamans in deserto, una voce che grida nel deserto; **2** (*fig*) chi parla al deserto, chi predica al deserto, voce nel deserto; ~***lesson*** lezione di canto; (*Tel*) ~***mail*** casella vocale; *the ~of God* la voce di Dio, il comandamento di Dio; (*Mus*) ~***part*** voce, parte melodica, canto; (*Inform*) ~***recognition*** riconoscimento vocale; *with one* ~ all'unanimità, a una voce.

voiced /vɔɪst/ *a.* **1** (*in compounds*) dalla voce...: *low-~* dalla voce bassa. **2** (*Fon*) sonoro.

voiceful /'vɔɪsfʊl/ *a.* (*lett*) sonoro, risonante.

voiceless /'vɔɪsləs/ *a.* **1** senza voce, muto; (*uttering no words*) silenzioso, zitto. **2** (*unspoken*) silenzioso, tacito. **3** (*Fon*) sordo.

voicelessly /'vɔɪsləsli/ *avv.* silenziosamente, in silenzio.

voicelessness /'vɔɪsləsnəs/ *n.* **1** silenziosità *f.* **2** (*Fon*) sordità *f.*

voicemail /'vɔɪs,meɪl/ *n.* (*Tel*) casella *f.* vocale.

voice-over /'vɔɪs,əʊvᵊʳ/ *n.* (*Cin,TV*) voce *f.* fuori campo, voce *f.* fuori quadro.

voiceprint /'vɔɪsprɪnt/ □ ~ *analyst* perito fonico.

void /vɔɪd/ **I** *a.* **1** disabitato, vuoto; (*deserted*) deserto. **2** (*of a post, position*) libero, vacante, non occupato. **3** (*lacking, devoid*) privo, mancante (*of* di): *a life ~ of meaning* una vita priva di significato. **4** (*vain, ineffectual*) vano, inutile. **5** (*Dir*) nullo, non valido: *the election was declared ~* l'elezione fu dichiarata nulla. **II** *n.* **1** vuoto *m.*, spazio *m.* vuoto. **2** (*fig*) vuoto *m.*, mancanza *f.*: *his death has left a great ~* la sua morte ha lasciato un grande vuoto. **III** *v.t.* **1** vuotare, svuotare, sgombrare, sgomberare, evacuare. **2** (*to discharge, to evacuate*) evacuare, espellere, scaricare. **3** (*Dir*) annullare, invalidare.

voidable /'vɔɪdəbl/ *a.* (*Dir*) annullabile, invalidabile.

voidance /'vɔɪdəns/ *n.* **1** (*Dir*) annullamento *m.*, invalidamento *m.* **2** (*Rel*) (*of a benefice*) vacanza *f.*

voidness /'vɔɪdnəs/ *n.* **1** l'essere vuoto, vuotezza *f.* **2** (*Dir*) nullità *f.*

voile /vɔɪl/ *n.* (*Tess*) voile *m.*

vol. *volume* vol. (volume).

volant /'vəʊlənt/ **I** *a.* **1** capace di volare, atto al volo. **2** (*fig*) (*nimble*) agile, svelto, lesto. **3** (*Arald*) volante. **II** *n.* (*Sart*) volant *m.*, balza *f.*

volatile /'vɒlətaɪl *Am* 'vɑːlət̬əl/ *a.* **1** (*Chim*) volatile. **2** (*fig*) (*changeable*) mutevole, incostante, volubile, capriccioso. **3** (*fig*) (*lively, light-hearted*) allegro, gaio, brioso. **4** (*fig*) (*of a situation, etc.: explosive*) esplosivo, pericoloso. **5** (*fig*) (*liable to change for the worse*) precario, instabile. □ (*Inform*) ~ *memory* memoria volatile; (*Chim,Farm*) ~ *oil* olio essenziale; (*Inform*) ~ *storage* memoria volatile.

volatileness /'vɒlətaɪlnəs *Am* 'vɑːlət̬əl-nəs/ *n.* **1** (*Chim*) volatilità *f.* **2** (*fig*) (*changeableness*) volubilità *f.*, mutevolezza *f.*, incostanza *f.* **3** (*fig*) (*liveliness*) vivacità *f.*, brio *m.* **4** (*fig*) (*explosiveness*) l'essere esplosivo, pericolosità *f.*

volatilise /'vɒl'ætɪlaɪz/ **I** *v.t.* (*Br*) volatilizzare. **II** *v.i.* (*Br*) volatilizzare, volatilizzarsi.

volatility /ˌvɒlə'tɪləti *Am* ˌvɑːlə'tɪlət̬i/ *n.* **1** (*Chim*) volatilità *f.* **2** (*fig*) (*changeableness*) volubilità *f.*, mutevolezza *f.*, incostanza *f.* **3** (*fig*) (*liveliness*) vivacità *f.*, brio *m.* **4** (*fig*) (*explosiveness*) l'essere esplosivo, pericolosità *f.*

volatilizable /ˌvɒlə'laɪzəbl *Am* ˌvɑːlət̬ə-'laɪzəbl/ *a.* (*Chim,Fis*) volatilizzabile.

volatilization /vɒlˌætɪlaɪ'zeɪʃən *Am* ˌvɑːlət̬əlɪ'zeɪʃən/ *n.* (*Chim,Fis*) volatilizzazione *f.*

volatilize /vɒl'ætɪlaɪz *Am* 'vɑːlət̬əlaɪz/ **I** *v.t.* volatilizzare. **II** *v.i.* volatilizzare, volatilizzarsi.

volcanic /vɒl'kænɪk *Am* vɑːl'kænɪk/ *a.* (*Geol*) vulcanico (*anche fig*): ~ *lava* lava vulcanica; *a ~ temper* un temperamento vulcanico. □ (*Geol*) ~ *ash* cenere vulcanica; (*Geol*) ~ *bomb* bomba vulcanica; (*Geol*) ~ *eruption* eruzione vulcanica; (*Min*) ~ *glass* vetro vulcanico, ossidiana.

volcanicity /ˌvɒlkə'nɪsəti *Am* ˌvɑːlkə'nɪsət̬i/ *n.* (*Geol*) vulcanicità *f.*

volcanism /'vɒlkənɪzəm *Am* 'vɑːlkənɪzəm/ *n.* (*Geol*) vulcanismo *m.*

volcanist /'vɒlkənɪst *Am* 'vɑːlkənɪst/ *n.* vulcanologo *m.* (*f.* -a).

volcanize /'vɒlkənaɪz *Am* 'vɑːlkənaɪz/ *v.t.* (*Tecn*) vulcanizzare.

volcano /vɒl'keɪnəʊ *Am* vɑːl'keɪnoʊ/ (*pl.* -s/ -es /-z/) *n.* (*Geol*) vulcano *m.* (*anche fig*): (*fig*) *to be sitting on top of a ~* stare seduto su un vulcano.

volcanologic /ˌvɒlkənə'lɒdʒɪk *Am* ˌvɑːlkənə-**

'lɑːdʒɪk/, volcanological /ˌvɒlkənə'lɒdʒɪkəl *Am* ˌvɑːlkənə'lɑːdʒɪkəl/ *a.* vulcanologico.

volcanologist /ˌvɒlkə'nɒlədʒɪst *Am* ˌvɑːlkə-'nɑːlədʒɪst/ *n.* vulcanologo *m.* (*f.* -a).

volcanology /ˌvɒlkə'nɒlədʒi *Am* ˌvɑːlkə-'nɑːlədʒi/ *n.* vulcanologia *f.*

vole /vəʊl/ **I** *n.* **1** (*in bridge*) grande slam *m.*; (*in other card games*) cappotto *m.* **2** (*Zool*) topo *m.* campagnolo. **II** *v.i.* fare cappotto. □ (*fig*) *to go the ~*: **1** (*to risk everything*) rischiare il tutto per tutto; **2** (*to try everything*) provare (di) tutto.

volet /vɒ'leɪ, voʊ'let/ *n.* (*Pitt*) pannello *m.*, scomparto *m.*

volitant /'vɒlɪtənt *Am* 'vɑːlɪt̬ənt/ *a.* capace di volare, atto al volo.

volition /vəʊ'lɪʃən *Am* voʊ'lɪʃən/ *n.* **1** atto *m.* di volontà, volizione *f.* **2** (*exercise of willing*) volontà *f.*, volere *m.*: *to do sth. of one's own ~* fare qcs. di propria volontà.

volitional /vəʊ'lɪʃənl *Am* voʊ'lɪʃənl/ *a.* volitivo, della volontà.

volitive /'vɒlɪtɪv *Am* 'vɑːlət̬ɪv/ **I** *a.* **1** volitivo, della volontà. **2** (*Gramm*) volitivo. **II** *n.* (*Gramm*) forma *f.* verbale volitiva.

volley /'vɒli *Am* 'vɑːli/ **I** *n.* **1** (*of firearms*) raffica *f.*, salva *f.*, scarica *f.*, sventagliata *f.* **2** (*fig*) raffica *f.*, scarica *f.*, rovescio *m.*, tempesta *f.*: *a ~ of abuse* una raffica di insolenze. **3** (*Sport*) (*in tennis*) volée *f.*; (*in soccer*) tiro *m.* al volo; (*in cricket*) tiro *m.* diretto. **4** (*Minier*) volata *f.* **II** *v.t.* **1** scaricare a raffica, sparare a raffica. **2** (*fig*) scaricare, scagliare: *to ~ curses* scaricare insulti. **3** (*Sport*) colpire al volo. **III** *v.i.* **1** sparare una raffica, sparare una salva. **2** (*Sport*) colpire la palla al volo.

volleyball /'vɒlibɔːl *Am* 'vɑːlibɔːl/ *n.* (*Sport*) pallavolo *f.*

volplane /'vɒlpleɪn *Am* 'vɑːlpleɪn/ **I** *n.* (*Aer*) volo *m.* planato, volo *m.* librato. **II** *v.i.* (*Aer*) planare.

volt[1] /vəʊlt/ *n.* (*El*) volt *m.*

volt[2] /vɒlt *Am* voʊlt/ **I** *n.* (*Equit*) volta *f.* **II** *v.i.* (*Equit*) fare una volta.

voltage /'vəʊltɪdʒ *Am* 'voʊltɪdʒ/ *n.* (*El*) voltaggio *m.*, tensione *f.* □ (*El*) ~ *amplifier* amplificatore di tensione; (*El*) ~ *divider* partitore di tensione; (*El*) ~ *indicator* indicatore di tensione.

voltaic /vɒl'teɪɪk *Am* voʊl'teɪɪk/ *a.* (*El*) voltaico, galvanico. □ (*El*) ~ *battery* batteria galvanica; (*El*) ~ *cell* cella voltaica, elemento elettrolitico; (*El*) ~ *pile* pila di Volta, pila voltaica.

voltammeter /'vɒl'tæmɪtər *Am* voʊl'tæmət̬ər/ *n.* (*El*) voltametro *m.*

volte /vɒltei *Am* voʊlt/ **I** *n.* (*Equit*) volta *f.* **II** *v.i.* (*Equit*) fare una volta.

volte-face /vɒlt'fɑːs *Am* ˌvɑːlt'fɑːs/ *n.* dietrofront *m.*, voltafaccia *m.* (*anche fig*).

voltmeter /'vəʊltˌmiːtər *Am* 'voʊltˌmiːt̬ər/ *n.* (*El*) voltmetro *m.*

volubility /ˌvɒljə'bɪləti *Am* ˌvɑːljə'bɪlət̬i/ *n.* loquacità *f.*, (*colloq*) parlantina *f.*

voluble /'vɒljəbl *Am* 'vɑːljəbl/ *a.* **1** loquace, chiacchierone, ciarliero. **2** (*glib, fluent*) che ha la lingua sciolta. **3** (*Bot*) volubile.

volubleness /'vɒljəblnəs *Am* 'vɑːljəblnəs/ *n.* loquacità *f.*, (*colloq*) parlantina *f.*

volubly /'vɒljəbli *Am* 'vɑːljəbli/ *avv.* loquacemente, con loquacità.

volume /'vɒljuːm, 'vɒljəm *Am* 'vɑːljuːm/ *n.* **1** (*Edit*) libro *m.*, volume *m.*: *a work in twelve -s* opera in dodici volumi. **2** (*Geom,Chim*) volume *m.*: *the ~ of a box* il volume di una scatola; *molecular ~* volume molecolare. **3** (*amount, quantity*) volume *m.*, quantità *f.* globale: *the ~ of business* il volume degli affari. **4** (*large amount*) grande quantità *f.*,

volume *m.*, mole *f.*, massa *f.*: *a ~ of mail* una grande quantità di posta. **5** (*Acus,Rad,Mus*) volume *m.* **6** (*of smoke*) voluta *f.* □ (*Rad, TV*) ~ *control* regolatore del volume.

volumeter /vɒl'juːmɪtər *Am* 'vɑːljuˌmiːt̬ər/ *n.* (*Fis*) densimetro *m.* (per la misura dei volumi). **2** (*hydrometer*) idrometro *m.*, densimetro *m.*

volumetric /ˌvɒljə'metrɪk *Am* ˌvɑːljə'metrɪk/ *a.* (*Chim,Geom*) volumetrico.

voluminosity /vəluːmɪ'nɒsɪti *Am* vɑːluːmɪ'nɑːsəti/ *n.* voluminosità *f.*

voluminous /və'luːmɪnəs/ *a.* **1** (*writing or speaking at length*) prolisso: *a ~ account* un resoconto prolisso. **2** (*written at great length*) che può riempire un volume, che può riempire molti volumi, eccessivamente ampio, eccessivamente prolisso. **3** (*of clothes, etc.*) ampio, abbondante, largo. **4** (*coiled, convoluted*) in volute, a spirale. **5** (*of great volume*) voluminoso, ingombrante: ~ *furniture* mobili voluminosi.

voluminously /və'luːmɪnəsli/ *avv.* in grande quantità, abbondantemente.

voluminousness /və'luːmɪnəsnəs/ *n.* voluminosità *f.*

voluntarily /'vɒləntərəli *Am* 'vɑːləntərəli/ *avv.* **1** volontariamente, spontaneamente. **2** (*without payment*) a titolo gratuito, gratuitamente.

voluntariness /'vɒləntərnəs *Am* 'vɑːləntəri-nəs/ *n.* volontarietà *f.*, spontaneità *f.*

voluntarism /'vɒləntərɪzəm *Am* 'vɑːləntər-ɪzəm/ *n.* (*Filos*) volontarismo *m.*

voluntarist /'vɒləntərɪst *Am* 'vɑːləntərɪst/ *n.* (*Filos*) seguace *m./f.* del volontarismo.

voluntary /'vɒləntəri *Am* 'vɑːləntəri/ **I** *a.* **1** volontario, spontaneo: ~ *contributions* contributi volontari; *a ~ confession* una confessione spontanea. **2** (*not compulsory*) facoltativo, non obbligatorio. **3** (*proceeding from the will*) volontario: *a ~ act* un atto volontario. **4** (*intentional*) intenzionale, volontario. **5** (*done or made without payment*) (a titolo) gratuito, gratis. **6** (*Dir*) volontario: ~ *liquidation* liquidazione volontaria. **7** (*of institutions*) sostenuto da contributi volontari, sostenuto dall'iniziativa privata. **II** *n.* **1** (*Mus*) (*at a religious service*) assolo *m.* estemporaneo di organo. **2** (*Filos*) seguace *m./f.* del volontarismo. □ ~ *contribution* contributo volontario; (*Assic*) ~ *insurance* assicurazione volontaria; (*Dir*) ~ *manslaughter* omicidio intenzionale, omicidio volontario; (*Fisiol*) ~ *muscle* muscolo volontario; (*Br, Scol*) ~ *school* scuola privata (fondata da gruppi di privati, ma finanziata dallo stato).

voluntaryism /'vɒləntərɪˌɪzəm *Am* 'vɑːləntəri-ˌɪzəm/ *n.* **1** volontariato *m.* **2** (*Filos*) volontarismo *m.*

voluntaryist /'vɒləntərɪˌɪst *Am* 'vɑːləntəriˌɪst/ *n.* **1** sostenitore *m.* (*f.* -trice) del volontariato. **2** (*Filos*) seguace *m./f.* del volontarismo.

volunteer /ˌvɒlən'tɪər *Am* ˌvɑːlən'tɪr/ **I** *n.* volontario *m.* (*f.* -a) (*anche Mil*). **II** *a.* volontario: ~ *helpers* aiutanti volontari. **2** (*Agr*) spontaneo. **III** *v.i.* **1** offrirsi spontaneamente, presentarsi volontariamente: *to ~ for a task* offrirsi spontaneamente per un compito. **2** (*Mil*) arruolarsi volontario. **3** (*Agr*) crescere spontaneamente. **IV** *v.t.* offrire spontaneamente, dare volontariamente, prestare volontariamente.

volunteerism /ˌvɒlən'tɪərɪzəm *Am* ˌvɑːlən-'tɪrɪzəm/ *n.* volontariato *m.*

voluptuary /və'lʌptjʊəri *Am* və'lʌptʃueri/ **I** *n.* libertino *m.* (*f.* -a), gaudente *m./f.*, epicureo *m.* (*f.* -a). **II** *a.* voluttuoso, sensuale.

voluptuous /və'lʌptʃuəs/ *a.* voluttuoso,

sensuale.

voluptuously /vəˈlʌptʃuəsli/ *avv.* voluttuosamente.

voluptuousness /vəˈlʌptʃuəsnəs/ *n.* voluttuosità *f.*

volute /vouˈluːt *Am* vəluːt/ **I** *n.* 1 voluta *f.*, spirale *f.*, spira *f.* 2 (*Arch,Zool*) voluta *f.* 3 (*Tecn*) (*of a volute pump*) chiocciola *f.* **II** *a.* 1 in volute, a spirale. 2 (*Arch*) ornato di volute.

voluted /vouˈluːtɪd *Am* vəˈluːtɪd/ *a.* 1 in volute, a spirale. 2 (*Arch*) ornato di volute.

volution /vouˈluːʃən *Am* vəˈluːʃn/ *n.* 1 spirale *f.*, spira *f.*, avvolgimento *m.* 2 (*revolving motion*) circonvoluzione *f.*

vomer /ˈvoumər/ *n.* (*Anat*) vomere *m.*

vomit /ˈvɒmɪt *Am* ˈvɑːmɪt/ **I** *v.i.* 1 vomitare, rimettere, (*colloq*) tirare su. 2 (*fig*) uscire a fiotti, essere emesso con violenza: *smoke -ed from the roof* il fumo usciva a fiotti dal tetto. **II** *v.t.* 1 vomitare, rimettere, (*colloq*) tirare su. 2 (*fig*) eruttare, vomitare, emettere con violenza, lanciare: *the volcano -ed flames* il vulcano eruttava fiamme. **III** *n.* 1 il vomitare, vomito *m.* 2 (*matter vomited*) vomito *m.*, vomitaticcio *m.* 3 (*Farm,ant*) (*emetic*) emetico *m.* ☐ *to ~forth* eruttare, vomitare, emettere con violenza, lanciare; *to ~out*: 1 vomitare, rimettere, (*colloq*) tirare su; 2 (*estens*) eruttare, vomitare, emettere con violenza, lanciare; *to ~up* vomitare, rimettere, (*colloq*) tirare su.

vomiting /ˈvɒmɪtɪŋ *Am* ˈvɑːmɪtɪŋ/ *n.* 1 vomito *m.*, il vomitare. 2 (*Med*) emetismo *m.*

vomitive /ˈvɒmɪtɪv *Am* ˈvɑːmɪtɪv/ **I** *a.* (*Farm*) emetico, vomitativo, vomitivo. **II** *n.* (*Farm*) emetico *m.*

vomitory /ˈvɒmɪtəri *Am* ˈvɑːmətɔːri/ **I** *n.* 1 (*rar, Farm*) (*vomitive*) emetico *m.* 2 (*Archeol*) vomitorio *m.* **II** *a.* (*Farm*) emetico, vomitativo, vomitivo.

vomitous /ˈvɑːmɪtəs/ *agg.* (*Am*) nauseante, vomitevole.

vomiturition /ˌvɒmɪtʃəˈrɪʃən *Am* ˌvɑːmɪtʃəˈrɪʃn/ *n.* (*Med*) conati *m.pl.* di vomito.

vomitus /ˈvɒmɪtəs *Am* ˈvɑːmɪtəs/ *n.* (*Med*) materia *f.* vomitata, vomitaticcio *m.*

voodoo /ˈvuːduː/ **I** *n.* 1 (*Etnol*) vudù *m.*, vodù *m.*, vuduismo *m.* 2 (*voodooist*) vuduista *m./f.* **II** *v.t.* stregare, gettare il malocchio su.

voodooism /ˈvuːduːɪzəm/ *n.* vuduismo *m.*, vudù *m.*

voodooist /ˈvuːduːɪst/ *n.* vuduista *m./f.*

voracious /vəˈreɪʃəs *Am* vɔːˈreɪʃəs/ *a.* 1 vorace, insaziabile: *a ~ animal* un animale vorace; *~ appetite* appetito insaziabile. 2 (*fig*) insaziabile, avido, vorace, ingordo: *a ~ reader* un lettore insaziabile.

voraciously /vəˈreɪʃəsli *Am* vɔːˈreɪʃəsli/ *avv.* 1 voracemente. 2 (*fig*) avidamente, voracemente, con avidità.

voraciousness /vəˈreɪʃəsnəs *Am* vɔːˈreɪʃəsnəs/, **voracity** /vəˈræsəti *Am* vɔːˈræsəti/ *n.* 1 voracità *f.*, insaziabilità *f.* 2 (*fig*) voracità *f.*, avidità *f.*, ingordigia *f.*

vortex /ˈvɔːteks *Am* ˈvɔːrteks/ (*pl.* **-es** /-ɪz/ o **-tices** /-tɪsiːz/) *n.* vortice *m.* (*anche fig*): *the ~ of war* il vortice della guerra.

vortical /ˈvɔːtɪkəl *Am* ˈvɔːrtɪkəl/ *a.* vorticoso.

vortically /ˈvɔːtɪkəli *Am* ˈvɔːrtɪkəl/ *avv.* vorticosamente.

vorticella /ˌvɔːtɪˈselə *Am* ˌvɔːrtɪˈselə/ (*pl.* **-llae** /-liː/ o **-s** /-z/) *n.* (*Zool*) vorticella *f.*

vorticism /ˈvɔːtɪsɪzəm *Am* ˈvɔːrtɪsɪzəm/ *n.* (*Art*) vorticismo *m.*

vorticist /ˈvɔːtɪsɪst *Am* ˈvɔːrtɪsɪst/ *n.* (*Art*) seguace *m./f.* del vorticismo.

vorticity /vɔːˈtɪsəti *Am* vɔːˈrtɪsəti/ *n.* (*Fis, Mecc*) vorticosità *f.*

vorticose /ˈvɔːtɪˌkous *Am* ˈvɔːrtɪˌkous/, **vor-**

tiginous /vɔːˈtɪdʒɪnəs *Am* vɔːrˈtɪdʒənəs/ *a.* vorticoso.

votable /ˈvoutəbl/ *a.* votabile, che si può votare.

votaress /ˈvoutəres *Am* ˈvoutərəs/ *n.* 1 (*Rel*) suora *f.*, religiosa *f.*, monaca *f.* 2 (*advocate*) seguace *f.*, sostenitrice *f.*, devota *f.* 3 (*devotee*) appassionata *f.*

votary /ˈvoutəri *Am* ˈvoutərri/ *n.* 1 (*Rel*) religioso *m.*, monaco *m.* 2 (*advocate*) seguace *m.*, sostenitore *m.*; (*devout worshipper*) devoto *m.*

vote [1] /vout/ *n.* 1 voto *m.*, suffragio *m.*: *a majority of -s* una maggioranza di voti; *the party increased its ~ at the last election* il partito ha aumentato i suoi voti nelle ultime elezioni. 2 (*right to vote*) diritto *m.* di voto, diritto *m.* di suffragio. 3 (*ballot*) scheda *f.* di voto, scheda *f.* elettorale. 4 (*act, method of voting*) voto *m.*, votazione *f.* (*about, on* su). 5 (*voter*) votante *m./f.*, elettore *m.* (*f.* -trice). 6 (*collett.*) elettorato *m.*, votanti *m.pl.*, elettori *m.pl.* (*f.pl.* -trici). ☐ *~abstention* astensione dal voto; *~by correspondence* voto per corrispondenza; *~ by show of hands* votazione per alzata di mano; *~getter*: 1 candidato molto popolare; 2 (*means of drawing votes*) mezzo per ottenere voti; (*Parl*) *~of censure* voto di sfiducia; *~ of confidence*: 1 (*Parl*) voto di fiducia; *~ of no confidence* voto di sfiducia; *to win a ~ of confidence* ottenere la fiducia; *to give a vote of confidence* concedere la fiducia; 2 (*fig*) approvazione, assenso, parere favorevole; *~rigging* manipolazione elettorale; *to take a ~ on sth.* mettere ai voti qcs.

vote [2] /vout/ **I** *v.i.* votare, dare il proprio voto. **II** *v.t.* 1 votare (*for* per, a favore di; *against* contro; *on* su), dare il proprio voto (*for* a). 2 (*to approve, to authorize by vote*) votare, approvare (*o* deliberare) dando il proprio voto, decidere mediante votazione: *to ~ a resolution* votare una deliberazione. 3 (*colloq*) (*to declare by general agreement*) convenire su, essere d'accordo su, riconoscere concordemente. 4 (*colloq*) (*to suggest, to propose*) suggerire, proporre. ☐ *to ~against* votare contro; *to ~ by show of hands* votare per alzata di mano; *to ~down*: 1 respingere, bocciare: *to ~ down a proposal* respingere una proposta; 2 (*of a person*) bocciare alle elezioni; *to ~in* eleggere, nominare con votazione; *to ~ a candidate out* bocciare un candidato (alle elezioni); (*Parl*) *to ~ a bill through* approvare un disegno di legge, votare un disegno di legge; (*colloq*) *to ~with one's feet* esprimere (la propria opinione) con l'azione, esprimere (la propria opinione) con i fatti.

voteless /ˈvoutləs/ *a.* che non ha diritto di voto. ☐ (*Econ*) *~share* (*o ~stock*) azione senza diritto di voto.

voter /ˈvoutər *Am* ˈvoutər/ *n.* votante *m./f.*, elettore *m.* (*f.* -trice). ☐ *~s' lists* registri elettorali.

voting /ˈvoutɪŋ *Am* ˈvoutɪŋ/ **I** *n.* voto *m.*, votazione *f.*, il votare: *to abstain from ~* astenersi dal voto. **II** *a.* dell'elettorato, elettorale, di voto: *~ trends* le tendenze dell'elettorato. ☐ (*Am*) *~booth* (*polling booth*) cabina elettorale; *~ by post* votazione per corrispondenza; (*Am*) *~machine* macchina per votazione; *~paper* scheda elettorale, scheda di voto; *~power* (*o ~right*) diritto di voto; (*Econ*) *~share* (*o ~stock*) azione con diritto di voto.

votive /ˈvoutɪv *Am* ˈvoutɪv/ *a.* votivo: *a ~ offering* un'offerta votiva.

votress /ˈvoutrɪs *Am* ˈvoutrəs/ *n.* (*ant*) 1 (*Rel*) suora *f.*, religiosa *f.*, monaca *f.* 2 (*advocate*)

seguace *f.*, sostenitrice *f.*, devota *f.* 3 (*devotee*) appassionata *f.*

vouch /vautʃ/ *v.t.* 1 garantire, attestare, asserire, affermare: *I can ~ that this is true* posso garantire che (questo) è vero. 2 (*to substantiate*) corroborare, confermare, convalidare, avvalorare. 3 (*Dir*) garantire per (*o* di), rendersi garante per (*o* di). ☐ *to ~for* garantire per, essere garante per.

voucher /ˈvautʃər/ *n.* 1 buono *m.*, tagliando *m.*: *petrol -s* buoni (di) benzina. 2 (*as a receipt*) ricevuta *f.*, quietanza *f.* 3 (*one who vouches*) chi garantisce, garante *m./f.*, mallevadore *m.* (*f.* -drice). 4 (*supporting evidence, proof*) prova *f.*, documentazione *f.*; (*documentary record*) giustificativo *m.* 5 (*US*) (*for school*) buono *m.* scuola.

vouchsafe /ˌvautʃˈseɪf/ *v.t.* 1 degnarsi di dare, concedere, accordare: *to ~ so. an answer* degnarsi di dare una risposta a qcu. 2 (*to allow condescendingly*) consentire, concedere, permettere (con condiscendenza): *to ~ the return of prisoners* consentire il ritorno dei prigionieri. 3 (*to condescend*) condiscendere a, accondiscendere a.

voussoir /vuːˈswɑːr/ *n.* (*Arch*) concio *m.*, rastremato, concio *m.* per archi.

vow /vau/ **I** *n.* 1 voto *m.*, promessa *f.* solenne, impegno *m.* solenne, giuramento *m.*: *he was under a ~ to smoke no more* aveva fatto voto di smettere di fumare. 2 (*Rel*) voto *m.*: *to take a ~ of poverty* fare voto di povertà. **II** *v.t.* 1 promettere solennemente, giurare, fare voto di: *to ~ to keep a secret* promettere solennemente di mantenere un segreto; *to ~ revenge* giurare vendetta. 2 (*to declare solemnly*) giurare, dichiarare solennemente, affermare solennemente: *he -ed he would never forgive her* giurò che non l'avrebbe mai perdonata. 3 (*to dedicate by a vow*) votare, consacrare, dedicare: *to ~ oneself to the service of God* votarsi al servizio di Dio. **III** *v.i.* fare, pronunciare un voto.

vowel /ˈvauəl/ **I** *n.* (*Fon*) vocale *f.* **II** *a.* vocalico. ☐ (*Ling*) *~gradation* apofonia; (*Ling*) *~mark* segno di interpunzione; (*Ling*) *~mutation* metafonia, metafonesi; (*Ling*) *~point* segno di interpunzione; (*Ling*) *~shift* mutazione vocalica.

vowelise /ˈvauəˌlaɪz/ *v.t.* (*Br,Ling*) vocalizzare.

vowelization /ˌvauəlaɪˈzeɪʃn/ *n.* (*Ling*) vocalizzazione *f.*

vowelize /ˈvauəˌlaɪz/ *v.t.* (*Ling*) vocalizzare.

vox /vɒks *Am* vɑːks/ (*pl.* **voces** /ˈvousiːz/) *n.* voce *f.*

vox humana /ˌvɒkʃjuːˈmɑːnə *Am* ˌvɑːkʃjuːˈmɑːnə/ *n.* (*Mus*) voce *f.* umana.

vox populi /ˌvɒksˈpɒpjuli; *Am* ˌvɑːksˈpɑːpjuːlɑː/ *n.* vox *f.* populi, voce *f.* del popolo.

voyage /ˈvoɪɪdʒ/ **I** *n.* 1 viaggio *m.* (*per mare*), traversata *f.*: *a transatlantic ~* un viaggio attraverso l'Atlantico. 2 (*fig*) viaggio *m.*, cammino *m.*: *the ~ of life* il viaggio della vita. **II** *v.i.* viaggiare, fare un viaggio, fare una traversata: *to ~ to distant lands* viaggiare verso terre lontane. **III** *v.t.* attraversare, percorrere navigando: *to ~ the high seas* attraversare gli oceani. ☐ *a ~of discovery* un viaggio di esplorazione.

voyageable /ˈvoɪɪdʒəbl/ *a.* navigabile.

voyager /ˈvoɪɪdʒər/ *n.* viaggiatore *m.* (*f.* -trice), passeggero *m.* (*f.* -a) di nave.

voyeur /vwaːˈjɜːr, voːˈ3ːr/ *n.* (*Psic*) voyeur *m.*

VP /ˌviːˈpiː/ *Vice President* VP (vicepresidente).

V.R. (*Stor*) *Victoria Regina*, *Queen Victoria* (Regina Vittoria).

VRC *China* VRC (Cina).

V.Rev. *Very Reverend* rev.mo. (reverendissimo).

VRML /ˌviːɑːˈremˈel *Am* ˌviːɑːremˈel/ (*Inform*) *virtual reality modelling language* VRML (linguaggio di modellazione per la realtà virtuale).

vroom /vruːm/ **I** *n.* (*colloq*) rombo *m.* di un motore. **II** *v.i.* (*colloq*) rombare.

vs. I *versus* vs. (contro). **II** *prep.* **1** (*Sport,Dir*) contro: *England ~ Australia* Inghilterra contro Australia; *Regina ~ Smith* la Regina contro Smith. **2** (*as opposed to*) in rapporto a, in contrasto con, in contrapposizione con.

v.s. *vide supra* v.s. (vedi sopra).

VT *Vermont* VT (Vermont).

VTR /ˌviːtiːˈɑːr/ *Video Tape Recorder* (videoregistratore).

VU *Vanuatu* VU (Vanuatu).

vug /vʌg/ *n.* (*Minier*) geode *m.*

Vulcan /ˈvʌlkən/ *n.pr.m.* (*Mitol*) Vulcano.

Vulcanian /ˈvʌlkənɪən/ *a.* vulcanio.

vulcanic /vʌlˈkænɪk/ *a.* (*Geol*) vulcanico (*anche fig*).

vulcanise /ˈvʌlkənaɪz/ **I** *v.t.* (*Br,Tecn*) vulcanizzare. **II** *v.i.* (*Br,Tecn*) essere sottoposto a vulcanizzazione, subire il processo di vulcanizzazione.

vulcanism /ˈvʌlkənɪzᵊm/ *n.* (*Geol*) vulcanismo *m.*

vulcanist /ˈvʌlkənɪst/ *n.* vulcanologo *m.* (*f.* -a).

vulcanite /ˈvʌlkənaɪt/ *n.* (*Ind*) ebanite *f.*

vulcanizable /ˈvʌlkəˌnaɪzəbl/ *a.* (*Tecn*) vulcanizzabile.

vulcanization /ˌvʌlkənɪˈzeɪʃᵊn/ *n.* (*Tecn*) vulcanizzazione *f.*

vulcanize /ˈvʌlkənaɪz/ **I** *v.t.* (*Tecn*) vulcanizzare. **II** *v.i.* (*Tecn*) essere sottoposto a vulcanizzazione, subire il processo di vulcanizza-

zione.

vulcanizer /ˈvʌlkəˌnaɪzər/ *n.* (*Tecn*) vulcanizzatore *m.*

vulcanology /ˌvʌlkəˈnɒlədʒi *Am* ˌvʌlkəˈnɑːlədʒi/ *n.* vulcanologia *f.*

Vulg. (*Bibl*) *Vulgate* Vulg. (Vulgata).

vulgar /ˈvʌlgər/ *a.* **1** volgare, grossolano, rozzo: *a most ~ person* una persona molto volgare. **2** (*indecent, obscene*) volgare, triviale, scurrile, osceno, sconcio: *~ language* linguaggio volgare. **3** (*of the common people*) popolare, ordinario, volgare, plebeo, del volgo (*anche spreg*). **4** (*common, prevalent*) comune, corrente: *~ superstitions* superstizioni comuni. **5** (*widely known*) pubblico, noto, risaputo. ☐ *Vulgar Era* era volgare; (*Mat*) *~ fraction* frazione ordinaria; (*spreg*) *~ herd* volgo, gente comune, popolo; (*Ling*) *Vulgar Latin* latino volgare; *~ tongue* lingua volgare, volgare.

vulgarian /vʌlˈgeərɪən *Am* vʌlˈgerɪən/ *n.* individuo *m.* volgare.

vulgarise /ˈvʌlgəraɪz/ *v.t.* (*Br*) **1** rendere volgare, degradare, svilire. **2** (*to popularize*) volgarizzare, divulgare.

vulgarism /ˈvʌlgərɪzᵊm/ *n.* **1** volgarità *f.*, grossolanità *f.* **2** (*vulgar act*) volgarità *f.*, trivialità *f.*; (*vulgar expression*) espressione *f.* volgare, volgarità *f.* **3** (*Ling*) volgarismo *m.*

vulgarity /vʌlˈgærəti *Am* vʌlˈgerəti/ *n.* **1** volgarità *f.*, grossolanità *f.* **2** (*vulgar act*) volgarità *f.*, trivialità *f.*; (*vulgar expression*) espressione *f.* volgare, volgarità *f.*

vulgarization /ˌvʌlgᵊrɪˈzeɪʃᵊn/ *n.* **1** il rendere volgare. **2** (*act of popularizing*) volgarizzazione *f.*, divulgazione *f.*

vulgarize /ˈvʌlgᵊraɪz/ *v.t.* **1** rendere volgare, degradare, svilire. **2** (*to popularize*) volgarizzare, divulgare.

vulgarly /ˈvʌlgᵊrli/ *avv.* volgarmente.

Vulgate /ˈvʌlgeɪt/ *n.* (*Bibl*) Vulgata *f.*

vulgus /ˈvʌlgəs/ (*pl.* **-es** /-ɪz/) *n.* **1** volgo *m.*, popolo *m.* **2** (*Scol,ant*) esercizio *m.* di composizione latina in versi.

vulnerability /ˌvʌlnᵊrəˈbɪləti *Am* ˌvʌlnᵊrəˈbɪləti/ *n.* vulnerabilità *f.*

vulnerable /ˈvʌlnᵊrəbl *Am* ˈvʌlnᵊrəbl/ *a.* **1** vulnerabile (*anche Mil*). **2** (*open to criticism, temptation, etc.*) esposto, soggetto (*to* a). **3** (*in bridge*) in zona vulnerabile.

vulnerably /ˈvʌlnᵊrəbli *Am* ˈvʌlnᵊrəbli/ *avv.* in modo vulnerabile.

vulnerary /ˈvʌlnᵊrəri/ **I** *a.* (*ant*) vulnerario, cicatrizzante: *~ herbs* erbe vulnerarie. **II** *n.* (*ant*) vulnerario *m.*, sostanza *f.* vulneraria, sostanza *f.* cicatrizzante.

vulpine /ˈvʌlpaɪn/ *a.* **1** volpino. **2** (*fig*) astuto, furbo, scaltro, volpino.

vulture /ˈvʌltʃər/ *n.* **1** (*Ornit*) avvoltoio *m.* **2** (*fig*) persona *f.* avida e spietata.

vulturine /ˈvʌltʃᵊraɪn/ *a.* **1** di avvoltoio, da avvoltoio, rapace. **2** (*fig*) rapace, avido.

vulturous /ˈvʌltʃᵊrəs/ *a.* **1** di avvoltoio, da avvoltoio, rapace. **2** (*fig*) rapace, avido.

vulva /ˈvʌlvə/ (*pl.* **-s** /-z/ o **-vae** /-viː/) *n.* (*Anat*) vulva *f.*

vulval /ˈvʌlvəl/, **vulvar** /ˈvʌlvər/ *a.* (*Anat*) vulvare.

vulvitis /vʌlˈvaɪtɪs *Am* vʌlˈvaɪtɪs/ *n.* (*Med*) vulvite *f.*

vv. *verses* vv. (versi).

v.v. *vice versa* v.v. (viceversa).

vying¹ /ˈvaɪɪŋ/ → **vie.**

vying² /ˈvaɪɪŋ/ **I** *a.* (*competing*) contendente, concorrente. **II** *n.* competizione *f.*

W

w [1], **W** [1] /'dʌblju/ (*pl.* **w's/ws, W's/Ws** /-z/) **I** *n.* (*letter of the alphabet*) w, W *f./m.*: *a capital W* una w maiuscola; *a small w* una w minuscola; (*Tel*) *W for William* (o *Am W as in William*) w come Washington. **II** *a.* (*W-shaped*) a (forma di) W.

w [2] 1 *width* l (larghezza). 2 *weight* p (peso).

W [2] 1 *West* O (ovest). 2 (*El*) *watt* W (watt).

w. 1 *week* sett. (settimana). 2 (*Comm*) *with* con.

W. 1 *Wednesday* mer. (mercoledì). 2 *wanted* (ricercato). 3 *Western* occ., occid. (occidentale).

WA 1 *Washington* (*State*) WA (stato di Washington). 2 (*Geog*) *Western Australia* (Australia occidentale).

Waac /wæk/ *n.* (*GB,Mil,ant*) membro *m.* del corpo ausiliario femminile dell'esercito.

Waaf /wæf/ *n.* (*GB,Aer.mil,ant*) membro *m.* del corpo ausiliario femminile dell'aeronautica.

wabbit /'wɒbɪt/ *a.* (*Scott*) (*exhausted*) esausto, sfinito.

WAC /,dʌbljuə'si:/ (*US,Mil*) *Women's Army Corps* (Corpo femminile dell'esercito).

wack /wæk/ **I** *n.* (*Br,dial*) amico *m.* **II** *a.* (*Am, colloq*) terribile, orribile. **III** *v.t.* 1 colpire rumorosamente, battere rumorosamente. 2 (*colloq*) (*to thrash*) battere, percuotere, picchiare; (*to defeat*) sconfiggere, battere. 3 (*colloq*) (*to divide into shares*) spartire, dividere. 4 (*Am,sl*) (*to kill*) freddare. **IV** *v.i.* colpire rumorosamente, battere rumorosamente.

wacke /'wækə/ *n.* (*Geol*) grovacca *f.*

wacked /'wækd/ *a.* (*colloq*) 1 (*Br*) (*exhausted*) sfinito, spossato, stremato, spompato. 2 (*Am*) (*drugged*) fatto. 3 (*beaten*) sconfitto duramente, che ha avuto una (bella) batosta. □ (*colloq*) **~out** : 1 (*Br*) (*exhausted*) sfinito, spossato, stremato, spompato; 2 (*Am*) (*drugged*) fatto; 3 (*beaten*) sconfitto duramente, che ha avuto una (bella) batosta.

wackily /'wækɪli/ *avv.* (*colloq*) in modo strambo, in modo stravagante.

wackiness /'wækɪnəs/ *n.* (*colloq*) stramberia *f.*, stravaganza *f.*

wacko /'wækou/ **I** *n.* (*spec. Am,colloq*) pazzo *m.* (*f.* -a), matto *m.* (*f.* -a). **II** *a.* (*spec. Am,colloq*) pazzo, matto.

wacky /'wæki/ *a.* (*colloq*) 1 strambo, stravagante, matto. 2 (*Am*) pazzo, assurdo.

wad /wɒd *Am* wɑːd/ **I** *n.* 1 (*soft material*) batuffolo *m.*, tampone *m.*: *-s of cotton wool* batuffoli di ovatta. 2 (*small mass, lump of sth.*) mucchietto *m.* 3 (*flat bundle of papers, notes, etc.*) fascio *m.*, (*of banknotes*) malloppo *m.* 4 (*roll*) rotolo *m.*: *a ~ of banknotes* un rotolo di banconote. 5 (*colloq*) (*large amount of money*) mucchio *m.* di soldi; (*supply of money*) gruzzolo *m.* 6 (*Arm*) borra *f.*; (*ant*) stoppaccio *m.* 7 (*Am,colloq*) (*many*) mucchio *m.* 8 (*volg*) (*sperm*) sborra *f.*, sperma *f.* **II** *v.t.* (*past, p.p.* **wadded** /'wɒdɪd *Am* 'wɑːdɪd/) 1 fare un batuffolo di: *to ~ cotton wool* fare un batuffolo di ovatta. 2 (*to stuff, to pack with sth. soft*) imbottire, ovattare.

wadding /'wɒdɪŋ *Am* 'wɑːdɪŋ/ *n.* 1 materiale *m.* per imbottitura, ovatta *f.* 2 (*pad of cotton wool*) batuffolo *m.* di cotone.

waddle /'wɒdəl *Am* 'wɑːdəl/ **I** *v.i.* camminare dondolandosi, camminare ondeggiando, camminare come un'anatra. **II** *n.* andatura *f.* dondolante.

waddler /'wɒdlər *Am* 'wɑːdlər/ *n.* chi cammina dondolandosi.

waddy /'wɒdi *Am* 'wɑːdi/ *n.* (*Aus*) 1 (*aboriginal club*) mazza *f.* da combattimento degli aborigeni australiani. 2 (*scherz*) bastone *m.*

wade /weɪd/ **I** *v.i.* 1 camminare a stento, camminare a fatica: *to ~ through the snow* camminare a stento nella neve. 2 (*through water, mud*) sguazzare; (*through water*) camminare a guado. 3 (*fig*) procedere a stento, procedere a fatica, farsi strada faticosamente. **II** *v.t.* guadare, passare a guado: *to ~ a stream* guadare un torrente. □ *to ~ across a river* guadare un fiume, passare un fiume a guado; *to ~in* (o *to ~into*): 1 entrare a stento, entrare a guado; 2 (*to intervene*) intervenire con energia; 3 (*to set to work with vigour*) mettersi sotto a fare (qcs.), accingersi con energia a (un lavoro), mettersi di buona lena (al lavoro); *to ~through*: 1 passare a stento, passare a guado; 2 (*to read*) leggere con fatica (un testo molto lungo).

wader /'weɪdər/ *n.* 1 chi guada. 2 (*Ornit*) trampoliere *m.* 3 *pl.* (*Calz*) stivali *m.pl.* da palude, stivaloni *m.pl.* impermeabili.

wadge /wɒdʒ/ *n.* (*Br,colloq*) (*wodge*) fracco *m.*; (*piece*) sleppa *f.*; (*pile or mass*) mucchio *f.*

wadi /'wɑːdɪ, 'wɒdi/ (*pl.* **-s/-es** /-z/) *n.* (*in North Africa, etc.*) uadi *m.*

wading /'weɪdɪŋ/ □ (*Ornit*) **~bird** trampoliere; (*Am*) **~pool** piscina di plastica (gonfiabile) per bambini.

wady /'wɑːdi, 'wɒdi/ *n.* (*in North Africa, etc.*) uadi *m.*

WAF /,dʌbljuə'ef/ (*Am,Aer.mil*) *Women in the Air Force* (Corpo femminile dell'aeronautica).

wafer /'weɪfər/ **I** *n.* 1 (*Dolc*) wafer *m.* 2 (*Rel*) ostia *f.* 3 (*Med*) ostia *f.*, cialda *f.* 4 (*Inform*) wafer *m.*, fetta *f.* di silicio. 5 (*for sealing letters*) cialda *f.* per sigillare. **II** *v.t.* 1 (*of a letter, etc.*) sigillare con una cialda. 2 (*to divide into wafers*) tagliare a fettine sottilissime, affettare molto sottile.

wafer-thin /'weɪfəθɪn *Am* 'weɪfərθɪn/ *a.* sottilissimo, finissimo.

wafery /'weɪfəri/ *a.* (*Br*) 1 (*very breakable*) friabile, fragile. 2 (*very thin*) sottilissimo, finissimo.

waffle [1] /'wɒfəl *Am* 'wɑːfəl/ *n.* (*Dolc*) cialda *f.* □ **~iron** stampo per cialde.

waffle [2] /'wɒfəl *Am* 'wɑːfəl/ **I** *v.i.* 1 (*Br*) (*to say trivialities*) cianciare, ciarlare, dire sciocchezze. 2 (*Br*) (*to talk incessantly*) parlare continuamente, parlare senza sosta. 3 (*Am*) (*to be undecided*) tentennare, titubare, esitare. **II** *n.* 1 (*Br*) ciance *f.pl.*, chiacchiere *f.pl.*, ciarle *f.pl.* 2 (*Am*) tentennamento *m.*, titubanza *f.*, indecisione *f.*

waft /wɑːft/ **I** *v.t.* 1 (*to spread through*) diffondere, spandere, spargere: *the breeze -ed the smoke down the valley* la brezza diffuse il fumo nella valle. 2 (*to be moved by the breeze*) sospingere, trasportare: *to be -ed* essere sospinto (dall'aria *o* dal vento). **II** *v.i.* 1 (*to spread*) diffondersi, spandersi, essere trasportato dal vento: *classical tunes -ed*

from loudspeakers motivi (musicali) classici si diffondevano dagli altoparlanti. 2 (*scherz*) entrare come un soffio d'aria, essere trasportato dall'aria: *she -ed into the room*: entrò in stanza come un soffio d'aria. **II** *n.* 1 (*odour wafted*) effluvio *m.*, zaffata *f.* (*light gust*) alito *m.*, soffio *m.* 3 (*movement of a bird's wing*) battito *m.* d'ala. 4 (*Mar,ant*) bandiera *f.* in derno.

wag [1] /wæg/ (*past, p.p.* **wagged** /-d/) **I** *v.t.* 1 dimenare, agitare, muovere: *the dog -ged its tail* il cane dimenava la coda, il cane scodinzolava. 2 (*of the head*) scuotere, scrollare. 3 (*of a finger*) agitare (in segno di rimprovero). 4 (*spec. Aus*) (*to play truant*) marinare (la scuola). **II** *v.i.* 1 agitarsi, scuotersi. 2 (*of an animal*) dimenare la coda, agitare la coda, scodinzolare: *the dog's tail -ged* il cane scodinzolava. 3 (*colloq*) (*of the tongue*) muoversi senza sosta (spettegolando). □ (*fig*) *to ~the dog* bastonare il cane (per togliere l'attenzione da sé); (*colloq,fig*) *to ~ one's tongue* parlare a vanvera, muovere la lingua senza sosta (spettegolando).

wag [2] /wæg/ *n.* 1 dimenamento *m.*, agitamento *m.*: *the dog gave a ~ of its tail* il cane dimenò la coda. 2 (*of the head*) scrollata *f.*, scuotimento *m.* 3 (*ant*) (*witty person*) tipo *m.* (*f.* -a) ameno, spiritoso *m.* (*f.* -a), burlone *m.* (*f.* -a). 4 (*Aus*) (*truant*) studente *m.* (*f.* -tessa) che marina la scuola. 5 (*Br,sl*) vagabondo *m.* (*f.* -a).

WAG *Gambia* WAG (Gambia).

wage [1] /weɪdʒ/ *n.* 1 *spec.pl.* salario *m.*, stipendio *m.*, retribuzione *f.*, paga *f.*: *he gets a good ~* ha un buon salario. 2 *pl.* (*costr.sing. o pl.*) (*Econ*) salari *m.pl.* 3 *pl.* (*costr.sing. o pl.*) (*fig*) paga *f.*, retribuzione *f.*, ricompensa *f.*: (*Bibl*) *the -s of sin is death* il salario del peccato è la morte. □ **~agreement** accordo salariale; **~bargaining** contrattazioni salariali; **~ bracket** categoria salariale; **~ceiling** salario massimo, massimale; **~claim** rivendicazione salariale; **~cut** riduzione salariale, taglio del salario; **~differential** differenziale salariale; **~earner** salariato; **~freeze** congelamento dei salari; **~gap** divario salariale; **~ incentive** incentivo salariale; **~increase** incremento salariale; **~indexation** indicizzazione dei salari; **~level** livello salariale; **~ negotiations** trattative (sindacali) sui salari; **~packet** busta paga; **~restraint** stretta salariale; **~scale** tabella salariale; (*fig*) **~slave** schiavo dello stipendio, chi deve lavorare per sopravvivere; **~squeeze** stretta salariale.

wage [2] /weɪdʒ/ **I** *v.t.* intraprendere, iniziare, fare: *to ~ a campaign* intraprendere una campagna militare. **II** *v.i.* imperversare: *the storm -d for two hours* la tempesta ha imperversato per due ore. □ *to ~war* fare guerra, muovere guerra.

wager /'weɪdʒər/ **I** *n.* 1 scommessa *f.* 2 (*stake*) scommessa *f.*, puntata *f.*, posta *f.* **II** *v.t.* scommettere, puntare: *to ~ ten pounds on a horse* scommettere dieci sterline su un cavallo. **III** *v.i.* fare una scommessa. □ (*Stor*) **~of battle** singolar tenzone, giudizio di Dio, prova del duello.

waggery /'wægəri/ *n.* 1 spiritosaggine *f.*, spiritosità *f.*, scherzosità *f.*, amenità *f.* 2 (*wag-*

gish act, joke) scherzo m., burla f., celia f.
waggish /'wægɪʃ/ a. faceto, spiritoso, scherzoso, ameno.

waggishly /'wægɪʃli/ avv. in modo faceto, in modo spiritoso, scherzosamente.

waggle /'wægl/ **I** v.t. **1** dimenare, agitare, muovere. **2** (of the head) scuotere, scrollare. **3** (of a finger) agitare (in segno di rimprovero). **4** (colloq) (of the tongue) muovere senza sosta (spettegolando). **5** (spec. Aus) (to play truant) marinare (la scuola). **II** v.i. **1** agitarsi, scuotersi. **2** (of an animal) dimenare la coda, agitare la coda, scodinzolare. **3** (colloq) (of the tongue) muoversi senza sosta (spettegolando). **III** n. dimenio m., dimenamento m.; (waggling motion) scuotimento m., scrollata f. □ to ~ one's **hips** ancheggiare; ~ **of the tail** scodinzolio.

waggon /'wægən/ e der. (Br) → **wagon** e der.

Wagnerian /vɑːg'nɪərɪən Am vɑːg'nerɪən/ **I** a. (Mus) wagneriano. **II** n. (Mus) wagneriano m. (f. -a).

wagon /'wægən/ n. **1** carro m. (a quattro ruote). **2** (Br,Ferr) carro m. merci, vagone m. (merci). **3** (Aut) (station wagon) station wagon f. **4** (Am) (police patrol wagon) furgone m. cellulare, furgone m. della polizia, cellulare m. **5** (Am) (delivery van) furgone m. **6** (Am) (serving cart) carrello m. **7** (Stor.am) carro m. coperto dei pionieri. □ ~ **load:** **1** carrettata; **2** (Ferr) vagone, carico di un vagone; ~ **maker** carradore; (sl,fig) to fall **off the** ~ ricominciare a bere alcolici; (sl,fig) to be **on the** ~ essere completamente astemio; (sl,fig) to go **on the** (water) ~ smettere di bere alcolici; (Arch) ~ **roof** volta a botte; (Arred) ~ **seat** sedile a due posti; (Am,Stor) ~ **train** carovana di carri coperti (dei pionieri); (Arch) ~ **vault** volta a botte.

Wagon /'wægən/ n.pr. (Astr) Carro m., Orsa f.

wagonage /'wægənɪdʒ/ n. **1** (rar) trasporto m. con carri. **2** (fee paid) spese f.pl. di trasporto con carri.

wagoner /'wægənəʳ/ n. carrettiere m. (f. -a).

Wagoner /'wægənəʳ/ n.pr. (Astr) Auriga m.

wagonette /,wægə'net/ n. carrozza f. aperta a quattro ruote.

wagon-head /'wægənhed/, **wagon-headed** /'wægən,hedɪd/ a. (Arch) dalla volta cilindrica, dalla volta a botte.

wagon-lit /,vɑːgɒŋ'liː/ (pl. **wagons-lit/wagon-lits**) n. (Ferr) vagone m. letto, vettura f. letto, wagon m. lit.

wagtail /'wægteɪl/ n. (Ornit) **1** motacilla f. **2** (yellow wagtail) cutrettola f. (gialla). **3** (pipit) ballerina f. gialla.

Wahabi, Wahhabi /wə'hɑːbiː/ **I** n. (Rel.islam) wahabita m./f. **II** a. (Rel.islam) wahabita.

Wahabism, Wahhabism /wə'hɑːbɪzəm/ n. (Rel.islam) wahabismo m.

wahine /wɑː'hiːn/ n. **1** (woman) donna f. (maori o hawaiiana). **2** (wife) moglie f. (maori o hawaiiana).

wahoo /wɑːhuː/ **I** n. (Am) **1** (Bot) (specie di) olmo m. (o Itt) guaracupa m. **II** intz. (Am) (expressing great joy or excitement) evviva!, e vai!

wah-wah /'wɑːwɑː/ n. **1** (Mus) (sound) wa-wa m., effetto m. wa-wa. **2** (Mus) (mute) sordina f. di forma conica.

waif /weɪf/ **I** n. **1** (neglected child) bambino m. (f. -a) abbandonato, trovatello m. (f. -a). **2** (homeless person) vagabondo m. (f. -a). **3** (stray animal) animale m. randagio. **4** (lett) oggetto m. smarrito (non reclamato). **II** v.i. **1** (of a perfume) aleggiare. **2** (of a breeze) soffiare. □ ~-**s and strays:** **1** (Dir,Stor) oggetti

smarriti; **2** (homeless children) infanzia abbandonata.

wail /weɪl/ **I** v.i. **1** gemere, lamentarsi, emettere (alti) lamenti. **2** (to make a mournful sound) gemere: the wind -ed among the trees il vento gemeva tra gli alberi. **3** (to complain) lamentarsi, lagnarsi. **II** v.t. **1** dire gemendo, esprimere gemendo. **2** (rar) (to bewail) lamentare, piangere. **III** n. **1** gemito m., lamento m. **2** (mournful sound) suono m. triste, suono m. lamentoso, ululato m.

wailful /'weɪlful/ a. lamentevole, lamentoso.

wailing /'weɪlɪŋ/ **I** n. lamento m., lamentazione f. **II** a. che si lamenta, che geme. □ (Rel.ebr) Wailing **Wall** muro del pianto.

wain /weɪn/ n. **1** (ant) carro m. agricolo. **2** (rar, poet) (chariot) cocchio m.

Wain /weɪn/ n.pr. (Astr) (Charles's Wain) Orsa f. maggiore.

wainscot /'weɪnskət Am 'weɪn,skɑːt/ **I** n. (Edil) **1** (panelling for a wall) rivestimento m. (parziale di parete, spec. a pannelli di legno). **2** (material) legno m. per rivestimenti. **II** v.t. (Edil) (past, p.p. **wainscoted** /-ɪd/) rivestire con pannelli di legno.

wainscoted /'weɪnskətɪd Am 'weɪn,skɑːtɪd/ a. (Edil) rivestito di legno.

wainscoting /'weɪnskətɪŋ Am 'weɪn,skɑːtɪŋ/ n. (Edil) **1** rivestimento m. (spec. in legno). **2** (collett.) rivestimenti m.pl. in legno. **3** (material) legno m. per rivestimenti.

wainscotted /'weɪnskətɪd Am 'weɪn,skɑːtɪd/ a. (Edil) rivestito di legno.

wainscotting /'weɪnskətɪŋ Am 'weɪn,skɑːtɪŋ/ n. (Edil) **1** rivestimento m. (spec. in legno). **2** (collett.) rivestimenti m.pl. in legno. **3** (material) legno m. per rivestimenti.

wainwright /'weɪnraɪt/ n. (ant) carradore m.

waist /weɪst/ n. **1** vita f., cintura f., cintola f.: to have a slender ~ avere la vita sottile; naked to the ~ nudo fino alla cintola. **2** (of a garment) vita f. **3** (Am,Abbigl) corpetto m., corpino m.; (blouse) camicetta f., blusa f. **4** (fig) (narrow, central part) parte f. centrale, parte f. mediana. **5** (of a violin, etc.) strozzatura f. **6** (Mar) parte f. centrale di una nave. **7** (Calz) parte f. mediana. □ (Etnol) ~ **cloth** copripudende, perizoma; **down to the** ~ (o down to one's ~) (giù) fino alla cintola, (giù) fino alla vita; **up to the** ~ (o up to one's ~) (su) fino alla cintola, (su) fino alla vita: the water came up to our -s l'acqua ci arrivava fino alla vita; (fig) ~ **watcher** chi sta attento alla linea.

waistband /'weɪstbænd/ n. **1** (Abbigl) cintura f. **2** (of stockings) elastico m. (di collant).

waistcoat /'weɪstkout/ n. (Abbigl) panciotto m., gilet m.

waist-deep /'weɪst'diːp/ a. (fino) alla vita, fino alla cintola.

waisted /'weɪstɪd/ a. **1** (in compounds) dalla vita..., che ha la vita...: slim-~ dalla vita sottile. **2** (Sart) (in compounds) a vita..., dalla vita...: a high-~ dress un abito a vita alta.

waist-high /'weɪst'haɪ/ a. che arriva alla cintola, (fino) alla vita.

waist-level /'weɪstlevəl/ □ (Fot) ~ **finder** mirino a pozzo.

waistline /'weɪstlaɪn/ n. **1** linea f. della cintura. **2** (Sart) vita f., punto m. (di) vita. **3** (waist measurement) circonferenza f. della vita.

wait¹ /weɪt/ **I** v.i. **1** aspettare, attendere, restare in attesa: to keep so. -ing far aspettare qcu.; the taxi is -ing outside il taxi sta aspettando fuori. **2** (to remain neglected, to be postponed) essere rimandato, essere rinviato, aspettare: the meeting will have to ~ la riunione dovrà essere rimandata; the matter cannot ~ la questione non può aspettare. **3**

(to act as a waiter) servire a tavola, fare il cameriere. **4** (Strad) sostare: vehicles must not ~ here qui i veicoli non possono sostare. **II** v.t. **1** aspettare, attendere: you must ~ your turn devi aspettare il tuo turno. **2** (to delay in the hope of) aspettare, attendere, essere in attesa di, restare in attesa di. **3** (of a meal) ritardare, rimandare: don't ~ dinner for me non ritardate il pranzo per me. □ to ~ **and see** stare a vedere (come vanno le cose); (colloq) ~ **around** for a while aspetta per un po' di tempo; to ~ **at table** servire a tavola; to ~ **behind** rimanere in dietro, trattenersi; to ~ so.'s **convenience** aspettare i comodi di qcu.; to ~ **for** aspettare, attendere: to ~ for the bus aspettare l'autobus; to ~ for so. to do sth. aspettare che qcu. faccia qcs.; to ~ for sth. to happen aspettare che qcs. accada; to ~ **in** rimanere a casa (attendendo l'arrivo di qcu.); to ~ **on:** **1** servire; **2** (to serve at a meal) servire a tavola; **3** (to attend) scortare, accompagnare; **4** (colloq,dial) aspettare, attendere; **5** (ant) (to visit) visitare, fare visita; (Br) to ~ **on** so.'s **pleasure** essere a disposizione di qcu.; to ~ **on table** servire a tavola; to ~ **out** aspettare la fine di: they -ed out the war before getting married aspettarono la fine della guerra per sposarsi; (Inform) ~ **state** stato di attesa; ~ **till he gets to be sixteen!** vedrai quando avrà sedici anni!; to ~ **up** rimanere alzato, non andare a letto in attesa di: he -ed up to hear the midnight news rimase alzato per ascoltare il notiziario di mezzanotte; to ~ up for so. aspettare qcu. in piedi; to ~ **upon:** **1** servire; **2** (to serve at a meal) servire a tavola; **3** (to attend) scortare, accompagnare; **4** (colloq,dial) aspettare, attendere; **5** (ant) (to visit) visitare, fare visita; (colloq) (just) **you** ~! dopo ti faccio vedere io!, poi aggiustiamo i conti!

wait² /weɪt/ n. **1** attesa f., periodo m. di attesa: we have a long ~ in front of us abbiamo davanti a noi una lunga attesa. **2** pl. (Br,ant) (group of carollers) cantanti e suonatori m.pl. □ (Am) ~ **list** lista di attesa; (Am) ~ **staff** staff in sala, camerieri; (Inform) ~ **state** stato di attesa.

wait-and-see /'weɪtən(d)'siː/ a. di attesa: ~ policy politica di attesa, attendismo.

waiter /'weɪtəʳ/ n. **1** cameriere m.: ~, the bill, please! il conto, per favore! **2** (person who waits) chi aspetta, chi attende. **3** (tray, salver) vassoio m.

waitering /'weɪtərɪŋ/ n. lavoro m. di cameriere, impiego m. di cameriere.

waiting /'weɪtɪŋ/ n. **1** attesa f., l'aspettare. **2** (Strad) sosta f.: no ~ divieto di sosta. **3** (waitering) lavoro m. di cameriere, impiego m. di cameriere. □ ~ **game** temporeggiamento: to play a ~ game aspettare il momento propizio; **in** ~: **1** al servizio di; **2** (Mil) disponibile, a disposizione; ~ **line** fila, coda (di attesa); ~ **list** lista di attesa (in prenotazioni aeree, ristoranti ecc.); (Assic) ~ **period** periodo di aspettativa; ~ **room** sala d'attesa, sala d'aspetto; ~ **time** periodo d'attesa.

waitperson /'weɪt,pɜːrsən/ n. (spec. Am) cameriere m. (f. -a).

waitress /'weɪtrəs/ n. cameriera f.

waitressing /'weɪtrəsɪŋ/ n. lavoro m. da cameriera.

waive /weɪv/ v.t. **1** rinunciare a (anche Dir): to ~ a right rinunciare a un diritto. **2** (to put aside) mettere da parte: to ~ formalities mettere da parte le formalità.

waiver /'weɪvəʳ/ n. **1** (Dir) rinuncia f. **2** (document) atto m. di rinuncia.

wake¹ /weɪk/ (past **woke** /wouk/, Am,region, ant -ed /-t/, p.p. **woken** /'woukən/, Am,region,ant

-ed) **I** *v.i.* **1** svegliarsi, destarsi, risvegliarsi: *I woke at dawn* mi svegliai all'alba. **2** (*fig*) (*to return to alertness*) svegliarsi, scuotersi; (*to become aware of*) rendersi conto. **3** (*to hold a wake*) vegliare un morto, fare una veglia funebre. **II** *v.t.* **1** svegliare, destare. **2** (*fig*) svegliare, scuotere, spronare; (*to cause to become aware of sth.*) rendere consapevole, aprire gli occhi a. **3** (*to raise, to revive*) rievocare, ridestare, suscitare: *to ~ sad memories* rievocare tristi ricordi. **4** (*to hold a wake over*) vegliare. ☐ *to ~ an echo* sollevare un'eco; (*colloq*) *to make enough noise to ~ the dead* far tanto rumore da svegliare i morti; *to ~up* : **1** svegliarsi, destarsi, risvegliarsi: *to ~ up in a bad mood* svegliarsi di cattivo umore; **2** (*to return to alertness*) svegliarsi, scuotersi; **3** (*to become aware of*) rendersi conto; **4** (*so. else*) svegliare, destare: *I'll ~ you up at six* ti sveglierò alle sei; **5** (*fig*) (*to stir*) svegliare, scuotere, spronare; (*to cause to become aware of sth.*) rendere consapevole, aprire gli occhi a; *to ~up to* sth. aprire gli occhi (su), prendere coscienza (di): *the country finally woke up to the danger* il paese finalmente si rese conto del pericolo; *to ~ so. up to sth.* far capire qcs. (a qcu.), far prendere coscienza a qcu. (di qcs.).

wake 2 /weɪk/ *n.* **1** (*spec. Ir*) veglia *f.* funebre. **2** (*Stor*) (*festival in honour of the patron saint*) festa *f.* in onore del santo patrono; (*on the anniversary of the dedication of a church*) festa *f.* per l'anniversario della consacrazione di una chiesa. **3** *pl.* (*costr.sing. o pl.*) (*ant*) festa *f.* annuale, vacanza *f.* annuale.

wake 3 /weɪk/ *n.* **1** (*Mar,Astr,Aut*) scia *f.*: *the ~ of a ship* scia di una nave. **2** (*estens*) orma *f.*, traccia *f.*, scia *f.* ☐ *in the ~ of*: **1** (*immediately behind*) subito dietro; **2** (*fig*) (*as a result of*) come conseguenza di, come strascico di.

wakeful /'weɪkful/ *a.* **1** (*without sleeping*) insonne. **2** (*unable to sleep*) che non riesce a dormire. **3** (*fig*) vigile, vigilante, all'erta.

wakefully /'weɪkfuli/ *avv.* senza dormire, sveglio.

wakefulness /'weɪkfulnəs/ *n.* **1** mancanza *f.* di sonno, insonnia *f.* **2** (*fig*) lo stare vigile, lo stare all'erta.

wakeless /'weɪkləs/ *a.* (*of sleep*) profondo, pesante.

waken /'weɪkən/ **I** *v.t.* **1** svegliare, risvegliare, destare. **2** (*fig*) scuotere, svegliare. **II** *v.i.* **1** svegliarsi, risvegliarsi, destarsi. **2** (*fig*) scuotersi, svegliarsi. ☐ *to ~up* : **1** svegliarsi, risvegliarsi, destarsi; **2** (*fig*) scuotere svegliare.

wakening /'weɪkənɪŋ/ *n.* risveglio *m.*

wake-robin /'weɪk,rɒbɪn Am 'weɪk,rɑːbɪn/ *n.* **1** (*Bot*) (*arum*) aro *m.* **2** (*Br,Bot*) (*cuckoopint*) gigaro *m.* **3** (*Am*) trillio *m.*

wake-up /'weɪkʌp/ *n.* **1** (*moment of waking up*) sveglia *f.* **2** (*sl*) (*drug*) pastiglia di amfetamina; (*first daily dose*) prima dose *f.* della giornata. ☐ *~call* : **1** sveglia; **2** (*telephone call*) sveglia telefonica; **3** (*fig*) campanello d'allarme.

waking /'weɪkɪŋ/ **I** *a.* **1** che si risveglia, che si desta. **2** (*awake*) sveglio, desto. **3** (*fig*) che si scuote. **II** *n.* lo svegliarsi, risveglio *m.* ☐ *in one's ~hours* nelle ore di veglia; (*fig*) *in all my ~ hours* in tutta la mia vita.

WAL *Sierra Leone* WAL (Sierra Leone).

Walach /'wɒlək Am 'wɑːlək/ *n.* valacco *m.* (*f.* -a).

Walachian /wɒ'leɪkjən Am 'wɑːləkɪən/ **I** *a.* valacco. **II** *n.* **1** valacco *m.* (*f.* -a). **2** (*language*) lingua *f.* valacca.

Waldenses /wɒl'densiːz Am wɑːl'densiːz/

n.pl. (*Rel.prot*) valdesi *m.pl.*

Waldensian /wɒl'densiən Am wɑːl'densiːən/ **I** *a.* (*Rel.prot*) valdese. **II** *n.* (*Rel.prot*) valdese *m./f.*

waldo /'wɒldoʊ Am 'wɑːldoʊ/ *n.* (*ant*) telecomando *m.*

Waldorf /'wɒldɔːf Am 'wɑːldɔːrd/ ☐ (*Gastron*) *~salad* insalata a base di sedano, noci, mela, (pollo) e maionese.

wale /weɪl/ **I** *n.* **1** (*skin welt*) segno *m.* lasciato da una frustata. **2** (*Tess*) costa *f.* **3** (*Mar,ant*) falchetta *f.* **II** *v.t.* **1** segnare con la frusta, segnare a scudisciate. **2** (*Tess*) tessere a coste. ☐ (*Mar*) *~knot* piede di pollo.

Wales /weɪlz/ *n.pr.* (*Geog*) Galles *m.*

Walhalla /wæl'hælə Am ˌvæl'hɑːləl/ *n.* (*Valhalla*) Walhall *m.*, Walhalla *m.*

waling /'weɪlɪŋ/ *n.* **1** (*Edil*) trave *f.* orizzontale in legno; (*collett.*) travi *f.pl.* orizzontali in legno. **2** (*Tess*) costa *f.* **3** (*Mar,ant*) falchetta *f.*

walk 1 /wɔːk/ **I** *v.i.* **1** camminare: *the baby is learning to ~* il bambino sta imparando a camminare; *~, don't run* cammina, non correre. **2** (*to go on foot*) andare a piedi, camminare: *shall we ~ or take a bus?* andiamo a piedi o prendiamo l'autobus?; *to ~ home* andare a casa a piedi. **3** (*to take a walk*) passeggiare, andare a spasso, fare una passeggiata. **4** (*of a horse, etc.*) andare al passo. **5** (*fig*) agire, comportarsi: *we must ~ carefully to avoid offending them* dobbiamo agire con cautela per non offenderli. **6** (*Occult*) (*of a spirit*) apparire. **7** (*colloq*) (*to disappear, to be stolen*) sparire, svanire senza traccia: *the money had -ed* i soldi erano spariti. **8** (*Am, colloq*) (*to leave a job in protest*) andarsene, filare; (*to strike*) scioperare. **9** (*Am,colloq*) (*to be let off*) essere liberato, essere libero. **II** *v.t.* **1** camminare su (*o per*), percorrere: *to ~ the streets at night* camminare per le strade di notte. **2** (*of a distance*) percorrere (camminando): *to ~ ten miles* percorrere dieci miglia. **3** (*of an animal: to cause to walk*) andare al passo; (*to take out for a walk*) portare fuori, portare a spasso. **4** (*to accompany on foot*) accompagnare (a piedi): *I'll ~ you home* ti accompagnerò a casa (a piedi). **5** (*to compel to walk*) costringere a camminare. **6** (*colloq*) (*to achieve easily*) superare con facilità: *he -ed the exam* superò l'esame con facilità. ☐ *to ~a tightrope* : **1** camminare sulla corda; **2** (*fig*) camminare sul filo del rasoio; *to ~about* gironzolare, andare a spasso, andare in giro; *to ~along a road* camminare lungo una strada; *to ~around* : **1** gironzolare, andare a spasso, andare in giro; **2** camminare intorno a; **3** (*of an obstacle, etc.*) aggirare, girare attorno a; *to ~away* : **1** andare via, andarsene; **2** (*of time*) passare camminando, trascorrere camminando: *he -ed the whole afternoon away* passò tutto il pomeriggio a camminare; **3** (*to outrun*) distanziare, staccare, superare facilmente: *he just -ed away from the other racers* ha lasciato gli altri corridori a grande distanza; **4** (*to survive with minor injuries*) uscire senza danni, uscire incolume: *she -ed away from the accident* è uscita senza gravi danni dall'incidente, è uscita incolume dall'incidente; **5** (*to win easily*) vincere con facilità: *I -ed away with first prize* ho vinto il primo premio con facilità; *to ~back* ritornare a piedi; *to ~down* : **1** scendere, discendere: *to ~ down the hill* scendere la collina; **2** (*of shoes, heels*) consumare (camminando); *to ~in* entrare: *he -ed in without knocking* entrò senza bussare; *to ~in one's sleep* camminare nel sonno, essere sonnambulo; *to ~into* : **1** entrare in: *to ~ into a room* entrare in una stan-

za; **2** (*to collide with*) sbattere camminando, urtare contro camminando: *to ~ into a lamp-post* sbattere contro un lampione camminando; *to ~ into a trap* cadere in una trappola; *to ~off* : **1** (*to leave*) andarsene, andar via: *he -ed off in disgust* se ne andò disgustato; **2** (*to fall*) piombare, cascare: *he -ed off the edge of a precipice* piombò giù in un precipizio, cascò in un precipizio; **3** (*to relieve by walking*) camminare, andare a fare due passi; *to ~ off one's dinner* fare due passi per digerire, fare due passi per smaltire il pranzo; **4** (*colloq*) (*to steal*) scappare dopo aver rubato; (*colloq*) *to ~ so. off theirfeet* (*o off theirlegs*) stancare qcu. a furia di farlo camminare, far venire il fiatone a qcu. (a forza di camminare); *to ~on* : **1** proseguire, andare avanti (camminando): *I asked him to help but he just -ed on* gli ho chiesto aiuto ma lui ha proseguito per la sua strada; **2** (*Teat*) fare la comparsa; (*fig*) *to ~on air* essere al settimo cielo; (*fig*) *to ~on eggshells* comportarsi con estrema cautela, comportarsi come se si camminasse sulle uova; (*colloq,fig*) *someone -ed on my grave* mi è passata la morte vicino; *to ~on one's hands* camminare sulle mani; *to ~out* : **1** (*to leave*) uscire, andarsene; **2** (*to go in protest*) andarsene in segno di disapprovazione, uscire in segno di disapprovazione, uscire in segno di protesta; **3** (*to go on strike*) scioperare, entrare in sciopero; **4** (*Br,ant*) (*to engage in courtship*) rivolgere attenzioni a, corteggiare; (*colloq*) *to ~out on so.* abbandonare qcu., piantare qcu.: *she -ed out on us* ci ha piantati in asso; *to ~over* : **1** (*Sport*) (*in horse racing*) vincere una corsa per il ritiro degli altri concorrenti; **2** (*Sport, fig*) (*to beat easily*) battere facilmente, vincere facilmente; **3** (*colloq*) (*to treat badly*) calpestare, trattare male: *he -s all over her* lui la tratta come uno zerbino; *to ~round* : **1** gironzolare, andare a spasso, andare in giro; **2** camminare intorno a; **3** (*of an obstacle, etc.*) aggirare, girare attorno a; (*fig*) *to ~tall* camminare a testa alta, sentirsi importante; (*Teat*) *to ~the boards* calcare le scene, fare l'attore; *to ~the plank* : **1** (*Stor*) essere costretto dai pirati a camminare lungo una tavola sporgente dalle murate (fino a cadere in mare), essere costretto dai pirati a subire il supplizio sulla tavola; **2** (*fig*) (*to be obliged to resign*) essere costretto a dare le dimissioni; *to ~the streets* : **1** passeggiare per le strade; **2** (*colloq*) (*of a woman*) battere il marciapiede; *to ~through* : **1** (*to traverse*) camminare attraverso, attraversare camminando; **2** (*to rehearse*) fare le prove, provare; *to ~up* : **1** salire (a piedi); **2** (*to approach, to come up*) avvicinarsi, accostarsi (*to a*): *he -ed up to me* mi si avvicinò; *~ up!* venite, venite!, avvicinatevi!; **3** (*to walk upstairs*) salire al piano superiore, andare sopra; *to ~ up and down* camminare avanti e indietro, camminare su e giù.

walk 2 /wɔːk/ *n.* **1** (*stroll*) passeggiata *f.*, quattro passi *m.pl.*, due passi *m.pl.*: *to go for a ~* fare una passeggiata, fare due passi. **2** (*journey on foot*) camminata *f.* **3** (*distance to be walked*) cammino *m.*, percorso *m.*: *five minutes' ~ from the shop* cinque minuti di cammino dal negozio, cinque minuti a piedi dal negozio. **4** (*walking gait*) passo *m.*, andatura *f.* al passo. **5** (*of a horse, etc.*) andatura *f.* al passo. **6** (*manner of walking*) andatura *f.*, camminata *f.*, camminare *m.*, passo *m.*: *he has the ~ of a sailor* ha l'andatura di un marinaio; *I recognized him by his ~* l'ho riconosciuto dalla camminata. **7** (*exercise for dog*) passeggiata *f.*, camminata *f.*: *to take the* *dog for a* ~ portare il cane a spasso. **8** (*spec. Br*) (*regular walking route*) giro *m*. **9** (*protest march*) marcia *f*. **10** (*path*) sentiero *m*., vialetto *m*.; (*course for walking*) itinerario *m*., percorso *m*.: *the map showed several -s over the hills* la carta mostrava diversi itinerari sulle colline. **11** (*Am*) (*sidewalk*) marciapiede *m*. **12** (*rope walk*) corderia *f*. **13** (*Sport*) marcia *f*.: *the 50-kilometre* ~ la marcia dei 50 km. **14** (*Am,colloq*) (*a walkover*) passeggiata *f*., vittoria *f*. facile: *to win in a* ~ vincere con estrema facilità. ☐ (*fig*) ~ *of life*: 1 (*social rank*) ceto, classe (sociale); 2 (*vocation, profession*) professione, occupazione; *take a* ~ andarsene, smettere di interferire: *why don't you take a* ~? perché non te ne vai?, perché non smetti di interferire?

walkable /'wɔːkəbəl/ *a*. **1** (*of ground, a path, etc.*) praticabile, che si può percorrere (a piedi). **2** (*of distances*) percorribile a piedi.

walkabout /'wɔːkə,baut/ *n*. **1** (*Aus*) (*journey*) lungo viaggio *m*. nell'entroterra (fatto da un aborigeno); (*return to traditions*) ritorno *m*. alle origini. **2** (*spec. Br*) (*public walk by VIP*) passeggiata *f*. fra la gente, bagno *m*. di folla. ☐ (*Aus*) *to go* ~: 1 fare un lungo viaggio nell'entroterra, ritornare alle origini; 2 (*colloq*) (*to disappear*) sparire, svanire.

walkathon /'wɔːkəθɒn *Am* 'wɑːkəθɑːn/ *n*. marcia *f*. organizzata per beneficienza.

walker /'wɔːkəʳ/ *n*. **1** camminatore *m*. (*f*. -trice). **2** (*Sport*) podista *m*./*f*., marciatore *m*. (*f*. -trice). **3** (*walking frame*) tutore *m*. per disabili. **4** (*for babies*) girello *m*.

walkies /'wɔːkiːz/ *n*. (*Br,colloq*) camminata *f*., passeggiata *f*.: *to take the dog* ~ portare il cane a spasso.

walkie-talkie /ˌwɔːki'tɔːki/ *n*. (*Rad*) walkie-talkie *m*., radiotrasmettitore *m*. portatile.

walk-in /ˌwɔːk'ɪn/ **I** *n*. servizio *m*. senza appuntamento: *we take -s* da noi non è necessario prendere l'appuntamento. **II** *a*. in cui si può entrare. ☐ ~ *closet* (o ~ *cuboard* o ~ *wardrobe*) cabina armadio.

walking /'wɔːkɪŋ/ **I** *n*. il camminare, camminata *f*., passeggiata *f*.: ~ *is my only exercise* camminare è l'unico tipo di attività fisica che faccio. **II** *a*. **1** (*that walks*) che cammina. **2** (*used in, for walking*) da passeggio: ~ *shoes* scarpe da passeggio. **3** (*characterized by walking*) caratterizzato da (molte) passeggiate: *a* ~ *holiday* una vacanza caratterizzata da molte passeggiate. **4** (*colloq*) (*going around in human form*) ambulante: *he's a* ~ *encyclopedia* è un'enciclopedia ambulante. **5** (*Agr*) (*of a machine, implement*) a trazione animale. **6** (*Mecc*) oscillante, mobile. ☐ (*Mus*) ~ *bass* walking bass; (*Mecc*) ~ *beam* bilanciere; (*scherz*) ~ *dictionary* dizionario ambulante; *within* ~ *distance* a una distanza percorribile a piedi; (*Med*) ~ *frame* tutore per disabili; (*Edil*) ~ *line* linea di demarcazione delle scale; (*colloq*) ~ *orders* licenziamento: *to give so. his* ~ *orders* licenziare qcu., mandare a spasso qcu.; *at a* ~ *pace* a passo d'uomo; (*colloq*) ~ *papers* licenziamento; ~ *shoes* scarpe da passeggio; (*fig*) *a* ~ *skeleton* uno scheletro; ~ *stick* bastone da passeggio; (*colloq*) ~ *ticket* licenziamento; ~ *tour* giro turistico a piedi; ~ *wounded* feriti in grado di camminare.

Walkman /'wɔːkmən/ *n*. walkman *m*.

walk-on /'wɔːkɒn *Am* 'wɔːkɑːn/ *n*. (*Teat*) **1** (*part*) parte *f*. da comparsa, particina *f*. **2** (*player*) comparsa *f*.

walkout /'wɔːkaut/ *n*. **1** l'uscire in segno di disapprovazione, l'uscire in segno di protesta. **2** (*strike*) sciopero *m*., sciopero *m*. im-

provviso.

walkover /'wɔːkouvəʳ/ *n*. **1** (*unopposed victory*) vittoria *f*. incontrastata. **2** (*easy victory*) passeggiata *f*., vittoria *f*. facile.

walk-through /'wɔːkθruː/ *n*. **1** (*Teat*) prova *f*. senza costumi. **2** (*TV*) prova *f*. senza telecamere.

walk-up /'wɔːkʌp/ **I** *n*. (*Am*) appartamento *m*. di edificio senza ascensore. **II** *a*. (*Am*) senza ascensore.

walkway /'wɔːkweɪ/ *n*. **1** (*raised passageway*) passerella *f*. **2** (*path for pedestrians*) passaggio *m*. pedonale, vialetto *m*.

Valkyrie /wæl'kɪ(ə)ri, væl'kɪ(ə)ri *Am* 'vɑːlkəri/ *n*. (*Valkyrie*) valchiria *f*.

wall /wɔːl/ **I** *n*. **1** (*external structure*) muro *m*.: *a stone* ~ un muro di pietra. **2** (*of a room, an interior*) parete *f*., muro *m*. **3** (*of a city*) mura *f*. **4** (*Mil,Arch*) muro *m*., muraglia *f*. **5** (*Edil,Idr*) muro *m*. (di sostegno). **6** (*Anat,Biol*) parete *f*.: *the stomach -s* le pareti dello stomaco. **7** (*Minier,Geol*) parete *f*., muro *m*. **8** (*fig*) barriera *f*., muro *m*.: *a* ~ *of silence* una barriera di silenzio. **9** *pl*. (*fig*) (*area of influence*) cerchia *f*.*sing*.: *there is a traitor within our -s* c'è un traditore nella nostra cerchia. **II** *v.t*. **1** fornire di muro, munire di muro. **2** (*to surround with a wall*) circondare con un muro; (*of a town, fort, etc.*) cingere di mura, proteggere con mura. **3** (*to partition with a wall*) dividere con un muro, dividere con una parete. **4** (*to seal with a wall*) murare, chiudere con un muro: *to* ~ *up a window* murare una finestra. ☐ (*Ginn*) ~ *bars* spalliera; (*Arred*) ~ *bracket* mensola a muro; (*Arred*) ~ *chart* tabellone, cartellone; ~ *covering* rivestimento murale; (*Ornit*) ~ *creeper* picchio muraiolo; ~ *eye*: 1 (*Med*) glaucoma corneale, leucoma corneale; 2 (*Ott*) strabismo; 3 (*Am,Itt*) occhiogrigio; ~ *fruit* frutto di spalliera; (*fig*) *to go to the* ~: 1 (*in a competitive struggle*) avere la peggio; 2 (*to go bankrupt*) fallire, fare fallimento; ~ *hanging* arazzo, tela decorativa; *to* ~ *in* circondare con un muro; (*of a town, fort, etc.*) cingere di mura, proteggere con mura; (*Mar*) ~ *knot* piede di pollo; (*Zool*) ~ *lizard* lucertola (muraiola); ~ *map* carta murale; *the Great Wall of China* la grande muraglia cinese; ~ *of death* giro della morte; *to* ~ *off* dividere con un muro, dividere con una parete, *off the* ~: 1 (*crazy*) fuori di testa; 2 (*irrational*) senza senso, assurdo; *the story must not be repeated outside these* (*four*) *-s* la storia deve rimanere tra noi; (*colloq*) *to go over the* ~ (*to break out of prison*) evadere; (*Art*) ~ *painting* pittura murale, murale; (*Bot*) ~ *pepper* erba pignola, erba borracina; ~ *plate*: 1 (*Edil*) piano di posa; 2 (*Minier*) trave verticale di cunicolo; (*El*) ~ *plug* presa di corrente a muro; (*Bot*) ~ *rocket* ruchetta selvatica; (*Bot*) ~ *rue* ruta di muro; (*colloq,fig*) *to be able to see through a* ~ avere un grande intuito, essere molto perspicace; (*Arred*) ~ *unit* pensile; *to* ~ *up* murare, chiudere con un muro: *to* ~ *up a window* murare una finestra; (*colloq,fig*) *to be up against a* ~ (o *to be up against the* ~) trovarsi con le spalle al muro, essere con le spalle al muro; (*colloq, fig*) *to drive so. up the* ~ far arrabbiare qcu., far uscire dai gangheri qcu.; *to go up the* ~ diventare pazzo, andare fuori di sé. *Prov*.: *-s have ears* i muri hanno orecchi, i muri parlano.

walla /'wɒlə *Am* 'wɑːlə/ *n*. **1** (*in India: employee*) impiegato *m*.; (*servant*) servo *m*. **2** (*ant, colloq*) (*fellow*) individuo *m*., tipo *m*., tizio *m*.

wallaby /'wɒləbi *Am* 'wɑːləbi/ *n*. **1** (*Zool*) wallaby *m*. **2** (*sl*) (*Australian*) australiano *m*. (*f*. -a).

Wallach /'wɒlək *Am* 'wɑːlək/ *n*. valacco *m*. (*f*. -a).

Wallachia /wɒ'leɪkjə *Am* wɑː'leɪkiə/ *n.pr*. (*Geog*) Valacchia *f*.

Wallachian /wɒ'leɪkjən *Am* wɑː'leɪkiən/ **I** *a*. valacco. **II** *n*. **1** valacco *m*. (*f*. -a). **2** (*language*) lingua *f*. valacca.

wallah /'wɒlə *Am* 'wɑːlə/ *n*. **1** (*in India: employee*) impiegato *m*.; (*servant*) servo *m*. **2** (*ant,colloq*) (*fellow*) individuo *m*., tipo *m*., tizio *m*.

wallboard /'wɔːlbɔːrd/ *n*. (*spec. Am,Edil*) (pannello in) cartongesso *m*.

walled /wɔːld/ *a*. **1** circondato da un muro; (*of a city*) cinto da mura. **2** (*in compounds*) dalle mura..., con le mura...: *a white-~ house* una casa dalle mura bianche.

wallet /'wɒlɪt *Am* 'wɑːlɪt/ *n*. **1** portafoglio *m*. **2** (*for papers*) portadocumenti *m*. **3** (*ant*) (*beggar's or pilgrim's bag*) bisaccia *f*.; (*knapsack*) zaino *m*. ☐ (*Inform*) ~ *PC* (computer) palmare.

walleye, **wall-eye** /'wɔːlaɪ/ *n*. **1** (*Med*) glaucoma *m*. corneale, leucoma *m*. corneale. **2** (*Ott*) strabismo *m*. **3** (*Am,Itt*) occhiogrigio *m*.

walleyed, **wall-eyed** /'wɔːlaɪd/ *a*. **1** (*Med*) affetto da glaucoma corneale, affetto da leucoma corneale. **2** (*Ott*) strabico.

wallflower /'wɔːlflauər/ *n*. **1** (*Bot*) violacciocca *f*. gialla. **2** (*colloq*) (*girl not invited to dance*) ragazza *f*. che fa da tappezzeria.

walling /'wɔːlɪŋ/ *n*. **1** (*wall*) muro *m*. **2** (*material for walls*) materiale *m*. per muri.

Walloon /wɒ'luːn *Am* ,wɑː'luːn/ **I** *n*. **1** vallone *m*./*f*. **2** (*dialect*) vallone *m*., dialetto *m*. vallone. **II** *a*. vallone.

wallop /'wɒləp *Am* 'wɑːləp/ **I** *v.t*. (*colloq*) **1** percuotere, picchiare, pestare, legnare. **2** (*to defeat*) sconfiggere, battere. **II** *n*. **1** (*colloq*) colpo *m*. violento, legnata *f*., percossa *f*. **2** (*colloq*) (*forceful effect*) colpo *m*., scossa *f*., urto *m*. **3** (*Br,sl,ant*) (*beer*) birra *f*.

walloping /'wɒləpɪŋ *Am* 'wɑːləpɪŋ/ **I** *n*. (*colloq*) **1** bastonatura *f*., legnate *f*.*pl*., percosse *f*.*pl*., botte *f*.*pl*. **2** (*decisive defeat*) sconfitta *f*. decisiva. **II** *a*. (*colloq*) enorme, grandissimo.

wallow /'wɒlou *Am* 'wɑːlou/ **I** *v.i*. **1** guazzare (*anche fig*): *to* ~ *in the mud* sguazzare nel fango. **2** (*to roll about*) rotolarsi, voltolarsi. **3** (*fig*) (*to indulge to excess, to revel*) crogiolarsi, deliziarsi, trovare diletto (*in* in). **II** *n*. **1** lo sguazzare, il guazzare. **2** (*wallowing place*) pantano *m*.

wallpaper /'wɔːlpeɪpəʳ/ **I** *n*. **1** carta *f*. da parati. **2** (*Inform*) sfondo *m*. **3** (*colloq*) (*music*) musica *f*. monotona, musica *f*. di sfondo. **II** *v.t*. rivestire con carta da parati, tappezzare.

Wall Street /'wɔːlstriːt/ **I** *n.pr*. (*in New York City*) Wall Street *f*. **II** *n*. (*fig,estens*) mercato *m*. finanziario americano, Borsa *f*. americana.

wall-to-wall /'wɔːltəwɔːl/ ☐ ~ *carpeting* moquette.

wally /'wɒli/ *n*. (*Br,sl*) scemo *m*., cretino *m*.

Wally /'wɒli *Am* 'wɔːli/ *n.pr. dim. di* Walter.

wallyo /'wɒli,oo *Am* 'wɑːliou/ *n*. (*sl*) ragazzo *m*.; (*Italian*) (*spreg*) guaglione *m*.

walnut /'wɔːl,nʌt/ *n*. **1** (*Bot*) noce *m*.: *a* ~ *tree* un noce, un albero di noce. **2** (*colour*) noce *m*. **3** (*Bot,Alim*) (*fruit*) noce *f*. **4** (*wood*) noce *m*., legno *m*. di noce.

Walpurgis /væl'puəgɪs *Am* væl'pɜːrgɪs/ *n.pr.f*. Valpurga. ☐ ~ *Night* notte di santa Valpurga.

walrus /'wɔːlrəs/ *n*. (*Zool*) tricheco *m*., odobeno *m*. ☐ ~ *moustache* (o ~ *mustache*) baffi spioventi.

Walt /wɔːlt/ *n.pr. dim. di* Walter.

Walter /'wɒltəʳ *Am* 'wɔːltəʳ/ *n.pr.m*. Walter,

Gualtiero. ☐ ~ *Mitty* sognatore, acchiappanuvole.

waltz /wɔːls wɔːlts/ **I** *n.* valzer *m.* **II** *a.* di valzer. **III** *v.i.* **1** ballare il valzer. **2** (*colloq*) (*to proceed without a hitch*) superare facilmente, procedere facilmente un esame: *to ~ through an examination* superare facilmente un esame. **IV** *v.t.* far ballare il valzer a. ☐ *to ~ in* entrare con nonchalance, entrare con disinvoltura; *to ~ off* andarsene; *to ~ off with sth.* portarsi qcs. a casa, portare via qcs.; (*colloq*) *to ~ through* superare facilmente, procedere senza intoppi: *to ~ through an examination* superare facilmente un esame.

waltzer /wɔːltsər/ *n.* **1** danzatore *m.* (*f.* -trice) di valzer. **2** (*at fairground*) (tipo di) giostra *f.*, tazza *f.*

wampum /'wɒmpəm *Am* 'wɑːmpəm/ *n.* **1** wampum *m.*, conchiglie *f.pl.* (usate come denaro). **2** (*Am,colloq*) quattrini *m.pl.*, grana *f.*

wan /wɒn *Am* 'wɑːn/ (*compar.* **wanner** /'wɒnə/, *sup.* **wannest** /'wɒnɪst/) *a.* **1** (*of a complexion*) pallido, cereo, smorto, scolorito, esangue. **2** (*of a person*) pallido: *to grow ~* impallidire. **3** (*languid, feeble*) debole, languido, fiacco: *a ~ smile* un sorriso debole. **4** (*ant*) (*dark*) scuro, spento, privo di luce.

WAN /wæn/ **1** (*Inform*) *Wide Area Network* WAN (rete geografica). **2** *Nigeria* WAN (Nigeria).

wand /wɒnd *Am* 'wɑːn/ *n.* **1** bacchetta *f.*, bastoncino *m.*: *a magician's ~* una bacchetta magica. **2** (*staff of authority*) bacchetta *f.*, bastone *m.* di comando. **3** (*conductor's baton*) bacchetta *f.* (di direttore d'orchestra). **4** (*Elettron*) (*light pen*) penna *f.* ottica. ☐ (*Elettron*) ~ *reader* penna ottica; (*Elettron*) ~ *scanner* lettore di codice a barre.

wander /'wɒndər *Am* 'wɑːndər/ **I** *v.i.* **1** vagare, girovagare, girare senza meta, vagabondare: *to ~ through the woods* vagare per i boschi. **2** (*to go idly about*) gironzolare, girare (oziosamente). **3** (*to stroll*) camminare piano, andare lentamente, fare due passi. **4** (*to leave a set route*) allontanarsi. **5** (*of the eyes, glance, etc.*) vagare, errare. **6** (*fig*) (*to go astray morally*) allontanarsi dalla retta via, sviarsi. **7** (*fig*) (*to lose rationality*) delirare, vaneggiare, farneticare: *the fever caused his mind to ~* la febbre lo faceva delirare. **8** (*fig*) (*to stray from the point*) divagare, scostarsi dall'argomento: *to ~ from the subject* uscire dall'argomento, andare fuori tema. **9** (*fig*) (*of thoughts, etc.*) vagare per. **II** *v.t.* vagare per, girovagare per, vagabondare per, girare senza meta per: *to ~ the streets* vagare per le strade. **III** *n.* passeggiata *f.*, due passi *m.pl.* ☐ *to ~ about* gironzolare, girare (oziosamente); *to ~ away from the point* divagare (dal tema), scostarsi dall'argomento; *to ~ from the path of righteousness* allontanarsi dalla retta via; *to ~ from the point* divagare (dal tema), scostarsi dall'argomento; *to ~ in* fare una capatina, fare una visitina; *to ~ off* (*to stray from a group*) allontanarsi da un gruppo, staccarsi da un gruppo.

wanderer /'wɒndərər *Am* 'wɑːndərər/ *n.* vagabondo *m.* (*f.* -a), girovago *m.* (*f.* -a).

wandering /'wɒndərɪŋ *Am* 'wɑːndərɪŋ/ **I** *n.* **1** il vagare, vagabondaggio *m.* **2** *pl.* (*aimless travels*) vagabondaggi *m.pl.* **3** *pl.* (*fig*) (*mental vagrancies*) fantasticherie *f.pl.*, fantasie *f.pl.* **4** *pl.* (*fig*) (*delirious speech*) vaneggiamento *m.sing.*, farneticamento *m.sing.*, delirio *m.sing.* **II** *a.* **1** vagante, vagabondo, errante; (*nomadic*) nomade: *~ tribes* tribù nomadi. **2** (*fig*) (*irrational*) delirante, farneticante. ☐ (*Geol*) ~ *dune* duna mobile; (*colloq*) ~ *hands* mani lunghe; (*Bot*) ~ *Jew* tradescantia, miseria;

Wandering Jew ebreo errante; (*Astr,ant*) ~ *star* pianeta.

wanderlust /'wɒndə.lʌst *Am* 'wɑːndərlʌst/ *n.* voglia *f.* di girovagare, voglia *f.* di viaggiare.

wane /weɪn/ **I** *v.i.* **1** (*Astr*) calare, decrescere, declinare, scemare. **2** (*fig*) declinare, decrescere, scemare: *his glory was waning* la sua gloria declinava. **3** (*to come to a close*) volgere alla fine, finire, tramontare, declinare: *the day began to ~* il giorno volgeva alla fine. **II** *n.* **1** (*Astr*) il decrescere della luna, il calare della luna; (*period of waning*) fase *f.* decrescente. **2** (*fig*) declino *m.*, decadimento *m.* **3** (*end*) termine *m.*, conclusione *f.* ☐ *to be on the ~*: **1** (*Astr*) essere in fase decrescente; **2** (*fig*) essere in declino.

wang /wæŋ/ *n.* (*volg*) cazzo *m.*

wangle /'wæŋgl/ **I** *v.t.* **1** falsificare, alterare: *to ~ the company's books* falsificare i libri sociali. **2** (*to achieve, to obtain by trickery*) procurarsi con l'astuzia, ottenere con l'inganno; (*colloq*) rimediare, spillare, strappare: *to ~ a free ticket* rimediare un biglietto omaggio. **II** *n.* maneggio *m.*, intrigo *m.*, briga *f.*

wangler /'wæŋglər/ *n.* (*colloq*) imbroglione *m.* (*f.* -a), traffichino *m.* (*f.* -a).

waning /'weɪnɪŋ/ *a.* **1** (*Astr*) calante, in fase decrescente: *~ moon* luna calante. **2** (*fig*) in declino, in calo.

wank /'wæŋk/ **I** *v.i.* (*Br,volg*) farsi una sega. **II** *v.r. to ~ oneself* (*Br,volg*) farsi una sega. **III** *n.* (*Br,volg*) sega *f.*

Wankel /'wæŋkəl/ ☐ (*Mot*) ~ *engine* motore Wankel.

wanker /'wæŋkər/ *n.* (*Br*) **1** (*volg*) segaiolo *m.* **2** (*sl*) (*pretentious person*) mezza sega *f.*, coglione *m.* (*f.* -a).

wanly /'wɒnli *Am* 'wɑːnli/ *avv.* debolmente, fiaccamente: *to smile ~* sorridere debolmente.

wanna /'wɒnə *Am* 'wʌnə/ (*colloq*) contraz. di want to, want a.

wannabe /ˌwɒnə'biː *Am* 'wʌnəbiː/ *n.* (*colloq, spreg*) persona *f.* che vuole imitare il comportamento di un'altra, persona *f.* che vuole arrivare a qcs.

wanness /'wɒnnəs *Am* 'wɑːnnəs/ *n.* pallore *m.*, pallidezza *f.*

want /wɒnt *Am* 'wɑːnt/ **I** *v.t.* **1** volere: *I ~ that one* voglio quello; *do you ~ to come with me?* vuoi venire con me?; *I ~ you to do something* voglio che tu faccia qualcosa; *I ~ my steak underdone* voglio la mia bistecca al sangue; *what do you ~ with me?* che cosa vuoi da me? **2** (*to need*) avere bisogno di, necessitare di, abbisognare di: *the grass ~s cutting* l'erba ha bisogno di essere tagliata. **3** (*costr.impers.*) (*to take, to require*) volerci, essere necessario: *it ~ed all my strength to lift the box* c'è voluta tutta la mia forza per sollevare la scatola. **4** (*with infinitives: ought, should*) dovere, bisognare, occorrere: *you ~ to be more careful* dovresti stare più attento. **5** (*Am*) essere meglio (*costr.impers.*): *you ~ to be outside* è meglio stare fuori; *you don't ~ to hear that* è meglio se non lo senti; è meglio non sentirlo. **6** (*to request, to require the presence of*) avere bisogno di, richiedere la presenza di: *you will not be ~ed this afternoon* non avremo bisogno di te questo pomeriggio. **7** (*to demand, to ask for*) chiedere, volere, esigere, pretendere. **8** (*to request to see, to request to speak to*) volere, chiedere di vedere, chiedere di parlare a: *the boss ~s you in his office* il capo ti vuole nel suo ufficio. **9** (*to lack, to be deficient in*) mancare di, essere privo di, difettare di: *to ~ politeness* mancare di educazione. **10** (*to desire sexu-*

ally) volere. **II** *v.i.* (*ant*) (*to be needy*) essere in miseria, essere nell'indigenza. **III** *n.* **1** (*need*) esigenza *f.*, necessità *f.*, bisogno *m.*: *a person of few ~s* una persona di poche esigenze. **2** (*state, quality of lacking*) mancanza *f.*, carenza *f.*: ~ *of funds* mancanza di fondi; *the crop was bad for ~ of rain* il raccolto non fu buono per mancanza di pioggia. **3** (*poverty*) povertà *f.*, indigenza *f.* ☐ (*Am,colloq*) ~ *ad* offerta di lavoro, offerta d'impiego; *to ~ back* volere indietro, rivolere: *you can borrow it but I ~ it back* puoi prenderlo in prestito ma lo voglio indietro; *to ~ for*: **1** avere bisogno di, avere necessità di, necessitare di: *with such a salary he should not ~ for anything* con uno stipendio simile non dovrebbe avere bisogno di niente; *to ~ for nothing* avere tutto quello che si desidera, non avere bisogno di nulla; **2** (*to be deficient in*) mancare di, essere privo di: *he does not ~ for courage* il coraggio non gli manca; (*colloq*) *to ~ so. in* volere che qcu. faccia parte (di un gruppo); *to be in ~* essere in miseria; *to be in ~ of sth.* avere bisogno di qcs., necessitare di qcs.; (*Dir*) ~ *of jurisdiction* incompetenza; (*colloq*) *to ~ out* non volere più far parte (di un gruppo), volere uscire. *Prov.* *for ~ of a nail the shoe was lost* per un punto Martin perse la cappa.

wanted /'wɒntɪd *Am* 'wɑːntɪd/ *a.* **1** richiesto, che occorre, che serve: *your presence is ~* è richiesta la vostra presenza. **2** (*in advertisements*) cercasi: *~, gardener and odd-job man* cercasi giardiniere e tuttofare. **3** (*sought by the law*) ricercato: *~ for robbery* ricercato per furto; *a ~ man* un ricercato. ☐ *to be ~ on the telephone* essere desiderato al telefono.

wanting /'wɒntɪŋ *Am* 'wɑːntɪŋ/ **I** *a.* **1** (*lacking, missing*) che manca, mancante. **2** (*deficient*) privo, mancante (*in* di), senza (qcs.): *to be ~ in courage* essere privo di coraggio. **3** (*colloq*) (*lacking intelligence*) deficiente. **II** *prep.* (*ant*) (*without*) senza: *a motor ~ a battery* un motore senza batteria.

wanton /'wɒntən *Am* 'wɑːntən/ **I** *a.* **1** (*unprovoked*) deliberato, gratuito, senza motivo, arbitrario: *a ~ insult* un insulto deliberato. **2** (*unrestrained*) sfrenato, sregolato, smodato, senza freni: *~ violence* violenza sfrenata. **3** (*sexually promiscuous*) licenzioso, impudico, scostumato, lascivo. **4** (*lett*) (*extravagant, lavish*) eccessivo, esagerato, smodato: *~ expenses* spese eccessive. **5** (*ant*) (*frolicsome*) giocoso, allegro, gaio; (*capricious*) capriccioso. **II** *n.* **1** libertino *m.* (*f.* -a), persona *f.* licenziosa, dissoluto *m.* (*f.* -a). **2** (*ant*) (*unchaste woman*) donna *f.* scostumata, sgualdrina *f.*, donnaccia *f.* **III** *v.i.* **1** (*ant*) essere lascivo, essere impudico. **2** (*ant*) (*to frolic*) scherzare, giocare, giocherellare. ☐ ~ *destruction* vandalismo.

wantonly /'wɒntənli *Am* 'wɑːntənli/ *avv.* **1** (*without restraint*) sfrenatamente, smodatamente. **2** (*promiscuously*) licenziosamente. **3** (*frolicsomely*) gaiamente, allegramente, spensieratamente.

wantonness /'wɒntənəs *Am* 'wɑːntən,nəs/ *n.* **1** (*lack of restraint*) sfrenatezza *f.*, sregolatezza *f.* **2** (*promiscuity*) licenziosità *f.*, lascivia *f.* **3** (*frolicsomeness*) allegria *f.*, gaiezza *f.*, spensieratezza *f.*

WAP /wæp/ (*Tel*) *Wireless Application Protocol* WAP (protocollo per applicazioni senza filo).

wapentake /'wɒpənteɪk *Am* 'wɑːpənteɪk/ *n.* (*Stor*) distretto di contea.

wapiti /'wɒpiti *Am* 'wɑːpəti/ *n.* (*Zool*) vapiti *m.*, cervo americano *m.*

war /wɔːr Am wɔːr/ I n. 1 guerra f.: the art of ~ l'arte della guerra; cold ~ guerra fredda; to declare ~ dichiarare guerra (on, upon a). 2 (state of armed hostility) guerra f., ostilità f.pl. 3 (fig) guerra f., lotta f.: the ~ against poverty la guerra contro la povertà; class ~ lotta di classe. II a. 1 di guerra, bellico. 2 (used in war) bellico. III v.i. (past, p.p. **warred** /-d/) 1 fare guerra, guerreggiare, combattere: to ~ against a neighbouring country fare guerra a un paese vicino. 2 (fig) (to be in conflict) essere in conflitto, contrastare (with con): his greed-red with his conscience la sua avidità era in conflitto con la sua coscienza. □ to beat ~ essere in guerra (with con) (anche fig); **~baby** figlio di guerra; (Stor.am) the War Between the States la guerra civile americana; (Econ) **~bond** obbligazione di guerra; **~bride** sposa di guerra; (Am) **~chest** fondi per finanziare la guerra; **~cloud** minaccia di guerra; (Etnol) **~club** mazza di guerra, clava; (Giorn) **~correspondent** corrispondente di guerra; **~crime** crimine di guerra; **~criminal** criminale di guerra; **~cry** grido di guerra (anche fig); (Etnol) **~dance** danza di guerra; ~ **footing** l'essere pronto a dare inizio alle ostilità, l'essere sul piede di guerra: to put troops on a ~ footing mettere le truppe sul piede di guerra; **~for independence** guerra d'indipendenza; **~game** : 1 (Mil) esercitazione militare, simulazione bellica, war game; 2 (with model soldiers) gioco di guerra, simulazione di guerra con soldatini; 3 (historical re-enactment) ricostruzione storica di una battaglia; 4 (exercise to test personal development) war game, gioco della sopravvivenza; **~gaming** : 1 (with model soldiers) simulare una guerra con soldatini; 2 (historical re-enactment) creare una ricostruzione storica; 3 (exercise to test personal development) fare parte di un war game, fare parte di un gioco della sopravvivenza; 4 (fig) usare tattiche belliche; to go to ~ entrare in guerra (with, against con, contro); to go to the -s andare in guerra; **~grave** tomba di guerra; (Etnol) **~hatchet** ascia di guerra; ~ **hawk** guerrafondaio; **~horse** : 1 (poet) cavallo da battaglia, destriero; 2 (fig) (veteran) veterano; (scherz) you have been in the -s! come sei ridotto!, come sei malconcio!; (Br,Econ) ~ **loan** prestito di guerra; to make ~ muovere guerra (on, against a, contro); **~memorial** monumento ai caduti in guerra; (Stor.am) the War of American Independence (o the War of Independence) la guerra d'Indipendenza (americana); (Mil) **~of attrition** guerra di logoramento; **~of nerves** guerra di nervi; **~of offence** guerra di offesa; (Stor.brit) the War of the Roses la guerra delle Due Rose; a **~of words** una guerra di parole; (Br,Stor) WarOffice ministero della guerra; **~orphan** orfano di guerra; (Etnol) **~paint** pittura di guerra; (colloq,scherz) to put on the ~ paint truccarsi; **~pension** pensione di guerra; **~room** sala operativa; (fig) **~to the knife** lotta senza quartiere; **~vessel** nave da guerra; **~widow** vedova di guerra; **~zone** zona di guerra.

warble [1] /'wɔːbəl Am 'wɔːrbəl/ I v.i. 1 (of birds) trillare. 2 (to sing) cantare gorgheggiando, gorgheggiare. II v.t. 1 cantare gorgheggiando. 2 (to express by warbling) dire gorgheggiando. III n. 1 (of birds) trillo m., gorgheggio m. 2 (of persons) gorgheggio m. 3 (warbled song, sound) gorgheggi m.pl., trilli m.pl.

warble [2] /'wɔːbəl Am 'wɔːrbəl/ n. 1 (Veter) callo m. sul dorso del cavallo. 2 (Entom) larva f. di tafano. 3 (Veter) tumore m. provocato dalla larva del tafano. □ (Entom) **~fly** ipoderma, tafano.

warbler /'wɔːblər Am 'wɔːrblər/ n. 1 (songbird in general) uccello m. canoro. 2 (Ornit) (in Europe) silvia f. 3 (Ornit) (in America) parulide m. 4 (so. who warbles) gorgheggiatore m. (f. -trice).

warbling /'wɔːblɪŋ Am 'wɔːrblɪŋ/ I n. 1 (of birds) trillo m., gorgheggio m. 2 (of people) gorgheggio m. II a. gorgheggiatore, che gorgheggia.

ward /wɔːd Am 'wɔːrd/ I n. 1 (of a hospital) padiglione m., corsia f., reparto m.: a ~ for twenty people un padiglione per venti persone; maternity ~ reparto maternità. 2 (administrative district) distretto m., circoscrizione f., zona f. 3 (of a prison) reparto m.; (wing) ala f. 4 (of a castle) cortile m. interno. 5 (ant) (act of guarding) guardia f., difesa f. 6 (Dir) pupillo m. (f. -a), minore m./f. 7 (state of being in custody) custodia f., tutela f. (anche Dir). 8 (Tecn) (of a lock) risalto m. circolare; (of a key) intaglio m., ingegnatura f. 9 (Sport) (in fencing) parata f. II v.t. (to keep watch over) sorvegliare, vigilare. □ (Am) **~heeler** galloppino elettorale; (Dir) a **~in chancery** un minorenne sotto tutela legale; (spec. Br) ~ **manager** (o ~ **sister**) caposala, infermiera caporeparto; (Dir) **~of the court** pupillo sotto tutela d'ufficio: to be made a ~ of the court essere posto sotto la tutela d'ufficio; to ~ **off** : 1 parare, scansare, evitare, schivare: to ~ off a blow parare un colpo; 2 (to avert) scansare, scongiurare, allontanare, sventare: to ~ off danger scansare il pericolo.

warden /'wɔːdən Am 'wɔːrdən/ n. 1 guardiano m. (f. -a), custode m./f. 2 (Univ) (of certain Oxford colleges) presidente m. (f. -essa), governatore m. (f. -trice). 3 (game warden) guardacaccia m./f. 4 (air raid warden) addetto m. (f. -a) alla protezione antiaerea. 5 (churchwarden) amministratore m. laico di una parrocchia. 6 (traffic warden) vigile m. (f. -essa) urbano addetto al traffico. 7 (spec. Am) (governor of a prison) direttore m. (f. -trice) (di carcere).

warder /'wɔːdər/ n. (spec. Br) guardia f. carceraria, carceriere m., secondino m.

wardress /'wɔːdrɪs/ n. (spec. Br,ant) carceriera f.

wardrobe /'wɔːdroub Am 'wɔːrdroub/ n. 1 guardaroba m., armadio m. 2 (room for keeping clothes) guardaroba m. 3 (Teat) (room) guardaroba m.; (costume department) reparto m. costumi. 4 (collection of clothes) guardaroba m., vestiario m., corredo m.: to renew one's ~ rinnovare il guardaroba. 5 (royal department) guardaroba m. □ (Teat) **~keeper** guardarobiere m. (Teat,Cin) **~mistress** vestiarista; (spec. Am) **~trunk** baule-armadio, baule ad armadio.

wardroom /'wɔːdˌrum Am 'wɔːrdruːm/ n. (Mar) quadrato m. (degli) ufficiali.

wardship /'wɔːdʃɪp Am 'wɔːrdʃɪp/ n. (Dir) tutela f.

ware [1] /weər Am 'wer/ n. 1 (collett.) merci f.pl., articoli m.pl., prodotti m.pl., mercanzie f.pl. 2 (Ceram) ceramiche f.pl.

ware [2] /weər Am 'wer/ I v.i. (ant) (to beware) stare attento a, guardarsi da. II a. (rar) (aware) consapevole, conscio (of di); (wary) vigile, attento.

warehouse /'weəˌhaus Am 'werˌhaus/ I n. 1 (Comm) (for storage) magazzino m., deposito m.; (building) capannone m. 2 (wholesale shop) negozio m. di vendita all'ingrosso. 3 (large retail store) emporio m., magazzino m.: factory ~ spaccio m. aziendale. II v.t. immagazzinare, mettere in magazzino, depositare. □ (Econ) **~bond** buono di svincolo doganale; (Comm) **~certificate** certificato di

deposito, nota di magazzino; **~keeper** magazziniere, gestore del deposito; (colloq) ~ **party** festa (spec. clandestina) in un capannone; (Comm) **~warrant** fede di deposito.

warehouseman /'weəˌhausmən Am 'werˌhausmən/ n.irr. magazziniere m., gestore m. di deposito.

warehousing /'weəˌhauzɪŋ Am 'werˌhauzɪŋ/ n. 1 immagazzinaggio m. 2 (warehouse facilities) magazzini m.pl. 3 (Econ) deposito m. doganale, magazzinaggio m.

warfare /'wɔːfeər Am 'wɔːrˌfer/ n. 1 guerra f.: nuclear ~ guerra nucleare. 2 (military operations) operazioni f.pl. militari. 3 (act of waging war) il guerreggiare, guerra f. 4 (fig) ostilità f., conflitto m.

warfarin /'wɔːfərɪn Am 'wɔːrˌferɪn/ n. (Chim) warfarin m.

warhead /'wɔːhed Am 'wɔːrhed/ n. (Mil) testata f., testa f. esplosiva: nuclear -s testate nucleari.

warhorse /'wɔːhɔːs Am 'wɔːrhɔːrs/ n. 1 (poet) cavallo m. da battaglia, destriero m. 2 (fig) (veteran) veterano m. (f. -a).

warily /'weərɪli Am 'werɪli/ a. cautamente, con cautela, con circospezione.

wariness /'weərɪnəs Am 'werɪnəs/ n. cautela f., circospezione f.

warlike /'wɔːlaɪk Am 'wɔːrˌlaɪk/ a. 1 guerriero, bellicoso, battagliero, marziale: a ~ people un popolo guerriero. 2 (characteristic of war) guerresco, di guerra, bellico, militare. 3 (threatening war) bellicoso: a ~ tone un tono (di voce) bellicoso.

warlock /'wɔːlɒk Am 'wɔːrˌlɑːk/ n. (ant) stregone m., mago m.

warlord /'wɔːlɔːd Am 'wɔːrˌlɔːrd/ n. (lett) condottiero m., capo m. militare.

warm /wɔːm Am 'wɔːrm/ I a. 1 tiepido, calduccio: the water is ~ l'acqua è tiepida. 2 (fairly hot) caldo: ~ weather tempo caldo; are you ~ enough? hai abbastanza caldo?; to grow ~ scaldarsi, riscaldarsi. 3 (producing, maintaining warmth) caldo, che produce calore, che tiene caldo: ~ cloth stoffa calda. 4 (of activities) che scalda. 5 (cordial, friendly) caloroso, cordiale, caldo: a ~ welcome un'accoglienza calorosa. 6 (of colours) caldo, intenso, vivo. 7 (fig) (enthusiastic, ardent) vivo, ardente, appassionato: a ~ interest un vivo interesse; a ~ advocate of a United Europe un ardente sostenitore dell'Europa unita. 8 (animated, lively) animato, vivace, acceso: a ~ discussion una discussione animata. 9 (of a trail, scent) fresco, recente. II n. 1 (warming) scaldata f., scaldatina f.: to give one's hands a ~ in front of the fire darsi una scaldata alle mani davanti al fuoco. 2 (warm environment) caldo m., luogo m. caldo: let's get into the ~ andiamo al caldo. III v.t. 1 riscaldare, scaldare: the sun has -ed the sand il sole ha riscaldato la sabbia. 2 (fig) (to make happy) riscaldare, dare calore a: his words -ed my heart le sue parole mi hanno riscaldato il cuore. 3 (fig) (to excite enthusiasm, zeal in) accendere, scaldare, infervorare; (to make lively, zestful) animare, ravvivare; (to make angry, resentful, etc.) scaldare, irritare. IV v.i. 1 scaldarsi, riscaldarsi; (of weather) farsi caldo, riscaldarsi, scaldarsi. 2 (fig) scaldarsi, entusiasmarsi, accendersi, accalorarsi, infervorarsi. □ (Inform) **~boot** avviamento a caldo; (Sport,colloq) to **~down** raffreddare i muscoli (gradualmente); (Meteor) **~front** fronte caldo; to get ~: 1 (ri)scaldarsi, darsi una scaldata; 2 (of things) diventare caldo, (ri)scaldarsi; (to cause to become warm) scaldare, riscaldare; 4 (colloq) (to come near to the truth, to be on *the right track*) avvicinarsi alla verità, essere sulla pista buona: *you're getting ~* (*in games*) fuoco!, fuochino!; (*fig*) *a ~ heart* un cuore tenero; *to keep ~*: 1 (*of people*) stare caldo; 2 (*of things*) tenere in caldo; 3 (*to cause to remain warm*) tenere caldo; (*colloq*) *to make things ~ for so.* rendere la vita impossibile a qcu.; (*Am*) *to ~ over*. 1 (*to reheat*) scaldare, riscaldare; 2 (*to suggest again*) riproporre; 3 (*fig*) (*to increase in excitement, etc.*) animarsi; (*Meteor*) *~ sector*. settore caldo; *to ~ to* (o *to ~ towards*): 1 (*of people*) affezionarsi a, prendere in simpatia, prendere a benvolere; 2 (*of things*) appassionarsi a: *to ~ to one's work* appassionarsi al proprio lavoro; *to ~ up*: 1 (*to reheat*) scaldare, riscaldare; *to ~ up the broth* scaldare il brodo; 2 (*to get warm*) scaldarsi, riscaldarsi; (*of weather*) farsi caldo, scaldarsi, riscaldarsi; 3 (*to prepare for sth.*) prepararsi, predisporsi; (*Sport*) scaldarsi i muscoli, effettuare il riscaldamento; 4 (*fig*) (*to increase in excitement, etc.*) animarsi, scaldarsi, entusiasmarsi, accendersi, accalorarsi, infervorarsi; (*in tension*) infiammarsi, scaldarsi; 5 (*fig*) (*to become more interested*) coinvolgersi, trascinarsi (*to in*): *I'm -ing up to the idea* l'idea sta cominciando a interessarmi.

warm-blooded /'wɔ:m,blʌdɪd *Am* wɔ:rm ,blʌdɪd/ *a*. 1 (*Zool*) a sangue caldo. 2 (*fig*) (*ardent*) ardente, appassionato, pieno d'ardore; (*hot -tempered*) collerico, irascibile, infiammabile.

warmed-over /'wɔ:md'ouvər *Am* 'wɔ:rmd ,ouvər/ *a*. (*Am*) (*of food*) riscaldato.

warmed-up /'wɔ:md,ʌp *Am* 'wɔ:rmd,ʌp/ *a*. (*of food*) riscaldato.

warmer /'wɔ:mər *Am* wɔ:rmər/ *n*. scaldino *m*.

warm-hearted /'wɔ:m,hɑ:təd *Am* 'wɔ:rm ,hɑ:rtəd/ *a*. affettuoso, cordiale, caloroso.

warm-heartedly /'wɔ:m'hɑ:tədli *Am* 'wɔ:rm ,hɑ:rtədli/ *avv*. affettuosamente, cordialmente, calorosamente.

warm-heartedness /wɔ:m'hɑ:tɪdnəs *Am* 'wɔ:rm,hɑ:rtədnəs/ *n*. affettuosità *f*., cordialità *f*., calorosità *f*.

warming /'wɔ:mɪŋ *Am* 'wɔ:rmɪŋ/ *n*. 1 lo scaldare, lo scaldarsi, riscaldamento *m*. 2 (*colloq*) (*thrashing*) bastonatura *f*., percosse *f.pl.*, busse *f.pl.*, botte *f.pl.* □ *~ pad* termoforo elettrico; *~ pan* scaldaletto; (*Sport*) *~ up* riscaldamento.

warmish /'wɔ:mɪʃ *Am* 'wɔ:rmɪʃ/ *a*. piuttosto caldo.

warmly /'wɔ:mli *Am* 'wɔ:rmli/ *avv*. 1 in modo da tenere caldo. 2 (*fig*) calorosamente, caldamente: *to thank so. ~ ringraziare qcu. calorosamente.

warmonger /'wɔ:mʌŋgər *Am* 'wɔ:rmɑ:ŋgər/ *n*. guerrafondaio *m*. (*f*. -a), guerraiolo *m*. (*f*. -a).

warmongering /'wɔ:mʌŋgərɪŋ *Am* 'wɔ:r mɑ:ŋgərɪŋ/ *n*. bellicismo *m*.

warmth /wɔ:mθ *Am* 'wɔ:rmθ/ *n*. 1 calore *m*., caldo *m*. 2 (*affection*) calore *m*., calorosità *f*.: *the ~ of her smile* il calore del suo sorriso. 3 (*excitement, vehemence*) animazione *f*., vivacità *f*.: *he spoke with some ~* parlò con una certa animazione. 4 (*enthusiasm, zeal*) calore *m*., ardore *m*., entusiasmo *m*., fervore *m*. 5 (*of colours*) intensità *f*.

warmup, **warm-up** /'wɔ:mʌp *Am* 'wɔ:rmʌp/ *n*. (*Sport*,*Tecn*) riscaldamento *m*.

warn /wɔ:n *Am* 'wɔ:rn/ *v.t*. 1 (*to tell of risk*) avvertire, avvisare: *to ~ so. of impending danger* avvertire qcu. di un pericolo imminente; *you have been -ed!* sei stato avvertito! 2 (*to counsel*) consigliare, ammonire, avver-

tire: *I -ed her not to go* le consigliai di non andare. 3 (*to notify in advance*) preannunciare, preavvisare. 4 (*Dir*) diffidare. □ *to ~ against* sth. mettere in guardia contro qcs.; *to ~ away* tenere lontano: *a sign -ed the drivers away from the traffic jam* un segnale teneva lontano gli automobilisti dall'ingorgo stradale; *to ~ so. off* avvertire (di stare lontano).

warning /'wɔ:nɪŋ *Am* 'wɔ:rnɪŋ/ **I** *n*. 1 (*a threat or sign*) avvertimento *m*., ammonimento *m*. 2 (*sth. that warns*) avvertimento *m*., avviso *m*., preavviso *m*. 3 (*notice, signal, etc., that warns*) allarme *m*.: *air-raid ~* allarme antiaereo. 4 (*notice of termination of a business relation*) preavviso *m*.: *to dismiss so. without ~* licenziare qcu. senza preavviso, licenziare qcu. in tronco. 5 (*notice to quit*) lettera *f*. di preavviso, preavviso *m*. 6 (*Dir*) diffida *f*. **II** *a*. d'avvertimento, ammonitore, di ammonimento: *a ~ look* uno sguardo d'avvertimento. □ *~ bell* campanello d'allarme (anche *fig*); (*Zool*) *~ colouration* (o *Am* ~ *coloration*) colorazione simpatica; (*Aut*) *~ flasher* lampeggiatore d'emergenza; *to give ~*: 1 avvertire, avvisare; 2 (*to an employee*) dare il preavviso a; 3 (*Dir*) diffidare; *~ light*. 1 (*Mar*) fanale di segnalazione, faro di segnalazione; 2 (*Tecn*) spia luminosa; *~ shot* colpo di preavviso; *~ sign* segnale di preavviso, (*Aut*) *~ triangle* triangolo.

warp /wɔ:p *Am* wɔ:rp/ **I** *v.t*. 1 deformare, curvare, storcere, distorcere, inarcare: *damp had -ed the wood panelling* l'umidità aveva deformato il rivestimento di legno. 2 (*fig*) distorcere, deformare: *his judgement was -ed by prejudice* il suo giudizio era distorto dai pregiudizi. 3 (*Aer*) svergolare, distorcere. 4 (*Mar*) tonneggiare. 5 (*Agr*) (*of low-lying land*) fertilizzare con sedimenti alluvionali; (*of a channel*) ostruire con sedimenti alluvionali. 6 (*Tess*) (*of yarn*) ordire. **II** *v.i*. 1 deformarsi, curvarsi, inarcarsi, storcersi: *the wood has -ed in the heat* con il calore il legno si è deformato. 2 (*fig*) deformarsi, distorcersi. 3 (*Mar*) (*of a ship*) tonneggiarsi; (*to warp a ship*) tonneggiare una nave. 4 (*Tess*) ordire. **III** *n*. 1 deformazione *f*., curvatura *f*., inarcamento *m*., distorsione *f*. 2 (*fig*) deformazione *f*., distorsione *f*.: *a time ~* una distorsione temporale. 3 (*Mar*) cavo *m*. da tonneggio, tonneggio *m*. 4 (*Aer*) svergolamento *m*. 5 (*Tess*) ordito *m*.; (*single thread*) filo *m*. di ordito. 6 (*Geol*) (*of earth's crust*) deformazione *f*., (*silt*) sedimento *m*. alluvionale. □ *~ speed* ipervelocità.

warpage /'wɔ:pɪdʒ *Am* 'wɔ:rpɪdʒ/ *n*. deformazione *f*., curvatura *f*., distorsione *f*.

warpath /'wɔ:,pɑ:θ *Am* 'wɔ:r,pæθ/ *n*. sentiero *m*. di guerra: *to be on the ~* essere sul sentiero di guerra (anche *fig*).

warped /wɔ:pt *Am* 'wɔ:rpt/ *a*. 1 deformato, curvato, storto, distorto. 2 (*fig*) deformato, distorto, perverso: *a ~ mind* una mente perversa. □ *a ~ personality* una personalità distorta; *a ~ sense of humour* un senso dell'umorismo perverso.

warper /'wɔ:pər *Am* 'wɔ:rpər/ *n*. 1 (*Tess*) orditore *m*. (*f*. -trice). 2 (*machine*) orditoio *m*.

warping /'wɔ:pɪŋ *Am* 'wɔ:rpɪŋ/ *n*. 1 deformazione *f*., distorsione *f*. 2 (*Tess*) orditura *f*.

warplane /'wɔ:,pleɪn *Am* 'wɔ:r,pleɪn/ *n*. aeroplano *m*. militare.

warrant /'wɔ:rənt *Am* 'wɔ:rənt/ **I** *n*. 1 autorizzazione *f*. 2 (*right*) diritto *m*., autorità *f*., giustificazione *f*.: *you have no ~ to make such an accusation* non hai il diritto di muovere un'accusa del genere. 3 (*sth. that confirms,*

proves) prova *f*., dimostrazione *f*.: *his industry is a ~ of his goodwill* la sua diligenza è una prova della sua buona volontà. 4 (*spec. Am*) (*guarantee*) garanzia *f*. 5 (*Dir*) mandato *m*., ordinanza *f*., ingiunzione *f*.: *~ of arrest* mandato di arresto, mandato di cattura; *search ~* mandato di perquisizione. 6 (*Econ*) (*negotiable security*) warrant *m*., diritto *m*. di sottoscrizione, certificato *m*. 7 (*Econ*) (*deposit warrant*) fede *f*. di deposito, nota *f*. di pegno. 8 (*Comm*) mandato *m*.: *~ for delivery* mandato di consegna. 9 (*Comm*) (*warehouse receipt*) ricevuta *f*. di magazzino, fede *f*. di deposito, nota *f*. di pegno. 10 (*Mil*) brevetto *m*. **II** *v.t*. 1 (*to justify*) giustificare, legittimare: *the crisis -ed extraordinary measures* la crisi giustificava misure straordinarie. 2 (*to guarantee*) garantire, assicurare: *this material is -ed* (*to be*) *unshrinkable* questa stoffa è garantita come irrestringibile; *to ~ immediate delivery* assicurare la consegna immediata. 3 (*to authorize*) autorizzare: *the law -s this procedure* la legge autorizza questa procedura. 4 (*colloq*) (*to feel sure, to bet*) scommettere, garantire, assicurare, dare per certo: *I('ll) ~ your mother has something to do with this!* scommetto che c'entra tua madre!; *I'll ~ you* ti garantisco, ti assicuro. 5 (*spec. Am,Comm*) (*of goods sold*) garantire. □ (*Br*) *~ card* tessera di riconoscimento (di poliziotto); (*Dir*) *~ of attorney* atto di procura; (*Mil*) *~ officer* sottufficiale.

warrantable /'wɔrəntəbəl *Am* 'wɔ:rəntəbəl/ *a*. 1 giustificabile. 2 (*Caccia*) (*of a deer*) che può essere cacciato (avendo 5 o 6 anni d'età).

warrantably /'wɔrəntəbli *Am* 'wɔ:rəntəbli/ *avv*. in modo giustificabile.

warrantee /,wɔrən'ti: *Am* ,wɔ:rən'ti:/ *n*. (*Dir*) chi riceve una garanzia.

warranter, **warrantor** /'wɔrəntər *Am* 'wɔrəntər *Am* /'n*. (*Dir*) garante *m./f.*, mallevadore *m*. (*f*. -drice).

warranty /'wɔrənti *Am* 'wɔ:rənti/ *n*. 1 autorizzazione *f*.; (*justification*) giustificazione *f*. 2 (*Dir,Comm*) garanzia *f*.: *to be under ~* essere in garanzia.

warren /'wɔrɪn *Am* 'wɔ:rən/ *n*. 1 tane *f.pl.* (conigli); (*ground*) terreno *m*. infestato dai conigli. 2 (*Br,ant*) (*Zootecn*) (*rabbit warren*) garenna *f*. 3 (*fig*) (*maze-like mass of streets*) labirinto *m*.; (*crowded district*) quartiere *m*. densamente popolato.

warring /'wɔ:rɪŋ/ *a*. guerriero: *~ tribes* tribù guerriere.

warrior /'wɔrɪər *Am* 'wɔ:rɪər/ *n*. guerriero *m*. (*f*. -a), soldato *m*. (*f*. -essa).

war-risk /'wɔ:r,rɪsk/ □ *~ insurance* assicurazione contro i rischi di guerra.

Warsaw /'wɔ:sɔ: *Am* 'wɔ:r,sɔ:/ *n.pr*. (*Geog*) Varsavia *f*. □ (*Stor*) *~ Pact* patto di Varsavia.

warship /'wɔ:,ʃɪp *Am* 'wɔ:r,ʃɪp/ *n*. nave *f*. da guerra.

wart /wɔ:t *Am* 'wɔ:rt/ *n*. 1 (*Med*) verruca *f*., porro *m*. 2 (*Bot*) verruca *f*. □ (*fig*) *-s and all* nel bene e nel male, così come uno è, con tutti i difetti; (*Zool*) *~ hog* facocero, (*fig*) *to paint so. with their -s* dipingere qcu. così com'è (senza abbellimenti).

warthog /'wɔ:t,hɒg *Am* 'wɔ:rt,hɔ:g/ *n*. (*Zool*) facocero *m*.

wartime /'wɔ:,taɪm *Am* 'wɔ:r,taɪm/ **I** *n*. tempo *m*. di guerra. **II** *a*. del tempo di guerra, del periodo bellico.

war-torn /'wɔ:tɔ:n *Am* 'wɔ:r,tɔ:rn/ *a*. devastato dalla guerra.

warty /'wɔ:ti *Am* 'wɔ:rti/ *a*. 1 verrucoso, pieno di verruche. 2 (*resembling a wart*) simile a una verruca.

war-weary /'wɔ:wɪərɪ Am 'wɔ:r,wɪrɪ/ a. stanco della guerra.

Warwickshire /'wɒrɪkʃɪər/ n.pr. (Geog) Warwickshire m., contea f. di Warwick.

wary /'weərɪ Am 'werɪ/ a. **1** diffidente, sospettoso: to be ~ of strangers diffidare degli estranei. **2** (careful) cauto, accorto, attento. **3** (characterized by wariness) circospetto, guardingo, cauto. ☐ to be ~ of doing sth. guardarsi dal fare qcs.; to keep a ~eye on so. sorvegliare qcu.; to give so. a ~look dare a qcu. un'occhiata circospetta.

was /wɒz, wəz Am wɑ:z/ → be.

wash [1] /wɒʃ Am wɑ:ʃ/ I v.t. **1** lavare: to ~ one's hands lavarsi le mani; to ~ the floor lavare il pavimento. **2** (to bathe, to moisten with a liquid) inumidire, umettare, bagnare. **3** (to move by the current of water) trascinare, spazzare via, portare via. **4** (to erode with water) scavare. **5** (poet) (to flow over, against) bagnare, lambire: a beach -ed by the waters of the Mediterranean una spiaggia bagnata dalle acque del Mediterraneo. **6** (fig) (to cleanse, to purify) lavare, purificare. **7** (Geol) dilavare. **8** (Minier) (of ore) lavare; (to separate out by washing) separare mediante lavaggio. **9** (Pitt) stendere una velatura (con acquarelli), campire, sfumare ad acquarello. **10** (Met) metallizzare. **11** (Chim) lavare. **II** v.i. **1** (to wash oneself) lavarsi: he -ed and got dressed si lavò e si vestì. **2** (to wash clothes) fare il bucato, lavare. **3** (of soap, etc.) lavare: nothing -es whiter niente lava più bianco. **4** (to be washable) essere lavabile: will this dress ~? è lavabile questo vestito? **5** (of waves) infrangersi, frangersi. **6** (colloq) (to bear investigation) reggere, essere valido, stare in piedi. ☐ to be -edashore essere gettato a riva, essere portato a riva; to ~away : 1 (to move by the force of water) spazzare via, portare via, trascinare; 2 (to remove a taste, smell) togliere, lavare via; to ~ one's trouble's away dimenticare i guai; 3 (Geol) dilavare; (to become eroded by water) consumarsi per erosione, venire eroso; 4 (to remove, to obliterate by water) cancellare (con l'acqua); 5 (to become obliterated by water) cancellarsi (con l'acqua); 6 (fig) lavare, purificare; (fig) to ~ one'sdirty linen in public lavare i panni sporchi in pubblico; to ~down : 1 lavare, lavare da cima a fondo: to ~ down the car lavare la macchina, to ~ down the bathroom walls lavare le pareti del bagno; 2 (to bring down by the action of water) trascinare, portare giù (per azione dell'acqua); 3 (of food) mandare giù, inaffiare: he -ed his lunch down with a pint of beer mandò giù il pranzo con una pinta di birra; (eufem) to ~ one'shands lavarsi le mani; (fig) to ~ one'shands of sth. lavarsi le mani di qcs.; to ~ one'smouth out sciaquarsi la bocca (anche fig); to ~off : 1 (to remove by washing) eliminare lavando, togliere lavando; 2 (to be removed by washing) andare via, scomparire (con il lavaggio); to ~out : 1 (to) sciacquare: to ~ out a bottle sciacquare una bottiglia; 2 (to remove by washing) togliere lavando, eliminare lavando, portar via lavando; (of a colour, to fade) sbiadire; 3 (of clothes) lavare, dare una lavata a; 4 (to be taken away by the current) portare via, trascinare via; 5 (colloq,Sport) to cancel because of rain) sospendere a causa della pioggia; 6 (colloq) (to tire) sfinire, spossare; 7 (sl) (to put an end to) porre fine a, eliminare; to ~ over : 1 (of waves) infrangersi, frangersi; 2 (colloq) (to leave cold) lasciare freddo, non toccare; to ~up : 1 (Br) lavare i piatti; 2 (Am) lavarsi,

lavarsi le mani e la faccia, darsi una lavata; 3 (to be brought to land by the current) portare a riva.

wash [2] /wɒʃ Am wɑ:ʃ/ n. **1** lavata f., lavaggio m.: to give one's hands a ~ darsi una lavata alle mani. **2** (of clothes) bucato m., lavaggio m.: she does three -es a week fa il bucato tre volte la settimana; a week's ~ il bucato di una settimana. **3** (of waves, sea) sciabordio m., sciacquio m.: the ~ of the waves lo sciabordio delle onde. **4** (Cosmet) lozione f. **5** (Farm) medicamento m. liquido. **6** (watery, insipid drink) broda f.; (spreg) beverone m.; (liquid food) brodaglia f.; (swill) broda f. per maiali. **7** (thin liquid for coating, colouring, etc.) colore m., velatura f., patina f. **8** (Pitt) campitura f. ad acquarello, velatura f. ad acquarello, sfondo m. ad acquarello. **9** (Geol) (erosion by water) erosione f.; (silt) deposito m. alluvionale. **10** (bog, marsh) pantano m., palude f. **11** (Minier) lavaggio m. **12** (Mar) scia f. **13** (Aer) spostamento m. d'aria. **14** (Met) metallizzazione f. **15** (sl) (hiding the truth) coperta f., facciata f. **16** (Am,colloq) situazione f. di parità: it was a ~ abbiamo pareggiato; (fig) niente di fatto. ☐ ~basin : 1 (bathroom fixture) lavandino, lavello; 2 (bowl) catino, catinella; tohave a ~ lavarsi; to have a ~ and brush-up lavarsi e pettinarsi, (ant) fare toletta; ~house lavanderia; to come outin the ~: 1 venire via durante il lavaggio; 2 (fig) venire fuori, venire a galla; (Pell) ~leather pelle di camoscio, camoscio; (Am) ~line corda per stendere (il bucato).

washability /,wɒʃə'bɪlɪtɪ Am wɑ:ʃəbɪlɪṭɪ/ n. lavabilità f.

washable /'wɒʃəbəl Am wɑ:ʃəbəl/ a. lavabile, che si può lavare.

wash-and-wear /'wɒʃən(d)'weər Am wɑ:ʃən,wer/ a. che non si stira (dopo il lavaggio).

washbasin /'wɒʃ,beɪsən Am wɑ:ʃ,beɪsɪn/ n. **1** (bathroom fixture) lavandino m., lavello m. **2** (bowl) catino m., catinella f.

washboard /'wɒʃbɔ:d Am wɑ:ʃbɔ:rd/ n. **1** asse f. per lavare, lavatoio m. **2** (Mar) battente m. di boccaporto.

washcloth /'wɒʃklɒθ Am wɑ:ʃklɔ:θ, wɑ:ʃklɑ:θ/ n. (Am) pezzuola f. per lavarsi.

washday /'wɒʃdeɪ Am wɑ:ʃdeɪ/ n. giorno m. del bucato.

washed /'wɒʃt Am wɑ:ʃt/ ☐ (Tess) ~silk seta lavata.

washed-out /'wɒʃt,aut Am wɑ:ʃt,aut/ a. **1** sbiadito, scolorito, slavato, stinto. **2** (Fot) indistinto. **3** (colloq) (exhausted) sfinito, stremato, esausto, distrutto; (pale, wan) slavato, smorto, dilavato. **4** (Minier,Geol) dilavato.

washed-up /'wɒʃt,ʌp Am 'wɑ:ʃt,ʌp/ a. (colloq) rovinato, finito.

washer /'wɒʃər Am wɑ:ʃər/ n. **1** chi lava, lavatore m. (f. -trice). **2** (washing machine) lavatrice f., lavabiancheria f.; (dish washer) lavastoviglie f. **3** (Mecc) rosetta f., rondella f. **4** (Fot) vaschetta f. di lavaggio, vasca f. di lavaggio. **5** (Chim) gorgogliatore m. di lavaggio. **6** (Aus,colloq) pezzuola f. per lavarsi.

washer-dryer /,wɒʃə'draɪər Am ,wɑ:ʃər'draɪər/ n. lavasciuga f.

washerman /'wɒʃəmən Am wɑ:ʃərmən/ n.irr. lavandaio m.

washer-up /,wɒʃər'ʌp/ (pl. washers-up) n. (Br) lavapiatti m./f., sguattero m. (f. -a).

washerwoman /'wɒʃə,wumən Am wɑ:ʃər ,wumən/ n.irr. lavandaia f.

washing /'wɒʃɪŋ Am wɑ:ʃɪŋ/ n. **1** lavaggio m., lavatura f., lavata f. **2** (of clothes) bucato m.: to do the ~ fare il bucato. **3** (clothes washed, clothes to be washed) bucato m., biancheria

f. (lavata, da lavare): to hang out the ~ stendere il bucato. ☐ ~day giorno del bucato; (Br) ~line corda per stendere (il bucato); ~machine lavabiancheria, lavatrice; ~powder detersivo (in polvere); (Br) ~soda soda per lavare.

Washington /'wɒʃɪŋtən Am wɑ:ʃɪŋtən/ n.pr. (Geog) (state) Washington m. ☐ (Geog) ~, DC Washington (DC).

washing-up /'wɒʃɪŋʌp Am wɑ:ʃɪŋʌp/ n. (Br) **1** il lavare i piatti, (colloq) i piatti m.pl., (rar) rigovernatura f.: to do the ~ fare i piatti. **2** (utensils washed) stoviglie f.pl. lavate. ☐ ~bowl catino (per lavare i piatti); (Br) ~liquid detersivo, liquido per lavare i piatti.

wash'n'wear /'wɒʃən,weər Am 'wɒʃən,wer/ a. (colloq) che non si stira (dopo il lavaggio).

washout /'wɒʃaut Am 'wɑ:ʃaut/ n. **1** (colloq) (failure, fiasco) insuccesso m., fiasco m. **2** (Geol) erosione f. prodotta dalle acque; (channel) canale m. di erosione.

washrag /'wɒʃræg/ n. (Am) pezzuola f. per pulire, straccio m.

washroom /'wɒʃru:m/ n. (Am) servizi m.pl., gabinetto m.

washstand /'wɒʃstænd Am 'wɑ:ʃstænd/ n. portacatino m., lavabo m.

washtub /'wɒʃtʌb Am wɑ:ʃtʌb/ n. tinozza f. per il bucato, mastello m.

washup ,**wash-up** /'wɒʃʌp Am 'wɑ:ʃʌp/ n. (colloq) sintesi f. finale.

washwoman /'wɒʃwumən Am 'wɑ:ʃ,wumən/ n. lavandaia f.

washy /'wɒʃɪ Am 'wɑ:ʃɪ/ a. **1** (of liquids, drinks) lungo, allungato, diluito. **2** (of colours) pallido, smorto. **3** (fig) debole, fiacco.

wasn't /'wɒzənt Am 'wɑ:zənt, wʌzənt/ contraz. di was not.

wasp /wɒsp Am wɑ:sp/ n. (Entom) vespa f. ☐ ~waist vitino di vespa, vita di vespa.

Wasp ,**WASP** /wɒsp Am wɑ:sp/ **I** (Am) White Anglo-Saxon Protestant (protestante bianco di razza bianca e di estrazione anglosassone). **II** n. (Am) membro m. dell'alta borghesia americana.

waspish /'wɒspɪʃ Am wɑ:spɪʃ/ a. **1** irascibile, collerico, irritabile, stizzoso. **2** (spiteful) velenoso, malevolo, astioso.

waspishly /'wɒspɪʃlɪ Am wɑ:spɪʃlɪ/ avv. con irritazione, stizzosamente.

waspishness /'wɒspɪʃnəs Am wɑ:spɪʃnəs/ n. irascibilità f., irritabilità f.

wasp-waisted /'wɒsp,weɪstɪd Am wɑ:sp ,weɪstəd/ a. dal vitino di vespa.

waspy /'wɒspɪ Am wɑ:spɪ/ a. **1** irascibile, collerico, irritabile, stizzoso. **2** (spiteful) velenoso, malevolo, astioso.

wassail /'wɒseɪl Am wɑ:seɪl/ **I** n. **1** (Stor) (toast) brindisi m.; (drink) vin m. brûlé, vino m. scaldato; (beer) birra f. scaldata. **2** (ant) (party) bevuta f., baldoria f., bisboccia f. **II** v.i. **1** (to sing carols) cantare canzoni natalizie. **2** (ant) (to party) fare baldoria, fare bisboccia. ☐ ~bowl (o ~cup) coppa, (lett) nappo.

wassailer /'wɒseɪlər Am wɑ:seɪlər/ n. **1** chi di casa in casa cantando canzoni natalizie. **2** (ant) (reveller) chi fa baldoria, bisboccione m. (f. -a).

wassailing /'wɒseɪlɪŋ Am 'wɑ:seɪlɪŋ/ n. **1** (carol singing) il cantare canzoni natalizie, l'andare di casa in casa cantando canzoni natalizie. **2** (ant) (revelries) baldoria f., bisboccia f.

Wasserman /'wɑ:səmən Am 'wɑ:sərmən/ ☐ (Med) ~test (reazione) Wassermann.

wassup /'wɒs,sʌp/ intz. (Am,sl) (what's up?) cosa c'è?, che novità ci sono?, cos'è successo?

wast /wɒst *Am* wɑːst/ (*ant*) → **be**.

wastage /'weɪstɪdʒ/ *n.* **1** (*wasting*) spreco *m.*, sciupio *m.* **2** (*loss*) perdita *f.* (per spreco). **3** (*sth. produced by wasting*) scarti *m.pl.*, rifiuti *m.pl.* **4** (*reduction of staff*) riduzione *f.* naturale (di personale).

waste /weɪst/ **I** *a.* **1** (*left over, unwanted*) residuo, rimasto, avanzato; (*superfluous*) superfluo; (*useless*) di scarto, di rifiuto; (*not used*) inutilizzato. **2** (*of, for waste*) di scarico, di scarto, per (i) rifiuti. **3** (*of land: unproductive*) improduttivo, infruttifero, sterile; (*uncultivated*) incolto, deserto. **4** (*of land, places: wild, barren*) deserto, arido, desolato. **5** (*Fisiol*) di scarto. **II** *n.* **1** (*act of wasting*) spreco *m.*, sciupio *m.*, sperpero *m.*: *a ~ of time and money* uno spreco di tempo e di denaro. **2** (*refuse, rubbish*) immondizia *f.*, spazzatura *f.*, rifiuti *m.pl.* **3** (*uninhabited stretch of land*) deserto *m.*, regione *f.* deserta, landa *f.* disabitata; (*barren stretch of land*) distesa *f.* desolata. **4** (*empty expanse*) distesa *f.*: *ocean -s* distese oceaniche. **5** (*of time*) spazio *m.*, estensione *f.* di tempo, periodo *m.* di tempo. **6** (*Fisiol,Med*) deperimento *m.* **7** (*excrement*) escrementi *m.pl.* **8** (*Ind*) scarti *m.pl.*, cascami *m.pl.* **9** (*Geol*) detriti *m.pl.* **10** (*Dir*) deperimento *m.*, deterioramento *m.* **III** *v.t.* **1** (*to use carelessly*) sciupare, sprecare: *to ~ time* sprecare tempo. **2** (*of money*) sperperare, dissipare, sciupare, sprecare. **3** (*to fail to use*) sciupare, sprecare, perdere: *to ~ an opportunity* sprecare un'occasione. **4** (*to devastate, to destroy*) devastare, distruggere, rovinare. **5** (*Med*) far deperire. **6** (*Am,sl*) uccidere, assassinare, far fuori. **IV** *v.i.* **1** (*to exhaust*) consumarsi, logorarsi. **2** (*to diminish, to decrease gradually*) essere in declino, declinare: *his power is wasting* il suo potere è in declino. **3** (*to cause wastage*) causare spreco. **4** (*to be disposed of as waste*) andare sprecato, andare perduto. **5** (*Med*) deperire. **6** (*Dir*) (*of property*) deteriorarsi. ☐ (*Med*) *to ~ away* deperire; (*Comm*) ~ *book* brogliaccio, prima nota; *to ~ one's breath* sprecare il fiato; ~ *disposal*: 1 eliminazione dei rifiuti; 2 (*waste disposal unit*) tritarifiuti; ~ *disposer* tritarifiuti; ~ *dump* discarica dei rifiuti; *to go to ~*: 1 sprecarsi, andare sprecato, andare sciupato; 2 (*of land*) restare incoltivato; ~ *ground* terreno abbandonato; ~ *management* trattamento e smaltimento dei rifiuti; *a ~ of space*: 1 una perdita di spazio; 2 (*fig*) una cosa totalmente inutile: *that assistant's just a ~ of space* quell'assistente non sa fare niente; (*Idr*) ~ *pipe* tubazione di scarico; ~ *product*: 1 (*Ind*) prodotto di rifiuto; 2 (*Biol*) escrezioni; ~ *recovery* riutilizzo dei rifiuti; ~ *recycling* riciclaggio dei rifiuti; *to run to ~*: 1 sprecarsi, andare sprecato, andare sciupato; 2 (*of land*) restare incoltivato; *to ~ time on sth.* (o *over sth.*) sciupare tempo in qcs., sprecare tempo in qcs.; ~ *water* acqua di rifiuto, acqua di scarico; *to ~ one's words* sprecare il fiato, parlare al vento. *Prov.*: *~ not, want not* il risparmio è il miglior guadagno.

wastebasket /'weɪstbæskɪt/ *n.* (*Am*) cestino *m.* per la carta straccia.

wasted /'weɪstəd/ *a.* **1** (*missed*) sprecato, mancato, perso: *a ~ opportunity* un'occasione sprecata. **2** (*useless*) sprecato, inutile, vano: *a ~ journey* un viaggio inutile. **3** (*emaciated*) emaciato, sciupato. **4** (*withered*) appassito, avvizzito. **5** (*sl*) (*exhausted*) stanco morto, esausto. **6** (*sl*) (*drugged*) drogato, fatto; (*drunk*) ubriaco, sbronzo. **7** (*sl*) (*killed*) morto, assassinato.

wasteful /'weɪstful/ *a.* **1** dispendioso, che implica dispendio, che implica spreco: *a ~*

process un procedimento dispendioso. **2** (*of people*) prodigo, dissipatore, sprecone, sciupone: *to be ~ with public money* sprecare il denaro pubblico.

wastefully /'weɪstfʊli/ *avv.* **1** dispendiosamente. **2** (*prodigally*) prodigalmente.

wastefulness /'weɪstfʊlnəs/ *n.* **1** spreco *m.*, sciupio *m.* **2** (*prodigality*) prodigalità *f.*

wasteland /'weɪst,lænd/ *n.* **1** terra *f.* incolta, terra *f.* deserta. **2** (*devastated area*) zona *f.* devastata. **3** (*fig*) (*place*) deserto *m.*; (*time*) periodo *m.* vuoto, fase *f.* vuota.

wastepaper /'weɪstpeɪpər/ *n.* carta *f.* straccia. ☐ ~ *basket* (o ~ *bin*) cestino per la carta straccia.

waster /'weɪstər/ *n.* **1** (*wasteful person*) spendaccione *m.* (*f.* -a), dissipatore (*f.* -trice), scialacquatore *m.* (*f.* -trice), sprecone *m.* (*f.* -a). **2** (*colloq*) (*good-for-nothing*) buono *m.* a nulla, incapace *m./f.*, inetto *m.* (*f.* -a). **3** (*Ceram*) prodotto *m.* rovinato, prodotto *m.* di scarto.

wasting /'weɪstɪŋ/ *n.* **1** spreco *m.*, sciupio *m.* **2** (*Med*) deperimento *m.*; (*atrophy*) atrofia *f.* ☐ ~ *asset* risorsa soggetta a esaurimento.

wastrel /'weɪstrəl/ *n.* **1** (*lett*) (*wasteful person*) spendaccione *m.* (*f.* -a), sprecone *m.* (*f.* -trice), sprecone *m.* (*f.* -a). **2** (*lett*) (*good-for-nothing*) buono *m.* a nulla; (*vagabond*) vagabondo *m.* (*f.* -a).

watch /wɒtʃ *Am* wɑːtʃ/ **I** *v.t.* **1** guardare, osservare: *to ~ so. doing sth.* guardare qcu. fare qcs. **2** (*to look at as a spectator*) guardare, stare a vedere, assistere a: *to ~ a football match* guardare una partita di calcio. **3** (*to keep under observation*) sorvegliare, tenere d'occhio, controllare: *the police were -ing the airport* la polizia sorvegliava l'aeroporto. **4** (*to take care of*) sorvegliare, custodire, badare a, prendersi cura di: ~ *the baby while I'm out* sorveglia il bambino mentre sono fuori. **5** (*to be careful of*) sorvegliare, stare attento a, badare a: *to ~ one's weight* sorvegliare il proprio peso. **6** (*with clauses: to make sure*) accertare, accertarsi: *you must ~ that the pressure does not build up too much* devi accertarti che la pressione non salga troppo. **7** (*to take care*) curare, fare attenzione a. **8** (*to follow mentally, to remain informed about*) seguire: *to ~ a child's progress at school* seguire i progressi di un bambino a scuola. **II** *v.i.* **1** guardare, stare a guardare, osservare. **2** (*to look on*) (stare a) guardare, stare da spettatore: *I don't feel like playing, I'll just ~* non mi sento di giocare, starò solo a guardare. **3** (*to be on the alert, to be on one's guard*) stare all'erta, stare in guardia, stare sul chi vive. **4** (*to keep guard*) fare la guardia, sorvegliare. **5** (*to keep vigil, to wake*) vegliare. **III** *n.* **1** (*act of watching*) l'osservare, osservazione *f.* **2** (*personal timepiece*) orologio (da polso, da tasca). **3** (*surveillance*) sorveglianza *f.*, vigilanza *f.*; *neighbourhood ~* sorveglianza volontaria del vicinato. **4** (*alertness*) vigilanza *f.* **5** (*act of keeping vigil*) guardia *f.*; (*wake*) veglia *f.* **6** (*person, group of persons that keep watch*) guardia *f.*; (*Mil*) guardia *f.*, corpo *m.* di guardia. **7** (*Mar*) turno *m.* di guardia, quarto *m.*: *to take first ~* fare il primo turno di guardia. **8** (*Mar*) (*part of a crew*) personale *m.* di guardia. **9** (*street patrol*) ronda *f.* ☐ *to ~ one's back* guardarsi le spalle, stare all'erta; ~ *box* garitta; ~ *cap* berretto blu di lana (spec. di marinaio); ~ *chain* catena dell'orologio; (*Br, Stor*) ~ *committee* comitato addetto alla supervisione dei servizi di polizia; ~ *face* quadrante dell'orologio; ~ *fire* fuoco di bivacco, fuoco di guardia; *to ~ for*: 1 spiare, aspettare,

stare all'erta in attesa di: *to ~ for signs of weakness in an opponent* spiare i segni di debolezza in un avversario; *to ~ for the right moment* aspettare il momento opportuno; 2 (*to wait expectantly for*) attendere, aspettare, stare in attesa di, essere in attesa di; (*Br*) ~ *glass* vetro (d'orologio); (*colloq*) *to ~ it*: stare attento, fare attenzione, tenere gli occhi (ben) aperti; 2 (*esclam.*) attento!, attenzione!, bada!, occhio!; *to keep ~* fare la guardia; *to keep ~ over* fare la guardia a, sorvegliare, tenere sotto sorveglianza: *to keep ~ over a prisoner* fare la guardia a un prigioniero; ~ *night*: 1 (*24th Dec.*) (la notte della) vigilia di Natale; 2 (*31st Dec.*) notte di San Silvestro; (*Mar*) ~ *officer* ufficiale di guardia; *on sb.'s ~*: 1 durante il turno di guardia di qcu.; 2 (*Am,fig*) sotto la responsabilità di qcu.; *to be on the ~* stare all'erta, stare in guardia, dormire con gli occhi aperti, essere vigile; *to ~ out*: 1 stare all'erta, stare in attesa (*for* di), spiare, aspettare; 2 (*to be careful*) stare attento, fare attenzione (a): ~ *out for the cars as you cross the road* stai attento alle macchine quando attraversi la strada; 3 (*esclam.*) attento!, attenzione!, bada!, occhio!; *to ~ over*: 1 sorvegliare, badare a; 2 (*to superintend*) soprintendere a; ~ *pocket* taschino dell'orologio; ~ *spring* molla dell'orologio; (*fig*) *to ~ one's step* stare attento, essere cauto; *to ~ one's waistline* stare attento alla linea. *Prov.*: *a -ed pot never boils* il desiderio rende lunga l'attesa.

watchband /'wɒtʃbænd/ *n.* (*Am*) cinturino *m.* dell'orologio.

watchcase /'wɒtʃkeɪs *Am* wɑːtʃkeɪs/ *n.* cassa *f.* dell'orologio.

watchdog /'wɒtʃdɒg *Am* wɑːtʃdɔːg/ *n.* **1** (*spec. Am*) cane *m.* da guardia. **2** (*fig*) autorità *f.*, comitato *m.* di controllo: *government ~ committee* comitato (interministeriale) di controllo, autorità, authority. ☐ ~ *committee* comitato di controllo.

watcher /'wɒtʃər *Am* wɑːtʃər/ *n.* **1** osservatore *m.* (*f.* -trice). **2** (*watchman*) guardiano *m.* (*f.* -a), sentinella *f.*

watchful /'wɒtʃfʊl/ *a.* vigile, guardingo, vigilante, attento; ~ *eye* occhio vigile.

watchfully /'wɒtʃfʊli *Am* wɑːtʃfʊli/ *avv.* in modo vigile, tenendo gli occhi ben aperti.

watchfulness /'wɒtʃfʊlnəs *Am* wɑːtʃfʊlnəs/ *n.* l'essere vigile, l'essere attento.

watching /'wɒtʃɪŋ *Am* wɑːtʃɪŋ/ *n.* **1** l'osservare, osservazione *f.* **2** (*surveillance*) sorveglianza *f.*, vigilanza *f.*: *to want ~* (o *to need ~*) avere bisogno di sorveglianza: *he's a man who wants ~* è un uomo che va tenuto d'occhio.

watchmaker /'wɒtʃmeɪkər *Am* wɑːtʃmeɪkər/ *n.* orologiaio *m.* (*f.* -a).

watchmaking /'wɒtʃmeɪkɪŋ *Am* wɑːtʃmeɪkɪŋ/ *n.* orologeria *f.*

watchman /'wɒtʃmən *Am* wɑːtʃmən/ *n.irr.* **1** sorvegliante *m.*, custode *m.*: *night ~* guardiano notturno. **2** (*sentinel*) sentinella *f.*; (*guard*) guardia *f.* **3** (*Mar*) vedetta *f.*

watchnight /'wɒtʃnaɪt *Am* wɑːtʃnaɪt/ *n.* **1** (*24th Dec.*) (la notte della) vigilia *f.* di Natale. **2** (*31st Dec.*) notte *f.* di San Silvestro.

watchstrap /'wɒtʃstræp/ *n.* (*Br*) cinturino *m.* dell'orologio.

watchtower /'wɒtʃtaʊər *Am* wɑːtʃtaʊər/ *n.* torre *f.* di osservazione, torre *f.* di guardia, torre *f.* di controllo.

watchword /'wɒtʃwɜːd *Am* wɑːtʃwɜːrd/ *n.* **1** motto *m.*, parola *f.* d'ordine. **2** (*rar*) (*password*) parola *f.* d'ordine.

water /'wɔːtər *Am* wɑːtər/ **I** *n.* **1** acqua *f.*: *to* use ~ *as a source of power* usare l'acqua come fonte di energia; *the still -s of a lake* le acque tranquille di un lago. 2 (*stretch of water*) specchio *m.* d'acqua; (*lake*) lago *m.*, laghetto *m.* 3 (*watering*) annaffiata *f.*, annaffiatura *f.* 4 (*Mar*) (*depth of water*) acqua *f.*: *we were sailing in only two feet of* ~ navigavamo in due soli piedi d'acqua. 5 (*tide*) marea *f.*: *high* ~ alta marea. 6 (*Cosmet,Farm,Chim*) acqua *f.*: *lavender* ~ acqua di lavanda. 7 (*of a diamond*) limpidezza *f.*, acqua *f.* 8 (*Fisiol*) liquido *m.* organico; (*fluid*) umore *m.*, acqua *f.*; (*urine*) urina *f.*; (*tears*) lacrime *f.pl.* 9 *pl.* (*Fisiol*) (*amniotic fluid*) acque *f.pl.*: *her -s broke* le si sono rotte le acque. 10 *pl.* (*territorial waters*) acque *f.pl.* territoriali, mare *m.sing.* territoriale: *to sail in British -s* navigare in acque territoriali inglesi. 11 *pl.* (*mineral water*) acque *f.pl.*, acqua *f.sing.* termale: *to take the -s* fare la cura delle acque. II *v.t.* 1 (*to sprinkle or soak with water*) annaffiare, innaffiare, spruzzare d'acqua: *to* ~ *the garden* annaffiare il giardino. 2 (*to soak the land*) bagnare, irrigare: *the plain was -ed by a muddy river* la pianura era bagnata da un fiume fangoso; *the fields have to be -ed in summer* bisogna irrigare i campi d'estate. 3 (*to moisten with water*) inumidire, bagnare. 4 (*to cause to drink*) abbeverare, dare da bere a, far bere: *to* ~ *one's horse* abbeverare il (proprio) cavallo. 5 (*of an army, ship: to supply with water*) rifornire d'acqua, approvvigionare d'acqua. 6 (*to dilute*) diluire, allungare; (*to dilute fraudulently*) annacquare. 7 (*Tess*) marezzare. 8 (*Econ*) annacquare. III *v.i.* 1 (*of the eyes*) lacrimare, piangere: *my eyes water* mi lacrimano gli occhi. 2 (*of the mouth*) fare l'acquolina: *the smell is making my mouth* ~ il profumo mi fa venire l'acquolina in bocca. 3 (*of animals: to drink*) abbeverarsi. 4 (*to take on water*) rifornirsi di acqua, approvvigionarsi di acqua, fare provvista d'acqua: *the ship -ed at Port Said* la nave si rifornì d'acqua a Porto Said. □ *above* ~: 1 sul pelo dell'acqua, a fior d'acqua, a galla; 2 (*colloq*) (*out of financial difficulties*) fuori da difficoltà finanziarie: *it took him a year to get his head above* ~ *again* gli ci volle un anno per tornare a galla, gli ci volle un anno per rimettersi in sesto finanziariamente; (*Bot*) ~*arum* calla; ~*bailiff* guardapesca, guardiapesca; ~ *balance* equilibrio idrico; (*Fis,Tecn*) ~*barometer* barometro ad acqua; (*Fis*) ~*bear* tardigrado; (*Astr*) *WaterBearer* Acquario; ~ *bearer* portatore d'acqua; ~ *bed* : 1 (*Geol*) falda *f.* acquifera; 2 (*bed filled with water*) materasso ad acqua; (*Entom*) ~ *beetle* insetto d'acqua dolce, idrofilo piceo; ~ *bird* uccello acquatico; (*Alim*) ~ *biscuit* galletta; (*Med*) ~*blister* vescica acquosa; ~ *bloom* proliferazione di alghe (in un corso d'acqua); ~*blue* blu acqua; (*Mar*) ~*boat* barca cisterna; (*Entom*) ~*boatman* notonetta; ~ *bottle* bottiglia dell'acqua; (*for hikers, etc.*) borraccia *f.*; ~*boy* acquaiolo, portaborracce; (*Med*) ~*brash* pirosi; (*Zool*) ~*buffalo* bufalo indiano; (*Entom*) ~ *bug* insetto d'acqua; *bus* vaporetto che fa servizio su un fiume; (*Br*) ~*butt* barile per l'acqua, botte per l'acqua;*by* ~ per via d'acqua, per mare, per via lacustre, per via fluviale; (*Bot*) ~*calla* calla; ~*cannon* idrante per disperdere dimostranti, ecc; ~*carrier* : 1 portatore d'acqua; 2 (*Comm*) chi trasporta per via d'acqua; 3 (*Idr*) conduttura dell'acqua, condotta dell'acqua, acquedotto; 4 (*Meteor*) nembo; 5 (*Astr*) (*Water Carrier*) Acquario; ~*cart* autobotte, idrante; (*Biol*) ~ *cell* cellula acquifera; (*Gastron*) ~ *chestnut* castagna d'acqua; ~

chute scivolo d'acqua; ~*clock* clessidra (ad acqua), orologio ad acqua; (*ant*) ~*closet* : 1 (*flush toilet*) water, gabinetto; 2 (*small room with toilet*) gabinetto, bagno; (*Idr*) ~*cock* rubinetto dell'acqua; ~*conditioning* depurazione delle acque; ~*cooler* refrigeratore di acqua, distributore di acqua (con boccione capovolto); ~ *cure* : 1 (*Med*) idroterapia; 2 (*method of torture*) tormento dell'acqua; ~ *cycle* ciclo dell'acqua; (*Am,fig*) ~ *over the dam* acqua passata; ~*demand* fabbisogno idrico; ~ *diviner* rabdomante; ~*divining* rabdomanzia; ~*down* : 1 (*to dilute*) diluire, allungare; (*to dilute fraudulently*) annacquare; 2 (*fig*) (*to reduce in force, to temper*) moderare, temperare, mitigare, attenuare: *he -ed down his remarks* ha moderato le sue osservazioni; ~*drain* scarico dell'acqua; ~ *drinker* : 1 chi beve acque termali; 2 (*teetotaller*) astemio; *like* ~ *off a duck's back* senza alcun effetto; (*fig*) *criticism rolls off him like* ~ *off a duck's back* le critiche non gli fanno né caldo né freddo; (*Tecn*) ~*feed* (o ~ *feeder*) alimentatore d'acqua; ~*filter* filtro per l'acqua; *of the first* ~ : 1 (*of a diamond*) della più bell'acqua; 2 (*perfect*) eccellente, perfetto, di prima qualità: *a pianist of the first* ~ un pianista eccellente; *a blunder of the first* ~ un errore madornale; (*Entom*) ~ *flea* pulce d'acqua; ~*flow* massa d'acqua, flusso d'acqua; (*Tecn*) ~*gage* indicatore del livello dell'acqua; (*Chim*) ~*gas* gas d'acqua; (*Idr*) ~*gate* cateratta (di chiusa); (*Tecn*) ~ *gauge* indicatore del livello dell'acqua; ~ *glass* : 1 bicchiere da acqua; 2 (*Chim*) silicato di sodio, silicato di potassio, metasilicato di sodio; 3 (*Mar*) specchio per esaminare il fondo del mare; 4 (*Tecn*) (*in a boiler*) tubo di livello; ~*green* verde acqua; (*Am*) ~*gun* (*toy gun*) pistola ad acqua, schizzetto; (*Idr*) ~ *hammer* colpo d'ariete; ~*heater* boiler, scaldabagno; (*Bot*) ~*hemlock* cicuta acquatica; (*Bot*) ~*hemp* canapa acquatica; (*Ornit*) ~*hen* gallinella d'acqua; ~*hole* : 1 (*in a river*) buca; 2 (*in a desert*) sorgente, pozzo; (*Bot*) ~*hyacinth* giacinto d'acqua; ~*hydrant* idrante antincendio; (*Dolc*) ~*ice* sorbetto; (*Tecn*) ~*jacket* camicia d'acqua; ~*jet* getto d'acqua, idrogetto; ~*jug* brocca, caraffa; (*Sport*) ~*jump* fosso; *to let in* ~ (*of shoes, etc.*) lasciare passare l'acqua, fare acqua; (*Bot*) ~*lettuce* lattuga d'acqua; ~*level* : 1 livello dell'acqua; 2 (*water surface*) superficie *f.* dell'acqua, pelo *m.* dell'acqua; 3 (*Mar*) (*waterline*) linea *f.* di galleggiamento; 4 (*Geol*) falda freatica; 5 (*water content*) percentuale di acqua in una sostanza; *the champagne flowedlike* ~ lo champagne scorreva a fiumi; *to spend money like* ~ spendere e spandere, avere le mani bucate; (*Bot*) ~*lily* ninfea; ~*line* : 1 (*Mar*) linea di galleggiamento; 2 (*level reached by tide*) livello di marea, battigia; (*by river waters*) livello dell'acqua, livello di acqua alta; (*by floodwaters*) livello dell'inondazione; 3 (*waterlevel*) livello dell'acqua; 4 (*Cart*) (*watermark*) filigrana; (*Zool*) ~ *lizard* varano; ~ *main* conduttura (principale) dell'acqua; *tomake* ~: 1 (*Mar*) fare acqua (per falle), imbarcare acqua (per falle); 2 (*to urinate*) orinare, fare acqua; ~*meadow* marcita, marcitoia; ~*meter* contatore dell'acqua; (*Zool*) ~*moccasin* agkistrodon piscivorus; (*Ornit*) ~*motor* varano; ~ *nymph* : 1 (*Mitol*) ninfa delle acque, naiade; 2 (*Bot*) naiade; (*Chim*) ~*ofcrystallisation* acqua di cristallizzazione; (*fig*) ~*sofforgiveness* il fiume dell'oblio; (*Chim*) ~*ofhydration* acqua d'idratazione; ~*oflife* : 1 fonte di vita spirituale. acqua di vita; 2 (*brandy or*

whisky) acquavite; ~*on the brain* : 1 (*Med*) idrocefalia, idrocefalo; 2 (*scherz*) stupido, scemo; (*Med*) ~*on the knee* sinovite (del ginocchio); (*Zool*) ~*opossum* sariga d'acqua; (*Mus,Stor*) ~*organ* organo idraulico; (*Ornit*) ~*ouzel* merlo acquaiolo;*over the* ~ (*across the sea*) al di là del mare; (*Am,fig*) ~*over the bridge* acqua sotto il ponte, acqua passata: *a lot of* ~ *has passed over the bridge* ormai è acqua passata, ne è passata di acqua sotto i ponti; ~*paint* vernice ad acqua, idropittura; (*Bot*) ~*pepper* pepe d'acqua; ~*pipe* : 1 conduttura dell'acqua, tubo dell'acqua; 2 (*water-filled smoking pipe*) narghilè; ~ *pistol* (*toy pistol*) pistola ad acqua, schizzetto; (*Bot*) ~*plant* pianta acquatica, idrofita; (*Bot*) ~*plantain* mestola, piantaggine d'acqua; ~ *pollution* inquinamento delle acque; (*Sport*) ~*polo* pallanuoto, waterpolo; ~*power* forza idrica, energia idraulica; (*Idr*) ~*pump* pompa dell'acqua; (*Bot*) ~*purslane* salcerella erba-portula; (*Ornit*) ~*rail* porciglione; ~*rat* : 1 (*Br,Zool*) (*European water vole*) arvicola; 2 (*Am,Zool*) (*American muskrat*) ondatra, topo muschiato; 3 (*Aus,Zool*) (*Australasian and Asian rat with webbed feet*) idromide, topo d'acqua; 4 (*Am,sl*) (*waterfront thief*) ladruncolo di porto; ~*rate* tariffa per la fornitura dell'acqua; ~*resources* risorse idriche; ~ *right* diritto di utilizzazione dell'acqua; (*Min*) ~*sapphire* zaffiro d'acqua; ~*sign* (*of the zodiac*) segno d'acqua; ~*slide* scivolo d'acqua; (*Zool*) ~*snake* natrice; (*Astr*) *Water Snake* Idra; (*Chim*) ~*softener* depuratore d'acqua, addolcitore d'acqua; ~ *softening* depurazione dell'acqua, addolcimento dell'acqua; (*Bot*) ~*soldier* scargia, erba coltello; (*Br*) ~*splash* guado in un torrente poco profondo; ~*sport* : 1 sport acquatico; 2 (*sl, volg*) (*urinating for sexual excitement*) pioggerellina dorata; (*Entom*) ~*strider* pattinatore; ~*supply* : 1 approvvigionamento idrico, rifornimento idrico; 2 (*system*) impianto idrico, acquedotto; ~*system* : 1 (*Geog*) sistema idrografico; 2 (*water supply*) impianto idrico, acquedotto; (*Geog*) ~*table* falda freatica; ~*tank* cisterna, cassa d'acqua; ~*tower* : 1 (*Idr*) serbatoio piezometrico; 2 (*Ferr*) torre serbatoio; ~*treatment* cura delle acque; (*Mecc*) ~*turbine* turbina idraulica;*under* ~ sott'acqua; (*fig*) ~*under the bridge* acqua sotto il ponte, acqua passata: *a lot of* ~ *has passed under the bridge* ormai è acqua passata, ne è passata di acqua sotto i ponti; ~ *vapour* (o ~ *vapor*) vapore acqueo; (*Zool*) ~*vole* arvicola; ~*wagon* cisterna per il rifornimento dell'acqua; (*sl,fig*) *to be on the* ~ *wagon* essere completamente astemio; (*sl,fig*) *to go on the* ~ *wagon* smettere di bere alcolici; ~*waving* : 1 (*of hair*) ondulazione ad acqua; 2 (*Tess*) marezzatura; ~ *wheel* : 1 (*Idr*) ruota idraulica; 2 (*Idr*) (*water-operated turbine*) turbina idraulica; 3 (*Mar*) (*of a paddle steamer*) ruota; 4 (*wheel for lifting water*) noria; ~*wings* bracciolì (per imparare a nuotare); ~*witch* : 1 (*Br,Folcl*) maga che vive in uno specchio d'acqua, strega che vive in uno specchio d'acqua; 2 (*Am*) (*water diviner*) rabdomante.

waterage /ˈwɔːtərɪdʒ Am wɑːtərɪdʒ/ *n.* 1 (*Comm*) trasporto *m.* per via d'acqua. 2 (*fee paid*) spese *f.pl.* di trasporto per via d'acqua.

water-based /ˈwɔːtəˌbeɪst Am wɑːtərˌbeɪst/ *a.* a base d'acqua, ad acqua.

waterbed /ˈwɔːtəˌbed Am ˈwɑːtərˌbed/ *n.* materasso *m.* ad acqua.

waterborne ,**water-borne** /ˈwɔːtəbɔːn Am ˈwɑːtərbɔːrn/ *a.* 1 (*transported by ship, boat*) trasportato via acqua; (*of goods*) imbarcato su navi. **2** (*propogated by water*) trasmesso via acqua: *a ~ disease* una malattia trasmessa via acqua. **3** (*floating*) galleggiante, a galla.

waterbuck /'wɔːtərˈbʌk *Am* 'wɑːtər͵bʌk/ *n.* (*Zool*) cobo *m.* dell'ellisse.

watercolor /'wɔːtərˌkʌlər/ I *n.* (*Am,Pitt*) acquerello *m.* II *a.* (*Am,Pitt*) ad acquerello.

watercolorist /'wɔːtərˌkʌlərɪst/ *n.* (*Am*) acquerellista *m./f.*

watercolour /'wɔːtəˌkʌlər/ I *n.* (*Pitt*) acquerello *m.* II *a.* (*Pitt*) ad acquerello.

watercolourist /'wɔːtəˌkʌlərɪst/ *n.* acquerellista *m./f.*

water-cooled /'wɔːtəkuːld *Am* 'wɑːtərkuːld/ *a.* raffreddato ad acqua.

watercourse /'wɔːtəkɔːs *Am* 'wɑːtərkɔːrs/ *n.* **1** letto *m.*, alveo *m.* **2** (*stream, river*) corso *m.* d'acqua. **3** (*natural or artificial channel*) canale *m.*

watercress /'wɔːtəkres *Am* 'wɑːtərkres/ *n.* (*Bot,Alim*) crescione *m.*

watered /'wɔːtəd *Am* 'wɑːt̬ərd/ *a.* **1** (*watered-down*) diluito, annacquato, allungato. **2** (*fig*) attenuato, temperato, annacquato, moderato. **3** (*Tess*) marezzato. □ (*Tess*) *silk* seta marezzata; (*Tecn*) *~ steel* acciaio damascato.

watered-down /'wɔːtə(d)ˌdaun *Am* 'wɑːt̬ərd ˌdaun/ *a.* **1** diluito, annacquato, allungato. **2** (*fig*) attenuato, temperato, annacquato, moderato.

waterer /'wɔːtərər *Am* 'wɑːt̬ərər/ *n.* **1** chi annaffia, annaffiatore *m.* (*f.* -trice). **2** (*device*) innaffiatoio *m.*, annaffiatoio *m.*

waterfall /'wɔːtəfɔːl *Am* 'wɑːt̬ərfɔːl/ *n.* cascata *f.*, cateratta *f.*, salto *m.* d'acqua.

Waterford /'wɔːtəfəd *Am* 'wɑːt̬ərfərd/ *n.pr.* (*Geog*) Waterford *m.* (contea irlandese).

waterfowl /'wɔːtəfaul *Am* 'wɑːt̬ərfaul/ *n.inv.* **1** uccello *m.* acquatico. **2** (*collett.*) uccelli *m.pl.* acquatici.

waterfront /'wɔːtəfrʌnt *Am* 'wɑːt̬ərfrʌnt/ *n.* **1** zona *f.* antistante uno specchio d'acqua; (*sea front*) lungomare *m.*; (*lakeside*) lungolago *m.*; (*riverside*) lungofiume *m.* **2** (*wharf, dock section*) zona *f.* portuale.

Watergate /'wɔːtəgeit/ □ (*Stor.am*) *~ affair* scandalo Watergate.

wateriness /'wɔːtərinəs *Am* 'wɑːt̬ərinəs/ *n.* acquosità *f.*

watering /'wɔːtəriŋ *Am* 'wɑːt̬əriŋ/ *n.* **1** annaffiata *f.*, annaffiatura *f.*: *to give the garden a good ~* dar una buona annaffiata al giardino. **2** (*Agr*) irrigazione *f.* **3** (*dilution*) annacquamento *m.*, diluizione *f.* **4** (*act of supplying with water*) rifornimento *m.* d'acqua, approvvigionamento *m.* d'acqua. **5** (*of animals*) abbeveraggio *m.* **6** (*of the eyes*) il lacrimare, lacrimazione *f.* **7** (*of the mouth*) salivazione *f.* **8** (*Econ*) annacquamento *m.* **9** (*Tess*) marezzatura *f.* □ (*Giard*) *~ can* annaffiatoio; *~ hole*: **1** (*in a desert*) sorgente, pozzo; **2** (*scherz*) (*pub, restaurant*) posto di ristoro, locale (*spec.* frequentato di solito); *~ place*: **1** (*for animals*) abbeverata, abbeveratoio; **2** (*health resort*) stazione termale; (*seaside resort*) stazione balneare; **3** (*scherz*) (*pub, restaurant*) posto di ristoro, locale (*spec.* frequentato di solito).

waterline /'wɔːtəlain *Am* 'wɑːt̬ərlain/ *n.* **1** (*Mar*) linea *f.* di galleggiamento. **2** (*level reached by tide*) livello *m.* di marea, battigia *f.*; (*by river waters*) livello *m.* dell'acqua, livello *m.* di acqua alta; (*by floodwaters*) livello *m.* dell'inondazione. **3** (*waterlevel*) livello *m.* dell'acqua. **4** (*Cart*) (*watermark*) filigrana *f.*

waterlogged /'wɔːtəlɒgd *Am* 'wɑːt̬ərlɔːgd/ *a.* **1** (*of ground, etc.*) saturo d'acqua, acquitri-

noso, fradicio, (*colloq*) inzuppato, zuppo. **2** (*of timber*) impregnato d'acqua (tanto da essere privo di galleggiabilità). **3** (*Mar*) che ha imbarcato tanta acqua da essere ingovernabile.

Waterloo /͵wɔːtəˈluː *Am* 'wɑːt̬ər͵luː/ *n.pr.* (*Geog*) Waterloo *f.* □ (*fig*) *to meet one's ~* subire una sconfitta definitiva.

waterman /'wɔːtəmən *Am* 'wɑːt̬ərmən/ *n.irr.* **1** barcaiolo *m.*, battelliere *m.*, traghettatore *m.* **2** (*oarsman*) rematore *m.*

watermark /'wɔːtəmɑːk *Am* 'wɑːt̬ərmɑːrk/ *n.* **1** (*Cart,Inform*) filigrana *f.* **2** (*Mar*) linea *f.* di galleggiamento. **3** (*level reached by tide*) livello *m.* di marea, battigia *f.*; (*by river waters*) livello *m.* dell'acqua, livello *m.* di acqua alta; (*by floodwaters*) livello *m.* dell'inondazione. **4** (*waterlevel*) livello *m.* dell'acqua.

watermarking /'wɔːtəˌmɑːkiŋ *Am* 'wɑːt̬ər ͵mɑːrkiŋ/ *n.* (*Inform*) creazione *f.* di filigrana, watermarking *m.*

watermelon /'wɔːtəˌmelən *Am* 'wɑːt̬ər͵melən/ *n.* **1** (*Bot,Alim*) anguria *f.*, cocomero *m.* **2** (*sl*) tetta *f.*, melone *m.*

watermill, water-mill /'wɔːtəmil *Am* 'wɑːt̬ərmil/ *n.* mulino *m.* ad acqua.

waterplane /'wɔːtəplein *Am* 'wɑːt̬ərplein/ *n.* **1** (*Mar*) piano *m.* di galleggiamento. **2** (*Aer*) (*seaplane*) idrovolante *m.*

waterproof /'wɔːtəpruːf *Am* 'wɑːt̬ərpruːf/ I *a.* **1** impermeabile (*anche Tess*). **2** (*Cosmet*) waterproof. II *n.* **1** tessuto *m.* impermeabile. **2** (*raincoat*) impermeabile *m.* III *v.t.* impermeabilizzare, rendere impermeabile.

waterproofing /'wɔːtəpruːfiŋ *Am* 'wɑːt̬ər pruːfiŋ/ *n.* **1** impermeabilizzazione *f.* **2** (*substance used*) impermeabilizzante *m.*

water-repellent /'wɔːtəriˌpelənt *Am* 'wɑːt̬ər riˌpelənt/ *a.* idrorepellente.

water-resistant /'wɔːtəriˌzistənt *Am* 'wɑːt̬ər riˌzistənt/ *a.* resistente all'acqua.

waterscape /'wɔːtəskeip *Am* 'wɑːt̬ərskeip/ *n.* **1** veduta *f.* (*o panorama m.*) di mare (*o* lago ecc.). **2** (*Pitt*) marina *f.*

watershed /'wɔːtəʃed *Am* 'wɑːt̬ərʃed/ *n.* **1** (*Br, Geog*) spartiacque *m.*, linea *f.* di displuvio. **2** (*Geog*) (*region, area*) bacino *m.* idrico, bacino *m.* imbrifero. **3** (*fig*) (*turning point*) spartiacque *m.*, svolta *f.*, cambio *m.* di direzione. **4** (*Br,colloq*) orario *m.* oltre il quale vengono trasmessi film per adulti.

waterside /'wɔːtəˌsaid *Am* 'wɑːt̬ər͵said/ *n.* zona *f.* antistante uno specchio d'acqua; (*sea front*) lungomare *m.*; (*lakeside*) lungolago *m.*; (*riverside*) lungofiume *m.*

waterski, water-ski /'wɔːtəˌski *Am* 'wɑːt̬ər ͵ski/ I *n.* (*Sport*) sci *m.* d'acqua, sci *m.* nautico. II *v.i.* (*Sport*) fare sci d'acqua, fare sci nautico.

waterskier, water-skier /'wɔːtəˌskiːə *Am* 'wɑːt̬ər͵skiːər/ *n.* (*Sport*) chi pratica lo sci nautico.

waterskiing, water-skiing /'wɔːtəˌskiːiŋ *Am* 'wɑːt̬ər͵skiːiŋ/ *n.* (*Sport*) sci *m.* d'acqua, sci *m.* nautico.

water-soluble /'wɔːtəsɒljubəl *Am* 'wɑːt̬ər ͵sɒljubəl/ *a.* idrosolubile.

waterspout /'wɔːtəspaut *Am* 'wɑːt̬ərspaut/ *n.* **1** (*Edil*) pluviale *m.* **2** (*Meteor*) tromba *f.* marina, tromba *f.* d'acqua.

watertight /'wɔːtətait *Am* 'wɑːt̬ərtait/ *a.* **1** stagno, a tenuta (d'acqua). **2** (*fig*) (*irrefutable*) inoppugnabile, inconfutabile, che non fa una grinza, (*colloq*) di ferro: *a ~ contract* un contratto inoppugnabile; *a ~ case* una tesi di ferro. □ (*Mar*) *~ compartment* compartimento stagno.

waterway /'wɔːtəwei *Am* 'wɑːt̬ərwei/ *n.* **1** canale *m.* navigabile, corso *m.* d'acqua naviga-

bile, via *f.* d'acqua. **2** (*Mar*) trincarino *m.*

waterweed /'wɔːtəwiːd *Am* 'wɑːt̬ər͵wiːd/ *n.* (*Bot*) ruppia *f.*, lingua *f.* d'acqua, (*Canadian waterweed*) elodea *f.*

waterwheel /'wɔːtəˌwiːl *Am* 'wɑːt̬ər͵wiːl/ *n.* **1** (*Idr*) ruota *f.* idraulica. **2** (*Idr*) (*water-operated turbine*) turbina *f.* idraulica. **3** (*Mar*) (*of a paddle steamer*) ruota *f.* **4** (*wheel for lifting water*) noria *f.*

waterworks /'wɔːtəwəːks *Am* 'wɑːt̬ər͵wəːrks/ *n.pl.* (*costr.sing. o pl.*) **1** (*system*) impianto *m.* idrico, acquedotto *m.* **2** (*pumping station*) stazione *f.* di pompaggio. **3** (*playing fountains*) giochi *m.pl.* d'acqua. **4** (*Anat,colloq*) apparato *m.* urinario. □ (*colloq,fig*) *to turn on the ~* mettersi a piangere.

watery /'wɔːtəri *Am* 'wɑːt̬əri/ *a.* **1** d'acqua, acqueo. **2** (*of deities*) dell'acqua, delle acque. **3** (*sodden, wet*) acquoso, bagnato, pieno d'acqua. **4** (*thin food or drink*) brodoso, lungo, acquoso: *~ soup* minestra brodosa. **5** (*tasteless*) insipido. **6** (*resembling water*) acquoso, simile all'acqua. **7** (*fig*) (*of colours*) slavato, sbiadito, smorto, scialbo, pallido; (*of style, etc.*) scialbo, sbiadito. **8** (*of the eyes*) lacrimoso, pieno di lacrime. □ *to have a ~ grave* essere sepolto in mare; *a ~ sun* un sole pallido.

watt /wɒt *Am* wɑːt/ *n.* (*El*) watt *m.* □ (*El*) *~ current* corrente attiva.

wattage /'wɒtidʒ *Am* 'wɑːtidʒ/ *n.* (*El*) wattaggio *m.*

watt-hour /'wɒtˌauə *Am* 'wɑːtˌauər/ *n.* (*El*) wattora *m.*

wattle /'wɒtəl *Am* 'wɑːtəl/ I *n.* **1** canniccio *m.*, cannicciata *f.*, graticciata *f.*, graticcio *m.* **2** (*material*) canne *f.pl.*, vimini *m.pl.* **3** (*Ornit*) bargiglio *m.* **4** (*Itt*) barbetta *f.* **5** (*Aus,Bot*) acacia *f.* australiana. II *v.t.* **1** costruire con cannicci. **2** (*to interlace*) intrecciare. □ *~ and daub*: **1** canniccio ricoperto d'argilla e fango; **2** (*construction*) incannucciato, intreccio di pali verticali e rami ricoperti di argilla e paglia.

wattlebird /'wɒtəlbəːd *Am* 'wɑːtəlbəːrd/ *n.* (*Aus,Ornit*) acantochera *f.*

wattled /'wɒtəld *Am* 'wɑːtəld/ *a.* (fatto) di graticcio, (fatto) di canniccio.

wattmeter /'wɒtˌmiːtər *Am* 'wɑːtˌmiːtər/ *n.* (*El*) wattmetro *m.*

waul /wɔːl/ *v.i.* gnaulare; (*scherz*) miagolare.

wave /weiv/ I *n.* **1** (*of water*) onda *f.*; ondata *f.*, flutto *m.* **2** (*of the hand, an object*) cenno *m.*, gesto *m.*, segno *m.*; (*as a greeting*) saluto *m.*, cenno *m.* di saluto. **3** (*in shape*) onda *f.*, ondulazione *f.* **4** (*fig*) (*of emotions, etc.*) impeto *m.*, onda *f.*: *a ~ of anger* un impeto di rabbia. **5** (*fig*) (*spate, surge, tide*) ondata *f.*: *a ~ of enthusiasm* un'ondata di entusiasmo. **6** (*fig*) (*advance, surge of people, animals*) ondata *f.*: *~s of immigrants* ondate di immigranti. **7** (*Mil,Meteor*) ondata *f.*: *the bombers flew over the town in -s* i bombardieri sorvolavano la città a ondate; *a heat ~* un'ondata di caldo. **8** (*of hair*) ondulazione *f.*; *an individual wavy lock* riccio *m.* **9** (*Fis,Rad*) onda *f.* **10** (*Vetr,Met,Tess*) marezzatura *f.* **11** *f.* (*poet*) (*the sea*) mare *m.sing.*, onda *f.sing.* II *v.i.* **1** ondeggiare, fluttuare, sventolare: *the flag in the breeze* la bandiera ondeggiava al vento. **2** (*of trees, plants, etc.*) ondeggiare, muoversi ondeggiando. **3** (*to be moved to and fro*) essere sventolato, essere agitato. **4** (*to gesture with the hand*) fare un cenno (*o* un saluto) con la mano (*to a*): *he -d to me as he drove past* mi fece un cenno con la mano mentre mi passava accanto in macchina. **5** (*fig*) (*of a crowd*) ondeggiare, agitarsi. **6** (*of hair*) ondularsi, fare onde. III *v.t.* **1** sventolare, muovere al vento, agitare al vento: *to ~ a handkerchief* sventolare un fazzoletto. **2** (*of the hand*) fare un cenno con, fare un saluto con, agitare (in segno di saluto ecc.). **3** (*to direct by moving the hands*) fare segni per indicare la direzione, dirigere: *the police -d the traffic round the accident* la polizia dirigeva il traffico intorno all'incidente. **4** (*to move agitatedly*) agitare: *stop waving your arms about* smetti di agitare le braccia di qua e di là. **5** (*of a sword*) brandire. **6** (*of the hands, gesturing*) gesticolare. **7** (*of hair*) ondulare, fare l'ondulazione a. □ *~after* ~ un'ondata dopo l'altra, ondate successive: *~ after ~ of settlers* un'ondata dopo l'altra di colonizzatori, ondate successive di colonizzatori; *to ~ along* fare segno di proseguire; *to ~aside* : 1 allontanare con un gesto della mano, scostare con un gesto della mano; 2 (*fig*) respingere, scartare, rigettare: *to ~ aside all objections* respingere tutte le obiezioni; *to ~ so.* *away* fare segno a qcu. di allontanarsi; *to ~ so.back* fare segno a qcu. di tornare indietro; *to ~down* : 1 fare cenno di fermarsi, fare segno di fermarsi; 2 (*to cause to descend by waving*) fare cenno di scendere, fare segno di scendere; (*Mat*) *~equation* equazione d'onda; (*Inform*) *~file* file sonoro; (*Fis*) *~ function* funzione d'onda; *to ~ agreeting* salutare, fare un cenno di saluto (con la mano); *tomake -s*: 1 (*to make an impression*) farsi notare; 2 (*to cause dissension*) creare conflitto; 3 (*to criticize*) criticare, mettere in discussione; (*Fis*) *~mechanics* meccanica ondulatoria; (*Fis*) *~motion* moto ondoso; (*Fis*) *~number* numero d'onda; *to ~off* salutare, fare cenno di addio; *to ~on* fare segno di venire avanti, fare cenno di avanzare: *the customs officer -d me on* il funzionario di dogana mi fece segno di venire avanti; (*Ott*) *~theory* teoria ondulatoria; *to ~through* fare cenno di procedere, fare segno di venire avanti (attraverso): *the security guards -d him through the crowds* le guardie gli fecero segno di venire avanti e passare attraverso la folla; (*Fis*) *~train* treno d'onda.

waveband /'weɪvbænd/ *n.* (*Rad*) gamma *f.* di lunghezza d'onda, lunghezza *f.* d'onda.

waveform /'weɪvfɔːm Am 'weɪvfɔːrm/ *n.* (*Fis*) forma *f.* d'onda.

wavefront /'weɪvfrʌnt/ *n.* (*Fis*) fronte *m.* d'onda, superficie *f.* d'onda.

waveguide /'weɪvgaɪd/ *n.* (*Fis*) guida *f.* d'onda.

wavelength /'weɪvleŋθ/ *n.* (*Rad*) lunghezza *f.* d'onda.

wavelet /'weɪvlɪt/ *n.* piccola onda *f.*, ondina *f.*

wavelike /'weɪvˌlaɪk/ *a.* simile a onda.

wavemeter /'weɪvˌmiːtər Am 'weɪvmiːtər/ *n.* (*Rad,Tecn*) ondametro *m.*

waver [1] /'weɪvər/ I *v.i.* **1** (*to move in different directions, to quiver*) vacillare, ondeggiare, barcollare. **2** (*to vary*) fluttuare, essere soggetto a variazioni: *prices -ed* i prezzi fluttuavano. **3** (*to fluctuate between possibilities*) ondeggiare, esitare, vacillare, titubare, tentennare: *to ~ between despair and hope* ondeggiare tra la disperazione e la speranza. **4** (*to begin to change opinion, to falter*) cominciare a vacillare; (*to dither*) esitare, essere incerto. **5** (*of light, the voice*) tremolare. II *n.* vacillamento *m.* (*anche fig*).

waver [2] /'weɪvər/ *n.* chi sventola: *flag ~* persona che sventola la bandiera.

waverer /'weɪvərər/ *n.* persona *f.* irresoluta, persona *f.* indecisa; (*scherz*) tentenna *m.*

wavering /'weɪvərɪŋ/ *a.* **1** (*moving, quivvering*) oscillante, vacillante. **2** (*faltering*) esitante, titubante, tentennante.

waveringly /'weɪvərɪŋli/ *avv.* **1** (*quivvering-ly*) oscillando, vacillando. **2** (*falteringly*) in maniera esitante, in modo tentennante.

WAVES /weɪvz/ (*Stor.am*) *Women Accepted for Volunteer Emergency Service* (servizio femminile volontario di emergenza).

wavily /'weɪvili/ *avv.* in modo ondulato, in modo ondeggiante.

waviness /'weɪvinəs/ *n.* **1** ondosità *f.* **2** (*of hair*) ondulazione *f.*

waving /'weɪvɪŋ/ *n.* **1** ondeggiamento *m.* **2** (*action of moving to and fro*) sventolio *m.*, sventolamento *m.*, l'agitare; (*of the hand*) cenno *m.*

wavy /'weɪvi/ *a.* **1** (*wavering, fluctuating*) ondeggiante, fluttuante. **2** (*having the shape of waves*) ondulato, sinuoso. **3** (*of hair*) ondulato. **4** (*abounding in waves*) pieno d'onde, ondoso. **5** (*resembling waves*) simile a onde.

wa-wa /'wɑːwɑː/ *n.* (*Mus*) **1** (*sound*) wa-wa *m.*, effetto *m.* wa-wa. **2** (*mute*) sordina *f.* di forma conica.

wax [1] /wæks/ I *n.* **1** cera *f.* **2** (*beeswax*) cera *f.* d'api. **3** (*sealing wax*) ceralacca *f.*, cera *f.* di Spagna. **4** (*Cosmet*) (*wax to remove body hair*) ceretta *f.* **5** (*Chim*) cera *f.* **6** (*Fisiol*) (*earwax*) cerume *m.* **7** (*Bot*) cera *f.* vegetale. **8** (*Entom*) cera *f.* d'insetti, cera *f.* cinese, cera *f.* della Cina. **9** (*Calz*) pece *f.* (da calzolaio). **10** (*fig*) (*thing*) cosa *f.* malleabile, cosa *f.* duttile; (*person*) persona *f.* malleabile, persona *f.* duttile. **11** (*sl,ant*) (*vinyl disc*) disco *m.* (di vinile), registrazione *f.* (su vinile). II *a.* di cera. III *v.t.* **1** incerare, dare la cera a, strofinare con (la) cera; (*to polish with wax*) dare la cera a, lucidare con la cera, incerare: *to ~ the floor* lucidare il pavimento. **2** (*Cosmet*) (*to remove body hair using wax*) fare la ceretta a, depilare con la ceretta. **3** (*Calz*) impeciare. **4** (*sl,ant*) (*to record*) registrare (su disco di vinile). □ *~doll* bambola di cera; *~match* cerino; (*Entom*) *~moth* piralide degli alveari, tignola della cera; *~museum* museo delle cere; (*Bot*) *~myrtle* pimento; (*Am*) *~paper* : 1 (*Cart*) carta cerata, carta paraffinata; 2 (*Alim*) carta da forno; *~polish* (*for furniture*) cera per mobili.

wax [2] /wæks/ (*past* *-ed* /-t/, *p.p.* *-ed* /poet *-en* /'wæksən/) *v.i.* **1** (*Astr*) crescere. **2** (*fig*) crescere, aumentare. **3** (*lett*) (*to become*) diventare, divenire, farsi: *to ~ philosophical* diventare filosofico.

wax [3] /wæks/ *n.* (*Br,colloq,ant*) (*fit of temper*) accesso *m.* d'ira, stizza *f.*, collera *f.*

waxbath /'wæksbɑːθ Am 'wæksbæθ/ *n.* (*Tecn, Cosmet*) bagno *m.* di paraffina.

waxbill /'wæksbɪl/ *n.* (*Ornit*) bengalino *m.*, estrilda *f.*

waxcloth /'wæksklɒθ Am 'wæksklɔːθ/ *n.* (*Tess*) tela *f.* cerata, tela *f.* incerata, incerata *f.*

waxed /wækst/ *a.* cerato. □ (*Tess*) *~cloth* tela cerata, tela incerata, incerata *f.*; (*Farm*) *~ dental floss* filo interdentale cerato; (*Abbigl*) *~jacket* giubbotto di cotone cerato; (*spec. Am,Cart*) *~paper* carta cerata.

waxen /'wæksən/ *a.* **1** di cera, fatto di cera, cereo. **2** (*resembling wax*) simile a cera. **3** (*pale*) cereo, pallido, di cera.

waxiness /'wæksinəs/ *n.* l'essere di cera, l'essere cereo, aspetto *m.* cereo.

waxing [1] /'wæksɪŋ/ *n.* **1** ceratura *f.* **2** (*polishing*) lucidatura *f.* a cera. **3** (*Cosmet*) depilazione *f.* (con ceretta), ceretta *f.*

waxing [2] /'wæksɪŋ/ □ *~moon* luna crescente.

waxwing /'wækswɪŋ/ *n.* (*Ornit*) bombicilla *f.*

waxwork /'wækswɜːk Am 'wækswɜːrk/ *n.* **1** (*wax effigy*) cera *f.*, statua *f.* di cera. **2** (*tech-*

nique) tecnica *f.* della modellatura in cera. **3** *pl.* (*costr.sing. o pl.*) (*exhibition, museum*) museo *m.* delle cere.

waxy [1] /'wæksi/ *a.* **1** cereo, di cera. **2** (*resembling wax*) simile alla cera; (*pale*) cereo, pallido: *~ complexion* carnagione cerea. **3** (*Med*) amiloide.

waxy [2] /'wæksi/ *a.* (*Br,colloq,ant*) (*angry*) adirato, in collera.

way /weɪ/ I *n.* **1** via *f.*, strada *f.*: *the Appian Way* la via Appia; *the post office is just across* (o *over*) *the ~* l'ufficio postale è proprio dall'altra parte della strada. **2** (*path*) sentiero *m.*, viottolo *m.*: *a ~ through the forest* un sentiero attraverso la foresta. **3** (*route*) strada *f.*, via *f.*, percorso *m.*, cammino *m.*, itinerario *m.*: *to ask so. the ~ to the station* domandare a qcu. la strada per andare alla stazione; *to find one's ~* trovare la strada; *to find one's ~ back* trovare la strada per tornare a casa. **4** (*passage, space for passage, etc.*) varco *m.*, strada *f.*, via *f.*, passaggio *m.*: *to cut a ~ through the jungle* aprirsi un varco nella giungla. **5** (*means of access*) entrata *f.*, ingresso *m.*, via *f.* d'accesso, accesso *m.*; (*means of exit*) via *f.* d'uscita, uscita *f.* **6** (*distance*) distanza *f.*, lontananza *f.*: *a house a little ~ out of town* una casa a poca distanza dalla città. **7** (*direction*) parte *f.*, direzione *f.*, lato *m.*, verso *m.*: *he turned his head the other ~* girò la testa dall'altra parte. **8** (*vicinity*) vicinanze *f.pl.*, parti *f.pl.*, paraggi *m.pl.*, dintorni *m.pl.* **9** (*manner, mode*) modo *m.*, maniera *f.*, stile *m.*: *the Italian ~ of cooking* il modo di cucinare degli italiani, la cucina all'italiana; (*means, method*) modo *m.*, maniera *f.*, via *f.*, sistema *m.*: *the best ~ of learning a language* il modo migliore per imparare una lingua. **10** (*respect, aspect*) punto *m.* di vista, rispetto *m.*, verso *m.*, riguardo *m.*, aspetto *m.*: *an excellent book in every ~* un libro eccellente sotto ogni punto di vista. **11** (*course of action*) modo *m.* di agire, maniera *f.* di agire, modo *m.* di procedere, condotta *f.* **12** (*characteristic, habitual manner of acting*) (abituale) modo *m.* di fare, comportamento *m.* abituale. **13** (*condition, state*) condizione *f.*, stato *m.*: *the patient is in a bad ~* il paziente è in cattive condizioni. **14** (*subpart*) *usually not translated*: *they split the prize four -s* divisero il premio in quattro. **15** (*Mar*) abbrivo *m.*, abbrivio *m.* **16** (*Tecn*) superficie *f.* di scorrimento, via *f.* **17** (*Dir*) (*right of way*) diritto *m.* di passaggio, servitù *f.* di passaggio. **18** *pl.* (*customs, habits*) abitudini *f.pl.*, usanze *f.pl.*, consuetudini *f.pl.*, usi *m.pl.*, costumi *m.pl.* **19** *pl.* (*Mecc*) guide *f.pl.* II *avv.* **1** (*colloq*) (*at a great distance*) molto lontano, a grande distanza. **2** (*to a great degree*) molto, assai, considerevolmente: *it is ~ above what I can afford* è molto più di quanto io possa permettermi; *it is ~ better* è molto meglio. **3** (*dial*) (*away*) via. □ *all the ~*: 1 per tutto il tragitto, per tutto il viaggio, per tutto il cammino; 2 (*from beginning to end*) dal principio alla fine, fino in fondo: *to go all the ~* andare fino in fondo; 3 (*completely*) completamente, interamente, totalmente: *all the ~ down the line* su tutta la linea, lungo tutta la linea; *to cryall the ~to the bank* perdere un mucchio di soldi, rimetterci una barca di soldi; *to laugh all the ~ to the bank* arricchirsi facilmente, fare un mucchio soldi; *-sand means* modi e maniere, metodi;*as is the ~ with* come avviene di solito tra, come è tipico di; (*colloq*) *~back* (*a long time ago*) molto tempo fa; (*colloq*) *from ~ back*: 1 (*from the past*) di vecchia data, da tanto (tempo): *a friend from ~ back* un amico di vecchia data;

2 (*thoroughgoing*) perfetto, vero e proprio: *a fool from ~ back* un perfetto cretino; *by ~ of*: 1 via, passando per: *we flew home by ~ of Paris* tornammo a casa in aereo via Parigi; 2 (*going past*) passando davanti a: *I came by (the) ~ of the flower shop* sono passato davanti al fioraio venendo qui; 3 (*by the agency of*) per mezzo di, tramite, via; 4 (*for the purpose of*) a titolo di, con valore di, con il fine di; *by ~ of a joke* per scherzo; *by the ~*: 1 (*during a journey*) strada facendo, cammin facendo, per strada, lungo il cammino; 2 (*incidentally*) a proposito, tra parentesi, per inciso, incidentalmente; *to come so.'s ~* capitare a tiro a qcu.; *~ down* varco per scendere, passaggio per scendere; *to get one's ~* (o *to get one's own ~*) fare come si vuole, vincere: *she always gets her own ~* fa sempre come vuole lei, (la) vince sempre lei; (*Mar*) *to get under ~* prendere l'abbriv(i)o (*anche fig*); *once he gets under ~ he never stops talking* quando inizia, non la finisce più di parlare; *to give ~*: 1 dare la precedenza, cedere il passo (*to a*); 2 (*to retreat, to withdraw*) ritirarsi, arretrare, cedere; 3 (*to yield*) cedere, arrendersi, capitolare, piegarsi; 4 (*to abandon oneself*) abbandonarsi, lasciarsi andare (a): *to give ~ to anger* abbandonarsi all'ira; 5 (*to collapse*) crollare, rovinare, franare; *to go so.'s ~* stare la stessa strada di qcu.: *are you going my ~?* fai la mia stessa strada?; *to go the ~ of* fare la fine di, andare a finire come; *to have a ~ of* avere la specialità di, avere un modo tutto proprio di; *to have a ~ with* saperci fare con: *to have a ~ with children* saperci fare con i bambini; *to have one's ~ with so.*: 1 fare quello che si vuole con qcu.; 2 (*scherz*) approfittare (sessualmente) di qcu., fare l'amore con qcu.; *on my ~ home* tornando a casa, sulla strada di casa; *~ in* entrata, ingresso; *in so.'s ~* d'impiccio, tra i piedi, d'ostacolo, d'intralcio: *you're (standing) in my ~* mi sei d'impiccio; *will I be in the ~ if I stay to watch?* dò fastidio se sto a guardare?; *in a ~* in un certo modo, in qualche modo; *in some -s* in qualche modo; *to make one's ~*: 1 dirigersi, avanzare, procedere: *I made my way over to the bar* mi sono diretto verso il bar; *to make one's ~ home* andare a casa; 2 (*fig*) fare una carriera per oneself) farsi strada, fare carriera; *to make ~ for*: 1 far passare, fare largo a; 2 (*to allow room for*) fare posto a, fare largo a; *in more -s than one* in più di un modo, in molti modi; *to go the ~ of all flesh* morire, seguire il destino di tutti gli uomini; *by ~ of example* a mo' di esempio; *by ~ of exception* in via eccezionale, eccezionalmente; *~ of life* stile di vita, modo di vivere; *by ~ of proof* come prova, a mo' di prova; (*Rel*) *the Way of the Cross* la Via Crucis; *it is the ~ of the world* così va il mondo; *~ of thinking* opinione, modo di vedere: *to my ~ of thinking* a mio modo di vedere (le cose); *on one's ~* durante il cammino, durante il tragitto, lungo la strada, per la strada; *I met him on my ~ to the station* l'ho incontrato mentre andavo alla stazione; (*of a baby*) *to be on its ~* stare per nascere; *on the ~* durante il cammino, durante il tragitto, lungo la strada, per la strada; *on the ~ home* sulla strada di casa, andando a casa; *to be on the ~ (of a baby)* stare per nascere; (*colloq*) *to be on the ~ out* (*going out of fashion*) essere in declino, stare per passare di moda, stare per tramontare; *one ~ or another* in un modo o nell'altro; *~ out* uscita; *~ out of sth.* molto lontano da qcs.: *he made me go ~ out of my way* mi ha fatto andare molto fuori strada; *out of so.'s ~* fuori strada, fuori dal proprio

percorso; (*fig*) *out of one's ~* (*not in one's sphere of competence*) fuori del campo di qcu.; (*fig*) *to go out of one's ~ to do sth.* farsi in quattro per fare qcs.; *out of the ~* fuori strada, fuori del proprio percorso; *to keep out of the ~* stare lontano; *to keep out of so.'s ~* stare alla larga da qcu.; (*Br*) *over the ~* dall'altra parte della strada, vicino; *to go (o to do things) one's own ~* fare di testa propria, fare a modo proprio; *to put so. in the ~ of* mettere qcu. nella possibilità di, mettere qcu. nelle condizioni di, dare a qcu. l'occasione di; *in some -s* sotto certi punti di vista, sotto certi aspetti, per certi versi; (*Am*) *~ station*: 1 (*Ferr*) stazione intermedia, stazione secondaria; 2 (*stop on a journey*) fermata intermedia, punto intermedio; *that ~*: 1 da quella parte; 2 (*eufem*) (*homosexual*) diverso, omosessuale; *this ~*: 1 in questo modo, così, in questa maniera; 2 (*in this direction*) in questa direzione, da questa parte; (*colloq*) (*that's the*) *~ to go* così va bene, bravo; (*colloq*) *that's no ~ to talk* non è questo il modo di parlare, non si parla così; *under ~*: 1 (*Mar*) in navigazione, in moto; 2 (*in motion, on the way*) in cammino, per strada; 3 (*in progress*) in corso, in esecuzione; *~ up* passaggio per salire, varco per salire; *which ~?* da che parte?, in che direzione?

waybill /ˈweɪbɪl/ *n.* 1 (*list of passengers*) lista *f.* dei passeggeri, elenco *m.* dei passeggeri. 2 (*Comm*) lettera *f.* di vettura, bollettino *m.* di spedizione, bolla *f.* di consegna, bolla *f.* di accompagnamento.

wayfarer /ˈweɪfɛərər Am ˈweɪfɛrər/ *n.* viaggiatore *m.* (*f.* -trice); (*on foot*) viandante *m./f.*

wayfaring /ˈweɪfɛərɪŋ Am ˈweɪfɛrɪŋ/ **I** *a.* 1 viaggiante, viaggiatore. 2 (*travelling on foot*) che viaggia a piedi. **II** *n.* viaggio *m.*, il viaggiare. □ (*Bot*) *~ tree* lantana, viburno.

waylay /ˈweɪleɪ/ *v.t.irr.* 1 (*to lie in wait for attack*) tendere un agguato a, tendere un'imboscata a. 2 (*to accost for the purpose of conversation*) abbordare, agganciare, attaccare bottone con. 3 (*to delay*) trattenere, bloccare.

wayleave /ˈweɪliːv/ *n.* (*Dir*) 1 permesso *m.* di transito (*o* di passaggio) su un terreno. 2 (*fee*) canone *m.* pagato per il transito (*o* per il passaggio) su un terreno. □ (*Dir*) *~ rent* canone pagato per il transito (*o* per il passaggio) su un terreno.

way-out /ˈweɪaʊt/ *a.* (*colloq*) 1 (*avant-garde*) d'avanguardia. 2 (*exotic, unconventional*) esotico, strano, stravagante. 3 (*ant*) (*wonderful*) favoloso, fantastico, eccezionale.

waypoint /ˈweɪpɔɪnt Am ˈweɪpɔːɪnt/ *n.* 1 (*stopping place on a journey*) punto *m.* intermedio, punto *m.* per fermarsi. 2 (*point to change direction*) punto *m.* spartitraffico. 3 (*Aer*) punto *m.* sulla linea di rotta.

wayside /ˈweɪsaɪd/ **I** *n.* margine *m.*, bordo *m.*, sponda *f.*, orlo *m.* **II** *a.* lungo la strada, posto (*o* situato) ai margini della strada: *a ~ house* una casa lungo la strada. □ *by the ~* lungo la strada; (*Bibl,fig*) *to fall by the ~* perdersi lungo il cammino; *~ chapel* cappella lungo la strada; *~ pulpit* cartello davanti a una chiesa con qualche versetto della Bibbia.

waystage /ˈweɪsteɪdʒ/ *n.* (*Br*) tappa *f.* intermedia.

wayward /ˈweɪwəd Am ˈweɪwərd/ *a.* 1 ribelle, indocile, restio, riottoso: *a ~ child* un ragazzo ribelle. 2 (*capricious*) capriccioso, bizzoso. 3 (*of wind, weather*) incostante, mutevole, instabile. 4 (*unpredictable*) imprevedibile.

waywardly /ˈweɪwədli Am ˈweɪwərdli/ *avv.* in modo ribelle.

waywardness /ˈweɪwədnəs Am ˈweɪwərdnəs/ *n.* l'essere indocile, l'essere restio.
wayworn /ˈweɪwɔːrn/ *a.* stanco di viaggiare.
wazzock /ˈwæzək/ *n.* (*Br,sl*) cretino *m.* (*f.* -a), imbecille *m./f.*
WB 1 (*Comm*) *waybill* LV (lettera di vettura). 2 (*US*) *weather bureau* (ufficio meteorologico).
w.b. 1 (*Comm*) *waybill* LV (lettera di vettura). 2 *westbound* (diretto a ovest).
WBC (*Biol*) *white blood cell* GB (globulo bianco, leucocita).
W boson /ˌdʌbljuːˈbəʊsɒn Am ˌdʌbljuːˈbəʊsɑːn/ *n.* (*Fis*) bosone *m.* W.
W.C., WC /ˈdʌbljuːˌsiː/ 1 *watercloset* WC (gabinetto). 2 *West Central* (centro-occidentale).
WCC /ˈdʌbə(l)juːˌsiːˌsiː/ *World Council of Churches* CMC (Consiglio mondiale delle chiese).
WD *Dominica* WD (Dominica).
wd. 1 *ward* (corsia). 2 *wood* (bosco). 3 *word* (parola).
W.D. *War Department* (ministero della guerra).
we /wiː/ *pron.pl.* 1 noi, *often not translated*: *~ are ready* siamo pronti; *~ said it* lo abbiamo detto noi; (*colloq*) *are ~ feeling better today?* ci sentiamo meglio oggi?, come stiamo oggi? 2 (*used by sovereigns, the "royal" we*) noi: *~ call upon the government* noi ci rivolgiamo al governo.
weak /wiːk/ *a.* 1 debole, fiacco: *too ~ to walk* troppo debole per camminare; *to grow ~* indebolirsi, diventare debole, infiacchirsi. 2 (*of bodily parts, faculties*) debole: *to have ~ eyes* avere la vista debole. 3 (*of things*) poco resistente, poco robusto, debole: *a ~ rope* una corda poco resistente. 4 (*of light, sounds*) debole, fievole, fioco. 5 (*of colour*) debole, tenue. 6 (*of liquids*) diluito, allungato: *a ~ solution* una soluzione diluita. 7 (*of wine*) poco alcolico, leggero. 8 (*Gramm, Chim, Fot*) debole. □ (*Fis*) *~ force* interazione debole; *to have a ~ head* essere debole di mente, essere poco intelligente; (*colloq*) *he is ~ in the head* è un po' duro di comprendonio; *to have a ~ heart* essere debole di cuore; (*Fis*) *~ interaction* interazione debole; (*colloq*) *to have ~ knees* essere uno smidollato, essere una pappamolla; *the ~ link (in a chain)* l'anello più debole (di una catena); *to have ~ nerves* essere debole di nervi; *~ point* punto debole (*anche fig*); (*Am,sl*) *~ sister* punto debole, guastafeste.
weaken /ˈwiːkən/ **I** *v.t.* 1 indebolire, infiacchire: *the heavy losses have -ed the enemy* le forti perdite hanno indebolito il nemico. 2 (*of things*) indebolire, rendere meno resistente: *the explosion -ed the bridge* l'esplosione indebolì il ponte. 3 (*to dilute*) diluire, allungare. **II** *v.i.* 1 indebolirsi, infiacchirsi. 2 (*to lose resolution*) perdersi d'animo, perdersi di coraggio, scoraggiarsi. 3 (*to lose force, intensity*) calare, scemare, perdere forza, perdere intensità: *the wind has -ed* il vento è calato.
weakening /ˈwiːkənɪŋ/ **I** *n.* indebolimento *m.*, infiacchimento *m.* **II** *a.* in diminuzione, in discesa, decrescente: *~ demand* domanda decrescente.
weaker /ˈwiːkər/ □ (*spreg,ant*) *~ sex* sesso debole.
weakfish /ˈwiːkfɪʃ/ *n.* (*Itt*) trota *f.* comune, trota *f.* di mare.
weak-headed /ˈwiːkˌhedɪd/ *a.* (*mentally deficient*) debole di mente, poco intelligente.
weak-hearted /ˈwiːkˌhɑːtɪd Am ˈwiːkˌhɑːrtəd/ *a.* debole di cuore.

weakish /'wiːkɪʃ/ *a.* piuttosto debole, deboluccio.

weak-kneed /'wiːkniːd/ *a.* debole, smidollato, senza spina.

weakling /'wiːklɪŋ/ *n.* **1** persona *f.* debole, persona *f.* gracile; (*colloq*) scamorza *f.* **2** (*person lacking strength of character*) persona *f.* dal carattere debole, smidollato *m.* (*f.* -a).

weakly /'wiːkli/ **I** *a.* gracile, debole, cagionevole, malaticcio. **II** *avv.* debolmente, fiaccamente.

weak-minded /'wiːkmaɪndɪd/ *a.* **1** (*feeble*) smidollato, debole, senza spina. **2** (*not intelligent*) poco intelligente, stupido.

weakness /'wiːknəs/ *n.* **1** (*feeling weak*) debolezza *f.*, fiacchezza *f.* **2** (*lack of resolution*) debolezza *f.*: *a moment of* ~ un momento di debolezza. **3** (*slight defect*) debolezza *f.*, punto *m.* debole, (piccolo) difetto *m.*, neo *m.* **4** (*liking, fondness*) debole *m.*, inclinazione *f.*: *a* ~ *for chocolates* un debole per i cioccolatini.

weak-spirited /'wiːkspɪrɪtɪd *Am* 'wiːk,spɪrɪtəd/ *a.* pauroso, privo di coraggio.

weak-willed /'wiːkwɪld/ *a.* dalla volontà debole.

weal[1] /wiːl/ **I** *n.* **1** (*mark caused by a blow*) segno *m.* di una frustata, (*bruise*) livido *m.* **2** (*itchy swelling due to sting, etc*) ponfo *m.*, (*blister*) vescica *f.* **II** *v.t.* segnare, causare segni di tumefazione, causare lividi.

weal[2] /wiːl/ *n.* (*ant*) (*welfare*) benessere *m.*, prosperità *f.*, bene *m.*: *the public* ~ il benessere pubblico.

weald /wiːld/ *n.* **1** (*rar,poet*) aperta campagna *f.* **2** (*wooded country*) foresta *f.*, bosco *m.*

Weald /wiːld/ *n.pr.* (*Geog*) Weald *m.*

wealth /welθ/ *n.* **1** ricchezze *f.pl.*, ricchezza *f.* **2** (*possessions, riches*) beni *m.pl.*, sostanze *f.pl.*, ricchezze *f.pl.*: *a man of great* ~ un uomo molto ricco. **3** (*Econ*) ricchezza *f.*, patrimonio *m.*: *national* ~ ricchezza nazionale, *personal* ~ patrimonio personale. **4** (*fig*) (*abundance, profusion*) ricchezza *f.*, abbondanza *f.*, copia *f.*, profusione *f.*: *a* ~ *of examples* esempi a non finire. **5** (*ant*) (*well-being*) benessere. ☐ (*Econ*) ~*effect* effetto-benessere, tendenza a spendere i profitti; ~*tax* imposta sul patrimonio.

wealthily /'welθɪli/ *avv.* riccamente, da ricco.

wealthiness /'welθɪnəs/ *n.* ricchezza *f.*, opulenza *f.*, prosperità *f.*

wealthy /'welθɪ/ *a.* **1** ricco, facoltoso, abbiente, agiato, (*of things*) ricco: *a* ~ *country* un paese ricco. **2** (*fig*) ricco, che abbonda, che ha abbondanza (*in* di).

wean[1] /wiːn/ *v.t.* svezzare, divezzare, spoppare, slattare: *to* ~ *a baby* svezzare un bambino. ☐ (*fig*) *to* ~*away* (o *to* ~*from* o *to* ~*off*) svezzare da, disabituare da, fare perdere l'abitudine a; (*fig*) *to* ~*on* svezzare con, crescere con: *he was* ~*ed on computer games* era cresciuto con i videogiochi.

wean[2] /wiːn/ *n.* (*Scott*) (*child*) bambino *m.* (*f.* -a).

weaner /'wiːnər/ *n.* animale *m.* appena slattato.

weaning /'wiːnɪŋ/ *n.* svezzamento *m.*, divezzamento *m.*, slattamento *m.*

weanling /'wiːnlɪŋ/ *n.* bambino *m.* (*f.* -a) appena slattato, animale *m.* appena slattato.

weapon /'wepən/ *n.* **1** arma *f.*, ordigno *m.*: -*s of offence and defence* armi offensive e difensive. **2** (*fig*) arma *f.*, mezzo *m.*: *the* ~ *of satire* l'arma della satira. ☐ ~*carrier* veicolo porta-armi; ~*sales* (o -*s sales*) vendite di armi; ~ *system* (o -*s system*) sistema di armamenti; ~ *training* addestramento nell'uso delle armi.

weaponed /'wepənd/ *a.* armato, dotato di armi.

weaponless /'wepənləs/ *a.* senza armi, non armato.

weaponry /'wepənri/ *n.* **1** (*collett.*) armi *f.pl.* **2** (*design, production of weapons*) armamento *m.*

wear[1] /weər *Am* wer/ (*past* **wore** /wɔːr *Am* wɔːr/, *p.p.* **worn** /wɔːn *Am* wɔːrn/ o *dial* **wore**) **I** *v.t.* **1** indossare, portare, avere addosso, avere indosso: *she was* -*ing a red dress* indossava un abito rosso; *to* ~ *a hat* portare il cappello. **2** (*of shoes*) portare, calzare; (*to have on the person*) portare: *to* ~ *a sword* portare una spada; *to* ~ *a wig* portare una parrucca. **3** (*to be dressed in*) vestirsi di, essere vestito di: *the bride wore white* la sposa era vestita di bianco. **4** (*to dress habitually in*) vestire (abitualmente): *soldiers* ~ *uniforms* i soldati vestono l'uniforme. **5** (*of hair*) portare: *to* ~ *one's hair long* portare i capelli lunghi. **6** (*of a facial expression*) avere, mostrare: *she wore a troubled look* aveva un'aria preoccupata. **7** (*to cause to deteriorate by wearing*) consumare, logorare, sciupare: *these shoes are hardly worn* queste scarpe sono appena consumate. **8** (*to produce by friction*) scavare (per attrito): *the water has worn a groove in the rock* l'acqua ha scavato un solco nella roccia. **9** (*fig*) (*to weary, to exhaust*) esaurire, spossare, logorare, sfinire. **10** (*Br*) (*to accept, to tolerate*) accettare, adeguarsi: *she'll never* ~ *that idea* non accetterà mai quell'idea. **11** (*Mar*) (*of a flag, colours*) battere, mostrare. **II** *v.i.* **1** durare, resistere all'uso: *this coat will* ~ *for years* questo cappotto durerà molti anni. **2** (*fig*) reggere, resistere: *the book has worn remarkably well* questo libro ha retto benissimo. **3** (*to become consumed*) logorarsi, consumarsi. ☐ *to* ~*away*: **1** cancellare: *the inscription had been worn away by the elements* l'iscrizione era stata cancellata dalle intemperie; **2** (*to impair by use*) logorare, consumare; **3** (*to diminish through use*) logorarsi, consumarsi: *the gasket has worn away* la guarnizione si è logorata; **4** (*to produce by friction*) fare, produrre (per attrito, sfregamento ecc.): *to* ~ *away a hole in one's trousers* farsi un buco nei pantaloni; **5** (*to diminish gradually*) diminuire, scemare; **6** (*of time, to pass slowly*) passare lentamente, trascorrere lentamente: *to* ~ *away one's time in trifles* sprecare il tempo in sciocchezze; *to* ~*down* : **1** consumare, logorare: *to* ~ *down the heels* consumare i tacchi; **2** (*to become reduced by use*) consumarsi, logorarsi; **3** (*fig*) fiaccare, indebolire, logorare: *to* ~ *down so.'s resistance* fiaccare la resistenza di qcu.; (*fig*) *to* ~ *one's heart on one's sleeve* parlare apertamente, avere il cuore sulle labbra; *to* ~*off* : **1** consumare (per l'uso), togliere (con l'uso); **2** (*to become removed by use*) consumarsi (per l'uso): *the paint is worn off* la vernice si è consumata; **3** (*fig*) (*to diminish in effect*) perdere efficacia: *the novelty soon wore off* presto la novità non fece più (alcun) effetto; **4** (*to disappear gradually*) dissiparsi, sparire lentamente, passare lentamente; *to* ~*on* : **1** infastidire, annoiare, stancare: *his monotonous speech began to* ~ *on me* il suo discorso monotono cominciò a infastidirmi; **2** (*of time*) passare lentamente, trascorrere lentamente; *to* ~*out* : **1** logorare, consumare; **2** (*to efface by use*) cancellare (con l'uso); **3** (*to become consumed by wear, use*) logorarsi, consumarsi; **4** (*to become effaced by use*) cancellarsi (con l'uso); **5** (*fig*) (*to tire, to exhaust*) esaurire, spossare, sfinire: *to* ~ *out*

one's welcome abusare dell'ospitalità altrui, diventare un ospite sgradito (trattenendosi più del necessario); **6** (*fig*) (*to endure through*) superare: *to* ~ *out a storm* superare una tempesta; **7** (*fig*) (*of one's patience*) esaurirsi; (*spec. Am,fig*) *to* ~ *thepants* portare i pantaloni; *to* ~ *a smile* sorridere; *to* ~ *stripes* scontare una pena in prigione; *to* ~ *the crown* regnare; (*Br,fig*) *to* ~*the trousers* portare i pantaloni: *his wife* ~ *the trousers* è sua moglie che porta i pantaloni; *to* ~*thin* : **1** diventare liso per l'uso; **2** (*of hair*) diradarsi; **3** (*fig*) (*of patience*) esaurirsi; *to* ~ *one's years lightly* portare bene i propri anni.

wear[2] /weər *Am* wer/ *n.* **1** uso *m.*: *clothes for everyday* ~ abiti per uso giornaliero. **2** (*clothing*) abiti *m.pl.*, indumenti *m.pl.*, abbigliamento *m.*, vestiario *m.*: *evening* ~ abiti da sera; *beach* ~ abbigliamento da spiaggia. **3** (*damage due to being worn, used*) logoramento *m.*, logorio *m.*, consumo *m.*, usura *f.*: *the carpet shows signs of* ~ il tappeto mostra la corda. **4** (*resistance to being worn*) resistenza *f.* al logoramento, resistenza *f.* all'uso, durata *f.*: *this fur coat will give you years of good* ~ questa pelliccia ti durerà per molti anni. ☐ (*fair*) ~*and tear* logoramento, logorio, deterioramento, consumo (normale).

wear[3] /weər *Am* wer/ (*past* **wore** /wɔːr *Am* wɔːr/, *p.p.* **worn** /wɔːn *Am* wɔːrn/) **I** *v.t.* (*Mar*) fare virare di bordo. **II** *v.i.* (*Mar*) virare di bordo.

wearability /weərə,bɪlɪti *Am* 'werə,bɪlɪti/ *n.* portabilità *f.*

wearable /'weərəbəl *Am* 'werəbəl/ **I** *a.* portabile, che si può indossare, che si può portare. **II** *n.spec.pl.* indumenti *m.pl.*, abiti *m.pl.*, vestiario *m.*

wearer /'weərər *Am* 'werər/ *n.* chi indossa (un indumento).

wearied /'wɪərid *Am* 'wɪrid/ *a.* affaticato, stanco.

weariless /'wɪərɪləs *Am* 'wɪrɪləs/ *a.* instancabile, infaticabile.

wearily /'wɪərɪli *Am* 'wɪrɪli/ *avv.* stancamente.

weariness /'wɪərɪnəs *Am* 'wɪrɪnəs/ *n.* **1** stanchezza *f.*, affaticamento *m.* **2** (*tediousness*) tediosità *f.*, noia *f.*

wearing /'weərɪŋ *Am* 'werɪŋ/ **I** *n.* **1** il portare, l'indossare. **2** (*wear*) uso *m.* **3** (*damage due to being worn*) logoramento *m.*, usura *f.*, logorio *m.*, consumo *m.* **II** *a.* da indossare, da portare. ☐ ~*apparel* abbigliamento *m.*, indumenti, vestiario; (*Strad*) ~*course* manto stradale.

wearisome /'wɪərɪsəm *Am* 'wɪrɪsəm/ *a.* **1** stanca, che affatica, faticoso, pesante. **2** (*tedious, boring*) tedioso, noioso, uggioso.

wearisomely /'wɪərɪsəmli *Am* 'wɪrɪsəmli/ *avv.* in modo faticoso.

wearisomeness /'wɪərɪsəmnəs *Am* 'wɪrɪsəmnəs/ *n.* **1** l'essere faticoso. **2** (*tediousness*) tedio *m.*, noia *f.*

weary /'wɪəri *Am* 'wɪri/ **I** *a.* **1** stanco, affaticato: *to grow* ~ stancarsi, affaticarsi. **2** (*tiring*) faticoso, che stanca, che affatica: *a* ~ *journey* un viaggio faticoso. **3** (*tedious*) noioso, tedioso, uggioso. **4** (*having one's patience exhausted*) stanco, sazio, stufo (*of* di): *to grow* ~ stancarsi, stufarsi, seccarsi (*of* di). **5** (*showing boredom*) di noia, annoiato: *a* ~ *sigh* un sospiro di noia. **II** *v.i.* **1** stancarsi, affaticarsi. **2** (*to become exhausted in patience*) stancarsi, seccarsi, stufarsi, saziarsi (*of* di): *to* ~ *of so.'s grumbling* stancarsi delle lamentele di qcu. **III** *v.t.* **1** stancare, affaticare. **2** (*to exhaust the patience of*) seccare, stufare, saziare, annoiare.

wearying/'wɪərɪɪŋ Am 'wɪrɪɪŋ/ a. che stanca, che affatica, faticoso.

weasand /'wiːzənd/ n. (rar) gola f.; (wind-pipe) trachea f.

weasel/'wiːzəl/ I n. 1 (Zool) donnola f. 2 (Ir, Zool) ermellino m. 3 (colloq) persona f. subdola e astuta. 4 (colloq) (informer) informatore m. (f. -trice), spia f. II v.i. (to be evasive, to mislead) essere ambiguo, confondere le idee. ☐ (colloq) to ~ (one's way) out of sth. svincolarsi a qcs., sottrarsi a qcs., sfuggire a qcs., scansare qcs.; ~ words parole ambigue, linguaggio ambiguo.

weasel-faced/'wiːzəlfeɪst/ a. dal viso affilato e astuto.

weather /'weðər/ I n. tempo m. (atmosferico), condizioni f.pl. atmosferiche: beautiful ~ bel tempo; the ~ is picking up il tempo sta migliorando; we are in for some bad ~ ci sarà brutto tempo. II a. 1 meteorologico, del tempo, meteo: ~ forecast previsioni del tempo, bollettino meteorologico, meteo. 2 (Mar) (windward) al vento, sopravvento. III v.t. 1 (to expose to the effects of the weather) esporre alle intemperie, esporre all'azione degli agenti atmosferici. 2 (to expose to air) esporre all'aria. 3 (of timber: to season) stagionare. 4 (Geol) disgregare. 5 (of a storm, of a difficult time, etc.) superare: to ~ a crisis superare una crisi. 6 (to come through, to survive) sopravvivere a, scampare a. 7 (Mar) (to make headway against) avanzare contro, procedere contro: to ~ a strong wind avanzare contro un forte vento; (to sail to the windward of) navigare sopravvento a, portarsi sopravvento a; (to double round) doppiare (sopravvento). 8 (Edil) (of a roof) disporre a spiovente. IV v.i. 1 (to endure the effects of the weather) resistere alle intemperie, resistere all'azione degli agenti atmosferici: paint that -s well vernice che resiste bene alle intemperie. 2 (to deteriorate under the influence of the weather) deteriorarsi per l'azione degli agenti atmosferici. 3 (Geog) disgregarsi per l'azione degli agenti atmosferici. ☐ (Geog) to ~ away disgregarsi per l'azione degli agenti atmosferici; ~ balloon pallone sonda, sonda meteorologica; ~ box cassetta igrometrica, scatola igrometrica; (US) Weather Bureau ufficio meteorologico; ~ centre ufficio meteorologico; (Meteor) ~ chart carta meteorologica; (Am,Mar) ~ deck ponte scoperto; (fig) to keep one's ~ eye open tenere gli occhi aperti, stare sul chi vive, stare all'erta; (Mar) ~ gauge sopravvento; (ant) ~ glass barometro, gruppo barometro; (Meteor) ~ map carta meteorologica; (Geog) to ~ out disgregarsi per l'azione degli agenti atmosferici; ~ permitting tempo permettendo; (colloq) ~ prophet meteorologo dilettante; ~ report bollettino meteorologico; ~ satellite satellite meteorologico; ~ ship nave per osservazioni meteorologiche; ~ station osservatorio meteorologico; in this ~ con questo tempo; (Edil) ~ tiles tegole sovrapposte (a spiovente); (colloq) to be under the ~ (o to feel under the ~): 1 (slightly ill) essere indisposto, sentirsi poco bene; 2 (depressed) essere giù di tono, essere giù di corda; ~ vane: 1 banderuola, segnavento; 2 (colloq) (so. who changes opinion) banderuola; what's the ~ like? che tempo fa?

weather-beaten /'weðəbiːtən/ a. 1 esposto alle intemperie, esposto alle intemperie. 2 (of a face) segnato dalle intemperie.

weatherboard /'weðəbɔːd Am 'weðərbɔːrd/ n. 1 (Edil) tavola f. di copertura (contro la pioggia). 2 (Mar) lato m. di sopravvento.

weatherboarding /'weðəbɔːdɪŋ Am 'weðər-

bɔːrdɪŋ/ n. 1 (act) rivestimento m. con tavole di copertura. 2 (collett.) (weatherboards) tavole f.pl. di copertura.

weatherbound, weather-bound /'weðəbaund Am 'weðərbaund/ a. 1 (Mar) trattenuto (in porto) dal maltempo. 2 (kept indoors by bad weather) costretto a casa dal cattivo tempo.

weathercast /'weðəkɑːst Am 'weðərkæst/ n. (spec. Am) previsioni f.pl. meteorologiche, meteo m.

weathercock/'weðəkɒk Am 'weðərkɑːk/ n. 1 gallo m. segnavento. 2 (fig) chi cambia spesso (di) opinione, banderuola f.

weathered/'weðəd Am 'weðərd/ a. 1 alterato dagli agenti atmosferici. 2 (of timber: seasoned) stagionato. 3 (Geol) disgregato dall'azione degli agenti atmosferici. 4 (Edil) a spiovente.

weathergirl /'weðəɡɜːl Am 'weðərɡɜːrl/ n. (colloq) (meteorologist) meteorologa f.

weathering /'weðərɪɳ/ n. 1 (Geol) disgregazione f. causata dagli agenti atmosferici; degradazione f. meteorologica. 2 (Edil) pendenza f. a sgrondo.

weatherman /'weðəmən Am 'weðə,mæn/ n.irr. 1 (colloq) (meteorologist) meteorologo m. 2 (TV,Rad) addetto m. al servizio delle previsioni meteorologiche.

weathermost /'weðəməust Am 'weðərməust/ a. (Mar) il più (a) sopravvento.

weatherperson /'weðəpɜːsən Am 'weðərpɜːrsən/ n. (meteorologist) meteorologo m. (f. -a).

weatherproof/'weðəpruːf Am 'weðərpruːf/ I a. che resiste alle intemperie, che resiste all'azione degli agenti atmosferici. II v.t. impermeabilizzare.

weather-stained /'weðəsteɪnd Am 'weðərsteɪnd/ a. macchiato (o chiazzato) per l'esposizione agli agenti atmosferici.

weatherstrip /'weðəstrɪp Am 'weðərstrɪp/ n. (Edil) profilato m. di tenuta, guarnizione f. di tenuta.

weathervane /'weðə,veɪn Am 'weðər,veɪn/ n. 1 banderuola f., segnavento m. 2 (colloq) (so. who changes opinion) banderuola f.

weather-wise/'weðəwaɪz Am 'weðərwaɪz/ a. che sa prevedere il tempo.

weatherworn /'weðəwɔːn Am 'weðərwɔːrn/ a. logorato dalle intemperie.

weave[1] /wiːv/ (past wove /wouv/ o rar -d /-d/, p.p. woven /'wouvən/ o wove) I v.t. 1 (to make from threads, yarns, etc.) tessere: to ~ cloth tessere la stoffa. 2 (to make from other materials) intrecciare: to ~ a basket intrecciare un canestro. 3 (estens) (to interlace, to entwine) intrecciare, tessere: to ~ flowers into one's hair intrecciare fiori nei capelli. 4 (fig) tessere, comporre (con arte); (to devise, to contrive) tessere, ordire, tramare, macchinare. 5 (to cause to move in a zigzag course) (far) muovere a zigzag. II v.i. 1 tessere, lavorare al telaio. 2 (to move in a winding course) muoversi a zigzag, serpeggiare: to ~ through the traffic muoversi a zigzag in mezzo al traffico. 3 (Zool) tessere una ragnatela. ☐ (Br,colloq) to get weaving mettersi all'opera di buona lena, mettersi sotto; get weaving! datti da fare!; to ~ in and out snodarsi.

weave[2] /wiːv/ n. 1 trama f., tessitura f. 2 (Tess) (woven pattern) armatura f.

weaver /'wiːvər/ n. 1 tessitore m. (f. -trice). 2 (Ornit) tessitore m.

weaverbird /'wiːvə,bɜːd Am 'wiːvərbɜːrd/ n. (Ornit) tessitore m.

weaving /'wiːvɪŋ/ n. (act, process) tessitura f., il tessere.

web[1] /web/ n. 1 (Zool) ragnatela f., tela f. di

ragno. 2 (estens) reticolato m.: a ~ of grape-vines un reticolato di viti. 3 (fig) tessuto m., intreccio m., ordito m., intrico m.: a ~ of lies un tessuto di menzogne. 4 (fig) (snare, entanglement) tranello m., trappola f.: to weave a ~ of deceit tessere insidie, tessere inganni. 5 (Tess) (woven fabric) tessuto m.; (sheet of fibres) velo m.; (warp) ordito m. 6 (Zool) membrana f. interdigitale. 7 (Zool) (of amphibians, water birds) palma f. 8 (Arch) zona f. sottile tra due nervature. 9 (Edil) pannello m. di volta. 10 (Cart) nastro m. di carta. 11 (Tip) bobina f. di carta, rotolo m. di carta. 12 (Mecc) (of a crank) spalla f., braccio m. (di manovella); (of a wheel) disco m.; (of a key) ingegno m. 13 (Ferr) (of rails) anima f., gambo m. 14 (Met) bava f., bavatura f. ☐ (Tip) ~ feeding alimentazione a bobina; (Tip) ~ offset roto-offset, rotativa: ~ offset printing stampa rotativa, stampa roto-offset.

web[2], **Web** /web/ n. (Inform) rete f., web m., Web m. ☐ (Inform) ~ address indirizzo web; (Inform) ~ browser browser; (Inform) ~ crawler web crawler (motore di ricerca che rintraccia le informazioni nel web a partire dai titoli e dal contenuto); (Inform) ~ designer web designer; (Inform) ~ development sviluppo web; (Inform) ~ engineer web engineer; (Inform) ~ directory directory web; (Inform) ~ index indice web; (Inform) ~ library weblioteca; (Inform) ~ manager web manager; (Inform) ~ page pagina web; (Inform) ~ server webserver, server; (Inform) ~ site sito web; (Inform) ~ terminal terminale web.

webbed /webd/ a. (Zool) 1 palmato: ~ feet piedi palmati. 2 (joined by a web) unito da una membrana: ~ toes dita unite da una membrana.

webbing/'webɪŋ/ n. 1 tessitura f. 2 (Tess) tessuto m. forte per cinghie. 3 (Arred) nastro m. robusto per tappezzeria. 4 (Anat) membrana f. interdigitale.

webcam /'webkæm/ n. (Inform) webcam f., telecamera f. web, web camera f.

webcast /'webkæst/ n. (Inform) webcast m.

webcasting /'web,kæstɪŋ/ n. (Inform) webcasting m.

web-fingered /'webfɪɳɡəd Am 'webfɪɳɡərd/ a. che ha le dita (della mano) unite da una membrana.

webfoot/'webfut/ n.irr. 1 (Zool) (foot) piede m. palmato. 2 (Zool) animale m. dal piede palmato. 3 (Ornit) palmipede m.

web-footed /'webfutɪd Am 'webfutɪd/ a. 1 (Zool) (dal piede) palmato. 2 (Ornit) palmipede.

webliography /webli'ɒɡrəfi Am webli'ɑːɡrəfi/ n. webliografia f.

webmaster /'web,mɑːstər/ a. (Inform) webmaster m./f.

webster /'webstər/ n. (rar) (weaver) tessitore m. (f. -trice).

web-toed /'webtoud/ a. (Zool) (dal piede) palmato.

webworm /'webwɜːm Am 'webwɜːrm/ n. (Am, Entom) bruco m.

wed /wed/ (past, p.p. **wedded** /'wedɪd/ o **wed**) I v.t. 1 (lett,Giorn) sposare, unirsi in matrimonio con: with this ring I thee ~ con questo anello io ti sposo. 2 (fig) combinare, unire, accoppiare, sposare: a style that -s poetry and (o to) prose uno stile che combina la poesia con la prosa. II v.i. 1 sposarsi. 2 (fig) armonizzarsi, sposarsi (with con). ☐ (colloq) to get ~ sposarsi.

we'd /wiːd/ contraz. di we had, we should, we would.

wedded /'wedɪd/ a. **1** sposato. **2** (of marriage) del matrimonio, coniugale, matrimoniale. **3** (fig) attaccato, dedito totalmente, devoto: *he is ~ to his work* è attaccato al suo lavoro. **4** (fig) (closely united, blended) accoppiato, unito, combinato.

wedding /'wedɪŋ/ n. sposalizio m., cerimonia f. nuziale, matrimonio m. □ ~anniversary anniversario di matrimonio; (spec. Am) ~band anello nuziale, fede; ~banquet pranzo di nozze; ~breakfast ricevimento (dopo le nozze), rinfresco nuziale; ~cake torta nuziale; ~day giorno delle nozze; ~dress abito nuziale; ~guest invitato alle nozze; (Mus) ~march marcia nuziale; ~present regalo di nozze; ~ring anello nuziale, fede; ~stationery articoli di cartoleria connessi con un matrimonio.

wedge /wedʒ/ **I** n. **1** (shape) cuneo m., zeppa f., bietta f. **2** (block or stop) fermo m.; (doorstop) fermo m. per porte, fermaporta f. **3** (sth. wedge-shaped) spicchio m., grossa fetta f.: *a lemon ~* uno spicchio di limone; *a ~ of cake* una grossa fetta di torta. **4** (fig) dissenso m., discordia f., screzio m.: *to drive a ~ between two peoples* far nascere un dissenso tra due persone. **5** (Sport) (golf club) ferro m. da alzo. **II** v.t. **1** (to separate with a wedge) dividere con un cuneo, separare con un cuneo. **2** (to split with a wedge) spaccare con un cuneo. **3** (to fix, to tighten with wedges) fissare con zeppe, fermare con un cuneo, incuneare. **4** (fig) incuneare, far entrare a forza, inserire a forza. **III** v.i. essere fissato con un cuneo. □ *to ~apart*: 1 (to separate with a wedge) dividere con un cuneo, separare con un cuneo; 2 (to split with a wedge) spaccare con un cuneo; (Calz) ~heel tacco a zeppa; (fig) *to ~in* (to crowd, to pack) stipare, ammassare, ammucchiare; *to ~open* dividere con un cuneo, separare con un cuneo; *to ~up* imbiettare; *to ~ one's way through a crowd* incunearsi tra la folla (per farsi largo).

wedge-shaped /'wedʒʃeɪpt/ a. cuneiforme.

wedgie /'wedʒi/ n. **1** (Calz,colloq) scarpa f. con tacco a zeppa. **2** (Am,sl) il toccare il sedere con il pollice o con un oggetto appuntito.

Wedgwood /'wedʒwʊd/ n. (Ceram) ceramica f. di Wedgwood. □ ~blue (color) carta da zucchero.

wedlock /'wedlɒk Am 'wedlɑːk/ n. **1** vincolo m. coniugale, matrimonio m. **2** (married life) vita f. matrimoniale. □ *to be born in* (lawful) ~ essere figlio legittimo; *to be born out of* ~ essere figlio illegittimo.

Wednesday /'wenzdɪ, 'wenzdeɪ/ n. mercoledì m.: *on ~* mercoledì; *on -s* (o Am -s) di mercoledì, il mercoledì, tutti i mercoledì.

wee 1 /wiː/ **I** a. (spec. Scott) molto piccolo, minuscolo, piccolissimo: *a ~ house* una casa molto piccola. **II** n. (Scott) attimo m., momento m., istante m., po' m., poco m. □ *a ~bit* un tantino; *the ~hours* (o the ~small hours) (of the morning) le ore piccole.

wee 2 /wiː/ **I** n. (spec. Br,colloq) **1** (urine) pipì f. **2** (act of urinating) pisciata f., pisciatina f., pipì f. **II** v.i. (spec. Br,colloq) fare pipì, pisciare.

weed /wiːd/ **I** n. **1** erbaccia f., malerba f., pianta f. infestante: *to clear a flower bed of -s* togliere le erbacce da un'aiuola, (rar) scerbare un'aiuola. **2** (seaweed) alga f. **3** (colloq) (ineffectual person) persona f. senza spina dorsale. **4** (colloq) (thin, tall person) spilungone m., giraffa f., stanga f. **5** (colloq) (tobacco) tabacco m.; (cigarette) sigaretta f., bionda f.; (cigar) sigaro m. **6** (sl) (marijuana) marijuana f., erba f. **II** v.t. **1** diserbare, scerbare,

sarchiare (per estirpare le erbacce): *to ~ the garden* diserbare il giardino. **2** (fig) (to remove as undesirable) eliminare, liberarsi di, epurare. **III** v.i. strappare le erbacce, sradicare le erbacce. □ ~killer diserbante, erbicida; *to ~out*: 1 togliere le erbacce da, scerbare; 2 (fig) eliminare, liberarsi di, epurare; *to run to ~* ricoprirsi di erbacce; (spec. Am, Giard) ~whacker tagliaerba elettrico. Prov.: *ill -s grow apace* la malerba cresce presto.

weeder /'wiːdər/ n. **1** sarchiatore m. (f. -trice). **2** (Agr) (device, tool) sarchiatrice f.

weediness /'wiːdɪnəs/ n. **1** abbondanza f. di erbacce. **2** (colloq) (thinness) magrezza f.; (weakness) debolezza f., fiacchezza f.

weeding /'wiːdɪŋ/ n. (Agr) sarchiatura f., diserbo m., diserbatura f.

weedkiller /'wiːd,kɪlər/ n. diserbante f., erbicida f.

weedless /'wiːdləs/ a. senza erbacce, privo di erbacce.

weeds /wiːdz/ n.pl. (ant) (mourning clothes) gramaglie f.pl., abito m.sing. da lutto: *widow's ~* gramaglie vedovili.

weedy /'wiːdi/ a. **1** pieno di erbacce, coperto di erbacce, infestato dalle erbacce: *a ~ lawn* un prato pieno di erbacce. **2** (colloq) (thin) magro, sparuto, allampanato; (weak) debole, fiacco.

week /wiːk/ n. **1** settimana f.: *last ~* la settimana scorsa; *next ~* la settimana prossima; *a ~'s holiday* una settimana di vacanza. **2** (working week) settimana f. lavorativa: *a forty-hour ~* una settimana lavorativa di quaranta ore. **3** (after Sunday, Monday, etc.) a otto: *Tuesday week* martedì a otto, il martedì dopo. □ *three times a ~* tre volte la settimana; *to be paid by the ~* essere pagato settimanalmente, essere pagato a settimana; *for -s* (on end) per settimane (e settimane); *~in, ~out* una settimana dopo l'altra, settimana dopo settimana, tutte le settimane; (colloq) *a ~of Sundays* un periodo di tempo lunghissimo, un'eternità; *what day of the ~ is it?* che giorno della settimana è (oggi)?

weekday /'wiːkdeɪ/ **I** n. giorno m. feriale, giorno m. lavorativo, giornata f. lavorativa: *on -s* nei giorni feriali; (Am) *-s* tutti i giorni feriali. **II** a. di tutti i giorni, dei giorni feriali: *~ clothes* abiti di tutti i giorni.

weekdays /'wiːkdeɪz/ avv. (Am) tutti i giorni feriali.

weekend /,wiːk'end Am 'wiːkend/ **I** n. fine settimana m./f., weekend m.: (Am) *-s* tutti i fine settimana. **II** v.i. passare il fine settimana, trascorrere il weekend (with con). □ ~bag borsone, borsa da viaggio; ~house casa dove si trascorre il fine settimana, seconda casa.

weekender /'wiːk,endər/ n. **1** turista m./f. del fine settimana. **2** (Aus) (weekend house) casa f. dove si trascorre il fine settimana, seconda casa f.

weekly /'wiːkli/ **I** a. settimanale, della settimana: *a ~ meeting* una riunione settimanale, *the ~ shopping* la spesa della settimana. **II** avv. settimanalmente, ogni settimana: *to be paid ~* essere pagato settimanalmente. **III** n. (Giorn,Edit) settimanale m.

weeknight /'wiːknaɪt/ n. sere f.pl. durante la settimana: *she doesn't stay out late on -s* non rimane fuori fino a tardi durante la settimana.

ween /wiːn/ v.t. (rar,poet) credere, ritenere.

weenie, weeny /'wiːni/ **I** n. (sl) pisello m., pistolino m. **II** a. (colloq) piccino.

weep 1 /wiːp/ (past, p.p. **wept** /wept/) **I** v.i. **1** piangere, versare lacrime, lacrimare: *she began to ~* cominciò a piangere; *to ~ for joy*

piangere di gioia, versare lacrime di gioia; *to ~ with anger* piangere di rabbia. **2** (to drop water, to drip) gocciolare, stillare, colare, lacrimare. **3** (to exude liquid) trasudare, essudare. **4** (Med) essudare. **5** (Bot) piangere, stillare. **II** v.t. **1** piangere, versare lacrime su, spargere lacrime su: *to ~ one's fate* piangere sul proprio destino. **2** (of tears) piangere, versare, spargere. **3** (to express with weeping) dire piangendo, esprimere tra le lacrime. **4** (to exude) trasudare, essudare. □ *to ~away* (of time) passare piangendo, trascorrere piangendo; *to ~ one's heart out* sciogliersi in lacrime; (Br) *to ~out* dire piangendo, esprimere tra le lacrime; *to ~over so.* piangere qcu.; *to ~ over sth.* piangere su qcs.; *to ~ oneself to sleep* piangere fino ad addormentarsi.

weep 2 /wiːp/ n. pianto m., sfogo m. di pianto: *have a good ~, you'll feel better* fatti un bel pianto, ti sentirai meglio.

weeper /'wiːpər/ n. **1** chi piange. **2** (Stor) (professional mourner) prefica f., piangitrice f. **3** (Edil) (weephole) foro m. di drenaggio, feritoia f. di scolo. **4** (Am,colloq) (film) film m. strappalacrime m.; (book) libro m. strappalacrime. **5** pl. (widow's black veil) velo m.sing. (di crespo) nero; (mourning band) nastro m.sing. nero sul cappello (in segno di lutto). **6** pl. (colloq) (sidewhiskers) fedine f.pl., basettoni m.pl.

weephole /'wiːphoʊl/ n. (Edil) foro m. di drenaggio, feritoia f. di scolo.

weepie /'wiːpi/ n. (colloq) (film) film m. strappalacrime m.; (book) libro m. strappalacrime.

weeping /'wiːpɪŋ/ **I** a. **1** piangente, che piange, in lacrime. **2** (tearful) lacrimoso, pieno di lacrime. **3** (dripping, oozing liquid) stillante, che gocciola. **II** n. pianto m., lacrime f.pl. □ (Stor) ~cross croce penitenziale (posta ai crocicchi); (Bot) ~fig (o ~ivy) ficus benjamin; (Bot) ~willow salice piangente.

weepy /'wiːpi/ **I** a. che ha le lacrime in tasca, che piange facilmente, che ha il pianto facile. **II** n. (colloq) (film) film m. strappalacrime m.; (book) libro m. strappalacrime.

weever /'wiːvər/ n. **1** (Entom) trachino m. **2** pl. trachinidi m.pl.

weevil /'wiːvɪl/ n. (Entom) **1** tonchio m. **2** (bollweevil) antonomo m. **3** pl. rincofori m.pl.

weevilly, weevily /'wiːvɪli/ a. (Agr) tonchiato.

wee-wee /'wiːwiː/ **I** n. **1** (spec. Br,infant) (urine) pipì f. **2** (spec. Br,infant) (act of urinating) pisciatina f., pipì f. **3** (Am,infant) (penis) pisellino m., pistolino m. **II** v.i. (spec. Br,infant) fare pipì.

weft 1 /weft/ n. **1** (Tess) trama f. **2** (estens) (woven fabric) tessuto m.

weft 2 /weft/ n. (Mar) (waif) mostravento m., fiamma f.

weigela /weɪ'dʒiːlə, weɪ'giːlə/ n. (Bot) weigela f.

weigh 1 /weɪ/ **I** v.t. **1** pesare: *to ~ a parcel* pesare un pacco; *to ~ oneself* pesarsi. **2** (to balance in the hand) soppesare. **3** (fig) soppesare, valutare, esaminare (attentamente), vagliare: *to ~ all the options* valutare tutte le opzioni. **4** (Mar) (of an anchor) salpare, levare. **II** v.i. **1** pesare, essere pesante: *the vehicle -s over a ton* il veicolo pesa più di una tonnellata. **2** (fig) contare, valere, essere importante, pesare, avere peso: *nothing -s with him but money* niente conta per lui eccetto il denaro. **3** (to press down) gravare (on, upon sth. qcs.). **4** (to have a depressing effect) pesare (a), essere gravoso (per), pesare (per). □ *to ~anchor*: 1 (Mar) salpare l'ancora, levare l'ancora; 2 (fig) levare le tende, partire, andarsene; *to ~ down*. 1 piegare, curvare (sotto il peso), far abbassare: *the snow -ed down the branches* la neve piegava i rami; 2 (*to make heavy*) appesantire, rendere pesante; 3 (*fig*) gravare, caricare, oberare: *-ed down with taxes* gravato di tasse; 4 (*fig*) (*to oppress*) gravare, opprimere; *to ~ down the scale* dare il tracollo alla bilancia; *to ~ in*: 1 (*Sport*) (*of a boxer, wrestler*) pesare prima di un incontro; 2 (*Sport,Equit*) (*to have oneself weighed*) pesarsi; 3 (*baggage at an airport*) registrare (i bagagli); 4 (*colloq*) (*to introduce, to contribute*) intervenire (*with sth.* con qcs.), introdurre; *to ~ into* criticare, intervenire con forza; *to ~ out*. 1 pesare, misurare; 2 (*Equit*) (*of a jockey*) pesare prima della corsa; *to ~ up* valutare, esaminare (attentamente), vagliare.

weigh² /weɪ/ □ (*rar*) *under~* in cammino: *the ship is under ~* la nave è in navigazione.

weighable /'weɪəbəl/ *a.* che si può pesare, pesabile.

weighbridge /'weɪˌbrɪdʒ/ *n.* pesa *f.*, basculla *f.*

weigher /'weɪər/ *n.* pesatore *m.* (*f.* -trice).

weigh-in /'weɪˌɪn/ *n.* (*Sport*) pesata *f.*

weighing /'weɪɪŋ/ *n.* pesa *f.*, pesatura *f.*, pesata *f.* □ *~ machine* pesatrice, pesa (a ponte).

weight /weɪt/ **I** *n.* 1 peso *m.*: *to check the ~ of the goods* controllare il peso della merce; *what is your ~?* qual è il tuo peso? 2 (*anche Fis,Orol*) peso *m.* 3 (*quantity of sth. weighing a given amount*) quantità *f.* (di un determinato peso), pesata *f.*: *equal -s of flour and sugar* quantità uguali di farina e zucchero. 4 (*object used on scales, to hold sth. down, etc.*) peso *m.*: *a set of -s* una serie di pesi. 5 (*paperweight*) fermacarte *m.* 6 (*in the hem of a curtain, etc.*) piombino *m.* 7 (*Pesc*) piombino *m.* 8 (*fig*) (*burden*) peso *m.*, onere *m.*, carico *m.*: *I've got a ~ off my mind* mi sono levato un peso dallo stomaco. 9 (*fig*) (*importance*) importanza *f.*, peso *m.*; (*influence*) influenza *f.*, autorità *f.*, peso *m.* 10 (*Sport*) (*in boxing, wrestling*) peso *m.*, categoria *f.* di peso. 11 (*Sport,Equit*) peso *m.*: *to put the ~* lanciare il peso. 12 (*Tess*) peso *m.*, pesantezza *f.* **II** *v.t.* 1 appesantire, rendere (più) pesante: *to ~ a stick with lead* appesantire un bastone con piombo. 2 (*fig*) opprimere, gravare. 3 (*fig*) (*to compare*) pesare, soppesare, valutare, considerare: *after -ing all the evidence* dopo aver considerato i pro e i contro. 4 (*to bias*) pesare, ponderare. 5 (*Statist*) ponderare: *-ed index* indice ponderato. 6 (*Tess*) caricare; (*of silk*) immergere in un bagno di sali di stagno. 7 (*Equit*) assegnare un handicap a. □ *to throw* (o *to put*) *one's ~ behind sth.* dare tutto il proprio sostegno a qcs.; *to sell by ~* vendere a peso; *to ~ down*. 1 appesantire, rendere (più) pesante: *to be -ed down with* essere carico di; 2 (*fig*) opprimere, gravare; (*Mot*) *~ efficiency* rapporto peso-potenza; (*fig*) *to give ~ to sth.* (o *to lend ~ to sth.*) avvalorare qcs., dare valore a qcs., dare peso a qcs.; (*Sport*) *~ lifting* pesistica, sollevamento pesi; (*Sport*) *to make the ~* avere il peso giusto, rispondere ai requisiti di peso; *~ of numbers* superiorità numerica; *they won the battle by sheer ~ of numbers* vinsero la battaglia soltanto per la loro superiorità numerica; *to carry* (o *to have*) *the ~ of the world on one's shoulders* portare tutto il peso del mondo sulle proprie spalle; (*fig*) *to get the ~ off one's feet* non darsi da fare, essere pigro; *to pull one's ~*: 1 (*in rowing*) usare tutta la propria forza, mettercela tutta; 2 (*fig*) fare la propria parte, dare il proprio contributo.

(*Ginn*) *~ training* allenamento con i pesi; *under ~*: 1 di peso scarso; 2 (*of a person*) di peso inferiore alla norma; *~ watcher* persona attenta al proprio peso, persona a dieta.

weighted /'weɪtɪd *Am* 'weɪtəd/ *a.* 1 appesantito, reso (più) pesante. 2 (*fig*) alterato, manipolato. 3 (*Tess*) caricato. 4 (*Statist*) ponderato. □ *~ against* a sfavore di; *~ average* media ponderata.

weightily /'weɪtɪli *Am* 'weɪtɪli/ *avv.* 1 pesantemente. 2 (*seriously*) seriamente, gravemente.

weightiness /'weɪtinəs/ *n.* 1 pesantezza *f.*, ponderosità *f.* 2 (*fig*) importanza *f.*, serietà *f.*, gravità *f.*

weighting /'weɪtɪŋ *Am* 'weɪtɪŋ/ *n.* 1 (*additional pay*) indennità integrativa, indennità speciale. 2 (*Statist*) ponderazione *f.* 3 (*Tess*) carica *f.*

weightless /'weɪtləs/ *a.* 1 senza peso, che non ha peso. 2 (*fig*) senza peso, privo d'importanza.

weightlessly /'weɪtləsli/ *avv.* senza peso.

weightlessness /'weɪtləsnəs/ *n.* 1 assenza *f.* di peso, mancanza *f.* di peso, assenza *f.* di gravità. 2 (*fig*) l'essere senza importanza, l'essere senza peso.

weightlifter /'weɪtˌlɪftər/ *n.* (*Sport*) pesista *m./f.*

weightlifting /'weɪtˌlɪftɪŋ/ *n.* (*Sport*) pesistica *f.*, sollevamento *m.* pesi.

weighty /'weɪti *Am* 'weɪti/ *a.* 1 pesante, ponderoso (*anche fig*). 2 (*of a blow*) pesante, duro. 3 (*fig*) (*important*) importante, grave, serio. 4 (*fig*) (*influential, powerful*) influente, potente, importante. 5 (*fig*) (*telling, convincing*) valido, convincente: *a ~ argument* un argomento valido.

Weil /vaɪl/ □ (*Med*) *~'s disease* malattia di Weil, leptospirosi.

weir /wɪər *Am* 'wɪr/ *n.* diga *f.* di ritenuta, sbarramento *m.*, traversa *f.*

weird /wɪəd *Am* 'wɪrd/ **I** *a.* 1 magico, misterioso, arcano, soprannaturale. 2 (*colloq*) (*odd, strange*) strano, strambo, bizzarro, originale. 1 (*rar,poet*) (*of, dealing with fate*) fatidico. **II** *n.* (*Scott,rar*) destino *m.*, fato *m.* □ *~ and wonderful* strampalato, stravagante; (*Am,sl*) *to ~ so. out* fare innervosire qcu., fare inquietare qcu.; *~ sisters*: 1 (*Mitol*) (*the Fates*) Parche; 2 (*Mitol.nord*) (*the Norns*) Norne.

weirdie /'wɪədi/ *n.* (*Br,sl*) (*eccentric person*) persona *f.* stramba, tipo *m.* strano.

weirdly /'wɪədli *Am* 'wɪrdli/ *avv.* 1 magicamente, in modo arcano. 2 (*colloq*) (*oddly*) in modo strambo, stranamente.

weirdness /'wɪədnəs *Am* 'wɪrdnəs/ *n.* 1 l'essere misterioso, essere arcano. 2 (*colloq*) (*oddness*) bizzarria *f.*, stranezza *f.*, stravaganza *f.*

weirdo /'wɪədoʊ *Am* 'wɪrdoʊ/ *n.* (*sl*) 1 (*eccentric person*) persona *f.* stramba, tipo *m.* strano. 2 (*depraved person*) depravato *m.* (*f.* -a), degenerato *m.* (*f.* -a).

welch /welʃ/ *v.i./t.* (*sl*) 1 (*to avoid paying a debt*) truffare (non pagando un debito). 2 (*not to fulfil a promise*) non mantenere: *to ~ on a promise* non mantenere una promessa.

welcher /'welʃər/ *n.* (*sl*) truffatore *m.* (*f.* -trice) (che non paga un debito).

welcome /'welkəm/ **I** *intz.* benvenuto!, benvenuti!: *~, my friend!* benvenuto amico mio!; *~ to Denmark* benvenuti in Danimarca. **II** *v.t.* 1 accogliere (cordialmente), dare il benvenuto a, fare una buona accoglienza a: *he ran to ~ me at the door* corse ad accogliermi sulla porta. 2 (*to accept gladly, willingly*)

accettare volentieri, accogliere di buon grado, gradire: *to ~ a suggestion* accettare volentieri un suggerimento. 3 (*to receive, to greet with sth. unpleasant*) accogliere (male), ricevere (male): *they -d him with hisses* lo accolsero a fischi. **III** *n.* 1 benvenuto *m.* 2 (*manner of welcoming*) accoglienza *f.*: *to receive a warm ~* ricevere un'accoglienza calorosa. **IV** *a.* 1 gradito, benvenuto, ben accetto: *a ~ visitor* un ospite gradito. 2 (*acceptable, agreeable*) gradito, grato, ben accetto: *a ~ change* un cambiamento gradito. □ *~ aboard!*: 1 benvenuti a bordo!; 2 (*colloq, estens*) benvenuto nel gruppo!; *~ back!* bentornato!; *to be ~ to (do) sth.*: 1 poter disporre di qcs., poter prendere qcs.: *you are ~ to it* puoi prenderlo; *you are ~ to use my car* la mia macchina è a tua disposizione; 2 (*to be free*) essere libero: *he was ~ to come and go* era libero di andare e venire; *anyone is ~ to try it* ognuno può provarlo liberamente; *~ home!* benvenuto a casa!; *to make so. ~* far sentire a qcu. che è il benvenuto, ricevere con grande cordialità qcu.; (*Inform*) *~ page* homepage, pagina iniziale; *to ~ with open arms* accogliere a braccia aperte; (*spec. Am*) *you're ~!* prego!, non c'è di che!

welcomeness /'welkəmnəs/ *n.* 1 l'essere il benvenuto. 2 (*state of being agreeable*) l'essere gradito, l'essere ben accetto.

welcoming /'welkəmɪŋ/ **I** *n.* accoglienza *f.* **II** *a.* caloroso, accogliente, di benvenuto. □ (*scherz*) *a ~ committee* un benvenuto alla grande (con molte persone).

weld¹ /weld/ **I** *v.t.* 1 (*Met*) saldare: *to ~ two pieces of metal together* saldare (insieme) due pezzi di metallo. 2 (*fig*) saldare, unire (saldamente). **II** *v.i.* (*Met*) fare saldature. **III** *n.* 1 (*Met*) saldatura *f.*, giunzione *f.* saldata, giunto *m.* saldato. 2 (*act*) saldatura *f.* **IV** *a.* di saldatura: *~ time* tempo di saldatura.

weld² /weld/ *n.* (*Bot*) guaderella *f.*, reseda *f.* dei tintori, luteola *f.*

weldability /ˌweldə'bɪlɪti *Am* ˌweldə'bɪlɪti/ *n.* (*Met*) saldabilità *f.*

weldable /'weldəbəl/ *a.* (*Met*) saldabile.

welded /'weldɪd/ *a.* (*Met*) saldato.

welder /'weldər/ *n.* 1 (*worker*) saldatore *m.* 2 (*machine*) saldatrice *f.*

welding /'weldɪŋ/ *n.* (*Met*) 1 saldatura *f.*, giunzione *f.* saldata, giunto *m.* saldato. 2 (*act*) saldatura *f.* □ (*Met*) *~ machine* saldatrice; (*Met*) *~ torch* cannello per saldatura.

welfare /'welˌfeər *Am* 'welˌfer/ *n.* 1 benessere *m.*, bene *m.* 2 (*aid to promote well-being*) assistenza *f.*, previdenza *f.* 3 (*spec. Am*) (*financial support*) sussidio *m.* statale, assistenza *f.* finanziaria. □ (*Am*) *~ assistance* assistenza sociale; (*Br*) *~ benefit* sussidio statale; *~ economics* economia del benessere; *~ payment* sussidio statale; *~ policy* politica assistenziale; *~ scheme* piano assistenziale; *~ services* servizi assistenziali; (*Sociol*) *~ society* società del benessere; (*Pol*) *~ state*: 1 (*spec. GB*) stato sociale, welfare state; 2 (*spec. US*) stato assistenziale; *~ system* sistema assistenziale; (*GB*) *~ to work* sostegno alle aziende che creano opportunità di lavoro; *~ work* assistenza sociale; *~ worker* assistente sociale.

welfarism /'welˌfeərɪzəm *Am* 'welferˌɪzəm/ *n.* welfarismo *m.*, assistenzialismo *m.*

welfarist /'welˌfeərɪst *Am* 'welferɪst/ *n.* sostenitore *m.* (*f.* -trice) dell'assistenzialismo, sostenitore *m.* (*f.* -trice) dello stato sociale.

welkin /'welkɪn/ *n.* (*poet*) volta *f.* celeste, cielo *m.*

we'll /wɪːl/ *contraz. di* we shall, we will.

well¹ /wel/ **I** *avv.* (*compar.* **better** /'betə/, *sup.*

best /best/) **1** bene: *things are going ~* le cose vanno bene; *this knife cuts ~* questo coltello taglia bene; *to feel ~* sentirsi bene. **2** (*in a good, moral way*) bene, in modo giusto, rettamente: *to behave ~* comportarsi bene. **3** (*with skill*) bene, abilmente, con abilità, con destrezza: *he writes ~* scrive bene. **4** (*to a high degree, extent*) bene, molto: *I was ~ pleased with the result* ero ben contento del risultato; *he loves her ~* lui la ama molto. **5** (*considerably*) molto, notevolmente, considerevolmente: *he earned ~ over a hundred pounds* guadagnò molto più di cento sterline. **6** (*definitely, certainly*) bene, perfettamente, chiaramente: *I remember it ~* lo ricordo bene. **7** (*with good appearance*) bene: *to dress ~* vestire bene. **8** (*prosperously*) nell'agiatezza, agiatamente, bene: *to live ~* vivere nell'agiatezza. **9** (*thoroughly*) (ben) bene, a fondo: *shake ~ before use* agitare bene prima dell'uso. **10** (*carefully, attentively*) bene, attentamente, con attenzione. **11** (*fittingly, rightly*) giustamente, bene, opportunamente: *as Shakespeare ~ observes, man is a strange creature* come giustamente osserva Shakespeare, l'uomo è una strana creatura. **12** (*easily, readily*) facilmente, bene: *you can ~ imagine* puoi facilmente immaginare. **13** (*with good nature*) bene, di buon grado: *to take a disappointment ~* prendere bene una delusione. **14** (*in a kindly, generous way*) bene, favorevolmente, in modo generoso, in modo favorevole: *to speak ~ of so.* parlare bene di qcu.; *the film was ~ received* il film fu accolto favorevolmente. **15** (*intimately*) bene, profondamente, intimamente, a fondo: *I knew him ~* lo conoscevo bene. **16** (*advantageously*) vantaggiosamente, convenientemente. **II** *a.* (*compar.* **better** /'betə/, *sup.* **best** /best/) **1** in buona salute, sano. **2** (*satisfactory*) soddisfacente. **3** (*pleasing in appearance*) di aspetto piacevole, bello. **4** (*proper, fitting*) bene, giusto, opportuno, conveniente: *it would be ~ to ask permission first* sarebbe bene chiedere prima il permesso. **5** (*fortunate*) fortunato, fausto, felice. **6** (*well-off, prosperous*) agiato, facoltoso, abbiente. **7** (*Gastron*) (*of a steak*) ben cotto. **III** *intz.* **1** (*to introduce an utterance*) dunque, allora, bene: *~, let us get on with the lesson* dunque, continuiamo la lezione. **2** (*to change a topic*) e adesso..., e ora...: *~, let's press on* e adesso andiamo avanti. **3** (*to conclude*) ebbene, allora, insomma: *~, that's all for now* ebbene, questo è tutto per ora. **4** (*to invite comment*) allora, e allora: *~, what about it?* allora, che ne dici? **5** (*to give time for thought*) be', ma, diciamo che, niente. **6** (*to correct oneself*) anzi, beh: *I saw the film, ~ I saw the first half* ho visto il film, anzi ho visto la prima metà. **7** (*to express surprise, doubt*) davvero?!, ma no!: *~, who would have thought it?* davvero, chi l'avrebbe mai pensato? **8** (*to express resignation, etc.*) bene!, un bene ~, *if you insist* bene, se insisti. **IV** *n.* bene *m.*: *to wish so. ~* augurare ogni bene a qcu. □ *~along* avanti, a buon punto; *the autumn was ~ along* era autunno inoltrato; *~and good* va benissimo, sta bene; *~and truly* decisamente, completamente;*as ~*: 1 (*also*) anche, pure; 2 (*and not only*) non solo... ma anche, anche, pure, in aggiunta: *they took her jewels as ~ as the money* non solo le presero i gioielli ma anche il denaro; *you may* (o *might*) *as ~ give up* tanto vale che tu rinunci; 3 (*to the same degree, equally*) tanto: *I might* (*just*) *as ~ not have come* tanto valeva che io non venissi, potevo anche non venire; *that is just as ~* pazienza!,

fa lo stesso!, va bene!; *it's just as ~ I brought the umbrella* ho fatto bene a portare l'ombrello; 4 (*likewise*) come pure, così come: *shop-owners as ~ as other traders* i negozianti così come altri commercianti; 5 (*wise, sensible*) meglio: *it would be as ~ to avoid him* sarebbe meglio evitarlo;*as ~as I could* come meglio ho potuto; *as ~ as can be* nel modo migliore; (*colloq*) *to be ~away* essere a buon punto, esser ben avviato; *todo ~ for oneself* farsi strada; *~done*: 1 (*Gastron*) ben cotto, cotto a puntino; 2 (*esclam.*) ben fatto!, bravo!, bel colpo!; (*sl*) *~endowed* (*of a girl*) ben carrozzata, con tante curve; *~enough* abbastanza (bene), discretamente: *I like it ~ enough* mi piace abbastanza; *to get ~* (*again*) rimettersi, ristabilirsi; (*S.Afr,colloq*) *go ~!* ciao!, stammi bene!; (*rar*) *~met!* benvenuto!; (*esclam.*) *~, I never!* ma guarda un po'!, chi l'avrebbe detto!, questa poi!; (*poet, scherz*) *~nigh* quasi, pressoché; (*Br,colloq*) *~out of sth.* fortunato di essere fuori da qcs.; *~then* ebbene, allora; *he did not arriveuntil ~ on in the evening* arrivò soltanto a sera inoltrata; (*colloq*) *to be ~up on* (o in) *sth.* essere molto addentro a qcs., conoscere bene qcs., essere ferrato in qcs. *Prov.*: *~ begun is half done* chi ben comincia è a metà dell'opera.

well[2] /wel/ **I** *n.* **1** pozzo *m.*: *to draw water from the ~* attingere acqua dal pozzo; *oil ~* pozzo petrolifero. **2** (*natural source, spring*) fonte *f.*, sorgente *f.*, fontana *f.* **3** (*fig*) (*origin, source*) fonte *f.*, miniera *f.*: *she's a ~ of information* è una miniera di informazioni. **4** (*Edil,Arch*) (*of stairs*) tromba *f.*; (*a lift shaft*) vano *m.*; (*for ventilation*) pozzo *m.* **5** (*of a lecture hall, etc.*) settore *m.* riservato all'oratore; (*of a theatre*) platea *f.*; (*of a law court*) banco *m.* dei difensori. **6** (*receptacle for liquids*) piccolo serbatoio *m.*, piccolo contenitore *m.* **7** (*Mar*) (*of a weather deck*) ridotto *m.* delle pompe, sala *f.* delle pompe; (*pump well*) pozzo *m.* (di pompa); (*for a periscope*) tubo *m.* di rientro. **8** (*Met*) crogiolo *m.*, bacino *m.* **II** *v.i.* **1** zampillare, sgorgare, scaturire: *water ~ed from the split in the rock* l'acqua zampillava dalla fenditura nella roccia. **2** (*fig*) (*of emotions*) sgorgare, scaturire, prorompere. □ (*Mar*) *~deck* coperta a pozzo, ponte a pozzo; (*Br*) *~ dressing* tradizione della decorazione dei pozzi (a Pentecoste); *to ~forth* zampillare, sgorgare, scaturire; *to ~head*: 1 sorgente *f.*; 2 (*fig*) sorgente, fonte, origine; *~ hole* canna; *to ~ out* zampillare, sgorgare, scaturire; (*fig*) *to ~over* traboccare; *to ~up* zampillare, sgorgare, scaturire (*anche fig*): *tears ~ed up in her eyes* le lacrime le sgorgavano dagli occhi.

well-acted /'wel,æktɪd/ *Am* 'wel,æktɪd/ *a.* recitato bene, ben recitato.

well-adjusted /,welə'dʒʌstəd/ *a.* equilibrato, assennato: *a ~ person* una persona equilibrata.

well-advanced /'weləd'vænst/ □ *~ in years* piuttosto in là con gli anni.

well-advertised /,wel'ədvətaɪzd *Am* ,wel'ævə'taɪzd/ *a.* ben reclamizzato.

well-advised /,weləd'vaɪzd/ *a.* prudente, saggio, accorto, avveduto: *you would be ~ to refuse* saresti prudente a rifiutare.

well-appointed /,welə'pɔɪntəd *Am* ,welə 'pɔɪntəd/ *a.* ben arredato, ben attrezzato, ben equipaggiato.

well-attended /,welə'tɛndəd/ *a.* con una buona partecipazione, affollato.

well-balanced /,wel'bælənst/ *a.* **1** (ben) equilibrato: *a ~ diet* una dieta equilibrata. **2** (*of people: judicious*) equilibrato, sensato,

saggio, giudizioso.

well-behaved /,welbə'heɪvd/ *a.* **1** beneducato, educato. **2** (*of animals*) ben addestrato.

wellbeing ,well-being /,wel'biːɪŋ/ *n.* **1** stato *m.* di benessere. **2** (*welfare*) benessere *m.*, prosperità *f.*, bene *m.*

well-beloved /,welbɪ'lʌv(ɪ)d/ **I** *a.* **1** benamato. **2** (*respected, honoured*) rispettato, stimato, onorato. **II** *n.* amato bene *m.*

wellborn /,wel'bɔːn *Am* ,wel'bɔːrn/ *a.* di buona famiglia, nato bene.

well-bred /,wel'bred/ *a.* **1** educato, beneducato. **2** (*wellborn*) di buona famiglia, nato bene. **3** (*of animals*) di razza.

well-built /,wel'bɪlt/ *a.* **1** ben costruito. **2** (*of a person*) robusto, corpulento.

well-chosen /,wel'tʃəʊzən/ *a.* appropriato, scelto bene: *a few ~ words* poche parole appropriate.

well-connected /'welkə'nektɪd *Am* ,welkə 'nektəd/ *a.* **1** di buona famiglia. **2** (*having influential relations, friends*) che ha amici influenti, che ha buone relazioni sociali.

well-covered /,wel'kʌvərd/ *a.* (*Br*) corpulento, solido, prosperoso.

well-defined /,weldə'faɪnd/ *a.* ben definito, ben preciso.

well-deserved /,weldə'zɜːvd *Am* ,weldɪ 'zɜːrd/ *a.* (ben) meritato: *a ~ honour* un onore ben meritato.

well-disposed /,weldɪs'pəʊzd/ *a.* **1** favorevole (*to, towards* a), bendisposto (verso). **2** (*having a good disposition*) bendisposto, benevolo, amichevole.

well-doer /'wel,duːər/ *n.* **1** chi fa del bene, chi compie buone azioni. **2** (*person who acts rightly*) persona *f.* virtuosa, persona *f.* onesta.

well-done /,wel'dʌn/ *a.* **1** ben fatto. **2** (*cooked thoroughly*) ben cotto.

well-earned /'wel,ɜːnd *Am* 'wel,ɜːrnd/ *a.* (ben) meritato: *~ rest* meritato riposo.

well-educated /,wel'edjukeɪtəd *Am* ,wel 'edʒukeɪtəd/ *a.* **1** (*knowledgeable*) istruito, colto. **2** (*well-mannered*) (ben) educato, di buone maniere, cortese.

well-endowed /,welen'daʊd/ *a.* (*colloq*) ben dotato.

well-established /,welɪ'stæblɪʃt/ *a.* **1** radicato, inveterato: *a ~ custom* un'abitudine radicata. **2** (*of a person*) affermato: *to be ~ in business* essere affermato negli affari.

well-favored /'wel,feɪvərd/ *a.* (*Am,ant*) di bell'aspetto, piacevole a guardarsi, bello.

well-favoured /'wel,feɪvərd/ *a.* (*ant*) di bell'aspetto, piacevole a guardarsi, bello.

well-fed /,wel'fed/ *a.* ben nutrito.

well-found /,wel'faʊnd/ *a.* (*Mar*) ben equipaggiato, ben attrezzato.

well-founded /,wel'faʊndɪd/ *a.* (ben) fondato: *~ suspicions* sospetti fondati.

well-groomed /,wel'gruːmd/ *a.* **1** azzimato, agghindato, ben vestito e pettinato. **2** (*of a horse*) ben strigliato.

well-grounded /,wel'graʊndɪd/ *a.* **1** (ben) fondato. **2** (*having a solid knowledge*) competente, esperto (*in di, in*), che conosce bene (qcs.).

well-heeled /,wel,hiːld/ *a.* (*colloq*) ricco, fornito di quattrini.

well-hung /,wel'hʌŋ/ *a.* (*sl,scherz*) ben dotato, superdotato.

wellies /'weliːz/ *n.pl.* (*Br,Calz*) stivali *m.pl.* di gomma.

well-informed /,welɪn'fɔːmd *Am* ,welɪn 'fɔːrmd/ *a.* ben informato, al corrente.

wellington /'welɪŋtən/ □ (*Br,Calz*) *~boots* stivali di gomma.

wellingtonia /,welɪŋ'təʊnɪə/ *n.* (*Bot*) wellingtonia *f.*, sequoia *f.* gigante.

wellingtons/'weliŋtənz/ *n.pl.* (*Br,Calz*) stivali *m.pl.* di gomma.

well-intentioned /,welin'tenʃənd/ *a.* 1 (fatto) a fin di bene. 2 (*of a person*) ben intenzionato.

well-kept /,wel'kept/ *a.* ben tenuto, tenuto bene: *a ~ garden* un giardino ben tenuto.

well-knit/,wel'nit/ *a.* 1 solido, robusto, forte, ben piantato. 2 (*of a community, society*) solido, serio.

well-known /,wel'nəʊn/ *a.* 1 ben noto, noto a tutti; (*colloq*) storico: *for reasons that are ~* per le ben note ragioni. 2 (*famous*) famoso, rinomato, celebre, noto: *a ~ actor* un attore famoso. 3 (*intimately known*) ben noto, familiare, conosciuto: *a ~ voice* una voce ben nota.

well-lined/,wel'laind/ *a.* 1 (*Sart*) ben foderato. 2 (*of a purse*) ben fornito (di denaro).

well-made/,wel'meid/ *a.* 1 ben fatto. 2 (*of a person*) robusto, aitante.

well-man /,wel'mæn/ □ *~ clinic* clinica diagnostica per uomini.

well-mannered /,wel'mænəd/ *a.* di buone maniere, (ben) educato, cortese.

well-marked /,wel'mɑːkt *Am* ,wel'mɑːrkt/ *a.* chiaro, distinto, evidente.

well-matched/,wel'mætʃt *Am* ,wel'mætʃt/ *a.* 1 (*of fabrics, colours, etc.*) (ben) intonato, in armonia. 2 (*of people, husband and wife*) ben assortito.

well-meaning /,wel'miːniŋ/, **well-meant** /,wel'ment/ *a.* ben intenzionato.

wellness /'welnəs/ *n.* (*Am*) benessere *m.*, lo star bene.

well-nigh/'wel,nai/ *avv.* quasi: *~ impossible* quasi impossibile.

well-off /'wel,ɔːf/ *a.* 1 benestante, ricco, agiato, facoltoso. 2 (*well provided*) ben provvisto, ben fornito (*for* di). 3 (*favourable placed*) messo bene, in una buona posizione.

well-oiled /'wel,ɔild/ *a.* 1 ben oliato, ben lubrificato. 2 (*fig*) efficiente: *a ~ department* un reparto efficiente. 3 (*colloq*) (*drunk*) sbronzo.

well-ordered/'wel'ɔːdəd *Am* 'wel,ɔːld/ *a.* ben ordinato.

well-padded/,wel'pædəd/ *a.* (*colloq*) corpulento, robusto.

well-paid/,wel'peid/ *a.* ben pagato, ben rimunerato.

well-placed /,wel'pleist/ *a.* 1 ben situato. 2 (*in an influential position, job*) in una buona posizione, piazzato bene.

well-pleased /,wel'pliːzd/ *a.* molto soddisfatto.

well-preserved /,welprɪ'zɜːvd *Am* ,welprɪ'zɜːrvd/ *a.* ben tenuto, ben conservato, in buono stato.

well-proportioned /,welprə'pɔːʃənd *Am* ,welprə'pɔːrʃənd/ *a.* ben proporzionato.

well-read/,wel'red/ *a.* colto, istruito, preparato.

well-rounded /,wel'raʊndəd/ *a.* 1 (*of an argument, scheme, etc.*) ben sviluppato, completo, articolato. 2 (*of a person*) rotondetto, tozzo.

well-set/,wel'set/ *a.* 1 (*well-established*) radicato, inveterato. 2 (*of people: strongly built*) ben piantato, solido, robusto.

well-set-up /,welset'ʌp/ *a.* 1 ben fatto (fisicamente). 2 (*colloq*) (*well-off*) agiato, facoltoso, benestante.

well-spent/,wel'spent/ *a.* 1 ben speso, speso bene: *it was ~ money* era denaro ben speso. 2 (*of time*) impiegato bene, speso bene, ben speso.

well-spoken /,wel'spəʊkən/ *a.* 1 che parla bene, che parla con proprietà di linguaggio.

2 (*speaking courteously*) che parla con gentilezza. 3 (*educated and refined*) educato, signorile, di buone maniere.

wellspring/'welspriŋ/ *n.* 1 sorgente *m.* 2 (*fig*) fonte *f.* inesauribile, miniera *f.*, pozzo *m.*

well-stacked /,wel'stækt/ *a.* (*sl*) formosa, ben messa, pettoruta.

well-tailored /,wel'teiləd *Am* ,wel'teilərd/ *a.* di buon taglio.

well-tempered /,wel'tempəd *Am* ,wel'tempərd/ *a.* 1 di buon carattere, d'indole buona. 2 (*Met*) ben temprato. 3 (*Edil*) (*of mortar, clay*) ben mescolato.

well-thought-of/,wel'θɔːtʌv *Am* ,wel'θɔːtʌv/ *a.* ben stimato, che gode di molta stima.

well-thought-out/'wel,θɔːtaʊt/ *a.* ben ponderato, ben meditato.

well-thumbed /,wel'θʌmd/ *a.* (*of a book, etc.*) consumato per l'uso, letto da molte persone.

well-timed /,wel'taimd/ *a.* 1 ben calcolato, con perfetto tempismo. 2 (*opportune*) tempestivo, (che giunge) opportuno, a proposito.

well-to-do /'weltə,duː/ *a.* benestante, abbiente, agiato, danaroso, ricco.

well-traveled /,wel'trævəld/ *a.* (*Am*) che ha viaggiato molto.

well-travelled /,wel'trævəld/ *a.* che ha viaggiato molto.

well-trodden/,wel'trɒdən *Am* 'wel,trɑːdən/ *a.* (*of a path, route*) molto battuto, assai frequentato.

well-turned /,wel'tɜːnd *Am* ,wel'tɜːrnd/ *a.* 1 ben fatto (fisicamente), piacevole. 2 (*fig*) (*of words, phrases*) ben tornito.

well-wisher /,wel,wiʃəʳ/ *n.* amico *m.* (*f.* -a) (benevolo): *supporters and -s* sostenitori e amici.

well-wishing /'wel,wiʃiŋ/ I *n.* benevolenza *f.* II *a.* benevolo, bendisposto.

well-woman /'wel,wʊmən/ □ *~ clinic* clinica diagnostica per donne.

Wellywood /'weliwʊd/ *n.* (*Cin,colloq*) (*Wellington in New Zealand*) Hollywood *f.* neozelandese.

wels /welz/ *n.* (*Itt*) siluro *m.* comune.

welsh /welʃ/ *v.i./t.* (*sl*) 1 (*to avoid paying a debt*) truffare (non pagando un debito). 2 (*not to fulfill a promise*) non mantenere: *to ~ on a promise* non mantenere una promessa.

Welsh /welʃ/ I *a.* gallese, del Galles. II *n.inv.* 1 (*costr.pl.*) (*people*) gallesi *m./f.pl.*: *the Welsh* i gallesi. 2 (*language*) gallese *m.* □ (*GB, Pol*) *~ Assembly* Assemblea gallese; (*Arred*) *~ dresser* credenza con alzata; (*GB,Pol*) *~ Office* ministero responsabile per gli affari per il Galles; (*Gastron*) *~ rabbit* (o *~ rarebit*) pane tostato con formaggio fuso; (*Zool*) *~ terrier* terrier del Galles.

welsher/'welʃəʳ/ *n.* (*sl*) truffatore *m.* (*f.* -trice) (che non paga un debito).

Welshman /'welʃmən/ *n.irr.* gallese *m.*

Welshwoman /'welʃwʊmən/ *n.irr.* gallese *f.*

welt /welt/ I *n.* 1 (*Calz*) guardolo *m.*; (*as an ornament*) striscia *f.* ornamentale (sulla tomaia). 2 (*weal*) segno *m.* di una frustata, livido *m.*, vescica *f.* 3 (*colloq*) (*heavy blow*) colpo *m.* violento; (*with a whip*) frustata *f.*, sferzata *f.* 4 (*Sart*) striscia *f.* di rinforzo, bordo *m.* ornamentale. 5 (*Fal*) assicella *f.* di rinforzo. 6 (*Tess*) costa *f.* II *v.t.* 1 (*Calz*) applicare un guardolo a, orlare. 2 (*colloq*) (*to thrash*) battere, percuotere, bastonare; (*with a whip*) frustare, sferzare.

welter[1] /'weltəʳ/ I *v.i.* 1 essere sballottato dalle onde, essere in balia delle onde; (*of waves*) accavallarsi, tumultuare. 2 (*to roll*

about) rotolarsi, avvoltolarsi: *the hippopotamus was -ing in a pool of mud* l'ippopotamo si rotolava in una pozza di fango. 3 (*fig*) invischiarsi, impantanarsi, impegolarsi (*in* in). 4 (*poet*) (*to lie soaked in sth.*) essere immerso (in). II *n.* 1 caos *m.*, grande confusione *f.* 2 (*mass of things*) ammasso *m.*, mucchio *m.* 3 (*fig*) agitazione *f.*, tumulto *m.*

welter[2] /'weltəʳ/ I *n.* 1 (*Sport*) (*boxer, wrestler*) welter *m.*, peso *m.* welter, peso *m.* medio-leggero. 2 (*horseman*) fantino *m.* di peso welter.

welterweight /'weltə,weit/ *n.* (*Sport*) welter *m.*, peso welter, peso *m.* medio-leggero.

wen /wen/ *n.* 1 (*Med*) cisti *f.* sebacea. 2 (*ant*) grande metropoli *f.*

Wenceslas, Wenceslaus /'wensisləs/ *n.pr.m.* (*Stor*) Venceslao.

wench /wentʃ/ I *n.* 1 (*scherz*) ragazza *f.*, giovanetta *f.*; (*country girl*) ragazza *f.* di campagna, contadinotta *f.*; (*serving girl*) domestica *f.* 2 (*immoral woman*) sgualdrina *f.*; (*prostitute*) prostituta *f.* II *v.i.* frequentare prostitute, andare a donne.

wend /wend/ *v.i.* (*poet*) dirigersi, spingersi.

Wend /wend/ *n.* serbo *m.* (*f.* -a) di Lusazia.

wendigo /'wendə,gəʊ/ *n.* (*spec. Canad*) diavoletto *m.*

Wendy /'wendi/ *n.pr.f.* dim. di Gwendolen. □ (*Br*) *~ house* casetta (per giocare).

Wensleydale /'wenzli,deil/ I *n.pr.* (*Geog*) Wensleydale *f.* II *n.* (*Alim*) qualità *f.* di formaggio dello Yorkshire.

went/went/ → **go**[1].

wentletrap /'wentəl,træp/ *n.* (*Zool*) scalaride *m.*

wept/wept/ → **weep**[1].

were/wɜːʳ *Am* wɜːr/ → **be**.

we're/wɪəʳ *Am* wɪr/ *contraz.* di we are.

weren't /wɜːnt *Am* wɜːrnt,'wɜːrənt/ *contraz.* di were not.

werewolf/'wɛəwʊlf, 'wɪəwʊlf *Am* 'wɛr,wʊlf/ *n.irr.* (*Folcl*) lupo *m.* mannaro, licantropo *m.*

wernerite /'wɜːnə,rait *Am* 'wɜːrnərait/ *n.* (*Min*) scapolite *f.*

wert/wɜːt *Am* 'wɜːrt/ → **be**.

Wesleyan /'wezliən *Am* 'wesliən/ I *a.* (*Rel.prot*) wesleyano, metodista. II *n.* (*Rel.prot*) wesleyano *m.* (*f.* -a), metodista *m./f.*

Wesleyanism /'wezliənizᵊm *Am* 'wesliən izᵊm/ *n.* (*Rel.prot*) dottrina *f.* di Wesley, metodismo *m.*

Wessex /'wesiks/ *n.pr.* (*Geog.stor*) Wessex *m.*

west/west/ I *n.* 1 (*compass point*) ovest *m.*; (*direction*) ovest *m.*, (*area in the west*) ovest *m.*, occidente *m.*, ponente *m.*, parte *f.* occidentale. 2 (*Pol*) occidente *m.* II *a.* 1 occidentale, a ovest. 2 (*directed towards the west*) diretto a ovest, diretto a occidente, verso ovest. 3 (*coming from the west*) di ponente: *a ~ wind* un vento di ponente. III *avv.* verso ovest, in direzione ovest, a ponente: *to ~ travel* ~ viaggiare verso ovest. □ *to go* ~: 1 (*colloq,fig*) fallire, andare in fumo: *all his ambitious plans went* ~ tutti i suoi piani ambiziosi sono falliti; 2 (*Br,sl*) morire, crepare; *the wind is in the* ~ il vento soffia a ovest.

West/west/ I *n.* 1 ovest *m.*, occidente *m.*: *the ~ of England* l'ovest dell'Inghilterra. 2 (*Europe and Americas*) l'Occidente *m.*, paesi *m.pl.* occidentali. 3 (*western US*) Ovest *m.*, West *m.* II *a.* dell'ovest, occidentale. □ (*Geog*) *~ Africa* Africa occidentale; (*Geog*) *~ Bank* riva occidentale (del Giordano), West Bank; (*Geog.stor*) *~ Berlin* Berlino Ovest; (*Geog*) *~ Coast* costa occidentale degli Stati Uniti, costa del Pacifico; (*Geog*) *~ Country* regione sud-occidentale dell'Inghilterra; (*Geog*) *~ End* West End, (parte ovest del) centro di Londra, il quartiere elegante di

Londra; (*Geog.stor*) ~*German* tedesco occidentale; (*Geog.stor*) ~ *Germany* Germania occidentale; (*Geog.stor*) ~*Indian* delle Indie occidentali; (*Geog.stor*) ~*Indies* Indie occidentali; ~*Point* West Point, accademia militare degli Stati Uniti (nello stato di New York); (*Geog*) ~*Virginia* Virginia occidentale.

westbound /'westbaʊnd/ *a.* diretto a, verso ovest: ~ *traffic* traffico diretto a ovest.

wester /'westər/ *v.i.* **1** (*Astr*) dirigersi verso ovest. **2** (*of winds*) passare a ponente.

westering /'westərɪŋ/ *a.* **1** (*of the sun*) che tramonta. **2** (*of winds*) che gira a ponente.

westerly /'westəli/ **I** *n.* vento *m.* da ponente. **II** *a.* **1** occidentale, dell'ovest. **2** (*directed towards the west*) diretto verso occidente, diretto verso ovest. **3** (*coming from the west*) di ponente, da ponente, occidentale. **III** *avv.* **1** verso ovest, in direzione ovest. **2** (*from the west*) da ponente, dall'ovest: *the wind was blowing ~* il vento soffiava da ponente.

western /'westən *Am* 'westəˈn/ **I** *a.* **1** occidentale, dell'ovest. **2** (*of a wind*) di ponente, occidentale, dell'ovest. **II** *n.* occidentale *m./f.*

Western /'westən *Am* 'westəˈn/ **I** *a.* **1** occidentale, dell'occidente. **2** (*Pol*) occidentale. **3** (*of the American West*) dell'Ovest (degli Stati Uniti). **II** *n.* (*film about the American West*) film *m.* western, western *m.*; (*book*) libro *m.* ambientato nel Far West. □ (*Geog*) ~*Australia* Australia occidentale; (*Geog*) ~*Australian* dell'Australia occidentale; (*Pol,Stor*) ~*Bloc* blocco occidentale; ~*Church* chiesa romana, chiesa occidentale; (*Stor.rom*) ~*Empire* impero romano d'occidente; (*Pol*) ~*European Union* Unione europea occidentale; (*Geog*) ~*Hemisphere* emisfero occidentale.

westerner /'westənər *Am* 'westəˈnər/ *n.* occidentale *m./f.*, abitante *m./f.* dell'occidente..

westernisation /ˌwestənaɪ'zeɪʃən/ *n.* (*Br*) occidentalizzazione *f.*

westernise /'westəˌnaɪz/ *v.t.* (*Br*) occidentalizzare.

westernization /ˌwestənɪ'zeɪʃən/ *n.* occidentalizzazione *f.*

westernize /'westəˌnaɪz/ *v.t.* occidentalizzare.

westernmost /'westənˌmoʊst *Am* 'westəˈnˌmoʊst/ *a.* il più a ovest, il più occidentale, che è all'estremo ovest.

westing /'westɪŋ/ *n.* **1** (*Mar*) differenza *f.* di longitudine verso ovest. **2** (*westerly progress*) movimento *m.* in direzione ovest.

Westminster /'westˌmɪnstər/ **I** *n.pr.* (*Geog*) Westminster *m.* **II** *n.* (*estens*) parlamento *m.* britannico, governo *m.* britannico. □ (*Rel.prot*) ~ *Abbey* abbazia di Westminster; (*Stor*) ~ *Assembly* sinodo di Westminster; (*Rel.catt*) ~*Cathedral* cattedrale di Westminster.

west-north-west, **west-northwest** /'westnɔːθˌwest *Am* 'westnɔːrθˌwest/ **I** *n.* ovest-nord-ovest *m.* **II** *a.* diretto a ovest-nord-ovest. **III** *avv.* verso ovest-nord-ovest.

Westphalia /west'feɪlɪə/ *n.pr.* (*Geog.stor*) Westfalia *f.*

west-south-west, **west-southwest** /'westsaʊθˌwest/ **I** *n.* ovest-sud-ovest *m.* **II** *a.* diretto a ovest-sud-ovest. **III** *avv.* verso ovest-sud-ovest.

westward /'westwəd *Am* 'westwərd/ **I** *a.* diretto a ovest, a ponente, verso ponente. **II** *n.* ovest *m.*, direzione *f.* ovest. **III** *avv.* (*spec. Br*) verso ovest, in direzione ovest, verso occidente.

westwards /'westwədz *Am* 'westwərdz/ *avv.* (*spec. Am*) verso ovest, in direzione ovest, verso occidente.

wet[1] /wet/ **I** *a.* (*compar.* **wetter** /'wetə/, *sup.* **wettest** /'wetɪst/) **1** (*covered with water*) bagnato: ~ *hands* mani bagnate. **2** (*soaked with water*) bagnato, fradicio, zuppo. **3** (*not yet dry*) umido: ~ *ground* terreno umido. **4** (*of paint, ink, etc.*) fresco, non asciutto: *keep off*, ~ *paint* attenzione, vernice fresca. **5** (*rainy*) piovoso, umido: *a ~ day* una giornata piovosa. **6** (*having frequent rains*) piovoso, caratterizzato da piogge frequenti: *a ~ climate* un clima piovoso. **7** (*of winds: humid*) umido. **8** (*of a baby*) bagnato. **9** (*colloq*) (*sentimental*) sentimentale. **10** (*Br,colloq*) (*spiritless, weak*) debole, fiacco, smidollato. **11** (*Ind, Minier*) (*of a process*) a umido. **12** (*Am,colloq*) con libera vendita di alcool; (*Stor.am*) non-proibizionista: *a ~ state* uno stato antiproibizionista. **II** *n.* **1** bagnato *m.*: *don't walk in the ~* non camminare sul bagnato. **2** (*moisture*) umido *m.*, umidità *f.* **3** (*Br*) (*rainy weather, rain*) pioggia *f.*, tempo *m.* piovoso: *don't go out in the ~* non uscire con la pioggia. **4** (*Aus*) stagione *f.* delle piogge. **5** (*colloq*) (*sentimental person*) sentimentale *m./f.*, persona *f.* sentimentale. **6** (*Br,colloq*) (*spiritless person*) persona *f.* fiacca, persona *f.* debole, smidollato *m.* (*f.* -a). **7** (*Br,colloq*) (*Pol*) (*liberal Tory*) conservatore *m.* moderato. **8** (*Am, colloq*) persona *f.* a favore della libera vendita di alcool; (*Stor.am*) antiproibizionista *m./f.* □ (*Am,colloq,fig*)*all* ~ tutto sbagliato; (*Am*) ~*bar* mobile bar (dotato di lavandino); (*fig*) *to be* ~*behind the ears* essere inesperto, essere un novellino, avere ancora il latte alla bocca; (*fig,colloq*) *a* ~*blanket* un guastafeste, una persona noiosa; (*colloq,fig*) *to throw a* ~ *blanket over sth.* rovinare la festa; ~ *bulb* termometro bagnato; (*El*) ~*cell* pila a liquido; (*Mar*) ~*dock* darsena; (*colloq*) ~*dream* sogno erotico (che provoca una polluzione); (*fig*) *with a* ~*finger* con facilità; ~*fish* pesce fresco; (*Pesc*) ~*fly* mosca sommersa; *to get* ~ bagnarsi: *to get one's feet* ~ bagnarsi i piedi; ~*goods* alcolici; ~*look* effetto bagnato; ~*nurse*: **1** balia (che allatta); **2** (*used as a verb*) tenere a balia; (*fig*) vezzeggiare, coccolare; (*Med*) ~*pack* impacco umido; (*Fot*) ~ *plate* lastra al collodio; (*colloq*) *to feel like a* ~*rag* sentirsi uno straccio; (*Agr*) ~*rot* marciume umido; *the* ~*season* la stagione delle piogge; *to be* ~*through*: **1** (*of things*) essere fradicio, essere zuppo; **2** (*of people*) essere bagnato fino alle ossa, essere bagnato fradicio; *to be* ~*to the skin* essere bagnato fradicio, essere bagnato fino alle ossa, essere zuppo; *to get* ~ *to the skin* bagnarsi fino al midollo.

wet[2] /wet/ (*past, p.p.* **wetted** /'wetɪd *Am* 'wetɪd/) *v.t.* **1** bagnare: *to* ~ *one's hands* bagnarsi le mani. **2** (*to soak with water*) inzuppare; (*to make moist*) inumidire. **3** (*colloq*) (*to drink in celebration of*) festeggiare con una bevuta, bagnare: *to* ~ *the tea*) versare l'acqua bollente (sul tè). **5** (*rifl*) *to* ~ *oneself* (*urinate*) bagnarsi, farsela addosso. □ (*colloq*) *to* ~ *the baby's head* festeggiare una nascita; (*colloq,fig*) *to* ~ *one's whistle* bagnarsi la gola, bagnarsi il becco, fare una bevuta.

wetback /'wetbæk/ *n.* (*Am,volg,spreg*) sporco messicano *m.* (*f.* -a), immigrato *m.* (*f.* -a) clandestino del Messico.

wether /'weðər/ *n.* (*Zootecn*) montone *m.* castrato.

wetland /'wetlænd/, **wetlands** /'wetlændz/ *n.* terreno *m.* paludoso, terreni *m.pl.* paludosi.

wetness /'wetnəs/ *n.* **1** umidità *f.* **2** (*wet spot*) macchia *f.* di umido.

wet-nurse /'wetnɜːs *Am* 'wetnɜːrs/ *v.t.* **1** allat-

tare. **2** (*fig*) fare da balia a.

wetsuit /'wetˌsuːt/ *n.* tuta *f.* subacquea, muta *f.* da sub.

wetting /'wetɪŋ *Am* 'wetɪŋ/ *n.* bagnata *f.*, bagnatura *f.* □ (*Chim*) ~*agent* agente bagnante.

wettish /'wetɪʃ *Am* 'wetɪʃ/ *a.* umidiccio, un po' bagnato.

wetware /'wet,weər/ *n.* (*Br,colloq*) cervello *m.* umano.

WEU, **W.E.U.** /ˈdʌbljuːˌiːˈjuː/ *Western European Union* UEO (Unione europea occidentale).

we've /wiːv/ *contraz. di* we have.

Wexford /'weksfəd *Am* 'weksfərd/ *n.pr.* (*Geog*) Wexford *m.* (contea irlandese).

wey /weɪ/ *n.* (*ant*) unità di peso (da 100 a 130 kg).

wf, **w.f.** (*Tip*) wrong font (tipo di carattere sbagliato).

WFP /ˈdʌbə(l)juːˌefpiː/ *World Food Programme* WFP (Programma alimentare mondiale).

WFTU *World Federation of Trade Unions* WFTU (Federazione sindacale mondiale).

WG *Grenada* WG (Grenada).

wh.Wh (*El*) *watt-hour* Wh (wattora).

whack /wæk/ **I** *v.t.* **1** colpire rumorosamente, battere rumorosamente. **2** (*colloq*) (*to thrash*) battere, percuotere, picchiare; (*to defeat*) sconfiggere, battere. **3** (*colloq*) (*to divide into shares*) spartire, dividere. **4** (*Am,sl*) (*to kill*) freddare. **II** *v.i.* colpire rumorosamente, battere rumorosamente. **III** *n.* **1** colpo *m.* rumoroso, forte colpo, scoppio *m.*; (*sound*) rimbombo *m.* **2** (*colloq*) (*attempt*) tentativo *m.*, prova *f.* **3** (*colloq*) (*share, portion*) parte *f.*, quota *f.*, fetta *f.*: *you never pay your* ~ tu non paghi mai la tua parte. **4** (*colloq*) (*condition*) forma *f.*, condizione *f.*: *in fine* ~ in ottima forma. □ *to have a* ~ *at sth.* provare a fare qcs.; (*sl,volg*) *to* ~ *off* farsi una sega; (*spec. Am*) *out of* ~ rotto, guasto, mal ridotto; (*colloq*) *to* ~*up*: **1** (*to divide into shares*) dividere, spartire; **2** (*to accelerate*) accelerare, affrettare.

whacked /wækt/ *a.* **1** (*Br,colloq*) (*exhausted*) sfinito, spossato, stremato, spompato. **2** (*Am, colloq*) (*drugged*) fatto. **3** (*colloq*) (*beaten*) sconfitto duramente, che ha avuto una (bella) batosta. □ ~*out*: **1** (*Br,colloq*) (*exhausted*) sfinito, spossato, stremato, spompato; **2** (*Am,colloq*) (*drugged*) fatto; **3** (*colloq*) (*beaten*) sconfitto duramente, che ha avuto una (bella) batosta.

whacker /'wækər/ *n.* (*colloq*) **1** cosa *f.* enorme, cosa *f.* grandissima. **2** (*shameless lie*) bugia *f.* spudorata, bugia *f.* sfacciata.

whacking /'wækɪŋ/ **I** *n.* **1** bastonatura *f.*, botte *f.pl.*, percosse *f.pl.*, legnate *f.pl.* **2** (*heavy defeat*) dura sconfitta *f.*, batosta *f.* **II** *a.* (*Am, colloq*) (*very large*) grandissimo, enorme, colossale. **III** *avv.* (*Br,colloq*) (*extremely*) veramente, davvero, smisuratamente: *a ~ great lorry* un camion smisuratamente grande.

whacko /'wækoʊ/ **I** *intz.* (*Br,colloq,ant*) (*splendid*) formidabile!, magnifico! **II** *n.* (*spec. Am,colloq*) pazzo *m.* (*f.* -a), matto *m.* (*f.* -a). **III** *a.* (*spec. Am,colloq*) pazzo, matto.

whacky /'wæki/ *a.* **1** (*colloq*) strambo, stravagante, matto. **2** (*Am,colloq*) pazzo, assurdo.

whale /weɪl/ **I** *n.* (*pl.* **-s** /-z/ o *inv.*; *il pl. inv. si usa general. con valore collett.*) **1** (*Zool*) balena *f.* **2** *pl.* (*Zool*) (*Cetacea*) cetacei *m.pl.* **3** (*fig*) (*obese person*) balena *f.*, ciccione *m.* (*f.* -a). **III** *v.i.* (*Mar*) cacciare balene. □ (*colloq*) *a ~of* favoloso, grandissimo: *a ~ of a party* una festa favolosa; (*Zool*) ~*calf* balenotto; ~

fisherman baleniere; ~ *fishing* caccia alla balena; *to ~into so.* dare addosso a qcu.; *to have a ~ of a time* divertirsi un sacco; ~ *oil* olio di balena; (*Itt*) ~ *shark* squalo balena.

whaleback /'weɪlbæk/ *n.* dorso *m.* di balena. II *a.* a forma di dorso di balena.

whaleboat /'weɪlbout/ *n.* (*Mar*) baleniera *f.*

whalebone /'weɪlboun/ *n.* **1** fanone *m.* **2** (*strip*) stecca *f.* di balena: *a corset stiffened with -s* un busto rinforzato con stecche di balena.

whaler /'weɪlər/ *n.* (*Mar*) **1** baleniere *m.* **2** (*whaleboat*) baleniera *f.*

whaling /'weɪlɪŋ/ I *n.* caccia *f.* alla balena. II *a.* baleniero. □ *to go* ~ andare a caccia di balene; ~ *gun* cannone sparafiocina, cannoncino lanciarpioni; ~ *port* porto di registro per baleniere; (*Mar*) ~ *ship* baleniera; ~ *station* stazione baleniera.

wham /wæm/ I *intz.* zac! II *v.t.* colpire rumorosamente, picchiare, scaraventare contro. III *n.* **1** colpo *m.* rumoroso, forte colpo *m.* **2** (*sound*) zac *m.* □ (*volg*) ~ *bam* scopatina.

whammy /wæmi/ *n.* (*colloq*) **1** (*setback*) battuta *f.* d'arresto, tracollo *m.*, sberla *f.* **2** (*spec. Am*) (*jinx*) malocchio *m.*, iella *f.*

whang /wæŋ/ I *v.t.* (*colloq*) colpire con forza. II *v.i.* (*to resound with a whang*) fare uno scoppio. III *n.* **1** (*colloq*) colpo *m.* rumoroso, scoppio *m.*; (*sound*) rimbombo *m.* **2** (*sl,volg*) (*penis*) cazzo *m.*

whap /wɒp *Am* wɑːp/ *e der.* → **whop** *e der.*

wharf /wɔːf *Am* wɔːrf/ I *n.* (*pl.* **wharves** /-vz/, **-s** /-s/) (*Mar*) banchina *f.*, molo *m.*, scalo *m.* II *v.t.* **1** scaricare a un molo. **2** (*to moor beside a wharf*) ormeggiare a una banchina. III *v.i.* (*Mar*) ormeggiare un battello a un molo (*o a una banchina*).

wharfage /'wɔːfɪdʒ *Am* 'wɔːrfɪdʒ/ *n.* **1** uso *m.* di una banchina. **2** (*charge for the use of a wharf*) diritti *m.pl.* di banchina.

wharfie /'wɔːfi *Am* 'wɔːrfi/ *n.* (*Aus*) portuale *m.*

wharves /wɔːvz *Am* 'wɔːrvz/ → **wharf**.

what /wɒt *Am* wʌt, wɑːt/ I *pron.interr.* **1** che cosa, cosa, che: ~ *do you want?* che cosa vuoi?; ~ *'s that?* che cos'è?; *tell me* ~ *happened* dimmi che cosa è successo; *you did* ~ *?* cosa hai fatto?; ~ *is life without you?* che cos'è la vita senza di te? **2** (*to enquire about so.'s character, occupation, etc.*) che cosa, che: ~ *do you do?* che cosa fai (nella vita)? **3** (*how much*) quanto, cosa: *he wanted to know* ~ *I earned* voleva sapere quanto guadagnavo; ~ *does it cost?* quanto costa?, cosa costa? II *pron.rel.* **1** (*that which, those which*) quello che, ciò che: *we have exactly* ~ *you are looking for* abbiamo proprio quello che cercate; *write me a summary of* ~ *he said* scrivimi un riassunto di ciò che ha detto. **2** (*the sort of person, thing that*) che cosa, quello che, ciò che: *you don't know* ~ *he is like when he loses his temper* non sai com'è quando si arrabbia; *the film was just* ~ *I expected* il film era proprio quello che mi aspettavo. **3** (*the same as*) quello che, ciò che: *the country is not* ~ *it was* il paese non è (più) quello che era. **4** (*whatever*) quello che, ciò che, qualsiasi cosa, qualunque tu voglia: *think* ~ *you will* pensa quello che vuoi. III *intz.* **1** che!, come!, cosa!, che cosa!, ma come?!: ~, *no buses today?* che cosa! oggi non ci sono autobus?; ~, *he refused!* come? ha rifiutato!? **2** (*Br*) (*used at the end of an utterance*) no?: *it was pretty smart of me,* ~ *?* sono stato piuttosto furbo, no? IV *a.* **1** quale: ~ *newspapers do you read?* quali giornali leggi?; *I asked him* ~ *news there was of the ship* gli chiesi quali notizie ci fossero della nave. **2** (*how much*) quanto, come: ~ *pleasure it*

gives me quanto piacere mi fa. **3** (*in exclamatory phrases*) che: ~ *a pleasant surprise!* che bella sorpresa!; ~ *a day!* che giornata! **4** (*whatever*) qualsiasi, qualunque. **5** (*such as, as many as, as much as*) il... che, quanto: *I gave him* ~ *money I had* gli diedi il denaro che avevo. □ ~ *about* ?: **1** (*of people*) che ne è (stato) di? *often not translated:* ~ *about the others?* che ne è degli altri?; ~ *I'm having fried chicken,* ~ *about you?* io prendo il pollo fritto, e tu?; **2** (*suggestions*) che ne diresti di?, che ne dici di?: ~ *about going out to-night?* che ne diresti di uscire stasera?; ~ *about a game of bridge?* che ne dite di una partita di bridge?; ~ *about it?* e allora?; ~ *else* : **1** che altro: ~ *else do you need?* di che altro hai bisogno?; **2** (*esclam.*) certo!, certamente!, naturalmente!: *you accepted?* - ~ *else!* hai accettato? - certo!; ~ *few* i pochi, quei pochi: ~ *few friends he had all abandoned him* quei pochi amici che aveva l'hanno abbandonato; (*colloq*) ~ *for* ?: **1** perché?, per quale motivo?, per che cosa?, a far che?: ~ *did you come here for?* perché sei venuto qui?; *I am going into town* - ~ *for?* vado in città - a far che?; **2** (*for what purpose*) a che (cosa)?, per che cosa?: ~ *is it* (*used*) *for?* a che cosa serve?; (*colloq*) *to give so.* ~ *for* dare a qcu. quello che si merita, castigare qcu., punire qcu.; ~ *have you* e cose del genere, eccetera: *books, papers, and* ~ *have you* libri, giornali e cose del genere; ~ *if* : **1** e se: ~ *if he doesn't agree?* e se non è d'accordo?; **2** (*what does or would it matter if*) che importa: ~ *if it is expensive, it's worth the money* che importa se è caro, è denaro ben speso; ~ *is it* ? che c'è?, di che cosa si tratta?; ~ *little* il poco, quel poco: ~ *little I earn all goes for the rent* quel poco che guadagno lo spendo tutto per l'affitto; ~ *next* ?: **1** e poi?; **2** (*iron*) cos'altro?, e poi?; ~ *not* : cose simili, cose del genere: *hats, gloves and* ~ *not* guanti, cappelli e cose simili; ~ *now* ?: **1** e adesso?; **2** (*to indicate irritation at being interrupted*) che c'è adesso?; ~ *of* : **1** che importa: *he's extremely ugly, but* ~ *of it?* è bruttissimo, ma che importa?; ~ *of it?* e allora?, e con ciò?; *you haven't insured your car* - ~ *of it?* non hai assicurato la macchina - e allora? **2** (*of people*) che ne è (stato) di? *often not translated:* ~ *of the others?* che ne è degli altri?; ~ *then* ? e con ciò?, e allora?; ~ *'s up* ? cosa c'è?, che novità ci sono?, cosa è successo?; ~ *with* ... *and* (*with*)..., tra... e..., un po' per... un po' per...: ~ *with the cats on the roof and the party downstairs, I didn't sleep a wink* tra i gatti sul tetto e la festa al piano di sotto, non ho chiuso occhio per tutta la notte; (*sl*) ~ *'s with you, man?* che ti succede, amico?; (*Br,colloq*) ~ *'s yours* ? cosa prendi?, cosa bevi?

whatchamacallit /'wɒtʃəmə,kɔːlɪt *Am* 'wʌtʃəmə,kɔːlɪt/ *n.* (*colloq*) (*what you may call it*) coso *m.*, affare *m.*, aggeggio *m.*

what-do-you-call-her /'wɒtdjə,kɔːlər *Am* 'wʌtəjə,kɔːlər/ *n.* (*colloq*) tizia *f.*, cosa *f.*

what-do-you-call-him /'wɒtdjə,kɔːlɪm *Am* 'wʌtəjə,kɔːlɪm/ *n.* (*colloq*) tizio *m.*, coso *m.*

what-do-you-call-it, **what-d'you-call-it** /'wɒtdjə,kɔːlɪt *Am* 'wʌtəjə,kɔːlɪt/ *n.* (*colloq*) coso *m.*, affare *m.*, aggeggio *m.*: *pass me that* ~ passami quel coso.

what-do-you-call-them /'wɒtdjə,kɔːl(θ)əm *Am* 'wʌtəjə,kɔːl(θ)əm/ *n.pl.* affari *m.pl.*, cosi *m.pl.*, aggeggi *m.pl.*

what'e /wɒt'eə *Am* ,wət'ɜːr/ *pron. /a.* (*poet*) → **whatever**.

whatever /wɒt'evər *Am* '(h)wʌt,evər/ I *pron.* **1** qualunque cosa, qualsiasi cosa: ~ *you like*

qualunque cosa tu voglia. **2** (*no matter what*) qualunque (cosa): ~ *the reason may be* qualunque sia la ragione; *I'll go* ~ *happens* ci andrò qualunque cosa accada. **3** (*to express astonishment*) cosa mai, che cosa: ~ *did he mean?* cosa mai avrà voluto dire?; ~ *were you thinking of?* (ma) che cosa pensavi?; ~ *happened to that friend of yours?* ma che fine ha fatto quel tuo amico? II *a.* **1** qualsiasi, qualunque, quale che sia: *we must use* ~ *means are at our disposal* dobbiamo usare qualsiasi mezzo a nostra disposizione. **2** (*no matter what*) qualunque, qualsiasi: ~ *terms are offered him he refuses* qualunque condizione gli venga offerta (lui) rifiuta. **3** (*at all*) di nessun genere, alcuno, affatto. III *avv.* (*rar*) (*in any case*) in ogni caso, comunque. □ ~ *next!* c'è da aspettarsi di tutto!; *or* ~ e cose del genere, e cose simili.

whatnot /'wɒtnɒt *Am* 'wʌtnɑːt/ *n.* **1** cose *f.pl.* simili, cose *f.pl* del genere: *hats, gloves and* ~ guanti, cappelli e cose simili. **2** (*Arred*) étagère *f.*, cantoniera *f.* **3** (*sth. of little importance*) cosettina *f.* □ *or* ~ e cose del genere, e cose simili.

what's /wɒts *Am* wʌts, wɑːts/ *contraz. di* what is, what has.

what's-her-name, **whatshername** /'wɒtsəneim *Am* 'wʌtsərneim, 'wɑːtsərneim/ *n.* (*colloq*) tizia *f.*, cosa *f.*

what's-his-name, **whatshisname** /'wɒtsɪznaim *Am* 'wʌtsɪzneim, 'wɑːtsɪzneim/ *n.* (*colloq*) tizio *m.*, coso *m.*

whatsis /'wɒtsɪs *Am* 'wʌtsɪz, 'wɑːtsɪz/, **whatsit** /'wɒtsɪt *Am* 'wɑːtsɪt/, **whatsitsname**, **what's-its-name** /'wɒtsɪts,neim *Am* 'wʌtsɪts ,neim, 'wɑːtsɪts,neim/ *n.* (*colloq*) coso *m.*, affare *m.*, aggeggio *m.*

whatsoe'er /,wɒtsou'eər/, **whatsoever** /,wɒtsou'evər *Am* ,wɑːtsou'evər/ *pron./a.* (*poet*) → **whatever**.

what's what /wɒts'wɒt *Am* wʌts'wʌt, wɑːts 'wɑːt/ (*colloq*): *he certainly knows* ~ *in the field of finance* nel campo della finanza certamente sa il fatto suo; *I don't know* ~ non ci capisco niente, non mi ci raccapezzo; *and that's* ~ e così sia.

whaup /wɔːp/ *n.* (*Scott,Ornit*) chiurlo *m.*

wheat /wiːt/ *n.* (*Bot,Agr*) grano *m.*, frumento *m.* □ (*Alim*) ~ *flour* farina di frumento; (*Alim*) ~ *germ* germe di grano; (*Agr*) ~ *rust* ruggine del frumento.

wheatear /'wiːt,ɪər/ *n.* (*Ornit*) massaiola *f.*, monachella *f.*, culbianco *m.*

wheaten /'wiːtən/ *a.* di grano, di frumento.

wheatgrass /'wiːtgrɑːs *Am* 'wiːtgræs/ *n.* (*Bot*) agropiro *m.*

wheatmeal /'wiːtmiːl/ *n.* farinaccio *m.* di frumento.

wheedle /'wiːdl/ *v.t.* **1** adulare, blandire, lusingare, lisciare. **2** (*to induce by wheedling*) indurre con le lusinghe, indurre con il moine: *to* ~ *so. into doing sth.* indurre con le lusinghe qcu. a fare qcs. **3** (*to obtain by wheedling*) ottenere con (le) lusinghe, ottenere con le moine: *to* ~ *a loan out of so.* ottenere un prestito da qcu. con le lusinghe.

wheedler /'wiːdlər/ *n.* adulatore *m.* (*f. -trice*).

wheel /wiːl/ I *n.* **1** ruota *f.*: *the -s of a car* le ruote di una macchina. **2** (*small wheel*) rotella *f.*, rotellina *f.* **3** (*Mecc*) (*cog wheel*) ingranaggio *m.*, ruota *f.* dentata. **4** (*Aut*) (*steering wheel*) volante *m.*, sterzo *m.* **5** (*Mar*) timone *m.*, ruota *f.* del timone; (*propeller*) elica *f.*; (*paddle wheel*) ruota *f.* a pale. **6** (*Tess*) (*spinning wheel*) filarello *m.* **7** (*Ceram*) (*potter's wheel*) tornio *m.* da vasaio, ruota *f.* da vasaio. **8** (*in gambling*) ruota *f.* **9** (*firework*) girandola *f.* **10** (*sth. wheel-shaped*) ruota *f.* **11** (*circular movement*) ruota *f.*, cerchio *m.*, movimento *m.* rotatorio. **12** (*fig*) (*recurring course, cycle*) successione *f.*, il susseguirsi, ruota *f.* **13** (*Mil*) conversione *f.* **14** (*Mus*) (*refrain of a song*) ritornello *m.* **15** (*Ginn*) ruota *f.* **16** (*Stor*) (*instrument of torture*) ruota *f.*: *to break so. on the ~* mettere qcu. al supplizio della ruota. **17** *pl.* (*colloq*) (*car*) macchina *f.sing.*, automobile *f.sing.*: *I haven't got -s* non ho la macchina. **18** *pl.* (*fig*) ingranaggi *m.pl.*, meccanismo *m.sing.*: *the -s of commerce* gli ingranaggi del commercio. **II** *v.i.* **1** girare, rotare, roteare. **2** (*to turn*) girarsi: *he -ed round to face his attackers* si girò per fronteggiare gli aggressori. **3** (*fig*) (*to change one's opinion*) cambiare opinione, cambiare idea, fare un voltafaccia. **4** (*to move in a circle, to spiral*) volteggiare, roteare, rotare. **5** (*to go in a wheeled vehicle*) andare su un veicolo a ruote. **6** (*Mil*) fare una conversione: *left ~!* conversione a sinistr! **III** *v.t.* **1** portare su di un mezzo (*o* un veicolo) a ruote, trasportare: *they -ed the patient into the room* portarono il paziente nella camera (su una sedia a rotelle). **2** (*of sth. having wheels*) spingere: *to ~ a bicycle up a hill* spingere una bicicletta su per una collina. **3** (*to cause to rotate*) far girare, far ruotare, far roteare. **4** (*to cause to turn*) far girare: *to ~ one's horse round* far girare il proprio cavallo. **5** (*Mil*) far fare una conversione a. □ *to ~ about:* 1 girarsi, far girare; 2 (*fig*) cambiare opinione, cambiare idea, fare un voltafaccia. (*Mecc*) *~ and axle* carrucola; *to ~ and deal* mercanteggiare, trafficare, fare intrallazzi; *to ~ around:* 1 girarsi, far girare; 2 (*fig*) cambiare opinione, cambiare idea, fare un voltafaccia; *to be at the ~:* 1 (*Aut*) essere al volante, stare al volante: *the man at the ~* il conducente; 2 (*Mar*) essere al timone, stare al timone; 3 (*fig*) essere al timone, reggere il timone; (*Br,Aut*) *~ clamp* ceppo; *~ horse* cavallo del timone; *~ hub* mozzo di ruota; (*colloq*) *to ~ in* arrivare, farsi vivo; (*fig*) *to set the -s in motion* far partire qcs.; (*Arm,ant*) *~ lock*: 1 otturatore a ruota; 2 (*gun*) fucile con otturatore a ruota; (*Inform*) *~ mouse* mouse con rotella; *~ of fortune* ruota della fortuna; (*fig*) *the ~ of time* la ruota del tempo; (*Inform*) *~ printer* stampante a margherita; *~ rim* cerchione di ruota, cerchio di ruota; *to ~ round:* 1 girarsi, far girare; 2 (*fig*) cambiare opinione, cambiare idea, fare un voltafaccia; (*Aut*) *to take the ~* mettersi al volante; (*fig*) *the -s are turning* le cose stanno funzionando, le cose si stanno ingranando; (*fig*) *-s within -s* una faccenda senza (inizio né) fine.

wheelbarrow /ˈwiːlˌbærou/ **I** *n.* carriola *f.* **II** *v.i.* trasportare con una carriola.

wheelbase /ˈwiːlbeɪs/ *n.* (*Aut*) interasse *m.*

wheelchair /ˈwiːltʃeə*r* *Am* ˈwiːltʃer/ *n.* sedia *f.* a rotelle, carrozzella *f.*

wheeled /wiːld/ *a.* **1** a ruote, con ruote: *~ vehicles* veicoli a ruote. **2** (*in compounds*) a... ruote: *a six-~ lorry* un autocarro a sei ruote.

wheeler /ˈwiːlə*r*/ *n.* **1** (*in compounds: a vehicle with wheels*) veicolo a... ruote: *a six-~* un veicolo a sei ruote. **2** (*wheelhorse*) cavallo *m.* del timone (in un tiro a due o a quattro).

wheeler-dealer /ˈwiːlə*r*ˈdiːlə*r*/ *n.* (*colloq*) affarista *m./f.*, trafficante *m./f.*, intrallazzatore *m.* (*f.* -trice).

wheelhouse /ˈwiːlhaus/ *n.* (*Mar*) timoniera *f.*

wheelie /ˈwiːli/ *n.* (*on a bike*) impennata *f.*: *to do a ~* (*o* *to pop a ~*) fare un'impennata. □ *~ bin* cassonetto dei rifiuti (con le ruote).

wheeling /ˈwiːlɪŋ/ *n.* **1** giro *m.* **2** (*curving movement*) curva *f.*, giro *m.*; (*rotating movement*) roteazione *f.*, giro *m.* □ *~ and dealing* il trafficare, il fare affari, l'intrallazzare.

wheelman /ˈwiːlmən/, **wheelsman** /ˈwiːlzmən/ *n.irr.* (*spec. Am,Mar*) timoniere *m.*

wheelspin /ˈwiːlspɪn/ *n.* (*Aut*) slittamento *m.* (delle ruote).

wheelwright /ˈwiːlraɪt/ *n.* (*ant*) carradore *m.*, carraio *m.*

wheesh /wiːʃ/ **I** *v.t.* (*Scott*) mettere a tacere. **II** *v.i.* (*Scott*) chiedere silenzio.

wheeze /wiːz/ **I** *v.i.* **1** avere il respiro affannoso, ansare, ansimare. **2** (*fig*) (*to move with a wheezing sound*) sbuffare, soffiare, ansimare; (*of bullets*) sibilare. **3** (*Med*) avere il fischio, avere il respiro sibilante asmatico. **II** *v.t.* dirc ansimando, dire ansando. **III** *n.* **1** l'ansimare, l'ansare, affanno *m.*, respiro *m.* affannoso. **2** (*Teat*) (*stage joke*) barzelletta *f.*, battuta *f.* (comica). **3** (*colloq*) (*clever idea*) trovata *f.*, espediente *m.*; (*trick, dodge*) trucco *m.* □ *to ~ out* dire ansimando, dire ansando.

wheezily /ˈwiːzɪli/ *avv.* affannosamente, ansimando, ansando.

wheeziness /ˈwiːzɪnəs/ *n.* l'ansimare, respiro *m.* affannoso.

wheezing /ˈwiːzɪŋ/ *n.* (*Med*) fischio *m.*, respiro *m.* sibilante asmatico.

wheezy /ˈwiːzi/ *a.* **1** (*of persons*) affannato, ansimante, ansante. **2** (*of things*) che sbuffa, ansimante.

whelk[1] /welk/ *n.* (*Zool*) buccino *m.*

whelk[2] /welk/ *n.* (*Med*) pustola *f.*, foruncolo *m.*

whelm /welm/ *v.i.* (*poet*) sommergere, coprire.

whelp /welp/ **I** *n.* (*ant*) **1** cucciolo *m.*, piccolo *m.* **2** (*callow youth*) giovane *m./f.* inesperto; (*spreg*) moccioso *m.* (*f.* -a). **3** *pl.* (*Mar*) fantinetti *m.pl.* **II** *v.i.* partorire, figliare. **III** *v.t.* partorire.

when /wen/ **I** *avv.interr.* **1** quando: *~ did he write that book?* quel libro, quando l'ha scritto?; *I don't know ~ I'll be back* non so quando sarò di ritorno. **2** (*under what circumstances*) quando, in quali casi, in quali circostanze, in quale occasione: *~ is it right to tell a lie?* quando è giusto dire una bugia? **II** *avv.rel.* (*during which, on which*) in cui, nel quale, durante cui, durante il quale: *the years ~ we were young* gli anni in cui eravamo giovani. **III** *congz.* **1** (*at the time that*) quando, nel momento in cui: *it was raining ~ I went out* quando sono uscito pioveva. **2** (*during the time that, while*) mentre, quando: *it happened just ~ we were going out* accadde proprio mentre stavamo uscendo. **3** (*as soon as*) quando, immediatamente, non appena, nel momento in cui: *we'll go out ~ it stops raining* usciamo non appena smette di piovere. **4** (*whenever*) tutte le volte che, ogni volta che, quando, ogniqualvolta. **5** (*at which time*) quando, al momento in cui, il giorno in cui. **6** (*during which time*) durante il quale: *I'll be away for a week, ~ I'll be having a rest* starò via una settimana durante la quale mi riposerò. **7** (*if*) se, quando, nel caso in cui. **8** (*although*) anche se, sebbene, quantunque. **9** (*considering that*) visto che, quando: *how could I help him ~ his scheme was obviously doomed to failure?* come potevo aiutarlo visto che il suo programma era chiaramente destinato al fallimento? **10** (*in exclamations*) quando, se. **11** (*whereupon*) dopo di che, e allora: *the contract expires next year, ~ my obligations will be at an end* il contratto scade l'anno prossimo

dopo di che non avrò più alcun obbligo. **IV** *pron.* quando, quale momento (*o* ora, giorno ecc.), che momento (*o* ora, giorno ecc.). **V** *n.* quando *m.*, il tempo (*o* l'ora, il giorno ecc.) di qcs.: *I remember the why but not the ~* ricordo il perché ma non il quando. □ *~ all's said and done* tutto considerato, tutto sommato, dopo tutto, (*region*) alla fine della fiera; *~ ever?* quando mai?

whenas /wenˈæz/ *congz.* (*ant*) **1** (*when*) quando. **2** (*whereas*) mentre, e invece. **3** (*as*) poiché, siccome.

whence /wens/ **I** *avv.interr.* (*lett*) **1** da dove, donde: *~ came he?* da dove è venuto? **2** (*from what source, origin, etc.*) da quale fonte, da dove, donde: *I asked him ~ he had had his information* gli chiesi da quale fonte aveva avuto le informazioni. **II** *avv.rel.* (*lett*) (*from which*) da dove, da cui, dal quale: *the country ~ they came* il paese da cui sono venuti. **III** *congz.* (*lett*) **1** da dove. **2** (*from which source, origin, etc.*) da quale fonte, da dove. **3** (*wherefore*) dal che, dalla qual cosa, donde: *he did not answer, ~ I assumed he agreed* non rispose, dal che supposi che era d'accordo. **4** (*to the place from which*) al luogo dal quale, donde: *return ~ you came* torna donde sei venuto.

whencesoever /ˌwensouˈevə*r*/, **whencever** /ˌwensˈevə*r*/ (*poet*) *avv./congz.* **1** da qualunque luogo, da qualsiasi luogo, da qualsiasi parte. **2** (*from any source whatsoever*) da qualunque fonte, da qualsiasi fonte. **3** (*from any cause whatsoever*) per qualsiasi ragione, per qualunque ragione.

whene'er /wenˈeə*r* *Am* wenˈer/ *congz. /avv.* (*poet*) → **whenever**.

whenever /wenˈevə*r*/, **whensoever** /ˌwensouˈevə*r*/ **I** *avv./congz.* **1** ogni volta che, ogniqualvolta, tutte le volte che, quando: *~ I take a holiday it rains* ogni volta che prendo una vacanza piove. **2** (*at whatever time*) quando, in qualsiasi momento: *come ~ you please* vieni quando vuoi. **II** *avv.interr.* quando (mai): *~ did I agree to such a thing?* quando mai ho approvato una cosa del genere?

where /weə*r* *Am* wer/ **I** *avv.interr.* **1** dove: *~ do you live?* dove abiti?; *~ are you going?* dove vai?; *~ have I gone wrong?* dove ho sbagliato? **2** (*from where*) da dove, da quale fonte: *~ did he get the information?* da dove hai avuto quelle informazioni? **II** *avv.rel.* (*in which or to which*) dove, in cui, nel quale: *the town ~ I live* la città dove vivo; *the place ~ I am going* il posto in cui vado. **III** *pron.* **1** dove, che posto, quale luogo: *~ are you going to?* dove stai andando?; *~ did he come from?* da dove è venuto? **2** (*the place in which, the point at which*) il posto in cui, dove: *this is ~ the murder took place* questo è il posto in cui è avvenuto l'omicidio. **IV** *congz.* **1** dove, nel posto in cui: *I'll stay ~ you stay* starò dove stai tu; *leave it ~ you found it* lascialo dove l'hai trovato. **2** (*to the place in which*) dove: *my dog goes ~ I go* il mio cane va dove vado io. **3** (*wherever*) in qualsiasi luogo, dovunque. **4** (*in which place*) dove, nel qual luogo: *he emigrated to Australia, ~ he spent the rest of his life* emigrò in Australia, dove passò il resto della sua vita. **V** *n.* dove *m.*, luogo *m.*: *the ~ and when* il dove e il quando. □ *~ else?* in quale altro luogo?, in quale altro posto?, dove altro?; *~ else can I go?* in quale altro posto posso andare?; *~ ever?* dove mai?, dove diavolo?; *that is ~ you are mistaken* è qui che ti sbagli.

whereabouts[1] /ˌweərəˈbauts *Am* ˌwerəˈbauts/ *avv.interr.* dove, in che luogo, da che parte.

whereabouts ² /'wɛərəbauts Am 'werəbauts/ n.pl. (costr.sing. o pl.) luogo m. dove qcu. (o qcs.) si trova: no one knows his present ~ nessuno sa dove si trovi attualmente.

whereafter /weər'æftər Am wer'æftər/ (rar) avv.rel. dopodiché.

whereas /weər'æz Am 'weræz, wer'æz/ congz. 1 mentre, laddove, e invece: he professed ignorance of the whole affair, ~ the truth was quite different sosteneva di non sapere nulla di tutta la faccenda, mentre la verità era ben diversa. 2 (to introduce a preamble) premesso che, considerato che (anche Dir).

whereat /weər'æt Am wer'æt/ I congz. (lett) (whereupon) e allora, al che, dopo di che. II avv.rel. (lett) 1 (at which) (a) cui, al quale: a reception ~ many were present un ricevimento a cui erano presenti molte persone. 2 (in reference to which) per il quale, per cui, (in riferimento) al quale: a remark ~ he was quickly offended un'osservazione per la quale si offese subito.

whereby /weə'bai Am wer'bai/ avv.rel. 1 (by which) con cui, per cui, per mezzo del quale, per mezzo di cui: the means ~ we can achieve our aims i mezzi con cui possiamo raggiungere i nostri scopi. 2 (as a result of which) per cui, e perciò, in base al quale.

where'er /weə'eər Am wer'er/ avv./congz. (poet) → **wherever**.

wherefore /'weə,fɔːr Am 'wer,fɔːr/ I avv.interr. (lett) (why, for what reason) perché, per quale ragione, per quale motivo. II avv.rel. (lett, ant) (in consequence of which) quindi, di conseguenza. III n. (lett) percome m., spiegazione f.: the whys and -s il perché e il percome.

wherefrom /weə'frɒm Am wer'frɑːm/ avv.rel. (lett) (from which) da cui, dal quale; (whence) da dove.

wherein /weər'ın Am wer'ın/ I avv.interr. (ant) in che cosa, dove. II avv.rel. 1 (in which) in cui, nel quale, dove: the town ~ they lived la città in cui abitavano. 2 (during which) in cui, durante il quale.

whereinto /weər'ıntu: Am wer'ıntu:/ avv.rel. (lett) in cui, dentro cui, dove.

whereof /weər'ɒv Am wer'ɑːv/ avv.rel. (of which or whom) di cui, del quale.

whereon /weər'ɒn Am wer'ɑːn/ avv.rel. (on which) su cui, sul quale.

wheresoe'er /,weəsou'eər Am wersou'er/ avv. (poet) → **wheresoever**.

wheresoever /,weəsou'evərər Am ,wersou 'evər/ avv./congz. (rar) in qualsiasi luogo, dovunque, da qualsiasi parte.

whereto /weə'tu: Am wer'tu:/ avv.rel. (to which) (a) cui, al quale.

whereupon /,weərə'pɒnər Am wersə'pɑːn/ (lett) I congz. al che, dopo di che: ~ he refused to take part al che si rifiutò di partecipare. II avv.rel. (whereon) su cui, sul quale.

wherever /weər'evər Am wer'evər/ I avv./ congz. 1 dovunque, in qualsiasi luogo, da qualunque parte: I'll remember it ~ I go me ne ricorderò ovunque vada. 2 (anywhere) dove: we'll go ~ you want andremo dove vuoi (tu). II avv.interr. dove mai; (colloq) dove diavolo, dove diamine: ~ did you buy that hat? dove diavolo hai comprato quel cappello?

wherewith /weə'wıθər Am wer'wıθ/ avv.rel. (ant) con cui, con il quale, con che: the weapon ~ he killed the dragon l'arma con cui uccise il drago.

wherewithal /'weəwıθɔːl Am 'werwıθɔːl/ n. 1 mezzi m.pl., denaro m., soldi m.pl.: he hadn't the ~ to educate his son non aveva i mezzi per far studiare il figlio. 2 (means for doing sth.) necessario m., occorrente m.

wherry /'weri/ n. 1 (Mar) (light rowing boat) barca f. a remi. 2 (Br) (barge) chiatta f., bettolina f.

whet /wet/ I v.t. (past, p.p. **whetted** /'wetıd 'wetɪd/) 1 affilare, arrotare: to ~ a knife affilare un coltello. 2 (fig) stimolare, acuire, aguzzare: to ~ so.'s curiosity stimolare la curiosità di qcu.; to ~ so.'s appetite stuzzicare l'appetito di qcu. (anche fig). II n. 1 l'affilare, affilamento m. 2 (fig) stimolo m., incentivo m.

whether /'weðər/ congz. 1 (often with or) se... o no, se... o meno, se... o (se): I don't know ~ I'll be free (or not), non so se sarò libero (o no); he doubted ~ he would arrive in time dubitava di arrivare in tempo. 2 (to introduce infinitive phrases; often with or) se... o (se): he was undecided ~ to accept or refuse era indeciso se accettare o rifiutare. 3 (to indicate alternative conditions, possibilities; with or) sia... o, sia... sia, sia (che)... sia che: the accused, ~ he be innocent or guilty l'accusato, sia egli innocente o colpevole. 4 (either; with or) o... o,... o: ~ from incompetence or from bad luck the project was a failure o per incapacità o per sfortuna il progetto fu un fallimento; ~ rich or poor, all have to die ricchi o poveri, tutti devono morire. □ ~or no (o ~or not) in ogni modo, in ogni caso; ~ you like it or not che ti piaccia o meno.

whetstone /'wetstoun/ n. 1 pietra f. da cote, cote f. 2 (fig) stimolo m.

whew /hwu:, hju:/ intz. (to express amazement, relief, dismay, etc.) uh!, uhei!, tò?!, toh?!

whey /wei/ n. (Alim) siero m. di latte.

wheyfaced ,whey-faced /'weifeist/ a. pallido, sbiancato.

which /wıtʃ/ I a. (whichever) qualsiasi, qualunque. II a.interr. che, quale: ~ train shall we catch? che treno prendiamo?; I don't remember ~ book you wanted non ricordo quale libro volevi. III a.rel. qual(e): in ~ case we'll decline the invitation nel qual caso rifiutiamo l'invito; at ~ point al che. IV pron. (whichever) qualunque cosa, qualsiasi cosa: take ~ you like prendi qualunque cosa desideri. V pron.interr. 1 (of things) quale: ~ do you want? quale vuoi?; ~ of these two books is yours? quale di questi due libri è (il) tuo? 2 (of people) chi, quale: ~ of them is the culprit? chi di loro è il colpevole? VI pron.rel. 1 (in non-defining clauses) che, il quale: this painting, ~ belongs to my father, is a Rembrandt questo quadro, che appartiene a mio padre, è un Rembrandt. 2 (after prepositions) cui, il quale: this bed, in ~ James II is said to have slept, is in fact a reproduction questo letto, in cui si dice abbia dormito Giacomo II, è in realtà una riproduzione. 3 (in defining clauses) che: a result ~ no one expected un risultato che nessuno si aspettava. 4 (after prepositions) cui, (il) quale: the town in ~ he lives la città nella quale vive. 5 (referring to a previous clause) il che, la qual cosa, cosa: she insisted I remain for tea, ~ made me late for my appointment insistette perché restassi a prendere il tè, il che mi fece fare tardi all'appuntamento; he said he was ill, ~ was not true disse di essere malato, cosa non vera. □ ~is ~? qual è l'uno e qual è l'altro?: they look so alike it's impossible to say ~ is ~ si somigliano talmente che è impossibile distinguerli l'uno dall'altro; ~ way : 1 da che parte, in che direzione, in quale direzione: ~ way do we go? da che parte andiamo?; 2 (how) come, in che modo. Prov.: ~ came first, the chicken or the egg? chi è

venuto prima: l'uovo o la gallina?

whichever /wıtʃ'evər/ I pron. 1 (of people) chiunque, qualunque, chi: ~ (of you) comes in first receives the prize chiunque (di voi) arriva primo riceverà il premio. 2 (of things) qualunque cosa, qualsiasi cosa: ~ you choose, the result will be the same qualunque cosa tu scelga, il risultato sarà identico. II a. qualsiasi, qualunque: ~ way he turned he saw nothing but sand da qualsiasi parte si volgesse non vedeva che sabbia.

whichsoever /,wıtʃsou'evər/ pron./a. (ant) → **whichever**.

whicker /,wıkər/ I v.i. (of a horse) nitrire. II n. nitrito m.

whiff /wıf/ I n. 1 soffio m., alito m., buffo m., sbuffo m., folata f. 2 (of smoke, vapour, etc.) buffo m., sbuffo m., buffata f. 3 (slight smell) odore m., zaffata f. 4 (inhalation) boccata f., inspirazione f.; (of tobacco smoke) tirata f. 5 (sniff) annusata f.; (of drugs) sniffata f. 6 (hint) odore m., sentore m.: a ~ of danger sentore di pericolo. II v.i. 1 soffiare a folate, soffiare a sbuffi. 2 (to emit whiffs) mandare sbuffi di fumo; (to puff) sbuffare, soffiare. 3 (Br,colloq) (to emit an unpleasant smell) avere un cattivo odore, puzzare. 4 (Am,colloq) (to miss a ball) soffiare. III v.t. 1 soffiare: the wind -ed the smoke into our eyes il vento ci soffiava il fumo negli occhi. 2 (to inhale a smell) odorare, annusare. 3 (to smoke) fumare mandando sbuffi. 4 (to sniff drugs) sniffare. 5 (colloq) (to smell) odorare.

whiffle /'wıfəl/ I v.i. 1 (of the wind) soffiare a folate, soffiare a sbuffi. 2 (to veer about) girare. 3 (to vacillate) vacillare, ondeggiare, oscillare (anche fig). II v.t. soffiare (a folate). III n. folata f., sbuffo m.

whiffler /'wıflər/ n. persona f. incostante, persona f. irresoluta, (scherz) tentenna m.

whiffletree /'wıfəltri:/ n. (Am) (on a carriage) bilancino m.

whiffy /'wıfi/ a. (colloq) puzzolente, maleodorante.

Whig /wıg/ I n. 1 (Stor.brit,Stor.am) (member of Whig Party) whig m. 2 (Stor.am) (supporter of American Revolution) indipendentista m. 3 (estens) liberale m. □ (Stor.brit,Stor.am) ~ Party partito whig.

Whiggery /'wıgəri/ n. (Stor) principi m.pl. del partito whig, politica f. del partito whig.

Whiggish /'wıgıʃ/ a. del partito whig, dei whig.

Whiggism /'wıgızəm/ n. (Stor) principi m.pl. del partito whig, politica f. del partito whig.

while /wail/ I n. 1 tempo m., periodo m. (di tempo), lasso m. di tempo: a long ~ ago molto tempo fa. 2 (short period of time) momento m., un po' (di tempo): to rest for a ~ riposarsi un momento, riposarsi per un po'. II congz. 1 mentre: don't touch anything ~ I'm away non toccare nulla mentre sono via; he fell ill ~ on holiday si ammalò mentre era in vacanza. 2 (as long as) finché: ~ there's life there's hope finché c'è vita c'è speranza. 3 (whereas) mentre, e invece: he is cautious, ~ his brother is rash lui è prudente, mentre suo fratello è avventato. 4 (although) sebbene, benché. 5 (at the same time that) intanto che, nel tempo che, nel tempo in cui, mentre: he washed the dishes, ~ I put the children to bed intanto che (io) mettevo a letto i bambini, lui lavava i piatti. III ~ after a ~ dopo un po';all the ~ (per) tutto il tempo; to ~away the time ingannare il tempo, far passare il tempo, trascorrere il tempo;the ~: 1 (meanwhile) intanto, nel frattempo; 2 (while) mentre: she ran off, laughing the ~ corse via ridendo.

whilom /'waɪləm/ I *avv.* (*ant*) (*at one time, once*) una volta, in passato. II *a.* (*ant*) (*former*) antico, d'un tempo, del passato.

whilst/waɪlst/ *congz.* (*spec. Br*) → **while**.

whim/wɪm/ *n.* 1 capriccio *m.*, ghiribizzo *m.*, fantasia *f.*, voglia *f.*: *a sudden* ~ una voglia improvvisa. 2 (*Minier*) apparecchio *m.* di sollevamento (azionato da cavalli).

whimbrel /'wɪmbrəl/ *n.* (*Ornit*) piccolo chiurlo *m.*

whimper /'wɪmpər/ I *v.i.* 1 (*of people*) piagnucolare, frignare: *the child began to* ~ il bambino cominciò a piagnucolare. 2 (*of dogs*) uggiolare. 3 (*of birds*) pigolare. II *v.t.* dire piagnucolando, dire frignando. III *n.* 1 (*of people*) piagnucolio *m.*, frignio *m.* 2 (*of dogs*) uggiolio *m.* 3 (*of birds*) pigolio *m.*

whimperer /'wɪmpərər/ *n.* piagnucolone *m.* (*f.* -a), frignone *m.* (*f.* -a).

whimperingly /'wɪmpərɪŋli/ *avv.* piagnucolando, frignando.

whimsical /'wɪmzɪkəl/ *a.* 1 (*playful, odd*) capriccioso, bizzarro, stravagante, strano, eccentrico. 2 (*characterized by whim*) stravagante, strano, bizzarro.

whimsicality /,wɪmzɪ'kælti Am ,wɪmz'kælɪti/ *n.* capricciosità *f.*, bizzarria *f.*, stravaganza *f.*, stranezza *f.*

whimsically /'wɪmzɪkli/ *avv.* capricciosamente, bizzarramente.

whimsy /'wɪmzi/ *n.* 1 (*whim*) capriccio *m.*, ghiribizzo *m.*, fantasia *f.*, grillo *m.* 2 (*quaintness, oddity*) bizzarria *f.*, stranezza *f.*

whin¹ /wɪn/ *n.* (*Bot*) ginestrone *m.*

whin² /wɪn/ *n.* (*Geol*) roccia *f.* basaltica.

whinchat /'wɪntʃæt/ *n.* (*Ornit*) stiaccino *m.*

whine /waɪn/ I *v.i.* 1 uggiolare, gemere: *the animal -d with fear* l'animale uggiolava per la paura. 2 (*of people*) piagnucolare, frignare. 3 (*to complain, to grumble*) lamentarsi, lagnarsi. 4 (*to make a whining sound*) gemere. II *v.t.* dire piagnucolando, dire gemendo. III *n.* 1 uggiolio *m.* 2 (*of people*) piagnucolio *m.*, frignio *m.* 3 (*whining sound*) gemito *m.*, lamento *m.*; (*of a machine*) ronzio *m.* 4 (*complaint, lament*) lagna *f.*, lamento *m.*

whiner /'waɪnər/ *n.* 1 chi uggiola. 2 (*whimperer*) piagnucolone *m.* (*f.* -a), frignone *m.* (*f.* -a). 3 (*grumbler*) chi si lagna, chi si lamenta.

whinge /wɪndʒ/ *v.i.* (*spec. Br*) lamentarsi, brontolare. II *n.* (*spec. Br*) lamento *m.*, lagna *f.*

whingeing /'wɪndʒɪŋ/ I *n.* (*Br*) lamentazione *f.*, piagnucolio *m.* II *a.* (*Br*) piagnucoloso, lagnoso. □ (*Aus,colloq*) ~ *pom* inglese che si lamenta della vita in Australia.

whinger /'wɪndʒər/ *n.* (*Br*) piagnucolone *m.* (*f.* -a).

whining /'waɪnɪŋ/ I *n.* 1 uggiolio *m.* 2 (*of people*) frignio *m.*, piagnucolio *m.* 3 (*complaining*) lamento *m.* II *a.* 1 uggiolante. 2 (*of people*) piagnucoloso. 3 (*complaining*) lamentoso, lagnoso.

whiningly /'waɪnɪŋli/ *avv.* 1 uggiolando. 2 (*of people*) frignando, piagnucolando.

whinny /'wɪni/ I *v.i.* (*of a horse*) nitrire. II *n.* nitrito *m.*

whip¹ /wɪp/ *n.* 1 frusta *f.*, sferza *f.*, staffile *m.* 2 (*blow with a lash*) frustata *f.*, sferzata *f.*, colpo *m.* di frusta. 3 (*fig*) (*coachman*) cocchiere *m.* 4 (*kitchen utensil*) frusta *f.* 5 (*Dolc*) dessert *m.* a base di ingredienti montati (*o* frullati). 6 (*GB,Parl*) (*order to vote*) convocazione *f.* a una seduta parlamentare. 7 (*Parl*) (*official*) capogruppo *m./f.* parlamentare. 8 (*of a windmill*) pala *f.* 9 (*Mar*) (*single whip*) ghia *f.* semplice; (*double whip*) ghia *f.* doppia. 10 (*Caccia*) bracchiere *m.* □ ~ *aerial* antenna a stilo; ~ *and spur* a spron battuto (*anche fig*); ~ *antenna* antenna a stilo; *to give*

a horse the ~ frustare un cavallo; (*Agr,Bot*) ~ *graft* innesto inglese; (*fig*) ~ *hand* sopravvento, predominio, vantaggio; ~ *round* colletta, sottoscrizione; (*Zool*) ~ *scorpion* aracnide dei pedipalpi, pedipalpi; (*Zool*) ~ *snake* serpente frusta.

whip² /wɪp/ (*past, p.p.* **whipped** /-t/) I *v.t.* 1 frustare, fustigare, sferzare: *to* ~ *a horse* frustare un cavallo. 2 (*fig*) sferzare, colpire con forza: *the wind -ped my face* il vento mi sferzava il viso. 3 (*to pull, to jerk quickly*) tirare con un gesto rapido: *he -ped a knife out of his pocket* tirò fuori con un gesto rapido un coltello dalla tasca. 4 (*to throw or project with great speed*) lanciare a grande velocità, fare scattare. 5 (*to drive with a whip*) far muovere, spingere con la frusta. 6 (*to attack with stinging words*) sferzare, biasimare (aspramente). 7 (*to bind with twine*) avvolgere con corda, avvolgere con lo spago; (*Mar*) impalmare. 8 (*Gastron*) sbattere, frullare: *to* ~ *eggs* sbattere le uova. 9 (*Gastron*) (*cream*) montare. 10 (*colloq*) (*to defeat thoroughly*) sconfiggere, sbaragliare, dare una bella batosta a. 11 (*Br,colloq*) (*to steal*) far sparire, fregare, sgraffignare. 12 (*in sewing*) cucire a sopraggitto. 13 (*Mar*) (*to hoist, to haul with a whip*) issare con una ghia. II *v.i.* 1 precipitarsi, correre. 2 (*to thrash about flexibly*) sventolare. □ *to* ~ *away* strappare via, togliere rapidamente, levare rapidamente: *he -ped away the cover* strappò via la copertina; *to* ~ *so.'s hide* dare delle bastonate a qcu., dare delle legnate a qcu.; *to* ~ *in* 1 (*Caccia*) riunire con la frusta: *to* ~ *in hounds* riunire i cani usando la frusta; 2 (*GB,Parl*) convocare i parlamentari per una votazione; *to* ~ *sth. into shape* dare forma a qcs.: *it took him six months to* ~ *the novel into shape* gli ci vollero sei mesi per riuscire a dare forma al romanzo; *to* ~ *off* levare rapidamente, togliere rapidamente, strappare: *to* ~ *off one's hat* togliersi rapidamente il cappello; *to* ~ *on* 1 (*of horses*) incitare con la frusta; 2 (*fig*) incitare, pungolare; *to* ~ *out* 1 tirare fuori con (un) gesto rapido: *to* ~ *out a gun* tirare fuori la pistola con un gesto rapido; *to* ~ *out one's sword* sguainare la spada; (*fig*) *to* ~ *out an oath* lanciare un'imprecazione; 2 (*to go out quickly*) precipitarsi fuori; *to* ~ *round* girare velocemente, girare a tutta velocità; *to* ~ *through* fare velocemente, sbrigare; *to* ~ *a top* far girare una trottola; *to* ~ *up* 1 (*with wind*) sollevare: *the wind -ped up clouds of dust* il vento sollevò un gran polverone; 2 (*fig*) stimolare, risvegliare, provocare; 3 (*colloq*) (*to prepare a meal quickly*) preparare velocemente.

whipcord /'wɪpkɔːd Am 'wɪpkɔːrd/ *n.* 1 sverzino *m.* 2 (*Tess*) saia *f.* a diagonali marcate.

whiplash /'wɪplæʃ/ *n.* 1 (*whipcord*) sverzino *m.* 2 (*stroke*) colpo *m.* di frusta, frustata *f.* 3 (*fig*) sferzata *f.* 4 (*Med*) (*injury to neck*) colpo di frusta.

whipper /'wɪpər/ *n.* chi frusta, fustigatore *m.* (*f.* -trice). □ ~ *snapper.* 1 (*cheeky boy*) ragazzo presuntuoso, sfacciato; 2 (*novice*) pivello, sbarbatello, ragazzo senza esperienza.

whipper-in /'wɪpərɪn/ (*pl.* **whippers-in**) *n.* 1 (*Caccia*) bracchiere *m.* 2 (*Br,Sport*) ultimo arrivato *m.*, fanalino *m.* di coda.

whippet /'wɪpɪt/ *n.* (*Zool*) piccolo levriero *m.* inglese.

whippiness /'wɪpɪnəs/ *n.* flessibilità *f.*, elasticità *f.*

whipping /'wɪpɪŋ/ *n.* 1 il frustare, fustigazione *f.* 2 (*flogging*) frustate *f.pl.*, sferzate *f.pl.* 3 (*fig*) (*defeat*) sconfitta *f.*, batosta *f.* 4 (*in sew-*

ing) sopraggitto *m.*, cucitura *f.* a sopraggitto. □ ~ *boy.* 1 (*Stor*) fanciullo allevato insieme a un principino e punito in sua vece; 2 (*scapegoat*) capro espiatorio; ~ *cream* panna da montare; (*Stor*) ~ *post* palo per la fustigazione; ~ *top* trottola, paleo.

whippletree /'wɪpəltriː/ *n.* (*ant*) (*on a carriage*) bilancino *m.*

whippoorwill /'wɪpərˌwɪl/ *n.* (*Am*) (*Ornit*) antrostomo *m.*

whip-round /'wɪpraʊnd/ *n.* (*Br,colloq*) colletta *f.*

whipsaw /'wɪpsɔː/ I *n.* sega *f.* (a mano) da tronchi. II *v.t.* 1 usare la sega (a mano). 2 (*fig*) vittimizzare da due parti: *to be -ed* essere tra l'incudine e il martello.

whipstitch /'wɪpstɪtʃ/ I *n.* (*in sewing*) sopraggitto *m.* II *v.t.* (*in sewing*) cucire a sopraggitto.

whipworm /'wɪpwɜːm Am 'wɪpwɜːrm/ *n.* (*Zool*) tricocefalo *m.*

whir¹ /wɜː Am wɜːr/ (*past, p.p.* **whirred** /-d/) *v.i.* 1 ronzare, rombare: *the propeller -red* l'elica ronzò. 2 (*of wings*) frullare.

whir² /wɜː Am wɜːr/ *n.* ronzio *m.*

whirl /wɜːl Am wɜːrl/ I *v.i.* 1 girare (rapidamente), roteare, turbinare, frullare: *the merry-go-round -ed faster and faster* la giostra girava sempre più in fretta. 2 (*to turn round quickly*) girarsi di scatto, voltarsi di scatto, girarsi rapidamente, voltarsi rapidamente. 3 (*to move in circles, curves*) volteggiare, piroettare. 4 (*of the head*) girare. II *v.t.* 1 (far) roteare, (far) girare (rapidamente), (far) turbinare: *to* ~ *a sword about one's head* far roteare una spada sopra la propria testa. 2 (*to turn quickly*) girare di scatto, voltare di scatto, girare rapidamente, voltare rapidamente: *to* ~ *one's head* girare la testa di scatto. 3 (*to cause to move quickly*) portare a tutta velocità, far correre: *the train -ed us along* il treno ci portava a tutta velocità. III *n.* 1 veloce giro *m.*, vortice *m.*, rotazione *f.* rapida, turbine *m.*, mulinello *m.* 2 (*pirouette*) piroetta *f.* 3 (*fig*) vortice *m.*, giro *m.*, girandola *f.*: *a* ~ *of parties* un vortice di feste. 4 (*fig*) (*bewilderment*) confusione *f.*, smarrimento *m.*: *to be in a* ~ essere confuso. 5 (*fig*) (*rapid movement, rush*) turbinio *m.*, movimento *m.* frenetico: *the* ~ *of modern life* il turbinio della vita moderna. 6 (*spiral-shaped sweet*) girandola *f.* 7 (*colloq*) (*short drive, trip*) giretto *m.*, scampagnata *f.* □ *to* ~ *around* girarsi di scatto, voltarsi di scatto, girarsi rapidamente, voltarsi rapidamente; *to* ~ *away* allontanarsi rapidamente, correre via; (*colloq*) *to give sth. a* ~ fare una prova con qcs., mettere qcs. alla prova; *to* ~ *past* allontanarsi rapidamente, correre via; *to* ~ *round* girarsi di scatto, voltarsi di scatto, girarsi rapidamente, voltarsi rapidamente.

whirler /'wɜːlər Am wɜːrlər/ *n.* persona *f.* ricca e influente, persona *f.* dell'alta società.

whirligig /'wɜːliˌgɪg Am 'wɜːrliˌgɪg/ *n.* 1 trottola *f.* 2 (*merry-go-round*) giostra *f.*, carosello *m.* 3 (*fig*) girandola *f.* □ (*Entom*) ~ *beetle* girinide.

whirling /'wɜːlɪŋ Am 'wɜːrlɪŋ/ *a.* vorticoso, turbinoso.

whirlpool /'wɜːlpuːl Am 'wɜːrlpuːl/ *n.* 1 gorgo *m.*, vortice *m.* d'acqua, mulinello d'acqua. 2 (*fig*) vortice *m.*, gorgo *m.* 3 (*whirlpool bath*) idromassaggio *m.*

whirlwind /'wɜːlwɪnd Am 'wɜːrlwɪnd/ I *n.* 1 turbine *m.*, mulinello *m.*, vortice *m.* d'aria. 2 (*fig*) vortice *m.*, gorgo *m.* II *a.* vorticoso, velocissimo, super-veloce, lampo: *a* ~ *romance* un idillio lampo, un amore passeggero; *a* ~ *visit* una visita lampo.

whirlybird /'wɜːrlɪ,bɜːd *Am* 'wɜːrlibɜːrd/ *n.* (*ant,colloq*) (*helicopter*) elicottero *m.*

whirr /wɜːr *Am* wɜːr/ I *v.i.* 1 ronzare, rombare: *the propeller -ed* l'elica ronzò. 2 (*of wings*) frullare. II *n.* ronzio *m.*

whish /wɪʃ/ I *v.i.* sibilare. II *n.* sibilo *m.*

whisht /(h)wɪʃt/ *intz.* (*spec. Scott,Ir*) (*whist*) st!, sss!, sssh!, silenzio!

whisk /wɪsk/ I *n.* 1 movimento *m.* rapido e leggero, guizzo *m.* 2 (*bunch of straw, grass, etc.*) scopino *m.*; (*of feathers*) piumino *m.*, (*for flies*) scacciamosche *f.* 3 (*kitchen utensil*) frusta *f.*, sbattitore *m.* a frusta, frullino *m.*: *electric* ~ sbattitore elettrico. II *v.t.* 1 togliere con un movimento rapido e leggero. 2 (*to brush off*) spazzolare. 3 (*to convey hurriedly*) condurre in fretta, trasportare in fretta. 4 (*to impart rapid motion to*) agitare, scuotere: *the dog -ed his tail* il cane agitò la coda. 5 (*Gastron*) sbattere, frullare. III *v.i.* passare velocemente, guizzare. □ *to* ~ *away* : 1 togliere con un colpo rapido; 2 (*to rush away*) allontanarsi rapidamente, correre via; (*Gastron*) *to* ~ *in* incorporare (usando uno sbattitore); *to* ~*off* : 1 togliere con un colpo rapido; 2 (*to rush away*) allontanarsi rapidamente, correre via.

whisker /'wɪskər/ *n.* 1 pelo *m.* della barba. 2 (*Zool*) baffo *m.* 3 (*colloq*) (*hair's breadth*) strettissimo margine *m.*, pelo *m.*, capello *m.*: *he won the race by a* ~ ha vinto la gara per un pelo. 4 *pl.* (*beard*) barba *f.sing.*; (*sidewhiskers*) basettoni *m.pl.*, fedine *f.pl.*, favoriti *m.pl.*; (*moustache*) baffi *m.pl.* 5 *pl.* (*Mar*) pennoni *m.pl.* di civada, picchi *m.pl.* di civada. □ (*Mar*) ~*booms* pennoni di civada, picchi di civada; *to be within* a ~ *of sth.* essere vicinissimo a qcs.

whiskered /'wɪskəd *Am* 'wɪskərd/ *a.* 1 che ha i basettoni. 2 (*Zool*) baffuto.

whiskey /'wɪski/ *n.* (*Am,Ir*) whisky *m.*

whisky /'wɪski/ *n.* whisky *m.* □ ~ *mac* whisky con sciroppo di zenzero; ~ *sour* whisky con succo di limone (o di lime).

Whisky /'wɪski/ *n.* (*Rad*) (la lettera) W *f.*

whisper /'wɪspər/ I *v.t.* 1 sussurrare, bisbigliare, mormorare, parlare sottovoce, parlare sommessamente. 2 (*of trees, the wind, etc.*) mormorare, sussurrare; (*of leaves*) stormire, sussurrare. II *v.t.* bisbigliare, mormorare, sussurrare, dire sottovoce, dire sommessamente: *he -ed something in my ear* mi bisbigliò qualcosa all'orecchio. 2 (*fig*) fare della maldicenza, sparlare, riferire. III *n.* 1 sussurro *m.*, bisbiglio *m.*, mormorio *m.* 2 (*of trees, the wind, etc.*) mormorio *m.*, sussurro *m.*; (*of leaves*) fruscio *m.*, lo stormire. 3 (*fig*) diceria *f.*: *a* ~ *of scandal reached the public* un'eco dello scandalo raggiunse il pubblico. □ *to speak in* -s (*in a* ~) parlare sottovoce, parlare sommessamente; *it is -ed that* si mormora che, corre voce che.

whisperer /'wɪspərər/ *n.* 1 chi sussurra, chi bisbiglia. 2 (*fig*) (*gossip, talebearer*) pettegolo *m.* (*f.* -a), maldicente *m./f.*

whispering /'wɪspərɪŋ/ I *n.* 1 sussurro *m.*, mormorio *m.* 2 (*fig*) mormorazione *f.*, maldicenza *f.* II *a.* 1 che bisbiglia, sussurrante. 2 (*of things*) mormorante, che sussurra. 2 (*of leaves*) che stormisce. □ ~ *campaign* : 1 (*scandalous rumours*) campagna denigratoria, campagna diffamatoria; 2 (*advertising method*) campagna passaparola; ~ *gallery* galleria acustica.

whist [1] /wɪst/ *n.* (*card game*) whist *m.* □ ~

drive torneo di whist.

whist [2] /wɪst/ *intz.* (*whisht*) st!, sss!, sssh!, silenzio!

whistle [1] /'wɪsəl/ I *v.i.* 1 fischiare, zufolare, fischiettare. 2 (*to make a sound with a whistle*) fischiare: *the policeman -d* la guardia fischiò. 3 (*of things*) fischiare, sibilare: *the wind -d in the trees* il vento sibilava tra gli alberi; *bullets -d over our heads* i proiettili fischiavano sulle nostre teste. 4 (*of birds*) fischiare. II *v.t.* fischiettare, fischiare, zufolare: *to* ~ *a cheerful tune* fischiettare un allegro motivetto. □ *to* ~*for* : 1 fischiare per chiamare, chiamare con un fischio, fare un fischio a: *to* ~ *for a taxi* fischiare per chiamare un taxi; 2 (*colloq*) (*to demand without obtaining*) domandare invano, aspettare invano: *you can* ~ *for your money!* aspetta pure i tuoi soldi!; *you can* ~ *for it* campa cavallo (che l'erba cresce); (*fig*) *to* ~*in the dark* farsi coraggio; (*colloq*) *to* ~*off* svignarsela; *to* ~*up* : 1 fischiare per chiamare, chiamare con un fischio, fare un fischio a: *to* ~ *up a taxi* fischiare per chiamare un taxi; 2 (*colloq*) (*to have recourse to*) inventare, fare ricorso a: *he -d up a moribund aunt to get a day off work* inventò una zia moribonda per avere un giorno di libertà (dal lavoro).

whistle [2] /'wɪsəl/ *n.* 1 fischio *m.*, fischiata *f.* 2 (*device*) fischietto *m.* 3 (*of things*) sibilo *m.*, fischio *m.* 4 (*of a bird*) fischio *m.* □ (*Am, colloq*) *I've got a* ~*in myear* mi fischiano le orecchie; *to blow the* ~*on* : 1 fischiare a; 2 (*colloq*) (*to stop, to interrupt*) fermare, interrompere; 3 (*to betray*) fare la spia contro; (*Am*) ~*stop* : 1 (*Ferr*) stazioncina (con fermata a richiesta); 2 (*small town*) cittadina, paesino.

whistle-blower /'wɪsəl,bləʊər/ *n.* (*spec. Am, colloq*) persona *f.* che denuncia frodi e sprechi, spione *m.* (*f.* -a).

whistler /'wɪslər/ *n.* 1 chi fischia, fischiatore *m.* (*f.* -trice). 2 (*Ornit*) fischiatore *m.*; (*Australian flycatcher*) pachicefalo *m.* 3 (*Zool*) marmotta *f.* caligata. 4 (*Veter*) cavallo *m.* bolso.

whistle-stop /'wɪsəlstɒp *Am* 'wɪsəlstʌp/ I *a.* con brevi fermate. II *v.i.* fare un giro con brevi fermate. □ (*Pol*) ~*tour* giro di brevi comizi.

whistling /'wɪslɪŋ/ *n.* (*act*) il fischiare, fischio *m.*; (*sound*) fischio *m.* □ (*Am,colloq*) *to be* ~*Dixie* parlare tanto per parlare.

whit /wɪt/ *n.* briciolo *m.*, filo *m.*, pizzico *m.*: (*fig*) *we didn't care a* ~ non ce ne importava nulla.

Whit /wɪt/ I *n.* (*Rel*) (*Whitsuntide*) settimana *f.* di Pentecoste. II *a.* (*Rel*) di Pentecoste.

white /waɪt/ I *a.* 1 bianco: *a* ~ *dress* un abito bianco. 2 (*pale, pallid*) bianco, pallido, smorto: *to go* ~ *with fear* diventare bianco dalla paura. 3 (*of hair*) bianco, canuto; (*silvery*) argento. 4 (*colourless*) incolore. 5 (*Fis*) (*of light*) bianco; (*of sound*) bianco. 6 (*of human beings*) bianco, dalla pelle chiara, di pelle chiara: *the* ~ *races* le razze bianche. 7 (*of, consisting of white people*) di bianchi; (*for white people*) per bianchi. 8 (*covered with snow*) imbiancato, con la neve. 9 (*fig*) (*pure, innocent*) innocente, puro, immacolato, candido. 10 (*colloq*) (*honest, upright*) onesto, giusto, retto: *whiter than* ~ onestissimo, pulitissimo. 11 (*Met*) non brunito. 12 (*not written on, blank*) non scritto. 13 (*Enol*) bianco. 14 (*of coffee*) con (il) latte, macchiato (con latte). 15 (*Stor,Pol*) (*ultraconservative, reactionary*) bianco, reazionario, legittimista; (*carried out by reactionary forces*) bianco. 16 (*Biol*) (*albino*) albino. II *n.* 1 bianco *m.*, colore *m.* bianco. 2 (*white* *object*) oggetto *m.* bianco; (*white substance*) sostanza *f.* bianca; (*white part*) bianco *m.*, parte *f.* bianca. 3 (*Tess*) (*white fabric*) stoffa *f.* bianca, bianco *m.*: ~ *sale* fiera del bianco. 4 (*of an egg*) albume *m.*, bianco *m.* 5 (*of the eye*) bianco *m.*, sclera *f.*, sclerotica *f.* 6 (*in board games*) bianco *m.* 7 (*white clothing*) bianco *m.*: *to be dressed in* ~ essere vestito di bianco. 8 (*person with white skin*) bianco *m.* (*f.* -a). 9 (*sl*) (*drug*) coca *f.*, neve *f.* 10 (*Chim*) (*white pigment*) bianco *m.*, pigmento *m.* bianco; (*zincoxide*) bianco *m.* di zinco, ossido *m.* di zinco. 11 (*Enol*) bianco *m.*, vino *m.* bianco. 12 (*Stor,Pol*) reazionario *m.* (*f.* -a), legittimista *m./f.* 13 (*of an archery target*) cerchio *m.* più esterno del bersaglio; (*shot*) tiro *m.* che colpisce il cerchio più esterno. 14 (*Entom*) (*white butterfly*) farfalla *f.* bianca. 15 *pl.* (*white costume, uniform*) divisa *f.sing.* bianca; (*white sports clothes*) tenuta *f.sing.* bianca. 16 *pl.* (*Tip*) spazi *m.pl.* bianchi. 17 *pl.* (*costr.sing.*) (*Med*) (*leucorrhea*) leucorrea *f.*, perdite *f.pl.* bianche. III *v.t.* 1 (*Tip*) lasciare spazi bianchi in. 2 (*rar*) (*to whiten*) sbiancare, imbiancare. □ (*Entom*) ~*admiral* limenitide; (*Entom*) ~*ant* termite, formica bianca; *as* ~*as a ghost* (*as* ~*as a sheet*) bianco come un cencio lavato, bianco come un panno lavato; *as* ~*as snow* bianco come la neve, candido; (*Zool*) ~ *bear* orso polare, orso bianco; (*Bot,Alim*) ~ *beet* bietola; (*Sport*) ~ *belt* (*in judo, etc.*) cintura bianca; (*Biol*) ~ *blood cell* globulo bianco, leucocita; (*Pol*) ~ *book* libro bianco; (*Alim*) ~*bread* pane bianco; (*Bot,Alim*) ~*cabbage* cavolo cappuccio; ~ *cap* : 1 (*wave crest*) cresta (d'onda) spumeggiante; (*wave*) onda con cresta spumeggiante; 2 (*Ornit*) passera mattugia; ~*Christmas* Natale con la neve; ~*coat* camice bianco: (*Br,colloq*) *men in* ~ *coats* infermieri di ospedale psichiatrico; ~*coffee* caffè con latte, caffelatte; ~*collar* colletto bianco, impiegato; (*Biol*) ~*corpuscle* globulo bianco, leucocita; (*Ornit*) ~*crested* dalla cresta bianca; (*fig*) *a* ~*crow* una mosca bianca; (*Bot, Alim*) ~*currant* ribes bianco; (*Astr*) ~*dwarf* nana bianca; ~ *elephant* : 1 (*Zool*) elefante bianco; 2 (*fig*) oggetto dispendioso ma inutile; (*of property*) proprietà che richiede molte spese e di poco utile; (*Mar.mil*) ~*ensign* bandiera della marina militare britannica; ~*feather* segno di viltà, segno di vigliaccheria; (*fig*) *to show the* ~ *feather* comportarsi da vigliacco, mostrarsi vigliacco; (*Alim,Itt*) ~ *fish* pesce bianco; (*Mil*) ~*flag* bandiera bianca (*anche fig*): *to hoist* (o *to show, to wave*) *the* ~ *flag* alzare bandiera bianca; (*Alim*) ~*flour* farina bianca, farina non integrale; (*Zool*) ~*fox* volpe polare, volpe bianca; (*Rel*) ~*friar* frate carmelitano; ~*fury* furia cieca; (*Oref*) ~*gold* oro bianco; (*Comm*) ~ *goods* : 1 (*household appliances*) elettrodomestici (bianchi) (lavatrice, frigorifero ecc.); 2 (*ant*) (*cotton, linen fabrics*) tessuti bianchi; (*articles*) biancheria da casa; (*Met*) ~ *heat* calore bianco, incandescenza; (*Astr*) ~*hole* buco bianco; (*colloq*) ~*hope* grande speranza; ~ *horse* cresta (d'onda) spumeggiante; *WhiteHouse* : 1 Casa Bianca: *White House Office* Ufficio della Casa Bianca; 2 (*fig*) governo americano; (*Br,colloq*) *men in* ~ *jackets* infermieri di ospedale psichiatrico; (*fig*) ~*knight* eroe, difensore, campione; (*Mus*) ~*label* etichetta indicante un'edizione anticipata di un disco; (*record*) disco ancora fuori commercio; (*Chim*) ~ *lead* biacca di piombo; (*fig*) ~*lie* bugia pietosa, bugia innocente, bugia bianca; (*Fis*) ~ *light* luce bianca; (*Am,colloq*) ~*lightning* acquavite fatta in casa; ~ *line.* 1 (*Strad*) linea bianca, striscia bianca, linea spartitraffico; 2 (*Tip*) (*line of space*) riga bianca, riga in bianco, bianco; ~ *list* lista bianca; ~ *magic* magia bianca; ~ *man* uomo bianco, uomo di razza bianca; (*fig*) ~ *man's burden* responsabilità (degli europei) per la colonizzazione; (*Alim*) ~ *meat* carne bianca; ~ *metal* metallo bianco; (*Zool*) ~ *mouse* topo bianco; ~ *night* notte insonne, notte bianca, notte in bianco; (*Geog*) *White Nile* Nilo bianco; (*Acus*) ~ *noise* rumore bianco; ~ *of egg* bianco dell'uovo, albume; *don't shoot until you see the ~s of their eyes* non sparate finché non sono vicinissimi; *to ~ out* 1 sbiancare, cancellare con il bianchetto; 2 (*Tip*) lasciare spazi bianchi in; 1 (*Pol*) libro bianco; 2 (*Am*) inchiesta giornalistica; (*Alim*) ~ *pepper* pepe bianco; (*Gastron*) ~ *pudding* salsiccia di frattaglie; ~ *race* razza bianca; (*Bot,Stor*) ~ *rose* rosa bianca; (*Gastron*) ~ *sauce* salsa besciamella, salsa bianca; (*Itt*) ~ *shark* squalo bianco, pesce cane; ~ *sheet* lenzuolo penitenziale; (*fig*) *to stand in a ~ sheet* cospargersi il capo di cenere; ~ *slave* schiava bianca; ~ *slavery* tratta delle bianche; (*Chim*) ~ *spirit* acquaragia minerale; (*Mar*) ~ *squall* groppo bianco, groppo secco; ~ *stick* bastone bianco, bastone dei non vedenti; ~ *supremacy* supremazia dei bianchi sulle altre razze; ~ *tie.* 1 cravatta bianca (da frac, marsina); 2 (*estens*) (*formal evening dress*) frac, marsina; (*Am,spreg*) ~ *trash.* 1 bianco povero; 2 (*collett*) bianchi poveri, sottoproletariato bianco; ~ *water* acqua spumeggiante; (*estens*) (acqua dei) rapidi: ~ *water course* percorso fra le rapide; (*Br*) ~ *wedding* matrimonio tradizionale (con la sposa in bianco); (*Zool*) ~ *whale* delfinattero, delfino bianco, beluga; (*Enol*) ~ *wine* vino bianco; ~ *witch* maga; *to be ~ with fury* essere verde dalla rabbia.

White /waɪt/ *n.* (*Zootecn*) razza *f.* di maiali bianchi.

whitebait /'waɪtbeɪt/ *n.* (*Itt,Gastron*) bianchetti *m.pl.*

whitebeam /'waɪtbiːm/ *n.* (*Bot*) farinaccio *m.*, sorbo *m.* bianco.

whiteboard /'waɪtbɔːd Am 'waɪtbɔːrd/ *n.* lavagna *f.* bianca.

white-bread /'waɪtbred/ *a.* (*Am,spreg*) noioso, insulso, senza brio.

white-breasted /'waɪtbrestɪd/ *a.* (*Ornit*) dal petto bianco.

white-collar /'waɪtkɒlər Am 'waɪtkɑːlər/ *a.* impiegatizio, da impiegato. □ ~ *worker* colletto bianco.

whited /'waɪtɪd/ □ (*Bibl,fig*) ~ *sepulcher* (*hypocrite*) sepolcro imbiancato.

white-eye /'waɪtaɪ/ *n.* (*Ornit*) occhialino *m.*

white-faced /'waɪtfeɪst/ *a.* 1 dal viso pallido. 2 (*Zool*) dal muso bianco. 3 (*of a horse*) che ha una stella bianca sulla fronte.

whitefish /'waɪtfɪʃ/ *n.* 1 (*Itt*) coregone *m.*, coregone *m.* 2 (*Alim,Itt*) pesce *m.* bianco.

whitefly /'waɪtflaɪ/ *n.* (*Entom*) aleurode *m.* delle serre, (*pop*) mosca *f.* bianca.

white-haired /'waɪtˌheəd Am 'waɪtˌherd/ *a.* canuto, dai capelli bianchi.

Whitehall /'waɪtˈhɔːl/ **I** *n.pr.* (*thoroughfare in London*) Whitehall *f.* **II** *n.* (*fig*) governo *m.* britannico. **III** *a.* del governo britannico.

white-hot /'waɪthɒt Am 'waɪthɑːt/ *a.* 1 (*Met*) incandescente. 2 (*fig*) ardente, appassionato: ~ *passion* passione ardente.

white-knuckle /'waɪtnʌkəl/ *a.* spaventoso, pauroso.

white-livered /'waɪtlɪvəd Am 'waɪtlɪvərd/ *a.* (*poet*) vile, vigliacco.

whiten /'waɪtən/ **I** *v.t.* 1 sbiancare, sbianchire, imbiancare. 2 (*of hair*) far diventare bianco. **II** *v.i.* 1 sbiancarsi, imbiancarsi. 2 (*of hair*) imbiancare, incanutire, diventare bianco.

whitener /'waɪtənər/ *n.* 1 (*Chim*) decolorante *m.*, candeggiante *m.*, sbiancante *m.* 2 (*in washing powder*) candeggiante *m.*, sbiancante *m.* 3 (*coffee whitener*) surrogato di latte (per caffè).

whiteness /'waɪtnəs/ *n.* 1 bianchezza *f.* 2 (*paleness*) pallore *m.* 3 (*fig*) (*purity*) purezza *f.*, innocenza *f.*, candore *m.*

whitening /'waɪtnɪŋ/ *n.* 1 (*act of making white*) imbiancatura *f.*; (*act of becoming white*) imbiancamento *m.*, imbiancamento *m.* 2 (*of people*) il diventare bianco, il diventare pallido.

whitesmith /'waɪtsmɪθ/ *n.* lattoniere *m.*

whitethorn /'waɪtθɔːn Am 'waɪtθɔːrn/ *n.* (*Bot*) biancospino *m.*

whitethroat /'waɪtθrəʊt/ *n.* (*Ornit*) sterpazzola *f.*

whitewall, white-wall /'waɪtwɔːl Am 'waɪtwɔːl/ *a.* (*Aut*) a fascia bianca. □ (*Aut*) ~ *tyre* (o *Am* ~ *tire*) pneumatico a fascia bianca.

whitewash /'waɪtwɒʃ Am 'waɪtwɑːʃ/ **I** *n.* 1 (*Pitt*) bianco *m.* di (calce), calce *f.*, imbiancatura *f.* 2 (*cover-up*) copertura *f.*, facciata *f.*, maschera *f.* 3 (*Am,Sport*) sconfitta *f.* secca, cappotto *m.* **II** *v.t.* 1 (*Pitt*) imbiancare, dare il bianco a. 2 (*fig*) (*to cover up*) coprire, mascherare, occultare. 3 (*Am,Sport*) dare cappotto a. **III** *v.i.* 1 (*Pitt*) imbiancare, dare il bianco. 2 (*fig*) (*to cover up*) coprire, mascherare.

whitewood /'waɪtwʊd/ *n.* legno *m.* chiaro.

whitey /'waɪti Am 'waɪti/ *n.* (*sl,spreg*) (*man*) bianco *m.*, uomo *m.* bianco; (*woman*) donna *f.* bianca.

whither /'wɪðər/ **I** *avv.interr.* (*rar,poet*) dove, da quale parte, in quale luogo: ~ *goest thou?* dove vai? **II** *avv.rel.* (*rar,poet*) (*to which place*) in quale luogo, dove.

whithersoever /ˌwɪðəsəʊˈevər Am ˌwɪðərˈsəʊ ˈevər/ *avv.* (*rar,poet*) dovunque, in qualunque luogo, da qualsiasi parte.

whiting[1] /'waɪtɪŋ Am 'waɪtɪŋ/ *n.* (*Itt*) merlano *m.*

whiting[2] /'waɪtɪŋ Am 'waɪtɪŋ/ *n.* (*Chim*) bianchetto *m.*, biacca *f.*

whitish /'waɪtɪʃ/ *a.* biancastro, bianchiccio.

whitlow /'wɪtləʊ/ *n.* (*Med*) patereccio *m.*

Whitsun /'wɪtsən/ *n.* (*Rel*) settimana *f.* di Pentecoste.

Whitsunday /ˌ(h)wɪtˈsʌndi/ *n.* (*Rel*) Pentecoste *f.*, domenica *f.* di Pentecoste.

Whitsuntide /'wɪtsənˌtaɪd/ *n.* (*Rel*) settimana *f.* di Pentecoste.

whittle /'wɪtəl Am 'wɪtl/ **I** *v.t.* 1 tagliuzzare: *to ~ a piece of wood* tagliuzzare un pezzo di legno. 2 (*to trim*) pareggiare. 3 (*to form by whittling*) fare tagliuzzando, intagliare. 4 (*fig*) (*to reduce, to pare down*) ridurre, diminuire. **II** *v.i.* tagliuzzare legno. □ *to ~ away* ridurre, diminuire; *to ~ down* ridurre, diminuire.

whiz, whizz[1] /wɪz/ (*past, p.p. whizzed* /-d/) *v.i.* 1 fischiare, sibilare. 2 (*to move with a hissing sound*) passare sibilando, sfrecciare sibilando. 3 (*to move quickly*) sfrecciare, schizzare. 4 (*colloq*) (*liquidize*) frullare. 5 (*spec. Am,sl*) pisciare.

whiz, whizz[2] /wɪz/ *n.* 1 sibilo *m.*, fischio *m.* 2 (*quick movement*) guizzo *m.*, balzo *m.* 3 (*colloq*) (*skilled person*) fenomeno *m.*, mago *m.* (*f.* -a). 4 (*colloq*) (*fantastic thing*) meraviglia *f.*, schianto *m.* 5 (*spec. Am,sl*) pisciata *f.* 6

(*spec. Br,sl*) (*amphetamines*) amfetamina *f.*, anfetamina *f.*, pasticca *f.*

whiz-bang, whizz-bang /'wɪzˈbæŋ/ **I** *n.* 1 (*Mil*) proiettile *m.* (di cannone) a tiro rapido. 2 (*fig*) successone *m.*, bel colpo *m.* **II** *a.* di grande effetto.

whiz-kid, whizz-kid /'wɪzˌkɪd/ *n.* (*colloq*) piccolo genio *m.*, giovane *m./f.* di talento, giovane *m./f.* rampante.

who /huː/ **I** *pron.interr.* chi: ~ *is it?* chi è?; *find out* ~ *did it* trovate chi l'ha fatto. **II** *pron.rel.* che, il quale, la quale: *where is the guest* ~ *arrived yesterday?* dov'è l'ospite che è arrivato ieri?; *he likes women* ~ *dress fashionably* gli piacciono le donne che vestono alla moda. **III** *pron.* (*rar*) (*the person, the person who*) chi, chiunque, colui che, colei che: ~ *betrays his country must die* chi tradisce la patria deve morire. □ (*Mil*) ~ *goes there?* chi va là?; (*colloq*) ~ *he?* chi era costui?; ~ *knows* chissà; ~*'s who* elenco delle persone importanti, chi è chi.

WHO /ˌdʌbljuːˈeɪtʃ'əʊ/ *World Health Organization* OMS (Organizzazione mondiale della sanità).

whoa /wəʊ/ *intz.* ferma!

who'd /huːd/ *contraz. di* who had, who would.

whodunit /huːˈdʌnɪt Am huˈdʌnɪt/ *n.* (*colloq*) (*mystery story*) giallo *m.*

whodunnit /huːˈdʌnɪt Am huˈdʌnɪt/ *n.* (*colloq*) (*mystery story*) giallo *m.*

whoe'er /huːˈeər Am huːˈer/ *pron.* (*poet*) → **whoever.**

whoever /huːˈevər/ **I** *pron.* chiunque, chi: *it is, tell him I'm not in* chiunque sia digli che non ci sono. **II** *pron.interr.* (*to express surprise, etc.*) chi (mai): ~ *gave you that idea?* chi mai ti ha dato quell'idea?

whole /həʊl/ **I** *a.* 1 (*entire*) tutto, completo, intero: *the ~ town knows about it* lo sa tutta la città; *the ~ series* la serie completa; *he ate a ~ chicken* ha mangiato un pollo intero. 2 (*with plural nouns*) intero, completo: ~ *villages were destroyed* interi villaggi furono distrutti. 3 (*complete, total*) tutto, completo, intero, totale: *the ~ truth* tutta la verità. 4 (*posposto*) (*in one piece*) (tutt')intero, intero, completo, in un sol pezzo: *to swallow sth. ~* inghiottire qcs. tutt'intero. 5 (*posposto*) (*unbroken, intact*) intatto, intero, integro, sano: *all the vases except one arrived ~* tutti i vasi, eccetto uno, sono arrivati intatti. 6 (*uninjured*) incolume, illeso, indenne. 7 (*healthy*) sano. 8 (*Alim*) intero, integrale. 9 (*Mat*) intero. **II** *n.* 1 intero *m.*, tutto *m.*: *two halves make a ~* due metà fanno un intero. 2 (*complete quantity, extent, etc.*) insieme *m.*, complesso *m.*, tutto *m.*: *parts of it were good but the ~ was disappointing* alcune parti erano buone ma l'insieme era deludente. □ (*colloq*) *a ~ lot* un gran, molto: *the holiday did him a ~ lot of good* la vacanza gli ha fatto un gran bene; *a ~ lot less* molto meno; *as a ~* nel complesso, nell'insieme; *to try the ~ bag of tricks* provare con ogni mezzo; *the ~ caboodle.* 1 (*of things*) tutta la baracca, baracca e burattini, tutto; 2 (*of persons*) tutta la tribù; (*fig*) *the ~ enchilada* tutti quanti, baracca e burattini; (*Am*) ~ *gale* burrasca molto violenta; *to do sth. with one's ~ heart* fare qcs. con tutto il cuore; *to go ~ hog* (o *to go the whole ~*) andare fino in fondo; *the ~ kit and caboodle.* 1 (*of things*) tutta la baracca, baracca e burattini, tutto; 2 (*of persons*) tutta la tribù; (*Alim*) ~ *milk* latte intero; (*fig*) ~ *nine yards* e via di seguito, e così via; (*Am,Mus*) ~ *note* semibreve; (*Mat*) ~ *number* intero, numero intero; *on the* ~ tutto sommato, nel complesso; (*Am,Mus*) ~*rest* pausa di semibreve; (*Am, Mus*) ~*step* tono intero; (*colloq*)*the ~lot* tutto: *he ate the ~ lot* ha mangiato tutto; (*Br,Mus*) ~*tone* tono intero; *the ~ way* : 1 per tutto il tragitto, per tutto il viaggio, per tutto il cammino; 2 (*from beginning to end*) dal principio alla fine, fino in fondo; 3 (*completely*) completamente, interamente, totalmente; *the ~world knows* lo sanno tutti.

wholefood /'houlfu:d/ *n.* (*spec. Br,Alim*) cibo *m.* integrale, alimento *m.* integrale.

wholegrain ,**whole-grain** /'houlgrein/ □ (*Alim*) ~*bread* pane integrale, pane con semi di cereali interi.

wholehearted /'houlhɑ:tɪd Am 'houlhɑ:rtɪd/ *a.* 1 totale, completo. 2 (*heartfelt*) di tutto cuore, sentito, appassionato.

wholeheartedly /'houlhɑ:tɪdli Am ,houl'hɑ:rtɪdli/ *avv.* completamente, con tutto il cuore.

wholemeal /'houlmi:l/ *a.* (*spec. Br*) (*of bread, etc.*) integrale.

wholeness /'houlnəs/ *n.* 1 interezza *f.*, totalità *f.* 2 (*integrity*) integrità *f.*

wholesale /'houl,seil/ **I** *n.* (*Comm*) commercio *m.* all'ingrosso, vendita *f.* all'ingrosso. **II** *a.* 1 (*Comm*) all'ingrosso: *a ~ store* un negozio all'ingrosso. 2 (*fig*) (*extensive, on a large scale*) globale, complessivo; (*indiscriminate*) indiscriminato. **III** *avv.* 1 (*Comm*) all'ingrosso: *to sell (by)* ~ vendere all'ingrosso. 2 (*fig*) in blocco, in massa. □ ~ *dealer* grossista, commerciante all'ingrosso; ~*destruction of a people* genocidio; (*Econ*) ~*price* prezzo all'ingrosso; (*Econ*) ~ *price index* indice dei prezzi all'ingrosso; ~ *purchase* acquisto all'ingrosso; ~*slaughter* massacro, carneficina.

wholesaler /'houl,seilər/ *n.* grossista *m./f.*, commerciante *m./f.* all'ingrosso.

wholesome /'houlsəm/ *a.* 1 sano, salubre, salutare, che fa bene, che giova alla salute: ~ *food* cibo sano. 2 (*promoting moral, mental health*) (moralmente) sano, buono, retto, morale: *a ~ upbringing* un'educazione sana. 3 (*healthy*) sano; (*suggestive of health*) sano, florido: ~ *complexion* colorito sano.

wholesomely /'houlsəmli/ *avv.* in modo sano, in modo salubre.

wholesomeness /'houlsəmnəs/ *n.* 1 sanità *f.*, salubrità *f.* 2 (*fig*) moralità *f.*, rettitudine *f.*

whole-time /'houltaim/ *a.* (*full-time*) a tempo pieno.

wholewheat ,**whole-wheat** /'houlwi:t/ *a.* (*spec. Am*) (*of bread, etc.*) integrale.

who'll /hu:l/ *contraz. di* who will, who shall.

wholly /'houli/ *avv.* del tutto, totalmente, completamente.

whom /hu:m/ **I** *pron.* colui che, colei che, coloro che, chi. **II** *pron.interr.* (*lett*) chi: ~ *did you invite*? chi hai invitato?; *to ~ should I address myself*? a chi devo rivolgermi? **III** *pron.rel.* che, il quale, la quale: *those ~ the gods love* coloro che gli dei amano; *the person with ~ you are speaking* la persona con cui stai parlando.

whomever /hu:m'evər/ *pron.* (*rar*) chiunque: *he dislikes ~ he meets* prova antipatia per chiunque incontra.

whomp /wɒmp Am 'wɑ:mp/ **I** *n.* colpo *m.*, botta *f.* **II** *v.i.* 1 colpire, picchiare, battere. 2 (*spec. Am*) sconfiggere, battere. □ (*Am,colloq*) *to ~up* escogitare, trovare.

whomping /'wɒmpɪŋ Am 'wɑ:mpɪŋ/ *a.* colossale.

whomsoever /hu:msou'evər/ *pron.* (*lett,rar*) chiunque: *he dislikes ~ he meets* prova antipatia per chiunque incontra.

whoop[1] /wu:p/ **I** *n.* 1 grido *m.*: *a ~ of excite-*

ment un grido d'entusiasmo. 2 (*of warriors*) grido *m.* di guerra. **II** *v.i.* urlare, gridare. □ (*colloq*) *to ~it up* : 1 (*to celebrate noisily*) fare baldoria; 2 (*Am*) (*to arouse enthusiasm*) sollevare l'entusiasmo, suscitare l'entusiasmo.

whoop[2] /wu:p/ **I** *n.* (*Med*) inspirazione *f.* convulsa e rumorosa tipica della pertosse. **II** *v.i.* (*Med*) inspirare convulsamente e rumorosamente (a causa della pertosse).

whoopee /'wupi/ *intz.* (*colloq*) evviva!, viva!, urrah! □ (*colloq*) ~*cushion* cuscino che fa il rumore di una scoreggia quando ci si siede sopra; (*colloq*) *tomake ~*: 1 fare baldoria; 2 (*to make love*) fare l'amore.

whooping /'hu:pɪŋ/ □ (*Med*) ~*cough* pertosse; (*Ornit*) ~*crane* gru americana.

whoops /wu:ps/ *intz.* op là!, oplà! □ ~*a daisy* op là!, oplà!

whoosh /wu:ʃ/ **I** *n.* sibilo *m.*; (*of an explosive rush*) rombo *m.* **II** *v.i.* sfrecciare. □ *to ~by* (o *to ~in* o *to ~past*) sfrecciare.

whop /wɒp Am wɑ:p/ **I** *v.t.* (*past, p.p.* **whopped** /-t/) (*colloq*) 1 (*to beat, to thrash*) picchiare, battere, bastonare. 2 (*to defeat crushingly*) sconfiggere duramente, dare una solenne batosta a. **II** *n.* (*colloq*) (*heavy blow*) botto *m.*, botta *f.*

whopper /'wɒpər Am 'wɑ:pər/ *n.* (*colloq*) 1 enormità *f.*, cosa *f.* enorme. 2 (*extravagant lie*) bugia *f.* madornale, grossa balla *f.*

whopping /'wɒpɪŋ Am 'wɑ:pɪŋ/ **I** *a.* (*colloq*) enorme, grandissimo. **II** *n.* (*colloq*) (*beating, thrashing*) bastonatura *f.*, botte *f.pl.*

whore /hɔ:r Am hɔ:r/ **I** *n.* (*spreg*) puttana *f.*, zoccola *f.* **II** *v.i.* 1 andare a puttane. 2 (*to act as a whore*) fare la prostituta, prostituirsi. 3 (*fig*) prostituirsi (*after* a): (*Bibl*) *to ~ after strange gods* prostituirsi a degli dei stranieri.

who're /'hu:ər/ *contraz. di* who are.

whoredom /'hɔ:dəm Am 'hɔ:rdəm/ *n.* prostituzione *f.* (*anche fig*).

whorehouse /'hɔ:haus Am hɔ:rhaus/ *n.* bordello *m.*

whoremonger /'hɔ:mɒngər Am hɔ:rmɑ:ŋgər/ *n.* chi va a puttane, puttaniere *m.*

whoreson /'hɔ:rsʌn Am 'hɔ:rsʌn/ *n.* (*ant,volg*) figlio *m.* di puttana.

whoring /'hɔ:rɪŋ/ *n.* 1 l'andare a puttane. 2 (*profession of a whore*) prostituzione *f.* □ *togo ~* andare a puttane.

whorish /'hɔ:rɪʃ/ *a.* di prostituta, da prostituta.

whorl /wɜ:l Am wɜ:rl/ *n.* 1 (*spiral, coil*) spira *f.*, spirale *f.*, voluta *f.* 2 (*Bot*) verticillo *m.*, ciclo *m.* 3 (*Zool*) voluta *f.* (di conchiglia). 4 (*of a fingerprint*) vorticillo *m.*

whorled /wɜ:ld Am wɜ:rld/ *a.* 1 in volute, a spirale. 2 (*Bot*) verticillato.

whortleberry /'wɜ:təl,beri Am 'wɜ:rtəl,beri/ *n.* (*Bot,Alim*) mirtillo *m.*

who's /hu:z/ *contraz. di* who is, who has.

whose /hu:z/ **I** *pron.interr.* di chi: ~ *dog is this?* di chi è questo cane?; ~ *car did you come in?* con la macchina di chi sei venuto? **II** *pron.rel.* di cui, del quale, della quale, il cui, la cui: *the man ~ daughter I married* l'uomo di cui ho sposato la figlia.

whosesoever /,hu:zsou'evər/, **whosever** /,hu:z'evər/ *a./pron.* (*poet*) di chiunque.

whoso /'hu:sou/, **whosoever** /,hu:sou'evər/ *pron.* (*rar*) (*whoever*) chiunque.

whump /wʌmp/ **I** *n.* (*heavy thud*) tonfo *m.*, botto *m.*, colpo *m.* **II** *v.t.* (*to hit with a thud*) fare un tonfo.

whup /wʌp/ *v.t.* (*spec. Am,colloq*) (*past, p.p.* **whupped** /-t/) 1 (*to beat, to thrash*) picchiare, battere, bastonare. 2 (*to defeat crushingly*) sconfiggere duramente, dare una solenne batosta a. 3 (*to spank so.*) sculacciare.

whupping /wupɪŋ/ *a.* (*spec. Am,colloq*) sculacciata *f.*: *to give so. a ~* dare una sculacciata a qcu.

why /wai/ **I** *avv.interr.* perché, per quale ragione: ~ *did you do it?* perché l'hai fatto?; *I don't know* ~ non so perché; ~ *not wait till tomorrow?* perché non aspettare fino a domani? **II** *avv.rel.* perché, per cui, per il quale: *the reason* ~ *he did it is not clear* il motivo per cui lo ha fatto non è chiaro. **III** *intz.* 1 (*to express surprise*) guarda guarda!, ma sì!, però!: ~, *it's you!* guarda guarda, sei tu! 2 (*spec. Am*) (*to express indignation*) ma via!, ma come!, davvero?!, che diamine!: ~, *you can't do it!* ma via, non puoi farlo! 3 (*to indicate a pause*) beh, ebbene, allora: *if that is what you want,* ~, *that is what you will get* se questo è quello che vuoi, ebbene, lo avrai; ~, *sure!* beh, certo! **IV** *n.* perché *m.*, causa *f.*, motivo *m.*: *the -s and the wherefores* il perché e il percome. □ *~ever* perché, perché mai; ~ *ever not?* (ma) perché no?; ~ *not* ? perché no?; ~*so* ? ma perché?, perché mai?

whydah /'waidə/ *n.* (*Ornit*) vedova *f.*

WI 1 (*Geog.stor*) West Indian (le Indie occidentali). 2 (*Geog.stor*) West Indies (Indie occidentali). 3 Women's Institute (organizzazione mondiale che promuove incontri e attività tra donne in aree rurali). 4 *Wisconsin* WI (Wisconsin).

wick[1] /wik/ *n.* 1 stoppino *m.*, lucignolo *m.* 2 (*Med*) stuello *m.* □ (*colloq,fig*) *toget on so.'s ~* rompere le scatole a qcu.

wick[2] /wik/ *n.* (*ant*) (*hamlet*) piccolo villaggio *m.*, frazione *f.*, paesino *m.*

wicked /'wikid/ *a.* 1 cattivo, malvagio, perfido, perverso, maligno: *a ~ man* un uomo malvagio. 2 (*sinful*) depravato, perverso, vizioso, immorale. 3 (*malicious*) maligno, malevolo, cattivo: ~ *gossip* pettegolezzo maligno. 4 (*mischievous*) maligno, cattivello, malizioso: *a ~ little girl* una ragazzetta maligna; *a ~ smile* un sorriso malizioso. 5 (*vile*) pessimo, orribile, schifoso: ~ *weather* tempo pessimo. 6 (*distressingly severe*) terribile, atroce, infernale: *a ~ headache* un terribile mal di testa. 7 (*sl*) (*wonderful*) stupendo, bellissimo, fantastico. **II** *n.* (*costr.pl.*) (*wicked people*) malvagi *m.pl.*, cattivi *m.pl.*

wickedly /'wikidli/ *avv.* con cattiveria, malvagiamente, perfidamente.

wickedness /'wikidnəs/ *n.* 1 cattiveria *f.*, malvagità *f.* 2 (*wicked character, vice*) depravazione *f.*, immoralità *f.*, vizio *m.* 3 (*maliciousness*) malignità *f.*, malevolenza *f.*

wicker /'wikər/ **I** *n.* 1 vimine *m.* 2 (*wickerwork*) lavoro *m.* in vimini. **II** *a.* (*fatto*) di vimini: *a ~ basket* un cestino di vimini.

wickered /'wikəd/ *a.* (*fatto*) di vimini.

wickerwork /'wikə,wɜ:k Am 'wikər,wɜ:rk/ *n.* 1 lavoro *m.* in vimini. 2 (*collett.*) oggetti *m.pl.* di vimini, articoli *m.pl.* di vimini. **II** *a.* (*wicker*) (*fatto*) di vimini: ~ *chairs* sedie di vimini.

wicket /'wikit/ *n.* 1 cancelletto *m.*, portello *m.*, portoncino *m.* 2 (*Am*) (*window, hatch of a ticket office, etc.*) sportello *m.* 3 (*ldr*) cannaio *m.* 4 (*Sport*) (*in cricket*) porta *f.*, wicket *m.*; (*pitch*) area *f.* tra le due porte; (*innings*) turno *m.* alla battuta. □ ~*gate* cancelletto, portello; (*Sport*) ~*keeper* (*in cricket*) guardiano *m.*

Wicklow /'wiklou/ *n.pr.* (*Geog*) Wicklow *m.* (contea irlandese).

widdershins /'widə,ʃinz/ *avv.* (*spec. Scott*) in senso antiorario.

widdle /'widəl/ **I** *v.i.* (*colloq,infant*) fare la pipì. **II** *n.* (*colloq,infant*) pipì *f.*

wide /waid/ *a.* 1 largo, ampio: *a ~ road* una strada larga; *the carpet is ten feet ~* il tappeto è largo dieci piedi. **2** (*spacious, extensive*) ampio, spazioso, vasto, esteso. **3** (*very open*) aperto, spalancato: *with ~ eyes* con gli occhi (bene) aperti. **4** (*wide-ranging*) vasto, ampio: *~ experience* vasta esperienza. **5** (*liberal, broad*) largo, ampio, liberale: *~ views* larghe vedute. **6** (*off the mark*) a vuoto, non a segno; (*fig*) sbagliato, non azzeccato, lontano dal vero. **II** *avv.* **1** (*widely*) largamente, ampiamente. **2** (*to the fullest extent*) al massimo, per tutta l'ampiezza, per tutta l'estensione: *to open one's arms ~* aprire al massimo le braccia. **3** (*to the utmost degree*) perfettamente, completamente, del tutto: *to be ~ awake* essere perfettamente sveglio. **4** (*off the mark*) a vuoto, non a segno. **III** *n.* (*Sport*) (*in cricket*) palla *f.* lanciata troppo lontano dalla porta. □ *to give sth. a ~ berth* girare al largo da qcs.; *to give so. a ~ berth*: 1 (*to give room*) dare a qcu. ampio spazio di manovra; 2 (*to avoid*) tenersi alla larga da qcu., stare alla larga da qcu., girare al largo da qcu.; *~ boy* intrallazzatore, furbacchione; (*fig*) *to win by a ~ margin* vincere con un largo margine; *to be ~ of the mark* (*of a guess, etc.*) essere lontano dal colpire nel segno.

wide-angle /'waɪdæŋgəl/ □ (*Fot*) *~ lens* obiettivo grandangolare, grandangolare.

wide-area /waɪd'ɜːrɪə/ □ (*Inform*) *~ network* rete geografica.

wide-awake /'waɪdə,weɪk/ *a.* **1** completamente sveglio. **2** (*colloq*) (*alert*) vigile, all'erta, sveglio.

wideband /'waɪd,bænd/ *a.* (*Inform*) banda larga.

widebody, wide-body /'waɪd,bɒdi *Am* 'waɪd,bɑːdi/, **widebodied** /'waɪd,bɒdid *Am* 'waɪd,bɑːdid/ *a.* (*Aer*) widebody, wide-body.

wide-brimmed /'waɪdbrɪmd/ *a.* (*of a hat*) a falda larga, a tesa larga.

wide-eyed /'waɪdaɪd/ *a.* **1** con gli occhi spalancati. **2** (*showing astonishment*) sorpreso, stupito. **3** (*ingenuous*) ingenuo, spontaneo, credulone.

widely /'waɪdli/ *avv.* **1** ampiamente, largamente. **2** (*extensively*) in lungo e in largo, estesamente: *to travel ~* viaggiare in lungo e in largo. **3** (*fig*) molto, largamente: *to be ~ known* essere molto noto. **4** (*to a great degree*) molto, assai, di gran lunga, in gran misura: *a ~ differing point of view* un punto di vista molto diverso.

wide-mouthed /'waɪdmaʊθd/ *a.* con la bocca aperta.

widen /'waɪdən/ **I** *v.t.* **1** allargare, ampliare: *to ~ a road* allargare una strada. **2** (*fig*) ampliare, ingrandire, allargare, estendere: *to ~ one's experience* ampliare la propria esperienza. **II** *v.i.* **1** allargarsi. **2** (*fig*) ampliarsi, allargarsi, estendersi.

wideness /'waɪdnəs/ *n.* larghezza *f.*, ampiezza *f.*, estensione *f.*

wide-open /'waɪd,əʊpən/ *a.* **1** spalancato. **2** (*vulnerable*) esposto, aperto. **3** (*unpredictable*) irrisolto, aperto. **4** (*Am,colloq*) (*of a town, state, etc.*) permissivo, che ha poche restrizioni (in materia di alcolici, case da gioco ecc.).

wide-ranging /'waɪdreɪndʒɪŋ/ *a.* ampio, vasto, di vasto respiro, che abbraccia un vasto campo.

wide-screen, widescreen /'waɪdskriːn/ *n.* (*Cin,TV*) schermo *m.* panoramico: *~ TV* televisore a schermo panoramico.

widespread /'waɪdspred/ *a.* **1** molto esteso. **2** (*widely prevalent*) generale, molto esteso, generalizzato, assai diffuso: *~ discontent* scontento generalizzato.

widgeon /'wɪdʒən/ *n.* (*Ornit*) **1** (*European*) fischione *m.* **2** (*American*) anatra *f.* americana.

widget /'wɪdʒət/ *n.* (*colloq*) congegno *m.*, aggeggio *m.*

widish /'waɪdɪʃ/ *a.* piuttosto ampio, larghetto.

widow /'wɪdəʊ/ **I** *n.* **1** vedova *f.* **2** (*scherz*) vedova *f.*, donna trascurata dal marito: *a golf ~* una vedova del golf. **3** (*Tip*) vedova *f.*, righino *m.* in testa. **II** *v.t.* rendere vedova (*o* vedovo), privare del marito (*o* della moglie): *she was-ed at a young age* rimase vedova quando era ancora giovane. □ (*Br*) *~'s benefit* pensione vedovile; (*Ornit*) *~ bird* vedova; *~'s cruse*: 1 (*Bibl*) brocca d'olio (della vedova); 2 (*fig*) provvista inesauribile; *~'s mite*: 1 (*Bibl*) obolo della vedova; 2 (*fig*) piccolo obolo, piccolo contributo; *~'s peak* punta formata dai capelli sulla fronte; *~'s walk* balconcino panoramico; *~'s weeds* gramaglie vedovili, velo vedovile.

widower /'wɪdəʊər/ *n.* vedovo *m.*

widowhood /'wɪdəʊhʊd/ *n.* vedovanza *f.*, stato *m.* vedovile.

width /wɪdθ/ *n.* **1** larghezza *f.*, ampiezza *f.*: *the ~ of a carpet* la larghezza di un tappeto. **2** (*piece of sth. with reference to the width*) altezza *f.*: *a ~ of cloth* un'altezza di tessuto.

widthways /'wɪdθweɪz/, **widthwise** /'wɪdθwaɪz/ *avv.* in senso della larghezza.

wield /wiːld/ *v.t.* **1** maneggiare, usare, adoperare: *to ~ a weapon* maneggiare un'arma. **2** (*fig*) esercitare: *to ~ power* esercitare il potere. **3** (*fig*) (*to guide, to control*) guidare, controllare, dirigere.

wieldable /'wiːldəbəl/, **wieldy** /'wiːldi/ *a.* maneggevole, manovrabile.

wiener /'wiːnər/ *n.* (*Am*) **1** (*Alim*) wurstel. **2** (*fig*) cretino *m.* □ (*Gastron*) *Wiener schnitzel* cotoletta alla milanese.

wife /waɪf/ *n.* (*pl.* **wives** /waɪvz/) *n.* **1** moglie *f.*, sposa *f.*: *lawful ~* moglie legittima. **2** (*ant*) (*in compounds: woman who sells sth.*) venditrice *f.* di..., *generally translated with the corresponding word*: *a fishwife* una venditrice di pesce, una pescivendola.

wifeless /'waɪfləs/ *a.* senza moglie.

wifelike /'waɪf,laɪk/, **wifely** /'waɪfli/ *a.* **1** da moglie, adatto a una moglie. **2** (*resembling a wife*) simile a una moglie, da moglie, di moglie.

wife-swapping /'waɪf,swɒpɪŋ *Am* 'waɪf,swɑːpɪŋ/ *n.* scambio *m.* di coppia.

wifie /'waɪfi/ *n.* (*colloq*) (*wife*) mogliettina *f.*

wig /wɪg/ **I** *n.* **1** parrucca *f.* **2** (*Br,ant*) (*wigging*) sgridata *f.*, rimprovero *m.*, lavata *f.* di capo. **II** *v.t.* (*past, p.p.* **wigged** /-d/) **1** imparruccare, mettere la parrucca a. **2** (*colloq*) (*to scold, to rebuke*) sgridare, rimproverare severamente, dare una lavata di capo a. □ (*Am,colloq*) *to ~ out*: 1 (*become angry*) andare su tutte le furie; 2 (*become ecstatic*) impazzire dall'entusiasmo.

wigan /'wɪgən/ *n.* (*Tess*) tela *f.* da fusto.

wigeon /'wɪdʒən/ *n.* (*Ornit*) **1** (*European*) fischione *m.* **2** (*American*) anatra *f.* americana.

wigged /wɪgd/ *a.* con la parrucca, imparruccato.

wigging /'wɪgɪŋ/ *n.* (*Br,ant*) sgridata *f.*, rimprovero *m.*, lavata *f.* di capo.

wiggle /'wɪgəl/ **I** *v.i.* **1** dimenarsi, ancheggiare: *she -d as she walked* si dimenava camminando. **2** (*to wriggle*) torcersi, contorcersi, dimenarsi, agitarsi. **II** *v.t.* dimenare. **III** *n.* **1** (*movement*) dimenìo *m.*, dimenamento *m.* **2** (*wavy mark*) ghirigoro *m.* □ (*Am,sl*) *to get a ~ on* sbrigarsi, spicciarsi.

wiggly /'wɪgli/ *a.* sinuoso, serpeggiante: *~*

lines linee sinuose, ghirigori.

wight /waɪt/ *n.* (*ant*) creatura *f.*, essere *m.* (umano).

wigwag /'wɪgwæg/ (*past, p.p.* **wigwagged** /-d/) **I** *v.i.* **1** (*Mar*) fare segnalazione con bandiere a mano, fare segnalazione a braccia. **2** (*Am,colloq*) scuotere, agitare. **II** *v.t.* segnalare con bandiere a mano, segnalare a braccia.

wigwam /'wɪgwæm, 'wɪgwɑːm/ *n.* (*Etnol*) wigwam *m.*

wilco /'wɪlkəʊ/ *inter.* (*Mil,Rad*) (*will comply*) sarà fatto, d'accordo.

wild /waɪld/ **I** *a.* **1** selvatico: *~ animals* animali selvatici; *~ flowers* fiori selvatici. **2** (*of land*) selvaggio, incolto, vergine. **3** (*uncivilized*) selvaggio, primitivo, incivile, barbaro: *~ tribes* tribù selvagge. **4** (*unruly*) turbolento, sfrenato, sregolato: *~ boys* ragazzi turbolenti. **5** (*fig*) (*overcome by passion*) pazzo, matto, fuori di sé, folle: *he was ~ with joy* era pazzo di gioia. **6** (*fig*) (*indicative of passion*) appassionato, ardente: *~ words* parole appassionate. **7** (*uninhibited, unrestrained*) sfrenato, senza ritegno: *~ cries* grida sfrenate. **8** (*violent, furious*) selvaggio, violento, furioso: *~ blows* colpi selvaggi. **9** (*stormy*) burrascoso, tempestoso: *~ weather* tempo burrascoso. **10** (*colloq*) (*extremely angry*) ribondo, furioso. **11** (*fig*) (*insane*) pazzesco, irragionevole, insensato: *a ~ scheme* un piano pazzesco. **12** (*colloq*) (*fantastic*) fantastico, chimerico, stupendo. **13** (*dissolute, licentious*) dissoluto, licenzioso, sfrenato. **14** (*random, erratic*) fatto a caso, fatto a casaccio, avventato. **15** (*irrational*) incoerente, irrazionale. **16** (*of a shot, etc.*) *wide of the mark*) a vuoto, non andato a segno. **17** (*disordered*) disordinato, scompigliato. **18** (*in poker*) vincente: *one-eyed jacks are ~* vincono i fanti di picche e cuori. **II** *avv.* **1** (*wildly*) selvaggiamente, furiosamente. **2** (*uncontrolledly*) in modo incontrollato, sfrenatamente; (*at random*) a casaccio. **III** *n.* **1** (*in the wild*) vita *f.* allo stato brado, vita libera e selvaggia. **2** (*wild tract of land; spesso al pl.*) regione *f.* selvaggia, territorio *m.* incolto. □ *to be ~ about* sth. andare pazzo per: *my son is ~ about toy trains* mio figlio va pazzo per i trenini; *~ beast*: 1 animale feroce; 2 (*fig*) belva, mostro; (*Zool*) *~ boar* cinghiale; *~ card*: 1 (*playing card*) jolly; 2 (*colloq*) (*unpredictable person*) strampalato, persona inconsistente; 3 (*Inform*) jolly, carattere jolly; (*Bot*) *~ cherry* ciliegio selvatico; (*Zool*) *~ dog* (*dingo*) dingo; (*Ornit*) *~ duck* (*mallard*) anatra selvatica, germano reale; *~ flower* fiore di campo; (*Ornit*) *~ goose* oca selvatica; *to make a ~ guess* tirare a indovinare; *~ horses wouldn't drag me there* non ci andrei neanche per sogno; (*Bot*) *~ hyacinth* campanella; *~ oat*: 1 (*Bot*) avena folle; 2 (*fig*) intemperanze giovanili: *to sow one's ~ oats* correre la cavallina; (*Bot*) *~ olive* olivo selvatico, olivastro; (*Bot*) *~ rice* riso degli indiani, riso d'acqua; (*Bot*) *~ rose* rosa di macchia, rosa canina; *to run ~*: 1 (*of vegetation*) inselvatichire; 2 (*of animals*) crescere allo stato brado; 3 (*of people*) diventare sfrenato; (*Tess*) *~ silk* seta selvatica; (*Met*) *~ steel* acciaio effervescente, acciaio non calmato; (*Am*) *Wild West* Ovest selvaggio: *Wild West show* spettacolo che rappresenta scene tipiche dell'ovest selvaggio.

wildcard /'waɪld,kɑːd *Am* 'waɪld,kɑːrd/ □ (*Inform*) *~ character* carattere jolly.

wildcat /'waɪldkæt/ **I** *n.* **1** (*Zool*) gatto *m.* selvatico. **2** (*Zool*) (*lynx*) lince *f.* rossa. **3** (*Zool*) (*ocelot*) gattopardo *m.* americano, ozelot *m.*, guigna *m.* **4** (*fig*) persona *f.* collerica, testa *f.*

calda. **5** (*spec. Am,Comm*) impresa *f.* azzardata, affare *m.* rischioso. **6** (*Minier*) pozzo *m.* esplorativo, sondaggio *m.* **7** (*Mar*) ruota *f.* a impronte, corona *f.* a impronte. **II** *a.* rischioso, azzardato, avventato. ☐ *~strike* sciopero selvaggio.

wildebeest /'wɪldə,biːst/ *n.* (*Zool*) gnu *m.*

wilderness /'wɪldənəs *Am* 'wɪldərnəs/ *n.* **1** landa *f.* selvaggia, territorio *m.* incolto. **2** (*desert*) deserto *m.* **3** (*jungle*) giungla *f.* **4** (*estens*) (*of sea, space, etc.*) distesa *f.* squallida, distesa *f.* desolata. **5** (*fig*) ombra *f.*, dimenticatoio *m.*

wild-eyed /'waɪld,aɪd/ *a.* **1** dallo sguardo allucinato, dallo sguardo stralunato. **2** (*being furious*) con gli occhi fuori delle orbite.

wildfire /'waɪldfaɪər *Am* 'waɪld,faɪr/ *n.* **1** incendio *m.* violento. **2** (*Meteor*) lampeggi *m.pl.* estivi. **3** (*Stor*) (*Greek fire*) fuoco *m.* greco. ☐ (*fig*) *to spread like* ~ propagarsi in un baleno.

wildfowl /'waɪldfaʊl/ *n.* uccelli *m.pl.* selvatici, selvaggina *f.* di penna.

wild-goose /'waɪld,guːs/ *n.* (*Zool*) oca *f.* selvatica. ☐ (*fig*) *~chase* impresa senza speranza, impresa assurda, cosa impossibile: *to go on a ~ chase* voler raddrizzare le gambe ai cani.

wilding /'waɪldɪŋ/ *n.* **1** (*plant, tree*) pianta *f.* selvatica; (*fruit*) frutto *m.* selvatico. **2** (*wild apple*) melo *m.* selvatico; (*fruit*) mela *f.* selvatica.

wildish /'waɪldɪʃ/ *a.* un po' selvatico.

wildlife /'waɪldlaɪf/ *n.* animali selvatici, animali che vivono in libertà. ☐ *~conservation* conservazione della fauna; *~park* zoosafari, parco zoo; *~sanctuary* zona protetta.

wildly /'waɪldli/ *avv.* **1** (*wild*) selvaggiamente, furiosamente. **2** (*uncontrolledly*) in modo incontrollato, sfrenatamente; (*at random*) a casaccio.

wildness /'waɪldnəs/ *n.* **1** l'essere selvatico, l'essere selvaggio, stato *m.* selvaggio. **2** (*lack of civilization*) barbarie *f.*, inciviltà *f.* **3** (*unruliness*) turbolenza *f.*, sfrenatezza *f.*, sregolatezza *f.* **4** (*violence*) furore *m.*, violenza *f.*

wile /waɪl/ **I** *n.* **1** *spec.pl.* astuzia *f.*, trucco *m.*, stratagemma *m.*, artificio *m.* **2** (*trickery*) inganno *m.*, imbroglio *m.*, raggiro *m.* **II** *v.t.* (*ant*) attrarre, attirare, allettare, adescare.

Wilfred , **Wilfrid** /'wɪlfrɪd/ *n.pr.m.* Vilfredo.

wilful /'wɪlfʊl/ *a.* **1** testardo, cocciuto, ostinato, caparbio: *a ~ child* un bambino testardo. **2** (*premeditated, intentional*) premeditato, intenzionale, volontario (*anche Dir*): *~ murder* omicidio premeditato.

wilfully /'wɪlfʊli/ *avv.* **1** ostinatamente, caparbiamente, cocciutamente, testardamente. **2** (*intentionally*) premeditatamente, intenzionalmente, deliberatamente.

wilfulness /'wɪlfʊlnəs/ *n.* **1** cocciutaggine *f.*, testardaggine *f.*, caparbietà *f.*, ostinazione *f.* **2** (*premeditation*) premeditazione *f.*

wilily /'waɪlɪli/ *avv.* astutamente, scaltramente, con furbizia.

wiliness /'waɪlɪnəs/ *n.* scaltrezza *f.*, astuzia *f.*, furbizia *f.*

will [1] /wɪl wəl/ (*pres.* **will**, *negativo* **will not**/**won't** /woʊnt/ *2ª pers. sing. ant* **wilt** /wɪlt/; *past* **would** /wʊd, wəd/; *manca dell'inf. e del p.p.*) **I** *v.aus.* **1** (*to express futurity*) *translated with the future of the following verb*: *he ~ come back tomorrow* tornerà domani; *do you think it ~ rain?* pensi che pioverà?; *what ~ happen if they find out?* cosa accadrà se lo vengono a sapere? **2** (*to express unpremeditated intention*) *translated with the future or present of the following verb*: *there's someone at the door, I ~ see who it is* c'è qualcuno alla porta,

vado a vedere chi è; *we ~ examine this report* esamineremo questa relazione. **3** (*to express desire, willingness*) voglio, vuoi ecc.: *if you ~ be so kind as to wait* se vuole essere così gentile da aspettare. **4** (*in negatives: to express refusal, unwillingness*) *not translated*: *I ~ not agree to such a proposal* non sono d'accordo su una proposta del genere. **5** (*of things*) non vuole, *often not translated*: *the door ~ not open* la porta non si vuole aprire, la porta non si apre. **6** (*in interrogatives: to express a request, an invitation*) vuoi, vuole ecc., *often not translated*: *~ you please come this way?* vuole venire da questa parte, per favore?, venga da questa parte, prego; *~ you have some more cake?* vuole ancora del dolce? **7** (*to express habitual action, tendencies, etc.*) *not translated*: *he ~ often work all night* spesso lavora tutta la notte. **8** (*to express probability*) deve ecc., *often translated with the future of the following verb*: *this ~ be the house* questa deve essere la casa. **9** (*to express capability*) può, è capace, è in grado: *this car ~ do one hundred miles per hour* questa macchina può fare cento miglia all'ora. **10** (*to express wilfulness, determination*) voglio, vuoi ecc.: *he is a good worker but he ~ do everything himself* è un buon operaio ma vuol fare tutto da solo. **11** (*to express a command, injunction*) devo, devi ecc., *often translated with the future of the following verb*: *officers ~ report to the commander at 9:00* gli ufficiali andranno a rapporto dal comandante alle 9. **II** *v.i./t.* (*to wish*) volere, desiderare: *and then, if you ~, we ~ visit the museum* e poi, se vuoi, visiteremo il museo; *come whenever you ~* vieni quando vuoi; *do what you ~* fa' quello che vuoi.

will [2] /wɪl/ **I** *n.* **1** volontà *f.*: *an iron ~* una volontà ferrea; *God's ~* volontà di Dio. **2** (*desire, inclination*) voglia *f.*, desiderio *m.*, volontà *f.*: *he has a ~ to work* ha voglia di lavorare. **3** (*collective desire of a group*) volere *m.*, volontà *f.*: *the ~ of the people* il volere del popolo. **4** (*choice*) volontà *f.*, volere *m.*: *you cannot make him do it against his ~* non puoi farglielo fare contro la sua volontà. **5** (*power to dispose, to determine*) volere *m.*, volontà *f.*, disposizione *f.*: *he was imprisoned at the dictator's ~* fu imprigionato per volere del dittatore. **6** (*Dir*) testamento *m.*, ultime volontà *f.pl.*, disposizioni *f.pl.* testamentarie: *to make a ~* fare testamento. **7** (*carnal desire*) desiderio *m.*, voglia *f.*, brama *f.* **8** (*scherz*) (*of a machine*) testa *f.*, volontà *f.*: *the lawnmower has a ~ of its own* il tagliaerba fa di testa sua. **II** *v.t.* **1** volere (*fortemente*): *the nation has -ed that peace be made* la nazione ha voluto che si facesse la pace. **2** (*to decree, to ordain*) volere, decretare, ordinare, disporre: *if God so -s it* se Dio vuole così. **3** (*rifl*) *to ~ oneself* imporsi: *to ~ oneself to sleep* imporsi di dormire. **4** (*Dir*) lasciare, assegnare per testamento: *to ~ one's estate to charity* lasciare i propri beni in beneficenza. **III** *v.i.* **1** volere: *to ~ is not enough, one must do* volere non basta, bisogna agire. **2** (*to decide, to determine*) decidere, disporre. **3** (*to choose, to prefer*) volere, preferire. ☐ *at ~* a piacimento, a volontà, a piacere: *he comes and goes at ~* va e viene a suo piacimento; (*Dir*) *~contest* impugnazione di un testamento; *of one's own* di propria volontà, volontariamente; (*fig*) *with a ~* di gran lena, di buona lena, di buon volere, con buona volontà: *to set to work with a ~* mettersi al lavoro di buona lena. *Prov.*: *where there's a ~, there's a way* volere è potere.

Will /wɪl/ *n.pr. dim. di* William.

willed /wɪld/ *a.* (*in compounds*) che ha... volontà, dalla volontà...: *strong-~* che ha una forte volontà.

William /'wɪljəm/ *n.pr.m.* Guglielmo. ☐ (*Stor*) *~ of Ockham* Guglielmo di Occam; (*Stor*) *~of Orange* Guglielmo d'Orange; (*Stor*) *~the Conqueror* Guglielmo il Conquistatore.

Williams /'wɪljəmz/ *n.pr.* (*Bot,Alim*) pera *f.* williams.

willie /'wɪli/ *n.* (*infant*) pisellino *m.*, pistolino *m.*

Willie /'wɪli/ *n.pr. dim. di* William.

willies /'wɪliːz/ *n.pl.* (*colloq*) (*feeling of nervousness*) brividi *m.pl.*, pelle *f.sing.* d'oca: *the thought of it gives me the ~* a pensarci mi vengono i brividi.

willing /'wɪlɪŋ/ *a.* **1** disposto, pronto: *are you ~ to stand as a candidate?* sei disposto a presentarti come candidato? **2** (*eager to work*) volonteroso, pieno di buona volontà: *a ~ student* uno studente volonteroso; *a ~ worker* un grande lavoratore. **3** (*eager to help*) compiacente, volonteroso. **4** (*done voluntarily*) volontario, spontaneo; (*done with cheerful readiness*) fatto volentieri. ☐ *~or not* volente o nolente.

willingly /'wɪlɪŋli/ *avv.* volentieri, di buon grado.

willingness /'wɪlɪŋnəs/ *n.* buona volontà *f.*

williwaw /'wɪlɪ,wɔː/ *n.* (*Am*) raffica violenta *f.*

will-o'-the-wisp /,wɪlðə'wɪsp/ *n.* **1** (*ignis fatuus*) fuoco *m.* fatuo. **2** (*fig*) (*elusive person*) persona *f.* inafferrabile, (*elusive thing*) cosa *f.* inafferrabile.

willow /'wɪloʊ/ **I** *n.* **1** (*Bot*) salice *m.*: *weeping ~* salice piangente. **2** (*wood*) legno *m.* di salice, salice *m.* **3** (*Sport*) (*cricket bat*) mazza *f.* (del battitore). **4** (*Tess*) battitoio *m.*, lupo *m.* (apritoio). **II** *v.t.* (*Tess*) battere con il lupo, battere con il battitoio. ☐ (*Ornit*) *~grouse* pernice bianca; (*Tess*) *~machine* battitoio, lupo (apritoio); (*Ceram*) *~pattern* disegno stilizzato di origine cinese; (*Ornit*) *~warbler* (o *~wren*) luì.

willower /'wɪloʊər/ *n.* (*Tess*) battitoio *m.*, lupo *m.* (apritoio).

willowherb /'wɪloʊhɜːb/ *n.* (*Bot*) epilobio *m.*

willowing /'wɪloʊɪŋ/ ☐ (*Tess*) *~machine* battitoio, lupo (apritoio).

willow-ware /'wɪloʊwɜːr/ *n.* (*Am,Ceram*) porcellana *f.* con disegni stilizzati di origine cinese.

willowy /'wɪloʊi/ *a.* **1** (*tall and slender*) slanciato, snello, alto e sottile. **2** (*pliant, flexible*) flessibile, pieghevole.

willpower /'wɪl,paʊər/ *n.* forza *f.* di volontà.

willy /'wɪli/ *n.* (*infant*) pisello *m.*, pistolino *m.*

Willy /'wɪli/ *n.pr.m. dim. di* William.

willy-nilly /'wɪli'nɪli/ *avv.* **1** (*like it or not*) volente o nolente, per amore o per forza. **2** (*haphazardly*) a caso.

willy-willy /'wɪli'wɪli/ *n.* (*Aus*) tromba *f.* d'aria.

wilt [1] /wɪlt/ **I** *v.i.* **1** (*of plants*) appassire, avvizzire. **2** (*fig*) perdere vigore, perdere forza, perdere freschezza, deperire, sciuparsi. **II** *v.t.* fare appassire. **III** *n.* (*shrivelling of plants*) avvizzimento *m.*

wilt [2] /wɪlt/ → **will**[1].

Wiltshire /'wɪltʃɪə/ *n.pr.* (*Geog*) Wiltshire *m.*

wily /'waɪli/ *a.* astuto, furbo, scaltro: *as ~ as a fox* astuto come una volpe, furbo matricolato.

wimble /'wɪmbl/ **I** *n.* (*Fal*) succhiello *m.* **II** *v.t.* (*Fal*) succhiellare.

Wimbledon /'wɪmbldən/ *n.* (*Geog*) Wimbledon *m.*

wimmin /'wɪmɪn/ *pl.* donne *f.pl.*

wimp/'wɪmp/ n. (colloq) pappamolla m., rammollito m., fifone m. ☐ to ~ out estraniarsi (per vigliaccheria), fare il fifone.

wimpish/'wɪmpɪʃ/ a. (colloq) debole, molle, da rammollito.

wimple /'wɪmpl/ n. 1 (Abbigl) soggolo m. 2 (ripple) increspatura f., crespa f.

win[1] /wɪn/ (past, p.p. **won** /wʌn/) I v.i. 1 vincere, essere vittorioso, essere vincitore: who won? chi ha vinto?; to ~ at cards vincere a carte. 2 (to prevail, to triumph) prevalere, avere la meglio, vincere. II v.t. 1 vincere: to ~ a war vincere una guerra; to ~ a race vincere una corsa. 2 (to gain in a competition) vincere, ottenere, aggiudicarsi: to ~ first prize vincere il primo premio. 3 (to gain, to obtain by effort) conquistare, procurarsi, guadagnare, ottenere: to ~ fame conquistare la fama. 4 (to gain the favour of) ottenere il favore di, conquistare, cattivarsi, accattivarsi, propiziarsi. 5 (to convince) convincere, persuadere: to ~ so. to one's cause convincere qcu. ad aderire alla propria causa. 6 (to gain in marriage) ottenere la mano di. 7 (to reach by effort) raggiungere, acquistare: to ~ the summit raggiungere la cima. 8 (Minier) (of ore) estrarre; (of a metal from ore) separare; (of a vein) preparare. ☐ (Sport) to ~ at the post vincere sul filo del traguardo, vincere di misura; to ~ back riguadagnare, riconquistare; to ~ clear (riuscire a) liberarsi; (fig) to ~ so.'s ear trovare ascolto presso qcu.; (Mil) to ~ one's epaulets guadagnarsi la promozione a ufficiale, guadagnarsi le spalline; to ~ free (riuscire a) liberarsi; (colloq) to ~ hands down vincere facilmente, vincere con facilità; to ~ so.'s heart conquistarsi il le simpatie di qcu., conquistare il cuore di qcu.; (Sport) to ~ on the post vincere sul filo del traguardo, vincere di misura; to ~ out prevalere, avere la meglio, vincere; to ~ over convincere, persuadere; to ~ so. round convincere qcu., conquistare qcu.; to ~ one's spurs: 1 (Stor) essere investito cavaliere; 2 (fig) farsi un nome, affermarsi; to ~ the day essere vittorioso; to ~ through all difficulties superare tutte le difficoltà. Prov. ~ some, lose some non si può sempre vincere.

win[2] /wɪn/ n. 1 vittoria f., successo m.: an easy ~ una vittoria facile; (Sport) a narrow ~ una vittoria di stretta misura. 2 (winnings) vincita f.

wince /wɪns/ I v.i. 1 trasalire. 2 (to shrink back) indietreggiare, tirarsi indietro, farsi indietro. 3 (to cringe) irrigidirsi. 4 (to flinch) sobbalzare, sussultare. II n. 1 trasalimento m. 2 (pained expression) smorfia f. 3 (cringe) irrigidimento m. 4 (flinch) sobbalzo m., sussulto m.

winceyette /wɪnsɪ'jet/ n. (Br) flanella f. (di cotone).

winch /wɪntʃ/ I n. (Mecc,Mar) verricello m., argano m.; (crank) manovella f. (a mano). II v.t. sollevare con un verricello.

Winchester /'wɪntʃɪstər/ I n.pr. (Geog) Winchester f. II n. 1 fucile m. Winchester, Winchester m. 2 (Br) (half a gallon) mezzo gallone m. ☐ (Inform) ~ disk disco winchester; (Arm) ~ rifle fucile Winchester, Winchester.

wind[1] /wɪnd/ I n. 1 vento m.: the ~ was blowing from the south il vento soffiava da sud. 2 (breath) respiro m., fiato m.; (power of breathing) fiato m., resistenza f.: an athlete needs good ~ un atleta deve avere fiato. 3 (Med) flatulenza f. 4 (Astr) vento m. 5 (collett.) (Mus) (wind instruments) strumenti m.pl. a fiato, fiati m.pl. 6 (fig) (social force) vento m., aria f.: a ~ of change un vento nuovo, aria

nuova. 7 (fig) (idle words) parole f.pl. vuote, parole f.pl. senza senso. 8 (fig) (rumour) sentore m., fiuto m.: to get ~ of fiutare, avere sentore di; sth. in the ~ sentore di qcs. 9 (Caccia) odore m. (portato dal vento). 10 pl. (Mus) (players of wind instruments) suonatori m.pl. di strumenti a fiato; (wind instruments) strumenti m.pl. a fiato, fiati m.pl. II v.t. 1 lasciare senza fiato, fare restare senza fiato: the dash for the bus -ed me la corsa per prendere l'autobus mi ha lasciato senza fiato. 2 (Br) (a baby) far fare il ruttino. 3 (of a horse) far riprendere fiato a. 4 (to expose to the wind) esporre all'aria, esporre al vento, dare aria a. 5 (Caccia) fiutare. 6 (poet) (to blow) suonare: to ~ a horn suonare un corno.
☐ before the ~ col vento in fil di ruota, col vento in poppa; (fig) to see which way (o to see how) the ~ blows vedere come tira il vento; (Edil) ~ brace controvento; (Mar) by the ~ di bolina stretta; (Mar) ~ chart carta dei venti; (Mus) ~ chest somiere; (Fis,Meteor) ~ chill perdita di calore per ventilazione; (Meteor) ~ chill factor (o ~ chill index) indice di raffreddamento da vento, potere raffreddante del vento: the temperature was -5 with the ~ chill factor la temperatura era a -5, considerato il potere raffreddante del vento; ~ chime campanelle cinesi, campanelle a vento; (Meteor) ~ cone manica a vento; ~ direction direzione del vento; (Mar, Caccia) down ~ sottovento; ~ energy energia eolica; (Geol) ~ erosion erosione eolica; ~ farm centrale elettrica a energia eolica; (Geog) ~ gap passo; (Fis,Meteor) ~ gauge anemometro; ~ generator generatore eolico; (colloq) to get the ~ up: 1 (to become nervous) innervosirsi; 2 (to be frightened) avere fifa; ~ harp arpa eolia; to have the ~ up: 1 (to become nervous) innervosirsi; 2 (to be frightened) avere fifa; (Mus) ~ instrument strumento a fiato; like the ~ come il vento, velocemente: to run like the ~ correre come il vento; (Teat) ~ machine apparecchio per riprodurre il rumore del vento; (Mar) off the ~ a vento largo, al lasco; (Mar) on a ~ (o on the ~) di bolina stretta; (Bot) ~ pollination anemofilia; ~ power energia eolica, carbone azzurro; (Mecc) ~ pump pompa azionata da un generatore a vento; (colloq) to put the ~ up so.: 1 (to make nervous) innervosire qcu.; 2 (to frighten) spaventare qcu., mettere paura a qcu., mettere fifa a qcu.; ~ resistance resistenza all'aria; (Meteor) ~ rose rosa dei venti; (Meteor) ~ scale scala dei venti; (Meteor) ~ shear gradiente del vento, gradiente trasversale del vento; (Meteor) ~ sleeve (o ~ sock) manica a vento; (fig) to take the ~ out of so.'s sails mandare all'aria i piani di qcu., sventare i piani di qcu.; ~ tunnel galleria del vento, galleria aerodinamica, tunnel aerodinamico.

wind[2] /waɪnd/ (past, p.p. **wound** /waʊnd/) I v.i. 1 serpeggiare, snodarsi, avere un corso sinuoso, formare anse: a small stream wound through the valley un ruscelletto serpeggiava nella valle. 2 (to take a circular, spiral course) girare, avvolgersi, avere un andamento a spirale. 3 (to coil, to encircle) attorcigliarsi, avvolgersi. 4 (of a clockwork mechanism) caricarsi. II v.t. 1 avvolgere, attorcigliare, arrotolare: to ~ a rope round one's waist avvolgersi una corda intorno alla vita; to ~ cotton onto a bobbin avvolgere cotone su un rocchetto. 2 (to cover, to encircle with sth.) avvolgere, cingere, avviluppare: to ~ one's head with a turban avvolgersi la testa in un turbante. 3 (Tess) abbindolare. 4 (of a clockwork mechanism) caricare: to ~

the clock caricare l'orologio. 5 (Minier) (to hoist) issare con l'argano, sollevare con l'argano. 6 (Mar) (of a ship: to turn) (far) girare, virare; (to turn end for end) invertire la rotta di. ☐ to ~ back riavvolgere, riavvolgersi; to ~ down: 1 abbassare (girando una manovella): to ~ down the car window abbassare il finestrino della macchina; 2 (of a clockwork mechanism) scaricarsi; 3 (of a business) ridurre, calare; 4 (fig) rilassarsi, rilassare; to ~ in avvolgere: to ~ in a rope avvolgere una corda; to ~ off svolgere: to ~ a film off a spool svolgere una pellicola dalla bobina; to ~ on portare avanti, avanzare, avvolgere; to ~ up: 1 alzare (girando una manovella); 2 (of a clock, etc.) caricare; 3 (to end up) finire; 3 (Br,colloq) (to make tense, excited) eccitare (fino al parossismo), tendere al massimo, stuzzicare, provocare; 4 (to bring to a conclusion) concludere, terminare, finire: to ~ up a speech with an anecdote concludere un discorso con un aneddoto; 5 (Econ) sciogliere, liquidare: to ~ up a company sciogliere una società; 6 (Minier) (to hoist) issare con l'argano, sollevare con l'argano; 7 (Sport) roteare il braccio.

wind[3] /waɪnd/ n. 1 avvolgimento m. 2 (single turn) giro m., girata f. 3 (bend) giravolta f., svolta f.

windage /'wɪndɪdʒ/ n. 1 (Arm) deriva f. 2 (Arm,Tecn) vento m.

windbag /'wɪnd,bæg/ n. 1 parolaio m. (f. -a), chiacchierone m. (f. -a). 2 (of a bagpipe) otre m.

windblown /'wɪndbloʊn/ a. 1 battuto dal vento. 2 (of trees) piegato dal vento.

windborne, **wind-borne** /'wɪndbɔːn Am 'wɪnd,bɔːrn/ a. portato dal vento.

windbound /'wɪndbaʊnd/ a. (Mar) trattenuto in porto dal vento contrario.

windbreak /'wɪndbreɪk/ n. 1 (of trees) siepe f. frangivento. 2 (temporary wall) protezione f. frangivento.

windbreaker /'wɪndbreɪkər/ n. (Am,Abbigl) giacca f. a vento, giacca f. vento.

windburn /'wɪnd,bɜːn Am 'wɪnd,bɜːrn/ n. (Med) bruciatura f. da vento.

windcheater /'wɪndʃiːtər/ n. (Br,Abbigl) giacca f. a vento, giacca f. vento.

winded /'wɪndɪd/ a. 1 (out of breath) senza fiato, sfiatato. 2 (in compounds) dal fiato...: short-~ dal fiato corto; long-~ logorroico, prolisso.

winder /'waɪndər/ n. 1 (key for winding) chiave f. per caricare; (crank) manovella f.; (on a watch) corona f. 2 (Tess) (worker) accavigliatore m. (f. -trice); (machine) incannatoio m. 3 (Edil) gradino m. di scala a chiocciola. 4 (Minier) argano m., verricello m.

windfall /'wɪndfɔːl/ n. 1 (Agr) frutto m. fatto cadere dal vento. 2 (fig) introito m. inaspettato, manna f., denaro m. piovuto dal cielo; (legacy) eredità f. inaspettata. ☐ ~ profits attività fortuite, profitti di congiuntura.

windflower /'wɪndflaʊər/ n. (Bot) anemone m.

windigo /'wɪndə,goʊ/ n. (spec. Canad) diavoletto m.

windily /'wɪndɪli/ avv. 1 in modo ventoso. 2 (fig) verbosamente, ampollosamente, ventosamente. 3 (colloq) (nervously) nervosamente.

windiness /'wɪndɪnəs/ n. 1 ventosità f. 2 (fig) (verbosity) ampollosità f.

winding /'waɪndɪŋ/ I n. 1 avvolgimento m., attorcigliamento m. 2 (Tess) avvolgimento m., incannatura f.; (hank, skein) matassa f. 3 (of a river) meandro m. 4 (of a clock) carica f. 5 (El) avvolgimento m. 6 pl. (bends, curves) tortuosità *f.pl.*, sinuosità *f.pl.* **II** *a.* **1** serpeggiante, sinuoso, tortuoso, pieno di curve: *a ~ path* un sentiero serpeggiante. **2** (*of stairs*) a chiocciola. □ (*Mecc*) *~drum* tamburo di avvolgimento; (*Mecc*) *~engine* apparecchio di sollevamento.

windjammer /'wɪndʒæmər/ *n.* **1** (*Mar*) veliero *m.* **2** (*Abbigl*) giacca *f.* a vento.

windlass /'wɪndləs/ **I** *n.* **1** (*Mecc*) argano *m.*, verricello *m.* **2** (*Mar*) argano *m.* orizzontale, sbovo *m.* **II** *v.t.* sollevare con un argano, issare con un argano.

windless /'wɪndlɪs/ *a.* senza vento.

windmill /'wɪnd,mɪl/ *n.* **1** mulino *m.* a vento. **2** (*El*) aerogeneratore *m.*, turbina *f.* a vento. **3** (*Br*) (*toy*) girandola *f.*, mulinello *m.* **4** (*rar*) elica *f.* □ (*fig*) *to fight ~s* (o *to tilt at ~s*) combattere contro i mulini a vento.

window /'wɪndəʊ/ *n.* **1** finestra *f.* **2** (*windowpane*) vetro *m.* di finestra. **3** (*picture window*) vetrata *f.* **4** (*Aut*) finestrino *m.* **5** (*of a ticket office, etc.*) sportello *m.* **6** (*of a shop*) vetrina *f.* **7** (*of an envelope*) finestra *f.* **8** (*view, opportunity to observe*) finestra *f.*, apertura *f.*: *a ~ on the world* una finestra sul mondo; *a ~ into sth.* una finestra aperta su qcs. **9** (*period of time*) finestra *f.*, intervallo *m.*, slot *m.*: *launch ~* finestra di lancio, slot. **10** (*Geol,Inform*) finestra *f.* **11** (*Aer,Mar*) oblò *m.*, occhio *m.* **12** (*Aer.mil*) (*chaff*) striscioline *f.pl.* radar-riflettenti. □ *to stand at the ~* stare alla finestra; *~box* cassetta da fiori (da tenere sul davanzale), fioriera (da tenere sul davanzale); *~ display* allestimento della vetrina; *~dresser* vetrinista; *~dressing* : **1** allestimento di una vetrina; **2** (*fig*) apparenza, facciata, falsificazione; *~envelope* busta a finestra; *~frame* telaio da finestra; (*fig*) *to go out the ~* (o *to go out of the ~*) sparire per sempre; (*Edil*) *~ledge* davanzale; *to look out of the ~* guardare dalla finestra; *~ screen* zanzariera; *~ seat* : **1** (*on a train, plane*) sedile vicino al finestrino; **2** (*in a house*) divanetto sotto la finestra; *~sill* davanzale.

windowed /'wɪndəʊd/ *a.* munito di finestre.

windowing /'wɪndəʊɪŋ/ *a.* a finestre: *~ environment* ambiente a finestre.

windowpane /'wɪndəʊpeɪn/ *n.* vetro *m.* di finestra.

window-shop /'wɪndəʊˌʃɒp *Am* 'wɪndəʊ ˌʃɑːpɪŋ/ *v.i.* guardare le vetrine dei negozi.

window-shopper /'wɪndəʊˌʃɒpər *Am* 'wɪndəʊˌʃɑːpər/ *n.* chi guarda le vetrine dei negozi.

window-shopping /'wɪndəʊˌʃɒpɪŋ *Am* 'wɪndəʊˌʃɑːpɪŋ/ *n.* il guardare le vetrine dei negozi. □ *to go ~* andare (in giro) a guardare le vetrine.

window-sill /'wɪndəʊˌsɪl/ *n.* davanzale *m.*

window-tax /'wɪndəʊˌtæks/ *n.* (*GB,Stor*) imposta *f.* sulle finestre.

window-winder /'wɪndəʊˌwaɪndər/ *n.* (*Br, Aut*) alzacristalli *m.*: *electrically driven ~* alzacristalli elettrico.

windpipe /'wɪndˌpaɪp/ *n.* (*Anat*) trachea *f.*

windproof /'wɪndpruːf/ *a.* a prova di vento.

windrow /'wɪndˌrəʊ/ *n.* (*Agr*) andana *f.*

windsail /'wɪndseɪl/ *n.* **1** (*of a windmill*) pala *f.* **2** (*Mar*) manica *f.* a vento di tela.

windscreen /'wɪndskriːn/ *n.* **1** (*Br,Aut*) parabrezza *m.* **2** (*Am*) protezione *f.* frangivento. □ (*Br,Aut*) *~heater* sbrinatore; (*Br,Aut*) *~washer* lavacristallo; (*Br,Aut*) *~wiper* tergicristallo.

windshield /'wɪndˌʃiːld/ **1** (*Am,Aut*) parabrezza *m.* **2** (*Br*) protezione *f.* frangivento. □ (*Am,Aut*) *~heater* sbrinatore; (*Am,Aut*) *~washer* lavacristallo; (*Am,Aut*) *~wiper* tergicristallo.

Windsor /'wɪnzər/ *n.pr.* (*Geog*) Windsor *f.* □ (*Arred*) *~chair* sedia Windsor, sedia di legno con alto schienale ricurvo; (*Abbigl*) *knot* nodo Windsor, nodo doppio per cravatta; (*Abbigl*) *~tie* cravatta larga con nodo lento.

windstorm /'wɪnd,stɔːm *Am* 'wɪnd,stɔːrm/ *n.* tempesta *f.* di vento.

windsucker /'wɪndsʌkər/ *n.* (*Veter*) cavallo *m.* affetto da aerofagia.

windsurf /'wɪnd,sɔːf *Am* 'wɪnd,sɔːrf/, **windsurfing** /'wɪnd,sɔːfɪŋ *Am* 'wɪnd,sɔːrfɪŋ/ *n.* (*Sport*) windsurf *m.*, tavola *f.* a vela.

windsurfer /'wɪnd,sɔːfər *Am* 'wɪnd,sɔːrfər/ *n.* (*Sport*) chi pratica il windsurf.

windswept /'wɪndswɛpt/ *a.* **1** (*exposed*) esposto, spazzato dal vento. **2** (*of hair*) spettinato, in disordine.

wind-up /'waɪndʌp/ *n.* **1** conclusione *f.*, fine *f.*, chiusura *f.* **2** (*Econ*) liquidazione *f.*, scioglimento *m.* **3** (*Sport*) (*in baseball*) caricamento *m.* **4** (*Br,colloq*) (*teasing*) spinta *f.*, pungolo *m.*, molla *f.*

windward /'wɪndwəd *Am* 'wɪndwərd/ **I** *avv.* (*Mar*) sopravvento. **II** *a.* (*Mar*) **1** (di) sopravvento. **2** (*moving toward the wind*) che si muove sopravvento. **III** *n.* (*Mar*) sopravvento *m.* □ (*Geog*) *The Windward Islands* le Isole Sopravvento, le Piccole Antille.

windy /'wɪndi/ *a.* **1** ventoso, pieno di vento: *a ~ day* una giornata ventosa. **2** (*exposed to the wind*) battuto dal vento, ventoso. **3** (*fig*) (*verbose*) verboso, ampolloso, ventoso; (*unsubstantial, idle*) vuoto, vacuo. **4** (*Br,ant, colloq*) (*nervous*) nervoso, innervosito; (*frightened*) spaventato, pieno di fifa. **5** (*Med*) (*flatulent*) flatulento; (*causing flatulence*) che causa flatulenza. □ (*colloq*) *Windy City* Chicago.

wine /waɪn/ **I** *n.* **1** vino *m.* **2** (*colour*) bordò *m.*, bordeaux, (color) rosso *m.* vino. **II** *v.t.* offrire vino a. **III** *v.i.* bere vino. □ *to ~and dine* : **1** cenare, pranzare (con vino); **2** (*to invite to dinner*) invitare a cena (in un posto di lusso), offrire un lauto pranzo a; *~bar* vineria, wine bar, enoteca; (*Br*) *~bin* scaffale per bottiglie di vino; (*Enol*) *~bottle* bottiglia da vino; (*Enol*) *~cellar* : **1** cantina; **2** (*stock of wines*) enoteca; (*Enol*) *~cooler* : **1** secchiello del ghiaccio; **2** (*Am*) bevanda a base di vino, succo di frutta e acqua gassata; (*Enol*) *~district* zona vinicola; (*Enol*) *~grower* vignaiolo, viticoltore; (*Dolc*) *~gum* caramella gommosa alla frutta; (*Enol*) *~list* lista dei vini; (*Enol*) *~making* vinificazione; (*Bot*) *~palm* sago; (*Enol*) *~producing* vinicolo; (*Rel*) *to take the ~* prendere la comunione; (*Enol*) *~taster* assaggiatore di vini, degustatore di vini; (*Enol*) *~tasting* assaggio dei vini, degustazione dei vini; (*Alim*) *~vinegar* aceto di vino; (*Enol*) *~waiter* sommelier.

winebibber /'waɪnbɪbər/ *n.* (*rar*) forte bevitore *m.* (*f.* -trice), beone *m.* (*f.* -a).

wine-colored /'waɪnkʌlərd/ *a.* (*Am*) bordeaux, bordò, color rosso vino.

wine-coloured /'waɪnkʌləd/ *a.* bordeaux, bordò, color rosso vino.

wineglass /'waɪnglɑːs *Am* 'waɪnglæs/ *n.* bicchiere *m.* da vino.

wineglassful /'waɪnglɑːsful *Am* 'waɪnglæs ful/ *n.* quantità *f.* contenuta in un bicchiere da vino.

winegrower /'waɪngrəʊər/ *n.* vignaiolo *m.*, viticoltore *m.*

winegrowing /'waɪngrəʊɪŋ/ *n.* viticoltura *f.*

winepress /'waɪnprɛs/ *n.* (*Agr*) torchio *m.*

winery /'waɪnəri/ *n.* cantina *f.*

wineshop /'waɪnʃɒp *Am* 'waɪnʃɑːp/ *n.* rivendita *f.* di vino.

wineskin /'waɪnskɪn/ *n.* otre *m.* (per il vino).

wing /wɪŋ/ **I** *n.* **1** ala *f.* **2** (*Sport,Mil,Arch,Bot,Pol*) ala *f.*: *to add a ~ to a house* aggiungere un'ala a una casa. **3** (*Aer.mil*) aerobrigata *f.* **4** (*of an armchair*) poggiatesta *m.* laterale. **5** (*of a double door*) battente *m.* **6** (*of a windmill*) ala *f.*, pala *f.* **7** (*fig*) volo. **8** (*Br,Aut*) parafango *m.* **9** (*Mar*) ala *f.*, fianco *m.*, lato *m.* **10** *pl.* (*fig*) (*means of flight*) ali *f.pl.*, mezzo *m.sing.* per volare: *the Wright brothers gave man -s* i fratelli Wright diedero le ali all'uomo. **11** *pl.* (*Teat*) quinte *f.pl.* **12** *pl.* (*Aer*) (*pilot's badge*) distintivo *m.* di pilota, brevetto *m.sing.* di pilota. **II** *v.t.* **1** munire di ali, mettere le ali a. **2** (*to traverse in flight*) attraversare in volo, attraversare volando. **3** (*to wound in the wing*) ferire all'ala. **4** (*colloq*) (*to improvise*) improvvisare, inventare al momento. **III** *v.i.* volare. □ (*fig*) *on a ~and a prayer* con minime possibilità (di successo); (*Mecc*) *~bolt* bullone ad alette; (*Entom*) *~case* elitra; (*Arred*) *~chair* poltrona a schienale alto; *~collar* colletto rigido; *~commander* tenente colonnello (dell'aviazione); (*Sport*) *~forward* attaccante (al fig) in the *-s* dietro le quinte; (*Br,Aut*) *~mirror* specchietto (retrovisore) esterno; (*Mecc*) *~nut* dado ad alette, galletto; *on the ~*: **1** sulle ali, in volo: *the bird is on the ~* l'uccello è sulle ali; **2** (*fig*) (*travelling*) in viaggio, in movimento; (*Aer*) *~over* virata sghemba; (*Aer*) *~rib* centina alare; *to take ~*: **1** levarsi in volo; **2** (*fig*) prendere il volo; (*fig*) *to take to itself -s* (o *to take to its -s*) svanire, dileguarsi, scomparire; *~tip* : **1** (*Aer,Ornit*) estremità alare, punta dell'ala; **2** (*Am,Calz*) (*shoe*) scarpa da uomo con decorazione triforata; *to take so. under one's ~* sotto le proprie ali; *to take so. under one's ~* prendere qcu. sotto le proprie ali; (*colloq*) *with -s* da portare via: *a coffee with -s* un caffè da portare via.

wingding /'wɪŋdɪŋ/ *n.* (*Am*) evento *m.* festoso, festa *f.* chiassosa.

winged /'wɪŋd/ *a.* **1** alato. **2** (*in compounds*) dalle ali...: *black-* dalle ali nere. **3** (*wounded in the wing*) ferito all'ala. **4** (*fig*) (*swift*) rapido, alato, veloce. □ (*Astr*) *Winged Horse* Pegaso; (*poet*) *~words* parole alate.

winger /'wɪŋər/ *n.* (*Sport*) ala *f.*

wingless /'wɪŋləs/ *a.* senza ali, privo di ali.

winglet /'wɪŋlɪt/ *n.* aletta *f.*, aluccia *f.*

wingman /'wɪŋmæn/ *n.* **1** (*Aer*) (*plane*) aereo *m.* laterale (in una formazione); (*pilote*) pilota *m.* dell'aereo laterale (in una formazione). **2** (*Aus,Sport*) ala *m.*

wingover /'wɪŋəʊvər/ *n.* (*Aer*) virata *f.* sghemba.

wingspan /'wɪŋspæn/ *n.* (*Aer,Ornit*) apertura *f.* alare.

wingspread /'wɪŋspræn/ *n.* (*Ornit*) apertura *f.* alare.

wink /wɪŋk/ **I** *v.i.* **1** ammiccare, strizzare l'occhio, fare l'occhiolino. **2** (*to blink*) strizzare gli occhi, sbattere le palpebre. **3** (*fig*) (*to flicker, to twinkle*) brillare, scintillare. **4** (*fig*) (*to shine intermittently*) lampeggiare (anche *Aut*). **II** *v.t.* strizzare; (*of both eyes, eyelids*) sbattere. **III** *n.* **1** ammicco *m.*, ammiccamento *m.*, strizzatina *f.* (d'occhio). **2** (*fig*) attimo *m.*, battibaleno *m.*, batter d'occhio *m.*: *it was all over in a ~* tutto finì in un attimo. □ (*colloq*) *not to sleep a ~* (o *not to get a ~*) non chiudere occhio: *I didn't sleep a ~ last night* non ho chiuso occhio la notte scorsa; *to ~at* : fare l'occhiolino a, ammiccare a, strizzare l'occhio a; *to ~away one's tears* (o *to ~back the tears*) battere le palpebre per trattenere le lacrime.

winker /'wɪŋkər/ *n.* **1** chi ammicca. **2** (*Br,*

colloq) (*signal light on a car*) lampeggiatore *m*. **3** (*horse's blinker*) paraocchi *m*. **4** (*Am, colloq*) (*eye*) occhio *m*.

winking /'wɪŋkɪŋ/ *n*. **1** l'ammiccare, lo strizzare l'occhio. **2** (*twinkling*) brillio *m*., scintillio *m*. **3** (*Aut*) lampeggiamento *m*. □ (*Br, Aut*) ~ *lights* lampeggiatori.

winkle /'wɪŋkl/ **I** *n*. (*Zool*) (*periwinkle*) littorina *f*. **II** *v.t*. (*colloq*) snidare, scovare, stanare. □ (*Aut*) *to* ~ *out* snidare, scovare, stanare.

winkle-pickers /'wɪŋkl,pɪkəz/ *n*. (*Br,Calz*) (*shoes*) scarpa *f*. a punta.

winner /'wɪnər/ *n*. **1** vincitore *m*. (*f*. -trice), vincente *m./f*. **2** (*colloq*) (*so., sth. certain to succeed*) persona *f*. di sicuro successo, cosa *f*. di sicuro successo.

winner-take-all /,wɪnər'teik'ɒl *Am* ,wɪnərteɪku:l/ □ (*Pol,colloq*) ~ *system* sistema maggioritario.

winning /'wɪnɪŋ/ **I** *n*. **1** vittoria *f*., vincita *f*. **2** *pl*. (*money won*) vincita *f.sing*. **II** *a*. **1** vincente, vincitore, vittorioso: *the* ~ *team* la squadra vincente. **2** (*fig*) seducente, accattivante, affascinante: *a* ~ *smile* un sorriso seducente. □ *the* ~ *card* la carta vincente (*anche fig*); (*Sport*) ~ *post* traguardo.

winningly /'wɪnɪŋli/ *avv*. in modo accattivante, in modo seducente.

Winnipeg /'wɪnɪpeg/ *n.pr*. (*Geog*) Winnipeg *f*.

winnow /'wɪnoʊ/ *v.t*. **1** (*Agr*) (*of grain*) vagliare, spulare; (*of chaff*) separare dal grano. **2** (*fig*) (*to sift*) fare un vaglio di, selezionare; (*to remove by separating*) distinguere, separare, distinguere: *to* ~ *truth from falsehood* discernere il vero dal falso. **3** (*rar*) (*of the air: to beat with wings*) battere con le ali. **II** *v.i*. **1** (*Agr*) spulare il grano, vagliare il grano. **2** (*rar*) (*to flutter*) battere le ali. **III** *n*. (*Agr*) (*winnowing*) vagliatura *f*., spulatura *f*. □ (*Sport*) *to* ~ *out* discernere, separare, distinguere.

winnower /'wɪnoʊər/ *n*. **1** (*Agr*) vagliatore *m*. (*f*. -trice). **2** (*machine*) vaglio *m*. ventilatore.

winnowing /'wɪnoʊɪŋ/ *n*. (*Agr*) vagliatura *f*., spulatura *f*.

wino /'waɪnoʊ/ *n*. (*colloq,spreg*) avvinazzato *m*., ubriacone *m*.

winsome /'wɪnsəm/ *a*. affascinante, seducente, attraente, accattivante.

winsomely /'wɪnsəmli/ *avv*. in modo seducente.

winsomeness /'wɪnsəmnəs/ *n*. fascino *m*., attrattiva *f*., seduzione *f*.

winter /'wɪntər/ **I** *n*. **1** inverno *m*. **2** (*poet*) (*year*) anno *m*. (d'età): *a man of sixty -s* un uomo di sessant'anni. **3** (*fig*) periodo *m*. di avversità, momento *m*. triste. **II** *a*. invernale, d'inverno: ~ *clothing* abiti invernali. **III** *v.i*. svernare, trascorrere l'inverno (*in in, a*): *the army -ed in the plain* l'esercito svernò in pianura. **IV** *v.t*. **1** far passare l'inverno a, (*far*) svernare. **2** (*of animals*) nutrire durante l'inverno; (*of plants*) sistemare durante l'inverno. □ (*Bot*) ~ *aconite* elleborina; (*Mil*) ~ *camp* campo invernale; ~ *coat* mantello invernale (*anche Zool*); (*Bot*) ~ *cress* erba di Santa Barbara; (*Agr*) ~ *crop* raccolto invernale; (*Sport*) *Winter Games* giochi invernali; ~ *garden* giardino d'inverno; (*Bot*) ~ *jasmine* gelsomino giallo; (*Sport*) *Winter Olympics* giochi olimpici invernali, olimpiadi invernali; (*Stor*) *Winter Palace* Palazzo d'inverno; (*Agr*) ~ *pruning* potatura f.; ~ *quarters*: **1** (*Mil*) quartieri d'inverno; **2** (*estens*) residenza invernale; ~ *resort* stazione di sport invernali; (*Astr*) ~ *solstice* solstizio d'inverno; ~ *sports* sport invernali; (*Agr*) ~ *wheat* grano invernengo.

winterfeeding /'wɪntəfi:dɪŋ *Am* 'wɪntər-

fi:dɪŋ/ *n*. (*Zootecn*) foraggiamento *m*. invernale.

wintergreen /'wɪntə,gri:n *Am* 'wɪntər,gri:n/ *n*. (*Bot*) **1** pianta *f*. sempreverde. **2** (*checkerberry*) tè del Canada.

winterise /'wɪntə,raɪz/ *v.t*. (*Br*) preparare per l'inverno.

winterize /'wɪntə,raɪz *Am* 'wɪntəraɪz/ *v.t*. preparare per l'inverno.

wintertide /'wɪntətaɪd *Am* 'wɪntərtaɪd/ *n*. (*poet*) inverno *m*., stagione *f*. invernale.

wintertime /'wɪntətaɪm *Am* 'wɪntərtaɪm/ *n*. inverno *m*., stagione *f*. invernale.

wintery /'wɪntəri/ *a*. invernale, freddo, gelido (*anche fig*).

wintrily /'wɪntrəli/ *avv*. freddamente, gelidamente.

wintriness /'wɪntrinəs/ *n*. **1** rigore *m*. invernale, freddo *m*. invernale. **2** (*fig*) freddezza *f*., gelo *m*.

wintry /'wɪntri/ *a*. **1** invernale, freddo: ~ *weather* tempo invernale. **2** (*fig*) freddo, gelido: *a* ~ *reception* una fredda accoglienza.

win-win /'wɪnwɪn/ *a*. (*colloq*) vantaggioso per entrambi.

winy /'waɪni/ *a*. **1** di vino, vinoso. **2** (*resembling wine*) vinoso. **3** (*Br*) (*drunk with wine*) avvinazzato, ubriaco, pieno di vino.

WIP *work in progress* (lavori in corso).

wipe[1] /waɪp/ *v.t*. **1** pulire (strofinando), strofinare: *to* ~ *one's mouth with a napkin* pulirsi la bocca con un tovagliolo; *to* ~ *the table with a damp cloth* strofinare il tavolo con un panno umido. **2** (*to dry by rubbing with sth.*) asciugare (strofinando): *to* ~ *the dishes* asciugare i piatti. **3** (*to rub over a surface*) passare, strofinare: *to* ~ *one's hand across one's forehead* passarsi la mano sulla fronte. **4** (*to spread by rubbing*) passare, applicare (strofinando): *to* ~ *oil over machinery* passare l'olio sul macchinario. **5** (*colloq*) (*to clean a tape o diskette*) cancellare, smagnetizzare. **6** (*Elettron*) fare passare (una carta di credito) nel decodificatore. □ (*colloq*) *to* ~ *at so.* assestare colpi a qcu., menare botte a qcu., spolverare le spalle a qcu.; *to* ~ *away*: **1** asciugare, tergere: *to* ~ *away one's tears* asciugarsi le lacrime; **2** (*fig*) togliere, levare; (*Br,colloq*) *to* ~ *so.'s eye* prevenire qcu.; *to* ~ *off*: **1** togliere strofinando, cancellare; **2** (*colloq*) (*of a debt*) liquidare, pagare; (*colloq*) *to* ~ *off the map* cancellare dalla faccia della terra, distruggere, annientare; *to* ~ *out*: **1** cancellare, togliere strofinando; **2** (*fig*) cancellare, rimuovere, togliere, eliminare: *to* ~ *out a disgrace* cancellare un'onta; **3** (*colloq*) (*to annihilate*) annientare, distruggere; **4** (*colloq*) (*to demolish*) radere al suolo, distruggere; **5** (*colloq*) (*to cause to vanish*) annullare; **6** (*of a debt*) liquidare, pagare; **7** (*sl*) (*to murder*) ammazzare, far fuori; (*fig*) *to* ~ *the floor with so.* sconfiggere qcu., distruggere qcu., annientare qcu.; (*fig*) *to* ~ *the slate clean* ricominciare da capo; *to* ~ *up* asciugare, pulire (con uno strofinaccio).

wipe[2] /waɪp/ *n*. **1** pulita *f*., strofinata *f*.: *to give the floor a* ~ dare una pulita al pavimento. **2** (*cloth*) fazzolettino *m*. rinfrescante. **3** (*Cin*) (*cinema effect*) tendina *f*., commutazione *f*. a tendina.

wiped-out /'waɪpd'aʊt/ *a*. **1** cancellato. **2** (*colloq*) (*broke*) rovinato, senza un soldo. **3** (*colloq*) (*tired*) stanco morto, esausto.

wipe-out /'waɪp'aʊt/ *n*. **1** cancellazione *f*., distruzione *f*., disfacimento *m*. **2** (*fall from windsurf, skateboard, etc*) caduta *f*.

wiper /'waɪpər/ *n*. **1** chi strofina, chi pulisce (strofinando). **2** (*cloth*) strofinaccio *m*. **3** (*Aut*) tergicristallo *m*. **4** (*Mecc*) eccentrico *m*.

5 (*El*) cursore *m*.

wire /waɪər/ **I** *n*. **1** filo *m*., filo *m*. metallico; (*piece*) pezzo *m*. di filo. **2** (*El*) conduttore *m*., filo *m*. **3** (*Tel*) cavo *m*., linea *f*. **4** (*wire fence*) siepe *f*. metallica; (*barbed wire*) filo *m*. spinato. **5** (*Ginn*) corda *f*., fune *m*. **6** (*colloq*) (*telegram*) telegramma *m*. **7** (*colloq*) (*listening device*) microspia *f*. **II** *a*. di filo metallico. **III** *v.t*. **1** fissare con filo metallico, assicurare con filo metallico; (*to stiffen with wire*) rinforzare con filo metallico. **2** (*to put on a wire*) infilzare in un filo metallico. **3** (*El*) (*connect by wire*) collegare; (*to link by cable*) cablare. **4** (*El*) (*of a building, etc.*) installare l'impianto elettrico in. **5** (*colloq*) (*to telegram*) telegrafare, mandare telegraficamente, mandare per telegramma; (*to send money by telegram*) spedire (per telegrafo). **6** (*Caccia*) prendere al laccio. □ (*Giorn*) ~ *agency* agenzia d'informazioni; ~ *bridge* ponte (metallico) sospeso; ~ *brush* spazzola metallica; (*fig*) *to get one's -s crossed* fraintendere, capire male; ~ *dancer* funambolo, funambola; ~ *dancing* funambolismo; (*spec. Am*) *down to the* ~ fino alla fine; (*Met*) ~ *drawing* trafilatura *f*.; ~ *fence* siepe metallica, rete metallica; (*spec. Am,Inform*) ~ *fraud* frode informatica; (*Tecn*) ~ *gauge* calibro per fili (metallici); ~ *gauze* reticella metallica; (*colloq*) *to* ~ *in* darci dentro, mettercela tutta (*to a, in*); ~ *netting* rete metallica; (*Inform*) *printer* stampante ad aghi; ~ *puller*: **1** burattinaio; **2** (*fig*) chi manovra da dietro le quinte, intrigante, maneggione; ~ *pulling*: **1** il manovrare i fili delle marionette; **2** (*fig*) manovra, intrigo; ~ *recorder* registratore magnetico a filo; ~ *rope* fune metallica, cavo metallico; (*Tecn*) ~ *saw* sega elicoidale; (*Am, Giorn*) ~ *service* agenzia d'informazioni; ~ *tapping* intercettazione telefonica; ~ *transfer* bonifico telegrafico; (*Am,fig*) *under the* ~ appena in tempo; (*El*) *to* ~ *up* installare l'impianto elettrico in; ~ *wheel*: **1** (*Mecc*) spazzola metallica rotante; **2** (*Aut*) ruota a raggi (di filo d'acciaio); (*Met*) ~ *wool* lana d'acciaio.

wire-cutter, wirecutter /'waɪəkʌtər *Am* 'waɪrkʌtər/ *n*. pinza *f*. tagliafili, tagliafili *m*.

wired /waɪəd *Am* 'waɪrd/ *a*. **1** fissato con filo metallico, assicurato con filo metallico. **2** (*stiffened with wire*) rinforzato con filo metallico, armato. **3** (*made of wire*) di filo metallico; (*made of barbed wire*) di filo spinato. **4** (*El*) (*linked by wires*) collegato, (*cabled*) cablato, (*fitted with alarms*) dotato di allarme. **5** (*Inform,colloq*) computerizzato, internettizzato. **6** (*Am,colloq*) (*fitted with listening devices*) controllato da microspie. **7** (*Am, colloq*) (*nervous*) agitato, con i nervi tesi; (*drugged*) fatto. □ (*Am,colloq*) ~ *up* agitato, con i nervi tesi.

wiredraw, wire-draw /'waɪədrɔ: *Am* 'waɪrdrɔ:/ *v.t.irr*. **1** (*Met*) trafilare. **2** (*fig*) stiracchiare, forzare, tirare in lungo, tirare per le lunghe.

wiredrawer, wire-drawer /'waɪədrɔ:ər *Am* 'waɪrdrɔ:r/ *n*. (*Met*) trafilatore *m*.

wiredrawing, wire-drawing /'waɪədrɔ:ɪŋ *Am* 'waɪrdrɔ:ɪŋ/ *n*. (*Met*) trafilatura *f*. □ (*Met*) ~ *mill* trafileria.

wiredrawn, wire-drawn /'waɪədrɔ:n *Am* 'waɪrdrɔ:n/ *a*. (*Met*) trafilato.

wire-frame /'waɪəfreɪm *Am* 'waɪrfreɪm/ *a*. (*Inform*) reticolato.

wire-haired /'waɪəheəd *Am* 'waɪr,herd/ *a*. (*Zool*) dal pelo ispido: ~ *terrier* terrier dal pelo ispido.

wire-head /'waɪəhed *Am* 'waɪrhed/ *n*. (*sl*) persona *f*. che si interessa solo di computer, fissato *m*. (*f*. -a) con il computer.

wireless /'waɪələs/ *spec. Br* **I** *a.* **1** senza fili. **2** (*Rad*) radiofonico. **3** (*Tel*) radiotelegrafico. **II** *n.* **1** (*ant*) radio *f.*: *to listen to the* ~ ascoltare la radio. **2** (*set*) apparecchio *m.* radio, radio *f.*, radioricevitore *m.* **3** (*Tel*) telegrafia *f.* senza fili, radiotelegrafia; ~*telegraphy* telegrafia senza fili, radiotelegrafia; ~*telephone* radiotelefono; ~*telephony* radiotelefonia.

wireline /'waɪəlaɪn *Am* 'waɪrlaɪn/ *a.* (*Tel*) fisso: ~ *telephone services* telefonia fissa.

wireman /'waɪəmən *Am* 'waɪrmən/ *n.irr.* (*El*) stendifili *m.*

wiretap /'waɪətæp *Am* 'waɪrtæp/ *v.t.* controllare con microspie.

wireworks /'waɪəwɜːks *Am* 'waɪrwɜːrks/ *n.pl.* (*costr.sing. o pl.*) (*Met*) trafileria *f.*

wireworm /'waɪəwɜːm *Am* 'waɪrwɜːrm/ *n.* (*Zool*) larva *f.* elateride.

wirily /'waɪərɪli *Am* 'waɪrɪli/ *avv.* rigidamente.

wiriness /'waɪərɪnəs *Am* 'waɪrɪnəs/ *n.* **1** rigidità *f.*, durezza *f.*; (*of hair*) ispidezza *f.* **2** (*leanness*) magrezza *f.*; (*strength, vigour*) robustezza *f.*, forza *f.*, gagliardia *f.*

wiring /'waɪərɪŋ *Am* 'waɪrɪŋ/ *n.* **1** fissaggio *m.* con filo metallico. **2** (*El*) (*act*) cablaggio *m.*; (*result*) impianto *m.* □ (*El*) ~ *diagram* schema elettrico.

wiry /'waɪərɪ *Am* 'waɪrɪ/ *a.* **1** di filo metallico. **2** (*resembling wire*) rigido, duro; (*of hair*) ispido, irto. **3** (*of a person: lean and sinewy*) magro, asciutto; (*strong, vigorous*) gagliardo, robusto, vigoroso.

Wisconsin /wɪs'kɒnsɪn *Am* 'wɪskɑːnsɪn/ *n.pr.* (*Geog*) Wisconsin *m.*

wisdom /'wɪzdəm/ *n.* **1** saggezza *f.* **2** (*knowledge*) sapienza *f.* **3** (*wise attitude*) giudizio *m.*, buonsenso *m.*, senno *m.*, saggezza *f.* □ (*scherz*) *in one's* ~ con la propria logica; (*Anat*) ~*tooth* dente del giudizio.

wise ¹ /waɪz/ **I** *a.* **1** saggio, assennato: *a* ~ *man* un uomo saggio; ~ *advice* consiglio assennato. **2** (*judicious*) giudizioso, prudente, accorto, saggio, avveduto: *a* ~ *decision* una decisione saggia. **3** (*well-informed*) ben informato (*in* su), al corrente (di), che sa bene (qcs.). **4** (*informed, knowing*) informato, al corrente, che sa tutto. **5** (*colloq*) (*crafty*) astuto, furbo, scaltro; dritto. **II** *n.* (*costr.pl.*) (*wise people*) saggi *m.pl.*, sapienti *m.pl.* □ *to be* ~ *after the event* avere il senno di poi; (*colloq*) *to get* ~: 1 (*to become informed*) mangiare la foglia; 2 (*to become impertinent*) diventare impertinente; *to grow* ~ *in* diventare esperto di, imparare tutto su; ~ *guy* : 1 (*colloq*) sapientone, saccente, pedante; 2 (*Am,sl*) (*in mafia*) uomo d'onore; *to be* ~*in the ways of the world* sapere come va il mondo; (*ant*) ~*man* mago, stregone; (*Bibl*) *the Wise Men of the East* i re Magi; (*colloq*) ~*owl* persona saggia; *to be* ~*to sth.* (o *to get* ~ *to sth.*) accorgersi di qcs., aprire gli occhi su qcs.; (*colloq*) *to* ~*up* far sapere, informare; (*ant*) ~*woman* : 1 strega; 2 (*midwife*) levatrice.

wise ² /waɪz/ *n.* (*ant*) (*manner, way*) modo *m.*, maniera *f.*: *in any* ~ in ogni modo.

wiseacre /'waɪz,eɪkər/ *n.* sapientone *m.* (*f.* -a), saccente *m./f.*, pedante *m./f.*

wisecrack /'waɪzkræk/ **I** *n.* (*colloq*) battuta *f.* (di spirito), spiritosaggine *f.*, frizzo *m.* **II** *v.i.* (*colloq*) dire stupidaggini, essere spiritoso. **III** *v.t.* (*colloq*) dire come battuta.

wisely /'waɪzli/ *avv.* saggiamente, con buon senso, giudiziosamente.

wisenheimer /'waɪzən,haɪmər/ *n.* (*Am*) sapientone *m.* (*f.* -a), pedante *m./f.*

wish /wɪʃ/ **I** *v.t.* **1** desiderare, volere: *is there anything else you* ~? desidera qualcos'altro?; *the manager -es to speak to you* il direttore ti vuole parlare. **2** (*with infinitives*) desiderare, volere: *I* ~ *to be left alone* desidero essere lasciato solo. **3** (*with clauses*) *translated with the conditional mood of* volere, desiderare: *I* ~ *you would be more polite* vorrei che tu fossi più educato; *I -ed I were dead* avrei voluto essere morto; *I -ed myself miles away* avrei voluto essere lontano mille miglia. **4** (*to express a hope*) augurare a, auspicare a: *to* ~ *so. good luck* augurare il successo a qcu. **5** (*to greet*) augurare a: *we* ~ *you good night* vi auguriamo (la) buona notte. **6** (*to foist off; generally in negative sentences*) rifilare, augurare (*on* a): *I wouldn't* ~ *it on my worst enemy* non l'augurerei neanche al mio peggior nemico; *I'd never* ~ *such a task on anyone* non rifilerei mai a nessuno un tale lavoro. **7** (*rar*) (*to hope*) sperare, augurarsi. **II** *v.i.* esprimere un desiderio. **III** *n.* **1** desiderio *m.*: *to make a* ~ esprimere un desiderio. **2** (*sth. wished for*) desiderio *m.*, richiesta *f.*: *her* ~ *was granted* il suo desiderio fu esaudito. **3** (*desire, will*) volere *m.*, volontà *f.* **4** (*expression of good will*) augurio *m.*, voto *m.* augurale: *with best -es* con i migliori auguri. □ *to* ~*for* : 1 volere, desiderare: *the holiday was everything we could* ~ *for* le vacanze erano tutto quello che potevamo desiderare; 2 (*to express a wish for*) desiderare (avere), esprimere il desiderio di: *I* ~ *for nothing better* (o *I* ~ *for nothing more*) non desidero altro; ~ *fulfilment* soddisfazione dei desideri; *to* ~ *so. ill* augurare del male a qcu.; maledire qcu.; (*Br*) *to* ~ *so. joy* rallegrarsi con qcu. (*anche iron*); (*iron*) *I* ~ *you joy of it!* buon pro ti faccia!; ~*list* lista dei desideri; *to* ~*on a star* esprimere un desiderio guardando una stella; *to* ~ *so. success* augurare a qcu. buona fortuna; *to* ~ *so. well* augurare ogni bene a qcu.

wishbone /'wɪʃbəʊn/ *n.* (*of a chicken, etc.*) osso *m.* a forchetta, forcella *f.*

wisher /'wɪʃər/ *n.* **1** chi desidera, chi vuole. **2** (*one who expresses specified wishes*) chi augura.

wishful /'wɪʃfʊl/ *a.* **1** (*pieno*) di desiderio, desideroso, bramoso: *a* ~ *look* un'occhiata di desiderio. **2** (*having a wish*) desideroso, che ha un desiderio. □ *a* ~*thinker* chi ha pii desideri, un illuso; ~*thinking* pio desiderio, illusione.

wishfully /'wɪʃfʊli/ *avv.* con desiderio, desiderosamente.

wishing /'wɪʃɪŋ/ *n.* il desiderare, il volere. □ ~*bone* (*of a chicken, etc.*) osso a forchetta, forcella; ~*cap* (*in fables*) berretto magico; ~*well* pozzo dei desideri.

wish-wash /'wɪʃwɒʃ *Am* 'wɪʃwɑːʃ/ (*colloq*) *n.* **1** bevanda *f.* insipida, brodaglia *f.* **2** (*fig*) (*useless words*) aria *f.* fritta.

wishy-washy /'wɪʃɪ,wɒʃi *Am* 'wɪʃɪ,wɑːʃi/ *a.* (*colloq*) **1** acquoso, (*insipid*) insipido, scipito. **2** (*fig*) privo di carattere, (*vapid*) insulso, scipito.

wisp /wɪsp/ *n.* **1** (*of hair*) ciuffo *m.*, ciocca *f.* **2** (*of hay, straw*) manciata *f.*, piccolo fascio *m.* **3** (*of material*) frammento *m.*; (*of smoke, etc.*) filo *m.* **4** (*small, delicate thing or person*) cosino *m.*: *a* ~ *of a girl* un cosino di ragazza.

wispiness /'wɪspɪnəs/ *n.* vaporosità.

wispy /'wɪspɪ/ *a.* **1** vaporoso, leggero, sottile. **2** (*of hair*) a ciuffetti; (*of smoke, etc.*) a fili.

wist /wɪst/ → **wit**².

wistaria /wɪs'teərɪə *Am* wɪs'teriə/,**wisteria** /wɪs'tɪərɪə *Am* wɪs'teriə/ *n.* (*Bot*) glicine *m.*

wistful /'wɪstfʊl/ *a.* **1** (*worried and regretful*) assillato, tormentato. **2** (*melancholy*) malinconico, triste. **3** (*pensive*) pensieroso, impensierito.

wistfully /'wɪstfʊli/ *avv.* ansiosamente.

wistfulness /'wɪstfʊlnəs/ *n.* **1** (*regretful worry*) assillo *m.*, inquietudine *f.* **2** (*melancholy*) malinconia *f.*, tristezza *f.* **3** (*pensiveness*) pensosità *f.*

wit ¹ /wɪt/ *n.* **1** spirito *m.*, arguzia *f.*, umorismo *m.* verve *m.* **2** (*person of intellectual brilliance*) persona *f.* di spirito, persona *f.* arguta, bello spirito *m.* **3** *spec.pl.* (*intelligence*) intelligenza *f.*, testa *f.* **4** (*keenness of perception*) acume *m.*, acutezza *f.*, perspicacia *f.* **5** (*wisdom*) buon senso *m.*, accortezza *f.*, saggezza *f.* **6** *pl.* (*mental powers*) facoltà *f.pl.* mentali. □ *to be at one's* ~*'send* non saper più che fare, non sapere che pesci pigliare; *to have one's -sabout* one (o *to keep one's -sabout one*) avere presenza di spirito; (*colloq*) *to be out of one's -s* essere fuori di senno; (*colloq*) *to drive so. out of his -s* far uscire di senno qcu.

wit ² /wɪt/ (*pres. 1ª, 3ª pers.sing.* **wot** /wɒt/, *2ª* **wost** /wɒst/, *1ª, 2ª, 3ª pers.pl.* **wit/wite** /waɪt/; *past, p.p.* **wist** /wɪst/) *v.t./i.* (*rar,ant*) sapere (*qcs.*). □ *to* ~ cioè (a dire), vale a dire.

witan /'wɪtən/ *n.* (*Stor*) assemblea *f.* nazionale degli anglosassoni.

witch /wɪtʃ/ **I** *n.* **1** strega *f.*, fattucchiera *f.*, maga *f.* **2** (*ugly, old woman*) strega *f.*, megera *f.*, befana *f.* **3** (*colloq*) (*seductive woman*) donna *f.* affascinante, maliarda *f.*, vamp *f.*, strega *f.* **II** *v.t.* (*to bewitch*) stregare. □ ~*es'brew* filtro magico; (*Agr*) ~*es'broom* abnorme crescita di piccoli rami; ~*doctor* stregone; ~*elm* olmo riccio, olmo montano; ~*grass* panico; ~*hazel* : 1 (*Bot*) amamelide; 2 (*Chim, Farm*) estratto di amamelide; ~*hunt* caccia alle streghe (*anche fig*); (*Mediev*) -*es'Sabbath* sabba, tregenda.

witchcraft /'wɪtʃkrɑːft *Am* 'wɪtʃkræft/ *n.* arti *f.pl.* magiche, stregoneria *f.*

witchery /'wɪtʃəri/ *n.* **1** arti *f.pl.* magiche, stregoneria *f.* **2** (*fig*) fascino *m.*

witching /'wɪtʃɪŋ/ *a.* **1** delle streghe: *the* ~ *hour* (o *the* ~ *time*) l'ora delle streghe, mezzanotte. **2** (*fig*) affascinante, ammaliatore, seducente.

witenagemot /,wɪtənəgɪ'məʊt/ *n.* (*Stor*) assemblea *f.* nazionale degli anglosassoni.

witenagemote /,wɪtənəgɪ'məʊt/ *n.* (*Stor*) assemblea *f.* nazionale degli anglosassoni.

with /wɪð, wɪθ/ *prep.* **1** con, in compagnia di, insieme a: *to go out* ~ *friends* uscire in compagnia di amici; *to live* ~ *one's parents* vivere con i genitori. **2** (*to indicate physical proximity*) di: *covered* ~ *mud* coperto di fango; *to fill a bucket* ~ *water* riempire d'acqua un secchio. **3** (*to indicate co-operation, sharing*) con, insieme a: *to work* ~ *so.* lavorare con qcu.; *to share a flat* ~ *so.* dividere un appartamento con qcu. **4** (*in opposition to*) con, contro: *to fight* ~ *so.* litigare con qcu. **5** (*to indicate agency*) con, per mezzo di: *to cut sth.* ~ *a knife* tagliare qcs. con un coltello. **6** (*to indicate cause*) (a causa) di, da, per, con: *he trembled* ~ *fear* tremava di paura; *to be silent* ~ *shame* tacere per la vergogna. **7** (*to indicate manner*) con: *to breathe* ~ *difficulty* respirare con difficoltà. **8** (*to indicate combination*) (insieme) con: *she wore a blue suit* ~ *white accessories* portava un completo blu con accessori bianchi. **9** (*to indicate addition*) più, con: *his savings,* ~ *the money he borrowed,* enabled him to buy the house i suoi risparmi, più il denaro preso in presti-to, gli permisero di comprare la casa. **10** (*to indicate inclusion*) con, compreso: ~ *tax* con le tasse. **11** (*to indicate comparison, sameness, etc.*) paragonato con, a: *his fingerprints are identical ~ those found on the murder weapon* le sue impronte digitali sono identiche a quelle trovate sull'arma del delitto. **12** (*to indicate agreement*) (d'accordo) con: *we must conclude ~ him, that the painting is a forgery* dobbiamo concludere, d'accordo con lui, che il dipinto è un falso. **13** (*favourable to*) con, a favore di: *are you ~ me or against me?* sei con me o contro di me? **14** (*in the judgement of*) per, a giudizio di, nell'opinione di: *worldly success does not rate ~ him* per lui il successo mondano non ha alcun valore. **15** (*working for*) presso, per, con: *he is ~ a petrol company* lavora presso una società petrolifera. **16** (*to indicate communication*) con: *to consult ~ so.* consultarsi con qcu.; *to talk ~ so. on the phone* parlare al telefono con qcu. **17** (*characterized by*) con, da: *the man ~ the long beard* l'uomo con la barba lunga. **18** (*in proportion to*) proporzionalmente a, con, in proporzione a: *salary increases ~ age* lo stipendio aumenta proporzionalmente all'età. **19** (*in the course of*) con, nel corso di: *things will improve ~ time* le cose miglioreranno con il tempo. **20** (*immediately after*) subito dopo, con: ~ *the end of the war the soldiers returned home* subito dopo la fine della guerra i soldati tornarono a casa. **21** (*in the use, operation of*) in, nel funzionamento di: *something is wrong ~ the car* c'è qualcosa che non va nella macchina. **22** (*despite*) con, nonostante, malgrado: ~ *all his education he has not made a success of his life* con tutta la sua istruzione non ha avuto successo nella vita. **23** (*after adverbs with imperative force*) *not translated*: *off ~ his head* tagliategli la testa; *down ~ the king* abbasso il re. □ *to be ~ so.*: 1 (*to be a pair*) stare insieme a qcu.: *he is ~ her sister* sta insieme alla sua sorella; 2 (*to understand*) seguire qcu., capire qcu.: *are you ~ me?* mi stai seguendo?; 3 (*to back*) sostenere qcu., essere con qcu., stare con qcu.: *we are all ~ you 100%* siamo tutti con te al 100%; (*colloq*) *to be ~ it*: 1 (*up to date*) essere a passo con i tempi; 2 (*alert, understanding*) essere aggiornato, essere al corrente; ~ *that* (o ~ *this*) a questo punto, con ciò.

withal /wɪ'ɔːl/ **I** *avv.* (*ant*) **1** (*besides*) oltre a ciò, inoltre, per di più. **2** (*nevertheless*) nondimeno, ciò nonostante, tuttavia. **II** *prep.* (*ant*) (*with*) con.

withdraw /wɪð'drɔː/ (*past* **withdrew** /wɪð 'druː/, *p.p.* **withdrawn** /wɪð'drɔːn/ **I** *v.t.* **1** ritirare, tirare indietro, ritrarre: *to ~ from circulation* ritirare dalla circolazione. **2** (*to remove money*) prelevare, ritirare: *to ~ one's savings* prelevare i propri risparmi. **3** (*to cause to return*) ritirare, richiamare: *to ~ troops from battle* ritirare (le) truppe dalla battaglia. **4** (*to retract*) ritrarre, ritirare. **5** (*Parl*) (*of a motion*) ritirare. **II** *v.i.* **1** ritirarsi, appartarsi: *the professor withdrew to his study* il professore si ritirò nello suo studio. **2** (*Mil*) ritirarsi, ripiegare. **3** (*to retire from an activity*) ritirarsi: *to ~ from public life* ritirarsi dalla vita pubblica. **4** (*to become introverted*) ritirarsi in se stesso, chiudersi in se stesso. **5** (*from drugs*) astenersi, smettere di drogarsi, disintossicarsi. **6** (*during sex*) praticare il coito interrotto. **7** (*Parl*) ritirare una mozione.

withdrawal /wɪð'drɔːəl/ *n.* **1** ritirata *f.* **2** (*of money*) prelevamento *m.*, prelievo *m.*, ritiro *m.* **3** (*act of retracting*) ritrattazione *f.* **4** (*from drugs, etc.*) astinenza *f.*, privazione *f.* **5** (*during sex*) coito *m.* interrotto. **6** (*Mil*) ritiro *m.*, ritirata *f.* □ (*Med*) ~ *symptom* sindrome da astinenza (nei tossicomani).

withdrawing /wɪð'drɔːɪŋ/ □ (*ant*) ~ *room* salotto.

withdrawn /wɪð'drɔːn/ *a.* **1** isolato, appartato. **2** (*emotionally detached*) chiuso in se stesso, introverso. **3** (*Econ*) prelevato. □ (*Psic*) ~ *pattern* disturbo di evitamento.

withdrew /wɪð'druː/ → **withdraw**.

withe /wɪθ, wɪð, waɪð/ *n.* vimini *m.pl.*, vinco *m.*

wither /'wɪðəʳ/ **I** *v.i.* **1** (*of plants*) appassire, avvizzire, seccare, seccarsi, inaridire. **2** (*of people*) avvizzire, sfiorire. **3** (*fig*) indebolirsi, perdere forza, perdere vigore. **II** *v.t.* **1** seccare, inaridire. **2** (*of people*) avvizzire, far sfiorire. **3** (*fig*) (*to cause to lose force*) (far) indebolire, svigorire. **4** (*fig*) (*to make speechless*) fulminare, raggelare: *to ~ so. with a look* fulminare qcu. con un'occhiata. □ (*fig*) *to ~ away* indebolirsi, perdere forza, perdere vigore.

withering /'wɪðərɪŋ/ *a.* **1** che inaridisce, che fa appassire. **2** (*of people*) che avvizzisce, che fa sfiorire. **3** (*fig*) fulminante, raggelante.

witheringly /'wɪðərɪŋli/ *avv.* **1** in modo da far avvizzire, in modo da fare appassire. **2** (*fig*) in modo raggelante.

withers /'wɪðəz *Am* wɪðəʳz/ *n.pl.* (*Zool*) garrese *m.sing.*

withershins /'wɪðəʃɪnz *Am* wɪðəʳʃɪnz/ *avv.* in senso antiorario.

withheld /wɪθ'held/ → **withhold**.

withhold /wɪθ'hould/ (*past, p.p.* **withheld** /-'held/) *v.t.irr.* **1** trattenere. **2** (*to refrain from giving*) negare, rifiutare (di dare): *to ~ one's consent* negare il proprio consenso. **3** (*to hide, to conceal*) nascondere, celare.

withholding /wɪθ'houldɪŋ/ □ ~ *tax* trattenuta fiscale (alla fonte), ritenuta d'acconto.

within /wɪ'ðɪn/ **I** *avv.* **1** (*inside*) internamente, all'interno, (di) dentro. **2** (*in, into a building*) all'interno, dentro: *rooms for rent, apply ~* si affittano stanze, rivolgersi all'interno. **3** (*inwardly*) dentro, interiormente, nell'animo, nell'intimo. **4** (*herein*) qui (dentro). **5** (*rar*) (*at home*) in casa, a casa, dentro (casa). **II** *prep.* **1** dentro, all'interno di: ~ *the city* dentro la città; *he felt despair ~ him* dentro di sé si sentiva disperato. **2** (*of time*) entro, prima della fine di, non oltre: *it will be ready ~ a week* sarà pronto entro una settimana. **3** (*of distances*) in, entro, non oltre: ~ *a radius of a mile* in un raggio di un miglio. **4** (*enclosed by*) tra, fra, entro, dentro: ~ *these four walls* fra queste quattro mura. **5** (*in the limits of*) nell'ambito di, nei limiti di: *to keep ~ the law* rimanere nell'ambito della legge. **6** (*not beyond the capability of*) nei limiti delle capacità di. **7** (*to indicate range*) in, a: ~ *sight* in vista; ~ *reach* a portata (di mano); ~ *call* a portata di voce. **8** (*with respect to, in*) in, riguardo a, rispetto a, quanto a: *complete ~ itself* completo in se stesso.

without /wɪ'θaut/ **I** *prep.* **1** senza: *tea ~ milk* tè senza latte; ~ *effort* senza sforzo; *they left ~ me* partirono senza di me; *to act ~ thinking* agire senza riflettere. **2** (*free from*) senza, privo di: *a world ~ poverty* un mondo senza povertà. **3** (*ant*) (*at, to the outside of*) all'esterno di, fuori di. **II** *avv.* **1** (*externally*) esternamente, (di) fuori: *to decorate a house within and ~* decorare una casa internamente ed esternamente. **2** (*ant*) (*outdoors*) fuori (di

casa), all'aperto. **3** (*ant*) (*outwardly*) all'apparenza, apparentemente, esteriormente, fuori: *he was calm ~* all'apparenza era calmo. **III** *cong.* **1** (*sl,dial*) se non, senza che: *he wouldn't have done that ~ you telling him* non l'avrebbe fatto se tu non glielo avessi detto. □ *to do ~ sth.* (o *to go ~ sth.*) rinunciare a qcs., fare a meno di qcs., fare senza qcs.

withstand /wɪθ'stænd/ (*past, p.p.* **withstood** /-'stud/) *v.t.* resistere a, sostenere: *to ~ an attack* resistere a un attacco.

withstood /wɪθ'stud/ → **withstand**.

withy /'wɪði/ *n.* vimini *m.pl.*, vinco *m.*

witless /'wɪtləs/ *a.* sprovvisto, stupido, tonto.

witlessness /'wɪtləsnəs/ *n.* stupidità *f.*, mancanza *f.* d'intelligenza.

witling /'wɪtlɪŋ/ *n.* (*lett*) (*person of little wit*) persona *f.* poco intelligente.

witness /'wɪtnɪs/ **I** *n.* **1** testimone *m./f.*: *I was ~ to an extraordinary event* fui testimone di un fatto straordinario. **2** (*Dir*) testimone *m./f.* (giudiziale), teste *m./f.*: ~ *for the prosecution* testimone a carico; ~ *for the defence* teste a discarico. **3** (*testimony, evidence*) testimonianza *f.*, prova *f.*, dimostrazione *f.* **4** (*Filol*) testimone *m.* **5** (*Rel*) testimone *m./f.* **II** *v.t.* **1** essere testimone di: *to ~ an accident* essere testimone di un incidente. **2** (*to be present at*) essere presente a, assistere a: *we are -ing the end of an era* stiamo assistendo alla fine di un'epoca. **3** (*to constitute the scene of*) vedere, essere teatro di. **4** (*to give evidence, proof of*) testimoniare, provare, dimostrare, attestare, essere (una) prova di: *his actions ~ his innocence* le sue azioni testimoniano la sua innocenza. **5** (*to attest by one's signature*) sottoscrivere come testimone. **6** (*Dir*) autenticare, legalizzare: *to ~ a signature* autenticare una firma. **7** (*Rel*) testimoniare. **III** *v.i.* **1** testimoniare, deporre come teste, fare da testimone, attestare: *to ~ to the truth of a statement* testimoniare la verità di una dichiarazione. **2** (*Rel*) testimoniare la propria fede. □ (*Br,Dir*) ~ *box* banco dei testimoni; (*Dir*) *to give ~* testimoniare, deporre; (*Dir*) in ~ (o *in ~ whereof*) in fede; *God is my ~* Dio mi è testimone; (*US*) *Witness Protection Program* programma di protezione per testimoni; (*Am,Dir*) ~ *stand* banco dei testimoni; *to ~ to sth.* testimoniare qcs., dimostrare qcs.

Witness /'wɪtnɪs/ *n.* (*Rel*) (*Jehovah's Witness*) testimone *m.* di Geova.

witted /'wɪtɪd/ *a.* (*in compounds*) d'ingegno..., di mente...: *quick-~* d'ingegno pronto, *dim-~* tonto.

witter /'wɪtəʳ/ *v.i.* (*Br,colloq*) parlare a vanvera, blaterare. □ (*Br,colloq*) *to ~ on* parlare a vanvera, blaterare.

witticism /'wɪtɪ,sɪzᵊm/ *n.* arguzia *f.*, facezia *f.*, spiritosaggine *f.*

wittily /'wɪtɪli *Am* wɪt̬ɪli/ *avv.* argutamente, spiritosamente.

wittiness /'wɪtɪnəs *Am* wɪt̬ɪnəs/ *n.* arguzia *f.*, spirito *m.*

witting /'wɪtɪŋ *Am* wɪt̬ɪŋ/ *a.* **1** deliberato, intenzionale, voluto, fatto di proposito. **2** (*conscious, knowing*) consapevole, conscio, cosciente.

wittingly /'wɪtɪŋli *Am* wɪt̬ɪŋli/ *avv.* deliberatamente, intenzionalmente, di proposito.

witty /'wɪti *Am* wɪt̬i/ *a.* **1** spiritoso, faceto, arguto: *a ~ remark* una battuta spiritosa. **2** (*colloq*) (*intelligent*) intelligente.

wivern /'waɪvɜːn *Am* waɪvɜːrn/ *n.* (*Arald*) dragone *m.* alato a due zampe.

wives /waɪvz/ → **wife**.

wiz /wɪz/ **I** n. (colloq) (skilled person) fenomeno m., mago m. (f. -a). **II** v.i. **1** fischiare, sibilare. **2** (to move with a hissing sound) passare sibilando, sfrecciare sibilando. **3** (to move quickly) sfrecciare, schizzare. **4** (colloq) (liquidize) frullare. **5** (spec. Am,sl) pisciare.

wizard /'wɪzəd Am wɪzəʳd/ **I** n. **1** mago m., stregone m. **2** (colloq) (person of amazing skill) mago m., esperto m., cannone m.: he is a ~ at crossword puzzles è un cannone nelle parole incrociate; a computer ~ un mago del computer. **3** (Inform) esecuzione f. guidata; (automatic creator) autocomposizione f.; (automatic installer) autoinstallazione f. **II** a. (Br,colloq) (excellent) straordinario, eccezionale.

wizardry /'wɪzədri Am wɪzəʳdri/ n. **1** magia f., stregoneria f. **2** (great skill) abilità f. eccezionale. **3** (scherz) (result) diavoleria f., diavolerie f.pl.: hi-tech ~ diavolerie tecnologiche.

wizen /'wɪzən/ **I** a. avvizzito, appassito. **II** v.i. avvizzire, diventare secco.

wizened /'wɪzənd/ **I** a. avvizzito, appassito. **II** v.i. avvizzire, diventare secco.

wk ,**wk.** **1** week sett. (settimana). **2** work (lavoro).

WL Saint Lucia WL (Saint Lucia).

Wm ,**Wm.** William (William, Guglielmo).

WMO World Meteorological Organization OMM (Organizzazione metereologica mondiale).

W.O. **1** (Mil) Warrant Officer Serg. Magg. (sergente maggiore). **2** (Br,Stor) War Office (ministero della guerra).

woad /woʊd/ n. **1** (Bot) guado m. **2** (dye) guado m.

wobble /'wɒbḷ Am 'wɑːbḷ/ **I** v.i. **1** traballare, vacillare, barcollare. **2** (to tremble, to quaver) tremare, tremolare. **3** (fig) (to be undecided) esitare, tentennare, titubare, essere incerto. **4** (Mecc,Aut) sfarfallare. **II** v.t. far oscillare, far traballare. **III** n. **1** ondeggiamento m., traballamento m., oscillazione f., barcollamento m. **2** (of sound, voice) tremolio m., vibrazione f. **3** (Aut) sfarfallamento m.

wobbler /'wɒblɚ Am 'wɑːblɚ/ n. **1** chi traballa, chi vacilla. **2** (fig) (undecided person) chi esita, chi tentenna.

wobbling /'wɒblɪŋ Am 'wɑːblɪŋ/ n. **1** ondeggiamento m., traballamento m., oscillazione f., barcollamento m. **2** (of sound, voice) tremolio m., vibrazione f. **3** (Aut) sfarfallamento m.

wobbly /'wɒbli Am 'wɑːbli/ a. **1** traballante, barcollante, oscillante, vacillante. **2** (fig) (undecided) esitante, titubante, incerto, indeciso. □ to feel ~ sentirsi debole, sentirsi molle; (Br,Aus,colloq) to throw a ~ andare su tutte le furie, andare fuori di sé.

Wodan ,**Woden** /'woʊdən/ n.pr.m. (Mitol.nord) Odino, Wodan.

wodge /'wɒdʒ/ n. (Br,colloq) fracco m.; (piece) sleppa f.; (pile or mass) mucchio f.

woe /woʊ/ n. **1** angoscia f., pena f., sofferenza f. **2** (affliction, misfortune) calamità f., disgrazia f., sventura f. □ ~ betide you! maledizione a te!, (che tu) sia maledetto!, guai a te!, (ant) mal te ne incolga!; (spec.scherz) ~ is me! ahimè!, povero me!, misero me!; ~ to you! maledizione a te!, (che tu) sia maledetto!, guai a te!, (ant) mal te ne incolga!

woebegone /'woʊbɪˌɡɒn Am 'woʊbɪˌɡɑːn/ a. triste, doloroso, addolorato, infelice: a ~ expression un'espressione triste.

woeful /'woʊfʊl/ a. **1** infelice, misero, sventurato, addolorato, doloroso, triste. **2** (fig) deplorevole, deprecabile.

woefully /'woʊfʊli/ avv. tristemente, doloro-

samente.

woefulness /'woʊfʊlnəs/ n. infelicità f., dolore m., tristezza f., afflizione f.

wog /wɒɡ/ n. (Br,spreg) persona f. di colore; (black) (sporco) negro m. (f. -a); (Arab) (sporco) arabo m. (f. -a); (oriental) giallo m.; (Indian) (sporco) indiano m. (f. -a).

woggle /'wɒɡḷ/ n. (Br) (for a scout's neckerchief) fermafazzolettino m., fermafazzoletto m.

wok /wɒk Am wɑːk/ n. wok m.

woke /woʊk/ → **wake**[1].

woken /'woʊkən/ → **wake**[1].

wold /woʊld/ n. **1** landa f., terreno m. aperto e collinoso. **2** (moor, down) brughiera f.

wolf /wʊlf/ **I** n. (pl. **wolves** /wʊlvz/) **1** (Zool) lupo m. **2** (fig) persona f. rapace e avida. **3** (colloq,ant) (man who pesters women) mandrillo m., donnaiolo m. **4** (Mus) dissonanza f. **II** v.t. (colloq) mangiare voracemente, divorare. □ (fig) to have a ~ by the ears (o to hold a ~ by the ears) essere in una situazione precaria; ~ call fischio d'ammirazione; (Zool) ~ cub: 1 lupacchiotto; 2 (spec. Br) (cub scout) lupetto; (Zool) ~ dog cane lupo; (colloq) to ~ down mangiare voracemente, divorare; (Itt) ~ fish lupo di mare, pesce lupo; (fig) to keep the ~ from the door tenere lontano la fame, tenere lontano la miseria; (Zool) ~ hound cane lupo; (fig) a ~ in sheep's clothing un lupo in veste d'agnello; (Mus) ~ note dissonanza; ~ pack: 1 branco di lupi; 2 (pack of vandals) branco di teppisti; (Entom) ~ spider licoside; ~ whistle fischio di ammirazione.

Wolf /wʊlf/ n.pr. (Astr) Lupo m.

wolfhound /'wʊlfhaʊnd/ n. (Zool) cane m. lupo.

wolfish /'wʊlfɪʃ/ a. **1** di lupo, da lupo, lupesco, lupino. **2** (fig) (ferocious) feroce, crudele; (ravenous) vorace, avido. **3** (colloq) (lustful) lussurioso, sensuale, libidinoso.

wolfishly /'wʊlfɪʃli/ avv. crudelmente, con ferocia.

wolfishness /'wʊlfɪʃnəs/ n. **1** ferocia f., crudeltà f. **2** (ravenousness) avidità f., voracità f.

wolfram /'wʊlfrəm/ n. **1** (Chim) wolframio m., tungsteno m. **2** (Min) wolframite f.

wolframite /'wʊlfrəˌmaɪt/ n. (Min) wolframite f.

wolfsbane /'wʊlfsˌbeɪn/ n. (Bot) aconito m.

wolver /'wʊlvɚ/ n. cacciatore m. (f. -trice) di lupi.

wolverene ,**wolverine** /'wʊlvəriːn/ n. (pl.inv. o -s /-z/) (Zool) volverina f., ghiottone m.

Wolverine /'wʊlvəriːn/ n. (Am,colloq) abitante m./f. del Michigan. □ (Am,colloq) ~ State (stato del) Michigan.

wolves /wʊlvz/ → **wolf**.

woman /'wʊmən/ **I** n. (pl. **women** /'wɪmɪn/) **1** donna f., femmina f. **2** (female partner) donna f.; compagna f. **3** (fig) (womanly character) femminilità f. **4** (collett.) (womankind) donne f.pl., gentil sesso m. **5** (female servant) donna f. (di servizio), domestica f. **6** (fig, spreg) (effeminate man) femminuccia f., donnicciola f. **7** (Am,sl) (surfboard) tavola f. da surf. **II** a. femmina, donna, generally translated with the corresponding feminine: a ~ doctor una dottoressa; women students studentesse; ~ priest sacerdotessa. **III** v.t. (spreg) (to call "woman") chiamare donna, apostrofare con l'appellativo donna: don't you ~ me non chiamarmi donna. □ (colloq) ~ chaser chi corre dietro alle sottane, cacciatore di donne; ~ hater misogino; Women's Institute organizzazione mondiale che promuove incontri e attività tra donne in aree rurali; women's lib (movimento di) liberazione della donna, femminismo; women's

libber femminista; women's liberation liberazione della donna; women's magazine rivista femminile; (ant) ~'s man damerino; a ~ of her word una donna affidabile; ~ of letters donna di lettere, intellettuale; ~ of the house padrona di casa; ~ of the street (o of the streets) donna di strada, prostituta; a ~ of the world una donna di mondo, un'intenditrice; ~'s rights (o women's rights) diritti della donna; women's studies studi sulla condizione femminile; ~ suffrage (o women's suffrage) suffragio alle donne; ~ suffragist suffragista; to a ~ all'ultima donna; ~'s work (o women's work) lavori domestici.

womanhood /'wʊmənˌhʊd/ n. **1** l'essere donna, condizione f. femminile. **2** (womanliness) femminilità f. **3** (womankind) donne f.pl., gentil sesso m.

womanise /'wʊmənaɪz/ **I** v.t. (Br) rendere effeminato. **II** v.i. (Br) correre dietro alle sottane, essere un donnaiolo.

womaniser /'wʊmənaɪzɚ/ n. (Br) donnaiolo m., cacciatore m. di donne.

womanish /'wʊmənɪʃ/ a. **1** femminile, muliebre, donnesco. **2** (effeminate) effeminato, da donna, femmineo.

womanising /'wʊmənaɪzɪŋ/ n. il correre dietro le donne, l'essere un donnaiolo.

womanize /'wʊmənaɪz/ **I** v.t. rendere effeminato. **II** v.i. correre dietro alle sottane, essere un donnaiolo.

womanizer /'wʊmənaɪzɚ/ n. donnaiolo m., cacciatore m. di donne.

womanizing /'wʊmənaɪzɪŋ/ n. il correre dietro le donne, l'essere un donnaiolo.

womankind /'wʊmənˌkaɪnd/ n. donne f.pl., gentil sesso m.

womanlike /'wʊmənˌlaɪk/ a. femminile, da donna.

womanliness /'wʊmənlinəs/ n. femminilità f.

womanly /'wʊmənli/ a. femminile, da donna, proprio di una donna.

womb /wuːm/ n. **1** (Anat) utero m. **2** (fig) grembo m.; (interior of sth.) ventre m., grembo m., viscere f.pl.

wombat /'wɒmbæt Am 'wɑːmbæt/ n. (Zool) vombato m.

womenfolk /'wɪmɪnˌfoʊk/, **womenkind** /'wɪmɪnˌkaɪnd/ n.pl. **1** (womankind) donne f.pl., gentil sesso m.sing. **2** (ant) (one's female relatives) donne f.pl. (di una famiglia, comunità ecc.).

womenswear /'wɪmɪnzˌweːʳ/ n. abbigliamento m. femminile.

womyn /'wɪmɪn/ n.pl. donne f.pl.

won /wʌn/ → **win**[1].

wonder /'wʌndɚ/ **I** n. **1** meraviglia f., portento m., prodigio m.: the seven -s of the world le sette meraviglie del mondo. **2** (emotion excited by an impressive object or occurrence) meraviglia f., stupore m., sorpresa f. **3** (admiration) meraviglia f., ammirazione f. **4** (miracle) miracolo m., portento m., prodigio m.: to work -s (o to do -s) fare miracoli. **II** v.i. **1** meravigliarsi, stupirsi (di): to ~ at the infinite reaches of space meravigliarsi dell'infinità dello spazio. **2** (to feel surprise) essere sorpreso, meravigliarsi, stupirsi (di): I -ed at his unaccountable absence fui preso della sua inspiegabile assenza. **3** (to ask oneself questions) domandarsi, chiedersi, essere curioso di sapere: I ~ why he didn't come mi domando perché non sia venuto; he -ed what would happen to him si chiedeva cosa gli sarebbe successo. **III** v.t. meravigliarsi di, essere sorpreso di, stupirsi di. □ -s will never cease le sorprese non finiscono mai; ~ drug medicina miracolosa; no ~ non c'è da meravigliarsi; ~ *worker* chi opera miracoli, taumaturgo, mago.

wonderful /ˈwʌndəful/ *a*. meraviglioso, stupendo, ottimo, favoloso, magnifico, eccezionale.

wonderfully /ˈwʌndəfuli/ *avv*. meravigliosamente, stupendamente, magnificamente.

wondering /ˈwʌndərɪŋ/ *a*. meravigliato, stupito, sorpreso.

wonderland /ˈwʌndəˌlænd/ *n*. 1 paese *m*. delle meraviglie. 2 (*fig*) posto *m*. meraviglioso, paese *m*. meraviglioso, posto *m*. incantato.

wonderment /ˈwʌndəmənt/ *n*. meraviglia *f*., stupore *m*., sorpresa *f*.: *in* ~ con stupore.

wondrous /ˈwʌndrəs/ I *a*. (*lett*) meraviglioso, stupendo, portentoso, mirabile. II *avv*. (*rar*) (*wonderfully*) meravigliosamente, stupendamente, magnificamente.

wondrously /ˈwʌndrəsli/ *avv*. (*wonderfully*) meravigliosamente, stupendamente, magnificamente.

wonk /wɔːŋk/ *n*. (*Am,colloq*) secchione *m*. (*f*. -a).

wonky /ˈwɒŋki/ *a*. (*Br,colloq*) 1 (*askew*) obliquo, storto, sbieco. 2 (*unsteady*) instabile, vacillante, traballante, malfermo.

wont /wount *Am* ˈwɑːnt/ (*rar*) I *a*. abituato, avvezzo: *he is* ~ *to take a nap after lunch* è abituato a fare un pisolino dopo pranzo. II *n*. abitudine *f*., consuetudine *f*., usanza *f*. III *v.t.* (*ant*) abituare. IV *v.i.* (*ant*) abituarsi (a).

won't /wount/ *contraz. di* will not.

wonted /ˈwountɪd *Am* ˈwɑːntɪd/ *a*. 1 (*rar*) abituale, solito, consueto. 2 (*wont*) abituato, avvezzo.

wonton /ˈwɒnˌtɒn *Am* ˈwɑːnˌtɑːn/ *n*. (*Gastron*) wanton *m*., raviolo *m*. cinese.

woo /wuː/ *v.t.* 1 corteggiare, fare la corte a: *to* ~ *a girl* corteggiare una ragazza. 2 (*fig*) (*to seek to gain*) andare in cerca di, cercare (di ottenere), perseguire: *to* ~ *success* andare in cerca del successo.

wood /wud/ *n*. 1 legno *m*.: *a house made of* ~ una casa (fatta) di legno. 2 *spec.pl.* (*growth of trees*) bosco *m.sing.*; (*forest*) foresta *f.sing.* 3 (*Forest*) (*timber, lumber*) legname *m*. 4 (*firewood*) legna *f*. (da ardere). 5 (*wooden cask, keg*) fusto *m*. (di legno), botte *f*., barile *m*. 6 (*Sport*) (*golf club*) bastone *m*. da golf (con mazzuolo di legno); (*bowl*) boccia *f*. 7 *pl*. (*collett.*) (*Mus*) strumenti *m.pl.* a fiato in legno, legni *m.pl.* □ (*Chim*) ~ *alcohol* alcol metilico, alcol di legno, metanolo; (*Bot*) ~ *anemone* anemone dei boschi, silvia; (*Bot*) ~ *avens* erba benedetta, ombretta; ~ *carver* intagliatore (in legno); ~ *carving*: 1 (*art*) arte dell'intaglio, scultura in legno, intaglio; 2 (*object*) oggetto (in legno) intagliato; ~ *coal*: 1 (*charcoal*) carbone di legna; 2 (*lignite*) lignite; (*Ornit*) ~ *duck* sposina, anatra sposina; ~ *engraver* incisore su legno, silografo; ~ *engraving* (*art, print*) incisione su legno, silografia (di testa); ~ *filler* stucco; (*Br*) *beer* (*drawn*) *from the* ~ birra alla spina; (*Ornit*) ~ *grouse* gallo cedrone, urogallo, fagiano alpestre, fagiano nero; (*Zool*) ~ *mouse* topo selvatico; ~ *nymph*: 1 (*Mitol*) ninfa dei boschi, driade, amadriade; 2 (*Ornit*) taluranide; (*fig*) *to be out of the* ~ (o *out of the -s*) essere fuori pericolo, essere fuori dei guai, essere in salvo; (*Edil*) ~ *panelling* rivestimento di legno; (*Ornit*) ~ *pigeon* colombaccio; (*Cart*) ~ *pulp* pasta di legno; (*Bot*) ~ *sage* calamandrea selvatica; (*Bot*) ~ *sorrel* acetosella, erba liuila, trifoglio acetoso; (*Chim*) ~ *spirit* alcol metilico, alcol di legno, metanolo; ~ *stain* mordente (per legno); *to take to the* ~ *-s* darsi alla macchia; (*Chim*) ~ *tar* catrame di legno;

(*Tecn*) ~ *turner* tornitore (in legno); (*Tecn*) ~ *turning* tornitura (del legno); (*Ornit*) ~ *warbler* luì verde; (*Tecn*) ~ *wool* lana di legno.

woodbin /ˈwudbɪn/ *n*. cassa *f*. per la legna, recipiente *m*. per la legna.

woodbine /ˈwudbaɪn/ *n*. (*Bot*) caprifoglio *m*.

woodblock /ˈwudblɒk *Am* ˈwudblɑːk/ *n*. 1 (*in flooring*) elemento *m*. in legno, parchetto *m*., listello *m*.; (*in road-surfacing*) blocchetto *m*. di legno. 2 (*Mus*) (*musical instrument*) woodblock *m*., (*pop*) blocco *m*. di legno. 3 (*Tip*) matrice *f*. di legno incisa in rilievo, blocchetto *m*. per xilografia.

woodcarver /ˈwudkɑːvər *Am* ˈwudkɑːrvər/ *n*. intagliatore *m*. (*f*. -trice) (in legno).

woodcarving /ˈwudkɑːvɪŋ *Am* ˈwudkɑːrvɪŋ/ *n*. 1 (*art*) arte *f*. dell'intaglio, scultura *f*. in legno, intaglio *m*. 2 (*object*) oggetto *m*. (in legno) intagliato.

woodchat /ˈwudtʃæt/ *n*. (*Ornit*) averla *f*. capirossa. □ (*Ornit*) ~ *strike* averla capirossa.

woodchuck /ˈwudˌtʃʌk/ *n*. (*Zool*) marmotta *f*. monax.

woodcock /ˈwudˌkɒk/ (*pl.inv.* o *-s* /-s/; *il pl. inv. si usa general. con valore collett.*) *n*. (*Ornit*) beccaccia *f*.

woodcraft /ˈwudˌkræft/ *n*. (*spec. Am*) 1 conoscenza *f*. dei boschi, conoscenza *f*. della vita nei boschi. 2 (*skill in making things from wood*) abilità *f*. nel lavorare il legno.

woodcraftsman /ˈwudˌkræftsmən/ *n.irr.* (*spec. Am*) conoscitore *m*. dei boschi.

woodcut /ˈwudkʌt/ *n*. (*art, print*) incisione *f*. su legno, xilografia *f*. (di filo).

woodcutter /ˈwudkʌtər *Am* ˈwudkʌtər/ *n*. 1 (*lumberjack*) taglialegna *m*., tagliaboschi *m*. 2 (*artist, printer*) incisore *m*. su legno, xilografo *m*.

wooded /ˈwudəd/ *a*. boscoso, coperto di boschi, boschivo: *a* ~ *valley* una valle boscosa.

wooden /ˈwudən/ *a*. 1 (*made of wood*) di legno, ligneo: *a* ~ *hut* una capanna di legno. 2 (*stiff, ungainly*) rigido, legnoso, impacciato. 3 (*lifeless, without spirit*) fiacco, smorto, spento: *a* ~ *dialogue* un dialogo fiacco. 4 (*of sound*) sordo, ottuso. □ ~ *horse*: 1 (*Ginn*) cavallo; 2 (*Mil,ant*) nave; (*lett*) legno; *Wooden Horse* cavallo di Troia; ~ *leg* gamba di legno; *to have a* ~ *leg* potere permettersi di bere tanto senza ubriacarsi; ~ *shoe* zoccolo (da contadino); (*colloq*) ~ *spoon*: 1 ultimo posto (in una classifica, gara ecc.), maglia nera; 2 (*person*) ultimo classificato, fanalino di coda.

woodenhead, wooden-head /ˈwudən hed/ *n*. (*colloq*) testa *f*. di legno, zuccone *m*. (*f*. -a).

woodenheaded, wooden-headed /ˈwudənhedɪd/ *a*. (*colloq*) stupido, tonto, cretino.

woodenly /ˈwudənli/ *avv*. in modo legnoso.

woodenness /ˈwudənəs/ *n*. 1 legnosità *f*. 2 (*fig*) (*stupidity*) stupidità *f*.

woodentop /ˈwudəntɒp/ *n*. (*Br,colloq*) testa *f*. di legno, tonto *m*.

woodgrain /ˈwudgreɪn/ *a*. effetto legno.

woodiness /ˈwudinəs/ *n*. boscosità *f*.

woodland /ˈwudlənd/ I *n*. terreno *m*. boscoso, boschi *m.pl.* II *a*. boschivo, silvestre: ~ *pasture* pascolo boschivo.

woodlander /ˈwudləndər/ *n*. abitante *m./f*. dei boschi.

woodlark /ˈwudˌlɑːk *Am* ˈwudˌlɑːrk/ *n*. (*Ornit*) tottavilla *f*., lodola *f*. dei prati, mattolina *f*.

woodlouse /ˈwudlaus/ *n.irr.* (*Zool*) onisco *m*. dei boschi.

woodman /ˈwudmən/ *n.irr.* (*ant*) 1 abitante *m*. dei boschi. 2 (*lumberjack*) boscaiolo *m*., taglialegna *m*., tagliaboschi *m*. 3 (*forester*) guar-

dia *f*. forestale, guardaboschi *m*.

woodnote /ˈwudnout/ *n*. 1 (*bird song*) canto *m*. di uccello (di bosco). 2 (*fig*) poesia *f*. spontanea, poesia *f*. semplice.

woodpecker /ˈwudˌpekər/ *n*. (*Ornit*) picchio *m*.

woodpile /ˈwudˌpaɪl/ *n*. catasta *f*. di legna.

woodruff /ˈwudrʌf/ *n*. (*Bot*) asperula *f*.; (*sweet woodruff*) stellina *f*. odorosa.

woodrush /ˈwudrʌʃ/ *n*. (*Bot*) erba *f*. luciola.

woodscrew /ˈwudskruː/ *n*. vite *f*. per legno.

woodshed /ˈwudʃed/ *n*. legnaia *f*.; (*estens*) capanno *m*., rimessa *f*. □ (*Br,colloq*) *something* (*nasty*) *in the* ~ il segreto di famiglia; *to take so. to the* ~ infliggere una punizione a qcu.

woodsman /ˈwudzmən/ *n.irr.* 1 abitante *m*. dei boschi. 2 (*lumberjack*) boscaiolo *m*., taglialegna *m*., tagliaboschi *m*. 3 (*forester*) guardia *f*. forestale, guardaboschi *m*.

woodsy /ˈwudzi/ *a*. (*Am*) boscoso, ricco di boschi, boschivo.

woodwind /ˈwudˌwɪnd/ I *a*. (*collett.*) (*Mus*) strumenti *m.pl.* a fiato in legno, legni *m.pl.* II *a*. (*Mus*) dei legni, relativo ai legni.

woodwork /ˈwudwɜːk *Am* ˈwudwɜːrk/ *n*. 1 lavorazione *f*. del legno, carpenteria *f*., falegnameria *f*. 2 (*objects made of wood*) oggetti *m.pl.* in legno; (*interior fittings*) interni *m.pl.* di legno di una casa. 3 (*Br,Sport,colloq*) porta *f*., montanti *m.pl.* □ (*fig*) *to disappear into the* ~ (o *to crawl into the* ~) nascondersi, sparire dalla circolazione; (*fig*) *to come out of the* ~ (o *to crawl out of the* ~) farsi vivo, uscire fuori dal sacco.

woodworker /ˈwudwɜːkər *Am* ˈwudwɜːrkər/ *n*. falegname *m*.

woodworking /ˈwudwɜːkɪŋ/ I *n*. (*Am*) lavorazione *f*. del legno, carpenteria *f*., falegnameria *f*. II *a*. (*Am*) della lavorazione del legno, relativo alla lavorazione del legno.

woodworm /ˈwudwɜːm *Am* ˈwudwɜːrm/ *n*. (*Entom*) tarlo *m*. (del legno). □ ~ *hole* tarlatura *f*.

woody /ˈwudi/ *a*. 1 boscoso, ricco di boschi, boschivo. 2 (*of woods*) boschivo, silvestre. 3 (*of wood*) di legno, ligneo. 4 (*containing wood fibres*) legnoso: ~ *carrots* carote legnose. 5 (*resembling wood*) legnoso, ligneo. □ (*Bot*) ~ *nightshade* dulcamara.

woodyard /ˈwudjɑːd/ *n*. legnaia *f*., deposito *m*. di legno (all'aperto).

wooer /ˈwuːər/ *n*. corteggiatore *m*. (*f*. -trice).

woof[1] /wuːf/ *n*. (*onom.*) bau bau *m*., bau *m*.

woof[2] /wuːf/ *n*. 1 (*Tess*) (*weft*) trama *f*. 2 (*texture, fabric*) tessuto *m*., stoffa *f*.

woofer /ˈwufər/ *n*. (*Rad*) woofer *m*., altoparlante *m*. per basse frequenze.

wooing /ˈwuːɪŋ/ *n*. corteggiamento *m*., corte *f*.

wool /wul/ I *n*. 1 lana *f*. 2 (*Tess*) (*fibre*) lana *f*.; (*yarn*) lana *f*., filato *m*. di lana; (*fabric*) tessuto *m*. di lana, lana *f*. 3 (*colloq*) (*thick, crisp hair*) capelli *m.pl.* folti e crespi. 4 (*Entom*) pelo *m*., peluria *f*. 5 (*Bot*) pelo *m*., vello *m*., lanugine *f*. II *a*. di lana: ~ *vests* maglie di lana. □ (*Tess*) ~ *card* (o ~ *carder*) cardatrice per lana, carda per lana; (*Tess*) ~ *carding* cardatura della lana; (*Br,Aus*) ~ *clip* quantità annuale di lana tosata in un paese; (*Tess*) ~ *combing* pettinatura della lana; (*Chim*) ~ *fat* lanolina; ~ *grower* allevatore di pecore; ~ *growing* allevamento di pecore.

woolball /ˈwulbɔːl/ *n*. (*Veter*) bezoar *m*. della pecora.

wool-dyed /ˈwuldaɪd/ *a*. (*Tess*) tinto prima della tessitura, tinto in fiocco.

woolen /ˈwulɪn/ *e der*. (*Am*) → **woollen** *e der.*

wool-gather /'wʊlgæðəʳ/ v.i. avere la testa tra le nuvole.

wool-gatherer /'wʊlgæðərəʳ/ n. chi ha la testa tra le nuvole, persona f. distratta, persona f. sbadata.

wool-gathering /'wʊlgæðərɪŋ/ n. distrazione f., sbadataggine f.

woollen /'wʊlən/ **I** a. **1** di lana: ~ socks calze di lana. **2** (Ind,Comm) laniero. **II** n. **1** (fabric) lana f., tessuto m. di lana. **2** (Aus) pecora. **3** pl. (clothing) indumenti m.pl. di lana.

woolliness /'wʊlɪnəs/ n. **1** lanosità f. **2** (fig) vaghezza f., nebulosità f.

woolly /'wʊli/ **I** a. **1** (consisting of wool) lanoso; (made of wool) di lana. **2** (resembling wool) lanoso, simile a lana; (covered with wool) lanoso, lanuto. **3** (fig) (confused) nebuloso, vago, confuso. **4** (Mus) indistinto. **II** n. **1** (spec. Br) (clothing) maglione m. **2** pl. (Am, colloq) (woollen underwear) indumento m.sing. intimo di lana. □ (Entom) ~ bear arctide.

woolly-haired /'wʊli,heəd Am 'wʊli,herd/ a. dal pelo lanoso.

woolly-headed /'wʊlihedəd/ a. **1** dai capelli lanosi, dai capelli crespi, coi capelli crespi. **2** (fig) (muddled, vague) confuso, vago.

woolpack /'wʊlpæk/ n. (ant) balla f. di lana.

woolsack /'wʊlsæk/ n. **1** sacco m. di lana. **2** (GB) cuscino m. (imbottito di lana) del seggio del Lord Cancelliere. **3** (fig) (office, dignity of the Lord Chancellor) ufficio m. di Lord Cancelliere, presidenza f. della Camera dei Lord: to reach the ~ essere nominato Lord Cancelliere.

woolshed /'wʊlʃed/ n. (Aus) stazione f. di tosa.

wool-sorter /'wʊl,sɔːtəʳ Am 'wʊl,sɔːrtəʳ/ n. classificatore m. (f. -trice) di lana, scartatore m. (f. -trice) di lana. □ (Med) ~'s disease polmonite carbonchiosa, polmonite dei cardatori di lana.

woopie, woopy /'wʊpi/ n. (Br) pensionato m. (f. -a) arzillo e benestante.

wooziness /'wuːzɪnəs/ n. **1** (weakness and dizzyness) scombinatezza f., intontimento m. **2** (slight drunkenness) stordimento m., obnubilamento m.

woozy /'wuːzi/ a. **1** (weak and dazed) frastornato, scombinato, intontito. **2** (slightly drunk) stordito, annebbiato.

wop /wɒp Am wɑːp/ n. (spreg) (Italian) italiano m. (f. -a); (Spaniard) spagnolo m. (f. -a).

Worcester /'wʊstəʳ/ n.pr. (Geog) Worcester m. □ (Ceram) ~ China porcellana di Worcester.

Worcestershire /'wʊstəʃəʳ/ n.pr. (Geog) Worcestershire m., contea f. di Worcester. □ (Alim) ~ sauce salsa Worcester.

word /wɜːd Am 'wɜːrd/ **I** n. **1** parola f., vocabolo m., termine m. **2** (sth. said) parola f., detto m. **3** (short conversation) parola f., parolina f., due parole f.pl.: may I have a ~ with you? posso dirti una parola? **4** (short remark) parola f., cenno m., breve osservazione f.: a ~ of warning una parola di avvertimento. **5** (news, information) notizie f.pl., nuove f.pl., informazioni f.pl.: we have had no ~ of him since he left non abbiamo avuto sue notizie da quando è partito. **6** (rumour) voce f.: there's a ~ going round c'è una voce che gira. **7** (promise) parola f., promessa f. (orale): to give so. one's ~ dare a qcu. la propria parola. **8** (password) parola f. d'ordine. **9** (act of speaking) dire m., parola f. **10** (order, command) ordine m., comando m.: to give the ~ to attack dare l'ordine di attaccare. **11** (most appropriate term) parola f. adatta, parola f. giusta, termine m. appropriato. **12**

(Inform) parola f. **13** pl. (speech) parole f.pl., discorso m.sing.: I cannot express my feelings in -s non posso esprimere i miei sentimenti con le parole. **14** pl. (insincere, futile speech) chiacchiere f.pl., parole f.pl., ciance f.pl., discorsi m.pl.: all we get from him is -s da lui otteniamo solo chiacchiere. **15** pl. (quarrel) lite f.sing., litigio m.sing., alterco m.sing., discussione f.sing. **16** pl. (lyrics of a song) parole f.pl., testo m.sing. **II** v.t. dire, esprimere, enunciare, formulare: how shall I ~ it? come posso dire? □ (Fon) ~ accent accento della parola; in -s and figures in lettere e in cifre; (Psic) ~ association associazione di parole; ~ association test prova delle parole associate; at a ~: 1 (at the word of command) immediatamente, all'istante; 2 (in a word) in una parola, (per dirla) in breve, per farla breve; ~ blindness dislessia, alessia, cecità verbale, amnesia visiva; his ~ is his bond la sua parola vale una firma; ~ break divisione delle parole (a fine riga); ~ building formazione delle parole; ~ came that... giunse notizia che..., si seppe che...; (Gramm) ~ class categoria grammaticale; ~ count conteggio delle parole; ~ deafness afasia uditiva, afasia acustica, sordità verbale; ~ division divisione delle parole (a fine riga); -s fail me! non ho parole!; ~ for ~ parola per parola, letteralmente: repeat what he said ~ for ~ ripeti parola per parola quello che ha detto; ~ formation formazione delle parole; ~ game quiz con le parole, gioco linguistico; (colloq) I couldn't get a ~ out of him non riuscii a cavargli una parola di bocca; from the ~ go dall'inizio, fin dal principio; to have a ~ with so. dire due parole a qcu.; to have ~s with so. (to quarrel) litigare con qcu., venire a parole con qcu.; in a ~ in una parola, (per dirla) in breve, per farla breve: his attitude is, in a ~, inexplicable in una parola, il suo atteggiamento è inspiegabile; (Br) to have a ~ in so.'s ear parlare all'orecchio di qcu.; not to get a ~ in edgways (o not to get a ~ in edgewise) non riuscire a dire una (singola) parola; in so many ~s in modo preciso, precisamente, con chiarezza; in the ~s of Shakespeare per dirla con Shakespeare, con le parole di Shakespeare; his ~ is law la sua parola è legge; ~ monger ciarlatano, parolaio; my ~! accipicchia!, accidenti!, perbacco!; ~ of honour parola d'onore; to give one's ~ of honour dare la propria parola d'onore; (Dir) -s of limitation clausola restrittiva; a woman of many -s una donna loquace; by ~ of mouth a (viva) voce; (fig) in -s of one syllable in parole povere, in parole chiare; there is not a ~ of truth in what he says non c'è nulla di vero in ciò che dice; on my ~! accipicchia!, accidenti!, perbacco!; the ~ on the street is that... si sente dire in giro che..., corre voce che...; (Gramm) ~ order ordine delle parole, costruzione della frase, sintassi; ~ picture descrizione vivida, descrizione pittoresca; ~ play: 1 arguzia verbale, spirito basato su giochi di parole; 2 (instance) gioco di parole; (Inform) ~ processing elaborazione di testi, trattamento di testi, word processing; (Inform) ~ processor programma di videoscrittura, word processor; to put -s into so.'s mouth: 1 (to prompt) suggerire (le parole) a qcu., dare l'imbeccata a qcu.; 2 (to claim so. said sth.) far dire qcs. a qcu., attribuire qcs. a qcu.; (fig) ~ splitting pedanteria; ~ square quadrato magico; (Fon) ~ stress accento (tonico) della parola; to take the ~ prendere la parola, cominciare a parlare; to take so. at their ~ pigliare qcu. in parola, prendere qcu. in parola; to take so.'s ~ for it credere a qcu.,

sulla parola, prestare fede a ciò che qcu. dice; (colloq) to take the -s out of so.'s mouth togliere la parola di bocca a qcu.; to take up the ~ prendere la parola, cominciare a parlare; a ~ to the wise a buon intenditor (poche parole); (Inform) ~ wrap a capo automatico.

Word /wɜːd Am 'wɜːrd/ n. (Bibl,Rel) **1** Logos m., Verbo m., Parola f.: the ~ was made flesh il Verbo è stato fatto carne. **2** (Gospel) parola f. di Dio, Vangelo m.: the ~ of God la parola di Dio; to spread the ~ diffondere la parola di Dio.

wordage /'wɜːdɪdʒ Am 'wɜːrdɪdʒ/ n. verbosità f.

word-blind /'wɜːdblaɪnd Am 'wɜːrdblaɪnd/ a. (Med) dislessico, affetto da alessia.

wordbook /'wɜːdbʌk Am 'wɜːrdbʌk/ n. vocabolario m., dizionario m., lessico m.

word-deaf /'wɜːˌdef Am 'wɜːrdˌdef/ a. (Med) affetto da afasia acustica.

worded /'wɜːdəd Am 'wɜːrdəd/ a. in parole, espresso, formulato: carefully ~ espresso con cura.

word-for-word /'wɜːdfə,wɜːd Am 'wɜːrdfəʳ,wɜːrd/ a. letterale, (fatto) parola per parola: a ~ translation una traduzione letterale.

word-frequency /'wɜːd,friːkwənsi Am 'wɜːrd,friːkwensi/ □ (Ling) ~ index indice di frequenza.

wordily /'wɜːdɪli Am 'wɜːrdɪli/ avv. verbosamente, prolissamente.

wordiness /'wɜːdɪnəs Am 'wɜːrdɪnəs/ n. verbosità f., prolissità f.

wording /'wɜːdɪŋ Am 'wɜːrdɪŋ/ n. **1** forma f. (della frase), formulazione f. (in parole), enunciazione f. **2** (phrase, words) dicitura f., parole f.pl. usate.

wordless /'wɜːdləs Am 'wɜːrdləs/ a. **1** muto, zitto, senza parola. **2** (not expressed in words) inespresso, tacito, muto, non detto.

word-of-mouth /'wɜːdəv,maʊθ Am 'wɜːrdəv ,maʊθ/ a. verbale, orale.

word-perfect /'wɜːdpɜːfɪkt Am 'wɜːrd pɜːrfɪkt/ a. **1** (of a person) che conosce (o che sa) qcs. perfettamente a memoria. **2** (of a speech, part, etc.) impresso bene nella memoria, imparato perfettamente a memoria.

wordplay /'wɜːdpleɪ Am 'wɜːrdpleɪ/ n. gioco m. di parole.

wordsearch /'wɜːdsɜːtʃ Am 'wɜːrdsɜːrtʃ/ n. **1** (word game) ricerca f. di parole nascoste. **2** (Inform) ricerca f. di parola.

wordsmith /'wɜːdsmɪθ Am 'wɜːrdsmɪθ/ n. persona f. abile con le parole, buona penna f.

wordy /'wɜːdi Am 'wɜːrdi/ a. verboso, prolisso.

wore /wɔːʳ Am wɔːr/ → wear[1].

work[1] /wɜːk Am wɜːrk/ n. **1** lavoro m. **2** (task) lavoro m., attività f., opera f.: I've finished my ~ ho terminato il mio lavoro. **3** (employment) lavoro m., impiego m., occupazione f.: to look for ~ cercare lavoro. **4** (occupation) mestiere m., professione f., lavoro m.: what is your ~? che mestiere fai? **5** (product of exertion or artistic activity) opera f., lavoro m.: the exhibition is the ~ of schoolchildren la mostra è opera degli scolari; literary -s lavori letterari. **6** (manner of working) esecuzione f., fattura f., lavorazione f. **7** (material worked on) pezzo m. da lavoro, opera f. in lavorazione. **8** (Fis) lavoro m. **9** (Mil) fortificazione f., opera f. fortificata. **10** (Minier) (undressed ore) minerale m. grezzo. **11** pl. (Mecc) meccanismo m.sing., elementi m.pl. mobili, parti f.pl. mobili: the -s of a clock il meccanismo di un orologio. **12** pl. (costr.sing. o pl.) (factory, plant) fabbrica f., stabilimento m.: the strikers picketed the -s gli scioperanti picchettarono la fabbrica. **13** pl. (Rel) opere f.pl. **14** pl.

(colloq) (everything) tutto m.sing.: the whole -s was stolen fu rubato tutto. **15** pl. (Edil, Minier) opera f.sing., opere f.pl., strutture f.pl. ☐ (Inform) ~*area* area di lavoro;*at* ~: **1** al lavoro, impegnato a lavorare; *don't ring me at* ~ non telefonarmi in ufficio; *to be at* ~ (o *upon*) *sth.* lavorare a qcs., essere occupato a fare qcs.; **2** (in operation) in azione, all'opera, in attività: there are several factors at ~ ci sono diversi fattori in gioco; ~ *basket* cestino da lavoro; ~ *box* : **1** cassetta degli arnesi, cassetta da lavoro; **2** (for a tailor) cestino da lavoro; *to live by one's* ~ vivere del proprio lavoro; ~ *camp* campo di lavoro; ~*committee* (o ~*council*) consiglio di fabbrica; (fig) *to have one's* ~*cut out* avere un bel daffare; *to* *do its* ~ (to have its effect) fare effetto, produrre effetti; ~*ethic* etica del lavoro; ~ *ethics* etica professionale; ~ *file* archivio di lavoro; *to get to* ~ mettersi all'opera, mettersi al lavoro; (colloq) *to give so.* *the* -s: **1** (to treat so. with violence) picchiare qcu., menare qcu., dare delle botte a qcu.; **2** (to scold harshly) dare una lavata di capo a qcu., sgridare; **3** (volg) (to have sex) fare un servizio completo, fare una bella scopata con; *to go about one's* ~ cominciare a lavorare;*in* ~ impiegato, occupato, che ha un lavoro; ~*in progress* : **1** lavori in corso; **2** (Ind) prodotto in lavorazione; (Am)*in the* -s in cantiere, in corso; ~*manager* direttore di produzione; *it was the* ~ *of a moment to force open the door* forzare la porta fu questione di un momento; ~*of art* : **1** opera d'arte; **2** (fig) opera d'arte, capolavoro, gioiello; ~*of reference* opera di consultazione, reference;*out of* ~ senza lavoro, disoccupato, a spasso; ~*permit* permesso di lavoro; (Dir) ~ *release* (regime di) semilibertà; ~ *stoppage* interruzione del lavoro (per protesta ecc.); ~ *study* studio di organizzazione del lavoro; ~ *surface* superficie di lavoro, piano di lavoro.

work² /wɜːk Am wɜːrk/ (past, p.p. **worked** /-t/ o ant **wrought** /rɔːt/) **I** v.i. **1** lavorare, svolgere un'attività, fare un lavoro: to ~ hard lavorare sodo; to ~ for a publishing company lavorare per una casa editrice. **2** (to be employed) lavorare, avere un lavoro, avere un impiego: to ~ as a secretary lavorare come segretaria. **3** (to be in operation) funzionare, essere in funzione, lavorare, andare: the television isn't -ing la televisione non funziona; this razor -s by battery questo rasoio va a batteria. **4** (to produce a desired effect) funzionare, essere efficace, riuscire: the plan -ed very well il piano funzionò perfettamente. **5** (to permit of being worked) lavorarsi, manipolarsi: dry clay -s badly l'argilla secca si lavora male. **6** (to move agitatedly) agitarsi, muoversi con vivacità. **7** (of features, faces) contrarsi, distorcersi. **8** (to move, to progress laboriously) farsi strada a fatica, farsi strada a stento, avanzare con difficoltà. **9** (Mar) (to beat the windward) bordeggiare; (of ships' parts) allascarsi, allentarsi. **10** (of yeast, etc.: to ferment) fermentare. **II** v.t. **1** fare lavorare: he -s his men hard fa lavorare sodo i suoi uomini. **2** (of machinery, etc.) fare funzionare, fare andare, fare lavorare, azionare, manovrare. **3** (to effect) fare, operare, compiere, realizzare, effettuare: to ~ miracles fare miracoli; time wrought many changes in the town il tempo ha operato molti cambiamenti in città. **4** (to knead, to manipulate) lavorare, manipolare: to ~ dough lavorare la pasta. **5** (to fashion, to shape) formare, foggiare, lavorare. **6** (to embroider) ricamare. **7** (of land) coltivare, lavorare. **8** (Minier) coltivare, sfruttare. **9** (of a farm)

condurre, dirigere. **10** (to operate in) lavorare in, operare in: the salesman was given a new area to ~ il piazzista ebbe una nuova zona in cui lavorare. **11** (to pay for by working) pagare lavorando: to ~ one's passage pagarsi il viaggio (su una nave) lavorando. **12** (to control the operation of) comandare: this switch -s all the lights questo interruttore comanda tutte le luci. **13** (to cause to move gradually) spostare piano piano, muovere a grado a grado, muovere poco per volta. **14** (to cause to move agitatedly) contrarre nervosamente, muovere nervosamente, muovere spasmodicamente: to ~ one's jaws contrarre nervosamente le mascelle. **15** (to make use of) usare, sfruttare, adoperare, utilizzare, ricorrere a: he -ed what little influence he had in high places sfruttò quel po' di influenza che aveva nelle alte sfere. **16** (Am) (to work out, to calculate) risolvere con il calcolo, calcolare, trovare la soluzione di. ☐ (fig) he was -ing *against us* lavorava a nostro danno; to ~*around* : **1** far girare; **2** (to turn gradually) girare gradatamente; (volg) to ~ one's *arse off* (o Am to ~ one's*ass off*) farsi un culo così, farsi il mazzo; to ~*at* essere impegnato con, essere occupato con; to ~*away* continuare a lavorare, andare avanti con il lavoro; to ~*back* muovere indietro, spostare indietro, far andare indietro; (Am,colloq,fig) to ~*both sides* of the street tenere il piede in due scarpe; to ~*down* : **1** (to descend gradually) scendere a poco a poco, calare gradatamente; **2** (to cause to descend gradually) abbassare a poco a poco, far scendere a poco a poco, calare gradatamente; (Am,colloq) to ~ one's*fingers to the bone* lavorare sodo, sgobbare; to ~*free* : **1** sciogliersi, slegarsi; **2** (to become loose) allentarsi; to ~*in* : **1** inserire, introdurre, infilare, aggiungere; **2** (to rub in) frizionare, far penetrare frizionando: to ~ in an ointment frizionare un unguento; **3** (to mix in) aggiungere mescolando; to ~*into* : **1** far entrare, introdurre, infilare; **2** (to introduce) introdurre, inserire: to ~ an anecdote into a speech introdurre un aneddoto in un discorso; to ~ oneself*into a rage* montare in collera a poco a poco; (colloq) to ~*it* combinare la cosa, sistemare la faccenda; to ~ like a *charm* fare miracoli, avere un effetto miracoloso, funzionare come per incanto, essere sorprendentemente efficace; to ~ like a *horse* lavorare come un mulo; to ~*loose* (of a screw, etc.) allentarsi; to ~*miracles* fare miracoli (anche fig); to ~ a*muscle* fare lavorare un muscolo; to ~*off* : **1** (to get rid of by activity) liberarsi (lavorando) di; (of feelings) sfogare; **2** (to pay off by working) pagare lavorando, pagare un lavoro; to ~*on* : **1** lavorare a: he is -ing on a new novel sta lavorando a un nuovo romanzo; **2** (to affect, to influence) influenzare, influire su; to ~*out* : **1** risolvere, trovare la soluzione di: to ~ out a problem risolvere un problema; **2** (to elaborate, to evolve) elaborare, sviluppare: to ~ out a plan elaborare un piano; **3** (to arrive at by calculation) calcolare, determinare con il calcolo, ricavare con il calcolo: to ~ out the total calcolare il totale; the total -s out to ninety-five il totale ammonta a novantacinque; to ~ out the interest calcolare gli interessi; **4** (to manipulate so as to cause to come out) far uscire, far venir fuori; **5** (to effect by work, effort) realizzare, attuare, fare; **6** (to turn out, to prove) risolversi, (andare a) finire: everything -ed out fine in the end alla fine tutto si risolse bene; **7** (to turn out well) riuscire, andare (tutto) liscio, andare tutto be-

ne: the plan didn't ~ out il piano non riuscì; **8** (Minier) esaurire; **9** (Sport) allenarsi; (in the gym) fare palestra, fare ginnastica; to ~*over* : **1** (to examine thoroughly) esaminare attentamente, setacciare; **2** (to rework) rifare; **3** (sl) (to beat up) pestare, massacrare; to ~ *round* : **1** far girare; **2** (to turn gradually) girare gradatamente; (colloq) to ~*the oracle* : **1** raggiungere il proprio scopo con l'inganno; **2** (to raise money) procurare denaro; to ~*the phone* raggiungere un obiettivo telefonando a destra e a manca; (Mar) to ~ one's*ticket* pagarsi le spese di viaggio lavorando; to ~ *oneself*to death ammazzarsi di lavoro; to ~ *up* : **1** suscitare, eccitare, stimolare, scatenare; **2** (to elaborate, to work out) elaborare, sviluppare; **3** (to rise gradually) salire piano piano, salire a poco a poco: her skirt had -ed up above her knees la gonna le era salita piano piano sopra le ginocchia; **4** (to rise gradually in intensity) intensificarsi gradualmente, farsi via via più intenso, diventare via via più intenso; **5** (to improve in efficiency) diventare più efficiente, farsi più efficiente, migliorare in efficienza; **6** (Med) (to examine thoroughly) fare un controllo completo, fare delle analisi dettagliate; to ~*upon* (to affect, to influence) influire su, influenzare.

workability /ˌwɜːkəˈbɪlɪtɪ/ n. l'essere lavorabile, lavorabilità f.

workable /ˈwɜːkəbl Am ˈwɜːrkəbl/ a. **1** lavorabile, che si può lavorare: ~ clay argilla lavorabile. **2** (feasible) realizzabile, attuabile, fattibile: a ~ plan un piano realizzabile. **3** (of land) coltivabile.

workaday /ˈwɜːkədeɪ Am ˈwɜːrkədeɪ/ a. **1** di tutti i giorni, ordinario, quotidiano. **2** (fig) (prosaic) banale, prosaico, (dull) noioso.

workaholic /ˌwɜːkəˈhɒlɪk Am ˌwɜːrkəˈhɑːlɪk/ n. maniaco m. (f. -a) del lavoro, stacanovista m./f., sgobbone m. (f. -a).

workaholism /ˈwɜːkəˌhɒlɪzəm Am ˈwɜːrkə ˌhɑːlɪzəm/ n. mania f. del lavoro, stacanovismo m.

workbag /ˈwɜːkbæg Am ˈwɜːrkbæg/ n. sacca f. da lavoro, borsa f. da lavoro.

workbench /ˈwɜːkbentʃ Am ˌwɜːrkbentʃ/ n. (Tecn) tavolo m. da lavoro.

workbook /ˈwɜːkbʌk Am ˈwɜːrkbʌk/ n. **1** eserciziario m. **2** (Inform) cartella f. di lavoro.

workday /ˈwɜːkdeɪ/ **I** n. (Am) giornata f. lavorativa, giorno m. lavorativo. **II** a. (Am) **1** di tutti i giorni, ordinario, quotidiano. **2** (fig) (prosaic) banale, prosaico, (dull) noioso.

worked /ˈwɜːkt Am wɜːrkt/ a. (Tecn) lavorato. ☐ (colloq) ~*up* : **1** (excited) agitato, eccitato, teso; **2** (angry) arrabbiato, nero.

worker /ˈwɜːkər Am ˈwɜːrkər/ n. **1** chi fa, chi opera, lavoratore m. (f. -trice), operatore m. (f. -trice). **2** (employee) impiegato m. (f. -a); (factory worker) operaio m. (f. -a). **3** (member of the working class) operaio m. (f. -a), lavoratore m. (f. -trice). **4** (Entom) operaia f. ☐ (Entom) ~*bee* ape operaia, (ape) bottinatrice; (Am,Assic) -s'*compensation* indennizzo per infortunio sul lavoro; ~'s*cooperative* cooperativa dei lavoratori, ~*participation* partecipazione dei lavoratori; (Rel.catt) ~*priest* prete operaio.

workfare /ˈwɜːkfeər Am ˈwɜːrkfer/ n. lavoro m. socialmente utile.

workfellow /ˈwɜːkfeloʊ/ n. (Br) compagno m. (f. -a) di lavoro, collega m./f.

workforce /ˈwɜːkfɔːs Am ˈwɜːrkfɔːrs/ n. **1** (labour force) forza f. lavoro. **2** (staff) personale m., organico m.

workgroup /ˈwɜːkgruːp Am ˈwɜːrkgruːp/ n. gruppo m. di lavoro.

work-harden /ˈwɜːkhɑːdən Am

'wɜːrkhɑːrdən/ v.i. (Met) incrudire, indurire.

work-hardening /'wɜːkhɑːdənɪŋ Am 'wɜːrkhɑːrdənɪŋ/ n. (Met) incrudimento m., indurimento m. da lavorazione.

workhorse /'wɜːkhɔːs Am 'wɜːrkhɔːrs/ n. 1 cavallo m. da lavoro. 2 (fig) (person) chi lavora come una bestia, lavoratore m. accanito, gran lavoratore m.; (machine) macchina f. potente e affidabile, macchinona f.

workhouse /'wɜːkhaʊs Am 'wɜːrkhaʊs/ n. 1 (Stor) ricovero m. (di mendicità), ospizio m. (in cui lavoravano gli abili). 2 (Am) (house of correction) casa f. di lavoro.

work-in /'wɜːkɪn Am 'wɜːrkɪn/ n. assemblea f. permanente (dei lavoratori), occupazione f.

working /'wɜːkɪŋ Am 'wɜːrkɪŋ/ I n. 1 (operation, activity) attività f., funzionamento m., lavoro m. 2 (process of manipulating, moulding, etc.) lavorazione f. 3 (process of fermenting) fermentazione f. 4 pl. (functioning) comportamento m.sing., meccanismi m.pl. (interni), modus m.sing. operandi. 5 pl. (Minier) scavi m.pl.; (shafts) pozzi m.pl. 6 pl. (twisting motions) contrazioni f.pl. II a. 1 attivo, che lavora, lavoratore: the ~ population la popolazione attiva. 2 (operating) funzionante, operante. 3 (used in working) di lavoro, da lavoro: ~ tools attrezzi di lavoro; ~ clothes abiti da lavoro. □ (Econ) ~ capital capitale d'esercizio; ~ class classe lavoratrice, classe operaia, proletariato; ~ climate atmosfera sul posto di lavoro; ~ cost costo d'esercizio; (Econ) ~ credit credito d'esercizio; (Br) ~ day giornata lavorativa, giorno lavorativo; ~ drawing disegno costruttivo; ~ environment ambiente di lavoro; ~ girl: 1 ragazza che lavora; 2 (sl) (prostitute) ragazza di vita, prostituta; ~ hour ora lavorativa, ora di lavoro; ~ hours lost ore lavorative perdute (per scioperi ecc.); ~ hypothesis ipotesi di lavoro; to have a ~ knowledge of a language avere una conoscenza pratica di una lingua; ~ life: 1 periodo di vita lavorativa, 2 (Mecc) durata, vita; ~ load carico di lavoro; ~ man lavoratore, operaio, salariato; (Inform) ~ memory memoria di lavoro; (Mecc) ~ model modello funzionante; ~ order buone condizioni, condizioni d'efficienza; (Mecc) in ~ order funzionante, in grado di funzionare; (Mecc) ~ part parte mobile; ~ party gruppo di lavoro, commissione di studio; ~ plan disegno costruttivo; (Inform) ~ storage memoria di lavoro; ~ title titolo provvisorio; (Br) ~ week settimana lavorativa; ~ woman lavoratrice, operaia, salariata.

working-class /'wɜːkɪŋklɑːs Am 'wɜːrkɪŋ klæs/ a. della classe operaia.

working-out /,wɜːkɪŋ'aʊt Am 'wɜːrkɪŋaʊt/ n. elaborazione f.: the ~ of a plan l'elaborazione di un piano.

work-in-progress /,wɜːkɪn'prɒʊgres Am ,wɜːrkɪn'prɑːgres/ n. lavoro m. in corso.

workless /'wɜːkləs Am 'wɜːrkləs/ a. senza lavoro, privo di lavoro, disoccupato.

workload /'wɜːkləʊd Am 'wɜːrkləʊd/ n. carico m. di lavoro.

workman /'wɜːkmən Am 'wɜːrkmən/ n.irr. 1 operaio m. 2 (craftsman) artigiano m.

workmanlike /'wɜːkmən,laɪk Am 'wɜːrkmənlaɪk/ a. ben fatto, abile, fatto con bravura: a ~ report una relazione ben fatta.

workmanly /'wɜːkmənli Am 'wɜːrkmənli/ a. ben fatto, abile, fatto con bravura.

workmanship /'wɜːkmən,ʃɪp Am 'wɜːrkmənʃɪp/ n. 1 maestria f., perizia f., abilità f., bravura f. 2 (mode of execution) esecuzione f., fattura f., lavorazione f.

workmate /'wɜːkmeɪt Am 'wɜːrkmeɪt/ n. collega m./f., compagno m. (f. -a) di lavoro.

---

workout /'wɜːkaʊt Am 'wɜːrkaʊt/ n. 1 (Sport) allenamento m., ginnastica f. 2 (estens) (test, trial) prova f.

workpeople /'wɜːkpiːpl̩ Am 'wɜːrkpiːpl̩/ n.pl. lavoratori m.pl., operai m.pl.

workpiece /'wɜːkpiːs Am 'wɜːrkpiːs/ n. pezzo m. da lavorare, pezzo m. in lavorazione.

workplace /'wɜːkpleɪs Am 'wɜːrkpleɪs/ n. posto m. di lavoro.

workroom /'wɜːkruːm Am 'wɜːrkruːm/ n. locale m. di lavoro, stanza f. di lavoro, laboratorio m.

worksheet /'wɜːkʃiːt Am 'wɜːrkʃiːt/ n. 1 (for students) foglio m. con esercizi. 2 (Ind,Comm) (log, table) foglio m. di lavoro, foglio m. di marcia; (agenda) agenda m. di lavoro. 3 (Inform) foglio m. di lavoro.

workshop /'wɜːkʃɒp Am 'wɜːrkʃɑːp/ n. 1 officina f., laboratorio m. 2 (meeting) riunione f. di lavoro; (study group) gruppo m. di studio, laboratorio m., workshop m.; (seminar) seminario m. 3 (Teat) teatro m. di prova.

work-shy /'wɜːkʃaɪ Am 'wɜːrkʃaɪ/ a. pigro, indolente, che non ha voglia di lavorare.

workspace /'wɜːkspeɪs Am 'wɜːrkspeɪs/ n. spazio m. di lavoro.

workstation /'wɜːk,steɪʃən Am 'wɜːrksteɪʃən/ n. 1 (Inform) workstation f., stazione f. di lavoro, stazione f. grafica. 2 (work area) postazione f. di lavoro.

worktable /'wɜːkteɪbl̩ Am 'wɜːrkteɪbl̩/ n. tavolo m. da lavoro, banco m. da lavoro.

worktop /'wɜːktɒp Am 'wɜːrktɑːp/ n. superficie f. di lavoro, piano m. di lavoro.

work-to-rule /'wɜːktə'ruːl/ n. (Br) sciopero m. bianco.

workup, work-up /'wɜːkʌp Am 'wɜːrkʌp/ n. (Med) analisi f. diagnostica dettagliata, controllo m. completo.

workwear, work-wear /'wɜːkweəʳ Am 'wɜːrkwer/ n. abbigliamento m. da lavoro, abiti m.pl. da lavoro.

workweek /'wɜːrkwiːk/ n. (Am) settimana f. lavorativa.

world /wɜːld Am 'wɜːrld/ I n. 1 (planet earth) terra f., globo m. (terrestre), mondo m.: to fly round the ~ volare intorno alla terra. 2 (the earth and everything on it) mondo m., terra f.: the strongest man in the ~ l'uomo più forte del mondo. 3 (division of the earth) mondo m., parte f. del mondo: the Old World il vecchio mondo; the Third World il terzo mondo. 4 (period of human history) mondo m.: the ~ of the Renaissance il mondo del Rinascimento. 5 (human race) umanità f., uomini m.pl., genere m. umano, mondo m. 6 (people, society) mondo m., società f. 7 (material matters) mondo m., cose f.pl. mondane. 8 (sphere, domain) mondo m., ambiente m. (sociale): the fashionable ~ il bel mondo. 9 spec.pl. (colloq) (large amount, number) grande quantità f.sing., mondo m.sing., mucchio m.sing., sacco m.sing.: a ~ of trouble un mucchio di guai. 10 (Biol) mondo m., regno m.: the animal ~ il regno animale. II a. mondiale, del mondo: the ~ economy l'economia mondiale. □ all over the ~ in tutto il mondo, dappertutto; to be all the ~ to so. essere tutto per qcu.; (Br) all the ~ and his wife il bel mondo al gran completo, tutti quelli che contano; World Bank banca mondiale; to bring into the ~: 1 (to give birth to) mettere al mondo, dare alla luce; 2 (to assist at the birth of) far nascere, far venire al mondo; to come down in the ~ andare in rovina, cadere in disgrazia; to come into the ~ venire alla luce, venire al mondo; (Rel) World Council of Churches Consiglio mondiale delle chiese; (Sport) World Cup: 1 Coppa del mondo; 2

(competition) mondiale: the Football World Cup il Mondiale di calcio; to the ~'s end: 1 fino alla fine del mondo, finché dura il mondo; 2 (of space) in capo al mondo; World Fair (o World's Fair) esposizione internazionale, fiera internazionale; World Food Conference conferenza mondiale dell'alimentazione; ~ food programme programma alimentare mondiale; for all the ~: 1 proprio, esattamente come: he looked for all the ~ as if he were about to faint sembrava proprio che stesse per svenire; 2 per tutto l'oro del mondo; for the ~ per tutto l'oro del mondo; (fig) to give the ~ for dare qualsiasi cosa per, dare qualunque cosa per, dare tutto per; how goes the ~ with you? come va (la vita)?, come (ti) vanno le cose?; ~ government governo mondiale; World Heritage Site Sito del patrimonio culturale mondiale; (colloq) in the ~ mai, diamine, diavolo: where in the ~ have you been? dove mai sei stato?; the ~ is your oyster il mondo è tutto tuo, tutte le porte sono aperte; ~ language lingua universale, lingua internazionale; (Econ) ~ market mercato internazionale, mercato globale; ~ order ordine mondiale; (colloq) out of this ~ formidabile, eccezionale, favoloso, fuori del mondo; the ~ over in tutto il mondo, dappertutto; ~ power potenza mondiale; (Teat,Cin) ~ première prima mondiale, prima assoluta; (Sport) ~ record primato mondiale, record mondiale; you must take the ~ as you find it bisogna prendere la vita come viene; this ~ questo mondo, questa vita; the ~ to come l'altro mondo, l'aldilà; (colloq) to the ~ (utterly) totalmente, completamente: asleep to the ~ profondamente addormentato; dead to the ~ che dorme come un sasso; drunk to the ~ ubriaco fradicio; tired to the ~ stanco morto; to go up in the ~ farsi strada, arrivare, trovare l'America; (Stor) World War I prima guerra mondiale, grande guerra; World War II seconda guerra mondiale; ~ without end per sempre, eternamente, per l'eternità.

world-beater /'wɜːldbiːtəʳ Am 'wɜːrldbiːtəʳ/ n. fuoriclasse m./f., campione m. (f. -essa).

world-beating /'wɜːldbiːtɪŋ Am 'wɜːrld biːtɪŋ/ a. fuoriclasse, impareggiabile, senza uguali.

world-class /,wɜːld'klæs Am ,wɜːrld'klæs/ a. di classe mondiale.

world-famous /,wɜːld'feɪməs Am ,wɜːrld 'feɪməs/ a. di fama mondiale, famoso in tutto il mondo, celebre in tutto il mondo.

worldliness /'wɜːldlinəs Am 'wɜːrldlinəs/ n. mondanità f., carattere m. mondano.

worldly /'wɜːldli Am 'wɜːrldli/ a. 1 terreno, mondano, temporale, secolare: ~ goods beni terreni; ~ pleasures piaceri mondani. 2 (devoted to this life and its enjoyments) mondano. 3 (secular) secolare, laico.

worldly-minded /'wɜːldlɪmaɪndɪd Am 'wɜːrldlimaɪndɪd/ a. attaccato alle cose del mondo, attaccato alle cose terrene.

worldly-wise /'wɜːldliwaɪz Am 'wɜːrldli waɪz/ a. che ha esperienza della vita, che ha esperienza del mondo, navigato, esperto.

world-shaking /'wɜːldˌʃeɪkɪŋ Am 'wɜːrld ˌʃeɪkɪŋ/, **world-shattering** /'wɜːldˌʃætərɪŋ Am 'wɜːrldˌʃætəʳrɪŋ/ a. (colloq) incredibile, sensazionale.

world-weary /'wɜːldˌwɪəri Am 'wɜːrldˌwɪri/ a. stanco della vita, stanco del mondo.

worldwide, world-wide /'wɜːldwaɪd Am 'wɜːrldwaɪd/ I a. universale, mondiale, dappertutto nel mondo. II avv. a livello mondiale. □ (Inform) World Wide Web rete telematica mondiale.

worm /wɜːm *Am* 'wɜːrm/ I *n.* 1 (*Zool*) verme *m.*, lombrico *m.* 2 (*Entom*) (*insect larva*) bruco *m.*, larva *f.*; (*woodworm*) tarlo *m.* (del legno). 3 (*fig*) (*contemptible person*) essere *m.* spregevole, persona *f.* spregevole, verme *m.* 4 (*fig*) (*sth. that torments inwardly*) tarlo *m.*, rodimento *m.*, assillo *m.*: *the ~ of conscience* il tarlo del rimorso. 5 (*Mecc*) vite *f.* senza fine, vite *f.* perpetua. 6 (*Pesc*) cagnotto *m.*, verme *m.* 7 (*Inform*) worm *m.*, verme *f.*, virus *m.* 8 *pl.* (*Med*) elmintiasi *f.sing.*, elmintosi *f.sing.* II *v.i.* 1 serpeggiare, muoversi (serpeggiando), strisciare. 2 (*to look for worms*) andare a caccia di lombrichi. 3 (*Mar*) intregnare un cavo. III *v.t.* 1 insinuare, infilare. 2 (*rifl*) *to ~ oneself* insinuarsi, infilarsi (*into* in). 3 (*to obtain by insidious methods*) estorcere, carpire, strappare (subdolamente): *to ~ a secret out of so.* estorcere un segreto a qcu.; *to ~ a promise from so.* strappare una promessa a qcu. 4 (*to remove worms from, to free of worms*) liberare dai vermi. 5 (*Mecc*) filettare. □ *~breeding* vermicoltura; *~cast* cumulo di terra scavata da un lombrico; (*Tecn*) *~conveyor* convogliatore a coclea; (*~fishing* pesca con i vermi; *to ~free* svincolarsi; (*Mecc*) *~ gear*: 1 ingranaggio elicoidale; 2 (*Mecc*) ruota elicoidale; *~gearing* trasmissione con vite perpetua; (*Farm*) *~powder* polvere vermifuga; *to ~ one's way* insinuarsi strisciando; (*Mecc*) *~ wheel* ruota elicoidale. *Prov.*: *even a ~ will turn* la pazienza ha un limite.

WORM /wɜːm *Am* 'wɜːrm/ (*Inform*) *write once read many* WORM (scrivi una volta e leggi molte volte).

worm-eaten /'wɜːmiːtⁿ *Am* 'wɜːrmiːtⁿ/ *a.* 1 tarlato, roso dai tarli, roso dai vermi. 2 (*fig*) antiquato, decrepito.

wormhole /'wɜːmhəʊl *Am* 'wɜːrmhoʊl/ *n.* 1 foro *m.* prodotto da un verme. 2 (*in wood*) tarlatura *f.*

wormholed /'wɜːmhəʊld *Am* 'wɜːrmhoʊld/ *a.* tarlato.

wormlike /'wɜːm,laɪk *Am* 'wɜːrmlaɪk/ *a.* vermiforme, simile a un verme.

wormseed /'wɜːmsiːd *Am* 'wɜːrmsiːd/ *n.* (*Bot*) (*Asian plant*) santonico *m.*, (*American plant*) chenopodio *m.* antelmintico.

worm's-eye /'wɜːmzaɪ *Am* 'wɜːrmzaɪ/ □ (*fig*) *~view* visione dal basso, vista dal basso.

wormwood /'wɜːmwʊd *Am* 'wɜːrmwʊd/ *n.* 1 (*Bot*) assenzio *m.* romano, assenzio *m.* maggiore. 2 (*fig*) amarezza *f.*, mortificazione *f.*

wormy /'wɜːmi *Am* 'wɜːrmi/ *a.* 1 infestato di vermi; (*abounding in worms*) verminoso, brulicante di vermi. 2 (*worm-eaten*) tarlato, roso dai vermi. 3 (*fig*) strisciante, spregevole, abietto.

worn [1] /wɔːn *Am* wɔːrn/ → **wear** [1].

worn [2] /wɔːn *Am* wɔːrn/ *a.* 1 usato: *~ clothing* indumenti usati. 2 (*fig*) (*exhausted*) esausto, estenuato, sfinito. □ *his clothes were ~to a thread* i suoi vestiti mostravano la corda; *~to rags* (*of clothes*) ridotto a brandelli, ridotto in cenci.

worn-out /ˌwɔːn'aʊt *Am* 'wɔːrn'aʊt/ *a.* 1 consunto, logoro, frusto. 2 (*exhausted*) esausto, estenuato, sfinito, logoro. 3 (*fig*) (*trite, hackneyed*) trito (e ritrito), vieto, frusto.

worried /'wʌrɪd/ *a.* 1 preoccupato, impensierito, inquieto, in ansia. 2 (*expressive of worry*) turbato, ansioso, preoccupato: *a ~ look* un'espressione turbata.

worriedly /'wʌrɪdli/ *avv.* ansiosamente, con preoccupazione.

worrier /'wʌrɪəʳ/ *n.* 1 apprensivo *m.* (*f.* -a), ansioso *m.* (*f.* -a), persona *f.* ansiosa. 2 (*dog*) cane *m.* che insegue e azzanna (altri animali).

worriment /'wʌrɪmənt/ *n.* (*scherz,ant*) preoccupazione *f.*, ansia *f.*

worrisome /'wʌrɪsəm/ *a.* 1 preoccupante, inquietante. 2 (*annoying*) fastidioso, molesto, seccante. 3 (*inclined to worry*) che si preoccupa, ansioso, apprensivo.

worrit /'wʌrɪt/ *n./v.* (*dial,ant*) → **worry**.

worry /'wʌri/ *n.* 1 preoccupazione *f.*, ansia *f.*, inquietudine *f.*, affanno *m.* 2 (*cause of distress*) preoccupazione *f.*, pensiero *m.*, fastidio *m.*, seccatura *f.* 3 (*by a dog, a carnivorous animal*) l'azzannare, il dilaniare. II *v.t.* 1 preoccupare, impensierire, inquietare, turbare: *the child's health worried her* la salute del bambino la preoccupava. 2 (*to pester, to annoy*) assillare, tormentare, molestare, infastidire, importunare, seccare. 3 (*to obtain by pestering*) strappare a furia di insistere, ottenere a furia di insistere: *to ~ a promise out of so.* strappare una promessa a qcu. a furia di insistere. 4 (*to fiddle with*) giocherellare, toccare, maneggiare. 5 (*by a dog, etc.*) azzannare, dilaniare. III *v.i.* 1 preoccuparsi, prendersela, impensierirsi, inquietarsi, affannarsi: *don't ~, everything will be all right* non te la prendere, tutto si sistemerà. 2 (*of a dog, carnivorous animal*) dare morsi (at a), azzannare (qcs.). □ *to ~along* (*to manage to get along*) cercare di farcela, cercare di tirare avanti; *to ~at*: 1 (*to fiddle with*) giocherellare, toccare, maneggiare; 2 (*to worry about*) preoccuparsi di; *~beads* rosario (degli orientali); (*colloq,iron*) *I should ~!* sai che me ne importa!; *to ~through* trarsi d'impaccio, sbrigarsela, perseverare; *to ~ oneselfto death* preoccuparsi da morire.

worryguts /'wʌrigʌts/ *n.* (*Br,colloq*) apprensivo *m.* (*f.* -a), persona *f.* ansiosa.

worrying /'wʌriɪŋ/ *a.* 1 ansioso, preoccupato. 2 (*causing worry*) preoccupante, inquietante.

worrywart /'wʌriwɔːt/ *n.* (*Am,colloq*) apprensivo *m.* (*f.* -a), persona *f.* ansiosa.

worse /wɜːs *Am* wɜːrs/ (*compar. di* bad, badly, ill) I *a.* 1 (*of inferior quality*) peggiore, meno buono, più scadente, di peggiore qualità. 2 (*less pleasant, desirable*) peggiore, meno piacevole, meno gradevole, meno allettante. 3 (*poorer in health*) in peggiori condizioni di salute, peggiorato (in salute), più malandato. 4 (*more severe*) peggiore, più cattivo. II *avv.* peggio, in modo peggiore: *he's behaving ~ than ever* si comporta peggio che mai. III *n.* (*sth. worse*) peggio *m.* (fra due cose), cosa *f.* peggiore (fra due): *~ was to come* il peggio doveva ancora venire; *things are going from bad to ~* le cose vanno di male in peggio. □ *to be* (the) *~for sth.* soffrire le conseguenze di qcs.; *to be the ~for drink* sentirsi male per aver bevuto troppo; (*colloq*) *to be the ~for liquor* essere ubriaco, essere sbronzo; *to be the ~for wear*: 1 (*of things*) essere logoro per l'uso, essere consunto per l'uso; 2 (*colloq*) (*of people*) essere sfiorito, essere sciupato; 3 (*colloq*) (*to be slightly drunk*) essere brillo, essere alticcio; *toget ~* peggiorare; (*colloq*) *~ luck* purtroppo, disgraziatamente; *we are ~ off than before* stiamo peggio di prima; *or ~* o peggio.

worsen /'wɜːsən *Am* 'wɜːrsən/ I *v.t.* peggiorare, rendere peggiore, aggravare. II *v.i.* peggiorare, diventare peggiore, aggravarsi.

worsening /'wɜːsənɪŋ *Am* 'wɜːrsənɪŋ/ *n.* peggioramento *m.*, aggravamento *m.*

worship [1] /'wɜːʃɪp *Am* 'wɜːrʃɪp/ *n.* 1 (*Rel*) adorazione *f.*, culto *m.*: *~ of idols* culto degli idoli, culto idolatrico. 2 (*Rel*) (*service*) ufficio *m.*, uffizio *m.*, funzione *f.* 3 (*adoring reverence*) culto *m.*, idolatria *f.*, venerazione *f.* 4

(*ant*) (*honour, repute*) buon nome *m.*, (buona) reputazione *f.*

worship [2] /'wɜːʃɪp *Am* 'wɜːrʃɪp/ (*past, p.p.* **worshipped** /*Am* **worshiped** /-t/) I *v.t.* 1 (*Rel*) adorare, venerare, fare oggetto di culto: *to ~ false gods* adorare false divinità. 2 (*estens*) idolatrare, adorare, venerare: *to ~ money* idolatrare il denaro; *he -s his wife* adora la moglie. II *v.i.* (*Rel*) 1 (*Rel*) adorare. 2 (*to attend a religious service*) andare in chiesa, assistere alle funzioni.

Worship /'wɜːʃɪp *Am* 'wɜːrʃɪp/ *n.* (*Br*) (*as a title*) eccellenza *f.*, signoria *f.*: *your ~* vostra eccellenza.

worshiper /'wɜːrʃɪpəʳ/ *n.* (*Am*) adoratore *m.* (*f.* -trice), veneratore *m.* (*f.* -trice), devoto *m.* (*f.* -a). □ *the -s* i fedeli.

Worshipful /'wɜːʃɪpfʊl/ *a.* (*Br*) (*address*) onorevole, eccellentissimo.

worshipper /'wɜːʃɪpəʳ *Am* 'wɜːrʃɪpəʳ/ *n.* adoratore *m.* (*f.* -trice), veneratore *m.* (*f.* -trice), devoto *m.* (*f.* -a). □ *the -s* i fedeli.

worst /wɜːst *Am* wɜːrst/ I *a.* 1 (*sup. di* bad, ill) il peggiore, il più cattivo: *the ~ sort of crime* il peggior genere di crimine. 2 (*of the poorest quality*) il peggiore, il più scadente. 3 (*most unpleasant*) il più brutto, il peggiore, il più spiacevole, il più sgradevole: *the ~ day in my life* il giorno più brutto della mia vita. 4 (*most incorrect, faulty*) il peggiore, il più sbagliato: *the ~ possible decision* la peggiore decisione possibile. 5 (*most serious*) il più serio, il più grosso, il più grave: *our ~ problem* il nostro problema più serio. 6 (*least skilful*) il peggiore, il meno abile: *the ~ player on the team* il peggior giocatore della squadra. II *avv.* 1 (*sup. di* badly, ill) peggio, in modo peggiore: *the ~ dressed man in town* l'uomo peggio vestito della città. 2 (*to the greatest degree*) più: *his wife suffered ~ of all* sua moglie soffrì più di tutti. III *n.* 1 (*worst thing*) peggio *m.*, cosa *f.* peggiore: *to choose the ~* scegliere la cosa peggiore; *the ~ was yet to come* il peggio doveva ancora venire; *to fear the ~* temere il peggio. 2 (*worst person*) il peggiore, la peggiore: *of all the rogues I have known you are the ~* fra tutti i mascalzoni che ho conosciuto, tu sei il peggiore. IV *v.t.* sconfiggere, avere la meglio su, vincere, battere: *to be -ed in an encounter* venire sconfitto in un incontro. □ *at one's ~* nelle peggiori condizioni, nel momento peggiore, nello stato peggiore: *what with the weather and the strikes we saw the country at its ~* un po' per il tempaccio e un po' per gli scioperi, vedemmo il paese nelle condizioni peggiori; *at ~* alla peggio, al peggio, (per) male che vada, *to postpone it for a few days* alla peggio dovremo rimandarlo di qualche giorno; *at the ~* alla peggio, al peggio, (per) male che vada; *to be one's ~critic* giudicare se stesso molto severamente; *todo one's ~* fare di tutto, farne di tutti i colori; *to prepare for the ~* prepararsi al peggio; *togive so. the ~ of it* battere qcu., sconfiggere qcu.; *if ~ comes to ~* (o *if the ~ comes to the ~*) se succedesse il peggio, se succede il peggio, se le cose volgono al peggio, alla malaparata.

worsted /'wʊstɪd *Am* 'wɜːrstɪd/ I *n.* (*Tess*) pettinato *m.*, tessuto *m.* pettinato. II *a.* (*Tess*) (fatto) di pettinato.

wort [1] /wɜːt *Am* wɜːrt/ *n.* (*Bot*) (*in compounds*) pianta *f.* (erbacea), erba *f.*

wort [2] /wɜːt *Am* wɜːrt/ *n.* (*in brewing*) mosto *m.* di malto (non ancora fermentato).

worth /wɜːθ *Am* wɜːrθ/ I *a.* 1 (*having a value*) che vale, che ha un valore di, del valore di;

what is it ~? quanto vale?, qual è il suo valore?; *it must be ~ a lot* deve valere un bel po'. **2** *(possessing)* che ha, che possiede, in possesso di (un certo patrimonio): *he must be ~ a million dollars* deve possedere un milione di dollari; *to be ~ millions* essere ricco a milioni. **3** *(deserving)* che merita, degno, meritevole: *a book ~ reading* un libro che merita di essere letto. **II** *n.* **1** *(value)* valore *m.*, pregio *m.*: *he knows the price of everything and the ~ of nothing* sa il prezzo di tutto, ma non ne capisce il valore. **2** *(monetary value)* valore *m.*: *the ~ of a firm* il valore di un'azienda. **3** *(merit, excellence)* valore *m.*, merito *m.*: *men of ~* uomini di valore. **4** *(monetary equivalent of sth.)* equivalente *m.* (in denaro). **5** *(wealth)* ricchezza *f.*, ricchezze *f.pl.*, beni *m.pl.*, averi *m.pl.* □ *(colloq) not ~ a bean* che non vale nulla, che non vale un fico secco; *(Br) ~ a button* di nessun conto; *it's not ~ a damn* non vale un fico secco; *to be ~ a fortune*: 1 valere una fortuna, valere un tesoro; 2 *(of people)* avere soldi a palate, nuotare nell'oro; *it's not ~ a pin* non vale un fico secco; *(fig) it is not ~ a straw* non vale un fico secco, non vale una cicca; *not to be ~ a tinker's curse* (o *not ~ a tinker's cuss*) non valere un cavolo; *for all one is ~* al massimo delle proprie capacità, mettendocela tutta: *it rained for all it was ~* pioveva a dirotto; *we ran for all we were ~* corremmo a tutto spiano; *to be ~ it* valerne la pena: *it was hard work but it was ~ it* è stata una faticaccia, ma ne valeva la pena; *not ~ mentioning* non degno di menzione; *(fig) he is ~ his salt* vale il pane che mangia; *~ speaking of* di (qualche) rilievo, degno di menzione, di cui vale la pena parlare; *(Br,fig) the game is not ~ the candle* il gioco non vale la candela; *to be ~ the effort* valere la pena; *it's not ~ the effort* non (ne) vale la pena; *to be ~ the trouble* valere la pena; *it's not ~ two hoots* non vale un soldo; *(colloq) it's not ~ twopence* non vale niente, non vale un fico secco; *(fig) she's ~ her weight in gold* è un vero tesoro, vale tanto oro quanto pesa; *for what it is ~* per quel che vale; *to be ~ one's while* valere la pena.

worthily /'wɜːðɪlɪ *Am* 'wɜːrðɪlɪ/ *avv.* degnamente, meritatamente, meritevolmente.

worthiness /'wɜːðɪnəs *Am* 'wɜːrðɪnəs/ *n.* **1** merito *m.*, valore *m.* **2** *(quality of being respectable)* rispettabilità *f.*

worthless /'wɜːθləs *Am* 'wɜːrθləs/ *a.* **1** di nessun valore, senza valore, privo di valore. **2** *(of no use)* inutile, che non serve (a nulla). **3** *(lacking moral character)* indegno, spregevole.

worthlessly /'wɜːθləslɪ *Am* 'wɜːrθləslɪ/ *avv.* **1** indegnamente. **2** *(uselessly)* inutilmente, senza scopo.

worthlessness /'wɜːθləsnəs/ *n.* **1** mancanza *f.* di valore. **2** *(uselessness)* inutilità *f.* **3** *(unworthiness)* indegnità *f.*

worthwhile /,wɜːθ'waɪl *Am* ,wɜːrθ'waɪl/ *a.* utile, proficuo, fruttuoso: *a ~ experience* un'esperienza utile.

worthy /'wɜːðɪ *Am* 'wɜːrðɪ/ **I** *a.* **1** meritevole, degno *(of* di), che merita *(qcs.)*: *~ of praise* meritevole di lode; *a ~ enemy* un degno avversario; *a building ~ of preservation* un edificio degno di essere conservato. **2** *(in negative constructions)* da, degno: *such behaviour is not ~ of you* un simile comportamento non è da te. **3** *(praiseworthy)* apprezzabile, pregevole, valido: *a ~ effort* uno sforzo apprezzabile. **4** *(good but lacking in sparkle)* onesto, adeguato, discreto. **5** *(of people: honourable)* onorevole, onorabile, rispetta-

bile *(anche iron)*; *(sufficiently honourable)* degno *(anche iron)*: *a ~ successor* un degno successore. **6** *(in compounds: fit for use)* idoneo a: *sea-~* idoneo alla navigazione. **II** *n.* notabile *m.*, personaggio *m.* *(anche iron)*: *the town worthies* i notabili della città. □ *~ of note* degno di nota, notevole; *an opponent ~ of one's steel* un degno avversario.

wot[1] /wɒt *Am* waːt/ → **wit**[2].

wot[2] /wɒt/ *v.i.* *(Br,dial,ant)* sapere: *(rar,scherz) God ~!* Dio (solo lo) sa!, sa Iddio!

wot[3] /wɒt *Am* waːt/ *avv.interr., pron. (scherz, colloq)* → **what.**

wotcha /'wɒtʃə/ *intz. (Br,sl)* ehilà!

wotcher /'wɒtʃər/ *intz. (Br,sl)* ehilà!

would /wud, wəd/ *v.aus. (2ª pers. sing.* **would**, *ant* **wouldst** /wʊdst/; *forma negativa* **would not**, **wouldn't** /wʊdənt/) **1** *(to indicate hypotheticality) translated with the conditional of the verb: if I were rich I ~ live in Capri* se fossi ricco vivrei a Capri; *I ~ have won if it hadn't been for you* avrei vinto se non fosse stato per te. **2** *(to express insistence, especially in negatives to express insistent refusal)* volli, volesti ecc.: *he ~n't help me* non volle aiutarmi; *the door ~n't open* la porta non voleva aprirsi. **3** *(to indicate past habit)* ero solito ecc., *often not translated: when I was a child I ~ often play truant* da bambino marinavo spesso la scuola. **4** *(to indicate future in the past) translated with the conditional of the verb: he said he ~ be late* disse che avrebbe fatto tardi; *I asked if he ~ have finished by midnight* chiesi se avrebbe finito per mezzanotte. **5** *(to express doubt) translated with the conditional of the verb: the explanation ~ seem to go deeper* la spiegazione sembrerebbe andare più a fondo. **6** *(ant) (to express desire, intention)* voglio, vuoi ecc., desidero ecc.: *if anyone ~ come after me he must deny himself* se qualcuno vuole venire dietro di me rinneghi se stesso. □ *~ that* se, vorrei che: *that they could see us now* se ci vedessimo ora!, vorrei che ci vedessero ora!; *~ you* ti dispiace, ti dispiacerebbe, potresti: *~ you close the door?* ti dispiace chiudere la porta?; *~ you get me my mobile?* potresti prendermi il telefonino?

would-be /'wʊdbɪ/ *a.* **1** aspirante, che aspira a, che vorrebbe essere: *a ~ poet* un aspirante poeta. **2** *(intended to be)* preteso, che vorrebbe essere: *~ kindness* pretesa gentilezza.

wouldn't /'wʊdənt/ *contraz. di* would not.

wouldst /wʊdst/ → **would.**

wound[1] /wuːnd/ **I** *n.* **1** ferita *f.* *(anche Bot)*. **2** *(fig) (injury to the feelings)* ferita *f.*, offesa *f.* **3** *(Bibl)* piaga *f.* (di Cristo). **II** *v.t.* **1** ferire, infliggere una ferita a. **2** *(fig) (to injure the feelings of)* ferire, offendere: *to ~ so's pride* ferire l'orgoglio di qcu.

wound[2] /waʊnd/ → **wind**[2].

wounded /'wuːndɪd/ **I** *a.* **1** ferito: *a ~ soldier* un soldato ferito. **2** *(fig)* ferito, offeso: *~ pride* orgoglio ferito. **II** *n. (costr.pl.)* feriti *m.pl.*: *dead and ~* morti e feriti.

wounding /'wuːndɪŋ/ *a. (fig)* che ferisce, che fa male, irriverente: *a ~ remark* un commento che ferisce.

wove[1] /wəʊv/ → **weave**[1].

wove[2] /wəʊv/ *a. (Cart)* retinato: *~ paper* carta retinata.

woven /'wəʊvən/ → **weave**[1].

wow[1] /waʊ/ **I** *intz. (colloq)* oh!, eh!, urca!, accidenti!, wow! **II** *n. (sl) (excitement)* slancio *m.*; *(great success)* successone *m.* **III** *v.t. (sl) (to excite, to thrill)* fare impazzire, mandare in visibilio, mandare in delirio.

wow[2] /waʊ/ *n. (Acus)* distorsione *f.*, wow *m.*

wowser /'waʊzər/ *n. (Aus)* **1** *(puritan)* puritano *m. (f.* -a); *(teetotaller)* astemio *m. (f.* -a) **2** *(killjoy)* guastafeste *m./f.*

wp, w.p. *weather permitting* (tempo permettendo).

WP *(Inform) Word Processing* WP (elaborazione dei testi).

W *particle* /,dʌbljuː'paːtɪkl̩ *Am* ,dʌbljuː 'paːrtɪkl̩/ *n. (Fis)* bosone *m.* W.

wpm *(typing speed) words per minute* (parole al minuto).

WRAC /ræk/ *(GB,Mil) Women's Royal Army Corps* (corpo delle ausiliarie dell'esercito inglese).

wrack /ræk/ *n.* **1** *(Mar)* nave *f.* naufragata; *(piece of wreckage)* relitto *m.*, carcassa *f.* **2** *(seaweed cast ashore)* alghe *f.pl.* marine gettate sulla spiaggia dal mare. **3** *(ant) (destruction, ruin)* distruzione *f.*, rovina *f.*, naufragio *m.* □ *~ and ruin* rovina completa: *to go to ~ and ruin* andare in rovina.

WRAF /ræf/ *(GB,Aer.mil) Women's Royal Air Force* (corpo delle ausiliarie dell'aeronautica inglese).

wraith /reɪθ/ *n.* **1** apparizione *f.* di una persona poco tempo prima della sua morte. **2** *(estens) (ghost)* apparizione *f.*, fantasma *m.*, spettro *m.* **3** *(fig) (thin, pale person)* larva *f.*

wrangle /'ræŋgl/ **I** *v.i.* **1** litigare, altercare, accapigliarsi, azzuffarsi: *the sons -d over the inheritance* i figli litigarono per l'eredità. **2** *(Am) (to round up horses or cattle)* radunare. **II** *n.* litigio *m.*, lite *f.*, alterco *m.*, baruffa *f.*

wrangler /'ræŋglər/ *n.* **1** chi litiga; *(colloq)* attaccabrighe *m./f.* **2** *(Univ) (at Cambridge)* studente *m. (f.* -essa) classificato tra i primi nell'esame finale di matematica. **3** *(Am) (one who wrangles cattle)* chi raduna il bestiame, mandriano *m. (f.* -a).

wrap[1] /ræp/ *(past, p.p.* **wrapped** /-t/) **I** *v.t.* **1** avvolgere, avviluppare, involgere, involtare: *to ~ a baby in a blanket* avvolgere un bambino in una coperta. **2** *(to envelop in paper)* incartare, avvolgere nella carta, confezionare, imballare, impacchettare: *to ~ a parcel* incartare un pacco. **3** *(of a covering)* avvolgere: *to ~ a towel round one's head* avvolgersi un asciugamano intorno alla testa. **4** *(to serve as a covering for)* coprire. **5** *(fig) (to envelop, to shroud)* avvolgere, coprire: *the valley was -ped in mist* la valle era avvolta nella nebbia; *the deal was -ped in mystery* l'affare era avvolto nel mistero. **6** *(fig) (to engross)* assorbire, prendere, impegnare: *to be -ped up in one's work* essere assorbito nel lavoro. **7** *(Inform)* andare a capo automaticamente. **II** *v.i.* **1** avvolgersi, arrotolarsi. **2** *(spec. Am) (to finish, esp. filming or recording)* ultimarsi, terminarsi, concludersi. □ *to ~ up*: 1 impacchettare, incartare, avvolgere nella carta: *to ~ up a gift* impacchettare un regalo; 2 *(to put on warm clothing)* imbacuccarsi, coprirsi (con indumenti pesanti): *~ up well before you go out* copriti bene prima di uscire; 3 *(colloq) (to bring to a conclusion)* chiudere, concludere; 4 *(fig) (to engross)* assorbire, prendere, impegnare: *to be -ped up in one's work* essere assorbito nel lavoro.

wrap[2] /ræp/ *n.* **1** *(Abbigl)* indumento *m.* da avvolgere intorno al corpo; *(shawl)* scialle *m.*; *(blanket)* coperta *f.* **2** *(packaging)* copertura *f.*, involucro *m.*, confezione *f.* **3** *(Cin,TV, Mus)* fine *f.* (delle riprese, della registrazione). □ *to take the -s off sth.* svelare qcs., rivelare qcs.; *(colloq) to keep sth. under -s* tenere qcs. segreto.

wraparound, wrap-around /'ræpəraʊnd/ **I** *a.* che avvolge in modo totale, avvolgente.

II *n.* involucro *m.* □ (*Cin*) ~*screen* schermo panoramico; (*Abbigl*) ~*skirt* gonna a portafoglio; (*Aut*) ~ *windscreen* (o ~ *windshield*) parabrezza avvolgente.

wrapper /ˈræpəʳ/ *n.* **1** (*so. or sth. that wraps*) chi avvolge, avvolgitore *m.* (*f.* -trice), confezionatore *m.* (*f.* -trice). **2** (*packaging*) involucro *m.*, copertura *f.*, confezione *f.* **3** (*Edit*) copertina *f.* volante. **4** (*spec. Am*) (*Abbigl*) (*dressing gown*) vestaglia *f.*, veste *f.* da camera; (*shawl*) scialle *m.* **5** (*of a cigar*) foglia *f.* esterna.

wrapping /ˈræpɪŋ/ *n.* **1** (*action*) avvolgimento *m.* **2** (*packaging*) copertura *f.*, confezione *f.*; (*wrapping material*) materiale *m.* per avvolgere, involto *m.*, involucro *m.* **3** (*for babies, corpses*) fasce *f.pl.*, fasciatura *f.*

wrap-up /ˈræpʌp/ *n.* (*spec. Am*) conclusione *f.*, chiusura *f.*; (*end of news bulletin*) titoli *m.pl.* di chiusura, riepilogo *m.*

wrasse /ræs/ *n.* (*Itt*) labro *m.*

wrath /rɒθ, rɔːθ *Am* ræθ/ *n.* collera *f.*, ira *f.*, rabbia *f.*: *the ~ of God* l'ira di Dio.

wrathful /ˈrɒːθfʊl *Am* ˈræθfʊl/ *a.* irato, adirato, arrabbiato.

wrathfully /ˈrɒːθfʊli *Am* ˈræθfʊli/ *avv.* iratamente, irosamente, rabbiosamente.

wrathfulness /ˈrɒːθfʊlnəs *Am* ˈræθfʊlnəs/ *n.* ira *f.*, rabbia *f.*, furore *m.*

wreak /riːk/ *v.t.* **1** provocare, causare, produrre, arrecare, portare: *the storm -ed havoc on the crops* la tempesta provocò la devastazione delle colture. **2** (*to give vent to*) sfogare, dare sfogo a, dare libero corso a: *to ~ one's wrath upon so.* sfogare la propria ira su qcu. **3** (*lett*) (*of vengeance, retribution*) infliggere, fare subire.

wreath /riːθ/ *n.* **1** corona *f.*, ghirlanda *f.*; (*lett*) serto *m.*: *a laurel ~* un serto di alloro; *a funeral ~* una corona funebre. **2** (*circular arrangement*) corona *f.*, cerchio *m.*, anello *m.* **3** (*of smoke, mist*) voluta *f.*, spira *f.*, spirale *f.*

wreathe /riːð/ **I** *v.t.* **1** incoronare, inghirlandare. **2** (*to form into a wreath*) intrecciare in una ghirlanda; (*of wreaths*) intrecciare. **3** (*to coil, to twist*) torcere, avvolgere, attorcigliare. **II** *v.i.* **1** avvolgersi, attorcigliarsi, avvilupparsi. **2** (*to move in coils, spirals*) muoversi a spirale, muoversi in volute; (*of smoke*) salire in spire.

wreck /rek/ **I** *n.* **1** (*Mar*) naufragio *m.*; (*wrecked ship*) nave *f.* naufragata, relitto *m.*, carcassa *f.*; (*goods, material cast up on land*) relitti *m.pl.*, rottami *m.pl.* **2** (*ruined building*) rovina *f.*, rudere *m.*, macerie *f.pl.*; (*ruined vehicle*) rottame *m.* **3** (*fig*) (*destruction, ruin*) naufragio *m.*, rovina *f.*, distruzione *f.*: *the ~ of our plans* il naufragio dei nostri progetti. **4** (*person, animal ruined in health*) rottame *m.*, rudere *m.*, carcassa *f.*: *drink had turned him into a ~* (*of his former self*) l'alcool l'aveva ridotto a un rottame. **5** (*Am*) (*crash*) incidente *m.* **II** *v.t.* **1** (*Mar*) far naufragare, provocare il naufragio di. **2** (*to cause to be destroyed*) distruggere, scassare, rompere; (*of buildings*) smantellare, demolire, abbattere. **3** (*fig*) far naufragare, far fallire, mandare a vuoto, mandare in fumo: *to ~ so.'s hopes* far naufragare le speranze di qcu. **III** *v.i.* naufragare, far naufragio.

wreckage /ˈrekɪdʒ/ *n.* **1** (*Mar*) naufragio *m.*; (*remains*) relitti *m.pl.* **2** (*of vehicles, etc.*) rottame *m.*, rottami *m.pl.*; (*of buildings*) macerie *f.pl.*

wrecker /ˈrekəʳ/ *n.* **1** (*Mar*) ricuperatore *m.* (di relitti); (*so. who plunders wrecks*) saccheggiatore *m.* (di relitti); (*so. who causes wrecks for plunder*) chi provoca naufragi a scopo di saccheggio. **2** (*so. who de-*

molishes houses or dismantles cars) demolitore *m.* (*f.* -trice). **3** (*fig*) distruttore *m.* (*f.* -trice). **4** (*Am,Aut*) carro *m.* attrezzi, autogrù *f.* **5** (*Am,Ferr*) carro *m.* (di) soccorso.

wrecking /ˈrekɪŋ/ *n.* **1** (*Mar*) ricupero *m.* di relitti; (*plunder*) saccheggio *m.* **2** (*fig*) rovina *f.*, naufragio *m.*, fallimento *m.* □ (*Tecn*) ~ *ball* sfera demolitrice, berta; (*Tecn*) ~ *bar* piede di porco; (*Ferr*) ~*car* carro (di) soccorso; (*Ferr,Aut*) ~ *crew* squadra di soccorso; (*Aut*) ~*truck* carro di soccorso, carro attrezzi.

wren /ren/ *n.* (*Ornit*) scricciolo *m.*

Wren /ren/ *n.* (*Mar.mil*) ausiliaria *f.* della marina militare inglese.

wrench /rentʃ/ **I** *v.t.* **1** (*to pull violently*) strappare, tirare con forza. **2** (*to pull and twist*) storcere, torcere (con violenza), distorcere. **3** (*Med*) slogarsi, storcersi: *to ~ an ankle* slogarsi una caviglia. **4** (*fig*) strappare, allontanare a forza, separare a forza: *refugees -ed from their homeland* profughi strappati alla loro patria. **5** (*fig,ant*) (*to distort*) distorcere, falsare, travisare, svisare. **II** *n.* **1** (*violent pull*) strappo *m.*, strappata *f.*, strattone *m.*, stratta *f.* **2** (*twist or sprain*) storta *f.*, torsione *f.* brusca *f.* **3** (*Med*) distorsione *f.*, slogatura *f.* **4** (*fig*) (*parting grief*) separazione *f.* dolorosa, distacco *m.* doloroso, strazio *m.* **5** (*fig,ant*) (*distortion*) distorsione *f.*, travisamento *m.*, svisamento *m.* **6** (*Mecc*) chiave *f.* inglese. **7** (*Am,Mecc*) chiave *f.*, chiave *f.* fissa (semplice); *to ~ sth.away* strappare via qcs.; *to ~free* liberarsi con uno strattone; *~off* tirar via con uno strappo, strappare con uno strappo.

wrest /rest/ **I** *v.t.* **1** strappare, tirare con forza. **2** (*to obtain by force, violence*) ottenere con la forza, strappare, estorcere; (*to get by effort*) strappare, ricavare a stento, ricavare con sforzo: *to ~ a living from the soil* strappare alla terra quel poco per vivere. **3** (*to distort*) distorcere, travisare, falsare, svisare. **II** *n.* **1** strappo *m.*, tirata *f.* **2** (*Mus,ant*) chiave *f.* per accordare strumenti a corda. **3** (*to*) (*Mus*) ~*block* somiere, pancone; (*Mus*) ~*pin* bischero, pirolo; (*Mus*) ~ *plank* somiere, pancone.

wrestle /ˈresəl/ **I** *v.i.* **1** lottare, fare la lotta (*anche Sport*). **2** (*fig*) (*to grapple*) essere alle prese, cimentarsi: *to ~ with a problem* essere alle prese con un problema. **II** *v.t.* **1** lottare con (o contro), sostenere una lotta con (o contro). **2** (*Sport*) fare la lotta con, fare alla lotta con. **III** *n.* **1** lotta *f.* **2** (*Sport*) lotta *f.*, incontro *m.* di lotta. **3** (*fig*) lotta *f.*, combattimento *m.*

wrestler /ˈreslə/ *n.* (*Sport*) lottatore *m.* (*f.* -trice).

wrestling /ˈreslɪŋ/ **I** *n.* lotta *f.* **II** *a.* di lotta.

wretch /retʃ/ *n.* **1** disgraziato *m.* (*f.* -a), sventurato *m.* (*f.* -a), infelice *m./f.*, sciagurato *m.* (*f.* -a). **2** (*despicable person*) sciagurato *m.* (*f.* -a), essere *m.* abietto, miserabile *m./f.* **3** (*iron*) (*of a child, etc.*) birbante *m./f.*, mascalzoncello *m.* (*f.* -a).

wretched /ˈretʃɪd/ *a.* **1** disgraziato, sventurato, miserabile, misero. **2** (*despicable, base*) abietto, ignobile, miserabile, meschino, spregevole. **3** (*squalid, sordid*) squallido, miserabile, sordido: ~ *living conditions* miserabili condizioni di vita. **4** (*extremely unpleasant*) orribile, orrendo, pessimo: ~ *weather* tempo orribile; *to feel ~* sentirsi molto male. **5** (*extremely inadequate*) pessimo, misero scadente, pietoso, schifoso: ~ *food* cibo schifoso.

wretchedly /ˈretʃɪdli/ *avv.* **1** miseramente. **2** (*to a deplorable degree*) tremendamente,

terribilmente.

wretchedness /ˈretʃɪdnəs/ *n.* **1** l'essere disgraziato, miserabilità *f.* **2** (*despicableness*) l'essere spregevole, meschinità *f.* **3** (*squalor*) squallore *m.*, miseria *f.*

wrick /rɪk/ **I** *v.t.* (*Br*) storcere leggermente: *to ~ one's ankle* storcersi leggermente una caviglia. **II** *n.* (*Br*) storta *f.* leggera, leggera distorsione *f.*, stiramento *m.*; *a ~ in the neck* un torcicollo.

wriggle /ˈrɪgəl/ **I** *v.i.* **1** dimenarsi, agitarsi, torcersi, contorcersi: *to ~ in one's chair* dimenarsi sulla sedia. **2** (*fig*) (*to act in an evasive way*) essere evasivo; (*to be ill at ease*) essere a disagio. **II** *v.t.* **1** dimenare, agitare: *to ~ one's tail* dimenare la coda. **2** (*to introduce, to insert with a writhing motion*) inserire (*o* infilare) con un movimento tortuoso. **III** *n.* **1** dimenamento *m.*, dimenio *m.* **2** (*meandering course*) meandro *m.*; (*line*) serpentina *f.* □ *to ~free* liberarsi a furia di contorsioni, liberarsi divincolandosi; *to ~out* : 1 sgusciare: *the eel -d out of my fingers* l'anguilla mi sgusciò tra le dita; 2 (*fig*) cavarsi d'impaccio con espedienti, sbrogliarsela: *he tried to ~ out of it* cercava una scappatoia; *to ~through a hole in the hedge* passare contorcendosi attraverso il buco di una siepe; *to ~ one's way out* sgusciare fuori a furia di contorsioni.

wriggler /ˈrɪglə/ *n.* **1** chi si dimena. **2** (*Entom*) larva *f.* di zanzara.

wriggly /ˈrɪgli/ *a.* che si dimena.

wring /rɪŋ/ (*past, p.p.* **wrung** /rʌŋ/) **I** *v.t.* **1** torcere, strizzare, spremere: *to ~ a wet towel* torcere un asciugamano bagnato. **2** (*to extract by twisting or compressing*) spremere, fare uscire strizzando, fare uscire torcendo: *to ~ water out of clothes* spremere l'acqua dai vestiti. **3** (*fig*) (*to extract with difficulty, violence*) estorcere, carpire, strappare: *to ~ a confession out of so.* estorcere una confessione a qcu. **4** (*to twist violently*) torcere (con violenza): *to ~ so.'s neck* torcere il collo a qcu. **5** (*of the face*) storcere. **6** (*to clasp tightly*) torcere, serrare: *to ~ one's hands in despair* torcersi le mani dalla disperazione. **7** (*fig*) (*to distress, to torment*) straziare, affliggere profondamente. **II** *n.* **1** strizzatura *f.*, spremitura *f.*, strizzata *f.* **2** (*of the hand*) forte stretta *f.* □ (*fig*) *to ~ so.'sheart* fare soffrire qcu.; (*fig*) *to ~water from a flint* fare miracoli.

wringer /ˈrɪŋəʳ/ *n.* strizzatoio *m.* □ *to go through the ~* (o *to be putthrough the ~*) passare un brutto quarto d'ora.

wringing /ˈrɪŋɪŋ/, **wringing-wet** /ˈrɪŋɪŋwet/ *a.* (*colloq*) (bagnato) fradicio, (tutto) zuppo.

wrinkle /ˈrɪŋkəl/ **I** *n.* **1** (*on the skin, face*) ruga *f.* **2** (*in materials, paper*) grinza *f.*, increspatura *f.*, crespatura *f.*, crespa *f.* **3** (*problems*) complicazione *f.*, intoppo *m.*: *to iron out the -s* risolvere gli intoppi. **4** (*colloq*) (*clever innovation*) trovata *f.* **II** *v.i.* corrugarsi, raggrinzirsi, raggrinzarsi, incresparsi. **III** *v.t.* **1** corrugare, raggrinzire, raggrinzare, increspare: *to ~ one's forehead* corrugare la fronte; *to ~ one's eyes* strizzare gli occhi; *to ~ one's nose* arricciare il naso. **2** (*of material, paper, etc.*) increspare, raggrinzare, raggrinzire. □ (*Tess*) ~*resistant* antipiega; *to ~up* corrugare, raggrinzire, increspare.

wrinkled /ˈrɪŋkəld/ *a.* **1** rugoso, crespato, increspato, grinzoso. **2** (*furrowed, etc.*) rugoso, grinzoso.

wrinklie /ˈrɪŋkli/ *n.* (*Br,scherz,spreg*) matusa *m./f.*, vecchietto *m.* (*f.* -a).

wrinkly /ˈrɪŋkli/ **I** *n.* (*Br,scherz,spreg*) matusa *f.*, vecchietto *m.* (*f.* -a). **II** *a.* grinzoso, rugoso.

wrist /rɪst/ *n.* (*Anat*) polso *m.* ☐ (*Anat*) ~ *bone* osso del carpo; (*spec. Am*) (*Mecc*) ~ *pin* perno dello stantuffo.

wristband /'rɪstbænd/ *n.* polsino *m.* (di camicia).

wrist-drop /'rɪstdrɒp *Am* 'rɪstdrɑːp/ *n.* (*Med*) paralisi *f.* dei muscoli estensori del carpo.

wristlet /'rɪstlɪt/ *n.* **1** (*Sport*) polsiera *f.* **2** (*bracelet*) bracciale *m.*, braccialetto *m.*

wristlock /'rɪstlɒk *Am* 'rɪstlrɑːk/ *n.* (*Sport*) presa *f.* di polso.

wristwatch /'rɪstwɒtʃ *Am* 'rɪstwɑːtʃ/ *n.* orologio *m.* da polso.

wristy /'rɪsti/ *a.* del polso. ☐ (*in tennis*) ~ *hit* tiro di polso.

writ[1] /rɪt/ → **write**.

writ[2] /rɪt/ *n.* **1** (*Dir*) mandato *m.*, ordinanza *f.*, decreto *m.*, ordine *m.* (scritto emesso dall'autorità giudiziaria). **2** (*ant*) (*power*) potere *m.*, autorità *f.* **3** (*ant*) (*sth. written*) scritto *m.* ☐ ~ *large* evidente, lampante; (*Dir*) ~ *of attachment* ordine di sequestro; (*Parl*) ~ *of election* ordine di convocazione dei comizi elettorali; ~ *of execution* decreto di esecuzione; (*Dir*) ~ *of inquiry* ordine d'inchiesta; ~ *of privilege* ordine di scarcerazione; (*Dir*) ~ *of prohibition* obbligo di non fare; ~ *of summons* atto di citazione, ordine di comparizione.

write /raɪt/ (*past* **wrote** /rəʊt/ /*rar* **writ** /rɪt/, *p.p.* **written** /'rɪtən/ /*rar* **writ**) **I** *v.t.* **1** scrivere: ~ *your name here* scrivete qui il vostro nome. **2** (*to write to*) scrivere a: *I wrote my mother* ho scritto a mia madre. **3** (*to compose by writing*) scrivere, stendere, redigere, comporre: *to ~ a novel* scrivere un romanzo; *to ~ a sports article* redigere un articolo sportivo. **4** (*Mus*) scrivere, comporre. **5** (*to fill with writing*) riempire, scrivere, compilare: *to ~ a cheque* riempire un assegno. **6** (*to communicate with in written form*) scrivere: *he wrote that he would not be returning* scrisse che non sarebbe tornato. **7** (*to send a letter to*) scrivere, mandare una lettera a. **8** (*to spell*) scrivere: *words written alike but pronounced differently* parole scritte nello stesso modo ma che si pronunciano in modo diverso. **9** (*to inscribe*) incidere, scrivere, iscrivere. **10** (*fig*) scrivere, imprimere, fissare (profondamente): *despair was written on her face* aveva la disperazione scritta in volto. **11** (*Inform*) (*to type in*) introdurre; (*to save*) salvare. **12** (*Assic*) sottoscrivere. **II** *v.i.* **1** scrivere: *to ~ with a pencil* scrivere a matita; *he -s for a literary magazine* scrive per un giornale letterario; *this pen doesn't ~* questa penna non scrive. **2** (*Mus*) comporre musica, scrivere musica. **3** (*Inform*) di scrittura. ☐ *to ~ a good hand* scrivere chiaramente, avere una bella calligrafia; *to ~ away* ordinare (per posta): *she wrote away for it* lo ha ordinato per posta; *to ~ back* rispondere (per scritto): ~ *back as soon as you can* rispondimi al più presto; *to ~ down*: **1** scrivere, annotare, prendere nota di: ~ *this down in your diary* scrivilo nel tuo diario; **2** (*to record*) mettere per iscritto, definire (per scritto); **3** (*to disparage in writing*) scrivere male di, denigrare; **4** (*Comm*) ribassare; (*Inform*) ~ *error* errore di scrittura; *to ~ in*: **1** scrivere, inviare una lettera; **2** (*to insert in sth. written*) inserire in uno scritto, introdurre in uno scritto; **3** (*Am*) (*to insert a candidate's name on a ballot paper*) scrivere, inserire; *to ~ in one's own hand* scrivere di proprio pugno; (*Dir*) *to ~ into* includere (in un documento legale); *to ~ off*: **1** (*to write fluently, rapidly*) scrivere con facilità, buttar giù;

2 (*to request by post*) richiedere, ordinare (per posta); **3** (*dismiss as worthless*) considerare fallimentare, riconoscere l'inutilità di, considerare inutile; **4** (*Econ*) (*to depreciate*) deprezzare; (*to amortize*) ammortizzare, ammortare; **5** (*Comm*) (*to remove a bad debt*) cancellare, annullare, depennare, stornare; **6** (*Br,Aut*) (*to make unrepairable*) distruggere, demolire; (*to deem unrepairable*) rottamare; (*fig*) *to ~ sth. on the back of an envelope* scrivere qcs. di getto; *to ~ out*: **1** scrivere per esteso: *to ~ out one's full name* scrivere il proprio nome e cognome per esteso; **2** (*to fill with writing*) riempire, compilare: *to ~ out a form* compilare un modulo; **3** (*to put in writing*) scrivere, mettere per iscritto; **4** (*rifl*) (*to ~ oneself out* (*of an author*) esaurire la propria vena per il troppo scrivere; **5** (*to remove from a soap opera*) eliminare, depennare; *to ~ sth. out fair* copiare qcs. in bella copia; (*Inform*) ~ *protect* protezione della scrittura; *to ~ up*: **1** (*to rewrite from notes*) trascrivere (da appunti), riscrivere, mettere per esteso; **2** (*to write a review*) fare un completo resoconto scritto di, descrivere per esteso, redigere; **3** (*to write a diary entry*) scrivere, descrivere; **4** (*Am,Econ*) (*to overvalue assets*) rivalutare.

write-down /'raɪtdaʊn/ *n.* (*Econ*) riduzione *f.* del valore nominale.

write-in /'raɪtɪn/ *n.* (*Am,Pol*) inserimento *m.* del nome di un candidato, voto *m.* dato ad un certo candidato.

write-off /'raɪtɒf/ *n.* **1** (*vehicle damaged beyond repair*) rottame *m.* **2** (*so. or sth. worthless*) perdita *f.* assoluta, perdita *f.* completa. **3** (*Comm*) cancellazione *f.*, storno *m.*

write-protected /'raɪtprəʊˌtektəd/ *a.* (*Inform*) protetto da scrittura.

writer /'raɪtə *Am* 'raɪtər/ *n.* **1** persona *f.* che scrive, chi scrive. **2** (*author*) scrittore *m.* (*f.* -trice), autore *m.* (*f.* -trice). **3** (*scribe*) scrivano *m.* **4** (*graffiti writer*) graffitista *m./f.* **5** (*a piece of writing: the author*) scrivente *m./f.*, autore *m.* (*f.* -trice): *the* (*present*) ~ *believes that* lo scrivente ritiene che. **6** (*Inform*) (*CD-writer*) masterizzatore *m.* ☐ ~*'s block* blocco dello scrittore; (*Med*) ~*'s cramp* spasmo degli scrivani, crampo degli scrivani, grafospasmo; (*Scott,ant,Dir*) *Writer to the Signet* legale, giurista.

write-up /'raɪtʌp/ *n.* **1** (*Giorn*) (*review*) critica *f.*, stampa *f.*, recensione *f.*: *the film got a good* ~ il film ebbe una buona critica. **2** (*Giorn*) (*report*) resoconto *m.*, servizio *m.* **3** (*spec. Am, Econ*) rivalutazione *f.*

writhe /raɪð/ **I** *v.i.* **1** torcersi, contorcersi, dimenarsi, contorcersi, agitarsi convulsamente: *to ~ in agony* torcersi dal dolore. **2** (*fig*) (*to shrink mentally*) fremere, risentirsi, spasimare. **II** *v.t.* (*of the body*) agitare convulsamente, dimenare. **III** *n.* contorcimento *m.*, contorsione *f.*

writing /'raɪtɪŋ *Am* 'raɪtɪŋ/ **I** *n.* **1** scrittura *f.*, lo scrivere: *the invention of* ~ l'invenzione della scrittura. **2** (*written form*) scrittura *f.*, forma *f.* scritta. **3** (*sth. written*) scritto *m.* **4** (*handwriting*) grafia *f.*, calligrafia *f.*, scrittura *f.* **5** (*act, practice of literary composition*) lo scrivere, il fare lo scrittore. **6** *pl.* (*publications, works*) scritti *m.pl.*, opere *f.pl.* (scritte), lavori *m.pl.*: *a volume of letters, essays and other -s* un volume di lettere, saggi e altri scritti; *the -s of Shakespeare* le opere di Shakespeare. **II** *a.* da scrivere, per scrivere. ☐ (*Am*) *at this* ~ nel momento in cui scriviamo; ~ *bureau* scrittoio, scrivania; ~ *case* nécessaire per scrivere, astuccio per scrivere; ~ *desk* scrittoio, scrivania; (*Inform*) ~

head testina di scrittura; *in* ~ per iscritto; *to answer in* ~ rispondere per iscritto. (*down*) *in writing* mettere qcs. per scritto; ~ *ink* inchiostro per scrivere; (*fig*) *the ~ on the wall* (tutti) i segnali: *we should have seen the ~ on the wall* avremmo dovuto capire i segnali (del disagio); (*spec. Br*) *the ~ is on the wall* i segnali sono chiari; ~ *pad*: **1** blocco, bloc notes; **2** (*desk pad*) sottomano, cartella; ~ *paper*: **1** carta da scrivere; **2** (*note paper*) carta da lettere; ~ *table* scrittoio, scrivania.

written[1] /'rɪtən/ → **write**.

written[2] /'rɪtən/ *a.* **1** scritto. **2** (*Dir*) codificato. **3** (*fig*) (*ordained*) destinato, decretato, scritto. ☐ (*Dir*) ~ *evidence* testimonianza scritta, prova scritta; ~ *examination* esame scritto, prova scritta; ~ *in one's own hand* scritto di proprio pugno, scritto di propria mano; (*fig*) ~ *in water* (*of a name, reputation, etc.*) scritto sulla sabbia, scritto sull'acqua; ~ *language* lingua letteraria, lingua scritta; ~ *law* legge scritta; *the ~ word* la parola scritta, il linguaggio scritto.

wrong /rɒŋ *Am* rɑːŋ/ **I** *a.* **1** sbagliato, errato, inesatto, scorretto: *a ~ answer* una risposta sbagliata. **2** (*not in accordance with requirements, desires, etc.*) sbagliato: *this is the right place but the ~ day* questo è il posto giusto ma il giorno sbagliato. **3** (*inappropriate*) non adatto, inadatto, sbagliato, inopportuno, fuori luogo: *it is the ~ time for such remarks* non è il momento adatto per simili osservazioni. **4** (*amiss, out of order*) che non funziona, che non va, guasto: *there is something ~ with the television* c'è qualcosa che non funziona nel televisore. **5** (*contrary to what is just, good*) scorretto, riprovevole, disonesto: *it would be ~ not to warn them* sarebbe scorretto non avvertirli. **6** (*of a person*) in torto, che sbaglia. **7** (*being the opposite of the correct one*) sbagliato, opposto, contrario: *to use the ~ side of a knife* usare un coltello dalla parte sbagliata. **8** (*not visible*) rovesciato, interno: *to iron on the ~ side* stirare sul rovescio. **9** (*reverse or inverted*) capovolto, rovesciato. **II** *n.* **1** male *m.*: *to distinguish between right and ~* distinguere il bene dal male. **2** (*sin*) male *m.*, peccato *m.* **3** (*unjust act*) torto *m.*, ingiustizia *f.*, offesa *f.* **4** (*Dir*) illecito *m.* **III** *avv.* **1** in modo sbagliato, scorrettamente, erroneamente: *to answer ~* rispondere in modo sbagliato. **2** (*in a bad way*) male. **3** (*astray*) fuori strada, in direzione sbagliata. **IV** *v.t.* **1** (*to treat unjustly*) trattare ingiustamente, essere ingiusto con, fare torto a, offendere. **2** (*to malign*) denigrare, screditare, diffamare. ☐ *to do ~* ~ *to so.* fare del male a qcu.; (*Br,fig*) *to begin at the ~ end* cominciare dalla parte sbagliata; *to get hold of the ~ end of the stick* capire fischi per fiaschi, fraintendere; *the ~ foot* il piede sbagliato: *to start off on a ~ foot* (o *to get off on a ~ foot*) iniziare con il piede sbagliato, incominciare male; *to get ~*: **1** (*to make a mistake*) sbagliare; **2** (*to misunderstand*) capire male, fraintendere: *you've got it ~* hai capito male; *don't get me ~* non fraintendermi; *to go ~*: **1** fallire, andare male, andare di traverso: *our plans went ~* i nostri piani fallirono; **2** (*to fail to function properly*) rompersi, guastarsi, non funzionare più; **3** (*to make a mistake*) sbagliare, fare un errore, commettere un errore; **4** (*to embark on an evil course*) deviare dal retto cammino, prendere una cattiva strada; **5** (*to take the wrong direction*) sbagliare direzione, sbagliare strada; *to be in the ~* essere nel torto; (*colloq*) *he is ~ in the head* gli manca una rotella, gli manca qualche rotella; *to do ~ no* ~: **1** non fare niente di male, non fare del male; 2 (*to make no mistake*) non sbagliare, non commettere errori; *~number* : 1 (*Tel*) numero sbagliato; 2 (*suspicious person*) tipo sospetto, tipo losco; *the -s of time* le ingiurie del tempo; *to put so. in the* ~ far apparire qcu. colpevole, mettere qcu. dalla parte del torto; *to be on the ~side of forty* avere passato la quarantina; (*fig*) *to get out of the ~ side of the bed* alzarsi col piede sbagliato; *the ~side of the cloth* il rovescio della stoffa; *~side out* (*of a garment*) alla rovescia, a rovescio; *to take sth. in the ~spirit* prendere qcs. in mala parte; *to say the ~thing* parlare a sproposito; *on the ~track* sulla strada sbagliata; *the ~way* dalla strada sbagliata, per la strada sbagliata: *we've come the wrong ~* siamo venuti per la strada sbagliata; *what 's ~?* cosa c'è (che non va)?

wrongdoer /'rɒŋduːəʳ *Am* 'rɑːŋduːəʳ/ *n.* 1 malvivente *m./f.*, chi commette cattive azioni, chi fa del male. 2 (*Dir*) trasgressore *m.* (*f.* trasgreditrice), chi commette un (atto) illecito. 3 (*transgressor of moral laws*) malfattore *m.* (*f.* -trice), chi commette azioni disoneste.

wrongdoing /'rɒŋduːɪŋ *Am* 'rɑːŋduːɪŋ/ *n.* 1 male *m.*, peccato *m.* 2 (*Dir*) atto *m.* illecito, illecito *m.* 3 (*transgression of moral laws*) trasgressione *f.*, violazione *f.*

wrong-foot /'rɒŋfʊt/ *v.t.* (*spec. Br*) spiazzare: *he -ed his opponents* ha spiazzato i suoi avversari.

wrongful /'rɒŋfʊl *Am* 'rɑːŋfʊl/ *a.* 1 ingiusto, iniquo. 2 (*Dir*) (*having no legal right*) illegittimo: *the ~ occupier of a property* l'occupante illegittimo di una proprietà. 3 (*Dir*) (*unlawful*) illegale, illecito, indebito: *~ dismissal* licenziamento illegale; *~ appropriation of funds* appropriazione indebita di fondi.

wrongfully /'rɒŋfʊli *Am* 'rɑːŋfʊli/ *avv.* ingiustamente, iniquamente.

wrongfulness /'rɒŋfʊlnəs *Am* 'rɑːŋfʊlnəs/ *n.*

ingiustizia *f.*, iniquità *f.*

wrong-headed /'rɒŋhedɪd *Am* 'rɑːŋhedɪdnəs/ *a.* pervicace, ostinato.

wrong-headedly /'rɒŋhedɪdli *Am* 'rɑːŋhedɪdli/ *avv.* pervicacemente, ostinatamente.

wrong-headedness /'rɒŋhedɪdnəs *Am* 'rɑːŋhedɪdnəs/ *n.* pervicacia *f.*, ostinazione *f.*

wrongly /'rɒŋli *Am* 'rɑːŋli/ *avv.* 1 (*incorrectly*) in modo scorretto, scorrettamente; (*mistakenly*) erroneamente. 2 (*badly*) male, malamente. 3 (*unjustly*) a torto, ingiustamente.

wrote /rəʊt/ → **write**.

wroth /rəʊθ, rɒθ *Am* rɑːθ/ *a.* (*rar, poet*) furente, furioso, furibondo.

wrought [1] /rɔːt/ → **work**[2].

wrought [2] /rɔːt/ *a.* 1 sagomato, modellato. 2 (*Met*) battuto, fucinato: *~ iron* ferro battuto.

wrought-up /'rɔːtʌp *Am* 'rɔːtʌp/ *a.* turbato, agitato, inquieto.

wrung /rʌŋ/ → **wring**[1].

WRVS (*GB*) *Women's Royal Voluntary Service* (servizio di volontariato femminile).

wry /raɪ/ *a.* 1 (*disdainfully ironic*) sarcastico, beffardo, ironico, caustico, pungente: *a ~ speech* un discorso sarcastico; *a ~ sense of humour* un umorismo pungente. 2 (*ironically amused*) sardonico, amaro: *a ~ smile* un sorriso sardonico. 3 (*twisted, contorted*) contorto, storto: *to make a ~ face* storcere il viso.

wrybill /'raɪbɪl/ *n.* (*Ornit*) anarinco *m.*

wryly /'raɪli/ *avv.* ironicamente, sarcasticamente, beffardamente, amaramente.

wryneck /'raɪnek/ *n.* (*Ornit, Med*) torcicollo *m.*

wryness /'raɪnəs/ *n.* 1 ironia *f.*, sarcasmo *m.*, amarezza *f.* 2 (*being twisted*) l'essere storto.

WS *Samoa* WS (Samoa).

WSW, **W.S.W.** *west-south-west* OSO (ovest-sud-ovest).

wt. *weight* P (peso).

WTO *World Trade Organisation* OMC (Organizzazione mondiale del commercio).

wulfenite /'wʊlfənaɪt/ *n.* (*Min*) wulfenite *f.*

wunderkammer /'vʊndəˌkæməʳ/ *n.* stanza *f.* delle meraviglie.

wunderkind /'vʊndəˌkɪnt *Am* 'vʊndəʳˌkɪnt/ *n.* giovane *m./f.* di successo, prodigio *m.*

Wurlitzer /'wʊrlɪtzəʳ/ *n.* (*Mus*) organo *m.* elettronico (da cinema).

wurst /vɜːst *Am* wɜːrst/ *n.* (*Gastron*) 1 salame *m.* 2 (*Am*) wurstel *m.*, salsiccia *f.*

wuss /wʊs/ *n.* (*spec. Am, colloq*) pappamolla *f.*, inetto *m.*

WV *St. Vincent and the Grenadines* WV (Saint Vincent e Grenadine).

W.V. *West Virginia* W.V. (West Virginia).

WW, **W.W.** 1 *World War* (guerra mondiale). 2 (*Econ*) *With Warrants* (con warrant).

WWF /'dʌbə(l)juːdʌbə(l)juːˌef/ *World Wildlife Fund* WWF (Fondo mondiale per la natura).

WWI (*Stor*) *World War I* (prima guerra mondiale).

WWII (*Stor*) *World War II* (seconda guerra mondiale).

WWW (*Inform*) *World Wide Web* WWW (rete telematica mondiale).

WY *Wyoming* WY (Wyoming).

wych /wɪtʃ/ □ (*Bot*) *~elm* olmo riccio, olmo montano; *~hazel* : 1 (*Bot*) amamelide; 2 (*Chim, Farm*) estratto di amamelide.

Wykehamist /'wɪkəmɪst/ I *n.* (*Br*) studente *m.* del college di Winchester. II *a.* (*Br*) del college di Winchester.

wynd /waɪnd/ *n.* (*spec. Scott*) viuzza *f.*, vicolo *m.*

Wyoming /waɪ'əʊmɪŋ/ *n.pr.* (*Geog*) Wyoming *m.*

WYSIWYG /'wɪzɪwɪg/ (*Inform*) *what you see is what you get* WYSIWYG (ciò che vedi è ciò che ottieni).

wyvern /'waɪvɜːn *Am* 'waɪvɜːrn/ *n.* (*Arald*) dragone *m.* alato a due zampe.

X

x¹, X¹ /eks/ (*pl.* **x's/xs, X's/Xs** /-ɪz/) *n.* (*letter of the alphabet*) x, X *f./m.*: *a capital X* una x maiuscola; *a small x* una x minuscola; (*Tel*) *X for Xmas* (o *Am X as in Xmas*) x come xeres. ☐ (*Biol*) *X chromosome* cromosoma X.

x², X² /eks/ *n.* (*Mat*) **1** (*algebraic variable*) x *f.*, variabile *f.* x. **2** (*Cartesian coordinate along the x-axis*) x *f.*

X² /eks/ **I** *a.* **1** (*X-shaped*) a (forma di) X. **2** (*Cin*) vietato ai minori di 16 anni. **II** *n.* (*Roman numeral: ten*) X, dieci *m.*

Xanadu /ˈzænəduː/ *n.pr.* Xanadu *m.*, luogo *m.* immaginario meraviglioso.

xanthate /ˈzænθeɪt/ *n.* (*Chim*) xantato *m.*

xanthene /ˈzænθiːn/ *n.* (*Chim*) xantene *m.*

xanthine /ˈzænθiːn, ˈzænθaɪn *Am* ˈzænθɪn/ *n.* (*Chim*) xantina *f.*

Xanthippe /zænˈtɪp *Br also* zænˈθɪpi/ **I** *n.pr.f.* Santippe. **II** *n.* (*fig*) santippe *f.*

xanthochromia /ˌzænθouˈkroumiə/ *n.* (*Med*) xantocromia *f.*

xanthoma /zænˈθoumə/ *n.* (*Chim*) xantoma *m.*

xanthomatosis /ˌzænθoumeˈtousɪs/ *n.* (*Med*) xantomatosi *f.*

xanthone /ˈzænθoun/ *n.* (*Chim*) xantone *m.*

xanthophyll /ˈzænθoufɪl *Am* ˈzænθəfɪl/ *n.* (*Chim*) xantofilla *f.*

xanthopsia /zænˈθɒpsiə/ *n.* (*Med*) xantopsia *f.*

Xanthus /ˈzænθəs/ *n.pr.* **1** (*Geog*) Xanto *f.* **2** (*Mitol*) Xanto *m.*

Xavier /ˈzæviə, ˈzeɪviə *Am* ˈzeɪvjə, ˈzævjə/ *n.pr.m.* Saverio.

x-axis /ˈeksæksɪs/ *n.* (*Mat,Geom*) asse *m.* (delle) x.

XD, xdiv /ˈeksˌdiː/ (*Econ*) *ex dividend* (ex dividendo).

xenial /ˈziːniəl/ *a.* ospitale, di ospitalità.

xenobiotic /ˌzenoubaɪˈbtɪk, ˌziːnoubaɪˈbtɪk *Am* ˌzenoubaɪˈɑːtɪk, ˌziːnoubaɪˈɑːtɪk/ **I** *a.* (*Biol*) xenobiotico. **II** *n.* (*Biol*) xenobio *m.*

xenogamy /zɪˈnɒgəmi *Am* zɪˈnɑːgəmi/ *n.* (*Bot*) xenogamia *f.*

xenogeneic /ˌzenoudʒɪˈneɪɪk, ˌzenoudʒɪˈniːɪk *Am* ˌzenoudʒəˈneɪk, ˌziːnoudʒəˈniːɪk/ *a.* (*Fisiol*) xenogenico.

xenograft /ˈzenou,grɑːft *Am* ˈzenə,græft, ˈziːnə,græft/ *n.* (*Chir*) eterotrapianto *m.*, xenotrapianto *m.*

xenolith /ˈzenoulɪθ *Am also* ˈziːnəlɪθ/ *n.* (*Geol*) xenolite *f.*

xenon /ˈziːnɒn *Am* ˈziːnɑːn, ˈzenɑːn/ *n.* (*Chim*) xeno *m.*

xenophilia /ˌzenouˈfɪliə, ˌziːnouˈfɪliə *Am* ˌziːnə-

ˈfiːliə/ *n.* xenofilia *f.*

xenophilous /ˌzeˈnɒfɪləs, ˌziːˈnɒfɪləs *Am* ˌziːˈnɑːfələs/ **I** *a.* xenofilo. **II** *n.* xenofilo (*f.* -a).

xenophobe /ˈzenoufoub *Am also* ˈziːnəfoub/ *n.* xenofobo *m.* (*f.* -a).

xenophobia /ˌzenouˈfoubiə *Am also* ˌziːnəˈfoubiə/ *n.* xenofobia *f.*

xenophobic /ˌzenouˈfoubɪk *Am also* ˌziːnəˈfoubɪk/ *a.* xenofobico, xenofobo.

Xenophon /ˈzenəfən *Am* ˈzenəfən, ˈzenəfɑːn/ *n.pr.m.* (*Stor.gr*) Senofonte.

xenopus /ˈzenəpəs/ *n.* (*Zool*) xenopo *m.*

xenotransplant /ˌzenouˈtrænsplɑːnt *Am* ˌziːnouˈtrænsplænt/ *n.* (*Chir*) xenotrapianto *m.*

xenotransplantation /ˌzenou,trænsplɑːnˈteɪʃən *Am* ˌziːnoutrænsplænˈteɪʃən/ *n.* (*Chir*) xenotrapianto *m.*

xeres /ˈzeriːs, ˈʃeriːs/ *n.* (*Enol*) xeres *m.*, sherry *m.*

xeric /ˈzɪərɪk *Am* ˈzerɪk/ *a.* xerico.

xeriscape /ˈzɪərɪskeɪp, ˈzerɪskeɪp/ *n.* (*Agr*) coltivazione *f.* che richiede poca irrigazione.

xeroderma /ˌzɪərouˈdɜːmə, ˌzerouˈdɜːmə *Am* ˌzerəˈdɜːrmə/ *n.* (*Med*) xeroderma *m.*, xerodermia *f.* ☐ (*Med*) ~ *pigmentosum* xeroderma pigmentoso.

xerodermia /ˌzɪərouˈdɜːmiə, ˌzerouˈdɜːmiə *Am* ˌzerəˈdɜːrmiə/ *n.* (*Med*) xeroderma *m.*, xerodermia *f.*

xeroform /ˈzɪərəˈfɔːm *Am* ˌzɪrəˈfɔːrm/ *n.* (*Farm*) xeroformio *m.*

xerographic /ˌzɪərəˈgræfɪk *Am* ˌzɪrəˈgræfɪk/ *a.* (*Tip*) xerografico.

xerography /zɪəˈrɒgrəfi, zerˈɒgrəfi *Am* zɪˈrɑːgrəfi/ *n.* (*Tip*) xerografia *f.*

xeromorphic /ˌzɪərəˈmɔːfɪk *Am* ˌzɪrəˈmɔːrfɪk/ *a.* (*Bot*) xeromorfismo *m.*

xeromorphism /ˌzɪərəˈmɔːfɪzəm *Am* ˌzɪrəˈmɔːrfɪzəm/ *n.* (*Bot*) xeromorfo *m.*

xerophilous /zɪˈrɒfɪləs *Am* ˌzɪˈrɑːfələs/, **xerophile** /ˈzɪərou,faɪl *Am* ˈzɪrə,faɪl/ *a.* (*Bot*) xerofilo.

xerophthalmia /ˌzɪərɒfˈθælmɪə *Am* ˌzɪrəfˈθælmiə/ *n.* (*Med*) xeroftalmia *f.*, xeroftalmo *m.*

xerophyte /ˈzɪərə,faɪt *Am* ˈzɪrə,faɪt/ *n.* (*Bot*) xerofita *f.*, pianta *f.* xerofita.

xerophytic /ˌzɪərəˈfɪtɪk *Am* ˌzɪrəˈfɪtɪk/ *a.* (*Bot*) xerofito.

xeroradiography /ˈzɪəroureɪdiˌɒgrəfi *Am* ˌzɪrouˌreɪdiˈɑːgrəfi/ *n.* (*Med*) xeroradiografia *f.*

xerosis /zɪˈrousɪs/ *n.* (*Med*) xerosi *f.*

xerothermic /ˌzɪərouˈθɜːmɪk *Am* ˌzɪrouˈθɜːrmɪk/ *a.* (*Bot*) xerotermo.

xerox, Xerox /ˈzɪərɒks *Am* ˈzɪrɑːks/ **I** *n.* xerocopia *f.* **II** *v.t.* xerocopiare, fare una xerocopia di.

x-height /ˈekshaɪt/ *n.* (*Tip*) altezza *f.* dell'occhio mediano.

xi /(k)saɪ *Am also* zaɪ, saɪ/ *n.* (*letter of the Greek alphabet*) csi *m./f.*, ksi *m./f.*, xi *m./f.*

xiphoid /ˈzɪfɔɪd/ *a.* (*Anat*) xifoide. ☐ (*Anat*) ~ *cartilage* (o ~ *process*) apofisi xifoide.

XL *extra large* XL (extra large).

Xmas /ˈkrɪsməs, ˈeksməs *Am also* ˈkrɪsməs/ *n.* (*colloq*) Natale *m.*

XMS /ˌeksemˈes/ (*Inform*) *extended memory specification* XMS (specificazione di memoria estesa).

Xn *Christian* (cristiano).

xoanon /ˈzouənɒn *Am* ˈzouənɑːn/ *n.* (*Stor*) xoanon *m.*

X-rated /ˈeks,reɪtɪd *Am* ˈeks,reɪtɪd/ *a.* pornografico, per soli adulti.

X-ray /ˈeksreɪ/ **I** *n.* **1** (*Fis,Med*) raggio *m.* X, raggio *m.* roentgen. **2** (*photograph*) radiografia *f.* **II** *a.* a raggi X, di raggi X, per raggi X. **III** *v.t.* fare una radiografia, radiografare (*anche Med*). ☐ (*Astr*) ~ *astronomy* astronomia in raggi X; (*Fis*) ~ *crystallography* cristallografia a raggi X; (*Itt*) ~ *fish* pristella riddlei; ~ *photograph* radiografia; (*Med*) ~ *therapy* roentgenterapia; ~ *tube* tubo a raggi X.

Xt *Christ* (Cristo).

xylem /ˈzaɪləm, ˈzaɪlem/ *n.* (*Bot*) xilema *m.*

xylene /ˈzaɪliːn/ *n.* (*Chim*) xilene *m.*

xylenol /ˈzaɪlənɒl *Am* ˈzaɪlənɑːl/ *n.* (*Chim*) xilenolo *m.*

xylidine /ˈz(a)ɪlɪ,diːn, ˈzaɪlɪdaɪn/ *n.* (*Chim*) xilidina *f.*

xylograph /ˈzaɪlougrɑːf, ˈzaɪlougræf/ *n.* xilografia *f.*, silografia *f.*

xylographer /zaɪˈlɒgrəfə *Am* zaɪˈlɑːgrəfə/ *n.* xilografo *m.* (*f.* -a), silografo *m.* (*f.* -a).

xylographical /ˌzaɪləˈgræfɪkəl/ *a.* xilografico, silografico.

xylography /zaɪˈlɒgrəfi *Am* zaɪˈlɑːgrəfi/ *n.* xilografia *f.*, silografia *f.*

xylol /ˈzaɪlɒl *Am* ˈzaɪlɑːl/ *n.* (*Chim*) xilene *m.*

xylology /zaɪˈlɒlədʒi *Am* zaɪˈlɑːlədʒi/ *n.* xilologia *f.*, silologia *f.*

xylophage /ˈzaɪləfeɪdʒ/ *n.* (*Zool*) insetto *m.* xilofago, xilofago *m.*

xylophagous /zaɪˈlɒfəgəs *Am* zaɪˈlɑːfəgəs/ *a.* (*Zool*) xilofago.

xylophone /ˈzaɪlə,foun/ *n.* (*Mus*) xilofono *m.*, silofono *m.* ☐ (*Mus*) ~ *player* xilofonista, silofonista.

xylophonist /ˈzaɪləfounɪst/ *n.* (*Mus*) xilofonista *m./f.*, silofonista *m./f.*

xylose /ˈzaɪlous/ *n.* (*Chim*) xilosio *m.*

xyster /ˈzɪstə/ *n.* (*Chir*) raschiatoio *m.*

Y

y¹, **Y**¹ /waɪ/ *(pl.* **y's/ys, Y's/Ys** /waɪz/) *n. (letter of the alphabet)* y, Y *f./m.: two y's* due y; *a capital Y* una y maiuscola; *a small y* una y minuscola; *(Tel)* Y *for yellow* (o *Am* Y *as in yoke)* y come yacht. □ *(Biol)* Y *chromosome* cromosoma Y; *(Am,colloq)the Y* ostello del YMCA.

y² *n. (Mat)* **1** *(algebraic variable)* y *f.*, variabile *f.* y. **2** *(Cartesian coordinate along the y-axis)* y *f.*

Y² /waɪ/ I *a. (Y-shaped)* a (forma di) Y. II *n. (medieval Roman numeral)* Y, centocinquanta *m.*

y' *(colloq) pron.pers.* → **you.**

y. **1** *yard* yd (iarda). **2** *year* a. (anno).

Y2K /ˌwaɪtuːˈkeɪ/ *(the year 2000)* anno *m.* duemila, duemila *m.*

yacht /jɒt *Am* jɑːt/ I *n. (Mar)* imbarcazione *f.* a vela, yacht *m.*, panfilo *m.* II *v.i.* **1** *(Mar)* navigare su uno yacht, fare una crociera su uno yacht. **2** *(Sport) (to race in a yacht)* partecipare a regate d'altura.

yachtie /ˈjɒti *Am* jɑːti/ *n. (Mar,colloq)* patito *m.* dello yachting.

yachting /ˈjɒtɪŋ *Am* ˈjɑːtɪŋ/ *n.* navigazione *f.* da diporto, yachting *m.*

yachtsman /ˈjɒtsmən *Am* ˈjɑːtsmən/ *n.irr.* **1** proprietario *m.* di yacht. **2** *(Sport)* velista *m.*, yachtsman *m.*

yachtsmanship /ˈjɒtsmənʃɪp *Am* ˈjɑːtsmənʃɪp/ *n.* abilità *f.* nella navigazione da diporto.

yack /jæk/ *(past, p.p.* **yacked** /-t/) *v.i. (colloq)* cicalare, ciarlare: *to ~ on about sth.* continuare a parlare di qcs.

yackety-yack, yackety-yak /ˈjækɪti,jæk *Am* ˈjækɪti,jæk/ I *v.i. (to chat on, to gossip)* chiacchierare: *she could ~ with a total stranger for hours* era capace di chiacchierare per ore con una persona mai vista prima. II *n. (colloq) (chatting time)* chiacchierata *f.* III *a. (concerning nonsense, or gossip, chatter)* di una chiacchierata: *we haven't had a good ~ session in ages* è da tantissimo tempo che non ci facciamo una bella chiacchierata.

yaffle /ˈjæfəl/ *n. (Ornit,dial) (green woodpecker)* picchio *m.* verde.

yager /ˈjeɪgər/ *n. (Mil) (jaeger)* jäger *m.*, cacciatore *m.*

yah /jɑː/ *intz.* **1** *(S.Afr,Br,sl) (yes)* sì! **2** *(to express derision, defiance)* puah!

yahoo¹ /jəˈhuː, jɑːˈhuː *Am also* jæˈhuː/ *intz. (expressing great joy or excitement)* evviva!, e vai!

yahoo² /jɑːˈhuː/ *n. (crude or brutish person)* zotico *m.* (*f.* -a), ignorante *m./f.*, bestia *f.*

Yahoo /ˈjɑːhuː *Am also* ˈjeɪhuː/ *n. (Lett)* Yahoo *m.*

Yahveh, Yahweh /ˈjɑːveɪ *Br also* jɑːˈveɪ/ *n.pr.m. (Bibl)* Yahweh.

yak¹ /jæk/ *n. (Zool)* yak *m.*, poefago *m.*

yak² /jæk/ *(past, p.p.* **yakked** /-t/) *v.i. (colloq)* cicalare, ciarlare: *to ~ on about sth.* continuare a parlare di qcs.

yakuza /ˈjækuza *Am* ˈjɑːkuza/ *n.inv.* **1** *(Japanese mafia)* yakuza *f.* **2** *(member of Japanese mafia)* membro *m.* della yukuza.

y'all /jɔːl/ *pron.pers.pl. (Am,region)* voi, voialtri.

yam /jæm/ *n.* **1** *(Bot)* igname *m.* **2** *(Am,Alim, colloq) (sweet potato)* patata *f.* dolce, patata *f.: candied -s* patate dolci cotte con al forno con burro e zucchero.

yammer /ˈjæmər/ *v.i.* **1** *(colloq)* cianciare, ciarlare, cicalare. **2** *(dial) (to whine)* piagnucolare, lamentarsi; *(to yelp)* guaire, uggiolare.

yank /jæŋk/ I *v.t./i. (colloq)* tirare con violenza, dare uno strattone (a). II *n. (colloq)* strattone *m.*, strappo *m.: to give sth. a ~* dare uno strattone a qcs.

Yank /jæŋk/ *n./a. (sl)* → **Yankee.**

Yankee /ˈjæŋki/ I *n.* **1** americano *m.* (*f.* -a), yankee *m./f.* **2** *(American from the Northern states)* abitante *m./f.* degli Stati del nord, yankee *m./f.* **3** *(Am) (New Englander)* abitante *m./f.* della Nuova Inghilterra. **4** *(Stor.am)* nordista *m./f.*, yankee *m.* II *a.* **1** americano, yankee. **2** *(Am) (of New England)* della Nuova Inghilterra. **3** *(Stor.am)* nordista, yankee.

Yankeeism /ˈjæŋkiɪzəm/ *n.* **1** caratteristica *f.* americana. **2** *(Yankee idiom, expression)* americanismo *m.*

yap¹ /jæp/ *(past, p.p.* **yapped** /-t/) *v.i.* **1** abbaiare in modo stridulo. **2** *(to yelp)* guaire, uggiolare. **3** *(colloq) (to chatter noisily)* cicalare, cianciare.

yap² /jæp/ *n.* **1** l'abbaiare in modo stridulo. **2** *(colloq) (noisy chatter)* cicaleccio *m.*, chiacchericcio *m.* **3** *(sl) (mouth)* bocca *f.*; *(scherz)* becco *m.*

yard¹ /jɑːd *Am* jɑːrd/ *n.* **1** *(unit of measure)* iarda *f.*, yard *f.* (pari a 0,914 m). **2** *(Mar)* pennone *m.*, pennoncino *m.* **3** *(Edil)* iarda *f.* cubica (di sabbia o ghiaia). **4** *pl. (colloq) (large quantity)* grande quantità *f.sing.*, sacco *m.sing.*, mucchio *m.sing.* □ *(Mar) ~ arm* varea di pennone; *~ bird:* **1** *(Mil)* recluta; **2** *(convict)* avanzo *m.* di galera, galeotto *m.*; *~ boss* capocantiere; *sold by the ~* venduto a iarde.

yard² /jɑːd *Am* jɑːrd/ I *n.* **1** cortile *m.*, *(ant)* corte *f.* **2** *(Am)* giardino *m.: back ~* giardino dietro a una casa; *front ~* giardino davanti a una casa. **3** *(Edil)* mattonaia *f.*, cortile *m.* di fornace. **4** *(Mar)* cantiere *m.* navale, arsenale *m.* (marittimo). **5** *(Ferr)* scalo *m.* (merci). **6** *(Zootecn)* recinto *m.* II *v.t.* **1** *(Zootecn)* mettere in un recinto. **2** *(Ferr)* immagazzinare in uno scalo merci. □ *(spec.Am) ~ sale* mercatino delle pulci tenuto nel giardino di una casa; *(Zootecn) to ~ up* mettere in un recinto.

Yard /jɑːd *Am* jɑːrd/ *n.pr. (GB) (Scotland Yard)* Scotland Yard *f.*

yardage¹ /ˈjɑːdɪdʒ *Am* ˈjɑːrdɪdʒ/ *n.* **1** lunghezza *f.* in iarde *(anche Tess).* **2** *(Sport) (American football)* iarde *f.pl.* (conquistate). **3** *(Edil,Mar) (area in square yards)* area *f.* in iarde quadrate; *(volume in cubic yards)* volume *m.* in iarde cubiche.

yardage² /ˈjɑːdɪdʒ *Am* ˈjɑːrdɪdʒ/ *n.* **1** *(use of a yard)* uso *m.* di un recinto. **2** *(charge made)* diritti *m.pl.* per l'uso di un recinto.

yardman /ˈjɑːdmən *Am* ˈjɑːrdmən, jɑːrd,mæn/ *n.* **1** *(Am,colloq)* giardiniere *m.*, addetto *m.* ai lavori in giardino. **2** *(Ferr)* addetto *m.* allo scalo, manovale *m.* **3** *(Mar)* lavorante *m.* di cantiere navale. **4** *(Mar,ant)* marinaio *m.* asse-gnato ai pennoni.

yardmaster /ˈjɑːd,mɑːstər *Am* ˈjɑːrd,mæstər/ *n. (Ferr)* capo *m.* di uno scalo.

yardstick /ˈjɑːdstɪk *Am* ˈjɑːrdstɪk/ *n.* **1** barra *f.* della lunghezza di una iarda. **2** *(fig)* criterio *m.*, metro *m.*, parametro *m.*

yarn /jɑːn *Am* jɑːrn/ I *n.* **1** *(Tess)* filo *m.*, filato *m.* **2** *(colloq) (long tale)* racconto *m.* lungo, filastrocca *f.* **3** *(colloq) (untrue story)* fandonia *f.*, panzana *f.*, storia *f.* II *v.i.* raccontare storie.

yarn-dyed /ˈjɑːndaɪd *Am* ˈjɑːrndaɪd/ *a. (Tess)* tinto in filo.

yarrow /ˈjærou/ *n. (Bot)* millefoglie *m.*

yaup /jɔːp/ I *v.i. (Am,colloq)* guaire, uggiolare. II *n. (Am) (loud brutish exclamation)* guaito *m.*

yaw /jɔː/ I *v.i.* **1** *(Mar)* straorzare, *(ant)* alambardare. **2** *(Aer)* imbardare. II *n.* **1** *(Mar)* straorzata *f.*, *(ant)* alambardata *f.* **2** *(Aer)* imbardata *f.*

yawl¹ /jɔːl/ *n. (Mar)* **1** scialuppa *f.*, iole *f.* **2** *(sailing vessel)* yawl *m.*

yawl² /jɔːl/ *v.i./t. (dial) (to howl)* urlare, strillare.

yawn /jɔːn/ I *v.i.* **1** sbadigliare. **2** *(fig) (to be bored)* annoiarsi. **3** *(lett)* spalancarsi, aprirsi: *a chasm -ed before us* un precipizio si spalancava davanti a noi. II *v.t.* dire sbadigliando. III *n.* **1** sbadiglio *m.* **2** *(colloq)* cosa *f.* noiosa, pizza *f.*

yawning /ˈjɔːnɪŋ/ *a.* **1** che sbadiglia. **2** *(fig)* spalancato, aperto.

yawp /jɔːp/ I *v.i. (Am,colloq)* guaire, uggiolare. II *n. (Am) (loud brutish exclamation)* guaito *m.*

y-axis /ˈwaɪ,æksɪs/ *n. (Mat,Geom)* asse *m.* (delle) y.

yay /jeɪ/ *avv. (Am,colloq) (in terms of measurements)* così: *I've known him since he was ~ big* lo conosco da quando era alto così.

ycleped, yclept /ɪˈklept *Am also* ɪˈkliːpt/ *a. (rar)* chiamato, detto, di nome.

yd *yard* yd (iarda).

ye¹ /jiː/ *pron.* **1** *(Bibl,rar) (plural you)* voi. **2** *(singular you)* tu. **3** *(in invocations) ~ gods!* o voi dei!

ye² /jiː/ *art. (rar,ant) (the)* il, lo, la, i, gli, le.

yea /jeɪ/ I *avv.* **1** *(Bibl) (yes)* sì *(anche scherz).* **2** *(indeed)* veramente, davvero. II *n. (affirmative vote)* sì *m.*, voto *m.* favorevole.

yeah /jeə *Am also* jæə/ *intz./n. (colloq)* → **yes.**

yean /jiːn/ I *v.i. (Scott) (of a sheep, goat)* figliare. II *v.t. (Scott)* partorire.

yeanling /ˈjiːnlɪŋ/ *n. (Scott,Zool) (lamb)* agnello *m.*; *(kid)* capretto *m.*

year /jɪə *Am* jɪr/ *n.* **1** anno *m.*, annata *f.: the ~ 1980* l'anno 1980; *the work took three -s* il lavoro ha richiesto tre anni; *this ~* quest'anno, *last ~* l'anno scorso, l'anno passato; *next ~* l'anno prossimo, l'anno venturo. **2** *(of age)* anno *m.* (d'età): *a man of fifty -s* un uomo di cinquant'anni. **3** *(Scol)* anno *m.* (scolastico). **4** *pl. (age)* anni *m.pl.*, età *f.sing.* □ *~ a ~ (every year)* ogni anno; *~ after ~* un anno dopo l'altro, anno dopo anno, tutti gli anni; *-s ago* anni fa; *~ by ~* un anno dopo l'altro, tutti gli anni (con regolarità); *(Br, colloq) in the ~ dot* molto tempo fa, nella notte dei tempi; *from ~ to ~* di anno in anno, annualmente; *in -s gone by* nei tempi andati, in altri tempi; *~ in – out* un anno dopo l'altro, tutti gli anni (con regolarità); *in the ~ of grace 1670* nell'anno di grazia 1670; *(Rel.ebr) ~ of jubilee* anno giubilare, anno del giubileo; *in the ~ of our Lord 1648* nell'anno del Signore 1648; *in the ~ of our redemption 1648* nell'anno di grazia 1648; *(scherz) the ~* one molto tempo fa, ai tempi di Adamo ed Eva; *in -s to come* nei prossimi anni, negli anni a venire.

yearbook /ˈjɪrbʊk/ *n.* (Am) annuario *m.*

year-end /ˈjɪərend, ˈjɜːrend *Am also* ˈjɪrend/ **I** *n.* **1** fine *f.* (d')anno. **2** (Econ) chiusura *f.* di un esercizio finanziario. **II** *a.* di fine anno. ☐ (Econ) *~ closing* (o *~ closure*) chiusura d'esercizio.

yearling /ˈjɪəlɪŋ, ˈjɜːlɪŋ *Am also* ˈjɪrlɪŋ/ **I** *n.* **1** animale *m.* di un anno. **2** (Equit) puledro *m.* di un anno, yearling *m.* **II** *a.* di un anno, che ha un anno.

yearlong /ˌjɪəˈlɒŋ, ˌjɜːˈlɒŋ *Am also* ˈjɪrlɔːŋ, ˈjɪrlɒŋ/ *a.* che dura un anno, della durata di un anno, annuo.

yearly /ˈjɪəli, ˈjɜːli *Am also* ˈjɪrli/ **I** *a.* annuale, annuo. **II** *avv.* **1** (once a year) una volta all'anno. **2** (every year) ogni anno, tutti gli anni, annualmente.

yearn /jɜːn/ *v.i.* **1** bramare, volere, desiderare ardentemente, agognare (for, after sth. qcs.), anelare (a): *to ~ for peace* volere ardentemente la pace. **2** (to feel tenderness) provare tenerezza per.

yearner /ˈjɜːnər *Am* ˈjɜːrnər/ *n.* chi brama, chi desidera ardentemente.

yearning /ˈjɜːnɪŋ *Am* ˈjɜːrnɪŋ/ **I** *n.* **1** desiderio *m.* intenso, smania *f.*, struggimento *m.*, brama *f.* **2** (tender affection) tenerezza *f.* **II** *a.* bramoso, desideroso.

yearningly /ˈjɜːnɪŋli *Am* ˈjɜːrnɪŋli/ *avv.* con struggimento, con brama.

year-round /ˈjɪəraʊnd, ˈjɜːraʊnd *Am also* ˈjɪrraʊnd/ *a.* di tutto l'anno, non stagionale. ☐ (Scol) *~ school* scuola che non prevede vacanze estive.

yeast /jiːst/ *n.* **1** lievito *m.*, fermento *m.* (di birra). **2** (foam, spume) schiuma *f.*, spuma *f.*

yeastiness /ˈjiːstiɪnəs/ *n.* **1** schiumosità *f.*, spumosità *f.* **2** (fig) (vitality, exuberance) vitalità *f.*, esuberanza *f.* **3** (fig) (frivolity) frivolezza *f.*, superficialità *f.* **4** (fig) (wordiness) verbosità *f.*, prolissità *f.*

yeasty /ˈjiːsti/ *a.* **1** del lievito. **2** (containing yeast) che contiene lievito. **3** (resembling yeast) simile a lievito. **4** (fig) (vital, exuberant) pieno di vitalità, esuberante; (turbulent) in fermento, agitato, turbolento. **5** (frothy, foamy) spumeggiante, spumoso.

yeehaw /ˈjiːhɔː/ *intz.* (Am,colloq,region) → **yes**.

yegg /jeg/ *n.* (Am,sl) (thief) ladro *m.*; (safecracker) scassinatore *m.* di casseforti.

yell /jel/ **I** *v.i.* urlare, gridare, strillare: *don't ~, I'm not deaf* non urlare, non sono sordo. **II** *v.t.* dire urlando, gridare, strillare. **III** *n.* **1** urlo *m.*, grido *m.*, strillo *m.* **2** (Am) (call, announcement) l'avvertire, il chimare: *just give a ~ if you need some help* se hai bisogno di aiuto fammi un fischio. **3** (Am) (cheer, shout) grido *m.* d'incitamento. **4** (Br,colloq) (amusing person) tipo *m.* spassoso.

yellow /ˈjeləʊ/ **I** *a.* **1** giallo. **2** (spreg) (yellow-skinned) dalla pelle gialla, di razza gialla. **3** (sl) (cowardly) vigliacco, codardo, vile. **4** (Am,Giorn) scandalistico, a forti tinte. **II** *n.* **1** giallo *m.*, color *m.* giallo. **2** (sth. yellow) oggetto *m.* giallo. **3** (person with a yellow skin) giallo *m.* (f. -a), persona *f.* di razza gialla (anche spreg). **4** *pl.* (Med,Veter) (jaundice) ittero *m.sing.* **5** *pl.* (Agr) giallume *m.sing.* **III** *v.t.*

---

ingiallire, far diventare giallo. **IV** *v.i.* ingiallire, diventare giallo. ☐ (Bot) *~ bird's-nest* monotropa; (Sport) *~ card* cartellino giallo; (Am,fig) *~ dog* vigliacco, farabutto; *to throw a ~ fit* fare una scena (da cinema), urlare come un pazzo; (Min) *~ earth* ocra gialla impura; (Med) *~ fever* febbre gialla; *~ jack*: 1 (Med) febbre gialla; 2 (Mar) bandiera di quarantena; (Min) *~ lead ore* piombo giallo, wulfenite; (Strad) *~ light* semaforo giallo; (Min) *~ ocher* (o *~ ochre*) ocra gialla; (Tel, Comm) *~ pages* pagine gialle; (Pol,spreg) *~ peril* pericolo giallo; (Am) *~ press* stampa scandalistica; (Agr) *~ rust* ruggine striata, ruggine gialla; (Min) *~ sapphire* corindone giallo; (Med) *~ spot* macula lutea; (colloq,fig) *~ streak* traccia di vigliaccheria, tendenza alla vigliaccheria; *to have a ~ streak* avere un che di vigliacco.

yellowback /ˈjeləʊbæk/ *n.* (Am,Stor) romanzo *m.* a forti tinte in edizione economica (con la copertina gialla).

yellow-bellied /ˈjeləʊˌbelid/ *a.* (sl) (cowardly) da vigliacco, da codardo, vile.

yellowcake /ˈjeləʊˌkeɪk/ *n.* (Min) yellow cake *m.*, concentrato *m.* uranifero.

yellowed /ˈjeləʊd/ *a.* ingiallito.

yellowing /ˈjeləʊɪŋ/ *a.* che sta ingiallendo.

yellowish /ˈjeləʊɪʃ/ *a.* giallastro, giallognolo.

yellowjacket /ˈjeləʊˌdʒækɪt *Am* ˈjeləʊ ˌdʒækɪt/ *n.* (Entom) vespa *f.*

yellowness /ˈjeləʊnɪs/ *n.* l'essere giallo.

Yellowstone /ˈjeləʊstəʊn *Am* ˈjeləʊstəʊn/ *n.pr.* (Geog) Yellowstone *m.*

yellowy /ˈjeləʊi/ *a.* giallastro, giallognolo.

yelp /jelp/ **I** *v.i.* **1** (of a dog, etc.) guaire, uggiolare. **2** (to cry out in pain) gridare per il dolore. **II** *n.* **1** guaito *m.* **2** (sharp cry) strillo *m.*

yelper /ˈjelpər/ *n.* chi guaisce.

Yemen /ˈjemən, ˈjemen/ *n.pr.* (Geog) Yemen *m.*

Yemeni /ˈjeməni, ˈjemeni/ *n.pr.* **1** yemenita *m./f.* **2** (Ling) lingua *f.* yemenita.

Yemenite /ˈjemənaɪt *Am also* ˈjeɪmənaɪt/ *a.* yemenita.

yen¹ /jen/ *n.* (Econ,Numism) yen *m.*

yen² /jen/ **I** *n.* (colloq) (desire, craving) gran voglia *f.*, forte desiderio *m.* **II** *v.i.* (past, p.p. **yenned** /-d/) (colloq) avere una gran voglia (for di).

yeoman /ˈjəʊmən/ *n.irr.* **1** (Stor) yeoman *m.*, piccolo proprietario *m.* terriero. **2** (Mil) volontario *m.* di un corpo di cavalleria (formato da agricoltori). **3** (Am,Mar.mil) furiere *m.* (ordinario). **4** (Mil,ant) membro *m.* di guardia nazionale a cavallo. ☐ (GB) *Yeoman of the Guard* guardiano della torre di Londra; (fig) *~ service* (o *~'s service*) aiuto efficace, servizio utile.

yeomanly /ˈjəʊmənli/ *a.* di yeoman, relativo a yeoman, da yeoman.

yeomanry /ˈjəʊmənri/ *n.* **1** (collett.) classe *f.* di yeoman, classe *f.* di piccoli coltivatori diretti. **2** (Mil) guardia *f.* nazionale a cavallo (composta da agricoltori volontari).

yep /jep/ *avv.* (Am,sl) (yes) sì.

yes /jes/ **I** *avv.* **1** sì: *have you finished? - ~* (I have) hai finito? - sì; *~, you're quite right* sì, hai (proprio) ragione. **2** (to contradict a negation) invece sì, ma sì: *it isn't right - ~ it is* non è giusto - e invece sì. **3** (to express conditional assent, agreement) sì, va bene: *it's expensive ~, but it's worth the money* è caro, sì, ma vale la spesa. **4** (indeed) anzi, per meglio dire, o meglio: *this is the obvious, ~ the only conclusion* questa è la conclusione ovvia, anzi, l'unica. **II** *n.* (pl. **-es/-es** /ˈjesɪz/) **1** sì *m.*: *answer ~ or no* rispondi sì o no. **2** (affirm-

---

ative vote) sì *m.*, voto *m.* favorevole.

yes-man /ˈjes,mæn/ *n.irr.* (colloq) chi dice sempre di sì, persona *f.* accondiscendente.

yessir /ˈjesər, jesˈsɜːr/ *intz.* (yes sir) sissignore!

yesterday /ˈjestədeɪ, ˈjestədi *Am* ˈjestərdeɪ, ˈjestərdi/ *avv.* **1** ieri: *he arrived ~* è arrivato ieri. **2** (fig) (recently) ieri, recentemente, poco tempo fa. **II** *n.* **1** ieri *m.*: *~'s newspaper* il giornale di ieri. **2** (fig) (recent past time) ieri *m.*: *an invention of ~* un'invenzione di ieri. **3** *pl.* (past time) passato *m.sing.*, ieri *m.sing.*: *all our -s* tutto il nostro passato. **III** *a.* di ieri, relativo a ieri. ☐ *~ afternoon* ieri pomeriggio; *~ evening* ieri sera; *~ morning* ieri mattina.

yestereve /ˈjestəriːv/, **yestereven** /ˈjestər ˌiːvən/, **yesterevening** /ˈjestərˌiːvnɪŋ/ **I** *avv.* (poet) ieri sera. **II** *n.* (poet) la sera di ieri.

yesternight /ˈjestənaɪt *Am* ˈjestərnaɪt/ **I** *avv.* (poet) ieri notte. **II** *n.* (poet) la notte di ieri.

yesteryear /ˈjestəjɪər *Am* ˈjestərjɪr/ **I** *avv.* (poet) l'anno scorso, l'anno passato. **II** *n.* (poet) anno *m.* scorso, anno *m.* passato.

yet /jet/ **I** *avv.* **1** (in negatives, conditionals) ancora: *I am not ready ~* non sono ancora pronto; (in past times) ancora: *in 1944 the atomic bomb had not been tested ~* nel 1944 la bomba atomica non era ancora stata sperimentata. **2** (in interrogatives: at this moment, now) già (ora): *are you ready ~?* sei già pronto?; *has the post arrived ~?* è già arrivata la posta? **3** (still) ancora, tuttora: *there is ~ hope* c'è ancora speranza. **4** (with comparatives: even) ancora, anche: *~ faster* ancora più veloce; *~ more work* ancora più lavoro. **5** (also) ancora, anche: *~ another* ancora un altro. **6** (at some future time, eventually) ancora: *we may ~ win* potremmo ancora vincere. **7** (nevertheless) nondimeno, tuttavia, eppure, pure. **II** *congz.* **1** (but, nevertheless) ma, tuttavia, nondimeno, pure, eppure: *a difficult, ~ necessary, decision* una decisione difficile, ma necessaria; *they are poor, ~ they manage to get by* sono poveri, tuttavia riescono a tirare avanti. **2** (although) benché, sebbene, quantunque. ☐ *~ again* ancora una volta; *strange and ~ true* strano ma vero; *as ~* finora; (until then) fino ad allora; *as ~ we have had no reply* finora non abbiamo avuto (nessuna) risposta; *~ more* ancora, dell'altro; *nor ~* né, e nemmeno, e neppure, e neanche: *I have not invited him nor ~ do I intend to* non l'ho invitato né intendo farlo; *not ~* non ancora.

yeti /ˈjeti *Am* ˈjeṭi/ *n.* yeti *m.*

yew /juː/ *n.* (Bot) tasso *m.*

Y-fronts /ˈwaɪfrʌnts/ *n.pl.* slip *m.pl.* da uomo con cucitura a forma di Y sul davanti.

Y.H. *Youth Hostel* (ostello della gioventù).

yid, Yid /jɪd/ *n.* (spreg) (Jew) giudeo *m.* (f. -a), ebreo *m.* (f. -a).

Yiddish /ˈjɪdɪʃ/ **I** *n.* (Ling) yiddish *m.* **II** *a.inv.* yiddish: *~ litterature* letteratura yiddish.

Yiddishism /ˈjɪdɪʃɪzm/ *n.* **1** (Ling) (idiomatic expression in Yiddish) espressione *f.* idiomatica yiddish. **2** (advocacy of Yiddish culture) promozione *f.* della cultura yiddish.

yield /jiːld/ *v.t.* **1** dare, rendere, produrre, fornire: *to ~ a profit* dare un profitto; *the land -ed good crops* la terra ha dato buoni raccolti. **2** (to produce as revenue) rendere, fruttare. **3** (to give rise to, to cause) dare, causare: *to ~ startling results* dare risultati sorprendenti. **4** (to surrender) consegnare, cedere: *to ~ a fortress to the enemy* consegnare una fortezza al nemico. **5** (to give way, to submit) cedere, arrendersi, sottomettersi, piegarsi: *to ~ to a temptation* cedere a una tentazione.

6 (*to relinquish possession of*) cedere, dare, abbandonare: *to ~ power to so.* cedere il potere a qcu. **7** (*to admit the validity of*) cedere a: *to ~ to an argument* cedere davanti a un'argomentazione. **8** (*to render as right*) prestare: *to ~ obedience* prestare obbedienza. **9** (*to bestow as a favour*) concedere. **II** *v.i.* **1** fruttare, essere produttivo. **2** (*to surrender*) arrendersi, darsi per vinto: *his opponent refused to ~* il suo avversario rifiutò di arrendersi. **3** (*to give way, to comply*) accondiscendere, consentire, acconsentire, cedere (*to* a): *to ~ to a demand* accondiscendere a una richiesta; *to ~ to force* cedere alla forza. **4** (*to give way to a physical force*) cedere, soccombere (a): *to ~ to pressure* cedere alla pressione. **5** (*to be amenable*) essere suscettibile (di). **6** (*to give precedence*) dare la precedenza (a). **7** (*to be succeeded by sth.*) cedere, dare luogo, lasciare il posto (a). **8** (*to acknowledge the superiority of so., sth.*) essere secondo, essere inferiore, cedere (a): *I ~ to no one in my love of liberty* non sono secondo a nessuno nel mio amore per la libertà. **9** (*Strad*) dare la precedenza (*to* a). **III** *n.* **1** prodotto *m.*, produzione *f.* **2** (*amount yielded*) resa *f.*, rendimento *m.* **3** (*Agr*) raccolto *m.*, produzione *f.* **4** (*Pesc*) pescata *f.*, quantità *f.* di pesce pescato. **5** (*Minier,Forest*) resa *f.*, produzione *f.* **6** (*Econ*) rendita *f.*, reddito *m.*, resa *f.*, introito *m.*; (*of revenues*) gettito *m.* □ (*fig*) *not to ~an inch* non cedere d'un millimetro, non cedere d'un palmo; *to ~consent* (*o to ~ one's consent*) dare il proprio consenso (*to* a); (*Fis*) *~point* carico di snervamento, limite di snervamento; *to ~ precedence* dare la precedenza (*to* a): *to ~ precedence to so.* dare la precedenza a qcu., concedere la precedenza a qcu.; (*Fis*) *~strength* resistenza allo snervamento; *to ~ so.thanks* ringraziare qcu., rendere grazie a qcu.; (*Parl*) *to ~the floor* cedere la parola (*to* a); (*fig*) *to ~the palm* to cedere la palma a; *to ~the pas to so.* cedere il passo a qcu.; *to ~the rostrum to so.* cedere la parola a qcu.; *to ~up* consegnare, cedere; (*Br,fig*) *to ~up the ghost* (o *to ~ up the spirit*) esalare l'anima, rendere l'anima a Dio, rendere lo spirito.

yielding /'ji:ldɪŋ/ *a.* **1** (*flexible*) cedevole, flessibile, elastico. **2** (*compliant, submissive*) arrendevole, condiscendente.

yieldingly /'ji:ldɪŋli/ *avv.* **1** (*flexibly*) cedevolemente, flessibilmente. **2** (*willingly*) volontariamente.

yieldingness /'ji:ldɪŋnəs/ *n.* **1** cedevolezza *f.*, flessibilità *f.*, elasticità *f.* **2** (*compliancy, submission*) arrendevolezza *f.*, docilità *f.*

yikes /'jaɪks/ *intz.* (*expression of shock and surprise*) porca miseria!, accidenti!

yip[1] /jɪp/ (*past, p.p.* **yipped** /-t/) *v.i.* (*of a dog*) guaire, uggiolare.

yip[2] /jɪp/ *n.* guaito *m.*, uggiolio *m.*

yippee /jɪ'pi:/ *intz.* evviva! e vai!

yippie /'jɪpi/ *n.* (*Am*) hippy *m./f.* politicamente attivo (*f.* -a).

ylang-ylang /ˌi:læŋi'læŋ *Am* ˌi:lɑ:ŋ'i:lɑ:ŋ/ *n.* (*Bot*) ylang-ylang *m.*

YMCA /ˌwaɪemsi:'eɪ/ *Young Men's Christian Association* YMCA (associazione cristiana dei giovani).

yo /jəʊ/ *intz.* (*Am,sl*) (*expression to get so.'s attention*) ehi!

yob[1] /jɒb/ *n.* (*Br,colloq*) **1** (*rude young man*) zoticone *m.* **2** (*loutish young man*) teppista *m.*

yod /jɒd *Am* jɑ:d/ *n.* (*Fon,Ling*) iod *m.*

yodel /'jəʊdəl/ (*past, p.p.* **yodelled** /*Am* **yodeled** /-d/) **I** *n.* (*Folcl*) jodel *m.* **II** *v.i.* (*Folcl*) fare lo jodel. **III** *v.t.* (*Folcl*) cantare facendo lo jodel.

yodle /'jəʊdəl/ **I** *n.* (*Folcl*) jodel *m.* **II** *v.i.* (*Folcl*) fare lo jodel. **III** *v.t.* (*Folcl*) cantare facendo lo jodel.

yoga, Yoga /'jəʊgə/ *n.* yoga *m.*

yoghourt, yoghurt /'jɒgət, 'jəʊgət *Am* 'jəʊgərt/ *n.* (*Alim*) yogurt *m.*, yoghurt *m.* □ *~ making machine* yogurtiera.

yogi /'jəʊgi/ *n.* (*Rel*) yogin *m.*, yoghin *m.*

yogin /'jəʊgɪn/ *n.* (*Rel*) yogin *m.*, yoghin *m.*

yogism /'jəʊgɪzəm/ *n.* dottrina *f.* dello yoga.

yogurt /'jɒgət, 'jəʊgət *Am* 'jəʊgərt/ *n.* (*Alim*) yogurt *m.*, yoghurt *m.*

yo-heave-ho /ˌjəʊhi:v'həʊ/ *intz.* (*Mar*) oo-is-sa!

yoick /jɔɪk/ **I** *v.i.* (*Caccia*) gridare "yoicks". **II** *v.t.* aizzare gridando "yoicks".

yoicks /jɔɪks/ *intz.* (*used by fox-hunters*) yoicks!

yoke /jəʊk/ **I** *n.* **1** giogo *m.* **2** (*pl.inv.*) (*pair of yoked animals*) paio *m.*, coppia *f.*: *four ~ of oxen* quattro paia di buoi. **3** (*for carrying a load*) bastone *m.* reggisecchi, giogo *m.* da acquaiolo. **4** (*Stor*) giogo *m.* **5** (*fig*) (*agency of oppression*) giogo *m.*, dominio *m.* (oppressivo), servitù *f.*, soggezione *f.*: *to throw off the ~ of foreign oppression* scuotersi di dosso il giogo dell'oppressione straniera. **6** (*fig*) (*bond, tie*) legame *m.*, vincolo *m.* **7** (*scherz*) (*matrimonial bond*) giogo *m.*, vincolo *m.* coniugale. **8** (*of a wagon*) barra *f.* **9** (*Arch*) travetto *m.* (di rinforzo) trasversale. **10** (*Mecc*) brida *f.*, morsetto *m.* **11** (*Mot*) pattino *m.* **12** (*Aer*) barra *f.* di comando doppia. **13** (*Mar*) barra *f.* a bracci. **14** (*of a bell*) cicogna *f.* **15** (*El*) giogo *m.* magnetico. **16** (*Sart*) sprone *m.* **II** *v.t.* **1** (*of animals*) aggiogare, mettere sotto il giogo; (*of a draft animal*) attaccare. **2** (*of a wagon*) attaccare un animale da tiro a. **3** (*fig*) accoppiare, appaiare, unire. **III** *v.i.* appaiarsi, accoppiarsi. □ (*Zool*) *~bone* osso zigomatico; *to ~together* aggiogare insieme, mettere sotto lo stesso giogo.

yokefellow /'jəʊkˌfeləʊ/ *n.* **1** compagno *m.* (*f.* -a), collega *m./f.*; (*partner*) socio *m.* (*f.* -a). **2** (*spouse*) coniuge *m.*

yokel /'jəʊkəl/ *n.* campagnolo *m.*, persona *f.* proveniente dalla campagna.

yokemate /'jəʊkmeɪt/ *n.* **1** compagno *m.* (*f.* -a), collega *m./f.*; (*partner*) socio *m.* (*f.* -a). **2** (*spouse*) coniuge *m.*

yolk /jəʊk/ *n.* **1** tuorlo *m.*, rosso *m.* d'uovo. **2** (*Biol*) vitello *m.*, tuorlo *m.* **3** (*Tess*) (*of wool*) grasso *m.* di lana, lanolina *f.*; (*of raw wool*) grasso *m.* naturale, sucidume *m.* □ (*Biol*) *~ duct* dotto vitellino; (*Tess*) *in the ~* (*of wool*) sucido; (*Biol*) *~sac* sacco vitellino.

yolky /'jəʊki/ *a.* **1** del tuorlo, relativo al tuorlo. **2** (*resembling a yolk*) simile a un tuorlo, simile al rosso d'uovo. **3** (*Tess*) (*of wool*) sucida.

yon /jɒn *Am* jɑ:n/ **I** *a.* (*rar,poet,dial*) quello (là). **II** *avv.* (*rar,poet,dial*) là. **III** *pron.* (*dial*) quello, quella, quelli, quelle.

yonder /'jɒndə *Am* 'jɑ:ndər/ **I** *a.* (*poet,dial*) **1** quello (là): *~ on hill* su quella collina (laggiù). **2** (*far*) lontano, distante. **II** *avv.* (*poet, dial*) là. **III** *pron.* → **yon**.

yonks /jɒnks/ □ (*Br,colloq*) *I haven't seen him for ~* non lo vedo da un sacco di tempo, non lo vedo da un'eternità.

yoo-hoo /'ju:hu:/ *intz.* (*to attract attention*) ehi!, ehilà!, ohe!

yore /jɔ:r *Am* jɔ:r/ □ (*lett*) *of ~* in passato, un tempo, anticamente, una volta; *days of ~* giorni antichi.

York /jɔ:k *Am* jɔ:rk/ *n.pr.* (*Stor,brit,Geog*) York *f.*

Yorkist /'jɔ:kɪst *Am* 'jɔ:rkɪst/ **I** *n.* (*Stor.brit*) sostenitore *m.* (*f.* -trice) della casa di York, membro *m.* della casa di York. **II** *a.* (*Stor.brit*) della casa di York, favorevole alla casa di York.

Yorkshire /'jɔ:kʃər, 'jɔ:kˌʃɪər *Am* 'jɔ:rkʃər, 'jɔ:rkˌʃɪr/ *n.pr.* (*Geog*) Yorkshire *m.*, contea *f.* di York. □ (*Tess*) *~flannel* flanella naturale; (*Gastron*) *~pudding* focaccina cotta al forno e servita con sugo di arrosto; (*Zool*) *~terrier* Yorkshire terrier.

Yorkshireman /'jɔ:kʃəmən *Am* 'jɔ:rkʃərmən/ *n.irr.* abitante *m.* dello Yorkshire.

you /ju: *weak forms* ju, jə/ **I** *pron.pers.* **1** (*singular: as a subject*) tu, *often not translated*: *how are ~?* come stai?; *~ take this road and I'll take that one* tu prendi questa strada e io prendo quella. **2** (*as an object*) te, ti: *I love ~* ti amo. **3** (*after prepositions*) te, ti: *this is for ~* questo è per te. **4** (*in exclamations*) *not translated*: *~ fool!* stupido!; *~ darling!* tesoro! **5** (*plural: as a subject*) voi, *often not translated*: *how are ~?* come state? **6** (*as an object*) voi, vi: *I want to thank ~ all* voglio ringraziare voi tutti, voglio ringraziarvi tutti. **7** (*plural: after prepositions*) voi; (*in exclamations*) *not translated*: *~ cowards!* vigliacchi! **8** (*as a polite form: singular*) lei, (*ant*) ella; (*plural*) loro: *~ are very kind, Sir* lei è molto gentile, signore. **9** (*one, people in general*) si, tu: *how do ~ say house in French?* come si dice casa in francese?; *~ never know* non si sa mai. **II** *n.* **1** tu *m.*: *the real ~* tu quale realmente sei. **2** (*person indistinguishable from the one addressed*) te stesso *m.*: *another ~* un altro te stesso. □ (*Am,region*) *~all* voi; *all of ~* voi tutti, tutti voi, voi (altri): *stand up, all of ~* alzatevi voi tutti; (*Am,region*) *~ guys* voi: *~ guys like it here?* vi piace questo posto?

you'd /ju:d, jəd/ *contraz.* di you had, you would.

you'll /ju:l, jəl/ *contraz.* di you shall, you will.

young /jʌŋ/ *a.* **1** giovane, piccolo: *a ~ lawyer* un giovane avvocato; *~ children* bambini piccoli; *a ~ nation* una nazione giovane. **2** (*characteristic of youth, young person*) giovanile, di (o da) giovane, di (o da) ragazzo: *a ~ face* un viso giovanile. **3** (*of youth*) della giovinezza, giovanile, verde: *my ~ days* i giorni della mia giovinezza. **4** (*of time*) all'inizio, agli inizi, non avanzato: *the night is ~ yet* la notte è appena iniziata, la notte è ancora giovane. **5** (*inexperienced*) giovane, inesperto, alle prime armi. **6** (*of fruit*) verde, acerbo, immaturo; (*of cheese, etc.*) non stagionato; (*of wine*) non fermentato. **7** (*junior*) junior, il giovane, più giovane (tra due): *the ~ Mr. Brown* il Signor Brown junior; *the ~er Pitt* Pitt il giovane. **8** (*costr.pl.*) giovani *m.pl.*, gioventù *f.*: *the ~ are always in a hurry* i giovani hanno sempre fretta. **9** (*costr.pl.*) (*young offspring*) piccoli *m.pl.*, prole *f.*, nati *m.pl.*: *the tigress fought to defend her ~* la tigre lottava per difendere i suoi piccoli. □ *~blood* le nuove leve; *~folk* i giovani; *to be ~for one's age* portare bene gli anni, non dimostrare i propri anni; *to be ~for one's years* portar bene i propri anni; (*colloq*) *~ gun* giovane sicuro di sé; (*Stor.it*) *Young Italy* Giovine Italia; *~lady*: **1** (*married*) una giovane signora; **2** (*unmarried*) una signorina; *~man*: **1** giovane, giovanotto; **2** (*as a form of address*) giovanotto; (*Pol*) *a ~ man in a hurry* un ardente riformatore; (*GB,Dir*) *~offender* (condannato) minorenne tra i 14 e i 17 anni; *~one*: **1** bambino; **2** (*young animal*) piccolo, cucciolo; (*Stor.brit*) *Young Pretender* Carlo Edoardo Stuart (nipote di Giacomo II); *I am notso ~ as I was* non ho più vent'anni; *to be with ~* (*of animals*) essere pregna, essere gravida.

younger /'jʌngəʳ/ n. persona f. più giovane tra due. □ *I am six years his* ~ ho sei anni meno di lui.

youngest /'jʌngɪst, 'jʌngəst/ n.inv. ultimogenito m. (f. -a), figlio m. (f. -a) più giovane, figlio m. (f. -a) minore.

youngish /'jʌnʃɪʃ, 'jʌngɪʃ/ a. piuttosto giovane.

youngling /'jʌnlɪn/ n. 1 (poet) giovane m./f.; (young child) bambino m. (f. -a). 2 (young animal) piccolo m., cucciolo m.

youngster /'jʌn(k)stəʳ/ n. 1 giovane m., giovanotto m. 2 (child) bambino m.

younker /'jʌnkəʳ/ n. (Am) 1 (ant) giovincello m. 2 (young nobleman) giovane nobiluomo m.

your /jɔːʳ, juəʳ weak form jəʳ Am also jʊr/ a.poss. 1 (singular) tuo: *give me* ~ *book* dammi il tuo libro. 2 (plural) vostro: *my dear friends,* ~ *kindness is touching* miei cari amici, la vostra gentilezza è commovente. 3 (as a polite form) suo; (plural) loro: *how is* ~ *wife, Mr. Brown?* come sta sua moglie, signor Brown? 4 (of one, of people in general) proprio: *you cannot alter* ~ *nature* non si può cambiare la propria natura. 5 (spreg) (to indicate all members of a class) vostro famoso, vostro decantato: *this is* ~ *expert, isn't he?* è questo il vostro famoso esperto!

you're /jɔːʳ, juəʳ weak form jəʳ Am also jʊr/ contraz. di you are.

yours /jɔːz, juəz Am jurz, jɔːrz/ pron. 1 (singular) tuo, tua: *this is* ~ questo è (il) tuo; *are these* ~ *or mine?* questi sono i tuoi o i miei? 2 (plural) vostro, vostra: *my children and* ~ i miei bambini e i vostri; *our country is colder than* ~ il nostro paese è più freddo del vostro. 3 (as a polite form) suo, sua; (plural) loro: *isn't this a book of* ~, *Mr. Smith?* non è un suo libro questo, signor Smith? 4 (Comm, epist) vostra (lettera): *we are in receipt of* ~ *of the tenth* abbiamo ricevuto la vostra del dieci. 5 (your family) tuoi; (as a polite form) suoi: *my best wishes to you and* ~ i miei migliori auguri a lei e ai suoi. □ (epist) ~ *ever* con tanto affetto; (Comm,epist) ~ *faithfully* distinti saluti; *it's* ~ *for the asking* basta che tu lo chieda, non hai che da chiederlo; ~ *truly*: 1 (epist) cordiali saluti; 2 (colloq) (I) io;

(me, myself) me (stesso); (colloq) *what's* ~? che cosa prendi?, che cosa bevi?

yourself /jɔː'self, j(ʊ)ə'self Am jʊr'self, jɔːr 'self/ pron. (pl. **-selves** /-selvz/) 1 (used reflexively: singular) ti, te stesso: *don't hurt* ~ non farti male. 2 (used reflexively: plural) vi, voi (stessi): *if you could only see yourselves* se solo poteste vedervi. 3 (as an emphatic appositive: singular) tu (stesso), proprio tu, tu in persona: *you* ~ *told me* tu stesso me l'hai detto, me l'hai detto proprio tu; *no one knows me better than* ~ nessuno mi conosce meglio di te. 4 (as an emphatic appositive: plural) voi (stessi), proprio voi: *you yourselves know the answer* voi stessi conoscete la risposta; *people like yourselves* gente come voi. 5 (as a polite form) lei (stesso); (plural) loro (stessi). 6 (alone: singular) da solo, da te: *did you do it (by)* ~? l'hai fatto da solo? 7 (alone: plural) da soli, da voi: *did you go by yourselves?* siete andati da soli? 8 (oneself) se stesso, sé: *it is sometimes more difficult to forgive* ~ *than to forgive others* è più difficile talvolta perdonare se stessi che gli altri. □ *you will soon be* ~ *again* presto ti sentirai meglio.

youth /juːθ/ I n. 1 gioventù f., giovinezza f., (adolescence) adolescenza f.: *in my* ~ da giovane, in gioventù. 2 (young male person) giovane m., giovanotto m., ragazzo m.; (young person) giovane m./f. 3 (collett.) (young people) giovani m.pl., gioventù f.: *today's* ~ la gioventù di oggi; (youthfulness) l'essere giovane. II a. per giovani, di giovani, da giovani, giovanile. □ ~ *centre* (o ~ *club*) circolo giovanile; (GB,Dir) ~ *court* tribunale per minorenni; ~ *culture* cultura giovanile; ~ *group* gruppo giovanile; ~ *hostel* ostello della gioventù; ~ *movement* movimento giovanile; ~ *organization* organizzazione giovanile; ~ *protest* contestazione giovanile. Prov.: ~ *must have its fling* si è giovani una volta sola, quando si è giovani bisogna divertirsi; ~ *is wasted on the young* se gioventù sapesse.

youthful /'juːθfəl, 'juːθfʊl/ a. 1 giovanile, di giovane, da giovane: ~ *enthusiasm* entusiasmo giovanile. 2 (of youth) giovanile; (proprio) della giovinezza. 3 (young) giovane. 4 (appearing young) giovanile, giovane. 5

(Geog,Geol) giovane.

youthfully /'juːθfəli, 'juːθfʊli, 'juːθfʊli/ avv. in modo giovanile, da giovane.

youthfulness /'juːθfəlnəs, 'juːθfʊlnəs/ n. l'essere giovane, giovinezza f.

you've /juːv weak forms jʊv, jəv/ contraz. di you have.

yowl /jaʊl/ I v.i. ululare. II n. ululato m., ululo m.

yo-yo /'joʊjoʊ/ (pl. **-s** /-z/) n. yo-yo m.

yperite /'iːpəraɪt/ n. (Chim) yprite f., iprite f.

yr. 1 year a. (anno). 2 your vs. (vostro).

ytterbium /ɪ'tɜːbiəm Am ɪ'tɜːrbiəm/ n. (Chim) itterbio m.

yttrium /'ɪtriəm/ n. (Chim) ittrio m.

YU Yugoslavia YU (Federazione Iugoslava).

yucca /'jʌkə/ n. (Bot) yucca f.

yuck /jʌk/ I intz. (colloq) (how disgusting!) che schifo! II n. (colloq) schifezza f., porcheria f.

yucky /'jʌki/ a. (colloq) schifoso.

Yugoslav /'juːgoʊslɑːv, 'juːgəslɑːv/ I n. (Geog) iugoslavo m. (f. -a). II a. iugoslavo.

Yugoslavia /juːgoʊ'slɑːviə/ n.pr. (Geog) Federazione f. Iugoslava.

yuk /jʌk/ I intz. (colloq) (how disgusting) che schifo! II n. (colloq) schifezza f., porcheria f.

yukky /'jʌki/ a. (colloq) schifoso.

yule, Yule /juːl/ n. (Christmas) Natale m., feste f.pl. natalizie. □ ~ *log* ceppo natalizio, ceppo di Natale.

yuletide, Yuletide /'juːltaɪd/ n. (Christmas) Natale m., feste f.pl. natalizie. □ ~ *cheer* auguri di Natale.

y'uns /'jʌənz/ pron.pers.pl. (Am,region,colloq) voi.

yuppie, yuppy /'jʌpi/ n. (colloq) yuppie m./f., giovane professionista m./f. ambizioso. □ (colloq) ~ *flu* sindrome da stanchezza cronica.

YV Venezuela YV (Venezuela).

YWCA /ˌwaɪ,dʌbljuːˈsiːˈeɪ/ Young Women's Christian Association YWCA (associazione cristiana delle giovani).

ywis /iˈwɪs/ avv. (rar) (iwis) certamente, sicuramente.

YY (burocr) Year AA (anno).

Z

z [1],**Z** [1] /zed Am ziː/ (pl. **z's/zs, Z's/Zs** /zedz Am ziːz/) n. (letter of the alphabet) z, Z f./m.: a capital Z una z maiuscola; a small z una z minuscola; (Tel) Z for zebra (o Am Z as in zebra) z come Zara.

z [2] /zed Am ziː/ n. (Mat,Geom) (Cartesian coordinate along the z-axis) z f. □ (Mat,Geom) ~coordinate coordinata z.

Z [2] /zed Am ziː/ **I** a. (Z-shaped) a (forma di) Z. **II** n. (medieval Roman numeral) Z m./f., duemila m.

Z [3] **1** (Astr) zenith distance Z (distanza zenitale). **2** Zone Z (zona). **3** (Chim) atomic number Z (numero atomico). **4** (El) impedance Z (impedenza). **5** Zambia Z (Zambia).

z. zero (zero).

ZA South African Republic ZA (Repubblica Sudafricana).

Zachariah /ˌzækərˈaɪə/ n.pr.m. Zaccaria (anche Bibl).

Zacharias /ˌzækərˈaɪəs/ n.pr.m. Zaccaria.

Zachary /ˈzækəri/ n.pr.m. Zaccaria.

zaffer /ˈzæfər/ n. (Min) zaffera f., zaffara f.

zaffre /ˈzæfər/ n. (Min) zaffera f., zaffara f.

zaftig /ˈzæftɪg/ agg. (Am,colloq) (of a woman) formosa, prosperosa.

Zagreb /ˈzɑːˌgreb/ n.pr. (Geog) Zagabria f.

Zaire , Zaïre /zaɪˈɪər, zɑːˈɪər Am zaɪˈɪr/ n.pr. (Geog) Zaire m.

zalcitabine /zælˈsɪtəbiːn/ n. (Farm) zalcitabina f.

Zambia /ˈzæmbiə/ n.pr. (Geog) Zambia m.

Zambian /ˈzæmbiən/ **I** n. abitante m./f. dello Zambia. **II** a. dello Zambia.

zambo /ˈzæmbou/ (pl. **-s** /-z/) n. Zambo m.

zamia /ˈzeɪmɪə/ n. (Bot) zamia f.

zany /ˈzeɪni/ **I** agg. strano, buffo, bizzarro. **II** n. persona f. strana, persona f. buffa.

Zanzibar /ˈzænzɪbɑːʳ, ˈzænzɪbɑːr/ n.pr. (Geog) Zanzibar f.

Zanzibari /ˌzænzɪˈbɑːri/ **I** n. **1** abitante m./f. di Zanzibar. **2** (dialect) dialetto m. di Zanzibar. **II** a. di Zanzibar.

zap /zæp/ (Am,colloq) **I** v.t. (past, p.p. **zapped** /-t/) (Am,colloq) **1** uccidere (con un'arma da fuoco). **2** (to bombard) bombardare. **3** (Inform) cancellare. **II** v.i. (past, p.p. **zapped** /-t/) (colloq) **1** muoversi rapidamente, sfrecciare, fiondarsi. **2** (using a remote control) fare zapping, saltare da un canale all'altro. **III** n. (Am,colloq) **1** cosa f. sensazionale. **2** vigore, energia: put some ~ into it mettici un po' di energia. **IV** intz. (Am,colloq) bum!

zapping /ˈzæpɪŋ/ n. (TV) zapping m., passaggio m. frequente da un canale all'altro con il telecomando.

Zarathustra /ˌzærəˈθuːstrə/ n.pr.m. (Stor) Zoroastro.

Zarathustrian /ˌzærəˈθuːstriən/ **I** a. (Rel) zoroastriano. **II** n. (Rel) zoroastriano m., mazdeo m.

zax /zæks/ n. (Tecn) attrezzo m. per forare lastre di ardesia.

z-axis /ˈzedæksis Am ˈziːˌæksis/ n. (Mat,Geom) asse m. z.

Z-bar /ˈzedbɑːʳ Am ˈziːbɑːr/ n. (Tecn) barra f. a (forma di) Z.

zeal /ziːl/ n. zelo m., ardore m., entusiasmo m., fervore m.

Zealand /ˈziːlənd/ n.pr. (Geog) Zelanda f.

Zealander /ˈziːləndər/ n. (Geog) zelandese m./f.

zealot /ˈzelət/ n. **1** persona f. zelante, zelante m./f. **2** (fanatic) partigiano m. (f. -a), fanatico m. (f. -a).

Zealot /ˈzelət/ n. (Stor) zelota m.

zealotry /ˈzelətri/ n. fanatismo m., zelo m. eccessivo.

zealous /ˈzeləs/ a. **1** zelante, infervorato, fanatico. **2** (devoted, diligent) solerte, zelante.

zealously /ˈzeləsli/ avv. zelantemente, con zelo.

zealousness /ˈzeləsnəs/ n. l'essere zelante.

zebra /ˈzebrə, ˈziːbrə Am ˈziːbrə/ (pl.inv. o -s /-z/; il pl. inv. si usa general. con valore collett.) n. (Zool) zebra f. □ (Br,Strad) ~ crossing strisce pedonali, zebre.

zebrawood /ˈzebrəˌwud, ˈziːbrəˌwud Am ˈziːbrəˌwud/ n. legno m. rigato (della Guinea).

zebu /ˈziːbuː, ˈziːbjuː/ n. (Zool) zebù m.

zed /zed/ n. (Br) (letter z) zeta f./m.

zee /ziː/ n. (Am) (letter z) zeta f./m.

zeitgeist /ˈtsaɪtgaɪst, zaɪtgaɪst/ n. Zeitgeist m., spirito m. culturale di un'epoca.

Zen /zen/ n. (Rel) **1** Zen m. **2** zenista m./f. □ (Rel) ~ Buddhism buddismo Zen; (Rel) ~ Buddhist zenista.

Zend /zend/ n. (Ling) zend m.

Zend-Avesta /ˌzendəˈvestə/ n. (Rel) zenda-vesta m.

zenith /ˈzenɪθ Am ˈziːnɪθ/ n. **1** (Astr) zenit m. **2** (fig) acme m., punto m. culminante, culmine m., apice m.

zenithal /ˈzenɪθəl Am ˈziːnɪθəl/ a. (Astr) zenitale.

Zeno /ˈziːnou/ n.pr.m. (Stor.gr) Zenone m.

Zephaniah /ˌzefəˈnaɪə/ n.pr.m. (Bibl) Sofonia m.

zephyr /ˈzefər/ n. **1** (lett) zefiro m., zeffiro m.; (mild breeze) brezza f. soave, brezza f. leggera. **2** (Tess) zefir m., zephir m. **3** (Abbigl) (garment) indumento m. di zefir; (tee-shirt) maglietta f. sportiva (molto leggera).

Zephyr /ˈzefər/ n.pr.m. (Mitol) Zefiro m.

Zephyrus /ˈzefərəs/ n.pr.m. (Mitol) Zefiro, Zeffiro.

Zeppelin /ˈzeplɪn/ n. (Aer) zeppelin m.

zero /ˈzɪərou, ˈziːrou/ **I** n. (pl. **-s/-es** /-z/) **1** (Mat,Ling) zero m. **2** (Fis) (of a measurement, scale, etc.) zero m.: 10 degrees below ~ 10 gradi sotto (lo)zero. **3** (nothing) zero m., niente m., nulla m. **4** (fig) (lowest point, nadir) punto m. più basso. **II** a. zero: ~ temperature temperatura zero. **III** v.t. (past,p.p. **zeroed** /ˈzɪ(ə)oud/) (Tecn) azzerare. □ (Tecn) ~adjustment: 1 azzeramento; 2 (device) dispositivo di messa a zero, messa a zero; (Fis) ~ energy energia di punto zero; (Fis) ~gravity gravità zero; (Econ) ~growth crescita zero; ~hour : 1 (Mil) ora zero; 2 (estens) momento critico, momento cruciale; to ~in concentrarsi sul bersaglio; (fig) to ~ in on sth. concentrarsi su qcs.; (Pol) ~option opzione zero; (Fis) ~point energy energia di punto zero; ~population growth crescita zero della popolazione; (Inform) ~ resetting azzeramento; (Tecn) ~setter azzeratore; (Pol) ~tolerance tolleranza zero; (Inform) ~wait state stato di attesa nulla.

zero-defect /ˌzɪərouˈdiːfekt Am ˌzɪrouˈdiːfekt,

,zɪrouˈdiːfekt/ a. perfetto, senza errori.

zero-emission /ˌzɪərouˈmɪʃən Am ˌzɪrouˈmɪʃən,ˌzɪrouˈmɪʃən/ a. (Tecn) a emissione zero.

zero-rate /ˌzɪərouˈreɪt Am ˌzɪrouˈreɪt/ v.t. esentare dal pagamento dell'imposta sul valore aggiunto.

zero-rated /ˌzɪərouˈreɪtɪd Am ˌzɪrouˈreɪtɪd/ a. ad aliquota zero.

zest /zest/ n. **1** grande entusiasmo m. e vigore. **2** (piquancy, interest) nota f. piccante, elemento m. piccante, interesse m. **3** (enjoyment, gusto) gusto m., piacere m.

zeta /ˈziːtə Am ˈzeɪtə/ n. (letter of the Greek alphabet) zeta m./f.

zeugma /ˈzjuːgmə, ˈzuːgmə/ n. (Ret) zeugma m.

zeugmatic /zjuːgˈmætɪk zuːgˈmætɪk Am zuːgˈmætɪk/ a. (Ret) zeugmatico.

Zeus /zjuːs Am zuːs/ n.pr.m. (Mitol) Zeus.

zibeline /ˈzɪbə,l(a)ɪn, ˈzɪbəliːn/ **I** a. di zibellino. **II** n. **1** pelliccia f. di zibellino, zibellino m. **2** (Tess) zibellina f.

zibet /ˈzɪbɪt/ n. (Zool) zibetto m.

zigzag [1] /ˈzɪgzæg/ **I** n. **1** zigzag m., linea f. a zigzag, tracciato m. a zigzag. **2** (Arch) modanatura f. a zigzag, fregio m. a zigzag. **II** a. a zigzag. **III** avv. zigzagando, a zigzag. □ ~ rule metro pieghevole (di legno).

zigzag [2] /ˈzɪgzæg/ (past, p.p. **zigzagged** /-d/) **I** v.i. zigzagare, serpeggiare, procedere a zigzag. **II** v.t. fare zigzagare, fare serpeggiare.

zilch /zɪltʃ/ n. (Am,colloq) niente, zero.

zillion /ˈzɪljən/ n. (colloq) numero m. enorme (di), milione m. (di), miliardo m. (di): a ~ times un milione di volte.

zillionaire /ˈzɪljənər, ˌzɪljəˈnɜːr/ n. (Am,colloq) arcimiliardario m.

Zimbabwe /zɪmˈbɑːbweɪ/ n.pr. (Geog) Zimbabwe m.

Zimbabwean /zɪmˈbɑːbwiən, zɪmˈbɑːbweɪən/ **I** n. abitante m./f. dello Zimbabwe. **II** a. dello Zimbabwe.

zinc /zɪŋk/ n. (Chim) zinco m. **II** v.t. (past, p.p. **-ed/-ked** /-t/) zincare. □ (Chim) ~oxide ossido di zinco; (Chim) ~ sulfate (o ~ sulphate) solfato di zinco; (Chim) ~white bianco di zinco, ossido di zinco.

zincate /ˈzɪŋkeɪt/ n. (Chim) zincato m.

zincic /ˈzɪŋkɪk/ a. (Chim) di zinco, relativo allo zinco.

zincification /ˌzɪŋkɪfɪˈkeɪʃən/ n. (Met) zincatura f.

zincify /ˈzɪŋkəfaɪ/ v.t. (Met) zincare.

zincite /ˈzɪŋkaɪt/ n. (Min) zincite f.

zincograph /ˈzɪŋkougræf Am ˈzɪŋkougræf/ n. (Tip) **1** (plate) lastra f. di zinco, cliché m. per zincografia. **2** (print) zincotipia f.

zincographer /zɪŋˈkɒgrəfər Am zɪŋˈkɑːgrəfər/ n. (Tip) zincografo m., zincotipista m.

zincographic /ˌzɪŋkəˈgræfɪk/, **zincographical** /ˌzɪŋkəˈgræfɪkəl/ a. (Tip) zincografico.

zincography /zɪŋˈkɒgrəfi Am zɪŋˈkɑːgrəfi/ n. (Tip) zincografia f., zincotipia f.

zing /zɪŋ/ **I** n. **1** sibilo m., fischio m. **2** (colloq) (vim) forza f., energia f. **II** v.i. **1** fischiare, sibilare. **2** (colloq) sfrecciare, muoversi rapidamente. **III** v.t. (colloq) attaccare, criticare aspramente.

zinger /'zɪŋər/ n. (Am,colloq) frecciata f., battuta f. pungente, punzecchiatura f.

zingy /'zɪŋɪ/ a. allettante, stimolante.

zinnia /'zɪnɪə/ n. (Bot) zinnia f.

Zion /'zaɪən/ I n.pr. 1 (Geog) Sion f.; (poet) Sionne f. 2 (fig) (Jerusalem) Gerusalemme f., Sion f. II n. 1 (Jewish people) popolo m. di Israele, Israele m., israeliti m.pl. 2 (Jewish homeland) Israele m., Sion f. 3 (religious system of the Jews) religione f. ebraica. 4 (heavenly Jerusalem) regno m. dei cieli, Gerusalemme f. celeste. 5 (Christian Church) chiesa f. cristiana, cristianità f. 6 (Nonconformist chapel) chiesa f. evangelica (spec. battista o metodista).

Zionism /'zaɪənɪzəm/ n. sionismo m.

Zionist /'zaɪənɪst/ I a. sionistico. II n. sionista m./f.

Zionistic /ˌzaɪə'nɪstɪk/ a. sionistico.

zip[1] /zɪp/ n. 1 (zip fastener) chiusura f. lampo, cerniera f. lampo, zip f. 2 (sound) fischio m., sibilo m.: the ~ of bullets il fischio delle pallottole. 3 (colloq) (vigour, vim) vigore m., energia f., brio m.: put some ~ into it mettici un po' di entusiasmo. 4 (Am,colloq) niente, zero. □ (Am,Post) ~ code codice di avviamento postale; ~ fastener cerniera lampo, chiusura lampo, zip.

zip[2] /zɪp/ (past, p.p. **zipped** /-t/) I v.t. 1 chiudere con una cerniera lampo. 2 (of a zip: to fasten) chiudere; (to unfasten) aprire. 3 (to cause to move, to move with a whizzing noise) fare fischiare, fare sibilare. 4 (Inform) zippare. II v.i. 1 (of a zip: to fasten) chiudersi con una cerniera lampo; (to unfasten) aprirsi con una cerniera lampo. 2 (to whizz) fischiare, sibilare. 3 (colloq) (to move fast) muoversi in fretta, sfrecciare, scattare. □ to ~ up chiudere con una cerniera lampo.

ZIP /zɪp/ (US,Post) Zone Improvement Plan CAP (codice di avviamento postale).

zip-code /'zɪp,kəʊd/ v.t. (Am) munire di codice di avviamento postale.

zipper /'zɪpər/ n. (Am) chiusura f. lampo, cerniera f. lampo, zip f.

zippy /'zɪpɪ/ a. (colloq) 1 vigoroso, energico. 2 (fast) veloce, rapido.

zircon /'zɜːkɒn Am 'zɜːrkɑːn/ n. (Min) zircone m.

zirconate /'zɜːrkə,neɪt/ n. (Chim) zirconato m.

zirconium /zɜː'kəʊnɪəm Am zər'kəʊnɪəm/ n. (Chim) zirconio m.

zither /'zɪðər/ n. (Mus) zither m.

zitherist /'zɪðərɪst/ n. (Mus) suonatore m. (f. -trice) di zither.

zizz /zɪz/ I n. (Am,colloq) pisolino m., dormitina f.: to take a ~ fare un pisolino. II v.i. (Am, colloq) fare un pisolino.

zodiac /'zəʊdɪæk/ n. (Astr) zodiaco m.

zodiacal /zəʊ'daɪəkəl/ a. zodiacale: (Astr) ~ light luce zodiacale.

zoftig /'zɑːftɪg/ agg. (Am,colloq) (of a woman) formosa, prosperosa.

zoic /'zəʊɪk/ a. 1 (Zool) degli animali, relativo agli animali. 2 (Geol) che contiene fossili.

zombie /'zɒmbi Am 'zɑːmbi/ n. 1 (Occult) zombie m., zombi m., morto m. risuscitato per magia. 2 (colloq) (one who seems more dead than alive) zombi m./f., morto m. che cammina. 3 (colloq) (one who acts mechanically, dope) babbeo m. (f. -a), zuccone m. (f. -a).

zonal /'zəʊnəl/ a. 1 di (una) zona; (burocr) zonale. 2 (marked out into zones) diviso in zone.

zonary /'zəʊnərɪ/ a. 1 di (una) zona; (burocr) zonale. 2 (marked out into zones) diviso in

zone. 3 (Biol,Med) zonale.

zonate /'zəʊneɪt/ a. (Biol,Min) zonato.

zonation /zəʊ'neɪʃən/ n. 1 (Biol) zonazione f. 2 (Min) zonatura f.

zone /zəʊn/ I n. 1 zona f., fascia f., striscia f. 2 (Geog,Astr,Strad,Sport) zona f. 3 (Biol,Geog) zona f., area f., regione f., territorio m. 4 (Geol) zona f., orizzonte m. 5 (Mil) scacchiere m.: ~ of operations scacchiere operativo. 6 (Am, Post) zona f. postale, quartiere m. postale. 7 (Geom) zona f. sferica. 8 (rar,poet) (belt, girdle) fascia f. (in vita), cintura f. 9 (Inform) zona f. II v.t. 1 dividere in zone; (of a town, district) suddividere in zone (di urbanizzazione), zonizzare. 2 (to encircle) fasciare. □ ~ rate tariffa a seconda delle zone; ~ time ora del fuso orario, ora locale.

zoning /'zəʊnɪŋ/ n. (in town planning) zonizzazione f., azzonamento m.

zonked /zɒŋkt Am zɑːŋkt/ a. (sl) 1 stupito, stupefatto. 2 (intoxicated with drugs) imbottito di medicinali.

zoo /zuː/ n. (pl. -s /-z/) n. giardino m. zoologico, zoo m.

zoochemical /ˌzəʊəʊ'kemɪkəl Am ˌzəʊə'kemɪkəl/ a. zoochimico.

zoochemistry /ˌzəʊəʊ'kemɪstri Am ˌzəʊə'kemɪstri/ n. zoochimica f.

zoogeography /ˌzuːɪəʊdʒɪ'ɒɡrəfi, ˌzəʊə'dʒɒɡrəfi Am ˌzuːɪəʊdʒiːɑːɡrəfi/ n. zoogeografia f., geografia f. zoologica.

zoography /zəʊ'ɒɡrəfi Am ˌzəʊ'ɑːɡrəfi/ n. zoografia f.

zoolatry /zuː'ɒlətri, zəʊ'ɒlətri Am zəʊ'ɑːlətri/ n. zoolatria f.

zoologic /ˌzəʊəʊ'lɒdʒɪk Am ˌzəʊə'lɑːdʒɪk/ a. zoologico.

zoological /ˌzəʊəʊ'lɒdʒɪkəl Am ˌzəʊə'lɑːdʒɪkəl/ a. zoologico. □ ~ garden giardino zoologico.

zoologist /zuː'ɒlədʒɪst, zəʊ'ɒlədʒɪst Am zəʊ'ɑːlədʒɪst, zu'ɑːlədʒɪst/ n. zoologo m. (f. -a).

zoology /zu'ɒlədʒi, zəʊ'ɒlədʒi Am zəʊ'ɑːlədʒi, zu'ɑːlədʒi/ n. zoologia f.

zoom /zuːm/ I v.i. 1 ronzare, rombare. 2 (Aer) sfrecciare rombando; (to ascend sharply) salire in candela. 3 (fig) (to ascend sharply) crescere in modo vertiginoso: costs have -ed i costi sono cresciuti in modo vertiginoso. 4 (Cin,TV,Inform) zumare, zoomare. II v.t. 1 (Cin,TV,Inform) zumare, zoomare. 2 (Aer) far salire in candela. III n. 1 ronzio m., rombo m. 2 (Cin,TV,Inform) zumata f., zoomata f. 3 (Aer) salita f. in candela. 4 (Fot) zoom, obiettivo zoom. □ to ~ in on sth. focalizzarsi su qcs. (anche fig); (Fot) ~ lens zoom, obiettivo zoom.

zoometry /zəʊ'ɒmɪtri Am zəʊ'ɑːmətri/ n. zoometria f.

zoomorphic /ˌzəʊə'mɔːrfɪk Am ˌzəʊə'mɔːrfɪk/ a. zoomorfo.

zoomorphism /ˌzəʊə'mɔːrfɪzəm Am ˌzəʊə'mɔːrfɪzəm/ n. zoomorfismo m.

zoonosis /ˌzuːə'nəʊsɪs/ (pl. -ses /-siːz/) n. (Med,Veter) zoonosi f.

zoophile /'zəʊə,faɪl/ n. zoofilo m. (f. -a).

zoophilia /ˌzəʊə'fɪlɪə/ n. 1 (Bot) zoidiofilia f. 2 (Psic) zoofilia f.

zoophilous /zəʊ'ɒfɪləs Am zəʊ'ɑːfələs/ a. (Bot) zoidiofilo.

zoophobia /ˌzəʊə'fəʊbɪə/ n. (Psic) zoofobia f.

zoophyte /'zəʊəfaɪt/ n. (Zool) zoofito m.

zooplankton /ˌzəʊə'plæŋktən/ n. (Zool) zooplancton m.

zoosperm /ˌzəʊə,spɜːm Am 'zəʊə,spɜːrm/ n. (Biol) zoospermio m., spermatozoo m.

zoospore /'zuː(ə)spɔːr, 'zəʊə,spɔːr/ n. (Bot) zoospora f.

zootechnical /ˌzəʊə'teknɪkəl/ a. zootecnico.

zootechnician /ˌzəʊətek'nɪʃən/ n. zootecnico m.

zootechnics /ˌzəʊə'teknɪks/ n.pl. (costr.sing.) zootecnica f.

zootechny /ˌzəʊə'tekni/ n. zootecnica f.

zootomic /ˌzəʊə'tɒmɪk Am ˌzəʊə'tɑːmɪk/, **zootomical** /ˌzəʊə'tɒmɪkəl Am ˌzəʊə'tɑːmɪkəl/ a. dell'anatomia animale, relativo all'anatomia animale.

zootomist /zəʊ'ɒtəmɪst Am ˌzəʊ'ɑːtəmɪst/ n. studioso m. (f. -a) di anatomia animale.

zootomy /zəʊ'ɒtəmi Am ˌzəʊ'ɑːtəmi/ n. anatomia f. animale.

zoot suit /'zuːt,suːt/ n. (Am,Abbigl) abito m.maschile con giacca molto lunga e pantaloni a tubo.

zoril /'zɒrɪl Am 'zɔːrɪl/, **zorilla** /zɒ'rɪlə Am 'zɔːrɪlə/, **zorille** /zə'rɪl/ n. (Zool) zorilla f.

Zoroaster /ˌzɒrəʊ'æstər Am 'zɔːrəʊ,æstər/ n.pr.m. (Stor) Zoroastro.

Zoroastrian /ˌzɒrəʊ'æstrɪən Am ˌzɔːrəʊ'æstrɪən/ I a. (Rel) zoroastriano. II n. (Rel) zoroastriano m., mazdeo m.

Zoroastrianism /ˌzɒrəʊ'æstrɪənɪzəm Am ˌzɔːrəʊ'æstrɪənɪzəm/, **Zoroastrism** /ˌzɒrəʊ'æstrɪzəm Am ˌzɔːrəʊ'æstrɪzəm/ n. (Rel) zoroastrismo m.

zouave /zuː'ɑːv, zwɑːv/ □ (Abbigl) ~ pants pantaloni da odalisca.

Zouave /zuː'ɑːv, zwɑːv/ n. (Mil) zuavo m.

zouk /zuːk/ n. (Mus) musica f. zouk.

zounds /zaʊndz Br also zuːndz/ intz. (ant) perbacco!, perdinci!

ZPG /ˌzed,piː'dʒiː/ (Statist) zero population growth (crescita zero della popolazione).

ZRE Congo Democratic Republic ZRE (Repubblica Democratica del Congo).

ZT zone time (ora locale).

Zulu /'zuːluː/ I n. (pl.inv. o -s /-z/) 1 (costr.pl.) (people) zulù m.pl. 2 (person) zulù m./f. 3 (language) lingua f. degli zulù, zulù m. II a. zulù.

Zürich /'zjʊərɪk, 'zʊərɪk Am 'zʊrɪk, 'zɜːrɪk/ n.pr. (Geog) Zurigo f.

ZW Zimbabwe ZW (Zimbabwe).

zydeco /'zaɪdɪkəʊ/ n. (Mus) musica f. zydeco.

zygoma /zaɪ'ɡəʊmə/ (pl. -s /-z/, -ta /-tə/) n. (Anat) zigomo m.

zygomatic /ˌzaɪɡəʊ'mætɪk Am ˌzaɪɡə'mætɪk/ a. (Anat) zigomatico: ~ bone osso zigomatico.

zygomorphic /ˌz(a)ɪɡəʊ'mɔːfɪk Am ˌz(a)ɪɡəʊ'mɔːrfɪk/ a. (Bot) zigomorfo.

zygomorphous /ˌz(a)ɪɡəʊ(ʊ)'mɔːfəs Am ˌz(a)ɪɡəʊ'mɔːrfəs/ a. (Bot) zigomorfo.

zygose /'z(a)ɪɡəʊs/ a. (Bot) di zigosi, relativo a zigosi.

zygosis /z(a)ɪ'ɡəʊsɪs/ (pl. -ses /-siːz/) n. (Bot) zigosi f.

zygospore /'z(a)ɪɡəʊ,spɔːr/ n. (Bot) zigospora f.

zygote /'z(a)ɪɡəʊt/ n. (Biol) zigote m.

zymase /'zaɪmeɪs/ n. (Biol,Chim) zimasi f.

zymogen /'zaɪmədʒɪn/ n. (Biol) zimogeno m.

zymogram /'zaɪmoʊˌgræm/ n. (Biol) zimogramma m.

zymology /zaɪ'mɒlədʒi Am zaɪ'mɑːlədʒi/ n. (Biol) zimologia f.

zymolysis /zaɪ'mɒlɪsɪs Am zaɪ'mɑːləsɪs/ n. (Biol) azione f. enzimatica.

zymosis /z(a)ɪ'məʊsɪs/ (pl. -ses /-siːz/) n. 1 (Med) malattia f. infettiva. 2 (Biol) fermentazione f., zimosi f.

zymotic /z(a)ɪ'mɒtɪk Am zaɪ'mɑːtɪk/ a. 1 (Med) infettivo: ~ disease malattia f. infettiva. 2 (Biol) zimotico.

ENGLISH IRREGULAR VERBS
VERBI IRREGOLARI INGLESI

Infinite / Infinito	Past tense / Passato	Past participle / Participio passato	Infinite / Infinito	Past tense / Passato	Past participle / Participio passato
to abide	abode, abided	abode, abided	to do	did	done
to arise	arose	arisen	to draw	drew	drawn
to awake	awoke	awoken, awaked	to dream	dreamed, dreamt	dreamed, dreamt
to be	was, were	been	to drink	drank	drunk
to bear	bore	borne	to drive	drove	driven
to beat	beat	beaten	to dwell	dwelt	dwelt
to become	became	become	to eat	ate	eaten
to befall	befell	befallen	to engird	engirt, engirded	engirt, engirded
to beget	begot	begotten	to fall	fell	fallen
to begin	began	begun	to feed	fed	fed
to behold	beheld	beheld	to feel	felt	felt
to bend	bent	bent	to fight	fought	fought
to bereave	bereaved	bereaved/bereft	to find	found	found
to beseech	besought, Am beseeched	besought, Am beseeched	to flee	fled	fled
			to fling	flung	flung
to bestride	bestrode	bestridden	to fly	flew	flown
to bet	bet, betted	bet, betted	to forbear	forbore	forborne
to bid	bid	bid	to forbid	forbad, forbade	forbidden
to bid	bade, bid	bid	to forecast	forecast, forecasted	forecast, forecasted
to bind	bound	bound			
to bite	bit	bitten	to forget	forgot	forgotten
to bleed	bled	bled	to forgive	forgave	forgiven
to bless	blessed, blest	blessed, blest	to forsake	forsook	forsaken
to blow	blew	blown	to freeze	froze	frozen
to break	broke	broken	to geld	gelded, gelt	gelded, gelt
to breed	bred	bred	to get	got	got, Am gotten
to bring	brought	brought	to gild	gilded, gilt	gilded, gilt
to broadcast	broadcast, broadcasted	broadcast, broadcasted	to gird	girded, girt	girded, girt
			to give	gave	given
to build	built	built	to gnaw	gnawed	gnawed, gnawn
to burn	burned, burnt	burned, burnt	to go	went	gone
to burst	burst	burst	to grind	ground	ground
to bus	bused, bussed	bused, bussed	to grow	grew	grown
to bust	busted, bust	busted, bust	to hang	hung, hanged	hung, hanged
to buy	bought	bought	to have	had	had
to cast	cast	cast	to hear	heard	heard
to catch	caught	caught	to hew	hewed	hewed, hewn
to chide	chided, chid	chided, chidden	to hide	hid	hidden, hid
to choose	chose	chosen	to hit	hit	hit
to churr	chirred	chirred	to hold	held	held
to cleave	cleaved, clave	cleaved	to hurt	hurt	hurt
to cleave	clove, cleft, cleaved	cloven, cleft, cleaved	to keep	kept	kept
			to kneel	knelt, Am kneeled	knelt, kneeled
to cling	clung	clung	to knit	knit, knitted	knit, knitted
to come	came	come	to know	knew	known
to cost	cost	cost	to lade	laded	laden
to creep	crept	crept	to lay	laid	laid
to crow	crowed, crew	crowed	to lead	led	led
to cut	cut	cut	to lean	leaned, leant	leaned, leant
to deal	dealt	dealt	to leap	leaped, leapt	leaped, leapt
to dig	dug	dug	to learn	learned, learnt	learned, learnt
to dive	dived, Am. dove	dived			

Infinite Infinito	Past tense Passato	Past participle Participio passato	Infinite Infinito	Past tense Passato	Past participle Participio passato
to leave	left	left	to speed	speeded, sped	speeded, sped
to lend	lent	lent	to spell	spelled, spelt	spelled, spelt
to let	let	let	to spend	spent	spent
to lie	lay	lain	to spill	spilled, spilt	spilled, spilt
to light	lit, lighted	lit, lighted	to spin	spun	spun
to lose	lost	lost	to spit	spat, spit	spat, spit
to make	made	made	to split	split	split
to mean	meant	meant	to spoil	spoiled, spoilt	spoiled, spoilt
to meet	met	met	to spread	spread	spread
to mistake	mistook	mistaken	to spring	sprang	sprung
to mow	mowed	mown, mowed	to stand	stood	stood
to pay	paid	paid	to stave	stove, staved	stove, staved
to plead	pleaded, plead, pled	pleaded, plead, pled	to steal	stole	stolen
			to stick	stuck	stuck
to put	put	put	to sting	stung	stung
to quit	quit, quitted	quit, quitted	to stink	stank, stunk	stunk
to read	read	read	to strew	strewed	strewed, strewn
to rend	rent	rent	to stride	strode	stridden
to rid	rid, ridded	rid, ridded	to strike	struck	struck, striken
to ride	rode	ridden	to string	strung	strung
to ring	rang	rung	to strive	strove	striven, strived
to rise	rose	risen	to swear	swore	sworn
to run	ran	run	to sweep	swept	swept
to saw	sawed	sawed, sawn	to swell	swelled	swelled, swollen
to say	said	said	to swim	swam	swum
to see	saw	seen	to swing	swung	swung
to seek	sought	sought	to take	took	taken
to sell	sold	sold	to teach	taught	taught
to send	sent	sent	to tear	tore	torn
to set	set	set	to tell	told	told
to sew	sewed	sewed, sewn	to think	thought	thought
to shake	shook	shaken	to thrive	throve, thrived	thriven, thrived
to shave	shaved	shaved, shaven	to throw	threw	thrown
to shear	sheared	sheared, shorn	to thrust	thrust	thrust
to shed	shed	shed	to tread	trod	trodden, trod
to shine	shone	shone	to unbend	unbent	unbent
to shoe	shod, shoed	shod, shoed	to underbid	underbid	underbid
to shoot	shot	shot	to undergo	underwent	undergone
to show	showed	shown, showed	to undersell	undersold	undersold
to shrink	shrank	shrunk, shrunken	to understand	understood	understood
to shrive	shrove	shriven	to undertake	undertook	undertaken
to shut	shut	shut	to underwrite	underwrote	underwritten
to sing	sang	sung	to undo	undid	undone
to sink	sank	sunk	to upset	upset	upset
to sit	sat	sat	to wake	woke, waked	woken, waked
to slay	slew	slain	to wear	wore	worn
to sleep	slept	slept	to weave	wove	woven, wove
to slide	slid	slid	to weep	wept	wept
to sling	slung	slung	to win	won	won
to slink	slunk	slunk	to wind	wound	wound
to slit	slit	slit	to withdraw	withdrew	withdrawn
to smell	smelled, smelt	smelled, smelt	to withhold	withheld	withheld
to smite	smote	smitten	to withstand	withstood	withstood
to sow	sowed	sowed, sown	to wring	wrung	wrung
to speak	spoke	spoken	to write	wrote	written

ITALIANO - INGLESE

ITALIAN - ENGLISH

a ¹,**A** ¹ *f./m.* (*lettera dell'alfabeto*) a, A: *due a* two A's, two As; *una a minuscola* a small A; *una a maiuscola* a capital A; (*Tel*) *a come Ancona* A for Andrew, (*Am*) A as in Abel. ☐ (*fig*) *dalla a alla zeta* from A to Z, from the beginning to the end.

a ² *prep.* (*before a word beginning with a vowel the preposition* **a** *often becomes* **ad**; *it is contracted with the definite article to* **al** [*a + il*], **allo** [*a + lo*], **all'** [*a + l'*], **alla** [*a + la*], **ai** [*a + i*], **agli** [*a + gli*], **alle** [*a + le*]) **1** (*complemento di termine*) to: *scrivere a un amico* to write to a friend. **2** (*stato in luogo*): *essere alla stazione* to be at the station; *abita al numero dieci di via Veneto* he lives at number ten, via Veneto. **3** (*vicino a*) at, by, beside: *ero alla finestra* I was at the window, I was by the window. **4** (*con nomi di nazioni, città grandi*) in: *vivere a Roma* to live in Rome. **5** (*con nomi di città piccole*) at: *lo vidi a Como* I saw him at Como. **6** (*moto a luogo anche con nomi geografici*) to: *andare alla stazione* to go to the station; *andare al mare* to go to the seaside; *andare a Napoli* to go to Naples. **7** (*distanza: rif. a luogo*) at, *spesso non si traduce: a dieci metri di distanza* at a distance of ten metres; *a cinque chilometri da Roma* five kilometres from Rome. **8** (*distanza: rif. a tempo passato*) after: *a tre mesi dal suo arrivo* three months after his arrival. **9** (*rif. a tempo futuro*) before: *a tre mesi dagli esami non avevo ancora cominciato a studiare* three months before the exams I still had not begun studying. **10** (*tempo*) in: *al tempo di Napoleone* in the time of Napoleon; *a maggio* in May. **11** (*rif. a festività*) at: *a Natale* at Christmas. **12** (*indicazione dell'ora*) at: *a che ora? - Alle cinque* at what time? - At five; *what time? - At five*. **13** (*età*) at the age of, at: *a vent'anni si sposò* at the age of twenty he got married, when he was twenty he got married. **14** (*fino a: in correlazione con da*) to: *da Roma a Milano* from Rome to Milan. **15** (*fino a: rif. a tempo*) to, until, till: *dalle quattro alle otto* from four till eight. **16** (*tempo: fra*) in: *tornerà a giorni* he will be back in a few days, he will be back within a few days; *di qui a un anno* a year from now, in a year. **17** (*fine, scopo*) for, to: *a questo scopo* for this purpose. **18** (*vantaggio, svantaggio*) to, for: *essere utile alla salute* to be good for one's health; *ciò è sfavorevole a noi* that is unfavourable to us. **19** (*inclinazione*) to, for: *tendenza all'ozio* tendency to laziness; *non ha nessuna attitudine al disegno* he has no aptitude for drawing. **20** (*mezzo, strumento*) by, in, with: *cucito a mano* sewn by hand; *scrivere a matita* to write in pencil, to write with a pencil. **21** (*modo, maniera*) at, in, with: *correre a cento l'ora* to go a hundred miles an hour, to go at a hundred an hour; *a voce bassa* in a low voice; *a braccia levate* with raised arms. **22** (*conformità*) in, after, in the style of, in the manner of: *a mio parere* in my opinion; *a suo parere* according to him; *alla moda* after the fashion; *vestire alla francese* to dress in the French style. **23** (*prezzo*) at, for: *a che prezzo?* at what price?; *me l'ha ceduto a pochi euro* he let me have it for a few euros. **24** (*circostanza, causa*) at: *a quelle parole pianse* at those words he cried; *a prima vista* at first sight. **25** (*limitazione*) by: *riconoscere qcu. alla voce* to recognize so. by their voice. **26** (*pena*) to: *condannare a morte* to condemn to death, to sentence to death. **27** (*con valore distributivo*) by: *vendere a dozzine* to sell by the dozen; *marciare a due a due* to march two by two; *a goccia a goccia* drop by drop. **28** (*con valore distributivo: rif. a tempo*) a, an: *due volte al giorno* twice a day. **29** (*predicativo*) as, *spesso non si traduce: lo elessero a giudice* they elected him judge. **30** (*seguito dall'inf.*) *di solito non si traduce: comincia a piovere* it is beginning to rain. **31** (*seguito dall'inf.: con significato prevalentemente finale*) in order, *spesso non si traduce: si sporse a guardare* he leant out to look, he lent out in order to look. **32** (*seguito dall'inf.: con significato condizionale*) if; *spesso non si traduce: a fare così non riuscirai mai* if you do that you'll never succeed; *a dire il vero* to tell the truth. **33** (*seguito da un inf. sostantivato con l'art. determinativo*) on [+*ing form*], when: *all'entrare* on entering. **34** (*Mat*) to: *nove alla quarta* nine to the fourth.

a ³ **1** *ara* a (are). **2** (*Fis*) *accelerazione* a (acceleration).

A ² *Austria* A (Austria).

A. **1** (*titolo nobiliare*) *Altezza* RH (Royal Highness). **2** (*Post*) (*lettera*) *assicurata* (insured letter). **3** (*autore*) auth. (author).

AA **1** *Accademia Aeronautica* AFA (Air Force Academy). **2** *alcolisti anonimi* AA (Alcoholics Anonymous). **3** (*burocr*) *anno* YY (year).

AAMS *Azienda autonoma dei monopoli di stato* (board of State monopolies).

AAS *Azienda autonoma di soggiorno* (Tourist Information Office).

AA. VV. *Autori vari* (various authors).

abacà *f.* **1** (*Bot*) abaca. **2** (*fibra*) Manila hemp, abaca.

abaco (*pl.* **-chi**) *m.* **1** (*pallottoliere*) abacus. **2** (*Arch*) abacus. **3** (*Mat*) (*monogramma*) nomograph, nomogram.

Abacuc *n.pr.m.* (*Bibl*) Habakkuk.

abate *m.* **1** (*Rel.catt*) abbot. **2** (*Stor*) abbé.

abat-jour /aba'ʒur/ *m.inv.* **1** (*paralume*) lampshade. **2** (*lampada*) table lamp.

abazia *f.* **1** (*edificio*) abbey. **2** (*beneficio di abate*) abbey benefice.

abaziale *a.* abbey (*attr.*), abbatial.

abbacchiamento *m.* **1** (*rar,Agr*) beating down (nuts, olives or chestnuts) by means of a pole, knocking down (nuts, olives or chestnuts) by means of a pole. **2** (*fig*) (*abbattimento*) depression, glumness.

abbacchiare (**abbàcchio**, **abbàcchi**) I *v.t.* **1** (*rar,Agr*) to beat down (nuts, olives or chestnuts) by means of a pole, to knock down (nuts, olives or chestnuts) by means of a pole. **2** (*fig*) (*avvilire*) to dishearten, to dispirit, to depress. II *v.pron.* **abbacchiarsi** (*fig*) (*avvilirsi*) to be disheartened.

abbacchiato *a.* **1** (*fig*) (*avvilito*) disheartened, dispirited, depressed. **2** (*rar,Agr*) beaten down, knocked down.

abbacchiatura *f.* (*Agr*) **1** (*azione*) beating down (nuts, olives or chestnuts) by means of a pole, knocking down (nuts, olives or chestnuts) by means of a pole. **2** (*periodo*) time of the beating down.

abbacchio *m.* (*Macell,region*) suckling lamb.

abbacinamento *m.* **1** (*Mediev*) abacination. **2** (*abbagliamento*) blinding, dazzling. **3** (*fig*) (*inganno*) deception.

abbacinare (**abbàcino**) *v.t.* **1** (*Mediev*) to abacinate. **2** (*abbagliare*) to blind, to dazzle. **3** (*fig*) (*ingannare*) to deceive.

abbacinato *a.* **1** (*abbagliato*) blinded. **2** (*confuso*) dazed, confused.

abbaco *m.* (*rar*) **1** (*pallottoliere*) abacus. **2** (*Arch*) abacus. **3** (*Mat*) (*monogramma*) nomograph, nomogram.

abbadessa *f.* (*Rel.catt*) abbess.

abbagliamento *m.* **1** (*l'abbagliare*) glare, dazzle, dazzlement. **2** (*fig*) (*smarrimento*) confusion. **3** (*fig*) (*sbaglio*) mistake.

abbagliante I *a.* **1** dazzling, glaring, blinding. **2** (*fig*) (*affascinante*) dazzling, fascinating. **3** (*fig*) (*che inganna*) deceiving, deceptive. II *m.spec.pl.* (*Aut*) headlights on full-beam, (*Am*) headlights on high-beam, (*Am*) brights *pl.*: *togliere gli abbaglianti* to dip the headlights, (*Am*) to dim the brights.

abbagliare (**abbàglio**, **abbàgli**) *v.t.* **1** to dazzle, to blind: *essere abbagliato dai fari di un'auto* to be blinded by a car's headlights. **2** (*fig*) (*affascinare*) to dazzle, to fascinate. **3** (*fig*) (*illudere*) to dazzle, to deceive.

abbaglio *m.* **1** (*fig*) (*svista*) mistake; (*dovuto a incompetenza, noncuranza*) blunder: *prendere un ~* to make a blunder, (*colloq*) to slip up. **2** (*rar*) (*abbagliamento*) dazzling, blinding.

abbaiamento *m.* barking; (*rif. a cane da caccia*) baying.

abbaiare (**abbàio**, **abbài**) I *v.i.* (*aus.* **avere**) **1** to bark; (*rif. a cane da caccia*) to bay. **2** (*fig*) (*gridare*) to shout. **3** (*fig*) (*cantare male*) to howl, (*colloq*) to caterwaul. II *v.t.* (*lett*) to shout. ☐ (*fig*) *~ alla luna* to bay at the moon.

abbaiata *f.* **1** barking; (*rif. a cani da caccia*) baying. **2** (*fig*) (*grida di scherno o rimprovero*) jeering, booing.

abbaino *m.* **1** (*Edil*) dormer, dormer window. **2** (*soffitta*) attic, loft.

abbaio *m.* (*rar,lett*) **1** (*l'abbaiare*) bark, barking. **2** (*abbaiamento prolungato*) (loud and prolonged) barking.

abbandonare (**abbandóno**) I *v.t.* **1** to leave, to abandon, (*ant*) to quit: *~ il paese natio* to leave one's native village; *~ un bambino* to abandon a child. **2** (*non aiutare*) to forsake, to abandon, to desert: *~ un amico nel bisogno* to abandon a friend in need; *~ gli amici* to desert one's friends. **3** (*trascurare*) to neglect: *~ un giardino* to neglect a garden. **4** (*rinunciare*) to give up (doing sth.), to leave, to drop, (*ant*) to quit, to renounce: *~ l'insegnamento* to give up teaching. **5** (*non condurre a termine*) to leave (sth.) unfinished. **6** (*reclinare*) to let (sth.) fall, to drop: *~ il capo sul cuscino* (*Br*) to drop one's head back to the pillow, (*Am*) to drop one's head onto the pillow; *~ la testa* *fra le braccia di qcu.* to let one's head fall into so.'s arms. **7** (*venir meno*) to fail: *le forze lo abbandonano* his strength is failing, his strength is failing him; *il coraggio la abbandonò* her courage failed her. **8** (*Dir*) to desert: ~ *la moglie* to desert one's wife. **9** (*Inform*) to abandon, to quit, to exit. **10** (*allentare*) to loosen, to slacken (*anche fig*): ~ *le briglie* to loosen the reins. **II** *v.pron.* **abbandonarsi 1** (*lasciarsi cadere*) to let oneself fall, to drop, to sink, to flop: *si abbandonò sulla poltrona* he sank into the armchair; *si abbandonò sul letto* he flopped onto the bed. **2** (*affidarsi*) to trust: *abbandonati a lui* trust him. **3** (*perdersi d'animo*) to lose heart, to get depressed. **4** (*a vizi, passioni*) to give oneself up (*a* to), to give oneself over (*a* to), to abandon oneself (*a* to), to indulge (*a qcs.* in sth.), to surrender (*a* to). □ ~ *qcu. a se stesso* to leave so. to one's own devices; (*fig*) *abbandonarsi ai ricordi* to indulge in one's memories; ~ *qcu. al proprio destino* to abandon so. to his fate; ~ *la città al saccheggio* to give the city over to pillage; *abbandonarsi alla disperazione* to give way to despair; ~ *qcu. alla propria sorte* to leave so. to their fate, to abandon so. to their fate; ~ *una gara* to drop out of a competition; ~ *il campo*: 1 (*ritirarsi*) to withdraw, to retreat; 2 (*Sport*) to leave the field; (*Mil,Sport*) ~ *il combattimento* to give up the fight; (*fig*) ~ *il mondo* (*ritirarsi a vita contemplativa*) to renounce the world; ~ *il servizio* (*andare in pensione*) to leave the service; (*Mar*) ~ *la nave* to abandon ship; ~ *la toga* to leave the legal profession.

abbandonato *a.* **1** (*deserto, lasciato solo*) abandoned, forsaken, deserted. **2** (*disabitato*) deserted, abandoned: *casa abbandonata* deserted house. **3** (*trascurato*) neglected, derelict: *giardino* ~ neglected garden. **4** (*incustodito*) unattended. **5** (*disusato*) disused. **6** (*incolto*) overgrown. **7** (*solo*) lonely. **8** (*rif. a braccia*) hanging loose: *con le braccia abbandonate* with one's arms hanging loosely by one's side. **9** (*lett*) (*disteso, reclinato*) slumped, hunched. □ ~ *a se stesso* left to one's own devices; (*fig*) ~ *da Dio* godforsaken.

abbandono *m.* **1** (*l'abbandonare*) abandonment, abandoning, forsaking. **2** (*stato di trascuratezza*) state of neglect: *un giardino in* ~ a garden in a state of neglect, a garden run wild. **3** (*rilassamento*) relaxation: ~ *delle membra* relaxation of the limbs. **4** (*Sport*) (*rinuncia*) default, withdrawal. **5** (*Dir*) desertion: ~ *del coniuge* desertion of spouse; ~ *del tetto coniugale* desertion. **6** (*stato di chi è abbandonato: sentimento*) loneliness, (*trascuratezza della persona*) forlornness. **7** (*debolezza*) weakness: *in un momento di* ~ in a moment of weakness. □ ~ *in Dio* abandonment to God.

abbarbagliamento *m.* **1** (*abbagliamento*) dazzling. **2** (*fig*) mistake.

abbarbagliare (*abbarbàglio, abbarbàgli*) *v.t.* **1** (*abbagliare*) to dazzle. **2** (*fig*) to confuse.

abbarbicamento *m.* taking root (*anche fig*).

abbarbicarsi (**mi abbàrbico, ti abbàrbichi**) *v.pron.* **1** (*Bot*) (*mettere radici*) to put out roots (in), to root (in), to grow roots. **2** (*Bot*) (*a un muro*) to cling (*a* to): *l'edera si abbarbica al muro* the ivy clings to the wall. **3** (*fig*) (*stabilirsi in un luogo*) to put down roots, to strike roots. **4** (*estens*) (*attaccarsi con forza*) to cling (*a* to): ~ *al braccio di qcu.* to cling to one's arm. **5** (*fig*) (*radicarsi: di idee ecc.*) to take root (in), to cling (to).

abbaruffamento *m.* (*rar*) (*disordine*) dis-

order, disarray.

abbaruffare (**abbarùffo**) **I** *v.t.* (*rar*) (*scompigliare*) to disorder, to disarrange. **II** *v.r.recipr.* **abbaruffarsi** (*accapigliarsi*) to scuffle, to brawl.

abbassalingua *m.inv.* (*Med*) tongue depressor, spatula.

abbassamento *m.* **1** (*l'abbassare*) lowering. **2** (*ribasso: di prezzi, tariffe*) reduction (*di qcu.* in sth.), decrease (*di qcu.* in sth.), (*forzato*) fall (*di qcu.* in sth.), drop (*di qcu.* in sth.). **3** (*rif. a temperatura*) fall (*di* in), drop (*di* in): ~ *della temperatura* fall in temperature, drop in temperature. **4** (*El,Fis*) drop (*di* in). **5** (*Med*) lowering. □ ~ *del terreno* subsidence; (*fig*) ~ *di grado* reduction in rank; ~ *di livello* decline in level, drop; (*El*) ~ *di tensione* voltage drop.

abbassare (**abbàsso**) **I** *v.t.* **1** to lower: ~ *un quadro* to lower a picture. **2** (*fare scendere*) to pull down, to let down, to lower: ~ *le tapparelle* to pull down the blinds. **3** (*prezzi, salari*) to lower, to reduce, to cut. **4** (*di intensità*) to lower, to drop, to decrease: ~ *la voce* to lower one's voice, to quiet down. **5** (*rif. a luce*) to dim. **6** (*chinare*) to lower, to drop; (*rif. alla testa*) to bow, to nod. **7** (*umiliare*) to humble. **8** (*rif. a riscaldamento, radio, volume ecc.*) to turn down. **II** *v.pron.* **abbassarsi 1** (*diminuire, indebolirsi*) to fall, to diminish, to lower, to drop. **2** (*chinarsi*) to stoop, to bend down: *abbassarsi per raccogliere qcs.* to stoop to pick up sth. **3** (*umiliarsi*) to humble oneself, to lower oneself, (*lett*) to abase oneself. **4** (*rif. a febbre*) to drop, to go down. **5** (*rif. a sole*) to go down. **6** (*rif. a vento*) to die down: *il vento si è abbassato* the wind has died down. □ ~ *gli occhi* to lower one's eyes; (*Aut*) ~ *i fari* (*Br*) to dip one's headlights, (*Am*) to dim one's brights; ~ *il capo* to bow one's head, to hang one's head; (*Aer*) ~ *il carrello di atterraggio* to lower the landing gear; ~ *il gas* to lower the flame; (*Teat*) ~ *il sipario* to lower the curtain (*anche fig*); ~ *la guardia* (*Br*) to lower one's guard, (*Am*) to let one's guard down (*anche fig*); (*fig*) ~ *le ali* (*diventare più modesto*) to eat humble pie; (*fig*) ~ *le orecchie* to have one's eyes lowered, to look crestfallen; ~ *le palpebre* to lower one's eyelids; ~ *lo sguardo* to lower one's eyes, to look down; (*Sport*) ~ *un primato* (*Br*) to beat a record, (*Am*) to break a record.

abbasso I *intz.* down with: ~ *i tiranni!* down with tyranny! **II** *avv.* **1** (*giù*) down below, down. **2** (*al piano di sotto*) downstairs.

abbastanza *avv.* **1** enough, sufficiently: *non è* ~ *largo* it's not wide enough; *ho dormito* ~ I have slept long enough. **2** (*alquanto*) rather, somewhat, quite a lot, (*colloq*) pretty, pretty much. **3** (*discretamente*) fairly, quite, (*colloq*) pretty: *il tempo è* ~ *bello* the weather is quite nice. **4** (*region*) (*molto*) very. □ *averne* ~ *di* to have had more than enough of, to have had enough of: *non ne ha mai* ~ he is never satisfied; *ne ho* ~! I'm fed up with it!, I'm sick and tired of it!

abbattere (**abbàtto**) **I** *v.t.* **1** to knock down, to throw down. **2** (*di alberi*) to fell, to cut down, to chop down. **3** (*con arma da fuoco*) to shoot, to shoot down. **4** (*demolire*) to pull down, to demolish, to tear down. **5** (*fig*) (*rovesciare*) to overturn: ~ *un governo* to overturn a government. **6** (*Aer,Mil*) to shoot down, (*Am*) to down: *furono abbattuti due MIG* two MIGs were shot down. **7** (*di animali*) to slaughter; (*Caccia*) to bag, to shoot. **8** (*fig*) (*deprimere*) to depress, to dishearten, to dispirit, to get down: *la notizia mi ha molto abbattuto* the news has greatly disheartened

me. **9** (*confutare*) to refute, (*colloq*) to demolish: ~ *un argomento* to refute an argument. **II** *v.pron.* **abbattersi 1** to fall (down): *abbattersi al suolo svenuto* to fall to the ground in a faint. **2** (*di tempesta*) (*di tempesta*) to break: *una tempesta si abbatté sulla città* a storm broke over the city. **4** (*fig*) (*avvilirsi*) to become disheartened, to lose heart. □ ~ *una fortezza* to destroy a fortress; *si è abbattuta su di lui una tale sfortuna!* such a misfortune has befallen him!

abbattimento *m.* **1** (*atto*) knocking down. **2** (*di alberi*) felling. **3** (*demolizione*) pulling down, demolition (*anche fig*). **4** (*di animali*) slaughter; (*Caccia*) shooting, bagging. **5** (*Mil*) shooting down, (*Am*) downing. **6** (*Minier*) extraction. **7** (*Econ*) (*detrazione*) allowance, relief. **8** (*fig*) (*depressione fisica*) prostration, exhaustation. **9** (*fig*) (*depressione morale*) dejection, despondency. □ (*Econ*) ~ *alla base* personal allowance; (*Econ*) ~ *di un credito* debt write-off.

abbattitore *m.* (*di alberi*) lumberjack, lumberman.

abbattuto *a.* (*avvilito*) depressed, dejected, downcast, sad.

abbazia *f.* **1** (*edificio*) abbey. **2** (*beneficio di abate*) abbey benefice.

abbaziale *a.* abbey (*attr.*), abbatial: *beneficio* ~ abbatial benefice.

abbecedario *m.* primer.

abbellimento *m.* embellishment (*anche Mus*).

abbellire (**abbellìsco, abbellìsci**) **I** *v.t.* **1** (*rendere bello*) to beautify. **2** (*ornare*) to embellish, to adorn. **II** *v.pron.* **abbellirsi 1** to beautify oneself, (*colloq*) to pretty oneself up, (*Am,colloq*) to get dolled up. **2** (*adornarsi*) to adorn oneself, (*colloq*) to deck oneself out.

abbeveraggio *m.* watering.

abbeverare (**abbévero**) **I** *v.t.* **1** (*di animali*) to water. **2** (*rar,estens*) (*irrigare*) to water, to irrigate. **II** *v.pron.* **abbeverarsi 1** (*di animali*) to water, to go to water. **2** (*di persone: dissetarsi*) to drink. □ (*fig*) *abbeverarsi alle fonti del sapere* to drink deep from the fountain of knowledge, to drink at the fountain of knowledge.

abbeverata *f.* **1** (*l'abbeverarsi*) watering. **2** (*luogo*) watering place, (*naturale*) watering hole, waterhole.

abbeveratoio *m.* drinking trough.

abbia → **avere**[1].

abbicci *m.* **1** (*rar*) (*alfabeto*) ABC, (*Am*) ABCs: *imparare l'*~ to learn one's ABC. **2** (*rar*) (*sillabario*) primer. **3** (*fig*) (*principi elementari*) ABC, (*Am*) ABCs. □ (*fig*) *essere all'*~: 1 (*rif. a persona*) to be a beginner; 2 (*rif. a situazione*) to be at the very beginning.

abbiente I *a.* well-to-do, well-off, well off (*pred.*), affluent, wealthy: *le classi abbienti* the affluent classes. **II** *m./f.* well-to-do person, well-off person: *gli abbienti* the well-to-do, the affluent, (*colloq*) the haves *pl.*; *i meno abbienti* the less well-to-do; *i non abbienti* (*colloq*) the have-nots, (*rar*) the needy.

abbiettezza *f.* baseness, vileness, abjectness.

abbietto *a.* base, vile, abject.

abbigliamento *m.* **1** (*il modo di abbigliarsi*) manner of dressing, style of dress. **2** (*vestiario*) clothes *pl.*, clothing, wear. □ ~ *casual* casualwear, casual apparel; ~ *da donna* women's wear; ~ *da uomo* menswear; ~ *esterno* outerwear; ~ *femminile* women's wear; ~ *intimo* lingerie, intimate apparel; ~ *per bambini* childrenswear; ~ *sportivo* sportswear.

abbigliare (**abbìglio, abbìgli**) I *v.t.* 1 to dress, to attire. 2 (*lett*) (*adornare*) to deck out, to bedeck. II *v.pron.* **abbigliarsi** (*adornarsi*) to dress up, (*lett*) to attire, (*colloq*) to dress oneself up, to deck oneself out: *abbigliarsi per il ballo* to dress up for the ball.

abbigliato *a.* dressed up, (*lett*) attired: *una ragazza abbigliata a festa* a girl dressed up in her Sunday best.

abbinabile *a.* 1 combinable, compatible, coupling (*anche Mecc*). 2 (*Abbigl*) matchable, coordinating.

abbinabilità *f.* compatibility.

abbinamento *m.* 1 combination, pairing. 2 (*Mecc*) coupling. 3 (*Abbigl*) matching.

abbinare (**abbìno**) *v.t.* 1 to combine, to couple (*a* with). 2 (*Abbigl*) to match: *~ una maglietta ai pantaloni* to match a shirt with trousers.

abbinata *f.* 1 (*Equit*) exacta, (*Am*) perfecta. 2 (*estens*) (*rif. a persone*) couple. □ (*Equit*) *~reversibile* quinella.

abbinato *a.* coupled, combined.

abbindolare (**abbìndolo**) *v.t.* 1 (*fig*) (*raggirare*) to trick, to deceive, to cheat, (*colloq*) to bamboozle. 2 (*rar,Tess*) to wind.

abbioccarsi (**mi abbiòcco, ti abbiòcchi**) *v.pron.* (*region*) 1 (*addormentarsi*) to doze off, to snooze, to take forty winks. 2 (*covare*) to brood.

abbiocco *m.* (*region*) fit of drowsiness: *dopo pranzo mi viene l'~* I always feel drowsy after lunch.

abbisognare (**abbisógno**; *aus.* **avere**) *v.i.* (*rar*) to be in need (*di* of), to need (*sth.*): *tutti abbisognano di buoni consigli* everyone is in need of good advice.

abboccamento *m.* 1 talk; (*con carattere ufficiale*) interview: *avere un ~ con qcu.* to have an interview with so. 2 (*Chir*) anastomosis. 3 (*Mecc*) butt joining.

abboccare (**abbócco, abbócchi**) I *v.t.* 1 (*Mecc*) to join (up): *~ due tubi* to join two butts. 2 (*Chir*) to anastomose. 3 (*region*) (*riempire fino all'orlo*) to fill up, to fill to the brim. 4 (*rar*) (*afferrare con la bocca*) to bite, to grip with the teeth, to seize with the teeth, to snap. II *v.i.* (*aus.* **avere**) 1 (*attaccarsi con la bocca*) to bite: *i pesci abboccano* the fish are biting. 2 (*fig*) (*cadere nell'inganno*) to be caught out, to be taken in, to be deceived. 3 (*fig*) (*reagire a provocazione*) to rise to the bait. 4 (*Tecn*) (*combaciare*) to make a good fit. 5 (*Mar*) to list. III *v.r.recipr.* **abboccarsi** (*rar*) (*avere un abboccamento*) to confer, to have a meeting, to have a talk. □ *~ all'amo*: 1 (*Pesc*) to bite, to take the bait, to swallow the bait; 2 (*fig*) (*cadere nell'inganno*) to swallow the bait; (*reagendo nella maniera prevista*) to rise the bait.

abboccato *a.* (*Enol*) (*di vino*) sweetish, medium sweet, demi-sec.

abboffarsi (**mi abbòffo**) *v.pron.* (*rar*) to stuff oneself, to eat too much, (*colloq*) to eat like a pig.

abboffata *f.* (*rar*) 1 (*il mangiare*) gorging, bingeing, (*colloq*) eating like a pig. 2 (*mangiata*) feed, blowout, feast.

abbominio *e der.* → **abominio** *e der.*

abbonacciare (**abbonàccio, abbonàcci**) I *v.t.* to calm. 2 (*fig*) (*calmare*) to calm (down), to soothe. II *v.pron.* **abbonacciarsi** (*calmarsi: rif. a mare*) to grow calm; (*rif. a vento*) to drop.

abbonamento *m.* 1 subscription: *rinnovare l'~* to renew one's subscription; *disdire l'~* to cancel one's subscription. 2 (*prezzo*) fee, rate; (*derivante da affitto o noleggio*) rental: *~ al telefono* telephone rental. 3 (*do-*

cumento) pass, season ticket. 4 (*per un ciclo di massaggi ecc.*) prepaid pass, punchcard (for a series of treatments, visits, etc.). □ *~ ferroviario* railway season ticket, (*Am*) railroad commutation ticket; *~ mensile*: 1 (*di treno*) monthly ticket, (*spec. Am*) monthly pass; 2 (*di riviste*) monthly subscription; (*Post*) *spedizione in ~ postale* postal delivery; *~ teatrale* theatre subscription, (*Am*) theater subscription.

abbonare[1] (**abbòno**) I *v.t.* to take out a subscription for so. II *v.pron.* **abbonarsi** 1 to subscribe (*a* to), take out a subscription (*a* to): *abbonarsi a una rivista* to subscribe to a magazine. 2 (*rif. a mezzi di trasporto*) to buy a season ticket.

abbonare[2] (**abbuòno, abboniàmo**) I *v.t.* to cancel, (*lett,rar*) to remit: *mi ha abbonato il debito* he cancelled my debt. II *v.pron.* **abbonarsi** (*lett*) to calm (down).

abbonato I *m.* (*f.* **-a**) 1 subscriber: *~ al telefono* telephone subscriber. 2 (*rif. a mezzi di trasporto e sim.*) season ticket holder, pass holder. 3 (*alla televisione*) licence holder. II *a.* subscribing: *essere ~ a un giornale* to be a subscriber to a newspaper.

abbondante *a.* 1 abundant, plentiful, rich, copious: *un raccolto ~* a plentiful harvest. 2 (*eccedente*) good, generous: *un'~ porzione di carne* a generous helping of meat; *due metri abbondanti* a good two metres; *un cucchiaio ~* a heaping spoonful, a heaping tablespoon. 3 (*sostanzioso*) hearty: *colazione ~* hearty breakfast. 4 (*di donna*) plump, (*lett*) buxom. 5 (*Abbigl*) loose, baggy: *una giacca ~* a baggy jacket. □ *un'~ nevicata* a heavy snowfall.

abbondantemente *avv.* abundantly, plentifully.

abbondanza *f.* abundance, plenty. □ *narrare qcs. con ~ di particolari* to relate sth. with a wealth of detail; *cibo in ~* plenty of food, food galore; *vivere nell'~* to live in the lap of luxury.

abbondare (**abbóndo**; *aus.* **avere**) *v.i.* 1 to be plentiful, to be abundant, to abound: *quest'anno abbonderanno le olive* this year olives will be plentiful. 2 (*avere in abbondanza*) to abound, to be rich (*di* in). 3 (*eccedere*) to lavish (*in* with): *~ nei regali* to lavish with gifts. □ *~ nel cibo* to overeat.

abbonimento *m.* 1 (*miglioramento*) improvement. 2 (*Agr*) (*bonifica*) reclamation: *~ del terreno* land reclamation.

abbonire (**abbonìsco, abbonìsci**) I *v.t.* 1 to calm, to placate, to appease: *~ qcu. con promesse* to make a peace offering. 2 (*bonificare*) to reclaim: *~ un terreno* to reclaim a field. II *v.pron.* **abbonirsi** (*quietarsi*) to grow calm, to calm down.

abbordabile *a.* 1 (*Mar*) boardable. 2 (*fig*) (*che si può affrontare: rif. a cosa*) not too difficult, reasonable, acceptable: *una spesa ~* a reasonable expense. 3 (*fig*) (*avvicinabile*) approachable: *oggi il maestro non è ~* the teacher isn't approachable today.

abbordaggio *m.* 1 (*Mar*) boarding. 2 (*fig*) (*approccio, l'avvicinare*) approach, advance. □ (*Mar*) *andare all'~ di una nave* to board a ship.

abbordare (**abbórdo**) *v.t.* 1 (*in modo ostile*) to draw up alongside, to board (*anche Mar*). 2 (*fig*) (*rif. a persona*) to approach, (*colloq*) to chat up, to make an advance; (*in modo insolente*) to accost. 3 (*fig*) (*rif. a questioni delicate*) to broach: *~ un argomento* to broach a subject.

abbordo *m.* 1 (*Mar*) boarding. 2 (*fig*) (*approccio*) approach: *una persona di facile ~*

an easily approachable person.

abborracciare, abborràccio, abborràc-ci) *v.t.* to botch, (*colloq*) to bungle.

abborracciato *a.* botched, (*colloq*) bungled: *lavoro ~* botched job, (*colloq*) botch.

abborracciatura *f.* (*colloq*) botch.

abbottonare (**abbottóno**) I *v.t.* to button (up), to fasten. II *v.pron.* **abbottonarsi** 1 to button (up) one's clothes. 2 (*chiudersi di allacciatura*) to button: *quell'abito si abbottona sulla schiena* that dress buttons at the back. 3 (*fig,colloq*) (*tacere*) to button up.

abbottonato *a.* 1 buttoned, fastened. 2 (*fig*) (*riservato*) reserved; (*introverso*) withdrawn: *un tipo molto ~* a very reserved person.

abbottonatura *f.* 1 buttoning. 2 (*l'insieme dei bottoni e degli occhielli*) buttons and buttonholes *pl*.

abbozzare[1] (**abbòzzo**) *v.t.* 1 to sketch, to sketch out, to outline. 2 (*di sculture*) to rough-hew. 3 (*di scritti*) to make a rough draft of, to draft: *~ una lettera* to make a rough draft of a letter. □ *~ un gesto* to make a vague gesture; *~ un sorriso* to make a half-smile.

abbozzare[2] (**abbòzzo**) *v.t.* (*Mar,ant*) to snub, to stopper. □ (*Mar,ant*) *~ una nave* to moor a ship fore and aft.

abbozzare[3] (**abbòzzo**; *aus.* **avere**) *v.i.* (*colloq*) (*sopportare*) to put up with it: *non ti resta che ~* you'll just have to put up with it.

abbozzato *a.* sketched, outlined, roughed out: *appena ~* in its preliminary stages.

abbozzo *m.* 1 rough draft, outline: *fare un ~ di qcs.* to make a rough draft of sth. 2 (*Pitt*) sketch: *~ di un quadro* sketch for a painting. □ *~ di contratto* preliminary draft contract, draft contract; *~ di sorriso* hint of a smile.

abbozzolarsi (**mi abbòzzolo**) *v.pron.* 1 (*Zool*) (*fare il bozzolo*) to spin a cocoon, to form a cocoon. 2 (*formare grumi*) to go lumpy, to become lumpy.

abbracciare (**abbràccio, abbràcci**) I *v.t.* 1 to embrace, to hug, to clasp; (*con tenerezza*) to cuddle. 2 (*rinchiudere, contenere*) to enclose, to surround, (*lett*) to embrace: *una palizzata abbraccia tutto il campo* a fence surrounds the whole field. 3 (*fig*) to grasp, to embrace: *la mente non può ~ tutto* the mind cannot grasp everything. 4 (*dedicarsi a*) to take up, to embrace: *~ l'insegnamento* to take up teaching. 5 (*accettare, seguire*) to embrace, to adopt, to espouse: *~ la causa di qcu.* to embrace so.'s cause, to espouse so.'s cause. II *v.pron.* **abbracciarsi** (*abbracciare se stesso*) to embrace. III *v.r.recipr.* **abbracciarsi** to embrace (each other). □ *~ con la mente* to take in, to grasp; *~ mezzo secolo* to span half a century; *~ una proposta* to support a proposal; *~ una religione* to embrace a faith.

abbraccio *m.* 1 embrace, hug: *dare un ~ a qcu.* to give so. a hug, to hug so., to embrace so.; *ricevere un ~* to receive a hug, to be given a hug, to be embraced; *stringere in un ~* to clasp in an embrace, (*Am*) to embrace, to hold in an embrace. □ (*epist*) *un ~* love (from).

abbrancare (**abbrànco, abbrànchi**) I *v.t.* 1 (*afferrare con le branche*) to clutch. 2 (*afferrare con rapidità*) to snatch, to grab. II *v.pron.* **abbrancarsi** (*attaccarsi tenacemente*) to clutch, to grip (*a qcs.* sth.), to cling (*a* to).

abbreviare (**abbrèvio, abbrèvi**) *v.t.* 1 to shorten, to make (sth.) shorter, to cut, to cut short, to curtail: *~ la strada* to shorten the way (*anche fig*). **2** (*rif. a parola, testo*) to abbreviate. **3** (*Fon*) to shorten.

abbreviativo *a.* abbreviating, shortening.

abbreviato *a.* **1** shortened. **2** (*rif. a parola, testo*) abbreviated: *parola abbreviata* abbreviated word.

abbreviazione *f.* **1** (*la parola abbreviata*) abbreviation: *elenco delle abbreviazioni* list of abbreviations. **2** (*l'abbreviare*) abbreviating. **3** (*Ling*) shortened form. **4** (*Fon*) shortening.

abbrivare (**abbrìvo**), **abbriviare** (**abbrìvi**) **I** *v.t.* (*Mar*) (*mettere in moto*) to get (a ship) under way; (*accelerare*) to increase the speed of (a ship). **II** *v.i.* (*aus.* **avere**) (*Mar*) (*prendere l'abbrivo*) to take headway. □ (*Mar*) *abbriva!* full speed ahead!

abbrivio *m.* **1** (*Mar*) way, headway. **2** (*fig*) headway. □ (*Mar,fig*) ~ *in avanti* headway; (*Mar*) ~ *indietro* sternway; *prendere* ~ (o *prendere l'*~): **1** (*Mar*) to take headway; **2** (*fig, lett*) to get going: *preso l'* ~ *a parlare, non la finisce più* once he gets going, he never stops talking.

abbrivo *m.* (*Mar*) way, headway. □ (*Mar*) ~ *in avanti* headway; (*Mar*) ~ *indietro* sternway; (*Mar*) *prendere* ~ (o *prendere l'*~) to take headway.

abbronzamento *m.* tanning.

abbronzante *a.* tanning: *lozione* ~ tanning lotion; *lettino* ~ (*Br*) sunbed, (*Am*) tanning bed.

abbronzare (**abbrónzo**) **I** *v.t.* **1** (*rif. al sole*) to tan, to bronze. **2** (*Tecn*) to bronze. **II** *v.pron.* **abbronzarsi** to get a tan, to get a suntan, to tan.

abbronzato *a.* tanned, sun-tanned, brown: *pelle abbronzata dal sole* sun-tanned skin.

abbronzatura *f.* **1** (*atto*) tanning: *centro* ~ tanning salon. **2** (*effetto*) tan, suntan. **3** (*Tecn*) bronzing.

abbruciacchiare (**abbruciàcchio, abbruciàcchi**) *v.t.* **1** (*bruciare in superficie*) to scorch, to singe. **2** (*fare inaridire: rif. a piante*) to wither. **3** (*rif. a pollame*) to singe.

abbruciacchiato *a.* scorched, singed.

abbrunare (**abbrùno**) **I** *v.t.* (*in segno di lutto*) to drape (sth.) in black. **II** *v.i.impers.* (*aus.* essere/avere) (*lett*) to grow dark, to get dark: *è tardi, abbruna già* it is late, it is already getting dark. **III** *v.pron.* **abbrunarsi** (*lett,rar*) (*in segno di lutto*) (*Br*) to wear mourning, (*Am*) to wear black. □ ~ *le bandiere* to half-mast, to fly flags at half-mast, to fly flags at half-staff.

abbrunato *a.* **1** draped in black. **2** (*rif. a bandiera*) at half-mast.

abbrunimento *m.* **1** (*rif. a pelle*) tanning. **2** (*Tecn*) (*brunitura*) burnishing.

abbrunire (**abbrunìsco, abbrunìsci**) *v.t.* **1** (*rif. a pelle*) to tan. **2** (*Tecn*) (*sottoporre a brunitura*) to burnish.

abbrustolimento *m.* **1** toasting. **2** (*tostatura*) roasting.

abbrustolire (**abbrustolìsco, abbrustolìsci**) **I** *v.t.* **1** to toast. **2** (*tostare*) to roast. **II** *v.pron.* **abbrustolirsi 1** (*scaldarsi al fuoco*) to bask, to warm oneself. **2** (*estens*) (*al sole*) to tan oneself, to sunbathe, (*colloq*) to bake.

abbrustolita *f.* **1** light toasting. **2** (*tostata*) roasting. □ *dare un'*~: **1** to toast lightly; **2** (*tostata*) to roast lightly.

abbrustolito *a.* **1** toasted: *pane* ~ toast. **2** (*tostato*) roasted.

abbrutimento *m.* **1** (*atto*) brutalization. **2** (*effetto*) brutishness.

abbrutire (**abbrutìsco, abbrutìsci**) *v.t.* **1** to brutalize, to make (so.) like a brute: *l'ubriachezza abbrutisce l'uomo* drunkenness

makes brutes of men. **II** *v.pron.* **abbrutirsi** to become a brute.

abbrutito *a.* ravaged, destroyed: *una persona abbrutita dall'alcol e dalle avversità* a person ravaged by alcohol and adversity.

abbruttire (**abbruttìsco, abbruttìsci**) **I** *v.t.* (*rar*) to make (sth.) ugly. **II** *v.pron.* **abbruttirsi** to grow ugly, to become ugly.

abbuffarsi (**mi abbùffo**) *v.pron.* to stuff oneself, to eat too much, (*colloq*) to eat like a pig.

abbuffata *f.* **1** (*il mangiare*) gorging, bingeing, (*colloq*) eating like a pig. **2** (*mangiata*) feed, blowout, feast.

abbuiare (**abbùio, abbùi**) **I** *v.t.* (*oscurare*) to darken, to obscure, to dim. **II** *v.i.impers.* (*aus.* essere/avere) to grow dark. **III** *v.pron.* **abbuiarsi 1** (*rar*) (*diventare buio*) to darken, to grow dark: *il cielo si abbuiò improvvisamente* the sky suddenly darkened. **2** (*fig*) (*oscurarsi in volto*) to become gloomy: *a quelle parole s'abbuiò* at those words his face darkened. □ (*lett,fig*) *mi si abbuia la vista* my sight is growing dim.

abbuonare (**abbuòno, abboniàmo**) **I** *v.t.* to cancel, (*lett,rar*) to remit: *mi ha abbuonato il debito* he cancelled my debt. **II** *v.pron.* **abbuonarsi** (*lett*) to calm (down).

abbuono *m.* **1** (*Comm*) allowance, discount: *concedere un* ~ *sul prezzo* to make an allowance on the price. **2** (*Sport*) allowance; (*ciclismo*) time bonus; (*equitazione*) handicap. □ ~ *di fine anno* year-end rebate; (*Comm*) ~ *per avaria* allowance for damage, allowance for average; ~ *sulle vendite* sales allowance.

abburattamento *m.* sifting, sieving.

abburattare (**abburàtto**) *v.t.* to sift, to sieve.

abc *m.* **1** (*alfabeto*) ABC, (*Am*) ABCs: *imparare l'*~ to learn one's ABC. **2** (*rar*) (*sillabario*) primer. **3** (*fig*) (*principi elementari*) ABC, (*Am*) ABCs. □ (*fig*) *essere all'*~: **1** (*rif. a persona*) to be a beginner; **2** (*rif. a situazione*) to be at the very beginning.

Abdia *n.pr.m.* (*Bibl*) Obadiah.

abdicare (**àbdico, àbdichi**; *aus.* avere) *v.i.* **1** to abdicate: *il re abdicò in favore del figlio* the king abdicated in favour of his son; ~ *al trono* to abdicate the throne. **2** (*estens,fig*) (*rinunciare*) to give up (*a qcs.* sth.), to renounce (*a qcs.* sth.). □ ~ *ai propri diritti* to surrender one's rights, to waive one's rights; ~ *al potere* to relinquish power; ~ *alla corona* to renounce the crown.

abdicazione *f.* **1** (*al trono*) abdication. **2** (*rinuncia*) renunciation, surrender, relinquishment.

abducente *a.* (*Anat*) abducent: *nervo* ~ abducens nerve.

abdurre (*pres.ind.* **abdùco, abdùci**; *p.rem.* **abdùssi**; *p.p.* **abdótto**) *v.t.* (*Anat*) to abduct.

abduttore I *a.* (*Anat*) abducent. **II** *m.* (*Anat*) abductor.

abduzione *f.* (*Anat*) abduction.

Abelardo *n.pr.m.* (*Stor*) Abelard.

Abele *n.pr.m.* (*Bibl*) Abel.

abelia *f.* (*Bot*) abelia.

aberrante *a.* aberrant.

aberrazione *f.* aberration (*anche Astr,Ott, Biol*). □ (*Astr*) ~ *annua* annual aberration; (*Ott*) ~ *cromatica* chromatic aberration; (*Biol*) ~ *cromosomica* chromosome aberration; ~ *mentale* mental aberration.

abetaia *f.* fir wood, fir forest.

abete *m.* **1** (*Bot*) (*albero*) fir. **2** (*legno*) pine, deal: *un tavolo di* ~ a deal table. □ (*Bot*) ~ *bianco* silver fir; (*Bot*) ~ *rosso* spruce, spruce fir.

abetina *f.* fir wood, fir forest.

ABI *Associazione bancaria italiana* (Italian bankers association, association of Italian bankers).

abiatico *m.* (*region*) grandchild.

abiettezza *f.* baseness, vileness, abjectness.

abietto *a.* base, vile, abject.

abiezione *f.* degradation, abjection, baseness, dejection: *cadere nell'*~ to fall into degradation, to lapse into degradation.

abigeato *m.* (*Dir*) cattle-stealing, (*Am*) rustling.

abile *a.* **1** (*idoneo, adatto*) suitable (*a* for), suited (*a* to). **2** (*esperto*) clever, good (*in* at), skilful (*in* in, at), (*Am*) skillful (*in* in, at), skilled: *un* ~ *artigiano* a skilled craftsman; *non è* ~ *nel disegno* he is no good at drawing; ~ *negli affari* clever in business, shrewd in business. **3** (*astuto*) shrewd, cunning. **4** (*fatto con abilità*) clever, skilful, (*Am*) skillful: *un* ~ *discorso* a clever speech. □ ~ *al lavoro* fit for work; (*Mil*) ~ *alla leva* fit for military service.

abilità *f.* **1** ability, skill, talent: *dipingere con molta* ~ to paint with great skill. **2** (*destrezza*) dexterity: ~ *manuale* manual dexterity. **3** (*astuzia*) cleverness, expertise. □ ~ *tecnica* workmanship.

abilitante *a.* qualifying.

abilitare (**abìlito**) **I** *v.t.* **1** to qualify: ~ *qcu. all'insegnamento* to qualify so. as a teacher. **2** (*rendere abile, formare*) to train, to make so. competent: ~ *qcu. a fare qcs.* to train so. to do sth. **3** (*rendere operativo*) to activate: ~ *una carta di credito* to activate a credit card. **4** (*Inform*) to enable. **II** *v.pron.* **abilitarsi** to qualify, to obtain a qualification, (*Am*) to get a certificate: *abilitarsi all'insegnamento* to qualify as a teacher.

abilitato *a.* **1** qualified, (*Am*) certified (*anche Dir*). **2** (*operativo*) activated; valid.

abilitazione *f.* **1** qualification: ~ *professionale* professional qualification; ~ *all'esercizio della professione* qualification to practice a profession; *conseguire l'*~ *all'insegnamento dell'inglese* to qualify as an English teacher. **2** (*operatività*) activation.

abilmente *avv.* skilfully, cleverly.

abiogenesi *f.* (*Biol*) abiogenesis.

abiogenetico (*pl.* **-ci**) *a.* (*Biol*) abiogenetic.

abiologico (*pl.* **-ci**) *a.* (*Biol*) abiological.

abiosi *f.* (*Biol*) abiosis.

abiotico (*pl.* **-ci**) *a.* (*Biol*) abiotic.

abissale *a.* **1** (*degli abissi marini*) abyssal: *fauna* ~ abyssal fauna. **2** (*fig*) unfathomable, abysmal: *ignoranza* ~ abysmal ignorance.

Abissinia *n.pr.f.* (*Geog*) Abyssinia.

abissino I *a.* Abyssinian. **II** *m.* (*f.* **-a**) Abyssinian.

abisso *m.* **1** abyss. **2** (*fig*) (*rovina*) abyss, disaster, ruin: *essere sull'orlo dell'*~ to be on the brink of ruin. **3** (*fig*) (*distanza grandissima*) world of difference, huge difference: *tra i due fratelli ci corre un* ~ there is a world of difference between the two brothers. **4** (*fig*) (*culmine*) abyss: *un* ~ *di ignoranza* an abyss of ignorance. **5** *pl.* (*lett*) (*inferno*) hell *sing.*, abyss *sing.*; (*luoghi reconditi*) nether regions: *le potenze degli abissi* the powers of hell.

abitabile *a.* **1** habitable, fit for habitation: *pianeta* ~ habitable planet. **2** (*di cucina*) cum-dining room.

abitabilità *f.* habitability, habitableness, livableness, livability.

abitacolo *m.* **1** (*Aut*) interior; (*per il guidatore*) driver's cabin, driver's cab. **2** (*Aer*) cockpit. **3** (*Mar*) binnacle.

abitante I *a.* living, (*lett*) dwelling. II *m./f.* inhabitant, resident, (*lett*) dweller. □ ~*di città* town-dweller, city-dweller; *abitanti di città* townspeople (*costr.pl.*); ~ *di villaggio* villager.

abitare (**àbito**) I *v.t.* to live in, to inhabit, (*lett*) to dwell in: ~ *una piccola casa* to live in a small house. II *v.i.* (*aus.* **avere**) (*vivere in un luogo*) to live, to reside, (*lett*) to dwell: ~ *in campagna* to live in the country.

abitativo *a.* building (*attr.*), housing (*attr.*): *edilizia abitativa* housing industry, housing.

abitato I *a.* 1 inhabited, (*rif. a casa*) occupied, lived in (*pred.*): *la casa non è più abitata da molto tempo* the house has not been occupied for a long time. 2 (*popolato*) populated, peopled, (*da insediamenti*) settled. II *m.* built-up area: *dentro l'*~ inside the built-up area; *fuori l'*~ outside the built-up area. □ ~*da fantasmi* haunted.

abitazione *f.* 1 (*casa*) house, home, (*lett*) dwelling: *un'*~ *modesta* a modest home; *vecchie abitazioni* old houses. 2 (*appartamento*) flat, (*Am*) apartment. 3 (*luogo di dimora*) dwelling-place, residence, (*lett*) abode.

abitino *m.* 1 dress. 2 (*Rel.catt*) (*scapolare*) scapular.

abito I *m.* 1 (*Abbigl*) (*da uomo*) suit. 2 (*Abbigl*) (*da donna*) dress, (*ant*) frock: *mettersi un* ~ to put a dress on. 3 (*Abbigl*) *spec.pl.* clothes *pl.*, clothing, wear: *cambiare* ~ to change one's clothes. 4 (*Med,Biol*) habit. 5 (*rar*) (*abitudine*) habit: (*fig,rar*) *fare l'*~ *a qcs.* (*abituarsi*) to get used to sth. □ (*Abbigl*) ~ *a doppio petto* double-breasted suit; (*Abbigl*) ~*a giacca* coat dress; (*Abbigl*) ~*a un petto* single-breasted suit; ~ *borghese* civilian dress, mufti, (*colloq*) civvies (*pl.*); *indossare l'*~*buono* to wear one's best; (*Abbigl*) ~*chiuso* : 1 (*accollato*) high-necked dress; 2 (*abbottonato*) buttoned-up dress; (*Abbigl*) *abiti confezionati* off-the-peg clothes, (*Am*) off-the-rack clothes; (*Abbigl*) ~*da ballo* ball gown, ballgown, evening gown; (*Abbigl*) ~ *da cerimonia* full dress; (*Abbigl*) ~*da donna* woman's dress, dress; (*Abbigl*) *abiti da lavoro* work clothes; (*Abbigl*) ~*da lutto* mourning, mourning dress; (*Abbigl*) ~*da mezza stagione* lightweight clothing, (*Am*) spring and fall clothing; (*Abbigl*) ~*da sera* : 1 (*rif. a donna*) evening dress, evening gown: *una ragazza in* ~ *da sera* a girl in (*o* wearing) an evening gown; 2 (*rif. a uomo*) evening suit, dinner jacket, (*Am*) tuxedo; ~*da sposa* wedding dress, bridal gown; ~*da sposo* wedding suit, wedding outfit, wedding attire; (*Abbigl*) ~*da uomo* suit: *abiti da uomo* men's wear (*costr.sing.*); men's clothing (*costr.sing.*); (*Abbigl*) ~*di gala* formal dress; (*fig*) ~*mentale* frame of mind; (*Rel.catt*) ~*monastico* habit, frock; (*Rel*)*prendere l'* ~: 1 (*rif. a sacerdoti*) to enter the priesthood, to become a priest, to take orders; 2 (*rif. a frati a monache*) to take the habit; (*Abbigl*) ~*prendisole* sundress; (*Abbigl*) *abiti prêt-à-porter* ready-to-wear clothes, ready-made clothes; (*Abbigl*) *abitisportivi* sportswear (*costr.sing.*), casual wear (*costr.sing.*), casual clothes, (*colloq*) casuals; (*Abbigl*) *abiti su misura* made-to-measure clothes, (*Am*) tailor-made clothing (*costr.sing.*); custom made clothing (*costr.sing.*); (*Rel.catt*) ~*talare* cassock, priest's cassock; (*fig*) *abbandonare l'*~*talare* to leave the priesthood. *Prov.: l'* ~ *non fa il monaco* appearances can be deceptive, the cowl does not make the monk, clothes don't make the man.

abituale *a.* 1 usual, customary, (*lett*) wont-ed, accustomed: *il ritmo* ~ *di lavoro* the customary rhythm of work; *con la sua* ~ *gentilezza* with her usual kindness. 2 (*che è tale per abitudine*) habitual, regular: *cliente* ~ regular customer. 3 (*Filos,Teol,Dir*) habitual.

abitualità *f.* habitualness, habitual nature, regularity.

abitualmente *avv.* usually, habitually, regularly.

abituare (**abìtuo**) I *v.t.* to accustom. II *v.pron.* **abituarsi** to accustom oneself (*a qcs.* to sth.), to get used (*a qcs.* to sth.), to get accustomed (*a qcs.* to sth.): *abituarsi a fare qcs.* to get used to doing sth. □ *abituarsi male* to get into a bad habit.

abituato *a.* be used to, be accustomed to: *sono* ~ *a bere il caffè alle undici* I usually have coffee at eleven, I'm used to having coffee at eleven.

abitudinario I *a.* habit-bound, of fixed habits. II *m.* person of fixed habits, creature of habit.

abitudine *f.* 1 habit, practice: *prendere un'*~ to get into a habit; *prendere l'*~ *di bere* to take to drink, to turn to drink. 2 (*usanza*) custom. 3 (*routine*) routine. □ *abitudini alimentari* dietary habits, eating habits;*avere l* '~ *di fare qcs.* to be accustomed to doing sth.;*d'* ~ as a rule: *come d'*~ as usual; ~*mentale* mental habit;*per* ~ habitually, out of habit.

abituro *m.* (*lett*) hovel.

abiura *f.* abjuration.

abiurare (**abiùro**) *v.t.* 1 to abjure. 2 (*estens*) to forsake: ~ *i propri principi* to forsake one's principles.

ablativo I *m.* (*Gramm*) ablative: ~ *assoluto* ablative absolute. II *a.* (*Gramm*) ablative: *il caso* ~ the ablative case.

ablazione *f.* (*Chir,Geol*) ablation.

abluzione *f.* ablution.

abnegare (**abnégo/àbnego**, **abnéghi/àbneghi**) *v.t.* (*rar,lett*) to abnegate.

abnegazione *f.* self-denial, abnegation.

abnorme *a.* abnormal.

abolire (**abolìsco**, **abolìsci**) *v.t.* 1 to abolish: ~ *la pena di morte* to abolish the death penalty. 2 (*rif. a leggi*) to repeal, to abrogate.

abolitivo *a.* abolishing: *leggi abolitive della schiavitù* laws abolishing slavery.

abolito *a.* abolished.

abolizione *f.* 1 abolition. 2 (*Dir*) abrogation, abolition: ~ *dei dazi doganali* abolition of customs duties; ~ *della schiavitù* abolition of slavery.

abolizionismo *m.* abolitionism.

abolizionista *m./f.* abolitionist.

abomaso , **abomaso** *m.* (*Zool*) abomasum.

abominare (**abòmino**) *v.t.* (*lett*) to abominate, to loathe, to abhor: ~ *la violenza* to abhor violence.

abominato *a.* hated: *l'*~ *tiranno* the hated tyrant.

abominazione *f.* loathing, abhorrence, abomination: ~ *per il vizio* abhorrence of vice.

abominevole *a.* abominable, loathsome, abhorrent. □ *l'*~*uomo delle nevi* the abominable snowman, the Abominable Snowman.

abominio *m.* loathing, abhorrence, abomination.

aborigeno I *a.* aboriginal. II *m.* (*f.* -**a**) aborigine, aboriginal.

aborrimento *m.* (*lett*) abhorrence, loathing.

aborrire (**aborrìsco/abòrro, aborrìsci/abòrri**) *v.t./i.* to abhor, to loathe, to detest: ~ *la* (*o dalla*) *menzogna* to abhor lying.

aborrito *a.* (*lett*) abhorrent, abhorred, detested.

abortire (**abortìsco, abortìsci**; *aus.* **avere**) *v.i.* 1 (*Med*) (*intenzionalmente*) to abort; (*per cause naturali*) to miscarry. 2 (*Bot*) to abort. 3 (*fig*) (*aus.* **essere**) to miscarry, to fail: *l'impresa è miseramente abortita* the venture has failed miserably. □ (*Med*)*fare* ~ to bring on a miscarriage.

abortista I *a.* pro-abortion: *movimento* ~ pro-abortion movement; *medico* ~ abortionist. II *m./f.* pro-abortionist.

abortivo I *a.* (*Med*) abortive, abortional, abortifacient. II *m.* (*Med*) abortifacient.

aborto *m.* 1 (*Med*) miscarriage, (*intenzionale*) abortion. 2 (*Med*) (*feto*) abortus. 3 (*Bot*) abortion. 4 (*fig,colloq*) (*di persona*) runt; (*di cosa*) abortion, failure. □ ~*clandestino* backstreet abortion; ~*illegale* unlawful abortion, illegal abortion; ~*procurato* induced abortion; ~*spontaneo* miscarriage, natural abortion, spontaneous abortion; ~*terapeutico* therapeutic abortion, legal abortion.

abracadabra *m.* abracadabra (*anche fig*).

abramide *m.* (*Itt*) bream.

Abramo *n.pr.m.* (*Bibl*) Abraham.

abrasione *f.* 1 abrasion (*anche Med*). 2 (*Geog*) erosion. 3 (*Tecn,Fis*) abrasion.

abrasivo I *a.* abrasive: *azione abrasiva* abrasive action; *polvere abrasiva* abrasive powder. II *m.* abrasive.

abrégé /abre'ʒe/ *m.inv.* abridgement, summary.

abro *m.* (*Bot*) jequirity.

abrogabile *a.* (*Dir*) repealable.

abrogare (**àbrogo, àbroghi**) *v.t.* (*Dir*) to abrogate, to repeal, to rescind, to abolish: ~ *una legge* to repeal a law.

abrogativo *a.* (*Dir*) repeal (*attr.*): *referendum* ~ referendum to abrogate a law.

abrogatorio *a.* (*Dir*) rescinding: *clausola abrogatoria* rescinding clause.

abrogazione *f.* (*Dir*) abrogation, repeal, rescission.

abruzzese I *a.* from the Abruzzi, of the Abruzzi. II *m.* (*dialetto*) Abruzzi dialect. III *m./f.* (*originario*) native of the Abruzzi; (*abitante*) inhabitant of the Abruzzi.

Abruzzi *n.pr.m.pl.* (*Geog,ant*) Abruzzi.

Abruzzo *n.pr.m.* (*Geog*) Abruzzi.

ABS (*Aut*) *Antiblockiersystem, sistema frenante anti bloccaggio* ABS (anti-lock braking system).

Absburgo *n.pr.m.* Hapsburg, Habsburg.

absidale *a.* (*Arch*) apsidal.

abside I *f.* (*Arch*) apse, apsis. II *m.spec.pl.* (*Astr*) apse, apsis: *linea degli absidi* apse line.

abstract *m.inv.* abstract.

abulia *f.* 1 (*Med*) abulia, aboulia. 2 (*estens*) apathy, idleness.

abulico (*pl.* -**ci**) *a.* 1 (*Med*) abulic, aboulic, lacking in will power. 2 (*estens*) idle, lazy, apathic.

abusare (**abùso**; *aus.* **avere**) *v.i.* 1 (*fare uso illecito*) to misuse, to abuse (*di qcs.* sth.): ~ *della propria autorità* to abuse one's authority. 2 (*eccedere nell'uso*) to overindulge (in sth.), to use to excess, to abuse (sth.): ~ *del fumo* to overindulge in smoking; ~ *del cibo* to overeat. 3 (*approfittarsi*) to take advantage, to abuse (sth.): ~ *della bontà altrui* to abuse other people's kindness, to take advantage of other people's kindness; ~ *della fiducia di qcu.* to take advantage of so.'s confidence. □ ~*delle proprieforze* to overtax one's strength; ~*di unadonna* (*violentarla*) to rape a woman, to sexually abuse a woman; ~ *di un minore* to abuse a child.

abusato *a.* **1** (*usato eccessivamente*) overused, overworked: *un termine ~* an overused word. **2** (*violentato*) abused.

abusivamente *avv.* unlawfully, illicitly: *penetrare ~ in un luogo* to enter premises unlawfully.

abusivismo *m.* wrongful acts *pl.* □ *~ edilizio* illegal building, unauthorized building.

abusivo **I** *a.* unauthorized, unlawful, illicit, illegal: *esercizio ~ di una professione* unlawful practice of a profession; *posteggiatore ~* unauthorized car-park attendant; *parcheggio ~* unauthorized parking place; *pascolo ~* unauthorized grazing; *copia abusiva* pirate copy. **II** *m.* (*f.* **-a**) (*inquilino*) squatter.

abuso *m.* **1** (*cattivo uso*) misuse, abuse; (*uso smodato*) excessive use. **2** (*Dir*) abuse. □ *~ di alcol* alcohol abuse; (*Dir*) *~ di fiducia* breach of trust; (*Dir*) *~ di minore* child abuse; (*Dir*) *~ di posizione dominante* abuse of dominant position; (*Dir*) *~ di potere* abuse of power; *~ di sostanze stupefacenti* drug abuse; (*Dir*) *~ d'ufficio* (under) colour of office; *fare ~ di* to make excessive use of, to make undue use of: *fare ~ di tabacco* to smoke to excess; *fare ~ di alcol* to drink to excess; *~ sessuale* sexual abuse.

AC (*Econ*) *assegno circolare* B/D (bank draft).

a.C. *avanti Cristo* BC (before Christ).

acacia (*pl.* **-cie**) *f.* (*Bot*) acacia.

acagiù *m.* (*Bot*) **1** (*mogano*) mahogany, mahogany tree. **2** (*Alim*) (*pomo con frutto dell'anacardio*) cashew apple.

acanto *m.* (*Bot*) acanthus.

acariasi *f.* (*Med*) acariasis.

acaricida **I** *a.* (*Farm*) acaricidal. **II** *m.* (*Farm*) acaricide.

acaridi *m.pl.* (*Zool*) acarids.

acariosi *f.inv.* (*Bot*) acariasis.

acaro *m.* (*Entom*) acarus, (*colloq*) mite. □ (*Entom*) *~ della polvere* dust mite; (*Entom*) *~ della scabbia* itch mite, sarcoptic mange, scab mite.

acarpo *a.* (*Bot*) acarpous.

acatalessia *f.* (*Filos*) acatalepsy.

acatalettico (*pl.* **-ci**) *a.* (*Filos*) acataleptic.

acattolico (*pl.* **-ci**) **I** *a.* non-Catholic. **II** *m.* (*f.* **-a**) non-Catholic.

acaule *a.* (*Bot*) acaulescent.

acca *f./m.* (the letter) H. □ (*Fon*) *~ muta* silent aitch; (*colloq*) *non capisco un '~ di inglese* I don't understand a word of English; (*colloq,ant*) *non me ne importa un '~* I couldn't care less, I couldn't care less about it.

accadde → **accadere**.

accademia *f.* **1** (*Stor.gr*) Academy. **2** (*associazione di studiosi*) academy. **3** (*istituto di insegnamento superiore*) school, academy: *~ di belle arti* school of fine arts, art school, art college. **4** (*fig*) (*virtuosismo*) empty virtuosity. □ *~ aeronautica* Aviation Academy; *Accademia dei Lincei* Accademia dei Lincei, Academy of the Lynxes; *Accademia della Crusca* Accademia della Crusca, Italian language academy; *~ di arte drammatica* School of Dramatic Art; *fare dell'~* to talk rhetorically; *~ militare* Military Academy; *~ musicale* School of Music; *~ navale* Naval Academy.

accademicamente *avv.* **1** (*rar*) academically. **2** (*estens*) theoretically, academically: *discutere ~* to discuss theoretically; *trattare ~ un argomento* to treat a subject academically.

accademico (*pl.* **-ci**) **I** *a.* **1** (*universitario*)

academic, academical: *anno ~* academic year. **2** (*retorico*) rhetorical, theoretic, academic: *un discorso molto ~* a very academic speech. **3** (*Stor.gr*) (*dell'Accademia platonica*) Academic. **4** (*relativo a un'accademia*) academic. **II** *m.* (*f.* **-a**) scholar, (*socio di un'accademia*) academician.

accademismo *m.* academicism, academism.

accademista *m.* (*Mil*) cadet.

accadere (*pres.ind.* **accàde**; *p.rem.* **accàdde**; *p.p.* **accadùto**; *aus.* **essere**) **I** *v.i.* **1** (*avvenire, succedere*) to happen, to occur, to take place: *è accaduta una grave disgrazia* a serious accident has occurred. **2** (*capitare, sopravvenire*) to happen (*a qcu.* to so.), to befall (*a qcu.* so.): *che cosa ti è accaduto?* what has happened to you? **II** *v.impers.* to happen, to come about, to chance: *accadeva spesso che si picchiassero* it often happened that they fought. □ *accada quel che accada* come what may.

accadimento *m.* (*lett*) event.

accaduto *m.* event, happening, occurrence, incident: *riferire l'~* to recount the incident; *siamo spiacenti per l'~* we are sorry about what happened.

accagliare (**accàglio, accàgli**) **I** *v.t.* (*far coagulare*) to curdle, to coagulate: *~ il latte* to curdle milk. **II** *v.pron.* **accagliarsi** to curdle, to coagulate: *il latte si accaglia* milk curdles.

accagliatura *f.* curdling, coagulation.

accalappiacani *m./f.inv.* dogcatcher.

accalappiamento *m.* **1** catching, ensnaring. **2** (*fig*) (*inganno*) trickery, deceit, deception.

accalappiare (**accàlappio, accàlappi**) *v.t.* **1** to catch, to ensnare, to trap: *~ cani* to catch dogs. **2** (*ingannare*) to trick, to dupe (into sth.), to take (so.) in: *farsi ~* to be duped, to let oneself in (for sth.), to be taken in.

accalappiatore *m.* (*f.* **-trice**) (*fig*) trickster, deceiver.

accalappiatura *f.* (*rar*) **1** catching, ensnaring. **2** (*fig*) (*inganno*) trickery, deceit, deception.

accalcare (**accàlco, accàlchi**) **I** *v.t.* (*rar*) to crowd, to cram (sth.) together. **II** *v.pron.* **accalcarsi** to crowd, to throng: *una folla enorme si accalcava nella piazza* a huge crowd thronged the square.

accaldarsi (**mi accàldo**) *v.pron.* **1** to get overheated, to become very hot. **2** (*fig,rar*) (*infervorarsi*) to get excited, to become heated, to get heated.

accaldato *a.* **1** overheated, hot. **2** (*fig*) excited, heated.

accalorare (**accalóro**) **I** *v.t.* (*rar*) (*infervorare*) to heat, to excite, to rouse: *la discussione lo aveva accalorato* the discussion had roused him. **II** *v.pron.* **accalorarsi** to get excited, to become heated, to get heated: *parlando si accalorava sempre più* as he spoke, he became more and more excited.

accalorato *a.* **1** heated. **2** (*rosso in viso*) flushed. **3** (*fig*) (*eccitato, appassionato*) heated, excited.

accampamento *m.* **1** camp, encampment, campsite (*anche Mil*): *piantare l'~* to pitch camp; *levare gli accampamenti* to break camp, to strike camp. **2** (*l'accamparsi*) camping. □ *un ~ profughi* a refugee camp.

accampare (**accàmpo**) **I** *v.t.* **1** (*Mil*) to encamp, to camp. **2** (*fig*) to advance, to assert, to put forward: *~ diritti su qcs.* to assert rights to sth.; *~ pretese* to advance claims, to put forward claims, to put forward unjusti-

fied demands. **II** *v.pron.* **accamparsi** **1** (*Mil*) to camp, to pitch camp, to encamp: *le truppe si accamparono fuori dalla città* the troops camped on the edge of the town. **2** (*estens*) (*alloggiare provvisoriamente*) to camp.

accanimento *m.* **1** (*furore*) rage, fury. **2** (*tenacia*) tenacity, perseverance; (*ostinazione*) obstinacy. □ *combattere con ~* to fight furiously; *studiare con ~* to study assiduously; *~ terapeutico* extraordinary treatment, heroic treatment.

accanirsi (**mi accanìsco, ti accanìsci**) *v.pron.* **1** (*inferire*) to attack furiously, to torment (*contro qcu.* so.), to be ruthless (*contro qcu.* against so.): *perché ~ contro quel povero diavolo?* why torment that poor devil? **2** (*fig*) (*ostinarsi*) to stick doggedly (*in* at): *~ nel lavoro* to stick doggedly to one's work.

accanitamente *avv.* **1** (*furiosamente*) furiously, ferociously. **2** (*ostinatamente*) tenaciously, doggedly.

accanito *a.* **1** (*spietato*) relentless, implacable: *avversario ~* relentless adversary. **2** (*ostinato*) dogged, assiduous: *essere un lavoratore ~* to be an assiduous worker. **3** (*abituale*) inveterate: *bevitore ~* inveterate drinker. **4** (*violento, accalorato*: *rif. a cosa*) violent, heated: *discussione accanita* heated discussion.

accanto **I** *avv.* nearby, near, by: *abito qui ~* I live nearby. **II** *a.inv.* next door, nearby: *nel negozio ~* in the shop next door. □ *~ a*: **1** near, close to, by: *~ alla finestra* by the window; *~ al fuoco* by the fire; *rimani ~ a me* stand by me (*anche fig*); **2** (*di fianco*) next to, beside.

accantonamento *m.* **1** (*l'accantonare*) setting aside, waiving, shelving. **2** (*Comm*) reserve funds *pl.*, allocation, reserve, provisions *pl.* **3** (*destinazione*) earmarking. **4** (*Mil*) quartering; (*alloggiamento provvisorio*) cantonment.

accantonare (**accantóno**) **I** *v.t.* **1** (*mettere da parte*) to set aside, to put away: *~ i propri risparmi* to put away one's savings. **2** (*destinare*) to allocate, to earmark. **3** (*rinunciare*) to waive, to forgo. **4** (*rinviare*) to lay aside, to shelve: *~ un lavoro* to lay aside a piece of work. **5** (*Mil*) to quarter: *~ i soldati* to quarter the soldiers. **II** *v.pron.* **accantonarsi** (*Mil*) to quarter.

accantonato *a.* **1** (*messo da parte*) set aside, laid aside; (*dimenticato*) pigeon-holed, shelved. **2** (*Mil,Arald*) quartered.

accaparramento *m.* **1** (*rif. a commercianti*) buying up, forestalling, cornering. **2** (*rif. a privati*) hoarding.

accaparrare (**accapàrro**) **I** *v.t.* **1** (*rif. a commercianti*) to buy up, to forestall, to corner. **2** (*rif. a privati*: *scorte*) to hoard. **3** (*rar*) (*acquistare mediante caparra*) to secure (sth.) by paying a deposit, to pay a deposit on. **II** *v.pron.* **accaparrarsi** (*assicurarsi*) to secure for oneself, to gain: *accaparrarsi il favore di qcu.* to gain so.'s favour, to win so.'s favour.

accaparratore *m.* (*f.* **-trice**) **1** (*rif. a commercianti*) forestaller, corner-man. **2** (*rif. a privati*) hoarder. **3** (*spreg*) profiteer.

accapigliamento *m.* scuffle, brawl, quarrel.

accapigliarsi (**mi accapìglio, ti accapìgli**) *v.pron.* **1** to come to blows, to scuffle, to brawl. **2** (*litigare*) to quarrel, to wrangle.

accapo *m.inv.* (*capoverso*) new paragraph: *andare ~* to begin a new paragraph.

accappatoio *m.* (*Abbigl*) bathrobe, (*Am*) robe.

accapponare (**accappóno**) **I** *v.t.* to caponize, to castrate. **II** *v.i.* (*aus.* **essere**) (*fig*) to creep: *far ~ la pelle a qcu.* to make so.'s flesh creep, (*Am*) to make so.'s skin crawl, (*colloq*) to give so. the creeps. **III** *v.pron.* **accapponarsi** to creep: *mi si accappona la pelle* (*Br*) I get goosepimples, (*Am*) I get (the) goosebumps, my flesh creeps, it makes my skin crawl.

accapponatura *f.* caponizing.

accarezzare (**accarézzo**) **I** *v.t.* **1** to caress, to fondle, to stroke: *la stava accarezzando* he was caressing her; *accarezzarsi i baffi* to stroke one's moustache; *~ i capelli di qcu.* to stroke so.'s hair; *~ il seno a qcu.* to fondle so.'s breasts. **2** (*rif. solo ad animale*) to pet. **3** (*lusingare*) to flatter: *~ la vanità di qcu.* to flatter so.'s vanity, to puff so. up. **4** (*estens*) (*lambire*) to caress: *il vento le accarezzava il viso* the wind caressed her face. **5** (*vagheggiare*) to cherish, to entertain: *~ un progetto* to entertain a project; *~ un pensiero* to cherish a thought; *~ un'idea* to toy with an idea, to dally with an idea. **II** *v.r.recipr.* **accarezzarsi** to caress each other, to pet. □ (*fig*) *~ qcu. con lo sguardo* to give so. a tender look, to give so. a fond look; (*colloq,scherz*) *~il groppone a qcu.* (o *~le spalle a qcu.*) (*bastonarlo*) to beat so.

accartocciamento *m.* **1** (*Bot*) leaf curl, (*di patate*) leaf roll. **2** (*Arch*) cartouche.

accartocciare (**accartòccio**, **accartòcci**) **I** *v.t.* to curl up. **II** *v.pron.* **accartocciarsi** to shrivel, to curl up: *le foglie si accartocciano* the leaves are shrivelling, the leaves are curling up.

accartocciato *a.* curled up, shrivelled.

accasare (**accàso**) **I** *v.t.* to marry off: *~ le proprie figlie* to marry off one's daughters. **II** *v.pron.* **accasarsi 1** (*sposarsi*) to marry, to get married. **2** (*lett*) (*mettere su casa*) to set up house, to settle down.

accasato *a.* married.

accasciamento *m.* collapse; (*dell'animo*) dejection, despondency.

accasciare (**accàscio**, **accàsci**) **I** *v.t.* (*spossare*) to wear out, to crush. **II** *v.pron.* **accasciarsi 1** (*cadere*) to sink, to collapse: *accasciarsi al suolo* to collapse on the ground, to collapse to the ground. **2** (*estens*) (*avvilirsi*) to lose heart, to become depressed, to become dispirited, to become disheartened.

accasciato *a.* **1** (*spossato*) worn-out, crushed. **2** (*avvilito*) dejected, disheartened, dispirited.

accasermamento *m.* (*Mil*) barracking, quartering in barracks, lodging in barracks.

accasermare (**accasèrmo**) *v.t.* (*Mil*) to quarter (so.) in barracks, to barrack.

accasermato *a.* (*Mil*) quartered in barracks.

accastellare (**accastèllo**) *v.t.* (*ammonticchiare*) to heap up, to pile up, to stack.

accatastabile *a.* **1** which can be piled up, stackable. **2** (*iscrivibile al catasto*) which can be registered.

accatastamento *m.* **1** (*l'accatastare*) stacking, piling. **2** (*mucchio*) stack, pile. **3** (*al catasto*) registration.

accatastare (**accatàsto**) *v.t.* **1** (*disporre in cataste*) to stack, to pile. **2** (*ammucchiare disordinatamente*) to heap, to pile up (*anche fig*). **3** (*iscrivere al catasto*) to register.

accattafieno *m.inv.* (*Agr*) hayrack.

accattare (**accàtto**) **I** *v.t.* **1** (*mendicare*) to beg: *~ il pane* to beg one's bread. **2** (*fig*) to seek, to go looking for: *~ guai* to go looking for trouble. **3** (*spreg*) (*prendere a prestito*) to borrow. **II** *v.i.* (*aus.* **avere**) (*rar*) (*vivere accattando*) to beg, to go begging.

accattivante *a.* engaging, charming, winning, enticing, appealing, captivating: *un sorriso ~* an engaging smile.

accattivare (**accattìvo**) **I** *v.t.* (*rar*) (*cattivarsi*) to win. **II** *v.pron.* **accattivarsi** to win, to gain, to earn: *accattivarsi la simpatia di qcu.* to gain so.'s favour, to win so.'s favour.

accatto *m.* **1** (*l'accattare*) begging. **2** (*elemosina*) alms *pl.*, charity. □ *andareall '~* to go begging;*d' ~*: **1** (*facendo l'elemosina*) on charity, by begging; *vivere d'~* to live on charity, to live by begging; **2** (*fig*) (*di seconda mano*) second-hand; **3** (*fig*) (*non originale*) unoriginal.

accattonaggio *m.* begging: *andare all'~* to go begging; *darsi all'~* to take to begging.

accattone *m.* (*f.* **-a**) beggar.

accavallamento *m.* **1** (*sovrapposizione*) overlapping, overlap. **2** (*accumulazione*) piling up, accumulation.

accavallare (**accavàllo**) **I** *v.t.* **1** to cross: *~ le gambe* to cross one's legs. **2** (*sovrapporre*) to overlap. **3** (*nel lavoro ai ferri*) to pass over, to pass a stitch over. **II** *v.pron.* **accavallarsi 1** (*sovrapporsi*) to overlap, (*incrociando*) to cross. **2** (*addensarsi*) to pile up, to accumulate, to collect, to gather: *le nuvole si accavallavano* the clouds were gathering. **3** (*fig*) to crowd, to throng, to gather: *mille pensieri le si accavallavano in testa* thousands of thoughts crowded her mind. □ *un accavallarsi di avvenimenti* a rapid succession of events.

accavallato *a.* (*sovrapposto*) overlapping, crossed: *sedere a gambe accavallate* to sit with one's legs crossed, to sit cross-legged.

accecamento *m.* **1** (*l'accecare*) blinding. **2** (*cecità*) blindness. **3** (*estens*) (*ostruzione*) walling up. **4** (*fig*) (*offuscamento*) (*azione*) darkening, dimming; (*stato*) derangement. **5** (*intasamento*) obstruction, stoppage. **6** (*Agr*) removing buds (from a tree).

accecante *a.* blinding, dazzling: *una luce ~* a blinding light; *un riflesso ~* a dazzling reflection.

accecare (**accièco/accèco**, **accièchi/accèchi**) *v.t.* **1** to blind (*anche fig*): *era accecato dall'ira* he was blinded by rage, he was mad with rage. **2** (*estens*) (*intasare*) to obstruct, to block; (*murare*) to wall up. **3** (*oscurare*) to darken. **4** (*Mecc*) to countersink: *~ (la testa di) una vite* to countersink the head of a screw. **5** (*Agr*) to remove buds from (a tree).

accecatoio *m.* (*Mecc*) countersink.

accecatura *f.* **1** (*l'accecare*) blinding. **2** (*Mecc*) countersinking.

accedere (*pres.ind.* **accèdo**; *p.rem.* **accèdti/accedéi** /*poet* **accèssi**; *aus.* **essere** *in a literal sense*, **avere** *in a figurative sense*) *v.i.* **1** (*entrare*) to enter (sth.), to lead off (from): *dal corridoio si accede alle stanze* the rooms lead off from the corridor. **2** (*fig*) (*aderire*) to accede, to agree (*a* to): *~ a una proposta* to accede to a proposal. **3** (*fig*) (*entrare a far parte*) to enter (*a qcs.* sth.), to join (*a qcs.* sth.), to gain admittance, to be admitted, (*Am*) to be accepted: *~ all'università* to enter university. **4** (*Inform*) to enter. **5** (*lett*) (*avvicinarsi*) to approach (*a qcs.* sth.), to go (*a qcs.* to sth.). □ (*Inform*) *~a Internet* to access Internet.

acceleramento *m.* (*rar*) acceleration, (*di pratiche ecc.*) speeding up.

accelerante *a.* (*Chim*) accelerator.

accelerare (**accèlero**) **I** *v.t.* to accelerate (*anche Fis*), to speed up, to quicken: *~ il passo* to quicken one's pace. **II** *v.i.* (*aus.* **avere**) to accelerate, to gain speed: *l'automobile accelerò gradatamente* the car gradually

gained speed.

accelerata *f.* (*Aut*) acceleration.

accelerato I *a.* **1** quick, rapid, crash: *polso ~* rapid pulse; *passo ~* quick pace; *corso ~* crash course. **2** (*Fis*) accelerated: *moto ~* accelerated motion. **II** *m.* (*Ferr,ant*) slow train, local train.

acceleratore *m.* **1** (*Aut*) accelerator, (*Am*) throttle, gas: *dare un colpo di ~* to depress the accelerator. **2** (*Chim,Fot,Inform,Nucl*) accelerator: (*Nucl*) *~ di elettroni* electron accelerator.

accelerazione *f.* **1** acceleration, speeding up. **2** (*Fis*) acceleration: *~ di gravità* acceleration of gravity. **3** (*Cin*) fast motion.

accelerometro *m.* (*Fis*) accelerometer.

accendere (*pres.ind.* **accèndo**; *p.rem.* **accési**; *p.p.* **accéso**) **I** *v.t.* **1** to light, to kindle, to ignite: *~ il fuoco* to light the fire; *~ una sigaretta* to light a cigarette. **2** (*girando un interruttore*) to turn on, to switch on, to put on: *~ la radio* to turn on the radio, to switch on the radio; *~ il gas* to turn on the gas. **3** (*rif. a fiammifero*) to strike. **4** (*fig*) (*infiammare*) to inflame, to excite, to stir up. **5** (*Econ,Dir*) to open, to open: *~ un conto* to open an account. **6** (*Mot*) to start. **II** *v.pron.* **accendersi 1** to catch fire, to ignite, to become ignited. **2** (*entrare in funzione*) to be turned on, to be switched on, to come on. **3** (*infiammarsi, eccitarsi*) to get excited: *accendersi per un nonnulla* to get excited over nothing. □ *haida ~?* have you got a light?; (*fig*) *accendersid'amore per qcu.* to fall in love with so.; *~la luce* to turn the light on, to put the light on, (*mediante interruttore*) to turn the light on, to switch the light on; *~ unalampada* : **1** to turn on a light; **2** (*rif. a lampada non elettrica*) to light a lamp; (*fig*) *~l'entusiasmo di qcu.* to arouse so.'s enthusiasm; (*fig*) *~un lume alla Madonna* to thank one's lucky stars; *~un mutuo* to get a loan, to obtain a loan; (*rif. a mutuo ipotecario*) to take out a mortgage.

accendigas *m.inv.* gas-lighter.

accendino *m.inv.* cigarette lighter, lighter.

accendisigaro *m.* cigarette lighter, lighter.

accenditoio *m.* (*ant*) lighting-stick.

accenditore *m.* lighter.

accennare (**accénno**) **I** *v.i.* (*aus.* **avere**) **1** (*far cenno*) to indicate (*a* to), to make a sign (*a* to), to beckon (so.): *egli mi accennò di avvicinarmi* he beckoned me to come nearer. **2** (*col capo*) to nod. **3** (*alludere a*) to refer (to), to mention (sth.), to hint (at): *a chi accennavi?* who were you referring to? **4** (*fig*) (*fare atto di*) to show signs: *~ a fare qcs.* to show signs of doing sth. **II** *v.t.* **1** (*mostrare*) to indicate, to point out, to point to (*o* at): *~ una persona* to point a person out. **2** (*alludere*) to touch on, to touch upon, to mention briefly: *~ un argomento* to touch on a subject. **3** (*Pitt*) (*abbozzare*) to sketch. □ *~ un motivo* : **1** (*cantando*) to sing a few notes; **2** (*suonando*) to play a few notes (of a tune); *~ unpasso di danza* to sketch a dance step; *~ unsorriso* to give a faint smile.

accennato *a.* mentioned: *come già ~* as already mentioned.

accenno *m.* **1** (*cenno*) sign; (*col capo*) nod; (*con gli occhi*) wink; (*con la mano*) wave. **2** (*indizio*) indication, sign. **3** (*allusione*) reference, mention, hint.

accensione *f.* **1** (*l'accendere*) lighting, kindling, ignition. **2** (*Tecn,Mot*) ignition. **3** (*con interruttore*) switching on, turning on, putting on. **4** (*fig, lett*) (*di colori*) brightness, vividness. **5** (*Comm,Dir*) opening, starting: *~ di un conto* opening of an account. □ (*Mot*)

~ *anticipata* advanced ignition; (*Econ*) ~ *di credito* credit opening, opening of credit; (*Dir*) ~ *di un'ipoteca* taking out a mortgage; (*Mot*) ~ *elettronica* electronic ignition; (*Mot*) ~ *ritardata* delayed ignition, retarded ignition; (*Chim,Fis*) ~ *spontanea* spontaneous ignition, spontaneous combustion.

accentare (**accènto**) *v.t.* **1** (*marcare con accento nello scritto*) to accent. **2** (*Fon,Mus*) to stress, to accent.

accentato *a.* **1** (*marcato con accento nello scritto*) accented. **2** (*Fon,Mus*) stressed, accented: *sillaba accentata* stressed syllable.

accentatura *f.* accentuation.

accentazione *f.* accentuation.

accento *m.* **1** (*nella pronuncia di una parola*) stress, accent. **2** (*segno grafico*) accent, stress mark. **3** (*inflessione*) accent, pronunciation: *parlare una lingua con ~ straniero* to speak a language with a foreign accent. **4** (*Mus*) accent. **5** (*poet*) word. **6** (*fig*) (*risalto*) stress, emphasis, accent: *porre l' ~ su qcs.* to lay stress on sth., to stress sth., to emphasize sth. □ (*Tip*) ~ *acuto* acute accent; (*Tip*) ~ *circonflesso* circumflex, circumflex accent; (*Tip*) ~ *grave* grave accent; ~ *marcato* thick accent; (*Ling*) ~ *musicale* musical accent; (*Ling*) ~ *sillabico* syllable stress; (*Ling*) ~ *tonico* main stress, tonic stress.

accentramento *m.* concentration, centralization. □ ~ *amministrativo* administrative centralization; ~ *dei poteri* centralization of authority.

accentrare (**accèntro**) **I** *v.t.* **1** (*concentrare*) to concentrate. **2** (*Pol*) to centralize: ~ *i poteri* to centralize power. **3** (*fig*) to attract: ~ *su di sé l'attenzione* to attract attention. **II** *v.pron.* **accentrarsi** (*fig*) (*accumularsi*) to centralize.

accentrato *a.* concentrated, centralized: *amministrazione accentrata* centralized administration.

accentratore I *a.* centralizing, of centralization: *politica accentratrice* policy of centralization. **II** *m.* (*f.* **-trice**) centralizer.

accentuare (**accèntuo**) **I** *v.t.* **1** (*pronunciando una parola*) to stress. **2** (*scrivendo, disegnando e sim.*) to mark (sth.) heavily. **3** (*fig*) (*enfatizzare*) to emphasize, to accentuate. **4** (*fig*) (*mettere in evidenza*) to bring out, to heighten, to highlight. **5** (*fig*) (*peggiorare*) to aggravate, to compound. **II** *v.pron.* **accentuarsi 1** (*crescere*) to grow. **2** (*più evidente*) to become more noticeable, to become more marked, to become more evident: *i loro contrasti si sono accentuati* their differences of opinion have become more marked, their differences of opinion have become noticeable. **3** (*estens*) (*peggiorare*) to get worse, to worsen.

accentuato *a.* **1** (*marcato*) marked. **2** (*enfatizzato*) stressed.

accentuazione *f.* accentuation (*anche Mus*).

accerchiamento *m.* **1** (*l'accerchiare*) encircling, surrounding. **2** (*Mil*) encirclement.

accerchiante *a.* encircling, surrounding (*anche Mil*).

accerchiare (**accérchio, accérchi**) *v.t.* to encircle, to surround (*anche Mil*).

accertabile *a.* **1** verifiable, ascertainable. **2** (*Econ*) assessable.

accertabilità *f.* verifiability, ascertainableness.

accertamento *m.* **1** (*controllo*) check, control. **2** (*Econ*) assessment. **3** (*Dir*) investigation, inquiry: *in base agli accertamenti compiuti risulta che...* from the inquiries made it appears that... □ ~ *dell'imposta* tax as-

sessment; ~ *di identità* establishment of identity; *fermare qcu. per accertamenti* to detain so. for verification of identity; ~ *peritale* expert review.

accertare (**accèrto**) **I** *v.t.* **1** (*controllare*) to check, to verify, to control: ~ *l'esattezza di un fatto* to check the accuracy of a fact. **2** (*riconoscere come vero*) to ascertain, to confirm. **3** (*determinare*) to determine, to establish. **4** (*Dir*) to establish. **5** (*Econ*) to assess: ~ *l'entità dei danni* (o ~ *i danni*) to assess the damage. **II** *v.pron.* **accertarsi** to make sure (*di* of), to assure oneself (*di* of), to ascertain (sth.).

accertato *a.* established, ascertained, checked.

accesi → **accendere**.

acceso → **accendere** *a.* **1** (*che dà fiamma*) lighted, alight (*pred.*), burning: *una candela accesa* a lighted candle. **2** (*rif. a lampadina ecc.*) on (*posposto*), turned on (*posposto*), switched on (*posposto*): *lasciare la luce accesa* to leave the light on; *la radio è accesa* the radio is on. **3** (*in funzione*) on (*posposto*), running (*posposto*): *tieni il motore ~* keep the engine running. **4** (*fig*) (*eccitato*) burning, inflamed: ~ *d'amore* burning with love. **5** (*intenso: rif. a colori*) vivid, bright: *un vestito di un rosso ~* a bright red dress. **6** (*Econ*) opened. □ *essere ~ in volto* to be flushed, to have a flushed face.

accessibile *a.* **1** accessible: *un luogo poco ~* a rather inaccessible place. **2** (*rif. a persona*) approachable. **3** (*comprensibile*) comprehensible, accessible: *nozioni accessibili a tutti* ideas comprehensible to all. **4** (*Inform*) user-friendly. **5** (*di prezzi*) reasonable: *prezzi accessibili a tutte le borse* prices within the reach of every purse.

accessibilità *f.* **1** accessibility. **2** (*rif. a persona*) approachability.

accessione *f.* **1** (*Pol,Dir*) accession, adhesion: ~ *a un trattato* accession to a treaty. **2** (*Bibliot*) accession.

accesso *m.* **1** (*entrata, ingresso*) access, entry, entrance: *avere libero ~ a qcs.* to have free access to sth. **2** (*facoltà di accedere*) access, admittance. **3** (*Inform,Tel*) access. **4** (*Med*) attack, fit: ~ *di tosse* fit of coughing; ~ *di febbre* attack of fever. **5** (*impulso*) fit, outburst: ~ *d'ira* fit of anger. □ (*Inform*) ~ *a Internet* Internet acess; (*Inform*) ~ *autorizzato* authorized access; (*Inform*) ~ *casuale* random access; (*Inform*) ~ *commutato* dial-up access; (*Inform*) ~ *dedicato* dedicated access; (*Inform*) ~ *diretto alla memoria* direct memory access; (*Inform*) ~ *negato* access denied; (*Inform*) ~ *non autorizzato* unauthorized access; (*Inform*) ~ *remoto* remote access; (*Inform*) ~ *segreto* backdoor; (*Inform*) ~ *sequenziale* sequential access; (*Inform*) ~ *seriale* serial access.

accessoriato *a.* **1** equipped with accessories (*posposto*). **2** (*Aut*) with all the optional extras (*posposto*).

accessorietà *f.* (*Dir,rar*) accessoriness.

accessorio I *a.* **1** accessory, additional, subsidiary: *argomenti accessori* subsidiary themes. **2** (*di importanza relativa*) minor: *particolari accessori* minor details. **3** (*di spese*) incidental. **II** *m.* **1** accessory, fitting, extra: *accessori per auto* car accessories, auto accessories; *dotare di accessori* to accessorize. **2** (*di macchina utensile*) attachment. □ (*Anat*) ~ *del vago* accessory nerve; *accessori per l'abbigliamento* clothing accessories.

accessorista I *m./f.* **1** (*produttore*) car accessory manufacturer. **2** (*venditore*) car ac-

cessory dealer. **II** *m.* (*negozio*) car accessory shop.

accetta *f.* hatchet. □ (*fig*) *fatto con l'~* (o *tagliato con l'~*): **1** (*rif. a lavoro*) roughhewn, roughly shaped; **2** (*rif. a persone*) rough.

accettabile *a.* acceptable: *condizioni accettabili* acceptable conditions.

accettabilità *f.* acceptability.

accettante *m./f.* (*Comm*) acceptor, accepter.

accettare (**accètto**) **I** *v.t.* **1** to accept, to take: ~ *una carica* to accept an appointment; ~ *le condizioni di qcu.* to accept so.'s conditions; ~ *un consiglio* to take advice. **2** (*con piacere*) to welcome. **3** (*accogliere come socio*) to admit, to take in: ~ *qcu. in una società* to admit so. to a partnership. **4** (*approvare: di norma*) to adopt. **5** (*ammettere*) to accept, to admit: *non accetto scuse* I don't accept excuses. **6** (*aderire a*) to accept, to agree to: ~ *una proposta* to agree to a proposal. **7** (*seguire*) to follow: ~ *un suggerimento* to follow a suggestion. **8** (*Comm*) to accept: ~ *una cambiale* to accept a bill of exchange. **II** *v.pron.* **accettarsi** to accept oneself. □ ~ *qcu. all'ospedale* to admit so. to hospital, to hospitalize so.; ~ *battaglia* to accept battle; ~ *di fare qcs.* to agree to do sth.; *non accetto lezioni da nessuno* nobody tells me what to do; (*Comm*) ~ *la merce* to take delivery of goods; *non si accettano reclami* no complaints will be considered, no claims will be considered; ~ *la sfida* to accept the challenge.

accettazione *f.* **1** (*l'accettare*) acceptance. **2** (*Comm*) acceptance: ~ *di un ordine* acceptance of an order; ~ *di una cambiale* acceptance of a bill of exchange. **3** (*ammissione*) admittance, admission. **4** (*di alberghi, ospedali*) reception: *sala di ~* reception room. **5** (*di aeroporto*) check-in. **6** (*banco*) desk, counter: *banco dell'~* check-in desk. □ *all'~* on acceptance; ~ *bancaria* bank acceptance, banker's acceptance; ~ *contro documenti* acceptance against documents; ~ *incondizionata* general acceptance.

accetto *a.* **1** (*gradito*) acceptable, welcome, pleasing: *bene ~* welcome; *male ~* unwelcome. **2** (*rif. a persona, apprezzato*) liked, well-liked (*a* by).

accettore *m.* (*Chim*) acceptor.

accezione *f.* (*Ling*) meaning, acceptation: *in tutte le accezioni del termine* in all the meanings of the word, in every meaning of the word.

acchiappafarfalle *m.inv.* butterfly net.

acchiappamosche *m.inv.* **1** (*arnese*) fly-trap; (*carta invischiata*) flypaper; (*palettina*) fly-swatter. **2** (*Bot,colloq*) (*pianta carnivora*) flytrap. **3** (*Zool*) flycatcher. **4** (*fig*) (*fannullone*) idler, lounger.

acchiappare (**acchiàppo**) **I** *v.t.* **1** to seize, to catch, to grab: ~ *qcu. per il braccio* to catch so. by the arm. **2** (*acciuffare*) to catch, to seize: ~ *un ladro* to catch a thief. **3** (*colpire*) to hit. **II** *v.r.recipr.* **acchiapparsi** to grab (hold of) each other, to catch each other: *acchiapparsi per i capelli* to grab each other by the hair. □ (*fig*) ~ *al volo un'occasione* to seize an opportunity there and then.

acchito *m.* (*nel biliardo*) spot. □ (*fig*) *di primo ~*: **1** (*subito*) right from the start, straightaway, straight away, (*ant*) straightway; **2** (*a prima vista*) at first sight, on the face of it, at face value.

acciaccare (**acciàcco, acciàcchi**) *v.t.* **1** (*deformare*) to crush, to bruise. **2** (*ammaccare*) to dent. **3** (*schiacciare*) to crack, to crush. **4** (*fig,colloq*) (*infiacchire*) to weaken, to enfeeble. **5** (*rar*) (*pestare col mortaio*) to pound.

acciaccato *a.* **1** (*malandato: di persona*) weak, (*colloq*) rotten, (*colloq*) rough, (*ant*) ailing: *sentirsi tutto* ~ to feel in very bad shape, to feel rotten; (*di cosa*) in bad shape. **2** (*rar*) (*deformato*) crushed, squashed: *un cappello tutto* ~ a completely squashed hat.

acciaccatura *f.* **1** (*azione*) crushing, squashing. **2** (*effetto*) crush. **3** (*di vestiti*) crease, wrinkle. **4** (*Mus*) acciaccatura.

acciacco (*pl.* **-chi**) *m.* infirmity, ailment, complaint: *gli acciacchi della vecchiaia* the infirmities of old age; *essere pieno di acciacchi* to be full of aches and pains.

acciaiare (**acciàio**, **acciài**) *v.t.* **1** (*Met*) to steel. **2** (*Ind*) to convert (iron) into steel.

acciaiatura *f.* (*Met,Ind*) steeling.

acciaieria *f.* (*Met*) steelworks (*costr.sing. o pl.*), steel plant, steel mill.

acciaio *m.* **1** (*Met*) steel: *fabbricazione dell'* ~ steel-making. **2** (*colore*) steel-grey. **3** (*lett,estens*) (*spada*) sword. □ (*Met*) ~*al carbonio* carbon steel; (*Met*) ~*al cromo* chromium steel, chrome steel; ~*chirurgico* surgical steel; *d'* ~ (*odi* ~): 1 of steel, steel (*attr.*): *questa lama è di* ~ this blade is made of steel; *un utensile di* ~ a steel tool; 2 (*fig*) (*forte*) of steel, tenacious: *nervi d'* ~ nerves of steel; *una memoria di* ~ an infallible memory; 3 (*fig*) (*inflessibile*) inflexible, unrelenting, steely: *sguardo d'* ~ steely look; (*Met*) ~*dolce* mild steel; (*Met*) ~*duro* hard steel; ~*in lingotti* ingot steel; (*Met*) ~*inossidabile* stainless steel; (*Met*) ~*laminato* rolled steel; (*Met*) ~*speciale* special steel; (*Met*) ~*stampato* pressed steel; (*Met*) ~*strutturale* structural steel; (*Met*) ~*temperato* hardened steel.

acciaiolo *m.* (sharpening) steel.

acciambellare (**acciambèllo**) **I** *v.t.* to coil. **II** *v.pron.* **acciambellarsi** to curl up: *il gatto si acciambellò sul letto* the cat curled up on the bed.

acciambellato *a.* coiled, curled up: *il gatto dormiva* ~ the cat was sleeping curled up.

acciarino *m.* **1** steel; (*nelle vecchie armi da fuoco*) hammer, flintlock. **2** (*di siluri*) pistol. **3** (*della ruota*) linchpin.

accidempoli *intz.* (*ant*) **1** (*per stupore*) my God!, my goodness!, gosh!, wow! **2** (*per ira, contrarietà*) damn (it)!, dammit!, (*rar*) dash (it)!

accidentale *a.* accidental, fortuitous, unplanned: *circostanze accidentali* fortuitous circumstances; *morte* ~ accidental death.

accidentalità *f.* **1** accidentality, accidentalness, fortuity. **2** (*irregolarità di terreno*) unevenness.

accidentalmente *avv.* accidentally, by chance.

accidentato *a.* **1** (*rif. a terreno*) uneven, rough; (*rif. a strada*) bumpy, uneven. **2** (*movimentato da imprevisti, difficoltà*) chequered.

accidente *m.* **1** (*caso imprevisto*) accident, chance, event: *gli accidenti della vita* life's unexpected events. **2** (*disgrazia*) accident, mishap, (*sfortuna*) misfortune. **3** (*colloq*) (*colpo apoplettico*) stroke, seizure, fit. **4** (*colloq*) (*niente*) a damn thing: *non capire un* ~ not to understand a (damn) thing; *qui non ci si vede un* ~ you can't see a darned thing here; *non m'importa un* ~ I don't give a damn. **5** *pl.* (*maledizioni*) curse *sing.*: *mandare degli accidenti a qcu.* to curse so. **6** (*fig*) (*persona vivace*) mischievous person (usually a child). **7** (*fig*) (*persona piena di vita*) lively person: *che* ~ *di ragazza!* what a lively

girl! **8** (*Mus*) accidental. **9** (*Filos,Ling*) accident. □ (*colloq*) *correrecome un* ~ to run like the devil; (*rar*)*per* ~ by chance;*prendersi un* ~ (*raffreddore*) to catch a bad cold; *che tivenga un* ~! drop dead!; *che mi venga un* ~ *se gli presto ancora qualcosa!* I'll be blowed if I'll lend him anything ever again!; (*colloq*) *ti venisse un* ~! drop dead!, go to hell!; *gliverrà un* ~ *quando glielo leggerò* he'll have a fit when I read it to him.

accidenti *intz.* **1** (*per stupore*) my God!, my goodness!, gosh!, wow! **2** (*per ira, contrarietà*) damn (it)!, dammit!, (*rar*) dash (it)!: ~ *a lui!* damn him!

acciderba *intz.* (*rar,ant*) **1** (*per stupore*) my God!, my goodness! **2** (*per ira, contrarietà*) damn (it)!, (*rar*) dash (it)!

accidia *f.* **1** (*lett*) sloth, indolence. **2** (*Teol*) accidie.

accidiosamente *avv.* (*lett*) slothfully.

accidioso **I** *a.* (*lett*) slothful, indolent. **II** *m.* (*f.* **-a**) sluggard, slothful person: *gli accidiosi* the slothful (*costr.pl.*).

accigliarsi (**mi accìglio, ti accìgli**) *v.pron.* to frown.

accigliato *a.* **1** frowning. **2** (*estens*) (*severo*) stern.

accingersi (*pres.ind.* **mi accìngo, ti accìngi**; *p.rem* **mi accìnsi**; *p.p.* **accìnto**) *v.pron.* to be on the point of, to set about, to be about to: ~ *a lavorare* to set about one's work.

acciò *congz.* (*lett*) in order that, so that.

acciocché *congz.* (*lett*) in order that, so that.

acciottolare (**acciòttolo**) *v.t.* **1** (*selciare con ciottoli*) to cobble, to pave (sth.) with cobblestones. **2** (*urtare insieme le stoviglie*) to clatter.

acciottolato **I** *a.* (*selciato*) cobbled, paved with cobblestones. **II** *m.* cobbles *pl.*, cobbled paving.

acciottolio *m.* clatter: *l'* ~ *di stoviglie* the clatter of dishes.

accipicchia *intz.* **1** (*per stupore*) my God!, my goodness!, gosh!, wow! **2** (*per ira, contrarietà*) damn (it)!, dammit!, (*rar*) dash (it)!

acciuffare (**acciùffo**) *v.t.* **1** to seize, to catch, to grab. **2** (*per i capelli*) to seize (so.) by the hair. **II** *v.pron.* **acciuffarsi** (*rar*) (*accapigliarsi*) to scruffle, to scrap.

acciuga *f.* **1** (*Itt,Alim*) anchovy. **2** (*fig*) (*persona magra*) very thin person, (*scherz*) rake, (*Am*) stick: *è un'* ~ she's a stick. □ *stare stretticome acciughe* (o *stare pigiaticome acciughe*) to be packed in like sardines.

accivettare (**accivétto**) *v.t.* **1** (*Caccia*) to decoy (birds) by means of an owl. **2** (*fig, lett*) to allure, to lure.

acclamare (**acclàmo**) *v.t.* **1** to acclaim, to cheer. **2** (*applaudire*) to applaud. **3** (*eleggere, riconoscere per acclamazione*) to acclaim, to hail: ~ *qcu. vincitore* to hail so. as conqueror.

acclamato *a.* **1** (*festeggiato*) cheered, acclaimed. **2** (*celebre*) famous, celebrated.

acclamazione *f.* acclamation, applause, cheer. □ *per* ~ by acclamation: *eleggere per* ~ to elect by acclamation.

acclimatare (**acclìmato**) **I** *v.t.* **1** to acclimatize, to acclimate. **II** *v.pron.* **acclimatarsi** to acclimatize, to become acclimatized.

acclimatato *a.* acclimatized.

acclimatazione *f.* acclimatization.

acclive *a.* (*lett*) rising; (*erto*) steep.

accludere (*pres.ind.* **acclùdo**; *p.rem.* **acclùsi**; *p.p.* **acclùso**) *v.t.* **1** to enclose. **2** (*unire un documento ad altri*) to attach.

acclusa *f.* (*lettera*) enclosed letter.

acclusi → **accludere**.

accluso *a.* enclosed, attached: *come risulta*

da ~ *documento* as per enclosed document; *troverete qui* ~ enclosed please find, please find enclosed.

accoccolarsi (**mi accòccolo**) *v.pron.* (*rannicchiarsi*) to squat, to squat down, to crouch down. □ ~*per terra* to squat (down).

accoccolato *a.* (*rannicchiato*) crouched, crouching, squat.

accodare (**accódo**) **I** *v.t.* **1** (*rif. a persone: mettere in fila*) to line up, to stand (so.) in line. **2** (*rif. ad animali*) to put (animals) head to tail. **II** *v.pron.* **accodarsi 1** (*aggregarsi*) to tail after (*a qcu.* so.), to tail behind (*a qcu.* so.), to fall in (with): *accodarsi alla colonna dei dimostranti* to fall in with the procession of demonstrators. **2** (*seguire*) to follow.

accogliente *a.* **1** (*comodo*) comfortable, cosy: *una casa* ~ a cosy house, a comfortable house. **2** (*con buona accoglienza*) hospitable.

accoglienza *f.* welcome, reception: *fare buona* ~ *a qcu.* to give so. a warm welcome, to welcome so. warmly; *un'* ~ *calorosa* a warm welcome.

accogliere (*pres.ind.* **accòlgo, accògli**; *p.rem.* **accòlsi**; *p.p.* **accòlto**) *v.t.* **1** (*ricevere*) to receive, (*con calore*) to welcome. **2** (*ospitare*) to give hospitality to, (*con calore*) to welcome. **3** (*accettare*) to grant, to agree to: ~ *le richieste del personale* to agree to the staff's requests. **4** (*fig*) to welcome: ~ *nuove idee* to welcome new ideas. **5** (*contenere*) to hold, to contain: *lo stadio può* ~ *centomila spettatori* the stadium can hold a hundred thousand spectators. □ ~ *qcu.a braccia aperte* to welcome so. with open arms; ~ *unadomanda* to accept a request, to grant a request, (*burocr*) to accept an application; ~ *qcu.freddamente* to give so. a cool reception, to receive so. coldly; (*Dir*) ~ *un'obbiezione* to sustain an objection; (*Dir*) ~ *unricorso* to uphold an appeal.

accolgo → **accogliere**.

accolito *m.* **1** (*Rel.catt*) acolyte. **2** (*f.* **-a**) (*fig*) follower, acolyte.

accollare (**accòllo**) **I** *v.t.* to saddle, to entrust, to lay: ~ *un lavoro a qcu.* to saddle so. with a job, to entrust so. with a job; ~ *a qcu. la responsabilità di qcs.* to lay the responsibility for sth. on so. **II** *v.pron.* **accollarsi** to take upon oneself, to shoulder, to take over: *accollarsi la spesa* to shoulder the expense; *accollarsi un debito* to take over a debt.

accollata *f.* (*Mediev*) accolade.

accollatario *m.* (*Dir*) contractor.

accollato *a.* **1** (*Abbigl*) high-necked. **2** (*Calz*) with a high instep (*posposto*).

accollatura *f.* (*Abbigl*) neckline.

accollo *m.* **1** (*Dir*) taking over. **2** (*Arch*) projection. **3** (*Mar*) back.

accolsi → **accogliere**.

accolta *f.* **1** (*lett*) assembly, gathering: *un'* ~ *di scienziati* a gathering of scientists. **2** (*spreg*) crowd, mass.

accoltellamento *m.* knifing, stabbing.

accoltellare (**accoltèllo**) **I** *v.t.* to knife, to stab. **II** *v.pron.* **accoltellarsi** to stab one another. □ ~ *qcu.alla schiena* to stab so. in the back (*anche fig*).

accoltellatore *m.* (*f.* **-trice**) knifer, stabber.

accolto → **accogliere**.

accomandante *m./f.* (*Econ,Dir*) (*socio accomandante*) limited partner.

accomandatario *m.* (*f.* **-a**) (*Econ,Dir*) general partner, unlimited partner.

accomandita *f.* (*Econ,Dir*) limited partnership, (*Am*) partnership association.

accomiatare (**accomiàto**) **I** *v.t.* to dismiss,

to send away. **II** *v.pron.* **accomiatarsi** to take (one's) leave (*da* of).

accommiatare (**accommiàto**) **I** *v.t.* to dismiss, to send away. **II** *v.pron.* **accommiatarsi** to take (one's) leave (*da* of).

accomodabile *a.* repairable, mendable.

accomodamento *m.* **1** (*accordo*) agreement, arrangement. **2** (*Dir*) settlement, composition: ~ *amichevole* friendly settlement. **3** (*Ott*) accommodation.

accomodante *a.* (*accondiscendente*) easy-going, free-and-easy, obliging: *una persona* ~ an easy-going person.

accomodare (**accòmodo**) **I** *v.t.* **1** (*riparare*) to repair, to mend, (*colloq*) to fix: ~ *un paio di scarpe* to mend a pair of shoes; (*Am*) to repair a pair of shoes. **2** (*mettere in ordine*) to order, to tidy, to tidy up, to arrange, to prepare for. **3** (*Dir*) to settle (sth.) out of court: ~ *una lite* to settle a lawsuit out of court. **4** (*Ott*) to accomodate. **5** (*iron, ant*) to deal with, to fix: *ora ti accomodo io* now I'll fix you. **II** *v.i.* (*aus.* **avere**) (*fare comodo*) to suit, to be convenient: *ciò non mi accomoda* this doesn't suit me; *fa soltanto ciò che gli accomoda* he'll only do what he feels like. **III** *v.pron.* **accomodarsi 1** to make oneself comfortable, to make oneself at home. **2** (*sedersi*) to take a seat, to sit down: *si accomodi in poltrona* please sit down in the armchair. **3** (*entrare*) to come in, to enter: *si accomodi!* come in! **4** (*non fare complimenti*) to make oneself at home. **5** (*mettersi d'accordo*) to come to an agreement (*su* on, over), to agree: *ci accomoderemo sul prezzo* we'll come to an agreement over the price. **6** (*fig*) (*aggiustarsi*) to work out, to come out right: *vedrai che le cose si accomoderanno* everything will work out, you'll see. □ *si accomodi da questa parte, prego!* this way, please!; come this way, please!

accomodato *a.* **1** (*alterato*) altered: *una versione accomodata dei fatti* an altered version of the facts. **2** (*seduto*) seated, sitting comfortably: ~ *in poltrona, leggeva il giornale* he was sitting comfortably in the armchair reading the paper.

accomodazione *f.* (*Ott*) accomodation.

accompagnamento *m.* **1** (*seguito*) suite, retinue, train. **2** (*Mus*) accompaniment: *una canzone con* ~ *di chitarra* a song with guitar accompaniment. **3** (*Mil*) barrage.

accompagnare (**accompàgno**) **I** *v.t.* **1** to accompany, to go with, to come with: ~ *qcu. alla stazione* to go and see so. off at the station. **2** (*condurre*) to take, to see: ~ *un bambino a scuola* to take a child to school. **3** (*scortare*) to escort, to attend. **4** (*unire una cosa a un'altra*) to accompany (*con* with): ~ *il regalo con una lettera* to accompany the gift with a letter. **5** (*Mus*) to accompany. **6** (*accoppiare*) to match, to pair. **II** *v.pron.* **accompagnarsi 1** (*andare insieme*) to go (*a, con* with), to keep company (*a, con* with): *accompagnarsi con* (*o a*) *qcu.* to keep company with so. **2** (*armonizzare*) to go (well) together, to match: *questi due colori si accompagnano bene* these two colours go well together. **3** (*Mus*) ~ *al pianoforte* to accompany at the piano, to accompany on the piano; ~ *qcu. alla porta* to see so. to the door, to show so. to the door; ~ *qcu. con gli occhi* to follow so. with one's gaze; ~ *la porta* to close the door gently; (*fig*) ~ *un morto* to attend a funeral, to attend a graveside ceremony.

accompagnato *a.* in company, accompanied.

accompagnatore *m.* (*f.* **-trice**) **1** (*chi ac-*

compagna) escort; (*guida*) guide. **2** (*Sport*) manager. **3** (*Mus*) accompanist. □ ~ *turistico* guide, tour guide.

accompagnatorio *a.* covering: *lettera accompagnatoria* (*Br*) covering letter, (*Am*) cover letter.

accompagnatrice *f.* **1** escort. **2** (*guida turistica*) guide.

accompagno *m.* (*burocr*) (*accompagnamento*) covering: *lettera di* ~ covering letter.

accomunabile *a.* that may be joined, that may be shared in common, associable.

accomunamento *m.* joining, uniting, sharing in common.

accomunare (**accomùno**) *v.t.* **1** (*mettere in comune*) to share, to share in common. **2** (*unire*) to join: ~ *gli sforzi* to join forces. **3** (*associare*) to associate, to join, to have (sth.) in common.

accomunato □ *essere accomunati dagli stessi ideali* to share the same ideals, to have common ideals.

acconciare (**accóncio, accónci**) **I** *v.t.* **1** (*i capelli*) to do, to dress, to arrange. **2** (*mettere in ordine*) to tidy (up), to put in order, to put straight. **3** (*abbigliare*) to adorn, to attire, to dress up. **II** *v.pron.* **acconciarsi 1** (*abbigliarsi*) to dress (up), to deck oneself out, to adorn oneself: *acconciarsi per il ballo* to dress up for the ball. **2** (*i capelli*) to do, to dress, to arrange. **3** (*lett, rar*) (*prepararsi a*) to prepare (for). **4** (*lett, rar*) (*adeguarsi*) to adapt.

acconciatore *m.* (*f.* **-trice**) hairdresser, hairstylist.

acconciatura *f.* **1** (*pettinatura*) hairstyle, (*colloq*) hairdo. **2** (*ornamento per il capo*) headdress.

acconcio *a.* (*lett*) **1** (*adatto*) suitable, right, seemly, fit: *parole acconce* suitable words; *con modi acconci* in seemly manner. **2** (*pronto*) ready. **3** (*ben vestito*) well-dressed.

accondiscendente *a.* obliging, accommodating.

accondiscendenza *f.* obliging manner.

accondiscendere (*pres.ind.* **accondiscéndo**; *p.rem.* **accondiscési**; *p.p.* **accondiscéso**; *aus.* **avere**) *v.i.* to comply (*a* with), to agree (*a* to), to consent (*a* to), to assent (*a* to). □ *accondiscendendo alla Vostra richiesta* in compliance with your request.

acconsentimento *m.* (*rar*) consent, approval, agreement.

acconsentire (**acconsènto**; *aus.* **avere**) *v.i.* **1** to consent (*a* to), to agree (*a* to), to assent (*a* to), to approve (of): ~ *a una richiesta* to agree to a request; ~ *a fare qcs.* to agree to do sth., to consent to do sth. **2** (*cedere*) to give way (*a* to). **I** *v.t.* **1** (*Mar,ant*) to loosen. **2** (*lett*) to allow.

acconsenziente *a.* consenting, consentient, willing.

accontentare (**accontènto**) **I** *v.t.* **1** (*soddisfare*) to content, to satisfy, to please, to keep happy: ~ *qcu. in tutto* to satisfy so. fully. **2** (*appagare*) to meet, to satisfy, to grant: ~ *i desideri di qcu.* to grant so.'s wishes. **3** (*assecondare*) to humour. **II** *v.pron.* **accontentarsi** to be satisfied (*di* with), to be pleased (*di* with): *accontentarsi di poco* to be satisfied with little.

acconto *m.* down payment, advance payment, deposit, advance, part payment: *dare un* ~ to make a down payment, to put down a deposit. □ (*Econ*) ~ *di dividendo* interim dividend; *in* ~ in part payment, (*Am*) as partial payment, in partial payment, as a downpayment.

accoppare (**accòppo**) **I** *v.t.* (*pop*) (*uccidere*) to do in, to bump off; (*gerg*) (*con arma*)

to hit. **II** *v.pron.* **accopparsi** (*pop*) to get killed.

accoppiabile *a.* **1** matchable, connectable, connectible. **2** (*Zootecn*) that may be mated.

accoppiamento *m.* **1** (*l'accoppiare*) joining, coupling, matching. **2** (*unione*) coupling, match. **3** (*Fisiol*) copulation; (*rif. ad animali*) coupling, mating. **4** (*Mecc*) connection, coupling. **5** (*El*) coupling: ~ *in parallelo* parallel coupling.

accoppiare (**accòppio**) **I** *v.t.* **1** (*congiungere: in coppia*) to couple, to pair (off); (*rar*) (*in matrimonio*) to join in marriage, (*ant*) to match, to unite. **2** (*unire*) to join, to unite, to combine. **3** (*Fisiol*) to copulate; (*rif. ad animali*) to couple, to mate, to breed. **4** (*Mecc*) to couple, to connect. **II** *v.pron.* **accoppiarsi 1** (*unirsi*) to pair off, to unite, to join together, to combine; (*rar*) (*in matrimonio*) to marry, to get married. **2** (*Fisiol*) to copulate; (*rif. ad animali*) to mate, to couple, to breed.

accoppiata *f.* **1** (*Equit*) exacta, (*Am*) perfecta. **2** (*estens*) (*rif. a persone*) couple. □ (*Equit*) ~ *reversibile* quinella.

accoppiato *a.* **1** matched, coupled, joined, paired, combined: *essere bene accoppiati* to be well matched. **2** (*Mecc*) coupled, connected.

accoppiatore *m.* (*Mecc*) coupler. □ (*Elettron*) ~ *acustico* acoustic coupler.

accoramento *m.* (*lett*) heartache.

accorare (**accòro**) **I** *v.t.* (*lett*) (*addolorare profondamente*) to break so.'s heart. **II** *v.pron.* **accorarsi** (*addolorarsi*) to break one's heart. □ *accorarsi per qcs.* to be heartbroken at sth., to be heartbroken by sth., to be heartbroken about sth.

accoratamente *avv.* heartbrokenly.

accorato *a.* distraught, heartbroken.

accorciabile *a.* that can be shortened.

accorciamento *m.* shortening.

accorciare (**accórcio, accórci**) **I** *v.t.* **1** to shorten: ~ *un abito* to shorten a dress. **2** (*abbreviare*) to abridge, to abbreviate: ~ *una parola* to abbreviate a word. **II** *v.pron.* **accorciarsi** to shorten, to grow shorter, to get short: *le giornate cominciano ad accorciarsi* the days are beginning to get shorter. □ ~ *i tempi* to speed things up; (*fig*) ~ *le distanze* to narrow the gap.

accorciativo *m.* (*Gramm*) shortened form, abbreviation.

accordabile *a.* **1** (*concedibile*) allowable, grantable. **2** (*abbinabile*) matchable. **3** (*Mus*) tunable, tuneable.

accordare (**accòrdo**) **I** *v.t.* **1** (*mettere d'accordo*) to reconcile, to get (to, on), to conciliate: ~ *le due parti* to conciliate the two parties. **2** (*armonizzare*) to match: ~ *due colori* to match two colours. **3** (*Mus*) to tune, to tune up. **4** (*Gramm*) to make (sth.) agree (*con* with): ~ *il verbo col soggetto* to make the verb agree with the subject, to make subject-verb agreement. **5** (*concedere*) to allow, to grant: ~ *un permesso* to grant leave; ~ *un'indennità* to grant an allowance; ~ *uno sconto del dieci per cento* to grant a ten per cent discount. **II** *v.pron.* **accordarsi 1** (*mettersi d'accordo*) to agree, to reach an agreement, to come to an agreement: *accordarsi sul prezzo* to agree on the price; *accordarsi con qcu. su qcs.* to come to an agreement with so. (*o* on) sth. **2** (*essere conforme*) to be consistent (*con* with), to be in keeping (*con* with).

accordato *a.* **1** (*concesso*) granted, allowed. **2** (*Mus*) tuned.

accordatore *m.* (*f.* **-trice**) (*Mus*) tuner.

accordatura *f.* **1** (*Mus*) tuning. **2** (*El*) (*di* *antenna*) matching.

accordissimo ☐ (*colloq*)*d' ~* very well, (*Br*) quite right, (*Am*) absolutely: *sono d'~* I couldn't agree more.

accordo *m.* **1** agreement, arrangement (*anche Dir,Pol*): *arrivare a un ~* to come to an agreement. **2** (*Gramm*) agreement. **3** (*Mus*) chord. **4** (*Econ,Comm*) deal. ☐ *~amichevole* gentleman's agreement;*andare d'~* to get on well (together); *andare d'~ con qcu. su qcs.* to agree with so. on sth., to agree with so. about sth.; *non andare d'~* not to get on (well); *~ commerciale* trade agreement; *d'~!* all right!, agreed!, (*Br,collog*) right you are!, (*Am,colloq*) O.K.!; *essere d'~ con qcu.* to agree with so.; *~ di base* basic overall agreement, basic agreement; (*Econ*) *~ di compensazione* compensation agreement, clearing agreement; *~di cooperazione* cooperation agreement; (*Comm*) *~ di marketing* marketing agreement; *~ di massima* preliminary agreement, provisional agreement; *~di pagamento* payment agreement; *~difensivo* defence agreement; *~diplomatico* diplomatic agreement; *~doganale* tariff agreement; *~ internazionale* international agreement; (*Mus*) *~maggiore* major chord; *mettere d' ~* to reconcile, to bring together; *mettersi d' ~* to agree, to come to terms, to come to an agreement (*su qcs.* about sth., on sth.): *mettersi d'~ sulla data di partenza* to agree on the date of departure; (*Mus*) *~minore* minor chord; *~monopolistico* monopoly agreement; *~quadro* outline agreement, skeleton agreement; *~salariale* wage agreement; (*Comm*) *~scritto* written agreement; *~ sindacale* industrial agreement, union agreement.

accorgersi (*pres.ind.* **mi accòrgo, ti accòrgi**; *p.rem.* **mi accòrsi**; *p.p.* **accòrto**) *v.pron.* **1** to notice: *mi accorsi di essere seguito* I noticed that I was being followed. **2** (*rendersi conto*) to realize, to notice, to become aware (of): *l'ho fatto senza accorgermene* I did it without realizing.

accorgimento *m.* **1** (*espediente*) cunning device, trick. **2** (*rar*) (*astuzia*) shrewdness, cunning: *usare ogni ~* to use all one's cunning. **3** (*lett*) (*accortezza*) sagacity, good sense.

accorpamento *m.* consolidation, unity, unification.

accorpare (**accòrpo**) *v.t.* to consolidate, to unify (*anche estens*).

accorrere (*pres.ind.* **accórro**; *p.rem.* **accórsi**; *p.p.* **accórso**; *aus.* **essere**) *v.i.* **1** to rush, to hasten, to run: *~ in aiuto di qcu.* to rush to so.'s aid, to come to so.'s aid. **2** (*in massa*) to swarm, to flock.

accorsi1 → **accorgersi**.

accorsi2 **accorso** → **accorrere**.

accortamente *avv.* **1** wisely, sensibly. **2** (*scaltramente*) cunningly, shrewdly.

accortezza *f.* **1** (*avvedutezza*) wisdom, sense, prudence, sagacy, good sense. **2** (*astuzia*) cunning, adroitness, shrewdness: *agire con ~* to act with cunning.

accorto *a.* **1** (*saggio*) wise, sensible. **2** (*astuto*) shrewd, cunning, adroit.

accosciarsi (**mi accòscio, ti accòsci**) *v.pron.* to squat (down).

accosciata *f.* (*Sport*) (*nel sollevamento pesi*) squat.

accostabile *a.* **1** accessible. **2** (*fig*) (*affabile*) approachable.

accostamento *m.* **1** (*l'accostare*) approach, approaching. **2** (*rif. a colori*) matching. **3** (*Mar*) hauling, haulage.

accostare (**accòsto**) *v.t.* **1** (*avvicinare*) to put near, to draw close: *~ la sedia alla scrivania* to pull the chair near the desk. **2** (*avvicinarsi a*) to approach, to draw near (to): *~ una persona* to approach a person. **3** (*porte, finestre*) to leave ajar, to leave half open. **4** (*confrontare*) to compare. **II** *v.i.* (*aus.* **avere**) **1** (*Mar*) (*attraccare*) to come alongside. **2** (*Mar,Aer*) (*compiere un'accostata*) to change course. **III** *v.pron.* **accostarsi 1** (*avvicinarsi*) to approach (*a qcu.* so.), to draw near (to): *accostarsi al tavolo* to draw near to the table. **2** (*Aut*) to pull over, to draw up. **3** (*fig*) (*aderire*) to support (*a qcs.* sth.), to join (*a qcs.* sth.), to adhere (*a qcs.* to sth.). ☐ (*Mar*) *~ a dritta* to haul to starboard; (*Mar*) *~a sinistra* to haul to port; (*Rel.catt*) *accostarsi ai sacramenti* to receive the Sacraments; (*Rel.catt*) *accostarsi all'altare* (*per comunicarsi*) to go up to receive Holy Communion; *~ il bicchiere alle labbra* to raise one's glass to one's lips; *~l'orecchio al muro* to press one's ear to the wall.

accostata *f.* (*Mar,Aer*) change of course.

accostato *a.* ajar, half-closed, half-open.

accosto **I** *avv.* (*rar*) (*accanto*) near, close, nearby: *farsi ~* to draw near; *stare sempre ~ a qcu.* to be always close to so. **II** *m.inv.* **1** (*rar*) approach. **2** (*Mar*) (*approdo*) berth. ☐ (*rar*) *~a* close to.

accostumare (**accostùmo**) **I** *v.t.* to accustom. **II** *v.pron.* **accostumarsi** (*lett*) to become accustomed, to accustom oneself (*a* to).

accostumato *a.* (*lett*) (*avvezzo*) accustomed, used (*a* to).

accotonare (**accotóno**)*v.t.* **1** (*Tess*) to tease. **2** (*rif. a capelli*) to backcomb, (*Am*) to tease. **3** (*rar*) to line with cotton.

accotonato *a.* **1** (*Tess*) teased. **2** (*rif. a capelli*) backcombed, (*Am*) teased.

accotonatura *f.* **1** (*Tess*) teasing. **2** (*rif. a capelli*) backcombing, (*Am*) teasing.

account executive /ak,kawnteg'zεkutiv/ *m./f.inv.* account executive.

accovacciarsi (**mi accovàccio, ti accovàcci**) *v.pron.* (*rannicchiarsi*) to squat (down), to crouch (down), to huddle.

accovacciato *a.* (*rannicchiato*) crouched, crouching, squat. ☐ *stare ~* to be crouching.

accovonare (**accovóno**) *v.t.* (*Agr*) to sheave, to sheaf.

accozzaglia *f.* **1** (*spreg*) (*di persone*) rabble, mob: *un'~ di gente armata* an armed rabble. **2** (*di cose*) medley, (*colloq*) mess, ragbag.

accozzamento *m.* jumble, medley, muddle.

accozzare (**accòzzo**) **I** *v.t.* to throw together, to jumble, to jumble up; (*vestiti*) to pile up. **II** *v.pron.* **accozzarsi** (*lett*) to meet, to gather (together), to crowd (together). **1** (*fig*) *non ~il pranzo con la cena* to be unable to make (both) ends meet.

accozzo *m.* (*rar*) **1** (*spreg*) (*di persone*) rabble, mob: *un ~ di gente armata* an armed rabble. **2** (*di cose*) medley, (*colloq*) mess, ragbag.

accrebbi → **accrescere**.

accreditabile *a.* creditable, that may be credited (*posposto*), trustworthy, reliable.

accreditamento *m.* (*Econ*) credit.

accreditare (**accrédito**) **I** *v.t.* **1** (*rendere credibile*) to make credible. **2** (*avvalorare*) to support, to enhance. **3** (*Dipl,Giorn*) to accredit: *~ un ambasciatore* to accredit an ambassador. **4** (*Comm*) to credit: *~ una somma su un conto* to credit an amount to an account. **II** *v.pron.* **accreditarsi 1** (*rif. a persone*) to gain credit. **2** (*rif. a cose*) to gain

ground: *questa opinione si accredita sempre più* this opinion is steadily gaining ground.

accreditato **I** *a.* **1** trustworthy, reliable. **2** (*Dipl,Giorn*) accredited: *diplomatico ~* accredited diplomat. **3** (*di una ditta*) long-established. **II** *m.* (*Comm*) accredited party.

accredito *m.* (*Econ*) **1** (*atto*) crediting. **2** (*effetto*) credit.

accrescere (*pres.ind.* **accrésco**; *p.rem.* **accrébbi**; *p.p.* **accresciùto**) **I** *v.t.* **1** (*aumentare*) to increase: *~ capitale* to increase capital. **2** (*allargare*) to enlarge, to expand. **II** *v.pron.* **accrescersi** (*aumentare*) to grow: *la famiglia si accresce* the family is growing.

accrescimento *m.* **1** (*azione*) increasing. **2** (*effetto*) increase, growth, augmentation, improvement: *l'~ della popolazione* the increase in population. **3** (*Biol*) growth, development. **4** (*Ling*) amplification.

accrescitivo **I** *a.* (*Gramm*) augmentative. **II** *m.* (*Gramm*) augmentative.

accucciarsi (**mi accùccio, ti accùcci**) *v.pron.* **1** (*di animali*) to lie down; (*aggomitolarsi*) to curl up. **2** (*di persone*) to crouch (down), to squat (down), to huddle; (*accoccolarsi*) to snuggle.

accudire (**accudìsco, accudìsci**) **I** *v.i.* (*aus.* **avere**) to do (*a qcs.* sth.), to see, to attend (to): *~ alle faccende domestiche* to do the housework. **II** *v.t.* (*assistere*) to take care (*qcu.* of so.), to look after: *~ un bambino* to take care of a child.

acculturamento *m.* acculturation.

acculturare (**accultùro**) **I** *v.t.* (*Sociol*) to culturate, to acculturize. **II** *v.pron.* **acculturarsi 1** (*Sociol*) to acculturate, to acculturize. **2** (*farsi una cultura*) to read up.

acculturato *a.* **1** acultured. **2** (*istruito*) educated.

acculturazione *f.* acculturation.

accumulabile *a.* cumulative, accumulative, accumulable.

accumulamento *m.* accumulation (*anche Tecn,Econ*).

accumulare (**accùmulo**) **I** *v.t.* **1** to accumulate, (*lett*) to hoard, to heap up: *~ ricchezze* to accumulate riches, to accumulate wealth. **2** (*risparmiare*) to save. **3** (*alla rinfusa*) to heap up, to amass. **II** *v.pron.* **accumularsi** to accumulate, to pile up, to amass: *le pratiche si accumulano sul mio tavolo* the files are piling up on my desk. ☐ *~dati* to gather information; *~debiti* to accumulate debt; *~esperienza* to gain experience, to get experience; *~prove* to gather evidence.

accumulatore *m.* (*Tecn*) accumulator, (*Am*) storage battery: *caricare un ~* to charge an accumulator. ☐ (*Tecn*) *~idraulico* hydraulic accumulator.

accumulazione *f.* accumulation. ☐ (*Econ*) *~del capitale* capital accumulation.

accumulo *m.* **1** (*l'accumulare*) accumulation. **2** (*effetto*) heap, pile, mass, backlog: *~ di lavoro* backlog of work. **3** (*Geol,Tecn*) accumulation.

accomunare (**accomùno**) *v.t.* **1** (*mettere in comune*) to share, to share in common. **2** (*unire*) to join: *~ gli sforzi* to join forces. **3** (*associare*) to associate, to join, to have (sth.) in common.

accuratamente *avv.* carefully, precisely, accurately.

accuratezza *f.* **1** (*precisione*) accuracy, precision, exactness: *ammirare l'~ di una traduzione* to admire the accuracy of a translation. **2** (*diligenza*) care, diligence. ☐ *con ~:* **1** with care, carefully: *vestire con ~* to dress with care; **2** (*diligentemente*) carefully, painstakingly; **3** (*con precisione*) exactly, with precision, accurately.

accurato a. 1 (*fatto con cura*) careful: *lavoro* ~ careful work. 2 (*preciso*) accurate, precise. 3 (*rif. a persona*) diligent; (*preciso*) precise.

accusa f. 1 charge, accusation: ~ *infondata* groundless charge; *sostenere un'* ~ to uphold a charge; *accuse pesanti* grave charges. 2 (*Dir*) charge, accusation, indictment: *prosciogliere qcu. dall'* ~ *di omicidio* to acquit so. of a murder charge; *lasciare cadere le accuse contro qcu.* to drop charges against so. 3 (*Dir*) (*di personaggio pubblico*) impeachment. 4 (*Dir*) (*magistrato*) prosecution. 5 (*nel gioco delle carte*) bid, call. □ (*Dir*) ~ *di corruzione* bribery charge; *fare delle accuse contro qcu.* to charge so., to accuse so., to make charges against so.; *essere sotto* ~: 1 to be accused (*di* of); 2 (*fig*) to be blamed (*di* for); *mettere sotto* ~ *qcu. per qcs.* to heap blame on so. for sth.

accusabile a. chargeable (*di* with), indictable (*di* for) (*anche Dir*).

accusare (**accùso**) I v.t. 1 to accuse, to blame: ~ *qcu. di furto* to accuse so. of theft; *lo accusano di pigrizia* they accuse him of laziness; *lo accusarono dell'accaduto* they blamed him for what happened. 2 (*tacciare*) to tax. 3 (*Dir*) to charge, to indict, to prosecute; (*di personaggio pubblico*) to impeach: ~ *qcu. di alto tradimento* to charge so. with high treason. 4 (*lagnarsi di*) to complain of: ~ *un dolore* to complain of a pain. 5 (*nel gioco delle carte*) to call, to declare. II v.pron. **accusarsi** (*accusare se stesso*) to accuse oneself, to blame oneself. III v.r.recipr. **accusarsi** to accuse each other, to blame each other. □ ~ *il colpo* to show signs of weakening; (*Comm*) ~ *ricevuta* to acknowledge receipt; ~ *ricevuta di qcs.* to acknowledge (the) receipt of sth.

accusativo m. (*Gramm*) accusative (case): *all'* ~ in (the) accusative.

accusato I a. accused (*di* of), charged (*di* with): *essere* ~ *di qcs.* to be charged with sth. II m. (f. **-a**) defendant.

accusatore m. (f. **-trice**) 1 accuser. 2 (*Dir*) prosecutor.

accusatorio a. 1 accusing, accusatory, of accusation: *lettera accusatoria* letter of accusation; *in tono* ~ accusingly. 2 (*Dir*) accusatorial, accusatory: *sistema* ~ accusatorial system.

ace /ejs/ m.inv. (*Sport*) ace: *fare un* ~ to ace, to serve an ace.

acefalia f. (*Med*) acephalia, acephalism.

acefalo a. (*Biol,Filol*) acephalous, headless.

acellulare a. (*Biol*) acellular.

acerbamente avv. 1 (*aspramente*) harshly, bitterly, sharply: *rimproverare* ~ to rebuke sharply. 2 (*innanzi tempo*) prematurely.

acerbità f. 1 (*fig*) (*asprezza*) harshness, bitterness, sharpness. 2 (*di frutto*) unripeness. 3 (*immaturità: di persona*) immaturity.

acerbo a. 1 (*acre*) sour, tart: *vino* ~ sour wine. 2 (*non maturo*) unripe, green: *frutto* ~ unripe fruit. 3 (*fig*) (*in erba*) immature, raw, unfledged. 4 (*fig*) (*pungente*) harsh, acerbic, bitter, sharp, tart: *rimprovero* ~ harsh rebuke. 5 (*lett*) (*doloroso*) painful. 6 (*lett*) (*prematuro*) premature.

acero m. 1 (*Bot*) maple (tree). 2 (*legno*) maple, maple wood. □ (*Bot*) ~ *americano* (o ~ *bianco*) box elder; (*Bot*) ~ *da zucchero* sugar maple; (*Bot*) ~ *rosso* scarlet maple, red maple; (*Bot*) ~ *vite* vine maple.

acerrimo (*sup. di* acre) a. fierce, bitter, arch: *un* ~ *nemico* a bitter enemy, a sworn enemy.

acescente a. (*Chim*) acescent.

acescenza f. (*Chim*) acescence.

acetabolo m. 1 (*Anat*) acetabulum, cotyloid cavity. 2 (*Zool*) acetabulum, (*colloq*) sucker.

acetaldeide f. (*Chim*) acetaldehyde.

acetammide f. (*Chim*) acetamide.

acetato I m. 1 (*Chim*) acetate. 2 (*Tess*) acetate silk, acetate fibre. □ (*Chim*) ~ *mercurico* mercuric acetate; (*Chim*) ~ *mercuroso* mercurous acetate.

acetico (*pl.* **-ci**) a. (*Chim*) acetic: *acido* ~ acetic acid.

acetificare (**acetìfico, acetìfichi**) v.t. (*Chim*) to acetify.

acetificatore m. acetifier.

acetificazione f. acetification.

acetilare (**acetìlo**) v.t. (*Chim*) to acetylate.

acetilazione f. (*Chim*) acetylation.

acetilcellulosa f. (*Chim*) cellulose acetate, acetyl cellulose.

acetilcloruro m. (*Chim*) acetyl chloride.

acetile m. (*Chim*) acetyl.

acetilene m. (*Chim*) acetylene.

acetilenico (*pl.* **-ci**) a. (*Chim*) acetylenic.

acetilsalicilato m. (*Chim*) acetylsalicylate.

acetilsalicilico (*pl.* **-ci**) a. (*Chim*) acetylsalicylic: *acido* ~ acetylsalicylic acid.

aceto m. 1 (*Alim*) vinegar. 2 (*fig,lett*) mordacity. □ (*Alim*) ~ *aromatico* aromatic vinegar; (*Alim*) ~ *balsamico* balsamic vinegar; *sapere di* ~ to taste sour, to taste vinegary; *pigliare di* ~ to turn sour; (*Alim*) ~ *di mele* cider vinegar; (*Alim*) ~ *di vino* wine vinegar; (*Gastron*) *sott'* ~ pickled: *cetriolini sott'* ~ pickled gherkins, (*Am*) pickles; *conservare sotto* ~ to pickle.

acetone m. 1 (*Chim*) acetone. 2 (*Cosmet*) (*per unghie*) nail-polish remover. 3 (*Med, colloq*) acetonaemia, ketosis, slow fever.

acetonemia f. (*Med*) acetonaemia, ketosis, slow fever.

acetosa f. (*Bot*) common sorrel, sorrel.

acetosella f. (*Bot*) wood sorrel.

acetosità f. acidity, sourness.

acetoso a. vinegary, sour, acetous.

achenio m. (*Bot*) achene.

acheo I a. (*Stor*) Achaean. II m. 1 (*Stor*) Achaean, Achaian. 2 *spec.pl.* (*estens,lett*) Greek.

Acheronte n.pr.m. (*Mitol*) Acheron (*anche fig*).

Achille n.pr.m. Achilles.

achillea f. (*Bot*) yarrow.

ACI *Automobile Club d'Italia* (Italian automobile club, Italian automobile association).

aciclico (*pl.* **-ci**) a. acyclic (*anche Bot,Chim*).

acidamente avv. acidly, sourly, bitterly (*anche fig*).

acidatura f. (*Tecn,Tip*) bite.

acidificare (**acidìfico, acidìfichi**) I v.t. (*Chim*) to acidify. II v.pron. **acidificarsi** to acidify.

acidificazione f. (*Chim*) acidification.

acidimetria f. (*Chim*) acidimetry.

acidimetro m. (*Chim*) acidimeter.

acidità f. 1 (*Chim*) acidity: ~ *del terreno* acidity of the soil, soil acidity. 2 (*Med*) hyperacidity, (*colloq*) heartburn: *avere* ~ *di stomaco* to suffer from heartburn. 3 (*fig*) acidity, sourness, tartness, sharpness.

acid music /'esid'mjuzik/ f. (*Mus*) acid music.

acido I a. 1 acid, sour, tart: *latte* ~ sour milk; *terreno* ~ acid soil; *diventare* ~ to become acid, to acidify. 2 (*Chim*) acid: *bagno* ~ acid bath. 3 (*fig*) acid, sour, sharp: *una lingua acida* a sharp tongue. II m. 1 (*Chim*) acid: *trattare con* ~ to treat with acid. 2 (*sapore aspro*) sour taste, sourness, acidity: *sapere di* ~ to taste sour. 3 (*gerg*) LSD, acid. □ (*Chim*) ~

acetico acetic acid; (*Chim,Farm*) ~ *acetilsalicilico* acetylsalicylic acid; (*Chim*) ~ *arsenico* arsenic acid; (*Chim*) ~ *ascorbico* ascorbic acid; (*Chim*) ~ *borico* boric acid; (*Chim*) ~ *bromico* bromic acid; (*Chim*) ~ *butirrico* butyric acid; (*Chim*) ~ *caprinico* capric acid; (*Chim*) ~ *caproico* caproic acid; (*Chim*) ~ *carbossilico* carboxylic acid; (*Chim*) ~ *cianico* cyanic acid; (*Chim*) ~ *cianidrico* hydrocyanic acid, hydrogen cyanide; (*Chim*) ~ *citrico* citric acid; (*Chim*) ~ *clorico* chloric acid; (*Chim*) ~ *cloridrico* hydrochloric acid; (*Biol*) ~ *deossiribonucleico* deoxyribonucleic acid; (*Chim*) ~ *ditionico* dithionic acid; (*Chim*) ~ *edetico* edetic acid; (*Chim*) ~ *erucico* erucic acid; (*Chim*) ~ *fenico* phenol; (*Chim*) ~ *fluoridrico* hydrofluoric acid; (*Chim*) ~ *folico* folic acid; (*Chim*) ~ *formico* formic acid; (*Chim*) ~ *forte* strong acid; (*Chim*) ~ *fulminico* fulminic acid; (*Chim*) ~ *fumarico* fumaric acid; (*Chim*) ~ *gallico* gallic acid; (*Chim*) ~ *glicolico* glycolic acid; (*Chim*) ~ *glutammico* glutamic acid; (*Chim*) ~ *grasso* fatty acid; (*Chim*) ~ *iodico* iodic acid; (*Chim*) ~ *ipocloroso* hypochlorous acid; (*Chim*) ~ *lattico* lactic acid; (*Chim*) ~ *linoleico* linolenic acid; (*Chim*) ~ *lisergico* lysergic acid; (*Chim*) ~ *maleico* maleic acid; (*Chim*) ~ *malico* malic acid; (*Chim*) ~ *mandelico* mandelic acid; (*Chim*) ~ *manganico* manganic acid; (*Chim*) ~ *metacrilico* methacrylic acid; (*Chim*) ~ *mucico* mucic acid; (*Chim*) ~ *muriatico* muriatic acid; (*Chim*) ~ *nitrico* nitric acid; (*Chim*) ~ *nitroso* nitrous acid; (*Chim*) ~ *nucleico* nucleic acid; (*Chim*) ~ *oleico* oleic acid; (*Chim*) ~ *ossalico* oxalic acid; (*Chim*) ~ *palmitico* palmitic acid; (*Chim*) ~ *pantotenico* pantothenic acid; (*Chim*) ~ *permanganico* permanganic acid; (*Chim*) ~ *picrico* picric acid; (*Chim*) ~ *pirogallico* pyrogallic acid; (*Chim*) ~ *pirosolforico* pyrosulphuric acid; (*Chim*) ~ *piruvico* pyruvic acid; (*Chim*) ~ *prussico* prussic acid; (*Chim*) ~ *purpurico* purpuric acid; (*Chim*) ~ *racemico* racemic acid; (*Biol*) ~ *ribonucleico* ribonucleic acid; (*Chim*) ~ *ricinoleico* ricinoleic acid; (*Chim*) ~ *saccarico* saccharic acid; (*Chim*) ~ *salicilico* salicylic acid; (*Chim*) ~ *silicico* silicic acid; (*Chim*) ~ *solfidrico* hydrogen sulphide, (*Am*) hydrogen sulfide; (*Chim*) ~ *solforico* sulphuric acid; (*Chim*) ~ *sorbico* sorbic acid; (*Chim*) ~ *stannico* stannic acid; (*Chim*) ~ *stearico* stearic acid; (*Chim*) ~ *succinico* succinic acid; (*Chim*) ~ *tannico* tannic acid; (*Chim*) ~ *tantalico* tantalic acid; (*Chim*) ~ *tartarico* tartaric acid; (*Chim*) ~ *tellurico* telluric acid; (*Chim*) ~ *tiosolforico* thiosulphuric acid; (*Chim*) ~ *titanico* titanic acid; (*Chim*) ~ *umico* humic acid; (*Biol*) ~ *urico* uric acid; (*Chim*) ~ *valerianico* valeric acid, valerianic acid; (*Chim*) ~ *vanadico* vanadic acid.

acidosi f. (*Med*) acidosis.

acidulare (**acidulo**) v.t. (*Chim*) to acidulate.

acidulato a. (*Chim*) acidulated: *acqua acidulata* acidulated water.

acidulazione f. (*Chim*) acidulation.

acidulo a. acidulous.

acidume m. 1 (*rif. a sapore*) acid taste, sour taste. 2 (*rif. a sostanza*) acid substance.

acinesia f. (*Med*) akinesia, akinesis, (*colloq*) lack of movement.

acinetico (*pl.* **-ci**) a. (*Med,Farm*) akinetic, akinesic.

aciniforme a. aciniform.

acino m. 1 (*d'uva*) grape. 2 (*di altro frutto*) berry. 3 (*Anat*) acinus. 4 (*estens,lett*) bead.

acinoso a. (*Med*) acinous: *ghiandole acinose* acinous glands.

aclassismo m. classlessness.

aclassista *a.* classless.

ACLI *Associazioni cristiane lavoratori italiani* (Christian association of Italian workers).

aclista *m./f.* (*iscritto alle ACLI*) member of the ACLI.

acloridria *f.* (*Med*) achlorhydria.

acme *f.* **1** (*estens*) (*apice*) acme, peak, climax. **2** (*Med*) crisis, acme, fastigium.

acne *f.* (*Med*) acne. □ (*Med*) ~ *clorica* chloracne, chlorine acne; (*Med*) ~ *rosacea* acne rosacea, rosacea; (*Med*) ~ *volgare* acne vulgaris.

acneico (*pl.* **-ci**) *a.* (*Med*) acne (*attr.*), of acne (*posposto*), acned: *eruzione acneica* acne outbreak, outbreak of acne; *paziente* ~ acne sufferer.

aconfessionale *a.* nondenominational.

aconfessionalità *f.* nondenominationalism.

aconitina *f.* (*Chim*) aconitine.

aconito *m.* (*Bot*) aconite.

acotiledone I *f.* (*Bot*) acotyledon. **II** *a.* (*Bot*) acotyledonous: *pianta* ~ acotyledonous plant.

ACP *paesi dell'Africa, Caraibi e Pacifico* ACP (African, Carribean and Pacific countries).

acqua I *f.* **1** water: ~ *potabile* drinking water; ~ *non potabile* water unsuitable for drinking, not drinking water; ~ *semplice* plain water. **2** (*pioggia*) rain: *un rovescio d'*~ a downpour, heavy fall of rain, a shower; (*colloq*) *ho preso molta* ~ I got drenched, I got soaked. **3** (*rif. a pietre preziose*) water: *diamante di purissima* ~ diamond of the purest water. **4** (*nei giochi infantili: lontano dall'oggetto cercato*) you're cold. **5** (*Sport*) (*corsia: spec. rif. al canottaggio*) lane. **6** *pl.* (*distesa d'acqua*) waters: *la nave è ancorata nelle acque di Napoli* the ship is anchored in the waters of Naples. **7** *pl.* (*sorgenti termali*) waters, thermal waters, hot springs, thermal springs. **8** *pl.* (*Fisiol*) (*liquido amniotico*) waters: *le si sono rotte le acque* her waters have broken. □ (*Chim*) ~ *alcalina* alkaline water; (*fig*) *avere l'*~ *alla gola* to be in deep water, to be in a tight corner, (*Am*) to be in a tight spot, to be up to one's neck; ~ *alta* (*alta marea*) high tide; (*Chim*) ~ *ammoniacale* ammoniacal water; (*rar*) *andare alle acque* to take the waters; (*Lit*) ~ *battesimale* baptismal water; (*Lit*) ~ *benedetta* holy water; *acque bianche* (*di scarico*) water hook up (*sing.*); ~ *borica* boracic water; ~ *brillante* tonic water; (*Chim*) ~ *calcarea* water containing lime; ~ *cheta*: **1** still waters (*pl.*); **2** (*fig*) sly one, snake in the grass, slyboots: *essere un'*~ *cheta* to be a sly one, to be calm only on the surface; *acque continentali* continental waters; ~ *corrente* running water; (*Chim*) ~ *cruda* hard water; ~ *da tavola* table water; *dare l'*~ *alle piante* to water the plants; ~ *del rubinetto* tap water; ~ *demineralizzata* demineralized water; (*Chim*) ~ *di calce* limewater; (*Cosmet*) ~ *di colonia* eau de cologne, cologne; ~ *di conduttura* mains water; ~ *di fogna* sewer water; ~ *di fonte* spring water; ~ *di mare* salt water, sea water; ~ *di pozzo* well water; ~ *di rifiuto* foul water; (*industriale*) waste water; (*Cosmet*) ~ *di rose* rose water: (*fig*) *un rivoluzionario all'*~ *di rose* a milk-and-water revolutionary, a wishy-washy revolutionary; *acque di scarico* discharge water; ~ *di selz* soda water; (*Mar*) ~ *di sentina* bilge, bilge water; ~ *di sorgente* spring water; ~ *di vena* spring water; ~ *di zavorra* ballast water; ~ *distillata* distilled water; ~ *dolce*: **1** (*non salata: di*

fiumi, laghi) fresh water: *pesce d'*~ *dolce* freshwater fish; **2** (*non dura*) soft water; ~ *dura* hard water; ~ *effervescente* sparkling water; *acque extraterritoriali* international waters, extraterritorial waters; *fare* ~: **1** (*Mar, Ferr*) (*approvvigionarsi di acqua*) to water, to take on water; **2** (*Mar*) (*imbarcare acqua*) to leak, to take in water; **3** (*fig*) to be unsound: *la barca* (*o l'impresa*) *fa* ~ *da tutte le parti* a shaky concern; **4** (*colloq*) (*orinare*) to make water; ~ *ferma* stagnant water, still water; *acque ferruginose* ferruginous waters; (*Geol*) ~ *freatica* groundwater; ~ *frizzante* sparkling water; ~ *gassata* fizzy water, sparkling water; (*fig*) ~ *in bocca!* keep it to yourself!; *acque interne* inland waterways; ~ *irrigua* irrigation water; (*Nucl*) ~ *leggera* light water; ~ *limpida* clear water; (*Chim*) ~ *madre* bittern; *acque magre* low waters; ~ *mediamente mineralizzata* medium mineralized water; (*Geog*) ~ *meteorica* meteoric water; ~ *minerale* mineral water; ~ *minimamente mineralizzata* low mineralized water; ~ *morta* stagnant water; ~ *naturale* still mineral water, plain water; (*del rubinetto*) tap water; *acque navigabili* waterways, navigable waters; *acque nere* sewage (*costr.sing.*); ~ *non potabile* water not (fit) for drinking, undrinkable water, not drinkable water; ~ *oligominerale* low mineralized water; (*Chim*) ~ *ossigenata* hydrogen peroxide; (*fig*) *è* ~ *passata* that's ancient history; (*Nucl*) ~ *pesante* heavy water; ~ *piovana* (*o* ~ *pluviale*) rainwater, rain water; ~ *potabile* drinking-water; *acque pubbliche* public waters; ~ *radioattiva* radioactive water; (*Chim*) ~ *ragia* turpentine; *acque reflue* effluents; (*Chim*) ~ *regia* aqua regia, aqua regis; ~ *salina* salt water; ~ *salmastra* brackish water; ~ *santa* holy water; ~ *sorgiva* spring water; (*Geol*) *acque sotterranee* subterranean waters, underground waters; ~ *stagnante* stagnant water; ~ *sulfurea* sulphur water; (*Geol*) ~ *superficiale* surface water; *acque territoriali* territorial waters; ~ *tonica* tonic, tonic water; (*Chim*) ~ *viva* spring water. *Prov.: l'*~ *cheta rovina i ponti* still waters run deep; ~ *passata non macina più* let bygones be bygones.

acqua-acqua *a.* (*Mil*) ship-to-ship: *missile* ~ ship-to-ship missile.

acqua-aria *a.* (*Mil*) ship-to-air.

acquacedrata *f.* citron-water.

acquacoltura *f.* aquaculture, aquiculture.

acquaforte (*pl.* **acqueforti**) *f.* **1** (*Art*) (*tecnica e stampa ottenuta*) etching. **2** (*Chim,rar*) aqua fortis.

acquafortista *m./f.* (*Art*) etcher.

acquaio *m.* (kitchen) sink.

acquaiolo I *a.* (*che vive nell'acqua*) water (*attr.*), aquatic: *serpe acquaiola* water snake. **II** *m.* (*ant,region*) (*venditore di acqua*) water vendor.

acquamanile *m.* (*Stor*) ewer.

acquamarina I *f.* **1** (*Min*) aquamarine. **2** (*colore*) aquamarine. **II** *a.inv.* aquamarine.

acquanauta *m./f.* aquanaut.

acquapark *m.inv.* water theme park.

acquaplanista *m./f.* (*Sport*) aquaplanist.

acquaplano *m.* (*Sport*) aquaplane.

acquaragia *f.* (*Chim*) turpentine.

acquarellare (**acquarèllo**) *v.t.* (*rar*) to paint (sth.) in watercolour.

acquarellista *m./f.* watercolourist.

acquarello *m.* (*Art*) (*tecnica e opera*) watercolour: *dipingere all'*~ to paint in watercolour.

acquario *m.* aquarium.

Acquario I *n.pr.m.* (*Astr*) Aquarius, Water

Bearer. **II** *m./f.inv.* (*persona nata sotto il segno dell'Acquario*) Aquarian, Aquarius.

acquariofilo *m.* (*f.* **-a**) aquarist.

acquariologia *f.* study of life in an aquarium, study of aquarium life.

acquartieramento *m.* (*Mil*) quartering.

acquartierare (**acquartièro**) **I** *v.t.* to quarter: ~ *le truppe* to quarter the troops. **II** *v.pron.* **acquartierarsi** (*Mil*) to take up quarters.

acquartierato *a.* quartered: *truppe acquartierate* quartered troops.

acquasanta *f.* (*Lit*) holy water.

acquasantiera *f.* (*Lit*) (holy water) stoup, font.

acquascivolo *m.* water chute.

acquascooter /ˌakkwas'kuter/ *m.inv.* water scooter, jet ski.

acquata *f.* **1** (*acquazzone*) heavy shower, downpour. **2** (*Mar*) (*provvista d'acqua*) water supply. **3** (*Mar*) (*luogo di rifornimento dell'acqua*) watering-place.

acqua-terra *a.* (*Mil*) surface-to-surface.

acquatico (*pl.* **-ci**) *a.* **1** (*Biol*) aquatic, water (*attr.*): *fauna acquatica* aquatic fauna; *pianta acquatica* aquatic plant. **2** (*che si pratica sull'acqua*) water (*attr.*), aquatic: *sci* ~ water-skiing; *sport* ~ water sport: *sport acquatici* water sports, aquatics.

acquatinta (*pl.* **acquetinte**) *f.* (*Art*) (*tecnica e stampa ottenuta*) aquatint.

acquattarsi (**mi acquàtto**) *v.pron.* **1** (*accucciarsi*) to crouch (down), to squat (down). **2** (*nascondersi*) to hide.

acquavite *f.* aqua vitae, brandy. □ ~ *di mele* applejack; ~ *di vino* brandy.

acquazzone *m.* heavy shower, downpour.

acquedotto *m.* **1** (*complesso delle tubature*) waterworks (*costr.sing. o pl.*), water system: ~ *cittadino* town waterworks. **2** (*conduttura*) water main. **3** (*Arch,Anat*) aqueduct. □ (*Anat*) ~ *del Silvio* cerebral aqueduct, aqueduct of Sylvius.

acqueo *a.* **1** water (*attr.*), watery. **2** (*acquoso*) aqueous.

acquerella *f.* (*rar*) (*pioggerellina*) drizzle.

acquerellare (**acquerèllo**) *v.t.* (*rar*) to paint (sth.) in watercolour.

acquerellista *m./f.* watercolourist.

acquerello *m.* (*Art*) (*tecnica e opera*) watercolour: *dipingere all'*~ to paint in watercolour.

acquerugiola *f.* (*Meteor*) fine rain, drizzle.

acquetare (**acquèto**) **I** *v.t.* (*lett*) **1** (*calmare*) to quiet, to appease, to calm (down), to soothe. **2** (*rif. a dolore*) to assuage, to soothe. **3** (*rif. a fame e sim.*) to appease, to ease. **II** *v.pron.* **acquetarsi** (*lett*) **1** (*calmarsi*) to calm down, to be appeased. **2** (*di tempesta*) to die down.

acquicoltura *f.* aquiculture.

acquiescente *a.* acquiescent.

acquiescenza *f.* acquiescence (*anche Dir*).

acquiescere (**acquièsco, acquièsci**; *aus.* **avere**) *v.i.* (*Dir,rar*) to acquiesce.

acquietabile *a.* appeasable.

acquietare (**acquièto**) **I** *v.t.* **1** (*calmare*) to quiet, to appease, to calm (down), to soothe: ~ *un bambino che piange* to calm a crying child. **2** (*rif. a dolore*) to assuage, to soothe. **3** (*rif. a fame e sim.*) to appease, to ease. **II** *v.pron.* **acquietarsi 1** (*calmarsi*) to calm down, to be appeased. **2** (*di tempesta*) to die down. □ ~ *un desiderio* to satisfy a wish; ~ *una lite* to settle a quarrel.

acquifero *a.* (*Geol*) water bearing, aquiferous: *falda acquifera* water bearing layer, aquifer.

acquirente *m./f.* (*compratore*) buyer, purchaser; (*cliente*) customer: *la parte* ~ the buyer, the purchaser.

acquisire (**acquisìsco, acquisìsci**) *v.t.* **1** to acquire, to obtain: ~ *un diritto* to acquire a right. **2** (*rilevare un'azienda*) to take over, to buy out. **3** (*fig*) (*un'abitudine*) to acquire, to pick up, to develop: ~ *un'abitudine* to acquire a habit. □ (*Dir*) ~ *qcs. agli atti* to admit sth. as evidence; ~*conoscenza di qcs.* to acquire knowledge of sth., to make oneself acquainted with sth.: *acquisì una buona conoscenza dell'arabo* he acquired a good knowledge of Arabic; (*Inform*) ~*dati* to acquire data; ~*la cittadinanza* to acquire citizenship, to become a (naturalized) citizen.

acquisitivo *a.* acquisitive (*anche Dir*).

acquisito *a.* **1** acquired: *idee acquisite* acquired ideas; (*Biol*) *carattere* ~ acquired character. **2** (*Dir*) acquired, vested: *diritti acquisiti* vested rights, acquired rights. **3** (*di parente*) in-law (*posposto*): *un cugino* ~ a cousin-in-law.

acquisitore *m.* (*f.* **-trice**) **1** acquirer. **2** (*acquirente*) buyer, purchaser.

acquisizione *f.* acquisition (*anche fig*). □ (*Econ*) ~*di controllo* takeover; (*Inform*) ~*di dati* data acquisition.

acquistabile *a.* obtainable, buyable.

acquistare (**acquìsto**) **I** *v.t.* **1** (*comprare*) to buy, to purchase: ~ *qcs. da qcu.* to buy sth. from so. **2** (*fornirsi*) to obtain, to get one's supplies of: *acquisto il materiale fotografico da una ditta di Milano* I get my (supplies of) photographic material from a firm in Milan, I get (o I buy) my photographic supplies from a firm in Milan. **3** (*ottenere*) to acquire, to gain, to obtain, to get: ~ *esperienza* to gain experience. **4** (*fig*) (*procurarsi*) to acquire, to get, to reach: ~ *onori e ricchezze* to acquire honour and wealth. **5** (*estens,Sport*) (*ingaggiare*) to engage, to hire. **6** (*assumere*) to take on: *la sua voce acquistò un tono più gentile* her voice took on a kindlier tone. **7** (*fig*) (*procurare*) to gain, to win: *il romanzo gli acquistò gran fama* the novel won him great renown. **II** *v.i.* (*aus. avere*) (*migliorare*) to improve: *il vino acquista invecchiando* wine improves with age. □ (*Comm*) ~*a rate* to buy on hire purchase; (*Econ*) ~*al meglio* to buy at best; *acquistarsi la benevolenza di qcu.* to gain so.'s favour; ~*fama di avaro* to gain the reputation of being a miser; ~*in bellezza* to grow more beautiful; (*fig*) ~ *tempo* (*temporeggiare*) to gain time; (*fig*) ~ *terreno* (*diffondersi, prendere piede*) to gain ground.

acquistato *a.* acquired, obtained, gained.

acquisto *m.* **1** (*l'acquistare*) purchase, buying: *l'~ di una casa* the purchase of a house. **2** (*cosa acquistata*) purchase: *ecco il mio ultimo* ~ here's my latest purchase. **3** (*Dir*) acquisition: ~ *di un diritto* acquisition of a right. **4** (*Sport*) transfer. □ (*Comm*) ~*a pronti* cash purchase, spot purchase; (*Comm*) ~*a rate* instalment buying; (*Comm*) ~*a termine* forward purchase; (*Comm*) ~ *all'ingrosso* wholesale purchase; ~*di sostegno* support purchase; *fare acquisti* to go shopping; *fare un buon* ~ to get a bargain; (*iron*) *hai fatto proprio un bell'*~ you got a real bargain; (*Comm*) ~*in contanti* cash buying; (*Comm*) ~*in pronta consegna* spot purchase; (*Comm*) ~*su ordinazione* order buying.

acquitrino *m.* bog, swamp, marsh.

acquitrinoso *a.* marshy, boggy, swampy.

acquolina *f.* (*rar*) (*pioggia sottile*) drizzle, fine rain. □ *far venire l'*~*in bocca a qcu.* to make so.'s mouth water (*anche fig*); *mi viene l'*~ *in bocca* my mouth is watering.

acquosità *f.* wateriness, aquosity.

---

acquoso *a.* **1** watery, water (*attr.*), water-containing: *frutto* ~ watery fruit. **2** (*piovoso*) rainy.

acre *a.* **1** (*rif. a sapore*) sharp, sour, acrid. **2** (*rif. a odore: irritante, pungente*) acrid, pungent: *fumo* ~ pungent smoke. **3** (*rif. a suono*) shrill, strident. **4** (*mordace*) sharp, biting, bitter: *critica* ~ bitter criticism.

acredine *f.* **1** (*l'essere acre*) sharpness, sourness. **2** (*fig*) bitterness, acrimony. **3** (*fig*) (*rancore*) grudge: *nutrire* ~ *per qcu.* (*o nutrire* ~ *contro qcu.*) to bear so. a grudge.

acremente *avv.* **1** (*aspramente*) sharply, harshly. **2** (*accanitamente*) acrimoniously, fiercely.

acrilato *m.* (*Chim*) acrylate.

acrile *m.* (*Chim*) acryl.

acrilico (*pl.* **-ci**) **I** *a.* (*Chim*) acrylic: *resine acriliche* acrylic resins, acrylate resin; *vetro* ~ acrylic glass. **II** *m.* (*Chim,Tess*) acrylic.

acrimonia *f.* acrimony.

acrimonioso *a.* acrimonious.

acritico (*pl.* **-ci**) *a.* dogmatic, uncritical, lacking in discernment.

acro *m.* (*misura*) acre.

acrobata *m./f.* acrobat (*anche fig*).

acrobatica *f.* acrobatics (*costr.sing. o pl.*).

acrobaticamente *avv.* acrobatically.

acrobatico (*pl.* **-ci**) *a.* acrobatic: *esercizio* ~ acrobatic exercise.

acrobatismo *m.* acrobatics (*costr.sing.*).

acrobazia *f.spec.pl.* acrobatics *pl.* □ *acrobazie acquatiche* aquabatics (*costr.sing.*); *acrobazie aeree* stunt flying; *fare acrobazie* (*o fare delle acrobazie*): **1** to do acrobatics; **2** (*fig*) to bend over backwards, to pull out all the stops: *fare acrobazie per tirare la fine del mese* to bend over backwards to make ends meet.

acrocefalia *f.* (*Med*) acrocephaly, acrocephalia.

acrocefalo *a.* (*Med*) acrocephalic, acrocephalous.

acrocoro, acrocoro *m.* (*Geog*) plateau.

acromasia *f.* (*Med*) achromasia.

acromatico (*pl.* **-ci**) *a.* (*Fis,Ott*) achromatic.

acromatismo *m.* **1** (*Fis*) achromatism. **2** (*Med*) achromatopsia.

acromatopsia *f.* (*Med*) achromatopsia.

acronimo *m.* (*Gramm*) acronym.

acropoli *f.* (*Stor*) acropolis.

Acropoli *n.pr.f.* (*Geog*) Acropolis.

acrostico (*pl.* **-ci**) *m.* **1** (*Lett*) acrostic. **2** (*Gramm*) acronym, abbreviation making a word.

acroterio *m.* (*Arch*) acroterium, acroterion, acroter.

actea *f.* (*Bot*) baneberry, herb Christopher.

actinomiceti *m.pl.* (*Biol*) Actinomycetales.

actinomorfo *a.* (*Bot*) actinomorphic, actinomorphous.

acuire (**acuìsco, acuìsci**) **I** *v.t.* to sharpen, to whet, to excite (*anche fig*): ~ *l'ingegno* to sharpen one's wits. **II** *v.pron.* **acuirsi** to sharpen, to worsen, to increase.

aculta *f.* (*lett*) **1** sharpness, acuteness. **2** (*fig*) perspicacity. □ (*Med*) ~*visiva* visual acuity.

aculeato *a.* **1** (*Zool,Bot*) aculeate, aculeated. **2** (*appuntito*) sharp.

aculeo *m.* **1** (*Zool*) sting, aculeus. **2** (*Bot*) prickle, aculeus.

acume *m.* **1** (*lett*) (*acutezza*) sharpness, keenness: ~ *della vista* sharpness of sight. **2** (*perspicacia*) acumen, acuteness, keenness, insight: *possedere un notevole* ~ *critico* to have remarkable critical insight.

acuminare (**acùmino**) *v.t.* to sharpen.

acuminato *a.* sharp, pointed: *lancia acu-*

---

minata sharp spear.

acusma *f.* (*Med*) acousma.

acustica *f.* acoustics (*costr.sing.*): *questa sala ha una buona* ~ this hall has good acoustics.

acustico (*pl.* **-ci**) *a.* acoustic, acoustical, sound (*attr.*).

acutamente *avv.* (*con perspicacia*) acutely, sharply.

acutangolo *a.* (*Geom*) acute-angled.

acutezza *f.* **1** acuteness, sharpness, keenness. **2** (*di suoni*) shrillness. **3** (*fig*) (*perspicacia*) acuteness, sharpness, acumen, perspicacity: ~ *di mente* acuteness of mind. □ (*Med*) ~*visiva* sharpness of sight.

acutizzare (**acutìzzo**) **I** *v.t.* to make (sth.) acute, to worsen, to sharpen. **II** *v.pron.* **acutizzarsi** to become acute, to grow acute, to intensify, to worsen: *la crisi si è acutizzata* the crisis has grown acute.

acutizzazione *f.* becoming acute, worsening, intensification.

acuto **I** *a.* **1** (*aguzzo*) pointed, sharp. **2** (*Geom*) acute: *angolo* ~ acute angle. **3** (*di suoni*) high, high-pitched, acute; (*penetrante*) piercing. **4** (*Med*) acute: *la fase acuta di una malattia* the acute stage of a disease. **5** (*Arch*) lancet: *arco* ~ lancet arch. **6** (*Gramm*) acute: *accento* ~ acute accent. **7** (*fig*) (*intenso*) acute, sharp, keen, piercing: *dolore* ~ sharp pain. **8** (*fig*) (*perspicace*) acute, sharp, sharp-witted, keen: *mente acuta* keen intellect. **II** *m.* **1** (*Mus*) high note, top note: *prendere male un* ~ to miss a top note. **2** (*Sport*) outstanding performance.

ad *prep.* → **a¹**.

adacquamento *m.* (*Agr*) (*l'innaffiare*) watering, irrigation.

adacquare (**adàcquo**) *v.t.* (*Agr*) (*innaffiare*) to water, to irrigate.

adacquatore *m.* (*Agr*) irrigation canal.

adacquatura *f.* (*Agr*) watering, irrigation.

adagiare (**adàgio, adàgi**) **I** *v.t.* to lay (sth.) down (carefully), to set (sth.) down (gently), to place (sth.) carefully: *adagiarono il ferito sul letto* the wounded man was laid on the bed. **II** *v.pron.* **adagiarsi 1** (*mettersi comodo*) to make oneself comfortable. **2** (*sdraiarsi*) to lie down, to stretch out: *adagiarsi sul divano* to stretch out on the couch. **3** (*fig*) (*abbandonarsi*) to yield, to abandon oneself (*in* to), to settle down (*in* in), to sink (*in* into): *adagiarsi nelle proprie abitudini* to fall into a rut.

adagio 1 **I** *avv.* **1** (*lentamente*) slowly: *camminare* ~ to walk slowly; ~*!* slowly!, slow down!, mind your step! **2** (*cautamente*) slowly, cautiously, warily: *procedere* ~ *nelle decisioni* to procede with caution (o cautiously) when making decisions. **3** (*con delicatezza*) gently, softly: *posare* ~ *qcs.* to set sth. down gently. **4** (*Mus*) adagio. **II** *m.* (*Mus*) adagio. □ (*ant*) ~*, Biagio!* gently, Bentley!; gently does it!; (*collog*) ~*con gli insulti* (*vacci piano*) I'd lay off the insults if I were you.

adagio 2 *m.* (*proverbio, sentenza*) adage, saw, (*traditional*) saying.

adamantino *a.* **1** (*di diamante*) diamond (*attr.*), adamantine. **2** (*fig*) adamant, (*lett*) adamantine, unbending.

adamita *m.* (*Rel*) adamite.

adamitico (*pl.* **-ci**) *a.* (*Rel*) adamitic, of the Adamites.

Adamo *n.pr.m.* (*Bibl*) Adam.

adattabile *a.* adaptable.

adattabilità *f.* adaptability.

adattamento *m.* **1** adaptation, adjustment, arrangement (*anche Mus*): *l'* ~ *teatrale di un* *romanzo* the stage adaptation of a novel; ~ *di una sinfonia per piano solo* arrangement of a symphony for piano solo. **2** (*Biol,Ling*) adaptation. **3** (*Ott*) accommodation. ☐ ~ *cinematografico* screen adaptation.

adattare (**adàtto**) **I** *v.t.* **1** to adapt, to fit, to adjust, to alter: ~ *un vestito a qcu.* to alter a garment to fit so.; ~ *la musica ai versi* to adapt the music to the lines. **2** (*adibire*) to turn, to adapt (for use as): ~ *una scuola a ospedale* to turn a school into a hospital, to adapt a school for use as a hospital. **3** (*trasformare*) to adapt, to arrange (*anche Mus*): ~ *un romanzo per il teatro* to adapt a novel for the stage. **4** (*armonizzare*) to tune. **5** (*Biol*) to adapt, to specialize. **II** *v.pron.* **adattarsi 1** to adapt (oneself), to adjust (oneself) (*a* to): *adattarsi alle circostanze* to adapt to the circumstances. **2** (*rassegnarsi*) to resign oneself: *non sapere adattarsi* to be unable to resign oneself. **3** (*essere adatto*) to be suited (*a qcu.* to), to suit (*a qcu. so.*): *questa parte non ti si adatta* this part is not suitable for you. **4** (*convivere*) to live (with). **5** (*Biol*) to adapt, to specialize.

adattativo *a.* (*Biol,Tecn*) adaptive.

adattatore *m.* (*Tecn,El*) adapter, adaptor.

adatto *a.* **1** (*opportuno*) suitable (*a* for), suited (*a* to), right: *scegliere il momento* ~ to choose the right moment. **2** (*idoneo*) suitable (*a* for), fit (*a* for), right (*a* for), suited (*a* to), (*colloq*) cut out (*a* for): *essere* ~ *agli studi* to be cut out for studying; *essere* ~ *allo scopo* to be right for the purpose; *non sei* ~ *a questo incarico* you are not right for this job. ☐ (*Cin,TV*) ~ *a tutte le età* universal, U, for all ages.

addebitamento *m.* debit, (*azione*) debiting: ~ *di un conto* debiting of an account.

addebitare (**addébito**) *v.t.* **1** to debit, to charge: ~ *una somma a qcu.* to debit so. with a sum; ~ *un conto* to charge an account. **2** (*fig*) to blame (for), to charge (with): ~ *una colpa a qcu.* to blame so. for sth.

addebito *m.* **1** (*Comm*) debit: *nota di* ~ debit note. **2** (*fig*) (*accusa*) charge, accusation: *muovere un* ~ *a qcu. per qcs.* to charge so. with sth.

addenda *m.pl.* addenda.

addendo *m.* (*Mat*) addend.

addensamento *m.* **1** (*folla*) crowd, gathering. **2** (*di liquidi*) thickening. ☐ (*Meteor*) ~ *di nuvole* gathering of clouds.

addensante *m.* (*Chim,Alim*) thickener, thickening agent, thickening additive.

addensare (**addènso**) **I** *v.t.* **1** (*rendere denso*) to thicken, to make dense. **2** (*accumulare*) to gather, to mass. **II** *v.pron.* **addensarsi 1** to thicken, to grow thick: *si era addensata la nebbia* the fog had thickened. **2** (*rif. a nuvole*) to gather, to build up. **3** (*affollarsi*) to gather, to crowd, to throng, to huddle: *la folla si addensava per le vie* the crowd thronged the streets.

addensatore *m.* (*Minier,Cart*) thickener.

addentare (**addènto**) *v.t.* **1** (*mordere*) to bite into, to snap at (*anche fig*). **2** (*rif. a tenaglie*) to grip, to pinch. **3** (*lett,fig*) to offend.

addentellare (**addentèllo**) *v.t.* (*Edil*) to tooth.

addentellato I *a.* (*che ha dentelli*) toothed. **II** *m.* **1** (*Edil*) toothing, tusking. **2** (*fig*) (*appiglio*) pretext, hold. **3** (*fig*) (*connessione*) link, connection.

addentrarsi (**mi addéntro**) *v.pron.* **1** (*inoltrarsi*) to penetrate, to go (*in* into), to enter (sth.): ~ *nel bosco* to enter the wood; ~ *nella giungla* to penetrate the jungle. **2** (*fig*) to go deeply (*in* into), to become immersed (*in*

in): ~ *nello studio della fisica* to become immersed in the study of physics.

addentro *avv.* inside, in. ☐ *andare molto* ~ *in una faccenda* to go into a matter thoroughly; *essere molto* ~ *a qcs.* to be very in the know about sth.; (*fig*) ~ *in* well acquainted with, well versed in, au fait in.

addestrabile *a.* trainable.

addestramento *m.* **1** training; (*esercitazione*) drilling: ~ *professionale* vocational training; ~ *dei cani* dog training. **2** (*Equit*) dressage. ☐ ~ *alle vendite* sales training; ~ *del personale* personnel training, staff training.

addestrare (**addèstro**) **I** *v.t.* to train; (*ripetendo gli esercizi*) to drill: ~ *qcu. in qcs.* to train so. in sth.; ~ *un cane* to train a dog. **II** *v.pron.* **addestrarsi** to train (oneself) (*in* in), to exercise (oneself) (*in* in).

addestrato *a.* trained: *un cane ben* ~ a well-trained dog.

addestratore *m.* (*f.* **-trice**) trainer.

addetto I *a.* **1** (*assegnato*) employed (*a* in, on), assigned (*a* to), attached (*a* to): *essere* ~ *a un lavoro* to be employed on a job, to be assigned to a job. **2** (*destinato*) intended (*a* for), destined (*a* for). **II** *m.* (*Dipl*) attaché. ☐ ~ *agli acquisti* buyer; ~ *ai lavori*: **1** authorized person: *vietato l'ingresso ai non addetti ai lavori* authorized personnel only, staff only; **2** (*fig*) (*esperto*) insider, expert; ~ *alla manutenzione* maintenance man, maintenance worker; ~ *alla vigilanza* watchman, guard; ~ *alle consegne* delivery man; ~ *alle pubbliche relazioni* public relations manager; *personale* ~ *alle pulizie* cleaning staff; (*Dipl*) ~ *all'ufficio stampa* press attaché; (*Dipl*) ~ *commerciale* commercial attaché; (*Dipl*) ~ *culturale* cultural attaché; (*Dipl*) ~ *navale* naval attaché; (*Dipl*) ~ *stampa* press attaché.

addì *avv.* (*burocr*) on (the), on the (day) of: ~ *18 maggio* on the 18th of May, on May 18th.

addiaccio *m.* **1** (*per armenti*) pen; (*per pecore*) sheep-fold, pen. **2** (*bivacco*) bivouac. ☐ *all'* ~ in the open (air): *dormire all'* ~ to sleep in the open, to sleep in the open air, to sleep in the rough.

addietro *avv.* **1** (*rif. a spazio*) back, behind, backwards: *tre passi* ~ three steps back, back three steps. **2** (*rif. a tempo*) ago, before: *giorni* ~ some days ago. ☐ *lasciarsi* ~ *qcs.* (*trascurare*) to neglect sth.; *per l'* ~ in the past.

addio I *intz.* goodbye!, (*poet*) farewell!, adieu!: ~, *a domani!* goodbye, see you tomorrow! **II** *m.* (*saluto*) goodbye, farewell: *il supremo* ~ (o *l'ultimo* ~) the last farewell. ☐ ~ *al celibato* (*festa*) (*Br*) stag party, stag night; (*Am*) bachelor party; ~ *al nubilato* (*festa*) (*Br*) hen party, hen night; (*Am*) bachelorette party; *dare l'* ~ *alle scene* to quit the stage; *di* ~ farewell: *lettera di* ~ farewell letter; (*lett*) *dire* ~ *a qcu.* to say goodbye to so., to bid so. farewell, (*accomiatarsi*) to take one's leave of so.; *andarsene senza neanche dire* ~ to go off without even saying goodbye; *dire* ~ *al mondo* to bid the world farewell.

addirittura *avv.* **1** (*perfino*) actually, even: *è venuto a chiedermi aiuto* he even came to ask me for help. **2** (*veramente*) really, absolutely, quite: *è* ~ *insopportabile* he's really unbearable. **3** (*direttamente*) straight, directly, right away: *andò* ~ *a casa* he went straight home. **4** (*esclam.*) really!

addirsi (*pres.ind.* **si addìce, si addìcono**; *impf.ind.* **si addicéva, si addicévano**; *pres.cong.* **si addìca, si addìcano**; *impf.cong.* **si addicésse, si addicéssero**) *v.pron.impers.* to

suit, to become, to be suitable (*a* for): *questo linguaggio non ti si addice* this way of speaking does not become you.

additare (**addìto**) *v.t.* **1** (*puntare il dito*) to point at, to point to. **2** (*mostrare*) to show, to indicate: ~ *il cammino a qcu.* to show so. the way. **3** (*esporre*) to point out, to explain: ~ *le cause dell'accaduto* to point out the causes of what happened. ☐ ~ *come esempio* to hold up as an example, to set up as an example.

additività *f.* (*Fis,Fot*) additivity.

additivo I *a.* additive: *colore* ~ additive colour. **II** *m.* (*Chim*) additive. ☐ (*Chim*) *additivi alimentari* food additives.

addivenire (*pres.ind.* **addivèngo, addivièni**; *p.rem.* **addivénni**; *p.p.* **addivenùto**; *aus.* **essere**) *v.i.* (*rar*) (*giungere*) to come (*a* to), to arrive (*a* at), to reach (*a* sth.): ~ *a un accordo* to reach an agreement, to come to an agreement.

addizionale I *a.* additional, extra. **II** *f.* additional tax, supplementary tax, surtax.

addizionare (**addizióno**) *v.t.* **1** (*sommare*) to add, to add up, to add together (*anche Mat*): ~ *due numeri* to add two numbers. **2** (*aggiungere*) to add, to mix. **3** (*Chim*) to bond.

addizionatore *m.* (*Elettron*) adding machine.

addizionatrice *f.* (*rar*) adding machine.

addizione *f.* **1** (*Mat,Chim*) addition. **2** (*lett*) (*aggiunta*) addition. ☐ (*Mat*) *fare l'* ~ to add, to add up: *fare un'* ~ to make an addition.

addobbamento *m.* **1** (*l'addobbare*) decorating, adorning, adornment. **2** (*decorazioni*) adornment, decoration, ornament.

addobbare (**addòbbo**) *v.t.* to decorate, to adorn, (*lett*) to deck (out): ~ *un salone* to decorate a hall.

addobbo *m.* **1** (*l'addobbare*) decoration, decorating, adornment. **2** (*decorazioni*) decoration, ornament, adornment; (*in una chiesa*) hangings *pl.*

addolcimento *m.* **1** sweetening. **2** (*fig*) (*lenimento*) alleviation, mitigation; (*il calmare*) soothing, calming (down); (*mitigazione*) mellowing, softening. **3** (*Tecn,Chim,Ling*) softening.

addolcire (**addolcìsco, addolcìsci**) **I** *v.t.* **1** to sweeten: ~ *il tè* to sweeten tea. **2** (*fig*) (*lenire*) to alleviate, to assuage, to relieve, to mitigate: ~ *il dolore* to relieve suffering. **3** (*fig*) (*rendere mite*) to mellow, to soften: *l'amore ha addolcito il suo carattere* love has mellowed his character. **4** (*fig*) (*placare*) to calm (down), to soothe, to appease. **5** (*Tecn,Chim*) to soften. **6** (*lett*) (*ingentilire*) to refine. **II** *v.pron.* **addolcirsi** (*fig*) (*farsi più mite*) to mellow, to soften, to grow gentler, to grow milder: *i suoi lineamenti si sono addolciti* his features have softened. ☐ (*fig*) ~ *la pillola* to sweeten the pill, to sugar the pill.

addolcitore *m.* (*Tecn,Chim*) (water) softener.

addolorare (**addolóro**) **I** *v.t.* **1** (*rattristare*) to grieve, to pain, to sadden: *questa notizia mi addolora molto* this news really grieves me. **2** (*dispiacere*) to be sorry (*costr.pers.*): *mi addolora che tu sia partito senza salutarmi* I'm sorry you left without saying goodbye. **II** *v.pron.* **addolorarsi** to be distressed (*per* by), to be afflicted (*per* by), to grieve, to sorrow (*per* at, over): *si è addolorato per la tua condotta* he was distressed by your behaviour.

Addolorata *f.* (*Rel.catt*) (*Madonna*) Our Lady of Sorrows.

addolorato *a.* **1** (*rattristato*) saddened, grieved. **2** (*dispiaciuto*) sorry, sad: *sono molto ~ che tu non possa venire da me* I'm very sorry that you can't come and see me.

addome *m.* (*Anat*) abdomen.

addomesticabile *a.* **1** tameable, domesticable (*anche fig*). **2** (*ammaestrabile*) trainable.

addomesticamento *m.* **1** taming, domesticating (*anche fig*). **2** (*ammaestramento*) training.

addomesticare (**addomèstico, addomèstichi**) **I** *v.t.* **1** to tame, to domesticate (*anche fig*). **2** (*ammaestrare*) to train: *~ un cane* to train a dog. **3** (*fig*) (*educare*) to cultivate, to educate; (*rendere più socievole*) to make (so.) more sociable. **4** (*fig*) (*manipolare*) to rig. **II** *v.pron.* **addomesticarsi 1** to become tame, to grow tame. **2** (*rar*) (*abituarsi*) to get used (*a, con* to), to grow accustomed (*a, con* to), to become familiar (*a, con* with).

addomesticato *a.* **1** tamed, domesticated, pet. **2** (*ammaestrato*) trained. **3** (*fig*) (*preparato con l'inganno*) rigged, sham, (*colloq*) cooked: *elezioni addomesticate* rigged elections.

addomesticatore *m.* (*f.* **-trice**) tamer, domesticator; (*ammaestratore*) trainer.

addominale **I** *a.* (*Anat*) abdominal: *dolori addominali* abdominal pains. **II** *m.spec.pl.* abdominal muscles, (*colloq*) abdominals, abs. ☐ (*Anat*) *addominali alti* upper abdominal muscles; (*Anat*) *addominali bassi* lower abdominal muscles; (*colloq,Sport*)*fare gli addominali* to do abdominal exercises, to do exercises for abdominal muscles.

addormentare (**addorménto**) **I** *v.t.* **1** to send to sleep, to put to sleep. **2** (*fare venire sonno*) to make (so.) sleepy. **3** (*rif. a bambini*) to lull (so.) to sleep. **4** (*Med*) (*narcotizzare*) to anaesthetize. **5** (*fig*) (*annoiare*) to send to sleep, to be boring: *libri che addormentano* books that are boring, books that put one to sleep. **6** (*fig*) (*intorpidire, annebbiare*) to numb, to bewilder. **II** *v.pron.* **addormentarsi 1** (*prendere sonno*) to go to sleep, to fall asleep: *si è addormentato subito* he fell asleep at once. **2** (*colloq*) (*intorpidirsi*) to grow numb, to go numb, to go to sleep: *mi si è addormentato un piede* my foot has gone numb, my foot has gone to sleep. ☐ (*fig*) *addormentarsi in piedi* to be unable to keep one's eyes open; (*fig*) *addormentarsi nel Signore* to die in the Lord; (*fig*) *addormentarsi sulle cose* to do things slowly, to fall asleep on the job, (*colloq*) to be a slowcoach, (*Am*) to be a slowpoke.

addormentato *a.* **1** sleeping, asleep (*pred.*). **2** (*narcotizzato*) anaesthetized. **3** (*di ingegno: tardo*) dim, slow: *un ragazzo un po' ~* a rather slow boy. **4** (*colloq*) (*intorpidito*) numb: *gamba addormentata* numb leg, a leg that has fallen asleep.

addossare (**addòsso**) **I** *v.t.* **1** (*appoggiare*) to place (*a* against), to move (*a* against): *~ un armadio al muro* to place a cupboard against the wall. **2** (*inclinando*) to lean (*a* against): *~ una scala al muro* to lean a ladder against the wall. **3** (*fig*) (*mettere a carico*) to lumber. **4** (*fig*) (*imputare*) to lay, to place, to throw (sth.) on: *~ la responsabilità di qcs. a qcu.* to lay the responsibility for sth. on so.; to lay the responsibility for sth. at the door of so.; *~ la colpa a qcu.* to put the blame on so. **II** *v.pron.* **addossarsi 1** to lean: *addossarsi alla porta* to lean against the door. **2** (*ammassarsi*) to crowd together, to throng: *si addossavano l'uno all'altro* they crowded together. **3** (*fig*) (*prendere su di sé*) to shoul-

der, to take, to take upon oneself: *non vorrei addossarmi tutta la responsabilità* I shouldn't like to shoulder all the responsibility, I shouldn't like to take all the responsibility. ☐ *addossarsi un debito* to take over a debt.

addossato *a.* **1** (*appoggiato*) leaning: *stare ~ alla parete* to be leaning against the wall. **2** (*ammassato*) crowded: *persone addossate le une contro le altre* people crowded together. **3** (*Arald*) addorsed: *due leoni addossati* two lions addorsed.

addosso *avv.* **1** (*sulle spalle*) on one's back. **2** (*sulla persona*) on: *aveva ~ un completo scuro* he had a dark suit on. **3** (*con sé*) with: *non ho denaro ~* I have no money with me, (*Am*) I don't have any money with (*o* on) me. **4** (*fig*) (*sulle spalle*) on one's shoulder: *avere una famiglia numerosa ~* to have a large family on one's shoulders, (*Am*) to have a large family to support. **5** (*esclam.*) after him!, at him! ☐ *non avere nulla ~* to have nothing on; (*fig*) *avere molti anni ~* to be very old; *dare ~ a qcu.*: 1 (*assalire*) to attack so., to assault so.; 2 (*fig*) (*incolpare*) to blame so.; (*colloq*) *farsela ~* to wet oneself, (*gerg,volg*) to piss oneself: *farsela ~ dal ridere* to piss oneself laughing; *farsela ~ per la paura* to wet one's pants (in fear), to be scared shitless, (*volg*) to shit bricks; (*fig*)*stare ~ a qcu.* (*sollecitare*) to stand over so., to urge so., to press so.; *uno ~ all'altro* one on top of the other.

addotto *a.* **1** advanced (*posposto*), alleged. **2** (*Med*) adducted.

addottorare (**addottóro**) **I** *v.t.* (*rar*) to confer a (university) degree (up)on. **II** *v.pron.* **addottorarsi** (*rar*) (*prendere la laurea*) to graduate, to take a degree: *addottorarsi in medicina* to graduate in medicine.

addottrinamento *m.* (*rar*) indoctrination.

addottrinare (**addottrìno**) **I** *v.t.* to indoctrinate. **II** *v.pron.* **addottrinarsi** (*scherz*) (*scaltrirsi*) to become shrewd.

addurre (*pres.ind.* **addùco, addùci**; *p.rem.* **addùssi**; *p.p.* **addòtto**) *v.t.* **1** to put forward, to advance, to allege: *~ una scusa* to advance an excuse, to put forth an excuse. **2** (*Dir*) produce, to adduce: *~ un documento* to produce a document. **3** (*Anat*) to adduct, to abduct.

addurrò → **addurre**.

addussi → **addurre**.

adduttore **I** *m.* **1** (*che porta*) carrier. **2** (*Anat*) adductor. **II** *a.* **1** (*che porta*) conveying, carrying. **2** (*Anat*) adducent: *muscolo ~* adductor.

adduzione *f.* **1** (*Anat*) adduction. **2** (*Fis*) heat trasfer.

Ade *n.pr.m.* (*Mitol*) Hades.

adeguabile *a.* adaptable.

adeguamento *m.* **1** (*l'adeguare*) adjustment. **2** (*l'adeguarsi*) adaptation: *~ alle innovazioni tecniche* updating, bringing in line with technological developments. ☐ *~ dei salari al costo della vita* cost-of-living adjustment; *~ delle pensioni* adjustment of pensions, pension adjustment, indexation of pensions.

adeguare (**adéguo**) **I** *v.t.* **1** to adjust, to bring in line: *~ gli stipendi al costo della vita* to adjust salaries to the cost of living. **2** (*lett*) (*distruggere*) to raze to the ground. **II** *v.pron.* **adeguarsi 1** (*conformarsi*) to conform, to adapt oneself: *adeguarsi alle circostanze* to adapt oneself to circumstances. **2** (*essere pari*) to equal, to be worthy (*a* of): *nessun premio si adegua al suo merito* no prize can equal his great merit. ☐ *adeguarsi ai tempi* to keep up with the times; *adeguarsi alla*

moda to follow the fashion.

adeguatamente *avv.* **1** (*proporzionatamente*) adequately. **2** (*in modo conveniente*) suitably, appropriately, (*ant*) fitly.

adeguatezza *f.* adequacy.

adeguato *a.* **1** adequate. **2** (*conveniente*) suitable, fitting. **3** (*giusto*) fair, right. **4** (*soddisfacente*) satisfactory. **5** (*efficace*) effective.

adelfia *f.* (*Bot*) adelphia.

adelfo *a.* (*Bot*) adelphous.

adempiere (*pres.ind.* **adémpio, adémpi**; *p.p.* **adempìto/adempiùto**) **I** *v.t.* **1** to carry out, to accomplish, to fulfil: *~ il proprio dovere* to carry out one's duty; *~ un obbligo* to fulfil an obligation; *~ il contratto* to fulfil the contract. **2** (*mantenere*) to keep, to maintain, to honour: *~ una promessa* to keep a promise. **3** (*esaudire*) to comply with: *i desideri di qcu.* to comply with so.'s wishes. **II** *v.i.* (*aus.* **avere**) to perform, to accomplish (*a* qcs. sth.): *~ ai doveri d'ufficio* to perform official duties. **III** *v.pron.* **adempiersi** to be fulfilled, to come true: *la profezia si adempì* the prophecy came true. ☐ *~le funzioni di sindaco* to perform the functions of mayor.

adempimento *m.* **1** fulfilment: *~ di un obbligo* the fulfilment of an obligation. **2** (*l'esecuzione*) accomplishment. ☐ *nell '~ delle proprie funzioni* in the execution of one's duty; (*Comm,Dir*) *~parziale* part performance.

adempire (**adempìsco, adempìsci**) → **adempiere**.

adenite *f.* (*Med*) adenitis.

adenocarcinoma *m.* (*Med*) adenocarcinoma.

adenoide **I** *f.pl.* (*Med*) adenoids. **II** *a.* (*Anat*) adenoid, adenoidal.

adenoideo *a.* (*Med*) adenoid, adenoidal.

adenoidismo *m.* (*Med*) adenoidism.

adenoma *m.* (*Med*) adenoma.

adenomatosi *f.* (*Med*) adenomatosis.

adenomatoso *a.* (*Med*) adenomatous.

adenopatia *f.* (*Med*) adenopathy.

adenotomia *f.* (*Chir*) adenotomy.

adepto *m.* (*f.* **-a**) follower, adherent.

aderente **I** *a.* **1** adherent, adhesive, clinging, sticky. **2** (*di vestito*) close-fitting. **3** (*di adesione*) adhesion (*attr.*): (*Mecc*) *potere ~* adhesion, adherence. **4** (*fig*) faithful (*a* to), in keeping (*a* with), consistent (*a* with): *~ ai principi democratici* faithful to democratic principles. **II** *m./f.* supporter, follower, adherent: *gli aderenti di un partito* the supporters of a party. ☐ *~alla realtà* true-to-life, realistic.

aderenza *f.* **1** adherence, adhesion. **2** (*Med*) adhesion: *~ pleurica* pleural adhesion. **3** (*Edil*) bond. **4** *pl.* (*fig*) connections, (*colloq*) contacts: *avere molte aderenze* to have many contacts. ☐ (*Aut*) *~al terreno* road-holding; *~al testo* textualism.

aderire (**aderìsco, aderìsci**; *aus.* **avere**) *v.i.* **1** to stick (*a* to), to adhere (*a* to), to cling (*a* to): *questo francobollo non aderisce* this stamp won't stick. **2** (*rif. a vestiti*) to fit tightly (*a* to). **3** (*fig*) (*seguire*) to support (sth.), to be a follower (of): *~ a un'idea* to support an idea. **4** (*fig*) (*accondiscendere*) to comply (*a* with): *~ ai desideri di qcu.* to comply with so.'s wishes. **5** (*fig*) (*accogliere*) to accept: *~ a un invito* to accept an invitation. **6** (*fig*) (*partecipare*) to participate, to take part (in). **7** (*fig*) (*rif. a società, a partiti, trattati*) to join (sth.), to adhere (*a* to). ☐ *~a uno sciopero* to go on strike.

aderizzare (**aderìzzo**) *v.t.* (*Aut*) to stab.

aderizzazione f. (*Aut*) stabbing.

adescabile a. that can be allured, seducible, temptable.

adescamento m. **1** enticement, allurement, luring. **2** (*Dir*) soliciting. **3** (*Idr*) priming: ~ *di una pompa* pump priming.

adescare (**adésco, adéschi**) v.t. **1** to lure, to decoy, (*con il cibo*) to bait: ~ *gli uccelli* to decoy birds. **2** (*fig*) to entice, to allure, to seduce: ~ *qcu. con lusinghe* to entice so. with flattery. **3** (*Dir*) to solicit. **4** (*Idr*) to prime.

adescatore m. (f. **-trice**) enticer, allurer.

adesione f. **1** adherence, adhesion (*anche Fis*). **2** (*fig*) (*consenso*) agreement, assent. **3** (*fig*) (*appoggio*) support. **4** (*fig*) (*partecipazione*) participation. **5** (*fig*) (*a trattati, patti*) accession, entry. □ *dare la propria* ~ to adhere.

adesività f. adhesiveness, stickiness.

adesivo **I** a. adhesive, stick, sticky, adhering: *nastro* ~ adhesive tape, sticky tape. **II** m. **1** (*sostanza collante*) adhesive, glue, fixative: ~ *per dentiera* denture fixative. **2** (*etichetta*) sticker, adhesive label. □ (*Comm*) ~ *segnaprezzo* price sticker.

adesso avv. **1** (*ora*) now. **2** (*ai giorni nostri*) nowadays. **3** (*poco fa*) just, just now: *sono stato ~ da lui* I have just been to see him; *l'ho visto proprio* ~ I saw him just now. **4** (*fra poco*) any minute, any moment now, in a minute: *dovrebbe arrivare* ~ he should arrive any moment now. **5** (*esclam.*) (*un attimo*) just a moment!: ~*! vengo subito!* just a moment, please! I'm coming! □ *da* ~ *in poi* from now on; *la gioventù di* ~ today's youth; *e* ~*?* what now?; *per* ~ for now, for the present, for the time being; *sì che funziona!* now at last it's working!, now it's finally working!; ~ *sì che capisco* now I understand.

ad hoc a.inv./avv. ad hoc, special: *provvedimenti* ~ ad hoc measures; *comitato* ~ ad hoc committee.

ad honorem a.inv./avv. honorary: *laurea* ~ honorary degree.

adiabatico (pl. **-ci**) a. (*Fis*) adiabatic: *curva adiabatica* adiabatic curve; *esponente* ~ adiabatic exponent.

adiacente a. **1** adjoining (*a qcs.* sth.), neighbouring (*a qcs.* sth.), adjacent (*a* to), next (*a* to): *il giardino* ~ *alla villa* the garden adjoining the villa. **2** (*Geom*) adjacent.

adiacenze f.pl. vicinity *sing.*, surroundings: *nelle* ~ *del mercato* in the vicinity of the market; *la villa e le sue* ~ the villa and its surroundings.

adiatermano a. (*Fis*) athermanous.

adibire (**adibìsco, adibìsci**) v.t. **1** (*usare*) to use, to adapt (*a* to), to destine (*a* for): ~ *locali a magazzino* to use premises as a warehouse. **2** (*destinare*) to assign, to destine: *è stato adibito a un altro lavoro* he has been assigned to another job.

Adige n.pr.m. (*Geog*) Adige: *l'Alto* ~ Upper Adige, South Tyrol.

adimensionale a. (*Fis*) dimensionless.

ad interim a.inv./avv. ad interim, for the meantime: *presidente* ~ interim president; *governo* ~ ad interim government.

adipe m. (*pinguedine*) fat, fatness.

adiposi f. (*Med*) adiposis.

adiposità f. adiposity.

adiposo a. adipose, fat, fatty: *tessuto* ~ adipose tissue, fat tissue.

adirare (**adìro**) **I** v.t. (*lett*) to anger, (*ant*) to stir the wrath of. **II** v.pron. **adirarsi 1** to get angry, to fly into a rage, to get cross: *adirarsi con qcu.* to get angry with so. **2** (*senza manifestarlo*) to fume. □ *fare* ~ *qcu.* to make so. angry, to anger so.

adirato a. angry, cross, upset: *sguardo* ~ angry look; *essere* ~ *con qcu.* to be angry with so.

adire (**adìsco, adìsci**) v.t. (*Dir*) **1** to go to, to sue: ~ *il tribunale* to go to court. **2** (*entrare in possesso*) to take legal possession of, to accept: ~ *un'eredità* to accept an inheritance. □ (*Dir*) ~ *le vie legali* to start legal proceedings, to take legal measures, to take legal action, to go to law, to sue.

adito m. **1** (*lett*) (*entrata*) entrance, access, entry: *proibire l'* ~ *agli estranei* to prohibit access to unauthorized persons. **2** (*fig*) (*accesso*) entrance, access, admittance, scape. □ (*fig*) *dare* ~ *a un errore* to give rise to an error, to lead to an error; *dare* ~ *a dicerie* to give rise to rumours, to lend credence to rumours; *non dare* ~ *a speranze* to allow no hope.

a divinis a.inv./avv. (*Rel.catt*) from exercise of one's ministry, a divinis: *sospendere qcu.* ~ to suspend so. a divinis.

ad libitum avv. ad libitum, ad lib, at pleasure, as much as one likes.

ADN *Yemen* ADN (Yemen).

adocchiare (**adòcchio, adòcchi**) v.t. **1** (*scorgere*) to set eyes on, to catch sight of, (*colloq*) to spot. **2** (*guardare con desiderio*) to have (one's) eye on, to eye, to eye up, to ogle (at): ~ *una donna* to ogle (at) a woman.

adolescente **I** a. adolescent, teenage, youth: *essere* ~ to be in one's teens. **II** m./f. adolescent, teenager, teenage boy (f. girl).

adolescenza f. adolescence, youth.

adolescenziale a. adolescence (*attr.*): *crisi* ~ adolescence crisis.

Adolfo n.pr.m. Adolph, Adolphus.

adombrabile a. touchy: *un carattere* ~ a touchy character.

adombramento m. **1** (*risentimento*) umbrage. **2** (*Pitt*) shading. **3** (*indizio, accenno*) hint, allusion, adumbration. **4** (*spavento: spec. di cavallo*) skittishness.

adombrare (**adómbro**) **I** v.t. **1** (*lett*) to shade, to overshadow; (*oscurare*) to darken: *le nubi adombravano il cielo* the clouds were darkening the sky. **2** (*fig*) (*celare*) to hide, to conceal. **3** (*Pitt*) to shade: ~ *i contorni di un disegno* to shade the outlines of a drawing. **4** (*simboleggiare*) to symbolize. **II** v.pron. **adombrarsi 1** (*spaventarsi*) to shy: *il cavallo si è adombrato* the horse shied. **2** (*fig*) (*insospettirsi*) to grow suspicious. **3** (*fig*) (*risentirsi*) to take umbrage.

adone m. (*fig*) Adonis, adonis, handsome youth: *non sono un* ~ I'm not an adonis.

Adone n.pr.m. (*Mitol*) Adonis.

adontarsi (**mi adónto**) v.pron. (*rar*) to be offended, to take offence, to feel hurt.

adoperabile a. usable, employable.

adoperare (**adòpero**) **I** v.t. **1** to use: ~ *l'ascensore per salire* to use the lift to go up. **2** (*fare buon uso*) to make (good) use of, to put (sth.) to good use: *sapere* ~ *il tempo* to know how to make good use of one's time. **II** v.pron. **adoperarsi 1** to do one's utmost, to do one's best: *adoperarsi per qcu.* to do one's best for so., to do one's best on behalf of so.; *si è molto adoperato* he has gone to a lot of trouble. **2** (*sforzarsi*) to try hard, to strive, to endeavour: *adoperarsi per ottenere qcs.* to strive to obtain sth. □ ~ *il bastone* to use the stick (*anche fig*); ~ *la penna* to write, to take up one's pen.

adoprare (**adòpro**) **I** v.t. (*lett*) **1** to use. **2** (*fare buon uso*) to make (good) use of, to put (sth.) to good use. **II** v.pron. **adoprarsi** (*lett*) **1** to do one's utmost, to do one's best. **2** (*sforzarsi*) to try hard, to strive, to endeavour.

adorabile a. adorable, lovable.

adorante a. adoring, worshipping.

adorare (**adòro**) v.t. **1** (*Rel*) to adore, to worship: ~ *Dio* to worship God. **2** (*estens*) to adore, to love (deeply), to worship: *adora sua figlia* he adores his daughter. **3** (*estens*) (*provare entusiasmo*) to adore, to like (sth.) very much.

adorato a. adored, beloved: *il volto* ~ the beloved face.

adoratore m. (f. **-trice**) **1** adorer, worshipper. **2** (*scherz*) (*corteggiatore*) admirer.

adorazione f. **1** (*rif. al culto*) adoration, worship, devotion. **2** (*amore sviscerato*) passionate love, adoration: *nutrire un'* ~ *per qcu.* to feel passionate love for so.; *ha una vera* ~ *per il marito* she really adores her husband. **3** (*ammirazione*) (*ardent*) admiration: *stare in* ~ *davanti a un quadro* to be lost in admiration before a picture. □ (*Bibl,Art*) ~ *dei Magi* Adoration of the Magi.

adornamento m. (*lett*) adornment.

adornare (**adórno**) **I** v.t. **1** (*decorare*) to adorn, to decorate, to deck. **2** (*abbellire*) to embellish, to beautify; (*rif. a vestiti*) to trim. **II** v.pron. **adornarsi** to adorn oneself, to deck oneself out.

adornato a. adorned (*di* with), decked (*di* with), decorated (*di* with): ~ *di fiori* adorned with flowers.

adorno a. **1** adorned (*di* with), decorated (*di* with): *balcone* ~ *di fiori* balcony adorned with flowers. **2** (*di stile*) ornate.

adottabile a. **1** adoptable. **2** (*accettabile*) acceptable.

adottante m./f. (*Dir*) adopter.

adottare (**adòtto**) v.t. **1** to adopt (*anche fig*): ~ *un orfano* to adopt an orphan; ~ *un metodo moderno* to adopt a modern method. **2** (*scegliere*) to choose: ~ *un libro di testo* to choose a text book. **3** (*prendere*) to take: ~ *provvedimenti* to take measures. **4** (*Dir*) (*leggi*) to implement. □ ~ *un bambino a distanza* to sponsor a child.

adottato **I** a. adopted. **II** m. (f. **-a**) (*Dir*) adoptee.

adottivo a. **1** adoptive, adopted (*anche Dir*): *figli adottivi* adopted children; *padre* ~ adoptive father. **2** (*fig*) of adoption (*posposto*): *paese* ~ country of adoption.

adozione f. **1** adoption: ~ *di un orfano* adoption of an orphan. **2** (*scelta*) choice: ~ *dei libri di testo* choice of text books. **3** (*Dir*) (*leggi*) implementation. □ ~ *a distanza* (child) sponsorship.

adrenale a. (*Anat*) adrenal: *ghiandola* ~ adrenal, adrenal gland.

adrenalina f. (*Biol*) adrenalin, adrenaline: *avere una scarica di* ~ to get (*o* to have) a rush of adrenalin, to get the adrenalin pumping, to be taken by a surge of adrenaline (*anche fig*).

adrenosterone m. (*Biol*) adrenosterone.

Adriano n.pr.m. Hadrian (*anche Stor*).

adriatico (pl. **-ci**) a. (*Geog*) Adriatic.

Adriatico n.pr.m. (*Geog*) the Adriatic (Sea).

adroterapia f. (*Med*) hadrontherapy.

ADSL (*Tel*) linea di utente generale asimmetrica ADSL (Asymmetric Digital Subscriber Line).

adsorbente **I** a. (*Chim,Fis*) adsorbent. **II** m. (*Chim,Fis*) adsorbent.

adsorbimento m. (*Chim,Fis*) adsorption: *calore di* ~ adsorption heat.

adsorbire (**adsorbìsco, adsorbìsci**) v.t. (*Fis*) to adsorb.

Adua n.pr.f. (*Geog*) Adua.

aduggiare (**adùggio, adùggi**) **I** v.t. (*lett*) **1** (*fare ombra*) to shadow, to overshadow. **2** (*intristire*) to sadden. **II** v.pron. **aduggiarsi**

(*lett*) to become sad.

adulabile *a.* easy to flatter.

adulare (**adùlo/àdulo**) **I** *v.t.* to adulate, to flatter. **II** *v.pron.* **adularsi** (*rar*) to flatter oneself.

adulatore I *m.* (*f.* **-trice**) flatterer, adulator. **II** *a.* flattering, fawning: *parole adulatrici* flattering words.

adulatorie *a.* flattering, fawning: *parole adulatorie* flattering words.

adulazione *f.* adulation, flattery.

adulterabile *a.* liable to adulteration.

adulterante I *a.* adulterant, adulterating. **II** *m.* adulterant.

adulterare (**adùltero**) *v.t.* **1** to adulterate: ~ *sostanze alimentari* to adulterate foodstuffs; ~ *il vino* to adulterate wine. **2** (*fig*) (*corrompere*) to corrupt, to debase: ~ *una lingua* to debase a language.

adulterato *a.* adulterated, contaminated.

adulteratore *m.* (*f.* **-trice**) adulterator, falsifier.

adulterazione *f.* **1** (*Alim*) adulteration: ~ *di sostanze alimentari* adulteration of foodstuffs. **2** (*il guastare*) contamination.

adulterino *a.* (*Dir*) **1** (*di relazione*) adulterous, adulterine. **2** (*di figli*) adulterine.

adulterio *m.* adultery: *commettere* ~ *con qcu.* to commit adultery with so.

adultero I *a.* adulterous. **II** *m.* (*f.* **-a**) adulterer (*f.* adulteress).

adulto I *a.* **1** (*maturità fisica*) adult, mature. **2** (*fig*) (*maturo*) mature: *arte adulta* mature art. **II** *m.* adult, grown-up. □ *comportati da ~!* act your age!; (*fig*) *è ~e vaccinato* he can stand on his own two feet, he can fend for himself; (*Cin,TV*) *per adulti* (*oper soli adulti*) adult (*attr.*).

adunanza *f.* assembly, meeting; (*raduno*) gathering: *tenere un'~* to hold a meeting; *parlare all'~* to address the meeting.

adunare (**adùno**) **I** *v.t.* **1** (*radunare*) to assemble; (*convocare*) to convene: ~ *i membri di un'associazione* to convene the members of an association. **2** (*Mil*) to muster. **3** (*accumulare*) to amass, to collect: ~ *ingenti ricchezze* to amass great riches. **II** *v.pron.* **adunarsi** to assemble, to gather, to meet.

adunata *f.* **1** gathering, assembly, meeting: ~ *popolare* gathering of the people. **2** (*Mil*) muster, parade: ~*!* fall in!, on parade!; *suonare l'~* to sound the fall-in.

adunco (*pl.* **-chi**) *a.* hooked: *becco* ~ hooked beak; *naso* ~ hooked nose.

adunghiare (**adùnghio, adùnghi**) *v.t.* to claw, to clutch (*anche estens*).

adusto *a.* (*lett*) **1** (*riarso*) scorched, parched: *campi adusti* parched fields. **2** (*secco*) wizened; (*magro ma energico*) wiry: *un volto* ~ a wizened face.

ad valorem *a.inv.* (*Econ*) ad valorem: *dazio* ~ ad valorem duty.

aedo *m.* **1** (*Lett,Stor*) Greek poet, Greek singer. **2** (*estens*) (*poeta*) bard, poet.

aerare (**àero**) *v.t.* to air, to aerate (*anche Agr*): ~ *una stanza* to air a room.

aerato *a.* well-aired, airy: *un luogo ben* ~ an airy spot; *acqua aerata* aerated water.

aeratore *m.* (*apparecchio*) ventilator; (*impianto*) ventilation system.

aerazione *f.* **1** airing, ventilation: ~ *di una stanza* airing of a room. **2** (*Tecn*) aeration.

aere *m.* (*lett,poet*) (*aria*) air; (*cielo*) heaven, sky; (*clima*) climate.

aeremoto *m.* (*Meteor*) atmospheric wave, blast.

aereo I *a.* **1** aerial, air (*attr.*): *prospettiva aerea* aerial view; *bombardamento* ~ air bombardment. **2** (*che si sviluppa nell'aria*) aeri-

al, living in the air (*posposto*). **3** (*Bot*) epigeal, (*colloq*) aerial: *radice aerea* aerial root. **4** (*fig*) (*lieve, etereo*) airy, ethereal, aerial, insubstantial. **5** (*fig*) (*campato in aria*) empty, unsubstantial, hollow, vain. **6** (*Tecn*) (*collocato in alto dal suolo*) overhead: *linea aerea* overhead line. **7** (*relativo alla navigazione aerea*) air (*attr.*): *posta aerea* airmail. **II** *m.* **1** (*Aer*) aircraft, aeroplane, (*Am*) airplane, (*colloq*) plane. **2** (*estens*) (*volo*) flight: *perdere l'*~ to miss one's flight. **3** (*Rad*) (*antenna*) aerial, (*Am*) antenna. □ (*Aer*) *~da caccia* fighter aircraft; (*Aer*) *~da trasporto* transport aircraft, air freighter; (*Aer*) *~da turismo* private aircraft; *viaggiarein* ~ to travel by plane, to travel by air, to fly; (*Aer*) *~passeggeri* civil aircraft; *~personale* private jet, personal plane; *~postale* mail plane; *prendere l'*~ *per Roma* to fly to Rome; (*Aer*) ~ *sanitario* air ambulance; (*Aer*) ~ *spia* spy plane; (*Aer*) *~supersonico* supersonic plane, supersonic transport, SST.

aereonavale *a.* aeronaval, air-sea (*attr.*), air and sea (*attr.*): *base* ~ aeronaval base.

aeriforme I *a.* aeriform, gaseous. **II** *m.* gas.

aerobica *f.* (*Sport*) aerobics (*costr.sing.*), aerobic exercise.

aerobico (*pl.* **-ci**) *a.* (*Biol,Sport*) aerobic: *ginnastica aerobica* aerobics, aerobic exercise; (*Biol*) *respirazione aerobica* aerobic respiration.

aerobio *m.* (*Biol*) aerobe.

aerobiosi *f.* (*Biol*) aerobiosis.

aerobrigata *f.* (*Mil*) wing.

aerobus *m.inv.* (*Aer*) airbus.

aerocentro *m.* **1** air park. **2** (*Mil*) airbase.

aerocisterna *f.* (*Aer*) tanker, air tanker.

aeroclub /-klàb/ *m.* (*Aer*) flying club.

aerodina *f.* (*Aer*) aerodyne.

aerodinamica *f.* aerodynamics (*costr.sing.*).

aerodinamicità *f.* aerodynamics (*costr.sing.*), aerodynamic properties *pl.*

aerodinamico (*pl.* **-ci**) *a.* **1** aerodynamic. **2** (*affusolato*) streamlined: *carrozzeria aerodinamica* streamlined body.

aerodine *f.* (*Aer*) aerodyne.

aerodromo *m.* (*Aer*) aerodrome, (*Am*) airdrome: ~ *galleggiante* floating aerodrome, seadrome.

aeroembolismo *m.* (*Med*) air embolism, aeroembolism.

aerofagia *f.* (*Med*) aerophagy, aerophagia.

aerofaro *m.* (*Aer*) beacon.

aerofita *f.* (*Bot*) epiphyte, aerophyte.

aerofito *a.* (*Bot*) epiphytic: *pianta aerofita* epiphyte, air plant.

aerofobia *f.* (*Med*) aerophobia.

aerofonista *m.* (*Mil*) sound-locator operator.

aerofono *m.* (*Aer,Mil*) sound locator, acoustic range and direction finder.

aerofotografia *f.* (*Fot*) **1** (*tecnica*) aerial photography. **2** (*fotografia*) aerial photograph, air photograph.

aerofotogramma *m.* (*Fot*) aerial photograph, air photograph.

aerofotogrammetria *f.* **1** (*rilevamento*) aerial surveying. **2** (*studio del rilevamento*) aerial photogrammetry.

aerogeneratore *m.* (*Tecn*) windmill, aerogenerator.

aerografia *f.* **1** (*Pitt*) airbrushing. **2** (*Meteor*) aerography.

aerografo *m.* (*Pitt*) airbrush.

aerogramma *m.* (*Post*) aerogram, aerogramme.

aerolinea *f.* (*Aer*) airline.

aerolite , aerolite *m.* (*Min*) aerolite, aerolith.

aerolitico (*pl.* **-ci**) *a.* (*Min*) aerolitic.

aerolito *m.* (*Min*) aerolite, aerolith.

aerologia *f.* (*Meteor*) aerology.

aerologo (*pl.* **-gi**) *m.* (*Meteor*) aerologist.

aeromarittimo *a.* air-sea (*attr.*): *soccorso* ~ air-sea rescue.

aeromeccanica *f.* (*Fis*) aeromechanics (*costr.sing.*).

aerometria *f.* (*Fis*) aerometry.

aerometro *m.* (*Fis*) aerometer.

aeromobile *m.* (*Aer*) aircraft. □ (*Aer*) *~a sostenzione dinamica* aerostat; (*Aer*) *~a sostenzione statica* aerodyne.

aeromodellismo *m.* (*Aer*) **1** (*volo*) model aircraft flying. **2** (*costruzione*) model aircraft design and construction.

aeromodellista *m./f.* (*Aer*) model aircraft enthusiast.

aeromodellistica *f.* (*Aer*) model aircraft design and construction.

aeromodello *m.* (*Aer*) model aircraft. □ *~radiocomandato* remote controlled model aircraft.

aeromoto *m.* (*Meteor*) atmospheric wave, blast.

aeromotore *m.* (*Mecc*) wind engine.

aeronauta *m./f.* **1** balloonist. **2** (*estens*) pilot, aeronaut.

aeronautica *f.* (*Aer*) **1** (*scienza*) aeronautics (*costr.sing.*). **2** (*aviazione*) aviation. □ *~civile* Civil Aviation (Authority); *~militare* air force.

aeronautico (*pl.* **-ci**) *a.* (*Aer*) aeronautical, aeronautic, aircraft (*attr.*): *industria aeronautica* aircraft industry.

aeronavale *a.* aeronaval, air-sea (*attr.*), air and sea (*attr.*): *base* ~ aeronaval base.

aeronave *f.* **1** (*dirigibile*) airship. **2** (*astronave*) spaceship.

aeronavigazione *f.* (*Aer*) aerial navigation.

aeroplano *m.* (*Aer*) aircraft, aeroplane, (*Am*) airplane, (*colloq*) plane. □ (*Aer*) *~a lungo raggio* long-range aircraft; (*Aer*) *~a reazione* jet aircraft; (*Aer*) ~ *bimotore* twin-engined aeroplane; (*Aer*) *~civile* civil aircraft; (*Aer*) *~da addestramento* training aircraft, trainer; (*Mil*) *~da bombardamento* bomber, bomber aircraft; (*Mil*) *~da caccia* fighter, fighter aircraft; (*Aer*) ~ *da carico* freight plane, cargo plane; (*Mil*) ~ *da combattimento* fighter plane; (*Mil*) *aeroplanida guerra* military aircraft, war planes; (*Mil*) ~ *da ricognizione* reconnaissance plane, scout plane; (*Aer*) *~di linea* airliner; (*Aer*) ~ *senza pilota* unmanned aircraft, pilotless aircraft; (*Aer*) *~supersonico* supersonic plane.

aeroporto *m.* (*Aer*) airport. □ (*Aer*) ~ *alternativo* alternative airfield, alternate airfield; (*Aer*) *~civile* civil airport; (*Aer*) *~di destinazione* destination airport; (*Aer*) *~di partenza* departure airport; (*Aer*) *~internazionale* international airport; (*Aer*) *~militare* military airfield.

aeroportuale *a.* (*Aer*) airport (*attr.*): *impianti aeroportuali* airport facilities; *tassa* ~ airport tax.

aeropostale I *a.* (*Post*) airmail (*attr.*). **II** *m.* (*Aer,Post*) mail plane.

aerorazzo *m.* (*Mil*) rocket plane.

aeroreattore *m.* **1** (*Mot*) jet (engine). **2** (*Aer*) jet (aircraft).

aerorimessa *f.* (*Aer*) hangar.

aerosbarco (*pl.* **-chi**) *m.* (*Mil*) airborne landing.

aeroscalo *m.* (*Aer*) air station.

aeroscivolante I *m.* (*Mar*) hovercraft. **II** *a.* hovering.

aeroscopio *m.* aeroscope.

aerosilurante I *m.* (*Mil*) torpedo bomber, torpedo aircraft, torpedo plane. II *a.* torpedo-bombing.

aerosilurare (**aerosilùro**) *v.t.* (*Mil*) to torpedo.

aerosiluro *m.* (*Mil*) aerial torpedo.

aerosol *m.inv.* 1 (*Chim*) aerosol. 2 (*estens*) (*contenitore*) aerosol.

aerosolterapia *f.* (*Med*) aerosol therapy.

aerospaziale *a.* space (*attr.*), aerospace (*attr.*): *industria ~* aerospace industry; *ricerche aerospaziali* space research.

aerospazio *m.* 1 aerospace. 2 (*Dir*) air space.

aerostatica *f.* (*Fis,Aer*) aerostatics (*costr.sing.*).

aerostatico (*pl.* **-ci**) *a.* aerostatic.

aerostato *m.* (*Aer*) aerostat.

aerostazione *f.* (*Aer*) air terminal.

aerotaxi *m.inv.* (*Aer*) air taxi.

aerotecnica *f.* (*Aer*) aeronautical engineering.

aerotecnico (*pl.* **-ci**) I *a.* aerotechnical. II *m.* aeronautical engineer.

aeroterapia *f.* (*Med*) aerotherapy.

aerotermo *m.* air heater, fanheater.

aerotrasportare (**aerotraspòrto**) *v.t.* to airlift.

aerotrasportato *a.* airborne: *truppe aerotrasportate* airborne troops.

aerotrasporto *m.* air transport, airlift.

aerotreno *m.* (*Ferr*) aerotrain, hovertrain.

aerotropismo *m.* (*Bot*) aerotropism.

aerovia *f.* (*Aer*) airway, (*Am*) air lane.

AF (*El*) *alta frequenza* HF (high frequency).

afa *f.* sultriness, sultry weather: *che ~!* what sultry weather!, what sticky weather!

afasia *f.* (*Med*) aphasia.

afasico I *a.* (*Med*) aphasic. II *m.* (*f.* **-a**) (*Med*) aphasic person.

afelio I *m.* (*Astr*) aphelion. II *a.* aphelic.

aferesi *f.* (*Ling,Med*) aphaeresis, apheresis.

affabile *a.* affable, kindly, friendly, gracious: *aspetto ~* kindly look; *maniere affabili* gracious manners; *una persona ~* an affable person.

affabilità *f.* affability, kindliness, friendliness, cordiality.

affabilmente *avv.* affably, graciously.

affaccendare (**affaccèndo**) I *v.t.* to keep (so.) busy, to occupy, to busy. II *v.pron.* **affaccendarsi** to bustle about (*intorno* in), to busy (oneself) (*intorno* with): *affaccendarsi attorno a qcs.* to busy oneself with sth.; *affaccendarsi nei preparativi* to busy oneself with the preparations.

affaccendato *a.* busy: *essere molto ~ a fare qcs.* to be very busy doing sth.

affacciare (**affàccio**, **affàcci**) I *v.t.* 1 to advance, to put forward: *~ un'ipotesi* to put forward a hypothesis. 2 (*rif. a dubbi, difficoltà*) to raise. 3 (*rar*) (*porre in vista*) to show, to present. II *v.pron.* **affacciarsi** 1 (*per mostrarsi*) to appear (*a* at), to show oneself (*a* at): *il re si affacciò al balcone* the king appeared at the balcony. 2 (*per guardare*) to go over, to go (to), to go and look out (of). 3 (*sporgendosi*) to lean out (of). 4 (*fig*) (*presentarsi alla mente*) to occur, to come, to strike: *un'idea mi si affacciò alla mente* an idea occurred to me, an idea came to my mind, an idea struck me. 5 (*essere esposto verso*) to face, to look: *la città si affaccia sul mare* the city faces the sea, the city looks out to sea. □ *affacciarsi alla finestra*: 1 to go to the window, to come to the window; 2 (*farsi vedere*) to appear at the window; 3 (*guardare fuori*) to look out of the window.

affacciato *a.* 1 (*apparso*) appeared. 2 (*rar*) (*faccia a faccia*) face to face, facing each other.

affaccio *m.* position, location.

affamare (**affàmo**) *v.t.* to starve (out): *~ una città assediata* to starve out a besieged city.

affamato I *a.* 1 hungry, starving, ravenous: *essere ~* to be hungry; *sono ~ come un lupo* I could eat a horse. 2 (*fig*) (*avido*) hungry (*di* for), eager (*di* for), greedy (*di* for), itching (*di* for): *~ di gloria* itching for fame and glory. II *m.* (*f.* **-a**) 1 hungry person. 2 *pl.* the hungry, hungry peolpe: *dar da mangiare agli affamati* to give food to the hungry, to feed the hungry. 3 (*estens*) (*povero*) poor person. □ (*rar*) *~ di denaro* money-grabbing, money-hungry, money-grubbing, (*Br*) money-mad.

affannare (**affànno**) I *v.t.* 1 to leave (so.) breathless, to make (so.) breathless, to make (so.) short of breath: *le scale lo affannano* climbing the stairs leaves him breathless, climbing the stairs leaves him huffing and puffing. 2 (*fig*) (*angustiare*) to trouble, to worry, to distress, to vex: *questo pensiero mi affanna* this thought troubles me. II *v.pron.* **affannarsi** 1 to worry oneself, to be worried, to be anxious: *tu ti affanni per niente* you are worrying yourself for nothing. 2 (*affaticarsi*) to toil, to strive, to slave (away): *affannarsi per acquistare ricchezze* to slave away to make money.

affannato *a.* 1 (*ansante*) breathless, panting, out of breath (*posposto*), wheezing: *essere ~ per la salita* to be breathless after the climb. 2 (*fig*) (*agitato*) troubled, restless. 3 (*fig*) (*preoccupato*) anxious, troubled, worried.

affanno *m.* 1 breathlessness. 2 (*fig*) (*ansia*) anxiety, apprehension; (*preoccupazione*) worry, trouble: *causare affanni a qcu.* to make so. worry. □ *avere l'~* to be out of breath, to be panting; *le scale mi danno l'~* climbing the stairs makes me breathless; *essere in ~* (*o stare in ~*) to be anxious.

affannosamente *avv.* 1 breathlessly, wheezily: *respirare ~* to breathe wheezily, to huff and puff. 2 (*fig*) (*con ansia*) anxiously: *cercare ~ qcs.* to look anxiously for sth.

affannoso *a.* 1 breathless, difficult: *respiro ~* difficult breathing, wheezing. 2 (*fig*) (*tormentoso*) painful, frantic: *ricerca affannosa di ricchezze* painful quest for riches, frantic quest for riches. 3 (*fig,rar*) (*faticoso*) exhausting, strenuous: *corsa affannosa* strenuous run.

affardellare (**affardèllo**) *v.t.* 1 (*mettere insieme*) to bundle (sth.) together: *~ la roba* to bundle the things up. 2 (*estens,rar*) (*ammucchiare*) to pile up, to hipe up. 3 (*Mil*) to pack: *~ lo zaino* to pack one's kitbag.

affare I *m.* 1 (*faccenda*) matter, business, question: *è un ~ serio* it's a serious matter; *chiudere un ~* (*o concludere un ~*) to close a deal; *questo è un altro ~* this is another question. 2 (*compito*) affair, job, business, concern: *questo è affar tuo* this is your affair, this is your concern; *non è ~ mio* it's not my business, it's none of my business, it doesn't concern me. 3 (*colloq*) (*arnese, cosa*) thing, gadget: *dammi quell'~ là* give me that thing there; *metti giù quell'~* put that thing down. 4 (*affare vantaggioso*) bargain: *fare un ~* to make a bargain, to get a bargain. 5 (*Dir*) affair. 6 *pl.* (*Comm*) business (*costr.sing.*); (*transazione*) transaction *sing.*: *entrare negli affari* to go into business; *gli affari sono affari* business is business. 7 *pl.* (*Dipl*) affairs: *affari di stato* affairs of State. □ *~ arrischiato*

risky affair; *è un ~ conveniente* it's a good bargain; *affari correnti* current business (*costr.sing.*); *è un ~ da nulla* it's nothing, it's nothing to write home about, it's no great matter; (*Econ*) *affari di borsa* stock exchange business (*costr.sing.*); *affari di famiglia* family matters; *affari di ordinaria amministrazione* normal business (*costr.sing.*); *~ di stato* affair of state; (*iron*) *fare di qcs. un ~ di stato* to make a mountain out of a molehill, make a big deal out of sth.; *~ diplomatico* diplomatic affair; (*Stor*) *l'~ Dreyfus* the Dreyfus affair; *affari esteri* foreign affairs; *fare affari con qcu.* to do business with so.; (*colloq*) *fatti gli affari tuoi!* mind your own business!; *~ fatto!* agreed!, it's a deal!, done!; *affari giacenti* pending business (*costr.sing.*); *affari in sospeso* unfinished business (*costr.sing.*); *per affari* on business; *~ privato* private business, private affair; *come vanno gli affari?* how is business?; *gli affari vanno bene* business is going well; *gli affari vanno a gonfie vele* business is booming, business is flourishing; *gli affari vanno male* business is bad, (*fiacchi*) business is slack.

affarismo *m.* speculation, profiteering, sharp practice, ruthlessness in business affairs.

affarista *m./f.* sharp businessman (*f.* -woman), profiteer, speculator, (*colloq*) wheeler-dealer, moneymaker, (*spreg*) shark, moneygrubber.

affaristico (*pl.* **-ci**) *a.* business (*attr.*), speculative, (*spreg*) moneygrubbing: *spirito ~* business sense.

affarone *m.* (*iron*) real bargain, big deal.

affascinante *a.* fascinating; (*attraente*) attractive; (*incantevole, seducente*) charming, enchanting, intriguing, seductive: *una donna ~* an attractive woman, a charming woman, a fascinating woman.

affascinare (**affàscino**) *v.t.* 1 to fascinate, to charm, to appeal (to). 2 (*fig*) (*sedurre*) to fascinate, to enchant; (*attrarre*) to attract, to delight: *la sua bellezza lo affascinò* he was attracted by her beauty, he was enchanted by her beauty. 3 (*fig, lett*) (*incantare*) to dazzle, to bewitch.

affascinatore *m.* (*f.* **-trice**) enchanter (*f.* -tress).

affastellamento *m.* 1 faggoting, (*Am*) fagoting. 2 (*fig*) (*accozzaglia*) muddle, jumble: *un ~ di cose inutili* a jumble of useless things; (*rif. a frasi, parole e sim.*) string. 3 (*Med*) stacking.

affastellare (**affastèllo**) *v.t.* 1 (*legare in fastelli*) to faggot, (*Am*) to fagot, to tie (sth.) in faggots: *~ la legna* to tie the firewood in faggots. 2 (*fig*) (*ammucchiare*) to heap up, to pile up. 3 (*fig*) (*rif. a frasi, parole e sim.*) to string together, to throw together, to mix up, to muddle: *~ menzogne* to string together a pack of lies.

affaticamento *m.* 1 (*l'affaticare*) wearying, tiring out. 2 (*fatica*) weariness, fatigue. 3 (*Tecn*) fatigue.

affaticare (**affatico, affatichi**) I *v.t.* 1 (*stancare*) to tire, to weary, to fatigue. 2 (*sforzare*) to strain, to overtax, to overstrain: *~ gli occhi* to strain one's eyes. 3 (*Agr*) (*impoverire*) to impoverish: *~ il terreno* to impoverish the land. II *v.pron.* **affaticarsi** 1 (*stancarsi*) to tire (oneself), to get tired, to grow weary. 2 (*adoperarsi*) to work hard, to toil, to overwork: *non affaticarti troppo* don't work too hard, don't overdo it. □ (*Mecc*) *~ un motore* to strain an engine.

affaticato *a.* tired, weary, strained, overworked, exhausted: *essere ~ degli anni* to be weary with years; *occhi affaticati* tired eyes.

affatto *avv.* **1** (*preceduto da una negazione*) at all: *non mi è ~ antipatico* I don't dislike him at all; *non ho mangiato ~* I haven't had anything to eat at all. **2** (*lett*) (*completamente*) quite, completely, entirely, totally: *è diventato ~ sordo* he has become quite deaf.

affatturare (**affattùro**) *v.t.* **1** to cast a spell (on), to bewitch. **2** (*estens*) (*sofisticare*) to adulterate: *vino affatturato* adulterated wine.

affé *intz.* (*rar,lett*) in faith!, forsooth!, in truth!; (*scherz*) truly!, indeed! □ *~ diDio !* by God!

afferente *a.* **1** (*Anat*) afferent. **2** (*concernente*) concerning, regarding.

afferire (**afferisco, afferisci**; *aus.* avere) *v.i.* (*rar,buroc*) to concern.

affermabile *a.* affirmable.

affermare (**affèrmo**) **I** *v.t.* **1** to affirm, to state, to assert, to profess, to proclaim: *~ la propria innocenza* to profess one's innocence; *~ i propri diritti* to assert one's rights. **2** (*sostenere*) to claim, to maintain. **3** (*dire di sì*) to agree, (*col capo*) to nod. **II** *v.pron.* **affermarsi 1** (*imporsi*) to assert oneself, to prove oneself. **2** (*farsi un nome, realizzarsi*) to make a name for oneself, to do well for oneself, to become established, to make a reputation for oneself, to be successful (in): *affermarsi come letterato* to make a name for oneself as a writer. **3** (*acquistare credito, diffondersi*) to spread, to gain ground.

affermativa *f.* (*rar*) affirmative.

affermativamente *avv.* affirmatively, in the affirmative.

affermativo **I** *a.* affirmative: *risposta affermativa* reply in the affirmative. **II** *avv.* (*spec. in comunicazioni radio*) affirmative. □ *non so se tu hai del denaro, in caso ~ prestamelo per piacere* I don't know whether you have any money - if you have, lend me some, please (*o* if so, please lend me some).

affermato *a.* established, well-known, popular, famous, successful: *uno scrittore ~* an established writer.

affermazione *f.* **1** (*asserzione*) assertion, statement: *fare un'~ arrischiata* to make a rash statement. **2** (*successo*) achievement, success, establishment.

afferrabile *a.* **1** (*di facile comprensione*) easy, comprehensible. **2** (*che si può afferrare*) seizable, easy-grip.

afferrare (**affèrro**) **I** *v.t.* **1** to seize, to grasp, to catch, to grab (*anche fig*): *~ qcu. per un braccio* to grab so. by the arm; *~ un'occasione* to seize an opportunity. **2** (*capire*) to grasp, to get, to understand, to twig: *il senso di una frase* to grasp the meaning of a sentence. **II** *v.pron.* **afferrarsi** (*aggrapparsi*) to cling (to), to clutch (at) (*anche fig*): *afferrarsi a un ramo* to clutch at a branch; *afferrarsi agli scogli* to cling to the rocks. **III** *v.r.recipr.* **afferrarsi** to grab each other: *si afferrarono per i capelli* they grabbed each other by the hair. □ *~la fortuna per i capelli* to seize one's chance, to seize the opportunity.

affettare [1] (**affètto**) *v.t.* **1** to slice, to cut (sth.) into slices. **2** (*iperb*) (*uccidere*) to kill, to butcher.

affettare [2] (**affètto**) *v.t.* **1** to affect, to pretend: *~ di sapere qcs.* to pretend to know sth. **2** (*ostentare*) to put on, to assume: *~ un'aria disinvolta* to put on a casual air.

affettato [1] **I** *a.* sliced, cut: *pane ~* sliced bread. **II** *m.* (*Alim*) sliced salami and ham, cold cuts *pl.*

affettato [2] *a.* affected, stilted, put-on,

feigned, forced: *cortesia affettata* affected courtesy; *eleganza affettata* feigned elegance.

affettatrice *f.* slicer, slicing machine. □ *~a mano* hand operated slicer.

affettaverdure *m.inv.* vegetable slicer.

affettazione *f.* affectation: *con ~* with affectation, affectedly. □ *~di modi* affected manners, affected ways.

affettivamente *avv.* affectively.

affettivo *a.* **1** affective, sentimental, emotional: *un oggetto con un valore ~* an object having sentimental value. **2** (*Psic*) affective.

affetto [1] *m.* **1** affection, tenderness, love, fondness: *nutrire ~ per qcu.* to feel affection for so., to have a soft spot for so. **2** (*soggetto dell'amore*) object of one's affection: *il padre è il suo unico ~* her father is the sole object of her affection. **3** (*Mus,rar*) tremolo. □ *con ~* affectionately, with love: (*epist*) *ti saluto con ~* affectionately yours; *~di madre* mother love, maternal affection; *~di padre* paternal affection.

affetto [2] *a.* suffering (*da* from), affected (*da* by): *~ da amnesia* suffering from loss of memory. □ (*Dir*) *beni affettida ipoteche* mortgaged property (*costr.sing.*); (*Med*) *essere ~da strabismo* to squint, to be cross-eyed, to have a lazy eye.

affettuosamente *avv.* affectionately: (*epist*) *ti saluto ~* yours affectionately, with love, Love.

affettuosità *f.* **1** (*caratteristica*) warmheartedness, tenderness. **2** *pl.* (*atti affettuosi*) demonstrations of affection, amorous advances, billing and cooing *sing.*: *non posso sopportare le sue ~* I can't bear his demonstrations of affection.

affettuoso *a.* affectionate, tender, loving: *un ragazzo molto ~* a very affectionate boy; *parole affettuose* affectionate words. □ (*eufem*) *affettuosaamicizia* close friendship, love affair.

affezionarsi (**mi affezióno**) *v.pron.* to become fond (*a* of), to take a liking (*a* to), to get to like (sth.), to take (*a* to): *~ a qcu.* to become fond of so.; *~ al proprio lavoro* to get to like one's work.

affezionatamente *avv.* affectionately: (*epist*) *ti salutiamo ~* yours affectionately, with love, Love.

affezionato *a.* **1** loving, affectionate, devoted, (*spreg*) (*ossessionato*) hooked: *un amico ~* a devoted friend. **2** (*di cliente*) faithful: *un cliente ~* a faithful customer, a habitué. □ *essere ~a qcs.* to be fond of sth.

affezione *f.* **1** affection, fondness, attachment: *avere ~ per qcu.* to feel affection for so. **2** (*Med*) disease, affection: *~ cardiaca* heart disease.

affiancare (**affiànco, affiànchi**) **I** *v.t.* **1** to place (sth.) side by side. **2** (*fig*) (*aiutare*) to support, to back up. **3** (*Mil*) to flank. **4** (*Mar*) to bring alongside. **II** *v.pron.* **affiancarsi 1** (*rif. a auto*) to draw up alongside. **2** (*rif. a persona*) to come up beside. **3** (*Mil*) to march side by side. **4** (*Mar*) to come alongside, to go alongside. **III** *v.r.recipr.* **affiancarsi** (*fig, rar*) (*aiutarsi*) to help each other, to co-operate. □ *~ allavoro altre attività* to supplement one's work with other activities.

affiatamento *m.* **1** (*concordia*) harmony (*anche estens*), agreement, understanding, feeling. **2** (*cameratismo*) camaraderie: *tra i due esisteva un perfetto ~* the two were in perfect harmony (with each other). **3** (*Sport*) teamwork: *c'è poco ~ tra i compagni della nostra squadra* our players don't work together as a team. **4** (*fig*) good ensemble,

blending: *tra l'orchestra e i cantanti non c'era ~* singers and orchestra did not blend well.

affiatare (**affiàto**) **I** *v.t.* to make (so.) get on well (with so. else). **II** *v.pron.* **affiatarsi 1** to learn to get on (with): *affiatarsi con i compagni di scuola* to learn to get on with one's schoolfellows. **2** (*Mus*) to achieve a good ensemble, to blend. **3** (*Sport*) to play as a team. **III** *v.r.recipr.* **affiatarsi** (*intendersi*) to bond: *gli alunni non si sono ancora affiatati tra loro* the pupils have not bonded yet.

affiatato *a.* **1** in harmony, in agreement. **2** (*di rapporti interpersonali*) tight, close, close-knit. **3** (*Mus*) harmonious, blended, well-blended. **4** (*Sport*) that works well together: *una squadra affiatata* a team with strong teamwork.

affibbiare (**affibbio, affìbbi**) *v.t.* **1** (*fermare con fibbia*) to buckle, to fasten, to clasp. **2** (*colloq*) (*assestare*) to give, to deal: *~ uno schiaffo a qcu.* to give so. a slap. **3** (*fig*) (*attribuire*) to saddle, to burden: *~ a qcu. la responsabilità di qcs.* to saddle so. with the responsibility for sth.; to burden so. with the responsibility for sth. **4** (*scherz*) (*appioppare*) to palm off, to pass off: *~ monete false a qcu.* to palm off dud coins to so.; *~ un incarico a qcu.* to palm off a job on so. □ *~ unamulta a qcu.* to slap a fine on so.; *~ un soprannome a qcu.* to nickname so.

affibbiatura *f.* **1** (*fibbia*) buckle, clasp. **2** (*rar*) (*l'affibbiare*) buckling, clasping, fastening.

affiche /af'fiʃ/ *f.inv.* poster; (*pubblicitaria*) bill, placard.

affidabile *a.* **1** reliable (*anche Tecn*), dependable. **2** (*attendibile*) trustworthy, dependable. **3** (*Dir*) fosterable.

affidabilità *f.* **1** reliability (*anche Tecn*). **2** (*attendibilità*) trustworthiness, dependability. □ (*Econ*) *~creditizia* creditworthiness.

affidamento *m.* **1** (*l'affidare*) entrusting, assignment: *l'~ di un incarico* the entrusting of a responsibility. **2** (*fiducia*) trust, confidence, reliability: *dare ~* to inspire confidence; *è una persona che non dà alcun ~* he's a completely unreliable person. **3** (*Econ, rar*) credit rating. **4** (*Dir*) fostering, foster care, fosterage: *~ in prova al servizio sociale* probation. □ (*Dir*)*dare in ~* to foster;*fare ~ su qcu.* to depend on so., to rely on so.; (*Dir*)*prendere in ~* to foster.

affidare (**affìdo**) **I** *v.t.* **1** (*dare in custodia*) to entrust, to trust (so.) with, (*lett*) to confide (so.) with: *~ una somma di denaro a un amico* to entrust a sum of money to a friend. **2** (*confidare*) to confide: *~ un segreto a qcu.* to confide a secret to so. **3** (*assegnare*) to assign: *~ un incarico a qcu.* to assign so. a task. **4** (*delegare*) to delegate. **5** (*Dir*) to grant, to award: *il giudice ha affidato i figli alla madre* the judge granted the custody of the children to their mother. **6** (*Comm*) (*concedere un fido*) to give a loan (to), to grant a loan (to). **II** *v.pron.* **affidarsi 1** (*abbandonarsi*) to trust (*in* in), to place one's trust (*a* in): *affidarsi a Dio* to trust in God; *affidarsi al caso* to let time take its course. **2** (*fidarsi*) to rely (*a* on), to trust (*a* to *o* in): *mi affido alla tua discrezione* I rely on your discretion. □ *~alla carta* to commit to paper; *~ qcs.alla scrittura* to put sth. in writing; *affidarsialla sorte* : **1** to trust to luck; **2** (*lasciare al caso*) to leave it to chance.

affidatario **I** *a.* (*Dir*) foster (*attr.*): *genitori affidatari* foster parents. **II** *m.* (*f.* **-a**) (*Dir*) **1** (*di proprietà altrui e sim.*) trustee. **2** (*di minori*) foster father (*f.* mother).

affidavit *m.inv.* (*Dir,Econ*) affidavit, (sworn) oath.

affido *m.* (*Dir*) fostering, foster care, foster-age: ~ *in prova al servizio sociale* probation. □ (*Dir*) *dare in* ~ to foster; (*Dir*) *prendere in* ~ to foster.

affienare (**affièno**) I *v.t.* 1 (*Agr*) to hay, to leave fallow. 2 (*di bestiame*) to feed (sth.) on hay, to give hay (to). II *v.i.* (*aus.* essere) to lie fallow.

affievolimento *m.* 1 weakening. 2 (*Rad*) fading, fade.

affievolire (**affievolisco, affievolisci**) I *v.t.* to weaken, to enfeeble. II *v.pron.* **affievolirsi** 1 (*indebolirsi*) to weaken, to grow weaker. 2 (*rif. a rumori*) to grow soft, to grow faint. 3 (*rif. a sentimenti*) to weaken. 4 (*rif. a voci*) to die away, to fade away, to trail off, to trail away. 5 (*rif. a luce*) to dim, to fade.

affievolito *a.* 1 weakened, enfeebled. 2 (*rif. a voce*) weak, faint.

affiggere (*pres.ind.* **affiggo, affiggi**; *p.rem.* **affissi**; *p.p.* **affisso**) *v.t.* 1 (*attaccare*) to post up, to stick up, to put up: ~ *un manifesto* to put up a poster. 2 (*lett*) (*fissare*) to fix: ~ *lo sguardo su qcs.* to fix one's eyes on sth., to stare at sth. 3 (*lett*) (*imprimere*) to plant, to imprint.

affilacoltelli *m.inv.* 1 (*in macelleria*) steel. 2 (*utensile da cucina*) knife sharpener.

affilamento *m.* sharpening.

affilare (**affilo**) I *v.t.* 1 (*dare il filo*) to sharpen, to whet: ~ *un coltello* to sharpen a knife; ~ *un rasoio* to sharpen a razor. 2 (*sul cuoio*) to strop: ~ *un rasoio* to strop a razor. 3 (*sulla pietra*) to hone, to whet: ~ *una lama* to hone a blade, to whet a blade. 4 (*rendere appuntito*) to sharpen. 5 (*fig*) (*assottigliare*) to make (sth.) thinner, to slim (down): *la malattia gli ha affilato il viso* the illness has made his face thinner. II *v.pron.* **affilarsi** (*dimagrire*) to grow thin, to slim, to slim down. □ (*fig*) ~ *le armi* to prepare for battle, to get ready for action.

affilata *f.* sharpening. □ *dare un' ~ al rasoio* to give the razor a touch of the strop.

affilato *a.* 1 sharp (*anche fig*): *coltello* ~ sharp knife; (*fig*) *lingua affilata* sharp tongue. 2 (*scarno*) thin, skinny: *un viso* ~ a thin face. 3 (*di naso*) sharp, pointed.

affilatoio *m.* sharpener, steel; (*cuoio*) strop; (*pietra*) hone.

affilatrice *f.* (*Mecc*) grinding machine, sharpener.

affilatura *f.* 1 sharpening. 2 (*Mecc*) grinding.

affiliante *m./f.* (*Dir,ant*) adopter.

affiliare (**affilio, affili**) I *v.t.* (*Dir,ant*) to adopt. II *v.pron.* **affiliarsi** to become a member (*a* of), to join (sth.): *affiliarsi a una società segreta* to join a secret society.

affiliata *f.* (*Econ*) affiliated company.

affiliato I *a.* associated: *azienda affiliata* associated firm. II *m.* (*f.* **-a**) 1 member, associate: *gli affiliati a una società segreta* the members of a secret society. 2 (*Comm*) franchisee, franchised dealer.

affiliazione *f.* (*Dir,ant*) adoption. □ ~ *commerciale* franchising.

affinare (**affino**) I *v.t.* 1 (*affilare*) to sharpen. 2 (*fig*) to sharpen, to make (sth.) keener: ~ *l'ingegno* to make one's mind keener; ~ *l'orecchio* to sharpen one's ear. 3 (*perfezionare*) to improve, to refine: ~ *lo stile* to refine one's style. 4 (*Met*) to refine: ~ *un metallo* to refine a metal. II *v.pron.* **affinarsi** (*perfezionarsi*) to get refined.

affinché *congz.* so that, in order that, that: *dimmi tutto, ~ io sappia come regolarmi* tell me everything, so that I know what to do; *insistettero ~ egli partisse* they insisted that he should go; *te lo dissi ~ tu facessi qcs.* I told you so that you would do sth. about it.

affine I *a.* 1 (*simile*) similar, allied, associated, alike: *pelletteria e generi affini* leather goods and similar items. 2 (*di origine comune*) related, kindred: *la lingua italiana è ~ alla spagnola* Italian and Spanish are related languages. 3 (*Mat*) affine. 4 (*Ling*) cognate. II *m./f.* 1 (*parentela*) kinsman (*f.* -woman). 2 (*Mat*) affine.

affinità *f.* affinity: ~ *elettiva* elective affinity; ~ *spirituale* spiritual affinity.

affiochire (**affiochisco/affiòco, affiochisci/affiòchi**) I *v.t.* 1 (*rif. a voce*) to make (sth.) hoarse. 2 (*rif. a luce*) to dim. II *v.pron.* **affiochirsi** 1 (*rif. a voce*) to grow hoarse, to faint. 2 (*rif. a luce*) to dim.

affiochito *a.* faint, weak.

affioramento *m.* 1 (*Geol*) outcrop. 2 (*l'affiorare*) surfacing, emergence. □ (*Mar*) *in* ~ awash; *sommergibile in* ~ surfacing submarine.

affiorare (**affióro**; *aus.* essere) *v.i.* 1 to appear on the surface, to surface, to emerge: *gli scogli affiorano con la bassa marea* the rocks appear on the surface at low tide; *il sommergibile affiorò rapidamente* the submarine surfaced rapidly. 2 (*Geol*) to outcrop. 3 (*fig*) to come out, to come to light: *presto o tardi la verità affiora* sooner or later the truth will come out. □ *sulle sue labbra affiorò un sorriso tenue* a faint smile flickered on his lips.

affissi → **affiggere**.

affissione *f.* bill-posting, posting up, sticking up: ~ *di un manifesto* sticking up of a poster. □ ~ *abusiva* flyposting.

affisso *m.* 1 (*rar*) (*manifesto*) bill, poster, shutter: *fare pubblicità per mezzo di affissi* to advertise by means of posters. 2 (*Edil,rar*) shutter. 3 (*Ling*) affix.

affittacamere *m./f.inv.* landlord (*f.* -lady).

affittansi *m.inv.* (*cartello*) to let, (*Am*) for rent.

affittanza *f.* (*rif. a stabili*) rental; (*rif. a terreni*) lease.

affittare (**affitto**) *v.t.* 1 (*dare in affitto*) to let, to rent: ~ *un appartamento a qcu.* to rent so. an apartment. 2 (*prendere in affitto: rif. a stabili*) to rent, to lease: ~ *una villa al mare* to rent a villa by the sea. 3 (*prendere in affitto: rif. a terreni*) to lease, to let, to rent. *affittansi* (*sui cartelli*) to let, (*Am*) for rent; *affittasi* (*sui cartelli*) to let, (*Am*) for rent; *camere da* ~ rooms to let, (*Am*) rooms for rent.

affittasi *m.inv.* (*cartello*) to let, (*Am*) for rent.

affitto *m.* 1 (*locazione*) rental, lease. 2 (*somma pagata*) rent, (*Br*) rental. □ *dare in* ~ to rent; *prendere in* ~ to rent, to lease.

affittuario *m.* 1 (*di stabili*) householder, tenant, lessee. 2 (*di terreni*) tenant, lessee.

afflato *m.* (*lett,fig*) (*ispirazione*) inspiration, afflatus: ~ *poetico* poetic inspiration.

affliggere (*pres.ind.* **affliggo, affliggi**; *p.rem.* **afflissi**; *p.p.* **afflitto**) I *v.t.* 1 (*rattristare*) to distress, to grieve, to sadden. 2 (*di malanni*) to afflict, to trouble. 3 (*tormentare*) to afflict, to scourge. II *v.pron.* **affliggersi** (*rattristarsi*) to grieve, to distress: *affliggersi per le disgrazie altrui* to grieve for the misfortunes of others. 2 (*tormentarsi*) to worry: *non affliggerti troppo* don't worry too much.

afflitto I *a.* 1 (*triste*) sad, hurt, distressed: *essere ~ per qcs.* to be hurt about sth. 2 (*abbattuto*) dejected. 3 (*tormentato*) afflicted, affected: *essere ~ da una grave malattia* to be afflicted with a serious illness. II *m.spec.pl.* the suffering (*costr.pl.*): *consolare gli afflitti* to comfort the suffering.

afflizione *f.* 1 (*tristezza*) affliction, sadness, distress; (*dolore*) sorrow, affliction; (*disperazione*) misery. 2 (*causa di tormento*) torment, bane (*anche iron*): *tu sei per me una vera* ~ you are a real torment to me, you'll be the death of me.

afflosciamento *m.* wilt, (*colloq*) floppiness.

afflosciare (**afflòscio, afflòsci**) I *v.t.* 1 (*rendere floscio*) to make (sth.) floppy. 2 (*fig*) (*infiacchire*) to weaken, to enervate. II *v.pron.* **afflosciarsi** 1 (*diventare floscio*) to become floppy, to become soft, to go limp: *le vele si afflosciarono* the sails went limp. 2 (*Bot*) to wilt, to droop. 3 (*fig*) (*accasciarsi*) to weaken, to collapse.

afflosciato *a.* floppy, limp.

affluente I *m.* (*Geog*) tributary, affluent. II *a.* (*rar,lett*) abundant.

affluenza *f.* 1 flow, flowing: ~ *di capitali* flow of capital. 2 (*concorso di persone*) crowd, number, turnout. □ ~ *alle urne* turnout (of voter).

affluire (**affluisco, affluisci**; *aus.* essere) *v.i.* 1 (*rif. a liquidi*) to flow (*a* to, into), to stream (*a* to): *il sangue affluisce al cuore* blood flows to the heart; *i fiumi affluiscono al mare* rivers flow into the sea. 2 (*rif. a cose*) to pour (in, on): *le merci affluiscono sul mercato* the goods pour on to the market. 3 (*rif. a persone*) to crowd, to flock (in, into), to throng (in, into): *la gente affluiva da ogni parte nella piazza* people flocked into the square from all sides.

afflusso *m.* 1 inflow, influx (*anche fig*): ~ *d'acqua* water inflow; *l'~ delle merci sul mercato* the influx of goods on the market. 2 (*Med*) afflux. □ (*Econ*) ~ *di capitale* capital influx.

affogamento *m.* drowning.

affogare (**affógo/affògo, affóghi/affòghi**) I *v.t.* 1 to drown (*anche fig*): ~ *i dispiaceri nell'alcol* to drown one's sorrows in alcohol. 2 (*Gastron*) to poach. II *v.i.* (*aus.* essere) (*morire annegato*) to drown, to be drowned: *cadde in mare e affogò* he fell into the sea and drowned. III *v.pron.* **affogarsi** to drown oneself. □ (*fig*) ~ *dalla bile* to be choking with rage; (*fig*) ~ *in un bicchiere d'acqua* to bungle, to make mountains out of molehills, to drown in an inch of water; (*fig*) ~ *nei debiti* to be up to one's ears in debt, to drown in debt; (*fig*) ~ *nelle ricchezze* to be rolling in wealth.

affogato I *a.* drowned: *morire* ~ to drown, to die by drowning. II *m.* (*Dolc*) ice cream drenched in a drink, ice cream laced with a drink (coffee, whisky, brandy).

affogliamento *m.* (*Econ*) coupon (sheet) renewal.

affollamento *m.* 1 (*l'affollarsi*) crowding; (*eccessivo*) overcrowding, congestion: ~ *delle strade* congestion of the roads. 2 (*ressa*) crowd, throng: *c'era un grande ~ di gente* there was a great crowd of people.

affollare (**affollo**) I *v.t.* to crowd, to throng, to fill: *i turisti affollavano la nostra città* the tourists thronged our city. II *v.pron.* **affollarsi** 1 (*accalcarsi*) to crowd, to flock, to throng: *affollarsi intorno a qcu.* to crowd round so. 2 (*fig*) to crowd, to teem: *mille pensieri si affollavano nella sua mente* a thousand thoughts were teeming in his mind.

affollato *a.* 1 (*pieno di folla*) crowded, thronged: *strade affollate* crowded streets. 2 (*ammassato*) crowded, crowding: *la gente* *affollata nella piazza* the people crowding the square.

affondamento *m.* sinking, foundering.

affondamine *m.inv.* (*Mar*) minelayer.

affondare (**affóndo**) **I** *v.t.* **1** (*mandare a fondo*) to sink, to send (sth.) to the bottom, to scuttle: ~ *una nave nemica* to sink an enemy ship; (*con siluri*) to torpedo. **2** (*far penetrare*) to plunge, to thrust, to drive, to sink: ~ *una spada nel petto di qcu.* to thrust a sword into so.'s chest; ~ *i pali nel terreno* to drive the piles into the ground; ~ *i denti in qcs.* to sink one's teeth into sth. **II** *v.i.* (*aus. essere*) (*andare a fondo*) to sink, to founder, to go down, to go to the bottom: *la barca affondò in un attimo* the boat sank in an instant; ~ *nella neve* to sink into the snow. □ ~ *il dito nella piaga* to pour salt into the wound; ~ *le radici nella terra* to take root in the soil.

affondato *a.* **1** sunken: *nave affondata* sunken ship. **2** (*collog,fig*) sunk.

affondo *m.* (*Sport*) lunge: *fare un* ~ to make a lunge.

afforestamento *m.* reforestation.

afforestare (**aforèsto**) *v.t.* to reforest.

affossamento *m.* **1** (*l'affossare*) sinking, foundering. **2** (*fig*) (*affossamento*) ditching. **3** (*Geol*) (*avvallamento*) subsidence.

affossare (**affòsso**) **I** *v.t.* **1** (*fare fosse di scolo*) to ditch, to trench: ~ *un campo* to ditch a field. **2** (*incavare*) to make ruts in, to rut: *i carri hanno affossato la strada* the carts have made ruts in the road. **3** (*fig*) (*accantonare*) to ditch, to bury, to shelve, to set aside. **II** *v.pron.* **affossarsi** to become hollow, to become sunken: *per la malattia gli si erano affossate le guance* his cheeks had become hollow after his illness.

affossato *a.* **1** ditched: *un campo ben* ~ a well-ditched field. **2** (*incavato*) hollow, sunken: *guance affossate* hollow cheeks; *occhi affossati* sunken eyes. **3** (*fig*) (*accantonato*) ditched, buried, set-aside.

affossatore *m.* **1** (*estens*) (*nei cimiteri*) gravedigger. **2** (*Agr*) (*persona*) ditcher, digger. **3** (*Agr,Mecc*) (*attrezzo*) digger.

affossatura *f.* **1** (*l'affossare*) ditching: *l'~ dei campi* the ditching of the fields. **2** (*fossa*) ditch; (*insieme dei fossi*) ditches *pl.*

affrancabile *a.* (*Post*) stampable, that may be stamped.

affrancamento *m.* (*rar*) (*liberazione*) liberation, freeing.

affrancare (**affrànco**, **affrànchi**) **I** *v.t.* **1** (*liberare*) to free, to set free, to liberate (*anche fig*): ~ *uno schiavo* to free a slave; *la filosofia affranca l'uomo dalle passioni* philosophy frees man from passion. **2** (*Dir*) (*da oneri*) to release, to redeem: ~ *un podere dalle ipoteche* to redeem a farm from mortgage. **3** (*Post*) to stamp: ~ *una lettera* to stamp a letter; (*con timbro*) to frank. **II** *v.pron.* **affrancarsi** to free oneself: *affrancarsi dalla tirannide* to free oneself from tyranny.

affrancato *a.* **1** freed, released, liberated. **2** (*Post*) stamped: *lettera affrancata* stamped letter.

affrancatore **I** *m.* (*f.* **-trice**) liberator. **II** *a.* liberating.

affrancatrice *f.* (*Post*) franking machine.

affrancatura *f.* (*Post*) **1** stamping: *l'~ di una lettera* the stamping of a letter. **2** (*con timbro*) franking. **3** (*tassa di spedizione*) postage: ~ *normale* normal postage; *spese di* ~ (cost of) postage. □ (*Post*) ~ *a carico del destinatario* freepost; (*Post*) ~ *insufficiente* postage due.

affranto *a.* **1** (*abbattuto*) dismayed, over-

come, heartbroken: ~ *dal dolore* overcome with grief. **2** (*spossato*) worn-out, prostrate, exhausted.

affratellamento *m.* **1** (*atto*) fraternization, fraternizing. **2** (*cameratismo*) fellowship.

affratellare (**affratèllo**) **I** *v.t.* to unite (so.) in comradeship, to bring together: *le comuni disgrazie ci affratellano* common misfortunes bring us together. **II** *v.pron.* **affratellarsi** to fraternize.

affratellato *a.* united: *popoli affratellati* united peoples.

affrescare (**affrésco**, **affréschi**) *v.t.* (*Pitt*) to fresco: ~ *una parete* to fresco a wall.

affreschista *m./f.* (*rar*) fresco painter.

affresco (*pl.* **-chi**) *m.* (*Pitt*) fresco: *dipingere ad* ~ to paint using fresco, to fresco.

affrettare (**affrétto**) **I** *v.t.* **1** (*accelerare*) to hasten, to hurry, to quicken, to speed up: ~ *la conclusione di un affare* to speed up the completion of a deal. **2** (*anticipare*) to bring forward, to put forward: ~ *le nozze* to bring forward the wedding date. **II** *v.pron.* **affrettarsi** to hurry, to hasten, to dash: *si affrettò ad andarsene* he hastened to leave; *si affrettò a dargli la bella notizia* he hastened to give him the good news; *affrettatevi!* hurry up! □ *affrettarsi a ritornare* to hurry back; ~ *il passo* to quicken one's pace.

affrettatamente *avv.* hurriedly, hastily, in a hurry.

affrettato *a.* **1** (*svelto*) quick, hurried, hasty: *passo* ~ quick step; *una partenza affrettata* a hasty departure. **2** (*con poca cura*) hurried, rushed, slapdash: *un lavoro* ~ a hurried job.

affricata *f.* (*Ling*) affricative, affricate.

affricato *a.* (*Ling*) affricative.

affrontare (**affrónto**) **I** *v.t.* **1** to face, to face up to, to confront, to front, to come face to face, to brave: ~ *il nemico* to confront the enemy. **2** (*avere a che fare*) to cope with, to face, to deal with. **3** (*esporsi*) to face, to risk: ~ *il pericolo* to face danger. **4** (*fig*) (*rif. ad argomenti*) to face, to face up to, to tackle, to deal with: ~ *un problema* to tackle a problem. **5** (*Tecn*) to fit flush. **II** *v.pron.* **affrontarsi** **1** (*venire alle mani*) to come to blows. **2** (*rif. a eserciti*) to meet in battle: *i due eserciti si affrontarono* the two armies met in battle. **3** (*combaciare*) to fit together. □ ~ *un argomento* to broach a subject; ~ *delle spese* to meet expenses.

affrontatura *f.* (*Mecc*) flush joint.

affronto *m.* affront, insult, outrage: *non farmi questo* ~ spare me this insult; *subire un* ~ to suffer an affront. □ *fare un* ~ *a qcu.* to insult so.

affumicamento *m.* **1** (*annerimento*) blackening. **2** (*rif. a carni*) smoking, smoke-curing.

affumicare (**affùmico**, **affùmichi**) *v.t.* **1** to fill (sth.) with smoke: *hai affumicato tutta la stanza con quella pipa* you have filled the whole room with smoke from that pipe. **2** (*annerire*) to blacken (sth.) with smoke. **3** (*di sostanze alimentari*) to smoke, to cure: ~ *la carne* to smoke meat, to cure meat; (*di aringhe*) to kipper. **4** (*snidare col fumo*) to smoke out: ~ *un nido di vespe* to smoke out a wasps' nest.

affumicata *f.* smoking.

affumicato *a.* **1** (*annerito di fumo*) blackened, smoke-blackened: *una pentola affumicata* blackened saucepan. **2** (*rif. a sostanze alimentari*) smoked, cured: *carne affumicata* smoked meat. **3** (*rif. a occhiali*) dark. **4** (*Vetr*) smoked.

affumicatura *f.* **1** (*rif. a prodotti alimenta-*

ri) smoking, curing. **2** (*rif. ad api*) smoking-out.

affusolare (**affùsolo**) *v.t.* to taper.

affusolato *a.* tapered, tapering: *dita affusolate* tapering fingers.

affusto *m.* (*Mil*) gun carriage.

AFG *Afghanistan* AFT (Afghanistan).

afgano **I** *a.* Afghan. **II** *m.* (*f.* **-a**) Afghan.

Afghanistan *n.pr.m.* (*Geog*) Afghanistan.

afghano **I** *a.* Afghan. **II** *m.* (*f.* **-a**) Afghan.

aficionado /afisjo'nado, afitʃo'nado/ *m.* (*f.* **-a**; *pl.* **-s**) aficionado, devotee.

afide *m.* (*Entom*) aphid.

aflatossina *f.* (*Med,Bot*) aflatoxin.

afnio *m.* (*Chim*) hafnium.

afocale *a.* (*Ott*) afocal: *sistema* ~ afocal system.

afonia *f.* (*Med*) aphonia, (*colloq*) loss of voice.

afono *a.* **1** (*Med*) aphonic, (*colloq*) voiceless. **2** (*rauco*) hoarse. **3** (*Ling*) unvoiced.

aforisma *m.* aphorism.

aforistico (*pl.* **-ci**) *a.* aphoristic.

a fortiori /ˌafor'tsjɔri/ *avv.* a fortiori, all the more.

afosità *f.* sultriness.

afoso *a.* sultry, sweltering, oppressive, sticky: *caldo* ~ oppressive heat; *una giornata afosa* a sweltering day.

Africa *n.pr.f.* (*Geog*) Africa. □ (*Geog*) ~ *equatoriale* Equatorial Africa; ~ *nera* Black Africa: *dell'* ~ *nera* Black African.

africander *m.inv.* Afrikaner, (*ant*) Afrikander, Africander.

africanismo *m.* **1** (*caratteristica delle culture africane*) Africanism. **2** (*Ling*) Africanism. **3** (*Stor*) imperialism in Africa.

africanista *m./f.* (*studioso*) Africanist.

africanistica *f.* study of African history and culture.

africanizzare (**africanìzzo**) *v.t.* to Africanize.

africanizzazione *f.* Africanization.

africano **I** *a.* African. **II** *m.* (*f.* **-a**) African.

africo **I** *a.* (*lett*) African. **II** *m.inv.* (*lett*) hot south-west wind.

afrikaans *m.inv.* (*Ling*) Afrikaans.

afroamericano **I** *a.* Afro-American. **II** *m.* (*f.* **-a**) Afro-American.

afroasiatico **I** *a.* Afro-Asian. **II** *m.* (*f.* **-a**; *pl.* **-ci**) Afro-Asian.

afrocubano **I** *a.* Afro-Cuban. **II** *m.* (*f.* **-a**) Afro-Cuban.

afrodisiaco (*pl.* **-ci**) **I** *a.* aphrodisiac. **II** *m.* aphrodisiac.

Afrodite *n.pr.f.* (*Mitol*) Aphrodite.

afrore *m.* stench, reek.

afta *f.* (*Med,Veter*) aphtha. □ (*Med,Veter*) ~ *epizootica* foot-and-mouth disease, (*Am*) hoof-and-mouth disease.

after hours /ˌafter'awarz/ *m.inv.* **1** (*festa*) all-night rave-up, all-night rave. **2** (*locali*) discos and pubs, (*Am*) clubs (that open late at night and close late in the morning).

after shave /ˌafter'ʃejv/ *m.inv.* (*Cosmet*) after shave.

AG *Antigua e Barbuda* AG (Antigua and Barbuda).

agalassia *f.* (*Med*) agalactia.

Agamennone *n.pr.m.* (*Mitol*) Agamemnon.

agamia *f.* (*Biol*) agamogenesis.

agamico (*pl.* **-ci**) *a.* (*Biol*) agamic, agamous: *riproduzione agamica* agamic reproduction.

agapanto *m.* (*Bot*) agapanthus, (*Am*) African lily.

agape *f.* (*Rel,lett*) agape.

agar-agar *m.inv.* agar, agar-agar.

agarico (*pl.* **-ci**) *m.* (*Bot*) agaric. □ (*Bot*) ~ *bianco* larch agaric, white agaric.

agata f. (*Min,Oref*) agate.

agave f. (*Bot*) agave.

agenda f. **1** diary, (*Am*) appointment book, organizer. **2** (*taccuino*) notebook. **3** (*ordine del giorno*) agenda. □ ~ *da tavolo* desk diary; ~ *elettronica* organizer; ~ *tascabile* pocket diary.

agendina f. pocket diary, pocketbook.

agente m./f. **1** (*Comm*) agent: *l'*~ *della ditta X* the agent for firm X. **2** (*di polizia*) policeman (*f.* -woman). **3** (*Chim,Fis,Med,Inform*) agent. **4** (*di attori, cantanti*) manager, agent. □ *agenti atmosferici* atmospheric agents; (*Med*) ~ *cancerogeno* carcinogen, carcinogenic substance, cancer-causing substance; *agenti chimici* chemical agents; ~ *commerciale* commercial agent; ~ *commissionario* commission broker, commission agent; ~ *consolare* consular agent; ~ *delle imposte* (o ~ *delle tasse*) tax collector; ~ *di assicurazione* insurance agent; (*Econ*) ~ *di borsa* stockbroker; (*Econ*) ~ *di cambio* stockbroker; ~ *di commercio* commercial agent; ~ *di custodia* (*di un carcere*) (*Br*) warder, (*Am*) prison guard, jailer; ~ *di noleggio* chartering agent; ~ *di polizia* policeman; ~ *di vendita* sales agent; ~ *doganale* customs officer; (*Comm*) ~ *esclusivo* (*rappresentante*) sole agent; *agenti fisici* physical agents; ~ *immobiliare* estate agent, real estate agent, (*Am*) realtor; (*Med*) ~ *infettivo* agent of infection; ~ *investigativo* detective; ~ *marittimo* shipping agent; (*Med*) ~ *patogeno* pathogen, pathogenic agent; ~ *provocatore* agent provocateur; ~ *pubblicitario*: 1 advertising agent, adman; 2 (*al servizio di una persona celebre*) press agent, publicity agent; ~ *segreto* secret agent, undercover agent.

agenzia f. **1** agency, bureau: ~ *stampa* press agency. **2** (*filiale*) branch (office). **3** (*Giorn*) press release (from a press agency). □ ~ *di assicurazione* insurance agency; ~ *di banca* bank branch; ~ *di collocamento* employment agency, employment bureau; ~ *di distribuzione* distributor; ~ *di informazioni* information bureau, enquiry office; ~ *di intermediazione* brokerage house, broking house; ~ *di investigazione* detective agency; ~ *di prestito su pegni* pawn agency, pawnshop; ~ *di recapito autorizzato* delivery service; ~ *di traduzioni* translation agency; ~ *di trasporti* forwarding agency; ~ *di viaggi* travel agency, travel bureau; ~ *governativa* government agency; ~ *immobiliare* estate agent's, estate agent's office, real estate agent's; ~ *marittima* shipping agency; ~ *matrimoniale* (*Br*) marriage bureau; (*Am*) marriage agency; ~ *pubblicitaria* advertising agency, ad agency.

agevolare (**agévolo**) v.t. **1** (*rendere agevole*) to facilitate, to make easy, to make easier: ~ *un compito a qcu.* to make a task easy for so. **2** (*aiutare*) to help. **3** (*Econ*) to accomodate. **4** (*Dir*) to be an accessory, to aid and abet: ~ *la fuga a un prigioniero* to be an accessory to a prisoner's escape.

agevolato a. **1** facilitated, easy, made easy. **2** (*Econ*) soft, concessional: *mutuo* ~ concessional loan, soft loan; *tasso* ~ concessional rate.

agevolazione f. **1** (*Econ*) concession, reduction: *agevolazioni fiscali* tax concession, fiscal concessions, tax relief. **2** (*facilitazione*) facilitation, facility. □ *agevolazioni creditizie* credit facilities, easy credit terms; *agevolazioni di pagamento* easy terms of payment.

agevole a. **1** (*facile*) easy, light: *compito* ~ easy task. **2** (*senza sforzo*) effortless. **3** (*rif.*

a strada) smooth. **4** (*lett*) (*dolce*) soft, smooth.

agevolmente avv. easily.

agganciamento m. **1** hooking, clasping, fastening. **2** (*Mecc*) coupling: ~ *automatico* automatic coupling; *allentare l'*~ to release the coupling. **3** (*Astron*) docking.

agganciare (**aggàncio, aggànci**) v.t. **1** to hook up, to fasten, to do up: ~ *un vestito* to hook up a dress. **2** (*sospendere a un gancio*) to hang up. **3** (*Ferr,Aut*) to hitch, to couple up: ~ *un vagone* to couple up a coach; ~ *il rimorchio all'autocarro* to couple up the trailer to the lorry. **4** (*Mil*) to engage. **5** (*fig*) (*trattenere qcu. per parlargli*) to buttonhole; (*flirtando*) to chat up. **6** (*Astron*) to dock. **7** (*con il radar*) to lock on. **8** (*scherz*) (*abbordare*) to pick up: ~ *una ragazza* to pick up a girl. □ (*Sport*) ~ *la palla* to control the ball.

aggancio m. hooking, clasping, fastening.

aggeggio m. **1** (*oggetto di poco conto*) gadget. **2** (*estens*) (*oggetto di cui non si conosce l'uso*) contraption. **3** (*estens*) (*coso*) thing, what-d'you call it, what's-its-name, whatchamacallit.

Aggeo n.pr.m. (*Bibl*) Haggai.

aggettante a. (*Arch*) jutting, jutting out (*pred.*): *cornice* ~ jutting cornice.

aggettare (**aggètto**; *aus.* **essere**) v.i. (*Arch*) to overhang, to jut (out).

aggettivale a. (*Ling*) adjectival: *locuzione* ~ adjectival phrase.

aggettivare (**aggettìvo**) v.t. **1** (*Ling*) (*rendere aggettivo*) to turn (sth.) into an adjective. **2** (*Ling*) (*adoperare come aggettivo*) to use (sth.) as an adjective: ~ *un participio* to use a participle as an adjective. **3** (*rar*) (*usare aggettivi*) to use adjectives.

aggettivato a. (*Ling*) used as an adjective, attributive: *sostantivo* ~ attributive noun.

aggettivazione f. (*Ling*) use of adjectives.

aggettivo m. **1** (*Gramm*) adjective. **2** (*estens*) (*epiteto*) epithet. □ (*Gramm*) ~ *dimostrativo* demonstrative adjective; (*Gramm*) ~ *predicativo* predicative adjective; (*Gramm*) ~ *qualificativo* qualifying adjective, attributive adjective, qualifier; (*Gramm*) ~ *sostantivato* adjective used as a noun.

aggetto m. **1** (*Arch*) overhang, jut. **2** (*Mecc*) boss, lug. **3** (*Geol*) ledge, scarcement. □ (*Arch*) *in* ~ overhanging, projecting, jutting out.

agghiacciante a. harrowing, ghastly, horrific.

agghiacciare (**agghiàccio, agghiàcci**) I v.t. **1** (*rar*) to freeze, to chill: *il vento mi agghiacciò le mani* the wind froze my hands. **2** (*fig*) (*far inorridire*) to make one's blood run cold. **3** (*fig*) (*smorzare*) to dampen, to chill: ~ *l'entusiasmo di qcu.* to dampen so.'s enthusiasm. II v.i. (*aus.* **essere**) (*rar*) to freeze, to turn to ice: *il lago agghiaccia* the lake is freezing (over). □ (*fig*) ~ *il sangue a qcu.* to curdle one's blood, to make one's blood run cold.

agghindamento m. (*rar*) (*l'agghindarsi*) dressing-up, rigging-out.

agghindare (**agghìndo**) I v.t. to dress up, to deck out. II v.pron. **agghindarsi** to dress oneself up, to deck oneself out, (*colloq*) to do up.

agghindato a. decked out, dressed up: ~ *a festa* decked out in one's Sunday best, dressed up to the nines.

aggio m. **1** commission. **2** (*Econ*) agio; (*premio*) premium. □ (*Econ*) ~ *sull'oro* premium on gold; (*Econ*) ~ *variabile* variable premium.

aggiogare (**aggiògo, aggiòghi**) v.t. **1** to

yoke: ~ *i buoi all'aratro* to yoke the oxen to the plough. **2** (*fig*) (*soggiogare*) to subjugate, to subdue. □ (*fig*) ~ *qcu. al proprio carro* to enlist so.'s aid, (*colloq*) to rope so. in.

aggiornamento m. **1** bringing up-to-date, updating. **2** (*rif. a libri*) updating. **3** (*rif. a impianti*) modernization. **4** (*supplemento*) supplement. **5** (*rinvio*) adjournment, continuation: ~ *della sessione* adjournment of the session. **6** (*di insegnanti*) updating, continuing education: ~ *online* online continuing education. **7** (*Inform*) updating, upgrading. **8** (*Elettron*) refresh.

aggiornare (**aggiórno**) I v.t. **1** (*mettere al corrente*) to bring (sth.) up-to-date, to update. **2** (*rivedere edizioni*) to keep (sth.) up-to-date; (*rif. a libri*) to update. **3** (*rinviare*) to defer, to adjourn: ~ *una proposta* to defer a proposal; *la seduta è aggiornata a domani* the meeting is adjourned to tomorrow. **4** (*Inform*) to update, to upgrade. **5** (*Elettron*) to refresh. II v.pron. **aggiornarsi 1** (*mettersi al corrente*) to get up-to-date, to bring oneself up-to-date: (*scherz*) *aggiornati!* get with it! **2** (*tenersi al corrente*) to keep up with the times. □ (*Inform*) *aggiorna* (*comando di browser*) reload.

aggiornato a. **1** (*rif. a cose*) up-to-date; (*rif. a libri*) updated. **2** (*moderno*) modern, up-to-date. **3** (*differito*) adjourned, postponed. **4** (*informato*) up-to-date, well-informed, abreast (*pred.*), au fait: *non mi sembri troppo* ~ *su questa questione* you don't seem to be very well-informed about this matter.

aggiotaggio m. (*Econ*) **1** rigging the market. **2** (*in borsa*) agiotage.

aggiotatore m. (*f.* **-trice**) (*Econ*) **1** rigger. **2** (*in borsa*) stockjobber, jobber.

aggiramento m. **1** (*l'aggirare*) going round. **2** (*Mil*) outflanking. **3** (*fig*) (*inganno*) deceit, deception.

aggirare (**aggìro**) I v.t. **1** to go round, to get round, to avoid (*anche fig*): ~ *un ostacolo* to avoid an obstacle, to get round a difficulty, (*Am*) to get around a difficulty. **2** (*Mil*) to outflank. **3** (*fig*) (*ingannare*) to deceive, to outwit; (*rif. a leggi, normative*) to circumvent, to get round. II v.pron. **aggirarsi 1** (*vagare*) to wander, to roam, to go about: *aggirarsi per le strade* to roam the streets, to wander about the streets. **2** (*con intenzioni sospette*) to hang about, to lurk around. **3** (*trattare*) to centre around, to turn upon: *la conversazione si aggira sui soliti argomenti* the conversation centres around the usual subjects. **4** (*approssimarsi*) to be about, to come to about, to come to around: *il prezzo si aggira sui duemila euro* the price comes to about two thousand euros.

aggiudicare (**aggiùdico, aggiùdichi**) v.t. **1** to award: ~ *un premio* to award a prize; ~ *un appalto* to award a contract. **2** (*con una sentenza*) to adjudge; (*con un concorso*) to allot. **3** (*nelle aste*) to knock down, to sell: ~ *qcs. al miglior offerente* to sell sth. to the highest bidder. **4** (*ottenere*) to obtain, to win: *si è aggiudicato la vittoria* he was victorious, he won. □ *aggiudicato!*: 1 (*nelle aste*) gone!; 2 (*estens, scherz*) done!, decided!

aggiudicatario m. **1** (*in un'asta*) highest bidder. **2** (*chi riceve in appalto*) contractor.

aggiudicativo a. awarding, adjudicative: (*Dir*) *sentenza aggiudicativa* award.

aggiudicazione f. **1** award, adjudication, adjudging, allotment. **2** (*all'asta*) selling, knocking-down. □ ~ *di appalto* contract award.

aggiungere (*pres.ind.* **aggiùngo, aggiùngi**;

aggiunsi; *p.p.* **aggiùnto**) **I** *v.t.* to add (*anche fig*): *~ del sale al brodo* to add salt to the broth; *non aggiungo altro* I have nothing to add, I won't say anything more, I won't say anymore. **II** *v.pron.* **aggiungersi 1** to join, to be added: *un altro viaggiatore si aggiunse alla comitiva* another traveller joined the group. **2** (*seguire*) to follow, to come: *a questa disgrazia si aggiunse anche la malattia del padre* on top of this disaster came his father's illness.

aggiunsi → **aggiungere**.

aggiunta *f.* **1** addition, inclusion: *con l'~ di pochi centesimi* with the addition of only a few cents. **2** (*Edil*) extension. □ *in ~* further, furthermore.

aggiungere (**aggiùnto**) *v.t.* **1** to join, to fasten: *~ due funi* to join two ropes. **2** (*cucendo*) to stitch (sth.) together.

aggiuntatura *f.* **1** (*l'aggiuntare*) joining; (*cucendo*) stitching. **2** (*punto di aggiuntatura*) joint, junction; (*nel cucito*) seam.

aggiuntivo *a.* additional, supplementary, extra.

aggiunto **I** *a.* **1** (*rif. a persona*) assistant (*attr.*), deputy (*attr.*). **2** (*rif. a cose*) additional, supplementary, extra. **II** *m.* **1** assistant, deputy. **2** (*sostituto*) substitute.

aggiustabile *a.* repairable, mendable.

aggiustaggio *m.* (*Mecc*) adjustment, fitting. □ (*Ott*) *~ alla vista* image adjustment.

aggiustamento *m.* **1** (*rar*) (*l'accomodare*) mending, repairing, repair. **2** (*fig*) (*accomodamento*) arrangement, agreement. **3** (*Arm*) ranging. **4** (*Econ*) adjustement: *~ dei prezzi* price adjustement. **5** (*Psic*) adaptation.

aggiustare (**aggiùsto**) **I** *v.t.* **1** (*riparare*) to repair, to fix, to mend: *~ una macchina* to repair a machine. **2** (*rammendare*) to mend. **3** (*riassettare*) to rearrange, to adjust: *aggiustarsi la cravatta* to adjust one's tie, to straighten one's tie, to fix one's tie. **4** (*fig*) (*sistemare*) to arrange, to settle: *~ una controversia* to settle a dispute. **5** (*colloq,iron*) (*rif. a persone*) to put straight, to fix: *ora ti aggiusto io* now I'll put you straight, now I'll set you straight. **II** *v.pron.* **aggiustarsi 1** (*accordarsi*) to agree, to come to an agreement, to come to an understanding: *per il prezzo ci aggiusteremo* we'll come to an understanding about the price. **2** (*risolversi*) to come out right: *alla fine tutto si aggiusterà* it will all come out right in the end. **3** (*colloq*) (*sistemarsi alla meglio*) to make do, to adapt: *per una notte ci aggiusteremo con questo letto* we'll make do with this bed for one night. **4** (*colloq*) (*di tempo*) to improve: *il tempo si aggiusta* the weather is improving. □ *~ un calcio a qcu.* to land so. a kick; *~ un conto* to settle an account; (*fig*) *~ i conti con qcu.* to settle accounts with so.; *~ di sale* to add salt; *~ il tiro* : 1 (*Arm*) to range; 2 (*fig*) to redefine one's objectives; (*fig*) *~ una lite* to settle an argument; *~ un processo* to fix a verdict.

aggiustato *a.* **1** repaired, mended. **2** (*lett*) (*preciso*) precise, accurate.

aggiustatura *f.* **1** (*l'aggiustare*) repairing, mending. **2** (*punto aggiustato*) repair, mend.

agglomeramento *m.* **1** (*assembramento*) throng, crowd. **2** (*rif. a cose*) agglomeration.

agglomerante **I** *m.* (*Tecn*) binder. **II** *a.* agglomerative.

agglomerare (**agglòmero**) **I** *v.t.* to agglomerate. **II** *v.pron.* **agglomerarsi 1** to agglomerate (*anche Geol*). **2** (*rif. a persone*) to crowd together, to gather.

agglomerato **I** *a.* agglomerate. **II** *m.* **1** ag-

glomeration, conglomeration. **2** (*centro abitato*) built-up area, conurbation, (*densely*) populated area: *i grandi agglomerati urbani* the great conurbations. **3** (*Geol*) agglomerate.

agglomerazione *f.* **1** (*l'agglomerarsi*) agglomeration, concentration. **2** (*assembramento: rif. a persone*) throng, crowd. **3** (*ammucchiamento: rif. a cose*) agglomeration.

agglutinamento *m.* agglutination (*anche Ling,Biol*).

agglutinante **I** *a.* **1** agglutinative, agglutinant (*anche Biol*): *sostanza ~* agglutinant (substance). **2** (*Ling*) agglutinative: *lingue agglutinanti* agglutinative languages. **II** *m.* (*Tecn,Biol*) binder, agglutinative substance, agglutinant.

agglutinare (**agglùtino**) *v.t./r.* to agglutinate (*anche Biol,Ling*).

agglutinazione *f.* agglutination (*anche Biol, Ling*).

agglutinina *f.* (*Biol,Chim*) agglutinin.

agglutinogeno *m.* (*Biol,Chim*) agglutinogen.

agglomitolare (**agglomìtolo**) **I** *v.t.* to wind (into a ball), to roll up. **II** *v.pron.* **agglomitolarsi** (*rannicchiarsi*) to curl up, to huddle up.

agglomitolato *a.* **1** (*rannicchiato*) curled up, coiled. **2** (*rar*) (*in gomitoli*) wound in a ball.

aggottamento *m.* **1** (*Mar*) bailing, bailing out. **2** (*prosciugamento*) draining, pumping out.

aggottare (**aggòtto**) *v.t.* **1** (*Mar*) to bail, to bail out. **2** (*prosciugare*) to drain, to pump out, to scoop up.

aggradare (**aggràda**; *used only in 3rd pers. sing. of pres.ind.*) *v.i.* (*lett*) to like (*costr.pers.*), to please: *fai come ti aggrada* do as you like, do as you please; *l'idea non mi aggrada* I don't like this idea.

aggraffare (**aggràffo**) *v.t.* **1** (*Mecc*) (*fissare con graffe*) to clamp, to seam, to clinch. **2** (*afferrare*) to seize, to clutch, to grasp.

aggraffatrice *f.* (*Mecc*) seam folding machine, seamer.

aggraffatura *f.* **1** (*fissaggio con graffe*) seaming. **2** (*punto fissato*) seam; (*rif. a scatolame*) double seam.

aggrappare (**aggràppo**) **I** *v.t.* **1** to seize, to grasp, to hold fast. **2** (*lett*) (*di ancora*) to bite, to grip. **II** *v.pron.* **aggrapparsi 1** (*afferrarsi*) to cling (*a* to), to catch hold (*a* of), to grab hold (*a* of), to clutch (*a* at): *si aggrappò al ramo* he caught hold of the branch. **2** (*fig*) to cling (*a* to), to stick (*a* to): *aggrapparsi a un'idea* to cling to an idea; *aggrapparsi alla speranza* to cling to hope.

aggravamento *m.* worsening, aggravation (*anche Med*): *l'~ di una malattia* the worsening of an illness. □ (*Dir*) *~ della pena* increase in sentence.

aggravante **I** *a.* (*Dir*) aggravating: *circostanze aggravanti* aggravating circumstances. **II** *f.* (*Dir*) aggravating circumstance.

aggravare (**aggràvo**) **I** *v.t.* **1** (*peggiorare*) to aggravate, to make (sth.) worse, to worsen: *questo aggrava la situazione* this makes the situation worse. **2** (*aumentare*) to increase, to augment: *~ la responsabilità di qcu.* to increase so.'s responsibility. **3** (*appesantire*) to burden, to overload: *~ lo stomaco di cibi* to stuff oneself, to overeat. **II** *v.pron.* **aggravarsi 1** (*divenire più grave, più serio*) to become more serious, to get more serious, to grow more serious: *la situazione si è aggravata* the situation has become more serious. **2** (*peggiorare*) to become worse, to get worse, to worsen: *le condizioni del ferito si*

sono aggravate the wounded man's condition has got worse (*o* has worsened). □ (*lett*) *aggravarsi di anni* to age; (*Dir*) *~ la pena* to increase the sentence.

aggravato *a.* **1** (*peggiorato*) worsened, worse. **2** (*Dir*) aggravated.

aggravio *m.* **1** (*inasprimento*) increase, rise: *~ fiscale* tax increase. **2** (*lett*) (*torto*) injustice. **3** (*lett*) (*peso*) burden, load: *essere di ~ a qcu.* to be a burden to so. □ (*fig, lett*) *~ di coscienza* twinge of conscience.

aggraziare (**aggràzio**, **aggràzi**) *v.t.* to make (sth.) pretty, to make (sth.) graceful, to make (sth.) pleasant.

aggraziato *a.* **1** (*grazioso*) pretty. **2** (*di belle maniere*) gracious, gentle-mannered, graceful. □ *essere ~ nel muoversi* to move gracefully.

aggredire (**aggredìsco**, **aggredìsci**) *v.t.* **1** to attack, to assault, to assail: *~ qcu. alle spalle* to attack so. from behind. **2** (*Chim*) (*corrodere*) to corrode, to eat away. **3** (*fig*) (*affrontare con determinazione*) to attack, (*colloq*) to go for. **4** (*fig*) (*con parole offensive*) to attack, to assail.

aggregamento *m.* (*rar*) aggregation.

aggregare (**aggrègo**, **aggrèghi**) **I** *v.t.* **1** to admit, to associate, to aggregate: *~ un nuovo socio* to admit a new member. **2** (*Pol*) to annex: *~ un territorio straniero* to annex a foreign territory. **II** *v.pron.* **aggregarsi 1** (*unirsi*) to unite, to join together. **2** (*unirsi a un gruppo*) to join, to associate with; (*rif. a persone indesiderate*) to tag along. **3** (*di cristalli ecc.*) to aggregate, to combine.

aggregativo *a.* aggregative, associative.

aggregato **I** *a.* **1** united, joint, associated. **2** (*rif. a funzionari*) temporarily attached. **3** (*Econ*) aggregate, total. **4** (*Geol*) aggregate. **II** *m.* **1** aggregation. **2** (*Biol,Chim,Mat,Geol,Econ*) aggregate: *aggregati economici* economic aggregates. □ *un ~ di case* a block of houses; *~ urbano* conurbation.

aggregazione *f.* **1** (*l'associare*) admission, association. **2** (*gruppo di persone*) aggregation, mass. **3** (*Pol,rar*) annexation. **4** (*Fis*) aggregation.

aggressione *f.* **1** attack, assault: *essere vittima di un'~* to be the victim of an attack; *respingere un'~* to fend off an attack, to resist an attack. **2** (*Pol*) aggression. □ *~ a mano armata* (*o ~ armata*) armed assault.

aggressivamente *avv.* aggressively.

aggressività *f.* aggressiveness: *~ giovanile* youthful aggressiveness.

aggressivo **I** *a.* aggressive (*anche Sport, Econ*): *atteggiamento ~* aggressive temperment, aggressive behaviour, aggressive attitude; *design ~* aggressive design. **II** *m.* **1** (*Chim,Mil*) weapon: *aggressivi chimici* chemical weapons. **2** (*f.* **-a**) aggressive person.

aggressore **I** *a.* attacking, aggressive. **II** *m.* **1** attacker, assailant (*anche Mil*). **2** (*Pol*) aggressor.

aggrinzare (**aggrìnzo**) **I** *v.t.* to wrinkle: *~ la fronte* to wrinkle one's forehead. **II** *v.i.* (*aus.* **essere**) to shrivel, to wrinkle, to wrinkle up. **III** *v.pron.* **aggrinzarsi** to shrivel, to wrinkle, to wrinkle up.

aggrinzire (**aggrinzìsco**, **aggrinzìsci**) **I** *v.t.* to wrinkle: *~ la fronte* to wrinkle one's forehead. **II** *v.i.* (*aus.* **essere**) to shrivel, to wrinkle, to wrinkle up. **III** *v.pron.* **aggrinzirsi** to shrivel, to wrinkle, to wrinkle up.

aggrinzito *a.* wrinkled, shrivelled: *un volto ~* a wrinkled face; *mela aggrinzita* shrivelled apple.

aggrondare (**aggróndo**) **I** *v.t.* (*lett*) to wrinkle, to contract. **II** *v.pron.* **aggrondarsi** (*lett*) (*corrucciarsi*) to darken, to frown. ☐ ~ *la fronte* to frown, to knit one's brows.

aggrondato *a.* (*lett*) frowning, sullen: *apparire* ~ to look sullen.

aggrottamento *m.* frowning.

aggrottare (**aggròtto**) *v.t.* to contract. ☐ ~ *la fronte* to knit one's brows; ~ *le sopracciglia* to frown.

aggrottato *a.* **1** (*corrugato*) contracted, wrinkled: *con le ciglia aggrottate* frowning. **2** (*accigliato*) frowning, sullen, gloomy.

aggrovigliamento *m.* **1** (*l'aggrovigliarsi*) entanglement. **2** (*groviglio*) entanglement, tangle.

aggrovigliare (**aggròviglio, aggròvigli**) **I** *v.t.* to tangle, to entangle. **II** *v.pron.* **aggrovigliarsi** to become tangled, to get tangled, to become entangled, to get entangled (*anche fig*). ☐ (*fig*) ~ *la matassa* to confuse the issue.

aggrovigliato *a.* **1** tangled, entangled. **2** (*fig*) involved, complicated, difficult, tangled, entangled: *una situazione aggrovigliata* an involved situation.

aggrumarsi (**mi aggrùmo**) *v.pron.* **1** (*di sangue: coagularsi*) to clot, to coagulate. **2** (*di latte: cagliarsi*) to curdle.

aggrumato *a.* clotted, coagulated: *sangue* ~ coagulated blood.

aggruppamento *m.* **1** (*ammassamento*) group, cluster: *un* ~ *di persone* a group of people, a cluster of people. **2** (*rar*) (*azione*) grouping, gathering.

aggruppare (**aggrùppo**) **I** *v.t.* **1** (*radunare*) to assemble, to collect. **2** (*rar*) (*riunire in gruppo*) to group, to arrange (sth.) in groups. **II** *v.pron.* **aggrupparsi** (*rar*) to form a group, to gather, to assemble.

agguagliare (**agguàglio, agguàgli**) **I** *v.t.* **1** (*rar*) (*pareggiare*) to level, to make (sth.) even; (*tagliando*) to trim: ~ *la siepe* to trim the hedge. **2** (*lett*) (*divenire uguale*) to equal, to match. **3** (*lett*) (*adeguare*) to adjust, to adapt, to conform. **II** *v.pron.* **agguagliarsi** (*lett*) (*paragonarsi*) to compare oneself (*a* to).

agguantare (**agguànto**) **I** *v.t.* **1** (*afferrare*) to catch, to seize, to grasp, (*rubando*) to snatch: ~ *qcu. per un braccio* to grab so. by the arm. **2** (*colloq*) (*colpire*) to hit. **3** (*Mar*) to hold. **II** *v.pron.* **agguantarsi** to cling (*a* to), to clutch (*a* at).

agguato *m.* **1** (*tranello, insidia*) trap, snare: *cadere in un* ~ to fall into a trap. **2** (*Mil*) (*imboscata*) ambush: *tendere un* ~ to ambush; *stare in* ~ to lie in ambush. ☐ (*fig*) *in* ~ looming, looming on the horizon, impending.

agguerrimento *m.* (*rar*) **1** battle training. **2** (*fig*) (*il rendere forte*) strengthening.

agguerrire (**agguerrìsco, agguerrìsci**) **I** *v.t.* **1** (*Mil,rar*) to train for war: ~ *i soldati* to train soldiers for war. **2** (*estens*) to strengthen, to inure, to temper. **II** *v.pron.* **agguerrirsi** (*Mil,rar*) to train for war. **2** (*fig*) to be ready for battle, to harden oneself, to be battle-hardened.

agguerrito *a.* **1** (*ben addestrato*) well-trained: *un esercito* ~ a well-trained army. **2** (*estens*) (*valoroso*) brave, fierce. **3** (*fig*) (*forte*) battle-hardened, cut-throat, callous, aggressive, heartless, tough. **4** (*fig*) (*preparato*) expert: *uno storico* ~ an expert historian.

aghetto *m.* **1** (*puntale della stringa*) tag, aglet. **2** (*Mil*) aiguillette.

aghifoglia *f.* (*Bot*) conifer.

aghiforme *a.* needle-shaped, aciculated.

AGI 1 *Agenzia Giornalistica Italia* (Italian news agency). **2** (*Stor*) *Anno Geofisico Internazionale* IGY (International Geophysical Year).

agiatamente *avv.* comfortably, easily: *vivere* ~ to be comfortably off.

agiatezza *f.* **1** (*ricchezza*) affluence, prosperity, wealth. **2** (*comodità*) comfort. ☐ *vivere nell'* ~ to be well off.

agiato *a.* **1** (*benestante*) well-to-do, well-off, comfortably off, wealthy: *famiglia di condizioni agiate* well-to-do family. **2** (*comodo*) comfortable.

agibile *a.* **1** (*utilizzabile*) ready for use, operational, serviceable: *lo stadio non è* ~ the stadium is not operational. **2** (*sicuro*) safe. **3** (*rif. a strada*) practicable. **4** (*rif. a campo da gioco*) playable, suitable for play.

agibilità *f.* **1** fitness for use, readiness. **2** (*rif. a strada*) practicableness. **3** (*rif. a campo da gioco*) playability, suitability for play.

agile *a.* **1** agile, nimble, quick, sprightly: *dita agili* nimble fingers. **2** (*fig*) (*snello*) slender, trim. **3** (*fig*) (*pronto*) lively, quick, ready: *una mente* ~ a quick mind. **4** (*fig*) (*semplice: di manuali, libri*) simple, friendly. ☐ (*fig*) ~ *come una gazzella* as nimble as a cat on a hot tin roof; (*fig*) ~ *come una pantera* as agile as a panther; (*fig*) *essere* ~ *di mano* to be light-fingered; (*fig*) ~ *di mente* quick-minded.

agilità *f.* **1** agility, nimbleness, quickness. **2** (*fig*) quickness, liveliness, readiness. **3** (*Mus*) (musical) agility.

agilmente *avv.* nimbly, quickly, with agility.

agio *m.* **1** (*comodità*) ease, comfort. **2** (*rif. al tempo disponibile*) leisure. **3** (*opportunità*) opportunity, chance: *dare* ~ *a qcu. di fare qcs.* to give so. the opportunity of doing sth. **4** (*Mecc*) play. **5** *pl.* (*comodità della vita*) comfort *sing.*, comforts; (*ricchezza*) wealth *sing.*: *vivere negli agi* to live in comfort, to enjoy all comforts. ☐ *essere a proprio* ~ to be at (one's) ease; *mettersi a proprio* ~ to make oneself at home, to put oneself at ease, to make oneself comfortable.

agiografia *f.* hagiography (*anche estens*).

agiografico (*pl.* **-ci**) *a.* hagiographic (*anche estens*).

agiografo *m.* hagiographer (*anche estens*).

agire (**agìsco, agìsci**; *aus.* **avere**) *v.i.* **1** (*fare, operare*) to act, to operate: ~ *di comune accordo* to act by mutual consent. **2** (*funzionare*) to work, to run. **3** (*esercitare un'azione*) to work, to have effect, to take effect: *il farmaco sta agendo* the drug is taking effect. **4** (*comportarsi*) to behave: ~ *male* to behave badly; ~ *da galantuomo* to behave like a gentleman. **5** (*Dir*) to take action, to take legal proceedings, to proceed: ~ *legalmente contro qcu.* to take legal proceedings against so. **6** (*Med*) to act on, to act upon, to affect: *il farmaco agisce sul sistema nervoso* the drug acts (up)on the nervous system. **7** (*Psic*) (*agire impulsivamente*) to act out. ☐ ~ *d'impulso* to act on impulse.

agitabile *a.* **1** shakeable, shakable. **2** (*impressionabile*) excitable.

agitare (**àgito**) **I** *v.t.* **1** to wave: ~ *il cappello in segno di saluto* to wave one's hat as greeting. **2** (*scuotere*) to shake, to agitate: ~ *prima dell'uso* shake before using. **3** (*incitare*) to stir (up), to rouse, to agitate: ~ *le masse* to stir up the masses. **4** (*eccitare*) to stir, to excite, to stimulate: ~ *l'animo* to stir the heart, to stir the spirit. **5** (*turbare*) to trouble, to upset. **6** (*dimenare*) to lash, to wag. **7** (*discutere*) to discuss, to debate, to air: ~ *una questione* to air a question. **II** *v.pron.* **agitarsi 1**

to toss, to be restless: *agitarsi nel sonno* to toss in one's sleep. **2** (*sollevarsi*) to become rowdy, to become unruly: *il popolo comincia ad agitarsi* the people are becoming unruly. **3** (*turbarsi*) to get upset, to become troubled, to worry: *agitarsi per cose da nulla* to get upset over nothing. **4** (*rif. al mare*) to get rough, to rise: *il mare cominciò ad agitarsi* the sea began to get rough, the sea began to rise. **5** (*rif. alle vele*) to flap. ☐ ~ *il fazzoletto* (*in segno di saluto*) to wave one's handkerchief.

agitato *a.* **1** (*mosso*) agitated; (*rif. al mare*) rough. **2** (*inquieto*) troubled, restless: *una notte agitata* a restless night; *sonno* ~ troubled sleep. **3** (*turbato*) disturbed, troubled, upset: *sono molto* ~ *per ciò che mi hai detto* I am very disturbed about what you have told me. **4** (*Mus*) agitato.

agitatore *m.* **1** (*f.* **-trice**) agitator. **2** (*Mecc*) agitator.

agitazione *f.* **1** agitation, excitement: *in uno stato di* ~ in a state of agitation. **2** (*fig*) (*subbuglio*) turmoil, tumult. **3** (*fig*) (*animazione*) bustle, hustle. **4** (*Fis*) excitation. ☐ *farsi prendere dall'* ~ to panic; *mettere qcu. in* ~ to agitate so.; *agitazioni operaie* labour unrest (*costr.sing.*), industrial unrest (*costr.sing.*); *stare in* ~ to be anxious, to worry (*per* about).

agit-prop *m./f.inv.* (*Pol*) agitprop.

agli → **a¹**.

agliaio *m.* (*Agr*) garlic field.

aglio *m.* (*Bot,Alim*) garlic.

agnatizio *a.* (*Dir*) agnatic, agnate.

agnato *m.* (*Dir*) agnate.

agnazione *f.* (*Dir*) agnation.

agnellino *m.* **1** (*Zool*) lambkin, suckling lamb. **2** (*fig*) meek and gentle person, little lamb. **3** (*pelliccia*) lamb, lambskin. ☐ ~ *di Persia* Persian lamb.

agnello *m.* **1** (*Zool*) lamb: *lana di* ~ lambswool, lamb's wool; *costoletta di* ~ lamb chop. **2** (*pelliccia*) lamb, lambskin. **3** (*fig*) meek and gentle person: *essere un* ~ to be meek and mild. ☐ (*Bibl*) *l'Agnello di Dio* the Lamb of God; ~ *pasquale* paschal lamb.

Agnese *n.pr.f.* Agnes.

agnizione *f.* (*Lett*) recognition.

agnocasto *m.* (*Bot*) chaste tree.

agnolotto *m.* (*Gastron*) agnolotto (small semicircular raviolo).

agnosticismo *m.* (*Filos*) agnosticism.

agnostico (*pl.* **-ci**) **I** *a.* (*Filos*) agnostic. **II** *m.* (*f.* **-a**) (*Filos*) agnostic.

ago (*pl.* **-ghi**) *m.* **1** needle: *infilare un* ~ to thread a needle. **2** (*di strumenti di misura*) index, needle, pointer: ~ *di bilancia* index of a scale; ~ *della bussola* compass needle; ~ *magnetico* magnetic needle. **3** (*Bot*) needle: *aghi di pino* pine needles. ☐ *aghi da maglia* knitting needles; ~ *da rammendo* darning needle; ~ *da ricamo* embroidery needle; (*Chir*) ~ *da sutura* suture needle; (*fig*) *essere l'* ~ *della bilancia* to hold the balance of power; (*Ferr*) ~ *dello scambio* switch blade; ~ *per iniezioni* (hypodermic) needle; ~ *per siringhe* (hypodermic) needle; ~ *torto* (uncinetto) crochet, hook.

agoaspirato *m.* **1** (*Med*) sample derived from fine-needle aspiration to be sent to the lab. **2** (*colloq*) (*agoaspirazione*) fine-needle aspiration.

agoaspirazione *f.* (*Med*) fine-needle aspiration.

agognare (**agógno**) *v.t.* (*lett*) to long for, to yearn for, to crave, to thirst for: ~ *la gloria* to thirst for glory.

agognato *a.* (*lett*) coveted, longed for.

à gogo *avv.* galore (*posposto*), (*ant,colloq*) à gogo (*posposto*).

agone [1] *m.* **1** (*Stor.gr*) agon. **2** (*lett*) (*gara*) contest, competition: ~ *poetico* poetry contest. **3** (*estens,lett*) (*campo di battaglia*) battlefield. □ *(fig) gettarsi* nell ~ (o *scendere nell'*~) to enter the arena.

agone [2] *m.* (*Itt*) twaite shad.

agonia *f.* **1** pangs *pl.* of death, dying hours *pl.*, deathbed, throes *pl.* of death. **2** (*fig*) agony, anxiety. □ *essere* in ~ to be on one's deathbed; *l'*~ *fu lunga* the end came slowly; *morire dopo lunga* ~ to die after a long illness.

agonico (*pl.* **-ci**) *a.* agonal: *stato* ~ agonal state.

agonismo *m.* competitive spirit, fighting spirit.

agonista I *m./f.* **1** (*Stor.gr*) agonist. **2** (*estens*) competitor. **3** (*estens,Sport*) competitor; (*rif. all'atletica*) athlete. II *m.* (*Anat*) agonist.

agonistica *f.* **1** (*Sport*) (*spec. rif. a ginnastica e nuoto*) level at which you take part in competitions. **2** (*rar*) athletics (*costr.sing.*).

agonistico (*pl.* **-ci**) *a.* **1** (*Sport*) competitive: *attività agonistica* competitive sport; (*estens*) professional sport. **2** (*fig*) (*battagliero*) agonistic, agonistical.

agonizzante *a.* in the throws of death, moribund, dying, failing.

agonizzare (**agonìzzo**; *aus.* **avere**) *v.i.* **1** (*stare per morire*) to be on one's deathbed, to be on the point of death. **2** (*estens*) (*in declino*) to be failing; (*ristagnare*) to languish.

agopressione *f.* (*Med*) acupressure.

agopuntore *m.* (*f.* **-trice**) (*Med*) acupuncturist.

agopuntura *f.* (*Med*) acupuncture.

agora , **agorà** *f.* (*Stor.gr*) agora.

agorafobia *f.* (*Psic*) agoraphobia.

agorafobo *m.* (*f.* **-a**) (*Psic*) agoraphobic.

agoraio *m.* needle case.

agostiniano **1** *a.* (*Filos,Rel*) Augustinian: *regola agostiniana* Augustinian rule, rule of St Augustine. II *m.* **1** (*f.* **-a**) (*seguace*) Augustinian. **2** (*religioso di tale ordine*) Augustinian.

agostinismo *m.* (*Filos*) Augustinism, Augustinianism.

Agostino *n.pr.m.* Augustin, Augustine, Austin: *Sant'*~ St Augustine.

agosto *m.* August. □ *di* ~ of August: *la prima settimana di* ~ the first week of August; *in* ~ in August.

agraria *f.* agriculture: *facoltà di* ~ Faculty of Agriculture.

agrario I *a.* agrarian, agricultural: *riforma agraria* agrarian reform. II *m.* **1** (*proprietario terriero*) landowner. **2** (*contadino*) agriculturist. **3** (*tecnico*) agronomist.

agreste *a.* (*lett*) rustic, rural, agrestic: *vita* ~ rural life.

agretto I *a.* **1** (*di sapore*) sourish, rather sour. **2** (*rif. a vino*) rather sharp. II *m.* **1** sour taste. **2** (*Bot*) cress, salad cress.

agrezza *f.* **1** sourness, acidity. **2** (*lett,fig*) bitterness, acrimony.

agricolo *a.* agricultural, farm (*attr.*), agrarian: *azienda agricola* farm; *produzione agricola* agricultural produce; *terreno* ~ farmland.

agricoltore *m.* (*f.* **-trice**) farmer.

agricoltura *f.* (*Agr*) agriculture, farming. □ (*Agr*) ~*biodinamica* biodynamic agriculture; (*Agr*) ~*biologica* organic farming; (*Agr*) ~*cooperativistica* co-operative farming; (*Agr*) ~*di sussistenza* subsistence farming, subsistence agriculture; (*Agr*) ~ *mista* mixed farming; (*Agr*) ~*sostenibile* sustaina-

ble agriculture.

agrifoglio *m.* (*Bot*) holly.

agrimensore *m.* surveyor, land-surveyor.

agrimensura *f.* surveying, land-surveying.

agrimonia *f.* (*Bot*) agrimony.

agrippina *f.* (*Arred*) longue, chaise longue.

Agrippina *n.pr.f.* (*Stor.rom*) Agrippina.

agriturismo *m.* **1** farmhouse holiday, (*Am*) agritourism, (*Am*) agrotourism, (*Canad,Aus*) farmstay. **2** (*estens*) (*azienda agricola*) holiday farmhouse, holiday farm. **3** (*estens*) (*ristorante*) farmhouse restaurant.

agriturista *m./f.* farmhouse holidaymaker, (*Am*) agritourist, (*Am*) agrotourist.

agrituristico (*pl.* **-ci**) *a.* farmhouse holiday (*attr.*), (*Am*) agritouristic, (*Am*) agrotouristic.

agro [1] I *a.* **1** (*acido*) acidic, sharp: *vino* ~ acidic wine. **2** (*acerbo*) sour: *arancia agra* sour orange. **3** (*fig*) harsh, sharp, bitter, hard: *parole agre* bitter words. II *m.* **1** (*sapore*) agro) sour taste, bitter taste. **2** (*fig*) bitterness, sadness. □ (*Gastron*) *all'*~ in vinegar; *fagioli all'*~ beans in vinegar.

agro [2] *m.* (*rar,Geog*) countryside. □ *l'*~ *Pontino* the Pontine marshes; *l'*~ *Romano* the Roman plain.

agroalimentare *a.* agricultural and food (*attr.*), food processing: *industria* ~ food processing industry.

agrobiologia *f.* agrobiology.

agrobiologo *m.* (*f.* **-a**; *pl.* **-gi**) agrobiologist.

agrodolce *a.* **1** (*Gastron*) sweet-and-sour, bitter-sweet. **2** (*fig*) bitter-sweet. □ (*Gastron*) *in* ~ sweet-pickled, sweet-and-sour, sweet and sour: *maiale in* ~ sweet and sour pork.

agroecosistema *m.* agroecosystem, agrosystem.

agroindustria *f.* agro-industry.

agroindustriale *a.* agroindustrial.

agrologia *f.* agrology.

agrometeorologo *m.* (*f.* **-a**) agrometeorologist.

agronomia *f.* agronomy.

agronomico (*pl.* **-ci**) *a.* agronomic, agronomical.

agronomo *m.* (*f.* **-a**) agronomist.

agrostide *f.* (*Bot*) bent.

agrumario *a.* citrus fruit (*attr.*), citrus (*attr.*): *la produzione agrumaria della Sicilia* Sicilian citrus fruit produce.

agrume *m.spec.pl.* **1** (*Bot*) (*albero*) citrus, citrus tree: *coltivazione di agrumi* citrus cultivation. **2** (*frutto*) citrus, citrus fruit: *l'esportazione degli agrumi* the export of citrus fruits.

agrumeto *m.* citrus grove, citrus orchard.

agrumicolo *a.* citrus, citrus fruit: *mercato* ~ citrus fruit market.

agrumicoltore *m.* (*f.* **-trice**) citrus fruit grower.

agrumicoltura *f.* citrus cultivation.

aguglia *f.* (*Itt,Alim*) needle-fish.

aguti *m.inv.* (*Zool*) agouti *pl.*

agutoli *m.pl.* (*Bot*) matrimony vine *sing.*, boxthorn *sing.*

aguzzare (**agùzzo**) *v.t.* **1** (*fare la punta*) to sharpen, to point, to whet: ~ *un palo* to point a stake. **2** (*fig*) (*acuire*) to sharpen, to make acute: ~ *la mente* (o ~ *l'ingegno*) to sharpen one's wits. **3** (*fig*) (*stimolare*) to stimulate, to excite, to whet: ~ *l'appetito a qcu.* to whet so.'s appetite. □ ~ *la vista* to keep one's eyes peeled, to open one's eyes.

aguzzino *m.* **1** (*persecutore*) torturer. **2** (*chi fa lavorare sodo*) slave driver, tyrant: *fare l'*~ to play the tyrant, to be a slave driver. **3** (*carceriere*) gaoler, jailer.

aguzzo *a.* **1** sharp, keen, pointed: *naso* ~ pointed nose. **2** (*fig*) sharp, keen: *mente aguzza* keen mind.

ah *intz.* ah!, oh!: ~, *che triste sorte!* ah, what a sad fate!

ahi *intz.* **1** ah! **2** (*per un dolore fisico*) ow!, ouch!: ~, *che dolore!* ow, how it hurts!

ahimè *intz.* **1** alas!, (*scherz*) woe is me! **2** (*purtroppo*) alas, unfortunately: *egli è*, ~, *in prigione* unfortunately, he's in prison.

ai [1] → **a** [1].

ai [2] □ *non dire* né ~ *né bai* to say nothing, not to say a word.

aia *f.* barnyard, farmyard, threshing floor.

Aia □ (*Geog*) *L'*~ The Hague.

Aiace *n.pr.m.* (*Mitol,Lett*) Ajax.

AIDO *Associazione Italiana Donatori di Organi* (Italian association of organ donors).

AIDS *m.* (*Med*) AIDS, Aids.

AIE *Agenzia Internazionale per l'Energia* IEA (International Energy Agency).

AIEA *Agenzia Internazionale per l'Energia Atomica* IAEA (International Atomic Energy Agency).

aikido *m.inv.* (*Sport*) aikido.

ailanto *m.* (*Bot*) ailanthus.

AIMA (*Stor*) *Azienda statale per gli interventi sul mercato agricolo* (State agency for intervention on the agricultural market).

Aimone *n.pr.m.* Aymon.

aio *m.* (*f.* **-a**) (*lett*) tutor, preceptor.

aiola *f.* (*rar*) flowerbed, bed.

airbag /ɛr'bɛg, 'ɛrbɛg/ *m.inv.* (*Aut*) air bag, airbag. □ (*Aut*) ~*di serie* airbag as standard (equipement); (*Aut*) ~*laterale* side airbag; (*Aut*) ~ *lato passeggero* passenger airbag, passenger side airbag; (*Aut*) ~*per la testa* head airbag.

airbus /'ɛrbus, 'ɛrbas/ *m.inv.* (*Aer*) airbus.

aire *m.inv.* (*rar*) impulse. □ *dare l'*~ *a qcs.* to set sth. going, to set sth. off; *prendere l'*~ to start, to start off, to set off.

airone *m.* (*Ornit*) heron. □ (*Ornit*) ~*cinerino* grey heron.

air terminal /ɛr'tɛrminal/ *m.inv.* (*Aer*) air terminal.

AIS **1** *Associazione internazionale per lo sviluppo* IDA (International Development Association). **2** *Armée Islamique de Salut, Esercito Islamico di Salvezza* ISA (Islamic Salvation Army).

aita *f.* (*poet*) help.

aitante *a.* vigorous, strong, sturdy, stocky.

aiuola *f.* flowerbed, bed: *un'*~ *di rose* a rose bed, a bed of roses; *non calpestare le aiuole* keep off the flowerbeds.

aiutante I *a.* helping, assisting. II *m./f.* **1** assistant, helper, aid, aide. **2** (*Mil*) adjutant, warrant officer. **3** (*Mar*) petty officer. □ (*Mar*) ~*di bandiera* flag lieutenant; (*Mil*) ~*di campo* aide-de-camp, aide; (*Mil*) ~*maggiore* adjutant general.

aiutare (**aiùto**) I *v.t.* **1** to help, to assist: ~ *il figlio a fare i compiti* to help one's son with his homework; ~ *qcu. nel pericolo* to help so. in danger. **2** (*agevolare*) to assist, to aid, to facilitate: ~ *la digestione* to aid the digestion. **3** (*promuovere*) to promote. II *v.pron.* **aiutarsi** (*ingegnarsi*) to do one's best, to help oneself: *si aiuta come può* he does the best he can, he does his best. III *v.r.recipr.* **aiutarsi** to help each other. □ ~ *farsi* ~ *da qcu.* to get so. to help so. to help one. *Prov.*: *aiutati, che il ciel ti aiuta* (o *aiutati, che Dio ti aiuta*) God helps those who help themselves.

aiuto I *m.* **1** help, assistance, aid: *un grande* ~ a great help; ~ *tempestivo* timely help. **2** (*appoggio*) support. **3** (*persona che aiuta*) helper, aide, aid; (*assistente*) assistant. **4** (*Inform*) help. **5** (*Med*) registrar. **6** *pl.* (*concr*) aid *sing.*, assistance *sing.*, relief *sing.*: *raccogliere aiuti per gli alluvionati* to organize relief for flood victims. **7** *pl.* (*Mil*) (*rinforzi*) reinforcements. **II** *intz.* help! □ (*Pol*) *aiuti alimentari* food aid (*sing.*); (*Econ*) *gli aiuti all'estero* foreign aid (*sing.*); (*Pol,Econ*) *aiuti allo sviluppo* development aid (*sing.*); (*Med*) ~ *chirurgo* assistant surgeon; *con l'~ di* thanks to, with the aid of, with the help of, *con l'~ di Dio*: **1** with God's help; **2** (*se Dio vuole*) if God is willing; **3** (*fortunatamente*) by the grace of God; *dare ~ a qcu.* to help so.; *essere di ~ a qcu.* to be of assistance to so., to be of help to so.; *essere di grande ~* to be very helpful; *in ~ di qcu.*: **1** to so.'s aid: *correre in ~ di qcu.* to rush to so.'s aid; **2** (*estens*) (*a sostegno*) in support of so.; (*Inform*) ~ *in linea* on-line help; (*Pol*) *aiuti militari* military aid (*sing.*); (*Pol*) *aiuti per la difesa* defence aid (*sing.*); (*Cin,TV*) ~ *regista* assistant director; *aiuti umanitari* humanitarian aid (*sing.*); *venire in ~ di qcu.*: **1** (*aiutare*) to come to so.'s aid; **2** (*appoggiare, finanziare*) to support so.

aizzamento *m.* incitement, provocation, arousal, goading.

aizzare (**aìzzo**) *v.t.* **1** (*incitare alla violenza: rif. a persone*) to urge on, to spur on, to goad: ~ *i contendenti* to urge on the adversaries. **2** (*rif. ad animali*) to set on: ~ *i cani contro il ladro* to set the dogs on the thief. **3** (*istigare*) to incite, to rouse, to stir up: ~ *il popolo alla rivolta* to incite the people to revolt.

aizzatore *m.* (*f.* **-trice**) instigator, inciter.

à jour /a'ʒur/ **I** *a.inv.* à jour, openwork: *lavorare* ~ to do open work. **II** *m.inv.* (*orlo a giorno*) hemstitch (work).

al → **a**[1].

AL *Albania* AL (Albania).

ala (*pl.* **àli/àle**; *the plural* **ale** *is only used in a figurative sense*) *f.* **1** wing: *battere le ali* to flap one's wings, to beat one's wings. **2** (*Aer, Arch*) ~ *di un edificio* wing of a building. **3** (*Mil*) wing. **4** (*Pol*) wing, fringe. **5** (*Sport*) wing, outside. **6** (*di cappello*) hatbrim. □ (*Aer*) ~ *a delta* delta wing; (*fig*) *avere le ali ai piedi* to have winged feet, to have wings on one's feet; *mettere le ali ai piedi* to lend wings to so.'s heels: *la paura gli mette le ali ai piedi* fear lends him wings; (*Anat*) ~ *del naso* ala; (*fig*) *sulle ali della fantasia* in a flight of fancy; (*Sport*) ~ *destra* right wing, outside right; *passare tra due ali di gente* to pass between two lines of people; (*Ornit*) ~ *di pinguino* penguin's flipper; *fare* ~ to line the way: *il popolo fece* ~ *al sovrano* the people lined the way for the sovereign; (*fig*) *sotto le ali di qcu.* under so.'s wing: *prendere qcu. sotto le proprie ali* to take so. under one's wing; (*Ornit*) ~ *spuria* bastard wing.

alabarda *f.* (*Stor*) halberd, halbert.

alabardato *a.* **1** (*Stor*) armed with a halberd. **2** in the shape of a halberd.

alabardiere *m.* (*Stor*) halberdier.

alabastrino *a.* **1** (*in alabastro*) alabaster (*attr.*). **2** (*lett,fig*) (*simile all'alabastro*) alabaster (*attr.*), alabastrine: *mani alabastrine* alabaster hands.

alabastro *m.* (*Min*) alabaster. □ *di* ~: **1** (*in alabastro*) alabaster, of alabaster; **2** (*fig*) alabaster, of alabaster, as white as alabaster: *viso di* ~ face as white as alabaster.

à la carte /a'la'kart/ **I** *a.inv.* à la carte (*posposto*) à la carte: *menu* ~ a la carte menu. **II** *avv.* à la carte, a la carte: *mangiare* ~ to dine a la carte.

à la coque /'a'la'kɔk/ *a.inv.* (*Gastron*) soft-boiled: *uova* ~ soft-boiled eggs.

alacre, alacre *a.* **1** active, brisk, quick, (*rar*) alacritous. **2** (*fig*) (*vivace*) lively, quick: *intelligenza* ~ quick mind. **3** (*fig*) (*volenteroso*) willing.

alacremente *avv.* briskly, with alacrity.

alacrità *f.* alacrity, readiness, briskness.

Aladino *n.pr.m.* (*Lett*) Aladdin: *la lampada di* ~ Aladdin's lamp.

alaggio *m.* **1** towing, towage. **2** (*Mar*) towing, towage. **3** (*Mar,estens*) (*manovra per tirare in secco un natante*) beaching.

alamaro *m.* (*Abbigl*) **1** (*allacciatura*) frog. **2** (*delle divise militari*) braiding, braided loop.

alambicco (*pl.* **-chi**) *m.* alembic.

alano *m.* (*Zool*) Great Dane.

alare[1] *a.* **1** wing (*attr.*), alar: *apertura* ~ wing-span. **2** (*di uccelli*) wing-spread, wing-span.

alare[2] *m.* (*di caminetto*) andiron, (*Am*) firedog.

alare[3] (**àlo**) *v.t.* **1** (*Mar*) to haul, to tow. **2** (*estens*) (*tirare in secco*) to beach.

Alarico *n.pr.m.* (*Stor*) Alaric.

Alaska *n.pr.f.* (*Geog*) Alaska.

a latere □ (*Dir*) *giudice* ~ associate judge; (*Rel.catt*) *legato* ~ legate a latere.

alato *a.* **1** winged, alate (*anche Bot,Entom*): *cavallo* ~ winged horse. **2** (*fig*) (*elevato*) lofty, winged: *parole alate* lofty words.

alba *f.* **1** dawn, sunrise: *all'*~ at dawn; *allo spuntare dell'*~ (o *sul fare dell'*~) at daybreak, at the break of dawn, at the crack of dawn; *dall'*~ *al tramonto* from dawn to dusk. **2** (*fig*) dawn: *l'*~ *del secolo* the dawn of the century. **3** (*lett,Mus*) aubade.

albagia *f.* (*lett*) arrogance, haughtiness: *pieno di* ~ full of arrogance.

albanella *f.* (*Ornit*) harrier.

albanese I *a.* Albanian. **II** *m.* (*lingua*) Albanian. **III** *m./f.* Albanian.

Albania *n.pr.f.* (*Geog*) Albania.

albano *a.* (*Geog*) Alban: *i colli albani* the Alban hills.

albarello *m.* **1** (*vasetto*) albarello. **2** (*Bot, region*) (*pioppo*) poplar.

albastrello *m.* (*Ornit*) marsh sandpiper.

albatro[1] *m.* (*Ornit*) albatross. □ (*Ornit*) ~ *erratico* wandering albatross.

albatro[2] *m.* (*Bot*) strawberry tree.

albedo *f.inv.* **1** (*Astr,Fis*) albedo. **2** (*Bot*) pith.

albeggiamento *m.* (*rar*) dawning.

albeggiare I *v.i.impers.* (**albéggio**, **albéggi**, *aus.* **essere**) to grow light, to dawn (*anche fig*): *albeggia* it is growing light, day is breaking. **II** *v.i.* (*aus.* **essere**) **1** (*lett*) (*biancheggiare*) to shine white, to shine with a white light. **2** (*fig*) (*essere agli inizi*) to be at the very beginning, (*lett*) to dawn. **III** *m.* dawn, break of day, first light of day: *partirono al primo* ~ they left at the first light of day.

alberaggio *m.* (*Stor,Mar*) harbour dues *pl.*

alberare (**àlbero**) *v.t.* **1** to plant (sth.) with trees, to line with trees: ~ *un viale* to plant an avenue with trees. **2** (*Mar*) to mast.

alberato *a.* **1** planted with trees, lined with trees, tree-lined: *una strada alberata* a street lined with trees. **2** (*Mar*) masted: *vascello* ~ masted ship.

alberatura *f.* **1** planting of trees. **2** (*Mar*) masts *pl.*, masting.

alberello *m.* (*Bot,region*) (*pioppo*) poplar.

albereto *m.* (*rar*) tree plantation.

albergare (**albèrgo**, **albèrghi**) **I** *v.t.* **1** (*lett*) (*dare alloggio*) to house, to shelter, to lodge. **2** (*fig*) to harbour, (*Am*) to harbor: ~ *sentimenti di odio* to harbour feelings of hatred. **II** *v.i.*

(*aus.* **avere**) **1** (*lett*) (*prendere alloggio*) to lodge, to put up, to stay: ~ *al Grand Hotel* to stay at the Grand Hotel, to put up at the Grand Hotel. **2** (*fig*) to be lodged, (*lett*) to dwell: *l'odio alberga nel suo cuore* hatred dwells in his heart.

albergatore *m.* (*f.* **-trice**) **1** hotelier, hotel keeper, inn keeper. **2** (*lett*) host (*f.* **-ess**).

alberghiero *a.* hotel (*attr.*): *industria alberghiera* hotel industry, hotel trade.

albergo (*pl.* **-ghi**) *m.* **1** hotel, inn. **2** (*lett*) (*ricovero*) shelter, harbour, (*Am*) harbor. **3** (*lett, rar*) (*casa*) abode, house. □ ~ *a ore* hotel with hourly rates; ~ *a quattro stelle* four star hotel; *dare* ~ *a qcu.* (*ospitare*) to give shelter to so.; ~ *di lusso* luxury hotel; ~ *di prima categoria* first-class hotel; ~ *di seconda categoria* second-class hotel; ~ *diurno* daytime hotel (offering baths, toilets, hairdressing and rest room facilities); (*rar*) ~ *per la gioventù* (*ostello*) youth hostel; *stare in un* ~ to stay at a hotel, to stay in a hotel; *in che* ~ *stai?* which hotel are you staying in?, which hotel are you staying at?

alberino *m.* (*Mecc*) spindle, shaft: ~ *del distributore* distributor shaft.

albero *m.* **1** (*Bot*) tree: *piantare un* ~ to plant a tree. **2** (*Mar*) mast. **3** (*Mecc*) shaft, spindle, axle. **4** (*Chim,Anat*) tree: ~ *bronchiale* bronchial tree. **5** (*Inform*) tree. □ (*Mar*) ~ *a calcese* lateen mast; (*Mecc*) ~ *a camme* camshaft; (*Mecc*) ~ *a gomito* crankshaft; ~ *cavo* hollow tree; (*Bot*) ~ *da frutto* fruit tree; (*Inform*) ~ *degli argomenti* subject tree; (*Bibl*) *l'*~ *del bene e del male* the tree of good and evil; (*Aut*) ~ *del cambio* gear shaft; (*Aut*) ~ *del differenziale* differential shaft; (*Bot*) ~ *del latte* cow tree; (*Bot*) ~ *del mammut* sequoia; (*Bot*) ~ *del pane* breadfruit tree, bread tree; (*Bot*) ~ *del pepe* pepper tree; (*El*) ~ *del rotore* centre shaft; (*Bibl*) ~ *della conoscenza* tree of knowledge; ~ *della cuccagna* greasy pole; (*Bot*) ~ *della gomma* rubber-tree; ~ *della libertà* tree of liberty; (*Bibl*) ~ *della vita* tree of life; ~ *di alto fusto* hightrunk tree; ~ *di basso fusto* short-trunked tree; (*Mar*) ~ *di bompresso* bowsprit; (*Mar*) ~ *di fortuna* jury mast; (*Bot*) ~ *di Giuda* Judas tree; (*Mar*) ~ *di maestra* mainmast; (*Mar*) ~ *di mezzana* mizzenmast; ~ *di Natale* Christmas tree; (*Mar*) ~ *di prua* foremast; (*Mecc*) ~ *di trasmissione* transmission shaft; (*Mar*) ~ *di trinchetto* foremast; ~ *genealogico* family tree, genealogical tree; (*Mar*) ~ *maestro* mainmast; (*Aut*) ~ *motore* driving shaft; (*Mar*) ~ *poppiero* after mast.

Alberto *n.pr.m.* Albert.

albicocca I *f.* **1** (*Bot,Alim*) apricot. **2** (*colore*) apricot (colour). **II** *a.inv.* apricot (*attr.*).

albicoccheto *m.* apricot orchard.

albicocco (*pl.* **-chi**) *m.* (*Bot*) apricot tree.

albigese I *a.* Albigensian: *eresia* ~ Albigensian heresy. **II** *m.pl.* (*Rel,Mediev*) Albigenses.

albinismo *m.* (*Med,Bot*) albinism.

albino I *a.* albino (*attr.*), albinic, albinotic: *bambino* ~ albino child; *pianta albina* albinic plant, albino. **II** *m.* (*f.* **-a**) albino.

Albione *n.pr.f.* (*Lett*) (*Gran Bretagna*) Albion.

albite *f.* (*Min*) albite.

albo I *m.* **1** (*tavola per affissi*) notice board, (*Am*) bulletin board: ~ *di facoltà* faculty notice board. **2** (*Dir*) register, roll: ~ *dei medici* medical register. **3** (*libro illustrato*) picture book; (*libro di fumetti*) comic, (*Am*) comic book: ~ *di Topolino* Mickey Mouse comic. **4** (*rar*) (*per fotografie*) album. **II** *a.* (*rar,lett*) white. □ ~ *degli avvocati* rolls (*pl.*); (*fig*)

~*d'oro* honours list; ~*pretorio* municipal notice board; ~*professionale* professional roll, professional register.

albore *m.spec.pl.* (*lett*) (*alba*) dawn (*anche fig*): *si svegliò ai primi albori del giorno* he woke at dawn; *gli albori della civiltà* the dawn of civilization; (*fig*) *siamo ancora agli albori* we are still at the dawn of this.

alborella *f.* (*Itt*) bleak, blay.

albugine *f.* **1** (*Bot*) white rust, blight. **2** (*Med*) albugo, leucoma.

album *m.* **1** album (*anche Mus*). **2** (*libro con figure*) picture book. **3** (*di foto, ritagli*) scrap book. □ ~*da disegno* sketchbook, sketchpad; ~*delle figurine* sticker album; ~*di fotografie* snapshot album, photo album, photograph album; ~*di francobolli* stamp album; ~*discografico* album, set records (*pl.*); ~*per fotografie* photo album, photograph album; ~*per francobolli* stamp album.

albume *m.* **1** albumen, egg white, white of egg (*anche Alim*). **2** (*Bot*) endosperm.

albumina *f.* (*Chim*) albumin.

albuminato *m.* (*Chim*) albuminate.

albuminoide **I** *a.* (*Biol*) albuminoid. **II** *m.* (*Biol*) albuminoid.

albuminoso *a.* (*Biol*) albuminous.

albuminuria *f.* (*Med*) albuminuria.

alburno *m.* (*Bot*) alburnum, (*colloq*) sapwood.

alcaico (*pl.* **-ci**) *a.* (*Metr*) Alcaic: *metro* ~ Alcaic metre.

alcalde *m.* alcalde.

alcalescente *a.* (*Chim*) alkalescent.

alcalescenza *f.* (*Chim*) alkalescence.

alcali *m.inv.* (*Chim*) alkali. □ (*Chim*) ~*terroso* earth alkali, alkali.

alcalimetria *f.* (*Chim*) alkalimetry.

alcalimetro *m.* (*Chim*) alkalimeter.

alcalinità *f.* (*Chim*) alkalinity.

alcalinizzare (**alcalinìzzo**) *v.t.* (*Chim*) to alkalize, to alkalinize, to alkalify.

alcalinizzazione *f.* (*Chim*) alkalization, alkalinization.

alcalino *a.* (*Chim*) alkaline, alkali (*attr.*): *acqua alcalina* alkaline water; *metalli alcalini* alkali metals; *reazione alcalina* alkaline reaction; (*Agr*) *terreno* ~ alkali soil.

alcalino-terroso *a.* (*Chim*) alkaline-earth: *metallo* ~ alkaline earth metal.

alcaloide *m.* (*Chim*) alkaloid. □ (*Chim*) ~*cadaverico* cadaverine.

alcalosi *f.* (*Med*) alkalosis.

alcanna *f.* (*Bot*) henna. □ (*Bot*) ~*spuria* alkanet.

alcano *m.* (*Chim*) alkane.

alce *m.* (*Zool*) elk, (*Am*) moose.

Alceo *n.pr.m.* (*Stor.gr*) Alcaeus.

alchechengi *m.inv.* (*Bot*) Chinese lantern, (*Am*) winter cherry.

alchene *m.* (*Chim*) alkene.

alchermes *m.inv.* alkermes.

alchilante *a.* (*Chim*) alkylating.

alchilare (**alchìlo**) *v.t.* (*Chim*) to alkylate.

alchilato *m.* (*Chim*) alkylate.

alchile *m.* (*Chim*) alkyl.

alchilico (*pl.* **-ci**) *a.* (*Chim*) alkylic.

alchimia ·**alchìmia** *f.* alchemy (*anche fig*).

alchimista *m.* alchemist.

alchimistico (*pl.* **-ci**) *a.* alchemic, alchemical.

alchimizzare (**alchimìzzo**) **I** *v.t.* (*fig*) (*falsificare, ingannare*) to falsify, to deceive. **II** *v.i.* (*aus. avere*) (*esercitare l'alchimia*) to alchemize.

Alcibiade *n.pr.m.* (*Stor.gr*) Alcibiades.

alcione *m.* (*lett*) **1** (*martin pescatore*) kingfisher. **2** (*gabbiano*) halcyon, (*colloq*) gull, seagull.

Alcione *n.pr.f.* (*Mitol,Astr*) Alcyone.

alcol *m.* **1** (*Chim*) alcohol. **2** (*estens*) (*bevande alcoliche*) alcohol, alcohol beverages *pl.*, wines and spirits *pl.* □ ~*assoluto* pure alcohol; (*Chim*) ~*butilico* butyl alcohol, butanol; (*fig*)*darsi all '*~ to take to drink; ~*denaturato* methylated spirits (*pl.*), (*Am*) denatured alcohol; (*Chim*) ~*etilico* ethyl alcohol, ethanol; (*Chim*) ~*metilato* methylated spirit; (*Chim*) ~*metilico* methyl alcohol, methanol; *senza* ~ nonalcohlic.

alcole *m.* (*rar*) → **alcol**.

alcolemia *f.* (*Med*) proportion of alcohol in blood.

alcolicità *f.* alcohol content, alcoholic content, alcoholicity.

alcolico (*pl.* **-ci**) *a.* I *a.*alcoholic: *vino poco* ~ wine with a low alcoholic content. **II** *m.* (*bevanda alcolica*) alcoholic beverage, alcoholic drink: (*gli*) *alcolici* alcohol beverages, wines and spirits.

alcolimetria *f.* (*Chim*) alcoholometry.

alcolimetro *m.* (*Tecn*) alcoholometer.

alcolismo *m.* (*Med*) alcoholism (*anche estens*).

alcolista *m./f.* alcoholic, alcoholic addict. □ *alcolisti anonimi* Alcoholics Anonymous.

alcolizzare (**alcolìzzo**) **I** *v.t.* **1** to alcoholize. **2** (*Med*) to make (so.) an alcoholic. **II** *v.pron.* **alcolizzarsi** to become an alcoholic.

alcolizzato **I** *a.* alcoholic. **II** *m.* (*f.* **-a**) alcoholic.

alcolometria *f.* (*Chim*) alcoholometry.

alcolometro *m.* (*Tecn*) alcoholometer.

alcool *m.* **1** (*Chim*) alcohol. **2** (*estens*) (*bevande alcoliche*) alcohol, alcohol beverages *pl.*, wines and spirits *pl.* □ ~*assoluto* pure alcohol; (*fig*)*darsi all '*~ to take to drink; ~*denaturato* methylated spirits (*pl.*), (*Am*) denatured alcohol; ~*etilico* ethyl alcohol, ethanol; ~*metilico* methyl alcohol, methanol; *senza* ~ nonalcohlic.

alcova *f.* **1** (*Arch,ant*) (*bedroom*) alcove. **2** (*fig, lett*) (*camera*) love-nest.

alcunché *pron.indef.* **1** (*in frasi negative, interrogative, dubitative: niente*) anything: *non c'è* ~ *di nuovo* there isn't anything new, there's nothing new. **2** (*rar*) (*in frasi positive: qualcosa*) something: *c'è* ~ *di sospetto* there is something suspicious.

alcuno (*before singular masculine nouns beginning with a vowel or consonant - except* s + *consonant,* z, gn, ps *and* x - **alcuno** *is apocopated to* **alcun**; *the feminine form* **alcuna** *becomes* **alcun'** *before a vowel*) **I** *a.* **1** (*in frasi negative: nessuno*) any, no (*con verbo affermativo*): *non posso darti alcun aiuto* I can't give you any help; *non vedo alcun motivo* I see no reason; *non era presente* ~ *studente* no student was present. **2** *pl.* some, a few: *ci sono alcune parole che non capisco* there are some words which I don't understand; *alcuni anni fa* a few years ago. **3** (*lett*) (*qualche*) some: *per alcun tempo* for some time. **II** *pron.* **1** (*in frasi negative: nessuno*) anyone, anybody, no one, nobody (*con verbo affermativo*): *non c'è* ~ *che voglia aiutarmi* there's no one who wants to help me. **2** *pl.* some, a few, some people: *vedemmo alcuni piangere* we saw some people crying; *alcune di voi sono preparatissime* some of you are very well-prepared. **3** (*lett*) (*uno*) somebody, someone: ~ *parla* someone is talking. **4** (*lett*) (*qualcuno: in frasi interrogative o dubitative*) anyone, anybody: *se* ~ *lo vedesse* if anyone should see it, if anyone were to see it. □ *senza alcun*dubio without a doubt, with no doubt; (*lett*) *in*

alcunluogo anywhere, nowhere (*con verbo affermativo*): *non si riusciva a trovarlo in alcun luogo* he was nowhere to be found; *senza alcun*motivo without cause, without reason, for no reason.

Aldebaran *n.pr.f.* (*Astr*) Aldebaran.

aldeide *f.* (*Chim*) aldehyde. □ (*Chim*) ~*acetica* acetaldehyde, acetic aldehyde; (*Chim*) ~*formica* formaldehyde, formic aldehyde.

aldeidico ·**aldeìdico** (*pl.* **-ci**) *a.* (*Chim*) aldehydic.

aldilà *m.* afterlife, hereafter, beyond, life after death, next world, other world, life to come: *nell'*~ in the next world; *le anime dell'*~ the spirits of the other world.

aldino *a.* (*Tip*) Aldine: *carattere* ~ Aldine type.

aldiquà *m.* earthly life.

alé *intz.* (*colloq*) come on!: ~, *andiamo!* come on, let's go!

alea *f.* (*lett,Dir*) risk, hazard, gamble: *correre l'*~ to run the risk.

aleatorio *a.* **1** hazardous, risky, uncertain, aleatory (*anche Dir*): *esito* ~ uncertain outcome. **2** (*Mus*) aleatory.

aleggiare (**aléggio, aléggi**) *aus. avere*) *v.i.* **1** (*lett,fig*) to blow gently, to stir: *la brezza aleggiava tra le foglie* the breeze was blowing gently among the leaves. **2** (*rif. a profumo e sim.*) to waft. **3** (*fig*) (*essere nell'aria*) to be in the air. **4** (*lett,rar*) (*muovere le ali*) to flatter, to flap.

alemanno **I** *a.* Alemannic. **II** *m.* **1** (*dialetto*) Alemannic, Alemannic dialect. **2** (*poet*) German.

alerone *m.* (*Aer,rar*) aileron.

alesaggio *m.* (*Mecc*) **1** (*diametro*) bore. **2** (*alesatura: a mano*) reaming; (*con l'alesatrice*) boring; (*col tornio*) lathe-boring.

alesare (**alèso**) *v.t.* (*Mecc*) (*a mano*) to ream; (*con l'alesatrice*) to bore; (*col tornio*) to lathe-bore.

alesatoio *m.* (*Mecc*) reamer.

alesatore *m.* **1** (*operaio*) borer. **2** (*Mecc*) (*utensile*) reamer.

alesatrice *f.* (*Mecc*) boring machine.

alesatura *f.* (*Mecc*) (*a mano*) reaming; (*con l'alesatrice*) boring; (*col tornio*) lathe-boring.

Alessandra *n.pr.f.* Alexandra.

Alessandria *n.pr.f.* (*Geog*) Alexandria.

alessandrino[1] *a.* (*rif. ad Alessandria d'Egitto*) Alexandrian.

alessandrino[2] **I** *m.* (*Metr*) alexandrine. **II** *a.* alexandrine.

Alessandro *n.pr.m.* Alexander. □ (*Stor*) ~*Magno* Alexander the Great.

alessia *f.* (*Med*) alexia.

alessico (*pl.* **-ci**) *a.* (*Med*) alexic.

aletta *f.* **1** (*Mecc*) tongue; (*di raffreddamento*) fin. **2** (*Aer*) tab. **3** (*Mar*) fin. **4** (*Ornit*) bastard wing. **5** (*Edit*) flap. □ *alette*del flipper flippers; (*Mar*) ~*di rollio* bilge keel; (*Aut*) ~*parasole* visor; (*Mar*) ~*stabilizzatrice* fin.

alettare (**alétto**) *v.t.* (*Mecc*) to fin.

alettato *a.* (*Mecc*) finned, with fins (*posposto*).

alettatura *f.* (*Mecc*) **1** (*operazione*) finning. **2** (*insieme di alette*) fins *pl.*

alettone *m.* **1** (*Aer*) aileron. **2** (*Mar*) stabilizer. **3** (*Aut*) spoiler.

aleurone *m.* (*Biol,Alim*) aleurone, aleuron.

Aleutine *n.pr.f.pl.* (*Geog*) Aleutian islands, Aleutians.

alfa[1] *m./f.inv.* (*prima lettera dell'alfabeto greco*) alpha. □ (*fig*) *dall'*~ *all'omega* from A to Z, from the beginning to the end; (*fig*) ~*e omega* alpha and omega, beginning and end; (*Ling*) ~*privativo* alpha privative.

alfa [2] *f.* (*Bot*) esparto, esparto grass.

alfabeticamente *avv.* alphabetically, in alphabetical order.

alfabetico (*pl.* **-ci**) *a.* **1** (*dell'alfabeto*) alphabetic: *scrittura alfabetica* alphabetic writing. **2** (*secondo l'ordine alfabetico*) alphabetical, alphabetic: *indice ~* alphabetical index.

alfabetizzare (**alfabetìzzo**) *v.t.* **1** to teach literacy. **2** (*rar*) (*mettere in ordine alfabetico*) to alphabetize.

alfabetizzazione *f.* literacy teaching.

alfabeto *m.* **1** alphabet. **2** (*estens*) (*scrittura*) alphabet. **3** (*fig*) (*primi rudimenti*) first steps *pl.*, first elements *pl.*, ABC. □ *~ arabo* Arabic alphabet; *~ aramaico* Aramaic alphabet; *~armeno* Armenian alphabet; *~birmano* Burmese alphabet; *~cirillico* Cyrillic alphabet; *~coreano* Korean alphabet; (*fig*) *~ di segni* an alphabet of signs; *~ebraico* Hebrew alphabet; *~etrusco* Etruscan alphabet; *~fenicio* Phoenician alphabet; (*Fon*) *~fonetico* phonetic alphabet; (*Fon*) *Alfabeto Fonetico Internazionale* International Phonetic Alphabet (IPA); *~gotico* Gothic alphabet; *~greco* Greek alphabet; *~iraniano* Iranian alphabet; *~italiano* Italian alphabet; *~latino* Latin alphabet; *~licio* Lycian alphabet; *~mandaico* Mandaean alphabet; (*Tel*) *~Morse* Morse code, Morse alphabet; *~ogamico* ogham alphabet; *~punico* Punic alphabet; *~runico* runic alphabet; *~semitico* Semitic alphabet; *~siriaco* Syriac alphabet; *~ugaritico* Ugaritic alphabet.

alfabloccante *m.* (*Farm*) alpha-blocker.

alfalfa *f.* (*Bot*) alfalfa.

alfana *f.* (*Zool*) Arab horse.

alfanumerico (*pl.* **-ci**) *a.* (*Inform*) alphanumeric, alphanumerical, alphameric: *carattere ~* alphanumeric character; *codice ~* alphanumeric code.

alfiere [1] *m.* **1** (*portabandiera*) standard bearer (*anche fig*). **2** (*Mil,Stor*) ensign. **3** (*fig*) (*antesignano*) pioneer, forerunner. **4** (*Sport*) captain.

alfiere [2] *m.* (*negli scacchi*) bishop.

alfine *avv.* (*lett*) finally, at last, eventually.

Alfredo *n.pr.m.* Alfred.

alga *f.* (*Bot*) seaweed, alga. □ (*Bot*) *alghe brune* brown algae; (*Bot*) *alghe rosse* red algae.

algebra *f.* **1** (*Mat*) algebra. **2** (*colloq*) (*cosa astrusa*) gibberish: *questa per me è ~* this is Greek to me, it's Greek to me, this is double Dutch to me. □ (*Mat*) *~booleana* Boolean algebra; (*Mat*) *~delle matrici* matrix algebra.

algebricamente *avv.* (*Mat*) algebraically.

algebrico (*pl.* **-ci**) *a.* (*Mat*) algebraic, algebraical: *espressione algebrica* algebraic expression.

Algeri *n.pr.f.* (*Geog*) Algiers.

Algeria *n.pr.f.* (*Geog*) Algeria.

algerino **I** *a.* Algerian. **II** *m.* (*f.* **-a**) Algerian.

algesimetria *f.* (*Med*) algometry.

algesimetro *m.* (*Med*) algometer.

algido *a.* **1** (*lett*) cool, frozen. **2** (*Med*) algid.

Algol *n.pr.f.* (*Astr*) Algol.

ALGOL (*Inform*) *linguaggio di programmazione algoritmico* ALGOL (algorithm-oriented language).

algologia *f.* **1** algology, phycology. **2** (*Med*) algology.

algologo (*pl.* **-gi**) *m.* algologist (*anche Med*).

algometria *f.* (*Med*) algometry.

algometro *m.* (*Med,Tecn*) algometer.

algonchiano **I** *a.* (*Geol*) Proterozoic, Late Proterozoic, Algonkian: *periodo ~* Late Proterozoic era. **II** *m.* (*Geol*) Proterozoic, Late Proterozoic, Algonkian.

algoritmico (*pl.* **-ci**) *a.* (*Mat,Inform*) algorithmic.

algoritmo *m.* (*Mat,Inform*) algorithm: *~ euclideo* Euclid's algorithm.

algoso *a.* (*lett*) covered with seaweed (*posposto*), abounding in algae (*posposto*).

Alhambra *n.pr.f.* Alhambra.

aliante *m.* (*Aer*) glider, sailplane.

aliantista *m./f.* (*Aer*) glider pilot.

alias **I** *avv.* (*altrimenti detto*) also known as, otherwise known as, alias. **II** *m.inv.* (*Inform*) alias.

aliasing *m.inv.* (*Inform*) aliasing.

alibi *m.inv.* **1** (*Dir*) alibi: *procurarsi un ~* to find an alibi; *presentare un ~* to give an alibi, to produce an alibi; *il suo ~ non regge* his alibi doesn't hold together. **2** (*fig*) alibi, excuse, pretext: *~ morale* moral excuse. □ *~ di ferro* (*Br*) cast-iron alibi, (*Am*) ironclad alibi, watertight alibi, airtight alibi.

alicante *m.* (*Enol*) Alicante.

alice *f.* (*Itt*) anchovy.

Alice *n.pr.f.* Alice. □ (*Lett*) *~ nel paese delle meraviglie* Alice in Wonderland.

alidada *f.* (*Tecn,Topogr*) alidade.

alienabile *a.* alienable.

alienabilità *f.* alienability (*anche Dir*).

alienamento *m.* (*Dir*) alienation, transfer.

alienante **I** *a.* alienating (*anche Dir*). **II** *m./f.* (*Dir*) alienor.

alienare (**alièno**) **I** *v.t.* **1** (*Dir*) to alienate, to transfer: *~ una proprietà* to alienate a property. **2** (*fig*) (*rendere ostile*) to alienate, to turn against: *~ una persona da un'altra* to turn one person against another; *il suo modo di fare gli alienò la benevolenza del padrone* his behaviour alienated his employer from him; *si è alienato le simpatie di tutti* he has turned everyone against him. **3** (*fig*) (*estraniare*) to alienate, to turn away, to estrange, to isolate. **II** *v.pron.* **alienarsi** (*estraniarsi*) to alienate oneself, to estrange oneself. □ *alienarsi l'animo di qcu.* to alienate so.

alienato **I** *a.* **1** (*Dir*) alienated, transferred. **2** (*Med*) insane, (*colloq*) lunatic. **II** *m.* (*f.* **-a**) **1** (*colloq*) (*pazzo*) madman (*f.* -woman), lunatic. **2** (*Med*) insane person, (*ant*) lunatic.

alienazione *f.* **1** (*Dir*) alienation, transfer: *~ di diritti* alienation of rights. **2** (*allontanamento*) alienation. **3** (*Filos*) alienation, estrangement. **4** (*Med*) alienation. □ (*Dir*) *~ della dote* transfer of dowry; (*Dir*) *~ della proprietà* alienation of property; (*Psic*) *~ mentale* mental derangement, insanity.

alienista *m./f.* (*Med*) psychiatrist, (*Am*) alienist.

alieno **I** *a.* **1** (*contrario, avverso*) averse (*a to*), opposed (*a to*): *essere ~ alle discussioni* to be opposed to argument; *~ al rischio* risk-averse. **2** (*lett*) (*straniero*) foreign. **3** (*extraterrestre*) alien, from outer space (*posposto*), extraterrestrial. **II** *m.* (*f.* **-a**) **1** alien, creature from outer space, extraterrestrial. **2** (*rar*) (*emarginato*) outcast.

alieutica *f.* (*lett*) halieutics (*costr.sing.*).

alifatico (*pl.* **-ci**) *a.* (*Chim*) aliphatic: *composti alifatici* aliphatic compounds.

aliforme *a.* (*Tecn*) aliform.

alimentare [1] (**aliménto**) **I** *v.t.* **1** to feed, to nourish (*anche fig*): *i ruscelli alimentano il lago* the streams feed the lake. **2** (*Tecn*) to feed, to fuel: *~ un motore* to feed a motor. **3** (*Tecn*) (*rif. a combustibile, fuoco*) to stoke: *~ la caldaia* to stoke the boiler. **4** (*Tecn*) (*rif. a energia elettrica*) to supply. **5** (*fig*) (*tener vivo*) to feed, to keep (sth.) alive: *~ le speranze di qcu.* to keep so.'s hopes alive. **6** (*fig*) (*rin-*

focolare*) to foster, to stir up, to stoke up: *~ l'odio* to foster hatred. **II *v.pron.* **alimentarsi** to feed (*di* on), to live (*di* on) (*anche fig*): *alimentarsi di speranze* to live on hope.

alimentare [2] **I** *a.* **1** food (*attr.*), alimentary, dietary: *industria ~* food industry; *abitudini alimentari* dietary habits, eating habits. **2** (*Dir*) maintenance (*attr.*), alimony (*attr.*). **II** *m.pl.* foodstuffs.

alimentarista *m./f.* **1** (*commerciante*) foodstuff retailer, provision merchant. **2** (*studioso*) dietitian, dietician. **3** (*lavoratore*) worker in the food industry.

alimentatore *m.* **1** (*f.* **-trice**) (*chi alimenta*) feeder, nourisher. **2** (*f.* **-trice**) (*fig*) sower, fomenter: *un ~ di discordie* a sower of discord. **3** (*Tecn*) feeder; (*rif. al combustibile*) stoker. **4** (*El*) feeder, power source.

alimentazione *f.* **1** feeding, nourishing, alimentation: *~ del bestiame* feeding of cattle. **2** (*dieta*) diet: *~ vegetale* vegetable diet. **3** (*Tecn*) feeding; *~ automatica* automatic feeding. **4** (*Tecn*) (*rif. a energia elettrica*) supply, power supply. **5** (*Mil*) loading; (*rif. ad arma automatica*) feed. □ (*Tecn*) *~ a frizione* friction feed; (*El*) *~ a pile* battery power; (*Inform*) *~ a trattore* tractor feed; *~ carnea* meat diet; (*Inform*) *~ carta* paper feed; *~ deficitaria* under-nourishment; *~ equilibrata* balanced diet; *~ forzata* forced feeding; *~povera di vitamine* a diet lacking vitamins; *~ sana* healthy diet; *~ sbagliata* unbalanced diet; *~ vegetariana* vegetarian diet.

alimento *m.* **1** food, foodstuff. **2** (*fig*) nourishment, food, fuel: *~ dello spirito* fuel for the mind. **3** (*Tecn*) feed. **4** *pl.* (*Dir*) alimony (*costr.sing.*), maintenance (*costr.sing.*): *corrispondere gli alimenti* to pay alimony. □ *~ completo* complete food; *alimenti naturali* natural foodstuffs, health food (*costr.sing.*); *alimenti per l'infanzia* baby food(s), infant food(s).

alinea *m.inv.* **1** (*capoverso*) paragraph. **2** (*Dir*) section, article.

aliquota *f.* **1** share, quota: *pagare l'~* to pay one's share. **2** (*rif. a imposte*) rate: *~ dell'imposta* tax rate. **3** (*Mat*) aliquot, aliquot part. □ *ad ~zero* zero-rated; *~contributiva* tax rate; *~doganale* rate of customs duty; *~progressiva* progressive rate.

aliscafo *m.* (*Mar*) hydrofoil.

aliseo **I** *a.* (*Meteor*) trade-wind (*attr.*), trade wind (*attr.*): *venti alisei* trade winds; *zona degli alisei* trade wind region. **II** *m.pl.* (*Meteor*) trade winds.

alisso *m.* (*Bot*) alyssum, sweet alyssum.

alitare (**àlito**; *aus.* **avere**) *v.i.* **1** (*respirare*) to breathe. **2** (*lett*) (*soffiare leggermente*) to stir, to blow gently: *il vento alitava fra le foglie* the wind was stirring among the leaves.

alito *m.* **1** (*respiro, fiato*) breath. **2** (*lett*) (*soffio di vento*) puff, breath: *non spira un ~ di vento* there's not a breath of wind. □ *avere l'~cattivo* to have bad breath, to suffer from bad breath; (*fig*) *un ~ di vita* a breath of life; *avere l'~pesante* to have bad breath, to suffer from bad breath.

alitosi *f.inv.* (*Med*) halitosis, (*colloq*) bad breath.

all', alla → **a** [1].

allacciamento *m.* **1** (*rar*) (*atto*) lacing, tying, fastening. **2** (*effetto*) connection, junction. **3** (*collegamento*) connection, link. **4** (*Ferr*) feeder. **5** (*spec. di autostrade*) junction, (*Am*) intersection. **6** (*Chir*) ligation. **7** (*Tel,El*) connection. □ *~del gas* gas connection; *fare l'~della luce* to connect to the electricity supply.

allacciare (**allàccio, allàcci**) *v.t.* **1** (*legare con lacci*) to lace, to lace up, to tie: ~ *le scarpe* to lace (up) one's shoes. **2** (*legare insieme*) to tie together, to fasten together, to join: ~ *due funi* to tie two ropes together. **3** (*abbottonare*) to button, to button up, to fasten: ~ *il mantello* to button one's coat, to fasten one's coat. **4** (*affibbiare*) to buckle. **5** (*fig*) (*stringere*) to forge, to establish: ~ *nuove amicizie* to forge new friendships. **6** (*Tecn*) to connect, to couple, to link. **7** (*El,Ferr*) to connect. **8** (*Chir*) to ligate: ~ *una vena* to ligate a vein. □ (*Aer*) ~ *le cinture* (*indicazione luminosa*) fasten seat belts; (*fig*) ~ *una relazione commerciale* to establish a business relationship.

allacciatura *f.* **1** (*l'allacciare*) lacing, tying, fastening; (*rif. a bottoni*) buttoning; (*rif. a fibbia*) buckling. **2** (*legatura*) fastening. **3** (*laccio*) lace, tie. **4** (*Chir*) ligature, ligation.

allagamento *m.* **1** (*l'allagare, l'allagarsi*) flooding, inundation: ~ *delle campagne* flooding of the countryside. **2** (*effetto*) flood.

allagare (**allàgo, allàghi**) **I** *v.t.* **1** (*inondare*) to flood, to overflow: *il fiume allagò tutta la città* the river flooded the whole city. **2** (*fig*) (*riempire*) to fill, to flood, to inundate: *hanno allagato la città di manifestini elettorali* they have inundated the city with election leaflets. **II** *v.pron.* **allagarsi** (*coprirsi d'acqua*) to flood, to become swamped, to become covered with water.

Allah *n.pr.m.* (*Rel.islam*) Allah.

allampanato *a.* gaunt, scrawny, scraggy.

allantoide *f.* (*Anat,Biol*) (*membrana allantoide*) allantois.

allargamento *m.* **1** (*ampliamento*) widening, broadening (*anche fig*): *l'* ~ *delle proprie cognizioni* the broadening of one's knowledge. **2** (*apertura*) opening. **3** (*estensione*) extension. **4** (*Sart*) letting out.

allargare (**allàrgo, allàrghi**) **I** *v.t.* **1** (*rendere più largo*) to widen, to broaden (*anche fig*): ~ *la strada* to widen the road; ~ *la cerchia delle proprie amicizie* to enlarge one's circle of friends, to widen one's circle of friends. **2** (*rif. a vestiti*) to let out; (*rif. a scarpe, guanti e sim.*) to stretch. **3** (*aprire*) to open, to spread, to spread out: ~ *le braccia* to open one's arms. **4** (*Cin,TV*) to zoom out. **II** *v.pron.* **allargarsi 1** to become wider, to widen, to spread: *il fiume si allarga prima del diga* the river widens before the dam. **2** (*estendersi*) to extend, to stretch. **3** (*colloq*) (*trasferirsi in una casa più grande*) to move into larger premises. **4** (*colloq*) (*esagerare*) to exaggerate. □ ~ *il proprio campo di azione* to extend one's field of action; ~ *i confini* to extend the borders; (*fig*) ~ *il cuore* to gladden the heart: *mi si allargò il cuore a quella notizia* the news gladdened my heart; (*Sport*) ~ *il gioco* to open up play; (*Mus*) ~ *il tempo* to slacken the tempo; (*fig*) ~ *in curva* to veer out on a bend; (*fig*) ~ *la mano* to be generous, to be open-handed; (*fig*) ~ *i propri orizzonti* to broaden one's horizons; (*fig*) ~ *la propria sfera di attività* to extend one's sphere of activity.

allargata *f.* **1** (*allargamento eseguito rapidamente*) widening, stretching. **2** (*Sart*) letting out.

allargatoio *m.* (*Mecc*) reamer.

allargatore *m.* **1** (*Min*) underreamer, under-reamer. **2** (*Mecc*) counterbore, counter-bore.

allargatrice *f.* (*Tess*) tenter.

allargatubi *m.inv.* (*Tecn,Mecc*) tube expander, tube-flaring tool.

allargatura *f.* **1** (*l'allargare*) widening,

broadening, enlargement. **2** (*slargo*) widening: *un'* ~ *della strada* a widening in the road.

allarmante *a.* alarming, disturbing.

allarmare (**allàrmo**) **I** *v.t.* **1** (*dotare di allarme*) to alarm, to fit (sth.) with a security device. **2** (*fig*) (*inquietare*) to alarm, to disturb, to disquiet. **3** (*mettere in stato di allarme*) to alert. **II** *v.pron.* **allarmarsi** to become alarmed, to get alarmed: *allarmarsi per qcs.* to become alarmed about sth.

allarme *m.* **1** (*dispositivo*) alarm: ~ *contro i furti* burglar alarm. **2** (*Mil*) alarm, call to arms. **3** (*grido, segnale*) alarm, warning. **4** (*apprensione*) alarm, apprehension. **5** (*Ferr*) emergency brake. □ (*Mil*) ~ *aereo* air raid warning, air raid alert; ~ *bomba* bomb alert, bomb scare; *dare l'* ~ to give the alarm, to raise the alarm; ~ *ozono* ozone alert; (*Mil*) ~ *rosso* red alert; (*Mil*) ~ *strategico* strategic warning; *tenere in* ~ to alert, to keep one's guard up, to keep on alert.

allarmismo *m.* alarmism.

allarmista **I** *m./f.* alarmist. **II** *a.* alarmist, panic (*attr.*): *stampa* ~ panic press, sensationalistic press.

allarmistico (*pl.* -**ci**) *a.* alarming, disturbing, distressing: *voci allarmistiche* disturbing rumours.

allativo *a.* (*Ling*) allative.

allattamento *m.* **1** (*rif. a bambini*) feeding, nursing, suckling. **2** (*rif. ad animali*) feeding, suckling. **3** (*periodo*) lactation. □ ~ *a richiesta* breastfeeding on demand; ~ *al seno* breast feeding; ~ *artificiale* bottle-feeding; ~ *materno* breast feeding.

allattare (**allàtto**) *v.t.* **1** (*rif. a bambini*) to feed, to nurse, to suckle. **2** (*rif. ad animali*) to feed, to suckle. □ ~ *artificialmente* to bottle-feed.

alle → **a**[1].

alleanza *f.* **1** alliance, coalition: *stringere un'* ~ to form an alliance, to enter into an alliance; *rompere l'* ~ to break the alliance. **2** (*Econ*) partnership. □ (*Pol*) ~ *Atlantica* Atlantic Pact (Alliance); ~ *commerciale* partnership, trading partnership; ~ *difensiva* defensive alliance; (*Pol,Stor.it*) *Alleanza Nazionale* the National Alliance (Italian rightwing party); (*Pol,Stor.am*) ~ *per il progresso* Alliance for Progress.

alleare (**allèo**) **I** *v.t.* to ally. **II** *v.pron.* **allearsi** to form an alliance, to enter into an alliance, to ally, to join, to join together: *allearsi con una nazione* to enter into an alliance with a nation; *si sono alleati contro di noi* they have formed an alliance against us.

alleato **I** *a.* allied: *le nazioni alleate* the allied nations. **II** *m.* (*f.* -**a**) ally. □ (*Stor*) *gli Alleati* the Allied Forces.

Allegani *n.pr.m.pl.* (*Geog*) (the) Allegheny Mountains, (the) Alleghenies.

allegare[1] (**allégo, alléghi**) **I** *v.t.* **1** to enclose, to attach: ~ *un certificato alla lettera* to enclose a certificate in the letter. **2** (*rif. ai denti*) to set one's teeth on edge. **II** *v.i.* (*aus. avere*) (*Bot*) to set.

allegare[2] (**allégo, alléghi**) *v.t.* **1** (*Dir*) (*citare, produrre*) to cite, to adduce: ~ *una testimonianza* to cite evidence. **2** (*addurre*) to advance, to put forward, to plead: ~ *un pretesto* to advance an excuse, to come up with an excuse.

allegato **I** *a.* enclosed, attached: *documenti allegati* documents enclosed; *qui* ~ herewith enclosed. **II** *m.* **1** enclosure, enclosed document, attached document: *si prega di restituire gli allegati* please return the enclosures, please return the enclosed documents.

2 (*di contratto e sim.*) annex, (*Am*) annexe. **3** (*Inform*) attachment. **4** (*Dir*) exhibit.

allegazione *f.* (*Dir*) exhibition.

alleggerimento *m.* **1** lightening (*anche fig*). **2** (*diminuzione*) reduction, cut, relief: ~ *di una pena* reduction of a penalty, reduction of a sentence. **3** (*sollievo*) relief. □ ~ *fiscale* tax relief, tax reduction.

alleggerire (**alleggerisco, alleggerìsci**) **I** *v.t.* **1** to lighten, to make (sth.) lighter: ~ *il bagaglio di qualche chilo* to make the luggage a few kilos lighter. **2** (*fig*) (*rendere meno gravoso*) to lighten, to make (sth.) lighter, to ease, to relieve: ~ *la propria coscienza* to ease one's conscience. **3** (*fig, scherz*) (*derubare*) to relieve: *l'hanno alleggerito di mezzo milione* they relieved him of half a million; (*scherz*) ~ *il portafoglio a qcu.* to rob so.; (*scherz*) ~ *qcu. del portafoglio* to relieve so. of his wallet. **II** *v.pron.* **alleggerirsi 1** to become lighter (*anche fig*). **2** (*indossare panni più leggeri*) to put on lighter clothes.

alleggio *m.* (*Mar*) **1** (*il buttare fuoribordo*) jettison; (*sbarco del carico*) lightening. **2** (*mezzo per alleggerire una nave: pontone*) pontoon; (*imbarcazione*) unloading barge, lighter. **3** (*foro di scarico*) boat plug. □ (*Mar*) *spese di* ~ lighterage (*sing.*).

Allegheni *n.pr.m.pl.* (*Geog*) (the) Allegheny Mountains, (the) Alleghenies.

allegoria *f.* allegory (*anche Ling*).

allegoricamente *avv.* allegorically.

allegorico (*pl.* -**ci**) *a.* allegoric, allegorical.

allegorista *m./f.* allegorist.

allegramente *avv.* **1** (*con allegria*) cheerfully, gaily, merrily, happily. **2** (*alla leggera*) lightly, light-heartedly. □ ~ *prendere la vita* ~ not to take life too seriously.

allegretto **I** *avv.* (*Mus*) allegretto. **II** *m.* (*Mus*) allegretto.

allegrezza *f.* **1** (*di sentimento*) joy, gladness, cheerfulness, vivacity. **2** (*lett*) (*vivacità di colori*) brightness.

allegria *f.* **1** (*di sentimento*) gaiety, merriment, cheerfulness, jollity, high spirits *pl.* **2** (*estens*) (*vivacità di colori*) brightness, vividness. □ *passare il tempo in* ~ to have a good time, to have a great time; *stare in* ~ to have a good time; *il vino mette* ~ wine makes you merry.

allegro **I** *a.* **1** merry, cheerful, jolly, high-spirited, happy: *è sempre* ~ he is always cheerful; *musica allegra* cheerful music. **2** (*colloq*) (*alticcio*) tipsy, slightly drunk, merry. **3** (*ameno*) pleasant. **4** (*licenzioso*) ribald, spicy: *storielle allegre* spicy stories. **5** (*di facili costumi*) fast, loose: *donnina allegra* loose woman. **6** (*irresponsabile*) haphazard: *finanza allegra* haphazard financial management. **7** (*di colori*) bright, vivid. **8** (*Mus*) allegro. **II** *m.* (*Mus*) allegro. □ (*Lett*) *le allegre comari di Windsor* The Merry Wives of Windsor; (*Mus*) ~ *moderato* allegro moderato; (*Mus*) ~ *mosso* allegro mosso; *stare allegri* (*divertirsi*) to make merry; (*ma*) *stai* ~, *non abbatterti* cheer up, don't lose heart; *c'è poco da stare allegri* there isn't much to be cheerful about, there's little to laugh about; *tenere* ~ *qcu.* to cheer so. up.

allegrone *m.* (*f.* -**a**) jolly person, life and soul of the party.

allele *m.* (*Biol*) allele, allelomorph.

allelomorfismo *m.* (*Biol*) allelomorphism.

allelomorfo *a.* (*Biol*) allelomorphic.

alleluia **I** *m.inv.* (*colloq*) hallelujah, halleluiah, alleluia. **II** *intz.* hallelujah!

allenamento *m.* **1** (*Sport*) training, practice. **2** (*abitudine*) habit: ~ *allo studio* study habit,

habit of studying. □ (*Sport*) *~a secco* : 1 (*allenamento in palestra*) gym training; 2 (*allenamento di tecnica senza attrezzi specifici*) dry training;*di* ~ training: *seduta di* ~ training session; *partita di* ~ practice game; *essere*$_{in}$ ~ to be in training; *tenersi in* ~ to keep in practice, to keep (oneself) in training, to keep on training.

allenare (**alléno**) **I** *v.t.* **1** (*Sport*) to train, to coach: *~ una squadra di calcio* to coach a football team; *~ un cavallo da corsa* to train a racehorse. **2** (*abituarsi*) to keep the habit. **3** (*addestrare*) to train. **II** *v.pron.* **allenarsi** (*esercitarsi*) to practise; (*prepararsi*) to train (oneself) (*anche Sport*): *allenarsi per le gare di nuoto* to train for swimming competitions. □ *allenarsi*$_{duramente}$ to practise hard; *~la memoria* to train one's memory.

allenato *a.* **1** trained: *un atleta ben ~* a well-trained athlete. **2** (*abituato*) accustomed (*a* to).

allenatore *m.* (*f.* **-trice**) (*Sport*) **1** trainer, coach: *~ di calcio* football trainer. **2** (*nel pugilato*) sparring partner. **3** (*nel ciclismo ecc.*) pacemaker.

allentamento *m.* **1** (*rilassamento*) slackening, loosening (*anche Mecc*). **2** (*rallentamento*) slowing down, slackening.

allentare (**allènto**) **I** *v.t.* **1** (*rendere meno teso*) to slack, to slacken, to ease, to ease off: *~ una fune* to slacken a rope. **2** (*rendere meno stretto*) to loosen: *~ la fasciatura* to loosen the bandage; *~ una vite* to loosen a screw, to unscrew. **3** (*rendere meno veloce*) to slacken, to slow down: *~ il passo* to slacken one's pace. **4** (*rendere meno rigido*) to relax: *~ la disciplina* to relax discipline. **II** *v.pron.* **allentarsi 1** (*diventare meno teso*) to slacken, to grow slack. **2** (*diventare meno stretto*) to loosen, to become loose; (*di ingranaggi ecc.*) to work loose: *la vite si è allentata* the screw has worked loose. **3** (*diventare meno rigido*) to become less rigid, to relax: *la sorveglianza si è allentata* supervision has become less rigid. □ (*colloq*) *un*$_{ceffone}$ *a qcu.* to give so. a slap, to slap so., to sock it to so.; *~i freni* : 1 to release the brakes; 2 (*fig*) (*concedere maggiore libertà*) to slacken the reins; *allentarsi*$_{la}$ *cravatta* to loosen one's tie; *~ la stretta* : 1 to loosen one's hold; 2 (*fig*) (*lasciare più libertà*) to lose one's grip; *~ le redini* to slacken the reins (*anche fig*).

allergene *m.* (*Med,Biol*) allergen.

allergia *f.* (*Med*) allergy (*anche scherz*): *avere l'~* to be allergic (*per* to). □ (*Med*) *~alimentare* food allergy; (*Med*) *~alla polvere* allergy to dust, dust allergy.

allergico (*pl.* **-ci**) **I** *a.* (*Med*) allergic (*anche scherz*): *essere ~ agli antibiotici* to be allergic to antibiotics; (*scherz*) *sono ~ al lavoro* I have an allergy for work, I'm allergic to work. **II** *m.* (*f.* **-a**) (*Med*) allergy sufferer, person suffering from allergies.

allergologia *f.* (*Med*) allergology.

allergologico *a.* (*Med*) allergologic.

allergologo *m.* (*f.* **-a**; *pl.* **-gi**) (*Med*) allergist.

allerta I *f.* alert: *dare l'~* to sound the alert. **II** *intz.* look out! watch out! (*anche Mil*). **III** *avv.* (*rar*) on the alert, on the lookout: *stare ~* to be on the alert, to be on the lookout.

allertare (**allèrto**) *v.t.* (*mettere in stato di allarme*) to alert, to warn.

allestimento *m.* **1** (*organizzazione*) preparation, setting up, organization: *~ per una mostra* preparation of an exhibition. **2** (*dotare di attrezzatura*) fitting out (*anche Mar*): *~ di una nave* fitting out of a ship. **3** (*Teat*) (*messa in scena*) staging, production. **4** (*di*

una mostra, stand ecc.) display, layout. □ *~delle vetrine* window dressing; *il padiglione è*$_{in}$ ~ the stand is being set up; *vetrina in* ~ window dressing in progress; *~*$_{scenico}$ scenery.

allestire (**allestìsco, allestìsci**) *v.t.* **1** to prepare, to get ready, to organize, to set up: *~ un pranzo* to prepare a dinner. **2** (*arredare*) to furnish, to fit out (*anche Mar*): *~ una nave* to fit out a ship. **3** (*rif. a vetrina*) to dress. **4** (*Teat*) to stage, to produce: *~ una rappresentazione* to stage a performance.

allettamento *m.* **1** (*lusinga*) allurement, enticement: *cedere agli allettamenti* to yield to enticements. **2** (*attrazione*) attraction, lure, allure.

allettante *a.* tempting, inviting, attractive: *proposte allettanti* tempting proposals.

allettare[1] (**allètto**) *v.t.* **1** (*lusingare*) to allure, to entice. **2** (*attrarre*) to attract, to tempt: *~ qcu. con promesse* to tempt so. with promises.

allettare[2] (**allètto**) **I** *v.t.* (*rar*) (*obbligare a letto*) to confine (so.) to bed, to be bedridden. **II** *v.pron.* **allettarsi** (*rar*) (*mettersi a letto*) to take to one's bed.

allettatore I *m.* (*f.* **-trice**) enticer, charmer. **II** *a.* enticing, alluring, tempting, attractive: *sorriso ~* alluring smile.

allevamento *m.* **1** (*Zootecn*) (*l'allevare: rif. ad animali*) breeding, rearing; (*spec. per la vendita*) farming. **2** (*Zootecn*) (*l'allevare: rif. a bestiame*) stock farming, animal husbandry; (*spec. di bovini*) cattle rearing, cattle-raising, cattle-breeding. **3** (*Zootecn*) (*insieme degli animali*) livestock; (*di bovini*) cattle; (*di cavalli spec. da corsa*) stable. **4** (*Zootecn,Agr*) (*l'allevare: rif. a bestiame*) stock farm; (*di cavalli*) stud farm; (*di cavalli da corsa*) stable. **5** (*rar*) (*rif. a bambini*) rearing, raising, bringing up. **6** (*rif. a piante*) culture. □ *~ artificiale* bottle-feeding, hand-rearing; (*Zootecn*) *~avicolo* : 1 chicken farming, poultry farming; 2 (*azienda*) poultry farm; (*Zootecn*) *~bovino* : 1 cattle rearing, cattle raising, cattle-breeding; 2 (*azienda*) cattle farm; *animal*$_{eda}$ ~ stud animal, brood animal; (*Zootecn*) *~di cavalli* : 1 horse breeding; 2 (*azienda*) stud farm, stable; (*Zootecn*) *~di polli* : 1 chicken farming, poultry farming; 2 (*azienda*) poultry farm; (*Zootecn*) *~di suini* : 1 pig farming; 2 (*azienda*) piggery, pig farm; (*Zootecn*) *~in batteria* : 1 battery farming; 2 (*azienda*) battery farm; (*Zootecn*) *~ovino* : 1 sheep breeding; 2 (*azienda*) sheep farm.

allevare (**allèvo**) *v.t.* **1** (*rif. a bambini*) to bring up, to rear, to nurse: *fu allevato in casa dei nonni* he was brought up in his grandparents' house; *~ bene i propri figli* to bring up one's children well. **2** (*rif. ad animali*) to rear, to breed, to farm: *~ bestiame* to breed livestock. **3** (*rif. a piante*) to grow, to raise. □ *~artificialmente* to bottle-feed, to hand rear; (*fig*) *~una*$_{serpe in seno}$ to nurse a viper in one's bosom.

allevatore *m.* (*f.* **-trice**) (*Zootecn,Agr*) breeder, farmer: *~ di cavalli* horse breeder; *~ di pollame* poultry farmer.

alleviamento *m.* **1** lightening. **2** (*fig*) (*sollievo*) alleviation, easing, relief.

alleviare (**allèvio, allèvi**) *v.t.* **1** (*rendere più lieve*) to lighten, to make (sth.) lighter: *~ una fatica* to make a hard task lighter. **2** (*fig*) (*mitigare*) to alleviate, to ease, to assuage, to soothe: *nessuno fu in grado di ~ le sue sofferenze* no one was able to ease his suffering.

allibire (**allibìsco, allibìsci**; *aus.* essere) *v.i.* **1** (*impallidire*) to turn pale, to blanch, to

pale: *a quelle parole il poveretto allibì* at those words the poor fellow turned pale. **2** (*estens*) (*restare sbigottito*) to be dismayed, to be dumbfounded, to astound, to leave one speechless.

allibito *a.* dismayed, dumbfounded, speechless: *certe cose mi lasciano ~* certain things leave me dumbfounded, certain things leave me speechless.

allibramento *m.* (*Econ*) registration, entry: *spese di ~* registration fee.

allibrare (**allìbro**) *v.t.* (*Econ*) to register, to enter: *~ un debito* to enter a debt.

allibratore *m.* (*rif. all'ippica*) bookmaker, (*colloq*) bookie.

allicciare (**allìccio**) *v.t.* **1** (*Tess*) to heddle. **2** (*Fal*) to set (the teeth of a saw) outwards.

allietare (**allièto**) **I** *v.t.* to gladden, to cheer up, to cheer, to enliven: *la casa del signor Carli è stata allietata dalla nascita di un maschietto* Mr. Carli's household has been gladdened by the birth of a son. **II** *v.pron.* **allietarsi** to cheer up, to rejoice: *mi allietai di quella notizia* I rejoiced at that news.

allievo[1] *m.* **1** (*f.* **-a**) (*scolaro*) pupil; (*studente*) student. **2** (*f.* **-a**) (*discepolo*) pupil, follower, disciple: *Giotto fu ~ di Cimabue* Giotto was a pupil of Cimabue. **3** (*f.* **-a**) (*Mil*) cadet. **4** (*f.* **-a**) (*apprendista*) apprentice. **5** (*f.* **-a**) (*Sport*) junior athlete (an athlete belonging to a particular junior category). **6** (*Bot*) offshoot. □ *~infermiere* student nurse; (*Mil*) *~ufficiale* cadet officer.

allievo[2] *m.* (*Mar*) (*foro di scarico*) boat plug.

alligatore *m.* (*Zool*) alligator.

allignamento *m.* → **allineamento**.

allignare (**allìgno**; *aus.* **avere/essere**) *v.i.* **1** (*mettere radici*) to take root, to grow: *la vite alligna nei paesi a clima temperato* grapevines grow in countries with a temperate climate. **2** (*fig*) (*attecchire*) to catch on: *usanza che ha allignato solo tra i più giovani e custom* which has caught on only among the younger people. **3** (*fig,lett*) (*prosperare*) to flourish, to thrive, to develop.

allineamento *m.* **1** (*l'allineare*) alignment, ranging, laying out in lines. **2** (*fig*) (*adeguamento*) adjustment (*a* to), alignment (*a* with). **3** (*Mot*) alignment. **4** (*Mil*) dressing, forming up: *~ di soldati* dressing of soldiers. **5** (*Pol*) alignment, line-up. **6** (*Tip*) alignment. **7** (*Inform*) alignment. **8** (*Mar*) range line. □ (*Tip,Inform*) *~a destra* right alignment; (*Tip, Inform*) *~a sinistra* left alignment; (*Econ*) *~dei prezzi* price adjustment, price alignment; (*Econ*) *~dei salari* wage adjustment, wage alignment; (*Tip,Inform*) *~del margine* justification; (*Econ*) *~monetario* monetary alignment.

allineare (**allìneo**) **I** *v.t.* **1** to align, to line up, to lay out, to range. **2** (*fig*) (*adeguare*) to adjust, to align: *~ gli stipendi* to adjust salaries. **3** (*Rad*) to align. **4** (*Tip,Inform*) to align. **5** (*Mil*) to dress, to form up: *~ i soldati* to dress soldiers. **II** *v.pron.* **allinearsi 1** to form a line, to fall into line, to line up. **2** (*fig*) (*adeguarsi*) to become adjusted, to adjust, to conform. **3** (*fig*) (*schierarsi*) to align (*a* with). **4** (*Mil*) to dress, to fall in, to form up: *allinearsi a destra* to dress on the right; *allineatevi!* fall in!

allineato *a.* aligned, lined up, drawn up: *essere allineati per tre* to be drawn up in threes.

allitterativo *a.* (*Metr*) alliterative.

allitterazione *f.* (*Metr*) alliteration.

allo → **al**[1].

allocare (**allòco**) *v.t.* (*Inform,Econ*) to allocate.

allocativo *a.* allocative (*anche Econ*).

allocazione *f.* **1** (*nell'ippica: premio*) prize money, stakes *pl.* **2** (*Econ,Inform*) allocation. □ ~ *dei costi* cost distribution, cost allocation; ~ *delle spese* allocation of expenses.

allocchire (**allocchìsco, allocchìsci**; *aus.* **essere**) *v.i.* (*lett*) **1** (*rimanere sbalordito*) to be dismayed, to be dumbfounded, to be astounded. **2** (*intontirsi*) to become stupid, to become dull.

allocchito *a.* (*lett*) dazed, astounded.

allocco (*pl.* **-chi**) *m.* **1** (*Ornit*) tawny owl. **2** (*f.* **-a**) (*fig*) fool, (*colloq*) lemon, (*volg*) nerd, sucker. □ (*fig*) *rimanere come un* ~ to stand there like a fool.

alloctono **I** *a.* (*Geol,Bot,Zool*) allochthonous. **II** *m.* (*f.* **-a**) (*Etnol*) allochthonous.

allocutivo *a.* (*Ling*) speech (*attr.*).

allocutorio *a.* (*Ling*) speech (*attr.*).

allocuzione *f.* allocution (*anche Ling*).

allodiale *a.* (*Dir,Stor*) allodial: *bene* ~ allodial property.

allodio *m.* (*Dir,Stor*) allodium.

allodola *f.* (*Ornit*) skylark, lark.

allofono *m.* (*Ling*) allophone.

allogamento *m.* (*rar*) **1** (*il collocare*) placing, assignment. **2** (*l'affittare*) leasing, lease. **3** (*Econ*) (*l'investire*) investing.

allogare (**allògo, allòghi**) *v.t.* (*rar*) **1** (*sistemare: il a cose*) to arrange, to settle: ~ *i libri negli scaffali* to arrange the books on the shelves. **2** (*sistemare: rif. a ospiti*) to accommodate, to lodge. **3** (*maritare*) to marry off. **4** (*collocare in un impiego*) to find employment for, to place: ~ *qcu. come cuoco in un albergo* to find employment for so. as cook in a hotel. **5** (*Econ*) (*investire*) to invest. **6** (*dare in affitto*) to lease.

allogenico *a.* **1** caused by external factors (*posposto*). **2** (*Biol*) allogeneic, allogenic.

allogeno *a.* of foreign extraction (*posposto*), ethnic: *gruppi allogeni* minority groups, ethnic minority group. **II** *m.* (*f.* **-a**) citizen of foreign extraction, member of an ethnic minority.

alloggiamento *m.* **1** lodging, accommodation. **2** (*Mil*) (*il sistemare in caserme*) quartering; (*in case private*) billeting. **3** (*Mil*) (*luogo: in caserme*) quarters *pl.*; (*in case private*) billet. **4** (*Mecc*) housing, slot.

alloggiare (**allòggio, allòggi**) **I** *v.t.* **1** (*ospitare*) to lodge, to house, to accommodate, to give accommodation to. **2** (*Mil*) (*rif. a caserme*) to quarter; (*rif. a case private*) to billet. **3** (*Mecc*) to house, to fit (sth.) in a slot. **II** *v.i.* (*aus.* **avere**) **1** to lodge, to stay, to take lodgings: ~ *presso* (*o da*) *qcu.* to stay at so.'s (house). **2** (*Mil*) (*rif. a caserme*) to be quartered; (*rif. a case private*) to be billeted. **3** (*Mecc*) to be housed, to be fitted into a slot.

alloggio *m.* **1** accommodation, lodging; (*rif. a stanze*) lodgings *pl.*, rooms *pl.* **2** (*appartamento*) flat. **3** (*ospitalità*) lodging, accommodation: *chiedere* ~ *per una notte* to ask for accommodation for one night. **4** *spec.pl.* (*Mil*) (*rif. a caserme*) quarters *pl.*; (*rif. a case private*) billet. **5** *spec.pl.* (*Mar*) quarters *pl.*: *alloggi dell'equipaggio* crew's quarters. **6** (*Mecc*) housing, slot. □ *dare* ~ to accomodate, to lodge.

alloglotto **I** *a.* (*Ling*) speaking a different language from the official one of a country. **II** *m.* (*f.* **-a**) (*Ling*) member of a linguistic minority.

allografo *m.* (*Ling,Dir*) allograph.

allontanamento *m.* **1** removal, moving away: ~ *di un pericolo* removal of a danger. **2** (*licenziamento di impiegati*) dismissal. **3** (*espulsione*) expulsion. **4** (*sospensione*) sus-

pension. **5** (*separazione*) separation. **6** (*ritiro*) withdrawal.

allontanare (**allontàno**) **I** *v.t.* **1** (*spostare*) to remove, to send away, to move away, to take away: ~ *la sedia dalla stufa* to move the chair away from the fire. **2** (*tenere lontano*) to keep away, to separate: ~ *qcs. da sé* to keep sth. away from oneself. **3** (*mandare via, scacciare*) to send away, to chase away: *i bambini allontanarono un gatto nero dal giardino* the kids chased a black cat out of the garden. **4** (*esiliare*) to expel, to banish. **5** (*respingere: di insetticidi ecc.*) to repel, to drive away, to fend off. **6** (*fig*) (*fugare*) to avert, to banish, to remove: ~ *i sospetti* to banish suspicion. **7** (*ispirare avversione: di sentimenti*) to estrange, to drive away, to alienate: *ha un modo di fare che allontana tutti* he's got a way about him that drives everybody away. **8** (*licenziare, esonerare*) to dismiss, to sack, to remove. **9** (*Sport*) to remove. **10** (*radiare: da scuola, albo professionale ecc.*) to expel, to throw out. **II** *v.pron.* **allontanarsi** **1** (*andarsene*) to go away, to depart, to leave, to go off: *si allontanò senza parlare* he left without speaking, he went off without speaking; *si è allontanato dall'ufficio per un'ora* he left the office for an hour. **2** (*in modo furtivo*) to slink away, to slope off. **3** (*tenersi lontano*) to keep away. **4** (*fig*) (*estraniarsi*) to draw away: *mi sono allontanato da lui perché non andavamo più d'accordo* I drew away from him because we no longer got on well together. **5** (*separarsi: di coppia*) to become estranged. **6** (*fig*) (*deviare*) to deviate, to swerve, to wander, to stray: *allontanarsi dalla retta via* to deviate from the straight and narrow (path); *allontanarsi dall'argomento* to wander from the subject, to wander off the subject, to go off the subject. □ ~ *un pericolo da qcu.* to shield so. from danger.

allopatia *f.* (*Med*) allopathy.

allopatico **I** *a.* (*Med*) allopathic. **II** *m.* (*f.* **-a**; *pl.* **-ci**) (*Med*) allopath.

alloplastica *f.* (*Med,Chir*) alloplasty.

allora **I** *avv.* **1** (*in quel momento*) then, at that moment, in that moment: ~ *non seppi cosa rispondere* at that moment, I didn't know what to reply; *proprio* ~ just then, at that very moment. **2** (*estens*) (*in quel tempo*) at that time, then, in those days: ~ *si usava così* it was the custom, then; it was the custom, at that time. **II** *congz.* **1** (*in tal caso*) then, in that case, well then: *non sei ancora pronto?* - ~ *ti aspetterò* aren't you ready yet? - I'll wait for you, then. **2** (*dunque*) then, well then, therefore, so: ~, *siamo intesi* well then, we're agreed. **3** (*con valore interrogativo*) well, well then, what then, what now, so: *e* ~? so what?, and what then?; ~, *che cosa hai deciso?* what have you decided, then? □ ~ ~ just: *ero arrivato* ~ ~ I had just arrived; ~ *come* ~ at that very moment, on that occasion; *da* ~ since (then), from then on(wards); *da* ~ *in poi* ever since (then), since then, from that time on, from then on; *per* ~ by then; ~ *sì che potrò lavorare in pace* then I really will be able to work in peace.

allorché *congz.* (*lett*) when, as soon as: ~ *la vide, tacque* when he saw her, he stopped talking.

alloro *m.* **1** (*Bot*) laurel: *corona d'* ~ laurel wreath. **2** *spec.pl.* (*fig*) (*laurel*): *conquistare l'* ~ to win one's laurels; *mietere allori* to reap laurels; *riposare sugli allori* to rest on one's laurels.

allorquando *congz.* (*lett*) when, as soon as: ~ *la vide, tacque* when he saw her, he stopped talking.

allosterico *a.* (*Biol*) allosteric: *enzima* ~ allosteric enzyme.

allotrapianto *m.* (*Chir*) allotransplantation.

allotropia *f.* **1** (*Chim*) allotropy, allotropism. **2** (*Ling*) dittology.

allotropico (*pl.* **-ci**) *a.* (*Chim*) allotropic.

allotropo *m.* **1** (*Chim*) allotrope. **2** (*Ling*) doublet.

allottamento *m.* (*region*) (*divisione in lotti*) parcelling, parcelling out, apportionment.

allottare (**allòtto**) *v.t.* (*region*) (*lottizzare*) to parcel, to parcel out, to apportion.

alluce *m.* (*Anat*) hallux, (*colloq*) big toe. □ (*Med*) ~ *valgo* bunion.

allucinante *a.* **1** (*fig*) (*impressionante*) shocking, horrifying, appalling, incredible. **2** (*che provoca allucinazione*) hallucinatory.

allucinare (**allùcino**) *v.t.* **1** (*fig*) (*impressionare*) to shock, to appal. **2** (*provocare allucinazioni*) to hallucinate.

allucinato *a.* **1** (*fig*) (*impressionato*) shocked, appalled. **2** (*che soffre di allucinazioni*) hallucinated. **II** *m.* (*f.* **-a**) **1** (*che soffre di allucinazioni*) hallucinator. **2** (*estens*) visionary.

allucinatorio *a.* hallucinatory.

allucinazione *f.* hallucination (*anche estens*). □ (*Med*) ~ *uditiva* auditory hallucination; (*Med*) ~ *visiva* visual hallucination.

allucinogeno **I** *a.* hallucinogenic: *sostanza allucinogena* hallucinogenic substance. **II** *m.* hallucinogen, hallucinogenic drug, (*pop*) mind-blowing drug.

allucinosi *f.* (*Med*) hallucinosis.

alludere (*pres.ind.* **allùdo**; *p.rem.* **allùsi**; *p.p.* **allùso**; *aus.* **avere**) *v.i.* to allude (*a* to), to refer (*a* to), to hint (*a* at): *non so a chi tu voglia* - I do not know who you are alluding to.

allume *m.* (*Chim*) alum. □ (*Chim*) ~ *di rocca* rock alum.

allumina *f.* (*Chim*) alumina.

alluminare (**allùmino**) *v.t.* **1** (*Tess*) to alum. **2** (*Met*) to aluminize, to coat with aluminium. **3** (*ant*) (*miniare*) to illuminate.

alluminato *m.* (*Chim*) aluminate.

alluminio *m.* aluminium, (*Am*) aluminum: *lamina di* ~ (*o foglio di* ~) aluminium foil; *una pentola di* ~ an aluminium saucepan; *rivestito di* ~ aluminium clad.

alluminosi *f.* (*Med*) aluminosis.

alluminotermia *f.* (*Fis*) aluminothermy.

allunaggio *m.* (*Astron*) lunar landing, moon landing.

allunare[1] (**allùno**; *aus.* **avere**) *v.i.* (*Astron*) to land on the moon.

allunare[2] (**allùno**) *v.t.* (*Mar*) to roach.

allunga *f.* **1** (*Mecc*) extension, adapter. **2** (*Econ*) allonge.

allungabile *a.* expanding, extension (*attr.*): *tavolo* ~ draw-leaf table, leaf table.

allungamento *m.* **1** (*l'allungare*) lengthening, extending, prolonging. **2** (*estensione*) extension, elongation, prolongation. **3** (*diluzione*) dilution. **4** (*Econ*) allonge. **5** (*Fis*) elongation, expansion: ~ *specifico* specific expansion. **6** (*Ling*) lengthening. □ (*Fis*) ~ *alla trazione* stretch, elongation, strain under tension; (*Aer*) ~ *di un'ala* aspect ratio; (*Fis*) ~ *di rottura* stretch, breaking strain; (*Sport*) ~ *muscolare* stretching.

allungare (**allùngo, allùnghi**) **I** *v.t.* **1** (*rif. a lunghezza*) to lengthen, to extend: ~ *una gonna di tre centimetri* to lengthen a skirt (*o* to let down a skirt) (by) three centimetres. **2** (*rif. a tempo*) to prolong, to extend: ~ *le vacanze* to prolong one's holidays. **3** (*stendere*) to stretch, to stretch out, to hold out: ~ *le gambe sotto il tavolo* to stretch out one's legs under the table, to stretch one's legs out under the table. **4** (*Ling*) to lengthen: ~ *una vocale* to lengthen a vowel, to allongate a vowel. **5** (*fig,colloq*) (*dare: pugni, calci e sim.*) to let fly, to deliver: ~ *una pedata a qcu.* to let fly a kick at so. **6** (*fig,colloq*) (*porgere*) to hand, to pass: *allungami il giornale, per favore* pass me the newspaper, please. **7** (*fig, colloq*) (*porgere: di nascosto*) to slip: *vidi l'uomo allungarle una busta* I saw the man slip her an envelope. **8** (*Sport*) (*spec. nel calcio: passare*) to pass forward. **9** (*diluire*) to dilute, (*con acqua*) to water, to water down. **II** *v.pron.* **allungarsi 1** (*rif. a spazio, tempo*) to lengthen, to draw out, to increase: *le giornate si sono allungate* the days have drawn out, the days have gotten longer. **2** (*rif. a statura*) to grow, to grow taller, to shoot up: *il bambino si è allungato ed è dimagrito* the child has grown taller and thinner. **3** (*stendersi*) to stretch out, to lie down: *vorrei allungarmi un po' sul letto* I'd like to stretch out on the bed for a while. □ ~*i muscoli* to stretch; ~*il collo* : **1** to stretch one's neck, to crane one's neck; **2** (*fig*) (*curiosare*) to snoop; ~*il passo* to quicken one's pace; ~*la mano* to reach out; ~*la strada* to take the longest way; ~*la vita a qcu.* to prolong so.'s life; ~*le mani* : **1** (*toccare: spec. rif. a donna*) to touch (so.); **2** (*picchiare*) to lay hands (*su* on); **3** (*impadronirsi*) to get hold (*su* of), to get one's hands (*su* on), to lay hold (*su* of), to lay hands (*su* on); **4** (*rubare*) to steal (*su qcs.* sth.).

allungato *a.* **1** (*diluito*) diluted; (*con acqua*) watered-down. **2** (*disteso*) stretched out. **3** (*affusolato*) tapered.

allungatura *f.* **1** (*l'allungare*) lengthening, prolonging, extending. **2** (*allungamento*) elongation, prolongation, extension.

allungo (*pl.* **-ghi**) *m.* (*Sport*) **1** (*rif. al calcio, alla pallacanestro*) pass, pass forward. **2** (*rif. all'atletica, all'ippica*) sprint. **3** (*rif. alla scherma*) lunge, thrust. **4** (*rif. al ciclismo*) spurt. **5** (*rif. allo sci*) single step.

allusi → **alludere**.

allusione *f.* allusion, hint, reference. □ *fare* ~ *a qcs.* to allude to sth., to hint at sth.

allusivo *a.* allusive.

alluso → **alludere**.

alluvionale *a.* (*Geol*) alluvial: *deposito* ~ alluvial deposit; *pianura* ~ alluvial plain, flood plain.

alluvionato I *a.* flooded, flood (*attr.*): *regioni alluvionate* flood areas. **II** *m.* (*f.* **-a**) flood victim.

alluvione *f.* **1** (*inondazione*) flood, inundation. **2** (*Geol*) alluvium, alluvion. **3** (*fig*) (*grande quantità*) flood, stream, torrent: *un'* ~ *di improperi* a torrent of abuse, a stream of abuse. **4** (*Dir*) alluvion.

almanaccare (**almanàcco, almanàcchi**; *aus.* **avere**) *v.i.* **1** (*fantasticare*) to dream, to daydream, to build castles in the air. **2** (*congetturare*) to muse (*su, intorno a qcs.* sth.), to puzzle (*su, intorno a qcs.* over sth.): ~ *su qcs.* to puzzle over sth.

almanacco (*pl.* **-chi**) *m.* **1** (*calendario*) almanac, calendar. **2** (*estens*) (*annuario*) year-book, almanac. □ ~*di Gotha* Almanach de Gotha.

almeno *avv.* **1** at least: *non è molto intelligente, ma* ~ *studia* he is not very clever, but at least he studies; *costerà* ~ *duecento euro* it will cost at least two hundred euros. **2** (*con valore ottativo*) (*se almeno*) if only, if... at least: ~ *lavorasse* if only he would work, if he would at least work.

aloe, aloè *m./f.inv.* **1** (*Bot*) aloe. **2** (*legno*) aloes, aloes wood. **3** (*Farm*) (*succo della pian-*

---

ta) aloes (*costr.sing.*). □ (*Bot*) ~*vera* aloe vera.

alofauna *f.* (*rar*) halophilic fauna.

aloflora *f.* (*rar*) halophilic flora.

alogena *f.* halogen lamp.

alogenare (**alògeno**) *v.t.* (*Chim*) to halogenate.

alogenazione *f.* (*Chim*) halogenation.

alogeno I *a.* (*Chim*) halogen. **II** *m.* (*Chim*) halogen.

alogenuro *m.* (*Chim*) halide, halid.

alogico (*pl.* **-ci**) *a.* alogical.

alone *m.* **1** (*Astr*) halo: ~ *della luna* lunar halo. **2** (*aureola di luce*) glow, halo: *l'* ~ *dei lampioni sotto la pioggia* the glow of the streetlights in the rain. **3** (*macchia lasciata da benzina, grasso ecc.*) mark, ring. **4** (*fig*) aura, halo: *la sua vita era circondata da un* ~ *di leggenda* his life was shrouded in legend; *un* ~ *di mistero* an aura of mystery. **5** (*Fot*) halation.

alopecia, alopecìa *f.* (*Med*) alopecia.

alosa *f.* (*Itt*) shad.

alpaca, alpacà *m.inv.* **1** (*Zool*) alpaca. **2** (*lana, tessuto*) alpaca: *una giacca di* ~ an alpaca jacket.

alpacca *f.* (*Met*) German silver, nickel silver.

alpe *f.* **1** (*pascolo*) Alpine pasture. **2** (*lett*) (*montagna*) alp.

alpeggiare (**alpéggio, alpéggi**) **I** *v.t.* to lead (sth.) to summer pasture in the mountains. **II** *v.i.* (*aus.* **avere**) to pasture on Alpine meadows.

alpeggio *m.* **1** (*luogo*) summer pasture in the mountains. **2** (*estens*) (*malga*) Alpine hut.

alpenstock *m.inv.* (*Alp*) alpenstock.

alpestre *a.* **1** (*di montagna*) mountain (*attr.*), Alpine. **2** (*estens*) (*ripido*) steep: *sentiero* ~ steep path. **3** (*delle Alpi*) Alpine.

Alpi *n.pr.f.pl.* (*Geog*) Alps. □ (*Geog*) ~ *Apuane* Apuan Alps; (*Geog*) ~ *Carniche* Carnic Alps; (*Geog*) ~ *Cozie* Cottian Alps; (*Geog*) ~ *Giulie* Julian Alps; (*Geog*) ~ *Graie* Graian Alps; (*Geog*) ~ *Lepontine* Lepontine Alps; (*Geog*) ~ *Marittime* Maritime Alps; (*Geog*) ~ *Pennine* Pennine Alps; (*Geog*) ~ *Retiche* Rhaetian Alps.

alpigiano I *a.* mountain (*attr.*), Alpine. **II** *m.* (*f.* **-a**) **1** inhabitant of the Alps. **2** (*montanaro*) mountain inhabitant, mountain dweller.

alpinismo *m.* mountaineering, alpinism, mountain climbing. □ *fare dell'* ~ to go mountain climbing, to climb.

alpinista *m./f.* mountaineer, mountain climber, alpinist.

alpinistico (*pl.* **-ci**) *a.* Alpine.

alpino I *a.* **1** (*delle Alpi*) Alpine: *Club Alpino Italiano* Italian Alpine Club. **2** (*di montagna*) Alpine, mountain (*attr.*). **3** (*Mil*) Alpine: *truppe alpine* Alpine Troops, Alpine troops. **II** *m.* (*Mil*) member of the Italian Alpine troops: *gli Alpini* Alpini, the Italian Alpine troops.

alquanto I *a.indef.* **1** a certain amount of, a fair amount of, some, quite some: *aveva* ~ *denaro* he had a fair amount of money; *dopo* ~ *tempo* after some time. **2** *pl.* several, a good many, quite a few, quite a lot of: *dopo alquante ore* after several hours; *c'erano alquante persone* there were quite a few people. **II** *pron.indef.* **1** a certain amount, a fair amount, quite a lot, a good deal, some: *ne ho bevuto* ~ I have drunk a good deal (of it). **2** *pl.* (*rar*) several, some, a good many, quite a lot: *dammene alquanti* give me some, give me some of them. **III** *avv.* **1** (*un po'*) rather, somewhat, a little. **2** (*parecchio*) rather, quite, more than a little, (*colloq*) pretty, fairly,

---

considerably: *ero* ~ *seccato* I was rather annoyed, I was quite annoyed. **3** (*un po' di tempo*) a while, quite some time: *aspettò* ~ he waited a while; *camminarono* ~ they walked for quite some time.

Alsazia *n.pr.f.* (*Geog*) Alsace. □ (*Geog*) ~ *Lorena* Alsace-Lorraine.

alsaziano I *a.* Alsatian. **II** *m.* **1** (*f.* **-a**) (*abitante*) Alsatian. **2** (*Zool*) (*pastore tedesco*) Alsatian, (*Am*) German shepherd.

alt A *intz.* **1** (*Mil*) halt! **2** (*Strad*) stop! **3** (*estens*) stop!: ~! *smettila di lamentarti!* stop moaning! **II** *m.* halt: *dare l'* ~ to call a halt, to bring to a halt, to stop.

alt. *altitudine* alt (altitude).

Altair, Altaïr *n.pr.f.* (*Astr*) Altair.

altalena *f.* **1** (*sospesa a funi con sedile*) swing: *salire sull'* ~ to climb onto the swing; *scendere dall'* ~ to climb off the swing. **2** (*in bilico*) seesaw. **3** (*fig*) (*alterna vicenda*) ups and downs *pl.*, alternation, series: *un'* ~ *di gioie e dolori* a series of joys and sorrows. □ *fare l'* ~: **1** (*su quella sospesa a funi*) to swing backwards and forwards, to swing up and down; **2** (*su quella a bilico*) to play on a seesaw.

altalenante *a.* (*fig*) swinging, instable, wavering.

altalenare (**altaléno**; *aus.* **avere**) *v.i.* **1** (*rar*) to swing, to seesaw. **2** (*fig*) (*essere indeciso*) to waver, to hesitate, to yo-yo, to swing, to seesaw.

altamente *avv.* greatly, highly, deeply. □ *manodopera* ~ *specializzata* highly-skilled workforce.

altana *f.* covered roof-terrace.

altare *m.* (*Arch*) altar. □ (*Arch*) ~*laterale* side altar; (*Arch*) ~*maggiore* high altar.

altarino *m.* small altar.

altea *f.* (*Bot*) althaea, marsh mallow, white mallow.

alter □ ~*ego* alter ego, second self, (*Am*) alternate.

alterabile *a.* **1** alterable, changeable. **2** (*deperibile*) perishable: *alimento* ~ perishable food. **3** (*falsificabile*) falsifiable, forgeable. **4** (*fig*) (*irritabile*) irritable, touchy, short-tempered: *una persona facilmente* ~ a very touchy person.

alterabilità *f.* **1** alterability, changeableness, changeability. **2** (*adulterabilità per aggiunta di sostanze*) liability to adulteration. **3** (*spec. di alimenti che vanno a male*) perishability, perishableness. **4** (*fig*) (*irritabilità*) irritability, touchiness.

alteramente *avv.* (*rar*) **1** (*orgogliosamente*) proudly. **2** (*sdegnosamente*) haughtily, arrogantly.

alterare (**àltero**) **I** *v.t.* **1** (*mutare*) to alter, to change, to modify, (*spec. di un ordine prestabilito*) to upset: *la luce del sole altera i colori* sunlight alters colours. **2** (*adulterare*) to adulterate, to taint. **3** (*falsificare*) to falsify, to cook, to doctor: ~ *i dati* to doctor the figures. **4** (*falsificare: rif. a denaro, documenti*) to counterfeit. **5** (*falsificare: rif. a firme, documenti*) to forge. **6** (*fig*) (*travisare, distorcere*) to distort, to twist: ~ *la verità* to twist the truth, to distort the truth. **7** (*fig*) (*turbare, irritare*) to arouse, to anger, to annoy. **II** *v.pron.* **alterarsi 1** (*mutarsi*) to alter, to change, to modify. **2** (*andare a male*) to go bad, to go off. **3** (*fig*) (*turbarsi, irritarsi*) to get angry, to get annoyed, to get worked up, to get upset: *alterarsi per un nonnulla* to get worked up over a mere nothing. **4** (*fig*) (*rif. a viso*) to darken.

alterato *a.* **1** (*mutato*) altered, changed, modified: *lineamenti alterati dalla sofferen-*

za features altered by suffering. **2** (*adultera-to*) adulterated, tainted. **3** (*Med*) abnormal. **4** (*Ling*) modified. **5** (*falsificato*) falsified, doctored, (*colloq*) cooked. **6** (*falsificato: rif. a denaro, documenti*) counterfeited. **7** (*falsificato: rif. a firme, documenti*) forged. **8** (*guasto: rif. a cibi, bevande*) bad, off; (*rif. a latte*) sour. **9** (*distorto*) distorted, twisted. **10** (*fig*) (*irritato*) angry, annoyed; (*turbato*) upset. □ *voce alterata dal pianto* voice broken by weeping; *essere ~ dal vino* (*ubriaco*) to be groggy with wine.

alterazione f. **1** (*modificazione*) alteration, change, modification: *~ del colore* change in colour. **2** (*adulterazione*) adulteration. **3** (*falsificazione*) falsification, forgery, counterfeit; (*il falsificare*) counterfeiting. **4** (*travisamento, distorsione*) distortion, twist; (*il travisare*) twisting. **5** (*turbamento*) perturbation; (*irritazione*) anger, annoyance. **6** (*Geol*) metamorphism. **7** (*Med*) trouble, disorder. □ (*Econ*) *~ del bilancio* falsification of accounts, (*colloq*) cooking the books; (*Med*) *~ del polso* change in the pulse rate.

altercare (**altèrco, altèrchi**; *aus. avere*) *v.i.* (*lett*) to quarrel, to wrangle, to argue, to altercate.

alterco (*pl.* **-chi**) *m.* (*lett*) wrangle, quarrel, argument.

alterezza f. (*lett*) **1** (*superbia*) loftiness, haughtiness; *~ d'animo* haughtiness of spirit. **2** (*orgoglio*) pride.

alterigia f. haughtiness, presumption.

alterità f. (*Filos*) otherness, alterity.

alternanza f. **1** alternation (*anche Ling*). **2** (*Agr*) rotation, crop rotation. □ (*Biol*) *~ di generazioni* alternation of generations; (*Ling*) *~ vocalica* ablaut.

alternare (**altèrno**) **I** *v.t.* **1** to alternate: *~ il gioco con lo studio* to alternate work and play. **2** (*Agr*) to rotate. **II** *v.pron.* **alternarsi 1** to alternate: *giorni caldi e freddi si alternavano* warm days alternated with cold days. **2** (*rif. a persone*) to alternate, to take turns: *alternarsi con qcu.* to take turns with so.

alternarsi *m.inv.* alternation, succession: *l'~ delle voci nel coro* the alternation of voices in the choir.

alternativa f. **1** (*possibilità di scelta*) alternative, choice: *non ho altra ~* I have no alternative, I have no choice. **2** (*rar*) (*avvicendamento*) alternation, series. **3** (*in logica*) alternation. □ *in ~* instead, alternatively.

alternativamente *avv.* alternately, in turn, by turns.

alternativo I *a.* **1** (*che permette una scelta*) alternative. **2** (*una scelta esclude l'altra*) mutually exclusive, either-or, alternative: *soluzioni alternative* mutually exclusive options, either-or options. **3** (*Mecc*) reciprocating. **4** (*Sociol,Pol*) alternative: *modello ~* alternative model; *energia alternativa* alternative energy; *medicina alternativa* alternative medicine; *giornale ~* an alternative newspaper; *scuola alternativa* non-traditional school, alternative school. **II** *m.* (*f.* **-a**) (*Sociol*) nonconformist, unconventional person.

alternato *a.* **1** (*El,Metr*) alternating: *corrente alternata* alternating current; *rima alternata* cross rhyme, alternate rhyme. **2** (*Bot*) alternate. **3** (*Mecc*) reciprocating: *moto ~* reciprocating motion, reciprocation.

alternatore *m.* (*El*) alternator. □ (*El*) *bifase* two-phase generator, two-phase alternator; (*El*) *~ monofase* single phase alternator; (*El*) *~ sincrono* synchronous alternator; (*El*) *~ trifase* three-phase alternator, three phase alternator.

alternazione f. (*rar*) alternation.

alterno *a.* **1** alternate, alternating: *a giorni alterni* on alternate days, every other day. **2** (*Bot,Mat,Fis*) alternate: *angoli alterni* alternate angles. □ (*lett*) *con alterna vece* with ups and downs; *le alterne vicende della vita* the ups and downs of life.

altero *a.* **1** (*dignitoso, fiero*) dignified, stately, lofty; *portamento ~* dignified bearing. **2** (*sdegnoso*) disdainful, scornful. **3** (*superbo*) haughty, proud.

altezza f. **1** height: *l'~ di un monte* the height of a mountain. **2** (*statura*) height, stature. **3** (*larghezza*) width, breadth: *l'~ di una stoffa* the width of a piece of cloth. **4** (*rif. a suoni*) pitch. **5** (*Geom*) altitude. **6** (*Astr*) elevation, altitude. **7** (*profondità*) depth: *l'~ dell'acqua* the depth of the water. **8** (*rif. a livello*) water level; (*rif. a marea*) height. **9** (*fig*) (*nobiltà, grandezza*) nobility, loftiness: *~ d'animo* nobility of spirit. **10** (*titolo*) Highness: *Vostra ~* Your Highness. **11** (*Topogr*) altitude: *~ di rilievo* survey altitude. □ *a un'~ di 500 metri* at a height of 500 metres, at an altitude of 500 metres; *ad ~ d'uomo* (*rif. a sparo*) at close range; *~ al garrese* withers height; *all'~ di:* **1** (*in prossimità*) on a line with, on a level with, at: *all'~ di via Garibaldi* volta a destra he turned right at via Garibaldi; (*Mar*) *la nave era all'~ di Napoli* the ship lay off Naples, the ship was off Naples; **2** (*fig*) (*adatto, capace*) up to: *essere all'~* to be up to; *essere all'~ del proprio compito* to be up to one's task, to be equal to one's task; *essere all'~ della situazione* to be capable of coping with a situation, to be capable of handling a situation; *essere all'~ delle esigenze dei clienti* to meet customers' requirements; *di ~* high, in altitude, at a height of: *la città è a cento metri di ~* the town lies at an altitude of a hundred metres, the town is a hundred metres above sea level; (*Aer*) *~ di crociera* cruising height; *in ~* in height: *crescere in ~* to grow taller; (*Astr*) *~ meridiana* meridian altitude; *non essere all'~* to fall short; *~ sul livello del mare* altitude above sea level, height above sea level.

altezzosamente *avv.* haughtily, proudly, arrogantly.

altezzosità f. (*rar*) haughtiness, arrogance, pride.

altezzoso *a.* haughty, proud, arrogant.

alticcio *a.* tipsy, (*Br,Canad*) tiddly, tight.

altimetria f. altimetry.

altimetrico (*pl.* **-ci**) *a.* altimetric.

altimetro *m.* (*Tecn*) altimeter.

altipiano (*pl.* **altipiàni**) *m.* (*Geog*) **1** (*di regione*) tableland, upland. **2** (*di montagna*) plateau.

altisonante *a.* **1** sonorous, resonant. **2** (*iron*) high-sounding, (*colloq*) high-faluting, pompous: *parole altisonanti* high-faluting words.

altissimo *a.* **1** (*molto alto*) very high. **2** (*fig*) (*grandioso*) magnificent. □ (*fig*) *ad ~ livello:* **1** top-level, at top-level: *conferenza ad ~ livello* top-level conference; **2** (*al vertice*) summit (*attr.*): *conferenza ad ~ livello* (*tra capi di stato*) summit conference; *altissima stagione* highest season.

Altissimo *m.* (*Bibl*) Almighty, God.

altitudine f. altitude, height.

alto[1] **I** *a.* **1** high: *gli alti monti* the high mountains; *un muro ~ 5 metri* a wall 5 metres high. **2** (*in alto*) high, high up: *il quadro è troppo ~* the picture is too high up. **3** (*di statura*) tall: *un uomo ~* a tall man. **4** (*rif. a stoffa*) wide: *un panno ~ un metro* a cloth a

metre wide. **5** (*rif. a suono*) high, high-pitched: *note alte* high notes. **6** (*forte*) loud: *tenere la radio alta* to keep the radio turned up loud. **7** (*Geog*) (*settentrionale*) north, northern, upper: *alta Italia* Northern Italy; *l'~ Egitto* Upper Egypt. **8** (*Geog*) (*rif. a fiumi*) upper: *l'~ Po* the upper Po. **9** (*rif. a ricorrenze*) late: *la Pasqua è alta quest'anno* Easter is late this year. **10** (*rif. a periodi storici*) early: *l'~ medioevo* the early Middle Ages, the Dark Ages. **11** (*profondo*) deep: *neve alta* deep snow; *acqua alta* deep water, high water; *~ silenzio* deep silence. **12** (*grande, rilevante*) high, considerable: *il prezzo è molto ~* the price is very high. **13** (*spesso*) thick. **14** (*Ling*) high: *~ tedesco* High German. **15** (*fig*) (*rif. al comportamento: grande, nobile*) lofty, high: *una persona di alti sentimenti* a person of lofty sentiments. **16** (*fig*) (*di rango elevato*) high-ranking, high-up: *è un ~ funzionario* he is a high-ranking official; *alta società* high society, haut monde. **II** *avv.* **1** high, high up, on high: *mirare ~* to aim high; *volare ~* to fly high. **2** (*su casse di imballaggio*) this side up. **3** (*ad alta voce*) aloud, loudly, in a loud voice. **III** *m.* **1** (*la parte più alta*) top, upper part: *il panorama dall'~ della torre* the view from the top of the tower. **2** (*il cielo*) heaven. □ (*Geog*) *Alto Adige* Alto Adige, South Tyrol; (*Pol*) *l'alta autorità* the High Authority; *d'~ bordo:* **1** (*Mar*) tall, tall-sided: *nave d'~ bordo* tall-sided ship; **2** (*fig*) (*altolocato*) highly-placed, important: *persone d'~ bordo* very important persons, VIPs; **3** (*estens*) (*di prostituta*) high-priced: *prostituta d'alto ~* high-priced call girl; *alta borghesia* upper middle class; (*Ferr*) *alta capacità ferroviaria* high-speed train system; *le alte cariche dello stato:* **1** (*persone*) the dignitaries of the State; **2** (*incarichi*) the dignities of the State; (*fig*) *~ come un campanile* tall as a beanstalk; *~ commissariato delle Nazioni Unite per i rifugiati* United Nations High Commission for Refugees; *~ commissario* high commissioner; *~ commissario delle Nazioni Unite per i rifugiati* United Nations High Commissioner for Refugees; (*Econ*) *alta congiuntura* favourable trend, boom, (*Am*) upswing; *l'alta cucina* haute cuisine; *dall'~* from above: *un ordine venuto dall'~* an order from above; (*fig*) *guardare qcu. dall'~ in basso* to look down on so.; (*Cin,TV*) *alta definizione* high definition, high resolution; *alta densità* high density; *ad alta densità* high density (*attr.*) (*anche Inform*); *avere degli alti e bassi* to have one's ups and downs; *~ esplosivo* high explosive; (*Acus*) *alta fedeltà* high fidelity, (*colloq*) hi-fi: *ad alta fedeltà* high-fidelity (*attr.*), (*colloq*) hi-fi (*attr.*); *apparecchio ad alta fedeltà* high-fidelity set; (*Econ*) *alta finanza* high finance; (*Fis,Rad*) *alta frequenza* high frequency; *~ funzionario* senior official, high official; *~ fusto* high trunk; *albero d'alto ~* high-trunk tree; (*Geog*) *Alta Galilea* High Galilee; *in ~ grado* to a high degree: *nel più ~ grado* to the highest degree; *acciaio di ~ grado* high-grade steel; *in ~:* **1** (*stato*) high, high up, up, on high, high above: *là in ~* up there, *più in ~* higher up; **2** (*moto*) up, upward, upwards: *in ~ i cuori* lift up your hearts; *arriverà molto in ~* he will go far; *di ~ lignaggio* of high descent; (*fig*) *~ livello* high standard, high level: *ad ~ livello* top-level (*attr.*); *di ~ livello:* **1** (*rif. a cultura*) of a high level, of a high standard; **2** (*rif. a persona*) top-ranking, top ranked; *essere in ~ mare:* **1** to be on the high sea(s), to be on the open sea; **2** (*fig*) (*rif. a persona*) to be all at sea, to still have a long way to go; (*rif. a cosa*) to be far from completion; *alta marea* high tide; *alta moda* haute couture, high fashion; *in alta montagna* in the high mountains, up in the mountains; *alta nobiltà* high nobility; (*fig,scherz*) *gli alti papaveri* (*le persone autorevoli*) the bigshots, the big-wigs, the big fish; ~ *patronato* patronage, auspices: *sotto l'~ patronato del Presidente della Repubblica* under the patronage of the President of the Republic, under the auspices of the President of the Republic; *alta pianura* highland; (*Fis,Meteor*) *alta pressione* high pressure; (*fig*) *di ~ profilo* high-profile (*attr.*); *di alta qualità* high-quality (*attr.*), choice quality (*attr.*), top-quality (*attr.*), first grade (*attr.*); (*colloq,scherz*) *essere ~ quanto un soldo di cacio* to be knee-high to a grass-hopper; (*Aer*) *volare ad alta quota* to fly high, to fly at a high altitude; *di ~ rango* of high rank, of high standing; (*Econ*) *ad ~ reddito* high-income (*attr.*); (*Econ*) *ad ~ rendimento* high-yield (*attr.*); *ad alta resistenza*: 1 (*Met*) high-grade (*attr.*); 2 (*El*) high-resistance (*attr.*); *ad ~ rischio* high-risk (*attr.*); *ad alta risoluzione* high-resolution (*attr.*); *alta sartoria* haute couture, high fashion; (*Equit*) *alta scuola* haute école; (*fig*) *alte sfere* upper spheres, high places; (*fig*) *alta società* high society, haut monde; *alta stagione* high season, (*Am*) peak season; (*Meteor*) ~ *strato* altostratus; *alta tecnologia* high technology, (*colloq*) high-tech; (*Ling*) ~ *tedesco* High German; *alta temperatura* high temperature; *tenere ~ il nome della famiglia* to uphold the family name; (*fig*) *tenere alta la bandiera* to keep the flag flying; (*El*) *alta tensione* high voltage, high-tension; (*Dir*) ~ *tradimento* high treason; (*fig*) *essere ~ un palmo* (*o essere ~ una spanna*) to be knee-high to a grasshopper; (*Mil*) *alta uniforme* full-dress uniform, regimentals (*pl.*); *in alta uniforme* in full uniform; (*Ferr*) *alta velocità* high-speed train system: *ad alta velocità*: 1 at high-speed; 2 (*Tecn*) high-speed (*attr.*); *verso l'~* upwards; *ad alta voce* aloud, out loud; (*Geog*) *Alto Volta* Upper Volta.

alto² *intz.* (*lett*) (*alt*) stop! □ (*Mil*) ~ *là!* halt!

altoatesino I *a.* from Alto Adige, South Tyrolean. II *m.* (*f.* -**a**) (*originario*) native of Alto Adige, South Tyrolean; (*abitante*) inhabitant of Alto Adige, South Tyrolean.

altocumulo *m.* (*Meteor*) altocumulus.

altoforno (*pl.* **altifórni**) *m.* (*Met*) blast furnace.

altolà I *intz.* (*Mil*) halt! II *m.* halt, stop: *dare l'~ a qcu.* to make so. stop doing sth.

altolocato *a.* high-ranking, important.

altoparlante *m.* (*Rad*) loudspeaker.

altopiano (*pl.* **altipiàni**) *m.* (*Geog*) 1 (*di regione*) tableland, upland. 2 (*di montagna*) plateau.

altorilievo *m.* (*Scult*) alto-relievo, high relief.

altresì *avv.* (*lett,burocr*) (*anche*) also, too.

altrettanto I *a.indef.* 1 as much, as much again. 2 *pl.* as many, as many again: *compra dieci penne e altrettante matite* buy ten pens and as many pencils. II *pron.indef.* 1 (*la stessa quantità*) the same amount, as much, as much again: *io ti regalerò cinque euro e lui te ne darà altrettanti* I'll give you five euros and he'll give you as much again. 2 (*lo stesso numero*) the same number (of), as many, as many again. 3 (*la stessa cosa*) the same, the same thing: *si sedette ed io feci* ~ he sat down and I did the same. III *avv.* 1 just as, as; (*con verbi*) as much, so much: *mangia molto e*

beve ~ he eats a great deal and drinks just as much; *sei stato* ~ *veloce* you have run just as fast. 2 (*parimenti*) likewise, equally: *fare* ~ to do likewise. □ *tanti auguri -* Grazie, - ~ all the best - Thank you, and the same to you; ~ *poco* just as little.

altri *pron.indef.* (*solo sing.*) 1 (*un'altra persona: positivo*) somone else, somebody else; (*negativo*) no one, nobody else: *non può essere* ~ *che lui* it can be no one but him; *non ho* ~ *che te al mondo* I have nobody but you in the world. 2 (*lett*) (*qualcuno*) someone, somebody, another: ~ *sarà di opinione diversa* someone else may think differently about it. 3 (*lett*) (*nessuno*) no one, nobody.

altrimenti *avv.* 1 (*diversamente*) otherwise, differently: *io mi sarei comportato* ~ I should have behaved differently; *non possiamo agire* ~ we cannot act otherwise. 2 (*se no*) or else, or, otherwise: *sbrigati,* ~ *farai tardi* hurry up, or else you'll be late. □ ~ *detto* alias, also known as.

altro I *a.indef.* 1 other, another: *dammi un* ~ *libro* give me another book. 2 (*opposto a questo*) the other: *la casa sta sull'altra riva* the house stands on the other bank. 3 (*restante*) other, remaining: *mandami gli altri libri* send me the remaining books. 4 (*ulteriore*) further, some other: *non posso fare altre concessioni* I can't make any other concessions. 5 (*ancora di più*) more: *desidera* ~ *tè?* will you have some more tea? 6 (*ulteriore: rif. a tempo*) longer: *resterò altre due ore* I'll stay two hours longer. 7 (*seguito da numeri*) another: *resta altri cinque minuti* stay another five minutes, stay five minutes more. 8 (*secondo, nuovo*) another, second: *è stato per me un* ~ *padre* he has been a second father to me. 9 (*in espressioni temporali: antecedente*) last: *l'~ anno* last year. 10 (*in espressioni temporali: seguente*) next: *quest'~ mese* next month. 11 (*rafforzativo: con pronomi e aggettivi*) else, talvolta non si traduce: *nessun* ~ nobody else, no one else; *lo sai meglio di chiunque* ~ you know it better than anyone else; *chi* ~? who else?; *noi altri* we; *voi altri scrittori* you writers. II *pron.indef.* 1 other, other one, another, another one: *o tu o un* ~ either you or another, either you or someone else; *gli altri non li conosco* I don't know the others. 2 (*in espressioni correlative*) other, another: *gli uni affermavano, gli altri negavano* some confirmed it, others denied it. 3 (*in espressioni reciproche*) each other: *si burlano l'un l'~* they make fun of each other; (*rif. a più persone o cose*) one another: *lottarono gli uni contro gli altri* they fought one another. 4 (*differente*) another, another person, another man (*f.* woman): *è diventato un* ~ he has become another man. 5 (*rafforzativo*) nothing but: *stupido che non sei* ~ you're nothing but a fool. III *m.pl.* (*gli estranei*) others, other people (*costr.pl.*): *non fidarti degli altri* don't trust other people. IV *m.inv.* 1 (*altra cosa*) more, more besides, other things *pl.*: *disse questo e* ~ he said this and more besides. 2 (*niente di meglio*) nothing better: *ma non chiedo* ~ but I'd like nothing better. 3 (*espressioni negative e interrogative*) else, more: *non voglio sentire* ~ I don't want to hear anything else, I don't want to hear anything more; *nient'~, grazie!* nothing else, thank you!; (*gli estranei*) what else would you like?; *hai* ~ *da dire?* have you anything else to say? 4 (*in espressioni correlative*) one thing... another: ~ *è dire,* ~ *è fare* it's one thing to say it and another to do it, (it's) easier said than done. □ (*fig*) *sentire anche*

l'altra campana to hear both sides (of the story), to hear the other point of view; *d'~ canto* (*d'altronde*) on the other hand; ~ *che bello, era orrendo!* good? it was frightful!; ~ *che!* you bet!: *sei contento?* - ~ *che!* are you happy? - You bet I am!; *ci vuole* ~ *per* it takes more than that to: *ci vuol* ~ *per convincermi* it will take more than that to convince me; *un motivo come un* ~ a good enough reason; *è un ~ conto* that's a different matter, that's another matter, that's a different story, that's different: *se vieni anche tu è un* ~ *conto* if you come too that's a different matter (*o story*); *un'altra cosa*: 1 (*ancora una cosa*) another matter, another thing, something else; 2 (*una cosa diversa*) a different matter, a different thing; *fra le altre cose* among other things; *d'altra parte* on the other hand; *avere* ~ *da fare* to have better things to do; *dall'altra parte*: 1 (*stato: nell'altra direzione*) in the other direction; 2 (*stato: dall'altro lato*) on the other side; 3 (*moto: nell'altra direzione*) the other way, in the other direction: *voltarsi dall'altra parte* to turn the other way; 4 (*moto: verso l'altro lato*) to the other side; 5 (*provenienza dall'altra direzione*) from the other direction; 6 (*provenienza all'altro lato*) from the other side; *dell'~*: 1 (*qualcos'altro*) something else: *c'è dell'~* there's something else; 2 (*di più*) more, some more: *ne vorrei dell'~* I'd like some more; *l'altra faccia della medaglia* the other side of the coin (*anche fig*); *non fare ~ che* to do nothing but: *non* ~ *altro che parlare* he does nothing but talk; *non fai* ~ *che bere* you do nothing but drink; *l'~ giorno*: 1 (*l'altro ieri*) the day before yesterday; 2 (*qualche giorno fa*) a couple of days ago, a few days ago, the other day; *l'~ ieri* the day before yesterday, two days ago; *fra l'altro*: 1 among other things; 2 (*inoltre*) besides; *d'~ lato* (*d'altronde*) on the other hand; *l'uno e l'~* both: *sia gli uni che gli altri* both the former and the latter; *in ~ luogo* somewhere else, elsewhere; *da un* ~ *luogo* from another place, from somewhere else; *l'~ mondo* (*l'aldilà*) the next world, the hereafter; *dell'~ mondo* (*inaudito*) unheard of, incredible, unbelievable; (*sono*) *cose dell'~ mondo!* it's incredible!, really weird!, it's out of this world!; (*fig*) *andare all'~ mondo* to pass away, to die; *mandare qcu. all'~ mondo* to send so. to meet his Maker, to send so. to kingdom come; *non c'è* ~ that's all; *non fosse* ~ *per...* if it were only for...; (*fig*) *è un* ~ *paio di maniche* that's quite a different matter, (*colloq*) that's a different kettle of fish, that's another pair of shoes; *in altre parole* in other words; *dall'altra parte di* across: *dall'altra parte della strada* across the street; *per* ~: 1 (*inoltre*) moreover, what's more; 2 (*tra l'altro, fra parentesi, spec. negli incisi*) among other things, by the way; 3 (*d'altra parte, del resto*) however, on the other hand; (*fig*) *avere* ~ *per la testa* to have other things on one's mind; *più che* ~ mainly, above all; *un ~ po'* a little more, some more; *in altra sede*: 1 (*in altro luogo*) elsewhere, in another place; 2 (*in un altro momento*) some other time, on another occasion; (*fig,spreg*) *essere dell'altra sponda* to be homosexual; *questa è un'altra storia* that's another story; *altri tempi!* those were the days!; *cose di altri tempi* old-fashioned things, things from another time; *tra l'~*: 1 among other things; 2 (*inoltre*) besides; *tutt'~* not at all, not in the least, not a bit: *sei stanco? - Tutt'~* are you tired? - Not a bit; *tutt'~ che* anything but: *questo film è tutt'~*

che bello this film is anything but entertaining, this film is not at all entertaining; *l'altra vita* the other life, the (life) hereafter, the other side of the grave; *un'altra volta:* 1 another time; 2 (*ancora una volta*) (once) again, once more, one more time.

altronde □ *d'~* (*del resto*) on the other hand.

altrove *avv.* elsewhere, somewhere else: *andrò ~* I'll go somewhere else; *sposterò ~ i miei affari* I'll take my business elsewhere; (*fig*) *aveva la testa ~* his mind was elsewhere.

altrui I *a.poss.inv.* 1 (*di altri*) someone else's, another's. 2 *pl.* other people's, of others: *le cose ~* other people's belongings. II *m.inv.* (*lett*) (*la proprietà degli altri*) other people's property, the goods of others, belongings of others.

altruismo *m.* altruism, unselfishness.

altruista I *m./f.* altruist, unselfish person. II *a.* altruistic, unselfish.

altruisticamente *avv.* altruistically, unselfishly.

altruistico (*pl.* **-ci**) *a.* altruistic, unselfish.

altura *f.* 1 (*luogo alto*) rise, height, hill, high ground: *la casa si trova su un'~* the house stands on a rise. 2 (*alto mare*) open sea, high seas *pl.*: *nave d'~* sea-going vessel, ocean-going vessel; *navigazione d'~* deep-sea sailing; *pesca d'~* deep-sea fishing, big game fishing, (*Am*) blue-sea fishing. □ (*Geog*) *alture del Golan* Golan Heights.

alturiere *m.* (*Mar*) sea-going vessel.

alturiero *a.* (*Mar*) ocean-going, open sea (*attr.*), sea-going, deep-sea (*attr.*): *navigazione alturiera* deep-sea sailing.

alunno *m.* (*f.* **-a**) 1 (*allievo*) pupil, schoolboy (*f.* -girl). 2 (*discepolo*) disciple, pupil. □ *~ esterno* (*di collegio ecc.*) day student, day pupil; *~ interno* (*di collegio ecc.*) (*Br*) boarder, (*Am*) student who lives on campus.

alveare *m.* 1 hive, beehive. 2 (*fig*) rabbit warren.

alveo *m.* (*Geog*) riverbed, bed, watercourse. □ *~ di piena* flood plain.

alveolare *a.* 1 (*Biol,Anat,Med*) alveolar, alveolate. 2 (*Fon*) alveolar.

alveolo *m.* 1 (*Anat*) alveolus, air sack: *~ polmonare* air cell. 2 (*Bot*) alveola. □ (*Anat*) *~ dentario* tooth socket.

alzabandiera *m.inv.* flag hoisting.

alzabile *a.* that can be raised, raisable, that can be lifted, liftable.

alzacristalli *m.inv.spec.pl.* (*Aut*) window winder. □ (*Aut*) *~ elettrici* (*comando*) electric window controls, electric window switch (*sing.*), power window controls, power window switch (*sing.*), automatic window controls, automatic window switch (*sing.*).

alzaia *f.* 1 (*Mar*) (*fune*) towrope, towline. 2 (*Strad*) towpath.

alzare (**àlzo**) I *v.t.* 1 to raise, to lift, to lift up: *~ un peso* to lift a weight; *~ il piede* to raise one's foot; *~ il capo* to raise one's head (*anche fig*); *~ il vetro del finestrino* to raise the window; *far ~ i prezzi* to increase the prices, to raise the prices. 2 (*porre più in alto*) to raise: *bisogna ~ il quadro di dieci centimetri* the picture needs to be raised ten centimetres. 3 (*costruire*) to build: *~ un muro* to build a wall. 4 (*erigere*) to set up, to erect. 5 (*carte da gioco*) to cut. 6 (*Caccia*) to raise, to start: *~ una lepre* to raise a hare, to start a hare. II *v.pron.* **alzarsi** 1 (*spec. di fenomeni atmosferici*) to rise, to arise: *si è alzato il vento* the wind has risen, the wind has picked up, the wind has kicked up; *si sono alzate delle grosse onde* the sea has risen; *il sole si alza alle quattro* the sun rises at four; *si è alzata*

la temperatura the temperature has risen. 2 (*levarsi in piedi*) to stand up, to get up, to rise, to rise to one's feet: *il colpevole si alzò* the guilty man stood up. 3 (*dal letto*) to get up, to rise, (*svegliarsi*) to wake up. 4 (*crescere di altezza*) to grow tall, to grow taller, to get taller: *tuo figlio si è alzato molto* (*Br*) your son has got much taller, (*Am*) your son has gotten much taller. 5 (*di fiume, marea ecc.*) to rise. □ *alzarsi da tavola* to leave the table, to get up from the table; *bisogna alzarsi da tavola con un po' di appetito* you should leave the table a little hungry; *alzarsi di scatto* to jump to one's feet; *~ gli occhi* to look up, to lift up one's eyes, to raise one's eyes: *~ gli occhi al cielo* to raise one's eyes to heaven; *~ i bicchieri* (*brindare*) to toast; *~ i tacchi:* 1 (*fuggire*) to take to one's heels, to run off; 2 (*andarsene*) to leave, to show a clean pair of heels; *~ il bollore* to come to the boil; (*volg*) *alza il culo!* (*Br*) move your arse!, (*Am*) move your ass!; *~ il gomito:* 1 to lift one's elbow; 2 (*fig*) to drink too much, to knock them back; *~ il prezzo* to raise the price, to put the price up; (*Teat*) *~ il sipario* to raise the curtain (*anche fig*); *~ il volume* to turn up the volume; *alzarsi in volo:* 1 (*rif. a uccelli*) to fly off, to wing away; 2 (*rif. ad aerei*) to take off; *~ la bandiera* to hoist the flag; *~ la casa di un (altro) piano* to add another storey to the house; (*fig,colloq*) *~ la cresta* to get cocky, to get on one's high horse; *~ la mano* (*per chiedere la parola*) to raise one's hand, to put up one's hand; *~ la voce* to raise one's voice (*anche fig*); (*pop*) *alza le chiappe!* (*Br*) move your arse!, (*Am*) move your ass!; *~ le mani:* 1 (*picchiare*) to raise one's hands (against so.), to hit (so.); 2 (*arrendersi*) to put one's hands up, to raise one's hands; *~ le spalle* to shrug, to shrug one's shoulders (*anche fig*); *~ lo sguardo* to look up, to lift up one's eyes, to raise one's eyes; (*fig*) *non ha alzato un dito per aiutarmi* he didn't raise a finger to help me, he didn't lift a finger to help me.

alzata *f.* 1 raising, lifting up, rising. 2 (*portafrutta*) epergne, (*a più ripiani*) fruitstand. 3 (*di un mobile*) upper part of a dresser, top. 4 (*di uno scalino*) riser. 5 (*Arch*) elevation, front view. 6 (*di carte*) cut. 7 (*rif. a prezzi e sim.*) rise: *~ dei prezzi* rise in prices. 8 (*Sport*) lob, high kick; (*nella pallavolo*) high shot; (*nel sollevamento pesi*) lift. 9 (*Mecc*) (*di valvola*) lift. □ (*fig*) *un'~ di ingegno* (*trovata brillante*) brainwave, stroke of genius, flash of genius (*anche iron*); *per ~ di mano* by show of hands; (*fig*) *~ di scudi* rebellion, revolt; *~ di spalle* shrug, shrug of the shoulders; (*fig*) *un'~ di testa* a rash act.

alzataccia *f.* early rising. □ *fare un'~* to get up at an ungodly hour.

alzato I *a.* 1 (*sollevato*) lifted, raised. 2 (*sveglio*) awake, up. II *m.* (*Arch*) elevation.

alzavola *f.* (*Ornit*) teal.

Alzheimer /al'tsaimer/ *m.* (*Med,colloq*) Alzheimer's disease.

alzo *m.* (*Mil*) (*di fucile: sulla parte terminale della canna*) rear sight, back sight; (*di cannone*) rear sight.

AM (*Rad*) *modulazione di ampiezza* AM, am (amplitude modulation).

a.m., am *antimeridiano* a.m. (ante meridiem, before midday).

amabile *a.* 1 lovable, amiable: *essere ~ con qcu.* to be amiable to so. 2 (*estens*) (*cortese*) gracious, courteous. 3 (*Enol*) sweet, slightly sweet.

amabilità *f.* 1 lovableness, lovability, amiability, amiableness. 2 (*estens*) (*cortesia*)

graciousness, courtesy. 3 (*Enol*) sweetness.

amabilmente *avv.* 1 lovably, amiably. 2 (*estens*) (*cortesemente*) courteously.

amaca *f.* hammock.

amadriade *f.* 1 (*Zool*) hamadryas baboon. 2 (*Mitol*) hamadryad.

amalgama *m.* 1 (*Met*) amalgam. 2 (*Dent*) (*per otturazioni*) amalgam. 3 (*fig*) (*insieme di cose*) amalgam, mixture, mix. 4 (*fig*) (*di persone, razze*) melting-pot.

amalgamare (**amàlgamo**) I *v.t.* 1 (*Met*) to amalgamate. 2 (*fig*) to amalgamate, to merge, to combine. II *v.pron.* **amalgamarsi** to amalgamate, to merge (*anche fig*).

amalgamazione *f.* amalgamation.

amamelide *f.* (*Bot*) witch hazel, wych hazel.

amanita *f.* (*Bot*) amanita. □ (*Bot*) *~ muscaria* (*ovolaccio*) fly agaric.

amante[1] I *a.* fond (of), keen (on): *non è molto ~ della musica* he is not very fond of music, he is not very keen on music. II *m./f.* 1 lover (*f.* mistress), (*ant*) sweetheart: *ha abbandonato la sua ~* he has abandoned his mistress. 2 (*appassionato*) lover, enthusiast, buff: *un ~ della buona tavola* a food-lover. 3 *pl.* (*innamorati*) lovers. □ *~ della natura* nature-lover; *~ della pace* peace-loving: *popoli amanti della pace* peace-loving peoples; *~ dello sport:* 1 (*usato come aggettivo*) sports-loving; 2 (*usato come nome*) keen sportsman (*f.* -woman); *essere ~ dell'ordine* to be a tidy person, to be an orderly person.

amante[2] *m.* (*Mar*) runner.

amanuense *m.* 1 (*Stor*) amanuensis, scribe, scrivener. 2 (*scrivano*) copyist, scribe.

amaramente *avv.* bitterly: *~ deluso* bitterly disappointed; *pianse ~* he wept bitterly.

amaranto I *m.* 1 (*Bot*) amaranth. 2 (*colore*) amaranth, amaranthine. II *a.inv.* amaranthine.

amarasca *f.* (*Bot*) morello cherry.

amarasco *m.* (*Bot*) marasca.

amare (**àmo**) I *v.t.* 1 (*provare affetto*) to love: *~ la famiglia* to love one's family. 2 (*essere innamorato*) to love, to be in love with. 3 (*estens*) (*appassionato*) to love, to be fond of, to like, (*colloq*) to be keen on: *~ studio* to be fond of study; *non amo questa musica* I don't like this music; *~ il quieto vivere* to be fond of a quiet life. 4 (*desiderare*) to like, to want, to wish: *amerei conoscere la tua opinione in proposito* I'd like to know your opinion on the matter. 5 (*estens*) (*rif. a piante: aver bisogno*) to require, to need, to want, to like: *piante che non amano troppa luce* plants which do not need a lot of light, plants that don't like too much light; *l'ulivo ama il terreno roccioso* the olive requires rocky soil, the olive plant likes rocky soil. II *v.pron.* **amarsi** (*amare se stesso*) to love oneself. III *v.r.recipr.* **amarsi** 1 (*tra due persone*) to love each other: *si amano dall'infanzia* they have loved each other since they were children. 2 (*tra più persone*) to love one another. □ *~ qcu. alla follia* to love so. to distraction, to be madly in love with so.; *chi mi ama mi segua* he who loves me will follow me; *~ qcu. con passione* to be passionately in love with so.; *~ fare qcs.* to be fond of doing sth., to like doing sth.; *farsi ~ da qcu.* to win so.'s love.

amareggiare (**améggio, améggi**) I *v.t.* (*affliggere, addolorare*) to embitter, to make (sth.) bitter, to grieve, to sadden, to hurt: *tutte queste contrarietà amareggiarono la sua vita* all these disappointments embittered his life. II *v.pron.* **amareggiarsi** to grieve, to become sad.

amareggiato *a.* embittered, grieved, saddened.

amarena *f.* (*Bot,Alim*) (*frutto*) sour cherry.

amareno *m.* (*Bot*) sour cherry, sour cherry tree.

amaretto *m.* **1** (*Dolc*) macaroon. **2** (*liquore*) amaretto.

amarezza *f.* **1** bitterness (*anche fig*): *mi colpì l'~ delle sue parole* I was struck by the bitterness of his words. **2** *pl.* (*lett*) (*dolori, delusioni*) afflictions, disappointments: *ho avuto molte amarezze in questi ultimi giorni* I have had many disappointments in the last few days.

amarilli *f.inv.* (*Bot*) amaryllis.

amarillide *f.inv.* (*Bot*) amaryllis.

amaro I *a.* **1** bitter: ~ *come il fiele* as bitter as gall, bitter as gall; *amaro come il* ~ as bitter as gall. **2** (*senza zucchero*) unsweetened, without sugar (*posposto*): *bere il tè* ~ to drink tea without sugar; *aranciata amara* bitter orange; *cacao* ~ unsweetened cocoa. **3** (*fig*) (*sgradevole*) unpleasant, bitter: *un'amara sorpresa* an unpleasant surprise; *provare un'amara delusione* to feel bitterly disappointed. **4** (*fig*) (*doloroso*) painful, sad: *un ritorno* ~ a painful return. II *m.* **1** (*sapore amaro*) bitter taste: *sapere di* ~ to taste bitter. **2** (*liquore*) herb liqueur, bitters (*costr.sing.*). **3** (*fig*) (*rancore*) resentment, grudge: (*fig*) *avere dell'* ~ *contro qcu.* to feel bitter towards so. □ *un'amaraconsolazione* small consolation, a cold comfort; *lasciare l'~in bocca* : 1 to leave a bitter taste in one's mouth; 2 (*fig*) to leave one feeling bitter.

amarognolo I *a.* rather bitter, slightly bitter, bitterish. II *m.* slightly bitter taste.

amarra *f.* (*Mar*) mooring cable.

amarrare (**amàrro**) *v.t.* (*Mar*) to foul the anchor on its stock.

amato I *a.* dear, loved, beloved: *i suoi amati genitori* his dear parents; *la persona amata* the loved one, the beloved. II *m.* (*f.* **-a**) beloved, darling, (*ant*) sweetheart.

amatore *m.* (*f.* **-trice**) **1** (*chi si diletta di una cosa*) lover, enthusiast, buff, (*lett*) amateur: ~ *di musica* music lover; ~ *di cavalli* horse enthusiast. **2** (*intenditore*) connoisseur. **3** (*Sport*) (*dilettante*) amateur. **4** (*rar*) (*chi ama*) lover.

amatoriale *a.* amateurish, amateur (*attr.*): *sport* ~ amateur sports.

amatorio *a.* (*lett*) love (*attr.*), amatory, amatorial: *filtro* ~ love philtre, love potion.

amaurosi *f.* (*Med*) amaurosis.

amazzone I *f.* **1** Amazon, amazon (*anche fig*). **2** (*cavallerizza*) horsewoman. **3** (*abito da cavallerizza*) riding habit. II *a.* Amazonian, Amazon (*attr.*): *formica* ~ slave-maker ant, Amazon ant. □ *cavalcareall* '~ to ride sidesaddle.

Amazzoni □ (*Geog*) *Rio delle* ~ the Amazon, the Amazon River.

amazzonico (*pl.* **-ci**) *a.* Amazonian.

amazzonite *f.* (*Min*) amazonite, Amazon stone.

ambage *f.* (*lett,fig*) ambage (*usually in plural*). □ (*lett*) *senza ambagi* (o *senza tante ambagi*) plainly, in a few words.

ambaradan *m.inv.* (*scherz*) (*confusione*) mess, confusion. □ *tutto l'* ~ everything, the whole thing: *ho dovuto spostare tutto l'~* I had to move everything; *tutto l'~ dura circa 25 secondi* the whole thing lasts about 25 seconds.

ambasceria *f.* **1** (*gruppo di persone*) diplomatic mission, legation. **2** (*estens*) (*incarico*) embassy.

ambascia (*pl.* **-sce**) *f.* (*lett*) **1** (*angoscia*) an-

guish, distress. **2** (*rar*) (*difficoltà di respiro*) difficulty in breathing, breathlessness.

ambasciata *f.* **1** (*Dipl*) embassy. **2** (*messaggio*) message: *fare un'* ~ to take a message.

ambasciatore *m.* (*Dipl*) ambassador: *l'~ italiano in Giappone* the Italian ambassador to Japan. □ (*Dipl*) ~*a disposizione* ambassador at large. *Prov.*: *ambasciator non porta pena* messengers should neither be headed nor hanged, don't shoot the messenger.

ambasciatrice *f.* **1** (*Dipl*) ambassador, (*rar*) ambassadress. **2** (*moglie di ambasciatore*) ambassador's wife.

ambedue I *a.inv.* both: ~ *i fratelli* both brothers, both of the brothers. II *pron.inv.* both *pl.*: *sono ritornati* ~ they have both come back.

ambiare (**àmbio**; *aus.* **avere**) *v.i.* (*Zool*) to amble.

ambiatore I *m.* (*f.* **-trice**) (*Equit*) ambler. II *a.* (*Equit*) ambling.

ambiatura *f.* (*Zool,rar*) amble.

ambidestrismo *m.* ambidexterity.

ambidestro *a.* ambidextrous.

ambientale *a.* **1** environmental, ecological: *condizioni ambientali* environmental conditions; *fattore* ~ environmental factor; *disastro* ~ ecological disaster. **2** (*ambiente*) ambient (*attr.*): *temperatura* ~ ambient temperature.

ambientalismo *m.* environmentalism (*anche Psic*).

ambientalista I *m./f.* environmentalist (*anche Psic*). II *a.* environmental, ecological.

ambientalistico (*pl.* **-ci**) *a.* environmental, ecological.

ambientamento *m.* acclimatization, adaptation (*anche Bot*).

ambientare (**ambiènto**) I *v.t.* **1** to acclimatize. **2** (*rif. a romanzi, film e sim.*) to set, to place: *il romanzo è ambientato in Sicilia* the novel is set in Sicily. **3** (*adattare, armonizzare con l'ambiente*) to adapt. II *v.pron.* **ambientarsi** to adapt, to adapt oneself, to get used to a place, to acclimatize.

ambientazione *f.* **1** (*allestimento scenico*) setting, scenery. **2** (*rif. a romanzi, film e sim.*) setting, background.

ambiente I *a.* ambient (*attr.*): *temperatura* ~ ambient temperature. II *m.* **1** surroundings *pl.*, environment, background, atmosphere: *l'~ familiare* the family background, the family environment; ~ *equivoco* shady environment; (*fig*) *cambiare* ~ to change one's surroundings, to get away, to leave. **2** (*cerchia*) sphere, set, circle, world: *ambienti letterari* literary circles. **3** (*stanza*) room. **4** (*Biol*) habitat, environment. **5** (*in ecologia*) environment. **6** (*Inform*) system, environment. □ ~ *circostante* neighbourhood, (*Am*) neighborhood; (*estens*) *l'~della droga* the drug scene; ~*di lavoro* working environment; ~*di vita* environment (in which one lives), world; ~*ecologico* ecological environment; ~*marino* marine environment; ~ *naturale* natural environment, natural habitat; (*fig*) *sentirsi nel proprio* ~ to feel at home; ~*sottomarino* underwater environment; ~*storico* historical setting, historical background, historical context; ~*umano* human environment; ~*urbano* urban environment.

ambigenere *a.inv.* (*Gramm*) common gender (*attr.*).

ambiguamente *avv.* ambiguously, equivocally.

ambiguità *f.* ambiguity, ambiguousness (*anche fig*).

ambiguo *a.* **1** ambiguous, misleading: *frase ambigua* ambiguous sentence; *comportamento* ~ ambiguous behaviour. **2** (*elusivo*) elusory, evasive. **3** (*equivoco*) backhanded, shifty; (*rif. a persona*) shady.

ambio *m.* (*Equit*) amble.

ambire (**ambisco, ambìsci**; *aus.* **avere**) *v.t./ i.* to long for, to thirst for, to yearn for, to aspire to: ~ *gli onori* (o ~ *agli onori*) to aspire to great things.

ambito [1] *a.* longed-for, coveted, sought-after: *l'~ premio* the prestigious award.

ambito [2] *m.* **1** precincts *pl.*, circuit, ambit: *l'~ delle mura* the circuit of the walls, the confines of the walls. **2** (*fig*) limits *pl.*, sphere, scope, ambit, area: *nell'~ della nostra classe* within our class, in our class; *nell'~ delle mie possibilità* within the limit of my powers, within the scope of my powers. **3** (*fig*) (*cerchia*) compass, circle: *nell'~ delle sue amicizie* in his circle of friends, among his friends. **4** (*Mus*) gamut.

ambivalente *a.* ambivalent.

ambivalenza *f.* ambivalence.

ambizione *f.* **1** (*brama di successo*) ambition. **2** (*desiderio, obiettivo*) ambition, goal, aim: *la sua* ~ *è di diventare un grande pianista* his ambition is to become a great pianist.

ambizioso I *a.* ambitious. II *m.* (*f.* **-a**) ambitious person.

ambo I *a.* (*always invariable in the singular; three possible plural forms:* **ambo, ambi** *and* **ambe**) both: *da* ~ *i lati* (o *da ambi i lati*) from both sides; *con* ~ *le mani* (o *con ambe le mani*) with both hands; *divieto di parcheggio da* ~ *le parti* no parking on both sides. II *m.* (*nel lotto*) double: *fare* ~ to score a double.

ambone *m.* (*Arch*) ambo.

ambosessi I *a.inv.* of either sex, male/female. II *m.pl.* person *sing.* of either sex, male/female *sing.*

ambra *f.* **1** (*Min,Oref*) amber. **2** (*colore*) amber, amber colour. □ (*Min*) ~*grigia* ambergris.

ambrato *a.* **1** (*rif. a colore*) amber coloured, (*Am*) amber colored. **2** (*rif. a profumo*) amber-scented.

Ambrogio *n.pr.m.* Ambrose. □ (*Stor*) *Sant'* ~ Saint Ambrose.

ambrosia *f.* **1** (*Mitol*) ambrosia (*anche fig*). **2** (*Bot*) ambrosia.

ambrosiano I *a.* **1** Ambrosian: *inno* ~ Ambrosian hymn; *carnevale* ~ Ambrosian carnival; (*Rel.catt*) *rito* ~ Ambrosian rite. **2** (*estens*) (*di Milano*) Milanese, Milan (*attr.*). II *m.* (*f.* **-a**) (*lett*) Milanese.

ambulacrale *a.* (*Zool*) ambulacral.

ambulacro *m.* **1** (*Arch*) ambulatory. **2** (*Zool*) ambulacrum.

ambulante I *a.* itinerant, wandering, ambulant, walking: *cadavere* ~ walking ghost. II *m./f.* (*venditore*) street vendor, (*Dir*) itinerant vendor.

ambulanza *f.* **1** (*veicolo*) ambulance. **2** (*Mil*) field hospital.

ambulatoriale *a.* (*Med*) first-aid, outpatient: *cura* ~ outpatient treatment.

ambulatorio *m.* (*Med*) **1** (*in ospedale*) out-patients department. **2** (*di medico privato*) surgery, consulting room, clinic, (*Am*) private office. □ ~*veterinario* ambulatory vet clinic, ambulatory veterinarian.

amburghese I *a.* of Hamburg, from Hamburg, Hamburg (*attr.*). II *m./f.* (*originario*) native of Hamburg; (*abitante*) inhabitant of Hamburg.

Amburgo *n.pr.f.* (*Geog*) Hamburg.

AME *Accordo monetario europeo* EMA (European Monetary Agreement).

ameba *f.* **1** (*Biol*) amoeba, (*Am*) ameba. **2** (*estens*) (*malattia intestinale*) amoebic dysentery, (*Am*) amebic dysentery.

amebiasi *f.* (*Med*) amoebiasis, (*Am*) amebiasis, amoebic dysentery, (*Am*) amebic dysentery.

amebico (*pl.* **-ci**) *a.* (*Med*) amoebic, (*Am*) amebic.

ameboide *a.* (*Biol*) amoeboid, (*Am*) ameboid.

amelia *f.* (*Med*) amelia.

amen **I** *intz.* **1** (*Lit*) amen! **2** (*colloq*) amen!, okay! **II** *m.* amen. ☐ (*fig*) *in un ~* in the twinkling of an eye.

amenità *f.* **1** (*piacevolezza*) pleasantness, (*rar*) amenity. **2** (*facezia*) pleasantry, joke, drollery. **3** (*iron*) (*sciocchezza*) nonsensical remark, nonsense.

ameno *a.* **1** pleasant, agreeable, delightful: *un boschetto ~* a pleasant grove. **2** (*divertente*) amusing, entertaining. **3** (*strano, bizzarro*) odd, eccentric: *un tipo ~* an odd type, (*colloq*) a funny chap.

amenorrea *f.* (*Med*) amenorrhoea, (*Am*) amenorrhea.

amenorroico (*pl.* **-ci**) *a.* (*Med*) amenorrhoeic, (*Am*) amenorrheic.

America *n.pr.f.* (*Geog*) America: *le due Americhe* the Americas. ☐ (*Geog*) *~ del nord* North America; (*Geog*) *~ latina* Latin America; (*Geog*) *~ meridionale* South America; (*Geog*) *~ settentrionale* North America.

americana *f.* **1** (*Sport*) American relay cycle race, two-men relay, two-women relay. **2** (*Teat*) batten.

americanata *f.* (*iron*) castle in the air, hyped-up thing, sham, superficiality.

americanismo *m.* Americanism (*anche Ling*).

americanista *m./f.* Americanist.

americanistica *f.* American studies *pl.*

americanizzare (**americanizzo**) **I** *v.t.* to Americanize. **II** *v.pron.* **americanizzarsi** to Americanize, to become Americanized.

americanizzazione *f.* Americanization.

americano **I** *a.* **1** (*dell'America*) American. **2** (*degli Stati Uniti*) American, United States (*attr.*), US (*attr.*). **II** *m.* **1** (*lingua*) American English. **2** (*f.* **-a**) (*abitante*) American.

americanologo *m.* (*f.* **-a**; *pl.* **-gi**) Americanologist.

americio *m.* (*Chim*) americium.

amerindiano, amerindio **I** *a.* Amerindian, Amerind, (*ant*) American Indian (*attr.*): *lingua amerindia* Amerindian language, Amerind language. **II** *m.* **1** (*lingua*) Amerind. **2** (*f.* **-a**) Native American, (*ant*) Amerindian, American Indian.

ametista *f.* (*Min,Oref*) amethyst.

ametropia *f.* (*Med*) ametropia.

amfetamina *f.* (*Farm*) amphetamine.

amianto *m.* (*Min*) asbestos: *lana di ~* asbestos wool.

amicarsi (**mi amìco, ti amìchi**) *v.pron.* (*rar, lett*) to make friends (*con* with), to become friends (*con* with).

amichetto *m.* (*f.* **-a**) **1** young friend, young boyfriend (*f.* young girlfriend). **2** (*innamorato*) boyfriend (*f.* girlfriend), (*ant*) sweetheart.

amichevole **I** *a.* **1** friendly, amicable: *rapporti amichevoli* friendly relations; *transazione ~* amicable agreement; *essere in relazioni amichevoli con qcu.* to be on friendly terms with so. **2** (*cordiale*) warm, welcoming, hearty: *accoglienza ~* warm welcome, hearty welcome. **3** (*Inform*) user-friendly. **4**

amichevolezza *f.* (*rar*) friendliness.

amichevolmente *avv.* in a friendly manner, amicably, friendly.

amicizia *f.* **1** friendship: *fare ~ con qcu.* to strike up a friendship with so., to make friends with so.; (*prendendosene cura*) to befriend so.; *rompere un'~* to break off a friendship. **2** (*tra nazioni*) amity. **3** *pl.* (*amici*) friends: *avere molte amicizie* to have a lot of friends. **4** (*eufem*) (*relazione*) relationship, affair, love affair. ☐ *per ~* for the sake of friendship: *rinunciare a qcs. per ~* to give sth. up on account of a friendship, to give sth. up for the sake of a friendship.

amico **I** *m.* (*f.* **-a**; *pl.* **-ci**) **1** friend, fellow, mate: *essere ~ di qcu.* to be friends with so., to be so.'s friend, to be on friendly terms with so.; *diventare amici* to become friends; *farsi ~ qcu.* to make a friend of so.; *un tuo ~* a friend of yours; *un mio ~ avvocato* a lawyer friend of mine; *un ~ sincero* a true friend. **2** (*eufem*) (*amante*) lover (*f.* mistress), (*colloq*) boyfriend (*f.* girlfriend): *avere l'~* to have a lover. **3** (*fig*) (*persona appartenente ad associazione*) lover, friend: *gli amici della musica* music lovers. **II** *a.* **1** friendly: *mi è molto ~* he is a very good friend (to me). **2** (*da amico*) friendly, kind, kindly: *aver bisogno di una parola amica* to be in need of a kind word, to be in need of a friendly word; *la fortuna non mi è stata amica* fortune has not been kind to me. ☐ *da ~*: **1** (*in qualità di amico*) as a friend, like a friend: *parlare da ~* to speak as a friend; *con me non si è comportato da ~* he was no friend to me; **2** (*che si addice a un amico*) friendly: *un consiglio da ~* a friendly piece of advice; **3** (*in modo amichevole*) in a friendly way: *agire da ~* to act in a friendly way, to act as a friend; *~ del cuore* bosom friend, bosom companion, close friend, (*Am*) bosom buddy, (*iron*) bosom pal; (*scherz,fig*) *un ~ del giaguaro* a friend who sides with one's opponents; *il migliore ~ dell'uomo* man's best friend; *un vecchio ~ di famiglia* an old family friend, an old friend of the family; *~ di penna* penfriend; *~ d'infanzia* childhood friend; *~ intimo* close friend; *amici per la pelle* very close friends; *tenersi ~ qcu.* to keep on friendly terms with so.; *tra amici* among friends. *Prov.: gli amici si conoscono nel momento del bisogno* (o *l'~ si conosce nel bisogno*) a friend in need is a friend indeed; *dagli amici mi guardi Iddio, che dai nemici mi guardo io* God keep me from my friends, and I'll look after my enemies; *with friends like you who needs enemies?*; *~ di tutti, ~ di nessuno* a friend to all is a friend to none, everybody's friend is nobody's friend.

amicone *m.* (*f.* **-a**) great friend, close friend, (*Am*) buddy, (*colloq,iron*) great pal.

amidaceo *a.* (*Chim*) starchy.

amido *m.* (*Chim*) starch. ☐ *dare l'~ a una camicia* to starch a shirt.

amigdala *f.* **1** (*Anat*) amygdala. **2** (*Geol*) amygdaloid. **3** (*Paleont*) flint.

amigdalina *f.* (*Chim*) amygdalin, amygdaline.

amigdalite *f.* (*Med*) tonsillitis.

amilaceo *a.* (*Chim*) amylaceous, starchy.

amilasi *f.* (*Chim*) amylase.

amina *f.* (*Chim*) amine.

amletico *a.* (*fig*) distressing, distressful, Hamlet-like: *dubbio ~* existential doubts.

Amleto *n.pr.m.* Hamlet.

Amm. *ammiraglio* Adm. (Admiral).

ammaccare (**ammàcco, ammàcchi**) **I** *v.t.*

1 to dent, to batter: *ha ammaccato il parafango della macchina* he dented the wing side door of the car. **2** (*estens*) (*rif. a parti del corpo e a frutta*) to bruise. **II** *v.pron.* **ammaccarsi 1** to get dented. **2** (*estens*) (*rif. a parti del corpo e a frutta*) to get bruised, to be bruised.

ammaccato *a.* **1** dented: *parafango ~* dented wing. **2** (*estens*) (*rif. a parti del corpo e a frutta*) bruised.

ammaccatura *f.* **1** dent (*anche Mecc*). **2** (*rif. a parti del corpo e a frutta*) bruise.

ammaestrabile *a.* trainable.

ammaestramento *m.* **1** training: *l'~ di un animale* the training of an animal. **2** (*estens*) (*insegnamento*) teaching. **3** (*estens*) (*lezione*) lesson: *questo ti serva di ~* let this be a lesson to you.

ammaestrare (**ammaèstro**) *v.t.* **1** (*insegnare*) to teach. **2** (*animali*) to train.

ammaestrato *a.* **1** taught: *~ dall'esperienza* taught by experience. **2** (*rif. ad animali*) trained.

ammaestratore *m.* (*f.* **-trice**) trainer.

ammainabandiera *m.inv.* lowering of the flag, hauling down of the flag (*anche Mil*).

ammainare (**ammàino/ammàino**) *v.t.* to haul down, to lower: *~ la bandiera* to lower the flag, to haul down the flag. ☐ *~ le vele*: **1** to strike the sails; **2** (*fig*) to give up (sth. *o* doing sth.).

ammalarsi (**mi ammàlo**) *v.pron.* to fall ill, to become ill, to be taken sick: *per il dolore si ammalò e morì* he fell ill from grief and died. ☐ *~ di qcs.* to catch sth., to get sth., to go down with sth.: *~ di polmonite* to get pneumonia.

ammalato **I** *a.* sick, ill: *essere gravemente ~* to be seriously ill. **II** *m.* (*f.* **-a**) patient, sick person: *visitare gli ammalati* to visit the sick. ☐ *~ di fegato* to have liver trouble, to suffer from liver trouble.

ammaliamento *m.* **1** (*l'ammaliare*) enchantment, bewitching, charming. **2** (*malia, seduzione*) enchantment, bewitchment, fascination, charm.

ammaliante *a.* bewitching, enchanting, fascinating, charming.

ammaliare (**ammàlio, ammàli**) *v.t.* **1** to bewitch, to enchant, to cast a spell on. **2** (*fig*) (*affascinare*) to charm, to fascinate, to enchant, to bewitch: *con la sua bellezza ammalia tutti* she charms everyone with her beauty.

ammaliatore **I** *m.* (*f.* **-trice**) **1** enchanter (*f.* enchantress), sorcerer (*f.* sorceress), bewitcher. **2** (*fig*) enchanter (*f.* enchantress), fascinating person, charming person, (*scherz*) charmer. **II** *a.* enchanting, bewitching, fascinating, charming (*anche fig*): *un sorriso ~* a charming smile.

ammanco (*pl.* **-chi**) *m.* shortage, deficiency. ☐ *~ di cassa* cash shortage, cash deficit; *~ di peso* deficiency in weight.

ammanettare (**ammanétto**) *v.t.* **1** to handcuff. **2** (*estens*) (*arrestare*) to arrest.

ammanettato *a.* handcuffed.

ammanicarsi (**mi ammànico**) *v.pron.* (*colloq*) to be in league (with so.).

ammanicato ☐ (*colloq*) *essere ~ con qcu.* to be in league with so.

ammanigliare (**ammanìglio, ammanìgli**) **I** *v.t.* (*Mar*) to shackle. **II** *v.pron.* **ammanigliarsi** (*fig,colloq*) to be in league (with so.).

ammanigliato *a.* **1** (*Mar*) shackled. **2** (*fig, colloq*) having influential friends (*posposto*), having friends at court (*posposto*).

ammannire (**ammannìsco, ammannìsci**) *v.t.* **1** (*preparare*) to prepare, to get (sth.)

ready: ~ *una cenetta appetitosa* to get a tasty supper ready. **2** (*iron*) (*propinare*) to serve up.

ammansire (**ammansìsco, ammansìsci**) **I** *v.t.* **1** (*rif. ad animali*) to tame, to break (in): ~ *una belva* to tame a wild beast. **2** (*rif. a persone*) to calm, to calm down, to appease, to soothe. **II** *v.pron.* **ammansirsi 1** (*rif. ad animali*) to become tame. **2** (*rif. a persone*) to calm down, to be appeased.

ammantare (**ammànto**) **I** *v.t.* **1** (*lett*) (*coprire di un manto*) to cloak, to mantle. **2** (*fig*) to cover up, to cloak, to mantle: ~ *i propri difetti* to cover up one's defects. **II** *v.pron.* **ammantarsi 1** (*coprirsi*) to wrap oneself in a cloak. **2** (*fig*) to be covered, to be carpeted, to mantle: *il prato si ammanta di fiori* the meadow is carpeted with flowers.

ammaraggio *m.* **1** (*Aer*) landing (at sea). **2** (*Astron*) (*rif. a capsula spaziale*) splashdown. □ (*Aer*) ~*forzato* emergency landing (at sea), (*colloq*) ditching.

ammarare (**ammàro**; *aus.* **avere/essere**) *v.i.* **1** (*Aer*) to land (on the sea). **2** (*Astron*) (*rif. a capsula spaziale*) to splash down, to land in the sea.

ammarrare (**ammàro**) *v.t.* (*Mar*) to foul (the anchor) on its stock.

ammarrato *a.* (*Mar*) stock fouled.

ammassamento *m.* **1** (*l'ammassare*) amassing, heaping; (*spec. in segreto*) hoarding. **2** (*assembramento*) mass, heap, heaps. **3** (*riserva segreta*) hoard. **4** (*Mil*) concentration: ~ *di truppe* concentration of troops, massing of troops. □ ~*di merci* stockpile.

ammassare (**ammàsso**) **I** *v.t.* **1** (*riunire in massa*) to gather, to gather together, to amass. **2** (*stipare*) to pack, to crowd. **3** (*ammucchiare*) to amass, to heap up, to pile up: *ammassò i vecchi mobili in soffitta* he piled up the old furniture in the attic. **4** (*riporre, conservare*) to store. **5** (*accumulare*) to accumulate, to collect; (*spec. di nascosto*) to hoard. **6** (*scorte, riserve per il futuro*) to stockpile. **7** (*Mil*) to concentrate, to mass. **II** *v.pron.* **ammassarsi 1** (*affollarsi*) to gather, to gather together, to crowd, to congregate: *tutti si ammassarono davanti alla porta* they all gathered in front of the door. **2** (*accumularsi*) to accumulate, to heap up, to pile up.

ammassato *a.* **1** gathered, crowded, massed: *la folla ammassata in piazza* the crowd gathered in the square. **2** (*ammucchiato*) piled-up, heaped-up.

ammassicciare (**ammassìccio**) **I** *v.t.* **1** (*riunire in massa*) to gather, to gather together, to amass. **2** (*stipare*) to pack, to crowd. **3** (*ammucchiare*) to amass, to heap up, to pile up. **4** (*accumulare*) to accumulate, to collect; (*spec. di nascosto*) to hoard. **5** (*Strad*) to metal. **II** *v.pron.* **ammassicciarsi** to accumulate, to heap up, to pile up.

ammasso *m.* **1** (*mucchio*) mass, hoard, pile, heap: *un ~ di rovine* a mass of ruins, a heap of ruins. **2** (*agglomerato*) cluster. **3** (*raccolta*) stockpiling, pooling: ~ *del grano* corn stockpiling. **4** (*luogo di raccolta*) stockpile, pool. □ *dare all'~* (o *portare all'~*) to deliver to the stockpile, to stockpile; ~*di rottami* old wreck (*anche fig*); (*Astr*) ~*globulare* globular cluster; (*Astr*) ~*stellare* star cluster.

ammatassare (**ammatàsso**) *v.t.* (*Tess*) to wind (sth.) into skeins, to skein.

ammattimento *m.* **1** (*rar*) maddening. **2** (*estens*) (*grattacapo*) trouble, annoyance, nuisance.

ammattire (**ammattìsco, ammattìsci**; *aus.* **essere**) *v.i.* **1** to go mad, to go crazy: *ammattì*

per il dolore he went mad with grief. **2** (*perdere la calma*) to go mad, to be driven mad, to lose one's temper. **3** (*scervellarsi*) to rack one's brains, to puzzle over (sth.): *questa traduzione mi ha fatto ~* I had to rack my brains over this translation. □ *c'è da ~* it's enough to drive one mad:*fare ~ qcu.* to drive so. mad, to drive so. crazy.

ammattonare (**ammattóno**) *v.t.* (*Edil*) to pave (sth.) with bricks, to lay a brick flooring on.

ammattonato I *a.* (*Edil*) paved with bricks. **II** *m.* (*Edil*) brick pavement, brick flooring, brick paving.

ammazzacaffè *m.inv.* (*colloq*) liqueur, drink after a meal.

ammazzare (**ammàzzo**) **I** *v.t.* **1** (*uccidere*) to kill: *ammazzò tutti i suoi nemici* he killed all his enemies. **2** (*assassinare*) to murder, to slay. **3** (*macellare*) to slaughter, to butcher. **4** (*fig*) (*stancare, deprimere*) to wear out, to exhaust, (*colloq*) to kill: *il caldo mi ammazza* the heat is killing me; *la solitudine la ammazza* loneliness is killing her. **II** *v.pron.* **ammazzarsi 1** (*suicidarsi*) to commit suicide, to kill oneself. **2** (*rimanere ucciso*) to be killed, to get killed: *si è ammazzato in un incidente ferroviario* he was killed in a railway accident. □ (*fig*) ~*qcu.di botte* to beat so. black and blue, to knock so.'s brains out; (*fig*) *ammazzarsi di lavoro* to work oneself to death; (*fig*) ~*il tempo* to kill time; (*fig*) ~ *la noia* to while the time away.

ammazzasette *m.inv.* (*rar*) braggart, bragger.

ammazzata *f.* (*fig,colloq*) slog, killer, tremendous effort.

ammazzatoio *m.* (*rar*) abattoir, slaughterhouse.

ammenda *f.* **1** (*Dir,Sport*) fine: *pagare un'~* to pay a fine. **2** (*fig*) (*riparazione*) amends *pl.*: *fare ~ di qcs.* to make amends for sth.

ammendamento *m.* **1** (*lett*) (*emendamento*) amendment. **2** (*Agr*) soil conditioning.

ammendare (**ammèndo**)*v.t.* **1** (*lett*) (*emendare*) to amend, to correct. **2** (*Agr*) to condition soil, to improve soil.

ammennicolo *m.* (*rar*) **1** (*prova*) support, evidence. **2** (*estens*) (*cavillo*) cavil, pretext, excuse: *trova sempre mille ammennicoli per non pagare* he always finds plenty of excuses for not paying. **3** *pl.* (*piccole aggiunte*) sundries.

ammesso I *a.* **1** (*accolto*) admitted. **2** (*permesso*) allowed, granted. **3** (*riconosciuto*) recognized, admitted. **II** *m.* (*f.* **-a**) eligible person, candidate. □ ~*che* granted that, supposing that; ~*e non concesso che* even granted that, supposing for argument's sake that: ~ *e non concesso che tu abbia ragione, non devi inquietarti tanto* even granted that you may be right, you shouldn't get so worked up; supposing for argument's sake that you may be right, you shouldn't get so worked up.

ammettenza *f.* (*Fis*) admittance.

ammettere (*pres.ind.* **ammétto**; *p.rem.* **ammìsi**; *p.p.* **ammésso**) *v.t.* **1** (*introdurre*) to admit, to allow (so.) in, to let (so.) in: *fu ammesso alla presenza del presidente* he was admitted into the presence of the president; *i bambini non sono ammessi* children not admitted. **2** (*accogliere*) to admit, to receive: *essere ammesso in un club* to be admitted to a club. **3** (*accettare*) to grant, to admit, to allow: ~ *una domanda* to grant a petition, to allow a request. **4** (*dichiarare abile*) to admit: ~ *un candidato agli esami* to admit a candidate to the exams. **5** (*riconoscere*) to

admit, to acknowledge, to confess, to recognize: *non ammette mai di aver sbagliato* he never admits that he has made a mistake. **6** (*supporre*) to suppose, to assume: *ammettiamo che abbia ragione* let us assume (that) he is right. **7** (*permettere*) to allow, to permit, to admit: *non sono ammessi reclami* no complaints allowed. □ (*Econ*) ~*alle quotazioni in borsa* to admit to Stock Exchange quotation.

ammezzato *m.* mezzanine, entresol.

ammiccamento *m.* **1** (*l'ammiccare*) winking. **2** (*cenno di intesa*) wink.

ammiccare (**ammìcco, ammìcchi**; *aus.* **avere**) *v.i.* to wink (*a* at).

ammicco (*pl.* **-chi**) *m.* wink.

ammide *f.* (*Chim*) amide. □ (*Chim*) ~*nicotinica* niacinamide, nicotinamide.

ammidico *a.* (*Chim*) amidic.

ammina *f.* (*Chim*) amine.

amminico (*pl.* **-ci**) *a.* (*Chim*) amino (*attr.*).

amministrare (**amminìstro**) *v.t.* **1** to run, to manage, to administer: ~ *il patrimonio familiare* to administer the family estate; ~ *un'azienda* to run a business, to manage a business. **2** (*rif. allo Stato*) to govern. **3** (*Rel, Dir*) to administer: ~ *i sacramenti* to administer the sacraments; ~ *la giustizia* to administer justice, to administer the law. **4** (*dosare*) to ration. **5** (*Sport*) to keep control of the game: ~ *il vantaggio* to keep control of the game while in the lead. □ ~*male* to mismanage.

amministrative *f.pl.* (*Pol*) (*elezioni*) local government elections.

amministrativo *a.* administrative: *anno ~* financial year; *atto ~* administrative act; *misure amministrative* administrative measures; *in via amministrativa* through administrative channels; *elezioni amministrative* local government elections.

amministratore *m.* (*f.* **-trice**) **1** (*di eredità, di stabili*) administrator: ~ *unico* sole administrator. **2** (*di società*) director, manager. □ (*Dir.can*) ~*apostolico* apostolic administrator; ~ *delegato* managing director; (*Inform*) ~*di rete* network administrator; (*Inform*) ~*di sistema* systems administrator; ~*esecutivo* executive director; ~ *non esecutivo* nonexecutive director; ~*fiduciario* : **1** trustee; **2** (*nel procedimento fallimentare*) trustee in bankruptcy, special manager in bankruptcy; ~*giudiziario* receiver; ~*straordinario* special manager; ~*unico* sole director, sole administrator.

amministrazione *f.* **1** (*di libri contabili*) accounting. **2** (*gestione*) administration, management. **3** (*rif. a Stato*) government. **4** (*complesso di amministratori*) administration, management, directors *pl.*: *consiglio di ~* board of directors. **5** (*sede*) administration, administrative offices *pl.*, administrative headquarters *pl.* **6** (*sala riunioni*) boardroom. **7** (*Rel*) administration: ~ *dei sacramenti* administration of the sacraments. □ ~*aziendale* business management, business administration; ~*centrale* general management; ~*civile* civil service; ~*comunale* local government, municipal government, local authority; (*Dir*) ~*controllata* (*rif. ad aziende e sim.*) receivership; ~*del personale* personnel management, personnel administration; ~ *della giustizia* administration of justice; ~*delle poste* Post Office; ~*dello stato* public administration, central government, central administration; ~*erariale* revenue administration; ~*fallimentare* receivership; ~*fiduciaria* : **1** trusteeship, trust; **2** (*Pol*) fiduciary government; ~*giudiziaria* receivership; ~ *locale* local government, local authority; ~ *pubblica*: 1 public administration, central government, central administration; 2 (*insieme dei dipendenti*) civil service; *amministrazioni regionali* regional governments; ~ *straordinaria* special management.

amminoacido m. (*Chim*) amino acid.

amminoplasto m. (*Chim*) aminoplastic resin.

ammirabile a. 1 (*rar*) admirable. 2 (*lett*) wonderful.

ammiraglia f. 1 (*Mar.mil*) flagship. 2 (*estens*) (*vettura*) flagship. 3 (*Sport*) (*nel ciclismo*) team car (during a cycle race).

ammiragliato m. 1 admiralty, admiralship. 2 (*ministero della marina*) Admiralty.

ammiraglio m. (*Mar*) admiral. □ ~ *di squadra* vice admiral.

ammirare (**ammìro**) I v.t. to admire (*anche estens*): ~ *un quadro* to admire a painting. II v.i. (*aus.* essere) (*ant*) (*provare meraviglia*) to be amazed at.

ammirativo a. (*rar*) admiring.

ammirato a. 1 admiring. 2 (*rar*) (*meravigliato*) struck, astonished, amazed.

ammiratore m. (f. **-trice**) 1 admirer; (*rif. a cantanti, campioni ecc.*) fan, admirer. 2 (*corteggiatore*) admirer, (*ant*) suitor.

ammirazione f. admiration: *nutrire profonda ~ per qcu.* to feel great admiration for so.; *essere in ~ davanti a qcu.* to stand in admiration before so.

ammirevole a. admirable.

ammirevolmente avv. admirably.

ammisi → **ammettere**.

ammissibile a. 1 admissible (*anche Dir*), allowable, acceptable: *scuse ammissibili* acceptable excuses; *prova ~* admissible evidence; *prova non ~* inadmissible evidence. 2 (*degno di essere ammesso*) eligible. □ *ciò non è ~* that is inadmissible; *non è ~ che tu ti comporti così* your behaviour is inexcusable.

ammissibilità f. 1 (*accettabilità*) acceptability. 2 (*che può essere ammesso*) eligibility. 3 (*Dir*) admissibility.

ammissione f. 1 admission, admittance, entrance: ~ *all'esame* admittance to the exam; ~ *a un club* admission to a club; *tassa di ~* admission fee, entrance fee; *esame di ~* entrance examination. 2 (*approvazione, riconoscimento*) acknowledgment, admission: ~ *di un'ipotesi* admission of a hypothesis; *per tua stessa ~* on your own admission.

ammobiliamento m. 1 (*l'ammobiliare*) furnishing. 2 (*il mobilio*) furniture.

ammobiliare (**ammobìlio, ammobìli**) v.t. to furnish.

ammobiliato a. furnished: *una camera ammobiliata* a furnished room.

ammodernamento m. 1 modernization. 2 (*rinnovamento, ristrutturazione*) renewal, renovation.

ammodernare (**ammodèrno**) v.t. 1 to modernize. 2 (*aggiornare*) to update.

ammodo I avv. 1 (*con garbo*) nicely, gently. 2 (*come si deve*) properly. 3 (*con prudenza*) carefully. II a.inv. nice, respectable, decent: *è una persona ~* he is a good sort of person, he is a decent sort of person.

ammogliare (**ammòglio, ammògli**) I v.t. (*far sposare*) to find a wife (for), to marry off: ~ *qcu.* to find so. a wife. II v.pron. **ammogliarsi** to get married, to marry.

ammogliato I a. married. II m. married man.

ammollare[1] (**ammòllo**) I v.t. to soak, to

steep, to wet: ~ *la biancheria* to soak the laundry; ~ *il pane nel latte* to soak bread in milk. II v.i. (*aus.* essere) to soak: *lasciare i fagioli ad ~ per qualche ora* to leave the beans to soak for a few hours. III v.pron. **ammollarsi** (*rar*) (*bagnarsi*) to get soaked, to get wet: *ammollarsi sotto la pioggia* to get soaked in the rain.

ammollare[2] (**ammòllo**) v.t. (*allentare*) to slack, to slacken, to loosen. 2 (*fig*) (*assestare*) to deal, to give, to deliver: ~ *uno schiaffo a qcu.* to give so. a slap, to slap so.

ammollimento m. softening (*anche fig*).

ammollire (**ammollìsco, ammollìsci**) I v.t. 1 to soften. 2 (*lett,fig*) (*mitigare*) to soften, to mollify, to mitigate, to lessen: ~ *la durezza di un rifiuto* to mitigate the harshness of a refusal. 3 (*lett,fig*) (*infiacchire*) to soften, to make (sth.) go soft: *l'ozio ammollisce l'uomo* idleness makes a man go soft. II v.pron. **ammollirsi** 1 to soften, to go soft, to become soft. 2 (*lett,fig*) (*infiacchirsi*) to soften, to go soft, to get soft: *ammollirsi nell'ozio* idle hands do no good.

ammollo m. (*di biancheria*) soaking, soak, steep.

ammoniaca f. (*Chim*) ammonia.

ammoniacale a. (*Chim*) ammoniac, ammoniacal, ammonium: *sali ammoniacali* ammonium salts.

ammoniacato a. (*Chim*) ammoniated.

ammoniaco (*pl.* **-ci**) I a. (*Chim*) ammoniac: *sale ~* sal ammoniac. II m. (*Chim*) ammoniac, gum ammoniac.

ammonimento m. 1 (*avvertimento*) warning. 2 (*consiglio*) advice, admonishment: *è stato un saggio ~* it was a good piece of advice. 3 (*lezione*) lesson. 4 (*rimprovero*) admonition, mild rebuke, caution.

ammonio m. (*Chim*) ammonium.

ammonire (**ammonìsco, ammonìsci**) v.t. 1 (*avvertire*) to warn, to advise: ~ *qcu. contro qcs.* to warn so. against sth.; ~ *qcu. contro le cattive amicizie* to warn so. against bad friends. 2 (*rimproverare*) to admonish, (*molto severamente*) to reprimand, to rebuke, to tell off: ~ *qcu. per qcs.* to reprimand so. for sth. 3 (*Dir*) to caution, to admonish. 4 (*Sport*) to book (*usually in the passive form*).

ammonite f. (*Paleont*) ammonite.

ammonitivo a. admonitory.

ammonito a. 1 warned, advised. 2 (*Sport*) booked.

ammonitore I m. (f. **-trice**) 1 warner, admonisher. 2 (*che dà consigli*) adviser. II a. warning, admonitory: *gesto ~* warning gesture.

ammonitorio a. (*rar*) warning, admonitory: *lettera ammonitoria* warning letter.

ammonizione f. 1 (*rimprovero*) admonition, admonishment, rebuke, reprimand: *lettera di ~* warning letter. 2 (*avvertimento*) warning. 3 (*Dir*) caution: *infliggere un'~* to caution. □ (*Sport*) *prendere un'~* to be booked, to get a yellow card, (*Am*) to be fouled, to get yellow carded, to be yellow carded.

ammonizzazione f. (*Chim*) ammonification.

ammontare[1] (**ammónto**) I v.i. (*aus.* essere) to amount, to come (*a* to), to cost: *a quanto ammonta la spesa?* what does the cost come to?; *i danni ammontano a due milioni di euro* the damage amounts to two million euros. II v.t. (*rar,lett*) (*ammassare*) to heap, to heap up, to pile, to pile up.

ammontare[2] m. amount, sum, total, total amount: *l'~ è di poche centinaia di euro* the total is a few hundred euros; *fino all'~ di up*

to the sum of, up to the amount of. □ ~ *a credito* credit amount; ~ *a debito* debit amount; ~ *del capitale* total capital; ~ *del danno* extent of damage; *l'~ delle spese* total costs (*pl.*), total cost; ~ *lordo* gross amount.

ammonticchiare (**ammontícchio, ammontícchi**) v.t. to heap, to heap up, to pile, to pile up.

ammorbamento m. 1 infection (*anche Med*), pollution. 2 (*puzzo*) stink, stench.

ammorbare (**ammòrbo**) v.t. 1 to infect, to pollute (*anche fig*): ~ *l'aria* to pollute the air. 2 (*fig,colloq*) (*infastidire*) to annoy, to vex. 3 (*fig*) (*corrompere*) to defile, to corrupt.

ammorbato a. polluted, foul, stinking: *aria ammorbata* foul air.

ammorbidente m. 1 (*Chim*) softener. 2 (*per biancheria*) fabric conditioner.

ammorbidimento m. softening (*anche fig*).

ammorbidire (**ammorbidìsco, ammorbidìsci**) I v.t. 1 (*rendere morbido*) to soften. 2 (*fig*) (*sfumare*) to soften: ~ *le linee di un disegno* to soften the lines of a drawing. 3 (*fig*) (*addolcire*) to soften, to soothe. 4 (*Gastron*) (*spec. di carne*) to tenderize. II v.pron. **ammorbidirsi** 1 to become soft, to grow soft, to soften. 2 (*fig*) (*addolcirsi*) to soften, to soothe, to mellow.

ammorsare (**ammòrso**) v.t. 1 (*Tecn*) to vice, to secure in a vice, to clamp in a vice. 2 (*Edil*) to tooth. 3 (*ant*) (*stringere insieme*) to clamp.

ammorsatura f. 1 (*Edil*) toothing, tooth. 2 (*Fal*) scarf, scarf joint.

ammortamento m. 1 (*Econ*) amortization; (*rif. a beni mobiliari*) depreciation. 2 (*rimborso*) redemption. □ (*Econ*) ~ *di imposta* tax amortization, tax abatement; (*Econ*) ~ *di un mutuo* redemption of a loan; (*Econ*) ~ *di un prestito* amortization of a loan; (*Econ*) ~ *di titoli di credito* amortization of credit instruments; (*Econ*) ~ *fiscale* depreciation allowance, capital allowance; (*Econ*) ~ *lineare* straight line depreciation; (*Econ*) ~ *per quote decrescenti* declining balance depreciation, decreasing-charge amortization; (*Econ*) ~ *straordinario* extraordinary depreciation; (*Econ*) ~ *tecnico* depreciation for wear and tear.

ammortare (**ammòrto**) v.t. to amortize.

ammortire (**ammortìsco, ammortìsci**) v.t. 1 (*ant*) (*intorpidire*) to deaden, to numb. 2 (*lett,fig*) (*smorzare: rif. a suoni*) to deaden, to muffle; (*rif. a colori*) to tone down, to soften; (*rif. a luci*) to dim.

ammortizzabile a. (*Econ*) amortizable.

ammortizzamento m. 1 (*Econ*) amortization; (*rif. a beni mobiliari*) depreciation. 2 (*Tecn,Mecc*) damping, dampening, deadening, absorption: ~ *del suono* sound damping, sound dampening, sound deadening.

ammortizzare (**ammortìzzo**) v.t. 1 (*Econ*) to amortize, to redeem, to pay off: ~ *un debito* to pay off a debt. 2 (*Tecn,Mecc*) to deaden, to damp, to dampen, to absorb.

ammortizzatore m. 1 (*El,Acus*) damper. 2 (*Aut,Aer*) shock absorber, vibration damper, dashpot. □ (*Aut*) ~ *idraulico* hydraulic shock absorber; (*fig,Econ*) *ammortizzatori sociali* social buffers, social bumpers; (*Aut*) ~ *telescopico* telescopic damper.

ammortizzazione f. 1 (*Econ*) amortization; (*rif. a beni mobiliari*) depreciation. 2 (*Mecc,rar*) damping, dampening, deadening.

ammosciare (**ammóscio, ammósci**) I v.t. (*colloq*) (*di piante*) to wilt, to shrivel, to droop. 2 (*fig*) (*intristire*) to make (sth.) limp, to make (sth.) slack, to soften. II v.i. (*aus.*

essere) (*colloq*) **1** (*di piante*) to wilt, to shrivel, to droop. **2** (*fig*) (*intristirsi*) to become limp, to become slack.

ammosciato *a.* (*colloq*) **1** (*di piante*) drooped, wilted. **2** (*fig*) (*fiacco*) limp, slack; (*abbattuto*) depressed.

ammoscire (**ammoscìsco, ammoscìsci**) I *v.t.* (*colloq,rar*) **1** (*di piante*) to wilt, to shrivel, to droop. **2** (*fig*) (*intristire*) to make (sth.) limp, to make (sth.) slack, to soften. II *v.i.* (*aus.* **essere**) (*colloq,rar*) **1** (*di piante*) to wilt, to shrivel, to droop. **2** (*fig*) (*intristirsi*) to become limp, to become slack.

ammostare (**ammósto**) I *v.t.* (*Enol*) to press: *~ l'uva* to press grapes. II *v.i.* (*aus.* **avere**) (*Enol*) to yield must, to become must.

ammostatoio *m.* (*Enol*) winepress.

ammucchiamento *m.* (*rar*) (*l'ammucchiare*) piling, piling up, heaping, heaping up. **2** (*mucchio*) pile, heap.

ammucchiare (**ammúcchio, ammúcchi**) I *v.t.* **1** to pile up, to heap, to heap up, to amass. **2** (*rif. a fieno*) to rick, to stack. II *v.pron.* **ammucchiarsi 1** to crowd, to crowd together, to huddle, to huddle together: *gli spettatori si ammucchiavano nelle prime file* the audience crowded together in the front rows. **2** (*di neve, sabbia*) to drift, to build up.

ammucchiata *f.* **1** (*colloq*) (*orgia*) gang bang, orgy. **2** (*estens,spreg*) (*gruppo confuso*) ragbag, bunch.

ammuffire (**ammuffisco, ammuffisci**; *aus.* **essere**) *v.i.* **1** to go mouldy, (*Am*) to go moldy, to go musty: *il pane è ammuffito* the bread has gone mouldy. **2** (*fig*) (*rif. a persone*) to vegetate, to rot, to languish. **3** (*fig*) (*rif. a cose*) to lie idle, to go to waste: *tener il denaro qd ~* to leave one's money lying idle. ☐ *~sui libri* to be a bookworm.

ammuffito *a.* **1** mouldy, (*Am*) moldy, musty. **2** (*fig*) (*rif. a persona*) fossilized. **3** (*fig*) (*vecchio, antiquato*) old, old-fashioned.

ammutinamento *m.* mutiny (*anche estens*): *~ delle truppe* mutiny of the troops.

ammutinare (**ammutìno/ammútino**) I *v.t.* (*rar*) to incite to mutiny. II *v.pron.* **ammutinarsi** to mutiny (*anche estens*): *i soldati si sono ammutinati* the soldiers have mutinied.

ammutinato I *a.* mutinous (*anche estens*): *l'equipaggio ~* the mutinous crew. II *m.* mutineer (*anche estens*).

ammutolire (**ammutolìsco, ammutolìsci**; *aus.* **essere**) *v.i.* **1** (*diventare muto*) to become dumb. **2** (*tacere improvvisamente*) to fall silent; (*per paura, meraviglia*) to be struck dumb.

amnesia *f.* amnesia (*anche Med*).

amnio *m.* (*Anat*) amnion.

amniocentesi *f.* (*Med*) amniocentesis; (*colloq*) amnio.

amniografia *f.* (*Med*) amniography.

amnioscopia *f.* (*Med*) amnioscopy.

amnioscopio *m.* (*Med,Tecn*) amnioscope.

amniotico (*pl.* **-ci**) *a.* (*Anat*) amniotic: *liquido ~* amniotic fluid.

amnistia *f.* (*Dir*) amnesty, pardon: *concedere l'~* (*a qcu.*) to grant amnesty (to so.); *~ generale* general amnesty.

amnistiare (**amnistìo/amnìstio**) *v.t.* (*Dir*) to grant amnesty to, to give amnesty to, to amnesty.

amnistiato I *a.* (*Dir*) amnestied. II *m.* (*f.* **-a**) (*Dir*) amnestied person, person granted amnesty.

amo *m.* hook, fishhook: *gettare l'~* to cast the hook, (*estens*) to cast the line. ☐ *prendere all'~* to hook (*anche fig*).

amomo *m.* (*Bot*) amomum.

amorale *a.* amoral.

amoralità *f.* amorality.

amorazzo *m.* amour.

amore *m.* **1** love, affection: *nutrire ~ per* (o *verso*) *qcu.* to feel love for so.; *~ non corrisposto* unrequited love; *l'~ del prossimo* love of one's neighbour; *il vero ~* true love; *~ eterno* eternal love, undying love. **2** (*zelo, entusiasmo*) love, enthusiasm: *~ per l'arte* love for art, love of art; *l'~ dello studio* love of study. **3** (*brama*) love, longing. **4** (*persona amata*) love, loved one, darling, (*ant*) sweetheart. **5** (*rivolgendosi direttamente alla persona*) darling, honey, dear: *dove sei ~?* where are you, darling? **6** (*oggetto amato*) love, passion: *la pittura è il suo unico ~* painting is his only love. **7** (*persona graziosa*) darling, sweetie: *quel bambino è un ~* that child is a darling. **8** (*cosa graziosa*) delightful thing. **9** *pl.* (*storie d'amore*) love affairs, affairs. **10** *pl.* (*amorini*) cupids. ☐ *~ a prima vista* love at first sight; *con ~*: 1 with loving care, lovingly; 2 (*epist*) with love; *~ cortese* courtly love; *andaré ~ e d'accordo* to be all sweetness and light, to get on like a house on fire (*anche iron*); *~ di sé*: 1 self-love; 2 (*estens*) (*egoismo*) selfishness; *fare l'~* (o *fare all'~*) to make love, to have sex; *~fraterno* brotherly love; *essere in ~* (o *andare in ~*) (*rif. ad animali*) (*Br*) to rut, (*Am*) to be in heat; *~interessato* cupboard love; *~ libero* free love; *~mercenario* prostitution; *~mio !* my love!; *fare qcs.per ~* to do sth. for love: *sposarsi per ~* to marry for love; *per amor suo* out of love for her, out of love for him, for her sake, for his sake; *per ~ di*: 1 (*rif. a persona*) for the sake of: *per amor tuo* for your sake; 2 (*rif. a cosa*) for love of, for the love of, for the sake of: *per ~ del quieto vivere* for the sake of peace; *per amor di pace* for the sake of peace and quiet; *per l'amor del cielo!* (o*per l'amordi Dio !*) for Heaven's sake!, for the love of God!; *per ~o per forza* by hook or by crook, willy-nilly, whether one likes it or not; *~platonico* platonic love; (*ant*)*prendere ~ per qcs.* to become fond of sth., (*Br*) to become keen on sth.; *amor proprio*: 1 self-respect, pride; 2 (*ambizione*) ambition: *non ha amor proprio* he has no ambition;*senza ~* without love: *un matrimonio senza ~* a loveless marriage; *un ~di vestito* a lovely dress. *Prov.*: *l'~ è cieco* love is blind.

Amore *n.pr.m.* (*Mitol*) Eros. ☐ (*Mitol,Art*) *~e Psiche* Eros and Psyche, Cupid and Psyche.

amoreggiamento *m.* flirtation, flirting.

amoreggiare (**amoréggio, amoréggi**; *aus.* **avere**) *v.i.* to flirt (*con* with).

amorevole *a.* loving, fond, affectionate: *sguardo ~* affectionate look.

amorevolezza *f.* **1** love, tender affection, tenderness: *~ paterna* paternal affection. **2** (*estens*) (*atto affettuoso*) kind act, affectionate act, kindness.

amorevolmente *avv.* lovingly, tenderly.

amorfo *a.* **1** (*informe*) amorphous, shapeless. **2** (*Chim,Geol*) amorphous. **3** (*fig*) colourless, dreary: *essere un individuo ~* to be a dreary person, to be a wet blanket.

amorino *m.* **1** *spec.pl.* (*Art*) cupid, amoretto. **2** (*fig*) (*bambino*) little darling, darling. **3** (*Arred*) (*divano a S*) sociable, loveseat. **4** (*Bot*) mignonette.

amorosamente *avv.* **1** lovingly, affectionately, with loving care: *curare qcu. ~* to look after so. with loving care. **2** (*da innamorato*) amorously.

amoroso I *a.* **1** (*affettuoso*) loving, affectionate, fond. **2** (*che concerne l'amore*) love

(*attr.*), amorous: *relazione amorosa* love affair; *poesia amorosa* love poetry. **3** (*Mus*) amoroso. II *m.* (*f.* **-a**) (*rar*) **1** lover, (*ant*) sweetheart. **2** (*Teat*) actor (*f.* actress) playing a love role: *recitare la parte dell'~* to play the love role, to be the romantic interest.

Amos *n.pr.m.* (*Bibl*) Amos.

amovibile *a.* **1** removable, movable. **2** (*rif. a funzionari*) temporary.

amovibilità *f.* removability, movability.

amperaggio *m.* (*El*) amperage.

ampere /am'pɛr/ *m.inv.* (*Fis*) ampere.

amperometro *m.* (*Fis,Tecn*) ammeter, ampere-meter.

amperora *m.inv.* (*Fis*) ampere-hour.

amperspira *f.* (*Fis*) ampere-turn.

ampex *m.* **1** video tape recorder. **2** (*estens*) (*videoregistrazione*) videorecording.

ampiamente *avv.* **1** widely, extensively. **2** (*abbondantemente*) amply, fully, abundantly: *~ documentato* amply documented, fully documented.

ampiezza *f.* **1** (*larghezza*) width, breadth. **2** (*spaziosità*) spaciousness, roominess: *l'~ di un ambiente* the spaciousness of a room. **3** (*dimensioni*) size, dimensions *pl.*, scale: *l'~ di una piazza* the dimensions of a square. **4** (*fig*) (*di vedute*) breadth, broadmindedness. **5** (*Abbigl*) ease, looseness, bagginess. **6** (*Fis*) amplitude. **7** (*Mat*) (*di angolo*) size. ☐ (*Elettron*) *~ d'eco* echo amplitude; (*Elettron, Rad*) *~di banda* bandwidth; (*Mar*) *~di marea* tide amplitude; (*fig*) *~di mezzi* abundant means; (*fig*) *~di vedute* broadmindedness.

ampio *a.* **1** wide, broad (*anche fig*): *i più ampi poteri* the widest powers; *un'ampia gamma di matite* a wide range of pencils; *nel senso più ~* in the broadest sense. **2** (*rif. ad abiti*) loose, full, baggy: *cappotto ~* loose coat; *gonna ampia* full skirt. **3** (*spazioso*) spacious, roomy, large: *un salone ~* a spacious hall. **4** (*abbondante, esauriente*) ample, full: *ampi particolari* ample details, full details. ☐ (*fig*) *di ~ respiro* wide-ranging, far-reaching; (*Farm*) *ad ~ spettro d'azione* broad-spectrum (*attr.*).

amplesso *m.* **1** (*lett*) embrace. **2** (*eufem*) (*coito*) sexual intercourse, copulation.

ampliamento *m.* **1** (*allargamento*) extension (*anche Edil*), widening: *un ~ della casa* an extension to the house; *~ della strada* road widening, widening of the road. **2** (*ingrandimento*) enlargement, amplification: *l'~ dell'Unione europea* the enlargement of the European Union. **3** (*aumento*) increase.

ampliare (**àmplio, àmpli**) I *v.t.* **1** to enlarge, to amplify, to widen, to broaden, to extend: *~ una casa* to enlarge a house. **2** (*accrescere*) to increase, to enlarge, to broaden, to widen, to extend (*anche fig*): *~ le proprie cognizioni* to increase one's knowledge; *un progetto di ricerca che amplierà le nostre conoscenze sulla malattia* a research project that will extend our knowledge of the disease. II *v.pron.* **ampliarsi** (*estendersi*) to broaden, to grow, to grow larger, to extend, to expand, to become widespread.

amplificare (**amplifico, amplifichi**) *v.t.* **1** to amplify, to enlarge. **2** (*allargare*) to extend, to expand, to enlarge. **3** (*Tecn,Acus*) to amplify: *~ il suono* to amplify the sound. **4** (*fig*) (*esagerare*) to exaggerate, to magnify, to show up.

amplificativo *a.* **1** amplifying. **2** (*ampolloso*) pompous.

amplificatore I *m.* (*Fis,Rad,Acus*) amplifier. II *a.* (*Fis,Acus*) amplifying: *impianto ~* amplifying system; *tubo ~* amplifying tube. ☐ *~a bassa frequenza* low-frequency amplifier; ~ *a risonanza* resonance amplifier; ~ *acustico* sound amplifier, acoustic amplifier; ~ *ad alta frequenza* high-frequency amplifier; ~ *di tensione* voltage amplifier; ~ *magnetico* magnetic amplifier; ~ *video* video amplifier.

amplificazione *f.* 1 enlargement, amplification, extension. 2 (*Ling*) (*ampollosità*) pomposity, bombast. 3 (*Tecn*) amplification, gain. □ (*Rad*) ~ *di tensione* voltage amplification.

amplitudine *f.* 1 (*lett*) largeness, vastness. 2 (*Astr*) amplitude. □ ~ *di marea* tidal amplitude.

ampolla *f.* 1 cruet: ~ *dell'olio* oil cruet. 2 (*Lit*) ampulla. 3 (*Anat*) ampulla. 4 (*Tecn*) bulb: ~ *della lampada* light bulb. □ (*Anat*) ~ *rettale* ampulla of the rectum.

ampolliera *f.* cruet stand.

ampollina *f.* 1 cruet: ~ *dell'olio* oil cruet. 2 (*Lit*) ampulla. 3 (*Mar,ant*) hourglass, sandglass.

ampollosamente *avv.* bombastically, pompously.

ampollosità *f.* pompousness, bombast.

ampolloso *a.* bombastic, pompous.

amputabile *a.* that may be amputated (*posposto*).

amputare (**àmputo**) *v.t.* 1 (*Chir*) to amputate. 2 (*fig*) to prune, to cut.

amputato I *a.* (*Chir*) amputated. II *m.* (*f.* -**a**) amputee.

amputazione *f.* 1 (*Chir*) amputation. 2 (*fig*) cut.

Amsterdam *n.pr.f.* (*Geog*) Amsterdam.

amuleto *m.* amulet.

AN (*Pol,Stor.it*) *Alleanza Nazionale* (National Alliance, right-wing party).

anabasi *f.* (*Stor,lett*) anabasis.

anabattismo *m.* (*Rel.prot*) Anabaptism.

anabattista I *m./f.* (*Rel.prot*) Anabaptist. II *a.* (*Rel.prot*) Anabaptist.

anabattistico (*pl.* -**ci**) *a.* (*Rel.prot*) Anabaptist.

anabbagliante I *a.* dipped, dimmed, (*Am*) low. II *m.spec.pl.* (*Br,Aut*) dipped headlight, (*Am*) low beam: *mettere gli anabbaglianti* to dip the headlights, put on the low beams.

anabiosi *f.* (*Biol*) anabiosis.

anabolico (*pl.* -**ci**) *a.* (*Biol*) anabolic.

anabolismo *m.* (*Biol*) anabolism.

anabolizzante I *m.* (*Biol*) anabolic substance, anabolic steroid. II *a.* (*Biol*) anabolic.

anacardio *m.* (*Bot*) cashew, cashew tree.

anacoluto *m.* (*Ling*) anacoluthon.

anaconda *m.inv.* (*Zool*) anaconda.

anacoreta *m./f.* 1 (*Rel*) anchorite, recluse. 2 (*Stor,Rel.catt*) hermit. 3 (*fig*) (*che conduce vita solitaria*) hermit, recluse, ascetic.

anacoretico (*pl.* -**ci**) *a.* 1 (*Rel*) anchoritic. 2 (*fig*) (*solitario*) hermetic, hermetical.

anacoretismo *m.* (*Rel*) anchoritism, anchoretism.

Anacreonte *n.pr.m.* (*Stor.gr*) Anacreon.

anacreontica *f.* (*Lett*) Anacreontic, Anacreontic poem.

anacreontico (*pl.* -**ci**) *a.* Anacreontic, anacreontic (*anche Lett*).

anacronismo *m.* anachronism.

anacronisticamente *avv.* anachronistically.

anacronistico (*pl.* -**ci**) *a.* anachronistic: *in modo* ~ anachronistically.

anaerobico (*pl.* -**ci**) *a.* (*Biol*) anaerobic: *respirazione anaerobica* anaerobic respiration.

anaerobio *m.* (*Biol*) anaerobe.

anaerobiosi *f.* (*Biol*) anaerobiosis.

anaffettività *f.* (*Psic*) inaffectivity.

anaffettivo *a.* (*Psic*) non affective.

anafilassi *f.* (*Med*) anaphylaxis.

anafilattico (*pl.* -**ci**) *a.* (*Med*) anaphylactic: *shock* ~ anaphylactic shock.

anafora *f.* (*Ret,Lit*) anaphora.

anagallide *f.* (*Bot*) scarlet pimpernel.

anaglifico (*pl.* -**ci**) *a.* (*Archeol,Fis*) anaglyphic, anaglyptic.

anaglifo *m.* (*Archeol,Fis*) anaglyph.

anagliptica *f.* (*Art*) anaglyptics (*costr.sing.*).

anaglittico (*pl.* -**ci**) *a.* (*Art*) anaglyptic, anaglyphic.

anagrafe *f.* 1 (*registro*) register, register of births, marriages and deaths *pl.* 2 (*ufficio*) register office, (*colloq*) registry office. □ ~ *canina* national dog registry; ~ *scolastica* register of school-age children; (*Dir*) ~ *tributaria* tax register.

anagrafica *f.* database. □ (*Comm*) ~ *clienti* customers database; (*Comm*) ~ *fornitori* suppliers database.

anagrafico (*pl.* -**ci**) *a.* registry (*attr.*), register (*attr.*): *ufficio* ~ registry office; *dati anagrafici* personal data.

anagramma *m.* anagram.

anagrammare (**anagràmmo**) *v.t.* to anagrammatize.

anagrammista *m./f.* anagrammatist.

analcolico (*pl.* -**ci**) I *a.* non-alcoholic, soft, alcohol-free. II *m.* alcohol-free drink, a non-alcoholic drink.

anale *a.* (*Anat,Psic*) anal: *orificio* ~ anal orifice.

analettico (*pl.* -**ci**) I *a.* (*Farm*) analeptic. II *m.* (*Farm*) analeptic.

analfabeta I *m./f.* 1 analphabetic, illiterate, illiterate person. 2 (*fig*) ignorant person. II *a.* 1 illiterate, uneducated. 2 (*fig*) ignorant.

analfabetico (*pl.* -**ci**) *a.* analphabetic, illiterate.

analfabetismo *m.* illiteracy. □ ~ *di ritorno* functional illiteracy, (*colloq*) forgetting how to write and read.

analgesia *f.* (*Med*) analgesia.

analgesico (*pl.* -**ci**) I *a.* (*Farm*) analgesic, analgetic. II *m.* (*Farm*) analgesic, (*colloq*) painkiller.

analisi *f.* 1 analysis. 2 (*esame*) test, testing. 3 (*studio*) study. 4 (*Gramm*) analysis, parsing. 5 (*Chim,Mat,Inform*) analysis. 6 (*Psic*) analysis, psychoanalysis. □ (*Psic*) ~ *caratteriale* character analysis; ~ *chimica* chemical analysis; (*Ling*) ~ *contrastiva* contrastive analysis; (*Econ*) ~ *costi-benefici* cost-benefit analysis; ~ *decisionale* decision analysis; (*Inform*) ~ *dei dati* data analysis; ~ *dei rischi* risk analysis; ~ *dei tempi* time study; (*Ling*) ~ *del discorso* discourse analysis; (*Sociol*) ~ *del ruolo* role analysis; (*Med*) ~ *del sangue* blood test; (*Inform*) ~ *del sistema* (o ~ *dei sistemi*) systems analysis; ~ *delle decisioni* decision analysis; ~ *delle mansioni* job analysis; (*Med*) ~ *delle urine* urine test, urinalysis, uranalysis; ~ *delle vendite* sales analysis; ~ *di bilancio* balance sheet analysis; *analisi di laboratorio* laboratory analysis; (*Med*) ~ *di massa* screening; ~ *di mercato* market analysis; ~ *di tendenza* trend analysis; (*Statist*) ~ *di varianza* variance analysis, analysis of variance; (*Statist*) ~ *discriminante* discriminant analysis; (*Art,Pitt*) ~ *estetica di un quadro* aesthetic analysis of a picture; ~ *fattoriale* factor analysis; ~ *finanziaria* financial analysis; (*Ling*) ~ *funzionale* functional analysis; (*Ling*) ~ *grammaticale* parsing: *fare l'*~ *grammaticale di* to parse; (*Ling*) ~ *logica* sentence analysis; ~ *multivariata* multivariate analysis; (*Chim*) ~ *qualitativa* qualitative analysis; (*Chim*) ~ *quantitativa* quantitative analysis; (*Statist*) ~ *sequenziale* sequential analysis; (*Psic*) ~ *transazionale* transactional analysis.

analista *m./f.* 1 (*Mat,Chim*) analyst. 2 (*Psic*) psychoanalyst, (*Am*) analyst. 3 (*Inform,Econ*) analyst. 4 (*tecnico di laboratorio*) laboratory assistant. □ (*Econ*) ~ *aziendale* business analyst; (*Econ*) ~ *degli investimenti* investment analyst; (*Inform*) ~ *dei sistemi* systems analyst; ~ *dei tempi* time study engineer; (*Econ*) ~ *di mercato* market analyst; (*Econ*) ~ *finanziario* financial analyst; (*Inform*) ~ *programmatore* programmer analyst, program analyst.

analitica *f.* 1 (*Filos*) analytics (*costr.sing. o pl.*). 2 (*Mat*) coordinate geometry, analytical geometry.

analiticamente *avv.* analytically.

analitico (*pl.* -**ci**) *a.* 1 analytic, analytical (*anche Ling,Mat*): *filosofia analitica* analytic philosophy; *bilancia analitica* analytical balance; *lingue analitiche* analytical languages; *mente analitica* analytical mind. 2 (*estens*) (*minuzioso*) detailed, in details (*posposto*).

analizzabile *a.* analyzable, (*Br*) analysable.

analizzare (**analìzzo**) *v.t.* 1 to analyze, to test, to consider, to examine, (*Br*) to analyse: ~ *la situazione* to analyze the situation. 2 (*in modo più dettagliato*) to examine in details. 3 (*Gramm,Chim*) to analyze, (*Br*) to analyse. 4 (*Inform*) to scan.

analizzatore *m.* 1 (*f.* -**trice**) analyst. 2 (*Mecc,Inform*) analyzer, (*Br*) analyser. 3 (*Rad*) (*apparecchio di prova*) test meter, test set. 4 (*TV*) scanner. □ ~ *ottico* scanner.

anallergico (*pl.* -**ci**) *a.* (*Med*) allergy-free, hypoallergenic, anallergic.

analogamente *avv.* likewise, analogously.

analogia *f.* 1 analogy, similarity, affinity: *avere* ~ *con qcs.* to be analogous to sth. 2 (*Biol,Ling,Fis,Filos*) analogy. □ *per* ~ by analogy; *ragionare per* ~ to argue by analogy.

analogicamente *avv.* analogically.

analogico (*pl.* -**ci**) *a.* 1 (*di analogia*) analogical. 2 (*Tecn*) analogue, (*Am*) analog: *segnale* ~ analog signal; *registrazione analogica* analogue recording.

analogismo *m.* (*Filos*) analogism.

analogista *m./f.* (*Filos*) analogist.

analogo (*pl.* -**ghi**) *a.* 1 analogous. 2 (*simile*) similar, equivalent, corresponding: *in modo* ~ in a similar way, likewise. 3 (*Filos*) analogical. 4 (*Biol*) analogous.

anamnesi, anamnesi *f.* 1 (*Filos*) anamnesis. 2 (*Med*) anamnesis, case history.

anamnestico (*pl.* -**ci**) *a.* (*Med*) anamnestic.

anamorfico (*pl.* -**ci**) *a.* (*Ott*) anamorphic: *obiettivo* ~ anamorphic lens.

anamorfosi *f.* (*Ott*) anamorphosis.

ananas, ananas *m.* (*Bot*) 1 pineapple, pineapple tree. 2 (*Alim*) pineapple.

anapestico (*pl.* -**ci**) *a.* (*Metr*) anapaestic, (*Am*) anapestic.

anapesto *m.* (*Metr*) anapaest, (*Am*) anapest.

anaplasmosi *f.* (*Veter*) anaplasmosis.

anarchia *f.* anarchy (*anche estens*).

anarchico (*pl.* -**ci**) I *a.* 1 anarchic, anarchical. 2 (*estens*) anarchic, anarchical, chaotic. II *m.* (*f.* -**a**) anarchist (*anche estens*).

anarchismo *m.* anarchism (*anche estens*).

anarcoide I *a.* (*spreg*) anarchistic, anarchic. II *m./f.* (*spreg*) anarchist, person with anarchist tendencies.

anarco-sindacalismo *m.* (*Pol*) anarcho-syndicalism.

ANAS *Azienda nazionale autonoma strade*

(Italian highways office).

anastatico (*pl.* **-ci**) *a.* (*Tip*) anastatic: *stampa anastatica* anastatic printing.

anastigmatico (*pl.* **-ci**) *a.* (*Ott*) anastigmatic: *obiettivo ~* anastigmatic lens, anastigmat.

anastigmatismo *m.* (*Ott*) anastigmatism.

anastomizzare (**anastomìzzo**) *v.t.* (*Chir*) to anastomose.

anastomosi, **anastomòsi** *f.* (*Chir,Anat*) anastomosis.

anastrofe *f.* (*Ret*) anastrophe.

anatema *m.* **1** (*Rel*) (*scomunica*) anathema: *lanciare un ~ contro qcu.* to anathemize so. **2** (*maledizione*) anathema, curse: *lanciare un ~ contro qcu.* to hurl a curse at so.

anatocismo *m.* (*Econ*) compound interest, (*rar*) anatocism.

Anatolia *n.pr.f.* (*Geog*) Anatolia.

anatolico (*pl.* **-ci**) **I** *a.* Anatolian. **II** *m.* (*f.* **-a**) Anatolian.

anatomia *f.* **1** anatomy (*anche fig*). **2** (*dissezione*) dissection. ☐ *~ animale* animal anatomy; *~comparata* comparative anatomy; *~patologica* pathological anatomy; *~ umana* human anatomy.

anatomicamente *avv.* anatomically.

anatomico (*pl.* **-ci**) **I** *a.* anatomic, anatomical: *sedile ~* anatomical seat. **II** *m.* (*f.* **-a**) (*anatomista*) anatomist.

anatomista *m./f.* anatomist.

anatomizzare (**anatomìzzo**) *v.t.* **1** to anatomize, to dissect. **2** (*fig*) to analyze, (*Br*) to analyse, to anatomize, to analyze in detail.

anatomopatologo *m.* (*f.* **-a**; *pl.* **-gi**) (*Med*) pathologist.

ànatra *f.* (*Ornit*) duck; (*maschio*) drake. ☐ (*fig*) *camminare come un' ~* to waddle; (*Ornit*) *~domestica* domestic duck; (*Ornit*) *~ muschiata* (o *~ muta*) Muscovy duck; (*Ornit*) *~ selvatica* wild duck; (*fig,Giorn*) *~ zoppa* lame duck.

anatroccolo *m.* duckling.

anca *f.* **1** (*Anat*) hip; (*spec. rif. ad animali*) haunch. **2** (*estens*) (*fianco*) side, hip: *muovere le anche* to sway one's hips, to swing one's hips.

ancata *f.* **1** (*movimento*) swing of the hip. **2** (*colpo*) push with one's hip.

ancella *f.* **1** (*lett,ant*) handmaid, handmaiden. **2** (*religiosa*) sister. ☐ (*Bibl*) *l'~ del Signore* the Lord's servant.

ancestrale *a.* **1** (*lett*) ancestral. **2** (*Biol*) atavistic.

anche I *congz.* **1** (*pure*) too, also, as well: *verrà ~ lui* he will come, too. **2** (*come seconda risposta affermativa*) so, too: *hai letto quel libro? - Sì, e tu? - Anch'io* have you read that book? - Yes, and you? - So have I. **3** (*inoltre*) also, besides, moreover: *si potrebbe ~ obiettare che...* you could also object that... **4** (*persino*) even: *~ sua moglie lo ha abbandonato* even his wife has deserted him. **5** (*almeno*) at least: *avresti potuto ~ farmelo sapere!* you could have at least let me know! **6** (*addirittura*): *per rafforzare un'affermazione*) all, only: *hai parlato ~ troppo chiaramente* you have spoken only too clearly, you have spoken all too clearly. **7** (*eventualità, possibilità*) quite easily, perhaps, even: *potrebbe ~ piovere* it could quite easily rain. **8** (*con valore concessivo*) even if, even though: *~ volendo, non potremmo andarci* even if we want to, we can't go there. **9** (*seguito dal comparativo: ancora*) even, still: *è ~ più bella di sua sorella* she is even more beautiful than her sister. **II** *avv.* (*lett,rar*) (*rif. a tempo: ancora in frasi affermative*) still; (*in frasi negative*) yet: *non è ~*

---

finita la messa Mass isn't over yet. ☐ *~a te !* (*detto dopo un augurio*) the same to you!; *~se* even if: *uscirò ~ se piove* I am going out even if it rains.

ancheggiamento *m.* swaying gait.

ancheggiante *a.* swaying.

ancheggiare (**anchéggio, anchéggi**; *aus.* avere) *v.i.* to sway one's hips, to swing one's hips.

anchilosare (**anchilòso**) **I** *v.t.* to ankylose. **II** *v.pron.* **anchilosarsi** to ankylose, to grow stiff, to get stiff.

anchilosato *a.* ankylosed, stiff, stiffened.

anchilosi, **anchilòsi** *f.* (*Med*) ankylosis.

anchilostoma *m.* (*Zool*) hookworm.

anchilostomiasi *f.* (*Med*) ancylostomiasis, ankylostomiasis, hookworm disease.

Anchise *n.pr.m.* (*Lett,Mitol*) Anchises.

anchorman /'ankorman/ *m.inv.* (*f.* **-woman**) anchorman (*f.* -woman), anchor.

ancia (*pl.* **-ce**) *f.* (*Mus*) reed, tongue.

ancillare *a.* (*lett*) **1** of maidservants (*posposto*), maidservant's. **2** (*fig*) (*subordinato*) ancillary.

ancona *f.* (*Pitt*) altarpiece.

ancora 1 *f.* **1** (*Mar,Tecn,Inform*) anchor. **2** (*El*) keeper. ☐ *essere all '~* (o *stare all'~*) to ride at anchor, to be at anchor, to lie at anchor; *~di salvezza* : **1** (*Mar*) sheet anchor; **2** (*fig*) anchor, last hope; *~galleggiante* sea anchor.

ancora 2 *avv.* **1** (*tuttora*) still: *sono ~ stanco* I am still tired. **2** (*in frasi neg. o rif. al futuro*) yet: *non sono ~ pronto* I'm not ready yet. **3** (*in frasi neg. o rif. al futuro: con valore rafforzativo*) still: *è tardi e non è ~ tornato* it's late and he still hasn't come back. **4** (*di nuovo*) again, once again, once more: *ripeti ~* *quei versi* say those lines again; *dai, ~!* come on, once more!; *provaci ~!* try again! **5** (*un altro poco, ancora altri, altri*) some more: *vuoi ~ del tè?* would you like some more tea? **6** (*un altro*) another, one more: *dammi ~ una mela* give me another apple, give me one more apple. **7** (*rif. a tempo*) another, more: *aspetta ~ due giorni* wait another two days, wait two more days. **8** (*seguito dal comparativo*) even, still: *sei ~ più bella del solito* you are even more beautiful than usual. ☐ *~ ~* (*forse*) perhaps, maybe; *~meno* (o *ancor meno*) even less; *~peggio* even worse; *~un po'* : 1 a little more: *dammi ~ un po' di tè* give me a little more tea; 2 (*rif. a tempo*) a little longer: *aspetta ~ un po'* wait a little longer; *~una volta* one more time.

ancoraggio *m.* **1** (*Mar*) anchorage, berth. **2** (*Mar*) (*tassa*) anchorage dues *pl.* **3** (*Tecn,Edil*) anchorage.

ancorare (**àncoro**) **I** *v.t.* **1** (*Mar*) to anchor. **2** (*Edil,Tecn*) to anchor, to fix, to secure. **3** (*fig*) to fix, to fasten, to anchor. **4** (*Econ*) to peg. **II** *v.pron.* **ancorarsi** **1** (*Mar*) to anchor, to cast anchor, to drop anchor: *la flotta si è ancorata nel porto di Napoli* the fleet has anchored in the port of Naples. **2** (*fig*) to hold fast, to stick, to cling: *ancorarsi a un'idea* to stick to an idea.

ancorato *a.* **1** (*Mar*) at anchor (*posposto*), riding at anchor (*posposto*): *navi ancorate al largo* ships at anchor offshore. **2** (*fig*) deep-rooted, anchored, attached. **3** (*Arald*) anchor-shaped.

ancoressa *f.* (*Mar*) one-armed anchor.

ancoretta *f.* **1** (*Mar*) grapnel. **2** (*Pesc*) treble hook.

ancorotto *m.* (*Mar*) grapnel, kedge anchor.

AND *Andorra* AND (Andorra).

Andalusia *n.pr.f.* (*Geog*) Andalusia.

andalusite *f.* (*Min*) andalusite.

---

andaluso I *a.* Andalusian: *danza andalusa* Andalusian dance. **II** *m.* (*f.* **-a**) Andalusian.

andamento *m.* **1** proceeding, advancement, progress, procedure, pattern, development, course: *sorvegliare l'~ del lavoro* to supervise the progress of work. **2** (*di malattia, di stagioni*) course. **3** (*tendenza*) trend: *~ della borsa* trend of the stock market, stock market trend. **4** (*stato, condizione*) state: *~ del mercato* state of the market. **5** (*risultato*) result, performance. ☐ (*Comm, Econ*) *~degli affari* business, state of business; (*Econ*) *~dei prezzi* price trend; (*Meteor*) *~del barometro* barometric trend.

andana *f.* **1** pathway. **2** (*Mar*) tier.

andante I *a.* **1** (*scadente*) cheap, second-rate (*attr.*), poor quality (*attr.*): *stoffa ~* cheap material; *merce ~* second-rate goods. **2** (*ininterrotto*) continuous, unbroken. **3** (*Comm,rar*) (*corrente*) current, inst. (*posposto*): *il dieci dell'~ mese* the 10th inst. **II** *avv.* (*Mus*) andante. **III** *m.* (*Mus*) andante.

andantino *m.* (*Mus*) andantino.

andare 1 (*pres.ind.* **vàdo** /*region* vo, vài, va, andiàmo, andàte, vànno**; *fut.* **andrò**; *pres.cong.* **vàda, andiàmo, andiàte, vàdano**; *imperat.* **va'/va/vài**; *aus.* **essere**) *v.i.* **1** to go: *vai subito a casa* go home at once, go straight home. **2** (*viaggiare in un veicolo*) to go, to travel: *~ a cento chilometri all'ora* to travel at a hundred kilometres per hour, to go a hundred kilometres per hour; *~ in aeroplano* to go by plane, to fly. **3** (*funzionare*) to work, to run: *quest'automobile va a gas* this car runs on gas. **4** (*recarsi*) to go, to make (*a for*), to head (*a for*): *andrai al mare o in montagna?* are you going to the seaside or to the mountains? **5** (*camminare*) to walk: *andavamo a passo lento* we walked slowly. **6** (*condurre: rif. a strada*) to lead: *questa strada va al lago* this road leads to the lake. **7** (*procedere: rif. a cose, avvenimenti*) to proceed, to go: *le cose vanno bene* things are going well. **8** (*avere esito favorevole*) to turn out well, to go well, to go off well: *questa volta è andata* this time it went off well. **9** (*passare: rif. a tempo*) to go by: *come vanno veloci gli anni* how quickly the years go by. **10** (*comportarsi*) to go, to do: *come va quel ragazzo a scuola?* how is that boy getting on at school? **11** (*praticare*) to keep company, to go round (*con with*): *non ~ con cattive compagnie* don't keep bad company. **12** (*fare visita*) to call (*da on*), to go and see: *andrò da lui sabato prossimo* I'll call on him next Saturday. **13** (*pleonastico: accingersi*) let's: *e ora andiamo a parlare di Shakespeare* and now let's speak about Shakespeare. **14** (*adattarsi*) to fit: *il vestito dell'anno scorso non mi va più* last year's dress doesn't fit me any more. **15** (*fig*) (*calzare*) to apply, to suit, to work: *un esempio che non va* an example which doesn't apply, an example which doesn't work. **16** (*essere di moda*) to be fashionable, to be in, to be in fashion: *quest'anno vanno le giacche lunghe* this year long jackets are in, this year long jackets are in fashion. **17** (*vendersi*) to sell: *un prodotto che va molto* a product that sells well. **18** (*avere corso legale*) to be legal tender, to be in circulation: *è una moneta che non va più* it's a coin which is no longer legal tender, it's a coin which is no longer in circulation. **19** (*piacere, gradire*) to please, to like (*costr.pers.*): *ti andrebbe di andare al cinema?* would you like to go to the cinema?; *non mi va* I don't like it; (*non sono d'accordo*) I don't agree. **20** (*piacere, gradire: rif. a cibi*) to like (*costr.pers.*): *questa pietanza non mi è mai andata* I have never liked this dish; *questa* *carne non mi va* I don't like this meat; *ti va un caffè?* do you want to get a coffee?, (*colloq*) are you up for a coffee?, do you feel like a coffee? **21** (*toccare, capitare*) to fall, to go: *la porzione più abbondante è andata a lui* the biggest portion fell to him. **22** (*occorrere*) to be needed, to be required, to take (*costr.pers.*): *per quest'opera ci andranno due anni* this work will take two years. **23** (*essere speso*) to be spent, to cost (*costr.pers.*): *per quel viaggio mi è andato tutto lo stipendio* that journey cost me my whole salary. **24** (*essere*) to be: *vado orgoglioso del mio lavoro* I am proud of my work. **25** (*seguito da un participio passato: essere*) to be: *il manoscritto è andato perduto* the manuscript has been lost. **26** (*seguito da un participio passato: dover essere*) must be, should be, ought to be: *è un particolare che non va trascurato* it is a detail which must not be overlooked. **27** (*seguito da un gerundio: per indicare lo svolgersi dell'azione*) to be: *la malattia va peggiorando* the disease is getting worse. **28** (*seguito da un gerundio: per indicare il ripetersi dell'azione*) to keep, to keep on, to carry on: *andava chiedendo a destra e a sinistra* he kept asking all and sundry. □ *~ a*: 1 (*seguito da sostantivo*) to go to: *~ a scuola* to go to school; 2 (*seguito da verbo*) to go and: *vai a imbucare questa lettera* go and post this letter; 3 (*seguito da verbo: azione non compiuta*) to go to: *è andato a trovarlo ma non era in casa* he went to see him but he was not at home; *~ a prendere*: 1 to go and get, to (go and) fetch; 2 (*ritirare, prelevare*) to collect, to pick up; *~ a prendere qcu.*: 1 to go and meet so.; 2 (*con un mezzo*) to go and pick so. up; *andarsene*: 1 (*andare via*) to go away, to go off, to leave: *se ne andò senza avermi salutato* he left without saying goodbye to me; 2 (*trascorrere*) to pass, to go by; 3 (*eufem*) (*morire*) to pass away, to die: *il suo amico se n'è andato in pochi giorni* his friend died within a few days, his friend passed away within a few days; 4 (*sparire, dileguarsi*) to disappear, to fade away: *le illusioni se ne vanno con gli anni* illusions disappear with the passing of the years; 5 (*spendere*) to be spent, to go through, to get through (*costr.pers.*): *questa settimana se ne sono andati cinquanta euro* I've gone through fifty euros this week; *andiamo!* let's go!, come on!; *ma andiamo!* look here!; *andiamo, coraggio!* come on, pull yourself together!; *andiamo, non ti inquietare!* come on, don't worry!; *~ avanti*: 1 to go forward, (*procedere*) to proceed, to go on, to go ahead: *andavano avanti per uno stretto sentiero* they proceeded along a narrow path; (*fig*) *il lavoro va avanti bene* the work is proceeding well; *così non si può ~ avanti* we can't go on like this; 2 (*precedere*) to go ahead, to go on ahead, to precede, to lead the way: *andate avanti, vi raggiungerò* go (on) ahead, I'll catch up with you; *andrò avanti per trovare alloggio* I'll go ahead to find accommodations; 3 (*continuare*) to go on, to continue: *andate avanti, vi ascolto* go on, I'm listening (to you); 4 (*rif. a orologio*) to be fast, to gain (time): *il mio orologio va avanti di tre minuti al giorno* my watch gains three minutes a day; *~ bene*: 1 (*rif. a salute*) to be good, to be well (*costr.pers.*): *come va (la salute)? - Va bene* how are you? - I'm very well; 2 (*frase di consenso: va bene*) all right, (*colloq*) O.K., okay: *(nel fissare un appuntamento) ti va bene per domani pomeriggio?* does tomorrow afternoon suit you?, is tomorrow afternoon all right for you?; 3 (*avere fortuna*) to get away with sth.: *gli è andata bene* he has got away with it; *come va?* how

are you?; (*colloq*) *come va che arrivi sempre in ritardo?* how is it that you always come late?; *com'è andata?* how did it go?, how did you get on?; *~ con*: 1 (*accompagnare*) to accompany, to take, to go with: *vai con il fratellino dalla zia* take your little brother to your aunt's; 2 (*adattarsi*) *rif. a vestiario*) to go with, to match: *voglio un cappello che vada bene con questo vestito* I want a hat to match this dress, I want a hat to go with this dress; 3 (*frequentare*) to keep company with, to go around with: *perché vai con quel tizio?* why do you go around with that fellow?; *va da sé* (*è naturale*) it goes without saying; *vado e torno* I'll be back in a moment, I'll be right back; *fare ~*: 1 (*consumare*) to use up, to consume: *fare ~ tutte le provviste* to use up all the supplies; 2 (*rif. a macchine*) to start, to start up; *~ giù*: 1 (*scendere*) to go downstairs, to go down: *vai giù ad aprire* go down and open the door; 2 (*colloq*) (*peggiorare, deperire*) to get worse, to lose strength: *il malato è andato molto giù negli ultimi giorni* the patient has got a lot worse in the last few days; 3 (*rif. a cibi, spec. in frasi negative: digerire*) not to go down, not to get down: *questo boccone non mi va giù* this mouthful won't go down; 4 (*fig*) (*essere accettato*) to put up with, to stand (*costr.pers.*): *questa ingiustizia non mi va giù* I'm not going to put up with this injustice; *non mi va giù di vederli piangere* I can't bare to see them cry; (*colloq*) *~ giù duro* (*essere severo*) to hit out (at), to come down hard (on); *~ in*: 1 to go into: *~ in casa* to go into the house; 2 (*con l'indicazione del mezzo di locomozione*) to go by, to travel by: *~ in bicicletta* to cycle, to ride a bicycle; (*rif. a una destinazione*) to go by bicycle, to cycle; *~ in barca* to go out in a boat; (*rif. a una destinazione*) to go by boat, to boat; 3 (*trasformarsi*) to turn to: *~ in cancrena* to gangrene, to turn to gangrene; *~ indietro* (*di auto, carri*) to back, to back up: *attento, la macchina va indietro!* look out, the car is backing!; *l'orologio mi va indietro* my watch loses; (*colloq, region*) *va là che ti conosco bene io!* come off it, I know you too well!; *lasciare ~*: 1 (*non trattenere*) to let go: *lasciami ~, ho fretta* let me go, I'm in a hurry; 2 (*lasciare libero*) to let go, to release, to allow to leave: *dopo un breve interrogatorio, il commissario lo lasciò ~* after brief questioning, the inspector let him go; 3 (*non punire*) to let off: *lascialo ~ per questa volta* let him off this once; 4 (*non insistere*) to drop, to forget: *lasciamo ~, non vale la pena litigare per così poco* let's drop the matter, it's not worth quarrelling over such a trifle; *lascia ~!* never mind! never mind all that!, drop it!, forget it!; 5 (*colloq, rar*) (*dare, assestare*) to give, to let have: *gli lasciò ~ un pugno* he gave him a punch; *lasciarsi ~*: 1 (*abbandonarsi*) to sink, to drop: *lasciarsi ~ sul divano* to sink on to the sofa; 2 (*fig*) (*rilassarsi*) to let oneself go, to let one's hair down, to relax: *cerca di lasciarti ~!* try to relax!; 3 (*fig*) (*trascurarsi*) to let oneself go, to neglect oneself: *in questi ultimi tempi, si è lasciata ~* lately she has been letting herself go; *~ male* (*non riuscire*) to go wrong, to turn out badly; *mi è andata ~* I didn't succeed; *~ male a scuola* to do badly at school; *andare ~ in geografia* to be bad at geography; *ne va della vita* a life is at stake, it's a matter of life or death; *~ per qcs.* (*alla ricerca di*) to go in search of sth., to go looking for sth., to look for sth.: *~ per funghi* to go mushrooming; *~ per i quaranta* (*Br*) to be getting on for forty, (*Am*) to be going on forty; *può ~* it will do, it's all right: *non è un cappotto di lusso, ma può ~* it's not an expensive coat but it will do; (*colloq*)

~ sotto una macchina to be run over; *~ su*: 1 (*salire*) to go up: *vado su in casa un momento* I'm going up to my flat for a moment; 2 (*rif. a prezzo*) to go up, to rise; *~ su e giù*: 1 (*salire e scendere*) to go up and down; 2 (*camminando*) to walk up and down; *~ su e giù per la stanza* to walk up and down the room, to pace the room; (*colloq*) *per questa volta, vada* let's say no more about it this time; (*colloq*) *vada per una birra* all right, beer it is; *~ via*: 1 to go away, to leave: *il direttore è già andato via* the manager has already left; 2 (*uscire*) to go out, to leave: *a che ora vai via?* when are you going out?; 3 (*sparire*) to disappear, (*rif. a macchie*) to come out: *questa macchia non va via* this stain won't come out; 4 (*rif. a voce*) *mi è andata via la voce* I've lost my voice, (*colloq*) my voice is gone; 5 (*scherz*) *ma vai via!* come off it! *Prov.: chi va piano va sano e va lontano* (*Br*) slow but sure wins the race, (*Am*) slow and steady wins the race, little by little and bit by bit, little strokes fell great oaks.

andare² *m.* **1** walking, going. **2** (*lett*) (*andatura*) walk, gait: *ha un ~ aggraziato* she has got a graceful walk, she has a graceful walk. □ *con l'~ del tempo* with the passing of time, as time goes by, as time went by; *un continuo ~ e venire* an incessant coming and going, a constant coming and going.

andata *f.* **1** (*l'andare*) going. **2** (*contrario di ritorno*) outward journey, journey there, outbound trip: *l'~ è stata poco piacevole* the journey there wasn't very pleasant. **3** (*Sport*) (*girone di andata*) first leg. □ *all'~* on the way there, on the outward journey, going there; *all'~ il treno si è fermato a tutte le stazioni* on the outward journey the train stopped at every station; *un'~ e ritorno per Napoli* (*biglietto*) a return (ticket) for Naples, (*Am*) a round-trip ticket for Naples.

andato *a.* **1** (*trascorso*) past, former, bygone, gone by (*posposto*): *nei tempi andati* in the past, in days gone by. **2** (*spacciato*) done for (*posposto*): *povero me, sono bell'e ~* poor me, I'm well and finally done for; *il poveretto è bell'e ~* the poor fellow is done for. **3** (*logoro*) worn-out. **4** (*di cibo: avariato*) bad, off.

andatura *f.* **1** (*modo di camminare*) walk, gait: *riconoscere qcu. dall'~* to recognize so. from their walk. **2** (*Sport,Equit*) pace: *fare l'~* to set the pace; *rompere l'~* to break the pace. **3** (*velocità*) speed: *procedere a forte ~* to go at great speed. **4** (*Mar*) tack; (*velocità*) rate: *un'~ di quattordici nodi* a rate of fourteen knots. **5** (*lett*) (*portamento*) gait, carriage.

andazzo *m.* (*spreg*) latest trend, state of affairs, drift: *non mi va quest'~ di cose* I don't like this state of affairs; *seguire l'~ dei tempi* to follow the latest trend.

Ande *n.pr.f.pl.* (*Geog*) Andes: *la Cordigliera delle ~* the Cordillera of the Andes, the Andes chain.

andirivieni *m.inv.* coming and going, to and fro: *con questo continuo ~ non posso studiare* I can't study with this continuous coming and going.

andito *m.* **1** (*corridoio*) passage, corridor. **2** (*rar*) (*atrio*) entrance, vestibule.

Andorra *n.pr.f.* (*Geog*) Andorra.

andorrano **I** *a.* Andorran. **II** *m.* (*f.* **-a**) Andorran.

Andrea *n.pr.m.* Andrew.

Andreina *n.pr.f.* Andrea.

andrò → **andare¹**.

androcentrico *a.* androcentric.

androcentrismo *a.* androcentrism.

androceo *m.* **1** (*Bot*) androecium. **2** (*Stor.gr, Arch*) andron.

androfobia f. (Psic) androphobia.
androgeno I a. (Biol) androgenic: *ormoni androgeni* androgenic hormones, androgens. II m. (Biol) androgen.
androginia f. androgyny (anche Bot).
androgino I a. androgynous (anche Bot). II m. androgyne (anche Bot).
androide I m./f. android. II a. (Med) android: *obesità ~* android obesity.
andrologia f. (Med) andrology.
andrologo m. (f. -a; pl. -gi) (Med) andrologist.
Andromaca n.pr.f. (Mitol) Andromache.
Andromeda n.pr.f. (Mitol,Astr) Andromeda.
androne m. 1 (Edil) porch, hallway. 2 (Stor.gr,Arch) andron.
andropausa f. (Biol) male menopause, andropause, male climacteric.
androsterone m. (Biol) androsterone.
anecoico (pl. -ci) a. (Fis) anechoic, echofree: *camera anecoica* anechoic chamber.
aneddotica f. anecdotes pl.
aneddotico (pl. -ci) a. anecdotal, anecdotic.
aneddoto m. anecdote.
anelante a. (lett) 1 panting, gasping, out of breath (posposto): *arrivò tutto ~* he arrived quite out of breath. 2 (fig) (desideroso) eager, longing, yearning.
anelare (anèlo) I v.i. (aus. **avere**) 1 (lett) (respirare affannosamente) to pant, to gasp (for breath). 2 (fig) to yearn, to long (a for): *~ alla libertà* to long for freedom. II v.t. (fig) to yearn, to long (a for): *~ la vendetta* to long for revenge.
anelasticità f. 1 (Fis) inelasticity. 2 (fig) (rigidità) inflexibility, rigidity.
anelastico (pl. -ci) a. (Fis) rigid, inelastic.
anelettrico (pl. -ci) a. (Fis) anelectric.
anelito m. 1 (lett) (respiro affannoso) panting, gasping. 2 (fig) longing, yearning.
anellidi m.pl. (Zool) annelids.
anello m. 1 ring: *portare un ~ al dito* to wear a ring (on one's finger). 2 (Mecc) ring, collar; (di una catena) link. 3 (fig) link. 4 (region) (ditale) thimble. 5 (Bot) growth ring, ring; (dei funghi) annulus. 6 (Chim,Biol) ring. 7 (poet) (ricciolo) curl. 8 (Sport) (nello sci di fondo) ring. 9 pl. (Sport) rings. ☐ *ad ~* ring-shaped; *un ~ con uno zaffiro* a sapphire ring; (fig) *essere l'~ debole della catena* to be the weak link in the chain; (Sport) *~ della pista* oval track; (Mecc) *~ di bloccaggio* stop ring; (Biol,fig) *~ di congiunzione* link, connecting link; (El) *~ di contatto* contact ring; *~ di fidanzamento* engagement ring; *~ di fumo* smoke ring; (Mecc) *~ di guarnizione* gasket; (Mar) *~ di ormeggio* mooring ring; *~ di protezione* guard ring; (Strad) *~ di raccordo* loop; (Astr) *anelli di Saturno* Saturn's rings; *~ distanziatore:* 1 (Fot) extension ring; 2 (Mecc) spacer ring; (Rel.catt) *~ episcopale* bishop's ring; (Biol,fig) *l'~ mancante* the missing link; *~ matrimoniale* wedding ring; (Rel.catt) *~ pastorale* bishop's ring; *~ per le chiavi* key ring; *~ per il tovagliolo* napkin-ring; (Rel.catt) *~ piscatorio* piscatory ring; *~ portachiavi* key ring; (fig,rar) *prendere l'~* (sposarsi) to marry; *~ sigillo* signet ring, seal ring.
anemia f. 1 (Med) anaemia, (Am) anemia. 2 (fig) weakness, lack of vitality, anaemia, (Am) anemia. ☐ (Med) *~ mediterranea* thalassaemia, Mediterranean anaemia; (Med) *~ perniciosa* pernicious anaemia.
anemico (pl. -ci) I a. 1 (Med) anaemic, (Am) anemic. 2 (estens) (pallido) pale, sick-looking, anaemic, (Am) anemic: *viso ~* pale face. 3 (fig) (incolore) anaemic, (Am) anemic,

bloodless, colourless, weak: *stile ~* colourless style. II m. (f. -a) (Med) anaemic person, (Am) anemic person.
anemofilia f. (Bot) anemophily.
anemofilo a. (Bot) anemophilous.
anemografia f. (Meteor) anemography.
anemografo m. (Meteor,Tecn) anemograph.
anemometria f. (Meteor) anemometry.
anemometro m. (Meteor,Tecn) anemometer. ☐ (Meteor,Tecn) *~ registratore* anemograph.
anemone m. (Bot) anemone. ☐ (Bot) *~ dei fiorai* poppy anemone; (Zool) *~ di mare* sea anemone.
anemoscopio m. (Meteor,Tecn) anemoscope.
aneroide I a. (Fis) aneroid: *barometro ~* aneroid barometer. II m. (Fis) aneroid barometer.
anestesia f. (Med) anaesthesia, (Am) anesthesia. ☐ (Med) *~ epidurale* (o *~ peridurale*) epidural anaesthesia, (Am) epidural anesthesia; (Med) *~ locale* local anaesthesia, (Am) local anesthesia; *sotto ~* under anaesthetic, (Am) under anesthetic; (Med) *~ spinale* spinal anaesthesia, (Am) spinal anesthesia; (Med) *~ totale* general anaesthesia, (Am) general anaesthesia.
anestesiologia f. (Med) anaesthesiology, (Am) anesthesiology.
anestesiologo m. (f. -a; pl. -gi) (Med) anaesthesiologist, (Am) anesthesiologist, (Am) anesthetist.
anestesista m./f. (Med) anaesthetist, (Am) anesthetist.
anestetico (pl. -ci) I a. (Farm) anaesthetic, (Am) anesthetic: *farmaco ~* anaesthetic drug. II m. (Farm) anaesthetic, (Am) anesthetic.
anestetizzare (anestetizzo) v.t. (Med) to anaesthetize.
aneto m. (Bot) dill.
aneurisma m. (Med) aneurysm, aneurism.
aneurismatico (pl. -ci) a. (Med) aneurysmal, aneurismal.
anfetamina f. (Farm) amphetamine.
anfibio a. (Zool,Mil) amphibious: *veicolo ~* amphibious vehicle. II m. 1 (Mil,Aer) amphibian. 2 (Zool) amphibian. 3 pl. (Calz) army boots, combat boots.
anfiosso m. (Zool) amphioxus, lancelet.
anfiteatro m. 1 (Edil) amphitheatre. 2 (estens) (aula scolastica) theatre, lecture hall: *~ anatomico* anatomy theatre. ☐ (Stor.rom) *~ flavio* Flavian amphitheatre; (Geol) *~ morenico* glacial amphitheatre.
anfitrione m. (lett) host.
Anfitrione n.pr.m. (Mitol) Amphitryon.
anfora f. amphora (anche Archeol).
anfotericina f. (Farm) amphotericin.
anfratto m. ravine, gorge: *gli anfratti del monte* the mountain ravines.
anfrattuosità f. (lett,rar) anfractuosity.
anfrattuoso a. (lett,rar) anfractuous, winding.
ANG *Angola* ANG (Angola).
angariare (angàrio, angàri) v.t. (lett,rar) to harry, to vex.
angelica f. (Bot) angelica.
angelicale a. (lett) angelic, angelical.
angelicato a. (lett) angel-like: *la donna angelicata* the pure, unattainable, angel-like woman.
angelico (pl. -ci) a. angelic (anche fig).
angelo m. 1 angel: *~ caduto* fallen angel. 2 (scherz) (guardia) policeman, (colloq) cop. 3 (fig) angel. 4 (Sport) (nel pattinaggio) camel. ☐ *~ custode:* 1 (Rel.catt) guardian angel (anche fig); 2 (iron) (guardia) cop; (fig) *essere l'~ del focolare* to be a home-maker; (Bibl)

l'~ del Signore the angel of the Lord; (Bibl) *l'~ delle tenebre* the angel of darkness; (fig) *un ~ di bontà* the soul of kindness; (Itt) *~ di mare* angelfish, angel shark; (Bibl) *~ sterminatore* angel of death.
Angelo n.pr.m. Angel.
angelus m.inv. (Lit) Angelus, angelus.
angheria f. (sopruso) outrage, vexation.
angina f. (Med) angina. ☐ (Med) *~ pectoris* angina pectoris.
anginoso I a. (Med) anginal. II m. (f. -a) (Med) angina sufferer.
Angiò n.pr.m. (Stor) Anjou.
angiogenesi f. (Fisiol) angiogenesis.
angiografia f. (Med) angiography.
angiografico (pl. -ci) a. (Med) angiographic.
angioino I a. (Stor) Angevin. II m.pl. (Stor) Angevins.
angiologia f. (Anat) angiology.
angiologo m. (f. -a; pl. -gi) (Med) angiologist.
angioma m. (Med) angioma.
angioneurosi f. (Med) angioneurosis.
angiopatia f. (Med) angiophaty.
angioplastica f. (Chir) angioplasty.
angioplastico a. angioplastic.
angiosarcoma m. (Med) angiosarcoma.
angiospasmo m. (Med) vasospasm, angiospasm.
angiosperma f. (Bot) angiosperm.
angiostatina f. (Med) angiostatin, Angiostatin.
angiporto m. lane; (senza uscita) blind alley, cul-de-sac.
Angli /'ạngli/ n.pr.m.pl. (Stor) Angles.
anglicanesimo, anglicanismo /aŋgli-/ m. (Rel.prot) Anglicanism.
anglicano /aŋgli-/ I a. (Rel.prot) Anglican. II m. (f. -a) (Rel.prot) Anglican.
anglicismo /aŋgli-/ m. (Ling) Anglicism, anglicism.
anglicizzare /aŋgli-/ (**anglicizzo** /aŋgli-/) v.t. (Ling) to anglicize, to Anglicize.
anglico /'aŋgli-/ (pl. -ci) a. (Stor) Anglian.
anglismo /aŋ'gli-/ m. (Ling) Anglicism, anglicism.
anglista /aŋ'gli-/ m./f. 1 (Ling) Anglicist, English scholar. 2 (estens) lecturer in English.
angloamericano a. Anglo-American: *letteratura angloamericana* Anglo-American literature.
anglofilia f. Anglophilia.
anglofilo I a. Anglophilic. II m. (f. -a) Anglophile.
anglofobia f. Anglophobia.
anglofobo I a. Anglophobic. II m. (f. -a) Anglophobe.
anglofono I a. Anglophone, English-speaking. II m. (f. -a) Anglophone.
anglomane m./f. (rar) Anglomaniac.
anglomania f. Anglomania.
anglonormanno I a. Anglo-Norman. II m. 1 (lingua) Anglo-Norman. 2 (f. -a) (rar) Anglo-Norman.
anglosassone I a. 1 (Stor) Anglo-Saxon: *letteratura ~* Anglo-Saxon literature. 2 (estens) English-speaking, English-language (attr.): *paesi anglosassoni* English-speaking countries with a majority of white population. II m. (lingua) Anglo-Saxon, Old English. III m./f. 1 (Stor) Anglo-Saxon. 2 (estens) (persona di lingua inglese) (white) English-speaking person, (spec. Am) Anglo-Saxon.
Angola n.pr.m. (Geog) Angola.
angolano I a. Angolan. II m. (f. -a) Angolan.

angolare ¹ I *a.* angular (*anche Fis*). II *m.* (*Edil*) angle, angle iron, angle bar.

angolare ² (**àngolo**) *v.t.* (*Sport,Cin*) to angle.

angolato *a.* 1 (*Sport*) cross, crossed. 2 (*Arald*) angled.

angolazione *f.* 1 angulation (*anche Med*). 2 (*Cin*) angle shot. 3 (*fig*) (*punto di vista*) point of view, angle, perspective: *discutere un problema da ogni* ~ to discuss a problem from every angle (*o* from all angles). 4 (*Sport*) diagonal shot.

angoliera *f.* (*Arred*) (*mobile*) corner cupboard; (*mensola*) corner shelf.

angolo *m.* 1 corner: *all'~ di via Garibaldi con via Roma* on the corner of via Garibaldi and via Roma; (*estens*) *gli angoli della bocca* the corners of one's mouth. 2 (*Geom*) angle. 3 (*estens*) (*spigolo*) corner, edge. 4 (*luogo remoto*) corner, nook, secluded spot: *abbiamo cercato in tutti gli angoli* we have searched every nook and cranny; *l'~ più sperduto della terra* the farthest corner of the earth. 5 (*Sport,Mecc*) corner. □ (*Geom*) ~*acuto* acute angle; ~ at an angle; (*Geom*) ~*adiacente* adjacent angle; (*Geom*) ~*al vertice* vertex angle; *all'* ~ on the corner, at the corner: *il tabaccaio all'*~ the tobacconist on the corner; (*Geom*) ~*alla circonferenza* angle at the circumference; (*Min*) ~*assiale* axial angle; (*Astr*) ~*azimutale* azimuth angle; (*Geom*) ~*complementare* complementary angle; (*Geom*) ~*concavo* reflex angle; (*Geom*) ~*convesso* convex angle; (*Geom*) *angolicorrispondenti* corresponding angles; (*Arred*) ~*cottura* kitchenette; *d'* ~ corner (*attr.*): *una casa d'*~ a corner house; (*Fis*) ~ *d'attacco* angle of attack; (*Mecc*) ~*di curvatura* bending angle; (*Fis*) ~*di declinazione* angle of declination; (*Aer,Mar*) ~*di deriva* drift angle; (*Ott*) ~*di deviazione* angle of deviation; (*Geol*) ~*di esposizione* aspect angle; (*Fis,Ott*) ~*di incidenza* angle of incidence; (*Mar*) ~*di mura* tack of sail; (*Aer*) ~*di picchiata* dive angle; (*Fis*) ~*di rifrazione* angle of refraction; (*Cin,Fot*) ~*di ripresa* shooting angle; (*Mil*) ~*di tiro* angle of fire; (*Geom*) ~*diedro* dihedral (angle), dihedron; ~*d'inclinazione* : 1 (*Geom*) angle of inclination; 2 (*Astr*) inclination of an orbit; (*Geom*) ~*esterno* exterior angle; (*Anat*) ~*facciale* facial angle; *fare* ~ to run into: *via Condotti fa* ~ *con via del Corso* via Condotti runs into via del Corso; *la casa fa* ~ *con la strada* the house stands at an angle to the street; (*Geom*) ~*giro* perigon, round angle; (*Geom*) ~*interno* interior angle; (*Anat*) ~*mandibolare* mandibular angle; (*Mil*) ~*morto* dead ground; (*Geom*) *obliquo* oblique angle; (*Geom*) ~*opposto* opposing angle: ~ *opposto al vertice* vertically opposite angle; (*Astr*) ~*orario* hour angle; (*Geom*) ~*ottuso* obtuse angle; (*Geom*) ~*piatto* straight angle; (*Arred*) ~*pranzo* dining area; (*Geom*) ~*retto* right angle; (*Geom*) *ad* ~ *retto* right-angled; *ad* ~ *retto con* at right angles to, at a right angle to; (*Geom*) ~*supplementare* supplementary angle; (*Mecc*) ~*taglio* cutting angle; (*Ott*) ~*visuale* visual angle, angle of vision; (*fig*) point of view.

angolosità *f.* 1 angularity. 2 (*fig*) (*asprezza*) roughness, harshness: *le* ~ *di un carattere* the harshness of a character.

angoloso *a.* 1 angular. 2 (*fig*) (*ossuto*) bony, angular. 3 (*fig*) (*poco trattabile*) difficult, angular, awkward.

angora □ *d'* ~ angora: *coniglio d'*~ angora rabbit; *lana d'*~ angora, angora wool.

Angora *n.pr.f.* (*Geog*) Ankara.

angoscia (*pl.* **-sce**) *f.* 1 anguish, distress, anxiety: *vivere in* ~ to live in anguish. 2 (*Med,*

Psic) anxiety. 3 (*Filos*) angst.

angosciare (**angòscio, angòsci**) I *v.t.* to distress, to anguish, to grieve, to disturb. II *v.pron.* **angosciarsi** to worry (*per* about), to be distressed (*per* about).

angosciato *a.* anguished, worried, distressed: *uno sguardo* ~ an anguished look; *sentirsi* ~ to be distressed.

angosciosamente *avv.* distressingly, with anguish.

angoscioso *a.* 1 (*che dà angoscia*) distressing, agonizing. 2 (*pieno di angoscia*) anguished, full of anguish (*posposto*).

angostura *f.* 1 (*Bot*) angostura. 2 (*Farm*) angostura, angostura bark.

angström *m.* (*Fis*) angström, angström unit.

anguilla *f.* 1 (*Itt*) eel. 2 (*estens*) eel, devious person, slippery customer. 3 (*Mar*) carling. □ (*Gastron*) ~*affumicata* smoked eel; (*fig*) *sguaciare di mano come un'* ~ to slip through one's fingers like an eel; (*Itt*) ~*elettrica* electric eel; (*fig*) *fare l'* ~ to try to wriggle out of it; (*Gastron*) *anguillemarinate* pickled eels, marinated eels.

anguillaia *f.* eel farm, (*rar*) eel pond.

anguillesco (*pl.* **-chi**) *a.* (*fig*) slippery, ambiguous, as slippery as an eel (*posposto*).

anguillula *f.* (*Zool*) eelworm.

anguria *f.* (*Bot,Alim,region*) watermelon.

angustamente *avv.* 1 narrowly. 2 (*meschinamente*) meanly.

angustia *f.* 1 (*lett*) (*penuria*) scarcity, lack, want: ~ *di mezzi* lack of means. 2 (*fig*) (*ristrettezza: rif. a luogo*) narrowness; (*rif. a tempo*) want of time, limited time. 3 (*fig*) (*ansia*) distress, anxiety. □ *stare in* ~ *per qcs.* to be anxious about sth., to worry about sth.; *trovarsi in angustie* (*o versare in angustie*): 1 to be in difficulties; 2 (*di tipo finanziario*) to be short of money; ~ *di mente* (*o* ~*idee*) narrow-mindedness.

angustiare (**angùstio, angùsti**) I *v.t.* to distress, to pain, to disturb, to torment. II *v.pron.* **angustiarsi** to worry (*per* about), to be distressed (*per* about).

angustiato *a.* 1 (*preoccupato*) worried. 2 (*addolorato*) distressed, pained.

angusto *a.* 1 (*stretto*) narrow: *un passaggio* ~ a narrow passage. 2 (*fig*) (*meschino*) mean, petty, narrow: *mente angusta* narrow mind.

ANIC 1 *Azienda Nazionale Idrogenazione Carburanti* (Italian national oil corporation). 2 *Associazione Nazionale dell'Industria Chimica* (Italian association of chemical industries).

ANICA *Associazione Nazionale Industrie Cinematografiche Audiovisive e Multimediali* (Italian cinema board).

anice *m.* 1 (*Bot*) anise. 2 (*Bot,Alim*) (*seme*) anise, aniseed. 3 (*estens*) (*liquore*) anisette. □ (*Bot*) ~*dei Vosgi* caraway; (*Bot*) ~*stellato* star anise.

anicino *m.* (*Dolc*) (*biscotto all'anice*) aniseed biscuit.

anidride *f.* (*Chim*) anhydride. □ (*Chim*) ~*carbonica* carbon dioxide; (*Chim*) ~*solforica* sulphuric anhydride, sulphur trioxide; (*Chim*) ~*solforosa* sulphur dioxide.

anidrite *f.* (*Min*) anhydrite.

anidro *a.* (*Chim,Biol*) anhydrous.

anile *m.* (*Bot*) indigo plant.

anilina *f.* (*Chim*) aniline: *colore d'*~ aniline dye.

anima *f.* 1 soul (*anche Rel*): *l'~ e il corpo* body and soul; *pregare per l'~ di qcu.* to pray for so.'s soul. 2 (*sostegno, fondamento: rif. a persone*) moving spirit, soul, life and soul. 3 (*rif. a cose*) soul, essence, core: *la concor-*

renza è l'~ del commercio competition is the soul of commerce. 4 (*capo*) leader, ringleader: *essere l'~ di una cospirazione* to be the leader of a conspiracy, to be the ringleader of a conspiracy. 5 (*fervore, entusiasmo*) heart: *ha messo tutta l'~ in questo lavoro* he has put his whole heart into this work; *dedicarsi a qcs. con tutta l'~* to devote oneself to sth. whole-heartedly, to devote oneself to sth. with all one's heart. 6 (*sentimento*) feeling: *recitare qcs. con* ~ to play sth. with feeling, to read sth. with feeling. 7 (*persona*) person, soul: *un'*~ *nobile* a noble soul. 8 (*abitante*) inhabitant, soul: *un paese di cinquecento anime* a village with five hundred inhabitants, a village with five hundred souls. 9 (*Tecn*) (*parte centrale, interna*) core, heart, inner part, central part. 10 (*Mus*) (*di strumenti*) soundpost. □ *qualche ~buona ci aiuterà* some kind soul will help us; *con tutta l'* ~ with all one's heart; ~*dannata* : 1 lost soul: *gridare come un'~ dannata* to cry out like a lost soul; *le anime dannate* the souls of the damned; 2 (*fig*) wicked person, evil genius, evil influence: *essere l'~ dannata di qcu.* to be so.'s evil genius; ~*del legno* heart of wood; (*Rel.catt*) *le anime del purgatorio* the souls in purgatory: (*fig*) *sembrare un'~ del purgatorio* to seem a restless soul, to seem a troubled soul; (*fig*) *essere un'~ del purgatorio* to be a restless soul, to be a troubled soul; ~*di unbottone* buttonmould; (*Arm*) ~*di ufucile* bore of a gun; (*Met*) ~*di terra* loam; *darsi ~e corpo* (*o dedicarsi ~e corpo*) *a qcu.* (o *qcs.*) to give oneself heart and soul to so. (*o* sth.), to give oneself body and soul to so. (*o* sth.), to give oneself up to so. (*o* sth.); to devote oneself heart and soul to so. (*o* sth.); (*fig*) *anime gemelle* kindred spirits, soul mates, bosom friends; *un'~in pena* a soul in torment; *le anime maledette* the (souls of the) damned; (*Mecc*) ~*metallica* mandrel; ~*mia* ! my love!, my darling!; (*Rel.catt*) *anime purganti* souls in purgatory; *senz'* ~: 1 (*senza scrupoli*) without scruple, unscrupulous; 2 (*senza sentimento*) soulless, unfeeling; (*fig*) *tenere l'~coi denti* to be on one's last legs; *un'~vile* a coward; *non c'era ~viva* there wasn't a living soul, there wasn't a soul.

animabile *a.* that may be animated (*posposto*).

animale I *m.* 1 (*organismo vivente*) creature; (*esclusi pesci e uccelli*) animal; (*bestia*) beast. 2 (*essere animato*) animal: ~ *ragionevole* (*l'uomo*) rational animal. 3 (*fig*) (*persona grossolana*) brute, beast, animal; (*stupida*) beast. II *a.* 1 (*fig*) *regno* ~ animal kingdom. 2 (*fig*) (*corporeo, sensoriale*) animal, carnal: *istinti animali* animal instincts. □ *animalia sangue freddo* cold-blooded animals; ~*da allevamento* farm animal; ~*da cortile* farmyard animal; ~*da laboratorio* experimental animal; ~*da lavoro* working animal; ~*da macello* animal for slaughter; ~*da pelliccia* fur-bearing animal; ~*da soma* beast of burden; *animali di bassacorte* small farmyard animals; ~*di razza* pedigree animal; ~*domestico* domestic animal; *animal inferiori* lower animals; ~*notturno* nocturnal animal; *animal riproduttori* breeding animals, breeding stock (*pl.*); ~*selvatico* wild animal.

animalescamente *avv.* like an animal.

animalesco (*pl.* **-chi**) *a.* 1 animal. 2 (*fig, spreg*) animal, bestial: *istinti animaleschi* animal instincts.

animalismo *m.* animal rights (movement).

animalista I *m./f.* 1 animalist. 2 (*Art*) (*pitto-*

re) animal painter, (*scultore*) animal sculptor. **II** *a.* animal (*anche Art*): *pittura ~* animal painting.

animalistico (*pl.* **-ci**) *a.* animal: *quadro ~* animal picture.

animalità *f.* **1** animality. **2** (*fig*) animalism.

animare (**ànimo**) **I** *v.t.* **1** (*infondere l'anima*) to animate, to give life to, to breathe life into. **2** (*rendere più vivo*) to animate, to enliven: *~ una conversazione* to enliven a conversation, to animate a conversation. **3** (*rif. a opere d'arte*) to bring (sth.) to life, to animate. **4** (*incoraggiare*) to encourage, to spur on, to urge on. **5** (*Cin*) to animate. **II** *v.pron.* **animarsi 1** (*diventare più animato*) to become animated, to grow lively, to come to life: *la discussione si animò* the discussion grew lively; *verso sera si animano le vie della città* towards evening the city streets come to life. **2** (*accalorarsi*) to get heated. **3** (*lett*) (*prendere coraggio*) to take courage, to take heart.

animatamente *avv.* animatedly.

animato I *a.* **1** living, alive. **2** (*vivace*) animated, lively: *conversazione animata* lively conversation. **3** (*movimentato*) busy, full of life, full of activity: *le vie più animate della città* the busiest streets in the city. **4** (*mosso, spinto*) inspired, prompted: *essere ~ da cattivi propositi* to be prompted by evil intentions. **II** *avv.* (*Mus*) animato. □ (*Inform*) *~ dal computer* computer-animated.

animatore I *m.* (*f.* **-trice**) **1** (*chi dà vita, impulso*) animator; (*autore*) moving spirit, leading spirit: *l'~ dell'impresa* the leading spirit of the enterprise. **2** (*Cin*) animator. **3** (*Rad,TV*) master of ceremonies, (*colloq*) emcee; (*di quiz*) quizmaster. **4** (*di villaggio turistico ecc.*) entertainment officer. **5** (*rif. a gruppo di lavoro e sim.*) chairman (*f.* -woman), chair. **II** *a.* (*lett*) life-giving, inspiring: *parole animatrici* inspiring words; *spirito ~* life-giving spirit.

animazione *f.* **1** (*lett*) animation. **2** (*calore*) enthusiasm, passion. **3** (*vivacità*) animation, liveliness: *parlare con ~* to speak with animation. **4** (*vivacità: rif. a luoghi*) life, bustle. **5** (*in villaggio turistico ecc.*) entertainment. **6** (*Cin,Inform*) animation. □ (*Inform*) *~ computerizzata* computer animation.

animella *f.spec.pl.* (*Gastron*) sweetbread.

animismo *m.* (*Filos*) animism.

animista *m./f.* (*Filos*) animist.

animistico (*pl.* **-ci**) *a.* (*Filos*) animistic.

animo I *m.* **1** (*mente, pensiero*) mind, thoughts *pl.*: *~ sereno* serene mind, quiet mind. **2** (*cuore*) heart: *avere un ~ gentile* to have a kind heart; *aprire l'~ a qcu.* to open one's heart to so. **3** (*carattere*) character, (*temperamento*) temper. **4** (*coraggio*) courage, heart, boldness, (*colloq*) guts *pl.*: *non avere l'~ di fare qcs.* not to have the courage to do sth. **5** (*intenzione*) intention: *parlò con l'~ di offenderlo* he spoke with the intention of hurting his feelings. **II** *intz.* cheer up!, come on! □ *avere in ~ di fare qcs.* to intend to do sth., to have it in mind to do sth.; *avere l'~ di fare qcs.* to have the guts to do sth.; *fare ~ a qcu.* to cheer so. up; *farsi ~* to take heart; *mettersi l'~ in pace* to resign oneself; *~ irrequieto* restless disposition, restless spirit.

animosamente *avv.* **1** (*arditamente*) bravely, boldly. **2** (*ostilmente*) with animosity, malevolently.

animosità *f.* **1** animosity, ill will: *nutrire ~ verso qcu.* to bear so. ill will, to bear so. a grudge. **2** (*lett*) courage, bravery.

animoso *a.* (*lett*) **1** (*coraggioso*) bold, cou-

---

rageous, brave, daring: *soldati animosi* courageous soldiers; *impresa animosa* daring enterprise. **2** (*ostile*) hostile.

anione *m.* (*Fis*) anion.

anisetta *f.* (*liquore*) anisette.

anisofillia *f.* (*Bot*) anisophylly.

anisotropia *f.* (*Fis*) anisotropy.

anisotropo *a.* (*Fis*) anisotropous, anisotropic.

anitra *f.* (*Ornit*) duck; (*maschio*) drake. □ (*fig*) *camminare come un'~* to waddle; (*Ornit*) *~ domestica* domestic duck; (*Ornit*) *~ muschiata* (o *~ muta*) Muscovy duck; (*Ornit*) *~ selvatica* wild duck; (*fig,Giorn*) *~ zoppa* lame duck.

Ankara *n.pr.f.* (*Geog*) Ankara.

Anna *n.pr.f.* Ann, Anne, Anna.

annacquamento *m.* **1** (*diluizione*) watering, diluting, dilution. **2** (*Econ*) (*sopravvalutazione*) watering: *~ del capitale* watering of stock.

annacquare (**annàcquo**) *v.t.* **1** to water, to water down, to dilute. **2** (*fig*) (*mitigare*) to soften, to moderate, to tone down: *~ una notizia troppo cruda* to soften the blow of a too brutal piece of news. **3** (*Econ*) to water.

annacquata *f.* **1** slight dilution. **2** (*pioggerella*) drizzle.

annacquato *a.* **1** watered, watered down, diluted, washy. **2** (*fig*) (*sbiadito: rif. a colori*) pale, washed-out, watery, (*colloq*) wishy-washy; (*rif. a stile*) watery, vapid, insipid. **3** (*fig*) (*mitigato*) mitigated, watered-down, toned-down: *versione annacquata* watered-down version; *gli ho detto la verità, ma un po' annacquata* I told him the truth, but I toned it down a little.

annacquatura *f.* **1** (*l'annacquare*) watering, diluting. **2** (*liquido*) watery liquid; (*bevanda*) watered-down drink.

annaffiamento *m.* (*rar*) watering.

annaffiare (**annàffio, annàffi**) *v.t.* **1** to water: *~ i fiori* to water the flowers. **2** (*scherz*) (*annacquare*) to water down: *~ il vino* to water down wine. **3** (*fig*) (*accompagnare con una bevanda*) to wash down: *annaffiai la torta con un bicchiere di latte* I washed down the cake with a glass of milk.

annaffiata *f.* **1** watering. **2** (*pioggerella*) drizzle. □ *dare un'~ ai fiori* to give the flowers a little water.

annaffiatoio *m.* watering can.

annaffiatura *f.* (*rar*) watering.

annali *m.pl.* annals (*anche fig*).

annalista *m./f.* annalist.

annalistica *f.* **1** chronicling. **2** (*estens*) annals.

annalistico (*pl.* **-ci**) *a.* annalistic.

annaspare (**annàspo**) **I** *v.i.* (*aus. avere*) **1** to flounder (around), to fumble, to grope, to grope blindly: *annaspava nell'acqua alta cercando disperatamente di raggiungere la riva* he floundered (around) in deep water, trying desperately to reach the bank. **2** (*fig*) (*arrabattarsi*) to waste a lot of energy (*intorno a* on), (*colloq*) to mess about (*intorno a* with), to mess around (*intorno a* with). **II** *v.t.* (*Tess*) (*avvolgere sull'aspo*) to wind (sth.) on reels: *~ il filo* to wind thread on reels.

annaspio *m.* groping.

annata *f.* **1** year: *un'~ piovosa* a rainy year. **2** (*Agr*) (*raccolto*) crop, harvest: *un'~ buona* a good crop, a good year; *un'~ eccezionale* a bumper crop; (*rif. a vino*) vintage. **3** (*l'importo annuo*) annual amount, year's: *un'~ di affitto* a year's rent.

annataccia (*pl.* **-ce**) *f.* (*rif. a raccolto*) bad year, poor crop.

annebbiamento *m.* **1** (*formazione di neb-*

---

bia) becoming foggy, becoming misty, fogginess. **2** (*nebbia*) fog, mist. **3** (*fig*) (*offuscamento*) dimming, blurring, clouding: *~ della vista* blurring of the eyesight; *~ della mente* clouding over of the mind, mental blackout.

annebbiare (**annébbio, annébbi**) **I** *v.t.* **1** to fog. **2** (*fig*) (*confondere*) to cloud, to blur, to impair: *l'ira gli annebbiò la mente* anger clouded his mind. **II** *v.pron.* **annebbiarsi 1** to become foggy, to grow misty, to be obscured by fog: *il cielo si annebbia* the sky is being obscured by fog. **2** (*fig*) to cloud, to blur: *mi si annebbia la vista* my sight is blurred.

annebbiato *a.* **1** foggy, misty. **2** (*fig*) clouded, muddled, woozy; (*rif. alla vista*) blurred: *intelletto ~* clouded intellect.

annegamento *m.* drowning: *morte per ~* death by drowning.

annegare (**annégo, annéghi**) **I** *v.t.* **1** to drown. **2** (*Mecc*) to countersink: *~ la testa di una vite* to countersink the head of a screw. **3** (*fig*) to drown: *~ le preoccupazioni nel vino* to drown one's sorrows in drink, to drown one's sorrows. **II** *v.i.* (*aus.* **essere**) to drown, to be drowned. **III** *v.pron.* **annegarsi** to drown oneself: *per il dolore si è annegata* she drowned herself because of grief.

annegato I *a.* **1** drowned (*anche fig*). **2** (*Mecc*) countersunk. **II** *m.* (*f.* **-a**) drowned person.

annerare (**annéro**) **I** *v.t.* (*rar*) **1** to blacken, to darken. **2** (*fig,lett*) to denigrate, to blacken, to slander, to tarnish. **II** *v.i.* (*aus.* **essere**) (*rar*) **1** to become black, to grow dark, to darken. **2** (*di metalli: ossidare*) to tarnish. **III** *v.pron.* **annerarsi** (*rar*) **1** to become black, to grow dark, to darken. **2** (*di metalli: ossidare*) to tarnish.

annerimento *m.* blackening, darkening.

annerire (**annerìsco, annerìsci**) **I** *v.t.* **1** to blacken, to darken. **2** (*fig,lett*) to denigrate, to blacken, to slander, to tarnish. **II** *v.i.* (*aus.* **essere**) **1** to become black, to grow dark, to darken. **2** (*di metalli: ossidare*) to tarnish. **III** *v.pron.* **annerirsi 1** to become black, to grow dark, to darken. **2** (*di metalli: ossidare*) to tarnish.

annerito *a.* black, blackened, dark, darkened.

anneritura *f.* blackening, darkening.

annessi → **annettere**

annessiectomia *f.* (*Chir*) ovariosalpingectomy.

annessione *f.* annexation (*anche Pol*).

annessionismo *m.* annexationism (*anche Pol*).

annessionista I *a.* annexationist (*anche Pol*). **II** *m./f.* annexationist (*anche Pol*).

annessionistico (*pl.* **-ci**) *a.* annexational (*anche Pol*).

annessite *f.* (*Med*) adnexitis.

annesso I *a.* **1** annexed, attached: *una casa con ~ un bel giardino* a house with a beautiful garden attached: *fabbricato ~* outbuilding, outhouse; (*Pol*) *territori annessi* annexed territories. **2** (*rif. a scritti*) enclosed, attached: *documenti annessi* documents attached. **II** *m.spec.pl.* **1** (*costruzione accessoria*) annexe, (*Am*) annex. **2** (*Anat*) appendage, adnexa *pl.* □ (*Anat*) *annessi cutanei* skin appendages; *gli annessi e i connessi* the appurtenances, the accessories, et. al., the rest, the etceteras, the things that go along with it; (*fig*) *fra annessi e connessi* (*tutto considerato*) everything considered, with all the trimmings, with all the trimmings and trappings, with all that it entails, with all the bells and whistles; (*Anat*) *annessi uterini* uterine appendages.

annettere (*pres.ind.* **annètto/annétto**; *p.rem.* **annéttei/annèssi/annéssi**; *p.p.* **annèsso/annésso**) *v.t.* **1** to attach, to add, to annex. **2** (*allegare*) to enclose, to attach. **3** (*Pol*) to annex. **4** (*fig*) (*attribuire*) to attach, to attribute: *non ~ importanza a qcs.* not to attach any importance to sth.

Annibale *n.pr.m.* (*Stor*) Hannibal.

annichilamento *m.* (*rar*) annihilation, destruction.

annichilare (**annìchilo**) *v.t.* (*rar*) to annihilate.

annichilazione *f.* annihilation (*anche Fis*).

annichilimento *m.* (*rar*) annihilation, destruction.

annichilire (**annichilìsco, annichilìsci**) *v.t.* to annihilate (*anche Fis*).

annichilito *a.* **1** (*Fis*) annihilated. **2** (*fig*) astonished, amazed, (*colloq*) flabbergasted: *li guardava ~* he stared at them in amazement.

annidamento *m.* **1** (*l'annidarsi*) nesting. **2** (*Med*) nidation, (*colloq*) fertilisation.

annidare (**annìdo**) **I** *v.t.* **1** (*rar*) to put (sth.) in a nest. **2** (*fig*) to harbour, (*Am*) to harbor, to cherish: *~ malvagi sentimenti nell'animo* to harbour evil feelings in one's heart. **II** *v.pron.* **annidarsi 1** to nest, to build one's nest. **2** (*estens*) (*nascondersi*) to hide, to hide oneself. **3** (*fig*) to hide, to lurk: *l'odio si annidava nel suo animo* hatred was lurking in his heart.

annientamento *m.* annihilation, destruction: *l'~ delle forze nemiche* the destruction of the enemy forces.

annientare (**anniènto**) **I** *v.t.* to annihilate, to destroy, to wipe out: *l'esercito fu annientato* the army was wiped out. **II** *v.pron.* **annientarsi** to humble oneself, (*lett*) to abase oneself.

anniversario **I** *m.* **1** anniversary, (*colloq*) day: *~ dell'indipendenza* independence day; *~ di matrimonio* wedding anniversary. **2** (*rar*) (*compleanno*) birthday. **II** *a.* (*rar*) anniversary: *il giorno ~* the anniversary.

anno *m.* **1** year: *nell'~ millequattrocentonovantadue* in the year fourteen ninety-two, in the year fourteen hundred and ninety-two; *sarà un ~ a giugno* it will be a year in June, a year next June; *è stato un ~ ad agosto* a year last August. **2** (*per indicare l'età*) year, *spesso non si traduce: quanti anni hai? - Ho venticinque anni* how old are you? - I'm twenty-five (years old); *non ha ancora trent'anni* he's under thirty, he isn't thirty yet; *ha tre anni meno di lui* she is three years younger than him. **3** *pl.* (*periodo della vita*) age *sing.*, years, *spesso non si traduce: i verdi anni* youth; *negli anni maturi* in middle-age. **4** *pl.* (*periodo di tempo molto lungo*) years, ages: *sono anni che non mi scrivi* you haven't written to me for ages. ☐ *a dieci anni*: **1** (*all'età di dieci anni*) at the age of ten; **2** (*quando io avevo dieci anni*) when I was ten; *a dieci anni dalla sua scomparsa* ten years after his death; (*Scol,Univ*) *~accademico* academic year; *all'~* per year, a year: *due volte all'~* twice a year; *una volta all'~* once a year; *~amministrativo* financial year; (*Scol*) *essere un ~avanti* to be a year ahead; *~bisestile* leap year; *~civile* calendar year; (*Econ*) *~commerciale* trading year, financial year; *con gli anni* with age; *maturare con gli anni* to mature with age; (*Econ*) *~contabile* accounting year; *~corrente* present year, current year; *da anni* for years: *da anni e anni* for years and years; *quanti anni mi dai?* how old do you think I am?; *~del giubileo* Jubilee Year; *Anno del Volontariato* Year of the Voluntary Work;

gli anni dell'infanzia childhood (*sing.*); (*Econ*) *~d'esercizio* trading year, financial year; (*Ind*) *~di costruzione* year of manufacture; *~di fondazione* founding year; *~ di fondazione 1898* established in the year 1898; *~di grazia* year of grace: *nell'~ di grazia 1225* in the year of grace 1225, in the year of our Lord 1225; *~in ~* from year to year; *~di nascita* year of birth; (*Stor*) *gli Anni piombo* the years of terrorism; *il vino di quest'~* this year's: *il vino di quest'~* this year's wine, the current vintage; *anni di servizio* years of active service; *avere molti anni di servizio*: **1** to have served for a long time; **2** (*rif. a impiegati*) to have worked for a firm for many years, to have been with a firm for many years; *un ~di tempo* a year's time; *un ~dopo l'altro* year after year, (*colloq*) year in year out; *anni e anni* ages: *ci vorranno anni e anni prima di trovare un lavoro* it will be ages before I find a job; *~ equinoziale* equinoctial year; *annifa* years ago; *il bambino farà due anni a marzo* the baby will be two in March; *ha fatto quattro anni di carcere* he has spent (*o* he has done) four years in prison; (*Econ*) *~finanziario* financial year, (*dello stato*) fiscal year; (*Econ, Comm*) *~fiscale* fiscal year; (*Stor*) *~geofisico internazionale* international geophysical year; (*Dir*) *~giudiziario* (*o ~giuridico*) legal year; *in un ~* (*nel giro di un anno*) in a year; *l'~* per year, a year; *due volte l'~* twice a year; *una volta l'~* once a year; (*Rel*) *~liturgico* ecclesiastical year; (*Astr*) *~luce* light-year, light year; (*fig*) *la pace era lontana anni luce* peace was light years away; (*Rel.catt*) *~mariano* year of Mary; *~nuovo* New Year: *aspettare l'~ nuovo* to see the New Year in; *gli anni Ottanta* the eighties: *sul finire degli anni Ottanta* during the late eighties; *a metà degli anni Ottanta* in the mid-eighties; *nei primi anni Ottanta* in the early eighties; *l'~passato* last year; *per anni* for years, for ages; *~ per ~* year after year; *per anni e anni* for years and years; *l'~precedente* the year before, the preceding year; *l'~prossimo* next year; *~sabbatico*: **1** (*Rel.ebr*) Sabbatical Year; **2** (*Univ*) sabbatical year, sabbatical leave, sabbatical, sabbatic; **3** (*estens*) sabbatical, sabbatical year: *prendersi un ~ sabbatico* to take a sabbatical; (*Rel.catt*) *~santo* Holy Year; *~scolastico* school year; (*Astr*) *~sidereo* sidereal year; (*Astr*) *~solare* solar year; (*fig*) *avere molti anni sul groppone* (*o anni sulla groppa*) to be very old; *ha ottant'anni suonati* he is well over eighty; *gli anni Trenta* the thirties; *tutto l'~* all (the) year round; *per tutto l'~* the whole year, the whole year round. *Prov.: ~ nuovo vita nuova* the new year calls for a fresh start.

annodamento *m.* **1** (*l'annodare*) knotting, tying. **2** (*il nodo*) knot, hitch.

annodare (**annòdo**) **I** *v.t.* **1** (*legare insieme*) to knot, to knot together, to tie (sth.) in a knot, to tie, to tie together: *~ i due capi di una fune* to knot the two ends of a rope together, to tie the two ends of a rope together. **2** (*fare un nodo a qcs.*) to tie a knot in: *~ il fazzoletto per ricordarsi di qcs.* to tie a knot in one's handkerchief in order to remember sth. **3** (*fig*) (*allacciare*) to form, to make: *~ nuove amicizie* to form new friendships, to make new friendships. **II** *v.pron.* **annodarsi 1** to become knotted, to get tangled, to form a knot: *la matassa si è annodata* the skein has got tangled. **2** (*rar,fig*) (*aggrovigliarsi nel parlare*) to become tongue-tied: *mi si annodò la lingua in bocca* I became tongue-tied.

☐ *~ lacravatta* to knot one's tie, to tie one's tie.

annodato *a.* knotted, tied.

annoiare (**annòio, annòi**) **I** *v.t.* **1** to bore, to tire. **2** (*seccare*) to annoy, to bother: *non mi ~!* don't bother me! **II** *v.pron.* **annoiarsi 1** to be bored, to get bored, to be fed up: *annoiarsi a morte* to be bored to death. **2** (*seccarsi*) to be annoyed.

annoiato *a.* **1** bored, fed up: *sentirsi ~* to feel bored. **2** (*stanco*) tired, weary.

annona *f.* **1** (*organismo amministrativo*) food administration, food office, (*ant*) victualling-board. **2** (*insieme dei cibi*) food supplies *pl.*

annonario *a.* victualling (*attr.*), food (*attr.*): *leggi annonarie* food laws; *ufficio ~* food office.

annosità *f.* age.

annoso *a.* **1** (*che dura da molti anni*) age-old: *l'annosa questione* the age-old question; *una discussione annosa* an age-old controversy. **2** (*lett,rar*) old, aged.

annotare (**annòto**) *v.t.* **1** to note, to make a note of, to record, (*colloq*) to jot down: *~ qcs. sull'agenda* to jot sth. down in one's notebook; *~ le uscite e le entrate* to record income and expenditure. **2** (*corredare di note*) to annotate: *~ le opere di un autore* to annotate an author's works. **3** (*Comm*) to book.

annotazione *f.* **1** note, (*veloce*) jotting: *fare un'~ sul quaderno* to make a note in one's exercise book; *annotazioni in margine* notes in the margin. **2** (*postilla*) annotation, note; (*a piè di pagina*) footnote. **3** (*Comm*) (*registrazione*) item.

annottare (**annòtta**; *aus.* **essere**) *v.i.impers.* (*lett*) to grow dark, to get dark.

annoverare (**annòvero**) *v.t.* **1** to number, to count: *ti annovero tra i miei più cari amici* I count you among my dearest friends. **2** (*lett*) (*elencare*) to list, to enumerate.

annuale **I** *a.* annual, yearly: *festa ~* annual celebration; *affitto ~* annual rent. **II** *m.* (*lett*) (*anniversario*) anniversary.

annualità *f.* **1** (*entrata annua*) yearly income, annual income, (*ant*) annuity. **2** (*uscita annua*) yearly expenditure, annual expenditure. **3** (*rata annua*) yearly instalment, annual instalment.

annualmente *avv.* **1** (*ogni anno*) annually, yearly. **2** (*di anno in anno*) from year to year.

annuario *m.* yearbook: *~ statistico* statistical yearbook.

annuire (**annuìsco, annuìsci**; *aus.* **avere**) *v.i.* **1** (*accennare di sì*) to nod, to nod one's head in agreement. **2** (*rar,estens*) (*acconsentire*) to assent, to agree: *~ a una richiesta* to agree to a request.

annullabile *a.* annullable, voidable, defeasible (*anche Dir*).

annullabilità *f.* voidableness, defeasibleness (*anche Dir*).

annullamento *m.* **1** annulment, cancellation: *~ del volo* flight cancellation. **2** (*Comm*) cancellation: *~ di un'ordinazione* cancellation of an order. **3** (*Dir*) annulment, nullification, invalidation: *azione di ~* annulment proceedings; *~ di un contratto* annulment of a contract; *~ del matrimonio* annulment of marriage.

annullare (**annùllo**) **I** *v.t.* **1** (*Dir*) (*dichiarare nullo*) to annul, to nullify, to quash: *~ un matrimonio* to annul a marriage; *~ una sentenza* to quash a sentence. **2** (*Dir*) (*rif. a contratto*) to annul, to make (sth.) void, to cancel. **3** (*revocare*) to cancel, to call off, to annul: *~ un volo* to cancel a flight; *~ un concerto* to cancel a concert; (*Comm*) *~ un'ordi-*

nazione to cancel an order. **4** (*obliterare*) to cancel: ~ *i francobolli con un bollo* to cancel the stamps with a postmark. **5** (*annientare*) to wipe out, to destroy. **6** (*vanificare*) to undo, to eliminate: ~ *gli effetti di una cura* to eliminate the benefits of a treatment. **7** (*Inform*) (*un comando*) to undo; (*una procedura*) to cancel. **8** (*Mat*) to cancel. **II** *v.pron.* **annullarsi** (*fig,rar*) (*umiliarsi*) to humble oneself, to abase oneself. **III** *v.r.recipr.* **annullarsi** to cancel (each other) out. □ (*Inform*) *annulla* (*comando*) undo; (*Sport*) ~ *un gol* to disallow a goal.

annullo m. **1** cancellation (*anche Filat*). **2** (*di biglietti, cartoline ecc.*) obliteration: ~ *ordinario* ordinary obliteration.

annunciare (**annùncio, annùnci**) *v.t.* **1** to announce, to declare, to reveal: ~ *la vittoria* to announce victory. **2** (*con affissione*) to post. **3** (*fig*) (*prevedere*) to foretell, to herald: *i profeti annunciarono il Messia* the prophets foretold the coming of the Messiah. □ *chi devo ~?* whom shall I say?; *farsi* ~ to give one's name, to have oneself announced; *questo caldo annuncia la pioggia* this heat means rain; *il barometro annuncia tempesta* the barometer shows stormy weather.

annunciato *a.* foretold, on the cards (*posposto*), waiting to happen (*posposto*): *un declino* ~ a decline waiting to happen.

annunciatore m. (f. **-trice**) **1** announcer. **2** (*Rad,TV*) announcer; (*di telegiornale*) anchorman (f. -woman), anchor, linkman (f. -woman).

Annunciazione n.pr.f. **1** (*Bibl*) Annunciation. **2** (*Rel.catt*) (*festa*) Feast of the Annunciation, Lady Day, Annunciation Day.

annuncio m. **1** announcement (*anche TV*): *dare a qcu. l'* ~ *di qcs.* to make an announcement of sth. to so., to announce sth. to so. **2** (*notizia*) news: *all'* ~ *della tua partenza* at the news of your departure. **3** (*notificazione*) notice, notification. **4** (*Giorn*) advertisement, (*colloq*) advert, ad: *mettere un* ~ *sul giornale* to put an advertisement in the paper; *annunci economici* classified advertisements, classified ads. **5** (*fig*) (*presagio*) sign, presage, indication. □ ~ *della nascita* announcement of the birth; ~ *di matrimonio* announcement of marriage; *annunci mortuari* obituary notices; ~ *pubblicitario*: 1 (*Giorn*) advertisement, (*colloq*) advert, ad; 2 (*Rad,TV*) commercial.

annunziare (**annùnzio**) *v.t.* **1** to announce, to declare, to reveal; (*con affissione*) to post. **2** (*fig*) (*prevedere*) to foretell, to herald: *i profeti annunziarono il Messia* the prophets foretold the coming of the Messiah.

Annunziata[1] n.pr.f. Annunziata.

Annunziata[2] f. (*Rel.catt*) **1** (*Madonna*) Our Lady of the Annunciation. **2** (*festa*) Feast of the Annunciation, Lady Day, Annunciation Day.

annuo *a.* annual, yearly: *reddito* ~ annual income.

annusare (**annùso**) *v.t.* **1** to sniff, to smell, to scent; (*rif. a cani, a selvaggina*) to snuff. **2** (*fig*) (*intuire*) to get wind of, to smell, to scent, (*colloq*) to twig: ~ *l'inganno* to smell a rat. □ ~ *l'aria* to smell the air; ~ *tabacco* to take snuff, to snuff.

annusata f. sniff: *dare un'* ~ *a qcs.* to sniff at sth., to take a sniff at sth., to take a whiff of sth.

annuvolamento m. **1** (*l'addensarsi di nubi*) clouding over. **2** (*insieme delle nubi*) cloudiness.

annuvolare (**annùvolo**) **I** *v.pron.* **annuvolarsi 1** (*coprirsi di nuvole*) to cloud over, to

become overcast, to become cloudy: *il cielo si è annuvolato* the sky has clouded over. **2** (*fig*) (*oscurarsi in volto*) to cloud, to darken: *al rimprovero si annuvolò* his face clouded at the rebuke. **II** *v.t.* (*rar*) to cloud (*anche fig*).

annuvolato *a.* cloudy, gloomy, overcast (*anche fig*).

ano m. (*Anat*) anus. □ (*Chir,Med*) ~ *artificiale* artificial anus.

anobio m. (*Entom*) anobium, (*colloq*) (common) furniture beetle, woodworm.

anodico (*pl.* **-ci**) *a.* (*El*) anodic, anode (*attr.*): *effetto* ~ anode effect.

anodino, anodino *a.* **1** (*Med,ant*) anodyne. **2** (*fig*) (*insignificante*) insignificant, colourless: *individuo* ~ insignificant person. **3** (*fig*) (*debole*) weak: *carattere* ~ weak character.

anodizzare (**anodìzzo**) *v.t.* (*Chim*) to anodize.

anodizzazione f. (*Chim*) anodizing.

anodo m. (*El*) anode. □ (*El,Mar*) ~ *sacrificale* sacrificial anode.

anofele m. (*Entom*) Anopheles.

anomalia f. **1** anomaly, irregularity, peculiarity. **2** (*Med*) anomaly, abnormality. **3** (*Astr*) anomaly. □ (*Geol*) ~ *magnetica* magnetic anomaly.

anomalo *a.* anomalous, abnormal (*anche Med*).

anomia f. (*Sociol,Med*) anomie, anomy.

anomico (*pl.* **-ci**) *a.* (*Sociol,Med*) anomic.

anona f. (*Bot*) custard apple, bullock's heart.

anonima f. **1** (*Dir,ant*) (*anche società anonima*) joint-stock company. **2** (*organizzazione criminosa*) gang, crime ring. □ ~ *sequestri* organized kidnappers (*pl.*), kidnapping organisation.

anonimamente avv. anonymously.

anonimato m. **1** anonymity: *ha voluto conservare l'* ~ he wished to remain anonymous. **2** (*oscurità*) obscurity: *recitando il ruolo principale in un musical a Broadway è uscito dall'* ~ after starring in a Broadway musical, he was plucked from obscurity.

anonimità f. anonymity.

anonimo I *a.* **1** anonymous: *lettera anonima* anonymous letter. **2** (*fig*) (*insignificante*) insignificant, colourless: *individuo* ~ insignificant person. **3** (*fig*) (*debole*) weak: *carattere* ~ weak character. **II** m. **1** (*autore*) anonymous author; (*pittore*) anonymous painter. **2** (*rif. all'opera*) work by an anonymous author.

anoressia f. (*Psic,Med*) anorexia. □ (*Psic, Med*) ~ *nervosa* anorexia nervosa.

anoressico (*pl.* **-ci**) **I** *a.* (*Psic,Med*) anorexic. **II** m. (f. **-a**) (*Psic,Med*) anorexic.

anoressizzante I *a.* (*Farm*) anorectic, appetite-suppressing. **II** m. (*Farm*) anorectic, appetite-suppressing medication.

anorganico (*pl.* **-ci**) *a.* (*Chim,rar*) inorganic.

anormale I *a.* abnormal (*anche Psic*). **II** m./f. subnormal person (*anche Psic*).

anormalità f. abnormality (*anche Med*).

anossia f. (*Med*) anoxia, hypoxia.

ANP (*Pol*) *Autorità Nazionale Palestinese* PNA (Palestinian National Authority).

ansa f. **1** handle: *anfora a due anse* two-handled amphora. **2** (*rif. a fiume*) bend, loop. **3** (*Anat*) loop, ansa: ~ *intestinale* intestinal loop. **4** (*fig,lett*) (*pretesto, appiglio*) pretext, excuse: *dare* ~ *alle critiche* to give a pretext to criticism.

Ansa n.pr.f. (*Stor*) Hansa, Hanse.

ANSA I *Agenzia nazionale stampa associata* (Italian associated press agency, Italian news agency). **II** f.inv. (*Giorn*) (*notizia*) press release (from a press agency).

ansa te a. **1** panting, gasping, out of breath (*posposto*). **2** (*lett*) (*ansioso*) anxious, worried.

ansare (**ànso**; *aus.* **avere**) *v.i.* to pant, to puff, to gasp.

anseatico (*pl.* **-ci**) *a.* (*Stor*) Hanseatic: *città anseatiche* Hanseatic cities, Hanseatic towns; *lega anseatica* Hanseatic League.

anseriformi m.pl. (*Ornit*) Anseriforms.

anserino *a.* anserine, anserous: *cute anserina* gooseflesh, goose pimples, (*Am*) goose bumps.

ansia f. **1** anxiety, anxiousness (*anche Psic*). **2** (*desiderio*) longing, yearning. □ *essere in* ~ (o *stare in* ~) *per qcu.* to be anxious about so.; *mettere qcu. in* ~ to worry so.; *tenere in* ~ to make anxious, to make worried; *vive nell'* ~ *di rivederti* he is longing to see you again.

ansietà f. **1** anxiety. **2** (*lett*) (*desiderio*) longing, yearning. □ *con* ~ anxiously: *attendere con* ~ *una notizia* to be waiting anxiously for some news.

ansimante a. panting, gasping.

ansimare (**ànsimo**; *aus.* **avere**) *v.i.* to pant, to puff, to gasp, to gasp for breath, to wheeze.

ansiogeno a. causing anxiety.

ansiolitico (*pl.* **-ci**) **I** *a.* (*Farm*) anxiolytic. **II** m. (*Farm*) anxiolytic, anxiolytic drug.

ansiosamente avv. **1** (*con vivo desiderio*) eagerly. **2** (*con ansietà*) anxiously.

ansioso a. **1** (*impaziente*) longing, eager: *sono* ~ *di vederti* I am longing to see you, I am eager to see you. **2** (*preoccupato*) anxious, worried: *sguardo* ~ anxious look; *stato* ~ state of anxiety.

ansito m. (*lett*) (*respiro affannoso*) gasping, panting.

anta[1] f. **1** (*imposta*) shutter; (*sportello*) door. **2** (*Arch*) anta. □ ~ *d'organo* organ screen.

anta[2] m.pl. (*scherz*) years of age between forty and ninety: *essere negli* ~ to be over forty.

antagonismo m. **1** antagonism, rivalry, competition. **2** (*Fisiol,Anat,Farm*) antagonism.

antagonista I m./f. antagonist, opponent, rival. **II** m. (*Anat*) antagonist. **III** a. **1** (*avversario*) opposing, rival, opposite: *la squadra* ~ the rival team. **2** (*Anat,Fisiol,Farm*) antagonistic: *muscoli antagonisti* antagonistic muscles.

antagonistico (*pl.* **-ci**) *a.* antagonistic (*anche Anat*).

antalgico (*pl.* **-ci**) **I** *a.* (*Farm*) analgesic, pain-relieving. **II** m. (*Farm*) analgesic, pain-relieving medication, (*colloq*) painkiller.

Antares n.pr.f. (*Astr*) Antares.

antartico (*pl.* **-ci**) **I** *a.* (*Geog*) Antarctic: *circolo polare* ~ Antarctic Circle; *calotta antartica* Antarctic ice cap. **II** m. (*Geog*) Antarctic.

Antartide n.pr.f. (*Geog*) Antarctica, the Antarctic.

ante avv. (*ant*) before.

antebellico (*pl.* **-ci**) *a.* prewar.

antecedente I *a.* (*che precede*) preceding, previous, antecedent: *il mese* ~ the previous month. **II** m. **1** (*Filos,Gramm,Mat*) antecedent. **2** *pl.* antecedents, precedents: *non conosco gli antecedenti di questa lite* I don't know the antecedents of this quarrel.

antecedenza f. precedence, antecedence. □ *in* ~ previously, before.

antecessore m. **1** (*burocr*) (*predecessore*) predecessor. **2** *spec.pl.* (*ant*) (*antenato*) predecessor, ancestor.

antefatto *m.spec.pl.* prior events *pl.*, antecedent facts *pl.*: *raccontare l'~* to tell what has gone on before.

antefissa *f. (Arch)* antefix.

anteguerra I *m.inv.* prewar period. II *a.inv.* prewar: *prezzi ~* prewar prices.

antelio *m. (Astr)* anthelion.

ante litteram *avv.inv. (precursore)* ahead of one's time.

antelucano *a. (lett,ant)* antelucan, before dawn: *ore antelucane* hours before dawn.

antemurale *m.* **1** *(Mil)* barbican, rampart. **2** *(Mar)* breakwater.

antenato *m.* ancestor, forefather, forerunner.

antenna *f.* **1** *(Mar)* lateen yard, lateen mast, mast. **2** *(Edil)* spar, scaffolding standard. **3** *(di bandiera)* flagpole. **4** *(Rad,TV)* aerial, *(Am)* antenna. **5** *(di telefono cellulare)* mobile-phone aerial, *(Am)* mobile-phone antenna. **6** *(Entom)* antenna. □ *(Rad)* **~a dipolo** dipole; *(Rad)* **~a pettine** comb antenna; *(Rad)* **~a scomparsa** foldaway aerial, *(Am)* foldaway antenna; *(Rad,TV)* **~centralizzata** multicoupler, *(colloq)* shared aerial; *(Rad,TV)* **~a tetto** rooftop aerial, *(Am)* rooftop antenna; *(Tel)* **~di emissione** transmitting aerial, *(Am)* transmitting antenna; *(Rad)* **~direttiva** (o **~direzionale**) beam aerial, directional antenna; *(Rad,TV)* **~esterna** : 1 *(che sta fuori da un edificio)* outdoor aerial, *(Am)* outdoor antenna; 2 *(di apparecchio)* external aerial, *(Am)* external antenna; *(Rad)* **~incorporata** built-in aerial, *(Am)* built-in antenna; *(Rad)* **~integrata** built-in aerial, *(Am)* built-in antenna; *(Rad)* **~interna** indoor aerial, *(Am)* indoor antenna; *(Rad,TV)* **~parabolica** dish aerial, *(Am)* dish antenna; *(Rad)* **~radar** scanner; *(Rad)* **~ricevente** : 1 aerial, *(Am)* antenna; 2 *(di radio)* radio aerial, *(Am)* radio antenna; *(Rad,TV)* **~satellitare** dish, satellite dish; **~telescopica** telescopic aerial, *(Am)* telescopic antenna; *(TV)* **~televisiva** TV aerial, *(Am)* TV antenna; *(Rad)* **~trasmittente** transmitting aerial, *(Am)* transmitting antenna.

antennista *m.* aerial fitter, aerial technician, *(Am)* antenna fitter.

anteporre *(pres.ind.* **antepóngo**, **antepóni**; *p.rem.* **antepósi**; *p.p.* **antepósto)* *v.t.* to place (sth.) before, to put (sth.) before *(anche fig)*: *~ il soggetto al verbo* to put the subject before the verb; *~ lo studio al gioco* to place study before play.

anteprima *f.* preview, fortaste, advance warning, advance news *(costr.sing.)* □ *(Inform)* **~di stampa** print preview; *(Cin)* **proiezionein** ~ preview showing; **~mondiale** world preview.

antera *f. (Bot)* anther.

antergare *(antèrgo, antèrghi)* *v.t.* to predate, to antedate.

anteriore *a.* **1** front, fore: *ruota ~* front wheel; *la facciata ~ del duomo* the façade of the cathedral, the front of the cathedral. **2** *(rif. a tempo)* preceding, prior, pre-: *i poeti anteriori a Dante* the poets prior to Dante, *(rar)* pre-Dantean poets; *i pittori anteriori a Rafaello* pre-Raphaelite painters. **3** *(Ling)* front.

anteriorità *f.* antecedence, priority: *l'~ di un fatto rispetto a un altro* the priority of one fact with respect to another.

anteriormente *avv.* **1** *(rif. a tempo)* previously, prior, before: *~ alla promulgazione del decreto* prior to the promulgation of the decree. **2** *(dalla parte anteriore)* in front.

antesignano *m.* **1** *(Stor.rom)* standard-bearer. **2** *(f.* **-a***)* *(precursore)* forerunner.

antiabbagliante I *a.* anti-dazzle: *specchietto ~* anti-dazzle mirror; *pannello ~* anti-dazzle fencing. II *m.spec.pl. (Aut)* dipped headlight, *(Am)* low beam.

antiabortista I *a.* antiabortion: *movimento ~* antiabortion movement. II *m./f.* antibortionist.

antiacido I *a.inv. (Farm)* antacid. II *m. (Farm)* antacid, anti-acidity drug.

antiacne *m.inv. (Farm)* acne lotion, acne cleanser.

antiacustico *(pl.* **-ci***)* *a.* sound-proof.

antiaderente *a.* non-stick: *rivestimento ~* non-stick coating.

antiaerea *f. (Mil)* anti-aircraft defence, air-raid defence.

antiaereo *a. (Mil)* anti-aircraft, air-raid, *(colloq,ant)* ack-ack: *rifugio ~* air-raid shelter.

antialcolico *(pl.* **-ci***)* *a.* anti-alcoholism *(attr.)*, anti-alcoholic.

antialcolismo *m.* anti-alcoholism.

antialcolista *m./f.* anti-alcoholist.

antialghe *a.inv.* algae *(attr.)*: *prodotto ~* algae inhibitor.

antialiasing *m.inv. (Inform)* antialiasing.

antialiseo *m. (Meteor)* antitrade, antitrade wind.

antiallergenico *a.* antiallergenic.

antiallergico *(pl.* **-ci***)* I *a. (Farm)* antiallergic. II *m. (Farm)* antiallergic, antiallergic compound.

antiamericanismo *m.* anti-Americanism.

antiamericano I *a.* anti-American: *sentimento ~* anti-American feeling. II *m. (f.* **-a***)* anti-American.

antiappannante *a.* **1** demisting, *(Am)* defogging: *sistema ~* demisting system; *prodotto ~* demisting solution. **2** *(che non si appanna)* non-fogging.

antiartritico *(pl.* **-ci***)* I *a. (Farm)* antiarthritic, relieving arthritis: *medicinale ~* antiarthritic drug. II *m. (Farm)* antiarthritic drug.

antiasmatico *(pl.* **-ci***)* I *a. (Farm)* antiasthmatic. II *m. (Farm)* antiasthmatic, antiasthmatic drug.

antiatomico *(pl.* **-ci***)* *a.* anti-atomic: *protesta antiatomica* anti-atomic protest; *rifugio ~* atomic shelter, nuclear shelter.

antiatomo *m. (Fis)* antiatom.

antiautoritario *a. (Sociol,Pedag)* anti-authoritarian.

antiautoritarismo *m. (Sociol,Pedag)* anti-authoritarianism.

antibagno *m.* ante-bathroom, *(ant)* antechamber.

antibalistico *(pl.* **-ci***)* *a. (Mil)* antiballistic: *missile ~* antiballistic missile.

antibatterico *(pl.* **-ci***)* I *a. (Farm)* antibacterial: *sostanza antibatterica* antibacterial agent. II *m. (Farm)* antibacterial.

antibiogramma *m. (Med)* antibiogram, antibiogramme.

antibiosi *f. (Biol)* antibiosis.

antibiotico *(pl.* **-ci***)* I *a. (Farm)* antibiotic. II *m. (Farm)* antibiotic. □ *(Farm)* **~a largo spettro** broad spectrum antibiotic.

antibioticoterapia *f. (Med)* antibiotic therapy.

antibloccaggio *a.inv. (Aut)* anti-lock, anti-locking: *sistema ~* anti-lock system.

antiblocco *a.inv. (Aut)* anti-lock, anti-locking: *sistema ~* anti-lock system, anti-lock breaking system.

antibrachiale *a. (Anat)* antibrachial.

anticaglia *f.* **1** *(oggetto antico)* (old) curiosity, antique: *negozio di anticaglie* old curiosity shop. **2** *(spreg)* junk.

anticalcare I *m.inv. (Br)* descaler, *(Am)* decalcifier, hard water stain remover. II *a.inv.*

(Br) descaling, *(Am)* decalcifying.

anticamente *avv.* formerly, long ago, in times past.

anticamera *f.* anteroom, antechamber. □ *(colloq)* *non mi è passato neppure per l'~del cervello* it didn't even cross my mind; *fare ~* to be kept waiting; *far fare ~ a qcu.* to keep so. waiting.

anticancerogeno *a. (Med)* anticarcinogen.

anticanceroso *a. (Med)* anticancer, antitumorous.

anticancro *a.inv. (Med)* anticancer, antitumorous.

anticapitalistico *(pl.* **-ci***)* *a.* anticapitalist, anticapitalistic.

anticarie I *a.inv. (Farm)* anticavity, anticarious, cavity protection *(attr.)*: *dentifricio ~* anti-cavity toothpaste, cavity protection toothpaste, toothpaste that helps to fight toothdecay. II *m.inv. (Farm)* anticavity product, cavity-prevention product.

anticarro *a.inv. (Mil)* anti-tank: *difesa ~* anti-tank defence.

anticatodo *m. (Fis)* anticathode.

anticattolico *(pl.* **-ci***)* *a.* anti-Catholic.

anticellulite *a.inv.* anti-cellulite: *trattamento ~* anti-cellulite treatment; *crema ~* anti-cellulite cream.

antichista *m./f.* classical scholar.

antichità *f.* **1** antiquity: *la pianta del tempio è prova della sua ~* the plan of the temple is proof of its antiquity. **2** *(età antica)* ancient times *pl.*, antiquity: *gli scrittori dell'~* the writers of ancient times. **3** *pl. (oggetti antichi)* antiques, antiquities, relics: *negozio di ~* antique shop. □ **~classiche** classical antiquity *(sing.)*

anticiclico *(pl.* **-ci***)* *a. (Econ)* anticyclic, anticyclical, countercyclical.

anticiclone *m. (Meteor)* anticyclone.

anticiclonico *(pl.* **-ci***)* *a. (Meteor)* anticyclonic.

anticipare *(antìcipo)* I *v.t.* **1** *(Br)* to put forward, to anticipate, *(Am)* to move up: *~ di una settimana la data della partenza (Br)* to put forward the date of departure by a week, *(Am)* to move up the date of departure by a week. **2** *(pagare prima)* to pay (sth.) in advance, to pay (so.) in advance. **3** *(prevenire)* to anticipate, to forestall *(anche Sport)*: *~ l'avversario* to forestall one's opponent. **4** *(fare conoscere anticipatamente)* to divulge, to disclose, to reveal. **5** *(rif. a banca: prestare)* to lend, to advance. II *v.i.* *(aus.* **avere***)* **1** *(arrivare in anticipo)* to be ahead of time, to come early, to arrive early: *ho anticipato di un'ora* I've arrived an hour early. **2** *(di orologio)* to be fast: *il tuo orologio anticipa di due minuti* your watch is two minutes fast. □ **~i tempi** to be ahead of one's time; *ti anticipo la notizia del mio matrimonio* I'm giving you the news of my marriage before it's officially announced.

anticipatamente *avv.* in advance, beforehand.

anticipato *a.* **1** *(precoce, in anticipo)* in advance *(posposto)*, early, advanced, advance *(attr.)*: *somma anticipata* sum advanced; *pagamento ~* payment in advance, advance payment; *arrivo ~* early arrival; *piacere ~* pleasure tasted in advance. **2** *(Med)* *(prematuro)* premature: *parto ~* premature birth. **3** *(previsto)* foreseen, anticipated.

anticipazione *f.* **1** anticipation *(anche Mus)*. **2** *(previsione)* forecast, prediction. **3** *(premessa)* foretaste, preview. **4** *(preavviso)* advance news *(costr.sing.)*, advance warning, early news *(costr.sing.)*. **5** *(Econ)* *(la somma* *anticipata*) advance, loan. **6** *pl.* (*TV*) news highlights (preceding full newscast). ☐ (*Econ*) ~ *in conto corrente* advance on current account, advance by overdraft; (*Econ*) ~ *su titoli* advance against securities.

anticipo *m.* **1** anticipation, advance. **2** (*la somma che viene anticipata*) advance: *chiedere un ~ sullo stipendio* to ask for an advance on one's salary. **3** (*caparra*) deposit, down payment: *dare un ~* to pay a deposit. **4** (*Mot*) advance, lead: *~ dell'accensione* spark advance. **5** (*Sport*) (*gesto atletico*) anticipation. **6** (*Sport*) (*partita*) early fixture. ☐ *giocare d'~*: 1 (*Sport*) (*nel tennis*) to strike the ball on the rebound; 2 (*fig*) to forestall; *arrivare con un'ora di ~* to arrive an hour early; (*Comm*) *anticipi e ritardi* (*nei pagamenti*) leads and lags; *in ~* early, ahead of time, in advance: *essere in ~* to be early; *è in ~ sui suoi tempi* he is ahead of his time; *pagare in ~* to pay in advance; *essere in ~ sull'orario* to be early, to be ahead of schedule; (*Comm*) ~ *su merci* advance against merchandise.

anticlericale *a.* anticlerical.
anticlericalismo *m.* anticlericalism.
anticlimax *m./f.inv.* (*Ret*) anticlimax.
anticlinale I *a.* (*Geol*) anticlinal. **II** *f.* (*Geol*) anticline.
antico I *a.* **1** old: *un'antica leggenda* an old legend. **2** (*rif. all'antiquariato*) antique: *mobile ~* antique piece of furniture. **3** (*dell'antichità*) ancient: *l'antica Grecia* ancient Greece; *greco ~* Ancient Greek. **4** (*consueto*) usual. **5** (*antiquato*) out-of-date, old-fashioned. **II** *m.pl.* the ancients. ☐ *all'antica* old-fashioned; *essere un po' all'antica* to be a little old-fashioned; (*Bibl*) *l'~ testamento* the Old Testament.
anticoagulante I *a.* (*Farm*) anticoagulant. **II** *m.* (*Farm*) anticoagulant, anticoagulant drug.
anticolerica *f.* (*Med*) cholera vaccination.
anticolerico (*pl.* **-ci**) *a.* (*Farm*) against cholera (*posposto*), cholera (*attr.*): *vaccinazione anticolerica* cholera vaccination, anti-cholera vaccination.
anticollisione *a.inv.* anticollision: *sistema ~ collision* avoidance system; *luci ~* anticollision lights.
anticomunismo *m.* anti-communism.
anticomunista I *a.* anticommunist. **II** *m./f.* anticommunist.
anticoncezionale I *a.* (*Farm,Med*) contraceptive: *metodo ~* contraceptive method; *pillola ~* contraceptive pill, pill. **II** *m.* (*Farm, Med*) contraceptive.
anticonformismo *m.* non-conformism.
anticonformista *m./f.* non-conformist.
anticonformistico (*pl.* **-ci**) *a.* non-conformist, unconventional.
anticongelante I *a.* antifreeze, antifreezing. **II** *m.* antifreeze.
anticongiunturale *a.* (*Econ*) countercyclical, anticyclical: *politica ~* countercyclical policy.
anticorpo *m.* (*Biol*) antibody.
anticorrosione *a.inv.* (*Tecn*) anticorrosion.
anticorrosivo I *a.* (*Tecn*) anticorrosive: *trattamento ~* anticorrosive treatment. **II** *m.* (*Tecn*) anticorrosive.
anticostituzionale *a.* (*Dir*) unconstitutional.
anticostituzionalità *f.* (*Dir*) unconstitutionality.
anticresi *f.* (*Dir*) antichresis.
anticrimine *a.inv.* anticrime: *videocamere ~* anticrime cameras.
anticrisi *a.inv.* against crisis, (*estens*) crisis:

unità ~ crisis uninty.
anticristo *m.* **1** (*Bibl*) antichrist, Antichrist. **2** (*rar,fig*) mean person, diabolical person.
anticrittogamico (*pl.* **-ci**) **I** *a.* (*Agr*) fungicidal. **II** *m.* (*Agr*) fungicide.
anticrollo *a.inv.* anti-collapse (*attr.*): *opere ~* anti-collapse systems.
antidata *f.* antedate.
antidatare (**antidàto**) *v.t.* to antedate, to foredate.
antideficit *a.* anti-deficit.
antideflagrante *a.* explosion-proof.
antidemocratico (*pl.* **-ci**) *a.* undemocratic, antidemocratic.
antidepressivo I *a.* (*Farm*) antidepressive, antidepressant. **II** *m.* (*Farm*) antidepressant.
antidetonante I *a.* (*Mot*) antiknock: *potere ~* antiknock value. **II** *m.* (*Mot*) antiknock, antiknock agent.
antidiabetico (*pl.* **-ci**) **I** *m.* (*Farm*) antidiabetic, antidiabetic drug, (*colloq*) diabetes drug. **II** *a.* (*Farm,Med*) antidiabetic, diabetes (*attr.*): *centro ~* diabetes centre, (*Am*) diabetes center.
antidiaforetico (*pl.* **-ci**) **I** *a.* (*Farm*) antiperspirant, antisudorific. **II** *m.* (*Farm*) antiperspirant, antisudorific.
antidifterico (*pl.* **-ci**) *a.* (*Med*) anti-diphtheria (*attr.*): *vaccinazione antidifterica* anti-diphtheria vaccination.
antidiluviano *a.* antediluvian (*anche fig*).
antidisturbo *a.inv.* (*Tel,Rad*) antijamming.
antidivorzismo *m.* opposition to divorce.
antidivorzista *m./f.* person against divorce.
antidivorzistico (*pl.* **-ci**) *a.* anti-divorce (*attr.*).
antidolorifico (*pl.* **-ci**) **I** *a.* (*Farm*) analgesic, pain-killing, pain-relieving. **II** *m.* (*Farm*) analgesic, (*colloq*) painkiller.
antidoping I *m.inv.* (*Sport*) dope test, drug test, anti-doping test. **II** *a.* (*Sport*) dope (*attr.*), anti-doping: *esame ~* dope test, drug test; *controllo ~* anti-doping control.
antidoto *m.* (*Farm*) antidote (*anche fig*): *un ~ contro alcuni veleni* an antidote for some poisons.
antidroga *a.inv.* against drug abuse, drug (*attr.*): *centro ~* drug rehabilitation centre, (*Am*) drug rehabilitation center; *nucleo ~* drugs unit, (*Am*) narcotics section.
antidumping /anti'dampiŋ/ *a.inv.* (*Econ*) antidumping.
antieconomico (*pl.* **-ci**) *a.* uneconomic, uneconomical.
antielmintico (*pl.* **-ci**) **I** *a.* (*Farm*) anthelmintic, (*colloq*) anti-worm. **II** *m.* (*Farm*) anthelmintic, (*colloq*) anti-worm drug.
antielusivo *a.* anti-tax evasion (*attr.*).
antiemetico (*pl.* **-ci**) **I** *a.* (*Farm*) antiemetic, (*colloq*) preventing vomiting (*posposto*). **II** *m.* (*Farm*) antiemetic.
antiemorragico (*pl.* **-ci**) **I** *a.* (*Farm*) antihaemorrhagic, (*Am*) antihemorrhagic. **II** *m.* (*Farm*) antihaemorrhagic, (*Am*) antihemorrhagic.
antieroe *m.* (*Lett,Cin*) antihero.
antiestetico (*pl.* **-ci**) *a.* unaesthetic, inaesthetic.
antieuropeista *m./f.* (*Pol*) anti-European.
antieuropeistico (*pl.* **-ci**) *a.* (*Pol*) anti-European.
antieuropeo I *a.* anti-European (*anche Pol*). **II** *m.* (*f.* **-a**) anti-European (*anche Pol*).
anti-fading /ˌanti'fejdiŋ/ *m.inv.* (*Rad*) antifading.
antifascismo *m.* antifascism.
antifascista I *a.* anti-fascist. **II** *m./f.* anti-fascist.
antifebbrile I *a.* (*Farm*) antipyretic, febri-

fuge, (*colloq*) fever (*attr.*). **II** *m.* (*Farm*) antipyretic, febrifuge, (*colloq*) fever treatment.
antifecondativo I *a.* (*Farm*) contraceptive. **II** *m.* (*Farm*) contraceptive.
antifemminismo *m.* antifeminism.
antifermentativo *m.* (*Chim*) fermentation inhibitor.
antiflogistico (*pl.* **-ci**) **I** *a.* (*Farm*) antiphlogistic (*attr.*). **II** *m.* (*Farm*) antiphlogistic, antiphlogistic agent.
antifona *f.* (*Lit,Mus*) antiphon, antiphony. ☐ (*fig*) *capire l'~* to take the hint.
antifonario *m.* (*Lit*) antiphonary.
antiforfora *a.inv.* anti-dandruff.
antifrasi *f.* (*Ret*) antiphrasis.
antifrastico (*pl.* **-ci**) *a.* (*Ret*) antiphrastic.
antifrizione *a.inv.* (*Met*) antifriction.
antifumo *a.inv.* anti-smoking, anti smoking, no-smoking: *terapia ~* anti-smoking therapy; *campagna ~* no smoking campaign, no-smoking campaign, anti-smoking campaign.
antifungino I *a.* (*Farm*) antifungal. **II** *m.* (*Farm*) antifungal agent.
antifurto I *a.* anti-theft. **II** *m.inv.* anti-theft device, burglar alarm, security system. ☐ *~ satellitare* satellite security system.
antigas *a.* anti-gas, gas (*attr.*): *maschera ~* gas mask.
antigelo I *a.inv.* antifreeze, antifreezing. **II** *m.inv.* antifreeze.
antigene *m.* (*Biol*) antigen.
antighiaccio *a.inv.* anti-ice, de-icing: *prodotto ~* de-icer.
antigienico (*pl.* **-ci**) *a.* unhygienic, unhealthy, insanitary, unsanitary.
antigiuridicità *f.* illegality.
antigiuridico (*pl.* **-ci**) *a.* illegal.
antiglobalista *m./f.* **1** (*attivista*) antiglobalization activist. **2** (*manifestante*) antiglobalization protester.
antiglobalizzazione *a.* antiglobalization (*attr.*).
antigovernativo *a.* antigovernment (*attr.*), opposition (*attr.*): *propaganda antigovernativa* antigovernment propaganda; *giornale ~* opposition newspaper.
antigraffio *a.inv.* scratch-resistant, anti-scratch: *vetro ~* scratch-resistant glass.
antigrandine *a.inv.* anti-hail: *razzo ~* anti-hail rocket.
antigravità *a.inv.* antigravity.
Antigua e Barbuda *n.pr.m.* (*Geog*) Antigua and Barbuda.
antileucemico (*pl.* **-ci**) *a.* (*Farm,Med*) antileukaemic, (*Am*) antileukemic: *terapia antileucemica* antileukaemic therapy; *farmaco ~* antileukaemic drug.
antillano *a.* Antillean.
Antille *n.pr.f.pl.* (*Geog*) Antilles: *Grandi ~* Greater Antilles; *Piccole ~* Lesser Antilles.
antilogaritmo *m.* (*Mat*) antilogarithm, antilog.
antilogia *f.* (*Filos*) antilogy.
antilope *f.* (*Zool*) antelope (*anche estens*). ☐ (*Zool*) *~ cervicapra* blackbuck.
antimacchia *a.inv.* (*Tess*) stainproof, stain-resistant.
antimafia *a.inv.* anti-mafia: *commissione ~* anti-mafia commission.
antimagnetico (*pl.* **-ci**) *a.* (*Tecn*) antimagnetic.
antimalarico (*pl.* **-ci**) **I** *a.* (*Farm*) antimalarial. **II** *m.* (*Farm*) antimalarial.
antimateria *f.* (*Fis*) antimatter.
antimeridiano *a.* morning (*attr.*), a.m., ante meridiem: *lezioni antimeridiane* morning lessons; *alle sette antimeridiane* at 7 a.m., at seven in the morning.

antimicotico I *a.* (*Farm*) antifungal. II *m.* (*Farm*) antifungal agent.

antimilitarismo *m.* antimilitarism.

antimilitarista (*pl.* **-ci**) I *a.* antimilitarist: *manifestazione ~* antimilitarist demonstration. II *m./f.* antimilitarist.

antimilitaristico (*pl.* **-ci**) *a.* antimilitaristic.

antimissile *a.inv.* (*Mil*) antimissile: *missile ~* antimissile missile.

antimissilistico (*pl.* **-ci**) *a.* anti-missile: *movimento ~* anti-missile movement.

antimonarchico (*pl.* **-ci**) I *a.* 1 antimonarchic, antimonachical. 2 (*estens*) republican. II *m.* (*f.* **-a**) antimonarchist.

antimonio *m.* (*Chim*) antimony.

antimonite *f.* (*Min*) stibnite.

antimonopolistico (*pl.* **-ci**) *a.* (*Econ*) antitrust.

antinazionale *a.* antinational.

antinazista I *a.* anti-nazi: *movimento ~* anti-nazi movement. II *m./f.* anti-nazi.

antincendio I *a.inv.* firefighting, fire (*attr.*), antifire: *equipaggiamento ~* firefighting equipment; *pompa ~* fire hydrant; *protezione ~* fire protection. II *m.inv.* fire extinguisher, fire extinguisher foam.

antinduttivo *a.* (*El*) non-inductive.

antinebbia I *a.inv.* anti-fog, fog (*attr.*). II *m.inv.spec.pl.* (*Aut*) fog light, foglamp.

antineutrino *m.* (*Fis*) antineutrino.

antineutrone *m.* (*Fis*) antineutron.

antineve *a.inv.* snow (*attr.*): *catene ~* snow chains; *occhiali ~* snow glasses, snow goggles.

antinevralgico (*pl.* **-ci**) I *a.* (*Farm*) antineuralgic. II *m.* (*Farm*) antineuralgic.

antinfiammatorio I *a.* (*Farm*) antinflammatory. II *m.* (*Farm*) antinflammatory.

antinflativo (*pl.* **-ci**) *a.* anti-inflationary, anti-inflation (*attr.*).

antinflattivo (*pl.* **-ci**) *a.* anti-inflationary, anti-inflation (*attr.*).

antinflazionistico (*pl.* **-ci**) *a.* anti-inflationary, anti-inflation (*attr.*).

antinfluenzale I *a.* (*Farm,Med*) against influenza (*posposto*), anti-flu: *vaccinazione ~* vaccination against influenza, anti-flu vaccination. II *m.* (*Farm*) 1 anti-flu drug. 2 (*vaccino*) flu vaccine, influenza vaccine, (*Br, colloq*) flu jab, (*Am,colloq*) flu shot.

antinfortunistica *f.* accident prevention, safety: *scarpe ~* safety shoes.

antinfortunistico (*pl.* **-ci**) *a.* accident-prevention (*attr.*), safety (*attr.*).

antinomia *f.* (*Filos,Dir*) antinomy.

antinquinamento *a.inv.* antipollution (*attr.*): *dispositivo ~* antipollution device.

antinquinante *a.* antipollution (*attr.*), non-polluting: *misure antinquinanti* antipollution measures.

antintrusione *a.inv.* 1 (*allarme*) break-in (*attr.*): *sistema di allarme ~* alarm, break-in alarm. 2 (*Aut*) reinforced.

antinucleare *a.* anti-nuclear, antinuclear, (*colloq*) anti-nuke, antinuke: *gruppo ~* antinuclear group; *protesta ~* antinuclear protest. II *m./f.* anti-nuclear activist, (*colloq*) antinuke.

Antiochia *n.pr.f.* (*Geog*) Antakya, (*ant*) Antioch.

antiofidico (*pl.* **-ci**) I *a.* (*Farm*) snake-bite (*attr.*): *siero ~* snake-bite serum. II *m.* (*Farm*) antivenin, antivenom.

antiopa *f.* (*Entom*) Camberwell beauty, Camberwell beauty butterfly.

antiorario *a.* anticlockwise, (*Am*) counterclockwise.

antiossidante I *a.* antioxidant (*attr.*), anti-

oxidizing. II *m.* antioxidant.

antipanico *a.inv.* panic (*attr.*): *maniglione ~* crash bar, crash bar handle, panic bar.

antipapa *m.* (*Stor,Rel*) antipope.

antiparassitario I *a.* (*Agr*) parasiticidal, parasiticide. II *m.* (*Agr*) parasiticide.

antiparlamentare *a.* antiparliamentary.

antiparticella *f.* (*Fis*) antiparticle.

antipastiera *f.* hors-d'oeuvre dish.

antipasto *m.* hors-d'oeuvre, appetiser, (*Am*) appetizer, antipasto.

antipatia *f.* dislike, antipathy: *le mie simpatie e antipatie* my likes and dislikes; *nutrire ~ per qcu.* to dislike so. □ *venirein ~ a qcu.* to come to dislike so.; *mi è venuto in ~* I have come to dislike him, I have grown to dislike him.

antipaticamente *avv.* unpleasantly.

antipatico (*pl.* **-ci**) I *a.* 1 (*di persona*) unpleasant, disagreeable: *è ~ a tutti* everyone finds him unpleasant. 2 (*di situazione*) awkward: *trovarsi in una situazione antipatica* to find oneself in a awkward position. II *m.* (*f.* **-a**) unpleasant person, disagreeable person.

antipatriottico (*pl.* **-ci**) *a.* unpatriotic.

antipatriottismo *m.* anti-patriotism.

antiperistalsi *f.* (*Fisiol*) antiperistalsis.

antiperistaltico (*pl.* **-ci**) *a.* (*Fisiol*) antiperistaltic.

antipersona *a.* (*Mil*) anti-personnel, antipersonnel: *mine ~* anti-personnel mines.

antipiega *a.inv.* (*Tess*) crease-resistant, anticrease: *tessuto ~* crease-resistant fabric.

antipioggia *a.inv.* rainproof.

antipiretico (*pl.* **-ci**) I *a.* (*Farm*) antipyretic, antifebrile. II *m.* (*Farm*) antipyretic, antifebrile.

antiplacca *a.inv.* anti-plaque: *dentifricio ~* anti-plaque toothpaste.

antipodi *m.pl.* (*Geog*) antipodes (*anche fig*). □ (*fig*) *essereagli ~* to be poles apart, to be worlds apart; *vivere agli ~*: 1 (*in Australia*) to live Down Under; 2 (*fig*) (*molto lontano*) to live far away.

antipolio I *a.* (*Med*) polio (*attr.*): *vaccino ~* polio vaccine. II *f.inv.* (*Med*) 1 (*vaccino*) polio vaccine. 2 (*iniezione*) polio injection.

antipopolare *a.* unpopular.

antiporta *f.* 1 (*andito*) entrance hall, vestibule. 2 (*Mil,ant*) outside gate of a fortification. 3 (*Edit,ant*) the page preceding the frontispiece.

antiporto *m.* (*Mar*) outer harbour, (*Am*) outer harbor.

antiproibizionismo *m.* antiprohibition.

antiproibizionista *m./f.* antiprohibitionist.

antiproiettile *a.inv.* bullet-proof: *giubbotto ~* bullet-proof vest.

antiprotone *m.* (*Fis*) antiproton.

antipulci *a.inv.* flea (*attr.*): *shampoo ~* flea shampoo.

antiquaria *f.* 1 (*scienza*) study of antiquity, antiquarianism. 2 (*rar*) (*commercio di oggetti antichi*) antique trade, antique dealing.

antiquariale *a.* antique.

antiquariato *m.* antique trade. □ *negozio di ~* antique shop.

antiquario I *a.* antiquarian: *ricerche antiquarie* study of antiquities; *bottega di ~* antique shop. II *m.* (*f.* **-a**) 1 antiquarian, antique dealer, dealer in antiques. 2 (*studioso*) antiquarian, antiquary.

antiquato *a.* obsolete, antiquated, archaic, dated, old-fashioned: *parola antiquata* archaic word.

antirabbica *f.* (*Med*) rabies vaccination.

antirabbico (*pl.* **-ci**) *a.* antirabies, rabies (*attr.*): *vaccinazione antirabbica* rabies vac-

cination.

antiracket *a.* anti-racket.

antiradar *a.inv.* (*Mil*) anti-radar.

antirapina *a.inv.* anti-theft.

antirazionale *a.* antirational.

antirazzismo *m.* antiracism.

antirazzista I *a.* antiracist. II *m./f.* antiracist.

antirecessione *a.inv.* (*Econ*) anti-recession: *misure ~* anti-recession measures.

antirecessivo *a.inv.* (*Econ*) anti-recession.

antireligioso *a.* irreligious.

antireumatico (*pl.* **-ci**) I *a.* (*Farm,Med*) antirheumatic. II *m.* (*Farm,Med*) antirheumatic, antirheumatic drug.

antiriciclaggio *a.inv.* anti-money laundering (*attr.*): *misure ~* anti-money laundering measures.

antiriflesso *a.inv.* (*Ott*) anti-glare, reflection-free: *lente ~* anti-glare lens, reflection-free lens.

antiriflettente *a.* 1 antireflecting: *rivestimento ~* antireflecting coating. 2 (*Ott*) coated.

antirivoluzionario *a.* antirevolutionary.

antirollante *a.* (*Mar,Aut*) anti-roll.

antirollio *a.* (*Mar,Aut*) anti-roll: *barra ~* anti-roll bar.

antiromanzo *m.* (*Lett*) antinovel.

antirombo I *a.inv.* (*Aut*) sound-deadening. II *m.inv.* (*Aut*) sound deadener, sound deadener coating.

antirrino *m.* (*Bot*) antirrhinum, (*colloq*) snapdragon.

antiruggine I *a.inv.* 1 anti-rust, antirust. 2 (*a prova di ruggine*) rust-proof, rustproof, rust-resistant: *vernice ~* anti-rust paint. II *m.inv.* rust inhibitor, rust preventer.

antirughe *a.inv.* (*Cosmet*) anti-wrinkle: *crema ~* anti-wrinkle cream.

antirumore *a.inv.* anti-noise, noise-abating.

antisala *f.* (*Arch*) antechamber.

antisatellite *a.inv.* (*Mil*) antisatellite: *armi ~* antisatellite weapons.

antiscasso *a.inv.* 1 theft-proof. 2 (*estens*) (*armato*) armoured.

antischiavismo *m.* antislavery, abolitionism.

antischiavista I *m./f.* abolitionist. II *a.* abolitionist, abolition (*attr.*).

antiscientifico (*pl.* **-ci**) *a.* unscientific, anti-science.

antisciopero *a.inv.* against strikes (*posposto*), anti-strike.

antiscivolo *a.* nonskid, non-slip: *calze ~* non-slip socks.

antiscorbutico (*pl.* **-ci**) *a.* (*Med*) antiscorbutic.

antisdrucciolevole *a.* nonskid, non-slip.

antisdrucciolo *a.* nonskid, non-slip: *calze ~* non-slip socks.

antisegregazionista *m./f.* (*Pol*) anti-segregationist.

antisemita I *m./f.* anti-Semite. II *a.* anti-Semitic.

antisemitismo *m.* anti-Semitism.

antisepsi *f.* (*Med*) antisepsis.

antisequestro *a.inv.* anti-kidnapping: *squadra ~* anti-kidnapping unit.

antisettico (*pl.* **-ci**) I *a.* antiseptic. II *m.* antiseptic.

antisfondamento *a.inv.* 1 reinforced. 2 (*Vetr*) shatter-proof, splinter-proof.

antisionismo *m.* anti-Zionism.

antisionista I *a.* anti-Zionistic. II *m./f.* anti-Zionist.

antisionistico (*pl.* **-ci**) *a.* anti-Zionistic.

antisismico (*pl.* **-ci**) *a.* earthquake-proof,

aseismic, aseismatic.

antismagliature *a.* (*Cosmet*) anti-stretch mark: *crema* ~ anti-stretch mark cream.

antismog *a.inv.* antismog.

antisociale *a.* antisocial: *reazione* ~ antisocial reaction.

antisofisticazione *a.inv.* food-adulteration (*attr.*).

antisolare *a.* (*Cosmet*) sun (*attr.*), sun protection (*attr.*): *crema* ~ sun cream.

antisommergibile I *a.inv.* (*Mil*) anti-submarine. II *m.* (*Mil*) anti-submarine.

antisommossa *a.inv.* anti-riot, riot (*attr.*): *reparti* ~ anti-riot units.

antispasmodico (*pl.* -**ci**) I *a.* (*Farm*) antispasmodic. II *m.* (*Farm*) antispasmodic.

antisportivo *a.* unsporting.

antistaminico (*pl.* -**ci**) I *a.* (*Farm*) antihistaminic. II *m.* (*Farm*) antihistamine, antihistaminic drug.

antistante *a.* before, in front, opposite: *la piazza* ~ *alla stazione* the square in front of the station; *si sono trasferiti in una casa* ~ *il museo* they moved to a house opposite the museum.

antistatico (*pl.* -**ci**) *a.* (*Fis*) antistatic.

antistoricismo *m.* (*Filos*) antihistoricism.

antistorico (*pl.* -**ci**) *a.* anti-historical, antihistorical.

antistrappo *a.* (*Tess*) tear-resistant.

antistress *a.* anti-stress.

antistrofe *f.* (*Metr*) antistrophe.

antitaccheggio *a.inv.* anti-theft: *etichette* ~ anti-theft labels.

antitarlo I *a.inv.* woodworm (*attr.*): *trattamento* ~ woodworm treatment. II *m.inv.* woodworm killer.

antitarmico (*pl.* -**ci**) I *a.* moth-proof, moth-repellant. II *m.* moth-poofer, moth-repellant; (*naftalina*) (*colloq*) mothballs *pl.*

antitartaro *a.* anti-tartar: *dentifricio* ~ anti-tartar toothpaste.

antitecnologico (*pl.* -**ci**) *a.* anti-technological.

antiterrorismo I *a.inv.* anti-terror, counter-terror: *nucleo* ~ antiterror unit. II *m.* antiterrorist branch, antiterrorism, counterterrorism.

antitesi *f.* antithesis (*anche fig*).

antitetanica *f.* (*Med*) tetanus injection, antitetanic injection.

antitetanico (*pl.* -**ci**) *a.* (*Med*) tetanus (*attr.*), antitetanic.

antitetico (*pl.* -**ci**) *a.* antithetic, antithetical.

antitossico (*pl.* -**ci**) *a.* (*Med,Farm*) antitoxic.

antitossina *f.* (*Biol*) antitoxin.

antitrust /ˌanti'trʌst/ *a.inv.* (*Econ*) (*Am*) antitrust, (*Br*) monopolies (*attr.*): *legislazione* ~ (*Am*) antitrust laws, (*Br*) monopolies laws.

antitubercolare *a.* (*Med,Farm*) anti-tuberculosis, antitubercular, anti-tubercular.

antitumorale I *a.* anti-tumour, (*Am*) antitumoral. II *m.* antitumoural agent, (*Am*) antitumoral agent.

antitumori *a.* tumour-prevention (*attr.*), (*Am*) tumor-prevention (*attr.*), cancer (*attr.*): *centro* ~ cancer clinic.

antiuomo *a.inv.* (*Mil*) anti-personnel, anti-personnel: *mine* ~ anti-personnel mines.

antiurto *a.inv.* shock-resistant, shock-proof: *casco* ~ crash helmet.

antiusura *a.inv.* wear-resistant, long-wearing, hard-wearing.

antivaiolosa *f.* (*Med*) smallpox vaccination.

antivaioloso *a.* (*Med,Farm*) smallpox (*attr.*).

antivedere (*pres.ind.* **antivédo**; *p.rem.* **antivìdi**; *p.p.* **antivìsto**) *v.t.* (*lett*) to foresee.

antiveggente *a.* (*lett*) foreseeing.

antiveggenza *f.* (*lett*) foresight.

antivigilia *f.* two days before, day before the eve: *l'* ~ *di Natale* two days before Christmas.

antivipera I *a.inv.* (*Farm*) snake-bite (*attr.*): *siero* ~ snake-bite serum, antivenin, antivenom. II *f.inv.* (*Farm*) snake-bite serum, antivenin, antivenom.

antivirale *a.* (*Farm*) antiviral, antivirus (*attr.*).

antivirus *m.* (*Inform*) antivirus.

antivivisezione *f.* antivivisection.

antivivisezionismo *m.* antivivisectionism, antivivisection movement.

antivivisezionista *m./f.* antivivisectionist.

antizanzare *a.inv.* mosquito repellent (*attr.*).

antologia *f.* anthology, treasury, collection (*anche estens*). □ (*fig*) *da* ~ (*memorabile*) classic.

antologica *f.* anthological exhibition.

antologico (*pl.* -**ci**) *a.* anthological.

antonimo I *a.* (*Ling*) antonymous. II *m.* (*Ling*) antonym.

Antonio *n.pr.m.* Anthony, Antony.

antonomasia *f.* (*Ret*) antonomasia. □ (*estens*) *per* ~ par excellence.

antonomastico (*pl.* -**ci**) *a.* (*Ret*) antonomastic.

antozoi *m.pl.* (*Zool*) anthozoans.

antrace *m.* (*Med*) anthrax. □ (*Med*) ~ *cutaneo* cutaneous anthrax; (*Med*) ~ *da inalazione* inhalation anthrax.

antracene *m.* (*Chim*) anthracene.

antracite *f.* (*Min*) anthracite.

antracosi *f.* (*Med*) anthracosis.

antro *m.* 1 (*caverna*) cave, cavern, grotto. 2 (*ambiente buio e tetro*) hole, black hole. 3 (*Anat*) antrum. □ (*Anat*) ~ *gastrico* gastric antrum.

antropico (*pl.* -**ci**) *a.* anthropic, anthropical.

antropocentrico (*pl.* -**ci**) *a.* anthropocentric.

antropocentrismo *m.* anthropocentrism.

antropofagia *f.* anthropophagy.

antropofago (*pl.* -**gi**) I *a.* anthropophagous, anthropophagic. II *m.* (*f.* -**a**) anthropophagus.

antropogeografia *f.* anthropogeography.

antropoide I *a.* anthropoid, anthropoidal. II *m.* anthropoid.

antropologia *f.* anthropology. □ ~ *cognitiva* cognitive anthropology; ~ *criminale* criminal anthropology; ~ *culturale* cultural anthropology; ~ *della religione* anthropology of religion; ~ *economica* economic anthropology; ~ *fisica* physical anthropology; ~ *giuridica* legal anthropology; ~ *musicale* musical anthropology; ~ *politica* political anthropology; ~ *psicoanalitica* psychoanalitic anthropology; ~ *psicologica* psychological anthropology; ~ *sociale* social anthropology; ~ *storica* historical anthropology; ~ *umana* human anthropology.

antropologico (*pl.* -**ci**) *a.* anthropological.

antropologismo *m.* anthropologism.

antropologo *m.* (*f.* -**a**; *pl.* -**gi**) anthropologist.

antropometria *f.* anthropometry.

antropometrico (*pl.* -**ci**) *a.* anthropometric, anthropometrical.

antropomorfico (*pl.* -**ci**) *a.* anthropomorphic.

antropomorfismo *m.* anthropomorphism.

antropomorfo *a.* anthropomorphic, anthropomorphous.

antroposfera *f.* anthroposphere.

antroposofia *f.* (*Filos*) anthroposophy.

antroposofico (*pl.* -**ci**) *a.* (*Filos*) anthroposophic, anthroposophical.

antropozoico (*pl.* -**ci**) I *a.* (*Geol*) Quaternary. II *m.* (*Geol*) Quaternary.

anturio *m.* (*Bot*) anthurium.

Anubi *n.pr.m.* (*Mitol*) Anubis.

anulare I *a.* annular, ring (*attr.*): *eclisse* ~ annular eclipse; (*Strad*) *raccordo* ~ orbital motorway, motorway ring, (*Am*) beltway. II *m.* third finger, (*colloq*) ring finger.

anuresi *f.* (*Med*) anuria.

anuri *m.pl.* (*Zool*) anurans.

anuria *f.* (*Med*) anuria.

Anversa *n.pr.f.* (*Geog*) Antwerp.

anzi *avv.* 1 (*invece, al contrario*) on the contrary, quite the contrary, in fact, quite the opposite: *ciò non mi dispiace*, ~ I don't mind that at all, quite the contrary; *non sei in anticipo*, ~, *ti aspettavo prima* you're not early, in fact I was expecting you earlier. 2 (*o meglio, o piuttosto*) or rather, better still, or better, indeed: *ti telefonerò*, ~ *passerò da te* I'll phone you, or better still, I'll drop by. 3 (*di più*) in fact, as a matter of fact, indeed: *lo ammira*, ~ *lo venera* she admires him, in fact she worships him. □ ~ *che*: 1 (*piuttosto che*) rather than: ~ *che rispondere, mi farei uccidere* I would rather die than answer; 2 (*invece di*) instead of: ~ *che lavorare, parlava* instead of working, he talked; ~ *che no* rather, somewhat: *è simpatica* ~ *che no* she's rather nice; *sei venuto* ~ *tempo* you've come early; ~ *tutto* first of all, first and foremost.

anzianità *f.* 1 seniority. 2 (*titolarità di una carica*) seniority, service, length of service: *avere trent'anni di* ~ *in una ditta* to have thirty years' service with a firm. □ ~ *di servizio* length of service, seniority; *per* ~ by seniority, on the basis of seniority.

anziano I *a.* 1 (*di età avanzata*) elderly; (*molto anziano*) aged. 2 (*il più vecchio di un gruppo*) senior, oldest. 3 (*che ha anzianità in un grado, in un ufficio*) senior, superior: *socio* ~ senior partner. II *m.* 1 (*f.* -**a**) elderly person, senior citizen: *agli anziani si deve rispetto* respect is due to the old. 2 (*Stor,Rel.prot*) Elder: *il consiglio degli anziani* the Council of the Elders.

anziché *congz.* 1 (*piuttosto che*) rather than: ~ *rispondere, mi farei uccidere* I would rather die than answer. 2 (*invece di*) instead of: ~ *lavorare, parlava* instead of working, he talked.

anzichenò *avv.* (*scherz*) rather, somewhat: *è simpatica* ~ she's rather nice.

anzidetto *a.* above-mentioned, aforesaid, aforementioned.

anzitempo *avv.* before one's time, prematurely: *invecchiare* ~ to age prematurely; *morire* ~ to die before one's time.

anzitutto *avv.* first of all, first and foremost.

aoristo *m.* (*Gramm*) aorist.

aorta *f.* (*Anat*) aorta.

aortite *f.* (*Med*) aortitis.

aortografia *f.* (*Med*) aortography.

aostano I *a.* of Aosta, from Aosta. II *m.* (*f.* -**a**) (*originario*) native of Aosta; (*abitante*) inhabitant of Aosta.

apache /a'paʃ/ *m./f.inv.* 1 Apache. 2 (*rar,ant*) (*teppista parigino*) Parisian hoodlum.

apartheid /apar'tajd/ *m.* apartheid.

apartiticità *f.* independence from political parties (*posposto*).

apartitico (*pl.* -**ci**) *a.* non-party (*attr.*), independent from political parties (*posposto*).

apatia *f.* apathy, indifference, inertia.

apaticamente *avv.* apathetically.

apatico (pl. **-ci**) a. apathetic, indifferent.
apatite f. (Min) apatite.
ape f. (Entom) bee, (maschio) drone, male bee. □ (Entom) ~domestica (o ~mellifera) bee, honeybee; (Entom) ~ operaia worker bee; (Entom) ~regina queen bee.
Ape f.inv. (Aut) Ape van, Piaggio Ape.
aperiodicità f. aperiodicity (anche Fis).
aperiodico (pl. **-ci**) a. aperiodic (anche Fis).
aperitivo m. aperitif: l'ora dell'~ aperitif time.
apersi → **aprire**.
apertamente avv. openly, frankly, plainly.
aperto I a. 1 open: un locale ~ tutta la notte a place that stays open all night; una finestra aperta an open window; una busta aperta an open envelope. 2 (rif. a rubinetti e sim.) on, running, turned on, switched on, (Am) open: un rubinetto ~ a running tap; un microfono ~ an open microphone. 3 (Strad) (accessibile) clear. 4 (fig) (non concluso) open, unsettled, hanging: una questione aperta an open question. 5 (ampio, spazioso) open: vivere in aperta campagna to live in the open country. 6 (fig) (estroverso) open, demonstrative. 7 (fig) (palese) open, obvious: un'aperta discussione an open discussion. 8 (fig) (schietto) open, straightforward, frank: faccia aperta open face. 9 (fig) (vigile) open: tieni occhi e orecchie aperti keep your eyes and ears open. 10 (fig) (perspicace, ricettivo) alert, quick, receptive, open: intelligenza aperta quick intelligence; ~ ai suggerimenti open to suggestions; una mente aperta an open mind. 11 (fig) (vulnerabile) vulnerable. 12 (Inform) open: una finestra aperta an open window. 13 (Ling) open: vocale aperta open vowel. 14 (Mat) open. 15 (Comm) open: conto ~ open account. 16 (Mil) open: città aperta open city. II avv. openly, frankly, plainly. III m. open: all'~ out, in the open, outdoors. □ ~al pubblico open to the public; (Strad) ~al traffico open; essere in apertarivolta to be in open revolt;tenere ~ to keep open.
apertura f. 1 (l'aprire) opening. 2 (fenditura) cleft, crack, slit. 3 (spazio aperto) gap, opening: ~ di una siepe gap in a hedge. 4 (buco) hole, opening: praticare un'~ nel muro to make a hole in the wall. 5 (ingresso) mouth, entrance: ~ di una grotta mouth of a cave. 6 (ampiezza) span (anche Edil). 7 (inizio dei lavori) opening, beginning: ~ del parlamento opening of Parliament; ~ dei negoziati beginning of negotiations; in ~ di seduta at the opening of the meeting. 8 (inaugurazione) opening: l'~ di una autostrada the opening of a motorway; l'~ della caccia the opening of the shooting season; discorso di ~ opening speech. 9 (inizio) outbreak: ~ delle ostilità outbreak of hostilities. 10 (Comm,Econ) opening: ~ di un conto opening of an account. 11 (Pol) opening, co-operation: ~ a sinistra opening to the left. 12 (Fot) aperture. 13 (rif. a una partita spec. negli scacchi) opening. 14 (Sport) pass. □ (Aer) ~alare wing span, wing-span; ~d'ali wing spread; (Mil) ~del fuoco opening of fire; (Dir) ~del procedimento opening of proceedings; (Pol) ~della crisi (ministeriale) beginning of a cabinet crisis; (Aer) ~dell'ala wing span, wing-span; ~ delle scuole opening of the schools, beginning of school, beginning of the school year; (Fot) ~di diaframma aperture, stop, diaphragm; (Econ,Comm) l'~di nuovi mercati the opening up of new markets; (Dir) ~di un testamento reading of a will; (Econ) ~in rialzo up; (Econ) ~in ribasso down; (fig) ~mentale open-mindedness, broadmindedness; (Fot,Ott) ~numerica f-number.

apetalo a. (Bot) apetalous.
apiario m. apiary, beehive.
apiaristico (pl. **-ci**) a. apiarian, relating to beekeeping (posposto).
apicale a. 1 (Biol) apical: (Bot) meristema ~ apical meristem; (Anat) dominanza ~ apical dominance. 2 (Fon) apical: suono ~ apical sound.
apice m. 1 apex, summit, top. 2 (fig) height, culmination, apex, climax: essere all'~ della gloria to be at the height of one's glory. 3 (Anat,Bot,Astr) apex. 4 (Tip) (esponente) superscript. 5 (Ling) apostrophe. □ (Anat) ~ di radice dentaria tooth apex; (Anat) ~polmonare apex of the lung; (Astr) ~solare solar apex.
apicoltore m. (f. **-trice**) beekeeper, apiarist.
apicoltura f. beekeeping, apiculture.
apione m. (Entom) apion.
apiressia f. (Med) apyrexy.
apiretico (pl. **-ci**) a. (Med) apyretic, afebrile, apyrexial, (colloq) without fever (posposto).
aplanatico (pl. **-ci**) a. (Fis) aplanatic.
aplasia f. (Med) aplasia.
aplomb /a'plɔmb/ m.inv. (disinvoltura, sicurezza) self-assurance, self-possession, aplomb.
apnea f. (Med) apnoea, (Am) apnea, (colloq) stopping breathing. □ in ~: 1 without breathing, holding one's breath; 2 (Sport) without breathing apparatus.
apnoico (pl. **-ci**) a. (Med) apnoeic, (Am) apneic.
apocalisse ,apocalissi f. 1 (Bibl) Revelation. 2 (fig) apocalypse, total destruction.
apocalittico (pl. **-ci**) a. 1 (Bibl) apocalyptic. 2 (fig) apocalyptic.
apocopare (apòcopo) v.t. (Gramm) to apocopate.
apocope f. (Gramm) apocope.
apocrifo I a. 1 apocryphal. 2 (Bibl) apocryphal. II m. Apocrypha (anche Bibl).
apocromatico (pl. **-ci**) a. (Ott,Fis) apochromatic.
apocromatismo a. (Ott,Fis) apochromatism.
apodittico (pl. **-ci**) a. 1 (Filos) apodictic, apodeictic. 2 (estens) (evidente, irrefutabile) apodictic, apodeictic, undeniable, indisputably true.
apodo a. (Zool) apodal, apodous.
apodosi f. (Gramm) apodosis.
apofisario a. (Biol) apophysial.
apofisi f. (Biol,Min) apophysis.
apofonia f. (Ling) ablaut, apophony.
apogeo I m. 1 (Astr) apogee. 2 (fig) (apice) height, climax, apogee, culmination: arrivare all'~ della gloria to reach the height of glory. II a. (Astr) apogean.
apografo m. apograph.
apolare a. (Biol) apolar.
apolide I a. (Dir) stateless; (costretto a forza) displaced. II m./f. (Dir) stateless person; (costretto a forza) displaced person.
apoliticità f. indifference toward politics, nonpolitical nature.
apolitico (pl. **-ci**) a. apolitical, non-political.
apollineo a. Apollonian: bellezza apollinea Apollonian beauty.
apollo m. 1 (fig) (di straordinaria bellezza) Apollo, handsome man, a greek god, an Adonis. 2 (Zool) apollo butterfly.
Apollo m.pr.m. (Mitol) Apollo: bello come un ~ as handsome as Apollo. □ (Mitol) ~ delfico Delphic Apollo; (Mitol) ~pizio Pythian Apollo.
apologeta m./f. apologist (anche Rel).
apologetica f. apologetics (costr.sing.) (anche Rel).

apologetico (pl. **-ci**) a. apologetic (anche Rel).
apologia f. apologia, apology (anche Rel). □ (Dir) ~di reato illegal apology of crime; (fig) fare l'~ di qcu. to defend so.
apologista m./f. apologist (anche Rel).
apologo m. apologue.
aponeurosi f. (Anat) aponeurosis.
aponeurotico (pl. **-ci**) a. (Anat) aponeurotic.
aponevrosi f. (Anat) aponeurosis.
aponevrotico (pl. **-ci**) a. (Anat) aponeurotic.
apoplessia f. (Med) apoplexy.
apoplettico (pl. **-ci**) I a. (Med) apoplectic: colpo ~ apoplectic fit. II m. (f. **-a**) (Med) apoplectic.
aporia f. aporia.
apostasia f. apostasy.
apostata m./f. apostate.
apostatare (apòstato) aus. **avere** v.i. (Rel) to apostatize.
a posteriori I a. (Filos) a posteriori. II avv. (Filos) a posteriori.
apostolato m. 1 (Rel) (proprio dei dodici apostoli) apostleship, apostolate: ~ laico lay apostolate. 2 (fig) mission, apostolate.
apostolicamente avv. (Rel) apostolically.
apostolicità f. (Rel) apostolicity.
apostolico (pl. **-ci**) a. 1 apostolic, apostolical (anche fig). 2 (papale) papal, of the Pope (posposto), apostolic: benedizione apostolica Papal blessing.
apostolo m. 1 (Bibl) Apostle. 2 (estens) apostle. □ l'~delle genti (Paolo) the Apostle to the Gentiles.
apostrofare 1 (apòstrofo) v.t. 1 (rimproverare) to reproach, to reprimand, to criticize, to tell off. 2 (rivolgere la parola) to address.
apostrofare 2 (apòstrofo) v.t. (Gramm) to apostrophize.
apostrofo m. (Gramm) apostrophe.
apotema m. (Geom) apothem.
apoteosi f. 1 apotheosis, deification: l'~ di Cesare the deification of Caesar. 2 (Teat) grand finale. 3 (fig) apotheosis, triumph.
appacificare (appacìfico, appacìfichi) I v.t. 1 to reconcile. 2 (calmare) to appease, to pacify. II v.pron. **appacificarsi** to become reconciled.
appagabile a. 1 satisfiable: un desiderio facilmente ~ a desire that can easily be satisfied. 2 (di fame, sete) satiable.
appagamento m. (l'appagare) satisfaction, gratification, fulfilment.
appagare (appàgo, appàghi) I v.t. 1 to satisfy, to gratify, to fulfil, (Am) to fulfill: ~ i desideri di qcu. to satisfy so.'s desires; questo libro non mi appaga this book does not satisfy me. 2 (fig,lett) to soothe, to calm: ~ la propria coscienza to soothe one's conscience. II v.pron. **appagarsi** (rar) to be content (di with), to be satisfied (di with), content oneself (di with). □ ~ lafame to appease one's hunger; ~ lasete to quench, to quench one's thirst.
appagato a. satisfied, content, fulfilled, gratified: sentirsi ~ to feel satisfied.
appaiamento m. coupling, pairing.
appaiare (appàio, appài) I v.t. 1 to pair, to couple, to match: ~ due lampade to match two lamps; ~ due buoi to couple two oxen; ~ due guanti to pair two gloves. 2 (lett) (uguagliare) to equal. II v.pron. **appaiarsi** (Zool) 1 (accoppiarsi) to mate. 2 (unirsi) to form a pair.
appaiato a. coupled, paired, matched: bene ~ well-matched; male ~ badly-matched.
appaio → **apparire**.

Appalachi *n.pr.m.pl.* (*Geog*) (the) Appalachian Mountains, (the) Appalachians.

appallottolare (**appallòttolo**) **I** *v.t.* **1** to form (sth.) into a ball, to ball. **2** (*rif. a carta*) to scrunch up, to crumple up. **II** *v.pron.* **appallottolarsi 1** (*raggrumarsi*) to go lumpy. **2** (*raggomitolarsi*) to curl up, to roll up into a ball.

appaltante *a.* contracting.

appaltare (**appàlto**) *v.t.* **1** to contract out, to put (sth.) out to contract, to farm out: ~ *un lavoro a qcu.* to contract a job out to so. **2** (*rar*) (*prendere in appalto*) to contract, to undertake, to undertake (sth.) on contract.

appaltatore I *m.* (*f.* **-trice**) **1** (*rar*) (*chi dà in appalto*) lessor. **2** (*chi prende in appalto*) contractor. **II** *a.* contracting: ~ *edile* building contractor; *azienda appaltatrice* contracting company.

appalto *m.* **1** contract. **2** (*il dare in appalto*) allocation on contract, putting out to contract. **3** (*il prendere in appalto*) contracting. □ ~ *chiavi in mano* turn-key contract; *l'~ dei lavori è stato assegnato alla nostra ditta* the work contract has been awarded to our company; ~ *edile* building contract; *in* ~ on contract: *dare in* ~ to contract out, to farm out; *prendere in* ~ *un lavoro* to take a job on contract; *concorrere per l'*~ *di qcs.* to make a tender for sth., to put a bid in for sth.; *appalti pubblici* public works contracts.

appannaggio *m.* **1** appanage, apanage; (*compenso annuo*) annuity. **2** (*fig*) (*prerogativa*) prerogative.

appannamento *m.* **1** (*rif. a vetri*) misting over, steaming up. **2** (*rif. a metalli*) tarnishing. **3** (*della vista*) blurring.

appannare (**appànno**) **I** *v.t.* **1** (*rif. a vetri*) to mist over, to mist up, to steam, to steam up: ~ *uno specchio con l'alito* to mist up a mirror by breathing on it. **2** (*rif. a metalli*) to tarnish. **3** (*rif. alla vista*) to blur. **4** (*rif. alla voce*) to make husky, to make throaty. **5** (*fig*) (*oscurare, annebbiare*) to dim, to obscure, to dull, to slow: *l'ignoranza appanna l'intelletto* ignorance obscures the intellect. **II** *v.pron.* **appannarsi 1** (*rif. a vetri*) to steam up, to mist over, to mist up. **2** (*rif. a metalli*) to tarnish. **3** (*rif. alla vista*) to grow dim, to blur. **4** (*rif. alla voce*) to grow husky, to grow throaty. **5** (*fig*) (*oscurarsi, annebbiarsi*) to dim, to obscure, to dull, to slow.

appannato *a.* **1** misted over, misted up, steamed up: *il parabrezza è* ~ (*Br*) the windscreen is misted over, (*Am*) the winshield has fogged up. **2** (*rif. a metalli*) tarnished. **3** (*rif. alla vista*) blurry, bleary. **4** (*fig*) (*confuso, annebbiato*) dim, confused.

apparato *m.* **1** (*Tecn*) equipment, apparatus: ~ *elettrico* electrical equipment. **2** (*collett.*) (*fig*) apparatus, machinery: ~ *burocratico* bureaucratic machinery. **3** (*Anat,Biol*) apparatus, system: ~ *respiratorio* respiratory apparatus, respiratory system; ~ *sensorio* sensory apparatus, sense organs. **4** (*addobbo*) array, display: ~ *solenne* solemn array; *un grande* ~ *di forze* a great display of forces. **5** (*Filol*) apparatus: ~ *critico* apparatus criticus, critical apparatus. □ (*Anat*) ~ *cardiovascolare* cardiovascular system; (*Anat*) ~ *circolatorio* circulatory system; ~ *del partito* party apparatus; (*Anat*) ~ *digerente* digestive apparatus; (*Anat*) ~ *escretore* excretory system; (*burocr*) ~ *giudiziario* legal apparatus; (*Anat*) ~ *locomotore* locomotor system; (*Anat*) ~ *respiratorio* respiratory system; (*Teat*) ~ *scenico* set, stage.

apparecchiare (**apparécchio**, **apparécchi**) *v.t.* **1** to lay, to set: ~ *la tavola* to lay the

table, to set the table; (*assol.*) ~ *per tre persone* to lay the table for three. **2** (*Tess*) to dress. **3** (*lett*) (*preparare*) to prepare, to get ready.

apparecchiato *a.* **1** (*rif. a tavola*) laid, set. **2** (*lett*) (*pronto*) prepared, ready.

apparecchiatura *f.* **1** (*Tecn*) equipment: ~ *elettrica* electrical equipment. **2** (*Tess*) dressing. **3** (*Edil*) bond. **4** (*rar*) (*preparazione*) preparation. □ (*Tecn*) ~ *aggiuntiva* hangon; (*Aer*) ~ *di bordo* avionics (*costr.sing.*).

apparecchio *m.* **1** (*Tecn*) apparatus, set; (*strumento*) instrument; (*congegno*) device, appliance: ~ *di misurazione* measuring instrument. **2** (*telefono*) telephone: ~ *da tavolo* table telephone; ~ *da parete* wall telephone. **3** (*Dent,colloq*) brace, (*Am*) braces *pl.* **4** (*ant*) (*aereo*) plane, aeroplane, (*Am*) airplane, aircraft. □ (*Rad*) ~ *a modulazione di frequenza* FM radio; (*Rad*) ~ *a onde corte* shortwave radio; ~ *acustico* hearing aid; (*Tel, ant*) *chi è all'*~? who is speaking?; *rimanga all'*~ hold the line, please; (*colloq*) hang on, please; (*Aer,rar*) ~ *da combattimento* fighter; (*Mecc*) ~ *di comando* control apparatus; ~ *di controllo* control apparatus; (*Fot*) ~ *fotografico* camera; (*Med*) ~ *gessato* plaster; *apparecchi igienico-sanitari* bathroom fittings, bathroom furniture (*costr.sing.*); (*Med*) ~ *ortodontico* brace, (*Am*) braces (*pl.*); (*Chir*) ~ *ortopedico* (*Br*) orthopaedic appliance, orthopaedic device, (*Am*) orthopedic appliance, orthopedic device; (*Med*) ~ *per radiografia* X-ray machine, radiographic apparatus; (*Rad*) ~ *radio* receiver, radio; ~ *ricevente* receiver; ~ *televisivo* television set, TV set; ~ *trasmittente* transmitter.

apparentamento *m.* (*Pol*) election alliance, election agreement.

apparentare (**apparènto**) **I** *v.t.* (*rar*) (*imparentare*) to relate (so. through marriage). **II** *v.pron.* **apparentarsi 1** (*rar*) (*imparentarsi*) to become related. **2** (*Pol*) to form an election alliance.

apparentato *a.* (*rar*) related (*con* to).

apparente *a.* **1** (*manifesto*) apparent, clear. **2** (*di facciata*) apparent, seeming: *calma* ~ apparent calm. **3** (*Mat*) improper: *frazione* ~ improper fraction.

apparentemente *avv.* apparently, seemingly.

apparenza *f.* **1** outward appearance, appearances *pl.*: *giudicare dall'*~ to judge from appearances, to judge by appearances; (*ant*) *tutte le apparenze gli sono contrarie* (all) appearances are against him. **2** (*aspetto*) appearance, aspect, look: *un uomo di bell'*~ a good-looking man. **3** (*traccia*) trace, scrap: *nelle sue parole non c'è* ~ *di vero* there's not a scrap of truth in what he says. **4** (*trucco*) sham. □ *all'*~ to all appearances, apparently, seemingly; *in* ~ to all appearances, apparently, seemingly; *stare alle apparenze* to go by appearances. *Prov.*: *l'*~ *inganna* appearances can be deceptive.

apparigliare (**appariglio**, **apparìgli**) *v.t.* to couple, to pair.

apparire (*pres.ind.* **appàio** /rar,lett **apparì-sco**, **appàri**, **appàre**, **appariàmo**, **appa-rìte**, **appàiono**; *p.rem.* **apparì/apparvi** /rar **appàrsi**; *pres.cong.* **appàia** /rar,lett **apparì-sca**, **appariàmo**, **appariàte**, **appàiano**; *p.pres.* **apparènte**; *p.p.* **appàrso** /rar,lett **appa-rìto**; *aus.* **essere**) *v.i.* **1** to appear, to come into view: ~ *in sogno a qcu.* to appear to so. in a dream; *il sole è apparso all'orizzonte* the sun appeared on the horizon. **2** (*apparire poco chiaramente*) to loom (up): *un'isola apparve nella nebbia* an island loomed in

the mist. **3** (*dimostrarsi*) to prove, to show. **4** (*sembrare*) to seem, to look: *voleva* ~ *elegante* he wanted to look smart; *appariva stanco* he looked tired. **5** (*manifestarsi*) to break out, to develop.

appariscente *a.* **1** (*che dà nell'occhio*) showy, dolled-up, glitzy: *una donna* ~ a dolled-up woman. **2** (*rif. a colori, decorazioni*) gaudy, garish: *un vestito* ~ a gaudy dress. **3** (*estens*) (*rif. a donna: avvenente*) striking.

appariscenza *f.* **1** striking appearance. **2** (*rif. a colori*) gaudiness.

apparizione *f.* **1** (*rif. a fenomeni soprannaturali, celesti*) apparition: *l'*~ *di una cometa* the apparition of a comet; ~ *degli spiriti* the apparition of the spirits. **2** (*comparsa: spec. in pubblico*) appearance: *era la prima* ~ *inglese del gruppo* it was the band's first British appearance; *un'*~ *fugace* a fleeting appearance.

apparsi → **apparire**.

apparso → **apparire**.

appartamento *m.* **1** (*Br*) flat, (*Am*) apartment: ~ *sfitto* vacant flat. **2** (*in un condominio*) (*Br*) flat (in a block), (*Am*) condominium, condo. □ ~ *ammobiliato* (o ~ *arredato*) (*Br*) furnished flat, (*Am*) furnished apartment; ~ *da affittare* (*Br*) flat to let, (*Am*) apartment for rent; ~ *da scapolo* batchelor's pad; ~ *da vendere* (*Br*) flat for sale, flat to be sold, (*Am*) apartment for sale; ~ *di rappresentanza* state apartment; *abitare in un* ~ *in affitto* (*Br*) to live in a rented flat, (*Am*) to live in a rented apartment.

appartare (**appàrto**) **I** *v.t.* to set apart. **II** *v.pron.* **appartarsi** to stand aloof, to withdraw, to retire: *appartarsi da tutti* to stand aloof from everyone; *appartarsi nella stanza vicina* to withdraw into the next room.

appartato *a.* **1** (*rif. a persona*) apart (*pred.*), aloof (*pred.*): *vivere* ~ to live apart. **2** (*rif. a luogo*) secluded, solitary, isolated, backwoods.

appartenente I *a.* belonging (*a* to). **II** *m./f.* member.

appartenenza *f.* **1** (*l'appartenere*) membership, belonging: ~ *a un partito politico* membership of a political party. **2** *pl.* (*rar, estens*) (*accessori*) appurtenances: *la villa fu venduta con tutte le appartenenze* the villa was sold complete with all its appurtenances.

appartenere (*pres.ind.* **appartèngo**, **appartièni**; *p.rem.* **apparténni**; *p.p.* **appartenùto**; *aus.* **essere/avere**) *v.i.* **1** to belong (*a* to): *questa casa mi appartiene* this house belongs to me; *appartiene a una nobile famiglia piemontese* he belongs to a noble Piedmont family. **2** (*essere iscritto a un'associazione*) to be a member (*a* of): *appartengo al circolo filatelico* I am a member of the stamp club. **3** (*spettare, riguardare*) to be (*a* for), to be up (*a* to): *non appartiene a te giudicare il mio operato* it is not up to you to judge my work.

appartengo → **appartenere**.
appartenni → **appartenere**.
apparvi → **apparire**.

appassimento *m.* **1** (*Bot*) withering, shrivelling. **2** (*fig*) (*rif. a bellezza*) fading; (*rif. a entusiasmo*) withering.

appassionante *a.* **1** (*emozionante*) exciting, thrilling. **2** (*avvincente*) engrossing, absorbing.

appassionare (**appassióno**) **I** *v.t.* **1** (*entusiasmare*) to thrill, to stir: *è un attore che appassiona il pubblico* he is an actor who thrills his audience. **2** (*commuovere*) to move, to touch: *la disgrazia appassionò la cittadinanza* the town was moved by the tragedy. **II** *v.pron.* **appassionarsi** (*entusiasmarsi*) (*Br*) to be keen (*a, per* on), (*Am*) to be a fan of: *appassionarsi alla musica* to be keen on music.

appassionatamente *avv.* passionately, ardently, impassionedly.

appassionato I *a.* **1** impassioned, passionate: *parole appassionate* impassioned words; *sguardo ~* passionate look. **2** (*entusiasta*) fond (*di, per, a* of), (*Br*) keen (*di, per, a* on), passionate (*di, per, a* about), (*Am*) crazy (*di, per, a* for, about). **3** (*parziale*) biased, biassed: *giudizio ~* biased judgement. **II** *m.* (*f.* **-a**) fan, lover, enthusiast, buff: *è un ~ di calcio* he is a football fan; *essere un ~ di musica classica* to be a classical music buff.

appassire (**appassìsco, appassìsci**) **I** *v.i.* (*aus.* **essere**) **1** to wither, to shrivel: *i fiori sono appassiti* the flowers have withered. **2** (*fig,lett*) to fade, to fade away: *la sua bellezza appassì presto* her beauty soon faded. **II** *v.t.* (*rar*) (*fare appassire*) to dry: *~ l'uva* to dry grapes.

appassito *a.* **1** faded, withered: *foglia appassita* withered leaf. **2** (*rif. a uva*) dried. **3** (*fig*) faded: *bellezza appassita* faded beauty; (*rif. al volto*) wizened.

appellabile *a.* (*Dir*) appealable.

appellabilità *f.* (*Dir*) appealability.

appellante I *a.* (*Dir*) appellant, appealing. **II** *m./f.* (*Dir*) appellant.

appellare (**appèllo**) **I** *v.t.* (*lett*) to call, to name. **II** *v.pron.* **appellarsi 1** to appeal (*a* to), to make an appeal (*a* to): *appellarsi alla generosità di qcu.* to appeal to so.'s generosity. **2** (*Dir*) to appeal (*da, contro* against), to make an appeal (*da, contro* against): *appellarsi contro una sentenza* to appeal against a decision.

appellativo I *a.* **1** (*Dir*) appeal (*attr.*), appellate. **2** (*Gramm*) appellative. **II** *m.* **1** appellation, appellative. **2** (*epiteto*) nickname, epithet.

appellato *m.* (*f.* **-a**) (*Dir*) appellee.

appellatorio *a.* (*Dir*) appeal (*attr.*), of appeal (*posposto*).

appello *m.* **1** (*invocazione*) appeal: *rivolgere un ~ alla cittadinanza* to make an appeal to the population: *~ per la pace* appeal for peace. **2** (*preghiera*) plea. **3** (*chiamata per la presenza*) roll call: *fare l'~* to call the roll, to call the register; *rispondere all'~* to answer the roll call. **4** (*Dir*) appeal. **5** (*Univ*) exam session. □ *mancare all'~* to be absent; (*Dir*) *~civile* civil appeal; *fare ~ a tutte le proprie forze* to summon up all one's strength, to muster all one's strength; *fare ~ al buonsenso di qcu.* to appeal to so.'s common sense; (*Dir*) *respingere una sentenza in ~* to quash a sentence on appeal; *ricorrere in ~* to appeal, to file an appeal; (*Dir*) *~incidentale* interlocutory appeal; (*Parl*) *~nominale* roll-call for voting, roll call; (*Dir*) *~penale* criminal appeal; *senza ~* not appealable, unappealable, final.

appena I *avv.* **1** (*a stento*) hardly, barely, scarcely: *potevo ~ muovermi* I could hardly move. **2** (*poco*) scarcely, only, just, just, barely: *mosse ~ le labbra* his lips barely moved. **3** (*rif. a tempo: da poco*) just: *questo libro è ~ uscito* this book has just come out. **4** (*soltanto*) only, only just: *sono ~ le sette* it's only just seven. **5** (*non più di*) merely, as little as, just: *ho speso ~ quattro euro* I spent just four euros. **II** *congz.* (*subito dopo che*) as soon as, just, no sooner: *ero ~ entrato quando squillò il telefono* I had just entered when the tele-

phone rang, no sooner had I entered than the telephone rang; *~ saprò qcs. ti scriverò* as soon as I hear sth. I will write to you. □ *non ~* as soon as: *non ~ saprò qcs. ti scriverò* as soon as I hear sth. I will write to you; *~ possibile* as soon as possible.

appendere (**appési, appéso**) *v.t.* **1** to suspend, to hang, to hang up: *~ un quadro alla parete* to hang a picture on the wall. **2** (*attaccare: con puntine*) to pin up; (*con adesivo*) to stick up. **3** (*lett*) (*impiccare*) to hang: *lo appesero a un albero* they hanged him from a tree. □ (*fig*) *~al chiodo* (*ritirarsi*) to hang up: *~ al chiodo la racchetta* to hang up one's racket; *~ i guantoni al chiodo* to hang up one's gloves, to hang up one's boxing gloves; (*fig*) *~ qcu.al muro* to pin so. to the wall.

appendiabiti *m.inv.* **1** (*gruccia*) dress hanger, clothes hanger, coat hanger, hanger. **2** (*attaccapanni: a stelo*) clothes-stand; (*a gancio*) clothes-hook.

appendice *f.* **1** appendix; (*rif. a scritti, pubblicazioni*) supplement, appendix, addendum: *l'~ di un settimanale* the supplement to a weekly paper; *~ a un contratto* appendix to a contract. **2** (*Anat*) appendix. **3** (*Biol,Zool*) appendage. □ (*Anat*) *~cecale* vermiform appendix; (*Anat*) *~vermiforme* vermiform appendix.

appendicectomia *f.* (*Chir*) appendicectomy, appendectomy.

appendicite *f.* (*Med*) appendicitis: *~ acuta* acute appendicitis.

appendicolare *a.* **1** (*Biol,Zool*) appendicular. **2** (*Anat*) appendicular, appendiceal.

appendigonna *m.inv.* skirt hanger.

Appennini *n.pr.m.pl.* (*Geog*) Apennines: *la catena degli Appennini* the Apennine chain.

appenninico (*pl.* **-ci**) *a.* (*Geog*) Apennine.

Appenzell , Appenzello *n.pr.m.* (*Geog*) (*cantone svizzero*) Appenzell. □ (*Geog*) *~Esterno* Appenzell Outer-Rhodes; (*Geog*) *~Interno* Appenzell Inner-Rhodes.

appercettivo *a.* (*Filos,Psic*) apperceptive.

appercezione *f.* (*Filos,Psic*) apperception.

appesantimento *m.* **1** (*l'appesantire*) loading, burdening. **2** (*pesantezza*) weight, heaviness.

appesantire (**appesantìsco, appesantìsci**) **I** *v.t.* **1** to make (sth.) heavier, to weigh (sth.) down, to load. **2** (*fig*) (*rendere torpido*) to dull, to weigh (sth.) down: *la stanchezza mi appesantiva le membra* weariness weighed down my limbs. **II** *v.pron.* **appesantirsi 1** (*mettere su peso*) to grow heavy, to put on weight. **2** (*fig*) to become heavier, to be heavier. □ *~lo stomaco con troppo cibo* to overload the stomach with food, to overeat.

appesi → **appendere**.

appeso → **appendere**. *a.* hanging, hung: *essere ~* to hang. □ (*fig*) *essere ~a un filo* to be hanging by a thread.

appestare (**appèsto**) *v.t.* **1** (*affliggere*) to plague, to infect. **2** (*riempire di cattivo odore*) to pollute, to make (sth.) stink: *le esalazioni delle fabbriche appestano l'aria* factory fumes pollute the air; *~ una stanza con il fumo del sigaro* to make a room stink with cigar smoke. **3** (*fig*) (*corrompere*) to corrupt.

appestato I *a.* **1** (*infetto*) infected, tainted (*anche fig*). **2** (*fetido*) stinking, polluted. **II** *m.* (*f.* **-a**) plague victim.

appetente *a.* **1** desirable. **2** (*scherz*) (*piacente*) attractive.

appetibile *a.* **1** desirable. **2** (*scherz*) (*piacente*) attractive.

appetibilità *f.* desirability.

appetire (**appetìsco, appetìsci**) **I** *v.t.* (*lett*) to desire, to long for, to crave for. **II** *v.i.* (*aus.* **avere**) (*lett*) to whet one's appetite (*anche fig*), to stimulate one's appetite: *è un piatto che appetisce* it is a dish that whets your appetite.

appetitivo *a.* (*Filos*) appetitive.

appetito *m.* appetite (*anche fig*): *soddisfare i propri appetiti* to satisfy one's appetite; *avere ~* to have a healthy appetite; *perdere l'~* to lose one's appetite; *stuzzicare l'~* to whet one's appetite (*anche fig*). □ *Prov.: l'~ vien mangiando* good food whets one's appetite.

appetitoso *a.* **1** appetising, (*Am*) appetizing. **2** (*fig*) (*attraente*) attractive.

appetizione *f.* (*Filos*) appetition.

appetto □ (*lett*) *~a* : **1** (*di fronte*) opposite; **2** (*a paragone di*) in comparison with.

appezzamento *m.* (*Agr*) plot, lot, allotment.

Appia *n.pr.f.* (*Via Appia*) Appian Way.

appianabile *a.* **1** (*piano*) smoothable. **2** (*fig*) (*risolvibile*) smoothable, resolvable, that can be settled (*posposto*), that can be smoothed out (*posposto*).

appianamento *m.* **1** levelling, smoothing. **2** (*fig*) settlement, smoothing out.

appianare (**appiàno**) *v.t.* **1** to level, to smooth: *~ un terreno* to level a piece of ground. **2** (*fig*) (*risolvere*) to smooth out, to iron out, to remove: *~ una difficoltà* to smooth out a difficulty.

appianatoia *f.* (*Edil*) float.

appianatoio *m.* (*Agr*) roller.

appiattarsi (**mi appiàtto**) *v.pron.* to crouch, to crouch down, to hide, to hide oneself: *~ dietro una siepe* to crouch behind a hedge.

appiattimento *m.* **1** levelling, flattening. **2** (*Econ*) levelling, levelling out: *~ degli stipendi* levelling of wages. **3** (*Astr*) oblateness.

appiattire (**appiattìsco, appiattìsci**) **I** *v.t.* to level, to flatten. **II** *v.pron.* **appiattirsi** to become flat, to flatten.

appiattito *a.* flat, level: *naso ~* flat nose.

appiccagnolo *m.* (*rar,lett*) **1** (*gancio*) hook, peg. **2** (*pretesto*) pretext, cavil, loophole.

appiccare (**appìcco, appìcchi**) **I** *v.t.* (*rar*) (*appendere*) to hang, to hang up, to affix: *~ un cartello alla porta* to hang a sign on the door. **2** (*impiccare*) to hang. **3** (*lett*) (*cominciare*) to set off, to start: *~ guerra* to start a war. **II** *v.pron.* **appiccarsi** (*rar*) (*impiccarsi*) to hang oneself. □ *~il fuoco a qcs.* to set fire to sth., to set sth. on fire.

appiccicare (**appìccico, appìccichi**) **I** *v.t.* **1** to stick, to glue, to gum: *~ qcs. al muro* to stick sth. on the wall; *~ un francobollo* to stick on a stamp. **2** (*fig*) (*rifilare*) to palm off, to fob off, to foist, to pass off: *~ una moneta falsa a qcu.* to palm off a bad coin on so. **3** (*fig,rar*) (*appioppare*) to give, to deal, to administer: *~ un ceffone a qcu.* to give so. a slap. **II** *v.i.* (*aus.* **avere**) **1** (*essere attaccaticcio*) to be sticky. **2** (*rif. a carta, francobollo*) to stick, to stick on: *questo francobollo non appiccica* this stamp won't stick on. **III** *v.pron.* **appiccicarsi** to stick, to cling (*anche fig*).

appiccicaticcio *a.* **1** sticky. **2** (*rif. ad ambiente umido*) clammy, sticky. **3** (*fig*) (*rif. a persona*) clinging.

appiccicato *a.* sticked, glued, gummed. □ (*fig,colloq*) *essere ~con lo sputo* (*di cosa che non tiene*) to be patched up, to be hanging by a thread; (*fig*) *stare sempre ~ a qcu.* to be always tagging on to so.

appiccicatura *f.* **1** sticking, join. **2** (*unione mal fatta*) bad join, botch.

appiccicoso *a.* **1** sticky: *dita appiccicose*

di miele fingers sticky with honey. **2** (*fig*) (*rif. a persona*) clinging.

appicco¹ (*pl.* **-chi**) *m.* **1** (*rar*) (*gancio*) peg, hook. **2** (*lett,fig*) pretext, cavil; (*occasione*) chance.

appicco² (*pl.* **-chi**) *m.* sheer rock face, perpendicular.

appiè ☐ (*lett*) ~ *di* at the bottom of, at the foot of: ~ *dell'altare* at the foot of the altar.

appiedamento *m.* dismounting.

appiedare (**appièdo**) *v.t.* to dismount: ~ *la cavalleria* to dismount the cavalry.

appiedato *a.* **1** dismounted. **2** (*senza mezzi di trasporto*) on foot (*posposto*), without means of transport (*posposto*).

appieno *avv.* fully, quite, thoroughly, completely: *comprendere ~ la situazione* to fully understand the situation.

appigionamento *m.* (*ant*) letting, renting.

appigionare (**appigióno**) *v.t.* (*ant*) **1** (*dare a pigione*) to let: *si appigionano tre stanze* three rooms to let. **2** (*prendere a pigione*) to rent.

appigliarsi (**mi appìglio, ti appìgli**) *v.pron.* **1** (*afferrarsi*) to take hold (*a* of), to cling (*a* to) (*anche fig*): ~ *a un pretesto* to cling to an excuse. **2** (*fig*) (*rif. a fuoco*) to take hold of: *il fuoco si appigliò alla casa vicina* the fire took hold of the neighbouring house.

appiglio *m.* **1** grip, hold. **2** (*fig*) (*pretesto*) pretext, excuse; (*occasione*) occasion.

appiombo I *avv.* plumb, perpendicularly. **II** *m.* perpendicularity, plumb, plumb line: *prendere l'~ di un muro* to plumb a wall.

appioppare (**appiòppo**) *v.t.* **1** to give, to deal, to administer: ~ *un ceffone a qcu.* to give so. a slap. **2** (*dare ingannando*) to palm off, to fob off, to foist, to pass off: ~ *una moneta falsa a qcu.* to palm off a bad coin on so. **3** (*Agr*) (*legare le viti a pioppi*) to tie vines to poplars. **4** (*Agr*) (*piantare a pioppo*) to plant with poplars. ☐ ~ *un lavoro a qcu.* to palm off a job on so.; ~ *una multa a qcu.* to paste a fine on so.; ~ *un soprannome a qcu.* to pin a nickname on so., to nickname so.

appisolarsi (**mi appìsolo**) *v.pron.* to doze off, to take forty winks.

applaudire (**applàudo/applaudìsco, applàudi/applaudìsci**) **I** *v.t.* **1** to clap, to applaud; (*a gran voce*) to cheer. **2** (*estens*) (*lodare*) to approve (of), to praise: *tutti applaudirono la tua proposta* everyone approved of your proposal. **II** *v.i.* (*aus.* **avere**) **1** to applaud. **2** (*estens*) (*lodare*) to approve.

applaudito *a.* famous, celebrated.

applauditore I *a.* (*rar*) applauding. **II** *m.* (*f.* **-trice**) (*rar*) applauder.

applauso *m.* **1** applause, clap, clapping: *un ~ a* round of applause; *un bell'~* a big hand; *ricevere un lungo ~* to get a big hand; *conquistarsi l'~ del pubblico* to win the applause of the audience; *applausi scroscianti* (*o applausi fragorosi*) thunderous applause. **2** (*a gran voce*) cheers *pl.* **3** (*elogio*) praise, approval. ☐ ~ *a scena aperta* applause in mid-scene; *fare un ~ a qcu.* to give so. a hand, to put one's hands together for so.; ~ *ritmato* slow handclap, handclap.

applausometro *m.* clapometer.

applet *m.inv.* (*Inform*) applet.

applicabile *a.* applicable. ☐ (*Dir*) ~ *dal primo agosto* in force as from August 1st.

applicabilità *f.* **1** applicability. **2** (*rif. a legge*) enforceability.

applicare (**àpplico, àpplichi**) **I** *v.t.* **1** (*fare aderire*) to apply, to put on, to attach. **2** (*incollando*) to stick on, to affix: ~ *un francobollo a una lettera* to stick a stamp on a let-

---

ter. **3** (*stendere: rif. a colori, pomate*) to apply, to spread. **4** (*cucire: rif. a bottoni*) to sew on. **5** (*rar*) (*accostare*) to bring, to put (sth.) near: ~ *qcs. a qcs.* to bring sth. near sth., to put sth. to sth. **6** (*dare*) to give, to deal, to administer: ~ *uno schiaffo a qcu.* to give so. a slap. **7** (*infliggere*) to apply: ~ *sanzioni* to apply sanctions. **8** (*destinare, impiegare*) to destine. **9** (*mettere in atto*) to enforce, to apply: ~ *il regolamento* to enforce the regulation; ~ *una tassa* to apply a tax; ~ *un articolo del codice civile* to apply an article of the civil code; ~ *una formula* to apply a formula. **II** *v.pron.* **applicarsi 1** (*dedicarsi*) to apply oneself. **2** (*impegnarsi*) to apply oneself, to work hard: *è un alunno che si applica poco* he is a pupil who does not work very hard; *avrei potuto fare meglio se mi fossi applicato un po' di più* I could have done better if I'd applied myself a bit more. ☐ ~ *la mente a qcs.* to apply one's mind to sth.; ~ *i suggerimenti di qcu.* to follow so.'s suggestions; ~ *una legge* to enforce a law.

applicativo *a.* **1** (*applicabile*) applicable. **2** (*Inform*) application (*attr.*): *pacchetto ~* application package; *programma ~* application program.

applicato I *a.* **1** (*diligente*) studious, diligent. **2** (*attaccato*) applied. **3** (*di scienza*) applied: *linguistica applicata* applied linguistics. **II** *m.* (*f.* **-a**) (*rar*) clerk.

applicazione *f.* **1** application: ~ *di una legge fisica* application of a law of physics. **2** (*Dir*) enforcement, application: ~ *di una legge* enforcement of a law; ~ *di una disposizione* application of a provision; ~ *di un'imposta* application of a tax; *la mancata ~ delle leggi vigenti* non-enforcement of existing laws. **3** (*Cosmet*) (*di creme*) application, spreading. **4** (*Sart*) appliqué, trimming. **5** (*fig*) (*impegno*) application, diligence, hard work. **6** (*Inform*) application. ☐ *in ~ della legge* in pursuance of the law, pursuant to the law; (*Inform*) ~ *killer* killer application; ~ *pratica* practical application; (*Scol,ant*) *applicazioni tecniche* handicrafts; (*Inform*) ~ *verticale* vertical application.

applique /ap'plik/ *f.inv.* **1** (*Arred*) wall light, wall washer. **2** (*per candele*) wall sconce.

appoggiacapo *m.inv.* **1** (*pezzo di stoffa*) antimacassar. **2** (*rar*) (*appoggiatesta*) headrest.

appoggiaferro *m.inv.* iron stand, iron rest.

appoggiare (**appòggio, appòggi**) *v.t.* **1** (*accostare*) to lean, to lay, to rest: ~ *una scala al muro* to lean a ladder against the wall; ~ *la testa su un cuscino* to lay one's head on a pillow, to rest one's head on a pillow. **2** (*fig*) (*sostenere*) to support, to back, to back up: ~ *una proposta* to back a proposal; ~ *il candidato* to support the candidate. **3** (*fig*) (*incoraggiare*) to encourage. **4** (*fig*) (*basare, fondare*) to base, to ground: ~ *le proprie affermazioni su dati concreti* to base one's assertions on concrete facts. **5** (*mettere*) to put, to lay: ~ *un libro sul tavolo* to lay a book on the table. **II** *v.i.* (*aus.* **essere**) **1** to rest (*su* on), to stand (*su* on): *la statua appoggia su un piedistallo* the statue stands on a pedestal; *l'arco appoggia su due pilastri* the arch rests on two pillars. **2** (*Sport*) (*nel gioco del calcio*) to pass, to pass the ball. **III** *v.pron.* **appoggiarsi 1** to lean (*a, su* on): *appoggiarsi al braccio di qcu.* to lean on so.'s arm. **2** (*fig*) to rely (*a, su* on), to place one's trust (*a, su* in): *appoggiarsi all'autorità di un testo* to rely on the authority of a text.

appoggiatesta *m.inv.* headrest.

appoggiatoio *m.* **1** support, rest. **2** (*ringhiera*) handrail, banister.

---

appoggiatura *f.* (*Mus*) appoggiatura.

appoggio I *m.* **1** (*sostegno*) support. **2** (*Ginn*) rest, support. **3** (*fig*) (*aiuto*) backing, support, assistance, help, good offices *pl.*: *essere di ~ a qcu.* to give so. one's backing, to give so. one's support. **4** (*fig*) (*approvazione*) approval, endorsement. **5** (*Comm*) (*comprova*) voucher. **6** (*Alp*) foothold. **7** *pl.* (*amicizie influenti*) connections. **II** *a.inv.* (*Mil*) support (*attr.*): *nave ~* support ship. ☐ (*Mil*) ~ *aereo* air support; ~ *finanziario* financial backing; (*fig*) *dare ~ morale a qcu.* to give so. moral support.

appollaiarsi (**mi appollàio, ti appollài**) *v.pron.* **1** to perch, to roost. **2** (*fig*) (*rannicchiarsi*) to squat, to crouch, to crouch down.

appontaggio *m.* (*Aer*) deck landing, landing, landing on an aircraft carrier.

appontare (**appónto**; *aus.* **essere**) *v.i.* (*Aer*) to land, to land on deck.

appoppare (**appóppo**) *v.t.* (*Mar*) to lower the stern of (a boat). **II** *v.pron.* **appopparsi 1** (*Mar*) to be down by the stern. **2** (*Aer*) to be tail heavy.

apporre (*pres.ind.* **appóngo, appóni**; *p.rem.* **appósi**; *p.p.* **appósto**) *v.t.* **1** to affix, to place, to put: ~ *la propria firma a qcs.* to put one's signature to sth., to sign sth. **2** (*estens*) (*aggiungere*) to add: ~ *un'annotazione* to add a note. ☐ ~ *i sigilli* to affix the seals; ~ *il visto* to visa; ~ *la data a una lettera* to put the date on a letter; ~ *un sigillo a qcs.* to set a seal to sth., to affix a seal to sth.; ~ *i sigilli alla porta* to put the seal on the door.

apportare (**appòrto**) *v.t.* **1** (*lett*) to bring, to carry: *il sole ci apporta la luce* the sun brings us light. **2** (*produrre*) to produce, to bring, to bring about (*anche Dir*): *gli scambi commerciali apportano prosperità* trade brings prosperity, trade produces prosperity. **3** (*introdurre*) to bring in, to introduce: ~ *modifiche* to introduce changes.

apportatore *m.* (*f.* **-trice**) bearer: ~ *di pace* bearer of peace.

apporto *m.* **1** supply: ~ *di nuove energie* supply of fresh energy. **2** (*contributo*) contribution: ~ *di capitale* contribution of capital. **3** (*Occult*) apport. ☐ ~ *in denaro* money contribution.

apposi → **apporre**.

appositamente *avv.* **1** suitably, appropriately: *mezzi ~ scelti* suitably chosen means. **2** (*apposta*) purposely, on purpose, deliberately. **3** (*espressamente*) specially.

appositivo *a.* **1** complementary, accessory. **2** (*Gramm*) appositive, appositional.

apposito *a.* **1** (*fatto appositamente*) special, relevant, specific, *di solito non si traduce*: *introdurre il gettone nell'apposita fessura* introduce the token into the slot. **2** (*adatto*) suitable, fitting, proper.

apposizione *f.* **1** addition. **2** (*Gramm,Bot*) apposition. ☐ (*Dir*) *dei sigilli* affixing of seals; ~ *della data* dating; ~ *della firma* signature.

apposta I *avv.* **1** (*intenzionalmente*) on purpose, purposely, deliberately: *non l'ho fatto ~* I didn't do it on purpose. **2** (*con uno scopo determinato*) specially, especially: *sono venuto ~ per te* I have come specially for you. **II** *a.inv.* special: *ci vorrebbe una legge ~* it would take a special law. ☐ *volevo telefonarti ma, neanche a farlo ~, il telefono era sempre occupato* I wanted to phone you, but as luck would have it the line was always busy; *pare fatto ~ per comandare* he seems a born leader.

appostamento *m.* **1** (*agguato*) ambush. **2**

(*Mil*) (*rif. a soldati*) position; (*buca*) foxhole. **3** (*Mil*) (*rif. ad armi: medio-piccole*) position, nest; (*grandi*) emplacement. **4** (*Mil*) (*sentinelle appostate*) post. **5** (*Caccia*) cover. □ *stare in* ~ to lie in ambush.

appostare (**appòsto**) **I** *v.t.* **1** to lie in wait for, to lie in ambush, to waylay: *lo appostarono e lo uccisero* they lay in wait for him and killed him. **2** (*Mil*) (*rif. a soldati*) to position. **3** (*Mil*) (*rif. ad armi*) to emplace. **4** (*Caccia*) to stalk. **II** *v.pron.* **appostarsi 1** to lie in wait, to lie in ambush: *appostarsi dietro una siepe* to lie in wait behind a hedge. **2** (*Mil*) to take up position.

apposto → **apporre**.

apprendere (**apprési**, **appréso**) *v.t.* **1** to learn, to grasp: ~ *una lingua* to learn a language. **2** (*venire a sapere*) to learn, to find out. **3** (*sentir dire*) to hear: *ho appreso la notizia* I have heard the news.

apprendimento *m.* learning: *difficoltà di* ~ learning difficulties.

apprendista *m./f.* **1** apprentice, trainee: *posto di* ~ place as an apprentice, position as an apprentice. **2** (*fig*) (*chi è alle prime armi*) beginner, learner. □ ~ *sarto* apprentice tailor, trainee tailor; (*fig*) ~*stregone* sorcerer's apprentice.

apprendistato *m.* apprenticeship, training period: *ho fatto tre anni di* ~ *presso una ditta* I served three years' apprenticeship with a firm.

apprensione *f.* apprehension, concern, anxiety. □ *esserein* ~ *per qcu.* to be concerned about so.; *mettere qcu. in* ~ *qcu.* to make so. anxious, to worry so.

apprensivo *a.* apprehensive, anxious.

appresi → **apprendere**.

appreso → **apprendere**.

appressare (**apprèsso**) **I** *v.t.* (*lett*) to draw (sth.) near, to move (sth.) close: ~ *il lume alla tavola* to draw the light near to the table. **II** *v.pron.* **appressarsi** (*rar*) to approach, to draw near: *la sera si appressava* evening was drawing near.

appresso I *avv.* **1** (*accanto*) near, close by, at hand; (*con sé*) with one: *portarsi* ~ *qcs.* to take sth. with one. **2** (*lett*) (*dopo*) then, afterwards: *cosa farai* ~*?* what will you do afterwards? **II** *prep.* **1** before, in the presence of: *fu condotto* ~ *il re* he was brought before the king. **2** (*dietro*) close behind, behind, after: *andare* ~ *a qcu.* to go after so. **III** *a.inv.* (*seguente*) next, after, following: *l'anno* ~ the year after, the following year; *la mattina* ~ the next morning. □ *come* ~ as follows.

apprestamento *m.* **1** (*lett*) preparation. **2** (*Mil*) fieldwork.

apprestare (**apprèsto**) **I** *v.t.* (*lett*) **1** (*preparare*) to prepare, to get (sth.) ready, to equip, to fit: ~ *mezzi difensivi* to prepare defences. **2** (*somministrare, offrire*) to give, to provide. **II** *v.pron.* **apprestarsi** to prepare, to prepare oneself, to get ready: *apprestarsi a fare qcs.* to prepare to do sth.

apprettare (**apprètto**) *v.t.* (*Tess,Pell*) to dress, to size.

apprettatura *f.* (*Tess,Pell*) dressing, sizing.

appretto *m.* (*Tess,Pell*) **1** dressing, size. **2** (*estens*) (*apprettatura*) dressing, sizing. □ (*Tess,Pell*)*dare l'*~ to size.

apprezzabile *a.* **1** (*misurabile*) perceptible. **2** (*pregevole*) valuable: *qualità* ~ valuable quality. **3** (*lodevole*) commendable, creditable, praiseworthy. **4** (*notevole*) considerable, remarkable, noteworthy, significant: *finora non si sono raggiunti risultati apprezzabili* no noteworthy results have been reached so far, no appreciable results

have been reached, yet.

apprezzamento *m.* **1** (*stima*) esteem, regard, consideration, appreciation: *esprimere il proprio* ~ *per qcu.* to express one's esteem for so. **2** (*valutazione*) valuation, evaluation, appreciation (*anche Econ*): ~ *di una merce* valuation of goods. **3** (*giudizio*) judgement, opinion, remark: *fare un* ~ *sfavorevole su qcu.* to express an unfavourable opinion about so. **4** (*piacere*) relish, enthusiasm.

apprezzare (**apprèzzo**) **I** *v.t.* **1** (*stimare*) to appreciate, to esteem. **2** (*estens*) (*gradire*) to appreciate, to welcome. **3** (*valutare*) to evaluate, to estimate, to appraise. **II** *v.pron.* **apprezzarsi** (*Econ*) to strengthen: *il dollaro si è apprezzato sull'euro* the dollar has strengthened against the euro.

apprezzato *a.* **1** (*rif. a persone*) appreciated, esteemed. **2** (*rif. a cose*) valued.

approccio *m.* **1** approach, overtures *pl.*: *tentare un* ~ *presso qcu.* to make overtures to so. **2** (*rif. a problemi e sim.*) approach: *un* ~ *logico al problema* a logical approach to the problem. □ *approcciamorosi* advances.

approdare (**appròdo**; *aus.* **essere/avere**) *v.i.* **1** (*Mar*) to berth: *la nave approdò a Genova* the ship berthed at Genoa. **2** (*rif. a persone*) to land. □ (*fig*)*non* ~*a nulla* to draw a blank, to get nowhere, to go nowhere; *le trattative non approdarono a nulla* the negotiations came to nothing.

approdo *m.* **1** (*Mar*) landing, berthing. **2** (*Mar*) (*luogo di approdo*) landing stage. **3** (*fig*) (*risultato*) result, achievement.

approfittare (**approfitto**) **I** *v.i. aus.* **avere**) **1** to take advantage (*di* of), to avail oneself (*di* of): ~ *dell'occasione* to take the opportunity, to take advantage of the opportunity, to seize the opportunity; ~ *di un'offerta* to take up an offer. **2** (*trarre profitto*) to profit (*di* by), to gain (*di* from), to benefit (*di* by, from). **3** (*abusare*) to abuse, to exploit, to take advantage (*di* of): ~ *dell'ingenuità di qcu.* to abuse so.'s credulity; ~ *dell'ospitalità di qcu.* to overstay so.'s welcome, (*Am, colloq*) to wear out one's welcome. **II** *v.pron.* **approfittarsi** to take advantage (*di* of): *approfittarsi dell'ingenuità altrui* to take advantage of other people's inexperience.

approfondire (**approfondìsco**, **approfondìsci**) **I** *v.t.* **1** (*studiare a fondo*) to investigate (sth.) thoroughly, to examine (sth.) closely. **2** (*rar*) (*rendere più profondo*) to deepen, to make (sth.) deeper: ~ *un pozzo* to deepen a well. **II** *v.pron.* **approfondirsi 1** to become deeper, to deepen. **2** (*fig,rar*) to widen one's knowledge (*in* of): *approfondirsi nella matematica* to widen one's knowledge of mathematics.

approntamento *m.* preparation.

approntare (**apprónto**) *v.t.* to prepare, to make (sth.) ready, to get (sth.) ready: ~ *la cena* to get supper ready; ~ *la difesa* to prepare the defence.

appropinquarsi (**mi appropìnquo**) *v.pron.* (*scherz*) to come near, to approach.

appropriare (**appròprio**) **I** *v.t.* (*lett*) to adapt, to suit, to fit, to apply: ~ *il linguaggio alle circostanze* to adapt one's language to the circumstances, to suit one's language to the circumstances. **II** *v.pron.* **appropriarsi** (*impadronirsi*) to appropriate (*di qcs.* sth.), to take possession (*di qcs.* of). □ *appropriarsi indebitamente di qcs.* to embezzle sth., to misappropriate sth.

appropriatamente *avv.* appropriately, suitably.

appropriato *a.* suitable, appropriate.

appropriazione *f.* appropriation. □ (*Dir*) ~ *indebita* embezzlement, misappropriation.

approssimare (**appròssimo**) **I** *v.t.* **1** (*lett, rar*) to bring (sth.) near. **2** (*Mat*) to approximate. **II** *v.pron.* **approssimarsi** to approach, to come near, to draw near.

approssimativamente *avv.* **1** approximately. **2** (*circa*) roughly.

approssimativo *a.* **1** approximate. **2** (*impreciso*) inaccurate, imprecise. **3** (*orientativo*) rough.

approssimato *a.* approximate, rough: *calcolo* ~ rough estimate; *valore* ~ approximate value.

approssimazione *f.* (*Mat,Fis*) approximation: ~ *per difetto* approximation by defect; *in prima* ~ as a first approximation. □ *per* ~ approximately, roughly.

approvabile *a.* approvable.

approvare (**appròvo**) *v.t.* **1** to approve of, to praise: *non posso* ~ *la tua condotta* I can't approve of your conduct. **2** (*dare il proprio consenso*) to agree (with): *chi approva alzi la mano* those who agree raise their hands. **3** (*Dir*) to approve, to pass. **4** (*promuovere*) to pass: ~ *uno studente* to pass a student. □ ~ *un bilancio* (*consuntivo*) to adopt a balance sheet; ~ *il bilancio* (*preventivo*) to pass the budget; ~ *il bilancio dello stato* to approve the Budget; *fare* ~ *qcs.* to push sth. through, to get sth. accepted; ~ *una legge* to pass a bill.

approvativo *a.* (*rar*) approbative.

approvazione *f.* **1** approval, green light, approbation: *ottenere l'*~ *di qcu.* to obtain so.'s approval; *incontrare l'*~ *di qcu.* to meet with so.'s approval; *sottoporre qcs. all'*~ *di qcu.* to submit sth. for so.'s approval; *fare un cenno di* ~ (*con la testa*) to nod in approval. **2** (*lode*) praise, favour. **3** (*Scol*) (*promozione*) pass. **4** (*ratifica*) approval, ratification, endorsement. **5** (*nelle votazioni*) passing, voting through: *il disegno di legge attende l'*~ *del senato* the bill is waiting to pass the Upper House; ~ *definitiva di una legge* final approval of a bill. □ ~*del bilancio* adoption of the balance sheet; ~*governativa* government approval.

approvvigionamento *m.* **1** (*l'approvvigionare*) supplying. **2** (*provvista*) supply, supplies *pl.*: ~ *di capitali* supply of capital; *crisi degli approvvigionamenti* supply shortage. **3** *pl.* (*Mil*) supplies, stores. □ ~ *di acqua potabile* drinking water supply; ~ *di materie prime* supplies (*pl.*) of raw materials; ~*di viveri* food supplies (*pl.*); ~*idrico* water supply; ~*industriale* industrial supplies (*pl.*); ~*petrolifero* oil supply.

approvvigionare (**approvvigióno**) **I** *v.t.* **1** to supply (*di* with), to provision (*di* with), to stock (*di* with): ~ *di viveri* to supply with food. **2** (*Mar*) (*di materiali per navigazione*) to rig, to fit out; (*di viveri*) to provision, to victual. **II** *v.pron.* **approvvigionarsi 1** to take provisions, to lay in provisions. **2** (*per il futuro*) to stock up.

appruare (**apprùo**) **I** *v.t.* (*Mar*) to lower the bow of (a boat). **II** *v.pron.* **appruarsi 1** (*Mar*) to be bow-heavy. **2** (*Aer*) to be nose-heavy.

appuntamento *m.* **1** appointment, (*colloq*) date: *fissare un* ~ *con qcu.* (o *prendere un* ~ *con qcu.*) to make an appointment with so.; *mancare a un* ~ to fail to keep an appointment. **2** (*incontro*) meeting, rendezvous. **3** (*Astron*) rendezvous. □ ~*alla cieca* blind date; ~*amoroso* date;*andare all'*~ to go to the meeting place, to turn up;*darsi un* ~ to arrange to meet, to make an appointment, to fix an appointment; *per* ~ by appointment.

appuntare[1] (**appùnto**) **I** *v.t.* **1** (*fissare con uno spillo*) to fix, to pin: ~ *un fiore sul vestito* to fix a flower to one's dress, to pin a flower to one's dress; ~ *una medaglia sul petto di qcu.* to pin a medal on so.'s chest. **2** (*fissare: rif. a spilli, aghi*) to stick: ~ *uno spillo sul guancialino* to stick a pin in the pincushion. **3** (*unire: con due punti*) to stitch, to tack; (*con spilli*) to pin, to pin together. **4** (*rar*) (*rendere appuntito*) to sharpen, to point: ~ *una matita* to sharpen a pencil. **II** *v.pron.* **appuntarsi** (*essere rivolto*) to be focused, to be pointed, to turn: *su di lui si appuntò l'interesse della critica* the critics' interest was focused on him. ☐ ~ *l'indice contro qcu.* to point to so., to point at so.; (*fig*) ~ *lo sguardo su qcu.* to fix one's eyes on so., to rivet one's eyes on so.

appuntare[2] (**appùnto**) *v.t.* **1** (*annotare*) to make a note of, to note down, (*colloq*) to jot down: ~ *qcs. sul taccuino* to note sth. down in one's notebook, to jot sth. down in one's notebook. **2** (*fig,lett*) (*deplorare*) to blame.

appuntato *m.* (*Mil*) lance-corporal (of the Carabinieri).

appuntino *avv.* (*rar*) meticulously, with precision: *eseguire qcs.* ~ to do sth. with precision.

appuntire (**appuntìsco, appuntìsci**) *v.t.* to sharpen, to point.

appuntito *a.* pointed, sharpened: *un bastone* ~ a pointed stick.

appunto I *m.* **1** note: *prendere appunti* to make notes, to take down notes, to take notes (*su, di* on). **2** (*osservazione*) remark, comment. **3** (*rimprovero*) reproach, reprimand, rebuke: *muovere un* ~ *a qcu.* to reproach so., to rebuke so. **4** *pl.* (*Inform*) scratchpad *sing.*, clipboard *sing.* **II** *avv.* **1** (*esattamente*) precisely, just, exactly: *il fatto si svolse* ~ *così* it happened just like this. **2** (*or ora*) just: *arriva* ~ *ora* he's just coming. **3** (*rafforzativo: proprio*) very, precisely: *parlavamo* ~ *di te* you are the very person we were talking about. **4** (*nelle risposte affermative: certo*) that's right, just so, indeed, you said it: *è lei il nuovo impiegato?* - ~ are you the new clerk? - That's right (*o* That's me). ☐ *appunti di viaggio* travel diary (*sing.*); *fare un* ~ *a qcu. per qcs.* to find fault with so. for sth., to blame so. for sth., to tell so. off for sth.; *per l'*~ just, precisely.

appurabile *a.* verifiable.

appurare (**appùro**) *v.t.* **1** (*verificare*) to verify, to check: ~ *l'attendibilità di una fonte* to verify the reliability of a source; ~ *una notizia* to check a piece of news; ~ *un conto* to verify an account. **2** (*accertare*) to establish, to find out. **3** (*chiarire*) to clear, to clear up, to make clear, to sort out.

appuzzare (**appùzzo**) *v.t.* (*lett*) **1** (*rar*) to make (sth.) stink. **2** (*corrompere*) to corrupt.

apribile *a.* that can be opened (*posposto*): *una porta* ~ *dall'esterno* a door that can be opened from the outside.

apribocca *m.inv.* (*Med*) gag.

apribottiglie *m.inv.* bottle-opener.

aprico (*pl.* **-chi** / *ant* **-ci**) *a.* (*lett*) sunny.

aprile *m.* April. ☐ *di* ~ of April, in April: *il tre di* ~ the third of April; *arrivò una domenica di* ~ he arrived one Sunday in April; *in* ~ in April. *Prov.*: *aprile, dolce dormire* in April one sleeps well.

a priori I *a.* (*Filos*) a priori. **II** *avv.* (*Filos*) a priori.

apriorismo *m.* (*Filos*) apriorism.

apriorista *m./f.* (*Filos*) apriorist.

aprioristico (*pl.* **-ci**) *a.* a priori, aprioristic (*anche Filos*): *metodo* ~ a priori method.

apripista I *m./f.inv.* **1** (*Sport*) forerunner. **2** (*estens*) (*precursore*) forerunner, pioneer. **II** *m.inv.* (*Mecc*) bulldozer.

aprire (*pres.ind.* **àpro**; *p.rem.* **aprìi/apèrsi**; *p.p.* **apèrto**) **I** *v.t.* **1** to open: *apri il libro a pagina cinquanta* open your book at page fifty; *apri la porta* open the door, please; *ho aperto il pacchetto* I opened the parcel; ~ *la bocca* to open one's mouth. **2** (*usando la chiave*) to unlock. **3** (*tirando*) to open, to pull open. **4** (*forzando*) to force, to force open, to open (sth.) by force: ~ *un cassetto* to force a drawer open. **5** (*rif. ad apparecchi: mettere in azione*) to turn on; (*rif. ad apparecchio elettrico*) to switch on: ~ *la radio* to turn on the radio, to switch on the radio. **6** (*rif. a rubinetto*) to turn on. **7** (*rif. a impianti: girare la chiavetta*) to turn on: ~ *il gas* to turn on the gas. **8** (*assol.*) to open, to open up (*anche fig*): *hanno suonato, vai ad* ~ someone has rung the bell, go and open the door. **9** (*fare un'apertura*) to open up, to make an opening in, to make a gap in: ~ *una siepe* to make a gap in a hedge. **10** (*estens*) (*scavare*) to dig: ~ *una trincea* to dig a trench. **11** (*allargare*) to spread, to open: ~ *le ali* to spread one's wings. **12** (*allargare: rif. a oggetti pieghevoli*) to open, to open up, to open out: ~ *il ventaglio* to open a fan. **13** (*srotolare*) to unroll, to unfurl, to unfold, to open out. **14** (*rif. a frutta secca*) to crack, to crack open. **15** (*cominciare, dare inizio*) to begin, to open, to start: ~ *una partita* to begin a match. **16** (*inaugurare*) to inaugurate, to open officially: ~ *una scuola* to officially open a school. **17** (*essere in testa a*) to head, to lead: *la banda apriva il corteo* the band led the procession; ~ *una lista* to head a list. **18** (*El*) (*interrompere*) to cut off, to switch off, to break: ~ *il circuito* to break the circuit. **19** (*Inform*) to open. **II** *v.i.* (*aus.* **avere**) **1** (*venire aperto*) to open, to be open: *questo negozio apre alle nove* this shop opens at nine. **2** (*Cin,TV*) (*allargare*) to zoom out, to go wide. **3** (*Giorn, TV*) to open: ~ *con la notizia che...* to open with the news that... **4** (*nel gioco delle carte*) to open. **III** *v.pron.* **aprirsi 1** to open: *la porta si apre dall'interno* the door opens from the inside. **2** (*con violenza*) to burst open. **3** (*guardare*) to open (*su* on, onto), to overlook: *le finestre si aprono sul parco* the windows open on the park. **4** (*fendersi*) to open, to open up, to split, to cleave: *la terra mi si aprì dinanzi* the earth opened up before me. **5** (*sbocciare*) to open, to blossom, to bloom: *tutti i fiori si sono aperti* all the flowers have opened. **6** (*cominciare*) to open, to begin: *la caccia si apre il sedici agosto* the hunting season begins on the sixteenth of August; *la rassegna si è aperta con la proiezione di un film* the festival opened with the showing of a film. **7** (*fig*) (*confidarsi*) to confide (*a, con* to), to open one's heart (*a, con* to), to open one's mind (*a, con* to), to open up (*a, con* to). **8** (*di tempo, cielo*) to clear up. ☐ (*Inform*) *apri* (*nei comandi*) open; ~ *bottega* to set up shop, to open shop; ~ *una bottiglia*: **1** to open a bottle; **2** (*di vino*) to uncork a bottle of wine, to open a bottle of wine; ~ *la cerniera lampo* to unzip; *apriti cielo!* good Heavens!, Heavens above!; ~ *un conto corrente* to open a current account; ~ *un credito* to open a credit; (*fig*) ~ *dei vuoti* to leave blank spaces, to leave gaps in the ranks; ~ *un dibattito* to open a debate; ~ *il discorso* to start talking, to begin one's speech; (*Mar*) *si è aperta una falla a poppa* we have sprung a leak

astern; ~ *una ferita* to open a wound; ~ *gli occhi* **1** (*svegliarsi*) to open one's eyes; **2** (*fig*) (*stare attento*) to keep one's eyes open, to keep one's eyes peeled; **3** (*fig*) (*rendere consapevole*) to open one's eyes: ~ *gli occhi a qcu. su qcs.* to open so.'s eyes about sth.; (*fig*) ~ *gli orecchi* (*ascoltare*) to prick up one's ears; ~ *bene gli orecchi* to keep one's ears open; ~ *i battenti*: **1** to open the doors; **2** (*fig*) to open up; *aprirsi il cammino nella foresta* to open up a way through the forest; (*Mil*) ~ *il fuoco* to open fire; (*Sport*) ~ *il gioco* to start play; (*fig*) *aprirsi il passo* to make one's way; (*Teat*) ~ *il sipario* to raise the curtain; ~ *un'inchiesta* to set up an inquiry, to open an inquiry; (*fig*) ~ *la mente di qcu.* to open so.'s mind; ~ *la partita IVA* to get registered for VAT; (*fig*) ~ *l'animo alla speranza* to live in hope, to have high hopes; ~ *le braccia a qcu.* to welcome so. with open arms; ~ *le danze* to open the dance; ~ *le ostilità* to open hostilities, to start battle; (*fig*) ~ *lo stomaco a qcu.* to make so. feel hungry; ~ *un negozio* to set up shop, to open a shop; (*fig*) *non* ~ *bocca* not to say a word, not to open one's mouth: *non ha* ~ *bocca tutta la sera* he didn't say a word all evening, he didn't open his mouth all evening; *non* ~ *bocca con nessuno* to keep one's mouth closed, to keep one's lips sealed; (*fig*) ~ *nuove prospettive* to open up new prospects; (*fig*) ~ *nuove vie* to pave the way, to open new avenues, to blaze the trail; (*Econ,Comm*) ~ *nuovi mercati* to open up new markets; ~ *la porta con un calcio* to kick the door open; (*fig*) ~ *una porta a qcu.* to give so. an opening; (*burocr*) ~ *una pratica* to open a file; ~ *una sdraio* to unfold a deck-chair; ~ *una seduta* to open a session; (*fig,scherz*) *apriti, sesamo!* open Sesame!; ~ *uno sfogo a qcs.* to provide an outlet for sth.; ~ *una strada* to open a road, to open up a road; ~ *un testamento* to read a will; *aprirsi un varco nella folla* to force one's way through a crowd, to push one's way through a crowd; ~ *una parentesi*: **1** to open a bracket, to open a parenthesis; **2** (*fig*) to make a digression.

apriscatole *m.inv.* tin-opener, (*Am*) can opener.

apritoio *m.* (*Tess*) willow.

aptero *a.* **1** (*Entom*) apterous, wingless. **2** (*Arch*) apteral.

apuano *a.* (*Geog.stor*) Apuan.

aquagym /ˌakwaˈdʒim/ *f.inv.* (*Ginn*) aquarobics (*costr.sing. o pl.*), aquaerobics (*costr.sing. o pl.*).

aquaplaning /ˌakwaˈplaniŋ/ *m.* (*Aut*) aquaplaning.

aquila *f.* **1** (*Ornit*) eagle. **2** (*Stor.rom*) eagle: *le aquile romane* the Roman eagles. **3** (*fig*) genius, mastermind: *non è un'*~ he's no genius. ☐ (*Arald*) ~ *bicipite* two-headed eagle, double-headed eagle, (*Am*) double-eagle; (*colloq*) *strillare come un'*~ to scream like a stuck pig; (*Ornit*) ~ *dalla testa bianca* bald eagle, American eagle; (*Itt*) ~ *di mare* eagle ray; (*Ornit*) ~ *grifagna* predatory eagle; (*Ornit*) ~ *reale* golden eagle; (*fig,Giorn*) ~ *selvaggia* striking pilots (*pl.*)

aquilegia *f.* (*Bot*) columbine, aquilegia.

aquilifero *m.* (*Stor.rom*) eagle-bearer.

aquilino *a.* **1** eagle (*attr.*), aquiline. **2** (*estens*) (*adunco*) aquiline: *naso* ~ aquiline nose.

aquilone[1] *m.* (*lett*) (*vento*) north wind, tramontana.

aquilone[2] *m.* **1** kite. **2** (*Sport*) (*deltaplano*) hang gliding.

aquilotto *m.* **1** (*Ornit*) eaglet. **2** (*Aer.fg*) (*giovane pilota*) trainee pilot.

Aquisgrana *n.pr.f.* (*Geog*) Aachen.

Aquitania *n.pr.f.* (*Geog.stor*) Aquitaine.

A.R. *Altezza Reale* RH (Royal Highness).

ara [1] *f.* (*Stor,poet*) (*altare*) altar.

ara [2] *f.* (*unità di misura*) are.

ara [3] *f.* (*Ornit*) macaw.

arabescare (**arabésco, arabéschi**) *v.t.* 1 (*Oref*) to decorate (sth.) with arabesques. 2 (*estens*) (*decorare con disegni bizzarri*) to decorate, to scrawl.

arabescato *a.* 1 decorated with arabesques. 2 (*estens*) (*decorato con disegni bizzarri*) decorated.

arabesco (*pl.* **-chi**) *m.* (*Art,Mus*) arabesque.

Arabia *n.pr.f.* (*Geog*) Arabia. □ (*Geog*) ~ *Saudita* Saudi Arabia.

arabico (*pl.* **-ci**) *a.* Arabian, Arabic: *deserto* ~ Arabian Desert.

arabile *a.* (*Agr*) arable: *terreno* ~ arable land.

arabizzare (**arabìzzo**) I *v.t.* to Arabize. II *v.pron.* **arabizzarsi** to Arabize, to adopt Arabic usage.

arabo I *a.* 1 Arabian, Arab (*attr.*), Arabic: *le conquiste arabe* the Arab conquests. 2 (*fig*) (*incomprensibile*) gibberish, (*colloq*) double Dutch. II *m.* 1 (*f.* **-a**) Arab, Arabian. 2 (*lingua*) Arabic. 3 (*scherz*) (*lingua incomprensibile*) Greek, double Dutch: *questo per me è* ~ this is Greek to me; *parlare* ~ to speak double Dutch. □ *l'araba*fenice : 1 (*Mitol*) the Arabian bird; 2 (*fig,lett*) phoenix; (*cosa rara*) rarity.

arabo-israeliano *a.* Arab-Israeli: *guerra arabo-israeliana* Arab-Israeli war.

arachide *f.* 1 (*Bot*) peanut, (*Am*) groundnut. 2 (*Bot,Alim*) (*frutto*) peanut, (*Am*) groundnut. 3 (*Alim*) (*seme tostato*) roasted peanut, (*Am*) roasted groundnut.

aracnidi *m.pl.* (*Entom*) arachnids.

aracnofobia *f.* (*Psic*) arachnophobia.

aracnoide *f.* (*Anat*) arachnida, arachnoid membrane.

aracnoideo *a.* (*Anat*) arachnoid (*attr.*).

Aragona *n.pr.f.* (*Geog*) Aragon.

aragonese I *a.* Aragonese. II *m./f.* Aragonese.

aragonite *f.* (*Min*) aragonite.

aragosta *f.* 1 (*Zool*) spiny lobster, sea crayfish, sea crawfish, (*pop*) lobster. 2 (*colore*) lobster pink.

araldica *f.* heraldry.

araldico (*pl.* **-ci**) *a.* heraldic: *figura araldica* heraldic charge.

araldista *m./f.* heraldist.

araldo *m.* herald (*anche fig*).

aralia *f.* (*Bot*) Aralia.

aramaico (*pl.* **-ci**) I *a.* Aramaic: *scrittura aramaica* Aramaic script. II *m.* (*lingua*) Aramaic.

aranceto *m.* (*Agr*) orange grove.

arancia (*pl.* **-ce**) *f.* (*Bot,Alim*) orange. □ (*Bot,Alim*) ~*amara* Seville orange, (*Am*) bitter orange; (*Bot,Alim*) ~*dolce* navel orange, orange, sweet orange; (*Bot,Alim*) ~*forte* Seville orange, (*Am*) bitter orange; (*Bot,Alim*) ~*navel* navel orange; (*Bot,Alim*) ~*sanguigna* blood orange.

aranciata *f.* 1 (*bibita gassata*) orangeade, orange soda. 2 (*bibita non gassata*) orange squash, (*Am*) orange drink. 3 (*succo di arancia*) orange juice.

aranciera *f.* orangery.

arancino *m.* (*Gastron*) rice croquette stuffed with a sauce of minced meat, tomato, and peas.

arancio I *m.* 1 (*Bot*) orange, orange tree. 2 (*Alim,colloq*) (*arancia*) orange. II *a.inv.* orange, orange-coloured, (*Am*) orange-color-

ed: *una cravatta* ~ an orange tie.

arancione I *a.* orange, orange-coloured, (*Am*) orange-colored, bright orange. II *m.inv.* orange, bright orange, orange colour, (*Am*) orange color. III *m./f.* (*Rel,colloq*) Hare Krishna.

arare (**àro**) *v.t.* (*Agr*) to plough, (*Am*) to plow, to furrow, to till: ~ *i campi* to plough the fields. □ (*fig*) ~*il mare* : 1 (*lett*) (*solcare*) to plough the deep; 2 (*scherz*) (*fare qcs. di inutile*) to beat the air, to labour in vain.

arativo *a.* (*Agr*) arable, tillable: *terreno* ~ arable land.

arato *a.* (*Agr*) ploughed, (*Am*) plowed, furrowed.

aratore I *m.* (*f.* **-trice**) ploughman (*f.* -woman), (*Am*) plowman (*f.* -woman). II *a.* ploughing, (*Am*) plowing: *bue* ~ plough-ox, (*Am*) plow-ox.

aratro *m.* (*Agr*) plough, (*Am*) plow. □ (*Agr*) ~*a motore* motor plough, (*Am*) motor plow; (*Agr*) ~*a vomere* mouldboard plough, (*Am*) mouldboard plow; (*Agr*) ~*assolcatore* lister; (*Agr*) ~*da trattore* tractor plough, (*Am*) tractor plow.

aratura *f.* 1 ploughing, (*Am*) plowing. 2 (*il periodo in cui si ara*) ploughing time, (*Am*) plowing time.

araucaria *f.* (*Bot*) araucaria, (*colloq*) monkey-puzzle tree.

arazzeria *f.* 1 (*arte*) tapestry weaving. 2 (*luogo*) tapestry factory. 3 (*complesso di arazzi*) tapestry-work.

arazziere *m.* 1 (*fabbricante*) tapestry-weaver. 2 (*venditore*) tapestry-seller.

arazzo *m.* tapestry.

arbitraggio *m.* 1 (*Sport*) (*rif. a calcio, pugilato, golf, lotta*) refereeing; (*rif. a baseball, hockey, sci, tennis, cricket*) umpiring. 2 (*Dir*) arbitration. 3 (*Econ*) (*rif. a valuta, titoli ecc.*) arbitrage.

arbitrale *a.* 1 (*Econ,Dir*) arbitral, arbitration (*attr.*), arbitrator's: *clausola* ~ arbitration clause. 2 (*Sport*) umpire's, referee's, umpiring: *decisione* ~ umpire's decision.

arbitrare (**àrbitro**) I *v.i.* (*aus. avere*) to arbitrate, to act as arbitrator: ~ *in una contesa* to arbitrate in a dispute. II *v.t.* (*Sport*) 1 (*rif. a calcio, pugilato, basket, lotta*) to referee: ~ *un incontro di calcio* to referee a football match. 2 (*rif. a tennis, baseball, hockey, cricket*) to umpire.

arbitrariamente *avv.* arbitrarily.

arbitrarietà *f.* arbitrariness.

arbitrario *a.* 1 arbitrary. 2 (*estens*) (*ingiustificato*) unjustified; (*non autorizzato*) unauthorized.

arbitrato *m.* (*Dir*) arbitration: *ricorrere all'*~ to seek arbitration, to have recourse to arbitration; *sottomettersi all'*~ *di qcu.* to submit to so.'s arbitration. □ ~*internazionale* international arbitration.

arbitrio *m.* 1 will: *agire secondo il proprio* ~ to act according to one's own free will. 2 (*abuso*) abuse, wrong, arbitrary act: *commettere arbitri e prepotenze* to act in an arbitrary and overbearing way. □ *ad* ~ arbitrarily.

arbitro *m.* 1 arbiter. 2 (*Dir*) arbitrator, referee: *ricorrere ad un* ~ to have recourse to an arbitrator. 3 (*Sport*) (*di calcio, pugilato, rugby, pallacanestro, lotta*) referee; (*di tennis, baseball, hockey, pallavolo, nuoto, cricket*) umpire. □ *essere* ~*del destino di qcu.* to be arbiter of so.'s fate, to hold so.'s fate in one's hand; ~*dell'eleganza* arbiter of style, arbiter of taste;*fare da* ~ *in una lite* to act as arbitrator in a dispute.

arboreo *a.* arboreal, arboreous.

arborescente *a.* arborescent.

arborescenza *f.* arborescence.

arboricolo *a.* arboreal.

arboricoltore *m.* (*f.* **-trice**) arboriculturist.

arboricoltura *f.* arboriculture.

arborizzazione *f.* (*Min,Anat*) arborization.

arboscello *m.* sapling.

arbustivo *a.* shrubby.

arbusto *m.* shrub.

arca *f.* 1 (*Bibl*) ark. 2 (*ant*) (*mobile*) coffer. 3 (*sarcofago*) sarcophagus. □ (*Bibl*) *l'*~ *dell'Alleanza* the Ark of the Covenant, the Ark of the Testimony; (*Bibl*) ~*di Noè* Noah's Ark; (*fig*) *un'*~*di scienza* a walking encyclopaedia, a mine of information.

arcade I *a.* (*Lett*) Arcadian. II *m./f.* 1 (*Lett*) Arcadian. 2 (*estens*) rhetorical and mannered writer.

Arcadia *n.pr.f.* (*Geog,Lett*) Arcadia.

arcadico (*pl.* **-ci**) *a.* 1 (*Geog,Lett*) Arcadian. 2 (*fig*) (*frivolo*) affected, mannered.

arcaicità *f.* ancientness.

arcaicizzare (**arcaicìzzo**; *aus.* **avere**) *v.i.* to archaize.

arcaico (*pl.* **-ci**) *a.* 1 (*antico*) archaic, ancient. 2 (*rif. a parole, stile: disusato*) archaic, obsolete.

arcaismo *m.* (*Ling,Art*) archaism.

arcaista *m./f.* archaist.

arcaizzare (**arcaìzzo**; *aus.* **avere**) *v.i.* to archaize.

arcangelo *m.* (*Teol*) archangel: *l'*~ *Gabriele* the Archangel Gabriel.

arcano I *a.* (*misterioso*) arcane, mysterious, secret. II *m.* mystery, secret, arcanum, arcana *pl.*: *svelare un* ~ to unfold a mystery, to unravel a mystery.

arcareccio *m.* (*Edil*) purlin.

arcata *f.* 1 (*Arch*) (*arco*) arch; (*ordine di archi*) arcade, arches *pl.* 2 (*campata*) span. 3 (*Anat*) arch. 4 (*Mus*) bowing. 5 (*Mil*) trajectory. □ (*Anat*) ~*dentaria* dental arch; (*Anat*) ~*plantare* plantar arch; (*Anat*) ~*sopracciliare* arch of the eyebrows, superciliary ridge, superciliary arch.

arcavola *f.* (*rar*) great-great-grandmother.

arcavolo *m.* (*rar*) great-great-grandfather.

arch. *architetto* arch. (architect).

archeggiare (**archéggio, archéggi**; *aus.* **avere**) *v.i.* (*Mus*) to bow.

archeggio *m.* (*Mus*) bowing.

archeobatterio *m.* archeobacterium.

archeografia *f.* description of antiquities, (*ant*) archeography.

archeografo *m.* (*f.* **-a**) archeographer, archeograph.

archeologia *f.* archaeology, (*Am*) archeology. □ ~*industriale* industrial archaeology; ~*sperimentale* experimental archaeology; ~*subacquea* underwater archaeology, marine archaeology.

archeologico (*pl.* **-ci**) *a.* archaeological, (*Am*) archeological, archaeologic, (*Am*) archeologic: *scoperte archeologiche* archaeological discoveries, archaeological finds.

archeologo *m.* (*f.* **-a**; *pl.* **-gi**) archaeologist, (*Am*) archeologist.

archeometria *f.* (*Archeol*) archaeometry, (*Am*) archeometry.

archeometrico *a.* archeometric.

archeozoico (*pl.* **-ci**) *m.* (*Geol*) Archaeozoic, Proterozoic.

archetipico *a.* archetypal, archetypic.

archetipo I 1 *m.* (*Filos,Filol*) archetype. 2 (*estens*) forerunner, archetype, prototype. II *a.* (*archetipico*) archetypal, archetypic.

archetto *m.* 1 (*Mus,El*) bow. 2 (*Caccia*) snare, gin. 3 (*Pesc*) bale arm.

archiacuto *a.* (*Arch*) ogival, pointed-arch (*attr.*).

archiatra *m.* (*lett,ant*) archiater.

archibugiata *f.* **1** (*colpo*) arquebusade, arquebus shot, harquebus shot. **2** (*estens*) (*ferita*) arquebus wound, harquebus wound.

archibugiere *m.* arquebusier, harquebusier.

archibugio *m.* arquebus, harquebus.

archidiocesi *f.* (*Rel*) archidiocese.

archiepiscopale *a.* (*Rel*) archiepiscopal, archbishop's.

archiginnasio *m.* (*ant*) Archiginnasio (name given to the universities of Rome and Bologna).

archilocheo **I** *a.* (*Metr*) Archilochian. **II** *m.* (*Metr*) Archilochian line.

archimandrita *m.* (*Rel*) archimandrite.

Archimede *n.pr.m.* (*Stor*) Archimedes.

archipendolo *m.* (*Edil*) plumb line, plumb rule.

archipenzolo *m.* (*Edil*) plumb line, plumb rule.

architettare (**architétto**) *v.t.* **1** (*rar*) to draw plans for, to draw up plans for, to design. **2** (*fig*) (*ideare*) to plan, to conceive. **3** (*fig*) (*macchinare*) to plot.

architetto *m.* (*f.* **-a**) **1** architect. **2** (*fig*) (*ideatore*) planner. ☐ **~del paesaggio** landscape architect; **~di interni** interior designer; **~paesaggista** landscape architect.

architettonicamente *avv.* architecturally.

architettonico (*pl.* **-ci**) *a.* architectural, architectonic: *elemento* ~ architectural feature; *ordine* ~ architectonic order.

architettura *f.* architecture (*anche fig, Inform*): ~ *araba* Arab architecture; *l'~ di un romanzo* the architecture of a novel. ☐ ~ *civile* civil architecture; **~del paesaggio** landscape architecture; **~di interni** interior design; (*Inform*) **~di rete** network architecture; **~funzionale** functional architecture; ~ *navale* naval architecture; **~urbana** urban planning.

architravato *a.* (*Arch*) architraved: *finestre architravate* architraved windows.

architravatura *f.* arrangement of architraves.

architrave *m.* (*Arch*) **1** architrave. **2** (*rif. a finestre, porte*) lintel.

archiviare (**archìvio, archìvi**) *v.t.* **1** to register, to record, to place (sth.) in archive, to put (sth.) in archive, to archive: ~ *un documento* to register a document. **2** (*Comm*) to file. **3** (*Inform*) to store. **4** (*estens*) (*mettere via*) to shelve, to set aside. ☐ (*Inform*) *archivia e inoltra* store and forward; (*Dir*) **~un processo** to dismiss a case; (*estens*) **~una pratica** (*mettere da parte*) to file away.

archiviazione *f.* **1** registration, recording. **2** (*Comm*) filing. **3** (*Dir*) dismissal.

archivio *m.* **1** (*luogo*) record office, archives *pl.* **2** (*documenti*) files *pl.*, records *pl.*, archives *pl.* **3** (*Comm*) file; (*mobile*) filing cabinet. **4** (*Inform*) file. ☐ **~acquisti** purchase records; **~anagrafico** public records, registry; **~centrale** central files; **~dell'ufficio personale** personnel file; **~di dati** data file (*anche Inform*); ~ *di famiglia* family records (*pl.*), family archives (*pl.*); **~di Stato** Public Record Office, State Archive, (*US*) Federal Archive; **~originale** (o **~principale**) master file.

archivista *m./f.* **1** archivist. **2** (*Comm*) filing clerk.

archivistica *f.* archive-keeping, filing systems and methods *pl.*

archivistico (*pl.* **-ci**) *a.* archival.

archivolto *m.* (*Arch*) archivolt.

arcicontento *a.* (*colloq*) very happy, over the moon.

arcidiaconato *m.* (*Rel*) archdeaconry, archdeaconship.

arcidiacono *m.* (*Rel*) archdeacon.

arcidiavolo *m.* **1** (*Rel*) archfiend, Archfiend. **2** (*Bot,colloq*) nettle tree.

arcidiocesi *f.* (*Rel*) archidiocese.

arciduca *m.* (*f.* **-chessa**; *pl.* **-chi**) archduke (*f.* -duchess).

arciducale *a.* archducal.

arciducato *m.* (*territorio*) archduchy, (*rar*) archdukedom.

arciere *m.* archer, bowman.

arcignamente *avv.* sourly, sullenly.

arcigno *a.* frowning, sullen, surly: *modi arcigni* sullen ways; *viso* ~ frowning expression.

arcimilionario *m.* (*f.* **-a**) multimillionaire, billionaire.

arcinoto *a.* known to all and sundry.

arcionato *a.* fitted with saddlebows (*posposto*).

arcione *m.* **1** (*parte della sella*) saddlebow. **2** (*estens*) (*sella*) saddle: *tenersi in* ~ to stay in the saddle; *montare in* ~ to get on horseback.

arcipelago (*pl.* **-ghi**) *m.* (*Geog*) archipelago.

arciprete *m.* (*Rel.catt*) archpriest.

arcivescovado *m.* (*Rel*) **1** (*sede*) archbishop's palace. **2** (*dignità*) archbishopric.

arcivescovile *a.* (*Rel*) archiepiscopal: *palazzo* ~ archbishop's palace.

arcivescovo *m.* (*Rel*) archbishop.

arco (*pl.* **-chi**) *m.* **1** (*arma*) bow: *tendere un* ~ to draw a bow, to bend a bow. **2** (*Arch*) arch: *l'~ di Costantino* Constantine's Arch. **3** (*Mus*) (*archetto*) bow; (*strumento ad arco*) string instrument, stringed instrument. **4** (*Geom,Astr*) arc. **5** (*Anat*) arch. **6** (*fig*) (*di tempo*) span, space: *nell'~ di alcune settimane* within the span of a few weeks. ☐ (*Arch*) **~a ogiva** ogival arch, ogee; (*Arch*) **~a sesto acuto** ogival arch, pointed arch, ogive; (*Arch*) **~a sesto rialzato** raised arch; (*Arch*) ~ *a sesto ribassato* segmental arch; (*Arch*) **~a tutto sesto** round arch; (*Arch*) **~acuto** pointed arch; *ad* ~ arched; (*Arch*) **~cieco** blind arch; (*lett*) *l'~del cielo* the vault of heaven; (*Anat*) **~dell'aorta** aortic arch; *l'~delle ciglia* the arch of the eyebrows; (*Arch*) **~di un ponte** arch of a bridge; (*fig*) **~di tempo** span (of time); (*Arch*) **~di trionfo** triumphal arch; (*Astr*) **~diurno** diurnal arc; (*El*) **~elettrico** electric arc; (*Geol*) **~insulare** island arc; (*Astr*) **~notturno** nocturnal arc; (*Arch*) **~ogivale** ogival arch, ogee; (*Anat*) **~plantare** arch of the foot; (*Arch*) **~rampante** flying buttress; (*Arch*) **~ribassato** depressed arch; (*Fisiol*) **~riflesso** reflex arc; (*Arch*) **~scemo** flat arch, segmental arch; (*Teat*) **~scenico** proscenium arch; (*fig*) **~temporale** time span, time period; (*El*) **~voltaico** electric arc.

arcobaleno *m.* rainbow: *i colori dell'~* the colours of the rainbow.

arcolaio *m.* (*Tess,ant*) wool-winder, skein-winder.

arconte *m.* (*Stor.gr*) archon. ☐ (*Stor.gr*) ~ *eponimo* archon eponymos; (*Stor.gr*) **~re** archon basileus, king archon.

arcosaldatura *f.* (*Tecn*) arc welding.

arcoscenico *m.* (*Teat*) proscenium arch.

arcosolio *m.* (*Archeol*) arcosolium.

arcuare (**àrcuo**) *v.t./r.* to curve, to bend, to arch.

arcuato *a.* curved, bent, arched: *gambe arcuate* bow-legs.

Ardenne *n.pr.f.pl.* (*Geog*) Ardennes.

ardente *a.* **1** (*infuocato*) burning, blazing, red-hot, scorching, glowing: *carboni arden-*

ti burning coals, glowing coals; *i raggi ardenti del sole* the scorching rays of the sun; (*estens*) *occhi ardenti per la febbre* eyes burning with fever. **2** (*rif. a colore: brillante*) bright, fiery: *rosso* ~ bright red. **3** (*appassionato*) ardent, passionate, torrid: *uno sguardo* ~ a passionate look; *desiderio* ~ ardent wish. **4** (*fervente*) ardent, fervent: *una preghiera* ~ a fervent prayer, an ardent prayer.

ardentemente *avv.* ardently, with ardour, fervently, passionately: *desiderare* ~ *qcs.* to long for sth., to have a passion for sth.

ardere (*pres.ind.* **àrdo**; *p.rem.* **àrsi**; *p.p.* **àrso**) **I** *v.t.* **1** (*bruciare*) to burn: *l'eretico fu arso vivo* the heretic was burned alive. **2** (*inaridire*) to parch, to scorch: *il sole arse i campi* the sun parched the fields, the sun scorched the fields. **II** *v.i.* (*aus.* **essere/avere**) **1** to burn, to blaze: *la casa arde* the house is burning; *il fuoco ardeva nel caminetto* the fire was burning in the fireplace. **2** (*fig*) to burn (di with), to blaze (di with): ~ *di febbre* to burn with fever; ~ *d'ira* to burn with rage. **3** (*fig, lett*) (*rif. a battaglie: essere in pieno svolgimento*) to rage: *la battaglia arde* the battle is raging. ☐ **~d'amore** per qcu. to be burning with love for so.;*da* ~ for burning: *legna da* ~ firewood; *ardevo dal desiderio di vederlo* I was yearning to see him; **~di sete** to have a burning thirst.

ardesia *f.* **1** (*Min*) slate. **2** (*colore*) slate: *grigio* ~ slate grey.

ardiglione *m.* **1** (*Abbigl*) tongue. **2** (*Pesc*) barb.

ardimento *m.* (*lett*) courage, boldness, daring, bravery.

ardimentosamente *avv.* **1** courageously, boldly, daringly. **2** (*temerariamente*) recklessly, rashly.

ardimentoso *a.* **1** (*rif. a persona: coraggioso*) brave, courageous, daring: *un soldato* ~ a brave soldier. **2** (*rif. a persona: temerario*) reckless, rash, foolhardy. **3** (*rif. ad azione*) bold, daring, audacious: *impresa ardimentosa* bold exploit.

ardire[1] (**ardìsco, ardìsci**) *v.t.* **1** to dare, to venture: *non ardì parlare* he dared not speak. **2** (*avere l'impudenza*) to dare, to have the impudence to.

ardire[2] *m.* **1** courage, boldness, daring: *infondere* ~ *ai soldati* to inspire soldiers with courage. **2** (*impudenza*) impudence, nerve, effrontery, gall: *come hai l'~ di comparirmi davanti?* where do you get the impudence to appear before me?, where do you get the nerve to appear before me? **3** (*temerarietà*) recklessness, rashness, foolhardiness.

arditamente *avv.* boldly, courageously, daringly.

arditezza *f.* **1** (*rif. a persona*) boldness, courage, daring. **2** (*impudenza*) impudence, effrontery. **3** (*rif. a cose*) boldness, audacity: *l'~ di un esperimento* the boldness of an experiment.

ardito *a.* **1** bold, daring, courageous, brave. **2** (*sfacciato*) impudent, forward, insolent. **3** (*temerario*) reckless, rash, foolhardy. **4** (*fig*) (*nuovo*) original, unusual: *stile* ~ original style. **5** (*rischioso*) risky, hazardous: *un'impresa ardita* a hazardous undertaking, a risky undertaking. ☐ *farsi* ~ to take courage.

ardore *m.* **1** (*calore intenso*) fierce heat, burning heat: *gli ardori estivi* burning summer heat. **2** (*fig*) (*passione*) passion, ardour. **3** (*fig*) (*impeto*) fervour, eagerness. ☐ *con* ~ ardently, passionately, heart and soul: *amare con tutto l'~* to love intensely; *lavorare con* ~ to work devotedly.

arduo a. 1 (*lett*) (*ripido*) steep: *un'ardua salita* a steep rise. 2 (*fig*) (*difficile*) arduous, hard, difficult: *un'impresa ardua* a difficult task.

area f. 1 (*superficie*) area, surface. 2 (*regione*) area, region, zone, site. 3 (*campo, settore*) field, sector. 4 (*Mat*) area. 5 (*Sport,Anat, Mil*) area, zone: ~ *fortificata* fortified area. 6 (*Edil*) land, ground: ~ *da vendere* land for sale. □ (*Inform,Elettron*) ~ *attiva* hotspot; (*Econ*) ~ *del dollaro* dollar area; (*Econ*) ~ *della sterlina* sterling area; (*Econ*) ~ *dell'euro* euro area; (*Econ*) ~ *depressa* depressed area; (*Meteor*) ~ *depressionaria* low pressure area, depression, (*Am*) low; (*Zool,Biol*) ~ *di diffusione* area of diffusion; (*Inform*) ~ *di memoria* memory area: ~ *di memoria superiore* Upper Memory Area; (*Strad*) ~ *di parcheggio* parking area; (*Sport*) ~ *di rigore* penalty area; ~ *di servizio* (*sulle autostrade*) service area; (*Inform*) ~ *di stampa* print area; (*Strad*) ~ *di stazionamento* parking area; ~ *di sviluppo* development area; ~ *espositiva* exhibition area; ~ *fabbricabile* building plot, building ground, building site; ~ *industriale* industrial district, industrial estate, (*Canad*) industrial park; ~ *linguistica* linguistic area; (*Pol*) ~ *politica* political line-up; ~ *protetta* conservation area; ~ *sottosviluppata* underdeveloped area.

area manager m./f.inv. area manager.

areca f. (*Bot*) areca.

areligioso a. areligious.

arena[1] f. (*lett,rar*) sand: (*fig*) *costruire sull'*~ to build upon the sand.

arena[2] f. 1 (*Archeol*) arena. 2 (*campo da gara*) arena, stadium. 3 (*per le corride*) bull-ring. 4 (*fig*) arena: ~ *politica* political arena; *entrare nell'*~ to enter the arena. 5 (*estens*) (*cinema all'aperto*) open-air cinema.

arenaceo a. arenaceous.

arenamento m. 1 (*Mar*) running aground, stranding 2 (*Geol*) (*deposito di sabbia*) silt. 3 (*fig*) (*impedimento*) deadlock, standstill.

arenaria[1] f. (*Geol*) sandstone.

arenaria[1] f. (*Bot*) sandwort.

arenarsi (**mi aréno**) v.pron. 1 (*Mar*) to run aground, to be stranded. 2 (*fig*) (*fermarsi*) to reach a deadlock, to come to a standstill: *le trattative si sono arenate* negotiations have come to a standstill.

arenile m. stretch of sand, sandy shore.

arenosità f. sandiness.

arenoso a. 1 sandy: *terreno* ~ sandy soil. 2 (*fig,lett*) (*malfermo*) unstable, unsteady.

areola f. (*Anat*) areola: ~ *mammaria* breast areola.

areometro m. (*Fis,Tecn*) hydrometer.

Areopago, Aeropago n.pr.m. (*Geog*) Areopagus (*anche estens*).

arganista m./f. winch operator.

argano m. 1 (*Mecc*) winch, windlass. 2 (*Mar*) capstan. □ (*fig*) *con gli argani* (*con molta difficoltà*) with great effort.

argentare (**argènto**) v.t. to silver, to silver-plate.

argentato a. 1 silver-plated. 2 (*rif. a colore*) silver (*attr.*), silvery: *chioma argentata* silvery hair.

argentatore m. silverer.

argentatura f. 1 silver-plating. 2 (*rivestimento*) silver plate. □ (*Tecn*) ~ *degli specchi* mirror silvering; (*Met*) ~ *galvanica* silver electro-plating.

argenteo a. 1 (*in argento*) silver (*attr.*): *una coppa argentea* a silver cup. 2 (*rif. a colore*) silvery, silver (*attr.*).

argenteria f. silverware, silver: ~ *da tavola* silverware.

argentiere m. (f. **-a**) 1 silversmith. 2 (*negozio*) silversmith's.

argentifero a. argentiferous, silver-bearing.

argentina[1] f. (*Bot*) silverweed.

argentina[2] f. (*Itt*) Argentine.

argentina[3] f. (*Abbigl*) 1 crew-neck sweater, crew-neck. 2 (*Sport*) (*spec. nel baseball*) baseball jersey.

Argentina n.pr.f. (*Geog*) Argentina.

argentino[1] a. silvery: *risata argentina* silvery laugh.

argentino[2] I a. Argentinian. II m. (f. **-a**) Argentinian.

argento m. 1 (*Min,Chim*) silver. 2 (*Arald*) argent. 3 pl. (*argenteria*) silverware (*costr. sing.*), silver (*costr.sing.*). □ *d'*~: 1 silver (*attr.*): *un piatto d'*~ a silver dish, a silver plate; 2 (*fig*) silver (*attr.*), silvery: *capelli d'*~ silver hair, silvery hair; ~ *dorato* silver gilt; (*pop*) ~ *vivo* (*mercurio*) quicksilver; (*fig*) *avere l'*~ *vivo addosso* to be restless, to be like a cat on hot bricks, (*Am*) to be like a cat on a hot tin roof.

argentone m. (*Met*) nickel silver, German silver.

argilla f. 1 (*Min*) clay. 2 (*per vasai*) argil, potter's clay. □ *di* ~ clay (*attr.*): (*Archeol*) *stoviglie di* ~ earthenware (*costr.sing.*), crockery (*costr.sing.*); ~ *magra* lean clay; (*Edil*) ~ *refrattaria* fire clay.

argilloso a. clayey: *terreno* ~ clayey soil.

arginale a. bankside (*attr.*): *strada* ~ bankside road.

arginamento m. 1 embankment: ~ *di un torrente* embankment of a stream. 2 (*fig*) (*contenimento*) containment.

arginare (**àrgino**) v.t. 1 to embank, to dyke: ~ *un fiume* to embank a river. 2 (*fig*) (*frenare, contenere*) to check, to stem, to contain: ~ *la corruzione* to stem corruption.

arginatura f. (*Idr*) embankment.

argine m. 1 embankment, bank: *il fiume ha rotto gli argini* the river has burst its banks; *costruire argini* to embank, to bank. 2 (*diga*) dyke, dike. 3 (*fig*) (*riparo, difesa*) defence, barrier: *porre un* ~ *all'avanzata nemica* to check the enemy's advance, to contain the enemy's advance. 4 (*Mil*) earthwork.

argirismo m. (*Med*) silver poisoning.

argo[1] m. (*Chim*) argon.

argo[2] m. (*Ornit*) argus pheasant.

Argo n.pr.m. (*Mitol*) Argus: *avere gli occhi di* ~ to be Argus-eyed.

argomentare[1] (**argoménto**) I v.t. (*rar*) (*dedurre*) to deduce, to infer, to conclude: *lo argomento dalle tue parole* I infer it from your words. II v.i. (*aus.* **avere**) 1 (*addurre argomenti*) to argue: ~ *bene* to argue well. 2 (*ragionare*) to reason.

argomentare[2] m. reasoning: *il suo* ~ *mi convinse* his reasoning convinced me.

argomentazione f. 1 arguing, argument. 2 (*ragionamento*) reasoning. 3 (*Filos*) argumentation.

argomento m. 1 (*ragionamento*) argument, reason: *confutare un* ~ to refute an argument, to confute an argument. 2 (*ciò di cui si tratta*) subject, topic, subject-matter: *l'*~ *della conversazione* the subject of the conversation; ~ *di discussione* subject for discussion; *è il mio* ~ *preferito* it is my pet topic, it is my favourite subject; ~ *tabù* taboo subject. 3 (*contenuto di uno scritto*) subject-matter, contents pl.: *esporre l'*~ *di un libro* to expound the subject-matter of a book. 4 (*trama*) plot, story. 5 (*sommario*) summary. 6 (*motivo*) cause, motive, ground: *dare* ~ *a*

qcs. to give cause for sth., to give rise to sth. 7 (*pretesto*) pretext. 8 (*Mat*) argument. □ ~ *chiuso!* subject closed!; *un* ~ *delicato* a delicate matter; (*Teol*) ~ *ontologico* ontological argument.

argon m. (*Chim*) argon.

argonauta m. 1 (*Mitol*) Argonaut (*anche fig, lett*): *l'impresa degli argonauti* the expedition of the Argonauts. 2 (*Zool*) argonaut, paper nautilus.

argot /ar'go/ m.inv. argot, jargon, slang.

Argovia n.pr.m. (*Geog*) (*cantone svizzero*) Aargau.

arguire (**arguìsco, arguìsci**) v.t. to deduce, to infer, to guess.

argutamente avv. keenly, sharply, wittily, cleverly.

argutezza f. 1 keenness, sharpness, wit. 2 (*battuta*) witticism, witty remark.

arguto a. 1 (*di ingegno vivace*) quick-witted, witty: *una persona arguta* a quick-witted person; *osservazione arguta* witty remark. 2 (*spiritoso*) witty, humorous. 3 (*penetrante*) keen, sharp: *sguardo* ~ sharp look, knowing look.

arguzia f. 1 (*prontezza d'ingegno*) wit, sharpness, keenness. 2 (*battuta*) witticism, (*colloq*) wisecrack.

aria f. 1 air: ~ *fresca* fresh air; ~ *viziata* stale air, foul air; ~ *di montagna* mountain air; *cambiamento d'*~ change of air, airing out. 2 (*aeronautica*) air: *le forze di terra, del mare e dell'*~ land, sea and air forces. 3 (*estens*) (*brezza*) air: *non c'è un filo di* ~ there's not a breath of air. 4 (*fig*) (*aspetto*) look, appearance. 5 (*fig*) (*atteggiamento*) air, demeanour, (*Am*) demeanor. 6 (*fig*) (*espressione del volto*) look, air: *avere un'*~ *preoccupata* to have a worried look, to look worried. 7 (*Mus*) air: *un'*~ *popolare* a popular air; (*rif. all'opera*) aria. 8 pl. (*fig*) airs, airs and graces: *darsi delle arie* to put on airs; *darsi arie di esperto* to set oneself up as expert; *darsi arie di gran dama* to give oneself airs. I intz. (*via di qua!*) out of the way!, get out of the way! □ *ad* ~ air (*attr.*): *ad* ~ *fredda* cold-air (*attr.*); *avere l'*~ *addormentata* to look half-asleep; *all'*~ in the open air, outdoors: *stare all'*~ to be in the open air, to be outdoors; ~ *ambiente* ambient air; (*fig*) *andare all'*~ to come to nothing, to fall through; ~ *aperta* open air: *all'*~ *aperta* in the open air, outdoors, outdoor (*attr.*), open-air (*attr.*); *vivere all'*~ *aperta* to live in the open air, to lead an outdoor life; *dormire all'*~ *aperta* to sleep in the open air; *avere l'*~ *di* to look, to look like, to seem, to look as if, to appear: *avere l'*~ *di una brava persona* to look like a nice person, to seem a nice person; *aveva l'*~ *di voler dire qcs.* he seemed to want to say sth., he appeared to want to say sth.; ~ *compressa* compressed air; *con* ~ *di rimprovero* with a reproachful air; *con l'*~ *di fare qcs.* seeming to do sth.; ~ *condizionata*: 1 air-conditioning: *ad* (*o con*) ~ *condizionata* air-conditioned, with air conditioning; *dotare di* ~ *condizionata* to air-condition; *impianto di* ~ *condizionata* air-conditioning unit, air-conditioner; 2 (*scritta su cartello, guida ad alberghi ecc.*) air-conditioned; *dare* ~ to air: *dare* ~ *ai vestiti* to air clothes; *dare* ~ *a una stanza* to air a room; (*fig*) ~ *di burrasca* stormy atmosphere; ~ *di famiglia* family likeness; ~ *di mare* sea air; *c'è* ~ *di pioggia* it looks like rain; *con* ~ *di sfida* defiantly, challengingly, goadingly; (*fig*) *c'è* ~ *di tempesta* (o *c'è* ~ *di temporale*) a storm is brewing (*in in, over*), it looks as if trouble is brewing; *farsi* ~ *con* *il ventaglio* to fan oneself; *~ferma* stagnant air; (*fig,colloq*) *~fritta* hot air;*in ~*: 1 (*stato*) in the air, (*moto*) into the air: *sparare in ~* to shoot into the air; 2 (*fig,colloq*) (*senza fondamento*) unfounded, groundless: *discorsi campati in ~* hot air; *~liquida* liquid air; *nell' ~* in the air; *c'era qualcosa nell'~* there was something in the air;*per ~* in the air; *~ pesante* : 1 stuffy air; 2 (*fig*) tense atmosphere:*prendere ~* (o *prendere un po' d'~*) to get a breath of fresh air, to get some fresh air, to go for a walk; *far prendere ~ a un malato* to take a sick person out for fresh air; *~soffocante* stifling air.

aria-aria *a.inv.* (*Mil*) air-to-air (*attr.*): *missile ~* air-to-air missile.

arianesimo *m.* (*Rel*) Arianism.

Arianna *n.pr.f.* Ariadne.

ariano ¹ I *a.* (*Pol,Ling*) Aryan. II *m.* (*f.* -a) (*Pol, Ling*) Aryan.

ariano ² I *a.* (*Rel*) Arian (*attr.*): *eresia ariana* Arian heresy. II *m.* (*f.* -a) (*Rel*) Arian.

aria-terra *a.inv.* (*Mil*) air-to-surface (*attr.*).

aridamente *avv.* aridly, dryly.

aridezza *f.* (*rar*) 1 (*siccità*) dryness, aridity. 2 (*sterilità*) barrenness (*anche fig*). 3 (*fig*) (*mancanza di sensibilità*) lack of feeling, hard-heartedness.

aridi *m.pl.* dry commodities, dry goods.

aridità *f.* 1 (*siccità*) dryness, aridity: *l'~ della stagione* the dryness of the season. 2 (*sterilità*) barrenness (*anche fig*): *l'~ del terreno* the barrenness of the land. 3 (*fig*) (*mancanza di sensibilità*) lack of feeling, hard-heartedness.

arido I *a.* 1 dry, arid: *clima ~* dry climate. 2 (*sterile*) barren (*anche fig*): *terreno ~* barren land. 3 (*fig*) (*insensibile*) insensitive, cold: *un cuore ~* a hard heart. II *m.pl.* dry commodities, dry goods.

aridocoltura *f.* (*Agr*) dry farming.

arieggiare (**ariéggio**, **ariéggi**) I *v.t.* 1 (*dare aria*) to air, to ventilate: *~ un ambiente* to air a room. 2 (*fig*) (*somigliare a*) to resemble, to look like, to take after: *il ragazzo arieggia un po' il nonno* the boy looks a bit like his grandfather, the boy takes after his grandfather. II *v.i.* (*aus. avere*) (*rar*) 1 (*somigliare*) to resemble, to look like. 2 (*imitare*) to imitate (*a qcu. so.*), to assume the manner (*a qcu. of so.*).

arieggiato *a.* airy, ventilated: *ben ~* well-aired.

ariete *m.* 1 (*Zool*) ram. 2 (*Mil,ant*) battering-ram. 3 (*Mar,ant*) ram, warship with a ram. □ (*Idr*) *~idraulico* hydraulic ram, ram.

Ariete I *n.pr.m.* 1 (*Astr*) Aries, the Ram. 2 (*primo segno dello zodiaco*) Aries. II *m./f.inv.* (*persona nata sotto il segno dell'Ariete*) Aries.

aringa *f.* (*Itt*) herring. □ (*Alim*) *~affumicata* kipper, smoked herring; (*Alim*) *~marinata* soused herring; (*Alim*) *~salata* salted herring.

ariosità *f.* airiness.

arioso I *a.* 1 airy (*anche estens*): *una camera ariosa* an airy room. 2 (*Mus*) arioso. II *m.* (*Mus*) arioso.

arista ¹ *f.* 1 (*Bot*) awn. 2 (*lett*) (*spiga*) ear.

arista ² *f.* (*Gastron,region*) chine of pork: *un arrosto di ~* roast chine of pork.

aristocraticamente *avv.* aristocratically.

aristocratico (*pl.* -ci) I *a.* aristocratic (*anche fig*), noble: *governo ~* aristocratic government; *maniere aristocratiche* aristocratic manners. II *m.* (*f.* -a) aristocrat.

aristocrazia *f.* 1 (*forma di governo*) aristocracy. 2 (*ceto sociale*) aristocracy, nobility, upper class: *l'~ romana* the Roman aris-

tocracy. 3 (*fig*) aristocracy, elite: *l'~ della cultura* the cream of the cultural world. 4 (*signorilità*) distinction, refinement. □ *~del denaro* moneyed aristocracy; *~terriera* landed aristocracy.

Aristofane *n.pr.m.* (*Stor*) Aristophanes.

aristofanesco (*pl.* -chi) *a.* 1 Aristophanic. 2 (*fig*) (*mordace*) biting; (*arguto*) witty, sharp.

Aristotele *n.pr.m.* (*Stor*) Aristotle.

aristotelico (*pl.* -ci) I *a.* (*Filos*) Aristotelian. II *m.* (*f.* -a) (*Filos*) Aristotelian.

aristotelismo *m.* (*Filos*) Aristotelianism.

aritmetica *f.* arithmetic. □ (*Stor*) *~politica* political arithmetic; *~razionale* rational arithmetic.

aritmetico (*pl.* -ci) I *a.* 1 (*Mat*) arithmetical, arithmetic (*attr.*): *unità ~ logica* arithmetic logic unit. 2 (*fig*) (*regolare, preciso*) precise, regular. II *m.* (*f.* -a) arithmetician.

aritmia *f.* (*Med*) arrhythmia, (*colloq*) irregular heartbeat.

aritmico (*pl.* -ci) *a.* (*Med*) arrhythmic, (*colloq*) irregular.

arlecchinata *f.* 1 (*buffonata*) buffoonery, clowning. 2 (*Teat*) harlequinade.

arlecchinesco (*pl.* -chi) *a.* harlequinesque, clownish.

arlecchino I *m.* 1 buffoon, harlequin. 2 (*fig*) (*persona inconstante*) featherbrain. II *a.inv.* multicoloured, (*Am*) multicolored, harlequin (*attr.*). □ (*fig*)*fare l'~* to play the fool.

Arlecchino *n.pr.m.* (*Teat*) Harlequin.

ARM *Armenia* ARM (Armenia).

arma (*pl.* **àrmi**) *f.* 1 (*Arm,Mil*) weapon: *prendere le armi* to take up weapons; *tenere l'~ in sicura* (*in posizione di non sparo*) to keep a weapon at safety. 2 (*Mil*) (*corpo*) arm, force, service: *in che ~ sei stato?* which service were you in? 3 (*fig*) (*mezzo*) weapon, means *pl.*: *quella lettera è un'~ pericolosa nelle sue mani* that letter is a dangerous weapon in his hands. 4 (*Arald*) (*arme, stemma*) coat of arms, arms *pl.* 5 *pl.* (*servizio militare*) military service *sing.*, national service *sing.* □ *armia corto raggio* short range weapons; *~ un'~ a doppio taglio* a double-edged sword, a two-edged sword; *armi a medio raggio* medium range weapons, middle range weapons; (*Arm*) *~a ripetizione* repeater, repeating firearm; (*fig*) *combattere ad armi pari* to fight on equal terms; *armial neutrone* neutron weapons;*all 'armi!* to arms!; *venire alle armi* to begin hostilities; *armi atomiche* atomic weapons; *armi automatiche* automatic weapons; (*Mil*) *~azzurra* (*aeronautica militare italiana*) Italian air force; *l'~ benemerita* the "Carabinieri" (*pl.*) (national police force); *~bianca* bayonet; *combattimento all'~ bianca* bayonet fighting; *armi bianche* cutting and thrusting weapons; *armi biologiche* biological weapons; *armi chimiche* chemical weapons; *armi convenzionali* conventional weapons; *~ da fuoco* firearm; *~dei carabinieri* Italian Carabiniere force; *~del delitto* weapon used for a crime, weapon used in a crime, murder weapon; *~di difesa* defensive weapon; *armi di offesa* offensive weapons; (*fig,colloq*) *armi e bagagli* bag and baggage (*costr.sing.*), all one's belongings, (*Br*) bits and pieces, bits and bobs: *feci armi e bagagli e me ne andai* I collected up my bits and pieces and left, I gathered my belongings and left; *armigio-cattolo* toy arms; *essere in armi* to be up in arms; *armi intelligenti* smart weapons; *armi laser spaziali* space based lasers; *armi leggere* small arms; *armi missilistiche* missile weapons; *armi neutroniche* neutron weap-

ons; *arminucleari* nuclear weapons, nuclear arms; *armi nucleari strategiche* strategic nuclear arms.

armacollo □ *ad* *~* slung across one's shoulders.

armadietto *m.* locker, cabinet. □ *~dei medicinali* first-aid cabinet.

armadillo *m.* (*Zool*) armadillo.

armadio *m.* 1 (*Arred*) cupboard, (*spec. Am*) cabinet; (*guardaroba*) wardrobe, armoire. 2 (*fig*) (*persona grande e grossa*) hefty person, giant, mountain of flesh. □ (*Arred*) *~a muro* built-in cupboard, (*Am*) closet; (*Arred*) *~a specchio* mirror wardrobe; (*Arred*) *~frigorifero* refrigerator (cabinet); (*Arred*) *~ guardaroba* wardrobe; (*Arred*) *~letto* folding bed (in a cupboard), (*Am*) Murphy bed; *~per abiti* wardrobe; *~per biancheria* linen cupboard, (*Am*) linen closet.

armaiolo *m.* 1 (*fabbricante*) armourer, gunsmith. 2 (*venditore*) gun dealer, gunsmith. 3 (*Mil*) armourer.

armamentario *m.* 1 (*arnesi*) instruments *pl.*, implements *pl.*, equipment, outfit: *~ chirurgico* surgical instruments; *~ per immersione* diving outfit. 2 (*scherz,colloq*) bag of tricks, bits and pieces, arsenal. 3 (*Stor*) (*arsenale*) arsenal, armoury.

armamento *m.* 1 (*Mil*) (*atto ed effetto di armarsi*) armament. 2 (*Tecn*) (*attrezzatura*) equipment. 3 (*Mar*) (*dotare di attrezzatura*) fittings *pl.*, rigging of a ship. 4 (*Ferr*) permanent way. 5 (*Minier*) timbering. 6 *pl.* (*Mil*) armaments, arms, weaponry (*costr.sing.*): *riduzione degli armamenti* arms reduction. □ *~di unaereo* armament of an aircraft; *~di unimpianto elettrico* installation of electrical equipment; (*Mar*) *~in* commission.

Armando *n.pr.m.* Herman.

armare (**àrmo**) I *v.t.* 1 (*fornire di armi*) to arm, to provide with arms, to supply with arms: *~ le reclute* to arm the recruits; *~ un fortino* to arm a redoubt. 2 (*fortificare*) to fortify a redoubt. 3 (*Arm*) (*caricare*) to load. 4 (*Mar*) (*equipaggiare*) to fit out, to equip; (*fornire di uomini*) to man; (*fornire di attrezzatura*) to rig. 5 (*Edil*) (*puntellare*) to prop, to prop up, to shore, to shore up. 6 (*Minier*) to timber. 7 (*Ferr*) to lay down. 8 (*Teat*) to provide with a frame. II *v.pron.* **armarsi** 1 to arm oneself (*di* with) (*anche fig*): *si armò di un bastone* he armed himself with a stick. 2 (*Mil*) to arm oneself, to take up arms. □ (*Mar*) *~ urbastimento* to commission a ship, to fit out a ship; (*Stor*) *~ qcu.cavaliere* to dub so. knight; (*fig*) *armarsi di coraggio* to pluck up one's courage, to summon one's courage, to summon up one's courage, to steel oneself; (*fig*) *bisogna armarsi di santa pazienza* you've got to have patience; (*Mar*) *~i remi* to put out the oars, to ship oars, to ship the oars.

armata *f.* 1 (*esercito*) army: *un'~ di diecimila uomini* an army of ten thousand men. 2 (*flotta*) fleet. 3 (*aeronautica*) air force. □ (*fig,iron*) *~Brancaleone* a barmy army.

armato I *a.* 1 (*fornito di armi*) armed: *essere ~ di pistola* to be armed with a pistol; *andare in giro ~* to carry a gun. 2 (*provvisto*) provided (*di* with), equipped (*di* with), furnished (*di* with): *~ di tutti gli attrezzi* fully equipped. 3 (*fig*) armed: *~ di coraggio* armed with courage. 4 (*Mecc*) (*rinforzato*) reinforced. 5 (*El*) (*rivestito*) *cavo ~* armoured cable. 6 (*Zool*) armoured, loricate. 7 (*Mar*) (*equipaggiato di uomini*) manned. II *m.spec.pl.* (*soldato*) soldier, man at arms: *un esercito di diecimila armati* an army of ten thousand soldiers. □ *~fino ai denti* armed to the teeth.

armatore I m. **1** (Mar) (proprietario di nave) shipowner. **2** (Mar) (chi allestisce navi) fitter-out. **3** (Ferr) platelayer, (Am) trackman. **4** (Min) timberman, timberer. **II** a. shipping: società armatrice shipping company.

armatoriale a. shipping: compagnia ~ shipping company.

armatura f. **1** (Stor) armour, (Am) armor. **2** (Edil) (struttura di sostegno) framework, falsework; (impalcatura) scaffold, scaffolding; (nel cemento armato) reinforcement. **3** (Minier) timbering. **4** (Biol) armour, (Am) armor. **5** (El) (di un condensatore) plate; (di un magnete) armature; (di un cavo) armour, (Am) armor. **6** (Mar) (attrezzatura) rigging. **7** (Tess) weave.

armeggiamento m. **1** (l'affaccendarsi inutile) bustling, bustling about. **2** (l'intrigare) manoeuvring, (Am) maneuvering.

armeggiare (arméggio, arméggi; aus. **avere)** v.i. **1** (affaccendarsi, spesso senza conclusione) to bustle, to bustle about, to fuss, to fuss about. **2** (affaccendarsi cercando di riparare) to fiddle (con with), to tinker (con with). **3** (intrigare) to manoeuvre, (Am) to maneuver.

armeggio m. **1** (l'arrabattarsi sconclusionato) bustling about. **2** (intrigo) manoeuvring, (Am) maneuvering.

armeggione m. (colloq) (f. **-a**) busybody, (Am) meddler.

Armenia n.prf. (Geog) Armenia.

armeno I a. Armenian. **II** m. **1** (lingua) Armenian. **2** (f. **-a**) (abitante, originario) Armenian.

armento m. (lett) herd.

armeria f. **1** (Mil) armoury. **2** (collezione) collection of arms. **3** (negozio) gun shop, gunsmith's.

armiere m. **1** (fabbricante) armourer, gunsmith. **2** (venditore) gun dealer, gunsmith. **3** (Mil) gunner.

armigero m. **1** (lett) (uomo d'armi) armiger. **2** (lett,rar) (scudiero) armiger, mediaeval squire, (Am) medieval squire. **3** (fig,iron) (guardia del corpo) bodyguard.

armilla f. **1** (Stor,rom) armilla. **2** (Astr,ant) armil.

armillare a. armillary, (Astr,ant) sfera ~ armillary sphere.

armistiziale a. armistice (attr.): trattato ~ armistice treaty.

armistizio m. armistice.

armo m. (Mar) crew.

armonia f. **1** harmony (anche fig): l'~ dei versi the harmony of the verses; vivere in perfetta ~ con qcu. to live in perfect harmony with so. **2** (di un edificio, quadro ecc.) good proportions pl. **3** (conformità) agreement, accordance. □ l'~ dell'universo the harmony of the universe; ~ di colori matching colours; in ~ con qcs. in accordance with sth., in keeping with sth.: le sue parole non sono in ~ con le sue idee his words are not in accordance with his ideas, his words are not in keeping with his ideas.

armonica f. **1** (Mus) harmonica, glass harmonica. **2** (Mus) harmonics (costr.sing.). **3** (Acus) harmonic. □ (Mus) ~ a bocca harmonica, mouth organ.

armonicamente avv. **1** harmonically. **2** (fig) harmoniously.

armonicista m./f. **1** (musicista) harmonica player. **2** (costruttore) maker of musical instruments.

armonico (pl. **-ci**) a. **1** (Mat,Fis) harmonic: (Mat) funzione armonica harmonic function; (Mat) media armonica harmonic mean; (Fis)

moto ~ harmonic motion, simple armonic motion. **2** (armonioso) harmonious: sviluppo ~ harmonious development. **3** (di vino) round.

armonio m. (Mus) harmonium.

armoniosamente avv. harmoniously.

armonioso a. **1** harmonious, melodious, pleasant-sounding: voce armoniosa melodious voice; una lingua armoniosa a pleasant-sounding language. **2** (fig) (ben proporzionato) harmonious, well proportioned.

armonista m./f. (Mus) harmonist, harmonizer.

armonium m.inv. (Mus) harmonium.

armonizzare (armonìzzo) I v.t. **1** (Mus) to harmonize, to tune: ~ una melodia to harmonize a melody. **2** (mettere in accordo, conciliare) to harmonize, to make (sth.) harmonize, to bring (sth.) into harmony: ~ le figure di un quadro con lo sfondo to make the figures of a picture harmonize with the background. **3** (rif. a colori, abiti) to match. **II** v.i. (aus. **avere**) **1** (essere in armonia) to harmonize, to be in harmony, to blend: le loro personalità non armonizzano bene insieme their personalities clash. **2** (rif. a colori, abiti: intonarsi) to match, to harmonize, to go with.

armonizzazione f. harmonization (anche Mus). □ ~ fiscale fiscal harmonization.

armoricano a. (Stor) Armoric, Armorican.

Arnaldo n.pr.m. Arnold.

arnese m. **1** tool, implement; (da cucina) utensil. **2** (aggeggio) thing, gadget, contrivance, device, (colloq) contraption: a che serve quest'~? what's this contraption for? **3** (fig,spreg) (rif. a persone) good-for-nothing, disreputable type. □ ~ agricolo agricultural hand tool, agricultural tool; ~ da lavoro tool, implement; (fig) essere male in ~: 1 (rif. a vestiti) to be shabbily dressed, to be poorly dressed; 2 (rif. alla salute) to be in poor health, to be in bad health; 3 (rif. alle condizioni economiche) to be in financial straits.

arnia f. hive, beehive.

arnica f. (Bot) arnica.

aro m. (Bot) arum.

aroma m. **1** aroma, fragrance, flavour, (Am) flavor. **2** (Enol) bouquet. **3** spec.pl. (spezie) spice, aromatic herb. □ aromi artificiali artificial flavouring (sing.), (Am) artificial flavoring (sing.); aromi naturali natural flavours, (Am) natural flavors.

aromaterapia f. aromatherapy.

aromatico (pl. **-ci**) **I** a. **1** aromatic, fragrant, spicy: erbe aromatiche aromatic herbs; sostanza aromatica aromatic, aromatic substance. **2** (Enol) spiced. **3** (Chim) aromatic: composto ~ aromatic compound.

aromatizzante I a. aromatizing, flavouring, (Am) flavoring. **II** m. flavour enhancer, (Am) flavor enhancer, spice.

aromatizzare (aromatìzzo) v.t. to spice, to flavour, (Am) to flavor, to aromatize.

aromatizzazione f. (rar) aromatization.

Aronne n.pr.m. (Bibl) Aaron.

arpa f. (Mus) harp. □ (Mus) ~ eolia aeolian harp, Aeolian harp, (Am) eolian harp.

arpagone[1] m. (Mar) grapnel.

arpagone[2] m. (lett,spreg) (persona avara) skinflint, miser.

arpeggiamento m. (Mus) harping.

arpeggiare (arpéggio, arpéggi; aus. **avere)** v.i. **1** (Mus) (suonare l'arpa) to play the harp. **2** (Mus) (eseguire arpeggi) to play arpeggios. **3** (Veter) to suffer from stringhalt.

arpeggio[1] m. **1** (Mus) arpeggio. **2** (Veter) stringhalt.

arpeggio[2] m. (rar) prolonged harping.

arpese m. (Edil) clamp, cramp.

arpia f. **1** (Mitol) Harpy. **2** (fig,spreg) (rif. a donna) harpy, shrewish woman. **3** (Ornit) harpy eagle. **4** (Entom) Puss Moth.

arpicordo m. (Mus) harpsichord.

arpionare (arpióno) v.t. to harpoon.

arpione m. **1** (cardine) hinge. **2** (gancio) hook. **3** (fiocina) harpoon. **4** (Ferr) (di rotaia) spike. **5** (Mecc) (nottolino) pawl. □ (Alp, rar) ~ da ghiaccio ice hook.

arpioniere m. harpooner.

arpionismo m. (Mecc) ratchet gear.

arpista m./f. (Mus) harpist.

arra f. (Dir.rom) (caparra) earnest, earnest money.

arrabattarsi (mi arrabàtto) v.pron. **1** to do all one can, to strive: si arrabatta per mantenere la famiglia he does all he can to support his family. **2** (tirare avanti) to keep going, to make ends meet: si arrabatta vendendo giornali he keeps going by selling newspapers.

arrabbiare (arràbbio, arràbbi; aus. **essere) I** v.i. **1** (Veter) to catch rabies, to be infected with rabies. **2** (iperb,rar) (rif. a persona) to go mad, to be driven mad: ~ dal dolore to be driven mad with pain. **II** v.pron. **arrabbiarsi** to get angry, to fly into a temper, to fly into a rage, to lose one's temper; to get annoyed: arrabbiarsi con qcu. to get angry with so.; non arrabbiarti per stupidaggini del genere don't get annoyed over such trifles. □ fare ~ qcu. to make so. angry.

arrabbiata f. rage, fit of anger.

arrabbiato a. **1** (idrofobo) rabid, mad: un cane ~ a rabid dog, a mad dog. **2** (irato) angry, furious, enraged: essere ~ con qcu. to be angry with so. **3** (accanito) implacable, relentless, inveterate: un avversario ~ a relentless opponent. **4** (entusiasta) keen, avid: un cacciatore ~ a keen hunter; (Am) an avid hunter. **5** (Gastron) hot and spicy.

arrabbiatura f. rage, fit of anger: prendersi un'~ per qcs. to fly into a rage over sth.

arraffare (arràffo) v.t. (colloq) **1** to seize, to snatch, to grasp. **2** (rubare) to pinch, to lift.

arraffone m. (f. **-a**) (colloq) grabber.

arrampicare (arràmpico, arràmpichi) v.i. (aus. **essere**) (Alp) to climb, to clamber: andare ad ~ to go climbing. **II** v.pron. **arrampicarsi 1** to climb, to climb up, to clamber, to shin up: arrampicarsi su un albero to climb a tree, to climb up a tree; il gatto si arrampicò sul tetto the cat climbed onto the roof; arrampicarsi con le mani e con i piedi to clamber; arrampicarsi sulle montagne to climb mountains. **2** (rif. a piante) to climb, to climb up: l'edera si arrampica sul muro the ivy is climbing up the wall. □ si arrampica come una scimmia he climbs like a monkey; (fig) arrampicarsi sugli specchi (o arrampicarsi sui vetri): 1 to argue that black is white; 2 (tentare l'impossibile) to clutch at straws, to grasp at shadows, to attempt the impossible.

arrampicata f. **1** (l'arrampicarsi) climbing. **2** (Sport,Alp) (scalata) climb. □ (Alp) ~ artificiale aid climbing; (Alp) ~ libera free climbing.

arrampicatore m. (f. **-trice**) (Sport) mountain climber. □ (fig) ~ sociale social climber.

arrancare (arrànco, arrànchi; aus. **avere)** v.i. **1** (zoppicare) to limp, to hobble. **2** (avanzare faticosamente) to trudge, to plod. **3** (Mar) to lay on the oars, to pull hard away.

arrangiamento m. **1** (accordo) agreement, arrangement: venire a un ~ to come to an agreement, to come to an arrangement. **2**

(Mus) arrangement, musical arrangement.

arrangiare (**arràngio, arràngi**) **I** *v.t.* **1** *(sistemare)* to adjust, *(Abbigl)* to alter: ~ *un vestito del padre per il figlio* to alter the father's suit *(o* to cut down the father's suit) to fit the son. **2** *(fig)* *(mettere insieme alla meglio)* to put together, *(Br,colloq)* to knock together, *(Am)* to fix: *gli arrangiò in fretta un buon pranzetto* she hastily put together an excellent lunch for him. **3** *(colloq)* *(conciare per le feste)* to fix, to put straight: *se ti acchiappo, ti arrangio io* if I catch you, I'll fix you. **4** *(Mus)* to arrange (usually in the passive form). **II** *v.pron.* **arrangiarsi 1** *(venire a un accordo)* to come to an agreement. **2** *(cavarsela)* to manage, to do the best one can, to get along, to get by: *cercava di arrangiarsi in mezzo alle difficoltà* he tried to make the best of a difficult situation; *arrangiatevi!* do it your own way!

arrangiatore *m.* *(f.* **-trice**) *(Mus)* arranger.

array /ar'rej/ *m.inv.* *(Mat)* array.

arrecare (**arrèco, arrèchi**) *v.t.* **1** *(lett)* *(recare, portare)* to bring, to bear. **2** *(fig)* *(causare)* to cause, to be a source of: ~ *dolore* to cause pain, to be a source of pain; *i danni arrecati dall'alluvione* the damage caused by the flood.

arredamento *m.* **1** *(progettazione)* interior design, interior decoration. **2** *(l'arredare)* furnishing: *l'~ della casa è costato dieci milioni* the furnishing of the house cost ten million. **3** *(estens)* *(il mobilio)* furniture, furnishings *pl.*: ~ *semplice* simple furnishings, simple furnishing.

arredare (**arrèdo**) *v.t.* to furnish: ~ *un appartamento* to furnish a flat; *(Am)* to furnish an appartment.

arredatore *m.* *(f.* **-trice**) **1** *(progettista di appartamenti)* interior designer, *(Am)* interior decorator. **2** *(operaio specializzato)* furnisher. **3** *(Cin,Teat)* stage designer.

arredo *m.* furnishings *pl.*, fittings *pl.*, furniture. □ *arredi di ufficio* office equipment *(costr.sing.)*, office furniture *(costr.sing.)*; *arredi sacri* vestments and church plate; *~urbano* street furniture.

arrembaggio *m.* **1** *(Mar)* boarding. **2** *(fig)* foray, attack, assault. □ *andare all'~ di una nave* to board a ship; *(fig)* *andare all'~ di qcs.* to make an assault on sth.

arrembare (**arrèmbo**) *v.t.* *(Mar)* to board.

arrendere (*pres.ind.* **arrèndo**; *p.rem.* **arrési**; *p.p.* **arréso**) **I** *v.t.* *(ant)* to surrender: ~ *una fortezza* to surrender a fortress. **II** *v.pron.* **arrendersi 1** to surrender, to give up, to give oneself up: *arrendersi al nemico* to surrender to the enemy. **2** *(cedere)* to yield, to give way, to give in, *(colloq)* to throw in the towel, *(Br)* to throw in the sponge: *arrendersi alle preghiere degli amici* to yield to the entreaties of one's friends. □ *arrendersi a discrezione* to surrender unconditionally; *arrendersi all'evidenza* to bow to the facts.

arrendevole *a.* **1** docile, compliant, yielding: *un carattere ~* a docile character. **2** *(lett)* *(rif. a cose)* pliable.

arrendevolezza *f.* **1** docility, compliance. **2** *(lett)* *(rif. a cose)* pliancy.

arresi → **arrendere**.

arreso → **arrendere**.

arrestare (**arrèsto**) **I** *v.t.* **1** to stop, to halt: ~ *il nemico* to halt the enemy; *arrestarono l'auto* they stopped their car; ~ *un'emorragia* to stop a haemorrhage, *(Am)* to stop a hemorrhage. **2** *(mettere agli arresti)* to arrest, to put under arrest, to seize: *lo arrestarono per furto* they arrested him for theft. **II** *v.pron.* **arrestarsi 1** to stop, to come to a stop,

to come to a halt, to halt: *il treno si arrestò di colpo* the train stopped suddenly, the train came to a sudden halt. **2** *(Mot)* to stall. □ *~i passi* to stop; *~il gioco* to stop the match: *l'arbitro arrestò il gioco* the referee stopped the match; *~il sangue* to staunch the bleeding, to stop the bleeding; *(Sport)* *~la palla* *(nel calcio)* to trap.

arresto *m.* **1** stop, stopping, halting: *il brusco ~ dell'automobile* the abrupt stopping of the car; *subire un ~* to come to a stop *(anche fig)*. **2** *(interruzione)* interruption, standstill: *il maltempo ha causato l'~ dei lavori* the bad weather has brought work to a standstill. **3** *(Dir)* *(l'arrestare)* arrest, capture: *l'~ del malvivente fu molto difficile* the criminal's arrest was very difficult, the criminal's capture was very difficult. **4** *(Dir)* *(pena)* custody, detention, imprisonment: *condannare a dieci giorni di ~* to sentence to ten days' imprisonment. **5** *(Med)* arrest. **6** *(Inform)* shutdown; *(anomalo)* abort. **7** *pl.* *(Mil)* arrest *sing.*: *essere agli arresti* to be under arrest. **8** *(Sport)* *(sospensione)* suspension, stoppage: *l'arbitro ha deciso l'~ della partita* the referee has decided to suspend the match. **9** *(Sport)* *(tecnica: scherma, calcio ecc.)* stop. **10** *(Mecc)* stop, catch, grip, cut-off: *dispositivo di ~* cut-off, cut-off device. □ *mettere agli arresti* to arrest, to put under arrest; *(Mecc)* *~automatico* automatic stop; *(Med)* *~cardiaco* cardiac arrest; *~della produzione* production stoppage; *(Mil)* *~di rigore* close arrest; *(Mecc)* *~di sicurezza* safety catch, safety cut-off; *(Dir)* *arresti domiciliari* house arrest *(sing.)*; *(Dir)* *in ~* in custody, under arrest; *~nel funzionamento* failure in service; *(Dir)* *~provvisorio* temporary arrest; *(Med)* *~psichico* mental block; *senza ~* non-stop.

arretramento *m.* **1** *(l'arretrare)* backing, moving back. **2** *(Mil)* *(ritirata)* withdrawal, falling back.

arretrare (**arrètro**) **I** *v.t.* **1** *(far indietreggiare)* to back, to move (sth.) back. **2** *(Mil)* *(ritirare)* to withdraw: *fecero ~ le truppe* they withdrew their troops. **II** *v.i.* *(aus.* **essere**) to move back, to draw back: *il cavallo arretrò* the horse backed; *la spiaggia è arretrata di dieci metri* the shoreline has moved back ten metres. □ *fare ~ qcu.* to force so. back.

arretratezza *f.* **1** backwardness. **2** *(sottosviluppo)* underdevelopment *(anche Econ)*.

arretrato **I** *a.* **1** *(non fatto, non compiuto)* overdue, behind, behind schedule, behindhand: *essere ~* to be behind, to be behindhand; *il lavoro ~* the arrears of work, the backlog of work. **2** *(non sviluppato)* backward, underdeveloped: *paesi arretrati* underdeveloped countries. **3** *(pubblicato in precedenza)* back: *numero ~ di un giornale* back number of a newspaper. **4** *(rif. a pagamento)* outstanding. **5** *(antiquato)* outdated, old-fashioned. **6** *(che sta dietro)* rear, back. **II** *m.spec.pl.* **1** arrears *pl.* *(anche Comm)*: *gli arretrati dello stipendio* salary arrears, back pay. **2** *(Giorn)* back number. **3** *(fig)* outstanding matter: *avere degli arretrati con la giustizia* to have criminal actions pending. □ *essere in ~ con qcs.* to be behindhand with sth., to be in arrears with sth.; *essere in ~ con un lavoro* to be behind with a work.

arricchimento *m.* **1** enrichment, enriching: ~ *personale* personal enrichment; ~ *del lavoro* job enrichment; ~ *culturale* cultural enrichment. **2** *(Tecn)* enrichment: ~ *dell'uranio* uranium enrichment. □ *(Dir)* *~indebito* unjustified enrichment, unjust enrichment.

arricchire (**arricchìsco, arricchìsci**) **I** *v.t.* **1** to enrich, to make (sth./so.) rich *(anche fig)*. **2** to enrich. **3** *(adornare)* to adorn, to embellish, to enrich. **4** *(Tecn)* to enrich: ~ *l'uranio* to enrich uranium. **II** *v.pron.* **arricchirsi 1** to become rich, to become wealthy, to grow rich, to enrich oneself: *arricchirsi a spese degli altri* to grow rich at the expense of others. **2** *(fig)* to be enriched, to grow richer.

arricchito **I** *a.* enriched: *combustibile ~* enriched fuel. **II** *m.* *(f.* **-a**) *(spreg)* nouveau riche, parvenu, upstart.

arricciaburro *m.inv.* butter curler.

arricciacapelli *m.inv.* curling tongs *pl.*, *(Am)* curling iron.

arricciare (**arrìccio, arrìcci**) **I** *v.t.* **1** to curl: ~ *i capelli* to curl one's hair. **2** *(accartocciare)* to cause (sth.) to curl up. **3** *(Edil)* to render. **II** *v.pron.* **arricciarsi** *(divenire riccio)* to become curly, to curl, to curl up: *con l'umidità mi si arricciano i capelli* dampness makes my hair curl. □ *arricciarsi i baffi* to curl one's moustache, to twirl one's moustache; *(fig)* *~il naso per qcs.* to turn up one's nose at sth.

arriccio **I** *a.* **1** curly, curled. **2** *(Tess)* curly. **II** *m.* *(Edil)* rendering.

arricciatura *f.* **1** curling, curliness. **2** *(Tess)* curliness. **3** *(Edil)* rendering.

arriccio *m.* *(Edil)* rendering.

arridatoio *m.* *(Mar)* **1** turnbuckle. **2** *(a paranco)* burton.

arridere (*pres.ind.* **arrìdo**; *p.rem.* **arrìsi**; *p.p.* **arrìso**; *aus.* **avere**) *v.i.* *(lett)* to be favourable *(a* to), *(Am)* to be favorable *(a* to), to be propitious *(a* to), to smile *(a* on): *la sorte (o la fortuna) gli arrise* fortune smiled on him, luck was on his side; *la vittoria gli ha arriso* victory smiled on him.

Arrigo *n.pr.m.* Henry, Harry.

arringa *f.* **1** *(lett)* *(discorso)* harangue, address, speech, lecture. **2** *(Dir)* address by counsel, declaration, declamation, tirade.

arringare (**arrìngo, arrìnghi**) *v.t.* **1** to harangue, to address: ~ *il popolo* to harangue the people, *(Am)* to address the people. **2** *(colloq)* *(sgridare)* to harangue, to lecture.

arringatore *m.* *(f.* **-trice**) *(rar)* haranguer, orator.

arrischiare (**arrìschio, arrìschi**) **I** *v.t.* **1** to risk, to venture, to hazard: ~ *la vita* to risk one's life. **2** *(assol.)* *(correre un rischio)* to take the risk, to run the risk. **3** *(azzardare)* to venture, to hazard: ~ *una domanda* to hazard a question. **II** *v.pron.* **arrischiarsi 1** *(esporsi a un rischio)* to venture, to take risks, to run risks, to take a risk, to run a risk: *si arrischiò in un'impresa difficile* he ventured into deep waters. **2** *(azzardarsi)* to dare, to venture: *non mi arrischiai a parlare* I didn't dare to speak.

arrischiato *a.* **1** *(pericoloso)* risky, hazardous: *un'impresa arrischiata* a risky affair, a risky undertaking. **2** *(imprudente)* rash, foolhardy, reckless: *una previsione arrischiata* a rash forecast.

arrisi → **arridere**.

arriso → **arridere**.

arrivare (**arrìvo**; *aus.* **essere**) *v.i.* **1** to arrive *(a* at, in), to get, to come *(a* to), to reach *(sth.)*: *il treno arriva alle otto* the train arrives at eight, the train gets in at eight; *arriverò a Roma alle dieci* I'll be arriving in Rome at ten. **2** *(giungere a un limite: rif. a tempo)* to reach: *è arrivato a novant'anni* he has reached the age of ninety. **3** *(giungere a un limite: rif. ad altezza)* to reach (sth.), to come up (to): *l'acqua gli arrivava alla vita* the water reached his waist, the water came up to his waist; *mio figlio mi arriva alla spalla* my son comes up to my shoulder. **4** (*giungere a un limite: rif. a distanza*) to go as far (as): *arrivo (fino) al ponte e torno* I'm just going as far as the bridge and back. **5** (*di strada*) to go, to run: *la strada arriva fino al paese* the road goes as far as the village, the road runs as far as the village. **6** (*ricevere*) to receive (*costr.pers.*): *mi è arrivato un nuovo libro* I have received a new book, a new book has arrived for me. **7** (*riuscire*) to succeed (in), to manage, to be able (to): *temo di non ~ a finirlo in tempo* I'm afraid I won't be able to finish it in time. **8** (*avere successo*) to succeed, to be successful, to make it: *voleva ~ a tutti i costi* he wanted to be a success at all costs, he wanted to succeed at all costs. **9** (*riuscire a capire*) to be able to understand (sth.), to figure (sth.) out: *questo problema è difficile, non ci arrivo* this is a difficult problem, I can't understand it; this is a difficult problem, I can't figure it out. **10** (*accadere*) to happen, to occur: *non si sa mai cosa può ~* one never knows what may happen. **11** (*fig*) (*giungere al punto di*) to get, to go so far as to: *è arrivato a scriverle* he went so far as to write to her; *è arrivato a pensare che fosse colpa sua* he got to the point of thinking it was all his fault. **12** (*fig*) (*osare*) to dare: *è arrivato a dire che sono una nullità per lui!* he dared to say I'm nothing to him. **13** (*Sport*) to be placed, to finish, to come: *~ secondo* to finish second, to come in second. □ *il malato non arriverà a domattina* the patient won't last until morning; *~ a proposito* to arrive at the right moment; *~ a un accordo* to come to an agreement, to reach an agreement; *~ a una decisione* to reach a decision, to come to a decision, to arrive at a decision; *~ addosso a qcu.* to be on top of so., to be upon so.: *l'automobile mi è arrivata addosso all'improvviso* all of a sudden the car was on top of me; *~ al punto che* to go so far as to; *~ al punto di* to go so far as to; *~ al punto in cui...* to reach the point where..., (*fig*) to get to the stage where..., to reach the stage where...; *~ alle spalle* (*di qcu.*): **1** (*rif. a capelli*) to be shoulder-length; **2** (*rif. a persone: altezza*) to be up to one's shoulders, to be shoulder-high: *mia sorella mi arriva alle spalle* my sister is up to my shoulders; **3** (*rif. ad attacco da dietro*) to fall (on so.) from the rear, to fall (on so.) from behind: *il nemico ci arrivò alle spalle* the enemy took us from behind; *~ allo scopo* to achieve one's aim, to achieve one's goal; *arrivo!* I'm coming!; *~ fino al soffitto* to reach the ceiling; *è arrivato il tempo* the time has come; *~ in orario* to arrive on time; (*fig*) *~ in porto*: **1** to reach one's goal; **2** (*concludersi felicemente*) to make it, to work out well; *~ in ritardo* to arrive late, to come late; *~ in tempo* to arrive in time; *è arrivato l'inverno* winter is here; *fin dove arriva lo sguardo* as far as the eye can see; *non ci arrivo*: **1** (*non capisco*) I can't make it out, I can't get it, it's above me, it's beyond me; **2** (*non posso*) I can't manage it; *~ per tempo* to arrive in good time, to arrive in plenty of time; *~ primo al traguardo* to come in first, to be the first past the post; *~ sano e salvo* to arrive safe and sound.

arrivato I *a.* **1** arrived. **2** (*di successo*) successful: *è un uomo ~* he is a successful man, (*Am*) he has arrived. II *m.* (*f.* **-a**) **1** (*chi ha avuto successo*) successful person, success. **2** (*chi ha avuto troppo facile successo*) parvenu, upstart.

arrivederci I *intz.* **1** goodbye!, (*colloq*)

bye-bye!, see you!, see you later!: *~ a domani!* good-bye, see you tomorrow!; *~ a presto!* good-bye, see you soon! **2** (*colloq*) (*per troncare una discussione*) that's enough!, let's call it a day!: *~ e grazie!* that's it! II *m.* goodbye.

arrivismo *m.* **1** (*rif. a posizione sociale*) social climbing. **2** (*rif. a carriera*) arrivisme.

arrivista *m./f.* social climber, careerist, arriviste.

arrivo *m.* **1** (*l'arrivare*) arrival: *all'~* on arrival, on one's arrival, when one arrives; *verrò a prenderti al tuo ~* (*Br*) I'll come and fetch you on your arrival, (*Am*) I'll come and get you on your arrival, I'll come and pick you up on your arrival. **2** (*rif. a missive*) receipt, receiving: *all'~ della vostra lettera* on receipt of your letter, on receiving your letter. **3** (*Sport*) (*traguardo*) finish, finishing line, (*estens*) chequered flag. **4** (*rif. a merci*) supply, stock, arrival: *gli ultimi arrivi* new stocks, new arrivals, the latest arrivals. **5** (*rif. a persone*) arrival: *sono previsti nuovi arrivi in albergo* new arrivals are expected at the hotel. **6** *pl.* (*Ferr,Aer*) arrivals: *arrivi e partenze* arrivals and departures. □ *in ~*: **1** coming, incoming: *il treno è in ~ sul primo binario* the train is coming in on platform one; **2** (*fig*) on the way.

arroccamento *m.* (*negli scacchi*) castling.

arroccare¹ (**arròcco, arròcchi**) I *v.t.* **1** (*negli scacchi*) to castle. **2** (*Mil*) to move troops (behind the lines). **3** (*fig*) to protect, to defend. II *v.pron.* **arroccarsi 1** (*negli scacchi*) to castle. **2** (*Mil*) to take up a defensive position. **3** (*fig*) to take refuge.

arroccare² (**arròcco, arròcchi**) *v.t.* (*Tess*) to place (sth.) on the distaff.

arroccato *a.* clinging: *un paese ~ su un monte* a village clinging to a mountain side.

arrochimento *m.* hoarsening.

arrochire (**arrochìsco, arrochìsci**) I *v.t.* to make so. hoarse, to hoarsen. II *v.i.* (*aus.* **essere**) to become hoarse, to hoarsen.

arrochito *a.* hoarse.

arrogante I *a.* (*presuntuoso, sprezzante*) arrogant, presumptuous, proud, insolent, haughty, pretentious, (*colloq*) hoity-toity, (*Am,colloq*) toplofty: *una persona ~* an arrogant person; *tono ~* haughty tone; *con fare ~* in haughty manner. II *m./f.* arrogant person, presumptuous person.

arrogantemente *avv.* arrogantly.

arroganza *f.* arrogance, haughtiness. □ *chiedere qcs. con ~* to ask for sth. arrogantly; *parlare con ~ a qcu.* to talk at so.; *rispondere con ~* to talk back.

arrogare (**arrògo, arròghi**) *v.t.* (*Dir*) to arrogate: *arrogarsi il diritto di fare qcs.* to arrogate to oneself the right to do sth.; *arroga a sé tutto il merito* he is taking all the credit for himself.

arrossamento *m.* reddening, flushing: *~ della pelle* reddening of the skin.

arrossare (**arròsso**) I *v.t.* (*far diventare rosso*) to redden, to make (sth.) red: *il freddo gli arrossava la pelle* the cold weather reddened her skin. II *v.i.* (*aus.* **essere**) to become red, to turn red, to redden, to flush: *il cielo arrossava* the sky was turning red.

arrossato *a.* reddened, red.

arrossimento *m.* (*rar*) blushing, flushing.

arrossire (**arrossìsco, arrossìsci**; *aus.* **essere**) *v.i.* **1** to blush, to flush, to go red: *~ dal vergogna* to blush with shame. **2** (*fig*) (*vergognarsi*) to be ashamed, to feel ashamed. □ (*fig*) *~ come uno scolaretto* to blush like a schoolboy; *fare ~ qcu.* to make so. blush; *~ fino alla punta dei capelli* to blush scarlet.

arrostimento *m.* roasting (*anche Met*).

arrostire (**arrostìsco, arrostìsci**) I *v.t.* **1** to roast. **2** (*sulla griglia*) to grill. **3** (*tostare, abbrustolire*) to toast. **4** (*Met*) to roast. II *v.i.* (*aus.* **essere**) (*fig*) to bake, to broil: *~ al sole* to bake in the sun. III *v.pron.* **arrostirsi** (*fig*) to bake, to broil: *arrostirsi al sole* to bake in the sun. □ *~ qcs. allo spiedo* to roast sth. on the spit.

arrostito *a.* **1** roasted, roast. **2** (*sulla griglia*) grilled. **3** (*tostato, abbrustolito*) toasted.

arrostitura *f.* roasting (*anche Met*).

arrosto I *m.* (*Gastron*) roast. II *a.* (*Gastron*) roast, roasted; (*sulla griglia*) grilled; (*al forno*) baked. □ (*Gastron*) *~ di maiale* roast pork, a roast of pork; (*Gastron*) *~ di tacchino* roast turkey; (*Gastron*) *~ di vitello* roast veal, a roast of veal; *fare qcs. ~* to roast sth.

arrotamento *m.* (*rar*) sharpening, whetting, grinding.

arrotare (**arròto**) I *v.t.* **1** (*affilare*) to sharpen, to whet, to grind: *~ un coltello* to sharpen a knife. **2** (*Tecn*) (*levigare*) to grind, to smooth and polish: *~ il pavimento* to smooth and polish the floor. **3** (*Tecn*) (*rif. a cristallo*) to grind. **4** (*rar*) (*urtare con un veicolo*) to run over, to run down. II *v.pron.* **arrotarsi** (*urtarsi con le ruote*) to crash, to collide wheel against wheel. □ *~ i denti* to grind one's teeth; *~ la erre* to roll one's R's, to burr.

arrotatrice *f.* (*Mecc*) grinder.

arrotatura *f.* **1** sharpening. **2** (*Tecn*) (*levigatura*) grinding, smoothing, polishing.

arrotino *m.* knife grinder.

arrotolare (**arròtolo**) I *v.t.* **1** to roll, to roll up, to furl: *~ una sigaretta* to roll a cigarette. **2** (*avvolgere*) to wrap, to wrap round. II *v.pron.* **arrotolarsi** to roll up.

arrotondamento *m.* rounding, rounding off (*anche fig*): *~ di una cifra* rounding of a figure. □ (*fig*) *~ dello stipendio* supplementation of salary; *~ per difetto* rounding off, rounding down; *~ per eccesso* rounding up.

arrotondare (**arrotóndo**) I *v.t.* **1** to round, to round off, to make (sth.) round (*anche fig*): *~ una cifra* to make a round figure. **2** (*Mat*) to round. **3** (*integrare*) to supplement, to eke out. II *v.pron.* **arrotondarsi 1** to become round. **2** (*estens*) (*ingrassare*) to grow plump, to fill out. □ (*fig*) *arrotonda lo stipendio lavorando a casa* he supplements his salary by working at home; *~ per difetto* to round off, to round down; *~ per eccesso* to round up.

arrovellamento *m.* fretting.

arrovellare (**arrovèllo**) I *v.t.* (*ant*) (*infastidire*) to annoy, to vex. II *v.pron.* **arrovellarsi 1** (*angustiarsi*) to fret, to worry, to get distressed. **2** (*affannarsi*) to do one's utmost: *si arrovella per trovare una soluzione* he is doing his utmost to find a solution. □ (*fig*) *arrovellarsi il cervello su qcs.* to rack one's brains for sth.

arroventamento *m.* **1** (*l'arroventare*) making red-hot. **2** (*l'arroventarsi*) becoming red-hot.

arroventare (**arrovènto**) I *v.t.* **1** to make (sth.) red-hot, to bring (sth.) to a red heat: *un metallo* to bring a metal to a red heat. **2** (*rendere molto caldo*) to bake: *il sole arroventava le pietre* the sun was baking the stones. II *v.pron.* **arroventarsi 1** to become red-hot. **2** (*fig*) to become electric: *l'atmosfera si è arroventata* the atmosphere became electric.

arroventato *a.* red-hot.

arrovesciare (**arrovèscio, arrovèsci**) *v.t.*

(*rar*) **1** (*rivoltare*) to turn out, to turn inside out: ~ *le tasche* to turn one's pockets inside out. **2** (*capovolgere*) to turn (sth.). **3** (*lasciar cadere indietro*) to let (sth.) fall back, to let (sth.) fall backwards, to throw back: ~ *il capo sul cuscino* to let one's head fall back on to the pillow.

arruffamatasse *m./f.inv.* (*ant,pop*) mischief-maker; (*imbroglione*) swindler.

arruffamento *m.* **1** (*l'arruffare*) ruffling. **2** (*confusione*) tangle.

arruffapopoli *m./f.inv.* (*ant*) rabble-rouser.

arruffare (**arrùffo**) *v.t.* **1** to ruffle, to tangle: ~ *i capelli a qcu.* to ruffle so.'s hair. **2** (*fig*) (*confondere*) to muddle, to mix up. □ *~il pelo* to bristle (*anche fig*); *~la matassa* : 1 to entangle the skein; 2 (*fig*) to cloud the issue, to complicate matters, to create confusion.

arruffato *a.* **1** ruffled. **2** (*fig*) (*confuso*) confused, muddled: *una descrizione arruffata* a confused description.

arruffio *m.* confusion, muddle, mess (*anche fig*).

arruffone *m.* (*f.* **-a**) **1** (*confusionario*) muddler, (*colloq*) bungler. **2** (*imbroglione*) swindler, (*colloq*) crook.

arrugginire (**arrugginìsco, arrugginìsci**) **I** *v.t.* to make (sth.) rusty, to rust (*anche fig*). **II** *v.i.* (*aus.* **essere**) to rust, to go rusty, to become rusty (*anche fig*). **III** *v.pron.* **arrugginirsi** to rust, to go rusty, to become rusty (*anche fig*): *mi si è arrugginita la memoria* my memory has grown rusty; *il suo tedesco si è arrugginito con gli anni* his German has become rusty over the years.

arrugginito *a.* rusty (*anche fig*).

arruolamento *m.* **1** (*azione*) enlisting, recruiting (*anche Mil*). **2** (*effetto*) enlistment, recruitment (*anche Mil*). □ (*Mil*) *~forzato* conscription, compulsory enrolment, draft; (*Mil*) *~volontario* voluntary enlistment.

arruolare (**arruòlo**) **I** *v.t.* **1** to recruit, to enlist. **2** (*Mil*) to enlist, to enrol. **II** *v.pron.* **arruolarsi** (*Mil*) to enlist, to join, to join up: *arruolarsi nell'aeronautica* to join the airforce; *arruolarsi nell'esercito* to sign up for the army. □ *arruolarsi come volontario* to volunteer.

arsella *f.* (*Zool,region*) clam.

arsenale *m.* **1** (*Mar*) dock, shipyard, (*Am*) dockyard, navy yard. **2** (*fabbrica, deposito di armi*) arsenal, armoury. **3** (*scherz*) (*insieme di cose eterogenee*) heap of odds and ends, (*spreg*) junk.□ *~nucleare* nuclear arsenal.

arsenalotto *m.* (*rar*) dockyard worker.

arseniato *m.* (*Chim*) arsenate.

arsenicale *a.* (*Chim*) arsenical.

arsenicismo *m.* (*Med*) arsenicism.

arsenico (*pl.* **-ci**) **I** *m.* (*Chim*) arsenic. **II** *a.* (*Chim*) arsenic: *acido ~* arsenic acid.

arsenioso *a.* (*Chim*) arsenious.

arseniuro *m.* (*Chim*) arsenide. □ (*Chim*) *~di gallio* gallium arsenide.

arsenopirite *f.* (*Min*) arsenopyrite.

arsi ¹ → **ardere**.

arsi ² *f.* (*Metr,Mus*) arsis.

arsiccio *a.* (*lett*) **1** singed, scorched. **2** (*riarso*) parched: *terra arsiccia* parched earth. □ *saperdi* ~ to taste slightly burnt.

arso *a.* **1** (*bruciato*) burnt; (*dal sole*) sun-baked. **2** (*inaridito*) dry, dried-up. **3** (*fig*) (*riarso*) dry, parched: *gola arsa* dry throat.

arsura *f.* **1** parching heat, scorching heat: *l'~ dell'estate* summer's parching heat. **2** (*siccità*) drought. **3** (*per sete*) raging thirst, burning thirst; (*per febbre*) feverish heat.

art. *articolo* art. (article).

artatamente *avv.* (*lett,rar*) by trick, by cunning.

---

art déco /arde'ko/ **I** *m.inv.* art deco, Art Deco. **II** *a.inv.* art deco (*attr.*), Art Deco (*attr.*).

art director /ar(t)di'rektor/ *m./f.inv.* **1** (*Edit, Tip*) art editor, (*rar*) art director. **2** (*Cin,TV*) art director.

arte *f.* **1** art, artistry: *l'~ di Michelangelo* Michelangelo's art. **2** (*mestiere*) craft, trade: *quel falegname conosce la sua ~* that carpenter knows his trade. **3** (*abilità*) skill, craftsmanship. **4** (*astuzia*) cunning, artfulness. **5** (*Stor*) (*corporazione*) guild: *l'~ della lana* the wool guild. □ *ad ~*: 1 (*con artifizio*) artfully, cunningly; 2 (*apposta, deliberatamente*) on purpose, deliberately; *~ambientale* land art; *~applicata* applied art; (*Art*) *~astratta* abstract art; (*Art*) *~barocca* baroque art; *~comportamentale* body art; *con ~* skilfully, with skill: *una riparazione fatta con ~* a skilfully done repair; (*Art*) ~ *concettuale* concept art, conceptual art; (*Art*) *~concreta* concrete art; (*Art*) *~contemporanea* contemporary art; *~del disegno* drawing; (*Mediev*) *artdel quadrivio* quadrivium; *~del territorio* land art; (*Mediev*) *arti del trivio* trivium; *~della danza* art of dancing; *l'~della guerra* art of war, warfare; (*fig*) *~della sopravvivenza* the art of survival; *l'~dell'intaglio* engraving; *~dello scalpello* (*scultura*) sculpture; *~di governare* (o *~di governo*) statesmanship; *~divinatoria* divination; *~drammatica* dramatic art, drama, dramatics (*costr.sing.*); *arti e mestieri* arts and crafts; *artifigurative* figurative arts; *~gestuale* gestural art; *artigrafiche* graphic arts; *il signor X,in ~ ...* Mr X, stage name...; Mr X, also known as...; Mr X, a.k.a...; (*Art*) *~informale* action painting; (*Stor*) *arti liberali* liberal arts; *artimalefiche* magic arts, witchcraft; *artimarziali* martial arts (*anche Sport*); *~militare* art of war; *artiminori* minor arts; (*Art*) *~moderna* modern art; (*Art*) ~ *naïf* naïve art; (*fig*) *non averné ~né parte* : 1 (*non saper fare nulla*) to be good for nothing; 2 (*essere senza lavoro e senza soldi*) to be down-and-out, to be out of work and penniless, to be poor and hired out; *~orafa* goldsmith's art, the art of the goldsmith, goldsmithing, gold work; *l'~per l'~* art for art's sake; *artiplastiche* plastic arts; (*Art*) ~ *povera* poor art; (*Archeol*) *~rupestre* cave art; (*Art*) *~sacra* sacred art; *~scultoria* sculpture, art of sculpture; (*fig*) *essere un tiposenz' ~né parte* : 1 (*non saper fare nulla*) to be good for nothing; 2 (*essere senza lavoro e senza soldi*) to be down-and-out, to be out of work and penniless, to be poor and hired out; (*Giard*) *~topiaria* topiary; *artivisive* visual arts. Prov.: *chi ha ~ ha parte* a trade in hand finds gold in every land.

artefatto **I** *a.* **1** (*artificioso*) artificial, false: *stile ~* artificial style. **2** (*adulterato*) adulterated: *cibi artefatti* adulterated food. **3** (*fig*) (*simulato*) simulated, unnatural.

artefice *m./f.* **1** (*autore*) author, creator. **2** (*artigiano*) craftsman. □ (*fig*) *essere l'~ della propria fortuna* to be master of one's fate.

Artemide *n.pr.f.* (*Mitol*) Artemis.

artemisia *f.* (*Bot*) artemisia.

arteria *f.* **1** (*Anat*) artery. **2** (*Strad*) artery, major road. □ (*Anat*) *~ascellare* axillary artery; (*Anat*) *~celiaca* coeliac artery; (*Anat*) *~cerebrale* cerebral artery; (*Anat*) *~cervicale* cervical artery; (*Anat*) *~circumflessa* circumflex artery; (*Strad*) *~commerciale* artery of commerce; (*Anat*) *~coronaria* coronary artery; (*Strad*) *~di traffico* traffic artery, thoroughfare; (*Anat*) *~epatica* hepatic artery; (*Anat*) *~femorale* femoral artery; (*Ferr*)

~ferroviaria arterial railway; (*Anat*) *~iliaca* iliac artery; (*Anat*) *~palatina* palatine artery; (*Anat*) *~polmonare* pulmonary artery; (*Anat*) *~radiale* radial artery; (*Anat*) *~renale* renal artery; (*Anat*) *~splenica* splenic artery; (*Strad*) *~stradale* traffic artery, thoroughfare; (*Anat*) *~succlavia* subclavian artery; (*Anat*) *~tibiale* tibial artery; (*Anat*) *~ulnare* ulnar artery.

arteriale *a.* (*Anat,Strad*) arterial.

arteriografia *f.* (*Med*) arteriography.

arteriola *f.* (*Anat*) arteriole.

arteriopatia *f.* (*Med*) arteriopathy.

arteriosclerosi **arteriosclerosi** *f.* (*Med*) arteriosclerosis.

arteriosclerotico (*pl.* **-ci**) **I** *a.* (*Med*) arteriosclerotic. **II** *m.* (*f.* **-a**) (*Med*) arteriosclerotic.

arterioso *a.* (*Anat*) arterial: *sangue ~* arterial blood.

arterite *f.* (*Med*) arteritis.

artesiano *a.* (*Geol*) artesian: *pozzo ~* artesian well.

artico (*pl.* **-ci**) *a.* (*Geog*) Arctic: *mare Artico* Arctic Ocean; *circolo polare ~* Arctic Circle.

articolare ¹ (**artìcolo**) **I** *v.t.* **1** (*pronunciare distintamente*) to articulate. **2** (*estens*) (*proferire*) to utter: *non ha articolato parola* he hasn't uttered a single word. **3** (*estens*) (*esprimere sentimenti*) to express. **4** (*estens*) (*suddividere*) to split up, to divide: ~ *un trattato in capitoli* to divide a treatise into chapters. **5** (*Anat*) to articulate, to bend: ~ *la gamba* to articulate the leg. **II** *v.pron.* **articolarsi 1** (*dividersi*) to be divided (into), to consist (in of): *la dimostrazione si articola in due parti* the demonstration is divided into two parts. **2** (*Anat*) to articulate.

articolare ² *a.* (*Anat*) articular, joint (*attr.*): *dolori articolari* joint pains.

articolato ¹ *a.* **1** (*Biol,Anat*) articulate, articulated. **2** (*Mecc*) articulated, jointed: (*Aut*) *mezzo ~* (*Br*) articulated lorry, (*Am*) road-train, trailer truck. **3** (*Fon*) articulate. **4** (*frastagliato*) indented: *costa articolata* indented coast. **5** (*fig*) (*fluente*) flowing, smooth, multifarious: *periodo ben ~* well constructed sentence, flowing sentence. **6** (*Bot*) knotty, knobbly, knobby.

articolato ² □ (*Gramm*) *preposizione articolata* preposition combined with the definite article.

articolazione *f.* **1** articulation (*anche Fon*). **2** (*Anat*) articulation, joint: ~ *dorsale* dorsal articulation, ~ *dell'anca* hip joint. **3** (*Mecc*) articulated joint, articulated link, connection. **4** (*Geog*) indentation. **5** (*Ling*) articulation, expression: *l'~ di un concetto* the expression of a concept. **6** (*fig*) (*divisione in parti*) division into parts: ~ *di un paragrafo* division of a paragraph into parts.

articolista *m./f.* (*Giorn*) columnist.

articolo *m.* **1** (*Gramm*) article. **2** (*Giorn*) article, story; (*di cronaca*) item, news item: ~ *di terza pagina* analysis, arts feature; *un ~ sull'ecologia* an article on ecology. **3** (*Dir*) article: *l'~ primo della costituzione* the first article of the Constitution. **4** (*Dir*) (*di un contratto*) clause, article. **5** (*Teol*) article. **6** (*Edit*) (*voce*) entry. **7** (*partita contabile*) entry, item. **8** (*Comm*) article, line, goods *pl.*: *un ~ che va molto* a line that sells well; *un ~ di abbigliamento* an article of clothing, a garment. □ *articolicasalinghi* household goods, household articles; (*Comm*) *~civetta* loss leader; (*Gramm*) *~determinativo* definite article; *articoli di cancelleria* stationery (*costr.sing.*), office supplies; *~di consumo* consumer item; *articoli di consumo* consumer goods; (*Comm*) ~ *di esportazione* export, export article, article for export; (*Teol*) ~ *di fede* article of faith (*anche fig*); (*Giorn*) ~ *di fondo* leading article, leader, (*Am*) editorial; *articoli di importazione* imports, imported goods; *articoli di lana* woollens, woollen goods; *articoli di lusso* luxury items, luxury articles; *articoli di moda* fashion wear (*costr.sing.*); (*rar*) *in* ~ *di morte* at the point of death; (*Giorn*) ~ *di opinione* opinion column; *articoli di prima necessità* basic necessities, essential objects; ~ *in serie* mass-produced article; (*Gramm*) ~ *indeterminativo* indefinite article; (*Gramm*) ~ *partitivo* partitive article; *articoli sportivi* sports goods; *articoli vari* sundries.

artiere *m.* 1 (*lett*) (*artigiano*) craftsman. 2 (*lett,estens*) artist, poet. 3 (*Mil*) pioneer. 4 (*Equit*) groom.

artificiale *a.* 1 (*fatto dall'uomo*) artificial (*anche Med*), man-made: *seta* ~ artificial silk; *inseminazione* ~ artificial insemination; *fibre artificiali* man-made fibres; *gamba* ~ artificial leg. 2 (*fig*) (*artificioso*) artificial, insincere, false.

artificialmente *avv.* artificially.

artificiere *m.* 1 (*Mil*) gunner. 2 (*chi disinnesca bombe*) bomb disposal expert. 3 *pl.* (*squadra artificieri*) bomb squad *sing.* 4 (*pirotecnico*) pyrotechnist, firework-maker.

artificio *m.* 1 (*espediente*) stratagem, trick, artifice: *ricorrere ad artifici* to resort to stratagems. 2 (*lett*) (*maestria*) skill, mastery, expertise, outstanding ability. 3 (*congegno*) device, contrivance (*anche Mil*). 4 (*ricercatezza*) artificiality. 5 *pl.* cunning *sing.*, guile *sing.*: *un uomo pieno di artifici* a man full of guile, a man full of cunning.

artificiosamente *avv.* 1 cunningly, artfully. 2 (*senza naturalezza*) artificially, affectedly.

artificiosità *f.* 1 (*affettazione*) artificiality. 2 (*artificio*) trick, artifice: *le* ~ *dello stile* the tricks of style.

artificioso *a.* 1 artificial. 2 (*astuto*) artful, cunning. 3 (*ricercato, affettato*) artificial, affected; (*di linguaggio*) stilted, mannered: *stile* ~ artificial style.

artigianale *a.* 1 artisan (*attr.*), craft (*attr.*), craftsman (*attr.*). 2 (*fatto a mano*) handicraft (*attr.*), hand-made. 3 (*Alim*) (*fatto in casa*) home-made: *gelato* ~ home-made icecream. 4 (*amatoriale*) amateur (*attr.*), amateurish.

artigianalmente *avv.* 1 homemade. 2 (*a livello amatoriale*) amateurishly.

artigianato *m.* 1 (*attività*) craft, craftsmanship, handicraft; ~ *locale* local crafts. 2 (*classe*) artisans *pl.*, craftsmen *pl.* 3 (*prodotti*) crafts *pl.*

artigiano I *a.* artisan (*attr.*), manual: *lavoro* ~ craftwork, craft. II *m.* (*f.* **-a**) artisan, craftsman (*f.* -woman).

artigliare (**artiglio**, **artigli**) *v.t.* 1 to grip (sth.) with claws, to claw. 2 (*fig,rar*) to clutch.

artigliere *m.* (*Mil*) artillery man.

artiglieria *f.* (*Arm*) 1 artillery. 2 (*tecnica*) gunnery. □ (*Arm*) ~ *a cavallo* horse artillery; (*Arm*) ~ *campale* field artillery; (*Arm*) ~ *contraerea* anti-aircraft artillery; (*Arm*) ~ *costiera* coast artillery; (*Arm*) ~ *da campagna* (o ~ *da campo*) field artillery; (*Arm*) ~ *da montagna* mountain artillery; (*Arm*) *pezzo di* ~ piece of artillery; *soldato di* ~ artillery man; (*Arm*) ~ *pesante* heavy artillery.

artiglio *m.* 1 claw; (*di rapaci*) talon. 2 *pl.* (*fig*) (*grinfie*) clutches: *cadere negli artigli di qcu.* to fall into so.'s clutches.

artiodattili *m.pl.* (*Zool*) artiodactyls.

artista *m./f.* 1 artist. 2 (*fig*) artist, wizard, wiz: *è un* ~ *del computer* he's a real compu-

ter wizard. □ ~ *cinematografico* film actor; *da* ~ like a true artist; ~ *drammatico* actor; ~ *lirico* opera singer.

artisticità *f.* (*rar*) artistic value, artistry.

artistico (*pl.* **-ci**) *a.* artistic (*anche estens*).

arto *m.* (*Anat*) limb. □ (*Zool*) ~ *anteriore* forelimb; (*Med*) ~ *artificiale* artificial limb; (*Med*) ~ *fantasma* phantom limb; (*Anat*) *arti inferiori* lower limbs, legs; (*Zool*) ~ *posteriore* hind limb; (*Anat*) *arti superiori* upper limbs, arms.

artrite *f.* (*Med*) arthritis. □ (*Med*) ~ *deformante* arthritis deformans, deforming arthritis; (*Med*) ~ *reumatoide* rheumatoid arthritis.

artritico (*pl.* **-ci**) I *a.* (*Med*) arthritic. II *m.* (*f.* **-a**) (*Med*) arthritic, arthritic person.

artropatia *f.* (*Med*) arthropathy, joint disease.

artropodi *m.pl.* (*Zool*) arthropods.

artroscopia *f.* (*Med,Chir*) arthroscopy.

artroscopio *m.* (*Med,Chir*) arthroscope.

artrosi *f.* (*Med*) arthrosis.

Artù *n.pr.m.* (*Lett*) Arthur.

arturiano *a.* (*Lett*) Arthurian: *ciclo* ~ Arthurian cycle.

Arturo *n.pr.m.* Arthur.

aruspice *m.* (*Stor.rom*) haruspex.

ARVA I (*Alp*) *apparecchio di ricerca in valanga* (avalanche beacon). II *m.* (*Alp*) avalanche beacon.

arvicola *f.* (*Zool*) vole, (*Am*) field mouse.

arzagola *f.* (*Ornit*) teal.

arzigogolare (**arzigògolo**, *aus.* **avere**) *v.i.* 1 (*fantasticare*) to muse (*su qcs.* over sth.). 2 (*escogitare*) to concoct (sth.), to make (sth.) up. 3 (*cavillare*) to quibble (*su* over).

arzigogolato *a.* 1 (*complicato*) bizarre, fantastic. 2 (*confuso*) woolly, woolly-headed, confused.

arzigogolo *m.* 1 (*fantasticheria*) fantasy, fancy. 2 (*cavillo*) quibble, niggle. 3 (*giro di parole*) round-about expression.

arzillo *a.* 1 sprightly, lively: *un vecchietto* ~ a sprightly old man, a lively old man. 2 (*scherz*) (*brillo*) tipsy.

asbesto *m.* (*Min,rar*) asbestos.

asbestosi *f.* (*Med*) asbestosis.

asburgico (*pl.* **-ci**) *a.* 1 (*Stor*) Hapsburg (*attr.*), Habsburg (*attr.*): *dinastia asburgica* Habsburg Dynasty. 2 (*fig*) (*rigoroso*) rigorous, severe, strict.

Asburgo *n.pr.m.* Hapsburg, Habsburg.

Ascanio *n.pr.m.* (*Mitol*) Ascanius.

ascaride *m.* (*Zool*) roundworm.

ascaro *m.* (*Mil*) askari.

ascella *f.* 1 (*Anat*) axilla, (*colloq*) armpit. 2 (*Bot*) axil.

ascellare *a.* 1 (*Anat,Bot*) axillary: *cavo* ~ axillary cavity. 2 (*scherz,colloq*) up to one's armpits (*posposto*): *mutande ascellari* granny pants.

ascendentale *a.* 1 ascending, upward: *moto* ~ ascending motion, upward motion. 2 (*Dir*) ancestral.

ascendente I *a.* 1 ascending, upward, rising: *moto* ~ *di una stella* ascending motion of a star. 2 (*Mus*) ascending: *scala* ~ ascending scale. 3 (*Bot*) ascending, ascendant. 3 (*Dir*) ancestral: *linea* ~ ancestry. II *m./f.* (*Dir*) ancestor. III *m.* 1 (*in astrologia*) ascendant, ascendent. 2 (*fig*) (*influenza*) influence, ascendancy, ascendency: *avere* ~ *su qcu.* to have ascendancy over so.

ascendenza *f.* 1 (*complesso degli antenati*) ancestry, ancestors *pl.* 2 (*estens*) (*origine*) origin, descent.

ascendere (*pres.ind.* ascéndo; *p.rem.* ascési; *p.p.* ascéso) I *v.i.* (*aus.* essere) 1 (*lett*) to

ascend, to go up: *Cristo ascese al cielo* Christ ascended into Heaven. 2 (*fig*) to rise, to ascend: ~ *a grandi onori* to rise to great honours, to ascend to great honours; ~ *al trono* to accede to the throne, to ascend to the throne. 3 (*rar*) (*ammontare*) to amount (*a* to): *le spese ascendono a mille euro* the expenses amount to a thousand euros. II *v.t.* (*rar*) to ascend, to climb, to climb up: ~ *un monte* to climb a mountain.

ascensionale *a.* upward, ascensional (*anche Fis*): *moto* ~ upward motion.

ascensione *f.* 1 (*salita*) ascent. 2 (*scalata*) climb, ascent: ~ *alpinistica* mountain climb; *l'* ~ *al monte Everest* the ascent of Everest; ~ *di terzo grado* a third degree climb. 3 (*Astr*) ascension. □ (*Astr*) ~ *retta* right ascension.

Ascensione *n.pr.f.* 1 (*Bibl,Rel*) Ascension. 2 (*Lit*) (*festa*) Ascension Day.

ascensore *m.* (*Br*) lift, (*Am*) elevator: *chiamare l'* ~ (*Br*) to call the lift, (*Am*) to call the elevator; *prendere l'* ~ (*Br*) to take the lift, (*Am*) to take the elevator.

ascensorista *m.* 1 (*Br*) lift operator, lift attendant, (*Am*) elevator operator. 2 (*addetto alla manutenzione*) lift maintenance engineer.

ascesa *f.* 1 (*salita*) ascent, climb. 2 (*fig*) rise, ascent. □ ~ *al trono* accession to the throne; ~ *dei prezzi* rise in prices.

ascesi[1] *f.* ascesis, asceticism.

ascesi[2] → **ascendere**.

asceso → **ascendere**.

ascesso *m.* (*Med*) abscess: *incidere un* ~ to lance an abscess, to drain an abscess; *avere un* ~ *a un dente* to have a dental abscess.

ascessuale *a.* (*Med*) of an abscess (*posposto*), abscess (*attr.*).

asceta *m./f.* ascetic (*anche fig*).

ascetica *f.* (*Rel*) ascetical theology.

asceticamente *avv.* ascetically.

ascetico (*pl.* **-ci**) *a.* ascetic, ascetical.

ascetismo *m.* asceticism.

ascia (*pl.* **àsce**) *f.* 1 adze. 2 (*scure*) axe. 3 (*accetta*) hatchet. □ (*fig*) *seppellire l'* ~ *di guerra* to bury the hatchet.

asciatico (*pl.* **-ci**) *a.* shadow-free: (*Chir*) *lampada asciatica* operating light, surgical lamp.

ascidio *m.* (*Bot*) ascidium.

ASCII (*Inform*) *codifica standard americana per lo scambio di informazioni* ASCII (American Standard Code for Information Interchange).

ascissa *f.* (*Mat*) abscissa, x-coordinate.

ascite *f.* (*Med*) ascites.

ascitico (*pl.* **-ci**) *a.* (*Med*) ascitic.

asciugabiancheria I *m./f.inv.* tumble dryer, tumble drier. II *m.inv.* (*stenditoio*) clothes-horse.

asciugacapelli *m.inv.* hair dryer.

asciugamano *m.* towel, handtowel. □ ~ *a rullo* roller towel; ~ *da bagno* bath towel; ~ *di carta* paper towel; ~ *di spugna* Turkish towel; ~ *monouso* disposable towel.

asciugare (**asciùgo**, **asciùghi**) I *v.t.* 1 to dry, to wipe: ~ *qcs. al sole* to dry sth. in the sun; ~ *i piatti* to dry the dishes; ~ *le lacrime a qcu.* to dry so.'s tears. 2 (*con materiale assorbente*) to blot, to mop. 3 (*prosciugare*) to drain, to dry up. II *v.i.* (*aus.* essere) to dry, to become dry: *questa vernice asciuga subito* this paint dries immediately. III *v.pron.* **asciugarsi** 1 to dry oneself. 2 (*diventare asciutto*) to dry, to become dry. 3 (*di legno*) to season. □ (*fig*) ~ *una bottiglia* (*lasciarla vuota*) to drink a whole bottle, to empty a bottle; *asciugarsi il sudore* to wipe one's brow; (*fig*) *le tasche di qcu.* (*lasciare senza*

soldi) to clear so. out, to clean so. up.
asciugatoio *m.* **1** (*Ind*) (*essiccatoio*) dryer. **2** (*ant,region*) (*asciugamano*) bath towel.
asciugatore *m.* hand dryer, dryer.
asciugatrice *f.* tumble dryer, tumble drier, clothes dryer.
asciugatura *f.* drying.
asciugatutto *m.inv.* paper towels *pl.*
asciuttezza *f.* **1** dryness. **2** (*fig*) (*rif. a modi e sim.*) curtness. **3** (*fig*) (*rif. a stile*) terseness. **4** (*fig,rar*) thinness.
asciutto **I** *a.* **1** dry: *luogo ~* dry spot. **2** (*estens*) (*inaridito*) parched, thirsty: *gola asciutta* parched throat. **3** (*fig*) (*magro*) lean, thin, slim: *un viso ~* a lean face. **4** (*fig*) (*laconico*) curt, abrupt, terse: *una risposta asciutta* a curt reply. **II** *m.* dry ground, dry place. **III** *avv.* **1** (*in modo laconico*) curtly. **2** (*senza bere*) without drinking. □ (*fig*) *essere all' ~* (o *rimanere all'~*) (*senza quattrini*) to be penniless, to be broke.
asclepiadeo **I** *a.* (*Metr*) Asclepiadean. **II** *m.* (*Metr*) Asclepiad.
Asclepio *n.pr.m.* (*Mitol*) Asclepius.
asco (*pl.* **-chi**) *m.* (*Bot*) ascus.
ascocarpo *m.* (*Bot*) ascocarp.
ascogonio *m.* (*Bot*) ascogonium.
ascoltare (**ascólto**) **I** *v.t.* **1** to listen to: *~ un discorso* to listen to a speech; *~ la radio* to listen to the radio, to listen in; *~ il giornale radio* to listen to the news, to listen in. **2** (*Med*) (*auscultare*) to auscultate. **3** (*dare retta*) to listen to, to heed: *~ i consigli di qcu.* to heed so.'s advice. **4** (*assistere*) to attend: *~ le lezioni* to attend classes. **5** (*esaudire*) to grant, to hear: *~ le preghiere di qcu.* to grant so.'s prayers, to hear so.'s prayers. **II** *v.i.* (*aus. avere*) **1** to listen, to pay attention. **2** (*origliare*) to eavesdrop. □ (*Rel.catt*) *~la messa* to attend mass.
ascoltatore *m.* **1** (*f.* **-trice**) listener, hearer. **2** (*Tecn*) sound locator.
ascolto *m.* **1** (*l'ascoltare*) listening. **2** (*il dare retta*) attention: *dare ~ a qcu.* (o *porgere ~ a qcu.*) to listen to so. □ *dare ~ to* hear, to listen to, to consider: *dare ~ ai* (*consigli dei*) *genitori* to heed the advice of one's parents; *non dare ~ a qcu.* to turn a deaf ear to so.; *stare in ~*: 1 to be listening, to listen; 2 (*origliare*) to eavesdrop.
ASCOM *Associazione Commercianti* (traders association).
ascomiceti *m.pl.* (*Bot*) ascomycetes.
ascorbico *a.* (*Chim*) ascorbic: *acido ~* ascorbic acid.
ascorbina *f.* (*Chim*) ascorbic acid.
ascrissi → **ascrivere**.
ascrivere (*pres.ind.* **ascrìvo**; *p.rem.* **ascrìssi**; *p.p.* **ascritto**) *v.t.* (*lett*) **1** (*annoverare*) to enter so.'s name, to count: *~ qcu. tra i membri di una società* to enter so.'s name among the members of a society. **2** (*attribuire*) to attribute, to ascribe, to credit: *~ delle azioni a lode di qcu.* to ascribe praise to so.'s actions. □ *~ qcsa biasimo di qcu.* to blame so. for sth.; *~a lode* to consider praiseworthy.
ASE *Azerbaigian* ASE (Azerbaijan).
ASEAN *Associazione delle nazioni del Sud-Est Asiatico* ASEAN (Association of Southeast Asian Nations).
asello *m.* (*Zool*) freshwater hoglouse.
asepsi *f.* (*Med*) asepsis.
asessuale *a.* asexual (*anche Biol*).
asessualità *f.* asexuality (*anche Biol*).
asessuato *a.* asexual (*anche Biol*).
asettico (*pl.* **-ci**) *a.* **1** (*Med*) aseptic. **2** (*fig*) (*freddo, sterile*) vapid, lifeless.
asfaltare (**asfàlto**) *v.t.* to asphalt, (*Br*) to tarmac.

asfaltato *a.* asphalted, (*Br*) tarmacked, metalled: *strada asfaltata* asphalted road.
asfaltatore *m.* asphalter.
asfaltatrice *f.* (*Strad*) (*macchina*) asphalt layer, road surfacer.
asfaltatura *f.* **1** (*l'asfaltare*) asphalting. **2** (*tappeto di asfalto*) asphalt surfacing, (*Br*) tarmac, tarmacadam.
asfaltico (*pl.* **-ci**) *a.* asphaltic, asphalt (*attr.*).
asfaltista *m.* asphalter.
asfalto *m.* asphalt, (*Br*) tarmac.
asferico (*pl.* **-ci**) *a.* (*Ott*) aspheric, aspherical.
asfissia *f.* (*Med*) asphyxia, asphyxiation.
asfissiante *a.* **1** (*Med*) asphyxiant, asphyxiating. **2** (*estens*) (*che non fa respirare*) stifling: *un caldo ~* stifling heat. **3** (*fig*) (*fastidioso*) tiresome, wearisome: *persona ~* tiresome person.
asfissiare (**asfìssio**, **asfìssi**) **I** *v.t.* **1** to asphyxiate; (*con gas*) to gas. **2** (*estens*) (*soffocare, togliere il respiro*) to suffocate. **3** (*colloq,fig*) (*infastidire*) to tire, to bore to death, to go on (at so.): *~ qcu. con le chiacchiere* to bore so. to death with one's chatter. **II** *v.i.* (*aus. essere*) **1** (*colpito da asfissia*) to die of asphyxia. **2** (*estens*) (*opprimere*) to suffocate. **III** *v.pron.* **asfissiarsi** to asphyxiate oneself; (*con gas*) to gas oneself.
asfissiato *a.* asphyxiated: *morire ~* to die of asphyxia.
asfittico (*pl.* **-ci**) *a.* **1** asphyctic, asphyxial. **2** (*fig*) weak, washed out.
asfodelo *m.* (*Bot*) asphodel.
ashram *m.inv.* ashram.
Asi *n.pr.m.pl.* (*Mitol.nord*) Aesir gods.
Asia *n.pr.f.* (*Geog*) Asia. □ *~Centrale* Central Asia; (*Geog.stor*) *~Minore* Asia Minor; (*Geog*) *~sudorientale* Southeast Asia.
asianesimo *m.* (*Ret,Lett*) Asianic style.
asiano *a.* (*Ret,Lett*) Asianic.
asiatica *f.* (*Med*) Asian flu.
asiatico **I** *a.* Asiatic, Asian; (*Med*) *influenza asiatica* Asian flu. **II** *m.* (*f.* **-a**; *pl.* **-ci**) Asian.
asillabico (*pl.* **-ci**) *a.* (*Ling*) asyllabic.
asilo *m.* **1** (*scuola materna*) nursery school, (*Am*) kindergarten. **2** (*rifugio, ricovero*) shelter, refuge (*anche fig*): *dare ~ a qcu.* to concede ~ a qcu.) to shelter so. **3** (*Dir*) asylum, sanctuary. □ (*ant*) *~di mendicità* almshouse; *~diplomatico* diplomatic asylum; *~ infantile* nursery school, day nursery, (*Am*) kindergarten; *~nido* nursery, (*Am*) preschool; *~notturno* night shelter; (*Br,ant*) *~ per i poveri* workhouse; *~politico* political asylum: *richiesta di ~ politico* application for political asylum.
asimmetria *f.* asymmetry.
asimmetricamente *avv.* asymmetrically.
asimmetrico (*pl.* **-ci**) *a.* asymmetric, asymmetrical.
asina *f.* (*Zool*) she-ass.
asinaggine *f.* stupidity, asininity, crass ignorance.
asinaio *m.* donkey driver, ass driver.
asinata *f.* **1** (*azione da stupido*) foolish action. **2** (*discorso da stupido*) stupid remark.
asincronia *f.* (*Fis,Cin*) asynchronism, asynchrony.
asincronismo *m.* (*Fis,Cin*) asynchronism, asynchrony.
asincrono *a.* (*Fis*) asynchronous: *motore ~* asynchronous motor.
asindetico *a.* (*Gramm*) asynthetic.
asindeto *m.* (*Gramm*) asyndeton.
asineria *f.* stupidity, asininity, crass ignorance.
asinesco (*pl.* **-chi**) *a.* (*estens*) (*villano*) asi-

nine, crass, stupid.
asinino *a.* asinine, donkey's: (*Med,pop*) *tosse asinina* whooping cough.
asinità *f.* stupidity, asininity, crass ignorance.
asino *m.* **1** (*Zool*) ass (*f.* she-ass), donkey (*f.* she-donkey). **2** (*f.* **-a**) (*fig*) fool, ass, (*spreg*) dunce: *essere un ~* to be a fool. □ (*fig*) *essere come l'~di Buridano* to be like Buridan's ass, to be unable to make up one's mind. *Prov.*: *meglio un ~ vivo che un dottore morto* a live dog is better than a dead lion.
asintomatico (*pl.* **-ci**) *a.* (*Med*) asymptomatic.
asintotico (*pl.* **-ci**) *a.* (*Mat*) asymptotic.
asintoto *m.* (*Mat*) asymptote.
asismico (*pl.* **-ci**) *a.* **1** aseismic, earthquake-free. **2** (*antisismico*) earthquake-proof.
ASL *Azienda sanitaria locale* local health board.
asma *f.* (*Med*) asthma. □ (*Med*) *~allergica* allergic asthma; (*Med*) *~bronchiale* bronchial asthma; (*Med*) *~da fieno* hay asthma.
asmatico **I** *a.* **1** (*Med*) asthmatic. **2** (*fig*) (*stentato, difficoltoso*) unnatural, difficult. **II** *m.* (*f.* **-a**; *pl.* **-ci**) (*Med*) asthmatic.
asociale **I** *a.* **1** asocial, not gregarious. **2** (*introverso*) introverted. **II** *m./f.* **1** asocial person. **2** (*introverso*) introvert.
asola *f.* **1** (*Abbigl*) buttonhole. **2** (*Mecc*) loop. **3** (*di distributori automatici*) slot.
asparagiaia *f.* asparagus bed.
asparagina *f.* (*Chim*) asparagine.
asparago (*pl.* **-gi**) *m.* (*Bot,Alim*) asparagus, (*colloq*) grass.
aspartame *m.* (*Chim*) aspartame.
aspecifico (*pl.* **-ci**) *a.* (*Med*) aspecific.
aspergere (*pres.ind.* **aspèrgo**, **aspèrgi**; *p.rem.* **aspèrsi**; *p.p.* **aspèrso**) *v.t.* (*lett*) to sprinkle, to besprinkle (*anche Lit*): *~ di acqua santa* to sprinkle with holy water.
aspergillo *m.* (*Bot*) aspergillus.
asperità *f.* **1** roughness, unevenness, ruggedness. **2** (*fig*) (*difficoltà*) harshness, sharpness: *~ di carattere* harshness of character.
aspermia *f.* (*Med*) aspermia.
aspersi → **aspergere**.
aspersione *f.* sprinkling (*anche Lit*): *~ di acqua santa* sprinkling with holy water.
asperso → **aspergere**.
aspersorio *m.* (*Lit*) aspergillum, aspergill.
aspettare (**aspètto**) *v.t.* **1** to wait for, to await: *ti aspetto da un'ora* I have been waiting for you for an hour; *aspetta che torni Bruno* wait for Bruno to come back, wait until Bruno comes back; *aspetto una telefonata* I'm waiting for a call; *~ gli eventi* to await events; *sto aspettando che mi chiami* I'm waiting for him to call me; *aspetta fino a domani* wait until tomorrow. **2** (*l'arrivo*) to expect, to be expecting: *~ un bambino* to be expecting a baby; *non aspettarmi prima delle dieci* don't expect me before ten; *~ una lettera* to expect a letter; *~ gente a cena* to be expecting people for dinner. **3** (*prevedere, aspettarsi*) to expect, to be expecting: *si aspettano troppo da me* they expect too much of me; *c'era da aspettarselo* it was only to be expected; *mi aspettavo una lode* I was expecting praise; *cosa puoi aspettarti da un tipo così?* what can you expect from someone like that? **4** (*con rassegnazione*) to be prepared for: *aspettarsi un biasimo* to be prepared for censure. **5** (*con desiderio*) to look forward to. **6** (*con timore*) to dread. **7** (*indugiare*) to hesitate, to wait. **8** (*Comm*) to await: *aspettando cortese risposta* awaiting your kind reply. □ *~al varco* : 1 (*appo-*

starsi) to lie in wait: ~ *la selvaggina al varco* to lie in wait for game; 2 (*fig*) to have it in for, (*Br*) to be waiting for a chance to catch (so.) out, (*Am*) to catch (so.) with their pants down; (*iron,colloq*) *aspetta e spera!* that'll be the day!; *aspetta e vedrai!* wait and see!, you just wait and see!; *fare* ~ *qcu.* to keep so. waiting; *farsi* ~ to be late; ~ *il proprio turno* to wait for one's turn; ~ *qcu. in piedi* to wait up for so.: *farò tardi, non aspettarmi in piedi* I'll be home late, don't wait up; *me lo aspettavo* I thought as much, I expected as much; *c'era da aspettarselo!* it was only to be expected!, that figures! *Prov.*: *chi la fa l'aspetti* as we sow so shall we reap; as you make your bed, so you must lie in it.

aspettativa *f.* 1 (*l'aspettare con la mente rivolta a qcs. o a qcu.*) expectation, hope: *in* ~ *di qcs.* in expectation of sth.; *creare* ~ to raise expectations. 2 (*burocr*) (*esonero temporaneo*) leave, leave of absence. □ *mettere in* ~ *per infermità* to put on sick leave; *mettersi in* ~ to be on leave; (*Statist*) ~ *di vita* life expectancy.

aspettazione *f.* (*lett*) 1 (*condizione di chi aspetta*) expectancy. 2 (*estens*) (*speranza*) expectations *pl.*: *rispondere all'* ~ to come up to expectations, to come to one's expectations, to meet one's expectations.

aspetto[1] *m.* 1 appearance: *giudicare qcu. dall'* ~ to judge so. by their appearance. 2 (*volto*) look, countenance: *un* ~ *lieto* a joyful countenance. 3 (*espressione*) expression. 4 (*bellezza*) looks *pl.*: *bell'* ~ good looks; *essere di bell'* ~ to be good-looking. 5 (*lato*) aspect, point of view, viewpoint: *l'* ~ *economico di un problema* the economic aspect of a problem. 6 (*Gramm*) aspect. 7 (*in astrologia*) aspect. 8 (*lett*) sight: *a primo* ~ at first sight. □ *all'* ~ *pare onesto* he looks honest; *una casa dall'* ~ *signorile* an elegant-looking house; *avere un* ~ *senile* to look old; *non riesco a vedere la cosa sotto questo* ~ I can't see it from this point of view.

aspetto[2] *m.* (*lett*) (*l'aspettare*) waiting, wait.

aspide *m.* 1 (*Zool*) asp. 2 (*lett,fig*) snake, viper. □ (*Zool*) ~ *di Cleopatra* asp.

aspidistra *f.* (*Bot*) aspidistra.

aspirante I *a.* 1 inhaling. 2 (*Mecc*) suction (*attr.*), sucking: *pompa* ~ suction pump. 3 (*che desidera vivamente*) aspiring, aspirant, would-be (*attr.*). II *m./f.* 1 applicant: ~ *a un impiego* applicant for a job. 2 (*concorrente*) candidate (*anche Sport*). 3 (*ant*) (*corteggiatore*) suitor: *gli aspiranti alla mano della principessa* the princess's suitors. 4 (*Mar*) midshipman. 5 (*Aer*) air-force cadet. □ ~ *alla presidenza* presidential hopeful, someone who aspires to the presidency.

aspirapolvere *m.inv.* vacuum cleaner, (*colloq*) hoover: *passare l'* ~ (*Br*) to hoover, (*Am*) to vacuum.

aspirare (**aspìro**) I *v.t.* 1 (*inspirare*) to inhale, to breathe in, to aspirate. 2 (*Tecn*) to suck in, to extract, to drain away: ~ *l'acqua con una pompa* to drain away the water with a pump. 3 (*Fon*) to aspirate: *in inglese, l'h si aspira* in English, H is aspirate; in English, H is aspirated. II *v.i.* (*aus. avere*) to aspire (*a* to): ~ *alla gloria* to aspire to glory; ~ *alla mano di una donna* to aspire to a woman's hand, to hope to win a woman's hand. □ ~ *il fumo* (*di sigarette e sim.*) to draw in smoke, to inhale smoke.

aspirata *f.* (*Fon*) aspirate.

aspirato *a.* 1 aspirate, aspirated (*anche Fon*): *un'h aspirata* an aspirate H. 2 (*Mot*) aspirated.

aspiratore *m.* 1 (*Mecc*) extraction fan, extractor, aspirator. 2 (*Chir*) aspirator. 3 (*per mettere sottovuoto*) extractor. □ ~ *d'aria* extractor.

aspirazione *f.* 1 (*rar*) (*inspirazione*) inhalation, breathing in. 2 (*Med,Chir*) aspiration. 3 (*fig*) (*vivo desiderio*) aspiration (*a* after), ambition, aim: ~ *al successo* aspiration after success. 4 (*Mot*) extraction, suction, intake: *periodo di* ~ intake period; *corsa di* ~ intake stroke. 5 (*Fon*) aspiration.

aspirina *f.* (*Farm*) aspirin: ~ *tamponata* buffered aspirin; ~ *effervescente* effervescent aspirin, soluble aspirin.

aspo *m.* reel (*anche Tess*).

asportabile *a.* removable.

asportare (**aspòrto**) *v.t.* 1 to remove, to take away, to carry away: ~ *qcs. da un luogo* to remove sth. from a place. 2 (*Chir*) to remove, to extirpate: ~ *un tumore* to remove a tumour.

asportazione *f.* 1 removal, carrying away. 2 (*Chir*) removal, extirpation.

asporto *m.* 1 removal. 2 (*di cibi ecc.*) taking away, (*Am*) taking out. 3 □ *cibo da* ~ takeaway food, takeaway, (*Am*) takeout food, takeout.

aspramente *avv.* 1 sharply. 2 (*duramente*) harshly: *trattare* ~ *qcu.* to treat so. harshly.

asprezza *f.* 1 (*rif. a sapore*) sharpness, sourness, tartness, sour taste. 2 (*ruvidezza*) roughness, ruggedness: ~ *di una superficie* roughness of a surface. 3 (*rif. a suono*) harshness. 4 (*rigore: rif. a clima*) severity, chill: *l'* ~ *dell'inverno* severity of winter. 5 (*fig*) (*durezza*) harshness: *trattare qcu. con* ~ to treat so. with harshness, to treat so. harshly. 6 (*fig*) (*difficoltà*) difficulty, arduousness: *le asprezze della vita* the difficulties of life. 7 (*fig*) (*accanimento*) keenness, bitterness: *l'* ~ *della lotta* the keenness of the fight, the arduousness of the fight.

asprì *m.* (*Mod*) aigrette, osprey.

asprigno I *a.* 1 (*rif. a sapore*) rather sharp, sourish. 2 (*rif. a vino*) rather sharp, rather rough. II *m.* tartness, sourish taste.

aspro (*sup.* **aspèrrimo**) *a.* 1 (*rif. a sapore*) sharp, sour, tart; (*rif. a vino*) sharp, harsh. 2 (*lett*) (*rif. a superficie*) rough. 3 (*rif. a odore*) acrid, pungent. 4 (*rif. a suono*) harsh, rasping: *voce aspra* rasping voice. 5 (*rif. a clima*) severe, raw, chill, cold: *clima* ~ severe climate. 6 (*estens*) (*ripido*) difficult, steep: *una salita aspra* a difficult ascent. 7 (*fig*) (*duro*) harsh, hard: *sei stato troppo* ~ *con lui* you were too hard on him; *un* ~ *rimprovero* a harsh rebuke. 8 (*fig*) (*accanito*) relentless: *un'aspra lotta* a relentless struggle. 9 (*Fon*) voiceless: *una s aspra* a voiceless S.

assafetida *f.* (*Farm,Gastron*) asafoetida, (*Am*) asafetida.

assaggiare (**assàggio, assàggi**) *v.t.* 1 (*gustare*) to taste, to try: *assaggia questo vino* taste this wine, try this wine; ~ *qcs.* to have a taste of sth. 2 (*mangiare poco*) to nibble. 3 (*fig*) to taste: ~ *il successo* to taste success. 4 (*Tecn*) (*saggiare*) to test, to assay: ~ *il terreno* to test soil; ~ *un metallo* to assay a metal.

assaggiatore *m.* 1 (*f.* **-trice**) (*degustatore*) taster. 2 (*Met*) (*saggiatore*) assayer.

assaggiatura *f.* (*rar*) (*l'assaggiare*) tasting, sampling. 2 (*piccola quantità*) taste.

assaggio *m.* 1 (*l'assaggiare*) tasting, sampling. 2 (*piccola quantità*) taste: *posso averne un* ~? can I have a taste of that? 3 (*estens*) taste: *un* ~ *di libertà* a taste of freedom. 4 (*campione*) sample (*anche Comm*). 5 (*Tecn*) (*l'assaggiare*) assaying. 6 (*Tecn*) test; (*rif. a metalli*) assay. □ ~ *di vino* wine tasting.

assai I *avv.* 1 (*molto: con aggettivi e avverbi positivi*) very: ~ *bello* very fine; ~ *di buon grado* very willingly. 2 (*molto: con un comparativo o un verbo*) much, very much, a great deal, a lot: ~ *meglio* much better. 3 (*lett*) (*abbastanza*) enough: *ho mangiato* ~ I have eaten enough. 4 (*nulla*) nothing, much: (*iron*) *m'importa* ~ *di te!* I don't care much about you!; (*iron*) *me ne frega* ~*!* I couldn't care less!, I couldn't care less about it! II *a.inv.* a lot of, plenty of: *c'era* ~ *gente* there were a lot of people. III *m.inv.* 1 (*grande quantità*) much, a great deal, a large amount. 2 *pl.* many people, most people: *sono* ~ *quelli che la pensano così* most people think so.

assale *m.* (*Mecc,Aut*) axle.

assalgo → **assalire**

assalire (*pres.ind.* **assàlgo/assalìsco**, **assàli/assalìsci**; *p.rem.* **assalìi/assàlsi**; *p.p.* **assalìto**) *v.t.* 1 (*anche lett*) to fall on, to set upon: ~ *qcu. a colpi di bastone* to set upon so. with a stick; ~ *qcu. con ingiurie* to assail so. with insults; *fu assalito da una folla inferocita* he was assailed by an angry mob. 2 (*Mil*) to attack, to assault, to storm: ~ *le posizioni nemiche* to attack the enemy positions; ~ *una fortezza* to storm a fortress. 3 (*rif. a malattia*) to strike down, to seize: *mi assalì una febbre violenta* I was struck down by a violent fever. 4 (*fig*) to assail, to seize: *fu assalito dai rimorsi* he was seized with remorse; *mi assalì un dubbio* a doubt assailed me. □ ~ *qcu. alle spalle* to fall on so. from the rear, to fall on so. from behind.

assalitore *m.* (*f.* **-trice**) assailant, attacker.

Assalonne *n.pr.m.* (*Bibl*) Absalom.

assalsi → **assalire**

assaltare (**assàlto**) *v.t.* 1 to assault, to attack: ~ *il nemico* to attack the enemy. 2 (*rif. a banca*) to raid.

assaltatore *m.* (*f.* **-trice**) assailant, attacker.

assalto *m.* 1 assault, attack, storm, raid (*anche Mil*): *respingere un* ~ to beat off an attack, to repel an attack; *sostenere l'* ~ to withstand the assault. 2 (*Sport*) (*nella scherma*) bout; (*nel pugilato: ripresa*) round. 3 (*fig*) sudden attack, onslaught. 4 (*Med*) attack, bout: ~ *di febbre* bout of fever. □ ~ *a una banca* bank raid; ~ *a una diligenza* stage coach robbery; ~ *agli sportelli* (*bancari*) run on a bank; *all'* ~*!* charge!; *andare all'* ~ to attack; *i ragazzi si buttarono all'* ~ *dei dolci* the boys began to devour the cakes; ~ *alla baionetta* bayonet attack; *d'* ~ aggressive, on the make (*posposto*): *giornalista d'* ~ journalist on the make; (*Mil*) *dare l'* ~ *al nemico* to attack the enemy (*anche fig*); ~ *in massa* mass attack; *prendere d'* ~: 1 (*attaccare*) to attack: *prendere qcu. d'* ~ to pin so. down; 2 (*fig*) to raid, to buy out: *prendere d'* ~ *un negozio* to raid a shop.

assaporamento *m.* savouring.

assaporare (**assapóro**) *v.t.* 1 to taste, to savour. 2 (*fig*) to savour, to relish: ~ *le gioie della vita* to savour the joys of life.

assassinare (**assassìno**) *v.t.* 1 to murder. 2 (*rif. a personalità importante*) to assassinate. 3 (*lett,fig*) (*danneggiare gravemente*) to cripple, to ruin, to kill: *queste tasse assassinano il popolo* these taxes are crippling the people. 4 (*fig*) (*rif. a cose: sciupare, guastare*) to murder: ~ *un brano musicale* to murder a piece of music.

assassinio *m.* 1 murder, killing: *commettere un* ~ to commit a murder. 2 (*rif. a personalità importante*) assassination. 3 (*fig*) (*rif. a opere d'arte*) bad piece of work.

assassino I *a.* 1 murderous, murderer's, assassin's: *mano assassina* assassin's hand.

2 (*fig*) (*seducente*) killing, bewitching: *sguardo ~* bewitching look. **II** *m.* (*f.* **-a**) **1** murderer (*f.* -deress). **2** (*di personalità importante*) assassin. **3** (*fig*) (*chi danneggia persone o cose*) spoiler, killer. **4** (*fig,rar*) (*rif. a esecutori*) bungler.

assatanato *a.inv.* **1** (*indemoniato*) possessed. **2** (*estens*) (*eccitato*) (*Br*) randy, (*Am*) horny.

asse ¹ *m.* **1** (*Mat,Fis*) axis. **2** (*Mecc*) axle, axletree: *a due assi* two-axled. **3** (*Med,Pol*) axis: (*Stor*) *l'~ Roma-Berlino* the Rome-Berlin Axis. □ (*Mecc*) *~della ruota* wheel shaft, axle; (*Mat*) *~delle ascisse* x-axis; (*Mat*) *~ delle ordinate* y-axis; (*Ginn*) *~di equilibrio* balance beam; (*Mat*) *~di rotazione* axis of rotation; (*Mat*) *~di simmetria* axis; (*Ott*) *~ focale* focal axis; (*Fis*) *~magnetico* magnetic axis; (*Ott*) *~ottico* optical axis, axis of vision.

asse ² (*pl.* **àssi**) *f.* (*tavola di legno*) board, plank. □ *~da stiro* ironing board; (*Sport*) *~di battuta* take-off board; (*Sport*) *~di equilibrio* balance beam; *~per lavare* washboard, scrubbing board.

asse ³ *m.* **1** (*Stor*) (*unità di peso o moneta*) as. **2** (*Dir*) assets *pl.*, property. □ (*Dir*) *~ ecclesiastico* Church property; (*Dir*) *~ereditario* estate of a deceased person, inherited estate, hereditament; (*Dir*) *~patrimoniale* estate, patrimony.

assecondare (**assecóndo**) *v.t.* **1** (*favorire*) to support, to back up: *~ gli sforzi di qcu.* to support so.'s efforts. **2** (*esaudire*) to comply with: *~ i desideri di qcu.* to comply with so.'s wishes; (*in modo servile*) to play up to. **3** (*seguire*) to follow.

assediante **I** *a.* besieging. **II** *m./f.* besieger.

assediare (**assèdio**) *v.t.* **1** (*Mil*) to besiege, to lay siege to: *~ una fortezza* to besiege a fortress. **2** (*estens*) (*bloccare*) to block. **3** (*fig*) (*fare ressa intorno a*) to crowd around, to mob, to throng around: *una folla di curiosi assediava il palazzo* a crowd of onlookers milled around the palace. **4** (*fig*) (*importunare*) to beset, to pester: *~ qcu. con domande* to pester so. with questions.

assediato **I** *a.* besieged. **II** *m.* (*f.* **-a**) besieged person: *gli assediati* the besieged.

assedio *m.* **1** (*Mil*) siege: *rompere l'~* to raise the siege; *stato d'~* state of siege. **2** (*fig*) pestering.

assegnabile *a.* assignable, awardable.

assegnamento *m.* **1** (*l'assegnare*) assignment, allotment, allocation. **2** (*Inform*) assignment allotment. **3** (*rar,ant*) (*somma assegnata*) allowance. **4** (*fig*) (*affidamento, fiducia*) reliance. □ *fare ~ su qcu.* to count on so., to rely on so.

assegnare (**asségno**) *v.t.* **1** to assign, to allot, to grant: *alla sua morte la casa fu assegnata alla figlia* on his death his house was assigned to his daughter, on his deathbed his house was willed to his daughter; *~ una pensione a qcu.* to grant a pension to so. **2** (*affidare*) to entrust, to assign, to allot: *gli fu assegnato un incarico molto importante* he was assigned a very important task, he was entrusted with a very important task. **3** (*destinare: rif. a persona*) to assign, to appoint: *l'impiegato fu assegnato ad altra sede* the employee was assigned to another office. □ *~ icompiti* 1 to assign tasks, to allot tasks; 2 (*Scol*) to give homework; *~ urlavoro a qcu.* to give so. a job; *~ upremio* to award a prize: *a questo romanzo fu assegnato il primo premio* this novel was awarded the first prize.

assegnatario *m.* (*f.* **-a**) (*Dir*) assignee,

grantee, allottee.

assegnato *a.* **1** assigned, allotted. **2** (*da pagare*) unpaid, forward: *porto ~* carriage forward.

assegnazione *f.* **1** (*l'assegnare*) assignment, allotment, allocation. **2** (*il concedere*) allowance, granting, (*per merito*) awarding. **3** (*Inform*) assignment allotment. **4** (*burocr*) (*destinazione*) transfer. □ *~dei compiti* job assignment; *~dei posti* allocation of places; (*Econ*) *~di azioni* allotment of shares; (*Econ*) *~di budget* budget allowance; *~di case popolari* allocation of council houses; (*Econ*) *~di fondi* allotment, capital grant; *~di premi* awarding of prizes; *~di terra* land grant; *~di valuta* foreign exchange allocation.

assegno *m.* **1** allowance. **2** (*Econ*) cheque, (*Am*) check: *un ~ di cento euro* a cheque for one hundred euros; *pagare con ~* to pay by cheque. **3** (*Post*) cash on delivery, C.O.D., (*Am*) collect on delivery: *spedire qcs. contro ~* to send sth. cash on delivery. □ (*Econ*) *~a vuoto* uncovered cheque, (*Am*) uncovered check, bad cheque, (*Am*) bad check, (*colloq*) dud cheque, (*Am,colloq*) dud check; (*Econ*) *~al portatore* cheque to bearer, (*Am*) bearer check; *~alimentare* alimony; (*Econ*) *~all'ordine* cheque to order, (*Am*) check to order; (*Econ*) *~bancario* cheque, bank cheque, (*Am*) check; (*Econ*) *~circolare* bank draft, banker's draft, (*Am*) cashier's check, banker's check; (*Econ*) *~coperto* covered cheque, (*Am*) covered check; *~di studio* student loan; *assegnifamiliari* family allowance (*sing.*), dependency benefits; (*Assic*) *~ funerario* death benefit, (*Am*) burial benefit; (*Econ*) *~fuori piazza* out-of-town cheque, (*Am*) out-of-town check; (*Econ*) *~in bianco* blank cheque, (*Am*) blank check; (*Econ*) *~ non trasferibile* non-transferable cheque, (*Am*) non-transferable check; *~personale* personal cheque, (*Am*) personal check; *~ sbarrato* crossed cheque, (*Am*) crossed check; (*Econ*) *~scoperto* a bad cheque, (*colloq*) a dud cheque; (*Econ*) *~su piazza* town cheque, (*Am*) town check; *~turistico* traveller's cheque, (*Am*) travelers' check.

assemblaggio *m.* **1** (*Tecn,Inform*) assembly. **2** (*Art*) assemblage.

assemblare (**assémblo**) *v.t.* (*Tecn*) to assemble (*anche Inform*), to join (sth.) together.

assemblatore **I** *m.* **1** (*f.* **-trice**) assembler (*anche Inform*). **2** (*Inform*) assembler. **II** *a.* assembly (*anche Inform*): *programma ~* assembler.

assemblea *f.* **1** assembly, meeting: *~ degli azionisti* shareholders' meeting, general meeting; *convocare un'~* to call a meeting; *sciogliere un'~* to dissolve an assembly. **2** (*Scol,Dir*) (*corpo deliberante*) assembly. **3** (*Mar*) muster. □ *~annuale* annual meeting; *~costituente* constituent assembly; *~ degli azionisti* : 1 shareholders' meeting, general meeting; 2 (*annuale*) annual general meeting; *~dei lavoratori* workers meeting; *~dei soci* general meeting; *~deliberante* deliberative assembly; *~episcopale* episcopal meeting; *AssembleaFederale* (*in Svizzera*) Federal Assembly; *~generale* general meeting; *~legislativa* : 1 legislative assembly; 2 (*estens*) (*in Italia*) Parliament; *~ nazionale* national assembly; *~ordinaria* ordinary meeting; *assembleaparlamentari* Chambers; *~permanente* (*dei lavoratori*) work-in; *~plenaria* plenary assembly, plenary meeting; *~popolare* public meeting; *~ societaria* company meeting; *~straordinaria* special meeting, extraordinary meeting.

assembleare *a.* of an assembly (*posposto*), assembly (*attr.*): *decisione ~* decision taken by an assembly.

assembramento *m.* **1** (*affollamento*) crowd, throng, gathering: *sciogliere l'~* to break up the crowd. **2** (*Mil,ant*) muster.

assembrare (**assémbro**) **I** *v.t.* to assemble, to join (sth.) together. **II** *v.pron.* **assembrarsi** (*lett*) (*radunarsi*) to assemble, to gather, to gather together.

assennatamente *avv.* wisely, sensibly.

assennatezza *f.* wisdom, common sense, good sense.

assennato *a.* wise, sensible: *una ragazza assennata* a sensible girl; *una decisione assennata* a wise decision.

assenso *m.* assent, approval, consent: *dare il proprio ~ a qcu.* to give one's consent to so.

assentarsi (**mi assènto**) *v.pron.* to absent oneself, to stay away, to go out: *~ dall'ufficio per due giorni* to stay away from the office for two days.

assente **I** *a.* **1** absent, away: *è ~ dalla scuola da un mese* he has been absent from school for a month, he has been away from school for a month; *gli alunni assenti* the pupils absent; *lista degli assenti* list of absentees. **2** (*fig*) (*distratto*) absent-minded, vacant: *sguardo ~* vacant glance. **II** *m./f.* **1** absentee: *gli assenti sono in vacanza* the absent are on holiday, absentees are on holiday. **2** (*eufem*) dead person. □ *Prov.: gli assenti hanno sempre torto* the absent are always in the wrong.

assenteismo *m.* **1** absenteeism. **2** (*fig*) (*indifferenza*) indifference. **3** (*rif. al lavoro*) absenteeism, habitual failure to appear for work. □ *tassali ~* absenteeism rate: *tasso di ~ per malattia* sickness rate.

assenteista *m./f.* **1** (*rif. a lavoratori*) absentee. **2** (*fig*) cynic, person having no interest, person having no interest in social problems.

assentire (*pres.ind.* **assènto**; *p.pres.* **assenziènte**; *aus.* **avere**) *v.i.* to assent (*a* to), to consent (*a* to): *~ alla richiesta di qcu.* to assent to so.'s request. □ *~col capo* to nod assent, to nod in assent.

assenza *f.* **1** absence (*anche Med*): *durante la mia ~* in my absence, during my absence. **2** (*mancanza*) lack, want: *~ di gusto* lack of taste. □ *~dal lavoro* absence from work; (*Fis*) *~di gravità* weightlessness, zero gravity; *~di peso* weightlessness *fare un'~* (*da scuola*) to be away from school, to be absent from school: *ha già fatto tre assenze* he has already been absent three times; *~giustificata* justified absence, excused absence *in ~ di* in absence of, failing; *~ingiustificata* : 1 unjustified absence, unexplained absence; 2 (*Scol*) truancy; *~per malattia* : 1 absence due to illness; 2 (*organizzata dagli operai per protesta*) sickout.

assenziente *a.* assentient, consentient, agreeing: *~ tuo padre* with the consent of your father.

assenzio *m.* **1** (*Bot*) wormwood, absinth, absinthe. **2** (*liquore*) absinth, absinthe.

asserire (**asserìsco, asserìsci**) *v.t.* to assert, to affirm, to maintain, to claim: *~ la propria innocenza* to maintain one's innocence. □ *~il vero* to tell the truth.

asserragliamento *m.* **1** (*rar*) barricading, blocking. **2** (*barricata*) barricade, block, blockage.

asserragliare (**asserràglio, asserràgli**) **I** *v.t.* (*lett*) to barricade, to block. **II** *v.pron.* **asserragliarsi 1** (*rifugiarsi*) to barricade oneself. **2** (*fig*) (*chiudersi*) to retreat, to seclude.

assertività f. assertiveness.

assertivo a. assertive.

assertore m. (f. **-trice**) asserter, supporter, champion, defender: *farsi ~ di una dottrina* to make oneself the champion of a doctrine.

assertorio a. assertive.

asservimento m. 1 enslavement, (*lett*) enthralment, subjection: *~ allo straniero* subjection to the foreigner. 2 (*Mecc*) interlocking.

asservire (**asservìsco, asservìsci**) I v.t. 1 to enslave, to subdue, (*lett*) to enthral: *~ una nazione* to enslave a nation. 2 (*fig*) to subdue, to submit: *~ gli istinti alla ragione* to submit instincts to the mind. 3 (*Tecn*) to interlock. II v.pron. **asservirsi** to submit, to subject oneself (*a* to), to become the slave (of): *asservirsi allo straniero* to submit to the foreigner.

asservito a. subject: *~ al nemico* subject to the enemy.

asserzione f. assertion, affirmation, statement: *sostenere con prove la propria ~* to support one's statement with proof, to back up one's statement with proof.

assessorato m. 1 (*carica e durata*) councillorship. 2 (*sede, uffici*) councillor's office, councillor's department.

assessore m. councillor, (*Am*) councilor. □ *~ regionale* member of a Regional Council.

assessoriale a. (*rar*) councillor's, (*Am*) councilor's, council (*attr.*).

assestamento m. 1 (*l'assestarsi*) arrangement. 2 (*sistemazione*) settlement: *l'~ degli affari* the settlement of business. 3 (*Geol*) settling, settlement, subsidence: *piano di ~ bed* plane. □ (*Edil,Geol*) *~ del terreno* subsidence, settling.

assestare (**assèsto**) I v.t. 1 (*mettere in ordine*) to arrange, to put (sth.) in order, to tidy: *~ i libri* to arrange the books. 2 (*regolare: rif. a conti, faccende*) to settle, to arrange: *~ i propri affari* to settle one's affairs. 3 (*regolare con precisione*) to adjust (sth.) carefully: *~ la mira* to take careful aim, to adjust the aim. 4 (*dare*) to deal, to land: *~ un pugno* to land a punch. II v.pron. **assestarsi** 1 (*mettersi comodo*) to settle. 2 (*adattarsi*) to settle in. 3 (*sistemarsi*) to settle, to settle down (*anche Geol*).

assestato a. (*ordinato*) orderly, tidy, neat.

assesto m. (*rar*) order: *dare l'~ a qcs.* to put sth. in order.

asset m.inv. (*Econ*) asset. □ (*Econ*) *~ immateriali* intangible assets, immaterial assets; (*Econ*) *~ management* asset management.

assetare (**assèto**) v.t. 1 to make (so.) thirsty. 2 (*fig,rar*) (*invogliare*) to arouse a desire in.

assetato I a. 1 thirsty: *sentirsi stanco e ~* to feel tired and thirsty. 2 (*riarso*) dry, parched: *campi assetati* parched fields. 3 (*fig*) (*bramoso*) thirsty (*di* for): *~ di sangue* thirsty for blood, bloodthirsty. II m. (f. **-a**) thirsty person: *gli assetati* the thirsty (*costr.pl.*); *dar da bere agli assetati* to give drink to the thirsty. □ *essere ~ di gloria* to thirst for glory, to thirst after glory.

assettamento m. 1 (*rar*) arrangement, settlement. 2 (*Edil,rar*) (*assestamento*) settling.

assettare (**assètto**) I v.t. to arrange, to tidy up, to put (sth.) in order. II v.pron. **assettarsi** (*rar*) to arrange, to tidy up, to smarten up: *assettarsi il vestito* to arrange one's dress.

assettato a. (*lett*) tidy, neat, trim.

assetto m. 1 order: *mettere in ~ una camera* to put a room in order, to tidy up a room. 2 (*estens*) (*ordinamento*) system, order, (*regole*) rules. 3 (*equipaggiamento*) gear. 4 (*Mar, Aer*) trim, attitude: *regolare l'~* to trim. □ *~ antisommossa* riot gear; *in ~ di guerra* in fighting trim; (*Aer*) *~ di volo* attitude of flight; (*rar,fig*) *essere bene in ~* to be well dressed; (*rar,fig*) *essere male in ~* to be badly dressed; *~ territoriale* country planning.

asseverare (**assèvero**) v.t. (*lett,rar*) to assert, to affirm.

asseverativo a. (*lett,rar*) affirmative, assertive.

asseverazione f. (*lett,rar*) assertion (*anche Dir*).

Assia n.pr.f. (*Geog*) Hesse.

assiale a. (*Mecc,Mat*) axial: *carico ~* axial load.

assibilare (**assìbilo**) v.t. (*Fon*) to assibilate: *~ una consonante* to assibilate a consonant.

assibilazione f. (*Fon*) assibilation.

assicella f. (*Edil*) lath.

assicurabile a. insurable.

assicurare (**assicùro**) I v.t. 1 (*garantire*) to secure, to assure, to ensure, to guarantee: *~ l'avvenire dei propri figli* to assure the future of one's children. 2 (*fermare*) to secure, to fasten: *~ la porta* to fasten the door; *~ una fune a un albero* to fasten a rope to a tree. 3 (*Assic*) to insure, to underwrite: *~ la casa contro gli incendi* to insure the house against fire; *~ un carico* to underwrite a shipment. 4 (*Post*) to insure: *vorrei ~ questa lettera* I'd like to insure this letter. 5 (*promettere*) to assure: *mi ha assicurato che non sarebbe partito* he assured me that he would not leave. 6 (*affermare con sicurezza*) to assure, to tell: *ti assicuro che non è vero* I assure you it isn't true. II v.pron. **assicurarsi** 1 (*accertarsi*) to make sure, to be sure (*di* of), to assure oneself (*di* of): *assicurati che tutto sia pronto* make sure that everything is ready; *vorrei assicurarmi della verità di quanto asserisci* I'd like to be sure of the truth of what you say. 2 (*farsi riservare*) to make sure of, to secure, to obtain, to win: *assicurarsi una copia di un libro* to make sure of obtaining a copy of a book. 3 (*fissarsi*) to fasten oneself: *assicurarsi a una corda* to fasten oneself to a rope. 4 (*Assic*) to insure oneself (*contro* against): *assicurarsi contro i furti* to insure oneself against theft. □ *~ alla giustizia* to bring to justice: *il colpevole è stato assicurato alla giustizia* the guilty man has been arrested, the guilty man has been brought to justice; *con tutti questi bei voti mi sono assicurato la promozione* with all these good marks I'm sure to go up.

assicurata f. (*Post*) insured letter.

assicurativo a. (*Comm*) insurance (*attr.*): *ente ~* insurance company; *polizza assicurativa* insurance policy.

assicurato I a. (*Comm,Post*) insured, (*Br*) (*sulla vita*) assured: *una casa assicurata contro gli incendi* a house insured against fire; *lettera assicurata* insured letter. II m. (f. **-a**) (*Dir*) insured party, (*Br*) (*sulla vita*) assured party, policy holder.

assicuratore I m. (f. **-trice**) 1 (*agente*) insurance agent. 2 (*impiegato in una compagnia di assicurazioni*) insurer. II a. insurance (*attr.*), insuring: *società assicuratrice* insurance company.

assicurazione f. 1 (*l'assicurare*) assurance. 2 (*il fissare*) securing, fastening. 3 (*affermazione*) assurance: *ho la sua ~ che non partirà* I have his assurance that he will not leave. 4 (*Assic*) insurance, (*Br*) (*sulla vita*) assurance: *stipulare un'~* to effect an insurance, to take out an insurance; *un'~ per un*

milione di euro an insurance contract for a million euros. □ *~ a tempo* term insurance; *~ aeronautica* aviation insurance; *~ auto* motor-vehicle insurance; *~ collettiva* group insurance; *~ contro gli incendi* fire insurance; *~ contro gli infortuni* accident insurance, risk insurance: *~ contro gli infortuni sul lavoro* industrial accident insurance; *~ contro i danni* indemnity insurance, accident insurance; *~ contro i sinistri* casualty insurance; *~ contro il furto* theft insurance; *~ contro la disoccupazione* unemployment insurance; *~ contro la grandine* hail insurance; *~ contro le malattie* health insurance; *~ contro l'invalidità* disability insurance; *~ contro terzi* third party liability insurance, TPL; *~ contro tutti i rischi* all risk insurance; *~ degli immobili* real estate insurance; *~ del nolo* freight insurance; *~ del raccolto* crop insurance; (*colloq*) *pagare l'~ della macchina* to pay the insurance on one's car; *~ delle persone trasportate* (*su automobili ecc.*) passenger insurance; *~ di responsabilità civile* third-party insurance, TPL; *~ responsabilità civile auto* (*RCA*) third-party motor insurance; *~ marittima* maritime insurance, (*Am*) sea insurance; *~ obbligatoria* compulsory insurance; *~ pensionistica* endowment assurance, (*Am*) retirement income insurance; *~ per il caso di morte* death-benefit insurance, ordinary life insurance, (*Br*) ordinary life assurance; *~ sanitaria obbligatoria* compulsory health insurance; *~ sociale* social insurance; *~ sulla vita* life insurance, (*Br*) life assurance; *~ terzi trasportati* motor vehicle passenger insurance; *~ volontaria* voluntary insurance.

assideramento m. frostbite (*anche Med*): *morte per ~* death from frostbite.

assiderare (**assìdero**) I v.t. to freeze, to chill, to benumb. II v.i. (*aus. essere*) to become frozen, to freeze, to freeze to death: *sono quasi assiderato per aspettarti* I nearly froze waiting for you.

assiderato a. frozen, frozen to death, frostbitten: *morire ~* to die of frostbite.

assidersi (*pres.ind.* **mi assìdo**; *p.rem.* **mi assìsi**; *p.p.* **assìso**) v.pron. (*lett*) to take one's seat: *il re si assise sul trono* the king took his seat on the throne.

assiduamente avv. assiduously.

assiduità f. 1 (*costanza*) assiduity, perseverance, application: *~ nel lavoro* (o *~ al lavoro*) application to work. 2 (*diligenza*) assiduousness, diligence, devotion: *~ nello studio* (o *~ allo studio*) diligence in studying. 3 (*il frequentare assiduamente*) regular attendance.

assiduo I a. 1 (*incessante*) continuous, unbroken, steady. 2 (*diligente*) assiduous, diligent, devoted: *uno scolaro ~* a diligent pupil; *essere ~ allo studio* (o *essere ~ nello studio*) to be devoted to study. 3 (*rif. a cose: fatto con diligenza*) assiduous, unremitting: *cure assidue* unremitting attention. 4 (*regolare, costante*) regular, habitual: *un ~ frequentatore* a regular visitor. II m. (f. **-a**) 1 regular visitor: *un ~ della nostra famiglia* a regular visitor of our family's. 2 (*di locali pubblici*) regular customer, habitué.

assieme → **insieme**.

assiepamento m. 1 (*l'assieparsi*) crowding. 2 (*affollamento*) crowd, throng: *un ~ di gente* a crowd of people.

assiepare (**assièpo**) I v.t. to throng. II v.pron. **assieparsi** to crowd round: *assieparsi intorno a qcu.* to crowd round so.

assillante a. harassing, pestering, maddening.

assillare (assìllo) *v.t.* to harass, to pester, to torment, to haunt, to rag: *lo assillava quel pensiero* that thought tormented him; ~ *qcu. di domande* to pester so. with questions.

assillo *m.* **1** (*Entom*) gadfly, horsefly. **2** (*fig*) (*stimolo*) goad, spur. **3** (*fig*) (*pensiero tormentoso*) nagging thought. □ *sotto l'~ della fame* spurred on by hunger, goaded by hunger.

assimilabile *a.* assimilable.

assimilare (assìmilo) **I** *v.t.* **1** to assimilate, to grasp, to absorb (*anche fig*): ~ *il cibo* to assimilate food; *ho assimilato molte abitudini straniere* I have assimilated a lot of foreign customs. **2** (*Fon*) to assimilate. **II** *v.pron.* **assimilarsi** (*Biol,Fon*) to assimilate.

assimilativo *a.* assimilative, assimilatory.

assimilato *a.* **1** assimilated, absorbed: *concetti male assimilati* concepts that have not been fully grasped. **2** (*Fon*) assimilated.

assimilatore *a.* assimilative, assimilatory.

assimilazione *f.* **1** (*Biol*) assimilation, absorption. **2** (*fig,Psic*) assimilation, grasping: ~ *di un concetto* assimilation of a concept. **3** (*Fon*) assimilation.

assiolo *m.* (*Ornit*) scops owl.

assioma *m.* (*Filos,Mat*) axiom (*anche estens*).

assiomatica *f.* (*Filos*) axiomatics (*costr. sing.*).

assiomatico (*pl.* **-ci**) *a.* (*Filos,estens*) axiomatic.

assiometro *m.* (*Mar,Tecn*) rudder indicator.

Assiria *n.pr.f.* (*Geog.stor*) Assyria.

assiriologia *f.* Assyriology.

assiriologo *m.* (*f.* **-a**; *pl.* **-gi**) Assyriologist.

assiro I *a.* Assyrian. **II** *m.* **1** (*lingua*) Assyrian. **2** (*f.* **-a**) Assyrian.

assiro-babilonese I *a.* Assyro-Babylonian. **II** *m./f.* Assyro-Babylonian.

assise *f.pl.* **1** (*Stor*) assizes. **2** (*Dir*) (*anche Corte d'assise*) Court *sing.* of Assizes, Assizes.

assisi → assidersi.

assiso *a.* (*lett*) seated.

assist *m.inv.* (*Sport*) pass, (*Am*) assist.

assistentato *m.* assistantship.

assistente *m./f.* **1** assistant. **2** (*agli esami scritti*) invigilator, (*Am*) proctor. **3** (*Univ*) assistant lecturer. □ *~ai lavori* works inspector; (*Cin,Teat*) *~alla regia* assistant director; *~chirurgo* assistant surgeon; (*Aer*) *~di bordo* flight attendant, air steward (*f.* air hostess); (*Comm*) *~di linea* assistant director, assistant manager; *~di radiologia* X-ray technician, radiographer; *~di vendita* sales assistant, salesclerk; *~di volo* flight attendant, air steward (*f.* air -hostess); *~geriatrico* geriatric nurse; *~medico-sociale* medical social worker; *~ospedaliero* assistant to top hospital physician or surgeon; *~personale* (*di direttore e sim.*) personal assistant; ~ *del personale* staff assistant; *~sociale* social worker; *~universitario* assistant lecturer; (*Univ*) *~volontario* unpaid assistant lecturer.

assistenza *f.* **1** (*presenza*) attendance, presence. **2** (*aiuto*) assistance, aid, help, support. **3** (*rif. ai malati*) care, treatment: ~ *medica* medical care, medical coverage. **4** (*soccorso, beneficenza*) welfare, relief, support: *vivere di pubblica ~* to live on welfare. **5** (*vigilanza a un esame*) invigilation, (*Am*) proctoring. **6** (*Comm*) service, assistance.□ *~automobilistica* road service; (*Comm*) ~ *clienti* customer service; *~domiciliare* (*rif. a malati*) home health care*fare* – (*a un esame*) to invigilate, (*Am*) to proctor; *~farmaceutica* pharmaceutical services (*pl.*); *~finanziaria* financial aid, financial support; ~ *infermieristica* nursing, nursing care, nurs-

ing assistance; *~legale* legal aid; *~medica* medical care; *~medico-sociale* health and welfare services (*pl.*); *~ospedaliera* hospital treatment; *~pediatrica* child care; (*Comm*) ~ *post-vendita* sales service, after sales service; ~ *aipoveri* poor relief, support for the poor; *~pubblica* public welfare services (*pl.*); *~sanitaria* : 1 medical care; 2 (*servizio*) health service; *~scolastica* educational support; *~sociale* social welfare; ~ *sociale di gruppo* social group work; *~specialistica* special assistance; *~tecnica* technical assistance.

assistenziale *a.* welfare (*attr.*): *centro ~* welfare centre; *opere assistenziali* public assistance.

assistenzialismo *m.* (*spreg*) welfarism, state support.

assistenziario *m.* rehabilitation centre, (*Am*) rehabilitation center.

assistere (*pres.ind.* **assìsto**; *p.rem.* **assistéi/assistètti**; *p.p.* **assistìto**) **I** *v.i.* (*aus. avere*) **1** (*frequentare*) to attend (*a qcs.* sth.), to be present (*a qcs.* at sth.): ~ *a una lezione* to attend a lesson; ~ *alla messa* to attend Mass. **2** (*come testimone*) to witness (sth.). **II** *v.t.* **1** (*aiutare*) to assist, to help, to aid, to support: *mi ha assistito con i suoi consigli* he helped me with his advice; *la fortuna ci assista* may fortune be on our side. **2** (*curare*) to nurse, to treat: ~ *un infermo* to treat a sick person.

assistetti → assistere.

assistito *m.* (*f.* **-a**) **1** beneficiary, person in a welfare scheme. **2** (*rif. al servizio sanitario nazionale*) patient. **3** (*Dir*) client.

assito *m.* **1** (*parete di assi*) wooden partition. **2** (*impiantito di tavole di legno*) floorboards *pl.*, plank floor.

asso *m.* **1** (*nel gioco delle carte, dei dadi*) ace. **2** (*rif. a persona*) champion, (*colloq*) ace, wizard: *è un ~ in latino* he's a wizard at Latin. □ *~del volante* ace racing driver; ~ *dell'aviazione* flying ace, ace pilot, ace; ~ *dello sport* sports champion; *~di briscola* ace of trumps; (*fig*) *essere l'~ di briscola* to be the most important person; *~di picche* ace of spades; (*fig*) *lasciar in ~ qcu.* to leave so. in the lurch; *restare in ~* to be left in the lurch; (*fig*) *avere un ~nella manica* to have an ace up one's sleeve.

associabile *a.* associable.

associabilità *f.* associability.

associamento *m.* (*rar*) associating, association.

associare (assòcio, assòci) **I** *v.t.* **1** (*aggregare come socio*) to make so. a member of, to take so. into partnership, to admit, to let so. join in: *si è associato il figlio negli affari* he has taken his son into partnership. **2** (*unire, accoppiare*) to combine, to pool, to associate: ~ *i capitali* to pool capital, to combine capital. **3** to transfer, to take. **4** (*Psic*) to associate: ~ *le idee* to associate ideas. **II** *v.pron.* **associarsi 1** (*farsi socio*) to become a member (*a* of), to join (sth.): *associarsi a un circolo* to join a club, to become a member of a club. **2** (*unirsi in società*) to enter into partnership (*con* with), to join (sth.). **3** (*prendere parte*) to share (sth.), to participate: *mi associo alla vostra gioia* I share your joy. **4** (*abbonarsi*) to subscribe: *associarsi a una rivista* to subscribe to a magazine. □ ~ *qcu. alle carceri* to take so. to prison.

associativo *a.* **1** (*Mat*) associative: *proprietà associativa* associative property. **2** (*Psic*) association, of association, associative: *processo ~* process of association.

associato I *a.* **1** (*collegato*) connected (with), associated (with). **2** (*entrato in asso-*

ciazione) associated. **3** (*Univ*) (*di professore*) associate. **II** *m.* (*f.* **-a**) **1** (*socio*) member, associate. **2** (*Comm*) partner, associate. **3** (*abbonato*) subscriber. **4** (*Univ*) associate professor.

associazione *f.* **1** association, fellowship, union. **2** (*Comm*) society, company. **3** (*a una pubblicazione*) subscription. **4** (*Biol*) linkage. **5** (*Psic*) association: *libera ~* free association. □ (*Dir*) *~a delinquere* criminal association; (*Comm*) *~commercianti* traders' association; *~culturale* cultural association; *~degli agricoltori* farmers union, farmers' union, farmers association, farmers' association; *~di beneficenza* charitable association; *~di categoria* trading association, trade association; (*Psic*) *~di idee* association of ideas; *~giovanile* youth club; *associazionlaicali* lay organizations; (*Rel*) ~ *religiosa* religious association; *~segreta* secret society; (*Sport*) *~sportiva* sports association, sports club; (*Scol*) *~studentesca* student society, student union.

associazionismo *m.* (*Psic*) associationism.

assodare (assòdo) **I** *v.t.* **1** (*accertare*) to ascertain, to check: ~ *una notizia* to ascertain, to check a piece of news. **2** (*rinvigorire*) to strengthen. **3** (*indurire*) to harden, to make firm: *la siccità ha assodato il terreno* the dryness has hardened the ground. **II** *v.pron.* **assodarsi 1** to harden, to become firm, to become solid: *il cemento si è assodato* the cement has hardened. **2** (*fig, rar*) to be strengthened: *il carattere si assoda nelle avversità* character is strengthened by adversity.

assodato *a.* **1** (*indurito*) hardened, firm: *terreno ~* hardened ground. **2** (*accertato*) ascertained, confirmed. □ *è ~che* ... it is certain that...

assoggettabile *a.* subduable, submissive, acquiescent.

assoggettamento *m.* **1** (*l'assoggettare*) subjection, subjugation, subduing. **2** (*l'assoggettarsi*) submission. **3** (*stato di soggezione*) subjection.

assoggettare (assoggètto) **I** *v.t.* to subdue, to subject: ~ *un popolo* to subdue a people. **II** *v.pron.* **assoggettarsi** to submit, to yield, to acquiesce: *assoggettarsi al dominio di qcu.* to submit to so.'s rule.□ ~ *lepassioni* to master one's passions, to subdue one's passions.

assolato *a.* sunny, sun-soaked.

assolcare (assòlco, assòlchi) *v.t.* (*Agr*) to furrow.

assoldamento *m.* **1** (*rar*) recruiting, enlistment. **2** (*spec. rif. a sicari, spie*) hiring.

assoldare (assòldo) *v.t.* **1** (*spec. rif. a sicari, spie*) to hire. **2** to recruit, to enlist: ~ *truppe* to enlist troops.

assolo *m.inv.* (*Mus*) solo: *un ~ di tromba* a trumpet solo.

assolsi → assolvere.

assolto → assolvere.

assolutamente *avv.* **1** (*ad ogni costo*) absolutely, definitely, at all costs: *devo ~ andare* I absolutely must go. **2** (*completamente, del tutto*) absolutely, utterly, perfectly: *è ~ impossibile* it is absolutely impossible.

assolutismo *m.* absolutism.

assolutista I *m./f.* absolutist. **II** *a.* absolutist.

assolutistico (*pl.* **-ci**) *a.* absolutist, absolutistic.

assoluto I *a.* **1** (*illimitato*) absolute, unrestricted, total: *padrone ~* absolute master; *libertà assoluta* total freedom; *avere una fi-*

ducia assoluta nelle proprie capacità to have total confidence in one's ability. **2** (*completo*) absolute, complete, outright, utter, total: *riposo ~* complete rest; *vincitore ~* outright winner, overall winner. **3** (*incondizionato*) absolute, total, unconditional, unqualified, wholehearted. **4** (*Gramm*) absolute: *costruzione assoluta* absolute construction; *uso ~ di un verbo* absolute use of a verb. **5** (*Fis,Chim,Mat*) an absolute: *temperatura assoluta* absolute temperature; *vuoto ~* absolute vacuum; *valore ~* absolute value; *zero ~* absolute zero. **II** *m.* **1** (*Filos*) (the) Absolute, absolute. **2** *pl.* (*Sport*) national championship *sing.* □ *in ~* (*in modo assoluto*) absolutely, totally, categorically; *lo nego nel modo più ~* I totally deny it; *mantenere un ~ riserbo* to maintain an absolute reserve.

assolutorio *a.* (*Dir*) acquitting: *sentenza assolutoria* acquittal.

assoluzione *f.* **1** (*Dir*) acquittal, discharge: *il difensore ha chiesto l'~ per l'imputato* counsel has requested the accused's acquittal. **2** (*Rel.catt*) absolution: *impartire l'~* to impart absolution. □ (*Dir*) ~ *con formula dubitativa* acquittal for insufficiency of evidence; (*Dir*) ~ *per insufficienza di prove* acquittal for lack of evidence; (*Dir*) ~ *per non aver commesso il fatto* acquittal on the grounds that the accused has not committed the crime, unconditional discharge.

assolvere (*pres.ind.* **assòlvo**; *p.rem.* **assolvéi/assolvètti/assòlsi**; *p.p.* **assòlto**) *v.t.* **1** (*Dir*) to acquit, to discharge. **2** (*Rel.catt*) to absolve: ~ *qcu. dai peccati* to absolve so. from his sins. **3** (*lett*) (*liberare da un obbligo*) to release: ~ *qcu. da una promessa* to release so. from a promise. **4** (*adempiere*) to perform: ~ *il proprio dovere* to perform one's duty. □ (*Dir*) ~ *qcu. con formula dubitativa* to acquit so. for want of evidence; (*Dir*) ~ *qcu. con formula piena* to give full acquittal to so.; ~ *un debito* to settle a debt; *è stato assolto per insufficienza di prove* he has been acquitted for lack of evidence.

assolvimento *m.* performance, fulfilment, discharge.

assomigliare (**assomìglio**, **assomìgli**) **I** *v.t.* to compare (*a* to), to liken (*a* to): *non c'è disgrazia che si possa assomigliare alla mia* there is no misfortune that can be compared to mine. **II** *v.i.* (*aus.* **essere/avere**) to look like, to resemble, to be like (*a qcu.* so.), to be similar (*a qcu.* to): *assomiglio a mio padre* I look like my father; *questo palazzo assomiglia a un alveare* this building is like a beehive. **III** *v.r.recipr.* **assomigliarsi** to resemble each other, to be alike: *si assomigliano come due gocce d'acqua* they are as alike as two peas (in a pod). □ *assomigliarsi come gemelli* to look like twins. *Prov.*: *chi si assomiglia si piglia* bird of a feather fly together.

assommare[1] (**assómmo**) **I** *v.t.* to combine, to add together. **II** *v.i.* (*aus.* **essere**) to amount, to add up (*a* to): *le spese assommano a mille euro* the expenses amount to a thousand euros. **III** *v.pron.* **assommarsi** to combine, to be combined in.

assommare[2] (**assómmo**) **I** *v.t.* **1** (*lett*) to bring to an end, to conclude. **2** to surface. **II** *v.i.* (*aus.* **essere**) to come to surface, to surface.

assonanza *f.* (*Metr,Ling*) assonance.

assonare (**assuòno**, **assoniàmo**; *aus.* **essere** /*rar* **avere**) *v.i.* (*lett,Ling*) to assonate.

assonnacchiato *a.* sleepy, drowsy.

assonnare (**assónno**) **I** *v.t.* (*ant,lett*) to make so. sleepy. **II** *v.i.* (*aus.* **essere**) (*lett*) to

grow sleepy, to grow drowsy.

assonnato *a.* sleepy, drowsy.

assonometria *f.* (*Geom*) axonometry.

assopimento *m.* **1** (*l'assopirsi*) dozing off, drowsing. **2** (*stato di torpore*) drowsiness, doze. **3** (*fig*) (*acquietamento*) mitigation.

assopire (**assopìsco, assopìsci**) **I** *v.t.* **1** (*rar*) to make so. drowsy: *il caldo lo aveva assopito* the heat had made him drowsy. **2** (*fig,lett*) (*calmare*) to assuage, to soothe, to calm: ~ *il dolore* to soothe the pain. **II** *v.pron.* **assopirsi** **1** to doze off, to nod off, to drop off, to drowse: *il malato si assopì* the patient dozed off. **2** (*fig,lett*) (*calmarsi*) to cool, to be assuaged: *gli odi si sono assopiti* hatred has cooled.

assorbente **I** *a.* **1** absorbent, absorbing. **2** (*Edil*) soundproof, deadening. **II** *m.* **1** (*Chim, Fis,Med*) absorbent. **2** (*assorbente igienico*) sanitary towel, (*Am*) sanitary pad, sanitary napkin. □ (*Edil*) ~ *acustico* soundproofing, soundproofing material; ~ *con le ali* (*Br*) sanitary towel with wings, (*Am*) sanitary pad with wings; ~ *igienico* sanitary towel, (*Am*) sanitary pad, sanitary napkin; ~ *interno* tampon, Tampax.

assorbenza *f.* absorbency.

assorbimento *m.* **1** absorption. **2** (*Chim, Fis*) absorption. **3** (*El*) consumption. **4** (*Econ*) merger, takeover. □ (*Econ*) ~ *dei costi* cost absorption; ~ *del suono* soundproofing, sound deadening; ~ *di calore* heat absorption; (*Biol*) ~ *di carbonio* carbon absorption; (*Biol*) ~ *radicale* root absorption.

assorbire (**assorbìsco/assòrbo, assorbìsci/assòrbi**) *v.t.* **1** to absorb, to soak, to soak up, to mop, to mop up: *la spugna assorbe l'acqua* a sponge absorbs water, a sponge soaks up water. **2** (*fig*) (*assimilare*) to absorb, to assimilate: *i Romani assorbirono la cultura greca* the Romans assimilated Greek culture. **3** (*impegnare*) to absorb, to take up, to demand, to capture: *questo lavoro assorbe tutta la mia attenzione* this work demands all my attention. **4** (*attutire*) to absorb, to cushion. **5** (*consumare*) to absorb, to swallow up: *tutto il capitale fu assorbito in un anno* all the capital was absorbed in a year, all the capital was swallowed up in a year. **6** (*Chim,Fis*) to absorb. **7** (*El*) to consume. **8** (*Econ*) to take over. □ (*Sport*) ~ *gli attacchi avversari* (*nel calcio*) to neutralize one's opponents' attacks; (*Sport*) ~ *un colpo* (*nel pugilato*) to take a punch.

assordamento *m.* **1** (*l'assordare*) deafening. **2** (*diminuzione dell'udito*) deafness.

assordante *a.* deafening, earsplitting.

assordare (**assórdo**) *v.t.* **1** to deafen. **2** (*stordire*) to stun, to deafen: *mi hai assordato con le tue chiacchiere* you have deafened me with all your chatter.

assordimento *m.* **1** (*rar*) deafening. **2** (*Fon*) devoicing.

assortimento *m.* **1** assortment, selection, choice, stock: *un ricco ~ di cravatte* a large selection of ties; *rinnovare l'~* to renew one's stock. **2** (*Tess*) sorting.

assortire (**assortìsco, assortìsci**) *v.t.* **1** (*disporre, ordinare*) to sort out, to arrange. **2** (*abbinare*) to match, to sort: *i colori di questa stoffa non sono bene assortiti* the colours of this material are not well matched. **3** (*Comm*) (*rifornire di merci*) to stock, to furnish.

assortito *a.* **1** matched, matching: *colori bene assortiti* well-matched colours; *una cravatta assortita con il vestito* a tie matching the suit. **2** (*variato*) assorted, mixed: *antipasto ~* mixed hors d'oeuvre. **3** (*fornito*)

stocked, supplied: *negozio bene ~* well-stocked shop.

assorto *a.* absorbed (*in* in), engrossed (*in* in), rapt (*in* in): ~ *nello studio* absorbed in study; *essere ~ nei propri pensieri* to be deep in one's thoughts, to be lost in one's thoughts.

assottigliamento *m.* **1** (*l'assottigliare*) thinning, sharpening, tapering. **2** (*diminuzione*) diminution, reduction. **3** (*dimagrimento*) growing thin, emaciation.

assottigliare (**assottìglio, assottìgli**) **I** *v.t.* **1** to thin; (*aguzzare*) to sharpen: ~ *un bastone* to sharpen a stick. **2** (*far dimagrire*) to thin, to make thin, to slim. **3** (*ridurre*) to diminish, to reduce, to lessen, to whittle down: ~ *il patrimonio con continue spese* to diminish one's resources by continual spending. **4** (*fig,lett*) (*aguzzare*) to sharpen: ~ *la mente* to sharpen one's wits. **II** *v.pron.* **assottigliarsi** **1** (*diventare sottile*) to thin, to grow thinner, to taper: *lo stelo si assottiglia in alto* the stem tapers towards the top. **2** (*dimagrire*) to thin, to grow thin, to become slim: *il suo viso si è assottigliato* his face has thinned down. **3** (*diminuire di numero, di quantità*) to diminish, to decrease, to thin: *le loro file si sono assottigliate* their ranks have thinned. □ *la malattia gli aveva assottigliato il viso* his face was pinched from his illness, his face was drawn due to his illness.

Assuan *n.pr.f.* (*Geog*) Aswan.

assuefaccio → assuefare.

assuefare (*pres.ind.* **assuefàccio/assuefò**; *p.rem.* **assueféci**; *p.p.* **assuefàtto**) **I** *v.t.* to accustom, to make sth. used, to inure: ~ *qcu. a qcs.* to accustom so. to sth., to inure so. to sth., to make so. used to sth. **II** *v.pron.* **assuefarsi** **1** to get accustomed (*a* to), to accustom oneself (*a* to), to become inured (*a* to), to get used (*a* to). **2** (*a droghe*) to become addicted (*a* to).

assuefatto *a.* addicted.

assuefazione *f.* **1** inurement, habit. **2** (*Med*) tolerance, addiction. **3** (*Psic*) habituation. □ ~ *alla droga* drug addiction; (*Med*) *che dà* ~ habit-forming, addictive.

assuefeci → assuefare.

assumere (*pres.ind.* **assùmo**; *p.rem.* **assùnsi**; *p.p.* **assùnto**) *v.t.* **1** (*acquistare*) to gain, to take on, to assume: *il fatto ha assunto grande importanza* the event has taken on great importance. **2** (*prendere per sé, fare proprio*) to assume, to adopt, to put on: ~ *uno pseudonimo* to assume a pseudonym; ~ *un'espressione annoiata* to put on a bored expression; ~ *un'aria distaccata* to put on an air of detachment. **3** (*addossarsi*) to undertake, to assume, to take up: *mi sono assunto un nuovo incarico* I have taken up a new appointment. **4** (*prendere alle proprie dipendenze*) to engage, to employ, to take on, to hire, to recruit: ~ *un segretario* to employ a secretary; *la ditta ha assunto nuovi operai* the firm took on more workmen. **5** (*innalzare a una dignità*) to raise: *fu assunto al cardinalato* he was raised to the purple. **6** (*ammettere come ipotesi*) to assume: *si assume che* it is assumed that. **7** (*estens*) (*ingerire*) to take, to ingest. **8** (*Rel*) to take up: *Maria fu assunta in cielo* Mary was taken up into Heaven. □ ~ *il comando di una spedizione* to assume command of an expedition; ~ *il potere* to assume power; *assumersi il rischio* to take the risk; ~ *informazioni su qcu.* to make enquiries about so.; ~ *la difesa di qcu.* to undertake so.'s defence; ~ *la responsabilità* to shoulder the responsibility; *assumersi l'impegno di fare qcs.* to undertake to do sth.; *l'interim* to carry on (during a vacancy), to take temporary charge: ~ *l'interim di un ministero* to be interim Minister; ~ *un atteggiamento* to adopt an attitude; *assumersi un obbligo* to take on an obligation; ~ *un tono aggressivo* to take on an aggressive tone of voice, to adopt an aggressive tone of voice.

assunsi → assumere.

Assunta I *n.pr.f.* (*Rel.catt*) (*Maria Assunta*) Our Lady of the Assumption. II *f.* (*Rel.catt*) (*festa*) Assumption.

assunto [1] → assumere.

assunto [2] *m.* 1 (*f.* -a) (*persona assunta*) employee. 2 (*tesi che si deve dimostrare*) assumption, proposition: *dimostrare l'*~ to prove one's proposition. 3 (*lett*) (*incarico*) undertaking, task.

assunzione *f.* 1 assumption, undertaking: *l'*~ *del comando* the assumption of command. 2 (*rif. a impiegati*) employment, hiring, recruiting: *bloccare le assunzioni* to freeze hiring. 3 (*di alimenti*) ingestion, intake. 4 (*Filos*) assumption. 5 (*l'essere assunto a una dignità*) raising, ascent, accession: ~ *al trono* ascent to the throne, accession to the throne. □ ~*del ruolo* role taking, role-playing.

Assunzione *f.* (*Rel.catt*) 1 Assumption, Assumption of the Virgin Mary. 2 (*festa*) Assumption.

assurdamente *avv.* absurdly.

assurdità *f.* 1 absurdity, ludicrousness: *dimostrare l'*~ *di qcs.* to show the absurdity of sth. 2 (*cosa o affermazione assurda*) nonsense, absurdity: *dire delle* ~ to talk nonsense.

assurdo I *a.* absurd, preposterous, ludicrous: *la tua richiesta è assurda* your request is preposterous; *è* ~ *pretendere che me ne vada* it is absurd to expect me to go. II *m.* absurdity: *l'*~ *di una pretesa* the absurdity of a claim.

assurgere (*pres.ind.* assùrgo, assùrgi; *p.rem.* assùrsi; *p.p.* assùrto; *aus.* essere) *v.i.* (*lett*) to rise, to ascend: ~ *alle più alte cariche* to rise to the highest office.

assursi → assurgere.

assurto → assurgere.

asta *f.* 1 staff, pole, rod, stick, shaft. 2 (*Mecc*) rod, bar: ~ *di comando* push rod; ~ *di guida* slide bar. 3 (*Mar,ant*) boom: ~ *di posta* swinging boom. 4 (*Sport*) (*in atletica leggera*) pole: *salto con l'*~ pole vault. 5 (*Mil,ant*) lance, spear. 6 (*nella scrittura*) stroke: ~ *ascendente* upward stroke. 7 (*Comm*) (*vendita all'incanto*) auction, sale: *vendere all'*~ to auction, to sell by auction. □ *andare all'*~ (*essere venduto*) to be put up for auction, to go under the hammer; ~*del compasso* leg of a pair of compasses; ~*della bandiera* flag pole, flagstaff; ~*della freccia* arrow shaft; ~ *della stadera* steelyard beam; (*El,Mecc*) ~*di collegamento* connecting rod; (*Mar,ant*) ~*di fiocco* jib boom; (*El,Mecc*) ~*di presa* (*nei veicoli elettrici*) trolley; (*Scol*) *fare le aste* to draw pothooks; (*Dir*) ~*giudiziaria* auction by court order; *mettere all'*~ to put up for auction, to put out to tender; ~*pubblica* auction, public auction, (*per appalti*) invitation to tender; ~*simulata* mock auction; ~*truccata* rigged auction.

astabile *a.* (*Elettron*) astable.

astaco (*pl.* -ci) *m.* (*Zool*) crayfish.

astante *m./f.spec.pl.* onlooker, bystander: *gli astanti ammutolirono* the onlookers fell silent.

astanteria *f.* reception ward, casualty.

astato [1] I *a.* 1 (*Stor*) armed with a lance. 2

(*fig*) straight, speary. 3 (*Bot*) hastate, sperahead. II *m.spec.pl.* lance-bearer.

astato [2] *m.* (*Chim*) astatine.

astemio I *a.* teetotal, abstemious. II *m.* (*f.* -a) teetotaller.

astenere (*pres.ind.* astèngo, astièni; *p.rem.* asténni; *p.p.* astenùto) I *v.t.* (*lett*) to keep away: ~ *qcu. da qcs.* to keep so. away from sth. II *v.pron.* **astenersi** to abstain (*anche Pol*), to refrain: *non potei astenermi dal ridere* I couldn't refrain from laughing, I couldn't help laughing. □ *mi astenni dal fare domande* I refrained from asking questions; *astenersi dal vino* to abstain from wine; *astenersi dal voto* to abstain from voting (*anche Pol*).

astenia *f.* 1 (*Med*) asthenia. 2 (*estens*) (*debolezza*) weakness, feebleness.

astenico I *a.* 1 (*Med*) asthenic. 2 (*estens*) (*debole*) weak, feeble. II *m.* (*f.* -a; *pl.* -ci) 1 (*Med*) asthenic. 2 (*estens*) (*debole*) a weak person, a feeble person.

astenni → astenere.

astensione *f.* abstention (*anche Pol*). □ ~ *dal bere* abstention from drinking, abstemiousness; ~*dal lavoro* (*sciopero*) strike; ~*dal voto* abstention, abstention from voting (*anche Pol*).

astensionismo *m.* abstention, abstentionism (*anche Pol*).

astensionista *m./f.* abstentionist (*anche Pol*).

astenuto *m.* (*f.* -a) abstentionist (*anche Pol*).

aster *m.inv.* (*Bot*) aster.

astergere (*pres.ind.* astèrgo, astèrgi; *p.rem.* astèrsi; *p.p.* astèrso) *v.t.* (*lett*) 1 (*lavare, pulire*) to cleanse: ~ *una ferita* to cleanse a wound. 2 (*asciugare*) to dry, to wipe away: ~ *le lacrime* to dry one's tears.

asteria *f.* (*Zool*) starfish.

asteriscato *a.* starred (*anche Tip*).

asterisco (*pl.* -chi) *m.* 1 (*Tip,Ling*) asterisk. 2 (*Giorn*) paragraph, short news item.

asteroide *m.* (*Astr*) asteroid.

astersi → astergere.

asterso → astergere.

astice *m.* (*Zool*) European lobster.

astigmatico I *a.* (*Ott*) astigmatic: *lente astigmatica* astigmatic lens. II *m.* (*f.* -a; *pl.* -ci) (*Med*) person suffering from astigmatism.

astigmatismo *m.* (*Ott*) astigmatism.

astilo *a.* (*Archeol*) astylar.

astinente *a.* abstinent, abstemious: *essere* ~ *nel cibo* to be abstemious in eating.

astinenza *f.* 1 abstinence (*anche Rel*): ~ *dalle bevande alcoliche* abstinence from alcoholic beverages; *fare* ~ to observe abstinence. 2 (*Med*) (*da farmaco, droga*) abstinence, withdrawal: *crisi di* ~ withdrawal symptoms.

astio *m.* (*rancore*) resentment, grudge, rancour: *portare* ~ *a qcu.* to bear so. a grudge.

astiosamente *avv.* resentfully.

astiosità *f.* resentment, rancour.

astioso *a.* resentful, grudging, rancorous: *uomo* ~ resentful man.

astore *m.* (*Ornit*) goshawk.

astracan *m.inv.* (*Conc*) astrakhan: *pelliccia di* ~ astrakhan fur.

astragalo *m.* 1 (*Anat,Bot*) astragalus. 2 (*Arch*) astragal. 3 (*Stor*) knucklebones (*costr. sing.*).

astrakan ,**astrakan** *m.inv.* (*Conc*) astrakhan: *pelliccia di* ~ astrakhan fur.

astrale *a.* astral (*anche estens*): *corpo* ~ astral body.

astrarre (*pres.ind.* astràggo, astrài; *p.rem.* astràssi; *p.p.* astràtto) I *v.t.* 1 (*lett*) (*distoglie-*

---

re) to take off, to abstract, to disengage: ~ *la mente dalle preoccupazioni* to take one's mind off worrying thoughts. 2 (*Filos*) to abstract: ~ *l'universale dal particolare* to abstract the universal from the particular. II *v.i.* (*aus.* avere) (*prescindere*) to disregard (*da qcs.* sth.), to leave (sth.) out of consideration, to ignore (*da qcs.* sth.): *astraendo dal fatto che* disregarding the fact that. III *v.pron.* **astrarsi** to withdraw, to let one's mind wander.

astrattamente *avv.* in the abstract, abstractly.

astrattezza *f.* abstractness.

astrattismo *m.* (*Art*) abstractionism, abstract art.

astrattista I *m./f.* (*Art*) abstractionist, abstract artist. II *a.* (*Art*) abstract (*attr.*): *pittore* ~ abstract painter.

astratto I *a.* abstract: *concetto* ~ abstract concept; *un sostantivo* ~ an abstract noun; *pittore* ~ abstract painter. II *m.* abstract. □ *in* ~ in the abstract: *parlare in* ~ to speak in the abstract.

astrazione *f.* abstraction. □ *fare* ~ *da qcs.* to leave sth. out of consideration, to disregard sth.; *fatta* ~ *da* setting aside, apart from, disregarding.

astretto → astringere.

astringente I *a.* (*Farm*) astringent. II *m.* (*Farm*) astringent.

astringere (*pres.ind.* astrìngo, astrìngi; *p.rem.* astrìnsi; *p.p.* astrétto) *v.t.* (*Med*) to astringe.

astrinsi → astringere.

astro *m.* 1 (*Astr*) star, heavenly body. 2 (*fig*) star: *un* ~ *del cinema* a film-star. □ (*Bot*) ~*della Cina* China aster; (*fig*) ~*nascente* rising star.

astrobiologia *f.* (*Biol*) astrobiology.

astrobiologo *m.* (*f.* -a; *pl.* -gi) astrobiologist.

astrochimica *f.* astrochemistry.

astrochimico *m.* (*f.* -a; *pl.* -ci) astrochemist.

astrodinamica *f.* astrodynamics (*costr. sing.*).

astrodinamico I *a.* astrodynamic. II *m.* (*f.* -a; *pl.* -ci) astrodynamicist.

astrofisica *f.* astrophysics (*costr.sing.*).

astrofisico I *a.* astrophysical. II *m.* (*f.* -a; *pl.* -ci) astrophysicist.

astrofotografia *f.* astrophotography.

astrofotografo *m.* (*f.* -a) astrophotographer.

astrofotometria *f.* astrophotometry.

astrogeologia *f.* astrogeology.

astrogeologo *m.* (*f.* -a; *pl.* -gi) astrogeologist.

astrografia *f.* astrography.

astrografo *m.* astrograph.

astrolabio *m.* (*Astr*) astrolabe.

astrolatria *f.* astrolatry, worship of heavenly body.

astrologare (astròlogo, astròloghi; *aus.* avere) *v.i.* 1 to astrologize, to practise astrology. 2 (*fig*) (*fantasticare*) to muse, to indulge in fancies.

astrologia *f.* astrology.

astrologico (*pl.* -ci) *a.* astrological, astrologic.

astrologo *m.* (*f.* -a; *pl.* -gi) astrologer, astrologist.

astrometria *f.* astrometry.

astronauta *m./f.* astronaut, spaceman (*f.* -woman).

astronautica *f.* astronautics (*costr.sing.*).

astronautico (*pl.* -ci) *a.* astronautic, astronautical.

astronave f. spaceship, spacecraft.

astronavigazione f. celestial navigation, astronavigation.

astronomia f. astronomy: ~ *sferica* spherical astronomy.

astronomico (pl. -ci) a. **1** (*Astr*) astronomical: *anno* ~ astronomical year; *telescopio* ~ astronomical telescope. **2** (*fig*) (*esagerato*) astronomical, astronomic, enormous, sky-high: *cifre astronomiche* astronomical figures.

astronomo m. (f. -a) astronomer.

astroporto m. (*Astron*) launch site for spacecraft, (*nell'ex Unione Sovietica*) cosmodrome.

astrusaggine f. abstruseness.

astrusamente avv. abstrusely.

astruseria f. (*rar*) **1** (*astrusità*) abstruseness. **2** (*concetto astruso*) abstruse concept.

astrusità f. abstruseness.

astruso a. abstruse: *concetti astrusi* abstruse concepts.

astuccio m. **1** case, box, holder. **2** (*per matite e penne*) pencil case. □ ~ *del violino* violin case; ~ *di cuoio* leather case; ~ *per aghi* needle case; ~ *per occhiali* glasses case, spectacle case.

Asturie n.pr.f.pl. (*Geog*) Asturias.

astutamente avv. astutely, shrewdly, cunningly.

astuto a. shrewd, cunning, sly, wily, astute, crafty: *una risposta astuta* a shrewd answer. □ ~ *come una volpe* as sly as a fox, as cunning as a fox.

astuzia f. **1** astuteness, shrewdness, cunning, craftiness: *una persona di grande* ~ a very shrewd person. **2** (*atto*) trick, guile. **3** pl. (*stratagemmi*) trickery (costr.sing.), wiles: *le sue astuzie ti hanno ingannato* his trickery has deceived you.

at /ɛt/ m. (*Inform*) (*chiocciola*) at.

atabagico (pl. -ci) m. anti-smoking drug.

atarassia f. (*Filos*) ataraxia, ataraxy.

atassia f. (*Med*) ataxia, ataxy.

atassico (pl. -ci) a. (*Med*) ataxic.

atavico (pl. -ci) a. **1** ancestral, atavistic. **2** (*Biol*) atavistic, atavic.

atavismo m. (*Biol*) atavism.

ateismo m. atheism.

ateista m./f. (*rar*) atheist.

ateistico (pl. -ci) a. atheistic, atheistical.

atelier /ateˈlje/ m.inv. **1** (*studio di artista*) atelier, studio, workshop. **2** (*sartoria*) atelier, dressmaker's workroom, dressmaker's shop.

atematico (pl. -ci) a. (*Ling*) athematic.

Atena n.pr.f. (*Mitol*) Athena.

Atene n.pr.f. (*Geog*) Athens.

ateneo m. **1** (*Stor*) Athenaeum, (*Am*) Atheneum. **2** (*università*) university. **3** (*nome di riviste scientifiche, di istituti ecc.*) Athenaeum, (*Am*) Atheneum.

ateniese I a. Athenian, Athens (attr.). II m./f. Athenian.

ateo I a. atheistic, atheistical. II m. (f. -a) atheist.

atermano a. (*Fis,rar*) athermanous.

atermico (pl. -ci) a. (*Fis*) athermic, heat-proof: *vetro* ~ heat-proof glass.

ateroma m. (*Med*) atheroma pl.

aterosclerosi, **aterosclerosi** f. (*Med*) atherosclerosis.

atipia f. (*Med*) atypical.

atipicità f. atypical character, uniqueness.

atipico (pl. -ci) a. atypical, atypic, unique, unusual.

atlante m. **1** (*di carte geografiche*) atlas, book of maps. **2** (*Anat,Arch*) atlas. □ (*Anat*) ~ *anatomico* anatomical atlas; (*Etnol*) ~ *et-*

nografico ethnographic atlas; (*Geog*) ~ *geografico* geographical atlas, atlas; (*Ling*) ~ *linguistico* linguistic atlas.

Atlante n.pr.m. **1** (*Mitol,Astr*) Atlas. **2** (*Geog*) Atlas Mountains pl.

atlantico (pl. -ci) a. **1** (*Geog*) Atlantic: *dorsale atlantica* Atlantic ridge. **2** (*Pol*) Atlantic, NATO (attr.).

Atlantico n.pr.m. (*Geog*) Atlantic, Atlantic Ocean.

Atlantide n.pr.f. (*Mitol*) Atlantis.

atlantismo m. (*Pol*) Atlanticism.

atlantista m./f. (*Pol*) Atlanticist.

atleta m./f. athlete (anche fig): ~ *olimpionico* Olympic athlete.

atletica f. (*Sport*) athletics (costr.sing.). □ (*Sport*) ~ *leggera* track and field events, athletics; (*Sport,ant*) ~ *pesante* weight-lifting and wrestling.

atleticamente avv. athletically.

atletico (pl. -ci) a. athletic (anche estens): *gare atletiche* athletic events; *corporatura atletica* athletic build.

atletismo m. athletics (costr.sing.).

atmosfera f. **1** (*Geog,Fis*) atmosphere: *una pressione di tre atmosfere* a pressure of three atmospheres. **2** (*fig*) (*ambiente*) atmosphere, environment: ~ *di terrore* atmosphere of terror; *un locale jazz con molta* ~ a jazz club with lots of atmosphere. □ (*Ind,Alim*) ~ *modificata* protective atmosphere: *confezionato in* ~ *modificata* packaged in a protective atmosphere; (*Ind,Alim*) ~ *protettiva* protective atmosphere: *confezionato in* ~ *protettiva* packaged in a protective atmosphere; *l'*~ *terrestre* the earth's atmosphere; (*fig*) *un'*~ *tesa* a tense atmosphere.

atmosferico (pl. -ci) a. (*Geog,Fis*) atmospheric, atmospherical: *inquinamento* ~ atmospheric pollution.

atollo m. (*Geog*) atoll.

atomica f. (*bomba atomica*) atom bomb, (*Am*) atomic bomb.

atomicità f. (*Fis*) atomicity.

atomico (pl. -ci) a. **1** (*Fis*) atomic, atomical, nuclear: *numero* ~ atomic number; *energia atomica* atomic energy, nuclear energy. **2** (*fig*) (*sconvolgente*) striking, stunning: *bellezza atomica* striking beauty.

atomismo m. (*Filos*) atomism.

atomista m./f. (*Filos*) atomist.

atomistica f. (*Fis,rar*) atomic physics (costr.sing.).

atomistico (pl. -ci) a. (*Filos*) atomistic: *filosofia atomistica* atomistic philosophy.

atomizzare (atomìzzo) v.t. to atomize (anche fig): ~ *un liquido* to atomize a liquid.

atomizzatore m. atomizer.

atomizzazione f. atomization.

atomo m. (*Fis*) atom.

atonale a. (*Mus*) atonal.

atonalità f. (*Mus*) atonality.

atonia f. (*Ling,Med*) atony.

atono a. (*Ling,Med*) atonic.

atopico (pl. -ci) a. (*Med*) atopic.

atossico (pl. -ci) a. non-toxic.

atout /aˈtu/ (pl.inv. o atouts /aˈtu/) m. trump. □ *avere degli atouts*: **1** to hold trumps; **2** (*fig*) to have a strong hand.

atrabiliare a. (*lett*) (*irascibile*) atrabilious, gloomy.

atresia f. (*Med*) atresia.

atriale a. (*Anat,Med*) atrial.

atrio m. **1** lobby, entrance hall, hall: ~ *di un albergo* hotel lobby. **2** (*Arch,Archeol,Anat*) atrium.

atrioventricolare a. (*Anat*) atrioventricular.

atro a. (*lett*) **1** (*scuro*) dark. **2** (*fig*) (*funesto*)

gloomy.

atroce a. atrocious, terrible, dreadful: *dolore* ~ terrible pain; *spettacolo* ~ dreadful sight.

atrocemente avv. atrociously, terribly, dreadfully.

atrocità f. **1** atrociousness, atrocity, dreadfulness. **2** (*azione*) atrocity, cruelty, barbarity: *furono commesse molte* ~ many atrocities were committed.

atrofia f. (*Med*) atrophy.

atrofico (pl. -ci) a. (*Med*) atrophic.

atrofizzare (atrofìzzo) I v.t. **1** (*Med*) to atrophy. **2** (*fig*) (*indebolire*) to atrophy, to weaken. II v.pron. **atrofizzarsi 1** (*Med*) to atrophy. **2** (*fig*) (*ottundersi*) to blunt, to become blunt, to dull.

atrofizzato a. **1** (*Med*) atrophied. **2** (*fig*) (*indebolito*) atrophied, weak, emaciated.

atropina f. (*Farm*) atropine, atropin.

atropo m. (*Entom*) death's head hawkmoth.

attaccabile a. **1** attachable. **2** (*che può essere assalito*) assailable.

attaccabottoni m./f.inv. (*colloq,fig*) buttonholer.

attaccabrighe m./f.inv. (*colloq*) troublemaker, quarrelsome person.

attaccamento m. **1** (*l'attaccare, l'attaccarsi*) attachment, fastening. **2** (*fig*) (*affezione*) attachment, affection: *mostrare* ~ *a qcu.* to show affection for so. **3** (*fig*) (*lealtà*) loyalty: ~ *all'azienda* company loyalty. □ ~ *al dovere* attachment to duty; (*Sport*) ~ *alla maglia* (*della squadra*) club loyalty.

attaccante I a. attacking: *esercito* ~ attacking army; (*Sport*) *squadra* ~ attacking team. II m./f. **1** (*Sport*) forward, attacker. **2** (*Mil*) attacker: *gli attaccanti furono respinti* the attackers were driven back.

attaccapanni m.inv. **1** (*da parete*) peg, clothes peg. **2** (*a stelo*) clothes stand, hat stand, hall stand, (*Am*) coat rack, coat stand. **3** (*gruccia*) hanger, clothes hanger.

attaccare (attàcco, attàcchi) I v.t. **1** (*incollando*) to stick, to paste: ~ *un manifesto* to paste up a poster; ~ *il francobollo sulla busta* to stick the stamp on the envelope. **2** (*cucendo*) to sew on, to stitch on. **3** (*legando*) to fasten, to tie, to tie up. **4** (*con aghi, spilli e sim.*) to pin, to fasten. **5** (*appendere*) to hang: ~ *un quadro alla parete* to hang a picture on the wall. **6** (*estens,Tel*) (*appendere*) to hang up: *non* ~*!* don't hang up! **7** (*aggiogare*) to yoke: ~ *i buoi all'aratro* to yoke the oxen to the plough; ~ *i cavalli alla carrozza* to harness the horses to the carriage. **8** (*assalire*) to attack, to assail, to assault: *il nemico ha attaccato la città* the enemy has attacked the town. **9** (*fig*) (*cominciare*) to begin, to open, to strike up: *l'orchestra attaccò un valzer* the orchestra struck up a waltz. **10** (*fig*) (*trasmettere una malattia, una passione*) to pass on, to give: ~ *una malattia a qcu.* to pass a disease on to so.; *gli ho attaccato il raffreddore* I gave him my cold; *mi ha attaccato il vizio del fumo* I've caught the bad habit of smoking from him. **11** (*fig*) (*corrodere*) to corrode. II v.i. (*aus.* avere) **1** (*fare presa*) to stick, to stick well, to adhere: *questo cerotto attacca poco* this plaster doesn't stick very well. **2** (*fig*) (*cominciare*) to begin, to start, (*a lavorare*) to start work: *attacca a piovere* it's beginning to rain; *i muratori attaccano alle sette* the builders start work at seven. **3** (*assalire*) to attack. **4** (*Mus*) to come in, to strike up: *ora attaccano i violini* now the violins come in. **5** (*Bot*) (*attecchire*) to take root. **6** (*fig*) (*trovare consenso*) to find favour, (*Am*) to find favor, to be successful, to catch on: *sono idee che non attaccano* such ideas don't catch on. **III** *v.pron.* **attaccarsi 1** (*restare aderente*) to stick (*a* to), to cling (*a* to), to adhere (*a* to): *la pece si attacca alle dita* tar sticks to the fingers. **2** (*aggrapparsi*) to cling (*a* to), to fasten on (*a* to): *mi attaccai alla ringhiera per non cadere* I clung to the rail to avoid falling. **3** (*fig*) (*per contagio*) to be catching, to spread: *le malattie infantili si attaccano facilmente* children's illnesses are very catching. **4** (*fig*) (*affezionarsi*) to become attached (*a* to). **5** (*fig*) (*rif. a vivande*) to catch, to stick: *l'arrosto si è attaccato* the roast has caught. □ (*fig*) *attaccarsi a un pretesto* to cling to an excuse; (*fig*) ~ *al chiodo* to give up: *ha attaccato la bicicletta al chiodo* he has given up cycling; *ha attaccato la racchetta al chiodo* he has given up tennis; *attaccarsi al telefono* to be on the phone for a long time; (*iron,fig*) *ti attacchi al tram'*: 1 (*scordatelo*) forget it!; 2 (*arrangiati*) grin and bear it!; (*scherz,fig*) *attaccarsi alla bottiglia* to hit the bottle, to take to the bottle; (*iron,colloq*) *attaccati'* (*arrangiati*) grin and bear it!; (*Mil*) ~ *battaglia con il nemico* to engage the enemy in battle; (*fig*) ~ *battaglia* to join battle; ~ *un bottone* to sew on a button; (*fig*) ~ *bottone con qcu.* to buttonhole so.; (*fig*) ~ *briga* to pick a quarrel, to start a quarrel; (*fig*) *attaccarsi a qcu. come la colla* to stick to so. like glue; (*fig*) *attaccarsi come l'edera* to cling like ivy; (*fig*) ~ *discorso con qcu.* to strike up a conversation with so., to start up a conversation with so.; (*colloq*) *con me non attacca!* it doesn't wash with me!

attaccaticcio *a.* **1** sticky. **2** (*fig*) (*rif. a persona*) clinging.

attaccato *a.* (*affezionato*) attached (*a* to), observant (*a* of): ~ *alla tradizione* attached to tradition. □ (*fig*) *la sua vita è attaccata a un filo* his life is hanging by a thread; *un uomo* ~ *al denaro* a tight-fisted man; *un uomo* ~ *al lavoro* a hard-working man; *è molto* ~ *alla famiglia* he is very devoted to his family; *essere* ~ *alle abitudini* to be a creature of habit; (*fig*) *stare sempre* ~ *alle gonnelle della madre* (o *stare sempre* ~ *alle sottane della madre*) to be tied to one's mother's apron strings; (*fig*) *stare* ~ *a qcs.* (o *qcu.*) *come un'ostrica* to stick to sth. (*o* so.) like a leech, to stick to sth. (*o* so.) like a barnacle; (*fig,colloq*) *essere* ~ *con lo sputo* (*di cosa che non tiene*) to be patched up, to be hanging by a thread; *stare sempre* ~ *a qcu.* to be always tagging on to so.

attaccatura *f.* **1** (*l'attaccare*) attaching, joining; (*con la colla*) sticking, pasting. **2** (*punto di unione*) join, joint, juncture: *l'~ della manica* the sleeve-join. □ ~ *dei capelli* hairline.

attaccatutto *m.inv.* super glue.

attacchino *m.* bill poster, bill sticker, bill fixer.

attacco (*pl.* **-chi**) *m.* **1** (*Mil,Sport*) (*assalto*) attack, assault: *passare all'~* to move to the attack; *respingere un* ~ to drive off an attack, to drive back an attack. **2** (*Sport*) (*insieme dei giocatori*) forward line, attackers *pl.* **3** (*Med*) attack, fit: *avere un altro* ~ *della malattia* to have another attack of illness; *un* ~ *di tosse* a coughing fit; *un* ~ *d'asma* an asthma attack; ~ *epilettico* epileptic fit. **4** (*fig*) (*critica aspra*) attack, onslaught, assault: *un violento* ~ *alla sua politica* a violent attack upon his policy. **5** (*inizio, apertura*) opening, beginning: *l'~ del libro è bello* the opening of the book is very good. **6** (*Mus*) striking up, entrance, entry: *l'~ dei violini* the entry of the violins; (*entrata*) attack: *un* ~ *morbido* a

soft attack. **7** (*insieme degli animali da tiro*) team: *un* ~ *a quattro* a team of four. **8** (*punto di unione*) join, juncture. **9** (*Mecc*) (*giuntura*) connection, joint: ~ *di un tubo* pipe connection. **10** (*El,Tel*) connection. **11** (*Chim*) attack. **12** (*Ferr*) coupling, fastening. **13** (*Alp*) starting point. **14** (*per sci*) binding, ski fastening. **15** (*Met*) etching. □ ~ *aereo* air raid; (*Med*) ~ *cardiaco* heart attack; (*Met*) ~ *di colata* casting ingate, riser, feeder, runner, runner-riser; (*Med*) ~ *di cuore* heart attack; (*Med*) ~ *di nervi* fit of nerves; (*Med*) *un* ~ *di panico* a panic attack; (*Mil*) ~ *di sorpresa* surprise attack; (*Med*) *di vertigini* fit of giddiness, dizzy spell; ~ *frontale* frontal attack (*anche Mil*); (*Mil*) ~ *preventivo* preventive strike; ~ *terroristico* terrorist attack. *Prov.*: *l'~ è la miglior difesa* attack is the best form of defence.

attaché /atta'ʃe/ *m./f.inv.* (*Dipl*) attaché.

attachment /at'tatʃment/ *m.inv.* (*Inform*) attachment.

attagliarsi (**mi attàglio, ti attàgli**) *v.pron.* to suit, to fit.

attanagliare (**attanàglio, attanàgli**) *v.t.* **1** (*stringere con le tenaglie*) to seize sth. with pincers, to hold sth. with pincers. **2** (*estens*) (*stringere con forza*) to clutch, to claw at, to grasp. **3** (*fig*) (*tormentare*) to grip, to obsess, to torment: *il rimorso mi attanagliava l'animo* remorse gripped my heart.

attapulgite *f.* (*Min*) attapulgite.

attardare (**attàrdo**) **I** *v.t.* (*lett*) (*rallentare*) to delay, to hold up. **II** *v.pron.* **attardarsi** to loiter, to linger, to lag: *attardarsi a parlare con qcu.* to linger to talk to so.

attecchimento *m.* (*Bot*) taking root, rooting (*anche fig*).

attecchire (**attecchìsco, attecchìsci**) *aus.* **avere**) *v.i.* **1** to root, to take root, to strike root. **2** (*fig*) (*aver fortuna*) to catch on, to take root: *il nuovo ballo non ha attecchito* the new dance has not caught on.

atteggiamento *m.* **1** attitude, manner, approach, stance: *prendere un* ~ *minaccioso verso qcu.* to take up a threatening attitude towards so.; ~ *politico* political stance. **2** (*espressione*) air, expression: *in* ~ *sprezzante* (o *con* ~ *sprezzante*) with a comtemptuous air. □ ~ *critico* (*nel senso positivo*) (critically) discerning attitude, (*nel senso negativo*) judgemental attitude, critical attitude.

atteggiare (**attéggio, attéggi**) **I** *v.t.* to give an expression to, to put on an expression: ~ *il viso a meraviglia* to express surprise. **II** *v.pron.* **atteggiarsi** to assume an attitude (*a* of), to set oneself up (*a* as), to play (*a* sth.): *atteggiarsi a vittima* to play the victim; *si atteggia a mecenate* he has set himself up as a patron of the arts.

attemparsi (**mi attèmpo**) *v.pron.* (*lett*) to grow old.

attempato *a.* elderly.

attendamento *m.* **1** (*Mil*) encampment, camp. **2** (*campeggio*) camp.

attendarsi (**mi attèndo**) *v.pron.* **1** (*Mil*) to pitch camp, to encamp. **2** (*fare campeggio*) to camp, to camp out.

attendente *m.* (*Mil,ant*) orderly, batman.

attendere (*pres.ind.* **attèndo**; *p.rem.* **attési**; *p.p.* **attéso**) **I** *v.t.* **1** to wait for, to await: *lo attese all'uscita del teatro* he waited for him at the theatre exit. **2** (*prevedere*) to expect: *non so che cosa mi attenda* I don't know what to expect. **II** *v.i.* (*aus.* **avere**) **1** (*dedicarsi*) to attend (*a* to), to look after (*a* sth.): ~ *a qcs.* to attend to sth.; ~ *ai propri interessi* to look after one's own interests. **2** (*aspettare*) to wait, to await: *attendi un momento* wait a

minute; *attendere che arrivi qcu.* to wait for so. to arrive. **3** (*sorvegliare*) to look after (*a* sth.), to care (*a* for): ~ *a un bambino* to look after a child. **III** *v.pron.* **attendersi** (*aspettarsi*) to expect: *non mi attendo nulla da lui* I don't expect anything from him. □ (*fig*) ~ *qcu. al varco* to lie in wait for so., to wait to catch so. out; ~ *alle faccende domestiche* to do the housework; (*Comm,epist*) *attendiamo Vostra conferma* we await your confirmation; *attenda in linea* (*al telefono*) hold the line, please; (*colloq*) hang on, please!; *attendo con ansia tue notizie* I am looking forward to hearing from you.

attendibile *a.* reliable, trustworthy: *fonte* ~ reliable source.

attendibilità *f.* reliability, trustworthiness.

attendismo *m.* (*Pol*) wait-and-see policy.

attenere (*pres.ind.* **attèngo, attièni**; *p.rem.* **attènni**; *p.p.* **attenùto**) **I** *v.i.* (*aus.* **essere**) to concern: *per quello che attiene al lavoro sono d'accordo* as far as the work is concerned, I agree. **II** *v.pron.* **attenersi 1** (*seguire*) to follow (sth.): *mi sono attenuto alle tue istruzioni* I followed your instructions. **2** (*non discostarsi*) to keep (*a* to), (*colloq*) to stick (*a* to): *mi atterrò ai fatti* I'll keep to the facts; *attenersi a una linea di condotta* to stick to a line of action; *attenersi a una dieta rigorosa* to stick to a strict diet. □ *attenersi all'argomento in discussione* to keep to the subject under discussion.

attengo → **attenere**.

attenni → **attenere**.

attentamente *avv.* carefully, attentively.

attentare (**attènto**) **I** *v.i.* (*aus.* **avere**) **1** to make an attempt (*a* against, on): ~ *alla vita di qcu.* to make an attempt on so.'s life; ~ *alla propria vita* to attempt suicide. **2** (*mettere in pericolo*) to attempt, to harm: ~ *all'onore di qcu.* to attempt to dishonour so., (*Am*) to attempt to dishonor so.; ~ *all'incolumità di qcu.* to make an attempt on so.'s life. **II** *v.pron.* **attentarsi** to dare, to venture: *attentarsi a* (o *di*) *fare qcs.* to venture to do sth.

attentato *m.* **1** (*tentato omicidio*) attempt on so.'s life. **2** (*atto di violenza*) attack, assault, attempted attack, outrage. □ (*Dir*) ~ *a sfondo politico* political crime; (*Dir*) ~ *alla morale* offence against public morality; (*Dir*) ~ *all'ordine pubblico* breach of the peace; ~ *dinamitardo* dynamite attack, bomb attack; ~ *terroristico* terrorist assault, terrorist attack.

attentatore *m.* (*f.* **-trice**) assailant, attacker.

attenti I *intz.* (*Mil,Ginn*) attention! **II** *m.inv.* attention. □ (*Mil*) ~ *a destra!* eyes right!; (*Mil*) ~ *a sinistra!* eyes left!; *dare l'~* to order to come to attention (*anche Mil*); *mettersi sull'~* to come to attention (*anche Mil*); *stare sull'~* to stand at attention (*anche Mil*).

attento *a.* **1** attentive, diligent: *uno scolaro* ~ an attentive pupil. **2** (*coscienzioso*) conscientious, meticulous, scrupulous: *è un impiegato molto* ~ he is a very conscientious employee. **3** (*accurato*) careful, thorough, rigorous: *sono state fatte attente indagini* careful enquiries have been made; *dopo un* ~ *esame* after thorough examination. **4** (*premuroso*) thoughtful, solicitous, attentive: *le cure attente della figlia* her daughter's thoughtful attentions, the attentive care of her daughter. **5** (*prudente*) careful, chary. **6** (*vigile*) watchful, alert. **7** (*esclam.*) to be careful!, mind!, watch out!, mind out!, look out!; ~ *al gradino!* mind the step!; ~ *al cane* beware of the dog. □ *stare* ~: 1 to pay attention: *stare* ~ *alla spiegazione* to pay attention to the explanation; 2 (*essere cauto*) to be careful, to mind: *state attenti a non farvi male* be careful not to hurt yourselves; *sta' ~ a dove metti i piedi* watch your steps; 3 (*badare a*) (*Br*) to mind, (*Am*) to watch, to look after: *sta' ~ ai bambini* mind the children, (*Am*) to watch the children; 4 (*guardarsi da*) to be careful of: *sta' ~ alle correnti d'aria* be careful of draughts.

attenuamento *m.* (*rar*) attenuation, mitigation.

attenuante I *a.* extenuating (*anche Dir*), attenuating: *circostanze attenuanti* extenuating circumstances. II *f.* 1 *spec.pl.* (*Dir*) extenuating circumstance: *concedere le attenuanti* to grant extenuating circumstances, to make allowances for extenuating circumstances; *negare le attenuanti* to refuse to allow for extenuating circumstances. 2 (*giustificazione*) excuse.

attenuare (**attènuo**) I *v.t.* 1 to attenuate, to tone down, to mitigate, to ease: *~ il dolore* to mitigate pain; *un colpo* to attenuate a blow. 2 (*di toni, scritti*) to water down, to moderate, to tone down. 3 (*fig*) (*diminuire di gravità, di importanza*) to extenuate, to minimize, to mitigate: *~ la pena* to mitigate the punishment; *egli cerca di ~ le sue responsabilità* he is trying to minimize his responsibilities; (*fig*) *~ le tinte di qcs.* to play sth. down. 4 (*di suoni, rumori*) to deaden, to soften: *~ il suono* to deaden sound. II *v.pron.* **attenuarsi** to weaken, to fade, to lessen, to ease off, (*lett*) to abate.

attenuazione *f.* 1 mitigation, attenuation (*anche Med*): *~ di un dolore* mitigation of pain. 2 (*di gravità, importanza*) extenuation, minimization, mitigation: *~ della pena* mitigation of the penalty. 3 (*Fis*) attenuation, deadening.

attenzione *f.* 1 attention, care: *questo lavoro richiede ~ costante* this work requires constant attention. 2 *spec.pl.* (*premure*) attentions *pl.*, kindness, consideration: *essere pieno di attenzioni per qcu.* to lavish attentions on so.; *mostrare scarsa ~ per qcs.* to show little regard for sth.; *una persona piena di attenzioni* a very considerate person. 3 (*esclam.*) attention please!, mind!, look out!, caution!, watch out!: *~, è in arrivo il treno per Milano!* attention please!, the Milan train is now arriving; *~ alle eliche!* mind the propellers! □ *con* ~ with care, carefully, attentively; *fare* ~ *a qcs.* to pay attention to sth.: *fate bene ~ a non farvi vedere* make sure you are not seen; *mettere molta ~ in qcs.* to do sth. with great care; *portare all'* ~ *di qcu.* to bring to so.'s attention.

attero *a.* 1 (*Entom*) apterous, wingless. 2 (*Arch*) apteral.

atterraggio *m.* (*Aer,Mar,Sport*) landing. □ (*Aer*) *~cieco* blind landing; (*Aer*) *~di emergenza* emergency landing, forced landing; (*Aer*) *~di fortuna* emergency landing, forced landing; *fare un ~* to make a landing, to land; (*Aer*) *~forzato* forced landing; (*colloq*) *~morbido* soft landing; (*Aer*) *~strumentale* automatic landing.

atterramento *m.* 1 (*rif. a costruzioni*) knocking down, demolition. 2 (*rif. ad alberi*) felling. 3 (*Sport*) (*nella lotta*) fall, throw; (*nell'atletica*) landing; (*nel pugilato*) knock down.

atterrare (**attèrro**) I *v.t.* 1 (*rif. a persone*) to knock down, to floor. 2 (*rar*) (*rif. a costruzioni*) to knock down, to demolish. 3 (*rar*) (*rif. ad alberi*) to fell. 4 (*fig,lett*) (*umiliare*) to humble, to humiliate, to prostrate. II *v.i.* (*aus. essere/avere*) (*Aer,Mar,Sport*) to land.

atterrire (**atterrìsco, atterrìsci**) I *v.t.* to

frighten, to terrify: *~ qcu. con minacce* to frighten so. with threats; *quel pensiero mi atterrisce* the thought terrifies me. II *v.pron.* **atterrirsi** to become frightened, to become terrified.

atterrito *a.* frightened, terrified.

attesa *f.* 1 (*l'attendere*) waiting: *sala di ~* waiting room. 2 (*il tempo d'attesa*) wait: *una lunga ~* a long wait. 3 (*aspettativa*) expectation. □ (*Statist*) (*di vita* life expectancy; *in* ~: 1 awaiting (*di qcs.* sth.): *in ~ di notizie* awaiting news; (*epist*) *in ~ della Vostra lettera* (o *in ~ di una Vostra risposta*) looking forward to your reply, awaiting your reply; 2 (*Tel*) on hold: *essere in ~* to be on hold; *resti in ~* hold the line, please; hang on, please; *mettere qcu. in ~* to put so. on hold; 3 (*incinta*) expecting: *è in ~* she is expecting; (*Dir*) *in ~ di giudizio* awaiting trial.

attesi → **attendere**.

attesismo *m.* (*Pol*) wait-and-see policy.

atteso *a.* 1 awaited, expected. 2 (*desiderato*) eagerly awaited, longed for.

attestabile *a.* certifiable.

attestamento *m.* (*Mil*) halting of advancing troops for rest and consolidation: *linee di ~* prearranged lines for the consolidation of advancing troops.

attestare [1] (**attèsto**) *v.t.* 1 to attest, to bear witness to: *~ la verità di un'affermazione* to attest the truth of a statement. 2 (*dimostrare*) to attest, to bear witness to, to be proof of, to be evidence of: *queste parole attestano la tua malafede* these words are proof of your bad faith.

attestare [2] (**attèsto**) I *v.t.* 1 (*porre due cose testa a testa*) to place (sth.) end to end, to join (sth.) end to end: *~ due letti* to place two beds end to end. 2 (*Mecc*) to abut. 3 (*Mil*) to halt (for rest and consolidation). II *v.pron.* **attestarsi** (*Mil*) to take up positions.

attestato *m.* 1 certificate; (*di merito*) testimonial: *rilasciare un ~* to give a testimonial. 2 (*segno, prova*) token: *in ~ della mia fiducia* in token of my confidence, as a token of my confidence. □ *~di buona condotta* testimonial; *~di morte* death certificate; (*Scol*) *~scolastico* school certificate.

attestazione *f.* 1 attestation, statement: *~ falsa* false statement; *~ giurata* sworn statement, affidavit. 2 (*documento*) certificate, attestation, (*di merito*) testimonial. 3 (*fig*) (*dimostrazione di sentimento*) proof, token, sign: *~ di stima* token of esteem.

atticismo *m.* (*Ret,Lett*) Atticism.

atticista I *a.* (*Ret,Lett*) Atticist. II *m./f.* (*Ret, Lett*) Atticist.

attico [1] (*pl.* **-ci**) I *a.* Attic (*anche fig*): (*fig,lett*) *sale ~* Attic salt. II *m.* (*dialetto*) Attic.

attico [2] (*pl.* **-ci**) *m.* 1 (*Arch*) attic. 2 (*Edil*) penthouse, penthouse apartment, attic flat: *~ mansardato* attic with a mansard. 3 (*Anat*) attic.

attiguità *f.* contiguity, adjacency.

attiguo *a.* adjacent, adjoining, contiguous, next: *il suo appartamento è ~ al mio* his flat is next to mine; *stanza attigua* next room, adjoining room, adjacent room.

Attila *n.pr.m.* (*Stor*) Attila.

attillare (**attìllo**) I *v.t.* to fit sth. closely, to fit sth. tightly. II *v.pron.* **attillarsi** (*rar,lett*) to dress up, to dress oneself up, to deck oneself out.

attillato *a.* 1 close-fitting, clinging, tight-fitting: *un vestito ~* a close-fitting dress. 2 (*lett*) (*rif. a persona*) well-dressed, smart.

attillatura *f.* 1 tightness. 2 (*lett*) (*eleganza*) smartness.

attimino *m.* (*colloq*) tick, second.

attimo *m.* 1 (*di tempo*) moment, instant, (*colloq*) sec, blink of an eye. 2 (*estens*) bit: *spostati un ~ più in là* move a bit aside, please. □ *l'~fuggente* the fleeting moment; *in un* ~ in a moment, in the blink of an eye.

attinente *a.* pertaining (*a* to), relating (*a* to), connected (*a* with): *i doveri attinenti al lavoro* the duties connected with work. □ *la tua osservazione non è* ~ *all'argomento* your remark has no bearing on the subject.

attinenza *f.* 1 relation, connection, bearing: *l'osservazione ha poca* ~ *con l'argomento* the remark has little bearing on the subject. 2 *pl.* (*annessi, accessori*) fittings, accessories, appurtenances.

attingere (*pres.ind.* **attìngo, attìngi**; *p.rem.* **attìnsi**; *p.p.* **attìnto**) I *v.t.* 1 to draw, to get: *~ acqua dal pozzo* to draw water from the well. 2 (*fig*) (*ricavare, trarre*) to obtain, to get, to draw: *~ notizie da un giornale* to get news from a newspaper, to obtain news from a newspaper; *ho attinto a diversi autori per svolgere la mia relazione* I have drawn on several authors for my report. II *v.i.* (*aus.* **avere**) (*lett*) to attain, to reach: *~ alla suprema beatitudine* to attain to beatitude.

attinia *f.* (*Zool*) actinia.

attinicità *f.* (*Fis*) actinism.

attinico (*pl.* **-ci**) *a.* (*Fis*) actinic: *luce attinica* actinic light.

attinide *m.* (*Chim*) actinide.

attinio *m.* (*Chim*) actinium.

attinometria *f.* (*Meteor*) actinometry.

attinometrico (*pl.* **-ci**) *a.* (*Meteor*) actinometric.

attinometro *m.* (*Meteor,Tecn*)actinometer.

attinomiceti *m.pl.* (*Biol*) Actinomycetales.

attinoterapia *f.* (*Med*) actinotherapy.

attinsi → **attingere**.

attinto → **attingere**.

attirare (**attìro**) *v.t.* 1 to attract: *la calamita attira il ferro* a magnet attracts iron. 2 (*fig*) to attract, to draw, to appeal: *l'esposizione attirò molti visitatori* the exhibition drew a large number of visitors; *questo film non mi attira* this film doesn't interest me, this film doesn't appeal to me. 3 (*rif. a sentimenti ostili*) to incur: *attirarsi l'odio di qcu.* to incur so.'s hatred. 4 (*rif. ad affetto, benevolenza e sim.*) to win, to secure: *~ la simpatia di tutti* to win everyone's liking. 5 (*adescare, allettare*) to entice, to lure, to draw: *~ qcu. con promesse* to entice so. with promises; *si lasciò ~ dalla speranza del guadagno* he let himself be lured by the hope of gain. 6 (*causare*) to bring, to fetch. □ *~ l'attenzione di qcu. su qcs.* to call so.'s attention to sth., to draw so.'s attention to sth.; *~ gli sguardi su di sé* to attract attention.

attitudinale *a.* aptitude (*attr.*): *esame ~* aptitude test.

attitudine [1] *f.* (*disposizione*) aptitude, (*colloq*) bent, disposition. □ *~alla guida* fitness to drive; *avere ~ per la musica* to have an aptitude for music.

attitudine [2] *f.* (*rar*) (*atteggiamento*) attitude, posture, pose: *mi si avvicinò in ~ minacciosa* he came towards me in a threatening attitude.

attivamente *avv.* actively, busily: *partecipare ~ a qcs.* to take an active part in sth.

attivante *m.* (*Chim*) activator.

attivare (**attìvo**) I *v.t.* 1 to start, to start up, to set going, to put sth. into action: *~ un'azienda* to start up a business; *~ il motore* to start the motor. 2 (*burocr*) (*sollecitare*) to speed up. 3 (*Chim*) to activate. 4 (*Inform*) to activate. II *v.pron.* **attivarsi** (*prendere l'ini-*

ziativa) to take steps, to take action.
attivato *a.* (*Chim*) activated.
attivazione *f.* **1** starting, setting in motion, putting into action. **2** (*Chim,Fis,Med*) activation.
attivismo *m.* activism (*anche Pol*).
attivista *m./f.* activist; (*militante*) militant.
attivistico (*pl.* -**ci**) *a.* activistic.
attività *f.* **1** (*l'essere in azione*) activity, action, operation: *campo di* ~ sphere of activity. **2** (*operosità*) briskness, business, industry. **3** (*lavoro, iniziativa*) activity, enterprise, affairs *pl.*: *svolgere molte* ~ to carry out a lot of activities. **4** (*professione*) job, work, business, occupation. **5** (*Chim,Fis,Geol*) activity. **6** (*Inform*) task. **7** *pl.* (*Comm*) assets: *le* ~ *sono superiori alle passività* assets exceed liabilities. □ ~ *ausiliarie* extra activities; (*Econ*) ~ *bancaria* banking business; ~ *bancaria universale* universal banking; ~ *collaterale* side business; (*Comm*) ~ *commerciale* commercial activity, commercial enterprise; (*Econ*) ~ *correnti* current assets; ~ *del tempo libero* leisure activity; (*Econ*) ~ *economica* economic activity, business activity; ~ *edilizia* building business; ~ *extrascolastiche* after-school activities; ~ *illecita* illegal affairs (*pl.*); (*Econ*) ~ *immateriali* intangible assets; ~ *imprenditoriale* entrepreneurial activity; *in* ~: **1** in action, in activity, running, going: *mantenere in* ~ *una fabbrica* to keep a factory going; **2** (*Geol,Fis*) active: *un vulcano in* ~ an active volcano: *il vulcano è entrato in* ~ the volcano has become active; ~ *lucrativa* profitable business; (*Minier*) ~ *mineraria* mining, mining industry; (*Fis*) ~ *ottica* optical activity; ~ *precedente* previous occupation; ~ *primaria* primary industry, agriculture; ~ *principale* core business; ~ *professionale* profession, occupation; ~ *secondaria* industry, secondary industry; (*Geol*) ~ *sismica* seismic activity; ~ *sovversiva* subversive activity; ~ *sportiva* sports; ~ *stagionale* seasonal business, seasonal trade; (*Econ*) ~ *sull'estero* foreign assets; ~ *terziaria* tertiary industry, services.
attivo I *a.* **1** active: *collaborazione attiva* active collaboration. **2** (*operoso*) active, industrious, busy: *una persona molto attiva* a very active person; *una giornata attiva* a busy day. **3** (*vivace*) lively: *immaginazione attiva* lively imagination. **4** (*in funzione*) operative, working, functioning. **5** (*Comm*) profitable, productive, profit-making. **6** (*burocr,Mil,Inform*) active. **7** (*Chim,Fis*) active, activated: *carbone* ~ active carbon. **8** (*Gramm*) active: *le forme attive del verbo* the active forms of the verb. **II** *m.* **1** (*Comm*) assets *pl.*, profits *pl.* **2** (*Gramm*) active voice: *in forma attiva* in the active voice. □ *all'*~: **1** (*Comm*) on the credit side: *portare all'*~ to put on the credit side; **2** (*fig*) on the credit side: *avere qcs. al proprio* ~ to have sth. to one's credit; *mettere qcs. all'*~ *di qcu.* to credit so. with sth.; (*Econ*) ~ *di cassa* cash assets; (*Econ*) *in* ~ on the credit side; *tornare in* ~ to get out of the red, to become profitable.
attizzamento *m.* (*rar*) **1** (*di fuoco*) poking, stirring up. **2** (*fig*) (*aizzamento*) fomenting, stirring up.
attizzare (**attìzzo**) *v.t.* **1** to stir up, to poke: ~ *il fuoco* to poke the fire, to stoke the fire. **2** (*fig*) (*suscitare passione*) to excite: ~ *le passioni* to excite the passions; (*colloq*) *non è bello, ma mi attizza* he isn't handsome, but I fancy him; (*colloq*) *l'idea del campeggio lo attizzava* he fancied the idea of camping. **3** (*fig*) (*aizzare*) to stir up, to incite: ~ *qcu. con*-

tro qcu. to incite so. against so.
attizzatoio *m.* poker.
atto¹ *m.* **1** act, action, deed: *un* ~ *generoso* a generous act. **2** (*movimento*) movement, gesture: *un* ~ *di impazienza* a gesture of impatience. **3** (*manifestazione di un sentimento*) expression, gesture, act: *un* ~ *di giustizia* an act of justice; *è stato un* ~ *di amicizia* it was a gesture of friendship; ~ *di carità* act of charity. **4** (*atteggiamento*) act: *il generale è rappresentato in* ~ *di sfoderare la spada* the general is portrayed in the act of drawing his sword. **5** (*Dir*) (*documento*) deed: *rilasciare un* ~ to deliver a deed, to issue a deed. **6** (*rif. al parlamento*) act. **7** (*certificato*) certificate. **8** (*contratto*) contract. **9** (*Comm*) bill. **10** (*Rel*) act: ~ *di contrizione* act of contrition. **11** (*Teat*) act: *commedia in due atti* play in two acts. **12** (*Filos*) act: *in* ~ in act. **13** *pl.* (*resoconto, relazione*) records, proceedings, transactions, minutes. □ (*Comm*) *all'*~ *della consegna* on delivery: *all'*~ *della firma del contratto* on signing the contract; *all'*~ *del pagamento* on payment, upon payment; ~ *amministrativo* administrative act; ~ *autentico* original deed; *atti congressuali* proceedings of the congress, congressional proceedings; (*Dir*) ~ *costitutivo di una società*: **1** (*di società di persone*) articles (*pl.*) of partnership; **2** (*di società, di capitali*) memorandum of association, corporate charter, (*Am*) articles (*pl.*) of incorporation, deed of incorporation; (*fig*) *dare* ~ *di qcs.* to acknowledge sth.; (*Bibl*) *Atti degli apostoli* Acts of the Apostles; *atti del congresso* proceedings of the congress, congressional proceedings; (*Dir*) ~ *di accusa* indictment; *in* ~ *di amicizia* as a sign of friendship; (*Dir*) ~ *di cessione* deed of assignment, deed of transfer; (*Dir*) ~ *di citazione* summons; *un* ~ *di cortesia* a gesture of courtesy; (*Dir*) ~ *di costituzione* deed of incorporation; (*Dir*) ~ *di decesso* death certificate; ~ *di delega* proxy, written authority, written consent; (*Dir*) ~ *di donazione* deed of gift; ~ *di forza* act of violence; (*Dir*) ~ *di ipoteca* mortgage deed; (*Dir*) *atti di libidine* indecent assault; ~ *di nascita* birth certificate; (*Dir*) ~ *di notorietà* attested affidavit; *fare* ~ *di presenza* to put in an appearance, to make an appearance; *fare* ~ *di rinuncia* to renounce; (*Dir*) ~ *di stato civile* certificate of marital status; *un* ~ *di stima* an expression of esteem, a mark of esteem; (*Stor*) *Atto di supremazia* Act of Supremacy, Supremacy Act; ~ *di terrorismo* terrorist act; *compiere atti di valore* to perform feats of valour; (*Dir*) ~ *di vendita* bill of sale; ~ *di volontà* declaration; (*Dir*) ~ *d'imputazione* indictment; *fare* ~ *di fare qcs.* to make as if to do sth., (*Am*) to act as though you are going to do sth., to make out like you are going to do sth.; *fece* ~ *di andarsene* he made as if to go, (*Am*) he acted as though he was leaving; (*Pol*) *l'Atto finale di Helsinki* Helsinki Final Act; (*Dir*) ~ *giudiziario* judicial act; (*Dir*) ~ *illecito* wrong, tort; *in* ~ in progress, underway: *essere in* ~ (*svolgersi*) to be taking place; *sono in* ~ *indagini sul suo conto* he is being investigated; *essere in* ~ *di fare qcs.* to be on the point of doing sth.; *mettere in* ~ *qcs.* to put sth. into action; (*Dir*) ~ *istruttorio* document relating to a preliminary investigation; (*Dir*) ~ *lecito* lawful act; ~ *legalizzato* certified act; (*Dir*) ~ *legislativo* law; *mettere agli atti*: **1** (*archiviare*) to place in the archives, to file away; **2** (*Dir*) (*mettere a verbale*) to record, to place on record; **3** (*fig*) (*mettere da parte*) to shelve; *mettere in* ~ *qcs.* to put sth. into action; (*Dir*) ~ *notarile*

notarial deed; (*Dir*) ~ *osceno* obscene behaviour, indecent behaviour; (*Rel.catt*) ~ *penitenziale* act of contrition; *all'*~ *pratico* in practice, in actual fact, when it comes to it, when it comes to the point; *prendere* ~ *di qcs.* to take note of sth.; (*Dir*) ~ *pubblico* public deed, deed under seal; (*Dir*) ~ *registrato* recorded deed; *essere sull'*~ *di fare qcs.* to be on the point of doing sth.; ~ *terroristico* terrorist act; (*burocr*) ~ *ufficiale* official document; (*Teat*) ~ *unico* one-act play.
atto² *a.* **1** (*idoneo*) fit (*a* for), suitable (*a* for), fitted (*a* for, to). **2** (*capace*) capable, *talvolta non si traduce*: ~ *a fare qcs.* capable of doing sth., capable to do sth.; *provvedimenti atti a impedire gli abusi* steps to prevent abuses. □ *essere* ~ *al servizio militare* to be fit for military service, to be liable for military service; ~ *al volo* airworthy; ~ *alla navigazione*: **1** (*Mar*) seaworthy; **2** (*Aer*) airworthy; *essere* ~ *alle armi* to be fit for military service.
attonito *a.* stupefied, astonished, amazed: *essere* ~ *per qcs.* to be amazed at sth., to be stupefied by sth.
attòrcere (*pres.ind.* **attòrco**, **attòrci**; *p.rem.* **attòrsi**; *p.p.* **attòrto**) **I** *v.t.* to twist, to twine. **II** *v.pron.* **attòrcersi** to writhe, to twist.
attorcigliamento *m.* **1** twisting, twining, winding. **2** (*ingarbugliamento*) entanglement.
attorcigliare (**attorcìglio**, **attorcìgli**) **I** *v.t.* **1** to twist, to twine, to wind: ~ *qcs. intorno a qcs.* to twine sth. round sth., (*Am*) to twist sth. around sth. **2** (*ingarbugliare*) to entangle. **II** *v.pron.* **attorcigliarsi 1** to twine, to twine oneself, to wind oneself. **2** (*ingarbugliarsi*) to get entangled: *il filo si è tutto attorcigliato* the thread has got completely entangled. **3** (*rif. a serpenti*) to coil, to coil oneself.
attore *m.* **1** actor. **2** (*estens,spreg*) (*simulatore*) actor. **3** (*estens*) (*protagonista in un campo*) player. **4** (*Dir*) plaintiff, suitor, claimant. □ (*Cin*) ~ *cinematografico* screen actor, (*Am*) film actor; (*Cin,TV*) ~ *comico* comic actor, comedian; ~ *da strapazzo* third-rate actor, poor actor; (*TV*) ~ *della televisione* television actor; (*Teat*) ~ *di teatro* stage actor; (*Cin,Teat*) ~ *drammatico* actor, stage actor; ~ *principale* leading actor; (*Cin,Teat*) ~ *tragico* tragedian.
attoriale *a.* actorial, actor's.
attorniamento *m.* **1** (*l'attorniare*) surrounding, encompassing. **2** (*effetto*) circle, encirclement. **3** (*Mil*) encirclement.
attorniare (**attórnio**, **attórni**) **I** *v.t.* **1** to surround, to encompass: *i bambini attorniarono la maestra* the children surrounded their teacher. **2** (*Mil*) to encircle; (*assediare*) to besiege, to surround. **3** (*recintare*) to surround, to enclose, to fence in. **4** (*fig*) (*circuire*) to get round, (*Am*) to get around, to win over: ~ *qcu. con promesse* to get round so. with promises. **II** *v.pron.* **attorniarsi** to surround oneself: *attorniarsi di adulatori* to surround oneself with flatterers.
attorno *avv.* round, around, about: ~ *non c'era nessuno* there was no one about. □ ~ around, around, about: *aveva un fazzoletto* ~ *al collo* he had a scarf round his neck; *la Terra gira* ~ *al Sole* the earth circles round the sun, (*Am*) the earth circles around the sun; *andare* ~ to wander about, to roam; ~ *re qcu.* ~ to have so. around; *darsi* ~ to busy oneself, to exert oneself, to bustle about; *stare* ~ *a qcs.* to devote time and energy to sth.; *stare* ~ *a qcu.* to hang around so.; *tutt'*~ all around: *tutt'*~ *c'erano nemici* there were en-

emies all around.

attorsi → **attorcere**.

attorto → **attorcere**.

attraccaggio *m.* (*Mar,rar*) mooring, docking.

attraccare (**attràcco, attràcchi**; *aus.* **avere**) *v.t./i.* (*Mar*) to moor, to berth, to dock.

attracco (*pl.* **-chi**) *m.* (*Mar*) **1** (*l'attraccare*) mooring, berthing, docking. **2** (*luogo*) berth, berthing place, mooring place.

attraente *a.* **1** (*rif. a cosa*) attractive, pleasant, appealing. **2** (*rif. a persona: di bell'aspetto*) attractive; (*affascinante*) fascinating, charming, seductive, appealing, (*Am*) cute. **3** (*interessante*) interesting.

attraggo → **attrarre**.

attrappire (**attrappìsco, attrappìsci**) *v.t.* (*rar*) → **rattrappire**.

attrarre (*pres.ind.* **attràggo, attrài**; *p.rem.* **attràssi**; *p.p.* **attràtto**) *v.t.* **1** to attract; (*in gran numero*) to pack in. **2** (*fig*) (*allettare*) to attract, to appeal, to allure, to entice. □ *lasciarsi ~ da qcs.* to be attracted by sth., to yield to the attraction of sth.

attrassi → **attrarre**.

attrattiva *f.* **1** (*capacità di attrarre*) attraction, appeal: *una donna piena di ~* a very attractive woman. **2** (*fascino*) charm, fascination, glamour: *esercitare una forte ~ su qcu.* to attract so. strongly, to hold a great fascination for so. **3** (*cosa attraente*) attraction, highlight: *la maggiore ~ della serata* the greatest attraction of the evening, the highlight of the evening. **4** *pl.* (*strutture per il divertimento*) amenities, leisure facilities.

attrattivo *a.* **1** attractive, drawing, alluring: *potere ~* attractive power. **2** (*Fis*) attractive.

attratto *a.* attracted: *sentirsi ~ verso qcu.* to feel attracted to so., to feel oneself attracted to so., to feel drawn to so., to feel oneself drawn to so.

attraversamento *m.* crossing. □ (*Strad*) *~pedonale* pedestrian crossing.

attraversare (**attravèrso**) *v.t.* **1** to cross, to go across: *~ la strada* to cross the road. **2** (*rif. a regione, città, bosco*) to go through. **3** (*con un veicolo*) to drive through: *~ la città in automobile* to drive through the city. **4** (*con un'imbarcazione*) to sail across. **5** (*cavalcando*) to ride through. **6** (*camminando*) to walk across, to walk through. **7** (*fig*) to cross: *un pensiero mi attraversò la mente* a thought crossed my mind. **8** (*fig*) (*rif. a tempo*) to go through, to pass through, to experience: *il ragazzo sta attraversando un periodo difficile* the boy is going through a difficult period. **9** (*estens*) (*penetrare*) to go through, to penetrate. **10** (*rif. a fiumi*) to run through: *il Tevere attraversa Roma* the Tiber runs through Rome. **11** (*fig,lett*) (*ostacolare*) to cross, to thwart, to frustrate: *~ i piani di qcu.* to frustrate so.'s plans. □ (*fig*) *~ una crisi* to go through a crisis; *~ un fiume a nuoto* to swim across a river.

attraverso **I** *avv.* (*lett*) (*trasversalmente*) across, crosswise, sideways across. **II** *prep.* **1** (*moto trasversale*) across; (*con penetrazione*) through: *la luce penetrava ~ le imposte* the light filtered through the shutters; *guardare ~ le lenti* to look through one's glasses. **2** (*rif. a tempo e spazio*) through, over, throughout: *~ i secoli* through the centuries. **3** (*per mezzo di*) through, by means of: *~ lunghe ricerche* through lengthy inquiries, after lengthy inquiries.

attrazione *f.* **1** attraction, fascination, appeal, lure: *~ fisica* physical attraction. **2** (*Fis, Chim*) attraction: *~ molecolare* molecular attraction. **3** (*fig*) attraction, highlight: *l'~ del-*

la serata the highlight of the evening. **4** (*Ling*) attraction. □ *~passeggera* fancy, whim, momentary attraction; *l'~principale* the star turn.

attrezzare (**attrézzo**) **I** *v.t.* **1** to equip, to fit out. **2** (*corredare, rifornire del necessario*) to supply, to provide, to fit. **3** (*Mar*) to rig. **II** *v.pron.* **attrezzarsi** to get ready, to provide oneself with everything necessary, to prepare: *attrezzarsi per una gita* to get ready for a trip.

attrezzato *a.* equipped.

attrezzatura *f.* **1** (*l'attrezzare*) equipping, fitting out. **2** (*il complesso degli attrezzi*) equipment. **3** (*Mar*) rigging. □ *~alberghiera* hotel accommodation; *~da sci* skiing equipment, (*colloq*) skiing gear; (*Mar*) *~navale* masts and rigging; *~ospedaliera* hospital equipment; *attrezzatureturistiche* tourist facilities.

attrezzeria *f.* **1** (*Teat*) props *pl.* **2** (*Ind*) tooling department.

attrezzista *m./f.* **1** (*Ginn*) gymnast. **2** (*Teat*) property man. **3** (*Ind*) toolmaker.

attrezzistica *f.* apparatus gymnastics (*costr.sing.*).

attrezzo *m.* **1** tool, implement, utensil: *attrezzi del falegname* carpenter's tools. **2** *pl.* (*Teat*) properties, (*gerg*) props. □ (*Agr*) *attrezziagricoli* agricultural implements; *attrezzida cucina* kitchen utensils; (*Giard*) *attrezzida giardinaggio* garden tools, garden implements; (*Sport*) *attrezziginnici* gymnastic apparatus (*costr.sing.*)

attribuibile *a.* attributable, ascribable.

attribuire (**attribuìsco, attribuìsci**) **I** *v.t.* to attribute, to ascribe: *~ una qualità a qcu.* to attribute a quality to so., to credit so. with a quality; *attribuisco la disgrazia alla sua imprudenza* I attribute the accident to his recklessness. **2** (*assegnare*) to assign, to award, to grant: *~ un premio a qcu.* to award a prize to so. **II** *v.pron.* **attribuirsi** to attribute to oneself, to claim, to lay claim to: *si attribuisce un merito che non ha* he claims a virtue that he doesn't possess. □ *~importanza a qcu.* to consider so. important; *~valore a qcs.* to attach importance to sth.

attributivo *a.* (*Gramm*) attributive.

attributo *m.* **1** attribute (*anche estens*): *gli attributi di Dio* the attributes of God. **2** (*simbolo*) symbol, attribute: *la civetta è ~ di Minerva* the owl is a symbol of Minerva. **3** (*Gramm*) attribute. **4** (*eufem*) *pl.* attributes *pl.*, privates *pl.*

attribuzione *f.* **1** attribution, assignment, allotment: *~ di un'opera d'arte* attribution of a work of art. **2** *pl.* (*poteri, facoltà*) powers, functions, attributions. □ *~di competenza* competence; *~di unarendita* assignment of an annuity.

attrice *f.* **1** actress: *~ del cinema* film actress, film star. **2** (*estens,spreg*) (*simulatore*) actress. **3** (*estens*) (*protagonista in un campo*) player. **4** (*Dir*) plaintiff, suitor, claimant. □ (*Cin*) *~cinematografica* screen actress, (*Am*) film actress; (*Cin,Teat*) *~comica* comic actress, comedian; *~comprimaria* co-star; *~da strapazzo* third-rate actress, poor actress; (*TV*) *~della televisione* television actress; *~principale* leading actress; (*Cin,Teat*) *~tragica* tragedienne.

attrito *m.* **1** friction (*anche Fis*). **2** (*fig*) (*dissidio*) friction, disagreement, dissension. □ (*Fis*) *~dinamico* dynamical friction; (*Fis*) *~radente* sliding friction; (*Fis*) *~volvente* rolling friction.

attruppamento *m.* **1** (*l'attrupparsi*) assembling, trooping. **2** (*assembramento*)

crowd, throng.

attrupparsi (**mi attrùppo**) *v.pron.* **1** to assemble, to troop. **2** (*assembrarsi*) to crowd, to throng.

attuabile *a.* practicable, feasible.

attuabilità *f.* feasibility, practicability.

attuale *a.* **1** present, existing, current: *la situazione ~* the present situation. **2** (*del momento*) topical: *un problema assai ~* a very topical problem. **3** (*aggiornato*) up-to-date, up-to-the-minute. **4** (*Filos,Teol*) actual: *grazia ~* actual grace. **5** (*Fis*) actual: *velocità ~* actual velocity.

attualismo *m.* **1** (*Filos*) actualism. **2** (*Geol*) uniformitarianism.

attualità *f.* **1** topicality, topical interest, up-to-dateness: *un problema di grande ~* a problem of great topical interest. **2** (*avvenimento attuale*) current event. **3** (*cinegiornale*) newsreel. **4** (*Filos*) actuality. **5** *pl.* (*notizie*) news (*costr.sing.*): *le ~ sportive* the sports news. □ *di ~*: 1 topical; 2 (*di moda*) fashionable.

attualizzare (**attualìzzo**) *v.t.* **1** to bring sth. up-to-date, to update, to make sth. topical. **2** (*Econ*) to actualize.

attualizzazione *f.* **1** updating, update. **2** (*Econ*) actualizing.

attualmente *avv.* at present, at the present time, now, nowadays.

attuare (**àttuo**) **I** *v.t.* to carry out, to put sth. into practice, to bring about: *~ una riforma* to bring about a reform; *~ un piano* to carry out a plan. **II** *v.pron.* **attuarsi** to be realized, to come true: *le mie speranze si sono attuate* my hopes have been realized.

attuariale *a.* actuarial: *matematica ~* actuarial mathematics.

attuario *m.* actuary.

attuativo *a.* executive, implemental.

attuazione *f.* carrying out, bringing about, implementation: *l'~ di un piano* the carrying out of a plan; *l'~ delle riforme* the implementation of reforms; *un progetto di difficile ~* a plan that is difficult to carry out. □ (*Dir*)*in ~della legge* in accordance with the law.

attutimento *m.* damping.

attutire (**attutìsco, attutìsci**) **I** *v.t.* **1** to deaden, to damp down, to dampen down: *~ i rumori* to deaden the sounds. **2** (*fig*) (*mitigare*) to mitigate, to appease, to lessen, to ease: *le mie parole attutirono il suo sdegno* my words appeased his anger. **II** *v.pron.* **attutirsi** **1** (*rif. a rumori*) to die down, to die away, to become muffled. **2** (*rif. a dolori*) to ease. □ *~il colpo*: 1 to soften the blow; 2 (*estens*) (*rif. a dolori*) to ease.

audace *a.* **1** bold, daring, audacious: *un ~ condottiero* a bold leader; *un'impresa ~* a daring undertaking. **2** (*arrischiato*) risky, hazardous. **3** (*nuovo, geniale*) bold, daring, original: *un progetto ~* a bold plan. **4** (*sfrontato*) insolent, impudent. **5** (*piccante*) spicy. **6** (*provocante*) provocative: *scollatura ~* plunging neckline.

audacemente *avv.* boldly, daringly, audaciously.

audacia (*pl.* **-cie**) *f.* **1** (*coraggio*) boldness, daring, audacity. **2** (*atto audace*) act of daring: *compiere un'~* to perform an act of daring. **3** (*insolenza*) insolence, impudence, audacity, effrontery.

audience */'ɔːdiəns/ f.inv.* audience.

audio **I** *m.inv.* (*TV*) audio, sound: *abbassare l'~* to turn the sound down. **II** *a.inv.* audio, sound (*attr.*): *segnale ~* audio signal, sound signal; *tecnico ~* sound engineer.

audiocassetta *f.* audiocassette.

audiofilo m. (f. **-a**) audiophile.

audiofrequenza f. audio frequency.

audiogramma m. audiogram.

audioguida f. audioguide.

audioleso I a. hearing-impaired, deaf. **II** m. (f. **-a**) hearing-impaired person, deaf person.

audiolibro m. talking book.

audiologia f. (Med) audiology.

audiologico (pl. **-ci**) a. (Med) audiological.

audiologo m. (f. **-a**; pl. **-gi**) (Med) audiologist.

audiometria f. (Med) audiometry.

audiometrico (pl. **-ci**) a. (Med) audiometric.

audiometrista m./f. (Med) audiometrician.

audiometro m. (Med) audiometer.

audioprotesi f. inv. (Med) hearing aid.

Audiotel m. (Tel) Audiotel.

audiovisivo I a. audiovisual: mezzi audiovisivi audiovisual media. **II** m.pl. audiovisual aids, (Am) audiovisual sing.

audit /'ɔdit/ m.inv. (Econ) audit.

auditivo a. (Anat) auditory: canale ~ auditory canal.

auditor /'ɔditor/ m./f.inv. (Econ) auditor.

auditorium m.inv. auditorium.

audizione f. 1 (l'udire) hearing. 2 (provino) audition: sostenere un'~ to audition. 3 (Dir) hearing: ~ delle parti hearing of the parties. □ (Mus) ~ musicale musical audition; (Rad) ~ radiofonica broadcast.

auf intz. what a bore!, what drag!

auge f. 1 (Astr) apogee. 2 (fig) height, summit, top: essere all'~ della potenza to be at the height of one's power. □ essere in ~ to be in great favour, to be popular; un autore molto in ~ an author greatly in vogue.

augurabile a. to be hoped, desirable, (colloq) hopeful: è ~ che vada tutto bene it is to be hoped that all goes well.

augurale a. 1 of greeting, of good wishes, greetings (attr.): messaggio ~ message of good wishes, greetings. 2 (Stor.rom) augural.

augurare (**àuguro**) **I** v.t. to wish: ~ buon viaggio a qcu. to wish so. a good journey; la buona notte a qcu. to wish so. good-night; ~ a qcu. buona Pasqua to wish so. a Happy Easter. **II** v.i. (aus. avere) (Stor) (pronosticare) to augur, to forebode, to predict. **III** v.pron. **augurarsi** to hope, to wish: mi auguro che tutto finisca presto I hope that it will all end soon. □ ~ ogni felicità a qcu. to wish so. every happiness; non auguro il male a nessuno I don't wish anyone ill; ~ la morte a qcu. to wish so. dead, to wish so. may die.

augure m. (Stor.rom) augur: collegio degli auguri college of augurs.

augurio m. 1 spec.pl. wish, good wish, greeting: porgere gli auguri a qcu. to give so. one's best wishes; gradisca i miei più sinceri auguri accept my sincerest good wishes. 2 (presagio) omen, presage, portent: queste parole mi paiono di buon ~ I think these words are a good omen; essere di buon ~ to be auspicious; essere di cattivo ~ to be ominous. 3 (Stor.rom) augury. □ tanti auguri di buon compleanno best wishes on your birthday, best wishes for a happy birthday; auguri di capodanno New Year's greetings; auguri di Natale e di Capodanno good wishes for a Merry Christmas and a Happy New Year, best wishes for a Merry Christmas and a Happy New Year; auguri di ogni felicità I wish you all happiness; (scherz) auguri e figli maschi! bless you!, all the best to you!; fare gli auguri a qcu.: 1 (per il compleanno) to wish so. a happy birthday; 2 (per il Natale) to wish so. a Merry Christmas; au-

guri pasquali Easter greetings; tanti auguri: 1 all the best, best wishes; 2 (per un compleanno) many happy returns.

augusteo a. (Stor.rom) Augustan: età augustea Augustan age.

augusto I a. august: alla presenza dell'~ sovrano in the presence of the august sovereign. **II** m. (lett) emperor.

Augusto n.pr.m. Augustus.

aula f. 1 hall. 2 (Univ) lecture room. 3 (Scol) classroom, schoolroom. □ ~ bunker highly protected courtroom; ~ del senato senate chamber; ~ di tribunale courtroom; ~ magna great hall, main hall.

aulico (pl. **-ci**) a. 1 (lett) court (attr.), of the court, aulic: poeta ~ court poet. 2 (fig) (nobile) stately, noble: linguaggio ~ noble language.

aumentabile a. that may be increased, increasable, augmentable.

aumentare (**auménto**) **I** v.t. 1 (rif. al numero) to increase, to augment: ~ del 2% to increase by 2%. 2 (rif. alla larghezza) to enlarge, to widen. 3 (rif. alla lunghezza) to lengthen. 4 (rendere più alto) to raise, (Br) to put up: ~ gli stipendi agli impiegati to raise the employees' salaries; ~ il prezzo di una merce to put up the price of an article, (Am) to raise the price of an article. 5 (intensificare) to increase, to intensify: ~ la produttività to increase productivity; ~ la sorveglianza to intensify surveillance. 6 (rif. alla velocità) to speed up. 7 (di lavori a maglia) to cast on. **II** v.i. (aus. essere) 1 (rif. al numero) to increase, to grow: la popolazione mondiale aumenta di anno in anno world population is increasing yearly. 2 (rif. ai prezzi) to go up: il pane è aumentato di dieci centesimi bread has gone up ten cents. 3 (rif. a fiumi e sim.) to rise: il fiume è aumentato the river has risen. 4 (rif. al peso) to put on, to gain: durante le vacanze sono aumentato di quattro chili during the holidays I put on four kilos. 5 (rif. all'intensità) to increase: il freddo sta aumentando the cold is increasing, it is getting colder. 6 (rif. a febbre) to rise. □ ~ di valore to increase in value; fare ~ to force up; (Inform) ~ le prestazioni di to upgrade; (Aut) ~ la velocità di un'auto to increase a car's speed; ~ vertiginosamente to shoot up, to forge ahead.

aumento m. 1 increase. 2 (rif. ai prezzi, al rendimento) rise, increase. 3 (crescita) growth. 4 (Gramm) augment. 5 (nel lavoro ai ferri) increase: ripetere gli aumenti alla fine di ogni ferro to increase by the same number of stitches at the end of each row. □ ~ dei prezzi price rise; ~ del costo della vita rise in the cost of living; ~ del prestigio increase in prestige; (Assic) ~ del rischio increased risk; ~ del traffico traffic increase; ~ della criminalità increase in crime; (Econ) ~ della domanda increase in demand; (Dir) ~ della pena increase in penalty; ~ della produttività increase in productivity; ~ demografico population increase; (Econ) ~ di capitale capital increase, increase in capital; ~ di capitale gratuito bonus issue; (Fis) ~ di pressione pressure increase; ~ di stipendio wage increase, salary rise, wage rise; ~ di temperatura rise in temperature; in ~ on the increase, on the rise, growing: essere in ~ to be on the increase, to be going up, to be rising, to be on the rise; gli incidenti stradali sono in ~ road accidents are on the increase; ~ per merito merit increase; ~ tabellare dello stipendio salary rise in accordance with a union scale; ~ tariffario rise in tariffs, rise in rates.

aura f. 1 (poet) (aria) air, breeze. 2 (Med) aura. 3 (fig,lett) (atmosfera) aura, atmosphere. 4 (fig) (favore) favour, (Am) favor: ~ popolare popular favour.

aureo a. 1 (d'oro) gold: una corona aurea a gold crown; riserva aurea gold reserve. 2 (lett) (color oro) golden, gold, aureate. 3 (fig, lett) (prezioso, eccellente) golden, precious. □ aurea mediocritas golden mean.

aureola f. 1 halo: un'~ di capelli biondi a halo of fair hair. 2 (rif. a santi) aureole, areola, halo. 3 (fig) (splendore) aureole, halo, radiance. 4 (Astr) aureole. 5 (Anat) areola. 6 (El) aureole. □ ~ di gloria radiance of glory; ~ di santità halo of sanctity.

aureomicina f. (Farm) Aureomycin, (colloq) golden eye ointment.

aurica I a. (Mar) fore-and-aft (attr.): vela ~ fore-and-aft sail. **II** f. (Mar) fore-and-aft sail.

aurico (pl. **-ci**) a. (Chim) auric.

auricola f. 1 (Anat) auricle. 2 (Bot) auricula.

auricolare I a. 1 (Anat) auricular (anche Anat), ear (attr.). **II** m. 1 (per telefoni cellulari e sim.) earphone. 2 (elemento di una cornetta del telefono) earpiece.

aurifero a. auriferous, gold-bearing: filone ~ auriferous vein.

auriga (pl. **-ghi**) m. (Stor) charioteer.

Auriga n.pr.m. (Astr) Auriga.

aurignaciano m. (Geol) Aurignacian culture.

aurignaziano m. (Geol) Aurignacian culture.

aurora f. 1 dawn, daybreak: le luci dell'~ the light of dawn. 2 (fig) dawn: l'~ della civiltà the dawn of civilization. □ (Geog) ~ australe aurora australis; (Geog) ~ boreale aurora borealis, northern lights (pl.); (Geog) ~ polare polar lights (pl.).

AUS Australia AUS (Australia).

auscultare (**auscùlto**) v.t. (Med) to auscultate.

auscultazione f. (Med) auscultation.

ausiliare I a. auxiliary (anche Gramm): milizie ausiliarie auxiliary troops; verbo ~ auxiliary verb. **II** m./f. 1 (assistente) auxiliary, assistant, helper. 2 pl. (Mil) auxiliaries, auxiliary troops. **III** m. (Gramm) auxiliary, auxiliary verb.

ausiliaria f. (Mil) WAAC (Member of the Women's Army Auxiliary Corps). □ (Med) ~ sanitaria health assistant.

ausiliario I a. auxiliary, subsidiary: motore ~ auxiliary engine. **II** m. (f. **-a**) 1 auxiliary, assistant, helper. 2 (Mil) auxiliary. □ ~ della sosta auxiliary traffic control person, (colloq) meter maid.

ausilio m. (lett) help, aid.

auspicabile a. desirable, to be hoped for (posposto), (colloq) hopeful.

auspicare (**àuspico**, **àuspichi**) v.t. 1 (augurarsi) to wish, to hope (qcs. for sth.). 2 (pronosticare) to augur, to predict.

auspice m. 1 (Stor.rom) auspex. 2 (lett) (promotore) promoter, patron. □ ~ il re under the king's patronage.

auspicio m. 1 (Stor.rom) auspice. 2 (fig) (presagio) omen, auspice, sign: iniziare qcs. sotto buoni auspici to begin sth. under favourable auspices; essere di buon ~ to be auspicious, to be a good sign, to be promising; essere di cattivo ~ to be ill-omened, to be a bad sign, to be a warning. 3 (fig) (protezione, supporto economico) auspices pl., protection, patronage: l'iniziativa fu intrapresa sotto gli auspici dello stato the initiative was launched under the auspices of the state.

austeramente avv. austerely.

austerità f. austerity (anche Econ): ~ di co-

stumi austere habits, austerity; *programma di* ~ austerity plan.

austero *a.* **1** (*grave*) sober, austere: *aspetto* ~ sober appearance. **2** (*severo, rigido*) stern, severe: *un funzionario* ~ a stern official. **3** (*disadorno, semplice*) austere, bleak: *un edificio* ~ an austere building. **4** (*rif. a sapore*) harsh, dry.

Australasia *n.pr.f.* (*Geog*) Australasia.

australe *a.* southern, south, austral: *vento* ~ south wind, southerly; *emisfero* ~ southern hemisphere.

Australia *n.pr.f.* (*Geog*) Australia.

australiana *f.* (*Sport*) (*nel ciclismo*) cycle pursuit race on track with three or four racers.

australiano **I** *a.* Australian. **II** *m.* (*f.* **-a**) Australian.

australopiteco *m.* (*Paleont*) Australopithecine.

Austria *n.pr.f.* (*Geog*) Austria.

austriaco **I** *a.* Austrian. **II** *m.* (*f.* **-a**; *pl.* **-ci**) Austrian.

austroungarico (*pl.* **-ci**) *a.* (*Stor*) Austro-Hungarian.

autarchia *f.* **1** (*Pol*) autarky, economic self-sufficiency. **2** (*Dir*) (*autonomia*) autarchy, self-government.

autarchico (*pl.* **-ci**) *a.* **1** (*Pol*) autarkic, autarkical: *fare una politica autarchica* to pursue an autarkic policy. **2** (*Dir*) (*autonomo*) autarchic, autarchical, self-governing.

aut aut *m.inv.* ultimatum: *porre a qcu. un* ~ to give so. an ultimatum, to oblige so. to make a choice.

autentica *f.* (*burocr*) authentication, certification, legalization: ~ *di una firma* authentication of a signature; ~ *notarile* authentication by a notary.

autenticare (**autèntico, autèntichi**) *v.t.* **1** (*Dir*) to authenticate, to certify: ~ *una firma* to authenticate a signature, to certify a signature. **2** (*estens*) to authenticate.

autenticato *a.* (*Dir*) authenticated (*anche estens*): *copia autenticata* authenticated copy.

autenticazione *f.* **1** authentication, certification, legalization: ~ *di una firma* authentication of a signature; ~ *notarile* authentication by a notary. **2** (*Inform*) authentication.

autenticità *f.* authenticity, genuineness: *dubitare dell'* ~ *di un quadro* to doubt the authenticity of a painting.

autentico (*pl.* **-ci**) *a.* **1** authentic, genuine: *un* ~ *Raffaello* a genuine Raphael; *documenti autentici* authentic documents. **2** (*degno di fede*) reliable, trustworthy. **3** (*vero*) real, true, genuine, veritable, utter: *quell'uomo è un* ~ *imbecille* that man is an utter fool; *un siciliano* ~ a true Sicilian; *seta autentica* real silk.

authority /aw'tɔriti/ *f.inv.* authority, regulator, regulatory body, (*colloq*) watchdog. □ ~*per le comunicazioni* communications authority.

autiere *m.* (*Mil*) driver.

autismo *m.* (*Psic*) autism.

autista *m./f.* **1** driver; (*di auto privata*) chauffeur. **2** (*Psic*) autistic person.

autistico *a.* (*Psic*) autistic.

aut. min. rich. *autorizzazione ministeriale richiesta* (ministerial authorization pending).

auto *f.inv.* (*Aut*) car, (*Am*) automobile, auto, (*ant*) motor car: *guidare l'*~ to drive a car; *fare un giro in* ~ to go for a drive. □ (*Aut*) ~*a quattroposti* four-seater, four-seater car; (*Aut*) ~*aperta* open car; (*Aut*) ~*blindata* armoured car, bullet-proof car; ~*blu* official

car; ~*bomba* car bomb; (*Aut*) ~*chiusa* saloon, (*Am*) sedan; ~*civetta* unmarked car (used by plain-clothes policemen); (*Aut*) ~*da competizione* racing car; (*Aut*) ~*decappottabile* convertible; (*Aut*) ~*dell'anno* Car of the Year; ~*d'epoca* veteran car, vintage car; ~*di mediacilindrata* medium horsepower car; (*Aut*) ~*di serie* production-model; (*Aut*) ~*ecologica* low emission car, green car; (*Aut*) ~*elettrica* electric car; ~*pirata* hit and run car; ~*pubblica* taxi, cab; ~*sportiva* sports car; ~*staffetta* pace car.

autoabbronzante **I** *a.* (*Cosmet*) self-tanning: *lozione* ~ self-tanning lotion. **II** *m.* (*Cosmet*) self-tanning product.

autoaccensione *f.* (*Mot*) self-ignition.

autoaccessori *m.pl.* (*Aut*) car accessories.

autoaccusa *f.* **1** admission of guilt. **2** (*Dir*) self-incrimination.

autoaccusarsi (**mi autoaccùso**) *v.pron.* to admit one's guilt.

autoadattante *a.* (*Tecn*) self-adapting.

autoadescante *a.* (*Mecc*) self-priming.

autoadesivo **I** *a.* self-sticking, stick-on: *etichetta autoadesiva* stick-on label. **II** *m.* sticker.

autoaffermazione *f.* (*Psic*) self-assertiveness, self-realization.

autoaffondamento *m.* (*Mar*) scuttling (*anche fig*).

autoaiuto *m.* self-help.

autoalienazione *f.* (*Psic*) self-alienation.

autoambulanza *f.* ambulance.

autoanalisi *f.* (*Psic*) self-analysis.

autoapprendimento *m.* **1** (*rif. a persona*) self-learning, self-teaching. **2** (*Tecn,Inform*) self-learning.

autoapprovvigionamento *m.* self-support, self-supply.

autoarticolato *m.* (*Aut*) articulated vehicle, articulated lorry, (*Am*) trailer truck, (*Aus*) road train.

autoassoluzione *f.* self-absolution.

autoassolversi (**mi autoassòlvo**) *v.pron.* to consider oneself blameless, to pass the buck, to wash one's hands.

autobetoniera *f.* cement mixer, concrete truck.

autobiografia *f.* autobiography.

autobiografico (*pl.* **-ci**) *a.* autobiographical.

autobiografismo *m.* tendency to autobiography.

autobiografo *m.* (*rar*) autobiographer.

autoblinda *f.* (*Mil,ant*) armoured car, light armoured car.

autoblindata *f.* **1** (*Mil*) armoured car, light armoured car. **2** (*Aut*) (*per protezione*) armoured car, bullet-proof car.

autoblindato *a.* armoured, tank (*attr.*): *unità autoblindata* tank unit.

autoblindo *m.inv.* (*Mil*) armoured car, light armoured car.

autoblindomitragliatrice *f.* (*Mil*) armoured car, light armoured car.

autobloccante *a.* (*Mecc*) self-locking.

autobomba *f.* car bomb.

autobotte *f.* **1** (*per il trasporto di liquidi*) tanker, tank lorry, (*Am*) tank truck. **2** (*per la distribuzione di acqua*) water truck.

autobus *m.* bus: *prendere l'*~ to catch the bus; *prendere l'*~ *54* to catch the number 54; *perdere l'*~ to miss the bus; *servizio* ~ bus service. □ ~*a due piani* double-decker, double-decker bus; ~*granturismo* sightseeing bus, (*Am*) tour bus; *andaràn* ~ to travel by bus, to bus: *andare in* ~ *in città* to go into town by bus; ~*navetta* shuttle bus.

autocamionale *f.* (*Strad*) road for heavy

traffic.

autocaravan *m./f.inv.* camper, motor caravan, (*Am*) motor home.

autocarrato *a.* (*Mil*) transported in lorries (*posposto*), trucked.

autocarro *m.* lorry, (*Am*) truck: ~ *con rimorchio* lorry with trailer.

autocefalo *a.* (*Rel*) autocephalous, autocephalic.

autocensura *f.* self-censorship.

autocentrante *a.* (*Tecn*) self-centring.

autocentro *m.* (*Mil,ant*) vehicle park, vehicle depot.

autocertificazione *f.* self-certification.

autocisterna *f.* **1** (*per il trasporto di liquidi*) tanker, (*Am*) tank truck. **2** (*per innaffiare*) (*Br*) watering lorry, (*Am*) watering truck.

autocitarsi (**mi autocìto**) *v.pron.* to quote oneself.

autoclave *f.* autoclave.

autocolonna *f.* (*Mil*) convoy, convoy of motor vehicles, motorcade, (*Am*) caravan.

autocombustione *f.* spontaneous combustion.

autocommiserarsi (**mi autocommìsero**) *v.pron.* to self-pity.

autocommiserazione *f.* self-pity.

autocommutatore *m.* (*Tel*) automatic switch.

autoconcessionario *m.* car dealer.

autocontrollo *m.* self-control, self-possession: *perdere l'*~ to lose one's self-control.

autoconvincersi (**mi autoconvìnco**) *v.pron.* to convince oneself.

autoconvincimento *m.* self-conviction.

autocorriera *f.* coach.

autocrate *m./f.* autocrat (*anche estens*).

autocratico (*pl.* **-ci**) *a.* autocratic.

autocrazia *f.* autocracy.

autocritica *f.* self-criticism. □ *fare* ~ to be self-critical.

autocritico (*pl.* **-ci**) *a.* self-critical.

autocross *m.* (*Sport*) autocross.

autoctono **I** *a.* **1** aboriginal, autochthonous: *popolazioni autoctone* aboriginal races. **2** (*Geol*) autochthonous. **II** *m.* (*f.* **-a**) aborigine, autochthon: *gli autoctoni dell'Australia* the aborigines of Australia.

autocura *f.* (*Farm*) self-treatment.

autodafé **auto da fé** *m.* (*Stor*) auto-da-fé.

autodemolitore *m.* (*f.* **-trice**) scrap dealer, (*Am*) auto wrecker.

autodemolizione *f.* **1** scrapping, (*Am*) car wrecking, auto wrecking. **2** (*luogo di raccolta*) scrapyard, scrap heap, (*Am*) car wrecking yard, auto wrecking yard.

autodenuncia (*pl.* **-ce**) *f.* **1** admission of guilt. **2** (*davanti alla polizia*) turning one's self in.

autodeterminazione *f.* (*Pol*) self-determination: *principio dell'*~ principle of self-determination.

autodiagnosi *f.* self-diagnosis.

autodidatta *m./f.* self-taught person, autodidact.

autodidattico (*pl.* **-ci**) *a.* self-teaching, self-learning, autodidactic: *metodo* ~ self-teaching method.

autodidattismo *m.* self-teaching, self-learning.

autodifesa *f.* self-defence.

autodina *f.* (*Rad*) autodyne.

autodisciplina *f.* self-discipline.

autodistruggersi (**mi autodistrùggo**) *v.pron.* **1** (*distruggersi automaticamente*) to self-destruct. **2** (*fig*) (*causare la propria rovina*) to destroy oneself, to self-destruct.

autodistruttivo *a.* **1** self-destruct. **2** (*fig*) self-destructive.

autodistruzione f. self-destruction (anche fig).

autodromo m. autodrome, motordrome, racing circuit.

autoeccitazione f. (El) self-excitation.

autoemoteca f. bloodmobile, mobile blood bank.

autoerotico (pl. -ci) a. autoerotic.

autoerotismo m. autoeroticism, autoerotism.

autoesaltazione f. self-exhaltation.

autoesame m. self-check, self-examination (anche Med). □ fare un ~ to self-examine.

autoescludersi (mi autoestìnguo) v.pron. to cut oneself out.

autoestinguente a. flameproof, fireproof.

autofecondazione f. (Biol,Bot) self-fertilization.

autoferrotranviario a. public transport (attr.).

autoferrotranviere m. (f. -a) public transport worker.

autofficina f. (officina per riparazioni auto) car repair shop, repairer's, garage.

autofilettante a. (Mecc) self-threading, self-tapping: vite ~ self-tapping screw.

autofilotranviario a. bus, trolleybus and tram (attr.), city transport (attr.): rete autofilotranviaria bus, trolleybus and tram network, bus and tram network, city transport network; servizio ~ bus, trolleybus and tram service.

autofinanziamento m. self-financing, (making use of) own resources.

autofinanziarsi (mi autofinànzio) v.pron. to self-finance.

autofocus m.inv. (Fot) autofocus.

autofurgone m. van. □ ~ cellulare police van, (colloq) Black Maria, (Am) patrol wagon, (Am,colloq) paddy wagon; ~ funebre hearse.

autogamia f. (Biol,Bot) autogamy.

autogeno a. autogenous (anche Ind): saldatura autogena autogenous welding.

autogestione f. self-management.

autogestire (autogestìsco, autogestìsci) v.t. to self-manage.

autogestito a. self-managed.

autogiro m. (Aer) autogiro, gyroplane.

autogol m.inv. (Sport) own goal (anche fig). □ fare ~ (o fare un ~) to score an own goal (anche fig).

autogonfiabile I a. self-inflating. II m. (Mar) self-inflating raft, self-inflating dinghy.

autogoverno m. self-government.

autografare (autògrafo) v.t. to autograph.

autografia f. autography.

autografico (pl. -ci) a. autographic, autographical.

autografo I a. autograph (attr.): lettera autografa autograph letter. II m. 1 (firma) autograph: chiedere ~ a qcu. to ask so. for an autograph; cacciatore di autografi autograph-hunter. 2 (manoscritto originale) autograph, original manuscript.

autogrill m.inv. motorway café, (Br) transport café, (Am) roadside diner, truck-stop diner.

autogru f. breakdown lorry, breakdown truck, (Am) wrecker, tow truck.

autoguida f. (Mil,Aer) homing system.

autoguidato a. (Mil,Aer) homed.

autoimmune a. (Med) autoimmune: malattia ~ autoimmune disease.

autoimmunità f. (Med) autoimmunity.

autoimmunizzazione f. (Med) autoimmu-

nization.

autoincendio m. fire engine, (Am) fire truck.

autoincensamento m. self-praise.

autoincensarsi (mi autoincènso) v.pron. to self-praise.

autoinduttanza f. (El) self-inductance.

autoinduzione f. (El) self-induction.

autoinnaffiatrice f. sprinkler.

autoinnesto m. (Med) autograft.

autoinstallante a. (Inform) self-installing.

autointossicazione f. (Med) autointoxication.

autoinvitarsi (mi autoinvìto) v.pron. to invite oneself, to attend an event without an invitation, (colloq) to gatecrash, to crash.

autoipnosi f.inv. auto-hypnosis, self-hypnosis.

autoironia f. self-irony.

autoironico a. self-ironic.

autolavaggio m. car wash; (servizio) car washing service.

autolesione f. (rar) self-inflicted injury, self-injury.

autolesionismo m. 1 inflicting an injury upon oneself, self-inflicted injury, self-punishment. 2 (fig) self-destruction, self-destructive behaviour.

autolesionista I a. 1 (rif. a persona) that inflicts injury upon oneself (posposto). 2 (rif. a comportamento) self-destructive, self-punishing, against one's interests, masochistic. II m./f. self-injurer, person who inflicts injury upon oneself.

autolesionistico (pl. -ci) a. self-destructive, self-punishing, against one's interests, masochistic.

autolettiga f. ambulance, motor ambulance.

autolibro m. (rar) mobile library.

autolinea f. (percorso) bus route; (servizio) bus service.

autolisi f. (Biol) autolysis.

autolivellante a. (Edil) self-levelling.

automa m. automaton (anche fig): camminare come un ~ to walk like an automaton.

automatica f. science of automation.

automaticamente avv. automatically.

automaticità f. automaticity.

automatico (pl. -ci) I a. 1 automatic: dispositivo ~ automatic device. 2 (fig) automatic, mechanical: un gesto ~ an automatic gesture. II m. snap fastener, press-stud.

automatismo m. automatism (anche Psic).

automatizzazione f. automation.

automatizzare (automatìzzo) v.t. to automatize, to automate.

automazione f. automation. □ (Inform) ~ d'ufficio office automation.

automedicazione f. (Farm) self-treatment.

automedonte m. (scherz,lett) Jehu.

automezzo m. motor vehicle. □ (Mil) ~ corazzato armoured vehicle.

automobile I f. car, (ant) motorcar, (Am) automobile: guidare l' ~ to drive a car; fare un giro in ~ to go for a drive. II a. (rar) self-propelling, self-moving, (Am) automotive.

automobilina f. 1 (giocattolo) toy car. 2 (nelle giostre) merry-go-round car.

automobilismo m. 1 motoring. 2 (Sport) motor racing.

automobilista m./f. 1 car driver, driver, motorist. 2 motor-racing pilot, motor-racing driver. □ (fig,scherz) ~ della domenica Sunday driver.

automobilistico (pl. -ci) a. motor (attr.), (ant) motorcar (attr.), car (attr.), (Am) automobile (attr.): incidente ~ motor accident, car

accident.

automotrice f. (Ferr) railcar. □ (Ferr) ~ Diesel Diesel railcar.

autonoleggiatore m. (f. -trice) car hirer, car renter.

autonoleggio m. 1 car hire, car renting. 2 (azienda) car-hire firm.

autonomamente avv. autonomously.

autonomia f. 1 autonomy, self-government, independence (anche estens): raggiungere la propria ~ to attain independence. 2 (libertà di azione) latitude. 3 (Aut,Aer) range, fuel distance: la macchina ha un' ~ di trecento chilometri the car does three hundred kilometres on a full tank. □ ~ amministrativa administrative autonomy; ~ contrattuale freedom of contract; ~ di bilancio budgetary independence; (Tel) ~ di conversazione talktime; ~ (di conversazione) di venti ore 20 hour talktime; ~ di governo self-government; (Aer) ~ di volo range; (espressa in ore) endurance; (Econ) ~ impositiva taxation power; (Tel) ~ in standby standby time; ~ locale local autonomy; ~ operaia self-management of workers; ~ regionale: 1 regional autonomy; 2 (in senso federalistico) devolution; ~ tariffaria bargaining power.

autonomismo m. autonomism (anche Pol).

autonomista I m./f. 1 autonomist. 2 (separatista) separatist. II a. 1 autonomous, autonomist (attr.): movimento ~ autonomist movement. 2 (separatistico) separatist (attr.).

autonomistico (pl. -ci) a. autonomous, autonomist (attr.).

autonomo I a. 1 autonomous, self-governing, independent: governo ~ autonomous government. 2 (autosufficiente) independent, self-sufficient, free. 3 (che lavora in proprio) self-employed. II m./f. 1 (Pol) autonomist. 2 (di sindacato) member of an independent trade union.

autopalpazione f. (Med) self-palpation.

autoparcheggio m. car park, (Am) parking lot.

autoparco (pl. -chi) m. 1 (parcheggio) car park, (Am) parking lot. 2 (mezzi a disposizione) motor vehicles pl., fleet of cars.

autopattuglia f. 1 police patrol. 2 (automobile) patrol car, (ant) Panda car, (Am) prowl car, squad car.

autopilota m. (Aer) automatic pilot.

autopista f. 1 car track, race track, circuit. 2 (autoscontri) bumper cars pl., dodgems pl.

autopoiesi f. autopoiesis.

autopompa f. fire engine, (Am) firetruck.

autoportante a. self-supporting.

autoporto m. lorry parking area.

autopostale m. (Svizz.it) post bus.

autoproclamarsi (mi autoproclàmo) v.pron. to self-proclaim.

autoproclamato a. self-proclaimed.

autopropulsione f. self-propulsion.

autopsia f. postmortem, postmortem examination, (Am) autopsy: fare l' ~ a qcu. to carry out a postmortem on so., (Am) to perform an autopsy on so.

autoptico (pl. -ci) a. postmortem, autopsic, autopsical.

autopubblica f. (ant) taxi, cab.

autopulente a.inv. self-cleaning: forno ~ self-cleaning oven.

autopullman m.inv. (da turismo) sightseeing bus, (Am) tour bus.

autopunitivo a. self-punishing.

autoradio f.inv. car radio, (Am) auto radio.

autoraduno m. car rally, (Am) automobile rally.

autore m. 1 maker, author. 2 (promotore)

promoter. **3** (*scrittore*) author, writer. **4** (*artista*) artist. **5** (*pittore*) painter. **6** (*scultore*) sculptor. **7** (*compositore*) composer. □ *autoriclassici* classical authors; (*Sport*) *l'~ del gol* the scorer; (*Teat*) *~drammatico* dramatist, playwright.

autoreattore *m.* (*Aer*) ram-jet engine, athodyd, aero-thermodynamic-duct.

autoreferenziale *a.* self-referential.

autoreferenzialità *f.* self-referentiality.

autoreggenti *f.pl.* (*Abbigl*) thigh-highs, stay-ups.

autoregolamentarsi (**mi autoregolaménto**) *v.pron.* to self-regulate.

autoregolamentato *a.* self-regulated.

autoregolamentazione *f.* self-regulation.

autoregolazione *f.* (*Tecn*) self-regulation, self-adjustment.

autoreparto *m.* (*Mil*) motorized corps *pl.*

autorespiratore *m.* aqualung.

autorete *f.* (*Sport*) own goal.

autoreverse /ˌawtoreˈvɛrs/ *m.* autoreverse.

autorevole *a.* **1** (*rif. a persona*) authoritative, influential: *persona ~* influential person. **2** (*rif. a cose*) authoritative: *notizie da fonte ~* news from an authoritative source. **3** (*rif. all'espressione*) commanding, imposing: *aspetto ~* imposing appearance.

autorevolezza *f.* authoritativeness, authority.

autorevolmente *avv.* authoritatively, with authority.

autoribaltabile *f.* (*Aut*) tipper truck, tipper lorry, (*Am*) dump truck.

autoricambio *m.* **1** (*pezzo*) car accessory, (*Am*) auto accessory. **2** *pl.* (*negozio*) car accessory shop *sing.*, (*Am*) auto accessory shop *sing.*, car accessory store *sing.*, (*Am*) auto accessory store *sing.*

autoriferimento *m.* (*Psic*) self-reference.

autorimessa *f.* garage; (*a più piani*) multi-storey car park, (*Am*) multi-story parking lot.

autoriparazione *f.* auto repairing, car repairs *pl.*, (*Am*) auto repairs *pl.*: *officina di ~* car repair shop, garage.

autorità **I** *f.* **1** authority, power (*anche Dir*): *esercitare la propria ~* to exercise one's authority. **2** (*stima, credito*) influence, authority, repute, prestige: *godere di grande ~* to enjoy great repute; *una persona di grande ~* a very influential person. **3** (*testimonianza autorevole*) authority, authoritative evidence. **4** (*persona competente*) authority, expert: *sei un'~ nel campo della fisica* you are an authority in the field of physics. **5** *pl.* (*insieme di individui con potere*) authorities: *palco riservato alle ~* box reserved for the authorities. □ *~amministrativa* administrative authorities (*pl.*), administration; *~civile* civil authorities (*pl.*); *~competente* relevant authorities (*pl.*); *~costituita* authorities (*pl.*) set up and recognized by the law; *intervenira' l'~* to intervene officially; *~doganale* customs authority; *le ~ecclesiastiche* the church authorities, the ecclesiastical authorities; *~giudiziaria* judicial authorities (*pl.*): *deferire qcu. all'~ giudiziaria* to commit so. to the judicial authorities; *~impositiva* taxing power; *~locale* local authorities (*pl.*), local government; *~militare* military authorities (*pl.*); (*Geog*) *AutoritàPalestinese* Palestinian Authority; *~paterna* paternal authority; *~pubbliche* public authorities; (*Dir*) *~tutoria* supervisory authority.

autoritario *a.* **1** authoritarian, dictatorial, bossy: *una persona autoritaria* a dictatorial person. **2** (*imperioso*) imperious: *con un to-*

no ~ in an imperious tone. **3** (*Pol*) authoritarian: *stato ~* authoritarian state.

autoritarismo *m.* **1** (*Pol*) authoritarianism. **2** (*rif. a persona*) dictatorialness, bossiness.

autoritratto *m.* self-portrait.

autorizzare (**autorizzo**) *v.t.* **1** (*dare autorità*) to authorize, to give authority to, to invest (so.) with authority: *~ qcu. a fare qcs.* to authorize so. to do sth., to empower so. to do sth., to give so. authority to do sth. **2** (*permettere*) to give so. leave to, to authorize, to allow, to enable: *chi ti autorizza a criticarmi?* (*Br*) who gives you leave to criticize me? (*Am*) who gives you the authority to criticize me? **3** (*giustificare*) to give grounds for, to be grounds for, to entitle, to justify: *il suo contegno autorizza ogni sospetto* his behaviour gives grounds for every suspicion; *tutto autorizza a credere che...* everything entitles us to believe that..., everything leads us to believe that...

autorizzazione *f.* **1** authorization. **2** (*permesso*) permission, leave, consent, permission: *per i minorenni si richiede l'~ del padre* for minors the father's consent is required, for minors the father's permission is required. **3** (*documento*) authorization, permit, licence: *chiedere un'~* to ask for authorization. □ (*Dir*) *~a procedere* authorization to proceed; *~della polizia* police authorization; *~di esportazione* export permit; *~giudiziaria* court order; *~ministeriale richiesta* ministerial authorization pending; *~per esercitarsi alla guida* (*foglio rosa*) (*Br*) learner's licence, (*Am*) learner's permit; *~scritta* written authorization, written permission.

autosalone *m.* **1** (*esposizione*) motor show, motor showroom, car show, (*Am*) auto show. **2** (*rivendita*) car dealer, (*Am*) auto dealer.

autoscala *f.* aerial ladder.

autoscatto *m.* (*Fot*) self-timer.

autoscontro *m.* **1** (*vettura*) bumper car, (*Br*) dodgem car. **2** (*la pista*) bumper cars *pl.*, (*Br*) dodgem cars *pl.*, dodgems *pl.*

autoscuola *f.* driving school.

autoservizio *m.* bus service.

autosilo *m.* **1** multistorey car park, (*colloq*) multistorey, (*Am*) multistory parking lot, parking deck.

autosnodato *m.* articulated vehicle, (*Am*) trailer vehicle.

autosoccorso *m.* **1** (*il veicolo*) breakdown lorry, breakdown truck, (*Am*) wrecker. **2** (*il servizio*) breakdown service, recovery service, breakdown recovery service.

autostazione *f.* **1** (*capolinea*) bus station, bus terminal. **2** (*rar*) (*stazione di servizio*) service station.

autosterzante *a.* (*Mecc*) self-steering: *dispositivo ~* self-steering gear.

autostima *f.* self-esteem.

autostop *m.* hitchhiking, hitching, thumbing. □ *fare ~* to hitchhike, to hitch, to thumb; *viaggiare in ~* to hitchhike, to hitch, to thumb.

autostoppista *m./f.* hitchhiker, hitcher.

autostrada *f.* **1** (*in Gran Bretagna*) motorway. **2** (*nell'America del Nord*) expressway, superhighway, freeway, highway. **3** (*in Italia*) autostrada. **4** (*in Germania*) autobahn. **5** (*in Francia*) autoroute. □ *~a quattrocorsie* four-lane motorway, (*Am*) four-lane highway; (*Inform*) *~dell'informazione* information superhighway; *viaggiare in ~* to travel on the motorway; *entrare in ~* to join the motorway; (*Inform*) *~informatica* information superhighway; *prendere l'~* to take

the motorway.

autostradale *a.* motorway (*attr.*), (*Am*) freeway (*attr.*), (*Am*) highway (*attr.*), (*Am*) super highway (*attr.*): *traffico ~* motorway traffic, (*Am*) highway traffic.

autosufficiente *a.* self-sufficient, self-sufficing. □ *non essere ~* (*di anziano*) not to be self-sufficient.

autosufficienza *f.* self-sufficiency.

autosuggestionabile *a.* autosuggestible, subject to autosuggestion (*posposto*).

autosuggestionarsi (**mi autosuggestióno**) *v.pron.* to autosuggest.

autosuggestione *f.* autosuggestion.

autotassarsi (**mi autotàsso**) *v.pron.* to self-assess.

autotassazione *f.* self-assessment.

autotelaio *m.* (*Aut*) chassis, frame.

autotipia *f.* (*Tip*) autotype.

autotomia *f.* (*Zool*) autotomy.

autotraccia *f.inv.* (*Inform*) autotracing.

autotracking *m.inv.* (*Elettron*) autotracking.

autotrainato *a.* truck-drawn.

autotrapianto *m.* (*Chir*) autograft.

autotrasformatore *m.* (*El*) autotransformer.

autotrasfusione *f.* (*Med*) autotransfusion.

autotrasportare (**autotrasporto**) *v.t.* to transport (sth.) by road, to ship, to truck.

autotrasportatore *m.* **1** (*l'azienda*) shipper, road haulage contractor, haulier. **2** (*autotrenista*) lorry driver, (*Am*) trucker.

autotrasporto *m.* (*di persone*) motor transport, road transport; (*di merci*) haulage, shipping.

autotrenista *m.* lorry driver, (*Am*) trucker.

autotreno *m.* lorry with trailer, articulated lorry, (*Am*) trailer truck, (*Am,colloq*) rig, (*Aus*) road train.

autotrofia *f.* (*Biol*) autotrophy.

autotrofo *a.* (*Bot*) autotrophic.

autotutela *f.* (*Dir*) self-protection.

autovaccino *m.* (*Med*) autovaccine.

autovalutazione *f.* **1** self-evaluation. **2** (*Scol*) self-assessment.

autoveicolo *m.* motor vehicle.

Autovelox *m.inv.* speed trap, radar trap.

autovettura *f.* (*rar*) motor car, automobile.

autrice *f.* **1** (*scrittrice*) author, authoress, woman writer, female writer, woman author, female author. **2** (*promotrice*) promoter. **3** (*artista*) artist. **4** (*pittrice*) painter. **5** (*scultrice*) sculptor. **6** (*compositrice*) composer.

autunnale *a.* autumn (*attr.*), autumnal, (*Am*) fall (*attr.*): *flora ~* autumn flora.

autunno *m.* autumn, (*Am*) fall. □ (*fig*) *l'~ della vita* the autumn of life; *in ~* in autumn.

auxometria *f.* (*Med*) auxometry.

avallante *m./f.* (*Comm*) guarantor, backer.

avallare (**avàllo**) *v.t.* **1** (*Comm*) to guarantee, to back: *~ una cambiale* to back a bill. **2** (*fig*) (*confermare*) to confirm, to endorse: *~ le dichiarazioni di qcu.* to confirm so.'s statements.

avallo *m.* **1** (*Comm*) guarantee; (*firma*) endorsement, backing. **2** (*estens*) (*appoggio*) endorsment, backing. **3** (*estens*) (*approvazione*) corroboration, confirmation. □ *~ di cambiali* backing of bills; *per ~* guaranteed.

avambraccio *m.* (*Anat*) forearm.

avamporto *m.* (*Mar*) outer harbour, (*Am*) outer harbor.

avamposto *m.* (*Mil*) outpost.

avana **I** *a.inv.* Havana brown. **II** *m.inv.* **1** (*tabacco*) Havana, Havana tobacco. **2** (*sigaro*) Havana, Havana cigar.

Avana □ (*Geog*) *L'~* Havana.

avancarica □ (*Mil*) *ad ~* muzzle-loading: *armi ad ~* muzzleloaders, muzzle-loading firearms.

avance /a'vãs/ (*pl.inv.* o **-s**) *f.* advance: *fare delle -s a qcu.* to make advances so., to make advances toward so.

avancorpo *m.* (*Arch*) projecting part, jutting part.

avanguardia *f.* **1** (*Mil*) advance guard, vanguard, van. **2** (*fig*) (*in posizione preminente*) (*ant*) vanguard, forefront. **3** (*fig*) (*rif. a movimenti letterari e artistici*) avant-garde. □ *essere all'~* to be in the forefront, to be a trail-blazer: *essere all'~ del progresso* to be in the forefront of progress; *d'~*: **1** (*Tecn*) advanced, state-of-the-art (*attr.*); **2** (*Art,Lett*) avant-garde (*attr.*): *letteratura d'~* avant-garde literature.

avanguardismo *m.* (*Art,Lett*) avant-gardism.

avanguardista *m./f.* (*Art,Lett*) avant-gardist.

avannotto *m.* (*Itt*) fry.

avanscoperta *f.* reconnaissance, reconnaitre. □ *andare in ~* to scout, to reconnaitre.

avanspettacolo *m.* (*Teat*) curtain-raiser.

avanti I *avv.* **1** (*stato in luogo*) in front: *sedevo ~ per vedere meglio* I sat in front in order to have a better view. **2** (*moto: di avvicinamento*) forward, nearer, closer: *venite ~* come forward, come nearer, come closer. **3** (*moto: di allontanamento*) ahead, on ahead, in front, on in front, on: *andate ~, io vi seguirò* go on ahead, I'll follow you. **4** (*lett*) (*rif. a tempo: prima*) in advance, before, beforehand. **II** *intz.* **1** (*avvicinamento*) come nearer!, come closer! **2** (*entrate!*) come in!: *è permesso? - ~!* may I? - Yes, come in! **3** (*allontanamento*) go on!, forward!, move forward! **4** (*suvvia*) come on!: *~, non ti scoraggiare!* come on, don't lose heart! **III** *prep.* (*rar*) **1** (*di luogo*) in front of, before: *~ la casa* in front of the house. **2** (*lett*) (*di tempo*) before: *~ l'alba* before daybreak. **IV** *a.inv.* **1** (*ad uno stadio avanzato*) well advanced, ahead: *il lavoro è molto ~* the work is well advanced; *sono ~ con il lavoro* I am ahead with the work; *essere ~ negli studi* to be well advanced in one's studies; *essere ~ rispetto a qcu.* to be ahead of so. **2** (*posposto al nome*) (*precedente*) before, previous: *il giorno ~* the day before, the previous day. **3** (*rar*) (*anteriore*) in front, front (*attr.*): *la ruota ~* the front wheel. **V** *m.inv.* (*Sport,rar*) **1** (*attaccante*) forward. **2** *pl.* (*linea degli attaccanti*) forwards, forward line *sing.* □ *~ a*: **1** (*innanzi*) in front of, ahead of, before: *camminava ~ a me* he was walking in front of me; **2** (*alla presenza*) before, in front of, in the presence of: *~ al giudice* before the judge; (*Mar*) *~ adagio* slow ahead; *~ c'è posto!* move along, please!; (*lett*) *~ che* before: *~ che sia notte, saremo arrivati* we'll be there before nightfall; *essere ~ con gli anni* to be well advanced in years, to be well on in years, to be getting on in years; *~ Cristo* before Christ, b.C.; (*rar*) *~ di* before; *~ e indietro* to and fro, backwards and forwards: *passeggiare ~ e indietro* to walk to and fro; *farsi ~*: **1** to come forward, to step forward: *si fece ~ una donna* a woman stepped forward; **2** (*fig*) (*affermarsi*) to get ahead, to get on; (*lett*) *~ giorno* before daybreak; *avant'ieri* the day before yesterday; *~ il primo!* first, please!; *in ~* forward: *piegarsi in ~* to lean forward, to bend forward; (*fig*) *un grande passo in ~* a great step forward, a giant step forward; *~ lettera* ahead of time; (*Mil*) *~, marsc'!* forward march!; *mettere l'orologio ~* to put the

watch forward, to put the clock forward; *essere ~ negli anni* to be well advanced in years, to be well on in years, to be getting on in years; *più ~*: **1** (*rif. a tempo*) further on; **2** (*rif. a luogo*) farther on: *la casa si trova più ~* the house is farther on; (*Mar*) *~ tutta* full ahead: *~ a tutta forza!* full speed ahead!; *buon giorno, venga ~!* good morning, come in!

avantielenco *m.* introductory pages *pl.* of the telephone book.

avantieri *avv.* the day before yesterday.

avantreno *m.* **1** (*Aut*) front-wheels *pl.*, front-wheel drive. **2** (*Mil*) limber.

avanzamento *m.* **1** (*l'avanzare*) advancing, putting forward. **2** (*promozione*) promotion, advancement. **3** (*fig*) (*progresso*) progress, advance, development. **4** (*rif. a lavori e sim.*) progress. **5** (*Mecc*) feed: *~ automatico* automatic feed. □ (*burocr*) *~ di carriera* career advancement; (*burocr*) *~ di grado* promotion; (*Inform*) *~ di pagina* form feed; (*burocr*) *~ per anzianità* promotion by seniority.

avanzare[1] (**avànzo**) **I** *v.i.* (*aus.* essere) **1** (*andare avanti*) to advance, to move forward: *~ con cautela* to move forward with caution; *potemmo ~ di pochi passi* we could only advance a few steps; *~ in territorio nemico* to advance into enemy territory. **2** (*fig*) (*progredire*) to make progress, to get on: *il vostro lavoro avanza stentatamente* your work is not making very good progress. **3** (*sporgere*) to lean forward, to bend forward. **II** *v.t.* **1** (*superare*) to overtake, to pass: *~ qcu. correndo* to overtake so. by running. **2** (*fig*) to outdo, to surpass, to exceed: *~ qcu. in coraggio* to outdo so. in courage. **3** (*fig*) (*promuovere*) to promote: *~ qcu. di grado* to promote so. in rank; *è avanzato di grado* he has been promoted. **4** (*spostare in avanti*) to move forward: *la fermata dell'autobus è stata avanzata di cento metri* the bus-stop has been moved forward a hundred metres. **5** (*fig*) (*presentare*) to put forward: *~ un'ipotesi* to put forward a hypothesis. **6** (*fig*) (*presentare: rif. a scritti*) to present: *~ una petizione* to present a petition. **III** *v.pron.* **avanzarsi** (*rar,fig*) (*approssimarsi*) to approach, to come nearer: *l'autunno si avanza* autumn is approaching. □ *~ troppe pretese* to ask for too much; *~ reclami* to make complaints.

avanzare[2] (**avànzo**) **I** *v.i.* (*aus.* essere) **1** (*restare*) to remain, to be left, to be left over: *se mi avanza del tempo ci vado* if there is any time left, I'll go. **2** (*Mat,colloq*) to be left over, to be remaining: *23 diviso 7 uguale 3 e avanza 2* 7 goes into 23 three times with 2 left over. **3** (*estens*) (*essere sovrabbondante*) to be in excess. **II** *v.t.* (*essere creditore*) to be owed: *avanzo dieci euro da Giovanni* I am owed ten euros by Giovanni.

avanzata *f.* advance (*anche Mil*).

avanzato *a.* **1** (*rif. a luogo*) advance, advanced, forward: *sentinella avanzata* forward sentry. **2** (*rif. a tempo*) advanced: *età avanzata* advanced age; *a notte avanzata* late in the night, late at night; *in stato di putrefazione avanzata* in a state of advanced decomposition. **3** (*fig*) (*innovatore*) advanced, state-of-the-art (*attr.*): *teorie avanzate* advanced theories; *idee avanzate* progressive ideas. **4** (*fig*) (*grado superiore al livello base*) advanced. **5** (*rimasto*) left, leftover, remaining.

avanzo I *m.* **1** (*Comm*) surplus. **2** (*Mat*) remainder. **3** *pl.* remains, leftovers: *gli avanzi della cena* the leftovers from supper. **4** *pl.* (*ruderi*) remains, ruins. **5** *pl.* (*cascami, rita-*

gli) leftovers. □ (*Mat,colloq*) *il 3 nel 13 sta 4 volte con l'~ di 1* 3 goes into 13 four times with 1 left over; *d'~* more than enough: *di soldi ne ho d'~* I have more than enough money; *ne ho d'~ delle tue lamentele* I've had enough of your complaints; (*Comm*) *~ di cassa* cash in hand, surplus of cash; (*colloq*) *~ di galera* jail bird; (*Comm*) *avanzi di magazzino* surplus stock (*costr.sing.*)

avaria *f.* **1** (*Mar,Dir*) average, damage. **2** (*guasto di merce viaggiante*) damage to goods in transit. **3** (*guasto meccanico*) breakdown. □ (*Mar,Dir*) *~ comune* general average, common average; (*Mar,Dir*) *~ generale* general average; *in ~* broken, out of order, broken down; (*Mar,Dir*) *~ particolare* particular average.

avariare (**avàrio**) **I** *v.t.* to damage, to spoil: *l'umidità ha avariato le merci* the damp has damaged the goods. **II** *v.i.* (*aus.* essere) to deteriorate, to become damaged. **III** *v.pron.* **avariarsi** to deteriorate, to become damaged, to go bad, to spoil: *la merce si è avariata durante il viaggio* the goods have spoiled during the voyage, the goods have become damaged during the voyage.

avariato *a.* damaged, spoiled: *merci avariate* damaged goods.

avarizia *f.* avarice, greed, stinginess: *la sua ~ è proverbiale* his greed is proverbial. □ *per ~* out of greed.

avaro I *a.* **1** miserly, greedy, avaricious, stingy, mean, tight-fisted. **2** (*rif. a cosa: fatto con avarizia*) poor, paltry, niggardly: *un dono ~* a poor gift. **II** *m.* (*f.* **-a**) miser, skinflint: *da quell'~ non puoi aspettarti nulla* you can't expect anything from that miser. □ *persona avara di parole* person of few words.

avatara *m.inv.* **1** avatara. **2** (*estens*) (*incarnazione*) incarnation.

ave I *intz.* (*lett,scherz*) hail! **II** *f.inv.* (*colloq*) (*ave maria*) Hail Mary, Ave Maria: *recitare due ~* to say two Hail Marys.

avellana *f.* (*Bot*) filbert, hazelnut.

avello *m.* **1** (*lett*) tomb. **2** (*estens*) burial.

avemaria, avemmaria *f.* **1** (*preghiera*) Hail Mary, Ave Maria: *recitare l'~* to recite the Hail Mary. **2** (*suono delle campane*) Angelus: *la campana dell'~* the Angelus bell. **3** (*lett*) (*ora del tramonto*) eventide: *all'~* at eventide. **4** (*grano di rosario*) ave, rosary bead.

avena *f.* (*Bot*) oat.

avente □ (*Dir*) *~ causa* assign, assignee, (*Am*) ayant cause; (*Dir*) *~ diritto*: **1** (*usato come aggettivo*) entitled: *~ diritto ai dividendi* entitled to dividends; **2** (*usato come nome*) party entitled, person entitled.

avere[1] (*pres.ind.* **ho, hài, ha, abbiàmo, avéte, hànno**; *impf.ind.* **avévo**; *p.rem.* **èbbi/ ébbi, avésti**; *fut.* **avrò**; *pres.cong.* **àbbia, abbiàmo, abbiàte, àbbiano**; *imperat.* **àbbi, abbiàte**; *p.pres.* **avènte**; *p.p.* **avùto**) *v.t.* **1** to have, to have got: *~ molti amici* to have many friends. **2** (*rif. a sentimenti*) to feel, to have: *~ odio contro qcu.* to feel hatred for so.; *~ pietà per qcu.* to have pity on so., to take pity on so. **3** (*rif. a malattie*) to have, to have got: *~ i reumatismi* to have rheumatism. **4** (*possedere*) to have, to own: *una villa in campagna* to have a house in the country. **5** (*indossare*) to have on, to wear: *~ un vestito nuovo* to have on a new dress. **6** (*acquistare*) to get, to obtain: *l'ho avuto per pochi soldi* I got it very cheaply. **7** (*verbo ausiliare*) to have: *ho visto un bel film* I've seen a good film; *abbiamo dovuto chiamare il medico* we have had to call the doctor. **8** (*ricevere:*

rif. a lettere e sim.) to get, to have: *ho avuto solo oggi la tua lettera* I got your letter only today. **9** (*dovere: when avere is followed by the preposition da and sometimes* a) to have to: *ho molto da fare* I have a great deal to do; *ho da scrivere una lettera* I must write a letter, I have to write a letter. □ *~a che dire con qcu.* (*litigare*) to have a bone to pick with so.; *~a che fare con qcu.* (o *qcs.*): 1 (*avere rapporti con*) to have sth. to do with, to have dealings with: *non ~ niente a che fare con qcu.* (*essere diverso*) to have nothing in common with so.; *lui non ha niente a che fare con tutto questo* he doesn't come into this, he has nothing to do with this; 2 (*litigare con qcu.*) to have a bone to pick with so.; 3 (*dover rendere conto a qcu.*) to have so. to reckon with; *questo non ha niente a che vedere con la questione che ci interessa* this has nothing to do with the matter in hand; *avercela con qcu.* to be annoyed with so., to be angry with so.; *con chi ce l'hai?* who are you annoyed with?; *avercene di vicini così!* oh, to have neighbours like that!; *che cos'hai?* what's up?, what's the matter with you?; (*rar*) *~che dire con qcu.* (*litigare*) to have a bone to pick with so.; *~ qcs.da qcu.* (*venire a sapere*) to get sth. from so., to hear sth. from so.; *~ qcs. da buona fonte* to have sth. from a reliable source; *non ~ da mangiare* to have nothing to eat, to go hungry; *~ qcu. dalla propria* (*parte*) to have so. on one's side; *non ~di che vivere* to have nothing to live on; *fare ~ qcs. a qcu.* to let so. have sth., to send sth. to so.: *ti farò ~ una copia del libro* I will let you have a copy of the book; *~molto di qcu.* (*assomigliare*) to look a lot like; *da lui* *non ho avuto* *che rimproveri* I've had nothing but reprimands from him; *averla*~*vinta* to win through.

avere ² *m.* **1** *spec.pl.* (*patrimonio*) inheritance, fortune, possessions *pl.*, substance, property: *ha dilapidato tutto il suo* ~ he has squandered all his inheritance. **2** (*Comm*) credit: *dare e* ~ debit and credit.

averla *f.* (*Ornit*) shrike.

Averno *n.pr.m.* (*Mitol,Lett*) Avernus.

Averroè *n.pr.m.* (*Stor*) Averroës.

averroismo *m.* (*Filos*) Averroism.

Avesta *n.pr.m.* (*Rel*) Avesta.

avestico (*pl.* **-ci**) **I** *a.* Avestan. **II** *m.* (*lingua*) Avestan, Avestic.

aviario **I** *a.* of birds (*posposto*), bird (*attr.*). **II** *m.* aviary.

aviatore *m.* (*f.* **-trice**) aviator, airman (*f.* -woman), pilot.

aviatorio *a.* flying, air (*attr.*), aviation (*attr.*): *incidente* ~ flying accident.

aviazione *f.* **1** aviation. **2** (*estens*) (*arma aerea*) air force. □ *~civile* civil aviation; *~ della marina* marine aviation; *~militare* air force.

avicolo *a.* avicultural.

avicoltore *m.* (*f.* **-trice**) aviculturist.

avicoltura *f.* aviculture.

avicunicolo *a.* bird and rabbit (*attr.*).

avicunicoltura *f.* bird and rabbit rearing and breeding.

avidamente *avv.* greedily, avidly: *mangiare* ~ to eat greedily.

avidità *f.* **1** avidity, greed, eagerness, voracity: *~ di ricchezze* greed for riches. **2** (*voracità*) voracity, greed. □ *con* ~ greedily.

avido *a.* **1** avid, eager, greedy: *una persona avida* an avid person. **2** (*rif. alla violenza*) thirsting: *~ di vendetta* thirsting for revenge. **3** (*bramoso*) eager (*di* for), thirsty (*di* for), avid (*di* for): *un uomo ~ di gloria* a man eager for glory; *~ di imparare* eager to learn. **4**

(*vorace*) voracious, greedy.

aviere *m.* (*Mil*) airman.

avifauna *f.* avifauna.

Avignone *n.pr.f.* (*Geog*) Avignon.

aviocisterna *f.* (*Aer*) tanker plane.

aviogetto *m.* (*Aer*) jet, jet aircraft.

aviolanciare (*aviolàncio*) *v.t.* to airdrop.

aviolancio *m.* airdrop.

aviolinea *f.* (*rar*) airway, (*Am*) air lane.

avionica *f.* avionics (*costr.sing.*).

avioraduno *m.* air rally.

aviorimessa *f.* hangar.

aviosbarco *m.* air landing.

aviotrasportare (**aviotraspòrto**) *v.t.* to transport by aircraft.

aviotrasportato *a.* airborne.

aviotrasporto *m.* air transport.

AVIS *Associazione Volontari Italiani del Sangue* Association of Voluntary Italian Blood Donors.

avitaminosi *f.* (*Med*) avitaminosis.

avito *a.* (*lett*) ancestral: *palazzo* ~ ancestral palace.

avo *m.* (*f.* **-a**) **1** (*nonno*) grandfather (*f.* -mother): *~ materno* maternal grandfather. **2** (*antenato*) forefather (*f.* -mother), ancestor (*f.* -tress): *gli avi* the ancestors, the forefathers.

avocado *m.* (*Bot*) **1** avocado, avocado tree. **2** (*Alim*) (*frutto*) avocado, avocado pear, (*Am*) alligator pear.

avocare (**àvoco, àvochi**) *v.t.* **1** (*Dir*) to transfer (to a higher court). **2** (*Dir*) (*confiscare*) to confiscate: *lo Stato avoca a sé un'eredità* the State confiscates an inheritance. **3** (*prendere su di sé*) to take over, to take upon oneself.

avocazione *f.* (*Dir*) **1** evocation. **2** (*confisca*) confiscation.

avorio *m.* **1** ivory. **2** (*colore*) ivory, ivory colour, creamy white. **3** (*fig,lett*) white, whiteness. **4** *pl.* (*oggetti in avorio*) ivories: *una collezione di avori* a collection of ivories. **I** *a.* ivory (*attr.*): *un abito* ~ an ivory dress. □ *di* ~ (*o in* ~) of ivory (*posposto*), ivory (*attr.*): (*fig*) *pelle di* ~ ivory skin; (*fig,Stor*) *~nero* (*gli schiavi*) black ivory.

avrò → **avere**¹.

avulso *a.* torn, uprooted, remote: *una frase avulsa dal contesto* a sentence out of context.

avvalersi (*pres.ind.* **mi avvàlgo, ti avvàli**; *p.rem.* **mi avvàlsi**; *p.p.* **avvàlso**) *v.pron.* to make use (*di* of), to avail oneself (*di* of), to exercise: *~ di un diritto* to exercise a right; *avvalendosi di qcs.* by using sth.

avvallamento *m.* **1** (*l'avvallarsi*) sinking: *~ del terreno* sinking of the ground, subsiding of the ground. **2** (*effetto*) landslip, subsidence. **3** (*valle*) depression.

avvalorare (**avvalóro**) *v.t.* to give value to, to strengthen, to support: *tutto ciò avvalora le mie supposizioni* all that strengthens my assumptions.

avvampare (**avvàmpo**; *aus.* **essere**) *v.i.* **1** (*bruciare*) to blaze, to blaze up, to burst into flames: *la legna avvampò* the wood blazed up. **2** (*lett*) (*diventare rosso*) to flame, to glow red: *il cielo avvampava nella luce del tramonto* the sky glowed red in the light of the sunset. **3** (*fig*) (*accendersi*) to flare up, (*colloq*) to blaze: *~ d'ira* to flare up in anger.

avvantaggiare (**avvantàggio, avvantàggi**) **I** *v.t.* to benefit, to favour, (*Am*) to favor: *questa legge avvantaggia le classi meno abbienti* this law benefits the less well-to-do. **II** *v.pron.* **avvantaggiarsi 1** (*trarre profitto*) to profit (*di* by), to take advantage (*di* of): *avvantaggiarsi dell'esperienza altrui* to profit by the experience of others. **2** (*estens*)

(*prendere vantaggio*) to gain, to get ahead: *il corridore si era avvantaggiato di qualche metro* the runner had gained a metre or so.

avvedersi (*pres.ind.* **mi avvédo**; *p.rem.* **mi avvìdi**; *p.p.* **avvedùto**) *v.pron.* to become aware (*di* of), to realize, to perceive (sth.): *~ dell'errore* to perceive the error.

avvedutamente *avv.* shrewdly, cleverly, wisely.

avvedutezza *f.* cleverness, shrewdness, artfulness.

avveduto *a.* clever, cunning, artful, shrewd.

avvelenamento *m.* poisoning (*anche fig*). □ *~da barbiturici* barbiturate poisoning; *~da funghi* mushroom poisoning.

avvelenare (**avveléno**) **I** *v.t.* **1** to poison: *~ una bevanda* to poison a drink; *le esalazioni della raffineria avvelenano l'aria* the fumes from the refinery poison the air. **2** (*fig*) (*amareggiare*) to embitter, to poison: *~ l'esistenza di qcu.* to poison so.'s life; *la miseria gli avvelenò l'esistenza* poverty embittered his existence. **3** (*fig*) (*corrompere*) to poison, to corrupt: *i libri che avvelenano la gioventù* books that corrupt youth. **II** *v.pron.* **avvelenarsi** to poison oneself.

avvelenato *a.* **1** poisonous, poisoned: *cibi avvelenati* poisoned food. **2** (*amareggiato*) embittered.

avvelenatore *m.* (*f.* **-trice**) poisoner.

avvenente *a.* very pretty, very attractive.

avvenenza *f.* attractiveness, (*colloq*) good looks *pl.*

avvenimento *m.* event, occurrence: *un ~ storico* a historic event; *ricco di avvenimenti* eventful. □ *~ del giorno* event of the day.

avvenire ¹ (*pres.ind.* **avvèngo, avvièni**; *p.rem.* **avvénni**; *p.p.* **avvenùto**) **I** *v.i.* (*aus.* **essere**) to happen, to occur, to take place, to be held: *la cerimonia è avvenuta stamattina* the ceremony took place at ten this morning; *bada che non avvenga nulla* take care that nothing happens; *la trasformazione è avvenuta per gradi* the transformation took place by degrees. **II** *v.i.impers.* to come about, to happen: *avveniva spesso che litigassero* it often came about that they quarrelled, they often quarrelled. □ *per caso avvenne che* it so happened that; *è avvenuta una disgrazia* there's been an accident.

avvenire ² **I** *m.inv.* **1** future: *l'~ è nelle mani di Dio* the future is in the hands of God; *pensare all'~* to think of the future. **2** (*possibilità di carriera*) prospects *pl.*, future: *è un giovane senza* ~ he is a young man without prospects. **II** *a.inv.* (*always used after the noun*) future, to come (*posposto*), ahead (*pred.*): *gli anni* ~ the years to come; *le generazioni* ~ future generations. □ *in* ~ in future, in the future: *che in* ~ *non si verifichi più* don't let this happen again in the future; *per l'* ~ for the future, in future, in the future: *questo valga per l'*~ let this hold good for the future.

avvenirismo *m.* futurism.

avvenirista *m./f.* futurist.

avveniristico (*pl.* **-ci**) *a.* **1** futurist. **2** (*estens*) (*che anticipa il futuro*) futuristic.

avventare (**avvènto**) **I** *v.t.* **1** (*fig*) (*azzardare*) to venture: *~ un giudizio* to venture an opinion. **2** (*lett*) (*lanciare*) to hurl, to fling: *~ un sasso a* (o *contro*) *qcu.* to hurl a stone at so. **II** *v.pron.* **avventarsi 1** to fling oneself, to hurl oneself: *avventarsi contro* (o *addosso a*) *qcu.* to hurl oneself at so., to hurl oneself against so., to hurl oneself on so. **2** (*rif. ad animale*) to pounce: *il gatto si avventò sulla preda* the cat pounced on its prey.

avvilente

avventatamente *avv.* rashly, recklessly.
avventatezza *f.* rashness, recklessness, hastiness.
avventato *a.* rash, reckless, hasty: *essere ~ nel giudicare* to be hasty in one's judgements; *una promessa avventata* a rash promise.
avventismo *m.* (*Rel*) Adventism.
avventista *m./f.* (*Rel*) Adventist.
avventizio I *a.* 1 (*casuale*) casual, occasional, accidental: *guadagno ~* casual earnings, occasional profits. 2 (*temporaneo*) temporary, casual: *impiegato ~* temporary employee; *operaio ~* casual worker. 3 (*venuto da fuori*) foreign, outside, from outside, adventitious: *beni avventizi* adventitious property. 4 (*Biol*) adventitious. II *m.* (*f.* -a) temporary employee, (*colloq*) temp.
avvento *m.* 1 coming, advent: *l'~ di una nuova era* the coming of a new era. 2 (*assunzione*) accession, coming: *~ al trono* accession to the throne; *~ al potere* coming to power. 3 (*Rel*) Advent: *prima domenica di ~* first Sunday in Advent.
avventore *m.* customer.
avventura *f.* 1 adventure: *raccontare le proprie avventure* to tell of one's adventures; *una vita piena di avventure* an adventurous life. 2 (*avventura amorosa*) affair, love affaire. 3 (*di una notte*) one-night stand, fling. □ *~ galante* love-affair, romance; (*lett*) *per ~* (*per caso*) by chance.
avventurare (**avventùro**) I *v.t.* (*lett,rar*) to risk, to venture: *~ la vita* to risk one's life. II *v.pron.* **avventurarsi** 1 to venture, to adventure: *si avventurarono nel bosco* they ventured into the wood. 2 (*fig*) (*osare*) to dare: *non si avventurava a parlare* he dared not to speak, he did not dare to speak.
avventuriero I *a.* (*lett*) adventurous. II *m.* 1 (*f.* -a) adventurer (*anche estens*). 2 (*ant*) (*soldato di ventura*) soldier of fortune.
avventurismo *m.* (*Pol*) adventurism.
avventuristico (*pl.* -ci) *a.* adventurous: *comportamento ~* adventurism.
avventurosamente *avv.* adventurously.
avventuroso *a.* 1 adventurous, (*lett*) venturesome: *spedizione avventurosa* adventurous expedition; *un giovane ~* an adventurous youth. 2 adventurous, (*lett*) venturesome, risky.
avverare (**avvéro**) I *v.t.* (*rar*) to confirm, to make (sth.) come true: *il tempo avverò la sua profezia* time confirmed his prophecy. II *v.pron.* **avverarsi** to come true, to be fulfilled: *le tue previsioni non si sono avverate* your forecasts have not come true.
avverbiale *a.* (*Gramm*) adverbial.
avverbio *m.* (*Gramm*) adverb. □ (*Gramm*) *~ di luogo* adverb of place; (*Gramm*) *~ di modo* adverb of manner; (*Gramm*) *~ frasale* adverb in a sentence; (*Gramm*) *~ temporale* adverb of time.
avversare (**avvèrso**) *v.t.* 1 (*essere contrario*) to oppose: *~ le idee di qcu.* to oppose so.'s ideas. 2 (*ostacolare*) to thwart, to hinder: *hanno avversato tutti i miei progetti* they have thwarted all my plans.
avversario I *a.* opposing, rival: *la squadra avversaria* the opposing team; *la parte avversaria* the rival faction. II *m.* 1 (*f.* -a) rival, opponent, adversary: *~ politico* political rival, political opponent; *il pugile ha sconfitto il suo ~* the boxer has defeated his opponent; *sconfiggere gli avversari* to defeat one's adversaries. 2 (*Dir*) adverse party. □ *~ facile* pushover.
avversativo *a.* (*Gramm*) adversative.
avversione *f.* 1 (*antipatia*) aversion, dis-

like: *avere ~ per qcu.* to have an aversion to so., to have an aversion for so. 2 (*ripugnanza*) repugnance, aversion: *avere ~ per un lavoro* to have an aversion for a job; *ho un'~ per le uova* I can't stand eggs.
avversità *f.* adversity: *le ~ della vita* the adversities of life. □ *~ della sorte* adverse fortune. *Prov.*: *nell'~ si conoscono gli amici* a friend in need is a friend indeed; prosperity makes friends, adversity tries them.
avverso *a.* 1 (*nemico, ostile*) hostile, enemy, adverse (*a* to): *sorte avversa* adverse fortune, hostile fortune. 2 (*contrario*) against: *essere ~ a qcs.* to be against sth.; *la fortuna mi è avversa* luck is against me. 3 (*opposto*) opposing, rival: *la parte avversa* the rival faction. 4 (*sfavorevole*) unfavourable, inclement: *tempo ~* inclement weather.
avvertenza I *f.* 1 (*attenzione*) care, attention, caution: *usare ~ nel maneggiare armi* to take care when handling arms. 2 (*ammonimento*) warning, notice. 3 *pl.* instructions: *leggere le avvertenze* to read the instructions. □ *~ ai lettori* note to the readers; *avere l'~* to make sure, to take care: *abbiate l'~ di spegnere la luce prima di uscire* please make sure to turn out the light before leaving.
avvertibile *a.* noticeable, perceptible: *un rumore appena ~* a scarcely perceptible sound.
avvertimento *m.* 1 (*consiglio*) warning, advice: *gli avvertimenti dei genitori* parent's advice. 2 (*osservazione*) notice, remark. 3 (*rar*) (*premessa a un libro*) foreword. □ (*Lett*) *~ al lettore* note to the reader.
avvertire (**avvèrto**) *v.t.* 1 to inform, to let know, to notify: *avvertimi prima di andartene* let me know before you leave; *~ la polizia* to notify the police; *~ qcu. telegraficamente* to let so. know by wire. 2 (*mettere in guardia*) to warn: *~ qcu. di un pericolo* to warn so. of a danger; *ora sei avvertito* now you have been warned. 3 (*osservare, notare*) to realize: *~ l'importanza di un avvenimento* to realize the importance of an event. 4 (*percepire*) to feel: *avvertì un forte dolore alla spalla* he felt a severe pain in his shoulder. 5 (*accorgersi*) to notice, to perceive, to sense: *ho avvertito subito l'odore del gas* I at once noticed the smell of gas, I smelt gas straight away.
avvezzare (**avvézzo**) I *v.t.* (*rar,lett*) to train, to accustom, to bring up, to raise, to wear: *i figli all'obbedienza* to bring up one's children to obedience, to train one's children to obedience; *~ il corpo alle fatiche* to accustom one's body to hard work. II *v.pron.* **avvezzarsi** (*rar,lett*) to become accustomed to, to get used to: *avvezzarsi alle privazioni* to become accustomed to hardship; *avvezzarsi al freddo* to get used to the cold. □ (*lett*) *~ male* (*viziare*) to spoil.
avvezzo *a.* (*lett*) accustomed (*a* to), used (*a* to), trained (*a* to): *~ all'obbedienza* accustomed to obeying.
avviamento *m.* 1 introduction, introductory study: *~ allo studio della filosofia* introduction to the study of philosophy. 2 (*inizio*) start, starting, opening, setting up: *~ di relazioni commerciali* setting up of trade relations. 3 (*rif. a imprese*) setting up, launching. 4 (*preparazione*) preparation. 5 (*Comm*) (*giro di affari*) trade. 6 (*Econ*) goodwill, (*Am*) good will: *~ commerciale* business goodwill; *~ negativo* badwill. 7 (*Mecc*) (*azione*) starting; (*dispositivo*) starter: *motore di ~* starter motor, starter. 8 (*Tip*) makeready. 9 (*Inform*) start: *~ rapido* quick start. □ *ad*

~ automatico self-starting.
avviare (**avvìo**) I *v.t.* 1 (*indirizzare, dirigere*) to direct, to send: *~ i veicoli per una strada secondaria* to direct the traffic on to a secondary road. 2 (*fig*) (*aiutare*) to guide, to introduce, to help so. (to) choose: *~ qcu. a un mestiere* to help so. choose a trade. 3 (*dare inizio*) to start, to open: *~ una conversazione* to open a conversation. 4 (*Mecc*) to start, to set (sth.) going, to set (sth.) in motion, to start up: *~ il motore* to start the engine; (*con la manovella*) to crank. 5 (*Comm*) (*rif. a imprese*) to begin, to set up, to start, to start up: *~ un negozio* to set up a shop. 6 (*Tip*) to make ready. 7 (*nel lavoro a maglia*) to cast on: *~ cento maglie* to cast on one hundred stitches. 8 (*Inform*) to boot. II *v.pron.* **avviarsi** 1 (*incamminarsi*) to set off, to set out, to start, to start out: *si avviò verso casa* he set off home, he set off for home; *è ora di avviarsi* it is time to go. 2 (*fig*) (*finire*) to approach one's end. 3 (*fig*) (*essere sul punto di*) to be on the point (*a* of), to be on one's way (*a* to): *il ragazzo si avvia a diventare il primo della classe* the boy is on his way to being top of the class. 4 (*Mecc*) to start, to start up: *il motore stenta ad avviarsi* the engine has trouble in starting. □ *~ un'attività* to set up a business; *~ un'azienda* to get a business going; (*Dir*) *~ un processo* to start a lawsuit; *~ relazioni* to enter into relations; *~ le trattative* to begin negotiations.
avviato *a.* 1 (*in moto*) started, going. 2 (*fiorente*) growing, thriving, doing well (*pred.*): *un'azienda avviata* a growing concern; *un negozio bene ~* a thriving shop. □ *essere ~ negli affari* to be doing well in business.
avviatore *m.* (*Mecc,El*) starter. □ (*Mecc*) *~ a mano* hand starter; (*Mecc*) *~ ad aria compressa* compressed-air starter; (*Mecc*) *~ automatico* self-starter.
avvicendamento *m.* 1 alternation, rotation: *l'~ delle stagioni* the alternation of the seasons; *~ del personale* rotation of personnel. 2 (*Agr*) rotation: *~ delle colture* crop rotation.
avvicendare (**avvicèndo**) I *v.t.* 1 to alternate, to rotate. 2 (*Agr*) to rotate: *~ le colture* to rotate the crops. II *v.pron.* **avvicendarsi** 1 to take turns: *i soldati si avvicendavano alla guardia* the soldiers took turns at the watch. 2 (*rif. a stagioni, condizioni atmosferiche e sim.*) to alternate.
avvicinabile *a.* approachable.
avvicinamento *m.* approach, approaching.
avvicinare (**avvicìno**) I *v.t.* 1 to bring (sth.) near, to draw up: *avvicina di più il libro* bring the book nearer. 2 (*farsi vicino a una persona*) to approach. 3 (*fare la conoscenza*) to meet, to get to know. II *v.pron.* **avvicinarsi** 1 to approach, to come up (to), to near (*a qcs.* sth.), to draw near: *la nave si avvicina al porto* the ship is nearing the port; *mi si avvicinò un ragazzino* a little boy came up to me; *si avvicinano le vacanze* the holidays are drawing near; *avvicinarsi ai quaranta* (*Br*) to be going on for forty, to be getting on for forty, (*Am*) to be going on forty, to be getting near forty; *non avvicinarti troppo al fuoco* don't get too near (to) the fire; *avvicinarsi alla verità* to get near to the truth. 2 (*somigliare*) to be close to: *la copia si avvicina molto all'originale* the copy is very close to the original.
avvidi → **avvedersi**.
avvilente *a.* 1 (*umiliante*) humiliating, mortifying. 2 (*deprimente*) discouraging, depressing.

avvilimento *m.* **1** (*umiliazione*) humiliation. **2** (*scoraggiamento*) discouragement, disheartenment: *essere preso dall'~* to be disheartened.

avvilire (**avvilìsco, avvilìsci**) **I** *v.t.* **1** (*mortificare*) to humiliate, to mortify: *~ qcu. con un rimprovero* to mortify so. with a reproof. **2** (*scoraggiare*) to discourage, to dishearten. **3** (*degradare*) to dishonour, (*Am*) to dishonor, to disgrace: *~ il proprio nome* to dishonour one's name, (*Am*) to dishonor one's name. **II** *v.pron.* **avvilirsi 1** (*scoraggiarsi*) to be disheartened, to become disheartened, to be discouraged, to become discouraged, to lose heart: *avvilirsi per un insuccesso* to become discouraged by failure. **2** (*rar,lett*) (*abbassarsi*) to stoop, to lower oneself: *non avvilirti a chiedere il suo aiuto* don't stoop to asking for his help.

avvilito *a.* **1** (*scoraggiato*) discouraged, disheartened. **2** (*umiliato*) mortified, humiliated.

avviluppamento *m.* **1** (*rar*) (*l'avviluppare*) enveloping, wrapping up, entangling. **2** (*intrico*) tangle, entanglement.

avviluppare (**avvilùppo**) **I** *v.t.* **1** (*avvolgere*) to wrap up, to envelop: *il mendicante era avviluppato in una coperta* the beggar was wrapped up in a blanket. **2** (*fig*) (*imbrogliare*) to cheat, to deceive. **3** (*aggrovigliare*) to entangle. **II** *v.pron.* **avvilupparsi 1** to wrap oneself up, to muffle oneself up: *avvilupparsi nel mantello* to wrap oneself up in one's cloak. **2** (*aggrovigliarsi*) to get entangled, to get tangled (up): *il filo si è avviluppato* the thread has got tangled, (*Am*) the thread has gotten tangled.

avviluppato *a.* **1** (*avvolto*) enveloped, wrapped up. **2** (*impigliato*) entrapped, entangled.

avvinazzare (**avvinàzzo**) **I** *v.t.* (*rar*) to make (so.) drunk. **II** *v.pron.* **avvinazzarsi** (*rar*) to get drunk, to get intoxicated.

avvinazzato I *a.* drunk, drunken. **II** *m.* (*f. -a*) drunk.

avvincente *a.* charming, winning, engaging, compelling, enthralling.

avvincere (*pres.ind.* **avvìnco, avvìnci**; *p.rem.* **avvìnsi**; *p.p.* **avvìnto**) *v.t.* **1** to fascinate, to charm, to engross, to enthral: *un racconto che mi avvince* a story which fascinates me. **2** (*lett*) (*cingere*) to embrace, to fasten.

avvinghiare (**avvìnghio, avvìnghi**) **I** *v.t.* to clasp, to grasp, to clutch: *~ la preda* to clutch the prey. **II** *v.pron.* **avvinghiarsi** to cling: *mi si avvinghiò al collo* she clung to my neck.

avvinsi → **avvincere**.

avvinto *a.* **1** (*lett*) bound. **2** (*fig*) (*attratto*) fascinated, charmed.

avvio *m.* **1** beginning, start, outset, onset: *l'~ di un racconto* the beginning of a story. **2** (*Inform*) start. □ *dare l'~ a qcs.* to start sth., to start sth. off;*prendere l'~ da qcs.* to start from sth.

avvisaglia *f.* **1** (*scaramuccia*) skirmish (*anche Mil*). **2** *pl.* (*primi sintomi*) first signs: *le prime avvisaglie della malattia* the first signs of the illness.

avvisare (**avvìso**) *v.t.* **1** to inform, to let (so.) know, to tell (sth.), to notify: *~ qcu. di qcs.* to tell so. sth.; *avvisami quando arrivi* let me know when you arrive. **2** (*mettere in guardia*) to warn, to alert: *~ qcu. di un pericolo* to warn so. of a danger. **3** (*segnalare*) to advise, to warn, to give warning: *il cartello avvisava del pericolo* the sign warned of the danger.

avvisatore *m.* **1** (*Teat*) callboy. **2** (*dispositivo*) warning, warning signal, alarm. □

(*Aut*) *~ acustico* horn; *~ di incendio* fire alarm; (*Aer*) *~di stallo* stall alarm.

avviso *m.* **1** (*informazione, annuncio*) piece of news, announcement: *ho un ~ importante per te* I have an important piece of news for you. **2** (*sul giornale: pubblicità*) advertisement, (*colloq*) ad: *mettere un ~ sul giornale* to put an advertisement in the newspaper. **3** (*sul giornale: necrologio*) notice. **4** (*annuncio, affisso*) notice, bill, placard. **5** (*Comm*) notice, note. **6** (*consiglio*) advice: *dare un ~ a qcu.* to give so. some advice, to advise so. **7** (*avvertimento*) warning: *ciò ti serva di ~* let this be a warning to you. **8** (*opinione*) opinion: *essere dell'~ to be of the opinion; essere dello stesso ~ di qcu.* to be of the same opinion as so. □ *a mio ~* in my opinion; *~al lettore* foreward; *~al pubblico* notice to the public; *fino ad ~ contrario* until further notice, until you hear otherwise;*dare un ~* to make an announcement; *essere*dell'* ~ che...* to think that...; (*Tel*) *~di chiamata* call waiting, incoming call, call waiting service: *~ di chiamata a vibrazione* vibration alert; *~di consegna* delivery notice; *~di convocazione* notice of meeting; (*Dir*) *~ di garanzia* warning that one is under investigation: *emettere un ~ di garanzia* to issue a written notice that one is under investigation; (*Post*) *~di giacenza* note of non-delivery; *~di mancato pagamento* notice of non-payment; *~di pagamento* notice of payment; *~di pegno* notice of lien; *~di prelevamento* notice of withdrawal; *~di reato* notice of intended prosecution; *~di scadenza* expiry notice; *~di sfratto* eviction notice; *~di spedizione* (*Br*) advice note, (*Am*) notice that package is due to arrive; (*Giorn*) *~ economico* advertisement, (*colloq*) ad; *~mortuario* obituary notice; *mettere qcu.sull'~* to warn so.

avvistamento *m.* sighting.

avvistare (**avvìsto**) *v.t.* to sight, to catch sight of.

avvisto → **avvedersi**.

avvitamento *m.* **1** screwing. **2** (*Aer*) spin. **3** (*Sport*) (*nuoto*) twist.

avvitare (**avvìto**) **I** *v.t.* **1** to screw, to screw down, to screw in: *~ una lampadina* to screw in a bulb; *~ una vite a fondo* to screw tight. **2** (*fissare con viti*) to screw: *~ una serratura alla porta* to screw a lock to the door, to screw a lock on to the door. **II** *v.pron.* **avvitarsi** (*Aer*) to go into a spin.

avvitatore *m.* screwer.

avvitatrice *f.* screwer.

avviticchiare (**avvitìcchio, avvitìcchi**) **I** *v.t.* (*lett*) to twine, to twist. **II** *v.pron.* **avviticchiarsi** (*lett*) to twine, to twist, to twist around, to cling (to): *l'edera si era avviticchiata alle colonne* the ivy had twined round the columns; *gli si avviticchiò al collo* she clung to him.

avvivare (**avvìvo**) **I** *v.t.* (*lett*) **1** (*fig*) to enliven, to animate: *~ la conversazione* to enliven the conversation. **2** (*rif. a fuoco*) to rekindle. **3** (*rif. a colori*) to brighten. **II** *v.pron.* **avvivarsi** (*lett*) to grow animated: *il suo sguardo si avvivò* his expression grew animated.

avvizzimento *m.* **1** (*rif. alla pelle*) wrinkling, withering; (*invecchiamento*) ageing, (*Am*) aging. **2** (*Bot*) withering, shrivelling.

avvizzire (**avvizzìsco, avvizzìsci**) **I** *v.i.* (*aus. essere*) **1** to wither, to shrivel, to fade (*anche fig*). **2** (*invecchiare*) to age. **II** *v.t.* to shrivel up, to wither: *il sole ha avvizzito le foglie* the sun has shrivelled up the leaves.

avvizzito *a.* withered, shrivelled.

avvocatesco (*pl.* -**chi**) *a.* (*spreg*) pettifogging.

avvocatessa *f.* **1** woman lawyer. **2** (*scherz*) (*chi ha una buona parlantina*) woman with the gift of the gab.

avvocato *m.* **1** lawyer, (*Am*) counsellor: *fare l'~* to be a lawyer; *rivolgersi a un ~* to consult a lawyer; *buon giorno, ~ Smith!* good morning Mr Smith!, (*Am*) good morning couseller! **2** (*GB*) (*presso le corti inferiori*) solicitor; (*presso le corti superiori*) barrister; (*US*) attorney, attorney-at-law. **3** (*consulente legale*) legal advisor. **4** (*fig*) (*difensore*) advocate, defender. **5** (*scherz,fig*) (*chi ha una buona parlantina*) person with the gift of the gab. □ *~ civilista* civil attorney; *~del diavolo* devil's advocate (*anche fig*); (*scherz, fig*) *~delle cause perse* defender of lost causes; *~difensore* counsel for the defence, defence attorney; *~d'ufficio* counsel appointed by the court, court-appointed cousel; *~ erariale* public prosecutor; *~patrocinante* defence lawyer; *~penalista* criminal attorney.

avvocatura *f.* **1** (*professione*) the legal profession, law: *esercitare l'~* to practise law. **2** (*collett.*) (*Br*) the Bar.

avvolgente *a.* **1** enveloping, surrounding, warning. **2** (*comodo: di sedili ecc.*) comfortable. **3** (*Sart*) (*che segue le linee del corpo*) wrap-around, wrapround. **4** (*Mil*) (*aggirante*) surrounding, encircling: *manovra ~* encirclement. **5** (*fig*) (*affascinante*) charming, fascinating.

avvolgere (*pres.ind.* **avvòlgo, avvòlgi**; *p.rem.* **avvòlsi**; *p.p.* **avvòlto**) **I** *v.t.* **1** to wrap, to wrap up, to wrap round, to envelop: *~ un libro in un foglio di carta* to wrap up a book in a sheet of paper; *~ un bambino in una coperta* to wrap a child up in a blanket. **2** (*fig*) (*avviluppare*) to shroud: *il delitto era avvolto nel mistero* the crime was shrouded in mystery; *la nebbia avvolgeva la città* the town was shrouded in mist. **3** (*attorcigliare*) to wind round, to twirl. **4** (*arrotolare*) to roll up, to wind: *~ un tappeto* to roll up a carpet. **II** *v.pron.* **avvolgersi 1** (*girare, arrotolarsi*) to wind oneself round, to tangle, to tangle up. **2** (*attorcigliarsi*) to twirl, to twine. **3** (*avvilupparsi*) to wrap oneself up: *si avvolse nel mantello* he wrapped himself up in the cloak. □ *~ la lana in gomitolo* to wind wool into a ball.

avvolgibile I *m.* **1** (*Edil*) (*tapparella*) roller shutter. **2** (*tendina*) roller blind. **II** *a.* roll-up, roller (*attr.*), rolling. □ (*Edil*) *~in acciaio* steel rolling roller shutter, roller shutter in steel.

avvolgimento *m.* **1** (*l'avvolgere*) winding, rolling, wrapping. **2** (*fig,lett*) (*viluppo*) winding, roll. **3** (*Tess,El*) winding: *~ di un trasformatore* transformer winding. □ (*El*) *~ a bobina* coil winding; *~ a tamburo* drum winding; (*El*) *~bifilare* bifilar winding; (*El*) *~secondario* secondary winding.

avvolgitore *m.* **1** (*Mecc*) winding machine. **2** (*Cin*) take-up.

avvolgitrice *f.* **1** (*Mecc*) winding machine. **2** (*Cin*) take-up.

avvolsi → **avvolgere**.

avvolto *a.* **1** (*involtato*) wrapped, wrapped up: *un vecchio ~ in un mantello* an old man wrapped up in a cloak. **2** (*arrotolato*) rolled up. **3** (*fig*) (*celato*) wrapped, shrouded: *l'affare è ~ nel mistero* the affair is shrouded in mystery. □ *essere ~dalle fiamme* to be enveloped in flames.

avvoltoio *m.* (*Ornit*) vulture (*anche fig*).

avvoltolare (**avvòltolo**) **I** *v.t.* **1** (*avvolgere alla meglio*) to wrap (sth.) up carelessly. **2**

(*arrotolare*) to roll up. **II** *v.pron.* **avvoltolarsi** to roll, to roll oneself, to wallow: *i maiali si avvoltolavano nel fango* the pigs were wallowing in the mud.

ayatollah /ajatol'lla/ *m.inv.* ayatollah.

aye-aye /aje'aje/ *m.inv.* (*Zool*) aye-aye.

Ayurveda *f.inv.* Ayurveda.

azalea *f.* (*Bot*) azalea.

Azerbaigian *n.pr.m.* (*Geog*) Azerbaijan.

azerbaigiano I *a.* Azerbaijani. **II** *m.* **1** (*f.* **-a**) Azerbaijani. **2** (*lingua*) Azerbaijani language.

azero I *a.* Azerbaijani. **II** *m.* (*f.* **-a**) Azerbaijani.

azienda *f.* company, firm, business, concern, enterprise: *gestire un'* ~ to run a business. ☐ ~ *affiliata* affiliate; ~ *agricola* farm; ~ *attiva* sound business; ~ *autonoma di soggiorno* local tourist board; ~ *commerciale* commercial undertaking; ~ *comunale* municipal company; ~ *di credito* credit institution; (*banca*) bank; ~ *di traslochi* moving company, removal company; ~ *familiare* family business; ~ *industriale* (*Br*) industrial undertaking, (*Am*) industrial company; ~ *leader* leading firm; ~ *marginale* marginal enterprise; ~ *modello* model company; ~ *municipale* municipal company; ~ *municipalizzata* municipal company, city-owned company; ~ *primaria* leader, leading firm; ~ *privata* private firm, private concern; ~ *pubblica* public company, state-owned company; ~ *sanitaria locale* local health board; ~ *statale* state-owned company; ~ *tranviaria* transport company, tramway company.

aziendale *a.* company (*attr.*), business (*attr.*): *auto* ~ company car; *economia* ~ business economics.

azimut *m.* (*Astr*) azimuth.

azimutale *a.* (*Astr*) azimuthal.

azionabile *a.* that can be activated (*posposto*), that can be operated (*posposto*).

azionamento *m.* **1** (*l'azionare*) working, operating: ~ *di una leva* working of a lever. **2** (*messa in moto*) activation, operation. **3** (*propulsione*) drive. ☐ ~ *a pedale* treadle drive, pedal drive.

azionare (*azióno*) *v.t.* **1** (*mettere in azione*) to set (sth.) going, to set (sth.) in motion, to move, to operate: ~ *una leva* to move a lever. **2** (*far funzionare*) to drive, to run, to operate: *il motorino è azionato da una molla* the engine is driven by a spring. ☐ ~ *i freni* to put on the brakes, to brake, to apply the brakes.

azionariato *m.* (*Econ*) body of shareholders, shareholders *pl.*, (*Am*) stockholders *pl.* ☐ (*Econ*) ~ *di maggioranza* majority shareholding; (*Econ*) ~ *di minoranza* minority shareholding; ~ *operaio* employee shareholding.

azionario *a.* (*Econ*) share (*attr.*), stock (*attr.*): *capitale* ~ share capital; *mercato* ~ share market, stock market.

azione¹ *f.* (*atto*) action, act, deed: *passare dal pensiero all'* ~ to move from thought to action; *cattive azioni* evil deeds. **2** (*Lett, Teat*) action: *l'* ~ *di un dramma* the action of a drama. **3** (*Mecc*) motion, action, movement. **4** (*influenza*) influence, action: *un'* ~ *benefica* a good influence. **5** (*Chim, Farm*) action: ~ *degli acidi sui metalli* action of acids on metals. **6** (*Mil*) action, engagement, (*ant*) feat. **7** (*Sport*) action. **8** (*Dir*) legal action, lawsuit, suit, legal proceedings *pl.*: *intentare un'* ~ *contro qcu.* to take legal action against so. **II** *intz.* (*Cin*) action! ☐ (*Mil*) ~ *aerea* air engagement; (*Rel.catt*) *Azione cattolica* Catholic Action;

(*Dir*) ~ *civile* action, civil action; (*Pol*) ~ *comune* (*spec. dell'Unione europea*) joint action; *un'* ~ *coraggiosa* an act of courage; *un'* ~ *criminale* a criminal act, a crime; (*Dir*) ~ *di annullamento* annulment action; ~ *di disturbo* disturbance (*anche Mil, Sport*); (*Mil*) ~ *di guerra* military action; ~ *di propaganda* propaganda (*anche Pol*); (*Mil, Sport*) ~ *difensiva* defensive action; (*Mil*) ~ *dimostrativa* demonstration; (*Pol*) ~ *diplomatica* diplomatic action; ~ *e reazione* action and reaction (*anche estens*); (*Farm*) *ad* ~ *euforizzante* euphoric agent; (*Mecc*) ~ *frenante* braking action; (*Dir*) ~ *giudiziaria* legal action: *intentare un'* ~ *giudiziaria* to take legal action; (*Mecc*) *essere in* ~ to be working: *il motore è in* ~ the engine is running; *non essere in* ~ to be off; (*Dir*) ~ *in riconvenzione* countercharge, counterclaim, cross action; (*Dir*) ~ *legale* legal action; (*Tecn*) *mettere qcs. in* ~ to set sth. in motion, to start sth.; (*Dir*) ~ *negatoria* actio negatoria, action of quiet enjoyment; (*Dir*) ~ *penale* criminal act; (*Econ*) *azioni privilegiate* preference share, preferred stock; *ad* ~ *rapida* fast acting (*anche Farm*); (*Dir*) ~ *revocatoria* action for revocation; *ad* ~ *ritardata* delayed action (*anche Chim, Farm*); ~ *sbiancante* bleaching action; *si è addormentato sotto l'* ~ *del calmante* he fell asleep under the effect of the sedative; ~ *terroristica* terrorism, act of terrorism; (*Chim, Farm*) ~ *tossica* toxic effect.

azione² *f.* (*Econ*) share, stock. ☐ (*Econ*) ~ *al portatore* bearer share, share to bearer; (*Econ*) ~ *di massima sicurezza* gilt-edged stock; (*Econ*) ~ *di nuova emissione* newly issued share, new stock, new share; (*Econ*) *di risparmio* savings share; (*Econ*) ~ *di sostegno* stand-by action, back action; (*Econ*) ~ *nominativa* registered stock, registered share; (*Econ*) ~ *ordinaria* ordinary share, common stock; (*Econ*) ~ *privilegiata* preference share, preferred share; (*Econ*) ~ *quotata in borsa* quoted stock, quoted share; ~ *non quotata in borsa* unlisted stock, unlisted share.

azionista *m./f.* (*Econ*) shareholder, stockholder: *piccolo* ~ small shareholder. ☐ (*Econ*) ~ *di maggioranza* major shareholder, majority shareholder; (*Econ*) ~ *di minoranza* minority shareholder; (*Econ*) ~ *di riferimento* reference shareholder, pivot shareholder; (*Econ*) ~ *ordinario* ordinary shareholder; (*Econ*) ~ *prestanome* dummy stockholder, dummy shareholder; (*Econ*) ~ *privilegiato* preference shareholder.

azocomposto *m.* (*Chim*) azo-compound, azo compound.

azoico (*pl.* **-ci**) **I** *a.* (*Geol*) azoic. **II** *m.* (*Geol*) azoic era.

azoospermia *f.* (*Med*) azoospermia.

azotato *a.* nitrogenous: *concime* ~ nitrogenous fertilizer.

azotemia *f.* (*Med*) uraemia, (*Am*) uremia, azotaemia.

azoto *m.* (*Chim*) nitrogen. ☐ ~ *atmosferico* atmospheric nitrogen.

azoturia, azoturia *f.* (*Med*) azoturia.

azoturo *m.* (*Chim*) nitride.

azteco (*pl.* **-chi**) **I** *a.* Aztec, Aztecan. **II** *m.* **1** (*lingua*) Aztec, Nahuatl. **2** (*f.* **-a**) Aztec.

azulene *m.* (*Chim*) azulene.

azzannare (*azzànno*) *v.t.* **1** to bite, to seize (sth.) with one's teeth: *fu azzannato da un cane* he was bitten by a dog. **2** (*fig, rar*) to attack savagely.

azzannata *f.* bite.

azzardare (*azzàrdo*) **I** *v.t.* **1** (*arrischiare*) to risk, to gamble: ~ *una grossa somma* to risk a large sum. **2** (*fig*) (*proporre*) to venture,

to hazard: ~ *un giudizio* to venture an opinion; ~ *un pronostico* to hazard a forecast. **II** *v.pron.* **azzardarsi** to dare, to venture.

azzardato *a.* **1** (*pericoloso*) dangerous, risky, hazardous: *impresa azzardata* risky undertaking. **2** (*avventato*) rash, hasty: *giudizi azzardati* hasty judgements.

azzardo *m.* **1** (*rischio*) risk, hazard, gamble. **2** (*pericolo*) danger, peril.

azzeccagarbugli *m.inv.* (*spreg*) pettifogger, pettifogging lawyer.

azzeccare (**azzécco, azzécchi**) *v.t.* **1** (*indovinare*) to guess, to hit, to hit upon: *ci hai azzeccato!* you've got it! **2** (*vincere*) to win, to draw: *ho azzeccato due numeri al lotto* I've drawn two winning numbers in the lottery. **3** (*riuscire*) to be lucky, to be successful. **4** (*centrare*) to hit, to strike: ~ *un colpo* to strike a blow. ☐ (*region, colloq*) *azzeccarci* to have something to do with: *che ci azzecca?* what has that got to do with it?; ~ *il momento giusto* to time it right; (*fig*) ~ *in pieno* to hit the nail on the head; (*colloq*) *non ne azzecca una* he never hits the mark.

azzeccato *a.* **1** guessed. **2** (*riuscito*) successful, right.

azzeramento *m.* **1** (*Tecn*) resetting. **2** (*estens*) (*cancellazione*) cancellation.

azzerare (**azzèro**) *v.t.* **1** to zero, to set to zero. **2** (*Inform*) to reset, to clear. **3** (*estens*) (*cancellare*) to cancel. ☐ ~ *un contatore* to reset a counter.

azzima *f.* (*Rel.ebr, Alim*) unleavened bread.

azzimare (**àzzimo**) *v.t.* **1** to dress up, to deck. **II** *v.pron.* **azzimarsi** (*iron*) to deck oneself out, to dress up to the nines.

azzimato *a.* decked out, dressed up.

azzimo I *a.* unleavened: *pasta azzima* unleavened dough. **II** *m.* (*Rel.ebr, Alim*) unleavened bread.

azzittire (**azzittìsco, azzittìsci**) **I** *v.t.* to silence, to hush. **II** *v.i.* (*aus.* **essere**) to fall silent. **III** *v.pron.* **azzittirsi** to fall silent.

azzonamento *m.* zoning.

azzoppare (**azzòppo**) **I** *v.t.* to lame, to make lame, to cripple. **II** *v.pron.* **azzopparsi** to become lame, to go lame, to lame oneself.

azzoppire (**azzoppìsco, azzoppìsci**) **I** *v.t.* to lame, to make lame, to cripple. **II** *v.pron.* **azzoppirsi** to become lame, to go lame, to lame oneself.

Azzorre *n.pr.f.pl.* (*Geog*) Azores.

azzuffamento *m.* (*rar*) scuffle, brawl.

azzuffarsi (**mi azzùffo**) *v.pron.* to scuffle, to come to blows, to brawl, to fight noisily: *si azzuffarono per un nonnulla* they fought over nothing.

azzurrabile *a.* (*Sport, rar*) eligible for the Italian national team (*posposto*).

azzurraggio *m.* (*Chim*) bluing, blueing.

azzurramento *m.* **1** (*Ott*) bluing. **2** (*Chim*) (*azzurraggio*) bluing.

azzurrare (**azzùrro**) **I** *v.t.* to colour blue, (*Am*) to color blue, to make blue. **II** *v.pron.* **azzurrarsi** to become blue.

azzurrato *a.* blue-coloured, painted blue.

azzurrino *a.* light blue.

azzurro I *a.* blue, light blue. **II** *m.* **1** (*colore*) blue, light blue, sky-blue, azure: *l'* ~ *del mare* the blue of the sea. **2** (*cielo*) sky-blue. **3** (*Chim*) blue. **4** (*Sport*) (*nel calcio*) Italian soccer player; (*nelle varie discipline*) Italian sportsman (*f.* -woman): *gli azzurri* (*nel calcio*) the Italian soccer team; (*nelle varie discipline*) the Italian sports team. ☐ ~ *scuro* royal blue, dark blue.

azzurrognolo *a.* bluish.

B

b ,**B** ¹ *m./f.* (*lettera dell'alfabeto*) b, B: *due b* two b's, two bs; *doppia b* double b; (*Tel*) *b come Bologna* B for Benjamin, (*Am*) B as in Baker; *vitamina B* vitamin B.

B ² **1** *Belgio* B (Belgium). **2** (*Mus*) *Basso* Bs (bass).

ba ,**bah** *intz.* bah!

Baal *n.pr.m.* (*Mitol,Bibl*) Baal.

babà *m.inv.* (*Dolc*) baba (leavened rum cake).

babau *m.inv.* **1** (*infant*) bogey-man, bogey, bogy. **2** (*estens*) (*persona che mette paura*) bugbear.

babbeo **I** *a.* foolish, stupid. **II** *m.* (*f.* **-a**) blockhead, fool, booby.

babbione **I** *a.* (*region,colloq*) foolish, stupid. **II** *m.* (*f.* **-a**) (*region,colloq*) blockhead, fool, booby.

babbo *m.* (*region*) father, dad, daddy, (*Am*) pop, pa. □ *a ~morto* : 1 (*scherz*) after one's father is dead; 2 (*estens*) (*dopo un altro evento*) afterwards; *Babbo Natale* Santa Claus, Santa, (*Br*) Father Christmas.

babbuccia (*pl.* **-ce**) *f.* **1** (*Calz*) (*calzatura orientale*) babouche. **2** (*Calz*) (*pantofola*) slipper. **3** (*per neonati*) bootee.

babbuino *m.* **1** (*Zool*) baboon. **2** (*fig*) (*stupido*) fool, dolt, booby.

babele *f.* (*confusione*) babel, bedlam.

Babele *n.pr.f.* (*Geog.stor*) Babel: (*Bibl*) *Torre di ~* Tower of Babel.

babelico (*pl.* **-ci**) *a.* **1** Babel (*attr.*). **2** (*fig*) (*confuso*) chaotic, confused, uproarious: *una confusione babelica* sheer bedlam.

babilonese **1** *a.* (*Stor*) Babylonian: (*Bibl, Stor*) *cattività ~* Babylonian captivity. **II** *m.* (*Stor*) (*lingua*) Babylonian. **III** *m./f.* (*Stor*) Babylonian.

babilonia *f.* (*confusione*) babel, bedlam.

Babilonia *n.pr.f.* (*Geog.stor*) (*città*) Babylon; (*regione*) Babylonia.

babilonico (*pl.* **-ci**) *a.* **1** Babylonian. **2** (*fig*) (*caotico*) confused, chaotic.

babirussa *m.inv.* (*Zool*) babirusa.

babordo *m.* (*Mar,ant*) port, portside. □ (*Mar,ant*)*a ~* on the port side.

baby /'bebi/ **I** *m./f.* baby. **II** *a.inv.* **1** baby (*attr.*), children's: *moda ~* childrens' fashion wear. **2** (*piccolo*) baby (*attr.*).

baby-doll /,bebi'dɔl/ *m.inv.* (*Abbigl*) babydoll pyjamas *pl.*

baby-pensionato /,bebi-/ *m.* (*f.* **-a**) very young pensioner, person who has taken early retirement.

baby-sitter /,bebi'sitter/ *m./f.inv.* baby sitter. □ *lavorare come ~* to babysit;*fare da ~ a un bambino* to babysit a child.

babysitteraggio *m.* (*Br*) m. baby-sitting.

bacare (**bàco, bàchi**) **I** *v.t.* to corrupt, to warp. **II** *v.i.* (*aus.* **essere**) to become worm-eaten, to go bad. **II** *v.pron.* **bacarsi** to become worm-eaten, to go bad.

bacato *a.* **1** worm-eaten, maggoty, rotten: *un frutto ~* a worm-eaten fruit. **2** (*fig*) (*di mente*) warped. **3** (*fig*) (*moralmente corrotto*) depraved, morally corrupt.

bacca *f.* (*Bot*) berry: *~ di ginepro* juniper berry.

baccagliare ,baccaiare (**baccàglio, baccàgli**; *aus.* **avere**) *v.i.* (*region*) to make noise, to argue noisily, to quarrel noisily, to row.

baccalà *m.* **1** (*Alim*) dried salted cod. **2** (*fig*) (*persona stupida*) blockhead, idiot. **3** (*fig*) (*persona magra*) beanpole: *essere magro come un ~* to be as thin as a beanpole.

baccalaureato *m.* (*Univ*) **1** baccalaureate, bachelor's degree. **2** (*f.* **-a**) (*persona*) bachelor.

baccanale *m.* **1** Bacchanal (*anche fig*). **2** *pl.* Bacchanalia. **3** (*orgia*) revelry, orgy.

baccano *m.* **1** uproar, hubbub, din. **2** (*il gridare*) shouting, uproar. □ (*colloq*)*fare ~* to make noise, to make a racket; *fare un ~ del diavolo* to make a hell of a row.

baccante *f.* (*Stor*) Bacchante (*anche fig*).

baccarà *m.* (*gioco d'azzardo*) baccara, baccarat.

baccellierato *m.* (*Univ*) bachelor's degree, bachelorship.

baccelliere *m.* bachelor.

baccello *m.* pod.

bacchetta *f.* **1** rod, stick. **2** (*del direttore d'orchestra*) baton. **3** (*per suonare il tamburo e sim.*) stick, drumstick. **4** (*per caricare le armi da fuoco*) ramrod. **5** (*del pittore*) maulstick, mahlstick. **6** (*per cibo cinese ecc.*) chopstick. □ (*fig*) *comandare qcu.a ~* to boss so. around; *~da rabdomante* divining rod; *~magica* magic wand.

bacchettare (**bacchétto**)*v.t.* **1** (*battere con la bacchetta*) to beat with a rod. **2** (*fig*) (*criticare aspramente*) to savage, to thrash, to rip to shreds.

bacchettata *f.* blow (with a rod or stick), thrashing. □ *~sulle dita* (o *~sulle mani*) rap on the knuckles (*anche fig*).

bacchetto *m.* stick. □ *~ della frusta* whip handle.

bacchettone *m.* (*f.* **-a**) **1** (*moralista*) prude, puritan, prig. **2** (*persona eccessivamente religiosa*) religious fanatic, religious zealot. **3** (*persona intransigente per motivi religiosi*) (*religious*) bigot. **4** (*rar*) (*ipocrita*) sanctimonious person, pious humbug.

bacchiare (**bàcchio, bàcchi**) *v.t.* (*Agr*) to beat down (fruits, nuts, etc.) with a pole, to knock down with a pole.

bacchiatore *m.* (*f.* **-trice**) (*Agr*) person who beats down, person who knocks down (fruits, nuts, etc.).

bacchiatura *f.* (*Agr*) **1** (*azione*) beating down, knocking down (of fruits, nuts, etc.). **2** (*periodo*) time of beating down, time of knocking down.

bacchico (*pl.* **-ci**) *a.* Bacchic: *riti bacchici* Bacchic rites.

bacchio (*pl.* **-chi**) *m.* (*Agr*) pole for beating down (nuts, fruits, etc.).

Bacco *n.pr.m.* **1** (*Mitol*) Bacchus. **2** (*estens*) (*vizio del bere*) drinking habit: *essere dedito a ~* to be fond of the bottle. □ *Prov.*: *~, tabacco e Venere riducono l'uomo in cenere* wine, tobacco and women are a man's downfall.

bacheca *f.* **1** (*vetrina*) showcase. **2** (*tabella appesa al muro*) notice board. □ (*Inform*) *~elettronica* Bulletin Board System, BBS; *mettere qcs.in ~* to post sth., to stick sth. up, to advertise sth.

bachelite *f.* (*Chim*) Bakelite.

bacherozzo ,bacherozzolo *m.* **1** (*bruco*) maggot, worm. **2** (*region*) (*scarafaggio*) cockroach.

bachicoltore *m.* (*f.* **-trice**) sericulturist, silk grower, silkworm breeder.

bachicoltura *f.* sericulture, silk growing, silkworm breeding.

bachicultore *m.* (*f.* **-trice**) sericulturist, silk grower, silkworm breeder.

bachicultura *f.* sericulture, silk growing.

baciamano *m.* hand-kissing. □ *fare il ~ a una donna* to kiss a lady's hand.

baciapile *m./f.inv.* (*spreg*) religionist.

baciare (**bàcio, bàci**) **I** *v.t.* **1** to kiss: *lo baciò in fronte* she kissed him on the forehead. **2** (*sfiorare, lambire*) to kiss, to touch; (*rif. all'acqua*) to lap. **II** *v.r.recipr.* **baciarsi** to kiss (each other). □ *è stato baciato dalla fortuna* luck has favoured him, fortune has smiled on him; (*fig*) *baciarsi i gomiti* to thank one's lucky star; *~la mano di qcu.* to kiss so.'s hand; (*fig*) *~la polvere* to bite the dust, to kiss the dust; (*fig*) *~la terra dove passa qcu.* to worship the ground so. walks on; (*region*) *baciamole mani* (o *bacio le mani*) (*espressione di saluto*) my respects to you; *~ qcu.sulla bocca* to kiss so. on the mouth, to kiss so. on the lips.

baciato *a.* kissed. □ (*fig*) *~dal sole* sun-kissed; (*fig*) *è ~dalla fortuna* fortune smiles on him, he is a lucky person.

bacile *m.* **1** basin, hand-basin, bowl. **2** (*Arch*) echinus.

bacillare *a.* (*Med*) bacillary, bacillar: *infezione ~* bacillary infection.

bacillo *m.* (*Biol*) bacillus: *portatore di bacilli* bacillus vector, bacillus carrier. □ (*Biol*) *~ botulino* botulinus; (*Biol*) *~tubercolare* tubercle bacillus; (*Biol*) *~virgola* comma, comma bacillus.

bacinella *f.* **1** basin; (*contenuto*) basinful. **2** (*Fot*) tray: *~ di lavaggio* washing tray.

bacinetto *m.* **1** (*Anat*) renal pelvis. **2** (*elmo*) basinet, bascinet.

bacino *m.* **1** (*recipiente*) basin, bowl. **2** (*Geog,Idr*) basin. **3** (*Minier*) field, bed. **4** (*Mar*) dock: *entrare in ~* to go into dock, to dock. **5** (*Anat*) pelvis. **6** (*Met*) basin, well. □ (*Minier*) *~carbonifero* coal bed, coal field; (*Mar*) *~ di carenaggio* dry dock, graving dock; (*Met*) *~di colata* sprue pot, sprue basin; (*Idr*) *~di decantazione* clarification bed; (*Idr*) *~di raccolta* reservoir, storage lake, storage pool, catch basin; (*Mar*) *~di raddobbo* dry dock, refitting basin; *~di utenza* catchment area;(*Geog*) *~fluviale* river-basin; (*Mar*) *~galleggiante* floating dock; (*Idr*) *~idrico* watershed; (*Idr*) *~idroelettrico* watershed, hydroelettric catchment basin; (*Geog*) *~idrografico* hydrologic catchment basin, drainage basin; (*Geog*) *~imbrifero* basin, catchment basin; (*Geog*) *~industriale* industrial region, industrial area; *~ delMediterraneo* Mediterranean basin; (*Geol*) *~oceanico* ocean basin; (*Geol*) *~petrolifero* petroliferous basin.

bacio *m.* **1** kiss: *dare un ~ a qcu.* to give so. a kiss, to kiss so.; *mandare un ~ a qcu.* (*con la mano*) to blow so. a kiss; *rubare un ~ a qcu.* to steal a kiss from so. **2** (*Dolc*) kiss, round biscuit made up of two halves with cream in the middle. ☐ ~!, ~! kiss! kiss! (said to the bride and groom at the wedding reception); (*colloq*) *al* ~ perfectly (well); ~ *con la lingua* French kiss; ~ *con lo schiocco* smack; ~ *della buonanotte* goodnight kiss; ~ *della mano* hand kissing; ~ *della pace* kiss of peace; ~ *di addio* farewell kiss, parting kiss; (*Dolc*) ~ *di dama* kiss, round biscuit made up of two halves with cream in the middle; ~ *di Giuda* Judas kiss; (*epist*) *baci e abbracci* hugs and kisses; ~ *profondo* French kiss.

bacione *m.* **1** hearty kiss, smack. **2** *pl.* (*epist*) love and kisses.

backgammon /bɛkˈɡɛmmon/ *m.* backgammon.

background /bɛkˈɡraund/ *m.inv.* background.

backlog /ˈbɛklɔɡ/ *m.inv.* (*Inform*) backlog.

backslash /ˈbɛkslɛʃ/ *m.inv.* (*Tip*) backslash.

backspace /ˈbɛkspeis/ *m.inv.* (*Inform*) backspace.

backstage /bɛkˈsteidʒ/ *m.inv.* (*Cin,Teat,TV*) backstage.

back-to-back /ˈbɛktubɛk/ *m.inv.* (*Econ*) back-to-back.

backup /bɛkˈap/ *m.inv.* (*Inform*) backup: *copia di* ~ backup copy.

baco (*pl.* **-chi**) *m.* **1** worm; (*bruco*) caterpillar, grub. **2** (*baco da seta*) silkworm. **3** (*Inform*) bug. ☐ (*fig*) *avere il* ~ to be worm-eaten; ~ *da seta* silkworm; (*fig*) *lo rode il* ~ *della gelosia* he is being consumed by jealousy.

bacologia *f.* sericulture, silkworm breeding.

bacologico (*pl.* **-ci**) *a.* silkworm-breeding (*attr.*), sericultural.

bacologo *m.* (*f.* **-a**; *pl.* **-gi**) sericulturist.

bacon /ˈbeikon/ *m.* (*Alim*) bacon.

Bacone *n.pr.m.* (*Filos*) Bacon.

baconiano *a.* (*Filos*) Baconian.

bacterio *m.* bacterium.

bacucco (*pl.* **-chi**) *a.* dotard (*attr.*), gaga (*attr.*): *un vecchio* ~ a dotard, an old fool.

bada ☐ *tenere a* ~ *qcu.* to keep so. at bay, to hold so. at bay, to ward so. off.

badante *m./f.* healthcare worker for the elderly, professional for the elderly.

badare (**bàdo**) *v.i.* (*aus. avere*) **1** (*occuparsi di*) to look (*a* after), to take care (*a* of), to care (*a* for): ~ *alla casa* to look after the house; ~ *agli affari* to look after one's business. **2** (*sorvegliare*) to look after, to mind, to watch over (so.): ~ *ai bambini* to mind the children, to look after the children; ~ *al gregge* to watch over the flock. **3** (*fare attenzione*) to pay attention (to), to look out (for), to mind (sth.): *bada al gradino* mind the step; *bada a quello che dico* mind what I say; *bada a come parli!* mind your language!; *bada!* look out!, be careful! **4** (*dare importanza*) to listen (*a* to), to take notice (*a* of), to pay attention (*a* to): *non* ~ *alle chiacchiere* don't listen to gossip; *io non ci bado* I don't pay any attention to it; *nessuno gli badò* no one took any notice of him. **5** (*seguito da a e verbo all'infinito*): *dedicarsi*) to be concerned (*a* with), to think (*a* about), to care (*a* about): *tu badi solo a giocare* all you care about is playing. **6** (*seguito da di e verbo all'infinito*: *cercare*) to mind, to make sure: *bada di comportarti bene* mind you behave well. ☐ *non* ~ *a fatiche* to spare no effort, to spare no pains; *senza* ~ *a spese* regardless of expense; *non* ~ *a spese* to spare no expense; ~ *ai fatti propri* to mind one's own business, to go about one's own affairs; *senza* ~ *al prezzo* without regard to cost, with

no regard to cost; ~ *all'essenziale* to stick to the main point; ~ *all'esteriorità* to care for appearances.

baderna *f.* (*Mar*) packing, puddening.

badessa *f.* **1** abbess. **2** (*fig*) stout woman.

badge /ˈbɛdʒ/ *m.inv.* badge.

badia *f.* (*abbazia*) abbey.

badilante *m.* navvy.

badilata *f.* **1** (*contenuto*) shovelful: *una* ~ *di sabbia* a shovelful of sand. **2** (*colpo*) blow with a shovel.

badile *m.* shovel, spade.

baffetti *m.pl.* **1** clipped moustache *sing.*: ~ *alla Hitler* Hitler moustache. **2** (*di donna*) hair *sing.* on one's lip.

baffo *m.* **1** *spec.pl.* moustache *sing.*: *si era lasciato crescere i baffi* he had grown a moustache; *un paio di baffi* a moustache; *portare i baffi* to wear a moustache. **2** (*di animale*) whisker. **3** (*colloq*) (*sbaffo*) smear, smudge: *un* ~ *d'inchiostro sul quaderno* a smear of ink on the exercise-book. **4** (*Dent,colloq*) headgear. ☐ *baffi a manubrio* handlebar moustache (*sing.*); *baffi a spazzola* toothbrush moustache (*sing.*); (*fig*) *coi baffi* (*coi fiocchi*) splendid, gala (*attr.*), first-rate; *me ne faccio un* ~ I don't give a damn, I don't give two hoots, (*Br*) I don't give a jot, (*Am*) I don't care a fig; *baffi spioventi* walrus moustache (*sing.*).

baffone *m.* **1** *spec.pl.* (*grandi baffi*) big moustache. **2** (*scherz*) (*uomo con grandi baffi*) man with a big moustache.

baffuto *a.* **1** (*heavily*) moustached, with a big moustache (*posposto*). **2** (*rif. ad animale*) whiskered.

bagagliaio *m.* **1** (*Aut*) boot, (*Am*) trunk. **2** (*Aer*) luggage compartment, (*Am*) baggage compartment. **3** (*Ferr*) (*vagone*) luggage-van, (*Am*) baggage-car; (*scomparto*) baggage compartment.

bagaglio *m.* **1** *spec.pl.* luggage (*costr.sing.*), baggage (*costr.sing.*): *fare i bagagli* to pack; *disfare i bagagli* to unpack. **2** (*singolo collo*) bag; (*valigia*) suitcase. **3** (*fig*) (*informazioni*) background, store, education: *un ricco* ~ *di cognizioni* a rich store of knowledge, a wealth of knowledge; *un* ~ *di nozioni tecniche* technical knowledge. ☐ ~ *a mano* hand luggage (*costr.sing.*), carry-on luggage (*costr.sing.*); ~ *al seguito* accompanied luggage (*costr.sing.*); ~ *appresso* accompanied luggage (*costr.sing.*); (*fig*) ~ *culturale* background (knowledge), general knowledge; ~ *in franchigia* free allowance.

bagarinaggio *m.* scalping, ticket touting.

bagarino *m.* scalper, ticket tout, ticket touter.

bagarre /baˈɡar/ *f.inv.* **1** bustle, stir. **2** (*Sport*) scrimmage.

bagascia (*pl.* **-sce**) *f.* (*volg,ant*) harlot, whore.

bagassa *f.* (*Ind*) bagasse.

bagatella, bagattella *f.* **1** bagatelle, trifle: *non è poi una* ~ it's not just a bagatelle. **2** (*Mus*) bagatelle. **3** (*gioco di biliardo*) bagatelle.

baggianata *f.* **1** (*discorso sciocco*) nonsense, rubbish: *dire baggianate* to talk nonsense. **2** (*azione sciocca*) tomfoolery, foolishness.

baggiano I *a.* (*ant*) stupid, foolish. **II** *m.* (*f.* **-a**) (*ant*) fool, simpleton.

Baghdad *n.pr.f.* (*Geog*) Bagdad, Baghdad.

baghetta *f.* (*rif. a calza*) clock.

bagigi *m.pl.* (*region*) (*noccioline americane*) peanuts.

baglio *m.* (*Mar*) beam: ~ *maestro* midship beam; ~ *di ponte* deck beam.

bagliore *m.* **1** flash, glare (*anche fig*): *il* ~ *accecante dei fari* the blinding glare of the headlamps; ~ *del lampo* flash of lightning; *un* ~ *di speranza* a flash of hope, a glimmer of hope. **2** (*Elettron*) glow: *scarica a* ~ glow discharge.

bagna *f.* (*region*) (*intingolo*) sauce.

bagnante *m./f.* **1** swimmer, (*Br*) bather. **2** (*estens*) (*che va in spiaggia*) beach-goer.

bagnare (**bàgno**) I *v.t.* **1** to wet. **2** (*immergere*) to dip. **3** (*inumidire*) to dampen: ~ *i panni* to dampen the clothes. **4** (*spruzzare*) to sprinkle. **5** (*inzuppare*) to soak, to steep: ~ *il pane nel brodo* to soak bread in broth. **6** (*annaffiare: rif. a fiori e sim.*) to water. **7** (*traversare: rif. a fiumi e sim.*) to flow through, to bathe: *il Tevere bagna Roma* the Tiber flows through Rome. **8** (*lambire*) to wash, to bathe: *il mare bagna il paese* the village is washed by the sea. **9** (*colloq*) (*festeggiare bevendo*) to celebrate: ~ *la laurea* to celebrate one's graduation. **II** *v.pron.* **bagnarsi 1** (*volontariamente*) to wet, to water: *bagnarsi i capelli* to wet one's hair. **2** (*accidentalmente*) to get wet: *bagnarsi i piedi* to get one's feet wet; *pioveva a dirotto e mi sono bagnato tutto* it was pouring and I got wet soaked. **3** (*in mare e sim.*) to bathe: *si sono bagnati nel lago* they bathed in the lake. **4** (*colloq*) (*orinarsi addosso*) to wet one's pants, to wet oneself. ☐ ~ *di lacrime* to bathe with tears; ~ *di sudore* to soak with sweat; *bagnarsi fino alle ossa* to get soaked to the bone, to get wet through, to get drenched; (*scherz*) *bagnarsi il becco* to wet one's whistle; ~ *il letto* to wet one's bed; (*fig*) ~ *il naso a qcu.* (*essergli superiore*) to knock the spots off so.; (*scherz*) *bagnarsi la gola* (*bere*) to wet one's whistle; *bagnarsi le labbra* **1** to moisten one's lips; **2** (*fig*) (*bere qcs.*) to have a drink.

bagnarola *f.* **1** (*region*) (*vasca*) bathtub. **2** (*scherz*) (*vecchia macchina*) old crock, old heap, (*Am*) jalopy.

bagnasciuga *m.inv.* (*battigia*) shore-line, (*colloq*) boot topping.

bagnata *f.* soaking, wetting. ☐ *dare una* ~ *ai fiori del giardino* to water the garden flowers; *prendersi una bella* ~ to get wet through and through.

bagnato I *a.* wet, soaked: *essere tutto* ~ to be thoroughly soaked, to be wet through. **II** *m.* (*terreno bagnato*) damp ground, wet ground, wet: *non camminare nel* ~ don't walk in the wet. ☐ *essere* ~ *come un pulcino* to be soaked to the skin, to be like a drowned rat; *essere* ~ *di sudore* to be soaked with sweat, to be dripping with sweat, to be wet with sweat; *essere* ~ *fino alle ossa* (o *essere* ~ *fradicio*) to be soaked to the skin, to be wet through, to look like a drowned rat, to be soaked to the bone.

bagnatura *f.* **1** (*il bagnare*) wetting. **2** (*il fare il bagno*) bathe, bathing.

bagnino *m.* (*f.* **-a**) bathing-attendant, lifeguard.

bagno *m.* **1** (*nella vasca*) bath: *fare il* ~ to take a bath, to have a bath; *fare il* ~ *a qcu.* to give so. a bath, to bathe so.; *preferisci* ~ *o la doccia?* do you prefer taking a bath or a shower? **2** (*in mare e sim.*) bathe, to swim: *andare a fare un* ~ (*Br*) to bathe, to go for a bathe, (*Am*) to go for a swim. **3** (*stanza da bagno*) bathroom: *camera con* ~ (*in hotel*) en suite room. **4** (*acqua per il bagno*) bath-water, bath. **5** (*vasca da bagno*) (*Br*) bath, (*Am*) bathtub. **6** (*Tecn*) bath. **7** *pl.* (*stazione balneare*) bathing resort *sing.*; (*stabilimento di acque termali*) baths, spa *sing.*: *andare ai* *bagni* to go to the baths. □ *a* ~ soaking: *essere a* ~ to be soaking; *mettere a* ~ *la biancheria* to put the washing in to soak, to soak the washing; *tenere qcs. a* ~ to keep sth. soaking; *possoandare in* ~? may I go to the bathroom?, (*Am*) may I use the restroom?; (*Tess,Ind*) ~*colorante* dye-bath; ~*d'aria* air bath; (*Tess*) ~*di candeggio* bleaching bath; (*Tess,Ind*) ~*di colore* dye-bath; (*Med*) ~*di fango* mud-bath; (*Fot*) ~*di fissaggio* fixing bath; (*fig*) ~*di folla* walkabout: *fare un* ~ *di folla* to go on a walkabout; ~*di mare* sea bathing; ~*di mezzanotte* midnight swim, midnight dip; ~*di paraffina* paraffin bath, wax bath; (*Med*) ~*di sabbia* sand bath; (*fig*) ~*di sangue* bloodbath; (*fig*) ~*di sole* sunbathing; (*fig*) *essere in un* ~*di sudore* to be bathed in sweat, to be dripping with sweat; (*Fot*) ~*di sviluppo* developing bath; ~*di vapore* steam bath; (*Mecc*) ~*d'olio* oil bath; (*Fot*) ~*fissatore* fixing bath, fixer; (*Met*) ~ *galvanico* galvanic bath; (*rar*) ~ *maria* bain-marie: *cuocere a* ~ *maria* to cook in a bain-marie; (*Med*) ~*medicato* medicinal bath; (*Stor*) ~*penale* penal colony; *bagni pubblici* public toilets; ~ *termale* thermal baths, spa; ~*turco* Turkish bath; (*colloq*)*va' a fare un* ~*!* get lost!

bagnolo *m.* **1** (*Med*) cold-water compress. **2** (*Edil*) lime-slaking vat.

bagnomaria *m.* bain-marie: *cuocere a* ~ to cook in a bain-marie.

bagnoschiuma *m.inv.* bubble bath, bath foam.

bagolaro *m.* (*Bot*) nettle tree.

bagordare (*bagòrdo*) *aus.* **avere** *v.i.* to carouse, to revel.

bagordi *m.pl.* revelry *sing.*, carousal *sing.* □ *darsi ai* bagordi (*ofare* bagordi) to carouse.

baguette /ba'gɛt/ *f.inv.* (*Alim*) French loaf.

bah *intz.* **1** (*disprezzo, dissenso*) bah!, tut!, tut-tut! **2** (*rassegnazione*) ah!

bahaismo *m.* (*Rel*) Bahaism.

Bahama *n.pr.f.* (*Geog*) Bahama: *le Bahama* (o *le Bahamas*) the Bahamas, the Bahama Islands.

Bahrain /ba'rein/ *n.pr.m.* (*Geog*) Bahrain.

bai □ *non dire* né *ai* né ~ to say nothing.

baia [1] *f.* (*Geog*) bay: *la* ~ *di Napoli* the Bay of Naples.

baia [2] *f.* (*ant*) **1** (*beffa*) joke, jest, prank. **2** (*inezia*) trifle, nonsense. □ (*ant*)*dare la* ~ *a qcu.* to chaff so., to make fun of so.

baiadera *f.* **1** (*danzatrice indiana*) bayadere. **2** (*Tess*) bayadere.

bailamme *m.inv.* uproar, hubbub.

baio **I** *a.* bay. **II** *m.* bay, bay horse.

baiocco (*pl.* -chi) *m.* **1** (*Numism*) baiocco (copper coin). **2** *pl.* (*ant*) (*denaro*) dough (*costr.sing.*): *non ho un* ~ I haven't a bean; *non vale un* ~ it's not worth twopence.

baionetta *f.* **1** (*Arm*) bayonet: *con la* ~ *in canna* with fixed bayonet. **2** (*fig*) (*soldato*) soldier. □ (*Mecc*)*a* ~ bayonet (*attr.*): *innesto a* ~ bayonet coupling.

baionettata *f.* **1** (*colpo*) bayonet thrust. **2** (*ferita*) bayonet wound.

baita *f.* Alpine hut.

Balaclava *n.pr.f.* (*Geog*) Balaklava.

balalaica , **balalaika** *f.* (*Mus*) balalaika.

balanino *m.* (*Entom*) nut weevil.

balanite *f.* (*Med*) balanitis.

balascio *m.* (*Min*) balas, balas ruby.

balaustra , **balaustrata** *f.* (*Arch*) balustrade, banister.

balaustrino *m.* (*Tecn*) (spring) bow compass.

balaustro *m.* (*Arch*) baluster.

balbettamento *m.* **1** (*il balbettare*) stam-

---

mering, stuttering; (*rif. a bambini*) babbling, prattling. **2** (*parole dette balbettando*) stammer, stutter; (*rif. a bambini*) babble, prattle.

balbettante *a.* stuttering, stammering; (*rif. a bambini*) babbling, prattling.

balbettare (**balbétto**) **I** *v.i.* (*aus.* **avere**) **1** to stammer, to stutter, to lisp. **2** (*rif. a bambini*) to babble, to prattle. **3** (*fig*) (*essere agli inizi*) to be in one's infancy: *la fisica balbettava ancora* physics was still in its infancy. **II** *v.t.* **1** (*pronunciare stentatamente*) to stammer (out): ~ *una scusa* to stammer out an excuse. **2** (*rif. a bambini*) to babble, to prattle: *il bimbo balbettava già le prime parole* the baby was already babbling his first words. **3** (*parlare stentatamente una lingua straniera*) to speak brokenly: *balbetta un po' d'inglese* he speaks broken English.

balbettio *m.* constant stammering; (*rif. a bambini*) prattle, babble.

balbuzie *f.* stammer, stutter.

balbuziente **I** *a.* stammering, stuttering: *essere* ~ to stammer, to stutter. **II** *m./f.* stammerer, stutterer.

Balcani *n.pr.m.pl.* (*Geog*) **1** (*regione*) Balkans. **2** (*monti*) Balkan mountains.

balcanico (*pl.* -ci) *a.* Balkan: *penisola balcanica* Balkan peninsula.

balcanizzare (**balcanìzzo**) *v.t.* (*Pol*) to Balkanize.

balcanizzazione *f.* (*Pol*) Balkanization.

balconata *f.* **1** (*Arch*) balcony. **2** (*Teat*) gallery: *posti di* ~ gallery seats.

balconcino *m.* small balcony. □ (*Abbigl*) *reggisenoa* ~ half-cup bra.

balcone *m.* balcony.

baldacchino *m.* **1** (*di letto*) canopy, tester. **2** (*di trono*) canopy. **3** (*per processioni*) baldachin (*anche Arch*).

baldanza *f.* **1** boldness, self-assurance, self-confidence. **2** (*spavalderia*) rashness.

baldanzosamente *avv.* self-confidently, boldly.

baldanzoso *a.* **1** (*sicuro di sé*) self-confident, self-assured. **2** (*spavaldo*) bold, daring, fearless.

Baldassarre *n.pr.m.* Balthazar; (*Bibl*) Belshazzar.

Balder *n.pr.m.* (*Mitol.nord*) Balder.

baldo *a.* bold, daring, gallant: *un* ~ *giovane* a bold youth.

baldoria *f.* **1** revelry, merry-making. **2** (*festa chiassosa*) spree, noisy party. □ *fare* ~ to make merry, to carouse.

Baldovino *n.pr.m.* Baldwin, Baudouin.

Baldr *n.pr.m.* (*Mitol.nord*) Balder.

baldracca *f.* (*volg*) whore, slut.

Baldur *n.pr.m.* (*Mitol.nord*) Balder.

Baleari *n.pr.f.pl.* (*Geog*) Balearic Islands.

balena *f.* **1** (*Zool*) whale. **2** (*fig*) (*donna grassa*) fat woman, mountain of flesh. □ (*Zool*) ~*bianca* white whale.

balenamento *m.* flashing.

balenare (**baléno**) **I** *v.i.* (*aus.* **essere**) (*apparire all'improvviso*) to flash (*anche fig*): *mi è balenata un'idea* an idea flashed through my mind; *gli balenò l'ira nello sguardo* a flash of anger showed in his glance. **II** *v.i.impers.* (*aus.* **essere**/*rar* **avere**) to flash with lightning, to lighten.

baleniera *f.* (*Mar*) whaler, whaling ship, whale catcher.

baleniere *m.* whaler.

baleniero *a.* whale (*attr.*), whaling.

balenio *m.* **1** continual flashing, repeated flashes *pl.* **2** (*sfolgorio*) blaze, glitter.

baleno *m.* **1** (*lampo*) lightning. **2** (*luce improvvisa*) flash. □ *in un* ~ in a flash, quick as lightning.

---

balenottera *f.* (*Zool*) rorqual whale. □ (*Zool*) ~*azzurra* blue whale; (*Zool*) ~*minore* minke whale.

balenottero , **balenotto** *m.* young whale, whale calf.

balera *f.* dance-hall; (*all'aperto*) open-air dance hall.

balestra *f.* **1** (*arma*) crossbow. **2** (*Mecc,Aut*) spring, leafspring. **3** (*Tip,ant*) galley.

balestriera *f.* loophole.

balestriere *m.* crossbowman.

balestruccio *m.* (*Ornit*) martin, house-martin.

balì *m.* (*Stor*) bailiff.

Bali *n.pr.f.* (*Geog*) Bali.

balia *f.* wet nurse: *dare un bambino a* ~ to put a baby out to nurse; *essere a* ~ to be put out to nurse. □ (*ant*) ~*asciutta* dry nurse, nursemaid;*fare da* ~ *a qcu.* to take so. under one's wing; (*fig*)*tenere a* ~ to draw out, to spin out.

balìa *f.* power, authority: *cadere in* ~ *di qcu.* to fall into so.'s hands. □ *avere qcu.in propria* ~ to have so. at one's mercy, to have so. in one's power; *esserein* ~*di qcu.* to be at so.'s mercy; *essere in* ~ *delle onde* to be tossed by the waves, to be at the mercy of the waves; *rimanere in* ~ *di sestessi* to be left helpless.

baliatico (*pl.* -ci) *m.* **1** wet nursing. **2** (*salario*) wet-nurse's wages *pl.*

balilla *m.inv.* (*Stor.it*) member of the Fascist Youth Movement.

balinese **I** *a.* Balinese. **II** *m./f.* Balinese. **III** *m.* (*lingua*) Balinese.

balipedio *m.* (*Mil*) experimental artillery-range.

balista *f.* (*Stor*) ballista.

ballistica *f.* ballistics (*costr.sing.*).

ballistico (*pl.* -ci) *a.* ballistic, ballistics (*attr.*): *perito* ~ ballistics expert.

ballistite *f.* ballistite.

balivo *m.* (*Stor*) bailiff.

balla *f.* **1** (*involto*) bale: *una* ~ *di stracci* a bale of rags; ~ *di fieno* bale of hay. **2** (*colloq*) (*fandonia*) baloney, tall story: *raccontare balle* to tell tall stories; *sono tutte balle!* rubbish! **3** *spec.pl.* (*volg*) ball, nut, (*Br*) bollock. □ *in balle* bale (*attr.*).

ballabile **I** *a.* danceable, dance (*attr.*): *questo pezzo non è* ~ you can't dance to this music. **II** *m.* (*Mus*) dance tune, dance music.

ballare (**bàllo**) **I** *v.i.* (*aus.* **avere**) **1** to dance: ~ *dalla gioia* to dance with joy, to dance for joy; *andiamo a* ~ let's go dancing; *balli?* would you like to dance?; *balliamo?* shall we dance?; *fare ballare qcu.* to make so. dance, to dance (*o* to have a dance) with so. **2** (*fig*) (*agitarsi*) to fidget: ~ *sulla seggiola* to fidget in one's chair. **3** (*fig*) (*traballare*) to totter, to teeter, to rattle, to wobble, to shake: *il tavolo balla* the table wobbles. **4** (*fig*) (*muoversi*) to move, to bob up and down, to vibrate. **5** (*fig*) (*di immagini, parole*) to swim. **6** (*fig*) (*rif. a indumenti: stare largo*) to hang loosely: *i vestiti gli ballano addosso* his clothes hang loosely. **7** (*fig*) (*rollare*) to roll. **II** *v.t.* to dance. **2** (*rif. a balli coreografici*) to perform: ~ *il minuetto* to perform a minuet. □ ~*come un orso* to dance like an elephant, to dance very clumsily; *mi balla undente* I have a loose tooth; (*fig,iron*) *orasi balla* (*si sta freschi*) now comes the best of it; ~ *ilvalzer* to waltz.

ballast *m.inv.* (*Ferr*) ballast.

ballata *f.* (*Lett*) ballad: ~ *popolare* popular ballad. **2** (*Mus*) ballade.

ballatoio *m.* **1** gallery; (*di scala*) landing, platform. **2** (*nelle gabbie degli uccelli*) perch. **3** (*Mar*) gallery.

ballerina *f.* **1** (*donna che balla*) (female) dancer; (*donna che balla bene*) good dancer. **2** (*di balletto*) ballerina, ballet dancer; (*di rivista*) chorus girl: *prima ~ prima ballerina. **3** (*Calz*) pump. **4** (*Zool*) wagtail. □ *~di fila* chorus girl.

ballerino I *m.* **1** (*uomo che balla*) dancer; (*uomo che balla bene*) good dancer. **2** (*di balletto*) ballet dancer: *primo ~* male lead. **II** *a.* **1** (*che danza*) dancing. **2** (*instabile*) unstable.

balletto *m.* **1** (*Teat*) ballet: *il ~ dell'Opera* the Opera ballet. **2** (*ballerini*) dancers *pl.* **3** (*fig,iron*) (*andare e venire*) comings and goings *pl.* □ (*fig*) *ballettirosa* sex party (*sing.*) between adults and female minors; (*fig*) *balletti verdi* sex party (*sing.*) between adults and male minors.

ballista *m./f.* (*colloq*) teller of tall tales, fibber.

ballo *m.* **1** (*il ballare*) dancing, dance. **2** (*festa danzante*) dance: *andare al ~* to attend the ball, to go to the dance; *aprire il ~* to begin the dance. **3** (*di gala*) ball: *dare un ~* to give a ball. **4** (*tipo di danza*) dance: *balli moderni* modern dance. **5** (*giro di danza*) dance: *ti invito per il prossimo ~* may I have the next dance? **6** (*Teat*) ballet. □ *~campestre* country dance; *da ~* dance (*attr.*), ballet (*attr.*): *sala da ~:* **1** (*pubblica*) dance hall; **2** (*privata*) ballroom; *scarpette da ~* ballet shoes, soft shoes; *~ delle debuttanti* the coming out ball, the débutantes' ball; *~di beneficenza* charity ball; (*Med*) *~di san Vito* St. Vitus' dance; (*fig*) *avere il ~ di san Vito* to have the fidgets; (*fig*)*in ~:* **1** (*in gioco*) at stake, involved: *è in ~ il tuo avvenire* your future is at stake; *è in ~ la sua vita* his life is at stake; *tornare in ~* to come back into play; **2** (*occupato con qcs.*) busy: *già cielo sono in ~, vado avanti* since I'm in the thick of it, I will go forward; *in questo momento sono in ~ con un altro lavoro* right now I'm committed elsewhere, right now I'm in the middle of something else; *~in costume* fancy-dress ball, fancy-dress dance; *~ in maschera* masked ball, costume ball; *~liscio* ballroom dancing; *~ mascherato* masked ball, costume ball. *Prov.: quando si è in ~ bisogna ballare* in for a penny, in for a pound.

ballon d'essai /ba'lɔndes'se/ *m.inv.* (*Giorn*) trial balloon.

ballonzolare (**ballónzolo**; *aus.* **avere**) *v.i.* to skip, to bounce, to trip along.

ballota *f.* (*Bot*) ballota, black horehound.

ballotta *f.* **1** (*Stor*) (*nelle votazioni*) ballot. **2** (*pallottola*) shot, ball. **3** (*region*) (*castagna lessata*) (unpeeled) boiled chestnut.

ballottaggio *m.* **1** second ballot: *andare al ~* to go to second ballot; *entrare in ~* to come up for a second ballot; *mettere in ~* to put to a second ballot. **2** (*Sport*) play-off.

ballottata *f.* (*Equit*) ballottade.

balneabile *a.* suitable for swimming.

balneabilità *f.* (*burocr*) permit to swim: *concedere la ~* to allow swimming.

balneare *a.* bathing, seaside (*attr.*): *stabilimento ~* bathing establishment; *stagione ~* bathing season; *stazione ~* seaside resort.

balneazione *f.* bathing, swimming.

balneoterapia *f.* (*Med*) balneotherapy.

balneoterapico *a.* (*Med*) balneotherapy (*attr.*).

baloccamento *m.* dawdling.

baloccare (**balòcco, balòcchi**) **I** *v.t.* to keep amused, to amuse: *~ i bambini* to amuse the children. **II** *v.pron.* **baloccarsi 1** (*ant*) (*giocare*) to play: *baloccarsi con le bambole* to

---

play with dolls. **2** (*fig*) (*perdere tempo*) to dawdle, to lounge about, to fiddle around, to idle away. **3** (*fig*) (*divertirsi*) to play around, to toy, to flirt.

balocco (*pl.* **-chi**) *m.* **1** (*ant*) toy, plaything: *negozio di balocchi* toyshop. **2** (*fig*) (*trastullo*) pastime.

balordaggine *f.* **1** (*l'essere balordo*) foolishness, stupidity. **2** (*azione balorda*) foolish action, stupid thing; (*parole balorde*) stupid words *pl.*, nonsense.

balordamente *avv.* foolishly, stupidly.

balordo I *a.* **1** (*tonto*) stupid, slow-witted, dull-witted, foolish. **2** (*strampalato*) harebrained, nonsensical, absurd: *un'idea balorda* a harebrained idea. **3** (*rar*) (*stordito*) stupefied, stunned, peculiar: *sentirsi ~* to feel peculiar. **4** (*che promette male*) bad, unsound: *affare ~* bad business. **5** (*rif. al tempo*) uncertain: *tempo ~* uncertain weather. **II** *m.* (*f.* **-a**) **1** fool, simpleton. **2** (*gerg*) (*piccolo delinquente*) hoodlum.

balordone *m.* (*Veter*) (*capostorno*) megrims *pl.*, staggers *pl.*

balossata *f.* (*Svizz.it,dial*) stupidity.

balosso *a.* (*Svizz.it,dial*) crackpot, harebrained.

balsa *f.* **1** (*Bot*) balsa. **2** (*legno*) balsa wood.

balsamico (*pl.* **-ci**) **I** *a.* **1** balsamic: *aceto ~* balsamic vinegar. **2** (*salubre*) balmy, with healing properties (*posposto*) **II** *m.* (*Farm*) balm, balsam.

balsamina *f.* (*Bot*) balsam.

balsamo *m.* **1** balm, balsam. **2** (*fig*) (*conforto*) balm, comfort, solace. **3** (*Cosmet*) conditioner.

balteo *m.* (*Stor*) baldric.

baltico (*pl.* **-ci**) *a.* Baltic: *gli stati baltici* the Baltic States.

Baltico *n.pr.m.* (*Geog*) Baltic, Baltic sea.

Baltimora *n.pr.f.* (*Geog*) Baltimore.

baltoslavo *a.* (*Ling*) Balto-Slavonic, Balto-Slavic.

baluardo *m.* bulwark (*anche fig*): *la costituzione è il ~ della libertà* the constitution is the bulwark of liberty.

baluba I *a.inv.* Luba. **II** *m./f.inv.* **1** Luba. **2** (*fig*) (*persona rozza*) boor.

baluginare (**balùgino**; *aus.* **essere**) *v.i.* to glimmer, to flicker (*anche fig*).

baluginio *m.* glimmer, flicker (*anche fig*).

balza *f.* **1** (*dirupo*) crag, cliff; (*tratto pianeggiante*) ledge. **2** (*Abbigl*) flounce. **3** (*dei cavalli*) sock (on horse's fetlock), white stocking (on a horse).

balzana *f.* **1** (*Abbigl*) flounce. **2** (*dei cavalli*) sock (on horse's fetlock), white stocking (on a horse).

balzano *a.* **1** (*rif. a cavallo*) with socks on the fetlock, with white markings on the fetlock. **2** (*fig*) (*strambo*) strange, queer, odd, peculiar: *idea balzana* strange idea, crack-brained idea.

balzare (**bàlzo**) *v.i.* (*aus.* **essere**) **1** to leap, to spring, to jump: *~ sulla preda* to spring upon the prey. **2** (*sussultare*) to leap, to pound: *il cuore le balzò dalla gioia* her heart leapt for joy. **3** (*fig*) (*emergere*) to stand out, to come out, to emerge: *dalle indagini balzò la verità* the inquiry brought out the truth. □ *~addosso a qcu.* to spring upon so.; (*fig*) *~agli occhi* to strike one immediately: *è una differenza che balza subito agli occhi* it's a difference which strikes you immediately; *~ avanti* to leap forward; *~ fuori da un nascondiglio* to jump out of a hiding place; *giù dal letto* to jump out of bed; *~in piedi* to jump to one's feet; *~in sella* to leap into the saddle; (*fig,Sport*) *~in testa* to take the lead;

~indietro to spring back.

balzellare (**balzèllo**; *aus.* **avere**) *v.i.* **1** (*saltellare*) to skip, to hop. **2** (*procedere a balzi*) to hop along, to skip along.

balzello *m.* (*imposta*) heavy tax, iniquitous tax.

balzelloni *avv.* hoppingly, skippingly. □ *avanzare ~* (o *avanzare a ~*) to skip along.

balzo [1] *m.* **1** bound, bounce, jump, leap. **2** (*rimbalzo: di pallone e sim.*) bounce, rebound. **3** (*fig*) (*progresso*) jump, leap forward. □ *a balzi* hopping; (*fig*) *afferrare* (o *prendere*) *la pallaal ~* to seize the opportunity; (*fig*) *aspettare la palla al ~* to wait for one's opportunity; *con un ~* with a leap, with a jump; *fare un ~:* **1** to leap up; **2** (*fig*) (*di prezzi*) to soar; *~in avanti* leap forward (*anche fig*).

balzo [2] *m.* (*luogo scosceso*) cliff, crag.

bambagia (*pl.* **-gie/-ge**) *f.* **1** (*cotone idrofilo*) cotton wool. **2** (*cascame di cotone*) cotton waste, wadding. □ *tenere qcu. nella ~* to mollycoddle so., to pamper so.; (*fig*) *vivere nella ~* to be pampered, to live in excessive indulgence.

bambagino *a.* cotton-wool (*attr.*).

bambagiona *f.* (*Bot*) Yorkshire fog.

bambagioso *a.* **1** cotton-wool (*attr.*). **2** (*morbido*) fluffy.

bambinaia *f.* nurse, nursemaid, (*colloq*) nanny.

bambinata *f.* **1** (*azione*) childish action. **2** (*parole*) childish remark.

bambineggiare (**bambinéggio, bambinéggi**; *aus.* **avere**) *v.i.* to behave like a child.

bambinello *m.* (*region*) (*Gesù bambino*) infant Jesus.

bambinesco (*pl.* **-chi**) *a.* childish.

bambino I *m.* **1** (*f.* **-a**) baby, child, infant; (*in fasce*) baby (*f.* baby-girl). **2** (*f.* **-a**) (*figlio*) child: *ho tre bambini* I have three children; *mia sorella ha avuto un ~* my sister has had a baby; *aspettare un ~* to be expecting a baby. **3** (*f.* **-a**) (*ragazzino, maschietto*) little boy, boy (*f.* little girl): *due bambini e una bambina* two boys and a girl. **4** (*f.* **-a**) (*persona infantile*) child: *in fondo è ancora un ~* he's still a child at heart. **5** (*parte infantile della personalità*) child: *il ~ che c'è in noi* the child that's within us. **II** *a.* **1** child: *una sposa bambina* a child bride. **2** (*appena sorto*) immature, in one's infancy: *una civiltà ancora bambina* a civilisation still in its infancy. **3** (*ingenuo*) childlike, (*spreg*) childish, babyish. □ *come un ~* like a baby; *da ~:* **1** (*usato come avverbio*) as a child: *io da ~...* when I was a child..., when I was a little boy...; *io da piccola* when I was a child..., when I was a little girl...; **2** (*rif. a comportamento*) childish: *~difficile* problem child; (*fig*)*fare il ~* to act like a child; *non fare il ~* don't be a baby! act your age!; *~prodigio* child prodigy; *~tremendo* little terror, pest.

Bambino *n.pr.m.* (*Rel*) Infant Jesus, Baby Jesus: *il ~ Gesù* the infant Jesus.

bambinone *m.* (*f.* **-a**) **1** big baby. **2** (*scherz*) (*adulto*) babe in arms, overgrown child, Mama's boy (*f.* girl).

bambocciata *f.* childish action.

bamboccio *m.* (*f.* **-a**) **1** (*bambino grassoccio*) plump baby. **2** (*fantoccio*) rag-doll. **3** (*spreg*) (*uomo goffo e ingenuo*) simpleton.

bambola *f.* doll (*anche fig*): *giocare con le bambole* to play with dolls; *sembrare una ~* to seem like a doll. □ (*fig,ant*)*che ~!* what a dish!, what a doll!!, what a looker!; *da ~* doll-like; *~di pezza* rag-doll; *~di porcellana* china doll; *~di stoffa* rag-doll; *~gonfia-*

bile blow-up doll; (*Sport,fig*) *andare in* ~ to collapse.

bamboleggiamento *m.* childish behaviour.

bamboleggiare (**bamboléggio, bamboléggi**; *aus.* **avere**) *v.i.* **1** (*comportarsi da bambino*) to behave like a child. **2** (*assumere atteggiamenti leziosi*) to be affected, to be mincing.

bambolotto *m.* baby doll.

bambù *m.* **1** (*Bot*) bamboo. **2** (*canna di bambù*) bamboo cane.

bambusaia *f.* bamboo plantation.

banale I *a.* **1** (*non originale*) banal, trite, commonplace: *una frase* ~ a trite sentence. **2** (*rif. a persona*) uninteresting. **3** (*comune*) common, ordinary: *non è che un* ~ *raffreddore* it's just a common cold. **4** (*non importante*) trifling, trivial, simple: *un* ~ *equivoco* a simple misunderstanding. II *m.* banality: *cadere nel* ~ to become trite. □ *una* ~ *coincidenza* a mere coincidence.

banalità *f.* banality.

banalizzare (**banalizzo**) I *v.t.* **1** to trivialize, to make banal. **2** (*Ferr*) to signal for two-way working. II *v.pron.* **banalizzarsi** to become banal.

banalizzazione *f.* **1** trivialization. **2** (*Ferr*) signalling for two-way traffic.

banalmente *avv.* banally.

banana *f.* **1** (*Bot,Alim*) banana: *un dolce alla* ~ a banana dessert. **2** (*rif. a pettinatura*) sausage curl, (*Br*) quiff. **3** (*El*) banana plug.

bananeto *m.* (*Agr*) banana plantation, banana grove.

bananicoltore *m.* (*f.* **-trice**) banana grower.

bananicoltura *f.* (*Agr*) banana growing.

bananiera *f.* (*Mar*) banana boat.

banano *m.* (*Bot*) banana, banana tree.

banato *m.* **1** (*carica*) office of ban. **2** (*territorio*) banate.

banca *f.* bank: *andare in* ~ to go to the bank; *lavorare in* ~ to work at a bank, to be in banking; *avere del denaro in* ~ to have some money in the bank. □ *Banca africana di sviluppo* African Development Bank; ~ *centrale* central bank; *Banca centrale europea* European Central Bank; ~ *commerciale* trading bank, commercial bank; ~ *consortile* consortium bank; ~ *corrispondente* correspondent bank; ~ *d'America* Bank of America; (*Inform*) ~ *dati* data bank; (*Med*) ~ *degli occhi* eye bank; (*Med*) ~ *degli organi* organ bank; (*Med*) ~ *dei geni* gene bank; (*Med*) ~ *del sangue* blood bank; (*Med*) ~ *del seme* sperm bank; ~ *del tempo* community non-profit organization linking people willing to volunteer their service with people in need; ~ *del vetro* bottle bank; (*Med*) ~ *dello sperma* sperm bank; ~ *depositi* deposit bank; *di* ~ bank (*attr.*): *biglietto di* ~ bank-note; *libretto di* ~ bank-book; *operazione di* ~ bank transaction; *di affari* merchant bank; ~ *di cambio* exchange bank; ~ *di credito* credit bank; ~ *di credito agrario* agricultural bank; ~ *di deposito* deposit bank; ~ *di emissione* bank of issue, issuing bank; ~ *di sconto* discount bank; ~ *d'Inghilterra* Bank of England; ~ *d'Italia* Bank of Italy; ~ *emittente* issuing bank, bank of issue; *banche estere* overseas banks, foreign banks; ~ *etica* ethical bank; *Banca europea per gli investimenti* European Investment Bank; ~ *mercantile* merchant bank; ~ *mondiale* World Bank; ~ *per il commercio estero* bank for foreign trade; ~ *popolare* people's bank; ~ *privata* private bank; ~ *telematica* telebanking; ~ *trassata* paying bank,

drawee bank.

bancabile *a.* bankable. □ *non*~ unbankable.

bancabilità *f.* bankability.

bancale *m.* **1** bench. **2** (*Mecc*) bed. **3** (*pallet*) pallet.

bancarella *f.* **1** stall, booth: ~ *di frutta e verdura* fruit and veg stall. **2** (*di libri*) bookstall.

bancarellista *m./f.* stall keeper.

bancario I *a.* banking, bank (*attr.*): *operazione bancaria* bank transaction. II *m.* (*f.* **-a**) (*impiegato*) bank clerk, bank employee.

bancarotta *f.* **1** bankruptcy: *dichiarare* ~ to declare bankruptcy. **2** (*fig*) (*collasso*) collapse, failure. □ *fare* ~ to go bankrupt; ~ *fraudolenta* fraudulent bankruptcy.

bancarottiere *m.* bankrupt.

bancassicurazione, bancassurance /bankassy'rãs/ *f.* (*Econ*) bancassurance, banking insurance.

banchettare (**banchétto**; *aus.* **avere**) *v.i.* **1** to banquet, to feast. **2** (*mangiare e bere lautamente*) to feast, to wine and dine well, to eat and drink lavishly.

banchetto *m.* **1** banquet, feast: *sedere a* ~ to take part in a banquet. **2** (*bancarella*) stall, booth. **3** (*di libri*) bookstall. □ (*fig*) *il* ~ *celeste* the heavenly banquet, the heavenly feast; ~ *d'onore* banquet of honour; ~ *nuziale* wedding feast, wedding banquet.

banchiere *m.* banker.

banchina *f.* **1** (*molo*) wharf, quay. **2** (*Ferr*) platform. **3** (*Edil*) bank. **4** (*Strad*) (*lato*) shoulder, (*Br*) verge. **5** (*Strad*) (*pista: per pedoni*) sidewalk, footpath; (*per ciclisti*) cycle path, bicycle lane. □ (*Mar*) ~ *di carico* loading dock; (*Mar*) ~ *di scarico* unloading wharf; (*Strad*) ~ *spartitraffico* traffic divider, median strip.

banchisa *f.* (*Geol*) ice pack.

banco (*pl.* **-chi**) *m.* **1** bench. **2** (*nei negozi*) counter; (*nei bar*) bar, counter; (*nei mercati*) stall, stand. **3** (*Mecc*) bench, work-bench. **4** (*banca*) bank: *Banco di Roma* Bank of Rome. **5** (*rif. a gioco d'azzardo*) bank: *tenere il* ~ to hold the bank; *far saltare il* ~ to break the bank. **6** (*Geol*) (*strato, ammasso*) bank, bar; (*rif. a roccia, corallo*) reef. **7** (*branco*) shoal: *un* ~ *di pesci* a shoal of fish; *un* ~ *di aringhe* a herring shoal; *un* ~ *di merluzzi* a cod bank, a cod shoal. **8** (*Minier*) (*giacimento*) seam. □ *un caffè al* ~ a coffee at the bar, a coffee at the counter; (*Farm*) *medicinale da* ~ (o *prodotto da* ~) over-the-counter product; ~ *da falegname* carpenter's bench; ~ *da lavoro* work-bench; ~ *degli imputati* dock: *sedere sul* ~ *degli imputati* to sit in the dock, to be on trial; ~ *dei formaggi* cheese counter; ~ *dei pegni* pawnbroker's, pawn (broker) shop; ~ *dei testimoni* witness box, (*Am*) stand; ~ *della giuria* jury box; ~ *delle occasioni* (*in grandi magazzini e sim.*) bargain counter; ~ *di chiesa* pew; (*Mecc*) ~ *di collaudo* test bed, test bench; ~ *di ghiaccio* ice-field, ice-floe; ~ *di manovra* control board; ~ *di mescita* bar, counter; ~ *di nebbia* fogbank; ~ *di nuvole* bank of clouds; ~ *di ostriche* oyster bank, oyster bank; ~ *di prova*: **1** (*Tecn*) test bed, test rig; **2** (*fig*) (*prova*) conclusive trial, acid test: *le difficoltà sono il* ~ *di prova dell'amicizia* hardship is an acid test for friendship; ~ *di sabbia* sandbank, sandbar; ~ *di scogli* reef; ~ *di scuola* form, school bench, school desk; (*fig*) *si sono conosciuti sui banchi di scuola* they got to know each other in their schooldays; ~ *di vendita* counter; ~ *informazioni* information desk; (*fig*) *sotto* ~ under the counter; (*fig*)

tenere ~ to hold the floor, to be the centre of attention; *tenere* ~ *contro tutti* to hold one's own against everybody.

Banco *n.pr.m.* (*Lett*) Banquo.

bancogiro *m.* (*Econ*) giro, money transfer, wire transfer.

bancomat *m.inv.* **1** (*Br*) (automatic) cash dispenser, (*Am*) automated teller machine, ATM, (*Br,colloq*) hole in the wall: *prelevare al* ~ to withdraw money from the ATM. **2** (*tessera*) automatic debit card.

bancone *m.* **1** counter; (*rif. a bar*) bar, counter. **2** (*Tip,ant*) case rack: ~ *per composizione* type case rack; ~ *per forme* form case rack, shape case rack.

banconiere *m.* (*f.* **-a**) **1** (*barista*) barman (*f.* -maid). **2** (*nei negozi*) shop assistant.

banconista *m./f.* **1** (*barista*) barman (*f.* -maid). **2** (*nei negozi*) shop assistant.

banconota *f.* banknote, (*Am*) bill. □ ~ *di grosso taglio* banknote of high denomination, high-denomination note, big note, (*Am*) large bill; ~ *di medio taglio* banknote of medium denomination; ~ *di piccolo taglio* low denomination banknote, low-denomination note, small note, (*Am*) small bill; ~ *in euro* Euro banknote.

banda¹ *f.* **1** (*striscia*) stripe, strip, band. **2** (*rif. ai capelli*) band. **3** (*Arald*) bend. **4** (*Fis, Rad,Anat,Inform*) band. **5** (*di carta*) tape. □ (*Rad*) ~ *cittadina* citizens' band, CB; (*Aer*) ~ *di atterraggio* landing strip; (*Rad*) ~ *di frequenze* frequency band; (*Tel*) ~ *larga* broad band; (*Rad*) ~ *laterale* side band; (*Elettron*) ~ *magnetica* magnetic strip; (*Rad*) ~ *passante* passband; (*Cin*) ~ *sonora* sound track.

banda² *f.* **1** (*lett*) (*lato, parte*) side, part. **2** (*Mar*) broadside, side: *andare alla* ~ to list, to heel. □ (*lett*) *da* ~ *a* ~ from one side to the other, right through.

banda³ *f.* **1** (*Mil*) company, troop, band. **2** (*gruppo di delinquenti*) gang. **3** (*scherz*) (*compagnia*) gang, clan: *il figlio arrivò con la* ~ *degli amici* his son arrived with his gang of friends. **4** (*Mus*) band. □ ~ *armata* armed band; (*scherz*) *la* ~ *del buco* the hole-in-the-wall band; (*Mus*) ~ *militare* military band; ~ *partigiana* partisan group, partisan band.

banda⁴ *f.* (*Met*) (*lamiera*) plate. □ ~ *stagnata* tinplate.

B&B *bed and breakfast* B&B.

bandella *f.* **1** (*striscia di lamiera*) strap, strap iron. **2** (*ferro piatto di collegamento*) hinge. **3** (*di cerniera*) flap, strap. **4** (*El*) bus bar.

banderuola *f.* **1** (*segnavento*) vane, weathercock. **2** (*fig*) (*persona volubile*) fickle person, weathercock.

bandiera *f.* **1** flag, banner: *issare la* ~ to hoist the flag. **2** (*Mar*) flag: *una nave battente* ~ *italiana* a ship flying the Italian flag. **3** (*Mil*) colours *pl.*: *salutare la* ~ to salute the colours; *abbandonare la* ~ to desert one's colours. **4** (*gioco da bambini*) a children's team game. **5** (*Sport*) (*nel golf*) pin. □ ~ *a mezz'asta* flag at half-mast; ~ *a stelle e a strisce* Stars and Stripes (*costr.sing. o pl.*); (*Sport*) ~ *a scacchi* chequered flag; ~ *abbrunata* flag at half-mast; ~ *bianca* white flag, flag of truce; *alzare* ~ *bianca*: **1** to raise the white flag; **2** (*fig*) (*arrendersi*) to surrender; ~ *britannica* British flag, Union Jack; (*Mar*) ~ *di comodo* flag of convenience; (*Mar*) ~ *di cortesia* courtesy flag; ~ *di quarantena* quarantine flag; ~ *di segnalazione* signal flag; ~ *europea* European flag; (*Mar*) ~ *gialla* yellow flag; ~ *nazionale*: **1** national flag; **2** (*Mar*) ensign; (*Mar*) ~ *ombra* flag of convenience; ~*rossa* red flag; (*Mar*) *navigare sotto* ~ *italiana* to fly the Italian flag, to sail under the Italian flag; *a bandiere spiegate* with flying colours; ~ *stellata* Stars and Stripes (*costr.sing. o pl.*). Prov.: ~ *vecchia, onor di capitano* it's well-worn, but it's worn well.

bandieraio *m.* flag maker.

bandierina *f.* 1 small flag. 2 (*Sport*) flag.

bandinella *f.* roller-towel.

bandire (**bandisco, bandisci**) *v.t.* 1 (*annunciare ufficialmente*) to proclaim, to announce publicly, to publish: ~ *una crociata* to proclaim a crusade. 2 (*esiliare*) to banish, to exile: ~ *qcu. dalla città* to banish so. from the city. 3 (*allontanare*) to expel, to cast out: *lo hanno bandito dal loro circolo* they expelled him from their club, they blackballed him from their club. 4 (*proibire*) to ban, to banish. 5 (*un alimento*) to cut out. 6 (*fig*) (*mettere da parte*) to put aside, to set aside, to do away with, to dispense with: ~ *i complimenti* to dispense with formality; ~ *ogni scrupolo* to set aside all scruples. ☐ (*fig*) ~ *qcs. ai quattro venti* to shout sth. to the four winds, to proclaim sth. to the four winds; ~ *un concorso* to announce a competition, to advertise a competition; ~ *una gara d'appalto* to call for tenders.

bandista *m./f.* bandsman (*f.* -woman).

bandistico *a.* band (*attr.*).

bandita *f.* preserve: ~ *di pesca* fishing preserve.

banditesco *a.* bandit (*attr.*), criminal.

banditismo *m.* banditry, brigandage.

bandito I *a.* banned, exiled. II *m.* 1 bandit, outlaw, gangster, (*ant*) brigand, highwayman: *la diligenza fu assalita dai banditi* the stage-coach was attacked by bandits. 2 (*esule*) exile.

banditore *m.* 1 (*f.* -**trice**) (*di aste pubbliche*) auctioneer. 2 (*Stor*) crier, town-crier. 3 (*f.* -**trice**) (*fig*) (*sostenitore*) preacher; (*promotore*) promoter; (*propagatore*) propagator. ☐ *farsi* ~ *di una nuova idea* to preach a new idea.

bando *m.* 1 (*annuncio*) announcement, proclamation: *affiggere un* ~ to put up a notice. 2 (*esilio*) exile, banishment: *essere al* ~ to be banished. 3 (*proibizione*) ban. ☐ ~ *a* away with, no more (of); ~*agli scherzi* (*Br*) joking apart, (*Am*) joking aside; no, seriously; ~*agli scrupoli* away with scruples; *mettereal* ~ *qcu.* to banish so.; *mettere al* ~ *qcs.* to ban sth.; (*Pol*) *messa al* ~ *delle armi nucleari* ban on nuclear weapons; ~*alle chiacchiere* (o ~*alle ciance*) no more chatter, (*Br*) cut the cackle; ~*d'asta* notice of auction, notice of sale; ~*di concorso* announcement for a competitive exam, notice of competitive examination, notice of a competition, announcement of a competition; ~*di gara* call for bids; (*Dir*) ~*giudiziario* judicial decree; (*Mil*) ~*militare* military decree, military proclamation.

bandoliera *f.* (*Mil*) bandoleer. ☐ *a* ~ baldric-wise.

bandolo *m.* end of a skein. ☐ (*fig*) *cercare il* ~*della matassa* to search for a way out; (*fig*) *perdere il* ~ *della matassa* to lose the thread, to get mixed up, not to be able to make head nor tail of sth.; (*fig*) *trovare il* ~ *della matassa* to find the way to solve a problem.

bandone *m.* 1 (*lamiera*) sheet metal. 2 (*saracinesca*) rolling shutter.

bang /bɛŋ/ I *intz.* bang! II *m.* bang: ~ *sonico* sonic boom.

bangio *m.* (*Mus*) banjo.

Bangkok *n.pr.f.* (*Geog*) Bangkok.

Bangladesh *n.pr.m.* (*Geog*) Bangladesh.

banjo /'bɛndʒo/ *m.inv.* (*Mus*) banjo.

banner *m.inv.* (*Inform*) banner.

bano *m.* (*Stor*) ban.

bantu, bantù I *a.* Bantu (*attr.*). II *m.inv.* (*lingua*) Bantu. III *m./f.inv.* Bantu.

baobab *m.inv.* (*Bot*) baobab.

bar[1] *m.inv.* 1 (*locale*) coffe house, coffee bar. 2 (*Arred*) (*mobiletto*) bar, cocktail cabinet.

bar[2] *m.* (*Fis*) bar.

Bar. (*Mus*) *baritono* Bar, Br (baritone).

bara *f.* 1 (*cassa da morto*) coffin. 2 (*ant*) (*barella per il trasporto dei morti*) bier. 3 (*fig*) (*morte*) death: *fino alla* ~ till death, to the death.

barabba *m.* (*rar*) rogue, scoundrel.

Barabba *n.pr.m.* (*Bibl*) Barabbas.

baracca *f.* 1 hut; (*per deposito*) shed; (*per abitazione*) hut. 2 (*fig*) (*casa in cattivo stato*) hovel, (*colloq*) dump. 3 (*fig*) (*rif. a oggetto da poco*) shoddy thing, junk. 4 (*fig*) (*famiglia*) house, family; (*attività*) business: *mandare avanti la* ~ to keep things going. ☐ *piantare* ~*e burattini* (o *chiudere* ~ *e burattini*) to chuck it, to pack it in, to abandon everything; (*fig*)*fare* ~ to revel, to live it up.

baraccamento *m.* encampment, camp: ~ *militare* military camp.

baraccare (**baracco, baracchi**) I *v.i.* (*aus. avere*) (*rar*) 1 to erect huts. 2 (*fig*) (*gozzovigliare*) to revel. II *v.t.* (*alloggiare in baracche*) to accommodate in sheds, to accommodate in huts.

baraccato *m.* (*f.* -**a**) shack-dweller.

baracchino *m.* 1 (*chiosco*) booth, kiosk. 2 (*nel gergo dei radioamatori*) small transceiver.

baraccone *m.* 1 (*nelle fiere*) booth. 2 (*spreg*) (*ente e sim. disorganizzato e inefficiente*) ramshackle organization. ☐ *fenomeno da* ~ freak, freak of nature.

baracconista *m./f.* booth tender, owner of a booth at a fair.

baraccopoli *f.* 1 shantytown, slums *pl.* 2 (*di terremotati e sim.*) shacks *pl.*

baraonda *f.* 1 hubbub, hullabaloo. 2 (*confusione*) chaos, disorder.

barare (**baro**; *aus. avere*) *v.i.* to cheat (*anche fig*).

baratro *m.* 1 (*abisso*) chasm, abyss. 2 (*fig*) (*disastro*) abyss, abysmal pit: *essere sull'orlo del* ~ to be on the edge of the abyss. 3 (*fig*) (*grande differenza*) world of difference: *tra le nostre idee c'è un* ~ there's a world of difference between our ideas. ☐ *il* ~*infernale* the Abyss.

barattare (**baratto**) *v.t.* 1 to exchange, to barter: ~ *caffè con zucchero* to exchange coffee for sugar, to barter coffee for sugar. 2 (*colloq*) (*scambiarsi*) to swap: *i due bambini hanno barattato i giocattoli* the two boys swapped toys. 3 (*fig*) (*scambiare*) to exchange: ~ *qualche parola con qcu.* to exchange a few words with so. ☐ (*fig,lett*) ~ *le carte in mano a qcu.* to distort so.'s words.

baratteria *f.* (*ant*) (*inganno*) fraud, deception.

barattiere *m.* (*ant*) (*truffatore*) swindler, cheat, embezzler.

baratto *m.* barter, exchange, swap.

barattolo *m.* 1 (*di latta*) tin, (*Am*) can. 2 (*di vetro*) jar. 3 (*di coccio e sim.*) jar, pot.

barba *f.* 1 beard: *avere la* ~ to wear a beard; *farsi crescere la* ~ to grow a beard; *avere una* ~ *di tre giorni* to have a three-day's growth (of beard). 2 (*fig,colloq*) (*cosa noiosa*) bore: *la conferenza è stata una* ~ the lecture was a bore, the lecture was boring. 3 (*di animali*) beard; (*di uccelli*) barb; (*di pesci*) barbel: *le barbe della carpa* the barbels of the carp. 4 (*Bot*) (*filamento delle radici*) root hair. 5 (*estens*) (*radice*) root: *mettere le barbe* to take root, to put out roots. 6 (*Tess*) (*fibre*) tuft. 7 (*Cart*) ragged edge. ☐ ~*a punta* pointed beard, goatee; *che* ~*!* what a drag!, what a bore!; *con la* ~ bearded; (*Bot*) ~*di becco* salsify; (*Bot*) ~*di bosco* beard lichen; *barbedi granturco* corn silk; ~*dura* tough beard; ~ *e capelli* shave and haircut; (*fig*) *servire qcu. di* ~ *e capelli* to treat so. roughly; *fare la* ~ to shave, to have a shave; *fare la* ~*a qcu.* to shave so.*; farsi la* ~ to shave, to have a shave; (*fig*)*far venire la* ~ to be very boring; ~*finta* false beard; *in* ~*a qcu.* in defiance of so.; *fare qcs. in* ~*a qcu.* to do sth. under so.'s very nose; ~*incolta* straggling beard; ~ *lunga*: 1 to be unshaven; 2 (*fig*) (*rif. a notizie*) to be stale, to be old; *senza* ~: 1 (*rasato*) beardless, clean-shaven; 2 (*imberbe*) beardless, smooth-chinned.

barbabietola *f.* (*Bot,Alim*) beet. ☐ (*Bot, Alim*) ~*da zucchero* sugar beet; (*Bot,Alim*) ~ *rossa* (*Br*) beetroot, (*Am*) red beet.

barbablù *m.* ogre, monster.

Barbablù *n.pr.m.* (*Lett*) Bluebeard.

barbacane *m.* 1 (*Mil*) (*fortificazione*) barbican. 2 (*Edil*) (*muratura di rinforzo*) buttress.

Barbados *n.pr.f.* (*Geog*) Barbados.

barbaforte *m.* (*Bot*) horseradish.

barbagianni *m.* 1 (*Ornit*) barn owl. 2 (*fig*) (*babbeo*) fool, dolt.

barbaglio *m.* dazzle, dazzling.

barbaglio *m.* flashing.

Barbanera *n.pr.m.* (*Stor*) Blackbeard.

Barbara *n.pr.f.* Barbara.

barbaramente *avv.* barbarously, savagely.

barbaresco[1] (*pl.* -**chi**) *a.* barbaric, barbarian.

barbaresco[2] (*pl.* -**chi**) I *a.* (*della Barberia*) Barbary (*attr.*), Barbaresque. II *m.* 1 (*f.* -**a**) Barbaresque. 2 (*cavallo*) Barb, Barbary horse.

barbaresco[3] *m.* (*Enol*) barbaresco (fine red wine from Piedmont).

barbarico (*pl.* -**ci**) *a.* barbaric, barbarian (*anche fig*).

barbarie *f.inv.* 1 barbarism, uncivilized state. 2 *spec.pl.* (*atto crudele*) barbarity, act of cruelty, brutality.

barbarismo *m.* (*Ling*) barbarism.

barbaro I *a.* 1 barbarian, barbaric. 2 (*rozzo*) barbarous, uncouth: *scrivere in modo* ~ to write in a barbarous way; *gusti barbari* barbarous tastes, crude tastes. 3 (*crudele*) barbarous, cruel. II *m.* barbarian.

Barbarossa *n.pr.m.* (*Stor*) Redbeard: *Federico* ~ Frederick Redbeard.

barbasso *m.* (*Bot*) great mullein.

barbata *f.* (*Bot*) 1 (*insieme delle barbe*) roots *pl.* 2 (*talea di vite*) vine shoot, vine cutting.

barbatella *f.* (*Bot*) (*talea*) vine shoot, vine cutting.

barbato *a.* (*Bot*) barbate.

barbazzale *m.* 1 (*catenella del morso*) curb, curb chain. 2 (*delle capre*) wattle.

barbecue /'barbe'ky/ *m.inv.* 1 barbecue. 2 (*griglia*) barbecue set. 3 (*festa all'aperto*) barbecue party. ☐ *cuocere al* ~ to barbecue.

barbera *m.* (*Enol*) barbera (red wine from Piedmont).

Barberia *n.pr.f.* (*Geog.stor*) Barbary.

barbero *m.* (*Zool*) Barb, Barbary horse.

barbetta *f.* 1 short beard; (*pizzo*) goatee. 2 (*Mar*) painter. 3 (*Mil*) (*fortificazioni*) barbette. 4 (*Mar.mil*) (*piattaforma delle corazzate*) barbette. 5 (*Zool*) fetlock.

barbiere m. barber: *andare dal ~* to go to the barber's; *bottega di ~* barber's shop.

barbieria f. (*dial*) barber's shop.

barbificare (**barbìfico, barbìfichi**; *aus.* **avere**) *v.i.* to take root.

barbiglio m. 1 (*della freccia, dell'amo*) barb. 2 (*Itt*) barbel. 3 (*bargiglio*) wattle.

barbino a. poor, mean, (*colloq*) ghastly: *fare una figura barbina* to make a poor impression; to cut a poor figure.

barbio m. (*Itt*) barbel.

barbito m. (*Mus*) barbitos.

barbitonsore m. (*scherz*) (*barbiere*) barber.

barbiturico (*pl.* **-ci**) I a. (*Farm*) barbituric. II m. (*Farm*) barbiturate: *avvelenamento da barbiturici* barbiturate poisoning.

barbiturismo m. (*Med*) barbiturate poisoning.

barbo m. (*Itt*) barbel.

barbogio a. senile, decrepit.

barboncino m. (*Zool*) French poodle.

barbone m. 1 (*uomo dalla barga lunga*) long-bearded man. 2 (*f. vagabondo*) tramp, vagrant, (*Am*) hobo: *vestito come un ~ dressed like a tramp*. 3 (*barba folta e lunga*) long thick beard. 4 (*cane*) poodle. 5 (*Bot*) (*brionia*) white bryony.

barboso a. (*colloq*) tiresome, tedious, boring: *questo gioco è ~ this game is boring, this game is a drag*.

barbugliamento m. mumbling, spluttering.

barbugliare (**barbùglio, barbùgli**; *aus.* **avere**) *v.i.* (*colloq*) to mumble, to splutter.

barbuglione m. (*f.* **-a**) (*rar*) mumbler, splutterer.

barbuta f. (*Stor*) (*elmo*) helmet (with beaver); (*parte dell'elmo*) beaver, chin-guard.

barbuto a. bearded.

barca[1] f. 1 (*Mar*) boat. 2 (*carico*) boatload: *pescarono due barche di pesce* they caught two boatloads of fish. 3 (*colloq,scherz*) (*scarpa grossa*) ski, big shoe. □ (*Mar*) ~ *a motore* motor boat; (*Mar*) ~ *a remi* rowing-boat, (*Am*) row-boat; (*Mar,Pesc*) ~ *a strascico* trawling boat; (*Mar*) ~ *a vapore* steamboat; (*Mar*) ~ *a vela* sailing boat, (*Am*) sailboat; *andare in ~*: 1 to go by boat; 2 (*fare una gita*) to go boating; (*Mar,Pesc*) ~ *da diporto* pleasure boat, pleasure craft; (*Mar,Pesc*) ~ *da pesca* fishing boat; (*fig*) *la ~ di Pietro* (*la Chiesa*) St. Peter's bark; (*Mar*) ~ *di salvataggio* lifeboat.

barca[2] f. 1 (*Agr*) rick, shock. 2 (*fig*) (*pila*) stack, pile, heap: *sul tavolo c'è una ~ di libri* there is a pile of books on the table; *una ~ di soldi* tons of money.

barcaccia (*pl.* **-ce**) f. 1 (*spreg*) tub. 2 (*Teat*) stage-box, double-box. 3 (*Mar*) longboat.

barcaiolo m. 1 boatman; (*traghettatore*) ferryman. 2 (*noleggiatore*) boat-hirer.

barcamenarsi (**mi barcaméno**) *v.pron.* 1 to manage, to cope: *sapersi barcamenare* to manage things cleverly. 2 (*non compromettersi*) to steer a middle course, to run with the hare and hunt with the hounds: *si barcamenava tra i due partiti* he steered a middle course between the two parties.

barcana f. (*Geol*) barchan, barkhan.

barcareccio m. (*collett.*) fleet (of small boats).

barcarizzo m. (*Mar*) gangway port; (*scala*) gangway.

barcarola f. (*Mus*) barcarole, barcarolle, gondolier's song.

barcata f. 1 boatful. 2 (*fig*) (*grande quantità*) loads.

Barcellona n.pr.f. (*Geog*) Barcelona.

barcellonese I a. of Barcelona (*posposto*), from Barcelona (*posposto*). II m./f. (*originario*) native of Barcelona; (*abitante*) inhabitant of Barcelona.

barchetta f. small boat, skiff, dinghy. □ (*Abbigl*) *scollo a ~* boat neck, bateau neckline.

barchetto m. 1 (*barchino*) small boat. 2 (*region*) (*barca da pesca*) fishing boat.

barchino m. 1 small boat. 2 (*Mar.mil*) small motorboat.

barco m. (*Mar*) bark.

barcollamento m. staggering, swaying, tottering.

barcollante a. 1 staggering, swaying, tottering: *andatura ~ staggering gait*. 2 (*fig*) (*insicuro*) precarious, rocky, shaky: *il ragazzo è ancora ~ in latino* the boy is still shaky in Latin; *governo ~* unstable government.

barcollare (**barcòllo**; *aus.* **avere**) *v.i.* 1 to reel, to stagger. 2 (*ondeggiare*) to sway, to totter. 3 (*fig*) to be precarious, to be shaky, to be rocky, to rock: *il governo barcollava* the government was shaky.

barcollio m. 1 staggering. 2 (*ondeggiamento*) tottering.

barcolloni avv. with a stagger, staggering: *camminare ~* to stagger along; *entrò ~* he staggered in.

barcone m. 1 (*barca da trasporto*) barge, lighter. 2 (*per ponti provvisori*) pontoon.

barda f. 1 (*Stor*) horse-armour, bards *pl.* 2 (*sella*) pack-saddle.

bardana f. (*Bot*) burdock.

bardare (**bàrdo**) I *v.t.* 1 to harness. 2 (*scherz*) (*vestire vistosamente*) to dress up. II *v.pron.* to dress up.

bardato a. 1 harnessed. 2 (*scherz*) (*vestito in modo vistoso*) dressed up, decked out.

bardatura f. 1 (*il bardare*) harnessing. 2 (*finimenti*) harness, trappings *pl.*, caparison. 3 (*scherz*) (*abbigliamento solenne*) trappings *pl.*, finery, outfit.

bardella f. rough wooden saddle.

bardiglio m. (*Min*) bardiglio marble.

bardo m. bard.

bardolino m. (*Enol*) bardolino (Veronese red wine).

bardosso □ (*ant,Equit*) *a ~* bareback.

bardotto m. 1 (*Zool*) hinny. 2 (*fig,rar*) (*apprendista*) apprentice, trainee.

barella f. 1 stretcher: *trasportare qcu. in ~* to carry so. on a stretcher. 2 (*per trasporto di materiali*) barrow. 3 (*nelle processioni*) litter.

barellante m. stretcher-bearer.

barellare (**barèllo**) I *v.t.* 1 to carry on a stretcher, to carry on a litter. 2 (*rif. a materiali*) to carry in a barrow. II *v.i.* (*aus.* **avere**) (*lett*) (*barcollare*) to stagger, to sway, to totter.

barellata f. (*quantità*) barrowload, barrowful.

barellato I a. carried on a stretcher. II m. (*f.* **-a**) person carried on a stretcher.

barelliere m. (*f.* **-a**) stretcher-bearer.

barena f. (*Geol*) bank, sandbank, shoal.

barenatrice f. (*Mecc*) boring machine.

barenatura f. (*Mecc*) boring.

bareno m. (*Mecc*) boring bar.

barese I a. of Bari (*posposto*), from Bari (*posposto*). II m. (*dialetto*) dialect of Bari. III m./f. (*originario*) native of Bari; (*abitante*) inhabitant of Bari.

bargello m. 1 (*Stor*) head of police. 2 (*palazzo*) police headquarters.

bargiglio m. (*Zool*) wattle: *~ del gallo* wattle of a cock.

baria f. (*Fis*) barye.

baricentrico (*pl.* **-ci**) a. (*Fis*) barycentric.

baricentro m. (*Fis*) barycentre, centre of gravity.

barico[1] (*pl.* **-ci**) a. 1 (*rif. alla pressione*) pressure (*attr.*): *gradiente ~* pressure gradient. 2 (*rif. al peso*) weight (*attr.*).

barico[2] (*pl.* **-ci**) a. (*Chim*) baric.

barilaio m. cooper.

barile m. 1 barrel, cask: *un ~ di vino* a barrel of wine. 2 (*per polvere da sparo*) keg. 3 (*contenuto*) barrel, barrelful. 4 (*Mar*) (*misura di volume*) barrel. 5 (*Mar*) (*coffa di vedetta*) crow's nest. □ *~ di petrolio* oil barrel; *essere un ~* (o *essere un ~ di lardo*) to be as fat as a whale, as fat as a pig, to be a tub of lard, (*Am*) to be a porker.

bariletto m. 1 keg, small cask, small barrel. 2 (*Orol*) barrel.

barilotto, barilozzo m. 1 keg. 2 (*di bersaglio*) bull's eye. 3 (*scherz*) (*persona grassa e tozza*) tub of lard.

barimetria f. (*Zootecn*) calculation of weight.

bario m. (*Chim*) barium: *ossido di ~* barium oxide.

barione m. (*Fis*) baryon.

barisfera f. (*Geol*) barysphere.

barisferico (*pl.* **-ci**) a. (*Geol*) baryspheric.

barista m./f. 1 barman (*f.* -maid), bartender. 2 (*proprietario*) barkeeper.

barite f. 1 (*Chim*) baryte. 2 (*Min*) baryte(s), barite.

baritina f. (*Min*) baryte(s), barite.

baritonale a. baritone (*attr.*): *voce ~* baritone voice.

baritono I m. (*Mus*) baritone, barytone. II a. 1 (*Mus*) baritone. 2 (*Ling*) barytone: *parola baritona* barytone (word).

barlume m. 1 dim light, glimmer, gleam. 2 (*fig*) (*parvenza*) glimpse, ray, gleam: *un ~ di speranza* a ray of hope, a glimmer of hope; *un ~ di intelligenza* a glimmer of intelligence.

barman m.inv. barman, bartender.

barnabita m. (*Rel*) Barnabite.

baro m. 1 (*al gioco*) swindler, cardsharper. 2 (*truffatore*) swindler, cheat.

baroccheggiante a. 1 (*Art*) baroque-style (*attr.*). 2 (*estens*) (*appariscente*) showy, gaudy.

barocchetto m. (*Art*) late baroque.

barocchismo m. 1 baroque (style). 2 (*manierismo*) baroque mannerism.

barocciaio m. carter, waggoner.

baroccio m. 1 cart. 2 (*contenuto*) cartload.

barocco (*pl.* **-chi**) I m. (*Art,Lett*) baroque. II a. baroque (*anche fig*): *arte barocca* baroque art; *gusto ~* baroque taste, over-ornate taste.

barografico (*pl.* **-ci**) a. (*Meteor*) barographic.

barografo m. (*Meteor*) barograph.

barolo m. (*Enol*) barolo (fine red wine from Piedmont).

barometrico (*pl.* **-ci**) a. (*Meteor*) barometric.

barometro m. 1 (*Meteor*) barometer: *il ~ sale* the barometer is rising; *il ~ scende* the barometer is falling. 2 (*fig*) (*indicatore*) barometer, indicator: *~ economico* economy barometer. □ *~ a mercurio* mercury barometer, cup barometer; *~ aneroide* aneroid barometer.

baronaggio m. barony.

baronale a. baronial: *titolo ~* baronial title.

baronata f. (*rar,lett*) roguery, knavery.

baronato m. 1 barony. 2 (*spreg*) (*potere esercitato dispoticamente*) private preserve, fief, turf.

barone *m.* 1 (*f.* **-essa**) baron (*f.* -ness). 2 (*fig*) (*persona potente*) tycoon, baron, magnate: *un ~ dell'industria* an industrial tycoon; *i baroni dell'università* university magnates. 3 (*lett*) (*furfante*) rogue, knave, scoundrel.

baronesco (*pl.* **-chi**) *a.* 1 baronial. 2 (*lett*) (*furfantesco*) knavish, villainous.

baronetto *m.* 1 baronet: *essere nominato ~* to be created baronet. 2 (*davanti al nome*) Sir. 3 (*dopo il cognome*) Bart.

baronia *f.* 1 barony. 2 (*spreg*) (*potere esercitato dispoticamente*) private preserve, fief, turf.

baroscopico (*pl.* **-ci**) *a.* (*Fis*) baroscopic.

baroscopio *m.* (*Fis*) baroscope.

barra *f.* 1 (*sbarra*) bar. 2 (*Mecc*) bar, rod; (*leva*) lever. 3 (*Mar*) (*del timone*) helm, tiller: *stare alla ~*: to be at the helm. 4 (*Aer*) joystick. 5 (*Met*) bar: ~ *d'oro* bar of gold, goldbar. 6 (*del morso del cavallo*) bar, bit. 7 (*nei tribunali*) bar: *stare alla ~*: to be at the bar. 8 (*segno grafico*) stroke, slash: *cinque ~ sei* five over six. 9 (*Geol,Inform*) bar. □ (*Aut*) *barreantintrusione* side impact protection bars; (*Aut*) *~antirollio* anti-roll bar; (*Nucl*) *~ combustibile* fuel rod; (*Inform*) *~degli strumenti* toolbar; (*Inform*) *~ dei menu* menu bar; (*Inform*) *~del titolo* titlebar; (*Inform*) *~ delle funzioni* taskbar, toolbar; *~di cioccolato* chocolate bar; (*Nucl*) *~di controllo* control rod; (*Inform*) *~di navigazione* navigation bar; *~di passaggio a livello* (*Br*) level crossing gate, (*Am*) grade crossing gate; (*Aut*) *~di rimorchio* towbar; (*Inform*) *~di scorrimento* scroll bar; (*Mot*) *~di sicurezza* safety rod; (*Inform*) *~di stato* status bar; (*Mecc*) *~di torsione* torsion bar; (*Aut*) *~di traino* towbar; (*Nucl*) *~di trazione* drawbar; (*Nucl*) *~di uranio* bar of uranium; (*Inform*) *~inversa* backslash; (*Aut*) *barrelaterali* side rails; (*Mar*) *~ sotto* helm down; (*Tip,Inform*) *~spaziatrice* space bar; (*Inform*) *~verticale* pipe.

barracano *m.* (*Tess,Abbigl*) burnous.

barracuda *m.* (*Itt*) barracuda.

barrage /bar'raʒ/ *m.inv.* 1 (*Sport*) (*spareggio*) play-off. 2 (*Equit*) jump-off.

barramina *f.* (*Minier*) drill bit.

barrare (**bàrro**) *v.t.* to bar, to cross: *~ un assegno* to cancel a cheque, to cross out a cheque; *~ le caselle di un questionario* to tick the boxes of a form.

barrato *a.* 1 barred, crossed. 2 (*di assegno*) cancelled.

barré *m.* (*Mus*) barré.

barretta *f.* small bar, strip: *una ~ di cioccolato* a small bar of chocolate. □ *~dietetica* diet bar, nutrition bar.

barricadiero *a.* revolutionary.

barricare (**bàrrico**, **bàrrichi**) **I** *v.t.* to barricade, to block: *gli insorti barricarono le strade* the rebels barricaded the streets. **II** *v.pron.* **barricarsi** to barricade oneself, to entrench oneself (*anche fig*): (*scherz*) *barricarsi in casa* to barricade oneself in one's house; *si è barricato dietro un assoluto silenzio* he entrenched himself behind a barrier of silence. □ *~porte e finestre* to bar doors and windows.

barricata *f.* 1 barricade. 2 (*fig*) (*lato*) fence: *essere dall'altra parte della ~* to be on the other side of the fence; *essere dalla stessa parte della ~* to be on the same side of the fence. □ *fare le barricate*: 1 to erect barricades; 2 (*fig*) to go out on the streets.

barricato *a.* (*Enol*) oaky.

barriera *f.* 1 barrier (*anche Geol*). 2 (*fig*) (*ostacolo*) barrier, obstacle: *erigere una ~* to raise a barrier; *superare le barriere* to overcome the obstacles; *fare cadere le barriere*

to break down the barriers. 3 (*limite*) limit, bound: *l'ingegno umano non conosce barriere* human genius knows no bounds. 4 (*steccato*) gate, fence, barrier. 5 (*Equit*) rail. 6 (*fortificazioni*) barrier wall. 7 (*Sport*) (*nel gioco del calcio*) wall. 8 (*Ferr*) (*di passaggio a livello*) (*Br*) level crossing gate, (*Am*) grade crossing gate. □ (*Comm*) *~all'entrata* barrier to entry; (*Geol*) *~ antartica* Antarctic Shelf; (*Mil*) *~anticarro* anti-tank barrier; *~ antivalanghe* avalanche barrier; *~architettonica* architectural barrier; *senza barriere architettoniche* without architectural barriers, handicapped accessible; (*Econ,Comm*) *~ commerciale* trade barrier; (*Geog*) *~corallina* coral barrier, coral reef; *Grande ~ corallina* Great Barrier Reef; (*Comm*) *~daziaria* tollgate; (*Astron*) *~del calore* heat barrier; (*Aer*) *~del suono* sound barrier; (*Comm*) *~ doganale* customs barrier; (*Comm*) *barriere extratariffarie* non-tariff barriers; *~linguistica* language barrier; *~ naturale* natural barrier; *~razziale* racial barrier; *~stradale* road-block; (*Comm*) *~tariffaria* tariff barrier; (*Astron*) *~termica* heat barrier.

barrire (**barrìsco**, **barrìsci**; *aus.* **avere**) *v.i.* to trumpet.

barrito *m.* 1 trumpeting. 2 (*estens*) (*urlo forte e sgraziato*) roar.

barrocciaio *m.* carter, waggoner.

barrocciata *f.* cart load.

barroccino *m.* 1 gig. 2 (*carretto a mano*) handcart.

barroccio *m.* 1 cart. 2 (*contenuto*) cartload.

bar-tabaccheria, **bar-tabacchi** *m.inv.* coffee house that sells also tobacco, postage stamps, and lottery tickets.

Bartolomeo *n.pr.m.* Bartholomew.

Baruc *n.pr.m.* (*Bibl*) Baruch.

baruffa *f.* 1 (*zuffa*) scuffle, brawl. 2 (*litigio*) squabble, quarrel. □ *fare ~* to brawl, to scuffle.

baruffare (**barùffo**; *aus.* **avere**) *v.i.* 1 to brawl, to scuffle. 2 (*litigare*) to quarrel, to squabble.

barzelletta *f.* 1 joke, funny story: *raccontare barzellette* to crack jokes, to tell jokes; *prendere qcs. in ~* to laugh sth. off. 2 (*fig*) (*gioco da ragazzi*) child's game, piece of cake. 3 (*fig*) (*farsa*) farce. □ *una ~spinta* a risqué joke; *una ~sporca* a dirty joke.

barzoi *m.* (*Zool*) borzoi, Russian wolfhound.

basale *a.* basal (*anche Med*): *metabolismo ~* basal metabolism, basal metabolic rate.

basaltico (*pl.* **-ci**) *a.* (*Geol*) basaltic: *rocce basaltiche* basaltic rock.

basalto *m.* (*Geol*) basalt. □ *di ~* basalt (*attr*).

basamento *m.* 1 base; (*di edificio*) basement; (*di colonna, statua*) base, pedestal. 2 (*zoccolo di pareti*) footing, skirting board. 3 (*Mecc*) bed, bedplate. 4 (*Aut*) (*monoblocco*) engine block. 5 (*Geol*) basement. 6 (*di gru*) base plate.

basare (**bàso**) **I** *v.t.* to base, to found: *~ qcs. su qcs.* to base sth. on sth.; *~ un'affermazione sui fatti* to base (*o* to ground) an assertion on fact (*o* in facts); *un'accusa basata su sospetti* an accusation based on suspicions; *i vostri sospetti non sono basati su nulla* there are no grounds for your suspicions, your suspicions are groundless. **II** *v.pron.* **basarsi** 1 to be based, to be founded (*su* on). 2 (*attenersi*) to base one's judgement (*su* on): *su che cosa ti basi?* what are your arguments based on?; *mi baso sui dati dei primi sei mesi* I've taken the past six month's data as the basis for my calculation. 3 (*rif. a persona*:

giudicare) to go (*su* by), to judge (*su* by): *non devi basarti sulle prime impressioni* you must not go by first impressions, don't judge a book by its cover. □ *basandosi su ...* on the basis of..., according to...

bas-bleu /ba'blœ/ *f.inv.* (*spreg*) bluestocking.

baschina *f.* (*Sart*) basque.

basco (*pl.* **-chi**) **I** *a.* Basque: *province basche* Basque provinces; *i Paesi Baschi* the Basque Country. **II** *m.* 1 (*lingua*) Basque. 2 (*f.* **-a**) Basque. 3 (*Mod*) (*berretto*) beret.

bascula *f.* platform scale, platform balance.

basculante *a.* (*Mecc*) horizontally pivoted, tilt (*attr*): *porta ~* up-and-over door.

basculla *f.* platform scale, platform balance.

base I *f.* 1 base. 2 (*parte inferiore*) base, foot, lower part: *alla ~ del collo* at the base of the neck. 3 (*componente principale*) basis, base; (*ingrediente principale*) basic ingredient. 4 (*fig*) (*fondamento, principio*) basis, bottom, base: *alla ~ di qcs.* at the basis of sth.; *alla ~ delle sue incertezze c'è la timidezza* shyness is at the bottom of his hesitancy. 5 *pl.* (*fig*) (*fondamento*) foundations, basis *sing.*: *un'amicizia fondata su solide basi* a friendship based on solid foundations (*o* on a sound basis); *gettare le basi di un'impresa* to lay the foundations of an undertaking; *mancare di basi* to be without foundation, to be groundless; *porre qcs. su nuove basi* to set sth. on a new footing, to set sth. on a new basis. 6 *pl.* (*fig*) (*nozioni elementari*) elements, foundations: *le basi della matematica* the elements of mathematics. 7 *pl.* (*fig*) (*conoscenze basilari*) basic knowledge (*costr.sing.*): *a Suo figlio mancano le basi* your child lacks basic knowledge; *avere delle buone basi in storia* to have a good grounding in history. 8 (*Arch*) base, basement; (*di colonna, monumento*) base, plinth. 9 (*Edil*) (*fondamenta*) foundations *pl.* 10 (*Bot, Mat,Geom,Chim,Geol*) base: *la ~ di una piramide* the base of a pyramid. 11 (*Mil*) base: *rientrare alla ~* to go back to base. 12 (*Sport*) (*nel baseball*) base. 13 (*Pol*) grass roots *pl.*, rank and file: *consultare la ~* to consult the views of the party members. 14 (*Econ*) standard, standard rate, base. 15 (*Topogr*) base line. **II** *a.inv.* basic, base (*attr*): *prezzo ~* basic price. □ *a ~di* based, *spesso non si traduce*: *a ~ di cioccolato* chocolate-based; *dieta a ~ di frutta* fruit diet; (*Aer.mil*) *~aerea* air base; (*Mil*) *~atomica* atomic base; (*Econ*) *~aurea* gold reserves (*pl.*); (*Comm*) *~clienti* customer base; (*Anat*) *~cranica* base of the skull, base of the cranium; (*Inform*) *~dati* data base; (*Anat*) *~del cranio* base of the skull, base of the cranium; (*Cosmet*) *~del trucco* make-up base, foundation; *di ~* basic: *colore di ~* basic colour; *lessico di ~* basic vocabulary; (*Inform*) *~di dati* data base; (*Astron*) *~di lancio* launching site; (*Pol*) *~di potere* power base: *costruirsi una ~ di potere* to build a power base; (*Econ*) *~di rendimento* income basis; (*Econ*) *~documentaria* documentary basis; (*Econ*) *~ imponibile* taxable amount, basis of assessment; (*Mat*) *sistema in ~ due* base two system; *in ~ a* on the basis of, according to: *in ~ alle ultime notizie, i feriti sono dieci* according to the latest news there are ten injured; *in ~ ai prezzi di listino* according to the list prices; *in ~ a ciò* on that basis; (*Mil*) *~militare* military base, army base; (*Mil*) *~missilistica* missile base; (*Mar.mil*) *~navale* naval base; (*Mil*) *~nucleare* atomic base; (*Mil*) *~operativa* operations base; *senza ~* groundless, without foundation; (*Astron*) ~ *spaziale* space station; (*Comm*) ~ *utenti* subscriber base.

baseball /'bɛzbol/ *m.* (*Sport*) baseball.

Basedow /'bazedov/ □ (*Med*) *morbo di ~* Basedow's disease.

basedowiano /bazedo'vjano/ *m.* (*f.* **-a**) (*Med*) person suffering from Basedow's disease.

basetta *f.* **1** *spec.pl.* sideburn *pl.*, side whiskers *pl.* **2** (*Elettron*) header.

basettone *m.* **1** *spec.pl.* long side whiskers *pl.*, muttonchops *pl.* **2** (*scherz*) (*uomo con grandi basette*) man with long side whiskers.

BASIC (*Inform*) *codice simbolico di istruzione polivalente per principianti* BASIC (Beginners All purpose Symbolic Instruction Code).

basicità *f.* (*Chim*) basicity.

basico (*pl.* **-ci**) *a.* (*Chim,Geol*) basic: *reazione basica* basic reaction.

basidio *m.* (*Bot*) basidium.

basidiomiceti *m.pl.* (*Bot*) basidiomycetes.

basilare *a.* basic, fundamental: *concetti basilari* basic concepts; *i principi basilari* the fundamental principles.

Basilea *n.pr.f.* (*Geog*) Basel, Basle.

basilica *f.* **1** (*Arch*) basilica. **2** (*chiesa*) church.

basilicale *a.* (*Arch*) basilican, basilic.

basilico *m.* (*Bot,Alim*) basil, sweet basil.

basilisco (*pl.* **-chi**) *m.* (*Zool,Mitol*) basilisk. □ (*fig*) *sguardo di ~* basilisk glance.

basire (**basisco**, **basisci**; *aus.* **essere**) *v.i.* **1** (*lett*) (*svenire*) to faint, to swoon. **2** (*allibire*) to be astonished, to be flabbergasted.

basista *m./f.* **1** (*Pol*) activist who supports the policies of the rank-and-file. **2** (*di attività criminosa*) inside man (*f.* woman).

basito *a.* astonished, flabbergasted, dumbfounded.

basket *m.* (*Sport*) basketball.

basofilia *f.* (*Biol*) basophilia.

basofilo *a.* (*Biol*) basophil, basophile.

bassa *f.* **1** plain, lowland: *la ~ milanese* the Milanese lowland. **2** (*Meteor*) low.

bassacorte *f.* poultry-yard.

bassamente *avv.* basely, meanly, vilely.

bassetto *m.* (*Mus*) small bass viol.

bassezza *f.* **1** lowness, depth. **2** (*rif. a statura*) shortness. **3** (*fig*) (*viltà*) baseness, vileness, meanness. **4** (*fig*) (*azione vile*) base action, despicable act, meanness.

bassissimo □ *bassissima stagione* lowest season.

bassista *m./f.* (*Mus*) bass player.

basso **I** *a.* **1** low: *la sedia è bassa* the seat is low; *nuvole basse* low clouds; *il sole è ancora ~* the sun is still low in the sky. **2** (*rif. a statura*) short, small: *persona bassa* (o *persona di bassa statura*) short person. **3** (*rivolto a terra*) stooping, bent, lowered: *a capo ~* (o *con la testa bassa*) with lowered head, with bowed head; *tenere gli occhi bassi* to keep one's eyes lowered. **4** (*rif. a stoffa*: *stretto*) narrow. **5** (*rif. a suono*) low: *nota bassa* low note; *parlare a voce bassa* to speak in a low voice, to speak softly. **6** (*rif. a luce*) low, dim: *luce bassa* dim light, low light. **7** (*Geog*) (*meridionale*) southern, south (*attr.*): *la bassa Italia* southern Italy. **8** (*non elevato sul livello del mare*) low-lying; (*rif. a fiumi*) lower: *il ~ Po* the lower Po. **9** (*rif. a ricorrenze*) early: *quest'anno la Pasqua è bassa* this year Easter falls early. **10** (*rif. a periodi storici*) late: *il ~ medioevo* the late mediaeval period. **11** (*poco profondo*) shallow, low: *qui il fiume è molto ~* here the river is very shallow. **12** (*piccolo, non rilevante*)

small, low: *un numero ~* a small number. **13** (*rif. a quadro su parete*) low, far down. **14** (*più vicino a terra*) lower, bottom (*attr.*): *i rami bassi* the lower branches, the bottom branches; *la parte bassa dell'armadio* the lower part of the wardrobe. **15** (*Met*) low-grade: *una lega bassa* a low-grade alloy. **16** (*fig*) (*vile*) base, mean. **17** (*fig*) (*umile, semplice*) lowly: *persone di bassa estrazione* people of lowly origin. **II** *avv.* **1** low. **2** (*a bassa voce*) low, softly: *parlare ~* to speak softly, to speak in a low voice. **3** (*su scatole di imballaggio*) this side down. **III** *m.* **1** (*parte bassa*) lower part, underneath: *il ~ della parete* the lower part of the wall. **2** (*Mus*) (*voce*) bass, bass voice; (*rif. a strumenti musicali*) bass, bass note: *il tuo pianoforte ha degli ottimi bassi* your piano has excellent bass notes. **3** *pl.* (*fig*) downs: *la vita ha alti e bassi* life has its ups and downs. **4** (*region*) (*a Napoli: appartamento seminterrato*) basement flat, (*Am*) basement apartment. □ *a bassa densità* low density (*attr.*); (*Mus*) ~ *armonico* harmonic bass; (*Mus*) ~ *cantante* bass-baritone; ~ *ceto* lower classes (*pl.*), lower class; ~ *clero* lower clergy; (*Econ*) *bassa congiuntura* slump, recession; *a ~ contenuto di nicotina* low-nicotine (*attr.*); (*Mus*) ~ *continuo* basso continuo; *il ~ corso del fiume* the lower reaches (*pl.*) of the river; *da ~*: **1** below, down; **2** (*rif. a una casa*) downstairs: *scendere da ~* to go downstairs; *dal ~ all'alto* from bottom to top, from the bottom up; *di bassa lega*: **1** (*Met*) low-percentage; **2** (*fig*) (*che vale poco*) low, cheap; **3** (*fig*) (*povero*) coarse; **4** (*fig*) (*vile*) disreputable; (*Elettron*) *a bassa emissione* low emission (*attr.*); (*Mil*) *la bassa forza* the ranks (*pl.*), the rank and file (*costr.pl.*); (*Fis,El*) *bassa frequenza* low frequency; (*Bot*) ~ *fusto* low trunk; *a ~ impatto ambientale* low environmental impact; (*Stor*) ~ *impero* Late Roman Empire; *in ~*: **1** (*stato*) low, down, below, at the bottom: *l'ultimo ripiano è troppo in ~* the last shelf is too low; *mettilo più in ~* put it lower down; **2** (*moto*) downwards, down: *guardare in ~* to look down; **3** (*fig*) (*meschino*) low: *come sei caduto in ~* how low you have fallen; *bassi istinti* vile instincts, base instincts; (*Stor*) *la bassa latinità* late Roman times (*pl.*); ~ *livello* low level; *di ~ livello*: **1** low level (*attr.*); **2** (*fig*) (*meschino*) poor, low standard (*attr.*); *bassa marea* low tide; *con la bassa marea* at low tide, when the tide is out; *in bassa montagna* in the lower mountains, on the foothills of the mountains; *di bassa origine* of low birth; (*Mus*) ~ *ostinato* basso ostinato; *bassa pianura* lowland; (*Meteor*) *bassa pressione* low pressure: *a bassa pressione* low-pressure (*attr.*); (*Comm*) ~ *prezzo* low price: *comprare qcs. a ~ prezzo* to buy sth. at a low price; *di ~ profilo* low-profile (*attr.*); (*Mus*) ~ *profondo* basso profondo; (*Aer*) *volare a bassa quota* to fly low, to fly at a low altitude; *persona di ~ rango* person of low rank; *a basso reddito* low-income (*attr.*); (*Mot*) *basso regime* slow running; (*El*) *a bassa resistenza* low-resistance; *a ~ rischio* low-risk (*attr.*); (*Geog*) *Bassa Sassonia* Lower Saxony; *bassa stagione* off-season, low season; (*Ling*) ~ *tedesco* low German; *bassa temperatura* low temperature; *tenersi ~*: **1** (*nel calcolare le spese*) to under-estimate; **2** (*nel vendere*) to offer low prices; (*El*) *bassa tensione* low voltage, low-tension: *a bassa tensione* low-voltage (*attr.*), low-tension (*attr.*); ~ *ventre* lower abdomen, (*colloq*) lower belly.

bassofondo (*pl.* **bassifóndi**) *m.* **1** (*Mar*)

shoal, shallow waters *pl.* **2** *pl.* (*fig*) (*quartieri poveri*) slums. **3** *pl.* (*fig*) (*strati sociali poveri*) dregs of society, lowest level *sing.* of society. **4** *pl.* (*fig*) (*malavita*) underworld *sing.*

bassopiano (*pl.* **bassopiàni**, **bassipiàni**) *m.* lowland.

bassorilievo *m.* (*Scult*) bas-relief, low relief: *figure in ~* (o *figure a ~*) figures in bas-relief.

bassotto **I** *a.* shortish. **II** *m.* (*Zool*) (*cane*) dachshund.

bassotuba *m.* (*Mus*) bass tuba.

bassoventre *m.* **1** lower abdomen. **2** (*eufem*) genitals.

basta[1] *f.* (*Sart*) **1** (*imbastitura*) tacking, basting. **2** (*piega*) tuck.

basta[2] *intz.* that's enough!, stop it!: *ora ~!* that's enough now! □ ~ *che* as long as, provided that: *qualsiasi cosa ~ che tu la smetta* you can have anything so long as you quit; ~ *con gli scherzi* enough horsing around; ~ *con i complimenti* let's dispense with compliments; ~ *con le chiacchiere* let's have an end to gossip; ~ *così*: **1** (*così è sufficiente*) that's enough; **2** (*questo è troppo!*) that's enough!, that will do!

bastante *a.* sufficient, enough: *non ho denaro ~* I don't have enough money.

bastarda *f.* **1** (*figlia illegittima*) bastard, bastard daughter. **2** (*Tecn*) (*lima*) bastard file. **3** (*Tip*) bastarda (script).

bastardaggine *f.* bastardy, illegitimacy.

bastardata *f.* nasty trick, dirty trick: *fare una ~ a qcu.* to play a dirty trick (o a nasty trick) on so.

bastardo **I** *a.* **1** bastard, illegitimate: *figlio ~* illegitimate son. **2** (*Zool,Bot*) hybrid, crossbred. **3** (*fig*) (*non genuino*) spurious, bastard. **II** *m.* (*f.* **-a**) bastard. **2** (*Zool,Bot*) hybrid, crossbreed. **3** (*Tip*) bastard type: *carattere ~* bastard type.

bastare (**bàsto**) **I** *v.i.* (*aus.* **essere**) **1** (*essere sufficiente*) to be enough, to be sufficient, to suffice: *basta una pastiglia* one tablet is enough; *ti basta una cucchiaiata?* is one spoonful enough for you?; *mi è bastato uno sguardo per capire tutto* a glance sufficed for me to understand everything; *quello che guadagno mi basta per vivere* what I earn is enough for me to live on; *l'ho visto una volta e mi è bastato* I saw him once and that was enough; *i soldi non bastano mai* there's never enough money. **2** (*durare*) to last: *questo denaro ci deve ~ per un mese* this money must last us for a month. **II** *v.i.impers.* to need only (*costr.pers.*), to have only to (*costr.pers.*), to be sufficient, to be enough: *basta rivolgersi a un vigile* you need only (o you have only) to ask a policeman. **III** *v.r.recipr.* **bastarsi** to be enough for each other: *loro si bastano* they've got each other and that's all they need. □ ~ *a se stesso* to be self-sufficient; *non mi bastò l'animo di negarglielo* I hadn't the heart to refuse him; *basta che qcu. faccia qcs.*: **1** it's enough for so. to do sth., all that is necessary is for so. to do sth.: *basta che me lo scriviate* you only have to write it for me; *basta che tu me lo dica* just let me know; *basta che tu mi dica una parola* a word from you is enough; **2** (*purché*) as long as: *ti presto volentieri il libro, basta che tu me lo renda presto* I will willingly lend you the book, as long as you return it soon; **3** (*speriamo*) let's hope so. does sth.: *basta che non piova!* let's hope it doesn't rain; *come se non bastasse* as if that wasn't enough; *basti dire che* (o *basta dire che*) suffice it to say that; *basta e avanza* (it) is more than enough; *e non basta, voleva anche aver* *ragione* and that wasn't enough, he wanted to be right too; *(ant) non mi bastò il cuore di negarglielo* I hadn't the heart to refuse him; *basta la parola* you just have to say the word; *ma non basta* but that's not enough; *basti pensare che* suffice it to say that, just imagine that; *basta poco* it doesn't take much; *quanto basta*: 1 all that is necessary; 2 *(nelle ricette)* to taste; *ti basti sapere che...* I need only tell you..., ... is all you need to know.

bastevole *a. (lett)* sufficient.

bastian contrario *m. (scherz)* perverse person.

Bastiglia *n.pr.f. (Stor)* Bastille.

bastimento *m. (Mar,ant)* 1 ship, vessel. 2 *(nave da carico)* cargo ship. 3 *(carico)* shipload: *ha comprato un ~ di banane* he bought a ship-load of bananas. □ *(Mar,ant) ~ a vapore* steamship; *(Mar,ant) ~ a vela* sailing ship.

bastionare (bastióno) *v.t. (ant)* to rampart.

bastionata *f. (Mil)* ramparts *pl.*, fortification.

bastionato *a. (ant)* bastioned.

bastione *m. (Mil)* bastion, rampart *(anche fig).*

basto *m.* 1 packsaddle: *mettere il ~ a un asino* to packsaddle on a donkey. 2 *(fig,lett) (peso eccessivo)* heavy burden: *portare il ~* to shoulder the burden. □ *animaleda ~* beast of burden; *(Strad) ~ rovescio* gutter.

bastonare (bastóno) I *v.t.* 1 to beat, to cane. 2 *(randellare)* to cudgel. 3 *(fig) (maltrattare)* to maul, to lambaste. II *v.r.recipr.* to fight, to come to blows. □ *~ qcu. di santa ragione* to beat so. soundly, to give so. a sound thrashing.

bastonata *f.* 1 blow with a stick, blow with a cane. 2 *pl. (percosse)* beating *sing.* 3 *(fig) (grave danno)* blow, beating. □ *fare a bastonate* to come to blows; *prendere qcu. a bastonate* to thrash so.

bastonatore *m. (f. -trice)* beater.

bastonatura *f.* beating.

bastoncello *m. (Anat)* rod.

bastoncino *m.* 1 stick, small stick. 2 *(Sport) (da sci)* ski pole. 3 *(Anat)* rod. □ *~ di incenso* stick of incense; *~ di legno d'arancio (per la manicure)* orange stick; *~ di liquirizia* liquorice stick; *~ di ovatta* cotton swab; *(Alim) ~ di pesce* fish finger, fish stick.

bastone *m.* 1 *(di legno)* stick: *appoggiarsi al ~* to lean on one's stick. 2 *(da passeggio: elegante)* cane; *(per persona anziana)* walking-stick. 3 *(Alim) (forma di pane)* long loaf, French loaf: *un ~ di pane* a long loaf of bread. 4 *(Arch)* torus. 5 *(Arald)* baton. 6 *pl. (nelle carte da gioco)* bastoni, sticks. 7 *(fig) (sostegno)* support, staff. 8 *(Tip)* sans serif. 9 *(Sport) (da golf)* club. □ *~ animato* swordstick; *(Sport) ~ da golf* golf club; *(Sport) ~ da hockey* hockey stick; *~ da montagna* alpenstock; *~ da passeggio* walking stick; *~ da pastore* shepherd's crook; *(fig) avere il ~ del comando* to be in command; *(fig) essere il ~ della vecchiaia di qcu.* to be the staff of so.'s old age; *~ di comando* baton, staff; *~ di maresciallo* field marshal's baton; *(fig) ottenere il ~ di maresciallo* to reach the top, to rise to the highest rank; *(fig) il ~ e la carota* the carrot and the stick; *(fig) mettere i bastoni fra le ruote a qcu.* to put a spoke in so.'s wheel, to put a spanner in the works; *(Rel.catt) ~ pastorale* pastoral staff; *~ per ciechi* white stick, white cane.

batacchio *m.* 1 *(di campana)* clapper. 2 *(di porta)* door knocker. 3 *(bacchio)* pole, stick.

batata *f. (Bot,Alim)* batata, sweet potato,

(Am) yam.

batavo, batavo I *a.* Batavian. II *m. (f. -a)* Batavian.

batigrafia *f. (Topogr)* bathygraphy.

batigrafico *(pl. -ci) a. (Topogr)* bathygraphic: *curva batigrafica* bathygraphic curve.

batik *m. (Tess)* batik.

batimetria *f. (Topogr)* bathymetry.

batimetrico *(pl. -ci) a. (Topogr)* bathymetric: *linea batimetrica* bathymetric line.

batimetro *m. (Topogr)* bathometer.

batiscafo *m. (Mar)* bathyscaphe.

batisfera *f.* bathysphere.

batista *f. (Tess)* batiste, lawn, cambric. □ *(Tess) ~ di ~* lawn *(attr.)*, batiste *(attr.)*, cambric *(attr.)*: *fazzoletto di ~* lawn handkerchief; *(Tess) ~ di cotone* cotton batiste.

batocchio *m.* 1 *(bastone)* stick. 2 *(di campana)* clapper. 3 *(per ciechi)* white stick, white cane.

batolite *f. (Geol)* batholith, batholite.

batometria *f. (Topogr)* bathymetry.

batometro *m. (Topogr)* bathometer.

batosta *f.* 1 *(rar) (percossa)* blow. 2 *(fig) (duro colpo)* blow: *una bella ~* a heavy blow. 3 *(fig) (sventura)* misfortune, stroke of bad luck: *questa malattia è stata una ~ per lui* this illness has been a misfortune for him. 4 *(fig) (sconfitta)* beating, thrashing, reverse, setback: *la nostra squadra ha avuto una bella ~* our team has had a bad setback. 5 *(fig) (rovescio finanziario)* setback, reverse.

batrace, batrace *m.spec.pl. (Zool)* batrachian.

battage /bat'taʒ/ *m.inv.* build-up campaign. □ *~ pubblicitario* hype, ballyhoo.

battaglia *f.* 1 *(Mil)* battle, fight: *dare ~ to* give battle. 2 *(fig) (polemica)* struggle, fight, battle. 3 *(fig) (contrasto)* conflict, struggle. 4 *(fig) (campagna)* campaign, battle. □ *(Mil) ~ aerea* air battle; *(Mil) ~ aeronavale* air-sea battle, sea-air battle; *~ campale*: 1 *(Mil)* open battle, pitched battle; 2 *(grande scontro) (fig)* great struggle; *(Stor) la ~ di Adua* the Battle of Adua; *~ elettorale* electoral battle, election fight, electoral contest; *~ navale*: 1 *(Mar.mil)* naval battle; 2 *(gioco)* warships *(pl.)*, battleships *(pl.)*; *(Mil) ~ terrestre* ground battle, land battle.

battagliare (battàglio, battàgli) *aus.* **avere** *v.i.* to fight, to battle, to struggle *(anche fig).*

battagliero *a.* 1 warlike, bellicose: *un popolo ~* a warlike people. 2 *(fig) (combattivo)* combative, bellicose, quarelsome: *indole battagliera* combative nature.

battaglio *m.* 1 *(di campana)* clapper. 2 *(di porta)* door-knocker.

battagliola *f. (Mar)* guardrail, rail.

battaglione *m.* 1 *(Mil)* battalion. 2 *(fig) (grande quantità)* multitude.

battana *f. (Mar)* flat-bottomed pinnace.

battelliere *m. (Mar)* boatman.

battello *m. (Mar)* boat. □ *(Mar) ~ a motore* motorboat; *(Mar) ~ a remi* rowing-boat; *(Am)* row-boat; *(Mar) ~ a vapore* steamboat, steamship; *(Mar) ~ da pesca* fishing boat; *(Mar) ~ di salvataggio* lifeboat; *andare in ~*: 1 to go by boat; 2 *(a fare una gita)* to go boating, to boat; *(Mar) ~ pieghevole* collapsible boat; *(Mar) ~ pneumatico* rubber dinghy, rubber boat; *(Mar) ~ postale* mail steamer, mail boat.

battente *m.* 1 *(imposta: di porta)* leaf, wing; *(di finestra)* shutter; *(sportello di mobile)* door. 2 *(batacchio: di porta) (door)* knocker; *(di campanello o campana)* clapper; *(di orologio)* hammer. 3 *(Idr)* head: *~ d'acqua* head of water. 4 *(Mar) (telaio del*

boccaporto) washboard. 5 *(Sart)* batten. II *a. (rif. a pioggia)* beating. □ *a due battenti* double-leaf; *a un ~* single-leaf; *aprire i battenti*: 1 to open the doors; 2 *(fig) (di attività commerciale)* to open up; *chiudere i battenti*: 1 to close the doors; 2 *(fig) (di attività commerciale)* to close down.

battere [1] **(bàtto)** I *v.t.* 1 to beat, to strike, to hit. 2 *(con martello)* to hammer. 3 *(con battipanni)* to beat. 4 *(con pestello)* to crush. 5 *(picchiare)* to beat. 6 *(trebbiare)* to thresh: *~ il grano* to thresh the corn. 7 *(Met)* to forge. 8 *(Tess)* to beat; *(rif. al lino)* to swingle. 9 *(urtare)* to bump, to strike, to hit: *ho battuto il ginocchio contro il tavolo* I bumped my knee against the table. 10 *(sconfiggere)* to beat, to defeat: *~ il nemico* to defeat the enemy; *la nostra squadra è stata battuta* our team has been beaten. 11 *(superare)* to beat: *in latino, non lo batte nessuno* no one can beat him in Latin; *~ un primato* to beat a record; *~ la concorrenza* to beat one's rivals. 12 *(percorrere)* to beat; *(perlustrare)* to scour: *la polizia batte la zona alla ricerca dell'assassino* the police are scouring the area in search of the murderer. 13 *(Caccia)* to beat. 14 *(scrivere con una tastiera)* to type: *~ una lettera* to type a letter. 15 *(rif. alla pioggia, al vento)* to beat: *la pioggia batteva la pianura* the rain beat down on the plain. II *v.i. (aus. avere)* 1 *(bussare)* to knock *(a at)*: *battono alla porta* someone is knocking at the door. 2 *(Sport) (rif. al cricket)* to bat; *(rif. a tennis, pallavolo)* to serve; *(rif. al calcio)* to kick. 3 *(sbattere, colpire)* to beat, to hit, to strike; *(leggermente)* to tap: *il ramo batteva sul vetro* the branch was tapping against the window pane. 4 *(colpire)* to lash, to strike, to hit *(su qcs. sth., against sth.)*, to beat down *(on)*: *la pioggia batteva sui tetti* the rain beat down on the roofs. 5 *(rif. al sole)* to beat down: *il sole batte sulla casa dalle sei del mattino* the sun beats down on the house from six in the morning. 6 *(pulsare)* to beat, to throb, to pulse: *le tempie mi battevano per lo sforzo* my temples were throbbing with the effort; *il suo cuore batteva ancora* his heart was still beating. 7 *(aus. essere/avere) (rif. alle ore)* to strike: *battono le due* it is striking two. 8 *(urtare)* to bump, to strike, to hit: *è andato a ~ contro la porta* he bumped against *(o* into*)* the door. 9 *(insistere)* to insist *(su* on*)*, to emphasize, to hammer home *(sth.)*: *il professore ha battuto molto su questo argomento* the teacher insisted strongly on this subject. 10 *(colloq) (esercitare la prostituzione)* to be a street-walker, to solicit in the streets. III *v.pron.* **battersi** 1 to beat oneself. 2 *(combattere)* to fight *(anche fig)*: *gli assediati si batterono da eroi* the besieged fought like heroes. IV *v.r.recipr.* **battersi** 1 to beat each other. 2 *(duellare)* to duel: *battersi alla pistola* to duel with pistols. □ *(Sport) ~ qcu. ai punti* to beat so. on points; *(Mar) ~ bandiera italiana* to fly the Italian flag; *~ bandiera inglese* to fly the Union Jack; *(fig) ~ cassa* to ask for money; *(fig) non ~ ciglio* not to bat an eyelid; *senza ~ ciglio* without batting an eyelid; *(fig) battere i ribatti* by sheer insistence; *(fig) batti e ribatti, finalmente ha capito* when it had been said over and over again he finally understood; *il cuore gli batteforte* his heart is beating fast, his heart is pounding; *~ gli atouts (nel bridge)* to draw trumps; *~ gli occhi* to blink; *batteva i denti dal freddo (o per il freddo)* his teeth were chattering with cold; *~ i piedi*: 1 *(con forza)* to stamp one's feet, to stamp the ground; 2

(*per l'impazienza*) to tap one's foot on the floor impatiently; ~ *i tacchi*: 1 to tap one's heels, to beat one's heels; 2 (*Mil*) to click one's heels (*anche fig*); 3 (*fig,colloq*) (*andarsene*) to hit the road, to split, take off; ~ *i tappeti* to beat the carpets; (*fig*) ~ *il chiodo* to keep bringing sth. up, to hammer a point home; (*fig*) *quell'uomo ha fatto ~ il cuore di molte ragazze* that man has made many hearts flutter; (*Met*) ~ *il ferro* to hammer iron; (*fig*) ~ *il ferro quando è caldo* (o ~ *il ferro finchè è caldo*) to strike while the iron is hot; (*fig*) ~ *il marciapiede* to be a street-walker; *battersi il petto* to beat one's breast (*anche fig*); ~ *il pugno sul tavolo* to bang one's fist on the table; (*Sport*) ~ *il rigore* to take a penalty kick; ~ *il tamburo* to beat the drum; (*Mus*) ~ *il tempo*: 1 to beat time; 2 (*con le mani*) to clap time; ~ *in ritirata*: 1 (*Mil*) to retreat; 2 (*fig*) (*scappare*) to beat a retreat, to beat a hasty retreat; (*Mot*) ~ *in testa* to knock, to pink; ~ *la carne* to pound meat; (*colloq*) ~ *la fiacca*: 1 (*stare in ozio*) to lounge around, to loaf about, to slack, to kick one's heels; 2 (*agire svogliatamente*) to slack off; (*fig*) ~ *la grancassa* to bang the big drum, to bang the drum, to blow the trumpet; (*Sport*) ~ *la punizione* to take the free kick; ~ *la ritirata* to beat a retreat; (*colloq*) ~ *la stecca*: 1 (*gerg,Mil*) hand gesture hitting the middle finger against the index finger to make a clicking noise (made by servicemen finishing their military service to mock those just beginning); 2 (*estens*) (*deridere*) to mock; (*colloq,fig*) ~ *la strada* to be a street-walker; ~ *la testa* (*cadendo*) to bang one's head, to hit one's head; (*colloq,iron*) *ha battuto la testa* he is slightly touched; *batterei la testa contro il muro* I could kick myself; (*ant*) ~ *la via del vizio* to follow the path of vice; ~ *le ali* to beat one's wings, to flap one's wings; ~ *le mani* to clap (one's hands), to applaud; ~ *le ore* to strike the hours; ~ *le palpebre* to blink; ~ *moneta* to mint coins, to strike coins; ~ *sulla spalla di qcu.* to clap so. on the shoulder, (*leggermente*) to tap so. on the shoulder; (*fig*) ~ *sempre sullo stesso tasto* to be always harping on the same thing, (*Br*) to be always harping about the same thing, to harp on the same subject all the time; *che batte tutti i record* record-breaking; ~ *un record* to break a record; ~ *una pista*: 1 (*da sci*) to bash the piste; 2 (*fig*) (*seguire*) to follow a track; ~ *una pista sbagliata* to be off track.

battere² *m.* 1 beating, thrashing: *udì un ~ d'ali* he heard a beating of wings. 2 (*Mus*) downbeat: *in ~* on the downbeat. ☐ *in un batter d'occhio* (*in un attimo*) in the twinkling of an eye, in a flash, in a wink, like lightning, in a trice.

batteria *f.* 1 (*El,Mot,Arm*) battery. 2 (*insieme di attrezzi, oggetti*) set, outfit. 3 (*Mus*) drums *pl.*, drum kit: *alla ~, Chester Thompson* Chester Thompson on drums. 4 (*Sport*) heat. 5 (*di orologio*) striking mechanism. 6 *pl.* (*fig*) batteries: *ho bisogno di ricaricare le batterie* I need to recharge my batteries. 7 (*fig*) host: *una ~ di accuse* a host of accusations. ☐ (*El*) *alimentato a ~* battery-operated; *funzionare a ~* to run on a battery; (*El*) ~ *a bottone* button battery; (*El*) ~ *a lunga durata* long-life battery; (*El*) ~ *a stilo* penlight battery, AA battery; (*El*) ~ *al litio* lithium battery; (*El*) ~ *anodica* anode battery; (*Mil*) ~ *anticarro* anti-tank battery; ~ *atomica* atomic battery; (*Mil*) ~ *contraerea* anti-aircraft battery; ~ *corazzata* leak-proof battery; (*Mil*) ~ *costiera* coast battery; (*Mil*) ~ *da campagna* field battery; ~ *da cucina* set of

pots and pans; (*El*) ~ *di accumulatori* accumulator battery, (*Am*) storage battery; ~ *di avviamento* starter battery; (*El,Tel*) ~ *di telefonino* cell phone battery; ~ *di test* battery of tests; *polli allevati in ~* battery chickens; ~ *inclusa* battery included; ~ *portatile* portable battery; (*El*) ~ *scarica* run-down battery, dead battery, (*spec. Br*) flat battery; (*El*) ~ *solare* solar-powered battery, solar battery.

battericamente *avv.* bacterially.

battericida I *a.* bactericidal. II *m.* bactericide.

batterico (*pl.* **-ci**) *a.* bacterial: *coltura batterica* bacterial culture.

batterio *m.* (*Biol*) bacterium. ☐ *batteri patogeni* pathogenic bacteria.

batteriofago (*pl.* **-gi**) *m.* bacteriophage.

batteriologia *f.* bacteriology.

batteriologicamente *avv.* bacteriologically: *acqua ~ pura* bacterially pure water.

batteriologico (*pl.* **-ci**) *a.* bacteriological.

batteriologo *m.* (*f.* **-a**; *pl.* **-gi/-ghi**) bacteriologist.

batterioterapia *f.* bacteriotherapy.

batterioterapico (*pl.* **-ci**) *a.* bacteriotherapeutic.

batterista *m./f.* (*Mus*) drummer.

battesimale *a.* (*Rel,Lit*) baptismal, christening: *acqua ~* baptismal water; *fonte ~* christening font, baptismal font.

battesimo *m.* 1 (*Rel,Lit*) (*di neonato, per aspersione*) christening: *amministrare il ~ a un bambino* to christen a child; *ricevere il ~* to be christened. 2 (*Rel,Lit*) (*di adulto*) baptism: *amministrare il ~ a qcu.* to baptize so.; *ricevere il ~* to be baptized. 3 (*fig*) (*cerimonia inaugurativa*) christening, inauguration; (*di una nave*) christening, naming. ☐ (*Mil,fig*) ~ *del fuoco* baptism of fire; (*fig*) ~ *dell'aria* first flight, maiden flight; (*fig*) ~ *dell'equatore* crossing the line ceremony; (*Rel*) ~ *di sangue* martyrdom; (*Rel,Lit*) ~ *per aspersione* baptism by aspersion; (*Rel,Lit*) ~ *per immersione* baptism by immersion; *tenere a ~ un bambino* to stand (as) godfather to a child.

battezzando I *m.* (*f.* **-a**) (*neonato*) child to be christened; (*adulto*) person to be baptized. II *a.* (*rif. a neonato*) (child) to be christened; (*rif. a adulto*) (that is going to be baptized.

battezzare (**battézzo**) I *v.t.* 1 (*Rel*) (*un neonato*) to christen; (*un adulto*) to baptize. 2 (*rif. a nave e sim.*) to baptize, to name. 3 (*dare il nome, chiamare*) to christen, to call, to name: *lo hanno battezzato Giuseppe* they have called him Joseph. 4 (*scherz*) (*annacquare*) to water down, to dilute: ~ *il vino* to water down the wine. II *v.pron.* **battezzarsi** 1 to be baptized. 2 (*rar*) (*proclamarsi*) to proclaim oneself.

battezzatoio *m.* baptistry, font.

battezzatore *m.* (*f.* **-trice**) baptizer.

battibaleno *m.* instant, flash, twinkling. ☐ *in un* ~ in an instant.

battibeccare (**battibécco, battibécchi**) *aus.* **avere**) I *v.i.* to bicker, to squabble. II *v.pron.* **battibeccarsi** to bicker, to squabble.

battibecco (*pl.* **-chi**) *m.* bickering, squabble.

batticalcagno *m.inv.* (*Aut*) kick plate.

batticarne *m.inv.* meat pounder.

batticoda *f.* (*Ornit*) yellow wagtail.

batticuore *m.* 1 palpitations *pl.*: *avevo il ~* my heart was throbbing, my heart was pounding; *mi è venuto il ~ per l'emozione* the excitement gave me palpitations. 2 (*fig*) (*ansia*) anxiety, fright, fear: *fare venire il ~*

a qcu. to give so. a fright.

battifiacca *m./f.inv.* slacker, (*colloq*) lazybones.

battifianco *m.* stable rail.

battigia (*pl.* **-gie/-ge**) *f.* shore-line.

battilana, battilano *m.inv.* (*ant*) wool carder.

battilardo *m.inv.* (*ant*) chopping board.

battiloro *m.inv.* gold-beater.

battimani, battimano *m.inv.* (*applauso*) clapping, applause.

battimare *m.inv.* (*Mar*) washboard, breakwater.

battimazza *m.* (*ant*) (*operaio*) blacksmith's mate.

battimento *m.* 1 (*il battere*) beating, battering, hammering. 2 (*Fis*) heat. 3 (*Mot*) knock.

battipalo *m.* 1 (*Mecc*) pile-driver. 2 (*operaio*) pile driver. ☐ ~ *a braccia* hand-rammer; ~ *a vapore* steam pile-driver.

battipanni *m.inv.* carpet beater.

battipista *m.inv.* snowmobile.

battiscopa *m.inv.* skirting-board, skirting, (*Am*) baseboard, mopboard.

battista I *a.* (*Rel.prot*) Baptist: *chiesa ~* Baptist Church. II *m./f.* (*Rel.prot*) Baptist.

Battista *n.pr.m.* (*Bibl*) Baptist: *Giovanni il ~* John the Baptist.

battistero *m.* (*Arch*) baptistry.

battistrada *m.inv.* 1 (*Stor*) outrider. 2 (*fig*) (*capo*) leader. 3 (*Sport*) pacemaker, pacesetter. 4 (*Aut*) tread, track. ☐ *fare da ~ a qcu.* to smooth the way for so.; (*Aut*) ~ *liscio* smooth tread; (*Aut*) ~ *ricostruito* retreaded tire; (*Aut*) ~ *scolpito* engraved tread.

battitacco (*pl.* **-chi**) *m.* (*Sart*) reinforcing lining (applied to the inside trouser leg at base), trouser hem binding.

battitappeto *m.inv.* carpet sweeper.

battito *m.* 1 pulsation, beat, throb. 2 (*Mot*) knock, knocking. ☐ ~ *cardiaco* (o ~ *del cuore*) heartbeat; ~ *del polso* pulse; *il ~ dell'orologio* the ticking of the clock; (*Mot*) ~ *in testa* knocking, pinking; ~ *irregolare* irregular beat.

battitoia *f.* (*Tip*) planer.

battitoio *m.* 1 (*di porta*) leaf, wing. 2 (*Tess*) willow.

battitore *m.* 1 (*f.* **-trice**) beater; (*chi batte il grano*) thresher. 2 (*di asta*) auctioneer. 3 (*Caccia*) beater. 4 (*f.* **-trice**) (*Sport*) (*nel cricket*) batsman (*f.* **-woman**); (*nel tennis*) server; (*nel baseball*) batter. 5 (*Agr*) (*di trebbiatrice*) awner. 6 (*Tess*) (*di macchina tessile*) beater. 7 (*Mil,ant*) (*esploratore*) scout.

battitrice *f.* (*Agr*) threshing-machine.

battitura *f.* 1 beating. 2 (*Agr*) (*trebbiatura*) threshing; (*periodo*) threshing time. 3 (*Tess*) willowing. ☐ ~ *a macchina* typewriting.

battola *f.* 1 (*Rel.catt*) rattle. 2 (*Caccia*) rattle, clapper.

battona *f.* (*pop*) street-walker.

battuta *f.* 1 (*il battere*) beating, striking. 2 (*colpo, percossa*) blow: *ho dato una ~ con il ginocchio a uno spigolo* I hit my knee against a corner. 3 (*in dattilografia*) stroke: *una riga di sessanta battute* a line of sixty strokes; *centottanta battute al minuto* a hundred and eighty strokes per minute. 4 (*Mus*) beat, bar, measure: *i violini entrano alla quarta ~* the violins come in on the fourth beat. 5 (*Teat*) cue: *dare la ~* to give the cue, to prompt; *perdere la ~* to miss one's cue. 6 (*fig*) (*frase spiritosa*) witty remark, joke; (*risposta spiritosa*) witty reply: *fare una ~* to make a witty remark, to make a quip, to make a wisecrack. 7 (*fig*) (*frase*) remark, phrase: *ha sentito solo poche battute della conversazione* he heard only a few phrases of the conversation. **8** (*Caccia*) hunt, hunting. **9** (*estens*) (*di polizia*) combing, round-up. **10** (*Sport*) (*nel football*) kick-off; (*nel canottaggio, nuoto*) stroke; (*nel tennis, nella pallavolo*) service; (*nel baseball*) hit. □ (*Caccia*) **~al cinghiale** wild boar shooting party; (*fig*) **~d'arresto** lull, pause; *subire una ~ d'arresto* to come to a standstill; **~d'aspetto** : **1** (*Mus*) bar's rest; **2** (*fig*) (*pausa*) lull, pause; (*Caccia*) **~di caccia** battue, beat; **~di mani** hand-clap; (*fig*) **~di spirito** witticism; (*fig*) *una* **~pesante** a bad taste joke, a vulgar joke; (*fig*) *battute* **polemiche** polemical words; (*fig*) *avere la* **~pronta** to have a ready answer.

battuto I *a*. **1** beaten, struck. **2** (*rif. a strade, sentieri*) beaten, well-beaten, trodden: *un sentiero ~* a beaten track, a well-beaten track; *una pista poco battuta* a little-used trail. **3** (*Met*) hammered, wrought: *ferro ~* wrought iron. **4** (*fig*) (*sconfitto*) beaten. II *m*. (*Gastron*) chopped vegetables *pl.*; (*di erbe aromatiche*) chopped herbs *pl*. □ **~dal vento** windswept; *zona battuta dai venti* windy area, wind blown area.

batuffolo *m*. **1** wad: *~ di ovatta* wad of cotton-wool, ball of cotton-wool, (*Am*) cotton ball. **2** (*fig*) (*rif. a bambino*) dumpling; (*rif. ad animale*) fluffy thing, ball of fur.

bau *onom*. bow-wow. □ *fare ~ ~* to bow wow.

Bauci *n.pr.f.* (*Mitol*) Baucis: *Filemone e ~* Baucis and Philemon.

baud /'baud/ *m.inv.* (*Elettron*) baud.

baule *m*. **1** trunk. **2** (*Aut*) (*rif. ad automobili*) boot, (*Am*) trunk. **3** (*contenuto*) trunkful: *un ~ di abiti* a trunkful of clothes. **4** *pl.* (*bagagli*) luggage (*costr.sing.*), baggage (*costr.sing.*): *disfare i bauli* to unpack one's luggage; *fare i bauli* to pack, to pack up. □ **~ad armadio** (o **~armadio**) wardrobe trunk.

bauletto *m*. **1** travelling case; (*beauty case*) vanity bag, vanity case. **2** (*cofanetto*) case: *~ portagioielli* jewel-case.

bautta *f*. **1** domino. **2** (*mascherina*) mask.

bauxite *f*. (*Min*) bauxite.

bava *f*. **1** dribble, slaver, slobber. **2** (*delle lumache*) slime. **3** (*in bachicoltura*) silk filament; (*filo di seta*) floss-silk. **4** (*Met*) flash, burr. **5** (*Pesc*) (*della lenza*) leader. □ (*fig*) *avere la* **~alla bocca** to be foaming at the mouth; (*fig*) *far venire la ~ alla bocca a qcu.* to make so. angry; *una* **~di vento** a puff of wind *fare la ~*: **1** to dribble, to drool, to slobber; **2** (*fig*) (*arrabbiarsi*) to get worked up, to get angry.

bavaglino *m*. bib.

bavaglio *m*. gag. □ *mettere il ~ a qcu.* to gag so. (*anche fig*).

bavarese I *a*. Bavarian. II *m*. (*dialetto*) Bavarian dialect. III *m./f.* Bavarian. IV *f*. (*Dolc*) bavarian cream, bavarois.

bavatura *f*. (*Met*) flash, burr.

bavella *f*. (*Tess*) floss silk.

bavera *f*. (*Abbigl*) tippet.

bavero *m*. (*Abbigl*) collar. □ **~della giacca** jacket collar; *un cappotto col* **~di pelliccia** an overcoat with a fur collar; (*fig*) *prendere qcu. per il ~*: **1** to grab so. by the scruff of the neck; **2** (*prendere in giro*) to pull so.'s leg; *col* **~rialzato** with one's coat collar turned up.

bavette *f.pl.* (*Alim*) bavette (*costr.sing.*) (long thin flat pasta similar to spaghetti).

Baviera *n.pr.f.* (*Geog*) Bavaria.

bavosa *f*. (*Itt*) blenny.

bavoso *a*. slavering, slobbering.

bazar *m.inv.* **1** (*mercato orientale*) bazaar. **2** (*estens*) (*emporio*) general store. **3** (*fig*) (*di-

sordine*) mess.

bazooka /ba'dzuka/ *m.inv.* (*Arm*) bazooka.

bazza ¹ *f*. (*mento sporgente*) long chin, protruding chin.

bazza ² *f*. (*rar*) (*fortuna*) luck, good luck, fortune, good fortune: *che ~!* what luck!, how lucky!

bazzana *f*. (*Pell*) sheepskin, washleather.

bazzecola *f*. trifle, bagatelle.

bazzica *f*. **1** (*gioco di carte*) bezique. **2** (*biliardo*) bazzica (a kind of pool).

bazzicare (**bàzzico, bàzzichi**) I *v.t.* to haunt, to hang round, to frequent: *~ ambienti poco raccomandabili* to haunt places of doubtful repute, to hang around unsavoury places. II *v.i.* (*aus. avere*) to hang around (*in qcs.* sth.), to frequent (sth.): *bazzica spesso in quel bar* he often frequents that bar.

bazzotto *a*. **1** (*di uovo*) soft boiled. **2** (*fig, rar*) (*incerto*) uncertain.

b.c. (*Mus*) *basso continuo* bc, BC (basso continuo).

BCD (*Inform*) *decimale codificato in binario* BCD (Binary Coded Decimal).

BCE *Banca centrale europea* ECB (European Central Bank).

BD *Bangladesh* BD (Bangladesh).

BDS *Barbados* BDS (Barbados).

be' *intz*. well: *~, che vuoi?* well, what do you want?; *~, non ne parliamo più* well, let's drop the matter.

bè *onom*. baa: *la pecora fa ~* the sheep goes baa, the sheep bleats (baa).

beach volley /'bitʃ'vɔlei/ *m*. (*Sport*) beach volley.

beare (**bèo**) I *v.t.* to make happy. II *v.pron*. **bearsi** to enjoy (*a, di qcs.* sth.), to rejoice (at): *si beava alla vista di tutto quel denaro* he rejoiced at the sight of all that money.

bearnese □ (*Gastron*) *salsa ~* béarnaise sauce.

beat /bi:t/ I *m./f.inv.* beat, beatnik. II *a.inv.* beat (*attr.*): *moda ~* beat fashion.

beatamente *a*. happily, blissfully: *vivere ~* to live happily.

beatificare (**beatìfico, beatìfichi**) *v.t.* **1** (*Dir.can*) to beatify. **2** (*rar*) (*riempire di gioia*) to fill so. with joy, to make so. happy.

beatificazione *f*. (*Dir.can*) beatification: *processo di ~* beatification process.

beatifico (*pl.* **-ci**) *a*. beatific: *la visione beatifica di Dio* the beatific vision of God.

beatitudine *f*. **1** (*Rel*) beatitude, bliss, blessedness. **2** (*estens*) (*felicità*) bliss. **3** (*titolo*) Holiness: *Sua Beatitudine* His Holiness. **4** *pl.* (*Bibl*) Beatitudes.

beatnik /'bi:tnik/ I *m./f.* beat, beatnik. II *a.inv.* beat (*attr.*).

beato I *a*. **1** blessed, blissful: *gli spiriti beati* the blessed spirits. **2** (*felice*) happy, glad, blissful: *ore beate* happy hours. **3** (*iron*) (*benedetto*) blessed: *questo ~ ragazzo non studia mai* this blessed boy never studies. **4** (*Bibl,Rel.catt*) blessed: *beati i poveri di spirito* blessed are the poor in spirit. II *m*. (*f.* **-a**) **1** blessed one, blessed soul: *i Beati* the Blessed. **2** (*Rel.catt*) Blessed: *Beato Padre Pio* Blessed Padre Pio. □ **~chi** *ti sposa!* lucky the man who marries you; (*scherz*) **~te** *! how* lucky you are!, lucky you!; (*scherz*) **~tra le donne** blessed among women; *la beata Vergine* the Blessed Virgin.

Beatrice *n.pr.f.* Beatrix, Beatrice.

beauty /'bjuti/, **beauty-case** /'bjuti'keiz/

m.inv. (*da donna*) vanity case; (*da uomo*) travel kit.

beauty farm /'bjuti'farm/ *f.inv.* beauty farm.

bebè *m*. baby.

beccaccia (*pl.* **-ce**) *f*. (*Ornit*) woodcock.

beccaccino *m*. **1** (*Ornit*) snipe, common snipe. **2** (*Mar*) snipe.

beccafico (*pl.* **-chi**) *m*. (*Ornit*) figpecker, beccafico.

beccaio *m*. (*ant,region*) butcher.

beccamorto *m.inv.* (*spreg*) grave-digger.

beccare (**bécco, bécchi**) I *v.t.* **1** to peck (at), to peck up: *~ il grano* to peck at the corn; *il gallo gli beccò un dito* the cock pecked his finger. **2** (*estens*) (*rif. a insetti*) (*pungere*) to bite, to sting. **3** (*colloq*) (*sorprendere*) to catch (in the act): *se ti becco* if I catch you (in the act); *non mi ci becchi più* you won't catch me again. **4** (*colloq*) (*buscare*) to catch, to get, to receive: *ha beccato due schiaffi dal padre* he got a couple of slaps from his father. **5** (*colloq*) (*rif. a malattie*) to catch, to get: *ha beccato una polmonite ed è morto* he caught pneumonia and died. **6** (*colloq*) (*ottenere senza fatica*) to pick up, to get: *lavora pochissimo e becca ottanta euro al giorno* he hardly does a stroke of work and gets eighty euros a day for it. **7** (*colloq*) (*stuzzicare*) to tease, to goad. II *v.i.* (*aus.* **avere**) to peck: *le galline beccavano nell'aia* the hens were pecking about on the threshing-floor. III *v.pron.* **beccarsi** **1** (*colloq*) (*buscarsi*) to take, (*colloq*) to cop: *beccati questo e quest'altro* take (o cop) this and now this. **2** (*colloq*) (*rif. a malattie*) to catch, to get: *si è beccato un raffreddore* he caught a cold. **3** (*colloq*) (*ottenere senza fatica*) to pick up, to walk off with: *si è beccato il primo premio* he walked off with the first prize. IV *v.r.recipr.* **beccarsi** **1** (*darsi beccate*) to peck each other. **2** (*scherz*) (*bisticciarsi*) to quarrel, to pick a quarrel, to wrangle. □ **~ qcu. con le mani nel sacco** to catch so. red-handed; *non farti ~* don't get caught, (*Br*) don't get nicked; *beccarsi una* **multa** to get a ticket; *beccati* **questa** *!* take this!

beccata *f*. **1** peck. **2** (*quantità*) beakful: *una ~ di grano* a beakful of corn. **3** (*estens*) (*puntura d'insetto*) bite, sting. **4** (*fig*) (*battuta ironica*) biting remark, (*colloq*) dig. **5** (*Teat*) hiss, boo.

beccatello *m*. **1** (*Arch*) bracket, corbel. **2** (*piolo di attaccapanni*) peg, hook.

beccatoio *m*. feeding trough (in a bird-cage).

beccatura *f*. **1** (*il beccare*) peck, pecking. **2** (*segno di beccata*) mark (of a peck), peck. **3** (*estens*) (*puntura d'insetto*) bite, sting.

beccheggiare (**becchéggio, becchéggi**) *aus.* **avere**) *v.i.* (*Mar,Aer*) to pitch.

beccheggio *m*. (*Mar,Aer*) pitching.

beccheria *f*. (*ant,region*) (*macelleria*) butcher's (shop).

becchettare (**becchétto**) I *v.t.* **1** to peck busily, to peck away at. **2** (*fig*) (*stuzzicare*) to tease. II *v.r.recipr.* **becchettarsi** **1** to peck away at each other. **2** (*fig*) (*stuzzicarsi*) to tease each other.

becchime *m*. birdseed, bird-food. □ *~ per polli* chicken-feed.

becchino *m*. grave-digger.

becco ¹ (*pl.* **-chi**) *m*. **1** beak, bill. **2** (*scherz*) (*bocca*) mouth: *bagnarsi il ~* to wet one's whistle; *chiudi il ~!* shut up!, pipe down! **3** (*beccuccio*) spout, neck, lip, mouth: *il ~ della brocca* the lip of the jug. **4** (*bruciatore per combustibili*) burner, jet. □ (*scherz*) *ecco fatto il* **~all'oca** that's done, that's that, there you are; (*scherz*) *restare a* **~asciutto** to be left without; (*Tecn*) ~ *Bunsen* Bunsen burner; (*fig*) *tenere il* ~ *chiuso* to keep one's mouth shut; *non avere il* ~ *di un quattrino* to be penniless, (*colloq*) not to have a bean; *restare senza il* ~ *di un quattrino* to be left without a penny, (*colloq*) to be stony-broke, (*Am*) to be stone-broke; *non valere il* ~ *di un quattrino* not to be worth a penny; ~ *d'oca* hair clip; (*fig*) *mettere* ~ *in qcs.* to poke one's nose into sth., to butt in on sth.: *quel seccatore continua a mettere* ~ *nei nostri discorsi* that busybody is always butting in on our conversation.

becco[2] (*pl.* **-chi**) *m.* **1** (*Zool*) billy-goat. **2** (*pop*) (*marito tradito*) cuckold. □ (*pop*) ~ *contento* complaisant husband; (*pop*) *fare* ~ *il marito* to be unfaithful to one's husband, to cuckold one's husband.

beccuccio *m.* **1** small beak. **2** (*di recipienti*) spout, lip. **3** (*di bruciatore*) nozzle, jet. **4** (*per capelli*) hair clip. □ (*Tecn*) ~ *per acetilene* acetylene burner.

becero I *m.* (*f.* **-a**) vulgar person, boor. II *a.* boorish.

bechamel /beʃa'mɛl/ *f.* (*Gastron*) béchamel sauce.

becher /'beker/ *m.inv.* (*Chim*) beaker.

Beda *n.pr.m.* (*Stor,Lett*) Bede.

Bed and Breakfast /'beden'brekfast/ *m.inv.* bed and breakfast.

beduina *f.* (*Abbigl*) opera cloak, opera hood.

beduino I *a.* Bedouin. II *m.* (*f.* **-a**) Bedouin.

bèe *onom.* baa: *la pecora fa* ~ the sheep goes baa, the sheep bleats (baa).

beep /bi:p/ *m.inv.* (*Tel*) beep, tone.

befana *f.* **1** (*doni*) Epiphany presents *pl.*, Epiphany gifts *pl.* **2** (*fig*) (*donna brutta*) hag, witch.

Befana *n.pr.f.* **1** (*epifania*) Epiphany: *il giorno della* ~ Epiphany. **2** (*pop*) Befana (kindly old witch who brings children toys on Twelfth Night).

beffa *f.* **1** (*azione*) hoax, jest, practical joke. **2** *pl.* (*motteggi*) mocking *sing.*, jesting *sing.* □ *una* ~ *del destino* a twist of Fate; *fare una* ~ *a qcu.* to play a practical joke on so.; *farsi beffe di qcu.* to mock so., to make a fool of so.

beffardamente *avv.* mockingly, scoffingly, banteringly.

beffardo *a.* mocking, scoffing, bantering: *risata beffarda* mocking laughter.

beffare (**bèffo**) I *v.t.* to mock, to scoff at, to laugh at: *beffava sempre il fratello per la sua timidezza* he used to laugh at his brother because he was shy. II *v.pron.* **beffarsi 1** to laugh, to scoff (*di at*), to make fun (*di of*). **2** (*non curarsi*) not to give a damn, not to care a hang, not to care a bit: *beffarsi della legge* not to give a damn about the law; *si beffa dei rimproveri del padre* he doesn't care a bit about his father's reproofs.

beffatore I *m.* (*f.* **-trice**) mocker, scoffer. II *a.* mocking, scoffing.

beffeggiamento *m.* mocking, jeering, gibing.

beffeggiare (**befféggio, befféggi**) *v.t.* to mock, to scoff.

beffeggiatore *m.* (*f.* **-trice**) (*rar*) mocker, scoffer.

bega *f.* **1** (*lite*) wrangle, quarrel, dispute. **2** (*faccenda intricata*) trouble, nasty affair: *non voglio beghe* I don't want any trouble; *cercare beghe* to be looking for trouble.

beghina *f.* **1** (*Rel.catt*) Beguine. **2** (*spreg*) (*bigotta*) bigot.

beghinaggio *m.* **1** (*Rel.catt*) Beguinage. **2** (*spreg*) religionism.

beghino *m.* **1** (*Rel*) Beghard, Beguine. **2**

(*spreg*) (*bigotto*) bigot.

begli *a.* → **bello**.

begliuomini *m.pl.* (*Bot*) balsam *sing.*

begonia *f.* (*Bot*) begonia.

beguine /be'gin/ *f.inv.* (*Mus*) beguine.

beh *intz.* well: ~, *che vuoi?* well, what do you want?; ~, *non ne parliamo più* well, let's drop the matter.

behaviorismo *m.* (*Psic*) behaviourism.

behaviorista *m./f.* behaviourist.

behavioristico (*pl.* **-ci**) *a.* (*Psic*) behaviouristic.

bei[1] *m.* (*nell'impero ottomano*) bey.

bei[2] → **bello**.

BEI *Banca europea degli investimenti* EIB (European Investment Bank).

beige /bɛʒ/ I *a.* beige. II *m.inv.* beige.

Beirut *n.pr.f.* (*Geog*) Beirut.

bel[1] *m.* (*Fis*) bel.

bel[2] → **bello**.

belare (**bèlo**) I *v.i.* (*aus.* **avere**) **1** to bleat. **2** (*fig*) (*piagnucolare*) to whimper, to whine; (*parlare con voce lamentosa*) to moan, to bleat. II *v.t.* (*iron*) to bleat, to bleat out.

belato *m.* **1** bleat, bleating. **2** (*fig*) (*piagnisteo*) whimper, whimpering. **3** (*fig*) (*recitazione lamentosa*) whine, whining, bleating.

belcantistico *a.* (*Mus*) bel canto (*attr.*).

belcanto *m.* (*Mus*) bel canto.

belga (*pl.* **-gi**) I *a.* Belgian. II *m./f.* Belgian.

Belgio *n.pr.m.* (*Geog*) Belgium.

Belgrado *n.pr.f.* (*Geog*) Belgrade.

Belize *n.pr.m.* (*Geog*) Belize.

bell' → **bello**.

bella *f.* **1** (*donna bella*) beauty, belle: *la* ~ *del paese* the town beauty, the town belle. **2** (*innamorata*) sweetheart, girl-friend, love. **3** (*stesura definitiva*) fair copy: *copiare in* ~ to make the fair copy. **4** (*Sport*) (*partita decisiva*) play-off, (*colloq*) decider. □ *ne sentirai delle belle* you'll hear incredible things; you'll hear good ones; *ne vedremo delle belle!* we'll see all sorts of things; (*Bot*) ~ *di giorno* four-o'-clock plant; ~ *di notte*: **1** (*Bot*) dwarf morning glory; **2** (*eufem*) (*prostituta*) lady of the night; *me ne è capitata una* ~ a funny thing happened to me.

belladonna *f.* **1** (*Bot*) deadly nightshade, belladonna. **2** (*Farm*) belladonna.

bellamente *avv.* **1** nicely, gently, softly, gracefully. **2** (*iron*) conveniently, happily, beautifully: *le promesse sono state* ~ *ignorate* promises were happily ignored; *dormiva* ~ *mentre noi lavoravamo* he conveniently slept while we were working.

belle époque /'bɛlle'pɔk/ *f.* belle époque.

Bellerofonte *n.pr.m.* (*Mitol*) Bellerophon.

belletta *f.* (*lett*) slime, mire.

belletto *m.* (*ant,Cosmet*) make-up, cosmetic: *darsi il* ~ to make up, to put on one's make-up.

bellezza *f.* **1** beauty: *concorso di* ~ beauty contest; ~ *eterea* ethereal beauty; ~ *giunonica* Junoesque beauty. **2** (*di uomo*) handsomeness, good looks *pl.* **3** (*persona bella*) beautiful person, handsome person: *alla festa erano presenti tutte le bellezze del paese* all the local belles came to the party; *una* ~ *di bambino* a beautiful little boy. **4** (*bella donna*) beauty, belle: *vuoi bere* ~? may I get you a drink, darling? **5** (*cosa bella*) beautiful thing, lovely thing, thing of beauty, beauty: *questa collana è una vera* ~ this necklace is a real beauty. **6** *pl.* (*rif. a persone, città, opere d'arte*) beauties. □ ~ *apollinea* Apollonian beauty; *che* ~! how lovely!, how nice!; *che* ~ *di pere ho trovato al mercato* what lovely pears I found at the market; *canta che è una* ~ she sings beautifully; *hai una casa*

che è una ~ you've got a really beautiful house; ~ *classica* classical beauty; *le bellezze della natura* the beauties of nature; (*fig*) *la* ~ *dell'asino* bloom of youth, youthful glow; *di* ~ for decoration, decorative, ornamental: *la maniglia non serve, è solo di* ~ the handle doesn't function, it's purely ornamental; ~ *fisica* physical beauty; ~ *ideale* ideal beauty; *finire in* ~ to end with a flourish, to end on a high note; *la* ~ *di* a good quantity, a good amount: *ho speso la* ~ *di trenta euro* I've spent a cool thirty euros, I've spent a good thirty euros; *ho aspettato la* ~ *di due anni* I've waited a good two years; *possiede la* ~ *di cinque macchine* he owns no less than five cars; *per* ~ for decoration, decorative, ornamental: *la maniglia non serve, è solo per* ~ the handle doesn't function, it's purely ornamental; ~ *scultorea* statuesque beauty.

bellicismo *m.* war-mongering.

bellicista I *m./f.* war-monger. II *a.* war-mongering.

bellico (*pl.* **-ci**) *a.* war (*attr.*), wartime (*attr.*), military: *industria bellica* arms industry; *periodo* ~ war years.

bellicoso *a.* **1** bellicose, warlike: *popolazioni bellicose* belligerent peoples, combative peoples. **2** (*fig*) (*aggressivo*) bellicose, aggressive; (*litigioso*) quarrelsome: *parole bellicose* quarrelsome words.

belligerante I *a.* belligerent: *le potenze belligeranti* the belligerent powers. II *m./f.* belligerent.

belligeranza *f.* belligerency, belligerence.

bellimbusto *m.* dandy, fop, beau, poseur: *fare il* ~ to play the dandy, to swagger, to strut, to pose.

Bellini *m.inv.* Bellini (drink made of white peach and prosecco).

bellino *a.* pretty, attractive, sweet.

bello (*before masculine nouns beginning with a consonant, except those beginning with* s + *consonant* gn, ps, z, *and* x, **bello** *changes to* **bel** *in the sing.* **bel**; *before* s + *consonant* gn, ps, z, *and* x, *it remains* **bello** *in the sing. and changes to* **begli** *in the pl.; before a vowel it changes to* **bell'** *in the sing. and the pl. which may change to* **begl'** *before an initial* i; *before feminine nouns it changes to* **bella** *in the sing. which is usually apostrophized before a vowel, and* **belle** *in the pl. which may be apostrophized before an initial* e) I *a.* **1** (*rif. a donna*) beautiful, lovely, good-looking; (*rif. a uomo o donna di una certa età*) handsome, good-looking; (*rif. a cosa o animale*) beautiful, fine; (*leggiadro*) pretty, lovely, charming: *ha un bel visino* she has a pretty face. **2** (*buono, nobile*) fine, noble: *un'anima bella* a noble soul. **3** (*simpatico*) nice, pleasant, attractive: *un bel sorriso* a nice smile. **4** (*buono, piacevole*) good, nice, pleasant: *una bella notizia* (some) good news; *hai fatto un bel viaggio?* did you have a good trip? **5** (*bravo, valente*) good, able, fine: *un bell'ingegno* an able mind. **6** (*importante*) good, excellent: *ha una bella posizione* he has an excellent position. **7** (*elegante*) smart, good: *l'abito* ~ one's good suit. **8** (*rif. al tempo*) fine, lovely: *era una bella giornata* it was a lovely day; *il tempo è* ~ the weather is fine. **9** (*iron*) nice, fine, great: *bella consolazione!* a great comfort!; *che bella figura* what a poor show. **10** (*considerevole*) good-sized, fair, considerable, quite: *è una bella somma* it's quite a sum; *mi accompagnò per un bel tratto* he came with me for a fair part of the way; *una bella nevicata* a heavy snowfall.

11 (*rafforzativo*) real, thorough: *sei un bel cretino* you're a real idiot; *hai avuto una bella fortuna* you had a real stroke of luck. **II** *m.* **1** (*Art*) beauty, the beautiful: *avere il culto del ~* to worship beauty (*o* the beautiful); *il ~ piace a tutti* everybody loves beauty. **2** (*parte bella*) best part, height: *il ~ della storia deve ancora venire* the best part of the story is still to come. **3** (*innamorato*) sweetheart, boy-friend, love: *ho ricevuto una lettera dal mio ~* I have had a letter from my sweetheart. **4** (*tempo bello*) fine weather, good weather: *il tempo si mette al ~* the weather is turning fine, the weather is clearing up. □ (*Lett*) *la BellaAddormentata nel bosco* Sleeping Beauty; (*iron*) *è proprio un bell'affare !* that's a nice mess!; *i begl'anni* the best years; *le bell'arti* the fine arts; *bell'aspetto* good looks, *essere di bell'aspetto* to be good-looking; (*iron*) *avere un bel fare qcs.* to be no use doing sth., to be to no purpose doing sth.; *hai un bel dire, ma nessuno ti ascolta* it's no use your talking, no one will listen to you; *hai un bell'aspettare* it's no use waiting, it's no use your waiting; *ebbi un bel cercare, non trovai niente* search as I might, I couldn't find anything; *avere un bella fare* (*o* *avere un bell'affare*) to have one's work cut out for one, I have been very busy; (*fig*) *avere una bell'cera* to look good; *bel ~* slowly, unhurriedly; (*Mus*) *belcanto* bel canto; *avere delle bell'arte* to have a good hand; *che ~!* (*Br*) lovely!, (*Am*) how neat!; *un bel colpo* : 1 a fine stroke, a fine shot; 2 (*fig*) (*occasione*) a coup, an adroit move, a hit; 3 (*Sport,Mil*) a good shot: *bel colpo!* good shot!; *~ come il sole* dazzlingly handsome; *~ come un Apollo* as handsome as Apollo; *bella copia* fair copy, final draft: *trascrivere qcs. in bella copia* to make a fair copy of sth.; *formare una bell'coppia* : 1 (*rif. a cose*) to make a fine pair; 2 (*rif. a persone*) to make a handsome couple; *ci vuole un bel coraggio* it takes some nerve, it takes courage; *non è una bell'cosa* it's not nice; *sarebbe una bella cosa* it would be very nice, it would be lovely; (*iron*) *si dicono belle cose sul tuo conto* there are some nice things going round about you; *tante bell'cose !* (*come saluto*) all the best!; *c'è voluta'del ~e del buono per convincerlo* it took heaven and earth to convince him; *il ~ deve ancora venire* the best is yet to come; *che cosa fai'li ~ stasera?* what are you doing this evening?; *che cosa c'è di ~ alla televisione?* is there anything good on television?; *avere un bel'dire* to be no use: *ho un bel dire che deve studiare, lui continua a non far nulla* it's no use my telling him to study, he still does nothing; *piccolo è ~* (*slogan*) small is beautiful; *bell'e andato* : 1 (*spacciato*) done for (*pred.*): *povero me, sono bell'e andato* poor me, I'm well and truly done for; *il poveretto è bell'e andato* the poor fellow is done for; 2 (*andato via*) already gone: *se n'è bell'e andata* she upped and went; *sei un cretino bell'e buono* you're a complete idiot; *una bugia bell'e buona* an outright lie; *il ~ è che* the odd thing is that: *il ~ è che non arrivi mai puntuale* the odd thing is that you are never punctual; *un vestito già bell'e fatto* a ready-made dress; *il lavoro è bell'e finito* the work is quite finished; *le vacanze sono bell'e finite* the holidays are really over; (*fig*) *fare il ~e il cattivo tempo* to lay down the law; *alla bell'e meglio* somehow or other, any old how: *si vestì alla bell'e meglio e uscì* he got dressed any old how and went out; *quando è arrivato il medico era bell'e morto* he was already dead

when the doctor arrived; (*scherz,fig*) *certo che Paolo è proprio un bell'esemplare !* Paolo is a real character!; *ha una bell'età* he has reached a ripe old age'fare il ~* to swagger, to strut (about);*farsi ~:* 1 to dress up, to make oneself smart: *mi farò bella per la festa* I'm going to dress up for the party; 2 (*diventare bello*) to become pretty, to become attractive: *crescendo si è fatta bella* she has become beautiful with age; (*fig*) *farsi ~ di qcs.* (*vantarsi*) to boast of sth., to blow one's own trumpet; *l'hai fatta bella* you've really done it now; *me l'hai fatta bella* you've really landed me in a pickle; *fare bell'figura* : 1 (*avere un bell'aspetto*) to look good; 2 (*fig*) (*fare una bella impressione*) to make a good impression, to make a fine figure, to cut a fine figure, to show up to advantage, to cut a dash; 3 (*iron*) (*fare una brutta impressione*) to cut a sorry figure, to cut a fine figure; 4 (*riuscire bene*) to come out well, to do well; *fare una bell'fine* : 1 (*morire bene*) to finish well, to go peacefully; 2 (*fig*) (*concludere bene*) to come to a good end, to end well: *l'ultimo collaboratore non ha fatto una bella fine* things didn't end well with the last partner; (*iron*) *bella fortuna !* just my luck!; (*iron*) *bell'forza !* that didn't take much effort!, what a strain!; *ho vinto io - Bella forza, il tuo avversario è un buono a nulla!* I've won - Some victory! Your opponent is hopeless; *ai suoi bei'giorni* when he was young; *un bel'giorno ha deciso di partire* one (fine) day he decided to leave; *è un bel'guaio* it's a real fix, it's a real problem; (*iron*) *bel'gusto !* what do you see in it?; (*iron*) *bell'idea !* what an idea!, that was a good idea!; *un bell'ingegno* (*bello spirito*) a wit; *le belle'lettere* belles-lettres, humanities, Arts; (*fig*) *dare a qcu. una bella'lezione* to teach so. a lesson; *bell'maniere* nice manners; *il bel'mondo* high society, (*Br*) the smart set;*nel bel'mezzo dello spettacolo* right in the middle of the show; *un bel'niente* nothing at all, absolutely nothing: *non hai capito un bel niente* you haven't understood a thing; *non sai un bel niente* you don't know anything at all, you know nothing; *non ho ottenuto un bel niente* I got nowhere; *un bel no* a flat no; *un bel'nulla* nothing at all, absolutely nothing: *non hai capito un bel nulla* you haven't understood a thing; *non sai un bel nulla* you don't know anything at all, you know nothing; *non ho ottenuto un bel nulla* I got nowhere; *non l'ho fatto per i tuoi begli occhi* I didn't do it for anything, I didn't do it for love;*oh bella!* that's a nice thing!; *il bel'paese* the fair country, Italy; *ci hai messi in un bel'pasticcio* you've got us into a big mess; *un bel'po' :* 1 (*rif. a quantità*) quite a lot, quite a bit, a good amount, a good bit, a fair amount of; *ha mangiato un bel po' di torta* he ate quite a lot of cake; 2 (*rif. a tempo*) a good while: *abbiamo aspettato per un bel po'* we've waited for a good while; *a bella posta* on purpose, purposely: *l'hai fatto a bella posta* you've done it on purpose; *bella presenza* (*nelle offerte di lavoro*) smart appearance, professional appearance, good looks; *una ragazza di bella presenza* a girl with a good appearance, a good-looking girl;*questa è bella!* that's a good one!; (*iron*) *bell'roba* ! very nice!, a nice business!, a fine thing indeed!, a fine piece of work!, great!, terrific!, (*Am*) big deal!; (*lett*) *il bel sesso* the fair sex; (*iron*) *bell'sforzo* ! that didn't take much effort!, what a strain!; *un bel'sì* an emphatic yes; (*iron*) *bella'sorpresa* ! some surprise!; *che bella sorpresa!* what a lovely

suprise!, what a nice surprise!; *di bell'speranze* promising, up-and-coming: *un giovane di belle speranze* a young man with a promising future; *~spirito* wit, witty person, wag, quick-witted person; *la bella'stagione* spring and summer; (*fig*) *fare la bella'statuina* to stand stock-still; *il gioco delle belle statuine* Grandmother's steps, Grandmother's footsteps, statues;*sul più ~:* 1 at the crucial point; 2 (*al momento più inopportuno*) at the most awkward moment; *i bei'tempi passati* the good old days; *bel'tempo* good weather; (*scherz*) *un bel'tenebroso* a man with dark good looks; *or'avive il ~:* 1 this is the best part, here's the best part, the best part is coming now; 2 (*iron*) (*parte più difficile*) now comes the best of it; *far bella'vista* to look good, to make a good impression; *darsi alla bella'vita* to give oneself over to a life of pleasure. *Prov.: non è ~ ciò che è ~, ma è ~ ciò che piace* (*o non è ~ quel che è ~, ma è ~ quel che piace*) beauty is in the eye of the beholder; *un bel gioco dura poco* jokes should not be carried too far.

belloccio *a.* rather good looking; (*rif. a donna*) buxom.

bellone *m.* (*f.* **-a**) stunner, eyeful.

bellospirito (*pl.* **bègli spìriti**) *m.* wit, wag, witty person.

belluino *a.* (*lett*) animal, bestial, brutal: *istinti belluini* animal instincts.

beltà *f.* (*poet*) beauty.

beluga *m.inv.* (*Zool*) beluga.

belva *f.* wild beast (*anche fig*): *quando beve diventa una ~* when he drinks he goes wild.

belvedere *m.* **1** viewpoint, look-out: *il sentiero porta a un ~* the path leads up to a look-out. **2** (*costruzione*) belvedere. **3** (*Mar*) mizzentop-gallant sail.

Belzebù *n.pr.m.* (*Rel*) Beelzebub.

bemolle **I** *m.* (*Mus*) flat: *doppio ~* double flat. **II** *a.* (*Mus*) flat: *re ~ maggiore* D-flat major.

ben → **bene**.

benaccetto *a.* (*lett*) welcome, acceptable.

benacense *a.* of Lake Garda (*posposto*).

Benaco *n.pr.m.* Lake Garda.

benallevato *a.* (*rar,lett*) well brought up, well-bred.

benamato *a.* (*lett*) beloved, dear (*anche iron*): *ho litigato col mio ~ capufficio* I have had a row with my dear boss.

benarrivato **I** *intz.* welcome: *~!* welcome!, glad to see you! **II** *m.* welcome: *dare il ~ a qcu.* to welcome so.

benché *congz.* though, although, even if, even though: *~ sia presto, devo andare* although it is early, I must be going; *~ stanco, continuò a lavorare* although he was tired, he kept on working; tired as he was, he kept on working. □ *il ~minimo* the slightest: *non avere la ~minima prova* not to have the slightest proof; *non ho la ~minima speranza di arrivare in tempo* I haven't the faintest hope (*o* the slightest hope) of arriving in time.

benchmark /'bɛntʃmark/ *m.inv.* (*Econ*) benchmark.

benda *f.* **1** (*Med*) bandage. **2** (*striscia di tela per coprire gli occhi*) blindfold, bandage: *gli coprirono gli occhi con una ~* they covered his eyes with a blindfold, they blindfolded him. **3** (*sulla fronte*) headband. **4** (*Mar*) band. □ (*fig*) *avere le bende'agli occhi* to be blind; (*fig*) *gli cadde la ~dagli occhi* light dawned upon him, he finally realized how things stood; (*fig*) *togliere la ~ dagli occhi di qcu.* to open so.'s eyes; (*Med*) *~gessata* plaster cast, plaster-of-Paris cast; (*Stor*) *bende* *vedovili* widow's veil.

bendaggio m. **1** (*il bendare*) bandaging. **2** (*bende*) bandage, dressing. **3** (*nel pugilato*) handwraps *pl.*, bandage. ☐ (*Med*) ~ *compressivo* pressure bandage.

bendare (*bèndo/béndo*) *v.t.* **1** to bandage, to dress: ~ *una ferita* to dress a wound; *gli bendarono la mano* they bandaged his hand. **2** (*rif. a occhi: coprire*) to blindfold: ~ *un condannato* to blindfold a condemned man.

bendato *a.* **1** bandaged: *avere un occhio* ~ to have one eye bandaged. **2** (*rif. a occhi: coperti*) blindfolded. **3** (*fig*) (*cieco*) blind.

bendatura *f.* **1** (*il bendare*) bandaging. **2** (*fasciatura*) bandage, dressing.

bendidio ☐ *c'era ogni* ~ there were all sorts of good things.

bendisposto *a.* well-disposed, favourably disposed, sympathetic.

bendone m. (*Rel*) mitre band.

bene (*compar.* **mèglio**, *sup.* **ottimaménte/ benìssimo**) **I** *avv.* **1** well: *sentirsi* ~ to feel well; *hai passato ~ le vacanze?* did your holidays go well?; *come stai? -* ~ *grazie* how are you? - Fine, thank you; *comportarsi* ~ to behave well. **2** (*nientemeno che*) as much as, as many as, no less than: *ha vinto ben due milioni di euro* he has won as much as a two million euros. **3** (*esclam.*) good, right, all right, fine, (*colloq*) O.K.: *passerò a prenderti alle dieci -* ~*, sarò pronta* I'll call for you at ten o'clock - Good, I'll be ready. **4** (*dunque*) well, well then, now: ~*, cosa volevi dirmi?* well, what did you want to tell me? **5** (*rafforzativo*) quite, very, really, indeed: *ti ho ben detto quali sono i miei motivi* I have told you quite clearly what my reasons are. **II** *m.* **1** good: *è difficile distinguere tra il* ~ *e il male* it is hard to distinguish between good and evil. **2** (*utilità, vantaggio*) good, welfare, sake: *il* ~ *della nazione* the good of the country, the welfare of the country; *lo faccio per il suo* ~ I am doing it for his sake. **3** (*felicità*) happiness, good: *ti auguro ogni* ~ I wish you every happiness; *volere il* ~ *di qcu.* to wish so. well. **4** (*persona amata*) beloved, sweetheart, darling: *il suo* ~ *è partito* her sweetheart has gone away. **5** *pl.* (*averi*) goods, property (*costr.sing.*), possessions, assets: *i beni altrui* other people's property; *ha perduto tutti i suoi beni* he has lost all his belongings. **6** (*rar*) (*pace, tranquillità*) peace, tranquillity. **III** *a.inv.* **1** upper-class (*attr.*): *la gente* ~ the upper classes. **2** (*rif. a quartiere*) residential: *quartieri* ~ residential areas. ☐ *avere dei beni al sole* to be a man of property; (*Dir*) *beni alienabili* alienable property (*costr.sing.*); *beni alimentari* foodstuffs; (*Econ*) *beni alternativi* rival commodities, alternative goods; *ben altro:* **1** (*qcs. di peggio*) much worse (than that): *ho visto ben altro* I have seen much worse than that; **2** (*qcs. di più*) much more (than that): *ci vuole ben altro per convincerlo* it would take much more than that to persuade him; **3** (*qcs. di meglio*) something better; **4** (*molte altre cose*) other things, plenty else; *ho ben altro da fare* I have plenty of other things to do, I have something better to do; *beni archeologici* archaeological objects; *ben arrivato!* welcome!; *ben* ~: **1** very much, thoroughly: *l'ho sgridato ben* ~ I have scolded him thoroughly; **2** (*forte*) very hard; **3** (*completamente*) quite, completely, altogether; *il* ~ *comune* the common good; *beni culturali* cultural assets, cultural heritage (*costr.sing.*); *volere un* ~ *dell'anima a qcu.* to love so. dearly, to love so. with all one's heart; *non avere il ben dell'intelletto* to be unintelli-

gent, to be stupid, to be dull-witted; *perdere il ben dell'intelletto* to lose one's reason, to lose one's wits, to go out of one's mind; (*Econ*) *beni demaniali* state property (*costr.sing.*); *beni deperibili* perishable goods, perishables; (*Econ*) *beni d'esportazione* exportation (*costr.sing.*), exports; *ben detto!* well said!; (*Econ*) *beni di consumo* consumer goods; *beni di consumo deperibili* non-durable (consumer) goods; *ogni ben di Dio* all sorts of good things; *beni di famiglia* family possessions, family estate (*sing.*); *di* ~ *in meglio* better and better: *gli affari vanno di* ~ *in meglio* business is getting better and better; *beni di lusso* luxury goods, luxuries; (*Econ*) *beni d'importazione* importation (*sing.*), imports; (*Econ*) *beni d'investimento* investment goods; *ben disposto:* **1** well-arranged; **2** (*fig*) (*gentile*) well-disposed, favourably disposed: *essere ben disposto verso qcu.* to be well-disposed towards so.; *beni dotali* dotal property (*costr.sing.*); *ben dotato* well-endowed; (*Econ*) *beni durevoli* (*di consumo*) durables, durable goods; *beni ecclesiastici* Church property (*costr.sing.*), Church estate (*sing.*); (*Dir*) *beni extradotali* paraphernalia, paraphernal property (*costr.sing.*); *fare* ~: **1** to be right, to do well, to do the right thing, to act correctly, to act property: *credevo di far* ~ I meant well, I thought I was doing the right thing; *hai fatto bene a venire* you were right to come; *faresti* ~ *a prendere l'ombrello* you had better take your umbrella; **2** (*rif. alla salute*) to be good (*a* for), to do good (*a* to): *la frutta fa* ~ *alla salute* fruit is good for one's health; *il riposo ti ha fatto* ~ rest has done you good; *fare del* ~ *a qcu.* to do so. good; *fare del* ~ *a qcu.* to do so. good; *ben fatto:* **1** well-made; **2** (*bello, attraente*) with a good figure, shapely: *una ragazza ben fatta* a girl with a good figure; **3** (*esclam.*) (*bene*) well done!, good!; *beni gravabili* mortgageable property (*costr.sing.*); (*Econ*) *beni immateriali* non-material goods, intangibles, intangible property (*costr.sing.*); (*Econ*) *beni immobili* (*Br*) real property (*costr.sing.*), (*Am*) real estate (*sing.*); *è cambiato in* ~ he has changed for the better; ~ *intenzionato* well-intentioned; *beni materiali* material goods, worldly goods; *ben messo:* **1** (*robusto*) stout, sturdy, well-built; **2** (*vestito bene*) well-dressed, (*Br*) smart; (*Econ*) *beni mobili* chattels, moveables, personal property (*costr.sing.*); *molto* ~: **1** very well, excellently; **2** (*esclam.*) very good!, excellent!; *né* ~ *né male* so-so; ~ *o male* somehow or other, by hook or by crook, one way or another; (*Econ*) *beni patrimoniali* fixed assets; *per* ~: **1** (*usato come avverbio*) properly, as one should, well, nicely: *fai i compiti per* ~ do your homework properly; **2** (*rif. a persone*) respectable, decent, nice: *una persona per* ~ a respectable person; *una famiglia per* ~ a respectable family; *gente per* ~ decent people; *per il tuo* ~ for your own good; *ben piazzato:* **1** (*di persona: corpulento*) well-built, sturdy; **2** (*fig*) (*con solida posizione finanziaria*) doing nicely, having made a good position for oneself; **3** (*rif. a pugno e sim.: messo a segno*) well-aimed; *ben poco* very little; *ho capito ben poco* I understood very little; (*ant*) *ben portante* (*in forma*) hale (and hearty), flourishing; *ben presto* very shortly, very soon, in a very short time, very quickly; *lo sapremo ben presto* we shall know very soon; (*Dir*) *beni privati* private property (*costr.sing.*); (*Econ*) *beni pubblici* collective goods, public goods; *il* ~ *pubblico* public

welfare; (*Econ*) *beni rifugio* collectibles, shelter goods for inflation protection; *se ben ricordo, l'ho già visto* if I remember rightly I have already seen him; (*Econ*) *beni strumentali* capital goods; (*Rel*) *beni temporali* worldly goods; (*iron*) *ben ti sta* it serves you right; *ben tornato!* welcome back!; *va* ~ all right, very well, right you are, good, fine, (*colloq*) O.K.; *ben volentieri* gladly, very gladly, willingly, most willingly; *verrò ben volentieri* I'll be very glad to come; (*Econ*) *beni voluttuari* luxury goods.

beneamato *a.* (*lett*) beloved, dear (*anche iron*): *ho litigato col mio* ~ *capufficio* I have had a row with my dear boss.

benedettino I *a.* (*Rel.catt*) Benedictine (*attr.*): *ordine* ~ Benedictine Order. **II** *m.* (*f.* -**a**) (*Rel.catt*) Benedictine.

benedetto *a.* **1** blessed, consecrated. **2** (*santo*) blessed, holy. **3** (*fig*) (*fausto*) happy, blessed, blissful: *il giorno* ~ *della vittoria* the happy day of victory. **4** (*fig*) (*ricco, fertile*) blessed, prosperous, fertile. **5** (*colloq*) (*per esprimere ammirazione o rimprovero*) blessed, darned, dratted, wretched: *questi benedetti ragazzi* these blessed children; *questa benedetta grandine ha rovinato tutto il raccolto* this wretched hail has ruined the whole crop; *la memoria benedetta di qcu.* so.'s blessed memory. ☐ *che tu sia* ~ (God) bless you; ~ *Iddio!* Good Lord!, good heavens!, good gracious!; (*ant*) *quel benedett'uomo di tuo padre* that blessed father of yours.

Benedetto *n.pr.m.* Benedict.

benedicente *a.* benedictory: *alzò la mano* ~ he raised his hand in blessing.

benedicite m. (*Lit*) grace, benedicite: *dire il* ~ to say grace.

benedico → **benedire**.

benedire (*pres.ind.* **benedìco, benedìci**; *impf.* **benedicévo/benedìvo**; *p.rem.* **benedìssi/ benedìi**; *p.p.* **benedétto**) *v.t.* **1** to bless: *il padre lo benedisse* his father blessed him; *Dio ti benedica!* God bless you!; *Dio benedica questa casa* God bless this house; *il Papa benedisse i fedeli* the Pope blessed the faithful. **2** (*consacrare*) to bless, to consecrate: *Gesù benedisse il pane* Jesus blessed the bread. **3** (*lodare*) to bless: *benedico il giorno in cui ti conobbi* I bless the day I (first) met you. ☐ *andare a farsi* ~: **1** (*colloq*) to go to hell; *mandare qcu. a farsi* ~ to tell so. to get lost; **2** (*iron*) (*essersi sciupato*) to be ruined, to go off, to go bad: *quest'anno le olive sono andate a farsi* ~ this year, the olives have all been ruined; *per la pioggia la gita è andata a farsi* ~ the outing was spoilt by the rain; ~ *la memoria di qcu.* to bless so.'s memory.

benedissi → **benedire**.

benedizione *f.* **1** blessing: *dare la* ~ *a qcu.* to bless so., to impart one's blessing on so., to give one's blessing to so. **2** (*consacrazione*) consecration. **3** (*Lit*) (*parte della messa, funzione*) benediction. **4** (*fig*) (*buona cosa*) blessing: *la* ~ *di Dio sia con noi* may God's blessing be upon us; *questa pioggia è una* ~ *per il raccolto* this rain is a blessing for the harvest. ☐ ~ *apostolica* Apostolic blessing; ~ *della bandiera* blessing of the flag; *la* ~ *paterna* one's father's blessing; (*Rel.catt*) ~ *Urbi et Orbi* blessing Urbi et Orbi.

beneducato *a.* well-bred, well brought up, well-mannered, polite.

benefattore m. (*f.* -**trice**) benefactor (*f.* -tress): ~ *dell'umanità* benefactor of mankind.

beneficare (**benèfico, benèfichi**) *v.t.* to do

good to, to help: ~ *i poveri* to help the poor.
beneficato I *a.* helped, assisted. II *m.* (*f.* **-a**) beneficiary, person helped.
beneficenza *f.* charity, beneficence: *fare molta* ~ to do a lot of charity work. □ *di* ~ benefit (*attr.*), charitable, for charity: *spettacolo di* ~ charity performance, benefit performance; *opere di* ~ charitable works, charitable activities; *dare qcsin* ~ to give sth. to charity; *-pubblica* public charity.
beneficiale *a.* (*Dir.can*) beneficiary.
beneficiare (**beneficio, benefici**; *aus.* **avere**) *v.i.* to benefit (*di* by, under, from): ~ *di un'amnistia* to benefit by an amnesty, to benefit under an amnesty; ~ *di una borsa di studio* to hold a scholarship, to receive a grant.
beneficiario I *a.* (*Econ*) beneficiary (*attr.*). II *m.* 1 (*f.* **-a**) (*Dir,Assic*) beneficiary. 2 (*f.* **-a**) (*Econ*) payee, recipient. 3 (*Dir.can*) beneficiary, incumbent.
beneficiata *f.* 1 (*Teat*) benefit performance. 2 (*fig*) (*eventi favorevoli*) run of luck.
beneficiato *a.* 1 beneficed. II *m.* 1 (*f.* **-a**) (*Dir,Assic*) beneficiary. 2 (*Dir.can*) beneficiary, incumbent.
beneficio *m.* 1 (*vantaggio*) benefit, advantage: *trarre* ~ *da una cura termale* to benefit from treatment at a spa. 2 (*favore*) kindness, favour, good deed: *essere grato dei benefici ricevuti* to be grateful for favours received. 3 (*interesse*) profit: *col* ~ *del quattro per cento* with a profit of four per cent. 4 (*Dir*) benefit: *benefici della legge* benefits of the law. 5 (*Dir.can*) benefice, living: ~ *ecclesiastico* church living, benefice. □ *a* *-di qcu.* in aid of so., to benefit so., for so.: *una colletta a* ~ *dei senzatetto* a collection in aid of the homeless, a collection for the homeless; (*Econ*) *beneficiaccessori* fringe benefits; *con* *-d'inventario* : 1 (*Dir*) with benefit of inventory; 2 (*fig*) (*con riserva*) conditionally, for what it's worth, with reservation; (*fig*) ~ *del dubbio* benefit of the doubt; (*Dir*) *-di escussione* benefit of discussion.
benefico (*pl.* **-ci**) *a.* 1 beneficent, charitable: *istituzione benefica* charitable institution. 2 (*che giova*) beneficial: *una pioggia benefica* beneficial rain.
benefit *m.inv.* benefit.
Benelux (*Econ*) (*unione economica doganale di Belgio, Olanda, Lussemburgo*) Benelux (Belgium, the Netherlands, and Luxemburg).
benemerenza *f.* merit, good service: *attestato di* ~ certificate of merit.
benemerita *f.* the "*Carabinieri*" *pl.* (national police force).
benemerito *a.* deserving, well-deserving, meritorious: *rendersi* ~ to make oneself well-deserving.
beneplacito *m.* 1 (*consenso*) consent, permission: *dare il* ~ to give permission, to give one's consent. 2 (*approvazione*) approval, blessing.
benessere *m.* 1 well-being, welfare: ~ *di un popolo* welfare of a nation; *una sensazione di* ~ sense of well-being. 2 (*agiatezza*) affluence, wealth. □ *-economico* economic welfare; *-fisico* physical well-being; *-materiale* material comfort.
benestante I *a.* well-off, well-to-do. II *m./f.* 1 well-off person. 2 *pl.* the well-to-do.
benestare *m.inv.* 1 (*approvazione*) approval. 2 (*consenso*) consent. □ *-bancario* bank clearance; *dare il* (*proprio*) ~ to give one's approval.
benevolenza *f.* 1 goodwill, benevolence, favour: *conquistarsi la* ~ *dei superiori* to

gain one's superiors' goodwill, to gain one's superiors' favour; *mi affido alla sua* ~ I entrust myself to your good will, I count on your benevolence. 2 (*indulgenza*) benevolence, leniency, indulgence. □ *trattare qcu.con* ~ to deal with so. leniently, to deal with so. indulgently.
benevolmente *avv.* 1 benevolently, out of kindness. 2 (*con indulgenza*) indulgently.
benevolo *a.* 1 benevolent, kind. 2 (*indulgente*) benevolent, lenient, indulgent.
bengala *m.* 1 Bengal light. 2 (*Mil*) flare.
Bengala *n.pr.m.* (*Geog*) Bengal: *golfo del* ~ Bay of Bengal.
bengalese I *a.* Bengali, Bengal (*attr.*), Bengalese. II *m.* (*lingua*) Bengali. III *m./f.* Bengali, Bengalese.
bengali *m.* (*lingua*) Bengali.
bengalino *m.* (*Ornit*) (red) avadavat.
Bengodi □ (*fig*) *il paesedi* ~ the land of plenty, the land of milk and honey.
beniamino *m.* (*f.* **-a**) 1 (*figlio preferito*) pet, darling: *il* ~ *della mamma* Mummy's pet. 2 (*estens*) (*preferito*) favourite. □ *il -del pubblico* the public's favourite; *il -della fortuna* Fortune's darling.
Beniamino *n.pr.m.* Benjamin.
benignamente *avv.* benignly, kindly.
benignità *f.* 1 benignity. 2 (*affabilità*) kindliness, kindness, (*rar*) loving-kindness. 3 (*rif. a clima*) mildness. 4 (*rif. a malattia*) benignity.
benigno *a.* 1 benign. 2 (*affabile*) kindly, kind: *sorriso* ~ kindly smile. 3 (*indulgente*) indulgent, lenient. 4 (*rif. a clima*) mild. 5 (*Med*) (*rif. a malattia*) benign: *tumore* ~ benign tumour.
Benin *n.pr.m.* (*Geog*) Benin.
beninformato *a.* well-informed, knowledgeable. II *m.* (*f.* **-a**) well-informed person.
benino *avv.* quite well, pretty well, not so bad. □ (*colloq*) *fare qcs.per* ~ to do sth. properly.
benintenzionato *a.* well-meaning, well-intentioned.
beninteso *avv.* of course. □ *-che* provided that, as long as; *la gita si farà,* ~ *che sia bel tempo* the trip will take place as long as the weather is fine.
benissimo *avv.* 1 very well, perfectly well, quite well: *ti ho visto* ~ I saw you perfectly, I saw you very well. 2 (*esclam.*) excellent, splendid. □ *può darsi* ~ *che* it is quite possible that, it may very well be that.
benna *f.* (*Mecc*) bucket. □ (*Mecc*) *-a quattro valve* orange-peel bucket; (*Mecc*) ~ *a valve* grab bucket, (*Am*) clamshell bucket; (*Mecc*) *-escavatrice* grab bucket; (*Mecc*) ~ *mordente* clamshell bucket; (*Mecc*) *-sospesa* hanging bucket.
bennato *a.* (*lett*) 1 (*di buona famiglia*) well-born. 2 (*beneducato*) well-bred, well brought-up.
benone *avv.* very well (indeed), splendid, splendidly, (*colloq*) fine: *mi sento* ~ I feel fine, I feel very well.
benparlante *m./f.* (*rar*) well-spoken person, good speaker.
benpensante I *a.* 1 conventional. 2 (*di destra*) right-thinking, right-minded. II *m./f.* 1 conformist, orthodox person, orthodox thinker. 2 (*persona di destra*) right-thinking person, right-minded person, person of right-wing persuasion.
benportante *a.* (*rar*) hale, hale and hearty, vigorous, sprightly.
benservito *m.* testimonial, reference. □ (*fig*) *dare-l* ~ *a qcu.* to dismiss so., (*colloq*) to sack so.; (*fig*) *ricevere il* ~ to be dismissed,

(*colloq*) to be sacked.
bensì I *congz.* (*piuttosto*) but, rather: *non è impossibile,* ~ *difficile* it is not impossible, but it certainly is difficult. II *avv.* (*ant*) (*certamente*) certainly, indeed.
benthos *m.* (*Biol*) benthos.
bentornato I *a.* welcome back. 2 (*a casa*) welcome home. II *m.* welcome, greeting: *dare il* ~ *a qcu.* to welcome so. back.
bentos *m.* (*Biol*) benthos.
benvenuto I *a.* welcome: *sarai sempre benvenuto tra noi* you'll always be welcome here, we'll always be pleased to have you with us. II *m.* welcome: *un cordiale* ~ a hearty welcome: *dare il* ~ *a qcu.* to welcome so.; *essere il* ~ to be welcome; *sarai sempre il benvenuto tra noi* you'll always be welcome here, we'll always be pleased to have you with us.
benvisto *a.* well thought-of, liked: *essere* ~ *da tutti* to be liked by all, to be well thought-of by all; *il suo interesse per la politica non è* ~ *dai genitori* his interest in politics does not meet with his parents' approval.
benvolere *v.t.* (*only the forms* **benvolére** *and* **benvolùto** *are used*) to love, to be fond of, to like. □ *farsi* ~ *da tutti* to make oneself well-liked by everyone, to win everybody's affection; *prendere qcua* ~ to take a liking to so., to become fond of so.
benvoluto *a.* well-liked, loved, beloved.
benzaldeide *f.* (*Chim*) benzaldehyde.
benzedrina *f.* (*Farm*) benzedrine.
benzene *m.* (*Chim*) benzene.
benzenico (*pl.* **-ci**) *a.* (*Chim*) benzene (*attr.*).
benzile *m.* (*Chim*) benzyl.
benzina *f.* 1 (*Br*) petrol, (*Am*) gas, gasoline: *avere poca* ~ (*Br*) to be low on petrol, (*Am*) to be low on gas. 2 (*per smacchiare*) benzine, cleaning fluid. □ *andare a* ~ (*Br*) to work on petrol, to run on petrol, (*Am*) to run on gas, to run on gasoline; *-con antidetonante* anti-knock petrol; *-ecologica* (*Br*) unleaded petrol, (*Am*) unleaded gas; *fare* ~ (*Br*) to get petrol, (*Am*) to fill up, to get gas; *-normale* (*Br*) two-star petrol, regular petrol, (*Am*) regular gas, regular gasoline; *rimaner-senza* ~ (*Br*) to run out of petrol, (*Am*) to run out of gas; *-senza piombo* (*Br*) unleaded petrol, (*Am*) unleaded gas; *-super* (*Br*) four-star petrol, (*Am*) high-octane gas, premium gasoline; *-verde* (*Br*) unleaded petrol, (*Am*) unleaded gas.
benzinaio *m.* (*f.* **-a**) petrol pump attendant, service-station attendant; (*gestore*) service-station keeper. 2 (*estens*) (*distributore*) petrol pump, service station.
benzoato *m.* (*Chim*) benzoate.
benzoe *m.* (*Bot,Chim*) benzoin.
benzoico (*pl.* **-ci**) *a.* (*Chim*) benzoic.
benzoino *m.* (*Bot,Chim*) benzoin.
benzolo *m.* (*Chim*) benzene.
beone *m.* (*f.* **-a**) drunkard, (*colloq*) boozer.
beota I *m./f.* 1 Boeotian. 2 (*spreg*) (*idiota*) Boeotian, idiot. II *a.* 1 Boeotian. 2 (*spreg*) (*idiota*) dull, foolish.
Beozia *n.prf.* (*Geog.stor*) Boetia, Boeotia.
Beppe *n.pr.m. dim. di* Giuseppe.
bequadro *m.* (*Mus*) natural.
berbero I *a.* Berber (*attr.*). II *m.* 1 (*f.* **-a**) Berber. 2 (*lingua*) Berber, the Berber language. 3 (*cavallo*) Barbary horse.
berceau /ber'so/ *m.inv.* arbour, bower.
berceuse /ber'sœz/ *f.inv.* (*Mus*) berceuse, lullaby.
berchelio *m.* (*Chim*) berkelium.
berciare (**bèrcio, bèrci**; *aus.* **avere**) *v.i.* (*region*) to bawl, (*Am*) to holler.

bere[1] (*pres.ind.* **bévo**; *impf.* **bevévo**; *p.rem.* **bévvi/bevétti**; *fut.* **berrò**; *p.p.* **bevùto**) **I** *v.t.* **1** to drink, to have: ~ *un bicchiere d'acqua* to drink a glass of water; ~ *un bicchiere insieme* to have a drink together. **2** (*colloq*) (*spendere in alcolici*) to spend on drink, to drink (away): *si è bevuto tutto lo stipendio* he has spent his whole salary on drink, he has drunk his whole salary away. **3** (*assorbire*) to soak up, to drink up, to drink in: *la terra arida beveva la pioggia* the thirsty ground drank in the rain. **4** (*fig*) (*ascoltare con grande attenzione*) to drink in, (*colloq*) to lap up: *gli ascoltatori bevevano le sue parole* his listeners were drinking in his words. **5** (*fig*) (*credere facilmente*) to swallow: *questa proprio non la bevo* I'm really not going to swallow that. **II** *v.i.* (*aus.* **avere**) **1** (*bere vino o liquori*) to drink, to have to drink: *ma tu hai bevuto!* you've been drinking, (*colloq*) you've been on it, (*colloq*) you're drunk. **2** (*avere il vizio di bere*) to drink: *mettersi a* ~ to take to drink, to take to drinking. **3** (*nuotando*) to swallow water. **4** (*colloq,fig*) (*consumare molta benzina*) to consume a lot of petrol. □ ~ *a canna* (*Br*) to swing down, (*Am*) to chug-a-lug from a bottle; ~ *a garganella* to pour (sth.) down one's throat; ~ *alla bottiglia* to drink from the bottle; ~ *alla salute di qcu.* to drink to so.'s health; (*fig*) *è come* ~ *un bicchiere d'acqua* it's as easy as falling off a log, it's as easy as winking, it's as easy as ABC, it's as easy as taking candy from a baby; ~ *come un otre* (o ~ *come una spugna*) to drink like a fish; (*fig*) *dare a* ~ *qcs. a qcu.* to kid so. about sth.; *dare da* ~: **1** to give (sth.) to drink: *dare da* ~ *agli ospiti* to give the guests something to drink; (*Bibl*) *dar da* ~ *agli assetati* to give drink to the thirsty; **2** (*rif. ad animali*) to water: *dare da* ~ *a un cavallo* to give a horse water, to water a horse; (*fig*) *darla a* ~ *a qcu.* to fool so., to put it over so., to kid so.; *fare* ~ *i cavalli* to water the horses; ~ *fino all'ultima goccia* to drink up; (*fig*) ~ *il calice fino alla feccia* to drain one's cup to the dregs, to see it through the bitter end; (*colloq*) *ti sei bevuto il cervello?* are you out of your mind?, have you lost your senses?; (*lett*) ~ *la cicuta* to drink hemlock; ~ *per dimenticare* to drown one's sorrows (in drink); *bevo per dimenticare* I drink to forget; ~ *sopra un dispiacere* to drown one's sorrows in drink; ~ *un uovo* to suck an egg; (*fig*) *è come* ~ *un uovo* (*è facilissimo*) it's as easy as falling off a log, it's as easy as winking. *Prov.*: *o* ~ *o affogare* sink or swim.

bere[2] *m.* **1** (*atto*) drinking; (*ciò che si beve*) drink. **2** (*vizio*) drink, drinking: *darsi al* ~ to take to drink, to take to drinking.

Berengario *n.pr.m.* (*Stor*) Berengarius.

bergamasco I *a.* of Bergamo (*posposto*), from Bergamo (*posposto*). **II** *m.* **1** (**-a**) (*originario*) native of Bergamo; (*abitante*) inhabitant of Bergamo. **2** (*dialetto*) Bergamo dialect.

Bergamo *n.pr.f.* (*Geog*) Bergamo.

bergamotta *f.* (*Bot,Alim*) bergamot pear.

bergamotto *m.* **1** (*Bot*) bergamot, bergamot orange-tree. **2** (*frutto*) bergamot (orange).

beriberi, **beri beri** *m.* (*Med*) beriberi.

berillio *m.* (*Chim*) beryllium.

berillo *m.* (*Min*) beryl.

Bering *n.pr.m.* (*Geog*) Bering.

berkelio *m.* (*Chim*) berkelium.

berlicche *m.inv.* (*ant,pop*) devil. □ (*ant*) *far* ~ *berlocche* to break one's word, to be shifty, to be unreliable.

berlina[1] *f.* (*Mediev*) pillory. □ (*fig*) *mettere alla* ~ to pillory, to expose to ridicule; *essere*

messo alla ~ to be held up to ridicule.

berlina[2] *f.* **1** (*carrozza*) berlin, berline. **2** (*Aut*) saloon, (*Am*) sedan.

berlinese I *a.* of Berlin (*posposto*), from Berlin (*posposto*), Berlin (*attr.*). **II** *m./f.* Berliner. **III** *m.* (*dialetto*) Berlin dialect.

Berlino *n.pr.f.* (*Geog*) Berlin. □ (*Stor*) ~ *Est* East Berlin; (*Stor*) ~ *Ovest* West Berlin.

berma *f.* (*Edil*) berm.

bermuda *m.pl.* (*Abbigl*) Bermuda shorts, bermudas.

Bermude *n.pr.f.pl.* (*Geog*) Bermudas, Bermuda Islands.

Berna *n.pr.f.* (*Geog*) Bern.

bernardino *m.* (*Rel.catt*) Bernardine.

Bernardo *n.pr.m.* Bernard.

bernesco (*pl.* **-chi**) *a.* (*rar*) (*satirico, burlesco*) burlesque, satirical.

bernese I *a.* Bernese: *alpi bernesi* Bernese Alps. **II** *m./f.* Bernese.

bernoccolo *m.* **1** bump (on one's head), swelling, lump: *cadendo si è fatto un* ~ he fell and got a bump on his head. **2** (*fig*) (*voglia*) flair, turn, bent: *avere il* ~ *di qcs.* to have a flair for sth.

bernoccoluto *a.* bumpy, lumpy.

berretta *f.* **1** cap. **2** (*di cardinale*) biretta. □ (*Bot*) ~ *da prete* spindle tree.

berrettaio *m.* (*rar*) **1** (*fabbricante*) cap maker. **2** (*venditore*) cap seller.

berrettificio *m.* (*rar*) cap factory.

berretto *m.* cap; (*basco*) beret. □ ~ *a visiera* peaked cap; ~ *alla marinara* sailor cap; ~ *basco* basco; ~ *da fantino* jockey cap; ~ *da notte* nightcap; (*Stor*) ~ *frigio* Phrygian cap; ~ *militare* soldier's cap; (*Mil*) ~ *verde* Green Beret.

berrò → **bere**[1].

BERS (*Econ*) *Banca Europea per la ricostruzione e lo sviluppo* EBRS (European Bank for Reconstruction and Development).

bersagliare (**bersàglio**, **bersàgli**) *v.t.* **1** (*Mil*) to batter, to shell, to fire upon: ~ *il nemico* to batter the enemy. **2** (*colpire ripetutamente*) to bombard, to pelt: ~ *un vetro di sassate* to pelt a glass with stones. **3** (*fig*) (*tempestare*) to bombard, to harass, to pester: ~ *qcu. di domande* to bombard so. with questions.

bersagliera *f.* (*scherz*) resolute woman. □ *alla* ~ boldly, daringly, dashingly: *fare qcs. alla* ~ to do sth. with dash, to do sth. boldly.

bersagliere *m.* (*Mil*) bersagliere (Italian light-infantryman). □ *da* ~ bold, resolute.

bersaglieresco (*pl.* **-chi**) *a.* bold, resolute.

bersaglio *m.* **1** target, mark: *mancare il* ~ to miss (one's mark); (*fig*) to be wide off the mark; (*fig*) *fornire il* ~ *alle critiche* to become a target for criticism. **2** (*Sport*) target, mark; (*porta*) goal: *tirare al* ~ to shoot at the target. **3** (*fig*) (*obiettivo*) butt: *è il* ~ *della critica* he is the butt of all criticism. □ *fare qcu.* ~ *dei propri scherzi* to make so. the butt of one's jokes; ~ *fisso* fixed target, stationary target; ~ *mobile* moving target.

bersò *m.* arbour, bower.

berta[1] *f.* (*Edil*) pile driver, ram.

berta[2] *f.* (*Ornit*) shearwater.

berta[3] □ *dare la* ~ *a qcu.* (*deridere*) to poke fun at so., to play a trick on so.

berta[4] *f.* (*Abbigl,ant*) bertha.

Berta *n.pr.f.* Bertha. □ (*fig*) *non è più il tempo in cui* ~ *filava* it's not like it was in the good old days.

bertoldo *m.* **1** (*uomo rozzo e astuto*) wily peasant. **2** (*semplicione*) simpleton, dunce, dolt.

Bertoldo *m.* (*Lett*) Bertoldo. □ (*fig*) *farne*

più che ~ to get up to all sorts of tricks.

bertuccia (*pl.* **-ce**) *f.* **1** (*Zool*) Barbary ape, magot. **2** (*fig*) (*donna brutta*) ugly woman.

besciamella *f.* (*Gastron*) béchamel sauce, white sauce.

bestemmia *f.* **1** blasphemy, swearword, curse, oath: *tirare bestemmie* to swear, to curse. **2** (*estens*) blasphemy. **3** (*estens*) (*sproposito*) great blunder.

bestemmiare (**bestémmio**) **I** *v.i.* (*aus.* **avere**) **1** to blaspheme, to swear (*contro* at), to curse (sth.). **2** (*estens*) (*dire stupidaggini*) to talk nonsense. **II** *v.t.* **1** to blaspheme, to curse, to swear at (o against): ~ *Dio* to blaspheme against God; ~ *la propria sorte* to curse one's fate. **2** (*parlare malamente*) to murder, to mangle: ~ *un po' d'inglese* to speak some broken English. □ ~ *come un turco* to swear like a trooper; (*fig*) *farebbe* ~ *un santo* it's enough to make a saint swear.

bestemmiatore *m.* (*f.* **-trice**) blasphemer, swearer, curser.

bestia *f.* **1** beast, animal: *bestie feroci* wild beasts. **2** *pl.* (*bestiame*) cattle, livestock (*costr.pl.*). **3** (*fig*) (*persona stupida*) fool, blockhead, idiot. **4** (*fig*) (*uomo violento*) beast: (*colloq*) *diventare una* ~ to go wild, to become furious. **5** (*fig*) (*qcu. o qcs. di eccezionale valore*) monster. **6** (*colloq*) (*insetto*) insect; (*parassita*) flea: *questo cane ha le bestie* this dog has fleas. □ (*fig*) *andare in* ~ to go wild; *come le bestie* like beasts, like animals; *vivono proprio come le bestie* they live just like animals; *faticare come una* ~ to slave, to toil, (*colloq*) to work like a dog; *lavorare come una* ~ to drudge; (*fig*) *da* ~ fit for a beast, (*colloq*) killing: *un lavoro da* ~ hard work, drudgery, (*colloq*) a grind, (*colloq*) a killing job; *vita da* ~ a dog's life; *questo lavoro è fatto da* ~ this is slipshod work, this is slovenly work; *bestie da carne* animals raised for meat; *bestie da lavoro* work animals; *bestie da macello*: **1** animals for slaughter; **2** (*rif. a bovini*) beef cattle (*costr.pl.*); ~ *da soma* beast of burden, pack animal; ~ *da tiro* draught animal; (*fig*) *andare in* ~ to fly into a rage, to become furious; (*fig*) *mandare in* ~ *qcu.* to make so. furious; (*fig*) ~ *nera* bête noire, bugbear; *la matematica è la mia* ~ *nera* mathematics is my bugbear; (*fig*) ~ *rara* rare bird.

bestiale *a.* **1** bestial, animal: *impulsi bestiali* bestial impulses. **2** (*brutale*) bestial, brutish. **3** (*terribile*) beastly, ghastly, frightful, brutal: *una fatica* ~ a beastly job; *tempo* ~ ghastly weather; *fa un caldo* ~ it's awfully hot; *è un lavoro* ~ it's a gruelling job.

bestialità *f.* **1** bestiality. **2** (*sproposito*: *rif. ad azioni*) foolish action, great blunder: *hai fatto una* ~ you have made a great blunder, you have made a dreadful mistake. **3** *spec.pl.* (*sproposito rif. a parole*) nonsense (*costr.sing.*), rubbish (*costr.sing.*): *dire delle* ~ to talk nonsense.

bestialmente *avv.* bestially, like a beast, brutishly.

bestiame *m.* (*collett.*) livestock (*costr.pl.*); (*rif. a bovini*) cattle (*pl.*): *mille capi di* ~ a thousand head of cattle; *allevamento del* ~ cattle-raising, cattle-breeding. □ *da macello* animals for slaughter; ~ *grosso* cattle; ~ *minuto* small farm animals, smaller livestock.

bestiario *m.* (*Mediev*) bestiary.

bestiola *f.* **1** small animal. **2** (*fig,colloq*) blockhead, idiot.

bestione *m.* **1** big beast. **2** (*fig*) (*uomo grosso e rozzo*) great lumbering fool. **3** (*fig*) (*sciocco*) blockhead, oaf, brute, (*Am*) lummox.

best seller *m.inv.* bestseller (*anche Edit*).

beta I *m./f.inv.* (*seconda lettera dell'alfabeto greco*) beta: (*Fis*) *raggi ~* beta rays. II *m.inv.* (*Inform*) beta. III *a.inv.* (*Inform*) beta: *versione ~* beta version.

betabloccante *m.* (*Farm*) beta-blocker.

betatrone *m.* (*Fis*) betatron.

betel *m.* 1 (*Bot*) betel. 2 (*bolo da masticare*) pan.

Betlemme *n.pr.f.* (*Geog*) Bethlehem.

beton *m.* (*Edil*) concrete.

betonaggio *m.* (*Edil*) concreting, concrete mixing.

betonica *f.* (*Bot*) betony.

betoniera *f.* (*Edil*) cement mixer, concrete mixer.

betonista *m.* concrete-mixer operator.

Betsabea *n.pr.f.* (*Bibl*) Bathsheba.

betta *f.* (*Mar.mil*) barge, ship's boat.

bettola *f.* tavern, (*colloq*) dive. □ (*fig,ant*) *da ~* vulgar, low, obscene: *parole da ~* vulgar language.

bettoliere *m.* tavern keeper, innkeeper.

bettolina *f.* (*Mar.mil*) lighter, barge.

bettonica *f.* (*Bot*) betony. □ (*fig*) *essere più conosciuto della ~* to be very well known.

betulla *f.* 1 (*Bot*) birch. 2 (*legno*) birch wood.

beuta *f.* (*Chim*) Erlenmeyer flask.

bevanda *f.* drink, beverage. □ *-alcolica* alcoholic drink; *-analcolica* soft drink; *~ dissetante* refreshing drink; *bevande gassate* carbonated beverages.

bevatrone *m.* (*Nucl*) bevatron.

beveraggio *m.* 1 (*per animali*) mash. 2 (*pozione*) potion, poisoned drink. 3 (*scherz*) (*bevanda*) beverage, drink.

beverino *m.* bird's drinking-trough.

beverone *m.* 1 (*per animali*) mash. 2 (*spreg*) (*bevanda*) swill, brew. 3 (*per cure dimagranti*) diet shake.

bevetti → **bere**[1].

bevibile *a.* 1 drinkable, good to drink (*posposto*), fit to drink (*posposto*). 2 (*fig*) (*credibile*) credible, believable.

bevitore *m.* (*f.* **-trice**) drinker: *~ di vino* wine drinker; *un forte ~* a heavy drinker, a hard drinker; *non è un gran ~* he's not much of a drinker, he's not a great drinker.

bevo → **bere**[1].

bevuta *f.* 1 (*il bere*) drinking. 2 (*quantità bevuta in una volta*) draught, drink: *ha mandato giù mezza bottiglia d'acqua in una sola ~* he drank half a bottle of water in a single draught; *fare una bella ~* to have a good drink.

bevuto *a.* (*brillo*) drunk, tipsy, (*colloq*) tight.

bevvi → **bere**[1].

bey *m.* (*Stor*) (*nell'impero ottomano*) bey.

bezzo *m.* 1 (*Numism*) Venetian coin. 2 *pl.* (*region*) (*quattrini*) money (*costr.sing.*): *ha molti bezzi* he has a lot of money.

BF *Burkina, Burkina Faso* BF (Burkina Faso).

BG *Bulgaria* BG (Bulgaria).

BH *Belize* BH (Belize).

BHT *Bhutan* BHT (Bhutan).

Bhutan *n.pr.m.* (*Geog*) Bhutan.

bi *f./m.* B, the letter B.

BI *Banca d'Italia* (Bank of Italy).

biacca *f.* white lead, ceruse.

biacco (*pl.* **-chi**) *m.* (*Zool*) rat snake, coluber.

biada *f.* 1 (*foraggio*) forage, fodder. 2 *pl.* (*lett*) (*messi*) crop *sing.* □ *dare la ~ a un cavallo* to fodder a horse, to feed a horse.

biadare (**biàdo**) *v.t.* (*region*) to fodder, to feed.

biadesivo *a.* (*di scotch ecc.*) double-sided

---

adhesive: *nastro ~* double-sided adhesive tape.

Biagio *n.pr.m.* Blaise.

bianca *f.* 1 (*Tess*) (*imbiancatura*) bleach. 2 (*Tip*) odd page; (*di segnatura*) recto. □ (*Tess*) *dare la ~ ai tessuti* to bleach cloth; (*Tip*) *-e volta* recto and verso.

Bianca *n.pr.f.* Blanche.

Biancaneve *n.pr.f.* (*Lett*) Snow White. □ (*Lett*) *-e i sette nani* Snow White and the seven dwarfs.

biancastro *a.* whitish.

biancheggiamento *m.* 1 (*il biancheggiare*) whitening. 2 (*biancore*) whiteness. 3 (*Ind*) bleaching.

biancheggiante *a.* white, shining white, gleaming white, whitish: *monti biancheggianti di neve* mountains (gleaming) white with snow.

biancheggiare (**bianchéggio, bianchéggi**) I *v.i.* (*aus.* **avere**) 1 (*essere bianco*) to be white, to look white, to shine white. 2 (*diventare bianco*) to turn white, to go white, to whiten. II *v.t.* (*imbiancare*) to white wash.

biancheria *f.* 1 linen, household linen: *~ colorata* coloured linen. 2 (*intima*) underwear, underclothing, lingerie. □ *-da cucina* kitchen cloths; *-da donna* women's underclothes (*pl.*), women's underwear, lingerie; *-da letto* bed linen; *-da tavola* table linen; *-da uomo* men's underwear; *-di bucato* fresh-laundered clothes (*pl.*).

bianchetto *m.* 1 (*per scarpe*) white shoe-cleaner, white shoe polish. 2 (*per il bucato*) bleach. 3 (*cosmetico*) ceruse. 4 (*correttore*) correction fluid. 5 (*region*) (*bicchiere di vino*) glass of white wine. 6 *pl.* (*pesci minuti*) whitebait.

bianchezza *f.* whiteness.

bianchiccio *a.* whitish, off-white.

bianchino *m.* (*region*) glass of white wine.

bianchire (**bianchìsco, bianchìsci**) *v.i.* 1 to whiten, to bleach: *~ lo zucchero* to bleach sugar. 2 (*rif. a metalli preziosi*) to polish, to clean.

bianco (*pl.* **-chi**) I *a.* 1 white. 2 (*canuto*) white-haired, hoary, white. 3 (*pallido*) pale, white, wan. 4 (*non scritto*) blank, empty: *foglio ~* blank sheet; *riempire gli spazi bianchi* to fill in the blanks, to fill in the empty spaces. II *m.* 1 white: *vestire di ~* to dress in white, to wear white; *il ~ ti sta bene* (o *stai bene col ~*) you look good in white. 2 (*f.* **-a**) (*uomo bianco*) white man (*f.* woman), white, Caucasian man (*f.* woman): *tratta delle bianche* white-slave traffic. 3 (*spazio bianco in un foglio*) blank, blank space. 4 (*negli scacchi*) white. 5 (*Enol*) white wine. 6 (*biancheria*) linen, household linen: *la fiera del ~* white sale, linen sale. 7 (*di uovo*) white of an egg). □ (*pop*) *andare in ~*: 1 (*andare in fumo*) to be a failure, to go up in smoke, to come to nothing, (*colloq*) to be a flop; *l'affare è andato in ~* the deal came to nothing; 2 (*non avere successo a livello sessuale*) not to score, not to get to home base; *-come il latte* milk-white, as white as milk; *-come la cera* as white as a sheet; *-come la neve* snow-white; *-come un cadavere* as white as a ghost, as white as death; *-come un cencio* as white as a sheet; *-come un giglio* as white as a lily, lily-white; *-come un lenzuolo* as white as a sheet; *-come un morto* as white as a ghost, as white as death; *-come un panno lavato* as white as a sheet; *-dalla paura* white with fear; *-dare il ~ a un muro* to whitewash a wall; *il -dell'occhio* the white of the eye; *il -dell'uovo* the white of an egg; *-di calce* whitewash; (*Chim*) *-di*

---

piombo white lead; (*Chim*) *-di zinco* zinc white, Chinese white; *uno -dice ~, l'altro dice nero* one (of them) says one thing, the other says the opposite; *tre bianchi d'uovo* three egg whites; (*TV,Fot,Cin*) *in -e nero* black and white (*attr.*); *una carnagione bianca e rosa* a milk-and-roses complexion, a peaches-and-cream complexion; *essere -e rosso* (*in viso*) to have pink and white cheeks; *farsi ~* (*impallidire*) to turn pale; *in ~*: 1 (*vestito di bianco*) in white, dressed in white: *una ragazza in ~* a girl in white; *una sposa in ~* a bride wearing white; 2 (*di cibo: non condito*) unseasoned, bland: *riso in ~* boiled rice; *pasta in ~* unseasoned pasta; 3 (*di matrimonio: con abito bianco*) white; (*non consumato*) unconsummated; 4 (*non compilato*) blank: *assegno in ~* blank cheque; (*Am*) blank check; *lasciare la data in ~* to leave the date blank; 5 (*insonne*) sleepless; *-latte* milky white, milk white; (*Enol*) *-secco* dry white wine; *-sporco* off-white, dirty white, dingy white, egg-shell white.

biancoceleste I *m.* (*giocatore*) Lazio F.C. player. II *m./f.* (*tifoso*) Lazio (F.C.) fan. III *a.* Lazio F.C. (*attr.*).

biancomangiare *m.* (*Dolc*) blancmange.

biancone *m.* (*Ornit*) harrier eagle, short-toed eagle.

bianconero I *m.* 1 (*giocatore*) Juventus F.C. player. 2 (*f.* **-a**) (*tifoso*) Juventus (F.C.) fan. II *a.* Juventus F.C. (*attr.*).

biancore *m.* (*lett*) whiteness.

biancosegno *m.* (*Dir*) paper signed in blank.

biancospino *m.* (*Bot*) hawthorn.

biancovestito *a.* (*lett*) white-clad, dressed in white.

biascicamento *m.* 1 chewing, champing, munching. 2 (*fig*) (*mormorio*) mumbling, muttering.

biascicare (**biàscico, biàscichi**) *v.t.* 1 to champ, to munch, to chew. 2 (*fig*) (*mormorare*) to mumble, to mutter: *~ una preghiera* to mumble (out) a prayer. □ *-un po' di francese* to speak broken French.

biasimabile *a.* blameworthy, blamable, blameable.

biasimare (**biàsimo**) *v.t.* to blame, to disapprove (of), to condemn: *~ qcu. per qcs.* to blame so. for sth.; *~ la condotta di qcu.* to disapprove of so.'s behaviour. □ *da ~* blameworthy, to be disapproved of.

biasimevole *a.* blameworthy, blamable, blameable.

biasimo *m.* 1 blame, disapproval. 2 (*rimprovero*) condemnation, reproach: *non merito questo ~* I do not deserve this reproach; *parole di ~* words of condemnation, reproach, reprimand.

biatomico (*pl.* **-ci**) *a.* (*Chim*) diatomic.

bibagno *a.inv.* (*Edil*) with two bathrooms (*posposto*).

bibasico (*pl.* **-ci**) *a.* (*Chim*) dibasic, bibasic.

bibbia *f.* (*fig*) (*opera fondamentale*) bible.

Bibbia *f.* 1 Bible: *la ~ ebraica* the Hebrew Bible; *è scritto nella ~* it's written in the Bible. 2 (*pop,estens*) (*Antico Testamento*) Old Testament.

biberon *m.inv.* bottle, feeding bottle, nursing bottle.

bibita *f.* drink, soft drink, beverage. □ *~ analcolica* soft drink; *-ghiacciata* iced drink.

biblico (*pl.* **-ci**) *a.* 1 biblical, Bible (*attr.*), of the Bible (*posposto*). 2 (*fig*) (*solenne*) of epic proportions (*posposto*).

bibliobus *m.inv.* 1 (*biblioteca*) mobile library, (*Am*) bookmobile. **2** (*negozio*) mobile book-shop.

bibliofilia *f.* bibliophily, bibliophilism.

bibliofilo *m.* (*f.* **-a**) bibliophile.

bibliografia *f.* **1** bibliography: ~ *dantesca* bibliography of Dante; ~ *essenziale* essential bibliography. **2** (*complesso di opere scritte su un dato argomento*) bibliography, literature: *su questo argomento esiste una vasta* ~ there is extensive literature on this subject.

bibliografico (*pl.* **-ci**) *a.* bibliographic, bibliographical: *ricerche bibliografiche* bibliographic research.

bibliografo *m.* (*f.* **-a**) bibliographer.

bibliomane *m./f.* bibliomaniac, bibliomane.

bibliomania *f.* bibliomania.

biblioteca *f.* **1** library: *studiare in* ~ to study at the library. **2** (*Arred*) (*mobile a scaffale*) bookcase, bookshelves *pl.* **3** (*raccolta di libri*) library, collection of books. **4** (*Inform*) library. □ ~ *circolante* circulating library, lending library; ~ *comunale* town library; ~ *marciana* St. Mark's Library; ~ *popolare* public library; ~ *scolastica* school library.

bibliotecario *m.* (*f.* **-a**) librarian.

biblioteconomia *f.* librarianship, library science.

biblista *m./f.* Biblist, Bible scholar.

bica *f.* (*Agr*) stack, rick.

bicamerale I *a.* (*Parl*) bicameral: *sistema* ~ bicameral system. **II** *f.* (*Parl*) (*commissione*) bicameral commission.

bicameralismo *m.* (*Pol*) bicameralism.

bicamere *a.inv.* two-room (*attr.*).

bicarbonato *m.* (*Chim*) bicarbonate. □ ~ *di sodio* sodium bicarbonate, baking soda, bicarbonate of soda.

bicchierata *f.* **1** (*contenuto*) glassful. **2** (*riunione*) party, drinking-party, celebration: *fare una* ~ *con gli amici* to have a drinking-party with one's friends.

bicchiere *m.* glass. □ ~ *a calice* stemmed glass; ~ *da acqua* water-glass, water goblet; ~ *da cognac* brandy-glass, brandy sifter; ~ *da vino* a wine-glass; ~ *da whisky* whisky-glass; (*colloq*) *bere il* ~ *della staffa* to drink a parting glass, to have one for the road; *un* ~ *di acqua* a glass of water; ~ *di carta* paper cup; ~ *di cristallo* crystal glass; *un* ~ *di troppo* one glass too many; ~ *di vetro* glass; *un* ~ *di vino* a glass of wine; ~ *graduato* measuring glass.

bicchierino *m.* **1** (*da liquore*) liqueur glass. **2** (*contenuto*) (glass of) liqueur, tot, dram, (*colloq*) drop, nip.

bicefalo *a.* two-headed, bicephalous.

bicentenario I *a.* bicentenary, bicentennial. **II** *m.* bicentenary.

bici *f.inv.* (*colloq*) bike.

bicicletta *f.* cycle, bicycle, (*colloq*) bike: *negozio di biciclette* cycle shop; *spingere la* ~ to walk one's bicycle. □ ~ *da camera* stationary bicycle, exercise bicycle, (*colloq*) exercise bike; ~ *da corsa* racing cycle; ~ *da donna* lady's bicycle, woman's bicycle; ~ *da uomo* man's bicycle; *andare in* ~: **1** (*pedalare*) to ride a bicycle, to bicycle, to cycle, (*Am,colloq*) to wheel; **2** (*usarla come mezzo*) to go by bicyle; *gita in* ~ excursion by bicycle, (*colloq*) bike ride; ~ *pieghevole* collapsible bicycle.

biciclettata *f.* bicycle ride.

biciclo *m.* velocipede, (*colloq*) penny-farthing.

bicilindrico (*pl.* **-ci**) *a.* (*Mecc*) twin-cylinder (*attr.*), two-cylinder (*attr.*).

bicipite I *a.* **1** two-headed. **2** (*Anat*) biceps

(*attr.*), bicipital. **II** *m.* (*Anat*) biceps (muscle).

bicloruro *m.* (*Chim*) bichloride.

bicocca *f.* **1** (*catapecchia*) hovel, shanty. **2** (*piccola rocca*) small castle, small fortress.

bicolore *a.* two-colour, two-tone, of two colours (*posposto*), in two colours (*posposto*): *automobile* ~ two-tone car.

biconcavo *a.* biconcave.

bicondizionale *m.* (*Mat*) biconditional.

biconico *a.* biconical.

biconvesso *a.* biconvex, double-convex: *lente biconvessa* biconvex lens.

bicornea *a.* **1** two-horned. **2** (*che ha due punte*) two-pointed.

bicorno *m.* (*Mod*) two-cornered hat.

bicornuto *a.* **1** two-horned. **2** (*biforcuto*) forked.

bicromato *m.* (*Chim*) bichromate. □ ~ (*Chim*) ~ *di potassio* potassium bichromate.

bicromia *f.* (*Tip*) two-colour print.

biculturale *a.* bicultural.

biculturalismo *m.* biculturalism.

bicuspidale, bicuspide *a.* bicuspid, bicuspidate.

bidè *m.* bidet.

bidello *m.* (*f.* **-a**) school caretaker, school porter, (*Am*) janitor; (*di università*) university porter.

bidente *m.* (*Agr*) (*forcone*) pitchfork.

bidet /bi'de/ *m.inv.* bidet.

bidimensionale *a.* bidimensional, two-dimensional.

bidimensionalità *f.* bidimensionality, two-dimensionality.

bidirezionale *a.* bidirectional (*anche Inform*), two-way: *dizionario* ~ bidirectional dictionary; *stampante* ~ bidirectional printer.

bidonare (**bidóno**) *v.t.* (*colloq*) **1** (*fregare*) to cheat, to trick, to swindle. **2** (*fare aspettare inutilmente*) to stand so. up.

bidonata *f.* (*colloq*) swindle, trick: *quel film è una* ~ that film is a swindle; (*colloq*) *ho preso una* ~ I've been had!, I've been stood up! □ (*colloq*) *dare una* ~ *a qcu.* to play a trick on so., to take so. for a ride.

bidone *m.* **1** (*recipiente*) drum, tank, tin, (*Am*) can. **2** (*colloq*) (*imbroglio*) swindle, trick. **3** (*colloq*) (*apparecchiatura che non funziona*) lemon, dud. **4** (*colloq*) (*atleta di scarse capacità*) dead loss. □ ~ *da latte* milk churn, milk can; ~ *dei rifiuti* dustbin, rubbish bin, (*Am*) trash can, garbage can; ~ *dell'immondizia* dustbin, rubbish bin, (*Am*) trash can, garbage can; (*colloq*) *fare un* ~ *a qcu.*: **1** (*fregarlo*) to cheat, to trick, to swindle; **2** (*farlo aspettare inutilmente*) to stand so. up.

bidonista *m./f.* (*colloq*) swindler, trickster, cheat.

bidonvia *f.* cablecar.

bidonville /bidɔn'vil/ *f.inv.* shanty town, bidonville.

biecamente *avv.* sullenly, askance, obliquely.

bieco (*pl.* **-chi**) *a.* surly, sullen, grim: *persona bieca* scornful person, distrustful person.

biella *f.* (*Mecc*) connecting rod, piston rod. □ (*Mecc*) ~ *d'accoppiamento* side rod; (*Mecc*) ~ *madre* master (connecting) rod.

Bielorussia *n.pr.f.* (*Geog*) Belorussia, Byelorussia, Belarus.

bielorusso I *a.* Belorussian, Byelorussian. **II** *m.* **1** (*f.* **-a**) Belorussian, Byelorussian. **2** (*lingua*) Belorussian, Byelorussian.

biennale I *a.* **1** (*che dura due anni*) two-year (*attr.*): (*Univ*) *corso* ~ *di letteratura* two-year literature course. **2** (*che accade ogni due anni*) biennial. **II** *f.* (*esposizione*)

biennial exhibition. □ *la Biennale di Venezia* the Venice Biennial Exhibition (of Modern Art).

biennalista *m./f.* (*Univ*) (*chi studia per due anni una materia*) student who does a two-year course in a subject.

bienne *a.* (*Bot*) biennial: *pianta* ~ biennial plant.

biennio *m.* **1** period of two years, biennium. **2** (*Scol,Univ*) two-year course of study: ~ *propedeutico* introductory two-year course of study.

bieticoltore *m.* (*f.* **-trice**) beet-grower.

bieticoltura *f.* (*Agr*) beet-growing.

bietola *f.* (*Bot,Alim*) **1** chard, Swiss chard. **2** (*barbabietola*) beet, beetroot.

bietolone *m.* **1** (*Bot*) garden orache. **2** (*f.* **-a**) (*fig*) (*semplicione*) fool, simpleton.

bietta *f.* (*Mecc*) key, spline.

bifacciale *a.* bifacial.

bifamiliare *a.* semi-detached: *casa* ~ (*Br*) semi-detached house, (*Am*) duplex.

bifase *a.* two-phase, diphase (*anche El*): *alternatore* ~ two-phase generator, two-phase alternator.

biffa *f.* (*Topogr*) sighting stake.

biffare (**biffo**) *v.t.* (*Topogr*) to stake out.

bifido *a.* bifid, forked: *lingua bifida* forked tongue.

bifilare *a.* (*El*) bifilar, double-wire (*attr.*): *avvolgimento* ~ bifilar winding.

bifocale *a.* (*Ott*) bifocal: *lenti bifocali* bifocal lenses, bifocals.

bifolco (*pl.* **-chi**) *m.* **1** ploughman; (*guardiano di buoi*) keeper of oxen. **2** (*spreg*) (*villano, rozzo*) boor, peasant, (*Am*) hick.

bifora *f.* (*Edil,Arch*) mullioned window with two lights.

biforcamento *m.* (*rar*) fork, branching off, bifurcation.

biforcare (**bifórco, bifórchi**) **I** *v.t.* to bifurcate, to cause sth. to branch. **II** *v.pron.* **biforcarsi 1** (*dividersi in due*: *rif. a strade*) to fork, to bifurcate; (*rif. a ramo*) to fork. **2** (*distaccarsi*) to branch off: *ai margini del bosco un sentiero si biforca verso destra* at the edge of the wood a path branches off to the right.

biforcato *a.* forked, bifurcate.

biforcazione *f.* **1** (*il biforcarsi*) forking, branching off. **2** (*punto di biforcazione*) fork, bifurcation. **3** (*Anat*) bifurcation.

biforcuto *a.* forked, bifurcate: *lingua biforcuta* forked tongue (*anche fig*).

bifronte *a.* **1** two-faced. **2** (*fig*) (*falso, sleale*) two-faced. **3** (*Ling*) palindromic.

big *m./f.inv.* (*persona influente*) big man (*f.* woman), (*colloq*) bigwig, big cheese, big shot: *un* ~ *di Washington* a big shot in Washington; *i* ~ *dello spettacolo* the stars of the theatre.

biga *f.* **1** (*Stor.rom*) biga, two horse chariot. **2** (*Mar*) shears *pl.*

bigamia *f.* bigamy.

bigamo I *a.* bigamous. **II** *m.* (*f.* **-a**) bigamist.

bigattiera *f.* (*region*) silkworm house, hatching house, silkworm nursery.

bigattiere *m.* (*region*) silkworm breeder.

bigatto *m.* (*region*) silkworm.

big bang /big'bɛŋg/ *m.* big bang: *teoria del* ~ big bang theory.

big crunch /big'krʌntʃ/ *m.* big crunch.

bigeminismo *m.* (*Med*) bigeminy.

bigemino *a.* **1** (*Med*) bigeminal. **2** (*gemellare*) twin: *parto* ~ twin birth.

bighellare (**bighèllo**; *aus.* **avere**) *v.i.* (*rar*) (*andare a zonzo*) to wander about, to saunter aimlessly, to loiter. **2** (*perdere tempo*) to loaf, to idle, to lounge about.

bighellonare (**bighellóno**; *aus.* **avere**) *v.i.* **1** (*andare a zonzo*) to wander about, to saunter aimlessly, to loiter. **2** (*perdere tempo*) to loaf, to idle, to lounge about.

bighellone *m.* (*f.* **-a**) loafer, idler, loiterer, lounger.

bigiare (**bìgio, bìgi**) *v.t.* (*colloq*) (*Br*) to play truant, (*Am*) to play hooky.

bigino *m.* (*region,Scol*) crib, (*Am*) pony.

bigio I *a.* **1** grey, dull grey: *cielo ~* dull sky, grey sky. **2** (*fig*) (*incerto*) undecided, uncertain. II *m.* (*colore*) grey, ash grey, (*Am*) gray, ash gray.

bigiotteria *f.* costume jewellery.

biglia *f.* **1** (*buca del biliardo*) billiard pocket. **2** (*palla da biliardo*) billiard ball. **3** (*pallina di vetro*) marble: *giocare a biglie* to play marbles.

bigliardo → **biliardo**.

bigliettaio *m.* **1** (*f.* **-a**) (*Ferr*) booking clerk, booking-office clerk, (*Am*) ticket clerk. **2** (*f.* **-a**) (*Teat,Cin*) (*nei teatri*) box-office attendant. **3** (*ant*) (*sui tram*) conductor.

bigliettazione *f.* (*emissione di biglietti*) ticket issue, ticket selling.

biglietteria *f.* **1** (*Ferr*) booking-office, ticket office. **2** (*Teat,Cin*) box-office.

biglietto *m.* **1** ticket: *un ~ per Roma* a ticket to Rome. **2** (*tariffa dei mezzi di trasporto*) fare. **3** (*biglietto di entrata*) entrance ticket. **4** (*breve lettera*) note, short letter: *ti avvertirò del mio arrivo con un ~* I will send you a note to let you know of my arrival. **5** (*cartoncino stampato*) card: *~ d'auguri* greeting card. **6** (*banconota*) note, bank-note, (*Am*) bill: *un ~ da dieci euro* a ten-euro note. □ *~ a prezzo ridotto* reduced-rate ticket, discounted ticket; (*Aer*) *~ aereo* air ticket, plane ticket; *~ amoroso* love-letter, billet-doux; *~ circolare* circular (tour) ticket, tourist ticket; (*Ferr*) *~ collettivo* group ticket, party ticket; *~ cumulativo*: **1** (*per più percorsi*) through ticket, inclusive ticket; **2** (*per più persone*) group ticket; *~ da visita*: **1** (*ant*) calling card, visiting card; **2** (*Comm*) business card; *~ della lotteria* lottery ticket; (*Ferr,Teat*) *~ di abbonamento* season ticket; (*Ferr*) *~ di andata* single ticket, (*Am*) one-way (ticket); *~ di andata e ritorno* return ticket, (*Am*) round-trip ticket; *~ di banca* bank-note; (*Ferr*) *~ di seconda classe* second-class ticket; *~ di prima classe* first-class ticket; *~ di condoglianze* message of sympathy, condolences (*pl.*); (*Ferr*) *~ di corsa semplice* single ticket; *~ di favore* free ticket, complimentary ticket; *biglietti di grosso taglio* high-denomination notes, big notes, (*Am*) large bills; *~ di invito* invitation; *biglietti di piccolo taglio* low-denomination notes, small notes, (*Am*) small bills; *~ di prenotazione* reservation ticket; *~ di sola andata* one-way ticket; *fare il ~* to buy one's ticket; (*Ferr*) *~ ferroviario* railway ticket, train ticket; *~ festivo*: **1** week-end ticket; **2** (*rif. a domenica*) Sunday ticket; (*Econ*) *biglietti in circolazione* notes in circulation, currency (*costr.sing.*); *~ intero* full fare; *~ numerato* numbered ticket; *~ omaggio* free ticket; *~ ordinario* full fare; *~ per ragazzi* child's ticket, reduced-rate ticket for children; *~ scaduto* expired ticket; *~ turistico* excursion ticket; (*Giorn*) *~ verde* (*dollaro*) American dollar, U.S. dollar; *~ vincente* winning ticket.

bigliettone *m.spec.pl.* (*gerg*) high-denomination notes *pl.*, (*Am*) large bills *pl.*

bignè *m.* (*Dolc*) cream puff.

bigodino *m.* curler, roller, hair- roller.

bigoncia (*pl.* **-ce**) *f.* barrel, tub. □ (*fig*) *a bigonce* in great quantities, in bucketfuls.

bigoncio *m.* tub.

bigotta *f.* (*Mar*) dead-eye.

bigotteria *f.* sanctimony, sanctimoniousness, bigotry.

bigottismo *m.* sanctimony, sanctimoniousness, bigotry.

bigotto I *a.* **1** religiose, churchy. **2** (*ipocrita*) sanctimonious. II *m.* (*f.* **-a**) **1** religiose person, religionist. **2** (*ipocrita*) sanctimonious person, bigot.

BIH *Bosnia-Erzegovina* BIH (Bosnia Herzegovina).

bijou /bi'ʒu/ *m.inv.* **1** bijou, jewel. **2** (*fig*) (*qcs. o qcu. che desta ammirazione*) treasure, gem.

biker /'baiker/ *m./f.inv.* biker.

bikini *m.inv.* (*Abbigl*) bikini.

bilabiale I *a.* (*Fon*) bilabial. II *f.* (*Fon*) bilabial.

bilabiato *a.* (*Bot*) bilabiate.

bilama *a.* double-bladed: *rasoio bilama* double-bladed razor.

bilaminato *a.* (*Met*) laminated on both sides.

bilancia (*pl.* **-ce**) *f.* **1** balance, scales *pl.*, pair of scales, scale. **2** (*bilancino di carri, di carrozze*) swingletree, whippletree. **3** (*Pesc*) drop net, trawl net. **4** (*Econ*) balance. **5** (*Edil*) (*ponteggio provvisorio*) painter's cradle. **6** (*Teat*) batten. **7** (*Orol*) balance wheel. □ *~ a bilico* platform scale; *~ a indice* dial balance; *~ a mano* hand balance; *~ a molla* spring balance; *~ a ponte* weigh bridge; *~ analitica* analytical balance; *~ automatica* automatic weighing machine; (*Econ*) *~ commerciale* trade balance, balance of trade: *~ commerciale attiva* active trade balance; *~ commerciale passiva* unfavourable trade balance, adverse trade balance; *~ da bagno* bathroom scale; *~ da cucina* kitchen scale; (*Oref*) *~ d'assaggio* assay balance; (*Econ*) *~ dei pagamenti* balance of payments: *~ dei pagamenti internazionali* balance of international payments; (*fig*) *pesare con la ~ del farmacista* to weigh very carefully; *la ~ della giustizia* the scales of justice; (*Econ*) *~ delle partite correnti* balance (of payments) on; (*Econ*) *~ delle partite visibili* visible balance; *~ dell'orefice* assay balance; (*fig*) *pesare con la ~ dell'orefice* to weigh very carefully; *~ di precisione* precision balance; *~ di torsione* torsion balance; *~ dietetica* diet scales; *~ idrostatica* hydrostatic balance; (*fig*) *mettere qcs. sulla ~* to weigh sth. up; (*fig*) *la ~ pende dalla tua parte* the scales tip in your favour; *~ per lettere* letter scales; *~ pesabambini* baby scale; *~ pesapersone* bathroom scale; *~ romana* steelyard.

Bilancia I *n.pr.f.* (*Astr*) Libra, the Scales. II *m./f.inv.* (*persona nata sotto il segno della Bilancia*) Libra: *essere della ~* to be a Libra.

bilanciamento *m.* **1** (*atto*) balancing. **2** (*effetto*) balance.

bilanciare (**bilàncio, bilànci**) I *v.t.* **1** (*disporre in equilibrio*) to balance: *~ bene il carico* to balance the load. **2** (*distribuire*) to distribute evenly. **3** (*pareggiare*) to balance: *le entrate bilanciano le uscite* income balances expenditure. **4** (*fig*) (*valutare*) to weigh, to consider. **5** (*Comm*) to balance: *~ un conto* to balance an account. II *v.pron.* **bilanciarsi** (*tenersi in equilibrio*) to balance. III *v.r.recipr.* **bilanciarsi** to balance out, to balance each other: *vantaggi e svantaggi si bilanciano* advantages and disadvantages balance out.

bilanciere *m.* **1** (*Mot*) rocking arm, rocker arm. **2** (*Orol*) balance wheel, swing wheel. **3** (*pertica per trasportare pesi*) carrying pole.

4 (*Sport*) barbell. **5** (*Mar*) outrigger.

bilancino *m.* **1** small balance, small scales *pl.* **2** (*traversa di carrozza*) whippletree, swingletree, splinter bar. **3** (*cavallo di rinforzo*) trace-horse.

bilancio *m.* **1** (*Econ*) (*consuntivo*) balance-sheet, balance, accounts *pl.*; (*preventivo*) budget: *approvare il ~* to pass the budget; *chiudere il ~* to close the books; *presentare il ~* to open the budget, to introduce the budget. **2** (*estens*) (*spese*) budget: *~ familiare* family budget; *gli studi incidono molto sul ~ familiare* education expenses cuts into the family budget a great deal. **3** (*fig*) (*valutazione*) assessment, weighing. □ (*Econ*) *a ~* budgetary; (*Econ*) *~ annuale* annual budget; (*Econ*) *~ attivo* credit balance; (*Econ*) *~ azzerato* balanced budget; (*Econ*) *~ comunitario* community budget; (*Econ*) *~ consolidato* consolidated balance sheet; (*Econ*) *~ consuntivo* final balance, balance; (*Econ*) *~ deficitario* budget in the red, debit balance, adverse balance, budget deficit; *~ del personale* human resources budget; (*Econ*) *~ dello stato* national budget; (*Econ*) *~ di apertura* opening balance; (*Econ*) *~ di chiusura* closing balance; (*Econ*) *~ di previsione* budget; (*Econ*) *~ di verifica* trial balance; (*estens*) *~ domestico* domestic budget; *~ energetico* energy balance; (*fig*) *~ fallimentare* taking stock of one's failures; *fare il ~*: **1** (*Econ*) to draw up a balance sheet; **2** (*fig*) (*valutazione*) to weigh in the balance: *fare il ~ della propria vita* to take stock of one's life; (*Econ*) *~ fittizio* sham balance-sheet; (*Econ*) *~ in pareggio* balanced budget; (*Econ*) *~ iniziale* opening budget, initial budget; (*Econ*) *~ passivo* debit balance; (*Econ*) *~ patrimoniale* balance sheet, asset and liability statement; (*Econ*) *~ preventivo* budget; (*Econ*) *~ pubblico* state budget, government budget, national budget; *~ sociale* social budget; (*Fis*) *~ termico* heat balance; (*Econ*) *~ truccato* falsified balance sheet, (*colloq*) cooked balance sheet.

bilaterale *a.* bilateral: *scambio ~* bilateral exchange.

bilateralismo *m.* bilateralism (*anche Pol*).

bilateralità *f.* bilaterality.

bilateralmente *avv.* bilaterally.

bilatero *a.* (*Geom*) bilateral.

Bilbao *n.pr.f.* (*Geog*) Bilbao.

bile *f.* **1** (*Fisiol*) bile, gall. **2** (*fig*) (*collera*) anger, rage, bad-temper: *crepare dalla ~* to be exploding with anger; *sentirsi rodere dalla ~* to be consumed with rage.

bilia *f.* **1** (*buca del biliardo*) billiard pocket. **2** (*palla da biliardo*) billiard ball. **3** (*pallina di vetro*) marble: *giocare a bilie* to play marbles.

biliardino *m.* **1** bar billiards (*costr.sing.*), bagatelle. **2** (*calcio-balilla*) table-football. □ *~ elettrico* pin-ball game, pin-ball machine.

biliardo *m.* **1** billiards (*costr.sing.*), pool: *giocare a ~* to play billiards. **2** (*tavolo da biliardo*) billiard table. **3** (*sala da biliardo*) billiard-hall.

biliare *a.* (*Anat*) biliary, bilious: *vie biliari* bile ducts.

bilico (*pl.* **-chi**) *m.* **1** (unstable) equilibrium, (unstable) balance. **2** (*fig*) (*posizione precaria*) brink, verge, precarious position. **3** (*perno*) pivot. □ *~ a bascule* (*attr.*): *carro ~ a bascule* bascule tub; *stare in ~* to be poised; (*fig*) *essere in ~ tra la vita e la morte* to be hovering between life and death; (*fig*) *tenere qcu. in ~* to keep so. in suspense.

bilineare *a.* (*Mat*) bilinear.

bilingue I *a.* bilingual: *dizionario* ~ bilingual dictionary. II *m./f.* bilingual, bilingual person.

bilinguismo *m.* bilingualism.

bilione *m.* **1** (*mille milioni*) thousand million, (*Am*) billion. **2** (*un milione di milioni*) billion, (*Am*) trillion.

bilioso I *a.* **1** (*ant*) bilious. **2** (*fig*) (*collerico*) bad-tempered, peevish, irascible: *temperamento* ~ peevish disposition.

bilirubina *f.* (*Biol*) bilirubin.

biliverdina *f.* (*Biol*) biliverdin.

billetta *f.* (*Met*) billet.

bilobato *a.* (*Bot*) bilobate.

bilocale *m.* two-roomed flat, two-roomer.

bilux *m.pl.* (*Svizz.it*) (*lampeggio*) flashing *sing.*; (*intermittente*) blinking *sing.*, winking *sing.*: *mi ha fatto i* ~ he flashed his headlights at me.

biluxare (**bilùxo**; *aus.* **avere**) *v.i.* (*Svizz.it*) (*lampeggiare*) to wink, to blink.

bimano *a.* bimanous, two-handed.

bimbo *m.* (*f.* **-a**) little child, little boy (*f.* girl), baby.

bimensile I *a.* fortnightly, (*Am*) semimonthly: *pubblicazione* ~ fortnightly publication. II *m.* (*Edit,Giorn*) fortnightly magazine, (*Am*) semimonthly.

bimestrale *a.* **1** (*che ricorre ogni due mesi*) two-monthly, bimonthly: *esame* ~ bimonthly examination; *rata* ~ two-monthly installment. **2** (*che dura due mesi*) two-month (*attr.*), bimestral.

bimestre *m.* (*periodo*) two months, period of two months.

bimetallico (*pl.* **-ci**) *a.* bimetallic, bimetal (*attr.*): *sistema monetario* ~ bimetallic monetary system.

bimetallismo *m.* (*Econ*) bimetallism.

bimetallo *m.* (*Met*) bimetal.

bimolecolare *a.* (*Chim*) bi-molecular: *reazione* ~ bi-molecular reaction.

bimotore I *a.* twin-engined, twin-engine (*attr.*). II *m.* (*Aer*) twin-engined plane.

binaria *f.* (*Astr*) binary star.

binario [1] *m.* **1** (*Ferr*) railway line, line, track: *uscire dai binari* to come off the track, to leave the track, to derail. **2** (*Ferr*) (*marciapiede*) (*Br*) platform, (*Am*) track: ~ *di arrivo* arrival platform. **3** (*fig*) (*strada*) track: *rimettere qcu. sul* ~ *giusto* to set so. back on the right track; *rientrare nei binari* to get back into line. □ ~ (*Ferr*) *a un* ~ single-track, one-track; *a due binari* double-track; (*Ferr*) ~ *a scartamento normale* ordinary gauge track; (*Ferr*) ~ *a scartamento ridotto* narrow-gauge track; (*Ferr*) ~ *di partenza* departure platform; (*Ferr*) ~ *di raddoppio* double track; (*Ferr*) ~ *doppio* double-track; (*Ferr*) ~ *morto* dead-end track, blind track; (*fig*) *essere su un* ~ *morto* to be at a dead end; (*fig*) *binari paralleli* parallel tracks; *su binari paralleli* on parallel tracks; (*Ferr*) ~ *unico* single track.

binario [2] *a.* (*Mat,Fis,Chim,Inform*) binary: *composto* ~ binary compound.

binato *a.* paired, coupled: (*Arch*) *colonne binate* coupled columns; (*Bot*) *foglia binata* binate leaf.

binatoio *m.* (*Tess*) doubler, doubling machine.

binatrice *f.* (*Tess*) doubler, doubling machine.

binatura *f.* (*Tess*) doubling.

binda *f.* (*Mecc*) jack, lifting jack. □ (*Mecc*) ~ *a cremagliera* ratchet jack.

bindolo *m.* **1** (*Idr*) chain pump. **2** (*ruota per attingere acqua*) water wheel. **3** (*Tess*) (*arcolaio*) winder. **4** (*fig*) (*raggiro*) trick.

binocolo *m.* binoculars (*costr.pl. o sing.*), pair of binoculars. □ (*fig,scherz*) *col* ~! (*neanche per sogno*) no way!; ~ *da campagna* field glasses (*pl.*); ~ *da teatro* opera glasses (*pl.*); ~ *prismatico* prismatic binoculars (*costr.sing. o pl.*).

binoculare *a.* binocular: *visione* ~ binocular vision.

binomiale *a.* (*Mat*) binomial.

binomio I *a.* (*Mat*) binomial: *equazione binomia* binomial equation. II *m.* **1** (*Mat*) binomial. **2** (*fig*) (*due concetti insieme*) dual concept: *il* ~ *libertà e giustizia* the dual concept of freedom and justice. **3** (*fig*) (*coppia*) couple, pair: *i due comici formano un* ~ *perfetto* the two comedians make a perfect couple.

binucleato *a.* (*Biol*) binucleate, binuclear.

bioaccumulo *m.* (*Biol*) bioaccumulation.

bioagricoltura *f.* organic farming.

bioalimento *m.* (*Alim*) organic food.

bioarchitettura *f.* bioarchitecture.

bioastronautica *f.* bioastronautics (*costr. sing.*).

bioastronautico (*pl.* **-ci**) *a.* bioastronautic, bioastronautical.

bioattivo *a.* (*Biol*) bioactive.

biocarburante *m.* biofuel.

biocatalizzatore *m.* (*Chim*) biocatalyst.

bioccolo *m.* flock, tuft, lock. □ ~ *di cotone* lump of cotton; ~ *di lana* tuft of wool; ~ *di neve* snowflake.

biocenosi *f.* (*Biol*) biocoenosis.

biocentrismo *m.* biocentrism.

biochimica *f.* biochemistry.

biochimico I *a.* biochemical. II *m.* (*f.* **-a**; *pl.* **-ci**) biochemist.

biochip /bio'tʃip/ *m.inv.* (*Elettron*) biochip.

biocida I *a.* biocidal. II *m.* biocide.

bioclastico (*pl.* **-ci**) *a.* (*Geol*) bioclastic: *roccia bioclastica* bioclastic rock.

bioclimatico (*pl.* **-ci**) *a.* bioclimatic.

bioclimatologia *f.* bioclimatology.

biocompatibile *a.* biocompatible.

biocompatibilità *f.* biocompatibility.

bioculare *a.* (*Fis*) binocular.

biodegradabile *a.* (*Chim,Biol*) biodegradable.

biodegradabilità *f.* (*Chim,Biol*) biodegradability.

biodegradarsi (**mi biodegràdo**) *v.pron.* (*Chim,Biol*) to biodegrade.

biodegradazione *f.* (*Chim,Biol*) biodegradation.

biodiesel /bio'di:zel/ *m.inv.* biodiesel.

biodinamica *f.* biodynamics (*costr.sing. o pl.*).

biodinamico *a.* biodynamic, biodynamical.

biodisponibile *a.* (*Farm*) bioavailable.

biodisponibilità *f.* (*Farm*) bioavailability.

biodiversità *f.* biodiversity.

biodo *m.* (*Bot*) flowering rush.

bioelettricità *f.* bioelectricity.

bioelettrico (*pl.* **-ci**) *a.* bioelectric.

bioelettronica *f.* bioelectronics (*costr. sing.*).

bioenergetica *f.* bioenergetics (*costr.sing.*).

bioenergetico *a.* bioenergetic.

bioenergia *f.* bioenergy.

bioetica *f.* bioethics (*costr.sing.*).

bioetico *a.* bioethical.

biofarmaceutica *f.* biopharmaceutics (*costr.sing.*).

biofeedback /biofi:d'bɛk/ *m.inv.* (*Psic*) biofeedback.

biofisica *f.* biophysics (*costr.sing.*).

biofisico I *a.* biophysical. II *m.* (*f.* **-a**; *pl.* **-ci**) biophysicist.

biofotogenesi *f.* (*Biol*) biophotogenesis.

biogas *m.* biogas.

biogenesi *f.* (*Biol*) biogenesis.

biogenetica *f.* (*Biol*) biogenetics (*costr. sing.*).

biogenetico (*pl.* **-ci**) *a.* (*Biol*) biogenetic: *legge biogenetica* biogenetic law.

biogenia *f.* biogeny.

biogeno I *a.* biogenic. II *m.* biogen.

biogeografia *f.* biogeography.

biogeografico *a.* biogeographic.

biografia *f.* biography: *scrivere la* ~ *di qcu.* to write the biography of so. □ ~ *romanzata* biographical novel.

biografico (*pl.* **-ci**) *a.* biographical.

biografo *m.* biographer.

bioindicatore *m.* bioindicator.

bioingegnere *m./f.* bioengineer.

bioingegneria *f.* bioengineering.

biologia *f.* biology. □ ~ *cellulare* cellular biology; ~ *del sistema nervoso* neurobiology; ~ *dello sviluppo* development biology; ~ *molecolare* molecular biology.

biologicamente *avv.* biologically.

biologico (*pl.* **-ci**) *a.* **1** biologic, biological: *guerra biologica* biological warfare. **2** (*estens*) (*ecologico*) organic: *cibi biologici* organic food.

biologo *m.* (*f.* **-a**; *pl.* **-gi**) biologist.

bioluminescente *a.* (*Biol*) bioluminescent.

bioluminescenza *f.* (*Biol*) bioluminescence.

bioma *m.* (*Biol*) biome.

biomassa *f.* biomass, biofuel.

biomatematica *f.* biomathematics (*costr. sing.*).

biomateriale *m.* (*Med*) biomaterial.

biomeccanica *f.* biomechanics (*costr. sing.*).

biomedicale *a.* biomedical.

biomedicina *f.* biomedicine.

biomedico (*pl.* **-ci**) *a.* biomedical: *ricerca biomedica* biomedical research.

biometeorologia *f.* biometeorology.

biometeorologico *a.* biometeorological.

biometria *f.* biometry, biometrics (*costr.sing.*).

biometrico (*pl.* **-ci**) *a.* biometric, biometrical.

biometrista *m./f.* biometrician.

bionda *f.* **1** (*donna bionda*) blonde, fair-haired woman. **2** (*merletto*) blonde (lace). **3** (*birra*) light ale, (*colloq*) light, lager. **4** (*gerg*) (*sigaretta*) cigarette, smoke; (*Br*) fag. □ *una* ~ *naturale* a natural blonde; *una* ~ *ossigenata* a bottle blonde, a peroxide blonde; *una* ~ *platinata* a platinum blonde.

biondastro *a.* blondish.

biondeggiante *a.* golden.

biondeggiare (**biondéggio**, **biondéggi**) *aus.* **avere** *v.i.* to turn golden, to turn yellow: *il grano biondeggiava nei campi* the corn was turning golden in the fields.

biondiccio *a.* blondish.

biondina *f.* **1** blonde. **2** (*bambina*) fair-haired girl.

biondino *m.* blond young man, fair-haired young man.

biondo I *a.* blond, fair-haired, flaxen; (*biondo dorato*) golden. II *m.* **1** (*colore*) blond, gold. **2** (*f.* **-a**) (*uomo biondo*) fair-haired man (*f.* woman), blond man (*f.* blonde). □ ~ *cenere* ash-blond; ~ *chiaro* flaxen; ~ *come il grano maturo* (as) golden as ripe corn; ~ *come un cherubino* as fair as an angel; ~ *dorato* golden blonde; ~ *oro* golden; ~ *ossigenato* bleached; ~ *platino* platinum blonde; ~ *scuro* sandy; *le bionde spighe* golden ears (of corn).

bionica f. bionics (costr.sing.).
bionico (pl. **-ci**) a. bionic (anche scherz).
biopolimero m. (Biol) biopolymer.
bioproteina f. (Biol) biological protein.
biopsia f. (Med) biopsy.
bioptico (pl. **-ci**) a. (Med) biopsic.
bioreattore m. bioreactor.
bioritmico (pl. **-ci**) a. (Fisiol) biorhythmic.
bioritmo m. (Fisiol) biorhythm.
biosatellite m. (Astron) biosatellite.
biosensore m. (Chim) biosensor.
biosfera f. biosphere.
biosferico (pl. **-ci**) a. biospheric.
biosintesi f. biosynthesis.
biosociologia f. biosociology.
biossido m. (Chim) dioxide. □ (Chim) ~ di carbonio carbon dioxide; (Chim) ~ di manganese manganese black, manganese dioxide; (Chim) ~ di zolfo sulfur dioxide.
biostatistica f. biostatistics (costr.sing.).
biostatistico (pl. **-ci**) a. biostatistical.
biostratigrafia f. (Geol) biostratigraphy.
biostratigrafico (pl. **-ci**) a. (Geol) biostratigraphic(al).
biotech /bio'tek/ I m./f.inv. biotechnology, (colloq) biotech. II a.inv. biotechnological, (colloq) biotech.
biotecnologia f. biotechnology.
biotecnologico (pl. **-ci**) a. biotechnological.
biotecnologo m. (f. **-a**; pl. **-gi**) biotechnologist.
bioterapia f. (Med) biotherapy.
bioterrorismo m. bioterrorism.
biotico (pl. **-ci**) a. (Biol) biotic.
biotina f. (Chim) biotin.
biotipo, biotipo m. (Biol,Med) biotype.
biotite f. (Min) biotite.
biotopo m. (Biol) biotope.
biotto a. (region) naked.
bioturbazione f. (Geol) bioturbation.
biova f. (region,Alim) roundish loaf of bread.
biovulare a. (Biol) biovular, dizygotic.
bip m.inv. **1** bip, beep, tone. **2** (cicalino) beeper, pager. **3** (TV) blank.
bipartire (**bipartisco, bipartisci**) I v.t. to divide in two. II v.pron. **bipartirsi** to divide, to split, to branch, to fork.
bipartisan a.inv. (Pol) bipartisan.
bipartitico (pl. **-ci**) a. (Pol) bipartisan, two-party (attr.): politica bipartitica bipartisan policy.
bipartitismo m. (Pol) two-party system.
bipartito[1] m. (Bot) bipartite.
bipartito[2] I a. (Pol) bipartisan, two-party (attr.). II m. two-party system.
bipartizione f. bipartition, bifurcation.
bipede I a. biped, bipedal, twofooted. II m. biped.
bipenne f. (lett) two-edged axe.
biplano m. (Aer) biplane.
bipolare a. (Fis,Psic,Pol) bipolar.
bipolarismo m. **1** (Pol) bipolar system. **2** (Psic) bipolar disorder.
bipolarista m./f. supporter of a two-party system.
bipolarità f. (El) bipolarity.
bipolo m. (El) bipole.
biposto I a.inv. (Aut,Aer) two-seater (attr.): automobile ~ two-seater car. II m. (Aut,Aer) two-seater.
birba f. **1** (scapestrato) mad-cap, dare devil, rascal. **2** (scherz) (biricchino) scamp.
birbaggine f. roguery, knavery.
birbante m. **1** (furfante) scoundrel, rogue, rascal. **2** (scherz) (biricchino) scamp.
birbanteria f. **1** roguery, knavery. **2** (scherz) (monelleria) mischief, mischievous trick.
birbantesco (pl. **-chi**) a. **1** roguish, rascal-

ly, rotten. **2** (scherz) mischievous, impudent.
birbonata f. **1** nasty trick. **2** (scherz) (monelleria) mischievous trick.
birbone I m. (f. **-a**) scoundrel, rogue, rascal, knave. II a. (usato come rafforzativo di sostantivi) frightful, terrible, devilish, (colloq) wicked: paura birbona devilish fright; (ant) tempo ~ awful weather; (ant) fa un freddo ~ it's frightfully cold.
birboneria f. roguery, knavery.
birbonesco (pl. **-schi**) a. roguish, rascally.
bireattore m. (Aer) twin-jet.
bireme f. (nave bireme) (Mar,ant) bireme.
biribissi m. **1** (gioco d'azzardo) biribissi (game of chance using numbered counters). **2** (trottola) top.
birichinata f. prank, escapade.
birichino I m. (f. **-a**) little scamp, naughty child, urchin. II a. mischievous, naughty: occhi birichini mischievous eyes.
birifrangente a. (Ott) birefringent.
birifrangenza f. (Ott) birefringence.
birignao m. (Teat) affected diction, drawl.
birillo m. **1** skittle, ninepin: giocare ai birilli to play skittles; gioco dei birilli ninepins, skittles. **2** (Strad) traffic cone.
Birmania n.pr.f. (Geog) Burma.
birmano I a. Burmese, Burman. II m. **1** (lingua) Burmese. **2** (f. **-a**) Burmese, Burman.
biro f.inv. (penna biro) ballpoint pen, biro.
birocciaio m. carter.
biroccino m. gig.
biroccio m. **1** cart. **2** (contenuto) cartload.
birra f. beer: un boccale di ~ a tankard of beer; fabbricare la ~ to brew beer; andare a bere una ~ to go for a beer. □ (scherz) a tutta ~ at top speed, flat out: correre a tutta ~ to run at top speed; ~ alla spina draught beer, beer on tap; ~ bionda light ale, (colloq) light, lager; ~ chiara light ale, (colloq) light, lager; ~ doppio malto double-malt beer; (fig, pop) farci la ~ not to care less: con le tue lodi ci faccio la ~ I couldn't care less about your praise; una ~ grande a large beer; ~ in bottiglia bottled beer; una ~ media a medium beer; una ~ piccola a small beer; ~ rossa red beer; ~ scura dark beer, porter, stout.
birraio m. **1** (fabbricante) brewer. **2** (venditore) seller of beer.
birrario m. beer (attr.).
birreria f. **1** beerhouse, alehouse, public house, pub. **2** (fabbrica) brewery.
birretta m. beer.
BIRS Banca Internazionale per la Ricostruzione e lo Sviluppo IBRD (International Bank for Recontruction and Development).
bis I m. **1** (Teat,Mus) encore (anche esclam.): chiedere il ~ to call for an encore, to encore; concedere il ~ to give an encore. **2** (di cibo) second helping, seconds; (di bevanda) refill. II a. **1** (di treno, autobus) additional. **2** (di numeri civici) A: 15 ~ 15 A. III intz. encore! IV avv. (Mus) bis. □ fare il ~ di qcs.: **1** (prendere cibo per la seconda volta) to have another helping, to have seconds; **2** (fare qcs. per la seconda volta) to do the same (thing), to repeat sth.
bisaccia (pl. **-ce**) f. knapsack, haversack; (della sella) saddlebag.
bisante m. (Numism,Arald) bezant.
Bisanzio n.pr.f. (Geog.stor) Byzantium.
bisarca f. (Aut) car transporter.
bisarchista m. car transporter driver.
bisavo, bisavolo m. **1** (f. **-a**) great-grand-father (f. -grandmother). **2** pl. (antenati) forefathers, forebears, ancestors.
bisbetica (pl. **-che**) f. shrew, nag, scold. □ (Lett) la ~ domata The Taming of the Shrew.
bisbeticamente avv. peevishly, waspishly,

irritably.
bisbetico I a. **1** peevish, cantankerous, crabbed: carattere ~ peevish character. **2** (rif. a donna) shrewish, waspish. **3** (strano) eccentric. II m. (f. **-a**; pl. **-ci**) cantankerous man.
bisbigliare (**bisbiglio, bisbigli**) I v.i. (aus. avere) **1** to whisper. **2** (fig) (sparlare) to gossip: ~ sul conto di qcu. to gossip about so. II v.t. **1** to whisper: mi bisbigliò qcs. all'orecchio he whispered sth. in my ear. **2** (sparlare) to rumour.
bisbiglio m. whisper.
bisbiglio m. whispering, murmur.
bisboccia (pl. **-ce**) f. revelry, feasting, (colloq) spree: fare ~ to go on a spree.
bisbocciare (**bisbòccio, bisbòcci**) aus. avere) v.i. to feast, to revel, (colloq) to go on a spree.
bisboccione m. (f. **-a**) reveller, carouser.
bisca f. gambling-den, gambling-house, (Am) gaming-house: frequentare le bische to haunt gambling-houses; ~ clandestina illegal gambling-house.
Biscaglia n.pr.f. (Geog) Biscay: golfo di ~ Bay of Biscay.
biscaglina f. (Mar) Jacob's-ladder.
biscazziere m. **1** (gestore di bische) owner of a gambling-den, manager of a gambling-den. **2** (chi tiene il banco nei giochi d'azzardo) banker. **3** (nel biliardo) marker.
bischerata f. (pop,region) stupid action, stupid thing.
bischero m. **1** (pop,region) (membro virile) prick, cock. **2** (f. **-a**) (pop,region) (stupido) fool, jerk, (Br) wally. **3** (Mus) peg (of a stringed instrument), tuning pin.
biscia (pl. **-sce**) f. (Zool) grass snake. □ a ~ in a zig-zag way; procedere a ~ to zig-zag; ~ d'acqua water snake.
biscottare (**biscòtto**) v.t. to bake twice, to bake like a rusk, to toast.
biscottato a. toasted, twice-baked.
biscotteria f. **1** (fabbrica) biscuit factory; (negozio) biscuit shop. **2** (Alim) (assortimento di biscotti) biscuits pl.
biscottiera f. (Br) biscuit tin, (Am) cookie can.
biscottificio m. (Br) biscuit factory, (Am) cookie factory.
biscotto m. **1** (Dolc) (Br) biscuit, (Am) cookie. **2** (Ceram) biscuit, bisque. □ (Alim) biscotti da tè tea biscuits; ~ per cani dog biscuit; (Alim) ~ salato cracker.
biscroma f. (Mus) demisemiquaver, (Am) thirty-second note.
biscugino m. (f. **-a**) (rar) second cousin, distant cousin.
biscuit /bis'kwi/ m.inv. **1** (Ceram) biscuit, bisque. **2** (Dolc) (gelato semifreddo) parfait.
bisdosso □ a ~ bareback.
bisdrucciola a. (Fon) word stressed on the fourth-last syllable.
bisdrucciolo a. (Fon) stressed on the fourth-last syllable.
bisecante I f. (Geom) bisector. II a. (Geom) bisecting.
bisecare (**bìseco, bìsechi**) v.t. (Geom) to bisect.
bisecolare a. two hundred years old (pred.), two-hundred-year-old (attr.).
bisellare (**bisèllo**) v.t. (Tecn) to chamfer.
bisello m. (Tecn) chamfer.
bisenso m. **1** word with a double meaning. **2** (enigmistica) play on words, word-play, pun.
bisessuale I a. bisexual. II m./f. bisexual.
bisessualità f. bisexuality.
bisessuato a. bisexual.

bisestile *a.* bissextile, leap: *anno ~* leap year.

bisesto *m.* leap day.

bisettimanale *a.* twice-weekly, (*Am*) semiweekly: *pubblicazione ~* twice-weekly publication, (*Am*) semiweekly.

bisettrice *f.* (*Geom*) bisector, bisecting line.

bisex I *a.inv.* 1 bisexual. 2 (*unisex*) unisex. II *m./f.inv.* bisexual.

bisezione *f.* (*Geom*) bisection.

bisillabico (*pl.* **-ci**) *a.* disyllabic, bisyllabic.

bisillabo I *a.* disyllabic, bisyllabic. II *m.* disyllable, bisyllable.

bislaccheria *f.* outlandishness, oddness, eccentricity.

bislacco (*pl.* **-chi**) *a.* outlandish, odd, eccentric: (*colloq*) *una persona bislacca* an oddball, a peculiar fellow.

bislungo (*pl.* **-ghi**) *a.* oblong.

Bismarck □ (*Gastron*) *alla ~* with a fried egg on top.

bismuto *m.* (*Chim*) bismuth.

bisnipote *m./f.* 1 (*di nonno*) great-grandchild, great-grandson (*f.* -granddaughter). 2 (*di zio*) great nephew (*f.* -niece).

bisnonna *f.* great-grandmother.

bisnonno *m.* great-grandfather.

bisogna *f.* (*lett*) necessity, need. □ *servire alla ~* to answer the need; *è proprio quello che serve alla ~* that is just what is needed.

bisognare (**bisógna**) I *v.i.* (*aus.* **essere**; *used only in the 3rd person singular and plural*) to need (*costr.pers.*), to require (*costr.pers.*): *ti bisognano altri documenti?* do you need any other documents?; *non mi bisogna nulla* I do not need anything. II *v.i.impers.* (*aus.* **essere**) 1 (*essere necessario*) to be necessary (*costr.impers.*), must (*costr.pers.*), to have to (*costr.pers.*): *bisogna che tu lavori di più* you must work harder, you need to work harder; *bisogna fare qualcosa* we must do something; *bisogna lavorare per vivere* one must work to live. 2 (*convenire*) should, ought to: *non bisogna essere troppo timorosi* one should not be too timid; *bisogna pure che tu lo sappia* you should certainly know about it; *bisognerebbe dirglielo* someone should tell him. 3 (*enfat*) ought to, should: *bisognava sentirlo* you should have heard him; *bisognava vedere come era cresciuto* you ought to have seen how he had grown. □ *non bisogna* you must not, one must not: *non bisogna scoraggiarsi* there is no need to get discouraged, one must not get discouraged; *bisogna vedere per credere* seeing is believing; (*enfat*) *bisogna vedere che maniere!* you should have seen his manners!

bisognatario *m.* (*Dir*) referee in case of need.

bisognevole I *a.* (*rar,lett*) in need, needing, needy: *~ di aiuto* in need of help. II *m.* (*rar, lett*) what is necessary, what is required, necessity.

bisognino □ *fare un ~* to go to the lavatory, (*colloq*) to spend a penny, (*scherz*) to answer the call of nature.

bisogno *m.* 1 (*necessità*) need: *in caso di ~* in case of need, if necessary, if required; *sentire il ~* to feel the need; *trovarsi nel ~* to be in need; *secondo il ~* according to one's needs; *estremo* extreme need. 2 (*mancanza*) want, lack: *~ di soldi* lack of money. 3 (*stimolo, desiderio*) need, desire: *sentiva il ~ di piangere* he felt the need to cry. 4 (*povertà, ristrettezza*) need, poverty: *essere nel ~* to be in need, to be needy; *trovarsi in grande ~* to be living in great poverty. 5 (*colloq*) (*bisogno fisiologico*) call of nature; (*rif. ad*

animali) business. 6 *pl.* (*quanto occorre, esigenze*) requirements, needs, necessities: *provvedere ai bisogni della famiglia* to provide for the needs of the family. □ *al ~* in case of need, if necessary; *avere ~ di qcs.* to need sth.; *hai ~ di nulla?* is there anything you need?; *il malato ha ~ di sole* the patient needs sunshine; *ho ~ di parlarti subito* I must speak to you at once; *non ho ~ dei tuoi consigli* I do not need your advice, I have no need of your advice; *avere ~ di qcu.* to need so., to be in need of so., to have need of so.; *ho ~ di te* I need you; *esserci ~* to be necessary, to be needed; *c'è urgente ~ del medico* the doctor is needed urgently; *non c'è ~ che venga* there is no need for him to come; *non c'è ~ di gridare* there is no need to shout; (*eufem*) *fare i propri bisogni:* 1 to relieve oneself; 2 (*rif. ad animali*) to do its business; *fare al ~* to meet requirements; *bisogni fondamentali* basic needs, primary needs; *~ impellente* pressing need; *nel ~* in need; *per ~* out of necessity: *ho venduto l'orologio per ~* I sold the watch out of necessity; *bisogni primari* basic needs, primary needs. *Prov.: il ~ aguzza l'ingegno* necessity is the mother of invention; *il ~ non conosce legge* necessity knows no law, what must be done must be done.

bisognoso I *a.* 1 in need (*posposto*), needing: *~ di affetto* needing affection. 2 (*povero*) needy, poor: *una famiglia bisognosa* a poor family. II *m.* 1 (*f.* -**a**) poor person. 2 *pl.* the poor, the needy: *soccorrere i bisognosi* to help the poor.

bisolfato *m.* (*Chim*) (*Br*) bisulphate, (*Am*) bisulfate.

bisolfito *m.* (*Chim*) bisulphite.

bisolfuro *m.* (*Chim*) disulphite, bisulphide.

bisonte *m.* (*Zool*) bison, buffalo. □ (*Zool*) *~ americano* buffalo; (*fig*) *~ della strada* juggernaut.

bispensiero *m.* doublethink.

bissare (**bisso**) *v.t.* 1 (*Teat*) to give an encore. 2 (*estens*) (*ripetere*) to repeat.

bisso *m.* 1 (*Tess*) fine linen: *tovaglia di ~* fine linen table-cloth. 2 (*Zool*) byssus. 3 (*Tess,ant*) byssus.

bistabile *a.* (*El*) bistable.

bistabilità *f.* (*El*) bistability.

bistecca *f.* steak; (*di manzo*) beefsteak. □ *~ ai ferri* grilled steak; *~ al sangue* rare steak; *~ alla fiorentina* T-bone steak; *~ ben cotta* well-done steak; *~ con l'osso* bone-in steak; *~ di cavallo* horse steak; *~ di manzo* beefsteak.

bistecchiera *f.* grill; (*elettrica*) broiler, grill.

bisticciare (**bisticcio**, **bisticci**) I *v.i.* (*aus.* **avere**) to quarrel, to wrangle, to fight: *~ con qcu. per qcs.* to quarrel with so. over sth., to quarrel with so. about sth. II *v.r.recipr.* **bisticciarsi** to quarrel, to wrangle.

bisticcio *m.* 1 (*litigio*) quarrel, squabble, fight. 2 (*tra innamorati*) tiff. 3 (*gioco di parole*) pun, play on words, word-play.

bistorta *f.* (*Bot*) bistort, snakeweed, snakeroot.

bistorto *a.* (*rar*) twisted, crooked, distorted.

bistrare (**bistro**) *v.t.* (*Cosmet*) to bister.

bistrato *a.* (*Cosmet*) bistered: *occhi bistrati* bistered eyes.

bistrattare (**bistratto**) *v.t.* 1 (*maltrattare*) to mistreat, to ill-treat, to abuse. 2 (*strapazzare*) to knock about, to knock around. 3 (*fig*) (*criticare*) to maul.

bistro *m.* 1 (*Pitt*) bistre. 2 (*Cosmet*) bister.

bistrò *m.* bistro.

bistrot /bis'tro/ *m.inv.* bistro.

bisturi *m.* (*Chir*) scalpel, lancet. □ (*Chir*) *~ elettrico* acusector.

bisunto *a.* oily.

bit *m.inv.* (*Inform*) bit. □ (*Inform*) *~ di arresto* stop bit; (*Inform*) *~ di avvio* start bit.

Bitinia *n.pr.f.* (*Geog.stor*) Bithynia.

bitmap *f.inv.* (*Inform*) bitmap.

bitonale *a.* (*Mus*) two-tone, bitonal: *clacson ~* two-tone horn.

bitonalità *f.* (*Mus*) bitonality.

bitorzolo *m.* 1 (*Med*) lump, wart, swelling: *hai un ~ sul naso* you have a swelling on your nose. 2 (*Bot*) knot.

bitorzoluto *a.* 1 warty. 2 (*Bot*) knotty.

bitta *f.* (*Mar*) bollard, bitt: *~ d'ormeggio* mooring bitt.

bitter *m.* bitters *pl.*

bitumare (**bitumo**) *v.t.* 1 to bituminize, to surface sth. with bitumen: *~ una strada* to surface a road with bitumen. 2 (*Mar*) to pitch.

bitumatrice *f.* bitumen spreader.

bitumatura *f.* bituminization.

bitume *m.* 1 bitumen. 2 (*Mar*) pitch.

bituminare (**bitumino**) *v.t.* 1 to bituminize, to surface sth. with bitumen. 2 (*Mar*) to pitch.

bituminoso *a.* bituminous.

biturbo *a.* (*Aut*) bi-turbocharged.

biunivocità *f.* (*Mat*) biuniqueness, bijection.

biunivoco (*pl.* **-ci**) *a.* (*Mat*) biunique, bijective.

bivaccare (**bivacco**, **bivacchi**; *aus.* **avere**) *v.i.* 1 to bivouac. 2 (*scherz*) (*sistemarsi provvisoriamente*) to camp out: *queste persone bivaccano in casa mia da parecchi giorni* these people have been camping out in my house for several days.

bivacco (*pl.* **-chi**) *m.* 1 (*Mil,Alp*) bivouac. 2 (*piccolo rifugio*) refuge camp.

bivalente *a.* bivalent (*anche Chim*): *radicali bivalenti* bivalent radicals.

bivalenza *f.* bivalence (*anche Chim*).

bivalve *a.* (*Zool*) bivalve, bivalved, bivalvular: *conchiglia ~* bivalved shell.

bivalvi *m.pl.* (*Zool*) Bivalvia, bivalves.

bivio *m.* 1 junction, crossroads (*costr.sing. o pl.*). 2 (*Ferr*) frog. 3 (*fig*) dilemma, crossroads (*costr.sing. o pl.*): *trovarsi a un ~* to be at the crossroads.

bizantineggiare (**bizantinéggio**, **bizantinéggi**; *aus.* **avere**) *v.i.* 1 (*Art*) to imitate the Byzantine style. 2 (*fig*) (*perdersi in sottigliezze*) to split hairs, to be pedantic.

bizantinismo *m.* 1 (*Art,Lett*) Byzantinism. 2 (*fig*) (*pedanteria*) hair splitting, pedantry.

bizantino *a.* 1 Byzantine: *pittura bizantina* Byzantine painting. 2 (*fig*) (*cavilloso*) hair-splitting, academic: *questioni bizantine* pedantic questions.

bizza *f.* (*capriccio*) tantrum, caprice, whim. □ *fare le bizze* to throw a tantrum.

bizzarria *f.* 1 oddness, eccentricity, peculiarity. 2 (*cosa bizzarra*) oddity, freak; (*azione bizzarra*) strange action, eccentricity; (*parole bizzarre*) strange words *pl.*, curious remarks *pl.*

bizzarro *a.* 1 (*stravagante*) bizarre, peculiar, strange, odd: *idee bizzarre* strange ideas. 2 (*capriccioso, bisbetico*) whimsical, capricious, freakish: *carattere ~* capricious character. 3 (*rif. a cavallo*) high-spirited.

bizzeffe □ *a ~* galore: *avere denaro a ~* to have money galore; *ce ne sono a ~* (*Br*) they are two a penny, (*Am*) they are a dime a dozen.

bizzoso *a.* 1 (*capriccioso*) capricious, freakish, wayward. 2 (*irascibile*) irritable. 3 (*rif. a cavallo*) high-spirited.

bla-bla *m.inv.* idle talk, empty words *pl.*

(*colloq*) blah, blah blah.

blackout /blɛˈkaut/ *m.inv.* blackout (*anche fig*).

blandamente *avv.* mildly, gently.

blandire (**blandìsco, blandìsci**) *v.t.* (*lett*) 1 (*lusingare*) to blandish, to cajole. 2 (*lenire*) to soothe: ~ *il dolore* to soothe the pain.

blandizie *f.pl.* (*lett*) flattery *sing.*, cajolery *sing.*, blandishments.

blando *a.* 1 mild, gentle, soft: *vento* ~ gentle wind; *luce blanda* soft light; *parole blande* mild words; *punizione blanda* mild punishment. 2 (*rif. a medicinali*) mild, bland: *un ~ lassativo* a mild purgative.

blasé /blaˈze/ *a.inv.* blasé, cool.

blasfemo I *a.* 1 blasphemous. 2 (*estens*) (*irreligioso*) profane. II *m.* (*f.* **-a**) blasphemer.

blasonare (**blasóno**) *v.t.* (*Arald*) to blazon.

blasonato I *a.* 1 blazoned. 2 (*nobile*) titled: *gente blasonata* titled people, the gentry, the aristocracy. II *m.* (*f.* **-a**) nobleman (*f.* -woman).

blasone *m.* 1 coat of arms, blazon, heraldic bearings *pl.* 2 (*fig*) (*nobiltà di nascita*) noble birth.

blasonista *m./f.* blazoner, heraldist.

blastema *m.* (*Biol*) blastema.

blastoma *m.* (*Med*) blastoma.

blastomiceti *m.pl.* (*Bot*) blastomycetes.

blastula *f.* (*Biol*) blastula.

blaterare (**blàtero**; *aus.* **avere**) *v.i.* to chatter, to prate, to blether, to blather, to blabber.

blaterone *m.* (*f.* **-a**) (*rar*) blatherer, chatterer.

blatta *f.* (*Entom*) cockroach.

blazer /ˈblɛzer/ *m.inv.* (*Abbigl*) blazer.

blé I *a.inv.* (*region*) blue, dark blue. II *m.inv.* (*region*) (*colore*) blue, dark blue.

blefarite *f.* (*Med*) blepharitis.

blenda *f.* (*Min*) blende.

blenorragia, blenorrea *f.* (*Med*) blennorrhoea, blennorrhea.

blesità *f.* lisp, lisping.

bleso *a.* lisping: *pronuncia blesa* lisping pronunciation: *essere* ~ to lisp, to speak with a lisp.

bleu /blœ/ I *a.inv.* blue, dark blue. II *m.inv.* (*colore*) blue, dark blue.

blindaggio *m.* 1 armour, armour-plating. 2 (*Mecc*) armour, sheathing.

blindare (**blìndo**) *v.t.* 1 to armour. 2 (*proteggere con rigorose misure di sicurezza*) to secure (under siege).

blindato *a.* 1 armoured, armour-plated: *auto blindata* armoured car, bullet-proof car; *treno* ~ armoured train. 2 (*Mecc*) armoured, sheathed. 3 (*fig*) (*protetto da rigorose misure di sicurezza*) secured (under siege). 4 (*fig*) (*non modificabile*) unmodifiable.

blindatura *f.* 1 armour, armour-plating. 2 (*Mecc*) armour, sheathing. 3 (*fig*) (*protezione con rigorose misure di sicurezza*) securing a place against a potentially hostile group or uprising.

blind trust /ˈblaindˈtrast/ *m.inv.* (*Econ*) blind trust.

blinker *m.inv.* (*Aut*) blinker.

blister *m.inv.* (*Farm*) blister pack.

blitz *m.inv.* blitz, raid: *un ~ dei carabinieri* a police raid; *fare un* ~ to carry out a police raid.

bloccaggio *m.* 1 (*Mecc*) locking, clamping. 2 (*Sport*) (*nella boxe*) blocking; (*nel rugby*) tackle.

bloccare (**blòcco, blòcchi**) I *v.t.* 1 to block. 2 (*rif. alla polizia*) to block, to seal off: *la polizia bloccò tutte le vie d'uscita* the police sealed off all exits. 3 (*arrestare*) to stop: ~ *la*

macchina to stop the car. 4 (*isolare*) to isolate, to cut off: *la neve ha bloccato molti paesi* the snow has cut off many villages. 5 (*intrappolare*) to trap, to jam. 6 (*paralizzare*) to paralyze. 7 (*mentalmente*) to produce a mental block in. 8 (*Med*) (*immobilizzare*) to immobilize. 9 (*Strad,Tel*) to block: *la strada è bloccata a causa della frana* the road is blocked by the landslide; *la neve blocca le strade* the roads are blocked by the snow. 10 (*Econ*) to block, to freeze. 11 (*Sport*) to stop, to block: ~ *la palla* to block the ball; (*nel calcio*) to trap the ball. 12 (*Mil*) to blockade: ~ *un porto* to blockade a port. 13 (*Inform*) (*rif. a collegamento*) to hang up. II *v.pron.* **bloccarsi** 1 (*interrompersi*) to stop. 2 (*Mecc*) to jam, to stick; (*rif. a ruota*) to lock. 3 (*Inform*) to freeze. 4 (*mentalmente*) to freeze: *quando qualcuno mi prende in giro mi blocco* I freeze (*o* my mind goes blank) when someone teases me; *non devi bloccarti davanti ai problemi, ma reagire* don't be overwhelmed by your problems, but confront them. □ ~ *gli affitti* to control rents, to peg rents; ~ *un assegno* to stop a cheque; ~ *un conto* to block an account, to freeze an account; (*Aut*) ~ *i freni* to jam the brakes; (*Pol*) ~ *una legge* to block a bill; ~ *i licenziamenti* to halt dismissals; (*Aut,Mecc*) ~ *il motore* to stall the engine; ~ *una porta* to lock a door, to bolt a door; ~ *i prezzi* to peg prices; ~ *il respiro a qcu.* to take so.'s breath away; ~ *una ruota* (*con un cuneo*) to chock a wheel; ~ *i salari* to freeze wages; ~ *il traffico* to block traffic.

bloccasterzo *m.inv.* (*Aut*) steering wheel lock.

bloccato *a.* 1 blocked. 2 (*senza la possibilità di uscire*) stuck: *essere* ~ *a casa* to be stuck at home; *restare* ~ *nell'ascensore* to be stuck in the lift. 3 (*chiuso, di porta*) locked, bolted. 4 (*mentalmente*) frozen, having a mental block. 5 (*Econ*) blocked, frozen: *conto* ~ frozen account. □ *sono rimasto* ~ *con la schiena* my back seized up; ~ *dal ghiaccio* icebound; ~ *dalla neve* snowbound.

blocchetto *m.* 1 (*cubo*) block. 2 (*di fogli*) notepad, notebook. 3 (*libretto*) book. □ ~ *degli assegni* chequebook.

blocchista *m./f.* (*Comm*) wholesaler.

blocco¹ (*pl.* **-chi**) *m.* 1 (*massa compatta*) block. 2 (*fogli di carta*) pad, block: ~ *di carta da lettere* writing-pad. 3 (*Pol*) bloc, block, coalition. 4 (*Inform*) block; (*gruppo di elementi*) package. 5 (*Filat*) three or more stamps together but not in the same row. □ (*Mot*) ~ *cilindri* block, engine block, cylinder block; ~ *da disegno* drawing pad; (*Pol*) ~ *della maggioranza* majority bloc; (*Econ*) ~ *delle importazioni* suspension of imports, import freeze; (*Pol*) ~ *delle sinistre* Left-wing bloc; (*Edil*) ~ *di case* block of houses; ~ *di cemento* cement block; (*Inform*) ~ *di dati* data block; (*Inform*) ~ *di firma* signature block; *un* ~ *di ghiaccio* a block of ice; ~ *di marmo* block of marble; (*Inform*) ~ *di memoria* storage block; (*Sport*) ~ *di partenza* starting block; *in* ~: 1 (*Comm*) en bloc, in bulk: *vendere in* ~ to sell en bloc; 2 (*superficialmente*) roughly: *giudicare qcs. in* ~ to judge sth. roughly; (*Econ*) ~ *monetario* monetary block; (*Aut,Mot*) ~ *motore* motor unit; (*Pol,Stor*) ~ *occidentale* Western Bloc; (*Med*) ~ *operatorio* operating theatre block; (*Pol, Stor*) ~ *orientale* Eastern Bloc; ~ *per appunti* note-pad.

blocco² (*pl.* **-chi**) *m.* 1 (*il bloccare*) block. 2 (*Econ*) freeze, block. 3 (*Mil*) blockade: *togliere il* ~ to raise the blockade. 4 (*di polizia*) block. 5 (*Ferr*) block. 6 (*Mecc*) lock, block. 7

(*Med,Psic*) block, blockage. □ (*Med*) ~ *cardiaco* heart block; (*Econ,Comm*) ~ *commerciale* trading block; (*Stor*) ~ *continentale* Continental blockade; ~ *degli affitti* rent control, rent restriction; (*Ferr*) ~ *degli scambi* locking of points; (*Econ*) ~ *dei depositi bancari* blocking of bank deposits; (*Econ*) ~ *dei prezzi* price control, price freeze; ~ *dei salari* wage freeze; ~ *del traffico* (*o* ~ *della circolazione*) traffic stoppage, circulation stoppage; (*Econ,Comm*) ~ *delle esportazioni* blocking of exports; ~ *di un conto* blocking of an account; (*Psic*) ~ *emotivo* emotional block; (*Med*) ~ *intestinale* intestinal blockage; (*Mil*) ~ *marittimo* naval blockade; (*Med*) ~ *renale* renal failure; ~ *stradale* road block.

bloc-notes /ˈblɔkˈnɔtes/ *m.inv.* note-pad, note pad.

blonda *f.* blonde, blonde lace.

BLR *Bielorussia* BLR (Belarus).

blu I *a.inv.* blue, dark blue. II *m.inv.* (*colore*) blue, dark blue. □ ~ *acciaio* steel-blue; ~ *cobalto* cobalt blue; ~ *vestire di* ~ to wear blue; *dipingere qcs. di* ~ to paint sth. blue; (*Chim*) ~ *di metilene* methylene blue; ~ *di Prussia* Prussian blue; ~ *elettrico* electric blue, steely blue; ~ *lavanda* lavender blue; ~ *marino* navy blue; ~ *notte* midnight blue; ~ *oltremare* ultramarine blue; ~ *pavone* peacock blue; ~ *pervinca* periwinkle blue; ~ *Savoia* royal blue; ~ *scuro* dark blue.

bluastro *a.* bluish.

blue-jeans /bluˈdʒins/ *m.pl.* (*Abbigl*) jeans.

blues /bluːz/ *m.* (*Mus*) blues: *cantare il* ~ to sing the blues.

bluff /blɛf/ *m.inv.* 1 (*nel gioco delle carte*) bluff. 2 (*fig*) (*finzione*) bluff: *non ci credo, è un* ~! I don't believe you, you're bluffing!

bluffare /blɛfˈfare/ (**blùffo** /ˈblɛffo/; *aus.* **avere**) *v.i.* 1 (*nel gioco delle carte*) to bluff. 2 (*fig*) (*ingannare*) to bluff.

bluffatore /blɛf-/ *m.* (*f.* **-trice**) bluffer (*anche fig*).

blusa *f.* (*Abbigl*) 1 (*camicetta da donna*) blouse. 2 (*camiciotto da lavoro*) smock.

blusante *a.* (*Abbigl*) blousing, blouson style (*attr.*).

blusotto *m.* (*Abbigl*) sports shirt.

boa¹ *m.inv.* 1 (*Zool*) boa, boa constrictor. 2 (*Abbigl*) boa: ~ *di piume* feather boa. □ (*Zool*) ~ *costrittore* boa constrictor.

boa² *f.* (*Mar*) buoy. □ ~ *aerea* aerial marker; (*Mar*) ~ *cardinale* cardinal buoy; (*Mar*) ~ *da ormeggio* mooring buoy; (*Mar*) ~ *laterale* port-and-starboard buoy, lateral buoy.

boario *a.* cattle, bovine: (*Stor.rom*) *foro* ~ cattle market.

boaro *m.* 1 cowherd, cowman, drover. 2 (*spreg,estens*) (*uomo rozzo*) boor.

boato *m.* 1 rumble, roar: *i boati del terremoto* the rumble of the earthquake; *i boati del vulcano* the rumble of the volcano; *il* ~ *della folla* the roar of the crowd. 2 (*Giorn*) dope, gen.

bob *m.inv.* (*Sport*) bobsleigh, bob, (*Am*) bobsled. □ (*Sport*) ~ *a due* two-man bobsleigh, (*Am*) two-man bobsled; (*Sport*) ~ *a quattro* four-man bobsleigh, (*Am*) four-man bobsled.

bobbista *m./f.* (*Sport*) bobsleigh rider, (*Am*) bobsled rider.

bobina *f.* 1 (*rocchetto*) reel, spool. 2 (*El*) coil. 3 (*Fot,Cin*) (*rocchetto per pellicole*) spool; (*rotolo di pellicola*) reel. 4 (*Tess*) (*spola vuota*) bobbin, reel; (*filato avvolto*) cop. □ (*Mot*) ~ *di accensione* ignition coil, sparking coil; (*El,Rad*) ~ *di accoppiamento* coupling coil; (*Fot,Cin*) ~ *di avvolgimento* take-up spool, take-up reel; (*El*) ~ *di indu-*

zione inductor, induction coil; (*El*) ~ *di reattanza* reactance coil, kicking coil.

bobinare (**bobìno**) *v.t.* (*El,Tess*) to wind.

bobinatore *m.* (*f.* **-trice**) (*Tess*) (*operaio*) winder.

bobinatrice *f.* **1** (*El*) winding machine, coil winder. **2** (*Tess*) winding frame.

bobinatura *f.* **1** (*El*) coil winding. **2** (*Tess*) winding.

bocca *f.* **1** mouth. **2** (*fig*) (*persona*) mouth, person: *ho cinque bocche da sfamare* I have five mouths to feed. **3** (*apertura, orifizio*) mouth, opening; (*rif. a cannoni, fucili*) muzzle, mouth. **4** (*Geog*) (*foce*) mouth; (*stretto*) strait: *le Bocche di Bonifacio* the Straits of Boniface. ☐ (*fig*) *rimanere a ~ aperta* to be dumbfounded; *lasciare qcu. a ~ aperta* to leave so. open-mouthed; (*fig*) *rimanere a ~ asciutta*: **1** (*non ricavare nulla*) to come away empty-handed; **2** (*rimanere deluso*) to be disappointed; *lasciare la ~ amara a qcu.*: **1** to leave a bitter taste in so.'s mouth; **2** (*fig*) to be left with a bitter taste in one's mouth; *lasciare la ~ buona* to leave a pleasant taste (*anche fig*); *avere la ~ cattiva* to have a nasty taste in one's mouth: *questa pietanza mi ha lasciato la ~ cattiva* this dish has left a nasty taste in my mouth; *avere una ~ che sembra un forno* to have a huge mouth; (*fig*) *tenere la ~ chiusa* to keep one's mouth closed, to keep one's mouth shut; *cantare a ~ chiusa* to hum; *respirare con la ~* to breathe through one's mouth; *avere la ~ cucita* to keep one's lips sealed; (*Arm*) ~ *da fuoco* gun; (*Idr*) ~ *d'acqua* water hydrant; *sapere qcs. dalla ~ di qcu.* to hear sth. from so.'s very mouth; ~ *del forno* stokehole; (*Geol*) *la ~ del ghiacciaio* the mouth of the glacier; *la ~ del vaso* the mouth of the jar; *essere la ~ della verità* to be the soul of truth; (*Anat,colloq*) *la ~ dello stomaco* the pit of the stomach; (*Met*) ~ *di altoforno* throat; *essere di ~ buona*: **1** to be a hearty eater; **2** (*che si accontenta facilmente*) (*fig*) to be easily satisfied; (*Met*) ~ *di caricamento* charging hole, charging door; *la notizia corse di ~ in ~* the news spread rapidly; (*Bot*) ~ *di leone* snapdragon; ~ *d'incendio* fire hydrant, water hydrant; ~ *di scarico* outlet; *essere sulla ~ di tutti* to be the talk of the town, to be on everyone's lips; (*Geol*) ~ *di vulcano* volcanic vent; (*fig*) *fare la ~ a qcs.* to acquire a taste for sth. to get accustomed to sth., to get used to sth., to get to like sth.; *avere la ~ impastata* to have a furred tongue; *in ~ al lupo!* good luck!, break a leg!; (*fig*) *una ~ inutile* (*mangiapane a ufo*) a parasite, a good-for-nothing, a hanger-on, a sponger, a scrounger; (*fig*) *mettere ~ in qcs.* to chip in on sth., to stick one's nose into sth.; *mettere in ~*: **1** to put into one's mouth; **2** (*fig*) (*suggerire*) to suggest: *mettere la risposta in ~ a qcu.* to suggest the answer to so.; *per ~* orally: *medicina da prendere per ~* medicine to be taken orally; (*fig*) *dire qcs. per ~ di qcu.* to say sth. through so. else; *a ~ piena* with one's mouth full; *ho la ~ secca* my mouth feels dry. *Prov.: in ~ chiusa non entrano mosche* a closed mouth catches no flies.

boccaccesco (*pl.* **-chi**) *a.* **1** (*Lett*) in the style of Boccaccio (*posposto*). **2** (*estens*) (*licenzioso*) licentious, ribald.

boccaccia (*pl.* **-ce**) *f.* **1** ugly mouth. **2** (*smorfia*) grimace: *fare le boccacce* to grimace. **3** (*fig*) (*persona maldicente*) slanderer. ☐ (*colloq*) *chiudi quella ~!* shut up!, (*Am*) zip up!

boccaglio *m.* **1** (*Mecc*) nozzle. **2** (*di respi-*

ratore) mouthpiece.

boccale[1] *a.* (*Anat*) mouth (*attr.*), buccal, oral: *cavità ~* buccal cavity, oral cavity.

boccale[2] *m.* **1** tankard: *un ~ di birra* a tankard of beer. **2** (*contenuto*) jug, jugful: *un ~ di vino* a jugful of wine. ☐ ~ *da birra* beer tankard; ~ *da vino* wine jug.

boccalone *m.* (*f.* **-a**) (*colloq*) (*credulone*) gull, dupe.

boccaporto *m.* (*Mar*) hatch, hatchway. ☐ (*Mar*) ~ *della stiva* cargo hatch; (*Mar*) ~ *di poppa* after hatch.

boccascena *m.* (*Teat*) proscenium.

boccata *f.* **1** mouthful. **2** (*rif. a sigarette e sim.*) puff: *aspirò poche boccate* he took only a few puffs. ☐ *una ~ d'aria fresca* a breath of fresh air (*anche fig*): *prendere una ~ d'aria* to take a breath of fresh air.

boccetta *f.* **1** small bottle. **2** (*di profumo*) bottle, scent bottle. **3** (*nel biliardo: boccino*) ball. **4** (*gioco*) boccetta (a kind of snooker).

boccheggiare *a.* **1** gasping. **2** (*fig*) (*agonizzante*) dying: *un'azienda ~* moribund business.

boccheggiare (**bocchéggio**, **bocchéggi**) *aus.* **avere**) *v.i.* **1** to gasp, to pant: ~ *per il caldo* to pant with the heat. **2** (*fig*) (*agonizzare*) to be at one's last gasp.

bocchello *m.* (*Idr*) outlet.

bocchetta *f.* **1** (*apertura*) small opening. **2** (*Mecc*) mouth. **3** (*Mus*) mouthpiece. **4** (*della serratura*) plate. ☐ ~ *di annaffiatoio* sprinkler head; ~ *di ventilazione* air vent; ~ *stradale* manhole cover.

bocchettone *m.* (*Mecc*) union, pipe union. ☐ ~ *dell'aria condizionata* air conditioning vent, A/C vent; ~ *di riempimento* filler; ~ *di scarico* outlet; ~ *di ventilazione* air vent.

bocchino *m.* **1** (*per sigarette*) cigarette holder; (*per sigari*) cigar holder. **2** (*Mus*) mouthpiece. **3** (*volg*) (*fellatio*) blow job. ☐ ~ *della pipa* pipe mouthpiece.

boccia (*pl.* **-ce**) *f.* **1** *pl.* (*gioco*) bowls: *giocare alle bocce* to play bowls; *il gioco delle bocce* (the game of) bowls. **2** (*recipiente*) decanter, carafe. **3** (*scherz*) (*testa*) head, (*colloq*) nut. ☐ (*fig*) *a bocce ferme* when the dust has settled; *ragionare a bocce ferme* to take stock of the situation.

bocciare (**bòccio**, **bòcci**) **I** *v.t.* **1** (*respingere*) to reject, to turn down: ~ *un progetto di legge* to reject a bill, throw out a bill. **2** (*Scol*) to fail, (*colloq*) to flunk: ~ *qcu. in latino* to fail so. in Latin. **3** (*rif. a candidati delle elezioni*) to fail to elect, to defeat. **4** (*nel gioco delle bocce*) to hit (the opponent's bowl). **II** *v.i.* (*aus.* **avere**) (*colloq*) (*scontrarsi con l'automobile*) to collide.

bocciata *f.* **1** (*nel gioco delle bocce*) throw. **2** (*colloq*) (*scontro con l'automobile*) collision.

bocciato **I** *a.* failed, rejected, (*colloq*) flunked: *essere ~* (o *rimanere ~*) to fail, (*colloq*) to flunk. **II** *m.* (*f.* **-a**) failed candidate.

bocciatura *f.* **1** rejection; (*di candidati alle elezioni*) defeat. **2** (*Scol*) flunking, failure: *rischiare la ~* to risk flunking.

boccino *m.* (*nel gioco delle bocce*) jack, jack ball. ☐ (*fig*) *avere il ~ in mano* (*avere in mano la situazione*) to have the reins (in hand).

boccio *m.* bud: *in ~* in bud; *una rosa in ~* a rose in bud, a budding rose.

bocciodromo *m.* bowls area.

bocciofila *f.* bowls club.

bocciofilo **I** *a.* bowling, bowls (*attr.*): *società bocciofila* bowling club. **II** *m.* (*f.* **-a**) bowler.

bocciolo, boccìolo *m.* **1** (*Bot*) (*boccio*)

bud: *mettere i boccioli* to put forth buds, to put out buds, to bud. **2** (*Mecc*) cam, lifter. ☐ ~ *del candeliere* socket of a candlestick; ~ *di rosa* rosebud.

boccione *m.* (*di distributore d'acqua*) water cooler bottle.

boccola *f.* **1** (*Mecc*) bush, bushing. **2** (*El*) socket. **3** (*orecchino*) ear-ring.

boccolo *m.* curl, ringlet.

bocconcino *m.* **1** morsel. **2** (*cibo prelibato*) titbit, dainty morsel. **3** (*pezzetto*) bit, small piece, scrap. **4** (*Alim*) (*mozzarella*) small mozzarella. **5** (*colloq*) (*bella ragazza*) dish, stunner: *che bel ~!* what a dish!, what a stunner!

boccone *m.* **1** mouthful: *un ~ di formaggio* a mouthful of cheese. **2** (*piccola quantità di cibo*) bite, morsel, bit: *non c'è un ~ di pane in casa* there's not a morsel of bread in the house. **3** (*colloq*) (*spuntino veloce*) snack: *buttare giù un ~* to have a quick snack; *mangiare un ~* to have a snack; (*cosa desiderabile*) delicacy, titbit. ☐ (*fig*) ~ *amaro* bitter pill; *ho mandato giù tanti bocconi amari nella mia vita* I have swallowed many bitter pills in my life; ~ *avvelenato* poison bait; *il ~ del prete* (*Br*) the parson's nose, (*Am*) the pope's nose; *un ~ ghiotto* a titbit, (*Am*) a tidbit; ~ *ghiotto* dainty; *parlare col ~ in bocca* to speak with one's mouth full; (*fig*) *col ~ in gola* having just finished eating; *in un ~* in a single mouthful, in one mouthful: *mangiare qcs. in un ~* to swallow sth. in one piece; *divorò il pane in un ~* he gobbled down the bread in a single mouthful; *lavora tutto il giorno per un ~ di pane* he works all day for next to nothing; *vendere qcs. per un ~ di pane* to sell sth. for a song.

bocconi *avv.* prone, face downwards: *stare ~* to lie on one's face; *giacere ~* to lie face downwards; *cadere ~* to fall flat on one's face.

BOD (*Chim*) *fabbisogno biologico di ossigeno* BOD (Biochemical Oxygen Demand).

bodoniano *a.* (*attr.*): (*Tip*) *caratteri bodoniani* Bodoni type.

body /'bɔdi/ *m.inv.* (*Abbigl*) body suit.

body building /'bɔdi'bilding/ *m.* (*Sport*) body building.

body piercing /'bɔdi'pirsing/ *m.* body piercing.

Boemia *n.pr.f.* (*Geog*) Bohemia.

boemo **I** *a.* Bohemian. **II** *m.* (*f.* **-a**) Bohemian.

boero **I** *a.* Boer. **II** *m.* **1** (*f.* **-a**) (*persona*) Boer. **2** (*Dolc*) chocolate filled with liqueur and a cherry.

Boezio *n.pr.m.* (*Stor,Filos*) Boethius.

bofonchiare (**bofónchio**, **bofónchi**; *aus.* **avere**) *v.i.* to grumble, to mumble.

boga *f.* (*Itt*) boce.

boh *intz.* no idea!, don't ask me!

bohème /bo'ɛm/ *f.* Bohemianism.

bohemien /boe'mjɛn/ **I** *a.* Bohemian. **II** *m.inv.* Bohemian.

bohrio *m.* (*Chim*) bohrium.

boia **I** *m.inv.* **1** executioner, hangman. **2** (*fig*) (*mascalzone*) villain, scoundrel. **II** *a.* (*colloq*) damned, hellish, rotten: *un caldo ~* stifling heat; *fa un freddo ~* it's freezing cold; *tempo ~* filthy weather. ☐ (*fig*) *fare il ~ e l'impiccato* to be judge and jury; (*fig*) *essere il ~ di qcu.* to slave-drive so.

boiardo, boiaro *m.* **1** (*Stor*) boyar, boyard. **2** (*fig,spreg*) (*alto dirigente*) mandarin, bureaucrat: *boiardi di stato* state bureaucrats.

boiata *f.* (*colloq*) **1** (*cosa mal fatta, stupidaggine*) rubbish. **2** (*azione indegna*) nasty trick.

boicottaggio *m.* boycott, boycotting.

boicottare (**boicòtto**) *v.t.* **1** to boycott: ~ *le elezioni* to boycott the poll. **2** *(fig) (ostacolare)* to hinder: *boicottano tutti i miei piani* they hinder all my plans.

boicottatore *m.* *(f.* **-trice)** boycotter.

boiler *m.inv.* boiler, water-heater.

boite /bwat/ *f.inv.* night club.

BOL *Bolivia* BOL (Bolivia).

Bolena *n.pr.f.* (Stor) Boleyn.

bolero *m.* *(Mus,Abbigl)* bolero.

boleto *m.* (Bot) boletus.

bolgia *(pl.* **-ge)** *f.* **1** *(dell'inferno dantesco)* bolgia, pit. **2** *(fig) (confusione)* bedlam. □ *(fig)* ~ *infernale* pit of Hell.

bolide *m.* **1** *(Astr)* meteor, bolide. **2** *(fig) (rif. ad automobili)* fast car. **3** *(scherz) (persona corpulenta)* round fat person, barrel. **4** *(Sport) (nel calcio)* cannonball. □ *(fig) come un* ~ like a rocket: *è partito come un* ~ he set off like a rocket.

bolina *f.* (Mar) **1** *(andatura)* close-hauling: *navigare di* ~ to sail close-hauled. **2** *(ant) (manovra)* bowline.

Bolivia *n.pr.f.* (Geog) Bolivia.

boliviano I *a.* Bolivian. **II** *m.* *(f.* **-a)** Bolivian.

bolla[1] *f.* **1** bubble. **2** *(Med,Met)* blister. **3** *(Agr) (malattia del pesco)* peach blister; *(del pero, del pioppo)* leaf curl. □ ~ *d'aria*: 1 air bubble; 2 *(Met)* blister; ~ *di gas* gas bubble; ~ *di sapone* soap bubble: *fare le bolle di sapone* to blow soap bubbles; *(fig) finire in una* ~ *di sapone* to end up in smoke.

bolla[2] *f.* **1** *(documento)* bull: ~ *papale* Papal bull. **2** *(sigillo)* seal. **3** *(Comm)* bill, note. □ *(Comm)* ~ *di accompagnamento* packing list, consignment note, waybill; *(Comm)* ~ *di consegna* delivery note; *(Rel.catt)* ~ *di scomunica* excommunication bull; *(Comm)* ~ *di spedizione* dispatch note; *(Comm)* ~ *doganale* bill of entry; *(Stor)* ~ *d'oro* Golden Bull; *(Comm)* ~ *speculativa* speculative bubble.

bollare (**bóllo**) *v.t.* **1** to seal, to stamp, to imprint: ~ *una lettera* to seal a letter. **2** *(con marchio a fuoco)* to brand *(anche fig)*: *il suo tradimento lo ha bollato per sempre* his betrayal has branded him for ever. □ ~ *a fuoco*: 1 to brand, to brand with an iron; 2 *(fig) (segnare)* to brand; ~ *qcu. d'infamia* to brand so. with infamy.

bollato *a.* **1** stamped, sealed, branded: *carta bollata* stamped paper. **2** *(con marchio a fuoco)* branded *(anche fig)*: *bestiame* ~ branded cattle.

bollatura *f.* **1** sealing, stamping: ~ *di un documento* sealing of a document. **2** *(con marchio a fuoco)* branding.

bollente *a.* **1** boiling: *acqua* ~ boiling water. **2** *(molto caldo)* hot, boiling: *olio* ~ boiling oil. **3** *(fig) (focoso)* ardent, fiery: *carattere* ~ fiery temperament. □ *(fig) bollenti spiriti* passion, ardour: *calmare (o placare) i bollenti spiriti* to cool one's ardour, *(colloq)* to cool off.

bolletta *f.* bill. □ ~ *del gas* gas bill; ~ *del telefono* telephone bill; ~ *della luce* electricity bill, light bill; ~ *dell'acqua* water bill; *(Comm)* ~ *di carico* bill of lading; *(Comm)* ~ *di consegna* delivery note; *(Comm)* ~ *di esportazione* export entry; *(Comm)* ~ *di importazione* import entry; *(Comm)* ~ *di spedizione* dispatch note; *(Comm)* ~ *di transito* entry under bond; *(colloq) in* ~ hard up, broke: *trovarsi in* ~ to be broke; *essere in* ~ to be penniless; *(Tel)* ~ *trasparente* itemized phone bill.

bollettario *m.* counterfoil-book, *(Am)* stub book.

bollettazione *f.* *(burocr)* posting of a bill.

bollettino *m.* **1** *(comunicazione ufficiale)* bulletin, report. **2** *(pubblicazione periodica)* gazette, bulletin, newsletter. **3** *(modulo)* form, slip: ~ *di sottoscrizione* subscription form. **4** *(bolla)* note. □ ~ *commerciale* trade report; ~ *dei prezzi* price list; *(Meteor)* ~ *della neve* snow report; ~ *della vittoria* victory bulletin; *(Econ)* ~ *di borsa* Stock Exchange list; *(Comm)* ~ *di consegna* delivery note; ~ *di guerra* war bulletin; *(Post)* ~ *di versamento* deposit slip; *(Comm)* ~ *doganale* customs entry certificate; *(Econ)* ~ *finanziario* financial bulletin; *(Post)* ~ *illustrativo* a brochure displaying commemorative postage stamps; ~ *informativo* information slip, newsletter; ~ *medico* medical bulletin; *(Meteor)* ~ *meteo* (o ~ *meteorologico)* weather report; ~ *ufficiale* official gazette.

bollicina *f.* small bubble. □ *acqua con le bollicine* sparkling water, fizzy water.

bollilatte *m.inv.* milk-boiler.

bollino *m.* **1** stamp. **2** *(per tessera di concorso commerciale)* trading stamp. **3** *(per l'acquisto di generi razionati)* coupon. □ ~ *premio* gift stamp.

bollire (**bóllo**) **I** *v.i.* *(aus.* **avere)** 1) to boil: *l'acqua bolle* the water is boiling. **2** *(estens) (fermentare)* to ferment: *il mosto bolle* the must is fermenting. **3** *(sentire un gran caldo)* to be boiling, to be roasting: *in questa stanza si bolle* it is boiling in this room. **4** *(fig) (fremere)* to seethe: ~ *di sdegno* to seethe with indignation. **II** *v.t.* *(far bollire)* to boil, to bring to the boil: ~ *il latte* to boil milk. □ ~ *a fuoco lento* to simmer; ~ *a fuoco vivo* to boil hard, to boil fast; *fare* ~ *qcs.* to boil sth.; *(fig) sentirsi* ~ *il sangue* to feel one's blood boil; *(fig) qualcosa gli bolle in capo* he's hatching something; *(fig) qualcosa bolle in pentola* something is cooking, something is brewing.

bollita *f.* boil, boiling: *dare una bella* ~ *a qcs.* to give sth. a good boiling.

bollito I *a.* boiled: *gallina bollita* boiled chicken. **II** *m.* *(Gastron)* boiled meat; *(di manzo)* boiled beef: *oggi avremo* ~ *con patate* today we are having boiled meat and potatoes.

bollitore *m.* **1** kettle, boiler: ~ *elettrico* electric kettle. **2** *(colloq) (bollilatte)* milk-boiler. **3** *(Ind)* boiler. □ ~ *a gas* gas boiler; ~ *per il latte* milk-boiler.

bollitura *f.* boiling.

bollo *m.* **1** *(impronta)* stamp. **2** *(marchio dello stato)* seal, stamp: *annullare il* ~ to cancel the stamp. **3** *(fig,colloq) (livido)* bruise. **4** *(pop,Post) (francobollo)* stamp, postage stamp. **5** *(ant) (marchio d'infamia)* brand. □ ~ *a secco* embossed seal; *(Aut)* ~ *di circolazione* *(Br)* road tax disc, *(Am)* car registration sticker; ~ *di quietanza* receipt stamp; *(Post)* ~ *postale* postmark.

bollore *m.* **1** boil, boiling point: *alzare il* ~ to come to the boil; *portare a* ~ to bring to boiling point. **2** *(fig) (caldo intenso)* torrid heat. **3** *(fig) (ardore)* heat, ardour, fervour: *calmare i bollori di qcu.* to cool so.'s ardour; *i bollori della gioventù* the ardour of youth. □ *essere in* ~ to be boiling.

bolloso *a.* **1** covered with blisters. **2** *(Bot)* bullate.

bolo *m.* bolus. □ *(Med)* ~ *isterico* globus hystericus.

Bologna *n.pr.f.* (Geog) Bologna.

bolognese I *a.* Bolognese. **II** *m./f.* Bolognese. □ *(Gastron) alla* ~ Bolognese: *tagliatelle alla* ~ tagliatelle Bolognese.

bolsaggine *f.* **1** *(Veter)* heaves *(costr.sing.).* **2**

(fig) (debolezza) weakness.

bolscevico, bolscevìco *(pl.* **bolscevìchi)** **I** *a.* **1** *(Stor)* Bolshevik. **2** *(estens,colloq) (comunista)* Bolshy. **II** *m.* *(f.* **-a)** **1** *(Stor)* Bolshevik. **2** *(estens,colloq) (comunista)* Bolshy.

bolscevismo *m.* *(Stor)* Bolshevism *(anche estens).*

bolso *a.* **1** *(Veter)* broken-winded. **2** *(fig) (asmatico)* asthmatic; *(fiacco)* weak.

bolzone *m.* **1** *(ariete)* battering ram. **2** *(freccia)* bolt. **3** *(punzone)* punch.

boma *m.* (Mar) boom.

bomba I *f.* **1** *(Arm)* bomb, grenade: *piazzare una* ~ to plant a bomb; *sganciare una* ~ to drop a bomb. **2** *(fig) (notizia sensazionale)* bomb, bombshell. **3** *(fig,colloq) (cibo molto pesante)* calorie bomb. **4** *(sostanza eccitante)* pep pill. **5** *(Sport) (nella pallacanestro: tiro da tre punti)* three point shot, three pointer: *mettere la* ~ to score (o to hit) a three pointer. **6** *(Inform)* bomb. **7** *(Dolc)* doughnut filled with jam or custard. **II** *a.* 1 bomb *(attr.)*: *allarme* ~ bomb alert, bomb scare; *auto* ~ car bomb; *pacco* ~ parcel bomb. **2** *(fig) (sensazionale)* sensational: *notizia* ~ sensational news, bombshell. □ *(fig) tornare a* ~ to get back to the subject, to get back to the point; *(Arm)* ~ *a fissione* fission bomb; *(Arm)* ~ *a frammentazione* fragmentation bomb; *(Arm)* ~ *a grappolo* cluster bomb; *(Arm)* ~ *a mano* hand grenade; *(Arm)* ~ *a orologeria* time bomb; *(Arm,Inform)* ~ *a tempo* time bomb; *(Arm)* ~ *aerea* bomb, aerial bomb; *(Med)* ~ *al cobalto* cobalt bomb; *(Arm)* ~ *al fosforo* phosphorus grenade; *(Arm)* ~ *al napalm* napalm bomb; *(Arm)* ~ *al neutrone* neutron bomb; *(Arm)* ~ *al plastico* plastic bomb; *(Arm)* ~ *all'idrogeno* hydrogen bomb, H bomb; *(Inform) andare in* ~ to bomb; *(Arm)* ~ *anticarro* anti-tank grenade; *(Arm)* ~ *antisommergibili* depth charge; *(Arm)* ~ *atomica* atom bomb, atomic bomb, A-bomb: *quali paesi hanno la* ~ *atomica?* which countries have the bomb?; *(fig,colloq)* ~ *calorica* calorie bomb; *(Chim)* ~ *calorimetrica* bomb calorimeter; *(Arm)* ~ *carta* paper bomb; *(Arm)* ~ *di profondità* depth charge; *(Gastron)* ~ *di riso* rice pudding; *(Arm)* ~ *dirompente* fragmentation bomb; *(Arm)* ~ *fumogena* smoke bomb; *(Dolc)* ~ *gelata* bombe; *(Arm)* ~ *H* hydrogen bomb, H bomb; *(Arm)* ~ *incendiaria* incendiary bomb, firebomb; *(Arm)* ~ *intelligente* smart bomb; *(Arm)* ~ *lacrimogena* teargas grenade, tear shell, lacrimatory bomb; *(Arm)* ~ *Molotov* Molotov cocktail; *(Arm)* ~ *N* neutron bomb; *(Geol)* ~ *vulcanica* volcanic bomb.

bombaggio *m.* swelling (of tins).

bombarda *f.* **1** *(Mil,ant)* bombard. **2** *(Mus)* bombarde, bombardon. **3** *(Mar,ant)* two-masted sailing ship.

bombardamento *m.* **1** *(Mil)* bombing; *(cannoneggiamento)* shelling, bombardment: *l'ospedale fu distrutto in un* ~ the hospital was destroyed in a bombardment; *perdere la casa sotto i bombardamenti* to be bombed out. **2** *(Aer,Mil) (lancio ripetuto di bombe)* bombing, air raid. **3** *(Fis)* bombardment. **4** *(fig) (raffica, serie)* hail, storm: *un* ~ *di domande* a storm of questions. □ *(Mil)* ~ *a tappeto* carpet bombing, saturation bombing; *(Mil)* ~ *aereo* aerial bombing, air raid; *(Nucl)* ~ *atomico* atomic bombardment; *(Fis)* ~ *catodico* cathodic bombardment; *(Mil)* ~ *in picchiata* dive bombing; *(Nucl)* ~ *nucleare* atom bombing.

bombardare (**bombàrdo**) *v.t.* **1** *(Mil)* to bomb; *(cannoneggiare)* to shell, to bombard: ~ *a tappeto* to carpet bomb; *la città fu* *bombardata per un'ora* the city was bombarded for an hour; *le navi bombardavano il porto* the ships were shelling the port. **2** (*Fis*) to bombard. **3** (*fig*) (*bersagliare*) to bombard: *mi hanno bombardato di domande* they bombarded me with questions.

bombardiere *m.* **1** (*aereo*) bomber. **2** (*pilota*) bomber pilot. **3** (*Entom*) bombardier, bombardier beetle.

bombardino *m.* (*Mus*) baritone saxhorn.

bombardone *m.* (*Mus*) bombardon, bass tuba.

bombare (**bómbo**) *v.t.* to convex, to crown.

bombarolo *m.* bomber.

bombato *a.* bombé, convex, rounded.

bombatura *f.* **1** convexity. **2** (*Strad*) camber.

bombé *a.inv.* convex, rounded; (*rif. a mobili*) bombé.

bombetta *f.* (*Mod*) (*Br*) bowler, bowler hat, (*Am*) derby.

bombice *m.* (*Entom*) silkworm.

bombo *m.* (*Entom*) bumblebee, humblebee.

bombola *f.* **1** (*per gas compressi*) cylinder, bomb, bottle. **2** (*per nebulizzazione*) aerosol, aerosol bomb: ~ *di lacca per capelli* aerosol hair spray. **3** (*per immersioni subacquee*) aqualung, (*Am*) scuba tank, tank. □ ~ *del gas* liquid gas cylinder; ~ *di acetilene* acetylene cylinder; ~ *di liquigas* liquid gas cylinder; ~ *di ossigeno* oxygen tank, oxygen bottle; *in* ~ bottled; ~ *spray* spray can.

bomboletta *f.* bomb. □ ~ *di insetticida* (*Br*) fly spray, (*Am*) bug spray; ~ *di lacca* hairspray; ~ *spray* spray can.

bombolo *m.* (*scherz*) pudgy, squab, barrel.

bombolone *m.* (*Dolc*) doughnut.

bomboniera *f.* **1** (*contenitore per caramelle*) bonbonnière, (*Am*) candy dish. **2** (*regalo-ricordo con sacchettino di confetti*) small gift given to guests as a remembrance of an occasion (wedding, baptism, etc.) together with a small pouch of sugared almonds.

bompresso *m.* (*Mar*) bowsprit.

bona *f.* (*pop*) looker, (*Br*) bit of skirt, bit of all right.

bonaccia (*pl.* **-ce**) *f.* **1** (*Mar*) calm, dead calm. **2** (*fig*) (*pace*) peace, calm. □ (*Mar*) *il mare è in* ~ the sea is becalmed.

bonaccione **I** *a.* kindly, good-natured, easy-going: *aspetto* ~ kindly appearance. **II** *m.* (*f.* **-a**) good-natured person, good sort.

bonapartismo *m.* (*Stor*) Bonapartism.

bonapartista *m./f.* (*Stor*) Bonapartist.

bonariamente *avv.* good-naturedly, kindly.

bonarietà *f.* good-naturedness, kindliness.

bonario *a.* **1** (*rif. a persona*) good-natured, kind-hearted, easy-going, debonair. **2** (*estens*) kindly, debonair: *un sorriso* ~ a kindly smile.

bonazza *f.* (*pop*) looker, (*Br*) bit of skirt, bit of all right.

bonbon *m.inv.* (*Br*) sweet, (*Am*) candy.

bonderizzare (**bonderìzzo**) *v.t.* (*Met*) to bonderize.

bonderizzazione *f.* (*Met*) bonderization.

Bonifacio *n.pr.m.* Boniface.

bonifica *f.* **1** (*azione*) reclaiming, drainage; (*effetto*) reclamation, drainage: *la* ~ *della palude* the drainage of the marsh. **2** (*zona bonificata*) reclaimed land. **3** (*di terreni incolti*) improvement, redevelopment. **4** (*di terreni minati*) mine clearing, mine clearance; (*in mare*) mine sweeping. **5** (*Met*) hardening and tempering. **6** (*fig*) (*politica, morale*) moral uplift. □ ~ *di guerra* mine clearing, mine clearance; ~ *integrale* comprehensive land improvement; ~ *per prosciugamento* drainage; ~ *urbana* urban renewal,

redevelopment.

bonificabile *a.* **1** reclaimable. **2** (*Met*) heat-treatable: *lega* ~ heat-treatable alloy.

bonificamento *m.* **1** (*il bonificare*) reclaiming, draining. **2** (*lavoro di bonifica*) reclamation, drainage.

bonificare (**bonifico, bonìfichi**) *v.t.* **1** to reclaim, to drain: ~ *una palude* to drain a marsh. **2** (*rif. a terreni incolti*) to improve. **3** (*rif. a terreni minati*) to clear (sth.) of mines. **4** (*estens*) (*risanare*) to redevelop, to renew; (*un quartiere*) to clean up. **5** (*Met*) to harden and temper. **6** (*Mil*) to clear. **7** (*ridurre di prezzo*) to reduce by, to allow a discount of. **8** (*Econ*) (*eseguire un bonifico*) to transfer.

bonificatore *m.* (*f.* **-trice**) reclaimer.

bonificazione *f.* **1** (*il bonificare*) reclaiming, draining. **2** (*lavoro di bonifica*) reclamation, drainage.

bonifico (*pl.* **-ci**) *m.* **1** (*bancario*) transfer, credit transfer: *eseguire* (*o fare*) *un* ~ *di 2 000 euro su un conto* to transfer 2,000 euros to an account. **2** (*Comm*) (*abbuono*) discount, allowance, draft. □ ~ *bancario* bank transfer, banker's transfer; ~ *postale* mail transfer; ~ *telegrafico* wire transfer, telegraphic transfer.

bonobo *m.* (*Zool*) bonobo.

bonomia *f.* bonhomie, affability, geniality.

bonsai *m.inv.* (*Giard*) **1** (*tecnica di coltivazione*) Bonsai. **2** (*pianta*) Bonsai tree.

bontà *f.* **1** (*l'essere buono*) goodness. **2** (*cortesia, benevolenza*) kindness, courtesy. **3** (*rif. a cose: qualità eccellente*) quality, excellence, goodness: *verificare la* ~ *di una traduzione* to verify the quality of a translation. **4** (*rif. a cose: efficacia*) effectiveness, efficiency. **5** (*buon sapore*) tastiness, excellence: (*colloq*) *è una* ~! it's delicious! **6** (*rif. a clima: salubrità*) healthiness, salubrity. □ ~ *d'animo* (*o* ~ *di cuore*) goodness of heart; *avere la* ~ *di fare qcs.* to have the goodness to do sth , to be so kind as to do sth., to be so good as to do sth.; ~ *sua* how good of him; (*iron*) *dopo un mese dalla mia lettera, alla fine,* ~ *sua, mi ha risposto* it was really kind of him to answer a month after receiving my letter.

bon ton *m.inv.* good manners *pl.*, bon ton.

bonus *m.inv.* bonus.

bonus-malus *m.inv.* (*Assic*) no-claim bonus, no-claims bonus.

bonus share /-ʃer/ *m.inv.* (*Econ*) bonus share.

bonzo *m.* bonze.

book /buk/ *m.inv.* (*di modella, fotografo ecc.*) portfolio.

booklet /'buklet/ *m.inv.* (*di compact disk*) booklet.

bookmaker /'buk'mejker/ *m.inv.* bookmaker.

bookmark /'bukmark/ *m.inv.* (*Inform*) bookmark.

boom /bum/ *m.inv.* **1** boom. **2** (*Econ*) boom, time of prosperity. □ (*Statist*) ~ *demografico* baby boom; ~ *edilizio* construction boom, housing boom; ~ *petrolifero* oil boom; (*Aer*) ~ *sonico* sonic boom.

boomerang /'bumerang/ *m.inv.* boomerang (*anche fig*). **II** *a.inv.* boomerang (*attr.*): *avere un effetto* ~ *su qcu.* to boomerang on so. □ (*fig*) *tornare indietro a* ~ to boomerang, to have the opposite effect, to backfire.

bootleg /'butleg/ *m.inv.* (*gerg*) bootleg record.

bora *f.* (*Meteor*) bora.

borace *m.* (*Min*) borax.

boracifero *a.* boraciferous: *soffione* ~ boric acid fumarole, borax geyser.

boracite *f.* (*Min*) boracite.

borato *m.* (*Chim*) borate.

borbogliamento *m.* (*rar*) **1** gurgling. **2** (*brontolio*) grumbling.

borbogliare (**borbóglio, borbógli**; *aus.* avere) *v.i.* (*rar*) **1** (*gorgogliare*) to gurgle. **2** (*brontolare*) to grumble, to mutter. **3** (*rif. agli intestini*) to rumble.

borboglio *m.* (*rar*) **1** (*gorgoglio*) gurgle. **2** (*mormorio*) murmur, bubbling. **3** (*Med*) (*borborigmo*) rumbling.

Borbone *n.pr.m.* (*Stor*) Bourbon.

borbonico (*pl.* **-ci**) **I** *a.* **1** (*Stor*) Bourbon. **2** (*fig*) (*reazionario*) reactionary. **II** *m.* (*Stor*) Bourbonist.

borborigmo *m.* (*Med*) rumbling, gurgling, borborygmus.

borbottamento *m.* **1** (*il brontolare*) grumbling, muttering. **2** (*il parlare in modo indistinto*) mumbling, muttering. **3** (*Med*) (*borborigmo*) rumbling, gurgling.

borbottare (**borbòtto**) **I** *v.i.* (*aus.* avere) **1** (*brontolare*) to grumble, to mutter. **2** (*parlare in modo indistinto*) to mumble, to mutter. **3** (*fare un rumore sordo*) to rumble: *il tuono borbottava in lontananza* the thunder rumbled in the distance. **4** (*rif. agli intestini*) to rumble. **II** *v.t.* to mutter, to mumble: *cosa stai borbottando?* what are you mumbling about?; ~ *una scusa* to mutter an excuse.

borbottio *m.* **1** (*brontolio*) grumbling, muttering. **2** (*parole indistinte*) mumbling, muttering. **3** (*rumore sordo*) rumbling: *il* ~ *del tuono* the rumbling of the thunder.

borbottone *m.* (*f.* **-a**) (*rar*) grumbler, mutterer.

borchia *f.* **1** stud, knob. **2** (*di cintura ecc.*) stud: *una cintura con le borchie* a studded belt. **3** (*chiodo da tappezzeria*) upholsterer's nail. **4** (*Aut*) boss.

borchiato *a.* studded.

bordame *m.* (*Mar*) foot (of a sail).

bordare (**bórdo**) *v.t.* **1** (*Sart*) to hem, to edge, to border: ~ *una tenda* to hem a curtain; ~ *le tasche con una striscia di velluto* to edge the pockets with a strip of velvet. **2** (*Mecc*) (*rif. a lamiere*) to bead. **3** (*delimitare, cingere*) to border, to rim: ~ *un'aiuola con piante grasse* to border a flower-bed with succulents. **4** (*Mar*) (*rif. a vele*) to haul in.

bordata *f.* **1** (*Mar*) (*percorso*) tack. **2** (*fuoco di fiancata*) broadside. **3** (*fig*) (*raffica*) hail, storm: *una* ~ *di insulti* a torrent of abuse, a stream of abuse.

bordatore *m.* (*Mecc*) beader.

bordatrice *f.* (*Mecc*) flanging machine, beading machine.

bordatura *f.* **1** (*orlatura*) border, hem, edge. **2** (*Mecc*) beading; (*di scatole di latta*) flange.

bordeaux /bor'do/ **I** *m.* **1** (*vino*) Bordeaux. **2** (*colore*) burgundy, maroon. **II** *a.inv.* burgundy, maroon: *una cravatta* ~ a burgundy tie, a maroon tie.

bordeggiare (**bordéggio, bordéggi**; *aus.* avere) *v.i.* (*Mar*) to tack.

bordeggiata *f.* (*Mar*) tack, tacking.

bordeggio *m.* (*Mar*) tack, tacking.

bordello *m.* **1** brothel, whorehouse. **2** (*fig*) (*disordine*) bedlam; (*baccano*) hubbub; (*colloq*) racket. □ *fare* ~ to kick up a racket.

bordereau /borde'ro/, **borderò** *m.inv.* **1** (*Econ*) bordereau, note, statement. **2** (*Teat*) takings *pl.*, receipts *pl.*

bordino *m.* **1** (*Sart*) trimming. **2** (*Mecc*) flat band. **3** (*Ferr*) (*di ruota*) flange.

bordò **I** *m.* (*colore*) burgundy, maroon. **II** *a.inv.* burgundy, maroon: *una cravatta* ~ a burgundy tie, a maroon tie.

bordo[1] *m.* **1** (*Mar,Aer*) ship's side, board. **2** (*Mar*) (*bordata*) tack. □ *a* ~ on board, aboard: *essere a* ~ to be on board; *prendere a* ~ to take on, to take on board; *benvenuti a* ~ welcome on board; *salire a* ~ to board, to go aboard; *a* ~ *di*: aboard, in: *a* ~ *di una nave* aboard a ship; *arrivò a* ~ *di una lussuosa automobile* he arrived in a luxurious motorcar; (*Mar*) ~ *libero* freeboard.

bordo² *m.* **1** edge: *camminare sul* ~ *della strada* to walk along the edge of the road. **2** (*orlo di recipiente*) rim, edge. **3** (*Sart*) (*orlatura di stoffe*) border, hem. **4** (*Sart*) (*striscia di guarnizione*) border: *il vestito è guarnito di un* ~ *di pelliccia* the dress is trimmed with a border of fur. **5** (*parte esterna che delimita*) border: *il* ~ *di un'aiuola* the border of a flower-bed. □ *il* ~ *del letto* the edge of the bed; ~ *del marciapiede* (*Br*) kerb, (*Am*) curb; *il* ~ *del tavolo* the edge of the table.

bordolese I *f.* (*Enol*) Bordeaux bottle. **II** *a.* from Bordeaux (*posposto*), Bordeaux (*attr.*).

bordone¹ *m.* (*bastone da pellegrino*) pilgrim's staff.

bordone² *m.* (*Mus*) **1** (*nota bassa e prolungata*) drone. **2** (*registro d'organo*) bourdon. □ (*fig*) *tenere* ~ *a qcu.* to be in cahoots with so., to be so.'s accomplice.

bordura *f.* **1** (*Sart*) (*orlo, orlatura*) border, hem, edge. **2** (*Sart*) (*striscia di guarnizione*) edging. **3** (*di aiuola*) border.

borea *m.* (*Meteor*) north wind, Boreas.

boreale *a.* northern, boreal.

borgata *f.* **1** (*villaggio*) village. **2** (*quartiere periferico di Roma*) suburb of Rome.

borgataro *m.* (*f.* **-a**) (*spreg*) suburbanite.

borghese I *a.* **1** middle-class (*attr.*): *una persona di famiglia* ~ a person from a middle-class family. **2** (*estens,spreg*) bourgeois, middle-class (*attr.*): *pregiudizi borghesi* bourgeois prejudices; *mentalità* ~ middle-class mentality. **3** (*civile*) civilian: *abito* ~ civilian dress, (*colloq*) civvies. **II** *m./f.* **1** middle-class person, (*spreg*) bourgeois. **2** (*chi non porta uniforme militare*) civilian. □ *in* ~: 1 in civilian dress, (*colloq*) in civvies: *mettersi in* ~ to put on civilian dress; 2 (*di polizia*) in plain clothes: *un poliziotto in* ~ a plain clothes policeman.

borghesia *f.* middle classes *pl.*, bourgeoisie: *alta* ~ upper middle class; *media* ~ middle class; *piccola* ~ lower middle class.

borghesuccio *m.* (*f.* **-a**) (*spreg*) petit bourgeois.

borgo (*pl.* **-ghi**) *m.* **1** (*villaggio*) village. **2** (*sobborgo*) suburb.

borgogna *m.* (*Enol*) Burgundy.

Borgogna *n.pr.f.* (*Geog*) Burgundy: *vino di* ~ Burgundy, Burgundy wine.

borgognona *f.* (*Enol*) Burgundy wine bottle.

borgognone I *a.* Burgundian. **II** *m.* (*f.* **-a**) Burgundian.

borgomastro *m.* burgomaster.

boria *f.* conceit, arrogance, haughtiness: *mettere su* ~ to put on airs; *pieno di* ~ conceited.

boriarsi (**mi bòrio**) *v.pron.* to boast, to puff oneself up, to brag: *si boria della sua vittoria* he boasts about his victory, he boasts of his victory.

borico (*pl.* **-ci**) *a.* (*Chim*) boric: *acido* ~ boric acid; *acqua borica* boracic water.

boriosamente *avv.* haughtily, arrogantly, conceitedly.

boriosità *f.* conceit, arrogance, haughtiness.

borioso *a.* haughty, arrogant, boastful, conceited: *contegno* ~ haughty attitude.

Borneo *n.pr.m.* (*Geog*) Borneo.

boro *m.* (*Chim*) boron.

borotalco *m.* talcum powder.

borra *f.* **1** (*Tess*) (*cascami: di lana*) dropping; (*di seta*) floss silk. **2** (*Sart*) (*imbottitura*) stuffing, wadding. **3** (*fig*) (*cosa scadente*) rubbish.

borraccia (*pl.* **-ce**) *f.* **1** water-bottle, flask. **2** (*Mil*) canteen.

borraccina *f.* (*Bot*) stonecrop.

borraggine *f.* (*Bot*) borage.

borraginacee *f.pl.* (*Bot*) Boraginaceae.

borragine *f.* (*Bot*) borage.

borro *m.* **1** (*canale di scarico*) drainage ditch. **2** (*ant*) (*burrone*) gully.

borsa¹ *f.* **1** bag. **2** (*borsetta*) (*Br*) handbag, (*Am*) purse. **3** (*busta di pelle*) briefcase. **4** (*fig*) (*mezzi finanziari*) pocket: *mettere mano alla* ~ to put one's hand in one's pocket; *alla portata di tutte le borse* affordable. **5** (*Scol, Univ*) scholarship, grant, bursary. **6** (*Lit*) burse. **7** (*Zool*) pouch. **8** (*Anat*) bursa. □ ~ *a tracolla* shoulder bag; ~ *da medico* medical bag; ~ *da spiaggia* beach bag; ~ *da viaggio* travelling bag, overnight bag; ~ *degli attrezzi* tool kit; ~ *della spesa* shopping bag; ~ *dell'acqua calda* hot-water bottle; ~ *di pelle* leather bag; ~ *di plastica* plastic bag, plastic carrier; ~ *di studio* scholarship, grant, bursary; *o la* ~ *o la vita!* your money or your life!, stand and deliver!; ~ *per ghiaccio* ice bag, ice pack; ~ *per tabacco* tobacco pouch; (*fig*) *avere la* ~ *piena* to have a lot of money; ~ *portadocumenti* attaché case; (*fig,rar*) *di* ~ *propria* at one's own expense, out of one's own pocket; (*fig*) *avere le borse sotto gli occhi* to have bags under one's eyes; (*fig*) *tenere la* ~ *stretta* to be stingy, to be tight-fisted; (*fig*) *avere la* ~ *vuota* to be penniless, (*colloq*) to be broke.

borsa² *f.* (*Econ*) exchange, stock exchange, (*Am*) stock market. □ (*Econ*) ~ *animata* lively market; (*Comm*) ~ *del riso* rice exchange; (*Econ*) ~ *delle azioni* stock exchange; (*Econ*) ~ *fiacca* weak market; *la* ~ *è fiacca* the market is weak; (*Econ*) ~ *finanziaria* stock exchange; (*Econ*) ~ *merci* commodity exchange; ~ *nera* black market: *comprare alla* ~ *nera* to buy on the black market; *vendere alla* ~ *nera* to sell on the black market; (*Econ*) ~ *sostenuta* stable market; (*Econ*) ~ *telematica* computerized trading; (*Econ*) ~ *valori* stock exchange.

borsalo *m.* (*f.* **-a**) **1** (*fabbricante*) bag maker. **2** (*venditore*) bag seller.

borsaiolo *m.* (*f.* **-a**) pickpocket, (*Br*) bag-snatcher, (*Am*) purse-snatcher.

borsanera *f.* black market: *comprare alla* ~ to buy on the black market; *vendere alla* ~ to sell on the black market.

borsanerista *m./f.* black marketeer.

borseggiare (**borséggio, borséggi**) *v.t.* to pick (so.'s) pocket: *mi hanno borseggiato di duecento euro* they picked my pocket and stole two hundred euros.

borseggiatore *m.* (*f.* **-trice**) pickpocket.

borseggio *m.* pickpocketing.

borsellino *m.* (*Br*) purse, (*Am*) change purse.

borsello *m.* (man's) bag, (man's) handbag; (*a tracolla*) (man's) shoulder bag.

borsetta *f.* (*Br*) handbag, (*Am*) purse. □ ~ *da sera* evening bag, (*Am*) evening purse; ~ *per signora* lady's handbag.

borsettaio *m.* (*f.* **-a**) **1** (*fabbricante*) handbag maker. **2** (*venditore*) seller of handbags.

borsetteria *f.* (*Br*) handbag shop, (*Am*) purse shop.

borsettiere *m.* (*f.* **-a**) **1** (*fabbricante*) handbag maker. **2** (*venditore*) seller of handbags.

borsetto *m.* (man's) bag, (man's) handbag; (*a tracolla*) (man's) shoulder bag.

borsista *m./f.* **1** stock exchange speculator. **2** (*chi gode di una borsa di studio*) scholarship holder, scholarship fellow, scholarship recipient.

borsistico (*pl.* **-ci**) *a.* (*Econ*) stock-exchange (*attr.*), exchange (*attr.*): *ambienti borsistici* exchange circles.

borsite *f.* (*Med,Veter*) bursitis.

borsone *m.* travelling bag.

boscaglia *f.* scrub, brush, undergrowth.

boscaiolo *m.* **1** woodsman, woodcutter, (*Am*) lumberjack. **2** (*guardiaboschi*) forester.

boschereccio *a.* (*lett*) sylvan: *ninfe boscherecce* sylvan nymphs; *poesia boschereccia* pastoral poetry.

boschetto *m.* thicket, grove.

boschivo *a.* woodland (*attr.*), forest (*attr.*): *piante boschive* woodland plants; *zona boschiva* woodland area.

boscimano I *a.* Bushman. **II** *m.* **1** (*f.* **-a**) Bushman. **2** (*lingua*) Bushman.

bosco (*pl.* **-chi**) *m.* **1** (*Forest*) wood, woods *pl.*: *fare una passeggiata nel* ~ to go for a walk in the wood(s). **2** (*fig*) (*insieme di cose fitte*) forest; (*rif. a capelli*) bush, mop: *un* ~ *di capelli incolti* a mop of untidy hair. □ *a* ~ forest (*attr.*): *terreno a* ~ forest land; ~ *ceduo* coppice, copse; ~ *da taglio* coppice, coppice wood; ~ *di castagni* chestnut wood.

boscosità *f.* tree density.

boscoso *a.* wooded, woodland (*attr.*): *regione boscosa* woodland area.

Bosforo *n.pr.m.* (*Geog*) (the) Bosporus, the Bosphorus.

Bosnia *n.pr.f.* (*Geog*) Bosnia.

bosniaco I *a.* Bosnian. **II** *m.* (*f.* **-a**; *pl.* **-ci**) Bosnian.

Bosnia-Erzegovina *n.pr.f.* (*Geog*) Bosnia-Herzegovina.

bosone *m.* (*Nucl*) boson.

boss *m.inv.* boss.

bosso *m.* **1** (*Bot*) box, box-tree. **2** (*legno*) boxwood.

bossolo *m.* **1** (*di proiettili*) case: ~ *di cartuccia* cartridge case; ~ *di proiettile* shell case. **2** (*per le votazioni*) ballot-box. **3** (*per i dadi*) dice-box. **4** (*ant*) (*cassetta per elemosina*) alms-box.

bostoniano I *a.* Bostonian. **II** *m.* (*f.* **-a**) Bostonian.

BOT *Buono ordinario del Tesoro* T-bond (Treasury Bond, Treasury Bill).

bot. *botanica* bot. (botany).

botanica *f.* botany.

botanico I *a.* botanical: *giardino* ~ (o *orto* ~) botanical gardens. **II** *m.* (*f.* **-a**; *pl.* **-ci**) botanist.

Botnia *n.pr.f.* (*Geog*) Bothnia: *golfo di* ~ Gulf of Bothnia.

botola *f.* **1** trap door (*anche Teat*). **2** (*tombino*) manhole.

botolo *m.* **1** (*cane*) cur. **2** (*fig*) (*uomo stizzoso*) snarler.

Botswana *n.pr.m.* (*Geog*) Botswana.

botta *f.* **1** (*percossa*) blow; (*pugno*) punch. **2** (*colpo da urto*) bump, knock. **3** (*colloq*) (*livido*) bruise; (*ammaccatura*) dent. **4** (*rumore: di cosa che urta*) crash: *ho sentito una* ~, *poi più nulla* I heard a crash, then nothing more. **5** (*di esplosione*) bang, report, shot. **6** (*fig,colloq*) (*grave danno*) blow, shock: *la morte di suo padre è stata una brutta* ~ his father's death was a terrible blow (o a terrible shock). **7** (*fig*) (*motto pungente*) quip, gibe, (*colloq*) crack. **8** (*Sport*) (*scherma*) thrust. □ (*fig*) *a* ~ *calda* on the spur of the moment; *che* ~! what a blow (*anche fig*); *botte*

da orbi free-for-all (*sing.*), heavy blows, beating up (*sing.*), hail (*sing.*) of blows: *menare botte da orbi* to have a free-for-all; *dare botte a qcu.* to hit so.; (*con i pugni*) to punch so.; (*pop*) *una ~ di culo* a stroke of luck; (*colloq*) *una ~ di sonno* a fit of drowsiness; (*colloq,region*) *una ~ di vita* a new lease on life; (*fig*) *~ e risposta* thrust and counter-thrust, quick repartee, tit for tat: *facevano a ~ e risposta* they engaged in quick repartee; *fare a botte* to come to blows; *prendere a botte qcu.* to beat so. up; *prendere tante botte* to take a beating; *prendere una ~ contro qcs.* to take a knock against sth.; *ho preso una ~ sulla testa* I knocked my head, I banged my head; *ora sono botte!* there's trouble brewing!

bottaccio *m.* (*bacino di mulino*) mill pond.

bottaio *m.* 1 (*fabbricante*) cooper. 2 (*venditore*) barrel seller, cask seller.

bottame *m.* barrels *pl.*, casks *pl.*

bottarga *f.* (*Alim*) botargo.

botte *f.* 1 cask, barrel: *una ~ di vino* a cask of wine; *una ~ di birra* a barrel of beer. 2 (*contenuto*) cask, barrel, barrelful. 3 (*fig*) (*persona grassa*) barrel, tub, pudgy person. 4 (*Caccia*) hide. 5 (*region*) (*vettura a cavalli*) one-horse cab. □ *a ~* barrel (*attr.*); *grasso come una ~* as round as a barrel; *la ~ di Diogene* Diogenes' tub; (*fig*) *essere in una ~ di ferro* to be covered on all sides, to be on sure ground; *mettere il vino in ~* to pour wine in(to) barrels; (*fig*) *volere la ~ piena e la moglie ubriaca* to want to have one's cake and eat it too.

bottega *f.* 1 (*negozio*) shop, store: *~ di generi alimentari* grocer's, grocer's shop. 2 (*laboratorio*) workshop. 3 (*Art*) studio. □ *mettere a ~ un ragazzo* to apprentice a boy; *stare a ~* to work in a shop: *sta a ~ presso suo zio* he works in his uncle's shop; (*colloq, fig*) *avere la ~ aperta* to have one's fly buttons undone, to have one's fly open; *~ del rigattiere* junk shop; (*Art*) *opera di ~* studio work.

bottegaio I *m.* (*f.* **-a**) shopkeeper, (*Am*) storekeeper. II *a.* (*lett,spreg*) shopkeeper's (*attr.*), narrow-minded.

botteghino *m.* 1 (*biglietteria*) ticket-office; (*Teat*) box-office. 2 (*banco del lotto*) lotto office, betting shop, lottery office.

botticella *f.* 1 keg, small cask, small barrel. 2 (*region*) (*vettura a cavalli*) one-horse cab.

botticelliano *a.* Botticellian.

bottiglia I *f.* bottle: *stappare una ~* (o *sturare una ~*) to uncork a bottle; *si è bevuto una ~ intera di vino* he drank a whole bottle of wine. II *a.* bottle (*attr.*): *verde ~* bottle-green. □ *bere alla ~* to drink from the bottle; (*Enol*) *~ bordolese* Bordeaux bottle; (*Enol*) *~ borgognona* Burgundy wine bottle; *~ da vino* wine bottle; *~ di birra* bottle of beer; *~ di champagne* bottle of champagne; *~ di latte* bottle of milk; (*Fis*) *~ di Leida* Leyden bottle, Leyden jar; *~ di plastica* plastic bottle; *~ di vetro* glass bottle; *in ~* bottled; *mettere in ~* to bottle; *~ in plastica* plastic bottle; *~ in vetro* glass bottle; *~ Molotov* Molotov cocktail.

bottigliata *f.* blow with a bottle.

bottiglieria *f.* 1 (*bottega*) wine shop. 2 (*reparto di cantina*) wine cellar.

bottiglione *m.* two-litre bottle.

bottinaggio *m.* (*in apicoltura*) gathering, collecting.

bottinaio *m.* cesspit man.

bottinare I *v.i.* (*aus.* **avere**) (*in apicoltura*) to gather, to collect (nectar, pollen, sugar): *ricco di fiori da ~* rich with flowers to gather

(nectar and pollen) from. II *m.* (*in apicoltura*) gathering (of nectar and pollen).

bottinatrice *f.* (*Entom*) (*ape bottinatrice*) worker bee.

bottinatura *f.* (*in apicoltura*) gathering, collecting: *il periodo della ~* the gathering period; *fonti di ~* gathering sources.

bottino[1] *m.* 1 (*preda di guerra*) booty, spoils *pl.* 2 (*estens*) (*refurtiva*) loot. 3 (*scherz*) pickings *pl.*, booty. □ *~ di guerra* spoils of war; *fare ~* to plunder, to sack: *fare ~ di qcs.* to make off with sth.; *fare un buon ~* to make a good haul.

bottino[2] *m.* (*pozzo nero*) cesspool, cesspit.

botto *m.* 1 (*botta, colpo*) blow. 2 (*detonazione*) shot, crack. 3 *pl.* (*region*) (*fuochi d'artificio*) fireworks. □ *di ~* suddenly, all at once; *scoppiò a piangere di ~* he suddenly burst into tears; *in un ~* in a twinkling, in a second; *tutto in un ~* suddenly.

bottonaio *m.* (*f.* **-a**) 1 (*fabbricante*) button maker. 2 (*venditore*) button seller.

bottone *m.* 1 button: *allacciare un ~* to fasten a button; *premere il ~* to push the button, to press the button; *bottoni d'osso* bone buttons. 2 (*pulsante*) button. 3 (*Bot*) (*boccio*) bud. □ (*Sart*) *~ automatico* press stud, snap; *~ del campanello* bell button; *~ del colletto* collar stud, collar button; (*Bot*) *~ di rosa* rosebud; (*Bot*) *~ d'oro* globeflower; (*Abbigl*) *bottoni gemelli* cuff-links.

bottoniera *f.* 1 (*fila di bottoni*) (row of) buttons. 2 (*occhiello*) buttonhole. 3 (*El,colloq*) (*pannello con pulsanti*) control panel, button panel.

bottoniero *a.* button (*attr.*).

bottonificio *m.* button factory.

botulino *m.* (*Med*) botulinus.

botulismo *m.* (*Med*) botulism.

bouclé /bu'kle/ *a.* (*Tess*) bouclé: *lana ~* bouclé wool; *tessuto ~* bouclé (fabric).

boudoir /bu'dwar/ *m.inv.* 1 (*salottino*) ladies' sitting-room, boudoir. 2 (*spogliatoio per signora*) ladies' dressing-room, boudoir.

boule /bul/ *f.inv.* 1 (*borsa dell'acqua calda*) hot water bottle. 2 (*Chim*) bubble.

bouquet /bu'ke/ *m.inv.* 1 (*di fiori*) bouquet: *~ da sposa* bride's bouquet. 2 (*Enol*) bouquet. 3 (*TV*) cable channels *pl.*

boutade /bu'tad/ *f.inv.* sally, quip, witticism.

boutique /bu'tik/ *f.inv.* boutique.

bovarismo *m.* romantic daydreaming.

bovaro *m.* 1 cowherd, cowman, drover. 2 (*spreg*) boor.

bove *m.* (*lett,ant*) ox.

bovindo *m.* (*Arch*) (*a pianta semicircolare*) bow window; (*a pianta rettangolare*) bay window.

bovino I *a.* 1 cattle (*attr.*), bovine: *allevamento ~* cattle rearing, cattle raising. 2 (*Macell*) (*rif. a carne*) beef (*attr.*): *carne bovina* beef. 3 (*rif. a occhi*) bulging. II *m.* 1 ox. 2 *pl.* cattle. □ (*Macell*) *~ adulto* beef.

bowling /'buling/ *m.inv.* 1 (*gioco*) bowling: *andare a giocare a ~* to go bowling. 2 (*luogo*) bowling alley.

bow window /bo'window/ *m.inv.* (*Arch*) (*a pianta semicircolare*) bow window; (*a pianta rettangolare*) bay window.

box /bɔks/ *m.inv.* 1 (*cabina*) stand: *~ informazioni* information stand. 2 (*di scuderia*) stall. 3 (*per auto*) garage. 4 (*negli autodromi*) pit. 5 (*recinto per bambini*) playpen, pen. 6 (*Giorn,Edit*) (*riquadro*) box. □ (*Edil*) *~ doccia* shower cubide.

boxare (**bòxo**; *aus.* **avere**) *v.i.* (*Sport*) to box.

boxe /bɔks/ *f.* (*Sport*) (*pugilato*) boxing.

boxer /'bɔkser/ *m.pl.* (*Abbigl*) boxer shorts.

boxeur /bok'sœr/ *m.inv.* (*Sport*) boxer.

bozza[1] *f.* 1 (*Tip*) proof: *prima ~* first proof, reader's proof; *seconda ~* revise; *terza ~* second revise; *tirare una ~* to pull a proof; *correggere le bozze* to proofread. 2 (*rif. a contratto, lettera e sim.*) draft; (*brutta copia*) rough copy. □ *~ di contratto* draft contract; (*Tip*) *~ di stampa* proof; (*Tip*) *~ finale* press proof, final proof; (*Tip*) *~ impaginata* page proof; *in ~*: 1 in rough; 2 (*Tip*) in proof; (*Tip*) *~ in colonna* galley proof, slip proof; (*Tip*) *~ non impaginata* galley proof, slip proof; (*Tip*) *~ per l'autore* author's proof.

bozza[2] *f.* 1 (*Arch*) (*bugna*) ashlar. 2 (*bernoccolo*) bump, swelling. 3 (*Mar*) stopper; (*spezzone di cavo*) guy. □ (*Anat*) *bozze frontali* frontal eminence (*sing.*), tuber frontale (*sing.*).

bozzato *m.* (*Arch*) ashlar, ashlar work.

bozzello *m.* (*Mar*) block. □ (*Mar*) *~ a coda* tail block; (*Mar*) *~ a violino* fiddle block; (*Mar*) *~ doppio* double block, double-sheave block; (*Mar*) *~ girevole* swivel block; (*Mar*) *~ volante* runner block.

bozzettista *m./f.* 1 (*Lett*) sketch writer. 2 (*in pubblicità*) poster designer.

bozzettistica *f.* (*Lett*) sketch writing.

bozzetto *m.* 1 sketch, outline (*anche Lett.*). 2 (*modello*) scale model. □ *fare un ~ di qcs.* to sketch sth.

bozzima *f.* 1 (*Tess*) size. 2 (*pastone per polli*) mash.

bozzo *m.* 1 (*protuberanza*) lump. 2 (*bernoccolo*) bump, swelling.

bozzolo *m.* 1 (*Entom*) cocoon: *~ del baco di seta* silkworm cocoon. 2 (*fig*) shell: *chiudersi nel proprio* ~ to withdraw into one's shell; *uscire dal ~* to come out of one's shell. 3 (*nodo*) knot. 4 (*grumo di farina*) lump. □ *fare il ~* to spin a cocoon.

bozzoloso *a.* knotty, lumpy.

BR 1 (*Stor.it*) *brigate rosse* (Red Brigades). 2 *Brasile* BR (Brazil).

Brabante *n.pr.m.* (*Geog*) Brabant.

braca *f.* 1 (*ant,Abbigl*) (*gamba di pantalone*) trouser leg. 2 *pl.* (*colloq*) (*pantaloni*) trousers, breeches; (*mutande*) knickers, underpants. 3 (*cavo per imbrigliare carichi*) sling, harness. 4 (*Caccia*) binding (to hold decoy birds). □ (*fig*) *restare in brache di tela* to be left out in the cold, to be left with only the shirt on one's back.

bracalone *m.* (*colloq*) slovenly person.

bracaloni *avv.* droopy, sloppily. □ *a ~* droopy, sloppily.

braccare (**bràcco, bràcchi**) *v.t.* 1 to hunt. 2 (*fig*) to hound, to hunt: *il bandito era braccato dalla polizia* the bandit was hunted by the police.

braccetto *m.* (*El,Mecc*) bracket, arm. □ *~ arm* in arm; *andare a ~ con qcu.*: 1 to walk arm in arm with so.; 2 (*fig*) to get on well with so.; *prendere qcu. a ~* to slip one's arm under so.'s arm.

bracchetto *m.* (*cane*) beagle.

bracchiere *m.* (*Caccia*) whipper-in, kennel-hand.

braccia → **braccio**.

bracciale *m.* 1 (*braccialetto*) bracelet, armlet. 2 (*per nuotare*) bracer, waterwings *pl.* 3 (*distintivo che si porta al braccio*) armband. 4 (*Stor*) (*di armatura*) brassard. □ *~ elettronico* electronic bracelet.

braccialetto *m.* 1 bracelet; (*rigido*) bangle. 2 (*di orologio*) strap: *~ in acciaio* steel band. □ *~ a catenella* chain bracelet; *~ elettronico* electronic bracelet.

bracciantale *a.* farm-labour (*attr.*).

bracciantato *m.* (*farm*) labourers *pl.*

bracciante *m./f.* (*farm*) labourer, hired

hand. □ ~ *agricolo* farm labourer, farm-hand.

bracciantile *a.* farm-labour (*attr.*).

bracciare (**bràccio, bràcci**) *v.t.* (*Mar*) to brace.

bracciata *f.* **1** (*quantità, contenuto*) armful: *una ~ d'erba* an armful of grass; *a bracciate* in armfuls. **2** (*nel nuoto*) stroke: *mi raggiunse con poche bracciate* he reached me with a few strokes.

braccio *m.* (*pl.* **bràccia**) **1** arm: *il ~ sinistro* the left arm; *alzare il ~* to lift one's arm. **2** (*Anat*) upper arm. **3** *pl.* (*fig*) (*lavoratori*) hands, workers, manpower (*costr.sing.*). **4** (*misura*) ell; (*Mar*) fathom. **5** (*pl.* **bràcci**) (*Arch*) (*ala di edificio*) wing. **6** (*pl.* **bràcci**) (*Fis*) (*di leva*) lever arm, crank. **7** (*pl.* **bràcci**) (*Mecc*) arm: *braccio snodato* flexi arm. **8** (*pl.* **bràcci**) (*Mar*) (*di ancora*) (anchor) arm. **9** (*pl.* **bràcci**) (*di candelabro*) branch. □ *parlare a ~* to speak off the cuff; *a braccia* bodily, by force, by hand: *lo riportarono a casa a braccia* they carried him home bodily; *era ferito al ~* he was wounded in the arm; *al ~ di qcu.* on the arm of so., arm in arm with so.; *alzare le braccia al cielo* to throw up one's arms (in indignation); *avere un ~ al collo* to have one's arm in a sling; *a braccia aperte* (with) arms outstretched, (with) arms outspread; (*fig*) *mi accolsero a braccia aperte* they welcomed me with open arms; *stare a braccia conserte* to stand with folded arms; *avere le braccia corte e le tasche profonde* to be stingy; *dare il ~* to offer one's arm, to give one's arm; (*fig*) *il ~ della legge* the arm of the law, the long arm of the law; *~ della morte* (*in prigione*) death row, death house; *~ destro*: 1 right arm; 2 (*fig*) right arm, right hand, right-hand man (*f.* woman): *essere il ~ destro di qcu.* to be so.'s right-hand man; *~ di bilancia* balance beam; *~ di croce* arm of a cross, limb of a cross; *~ di ferro*: 1 arm-wrestling: *fare a ~ di ferro* to arm-wrestle; 2 (*fig*) trial of strength: *è un ~ di ferro tra i due partiti* the two parties are wrestling with one another; *~ di fiume* arm of a river; *~ di giradischi* pick-up arm; (*Mecc*) *~ di gru* crane jib, boom of a crane, jib of a crane; *~ di lampada* lamp bracket; (*Mecc*) *~ di leva* lever arm; (*Geog*) *~ di mare* sound, arm of the sea, strait; (*fig*) *tra le braccia di Morfeo* in the arms of Morpheus; (*Geog*) *~ di terra* isthmus; (*fig*) *il ~ e la mente* the brain and the brawn; *prendere qcu. fra le braccia* to clasp so. in one's arms; *stringere qcu. fra le braccia* to clasp so. in one's arms; *gettarsi fra le braccia di qcu.* to throw oneself into so.'s arms; *prendere in ~ qcu.*: 1 (*rif. a bambino*) to take so. in one's arm; 2 (*rif. ad adulto*) to pick so. up, to carry so.; *avere qcu. in ~* (o *tenere qcu. in ~*) to hold so. (in one's arms); *portare in ~* to carry (in one's arms); (*Ginn*) *braccia in alto* arms raised; (*Ginn*) *braccia in fuori* arms out; (*fig*) *avere le braccia legate* to have one's hands tied; (*fig*) *avere le braccia lunghe* to be very influential; (*fig*) *mettersi nelle braccia di qcu.* to place one's trust in so.; (*Geog*) *~ morto* side channel, backwater, marigot; *prendere qcu. per il ~* (o *prendere qcu. per un ~*) to take so. by the arm; (*Tecn*) *~ regolabile* swingarm; (*Stor*) *~ secolare* secular authority, secular arm; (*Mecc*) *~ snodato* flexible arm; *sotto ~* arm in arm; *sotto il ~* under one's arm; *a braccia tese* with outstretched arms; *prendere qcu. tra le braccia* to clasp so. in one's arms; *stringere qcu. tra le braccia* to clasp so. in one's arms; *gettarsi tra le braccia di qcu.* to throw oneself into so.'s arms.

bracciolo *m.* **1** arm, armrest. **2** (*di scala*) banister (handrail).

bracco (*pl.* **-chi**) *m.* **1** (*cane*) gun dog. **2** (*fig*) (*segugio*) sleuth, bloodhound.

bracconaggio *m.* poaching.

bracconiere *m.* poacher.

brace *f.* **1** embers *pl.* **2** (*region*) (*carbonella*) charcoal. □ (*Gastron*) *alla ~* cooked over charcoal, barbecued: *bistecca alla ~* barbecued steak; (*fig*) *di ~* burning, glowing: *lo guardò con occhi di ~* she looked at him with burning eyes; (*fig*) *farsi di ~* to blush.

brachetta *f.* **1** front flap of breeches, (*Br*) flies *pl.*, (*Am*) fly. **2** *pl.* (*mutandine: da donna*) panties; (*da bambino*) knickers, underpants. **3** (*Legat*) guard. □ (*ant*) *brachette da bagno* bathing trunks, swimming trunks.

brachetto *m.* (*Enol*) sweet red wine from Piemonte.

brachiale *a.* (*Anat*) brachial: *muscolo ~* brachial muscle; *vena ~* brachial vein.

brachicardia *f.* (*Med*) bradycardia.

brachicefalia *f.* (*Anat*) brachycephaly.

brachicefalo **I** *a.* (*Anat*) brachycephalous. **II** *m.* brachycephal.

brachilogia *f.* (*Ret*) brachylogy.

brachiuri *m.pl.* (*Zool*) brachyurans, Brachyura.

braciere *m.* brazier.

braciola *f.* (*Gastron*) chop: *~ di maiale* pork chop.

bradicardia *f.* (*Med*) bradycardia.

bradipo *m.* (*Zool*) sloth.

bradisismico *a.* (*Geol*) bradyseism (*attr.*).

bradisismo *m.* (*Geol*) bradyseism. □ (*Geol*) *~ negativo* negative bradyseism; (*Geol*) *~ positivo* positive bradyseism.

brado *a.* wild: *cavallo ~* unbroken horse, wild horse; *allo stato ~* in the wild, in a wild state.

braga *f.* **1** (*ant,Abbigl*) (*gamba di pantalone*) trouser leg. **2** *pl.* (*colloq*) (*pantaloni*) trousers, breeches; (*mutande*) knickers, underpants. **3** (*cavo per imbrigliare carichi*) sling, harness. **4** (*Caccia*) binding (to hold decoy birds). **5** (*Idr*) Y branch.

braghetta *f.* (*region*) **1** front flap of breeches, (*Br*) flies *pl.*, (*Am*) fly. **2** *pl.* (*mutandine: da donna*) panties; (*da bambino*) knickers, underpants. **3** (*Legat*) guard.

bragozzo *m.* (*Mar*) small fishing boat in the Adriatic.

Brahma *n.pr.m.* (*Rel*) Brahma.

brahmanesimo *m.* (*Rel*) Brahmanism, Brahminism.

brahmanico (*pl.* **-ci**) *a.* (*Rel*) Brahmanic.

brahmano *m.* (*Rel*) Brahman, Brahmin.

braidense *a.* of Brera (*posposto*), from Brera (*posposto*).

Braille /brajl/ **I** *m.* Braille. **II** *a.* Braille: *sistema ~* Braille system.

brainstorming /'brein'stɔrming/ *m.* brainstorming.

brain trust /'brein'trast/ *m.inv.* brain trust.

brama *f.* yearning, greed, desire: *eccitare le brame di qcu.* to excite so.'s desires. □ *~ di sapere* thirst for knowledge, desire for knowledge.

Bramaputra *n.pr.m.* (*Geog*) Brahmaputra.

bramare (**bràmo**) *v.t.* (*lett*) to desire, to yearn for, to long for.

bramino *m.* (*Rel*) Brahman, Brahmin.

bramire (**bramìsco, bramìsci**; *aus.* **avere**) *v.i.* **1** to roar, to bellow; (*rif. a cervo*) to bell. **2** (*fig*) to bellow.

bramito *m.* **1** roar, bellow; (*rif. a cervo*) bell. **2** (*fig*) bellow.

bramosamente *avv.* yearningly, longingly, eagerly.

bramosia *f.* longing, yearning, desire. □ *~ di sapere* thirst for knowledge.

bramoso *a.* **1** longing, yearning: *uno sguardo ~* a longing look. **2** (*avido*) greedy (*di for*): *~ di guadagni* greedy for profit.

branca *f.* **1** (*ramo*) branch (*anche fig*): *le branche della fisica* the branches of physics; *tutte le branche dello scibile* all branches of knowledge. **2** (*di strumenti*) jaw: *le branche delle tenaglie* the jaws of the pincers. **3** *spec.pl.* (*fig*) claw, clutches *pl.*: *strappare qcu. dalle branche dell'usuraio* to rescue so. from the usurer's clutches; *cadere nelle branche del nemico* to fall into the clutches of the enemy. **4** (*rif. a uccelli*) claw, talon; (*rif. ad animali feroci*) claw. **5** (*rar*) (*di scala*) flight of stairs. □ *~ dell'industria* branch of industry.

brancata *f.* handful.

branchia *f.* (*Itt*) gill, branchia.

branchiale *a.* (*Itt*) branchial.

branchiati *m.pl.* (*Zool*) Branchiata.

brancicare (**bràncico, bràncichi**) **I** *v.t.* to paw. **II** *v.i.* (*aus.* **avere**) to fumble. □ (*rar*) *~ nel buio* to grope in the dark.

branco (*pl.* **-chi**) *m.* **1** (*di pecore e uccelli*) flock; (*di lupi*) pack; (*di pesci*) shoal, (*Am*) school; (*mandria*) herd: *~ di cervi* herd of deer. **2** (*fig*) flock: *un ~ di bambini* a flock of children. **3** (*fig*) (*banda*) gang, pack: *siete un ~ di mascalzoni* you are a pack of scoundrels. □ *a branchi* in herds; *~ di maiali* herd of pigs; (*fig,spreg*) *fare ~* to gang up; (*spreg*) *entrare nel ~* to go with the crowd, to follow the herd.

brancolamento *m.* groping.

brancolare (**bràncolo**; *aus.* **avere**) *v.i.* to grope (*anche fig*). □ *~ nel buio* to grope in the dark (*anche fig*).

branda *f.* **1** (*letto pieghevole*) camp bed, folding bed, cot. **2** (*Mar*) (*amaca*) hammock.

Brandeburgo *n.pr.m.* (*Geog*) Brandenburg.

brandeggiare (**brandéggio, brandéggi**) *v.t.* (*Arm,Mar*) to traverse.

brandeggio *m.* (*Arm,Mar*) traverse.

brandello *m.* **1** (*pezzo*) shred, scrap, piece; (*pezzo strappato*) strip: *un ~ di carne* a strip of meat. **2** (*fig*) (*piccola parte*) scrap, shred: *non ha un ~ di orgoglio* he hasn't a scrap of pride. □ *a brandelli* in shreds, in rags: *un abito a brandelli* a suit in rags; *fare qcs. a brandelli* to tear sth. into shreds; *un ~ di stoffa* a scrap of material.

branding /'brending/ *m.* branding.

brandire (**brandìsco, brandìsci**) *v.t.* **1** (*impugnare*) to brandish: *~ una spada* to brandish a sword; *brandì un coltello* he brandished a knife. **2** (*estens*) (*afferrare*) to seize: *brandì il giornale e lo gettò per terra* he seized the newspaper and threw it on to the ground.

brando *m.* (*lett*) sword.

brandy /'brendi/ *m.inv.* brandy.

brano *m.* **1** (*rar*) (*brandello*) piece, shred, scrap, strip: *un ~ di carne* a piece of meat. **2** (*fig*) passage: *leggere un ~ di Manzoni* to read a passage from Manzoni. **3** (*Mus*) piece; (*su CD*) track. □ *a brani* in shreds: *fare qcs. a brani* to tear sth. to pieces; *~ di lettura* reading passage; *~ musicale* musical excerpt, piece of music; *brani scelti* selected passages.

branzino *m.* (*Itt*) bass.

brasare (**bràso**) *v.t.* **1** (*Gastron*) to braise. **2** (*Tecn*) to braze.

brasato **I** *a.* (*Gastron*) braised. **II** *m.* (*Gastron*) braised meat.

brasatura *f.* (*Tecn*) brazing.

brasca, brascatura *f.* (*Met*) dross.

brasile m. (legno) brazilwood.

Brasile n.pr.m. (Geog) Brazil.

Brasilia n.pr.f. (Geog) Brasilia, Brazilia.

brasiliano I a. Brazilian. II m. 1 (f. **-a**) Brazilian. 2 (lingua) Brazilian.

brassica f. (Bot) brassica.

brattare (**bràtto**; aus. **avere**) v.i. (Mar) to scull.

brattea f. (Bot) bract.

bratteato a. (Bot, Numism) bracteate.

bratto m. (Mar) sculling.

bravaccio m. 1 (prepotente) bully: fare il ~ to be a bully. 2 (spaccone) boaster, braggart, swaggerer.

bravamente avv. 1 (con bravura) cleverly, well. 2 (con spavalderia) boldly, defiantly.

bravata f. 1 (azione rischiosa) bravado, act of bravado: traversare il fiume a nuoto è stata una ~ inutile swimming across the river was an act of useless bravado. 2 (millanteria) boasting, bragging.

braveria f. (rar) (spavalderia) boldness, effrontery.

bravino a. quite good.

bravo I a. 1 (abile, capace) good, clever, skilful, capable: un ~ tecnico a skilful technician. 2 (esperto) fine, good, experienced: una brava cuoca an experienced cook; (colloq) chi ti capisce è ~ anyone who can make you out is a clever person. 3 (onesto, dabbene) good, nice, decent, honest: il tuo amico è una brava persona your friend is a decent person. 4 (coraggioso, valente) brave, valorous. 5 (rif. a bambini) buono, tranquillo) good, quiet: sii ~ mentre la mamma è fuori be good while mummy is out. 6 (esclam.) well done!: ~, hai preso un bel voto! well done, you've got a good mark!; (iron) ~, e adesso che cosa facciamo? great, and now what do we do? 7 (a teatro) bravo: bene, ~, bis fine, bravo, encore. 8 (colloq) (rafforzativo) good, precious, spesso non si traduce: se non dorme le sue brave dieci ore, non è soddisfatto if he doesn't sleep his precious ten hours, he's not happy; avrà i suoi bravi motivi he must have good reasons (for doing it). II m. (Stor) bravo. □ essere ~ a scuola to do well at school; alla brava boldly, defiantly; da ~ be a good boy, there's a good fellow: su, da ~, vieni qua there's a good fellow, come here; da ~, ripeti la poesia be good (o that's a good boy), say the poem again; fare il ~ (stare buono) to be good; (iron) ~ furbo! very clever!; brava gente nice people, good people; ehi, brava gente! hey, folks!; essere ~ in qcs. to be good in sth., to be good at sth.; sei ~ in latino you are good at Latin; un ~ ragazzo: 1 (Br) a good fellow, (Am) a good guy; 2 (estens) (non cattivo ma non particolarmente brillante) a decent guy; brav'uomo: 1 good man, decent man, good fellow, decent fellow: puoi fidarti, è un brav'uomo you can trust him, he's a decent fellow; 2 (formula di cortesia) good man, fine fellow.

bravura f. 1 (abilità) cleverness, skill, ability. 2 (esperienza) experience. 3 (lett) (valore) bravery, valour. 4 (lett) (azione spavalda) exploit, prowess: si vanta spesso delle sue bravure he often boasts about his exploits. 5 (Mus) bravura: pezzo di ~ virtuoso performance.

break /brɛk/ m.inv. break (anche Sport): fare un ~ to take a break.

break dance /'brɛk'dɛns/ f. break dance.

break even /'brɛk'iven/ m.inv. (Econ) break even.

breccia[1] (pl. **-ce**) f. breach (anche Mil): aprire una ~ to breach, to open a breach. □ (fig) fare ~ su qcu. to win the admiration of so.;

---

fare ~ nel cuore di qcu. to find a way into so.'s heart; (fig) è piuttosto anziano, ma è ancora sulla ~ he is rather old but he is still going strong.

breccia[2] (pl. **-ce**) f. 1 (Strad) (pietrisco) crushed stone, road metal. 2 (Geol) (roccia) breccia.

brecciame m. (Strad) crushed stone, road metal.

breccioso a. gravelly.

brechtiano a. (Teat) Brechtian.

brefotrofio m. home for waifs and strays, foundling hospital.

bregma m. (Anat) bregma.

breitschwanz /'brajt∫vants/ m.inv. (Abbigl) breitschwanz, broadtail.

Brema n.pr.f. (Geog) Bremen.

brenna f. (ronzino) jade, nag, hack.

Brennero n.pr.m. (Geog) Brenner: passo del ~ Brenner Pass.

brenta f. (region) wine keg.

bresaola f. (Gastron) bresaola (kind of dried salted beef).

Breslavia n.pr.f. (Geog) Breslau.

Bretagna n.pr.f. (Geog) Brittany.

bretella f. 1 spec.pl. braces pl., (Am) suspender. 2 (di biancheria femminile) (shoulder) strap. 3 (Mecc) (di macchina) brace. 4 (Strad) access road, (Br) slip road. □ (Strad) ~ autostradale (Br) motorway slip road, (Am) highway access road; (Strad) ~ di accesso access road; (Strad) ~ di raccordo (Br) motorway junction, (Am) highway junction; (Strad) ~ di uscita exit road; (Abbigl) senza bretelle strapless.

bretone I a. Breton. II m./f. Breton. III m. (lingua) Breton.

brev. brevetto pat. (patent).

breve[1] I a. 1 short, brief: un periodo ~ a brief period; la vita è ~ life is short; un ~ tragitto a short journey; un discorso ~ a brief speech. 2 (Fon,Metr) short: vocale ~ short vowel; sillaba ~ short syllable. II f. 1 (Metr) short syllable. 2 (Mus) breve. □ a ~ before long, in the near future; a ~ scadenza: 1 short-term, short, short-dated: mutuo a ~ scadenza short-term loan, short-dated loan; un progetto a ~ scadenza a short-term plan; 2 (fig) before long, in the near future: fissare un appuntamento a ~ scadenza to make an appointment in the near future; a ~ termine: 1 short-term, short, short-dated: mutuo a ~ termine short-term loan, short-dated loan; un progetto a ~ termine a short-term plan; prestito a ~ termine short-term loan; 2 (fig) before long, in the near future: fissare un appuntamento a ~ termine to make an appointment in the near future; di ~ durata: 1 short, short-lasting, short-lived, of short duration; 2 (rif. a merci) perishable; 3 (rif. a stoffe e sim.) badly wearing; essere ~ to be brief: sarò ~ nell'esporre i fatti I will briefly explain the facts; per essere ~ to be brief; farla ~ to be brief; fra ~ shortly, before long: fra ~ saprete tutto you will hear about it all shortly; in ~ (brevemente) briefly, in short; racconterò in ~ l'accaduto I will briefly relate the event; (Tel) ~ messaggio di testo SMS, short message; nel ~ periodo in the short term; nel più ~ tempo possibile as soon as possible; brevi parole brief words; per dirla ~ to be brief, in short, to cut a long story short; per dirla in ~ to be brief, in short, to cut a long story short; per farla ~ to be brief, in short, to cut a long story short, to make a long story short; per ~ tempo for a short time, for a short while; tra ~ shortly, before long: tra ~ saprete tutto you will hear about it all shortly.

---

breve[2] m. (Rel.catt) (lettera pontificia) breve, papal brief.

brevemente avv. briefly: narrare ~ qcs. to relate sth. briefly.

brevettabile a. patentable. □ non ~ unpatentable.

brevettabilità f. patentability.

brevettare (**brevétto**) v.t. 1 to patent: far ~ un'invenzione to patent an invention. 2 (fornire di brevetto) to license.

brevettato a. 1 patented: tappo ~ patented cap; sistema ~ patented system. 2 (fig) (garantito) patented, (Am) surefire (attr.).

brevetto m. 1 patent: chiedere un ~ to apply for a patent; concessione di ~ concession of a patent; esclusività di un ~ exclusive patent rights; richiesta di ~ patent application. 2 (Aer,Mar) licence, (Am) license: ~ da pilota pilot's licence. □ ~ di invenzione (letters) patent, invention patent; ~ di istruttore di sci ski instructor certificate; ~ di istruttore di nuoto swimming instructor certificate; ~ in corso di registrazione patent pending.

breviario m. 1 (Lit) breviary. 2 (compendio, sommario) compendium, summary. 3 (fig) (opera molto consultata) bible.

brevilineo a. short-limbed.

breviloquente a. (lett) concise.

breviloquenza f. (lett) conciseness.

brevio m. (Chim) brevium.

brevità f. 1 brevity, shortness. 2 (concisione) concision, conciseness. 3 (Metr) shortness. □ per ~ for the sake of brevity.

brezza f. breeze. □ ~ di mare sea breeze; ~ di monte mountain breeze; ~ di terra breeze, land breeze.

bric-a-brac /brika'brak/ m.inv. 1 bric-a-brac. 2 (negozio) junk shop. 3 (venditore) junk dealer.

bricchetto m. (recipiente) small pot, small jug.

bricco[1] (pl. **-chi**) m. 1 (recipiente) pot, jug. 2 (contenuto) pot, potful, jug, jugful. □ ~ del caffè coffee pot; ~ del latte milk jug.

bricco[2] (pl. **-chi**) m. (mattone) brick.

briccola f. 1 (Mar) dolphin. 2 (Stor) (macchina militare) bricole.

bricconaggine f. roguery, knavery.

bricconata f. piece of roguery, dirty trick.

briccone I m. (f. **-a**) (ant) rogue, knave. II a. (ant) roguish, knavish: un tiro ~ a rascally trick. □ (ant) essere un ~ matricolato to be a thorough rogue, to be an arrant knave.

bricconeria f. 1 (l'essere briccone) roguery, knavery. 2 (azione) piece of roguery, dirty trick.

bricconesco a. roguish, rascally.

briciola f. 1 (di pane) crumb. 2 (estens) (pezzettino) crumb, morsel, bit: non è rimasta neppure una ~ di dolce there's not a bit of cake left. □ (estens) andare in briciole to be smashed, to smethereens; ridurre in briciole to crumble, to break to bits.

briciolo m. bit, scrap, atom, grain: non hai un ~ di buonsenso (o non hai un ~ di cervello) you haven't got a grain of common sense, you haven't got a scrap of common sense.

bricolage /briko'laʒ/ m. DIY, do-it-yourself (work).

bridge /'bridʒ/ m. bridge: giocare a ~ to play bridge.

bridgista /brid'dʒista/ m./f. bridge player.

bridgistico /brid'dʒistiko/ (pl. **-ci**) a. bridge (attr.): torneo ~ bridge drive.

briefing /'brifing/ m.inv. briefing.

briga f. 1 trouble, (colloq) pickle: darsi la ~ di fare qcs. (o prendersi la ~ di fare qcs.) to take the trouble to do sth. 2 (lite) quarrel: attaccar ~ to start a quarrel, to pick a quarrel;

Briga n.pr.f. (Geog) Brig.

brigadiere m. (Mil) brigadier (rank corresponding to a sergeant in the army).

brigantaggio m. 1 (attività) brigandage: darsi al ~ to take to brigandage; un atto di ~ an act of brigandage, highway robbery. 2 (collett.) brigands pl.: combattere il ~ to fight the brigands.

brigante m. 1 brigand, bandit, robber: la regione era infestata dai briganti the region was infested with brigands. 2 (malvivente, tipaccio) scoundrel, rogue, rascal. 3 (colloq, scherz) rogue, rascal, scamp, imp: quel ~ di tuo figlio ha rubato la marmellata that scamp of a son of yours has stolen the jam.

brigantesco (pl. -chi) a. brigandish, of a brigand (posposto), like a brigand (posposto).

brigantino m. (Mar) brig. □ (Mar) ~ a palo bark, barque; (Mar) ~ goletta brigantine.

brigare (brìgo, brìghi; aus. avere) v.i. to intrigue: ~ per avere una carica to intrigue for office.

brigata f. 1 (Mil) brigade (anche estens). 2 (comitiva) company, party. 3 (ant) (compagnia di mercenari) company. □ (Mil) ~ aerea wing; (Mil) ~ di fanteria infantry brigade; ~ partigiana partisan brigade; (Stor.it) Brigate Rosse Red Brigades. Prov.: poca ~, vita beata two's company, three's a crowd; the fewer the better.

brigatismo m. organized terrorism.

brigatista m./f. terrorist. □ (Stor.it) ~ rosso Red Brigade member.

Brigida n.pr.f. Bridget.

brigidino m. (Gastron) aniseed waffle.

Brigitta n.pr.f. Bridget.

briglia f. 1 bridle; (redine) reins pl.: condurre un cavallo per la ~ to lead a horse by the bridle; allentare le briglie to slacken the reins; tenere le briglie to hold the reins; tirare le briglie to rein in. 2 pl. (fig) reins: allentare le briglie to slacken the reins; tenere le briglie to hold the reins; tirare le briglie to keep a tight rein. 3 pl. (per bambini) leading strings, reins. 4 (Edil,Idr) (muro: per la correzione di torrenti) dike, embankment; (per trattenere terreni franosi) reinforcement (to prevent landslides). 5 (Mar) bobstay. 6 (Mecc) bridle, (di tornio) driving dog, dog. □ dare la ~ al cavallo to let a horse have its head; (Mar) ~ del bompresso bobstay; (fig) a ~ sciolta at full gallop, hell for leather, at full speed, like greased lightning; (fig) lasciare la ~ sul collo a qcu. to give so. free rein.

brillamento m. 1 (rif. a mine) blasting, firing. 2 (Astr) flare.

brillantante m. rinse aid.

brillantare (brillànto) v.t. 1 (lucidare) to polish, to gloss. 2 (rif. a pietre dure) to cut, to facet. 3 (Mecc) to buff, to polish. 4 (Fal) to furbish, to polish. 5 (Dolc) to ice, to frost; (rif. a confetti e sim.) to sugar.

brillantatura f. 1 (rif. a pietre dure) cutting. 2 (Mecc) buffing, polishing. 3 (Fal) furbishing, polishing. 4 (Dolc) icing, frosting; (rif. a confetti e sim.) sugaring.

brillante I a. 1 glittering, brilliant, sparkling, bright (anche fig): lana di color rosso ~ bright red wool; carriera ~ brilliant career; un'idea ~ a bright idea; un uomo ~ a brillant man. 2 (Teat, Cin) light. II m. 1 (Oref) diamond, brilliant. 2 (Teat) comic actor, actor of light comedy roles. □ (Oref) anello con ~ diamond ring; (Oref) ~ solitario solitaire diamond.

brillantemente avv. brilliantly, magnificently, with flying colours: ha superato

l'esame ~ he passed the exam with flying colours.

brillantezza f. brilliance, brightness.

brillantina f. brilliantine, grease.

brillantino m. small diamond, small brilliant.

brillanza f. (Fis) brilliancy, luminance.

brillare (brìllo) I v.i. (aus. avere) 1 (rif. a sole, luce, sguardo) to shine: le brillavano gli occhi her eyes were shining; ~ di gioia to gleam with pleasure. 2 (rif. a diamante ecc.) to sparkle, to shine, to glitter, to gleam. 3 (rif. a stelle) to twinkle, to shine, to glitter. 4 (rif. a denti) to sparkle. 5 (fig) (distinguersi) to shine, to excel, to be outstanding: ~ a un esame to do very well in an exam; non brilla nella conversazione he does not shine in conversation; ~ per intelligenza to be brilliant, to be exceptionally intelligent. 6 (rif. a mine: esplodere) to go off, to explode: far ~ una mina to explode a charge, to set off a charge. II v.t. 1 (rif. a mine) to set off, to fire, to explode. 2 (rif. a cereali) to polish, to husk, to hull. □ ~ come uno specchio to sparkle like a glass; ~ di luce propria to shine in one's own light (anche fig); ~ di luce riflessa to glitter with reflected light; ~ in società to be a social success; (iron) ~ per la propria assenza to be conspicuous by one's absence.

brillato a. (Alim) polished, husked, hulled: riso ~ polished rice.

brillatoio m. (Alim) 1 (stabilimento) rice mill. 2 (macchina) polisher, husking machine.

brillatura f. (Alim) polishing, husking. □ ~ del caffè coffee hulling; ~ del riso rice husking, rice polishing.

brillio m. sparkle, sparkling, glitter, glittering.

brillo a. (colloq) tipsy, tight.

brina f. hoar-frost, frost, white frost.

brinare (brìno) I v.i.impers. (aus. essere/avere) to frost. II v.t. (coprire di brina) to frost over, to cover with hoar-frost.

brinata f. hoar-frost, frost, white frost: la ~ ha danneggiato il raccolto the frost has damaged the crops; stanotte c'è stata una ~ last night there was frost.

brinato a. frosted-over, covered with hoar-frost (posposto), frosty: campi brinati frosty fields, frost-covered fields.

brindare (brìndo; aus. avere) v.i. to toast (a qcs. sth.), to drink (to), to drink a toast (to): ~ alla vittoria to drink to victory; ~ alla salute di qcu. to drink to so.'s health; brindo alla tua salute here's to your health.

brindelli m. tatter, rag, shred. □ a brindelli in tatters, in rags: un abito a brindelli a tattered dress, a ragged dress.

brindisi m.inv. toast: un ~ all'invitato d'onore a toast to the guest of honour. □ fare un ~ to drink a toast, to make a toast; to toast: fare un ~ alla salute di qcu. to drink to so.'s health.

brio m. 1 vivacity, liveliness, sprightliness, spirit: una ragazza piena di ~ a lively girl, a girl full of spirit, a girl full of go. 2 (Mus) brio. □ con ~: 1 with spirit, with gusto, with verve; 2 (Mus) con brio.

brioche /bri'ɔʃ/ f.inv. (Dolc) bun, brioche, pastry.

briofite f.pl. (Bot) Bryophyta.

brionia f. (Bot) bryony.

briosamente avv. lively, with spirit.

brioscia f. (Dolc) brioche.

briosità f. vivacity, spirit, liveliness.

brioso a. lively, spirited, vivacious, sprightly.

briscola f. 1 (gioco di carte) briscola. 2 (carta) trump: giocare una ~ to play a trump.

briscolone m. 1 high trump card. 2 (gioco) briscolone.

Briseide n.pr.f. (Lett) Briseis.

Britannia n.pr.f. (Geog.stor) Britain, Britannia.

britannico I a. British, Britannic: le Isole britanniche the British Isles. II m. (f. -a; pl. -ci) Britisher, Briton.

britanno I a. (Stor) British, Britannic. II m. (f. -a) Briton.

brivido m. 1 shiver: un ~ mi corse per le ossa a shiver ran down my spine. 2 (sensazione violenta: piacevole) thrill: provare un ~ di piacere to feel a thrill of pleasure. 3 (sensazione violenta: spiacevole) shudder: era scossa dai brividi she shuddered; mi vengono i brividi a pensarci I shudder at the thought of it. □ avere i brividi della febbre to shiver with fever; far venire i brividi a qcu. to make so. shudder, to gives so. the creeps.

brizzolato a. 1 (rif. a barba, capelli e sim.) grizzled, greying, salt and pepper coloured: tempie brizzolate greying temples. 2 (rif. a persona) grey-haired, going grey: un uomo appena ~ a man just going grey.

brizzolatura f. grizzling, greying.

BRN Bahrain BRN (Bahrain).

brocca f. 1 (caraffa) jug, pitcher. 2 (contenuto) jug, jugful, pitcher, ewer: una ~ d'acqua a jug(ful) of water.

broccatello m. 1 (Tess) brocatel, brocatelle. 2 (marmo) brocatello.

broccato m. (Tess) brocade: ~ d'argento silver brocade; ~ d'oro gold brocade.

brocchiere m. (Stor) buckler.

broccia (pl. -ce) f. (Mecc) broach.

brocciare (bròccio) v.t. (Mecc) to broach.

brocciatrice f. (Mecc) broaching machine.

brocciatura f. (Mecc) broaching.

brocco (pl. -chi) m. 1 (stecco) stick, dry twig. 2 (borchia dello scudo) boss, stud. 3 (centro del bersaglio) bull's-eye, bull. 4 (spreg) (ronzino) hack, jade. 5 (fig) second-rater, failure, washout. □ (ant) dar nel ~ to hit the mark (anche fig).

broccolo m. 1 spec.pl. (Bot,Alim) broccoli. 2 (fig) (persona sciocca) dolt, blockhead.

broche /brɔʃ/ f.inv. (Oref) brooch.

brochure /bro'ʃur/ f.inv. (Edit) brochure, pamphlet.

broda f. 1 (spreg) (brodo lungo) watery soup, (colloq) slops pl. 2 (spreg) (caffè lungo) watered-down coffee, (colloq) dishwater. 3 (acqua fangosa) dirty water. 4 (fig,rar) (rif. a scritti) long-winded piece of writing; (rif. a discorsi) long-winded speech.

brodaglia f. 1 (spreg) (brodo lungo) watery soup, (colloq) slops pl. 2 (spreg) (caffè lungo) watered-down coffee, (colloq) dishwater. 3 (fig) (rif. a scritti) long-winded piece of writing; (rif. a discorsi) long-winded speech.

brodetto m. (Gastron) 1 (salsa) brodetto (made from broth containing beaten eggs and lemon juice): in ~ seasoned with brodetto. 2 (zuppa di pesce) fish soup.

brodo m. (Alim) broth, stock; (minestra) soup. □ da ~ for broth, soup (attr.); (Alim) ~ di carne meat soup, meat broth; (base di minestra) meat stock; (Biol) ~ di coltura culture medium; (Alim) ~ di dado soup made from bouillon cubes; (fig) andare in ~ di giuggiole to go into ecstasies, to go into raptures; (fig) mandare in ~ di giuggiole to send into ecstasies, to send into raptures; (Alim) ~ di manzo beef broth, beef tea; (Alim) ~ di pollo chicken soup, chicken broth; (Alim)

lungo weak broth, thin broth; (*Biol*) ~ *primordiale* primordial soup; (*Alim*) ~ *ristretto* stock, consommé, clear broth; (*Alim*) ~ *vegetale* vegetable stock, vegetable broth. *Prov.*: *tutto fa* ~ it's all grist to one's mill, every little helps.

brodoso *a.* watery, thin: *minestra brodosa* watery soup.

brogliaccio *m.* 1 (*Comm*) daybook, blotter. 2 (*scartafaccio*) note-book, scribbling pad, scribbling block.

brogliare (**bròglio, brògli;** *aus.* **avere**) *v.i.* to intrigue.

broglio *m.* intrigue, fraud, rigging: *brogli elettorali* election fraud.

broker /'brɔkər/ *m.inv.* (*Econ*) broker.

brokeraggio *m.* (*Econ*) brokerage.

bromato I *a.* (*Chim*) bromated. II *m.* (*Chim*) bromate.

bromatologia *f.* (*Chim*) bromatology, science of food.

bromatologo (*pl.* **-ci**) *m.* dietician.

bromico (*pl.* **-ci**) *a.* (*Chim*) bromic, bromine (*attr.*): *acido* ~ bromic acid.

bromidrosi *f.* (*Med*) bromhidrosis.

bromismo *m.* (*Med*) bromism, bromide intoxication.

bromo *m.* (*Chim*) bromine.

bromografo *m.* (*Fot,Tecn*) contact printer.

bromolio *m.* (*Fot*) bromoil process.

bromurato *a.* (*Chim*) brominated.

bromurazione *f.* (*Chim*) bromination.

bromuro *m.* (*Chim*) bromide. □ (*Chim*) ~ *d'argento* silver bromide; (*Chim*) ~ *di mercurio* mercuric bromide.

bronchiale *a.* (*Anat*) bronchial.

bronchiolo *m.* (*Anat*) bronchiole.

bronchite *f.* (*Med*) bronchitis. □ (*Med*) ~ *asmatica* bronchial asthma.

bronchitico I *a.* (*Med*) bronchitic. II *m.* (*Med*) bronchitic.

broncio *m.* pout, sulky expression. □ *fare il* ~ to pout, to sulk, to have a sulky expression; *tenere il* ~ to be sulky, to be sulking; *tenere il* ~ *a qcu.* to refuse to talk to so.

bronco[1] (*pl.* **-chi**) *m.* (*Anat*) bronchus.

bronco[2] (*pl.* **-chi**) *m.* (*ramo nodoso*) knotty branch.

broncodilatatore *m.* (*Farm*) bronchodilator.

broncografia *f.* (*Med*) bronchography.

broncopolmonare *a.* (*Med*) bronchopulmonary: *infiammazione* ~ bronchopneumonia.

broncopolmonite *f.* (*Med*) bronchial pneumonia, bronchopneumonia.

broncoscopia *f.* (*Med*) bronchoscopy.

broncoscopio *m.* (*Med,Tecn*) bronchoscope.

brontolamento *m.* 1 (*il brontolare prolungato*) grumbling, muttering, mumbling. 2 (*del tuono*) rumbling, growling. 3 (*dell'intestino*) rumbling.

brontolare (**bróntolo**) I *v.i.* (*aus.* **avere**) 1 to grumble, to mutter. 2 (*rif. al tuono*) to rumble, to growl. 3 (*rif. allo stomaco e all'intestino*) to rumble: *mi brontola lo stomaco* my stomach is rumbling, my stomach is growling. II *v.t.* to mutter, to mumble: ~ *una scusa* to mumble an excuse; ~ *una minaccia* to mutter a threat.

brontolio *m.* 1 (*il brontolare prolungato*) grumbling, muttering, mumbling. 2 (*del tuono*) rumbling, growling. 3 (*dell'intestino*) rumbling.

brontolone I *m.* (*f.* **-a**) grumbler, (*colloq*) moaner. II *a.* grumpy, grouchy.

brontosauro *m.* (*Paleont*) brontosaurus.

bronzare (**brónzo**) *v.t.* to bronze.

bronzatura *f.* bronzing.

bronzeo *a.* 1 (*di bronzo*) bronze (*attr.*), made of bronze (*posposto*). 2 (*del colore del bronzo*) bronze (*attr.*), bronze-coloured.

bronzetto *m.* (*Scult*) small bronze.

bronzina *f.* (*Mecc*) bush, bushing, brass; (*cuscinetto*) bearing.

bronzino *a.* (*del colore del bronzo*) bronze, bronze-coloured.

bronzista *m./f.* (*chi lavora il bronzo*) bronzesmith.

bronzo I *m.* 1 bronze. 2 (*oggetto in bronzo*) bronze. 3 (*medaglia*) bronze medal. 4 *pl.* (*poet*) (*le campane*) bells. II *a.* bronze, bronze-coloured. □ *di* ~ bronze (*attr.*); *statua di* ~ bronze statue.

brossura *f.* (*Legat*) paperback (binding). □ *libro in* ~ paper-bound book, paperback.

browniano /brau'njano/ *a.* (*Fis*) Brownian: *moto* ~ Brownian motion, Brownian movement.

browser /'brauzer/ *m.inv.* (*Inform*) browser.

brr *onom.* brr: ~, *che freddo!* brr, it's cold!

BRU *Brunei* BRU (Brunei).

brucare (**brùco, brùchi**) *v.t.* 1 to crop, to browse on, to nibble at: *le pecore brucano l'erba* the sheep are cropping the grass. 2 (*rif. a cervi e sim.*) to browse, to graze. 3 (*sfrondare*) to strip (off).

brucatura *f.* 1 cropping, nibbling, browsing. 2 (*rif. a cervi e sim.*) browsing, grazing. 3 (*rif. a rami*) stripping.

brucellosi *f.* (*Med,Veter*) brucellosis.

bruciacchiare (**bruciàcchio, bruciàcchi**) I *v.t.* 1 to scorch, to singe, to sear: *mi sono bruciacchiata i capelli con la candela* I have singed my hair with the candle: ~ *un pollo* to singe a chicken. 2 (*rif. al sole*) to scorch. 3 (*rif. al gelo*) to blight, to frost. II *v.pron.* **bruciacchiarsi** 1 to scorch, to singe. 2 (*sulla brace*) to char.

bruciacchiatura *f.* 1 (*il bruciacchiare*) scorching, singeing, searing. 2 (*segno*) scorch, scorch mark.

bruciamento *m.* burning.

bruciante *a.* (*fig*) 1 burning, smarting, acute: *un'umiliazione* ~ a burning humiliation. 2 (*fulmineo*) dashing, scorching.

bruciapelo □ *a* ~: 1 (*a brevissima distanza*) point-blank, at close range: *sparare a* ~ to shoot point-blank; 2 (*fig*) (*all'improvviso*) suddenly, unexpectedly: *fare una domanda a* ~ *a qcu.* to spring a question on so.

bruciaprofumi *m.inv.* perfume burner, incense burner.

bruciare (**brùcio, brùci**) I *v.t.* 1 to burn: ~ *la legna* to burn wood; ~ *la bistecca* to burn the steak. 2 (*rif. a edifici: distruggere*) to burn down. 3 (*stirando*) to scorch, to singe. 4 (*Med*) (*cauterizzare*) to cauterize: ~ *la ferita* to cauterize the wound. 5 (*inaridire: rif. al sole*) to scorch, to parch; (*rif. al gelo*) to blight. 6 (*fig*) (*superare*) to flash past. II *v.i.* (*aus.* **essere**) 1 (*ardere*) to burn: *il petrolio brucia bene* oil burns well. 2 (*essere in fiamme*) to be burning, to be on fire, to be alight, to blaze: *la casa brucia* the house is burning, the house is on fire. 3 (*scottare*) to be scorching, to be burning, to be very hot: *oggi il sole brucia* the sun is scorching today; *non posso bere questo brodo perché brucia* I can't drink this soup because it's scalding. 4 (*essere molto caldo*) to burn, to be very hot: ~ *per la febbre* to burn with fever; *la tua fronte brucia* your forehead is burning. 5 (*essere infiammato*) to smart, to sting, to burn: *mi bruciano gli occhi* my eyes are smarting, my eyes are stinging; *il fumo le faceva* ~ *gli oc-*

chi smoke was making her eyes smart, smoke was making her eyes sting; *il peperoncino mi fa* ~ *la lingua* the chilli is burning my tongue. 6 (*fig*) (*produrre gran dispiacere*) to sting, to rankle: *i tuoi rimproveri mi bruciano ancora* I'm still smarting from your rebukes. 7 (*fig*) (*fremere*) to be burning: ~ *di curiosità* to be burning with curiosity. III *v.pron.* **bruciarsi** 1 (*scottarsi*) to burn oneself: *mi sono bruciato con la sigaretta* I have burned myself with my cigarette; *bruciarsi una mano* to burn one's hand. 2 (*con un liquido*) to scald (oneself): *bruciarsi le mani con il sugo* to scald one's hands with the sauce. 3 (*cuocersi eccessivamente*) to burn: *l'arrosto si è bruciato* the roast has burned. 4 (*El,colloq*) (*fulminarsi*) to blow, to burn out: *si è bruciata la lampadina* the bulb has blown. 5 (*fig*) (*fallire*) to burn out. □ ~ *dalla sete* to be parched with thirst, to have a burning thirst; ~ *dalla voglia di fare qcs.* to be burning to do sth.; ~ *di febbre* to be burning with fever; (*fig*) ~ *i ponti alle spalle* (o *bruciarsi i ponti alle spalle*) to burn one's bridges, to burn one's boats; (*fig,colloq,ant*) ~ *il paglione*: 1 (*rimangiarsi la parola*) to go back on one's word; 2 (*mancare a un appuntamento*) not to turn up; 3 (*andarsene di nascosto*) (*Br*) to clear out, to do a bunk, (*Am*) to sneak off; (*fig*) *bruciarsi le ali* to burn one's wings; ~ *le cervella a qcu.* to blow so.'s brains out; *bruciarsi le cervella* to blow one's brains out; (*fig*) ~ *le tappe* to make lightning progress, to advance in leaps and bounds, to forge ahead, to cut corners; ~ *le tappe della carriera* to have a rapid career; ~ *senza fiamma* to smoulder; ~ *vivo qcu.* to burn so. alive.

bruciata *f.* (*castagna arrostita*) roast chestnut.

bruciaticcio *m.* 1 (*cosa bruciata*) burnt remains *pl.* 2 (*odore di bruciato*) smell of burning: *quest'arrosto sa di* ~ this roast tastes burnt.

bruciato I *a.* 1 burnt: *un mucchio di carta bruciata* a heap of burnt paper. 2 (*riarso: per il sole*) scorched, parched, sunburnt; (*per il gelo*) blighted, frostbitten. 3 (*per eccessiva cottura*) burnt to a cinder. 4 (*fallito*) finished, ruined. II *m.* 1 (*cosa bruciata*) burnt remains *pl.* 2 (*parte bruciata*) burnt part. 3 (*odore di bruciato*) smell of burning. 4 (*gusto di bruciato*) burnt taste: *quest'arrosto sa di* ~ this roast tastes burnt.

bruciatore *m.* burner. □ ~ *a gas* gas burner; ~ *a nafta* oil burner.

bruciatura *f.* 1 (*il bruciare*) burning. 2 (*scottatura*) burn; (*causata da un liquido*) scald. 3 (*parte bruciata*) burnt patch.

bruciore *m.* 1 burning sensation, smart, smarting. 2 (*fig*) smart, sting, bitterness: *il* ~ *della sconfitta* the sting of the defeat. □ ~ *agli occhi* smarting eyes; (*Med,colloq*) ~ *di stomaco* heartburn.

bruco (*pl.* **-chi**) *m.* 1 caterpillar, (*colloq*) grub. 2 (*verme*) worm.

brufolo *m.* pimple, spot: *coprirsi di brufoli* to break out in spots.

brufoloso *a.* pimply, spotty.

brughiera *f.* heath, moorland, moor.

brugo (*pl.* **-ghi**) *m.* (*Bot*) wild heather, ling.

brugola *f.* (*Tecn*) Allen screw.

brulicame *m.* swarm.

brulicante *a.* swarming (*di* with).

brulicare (**brùlico, brùlichi;** *aus.* **avere**) *v.i.* 1 to swarm, to seethe (*di* with): *l'alveare brulicava di api* the hive was swarming with bees; *la via brulicava di gente* the street was swarming with people. 2 (*fig*) to seethe, to teem: *la sua mente brulicava di progetti* his mind was seething with plans. **3** (*fig*) (*essere pieno*) to be full: *un testo che brulica di errori di ortografia* a text full of spelling mistakes.

brulichio *m.* **1** swarming, seething. **2** (*fig*) seething, teeming, whirl.

brullo *a.* bare, bleak, barren: *colline brulle* bleak hills; *alberi brulli* bare trees.

brulotto *m.* (*Mar,ant*) fire-ship.

bruma[1] *f.* (*lett*) mist.

bruma[2] *f.* (*Zool*) teredo, shipworm.

brumaio *m.* (*Stor*) Brumaire.

brumoso *a.* (*lett*) misty.

bruna *f.* brunette, dark-haired girl, dark-haired woman.

brunastro *a.* bownish, darkish.

brunch /brantʃ/ *m.inv.* brunch.

Brunei *n.pr.m.* (*Geog*) Brunei.

brunello *f.* (*Enol*) fine wine from Tuscany.

brunetta *f.* brunette.

brunimento *m.* (*Met*) burnishing, polishing.

brunire (**brunìsco, brunìsci**) *v.t.* (*Met*) burnish, to polish.

brunito *a.* **1** (*Met*) burnished, polished. **2** (*abbronzato*) tanned.

brunitoio *m.* (*Met*) burnisher.

brunitore *m.* (*Met*) burnisher, polisher.

brunitrice *f.* (*Met*) burnishing machine.

brunitura *f.* (*Met*) burnish, burnishing.

bruno I *a.* **1** (*di colore scuro*) brown, dusky. **2** (*di pelle*) dark, swarthy. **3** (*dai capelli scuri*) dark-haired. II *m.* **1** (*colore*) brown: *il ~ ti dona* brown suits you, brown becomes you. **2** (*uomo dai capelli scuri*) dark-haired man, brown-haired man. **3** (*abito da lutto*) mourning, mourning dress: *prendere il ~* to wear mourning. **4** (*segno di lutto*) black: *mettere il ~ alle bandiere* to drape flags in black. □ *essere ~ di capelli* to be dark-haired, to have brown hair; *essere ~ di pelle* to be dark-swarthy, to be dark-skinned.

Bruno *n.pr.m.* Bruno.

brusca *f.* **1** scrubbing brush. **2** (*per cavalli*) horse brush.

bruscamente *avv.* **1** (*in modo burbero*) brusquely, roughly, bluntly, curtly. **2** (*improvvisamente*) abruptly, suddenly.

bruschetta *f.* (*Gastron*) toasted bread seasoned with oil and garlic and often diced tomatoes.

bruschinare (**bruschìno**) *v.t.* to brush, to groom.

bruschino *m.* **1** (*spazzola per cavalli*) horse brush. **2** (*spazzola per lavare*) scrubbing brush.

brusco (*pl.* **-chi**) I *a.* **1** (*burbero, sgarbato*) rough, abrupt, blunt, curt: *maniere brusche* abrupt manners, rude manners. **2** (*improvviso*) abrupt, sharp, sudden: *una brusca frenata* an abrupt braking. **3** (*di sapore asprigno*) sharp, sourish, tart: *vino ~* sharp wine. II *m.* sourish taste. □ *con le brusche* roughly, bluntly; *fare una brusca sterzata*: **1** (*con il volante*) to turn the wheel sharply; **2** (*svoltare*) to make a sharp turn.

bruscolino *m.* **1** (*bruscolo*) speck, mote. **2** (*Alim,region*) (*brustolino*) salted and toasted pumpkin seed. **3** *pl.* (*fig*) (*somma irrisoria*) peanuts.

bruscolo *m.* speck, mote.

brusio *m.* hum, buzz. □ *un ~ di voci* a buzz of voices; *fare ~* to hum, to buzz.

brustolino *m.* (*Alim*) salted and toasted pumpkin seed.

brut /bryt/ *a.* (*Enol*) brut, very dry.

brutale *a.* **1** (*violento*) brutal, vicious, savage. **2** (*da bruto*) brutish: *istinti brutali* brut-

ish instincts.

brutalità *f.* **1** brutality, savagery. **2** (*azione brutale*) brutal act.

brutalizzare (**brutalìzzo**) *v.t.* **1** to treat brutally, to brutalize, to ill-treat. **2** (*violentare*) to rape.

brutalizzato *a.* **1** brutalized, treated brutally. **2** (*violentato*) raped.

brutalizzazione *f.* **1** brutalization. **2** (*violenza*) rape.

brutalmente *avv.* brutally, brutishly.

bruto I *a.* **1** brute, brutal: *forza bruta* brute force. **2** (*grezzo*) brute, raw: *materia bruta* brute matter, raw material. II *m.* brute, beast (*anche fig*).

Bruto *n.pr.m.* (*Stor*) Brutus.

brutta *f.* (*brutta copia*) rough copy. □ *scrivere qcs. in ~* to make a rough copy of sth.

bruttare (**brùtto**) *v.t.* (*lett*) to soil, to dirty, to sully (*anche fig*).

bruttezza *f.* **1** ugliness. **2** (*cosa brutta*) eyesore, blot.

brutto I *a.* **1** ugly: *è ~, ma simpatico* he is ugly but nice; *ha un ~ naso* he has an ugly nose, he has an unsightly nose. **2** (*cattivo*) bad, nasty, ugly, mean: *una brutta azione* a bad deed; *ha un ~ carattere* he has an unpleasant character; *una brutta notizia* bad news; *sei arrivato in un ~ momento* you have come at a bad moment. **3** (*rif. al tempo: cattivo*) nasty, bad, ugly, awful: *~ tempo* nasty weather, bad weather; *è stato un ~ inverno* it's been an awful winter. **4** (*rif. al mare*) stormy, rough. **5** (*grave*) nasty, bad, serious, ugly: *ho avuto un ~ raffreddore* I have had a bad cold, I have had a nasty cold. **6** (*rafforzativo*) great, (*colloq*) rotten, (*volg*) bloody: *~ cretino* great idiot; *~ imbroglione* rotten cheat. **7** (*andante*) plain, everyday, work-a-day: *metti un vestito ~* put your everyday dress on. II *avv.* in an ugly way, nastily, unpleasantly, badly: *guardare ~ qcu.* to look nastily at so. III *m.* **1** ugliness: *il ~ nell'arte* ugliness in art. **2** (*parte brutta*) bad part, nasty part, worst (part): *ora viene il ~ della faccenda* now comes the nasty part of the matter; *il ~ è che nessuno mi crede* the worst of it is that nobody believes me. **3** (*uomo brutto*) ugly man. **4** (*tempo brutto*) bad weather: *oggi fa ~* the weather is bad today; *il tempo volge al ~* (o *il tempo si mette al ~*) the weather is turning nasty, the weather is turning bad. □ *un ~ affare* a nasty business, an unpleasant affair: *che ~ affare!* what a nasty business!; *alle brutte* if worst comes to worst; (*Lett*) *~ anatroccolo* ugly duckling (*anche fig*); *avere una brutta cera* to look off colour, to look ill, not to look well; (*fig*) *brutta bestia* ugly thing, nasty thing: *la fame è una brutta bestia* hunger is an ugly thing; *avere un ~ carattere* to be ill-tempered; (*infant*) *~ cattivo!* mean and ugly!; (*fig*) *essere su una brutta china* (o *mettersi su una brutta china*) to go to the bad, to go downhill, (*Am*) to be in a bad way; *~ come il demonio* (o *~ come il diavolo* o *~ come il peccato* o *~ come una scimmia* o *~ come la fame*) as ugly as sin; *con le brutte* by the use of force, by the use of threats: *se non acconsenti subito ti convincerò con le brutte* if you don't agree at once, I'll make you see reason; *brutta copia*: **1** (*di uno scritto*) rough copy, draft: *fare la brutta copia* to make a rough copy, to make a rough draft; **2** (*copia di cattivo gusto*) bad copy; **3** (*fig*) (*versione mediocre*) sorry excuse, poor excuse (*di* for); *gran brutta cosa essere poveri* it's a ugly business being poor; *~ da fare paura* as ugly as sin,

frighteningly ugly; *passarne delle brutte* to have a bad time; *sentirne delle brutte sul conto di qcu.* to hear nasty things about so.; *una brutta faccenda* a nasty business, an unpleasant matter; *brutta faccia*: **1** ugly face; **2** (*brutta cera*) unhealthy appearance, sickly look: *hai una brutta faccia, non stai bene?* you aren't looking very fit (o you look poorly), aren't you feeling well?; *farla brutta a qcu.* to play a nasty joke on so.; *fare brutta figura* to make a bad impression, to make a fool of oneself; *fare una brutta figura* to put one's foot in it; *far fare una brutta figura a qcu.* to let so. make a fool of themselves; *che brutta figura hai fatto!* what a poor show!, what an idiot!; *fare una brutta fine*: **1** to come to a sticky end; **2** (*morire male*) to come to a bad end; *passare brutti giorni* to have an unpleasant time, to have a bad time; *un ~ impiccio* a nasty matter, a troublesome matter; *fare un ~ incontro*: **1** to have an unpleasant encounter, to meet an unpleasant person; **2** (*incontrare un malvivente*) to meet up with a nasty character; (*eufem*) *un ~ male* cancer; (*colloq*) *~ muso*: **1** (*rif. a faccia*) mug, ugly face; **2** (*rif. a persona*) nasty customer; *brutti pensieri* unpleasant thoughts; *un ~ periodo* bad period, a hard time; *attraversare un ~ periodo* to go through a hard time; (*fig*) *prendere una brutta piega* to take a turn for the worse: *le cose stanno prendendo una brutta piega* things are getting nasty; (*pop*) *~ porco!* you dirty swine!, filthy beast!; *avere un ~ presentimento* to have a bad premonition; *un ~ quarto d'ora* a bad quarter of an hour: *passare un ~ quarto d'ora* to have a nasty time of it; *un ~ scherzo*: **1** a nasty joke, a dirty trick; **2** (*estens*) (*cosa sgradita*) (*Br*) nasty surprise, letdown, (*Am*) bad surprise: *questa stoffa mi ha fatto il ~ scherzo di restringersi* this material gave me a nasty surprise (o *Am* a bad surprise) by shrinking; *la macchina mi ha fatto un ~ scherzo* my car let me down; *~ segno* bad omen, bad sign; *~ sogno* bad dream; *la brutta stagione* autumn and winter; *una brutta storia* a nasty situation; *brutti tempi* hard times; *giocare un ~ tiro a qcu.* to play a nasty trick on so., to play a dirty trick on so.; *ho preso un ~ voto in latino* I got a bad mark in Latin.

bruttura *f.* **1** (*cosa brutta*) ugly thing. **2** (*azione turpe*) ugly deed, low action, mean action. **3** (*cosa sudicia*) filth.

Bruxelles /bruk'sɛl, brus'sɛl/ *n.pr.f.* (*Geog*) Brussels.

bruxismo *m.* (*Med*) bruxism, (*colloq*) clenching of teeth, grinding of teeth.

BS *Bahama* BS (Bahamas).

BSE (*Veter*) *encefalopatia spongiforme bovina* BSE (Bovine Spongiform Encephalopathy, mad cow disease).

BT 1 (*Econ*) *Buoni del Tesoro* (Treasury Bonds, Treasury Bill). **2** (*El*) *bassa tensione* LV (low voltage).

btg. (*Mil*) *battaglione* batt. (battalion).

BTN (*Econ*) *Buoni del Tesoro novennali* (Treasury Bonds with a maturity of nine years).

BTP (*Econ*) *Buoni del Tesoro poliennali* (Treasury Bonds with a long-term maturity).

BTQ (*Econ*) *Buoni del Tesoro quadriennali* (Treasury Bonds with a maturity of four years).

Btu (*Fis*) *unità termica britannica* BTU, Btu (British Thermal Unit).

BU *Bollettino Ufficiale* OG (official gazette).

bua *f.* (*infant*) pain, ache: *avere la* ~ to have a pain. □ (*infant*) *farsi la* ~ to hurt oneself.

buaggine *f.* stupidity, foolishness.

bubbola[1] *f.* 1 (*fandonia*) fib, tall story: *contar bubbole* to tell lies. 2 (*cosa da nulla*) trifle.

bubbola[2] *f.* (*Bot*) parasol mushroom.

bubboliera *f.* (*sonagliera*) (horse's) collar with bells.

bubbolo *m.* (harness) bell; (*per cani da slitta*) sleigh bell.

bubbone *m.* 1 (*Med*) bubo. 2 (*fig*) blight, canker.

bubbonico (*pl.* **-ci**) *a.* (*Med*) bubonic: *peste bubbonica* bubonic plague.

buca[1] *f.* 1 hole, pit: *scavare una* ~ to dig a hole. 2 (*di strada*) pothole. 3 (*depressione, avvallamento*) hollow, depression. 4 (*locale sotterraneo*) dive. 5 (*del golf*) hole. 6 (*del biliardo*) pocket. □ (*Teat*) ~ *del suggeritore* prompter's box; ~ *delle lettere* letter-box, post-box, (*Am*) mailbox.

buca[2] □ (*colloq*) *un'ora* ~: 1 (*di professore*) an hour (between two lectures); 2 (*di studente*) a free period.

bucalettere *f.* (*Svizz.it*) (*cassetta postale*) letterbox, (*Am*) mailbox.

bucaneve *m.inv.* (*Bot*) snowdrop.

bucaniere *m.* (*Stor*) buccaneer.

bucare (**bùco**, **bùchi**) **I** *v.t.* 1 to hole, to bore, to make a hole in, to bore a hole in, to pierce: ~ *un muro* to make a hole in a wall; ~ *una tavola* to bore a hole in a plank. 2 (*pungere*) to prick. **II** *v.i.* (*aus.* **avere**) (*di pneumatici*) to have a puncture, to have a flat tyre: *ho bucato due volte in dieci chilometri* I have had two punctures in ten kilometres. **III** *v.pron.* **bucarsi** 1 to get a hole in, to have a hole in: *la tovaglia si è bucata* the tablecloth has a hole in it. 2 (*rif. a pneumatico*) to puncture. 3 (*pungersi*) to prick oneself: *mi sono bucata con l'ago* I have pricked myself with the needle. 4 (*gerg*) (*iniettarsi sostanze stupefacenti*) to shoot up, to have a fix. □ ~ *i biglietti* to punch tickets; ~ *una gomma* to get a puncture; (*Sport*) ~ *la palla* (*nel tennis*) to miss a ball; ~ *la pancia a qcu.* to knife so. in the stomach; (*Cin,TV,colloq*) ~ *lo schermo* to have great presence (on the screen).

Bucarest *n.pr.f.* (*Geog*) Bucharest.

bucatini *m.pl.* (*Alim*) bucatini (*costr.sing.*) (type of hollow spaghetti).

bucato[1] *m.* wash, washing, laundry: *stendere il* ~ to hang out the washing; *il giorno del* ~ wash day, washing day. □ ~ *a mano* hand wash; ~ *colorato* coloured laundry; (*fresco*) *di* ~ freshly-laundered; *panni di* ~ freshly-laundered clothes; *fare il* ~ to do the wash, to do the washing, to do the laundry.

bucato[2] *a.* 1 with holes (*posposto*), perforated, holed: *scarpe bucate* shoes with holes in them. 2 (*internamente vuoto*) hollow.

bucatura *f.* 1 (*il bucare*) holing, boring, piercing, puncturing. 2 (*buco*) hole. 3 (*puntura*) prick. 4 (*di pneumatici*) puncture, flat tyre.

bucchero *m.* (*Archeol*) bucchero.

buccia *f.* 1 (*di frutti, di tuberi*) skin, peel, rind: *mangiare la frutta con la* ~ to eat fruit without peeling it. 2 (*di legumi, cereali*) hull, husk, pod, shell: *le bucce dei piselli* pea pods, pea hulls. 3 (*corteccia*) bark, cortex. 4 (*rar*) (*pelle di animali*) skin, hide: *la* ~ *del serpente* snake skin, slough. 5 (*scherz,fig*) (*pelle dell'uomo*) skin: *lasciarci la* ~ to lose one's life. □ ~ *d'arancia* orange peel; *pelle a* ~ *d'arancia* orange-peel skin; ~ *di banana* banana peel, banana skin: *scivolare su una* ~ *di banana* to slip on a banana skin;

~ *di patata* potato peel.

buccina *f.* 1 (*Stor.rom*) bugle. 2 (*conchiglia*) conch.

buccinatore *m.* (*Anat*) buccinator.

buccola *f.* 1 (*orecchino*) earring. 2 (*boccolo*) lock, curl.

buccolo *m.* (*rar*) lock, curl.

bucefalo *m.* (*scherz*) (*ronzino*) nag, hack, jade.

Bucefalo *n.pr.m.* (*Stor.gr*) Bucephalus.

bucherellare (**bucherèllo**) *v.t.* to riddle, to fill with holes.

bucherellato *a.* riddled, full of holes (*posposto*).

buchino *m.* small hole.

bucintoro *m.* (*Stor*) bucentaur.

buco (*pl.* **-chi**) *m.* 1 hole: *fare un* ~ *nel muro* to make a hole in the wall; *un* ~ *nella calza* a hole in one's stocking. 2 (*cavità*) cavity, hollow. 3 (*apertura*) opening, aperture. 4 (*ammanco*) cash deficit. 5 (*locale angusto*) hole, cubbyhole, hole in the wall, dump: *un* ~ *di bottega* a cubbyhole of a shop; *questa stanza è un* ~ this room is just a hole. 6 (*paese piccolo*) small and insignificant town, (*colloq*) dump, (*sl*) one-horse town. 7 (*di cintura*) notch, hole. 8 (*fossetta*) dimple. 9 (*pop*) (*ferita*) hole, cut, wound: *si è fatto un* ~ *in testa* he got a hole in his head. 10 (*colloq*) (*intervallo tra due impegni*) gap, minute, free time: *ho un* ~ *dalle dieci alle undici, possiamo vederci* I have a gap from ten to eleven, so we can see each other; *ho telefonato alla parrucchiera: ha un* ~ *alle 11.30* I phoned the hairdresser: she can fit me in at 11.30. 11 (*gerg*) (*iniezione di droga*) fix, shot. □ *avere il* ~ *alle orecchie* to have one's ears pierced; *farsi il* ~ *alle orecchie* to have one's ears pierced; (*volg*) ~ *del culo* (*Br*) arsehole, (*Am*) asshole; (*Mar*) ~ *del gatto* lubber's hole; (*pop*) *i buchi del naso* the nostrils; (*colloq*) ~ *della chiave* keyhole; ~ *della serratura* keyhole: *guardare dal* ~ *della serratura* to peep through the keyhole, to look through the keyhole; (*fig*) *cercare qcs. in tutti i buchi* to look for sth. everywhere; ~ *nei conti pubblici* (o ~ *nei conti dello stato*) deficit in the public funds; (*fig*) *starsene nel proprio* ~ to be a recluse; (*fig*) *fare un* ~ *nell'acqua* to beat the air; *il* ~ *nell'ozono* the ozone hole; (*Astr*) ~ *nero* black hole.

bucolica (*Lett*) bucolic, pastoral poem.

bucolico (*pl.* **-ci**) *a.* (*Lett*) bucolic, pastoral: *poesia bucolica* bucolic poem.

bucranio *m.* (*Archeol*) bucranium, bucrane.

Budapest *n.pr.f.* (*Geog*) Budapest.

Budda, **Buddha** *n.pr.m.* (*Rel,Stor*) Buddha.

buddismo *m.* (*Rel*) Buddhism.

buddista **I** *a.* (*Rel*) Buddhist. **II** *m./f.* (*Rel*) Buddhist.

buddistico (*pl.* **-ci**) *a.* (*Rel*) Buddhist.

budella → **budello**.

budello (*pl.* **i budèlli**; **le budèlla**) *m.* 1 (*pop*) bowel, gut. 2 *pl.* (*pop*) (*intestino*) bowels, entrails, guts: *riempirsi le budella* to fill one's belly, to stuff oneself. 3 (*fig*) (*tubo lungo e sottile*) tube, hose: *un* ~ *di gomma* a rubber tube. 4 (*fig*) (*vicolo*) alley. □ ~ *di* ~ gut (*attr.*): *corda di* ~ gut (string).

budget /'badʒet/ *m.inv.* (*Econ*) budget. □ (*Econ*) ~ *aziendale* business budget; (*Econ*) ~ *del personale* personnel budget; (*Econ*) ~ *di cassa* cash budget.

budgetario /'badʒet-/ *a.* (*Econ*) budgetary, budget (*attr.*).

budino *m.* (*Dolc*) blancmange, (*Am*) pudding: ~ *alla vaniglia* vanilla blancmange.

bue (*pl.* **buòi**) *m.* 1 ox. 2 (*carne*) beef: *carne di* ~ beef. 3 (*fig*) (*uomo ottuso*) blockhead,

(*colloq*) dumb ox. □ *lavorare come un* ~ to work like an ox; (*scherz*) *mangiare come un* ~ to eat like a horse; ~ *da lavoro* draught ox; ~ *da macello* ox for slaughter; (*Zool*) ~ *muschiato* musk-ox. Prov.: *il* ~ *dice cornuto all'asino* the pot calling the kettle black.

bufala *f.* 1 (*Zool*) cow buffalo. 2 (*fig,region*) (*errore*) blunder. 3 (*notizia infondata*) canard, spoof story. 4 (*Alim*) (*mozzarella di bufala*) buffalo mozzarella, mozzarella made from buffalo milk.

bufalo *m.* (*Zool*) buffalo. □ (*scherz*) *mangiare come un* ~ to eat like a horse; (*scherz*) *soffiare come un* ~ to pant like a dog.

bufera *f.* storm (*anche fig*): *è passata la* ~ the storm is over (*anche fig*). □ ~ *di neve* snowstorm, blizzard; ~ *di vento* gale, windstorm; (*fig*) ~ *sui mercati finanziari* selling rush on the Market.

buffa *f.* 1 (*cappuccio*) hood. 2 (*Stor*) (*visiera*) visor.

buffare (**bùffo**) **I** *v.i.* (*aus.* **avere**) (*lett*) (*spirare con forza*) to blow hard. **II** *v.t.* (*nel gioco della dama*) to huff.

buffata *f.* gust, puff: *una* ~ *di vento* a gust of wind.

buffé *m.* 1 (*armadio per stoviglie*) cupboard; (*credenza*) sideboard. 2 (*rinfresco*) buffet, refreshments *pl.*; (*banco di rinfresco*) buffet, refreshment table. 3 (*caffè ristorante di stazione*) buffet, refreshment room.

buffer /'bafer/ *m.inv.* (*Inform*) buffer.

bufferizzare /'baffer-/ (**bufferìzzo** /'baffer-/) *v.t.* (*Inform*) to buffer.

buffet /buf'fe, buf'fe/ *m.inv.* 1 (*armadio per stoviglie*) cupboard; (*credenza*) sideboard. 2 (*rinfresco*) buffet, refreshments *pl.*; (*banco di rinfresco*) buffet, refreshment table. 3 (*caffè ristorante di stazione*) buffet, refreshment room.

buffetteria[1] *f.* (*Mil*) accoutrements *pl.*, leathers *pl.*

buffetteria[2] *f.* (*servizio di buffet*) buffet service.

buffetto *m.* pat, tweak. □ *dare un* ~ *sulla guancia* to tweak so.'s cheek.

buffo[1] **I** *a.* 1 (*divertente*) funny, comical, droll: *una storiella buffa* a funny story. 2 (*strano*) funny, odd, queer: *che gente buffa!* what odd people!; *questo sì che è* ~ this is really odd; *che* ~! how funny! 3 (*Teat*) comic. **II** *m.* 1 (*cosa strana, curiosa*) funny thing, odd thing: *il* ~ *è che tutti gli hanno creduto* the funny thing is that everyone believed him. 2 (*Teat*) buffo.

buffo[2] *m.* (*soffio di vento*) gust, puff.

buffonaggine *f.* 1 foolery, clownishness. 2 (*cosa poco seria*) buffoonery, tomfoolery, nonsense.

buffonata *f.* 1 (*azione da buffone*) buffoonery, jest, foolery. 2 (*farsa*) farse. 3 (*azione poco seria*) tomfoolery, foolishness, nonsense: *le sue minacce son tutte buffonate* his threats are all nonsense.

buffone *m.* 1 (*Stor*) jester, fool, clown. 2 (*f.* **-a**) (*burlone*) jester, joker, buffoon. 3 (*f.* **-a**) (*persona poco seria*) frivolous person. □ ~ *di corte* court fool, court jester; *fare il* ~ to play the fool; *perché fai sempre il* ~? why are you always clowning about?

buffoneggiare (**buffonéggio**, **buffonéggi**; *aus.* **avere**) *v.i.* to play the fool, to clown around.

buffoneria *f.* buffoonery, jest, joke.

buffonescamente *avv.* jestingly, comically.

buffonesco (*pl.* **-chi**) *a.* clownish: *modo di fare* ~ clownish behaviour.

buftalmo *m.* 1 (*Bot*) oxeye. 2 (*Med*) buphthalmos.

bug /bag/ *m.inv.* (*Inform*) bug.

buganvillea *f.* (*Bot*) boungainvillaea.

buggerare (**bùggero**) *v.t.* (*pop*) to trick, to cheat, to deceive, to swindle.

buggeratura *f.* (*pop*) trick, cheat, swindle.

bugia[1] *f.* **1** lie; (*innocente*) fib: *un mucchio di bugie* a pack of lies. **2** (*colloq*) (*macchia bianca sull'unghia*) small white spot (on one's fingernails). □ ~ *bianca* white lie; *dire una* ~ to tell a lie, to lie: *non dico bugie!* honest!, (*colloq*) no kidding!; ~ *innocente* fib; ~ *pietosa* white lie. *Prov.*: *le bugie hanno le gambe corte* truth will out.

bugia[2] *f.* (*candeliere*) candlestick.

bugia[3] *f.* (*Gastron,region*) sweet biscuit for carnival.

bugiardaggine *f.* deceitfulness, untruthfulness.

bugiardino *f.* (*Farm,colloq*) (*foglietto illustrativo dei farmaci*) information pamphlet for medication.

bugiardo I *a.* **1** lying, untruthful. **2** (*ingannevole*) false, deceitful, lying: *lacrime bugiarde* false tears. II *m.* (*f.* -**a**) liar; (*che dice bugie innocenti*) fibber, (*colloq*) storyteller. □ *dare del* ~ *a qcu.* to call so. a liar.

bugigattolo *m.* **1** (*stanzino angusto*) cubby-hole: *vivere in un* ~ to live in a cubby-hole. **2** (*ripostiglio*) lumber room, closet.

bugliolo *m.* **1** (*Mar*) bucket. **2** (*nelle carceri*) chamber-pot.

bugna *f.* **1** (*Arch*) ashlar. **2** (*Mar*) clew, clue. □ (*Arch*) *a bugne* rusticated: *parete a bugne* rusticated wall.

bugnare (**bùgno**) *v.t.* (*Arch*) to ashlar.

bugnato *m.* (*Arch*) ashlar-work, ashlar, rustication.

bugno *m.* (*alveare*) beehive.

buio I *a.* **1** dark: *una stanza buia* a dark room. **2** (*fig*) gloomy, sombre: *faccia buia* gloomy face. II *m.* **1** dark, darkness. **2** (*l'imbrunire*) nightfall: *prima del* ~ before nightfall. **3** (*mistero*) dark, secrecy, mystery. □ *al* ~ in the dark: *lasciare qcu. al* ~ to leave so. in the dark (*anche fig*); *stare al* ~ to be in the dark; *aprire al* ~ (*nel poker*) to open blind; (*fig*) *essere completamente al* ~ *di qcs.* to be completely in the dark about sth.; *in inverno fa* ~ *presto* in winter it gets dark early; *farsi* ~ to grow dark; ~ *fitto* pitch dark; *nel* ~ in the dark, in darkness: *avanzare nel* ~ to go forward in the dark; ~ *pesto* pitch dark.

bulbare *a.* (*Anat*) bulbar.

bulbicoltura *f.* (*Bot*) bulb-growing.

bulbifero *a.* bulbiferous, producing bulbs (*posposto*), bearing bulbs (*posposto*).

bulbiforme *a.* bulb-shaped, bulbiform.

bulbillo *m.* (*Bot*) bulbil, bulbel.

bulbo *m.* **1** (*Bot,Anat*) bulb: ~ *di tulipano* tulip bulb. **2** (*di lampada e sim.*) bulb, globe. □ (*Arch*) *cupola a* ~ onion dome; (*Anat*) ~ *dell'occhio* (o ~ *oculare*) eyeball; (*Anat*) ~ *pilifero* hair bulb; (*Anat*) ~ *rachidiano* medulla.

bulboso *a.* bulbous: *pianta bulbosa* bulbous plant.

Bulgaria *n.pr.f.* (*Geog*) Bulgaria.

bulgaro I *a.* Bulgarian. II *m.* **1** (*lingua*) Bulgarian. **2** (*f.* -**a**) Bulgarian. **3** (*Pell*) (*cuoio*) Russian leather.

bulimia *f.* (*Med*) bulimia.

bulimico I *a.* (*Med*) bulimic. II *m.* (*Med*) (*f.* -**a**) bulimic.

bulinare (**bulìno**) *v.t.* to engrave, to chisel.

bulinatore *m.* engraver, chiseller.

bulinatura *f.* engraving, chiselling.

bulino *m.* (*per incidere metalli*) graving

tool, burin, graver; (*per incidere cuoio*) punch. □ *lavorare a* ~ to engrave.

bulldog *m.inv.* (*Zool*) bulldog.

bulldozer /bul'dɔddzer/ *m.inv.* bulldozer.

bulletta *f.* **1** tack, tingle. **2** (*Calz*) hobnail, stud. **3** (*per tappezzeria*) tack.

bullettare (**bullétto**) *v.t.* to tack.

bullionismo *m.* (*Econ*) bullionism.

bullionista *m.* (*Econ*) bullionist.

bullismo *m.* bullying.

bullo I *m.* (*colloq*) tough guy, bully. II *a.* tough.

bullonare (**bullóno**) *v.t.* (*Mecc*) to bolt.

bullonatrice *f.* (*Mecc*) bolting machine, bolter.

bullonatura *f.* (*Mecc*) bolting.

bullone *m.* (*Mecc*) (*screw*) bolt: *dado del* ~ nut; *gambo del* ~ body, shank; *testa del* ~ bolthead.

bulloneria *f.* (*Mecc*) nuts and bolts *pl.*

bum I *onom.* bang, boom: *a un tratto*, ~, *è scoppiata una bomba* all of a sudden, bang, a bomb exploded. II *m.* bang, boom: *ho sentito il* ~ *dell'esplosione* I heard the bang of the explosion.

bumerang I *m.inv.* (*rar*) boomerang (*anche fig*). II *a.inv.* (*rar*) boomerang (*attr.*).

bundle /'bandol/ *m.inv.* bundle (*anche Econ*).

bungalow /'bungalov, 'bangalov/ *m.inv.* chalet, bungalow.

bungee jumping /'bandʒi'dʒamping/ *m.* bungee jumping.

bunker *m.inv.* bunker (*anche fig*).

buoi → **bue**.

buon → **buono**.

buonacristiana *f.inv.* (*Bot,Alim*) (*pera William*) William pear.

buonafede *f.* **1** good faith: *essere in* ~ to be in good faith; *ho agito in* ~ I acted in good faith. **2** (*fiducia*) confidence, candour: *approfittare della* ~ *di qcu.* to take advantage of so.'s candour.

buonagrazia *f.* kindness, courtesy.

buonalana (*pl.* **buonelàne**) *f.* (*rar*) scoundrel, rogue, rascal, scapegrace: *questa* ~ *di tuo figlio ha marinato la scuola* that rogue of a son of yours has played truant.

buonamano (*pl.* **buonemàni**) *f.* (*ant*) tip.

buonanima *f.* the dear departed, the late lamented: *mio nonno* ~ my grandfather, (God) rest his soul; my late-lamented grandfather.

buonanotte *intz.* good night! □ (*iron*) *e* ~ and that's that, and that's the end of that: *il ladro è fuggito e* ~ the thief escaped and that was that; (*iron*) *e* ~ *suonatori* and that's the end of it, and that's the end of that, and that's that; *dare la* ~ *a qcu.* to wish so. goodnight.

buonasera *intz.* **1** (*di pomeriggio, incontrandosi*) good afternoon! **2** (*di sera, incontrandosi*) good evening!; (*congedandosi*) goodbye!, (*colloq*) bye-bye!, (*lett*) farewell!; (*a sera inoltrata*) good night! □ *dare la* ~ to say good evening.

buonavoglia *f.* (*ant*) willingness, will: *il ragazzo non manca di* ~ the boy shows no lack of willingness.

buoncostume I *m.* public morality, public decency. II *f.* (*squadra del buoncostume*) vice squad.

buondì *m.* (*al mattino incontrandosi*) good morning; (*di pomeriggio, incontrandosi*) good afternoon. □ *dare il* ~ *a qcu.* to wish so. good morning, to wish so. good day.

buongiorno *m.* (*al mattino incontrandosi*) good morning; (*di pomeriggio, incontrandosi*) good afternoon; (*accomiatandosi*) goodbye. □ *dare il* ~ *a qcu.* to wish so. good morning, to wish so. good day. *Prov.*: *il*

~ *si vede dal mattino* well begun is half done.

buongoverno *m.* good government.

buongrado □ *di* ~ willingly, with pleasure.

buongustaio *m.* (*f.* -**a**) **1** gourmet. **2** (*estens*) (*intenditore*) connoisseur.

buongusto *m.* **1** (*good*) taste: *persona di* ~ person with good taste. **2** (*delicatezza, tatto*) good manners, tact, decency: *abbiate il* ~ *di tacere* have the decency to keep quiet. □ *con* ~ with (good) taste; *di* ~ in good taste: *un oggetto di* ~ a tasteful object.

buonismo *m.* (*Pol,iron*) acceptance and political co-operation.

buonista I *m./f.* (*Pol,iron*) willingly co-operative person. II *a.* (*Pol,iron*) willingly co-operative.

buono[1] (*compar.* **più buono/migliore**, *sup.* **buonissimo/ottimo**; *buono* becomes **buon** *before singular masculine nouns beginning with a vowel or a consonant, except before* s + *consonant, gn, ps, z, x; buono becomes* **buon** *only before feminine nouns beginning with a*) I *a.* **1** good. **2** (*gentile, cortese*) good, kind, nice, amiable, gentle: *sia tanto* ~ *da ascoltarmi* be so good as to listen to me, be so kind as to listen me; *mantenere buoni rapporti con qcu.* to keep on good terms with so., to keep on friendly terms with so. **3** (*tranquillo, ubbidiente*) good, well-behaved, quiet: *stai* ~ be good; *oggi il bambino è stato veramente* ~ the baby has really behaved well today. **4** (*capace, abile*) good, able, skilful, capable: *un buon attore* a good actor, a fine actor. **5** (*rispettabile, onesto*) good, respectable, honest: *di buona famiglia* of good family. **6** (*benestante*) well-off, well-to-do. **7** (*rif. ad animali*) good, well-trained. **8** (*rif. al tempo: sereno*) good, fine, fair: *oggi il tempo è* ~ today the weather is good. **9** (*rif. al clima: salubre*) good, healthy, wholesome: *buon clima di montagna* healthy mountain climate. **10** (*gustoso, gradevole*) good, tasty, delicious: *che buon odore!* what a good scent!, what a delicious smell!; *come è* ~ *questo sugo* how tasty this sauce is; *ordinò del buon vino* he ordered some good wine. **11** (*mangiabile*) good (for eating), fit to eat, edible: *questi funghi non sono buoni* these mushrooms are not for eating; *la carne è ancora buona* the meat is still good. **12** (*pregevole*) good, first-rate, fine: *un buon libro* a good book. **13** (*in buone condizioni*) good: *la strada è buona fino al paese* the road is good as far as the village. **14** (*per le occasioni importanti*) best, good: *l'abito* ~ one's best dress, one's best suit. **15** (*vero, autentico*) good, true, real: *oro* ~ real gold. **16** (*in corso*) good, current: *questa moneta è ancora buona* this coin is still good. **17** (*non scaduto*) good, valid: *la tessera è* *buona fino alla fine del mese* the card holds good until the end of the month. **18** (*di buona qualità*) good, fine, first-rate, good-quality, well-made: *un buon prodotto* a well-made product; *un buon rimedio contro la tosse* a good cure for coughs. **19** (*opportuno, conveniente*) good, fit, suitable: *una buona idea* a good idea; *attendere la buona occasione* to wait for the good opportunity; *non è una buona ragione* it isn't a good reason. **20** (*vantaggioso*) good, advantageous, profitable: *ti propongo un buon affare* I am offering you a bargain, I am offering you a profitable deal. **21** (*favorevole*) good, favourable: *il 2002 è stata una buona annata per il Chianti* 2002 was a good year for Chianti. **22** (*in formule di augurio*) good, happy. **23** (*con valore rafforzativo*) good, full, whole, considerable, (colloq) solid: *ti ho atteso due ore buone* I have waited a good two hours for you, I have waited a whole two hours for you, I have waited two solid hours for you; *ne ho mangiato una buona metà* I have eaten a good half, I have eaten at least half. **24** (*Scol*) (*voto*) good, C. **II** *m*. **1** (*f*. **-a**) (*persona buona*) good person. **2** *pl.* the good, the righteous: *i buoni saranno premiati* the good shall have their reward. **3** (*parte buona*) good part, the best part: *non buttare il ~ della mela* don't throw the good part of the apple away. **4** (*cosa buona*) good, something good: *c'è del ~ in quello che dici* there is something good in what you say. **5** (*buone qualità*) good qualities: *avere del ~* to have good qualities. □ (*pop*) *essere ~ a fare qcs.* (*essere capace*) to be good at doing sth., to know how to do sth., to be able to do sth.: *sei ~ a camminare sulle mani?* can you walk on your hands?; *è ~ solo a criticare* he is only good at finding fault; *un ~ a nulla* a good-for-nothing; *~ a sapersi* that's worth knowing, good to know; *alla buona* simple, free and easy, casual, plain: *era vestito alla buona* he was dressed simply; *un lavoro fatto alla buona* a sloppy work; *un uomo alla buona* a simple fellow, a plain fellow; *la buon'anima* the dear departed, the late lamented: *mio nonno, buon'anima* my grandfather, (God) rest his soul; *my late-lamented grandfather*; *di buon animo* willingly, with a good grace, with good grace; *stare di buon animo* to be cheerful; *Buon anno!* Happy New Year!; *augurare il buon anno a qcu.* to wish so. a happy New Year; *gli auguri di buon anno* New Year's greetings; *buon appetito!* enjoy your meal!, (*colloq*) dig in!; *avere una buona base* (o *avere delle buone basi*): **1** (*rif. a persona*) to have a good knowledge; **2** (*rif. ad argomentazione e sim.*) to be well-founded; *~ come il pane* as good as gold; (*fig*) *essere ~ come il pane* to have a heart of gold; *buon compleanno!* happy birthday!; *con le buone* in a friendly way; *studierai con le buone o con le cattive* you will study by hook or by crook; *buon costume* public morality, public decency: *contrario al buon costume* immoral, indecent; (*Dir*) *delitto contro il buon costume* offence against public decency; *la buon costume* the vice squad, propriety, public decency; *~ da mangiare* fit to eat; *buon dì*: **1** (*al mattino incontrandosi*) good morning; **2** (*di pomeriggio, incontrandosi*) good afternoon; (*fig*) *di buona lega*: **1** (*di qualità*) good quality (*attr.*); **2** (*ad alto contenuto*) high-percentage, good quality (*attr.*), sterling; *di buona lena*: **1** (*con forza, con costanza*) hard, steadily: *lavorare di buona lena* to work with a will; **2** (*con ritmo veloce*) quickly; *di buon'ora* early (in the morning): *mi alzo sempre di buon'ora* I always get up early; (*colloq*) *un buon diavolo* a good soul, a good fellow; *avere una buona digestione* to have a good digestion, to have good digestion; *il buon Dio* God (above), the good Lord; *buon Dio, come sei pallido!* (good) heavens, how pale you are!; *buon divertimento!* have a good time!, enjoy yourself!; *buona donna*: **1** good soul, good woman; **2** (*colloq*) (*prostituta*) prostitute, whore, harlot, tart, (*eufem*) woman of easy virtue, (*eufem, colloq*) fast woman: *figlio di buona donna* son of a bitch; *dare il buon esempio* to set a good example; *essere di buona famiglia* to come from a respectable family, to come from a good family; *fare buona guardia* to keep a sharp look-out, to keep a sharp watch; *buona fede*: **1** good faith: *essere in buona*

fede to be in good faith; *ho agito in buona fede* I acted in good faith; **2** (*fiducia*) confidence, candour: *approfittare della buona fede di qcu.* to take advantage of so.'s candour; *buone feste!*: **1** (*per Natale*) Merry Christmas; **2** (*scritto sui biglietti*) Season's Greetings; *andare a buon fine* to turn out well; *non andare a buon fine* to turn out badly; *portare qcs. a buon fine* to bring sth. to a successful conclusion; *buona fine e buon principio!* (o *buona fine e miglior principio!*) happy New Year!; *buon fine settimana!* have a nice weekend!; (*fig*) *essere una buona forchetta* to be a hearty eater; *buona fortuna* good luck: *augurare buona fortuna a qcu.* to wish so. good luck; *buon genio* good genius; *avere buon gioco*: **1** (*avere carte favorevoli*) to have a good hand; **2** (*fig*) to be in a favourable position, to be in a good position; *buon giorno!*: **1** (*al mattino, incontrandosi*) good morning!: *dare il buon giorno a qcu.* to wish so. good morning; **2** (*di pomeriggio, incontrandosi*) good afternoon!; **3** (*accomiatandosi*) goodbye!; *buon governo* good government; *di buon grado* willingly, with pleasure, gladly: *acconsentire di buon grado* to consent willingly, to agree willingly; *buona grazia* kindness, courtesy, good manners; *buon gusto*: **1** (*good*) taste: *una persona di buon gusto* a person with good taste; *ha molto buon gusto* he has very good taste; *di buon gusto* in very good taste, tasteful; **2** (*delicatezza, tatto*) good manners, tact, decency: *abbiate il buon gusto di tacere* have the good decency to keep quiet; (*Bibl*) *il buon ladrone* the good thief; *in buona*: **1** (*in buoni rapporti*) on good terms, in friendly relations; **2** (*fig*) in a good mood; *in buona luce* in a good light (*anche fig*); (*rar*) *una buona lana* a scoundrel, a rogue, a rascal, a scapegrace; *buon lavoro!* have a good workday!, hope your work goes well!; *fare un buon lavoro* (*con qcs.*) to do a good job (of sth.); (*fig*) *essere in buone mani* to be in good hands; (*ant*) *buona mano* tip; *di buon mattino* early (in the morning); *a buon mercato*: **1** (*usato come avverbio*) cheaply: (*fig*) *cavarsela a buon mercato* to get off cheaply, to get off lightly; **2** (*usato come aggettivo*) cheap, inexpensive; *fare una buona morte* to have a peaceful end; *avere buon naso*: **1** to have a keen sense of smell; **2** (*fig*) to be a good judge; *buon Natale!* Merry Christmas!; *è buona norma citare l'autore* it's good practice to quote the author; *buona notte!*: **1** good night!: *augurare la buona notte* to say good night; *dare la buona notte a qcu.* to wish so. goodnight; **2** (*pop*) (*per troncare bruscamente*) and that's that!; (*iron*) *il ladro è fuggito e buona notte* the thief escaped and that was that; (*iron*) *buona notte suonatori* and that's the end of it, and that's the end of that; *la buona novella* (*il vangelo*) the Gospel; *un buon numero di* a considerable number of, a large number of, quite a number of, quite a few; *vedere qcs. di buon occhio* to look favourably on sth., (*Am*) to look favorably on sth.; *non vedere qcu. di buon occhio* to look with disfavour on so., (*Br*) not to take kindly to so., (*Am*) to look with disfavor on so., not to like so.; *alla buon'ora* at last, finally: *alla buon'ora!* at last!; *per il buon ordine* for the sake of good order; *ritirarsi in buon ordine*: **1** to withdraw in good order; **2** (*iron*) to beat a hasty retreat; *con buona pace di...* without offending..., with the blessing of..., with the blessings of...; *una buona parola* a good word: *mettici anche tu una buona parola* you put in a good

word too; *mettere una buona parola per qcu.* to put in a good word for so., to say a good word for so.; *una buona parte della popolazione* a fair chunk of the population; (*fig*) *un buon partito*: **1** (*di uomo*) an eligible bachelor; **2** (*di donna*) a good catch; *buona Pasqua!* happy Easter!; (*Bibl*) *il Buon Pastore* the Good Shepherd; *buon per te!* good for you!, lucky you!; *buona permanenza!* have a good stay!; (*fig*) *essere sulla buona pista* to be on the right track; *mettere qcu. sulla buona pista* to put so. on the scent; *prendere per buone le parole di qcu.* to take so.'s word; *a buon prezzo* cheaply, at a good price; *buon pro ti faccia!* may it do you good!; *buon proseguimento!* all the best!; (*a chi viaggia*) have a good trip!; (*fig*) *dare buona prova di sé* to stand the test, to prove oneself; *il lavoro è a buon punto* the work is coming along nicely, the work is making good progress; *arrivare a buon punto* to reach an advanced stage; (*iron*) *questa è buona!* that is a good one!, that is rich!, I like that!; *a buon rendere* my turn next time, I owe you one; *serbare un buon ricordo di qcu.* to have a pleasant recollection of so., to have happy memories of so.; *buon riposo!* sleep well!, have a good rest!; *avere una buona riuscita* (o *fare una buona riuscita*): **1** to be a success, to be successful, to come out well, to turn out well; **2** (*rif. a prodotti commerciali*) to prove good, to be good; **3** (*durare*) to last; **4** (*rif. a indumenti*) to wear well; *questo cibo ha un buon sapore* this food tastes good; *buon senso* common sense, sense, good sense: *una persona piena di buon senso* a person full of common sense, a sensible person; *buona sera!*: **1** (*di pomeriggio, incontrandosi*) good afternoon!; **2** (*di sera, incontrandosi*) good evening!; **3** (*congedandosi*) goodbye!, (*colloq*) bye-bye!, (*lett*) farewell!; (*a sera inoltrata*) good night!; *la buona società* high society; *buona sorte* good luck: *sperare nella buona sorte* to trust to luck; *avere buone speranze per qcu.* to have high hopes for so.; *avere buone speranze di fare qcs.* to have high hopes of doing sth.; *la buona stagione* spring and summer; *nella buona stagione* when the weather is mild; (*fig*) *buona stella* lucky star; (*fig*) *mettere qcu. sulla buona strada* to put so. on the right path, to set so. on the right path; *la buona tavola* good cooking: *amare la buona tavola* to be a gourmet; *tenere ~ qcu.* to stall so. off; *tenersi qcu.* to keep on friendly terms with so.; *troppo ~!* you're too kind!; *buoni uffici* good services, good offices; *grazie ai buoni uffici di qcu.* thanks to so.'s (o through so.'s) good offices; *buon umore* good mood, high spirits (*pl.*): *perdere il buon umore* to fall out of spirits; *riacquistare il buon umore* to regain one's spirits; *essere di buon umore* to be in a good mood; *buon uomo*: **1** good-natured man, easy-going man; **2** (*credulone*) simpleton, simple-minded fellow; **3** (*colloq*) (*rivolgendo la parola*) my good man, my good fellow; *buon'uscita*: **1** (*per appartamenti e sim.*) key money; **2** (*gratifica a chi lascia un impiego*) gratuity, golden handshake; (*in caso di pensionamento*) retirement bonus; *fare buon uso di qcs.* to get good wear out of sth., to put sth. to good use; *buone vacanze!* (*Br*) have a nice holiday!, (*Am*) have a good vacation!; (*Mar, colloq*) *buon vento!* good sailing!; *qual buon vento ti porta?* what good fortune brings you here?; *buon viaggio!* bon voyage!, have a nice journey!, have a nice trip!, have a good trip!; (*fig*) *fare buon viso a qcu.* to welcome so.; *fare buon viso a* *cattivo gioco* to put a brave face on; *di buona voglia*: 1 (*volentieri*) with a will, willingly, gladly, cheerfully: *mettersi di buona voglia* to put one's heart into it; 2 (*di buon animo*) in a good mood; *buona volontà* willingness, good will: *mostrare buona volontà* to display good will, (*colloq*) to show one is willing; *uomo di buona volontà* man of good will; *ascoltami una buona volta!* listen to me once and for all! *Prov.*: *il buon giorno si vede dal mattino* well begun is half done; *buon vino fa buon sangue* good wine engenders good blood; *il buon vino non vuol frasca* good wine needs no bush; *a buon intenditor poche parole* least said soonest mended, a nod is as good as a wink, a word to the wise (is sufficient).

buono² *m.* 1 (*tagliando*) coupon, voucher, ticket, note: *un ~ per dieci euro* a voucher for ten euros; *un ~ per un paio di calze* a coupon for a pair of stockings. 2 (*ordine di pagamento*) order to pay. 3 (*Econ*) bond, note, bill, warrant. □ *~ alimentare* food stamp; *~ benzina* (*Br*) petrol coupon, (*Am*) gas coupon; (*Econ*) *~ del Tesoro* Treasury bond; *buoni del Tesoro decennali* Treasury Bonds with a maturity of ten years; *~ di acquisto* token, cash order, purchase voucher, gift voucher; *~ di consegna* delivery order, delivery note; (*Comm*) *~ di magazzino* warehouse warrant, warehouse receipt; (*Econ*) *buoni di risparmio* savings bonds: *buoni di risparmio a premio* premium savings bonds; *~ di risposta internazionale* international reply coupon; (*Mar*) *~ di sbarco* delivery order, delivery note; (*Mar*) *~ d'imbarco* receiving note, shipping note, shipping order; (*Econ*) *~ fruttifero* interest-bearing security; *~ mensa* luncheon voucher; (*Econ*) *buoni nominativi* registered bonds; *~ omaggio* gift token, gift voucher; *~ pasto* luncheon voucher, meal voucher, meal ticket; *~ premio* gift voucher; *~ sconto* discount voucher; *~ scuola* school voucher; *buoni spesa* shopping cheques, trading cheques.

buono-benzina (*pl.* **buòni-benzìna**) *m.* (*Br*) petrol coupon, (*Am*) gas coupon.

buonora □ *alla ~* at last, finally; *di ~* early: *alzarsi di ~* to get up early.

buonsenso *m.* common sense, sense, good sense: *una persona piena di ~* a person full of common sense, a sensible person; *una ragazza di ~* a girl of common sense.

buontempo *m.* good time: *darsi ~* to have a good time.

buontempone *m.* (*f.* **-a**) jolly fellow.

buonumore *m.* 1 good mood, high spirits *pl.*: *essere di ~* (*in un preciso momento*) to be in a good mood; (*abitualmente*) to be good-tempered, to be good-humoured. 2 (*allegria*) high spirits *pl.*, good spirits *pl.*: *essere di ~* to be in a good mood, to be in good spirits.

buonuomo *m.* 1 good-natured man, easy-going man. 2 (*credulone*) simpleton, simple-minded fellow. 3 (*colloq*) (*rivolgendo la parola*) my good man, my good fellow.

buonuscita *f.* 1 (*per appartamenti e sim.*) key money. 2 (*gratifica a chi lascia un impiego*) gratuity, golden handshake; (*in caso di pensionamento*) retirement bonus.

BUR *Myanmar* BUR (Myanmar).

buralista *m.* (*Svizz.it*) (*responsabile dell'ufficio postale*) post office manager.

burattare (**buràtto**) *v.t.* (*rar*) to sieve, to sift.

burattatura *f.* (*rar*) sieving, sifting.

burattinaio *m.* (*f.* **-a**) 1 puppeteer. 2 (*fabbricante*) puppet maker; (*venditore*) puppet seller. 3 (*fig*) manipulator, wirepuller.

burattinata *f.* 1 puppet show, puppetry. 2 (*fig,spreg*) puppetry, tomfoolery.

burattinesco (*pl.* **-chi**) *a.* 1 puppet-like. 2 (*fig*) foolish: *comportamento ~* foolish behaviour.

burattino *m.* puppet (*anche fig*): *quell'uomo è un ~ in mano dei suoi superiori* that man is a puppet in the hands of his superiors. □ *fare il ~* to play the fool.

buratto *m.* (*Tecn*) sifter.

burba *f.* 1 (*Mil,gerg*) raw recruit, rookie. 2 (*estens*) (*sciocco*) fool.

burbanza *f.* haughtiness, arrogance.

burbanzoso *a.* haughty, arrogant.

burbera *f.* (*Mecc*) windlass.

burberamente *avv.* grumpily, gruffly, roughly.

burbero I *a.* gruff, grumpy, brusque: *uomo ~* brusque man; *una burbera risposta* a gruff reply. II *m.* (*f.* **-a**) grumpy person. □ (*colloq*) *un ~ benefico* a diamond in the rough.

burchiello *m.* (*Mar*) wherry.

burchio *m.* barge.

bure *f.* (*Agr*) beam of a plough.

bureau /byˈrɔ/ *m.inv.* 1 (*mobile*) bureau, writing desk. 2 (*di albergo*) manager's office.

buretta *f.* (*Chim*) burette.

burgraviato *m.* (*Stor*) rank and jurisdiction of a burgrave.

burgravio *m.* (*Stor*) burgrave.

burgundi *m.pl.* (*Stor*) Burgundians.

burgundo *a.* (*Stor*) Burgundian.

buriana *f.* 1 (*region*) (*temporale*) short storm. 2 (*fig*) (*trambusto*) turmoil, uproar.

burina *f.* (*Mar*) (*bolina*) bowline.

burino I *a.* (*region*) boorish, loutish. II *m.* (*f.* **-a**) (*region*) peasant; (*persona grossolana*) boor, lout.

burka *m.inv.* (*Abbigl*) burka.

Burkina, Burkina Faso *n.pr.f.* (*Geog*) Burkina, Burkina Faso.

burkinabé I *a.* Burkinan, Burkinese. II *m./f.inv.* Burkinan, Burkinabe.

burkinese I *a.* Burkinan, Burkinese. II *m./f.* Burkinan, Burkinabe.

burla *f.* 1 (*scherzo*) trick, prank, practical joke, jest. 2 (*inezia*) trifle, joke: *oggi dieci euro sono una ~* nowadays ten euros are a mere trifle. 3 (*Teat*) burlesque. □ *da ~* worthless, farcical: *un esercito da ~* a farcical army; *fare una ~ a qcu.* to make fun of so.; *mettere in ~ qcu.* to make a fool of so., to make fun of so.; *per ~* just for fun, in jest; *non dirlo neppure per ~* don't say that even in jest.

burlare (**bùrlo**) I *v.t.* to make fun of, to laugh at, to tease, (*colloq*) to pull the leg of, (*colloq*) to kid: *mi burlano per la mia timidezza* they laugh at me because of my shyness. II *v.pron.* **burlarsi** to make fun (*di* of), to laugh (*at*), to make a fool (*of*), to mock (*so.*): *si è sempre burlato della legge* he has always laughed at the law.

burlesca *f.* (*Mus*) burlesque.

burlesco (*pl.* **-chi**) I *a.* farcical, burlesque: *poesia burlesca* burlesque poetry. II *m.* burlesque.

burletta *f.* joke, jest, trick. □ *mettere in ~* to make fun of.

burlone I *m.* (*f.* **-a**) joker, jester. II *a.* facetious.

burnus *m.inv.* burnous.

burocrate *m.* 1 (*impiegato*) government official, Civil Servant. 2 (*spreg*) bureaucrat, apparatchik.

burocratese *m.* (*spreg*) officialese, bureaucratese.

burocraticamente *avv.* bureaucratically.

burocratico (*pl.* **-ci**) *a.* civil-service (*attr.*), bureaucratic, (*spreg*) red-tape (*attr.*): *apparato ~* bureaucratic machine; *riforma burocratica* civil service reform, reform of the bureaucracy.

burocratismo *m.* bureaucratization, (*spreg*) red tape.

burocratizzare (**burocratìzzo**) *v.t.* to bureaucratize.

burocratizzazione *f.* bureaucratization.

burocrazia *f.* 1 (*amministrazione pubblica*) bureaucracy, civil service, public administration. 2 (*collett.*) bureaucracy, government officials *pl.*, civil service. 3 (*spreg*) red-tape.

burotica *f.* office automation.

burrasca *f.* 1 (*tempesta*) storm, tempest, gale, squall: *minaccia ~* a storm seems to be blowing up, a storm is threatening. 2 (*fig*) trouble, upheaval: *abbiamo avuto burrasche in famiglia* we have had trouble in the family. □ (*fig*) *aria di ~* stormy atmosphere; *fare ~* to squall, to storm; *in ~* rough, stormy: *mare in ~* stormy sea, rough sea; (*Fis*) *~ magnetica* magnetic storm.

burrascosamente *avv.* stormily.

burrascoso *a.* stormy (*anche fig*): *mare ~* stormy sea; *vita burrascosa* stormy life.

burriera *f.* butter dish.

burrificare (**burrìfico, burrìfichi**) *v.t.* to churn.

burrificazione *f.* churning, butter-making.

burrificio *m.* dairy, creamery.

burro *m.* (*Alim*) butter: *fare il ~* to make butter. □ (*Gastron*) *al ~* cooked in butter, (*seasoned*) with butter; *uovo al ~* egg fried in butter; (*Alim*) *~ chiarificato* clarified butter; (*Alim*) *~ da tavola* table butter; (*fig*) *di ~*: 1 (*tenero*) like butter, meltingly soft; 2 (*accondiscendente*) yielding, soft-hearted; (*Alim*) *~ di arachidi* peanut butter; *~ di cacao*: 1 cocoa butter; 2 (*Cosmet*) lip salve, lip balm; (*Alim*) *~ di noccioline* peanut butter; (*Alim*) *~ fresco* fresh butter; (*Alim*) *~fuso* melted butter; (*Alim*) *~ non salato* unsalted butter, sweet butter; (*Alim*) *~ salato* salted butter.

burrocacao *m.* (*Cosmet*) lip salve.

burrona □ *pera ~* butterpear; *pesca ~* ripe and juicy peach.

burrone *m.* ravine, gorge.

burroso *a.* 1 buttery, rich in butter (*posposto*), fat: *questo dolce è troppo ~* this cake is too rich in butter. 2 (*fig*) (*morbido come il burro*) creamy, buttery.

Burundi *n.pr.m.* (*Geog*) Burundi.

bus *m.* 1 bus. 2 (*Inform*) bus: *~ indirizzi* address bus.

busca *f.* 1 (*lett*) (*cerca*) quest, search. 2 (*Mil*) unlawful appropriation of goods. □ *andare in ~ di qcs.* to go in search of sth.

buscare (**bùsco, bùschi**) *v.t.* to get, to catch: *mi sono buscato il primo premio* I got the first prize; *mi sono buscato un bel raffreddore* I caught a terrible cold. □ *buscarle* to get a good beating, to get a thrashing.

busecca *f.* (*Gastron,region*) tripe.

busillis *m.* snag, rub: *qui sta il ~* here's the snag, there's the rub.

business class /ˈbiznesˈklas/ *f.* business class: *volare in ~* to fly in business class.

bussa *f.spec.pl.* (*ant*) wallop, blow. □ *dare le busse* to give a flogging, to give a thrashing, to give a beating, to wallop; *prendere le busse* to get a beating.

bussare (**bùsso**; *aus.* *avere*) *v.i.* to knock: *~ alla porta* to knock at the door, to knock on the door; *bussano, vai ad aprire* someone's knocking, go and open the door. □ *(fig)* ~ *a quattrini* to ask for money; *(fig)* ~ *a tutte le porte* to try every avenue; ~ *alla porta*: 1 to knock at the door, to knock on the door; 2 *(fig) (cercare aiuto)* to seek help.

bussata *f.* knock.

bussatoio *m. (ant)* knocker.

busso *m. (region)* knock.

bussola[1] *f. (strumento)* compass. □ ~ *azimutale* azimuth compass; ~ *di declinazione* declinometer, declination compass, variation compass; ~ *di rotta* steering compass; ~ *giroscopica* gyrocompass; ~ *magnetica* magnetic compass; ~ *topografica* surveyor's compass.

bussola[2] *f.* 1 *(Mecc)* bush. 2 *(portantina)* sedan (chair). 3 *(porta interna)* inner door; *(porta rotante)* revolving door. 4 *(cassetta per elemosine)* alms-box; *(per votazione)* ballot box.

bussolotto *m.* 1 *(barattolo: di legno)* box; *(di latta)* tin, *(Am)* can. 2 *(per gettare i dadi)* dice box, dice cup, dice-shaker.

busta *f.* 1 envelope: *chiudere una* ~ to seal an envelope; *mettere in* ~ to put into an envelope. 2 *(astuccio)* case. 3 *(cartella)* briefcase. 4 *(borsa a forma di busta)* envelope-bag, pochette, clutch bag. 5 *(sacchetto)* bag: *busta di plastica* plastic bag. □ ~ *a finestra* window envelope; *in* ~ *aperta* in an open envelope, in an unsealed envelope; ~ *autoadesiva* self-sealing envelope; *in* ~ *chiusa* in a sealed envelope; ~ *imbottita* Jiffy bag, padded envelope; *in* ~ *a parte* under separate cover; ~ *internografata* non-transparent envelope; ~ *paga* pay packet, wage packet, *(Am)* pay check, pay envelope; ~ *preaffrancata* prepaid envelope, stamped envelope; *(Filat)* ~ *primo giorno (di emissione)* first day cover.

bustaia *f. (Abbigl)* 1 *(fabbricante)* corset-maker, corsetière. 2 *(venditrice)* corset seller, corsetière.

bustarella *f. (colloq)* bribe, *(Am,pop)* payola. □ *dare una* ~ *a qcu.* to bribe so., to grease so.'s palm; *prendere una* ~ to take a bribe.

bustina *f.* 1 small envelope. 2 *(pacchetto)* bag, sachet, packet: ~ *di tè* tea bag; ~ *di zucchero* sachet of sugar. 3 *(Farm)* packet: *in bustine* in packets. 4 *(Mil) (berretto)* forage cap, service cap. 5 *(borsetta)* clutch bag.

bustino *m. (Sart)* 1 corselet. 2 *(parte superiore di abito)* bodice.

busto *m.* 1 *(Anat,Scult)* bust: *un* ~ *di marmo* a marble bust. 2 *(Ginn)* torso: *ruotare il* ~ to rotate one's torso; *flettere il* ~ to bend over, to bend down, to bend at the waist. 3 *(Sart)* corset with stays; *(elastico)* girdle; *(parte del vestito)* bodice, bustier. □ *stare col* ~ *eretto* to hold oneself upright; ~ *ortopedico* (orthopedic) corset.

butadiene *m. (Chim)* butadiene.

butano *m. (Chim)* butane.

butile *m. (Chim)* butyl.

butilico *(pl.* -ci*) a. (Chim)* butyl *(attr.)*: *alcol* ~ butyl alcohol, butanol.

butirrico *(pl.* -ci*) a. (Chim)* butyric: *acido* ~ butyric acid.

buttafuoco *(pl.* -chi*) m. (Mil,ant)* linstock.

buttafuori *m.inv.* 1 *(Teat)* call-boy; *(di locale notturno)* bouncer, chucker-out. 2 *(Mar)* outrigger, boomkin.

buttare (bùtto) I *v.t.* 1 to throw, to fling: ~ *un sasso* to throw a stone. 2 *(versare)* to pour: *buttò l'acqua nel catino* he poured the water into the basin. 3 *(emettere, mandar fuori)* to send forth, to give out, to spout

(out), to discharge. 4 *(fig) (sprecare)* to waste, to throw away: ~ *il tempo* to waste time; ~ *il fiato* to waste one's breath. **II** *v.i.* *(aus.* **avere**) 1 *(rif. a piante, germogli)* shoot, to sprout, to bud. 2 *(rif. a recipienti: perdere)* to leak. 3 *(rif. a fontane, sorgenti: sgorgare)* to play, to gush, to spout: *la fontana butta poco* the fountain is hardly playing at all; *il rubinetto non butta* the tap does not work. 4 *(tendere)* to tend: *un colore giallo che butta al marrone* yellow tending to brown. **III** *v.pron.* **buttarsi** 1 *(lasciarsi cadere)* to throw oneself, to drop: *si buttò sul letto* he threw himself on to the bed. 2 *(scagliarsi)* to throw oneself, to hurl oneself: *si è buttato dal terzo piano* he threw himself from the third floor; *buttarsi sotto il treno* to throw oneself under a train. 3 *(fig) (dedicarsi con impeto)* to throw oneself *(in* into*)*: *buttarsi a fare qcs.* to throw oneself into doing sth. 4 *(rif. ad animali: scagliarsi sulla preda)* to pounce, to leap, to spring: *il gatto si buttò sul topo* the cat pounced on the mouse. □ *(fig) buttarsi a pesce su* to jump at, to throw oneself at; ~ *a terra qcs.* to throw sth. (on) to the ground; *buttarsi a terra* to throw oneself to the ground; *buttarsi addosso il cappotto* to throw one's coat on; *buttarsi ai piedi di qcu.* to fling oneself at so.'s feet, to throw oneself at so.'s feet; ~ *all'aria qcs.*: 1 *(mettere in disordine)* to turn sth. topsy-turvy, to turn sth. upside down: *butterò all'aria tutta la casa pur di trovare quella lettera* I'll turn the house upside down if necessary to find that letter; 2 *(fig) (mandare all'aria)* to scrap sth., to throw sth. up: ~ *all'aria un progetto* to scrap a plan; *(fig) buttarsi qcs. alle spalle* to put sth. behind, to think no more about sth.; *(colloq) gli affari buttano bene* business is looking up, business is rosy; *(colloq) come butta?* how are things?; *buttarsi dalla finestra* to throw oneself out of the window; *(fig, colloq)* ~ *i soldi dalla finestra* to throw money away, *(colloq)* to throw money down the drain; *(fig) buttarsi qcs. dietro le spalle* to put sth. behind, to think no more about sth.; *(colloq)* ~ *fuori*: 1 to throw out; *(rif. a impiego)* to fire, to sack; 2 *(pop)* to get off one's chest, to spit out: *butta fuori quel che hai da dire* get it off your chest; *buttarsi giù*: 1 to rush down, to dash down: *mi buttai giù per le scale per inseguirlo* I rushed down the stairs in pursuit of him; 2 *(fig) (avvilirsi)* to lose heart, to become disheartened: *cerca di non buttarti giù alla prima difficoltà* try not to lose heart at the first difficulty; ~ *giù*: 1 to throw down: *gli buttò giù la chiave* he threw the key down to him; 2 *(abbattere)* to throw down, to knock down, to pull down; *(rif. al vento)* to blow down: *il vento ha buttato giù parecchi alberi* the wind has blown several trees down; 3 *(demolire)* to demolish, to pull down, to knock down; 4 *(abbozzare)* to jot down, to scribble down, to dash off: ~ *giù un articolo* to dash off an article; 5 *(indebolire)* to weaken, to make weak: *questa influenza mi ha buttato giù parecchio* this influenza has made me very weak, I am very run down after this bout of flu; 6 *(avvilire)* to dishearten, to discourage, to depress: *la notizia mi ha buttato giù* the news has depressed me; 7 *(colloq) (inghiottire)* to gulp down, to swallow: *butta giù questa pillola* swallow this pill; *buttò giù un boccone in fretta e uscì* he had a quick snack and went out; *(fig) non posso* ~ *giù questo affronto* I can't swallow this insult; *(fig) buttare giù del latto qcu.* to

raise so. out of bed; ~ *gli occhi su qcs.* to set eyes on sth.: *non appena buttò gli occhi sulla lettera capì di che cosa si trattava* as soon as he set eyes on the letter he realized what it was about; *buttarsi in acqua* to throw oneself into the water, to jump into the water; ~ *in aria* to throw up in the air; *(fig)* ~ *qcs. in faccia a qcu.* to fling sth. in so.'s teeth, to throw sth. in so.'s face, to hurl sth. at so.: *gli buttò in faccia la verità* he flung the truth in his face, he hurled the truth at him; *buttarsi in ginocchio* to throw oneself on one's knees, to fall to one's knees; *(fig)* ~ *qcu. in mezzo alla strada* to throw so. into the gutter; ~ *qcu. in prigione* to cast so. into prison, to throw so. into prison; ~ *là* to throw out: *buttò là la proposta* he threw out the suggestion; *(Alim)* ~ *la pasta* to put the pasta into the boiling water; ~ *le braccia al collo di qcu.* to throw one's arms round so.'s neck; *buttarsi nelle braccia di qcu.* to fling oneself into so.'s arms; *(colloq) la situazione butta male* things are looking bad; *(fig) buttarsi nel fuoco per qcu.* to do anything for so., to go through hell and high water for so.; ~ *per terra qcs.* to throw sth. (on) to the ground; ~ *sangue* to bleed; *buttarsi su qcu.* to fling oneself on so., to hurl oneself against so.; *buttò sul poveretto e lo colpì ripetutamente* he flung himself on the poor fellow and hit him again and again; *si è buttata sul lavoro* she threw herself into her work; *buttarsi uno scialle sulle spalle* to throw a shawl round one's shoulders, to throw a shawl over one's shoulders; ~ *via*: 1 to throw away, to throw out, to get rid of: *butta via tutto questo vecchiume* throw all this rubbish out; *queste scarpe sono da* ~ *via* these shoes are fit for the dustbin; 2 *(fig) (sprecare)* to waste, to throw away: ~ *via i soldi* to throw money away; ~ *via il tempo* to waste time; *buttarsi via (essere sprecato)* to waste oneself; *(colloq)* ~ *via il bambino con l'acqua sporca* to throw out the baby with the bath water.

buttasella *m.inv. (Mil)* saddle-up, boot and saddle.

buttata *f.* 1 throw. 2 *(Bot)* shooting, sprouting; *(germoglio)* shoot, sprout.

butterare (bùttero) *v.t.* to pock-mark, to pit.

butterato *a.* pock-marked, pitted: *un viso* ~ a pock-marked face.

butteratura *f.* pock-marks *pl.*

buttero[1] *m. (cicatrice)* pock-mark.

buttero[2] *m. (mandriano)* cowboy.

butto *m.* 1 *(getto)* jet, spout: ~ *d'acqua* jet of water. 2 *(germoglio)* shoot, sprout.

buvette /bu'vɛt/ *f.inv.* cafeteria in the Italian parliament.

buyer /'baier/ *m./f.inv. (Comm)* buyer.

buzzo *m. (pop) (ventre)* belly, paunch. □ *di* ~ *buono* with a will, with enthusiasm: *si è messo a studiare di* ~ *buono* he has got down to studying with a will.

buzzurro *m. (pop)* boor, clod.

BWR *(Fis)* reattore ad acqua bollente BWR (Boiling Water Reactor).

by night /'bai'nait/ *a.* by night: *Roma* ~ Rome by night.

bypass /'bai'pas/ *m.inv. (Chir,Strad,Idr)* bypass.

bypassare /bai-/ (**bypàsso** /bai-/) *v.t. (Idr, Med,fig)* to bypass.

bypassato /bai-/ *a. (Idr,Med,fig)* bypassed.

byroniano /bairo-/ *a. (Lett)* Byronian.

byronismo /bairo-/ *m. (Lett)* Byronism.

byte /bait/ *m. (Inform)* byte.

C

c, C[1] /tʃi/ *f./m.* (*lettera dell'alfabeto*) c, C, letter C: *due c* two C's; *doppia c* double C; *una c maiuscola* a capital C; *una c minuscola* a small c; (*Tel*) *c come Catania* C for Charlie, (*Am*) C as in Charlie.

C[2] (*Mus*) *contralto* A (alto, contralto).

C. **1** *compagnia* Co. (Company). **2** *codice* cod. (codex).

°C *grado Celsius* °C (Celsius degree).

ca *circa* ca (circa), abt. (about).

c.a. **1** *corrente anno* cy (current year). **2** *corrente alternata* a.c., AC (alternating current).

CAB *Codice di avviamento bancario* (bank code).

cabala *f.* **1** (*Rel*) cabala, cabbala. **2** (*fig*) (*raggiro*) cabal, intrigue. □ *~ del lotto* system of foretelling numbers of the lotto.

cabalista *m./f.* **1** (*Rel*) cabalist, cabbalist. **2** (*indovino del lotto*) foreteller of lotto results. **3** (*rar*) (*imbroglione*) cabalist, intriguer.

cabalistico (*pl.* **-ci**) *a.* **1** (*relativo alla cabala*) cabalistic, cabbalistic: *numeri cabalistici* cabbalistic numbers; *segni cabalistici* cabbalistic signs. **2** (*misterioso*) cabalistic, cabbalistic, mysterious.

cabarè /kaba'rɛ/ *m.inv.* **1** (*region*) (*vassoio*) tray. **2** (*locale*) cabaret.

cabaret /kaba'rɛ/ *m.inv.* (*locale*) cabaret; (*spettacolo*) cabaret, cabaret show.

cabarettista *m./f.* cabaret artist, (*Am*) stand-up comedian.

cabarettistico (*pl.* **-ci**) *a.* cabaret (*attr.*): *spettacolo ~* cabaret show.

cabestano *m.* (*Mar,Ferr*) capstan.

cabila *f.* Kabyle.

cabina *f.* **1** (*di nave*) cabin; (*di lusso*) state-room. **2** (*da spiaggia*) bathing hut, beach hut, (*Am*) bath house, cabana. **3** (*di autoveicoli, aerei e sim.*) cabin. **4** (*piccolo ambiente*) cabin, booth, kiosk: *~ del telefono* (*Br*) phone box, call box, (*Am*) phone booth, telephone booth. **5** (*di funicolare*) car. **6** (*di funivia*) cable car, gondola. □ *(Mar) ~ a due posti* two berth cabin; *~ a quattro posti* four berth cabin; (*Mar*) *~ ad aria condizionata* air-conditioned cabin; (*Arred*) *~ armadio* walk-in closet, large wardrobe; *~ del conducente* driver's cab, driver's cabin; *~ del navigatore*: 1 (*Mar*) (*Br*) charthouse, (*Am*) pilot house; 2 (*Aer*) navigator's compartment; *~ di ascensore* (*Br*) lift cage, (*Am*) elevator; *~ di controllo*: 1 control cabin; 2 (*Rad,El*) control room; (*Ferr*) *~ di manovra* signal box; (*Aer*) *~ di pilotaggio* cockpit; (*Mar*) *~ di prima classe* first class cabin; (*Cin*) *~ di proiezione* projection room; (*Cin, TV*) *~ di regia* control room; (*Mar*) *~ di seconda classe* second class cabin; *~ elettorale* polling booth, voting booth; (*El*) *~ elettrica* transformer room; *~ per interpreti* interpreter booth; (*Aer*) *~ pressurizzata* pressurized cabin; (*Astron*) *~ spaziale* space capsule; (*Tel*) *~ telefonica* (*Br*) phone box, call box, (*Am*) phone booth, telephone booth.

cabinato **I** *a.* (*Mar*) cabin (*attr.*). **II** *m.* (*Mar*) cabin cruiser.

cabinista *m./f.* **1** (*operaio*) electrical technician. **2** (*Cin*) projectionist.

cabinovia *f.* cableway.

cablaggio *m.* **1** (*El*) wiring. **2** (*Tel,TV*) cabling.

cablare (*càblo*) *v.t.* **1** (*El*) to wire. **2** (*Tel,TV*) to cable.

cablato *a.* **1** (*El*) wired. **2** (*Tel,TV*) cabled. **3** (*Inform*) hardwired.

cablatura *m.* **1** (*El*) wiring. **2** (*Tel,TV*) cabling.

cablo *m.* cable.

cablografia *f.* cable-sending, sending of cables.

cablografico (*pl.* **-ci**) *a.* cable (*attr.*): *codice ~* cable code.

cablogramma *m.* cable, cablegram.

cabotaggio *m.* (*Mar*) coasting, coasting trade, coasting navigation, cabotage: *grande ~* offshore coasting, offshore navigation; *piccolo ~* inshore navigation; *nave di piccolo ~* coaster; (*fig*) *di piccolo ~* minor, unimportant.

cabotare (*cabòto*) *aus.* **avere**) *v.i.* (*Mar*) to coast.

cabotiere *m.* (*Mar*) coaster, skipper.

cabotiero **I** *a.* (*Mar*) coasting, coastal. **II** *m.* (*Mar*) coaster, coasting vessel.

Caboto *n.pr.m.* (*Stor*) Cabot.

cabrare (*càbro*; *aus.* **avere**) **I** *v.i.* (*Aer*) to zoom. **II** *v.t.* (*Aer*) to zoom.

cabrata *f.* (*Aer*) zooming.

cabrio *f.inv.* (*Aut*) convertible, cabriolet.

cabriolè *m.inv.* (*Aut*) convertible, cabriolet.

cabriolet /kabrjo'le/ *m.inv.* (*Aut*) convertible, cabriolet.

cacadubbi *m./f.* (*spreg*) ditherer, flighty.

cacao *m.* **1** (*Alim*) cocoa. **2** (*Bot*) cacao. □ (*Alim*) *~ amaro* plain cocoa; (*Alim*) *~ in polvere* cocoa powder.

cacare (*càco*, *càchi*; *aus.* **avere**) **I** *v.t.* (*volg*) **1** to shit, to crap. **2** (*fig*) (*considerare*) to give a crap about, to give a shit about. **II** *v.i.* (*volg*) to shit, to crap. **III** *v.pron.* **cacarsi** (*volg*) to shit oneself: *cacarsi addosso* to shit oneself, to shit in one's pants (*anche fig*).

cacarella *f.* (*pop*) runs pl.

cacasenno *m./f.inv.* (*spreg*) (*sputasentenze*) wiseacre, know-it-all, know-all.

cacasotto *m./f.inv.* (*pop,spreg*) chicken, scaredy-cat.

cacata *f.* (*pop*) **1** shit, crap. **2** (*fig*) (*cosa brutta, mal fatta, noiosa*) crap.

cacatoio *m.* (*pop*) loo, (*Am*) john, outhouse.

cacatua *m.inv.* (*Ornit*) cockatoo.

cacatura *f.* (*pop*) **1** shit, (*Am*) crap. **2** (*di insetti*) frass.

cacca *f.* **1** (*pop*) poop, poo-poo, doo-doo, (*Br*) poo. **2** (*infant*) (*cosa sudicia*) dirt: *non toccare, è ~!* don't touch, it's dirty! □ (*pop*) *fare la ~* to go poo-poo, to make poo-poo, to do number two, (*Br*) to poo.

cacchio[1] *m.* (*Agr*) (*germoglio infruttifero*) non-fruit-bearing tendril.

cacchio[2] *intz.* (*eufem,pop*) darn! □ (*pop*) *che ~ vuoi?* what the heck do you want?; (*pop*) *col ~!* by no means!, no way!; (*pop*) *del ~* stupid, idiotic: *un libro del ~* a stupid book; (*pop*) *sono cacchituoi!* that's your problem!, deal with it!; (*pop*) *non capisci un ~!* you don't get it!, are you brian dead?; *non me ne frega un ~* I don't give a damn.

cacchione *m.* (*Entom*) **1** (*uovo di insetto*) flyblow. **2** (*larva di ape*) bee larva.

caccia[1] (*pl.* **-ce**) *f.* **1** hunt, hunting, shoot, shooting. **2** (*stagione di caccia*) hunting season: *apertura della ~* opening of the hunting season; *chiusura della ~* close of the hunting season. **3** (*cacciagione*) game: *ho mangiato dell'ottima ~* I ate some excellent game. **4** (*estens*) (*ricerca*) hunt, chase, pursuit, stalk: *la ~ al ladro era appena iniziata* the hunt for the thief had scarcely begun; *essere a ~ di facili guadagni* to be in search of easy money. **5** (*Lett*) caccia. □ *essere a ~* to be hunting, to be shooting; (*fig*) *essere a ~ di qcs.* to be out for sth., to be after sth., to hunt for sth.; *andare a ~*: 1 to go hunting, to hunt, to go species hunting; 2 (*fig*) to be looking for: *andare a ~ di un impiego* to go looking for a job, to go in search of a job, (*colloq*) to go job-hunting; *andare a ~ di un marito* to be looking for a husband; *andare a ~ di onori* to go after honours, (*Am*) to go after honors; *~ a strascico* drag hunt, drag hunting; *~ agli errori* find the mistakes; *~ al ladro* pursuit of a thief, thief hunt; *~ al leone* lion-hunting; *~ al tesoro* treasure hunt; *~ alla balena* whaling; *~ alla foca* sealing; *~ alla volpe* fox hunting; (*Stor*) *~ alle streghe* witch hunt (*anche fig*); *~ all'orso* bear hunting; *~ all'uomo* manhunt; *~ con il falcone* hawking, falconry; *da ~* hunting, shooting; *abito da ~* (*o tenuta da ~*) hunting outfit; *dare la ~ a qcu.* to chase so., to pursue so.; *un giovanotto a ~ di dote* a youth after a dowry; *~ di frodo* poaching; *~ fotografica* photo safari; *~ grossa*: 1 (*azione*) big-game hunting; 2 (*selvaggina*) big game; *~ in palude* wild-fowling; *~ minuta*: 1 (*azione*) shooting; 2 (*selvaggina*) game; *~ subacquea* underwater fishing.

caccia[2] *m.inv.* **1** (*Mil*) fighter. **2** (*Mar*) destroyer, torpedo-boat destroyer. □ (*Aer.mil*) *~ a reazione* jet fighter; (*Aer.mil*) *~ bombardiere* fighter-bomber; (*Aer.mil*) *~ intercettatore* interceptor; (*Aer.mil*) *~ silurante* torpedo bomber.

cacciaballe *m./f.* (*colloq*) bullshitter.

cacciabile *a.* shootable.

cacciabombardiere *m.* (*Mil*) fighter-bomber.

cacciagione *f.* game: *~ arrosto* roast game.

cacciamine *m.inv.* (*Mil*) minehunter, minesweeper.

cacciare (*càccio*, *càcci*) **I** *v.t.* **1** to hunt, to shoot: *~ la selvaggina* to hunt game; *~ il cinghiale* to hunt wild boar. **2** (*inseguire*) to chase, to run. **3** (*scacciare*) to drive out, to chase away, to throw out: *il padre lo ha cacciato di casa* his father threw him out of the house, his father kicked him out of the house. **4** (*rif. a cose: allontanare*) to ward off, to keep away: *~ il malocchio* to ward off the evil eye. **5** (*mettere, riporre*) to stuff, to stick: *cacciai tutto in un cassetto* I stuffed everything into a drawer; *non ricordo più dove ho cacciato i miei occhiali* I can't remember where I stuck my glasses; *~ le mani in tasca* to stick one's hands in one's pockets. **6** (*conficcare: chiodi e sim.*) to drive, to stick: *~ un chiodo nel muro* to drive a nail into the wall; ~ *una pallottola in corpo a qcu.* to put a bullet into so. **7** (*emettere*) to let out, to give: ~ *un grido* to let out a cry, to give a shout. **II** *v.i.* (*aus. avere*) (*andare a caccia*) to go hunting, to go shooting; (*essere a caccia*) to be shooting, to be hunting: *ho cacciato tutto il giorno* I have been hunting all day. **III** *v.pron.* **cacciarsi 1** (*ficcarsi*) to plunge, to get into: *cacciarsi tra la folla* to plunge into the crowd; *cacciarsi nei pasticci* (*o cacciarsi nei guai*) to get into a mess, to get into a bad way, to get into trouble. **2** (*andare a finire*) to end up, to get to: *dove ti sei cacciato?* where have you got to? □ ~ *con il falcone* to go hawking, to hawk; ~ *dalla mente* to get out of one's mind, to chase away from one's mind; ~ *di frodo* to poach; ~ *qcs. di mente* to get so. out of one's mind, to chase so. away from one's mind; ~ *fuori qcu.* to throw so. out; (*colloq*) ~ *fuori i soldi* to shell out, to cough up; (*colloq*) *caccia fuori quello che hai da dire* spit it out; ~ *fuori un coltello* to pull out a knife, to whip out a knife; ~ *gli invasori* to drive out the invaders; (*fig*) ~ *il naso in qcs.* to stick one's nose into sth., to poke one's nose into sth.; (*fig*) ~ *il naso dappertutto* to be nosey, to snoop, (*colloq*) to be a nosey parker; ~ *qcu. in prigione* to throw so. in jail; (*fig,colloq*) *cacciarsi qcs. in testa* to get sth. into one's head; (*fig*) *cacciarsi in un ginepraio* to get oneself into a fix; ~ *indietro la folla* to push back the crowd; ~ *via* to drive out, to send away.

cacciasommergibili *m.inv.* (*Mar*) submarine chaser.

cacciata *f.* **1** (*espulsione*) expulsion, driving, driving away: ~ *di un tiranno* expulsion of a tyrant; *la* ~ *degli invasori* the driving away of the invaders. **2** (*rar*) (*partita di caccia*) hunt, shooting party.

cacciatora *f.* shooting jacket. □ *alla* ~: **1** (*Abbigl*) hunting (*attr.*), shooting (*attr.*): *calzoni alla* ~ hunting breeches, hunting britches; **2** (*Gastron*) cacciatore: *pollo alla* ~ chicken cacciatore.

cacciatore *m.* **1** (*f.* **-trice**) hunter (*f.* -tress), huntsman (*f.* -woman). **2** (*fig*) hunter, chaser. **3** (*Aer*) fighter pilot. **4** (*Stor*) (*soldato leggero*) light infantryman. □ ~ *a cavallo* mounted huntsman, (*Mil*) light cavalryman; (*Mil*) *i cacciatori delle Alpi* alpine troops; ~ *di autografi* autograph-hunter; ~ *di balene* whaler; ~ *di donne* skirt chaser; ~ *di dote* dowry-chaser; ~ *di frodo* poacher; ~ *di teste* headhunter (*anche fig*).

cacciatorino *m.* (*Gastron*) small hard salami.

cacciatorpediniere *m.inv.* (*Mar*) (*torpedo-boat*) destroyer.

cacciavite (*pl.inv.* o **-i**) *m.* screwdriver. □ ~ *a stella* Phillips screwdriver; ~ *torsiometrico* torque screwdriver.

cacciucco (*pl.* **-chi**) *m.* (*Gastron*) fish-soup, (*clam*) chowder.

caccola *f.* **1** (*pop*) (*sterco*) dung. **2** (*colloq*) (*muco*) snot, (*Am*) booger. **3** (*cispa*) eye gum.

cache /kaʃ/ *f.* (*Inform*) cache. □ (*Inform*) *memoria* ~ cache memory.

cache-col /kaʃˈkɔl/ *m.inv.* (*Abbigl*) cravat.

cachemire /ˈkaʃmir/ *m.* (*Tess*) cashmere: *un golfino di* ~ a cashmere sweater.

cacherello *m.* droppings *pl.*, dung.

cachessia *f.* (*Med*) cachexy, cachexia: ~ *senile* senile cachexy.

cachet /kaʃˈʃe/ *m.inv.* **1** (*Farm*) cachet; (*contro il mal di testa e sim.*) pain-killer, headache pill. **2** (*stile, tono*) cachet, mark, hallmark. **3** (*retribuzione*) remuneration, pay, fee. **4** (*colorante per capelli*) colour-rinse.

cachettico (*pl.* **-ci**) *a.* (*Med*) cachectical, cachectic.

cachi[1] *m.inv.* **1** (*Bot*) Japanese persimmon tree, Japanese persimmon, kaki. **2** (*Bot,Alim*) (*frutto*) Japanese persimmon, persimmon, kaki.

cachi[2] **I** *a.inv.* khaki: *pantaloni* ~ khaki trousers. **II** *m.* (*colore*) khaki.

cachinno *m.* (*lett*) cachinnation.

caciara *f.* (*region*) (*schiamazzo*) hubbub, din, racket, noise.

caciarone *m.* (*f.* **-a**) (*region*) boisterous person, (*colloq*) hell-raiser.

cacicco (*pl.* **-chi**) *m.* (*Stor*) cacique.

cacio *m.* cheese. □ (*fig*) *essere come il* ~ *sui maccheroni* (*o cascare come il* ~ *sui maccheroni*) to turn up at the right time, to come at the right time, (*Am*) to arrive at the nick of time.

caciocavallo *m.* (*Alim*) kind of cheese from Southern Italy.

caciotta *f.* (*Alim*) kind of cheese from Central Italy.

caco (*pl.* **-chi**) *m.* **1** (*Bot*) Japanese persimmon tree, Japanese persimmon, kaki. **2** (*Bot, Alim*) (*frutto*) Japanese persimmon, persimmon, kaki.

cacofonia *f.* (*Fon,Mus*) cacophony.

cacofonico (*pl.* **-ci**) *a.* (*Fon,Mus*) cacophonic, cacophonous.

cacone *m.* **1** (*pop*) shitter. **2** (*pop, fig*) chicken, coward.

cactacee *f.pl.* (*Bot*) cacti.

cactus *m.inv.* (*Bot*) cactus.

cacuminale *a.* (*Fon*) cacuminal.

CAD *progettazione con l'ausilio dell'elaboratore* CAD (computer-aided-design).

cad. *cadauno* ea. (each).

cadauno *pron.indef.* each: *libri a sette euro* ~ books at seven euros each.

cadavere *m.* **1** corpse, dead body: *lo trovarono già* ~ he was already dead when they arrived; *sembrare un* ~ to look like the return of the living dead. **2** (*per dissezione*) cadaver. □ (*fig*) *essere un* ~ *ambulante* to be a living corpse.

cadaverico (*pl.* **-ci**) *a.* **1** corpse-like. **2** (*fig*) (*pallido, smunto*) cadaverous, ghastly, deathly pale, as white as a sheet, as pale as death.

cadaverina *f.* (*Chim*) cadaverine.

caddi → **cadere**[1].

cadente *a.* **1** (*in rovina*) decrepit, ruined, tumbledown, run-down: *edificio* ~ tumbledown building. **2** (*decrepito*) decrepit, feeble: *vecchio* ~ decrepit old man. **3** (*flaccido*) pendulous, sagging, sloping, flabby: *seno* ~ sagging breasts *pl.*

cadenza *f.* **1** (*rif. a versi e sim.*) cadence: *leggere facendo sentire la* ~ *dei versi* to read bringing out the cadence of the lines. **2** (*accento, inflessione*) intonation: *la* ~ *napoletana* the Neapolitan intonation. **3** (*ritmo*) rhythm, cadence: *la* ~ *del ballo* the dance's rhythm; *battere la* ~ to beat time. **4** (*Mus*) cadenza. □ ~ *ritmica* rhythmic cadence.

cadenzare (**cadènzo**) *v.t.* to cadence, to mark the rhythm of.

cadenzato *a.* rhythmic, cadenced: *passo* ~ rhythmic step.

cadere[1] (*pres.ind.* **càdo**; *p.rem.* **càddi**; *fut.* **cadrò**; *pres.cong.* **càda**; *p.p.* **cadùto**; *aus.* **essere**) *v.i.* **1** to fall, to fall down, to drop, to come down: *inciampò e cadde* he stumbled and fell; *il piatto le cadde di mano* the plate dropped from her hand. **2** (*rif. ad aeroplani*) to crash, to come down. **3** (*scendere: rif. a pioggia e sim.*) to fall, to come down: *la neve cadeva fitta* thick snow was falling. **4** (*rif. a*

denti, capelli) to fall out, to drop out, to come out: *durante la malattia le sono caduti i capelli* during the illness her hair fell out; *mi è caduto un dente* I've lost a tooth. **5** (*crollare*) to fall down, to collapse: *nel bombardamento sono cadute parecchie case* several houses collapsed during the bombing. **6** (*morire*) to fall, to be killed: *diecimila uomini sono caduti in quella battaglia* ten thousand men fell in that battle. **7** (*capitolare*) to fall: *la fortezza cadde dopo molti attacchi* after many attacks the fortress fell. **8** (*Parl*) to fall: *il governo è caduto per il voto contrario delle sinistre* the opposing vote of the Left brought the government down. **9** (*fare fiasco: rif. a lavori teatrali*) to flop, to be a fiasco: *la commedia è caduta alla prima rappresentazione* the play flopped at the first performance. **10** (*fig*) (*rif. a studenti*) to fail: *è caduto su una domanda facilissima* he failed over a very easy question. **11** (*fig*) (*tramontare*) to set, to go down. **12** (*ricorrere*) to fall, to be: *il Natale quest'anno cade di sabato* this year Christmas falls on a Saturday. **13** (*di accento*) to fall: *l'accento cade sulla penultima sillaba* the accent falls on the next to last syllable. **14** (*fig*) (*di discorso*) to turn (*su* to): *la conversazione cadde sulla situazione politica* the conversation turned to the political situation. **15** (*fig*) (*di discorso, terminare*) to wither, to end: *la conversazione cadde per mancanza di argomenti* conversation withered (*o* ended) for lack of a topic of discussion. □ ~ *a fagiolo*: **1** to come at the right time; **2** (*rif. a cose*) to come in handy; ~ *a pezzi* to fall to pieces; ~ *a piombo* to fall plumb; (*fig*) ~ *a proposito*: **1** to come at the right time; **2** (*rif. a cose*) to come in handy; ~ *a terra* to fall to the ground; ~ *a testa in giù* to fall headlong, to fall headfirst; (*fig*) ~ *addormentato* to fall asleep; (*fig*) ~ *ai piedi di qcu.* to fall at so.'s feet; ~ *all'indietro* to fall backwards, to fall on one's back; (*fig*) ~ *ammalato* to get sick, to become ill, (*ant*) to fall ill; ~ *bene*: **1** to fall on one's feet, to fall without hurting oneself; **2** (*fig*) (*rif. a vestiti*) to hang well, to fall well; (*fig*) ~ *come le mosche* to die like flies, to die off like flies; ~ *da cavallo* to fall off one's horse, to fall from one's horse; ~ *dal letto* to fall out of bed; (*scherz*) *sei caduto dal* ~ *stamattina?* what got you up so early this morning?; (*fig*) ~ *dal sonno* to be dead on one's feet, to be asleep on one's feet, to be dead tired; (*fig*) ~ *dalla padella nella brace* to fall from the frying pan into the fire, to fall out of the frying pan into the fire; (*fig*) ~ *dalla sedia* to fall out of one's seat; (*fig*) ~ *dalla stanchezza* to be ready to drop with fatigue; (*fig*) ~ *dalle nuvole* to be taken aback, to be flabbergasted, to be struck dumb with astonishment; *fare* ~ *qcs.*: **1** (*rif. a oggetti*) to drop sth.; **2** (*rif. a liquidi*) to spill sth: *hai fatto* ~ *il vino sulla tovaglia* you spilled wine on the tablecloth; (*fig*) *fare* ~ *qcs. dall'alto*: **1** (*concedendola*) to give sth. as if it were the Keys of the Kingdom; **2** (*facendola*) to do sth. as if it were a great favour; (*fig*) *fare* ~ *il discorso su qcs.* to bring the conversation round to sth.; (*fig*) *fare* ~ *il governo* to overthrow the government; (*fig*) *fare* ~ *la colpa su qcu.* to put the blame on so.; (*fig*) *fare* ~ *le braccia a qcu.* to make so. despair, (*fig*) to make so. feel like screaming; *mi sono cadute le braccia* my heart sank; *sentirsi* ~ *le braccia* to feel one's heart sink to one's boots; (*fig*) *le sono cadute le braccia* she became disheartened, she came apart at the seams, she fell apart at the seams; ~ *giù* to fall (down); ~ *in* *acqua* to fall into the water; (*da una barca*) to fall overboard; ~ *in avanti* to fall forwards; ~ *in basso*: 1 to fall down; 2 (*fig*) to fall, to sink, to sink low; (*fig*) *il testimone cadde in contraddizione* the witness was caught in contradiction; (*fig*) ~*in deliquio* to faint, to swoon, to lose one's senses; (*fig*) ~ *in disgrazia* to fall on hard times, to fall on difficult times, (*colloq*) to fall on taugh times; ~ *in disgrazia presso qcu.* to fall out of favour with so., to fall into disfavour with so., to lose so.'s favour; (*fig*) ~ *in disuso* to fall into disuse; (*fig*) ~*in errore* to fall into error; ~*in ginocchio* to drop to one's knees, to fall on one's knees; (*fig,scherz*) ~*in letargo* to fall into a deep sleep; (*fig*) ~ *in miseria* to fall into poverty, to become poor; (*fig*) ~*in mora* to fall into arrears; (*fig*) ~ *in peccato* to sin, to lapse into sin, to fall into sin; ~*in piedi* to fall on one's feet, to land on one's feet, (*fig*) to come off well; (*Dir*) ~ *in prescrizione* to be statute-barred, to be no longer indictable, to expire, to be prescribed, to be barred by limitation; *caduto in* ~ statute-barred, invalidated by prescription; (*fig*) ~ *in tentazione* to fall into temptation; ~ *in terra* to fall to the ground, to fall on to the ground; (*fig*) ~*in un trabocchetto* to fall into a trap; ~ *in un'imboscata* to fall into an ambush; (*Tel*) *è cadutala linea* I've been cut off; (*fig*)*lasciare ~ un argomento* to drop a subject;*lasciarsi ~ sfinito sul letto* to drop onto the bed, to sink onto the bed; (*fig*) *mi è caduto l'occhio su un errore* my eye fell on a mistake; ~*male*: 1 to fall awkwardly; 2 (*rif. a vestiti*) to hang badly, to fall badly; 3 (*fig*) to be unlucky; ~*morto* to drop dead; (*fig*) ~*nel dimenticatoio* to fall into oblivion, to sink into oblivion; (*fig*) ~ *nel laccio* to fall into the trap; (*fig*) ~ *nel ridicolo* to become ridiculous, to make a fool of oneself; (*fig*) ~*nel silenzio* to fall into oblivion; ~*nel vuoto* to fall, to hurtle down, to plunge down; (*fig*) *le mie parole caddero nel vuoto* my words fell on deaf ears; ~*nella tagliola* to fall into the trap, to be ensnared (*anche fig*); (*fig*) ~*nelle maglie di una congiura* to fall into the web of a conspiracy; (*fig*) ~*nelle mani di qcu.* to fall into so.'s hands, to fall into so.'s clutches; (*fig*) *le sue parole caddero nell'indifferenza generale* his words fell on deaf ears; (*fig*) ~*nell'oblio* to sink into oblivion; ~*per terra* to fall to the ground, to fall on to the ground; (*fig*) ~*sotto la giurisdizione di qcu.* to fall within so.'s jurisdiction; ~*svenuto* to faint, fall in a dead faint; ~*tra le braccia di qcu.* to fall into so.'s arms; *non sentire ~uno spillo* not to hear a pin drop (*anche fig*).

cadere[2] *m.* falling. ☐ *al ~ del sole* at sunset, at sundown, at dusk; *il ~delle foglie* the falling of the leaves; (*estens*) *al ~ delle foglie (in autunno)* in autumn.

cadetto I *m.* cadet (*anche Mil*). **II** *a.* junior, younger, cadet (*attr.*): *figlio ~* younger son; *ramo ~* cadet branch.

cadì *m.* cadi, kadi.

Cadice *n.pr.f.* (*Geog*) Cadiz.

caditoia *f.* 1 (*di fognatura*) trap-door, trap. 2 (*nelle fortificazioni*) embrasure.

cadmiare (*càdmio*) *v.t.* (*Met*) to cadmium-plate, to cadmium-coat.

cadmiato *a.* (*Met*) cadmium-coated, cadmium-plated.

cadmiatura *f.* (*Met*) cadmium-plating, cadmium-coating.

cadmio *m.* (*Chim*) cadmium.

Cadmo *n.pr.m.* (*Mitol*) Cadmus.

cadreghino *m.* (*colloq*) (*sedia come simbolo di potere*) seat.

cadrò → **cadere**[1].

caduceo, **caduceo** *m.* (*Mitol*) caduceus.

caducifoglio *a.* (*Bot*) deciduous.

caducità *f.* 1 caducity, perishableness, transience: *la ~ delle cose terrene* the transience of earthly things. 2 (*Dir*) caducity, lapse.

caduco (*pl.* **-chi**) *a.* 1 short-lived, ephemeral, fleeting, perishable, frail, transient: *i beni terreni sono caduchi* earthly riches are short-lived; *speranze caduche* fleeting hopes. 2 (*Bot*) caducous: *foglie caduche* caducous leaves. 3 (*Zool*) (*di corna*) deciduous.

caduta *f.* 1 fall, falling: *fare una brutta ~* to have a bad fall; *morì per una ~* he died from a fall. 2 (*rif. ad aeroplani*) fall, falling, crash, crashing. 3 (*capitolazione*) fall: *la ~ della città* the fall of the city. 4 (*fig*) (*cessazione, crollo*) fall, downfall: *la ~ del governo* the fall of the government; *la ~ dell'impero romano* the fall of the Roman Empire. 5 (*Fis*) drop. ☐ ~ *da cavallo* fall from a horse; (*Idr*) ~*d'acqua* water head; *la ~dei capelli* loss of hair, hair loss; (*Fis*) *la ~dei gravi* the fall of bodies; (*Econ*) ~ *vertiginosadei prezzi* steep fall in prices; ~*di pressione* pressure drop; ~ *di temperatura* fall in temperature; (*El*) ~ *di tensione* voltage drop; (*Strad*) ~ *massi* falling rocks; (*sui cartelli*) ~ *massi!* beware falling rocks!; ~*rovinosa* headlong fall, crash.

caduto I *a.* fallen: *i soldati caduti* the fallen. **II** *m.* 1 soldier killed in battle, fallen man. 2 *pl.* the fallen.

CAF *Centro di Assistenza Fiscale* (government office for tax assistance and information).

Cafarnao *n.pr.f.* (*Geog,Bibl*) Capernaum.

café-chantant /kaˈfeʃʃanˈtan/ *m.inv.* café chantant.

caffè *m.* 1 (*Alim*) (*bevanda*) coffee; (*chicchi*) coffee beans *pl.*; (*polvere*) coffee, coffee grounds *pl.* 2 (*Bot*) (*pianta*) coffee. 3 (*locale*) café. ☐ (*Alim*) ~*amaro* unsweetened coffee; (*Alim*) ~*con panna* coffee with cream; ~*concerto* café chantant; (*Alim*) ~*corretto* coffee with a dash of liqueur; (*Alim*) ~*decaffeinato* decaffeinated coffee; (*colloq*) decaf; (*Alim*) ~ *di cicoria* chicory coffee; (*Alim*) ~*d'orzo* barley coffee; (*Alim*) ~*espresso* espresso, espresso coffee; *fare il ~* to make coffee, to make the coffee; (*Alim*) ~*freddo* iced coffee; (*Alim*) ~*in polvere* instant coffee; (*Alim*) ~ *lungo* regular coffee, coffee; (*Alim*) ~ *macchiato* coffee with a dash of milk, coffee with a drop of milk in it; (*Alim*) ~ *macinato* ground coffee; (*Alim*) ~ *nero* black coffee;*prendere il ~* to have a coffee, to have some coffee, (*colloq*) to grab a coffee; (*Alim*) ~*ristretto* extra-strong coffee; (*Alim*) ~ *solubile* instant coffee; (*Alim*) ~ *tostato* roasted coffee; (*Alim*) ~ *turco* Turkish coffee.

caffeario *a.* coffee (*attr.*): *industria caffearia* coffee industry.

caffeicolo *a.* coffee-growing.

caffeifero *a.* coffee producing.

caffeina *f.* (*Chim*) caffeine. ☐ *senza ~* caffeine free, decaf.

caffeismo *m.* (*Med*) coffee-poisoning.

caffelatte, **caffellatte** *m.* white coffee, (*Am*) latte.

caffettano *m.* (*Abbigl*) caftan.

caffetteria *f.* 1 (*cibi e bevande*) refreshments *pl.*: *servizio di ~* refreshment service. 2 (*di alberghi*) breakfast room; (*di teatri, mostre*) coffee concession stand.

caffettiera *f.* 1 (*macchinetta*) coffee-maker; (*a filtro*) percolator, coffee percolator. 2

(*bricco*) coffee-pot. 3 (*scherz*) (*locomotiva, automobile*) old crock, old heap, (*Am*) jalopy, clunker, piece of rust. ☐ ~*elettrica* drip coffee maker; ~*napoletana* Neapolitan coffee-maker.

caffettiere *m.* (*f.* **-a**) coffee-house keeper, café owner.

cafonaggine *f.* 1 boorishness, ill-manneredness. 2 (*azione*) boorish action.

cafonata *f.* boorish action.

cafone (*f.* **-a**) **I** *m.* 1 (*spreg*) (*persona grossolana*) boor, ill-mannered person, hick. 2 (*region*) (*contadino*) (*Br*) peasant, (*Am*) redneck, farmboy. **II** *a.* boorish, ill-mannered, yahoo.

cafoneria *f.* 1 boorishness, ill-manneredness. 2 (*azione*) boorish action.

cafonesco (*pl.* **-chi**) *a.* boorish, ill-mannered, yahooish.

cafro I *a.* Bantu. **II** *m.* (*f.* **-a**) Bantu.

cagare (**càgo**, **càghi**; *aus.* **avere**) **I** *v.t.* (*volg, region*) 1 to shit, to crap. 2 (*fig*) (*considerare*) to give a crap about, to give a shit about: *non mi caga neanche di striscio!* he doesn't even give a crap about me!, he doesn't even give a shit about me! **II** *v.i.* (*volg,region*) to shit, to crap. **III** *v.pron.* **cagarsi** (*volg,region*) to shit oneself: *cagarsi addosso* to shit oneself, to to shit in one's pants (*anche fig*). ☐ (*volg*) *fare ~* s crap: *questo film fa ~* this film is crap; (*volg*) *cagarsi sotto dalla paura* to be scared shitless, to shit bricks; (*volg*)*vai a ~!* fuck off!, piss off!

cagata *f.* (*volg,region*) 1 shit, crap. 2 (*fig*) (*cosa brutta, mal fatta, noiosa*) crap.

cagionare (**cagióno**) *v.t.* (*ant,lett*) to cause, to give rise to, to produce: ~ *la morte di qcu.* to cause so.'s death.

cagione *f.* (*ant,lett*) (*causa*) cause: *questa decisione fu ~ di molte preoccupazioni* this decision was the cause of a great deal of worry. ☐ (*ant,lett*) *a ~ di* because of, by reason of: *a ~ della tua malattia* by reason of your illness; (*ant,lett*)*dare ~ a qcs.* to give rise to sth., to give occasion to sth.; (*ant,lett*) *per ~ di* because of, by reason of; *per ~ mia* because of me.

cagionevole *a.* sickly, weak, delicate: *persona ~ (di salute)* sickly person, weakling person; *salute ~* poor health.

cagionevolezza *f.* sickliness, weakness.

caglia → **calere**.

cagliare (**càglio**, **càgli**; *aus.* **essere**) **I** *v.i.* (*Alim*) to curdle, to clot. **II** *v.pron.* **cagliarsi** (*Alim*) to curdle, to clot. ☐ *fare ~ il latte* to curdle the milk.

cagliata *f.* (*Alim*) curd.

cagliato *a.* (*Alim*) curdled, clotted: *latte ~* curdled milk.

cagliatura *f.* (*Alim*) curdling, clotting: ~ *del latte* curdling of milk.

caglio *m.* 1 (*Alim*) rennet. 2 (*Bot*) lady's bedstraw.

cagna *f.* 1 bitch, she-dog. 2 (*spreg*) (*rif. a donna*) whore, slut, bitch. 3 (*spreg*) (*cantante*) caterwauler; (*attrice*) bad actress.

cagnaccio *m.* cur.

cagnara *f.* 1 (*colloq*) (*chiasso*) uproar, hubbub: *fare ~* to make an uproar, to raise Cain. 2 (*rar*) (*abbaiare di cani*) barking of dogs.

cagnesco ☐ *guardare qcu.in ~* to scowl at so., (*colloq*) to look daggers at so.

cagnetto, **cagnolino** *m.* pup, puppy, little dog, doggie.

cagnotto *m.* 1 (*bravo*) hired bully, hired ruffian. 2 (*esca*) bait.

cagotto *m.* (*pop,region*) runs *pl.*

CAI *Club alpino italiano* (Italian Alpine Club).

caiaco (pl. **-chi**) m. kayak.

caicco (pl. **-chi**) m. (Mar) caique.

Caienna n.pr.f. (Geog) Cayenne.

Caifa n.pr.m. (Bibl) Caiaphas.

caimano m. (Zool) cayman, caiman.

Caino n.pr.m. (Bibl) Cain. □ (fig) essere un ~ to be murderous, to be mean as a snake.

Caio n.pr.m. (Stor) Caius. □ Tizio, ~ e Sempronio (una persona qualsiasi) Tom, Dick and Harry.

Cairo n.pr.m. (Geog) Cairo.

cairota I a. of Cairo, from Cairo, (Am) Cairene. II m./f. inhabitant of Cairo, (Am) Cairene.

cajun /ka'ʒun/ m./f.inv. cajun.

cal (Fis) caloria cal. (calorie).

cala[1] f. (insenatura) bay, cove, (Am) creek.

cala[2] f. (Mar) (locale) ship's hold.

calabrese I a. Calabrese. II m./f. (abitante) Calabrese.

Calabria n.pr.f. (Geog) Calabria.

calabro a. (lett) Calabrian: Appennino ~ Calabrian Apennines.

calabrone m. 1 (Entom) hornet. 2 (fig) insistent suitor.

calafataggio m. (Mar,Mecc) caulking.

calafatare (**calafàto**) v.t. (Mar,Mecc) to caulk.

calafato m. (Mar,Mecc) caulker.

calamaio m. 1 ink-stand, ink-pot. 2 (Tip) ink-fountain.

calamaretto m. (Itt) young squid.

calamaro m. 1 (Itt) squid: frittura di calamari e gamberi dish of fried squid and shrimps. 2 pl. (colloq) (occhiaia) dark circle sing., dark circle sing. under the eye.

calamina f. (Min) calamine.

calamita f. magnet (anche fig): la ~ attira il ferro a magnet attracts iron; ~ a ferro di cavallo horseshoe magnet.

calamità f. calamity, misfortune, disaster, catastrophe: ~ naturale natural catastrophe.

calamitare (**calamìto**) v.t. to magnetize (anche fig).

calamitato a. magnetized, magnetic: ago ~ magnetic needle.

calamitoso a. (lett) calamitous.

calamo m. 1 (Bot) calamus. 2 (fusto di canna) reed; (stelo d'erba) stalk. 3 (Ornit) calamus, quill. 4 (lett) (penna) pen, quill. □ (Bot) ~ aromatico sweet flag.

calanca[1] f. (insenatura) bay, cove, (Am) creek.

calanca[2] f. (Geol) gully, ravine.

calanco (pl. **-chi**) m. (Geol) gully, ravine.

calandra[1] f. 1 (Mecc) calender. 2 (Aut) radiator grill.

calandra[2] f. 1 (Ornit) calandra lark. 2 (Entom) grain weevil.

calandrare (**calàndro**) v.t. (Mecc,Cart,Tess) to calender.

calandrato a. (Mecc,Cart,Tess) calendered: carta calandrata calendered paper.

calandratore m. (Mecc,Cart,Tess) calenderer.

calandratura f. (Mecc,Cart,Tess) calendering.

calandrella f. (Ornit) short-toed lark.

calandro m. (Ornit) tawny pipit.

calante a. 1 waning, setting, falling. 2 (di una moneta) under the proper weight. 3 (Mus) flat: quel fa è un po' ~ that f is a little flat.

calappio m. 1 slip knot. 2 (fig) snare, trap, ambush.

calapranzi m.inv. dumb waiter.

calare[1] (**càlo**) I v.t. 1 to lower, to drop, to let down: ~ una fune nel pozzo to let down a rope into the well; calarono la valigia dal finestrino del treno they lowered the suitcase from the train window. 2 (abbassare: rif. a prezzi e sim.) to lower, to reduce, to mark down: ~ i prezzi to reduce prices. 3 (nel lavoro a maglia e sim.) to decrease, to cast off: ~ due maglie alla fine di ogni ferro to cast off two stitches at the end of each row. 4 (nei giochi di carte) to play a card, to put down a card. II v.i. (aus. essere) 1 (scendere) to descend, to go down; (rif. a uccelli) to fall, to swoop: il falco calò sulla preda the falcon swooped on its prey. 2 (invadere) to invade: i barbari calarono in Italia the barbarians invaded Italy. 3 (dimagrire) to lose, to lose weight: ~ (di) dieci chili to lose ten kilograms. 4 (diminuire: di prezzo e sim.) to come down: la frutta è calata the price of fruit has come down; i prezzi calano prices are falling. 5 (di valore) to fall: le azioni stanno calando share prices are falling. 6 (di livello) to drop, to fall. 7 (tramontare) to set: è calato il sole the sun has set. 8 (di vento) to drop. 9 (Mus) to drop in pitch. III v.pron. **calarsi** 1 to let oneself down: calarsi dalla finestra to let oneself down from the window. 2 (rif. a uccelli) to swoop, to fall: calarsi sulla preda to swoop on the prey. □ ~ di peso to lose weight; ~ di prezzo to fall in price; ~ di tono: 1 (Mus) to fall in pitch; 2 (fig) to go down; nella chiesa calò il silenzio the church fell silent; ~ il sipario: 1 (Teat) to lower the curtain, to drop the curtain; 2 (fig) (concludere) to draw the curtain, to bring down the curtain (su over, on); cala il sipario: 1 (Teat) the curtain falls, the curtain descends; 2 (esclam.) (Teat) curtain!; 3 (fig) the show is over; (Mar) ~ un'imbarcazione in mare to lower a boat, to lower away a boat; (region) ~ la pasta to put in the pasta; (pop) ~ le brache to give in shamefully, to lose one's nerve, (colloq) to chicken out; (Mar) ~ le vele to lower the sails; (Mat) ~ una perpendicolare to draw a perpendicular line.

calare[2] □ al ~ del giorno (o al ~ del sole) at sunset, at sundown; al ~ della notte at nightfall.

calata f. 1 (discesa) descent; (invasione) invasion: ~ dei barbari barbarian invasion. 2 (china) descent, slope, downward slope: la ~ è ripida the slope is steep. 3 (pronuncia dialettale) cadence. 4 (Mar) (banchina) quay, wharf. 5 (Alp) descent. □ la ~ del sole the setting of the sun.

calaverna f. 1 (brina) hoar-frost, rime. 2 (Mar) oar leather.

calazio m. (Med) chalazion, meibomian cyst.

calca f. crowd, throng: entrare nella ~ to join the throng; fendere la ~ to squeeze through the crowd. □ fare ~ to throng around.

calcagno (pl. **i calcàgni**, **le calcàgna**, ant le **calcàgne**; in concrete uses the plural is in -i; figurative uses have the plural in -a) m. 1 (Anat) heel. 2 (di calze, scarpe) heel: ~ rinforzato reinforced heel. □ (fig) avere qcu. alle calcagna to have so. at one's heels; stare alle calcagna di qcu. to follow so. closely, to dog so.'s footsteps.

calcagnolo m. 1 (Mar) heel. 2 (scalpello) chisel.

calcara f. lime kiln.

calcare[1] (**càlco, càlchi**) v.t. 1 (premere con forza) to squeeze, to press: ~ la roba nella valigia to squeeze the things into the suitcase. 2 (con i piedi) to stomp on, to tread, to tread on: ~ il piede su qcs. to stomp one's foot on sth. 3 (rif. a scrittura) to press down, to press down hard. 4 (rif. a disegni) to trace.

5 (pronunciare dando risalto) to stress: ~ l'accento su una sillaba to stress a syllable. 6 (affollare) to throng, to crowd: la gente calcava la piazza people crowded the square. □ calcarsi il cappello sugli occhi to pull one's hat down over one's eyes; ~ il palcoscenico to be on the stage, to tread the boards, to walk the boards, to take the stage; ~ la mano to overdo, to exaggerate; ~ le orme di qcu. to follow in so.'s footsteps; ~ le scene to be on the stage, to tread the boards, to walk the boards, to take the stage; ~ le tinte to exaggerate, (colloq) to lay it on thick; ~ un sentiero to tread a path.

calcare[2] m. 1 (Min) limestone. 2 (deposito di calcare) limescale.

calcareo a. (Min) calcareous: terreno ~ calcareous land.

calcata f. pressure, pressing. □ dare una ~ a qcs. to press sth.

calcatoio m. 1 (Minier) tamper. 2 (Mil) ramrod.

calce[1] f. (Edil) lime. □ dare la ~ ai muri to whitewash the walls; ~ idraulica hydraulic lime; ~ spenta slaked lime, calcium hydroxide; ~ viva quicklime, calcium oxide.

calce[2] f. □ in ~ at the foot of the page; in ~ alla lettera at the bottom of the letter; in ~ alla pagina at the foot of the page.

calcedonio m. (Min) chalcedony.

calceolaria f. (Bot) calceolaria, slipperwort.

calcescisto m. (Min) calcareous schist.

calcestruzzo m. (Edil) concrete. □ (Edil) ~ aerato aerated concrete; (Edil) ~ vibrato vibrated concrete.

calcetto m. 1 (Sport) five-a-side football. 2 (calcio-balilla) table football.

calciare (**càlcio, càlci**) I v.i. (aus. avere) 1 (tirare calci) to kick, to kick out, to give kicks. 2 (Sport) to kick, to make a kick. II v.t. (Sport) to kick. □ (Sport) ~ un rigore to take a penalty.

calciatore m. (f. **-trice**) (Sport) football player, footballer, (Am) soccer player.

calcico (pl. **-ci**) a. (Chim) calcic, calcium (attr.): terapia calcica calcium therapy.

calciferolo m. (Chim) calciferol.

calcificare (**calcìfico, calcìfichi**) I v.t. (Biol) to calcify. II v.pron. **calcificarsi** (Biol) to calcify.

calcificazione f. (Biol,Med) calcification.

calcina f. (Edil) 1 (calce spenta) slaked lime. 2 (malta) lime mortar.

calcinaccio m. 1 plaster flake. 2 pl. (rovine) debris (costr.sing.).

calcinaio m. 1 (Edil) lime pit. 2 (operaio) lime burner.

calcinare (**calcìno**) v.t. 1 to calcine. 2 (Agr, Pell) to lime.

calcinato a. 1 calcined. 2 (Agr,Pell) limed.

calcinatura f. 1 calcination. 2 (Pell) lime dressing.

calcinazione f. (Chim,Met) calcination.

calcino m. (in bachicoltura) muscardine.

calcinoso a. limy.

calcio[1] m. 1 (colpo con il piede) kick: dare calci (o tirare calci) to kick. 2 (Sport) (gioco) (association) football, (Am) soccer. □ cacciare via a calci to kick out (anche fig); prendere a calci qcu. to kick so.; (fig) dare un ~ alla fortuna to turn one's back on luck; (Sport) ~ d'angolo corner kick; (Sport) ~ di punizione free kick; (Sport) ~ di rigore penalty kick; (Sport) ~ di rinvio back-pass; (in rugby) punt; (Sport) ~ d'inizio kick-off; un ~ nel sedere a kick in the butt: prendere qcu. a calci nel sedere: 1 to kick so. in the bottom, to give so. a kick in the pants; 2 (fig,colloq) (*maltrattare*) to ill-treat so.; (*Sport*) *~piazzato* (*nel rugby*) place-kick.

calcio[2] *m.* (*di fucile, pistola e sim.*) butt.

calcio[3] *m.* (*Chim*) calcium.

calcioantagonista *a.* (*Farm*) calcium antagonist (*attr.*).

calcio-balilla *m.* table football.

calciocianamide, calciocianammide *f.* (*Chim*) calcium cynamide.

calciomercato *m.* transfer market (in football).

calcioscommesse *m.* illegal football pools *pl.*

calcistico (*pl.* -**ci**) *a.* football (*attr.*), (*Am*) soccer (*attr.*): *incontro ~* football match, (*Am*) soccer match; *stagione calcistica* football season, (*Am*) soccer season.

calcite *f.* (*Min*) calcite.

calco (*pl.* -**chi**) *m.* **1** cast, mould: *~ di cera* wax mould; *~ di gesso* plaster cast; *fare un ~* to cast a mould. **2** (*copia di disegno*) tracing. **3** (*Tip*) matrix. **4** (*Ling*) calque.

calcocite *f.* (*Min*) chalcocite.

calcografia *f.* (*Tip*) **1** (*procedimento*) copperplate printing, chalcography. **2** (*incisione*) copperplate engraving.

calcografico (*pl.* -**ci**) *a.* (*Tip*) copper engraving (*attr.*), copper printing (*attr.*), chalcographic.

calcografo *m.* (*f.* -**a**) (*Tip*) copperplate engraver, chalcographer.

calcolabile *a.* calculable, computable, that may be calculated.

calcolabilità *f.* calculability.

calcolare (**càlcolo**) **I** *v.t.* **1** to calculate, to compute, to reckon: *~ l'area di un triangolo* to calculate the area of a triangle. **2** (*preventivare*) to estimate: *si calcola una spesa di sei milioni* cost is estimated at six million. **3** (*tenere conto*) to include, to allow for, to take (sth.) into account: *nel prezzo non è calcolato il trasporto* transport is not included in the price; *hai calcolato anche l'affitto?* did you allow for the rent? **4** (*considerare, valutare*) to consider, to weigh, to evaluate: *~ le consequenze di un'azione* to consider the consequences of an action. **II** *v.i.* (*aus.* **avere**) **1** (*eseguire calcoli*) to calculate, to make calculations. **2** (*fig*) (*avere intenzione di*) to count on, to intend: *calcolo di partire domani* I count on leaving tomorrow. □ *~ approssimativamente* to make a rough estimate; *~ gli interessi* to calculate the interests; *~ per eccesso* to overestimate; *tutto calcolato, preferisco rinunciare all'impresa* all things considered, I'd rather give up the idea.

calcolatamente *avv.* calculatedly, deliberately.

calcolatore I *m.* **1** (*calcolatrice*) calculator. **2** (*Inform*) (*computer, calcolatore elettronico*) computer. **3** (*f.* -**trice**) (*fig*) (*rif. a persona*) calculating person: *un freddo ~* a cold calculating person. **II** *a.* calculating (*anche fig*): *una mente calcolatrice* a calculating mind. □ (*Inform*) *~ analogico* (*Br*) analogue computer, (*Am*) analog computer; (*Inform*) *~centrale* central unit; (*Inform*) *~ da tavolo* desk computer, desktop computer; (*Inform*) *~ da ufficio* business computer; (*Inform*) *~ digitale* digital computer; (*Inform*) *~ elettronico* computer, electronic computer; (*Inform*) *~ personale* personal, personal computer; (*Inform*) *~ tascabile* pocket computer; *~ universale* all-purpose calculator.

calcolatrice *f.* calculating machine, calculator. □ *~ a celle solari* solar calculator; *~ scientifica* scientific calculator; *~ solare*

solar calculator.

calcolitografia *f.* copperplate lithography.

calcolo[1] *m.* **1** calculation, reckoning (*anche fig*): *secondo i miei calcoli* according to my calculations. **2** (*Mat*) calculus. □ *~approssimativo* approximate calculation, rough estimate; *~ degli interessi* calculation of interest; *~ dei costi* cost estimate; *~ del prezzo di costo* cost price calculation; *~ della distanza* calculation of the distance, estimate of the distance; (*Statist*) *~ delle probabilità* calculus of probability, probability calculus, theory of probability; *~ delle spese* calculation of expenses; (*Mat*) *~ delle variazioni* variational calculus, variational method, calculus of variations; *~ di redditività* profitability calculation; (*Mat*) *~ differenziale* differential calculus; (*fig*) *non fare ~ sul mio aiuto* don't count on my help; (*fig*) *fare i propri calcoli* to weigh the pros and cons, to make one's plans; (*Mat*) *~ infinitesimale* infinitesimal calculus; (*Mat*) *~ integrale* integral calculus; (*Mat*) *~ logaritmico* logarithmic calculation; (*Mat*) *~ matriciale* matrix calculation; *~ mentale* mental arithmetic, mental calculation; (*fig*) *per ~* out of self-interest: *agire per ~* to behave in a calculating way, to act out of self-interest; *~ preventivo* estimate; *fare un ~ preventivo* to make an estimate.

calcolo[2] *m.* (*Med*) calculus, stone. □ (*Med*) *calcoli biliari* gallstones; (*Med*) *~ renale* renal calculus, kidney stone: *avere un ~ renale* to have a stone in the kidney; (*Med*) *~ vescicale* vesical calculus, stone in the bladder.

calcolosi *f.* (*Med*) calculosis: *~ renale* renal calculosis.

calcomania *f.* decalcomania, (*Am*) decal.

calcopirite *f.* (*Min*) chalcopyrite.

calcopia *f.* (*Tip*) copper plate printing.

Calcutta *n.pr.f.* (*Geog*) Calcutta.

caldaia *f.* **1** (*recipiente*) boiler, cauldron. **2** (*Tecn*) boiler. □ *~ a nafta* fuel oil boiler, oil-fired boiler; *~ a vapore* steam boiler; (*Ferr,ant*) *~ di locomotiva* engine boiler, locomotive boiler; *~ per acqua calda* hot water boiler, hot water heater.

caldaico (*pl.* -**ci**) *a.* Chaldean.

caldaio *m.* cauldron, cardron.

caldallessa *f.* boiled chestnut.

caldamente *avv.* warmly: *raccomandare ~* to recommend warmly.

caldana *f.* **1** (*vampa di calore*) flush, hot flush, rush of blood. **2** (*fig*) (*moto di rabbia*) fit of rage. **3** (*region*) (*calura*) heat. □ (*fig*) *fare venire le caldane a qcu* to cause so. to flush with rage.

caldarrosta *f.* roast chestnut.

Caldea *n.prf.* (*Geog*) Chaldea.

caldeggiare (**caldéggio, caldéggi**) *v.t.* to support warmly, to back, to back up, (*Am*) to root for: *~ una proposta* to support a proposal warmly.

caldeo I *a.* Chaldean. **II** *m.* **1** (*lingua*) Chaldee, Chaldean. **2** (*f.* -**a**) (*abitante*) Chaldee, Chaldean. **3** (*Rel*) Chaldean.

calderaio *m.* coppersmith; (*stagnino*) tinker.

calderone *m.* **1** cauldron, caldron. **2** (*fig*) medley, hotchpotch: *mettere tutto nello stesso ~* to put everything into the same pot, to jumble everything together, to mix apples with oranges. □ (*fig*) *~ di razze* melting-pot, melting-pot of races.

caldo I *a.* **1** hot: *acqua calda* hot water. **2** (*fig*) warm: *una calda accoglienza* a warm welcome, a warm reception. **3** (*rif. a preghiere*) ardent, fervent. **4** (*rif. a colore*)

warm. **5** (*fig,Pol*) hot: *zona calda* hot area; *autunno ~* hot autumn. **II** *m.* **1** warmth; (*caldo intenso*) heat: *con questo ~* in this heat; *è arrivato il ~* the hot weather has arrived, the hot weather has started. **2** (*fig*) (*fervore*) heat, fervour, ardour, (*Am*) fervor, ardor: *nel ~ della discussione* in the heat of the discussion. □ (*fig*) *a ~* on the spur of the moment; *stare al ~* to be in the warm; *~ asfissiante* stifling heat; *avere ~* to feel hot, to be hot; *fa un ~ bestiale* it's awfully hot; (*fig*) *non mi fa né ~ né freddo* it leaves me cold, it's all the same to me, I couldn't care less, I'm completely indifferent; *fare ~* to be hot; *piangere calde lacrime* (o *piangere a calde lacrime*) to weep bitterly; *mettere in ~* (*una pietanza*) to keep hot, to keep warm; (*fig*) *prendersela calda per qcs.* to take sth. to heart; *~ soffocante* steaming heat; *fa un ~ soffocante* it's steaming hot, it's sizzling hot; *tenere ~* (*di abiti*) to be warm; *questo cappotto mi tiene caldo* this coat keeps me warm; *tenere in ~* (*una pietanza*) to keep hot, to keep warm; (*Meteor*) *un ~ umido* humid heat, damp heat; (*fig*) *chi la vuol calda e chi la vuol fredda* some like it hot, some like it cold.

calduccio *m.* warm: *sopra c'è un bel calduccio* upstairs it's nice and warm.

caldura *f.* summer heat.

caledoniano *a.* (*Geol*) Caledonian.

calefazione *f.* (*Fis*) calefaction.

caleidoscopico (*pl.* -**ci**) *a.* kaleidoscopic (*anche fig*).

caleidoscopio *m.* kaleidoscope (*anche fig*).

calendario *m.* calendar. □ *~ a fogli mobili* loose-leaf calendar; *~ a fogli staccabili* tear-off calendar; *~ accademico* scholastic calendar; *~ civile* calendar noting public holidays; *~ da muro* wall calendar; *~ da tavolo* desk calendar; *~ escursionistico* excursion calendar; *~ giuliano* Julian calendar; *~ gregoriano* Gregorian calendar; *~ lunare* lunar calendar; *~ perpetuo* perpetual calendar; *~ scolastico* school calendar; *~ solare* solar calendar.

calende *f.pl.* kalends. □ (*fig*) *rimandare qcs.alle ~greche* to put sth. off until doomsday, to put sth. off indefinitely.

calendimaggio *m.* (*lett*) May Day.

calendola *f.* (*Bot*) calendula, marigold.

calenzuolo *m.* (*Ornit*) greenfinch.

calepino *m.* **1** (*Stor*) Calepino. **2** (*dizionario*) (*voluminous*) dictionary. **3** (*taccuino*) notebook.

calere (*forms used*: *pres.ind.* **càle**; *impf.ind.* **caléva**; *p.rem.* **càlse**; *pres.cong.* **càglia**; *impf.cong.* **calésse**; *ger.* **calèndo**) *v.impers.* (*lett*) to matter. □ *mettere qcs. in non cale* (o *tenere qcs. in non cale*) not to care about sth.; (*rar*) *di ciò non mi cale* that doesn't matter to me.

calesse *m.* gig.

caletta[1] *f.* (*Tecn*) dovetail, mortice and tenon.

caletta[2] *f.* (*insenatura*) bay, cove, (*Am*) creek.

calettare (**calétto**) **I** *v.t.* (*Tecn*) to fit together. **II** *v.i.* (*aus.* avere) (*Tecn*) to make a close fit. □ (*Tecn*) *~ a caldo* to shrink on; (*Tecn*) *~ a coda di rondine* to dovetail; (*Tecn*) *~ a freddo* to key; (*Tecn*) *~ a maschio e femmina* to joggle.

calettato *a.* (*Tecn*) keyed, dovetailed.

calettatura *f.* (*Tecn*) fitting together. □ (*Tecn*) *~ a caldo* shrinking on, expansion fit; (*Tecn*) *~ a coda di rondine* dovetailing; (*Tecn*) *~ a freddo* keying; (*Tecn*) *~ a maschio e femmina* joggling.

calibrare (**càlibro**) *v.t.* **1** to calibrate, to

gauge. **2** (*fig*) (*misurare attentamente*) to measure, to weigh.
calibrato *a.* **1** calibrated, gauged. **2** (*fig*) (*preciso, studiato minutamente*) balanced, measured: *giudizio ben* ~ balanced judgement; *stile* ~ measured style.
calibratore *m.* **1** (*Mecc*) gauge, caliper, calliper. **2** (*Agr*) grader, sorter. **3** (*operaio*) calibrator. □ (*Agr*) ~ *per patate* potato grader; (*Agr*) ~ *per sementi* seed sorter.
calibratura, calibrazione *f.* calibration, gauging.
calibro *m.* **1** (*Mil*) calibre, bore, gauge, (*Am*) caliber: *piccoli calibri* (*di cannoni*) small-calibre guns. **2** (*Tecn*) (*strumento di misura*) caliper, calliper. **3** (*fig*) (*qualità*) calibre, (*Am*) caliber, (*colloq*) kind: *due persone dello stesso* ~ two of a kind; *i grossi calibri della finanza* the big shots of high finance, (*colloq*) the big dos of finance. □ (*Arm*) *un fucile* ~ *dodici* a 12 gauge gun; (*Tecn*) ~ *per esterni* outside calliper, outside caliper; (*Tecn*) ~ *per interni* inside calliper, inside caliper.
calicanto *m.* (*Bot*) calycanthus. □ (*Bot*) ~ *d'estate* Carolina allspice.
calice *m.* **1** goblet, glass: ~ *d'argento* silver goblet; *levare i calici* (*per brindare*) to raise one's glass (to toast). **2** (*Lit*) chalice. **3** (*Bot*) calyx. **4** (*fig*) cup: *il* ~ *del dolore* the cup of grief; *bere l'amaro* ~ to drink the cup of bitterness, the bitter cup.
caliciforme *a.* chalicine, calicinal.
calicò *m.* (*Tess*) calico: ~ *stampato* printed calico.
calicosi *f.* (*Med*) chalicosis, calcicosis.
calidario *m.* (*Stor.rom*) calidarium.
califfato *m.* Caliphate, Califate.
califfo *m.* Caliph, Khalif, Calif.
California *n.pr.f.* (*Geog*) California.
californiano I *a.* Californian. **II** *m.* (*f.* -**a**) Californian.
californio *m.* (*Chim*) californium.
caliga *f.* (*Stor.rom*) caliga.
caligine *f.* **1** (*nebbia*) mist, fog; (*mista a fumo*) smog. **2** (*fig*) haze, fog. **3** (*region*) (*fuliggine*) soot.
caliginoso *a.* **1** foggy, misty: *tempo* ~ foggy weather. **2** (*fig*) (*oscuro*) dim, dark.
Caligola *n.pr.m.* (*Stor.rom*) Caligula.
calipso *m.* (*danza*) calypso (dance).
caliptra, calittra *f.* (*Bot*) calyptra.
calla *f.* (*Bot*) **1** calla, water arum. **2** (*Zantedetschia*) calla, arum lily.
call center /'kɔl'sentər/ *m.inv.* call center.
calle *f.* calle, narrow Venetian lane.
callifugo (*pl.* -**ghi**) **I** *m.* corn plaster, corn pad. **II** *a.* corn (*attr.*).
calligrafia *f.* **1** (*arte*) penmanship, calligraphy. **2** (*scrittura*) hand, handwriting: *avere una brutta* ~ to write a bad hand, to have bad handwriting; ~ *poco leggibile* almost illegible handwriting.
calligrafico (*pl.* -**ci**) *a.* **1** calligraphic. **2** (*rif. alla scrittura*) handwriting (*attr.*). **3** (*fig*) fine.
calligrafismo *m.* (*Art*) pickiness, excessive attention given to form.
calligrafo *m.* (*f.* -**a**) calligrapher, calligraphist.
Callimaco *n.pr.m.* (*Stor.gr*) Callimachus.
Calliope *n.pr.f.* (*Mitol*) Calliope.
callista *m./f.* chiropodist.
callistenia *f.* calisthenics (*costr.sing.*).
callistenico (*pl.* -**ci**) *a.* calisthenic.
callo *m.* **1** corn, callus. **2** (*Bot*) callus. □ (*fig*) *fare il* ~ *a qcs.* to get used to sth.; *ci ho fatto il* ~ I'm used to it, I've developed an immunity to it; ~ *osseo* callus.
callosità *f.* callosity, corn.

calloso *a.* **1** callous: *mani callose* callous hands. **2** (*fig*) (*indurito*) callous, hardened.
calma I *f.* **1** (*quiete*) calm, tranquillity, peace: *non ho un attimo di* ~ (*Br*) I haven't a moment's peace, (*Am*) I just need some peace and quiet; *la* ~ *che segue la tempesta* the calm that follows the storm; *mantenere la* ~ to keep calm, (*colloq*) to chill out; *perdere la* ~ to lose one's temper, (*colloq*) to lose one's cool; *far perdere la* ~ *a qcu.* to make so. lose his temper. **2** (*atmosfera di silenzio*) stillness. **3** (*Mar*) calm. **II** *intz.* keep calm! □ *con* ~ calmly: *parlare con* ~ to speak calmly; *pensarci su con* ~ to take one's time to think about sth.; *prendersela con* ~ to take things calmly, to take one's time; (*Comm*) ~ *di affari* lull in business; (*fig*) ~ *e gesso!* keep cool!, keep your cool!, chill out!; ~ *e sangue freddo!* keep cool!, keep calm!, calm and collected!; ~ *piatta* dead calm.
calmante I *a.* calming, soothing. **II** *m.* (*Farm*) sedative.
calmare (**càlmo**) **I** *v.t.* **1** to calm. **2** (*rif. a dolori*) to soothe, to ease: ~ *il dolore* to ease pain. **II** *v.pron.* **calmarsi 1** to grow calm, to calm down. **2** (*rif. a vento e sim.*) to calm, to drop, to die down: *il vento si calma* the wind is dropping, the wind is dying down. **3** (*rif. a dolori*) to ease, to diminish. □ ~ *gli animi dei litiganti* to pacify the quarrellers; (*fig*) ~ *le acque* to pour oil on troubled waters.
calmata *f.* □ (*colloq*) *darsi una* ~ to cool it.
calmieramento *m.* price-control, price-controlling.
calmierare (**calmièro**) *v.t.* to subject to price-control.
calmiere *m.* ceiling, ceiling price, fixed price.
calmo *a.* **1** calm: *mantenersi* ~ to keep calm, to maintain one's composure. **2** (*calmato*) calmed. **3** (*Comm*) slack.
calmucco *m.* (*f.* -**a**; *pl.* -**chi**) Kalmuck.
calo *m.* **1** (*diminuzione: di prezzi*) fall, drop; (*di peso*) loss; (*di volume*) shrinkage, loss. **2** (*di potenza*) loss, loss of power. □ ~ *della domanda* drop in demand; ~ *della vista* weakening of sight; ~ *di mercato* market swoop; ~ *di peso* loss in weight; ~ *di prezzo* price decrease; ~ *ponderale*: 1 decrease by weight; 2 (*di persona*) loss in weight.
calomelano *m.* (*Farm*) calomel.
calore *m.* **1** (*moderato*) warmth; (*intenso*) heat: *il* ~ *dell'estate* the heat of summer. **2** (*Fis*) heat. **3** (*fig*) (*entusiasmo*) heat, (*Br*) ardour, (*Br*) fervour, (*Am*) ardor, (*Am*) fervor: *nel* ~ *della discussione* in the heat of the debate. **4** (*cordialità*) warm-heartedness, warmth. **5** (*Veter*) heat: *essere in* ~ to be in heat. **6** (*pop*) (*infiammazione cutanea*) heat rash. □ ~ *animale* animal heat; (*Met*) ~ *bianco* white heat; *con* ~: 1 (*caldamente*) warmly; 2 (*concitatamente*) excitedly; 3 (*con passione, convinzione*) passionately; 4 (*arrabbiandosi*) heatedly; (*Fis*) ~ *latente* latent heat; ~ *naturale* natural heat; (*Met*) ~ *rosso* red heat; ~ *solare* solar heat.
caloria *f.* (*Fis,Biol*) calorie: *povero di calorie* low in calories; *ricco di calorie* high in calories.
calorico (*pl.* -**ci**) *a.* caloric: *a basso contenuto* ~ low-caloric content (*attr.*); *ad alto contenuto calorico* high-caloric content (*attr.*).
calorifero *m.* **1** (*impianto*) central heating apparatus. **2** (*radiatore*) radiator.
calorifico (*pl.* -**ci**) *a.* calorific, heat-producing.

calorimetria *f.* (*Fis*) calorimetry.
calorimetrico (*pl.* -**ci**) *a.* (*Fis*) calorimetric.
calorimetro *m.* (*Fis*) calorimeter.
calorosamente *avv.* warmly, warm-heartedly.
calorosità *f.* warmth, warm-heartedness.
caloroso *a.* **1** (*rif. a persona: insensibile al freddo*) hot natured. **2** (*fig*) (*cordiale*) warm, warm-hearted: *accoglienza calorosa* warm welcome. **3** (*animato*) warm, heated: *discussione calorosa* heated discussion.
caloscia (*pl.* -**sce**) *f.* galosh, overshoe.
calotipia *f.* (*Fot*) calotype.
calotta *f.* **1** (*copertura*) cover, covering, cap. **2** (*zucchetto*) calotte; (*papalina*) skull cap. **3** (*Arch*) calotte. **4** (*Anat*) crown, skull-cap. □ (*Geog*) ~ *antartica* Antarctic ice cap; (*Anat*) ~ *cranica* crown, skull-cap; (*Aut*) ~ *dello spinterogeno* distributor cap; ~ *dell'orologio* watch casing; ~ *di ghiaccio* icecap; (*Mecc*) ~ *di protezione* protection cap; (*Geog*) ~ *polare* polar cap; ~ *sferica* spherical bowl.
calpestare (**calpésto**) *v.t.* **1** to trample on, to step on, to put one's foot on: *non* ~ *l'erba* (*sui cartelli*) keep off the grass. **2** (*fig*) to trample on: ~ *i diritti di qcu.* to trample on so.'s rights.
calpestio *m.* **1** (*il calpestare*) pounding, trampling. **2** (*scalpiccio*) pattering.
calse → **calere**.
calta *f.* (*Bot*) marsh marigold.
calugine *f.* down.
calumare (**càlumo**) *v.t.* (*Mar*) to pay out.
calumet /kalu'mɛ(t)/ *m.inv.* calumet. □ *fumare il* ~ *della pace* to smoke the peace pipe (*anche fig.*).
calunnia *f.* slander, defamation, calumny. □ *è una* ~! it's not true!, it's a lie!, it's a bold-faced lie!
calunniabile *a.* open to slander.
calunniare (**calùnnio, calùnni**) *v.t.* to slander, to defame, to calumniate.
calunniatore I *m.* (*f.* -**trice**) slanderer, defamer. **II** *a.* slanderous: *lettere calunniatrici* slanderous letters.
calunniosamente *avv.* slanderously.
calunnioso *a.* slanderous, defaming: *dicerie calunniose* slanderous sayings.
calura *f.* oppressive heat, sultriness, blistering heat.
calutrone *m.* (*Fis*) calutron.
calvados *m.inv.* calvados.
calvario *m.* **1** (*Rel.catt*) calvary. **2** (*fig*) ordeal, trial: *è stato un lungo* ~ *per me* it has been a long ordeal for me.
Calvario *n.pr.m.* (*Geog*) Calvary.
calvinismo *m.* (*Rel.prot*) Calvinism.
calvinista I *a.* (*Rel.prot*) Calvinist. **II** *m./f.* (*Rel.prot*) Calvinist.
calvinistico (*pl.* -**ci**) *a.* (*Rel.prot*) Calvinistic.
Calvino *n.pr.m.* (*Stor,Rel*) Calvin.
calvizie *f.* baldness. □ ~ *incipiente* incipient baldness.
calvo I *a.* bald: *diventare* ~ to bald, to go bald, to become bald; *testa calva* bald head. **II** *m.* (*f.* -**a**) bald person, baldhead, bald-headed.
calza *f.* **1** (*Abbigl*) (*da donna, di cotone, lana*) (*Br*) stocking, (*Am*) sock. **2** (*Abbigl*) (*da uomo*) sock. **3** *pl.* (*Abbigl*) (*collant*) (*Br*) thighs, (*Am*) stockings, pantyhose, hose, nylons. **4** (*El*) braided wire. **5** (*Mar*) (*dello spinnaker*) spin socket. □ (*Abbigl*) *calze a rete* fishnet stockings; (*Abbigl*) *calze antidrucciolo* (o *calze antiscivolo*) non-slip socks; (*Abbigl*) *calze autoreggenti* stay-ups, stay ups, (*Am*) thigh-highs; (*Abbigl*) *calze copren-*

ti tights, thick tights; (*Abbigl*) *calze di cotone* (*Br*) cotton stockings, (*Am*) cotton socks; (*Abbigl*) *calze di lana* (*Br*) wool stockings, (*Am*) wool socks; (*Med*) ~ *elastica* support stocking, elastic stocking; *fare la* ~ to knit; (*Abbigl*) *calze senza cucitura* seamless stockings; (*Abbigl*) *calze velate* sheer stockings.

calzamaglia *f.* (*Abbigl*) tights *pl.*, leotard.

calzante I *a.* 1 well-fitting. 2 (*fig*) suited fitting: *una risposta* ~ a suited reply. II *m.* (*calzascarpe*) shoehorn.

calzare[1] (**càlzo**) I *v.t.* 1 (*infilare scarpe, guanti*) to put on; (*portare ai piedi*) to wear: ~ *stivali* to wear boots. 2 (*provvedere di calzature*) to provide shoes for, to shoe. II *v.i.* (*aus.* **avere/essere**) 1 (*aderire*) to fit, to fit closely, to fit well: *queste scarpe non calzano bene* these shoes do not fit well. 2 (*fig*) (*essere appropriato*) to fit, to be appropriate: *questo esempio non calza* this example is not appropriate. □ (*fig*) ~ *a pennello* to fit like a glove, to fit perfectly; (*fig*) ~ *come un guanto*: 1 (*aderire perfettamente*) to fit like a glove: *questo abito mi calza come un guanto* the dress fits me like a glove; 2 (*adattarsi perfettamente*) to suit to a T, to suit down to a T, to suit perfectly: *questo soprannome gli calza come un guanto* that nickname just suits him, that nickname suits him perfectly; *calza il numero trentasette* she takes size thirty-seven, (*Am*) she wears a (size) six.

calzare[2] *m.* (*lett*) (*calzatura*) footwear.

calzascarpe *m.inv.* shoehorn.

calzato *a.* shod. □ (*ant,fig*) *un asino* ~ *e vestito* a jackass.

calzatoia *f.* wedge, chock.

calzatoio *m.* shoehorn.

calzatura *f.* (*Calz*) 1 shoe. 2 *pl.* footwear (*costr.sing.*). □ (*Calz*) *calzature di sicurezza* safety shoes; (*Calz*) *calzature sportive* athletic footwear.

calzaturiere *m.* (*Calz*) shoe manufacturer.

calzaturiero *a.* (*Calz*) footwear (*attr.*), shoe (*attr.*): *industria calzaturiera* shoe industry.

calzaturificio *m.* (*Calz*) shoe factory.

calzerotto *m.* ankle sock, short sock.

calzetta *f.* (*calzino*) sock. □ *fare la* ~ to knit.

calzettaio *m.* (*f.* **-a**) 1 (*fabbricante*) sock manufacturer. 2 (*venditore*) hosier.

calzetteria *f.* 1 (*fabbrica*) hosiery factory. 2 (*negozio*) hosier's. 3 (*calze*) hosiery, hose.

calzettone *m.* (*Abbigl*) knee-length sock.

calzificio *m.* stocking factory.

calzino *m.* (*Abbigl*) sock: *calzini corti* short socks; *calzini lunghi* long socks.

calzolaio *m.* 1 (*chi ripara le scarpe*) shoe repairer, cobbler. 2 (*chi fa le scarpe*) shoemaker, cobbler.

calzoleria *f.* (*Calz*) 1 (*laboratorio*) shoemaker's shop. 2 (*negozio*) shoe shop.

calzoncini *m.pl.* (*Abbigl*) shorts. □ (*Abbigl*) ~ *da bagno* trunks, swimming trunks; (*Abbigl*) ~ *da ginnastica* gym shorts.

calzone *m.* 1 (*Abbigl*) *pl.* trousers *pl.*, (*Am, colloq*) pants *pl.*, slacks *pl.* 2 (*Gastron*) calzone (Neapolitan pizza roll). □ (*Abbigl*) *calzoni al ginocchio* long shorts; (*Abbigl*) *calzoni alla scudiera* riding breeches, jodhpurs; (*Abbigl*) *calzoni alla zuava* knickerbockers; (*Abbigl*) *calzoni corti* (*Br*) knee-breeches, (*Am*) shorts; (*Abbigl*) *calzoni da cavallerizzo* riding breeches, jodhpurs; (*Abbigl*) *calzoni da golf* plus-fours; (*Abbigl*) *calzoni lunghi* long trousers, (*Am*) pants.

calzuolo *m.* wedge.

Cam *n.pr.m.* (*Bibl*) Ham.

CAM *Camerun* CAM (Cameroon).

camaldolese I *a.* (*Rel*) Camaldolese, Camaldolite. II *m.* (*Rel*) Camaldolese, Camaldolite.

camaleonte *m.* (*Zool*) chameleon (*anche fig*).

camaleontico (*pl.* **-ci**) *a.* 1 chameleon-like, chameleon (*attr.*). 2 (*fig*) chameleon (*attr.*), fickle.

camaleontismo *m.* going with the flow, being as fickle as a candle.

camallo *m.* (*region*) docker, (*Am*) longshoreman.

camarilla /kamaˈriʎa/ *f.* 1 camarilla: ~ *di corte* court camarilla. 2 (*estens*) (*cricca*) camarilla, cabal, gang.

cambiabile *a.* changeable.

cambiadischi *m.inv.* record-changer: ~ *automatico* automatic record changer, autochanger.

cambiale[1] *f.* (*Econ*) 1 bill, bill of exchange, short-dated bill. 2 (*tratta*) draft, bill of exchange: ~ *di diecimila euro* bill of exchange for ten thousand euros. 3 (*pagherò*) promissory note, IOU. □ (*Econ*) ~ *a breve scadenza* short-term bill, short-dated bill; (*Econ*) ~ *a breve termine* short-term bill, short-dated bill; (*Econ*) ~ *a data fissa* date draft, date bill, time bill; (*Econ*) ~ *a lunga scadenza* long-term bill, long-dated bill; (*Econ*) ~ *a scadenza fissa* fixed-term bill; (*Econ*) ~ *a vista* bill at sight, sight bill, (*Am*) bill payable on demand; (*Econ*) ~ *all'aria* fictitious bill, accommodation bill, (*Am*) wind bill; (*Econ*) ~ *all'incasso* bill for collection, bill receivable, (*Am*) note receivable; (*Econ*) ~ *attiva* bill receivable; (*Econ*) ~ *di comodo* fictitious bill, accommodation bill, (*Am*) wind bill; (*Econ*) ~ *di favore* accommodation paper, accommodation bill, fictitious bill, (*Am*) wind bill; (*Econ*) ~ *domiciliata* domiciled bill; (*Econ*) ~ *estera* foreign bill, foreign bill of exchange; (*Econ*) ~ *falsa* forged bill; (*Econ*) ~ *in bianco* blank bill, undated bill; (*Econ*) ~ *in sofferenza* unpaid bill; (*Econ*) ~ *insoluta* unpaid bill; (*Econ*) ~ *propria* promissory note, note; (*Econ*) ~ *scaduta* (*Br*) bill due, (*Am*) note due; (*Econ*) ~ *su piazza* local bill, (*Am*) town bill; (*Econ*) ~ *sull'estero* foreign bill, foreign bill of exchange; (*Econ*) ~ *tratta* bill of exchange, draft.

cambiale[2] *a.* (*Anat,Bot*) cambial.

cambiamento *m.* 1 change: *c'è stato un* ~ *nel programma* there has been a change in the programme (o *Am* program). 2 (*atto*) changing; (*modifica*) alteration. 3 (*Sport*) change, change of position. □ ~ *d'aria*: 1 change of air; 2 (*rif. a locali*) ventilation; ~ *di clima* climatic change, change of climate (*anche fig*); ~ *di direzione* change of direction; ~ *di domicilio* change of residence; (*Fis*) ~ *di fase* change of phase; ~ *di passo* change of pace; ~ *di rotta* change of course; ~ *di scena*: 1 (*Teat*) change of scene, scene-change; 2 (*fig*) change in the situation; ~ *di stagione* change of season, season change, seasonal change, turn of the season; ~ *di tempo* change in the weather, change of weather; ~ *di umore* change of mood; *fare un* ~ to make a change; ~ *in meglio* change for the better; ~ *in peggio* change for the worse.

cambiare (**càmbio, càmbi**) I *v.t.* 1 to change: *ho cambiato indirizzo* I have changed my address; ~ *treno* to change trains; *per Roma si cambia* you have to change for Rome; *presto dovrò* ~ *le candele* I will have to change the sparking plugs

soon. 2 (*rif. a indumenti*) to change: ~ *il bambino* to change the baby. 3 (*modificare, trasformare*) to change, to modify, to transform: *il dolore lo ha cambiato* grief has changed him. 4 (*barattare*) to change, to exchange: ~ *qcs. con qcu.* to exchange sth. with so.; ~ *con qcs.* to change for sth. 5 (*Econ*) to change: ~ *euro in dollari* to change euros into dollars; *mi può* ~ *cento euro?* can you change a hundred euros for me? II *v.i.* 1 (*aus.* **essere**) (*mutare*) to change, to alter: *niente è cambiato* nothing has changed; *il tempo cambia* the weather is changing; *i tempi cambiano* times are changing. 2 (*aus.* **essere**) (*rif. a vento e sim.*) to change: *il vento cambia* the wind is changing; (*di direzione*) the wind is shifting. 3 (*aus.* **essere**) (*Aut*) (*cambiare marcia*) (*Br*) to change gear, (*Am*) to shift gear. 4 (*aus.* **avere**) (*variare*) to change: ~ *di opinione* to change one's mind; *mi piace* ~ I like to change, I like variety. III *v.pron.* **cambiarsi** 1 to change, to be changed: *ti sei cambiato moltissimo* you have changed a lot. 2 (*trasformarsi*) to change, to be transformed, to turn: *l'ammirazione si cambiò in disprezzo* the admiration changed to scorn. 3 (*scambiarsi*) to change, to change places: *non mi cambierei con nessuno* I wouldn't change places with anyone. 4 (*mutar d'abito*) to change: *cambiarsi la camicia* to change one's shirt; *si cambia due volte al giorno* he changes twice a day. □ ~ *argomento* to change the subject; ~ *aria*: 1 (*per ragioni di salute*) to have a change of air; 2 (*fig*) to get away: ~ *aria per un po'* to get away for a while; ~ *aspetto* to change, to change in appearance, to take on a different appearance; *con il nuovo divano la stanza ha cambiato aspetto* the new couch has changed the appearance of the room; *se è così la cosa cambia aspetto* if that is the way it is, it puts a different light on things; well then, that puts the matter in a different light; (*fig*) ~ *bandiera* to be a turncoat, to change sides; ~ *casa* to move to a new house; ~ *città* to move away, to relocate; ~ *colore*: 1 to change colour, (*Am*) to change color; 2 (*impallidire*) to turn pale; 3 (*arrossire*) to blush; 4 (*fig,Pol*) to change one's party, to change sides; ~ *di posto* to change places; ~ *disco*: 1 to change the record, to put another record on; 2 (*fig*) to get off the subject, to change the subject; ~ *discorso* to change the subject; (*fig*) ~ *faccia*: 1 to look different, to change expression; 2 (*impallidire*) to go pale, to change colour, (*Am*) to change color; (*scherz*) ~ *i connotati a qcu.* to give so. a good hiding; ~ *idea* to change one's mind; *ho cambiato idea* I have changed my mind; ~ *in meglio* to change for the better; ~ *in peggio* to change for the worse; (*Aut*) ~ *la marcia* (*Br*) to change gear, (*Am*) to shift gear; (*Mar*) ~ *la rotta* to change course, to alter course; *ti cambia la vita* it changes your life; ~ *l'aria* to change the air; ~ *l'aria di una stanza* è air a room; (*fig*) ~ *le carte in tavola a qcu.*) to turn the tables on so.; (*fig*) *non* ~ *le carte in tavola!* don't pull a fast one, don't try to put something over me, (*Am*) don't try to go and slip me a mickey; ~ *le lenzuola* to change the bed, to change the sheets; (*Ornit*) ~ *le penne* to molt; (*Aut*) ~ *l'olio* to change the oil, to have the oil changed; (*fig*) ~ *mano* to change hands; (*fig,scherz*) ~ *musica* to change one's tune; ~ *nome* to change one's name; ~ *posto* to change places: ~ *posto con qcu.* to change places with so.; (*fig*) ~ *registro* to change one's tune; ~ *rotta* to change course, to change route (*anche fig*); ~ *strada*:

1 to change direction, to take another road, to go another way; 2 (*fig*) to change one's ways; (*fig*) ~ *tono* to adopt a different tone, to change one's tune; (*colloq,fig*) *non ~ una sillaba* not to change a syllable, not to change a thing; (*fig*) *non ~ una virgola* not to change a word; ~ *vita* to start a new life. **cambiario** *a.* exchange (*attr.*), of exchange, of bills: *sistema ~* exchange system.
cambiatensione *m.inv.* (*El*) voltage changer, transformer.
cambiavalute *m.inv.* money-changer, money dealer.
cambio[1] *m.* **1** change; (*scambio*) exchange. **2** (*Econ*) exchange. **3** (*Aut*) gears *pl.*, gearbox: *~ a sei marce* six-speed gear. **4** (*Aut*) (*manovra*) gearing. □ (*Aut*) *~ a cloche* (*Br*) lever stick, (*Am*) stick shift, manual gear; (*Mecc*) *~ a pedale* pedal gear change; (*Aut*) *~ a preselettore* preselecting gear change; *~ a pronti* exchange for spot delivery, spot rate; *~ a termine* exchange for forward delivery, forward rate; (*Aut*) *~ al volante* column gear change; *~ alla pari* parity rate, parity price; (*Econ*) *~ alto* high rate of exchange; (*Aut*) *~ automatico* automatic transmission, automatic transmission change; (*Econ*) *~ basso* low rate of exchange; *dare il ~ a qcu.* to relieve so., to take over from so.; *darsi il ~* to take turns, to take it in turns; (*Econ*) *~ del giorno* current exchange rate, current rate of exchange; (*Pol*) *~ del potere* power change; *~ della guardia*: 1 (*Mil*) changing of the guard; 2 (*fig,Pol*) changing of the guard; (*Br*) Cabinet reshuffle; (*Econ*) *~ denaro* bid quotation, bid price; *un ~ di biancheria* a change of underwear; (*Mecc*) *~ di marcia* gear change, gear shift; (*Aut*) *~ di velocità* gears, gear-box, (*Am*) transmission; *dovresti sempre portare un ~ di vestiti* you should always bring a spare set of clothes; *fare un ~* to make an exchange; *possiamo fare ~?* can we trade?; (*Econ*) *~ fisso* fixed exchange, fixed exchange rate; (*Econ*) *~ flottante* fluctuating rate of exchange; (*Econ*) *~ forzoso* forced exchange, compulsory exchange; *dare in ~* to give in exchange; *in ~ di* in exchange for; (*Econ*) *~ libero* free rate of exchange; *~ obbligatorio* forced exchange, compulsory exchange; (*Aut*) *~ sincronizzato* synchronized gears, synchronized shift; (*Econ*) *~ ufficiale* official rate of exchange.
cambio[2] *m.* (*Bot,Anat*) cambium.
cambista *m./f.* (*Econ*) foreign exchange dealer, exchange broker; (*cambiavalute*) money dealer.
Cambital *m.* (*Ufficio italiano dei cambi*) Italian bureau of exchange.
Cambogia *n.pr.f.* (*Geog*) Cambodia.
cambogiano I *a.* Cambodian. **II** *m.* **1** (*lingua*) Cambodian. **2** (*f.* -**a**) (*abitante*) Cambodian.
cambra *f.* (*Edil*) cramp.
cambretta *f.* staple.
cambrì *m.* (*Tess*) cambric.
cambriano, **cambrico** (*pl.* -**ci**) **I** *a.* (*Geol*) Cambrian. **II** *m.* (*Geol*) Cambrian, Cambrian period.
Cambrici *n.pr.m.pl.* (*Geog*) Cambrian Mountains.
cambusa *f.* (*Mar*) storeroom, galley.
cambusiere *m.* (*Mar*) storekeeper.
camcorder *m.inv.* camcorder.
camelia *f.* (*Bot*) camellia.
camelidi *m.pl.* (*Zool*) Camelidae.
camembert /kamem'ber/ *m.* (*Alim*) Camembert.
camera *f.* **1** room. **2** (*camera da letto*) bedroom. **3** (*insieme di mobili*) suite of furniture

(of a room). **4** (*Pol,Parl*) House, Chamber: *le Camere* (*dei deputati e del senato*) the two Houses. **5** (*Mecc, Anat*) chamber. □ (*Fis*) *~ a bolle* bubble chamber; *~ a due letti* double room; *~ a gas* gas chamber; (*Fis*) *~ a nebbia* cloud chamber; (*Mot*) *~ a turbolenza* swirl chamber; (*Parl*) *Camera Alta* Upper House; *~ ammobiliata* furnished room; (*Fis*) *~ anecoica* anechoic chamber; (*Dir*) *~ arbitrale* arbitration board; *~ ardente* mortuary chapel, funeral chamber, (*Am*) funeral parlor; (*Parl*) *Camera Bassa* Lower House; *~ blindata* (*di banca*) safe room, safe vault, (*Br*) strongroom; *~ climatica* climatic chamber; *~ con bagno* (*in hotel*) en suite; *~ da letto*: 1 bedroom; 2 (*mobili*) bedroom suite; *~ da pranzo* dining room; *~ d'albergo* hotel room; *~ d'aria* (*di pneumatico*) inner tube, (*di dirigibile*) ballonet, (*di pallone*) bladder; (*Aut*) *senza ~ d'aria* tubeless; *~ degli ospiti* guest room, spare room; (*GB,Parl*) *Camera dei Comuni* House of Commons, Commons; (*Parl*) *Camera dei Deputati* House of Deputies, Chamber of Deputies, (*GB*) House of Commons, (*US*) House of Congress, House of Representatives; (*GB,Parl*) *Camera dei Pari* House of Lords; (*US,Parl*) *Camera dei Rappresentanti* House of Representatives; *Camera del lavoro* workers' association; (*Anat*) *~ dell'occhio* aqueous chamber; (*Mot*) *~ di carburazione* carburation chamber; (*Arm*) *~ di caricamento* breech; *~ di combustione*: 1 (*Mot*) combustion chamber; 2 (*di caldaia, forno e sim.*) firebox; *Camera di Commercio* Chamber of Commerce, (*US*) Department of Commerce; (*Econ*) *~ di compensazione* clearing house; *~ di compressione* compression chamber; (*Dir*) *~ di consiglio* board room, Court Chambers; *~ di custodia* strong-room; *~ di decompressione* decompression chamber; (*Fis*) *~ di ionizzazione* ionization chamber; (*Mar*) *~ di lancio* torpedo room, torpedo compartment; *~ di scoppio*: 1 (*Mot*) combustion chamber; 2 (*nelle armi da fuoco*) chamber; *~ di servizio* maid's room; *~ di sicurezza*: 1 (*cella*) cell, detention room; 2 (*nelle banche*) strongroom; *~ di soggiorno* living room; (*Fis*) *~ di Wilson* cloud chamber; (*Mar*) *~ d'immersione* immersion chamber; (*Med*) *~ iperbarica* hyperbaric chamber; *~ macchine* machine room; *~ matrimoniale*: 1 (*stanza*) master bedroom; 2 (*mobili*) bedroom suite; *~ mobiliata* furnished room; *~ mortuaria* morgue; *~ operatoria* (*Br*) operating theatre, (*Am*) operating room; (*Fot*) *~ oscura* dark room; (*Acus*) *~ riverberante* echo chamber, reverberation chamber.
camerale *a.* **1** Chamber (*attr.*), Chamber's. **2** (*dell'erario*) Treasury (*attr.*), Exchequer (*attr.*). **3** (*finanziario*) financial: *amministrazione camerale* financial administration; *anno camerale* financial year. **4** (*dello stato*) state (*attr.*): *beni camerali* state property.
cameralismo *m.* (*Pol*) cameralism.
cameralista *m./f.* (*Pol*) cameralist.
cameraman /-men/ *m.inv.* (*Cin,TV*) cameraman.
camerata[1] *m./f.* **1** (*Pol*) (right wing) colleague. **2** (*colloq*) chum, pal.
camerata[2] *f.* **1** (*dormitorio*) dormitory. **2** (*le persone*) roommates *pl.* **3** (*sodalizio*) club, association.
cameratescamente *avv.* in a comradely manner.
cameratesco (*pl.* -**chi**) *a.* comradely.
cameratismo *m.* comradeship.
cameriera *f.* **1** (*di ristorante*) waitress. **2** (*domestica*) maid, housemaid, (*Br*) maid-

servant. **3** (*di albergo*) (*Br*) chambermaid, (*Am*) maid. □ *~ a ore* (*Br*) char, (*Am*) maid, (*colloq*) daily help; *~ a tutto servizio* live-in maid.
cameriere *m.* **1** (*di ristorante*) waiter. **2** (*domestico*) servant, (*Br*) manservant. **3** (*di albergo*) (*Br*) manservant, (*Am*) bellhop, bellboy. □ *~ capo* head-waiter; *~ di sala* roomservant; *~ particolare* valet.
camerino *m.* **1** (*di teatro*) dressing room. **2** (*Mar*) cabin. **3** (*ant*) (*gabinetto di decenza*) lavatory. □ (*Abbigl*) *~ di prova* fitting room.
camerista *f.* lady in waiting.
cameristico (*pl.* -**ci**) *a.* chamber (*attr.*): *concerto ~* chamber concert.
camerlengo (*pl.* -**ghi**) *m.* (*Rel*) camerlengo, camerlingo.
camerone *m.* (*dormitorio*) dormitory.
Camerun *n.pr.m.* (*Geog*) Cameroon.
Camerunese I *a.* Cameroonian. **II** *m./f.* (*abitante*) Cameroonian.
camice *m.* **1** coat, white coat. **2** (*Rel*) alb. □ *~ bianco*: 1 lab coat; 2 (*estens*) (*medico*) doctor; *~ chirurgico* surgeon's gown.
cameceria *f.* **1** (*negozio*) shirt shop. **2** (*fabbrica*) shirt factory.
camicetta *f.* (*da donna*) blouse; (*di taglio maschile*) shirt.
camicia (*pl.* -**cie**) *f.* (*da uomo*) shirt; (*da donna*) blouse: (*fig*) *giocarsi anche la ~* (*o perdere anche la ~*) to lose the shirt off one's back, (*Am*) to lose one's last dollar; (*fig*) *ridursi in ~* (*o rimanere in ~*) to lose everything. **2** (*da notte: da donna*) nightdress, nightgown; (*ant*) (*da uomo*) nightshirt. **3** (*Tecn*) jacket. **4** (*custodia*) cover. □ (*Stor*) *camicie brune* brownshirts; (*Abbigl*) *~ da notte*: 1 (*da donna*) nightdress, nightgown, (*colloq*) nightie; 2 (*ant*) (*da uomo*) nightshirt; (*Mecc*) *~ d'acqua* water jacket; (*Mecc*) *~ d'aria* air jacket; *~ di forza* straightjacket; (*Mecc*) *~ di raffreddamento* cooling jacket; (*Mecc*) *~ di riscaldamento* heating jacket; (*Abbigl*) *~ hawaiana* Hawaiian shirt; (*Stor*) *camicie nere* blackshirts; (*Stor*) *camicie rosse* redshirts, Garibaldini.
camiciaio *m.* (*f.* -**a**) **1** shirtmaker. **2** (*venditore*) seller of shirts, shirt salesman.
camicino *m.* **1** bodice. **2** (*per neonati*) vest, (*Am*) nightshirt, gown, infant's shirt.
camiciola *f.* **1** (*maglietta*) (*Br*) vest, undervest, (*Am*) undershirt, T-shirt. **2** (*camicia estiva*) sports shirt.
camiciotto *m.* **1** sports shirt. **2** (*da lavoro*) smock.
caminetto *m.* **1** fireplace. **2** (*rar,Alp*) chimney.
caminiera *f.* **1** (*parafuoco*) fireguard, (*Am*) fireplace screen. **2** (*mensola*) mantelpiece, mantel. **3** (*specchio*) overmantel mirror, mantelpiece mirror.
camino *m.* **1** fireplace. **2** (*focolaio*) hearth, fireside. **3** (*comignolo*) chimney-pot. **4** (*ciminiera*) (*Br*) chimney, (*Am*) smokestack. **5** (*di vulcano*) chimney. **6** (*Alp*) chimney. **7** (*Geol*) vent. □ *~ di ventilazione* smoke-vent, flue.
camion *m.* lorry, (*Am*) truck. □ *~ della nettezza urbana* dustcart, (*Am*) garbage truck.
camionabile, **camionale I** *a.* (*Strad*) open to heavy traffic, (*Br*) lorry (*attr.*). **II** *f.* (*Strad*) road open to heavy traffic.
camioncino *m.* van, (*Br*) light lorry, (*Am*) light truck.
camionetta *f.* jeep.
camionista *m./f.* lorry driver, (*Am*) truck driver.

camisaccio *m.* sailor's blouse.

camita *m./f.* Hamite.

camitico (*pl.* **-ci**) *a.* Hamitic.

camma *f.* (*Mecc*) cam: ~ *ad angolo arrotondato* broadnose cam.

cammellato *a.* (*Mil*) camel-borne.

cammelliere *m.* camel driver.

cammello *m.* **1** (*Zool*) camel: *viaggiare a dorso di* ~ to travel by camel. **2** (*Tess*) camel-hair, camel's hair: *soprabito di* ~ camel-hair coat; *color* ~ (*Br*) camel coloured, (*Am*) camel-colored.

cammellotto *m.* (*Tess*) camlet.

cammeo *m.* **1** cameo. **2** (*Cin*) cameo role.

camminamento *m.* (*Mil*) communication trench.

camminare¹ (**cammìno**) *v.i.* (*aus.* **avere**) **1** to walk: *il bambino non cammina ancora* the baby can't walk yet; *ho camminato da Ostia fino a Roma* I walked from Ostia to Rome; *cammina cammina, finalmente arrivarono al rifugio* after much walking they finally reached the refuge; ~ *per le vie della città* to walk through the city streets. **2** (*funzionare*) to work, to go, to run: *il mio orologio non cammina più* my watch has stopped (*o* has stopped running). **3** (*fig*) (*progredire*) to go, to progress: *gli affari camminano bene* business is going well; *cammina il tuo lavoro?* how is your work progressing? □ ~*a grandi passi* to stride; (*colloq*) ~*a papera* to waddle; ~ *a testa alta* to walk with one's head held high; *cammina!*: **1** (*affrettati*) get a move on, hurry up, (*Am,colloq*) step on it; **2** (*vattene*) go away, (*Am,colloq*) beat it; ~*carponi* to go on all fours; ~ *come un gambero* to go backwards (*anche fig*); ~*di buon passo* to walk at a good pace, to walk quickly; ~ *diritto*: **1** to walk upright; **2** (*fig*) to stick to the straight and narrow; ~*in fila indiana* to walk in single file; ~ *in punta di piedi* to tiptoe, to walk on tiptoe, to walk on tiptoes; ~*male* to limp; ~*sotto la pioggia* to walk in the rain; (*fig*) ~*sul velluto*: **1** (*senza incontrare ostacoli*) to meet with no obstacles in one's path, to walk on velvet; **2** (*con passi di velluto*) to have a velvet tread, to walk softly and quietly; (*fig*) ~ *sulle uova* to walk on eggs; ~*zoppicando* to limp.

camminare² *m.* **1** (*azione*) walking: *il* ~ *mi affatica* walking tires me. **2** (*modo di camminare*) walk, gait: *lo riconobbi dal* ~ I recognized him by his walk.

camminata *f.* **1** (*passeggiata*) walk, stroll: *fare una bella* ~ to go for a nice walk. **2** (*passo, andatura*) walk, pace.

camminatore *m.* (*f.* **-trice**) walker: *essere un buon* ~ to be a good walker.

cammino *m.* **1** (*il camminare*) walk: *sono stanco per il lungo* ~ I'm tired after the long walk. **2** (*strada*) road; (*sentiero*) path, pathway. **3** (*strada percorsa o da percorrere*) way, route: *indicare il* ~ *a qcu.* to show so. the way; *seguire il* ~ *più corto* to go the shortest way; *lungo tutto il* ~ throughout the journey, all the way, along the way. **4** (*tempo del percorso: a piedi*) walk: *mezz'ora di* ~ half an hour's walk; *ci sono due ore di* ~ it's two hours away. **5** (*in macchina*) drive; (*con altro mezzo*) journey. **6** (*fig*) (*progresso*) way, headway, progress: *fare molto* ~ to go a long way. □ (*Mil*) ~*di ronda* beat, round; *camminfacendo* on the way; *esserein* ~ to be on one's way; *mettersi in* ~ to start off, to set out, to start walking, (*colloq*) to pick up one's feet.

camola *f.* (*region*) (*tarma*) moth; (*tarlo*) woodworm.

camomilla *f.* **1** (*Bot*) wild camomile, wild

chamomile. 2 (*infuso*) camomile tea, chamomile tea.

camorra *f.* **1** Camorra. **2** (*estens*) (*lega di persone disoneste*) gang of thieves.

camorrista *m./f.* **1** member of the Camorra. **2** (*estens*) racketeer, swindler, (*Am*) mafioso.

camorristico (*pl.* **-ci**) *a.* camorra (*attr.*).

camosciare (**camòscio/camóscio, camòsci/camósci**) *v.t.* (*rar*) (*scamosciare*) to chamois.

camoscio *m.* **1** (*Zool*) chamois. **2** (*pelle*) suede, chamois, chamois leather, shammy, shammy leather: *guanti di* ~ suede gloves.

campagna *f.* **1** country: *vivere in* ~ to live in the country; *andare in* ~ to go to the country. **2** (*terra coltivata*) land, farmed land. **3** (*possedimento*) land, estate, property: *avere molta* ~ to have a great deal of land. **4** (*paesaggio*) countryside. **5** (*Mil*) campaign: *le campagne di Napoleone* the Napoleonic campaigns; *fare una* ~ (*parteciparvi*) to take part in a campaign; (*scherz,ant*) *ha fatto le sue campagne* he has had an eventful life. **6** (*propaganda*) campaign: ~ *contro il fumo* anti-smoking campaign. **7** (*Mar*) cruise. **8** (*Arald*) terrace in base. □ ~*abbonamenti* season ticket campaign; (*Sport*) ~ *acquisti* transfer season; ~ *antifumo* no smoking campaign, no-smoking campaign, anti-smoking campaign; ~ *contro il rumore* noise reduction campaign; ~*contro l'inquinamento* anti-pollution campaign; ~*di alfabetizzazione* literacy campaign; ~*di annunci* (*pubblicitari*) advertising campaign; ~*di lancio* sales launch; ~*di marketing* marketing campaign; ~ *di produttività* productivity drive; ~ *di promozione delle vendite* sales promotion campaign; ~ *di stampa* press campaign; ~ *di vaccinazione* public vaccination programme; ~ *di vendita* sales campaign, sales drive; ~ *diffamatoria* smear campaign, mudslinging; ~ *d'informazione* information campaign; ~*elettorale* election campaign; ~*giornalistica* press campaign; ~*promozionale* promotion campaign, promotional campaign; ~ *pubblicitaria* advertising campaign; *la* ~ *romana* the Rome countryside, the Campagna.

campagnola *f.* (*Aut*) (*Br*) all-terrain vehicle, (*Am*) off-road car.

campagnolo I *a.* country (*attr.*), rural, rustic: *usanze campagnole* country traditions. **II** *m.* (*f.* **-a**) countryperson, countryman (*f.* -woman). □ *alla campagnola* country style (*attr.*).

campale *a.* field (*attr.*): *artiglieria* ~ field artillery.

campana *f.* **1** bell: *le campane suonano* the bells are ringing. **2** (*di vetro*) bell jar. **3** (*delle lampade*) lampshade. **4** (*per la raccolta del vetro*) bottle bank, glass recycling bin. **5** (*gioco infantile*) hopscotch. **6** (*Arch*) bell. **7** *pl.* (*Mus*) bells, chimes. □ *a* ~ bell-shaped; *campane a festa* festive bells; ~*a martello* alarm-bell; ~ *a morto* passing bell, death knell; *suonare le campane a morto* to toll the bells; ~*da palombaro* diving bell; ~*d'aria* air chamber; *la* ~*del vespro* the evening bell; ~*di raccolta per il vetro* bottle bank, glass recycling bin; (*fig*) *vivere sotto una* ~*di vetro* to pamper oneself, to overindulge oneself; *tenere qcu. sotto una* ~ *di vetro* to pamper so., to overindulge so.; ~*d'immersione* diving bell; ~*fessa* cracked bell; (*fig*) *starein* ~ to watch out, to keep one's eyes peeled; ~ *pneumatica* pressure tank, pneumatic caisson; ~*subacquea* diving bell.

campanaccio *m.* cowbell, cattle bell.

campanario *a.* bell (*attr.*): *torre campana-*

ria bell tower.

campanaro *m.* bell-ringer.

campanella *f.* **1** little bell, bell: *la* ~ *della scuola* the school bell. **2** (*anello per tende*) curtain ring. **3** (*orecchino*) earring. **4** (*Bot*) bindweed. □ *campanelle tubolari* wind chimes.

campanello¹ *m.* **1** bell, door bell: *suonare il* ~ to ring the bell. **2** *pl.* (*Mus*) chimes. □ ~*d'allarme* alarm-bell; (*fig*) *fare suonare il* ~ *d'allarme* to set off the alarm; ~*della messa* bell for Mass; ~ *della porta* doorbell, front doorbell; ~*di bicicletta* bicycle bell.

campanello² *m.* (*Macell*) rolled rump roast.

campaniforme *a.* bell-shaped.

campanile *m.* **1** bell tower, belfry. **2** (*fig*) (*paese natio*) native town, native village. *questioni di* ~ local affairs; *rivalità di* ~ parochial rivalry.

campanilismo *m.* parochialism, local pride, blowing one's own trumpet.

campanilista I *m./f.* parochial person, parochial-minded person, someone who blows their own trumpet. **II** *a.* parochial, parochial-minded: *idee campaniliste* parochial ideas.

campanilistico (*pl.* **-ci**) *a.* parochial, parochial-minded.

campano¹ **I** *a.* of Campania, from Campania. **II** *m.* (*f.* **-a**) (*originario*) native of Campania; (*abitante*) inhabitant of Campania.

campano² *m.* cowbell.

campanone *m.* **1** main bell. **2** (*Mil*) bombard.

campanula *f.* (*Bot*) bellflower, campanula.

campanulare, campanulato *a.* campanulate, bell-shaped.

campare¹ (**càmpo**; *aus.* **essere**) *v.i.* **1** to live: *campa del suo lavoro* he lives off (*o* by) his work; *è campato poco* he did not live long, he bit the dust early on. **2** (*vivere alla meno peggio*) to manage, to get by: *si campa* we're managing, we're getting by. □ ~*alla giornata* to live from hand to mouth; *dovessi* ~ *cent'anni* even if I live to be a hundred; (*fig*) ~*d'aria* to live on next to nothing, to live on air; ~*d'elemosina* to live on charity; ~*fino a cent'anni* to live to be a hundred. *Prov.*: *campa, cavallo, che l'erba cresce* that'll be the day, till the cows come home.

campare² (**càmpo**) *v.t.* (*Scult,Pitt*) to bring into relief.

campata *f.* (*Arch*) span; (*di un ponte*) bay.

campato *a.* (*Scult*) relief, brought into relief. □ (*fig*) ~*in aria* unfounded, groundless; *progetti campati in aria* castles in the air.

campeggiare¹ (**campéggio, campéggi**; *aus.* **avere**) *v.i.* **1** (*rif. a turisti*) to camp. **2** (*ant*) (*rif. a soldati*) to camp, to encamp, to be encamped, to set up camp.

campeggiare² (**campéggio, campéggi**) **I** *v.i.* (*aus.* **avere**) (*risaltare, spiccare*) to stand out. **II** *v.t.* (*ant,Pitt*) (*campire*) to paint the background.

campeggiatore *m.* (*f.* **-trice**) camper.

campeggio¹ *m.* **1** campsite, camping site, (*Am*) campground. **2** (*sosta, soggiorno*) camping: *andare in* ~ to go camping; *fare* ~ *in montagna* to go camping in the mountains. □ ~*estivo* (*per bambini*) summer camp; ~*libero* free camping.

campeggio² *m.* (*Bot*) logwood.

campeggista *m./f.* (*rar*) (*campeggiatore*) camper.

campeggistico (*pl.* **-ci**) *a.* (*rar*) camping (*attr.*).

camper *m.* camper, camper van, (*Br*) Dor-

campestre a. **1** country (*attr.*), rural. **2** (*selvatico*) wild: *fiore* ~ wildflower.

campetto m. **1** (*Sport*) (*per allenamento*) (*Br*) training pitch, (*Am*) training field. **2** (*rif. allo sci*) nursery slope.

campicchiare (**campìcchio, campìcchi**; *aus.* **essere**) *v.i.* to scrape along, to scrape by, to get along.

Campidoglio *n.pr.m.* **1** (*Geog*) Capitol. **2** (*estens*) (*municipio di Roma*) Campidoglio (seat of the Rome local government).

campiello m. campiello, small square in Venice.

camping /'kɛmpiŋ/ m. **1** campsite, camping site, (*Am*) campground. **2** (*sosta, soggiorno*) camping.

campionamento m. sampling: *schema di* ~ sampling frame. □ ~ *casuale* random sampling; ~ *multiplo* multiple sampling.

campionare (**campióno**) *v.t.* to sample (*anche Mus*).

campionario I a. sample (*attr.*). **II** m. **1** samples *pl.*, sample collection; (*nella moda*) collection. **2** (*raccoglitore*) sample book, sample case; (*Tess*) pattern book. **3** (*fig*) cross-section. □ (*Tip*) ~ *di caratteri* type samples.

campionato[1] m. championship. □ ~ *di calcio* football championship, league championship, (*US*) premiere soccer league; ~ *di pugilato* boxing championship; ~ *juniores* junior championship; *campionati mondiali* world championship.

campionato[2] a. (*sottoposto a campionatura*) sampled.

campionatore m. **1** (*f.* **-trice**) sampler. **2** (*Mus*) sampler.

campionatura *f.* sampling.

campione I m. **1** (*Sport*) champion. **2** (*difensore*) champion, defender: ~ *della fede* defender of the faith. **3** (*Comm*) sample, specimen: *comprare su* ~ to buy on sample. **4** (*fig*) (*asso*) master, (*colloq*) ace: *sei un* ~ *di diplomazia* you are a master of diplomacy. **II** a. **1** (*Sport*) champion (*attr.*): *la squadra* ~ the champion team. **2** (*Comm,Statist*) sample (*attr.*): *indagine* ~ sample survey. □ (*Statist*) ~ *aleatorio* random sample; (*Statist*) ~ *casuale* random sample; (*Comm*) *come da* ~ as per sample; ~ *commerciale* sample, not for resale; ~ *di incassi* blockbuster; (*Fis*) ~ *di misura* standard, standard measure; ~ *di pugilato* boxing champion; ~ *di sangue* blood sample; ~ *di scacchi* grand master; ~ *di tennis* tennis champion; ~ *di urina* urine sample; ~ *di vendite* hit; (*Sport*) (*nel calcio*) ~ *d'Italia* Italian League Champion; (*Sport*) ~ *europeo* European champion; (*fig*) *farsi* ~ *di qcs.* to champion the cause of sth., to be a torchbearer of sth.; ~ *gratuito* free sample, (*colloq*) freebie; ~ *in carica* title-holder, (*Am*) defending champion; (*Sport*) (*nel calcio*) ~ *italiano* Italian champion; (*Sport*) ~ *mondiale* world champion; ~ *olimpionico* Olympic champion; ~ *per medici* physician's sample; (*Statist*) ~ *ponderato* weighted sample; (*Statist*) ~ *probabilistico* probability sample, probabilistic sample; ~ *rappresentativo* representative sample; (*Post*) ~ *senza valore* sample only, samples (*pl.*) only; ~ *statistico* statistical sample; ~ *stratificato* stratified sample.

campionessa *f.* champion.

campionissimo m. great champion, champion of champions, true champion.

campionista m./f. sampler.

campire (**campìsco, campìsci**) *v.t.* (*Pitt*) to paint in (an area of colour, the background).

campito a. (*Pitt*) painted in.

campitura *f.* painting of the background; (*zona campita*) painted background.

campo m. **1** field. **2** *pl.* (*campagna*) fields, country *sing.*: *passare per i campi* to walk through the country, to walk in the country. **3** (*fig*) (*materia*) field, branch: *esperto in tutti i campi* expert in all fields; *questo non rientra nel mio* ~ this is outside my field, (*Am*) this is out of my league; ~ *di attività* line of business, field of business. **4** (*Mil*) (*luogo di battaglia*) field, battlefield, battleground: *morire sul* ~ to die on the battlefield. **5** (*luogo di esercitazione*) drill ground, parade ground; (*accampamento*) camp: *piantare il* ~ to pitch camp; *levare il* ~ to strike camp. **6** (*Aer*) field, airfield. **7** (*Sport*) playing field; (*di calcio, rugby, cricket*) pitch; (*di football americano, baseball*) field; (*di tennis, squash*) court; (*di golf*) course, links *pl.*; (*di bocce*) green. **8** (*Inform,Fis,Min,Mat*) field. **9** (*Fot*) field, range. **10** (*Cin*) shot. **11** (*Tel*) roaming area, roaming range: *è impossibile telefonare, non c'è* ~ you can't phone, we're out of roaming range. **12** (*Art*) (*sfondo*) ground, background. **13** (*Arald,Numism*) field: *croce bianca in* ~ *rosso* white cross on a red field. **14** (*a Venezia*) campo, square. □ (*fig*) *a tutto* ~ wide-range (*attr.*), all-round (*attr.*): *indagine a tutto* ~ thorough investigation; *combattere in* ~ *aperto* to fight in the open; ~ *aurifero* goldfield; (*Pol*) *passare al* ~ *avversario* to go over to the other camp; (*Mil*) *da* ~ field (*attr.*); *lettino da* ~ camp bed, camp cot; (*Sport*) ~ *da bocce* bowling green; (*Sport*) ~ *da golf* golf course; (*Sport*) *campi da sci* ski slopes; (*Sport*) ~ *da tennis* tennis court; (*Inform*) ~ *dati* data field; (*Aer*) ~ *di aviazione* airfield; ~ *d'azione*: **1** (*Fis*) field of action: ~ *d'azione di una forza* field of action of a force; **2** (*fig*) sphere of action; ~ *di accoglienza* transit camp; (*Mil*) ~ *di addestramento* training camp; ~ *di applicazione* field of application; (*Aer*) ~ *di atterraggio* landing strip; ~ *di attività* field of activity; ~ *di battaglia*: **1** (*Mil*) battlefield, battleground; **2** (*fig*) battlefield; (*Sport*) ~ *di calcio* football ground, football field, (*Am*) soccer field; ~ *di concentramento* concentration camp; (*Aer*) ~ *di fortuna* emergency landing ground; (*Fis*) ~ *di forze* force field; ~ *di gioco* playing field; (*per il football americano*) turf; (*Sport*) ~ *di golf* golf course, golf links; (*Agr*) ~ *di grano* wheatfield; ~ *di lava* lava field; ~ *di lavoro* (*estivo*) (*Summer*) work camp; ~ *di Marte* drill ground, parade ground; *campi di neve* snowfields; ~ *di osservazione* observation field; ~ *di pattinaggio* skating rink; ~ *di prigionia* prisoner-of-war camp; ~ *di prima accoglienza* transit camp; ~ *di sterminio* extermination camp, death camp; (*Stor*) *i campi di sterminio nazisti* Nazi extermination camps; (*Statist*) ~ *di variazione* range; (*Fis*) ~ *differenziale* differential field; ~ *d'internamento* internment camp; (*Fis*) ~ *elettrico* electric field, electrical field; (*Fis*) ~ *elettromagnetico* electromagnetic field; *campi elisi* Elysian Fields; (*Sport*) ~ *erboso* grass court; (*Geog*) *Campi Flegrei* Phlegraean Fields; ~ *fortificato* fortified camp; ~ *giochi* playground; (*Fis*) ~ *gravitazionale* gravitational field; (*Sport*) *entrare in* ~ to take the field, to enter the field, to enter the court; (*Sport*) ~ *in terra battuta* clay court; (*Acus*) ~ *intermedio* midrange; (*fig*) *avere* ~ *libero* to have a free hand, to have freedom of action, (*Am*) to have a blank check; (*Cin*) ~ *lunghissimo* very long shot; (*Cin*) ~ *lungo* long shot; (*Fis*) ~

campito a. (*Pitt*) painted in.

magnetico magnetic field; ~ *magnetico terrestre* earth's magnetic field; (*Cin*) ~ *medio* medium-long shot, mid-shot; *mettere in* ~ to put into the field: *mise in* ~ *diecimila cavalieri* he put ten thousand knights into the field; (*fig*) *mettere in* ~ *qcs.* to put sth. forward, to come up with sth.: *mise in* ~ *delle pretese* he came up with various requirements; *mise in* ~ *valide ragioni* he put forward some good reasons; ~ *minato* minefield; (*fig*) *passare nel* ~ *nemico* to go over to the enemy, to pass over to the enemy; ~ *nomadi* nomads' camp, nomads' encampment; ~ *petrolifero* oil field; *in* ~ *politico* in the political field, in the political arena; ~ *profughi* refugee camp; (*Sport*) ~ *regolamentare* regulation size pitch; (*Ling*) ~ *semantico* semantic field; ~ *sportivo* playing field, game field, playing court, sports field; *lavoro sul* ~ field work; *ricerca sul* ~ field research; *tenere il* ~ to stand one's ground; (*Fis*) ~ *vettoriale* vector field; ~ *visivo* visual field, field of vision.

camposanto (*pl.* **campisànti/camposànti**) m. cemetery, graveyard; (*di chiesa*) churchyard.

campus m. (*Univ*) campus, college grounds.

camuffamento m. **1** (*azione*) disguising; (*effetto*) disguise. **2** (*Mil*) (*azione*) camouflaging; (*effetto*) camouflage.

camuffare (**camùffo**) **I** *v.t.* **1** (*travestire*) to disguise. **2** (*Mil*) (*mimetizzare*) to camouflage: ~ *con frasche una postazione di artiglieria* to camouflage a gun emplacement with branches, to camouflage a gun emplacement with foliage. **3** (*fig*) to hide. **II** *v.pron.* **camuffarsi** to disguise oneself, to dress oneself up: *si camuffò da Pierrot* he dressed himself up as Pierrot.

camuso a. **1** (*rif. a persona*) snub-nosed, flat-nosed. **2** (*rif. a naso*) snub: *naso* ~ snub nose.

can m. Khan: *gran* ~ Great Khan.

c.a.n. (*Comm*) *costo, assicurazione, nolo* CIF (cost, insurance, freight).

Cana *n.pr.f.* (*Bibl*) Cana: *le nozze di* ~ the wedding feast at Cana.

Canada *n.pr.m.* (*Geog*) Canada.

canadese **I** a. Canadian. **II** m./f. (*abitante*) Canadian. **III** f. (*tenda*) ridge tent, pup tent.

canaglia f. **1** rogue, troublemaker, scoundrel: *simpatica* ~ old rogue. **2** (*gentaglia*) rabble, riffraff.

canagliata f. dirty trick.

canagliesco (*pl.* **-chi**) a. roguish.

canagliume m. rabble, (*Am*) motley crew.

canale m. **1** canal: *scavare un* ~ to dig a canal. **2** (*conduttura, tubazione*) conduit, pipe. **3** (*Geog*) channel, canal: *il* ~ *della Manica* the English Channel; *il* ~ *di Panama* the Panama Canal. **4** (*Biol*) canal, duct. **5** (*Inform, Rad,Tel*) channel: (*TV*) *cambiare* ~ to change channel. **6** (*Met*) groove, pass. **7** (*Tip*) groove. **8** (*Anat*) (*dotto*) duct: ~ *escretore* excretory duct; *canali semicircolari* semicircular canals. **9** (*fig*) channel: *attraverso canali diplomatici* through diplomatic channels. □ (*Inform*) ~ *analogico* analog channel; ~ *artificiale* artificial channel, channel; ~ *audio* sound channel; (*Anat*) ~ *auditivo* auditory canal; ~ *collettore* drain; ~ *conduttore* conduit; (*Anat*) ~ *del parto* birth canal; (*Met*) ~ *delle scorie* slag notch; ~ *di aerazione* aeration canal; ~ *di bonifica* drainage canal; (*Met*) ~ *di colata* runner, gate, pouring spout; ~ *di colata per lingotti* lingot runner; ~ *di comunicazione* communication channel, communications channel; (*Geog*) ~ *di Co-*

rinto Corinth Canal; (*Comm*) ~ *di distribuzione* distribution channel; (*Idr*) ~ *di drenaggio* drainage canal; (*Agr*) ~*di irrigazione* irrigation canal, irrigation channel; (*Astr*) *Canali di Marte* Canals of Mars; ~*di raccolta dei rifiuti* sewer; (*Strad*) ~ *di scarico* drain; ~*di scolo* gutter, drain, drainage canal; (*Geog*) ~*di Suez* Suez Canal; ~*di vendita* sales channel; ~*di ventilazione* ventilation duct; ~*navigabile* navigable canal; (*per navi*) shipway, seaway; ~ *interno navigabile* navigable internal waterway; ~ *pubblicitario* advertising medium; ~*satellitare* satellite channel; ~*televisivo* television channel, TV channel.

canaletta *f.* 1 (*di irrigazione*) channel. 2 (*Edil*) (*per condutture*) raceway.

canalicolo *m.* (*Bot*) canaliculus.

canalizzare (**canalìzzo**) *v.t.* 1 to channel, to canalize. 2 (*estens*) (*indirizzare*) to channel: ~ *il traffico* to channel the traffic.

canalizzazione *f.* channelling, canalisation, (*Am*) channeling, canalization.

canalone *m.* (*Geol*) gully.

cananaico *m.* (*Ling*) Canaanitic.

cananeo I *a.* Canaanitic. II *m.* (*f.* **-a**) Canaanite.

canapa *f.* (*Bot*) hemp. ☐ ~ *acquatica* hemp agrimony; *di* ~ hemp (*attr.*), hempen; ~*di Manila* Manila hemp, abacà; ~*grezza* raw hemp; ~*indiana* Indian hemp, cannabis.

canapaia *f.* hempland.

canapaio *m.* (*f.* **-a**) (*chi lavora la canapa*) hemp worker; (*venditore*) hemp seller.

canapè *m.inv.* 1 sofa. 2 (*Gastron*) (*tartina*) canapé, small open sandwich.

canapicoltore *m.* hemp grower.

canapicoltura *f.* hemp growing.

canapiero *a.* hemp (*attr.*): *industria canapiera* hemp industry.

canapificio *m.* hemp mill.

canapiglia *f.* (*Ornit*) gadwall.

canapina *f.* (*Sart*) hemp cloth.

canapino I *a.* 1 hemp (*attr.*), hempen. 2 (*rif. a capelli*) white blond. II *m.* 1 (*f.* **-a**) (*chi lavora la canapa*) hemp worker. 2 (*Sart*) hemp cloth.

canapo *m.* (*Mar*) hawser.

canapuccia *f.* (*Bot*) hempseed.

canapule *m.* hemp stalk.

canard /ka'nar/ *m.inv.* (*Giorn*) canard, hoax (story).

Canarie *n.pr.f.pl.* (*Geog*) (*Isole Canarie*) Canary Islands, Canaries.

canarino I *m.* (*Ornit*) canary. II *a.inv.* canary-coloured, (*Am*) canary-colored, canary yellow: *giallo* ~ canary yellow.

canasta *f.* (*gioco di carte*) canasta.

cancan *m.* 1 (*Mus*) cancan. 2 (*fig*) (*baccano*) noise, fuss: *fare un gran* ~ *per qcs.* to make a great fuss about sth.

cancellabile *a.* eraseable, that can be deleted.

cancellare (**cancèllo**) *v.t.* 1 (*con gomma*) to erase. 2 (*con lo straccio*) to wipe, to wipe off. 3 (*con un tratto di penna*) to cross out, to strike out, to delete, (*Am*) to scratch out; (*burocr*) ~ *la parte che non interessa* delete where inapplicable. 4 (*fig*) to obliterate, to remove, to wipe away: ~ *un ricordo* to wipe away a memory. 5 (*rif. a debiti*) to write off. 6 (*disdire*) to cancel: ~ *un volo* to cancel a flight. 7 (*Inform*) to delete; (*un file*) to erase. ☐ ~ *qcs. dalla memoria* to erase sth. from one's memory; ~*un contratto* to cancel a contract; (*Dir*) ~ *una sentenza* to quash a sentence; ~*un'ipoteca* to extinguish a mortgage, to cancel a mortgage, to redeem a

mortgage.

cancellata *f.* fence: ~ *di legno* wood fence.

cancellatura *f.* 1 (*azione*) cancelling, rubbing out, deleting. 2 (*parte cancellata*) erasure.

cancellazione *f.* 1 (*annullamento*) cancellation, annulment: ~ *di un volo* cancellation of a fligh. 2 (*di nastro magnetico*) wiping, erasure. ☐ ~*dalle liste elettorali* striking off the electoral list; ~*del debito dei paesi poveri* cancellation of third world debt; ~*di un'ipoteca* cancellation of a mortgage upon redemption, redemption of a mortgage.

cancelleresco (*pl.* **-chi**) *a.* (*lett*) chancery: *stile* ~ chancery style; (*Tip*) *carattere* ~ chancery font.

cancelleria *f.* 1 (*Pol*) Chancellery. 2 (*Dir*) chancery, office of the clerk of the court. 3 (*materiale di cancelleria*) stationery, office supplies: *spese di* ~ stationery expenses. ☐ *le cancellerie europee* the chancelleries of Europe; ~*giudiziaria* Registry.

cancelletto *m.* 1 gate, small gate. 2 (*simbolo*) (*Br*) hash, (*Am*) pound. ☐ (*Sport*) ~*di partenza* starting gate.

cancellierato *m.* (*Pol*) Chancellorship.

cancelliere *m.* 1 (*Pol*) Chancellor. 2 (*di tribunale*) clerk of the court, registrar. ☐ (*GB*) *Cancelliere dello Scacchiere* Chancellor of the Exchequer.

cancellino *m.* (*per la lavagna*) rubber, blackboard rubber, duster, blackboard duster, (*Am*) eraser, blackboard eraser.

cancello *m.* 1 gate. 2 (*cancellata*) railings *pl.*, (*Am*) fence, gate, gates *pl.* ☐ ~*automatico* radio-controlled automatic gate; (*Aer*) ~ *d'imbarco* boarding gate; ~*in ferro battuto* wrought-iron gate; ~ *scorrevole* sliding gate.

cancerizzarsi (**mi cancerìzzo**) *v.pron.* (*Med*) to become cancerous.

cancerizzazione *f.* (*Med*) cancerization.

cancerogenesi *f.* (*Med*) carcinogenesis.

cancerogeno I *a.* (*Med*) carcinogenic: *sostanze cancerogene* carcinogenic substances. II *m.* (*Med*) carcinogen, carcinogenic agent.

cancerologia *f.* (*Med*) cancerology.

cancerologo (*pl.* **-gi**) *m.* (*Med*) oncologist, cancer specialist.

canceroso I *a.* (*Med*) cancerous. II *m.* (*f.* **-a**) (*Med*) cancer patient.

canchero *m.* (*pop*) 1 (*malattia*) canker, disease. 2 (*persona fastidiosa*) nuisance, pain in the neck. ☐ (*ant*) *gli venisse un* ~! may the fleas of a thousand camels invade his armpits!

cancrena *f.* 1 (*Med,Bot*) gangrene. 2 (*fig*) vice, canker. ☐ *andare in* ~ to become gangrenous; ~*gassosa* gas gangrene.

cancrenoso *a.* (*Med*) gangrenous.

cancro *m.* 1 (*Med*) cancer: *essere malato di* ~ to have cancer. 2 (*Bot*) canker. 3 (*fig*) cancer, spreading evil: *il* ~ *della corruzione* the cancer of corruption. ☐ (*Med*) ~*del collo dell'utero* cervical cancer; (*Med*) ~*del polmone* lung cancer; (*Med*) ~*della cervice* cervical cancer; (*Med*) ~*della mammella* breast cancer; (*Med*) ~*mammario* breast cancer.

Cancro I *n.pr.m.* (*Astr*) Cancer. II *m.f.* (*persona nata sotto il segno del Cancro*) Cancer: *mio padre è del* ~ (o *mio padre è un* ~) my father is (a) Cancer.

candeggiante I *a.* bleaching. II *m.* bleach.

candeggiare (**candéggio**, **candéggi**) *v.t.* to bleach.

candeggina *f.* bleach.

candeggio *m.* bleaching (*anche Tess*).

candela *f.* 1 candle: *accendere una* ~ to

light a candle. 2 (*Mot*) (*Br*) sparking plug, (*Am*) spark plug. 3 (*Fis,Ott*) candela, candle: *una lampada da cento candele* a hundred-watt bulb. ☐ *a* ~ vertically; (*colloq*) *avere la* ~*al naso* to have a snotty nose, to have a runny nose; *struggersi come una* ~ to pine, to pine away, (*Am*) to dwindle, to dwindle away; (*Mot*) ~*di accensione* (*Br*) sparking plug, (*Am*) spark plug; ~*di cera* wax candle; ~*di sego* tallow candle; (*Aer*) *salire in* ~ to steep climb; *precipitare in* ~ to nosedive; ~*mangiafumo* air-purifying candle; ~*stearica* tallow candle.

candelabro *m.* candlestick, candelabrum: ~ *a sette bracci* seven-branched candelabrum, seven-branched candlestick.

candelaggio *m.* (*El*) candlepower.

candelaio *m.* (*f.* **-a**) (*fabbricante*) candle maker, chandler.

candeletta *f.* (*Farm*) suppository.

candeliere *m.* 1 candlestick. 2 (*Mar*) stanchion.

candelina *f.* candle: *spegnere le candeline* to blow out the candles.

Candelora *f.* (*Rel*) Candlemas.

candelotto *m.* short candle. ☐ ~*di dinamite* stick of dynamite, dynamite stick; ~*fumogeno* smoke candle; ~*lacrimogeno* tear-gas bomb.

candida *f.* (*Med*) candida.

candidamente *avv.* 1 (*con schiettezza*) candidly, frankly. 2 (*ingenuamente*) ingenuously, naïvely.

candidare (**càndido**, **càndidi**) I *v.t.* to propose as candidate, to put up, to nominate. II *v.pron.* **candidarsi** to stand as candidate (*a for*).

candidato I *m.* (*f.* **-a**) candidate: *presentarsi* ~ (*alle elezioni*) (*Br*) to stand for election, (*Am*) to run for election; *presentarsi come* ~ *alle elezioni politiche* to stand for Parliament, (*Am*) to run for political office. II *a.* 1 standing as candidate (*a* for): *essere* ~ *alle elezioni* (*Br*) to stand for election, (*Am*) to run for election. 2 (*scherz,iron*) sure (*a* to): *essere* ~ *a bocciatura* to be sure to fail. ☐ *le candidate a un concorso di bellezza* the beauty contestants; (*Scol*) ~*a un esame* examinee; ~*a cinque premi Oscar* five Oscar nominations; (*Pol*) ~*al parlamento* parliamentary candidate; ~ *socialista al parlamento* Socialist candidate for Parliament; *essere* ~*al premio Nobel* to be a Nobel candidate; *proporre come* ~ *alla presidenza* to nominate for chairmanship; *il* ~*alla successione* the likely successor, the probable successor; ~*all'Oscar* nominated for an Oscar; (*Pol*) ~*civetta* stalking horse; (*Pol*) ~*del partito* party candidate, party nominee; (*Pol*) ~*di bandiera* leading candidate; (*Pol*) ~*diretto* direct candidate; *il* ~*sindaco* the candidate mayor.

candidatura *f.* candidature, candidacy, nomination: *accettare la* ~ to accept nomination; *presentare la propria* ~ (*a una carica*) to apply, to apply for a post; (*alle elezioni*) (*Br*) to stand, to stand for election, (*Am*) to run for election; *mantenere la* ~ to uphold one's candidature; *ritirare la propria* ~ to withdraw one's candidature.

candid camera /'kendid-/ *f.inv.* (*TV,Cin*) candid camera show.

candidezza *f.* 1 whiteness. 2 (*fig*) (*candore*) purity, innocence.

candido *a.* 1 white, snow-white. 2 (*pulito*, *senza macchia*) clean, spotless. 3 (*fig*) (*innocente*) pure, innocent; (*schietto*) candid, frank; (*ingenuo*) ingenuous, naïve.

candidosi *f.* (*Med*) thrush, candidiasis.

candire (**candìsco, candìsci**) *v.t.* to candy.

candito I *a.* candied: *frutta candita* candied fruit. II *m.* candied fruit.

canditura *f.* candying.

candore *m.* 1 whiteness. 2 *(fig) (innocenza)* innocence, purity; *(ingenuità)* naivety, ingenuousness; *(schiettezza)* candour, frankness.

cane I *m.* 1 dog. 2 *(spreg) (rif. a persona)* brute, dog; *(pessimo attore)* ham; *(pessimo cantante)* screecher. 3 *(nelle armi da fuoco)* hammer, cock. 4 *(Mecc)* jaw. 5 *(nelle botti)* cramp. 6 *(in proposizioni negative: nessuno)* soul: *alla conferenza non c'era un ~* there was not a soul at the conference. II *a.inv. (posposto al nome)* terrible, awful, dreadful, frightful, *(colloq)* rotten, filthy: *freddo ~* biting cold; *tempaccio ~* foul weather. □ *~ antidroga* sniffer dog, *(Am)* narcotics dog, narcotics-sniffing dog; *~ barbone* poodle; *~ bassotto* dachshund; *~ bastardo* mongrel, mongrel dog, *(Am)* mut, bustard, half-breed; *sembrare un ~ bastonato* to be very down in the mouth, to have one's tail between one's legs; *essere come ~ e gatto* to fight like cat and dog; *(fig) come un ~* like a dog; *(colloq) lavorare come un ~* to work like a horse, to work like a dog; *essere trattato come un ~* to be treated like a dog; *vivere come un ~* to lead a dog's life; *essere solo come un ~* to be all alone; *essere fortunato come un ~ in chiesa* not to have a dog's chance, *(Am)* not to stand a chance; *da ~* (o *da cani*) badly, very badly: *lavoro fatto da ~* badly-done work; *mangiare da ~* to eat badly; *fatica da ~* drudgery; *un'accoglienza da cani* a cold welcome; *~ da caccia* hunting dog, hound; *~ da cerca* retriever; *~ da combattimento* fighting dog; *~ da corsa* greyhound; *~ da esposizione* show dog, competition dog; *~ da ferma* setter, pointer; *~ da guardia* watchdog, guard dog; *~ da pagliaio* farm dog; *~ da pastore* sheep dog; *~ da presa* retriever; *~ da punta* setter, pointer; *~ da riporto* retriever; *~ da salotto* lap dog, *(Am)* house dog; *~ da slitta* sled dog, husky; *~ da tartufo* truffle dog; *~ da valanga* St. Bernard; *~ danese* Great Dane; *~ di razza* thorough-bred dog, pure-bred dog; *(spreg) cani e porci* (tutti) Tom, Dick and Harry; *~ guida* *(per ciechi)* guide dog; *~ lupo* *(Br)* Alsatian, *(Am)* German shepherd; *(Astr) Cane maggiore* Canis major; *(Astr) Cane minore* Canis minor; *~ pastore* sheep dog; *~ poliziotto* police dog; *~ randagio* stray dog, wild dog; *~ san Bernardo* St. Bernard; *(Pol) ~ sciolto* mugwump, Mugwump, independent politician. Prov.: *can che abbaia non morde* one's bark is worse than one's bite, barking dogs seldom bite; *~ non mangia ~* there is honour among thieves.

canea *f.* 1 *(l'abbaiare)* baying. 2 *(fig) (critica)* uproar.

canefora *f. (Stor.gr,Arch)* canephora.

canestra *f.* wicker basket, large wicker basket.

canestraio *m.* (*f.* **-a**) 1 *(fabbricante)* basket weaver. 2 *(venditore)* basket seller.

canestro *m.* 1 basket; *(con coperchio)* hamper. 2 *(da pescatore)* fishing basket. 3 *(il contenuto)* basketful. 4 *(Sport) (nel gioco della pallacanestro)* basket: *fare ~* (o *andare a ~*) to shoot a basket.

canettiere *m. (Caccia)* huntsman.

canfora *f. (Bot)* camphor.

canforato *a.* camphor *(attr.)*: *olio ~* camphor oil; *spirito ~* camphor spirits *pl.*

canforo *m. (Bot)* camphor, camphor tree.

cangiante *a.* changing.

---

cangiare (**càngio, càngi**) I *v.t.* to change. II *v.i.* *(lett)* *(aus.* **essere/avere***)* to change: *~ di colore* to change colour. III *v.pron.* **cangiarsi** *(lett)* to change.

canguro *m. (Zool)* kangaroo.

canicola *f.* 1 *(calura)* heat wave, great heat. 2 *(Astr,ant)* Dog Star.

canicolare *a.* scorching, *(rar)* canicular: *giorni canicolari* dog days.

canidi *m.pl. (Zool)* Canids, Canidae.

canile *m.* 1 kennel. 2 *(luogo di allevamento)* kennels *pl.* 3 *(fig)* pigsty, sty, *(Am)* pig's pen. □ *~ municipale* dog pound.

canino I *a.* 1 canine, dog *(attr.)*. 2 *(di dente)* canine. II *m.* *(dente)* canine, canine tooth.

canizie *f.* 1 white hair. 2 *(fig) (vecchiaia)* old age.

canna *f.* 1 *(Bot)* reed, cane. 2 *(bastone da passeggio)* walking stick, cane. 3 *(Pesc)* fishing rod. 4 *(rif. ad arma da fuoco)* barrel: *a due canne* double-barrelled. 5 *(della bicicletta)* crossbar. 6 *(d'organo)* pipe, organ-pipe. 7 *(per innaffiare)* garden hose. 8 *(unità di lunghezza variabile)* rod, pole, *(Br)* perch. 9 *(gerg) (spinello)* joint, reefer: *farsi una ~* to smoke a joint. □ *bere a ~* *(Br)* to swing down, *(Am)* to chug-a-lug from a bottle; *essere come una ~ al vento* to bend with the wind; *(Pesc) ~ da pesca* fishing rod; *(Bot) ~ da zucchero* sugar cane; *~ del camino* chimney-flue; *(colloq) essere alla ~ del gas* to be at one's wits' end; *~ di bambù* bamboo cane; *~ di caduta dei rifiuti* rubbish chute; *~ d'India* rattan; *~ fumaria* chimney flue, flue; *(Pesc) ~ mosca* fly rod.

cannabis *f. (Bot)* cannabis.

cannabismo *m. (Med)* cannabism.

cannaiola *f. (Ornit)* reed warbler.

cannare (**cànno**) *v.t. (gerg)* to goof, to flunk: *mi hanno cannato all'esame* I flunked the exam.

cannella[1] *f.* 1 tap, *(Am)* faucet. 2 *(della botte)* tap, spigot.

cannella[2] *f. (Bot,Gastron)* cinnamon.

cannello *m.* 1 *(Chir)* tube. 2 *(Chim)* pipette, pipet. 3 *(bastoncino)* stick: *un ~ di ceralacca* a stick of sealing wax. 4 *(Tess)* quill. □ *~ della penna* penholder; *~ ossiacetilenico* oxyacetylene blowpipe, oxyacetylene torch; *~ ossidrico* oxyhydrogen blowpipe, oxyhydrogen torch, welding torch; *taglio con il ~ ossidrico* oxycutting; *saldatura con il ~ ossidrico* oxywelding; *~ per saldatura* welding torch, welding blowpipe.

cannelloni *m.pl.* *(Gastron)* cannelloni *(costr.sing.)*.

canneté *m.inv. (Tess)* grosgrain.

canneto *m.* cane thicket, *(Am)* cane-brake.

cannibale I *m.* cannibal. II *a.* 1 cannibal. 2 *(rif. a scrittori)* pulp *(attr.)*.

cannibalesco (*pl.* **-chi**) *a.* cannibalistic.

cannibalismo *m.* cannibalism.

cannibalistico (*pl.* **-ci**) *a.* cannibalistic, cannibal *(attr.)*.

cannibalizzare (**cannibalìzzo**) *v.t.* 1 *(Mecc)* to cannibalize, to remove parts from (machinery). 2 *(rif. a organizzazione)* to cannibalize, to deprive (sth.) of personnel, to deprive (sth.) of equipment.

cannibalizzazione *f.* 1 *(Mecc)* cannibalization, removal of parts (from machinery). 2 *(rif. a organizzazione)* cannibalization, deprivation of personnel, deprivation of equipment.

cannicciata *f.* cane fencing, slat fencing.

canniccio *m.* reed matting.

cannista *m./f. (Pesc)* angler, fisher.

cannocchiale *m.* telescope: *puntare il ~* to point the telescope. □ *~ astronomico* as-

---

tronomical telescope; *~ cercatore* finder; *~ panoramico* panoramic sight; *~ prismatico* prism binocular; *~ terrestre* terrestrial telescope, spyglass.

cannolicchio *m. (Zool)* razor shell, *(Am)* razor clam.

cannolo *m. (Dolc)* pastry roll, *(Am)* cannoli.

cannonata *f.* 1 cannon shot. 2 *(fig) (cosa strepitosa)* smash: *è una ~* it's sensational, it's terrific, it's a hit, *(Am)* it's a doozie. 3 *(Sport)* shot at goal.

cannoncino *m.* 1 *(Dolc)* pastry roll filled with custard, *(Am)* small cannoli. 2 *(Sart)* box pleat. 3 *(cannone leggero)* light cannon, light gun.

cannone *m.* 1 gun, cannon: *caricare un ~* to load a gun; *colpo di ~* cannon shot. 2 *(colloq)* ace, wizard, *(Am)* whiz: *è un ~ in latino* to be a wizard at Latin, *(Am)* he's a whiz in Latin. 3 *(Sart,Tess)* box pleat. 4 *(tubo)* pipe, tube: *~ della stufa* stovepipe. □ *~ antiaereo* antiaircraft gun, flak; *~ anticarro* anti-tank gun; *~ contraereo* antiaircraft gun, flak; *da ~* cannon *(attr.)*: *palla da ~* cannonball; *polvere da ~* gunpowder; *~ da campagna* field gun; *~ di piccolo calibro* small-calibre gun; *(Elettron) ~ elettronico* electron gun; *~ sparaneve* snow canon.

cannoneggiamento *m.* cannonade, gunfire, shelling.

cannoneggiare (**cannonéggio, cannonéggi**) I *v.t.* to cannonade, to shell. II *v.i.* *(aus.* **avere***)* to cannonade.

cannoniera *f.* 1 *(Mar) (nave)* gunboat; *(apertura)* porthole. 2 *(Arm)* embrasure.

cannoniere *m.* 1 *(soldato)* gunner. 2 *(Sport)* high scorer.

cannuccia (*pl.* **-ce**) *f.* thin cane; *(per bibita)* straw; *(della penna)* pen-holder; *(della pipa)* stem.

cannula *f. (Med)* cannula.

canoa *f.* canoe. □ *andare in ~* to canoe.

canocchia *f. (Zool)* squill, squill fish.

canocchiale *m. (pop)* telescope.

canoismo *m. (Sport)* canoeing.

canoista *m./f. (Sport)* canoeist.

canone *m.* 1 *(norma)* canon, standard, criterion: *i canoni della morale* the canons of morality. 2 *(prestazioni in danaro)* rent, fee: *~ annuo* annual rent. 3 *(Rel,Mus,lett)* canon. □ *~ del telefono* telephone fee, telephone charges, telephone taxes; *~ di abbonamento* subscription fee; *~ di abbonamento televisivo* television licence fee; *~ di affitto* rent; *~ di licenza* licence fee, royalty.

canonica *f.* parsonage, rectory.

canonicale *a.* canon's: *abito ~* canon's dress.

canonicato *m.* canonry.

canonico (*pl.* **-ci**) I *a.* 1 canonical: *(Bibl) libri canonici* canonical books; *impedimenti canonici* canon impediments. 2 *(fig)* suitable, appropriate. II *m. (Rel)* canon.

canonista *m. (Rel)* canonist.

canonizzare (**canonìzzo**) *v.t.* 1 *(Rel)* to canonize. 2 *(fig) (sancire)* to sanction, to ratify: *espressioni canonizzate dall'uso* expressions sanctioned by use.

canonizzazione *f. (Rel)* canonization.

canopo *m. (Archeol)* canopic vase.

canorità *f.* melodiousness.

canoro *a.* 1 singing, song *(attr.)*: *uccello ~* song-bird. 2 *(estens)* melodious.

Canossa *n.prf. (Geog)* Canossa. □ *(fig) andare a ~* *(Br)* to eat humble pie, *(Am)* to fess up.

canottaggio *m.* *(a remi)* rowing; *(a pagaie)* canoeing: *gara di ~* canoe race.

canottiera *f.* 1 *(maglietta della salute*

thermal underwear. **2** (*maglia*) top, vest. **3** (*cappello*) boater.

canottiere *m.* rower, oarsman: *circolo (dei) canottieri* rowing club, canoe club.

canotto *m.* rowing boat, skiff, (*Am*) rowboat. □ *~ di salvataggio* lifeboat; *~ pneumatico* rubber dinghy.

canovaccio *m.* **1** (*strofinaccio*) cloth, dishcloth. **2** (*tela da ricamo*) canvas. **3** (*Lett*) (*trama*) plot: *commedia a ~* play with improvised dialogue. **4** (*Cin*) action.

cantabile I *a.* singable. **II** *m.* (*Mus*) cantabile.

Cantabrici *n.pr.m.pl.* (*Geog*) Cantabrian Mountains.

cantafavola *f.* rigmarole, yarn, (*Am*) rigamarole.

cantambanco (*pl.* **-chi**) *m.* **1** (*Br*) busker, (*Am*) balladeer. **2** (*ciarlatano*) charlatan, mountebank.

cantante I *a.* singing. **II** *m./f.* singer. □ *~ di musica leggera* pop singer; *~ lirico* opera singer.

cantare[1] (**cànto**) **I** *v.i.* (*aus.* **avere**) **1** to sing: *~ a orecchio* to sing by ear. **2** (*rif. a uccelli*) to sing; (*rif. a gallo*) to crow; (*rif. a grilli, cicale*) to chirp, to buzz, to hum. **3** (*gerg*) (*fare la spia*) to sing, to squeal: *il complice ha cantato* the accomplice squealed. **II** *v.t.* **1** to sing: *~ una canzone* to sing a song. **2** (*rif. a poeti*) to sing. □ *~ a squarciagola* to belt out; (*fig*) *~ ai sordi* (*invano*) to waste one's breath; *cantarle a qcu.* to give so. a piece of one's mind; *canta che ti passa* chin up; (*fig*) *cantarla chiara* to speak one's mind, to tell it like it is; (*colloq*) *~ qcs. in rima* (*dire chiaro e tondo*) to say sth. straight out, to say sth. point-blank; (*fig*) *canta sempre la stessa canzone* (*Br*) he is always harping on the same string, (*Am*) he's always singing the same song; *~ le lodi di qcu.* to praise so., to sing so.'s praises: (*Rel*) *~ le lodi del Signore* to praise the Lord; *~ messa* to sing Mass; (*fig*) *~ vittoria su qcu.* to exult over so.; *non ~ vittoria prima del tempo* don't count your chickens before they are hatched.

cantare[2] *m.* **1** singing. **2** (*Lett*) epic ballad.

cantaride *f.* (*Entom*) Spanish fly, cantharis.

cantaridina *f.* (*Chim*) cantharidin.

cantaro *m.* **1** (*Archeol*) cantharus. **2** (*Itt*) sea bream.

cantastorie *m./f.inv.* balladeer.

cantata *f.* **1** song, singing, sing-along: *dopo cena faremo una ~* after supper we'll have some singing. **2** (*Mus*) cantata.

cantautore *m.* (*f.* **-trice**) singer-songwriter.

canterano *m.* chest of drawers, dresser.

canterellare (**canterèllo**; *aus.* **avere**) **I** *v.t.* to sing to oneself; (*a bocca chiusa*) to hum to oneself, to hum distractedly. **II** *v.i.* to sing to oneself; (*a bocca chiusa*) to hum to oneself, to hum distractedly.

canterino I *a.* singing. **II** *m.* **1** (*Ornit*) singing bird, songster. **2** (*f.* **-a**) (*scherz*) singer.

cantero *m.* (*region*) chamber pot.

cantica *f.* **1** (*Lett*) narrative poem, religious poem. **2** (*della Divina Commedia*) cantica (each of the three books of Dante's Divine Comedy).

canticchiare (**cantìcchio, cantìcchi**) **I** *v.t.* to sing to oneself; (*a bocca chiusa*) to hum to oneself, to hum distractedly. **II** *v.i.* to sing to oneself; (*a bocca chiusa*) to hum to oneself, to hum distractedly.

cantico (*pl.* **-ci**) *m.* canticle. □ (*Bibl*) *il Cantico dei Cantici* the Song of Songs, the Song of Solomon.

cantiere *m.* **1** (*Edil*) building site, (*Am*) construction site. **2** (*Mar*) dockyard, shipyard.

□ *~ di demolizione* scrapyard; (*Mar*) *~ di raddobbo* refitting yard; (*Mar*) *~ di riparazione* repair yard, shipyard, dockyard; *~ edile* construction site; (*fig*) *avere in ~ qcs.* to be preparing sth., (*Br*) to have sth. on the stocks, (*Am*) to have sth. in the works, to have sth. on the back burner; (*fig*) *essere in ~* to be in the works; (*fig*) *mettere qcs. in ~* to make a start on sth., to begin sth.; (*Mar*) *~ navale* dockyard, shipyard; *~ stradale* (*Br*) road works, (*Am*) road construction zone.

cantieristica *f.* shipbuilding industry.

cantieristico (*pl.* **-ci**) *a.* shipbuilding.

cantilena *f.* **1** sing-song; (*ninnananna*) lullaby, cradle song. **2** (*intonazione monotona*) sing-song. **3** (*discorso uggioso*) old story: *è sempre la stessa ~* it's always the same old story.

cantilenante *a.* sing-song (*attr.*): *tono ~* sing-song intonation.

cantilenare (**cantilèno**; *aus.* **avere**) **I** *v.t.* to sing-song, to have a sing-song. **II** *v.i.* to sing-song, to have a sing-song.

cantina *f.* **1** cellar: *avere una ~ ben fornita* to have a well-stocked cellar. **2** (*scantinato*) basement. **3** (*rivendita di vino*) wine shop; (*spaccio*) canteen. **4** (*fig*) (*luogo umido e buio*) dungeon. □ (*fig,Teat*) *andare in ~* to drop the tone of one's voice; *~ sociale* cooperative wine growers' association; *~ sperimentale* experimental cellar.

cantiniere *m.* **1** cellarman. **2** (*oste*) tavern keeper.

cantino *m.* (*Mus*) E-string.

canto[1] *m.* **1** (*canzone*) song. **2** (*il cantare*) singing. **3** (*rif. a uccelli*) singing, warbling; (*cinguettio*) chirping, twittering; (*rif. a usignoli*) singing; (*rif. al gallo*) crowing; (*rif. a cicale*) chirping. **4** (*componimento musicale*) song: *il ~ e l'accompagnamento* the song and its accompaniment. **5** (*melodia*) melody, air, tune: *il ~ è eseguito dai violini* the melody is played by the violins. **6** (*poesia*) lyric: *i canti del Leopardi* the lyrics of Leopardi. **7** (*parte di un poema*) canto: *poema epico in ventiquattro canti* epic poem in twenty-four cantos. **8** (*liturgico*) chant. □ (*Lett*) *canti carnascialeschi* carnival songs; *~ degli uccelli* bird song; (*fig*) *~ del cigno* swan song; *al ~ del gallo* (*all'alba*) at the cock's crow; *~ di guerra* war song; *canti di montagna* mountain songs; *canti di Natale* Christmas carols; (*fig*) *~ di sirena* siren song; (*Mus*) *~ fratto* cantus fractus; *~ funebre* funeral song, funeral dirge; *canti goliardici* student songs; *~ gregoriano* Gregorian chant; *canti popolari* folk songs.

canto[2] *m.* **1** (*cantonata*) corner, street corner. **2** (*angolo, spigolo*) corner: *in un ~ della stanza* in a corner of the room; *un ~ del tavolo* a corner of the table. **3** (*parte*) side. □ (*rar*) *stare da ~* to stand apart; *da un ~... dall'altro...* on the one hand, in a way; *dal ~ mio* as for me, as far as I'm concerned.

cantonale[1] *a.* (*Pol,Geog*) cantonal: *elezione ~* cantonal election.

cantonale[2] *m.* **1** (*mobile*) corner cupboard. **2** (*Mecc*) angle iron.

cantonata *f.* **1** corner, street corner. **2** (*fig*) (*errore grossolano*) blunder: *prendere una ~* to make a blunder.

cantone[1] *m.* **1** (*cantonata*) corner, street corner: *al ~ della strada* at the corner of the street. **2** (*angolo*) corner: *vai nel ~* (*in castigo*) go and stand in the corner.

cantone[2] *m.* (*in Svizzera*) canton: *Canton Ticino* (Canton of) Ticino.

cantoniera *f.* **1** (*mobile*) corner cupboard. **2** (*Ferr*) (*casa cantoniera*) track maintenance

house. **3** (*Strad*) roadman's house, roadmender's house.

cantoniere *m.* **1** (*Ferr*) trackman. **2** (*Strad*) roadman.

cantore *m.* **1** singer; (*nel coro*) choir-singer, chorister. **2** (*Rel*) cantor. **3** (*fig*) (*poeta*) poet, singer, bard.

cantoria *f.* **1** (*Arch*) choir, chancel. **2** (*collett.*) choir, ensemble.

cantorino *m.* choir book.

cantuccio *m.* **1** corner. **2** (*luogo appartato*) nook, quiet place: *un ~ tranquillo* a peaceful nook, a peaceful place; (*fig*) *restare in un ~* to keep apart, (*Am*) to keep to oneself. **3** (*pezzetto: di pane*) bit, small piece; (*di formaggio*) end, (*Am*) small piece. **4** *spec.pl.* (*Dolc*) (*Br*) almond biscuits, (*Am*) almond biscotti from Siena. □ *mettere in un ~*: **1** to put on one side; **2** (*fig*) (*rif. a risparmi*) to put aside.

canutezza *f.* hoariness, having white hair.

canutiglia *f.* **1** (*Abbigl*) silver border, gold border. **2** (*per vetrate*) leads *pl.*

canuto *a.* **1** white, grey: *capelli canuti* grey hair, white hair. **2** (*che ha i capelli bianchi*) white-haired: *un vecchio ~* a white-haired old man.

Canuto *n.pr.m.* (*Stor*) Canute.

canyon /'kɛnjən/ *m.inv.* canyon.

canyoning /'kɛnjəniŋ/ *m.* (*Sport*) canyoning.

canzonaccia (*pl.* **-ce**) *f.* (*Br*) bawdy song, (*Am*) lame song.

canzonare (**canzóno**) **I** *v.t.* to make fun of, to laugh at, to tease, (*colloq*) to pull so.'s leg, to poke fun at, to play with. **II** *v.i.* (*aus.* **avere**) (*scherzare*) to joke, to jest.

canzonatore *m.* (*f.* **-trice**) joker, jester.

canzonatorio *a.* mocking, teasing: *tono ~* mocking tone.

canzonatura *f.* **1** (*il canzonare*) teasing, joking. **2** (*beffa*) joke, jest.

canzone *f.* **1** song: *intonare una ~* to break into song; *il festival della ~* popular song festival. **2** (*lett*) canzone. **3** (*fig*) (*cosa che si ripete spesso*) old story: *non ricominciare la solita ~* don't start the same old story all over again. □ *~ a ballo* (*ballata*) ballad; (*Lett*) *canzoni di gesta* chansons de geste; *canzoni popolari* folk songs.

canzonetta *f.* **1** (*popular*) song, (*colloq*) pop song. **2** (*Lett*) canzonet.

canzonettista *m./f.* **1** (*cantante*) music-hall singer. **2** (*autore di canzoni*) songwriter.

canzoniere *m.* **1** (*Lett*) collection of lyrics. **2** (*raccolta di canzoni*) song book.

cañon /kaɲˈon/ *m.inv.* canyon.

caolinite *f.* (*Min*) kaolinite.

caolino *m.* (*Geol*) kaolin.

caos *m.* chaos (*anche fig*).

caotico (*pl.* **-ci**) *a.* chaotic (*anche fig*).

Caotina *f.* (*Svizz.it*) hot chocolate.

CAP *n.* (*Post*) (*codice di avviamento postale*) (*Br*) Post Code, (*Am*) ZIP, Zip Code.

cap. 1 *capitano* capt. (captain). **2** *capitolo* ch., chap. (chapter).

capace *a.* **1** (*in grado di*) able: *sei ~ di farlo?* are you able to do it?, can you do it? **2** (*abile*) skilful, able, good, (*Br*) clever: *un insegnante ~* a good teacher. **3** (*atto, idoneo*) capable: *non lo credevo ~ di tanta malvagità* I didn't believe him capable of such malice. **4** (*ampio, spazioso*) large, voluminous, spacious, (*Br*) capacious: *un recipiente molto ~* a very voluminous container. **5** (*atto a contenere*) holding, with a capacity: *un serbatoio ~ di cento litri* a tank holding a hundred litres, a tank with a capacity of a hundred litres. □ *essere ~di fare qcs.* to be able to do sth., to be capable of doing sth.; *essere ~ di tutto* to be capable of anything; (*Dir*) *~di agire* having legal capacity; (*Dir*) *~di intendere e di volere* person of sound mind; *essere ~*: 1 (*essere in grado*) to be able to do sth.; 2 (*ant*) (*essere possibile*) to be possible, may: *è ~ che piova* it may rain.

capacissimo *a.* absolutely (he's capable): *pensi che farebbe una cosa del genere? - ~!* do you think he would do such a thing? - You bet he would!, do you think he would do such a thing? - Sure he would! □ *sarebbe ~ di ingannarti* he is perfectly capable of deceiving you.

capacità *f.* 1 (*abilità*) capability, ability: *un medico di grande ~* a doctor of great ability, a skillful doctor. 2 (*perizia*) skill. 3 (*intelligenza*) intelligence, (*Br*) cleverness, (*Am*) savvy. 4 (*idoneità*) competency. 5 (*attitudine a contenere*) capacity, capaciousness: *~ d'una botte* capacity of a cask. 6 (*rif. a locali*) seating capacity: *la ~ d'una sala* the seating capacity of a hall. 7 (*Dir*) capacity, competence: *~ a contrarre matrimonio* capacity to marry. 8 (*Fis*) capacity. 9 (*Inform*) (*di memoria*) storage capacity. □ (*Dir*) *~ (Fis*) *~ testare* testamentary capacity; (*Fis*) *~ calorica* calorific capacity; (*Dir*) *~ contrattuale* capacity to make a contract; *~ contributiva* ability to pay tax, tax-paying capacity; *~ cranica* cranial capacity; (*Inform*) *~ del disco* disk capacity, disk space; *~ di adattamento* adaptability; (*Dir*) *~ di agire* legal capacity; (*Fis*) *~ di assorbimento* absorption capacity; *~ di carico*: 1 (*di mezzi di trasporto*) capacity, carrying capacity, load capacity; 2 (*Fis*) capacity; *~ di credito* creditworthiness; (*Dir*) *~ di intendere e di volere* full possession of one's faculties, mental capacity; *~ di lavoro* capacity for work; (*Tecn*) *~ di recupero* resilience; (*Econ*) *~ di reddito* earning power, earning capacity; *~ di ripresa* capacity for recovery; (*Inform*) *~ di trasporto* throughput; (*Econ*) *~ eccedente* surplus capacity; *~ fiscale* ability to pay tax, tax-paying capacity; *~ giuridica* legal competency; *~ manageriali* managerial skills; *~ manuale* manual skill; (*Dir*) *~ matrimoniale* capacity to marry; (*Mil*) *~offensiva* striking capability; *~ organizzativa* ability as an organizer, organizing ability; *~ produttiva* production capacity.

capacitanza *f.* (*El*) capacitance.

capacitare (**capàcito**) **I** *v.t.* (*rar*) to convince, to persuade: *non riuscì a capacitarlo del suo torto* he did not succeed in convincing him of his mistake. **II** *v.pron.* **capacitarsi** to convince oneself: *non riesco a capacitarmi della verità* I can't convince myself of the truth.

capanna *f.* 1 hut, cabin. 2 (*tugurio*) hut, hovel, shanty, shack. 3 (*Alp*) hut, refuge, shelte.

capannello *m.* (*Br*) knot of people, small group, (*Am*) small crowd, cluser of people. □ *fare ~* to gather in twos and threes.

capanno *m.* 1 (*cabina balneare*) bathing hut. 2 (*Caccia*) shooting hut.

capannone *m.* 1 warehouse, shed. 2 (*per il fieno*) hay barn; (*per il grano*) granary. 3 (*per aeroplani*) hangar.

caparbietà *f.* obstinacy, stubbornness, (*Am*) hardheadedness.

caparbio *a.* stubborn, obstinate, (*Am*) hardheaded: *~ come un mulo* (as) stubborn as a mule.

caparra *f.* 1 deposit, earnest-money, earnest, downpayment: *dare la ~ a qcu. per qcs.* to give so. a deposit on sth.; *dare una somma* ~

come ~ to pay a sum as a deposit. 2 (*fig*) (*pegno*) earnest, pledge.

capata *f.* 1 (*region*) blow (with onc's hcad). 2 (*breve visita*) call, brief visit.

capatina *f.* flying visit, quick visit. □ *fare una ~da qcu.* to pay a short visit to so., to drop in on so.; *fare una ~in un luogo* (*Br*) to pop over to a place, (*Am*) to make a quick trip to a place.

capecchio (*pl.* **-chi**) *m.* (*Tess*) tow.

capeggiare (**capéggio, capéggi**) *v.t.* to lead, to head: *~ la rivolta* to head the revolt; *~ i ribelli* to lead the rebels.

capeggiatore *m.* (*f.* **-trice**) leader, ringleader.

capellini *m.pl.* (*Alim*) capellini (*costr.sing.*) (kind of fine pasta).

capello *m.* 1 *pl.* (*capigliatura*) hair (*costr.sing.*): *gli cadono i capelli* his hair is falling out. 2 hair: *hai due capelli sulla giacca* you have two hairs on your coat. □ *capellia caschetto* wedge cut (*sing.*); *capellia spazzola* crew cut (*sing.*); (*fig*) *esserea un ~ da qcs.* to be within a hair's breath of sth.; (*fig*) *essere sospeso a un ~* (o *essere attaccato a un ~*) to be hanging by a hair; (*ant*) *capelli alla bebè* bobbed hair (*costr.sing.*); *capelli arruffati* tousled hair (*costr.sing.*), ruffled hair (*costr.sing.*); *capelli bianchi* white hair (*costr.sing.*), grey hair (*costr.sing.*); (*fig*) *far venire i capelli bianchi a qcu.* to give so. grey hair, to make so.'s hair turn white, to make so.'s hair turn grey; *capelli biondi* blond hair (*costr.sing.*), blonde hair (*costr.sing.*), (*Br*) fair hair (*costr.sing.*); *un uomo dai capelli grigi* a grey-haired man; (*Alim*) *capellid'angelo* very fine vermicelli; *avere i capellidritti* (*per lo spavento*) to have one's hair standing on end; *farsi i capelli* (*dal barbiere*) to have one's hair cut, to get one's hair cut, to get a haircut; *capelli grassi* greasy hair (*costr.sing.*); *capelli lisci* straight hair (*costr.sing.*); *capelli lunghi* long hair (*costr.sing.*); *capelli neri* black hair (*costr.sing.*); *capelli ondulati* wavy hair (*costr.sing.*); (*fig*) *prendersi per i capelli* to come to blows; *capelli ricci* curly hair (*costr.sing.*); *portare i capelli sciolti* to wear one's hair down; *capelli tinti* dyed hair (*costr.sing.*).

capellone *m.* (*f.* **-a**) long-haired person; (*estens*) hippy.

capelluto *a.* thick-haired, hairy.

capelvenere *m.* (*Bot*) maidenhair fern.

capestro *m.* 1 halter (for hanging a person): *condannare al ~* to sentence to hanging, to sentence to be hanged, to condemn to the gallows; (*fig*) *un tipo da ~* (*un delinquente*) a crook. 2 (*cavezza*) halter. 3 (*cordone dei frati*) girdle.

Capetingi *n.pr.m.pl.* (*Stor*) Capetians.

capetingio **I** *a.* (*Stor*) Capetian. **II** *m.* (*Stor*) Capetian.

capetto *m.* petty boss, (*Am,colloq*) low man on the totem pole.

capezzale *m.* 1 (*guanciale*) bolster. 2 (*fig*) bedside: *essere al ~ di qcu.* to be at so.'s bedside. 3 (*di malato*) sick-bed; (*di moribondo*) death-bed.

capezzata *f.* (*Arch,ant*) coping.

capezzolo *m.* nipple; (*di animale*) teat, tit.

capiente *a.* capacious.

capienza *f.* capacity: *un armadio di notevole ~* a large closet.

capifosso *m.* (*Idr*) main ditch, main drain.

capigliatura *f.* hair (*costr.sing.*): *folta ~* thick hair.

capillare I *a.* 1 (*Anat*) capillary. 2 (*fig*) vast, widespread: *organizzazione ~* vast organi-

zation. 3 (*dettagliato*) detailed, thorough. **II** *m.* capillary.

capillarità *f.* 1 (*Fis*) capillarity. 2 (*fig*) comprehensiveness.

capinera *f.* (*Ornit*) blackcap.

capintesta *m./f.inv.* head, leader.

capire (**capìsco, capìsci**) **I** *v.t.* 1 to understand: *non capisco il tedesco* I don't understand German; *non ci capisco nulla* I don't understand a thing. 2 (*riconoscere*) to admit: *non vuole ~ che ha torto* he doesn't want to admit he is wrong. 3 (*persuadersi*) to realize, to understand: *finalmente ha capito che doveva andarsene* he finally realized he ought to leave. 4 (*assol.*) (*essere intelligente*) to be intelligent, to be bright, (*Am*) to be smart: *un ragazzo che capisce* a bright boy. 5 (*usato impersonalmente: essere chiaro*) naturally, of course: *si capisce che tu puoi fare quello che vuoi* naturally you can do as you like; *pagherà la ditta, si capisce* the firm will pay, of course. **II** *v.r.recipr.* **capirsi** to understand each other: *quei due non si capiscono più* the two of them don't understand each other any more. □ *~al volo* to grasp at once, (*colloq*) to be quick on the uptake, (*Am*) to understand right off the bat; *~ una barzelletta* to get a joke; *fare ~ qcs. a qcu.*: 1 to make so. understand sth.; 2 (*lasciare intendere*) to let so. understand sth.: *mi ha fatto ~ che sarebbe venuto* I understood that he would come, I supposed he would come; *farsi ~* to make oneself understood, to be able to get a point across: *si è fatto ~ a gesti* he made himself understood with gestures; (*fig*) *~ l'antifona* to take the hint; *~male qcs.* to misunderstand sth., to get sth. wrong; *appena l'ho vistonon ho capitopiù niente* (o *non ho capitopiù nulla*) once I saw him I couldn't think straight anymore; *non voler ~* to refuse to understand; *ma la vuoi ~ che devi andartene?* but you realize that you must go away?; (*scherz*) *~Roma per toma* to get the wrong end of the stick, to mistake one thing for another; (*fig*) *non ci capiscoun cavolo* it's all Greek to me; (*volg*) *non ~ un cazzo* (*non capire nulla*) not to understand a fucking thing; *non capisci un cazzo* you just don't fucking get it; (*pop*) *non ~un fico* (o *non ~un ficco secco*) not to understand a thing; *~una cosa per un'altra* to misunderstand; (*volg*) *non ~una mazza* (*non capire nulla*) not to understand a fucking thing; *non ho capito una parola* (*Br*) I haven't understood a single word, (*Am*) I didn't understand a single word; (*volg*) *non ~una sega* (*non capire nulla*) not to understand a fucking thing; (*colloq*) *non ~una sillaba* not to understand a syllable, not to understand a word; (*colloq*) *non capiscoun'acca di inglese* I don't understand a word of English.

capitagna *f.* (*Agr*) headland.

capitale[1] *a.* 1 capital: *pena ~* capital punishment. 2 (*principale*) supreme, main, chief; (*primario*) prime, primary: *una decisione di ~ importanza* a decision of primary importance.

capitale[2] *f.* capital: *Roma è la ~ d'Italia* Rome is the capital of Italy; *le capitali europee* European capitals.

capitale[3] *m.* 1 (*Econ*) capital. 2 (*fig*) capital, store: *un ~ di cognizioni* a store of knowledge. 3 (*fig*) (*fortuna*) fortune: *valere un ~* to be worth a fortune. 4 *pl.* (*denaro disponibile*) capital (*costr.sing.*): *mancanza di capitali* lack of capital. □ (*Econ*) *~azionario* stock capital, share capital; (*Econ*) *~ circolante* floating capital, circulating capital; (*Econ*) *~ d'esercizio* working capital; (*Econ*) *~di ap-*

porto paid-in capital; (*Econ*) ~ *di avviamento* initial capital; (*Econ*) ~ *di dotazione* capital stock; (*Econ*) ~ *di impianto* starting capital, initial capital; (*Econ*) ~ *di prestito* loan capital; (*Econ*) ~ *di rischio* venture capital; (*Econ*) ~ *di risparmio* retained income, retained earnings; (*Econ*) ~ *disponibile* available capital; (*Econ*) ~ *estero* foreign capital; (*fig*) *fare* ~ *di qcs.* (*trarre vantaggio*) to capitalize on sth.; (*Econ*) ~ *finanziario* capital; (*Econ*) ~ *fisso* fixed capital, capital assets; (*Econ*) ~ *fruttifero* interest-bearing capital; (*Econ*) ~ *immobiliare* real estate, (*Am*) realty; (*Econ*) ~ *improduttivo* idle capital; (*Econ*) ~ *in giacenza* uninvested capital, idle capital; (*Econ*) ~ *inattivo* unproductive capital; (*Econ*) ~ *inerte* unproductive capital, idle capital; (*Econ*) ~ *infruttifero* idle capital; (*Econ*) ~ *iniziale* starting capital; (*Econ*) ~ *interamente versato* fully paid up capital; (*Econ*) ~ *liquido* liquid capital; (*Econ*) ~ *mobiliare* movable goods (*pl.*), movables (*pl.*), personal property; (*Econ*) ~ *morto* idle capital, unprofitable capital; (*Econ*) ~ *netto* equity, equity capital, net worth; ~ *netto d'esercizio* working capital; (*Econ*) ~ *nominale* nominal authorized capital, share capital; (*Econ*) ~ *non versato* non paid up capital; (*Econ*) ~ *obbligazionario* debenture capital; (*Econ*) ~ *proprio* proprietors' capital, owner's equity; (*Econ*) ~ *sociale* registered stock, company capital; (*Econ*) ~ *sottoscritto* subscribed capital; (*Econ*) ~ *versato* paid up capital.

capitalismo *m.* capitalism.

capitalista I *a.* capitalist. **II** *m./f.* 1 capitalist. 2 (*estens,colloq*) tycoon.

capitalistico (*pl.* -**ci**) *a.* capitalist, capitalistic: *sistema* ~ capitalist system.

capitalizzare (**capitalizzo**) *v.t.* to capitalize.

capitalizzazione *f.* (*Econ*) capitalization. □ (*Econ*) ~ *degli interessi* capitalization of interest; (*Econ*) ~ *dei costi* cost capitalization; (*Econ*) ~ *di reddito* capitalization of income; (*Econ*) ~ *di un'imposta* tax capitalization.

capitana *f.* (*Mar*) flagship.

capitanare (**capitano**) *v.t.* to command, to lead, to captain: ~ *un esercito* to command an army; ~ *una sommossa* to lead a revolt; (*Sport*) ~ *una squadra* to captain a team.

capitanato *m.* captaincy.

capitaneggiare (**capitaneggio, capitaneggi**) *v.t.* (*rar*) to command, to lead, to captain.

capitaneria *f.* (*Mar*) district under a port authority. □ (*Mar*) ~ *di porto* port authority, (*Br*) harbour office, (*Am*) harbor office.

capitano *m.* 1 (*Mil*) captain. 2 (*Mar*) captain, (*colloq*) skipper. 3 (*Stor*) (*condottiero*) captain, condottiere. 4 (*estens*) (*capo*) leader, chief. 5 (*Sport*) captain: *il* ~ *della squadra* the team captain. □ (*Mar*) ~ *di corvetta* lieutenant; (*Mar.mil*) ~ *di fregata* lieutenant commander; (*Mar*) ~ *di lungo corso* merchant captain; (*Mar*) ~ *di porto* harbour master; (*Mar.mil*) ~ *di vascello* commander; (*Stor*) ~ *di ventura* condottiere; ~ *d'industria* captain of industry; (*Mar*) ~ *in seconda* mate.

capitare (**capito**) **I** *v.i.* (*aus.* **essere**) 1 (*giungere per caso*) to arrive, to come, to happen to come, to so happen, to just so happen, (*colloq*) to turn up: *se capiti a Roma, vieni a trovarmi* if you happen to come to Rome, come and see me; if you ever come to Rome, come and see me. 2 (*presentarsi: rif. a cose*) to occur, to arise, to present oneself: *gli è capitata una buona occasione* a good oppor-

---

tunity has come his way, a good opportunity has presented itself to him; *gli è capitata una disgrazia* he has had an accident. **II** *v.impers.* to happen (*costr.impers. e pers.*), to befall, to come about: *capita spesso che litighino* it often happens that they quarrel; *se ti capita di vederlo* if you happen to meet him. □ (*colloq*) ~ *a fagiolo* to happen at the right moment, to come at the right time; *capiti proprio a fagiolo!* your timing is perfect!, just the man I want!, just the woman I want!; ~ *a proposito* to turn up in the nick of time; ~ *bene* to strike it lucky, to be lucky; (*iron*) *siamo capitati bene!* this is a fine kettle of fish!, (*Am*) this is exactly where we don't want to be; *metti il cappello dove capita* put your hat anywhere you like; (*fig*) ~ *fra capo e collo* to turn up unexpectedly, to arrive unexpectedly, to happen unexpectedly; *se capita l'occasione* should the opportunity arise; ~ *male* to be unlucky, to be out of luck; ~ *tra i piedi* to get in the way; *mi capita sempre tra i piedi quel seccatore* that bore is always getting in my way; ~ *tra le mani di qcu.* to fall into so.'s hands; *per puro caso la lettera mi capitò tra le mani* I came upon the letter by pure chance.

capitello *m.* 1 (*Arch*) capital: ~ *corinzio* Corinthian capital; ~ *corinzio a foglie espanse* Corinthian capital with open leaves. 2 (*Legat*) headband.

capitolare[1] (**capitolo**; *aus.* **avere**) *v.i.* to capitulate.

capitolare[2] *a.* (*Rel*) capitular: *vicario* ~ vicar-capitular.

capitolare[3] *m.* (*Stor*) capitulary.

capitolato *m.* terms *pl.*, specifications *pl.* (of a contract). □ ~ *d'appalto* specifications; ~ *di oneri*: 1 (*per materiali*) specifications; 2 (*in un contratto*) remit.

capitolazione *f.* 1 capitulation. 2 *pl.* (*Stor*) capitulations.

capitolino *a.* 1 Capitoline: *colle* ~ Capitoline Hill. 2 (*estens*) (*di Roma*) Rome (*attr.*).

capitolo *m.* 1 chapter. 2 (*unità del bilancio*) item. 3 (*Rel*) (*collegio*) chapter; (*sala capitolare*) chapter house. 4 *pl.* (*statuto*) statute *sing.* □ (*fig*) *questo è un* ~ *a parte* (*è un altro problema*) this is another story; (*fig*) *si è concluso un* ~ *della sua vita* a period of his life has come to an end; ~ *di bilancio* budget item; (*fig*) *per quanto mi riguarda il* ~ *è chiuso* I now consider the matter closed.

capitombolare (**capitombolo**; *aus.* **essere**) *v.i.* to fall headlong, to tumble, to fall headfirst.

capitombolo *m.* headlong fall, tumble, (*Am*) headfirst fall. □ (*rar*) *a capitomboli* head over heels.

capitomboloni *avv.* (*rar*) head over heels.

capitone *m.* (*Itt*) large eel.

capitozza *f.* (*Forest*) pollard.

capitozzare (**capitozzo**) *v.t.* (*Forest*) to clip, to trim.

capo *m.* 1 (*testa*) head. 2 (*chi comanda*) leader, head: *il* ~ *del governo* the head of the government; ~ *di partito* party leader. 3 (*pop*) (*per attirare l'attenzione di uno sconosciuto*) sir!, pal!, (*Br*) guv! 4 (*di ufficio*) head, (*colloq*) boss; (*di tribù*) chief. 5 (*estremità*) end: *i due capi della corda* the two ends of the rope; *da un* ~ *all'altro* from end to end, from one end to the other. 6 (*estremità superiore*) head, top: *in* ~ *alla scala* at the head of the stairs, at the top of the stairs. 7 (*singolo animale*) head, animal: *cento capi di bestiame* a hundred head of cattle. 8 (*pezzo: di vestiario, di biancheria*) article, item: ~ *di vestiario* article of clothing, garment. 9 (*Geog*)

---

cape: *Capo di Buona Speranza* Cape of Good Hope. 10 (*ant*) (*capitolo*) chapter. □ (*Tess*) *lana a quattro capi* four-ply wool; *a* ~: 1 (*usato come nome: capoverso*) new paragraph; *andare a* ~ to begin a new paragraph; 2 (*dettando*) new paragraph, new line; *essere a* ~ *di un'azienda* to be the head of a company; *mettersi a* ~ *di* to assume command of, to take command of; (*Tess*) *a più capi* multi-ply; (*Tess*) *a un* ~ single strand (*attr.*); (*fig*) *a* ~ *alto* with one's head held high, proudly; ~ *area* area manager; (*fig*) *a* ~ *basso* humbly; ~ *cameriere* head waiter; ~ *cannoniere*: 1 (*Mil*) master gunner; 2 (*Sport*) top goal-scorer; *a* ~ *chino* with one's head lowered head; *a* ~ *coperto* with one's head covered, with a hat on; *da* ~: 1 (*di nuovo*) all over again, once again, once more: *te lo spiegherò da* ~ I'll explain again; *eccolo da* ~ *con la solita storia* here he goes again with the same old story; 2 (*dall'inizio*) from the beginning, all over again: *ricominciare da* ~ to begin all over again, to start all over again, to go back to the beginning; *siamo da* ~ we're back where we started; (*iron*) here we go again; *da* ~ *a fondo* from top to bottom; *da* ~ *a piedi* from head to toe; ~ *d'accusa* count, count of indictment, charge; *a* ~ *del letto* at the head of the bed; ~ *del personale* human resources manager, manager of human resources, personnel manager, staff manager, human resources director; ~ *della polizia* chief of police; ~ *dell'azienda* company head, company manager, (*Am,colloq*) head honcho; ~ *dell'esercito* head of the army; ~ *dello stato* chief of state, head of state; ~ *di biancheria* item of linen; *il* ~ *di casa* the head of the house; *capi di stato e di governo* heads of state and government; ~ *di stato maggiore* Chief of the General Staff; (*Dir*) ~ *d'imputazione* count of indictment, criminal charges (*pl.*); ~ *d'istituto* principal; ~ *divisione* head of a department; *fare* ~ *a* (*andare a finire*) to lead to: *tutte le strade fanno* ~ *a Roma* all roads lead to Rome; *fare* ~ *a qcu.*: 1 (*rivolgersi a qcu.*) to turn to so., to apply to so.; 2 (*dipendere*) to depend on so.; *fra* ~ *e collo* unexpectedly; *in* ~ chief, in chief: *aiutante in* ~ chief assistant; (*ant*) *avere il cappello in* ~ to have one's hat on; *mettersi il cappello in* ~ to put one's hat on; (*ant*) *avere in* ~ *di fare qcs.* to intend to do sth., to intend doing sth.; *mettersi qcs. in* ~ to get sth. into one's head; *in* ~ *a una settimana* in the course of a week, after one week; *in* ~ *all'anno* at the end of the year, by the end of the year, within the current year; *andare in* ~ *al mondo* to go to the ends of the earth; ~ *macchinista* chief engineer; ~ *mastro* master chief; (*fig*) *non avere né* ~ *né coda* to be nonsense, to be neither here not there, to make no sense: *non ha né* ~ *né coda* this makes no sense; *discorso senza* ~ *né coda* talk you can't make heads or tails of; (*Geog*) *Capo Nord* North Cape; ~ *operaio* foreman; ~ *politico* political leader; (*ant,fig*) ~ *primo... ~ secondo...* first of all... second...; ~ *produzione* production manager; ~ *progetto* project manager; ~ *scarico* scatterbrain; *a* ~ *scoperto* bare-headed; ~ *squadra* foreman; (*Pol*) *capi storici* historic leaders; (*Mil*) ~ *supremo* Supreme Commander; ~ *ufficio* head clerk, office manager; *venire a* ~ *di qcs.* to get to the bottom of sth.; *non venire a* ~ *di nulla* to reach no conclusion; (*Geog*) *Capo Verde* Cape Verde; (*Sport*) ~ *voga* stroke, stroke oar.

capoarea (*pl.* **capiàrea**) *m./f.* (*Comm*) area manager.

capobanda (*pl.* **capibànda**) *m.* 1 ringleader; (*scherz*) leader; (*di delinquenti*) gang leader. **2** (*Mus*) bandmaster.

capobranco (*pl.* **capibrànco**) *m.* (*Zool*) leader.

capoc *m.* kapok.

capocaccia (*pl.* **capicàccia**) *m.* leader of the hunt.

capocameriere *m.* head waiter.

capocannoniere (*pl.* **capicannonièri**) *m.* **1** (*Mil*) master gunner. **2** (*Sport*) top goal-scorer.

capocantiere (*pl.* **capicantière**) *m.* (*Edil*) yard foreman.

capocarceriere (*pl.* **capicarcerièri**) *m.* chief warder, head warder.

capocchia *f.* head: ~ *di spillo* head of a pin, pin-head; ~ *di fiammifero* head of a match. □ (*fig,colloq*) *fare qcs. a* ~ to do sth. haphazardly.

capoccia *m.inv.* **1** (*capofamiglia*) head of the family. **2** (*sorvegliante*) overseer, supervisor, superintendent, foreman. **3** (*scherz*) (*capo*) boss. **4** (*caporione*) leader, head.

capocciata *f.* (*region*) blow (with one's head). □ *dare una* ~ *contro il muro* to knock one's head against the wall, to hit one's head against the wall, to bonk one's head against the wall.

capoccione *m.* (*region*) **1** (*persona con la testa grossa*) person with a big head; large-headed person. **2** (*persona intelligente*) brain, genius. **3** (*persona importante*) bigwig, big shot.

capocellula (*pl.* **capicèllula**) *m.* (*Pol*) cell leader.

capoclasse (*pl.* **capiclàsse**) *m.* monitor.

capoclassifica (*m.pl.* **capiclassìfica**, *f.pl.inv.*) *m./f.* leader.

capocomico (*pl.* **capocòmici/capicòmici**) *m.* manager of a theatre company, showman.

capocommessa (*pl.* **capicomméssa**) *m.* prime contractor.

capocontabile (*pl.* **capicontàbile**) *m.* chief accountant.

capoconvoglio (*pl.* **capiconvòglio**) *m.* **1** (*Ferr*) chief guard, (*Am*) conductor. **2** (*Mar*) convoy leader.

capocorda (*pl.* **capicòrda**) *m.* **1** (*El*) terminal. **2** (*Alp*) (*capocordata*) leader (of a team of a mountaineer), roped-party leader.

capocordata (*pl.* **capicordàta**) *m.* (*Alp*) leader (of a team of a mountaineer), roped-party leader.

capocronaca (*pl.* **capicrònaca**) *m.* (*Giorn*) leading article, leader.

capocronista (*pl.* **capicronìsti**) *m.* (*Giorn*) chief news editor, (*Am*) editor in chief.

capocuoco (*pl.* **capocuòchi/capicuòchi**) *m.* chef, head cook.

capodanno (*pl.* **capodànni**) *m.* New Year's Day.

capodelegazione (*pl.* **capidelegazióne**) *m.* (*Pol*) head of delegation.

capodipartimento (*pl.* **capidipartiménto**) *m.* head of department.

capodivisione (*pl.* **capidivisióne**) *m.* head of division.

capodoglio *m.* (*Zool*) sperm whale.

capofabbrica (*pl.* **capifàbbrica**) *m.* plant manager.

capofabbricato (*pl.* **capifabbricàto**) *m.* air-raid warden.

capofamiglia (*pl.* **capifamìglia**) *m.* head of the family.

capofila (*pl.* **capifìla**) *m./f.* **1** first person in a queue. **2** (*rappresentante principale*) leader. **3** (*Sport*) leader of a file, leader of a line.

capofitto □ *a* ~ headlong, headfirst,

head down, head-foremost: *cadere a* ~ to fall headlong, to fall headfirst; *buttarsi a* ~ *in un lavoro* to throw oneself wholeheartedly into a job, to dive into a job.

capogabinetto (*pl.* **capigabinétto**) *m.* private secretary (to a minister), chief secretary.

capogatto *m.* (*Veter*) staggers (*costr.sing.*).

capogiro (*pl.* **capogìri**) *m.* dizziness, fit of dizziness, giddiness, fit of giddiness. □ *avere il* ~ to feel dizzy; (*fig*)*da* ~ mind-boggling; *dare il* ~ to make dizzy; *far venire il* ~ *a qcu.* to make so. dizzy (*anche fig*); *mi viene il* ~ I get dizzy.

capogruppo (*pl.* **capigrùppo**) *m.* group leader.

capoguardia (*pl.* **capiguàrdia**) *m.* **1** leader of a guard. **2** (*guardia carceraria*) chief warder.

capoinfermiera (*pl.* **capoinfermière**) *f.* head nurse.

capolavoro (*pl.* **capolavóri**) *m.* masterpiece.

capolettera *m.* (*Tip*) initial letter.

capolinea (*pl.* **capilìnea**) *m.* terminus. □ (*fig*) *arrivare al* ~ to get right to the very end.

capolino *m.* (*Bot*) capitulum, head. □ *fare* ~ to peep: *il sole fece* ~ *tra le nuvole* the sun peeped through the clouds.

capolista I *m.* (*pl.* **capilista**) (*Pol*) head of a list. **II** *f.inv.* (*Sport*) leader, team at the head of a division. **III** *a.inv.* leading, first on the list: *candidato* ~ candidate at the head of the list; (*Sport*) *squadra* ~ leading team, ranked team.

capoluogo (*pl.* **capoluòghi/capiluòghi**) *m.* administrative centre. □ ~ *di provincia* capital of a province.

capomacchinista (*pl.* **capomacchinìsti**) *m.* chief engineer.

capomafia (*pl.* **capimàfia**) *m.* Mafia boss.

capomastro (*pl.* **capomàstri/capimàstri**) *m.* (*Edil*) master builder.

capomissione (*pl.* **capimissióne**) *m.* head of a diplomatic mission.

caponaggine *f.* obstinacy, stubbornness.

capoofficina (*pl.* **capiofficìna**) *m.* shop foreman, chief foreman.

capooperaio (*pl.* **capioperài**) *m.* foreman.

capopagina (*pl.* **capipàgina**) *m.* (*Tip*) headpiece.

capopartito (*pl.* **capipartìto**) *m.* (*Pol*) party leader.

capopattuglia (*pl.* **capipattùglia**) *m.* patrol leader.

capopezzo (*pl.* **capipèzzo**) *m.* (*Mil*) chief gunner, master-gunner, gun captain.

capopopolo (*pl.* **capipòpolo**) *m.* demagogue, (*spreg*) mob leader.

caporalato *m.* illegal recruitment of agricultural workers for very low wages.

caporale *m.* **1** (*Mil*) corporal, lance-corporal. **2** (*pop*) (*di operai*) foreman. **3** (*reclutatore agricolo*) one who hires agricultural workers illegally. **4** (*fig*) bossy person. □ (*Mil*) ~*maggiore* corporal.

caporalesco (*pl.* **-chi**) *a.* **1** (*Mil*) corporal's. **2** (*estens*) (*autoritario*) bossy.

caporalmaggiore *m.* (*Mil*) corporal.

caporchestra (*m.pl.* **capiorchèstra**, *f.pl. inv.*) *m./f.* conductor.

caporedattore (*pl.* **capiredattóri**) *m.* editor in chief.

caporeparto (*pl.* **capirepàrto**) *m./f.* **1** (*di fabbriche*) foreman, supervisor, manager. **2** (*in un'azienda*) department head, head of a department. **3** (*di grandi magazzini*) shopwalker, (*Am*) floorwalker.

caporetto *f.* (*disfatta*) major defeat.

caporione (*pl.* **capiorióni**) *m.* **1** leader,

head. **2** (*istigatore*) ring-leader.

caposala *f.inv.* (*Med*) head nurse.

caposaldo (*pl.* **capisàldi**) *m.* **1** (*Topogr*) datum point. **2** (*Mil*) strong point, stronghold. **3** (*fig*) (*fondamento*) cornerstone, mainpoint: *i capisaldi di una dottrina* the cornerstones of a doctrine.

caposcala (*pl.* **capiscàla**) *m.* staircase landing.

caposcarico (*pl.* **capiscàrichi**) *m.* jolly fellow.

caposcuola (*pl.* **capiscuòla**) *m.* leader (of a movement, of a school).

caposervizio (*pl.* **capiservìzio**) *m.* **1** department head. **2** (*Giorn*) senior editor.

caposezione (*pl.* **capisezióne**) *m.* head of department.

caposquadra (*pl.* **capisquàdra**) *m.* **1** (*di operai*) foreman, coordinator. **2** (*Sport*) captain. **3** (*Mil*) section leader, (*Am*) squad leader.

capostazione (*pl.* **capistazióne**) *m.* station-master.

capostipite (*pl.* **capostìpiti**) *m.* **1** founder of a family. **2** (*estens*) originator, founder.

capostorno *m.* (*Veter*) staggers (*costr.sing.*).

capotare *e der. v.i.* → **cappottare** *e der.*

capotasto *m.* (*Mus*) capo, capo tasto.

capotavola (*pl.* **capitàvola**) *m.* head of the table: *sedere a* ~ to sit at the head of the table.

capote /ka'pɔt/ *f.inv.* (*Aut,Aer*) hood.

capotecnico (*pl.* **capotècnici/capitècnici**) *m.* technical director.

capotimoniere (*pl.* **capitimonièri**) *m.* (*Mar*) coxswain.

capotreno (*pl.* **capitrèno/capotrèni**) *m.* guard, (*Am*) conductor.

capotribù *m.inv.* chief, chieftain.

capotta *f.* (*Aut,Aer*) hood.

capottare *e der. v.i.* → **cappottare** *e der.*

capoturno (*pl.* **capitùrno**) *m.* head of a shift, shift supervisor.

capoufficio (*pl.* **capiufficio**) *m.* head clerk, senior clerk, office manager.

Capo Verde *n.pr.m.* (*Geog*) Cape Verde.

capoverdiano I *a.* (*Geog*) Cape Verdean. **II** *m.* (*f.* **-a**) (*Geog*) Cape Verdean.

capoverso (*pl.* **capovèrsi**) *m.* **1** paragraph: *tradurre il primo* ~ *della lettera* to translate the first paragraph of the letter. **2** (*inizio del periodo*) beginning of a line. **3** (*Tip*) indent, indention, indentation. **4** (*comma*) paragraph, section.

capovoga (*pl.* **capivòga**) *m.* (*Sport*) stroke.

capovolgere (*pres.ind.* **capovòlgo, capovòlgi**; *p.rem.* **capovòlsi**; *p.p.* **capovòlto**) **I** *v.t.* **1** to turn over, to turn upside down, to overturn. **2** (*fig*) to reverse, to change sth. completely, to change sth. radically: ~ *la situazione* to change the situation completely, to reverse the situation. **II** *v.pron.* **capovolgersi** **1** to overturn. **2** (*Mar*) to capsize. **3** (*fig*) to be reversed, to change completely, to change radically.

capovolgimento *m.* **1** overturning; (*rif. a velivoli*) capsizing. **2** (*fig*) reversal, upset, radical change: *capovolgimenti politici* political upsets.

capovolsi → **capovolgere**.

capovolta *f.* **1** turnover, upturn. **2** (*capriola*) somersault. **3** (*nel nuoto*) flip turn.

capovolto *a.* **1** upside down, overturned. **2** (*rif. a velivoli*) capsized.

cappa[1] *f.* **1** cloak, cape. **2** (*Rel*) cowl. **3** (*mantello da donna*) cloak, coat: *una* ~ *di visone* a mink coat. **4** (*parte del camino*) hood, cowl; (*di cucina*) cooker hood. **5** (*Mar*) (*copertura*) tarpaulin, tarp: *navigare alla* ~ to lay to, to lie to. □ ~*del camino* hood;

la ~ *del cielo* the vault of the heavens, the heavenly vault; (*Edil*) ~ *della volta* coping stone; ~ *di aspirazione* extractor hood; (*fig*) *una* ~ *di fumo* a cloud of smoke; (*fig*) ~ *di piombo* great weight, great burden; (*fig*) *una* ~ *di smog* a cloud of smog, a cover of smog; *romanzo di* ~ *e spada* cloak-and-dagger novel; ~ *magna* cappa magna.

cappa² *f.* (*Zool*) clam.

cappa-fumo (*pl.* **càppe-fùmo**) *f.* (*Tecn*) hood.

cappella¹ *f.* **1** chapel. **2** (*nicchia*) shrine. **3** (*Mus*) chapel, choir. ☐ (*Mus*) *a* ~ *a* cappella; ~ *ardente* mortuary chapel; ~ *gentilizia* family chapel; ~ *laterale* side chapel; *Cappella Sistina* Sistine Chapel.

cappella² *f.* **1** (*Bot*) (*di fungo*) pileus, cap. **2** (*capocchia*) head. **3** (*Mil,gerg*) rookie. **4** (*colloq*) blunder, goof: *prendere una* ~ to make a blunder, to make a booboo. **5** (*volg*) (*glande*) glans, head.

cappellaccia (*pl.* **-ce**) *f.* (*Ornit*) crested lark.

cappellaccio *m.* (*Geol*) outcrop.

cappellaio *m.* (*f.* **-a**) hatter, (*Am*) hatmaker.

cappellania *f.* (*Rel*) chaplainship.

cappellano *m.* chaplain. ☐ ~ *delle carceri* prison chaplain; ~ *militare* army chaplain.

cappellata *f.* **1** (*pop*) (*errore grossolano*) blunder: *fare una* ~ (*o prendere una* ~) to make a blunder, to make a booboo. **2** (*quantità*) hatful. ☐ (*fig,ant*) *fare quattrini a cappellate* to make money hand over fist.

cappelleria *f.* hat shop.

cappelletto *m.* **1** (*elmetto*) cap, helmet. **2** (*parte della calza*) (toe-)cap. **3** (*dischetto di tela dell'ombrello*) cap (at the top of an umbrella). **4** *pl.* (*Gastron*) cappelletti (*costr.sing.*) (kind of ravioli).

cappelliera *f.* **1** hatbox. **2** (*Aut*) parcel shelf, luggage cover. **3** (*Aer*) overhead locker, overhead bin.

cappello *m.* **1** hat: *mettersi il* ~ to put one's hat on. **2** (*cappella di fungo*) pileus, cap. **3** (*capocchia*) head. **4** (*fig*) (*preambolo*) introduction, preamble. ☐ (*Mod*) ~ *a cencio* slouch hat; (*Mod*) ~ *a cilindro* top hat, high hat; (*Mod*) ~ *a gronda* hat with a sloping brim; (*Mod*) ~ *a larghe tese* broad-brimmed hat; (*Mod*) ~ *a tre punte* cocked hat, three-cornered hat; (*Mod*) ~ *alla bersagliera* hat with a cock's plume; ~ *cardinalizio* cardinal's hat; *ricevere il* ~ *cardinalizio* to be made a cardinal; (*Mod*) ~ *da cowboy* cowboy's hat; (*Geol*) ~ *di ferro* iron hat, gossan; (*Mod*) ~ *di paglia* straw hat; (*Giorn*) ~ *di un articolo* lead of an article; (*Mod*) ~ *duro* bowler (hat), (*Am*) derby; *giù il* ~*!* hats off!; (*fig*) *con il* ~ *in mano* begging; *col* ~ *in testa* with one's hat on; ~ *prelatizio* prelate's hat; (*fig*) *prendere* ~ to take offence, to take umbrage; *tirarsi il* ~ *sugli occhi* to pull one's hat over one's eyes.

cappellone *m.* **1** large hat. **2** (*Cin*) cowboy.

cappero *m.* **1** (*Bot*) caper: *pianta di capperi* caper tree, caper bush. **2** *pl.* (*esclam.*) good heavens!, good gracious!, (*Am*) darn!

cappio *m.* **1** slip knot, running knot. **2** (*fiocco*) bow. **3** (*capestro*) noose, rope. ☐ (*fig*) *avere il* ~ *al collo* to have a rope around one's neck, to be in a bind.

capponaia *f.* **1** fattening coop. **2** (*gerg*) (*prigione*) prison, (*pop*) coop.

capponare¹ (*cappóno*) *v.t.* to castrate.

capponare² (*cappóno*) *v.t.* (*Mar*) to cat: ~ *un'ancora* to cat an anchor.

cappone¹ *m.* **1** (*gallo castrato*) capon. **2** (*Itt*) (large-scaled) scorpion fish.

cappone² *m.* (*Mar*) cat, cathead.

cappotta *f.* (*Aut,Aer*) hood.

cappottamento *m.* **1** overturning. **2** (*Mar*) capsizing.

cappottare (**cappòtto**; *aus.* **avere**) *v.i.* **1** (*Aut*) to overturn. **2** (*Mar*) to capsize. **3** (*Aer*) to nose over.

cappottatura *f.* **1** overturning. **2** (*Mar*) capsizing.

cappotto *m.* **1** coat, overcoat. **2** (*nel gioco*) capot; (*nel bridge*) slam. ☐ (*Abbigl*) ~ *a tre quarti* three-quarter length coat; *fare* ~ to win all the tricks, to make a slam.

cappuccetto ☐ *Cappuccetto Rosso* Red Riding Hood, Little Red Riding Hood.

cappuccina¹ *f.* **1** (*Bot,Alim*) lettuce. **2** (*nasturzio*) nasturtium, Indian cress.

cappuccina² *f.* (*monaca*) Capuchin nun, Capuchiness.

cappuccino¹ *m.* **1** (*frate*) Capuchin, Capuchin friar. **2** (*bevanda calda*) cappuccino, white coffee, (*Am*) cappuccino.

cappuccino² *m.* (*Zool*) capuchin.

cappuccio¹ *m.* **1** hood. **2** (*Rel*) cowl. **3** (*di stilografica*) cap. **4** (*Mecc*) cap. **5** (*Arm*) nose cap. ☐ ~ *di valvola* valve cap.

cappuccio² *m.* (*bevanda calda*) cappuccino, white coffee, (*Am*) cappuccino.

capra *f.* **1** goat; (*femmina*) she-goat. **2** (*Tecn*) (*armatura*) shear legs *pl.*; (*cavalletto*) trestle, horse. ☐ *da capre* goat (*attr.*), goat's: *sentiero da capre* goat path.

capraio *m.* (*f.* **-a**) goatherd.

caprareccia *f.* goat's winter shed.

caprese I *a.* of Capri (*posposto*), from Capri (*posposto*). **II** *m./f.* (*originario*) native of Capri; (*abitante*) inhabitant of Capri. **III** *f.* (*Gastron*) salad made of tomatoes, mozzarella and olives.

capretto *m.* **1** kid. **2** (*pelle*) kid, kidskin. ☐ (*Gastron*) ~ *al forno* roasted kid.

capriata *f.* (*Edil,Arch*) truss: *soffitto a capriate* trussed ceiling. ☐ (*Edil,Arch*) ~ *a due monaci* queen truss; (*Edil,Arch*) ~ *a capriate lignee* timber-trussed.

capriccio *m.* **1** whim, caprice, fancy, whimsy: *levare un* ~ *a qcu.* to satisfy so.'s whim; *levarsi un* ~ to satisfy one's fancy; *agire a* ~ to act capriciously. **2** (*bizza*) tantrum, (*colloq*) fit. **3** (*passioncella amorosa*) infatuation, passing fancy, flirtation. **4** (*bizzarria*) freak. **5** (*Mus*) capriccio, caprice. ☐ *i capricci della fortuna* the whims of fortune; *fare i capricci* to be naughty, to throw tantrums, to temper tantrums, to pitch a fit.

capricciosamente *avv.* **1** capriciously, whimsically. **2** (*rif. a bambini*) naughtily.

capriccioso *a.* **1** (*che ha molti capricci*) capricious, whimsical. **2** (*rif. a bambini*) naughty, (*Am*) fussy. **3** (*stravagante*) original.

capricorno *m.* (*Zool*) serow.

Capricorno I *n.pr.m.* **1** (*Astr*) Capricornus. **2** (*in astrologia*) Capricorn. **II** *m./f.* (*persona nata sotto il segno del Capricorno*) Capricorn: *mio padre è del* ~ (*o mio padre è un* ~) my father is (a) Capricorn.

caprifico (*pl.* **-chi**) *m.* (*Bot*) wild fig.

caprifoglio *m.* (*Bot*) honeysuckle.

caprimulgo (*pl.* **-gi**) *m.* (*Ornit*) nightjar, European nightjar, (*Am*) goatsucker.

caprinico (*pl.* **-ci**) *a.* (*Chim*) caprinic, capric: *acido* ~ capric acid.

caprino I *a.* **1** goat (*attr.*), goat's: *latte* ~ goats' milk; *pelle caprina* goatskin. **2** (*simile a capra*) goatish, goat-like. **II** *m.* **1** (*Alim*) (*tipo di formaggio*) goats' milk cheese. **2** (*lezzo di capra*) smell of goats. **3** (*sterco di capra*) goat manure.

capriola¹ *f.* (*Zool*) female roe deer.

capriola² *f.* **1** caper, cartwheel. **2** (*capitombolo*) somersault. **3** (*danza*) capriole, cabriole. **4** (*Equit*) capriole. ☐ *fare capriole* to cut capers, to do cartwheels; *fare capriole dalla gioia* to jump for joy.

capriolo *m.* (*Zool*) roe, roe deer; (*maschio*) roebuck: *saltare come un* ~ to gambol like a lamb, to leap like a fawn, (*Am*) to leap like a frog.

capro *m.* he goat, (*colloq*) billy goat. ☐ (*fig*) ~ *espiatorio* scapegoat.

caproico (*pl.* **-ci**) *a.* caproic: *acido* ~ caproic acid.

caprone *m.* **1** he-goat, (*colloq*) billy goat: *puzzare come un* ~ to stink like a pig. **2** (*fig*) (*Br*) tramp, (*Am*) hobo.

caprugginatoio *m.* (*Mecc*) croze.

capruggine *f.* croze.

capsico (*pl.* **-ci**) *m.* (*Bot*) capsicum.

capside *m.* (*Biol*) capsid.

capsula *f.* **1** capsule. **2** (*di proiettile*) cap, percussion cap, primer. **3** (*per esplosivi*) detonator. **4** (*tappo metallico di bottiglia*) capsule, shrink capsule. **5** (*Bot,Anat,Zool*) capsule. **6** (*Chim*) evaporating dish, capsule. **7** (*Dent*) crown: *mettere la* ~ *a un dente* to crown a tooth, to cap a tooth. ☐ (*Dent*) ~ *dentaria* crown; ~ *detonante* percussion cap; (*Astron*) ~ *di rientro* re-entry capsule; (*Astron*) ~ *orbitale* orbital capsule; (*Astron*) ~ *spaziale* space capsule; (*Anat*) ~ *surrenale* adrenal capsule, suprarenal capsule.

capsulare *a.* (*Anat*) capsulate.

capsulatrice *f.* shrink capsule application machine.

capsulatura *f.* capsule application.

captare (**càpto**) *v.t.* **1** (*Rad*) to pick up. **2** (*accattivarsi*) to gain, to win: ~ *la benevolenza di qcu.* to win so.'s favour. **3** (*intuire*) to catch, to sense. **4** (*intercettare*) to intercept. **5** (*sentire di sfuggita*) to overhear.

captativo *a.* (*Psic*) possessive.

captazione *f.* **1** (*Dir*) undue influence. **2** (*Psic*) possessiveness.

capufficio *m.* head clerk, senior clerk, office manager.

Capuleti *n.pr.pl.* (*Lett*) Capulets.

capziosamente *avv.* captiously.

capziosità *f.* captiousness.

capzioso *a.* captious.

CAR *Centro addestramento reclute* Recruit training centre, (*US*) boot camp.

carabattola *f.* **1** (*colloq*) thing, trinket: *prendere le proprie carabattole e andarsene* to take one's things and be off, to takes odds and ends and be off. **2** (*bazzecola*) trifle, widget.

carabina *f.* carbine.

carabiniere *m.* **1** carabiniere (member of an Italian army corps which is also a police force). **2** (*fig*) bossy person: *essere un* ~ to be bossy.

carabo *m.* (*Entom*) ground beetle.

carabottino *m.* (*Mar*) (*graticolato*) grating.

caracca *f.* (*Mar*) carrack.

carachiri *m.inv.* hara-kiri. ☐ *fare* ~ to commit hara-kiri.

caracollare (**caracòllo**; *aus.* **avere**) *v.i.* **1** (*Equit*) to caracole. **2** (*colloq*) to trot.

caracollo *m.* caracole.

caracul *m.* (*Zool*) karakul.

caraffa *f.* carafe, decanter, pitcher.

Caraibi *n.pr.m.pl.* (*Geog*) Caribbean.

caraibico (*pl.* **-ci**) **I** *a.* Caribbean: *mar Caraibico* Caribbean, Caribbean sea. **II** *m.* (*lingua*) Carib.

carambola¹ *f.* (*Bot*) carambola.

carambola² *f.* (*biliardo*) cannon, (*Am*) carom; (*gioco della carambola*) (*Am*) carom billiards (costr.sing.). □ ~ di automobili chain accident; fare ~ to cannon, (Am) to carom.

carambolare (caràmbolo; aus. avere) v.i. to cannon, (Am) to carom.

caramella f. 1 sweet, (Am) candy. 2 (colloq) (monocolo) monocle. □ ~ alla frutta (Br) fruit flavoured sweet, (Am) fruit flavored candy; ~ alla menta peppermint candy; ~ mou fudge, toffee; caramelle per la tosse cough drops.

caramellaio m. (f. -a) confectioner, (Am) candymaker.

caramellare (caramèllo) v.t. 1 to caramelize. 2 (candire) to candy. 3 (colorare con caramello) (Br) to colour sth. with caramel, (Am) to color sth. with caramel.

caramellato a. 1 caramelized: zucchero ~ caramelized sugar. 2 (candito) candied: frutta caramellata candied fruit.

caramello m. caramel.

caramelloso a. 1 sweet. 2 (fig) cloying, sugary.

caramente avv. dearly, affectionately: (epist) ti saluto ~ affectionately yours.

carampana f. (spreg) 1 (donna brutta e trasandata) bag, crone, (Am) hag. 2 (donna volgare) bitch.

carapace m. (Zool) carapace.

carassio m. (Itt) crucian.

caratare (caràto) v.t. to weigh (sth.) into carats.

caratello m. keg.

caratista m. 1 (Mar) part-owner. 2 (Comm) shareholder.

carato m. 1 carat: oro a ventiquattro carati twenty-four carat gold. 2 (Mar) twenty-fourth part of the ownership of a ship. 3 (quota) share.

carattere m. 1 (forza, costanza) character: un uomo di ~ a man of character. 2 (indole) nature, disposition, personality: buon ~ good nature, kindly disposition. 3 (natura) nature, type, kind, character: le domande furono di ~ generale the questions were of a general nature; questioni di ~ generale general questions. 4 (caratteristica) characteristic, trait, peculiarity: i caratteri di una razza the characteristics of a race. 5 (lettera) character, letter: caratteri greci Greek letters, Greek script. 6 (segno) sign, character: caratteri magici magic signs. 7 (Tip) type. 8 (Teat,Teol) character. 9 (Inform) character. □ (Biol) caratteri acquisiti acquired traits, acquired characteristics; (Tip) caratteri arabi Arabic characters; avere ~ to have a strong character, to be a person of character; (Tip) ~ bastardo bastard type; (Tip) caratteri bodoniani Bodoni type; (Tip) in ~ corsivo in italic type, in italics; (Tip) caratteri da stampa fonts; ~ debole weak character; (Inform) ~ di controllo control character; (Tip) caratteri di testo bookface; (Biol) caratteri dominanti dominant characters; (fig) a caratteri d'oro in gold letters; (fig) avere un ~ d'oro to have a heart of gold, to be very good-natured; (Biol) caratteri ereditari hereditary characters; (Tip) caratteri fantasia fancy types; (Tip) ~ gotico Gothic type, black letter, Old English; (Tip) ~ grassetto bold-face; essere in ~ con to be in character with; (Tip) ~ inglese italics (costr.sing. o pl.); (Inform) ~ jolly wildcard, wildcard character; (Tip) caratteri maiuscoli capital letters; (Tip) caratteri minuscoli small letters, small caps; (Tip) ~ mobile movable type; essere nel ~ to be in character, to be in keeping: non è nel suo ~ rispondere male it is not in his character to answer back, (Am) it's not like him to answer

back; avere ~ obbligatorio to be compulsory, to be mandatory; (Inform) ~ residente resident font; è una personasenza ~ he is spineless; ~ tipografico font, type, type character; (Tip) ~ tondo roman type.

caratteriale I a. 1 (relativo al carattere) character (attr.): disturbo ~ character disorder. 2 (rif. a bambino) suffering. II m./f. child suffering from attention deficit disorder, child suffering from ADD.

caratterino m. difficult character: (iron) avere un bel ~ to be hard to get along with.

caratterista m./f. (Teat,Cin) character actor (f. actress).

caratteristica f. 1 characteristic, feature, peculiarity. 2 (Fis, Mat) characteristic. 3 (Tecn) (curva caratteristica) characteristic curve. 4 pl. (Tecn) specifications. □ (Tecn) caratteristiche di progetto design characteristics; (Tecn) caratteristiche fisiche physical characteristics; (Tecn) caratteristiche meccaniche mechanical characteristics; caratteristiche razziali racial characteristics; (Tecn) caratteristiche tecniche (di motori, macchine e sim.) technical specs, technical specifications.

caratteristico (pl. -ci) a. 1 characteristic, typical, distinctive: è ~ dei bambini it is characteristic of children. 2 (pittoresco) picturesque.

caratterizzare (caratterìzzo) v.t. 1 to characterize, to distinguish, to mark: con la sincerità che lo caratterizzava with the sincerity which characterized him, with his characteristic sincerity. 2 (rappresentare) to characterize, to portray: lo caratterizzò con poche parole he portrayed him in a few words.

caratterizzazione f. characterization.

caratterologia f. (Psic) characterology.

caratterologico (pl. -ci) a. (Psic) characterologic.

caratteropatia f. (Psic) character disorder.

caratura f. 1 weighing into carats: ~ dell'oro weighing of gold into carats. 2 (quota) share. 3 (fig) importance. 4 (Mar) part-ownership.

caravan m.inv. (roulotte) caravan, (Am) trailer.

caravanista m./f. caravanner, (Am) trailer camper, RVer.

caravanserraglio m. 1 caravanserai, caravansary. 2 (fig) (luogo di confusione) bedlam, madhouse.

caravella f. (Mar,ant) carvel, caravel.

carbammide f. (Chim) carbamide.

carbinolo m. (Chim) carbinol.

carbochimica f. carbon chemistry.

carboidrato m. (Chim) carbohydrate.

carbonado m. (Min) carbonado, black diamond, carbon diamond.

carbonaia f. 1 charcoal pile. 2 (nelle case) coal cellar. 3 (fig) (luogo oscuro) dungeon. 4 (Mar) bunker.

carbonaio m. coalman, coal vendor.

carbonamento m. (Mar) coaling, bunkering.

carbonare (carbóno; aus. avere) v.i. (Mar) to coal, to bunker.

carbonaro m. (Stor) member of the Carbonari secret society, Carbonaro.

carbonata f. 1 coal pile. 2 (Gastron) barbequed pork.

carbonato m. (Chim) carbonate. □ (Chim) ~ di calcio calcium carbonate; (Chim) ~ di sodio sodium carbonate.

carbonchio m. 1 (Med) carbuncle. 2 (Veter) anthrax. 3 (Agr) smut. 4 (Min) carbuncle, (ant) ruby.

carbonchioso a. 1 (Med) carbuncular. 2 (Agr) smutty.

carboncino m. 1 charcoal, charcoal pencil, charcoal stick. 2 (disegno) charcoal, charcoal drawing.

carbone m. 1 coal: un pezzo di ~ a lump of coal; occhi lucidi come due carboni accesi eyes as bright as two live coals. 2 (di legna, vegetale) charcoal. 3 (Agr) smut. 4 (El) carbon. □ ~ a coal (attr.), coal-burning: locomotiva a ~ coal-fired locomotive, coal-fired engine; camminare sui carboni ardenti to walk through coals of fire; (fig) essere sui carboni ardenti (o stare sui carboni ardenti) to be on tenterhooks; (fig) avere il ~ bagnato to have a guilty conscience; ~ bianco white coal, hydroelectric power; fare ~: 1 (Mar) to coal, to bunker; 2 (Ferr,ant) to coal; ~ fossile (o carbon fossile) coal, pit coal; (Min) ~ opaco dull coal.

carbonella f. charcoal slack.

carboneria f. (Stor) political secret society of the Carbonari.

carbonicazione f. (Enol) carbonation.

carbonico (pl. -ci) I a. 1 carbonic, carbon (attr.): anidride carbonica carbon dioxide. 2 (Geol) Carboniferous. II m. (Geol) Carboniferous (period).

carboniera f. 1 (Mar) collier. 2 (Ferr) tender.

carboniere m. 1 (commerciante) coal merchant. 2 (minatore) coal miner, collier.

carboniero a. coal (attr.): industria carboniera coal industry.

carbonifero I a. 1 coal (attr.), coal-bearing, carboniferous: bacino ~ coal field, coal bed; giacimento ~ coal seam, coal bed. 2 (Geol) carboniferous. II m. (Geol) Carboniferous (period).

carbonificazione f. (Geol) coalification.

carbonile[1] m. (Mar) bunker.

carbonile[2] m. (Chim) carbonyl.

carbonio m. (Chim) carbon. □ ~ 14 carbon-14; (Met) ~ equivalente carbon equivalent.

carbonioso a. (Chim) carbon (attr.): deposito ~ carbon deposit.

carbonizzare (carbonìzzo) I v.t. to carbonize, to char. II v.pron. **carbonizzarsi** to be carbonized.

carbonizzato □ morire ~ to be burnt to death, to burn to death.

carbonizzazione f. 1 carbonization, charring. 2 (Tess) carbonization. 3 (Geol) coalification.

carbon tax f.inv. carbon tax.

carborundo, **carborundum** m. (Ind) carborundum.

carbosiderurgico (pl. -ci) a. coal and steel (attr.).

carbossile I m. carboxyl. II a. carboxyl (attr.): gruppo ~ carboxyl group.

carbossilico (pl. -ci) a. carboxylic: acido ~ carboxylic acid.

carburante m. 1 fuel. 2 (benzina) petrol, (Am) gas, gasoline. □ ~ antidetonante antiknock fuel; ~ avio (o ~ per aviazione) aviation fuel.

carburare (carbùro) I v.t. 1 (Mot) to carburet. 2 (Chim) to carburet, to carburize. II v.i. (aus. avere) to carburet.

carburatore m. (Mot) carburetor, carbureter, (colloq) carb: ~ a galleggiante float-type carburetor; ~ a iniezione injection carburetor.

carburazione f. 1 (Mot) carburetion, carburation. 2 (Met) carburization. 3 (Chim) carburetion.

carburo m. (Chim) carbide: ~ di calcio calcium carbide.

carcadè m. 1 (Bot) roselle. 2 (bevanda) Hibiscus tea.

carcame m. (lett) carcass.

carcassa f. 1 (di animale morto) carcass. 2 (El,Mecc) frame, yoke. 3 (Mar) hull. 4 (spreg) wreck; (rif. a persona) walking skeleton, skin and bones, (colloq) wreck. □ ~ di automobile scrap car, wrecked car.

carceramento m. imprisonment.

carcerare (càrcero) v.t. to imprison.

carcerario a. prison (attr.), jail (attr.), (Br) gaol (attr.): ordinamento ~ prison regulations.

carcerato m. (f. -a) prisoner.

carcerazione f. 1 imprisonment: ordine di ~ warrant for imprisonment. 2 (prigionia) imprisonment, term of imprisonment.

carcere (pl. le càrceri) m. 1 prison, jail, (Br) gaol: andare in ~ to go to prison; mettere in ~ to send into prison, to put into prison, (colloq) to lock up. 2 (pena) imprisonment: condannare a dieci anni di ~ to sentence to ten years' imprisonment. 3 (fig) prison. 4 pl. prison sing., jail sing., (Br) gaol sing. □ ~ di massima sicurezza maximum-security prison, top security prison; ~ duro imprisonment with hard labour; ~ giudiziario detention center, prison, penitentiary; ~ mamertino Mamertine Prison; ~ mandamentale district prison, term of imprisonment; ~ minorile juvenile prison, (Br) juvenile detention centre, (Am) juvenile detention center; ~ preventivo detention; ~ speciale special prison.

carceriere m. (f. -a) warder, jailer, (Br) gaoler.

carcinogenesi f. (Med) carcinogenesis.

carcinologia f. (Zool) carcinology.

carcinoma m. (Med) carcinoma. □ (Med) ~ della mammella (o ~ mammario) breast cancer.

carcinomatoso a. (Med) carcinomatous.

carcinosi f. (Med) carcinosis, carcinomatosis.

carciofaia f. (Agr) artichoke field.

carciofo m. artichoke: cuore di ~ artichoke heart.

card f.inv. (tessera, figurina) card. □ ~ elettorale electoral card.

Card. cardinale Card. (Cardinal).

carda f. (Tess) card, carder, carding machine.

cardamomo m. (Bot,Alim) cardamon.

cardanico (pl. -ci) a. (Mecc) cardan: albero ~ cardan shaft.

cardano m. (Mecc) universal joint.

cardare (càrdo) v.t. (Tess) to card.

cardata f. (Tess) 1 carding. 2 (quantità di lana cardata) quantity of wool carded.

cardato a. (Tess) carded.

cardatore m. (f. -trice) (Tess) carder.

cardatrice f. (Tess) 1 (carda) carding machine, card, carder. 2 (operaia) carder.

cardatura f. (Tess) carding.

cardellino m. (Ornit) goldfinch.

cardiaco (pl. -ci) a. 1 (Med) cardiac, heart (attr.): affezione cardiaca heart disease. II m. (Med) heart patient, cardiopath.

cardialgia f. (Med) cardialgia.

cardias m. (Anat) cardia.

cardigan m.inv. (Abbigl) cardigan.

cardinalato m. (Rel) cardinalate.

cardinale[1] a. cardinal: (Teol) virtù ~ cardinal virtue.

cardinale[2] m. (Rel) cardinal. □ (Rel.catt) ~ datario datary, datary cardinal.

cardinale[3] m. (Ornit) cardinal, cardinal-grosbeak, (Am) cardinal, redbird.

cardinalizio a. cardinal's: cappello ~ car-

dinal's hat.

cardine m. 1 hinge. 2 (fig) foundation, cornerstone: i cardini della morale the foundations of morality.

cardioangiografia f. (Med) cardioangiography, angiocardiography.

cardiochirurgia f. (Med) heart surgery, cardiac surgery.

cardiochirurgico (pl. -ci) a. (Med) surgery (attr.), heart surgery (attr.).

cardiochirurgo (pl. -ghi/-gi) m. (Med) heart surgeon.

cardiocinetico (pl. -ci) I a. (Farm) cardiokinetic. II m. (Farm) cardiac stimulant.

cardiocircolatorio a. (Anat) cardiovascular: disturbo ~ cardiovascular disorder.

cardiogenico (pl. -ci) a. cardiogenic, of cardiac origin.

cardiografia f. (Med) cardiography.

cardiografo m. (Med,Tecn) cardiograph, electrocardiograph.

cardiogramma m. (Med) cardiogram, electrocardiogram.

cardiologia f. (Med) cardiology: reparto di ~ cardiac department, department of cardiology.

cardiologo m. (f. -a; pl. -gi) (Med) cardiologist, heart specialist.

cardiopalma, cardiopalmo m. (Med) palpitation of the heart, cardiopalmus. □ (fig) al cardiopalmo breathtaking, nail-biting.

cardiopatia f. (Med) cardiopathy, heart disease, cardiac disease.

cardiopatico (pl. -ci) I a. (Med) cardiopathic: essere ~ to have a cardiac condition. II m. (Med) cardiopath, heart patient.

cardioplegia f. (Med) cardioplegia.

cardiopolmonare a. (Anat) cardiopulmonary, pneumocardial.

cardiosclerosi f. (Med) cardiosclerosis.

cardiospasmo m. (Med) cardiospasm.

cardiostimolatore m. (Med) pacemaker.

cardiotonico (pl. -ci) I a. (Farm) cardiotonic. II m. (Farm) cardiotonic, cardiotonic drug.

cardiotoracico (pl. -ci) a. (Anat) cardio-thoracic: chirurgia cardiotoracica cardio-thoracic surgery.

cardiovascolare a. (Anat) cardiovascular: apparato ~ cardiovascular system.

cardioversione f. (Med) cardioversion, heart's rhythm restoration.

cardite f. (Med) carditis.

cardo m. 1 (Bot) thistle; (commestibile) cardoon. 2 (Tess) teasel. 3 (region) (riccio delle castagne) chestnut husk.

carena f. 1 (Mar) bottom, hull. 2 (Zool,Bot, Anat,Astr) carina.

carenaggio m. (Mar) careening.

carenare (carèno) v.t. 1 (Mar) to careen. 2 (Aer) to streamline, to fair.

carenato a. (Bot,Zool) carinate.

carenatura f. (Mar,Aer) fairing.

carente a. lacking, wanting (di in): alimentazione ~ di vitamine vitamin deficient diet.

carenza f. 1 (mancanza) want, lack, deficiency. 2 (scarsità) shortage, scarcity. 3 (Assic) waiting period. □ avere carenze affettive to be starved for affection, to have been neglected; ~ alimentare nutritional deficiency; ~ di alloggi housing shortage; (Med) ~ di ferro iron deficiency; ~ di manodopera labour shortage, (Am) labor shortage; ~ di vitamine vitamin deficiency.

carestia f. 1 famine. 2 (penuria) scarcity, shortage, dearth: ~ di denaro scarcity of money; (fig) c'è ~ di buoni scrittori there is a shortage of good writers.

carezza f. (rif. a persone) caress; (rif. ad

animali) pat, stroke, pet. □ fare una ~ a qcu. to caress so.; fare le carezze al gatto to pet the cat, to stroke the cat.

carezzare (carézzo) v.t. 1 (accarezzare) to caress, to fondle: ~ un bambino to fondle a child, to pet a child. 2 (rif. ad animali) to stroke, to pet. 3 (fig) (adulare) to flatter. 4 (fig) (vagheggiare) to cherish, to entertain: ~ un'idea to cherish an idea. □ (fig) ~ con lo sguardo to look fondly at; carezzarsi la barba to stroke one's beard.

carezzevole a. caressing, affectionate, endearing: sguardo ~ affectionate glance; una voce ~ a caressing voice; a soft, sweet voice.

cargo (pl. -ghi) m. 1 (Mar) cargo boat, cargo ship, freighter. 2 (Aer) freight plane, cargo plane, air freighter.

cariare (càrio, càri) I v.t. 1 to rot. 2 (rif. a denti) to make decay, to cause to decay. II v.pron. **cariarsi** to decay.

cariatide f. 1 (Arch) caryatid. 2 (scherz) lump, great lump, old fossil, old codger.

cariato a. (Med) decayed.

Caribi n.pr.m.pl. (Geog) Caribs.

caribico (pl. -ci) I a. Caribbean. II m. (lingua) Carib.

caribù m. (Zool) caribou.

carica I f. 1 (pubblico ufficio) office, position: una ~ di grande responsabilità a position of great responsibility: occupare una ~ to fill an office, to hold an office; dimettersi da una ~ to resign from office; uscire di ~ to leave office. 2 (impiego) post, position: una ~ universitaria a university post. 3 (dignità) rank, position: la sua ~ non glielo permette in his position he can't. 4 (Mil) (assalto) charge: suonare la ~ to sound the charge. 5 (Mil) (rif. ad armi da fuoco) loading; (esplosivo) charge. 6 (Sport) tackle. 7 (di congegni a molla) winding. 8 (El,Met) charge: ~ elettrica electric charge. 9 (El,Met) (il caricare) charging. 10 (fig) (slancio, energia) charge, drive: ~ affettiva emotional charge. 11 (Tess) weighting. II intz. charge! □ (Mil) ~ alla baionetta bayonet charge; dare la ~: 1 (rif. a orologi) to wind, to wind up: dare la ~ all'orologio to wind one's watch; 2 (fig) (dare forza) to give a pick-me-up; ~ detonante detonating charge; (Mil) ~ di cavalleria cavalry charge; ~ elettiva elective office; ~ esplosiva explosive charge; essere in ~: 1 to be in office, to hold office; restare in ~ to remain in office, to continue in office; (burocr) essere chiamato in ~ to be called to office; direttore in ~ director in office; 2 (rif. a batteria, cellulare) to be charging; (Sport) ~ irregolare foul; ~ onorifica honorary appointment; ~ pubblica public office.

caricabatterie m.inv. (El) battery charger. □ (Tel) ~ da tavolo desktop charger; (Tel) ~ da viaggio travel charger; (Tel) ~ per auto in-car charger.

caricamento m. 1 loading. 2 (El,Met) charging. 3 (rif. a congegni a molla) winding. □ (Inform) ~ di programma programme loading, (Am) program loading.

caricare (càrico, càrichi) I v.t. 1 to load: ~ un camion di pietre (Br) to load a lorry with stones, (Am) to load a truck with rocks; ~ mattoni to load bricks. 2 (fare un carico) to load, to load up: il camion non ha ancora caricato (Br) the lorry hasn't loaded up yet, (Am) to truck hasn't been loaded yet. 3 (riempire) to fill, to fill up: ~ la pipa to fill one's pipe. 4 (Mil) to load: ~ un fucile to load a rifle. 5 (El,Met) to charge: ~ la batteria to charge the battery. 6 (Mil) to charge: ~ il nemico to charge the enemy. 7 (Fot) to load. 8 (rif. a congegni a molla) to wind, to wind up:

~ *l'orologio* to wind the clock. **9** (*sopraggravare*) to load, to overload: ~ *qcu. di pacchi* to load so. down with parcels. **10** (*fig*) (*opprimere*) to load, to overload, to weigh down, to burden: ~ *gli alunni di compiti* to burden the students with homework; ~ *qcu. di responsabilità* to burden so. with responsibilities. **11** (*fig*) (*stimolare*) to fire: *le tue parole lo hanno caricato* your words have set him on fire. **12** (*Sport*) to tackle. **13** (*Tess, Ind*) to weight. **14** (*Inform*) (*lanciare*) to boot. **15** (*Inform*) (*copiare dalla memoria al disco*) to upload. **II** *v.pron.* **caricarsi 1** to overburden oneself: *caricarsi di qcs.* to overburden oneself with sth. **2** (*fig*) to psych oneself up. □ ~ *a salve* to load blanks; (*fig*) ~ *qcu. di botte* to beat the daylight out of so., (*Br*) to thrash so. soundly; *caricarsi di debiti* to become deeply in debt, to sink into debt; ~ *gli scaffali di libri* to cram the shelves with books; ~ *la lavatrice* to load the washing machine; ~ *la macchina fotografica* to load one's camera; ~ *la stufa* to stoke the stove; (*fig*) ~ *le tinte* to exaggerate, (*colloq*) to lay it on thick; ~ *lo stomaco* to stuff one's stomach; *si caricò il ferito sulle spalle* he hoisted the wounded man on to his shoulders.

caricato *a.* **1** loaded. **2** (*affettato*) affected, mannered: *stile* ~ affected style. **3** (*esagerato*) exaggerated. □ ~ *a molla* spring loaded.

caricatore *m.* **1** (*Mar*) loader, stevedore, (*Am*) longshoreman. **2** (*Arm*) cartridge magazine, magazine. **3** (*Met*) charger. **4** (*speditore*) freighter, shipper. **5** (*Mil*) (*rif. a fucile*) cartridge clip; (*rif. a mitra*) magazine. **6** (*Fot*) magazine (*anche di CD*); (*di pellicola*) cartridge. □ (*Arm*) ~ *a pacchetto* cartridge clip; (*Inform*) ~ *del programma iniziale* initial program loader; ~ *per diapositive* slide tray.

caricatrice *f.* (*Mecc*) loader.

caricatura *f.* caricature: *fare la* ~ *di qcu.* to make a caricature of so., to caricature so.

caricaturale *a.* **1** caricatural. **2** caricatural, exaggerated.

caricaturare (**caricàturo**) *v.t.* (*rar*) to caricature.

caricaturista *m./f.* caricaturist.

carice *m.* (*Bot*) carex.

carico[1] (*pl.* **-chi**) *a.* **1** loaded, laden (*di* with). **2** (*intenso: rif. a colore*) deep, hot: *rosso* ~ deep red. **3** (*rif. a caffè, tè*) strong. **4** (*rif. a congegno a molla*) wound up: *l'orologio è* ~ the clock is wound up. **5** (*rif. ad armi da fuoco*) loaded: *fucile* ~ loaded gun. **6** (*rif. a proiettile*) live. **7** (*fig*) loaded (*di* with), (*Am*) swamped (*di* with). **8** (*fig*) (*concentrato*) ready, psyched. **9** (*El*) charged, live. □ (*fig*) ~ *come un asino* (o ~ *come un mulo* o ~ *come un somaro*) loaded up like a pack-horse; ~ *di anni* burdened with years; ~ *di colpe* burdened with guilt; ~ *di debiti* full of debts; *un albero* ~ *di frutti* a tree laden with fruit; ~ *di gloria* covered with glory.

carico[2] (*pl.* **-chi**) *m.* **1** (*il caricare*) loading: *fare il* ~ to load. **2** (*il materiale trasportato*) load: *un* ~ *di legname* a load of wood. **3** (*carrettata*) cartload. **4** (*Mar*) shipload, cargo. **5** (*peso*) burden, weight (*anche fig*). **6** (*Tecn*) load. **7** (*Mil*) charge. **8** (*imposta*) tax, fiscal burden. □ *avere qcu. a* ~ to have so. to support; *ha tre figli a* ~ he has three dependent children; *persona a* ~ (*Br*) dependant, (*Am*) dependent; *a* ~ *del destinatario* to be paid by receiver, (*Am*) collect (*attr.*); *a* ~ *di*: **1** (*contro*) against: *processo a* ~ *di qcu.* proceedings against so.; **2** (*a spese di*) to be paid by: a ~ *di* at the expense of, to be paid by:

le spese sono a ~ *Vostro* the expenses will be (charged) to your account; *vivere a* ~ *di qcu.* to be supported by so.; ~ *aereo* air cargo; ~ *alla rinfusa* bulk cargo; ~ *assiale* axial load; ~ *completo* full cargo; *da* ~ cargo (*attr.*); ~ *di collaudo* test load; ~ *di lavoro* work load; (*Comm*) ~ *di magazzino* inventory input; ~ *di rottura* breaking load; (*Mecc*) ~ *di torsione* torsion load, torsional stress; *fare* ~ *a qcu. di qcs.* to make so. responsible for sth.; *farsi* ~ *di qcs.* to assume responsibility for sth., to take sth. on oneself; ~ *fiscale* tax burden; (*Fisiol*) ~ *fisico* body burden; ~ *limite* limit load, maximum load; ~ *lordo* gross load; ~ *massimo* maximum load; ~ *massimo consentito* load limit; ~ *medio* average load; ~ *netto* useful load, payload; (*Comm,Aer*) ~ *pagante* payload; ~ *parziale* part load; (*Dir*) ~ *pendente* current charge, current charges (*pl.*); *carichi sociali* social burdens; *sotto* ~ under load; ~ *utile* useful load, payload; ~ *variabile*: **1** (*Edil*) variable load; **2** (*El*) changing load.

Cariddi *n.pr.f.* (*Geog*) Charybdis.

carie *f.* **1** (*Dent*) (*dei denti*) tooth decay; (*foro*) cavity. **2** (*Dent*) (*ossea*) caries. **3** (*Bot*) rot. □ (*Dent*) ~ *dentale* dental caries, tooth decay.

carillon /kari'jɔ̃/ *m.inv.* **1** (*Mus*) carillon. **2** (*scatola armonica*) music box, musical box.

carino *a.* **1** (*grazioso*) pretty, charming, delightful, (*colloq*) cute: *ne ho sentita una carina* I've heard a good one. **2** (*gentile*) nice, agreeable.

carioca **I** *a.* **1** Cariocan. **2** (*estens*) Brazilian. **II** *m./f.* **1** Cariocan, Carioca. **2** (*estens*) Brazilian. **III** *f.* carioca.

cariocinesi *f.* (*Biol*) karyokinesis.

cariocinetico (*pl.* **-ci**) *a.* (*Biol*) karyokinetic.

cariogenesi *f.* (*Biol*) karyogenesis.

cariogeno *a.* (*Med*) cariogenic, producing caries.

cariosside *f.* (*Bot*) caryopsis.

carisma *m.* **1** (*Rel*) charisma. **2** (*fig*) charisma, strong personal appeal.

carismatico (*pl.* **-ci**) *a.* (*Rel*) charismatic (*anche fig*): *movimento* ~ charismatic movement.

carità *f.* **1** charity: *trattare qcu. con* ~ to treat so. with charity. **2** (*elemosina*) charity, alms *pl.*: *chiedere la* ~ to beg; *vivere di* ~ to live on charity. **3** (*favore, piacere*) (*Br*) favour, (*Am*) favor, kindness. **4** (*lett,Bibl*) (*amore*) love. □ *fare la* ~ *a qcu.* to give so. alms; *fate la carità!* give alms!, be charitable!, have pity!; *fatemi la* ~ *di un po' di pane* give me a little bread for the sake of charity; (*iron*) *fammi la* ~ *di tacere* please do me a favour and keep quiet; ~ *pelosa* self-interested charity; *per* ~: **1** (*ti prego*) for heaven's sake, for pity's sake; **2** (*colloq*) (*tutt'altro*) God forbid, not on your life. *Prov.*: *la prima* ~ *comincia da se stessi* charity begins at home.

caritatevole *a.* charitable: *persona* ~ charitable person; *essere* ~ *con qcu.* to treat so. kindly.

caritatevolmente *avv.* charitably, kindly, lovingly.

carlina *f.* (*Bot*) carline, carline thistle.

carlinga (*pl.* **-ghe**) *f.* (*Aer*) nacelle.

carlino[1] *m.* (*cane*) pug.

carlino[2] *m.* (*Numism*) carlin, carline.

carlismo *m.* (*Stor*) Carlism.

carlista **I** *a.* (*Stor*) Carlist. **II** *m./f.* (*Stor*) Carlist.

Carlo *n.pr.m.* Charles. □ (*Stor*) ~ *il Calvo* Charles the Bald; (*Stor*) ~ *il Temerario* Charles the Bold; (*Stor*) ~ *Magno* Charle-

magne; (*Stor*) ~ *Martello* Charles Martel.

carlona □ *alla* ~ carelessly, in a sloppy manner, in a slapdash manner: *un lavoro fatto alla* ~ a piece of work done in a haphazard manner.

Carlotta *n.pr.f.* Charlotte.

carme *m.* (*Lett*) poem, song. □ (*Lett*) *carmi conviviali* carmina convivialia.

carmelitano **I** *a.* (*Rel.catt*) Carmelite. **II** *m.* (*f.* **-a**) (*Rel.catt*) Carmelite. □ (*Rel.catt*) *carmelitani scalzi* barefooted Carmelites.

carminativo **I** *a.* (*Farm*) carminative. **II** *m.* (*Farm*) carminative.

carminio *m.* carmine: *labbra di* ~ crimson lips.

carnagione *f.* complexion. □ ~ *chiara* fair complexion; ~ *scura* dark complexion.

carnaio *m.* **1** charnel house. **2** (*spreg*) (*luogo molto affollato*) crush: *d'estate questa spiaggia è un* ~ in the summer this beach is packed with people. **3** (*fig*) (*strage*) slaughter, carnage.

carnale *a.* **1** carnal: *peccati carnali* carnal sins, sins of the flesh; *piaceri carnali* carnal pleasures. **2** (*consanguineo*) blood (*attr.*): *fratello* ~ full brother, brother-german, blood brother.

carnalità *f.* carnality.

carnalmente *avv.* **1** carnally. **2** (*sessualmente*) sexually: *congiungersi* ~ to have sexual intercourse.

carname *m.* **1** mass of rotten flesh. **2** (*spreg*) crush.

carnascialesco (*pl.* **-chi**) *a.* carnival (*attr.*): *canti carnascialeschi* carnival songs.

carne *f.* **1** flesh. **2** *pl.* (*corpo umano*) flesh (*costr.sing.*): *carni sode* firm flesh. **3** (*carnagione*) complexion, skin. **4** (*Macell,Alim*) meat: ~ *grassa* fatty meat. **5** (*polpa di frutta, funghi*) pulp. **6** (*fig,Rel*) (*i sensi*) flesh: *la* ~ *è debole* the flesh is weak. □ (*fig*) *avere molta* ~ *addosso* to be pleasantly plump; (*Alim*) ~ *affumicata* smoked meat; (*fig*) *mettere troppa* ~ *al fuoco* to bite off more than one can chew, to get a hold of more than one can handle; (*Alim*) ~ *bianca* (*di pollo ecc.*) white meat; (*Alim*) ~ *bovina* beef; (*Alim*) ~ *congelata* frozen meat; (*fig*) ~ *da cannone* cannon fodder; (*fig*) ~ *da macello* (*detto di soldati*) cannon fodder; ~ *della propria* ~ (*i figli*) one's own flesh and blood; (*Alim*) ~ *di cavallo* horsemeat; (*Alim*) ~ *di maiale* pork; (*Alim*) ~ *di manzo* beef; (*Alim*) ~ *di vitello* veal; *in* ~ *e ossa* in the flesh, in person; *siamo tutti di* ~ *e d'ossa* we're all only flesh and blood; (*Alim*) ~ *equina* horsemeat; (*Alim*) ~ *essiccata* dried meat; (*Teol*) *farsi* ~ to be made flesh; (*fig*) *essere in* ~ to have meat on one's bones; *essere bene in* ~ to be plump; (*Gastron*) ~ *in gelatina* meat in aspic, aspic; (*Alim*) ~ *in scatola* tinned meat, (*Am*) canned meat; (*Alim*) ~ *insaccata* sausages, salami; ~ *legnosa* tough meat; (*Alim*) ~ *macinata* (*Br*) mincemeat, minced meat, mince, (*Am*) ground meat; ~ *magra* lean meat; (*fig*) *non essere né* ~ *né pesce* to be neither fish nor fowl; (*Alim*) ~ *rossa* red meat; (*Alim*) ~ *salata* salted meat; (*Alim*) ~ *suina* pork; (*fig*) *mettere troppa* ~ *sul fuoco* to bite off more than one can chew, to get a hold of more than one can handle; ~ *viva* living flesh.

carnefice *m.* **1** executioner; (*rif. all'impiccagione*) hangman; (*rif. alla decapitazione*) headsman. **2** (*fig*) persecutor, torturer.

carneficina *f.* slaughter, massacre. □ *fare una* ~ to slaughter, to massacre.

carneo *a.* (*lett*) **1** (*della carne*) meat (*attr.*). **2** (*del colore della carne*) (*Br*) flesh-coloured, (*Am*) flesh-colored.

carnet /kar'ne/ m.inv. 1 (*libretto*) booklet. 2 (*taccuino*) notebook. 3 (*Aut*) carnet. □ ~ di assegni (*Br*) chequebook, (*Am*) checkbook; ~ di ballo (*Br*) dance programme, (*Am*) dance program; ~ di biglietti (*per l'autobus*) block of tickets.

carnevalata f. 1 carnival fun, revelry. 2 (*buffonata*) farce. 3 (*gazzarra*) uproar.

carnevale m. carnival (*anche fig*). □ ~ ambrosiano Ambrosian carnival. Prov.: a ~ ogni scherzo vale anything goes at Carnival.

carnevalesco (pl. -chi) a. 1 carnival (*attr.*), carnival-like. 2 (*fig*) farcical, (*Am*) joke (*attr.*).

carnezzeria f. (*region*) butcher's, butcher's shop.

Carniche n.pr.f.pl. (*Geog*) (*Alpi Carniche*) Carnic Alps.

carnicino a. (*Br*) flesh-coloured, (*Am*) flesh-colored.

carniere m. gamebag.

carnivori m.pl. (*Zool*) Carnivora.

carnivoro I a. 1 carnivorous, flesh-eating: pianta carnivora carnivorous plant. 2 (*rif. all'uomo*) meat-eating. 3 (*estens*) (*che ama la carne*) meat-loving. II m. (f. -a) 1 carnivore, flesh-eater. 2 (*rif. all'uomo*) meat-eater. 3 (*estens*) (*che ama la carne*) meat lover.

carnosità f. 1 fleshiness, plumpness. 2 (*Bot*) fleshiness, pulpiness. 3 (*fig*) (*morbidezza*) softness. 4 (*Med*) (*escrescenza*) fleshy excrescence.

carnoso a. 1 fleshy, plump: labbra carnose fleshy lips, full lips. 2 (*Bot*) fleshy, pulpy, carnose: foglia carnosa fleshy leaf. 3 (*Pitt*) soft.

carnyx f.inv. (*Archeol*) carnyx.

caro I a. 1 dear, beloved: un ~ amico a dear friend; per quanto ho di più ~ by all I hold most dear. 2 (*epist*) Dear: cara mamma Dear Mother. 3 (*costoso*) expensive: un negozio ~ an expensive shop; la vita è sempre più cara the cost of living is always rising. II m. 1 (f. -a) dear. 2 pl. dear ones, loved ones, family (*costr.sing. o pl.*): i miei cari my dear ones, the ones I hold dear. III avv. dearly, dear: costare caro a qcu. to cost so. dear. □ essere ~ a qcu. to be dear to so., to be appreciated by so.; mi sarebbe cara una tua visita I'd greatly appreciate a visit from you; avere ~ qcu. to be fond of so., to love so.; avrei ~ che venisse presto I would like him to come early; (*iron*) cara grazia lucky me; how kind of them; oh, joy!: e cara grazia se con i soldi che prendo riesco a comprare il pane lucky me that with the money I make I can afford to buy bread; se ti è cara la vita if you want to stay alive, if you value your life; (*iron*) ~ lei my dear fellow, my dear sir; (*iron*) ~ mio my dear fellow, my dear man, (*Am*) honey, sugar; a ~ prezzo: 1 at a high price; 2 (*fig*) dearly: vendere la pelle a ~ prezzo to sell one's life dearly, to die hard; (*epist*) cari saluti love; tenere ~ to treasure, to hold dear, to cherish: terrò sempre cara la tua foto I will always cherish your photograph.

carogna f. 1 carrion, carcass. 2 (*fig*) (*persona perfida*) skunk.

carognata f. wicked trick, dirty trick. □ che ~! that was wicked!

carola f. carol.

Carolina n.pr.f. 1 Caroline. 2 (*Geog*) Carolina. □ (*Geog*) ~ del Nord North Carolina; (*Geog*) ~ del Sud South Carolina.

carolingio I a. (*Stor*) Carolingian. II m. (*Stor*) Carolingian.

carolino a. (*Stor*) Carolingian, Carolingian Renaissance (*attr.*).

Caronte n.pr.m. (*Mitol*) Charon.

caropane m. bread price increase.

caro-petrolio m. oil price increase.

carosello m. 1 (*Stor*) carousel, carrousel. 2 (*giostra*) merry-go-round, (*Am*) carousel. 3 (*fig*) whirl, swirl, vortex: un ~ di macchine a whirl of cars; ~ d'idee vortex of ideas.

carota f. 1 (*Bot*) carrot. 2 (*Min*) core. 3 (*pop, region*) (*frottola*) tall story, (*Am*) fairy tale: piantare carote to tell tall stories, (*Am*) to tell fairy tales.

carotaggio m. (*Min*) core boring, coring.

carotare (**caròto**) v.t. (*Min*) to core.

carotene m. (*Chim*) carotene.

carotide f. (*Anat*) carotid artery.

carotideo a. (*Anat*) carotid.

carovana f. 1 caravan. 2 (*scherz*) (*gruppo di persone*) large company, party, (*scherz*) horde: arrivò con una ~ di parenti he arrived with a horde of relatives. 3 (*fig*) (*fila*) caravan, procession: una ~ di macchine a procession of cars, a motorcade.

carovaniera f. caravan route.

carovaniere m. caravaneer, caravan leader.

carovaniero a. caravan (*attr.*): strada carovaniera caravan route.

carovita, caroviveri m. 1 high cost of living. 2 (*indennità*) cost of living allowance.

carpa f. (*Itt*) carp.

carpaccio m. (*Gastron*) thinly sliced raw meat, seasoned with olive oil and parmesan cheese.

carpale a. (*Anat*) carpal.

carpatico (pl. -ci) a. (*Geog*) Carpathian.

Carpazi n.pr.m.pl. (*Geog*) Carpathians.

carpello m. (*Bot*) carpel.

carpenteria f. 1 (*arte*) framing. 2 (*officina*) carpenter's shop. 3 (*Edil*) structure.

carpentiere m. 1 carpenter. 2 (*Mar*) shipwright, (*Am*) shipfitter.

carpetta f. (*burocr*) file, folder.

carpiato a. (*Sport*) pike (*attr.*): tuffo ~ jackknife, jackknife dive, pike dive.

carpine m. (*Bot*) hornbeam.

carpionare (**carpióno**) v.t. (*Gastron*) to souse.

carpionato a. (*Gastron*) soused.

carpione m. (*Itt*) lake carp. □ (*Gastron*) in ~ soused: pesce in ~ soused fish.

carpire (**carpìsco**, **carpìsci**) v.t. 1 to snatch, to seize: ~ qcs. di mano a qcu. to snatch sth. out of so.'s hand. 2 (*ottenere con astuzia*) to obtain sth. by trickery, (*colloq*) to get out of: mi ha carpito mille euro he got a thousand euros out of me. □ ~ denaro a qcu. to extort money out of so.; ~ un segreto a qcu. to wheedle a secret out of so., to squeeze out a secret by twisting so.'s arm.

carpo m. (*Anat*) carpus.

carpone, carponi avv. on all fours, on one's hands and knees: camminare ~ to go on all fours, to crawl, to crawl on one's hands and knees.

carrabile a. suitable for vehicles: passo ~ driveway.

carradore m. cartwright, (*Am*) wheel wright.

carragenina f. (*Bot*) carrageenan, carragheenan, carageenan, (*Am*) carrageenin.

carraio[1] a. (*Strad*) suitable for carriages, suitable for carts, carriage (*attr.*), cart (*attr.*).

carraio[2] m. cartwright, (*Am*) wheel wright.

carrareccia f. 1 cart road, cart track. 2 (*solco delle ruote*) rut.

carrata f. cartload, cartful. □ a carrate in plenty, galore, in abundance.

carré m. (*taglio di capelli*) bob.

carreggiabile I a. suitable for cart, cart (*attr.*): strada ~ cart road, cart track. II f. cart road.

carreggiare (**carréggio, carréggi**) v.t. to cart.

carreggiata f. 1 roadway, lane. 2 (*solco delle ruote*) rut, wheel track. 3 (*larghezza di un veicolo*) gauge. 4 (*fig*) track, way: andare per la ~ to follow the beaten track. □ (*fig*) mettersi in ~ to get into line; rimettere qcu. in ~ to set so. on the right track, to set so. right; rimettersi in ~ (*con un lavoro*) to catch up with one's work.

carreggio m. 1 (*trasporto con carri*) carting, cartage. 2 (*Minier*) haulage. 3 (*l'insieme dei veicoli*) stream of carts, cart traffic.

carrellare (**carrèllo**; aus. avere) v.i. (*Cin,TV*) to track, to dolly.

carrellata f. 1 (*Cin,TV*) tracking shot, running shot, dolly shot, travelling shot. 2 (*fig*) (*esposizione sommaria*) overwiew.

carrellato a. trailer-mounted, truck-mounted.

carrellista m./f. 1 (*nelle stazioni ferroviarie*) platform vendor. 2 (*Cin,TV*) dollyman.

carrello m. 1 trolley, truck. 2 (*Mecc*) carriage: il ~ della macchina da scrivere the typewriter carriage. 3 (*di un vagone, del tram*) bogie, (*Am*) truck. 4 (*portavivande*) tea trolley, cocktail trolley. 5 (*del supermercato*) cart, shopping cart. 6 (*Inform*) (*per acquisti telematici*) shopping cart. 7 (*Cin,TV*) dolly. 8 (*Minier*) corf, (*Am*) car. 9 (*Aer*) undercarriage, landing gear: alzare il ~ to draw up, to pull in the undercarriage. 10 (*Cin*) (*carrellata*) tracking shot, running shot, dolly shot. □ (*Aer*) ~ di atterraggio landing gear; (*Mecc*) ~ elevatore a forca forklift truck; (*Ferr*) ~ girevole bogie, (*Am*) truck; ~ portabagagli baggage-trolley, luggage-truck, truck, luggage trolley; (*Aer*) ~ retrattile retractable undercarriage.

carretta f. 1 two-wheel cart. 2 (*Mar*) tramp. 3 (*estens*) (*mezzo di trasporto vecchio e malandato*) jalopy, buggy, (*Am*) old clunker. □ (*spreg*) ~ dei mari floating wreck.

carrettaio m. 1 (*guidatore*) carter. 2 (*fabbricante*) cartwright, wheelwright.

carrettata f. load, cartload, cartful: una ~ di fieno a load of hay, a cartload of hay. □ a carrettate in plenty, in abundance, galore.

carrettiere m. carter, cart driver.

carretto m. 1 cart. 2 (*Teat*) pulleys pl. (for changing scenes). □ ~ a mano handcart, (*Am*) push-cart, wheelbarrow.

carriaggio m. 1 (*Mil*) baggage wagon. 2 (*salmerie*) baggage of an army.

carriera f. 1 (*professione*) career, profession: questo ti sarà utile per la tua ~ this will be useful for your career. 2 (*corsa*) full speed; (*rif. a cavalli*) full gallop: andare di gran ~ to go at full speed, to run at full speed, to go full steam ahead at full speed. □ di ~: 1 career (*attr.*): diplomatico di ~ career diplomat; 2 (*fig*) at full speed: andare di ~ to go at full speed, to run at full speed, to go full steam ahead; ~ di concetto career in a responsible post; ~ diplomatica diplomatic career; ~ direttiva managerial career; ~ esecutiva executive career; fare ~ to have a successful career, (*Br,colloq*) to go up the ladder, (*Am*) to climb the corporate ladder of success; non credo che farà ~ I don't think he will get far, (*Br*) I don't think he will get on; (*Am*) I don't think he will be successful; ~ giudiziaria legal career; intraprendere la ~ militare to take up a military career, (*Am, colloq*) to join Uncle Sam; ~ universitaria university career.

carrierismo m. careerism.

carrierista m./f. careerist.

carrieristico (pl. -ci) a. careerist.

carriola f. wheelbarrow.

carrista m. (*Mil*) tank-crew member, tankman, (*Am*) tanker: *è nei carristi* he is in the Tank Corps.

carro *m.* 1 (*a quattro ruote*) wagon; (*a due ruote*) cart. 2 (*Ferr*) wagon, (*Am*) car. 3 (*carrata*) cartload, wagon-load. 4 (*Stor*) chariot: ~ *trionfale* triumphal chariot; ~ *da guerra* war chariot. □ ~ *a mano* handcart; (*Ferr*) ~ *a tramoggia* hopper car, hopper-bottom car; *carri allegorici* floats, processional floats; (*Mil*) ~ *armato* tank; (*Aut*) ~ *attrezzi* breakdown lorry, (*Am*) wrecking truck; (*Ferr*) ~ *bagagli* luggage van, (*Am*) baggage car; (*Ferr*) ~ *bestiame* cattle trailer, livestock trailer, cattle wagon, (*Am*) stock car; (*Mil*) ~ *blindato* armoured car, tank; (*Ferr*) ~ *cisterna* tank wagon, (*Am*) tank car; (*fig*) *mettere il ~ davanti ai buoi* to put the cart before the horse; (*Teat*) ~ *di Tespi* travelling theatre; ~ *funebre* hearse; ~ *gru* : 1 truck crane, tractor crane, wrecker crane; 2 (*Ferr*) crane wagon, (*Am*) derrick car; ~ *merci* goods wagon, (*Am*) freight car; ~ *ribaltabile* dumping wagon; ~ *rifiuti* refuse collector, (*Am*) dump truck; (*Stor*) ~ *trionfale* triumphal car.

carroccio *m.* 1 (*Stor*) medieval ceremonial cart bearing the city standard. 2 (*Pol*) Northern League (political movement calling for decentralisation and further autonomy at regional level).

carrozza *f.* 1 carriage, coach: *andare in* ~ to drive in a carriage, to go by carriage. 2 (*Ferr*) coach, (*colloq*) carriage, (*Am*) passenger car. □ ~ *a cavalli* horse-drawn carriage; (*Ferr*) ~ *automotrice elettrica* electric rail coach, (*Am*) electric railcar; ~ *con cavallo* horse and carriage; (*Ferr*) ~ *con cuccette* coach with couchettes, (*Am*) sleeping car, sleeper; ~ *di piazza* cab, hackney carriage; (*Ferr*) ~ *di prima classe* first-class carriage; (*Ferr*) ~ *diretta* through coach, through carriage, (*Am*) through car; *in* ~! all aboard!; (*Ferr*) ~ *panoramica* observation car, dome car; (*Ferr*) ~ *ristorante* restaurant car, dining car.

carrozzabile I *a.* carriage (*attr.*), carriageable: *strada* ~ carriage road. **II** *f.* carriage road.

carrozzaio *m.* coachmaker, carriage builder.

carrozzare (**carròzzo**) *v.t.* to build the coachwork for, (*Am*) to build the body for.

carrozzato □ (*pop,scherz*)*ben carrozzata* (*con tante curve*) well endowed.

carrozzella *f.* 1 (*per invalidi*) invalid carriage, wheelchair. 2 (*carrozza di piazza per turisti*) cab. 3 (*per bambini*) perambulator, (*colloq*) pram, (*Am*) baby carriage.

carrozzeria *f.* 1 (*Aut*) body, (*Am*) coachwork. 2 (*officina*) coachbuilder's workshop, body shop. 3 (*pop,scherz*) (*forme femminili*) chassis. □ ~ *aerodinamica* streamlined body; ~ *portante* monocoque body.

carrozziere *m.* (*Aut*) 1 (*riparatore*) body repairer; (*progettista*) car-body designer. 2 (*costruttore*) coach maker, coach builder, carriage builder.

carrozzina *f.* (*per bambini*) pram, (*Am*) baby carriage.

carrozzino *m.* 1 one-horse carriage. 2 (*della motocicletta*) sidecar.

carrozzone *m.* 1 (*rif. al circo, zingari e sim.*) caravan: *i carrozzoni del circo* the circus caravans. 2 (*region*) (*carro funebre*) hearse. 3 (*fig,gerg*) (*ente inefficiente e di grandi dimensioni*) bureaucratic institution, money pit. 4 (*rar*) (*per detenuti*) (*colloq*) Black Maria, (*Am,colloq*) paddy wagon.

carruba *f.* (*Bot*) carob, carob bean.

carrubo *m.* (*Bot*) carob tree.

carrucola *f.* (*Mecc*) pulley. □ ~*fissa* fixed pulley; ~ *mobile* movable pulley, loose pulley.

carruga *f.* (*Entom*) wine moth.

carruggio *m.* (*region*) alley, typical of Ligurian towns.

carsico (*pl.* **-ci**) *a.* (*Geol*) karst, karstic: *fenomeni carsici* karst phenomena.

carsismo *m.* (*Geol*) karst phenomena *pl.*

Carso *n.pr.m.* (*Geog*) Carso, Karst.

carta *f.* 1 (*Cart*) paper. 2 (*dichiarazione programmatica*) charter. 3 (*Geog*) (*carta geografica*) map: *la* ~ *d'Italia* the map of Italy. 4 (*Mar*) chart. 5 (*carta da gioco*) card (*anche fig*): *dare le carte* to deal, to deal the cards; *alzare le carte* to cut the cards; (*fig*) *giocare bene le proprie carte* to play one's cards right; (*fig*) *avere buone carte in mano* to hold a strong hand. 6 (*lista delle vivande*) menu. 7 *pl.* (*documenti*) papers, documents. 8 *pl.* (*scritti*) papers: *cercherò la lettera tra le mie carte* I will look for the letter among my papers. □ (*Cart*) ~ *a modulo continuo* continuous printer paper; (*Cart*) ~ *a quadretti* squared paper; (*Cart*) ~ *a righe* lined paper, (*Br*) ruled paper; (*fig*) *giocare a carte scoperte* to act above board, to play above board; (*Tecn*) ~ *abrasiva* abrasive paper, (*Am*) sandpaper; (*Aer*) ~ *aeronautica* aeronautical chart; (*Chim*) ~ *al bromuro d'argento* bromide paper; (*Chim*) ~ *al tornasole* litmus paper; *alla* ~ à la carte; *mangiare alla* ~ to eat à la carte; (*Stor*) ~ *annonaria* ration card; (*Met*) ~ *argentata* silver paper; ~ *assegni* cheque guarantee card; (*Cart*) ~ *assorbente* blotting paper; (*Stor*) *Carta Atlantica* Atlantic Charter; (*Cart*) ~ *autoadesiva* adhesive paper, self-sticking paper; ~ *automobilistica* road map, (*Br*) motoring map; ~ *bianca* white paper, blank paper; (*fig*) *dare* ~ *bianca a qcu.* to give so. a free hand, to give so. carte blanche; (*burocr*) *in* ~ *bollata* on official stamp paper, on official stamped paper; ~ *carbone* carbon paper; (*Tecn*) ~ *catramata* tar paper; (*Astr*) ~ *celeste* star map; (*Cart*) ~ *copiativa* copying paper, carbon paper; (*Cart*) ~ *crespata* crêpe paper; (*burocr*) *in* ~ *da bollo* on official stamp paper, on official stamped paper; ~ *da cucina* paper towels; (*Cart*) ~ *da dattilografia* typing paper; (*Cart*) ~ *da disegno* drawing paper; (*Cart*) ~ *da filtro* filter paper; ~ *da gioco* playing card; (*Cart*) ~ *da imballaggio* wrapping paper, brown paper, packing paper; ~ *da lettere* notepaper, writing paper; ~ *da lettere per posta aerea* air-mail paper, air-mail writing paper; (*Cart*) ~ *da macero* waste paper; ~ *da minute* scratch paper, scribbling paper; ~ *da musica*: 1 (*Cart*) music paper, music sheet; 2 (*Alim*) unleavened bread typical of Sardinia; (*Cart*) ~ *da pacchi* packing paper; (*Cart*) ~ *da parati* wallpaper; ~ *da regalo* gift-wrapping; ~ *da ricalco* tracing paper; ~ *da scrivere* writing paper; ~ *da stampa* printing paper; ~ *da zucchero*: 1 (*colore*) smokey blue; 2 (*Cart*) sugar paper; (*Ferr*) ~ *d'argento* senior citizens' pass; (*Meteor*) ~ *dei venti* wind chart; ~ *dei vini* wine list; (*Stor*) *Carta delle Nazioni Unite* Charter of the United Nations; (*Mar*) *carte di bordo* ship's papers; ~ *di brutta* scratch paper, scribbling paper; (*Aut*) ~*di circolazione* logbook, tax book, (*Am*) car registration card; ~ *di credito* credit card; (*Tel*) ~ *di credito telefonica* telephone credit card; ~ *di debito* debit card; (*Cart*) ~ *di giornale* newsprint, newspaper; (*Aer*) ~ *di imbarco* boarding card, boarding pass; (*Aut*) ~ *di proprietà* title, title of ownership; ~ *di riconoscimento*

identity card, identity document, (*Am*) I.D; (*Cart*) ~ *di riso* rice paper; ~ *d'identità* identity card, (*Am*) I.D.; ~ *d'identità elettronica* electronic identity card, (*Am*) electronic I.D.; *prendere* ~ *e penna* to put pen to paper; (*Cart*) ~ *ecologica* recycled paper; (*Cart*) ~ *eliografica* heliographic paper; (*fig*) *fare carte false* to do all one can, to do everything possible: *farebbe carte false per ottenere quel posto* he would do anything to get that post; *fare le carte* to shuffle and deal the cards, to deal the cards; *fare le carte a qcu.* to tell so.'s fortune (using cards); (*colloq*) *fare le carte per sposarsi* to apply for one's marriage licence; (*Cart*) ~ *filigranata* watermarked paper; (*Geog*) ~*fisica* physical map; (*Fot*) ~ *fotografica* photographic paper; ~ *geografica* map, geographical map; ~ *geologica* geological map; (*Cart*) ~ *gommata* adhesive paper, gummed paper; (*Cart*) ~ *igienica* toilet paper; (*Cart*) ~*impermeabile* waterproof paper; (*Cart*) ~ *in fibre di puro cotone* pure cotton paper; (*fig*) *avere le carte in regola*: 1 (*davanti alla legge*) to have one's papers in order, (*Am*) to be clean; 2 (*avere la stoffa*) to have what it takes; (*fig*) *mettere le carte in tavola* to lay one's cards on the table, to be candid; (*Cart*) ~ *India* India paper; ~ *intestata* headed notepaper, (*Am*) letterhead; (*Cart*) ~ *lavorata a mano* hand-made paper; (*burocr*) ~ *legale* stamped paper; (*burocr*) ~ *libera* unstamped paper, blank paper, blank sheet; *domanda in* ~ *libera* application on unstamped paper; (*Cart*) ~ *lucida*: 1 glossy paper; 2 (*per disegnare*) tracing paper; (*Geog*) ~ *lunare* map of the moon; ~*magnetica* magnetic chart; (*Cart*) ~ *marmorizzata* marbled paper; (*Cart*) ~ *metallizzata* metal paper, foil; (*Meteor*) ~ *meteorologica* weather chart; (*Cart*) ~ *millimetrata* graph paper; ~ *moneta* paper money, banknote; ~ *moschicida* fly paper; (*Geog*) ~ *muta* blank map, skeleton map; *carte napoletane* Italian cards; (*Mar*) ~ *nautica* nautical chart; ~ *oleata*: 1 (*da cucina*) oil-paper, graseproof paper; 2 (*per lucidi*) tracing paper; (*Cart*) ~ *ondulata* corrugated paper; ~ *paraffinata* waxed paper; (*Cart*) ~ *patinata* coated paper, art paper, glossy paper; (*Mus*) ~ *pentagrammata* music paper; (*Cart*) ~*per macchina da scrivere* typing paper; (*Cart*) ~ *per stampante* printer paper; (*Cart*) ~*pergamena* parchment paper; (*Cart*) ~*pergamenata* parchment paper; (*Meteor*) ~ *pluviometrica* rain chart; (*Geog*) ~ *politica* political map; (*burocr*) ~ *protocollo* (*Br*) foolscap, (*Am*) legal paper; (*Cart*) ~*quadrettata* squared paper; (*Chim*) ~*reattiva* test paper; (*Cart*) ~ *riciclata* recycled paper; ~ *rigata* lined paper, (*Br*) ruled paper; ~ *sanitaria* health card, medical card; (*burocr*) *in* ~ *semplice* on plain paper; (*Fot*) ~ *sensibile* sensitized paper; (*fig*) *giocare una* ~ *sicura* to make a safe move; (*Tel*) ~ *SIM* SIM card; (*Cart*) ~ *smerigliata* emery paper; (*Pol*) *Carta sociale europea* European Social Charter; (*Cart*) ~ *spolviglio* (*a grana fine*) emery paper; ~*stagnola* tinfoil; ~*stampata* printed paper; (*Cart*) ~ *straccia* scrap paper, (*Br*) waste paper; ~ *stradale* road map; (*fig*) *esiste solo sulla* ~ it exists in name only; *mettere sulla* ~ *qcs.* to commit sth. to paper: *to put sth. in black and white*, (*Am*) to put sth. in writing; (*Cart*) ~*tela* linen paper; ~ *telefonica* phone card; (*Tecn*) ~ *termica* thermal paper; (*Geog*) ~*topografica* topographic map; ~*velina* tissue paper; (*per macchina da scrivere*) copy paper, (*Am*) onionskin; ~*verde*: 1 (*Assic*) green card; 2 (*Ferr*) young person's railcard; (*Tecn*) ~ *vetrata* sandpaper, glass paper; *la* ~ *vincente* the trump card, the winning card (*anche fig*). *Prov.*: ~ *canta e villan dorme* down in black and white, farmer sleeps tight.

cartacarbone (*pl.* **cartacarbóne**) *f.* carbon paper.

cartaccia (*pl.* **-ce**) *f.* **1** (*carta straccia*) waste paper. **2** (*nei giochi di carte*) bad card. **3** *pl.* (*fig*) (*scritti di nessun valore*) rubbish (*costr.sing.*), (*Am*) trash (*costr.sing.*).

cartaceo *a.* paper (*attr.*): *circolazione cartacea* paper currency; *moneta cartacea* paper money.

Cartagine *n.pr.f.* (*Geog.stor*) Carthage.

cartaginese I *a.* Carthaginian. **II** *m./f.* Carthaginian.

cartagloria *f.* (*Rel*) altar card.

cartaio *m.* (*f.* **-a**) **1** (*operaio*) worker in the paper industry. **2** (*fabbricante*) paper manufacturer; (*venditore*) paper retailer. **3** (*giocatore*) dealer.

cartamodello (*pl.* **cartamodèlli**) *m.* paper pattern.

cartamoneta *f.* paper money, paper currency.

cartamusica *f.* (*Alim*) a kind of paper-thin Sardinian bread.

cartapecora (*pl.* **cartapècore**) *f.* **1** parchment. **2** (*documento scritto su cartapecora*) parchment (manuscript). □ (*fig,rar*) *di* ~ (*incartapecorito*) wrinkled, shrivelled; *viso di* ~ wrinkled face.

cartapesta (*pl.* **cartapéste/cartepéste**) *f.* papier-mâché; (*fig*) *uomo di* ~ spineless person; *eroe di* ~ cardboard hero.

cartario *a.* paper (*attr.*), papermaking: *industria cartaria* paper industry, papermaking industry.

cartastraccia (*pl.* **cartestràcce**) *f.* **1** waste paper. **2** (*spreg*) (*documento di nessun valore*) worthless paper.

cartasuga (*pl.* **cartesùghe**) *f.* blotting paper.

cartata *f.* paperful, twist, (*Am*) cornet.

cartavetrare (**cartavétro**) *v.t.* to sandpaper, to sand.

carteggiare (**cartéggio, cartéggi**) **I** *v.i.* (*aus.* **avere**) **1** to correspond, to keep up a correspondence (*con* with). **2** (*Mar,Aer*) to plot a course. **II** *v.t.* to sandpaper, to sand.

carteggio *m.* **1** correspondence, exchange of letters: *tenere un* ~ *con qcu.* to correspond with so., to keep up a correspondence with so. **2** (*raccolta di lettere*) correspondence, collection of letters. **3** (*Mar,Aer*) plotting, chartwork.

cartella *f.* **1** (*scheda*) card. **2** (*pagina*) page (of 1500 characters, including spaces): *articolo in cinque cartelle dattiloscritte* article in five typewritten pages. **3** (*custodia a forma di copertina*) folder, file. **4** (*busta di pelle: per impiegati*) brief-case, portfolio; (*per scolari*) schoolbag, satchel. **5** (*Econ*) certificate. **6** (*Inform*) folder. □ ~ *clinica* medical record; ~ *della lotteria* lottery ticket; ~ *della tombola* bingo score card; ~ *delle tasse* tax return form; ~ *esattoriale* rates return form; ~ *ipotecaria* mortgage bond; ~ *personale* personal file; ~ *portadocumenti* folder.

cartelletta *f.* folder.

cartelliera *f.* filing cabinet.

cartellina *f.* (*per documenti*) folder.

cartellino *m.* **1** (*etichetta*) label; (*indicante il prezzo*) price label, price tag. **2** (*scheda*) card, index-card. **3** (*per il controllo delle ore di lavoro*) timecard, clockcard: *timbrare il* ~ (*di presenza*) to punch the time clock, (*colloq*) (*in entrata*) to clock on; (*in uscita*)

to clock off. **4** (*tesserino*) membership card. □ ~ *di identificazione* identification badge; (*Sport*) ~ *giallo* yellow card; (*Sport*) ~ *rosso* red card; ~ *segnaletico* finger-print card.

cartellista *m.* (*Econ*) member of a cartel.

cartellistico (*pl.* **-ci**) *a.* (*Econ*) cartel (*attr.*).

cartello[1] *m.* **1** (*avviso*) notice; (*pubblicitario*) poster; (*in dimostrazioni e sim.*) placard. **2** (*cartello stradale*) road sign. **3** (*insegna di negozio*) shop sign, sign-board. **4** (*cartello di sfida*) cartel, challenge. □ *di* ~ of high repute (*posposto*), renowned, famous: *artista di* ~ performer of high repute; ~ *di avvertimento* warning board, (*Am*) warning sign; ~ *indicatore* road sign, street sign.

cartello[2] *m.* **1** (*Econ*) (*consorzio*) cartel, (*Am*) trust. **2** (*lega, unione*) union, coalition, (*Am*) cartel. □ (*Econ*) ~ *dei prezzi* price cartel.

cartellone *m.* **1** (*Teat*) bill, play-bill, (*Am*) playbill; (*programma della stagione*) programme (of the season), (*Am*) program of the season. **2** (*manifesto pubblicitario*) poster, placard, (*Am*) billboard. **3** (*nella tombola*) number-board (displayed during the playing of tombola). □ (*Teat*) *in* ~ on, on the bill; (*Teat*) *tenere il* ~ to have an extended run; *tiene il* ~ *da tre mesi* it has been running for three months.

cartellonista *m./f.* poster designer.

cartellonistica *f.* poster designing.

carter *m.inv.* **1** (*copricatena*) guard: ~ *della catena* chain guard. **2** (*Aut*) sump: ~ *dell'olio* oil sump. **3** (*Mecc*) case, casing, (*Am*) crank case.

cartesianismo *m.* (*Filos*) Cartesianism.

cartesiano *a.* (*Filos,Geom*) Cartesian: *coordinate cartesiane* Cartesian coordinates.

Cartesio *n.pr.m.* (*Stor,Filos*) Descartes.

cartevalori *f.pl.* (*Econ*) paper money (*costr.sing.*), paper titles.

cartiera *f.* paper mill.

cartiglia *f.* (*nei giochi di carte*) low card.

cartiglio *m.* (*Art*) scroll.

cartilagine *f.* (*Anat*) cartilage, (*colloq*) gristle.

cartilagineo, cartilaginoso *a.* (*Anat*) cartilaginous.

cartina *f.* **1** (*carta geografica*) map. **2** (*Farm*) (envelope containing a) dose. **3** (*per sigaretta*) cigarette paper. □ ~ *al tornasole*: 1 litmus paper; 2 (*fig*) litmus test; *una* ~ *di aghi* a case of needles, a packet of needles; ~ *al tornasole*: 1 litmus paper; 2 (*fig*) litmus test; ~ *muta* outline map; ~ *stradale* (*di città*) street map; (*di una regione*) road map.

cartismo *m.* (*Pol*) Chartism.

cartista I *a.* (*Pol*) Chartist. **II** *m.* (*Pol*) Chartist.

cartocciata *f.* bag, bagful: *una* ~ *di castagne* a bag of chestnuts.

cartoccio *m.* **1** bag, paper bag; (*fatto a cono*) cornet. **2** (*Arm*) charge, powder charge. **3** (*rif. a lumi a petrolio*) lamp-chimney. **4** (*di granoturco*) maize husk, corn-husk. **5** (*Art, Arch*) scroll. □ (*Gastron*) *al* ~ baked in aluminium foil.

cartografia *f.* cartography, map-making.

cartografico (*pl.* **-ci**) *a.* cartographic, cartographical.

cartografo *m.* (*Tecn*) map-maker, cartographer.

cartogramma *m.* cartogram.

cartolaio *m.* (*f.* **-a**) stationer.

cartolarizzare (**cartolarìzzo**) *v.t.* (*Econ*) to securitize.

cartoleria *f.* stationery shop, stationer's,

(*Am*) office supplies store.

cartolibreria *f.* stationery and book shop.

cartolina *f.* card, postcard. □ ~ *illustrata* picture postcard; ~ *postale* postcard; (*Mil*) ~ *precetto* (o ~ *rossa*) call-up notice, call-up papers *pl.*, (*Am*) draft card.

cartomante *m./f.* fortune-teller (who uses cards).

cartomantico (*pl.* **-ci**) *a.* fortune telling, (*Br*) cartomancy (*attr.*): *consulto* ~ fortune-telling session (with cards).

cartomanzia *f.* fortune telling, (*Br*) cartomancy.

cartonaggio *m.* **1** cardboard working. **2** (*imballaggio*) ready-made cardboard packaging.

cartonare (**cartóno**) *v.t.* to bind in paperboards.

cartonato *a.* hardback, bound in paperboards, hardbound.

cartoncino *m.* **1** paperboard, heavy paper. **2** (*biglietto*) card. □ ~ *da visita* calling card, visiting card; ~ *di auguri* greeting card.

cartone *m.* **1** cardboard, pasteboard. **2** (*Pitt*) cartoon: *i cartoni di Raffaello* Raphael's cartoons. **3** (*imballaggio di cartone*) carton. □ (*Cin*) *cartoni animati* cartoons, animated films; (*Edil*) ~ *catramato* tarred paper, (*Am*) tar paper; *di* ~ cardboard (*attr.*): *una scatola di* ~ a cardboard box; (*Cart*) ~ *ondulato* corrugated board.

cartonfeltro *m.* bituminized felt.

cartongesso *m.* (*Edil*) plasterboard, gypsum board, sheetrock.

cartonificio *m.* cardboard factory.

cartonista *m./f.* cartoonist.

cartoteca *f.* **1** map collection. **2** (*schedario*) cardindex.

cartotecnica *f.* paper industry.

cartotecnico I *a.* paper-industry (*attr.*). **II** *m.* worker in the paper industry.

cartuccia (*pl.* **-ce**) *f.* (*Mil,Tecn,Inform*) cartridge. **2** (*Mil*) ~ *a pallottola* ball cartridge; (*Mil*) ~ *a salve* blank cartridge; (*Inform*) ~ *del toner* toner cartridge; (*Inform*) ~ *di stampante* printer cartridge; (*Inform*) ~ *magnetica* magnetic tape cartridge.

cartucciera *f.* **1** (*cintura*) cartridge belt. **2** (*giberna*) cartridge case.

carvi *m.* (*Bot*) caraway.

carving I *m.pl.* (*Sport*) (*tipo di sci*) carvers, carving skis. **II** *m.* (*Sport*) carving.

casa *f.* **1** house: ~ *a due piani* two-storey house, two-storeyed house. **2** ~ *di* (*appartamento*) flat, (*Am*) apartment. **3** (*famiglia*) family, household: *questa* ~ *si è spenta* this family has died out. **4** (*dinastia*) house, dynasty: *la* ~ *dei Borboni* the house of Bourbon. **5** (*Comm*) (*ditta*) firm, house. **6** (*istituto*) house, home. **7** (*comunità religiosa*) house, religious house. □ *a* ~: 1 (*stato in luogo*) at home: *essere a* ~ to be at home; *stare a* ~ to stay at home; *fai come se fossi a* ~ *tua* (please) make yourself at home; 2 (*moto a luogo*) home: *andare a* ~ to go home; ~ *a energia solare* solar house; *a* ~ *mia*: 1 in my house, at home; 2 (*fig*) (*secondo me*) in my view, in my opinion, as far as I am concerned, where I come from: *questa, a* ~ *mia, si chiama testardaggine* in my opinion, that is just stubbornness; *where I come from we call that stubbornness*; *a* ~ *propria* in one's own home, at home; (*fig*) *essere a* ~ *propria* (o *sentirsi a* ~ *propria*) to feel at home; ~ *a schiera* (*Br*) terraced house, (*Am*) row house; ~ *albergo* service apartment; ~ *automobilistica* auto company, car company; (*Sport*) ~ *base* (*nel baseball*) home base; *la Casa*

Bianca the White House; ~ *bifamiliare* (*Br*) semi-detached house, (*Am*) duplex; (*Ferr*) ~ *cantoniera* track maintenance house; ~ *chiusa* brothel; ~ *circondariale* district penitentiary; ~ *colonica* farmhouse; (*fig*) *grande come una* ~ huge, enormous; ~ *comunale* (*Am*) project housing, project; *da* ~ house (*attr.*): *giacca da* ~ house jacket, housecoat; ~ *da gioco* gambling house; ~ *d'abitazione* house; ~ *d'affitto* rented house; ~ *d'appuntamenti* house of ill repute; ~ *d'aste* auction house; ~ *del diavolo* hell; (*fig*) *abitare a ~ del diavolo* (*o stare a ~ del diavolo*) to live at the back of beyond, to live in the middle of nowhere; *mandare qcu. a ~ del diavolo* to send so. a very long way off; ~ *dello studente* students' hostel, (*Am*) student dormitories *pl.*; (*Comm*) ~ *d'esportazione* exporter, exporter's; *di* ~ house (*attr.*), household (*attr.*): *faccende di* ~ housework, (*Am*) chores, house chores; *essere di* ~ to be a close friend of the family, to be like one of the family; ~ *di campagna* country house, house in the country, (*villino*) cottage; ~ *di città* town house; ~ *di correzione* reformatory, approved school, (*Am*) reform school; ~ *di cura* nursing home; ~ *di Dio* House of God, (*fig*) *abitare a ~ di Dio* (*o stare a ~ di Dio*) to live at the back of beyond, to live in the middle of nowhere; (*Cin*) ~ *di distribuzione* distributor, distributor's; ~ *di moda* fashion house; (*Dir*) ~ *di pena* penitentiary; (*Cin*) ~ *di produzione* film company, production company; ~ *di proprietà* owner occupied house; ~ *di rieducazione* (*per delinquenti minorenni*) reformatory; ~ *di ringhiera* house with balconies surrounding an inner courtyard; ~ *di riposo per anziani* rest home, old people's home, (*Am*) nursing home, old folks' home; (*Comm*) ~ *di spedizioni* forwarding and shipping agents, forwarding and shipping firm; ~ *di tolleranza* house of ill repute; ~ *editrice* publishers, publishing firm, publishing house; *ehi, di ~!* hello, is there anyone at home?; ~ *famiglia* home for troubled youth; ~ *farmaceutica* pharmaceutical company, (*Br*) drug company; *fatto in ~* homemade: *pane fatto in ~* homemade bread; (*Rel*) ~ *generalizia* mother house; *in ~*: 1 (*stato in luogo*) at home, home: *essere in ~* to be at home; *restare in ~* to stay at home; *non è in ~* he's not at home, he's not home, he's not in; *in ~ Rossi* at the Rossis'; *stare in ~ di qcu.* to stay at so.'s house, to stay with so.; 2 (*moto a luogo*) indoors, in, into the house: *entrare in ~* to go indoors, to go in; *di ~ in ~* from house to house; ~ *madre*: 1 (*di ditta*) head office; 2 (*Rel*) mother house; ~ *malfamata* house of ill fame; *mettere su ~*: 1 (*ammobiliarla*) to set up house, (*Am*) to furnish the house; 2 (*fig*) (*prendere moglie*) to settle down; ~ *paterna* one's father's house; *avere qcu. per ~* to have so. round, to have so. around; ~ *per vacanze* (*Br*) holiday home, (*Am*) vacation home; *case popolari* council flats, council houses, low-rent flats, low-rent houses, (*Am*) public housing, projects; (*Edil*) ~ *prefabbricata* prefabricated house, (*colloq*) prefab; *prendere in ~ qcu.* to take so. in; (*Cin*) ~ *produttrice* film company, producer; ~ *reale* royal family; ~ *regnante* reigning house; ~ *religiosa* religious house; ~ *rurale* farm house; ~ *signorile* mansion, stately home; (*colloq*) *stare di ~* (*abitare*) to live, to reside: *dove stai di ~?* where do you live?; (*fig*) *non sapere dove sta di ~ qcs.* to have no idea of sth.: (*fig*) *lui, l'educazione non sa neppure dove sta di ~* he has no idea what good manners are; (*fig*)

essere tutto ~ e chiesa to be home-centred, (*Am*) to be home-centered; (*fig*) *essere tutto ~ e famiglia* to be a stay-at-home person, (*Am*) to be a homey person; ~ *unifamiliare* (*Br*) single-family house, (*Am*) house. *Prov.*: *in ~ sua ciascuno è re* a man's home is his castle; ~ *mia, ~ mia, per piccina che tu sia, tu mi sembri una badia* home, sweet home; there's no place like home.

casacca *f.* 1 tunic, jacket. 2 (*Mil*) cassock, cloak.

casaccio □ *a* ~ at random, haphazardly: *fare qcs. a* ~ to do sth. haphazardly; *parlare a* ~ to talk at random.

casale *m.* 1 (*agglomerato rurale*) group of houses, hamlet. 2 (*casa rustica isolata*) farmhouse.

casalinga *f.* housewife. □ (*scherz*) *la ~ di Voghera* (*Br*) the man on Clapham omnibus, (*Am*) the average Joe.

casalingo (*pl.* -ghi) I *a.* 1 domestic, home (*attr.*), house (*attr.*), household (*attr.*). 2 (*semplice*) homely, simple. 3 (*che ama la vita casalinga*) home-loving: *donna casalinga* home-loving woman; *uomo ~* home-loving man, stay-at-home, (*colloq*) homebird. 4 (*fatto in casa*) home-made. II *m.pl.* (*oggetti per la casa*) household articles, household goods. □ *alla casalinga*: 1 (*usato come avverbio: semplicemente*) in a homely manner, without ceremony, simply; 2 (*usato come aggettivo: semplice*) homely, simple, unpretentious.

casamatta (*pl.* **casemàtte**) *f.* (*Mil*) casemate.

casamento *m.* 1 block of flats, (*Am*) apartment house. 2 (*rif. agli inquilini*) tenants *pl.* (of a block of flats).

casamobile *f.* caravan.

casanova *m.inv.* philanderer, Casanova.

casareccio *a.* home-made: *pane ~* home-made bread.

casaro *m.* dairyman.

casata *f.* family, house, (*Scott,Ir*) clan.

casato *m.* 1 (*cognome*) family name, surname. 2 (*stirpe*) family, stock, lineage: *di nobile ~* of noble stock, of noble birth.

casba *f.* 1 kasbah. 2 (*estens*) ill-famed district.

cascame *m.* (*Tess*) waste: *cascami di lana* wool waste; *cascami di seta* silk waste; *cascami di cotone* cotton waste.

cascamorto *m.* lovesick man. □ *fare il ~* to philander.

cascante *a.* 1 (*flaccido*) drooping, sagging, flabby: *guance cascanti* flabby cheeks. 2 (*fiacco*) feeble, frail: *un vecchio ~* a feeble old man.

cascara *f.* (*Farm*) ~ *sagrada* cascara, cascara sagrada.

cascare (**càsco, càschi**; *aus.* **essere**) *v.i.* 1 to fall. 2 (*rif. a case, muri*) to collapse, to fall down, to tumble down. 3 (*rif. a capelli, denti*) to fall out. □ (*fig*) ~ *a fagiolo*: 1 (*rif. a persona*) to come at the right time; 2 (*rif. a cose*) to come in handy; ~ *a pezzi* to fall to pieces; (*fig*) ~ *bene* to come at a good time, to fall well; (*fig*) *cascarci* to swallow the bait; *ci sei cascato!* you fell for it!; ~ *dal letto* to fall out of bed; (*scherz*) *sei cascato dal ~ stamattina?* what got you up so early this morning?; (*fig*) ~ *dal sonno* to be dead on one's feet, to be asleep on one's feet, to be dead tired; (*fig*) ~ *dalla sedia* to fall out of one's seat; (*fig*) ~ *dalla stanchezza* to be ready to drop with fatigue; (*fig*) ~ *dalle nuvole* to be taken aback, to be flabbergasted, to be struck dumb with astonishment; (*fig*) *caschi il mondo* come what may, no matter what hap-

pens, whatever happens; *non cascherà il mondo per questo* it's not the end of the world; *cascasse il mondo* (*a tutti i costi*) at all costs, even if the roof fell in; *nemmeno se cascasse il mondo* for nothing in the world; ~ *in piedi* to land on one's feet; (*fig*) to come off well; (*fig*) *qui casca l'asino* there's the rub; (*fig*) *fare ~ le braccia a qcu.* to make so. despair, (*Am*) to make so. feel like screaming; *mi sono cascate le braccia* my heart sank; *sentirsi ~ le braccia* to feel one's heart sink to one's boots; (*fig*) *le sono cascate le braccia* she became disheartened, she came apart at the seams, she fell apart at the seams; (*fig*) *se ti casca l'occhio su qcs.* if you happen to notice sth.: *se ti casca l'occhio su un errore correggilo pure* if you happen to notice an error go ahead and correct it; (*fig*) ~ *male* to come at a bad time, to fall at a bad time.

cascata *f.* 1 (*d'acqua*) waterfall, falls *pl.* 2 (*caduta*) fall, tumble, (*colloq*) cropper: *fare una brutta ~* to have a nasty fall, to come a cropper. 3 (*rif. a vesti, drappi*) cascade. □ (*Geog*) *cascate del Niagara* Niagara Falls; (*Alp*) ~ *di ghiaccio* ice climbing.

cascatella *f.* cascade.

cascatore *m.* (*Cin*) stuntman.

cascherino *m.* (*region*) baker's boy.

caschetto *m.* pageboy hairstyle: *capelli a ~* wedge cut.

cascina *f.* 1 (*casa colonica*) farmhouse, farmstead. 2 (*caseificio*) dairy farm.

cascinaio *m.* 1 farmer. 2 (*casaro*) dairyman.

cascinale *m.* 1 (*gruppo di cascine*) group of farmhouses. 2 (*cascina*) farmhouse, farmstead.

cascino *m.* (*region*) wooden cheese mould.

casco[1] (*pl.* -**chi**) *m.* 1 helmet; (*di protezione*) safety helmet; (*da motociclista ecc.*) crash helmet; (*casco coloniale*) sun helmet, pith helmet. 2 (*del parrucchiere*) (*Br*) drying hood, hood air dryer, (*Am*) hair dryer. □ ~ *antiurto* crash helmet; (*Mil*) *i caschi blu dell'ONU* the Blue Helmets of the United Nations; (*Inform*) ~ *virtuale* head mounted display, HMD.

casco[2] (*pl.* -**chi**) *m.* (*Bot*) bunch: ~ *di banane* bunch of bananas.

caseario *a.* dairy (*attr.*), cheese (*attr.*): *industria casearia* dairy industry, cheese industry.

caseggiato *m.* 1 (*gruppo di case*) block, block of buildings. 2 (*terreno con case*) built-up area, (*Am*) development, housing development: *fuori del ~* outside the built-up area. 3 (*edificio*) block of flats, (*Am*) apartment building.

caseificazione *f.* caseation (*anche Med*).

caseificio *m.* cheese factory.

caseiforme *a.* cheese-like.

caseina *f.* (*Chim*) casein.

casella *f.* 1 (*di uno schedario*) pigeon hole. 2 (*riquadro di foglio*) square. □ (*Inform*) ~ *di posta elettronica* (*o ~ e-mail*) e-mail account; ~ *postale* post box, post-office box, (*Am*) mail box, post office box, P.O. box; (*Tel*) ~ *vocale* voice mail.

casellante *m.* 1 (*Ferr*) trackman. 2 (*Strad*) road tender, road worker. 3 (*dell'autostrada*) toll collector.

casellario *m.* pigeon holes *pl.* (*schedario*) filing cabinet. □ ~ *giudiziario* criminal records, register of criminal records; (*ufficio*) criminal records office.

casellista *m./f.* holder of a post-office box.

casello *m.* 1 (*dell'autostrada*) toll booth, (*Br*) tollgate. 2 (*Ferr*) trackman's lodge. 3

(*Strad*) roadman's house.

caseoso *a.* cheesy, caseous.

casereccio *a.* home-made: *pane ~* home-made bread.

caserma *f.* (*Mil*) barracks *pl.*, (*Am*) post. □ *~ dei vigili del fuoco* fire station.

casermaggio *m.* (*Mil*) barracks furniture and fittings.

casermesco *a.* (*spreg*) barrack-like.

casermone *m.* high rise block.

casinista *m./f.* (*pop*) **1** (*pasticcione*) botcher, goofer, clumsy person, mess. **2** (*persona chiassosa*) havoc raiser, hell raiser.

casino *m.* **1** (*pop*) (*postribolo*) brothel. **2** (*fig, colloq*) (*chiasso*) noise, (*colloq*) row, racket: *fare ~* to kick up a row, to kick up a racket, (*Am*) to make racket. **3** (*fig,colloq*) (*pasticcio*) mess: *combinare un ~* to make a mess. **4** (*fig, colloq*) (*grande quantità*) a lot of: *un ~ di soldi* a lot of money, (*Am*) a heap of money. **5** (*rar*) (*circolo*) club. □ *~ da gioco* casino; *~ di caccia* hunting lodge.

casinò *m.* casino: *il ~ di Montecarlo* the Montecarlo casino.

casista *m.* (*Teol*) casuist.

casistica *f.* **1** survey: *la ~ degli incidenti stradali* road accident survey, (*Am*) road accident investigation. **2** (*Med*) case histories *pl.* **3** (*Teol*) casuistry.

casistico (*pl.* **-ci**) *a.* casuistic, casuistical.

caso *m.* **1** (*avvenimento imprevisto*) accident, chance. **2** (*fatalità, destino*) fate: *è stato il ~ che ha voluto così* it was ordained by fate, it was written in the stars. **3** (*fatto, vicenda*) incident, event: *i casi della vita* the events of life. **4** *pl.* business (*costr.sing.*): *pensare ai propri casi* to mind one's own business, to attend to one's own business. **5** (*occasione*) opportunity, chance: *se si presentasse il ~* if the opportunity presented itself, if I had the chance. **6** (*possibilità*) alternative, possibility: *i casi sono due: o studi o ti mando a lavorare* you have two alternatives: either you study or you find yourself a job. **7** (*Med,Dir,Gramm*) case: *ci sono stati tre casi di tifo* there have been three cases of typhus; *un ~ di BSE* a BSE case. □ *a ~* at random, carelessly: *parlare a ~* to talk at random, to ramble; *un ~ a sé* a special case; *in ~ affermativo* in the affirmative; *al ~* should the occasion arise; *c'è il ~ che arrivi in orario* it is possible that he will arrive on time; *non c'è ~ che arrivi in orario* there is no possibility of his arriving on time; (*fig,scherz*) *~ clinico* oddball; *essere il ~ di* (*essere opportuno*) to be a good idea, to be a good thing, to be opportune; *non essere il ~ di* (*non essere necessario*) not to be necessary; *non è il ~ di parlarne* there's no point in talking about it; *il dottore disse che non era il ~ di preoccuparsi* the doctor said there was no need to worry; *~ di coscienza* matter of conscience; *~ di emergenza* emergency; *è un ~ di emergenza!* it's an emergency!; *in ~ di emergenza* in an emergency, in case of emergency; *in ~ di inadempienza* in the event of a default; *~ disperato* hopeless case, desperate case; *casi dubbi* doubtful cases, doubtful situations; *un ~ eccezionale* an exception; *~ estremo* an extreme case, a limit case; *fare ~* (*dare importanza*) to give importance, to pay heed (*a* to), to pay attention (*a* to): *non fare ~ alle sue parole* dont' pay any attention to his words; *io non ci faccio ~* I don't let it bother me; *ci hai fatto ~?* did you notice?; *fare al ~* (*essere opportuno*) to be just what one needs, to be just what one wants, to serve one's purpose: *quest'uomo fa al ~ nostro* this is just the man we need; *~ fortuito* for-

tuitous event, strike of luck, lucky strike; *per un ~ fortuito* by chance, by pure chance, by mere chance, by a lucky chance; (*Dir*) *~ giuridico* legal case; *in ~* should it so happen, if need be: (*Br*) *forse non vengo a pranzo, in ~ ti telefono* perhaps I won't come for lunch, if need be I'll ring you up; (*Am*) I might not make it for lunch: I'll give you a buzz if I can't; *in ~ contrario* should that not be the case, otherwise: *in ~ contrario, ti avvertirò* I will let you know, otherwise; *in ~ di* in case of, in the event of: *in ~ di guerra* in the event of war; *in ~ di contestazione* in case of dispute, in case of contestation; *in ~ di controversia* in case of dispute; *in ~ di dubbio* if there should be any doubts, in case of doubt, when in doubt; *in ~ di morte* in the event of death, in case of death; *in ~ di necessità* in case of need, if necessary; *in ~ di pericolo* in case of danger; *in ~ di pioggia* in the event of rain, if it rains, if it should rain; *in ~ di sinistro* in case of accident; *in ogni ~* at all events, at any rate; *in questo ~* under those circumstances, should that be the case; *in tutti i casi* in any case; anyways; *~ isolato* isolated case; *~ limite* borderline case; *~ mai* should, in the event, if, in case; *~ mai tu non possa venire, telefonami* should you not be able to come, give me a ring; *~ mai telefonasse* if he should phone; *nel ~ che* if; *anche nel ~ che* even if; *non è certo un ~ che qcu. fa(ccia) qcs.* it's not like so. just happened to do sth.; (*Gramm*) *casi obliqui* oblique cases; *in questo ~ particolare* in this particular instance, in this particular case; (*fig,colloq*) *un ~ patologico* (*Br*) a pathological case, (*Am*) a basket case; *per ~* by chance, by accident; *come per ~* as if by chance; *un ~ pietoso* a sad case; *talvolta si dà il ~ che venga assolto il colpevole* it sometimes happens that the guilty person is acquitted; *si dà il ~ che io sia un esperto di vessillologia* as it happens, I am an expert in vexillology; *si dà il ~ che mio fratello sia qui* it so happens that my brother is here, my brother happens to be here; *un ~ speciale* a special case; *~ specifico* specific situation, particular case; *nel ~ specifico* in the case in point; *il volle che* fate decreed that, it so happened that.

casolare *m.* cottage, (*Am*) house out in the country.

casomai *congz.* should, in the event, if, in case: *~ tu non possa venire, telefonami* should you not be able to come, give me a ring.

casotto *m.* **1** shed, cabin; (*chiosco*) kiosk; (*baracca*) booth. **2** (*Mil*) sentry box. **3** (*pop*) (*casino*) brothel. **4** (*colloq*) (*confusione*) big mess. **5** (*cabina balneare*) bathing hut, (*Am*) cabana. **6** (*Ferr*) signalman's cabin, gatekeeper's lodge.

Caspio *n.pr.m.* (*Geog*) (*mar Caspio*) Caspian Sea.

caspita, caspiterina *intz.* good heavens!, goodness (gracious)!, (*Am*) darn!

cassa *f.* **1** case, crate: *una ~ di libri* a crate of books. **2** (*il contenuto*) case, caseful, crate. **3** (*custodia protettiva*) case, housing. **4** (*di banca*) desk, cash-desk, cashier's window, (*Am*) teller window. **5** (*di negozio*) counter, cash desk, (*Am*) register, cash register, cashier; (*di supermercato*) checkout counter: *pagare alla ~* (*o passare alla ~*) to pay at the desk (*o* at the cash desk). **6** (*di cinema, teatro*) box office. **7** (*contante*) cash: *avere denaro in ~* to have cash in hand; *piccola ~* petty cash. **8** (*ufficio cassa*) cash department. **9** (*istituto di credito*) bank. **10** (*cassa da morto*) coffin. **11** (*cassaforte*)

safe, (*Br*) strong-box. **12** (*fondo*) fund. **13** (*Tecn*) (*di strumenti*) box. **14** (*Mus*) sound box, body, case: *~ del pianoforte* piano case, piano body. **15** (*Mus*) (*strumento*) drum. **16** (*Anat*) cavity: *~ toracica* chest cavity, thoracic cage, rib cage. **17** (*Tip*) case: *~ alta* upper case; *~ bassa* lower case. □ *~ acustica* loudspeaker; (*Mus*) *~ armonica* sound box; *~ automatica* (*per prelievi*) automated teller machine; *~ comune* common fund of money, (*colloq*) kitty; *~ continua* night safe; *~ da imballaggio* packing crate; *~ da morto* coffin; *Cassa del Mezzogiorno* fund for the development of Southern Italy; (*Anat*) *~ del timpano* ear drum; (*Mus*) *~ del violino* belly of the violin, body of the violin; (*Econ*) *~ di compensazione* equalization fund; *~ di immersione* diving tank; *~ di orologio* watchcase; *~ di previdenza* provident fund, (*US*) welfare fund; (*Acus*) *~ di risonanza* resonance box; (*fig*) *fare da ~ di risonanza* to act as a sounding-board; *~ di risparmio* savings bank; *~ integrazione*: **1** (*Br*) redundancy fund, (*Am*) employment benefits (*pl.*); **2** (*sussidio*) unemployment allowance, unemployment benefit; *mettere in ~ integrazione* to make redundant, to suspend temporarily; *~ malattia* health insurance fund; *~ mutua* health insurance fund; (*Tip*) *~ per composizione* type case; *~ rurale* country bank; *tenere la ~* to be in charge of the cash.

cassaforma (*pl.* **cassefórme**) *f.* (*Edil*) mould, form, formwork: *armare la ~* to set up the form, to set up the mould.

cassaforte (*pl.* **casseforti**) *f.* **1** safe, (*Br*) strong-box. **2** (*camera blindata*) strongroom, (*Am*) vault.

cassaintegrato *m.* (*f.* **-a**) redundant worker, (*Am*) laid-off worker.

cassandra *f.* (*profeta di sciagure*) Cassandra (bird of ill omen).

Cassandra *n.pr.f.* (*Mitol*) Cassandra.

cassapanca (*pl.* **cassapànche/cassepànche**) *f.* chest.

cassare (*càsso*) *v.t.* **1** (*cancellare*) to cancel, to rub out, to erase. **2** (*Dir*) (*rif. a sentenza*) to repeal; (*rif. a condanna*) to quash.

cassata *f.* (*Dolc*) **1** (*siciliana*) kind of Sicilian cake containing ricotta and candied fruit. **2** (*gelato*) kind of ice-cream containing candied fruit.

cassazione *f.* (*Dir*) **1** repealing, annulment. **2** (*Corte di cassazione*) Court of Appeal.

casseretto *m.* (*Mar*) poop deck.

cassero *m.* **1** (*Mar*) quarter-deck. **2** (*Edil,Idr*) caisson. **3** (*cassaforma*) mould, form, formwork.

casseruola *f.* casserole, (*Br*) pan, saucepan, stewpan. □ (*Gastron*) *in ~* en casserole.

cassetta *f.* **1** (*scatola*) box; (*per frutta e verdura*) crate; (*per preziosi*) casket, jewel box. **2** (*Tecn*) (*scatola*) box, case. **3** (*Cin,Teat*) (*introito*) takings *pl.*, box-office takings *pl.* **4** (*sedile del cocchiere*) box, coachman's seat: *essere seduto a ~* to be seated on the coachman's seat. **5** (*di registratore*) cassette, cassette tape, tape; (*di videoregistratore*) videotape. **6** (*contenitore per lettiera di gatti*) litter box, litter pan. □ *~ audio* cassette, cassette tape, tape; *~ da fiori* flower box; *~ degli attrezzi* tool case, tool box, tool kit; *~ dei colori* paintbox; *~ dei fiori* flower box; *~ del water* toilet cistern; *~ delle elemosina* alms box, collection box; *~ delle lettere* letterbox, (*Am*) mailbox; *~ di cacciata* toilet cistern; (*El*) *~ di distribuzione* distribution box; *~ di pronto soccorso* first-aid kit; *~ di* *sicurezza* (*in banca*) strongbox, safe deposit box, (*Am*) safe; *fare* ~ (*rif. a spettacoli*) to be a box office success, (*Am*) to blockbuster; *in* ~ on tape; (*su videocassetta*) on videotape; ~ *non registrata* blank tape; ~ *pirata* pirate recording, pirate tape, bootleg tape; (*Mecc*) ~ *portautensili* tool kit, (*Am*) toolbox; ~ *postale*: 1 letter-box, (*Am*) mailbox; 2 (*a colonna*) pillar-box; *su* ~ on tape; (*su videocassetta*) on videotape; ~ *vergine* blank tape.

cassettiera *f.* (*Br*) chest of drawers, (*Am*) chest. □ ~ *del letto* underbed chest.

cassettista *m./f.* holder of a safe-deposit box.

cassetto *m.* drawer: *aprire un* ~ to open a drawer; *chiudere un* ~ to shut a drawer. □ *nel* ~: 1 (*non pubblicato*) unpublished: *un romanzo nel* ~ an unpublished novel; 2 (*segreto*) secret: (*fig*) *avere un sogno nel* ~ to have a secret dream; (*Aut*) ~ *portaoggetti* glove compartment, glove box.

cassettone *m.* 1 (*Br*) chest of drawers, (*Am*) chest. 2 (*Arch*) lacunar, caisson: *soffitto a cassettoni* lacunar, coffered ceiling.

cassia *f.* (*Bot*) cassia.

cassidico I *a.* Chassidic, Chasidic, Hassidic, Hasidic. II *m.* (*f.* **-a**; *pl.* **-ci**) Chassid, Chasid, Hassid, Hasid.

cassidismo *m.* Chassidism, Chasidism, Hassidism, Hasidism.

cassiere *m.* (*f.* **-a**) 1 cashier; (*in banca*) teller. 2 (*addetto agli incassi in un'azienda*) receiver, (*Am*) treasurer.

cassino *m.* blackboard duster, eraser.

cassintegrato *m.* (*f.* **-a**) redundant worker, (*Am*) laid-off worker.

Cassio *n.pr.m.* (*Stor*) Cassius.

cassis *m.inv.* cassis (*anche Bot*).

cassiterite *f.* (*Min*) cassiterite.

cassone *m.* 1 (*mobile*) large chest. 2 (*Edil*) tank, caisson. 3 (*Mil*) caisson, ammunition wagon. 4 (*parte dell'autocarro*) body: ~ *ribaltabile* dump body, dump tipping body, (*Am*) trailer rig.

cassonetto *m.* 1 (*per immondizia*) rubbish bin, (*Am*) trash can. 2 (*per tende*) box.

casta *f.* caste (*anche fig*): ~ *chiusa* exclusive caste.

castagna *f.* 1 (*Bot,Alim*) chestnut. 2 (*Zool*) chestnut. 3 (*Mar*) pawl. □ (*Alim*) *castagne arrostite* roasted chestnuts; (*Bot*) ~ *d'acqua* water chestnut, water caltrop; (*Bot*) ~ *di terra* pignut, earthnut; (*Bot*) ~ *d'India* horse chestnut; (*fig*) *prendere qcu. in* ~ to catch so. red-handed, to catch so. in the act, to catch so. out; (*Alim*) *castagne lessate* boiled chestnuts.

castagnaccio *m.* (*Dolc*) chestnut cake.

castagnaio *m.* (*f.* **-a**) 1 (*coltivatore*) chestnut grower. 2 (*raccoglitore*) chestnut picker, chestnut gatherer. 3 (*venditore*) chestnut seller.

castagneto *m.* chestnut wood, chestnut grove.

castagnetta[1] *f.* (*in pirotecnica*) fire cracker, petard.

castagnetta[2] *f.* 1 (*schiocco fatto con le dita*) snap of the fingers. 2 *pl.* (*nacchere*) castanets.

castagno I *m.* 1 (*Bot*) chestnut tree. 2 (*legno*) chestnut wood: *mobili di* ~ furniture made of chestnut wood. II *a.* (*castano*) chestnut. □ (*Bot*) ~ *d'India* horse chestnut, horse chestnut tree.

castagnola *f.* 1 (*in pirotecnica*) fire cracker, petard. 2 (*Itt*) ray's bream.

castaldo *m.* 1 (*Mediev*) steward. 2 (*fattore*) steward, land agent.

castale *a.* caste (*attr.*).

Castalia *n.pr.f.* (*Mitol*) Castalia.

castalio *a.* (*Mitol*) Castalian.

castamente *avv.* chastely, purely: *vivere* ~ to live chastely, to live a pure life.

castano *a.* chestnut-coloured, chestnut, (*Am*) light brown: *capelli castani* chestnut hair, chestnut-coloured hair, (*Am*) light brown hair.

castellana *f.* mistress of a castle, lady of a castle.

castellano *m.* (*signore di un castello*) lord of a castle; (*comandante*) castellan.

castelletto *m.* 1 (*Econ*) line of credit, credit limit, credit line. 2 (*Minier*) headframe. 3 (*Edil*) scaffolding, scaffold.

castello *m.* 1 castle. 2 (*fortezza*) fortress, stronghold. 3 (*Mar*) forecastle. 4 (*Mil,ant*) tower, siège-tower. 5 (*Edil*) (*impalcatura*) scaffold, scaffolding. 6 (*in bachicoltura*) silk-worm frames. 7 (*in parco giochi*) climbing frame. □ *un* ~ *di carte* a house of cards: *le mie speranze sono crollate come un* ~ *di carte* my hopes have collapsed like a house of cards; (*Mar*) ~ *di poppa* poop deck; (*Mar*) ~ *di prua* forecastle, foredeck; ~ *di sabbia* sand castle; (*fig*) *castelli in aria* castles in the air: *fare castelli in aria* to daydream; ~ *sforzesco* Sforza castle.

castigamatti *m.inv.* 1 (*bastone*) stick, cudgel, (*Am*) club. 2 (*persona severa*) martinet.

castigare (*castìgo, castìghi*) *v.t.* 1 to punish, to chastise, to castigate. 2 (*lett*) (*correggere*) to chasten: ~ *lo stile* to chasten one's style.

castigatezza *f.* chastity, restraint, decency: ~ *di stile* restraint of style. □ ~ *di costumi* temperate habits.

castigato *a.* 1 (*morigerato*) temperate, sober, decent, restrained: *vita castigata* temperate way of life; *linguaggio* ~ decent language. 2 (*emendato*) castigated, chaste: *stile* ~ chaste style.

castigatore *m.* (*f.* **-trice**) chastiser, castigator, punisher.

Castiglia *n.pr.f.* (*Geog*) Castile.

castigliano I *a.* Castilian. II *m.* 1 (*lingua*) Castilian. 2 (*f.* **-a**) (*abitante*) Castilian.

castigo (*pl.* **-ghi**) *m.* 1 punishment, chastisement: *meritare un* ~ to deserve punishment; *per* ~ as a punishment; *dare un* ~ *a qcu.* to inflict a punishment on so., to punish so. 2 (*fig*) (*persona molesta*) (*scherz*) trial, (*scherz*) pest: *quel ragazzo è un vero* ~ that boy's a real pest. □ ~ *di Dio* calamity, scourge, (*Am*) act of God; *essere in* ~ to be under punishment; *mettere in* ~ to punish; (*in un angolo*) to put in a corner.

casting *m.inv.* 1 casting. 2 (*incaricato*) casting-director.

castità *f.* chastity, chasteness (*anche fig*): *voto di* ~ vow of chastity.

casto *a.* 1 chaste, continent: *vita casta* chaste life. 2 (*lett*) (*semplice*) sober, simple. □ *una ragazza casta e pura* a chaste and pure girl.

castone *m.* (*Oref*) setting, bezel.

Castore *n.pr.m.* (*Mitol*) Castor. □ (*Mitol*) ~ *e Polluce* Castor and Pollux.

castoreo *m.* (*Farm*) castor, castoreum.

castorino *m.* 1 (*Zool*) nutria, coypu. 2 (*pelliccia*) nutria. 3 (*tessuto di lana*) beaver, beaver cloth.

castoro *m.* 1 (*Zool*) beaver. 2 (*pelliccia*) beaver-fur, beaver.

castrante *a.* 1 castrative. 2 (*fig*) castrating, inhibiting.

castrare (*càstro*) *v.t.* 1 to geld; (*rif. al maschio*) to castrate, to neuter; (*rif. alla femmina*) to spay. 2 (*fig*) (*frustrare*) to castrate, to

inhibit. 3 (*fig*) (*rif. a scritti*) to expurgate, to emasculate. □ ~ *le castagne* to slit chestnuts.

castrato I *m.* 1 (*animale*) wether. 2 (*Macell*) (*carne*) mutton. 3 (*eunuco*) eunuch. 4 (*cantante evirato*) castrato. II *a.* castrated (*anche fig*).

castratoio *m.* gelding knife, castrating knife.

castratore *m.* 1 castrator. 2 (*fig*) censor.

castratura *f.* gelding; (*rif. al maschio*) castration, neutering; (*rif. alla femmina*) spaying.

castrazione *f.* 1 gelding; (*rif. al maschio*) castration, neutering; (*rif. alla femmina*) spaying. 2 (*fig*) castration.

castrense *a.* (*Mil*) castrensian.

castrismo *m.* (*Pol*) Fidelism, Castroism.

castrista I *a.* Castro (*attr.*). II *m./f.* Fidelist.

castronaggine *f.* (*pop*) stupidity, foolishness.

castrone *m.* 1 (*agnello castrato*) wether. 2 (*puledro castrato*) gelding. 3 (*fig,volg*) (*stupido*) blockhead, fool.

castroneria *f.* (*pop*) stupidity, foolishness, foolish act, nonsense *pl.*: *dire castronerie* to talk nonsense.

casual /'kɛʒwal/ I *a.inv.* (*Abbigl*) casual. II *m.* (*Abbigl*) casual wear.

casuale *a.* 1 chance (*attr.*), fortuitous: *incontro* ~ chance meeting, chance encounter. 2 (*Statist*) random.

casualismo *m.* (*Filos*) casualism, fortuitism.

casualità *f.* 1 fortuitousness, causalness. 2 (*fatto casuale*) chance, coincidence.

casualmente *avv.* by chance, accidentally.

casuario *m.* (*Ornit*) cassowary.

casuista *m.* (*Teol*) (*casista*) casuist.

casuistica *f.* (*Teol*) (*casistica*) casuistry.

casupola *f.* hut, (*Am*) shack.

casus belli *m.* casus belli, event that justifies a declaration of war, act that justifies a declaration of war: (*fig*) *fare un* ~ to make an issue (*o* an issue out of sth.).

catabatico (*pl.* **-ci**) *a.* (*Geog*) catabatic.

catabolico (*pl.* **-ci**) *a.* (*Biol*) catabolic.

catabolismo *m.* (*Biol*) catabolism.

catabolita, catabolito *m.* (*Biol*) catabolite.

cataclasi *f.* (*Geol*) cataclasis.

cataclastico (*pl.* **-ci**) *a.* (*Geol*) cataclastic.

cataclisma *m.* (*Geol*) cataclysm (*anche fig*).

catacomba *f.* 1 catacomb. 2 (*fig*) pit, hole.

catacresi *f.* (*Ret*) catachresis.

catadiottrico (*pl.* **-ci**) *a.* (*Ott*) catadioptric, catadioptrical.

catadiottro *m.* reflector, reflex reflector, cat's eye.

catafalco (*pl.* **-chi**) *m.* catafalque.

catafascio □ *a* ~ topsy-turvy, upside-down, (*Br*) higgledy -piggledy, pell-mell, helter-skelter; *andare a* ~ to go to rack and ruin.

catafora *f.* (*Ling*) cataphora.

cataforesi *f.* (*Fis,Chim*) cataphoresis, electrophoresis.

catafratto *a.* (*Mil*) catafract.

catalano I *a.* Catalan, of Catalonia, relating to Catalonia. II *m.* 1 (*lingua*) Catalan. 2 (*f.* **-a**) (*abitante*) Catalan.

catalessi[1] *f.* (*Med,Filos*) catalepsy.

catalessi[2] *f.* (*Metr*) catalexis.

catalessia *f.* (*Med,Filos*) catalepsy.

catalettico[1] (*pl.* **-ci**) *a.* (*Med*) cataleptic.

catalettico[2] (*pl.* **-ci**) *a.* (*Metr*) catalectic.

cataletto *m.* 1 (*bara*) coffin. 2 (*region*) (*barella*) stretcher.

catalisi *f.* (*Chim*) catalysis. □ (*Biol,Chim*)

~ enzimatica enzymatic catalysis.
catalitico (*pl.* **-ci**) *a.* (*Chim,Aut*) catalytic.
catalizzare (**catalìzzo**) *v.t.* to catalyze (*anche fig*).
catalizzato *a.* (*Aut*) catalyst-fitted: *auto catalizzata* catalyzed car.
catalizzatore I *m.* 1 (*Chim*) catalyst, catalyzer (*anche fig*). 2 (*Aut*) catalyst. II *a.* catalyzing. ☐ (*Aut*) *~ ossidante* oxidation catalyst.
catalogare (**catàlogo**, **catàloghi**) *v.t.* 1 to catalogue, (*Am*) catalog: *~ i libri di una biblioteca* to catalogue the books in a library. 2 (*elencare*) to list. 3 (*etichettare*) to label.
catalogatore *m.* (*f.* **-trice**) cataloguer, cataloguist, (*Am*) cataloger.
catalogazione *f.* cataloguing, (*Am*) cataloging.
cataloghista *m./f.* cataloguer, cataloguist.
Catalogna *n.pr.f.* (*Geog*) Catalonia.
catalogo (*pl.* **-ghi**) *m.* 1 catalogue, (*Am*) catalog: *consultare il ~ della biblioteca* to consult the library catalogue. 2 (*scherz*) (*enumerazione*) list. ☐ (*Comm*) *~ con listino prezzi* catalogue with price-list, (*Am*) catalog with price-list; (*Comm*) *~ di vendita per corrispondenza* mail order catalogue, (*Am*) mail order catalog; *~ generale* master catalogue, general catalogue, (*Am*) master catalog, general catalog; *~ illustrato* illustrated catalogue, (*Am*) illustrated catalog; *~ per materie* subject catalogue, (*Am*) subject catalog; (*Astr*) *~ stellare* star catalogue; *~ su schede* card catalogue, (*Am*) card catalog.
catalpa *f.* (*Bot*) catalpa.
catamarano *m.* (*Mar*) catamaran.
catapecchia *f.* hovel, (*colloq*) dump, (*Am*) shack.
cataplasma *m.* 1 cataplasm, poultice. 2 (*fig*) (*persona noiosa*) tiresome person, (*colloq*) bore, person to be avoided like the plague.
cataplessia *f.* (*Med*) cataplexy.
cataplettico (*pl.* **-ci**) *a.* (*Med*) cataplectic.
catapulta *f.* catapult.
catapultamento *m.* catapulting.
catapultare (**catapùlto**) I *v.t.* to catapult (*anche fig*). II *v.pron.* **catapultarsi** to throw oneself (*anche fig*).
cataratta *f.* 1 (*Med*) cataract. 2 (*Idr*) (*chiusa*) sluice-gate, sluice, floodgate. 3 (*Geol*) cataract, falls *pl.*, waterfall.
catari *m.pl.* (*Rel*) Cathari, Cathars.
catarifrangente *m.* reflector, cat's eye.
cataro I *a.* Cathar (*attr.*), Catharist (*attr.*): *eresia catara* Catharist heresy, Catharism. II *m.* Cathar, Catharist.
catarrale *a.* catarrhal.
catarrine *f.pl.* (*Zool*) catarrhine primates.
catarro *m.* catarrh. ☐ *~ bronchiale* bronchial catarrh; *~ intestinale* intestinal catarrh.
catarroso *a.* 1 (*malato di catarro*) catarrhal. 2 (*rif. a voce: arrochita*) hoarse, wheezing, gruff.
catarsi *f.* (*Filos,Psic*) catharsis.
catartico (*pl.* **-ci**) *a.* (*Filos,Psic*) cathartic.
catasta *f.* pile, heap, stack: *una ~ di libri* a pile of books; *una ~ di legna* a stack of wood. ☐ *a cataste* in heaps, in piles.
catastale *a.* cadastral: *libri catastali* cadastral books, land registry books.
catasto *m.* 1 (*registro*) cadastre, land register, (*Am*) register of deeds: *mettere al ~* to register in the cadastre. 2 (*ufficio*) land registry office.
catastrofale *a.* catastrophic, catastrophical.
catastrofe *f.* 1 catastrophe. 2 (*colloq*) failure, complete failure, (*colloq*) flop. ☐ *~*

atomica nuclear disaster; *~ ecologica* environmental disaster, (*Br*) ecocatastrophe; *~ finanziaria* market crash; *~ petrolifera* oil spill, oil spill disaster.
catastrofico (*f.* **-ci**) *a.* catastrophic, catastrophical.
catastrofismo *m.* 1 (*Geol*) catastrophism. 2 (*fig*) pessimism.
catastrofista *m./f.* 1 (*Geol*) catastrophist. 2 (*fig*) eternal pessimist, prophet of doom and gloom.
catastrofistico (*f.* **-ci**) *a.* catastrophistic.
catatonia *f.* (*Med*) catatonia, catatony.
catatonico (*f.* **-ci**) *a.* (*Med*) catatonic.
catechesi *f.* (*Rel*) catechesis.
catechismo *m.* 1 (*Rel*) catechism. 2 (*fig*) tenets *pl.*
catechista *m./f.* (*Rel*) catechist.
catechizzare (**catechìzzo**) *v.t.* 1 (*Rel*) to catechize. 2 (*cercare di persuadere*) to argue so. into. 3 (*rimproverare*) to lecture, to preach at.
catechizzatore *m.* (*f.* **-trice**) catechizer.
catecolamina, **catecolammina** *f.* (*Biol*) catecholamine.
catecù *m.* 1 (*Bot*) catechu, cachou. 2 (*Chim*) catechu, cutch.
catecumeno *m.* (*Rel*) catechumen.
categoria *f.* 1 (*Filos*) category. 2 (*classe*) category, class. 3 (*qualità*) class, rank, rate: *artista di prima ~* first-class artist; *albergo di terza ~* one-star hotel, (*spreg*) third-rate hotel. 4 (*Mar*) rating. ☐ *~ di imposta* taxation schedule, tax schedule; *~ di reddito* income bracket; (*burocr*) *~ di servizio* class; *~ fiscale* tax bracket; *~ grammaticale* part of speech; *~ impiegatizia* clerical class, (*colloq*) white-collar sector; *~ professionale* profession; *categorie protette* categories of persons legally classified as disabled; *~ salariale* wage bracket; *~ sindacale* bargaining unit.
categoriale *a.* (*Filos*) categorial.
categoricamente *avv.* categorically.
categoricità *f.* categoricalness.
categorico (*f.* **-ci**) *a.* 1 (*Filos*) categorical. 2 (*fig*) (*assoluto*) categorical, unconditional. 3 (*fig*) (*preciso*) explicit, precise, outspoken, unequivocal: *una risposta categorica* a clear answer; *ordine ~* explicit order.
categorizzare (**categorìzzo**) *v.t.* 1 to categorize, to put into a category. 2 (*classificare*) to classify.
categorizzazione *f.* categorization.
catena *f.* 1 chain. 2 (*Geog*) chain, range. 3 *pl.* (*Aut*) chains. 4 (*fig*) (*serie*) chain, sequence, succession, series: *una ~ di disgrazie* a succession of misfortunes. 5 *pl.* (*fig*) (*che rendono prigionieri*) ties, shackles, bonds, fetters, chains. 6 (*Tess*) chain, warp, warp thread. 7 (*Chim*) chain. 8 (*Comm*) chain: *una ~ di magazzini* a chain of stores. 9 (*Edil*) tie-beam, truss-rod. 10 (*collana*) chain. ☐ (*fig*) *avere la ~ al collo* to have a chain round one's neck; *~ alberghiera* hotel chain; *~ alimentare* food chain; *alla ~* on a chain, chained-up, chained, enchained: *tenere alla ~* to keep on a chain; *mettere il cane alla ~* to chain the dog up; (*Aut*) *catene antineve* snow chains, (*Br*) skid chains, (*Aut*) *~ antisdrucciolevole* non-skid chain, (*Am*) slide-preserver chain; (*Chim*) *~ aperta* open chain; (*Chim*) *~ chiusa* closed chain; (*Aut*) *catene da neve* snow chains, (*Br*) skid chains; (*Ind*) *~ del freddo* cold chain; *~ della bicicletta* bicycle chain; (*Mar*) *~ dell'ancora* anchor cable, anchor chain; *~ dell'orologio* watch chain, watch guard; *~ dell'uscio* doorchain; (*Edil*) *~ di capriata* tie beam; *~ di*

discount chain of discount stores; *~ di fast food* chain of fast food; (*Ind*) *~ di montaggio* assembly line; *~ di S. Antonio* chain letter; (*Aut*) *~ di trasmissione* driving chain, block chain; *fare la ~*: 1 (*tenendosi per mano*) to make a chain, to join hands, to link hands; 2 (*per passarsi qcs.*) to link up; 3 (*telefonando ognuno a una persona*) to use a phone tree; *in catene* in chains, chained-up, enchained: *prigioniero in catene* prisoner in chains; *essere in catene* to be in chains; *mettere in catene* to put in chains, to chain up; *~ logistica* supply chain; (*Chim*) *~ molecolare* molecular chain; (*Geog*) *~ montuosa* range of mountains, chain of mountains, mountain range; (*Chim*) *~ ramificata* branched chain.
catenaccio *m.* 1 bolt, door-bolt: *aprire il ~* to unbolt; *mettere il ~ alla porta* to lock and bolt the door. 2 (*fig*) (*macchina vecchia*) jalopy, (*Br*) old bus. 3 (*Sport*) defensive tactics *pl.* 4 (*Giorn*) summary.
catenaria *f.* (*Fis*) catenary, catenary curve.
catenella *f.* 1 small chain. 2 (*di porta*) door chain; (*di orologio*) watch chain.
cateratta *f.* 1 (*Idr*) (*chiusa*) sluice-gate, sluice, floodgate. 2 (*Geol*) cataract, falls *pl.*, waterfall: *le cateratte del Nilo* the cataracts of the Nile. 3 (*Med*) cataract. ☐ *a cateratte* very hard, heavily; *piove a cateratte* it is raining cats and dogs, it is pouring; *le cateratte del cielo* the floodgates of Heaven.
Caterina *n.pr.f.* Catherine, Catharine, Katherine.
catering *m.* catering.
caterpillar *m.inv.* caterpillar.
caterva *f.* 1 (*moltitudine*) crowd, host. 2 (*ammasso di cose*) mass, heap.
catetere *m.* (*Med*) catheter.
cateterismo *m.* (*Med*) catheterization.
cateterizzare (**cateterìzzo**) *v.t.* (*Med*) to catheterize.
cateto *m.* (*Geom*) cathetus.
Catilina *n.pr.m.* (*Stor.rom*) Catilina.
catilinaria *f.* 1 (*invettiva violenta*) bitter invective. 2 *pl.* (*Lett*) Cicero's Orations against Catilina.
catinella *f.* basin. ☐ (*fig*) *piove a catinelle* it is raining cats and dogs, it is pouring.
catino *m.* 1 basin. 2 (*Arch*) conch, concha. 3 (*Geog*) basin.
catione *m.* (*Fis*) cation.
catodico (*pl.* **-ci**) *a.* (*Fis*) cathode (*attr.*), cathodic: *raggi catodici* cathode rays.
catodo *m.* (*Fis*) cathode. ☐ (*Fis*) *~ caldo* hot cathode; (*Fis*) *~ freddo* cold cathode.
Catone *n.pr.m.* (*Stor.rom*) Cato.
catorcio *m.* 1 (*colloq*) crock. 2 (*region*) (*paletto*) bolt.
catottrica *f.* (*Fis*) catoptrics (*costr.sing.*).
catottrico (*pl.* **-ci**) *a.* (*Fis*) catoptric, catoptrical.
catramare (**catràmo**) *v.t.* to tar.
catramato *a.* tarred.
catramatrice *f.* (*Strad,Tecn*) tar sprayer, tar sprinkler.
catramatura *f.* (*Strad,Tecn*) tarring.
catrame *m.* tar: *dare il ~ a qcs.* to tar sth.
catramoso *a.* tarry.
cattedra *f.* 1 desk, teacher's desk. 2 (*Univ*) chair, professorial chair, professorship: *avere la ~* to hold the chair; *la ~ di latino* the chair of Latin. 3 (*Scol*) (*di liceo e sim.*) teaching post: *ottenere la ~ di latino* to obtain the post of Latin teacher; *concorrere a una ~* to compete for a teaching post, to compete for a chair. ☐ (*Scol*) *~ data per incarico* appointment chair; *~ di S. Pietro* St. Peter's See.
cattedrale I *a.* cathedral (*attr.*), of a cathe-

dral: *chiesa* ~ cathedral church. **II** *f.* cathedral.

cattedrante *m./f.* (*rar,spreg*) pedantic professor.

cattedratico (*pl.* **-ci**) **I** *a.* **1** professorial. **2** (*spreg*) pedantic: *tono* ~ pedantic tone. **II** *m.* professor.

cattivarsi (**mi cattìvo**) *v.pron.* (*ant*) to win, to gain: ~ *la simpatia di qcu.* to win so.'s liking; ~ *l'animo di qcu.* to win so.'s heart.

cattiveria *f.* **1** wickedness, meanness, malice, spite, nastiness: *fare qcs. per* ~ to do sth. out of spite. **2** (*rif. a bambini*) naughtiness. **3** (*azione cattiva*) wicked action, spiteful act, malicious action, mean action. □ *fare cattiverie* to be wayward, to be naughty, to act capriciously.

cattività *f.* captivity. □ (*Bibl,Stor*) ~ *babilonese* Babylonian captivity; *in* ~ in captivity.

cattivo (*compar.* **più cattìvo/peggiòre**; *sup.* **cattivìssimo/pèssimo**) **I** *a.* **1** bad, evil, wicked: *un uomo* ~ a wicked man; *avere cattive intenzioni* to have evil intentions. **2** (*villano*) bad, ill-natured, ill-mannered, nasty, mean: *perché sei tanto* ~ *con me?* why are you so nasty to me? **3** (*capriccioso*) naughty, mischievous: *oggi il bambino è stato veramente* ~ the child has been really naughty today. **4** (*incapace, inetto*) bad, poor, incompetent: ~ *impiegato* incompetent employee. **5** (*scadente*) low, bad, poor: *di cattiva qualità* low grade, poor quality. **6** (*sgradevole*) bad, disagreeable, nasty: *vino* ~ bad wine; ~ *odore* smell, bad smell, nasty smell, rank smell; *un gusto* ~ an unpleasant taste. **7** (*sfavorevole*) bad, unfavourable, unlucky: *ricevere una cattiva notizia* to receive some bad news; *un* ~ *momento* a bad moment. **8** (*pericoloso*: *rif. a malattia*) harmful, dangerous; (*doloroso*) bad, painful. **9** (*rif. ad animali*) fierce, wild, savage. **10** (*rif. al tempo*) bad, nasty, rough, stormy. **11** (*guasto*) bad, (*Br*) off: *carne cattiva* bad meat. **II** *m.* (*f.* **-a**) **1** (*persona cattiva*) bad person, evil person; (*nei film*) villain. **2** *pl.* the wicked: *i cattivi saranno puniti* the wicked will be punished. **3** (*il male*) bad, the bad. **4** (*parte cattiva*) bad part: *butta via il* ~ *della mela* throw the bad part of the apple away. □ (*fig*) *in cattive acque* in deep waters; ~ *affare* bad deal, bad bargain; *cattiva azione* misdeed; *avere un* ~ *carattere* to have a bad character; (*rar*) *avere una cattiva cera* to look off-colour, to look ill, (*Br*) to be pale; (*fig,ant*) *fare cattiva cera a qcu.* to give so. a cool reception, (*Am*) to give so. a cold welcome; *cattivi compagni* bad friends, bad company (*sing.*); *cattive compagnie* bad company (*sing.*); (*fig*) *prendere qcu. con le cattive* to be unpleasant to so., to be rude to so., to treat so. harshly; ~ *conduttore* poor conductor, bad conductor, nonconductor; *un* ~ *consiglio* a bad piece of advice; *essere* ~ *di cuore* to be black hearted, to have a hard heart, to be mean-spirited; *cattiva digestione* poor digestion, bad digestion; *avere una cattiva digestione* to have a poor digestion, to have bad digestion; (*Mus*) *cattiva esecuzione* poor performance, bad performance; ~ *esempio* bad example: *dare il* ~ *esempio* to set a bad example; *farsi una cattiva fama* to get a bad name, to acquire a bad name; *godere una cattiva fama* to have a bad reputation, to be notorious; *di cattiva fama* ill-reputed, ill-famed; (*rar*) *fare cattiva figura* to cut a sorry figure, to cut a poor figure; *far fare una cattiva figura a qcu.* to make so. cut a poor figure; ~ *genio* evil genius: *essere il cattivo genio di qcu.* to be so.'s evil genius;

~ *gusto* bad taste: *avere* ~ *gusto* to have bad taste; *di* ~ *gusto* tasteless, in bad taste; *mobili di* ~ *gusto* furniture in bad taste; *una cattiva idea* a bad idea; (*Bibl*) *il* ~ *ladrone* the bad thief; (*fig*) *scherzo di cattiva lega* joke in bad taste; (*fig*) *mettere in cattiva luce qcu.* to put so. in a bad light; *cattive maniere* ill manners, bad manners; *se non riesci con le buone maniere prova con le cattive* if kindness fails, try being hard; *cattiva memoria* poor memory, bad memory; *cattive parole* bitter words, harsh words; *cattivi pensieri* evil thoughts; (*fig*) *dare cattiva prova di sé* to give a poor account of oneself, to give a poor showing; *serbare un* ~ *ricordo di qcu.* to have bad memories of so.; *cattiva riuscita* failure; *farsi* ~ *sangue* to get worked-up, to get upset, to get angry; ~ *sapore* bad taste, unpleasant taste, nasty taste; *cattiva scelta* poor choice, bad choice; *un* ~ *soggetto* a nasty fellow; *la cattiva sorte* bad luck, (*Am*) ill-luck; *in* ~ *stato* in bad condition, (*Br*) in a bad state, in a sorry plight; (*fig*) *essere nato sotto una cattiva stella* to be born under an unlucky star; *essere di* ~ *umore*: **1** (*al momento*) to be in a bad mood, to be in a bad temper, (*Br*) to be in a bad humour; **2** (*abitualmente*) to be bad-tempered, to have a bad temper, (*Br*) to be ill-humoured, (*Am*) to be grouchy; (*rar*) *di cattiva voglia* unwillingly, reluctantly.

cattocomunista I *a.* Catholic Communist (*attr.*). **II** *m./f.* Catholic Communist.

cattolicamente *avv.* catholically.

cattolicesimo, cattolicismo *m.* Catholicism, Roman Catholicism.

cattolicità *f.* **1** catholicity: *la* ~ *della chiesa* the catholicity of the Church. **2** (*i cattoli*) Catholics *pl.*, Roman Catholics *pl.*: *il Papa parlerà a tutta la* ~ the Pope will speak to all Catholics.

cattolicizzare (**cattolicìzzo**) *v.t.* to catholicize.

cattolico I *a.* Catholic, Roman Catholic. **II** *m.* (*f.* **-a**; *pl.* **-ci**) Catholic, Roman Catholic.

cattura *f.* **1** capture, seizure, taking; (*arresto*) arrest: *la* ~ *di un bandito* the arrest of a bandit. **2** (*Fis*) capture: *coefficiente di* ~ capture coefficient. **3** (*Geol*) capture. **4** (*Pesc*) catch. □ (*Fis*) ~ *di elettroni* electron capture.

catturare (**cattùro**) *v.t.* **1** to capture, to seize, to catch, to take; (*arrestare*) to arrest; (*fare prigioniero*) to take prisoner. **2** (*sequestrare*) to seize. **3** (*Inform,Fis,Geol*) to capture. □ ~ *l'attenzione di qcu.* to catch so.'s attention, to catch so.'s attention.

Catullo *n.pr.m.* (*Stor.rom*) Catullus.

Caucasia *n.pr.f.* (*Geog*) Caucasia.

caucasico I *a.* Caucasian: *lingue caucasiche* Caucasian languages. **II** *m.* (*f.* **-a**; *pl.*-**ci**) Caucasian.

Caucaso *n.pr.m.* (*Geog*) Caucasus.

caucciù *m.* caoutchouc, rubber, India rubber. □ ~ *artificiale* synthetic rubber.

caudale *a.* caudal: *pinna* ~ caudal fin.

caudatario *m.* (*Rel*) train bearer.

caudato *a.* caudate, tailed.

caudino *a.* Caudine.

causa *f.* **1** cause: *le cause della prima guerra mondiale* the causes of the First World War. **2** (*motivo*) cause, motive, reason, grounds *pl.*: *essere* ~ *di qcs.* to be the cause of sth.; *le tue parole furono* ~ *della lite* your words were the motive of the dispute. **3** (*Dir*) suit, lawsuit, case, action, proceedings *pl.*: *fare* ~ *a qcu.* to bring an action, to bring a lawsuit (*o* a suit) against so., to sue so.; *per-*

dere una ~ to lose a case; *vincere una* ~ to win a case. **4** (*fig*) cause: *lottare per una buona* ~ to fight for a good cause, to fight in a good cause. □ *a* ~ *di* because of, owing to, on account of, due to: *a* ~ *della tua pigrizia* because of your laziness; (*Dir*) ~ *civile* civil action, civil proceedings (*pl.*), civil proceedings suit; *fare* ~ *comune con qcu.* to side with so., to make common cause with so., to join forces with so.; ~ *determinante* decisive factor, determining factor; (*Dir*) ~ *di annullamento* annulment proceedings (*pl.*); *per cause di forza maggiore* for reasons beyond so.'s control; ~ *di morte* cause of death; (*Dir*) ~ *di separazione* separation proceedings (*pl.*); ~ *ed effetto* cause and effect; ~ *efficiente*: **1** (*Filos*) efficient cause; **2** (*Gramm*) agent; ~ *estrinseca* extrinsic cause; ~ *immanente* immanent cause; *in* ~ in question: *la lettera in* ~ the letter in question; (*Dir*) *essere in* ~ *con qcu.* to have a suit against so.; ~ *penale* criminal proceedings (*pl.*); ~ *pendente* pending suit; *per* ~ *mia* through me, because of me; (*fig*) ~ *persa* lost cause; ~ *prima*: **1** chief cause, first cause: *questo è stato la* ~ *prima del disastro* this was the chief cause of the disaster; **2** (*Teol*) First Cause; ~ *prossima* immediate cause (*anche Filos*); (*Filos*) ~ *remota* remote cause; (*fig*) *dare* ~ *vinta* to give up, to give in. *Prov.*: *chi è* ~ *del suo mal, pianga se stesso* you get what you pay for; as you make your bed, so you must lie on it; you've made your bed, now you must lie on it.

causale I *a.* causal. **II** *f.* **1** cause, motive, reason: *la* ~ *del reato* the motive of the crime. **2** (*Gramm*) adverb clause. □ (*Post*) ~ *del versamento* payment details (*pl.*).

causalità *f.* causality: *principio di* ~ principle of causality.

causare (**càuso**) *v.t.* to cause, to bring about, to give rise to, to lead to: ~ *danni* to cause damage; ~ *un incendio* to cause a fire.

causativo *a.* (*Gramm*) causative: *verbo* ~ causative verb.

caustica *f.* (*Fis*) caustic, caustic surface.

causticamente *avv.* caustically.

causticità *f.* **1** (*Chim*) causticity. **2** (*fig*) (*mordacità*) causticity, bitingness, mordacity.

caustico (*pl.* **-ci**) *a.* **1** (*Chim*) caustic. **2** (*fig*) (*mordace*) caustic, mordant, biting: *osservazione caustica* caustic remark.

cautamente *avv.* cautiously.

cautela *f.* **1** caution, wariness, prudence, carefulness: *agire con* ~ to proceed with caution. **2** (*precauzione*) precaution: *prendere le dovute cautele* to take due precautions.

cautelare[1] *a.* precautionary (*anche Dir*): *misura* ~ precautionary measure.

cautelare[2] (**cautèlo**) **I** *v.t.* to secure, to protect, to safeguard. **II** *v.pron.* **cautelarsi** to safeguard oneself, to take precautions (*contro* against): *cautelarsi contro un rischio* to safeguard (*o* to safeguard oneself) against a risk.

cautelativo *a.* precautionary: *provvedimento* ~ precautionary measure.

cauterio *m.* **1** (*Med*) cautery. **2** (*cauterizzazione*) cauterization.

cauterizzare (**cauterìzzo**) *v.t.* (*Med*) to cauterize.

cauterizzazione *f.* (*Med*) cauterization.

cauto *a.* **1** (*rif. a persone*) cautious, prudent, wary, careful: ~ *ottimismo* cautious optimism. **2** (*rif. a cose*) cautious, careful. □ *andare* ~ to proceed with caution, to proceed carefully.

cauzionale *a.* (*Dir*) indemnity (*attr.*): *deposito* ~ security, deposit, downpayment.

cauzione *f.* **1** security, guarantee, caution money, (*Am*) bond: *chiedere una* ~ (*o esigere una* ~) to call for a guarantee; *depositare una* ~ to lodge a deposit. **2** (*Dir*) (*per la libertà provvisoria*) bail: *dare* ~ to furnish bail.

Cav. *Cavaliere.* Knt. (Knight) (honorific title).

cava *f.* **1** pit, quarry. **2** (*fig*) mine. **3** (*El*) slot. ☐ ~ *di ghiaia* gravel pit; ~ *di marmo* marble quarry; ~ *di pietra* stone quarry.

cavachiodi *m.inv.* nail puller.

cavadenti *m.inv.* (*spreg*) tooth drawer.

cavagna, cavagno *f.* (*region*) basket.

cavalcare (**cavàlco, cavàlchi**) **I** *v.t.* **1** to ride: ~ *un cavallo* to ride a horse. **2** (*stare a cavalcioni*) to bestride, to sit astride. **3** (*rif. a ponti, archi*) to span: *il ponte cavalca il fiume* the bridge spans the river. **II** *v.i.* (*aus. avere*) to ride, to go on horseback. ☐ ~ *all'amazzone* to ride side-saddle; (*fig*) ~ *la tigre* to ride the tiger.

cavalcata *f.* **1** ride: *fare una* ~ to go for a horseback ride. **2** (*gruppo di cavalieri*) cavalcade, riding party.

cavalcatore *m.* (*f.* **-trice**) rider.

cavalcatura *f.* mount.

cavalcavia *m.inv.* **1** (*Ferr*) railway bridge. **2** (*Strad*) overpass, (*Br*) fly-over, fly-over bridge.

cavalcioni ☐ *a* ~ astride: *stare a* ~ *della seggiola* to sit astride one's chair.

cavalierato *m.* knighthood.

cavaliere *m.* **1** rider, horseman: *essere un buon* ~ to be a good horseman. **2** (*Mediev, Stor.rom*) knight: *armare qcu.* ~ (*o creare qcu.* ~) to knight so., to dub so. knight. **3** (*titolo onorifico*) Sir. **4** (*soldato*) cavalryman, mounted soldier. **5** (*rif. a una donna*) escort: *fare da* ~ *a una signorina* to be a young lady's escort. **6** (*rif. alla danza*) partner, cavalier; (*corteggiatore*) suitor, gallant. **7** (*persona cortese*) gentleman: *sii* ~, *cedi il posto alla signora* be a gentleman, give your seat to this lady; *comportarsi da* ~ to behave like a gentleman. ☐ (*rar*) *a* ~ between, spanning, dominating, overlooking: *essere a* ~ *di due valli* to overlook two valleys, to dominate two valleys; (*GB*) ~ *della Giarrettiera* knight of the Garter; (*Mil*) ~ *della Legion d'onore* Chevalier of the Legion of Honour; (*Lett,Mediev*) *i cavalieri della Tavola Rotonda* the Knights of the Round Table; *Cavaliere di Gran Croce* Knight of the Grand Cross; *cavalieri di Malta* Knights of Malta; (*Stor*) ~ *errante* knight errant; *Cavaliere Ospedaliero* Knight Hospitaller; ~ *senza macchia e senza paura* knight pure in heart, white knight; *cavalier servente* swain, gallant, lover; (*Stor*) ~ *templare* Knight Templar, Knight of the Temple.

cavalierino *m.* **1** (*della bilancia*) rider. **2** (*di schedari*) tab.

cavalla *f.* (*Zool*) mare: *una* ~ *gravida* a mare in foal.

cavallaio *m.* **1** (*custode*) stableman, groom. **2** (*mercante*) horse dealer.

cavalleggero *m.* light cavalryman.

cavallerescamente *avv.* chivalrously.

cavalleresco *a.* **1** knightly. **2** (*rif. alla cavalleria medievale*) chivalrous, chivalric. **3** (*fig*) (*nobile, generoso*) chivalrous; (*cortese*) courteous, gentlemanly.

cavalleria *f.* **1** (*Mil*) cavalry. **2** (*Mediev*) chivalry. **3** (*fig*) chivalry, gallantry: *comportarsi con* ~ to behave with gallantry. ☐ (*Mil*) ~ *catafratta* cataphract cavalry; (*Mil*) ~ *dell'aria* air cavalry; (*Mil*) ~ *leggera* light cavalry;

(*Mil*) ~ *pesante* heavy cavalry; ~ *rusticana* rustic code of honour in Southern Italy.

cavallerizza *f.* **1** (*amazzone*) horsewoman. **2** (*acrobata*) equestrienne, circus rider. **3** (*pista*) riding school, manège.

cavallerizzo *m.* **1** (*chi cavalca*) rider. **2** (*maestro*) riding master. **3** (*ammaestratore di cavalli*) horse trainer, horse breaker. **4** (*acrobata*) equestrian, circus rider.

cavalletta *f.* **1** (*Entom*) grasshopper. **2** (*fig*) (*persona fastidiosa*) pest, pain in the neck. **3** (*fig*) (*divoratore insaziabile*) bottomless pit, (*Am,colloq*) garbage disposer.

cavalletto *m.* **1** (*sostegno, supporto*) trestle, horse, stand, support; (*per segare legna*) sawbuck, sawhorse; (*da pittore*) easel. **2** (*Fot*) (*treppiedi*) tripod. **3** (*di teleferica*) tower, pylon; (*di gru*) gantry. **4** (*Stor*) (*strumento di tortura*) rack. ☐ (*Fot*) ~ *per macchina fotografica* camera tripod.

cavallina *f.* **1** filly, young mare. **2** (*Ginn*) vaulting horse. **3** (*gioco infantile*) leapfrog.

cavallino[1] *a.* horse (*attr.*), horsy.

cavallino[2] *m.* **1** (*cavallo giovane*) colt, foal, young horse; (*cavallo piccolo*) small horse. **2** (*pelliccia*) pony.

cavallo *m.* **1** (*Zool*) horse. **2** (*Macell*) horse-meat. **3** (*negli scacchi*) knight. **4** (*nelle carte*) jack, knave. **5** *pl.* (*soldati a cavallo*) mounted troops, horsemen: *un esercito di diecimila fanti e mille cavalli* an army of ten thousand infantry and a thousand horsemen. **6** (*Ginn*) horse, vaulting horse. **7** (*Fis*) horse-power: *motore da trenta cavalli* thirty horse-power engine. **8** (*Sart*) crotch, crutch. ☐ *a cavalli* horse-drawn; (*rif. a cavalli da tiro*) drawn by a team, with a team; *carrozza a cavalli* horse-drawn carriage; *a due cavalli* drawn by a pair, with a pair; *a* ~ **1** on horse-back: *raggiunse il paese a* ~ he arrived in the town on horseback; **2** (*non motorizzato*) mounted: *polizia a* ~ mounted police; **3** (*a cavalcioni*) astride, astraddle: *stare a* ~ *del muretto* to sit astraddle the wall, to sit astride the wall; **4** (*rif. a tempo*) between, spanning: *a* ~ *di due secoli* spanning two centuries, between two centuries; **5** (*fig*) (*a posto*) in the bag, (*Br*) home and dry; ~ *a dondolo* rocking horse; ~ *alato* winged horse; *andare a* ~ to go on horseback, to ride, to go riding; (*Zool*) ~ *arabo* Arab, Arab horse, Arabian horse; ~ *baio* bayard, bay horse; ~ *balzano* white-footed horse; ~ *brado* unbroken horse, wild horse; ~ *da corsa* racehorse; ~ *da giostra* hobby horse; ~ *da maneggio* riding-school horse; ~ *da monta* stud horse, stallion; ~ *da sella* riding horse, saddle horse; ~ *da soma* packhorse; ~ *di battaglia*: **1** war-horse, charger; **2** (*fig*) forte, strong point, standby; *è il suo* ~ *di battaglia* it's his forte; **3** (*fig*) (*aria di canzone*) pièce de résistance; (*Mil*) ~ *di Frisia* cheval-de-frise; ~ *di posta* post horse; ~ *di razza* thoroughbred; (*fig*) *andare col* ~ *di san Francesco* to go by shank's pony; ~ *di Troia* Trojan horse (*anche fig,Inform*); *il* ~ *favorito* the favourite; ~ *focoso* fiery horse; ~ *marino* sea horse; ~ *pezzato* dappled horse, piebald horse, pied horse; ~ *purosangue* thoroughbred; ~ *sauro* roan horse; ~ *vapore* horse-power. *Prov.*: *a caval donato non si guarda in bocca* never look a gift horse in the mouth.

cavallone *m.* **1** (*grossa onda*) breaker, billow. **2** (*f.* **-a**) (*fig*) (*rif. a persona*) clumsy person.

cavalluccio *m.* **1** (*cavallo piccolo*) small horse: *portare qcu. a* ~ to carry so. piggyback, (*Am*) to carry so. pickaback. **2** (*cavallo*

malandato) jade, nag, hack. ☐ (*Itt*) ~ *marino* sea horse.

cavare (**càvo**) *v.t.* **1** (*tirare fuori*) to extract, to take out, to pull out, to draw out, to remove: ~ *un dente a qcu.* to extract so.'s tooth, take out so.'s tooth, (*Am*) to pull so.'s tooth. **2** (*rif. a liquidi*) to draw off. **3** (*ricavare*) to obtain, to gain, to get: *non ho cavato molto dalla vendita del podere* I didn't gain very much from the sale of the farm. **4** (*togliere*: *rif. a vestiti*) to take off, to remove; (*rif. a cappello*) to take off. ☐ **cavarsela** to do o.k., to come through, to manage fairly well: *cavarsela con un po' di spavento* to manage despite a little fright; *cavarsela a buon mercato* (*o cavarsela con poco*) to get off lightly; *sai guidare la macchina?* - *Me la cavo discretamente* can you drive? - I manage fairly well, (*Am*) I can get around; *te la caverai con cento euro* you'll manage with a hundred euros; *cavarsi da un impiccio* to get out of trouble; (*fig*) ~ *di bocca a qcu. un segreto* to worm a secret out of so.: ~ *a qcu. le parole di bocca* (*o* ~ *le parole di bocca con le tenaglie a qcu.*) to get information out of so., to get so. to talk, to drag every word out of so.; *non sono riuscito a cavarle una sola parola di bocca* I couldn't get a word out of her; ~ *di testa qcs. a qcu.* to get sth. out of so.'s head; ~ *gli occhi a qcu.* to pluck so.'s eyes out; (*fig*) *cavarsi gli occhi* to strain one's eyes; (*fig*) *cavarsi la curiosità* to satisfy one's curiosity; (*fig*) *cavarsi la fame* to satisfy one's hunger, to appease one's hunger; (*fig*) *cavarsi la sete* to quench one's thirst; (*fig*) ~ *le castagne dal fuoco per qcu.* to pull so.'s chestnuts out of the fire; ~ *sangue* to draw blood; (*fig*) ~ *sangue da una rapa* (*o* ~ *sangue da una pietra*) to get blood out of a stone, to get blood from a stone; (*fig*) *non* ~ *un ragno dal buco* to get nowhere; *cavarsi una voglia* to satisfy a desire.

cavastivali *m.inv.* bootjack.

cavata *f.* **1** (*il cavare*) extraction. **2** (*Mus*) touch. ☐ (*ant*) ~ *di sangue*: **1** blood letting; **2** (*fig*) great expense, heavy tax.

cavatappi *m.inv.* corkscrew.

cavatina *f.* (*Mus*) cavatina.

cavatore *m.* (*Minier*) quarryman.

cavatrice *f.* (*Mecc*) slotting machine, mortising machine, mortiser.

cavaturaccioli *m.inv.* corkscrew.

cavazione *f.* (*Sport*) (*nella scherma*) disengagement.

cavea *f.* (*Archeol*) cavea.

caveau /ka'vo/ *m.inv.* safety vault.

cavedano *m.* (*Itt*) chub.

cavedio *m.* **1** (*Edil*) inner court, inner courtyard. **2** (*Archeol*) cavaedium.

caverna *f.* **1** cave, cavern. **2** (*fig*) hovel. **3** (*Med*) cavity, cavern.

cavernicolo I *a.* cave dwelling. **II** *m.* (*f.* **-a**) cave dweller.

cavernosità *f.* **1** hollowness. **2** (*Med*) cavity, cavern. **3** (*cavità*) cavity, hollow.

cavernoso *a.* **1** cavernous (*anche Med*). **2** (*fig*) (*cupo*) deep, hollow: *voce cavernosa* hollow voice.

cavetto[1] *m.* cable.

cavetto[2] *m.* (*Arch*) cavetto.

cavezza *f.* halter. ☐ (*fig*) *tenere qcu. a* ~ to keep so. in check.

cavia *f.* **1** (*Zool*) guinea pig. **2** (*fig*) guinea pig: *fare da* ~ to act as a guinea pig; ~ *umana* human guinea pig.

caviale *m.* (*Alim*) caviar, caviare.

cavicchia *f.* **1** (*chiavarda*) bolt. **2** (*grosso cavicchio*) large peg.

cavicchio *m.* **1** (*piolo*) peg. **2** (*Agr*) dibble, dibber.

caviglia f. **1** (*Anat*) ankle. **2** (*Mar*) (*dei cavi*) belaying-pin. **3** (*Mar*) (*della ruota del timone*) peg hole, spoke. **4** (*Ferr*) screw spike.

cavigliatoio m. (*region*) spindle.

cavigliera f. **1** (*fascia per le caviglie*) ankle support. **2** (*catenina per caviglia*) anklet. **3** (*Mar*) belaying-pin rack.

cavigliere m. (*Mus*) head, peg-box.

cavillare (**cavìllo**; *aus.* **avere**) *v.i.* to quibble, to cavil (*su* at, about), to split hairs (over).

cavillatore m. (*f.* **-trice**) quibbler, caviller.

cavillo m. quibble, cavil.

cavillosamente *avv.* quibblingly, captiously.

cavillosità f. captiousness.

cavilloso a. quibbling, captious.

cavità f. **1** cavity, hollow. **2** (*Anat*) cavity. □ (*Anat*) ~ *addominale* abdominal cavity; (*Anat*) ~ *articolare* cavum articulare, joint cavity; (*Anat*) ~ *boccale* buccal cavity, oral cavity; (*Anat*) ~ *dell'occhio* eye socket; (*Anat*) ~ *nasale* nasal cavity; (*Anat*) ~ *orbitaria* eye-socket; (*Anat*) ~ *ventricolare* cardiac ventricle.

cavo[1] **I** a. **1** (*vuoto*) hollow. **2** (*incavato*) sunken. **II** m. **1** hollow, cavity; (*di onda*) trough. **2** (*Anat*) cavity, cavum. □ (*Anat*) ~ *ascellare* axillary cavity; (*Anat*) *il ~ della mano* the hollow of the hand; (*Anat*) ~ *orale* oral cavity, cavum oris.

cavo[2] m. **1** (*grossa fune*) cable, rope. **2** (*conduttore elettrico*) cable. □ (*Elettron*) ~ *a fibre ottiche* fiber-optic cable; (*Elettron*) ~ *a larga banda* broad-band cable; (*El*) ~ *ad alta tensione* high-tension cable, high-voltage cable; ~ *aereo* aerial cable; ~ *armato* armoured cable; (*El*) ~ *coassiale* coaxial cable; (*Mar,Aut*) ~ *da rimorchio* tow rope, towline; ~ *d'acciaio* steel cable; ~ *dati* data cable; ~ *di alaggio* towrope, towline, tow-rope; (*El*) ~ *di alimentazione* electrical cord, (*Mar*) ~ *di ammuraggio* mooring rope; (*El*) ~ *di collegamento* connecting cable; (*El*) ~ *di entrata* input lead; (*Tel*) ~ *di giunzione* junction cable; (*El*) ~ *di massa* earth wire; (*Mar*) ~ *di ormeggio* mooring rope; (*Elettron*) ~ *ethernet* Ethernet cable; (*El*) ~ *interurbano* trunk cable; (*Mar*) ~ *lasco* slack rope, loose rope; ~ *metallico* cable, wire cable; (*El*) ~ *sotterraneo* underground cable; (*Tel*) ~ *sottomarino* undersea cable, submarine cable; (*Tel*) ~ *subacqueo* undersea cable, submarine cable; ~ *telefonico* telephone cable; ~ *telegrafico* telegraph cable, telegraphic cable.

cavolaia[1] f. (*Entom*) cabbage butterfly.

cavolaia[2] f. cabbage patch.

cavoletto m. (*Bot,Alim*) sprout: *cavoletti di Bruxelles* Brussels sprouts.

cavolfiore m. (*Bot,Alim*) cauliflower.

cavolino m. (*Bot,Alim*) sprout: *cavolini di Bruxelles* Brussels sprouts.

cavolo I m. (*Bot,Alim*) cabbage. **II** *intz.* (*pop*) **1** (*certamente*) sure!, (*Am*) you bet! **2** (*maledizione*) darn! **3** (*per esprimere sorpresa*) gee! □ (*Bot,Alim*) ~ *bianco* white cabbage; (*Bot,Alim*) ~ *cappuccio* cabbage, head cabbage; (*colloq*) *che ~ fai?* what the heck are you doing?; *che cavolo vuoi?* what the heck do you want?, what on earth do you want?; (*Bot,Alim*) ~ *cinese* Chinese cabbage; (*pop*) *col ~!* by no means; *col ~ che me ne vado* I wouldn't dream of going; (*colloq*) *del ~* stupid: *un libro del ~* a stupid book; (*Bot,Alim*) ~ *di Bruxelles* Brussels sprouts; (*Bot,Alim*) ~ *rapa* turnip-cabbage; (*Bot,Alim*) ~ *rosso* red cabbage; (*pop*) *fatti i cavoli tuoi!* mind your own business!, (*Am*) pick your own nose!;

(*pop*) *sono cavoli tuoi* that's your business; (*Bot,Alim*) ~ *verza* savoy.

cazza f. **1** (*recipiente*) crucible. **2** (*mestolo*) metal ladle, dip, scoop.

cazzare (**càzzo**) *v.t.* (*Mar*) to haul in.

cazzata f. (*volg*) **1** (*cosa senza senso*) crap, bullshit: *dire cazzate* to talk bullshit, to talk crap. **2** (*azione stupida*) (*Br*) bloody stupid thing, (*Am*) B.S.: *non fare cazzate!* don't fuck up! **3** (*cosa insignificante*) fucking thing.

cazzeggiare (**cazzéggio**; *aus.* **avere**) *v.i.* (*colloq*) to fuck around, to screw around.

cazziare (**càzzio**) *v.t.* (*region,pop*) to give (so.) a mouthful.

cazziatone f. (*region,pop*) mouthful: *fare un ~ a qcu.* to give so. a mouthful.

cazzo I m. (*volg*) dick, cock. **II** *intz.* (*volg*) shit! □ (*volg*) *alla ~* (*di cane*) half-assed, in a crappy way, in a piss poor way; (*volg*) *che ~ vuoi?* what the fuck do you want; (*volg*) *col ~!* make me!, no fucking way!; (*volg*) *del ~* shitty: *un libro del ~* a shitty book; (*volg*) *questo ~ di telefono* this fucking phone; (*volg*) *sono cazzi tuoi!* that's your fucking problem; *fatti i cazzi tuoi!* mind your own fucking business! pick your own nose!

cazzone m. (*f.* **-a**) (*volg*) dickhead, dick, asshole, prick: *non fare il ~!* don't be an ass!

cazzottare (**cazzòtto**) **I** *v.t.* (*pop*) to punch. **II** *v.r.recipr.* **cazzottarsi** (*pop*) to fight, to come to blows, to fistfight.

cazzottata, cazzottatura f. (*pop*) punching.

cazzotto m. (*pop*) punch. □ *fare a cazzotti con qcu.* to come to blows with so.

cazzuola f. trowel.

cazzuto a. (*colloq*) (*furbo, scaltro*) fly, cunning, sly.

cb. (*Mus*) *contrabbasso* dbl bass (double bass), cb (contrabass).

CC 1 *Corpo consolare* CC (Consular Corps). **2** *Carabinieri* (Carabinieri, Italian military police). **3** (*Dir*) *Codice civile* CC (Civil Code). **4** (*Dir*) *Corte costituzionale* (Constitutional Court). **5** (*Dir*) *Corte di cassazione* (Corte di Cassazione, Court of Cassation).

c/c, C/C *conto corrente* c.c., C.C. (current account), (*Am*) (checking account).

c.c. 1 *conto corrente* c.c., C.C. (current account), (*Am*) (checking account). **2** *centimetro cubico* cc, c.c. (cubic centimetre).

C.C.I. (*Comm*) *Camera di commercio internazionale* ICC (International Chamber of Commerce).

CCIAA (*Comm*) *Camera di commercio, industria, artigianato e agricoltura* (Chamber of Commerce, Industry, Crafts and Agriculture).

C.C.L. *contratto collettivo di lavoro* (collective wage agreement).

c.c.p. *conto corrente postale* (post office account), (*Am*) (money order).

CCT (*Econ*) *Certificato di Credito del Tesoro* (Treasury bond).

CD[1] (*Aut*) (*targa*) *Corpo diplomatico* CD, C.D. (Diplomatic Corps).

CD[2], **Cd** m. (*Mus*) compact disc, CD.

CDD (*Bibliot*) *classificazione decimale Dewey* DDC (Dewey Decimal Classification).

c.d.d. *come dovevasi dimostrare* Q.E.D. (quod erat demonstrandum).

CD-I I *compact disc-interattivo* CD-I (compact disc-interactive). **II** *m.inv.* CD-I.

CDN *Canada* CDN (Canada).

C.D.P. *Cassa depositi e prestiti* (deposits

---

and loans fund).

CD-Rom, Cd-ROM m. (*Inform*) CD-ROM.

CDU (*Bibliot*) *classificazione decimale universale* UDC (Universal Decimal Classification).

ce *pron./avv.* (*form of* ci *used before* lo, la, li, le, ne) → **ci**.

CE *Comunità europea* EC (European Community).

cebo m. (*Zool*) capuchin.

CECA (*Comm*) *Comunità europea del carbone e dell'acciaio* ECSC (European Coal and Steel Community).

cecale a. (*Bot*) caecal.

cecca □ *far ~*: **1** (*rif. ad armi*) misfire; **2** (*fig*) to draw a blank.

cecchino m. **1** (*Mil*) (*tiratore scelto*) sniper. **2** (*Pol*) member of Parliament who votes against his party.

cece m. (*Bot,Alim*) chick-pea, (*Am*) chick-pea, garbanzo.

Cecenia n.pr.f. (*Geog*) Chechnya.

ceceno I a. Chechen. **II** m. (*f.* **-a**) Chechen.

cecidio m. (*Bot*) cecidium, gall.

Cecilia n.pr.f. Cecily, Cecilia.

cecio m. (*Bot,Alim*) chick-pea, (*Am*) chick-pea, garbanzo.

cecità f. blindness (*anche fig*).

ceco I a. Czech. **II** m. **1** (*lingua*) Czech. **2** (*f.* **-a**; *pl.* **-chi**) (*abitante*) Czech.

Cecoslovacchia, Cecoslovacchia n.pr.f. (*Geog.stor*) Czechoslovakia.

cecoslovacco I a. (*Geog.stor*) Czechoslovak, Czechoslovakian. **II** m. (*f.* **-a**; *pl.* **-chi**) (*Geog.stor*) Czech, Czechoslovak.

CED (*Stor*) *Comunità europea di difesa* EDC (European Defence Community).

cedente m. **1** (*rif. a beni*) transferor, transferring party; (*rif. a diritti*) assignor, grantor. **2** (*Mecc*) follower.

cedere (*pres.ind.* **cèdo**; *p.rem.* **cedéi/cedètti**; *p.p.* **cedùto** /*ant* **cèsso**; *aus.* **avere**) **I** *v.i.* **1** to yield, to surrender, to give in, to submit (*a* to) (*anche fig*): ~ *alle insistenze* to yield to pressure; *non ~!* don't give in! **2** (*crollare o piegarsi sotto un peso*) to subside, to cave in, to give way, to sink in: *il soffitto ha ceduto* the ceiling has caved in. **3** (*non reggere al paragone*) to be second, not to come up: *in furberia non la cede a nessuno* he is second to none in cunning. **II** *v.t.* **1** (*consegnare*) to give up, to give over, to hand over, to yield, to surrender, to cede: *il territorio fu ceduto al nemico* the territory was ceded to the enemy, the territory was yielded to the enemy. **2** (*trasferire*) to transfer, to hand over: ~ *i propri diritti a qcu.* to transfer one's right to so. **3** (*rivendere*) to sell, to resell, to dispose of. □ (*fig*) *non ~ di un palmo* not to yield an iota, not to give an inch; ~ *i propri diritti a qcu.* to transfer one's rights to so.; (*fig*) ~ *il campo* to give up the fight; ~ *il passo a qcu.* to make way for so., to give way to so.; ~ *il posto* to give up one's seat; ~ *le armi* to deliver up one's arms, to surrender.

cedevole a. **1** yielding, docile, pliable, accommodating: *un carattere ~ a* docile nature. **2** (*di terreno*) shaky: *il pavimento è ~* the floor sags.

cedevolezza f. **1** (*di materiali*) ductility, pliability. **2** (*docilità*) yieldingness, docility, submissiveness.

cedibile a. transferable, assignable.

cedibilità f. transferability, assignability.

cediglia f. (*Ling*) cedilla.

cedimento m. **1** (*il cedere*) yielding, giving in (*anche fig*). **2** (*di terreno*) subsidence; (*sprofondamento*) collapse. **3** (*Edil*) settlement. **4** (*Strad*) sagging. **5** (*Econ*) assignment.

cedola f. (Econ) dividend warrant, coupon, (Am) share of stock. ☐ (Econ) ~ azionaria (o ~ di azione) stock coupon, share coupon; ~ di commissione order form; ~ di commissione libraria bookshop order coupon; (Econ) ~ di dividendo dividend coupon; (Econ) ~ di interessi interest form; ~ staccata ex-dividend, ex-coupon.

cedolare a. coupon (attr.): (Econ) imposta ~ coupon tax, tax on dividends.

cedrata f. (bevanda) citron juice.

cedreto m. citron-tree grove.

cedrina f. (Bot) lemon verbena, lemon-scented verbena.

cedro[1] m. **1** (Bot) cedar. **2** (legno) cedar, cedar-wood. ☐ ~ del Libano cedar of Lebanon.

cedro[2] m. **1** (Bot) citron, citron tree. **2** (Bot, Alim) (frutto) citron. ☐ (Gastron) ~ candito candied citron-peel.

cedrone m. (Ornit) (urogallo) capercaillie.

ceduo I a. of a coppice. **II** m. (bosco ceduo) coppice, copse.

CEE (Stor) Comunità economica europea EEC (European Economic Community).

CEEA Comunità europea dell'energia atomica EAEC, Euratom (European Atomic Energy Community).

cefalea f. (Med) **1** cephalalgia. **2** (colloq) (mal di testa) headache. ☐ (Med) ~ tensiva tension headache.

cefalico (pl. -ci) a. cephalic.

cefalo m. (Itt) grey mullet, gray mullet.

cefalocordati m.pl. (Zool) cephalochordates, Cephalochordata.

cefalometria f. cephalometry.

cefalopodi m.pl. (Zool) cephalopods, Cephalopoda.

cefalorachidiano a. (Anat) cephalorachidian, cephalorrhachidian.

cefalosporina f. (Farm) cephalosporin.

ceffo m. **1** (muso) snout, muzzle. **2** (spreg) (viso brutto) mug, ugly mug. **3** (fig) (persona) sinister-looking person.

ceffone m. slap, cuff. ☐ dare un ~ to slap, to give a slap; prendere a ceffoni qcu. to box so.'s ears.

CEI Conferenza Episcopale Italiana (Italian episcopal conference).

celare (cèlo) I v.t. to conceal, to hide: ~ a qcu. la verità to hide the truth from so., to keep the truth from so. **II** v.pron. celarsi to conceal oneself, to hide, to hide oneself.

celata f. (Stor) sallet.

celeberrimo a. very famous, of great renown.

celebrante m. (Lit) celebrant, officiant.

celebrare (cèlebro) v.t. **1** (festeggiare) to celebrate, to keep, to observe. **2** (Lit) to celebrate, to officiate at. **3** (esaltare) to celebrate, to extol, to sing the praises of, to exalt: ~ i meriti di qcu. to extol so.'s merits. **4** (in versi) to sing, to sing the praises of, to celebrate. ☐ (Rel) ~ le feste to observe religious feast-days; (Lit) ~ un matrimonio to celebrate a marriage; (Lit) ~ la messa to say Mass, to celebrate Mass; (Lit) ~ le nozze to officiate at a wedding; (Dir) si celebra un processo a trial is being held.

celebrativo a. celebration (attr.), commemorative: discorso ~ commemorative speech.

celebratore m. (f. -trice) celebrator.

celebrazione f. **1** (il celebrare, festa) celebration. **2** (Lit) celebration, officiation (at). **3** (rif. ad atti ufficiali) execution, performance.

celebre a. **1** famous, renowned, celebrated; (noto) well-known; (spreg) notorious: è ~ per la sua avarizia he is notorious for his miser-

liness, he is well-known for his stinginess. **2** (famigerato) notorious, ill-famed: un ~ delinquente a notorious delinquent.

celebrità f. **1** celebrity, fame, renown. **2** (spreg) notoriety, ill-fame. **3** (persona celebre) celebrity.

celenterati m.pl. (Zool) coelenterates, Coelenterata.

celere (sup. celèrrimo/celerìssimo) a. **1** quick fast, swift. **2** (accelerato) accelerated, (colloq) crash.

Celere f. (reparto di polizia) Flying Squad, rapid response force.

celerino m. (colloq) Flying Squad agent, member of the rapid response force.

celerità f. quickness, swiftness, celerity.

celermente avv. quickly, swiftly.

celesta f. (Mus) celesta.

celeste I a. **1** (del cielo) celestial, heavenly: volta ~ heavenly vault, vault of heaven. **2** (divino) celestial, heavenly: il padre ~ the Heavenly Father; grazia ~ heavenly grace. **3** (azzurro) sky-blue, light-blue, blue: occhi celesti blue eyes. **II** m. sky-blue, light-blue, blue: vestire di ~ to wear light-blue. ☐ (Stor) il Celeste Impero (la Cina) the Celestial Empire.

celestiale a. celestial, heavenly: bellezza ~ heavenly beauty.

celestino a. pale-blue, light-blue, bluish.

celetto m. (Teat) border.

celia f. joke, jest: per ~ as a joke, in jest, for fun.

celiachia f. (Med) coeliac disease.

celiaco (pl. -ci) I a. (Anat) coeliac, celiac: arteria celiaca coeliac artery; morbo ~ coeliac disease. **II** m. (Med) coeliac disease sufferer, celiac disease sufferer.

celiare (cèlio; aus. avere) v.i. (lett) to joke, to jest.

celibato m. celibacy, bachelorhood, single state.

celibe I a. single, unmarried, celibate. **II** m. bachelor, single man, unmarried man.

celidonia f. (Bot) celandine.

cella f. **1** cell (anche El,Inform). **2** (Archeol) cella, naos. ☐ (Aut) ~ a idrogeno fuel cell; ~ campanaria belfry; ~ di isolamento solitary confinement, solitary confinement cell, (Br) close confinement cell; (Inform) ~ di memoria bit; ~ di punizione clink; (Mil) brig; ~ di rigore solitary confinement cell, close confinement cell; (El) ~ elettrolitica electrolytic cell, electrolyzer; (El) ~ fotovoltaica photovoltaic cell; ~ frigorifera cold room, cold store; (Tecn) ~ solare solar cell.

cello m. (Mus) cello.

cellofan, cellofàn m. cellophane, clear plastic sheet.

cellofanare (cellòfano) v.t. to wrap (sth.) in cellophane.

cellofanato a. cellophaned.

cellula f. **1** cell (anche Pol,El). **2** (Aer) airframe, cell, wing cell, wing unit. ☐ (Pol) ~ comunista communist cell; (Inform) ~ di memoria cell; (Biol) cellule epidermiche epidermal cells; (Biol) cellule epiteliali epithelial cells; ~ fotoelettrica photo cell, photoelectric cell; (Biol) ~ germinale germ-cell, bud-cell, germinal cell; (Biol) ~ madre mother cell; (Biol) ~ sessuale reproductive cell; (Biol) ~ spermatica sperm cell; (Biol) ~ staminale stem cell; (Biol) ~ tumorale tumoral cell.

cellulare I m. **1** (Tel) mobile phone, cellular telephone, cellular phone, (colloq) cell phone, cell-phone, mobile: chiamalo sul ~ call him on his mobile, call him on his cell phone. **2** (furgone) prison-van, (colloq)

Black Maria, (Am,colloq) paddy wagon. **II** a. cellular, cell (attr.): struttura ~ cellular structure. ☐ (Tel) ~ dual band dual band mobile phone; (Tel) ~ triband tri-band mobile phone.

cellulite f. **1** (Med) cellulitis. **2** (tessuto adiposo) cellulite. ☐ ~ diffusa diffused cellulite; ~ localizzata localized cellulite.

celluloide f. celluloid: il mondo della ~ the film industry.

cellulosa f. cellulose.

cellulosico (pl. -ci) a. cellulose (attr.), of cellulose.

celluloso a. cellular.

celluloterapia f. (Med) cell therapy, cellular therapy.

celoma m. (Zool) celom, coelom.

celta m. (Stor) Celt.

celtico (pl. -ci) I a. Celtic. **II** m. (lingua) Celtic.

celtismo m. (Ling) Celtism.

celtista m./f. Celtist.

cembalo m. (Mus) **1** (clavicembalo) harpsichord, cembalo, clavicymbal. **2** (tamburello) tambourine. **3** (Stor) cymbal.

cembro m. (Bot) stone pine, cembran pine.

cementante m. (Edil) cementer, cementing material.

cementare (ceménto) I v.t. **1** (Edil) to cement. **2** (Met) to case-harden. **3** (fig) to cement, to strengthen: ~ un'amicizia to strengthen a friendship. **II** v.pron. cementarsi to strengthen.

cementazione f. **1** (Edil) cementation. **2** (Met) case-hardening. **3** (fig) strengthening.

cementificare (cementìfico, cementìfichi) v.t. to overbuild.

cementificazione f. overbuilding.

cementificio m. (Edil,Ind) cement works (costr.sing. o pl.).

cementista m. (Edil) cement layer, cement finisher, cementer.

cementite f. (Met) cementite.

cementizio a. cement (attr.).

cemento m. **1** (Edil) cement. **2** (fig) bond, link. **3** (Dent) cement. ☐ (Edil) ~ a presa lenta slow-setting cement, slow cement; (Edil) ~ a presa rapida quick-setting cement, quick cement, rapid-hardening cement; (Edil,Arch) ~ a vista decorative concrete, architectural concrete, exposed concrete, facing concrete; (Edil) ~ armato reinforced concrete; (Anat) ~ dentario dental cement; (Edil) ~ idraulico hydraulic cement.

cena f. **1** supper, dinner. **2** (cena importante, con ospiti) dinner: invitare qcu. a ~ to invite so. for dinner. ☐ essere a ~ to be at dinner; ieri siamo stati a ~ dai Bianchi yesterday we went to the Bianchis' for dinner, yesterday we had dinner at the Bianchi's'; andare a ~: **1** (cenare) to have supper: noi andiamo a ~ alle otto we have supper at eight; **2** (da qcu.) to go for dinner, to go to dinner, (Am) to go over to so.'s for dinner; ~ di lavoro business dinner; dopo ~ after supper, after dinner; ~ in piedi buffet supper.

cenacolo m. **1** (Stor) cenacle. **2** (Art) (painting representing the) Last Supper: il Cenacolo di Leonardo da Vinci Leonardo da Vinci's Last Supper. **3** (fig) (gruppo di artisti) artistic coterie; (luogo di riunione) meeting place.

cenare (céno; aus. avere) v.i. to have supper, to have dinner; (lett) to sup; (lautamente) to have dinner, to dine.

cenciaio, cenciaiolo m. (f. -a) ragman (f. -woman).

cencio m. **1** rag; (per spolverare) duster; (per pavimenti) floorcloth. **2** (fig) (rif. a per-

sona) haggard person, worn-out person; (*rif. a donna*) bag, rag. **3** *pl.* (*abiti miseri*) rags, tatters: *andare vestito di cenci* to be in tatters (*o* rags), to be dressed in tatters (*o* rags). **4** (*Gastron,region*) sweet biscuit for carnival.

cencioso *a.* ragged, tattered.

ceneraccio *m.* **1** lye-ashes *pl.* **2** (*panno*) bucking cloth.

ceneraio *m.* **1** (*Br*) ash-bin, (*Am*) ash-can. **2** (*Met*) ash-pit.

cenerata *f.* lye.

cenere I *f.* **1** ash. **2** *pl.* (*resti mortali*) ashes, human remains. **II** *a.inv.* ashy, ash-coloured, (*Am*) ash-colored.

cenerentola *f.* (*fig*) cinderella.

Cenerentola *n.pr.f.* (*Lett*) Cinderella.

Ceneri *f.pl.* (*Rel*) Ash-Wednesday *sing.*

cenerino *a.* ash-coloured, ashen, ashy, (*Am*) ash-colored.

cenestesi, cenestesia *f.* (*Psic*) coenesthesia, cenesthesia.

cenestesico (*pl.* **-ci**) *a.* (*Psic*) coenesthetic, cenestheic.

cengia (*pl.* **-ge**) *f.* (*Alp*) ledge (on a rock-face).

Cenisio *n.pr.m.* (*Geog*) Mont Cenis.

cennamella *f.* (*Mus*) (*zufolo*) shawm.

cenno *m.* **1** (*segno*) sign, gesture: *fare un* ~ to sign, to make a sign, to beckon, to gesture. **2** (*con il capo*) nod. **3** (*con la mano*) wave: *salutare qcu. con un* ~ *della mano* to wave to so., (*accomiatandosi*) to wave good-bye to so. **4** (*con gli occhi*) wink: *fare un* ~ *con gli occhi* to wink, to give a wink. **5** (*allusione*) hint, allusion, mention: *non fare* ~ *del mio arrivo* don't make any mention of my arrival, don't mention my arrival. **6** (*comando*) sign, signal, order: *a un tuo* ~ *verrò* I shall come on receiving a signal from you. **7** (*notizia brevissima*) brief explanation, notice, short account, (*Giorn*) short take. **8** *pl.* outline *sing.*, short account *sing.*, short essay *sing.*: *cenni di storia dell'arte* an outline of the history of art. □ *fare* ~ *a qcu.* to gesture to so., to sign to so.; *comunicare a cenni* to communicate in gestures; *fare* ~ *con la mano*: 1 (*per salutare*) to wave; 2 (*per chiamare*) to beckon; *gli fece* ~ *di venire da lui* he beckoned him to approach, he beckoned him over; *fare* ~ *di volersene andare* to indicate that one would like to leave; *fare un* ~ *di approvazione* (*con la testa*) to nod in approval; ~ *di intesa* knowing look; *fare* ~ *di no* to shake one's head; (*Comm*) *mandare un* ~ *di ricevuta* to acknowledge receipt; (*Comm*) *in attesa di un Vs.* ~ *di riscontro* looking forward to hearing from you; *fare* ~ *di sì* (*col capo*) to nod, to nod one's head, to nod assent; *dare* ~ *di vita* to give signs of life.

cenobio *m.* **1** (*Rel.catt*) cenoby, coenoby. **2** (*Biol*) coenobium.

cenobita *m.* **1** (*Rel.catt*) cenobite, coenobite. **2** (*fig*) hermit.

cenobitico (*pl.* **-ci**) *a.* (*Rel.catt*) cenobitic, cenobitical, coenobitic, coenobitical.

cenone *m.* **1** (*della vigilia di Natale*) Christmas Eve dinner. **2** (*di Capodanno*) New Year's Eve dinner.

cenotafio *m.* cenotaph.

cenozoico (*pl.* **-ci**) **I** *a.* (*Geol*) Caenozoic. **II** *m.* (*Geol*) Caenozoic era.

censimento *m.* census, census-taking: *fare il* ~ to take a census; *effettuare un* ~ *della popolazione* to hold a population census. □ ~ *della produzione* census of production; ~ *industriale* census of business.

censire (**censisco, censisci**) *v.t.* **1** (*fare il censimento*) to take a census of. **2** (*iscrivere*

nei registri del censo) to register (sth.) for assessment. **3** (*gravare d'imposta*) to tax, to assess.

CENSIS *Centro studi investimenti sociali* (Centre for social investment studies).

censo *m.* **1** (*patrimonio*) estate, property, possessions *pl.*; (*ricchezze*) wealth. **2** (*rendita*) income. **3** (*Stor.rom*) census.

censorato *m.* (*Stor.rom*) censorship.

censore *m.* **1** (*Stor.rom*) censor. **2** (*lett,Art*) censor. **3** (*fig*) critic, fault-finder: *fare il* ~ to set oneself up as a critic, to be censorious.

censoriale, censorio *a.* censorial.

censura *f.* **1** censorship: ~ *cinematografica* movie censorship. **2** (*comitato di censura*) board of censors, censor: *la* ~ *ha tagliato due scene del film* the censor has cut two scenes from the movie; *passare la* ~ to pass the censor. **3** (*ufficio*) censorship. **4** (*riprovazione*) censure, blame. **5** (*Stor.rom*) censorship. □ ~ *della posta* postal censorship; (*Rel*) ~ *ecclesiastica* ecclesiastical censorship; (*Psic*) ~ *onirica* oneiric censorship; ~ *politica* state censorship.

censurabile *a.* censurable, reprehensible, blameworthy: *condotta* ~ reprehensible conduct.

censurare (**censuro**) *v.t.* **1** to censor. **2** (*fig*) (*biasimare*) to censure, to blame.

cent *m.inv.* **1** (*Econ,Numism*) (*di euro*) euro cent, Euro cent, euro cent coin. **2** (*di dollaro*) cent.

cent. *centesimo* h. (hundredth).

centaurea, centaurea *f.* (*Bot*) centaury.

centauro *m.* **1** (*Mitol*) centaur. **2** (*f.* **-a/-essa**) (*Sport*) motorcyclist.

Centauro *n.pr.m.* (*Astr*) Centaurus.

centellinare (**centellino**) *v.t.* **1** to sip. **2** (*fig*) (*gustare*) to relish, to enjoy. **3** (*fig*) (*dosare*) to measure out.

centellino *m.* sip. □ *a centellini*: 1 in sips: *bere a centellini* to sip; 2 (*fig*) bit by bit, in dribs and drabs.

centenario I *a.* **1** centenarian, hundred-year-old, a hundred years old (*posposto*): *un vecchio* ~ a hundred-year-old man, a centenarian. **2** (*secolare*) age-old, centuries-old: *albero* ~ centuries-old tree. **3** (*che ricorre ogni cento anni*) centennial: *celebrazione centenaria* centennial celebration. **II** *m.* **1** (*commemorazione*) centenary, centennial. **2** (*f.* **-a**) (*rif. a persona*) centenarian.

centennale *a.* **1** (*che dura cento anni*) centennial, hundred-year-old, of a hundred years' standing (*posposto*), a hundred years old (*posposto*): *istituzione* ~ institution of a hundred years' standing. **2** (*che ricorre ogni cento anni*) centennial.

centenne I *a.* **1** centennial, hundred-year-old, a hundred years old (*posposto*). **2** (*secolare*) age-old, centuries-old. **II** *m./f.* centenarian.

centennio *m.* century, period of a hundred years.

centesimale *a.* centesimal.

centesimo I *a.* hundredth: *il* ~ *posto* the hundredth place. **II** *m.* **1** (*centesima parte*) hundredth, hundredth part. **2** (*che è al centesimo posto*) hundredth. **3** (*Econ,Numism*) (*di euro, dollaro*) cent. **4** (*Econ,Numism,ant*) (*di lira italiana*) centesimo. □ *non avere un* ~ *di dignità* not to have a scrap of dignity, not to have a shred of dignity; *non ho un* ~ I haven't a brass farthing, I'm penniless, (*colloq*) I don't have a penny to my name.

centiara *f.* centiare, square metre.

centigrado *a.* centigrade, Celsius: *graduazione centigrada* centigrade scale; *tempera-*

tura di trenta gradi centigradi temperature of thirty degrees Celsius.

centigrammo *m.* centigramme.

centilitro *m.* centilitre.

centimetrare (**centimetro**) *v.t.* (*Br*) to divide into centimetres, (*Am*) to divide into centimeters.

centimetrato *a.* (*Br*) divided into centimetres, (*Am*) divided into centimeters, (*Br*) centimetre (*attr.*), (*Am*) centimeter (*attr.*): *asta centimetrata* measuring rod divided into centimetres, (*Am*) measuring rod divided into centimeters.

centimetro *m.* **1** (*Br*) centimetre, (*Am*) centimeter. **2** (*nastro per misurare*) tape-measure. □ ~ *cubo* (*Br*) cubic centimetre, (*Am*) cubic centimeter; ~ *quadrato* (*Br*) square centimetre, (*Am*) square centimeter.

centina *f.* **1** (*Edil*) centering, centre, (*Am*) center. **2** (*Aer*) rib. □ *a* ~ curved; (*Min*) ~ *di una galleria* timbering of a tunnel.

centinaio (*pl.* **le centinàia**) *m.* **1** hundred: *parecchie centinaia di libri* several hundred books. **2** (*circa cento*) about a hundred, some hundred, a hundred or so: *un* ~ *di persone* about a hundred people, a hundred people or so. □ *a centinaia* in hundreds, by the hundred; *molte centinaia di migliaia di morti* many hundreds of thousands of dead.

centinamento *m.* arching, bending.

centinare (**centino**) *v.t.* **1** (*Edil*) to provide (sth.) with centering. **2** (*piegare ad arco*) to arch, to bend. **3** (*ricamare con punto a centina*) to scallop.

centinatura *f.* **1** (*Edil*) centering. **2** (*sagomatura di arco*) camber.

centista *m./f.* (*Sport*) **1** (*Br*) hundred-metre sprinter, (*Am*) hundred-meter sprinter. **2** (*rif. al nuoto*) (*Br*) hundred-metre swimmer, (*Am*) hundred-meter swimmer.

cento I *a.inv.* **1** a hundred, one hundred: ~ *uomini* a hundred man, one hundred men; ~ *libri* a hundred books, one hundred books. **2** (*circa cento*) about a hundred, a hundred or so: *un* ~ *persone* a hundred people or so, about a hundred people. **3** (*iperb*) (*molti, parecchi*) a lot of, several, a host of, plenty of, (*colloq*) hundreds of: *tu trovi sempre* ~ *scuse* you always find an excuse. **II** *m.inv.* hundred. □ *a* ~ *a* ~ in hundreds, by the hundred, a hundred at a time; ~ *contro uno* a hundred to one; ~ *di questi giorni* many happy returns, many happy returns of the day; (*Sport*) ~ *metri piani* hundred metre's sprint; *una ne fa,* ~ *ne pensa* he's always up to something, he's always got something new up his sleeves; *per* ~ per cent; *il per* ~ the percentage; *il cinque per* ~ *di sconto* five per cent discount; *ho avuto una riduzione del venti per* ~ I got a twenty per cent reduction; *nel cinquanta per* ~ *dei casi* in fifty per cent of the cases; (*fig*) *sei un pessimista al* ~ *per* ~ you are a total pessimist, you are an utter pessimist; *su* ~ out of a hundred, in a hundred; *novantanove volte su* ~ nine times out of ten; (*fig*) *avere novantanove probabilità su* ~ to be practically certain.

centometrista *m./f.* (*Sport*) **1** (*Br*) hundred-metre sprinter, (*Am*) hundred-meter sprinter. **2** (*rif. al nuoto*) (*Br*) hundred-metre swimmer, (*Am*) hundred-meter swimmer.

centomila I *a.inv.* **1** a hundred thousand, one hundred thousand. **2** (*iperb*) (*moltissimi*) thousands of, a host of. **II** *m.inv.* a hundred thousand, one hundred thousand.

centomillesimo I *a.* hundred-thousandth. **II** *m.* (*f.* **-a**) hundred-thousandth.

centonchio *m.* (*Bot*) chickweed.

centone *m.* **1** (*Lett*) cento. **2** (*estens,spreg*) rehash. **3** (*pop,ant*) one hundred thousand lire bill.

centopelle *m.inv.* (*Zool*) omasum, psalterium.

centopiedi *m.inv.* (*Zool*) centipede.

centotredici *m.* **1** emergency police telephone number. **2** (*estens*) emergency squad.

centrafricano *a.* Central African.

centrale I *a.* **1** central: *la parte ~ dell'edificio* the central part of the building. **2** (*rif. a idee, problemi ecc.*) essential, main, basic: *il punto ~ del problema* the main point of the problem, the core of the problem, the heart of the problem. **3** (*al centro della città*) central, in the centre, in the centre of town, (*Am*) downtown (*attr.*): *via ~* street in the centre of town, (*Am*) downtown street. **4** (*principale*) main, head, principal, central: *la direzione ~ di una ditta* the head office of a firm, the corporate headquarters; *governo ~* central government. **5** (*Geog*) central: *America ~* Central America. **II** *f.* **1** station, plant, works *pl.*, main depot. **2** (*Tel*) exchange, telephone exchange, (*Am*) central. **3** (*El*) power station, power plant. □ (*El*) *~a carbone* coal-fired power plant; *~atomica* nuclear power plant; *~del latte* central dairy, milk depot; *~di polizia* police headquarters (*pl.*); (*El*) *~di punta* peak-load plant; *~di raccolta* depot, central depot, collecting station; *~elettrica* power station, (*Am*) power plant; *~elettronucleare* nuclear power station, (*Am*) nuclear power plant; *~elioelettrica* solar power station, (*Am*) solar power plant; *~geotermica* geothermal power station, (*Am*) *~idroelettrica* hydroelectric generating station, (*Am*) hydroelectric power plant; *~mareomotrice* tidal power station, tidal power plant; *~nucleare* nuclear power station, (*Am*) *~operativa* (*di polizia e sim.*) operational unit; *~solare* solar power station, solar power plant; *~termica* heating plant; *~termoelettrica* thermoelectric power station, (*Am*) thermoelectric power plant.

centralina *f.* **1** (*Tel*) local exchange. **2** (*El*) control unit.

centralinista *m./f.* operator, switchboard operator.

centralino *m.* (*Tel*) **1** private branch exchange, PBX, telephone exchange; (*ant*) switchboard. **2** (*estens*) (*operatore*) operator: *chiamare il ~* to call the operator.

centralismo *m.* (*Pol*) centralism, (*Am*) centrism.

centralissimo *a.* very central: *appartamento ~* (*Br*) very central flat, (*Am*) very central apartment.

centralista *m./f.* (*Pol*) centralist, (*Am*) moderate.

centralità *f.* centrality.

centralizzare (**centralizzo**) *v.t.* to centralize.

centralizzato *a.* centralized.

centralizzatore I *a.* centralizing. **II** *m.* (*f.* **-trice**) centralizer.

centralizzazione *f.* centralization.

centramericano *a.* Central American.

centrare (**cèntro/céntro**) **I** *v.t.* **1** to hit the bull's eye of; (*colpire in pieno*) to make a direct hit on, to score a direct hit on. **2** (*fissare nel centro*) to fix in the centre, to centre, (*Am*) to fix in the center, to center: *~ il compasso* to fix the point of the compass in the centre, (*Am*) to fix the point of the compass in the center; *~ una ruota* to centre a wheel, (*Am*) to center a wheel. **3** (*fig*) (*capire perfettamente*) to get into focus, to get into perspective, to grasp (sth.) fully: *non riesco a ~ il problema* I can't get the problem into fo-

cus; *l'attore ha centrato il suo personaggio* the actor captured the exact spirit of his character. **4** (*Mar.mil*) to straddle. **5** (*Mecc*) to centre, (*Am*) to center, to balance. **6** (*Sport*) centre, (*Am*) to center: *~ il pallone* to centre the ball, (*Am*) to to center the ball. **II** *v.i.* (*aus. avere*) (*Sport*) to centre, (*Am*) to center, to cross. □ *~ il bersaglio*: **1** to hit the bull's eye, to hit the centre of the target, (*Am*) to hit the center of the target, to hit the mark; **2** (*fig*) to hit the nail on the head.

centrasiatico *a.* Central Asian.

centrata *f.* (*Sport,rar*) centre, (*Am*) center.

centrato *a.* **1** (*colpito in pieno*) struck in the centre, hit squarely, (*Am*) struck in the center: *ben ~* well-aimed, right on the mark; *un colpo ben ~* a well-aimed blow. **2** (*Mecc*) centred, balanced.

centrattacco (*pl.* **-chi**) *m.* (*Sport*) (*Br*) centre forward, striker, (*Am*) center forward.

centratura *f.* **1** (*Mecc*) centring, balancing, (*Am*) centering. **2** (*Filat*) centring, postage stamp centring.

centravanti *m.inv.* (*Sport*) (*Br*) centre forward, striker, (*Am*) center forward.

centrifuga *f.* **1** spin, centrifuge, centrifugal separator: *~ del latte* centrifugal milk separator. **2** (*per preparare succhi di frutta*) juice processor. **3** (*di lavatrice*) spin-dryer, centrifugal dryer; (*programma*) spinning program. □ *~ per insalata* salad spinner.

centrifugare (**centrìfugo, centrìfughi**) *v.t.* **1** to centrifuge. **2** (*rif. a lavatrice*) to spin.

centrifugazione *f.* centrifugation.

centrifugo (*pl.* **-ghi**) *a.* **1** centrifugal: *forza centrifuga* centrifugal force. **2** (*fig*) breakaway: *corrente centrifuga di un partito* breakaway group of a party.

centrino *m.* doily.

centriolo *m.* (*Biol*) centriole.

centripeto *a.* (*Fis,Bot*) centripetal.

centrismo *m.* (*Pol*) centrism.

centrista I *a.* (*Pol*) centre (*attr.*), moderate: *partito ~* centre party, (*Am*) center party. **II** *m./f.* centrist.

centro *m.* **1** centre, (*Am*) center, middle: *il ~ dell'universo* the centre of the universe, (*Am*) the center of the universe; *il ~ della tavola* the middle of the table. **2** (*fig*) kernel, core, heart, centre, (*Am*) center; (*parte di mezzo*) middle. **3** (*di una città*) centre of town, (*Am*) downtown: *abitare in ~* to live in the centre of town, (*Am*) to live downtown; *andare in ~* to go into town. **4** (*luogo abitato, città*) town: *la strada tocca i maggiori centri della regione* the road goes through the most important towns in the region. **5** (*luogo in cui si è sviluppata una determinata attività*) centre, (*Am*) center: *~ agricolo* agricultural centre, (*Am*) agricultural center; *~ industriale* industrial centre, (*Am*) industrial center. **6** (*luogo di soggiorno o ritrovo*) resort: *~ balneare* (*Br*) seaside resort, (*Am*) ocean front resort. **7** (*base di operazioni*) centre, base, station, (*Am*) center: *~ di raccolta* collecting station. **8** (*istituto di ricerche*) institute, centre, (*Am*) center, research institute: *~ di studi danteschi* centre for Dantesque studies. **9** (*parte centrale del bersaglio*) bull's-eye. **10** (*colpo centrato*) bull's-eye, hit: *ha fatto tre centri* he scored three bull's-eyes. **11** (*Geom,Pol*) centre, (*Am*) center: *il ~ di una circonferenza* the centre of a circle. **12** (*Sport*) (*nel calcio*) centre, (*Am*) center; (*nel tennis*) pivot. **13** (*Anat*) centre, (*Am*) center: *i centri nervosi* the nerve centres. □ *~ abitato*: **1** (*cittadina*) town; **2** (*villaggio*) village; *~ assistenziale* welfare centre, (*Am*) welfare center; (*Strad*) *~ città* (*scritta sui cartelli*) town cen-

tre, (*Am*) town center, downtown; *~ cittadino*: **1** (*centro città*) town centre, (*Am*) town center, downtown; **2** (*nelle città nuove: di servizi pubblici*) civic centre, (*Am*) civic center; *~ commerciale* shopping centre, mall, (*Am*) shopping center; *~ congressi* congress centre, (*Am*) congress center; *~ culturale* cultural centre, (*Am*) cultural center; (*Fis*) *~ d'attrazione* centre of attraction, (*Am*) center of attraction (*anche fig*); *il ~ della terra* the earth's centre, (*Am*) the earth's center; *essere al ~ dell'attenzione generale* to be the centre of attention, (*Am*) to be the center of attention; *~ di accoglienza* reception centre, (*Am*) reception center; (*Inform*) *~ di calcolo* computer centre, (*Am*) computer center, data processing centre, (*Am*) data processing center; (*Econ*) *~ di costo* cost centre, (*Am*) cost center; *~ di distribuzione* distribution centre, (*Am*) distribution center; (*Inform*) *~ di elaborazione dati* data processing centre, (*Am*) data processing center; *~ di formazione professionale* vocational training centre, (*Am*) vocational training center; *~ di formazione universitaria* university training centre, (*Am*) university training center; (*Mar*) *~ di galleggiamento* centre of buoyancy, (*Am*) center of buoyancy; *~ di gravità* centre of gravity, (*Am*) center of gravity; *~ di orientamento professionale* vocational guidance centre, (*Am*) vocational guidance center; (*fig*) *~ di potere* centre of power, (*Am*) center of power; (*Cin*) *~ di produzione* production centre, (*Am*) production center; *~ di raccolta* collecting point; *~ di raccolta dei profughi* refugee centre, (*Am*) refugee center; (*Med*) *~ di rieducazione* rehabilitation centre; *essere al ~ di una polemica* to be at the center of a controversy; *~ diagnostico*: **1** (*Med*) diagnostic centre, (*Am*) diagnostic center; **2** (*Aut*) diagnostic test centre, (*Am*) diagnostic test center; *~ direzionale* business centre, office district, (*Am*) business center; *fare ~*: **1** to hit the bull's-target, to hit the bull's-eye; **2** (*fig*) (*indovinare*) to hit the nail on the head, to hit the mark; *~ ferroviario* railway junction; *~ finanziario* financial centre, (*Am*) financial center; *~ iconografico* picture library; *~ industriale* industrial centre, (*Am*) industrial center; (*Sport*) *~ invernale* winter resort; *~ nucleare* nuclear plant; *~ residenziale* residential area; *~ ricreativo* recreation centre, (*Am*) recreation center; *~ scolastico* school centre, (*Am*) school center; (*Anat*) *centri sensoriali* sensory centres, (*Am*) sensory centers; *~ sociale* neighbourhood centre, (*Am*) neighbourhood center; *~ spaziale* space centre, (*Am*) space center; *~ sportivo* sports complex; *~ storico* (*di una città*) old town, historic district; *~ termale* spa; (*Med*) *~ trasfusionale* transfusion centre, (*Am*) transfusion center; *~ turistico* resort.

centroafricano *a.* Central African.

Centroamerica *m.* Central America.

centroamericano *a.* Central American.

centroattacco (*pl.* **-chi**) *m.* (*Sport*) (*Br*) centre forward, striker, (*Am*) center forward.

centroavanti *m./f.inv.* (*Sport*) (*Br*) centre forward, striker, (*Am*) center forward.

centrocampista *m./f.* (*Sport*) midfielder, centerfielder.

centrocampo *m.* (*Sport*) midfield, centerfield.

centroclassifica *m.* (*Sport*) mid-standing.

centrodestra *m.* (*Pol*) centre-right.

centrodestro *m.* (*Sport*) inside right.

centroeuropeo *a.* Central European.

centromediano *m.* (*Sport*) centre half.

centrosinistra *m.* (*Pol*) centre-left.

centrosinistro *m.* (*Sport*) inside left.

centrosostegno *m.* (*Sport*) centre half.

centrotavola (*pl.* **centritàvola**) *m.* centrepiece, (*Am*) centerpiece.

centum □ (*Ling*) *lingue* ~ centum languages.

centumvirato *m.* (*Stor.rom*) centumvirate.

centumviro *m.* (*Stor.rom*) centumvir.

centuplicare (**centùplico, centùplichi**) *v.t.* **1** to centuple, to centuplicate. **2** (*fig*) (*accrescere*) to increase greatly.

centuplo I *a.* hundredfold, one hundred times greater (*posposto*), centuple: *guadagno* ~ profit one hundred times greater. **II** *m.* a hundred times as much, one hundredfold: *ho guadagnato il* ~ I made a hundred times as much.

centuria *f.* (*Stor.rom*) century.

centurione *m.* (*Stor.rom*) centurion.

cepola *f.* (*Itt*) bandfish.

ceppaia *f.* **1** stump, stub. **2** (*bosco ceduo*) coppice.

ceppata *f.* **1** (*ceppaia*) stump, stub. **2** (*bosco ceduo*) coppice. **3** (*Mar*) (*pali per ormeggio*) dolphin.

ceppo *m.* **1** (*base dell'albero*) stump, stub; (*della vite*) vine stock. **2** (*tronco di sostegno: dell'incudine*) anvil block; (*per macellai*) chopping block; (*per decapitazioni*) block, execution block. **3** (*da ardere*) log: *il* ~ *di Natale* the Yule log. **4** *pl.* (*Mediev*) fetters, shackles (*anche fig*). **5** (*fig*) (*capostipite*) family founder; (*stirpe, lignaggio*) stock, line, lineage: *di* ~ *reale* of royal lineage. **6** (*Mecc*) (*ganascia*) shoe, brake shoe. **7** (*Biol*) strain. □ ~ *dell'ancora* anchor stock; ~ *dell'aratro* plough stock.

cera[1] *f.* **1** wax. **2** (*da scarpe*) polish, shoe polish. **3** (*da pavimenti*) floor wax: *dare la* ~ *ai pavimenti* to wax the floors, to polish the floors; *passare la* ~ to wax the floor. □ ~ *d'api* beeswax; *di* ~: **1** wax (*attr.*): *statua di* ~ wax statue, **2** (*fig*) waxen, pale: *viso di* ~ pale face; ~ *gialla* yellow wax; (*Scult*) ~ *persa* cire perdue.

cera[2] *f.* appearance, look: *avere una bella* ~ to look good; *avere una brutta* ~ to look off colour, to look ill, not to look well; (*ant*) *fare buona* ~ *a qcu.* to give so. a hearty reception, to give so. a hearty welcome.

ceraio I *m.* (*f.* **-a**) candle maker. **II** *a.* wax (*attr.*).

ceraiolo *m.* (*f.* **-a**) **1** (*fabbricante di candele*) candle maker. **2** (*modellatore*) waxwork modeller.

ceralacca *f.* sealing wax.

cerambice *m.* (*Entom*) cerambycid.

ceramica *f.* (*Ceram*) **1** (*arte*) ceramics (*costr.sing.*), pottery. **2** (*oggetto*) piece of pottery. **3** *pl.* (*oggetti di ceramica*) pottery (*costr.sing.*) **4** (*materiale*) baked clay. □ ~ *di Capodimonte* Capodimonte ceramics; ~ *di Limoges* Limoges ceramics.

ceramico (*pl.* **-ci**) *a.* (*Ceram*) ceramic: *arte ceramica* ceramic art.

ceramista *m./f.* (*Ceram*) ceramist, potter.

cerare (**céro**) *v.t.* (*rar*) **1** (*spalmare di cera*) to wax. **2** (*rif. a scarpe, pavimenti*) to polish.

cerasa *f.* (*region*) (*ciliegia*) cherry.

cerasella *f.* (*liquore*) cherry brandy.

ceraso *m.* (*region*) (*ciliegio*) cherry, cherry-tree.

ceraste *m.* (*Zool*) cerastes.

cerata *f.* oilskin.

cerato *a.* waxed, wax (*attr.*): *filo interdentale* ~ waxed dental floss.

cerbero *m.* **1** (*custode severo*) watchdog. **2** (*persona intrattabile*) cantankerous person.

Cerbero *n.pr.m.* (*Mitol*) Cerberus.

cerbiatto *m.* (*Zool*) (*sotto l'anno*) fawn; (*tra uno e due anni*) yearling.

cerbottana *f.* **1** blowgun, blowtube. **2** (*giocattolo*) peashooter.

cerca *f.* **1** (*il cercare*) search, quest: *partire in* ~ *di fortuna* to set off to seek one's fortune. **2** (*questua*) begging, collection: *la* ~ *del grano* the collection of grain; (*rar*) *fare la* ~ to go begging, to go round collecting. **3** (*Caccia*) tracking, scenting, nosing out. □ (*rar*) *andare alla* ~ to go begging, to go round collecting; *andare in* ~ *di qcu.* to go in search of so.; *andare in* ~ *di guai* to be looking for trouble; *andare in* ~ *di avventure* to seek adventure; *essere in* ~ *di un* ~ to be looking for a job, to be looking for work, to be job-hunting; *mettersi in* ~ *di* to set out in search of.

cercafase *m.inv.* (*Tecn*) phase detector.

cercafughe *m.inv.* (*Tecn*) leak detector.

cercametalli *m.inv.* metal detector.

cercamine *m.inv.* (*Mil*) mine detector.

cercapersone *m.inv.* pager, (*Br*) beeper, (*colloq*) beep.

cercapoli *m.inv.* (*El*) pole finder.

cercare (**cérco, cérchi**) **I** *v.t.* **1** to look for, to search for: ~ *la chiave* to look for one's key. **2** (*in senso astratto*) to seek, to try to find, (*colloq*) to be after: ~ *un po' di tranquillità* to try to find a little peace. **3** (*rif. a opere di consultazione*) to look up: ~ *una parola nel dizionario* to look a word up in the dictionary. **4** (*volere, desiderare*) to wish to see, to want, to look for: *chi mi cerca?* who wants me?, who wants to see me?; *chi cerchi?* who are you looking for?, who do you want to see? **5** (*chiedere*) to ask for, to want: ~ *denaro da qcu.* to ask so. for money. **6** (*studiarsi di ottenere*) to seek, to try to win, to be in search of, (*colloq*) to be after: ~ *gli onori* to seek honours. **7** (*perlustrare*) to search: *ho cercato tutta la stanza per trovare gli occhiali* I have searched the whole room for my glasses. **8** (*Rad*) to tune into: ~ *una stazione* to tune into a station. **II** *v.i.* (*aus.* **avere**) (*tentare*) to try; (*sforzarsi*) to strive: *cerca di fare presto* try to be quick, hurry, hurry up. □ ~ *qcs. a tastoni* to grope about for sth., to fumble about for sth.; (*rar*) ~ *briga* to look for trouble; ~ *casa* to look for a house, to go househunting; *abile commesso cercasi* capable shop-assistant wanted; (*fig*) ~ *qcu.* (*o qcs.*) *col lanternino* to look high and low for so. (*o* sth.), (*colloq*) to search so. (*o* sth.) with a fine toothcomb; (*colloq*) *cercarsele col lanternino* (*andare in cerca di guai*) to be asking for trouble; ~ *qcu. con gli occhi* to look around for so.; ~ *qcu. con lo sguardo* to look around for so.; ~ *fortuna* to seek one's fortune; ~ *guai* to ask for trouble; (*fig*) ~ *il pelo nell'uovo* to split hairs, to be always picking holes in things; ~ *lavoro* to look for work, to look for a job; ~ *marito* to look for a husband, to be after a husband; ~ *qcs. per mare e per terra* to look high and low for sth.; ~ *scampo nella fuga* to seek safety in flight; (*fig*) *è come* ~ *un ago in un pagliaio* it's like looking for a needle in a haystack. *Prov.*: *chi cerca trova* he who seeks will find.

cercata *f.* quick look, brief search: *dare una* ~ to have a quick look.

cercatore I *m.* **1** (*f.* **-trice**) seeker, searcher. **2** (*religioso*) begging friar (*f.* nun). **3** (*Rad*) detector. **4** (*rif. a telescopio*) checker. **II** *a.* search (*attr.*). □ ~ *d'oro* gold prospector, gold digger.

cerchia *f.* **1** circle, ring: ~ *di mura* circle of walls, walls *pl.*; ~ *di monti* ring of mountains. **2** (*fig*) (*rif. a persone*) circle, set, (*Br*) coterie: *una* ~ *di amici* a circle of friends; ~ *familiare* family circle.

cerchiaggio *m.* (*Med*) cerclage. □ (*Med*) ~ *dell'utero* uterus cerclage.

cerchiare (**cérchio, cérchi**) *v.t.* **1** to ring; (*rif. a botti*) to hoop: ~ *una botte* to hoop a barrel, to bind a barrel with hoops. **2** (*rif. a ruote*) to rim.

cerchiato *a.* **1** ringed. **2** (*rif. a botti*) hooped.

cerchietto *m.* **1** (*per capelli*) hair-band. **2** (*braccialetto*) bangle. **3** *pl.* (*gioco*) graces (*costr.sing.*).

cerchio *m.* **1** (*Geom*) circle: *area di un* ~ area of a circle; *tracciare un* ~ *col compasso* to draw a circle with a compass. **2** (*fascia per cerchiare botti*) hoop. **3** (*giocattolo*) hula-hoop. **4** (*cerchio di persone*) ring, circle. **5** (*Lett*) (*suddivisione dell'Inferno dantesco*) circle. **6** (*fig*) web, net: *il* ~ *dei sospetti* the web of suspicion; *il* ~ *si chiude intorno agli assassini* the net is closing in on the murderers. **7** (*cerchione*) felly, rim: ~ *di una ruota* felly of a wheel, rim of a wheel. □ *a* ~ in a circle, in the shape of a circle; (*fig*) *avere un* ~ *alla testa* to have a headache; (*Bot*) *cerchi annuali* growth rings, annual rings; ~ *della morte*: **1** wall of death; **2** (*Aer*) loop; *fare* ~ *intorno a qcu.* to form a circle around so., to cluster around so., to crowd around so.; *in* ~ in a circle, (*Br*) in a ring; *disporsi in* ~ to form a circle, (*Br*) to make a ring; *girare in* ~ to round in a ring; (*Aut*) *cerchi in lega leggera* alloy wheels; ~ *magico* magic ring, magic circle; ~ *massimo* great circle; (*Geog*) ~ *meridiano* meridian circle; (*Astr*) ~ *orario* hour circle.

cerchione *m.* **1** (*Aut*) rim. **2** (*Ferr*) tread.

cercine *m.* pad (for carrying loads on one's head).

cercopiteco (*pl.* **-chi**) *m.* (*Zool*) guenon, cercopithecid, cercopithecoid.

cereale I *m.* (*Agr,Alim*) **1** cereal. **2** *pl.* cereals, grain (*costr.sing.*), corn (*costr.sing.*): *commercio di cereali* corn trade, cereal trade. **3** *pl.* (*per la colazione*) cereal (*costr.sing.*). **II** *a.* (*Agr,Alim*) cereal (*attr.*), grain (*attr.*): *pianta* ~ cereal, cereal plant. □ (*Agr,Alim*) *cereali secondari* secondary cereals.

cerealicolo *a.* grain (*attr.*), corn (*attr.*), cereal (*attr.*).

cerealicoltore *m.* (*f.* **-trice**) (*Agr*) cereal grower, grain farmer.

cerealicoltura *f.* (*Agr*) cereal growing, grain farming.

cerebellare *a.* (*Anat*) cerebellar.

cerebrale *a.* **1** cerebral (*anche fig*): *arteria* ~ cerebral artery; *scrittore* ~ cerebral writer. **2** (*Ling*) cerebral, cacuminal.

cerebralismo *m.* cerebralism.

cerebralità *f.* cerebralism.

cerebroleso I *a.* (*Med*) brain-injured, brain-damaged. **II** *m.* (*f.* **-a**) (*Med*) brain-injured person, brain-damaged person.

cerebropatia *f.* (*Med*) encephalopathy, cerebropathy.

cerebrospinale *a.* (*Med*) cerebrospinal.

cereo *a.* **1** (*di cera*) wax (*attr.*), waxen. **2** (*pallido*) pale, waxen: *viso* ~ pale face.

Cerere *n.pr.f.* (*Mitol*) Ceres.

cereria *f.* **1** (*fabbrica*) candle factory, wax factory. **2** (*rivendita*) wax chandler's shop.

ceretta *f.* **1** (*Cosmet*) (*per la depilazione*) wax. **2** (*Cosmet,estens*) (*depilazione*) waxing. **3** (*lucido per scarpe*) shoe polish. □ (*Cosmet*) ~ *a caldo* hot waxing; (*Cosmet*) ~ *a freddo* strip waxing; (*Cosmet*) *fare la* ~ *alle gambe* to wax one's legs; *farsi fare la* ~ *alle gambe* to have one's legs waxed.

cerfoglio m. (Bot) chervil, garden chervil.

cerimonia f. **1** ceremony. **2** (Lit) ceremony, rite. **3** (Lit) (funzione) service. **4** pl. (convenevoli) ceremony (costr.sing.): fare cerimonie to stand on ceremony; accettare qcs. senza tante cerimonie to accept sth. without all the fuss, to accept sth. without a lot of fuss, to accept sth. without all the formalities, (Br) to accept sth. without much ado. ☐ ~d'apertura inaugural ceremony, opening ceremony; ~ di chiusura closing ceremony; ~ di inaugurazione opening ceremony; ~ di insediamento inaugural ceremony; ~ di premiazione scolastica school prize-giving, school prize-giving ceremony; ~ funebre funeral rites (pl.), (Am) funeral service; ~ nuziale wedding, marriage ceremony; quante cerimonie! what a fuss!

cerimoniale m. ceremonial, etiquette, protocol: attenersi alle prescrizioni del ~ to observe the rules of etiquette; ~ diplomatico diplomatic protocol; ~ ecclesiastico church ceremonial.

cerimoniere m. master of ceremonies: gran ~ Grand Master of Ceremonies.

cerimoniosamente avv. ceremoniously.

cerimoniosità f. ceremoniousness, formality.

cerimonioso a. ceremonious, formal: essere molto ~ to be very formal; parole cerimoniose ceremonious words.

cerino m. wax match.

cerio m. (Chim) cerium.

CERN Consiglio Europeo per le Ricerche Nucleari CERN (European Council for Particle Physics).

cernecchio m. (region,lett) lock of ruffled hair, unruly curl.

cernere (pres.ind. **cèrno**; p.rem. **cernéi/cernètti/cernétti**; p.p. rar **cernìto**) v.t. (lett) **1** (separare) to distinguish, to discriminate, to separate. **2** (scegliere) to select, to choose.

cernia f. (Itt) grouper.

cerniera f. **1** hinge. **2** (serratura di borsetta) clasp. ☐ ~ lampo zipper, zip fastener, zip.

cernita f. sorting, grading. ☐ fare la ~ di qcs. to sort sth.

cernitrice f. (macchina) grading machine.

cero m. **1** (grossa candela) tall candle. **2** (di chiesa) candle, church candle: accendere un ~ alla Madonna (o offrire un ~ alla Madonna) to burn a candle to the Virgin Mary. ☐ ~ pasquale Paschal candle; ~ votivo votive candle.

cerone m. (Cosmet) grease paint.

ceroplastica f. ceroplastics (costr.sing.).

ceroso a. **1** (che contiene cera) containing wax. **2** (simile a cera) waxy, wax-like.

cerottino m. little plaster. ☐ ~ nasale nose plaster.

cerotto m. **1** (Br) (sticking) plaster, adhesive plaster, (Am) band-aid, bandage: applicare un ~ (o mettere un ~) (Br) to put a plaster on, (Am) to put a band-aid on. **2** (fig,ant) (persona malaticcia) weakling; (persona molesta) pain in the neck. ☐ ~ adesivo (Br) plaster, sticking plaster, adhesive plaster, (Am) band-aid, bandage; ~ anticoncezionale contraceptive plaster; ~ medicato antiseptic bandage, medicated bandage.

cerreto m. wood of Turkey oaks.

cerro m. **1** (Bot) Turkey oak, cerris. **2** (legno) bitter oak.

certame m. **1** (lett) (combattimento) combat, fight, contest. **2** (gara poetica) poetic contest.

certamente avv. **1** (sicuramente, indubbiamente) certainly, undoubtedly: sarà ~ pro-

mosso he will certainly pass, he is sure to pass, he is bound to pass. **2** (rafforzativo) certainly, indeed: sì, ~ yes, indeed; sei stato tu? - ~ no was it you? - Certainly not. **3** (si capisce) of course: verrai? - ~! are you coming? - Yes, of course!, are you coming? - Indeed I am! **4** (con senso di permesso) go ahead, (Br) by all means: posso prendere la tua penna un momento? - Sì, ~ may I borrow your pen a moment? - Go ahead!, (Br) may I borrow your pen a moment? - By all means!

certezza f. certainty, certitude. ☐ ~ assoluta absolute certainty; avere la ~ che to be sure that; con ~ certainly, with certainty, for certain, (colloq) for sure: lo affermo con ~ I am sure about it; lo so con ~ I know it for sure; con tutta ~ with absolute certainty; (Dir) ~ del diritto certainty of law; ~ matematica mathematical certainty.

certi pron.indef.m.pl. some pl., some people pl.: ~ ne sarebbero felici some would be pleased about it.

certificare (**certìfico**, **certìfichi**) v.t. to certify, to attest: (burocr) si certifica che... this is to certify that...; si certifica la morte del signor Rossi this is to certify the death of Mr. Rossi, herein is certified the death of Mr. Rossi.

certificato **I** m. **1** certificate: richiedere un ~ to apply for a certificate, to ask for a; rilasciare un ~ to issue a certificate; presentare un ~ to produce a certificate. **2** (attestato di merito) testimonial, (colloq) reference, (Am) professional certificate. **3** (Comm) voucher, certificate. **II** a. certified: copia certificata conforme certified copy. ☐ ~ catastale registered land certificate, land certificate; ~ di abilitazione professional diploma, (Am) professional certificate; ~ di assicurazione insurance certificate; ~ di autenticità certificate of authenticity; ~ di avaria average bond; ~ di battesimo certificate of baptism, baptism certificate; ~ di buona condotta good-conduct certificate, certificate of good character; ~ di cittadinanza certificate of citizenship; ~ di conformità certificate of compliance; ~ di credito del Tesoro Treasury Certificate; ~ di credito d'imposta tax voucher; (Scol) ~ di frequenza attendance certificate; ~ di garanzia guarantee, guarantee certificate; ~ di idoneità pass certificate; ~ di matrimonio marriage certificate; ~ di morte death certificate; ~ di nascita birth certificate; ~ di navigabilità certificate of navigation, certificate of seaworthiness; ~ di navigabilità aerea certificate of airworthiness; ~ di origine certificate of origin; ~ di residenza certificate of residence; ~ di risparmio savings certificate; ~ di sana e robusta costituzione fisica health certificate; ~ di sottoscrizione stock subscription warrant, (Am) stock allotment warrant; ~ di stato civile civil status certificate; ~ di stato libero certificate of unmarried status; (Scol) ~ di studio certificate of education, diploma; ~ di vaccinazione vaccination certificate; (Comm) ~ d'importazione import certificate; ~ elettorale voter's certificate, election certificate, attestation of right to vote; ~ medico medical certificate, doctor's certificate; ~ penale certificate of police record, police record; ~ sanitario health certificate.

certificazione f. certification, authentication: ~ notarile authentication by a notary public. ☐ ~ di qualità quality certification.

certo **I** a. **1** (sicuro) certain, sure: essere ~ di qcs. to be certain of sth., to be sure of sth.;

sono ~ che arriverà I'm sure he'll come. **2** (indubbio) certain, sure, indisputable: guarigione certa certain recovery; prova certa indisputable proof, irrefutable proof. **3** (di cui non si può dubitare) sure, reliable: l'ho saputo da testimone ~ I was told about it by a reliable witness. **4** (alcuno, qualche) some, certain: c'è una certa somiglianza tra loro due there is a certain likeness between them; sono andato da certi amici I went to the house of some friends of mine. **5** (alquanto) some: dopo un ~ tempo after some time. **6** (tale) certain, one: un ~ signor Rossi a Mr. Rossi, a certain Mr. Rossi. **7** (spreg) certain, unspeakable, unmentionable; (esclam.) what: c'era certa gente! what people (o what dreadful people) there were there!, the people that were there! **8** (di quel genere) like that, such: non devi usare certe espressioni you mustn't use expressions like that. **II** avv. **1** (sicuramente, indubbiamente) certainly, undoubtedly: verrò ~ per Pasqua I'll certainly come for Easter. **2** (rafforzativo) certainly, indeed, to be sure, (Am,colloq) sure: no, ~ certainly not. **3** (si capisce) of course: sì, ~ yes, of course; verrai? - ~! will you come? - Of course I will!, (Am) will you come? - You bet I will! **4** (con senso di concessione di permesso) by all means. **III** m. (ciò che è certo) certainty, thing that is certain: il ~ è che non ti ho visto the one thing that is certain is that I didn't see you, the one thing that is for sure is that I didn't see you. ☐ ~ che ti credo! of course I believe you!; ~ che no certainly not; ~ che sì certainly, (Br) indeed yes; dare per ~ qcs. to have no doubt about sth., to be sure about sth., to regard sth. as a certainty, to take sth. for granted; di ~ certainly, surely: verrà di ~ he will certainly come, he is sure to come; una persona di una certa età an elderly person; in certi casi: 1 in certain cases, in certain situations; 2 (talvolta) sometimes; in ~ modo in a sense, in a way; in un ~ senso in one sense, in a sense, in one way; ma ~! surely, of course, (Am) sure; per ~ for sure; sapere per ~ to know definitely, to know for sure, to know for a certainty; è più che ~ it's absolutely certain: ne sono più che ~ I'm positive of it, I'm absolutely certain of it; a un ~ punto at a certain point; un ~ qual a certain: aveva una certa qual conoscenza dell'inglese he had some knowledge of English; in certo qual modo in a certain way, in a way, in a sense; stare ~: 1 (non preoccuparsi) not to worry; 2 (essere certo) to be sure, to rest assured; tenere per ~ qcs. to regard sth. as a certainty; un ~ che a certain something; un ~ non so che a certain something; quella ragazza ha un ~ non so che di affascinante that girl has a certain indefinable fascination, that girl has something about that girl; certe volte at times; certe volte non lo sopporto proprio there are times I just cannot stand him.

certosa f. Charterhouse, Carthusian monastery.

certosino **I** m. **1** Carthusian, Carthusian monk:(fig) una pazienza da ~ a tremendous patience. **2** (fig) hermit, recluse. **3** (liquore) chartreuse. **II** a. Carthusian: monaco ~ Carthusian monk; (fig) lavoro ~ work requiring tremendous patience.

certuno **I** pron.indef. **1** (rar) someone, somebody. **2** pl. (ant) some, some people: certuni non la pensano come te some people don't hold your views; io non sono come certuni che non mantengono la parola data I'm not like some people who don't keep their word.

II *a.indef.* (*ant*) some: *certune persone* some people.

ceruleo *a.* (*lett*) cerulean.

cerume *m.* earwax, cerumen: *tappo di ~* inspissated cerumen, earwax plugging.

cerusico (*pl.* **-ci/-chi**) *m.* **1** (*ant*) (*chirurgo*) surgeon. **2** (*spreg*) (*chirurgo inetto*) unskillful surgeon.

cerussa *f.* (*biacca*) white lead, ceruse.

cerussite *f.* (*Min*) cerussite.

cerva *f.* (*Zool*) hind; (*dopo i tre anni*) doe.

cervella *f.* (*region,Gastron*) brains *pl.*

cervelletto *m.* (*Anat*) cerebellum.

cervellino *m.* **1** (*intelligenza limitata*) limited intelligence. **2** (*persona sventata*) hare-brain, scatterbrain. □ (*colloq*) *avere un ~ di gallina* to be bird-brained, (*Am*) to be lame-brained.

cervello (*pl.* **i cervèlli**, **le cervèlla**; *the latter form is only used in certain expressions*) *m.* **1** (*Anat*) brain; (*materia cerebrale*) brains *pl.* **2** (*Gastron*) brains *pl.* **3** (*fig*) (*intelligenza*) brains *pl.*, brain, mind: *quell'uomo ha un gran ~* that man has a great brain; *usare il ~* to use one's head, to use one's brains; *di poco ~* of feeble intellect, doltish, (*colloq*) thick-headed. **4** (*fig*) (*senno*) sense, judgement. **5** (*fig*) (*persona molto intelligente*) brain: *essere un gran ~* to be a great mind. **6** (*fig*) (*mente direttiva*) brains *pl.*, mind: *essere il ~ della banda* to be the brains of the gang. □ (*fig*) *avere il ~ a posto* to have a good head on one's shoulders, (*Br*) to have all one's wits about one; (*fig*) *portare il ~ all'ammasso* to toe the line (*o* the party line), to sell one's soul to the party; (*fig*) *~ balzano* crackpot; *dare al ~*: **1** (*rif. a vino e sim.*) to go to one's head: *il vino gli ha dato al ~* the wine has gone to his head; **2** (*rif. a successo, lodi ecc.*) to go to one's head, (*Br*) to turn one's head; (*fig*) *avere il ~ di una formica* to have the brain of a gnat; (*fig*) *~ di gallina* bird-brain; *avere un ~ di gallina* to be bird-brained, to have the mind of a goose; (*fig*) *avere il ~ di un grillo* to be bird-brained; (*fig*) *avere il ~ di un'oca* to be silly as a goose; (*fig*) *dove hai il ~?* what are you thinking of?, where are your brains?; (*colloq,ant*) *~ elettronico* computer; (*fig*) *avere un ~ fine* to have a shrewd and subtle mind, to be sharp-witted, to have a keen mind; (*fig*) *senza ~*: **1** (*usato come aggettivo*) scatter-brained, hare-brained, thoughtless, brainless, senseless; **2** (*usato come avverbio*) thoughtlessly, heedlessly, senselessly, without consideration: *agire senza ~* to act thoughtlessly, to act out of stupidity.

cervellone *m.* **1** (*f.* **-a**) (*persona intelligente*) brain, genius, (*Br*) brainbox. **2** (*Inform, scherz*) mainframe.

cervelloticamente *avv.* oddly.

cervellotico (*pl.* **-ci**) *a.* odd, bizarre.

cervicale I *a.* (*Anat*) cervical: *arteria ~* cervical artery. **II** *f.* (*colloq*) (*artrosi cervicale*) cervical arthrosis.

cervice *f.* **1** (*Anat*) (*collo dell'utero*) cervix. **2** (*parte posteriore del collo*) cervix. **3** (*estens*) (*collo*) neck: (*fig*) *piegare la ~* to bow one's neck.

cervidi *m.pl.* (*Zool*) cervids.

Cervino *n.pr.m.* (*Geog*) Matterhorn.

cervo *m.* **1** (*f.* **-a**) deer; (*maschio*) stag, hart; (*femmina*) doe, hind. **2** (*Macell*) (*carne di cervo*) venison. □ *~ volante*: **1** (*Entom*) stag beetle; **2** (*aquilone*) kite.

cesare *m.* (*imperatore*) Caesar: *storia dei cesari* history of the Caesars.

Cesare *n.pr.m.* Caesar. □ (*Bibl*) *date a ~ quel che è di ~ e a Dio quel che è di Dio*

render unto Caesar that which is Caesar's and unto God that which is God's.

cesareo[1] *a.* (*Chir*) Caesarean, Caesarian, (*Am*) Cesarean, Cesarian: *taglio ~* Caesarean section, Caesarean, (*Am*) C-section.

cesareo[2] *a.* **1** (*Stor.rom*) (*di Giulio Cesare*) Caesarean, Caesarian, (*Am*) Cesarean, Cesarian. **2** (*lett*) (*imperiale*) imperial.

cesariano I *a.* (*Stor.rom*) (*di Giulio Cesare*) Caesarean, Caesarian, (*Am*) Cesarean, Cesarian. **II** *m.* (*Stor.rom*) **1** (*partigiano di Cesare*) Caesarean, Caesarian, (*Am*) Cesarean, Cesarian, supporter of Caesar. **2** (*soldato di Cesare*) soldier of Caesar's.

cesarismo *m.* Caesarism.

cesaropapismo *m.* (*Pol*) Erastianism.

cesaropapista I *a.* (*Pol*) Erastianist. **II** *m./f.* (*Pol*) Erastianist.

cesellamento *m.* chiselling.

cesellare (**cesèllo**) *v.t.* **1** to chisel. **2** (*fig*) (*rifinire con cura*) to finish with care, to polish.

cesellato *a.* **1** chiselled. **2** (*fig*) (*finemente disegnato*) chiselled, finely chiselled: *lineamenti cesellati* chiselled features. **3** (*fig*) (*rifinito con cura*) polished: *versi cesellati* polished lines.

cesellatore *m.* (*f.* **-trice**) chaser, chiseller, engraver. □ *~ di versi* polished versifier.

cesellatura *f.* **1** chiselling. **2** (*fig*) (*opera d'arte finemente rifinita*) polished work of art, finished work.

cesello *m.* chisel: *lavoro di ~* chased work.

cesena *f.* (*Ornit*) fieldfare.

cesio *m.* (*Chim*) caesium.

cesoiata *f.* snip.

cesoie *f.pl.* shears.

cespite *m.* (*Econ*) source: *~ di entrata* source of income; *~ di guadagno* source of profit.

cespo *m.* (*rif. a erbe*) tuft; (*rif. a fiori, foglie e sim.*) cluster: *un ~ di rose* a cluster of roses. □ (*Bot,Alim*) *un ~ di lattuga* a head of lettuce.

cespuglio *m.* **1** bush, shrub: *un ~ di ginestre* a broom bush; *~ ornamentale* ornamental shrub. **2** (*fig*) (*ciuffo*) tuft.

cespuglioso *a.* **1** bushy, shrubby: *arbusto ~* bushy shrub; *terreno ~* bushy ground. **2** (*fig*) (*a folti ciuffi*) bushy: *sopracciglia cespugliose* bushy eyebrows.

cessare (**cèsso**) **I** *v.i.* (*aus.* **essere/avere**) **1** to stop, to cease: *la pioggia è cessata* the rain has stopped, it's stopped raining; *~ di piangere* to stop crying. **2** (*diminuire, calare*) to go down, to subside, to abate, to die down: *la febbre non cessa ancora* his temperature still has not gone down; *è cessato il vento* the wind has subsided, the wind has abated, the wind has died down. **II** *v.t.* to suspend, to leave off, to cease: *~ le ostilità* to cease hostilities. □ (*burocr*) *~ dall'ufficio* to resign one's office, to give up office, to retire from office; (*lett*) *~ di vivere* to quit this life, to give up the ghost, to expire; *~ i pagamenti* to suspend payment, to stop payment; (*Mil*) *~ il fuoco* to cease fire; *~ l'attività*: **1** (*rif. a persona*) to give up one's business; **2** (*rif. a ditta*) to close down.

cessate il fuoco *m.* (*Mil*) cease fire.

cessato □ *segnale di ~ allarme* all-clear.

cessazione *f.* **1** cessation, discontinuance, end. **2** (*Comm*) discontinuance. □ *~ dei pagamenti* suspension of payments; *~ delle ostilità* end of hostilities; *~ d'esercizio* closing down (of a shop); *~ di un contratto* termination of a contract, expiry of a contract.

cessionario I *a.* (*Dir*) assignee, transferee. **II** *m.* (*f.* **-a**) (*Dir*) assignee, transferee. □

(*Dir*) *~ di un appalto* contractor; (*Dir*) *~ di un credito* assignee of a claim.

cessione *f.* **1** assignment, transfer, handing over. **2** (*cambiale commerciale girata*) endorsed bill. **3** (*Farm*) release delivery system: *a ~ regolata* pulsed release delivery system. □ *~ d'azienda* sale of a concern, alienation of a concern; (*Comm*) *~ di beni* (*dicitura su ricevuta fiscale*) goods or services rendered; *~ di stipendio* loan on one's wage; *fare ~ di qcs. a qcu.* to assign sth. to so., to transfer sth. to so.; *~ territoriale* territorial cession.

cesso *m.* **1** (*pop*) lavatory, (*Am*) john: *~ pubblico* public lavatory. **2** (*volg*) (*luogo sporco*) pigsty, (*Am*) pig pen. **3** (*volg*) (*persona brutta*) horror, (*Am*) person ugly as homemade sin. **4** (*volg*) (*cosa brutta*) trash, abortion.

cesta *f.* **1** basket: *la ~ della spesa* shopping basket; *~ del bucato* laundry basket. **2** (*cesta con coperchio*) hamper. **3** (*contenuto*) basket, basketful. **4** (*di aerostato*) basket. **5** (*Sport*) (*nel gioco della pelota*) cesta, woven basket. □ *a ceste* in basketfuls.

cestaio *m.* (*f.* **-a**) **1** (*fabbricante*) basket weaver. **2** (*venditore*) basket seller.

cestello *m.* **1** small basket. **2** (*di lavabiancheria*) basket, (*Am*) clothes hamper. **3** (*per bottiglie*) bottle basket.

cestinare (**cestìno**) *v.t.* **1** (*gettare nel cestino*) to throw into the wastepaper basket, to throw away, to trash. **2** (*non pubblicare*) to reject: *~ un articolo* to reject an article.

cestino *m.* **1** basket, small basket. **2** (*per la carta straccia*) wastepaper basket. **3** (*Inform*) trash, trash can. □ *~ da lavoro* work basket, sewing basket; *~ da pesca*: **1** (*in vimini*) wicker basket, creel; **2** (*in metallo*) keep net; *~ da viaggio* lunch box, luncheon basket; *~ dei rifiuti* (*Br*) litter bin, (*Am*) garbage can; *~ estraibile* roll-out basket.

cestismo *m.* (*Sport,rar*) basketball.

cestista *m./f.* (*Sport*) basketball player.

cesto[1] *m.* (*cesta*) basket (*anche Sport*).

cesto[2] *m.* **1** (*ciuffo di foglie*) tuft. **2** (*rif. a lattuga e sim.*) head. □ (*Bot*) *far ~*: **1** to tuft; **2** (*rif. a lattuga e sim.*) to form a head.

cesto[3] *m.* (*Stor*) cestus.

cestodi *m.pl.* (*Zool*) tapeworms, Cestoda.

cestone *m.* hamper, large basket.

cesura *f.* (*Metr,Mus*) caesura.

cetacei *m.pl.* (*Zool*) cetaceans, Cetacea.

cetaceo I *m.* (*Zool*) cetacean. **II** *m.* (*Zool*) cetacean.

cetnico (*pl.* **-ci**) **I** *a.* Chetnik. **II** *m.* Chetnik.

ceto *m.* class, social class, classes *pl.*, rank: *basso ~* lower classes *pl.*, lower class; *persona di basso ~* low-class person; *persone di ogni ~* people of every walk in life. □ *il ~ dominante* the ruling class; *~ equestre* rank of knights; *~ medio* middle classes; *~ operaio* working classes.

cetologia *f.* (*Zool*) cetology.

cetologo *m.* (*f.* **-a**; *pl.* **-gi**) (*Zool*) cetologist.

cetonia *f.* (*Entom*) cetonian beetle.

cetra *f.* **1** (*Mus*) zither harp. **2** (*Mus,ant*) cithara.

cetrangolo *m.* (*Bot,Alim*) bitter orange.

cetriolino *m.* (*Alim*) gherkin: *~ sottaceto* pickled gherkin.

cetriolo *m.* (*Bot,Alim*) cucumber. □ (*Zool*) *~ di mare* sea cucumber.

Cevenne *n.pr.f.pl.* (*Geog*) Cevennes.

CF, **C.F.** *Codice Fiscale* (fiscal identification number, fiscal code).

cf., **cfr.** *confronta* cf. (compare).

CGIL *Confederazione generale italiana del lavoro* (federation of italian trade unions).

CGS *Centimetro-grammo-secondo* CGS

(centimetre-gramme-second).

cha-cha-cha /ˌtʃɑˌtʃɑˈtʃɑ/ *m.* cha-cha: *ballare il* ~ to cha-cha.

chador /tʃaˈdɔr/ *m.inv.* chador, chuddar.

chaise-longue /ʃɛzˈlɔ̃g/ *f.inv.* (*Arred*) lounge-chair, chaise-longue.

chakra /ˈtʃakra/ *m.inv.* chakra.

chalet /ʃaˈle/ *m.inv.* chalet, cottage.

champagne /ʃãˈpaɲ/ *m.* 1 (*vino*) champagne. 2 (*colore*) champagne, champagne colour: *color* ~ pale gold, (*Am*) champagne.

champignon /ʃãpiˈɲõ/ *m.inv.* (*Bot,Alim*) champignon.

champions league /ˈtʃɛmpionzˈliːg/ *f.inv.* (*Sport*) champions league.

chance /ʃãs/ *f.inv.* opportunity, chance: *perdere una* ~ to miss an opportunity; *ti concederò un'altra* ~ I'll give you another chance.

chansonnier /ʃãsɔˈnje/ *m.inv.* cabaret singer, chansonnier.

chantilly /ʃãtiˈji/ *m.* 1 (*Dolc*) Chantilly. 2 (*Tess*) Chantilly lace.

chapeau /ʃaˈpo/ *intz.* my hat's off to you!

charity /ˈtʃariti/ *f.inv.* charity, charity benefit.

charlotte /ʃarˈlɔt/ *f.* (*Dolc*) charlotte.

charter /ˈtʃarter/ **I** *m.inv.* 1 charter. 2 (*aereo*) chartered plane; (*volo*) charter flight. **II** *a.inv.* charter: *volo* ~ charter flight.

chassidico *e der.* → **cassidico** *e der.*

châssis /ʃasˈsi/ *m.inv.* 1 (*Aut*) chassis. 2 (*Fot*) plate holder. 3 (*Rad*) chassis.

chat /tʃat/ *f.inv.* (*Inform*) chat. □ (*Inform*) ~ **line** chat line;

chattare /tʃatˈtare/ (**chàtto**; *aus.* **avere**) *v.i.* (*Inform,gerg*) to chat.

chauffeur /ʃofˈfœr/ *m.inv.* chauffer, driver.

ché *congz.* (*ant*) 1 (*causale*) because, since, as, for: *ho ritardato,* ~ *l'autobus non passava* I am late, because the bus didn't come. 2 (*finale*) so that; (*spesso in frasi negative*) lest: *partite presto,* ~ *non vi colga la pioggia* leave early, lest you get caught in the rain.

che[1] **I** *pron.rel.m./f.* 1 (*soggetto: rif. a persone*) that, who: *il signore* ~ *è entrato* the man who has come in, the man that has come in. 2 (*soggetto: rif. a persone, nelle proposizioni incidentali*) who: *mia sorella,* ~ *stava poco bene, non c'era* my sister, who was ill, was not there. 3 (*soggetto: rif. a cose, animali*) that, which: *il sistema* ~ *dà i migliori risultati* the system that gives the best results, the system which gives the best results. 4 (*soggetto: rif. a cose, animali, nelle proposizioni incidentali*) which: *la penicillina,* ~ *è stata scoperta da Fleming* penicillin, which was discovered by Fleming. 5 (*oggetto: rif. a persone*) that, who, whom, *spesso non si traduce: la ragazza* ~ *vedi è mia sorella* the girl you see is my sister, the girl that (*o* whom) you see is my sister. 6 (*oggetto: rif. a persone, nelle proposizioni incidentali*) whom: *mio padre,* ~ *tutti ammiravano* my father, whom everybody admired. 7 (*oggetto: rif. a cose, animali*) that, which, *spesso non si traduce: il libro* ~ *sto leggendo* the book I'm reading, the book that (*o* which) I'm reading; *il quadro* ~ *guardi* the picture (that) you are looking at. 8 (*oggetto: rif. a cose, animali, nelle proposizioni incidentali*) which. 9 (*temporale: in cui*) that, when, in which, on which, *spesso non si traduce: la sera* ~ *ti incontrai* the evening (that) I met you; *nel tempo* ~ *eri all'estero* when you were abroad; *un giorno* ~ one day when. 10 (*locale: in cui*) that, *talvolta non si traduce: è qui* ~ *si danno informazioni sulle prenotazioni?* is it here that they give information about bookings? 11 (*correlativo di stesso*) as, that: *avevo lo stesso problema* ~

hai avuto tu I had the same problem (that) you had. 12 (*con valore neutro: la qual cosa*) which, this: *mi hanno lodato, il* ~ *mi ha fatto molto piacere* they praised me, which made me very pleased; *tu non ami i buoni libri, del* ~ *mi meraviglio assai* you are not fond of good books, which (*o* this) surprises me a lot. **II** *pron.interr.* what: ~ *vuoi?* what do you want?; *gli chiesi* ~ *volesse* I asked him what he wanted; ~ *c'è?* what's the matter?, (*Am*) what's up?; ~ *fare?* what are we to do?; *a* ~ *pensi?* what are you thinking about?; *di* ~ *ti preoccupi?* what are you worried about?; *su* ~ *basi le tue speranze?* what do you base your hopes on? **III** *pron.esclam.* (*che cosa*) what: *ma* ~ *dici!* what on earth are you saying!; *a* ~ *ti sei ridotto!* is this what you've come to!; *ma* ~ *cosa mi tocca sentire* what I have to listen to. **IV** *pron.indef.* something: *c'era in lei un* ~ *di falso* there was something false about her; *un certo* (*non so*) ~ a certain something. **V** *a.interr.* 1 (*quale*) what: ~ *film hai visto?* what film did you see? 2 (*rif. a un numero limitato*) which: ~ *cappello ti vuoi mettere?* which hat do you want to wear? **VI** *a.esclam.* 1 (*unito a sostantivi*) what, what a: ~ *scemo!* what a jerk!; ~ *musica meravigliosa!* what beautiful music!; ~ *bel libro!* what a fine book!; ~ *bei libri!* what fine books! 2 (*unito ad aggettivi*) how: ~ *bello!* how lovely! □ *a* ~? (*a che scopo*) what for?, why?: *potrei lavorare di più, ma a* ~? I could work more, but what for?; *con* ~? what with?; ~ *cosa?* what?; ~ *cosa vuoi?* what do you want?; *di* ~ *cosa stai parlando?* what are you talking about?; *di* ~: 1 (*rif. a motivo*) a reason, something: *non avere di* ~ *lamentarsi* not to have any reason to complain; *non c'è di* ~ *pentirsi* there is nothing to be sorry for; *grazie! - Non c'è di* ~ thank you! - Don't mention it!, (*Am*) thank you! - No problem!; 2 (*rif. a mezzi*) wherewithal, the means, something: *non ho di* ~ *vivere* I've got nothing to live on, I have no means of subsistence; *non abbiamo di* ~ *sfamarci* we don't have anything to eat; *hai ragione, non c'è* **dire** you're right, there's no denying it; *in* ~ how, in what way: *in* ~ *posso esserle utile?* how can I help you?; ~ *io sappia* as I know; *non che io sappia* not that I know of; ~ *ne so io?* (*Br*) how should I know?, (*Am*) how would I know?; ~ *so*... (*per esempio*) for example...; I don't know; let's see...; *la vedo in lontananza* ~ *viene* I can see her coming in the distance, I can see her coming from afar.

che[2] *congz.* 1 (*dichiarativa*) that, *spesso non si traduce: credo* ~ *tu abbia ragione* I think (that) you're right. 2 (*dopo verbi di volontà, comando e sim.*) talvolta si usa la costruzione dell'accusativo e l'infinito, talvolta la traduzione è idiomatica: *voglio* ~ *tu studi di più* I want you to study more (than you do); *vorrei* ~ *mi facessi un piacere* I would like you to do me a favour. 3 (*dopo locuzioni impersonali*) traduzione idiomatica: *mi dispiace* ~ *tu non sia venuto* I'm sorry you didn't come; *è impossibile* ~ *finisca il lavoro in tempo* it's impossible for him to finish the work in time. 4 (*causale*) for: *ti ringrazio* ~ *sei venuto* thank you for coming. 5 (*consecutiva*) that: *è tanto simpatico* ~ *tutti gli vogliono bene* he is so nice that everyone is fond of him. 6 (*comparativo: di maggioranza*) than: *spende più* ~ *non guadagni* he spends more than he earns; *è più furbo* ~ *intelligente* he is more shrewd than he is intelligent; *più* ~ *mai* more than ever. 7 (*di uguaglianza*) as, as much as, as many as:

vale tanto questo ~ *quello* this is worth as much as that. 8 (*finale*) that, so that, *spesso non si traduce, talvolta si usa l'accusativo e l'infinito: fai in modo* ~ *il pranzo sia pronto per l'una* see that lunch is ready by one o'clock; *stai attento* ~ *non cada* make sure he doesn't fall. 9 (*temporale: quando*) when: *arrivai* ~ *era già partito* he had already left when I arrived. 10 (*non appena*) as soon as; (*finché*) until, till: *aspetta* ~ *egli arrivi* wait till he comes. 11 (*dacché*) since, for: *sono due mesi* ~ *non lo vedo* I haven't seen him for two months; it's been two months since I've seen it; *è da gennaio* ~ *non torna qui* he hasn't been back here since January. 12 (*posposto a un part.pass.: dopo che*) after, when: *consegnata* ~ *ebbe la lettera, si congedò* after handing over the letter, he took his leave. 13 (*non appena*) as soon as: *cessata* ~ *fu la pioggia, uscimmo* as soon as the rain stopped, we went out. 14 (*correlativa*) whether: ~ *tu sia d'accordo o no, poco importa* whether you agree or not is of little importance. 15 (*eccettuativa*) only, other, but: *non fa altro* ~ *piangere* he does nothing but cry; *non ho* ~ *te al mondo* I have no one but you in the world. 16 (*limitativa: per quanto*) as far as, in as much as: *è stato promosso,* ~ *tu sappia?* has he passed, as far as you know? 17 (*rafforzativa: in frasi interrogative*) perhaps, *spesso la traduzione è idiomatica:* ~ *mi sia sbagliato?* perhaps I have made a mistake. 18 (*in frasi imperative*) *spesso non si traduce, spesso la traduzione è idiomatica:* ~ *entri pure* let him in; (*fatelo entrare*) show him in; ~ *nessuno ci disturbi* nobody is to disturb us, let no one disturb us. 19 (*negli auguri, nelle imprecazioni*) may, *spesso non si traduce:* ~ *tu sia felice* may you be happy; ~ *Dio ti benedica* God bless you, may God bless you; ~ *ti venga un accidente!* damn you!

che[3] *intz.* 1 (*che cosa?*) what!: ~, *neanche per sogno* what! I wouldn't dream of it; ~, *non lo sai?* what! don't you know? 2 (*sciocchezze!*) nonsense!: ~, *non ci credo* nonsense! I don't believe it. 3 (*ma va'!*) get away with you!

checca *f.* (*spreg*) faggot, (*Br*) poof, pouf.

checché *pron.rel.indef.* (*lett*) whatever, no matter what: ~ *tu dica, io partirò* no matter what you may say, I'm leaving; ~ *se ne dica* whatever one may say.

checchessia *pron.indef.* (*lett*) (*qualunque cosa*) whatever, anything: *si meraviglia di* ~ anything amazes him, the least thing amazes him.

check-in /ˌtʃɛkˈin/ *m.inv.* 1 (*operazione*) check-in. 2 (*banco*) check-in, check-in desk.

check list /ˈtʃɛkˈlist/ *f.inv.* check list.

check-up /ˌtʃɛkˈap/ *m.inv.* 1 (*Med*) checkup. 2 (*Tecn*) overhaul.

cheddite *f.* (*esplosivo*) cheddite.

chef /ʃef/ *m.inv.* chef, cook.

chela *f.* (*Zool*) chela, claw.

chelidonia *f.* (*Bot*) celandine.

chelifero *a.* cheliferous.

chelleano I *a.* (*Geol*) Abbevillian, Chellean. **II** *m.* (*Geol*) Abbevillian, Chellean.

chellerina *f.* (*rar*) barmaid.

chemiosintesi *f.* (*Biol,Chim*) chemosynthesis.

chemioterapia *f.* (*Med*) chemotherapy.

chemioterapico (*pl.* **-ci**) **I** *a.* (*Med*) chemotherapeutic, chemotherapeutical. **II** *m.* (*Farm*) chemotherapeutic drug.

chemisier /ʃemiˈzje/ *m.inv.* (*Abbigl*) shirtwaister, (*Am*) shirtwaist.

chenopodio *m.* (*Bot*) chenopodium, goosefoot.

Cheope *n.pr.m.* (*Stor*) Cheops.

chepi, cheppì *m.* (*Mil*) kepi.

cheppia *f.* (*Itt*) twaite shad.

cheratina *f.* (*Biol,Chim*) keratin.

cheratinizzare (**cheratinìzzo**) *v.t.* (*Biol*) to keratinize.

cheratinizzazione *f.* (*Farm*) keratinization.

cheratite *f.* (*Med*) keratitis.

cheratoma *m.* (*Med*) keratosis.

cheratoplastica *f.* (*Chir*) keratoplasty.

cheratosi *f.* (*Med*) keratosis.

chermes *m.* (*colorante*) kermes, kermes scarlet.

chermisi I *a.inv.* (*cremisi*) crimson. **II** *m.* (*cremisi*) crimson.

cherosene *m.* paraffin, (*Am*) kerosene.

cherubico (*pl.* **-ci**) *a.* cherubic.

cherubino *m.* cherub (*anche fig*): *serafini e cherubini* Seraphim and Cherubim.

chetare (**chéto**) *v.t.* 1 (*far tacere*) to silence, to hush: ~ *il pianto di un bambino* to hush a baby's crying; *chetati!* be quiet!, hush! 2 (*calmare, soddisfare*) to calm, to appease, to quiet: ~ *l'appetito* to appease one's appetite. **II** *v.pron.* **chetarsi** to calm down, to quiet down, to grow quiet, to hush. □ ~ *i creditori* to pacify one's creditors, to appease one's creditors.

chetichella □ *alla* ~ stealthily, surreptitiously, unobtrusively: *andarsene alla* ~ to steal away, to slip off.

cheto *a.* 1 (*tranquillo*) tranquil, calm. 2 (*fermo*) still. 3 (*silenzioso*) silent, quiet: *star* ~ to keep still, to keep quiet. □ ~ *cheto* as quiet as a mouse.

chetone *m.* (*Chim*) ketone.

chetonemia *f.* (*Med*) ketosis, acetonaemia, (*colloq*) slow fever.

chetonico (*pl.* **-ci**) *a.* (*Chim*) ketonic.

chewing-gum /'tʃuingam, 'tʃevingum/ *m.inv.* 1 (*sostanza*) chewing-gum. 2 (*tavoletta*) piece of chewing-gum, gum.

chi¹ I *pron.rel. e dimostr.* 1 (*soggetto della proposizione relativa: colui che, colei che*) whoever, the person who, the person that, the one who, the one that, the man who, the woman who, the man that, the woman that: ~ *ha detto ciò deve essere pazzo* whoever said that must be crazy; *premierò* ~ *lavorerà di più* I'll reward the one who works hardest. 2 (*soggetto della proposizione relativa: coloro che*) those who, the ones that, people who: *sii buono con* ~ *ti aiuta* be kind to those who help you; *il maestro loda* ~ *è preparato* the teacher praises those who have studied. 3 (*nelle frasi proverbiali*) he who, she who: ~ *mi ama mi segua* let him who loves me follow me. 4 (*complemento della proposizione relativa: colui che, colei che*) the person (that, whom), the one (that, whom), the man (that), the woman (that): *mi rivolsi a* ~ *si rivolsero gli altri* I addressed the man the others addressed. 5 (*complemento della proposizione relativa: coloro che*) those (that, whom), the ones (that), people (that): *non andare con* ~ *non conosci* don't go round with people you don't know, don't go round with those you don't know. 6 (*nelle frasi proverbiali*) he whom, she whom. **II** *pron.rel.indef.* 1 (*chiunque*) whoever, anyone who, anybody who, (*all*) those who: ~ *dice questo è pazzo* whoever says that is crazy, anybody who says that is crazy; *parli* ~ *vuole* anyone who wants to may speak; ~ *non ubbidisce verrà punito* those who do not obey will be punished; *esco con* ~ *mi pare* I

go out with whoever I like, I go out with anyone I like. 2 (*uno che*) someone who, somebody who, one who: *cerco* ~ *possa consigliarmi* I'm looking for someone to give me some advice, I'm looking for someone who can give me some advice; *parla come* ~ *abbia bevuto troppo* he speaks like one (*o* someone) who has had too much to drink; *c'è* ~ *mi aiuterà* there is someone who will help me; *c'è* ~ *possa aiutarmi?* is there anyone who can help me? 3 (*nelle proposizioni negative: nessuno che*) no one who, nobody who, not... anyone who, anybody who: *non trovo* ~ *mi ascolti* I can't find anybody who will listen to me; *non c'è* ~ *mi creda* there is nobody who believes me; *non rispondo a* ~ *mi insulta* I don't answer anyone who insults me. 4 (*alcuni che*) some *pl.*, people *pl.*, some people *pl.*: *c'è* ~ *dice* there are some who say, some (*o* some people) say. 5 (*se uno, se alcuno*) if anybody, if anyone, if you, if one: ~ *me l'avesse detto non gli avrei creduto* if anybody had told me I wouldn't have believed them; *questa macchina*, ~ *la volesse comprare, è un vero affare* if anyone were to buy it, this car would be a real bargain; for anyone who wanted to buy it, this car would be a real bargain. **III** *pron.indef.* 1 (*rif. a gruppo non definito*) some, some people: ~ *dice una cosa* ~ *ne dice un'altra* some (*o* some people) say one thing, some (*o* others) say something else. 2 (*rif. a gruppo definito*) some, some of them: ~ *ballava*, ~ *parlava* some (*o* some of them) were dancing, some (*o* others) were talking. 3 (*rif. ad attività svolta da una sola persona*) one: ~ *gli accendeva la sigaretta*, ~ *gli porgeva un bicchiere* one lit his cigarette, one (*o* another) handed him a glass. **IV** *pron.interr.* 1 (*soggetto*) who: ~ *è?* who is it?; (*quando si bussa alla porta*) who's there?; ~ *non lo sa?* who doesn't know that?; ~ *sarà mai?* who on earth could it be?, whoever could it be?; ~ *siete?* who are you?; ~ *va là?* who goes there?; ~ *me lo dice?* who says so?, says who? 2 (*complemento*) who, whom: *non so a* ~ *rivolgermi* I don't know who to turn to; *a* ~ *pensate?* who were you thinking about?; *con* ~ *parlavi?* who were you talking to?, whom were you talking to? 3 (*rif. a un numero limitato di persone*) which, who: ~ *di voi ha visto il film?* which of you has seen the film?, who has seen the film?, how many of you have seen the film? 4 (*nelle esclamazioni*) who: *guarda* ~ *si vede!* look who's here!; *senti* ~ *parla!* look who's talking! □ *a* ~ *lo dici!* you're telling me!, as if I didn't know!, that's not news to me!; *di* ~?: 1 (*possessivo*) whose?: *di* ~ *sono quei vestiti?* whose clothes are those?, whose are those clothes?; 2 (*rar*) (*compl. di specificazione*) who... of, of whom: *di* ~ *hai paura?* of whom are you afraid of?, of whom are you afraid?; *e* ~ *lo dice?* says who?; *e* ~ *ti dice che sia vero?* and who says it's true?, and who's to say that it's true?; *un tale, non so* ~ someone, I don't know who it was; someone or other; (*burocr*) ~ *per esso* his representative, whoever is acting for him, someone else in authority: *la domanda deve essere firmata dal padre o chi per esso* the application must be signed by the father or someone else in authority; ~ *più*, ~ *meno* all more or less; *erano tutti occupati*, ~ *più* ~ *meno* they were all more or less busy; (*Mil*) ~ *va là?* who goes there?; *stare sul* ~ *va là* to be on the alert, to be on the look-out; *stare sul* ~ *vive* to be on the alert, to be on the look-out. *Prov.*: ~ *vivrà*, *vedrà* time will tell.

chi² *m./f.* (*lettera dell'alfabeto greco*) chi.

chiacchiera *f.* 1 chat, talk, small talk: *chiacchiere in famiglia* family chat: *verrò da te per fare due chiacchiere* (*o verrò da te per fare quattro chiacchiere*) I'll come to your house for a chat. 2 (*discorsi inutili*) talk, idle talk, chatter, (*Am*) chit-chat: *non perdiamo tempo in chiacchiere* let's not waste time in chatter. 3 (*notizia infondata*) rumour, groundless rumour, (*Am*) rumor: *è una* ~, *non crederci* it's a rumour, don't believe it, (*Am*) it's a rumor, don't believe it. 4 (*pettegolezzo*) gossip, talk: *non dar retta alle chiacchiere* don't listen to talk (*o* to idle talk). 5 (*loquacità*) loquacity, talkativeness, (*colloq*) gift of the gab: *avere molta* ~ to be glib, (*Am*) to be silver-tongued. 6 (*Gastron, region*) sweet biscuit for carnival. □ *è buono solo a chiacchiere* he's only good at talking.

chiacchierare (**chiàcchiero**; *aus.* **avere**) *v.i.* 1 to chat, to talk: ~ *del più e del meno* to chat about this and that, to make small talk, to chit-chat. 2 (*parlare inutilmente*) to chatter, to chatter away, to prattle, to prattle on, to babble, (*Am*) to blow hot air. 3 (*fare pettegolezzi*) to gossip: ~ *sul conto di qcu.* to gossip about so.

chiacchierata *f.* 1 (*conversazione amichevole*) chat: *fare una bella* ~ to have a nice chat. 2 (*discorso sconclusionato*) rigmarole, rambling talk: *dopo la tua* ~ *ne so quanto prima* I am none the wiser for all that rigmarole (*o* talk) of yours.

chiacchierato *a.* (*colloq*) much-talked about: *una ragazza chiacchierata* a much-talked about girl.

chiacchiericcio *m.* chattering, buzz.

chiacchierino I *a.* talkative, chatty. **II** *m.* (*f.* **-a**) chatterer.

chiacchierìo *m.* chattering, buzz.

chiacchierone I *a.* talkative; (*pettegolo*) gossipy. **II** *m.* (*f.* **-a**) 1 (*chi parla molto*) great talker, chatterbox. 2 (*pettegolo*) gossiper. 3 (*chi non sa tenere un segreto*) big mouth, blabbermouth.

chiama *f.* (*appello*) roll call: *fare la* ~ to call the roll; *rispondere alla* ~ to answer the roll call.

chiamare (**chiàmo**) **I** *v.t.* 1 to call, to call to: *rispondi, quando ti chiamo* answer when I call you; *sono già stato chiamato?* has my name been called yet?; *il dovere mi chiama* duty calls me. 2 (*convocare*) to summon, to call (*anche Dir*). 3 (*chiamare al telefono*) to ring, to ring up, to call, to call up, (*colloq*) to phone: *ti chiamerò domani alle dieci* I'll ring you up tomorrow at ten, I'll give you a buzz tomorrow at ten. 4 (*formare il numero*) to dial: *chiamate questo numero* dial this number, call this number. 5 (*svegliare*) to call, to wake, to wake up: *chiamami presto, domani mattina* wake me up early tomorrow morning. 6 (*far venire*) to send for, to call, to call in, to summon: ~ *l'elettricista* to send for the electrician; ~ *il medico* to call the doctor. 7 (*invocare*) to call on, to call for, to invoke: ~ *aiuto* to call for help; ~ *qcu. in aiuto* to call on so. for help, to call to so. for help. 8 (*imporre un nome*) to call, to name: *lo chiamarono Giuseppe* they called him Giuseppe; *lo chiamano professore, ma non è laureato* they call him Professor, but he has no degree. 9 (*fig*) (*giudicare*) to call: *questa non la chiamerei una bella azione* I wouldn't call that a nice thing to do. 10 (*nominare a una carica*) to call on, to nominate, to elect, to appoint: *è stato chiamato con voto unanime alla direzione generale* he was unanimously elected general manager. **11** (*attrarre*) to lead to, to produce: *un errore chiama l'altro* one mistake leads to another. **12** (*nel gioco delle carte*) to call, to bid. **II** *v.pron.* **chiamarsi 1** (*avere nome*) to be called: *come si chiama quell'animale?* what is that animal called?, what do you call that animal? **2** (*ritenersi*) to consider oneself, to hold oneself: *potrai chiamarti fortunato, se riuscirai a venir fuori da quest'imbroglio* you can consider yourself lucky if you manage to get out of this mess. **3** (*enfat*) (*essere*) to be: *questo si chiama parlar chiaro* this is speaking clearly, this is what I call speaking clearly. ☐ *~a raccolta*: **1** to gather together, to call together, to assemble; **2** (*Mil*) to gather, to muster; *Dio lo ha chiamato a sé* God has called him to Himself; (*Dir*) *~a testimone* to call to witness, to summon, to appear as a witness, to call so. to bear witness; *~ qcu. al telefono*: **1** (*telefonargli*) to call so. on the phone, to ring so. up, to call so. up, to phone so., to telephone so.; **2** (*affinché venga al telefono*) to call so. to the phone; *~alla leva* to call up, to conscript, (*Am*) to draft; (*Teat*) *~alla ribalta* to call to the footlights; *essere ~ alla ribalta* to take a curtain call; *~alle armi* to call up, to call to arms, (*Am*) to call to draft; *andare a ~ qcu.* to go for so.; *come ti chiami? - Mi chiamo Anna* what's your name? - My name is Anne; *~ qcu. con un cenno*: **1** (*della mano*) to beckon so., to beckon so. over; **2** (*del capo*) to give so. a nod to approach; *~ il cane con un fischio* to whistle to one's dog, to whistle for one's dog; *chiamarsi fuori* (*nel gioco delle carte*) to be up (*anche estens*); *~i numeri* (*nella tombola*) to call out the numbers; *~in causa*: **1** (*Dir*) to summons; **2** (*fig*) to call in question, to make reference to; (*rif. a persona*) to involve; *~ qcu. in disparte* to call so. aside; (*Dir*) *~in giudizio* to sue, to bring an action against; *l'ascensore* (*Br*) to call the lift, (*Am*) to call the elevator; *~le cose col loro nome* to call a spade a spade; *~per nome* to call by name; *~sotto le armi* to call up, to call to arms, (*Am*) to call to draft; *~un taxi* to hail a taxi, to get a taxi, (*Am*) to call a cab; *~ una carta* (*nel gioco*) to call a card.

chiamata *f.* **1** call: *il medico ha avuto la ~ di un cliente* the doctor has had a call from a patient. **2** (*appello*) call, roll-call. **3** (*Tel*) call. **4** (*Teat*) curtain call. **5** (*Mil*) call-up, (*Am*) draft. **6** (*Dir*) summons. **7** (*vocazione*) calling. **8** (*segno di richiamo*) reference mark: *fai una ~ e scrivi la nota in fondo alla pagina* make a reference mark and write the note at the foot of the page. ☐ (*Tel*) *~a carico del destinatario* reverse-charge call, (*Am*) collect call; (*Mil*) *~alle armi* call-up, (*Am*) draft; (*Tel*) *~di emergenza* emergency call; *~in causa* summons; (*Dir*) *~in giudizio* suing; (*Tel*) *~ interurbana* long-distance call, (*Br*) trunk-call; *~per appello* roll call; (*Tel*) *~urbana* local call; (*Tel*) *~vocale* voice dial.

chiamato I *a.* called. **II** *m.* (*f.* **-a**) person called: *sentirsi ~* to have a calling (for). ☐ *essere ~* to have a calling (for).

chianti *m.* (*Enol*) Chianti, Chianti wine.

Chianti *n.pr.m.* (*Geog*) Chianti: *vini del ~* Chianti wines.

chiantigiano I *a.* of Chianti, from Chianti. **II** *m.* (*f.* **-a**) inhabitant of Chianti.

chiappa *f.* (*pop*) (*natica*) buttock, bun.

chiappare (**chiàppo**) *v.t.* (*pop*) to catch.

chiara *f.* (*albume*) egg white, white (of egg).

Chiara *n.pr.f.* Clare, Clara.

chiaramente *avv.* **1** (*distintamente*) clearly,

distinctly. **2** (*francamente*) plainly, openly, frankly: *ti dirò ~ ciò che penso* I'll tell you plainly what I think.

chiarello *m.* (*Enol*) watered-down wine.

chiaretto *m.* (*Enol*) claret.

chiarezza *f.* **1** clearness, clarity: *la ~ dell'acqua* the clearness of the water. **2** (*luminosità*) brightness, luminosity: *la ~ del cielo* the brightness of the sky. **3** (*fig*) clarity, clearness: *~ di idee* clarity of ideas. **4** (*fig*) (*franchezza*) frankness, openness. ☐ *spiegare con ~* to explain clearly; *parlare con chiarezza* (*francamente*) to talk candidly; *fare ~su qcu.* to shed light on sth.

chiarificante I *a.* clarifying. **II** *m.* (*Enol*) fining.

chiarificare (**chiarìfico, chiarìfichi**) *v.t.* to clarify (*anche fig*): *~ un concetto* to clarify a concept, to explain a concept.

chiarificatore *m.* (*f.* **-trice**) clarifier.

chiarificazione *f.* **1** (*di liquidi*) clarification, clarifying: *~ del vino* clarification of wine. **2** (*fig*) clarification: *una ~ della posizione politica di qcu.* a clarification of so.'s political position. **3** (*fig*) (*spiegazione*) explanation; (*lo schiarirsi*) clearing up: *la ~ di una situazione* the clearing up of a situation.

chiarimento *m.* explanation: *chiedere un ~* to ask for an explanation; *dare chiarimenti* to give explanations, to explain; *fornire un ~ su una questione* to clear up a matter, to clarify a matter.

chiarire (**chiarìsco, chiarìsci**) **I** *v.t.* **1** (*spiegare*) to clarify, to make clear, to clear up: *~ un dubbio* to clear up a doubt; *~ la propria posizione* to make one's position clear; *~ una faccenda complicata* to straighten out a complicated matter. **2** (*rar*) (*rendere più chiaro*) to make clearer, to clarify: *~ l'olio* to clarify oil. **II** *v.pron.* **chiarirsi 1** (*diventare chiaro*) to become clear, to clear. **2** (*fig*) to become clear, to be cleared up: *il mistero non si è ancora chiarito* the mystery has not been cleared up (*o resolved*) yet. **3** (*fig*) (*acquistare certezza*) to resolve, to settle in one's own mind: *chiarirsi di un dubbio* to resolve a doubt. ☐ *~il mistero* to clear up the mystery, to solve the mystery; *~le cose* to set the record straight; *~un equivoco* to clear up a misunderstanding.

chiarissimo *a.* illustrious, famous, renowned: *~ professore* illustrious professor.

chiarità *f.* clearness, clarity.

chiaro I *a.* **1** (*luminoso*) clear, bright, shining; (*soleggiato*) sunny: *un ~ mattino d'inverno* a sunny winter's morning. **2** (*senza nuvole*) clear: *cielo ~* clear sky. **3** (*pallido*: *rif. a colore*) light, pale: *giallo ~* pale yellow, light yellow. **4** (*rif. a capelli, pelle*) fair: *carnagione chiara* fair complexion. **5** (*limpido*: *rif. a liquidi*) clear, limpid: *acqua chiara* clear water, limpid water. **6** (*diluito, leggero*) thin: *brodo ~* thin broth. **7** (*che si sente o si vede distintamente*) clear, distinct: *leggere con voce chiara* to read in a clear voice; *le immagini sono chiare* the images are clear, the images are sharp. **8** (*fig*) (*comprensibile*) clear: *avere idee chiare* to have clear ideas; *sono stato ~?* have I made myself clear? **9** (*evidente*) clear, evident, plain, obvious: *è ~ che non lo puoi fare* it is clear that you can't do that. **10** (*fig*) (*illustre*) famous, eminent, renowned, distinguished: *~ ingegno* distinguished mind. **II** *avv.* (*con franchezza*) plainly, frankly, candidly, openly: *parlare ~* to speak candidly. **III** *m.* **1** (*chiarore*) luminosity, brightness, lightness; (*luce*) light. **2** (*colore chiaro*) light colour, pale colour, (*Am*) light color, pale color: *vestire di ~* to wear

light colours. ☐ *a chiare lettere* in plain language; *dire qcs. a chiare lettere* to spell sth. out; (*fig*) *a chiare note* bluntly, straight out; (*fig*) *essere ~ come il sole* to be as clear as day, to be as clear as daylight, to be as clear as broad daylight; *di chiara fama* of established reputation; *persona di chiara fama* person of great renown, eminent person, distinguished person; *~ di luna* moonlight; (*fig, colloq*) *con questi chiari di luna* in such difficult times as these; *~e lampante* crystal clear, plain as day; (*scherz, fig*) *se lo becco tra il ~ e lo scuro* if I get my hands on him; *~e netto* clearly and plainly; *~e tondo* bluntly, straight from the shoulder, straight out: *parlare ~ e tondo* to speak bluntly, to lay it on the line; *glielo dirò ~ e tondo* I'll tell him bluntly; (*Tel, TV*) *in ~* in clear: *messaggio in ~* message in clear; *mettere in ~ qcs.* to make sth. clear; *mettere le cose in ~* to make things clear; *si fa ~* day is breaking.

chiarore *m.* **1** faint light, dim light, glimmer: *il ~ di una candela* the glimmer of a candle, the faint light of a candle. **2** (*bagliore*) glow, glare, gleam. ☐ *ai primi chiarori dell'alba* at the first faint glimmerings of dawn, at the first light of dawn; *~ lunare* moonlight.

chiaroscurale *a.* (*Pitt*) chiaroscuro (*attr.*), shaded.

chiaroscurare (**chiaroscùro**) *v.t.* (*Pitt*) to shade.

chiaroscuro *m.* **1** (*Pitt*) chiaroscuro, light and shade: *effetti di ~* effects of light and shade, chiaroscuro effects; *disegnare a ~* to draw in chiaroscuro. **2** (*estens*) (*luci e ombre*) light and shade. **3** (*fig*) (*contrasti*) contrasts *pl.*; (*alti e bassi*) ups and downs *pl.*

chiaroveggente I *a.* (*divinatore*) clairvoyant. **2** (*estens*) (*perspicace*) clear-sighted; (*lungimirante*) far-sighted. **II** *m./f.* clairvoyant.

chiaroveggenza *f.* **1** (*divinazione*) clairvoyance. **2** (*fig*) (*perspicacia*) clear-sightedness; (*lungimiranza*) far-sightedness.

chiasma, chiasmo *m.* **1** (*Ret*) chiasmus. **2** (*Anat*) chiasm, chiasma: *~ dei nervi ottici* optic chiasm.

chiassata *f.* **1** (*chiasso, schiamazzo*) uproar, din, hubbub: *fare una ~* to make a din. **2** (*lite*) brawl, quarrel, row.

chiassile *m.* (*Edil*) window frame.

chiasso *m.* noise, uproar, din, hubbub: *il ~ dei ragazzi che giocano* the noise of the children at play. ☐ *fare ~*: **1** to make noise; **2** (*fig*) (*suscitare commenti, interesse*) to cause an uproar, to make a stir.

chiassone I *a.* noisy, rowdy. **II** *m.* (*f.* **-a**) noisy person.

chiassosamente *avv.* **1** noisily, rowdily. **2** (*vistosamente*) gaudily, showily.

chiassosità *f.* **1** noisiness, rowdiness. **2** (*vistosità*) showiness, gaudiness.

chiassoso *a.* **1** (*rif. a persona*) noisy, rowdy: *ragazzo ~* noisy boy. **2** (*rif. a cose*) noisy, uproarious, loud: *allegria chiassosa* noisy glee. **3** (*vistoso*) loud, showy, gaudy: *colori chiassosi* loud colours; *una cravatta chiassosa* a showy tie.

chiastico (*pl.* **-ci**) *a.* (*Ret*) chiastic.

chiatta *f.* barge, lighter.

chiatto *a.* **1** (*piatto*) flat, flat-bottomed. **2** (*region*) (*grasso*) fat.

chiavaccio *m.* large door-bolt. ☐ *mettere il ~* to bolt.

chiavarda *f.* **1** (*Edil*) bolt, rag-bolt. **2** (*Ferr*) bolt. ☐ *~da murare* cock screw, cock pin; *~di fondazione* lewis bolt, foundation bolt.

chiavare (**chiàvo**) *v.t.* (*volg*) to screw, to

fuck.

chiavata *f.* (*volg*) fuck, screw.

chiave I *f.* **1** key. **2** (*fig*) key: *avere la ~ del problema* to have the key to the problem; *il canale di Suez è la ~ del commercio con l'Oriente* the Suez Canal is the key to trade with the East. **3** (*cifrario*) key, cipher-key. **4** (*Mecc*) spanner, wrench: *~ registrabile* adjustable spanner. **5** (*per caricare molle*) key, winder: *la ~ di un giocattolo a molla* the key of a clockwork toy. **6** (*Mus*) (*di strumenti a corda*) tuning key. **7** (*Mus*) (*segno musicale*) clef. **8** (*Tel*) key. **9** (*Arch*) keystone. **II** *a.inv.* (*fig*) key (*attr.*): *il personaggio ~ del romanzo* the key character of the novel; *punto ~* essential point. □ (*Mecc*) *~ a brugola* Allen key, Allen wrench; (*Mecc*) *~ a stella* box wrench; (*Mecc*) *~ a tubo* socket wrench; (*fig*) *avere le chiavi del cuore di qcu.* to have the key to so.'s heart, to hold the key to so.'s heart; *tenere le chiavi del cuore di qcu.* to have the key to so.'s heart, to hold the key to so.'s heart; (*Aut*) *~ del quadro (d'avviamento)* ignition key, (*Am*) switch key; *offrire a qcu. le chiavi della città* to present so. with the keys of the city; *~ della porta* door key; (*Aut*) *~ dell'accensione* ignition key; (*Inform*) *~ di accesso* password; (*Mus*) *~ di basso* bass clef; *~ di casa* house key, (*Br*) latch key; (*Mus*) *~ di contralto* alto clef; (*Mus*) *~ di do* C clef; (*Inform*) *~ di registrazione* record key; *chiavi di san Pietro* St. Peter's keys; (*Mus*) *~ di sol* G clef; (*Mus*) *~ di soprano* soprano clef; (*Mus*) *~ di tenore* tenor clef; (*Mus*) *~ di violino* treble clef, G clef, violin clef; (*Arch*) *~ di volta* keystone (*anche fig*); *~ falsa* skeleton key; (*Mecc*) *~ fissa* wrench, spanner; *in ~ umoristica* in humorous terms (*pl.*); (*Comm*) *chiavi in mano* turnkey: *appalto chiavi in mano* turnkey contract; (*Aut*) *prezzo chiavi in mano* price on the road; (*Mecc*) *~ inglese* adjustable spanner, (*Am*) adjustable wrench, monkey wrench; *sotto ~* under lock and key: *tenere qcs. sotto ~* to keep sth. under lock and key.

chiavetta *f.* **1** key, small key. **2** (*per caricare orologi, giocattoli*) key, winder. **3** (*rubinetto*) faucet, stopcock. **4** (*interruttore*) switch: *la ~ della luce* the light switch, the electric-light switch. **5** (*apriscatole*) tin opener, (*Am*) can opener. **6** (*Mecc*) cotter, key. □ *~ del gas* gas tap; *girare la ~ del gas* to turn on the gas; (*Aut*) *~ dell'accensione* ignition key.

chiavica *f.* **1** (*fogna*) sewer. **2** (*Idr*) sluice-gate, lock. □ (*Idr*) *~ maestra* main sluice-gate.

chiavistello *m.* **1** latch, bolt, door-bolt: *mettere il ~* to lock and bolt the door, (*Br*) to shoot the bolt; *togliere il ~* to draw the bolt, to unbolt the door. **2** (*Mecc*) dead bolt. □ *a saliscendi* thumb latch.

chiazza *f.* **1** (*macchia*) stain, spot. **2** (*sulla pelle*) patch, mark, blotch. □ *a chiazze* patchy, in patches; *~ di petrolio* oil slick.

chiazzare (**chiàzzo**) *v.t.* to stain, to spot; (*con colori diversi*) to mottle.

chiazzato *a.* **1** (*macchiato*) stained, spotted: *ho i pantaloni chiazzati di fango* my trousers are spotted with mud. **2** (*rif. alla pelle*) patchy, blotched, flecked: *pelle chiazzata* patchy skin; *viso ~* blotched face.

chiazzatura *f.* **1** spotting, staining. **2** (*insieme di chiazze*) stains *pl.*, spots *pl.*

chic /ʃik/ **I** *a.inv.* chic, stylish. **II** *m.* elegance, style.

Chicago /tʃi'kago/ *n.pr.f.* (*Geog*) Chicago.

chicane /ʃi'kan/ *f.inv.* **1** (*cavillo*) quibble, chicanery. **2** (*nel bridge*) chicane. **3** (*Aut*) (*Br*) chicane, (*Am*) S-curve.

chicca *f.* **1** (*colloq,infant*) (*caramella*) goody, sweetie, (*Am*) candy. **2** (*fig*) (*cosa preziosa, rarità*) treat, gem.

Chicca *n.pr.f. dim. di.* Federica.

chicchera *f.* **1** (*recipiente*) cup. **2** (*contenuto*) cup, cupful.

chicchessia *pron.indef.inv.* (*lett*) anyone, anybody: *venga pure ~* let anyone come.

chicchiriare (**chicchirìo**; *aus.* **avere**) *v.i.* (*rar*) to crow.

chicchirichì *m.* cock-a-doodle-doo. □ *fare ~* to crow.

chicco (*pl.* **-chi**) *m.* grain: *~ di grano* grain of corn; *~ di riso* grain of rice. □ *~ di caffè* coffee bean; *~ di grandine* hailstone; *~ d'orzo* grain of barley, barleycorn; *~ d'uva* grape.

Chicco *n.pr.m. dim. di.* Federico, Enrico.

chiedere (*pres.ind.* **chièdo**; *p.rem.* **chièsi**; *pres.cong.* **chièda**; *p.p.* **chièsto**) **I** *v.t.* **1** (*chiedere per sapere*) to ask: *~ qcs. a qcu.* to ask so. sth.: *lo chiedo a te* I'm asking you. **2** (*chiedere per avere*) to ask for: *~ qcs. a qcu.* to ask so. for sth.; *mi ha chiesto un consiglio* he asked me for my advice. **3** (*pregare*) to beg (for): *~ l'elemosina* (o *~ la carità*) to beg, to beg for alms. **4** (*sollecitare*) to ask, to request; (*vivamente*) to beg, to urge: *mi ha chiesto di non partire* he urged me not to leave. **5** (*richiedere*) to require, to take, to need: *un lavoro che chiede pazienza* work that takes patience. **6** (*pretendere*) to ask, to expect: *non puoi ~ costanza da un ragazzo* you cannot expect perseverance of (o from) a boy. **7** (*un prezzo, un compenso*) to ask, to charge, to want: *~ un prezzo ragionevole* to ask a fair price; *quanto chiedete?* how much do you charge?; *la sarta mi ha chiesto cento euro per un abito* (*rif. a prezzo da pagare*) my dressmaker asked hundred euros for a dress, my dressmaker wanted hundred euros for a dress; (*rif. a prezzo già pagato*) my dressmaker charged me hundred euros for a dress. **8** (*desiderare*) to ask for, to desire: *non chiede altro che una vecchiaia tranquilla* he asks for nothing more than a serene old age. **II** *v.i.* (*aus.* **avere**) **1** (*cercare*) to ask, to enquire, to look (*di* for), to want (*so.*): *ha telefonato un signore che chiedeva di te* a gentleman rang asking for you; *chiedono di Lei* you are wanted. **2** (*informarsi*) to ask, to enquire (*di* after): *gli amici mi hanno chiesto di te* our friends were asking after you. **III** *v.pron.* **chiedersi** to wonder: *mi chiedo quando arriverrà* I wonder when he will come. □ *~ aiuto a qcu.* to ask so. for help; *~ asilo a qcu.* to ask so. for asylum, to ask so. for shelter, to seek asylum, to seek sanctuary (*anche Dir*); *~ di qcu.*: **1** (*informarsi*) to ask after so., (*Am*) to ask about so.: *i tuoi amici hanno chiesto di te* your friends have been asking about you; **2** (*voler parlare*) to ask for, to want: *chiedono di te al telefono* (*Br*) you are wanted on the phone, (*Am*) there's someone on the phone for you, someone is asking for you on the phone; (*Bibl*) *chiedete e vi sarà dato* ask and it shall be given unto you; *~ giustizia* to demand justice; *~ grazia per qcu.* to ask for leniency on so.'s behalf; *~ il nome a qcu.* to ask so.'s name; *il permesso* to ask leave, to ask permission, to ask for permission; *ho chiesto il ~ di uscire* I asked permission to go out; *~ il prezzo* to ask the price, to ask what the price is; *~ in giro* to ask around; *~ in moglie qcu.*: **1** (*all'interessata*) to propose to so.; **2** (*ai parenti dell'interessata*) to ask so.'s hand in marriage, to ask for so.'s hand in marriage; *~ qcs. in prestito* to ask to borrow sth.; *~ la mano*

di una ragazza to ask for a girl's hand in marriage; *~ la pace* to seek peace; *~ la parola* to ask to speak; *~ la restituzione di un prestito* to ask for the repayment of a loan; *~ l'esenzione* to claim exemption; *~ l'opinione di qcu.* to ask so.'s opinion; *~ l'ora a qcu.* to ask so. the time; *~ notizie di qcu.* to enquire after so., to ask after so.; *~ perdono* (*Br*) to ask pardon, to beg pardon, (*Am*) to ask for forgiveness; *chiedo perdono* I beg your pardon; *chiedo perdono per il ritardo* I'm sorry I'm late; *~ perdono a qcu.* to ask so.'s forgiveness; *~ permesso* to ask for permission to enter a home or office in the Italian custom; *~ a qcu. ragione di qcs.*: **1** to call so. to account for sth.; **2** (*domandare una spiegazione*) to ask so. to account for sth., to ask so. for an explanation of sth.; *~ scusa* to beg pardon, to ask pardon, to apologize: *chiedo scusa*: **1** (*disturbando o interrompendo*) excuse me, I beg your pardon; **2** (*per una mancanza*) sorry, I am sorry, I apologize: *ti chiedo scusa per quanto ho detto* I am sorry for what I said; *~ un favore a qcu.* to ask a favour of so., to ask so. a favour, (*Am*) to ask a favor of so., to ask so. a favor; *~ una grazia a qcu.* to ask a favour of so., to ask so. a favour; *~ una spiegazione* to ask for an explanation.

chierica *f.* **1** tonsure. **2** (*scherz*) (*calvizie*) baldness, bald spot.

chiericato *m.* priesthood.

chierichetto *m.* altar boy, server. □ *fare il ~* to serve on the altar.

chierico (*pl.* **-ci**) *m.* **1** (*membro del clero*) cleric, clergyman. **2** (*seminarista*) seminarist. **3** (*chierichetto*) altar boy. **4** (*lett*) (*persona istruita*) scholar. □ *chierici regolari* regular clergy.

chiesa *f.* **1** (*edificio*) church: *andare in ~* to go to church. **2** (*comunità dei fedeli*) Church. □ *~ anglicana* Anglican Church; *la ~ apostolica romana* the Roman Catholic Church; *~ cattolica* Catholic Church, Roman Catholic Church; *di ~* churchgoing; *~ domenicana* Dominican church; *~ episcopale* Episcopal Church; *~ evangelica* Evangelical Church; *~ gallicana* Gallican Church; *~ maronita* Maronite church; *~ militante* Church Militant; *~ orientale* (o *~ ortodossa*) Orthodox Church; *~ parrocchiale* parish church; *~ protestante* Protestant Church; (*Teol*) *la Chiesa trionfante* the Church Triumphant. *Prov.*: *in ~ coi santi, in taverna coi ghiottoni* (o *in ~ coi santi, in taverna coi bricconi*) when in Rome, do as the Romans do.

chiesastico (*pl.* **-ci**) *a.* ecclesiastical, church (*attr.*): *musica chiesastica* church music.

chiesi, chiesto → **chiedere**.

chiesuola *f.* **1** small church. **2** (*fig,spreg*) coterie, clique: *una ~ di artisti* an artistic coterie. **3** (*Mar*) (*custodia della bussola*) binnacle.

chifel *m.* (*Gastron*) crescent roll.

chiffon /ʃif'fɔn/ *m.* (*Tess*) chiffon: *~ di seta* silk chiffon.

chiglia *f.* (*Mar*) keel. □ (*Mar*) *~ a pinna* fin keel; (*Mar*) *~ di rollio* bilge keel, rolling chock; (*Mar*) *~ piatta* flat keel.

chignon /ʃi'ɲɔn/ *m.inv.* chignon, knot.

chihuahua /tʃi'wawa/ *m.inv.* (*Zool*) chihuahua.

chilifero *a.* (*Fisiol*) chyliferous.

chilificare (**chilìfico, chilìfichi**; *aus.* **avere**) **I** *v.t.* (*Fisiol*) to chylify. **II** *v.i.* (*Fisiol*) to chylify.

chilificazione *f.* (*Fisiol*) chylification.

chilo¹ *m.* kilo: *due euro al ~* (o *il ~*) two

euros a kilo, two euros per kilo.
chilo[2] *m.* (*Fisiol*) chyle. ☐ (*colloq*) *fare il* ~ to rest after a meal, to have a rest after a meal.
chilogrammo *m.* kilogram, kilogramme.
chilometraggio *m.* (*Br*) distance in kilometres, (*Am*) distance in kilometers; (*distanza misurata in miglia*) mileage.
chilometrico (*pl.* **-ci**) *a.* **1** kilometric, in kilometres, measured in kilometres, (*Am*) in kilometers, (*Am*) measured in kilometers: *percorso* ~ distance in kilometres. **2** (*fig*) (*lunghissimo*) extremely long, interminable.
chilometro *m.* kilometre, (*Am*) kilometer: *andare a cento chilometri l'ora* (o *andare a cento chilometri all'ora*) to do a hundred kilometres an hour, (*Am*) to do a hundred kilometers an hour.
chilomicrone *m.* (*Biol*) chilomicron.
chimera *f.* **1** (*Mitol,Itt*) Chimera, Chimaera. **2** (*fig*) (*fantasticheria*) dream, wild fancy, fantastic idea, (*Am*) wild dream: *perdersi in chimere* to dream empty dreams, (*Am*) to have a pie in the sky.
chimerico (*pl.* **-ci**) *a.* (*illusorio*) chimerical, unreal, fanciful.
chimerismo *m.* (*Biol*) chimerism.
chimica *f.* chemistry. ☐ ~ *alimentare* food chemistry; ~*delle radiazioni* radiation chemistry; ~*di base* basic chemistry; ~*farmaceutica* pharmaceutical chemistry, pharmaco-chemistry; ~ *fisica* physical chemistry; ~ *forense* forensic chemistry; ~*industriale* industrial chemistry; ~ *inorganica* inorganic chemistry; ~ *medica* medical chemistry; ~*organica* organic chemistry.
chimicamente *avv.* chemically: ~ *puro* chemically pure.
chimico I *a.* chemical: *procedimento* ~ chemical process. **II** *m.* (*f.* **-a**; *pl.* **-ci**) chemist, research chemist (*f.* woman chemist).
chimificare (**chimìfico, chimìfichi**) *v.t.* (*Fisiol*) to chymificate, to chymify.
chimificazione *f.* (*Fisiol*) chymification.
chimismo *m.* (*Chim*) chemism.
chimo *m.* (*Fisiol*) chyme.
chimono *m.* (*Abbigl*) kimono: *manica a* ~ kimono sleeve.
china[1] *f.* **1** (*pendio*) slope, descent. **2** (*fig*) turn for the worse, decline.
china[2] *f.* **1** (*Bot*) cinchona, cinchona-tree. **2** (*corteccia*) cinchona bark. **3** (*liquore*) cordial based on extract of cinchona bark, quinine tonic wine: *una china calda* a hot punch made with cinchona liqueur.
china[3] *f.* **1** (*inchiostro di china*) Indian ink: *passare un disegno a* ~ to ink in a drawing. **2** (*disegno a china*) Indian ink drawing.
chinare (**chìno**) **I** *v.t.* **1** to bend, to bow. **2** (*rar*) (*rif. agli occhi*) to lower. **II** *v.pron.* **chinarsi** to stoop, to stoop down, to bend down. ☐ *chinarsia terra* to stoop; ~*il capo* : **1** to bend one's head; **2** (*in segno di consenso, saluto*) to nod; **3** (*cedere*) to bow one's head, to give in; ~*lo sguardo* to look down.
chinato *a.* (*che contiene china*) containing cinchona bark: *vermut* ~ vermouth containing cinchona bark.
chincaglia *f. spec.pl.* (*ninnoli*) trinkets *pl.*, knick-knacks *pl.*, (*Br*) fancy goods *pl.*; (*cianfrusaglie*) junk.
chincagliere *m.* fancy-goods merchant, seller of knick-knacks, seller of whatnots, (*Am*) trinket merchant.
chincaglieria *f.* **1** *pl.* (*ninnoli*) trinkets, knick-knacks, (*Br*) fancy goods; (*cianfrusaglie*) junk (*costr.sing.*). **2** (*negozio*) fancy-goods shop.

chinesiterapia *f.* (*Med*) kinesitherapy, kinesiatrics (*costr.sing.*).
chinesiterapista *m./f.* (*Med*) kinesitherapist.
chinino *m.* (*Farm*) quinine.
chino *a.* **1** (*piegato*) bent, bowed: *stare ~ sui libri* to be bent over one's books. **2** (*abbassato: rif. al capo*) bent, bowed: *a capo ~* with head bowed. **3** (*rif. agli occhi*) downcast, lowered.
chinone *m.* (*Chim*) quinone.
chinotto *m.* **1** (*Bot*) bigarade, sour orange. **2** (*bibita*) soft drink flavoured with sour orange.
chintz /tʃintz/ *m.* (*Tess*) chintz.
chioccia (*pl.* **-ce**) *f.* **1** brooding hen. **2** (*fig*) (*madre troppo premurosa*) overprotective mother, mother hen.
chiocciare (**chiòccio, chiòcci**; *aus.* **avere**) *v.i.* to cluck.
chiocciata *f.* (*covata di pulcini*) brood (of chicks), hatch (of chicks).
chioccio *a.* (*rauco*) harsh, hoarse: *voce chioccia* harsh voice.
chiocciola *f.* **1** (*Zool*) snail. **2** (*Anat*) cochlea. **3** (*Mecc*) (*vite femmina*) nut, screw nut, female screw. **4** (*Mus*) (*riccio del violino*) scroll. **5** (*Inform*) at.
chioccolare (**chiòccolo**; *aus.* **avere**) *v.i.* **1** to trill, to sing. **2** (*imitare il verso del merlo*) to whistle, to warble. **3** (*gorgogliare*) to gurgle.
chioccolio *m.* **1** (*rif. a uccelli*) whistling, warbling. **2** (*gorgoglio*) gurgling.
chiodato *a.* **1** nailed, spiked: *bastone ~* spiked stick; *elmo ~* spiked helmet. **2** (*di scarpe*) hobnailed.
chiodatrice *f.* (*Mecc*) riveting machine, riveter.
chiodatura *f.* **1** riveting, nailing. **2** (*Mecc*) riveting, riveted joint. **3** (*chiodi di un scarpa*) set of hobnails, (*Am*) spikes *pl.* ☐ ~*a caldo* hot riveting; ~*a catena* chain riveting; ~*doppia* double riveting; ~*semplice* single riveting.
chioderia *f.* **1** nail factory. **2** (*chiodi*) nails *pl.*
chiodino *m.* **1** small nail, tack. **2** (*Bot*) honey agaric, honey mushroom.
chiodo *m.* **1** nail: *conficcare un ~* (o *piantare un ~*) to drive a nail in, to hammer a nail in; *togliere un ~* to pull out a nail. **2** (*bulletta*) stud; (*ribattino*) rivet; (*per tappezzeria*) glimp, (*Am*) tack. **3** (*fig*) (*idea fissa*) fixed idea. **4** (*fig*) (*dolore*) pang. **5** (*colloq*) (*debito*) debt: *piantare un ~* (*fare un debito*) to run into debt. **6** (*Aut*) (*di battistrada*) spike. **7** (*di scarpa da calciatore*) stud, (*Am*) spike. **8** (*Abbigl*) (*giubbotto corto di pelle nera*) biker's leather jacket. ☐ (*Mecc*) ~*a espansione* expansion nail; (*Mecc*) ~ *a testa larga* mushroom-head rivet; (*Mecc*) ~*a testa tonda* button-head rivet; ~ *da cavallo* horseshoe nail; (*Alp*) ~ *da ghiaccio* piton, (*Br*) frost-nail; (*Alp*) ~*da roccia* piton; ~*di garofano* clove; (*fig*) ~*fisso* hobby horse; *avere un ~ fisso* to have a bee in one's bonnet, (*Am*) to be bound and determined; (*Med*) ~ *isterico* clavus hystericus; (*Med*) ~ *solare* acute localized frontal headache. *Prov.*: ~ *scaccia* ~ one nail drives out another.
chioggiotto I *a.* of Chioggia, from Chioggia. **II** *m.* (*f.* **-a**) (*originario*) native of Chioggia; (*abitante*) inhabitant of Chioggia.
chioma *f.* **1** (*capigliatura*) hair, head of hair: *folta ~* thick hair; *con la chiome al vento* with one's hair streaming in the wind. **2** (*fogliame d'albero*) foliage, leafage. **3** (*Astr*) coma. **4** (*poet*) (*criniera*) mane.
chiomato *a.* **1** long-haired. **2** (*frondoso*)

leafy: *bosco ~* leafy wood. **3** (*rif. a elmo*) feathered.
chiosa *f.* gloss.
chiosare (**chiòso**) *v.t.* to gloss.
chiosatore *m.* (*f.* **-trice**) glossator, glossist.
chiosco (*pl.* **-chi**) *m.* **1** stall, kiosk, (*Am*) stand: ~ *di bibite* soft-drink kiosk, refreshment booth. **2** (*padiglione a colonne*) kiosk. **3** (*pergolato*) arbour. ☐ ~*di fiori* flower stand; ~*di frutta e verdura* fruit-and-vegetable stand; ~*di giornali* news stand.
chiostra *f.* **1** (*cerchio*) ring, circle: ~ *di monti* ring of mountains. **2** (*recinto*) enclosure. ☐ *la ~dei denti* the set of teeth.
chiostro *m.* **1** (*cortile cinto di porticati*) cloister. **2** (*convento*) cloister (*anche fig*): *lasciare il ~* to leave the cloister.
chiotto *a.* quiet, still. ☐ ~*chiotto* still and quiet, quiet as a mouse, still as a mouse; *se ne stava ~* he kept quite, he did not stir.
chip /tʃip/ *m.inv.* (*Inform*) chip. ☐ (*Elettron*) ~*di silicio* silicon chip.
chirale *a.* (*Chim*) chiral.
chiralità *f.* (*Chim*) chirality.
chirografario *a.* (*Dir*) chirographary.
chirografo *m.* (*Dir*) chirograph.
chiromante *m./f.* palmist, chiromancer.
chiromanzia *f.* palmistry, chiromancy.
chiroprassi,chiropratica *f.* chiropractic.
chiropratico (*pl.* **-ci**) *m.* chiropractor.
chiroterapeuta *m./f.* chiropractor.
chiroterapia *f.* chiropractic.
chiroterapico (*pl.* **-ci**) *a.* chiropractical.
chirotteri *m.pl.* (*Zool*) Chiroptera, chiropters.
chirurgia *f.* surgery. ☐ ~ *addominale* abdominal surgery; ~ *del freddo* cryosurgery; ~*dentaria* dental surgery; ~*di pronto soccorso* emergency surgery; ~ *d'urgenza* emergency surgery; (*Cosmet*) ~*estetica* aesthetic surgery, cosmetic surgery; ~*laser* laser surgery; ~*microinvasiva* micro-invasive surgery, keyhole surgery; ~ *minimamente invasiva* micro-invasive surgery, keyhole surgery; ~ *oncologica* surgical oncology; ~ *orale* oral surgery; ~ *pedriatica* pedriatic surgery; ~*plastica* plastic surgery; ~*radicale* radical surgery; ~ *ricostruttiva* reconstructive surgery; ~*vascolare* vascular surgery; ~*videoscopica* videoscopic surgery.
chirurgicamente *avv.* surgically: *asportare ~* to remove surgically.
chirurgico (*pl.* **-ci**) *a.* **1** (*Med*) surgical: *strumenti chirurgici* surgical instruments. **2** (*Mil*) (*mirato*) surgical.
chirurgo (*pl.* **-ghi/-gi**) *m.* surgeon.
chissà *avv.* **1** who knows, goodness knows, I wonder: ~ *chi è* goodness knows who it is; ~ *quando ci rivedremo* who knows when we'll meet again; ~ *se è tornato* I wonder if he's back. **2** (*forse*) perhaps, maybe: *verrai al cinema con noi? - ~!* will you come to the cinema with us? - Maybe! **3** (*interrogativo*) who knows?, who can tell? **4** (*dubitativo*) I wonder: ~ *come andrà a finire tutto ciò* I wonder how it will all end up. ☐ ~*chi* : **1** who knows who, goodness knows who; **2** (*tutti*) everybody, (*Br*) all and sundry, (*Am*) everybody and their brother; ~*dove* Heaven knows where, goodness knows where, who knows where, I wonder where; ~*mai* Heaven knows, (*Am*) there's no telling; ~*quando* who knows when.
chitarra *f.* (*Mus*) guitar. ☐ (*Mus*) ~*acustica* acoustic guitar; (*Mus*) ~*elettrica* electric guitar; (*Mus*) ~*hawaiana* ukulele, Hawaiian guitar.
chitarrata *f.* **1** (*brano per chitarra*) piece of guitar music. **2** (*esecuzione*) performance of

guitar music. **3** (*spreg*) (*pessima esecuzione*) strumming, chord butchering.

chitarrista *m./f.* guitarist, guitar player.

chitarrone *m.* (*Mus*) chitarrone.

chitina *f.* (*Chim*) chitin.

chitone *m.* (*Stor.gr*) chiton.

chiù *m.* (*region,Ornit*) horned owl, scops owl.

chiudenda *f.* **1** (*recinto di siepi*) hedge, enclosure. **2** (*saracinesca*) shutter, roller-shutter, blind.

chiudere (*pres.ind.* **chiùdo**; *p.rem.* **chiùsi**; *p.p.* **chiùso**) **I** *v.t.* **1** to close, to shut: ~ *la porta* to shut the door; ~ *una scatola* to close a box; ~ *un cassetto* to shut a drawer. **2** (*tirando: rif. a tende e sim.*) to draw, to pull shut: ~ *le tende* to draw the curtains. **3** (*violentemente*) to slam, to slam to, (*Br*) to bang, to bang shut: *chiuse la porta con un calcio* he kicked the door shut; (*con la chiave*) to lock. **4** (*legando: rif. a sacchi, pacchi*) to tie up. **5** (*con un coperchio*) to cover, to put the lid on. **6** (*con un tappo*) to stopper, to plug; (*con un tappo di sughero*) to cork. **7** (*rif. a libri*) to close, to shut. **8** (*rif. a oggetti pieghevoli*) to fold, to fold up, to shut up, to close: ~ *il ventaglio* to close one's fan; ~ *il paravento* to fold up the screen. **9** (*serrare*) to clutch, to clench: *chiuse la mano sul suo polso* she clenched his wrist. **10** (*spegnere*) to turn off, to switch off: (*colloq*) ~ *il televisore* to turn off the TV. **11** (*suggellare: rif. a lettere e sim.*) to seal, to seal up. **12** (*murare*) to brick up, to wall up: ~ *una porta nella parete* to brick up a door in the wall. **13** (*recintare*) to enclose; (*con una siepe*) to hedge, to hedge in, to hedge around; (*con uno steccato*) to fence (in, *Br* about). **14** (*circondare*) to ring round, to encircle, to encompass, to shut in, to surround: *la valle è chiusa da alti monti* the valley is surrounded with high mountains. **15** (*sbarrare*) to block, to block up, to bar: ~ *il passaggio* to bar the way. **16** (*porre in luogo sicuro*) to lock up, to lock away, to shut away: ~ *il denaro nella cassaforte* to lock one's money up in the safe; ~ *in carcere qcu.* to shut so. up in prison. **17** (*temporaneamente: rif. a negozi, fabbriche, scuole e sim.*) to close: *a causa dell'epidemia chiusero le scuole* the schools were closed because of the epidemic; *signori, si chiude* time, gentlemen, please; closing time, gentlemen, please. **18** (*permanentemente*) to shut down, to close down: *il giornale fu chiuso per motivi politici* the paper was closed down for political reasons. **19** (*porre termine*) to close, to bring to an end, to wind up: ~ *il dibattito* to close the debate, to wind up the debate; *l'argomento è chiuso* the matter is closed. **20** (*venire per ultimo*) to bring up the rear of, to come at the end of, to come at the bottom of: ~ *un corteo* to bring up the rear of a procession; *il suo nome chiude l'elenco* his name comes at the end (*o* at the bottom) of the list. **21** (*nei giochi di carte*) to go down, to meld. **22** (*El*) to close: ~ *il circuito* to close the circuit. **II** *v.i.* (*aus.* **avere**) **1** (*venire chiuso: rif. a negozi e sim.*) to close: *i negozi chiudono alle venti* the shops close at eight; *quando chiudono le scuole?* when does school finish?; *le scuole chiudono il quindici giugno* the schools close on the fifteenth of June, school ends on the fifteenth of June. **2** (*terminare*) to end: *la caccia chiude tra un mese* the hunting season ends in a month. **3** (*combaciare*) to close, to shut: *la finestra non chiude bene* the window doesn't shut properly. **4** (*fig*) (*troncare i rapporti*) to be through: *con te ho chiuso* get out of my life, I'm through with you. **III** *v.pron.*

chiudersi 1 (*ritirarsi*) to shut oneself up, to shut oneself away, to withdraw: *si è chiuso nella sua stanza e non vuole uscire* he has shut himself up in his room and won't come out; *chiudersi in convento* to withdraw into a convent. **2** (*serrarsi*) to close, to shut: *la porta si chiude da sé* the door shuts automatically; *la porta si chiuse senza rumore* the door closed silently. **3** (*rif. a fiori*) to close, to close up: *le campanelle si chiudono di notte* harebells close at night. **4** (*rimarginarsi*) to heal, to heal up, to close, to close up: *la ferita non si è ancora chiusa* the wound still hasn't healed up. **5** (*rif. al tempo: oscurarsi*) to cloud over (*costr.impers.*), to grow overcast (*costr.impers.*): *il tempo si sta chiudendo* it is clouding over. **6** (*fig*) to withdraw, to immure oneself: *chiudersi in se stessi* to withdraw into oneself; *chiudersi nel dolore* to withdraw into one's grief, to immure oneself in one's grief; *chiudersi nel più assoluto silenzio* to shut up like a clam, to clam up.
□ ~ *a catenaccio* to bolt; ~ *a chiave* to lock, to lock up; ~ *a doppia mandata* to double-lock; (*fig*) *chiudersi a riccio* to shut up like a clam; (*Strad*) ~ *una strada al traffico* to close a road to traffic; ~ *bene* to close properly, to shut firmly; (*colloq,fig*) ~ *bottega* to shut up shop, to close up shop; ~ *casa* to shut up house; ~ *col lucchetto* to padlock; ~ *dentro* to shut up, to shut in; ~ *fuori* to lock out, to shut out; ~ *gli occhi:* 1 to close one's eyes, to shut one's eyes: *chiudi gli occhi e indovina* shut your eyes and guess; *mi si chiudono gli occhi per il sonno* I'm so tired I can't keep my eyes open; 2 (*addormentarsi*) to fall asleep; 3 (*eufem*) (*morire*) to end one's days; ~ *gli occhi per sempre* to close one's eyes for ever; 4 (*fig*) (*voler ignorare*) to turn a blind eye; (*fig*) ~ *gli occhi all'evidenza delle cose* to close one's eyes to the truth; (*estens*) ~ *gli occhi a qcu.* (*vederlo morire*) to be at so.'s death bed; ~ *gli sportelli* (*rif. a banche*) to suspend payment and bank transactions; ~ *i battenti:* 1 to close the doors; 2 (*fig*) to close down; (*fig,rar*) *Tasso chiuse i suoi giorni a Roma* Tasso ended his days in Rome; (*scherz*) *chiudi il becco!* shut up!, pipe down!; (*Comm*) ~ *il bilancio* to close the books; ~ *il bilancio in pari* to balance the budget; (*fig*) ~ *il cuore alla pietà* to harden one's heart, (*Br*) to steel one's heart; ~ *il gas:* 1 (*temporaneamente*) to turn off the gas; 2 (*chiudere la tubazione centrale*) to shut off the gas; ~ *il pugno* to clench one's fist; ~ *il rubinetto* to turn off the water; (*Comm*) ~ *in attivo* to show a profit, to show a credit balance; ~ *qcu. in collegio* to send so. away to boarding school; (*Comm*) ~ *in perdita* to show a loss; ~ *la bocca* to close one's mouth; (*fig*) *chiudi la bocca* hold your tongue, (*colloq*) shut up; ~ *la bocca a qcu.* (*impedirgli di parlare*) to stop so. from talking, to silence so.; ~ *la parentesi:* 1 to close brackets, to close the brackets; 2 (*fig*) to end the interlude, to end the digression; *ora chiudiamo la parentesi e riprendiamo il discorso* now let's end the digression and go back to the main subject; ~ *la porta in faccia a qcu.* to shut the door in so.'s face, to slam the door in so.'s face, to close the door in so.'s face; ~ *la serratura* to lock; (*fig*) ~ *la stalla quando i buoi sono scappati* to shut the stable door after the horse has bolted, to lock the stable door after the horse has gone, to shut the stable (door) after the horse has gone; ~ *la vista* to cut off the view; ~ *l'acqua:* 1 (*temporaneamente*) to turn off the water; 2 (*chiudere la tubazione centrale*) to

shut off the water; (*Aut,colloq*) ~ *l'aria* to choke; ~ *l'inchiesta* to bring the inquiry to a conclusion, to bring the inquiry to a close; (*Fot*) ~ *l'obiettivo* to stop down; (*fig*) *chiudersi nel proprio guscio* to retire into one's shell; *chiudersi nel silenzio* to withdraw into silence; (*iperb*) *non ho chiuso occhio per tutta la notte* last night I didn't sleep a wink, I didn't get a wink of sleep all night, I didn't close my eyes all night; ~ *un buco* to fill up a hole, to fill in a hole, to block up a hole, to stop a hole; ~ *un conto* to close an account, (*in pareggio*) to balance an account; (*fig*) ~ *un conto con qcu.:* 1 to square with so., to settle with so.; 2 (*vendicarsi*) to get even with so.; (*fig*) ~ *un occhio su qcs.* to turn a blind eye to sth.; ~ *una falla* to stop a leak; ~ *una lettera:* 1 (*sigillare*) to seal a letter; 2 (*finire*) to end a letter; (*burocr*) ~ *una pratica* to wind up a case, to settle a case. *Prov. si chiude una porta, se ne apre un'altra* one door shuts, another opens.

chiudetta *f.* (*Idr*) sluice.

chiudiporta *m.inv.* door closer, automatic door closer.

chiunque I *pron.rel.inv.* **1** whoever, anyone who, anyone that; anybody who, anybody that: *lo dirò a ~ me lo chieda* I shall tell anybody who asks me. **2** (*in un numero ristretto*) whichever: ~ *di voi esca per ultimo, chiuda la porta* whichever of you is the last to leave, remember to close the door. **II** *pron.indef.* (*solo singolare*) anyone, anybody: ~ *avrebbe agito così* anyone would have done the same; *puoi capirmi meglio di ~ altro* you can understand me better than anyone else; ~ *incontriate, fermatelo* stop whoever you meet. □ ~ *sia* whoever it may be, whoever it is.

chiurlare (**chiùrlo**; *aus.* **avere**) *v.i.* to hoot.

chiurlo *m.* (*Ornit*) curlew.

chiusa *f.* **1** (*Idr*) lock, sluice. **2** (*Geol*) narrowing. **3** (*recinto di terreno*) enclosure, fence. **4** (*parte finale, conclusione*) conclusion, close, end, ending: *devo scrivere la ~ del discorso* I must write the conclusion of my speech.

chiusi → **chiudere**.

chiusino *m.* **1** manhole cover. **2** (*di fogna*) trap.

chiuso I *a.* **1** closed, shut: *la porta è chiusa* the door is shut; *il libro era ~* the book was closed. **2** (*a chiave*) locked, locked up; (*sbarrato*) barred. **3** (*sigillato*) sealed: *la lettera è ancora chiusa* the letter is still sealed. **4** (*rif. a negozi, uffici*) closed: *questo negozio il lunedì rimane ~* this shop is closed on Mondays. **5** (*spento*) off, turned off, shut off; (*colloq*) (*rif. ad apparecchio elettrico*) off, switched off: *la radio è chiusa* the radio is off. **6** (*angusto*) narrow: *una valle molto chiusa* a very narrow valley. **7** (*rif. al tempo*) overcast, cloudy: *cielo ~* overcast sky. **8** (*fig*) (*ristretto*) exclusive: *casta chiusa* exclusive caste. **9** (*fig*) (*riservato, poco espansivo*) reserved, introverted close: *carattere ~* reserved character; *è un ragazzo molto ~* he's a very reserved boy. **10** (*concluso*) settled, closed, at an end: *considero chiusa la discussione* I consider the discussion closed; *la questione è chiusa* the matter is settled. **11** (*Fon*) closed: *una "e" chiusa* a closed "e". **12** (*Econ*) closed: *economia chiusa* closed economy. **II** *m.* **1** (*luogo chiuso*) enclosure, close. **2** (*luogo senza aria né luce*) shut-in place, dark airless place. **3** (*recinto: per animali*) pen; (*per pecore*) fold. □ (*fig*) *essere ~ come un'ostrica* to be as close-mouthed as a clam; ~ *in casa* shut up at home, shut up in the house: *sta tutto il giorno chiusa in casa* she spends the whole day shut up at home; *~per ferie* closed for holidays; *~per inventario* closed for stock taking; *~ per lutto* closed: death in the family; *~per restauro* closed during restorations; *~per riposo settimanale* weekday closing; *tenere ~ qcs.*: 1 to keep sth. closed; 2 (*a chiave*) to keep sth. locked: *tenere chiusa (a chiave) la porta* to keep the door locked; *tenere chiusi a chiave i gioielli* to keep one's jewels locked up, to keep one's jewels locked away, to keep one's jewels under lock and key; 3 (*rif. a negozio*) to shut, to be shut, to be closed: *la domenica teniamo ~* we are shut on Sundays.

chiusura *f.* 1 closing, shutting, closure; (*conclusione*) ending, conclusion. 2 (*di aziende*) closing down, closure; (*temporanea*) shutdown. 3 (*termine, fine*) close, end, conclusion: *la ~ delle scuole* the end of the school year. 4 (*dispositivo*) fastener; (*allacciatura*) fastening; (*serratura*) lock; (*fermaglio*) clasp. □ (*Mecc*) *a ~automatica* automatic, self-locking, self-closing: *porta a ~ automatica* automatic door; (*Aut*) *~centralizzata* central locking, remote central locking; (*Comm*) *~dei conti* closing of accounts, balancing of accounts, settlement of accounts; (*Comm*) *~del bilancio* striking of the balance, closing of the balance, (*Am*) balancing of the books; (*Econ*) *~della borsa* close of business on the exchange; *~ delle iscrizioni* closing deadline for applications, closing date for applications, (*nelle scuole*) last day for enrolment; *la ~delle scuole* the end of the school year; *~delle trattative* ending of negotiations; (*Econ*) *~di borsa* close of business on the exchange; (*Econ*) *~di esercizio* year end closure, (*Am*) year end closing; *~di sicurezza* safety catch; *~di stabilimento* shutdown; (*Comm*) *~di un conto* closing of an account, balance of an account, striking of the balance; (*Parl*) *~di un dibattito* closure of a debate; *la ~di una fabbrica* closing of a factory, shut-down; *~ermetica* hermetic seal, hermetic sealing; *a ~ ermetica* hermetically sealed; *~ estiva* summer closing; *~infrasettimanale* closing day; *~ lampo* zip, zip fastener, zipper; (*fig*) *~mentale* narrow-mindedness.

choc /ʃɔk/ *m.inv.* shock, trauma (*anche Med*).

ci [1] (*before the unaccented personal pronouns* lo, la, le, li, ne, ci *changes to* ce; ci *is used enclitically with the infinitives, participles, gerunds, imperatives and* ecco) **I** *pron.pers.* 1 (*noi: complemento oggetto*) us: *Dio ~ vede* God sees us; *~ hai chiamato?* did you call us? 2 (*a noi: complemento di termine*) us, to us: *non ~ hanno detto nulla* they didn't tell us anything, they didn't say anything to us; *non vuoi raccontarci come è andata la faccenda?* won't you tell us what happened?; *ce lo ha scritto* he has written to us about it. 3 (*riflessivo*) ourselves, *talvolta non si traduce*: *~ laviamo* we wash, we wash ourselves. 4 (*reciproco*) each other, one another: *~ vogliamo bene* we love each other. 5 (*particella impersonale*) one, you, it (*costr.impers.*): *~ si annoia* it is boring, one gets bored; *tra amici ~ si aiuta* one (*o* you) should lend a friend a helping hand. **II** *pron.dimostr.* 1 (*rif. a cosa: di questo, a questo, su questo, da questo, in questo, con questo o sotto*) di solito viene tradotto con varie preposizioni preposte ai pronomi it, this, that, *talvolta non si traduce*: *non ~ penso* I don't think about it; *non ~ badare* don't take any notice (of it); *non ~ capisco nulla* I can't make head or tail of it; *~ penso io* I'll see to

it; *io ~ rimetto* I lose on it; *posso contarci?* can I count on it?; *quanto conti di guadagnarci?* how much do you expect to get out of it? 2 (*colloq*) (*rif. a persona*: con lui, con lei, con loro) with him, with her, with them: *ci ho fatto un viaggio insieme (con loro)* I took a trip with them; *ci parlò a lungo (con lei)* he talked to her for a long time. **III** *avv.* 1 (*lì, in quel luogo*) there: *ricordo bene l'albergo perché ~ restai parecchi giorni* I remember the hotel well, because I stayed there for several days; *non ~ vado da molti anni* I haven't been there for many years; *vacci subito!* go right away!, go there right away! 2 (*qui, in questo luogo*) here: *sto bene a Roma e ~ resterò* I like it in Rome and I intend to stay (here); *~ siamo finalmente* here we are at last. 3 (*per questo luogo*) by here, by it, by this place, by that place: *~ sono passato spesso* I have often passed by it. 4 (*pleonastico*) *non si traduce*: *in questa casa non ~ abita nessuno* nobody lives in this house; *non ~ sente bene* he doesn't hear very well, his hearing is not very good. □ *c'è* there is: *non c'è nessuno qui* there is nobody here; *c'è Carlo?* is Carlo there?, is Carlo here?; (*fig*) *~ corre* it's a far cry; *~sono* there are: *~ sono molte ragioni* there are many reasons.

ci [2] *f./m.* C, the letter C.

C.ia (*Comm*) compagnia Co., co. (company).

ciabatta *f.* 1 slipper; (*aperta dietro*) mule. 2 (*estens*) (*scarpa vecchia*) down-at-heel shoe, (*Am*) worn out shoe. 3 (*fig*) (*persona malandata*) wreck; (*cosa malandata*) old thing, rag. 4 (*pane*) flat loaf. 5 (*El*) (*dispositivo con prese multiple*) power strip. □ *portare le scarpea ~* to wear down-at-heel shoes; *esserein ciabatte* to be in one's slippers.

ciabattare (**ciabàtto**; *aus.* **avere**) *v.i.* to shuffle: *sta tutto il giorno a ~ per casa* she spends the whole day shuffling around the house.

ciabattata *f.* blow with a slipper, whack with a slipper.

ciabattino *m.* (*f.* **-a**) 1 cobbler. 2 (*fig*) bungler, botcher.

ciabattone *m.* (*f.* **-a**) 1 (*persona sciatta*) slovenly person, down-at-heel person. 2 (*pasticcione*) bungler, botcher, mess.

ciac **I** *onom.* 1 (*rif. a liquidi*) squash, squish. 2 (*rif. a rumore secco*) slap. **II** *m.* (*Cin*) clapper board. □ (*Cin*) *~!, si gira !* camera!, action!

ciacchista *m./f.* (*Cin*) clapper boy.

ciaccona *f.* (*Mus*) chaconne.

Ciad *n.pr.m.* (*Geog*) Chad.

ciak **I** *onom.* 1 (*rif. a liquidi*) squash, squish. 2 (*rif. a rumore secco*) slap. **II** *m.* (*Cin*) clapper board. □ (*Cin*) *~!, si gira !* camera!, action!

cialda *f.* 1 (*Dolc*) wafer. 2 (*Farm*) wafer sheet.

cialdone *m.* (*Dolc*) wafer: *panna e cialdoni* whipped cream with wafers.

cialtronata *f.* 1 rascally action. 2 (*lavoro malfatto*) bungle, bungling, (*Am*) lousy job. 3 (*pop*) (*vigliaccata*) rotten trick, lousy trick.

cialtrone *m.* (*f.* **-a**) 1 (*persona che lavora male*) bungler, botcher. 2 (*manigoldo*) rogue, rascal. 3 (*persona sciatta*) slovenly person.

cialtroneria *f.* 1 (*sciatteria*) slovenliness. 2 (*furfanteria*) roguery, rascality. 3 (*azione da cialtrone*) rascally action, knavish action.

ciambella *f.* 1 (*Dolc*) ring-shaped cake; (*di piccole dimensioni*) doughnut. 2 (*salvagente*) life buoy, (*Am*) lifesaver. 3 (*per neonati*) teething-ring. 4 (*cuscino*) doughnut cush-

ion. 5 (*cercine*) pad. 6 (*oggetto a forma di ciambella*) ring. □ *Prov.: non tutte le ciambelle riescono col buco* you cannot win them all; you win some, you lose some.

ciambellano *m.* chamberlain: *~ di corte* court chamberlain.

ciampicare (**ciàmpico, ciàmpichi**; *aus.* **avere**) *v.i.* (*region*) 1 (*camminare inciampando*) to stumble, to stumble along. 2 (*camminare barcollando*) to stagger, to stagger along. 3 (*camminare strascicando i piedi*) to shuffle, to shuffle along, to drag, to drag along.

ciampicone *m.* (*f.* **-a**) (*region*) 1 stumbler, staggerer. 2 (*chi striscia i piedi*) shuffler.

cianamide, **cianammide** *f.* (*Chim*) cyanamide.

cianato *m.* (*Chim*) cyanate.

ciancia (*pl.* **-ce**) *f.* 1 (*discorso vano*) idle talk, empty words *pl.*: *queste sono inutili ciance* this is just idle talk. 2 *pl.* (*fandonie*) nonsense (*costr.sing.*), rubbish (*costr.sing.*): *ciance! non ti credo* nonsense! I don't believe you.

cianciare (**ciàncio, ciànci**; *aus.* **avere**) *v.i.* to chatter, to talk idly.

ciancicare (**ciàncico, ciàncichi**) **I** *v.i.* (*aus.* **avere**) 1 (*pronunciare male*) to mumble; (*balbettare*) to stutter, to stutter out, to stammer, to stammer out. 2 (*biascicare*) to chew, to mumble, to run one's words together. 3 (*lavorare con lentezza*) to dawdle over one's work, to idle over one's work. **II** *v.t.* (*region*) (*sgualcire*) to crease. **III** *v.pron.* **ciancicarsi** (*region*) to crease, to get creased.

cianfrugliare (**cianfrùglio**) *v.t.* to bungle, to botch.

cianfruglione *m.* bungler, botcher.

cianfrusaglia *f.* 1 (*oggetto di poco valore*) knick-knack, gee-gaw. 2 *pl.* rubbish (*costr.sing.*), junk (*costr.sing.*): *la stanza era piena di cianfrusaglie* the room was full of rubbish, the room was full of knick-knacks.

ciangottare (**ciangòtto**) **I** *v.i.* (*aus.* **avere**) 1 (*parlare balbettando*) to stammer, to stutter. 2 (*rif. a bambini*) to prattle. 3 (*cinguettare*) to chirp, to twitter. 4 (*gorgogliare*) to bubble. **II** *v.t.* to stammer, to stammer out, to mumble: *~ un po' d'inglese* to stammer out a few words of English.

ciangottio *m.* 1 stammering, stuttering; (*rif. a bambini*) prattling. 2 (*cinguettio*) chirping, continual chirping, twittering. 3 (*gorgoglio*) bubbling.

cianico (*pl.* **-ci**) *a.* (*Chim*) cyanic: *acido ~* cyanic acid.

cianidrico *a.* (*Chim*) hydrocyanic: *acido ~* hydrocyanic acid, hydrogen cyanide.

ciano [1] *m.* (*Chim*) cyanide.

ciano [2] *f.inv.* (*Tip*) blueprint, cyanotype, ozalid.

cianogeno *m.* (*Chim*) cyanogen.

cianografia *f.* (*Tip*) blue printing, blueprint process.

cianografica *f.* (*Tip*) blueprint, cyanotype, ozalid.

cianografico (*pl.* **-ci**) *a.* (*Tip*) blue print (*attr.*), ozalid (*attr.*): *carta cianografica* blue print paper; *copia cianografica* blue print, cyanotype, ozalid; *procedimento ~* blue printing, ozalid-printing.

cianografo *m.* (*Tip,rar*) blueprinter.

cianosi *f.* (*Med*) cyanosis.

cianotico (*pl.* **-ci**) *a.* (*Med*) cyanotic: *labbra cianotiche* cyanotic lips.

cianotipia *f.* (*Tip*) blue printing, blueprint process.

cianotipo *f.* (*Tip*) blueprint, cyanotype, ozalid.

cianuro *m.* (*Chim*) cyanide. □ (*Chim*) ~ *di potassio* potassium cyanide; (*Chim*) ~ *di sodio* sodium cyanide.

ciao *intz.* **1** (*incontrandosi*) hello!, hi!, hi there! **2** (*congedandosi*) bye-bye!, bye!, (*Br*) cheerio!, (*Am*) so long! □ ~ *bella!* hello gorgeous!

ciaramella *f.* **1** (*ant*) (*zufolo*) shawm. **2** (*zampogna*) bagpipe.

ciarda *f.* (*danza*) czardas.

ciarla *f.* **1** (*notizia falsa*) false rumour, groundless report, (*Am*) false rumor. **2** *pl.* (*discorsi inutili*) talk (*costr.sing.*), idle talk (*costr.sing.*), chatter (*costr.sing.*), (*Am*) chit-chat (*costr.sing.*). **3** *pl.* (*sciocchezze*) nonsense (*costr.sing.*). **4** *pl.* (*chiacchiere*) chat (*costr.sing.*), talk (*costr.sing.*). **5** (*colloq*) (*scioltezza di lingua*) glibness, (*colloq*) gift of the gab.

ciarlare (**ciàrlo**; *aus.* **avere**) *v.i.* **1** (*chiacchierare vanamente*) to chatter, to chit-chat, to patter, to talk idly, to prattle. **2** (*fare pettegolezzi*) to gossip, to tittle-tattle.

ciarlatanata *f.* **1** (*rif. a parole*) quackish talking, (*Am*) snake oil. **2** (*rif. ad azione*) quackish action, humbug, (*Am*) snake oil.

ciarlataneria *f.* **1** (*arte del ciarlatano*) charlatanry, quackery. **2** (*parole da ciarlatano*) quackish talk, (*Am*) snake oil. **3** (*azione da ciarlatano*) charlatanism, piece of quackery, trickery.

ciarlatanesco *a.* charlatan (*attr.*), quackish: *discorsi ciarlataneschi* quackish talk.

ciarlatano *m.* **1** quack, (*ant*) mountebank. **2** (*medico*) quack, quack-doctor, charlatan, snake oil peddler.

ciarliero *a.* talkative, chatty, garrulous. □ ~ *come una gazza* as garrulous as a magpie.

ciarlone *m.* (*f.* -**a**) chatterbox, (*colloq*) gas-bag, wind-bag.

ciarpame *m.* rubbish, junk, odds and ends *pl.*

ciascheduno *a./pron.indef.* (*rar*) → **ciascuno**.

ciascuno (*f.* -**a**) **I** *a.* (*before singular masculine nouns beginning with a vowel or consonant except* s + *consonant* z, gn, ps, x *ciascun is truncated to* **ciascun**; *before feminine nouns beginning with a vowel becomes* **ciascun'**) **1** (*ogni*) every: *a ciascun visitatore fu offerto un piccolo ricordo* every visitor was given a small souvenir. **2** (*distributivo*) each: *ciascun bambino declamò una poesia* each child recited a poem. **II** *pron.indef.* **1** (*ogni persona, tutti*) everybody, everyone, every person, every one, every man (*f.* every woman): *a ~ il suo* give every man his due; ~ *di noi lo conosce* every one of us knows him; ~ *riceverà la sua parte* everybody will get his share. **2** (*distributivo*) each, each person, each one, each man (*f.* each woman): *pagammo due euro ~* we paid rwo euros each; *ricevettero un libro ~* they got one book each; *entrarono tre studenti, ~ con una cartella sotto il braccio* three schoolboys came in, each with a school-bag under his arm. □ *Prov.: a ~ il suo* to each his own.

cibare (**cìbo**) **I** *v.t.* (*nutrire*) to feed, to nourish (*anche fig*): ~ *i poveri* to feed the poor; ~ *qcu. di promesse* to feed so. with promises. **II** *v.pron.* **cibarsi 1** to feed, to live (*di* on), to eat (sth.): *cibarsi di frutta* to feed on fruit. **2** (*fig*) to live (*di* on), to cherish (sth.): *cibarsi di illusioni* to cherish illusions.

cibarie *f.pl.* foodstuffs, provisions.

cibernauta *m./f.* cybernaut.

cibernetica *f.* cybernetics (*costr.sing. o pl.*).

cibernetico (*pl.* -**ci**) *a.* cybernetic.

ciberspazio *m.* cyberspace.

cibo *m.* **1** food: ~ *sano* wholesome food; *cibi grassi* rich foods. **2** (*ciò che si mangia in un pasto*) meal, food: *mi è rimasto il ~ sullo stomaco* I haven't digested my meal. **3** (*pietanza*) dish: *che ~ è questo?* what dish is this? **4** (*fig*) food, nourishment: *lo studio è il ~ della mente* study is the food of the mind. □ ~ *e bevanda* food and drink; (*Rel.catt*) ~ *eucaristico* Eucharistic food; ~ *nutriente* nourishing foods; *cibi pesanti* indigestible foods; (*colloq*) ~ *spazzatura* junk food; *cibi transgenici* transgenic food.

ciborio *m.* **1** (*Arch*) ciborium. **2** (*Lit*) (*tabernacolo*) tabernacle; (*pisside*) pyx, ciborium.

cicala *f.* **1** (*Entom*) cicada, cicala. **2** (*fig*) (*chiacchierone*) chatterbox. **3** (*El*) (*cicalino*) buzzer. **4** (*Mar*) anchor ring. □ (*Zool*) ~ *di mare* squilla.

cicalare (**cicàlo**; *aus.* **avere**) *v.i.* to chatter, to chatter away, to jabber, to babble.

cicalata *f.* rigmarole, idle talk, chit-chat.

cicaleccio *m.* **1** chattering, shrill chattering, chatter, babble. **2** (*rif. a uccelli*) chirping, twittering.

cicalino *m.* (*cercapersone*) beeper, (*colloq*) beep, (*Am*) pager.

cicalio *m.* buzz, chatter.

cicalone *m.* (*f.* -**a**) (*rar*) chatterer, chatterbox.

cicatrice *f.* **1** scar: *avere il viso sfigurato da cicatrici* to have a face disfigured by scars, to have a scarred face. **2** (*fig*) scar, mark: *la disgrazia mi ha lasciato una ~ nell'animo* the misfortune has left its mark on me, the misfortune has scarred my soul. **3** (*Med,Bot*) cicatrix.

cicatricola *f.* **1** (*Bot*) hilum. **2** (*Biol*) cicatricle.

cicatriziale *a.* (*Med,Bot*) scar (*attr.*), cicatricial: *tessuto ~* cicatricial tissue.

cicatrizzante **I** *a.* (*Farm*) cicatrizant, scar-forming. **II** *m.* (*Farm*) cicatrizer.

cicatrizzare (**cicatrìzzo**) **I** *v.t.* to heal, to cicatrize, to scar. **II** *v.i.* (*aus.* **essere**) to heal, to heal up, to cicatrize. **III** *v.pron.* **cicatrizzarsi** to heal, to heal up, to cicatrize: *la ferita si è già cicatrizzata* the wound has already healed.

cicatrizzazione *f.* healing, healing up, cicatrization.

cicca[1] *f.* **1** (*colloq*) (*mozzicone*) stub, cigarette stub, cigar stub, butt, cigarette end, cigar end, (*Br,colloq*) fag end. **2** (*tabacco da masticare*) chewing tobacco, (*Br*) quid. **3** (*pop*) *non valere una ~* (*Br*) not to be worth a brass farthing, not to be worth a farthing, (*Am*) not to be worth a penny, not to be worth a nickel.

cicca[2] *f.* (*colloq*) **1** (*sostanza: gomma da masticare*) chewing gum. **2** (*tavoletta*) piece of chewing-gum, gum.

ciccaiolo *m.* (*f.* -**a**) person who picks up cigarette ends, (*estens*) bum.

ciccare (**cìcco**, **cìcchi**) **I** *v.i.* (*aus.* **avere**) (*colloq*) **1** to chew (tobacco, chewing-gum). **2** (*stizzirsi*) to sulk. **II** *v.t.* (*gerg,Sport*) to miss, to fluff.

cicchettare (**cicchétto**) **I** *v.i.* (*aus.* **avere**) (*colloq*) to tipple, (*Br*) to be fond of a drop, to be fond of a nip. **II** *v.t.* (*Mot*) to prime.

cicchetto *m.* **1** (*bicchierino di liquore*) nip, drop, (*colloq*) tot, (*Am*) shot: *bere un ~* to drink a liqueur, to drink a glass of liqueur, (*Am*) to drink a shot. **2** (*tonico*) pick-me-up. **3** (*colloq*) (*ramanzina*) dressing down, telling off. **4** (*Mot*) priming. □ *prendersi un ~* (*Br*) to get a dressing-down, (*Am*) to get yelled at.

ciccia **I** *f.* **1** (*infant*) (*carne*) meat. **2** (*scherz*) (*carne umana*) fat, flesh. **II** *intz.* (*region*) (*risposta negativa*) (*Br*) nothing doing!, (*Am*) no can do! □ (*colloq*) *hai voluto aspettare, e adesso ~!* you wanted to hold out, and where has it got you?; *mettere su ~* to put on weight, to get fat; *essere tutto ~* to be all fat.

ciccio *m.* (*region*) (*appellativo affettuoso*) honey, sugar.

cicciolo *m.* **1** (*Med*) fleshy excrescence. **2** *pl.* scraps of pork fat.

ciccione *m.* (*f.* -**a**) (*scherz*) fatty, tubby, chubby chubs.

ciccioso, cicciuto *a.* fat, fleshy.

cicerbita *f.* (*Bot*) sow thistle.

cicerchia *f.* (*Bot*) chickling.

cicero *m.* (*Tip*) cicero.

cicerone *m.* **1** (*guida*) guide, cicerone: *fare da ~ a qcu.* to act as guide to so., to show so. around. **2** (*scherz*) (*persona saccente*) know-all.

Cicerone *n.pr.m.* (*Stor.rom*) Cicero.

ciceroniano *a.* (*Stor.rom*) Ciceronian, of Cicero.

cicisbeo *m.* **1** (*Stor*) cicisbeo. **2** (*estens*) (*damerino*) gallant, ladies' man: *fare il ~* to play the gallant.

ciclabile *a.* cycle (*attr.*), for cyclists, cycling: *pista ~* bike path, bicycle path.

Cicladi *n.pr.f.pl.* (*Geog*) Cyclades, Cyclades Islands.

ciclamino **I** *m.* (*Bot*) cyclamen. **II** *a.inv.* cyclamen-coloured, cyclamen (*attr.*), (*Am*) cyclamen-colored: *una sciarpa ~* a cyclamen-coloured scarf, (*Am*) a cyclamen-colored scarf.

ciclammato *m.* (*Chim*) cyclamate.

ciclicamente *avv.* cyclically.

ciclicità *f.* cyclicity.

ciclico (*pl.* -**ci**) *a.* **1** cyclic, cyclical: *un fenomeno ~* a cyclic phenomenon. **2** (*Chim*) cyclic: *composto ~* cyclic, cyclic compound. **3** (*Lett*) cyclic: *poema ~* cyclic poem; *poeta ~* cyclic poet.

ciclismo *m.* cycling, cycle racing, bicycle racing: *gli assi del ~* the cycling aces.

ciclista *m./f.* **1** cyclist, bicyclist. **2** (*Sport*) cyclist. **3** (*chi ripara biciclette*) bicycle repairer.

ciclisti *m.pl.* (*Abbigl*) bikers' pants.

ciclistico (*pl.* -**ci**) *a.* cycling, cycle (*attr.*), bicycle (*attr.*): *gara ciclistica* cycle race.

ciclo[1] *m.* **1** cycle. **2** (*serie*) series, course: *un ~ di lezioni* a series of lessons. **3** (*colloq*) (*mestruazioni*) period, time of the month. **4** (*Inform*) loop. □ (*Lett*) ~ *arturiano* Arthurian cycle; ~ *biologico* biological cycle; (*Lett*) *il ~ bretone* the Breton cycle; (*Med*) ~ *cardiaco* cardiac cycle; (*Econ*) ~ *congiunturale* business cycle, economic cycle; ~ *dei prodotti* product life cycle; (*Biol*) ~ *del carbonio* carbon cycle; (*Chim*) ~ *dell'azoto* nitrogen cycle; ~ *di conferenze* series of lectures; (*Geol*) ~ *di erosione* cycle of erosion; (*Ind*) ~ *di lavorazione* working schedule, operation schedule; ~ *di lavoro* work cycle, duty cycle; (*Lett*) ~ *di leggende* cycle of legends; ~ *di lezioni* course of lectures; (*Ind*) ~ *di produzione* production cycle; (*Inform*) ~ *di programma* loop; (*El*) ~ *di trasformazione* reversible cycle; (*Ind*) ~ *di vita di un prodotto* life cycle; (*Econ*) ~ *economico* economic cycle; ~ *lunare* lunar cycle; *il ~ di una malattia* the course of an illness; ~ *mestruale*: 1 (*Fisiol*) menstrual cycle; 2 (*colloq*) (*mestruazioni*) period, time of the month; (*Lett*) ~ *nibelungico* Nibelungenlied; (*Inform*) ~ *nidificato* nested program; (*Fisiol*) ~ *ovarico* ovarian cycle; ~ *produttivo* production cycle; ~ *solare* solar cycle, cycle of the sun; ~ *storico* historical cycle; (*Biol*) ~ *vitale* life cycle.

ciclo[2] *m.* (*colloq*) (*bicicletta*) cycle, (*colloq*) bike.

ciclocampestre *f.* (*Sport*) (*Br*) cross-country cycle race, (*Am*) bicycle motorcross.

ciclocross *m.* (*Sport*) (*Br*) cross-country cycle race, (*Am*) bicycle motorcross.

ciclocrossista *m./f.* (*Sport*) cross-country cyclist.

cicloergometro *m.* bicycle ergometer.

ciclofurgone *m.* carrier tricycle.

cicloidale *a.* (*Geom*) cycloid, cycloidal.

cicloide *f.* (*Geom*) cycloid.

ciclometria *f.* (*Mat*) cyclometry.

ciclomotore *m.* motor bicycle, moped.

ciclomotorista *m./f.* motor bicyclist, moped rider.

ciclone *m.* **1** cyclone. **2** (*fig*) (*persona vivace*) ball of fire, tornado, dynamo: *quel ragazzo è un ~* that boy is a ball of fire. **3** (*macchina*) cyclone, cyclone machine.

ciclonico (*pl.* **-ci**) *a.* cyclonic: *area ciclonica* cyclonic region.

ciclope *m.* (*Mitol*) Cyclops.

ciclopico (*pl.* **-ci**) *a.* **1** (*Mitol*) Cyclopean. **2** (*fig*) (*gigantesco*) huge, gigantic: *costruzioni ciclopiche* huge edifices. **3** (*fig*) (*immane*) tremendous, overwhelming: *fatica ciclopica* tremendous effort.

ciclopista *f.* (*Strad*) cycle path, cycle track.

cicloraduno *m.* cycle rally.

ciclostilare (**ciclostìlo**) *v.t.* to cyclostyle, to duplicate.

ciclostilato **I** *a.* cyclostyled, duplicated. **II** *m.* handout, cyclostiled sheet.

ciclostile, ciclostìlo *m.* (*Mecc*) cyclostyle, duplicating machine.

ciclostomi *m.pl.* (*Zool*) Cyclostomata, cyclostomes.

ciclotimia *f.* (*Psic*) cyclothymia.

ciclotimico *m.* (*f.* **-a**; *pl.* **-ci**) (*Psic*) cyclothymic, cyclothyme.

ciclotrone *m.* (*Nucl*) cyclotron.

cicloturismo *m.* touring by bicycle.

cicloturista *m./f.* cycling tourist.

cicogna *f.* **1** (*Ornit*) stork. **2** (*Aer*) grasshopper. **3** (*Ferr*) haulaway. ☐ (*fig*) *è arrivata la ~* (*è nato un bambino*) the stork has paid a visit, the stork has come; *attendere la ~* (*aspettare un bambino*) to be expecting a baby.

cicoria *f.* (*Bot,Alim*) chicory.

cicuta *f.* (*Bot*) hemlock.

ciecale *a.* (*Anat*) caecal.

ciecamente *avv.* blindly: *credere ~ a qcu.* (*o qcs.*) to believe blindly in so. (*o sth.*).

cieco **I** *a.* blind (*anche fig*): ~ *d'ira* blind with rage; *passione cieca* blind passion; (*fig*) *essere ~ a qcs.* to be blind to sth. **II** *m.* **1** (*f.* **-a**; *pl.* **-chi**) blind person. **2** *pl.* the blind: *istituto per ciechi* institute for the blind. ☐ *alla cieca*: **1** blindly, gropingly; **2** (*fig*) unthinkingly, thoughtlessly: *agire alla cieca* to act unthinkingly; (*fig*) *lo vedrebbe anche un ~* even a blind man could see that; ~ *come una talpa* blind as a bat; ~ *da un occhio* blind in one eye, one-eyed; ~ *di guerra* blinded ex-serviceman; ~ *nato* person blind from birth, person born blind.

ciellenista *m./f.* (*Stor*) supporter of the CLN.

ciellino **I** *m.* (*f.* **-a**) member of the Roman Catholic movement Comunione e Liberazione. **II** *a.* of the Roman Catholic movement Comunione e Liberazione.

cielo *m.* **1** sky: ~ *sereno* clear sky, cloudless sky. **2** (*lett*) (*paradiso*) heaven, Heaven,

heavens *pl.*: *le grida arrivarono al ~* the cries reached into Heaven. **3** (*parte della volta celeste su una regione*) sky, skies *pl.*: *il ~ di Lombardia* the Lombardy sky, the skies of Lombardy. **4** (*spazio aereo*) air space: *l'aereo si trova nel ~* (*o nei cieli*) *di Roma* the aircraft is in the Rome air space. **5** (*clima*) climate, skies *pl.*: *sotto un ~ più caldo* in a warmer climate. **6** (*provvidenza, Dio*) Heaven, God: *il ~ ha voluto così* it is Heaven's will, it is God's will; *prega il ~ che ciò non avvenga* pray to Heaven that it doesn't happen. **7** (*nel sistema tolemaico: sfera celeste*) heaven: *il ~ della luna* the lunar heaven. **8** (*volta interna, soffitto*) ceiling; (*rif. ad automobili, carrozze*) top, roof. **9** (*Mecc*) crown, top. ☐ ~ *a pecorelle* mackerel sky; *dormire a ~ scoperto* to sleep out in the open (*o* in the open air); (*fig*) *a ciel sereno* (*inaspettatamente*) out of the blue; ~ *coperto* overcast sky; *non stare né in ~ né in terra* to be totally ridiculous, to be utter nonsense, to be out of this world; *cose che non stanno né in ~ né in terra* things that are out of this world; *questi prezzi non stanno né in ~ né in terra* there's neither rhyme nor reason for such prices; ~ *plumbeo* leaden sky; (*fig*) *sotto il ~* (*sulla terra*) under the sun; *il ~ stellato* the starry firmament. *Prov.*: ~ *a pecorelle, acqua a catinelle* fluffy white clouds are a sign of rain.

cif (*Comm*) *costo, assicurazione e nolo* CIF (cost, insurance and freight).

cifoscoliosi *f.* (*Med*) kyphoscoliosis.

cifosi *f.* (*Med*) kyphosis.

cifotico (*pl.* **-ci**) *a.* (*Med*) kyphotic.

cifra *f.* **1** (*Mat*) figure, digit: *cifre arabe* Arabic figures; ~ *binaria* binary digit; *numero di tre cifre* three-digit number. **2** (*somma di denaro*) sum, amount: *ho pagato una bella ~* I paid a large amount; *una ~ esigua* a small sum of money. **3** (*monogramma*) monogram, initials *pl.*: *una ~ ricamata* an embroidered monogram; *carta da lettere con le cifre* monogrammed writing paper. **4** (*codice*) cipher, cypher, code. **5** (*fig*) (*caratteristica*) feature, characteristic. ☐ ~ *approssimata*: **1** (*numero*) approximate figure; **2** (*importo*) approximate amount; ~ *astronomica* astronomical figure; (*Inform*) ~ *binaria* binary digit; (*Pol*) ~ *elettorale* electoral quotient; *in ~* in cipher, in code, code (*attr.*): *messaggio in ~* message in code; *trasmettere in ~* to trasmit in code; ~ *lorda* gross figure; (*Mat*) ~ *ottale* octal digit; ~ *record*: **1** record number; **2** (*importo*) record amount; (*Mat*) *cifre significative* significant numbers; ~ *tonda* round figure, round number; *fare ~ tonda* to round off a figure, to make a round figure; ~ *totale* total sum, total figure.

cifrare (**cìfro**) *v.t.* **1** (*tradurre in cifra*) to code, to put into code, to cipher: ~ *un messaggio* to code a message. **2** (*ricamare con monogramma*) to monogram, to embroider with a monogram: ~ *la biancheria* to embroider linen with a monogram.

cifrario *m.* code, code book, cipher book.

cifrato *a.* **1** (*espresso in cifra*) coded, in code, code (*attr.*), cipher (*attr.*): *messaggio ~* coded message. **2** (*con monogramma*) monogrammed, with initials: *fazzoletto ~* monogrammed handkerchief.

cifratura *f.* **1** (*traduzione in cifra*) coding, ciphering. **2** (*ricamo*) monogramming, embroidering with initials.

cifrista *m./f.* coder, cipherer.

CIG *Cassa integrazione guadagni* (redundancy fund).

cigiellino *m.* (*f.* **-a**) member of the CGIL.

cigiellista *m./f.* member of the CGIL.

ciglia *f.pl.* → **ciglio**.

cigliato *a.* (*Biol,Bot*) ciliated, ciliate.

ciglio (*pl.* **i cìgli, le cìglia**; *in a concrete sense the* **-a** *form of the plural is used, in a figurative sense the* **-i** *form*) *m.* **1** eyelash: *ciglia folte* thick eyelashes. **2** (*estens*) (*sopracciglio*) brow, eyebrow: *aggrottare le ciglia* to knit one's brows. **3** (*fig*) (*orlo*) edge, brink, verge, rim: *il ~ del fosso* the edge of the ditch, the brink of the ditch; *camminare sul ~ della strada* to walk along the edge of the road. **4** (*fig*) (*sguardo*) eyebrows *pl.*: *abbassare le ciglia* to lower one's eyebrows. **5** (*Biol,Bot*) cilium. ☐ (*fig*) *a ~ asciutto* (*senza piangere*) dry-eyed.

ciglione *m.* **1** embankment, bank. **2** (*orlo di precipizio*) edge, brink, verge: *il sentiero corre lungo il ~* the path runs along the edge.

cigno *m.* (*Ornit*) **1** swan. **2** (*femmina*) pen. **3** (*giovane*) cygnet. ☐ (*fig*) *il ~ di Busseto* (*Verdi*) the Swan of Busseto; (*Ornit*) ~ *nero* black swan.

Cigno *n.pr.m.* (*Astr*) Cygnus, Swan.

cigolare (**cìgolo**; *aus.* **avere**) *v.i.* **1** to creak, to squeak: *la porta cigola* the door creaks. **2** (*sotto un peso*) to groan.

cigolio *m.* **1** creaking, squeaking. **2** (*sotto un peso*) groaning.

Cile *n.pr.m.* (*Geog*) Chile.

cilecca *f.* (*region*) (*burla*) teasing, joke, banter. ☐ *fare ~*: **1** (*rif. ad arma da fuoco*) to misfire; **2** (*estens*) (*non riuscire allo scopo*) to miss, to fail, (*Br*) to be no go (*costr.impers.*), (*Am*) to be no good (*costr.impers.*): *sperava di riuscire, ma ha fatto ~* he hoped to succeed, but he got nowhere; he hoped to succeed, but it was no go; **3** (*venir meno*) to fail: *le gambe gli facevano ~* his legs failed him.

cileno **I** *a.* Chilean. **II** *m.* (*f.* **-a**) Chilean.

cilestrino *a.* (*lett*) (*celeste*) light blue, pale blue, sky-blue.

ciliare *a.* ciliary: *arco ~* ciliary body.

ciliati *m.pl.* (*Zool*) Ciliata.

cilicio *m.* **1** hair shirt, cilice. **2** (*fig*) torture, torment: *queste scarpe strette sono un vero ~* these tight shoes are a real torment.

ciliegeto *m.* cherry orchard.

ciliegia (*pl.* **-gie/-ge**) **I** *f.* cherry. **II** *a.inv.* cherry-red (*attr.*), cherry-coloured, (*Am*) cherry-colored: *color ~* cherry-red. ☐ (*Bot,Alim*) ~ *duracina* bigarreau; (*Gastron*) *ciliegie sotto spirito* maraschino cherries; (*fig*) *una ~ tira l'altra* one thing leads to another.

ciliegina *f.* **1** small cherry. **2** (*ciliegia candita*) candied cherry. ☐ (*fig*) *la ~ sulla torta*: **1** the icing on the cake; **2** (*iron*) (*rif. ad avvenimenti spiacevoli*) the last straw.

ciliegino *m.* (*Bot,Alim*) cherry tomato.

ciliegio *m.* **1** (*Bot*) cherry, cherry tree. **2** (*legno*) cherry, cherry wood.

cilindrare (**cilìndro**) *v.t.* **1** (*Tecn*) to roll, to put through a roller. **2** (*Tess,Cart*) to calender. **3** (*Strad*) to roll, to press.

cilindrata *f.* **1** (*Mot*) displacement, piston displacement, swept volume, (*colloq*) engine size: *automobili di grossa ~* high-powered cars, (*Am*) large block cars; *automobili di piccola ~* low-powered cars, (*Am*) small block cars. **2** (*Cart*) charge.

cilindratura *f.* **1** (*Tecn*) rolling. **2** (*Tess,Cart, Pell*) calendering. **3** (*Strad*) rolling, pressing.

cilindrico (*pl.* **-ci**) *a.* **1** cylindric, cylindrical: *superficie cilindrica* cylindrical surface. **2** (*Mecc*) (*rif. ad albero, mozzo ecc.*) parallel.

cilindro *m.* **1** (*Geom*) cylinder. **2** (*cappello*) top hat. **3** (*Mecc,Mot,Tip*) cylinder: *usura del ~* cylinder wear. **4** (*Mecc*) (*rullo*) roll, roller, drum, barrel. **5** (*Tess,Cart*) calender. ☐

(*Mot*) ~*con alette* finned cylinder; (*Chim*) ~ *graduato* graduated cylinder; (*Mecc*) ~*motore* working cylinder, cylinder; (*Tip*) ~*per stampa* printing roll.

cima *f.* **1** (*punta*) top, tip: *la ~ del campanile* the top of the bell tower. **2** (*di albero*) top. **3** (*vetta, monte*) top, summit, peak: *la ~ del monte* the top of the mountain, the peak of the mountain; *il monte Bianco è la ~ più alta delle Alpi* Mont Blanc is the highest peak in the Alps. **4** (*estremità*) end, tip: *la ~ della corda* the end of the rope. **5** (*parte superiore*) top, head; (*parte anteriore*) head: *camminare in ~ al corteo* to walk at the head of the procession. **6** (*orlo*) edge, border: *sedere in ~ alla sedia* to sit on the edge of the chair. **7** (*colloq*) (*persona intelligente*) genius: *il ragazzo non è una ~, ma è molto studioso* the boy's no genius, but he studies hard. **8** (*Mar*) (*cavo*) rope, hemp rope, cable, line. **9** (*Gastron*) stuffed breast of veal. □ *da ~a fondo* : **1** from top to bottom; **2** (*dal principio alla fine*) from beginning to end: *leggere un libro da ~ a fondo* to read a book from beginning to end, to read a book from cover to cover; **3** (*da capo*) all over again; (*Bot,Alim*) *cimedi rapa* greens;*in ~* (*a*) at the top (of), on top (of): *in ~ alla pagina* at the head of the page, at the top of the page; *quella vacanza è in ~ ai miei pensieri* that holiday dominates my thoughts, that holiday is my chief thought.

cimali *n.pl.* (*di albero*) lop *sing.*

cimare (**cìmo**) *v.t.* **1** to trim, to clip, (*rif. ad alberi*) to lop, (*Br*) to poll. **2** (*Tess*) to shear, to clip.

cimasa *f.* **1** (*Arch*) cymatium, moulding. **2** (*nei mobili*) frieze. **3** (*Edil*) coping.

cimata *f.* **1** trim, trimming, clipping; (*rif. ad alberi*) polling, lopping. **2** (*Tess*) shearing, clipping.

cimatore *m.* **1** (*Tess*) clipper, shearer. **2** (*Agr*) poller.

cimatrice *f.* (*Tess*) shearing machine.

cimatura *f.* **1** (*Tess*) shearing, clipping; (*peluria tagliata*) sheared nap, clippings *pl.* **2** (*Agr*) polling; (*cime tagliate*) toppings *pl.* **3** (*nell'industria del petrolio*) topping.

cimbalo *m.* **1** harpsichord. **2** (*rar*) (*piatto del gong*) metal plate of a gong. **3** *pl.* cymbals. □ (*fig*) *essere in cimbali* to be tipsy.

cimbro I *a.* (*Stor*) Cimbrian, Cimbric. II *m.* (*Stor*) Cimbrian: *i Cimbri* the Cimbri.

cimelio *m.* **1** (*oggetto prezioso*) curio, curiosity, antique. **2** (*ricordo, reliquia*) relic, memento: *cimeli garibaldini* Garibaldian relics. **3** (*scherz*) (*anticaglia*) junk. **4** (*scherz*) (*persona*) fossil.

cimentare (**ciménto**) I *v.t.* (*rar*) **1** (*mettere alla prova*) to put to the test, to try: *~ la fedeltà dell'amato* to put a lover's faithfulness to the test. **2** (*rischiare*) to risk, to venture: *~ la vita* to risk one's life. **3** (*provocare*) to provoke, to goad, to goad on: *lo cimentavano con scherzi e dispetti* they provoked him with banter and teasing. II *v.pron.* **cimentarsi** **1** (*avventurarsi*) to engage (*in* in), to venture, to venture upon, to take on (sth.): *cimentarsi in una difficile impresa* to engage in a difficult enterprise. **2** (*mettersi alla prova*) to try, to put oneself to the test, to test oneself, to test one's ability: *cimentarsi con una difficile traduzione* to test one's ability to do a difficult translation. **3** (*competere*) to compete (*con* with), to try one's strength, to measure oneself, to measure oneself against.

cimento *m.* **1** (*prova*) test, trial. **2** (*rischio*) risk, danger, hazard. **3** (*Edil*) stress, strain: ~

dinamico dynamic stress. □ **mettere a ~**: **1** (*rischiare*) to risk, to endanger: *mettere a ~ la vita* to stake one's life, to risk one's life; **2** (*provare*) to try, to try to the limit, to put to the test: *mettere a ~ la pazienza di qcu.* to try so.'s patience (to the limit).

cimice *f.* **1** (*Entom*) bug, bed bug. **2** (*puntina da disegno*) drawing pin. **3** (*microspia*) bug.

cimiciaio *m.* **1** bug-infested place, place crawling with bugs. **2** (*fig*) (*casa sudicia*) pigsty, filthy house.

cimicioso *a.* (*pieno di cimici*) bug-ridden, bug-infested, full of bugs (*posposto*).

cimiciotto *m.* (*Bot*) black horehound.

cimiero *m.* **1** crest. **2** (*poet*) (*elmo*) helmet. **3** (*Arald*) crest.

ciminiera *f.* **1** (*di fabbrica*) chimney, factory chimney, smokestack. **2** (*di nave*) funnel, smokestack. **3** (*di locomotiva*) funnel, chimney, (*Am*) smokestack.

cimiteriale *a.* **1** cemetery (*attr.*), graveyard (*attr.*), churchyard (*attr.*): *iscrizioni cimiteriali* graveyard inscriptions; *poesia ~* cemetery poetry. **2** (*fig*) gloomy, funereal.

cimitero *m.* **1** graveyard, cemetery; (*annesso a una chiesa*) churchyard. **2** (*fig*) (*luogo deserto*) tomb, morgue. □ *~degli elefanti* elephants' burial ground; *~delle automobili* car dump, car cemetery; *~ di guerra* war cemetery; (*fig*)*mandare qcu.al ~* to send so. to the grave.

cimolo *m.* (*Bot,Alim*) tender top, top; (*di lattuga*) head.

cimometro *m.* (*El*) cymometer, wave-meter.

cimosa *f.* **1** (*Tess*) selvage, selvedge. **2** (*cancellino*) blackboard duster, duster, eraser.

cimoso *a.* (*Bot*) cymose.

cimurro *m.* **1** (*Veter*) distemper. **2** (*scherz*) (*forte raffreddore*) bad cold, nasty cold.

CIN *codice di controllo* (control internal number).

Cina *n.pr.f.* (*Geog*) China.

cinabro *m.* **1** (*Min*) cinnabar. **2** (*colore*) vermilion, cinnabar red.

cincia (*pl.* **-ce**) *f.* (*Ornit*) tit, titmouse.

cinciallegra *f.* (*Ornit*) great tit, great titmouse.

cinciarella *f.* (*Ornit*) blue tit.

cincillà ,**cincilla** *m./f.* **1** (*Zool*) chinchilla. **2** (*pelliccia*) chinchilla, chinchilla fur.

cincin ,**cin cin** *onom.* cheers, here's to you, (*Br*) cheerio. □ *fare ~* to clink glasses, to make a cheer, to toast, to make a toast.

Cincinnato *n.pr.m.* (*Stor.rom*) Cincinnatus.

cincischiamento *m.* **1** (*lo sgualcire*) crumpling, crushing, creasing. **2** (*il tagliuzzare*) clumsy cutting, chopping about. **3** (*cattiva pronuncia*) mumbling.

cincischiare (**cincìschio, cincìschi**) I *v.t.* **1** (*sgualcire*) to crumple, to crush, to crease: *cincischiava tra le mani un fazzoletto* he was crumpling a handkerchief in his hands. **2** (*tagliuzzare malamente*) to hack. **3** (*fig*) (*pronunciare male*) to mumble, to mutter: *cincischiò qualche parola* he mumbled (*o* muttered) something. II *v.i.* (*aus.* avere) (*perdere tempo*) to mess around, to fiddle around, (*Br*) to potter about, (*Am*) to fart around: *aiutami, invece di star lì a ~* help me, instead of just messing around there. III *v.pron.* **cincischiarsi** (*sgualcirsi*) to become crumpled, to get creased, to be crushed: *mi si è cincischiato l'abito* my suit has got creased, my suit has got crumpled.

cincona *f.* (*Bot*) cinchona.

cineamatore *m.* (*f.* **-trice**) amateur filmmaker, film amateur.

cineasta *m./f.* **1** person professionally con-

nected with films; (*colloq*) person in films. **2** (*regista*) director; (*produttore*) producer, filmmaker, (*Am*) moviemaker.

cinecamera *f.* cinecamera, (*Am*) movie camera.

cineclub *m.inv.* film club.

cinedilettante *m./f.* amateur filmmaker, film amateur.

cinedilettantismo *m.* amateur filmmaking.

cinefilia *f.* enthusiam for the cinema, (*Am*) love for the movies.

cinefilo *a.* enthusiast of the cinema, film enthusiast; (*colloq*) film buff, (*Am*) movie freak.

cineforum *m.inv.* **1** (*dibattito*) discussion after a film show. **2** (*cineclub*) film society, film club.

cinegiornale *m.* newsreel.

cinelandia *f.* (*ant*) film world.

cinema *m.* **1** (*locale*) cinema, picture house, (*Am*) motion-picture theater, (*Am,colloq*) movie theater: *andare al ~* to go to the cinema, (*spec. Am*) to go to the movies; *il ~ era affollatissimo* the cinema was packed. **2** (*arte*) the cinema, films *pl.*, (*spec. Am*) movies *pl.* **3** (*industria*) cinema, (*Am*) motion-picture industry. **4** (*fig*) show, sight: *era un ~ vedere i tifosi agitarsi e gridare* it was a real show to see the fans shouting and getting excited. □ *~all'aperto* open-air cinema; *~d'essai* art house, art cinema, experimental cinema; *fare del ~* to be in the movies; *~multisala* multiplex; *~muto* silent films (*pl.*); *~sonoro* talking films (*pl.*), sound films (*pl.*), (*colloq*) talkies (*pl.*); *~ sperimentale* experimental cinema.

cinemascope *m.inv.* CinemaScope.

cinemateatro *m.* cinema theatre, (*Am*) movie theater.

cinematica *f.* (*Fis*) kinematics (*costr.sing.*).

cinematico (*pl.* **-ci**) *a.* (*Fis*) kinematic, kinematical.

cinematografare (**cinematògrafo**) *v.t.* to film, to shoot.

cinematografaro *m.* (*spreg*) second-rate producer.

cinematografia *f.* **1** (*arte e tecnica*) cinematography. **2** (*industria*) cinema, motion-picture industry.

cinematograficamente *avv.* cinematographically.

cinematografico (*pl.* **-ci**) *a.* film (*attr.*), cinematographic, cinema (*attr.*), (*Am*) motion picture (*attr.*), cine (*attr.*), (*Am,colloq*) movie (*attr.*): *macchina cinematografica* cinecamera, (*Am*) movie camera.

cinematografo *m.* **1** (*locale*) cinema, picture house, (*Am*) motion-picture theater, (*Am, colloq*) movie theater. **2** (*arte*) the cinema, films *pl.*, (*spec. Am*) movies *pl.* **3** (*industria*) cinema, (*Am*) motion-picture industry. **4** (*fig*) show, sight.

cineparco (*pl.* **-chi**) *m.* (*rar*) drive-in cinema.

cinepresa *f.* cinecamera, (*Am,colloq*) movie camera. □ *~a passo ridotto* narrow-film camera, sub-standard camera; *~ sonora* sound movie camera, (*Br*) sound cine-camera.

cinerama *m.* Cinerama: *film in ~* Cinerama film.

cineraria *f.* (*Bot*) cineraria.

cinerario I *a.* cinerary: *urna cineraria* cinerary urn, cinerary vase, burial urn. II *m.* **1** ash pit, ashpan, ash box. **2** (*Archeol*) cinerary urn, cinerary vase.

cinereo *a.* **1** ash-grey, ashy, ash-coloured: *cielo ~* ash-grey sky. **2** (*pallido*) ashen, deadly pale: *volto* ~ ashen face.

cinerino *a.* light grey, ash-grey.

cineromanzo *m.* (*Giorn*) photo-strip story.

cinescopio *m.* (*TV*) television tube, kinescope.

cinese I *a.* Chinese, China (*attr.*). **II** *m.* (*lingua*) Chinese. **III** *m./f.* (*abitante*) Chinese, Chinaman (*f.* -woman): *i cinesi* the Chinese; ~ *mandarino* Mandarin Chinese.

cineseria *f. spec.pl.* chinoiserie.

cinesica *f.* kinesics (*costr.sing.*).

cinesiologia *f.* (*Med*) kinesiology.

cinesiterapia *f.* (*Med*) kinesitherapy, kinesiatrics (*costr.sing.*).

cinesiterapista *m./f.* (*Med*) kinesipathist.

cineteca *f.* film library.

cinetica *f.* (*Fis*) kinetics (*costr.sing.*). □ (*Fis*) ~ *dei gas* kinetic theory of gases.

cinetico (*pl.* -ci) *a.* (*Fis*) kinetic: *energia cinetica* kinetic energy.

cingalese I *a.* Sinhalese. **II** *m.* (*lingua*) Sinhalese, Singhalese. **III** *m./f.* (*abitante*) Sinhalese, Singhalese.

cingallegra *f.* (*Ornit,rar*) (*cinciallegra*) great tit, great titmouse.

cingere (*pres.ind.* **cìngo, cìngi**; *p.rem.* **cìnsi**; *p.p.* **cìnto**) *v.t.* **1** (*circondare*) to surround, to encircle, to encompass: ~ *la città di mura* to surround the city with walls. **2** (*legare intorno*) to tie round; (*alla vita*) to gird: ~ *la vita con una fascia* to gird the waist with a sash. **3** (*circondare con le braccia*) to put the arms around, to encircle: *le cinse le spalle con un braccio* he put an arm round her shoulders. □ ~ *d'alloro* to wreathe with laurel, to crown with laurel; ~ *d'assedio* to besiege, to lay siege to; ~ *la corona* to put on the crown, to assume the crown, (*fig*) to be crowned; ~ *la spada* to buckle on one's sword, to gird one's sword, to gird on one's sword, to gird the sword (*anche fig*); (*fig*) ~ *la spada a qcu.* to knight so.; ~ *le armi* to take up arms.

cinghia *f.* **1** strap. **2** (*cintura*) belt. **3** (*Mecc*) belt. □ ~ *d'acciaio* steel belt; *la* ~ *dei pantaloni* trouser belt; (*Aut*) ~ *del ventilatore* fan belt; ~ *di gomma* rubber belt; (*Mecc*) ~ *di trasmissione* driving belt; (*Mecc*) ~ *trapezoidale* cone belt, V-shaped belt, fan belt.

cinghiale *m.* **1** (*Zool*) wild boar. **2** (*Pell*) pigskin: *guanti di* ~ pigskin gloves.

cinghiata *f.* blow with a belt, blow with a strap: *prendere qcu. a cinghiate* to thrash so. with a belt.

cingolato I *a.* tracked, caterpillar (*attr.*), (*Am*) crawler (*attr.*): *mezzo* ~ tracked vehicle; *ruote cingolate* caterpillar wheels. **II** *m.* tracked vehicle.

cingoletta *f.* (*Mil,Aut*) small tracked vehicle.

cingolo *m.* **1** (*Mecc*) track. **2** (*Lit*) girdle. □ *a cingoli* tracked, caterpillar (*attr.*), (*Am*) crawler (*attr.*): *autocarro a cingoli* tracked car; *trazione a cingoli* caterpillar drive.

cinguettare (**cinguétto**; *aus.* **avere**) *v.i.* **1** to twitter, to chirp, to chirrup: *gli uccelli cinguettano* the birds are chirping. **2** (*fig*) (*balbettare: rif. a bambini*) to lisp, to prattle, to babble. **3** (*fig*) (*chiacchierare*) to twitter.

cinguettio *m.* **1** twittering, chirping. **2** (*fig*) (*balbettio di bambini*) lisping. **3** (*fig*) (*chiacchierio*) twittering.

cinicamente *avv.* cynically.

cinico I *a.* **1** cynical: *un sorriso* ~ a cynical smile. **2** (*Filos*) Cynic. **II** *m.* **1** (*f.* -**a**; *pl.* -**ci**) cynic. **2** (*Filos*) Cynic.

ciniglia *f.* (*Tess*) chenille.

cinipe *f.* (*Entom*) gall wasp, cynipid.

cinismo *m.* **1** cynicism: *agire con* ~ to behave with cynicism, to behave cynically. **2**

(*Filos*) Cynicism.

cinnamomo *m.* (*Bot*) cinnamom, Cinnamomum.

cinocefalo I *m.* (*Zool,Mitol*) cinocephalus. **II** *a.* cynocephalous, dog-headed.

cinodromo *m.* dog-racing track.

cinofilia *f.* interest in dogs, love of dogs.

cinofilo I *m.* (*f.* -**a**) **1** dog lover. **2** (*allevatore*) dog breeder, selective dog breeder. **II** *a.* **1** dog-loving. **2** (*che utiliza i cani*) dog (*attr.*): *unità cinofila* dog unit, (*Am*) canine unit, K-9 unit.

cinquanta I *a.inv.* fifty: ~ *euro* fifty euros; *gli anni* ~ the fifties. **II** *m.inv.* fifty.

cinquantamila I *a.inv.* fifty thousand. **II** *m.inv.* fifty thousand.

cinquantenario *m.* fiftieth anniversary: *il* ~ *della nascita di un artista* the fiftieth anniversary of an artist's birth.

cinquantennale *a.* **1** (*che dura cinquant'anni*) fifty-year-long (*attr.*); fifty years long (*posposto*). **2** (*che ricorre ogni cinquant'anni*) that occurs every fifty years (*posposto*).

cinquantenne I *a.* fifty-year-old (*attr.*); fifty years old (*posposto*). **II** *m./f.* fifty-year-old man (*f.* woman), man (*f.* woman) of fifty.

cinquantennio *m.* fifty years *pl.*, period of fifty years: *nell'ultimo* ~ *il paese ha avuto otto presidenti* in the last fifty years the country has had eight Presidents.

cinquantesimo I *a.* fiftieth: *nel* ~ *giorno* on the fiftieth day. **II** *m.* (*f.* -**a**) fiftieth: *essere il* ~ *della fila* to be (the) fiftieth in the queue.

cinquantina *f.* about fifty, some fifty, fifty or so: *una* ~ *di persone* about fifty people. □ *ha passato la* ~ he is over fifty, he is in his fifties; *sarà sulla* ~ he must be in his fifties; *essere vicino alla* ~ to be nearly fifty.

cinque I *a.inv.* five: *dramma in* ~ *atti* five-act play; *un biglietto da* ~ *sterline* a five-pound note, (*colloq*) a fiver. **II** *m.inv.* **1** five. **2** (*nelle date*) fifth: *oggi è il* ~ *di settembre* today is the fifth of September, today is September the fifth. **III** *f.pl.* five, five o'clock: *sono le* ~ *in punto* it's exactly five o'clock; *il treno arriva alle* ~ *e dieci minuti* the train arrives at ten past five, the train arrives at five-ten; *alle* ~ at five o'clock. □ *di* ~ *anni* five-year-old (*attr.*); of five (*posposto*): *un bambino di* ~ *anni* a five-year-old boy, a boy of five.

cinquecentesco *a.* sixteenth-century (*attr.*), of the sixteenth century (*posposto*); (*rif. all'Italia*) of the Cinquecento (*posposto*), Cinquecento (*attr.*): *la poesia cinquecentesca* the poetry of the Cinquecento, sixteenth-century poetry.

cinquecentina *f.* (*libro del Cinquecento*) book from the 1500s.

cinquecentista *m.* **1** sixteenth-century poet, sixteenth-century writer, sixteenth-century artist; (*italiano*) cinquecentist. **2** (*studioso*) sixteenth-century historian.

cinquecento I *a.inv.* five hundred: ~ *euro* five hundred euros. **II** *m.inv.* five hundred.

Cinquecento *m.* **1** sixteenth century. **2** (*rif. all'arte e letteratura italiane*) Cinquecento: *i poeti del* ~ the poets of the Cinquecento.

cinquefoglie *m.inv.* (*Bot*) cinquefoil.

cinquemila *a.inv.* five thousand: (*Sport*) *correre i* ~ *metri* to run the 5,000 meter race. **II** *m.inv.* five thousand.

cinquina *f.* **1** (*cinque cose*) five, set of five. **2** (*nella tombola*) five-number row. **3** (*nel lotto: giocata*) five numbers played; (*numeri estratti*) series of five winning numbers. **4** (*Mil,Teat*) (*paga*) five-days' pay.

cinsi → **cingere**.

cinta *f.* **1** (*cerchia di mura*) circle, circle of walls, walls *pl.*, surrounding walls *pl.*: *la* ~ *del castello* the castle walls *pl.* **2** (*recinto, muro di protezione*) wall, enclosure wall: *la* ~ *del giardino* the garden wall. **3** (*perimetro*) perimeter, periphery, bounds *pl.*, outer limits *pl.*, circuit: *la* ~ *della città si è allargata* the perimeter of the town has widened. **4** (*region*) (*cintura*) belt. □ ~ *daziaria* customs barrier, town customs barrier, customs boundary; ~ *fortificata* enceinte, line of fortification; ~ *muraria* curtain walls (*pl.*).

cintare (**cìnto**) *v.t.* to fence, to fence in, to sorround; (*con mura*) to wall.

cinto¹ *m.* (*cintura*) belt, girdle. □ (*Zool*) ~ *di Venere* Venus's girdle; (*Med*) ~ *erniario* truss.

cinto² → **cingere** *a.* (*circondato*) surrounded, enclosed, encircled.

cintola *f.* **1** (*vita*) waist. **2** (*cintura*) belt. □ *portare qcs. alla* ~ to have sth. hanging from one's belt, to wear sth. attached to one's belt; *dalla* ~ *in giù* from the waist down; *dalla* ~ *in su* from the waist up.

cintura *f.* **1** belt, (*lett*) girdle; (*di tessuto*) sash; (*per gonna, calzoni*) waistband. **2** (*vita*) waist: *il golf mi arriva appena sotto la* ~ the sweater comes just below my waist. **3** (*fig*) belt. **4** (*Sport*) waist-lock; (*nel judo, pugilato*) belt. **5** (*Anat*) girdle. □ ~ *della spada* sword-belt; (*Mediev*) ~ *di castità* chastity belt; ~ *di salvataggio* lifebelt; (*Aut,Aer*) ~ *di sicurezza* seat belt, safety belt; *allacciare la* ~ *di sicurezza* (o *allacciarsi la* ~ *di sicurezza*): 1 (*Aer*) to fasten one's seat belt; 2 (*Aut*) to buckle up; (*Sport*) ~ *nera* black belt; (*Anat*) ~ *pelvica* pelvic girdle; (*Anat*) ~ *scapolare* shoulder girdle.

cinturato I *a.* (*Aut*) radial ply (*attr.*): *pneumatico* ~ radial ply tyre. **II** *m.* (*Aut*) radial-ply tyre.

cinturino *m.* **1** strap; (*dell'orologio*) watch strap, (*Am*) watch band. **2** (*delle scarpe*) shoestrap. **3** (*Mil*) (*per appendere la sciabola*) sword belt.

cinturone *m.* (*Mil*) holster belt.

cinz *m.* (*Tess*) chintz.

Cinzia *n.pr.f.* Cynthia.

ciò *pron.dimostr.* that, this, it: ~ *è vero* that is true; ~ *mi dispiace* I am sorry about it. □ *a* ~ (*a tal fine*) to this end, for that purpose; (*lett*) *a* ~ *che* (*acciocché*) so that, in order that; ~ *che* what: ~ *che mi dici è molto grave* what you tell me is very serious; *fai* ~ *che preferisci* do as you like, do what you like; *con* ~ therefore, so, consequently; *e con* ~? so what?, and so?; *con tutto* ~ (*nonostante tutto*) in spite of all this, for all that, for all this, for all that: *con tutto* ~ *dovrai andare a casa* in spite of all this, you'll have to go home; ~ *detto, uscì di casa* with this he left the house, this having said he left the house; ~ *nondimeno* (o ~ *nonostante*) nevertheless, in spite of this: ~ *nonostante hai torto* nevertheless, you are wrong; *tutto* ~: 1 (*ogni cosa*) everything, all: *tutto* ~ *è giusto* that is all quite true; 2 (*qualunque cosa*) whatever: *farò tutto* ~ *che desideri* I'll do whatever you wish, I'll do everything you wish, I'll do as you wish.

CIO (*Sport*) *Comitato internazionale olimpico* IOC (International Olympic Committee).

ciocca *f.* **1** (*di capelli*) lock, quiff: *i capelli le cadevano a ciocche sulla fronte* her hair fell in locks on her forehead. **2** (*di peli, erbe*) tuft. **3** (*region*) (*di fiori, frutti, foglie*) bunch, cluster.

ciocco (*pl.* -**chi**) *m.* **1** (*ceppo da ardere*) log.

2 (*fig*) (*persona sciocca*) blockhead, dolt.

cioccolata I *f.* (*Dolc*) **1** (*bevanda*) chocolate, drinking chocolate: ~ *con panna* hot chocolate with whipped cream. **2** (*cioccolato*) chocolate. **II** *a.inv.* chocolate, chocolate-coloured, (*Am*) chocolate-colored: *color* ~ chocolate-coloured, (*Am*) chocolate-colored.

cioccolataio *m.* (*f.* **-a**) **1** (*fabbricante*) chocolate manufacturer. **2** (*venditore*) chocolate seller. □ *fare una figura da* ~ to cut a sorry figure.

cioccolatiera *f.* chocolate pot.

cioccolatiere *m.* (*f.* **-a**) **1** (*fabbricante*) chocolate manufacturer. **2** (*venditore*) chocolate seller.

cioccolatino *m.* (*Dolc*) chocolate: *una scatola di cioccolatini* a box of chocolates. □ (*Dolc*) ~ *al liquore* liqueur-filled chocolate.

cioccolato *m.* (*Dolc*) chocolate. □ (*Dolc*) ~ *al latte* milk chocolate; (*Dolc*) ~ *amaro* dark chocolate; (*Dolc*) ~ *bianco* white chocolate; (*Dolc*) ~ *extra* best-quality chocolate, premium chocolate; (*Dolc*) ~ *fondente* bitter chocolate; (*Dolc*) ~ *in polvere* powdered chocolate; (*Dolc*) ~ *mandorlato* chocolate with almonds.

Ciociaria *n.pr.f.* (*Geog*) Ciociaria.

ciociaro I *a.* of Ciociaria, from Ciociaria. **II** *m.* **1** (*dialetto*) dialect of Ciociaria. **2** (*f.* **-a**) (*abitante*) inhabitant of Ciociaria.

cioè *avv.* **1** that is, ie., i.e., namely, viz: *verrò tra un'ora,* ~ *alle cinque* I'll come in an hour's time, that is, at five o'clock. **2** (*o piuttosto*) or rather, or better: *verrò,* ~ *ti telefonerò domani* I'll come, or rather I'll phone you tomorrow. **3** (*per lo meno*) at least, at any rate. **4** (*interr.*) what does that mean precisely?, namely?, what do you mean?

ciondolamento *m.* **1** (*il penzolare*) dangling. **2** (*il bighellonare*) lounging about, idling, loafing.

ciondolare (**ciòndolo**) **I** *v.i.* (*aus.* **avere**) **1** to dangle, to hang, to hang loosely: *lasciar* ~ *le braccia* to let one's arms hang loosely; *un panno ciondolava dalla finestra* a cloth was dangling from the window. **2** (*fig*) (*bighellonare*) to lounge about, to hang about, to loaf around, to idle about: *passa le giornate ciondolando per la strada* he spends his days loafing around, he spends his days hanging about the streets. **II** *v.t.* to dangle, to shake wearily, to loll: ~ *il capo* to shake one's head wearily.

ciondolo *m.* **1** pendant, trinket, charm. **2** (*dell'orecchino*) ear pendant, drop earring. **3** (*della catena dell'orologio*) fob.

ciondolone I *m.* (*f.* **-a**) (*bighellone*) idler, loafer. **II** *avv.* **1** dangling, hanging. **2** (*bighellonando*) idling, hanging about, loafing around.

ciondoloni *avv.* **1** dangling, hanging: *tenere le braccia* ~ to let one's arms dangle. **2** (*bighellonando*) idling, hanging about, loafing around. □ *andare* ~ to loaf about.

ciònondimeno, ciononostante *avv.* nevertheless, nonetheless.

ciotola *f.* **1** bowl. **2** (*il contenuto*) bowl, bowlful: *mangiare una* ~ *di minestra* to eat a bowl of soup.

ciottolata *f.* (*sassata*) blow with a stone.

ciottolato *m.* cobblestone paving, cobblestones *pl.*

ciottolo *m.* **1** (*sasso arrotondato*) pebble: *i ciottoli del torrente* the pebbles of the stream. **2** (*per fondo stradale*) cobblestone.

ciottoloso *a.* pebbly, pebbled: *sentiero* ~ pebbly path.

cip *intz.* tweet!, chirp! □ ~*cip* tweet tweet.

CIP *Comitato interministeriale prezzi* (interministerial price committee).

CIPE *Comitato interministeriale per la programmazione economica* (interministerial economic planning committee).

cipiglio *m.* **1** (*corrugamento delle sopracciglia*) frown, scowl: *guardare qcu. con* ~ to give so. a stern look, to scowl at so., to frown at so. **2** (*aspetto severo*) stern look, grim look, angry expression, frown.

cipolla *f.* **1** (*Bot,Alim*) onion. **2** (*bulbo*) bulb. **3** (*orologio*) turnip. **4** (*parte dell'annaffiatoio*) rose. **5** (*acconciatura dei capelli*) chignon. **6** (*colloq*) (*di alluce valgo*) bunion.

cipollaio *m.* **1** (*Agr*) onion bed, onion field. **2** (*venditore*) onion seller.

cipollata *f.* **1** (*Gastron*) onion stews *pl.* **2** (*fig*) bungle.

cipollato *a.* (*Bot*) shaky, ringshaky: *legno* ~ ringshaky timber.

cipollatura *f.* (*Bot*) ring shake, cup shake.

cipollina *f.* (*Bot,Alim*) spring onion. □ (*Alim*) *cipolline sottaceto* pickled onions.

cipollino *m.* (*marmo cipollino*) cipolin.

cipollone *m.* **1** (*Bot,Alim*) large onion. **2** (*fig, scherz*) turnip. □ (*Bot,Alim*) ~ *bianco* star of Bethlehem.

cippo *m.* **1** cippus. **2** (*pietra di confine*) boundary stone. □ ~*di confine* boundary mark, boundary stone; ~*funerario* memorial stone.

cipressaia, cipresseto *f.* cypress grove.

cipressina *f.* (*Bot*) tamarisk.

cipresso *m.* (*Bot*) cypress, cypress-tree.

cipria *f.* (*Cosmet*) powder, face powder. □ (*Cosmet*) ~ *compatta* pressed powder; *darsi la* ~ to powder one's face, to fard; (*Cosmet*) ~ *in polvere* loose powder.

ciprinidi *m.pl.* (*Itt*) cyprinids, Cyprinidae.

ciprino *m.* (*Itt*) carp. □ (*Itt*) ~*dorato* goldfish.

cipriota I *a.* Cypriot, Cyprus (*attr*)· *la questione* ~ the Cyprus question. **II** *m./f.* Cypriot, Cypriote.

Cipro *n.pr.f.* (*Geog*) Cyprus.

circa I *prep.* about, concerning, regarding, as to, as regards: *non so nulla* ~ *la sua partenza* I don't know anything about his departure; *informarsi* ~ *il lavoro da fare* to inquire about the work to be done. **II** *avv.* about, approximately, roughly, around, more or less, or so (*posposto*), some: *sono* ~ *le tre* it's about three; *ha trent'anni* ~ he's about thirty; *grammi duecento* ~ approximately two hundred grammes.

circadiano *a.* (*Biol*) circadian.

circasso I *a.* Circassian. **II** *m.* (*f.* **-a**) Circassian.

circe *f.* (*fig*) enchantress.

Circe *n.pr.f.* (*Mitol*) Circe.

circense *a.* **1** (*Stor.rom*) circensian. **2** (*del circo equestre*) circus: *spettacolo* ~ circus show. □ (*Stor.rom*)*i* ~ circus show.

circo (*pl.* **-chi**) *m.* **1** (*Stor.rom*) circus: ~ *massimo* Circus Maximus. **2** (*circo equestre*) circus. **3** (*Geol*) cirque: ~ *glaciale* glacial cirque. □ ~*ambulante* travelling circus; ~*equestre* circus.

circolante I *a.* circulating (*anche Econ*): *biblioteca* ~ circulating library, lending library; *capitale* ~ circulating capital. **II** *m.* (*Econ*) circulating medium, currency.

circolare[1] *a.* circular: *settore* ~ circular sector; *moto* ~ circular motion.

circolare[2] *f.* **1** (*lettera*) circular, circular letter: *mandare una* ~ to send a circular. **2** (*rif. a tram e sim.*) circle line: ~ *esterna* outer circle line. □ ~ *ministeriale* ministerial memorandum, departmental memorandum.

---

circolare[3] (**cìrcolo**; *aus.* **essere/avere**) *v.i.* **1** (*muoversi, spostarsi*) to move about, to go about, to keep moving, to circulate: *quell'uomo pericoloso circola ancora per il paese* that dangerous man is still going about, that dangerous man is still around the village, that dangerous man is still on the loose. **2** (*in automobile*) to get about, to move around, to circulate: *a causa del traffico non si riesce a* ~ *nella città* the traffic makes it impossible to get about in the city. **3** (*rif. a veicoli*) to run: *i treni locali non circolano la domenica* the local trains do not run on Sundays. **4** (*muoversi, continuare a muoversi*) to move along, to keep moving. **5** (*rif. a sangue e fluidi*) to circulate, to flow. **6** (*passare da una persona all'altra*) to circulate, to be in circulation, to go round, to get round: *circolano molte monete false* there are a lot of false coins in circulation; *fate* ~ *quel foglio tra tutti gli studenti* see that that leaflet gets around to all the students. **7** (*diffondersi*) to circulate, to go round, to spread: *circolano strane notizie sul suo conto* there are strange rumours going around about him. □ *non circola aria in questa stanza* there is no ventilation in this room; *far* ~ *il denaro* to put money into circulation.

circolarità *f.* circularity.

circolarmente *avv.* circularly, in a circle.

circolatorio *a.* (*Anat*) circulatory: *apparato* ~ circulatory system; *disturbo* ~ circulatory disorder.

circolazione *f.* **1** circulation: *mettere qcs. in* ~ to put sth. into circulation. **2** (*Strad*) traffic: ~ *stradale* road traffic; *l'incidente aveva fermato la* ~ the accident was holding up all the traffic. **3** (*Fisiol,Econ*) circulation: *disturbi di* ~ circulation disorders. □ (*Anat*) ~ *arteriosa* arterial circulation; ~*cartacea* paper currency; ~*d'aria* ventilation; (*Econ*) ~ *dei capitali* circulation of capital; ~ *dei pedoni* pedestrian traffic; (*Econ*) ~*del reddito* circular flow of income; (*Fisiol*) ~*del sangue* circulation of the blood; (*Meteor*) ~*dell'aria* circulation of air; (*Med*) ~*extracorporea* extracorporeal circulation; *in* ~ in circulation; (*Strad*) ~*in due sensi* two-way traffic; *mettere in* ~: **1** (*rif. a valuta*) to put into circulation; **2** (*rif. a notizie*) to give currency to, to circulate, to spread, to put about; (*Econ*) ~ *monetaria* currency, currency in circulation, bloodstream; (*Strad*) ~*rotatoria* rotary traffic, one-way system; (*Fisiol*) ~*venosa* venous circulation; (*Strad*) ~ *vietata* no thoroughfare.

circolo *m.* **1** (*cerchio*) circle: *tracciare un* ~ to draw a circle. **2** (*società*) club, society, circle: *andare al* ~ to go to the club; ~ *del canottaggio* canoeing club. **3** (*gruppo*) circle, group, set: *un* ~ *di amici* a circle of friends. **4** (*circolazione del sangue*) circulation, bloodstream: *il farmaco è già entrato in* ~ the drug has already entered the bloodstream. **5** (*Geog,Astr*) circle. **6** (*Arald*) annulet. □ *da circoli ben informati* from well-informed circles; ~ *della stampa* press club; (*Scol*) ~*didattico* teaching district; (*Geog*) ~ *equinoziale* equinoctial circle; *in* ~ in a ring, in a circle: *stavano in* ~ *intorno al fuoco* they were sitting around the fire, they were sitting in circle around the fire; (*Geog,Astr*) ~*massimo* great circle; ~ *militare* officers' club; (*Geog*) ~*polare* polar circle; ~ *polare antartico* Antarctic Circle; ~ *polare artico* Arctic Circle; ~ *ricreativo* social club; ~ *sportivo* sports club; ~ *ufficiali* officers' club; ~*vizioso* vicious circle.

circoncidere (*pres.ind.* **circoncìdo**; *p.rem.*

circoncìsi; *p.p.* **circoncìso**) *v.t.* to circumcise.

circoncisione *f.* circumcision.

circonciso *a.* circumcised.

circondàbile *a.* that may be surrounded.

circondare (**circóndo**) **I** *v.t.* **1** to surround (*di* with, by), to enclose, to enclose with; (*con uno steccato*) to fence in; (*con un muro*) to wall round, to wall round in, to build a wall around: ~ *l'orto con una siepe* to surround the garden with a hedge; *uno steccato circonda la vigna* the vineyard is enclosed by a fence; *alte mura circondano la città* high walls surround the city. **2** (*attorniare*) to surround, to cluster round: *i ragazzi circondarono il maestro* the boys surrounded the master. **3** (*accerchiare*) to surround: *i soldati circondarono i nemici* the soldiers surrounded the enemy. **4** (*fig*) to overwhelm (*di* with): ~ *qcu. di cure* to overwhelm so. with attentions, to lavish attentions on so. **II** *v.pron.* **circondarsi** to surround oneself, to gather round oneself: *si circonda di artisti e letterati* he surrounds himself with artists and men of letters; (*fig*) *circondarsi di mistero* to act mysteriously.

circondariale *a.* district (*attr.*).

circondario *m.* **1** (*suddivisione amministrativa*) district, administrative district. **2** (*dintorni*) neighbourhood, surroundings *pl.*: *la notizia si sparse per tutto il* ~ the news spread throughout the neighbourhood.

circondurre (*pres.ind.* **circondùco**, **circondùci**; *impf.ind.* **circonducévo**; *p.rem.* **circondùssi**; *p.p.* **circondótto**) *v.t.* (*lett*) (*condurre intorno*) to lead round. □ (*Ginn*) ~ *le braccia* to rotate one's arms.

circonduzione *f.* circling: (*Ginn*) ~ *delle braccia* arm circling.

circonferenza *f.* **1** (*Geom*) circumference. **2** (*estens*) (*rif. a persone, alberi*) girth, measurement. □ (*Geom*) ~ *circoscritta* circumcircle; (*Sart*) ~ *dei fianchi* waist; (*Geom*) ~ *inscritta* in-circle; ~ *terrestre* earth's circumference; ~ *toracica*: 1 (*di donna*) bust measurement; 2 (*di uomo*) chest measurement.

circonflessione *f.* **1** (*il circonflettere*) bending, curving. **2** (*Ling,rar*) circumflexion.

circonflesso → **circonflettere** *a.* **1** (*piegato in cerchio*) curved, bent, arched. **2** (*Ling*) circumflex: *accento* ~ circumflex, circumflex accent. **3** (*Anat*) circumflex.

circonflettere (*pres.ind.* **circonflètto**; *p.rem.* **circonflettéi** /*rar* **circonflèssi**; *p.p.* **circonflèsso**) *v.t.* **1** (*curvare*) to bend, to curve, to arch. **2** (*Ling,rar*) (*segnare con accento circonflesso*) to circonflex.

circonfondere (*pres.ind.* **circonfóndo**; *p.rem.* **circonfùsi**; *p.p.* **circonfùso**) *v.t.* (*lett*) to surround (*di* with), to bathe (in).

circonfuso → **circonfondere** *a.* surrounded (*di* by, with), bathed (in): *volto* ~ *di luce* face bathed in light.

circonlocuzione *f.* circumlocution.

circonvallazione *f.* **1** (*strada*) ring road, (*Am*) belt highway; (*tangenziale*) by-pass: *linea di* ~ (*di mezzi di trasporto*) ring road line. **2** (*vallo fortificato*) circumvallation.

circonvenire (*pres.ind.* **circonvèngo**, **circonvièni**; *p.rem.* **circonvénni**; *p.p.* **circonvenùto**) *v.t.* to circumvent.

circonvenzione *f.* circumvention: (*Dir*) ~ *di incapace* undue influence on persons not compos mentis.

circonvicino *a.* surrounding, neighbouring.

circonvoluzione *f.* (*Anat*) convolution: *circonvoluzioni cerebrali* convolutions of the brain.

circoscrissi → **circoscrivere**.

circoscritto → **circoscrivere** *a.* **1** (*Geom*) circumscribing (sth.): *poligono* ~ *a un cerchio* polygon circumscribing a circle. **2** (*fig*) (*delimitato*) limited, circumscribed, localized: *si tratta di un fenomeno molto* ~ we are dealing with a very localized phenomenon.

circoscrivere (*pres.ind.* **circoscrìvo**; *p.rem.* **circoscrìssi**; *p.p.* **circoscrìtto**) *v.t.* **1** (*Geom*) to circumscribe. **2** (*fig*) (*delimitare*) to circumscribe, to limit, to restrict. **3** (*fig*) (*arginare*) to check, to get under control: *i vigili del fuoco hanno circoscritto l'incendio in breve tempo* the firemen soon got the fire under control.

circoscrizione *f.* district, area, territory. □ ~ *amministrativa* administrative district, administrative unit; ~ *elettorale* constituency; ~ *giudiziaria* judicial district; ~ *scolastica* school district.

circospetto *a.* circumspect, prudent, cautious, wary: *atteggiamento* ~ circumspect behaviour.

circospezione *f.* circumspection, caution, prudence: *agire con* ~ to act prudently.

circostante *a.* surrounding, neighbouring: *il territorio* ~ the surrounding district.

circostanti *m.pl.* bystanders, those present, people standing near, those standing near: *tutti i* ~ *applaudirono al suo discorso* all those standing near (*o* round) him applauded what he said.

circostanza *f.* **1** circumstance, occurrence: *l'ho conosciuto in una triste* ~ I met him in sad circumstances. **2** (*situazione*) circumstances *pl.*, situation: *trovarsi in circostanze critiche* to be in difficult circumstances. □ (*Dir*) ~ *aggravante* aggravating circumstance, aggravation; (*Dir*) ~ *attenuante* extenuating circumstance; *date le circostanze* under the circumstances; *di* ~ suitable to the occasion, required by the circumstances: *parole di* ~ words suitable to the occasion; *in tali circostanze* under these circumstances; *secondo le circostanze* according to circumstances.

circostanziale *a.* circumstantial.

circostanziare (**circostànzio**, **circostànzi**) *v.t.* (*riferire*) to circumstantiate, to relate in detail: ~ *un'accusa* to circumstantiate a charge.

circostanziato *a.* detailed, circumstantial: *narrazione circostanziata* detailed account.

circuire (**circuìsco**, **circuìsci**) *v.t.* to entrap, to circumvent, to deceive.

circuitale *a.* circuit (*attr.*).

circuitazione *f.* (*Fis*) circulation.

circuiteria *f.* (*Tecn*) circuitry.

circuito *m.* **1** (*El,Rad,Tel*) circuit: *aprire il* ~ to open the circuit, to break the circuit; *chiudere il* ~ to close the circuit; *interrompere un* ~ to break a circuit. **2** (*circonferenza, giro*) circumference, compass, circuit: *la città è compresa entro un* ~ *di dieci chilometri* the town is ten kilometres in circumference, the town is within a twenty-kilometre radius. **3** (*Sport*) (*percorso di gara*) track, oval track, course; (*gara*) race, tour. **4** (*Comm*) circulation, movement. **5** (*Cin*) (*catena di distribuzione*) circuit. □ (*El*) ~ *aperto* broken circuit; (*El,Tel*) ~ *chiuso* closed circuit; *a* ~ *chiuso* closed-circuit (*attr.*); (*Elettron*) ~ *di accensione* firing circuit; (*Elettron*) ~ *di alimentazione* power circuit, supply circuit; (*Elettron*) ~ *di amplificazione* amplifer circuit; (*El*) ~ *di comando* control circuit, controlling circuit; (*Mil*) ~ *di esercitazione* drill circuit; (*Elettron*) ~ *di isolamento* isolating circuit; (*Elettron*) ~ *di raffredda-*

mento cooling circuit; (*Elettron*) ~ *digitale* digital circuit; (*El*) ~ *elettrico* electric circuit; (*Elettron*) ~ *elettronico* electronic circuit; (*Elettron*) ~ *equivalente* equivalent circuit; (*Elettron*) ~ *integrato* integrated circuit; (*Inform*) ~ *logico* logic circuit; (*El*) ~ *monofase* single-phase circuit; (*Elettron*) ~ *monostabile* monostable circuit; (*Tel*) ~ *ricevente* receiver circuit; (*Elettron*) ~ *stampato* printed circuit; (*Tel*) ~ *virtuale* phantom circuit.

circuizione *f.* (*rar*) trap trick, circumvention.

circumnavigare (**circumnàvigo**, **circumnàvighi**) *v.t.* to circumnavigate, to sail around: ~ *l'Africa* to sail around Africa.

circumnavigatore *m.* circumnavigator.

circumnavigazione *f.* circumnavigation, sailing round.

circumpadano *a.* lying in the Po valley, relating to the Po valley.

circumpolare *a.* circumpolar: *oceano* ~ circumpolar ocean.

circumvesuviana *f.* (*ferrovia circumvesuviana*) Naples-Vesuvius railway.

Cirenaica *n.pr.f.* (*Geog*) Cyrenaica.

cirenaico I *a.* Cyrenaic. **II** *m.* (*f.* **-a**; *pl.* **-ci**) (*originario*) Cyrenaic, native of Cyrenaica; (*abitante*) Cyrenaic, inhabitant of Cyrenaica.

Cirene *n.pr.f.* (*Geog*) Cyrene.

cireneo I *a.* of Cyrene, Cyrenean, Cyrenian. **II** *m.* **1** inhabitant of Cyrene. **2** (*fig*) unselfish person.

cirillico *a.* Cyrillic: *caratteri cirillici* Cyrillic letters.

Ciro *n.pr.m.* Cyrus.

cirriforme *a.* cirriform, cirrus-shaped.

cirripedi *m.pl.* (*Zool*) cirripedes, Cirripedia.

cirro *m.* **1** (*Meteor,Zool*) cirrus. **2** (*Bot*) cirrus, tendril.

cirrocumulo *m.* (*Meteor*) cirro-cumulus.

cirrosi *f.* (*Med*) cirrhosis: ~ *epatica* cirrhosis of the liver.

cirroso *a.* (*Meteor,Zool,Bot*) cirrous.

cirrostrato *m.* (*Meteor*) cirrostratus.

cirrotico (*pl.* **-ci**) *a.* (*Med*) cirrhotic, cirrhosed.

CISAL *Confederazione italiana sindacati autonomi dei lavoratori* (Italian federation of autonomous trade unions).

Cisalpina *n.pr.f.* (*Geog.stor*) (*Gallia cisalpina*) Cisalpine Gaul.

cisalpino *a.* cisalpine: (*Stor.it*) *Repubblica Cisalpina* Cisalpine Republic.

CISL *Confederazione italiana sindacati lavoratori* (Federation of italian trade unions).

cislunare *a.* (*Astr*) cislunar.

cismontano *a.* cismontane.

CISNAL *Confederazione italiana sindacati nazionali dei lavoratori* (Italian association of national trade unions).

cispa *f.* (*Med*) eye rheum.

cispadano *a.* cispadane: (*Stor.it*) *Repubblica Cispadana* Cispadane Republic.

cisposità *f.* **1** bleariness. **2** (*cispa*) eye rheum.

cisposo *a.* bleary, blear, rheumy: *occhi cisposi* bleary eyes.

cista *f.* (*Archeol*) cist.

ciste *f.* (*Med,Zool,Bot*) cyst.

cistectomia *f.* (*Chir*) cystectomy.

cistercense, cisterciense I *a.* Cistercian: *monaco* ~ Cistercian, Cistercian monk. **II** *m.* Cistercian.

cisterna *f.* **1** cistern, reservoir. **2** (*serbatoio*) tank. **3** (*Anat*) cistern. □ (*Mar*) ~ *da carico* cargo tank; ~ *mobile* portable tank.

cisti *f.* (*Med,Zool,Bot*) cyst. □ (*Med,Anat*) ~ *ovarica* ovarian cyst.

cisticerco (*pl.* **-chi**) *m.* (*Biol*) cysticercus.
cisticercosi *f.* (*Med*) cysticercosis.
cistico (*pl.* **-ci**) *a.* (*Anat,Med*) cystic: *dotto* ~ cystic duct; *tumore* ~ cystic tumour.
cistifellea *f.* (*Anat*) gall bladder.
cistifellico (*pl.* **-ci**) *a.* (*Anat*) gall-bladder (*attr.*).
cistite *f.* (*Med*) cystitis.
cisto *f.* (*Bot*) cistus, rock rose.
cistoforo *m.* (*Numism*) cistophor.
cistografia *f.* (*Med*) cystography.
cistoma *f.* (*Med*) cystoma.
cistoscopia *f.* (*Med*) cystoscopy.
cistoscopio *m.* (*Med,Tecn*) cystoscope.
cistostomia *f.* (*Chir*) cystostomy.
cistotomia *f.* (*Chir*) cystotomy.
CIT *Compagnia italiana turismo* (Italian travel bureau).
citabile *a.* quotable, citable.
citante I *a.* (*Dir*) plaintiff (*attr.*), plaintiff's. II *m./f.* plaintiff.
citara *f.* (*lett*) (*cetra*) cithara.
citare (**cìto**) *v.t.* 1 (*riportare parole altrui*) to quote: ~ *un verso di Dante* to quote a line from Dante. 2 (*nominare*) to cite, to mention: ~ *la Bibbia* to cite the Bible. 3 (*portare come modello*) to cite, to hold up as an example: *era citato da tutti per la sua onestà* he was cited by all for his honesty. 4 (*Dir*) to summon (to appear in court), to summons (to appear in court), to cite, to subpoena: ~ *un testimone* to summon a witness, to subpoena a witness. 5 (*Dir*) (*chiamare in giudizio*) to sue, to prosecute, to summons: ~ *qcu. per danni* to sue so. for damages. □ ~ *un articolo del codice* to cite an article of the code; ~ *un esempio* to cite an example, to quote an example; ~ *qcu. come esempio di qcs.* to hold so. up as an example of sth., to cite so. as an example of sth.; (*Dir*) ~ *in giudizio qcu.* to summons so., to subpoena so.; (*Dir*) ~ *qcu. in tribunale* to summon so. to appear in court, to take so. to court; ~ *un passo* to quote a passage.
citarista *m./f.* (*Stor*) citharist, cithara player.
citato *a.* 1 (*riportato*) quoted: *i versi citati sono di Dante* the lines quoted are from Dante. 2 (*nominato*) cited, mentioned. 3 (*portato come modello*) cited, held up (as an example). 4 (*Dir*) cited, summoned (to appear) (*posposto*), subpoenaed: *il testimone* ~ the witness summoned to appear. 5 (*Dir*) (*chiamato in giudizio*) summoned, served with a subpoena (*posposto*). □ (*Dir*) *essere* ~*a comparire* to be summoned to appear, to be subpoenaed; *sopra* ~ above-mentioned, aforesaid, aforementioned, quoted above (*posposto*).
citatorio □ (*Dir*) *lettera citatoria* subpoena, summons.
citazione *f.* 1 (*riferimento a un passo*) quotation; (*menzione*) mention, reference. 2 (*Dir*) summons (to appear), citation; (*come testimone*) subpoena: *mandare una* ~ to summons; *notificare una* ~ *a qcu.* to serve so. with a summons, to serve a writ on so. □ (*Dir*) ~ *a giudizio* writ of summons, summons, citation; (*Mil*) ~ *all'ordine del giorno* mention in dispatches.
citazionismo *m.* (*Art,Lett*) tendency to reproduce details peculiar to other artists.
citello *m.* (*Zool*) ground squirrel.
citeriore *a.* hither, on this side (*posposto*): (*Geog.stor*) *Gallia Citeriore* Hither Gaul.
citiso *m.* (*Bot*) cytisus.
citochimica *f.* cytochemistry.
citofonare (**citòfono**; *aus.* **avere**) *v.i.* to talk on the entryphone, to call on the entryphone.
citofoniera *f.* entryphone panel.

citofono *m.* 1 (*rif. a residenze private*) entryphone. 2 (*rif. a uffici, aerei*) intercom.
citogenesi *f.* (*Biol*) cytogenesis.
citogenetica *f.* (*Biol*) cytogenetics (*costr.sing.*).
citogenetico (*pl.* **-ci**) *a.* (*Biol*) cytogenetic.
citologia *f.* (*Biol*) cytology.
citologico (*pl.* **-ci**) *a.* (*Biol*) 1 cell (*attr.*). 2 (*relativo alla citologia*) cytologic, cytological.
citologo *m.* (*f.* **-a**; *pl.* **-gi**) (*Biol*) cytologist.
citopenia *f.* (*Biol*) cytopenia.
citoplasma *m.* (*Biol*) cytoplasm.
citoplasmatico (*pl.* **-ci**) *a.* (*Biol*) cytoplasmic.
citostatico (*pl.* **-ci**) I *a.* (*Farm*) cytostatic. II *m.* (*Farm*) cytostatic drug.
citotossicità *f.* (*Biol*) cytotoxicity.
citotossico (*pl.* **-ci**) *a.* (*Biol*) cytotoxic.
citrato *m.* (*Chim*) citrate. □ (*Chim*) ~ *di magnesio* citrate of magnesia, magnesium citrate.
citrico (*pl.* **-ci**) *a.* (*Chim*) citric: *acido* ~ citric acid.
citrino *a.* citrine, greenish yellow.
citronella *f.* (*Bot*) citronella.
citrullaggine, **citrulleria** *f.* 1 (*stupidità*) stupidity, foolishness, silliness. 2 (*azione sciocca*) foolish act, (*colloq*) stupid thing to do. 3 (*parole sciocche*) nonsense, rubbish.
citrullo I *m.* (*f.* **-a**) numskull, blockhead, dolt, (*vezz*) silly-billy. II *a.* silly, foolish.
città *f.* 1 city: *preferisco la* ~ *alla campagna* I prefer the city to the country; *essere fuori* ~ to be out of town. 2 (*cittadina*) town. 3 (*città grande, importante*) city: *la* ~ *di Roma* the city of Rome; *una grande* ~ a (large) city. 4 (*gli abitanti*) town: *tutta la* ~ *ne parla* it's the talk of the town. □ ~ *alta* upper town; (*Stor*) ~ *anseatiche* Hanseatic cities, Hanseatic towns; (*Mil*) ~ *aperta* open town, open city; ~ *bassa* lower town; ~ *capitale* capital, capital city; ~ *d'arte* city of art; ~ *dei ragazzi* boys' town; *la* ~ *dei sette colli* (*Roma*) Rome, the city of the seven hills; (*Geog*) *Città del Capo* Cape Town; (*Geog*) *Città del Messico* Mexico City; (*Geog*) *Città del Vaticano* Vatican City; *la* ~ *della lanterna* Genoa; (*Filos*) *la* ~ *di Dio* the City of God; *andare di* ~ *in* ~ to go from town to town; ~ *di provincia* provincial town; ~ *dormitorio* dormitory town; *la* ~ *eterna* (*Roma*) the Eternal City; ~ *fantasma* ghost town; ~ *franca* free town; ~ *giardino* garden city; *in* ~: 1 (*stato in luogo*) in town: *saremo in* ~ *domani pomeriggio* we'll be in town tomorrow afternoon; *vivere in* ~ to live in town, to live in the city; 2 (*moto a luogo*) to town, in to town: *andare in* ~ *a fare compere* to go to town to do one's shopping; ~ *industriale* industrial town, industrial city; (*Stor*) ~ *libera* free city; ~ *marittima* seaside town, coastal town, maritime city; ~ *museo* historic city; ~ *natale* home town, native town; ~ *nuova* (*quartieri nuovi*) new town; *la* ~ *santa* (*Gerusalemme*) the Holy City; ~ *satellite* satellite town, satellite; ~ *sotterranea* underground city; ~ *stato* city-state; ~ *universitaria* campus, (*Br*) university district; ~ *vecchia* (*quartieri vecchi*) old town, historic district.
cittadella *f.* citadel, stronghold (*anche fig*): *la* ~ *di un movimento politico* the stronghold of a political movement.
Città del Vaticano *n.pr.f.* (*Geog*) Vatican City.
cittadina[1] *f.* small town: ~ *di provincia* small country town.
cittadina[2] *f.* 1 (*abitante di città*) towns-

woman, city-dweller. 2 (*chi ha la cittadinanza di uno stato*) citizen.
cittadinanza *f.* 1 (*nazionalità*) nationality, citizenship: ~ *italiana* Italian citizenship: *acquisire la* ~ to acquire citizenship, to become a (naturalized) citizen; *conferire la* ~ *a* to confer citizenship on; *perdere la* ~ to lose one's citizenship. 2 (*rif. a una città*) citizenship: ~ *romana* Roman citizenship. 3 (*cittadini*) citizens, pl. □ *essere di* ~ *peruviana* to be Peruvian by citizenship; ~ *onoraria* freedom of the city.
cittadino I *m.* (*f.* **-a**) 1 (*abitante*) citizen: *i cittadini di Roma* the citizens of Rome; *libero* ~ free citizen. 2 (*chi abita in città*) townsman, town dweller, city dweller. 3 (*chi ha la cittadinanza di uno stato*) citizen: ~ *italiano* Italian citizen. 4 (*di uno stato monarchico*) subject, citizen. II *a.* 1 (*della città*) town (*attr.*), city (*attr.*), civic, of the town, of the city: *la banda cittadina* the city band; *le vie cittadine* the streets of the town, the town streets; *le mura cittadine* the city walls, the town walls. 2 (*da cittadino*) town (*attr.*), townish, city (*attr.*), cityfied: *abitudini cittadine* town habits. □ ~ *del mondo* citizen of the world; ~ *di serie B* second-class citizen, nonperson; ~ *intemerato* upright citizen; ~ *onorario* honorary citizen.
city /'siti/ *f.inv.* financial district.
city bike /'siti'bajk/ *f.inv.* city bike.
city car /'siti'kar/ *f.inv.* (*Aut*) city car.
city manager /'siti'mɛnadʒer/ *m./f.inv.* city manager.
ciucaggine *f.* (*region*) stupidity, pig-headedness, (*Am*) hardheadedness.
ciucca *f.* (*region,colloq*) (*sbornia*) drunkenness: *avere la* ~ to be drunk; *prendere la* ~ to get drunk.
ciuccia *f.* (*colloq,infant*) breast.
ciucciare (**ciùccio**, **ciùcci**; *aus.* **avere**) I *v.t.* (*colloq*) to suck. II *v.i.* (*colloq*) to suck.
ciuccio[1] (*pl.* **-ci**) *m.* (*colloq*) (*succhiotto*) dummy, comforter, (*Am*) pacifier.
ciuccio[2] (*pl.* **-ci**) *m.* (*region*) (*asino*) donkey, ass.
ciucco *a.* (*region*) drunk.
ciuco (*pl.* **-chi**) *m.* 1 (*Zool,colloq*) (*asino*) donkey, ass. 2 (*fig*) (*stupido*) dunce, donkey, ass.
ciuf *intz.* chuff!, puff!
ciuffo *m.* 1 (*rif. a capelli*) tuft, tuft of hair, quiff, forelock. 2 (*rif. a uccelli*) tuft. 3 (*estens*) tuft, cluster. □ ~ *d'alberi* clump of trees, thicket; ~ *d'erba* tuft of grass; ~ *di peli* tuft of hair; ~ *di penne* tuft of feathers; ~ *ribelle* unruly lock, cowlick.
ciuffolotto *m.* (*Ornit*) bullfinch, common European bullfinch.
ciulare (**ciùlo**; *aus.* **avere**) *v.i.* (*region,volg*) to fuck, to screw.
ciurlare (**ciùrlo**; *aus.* **avere**) *v.i.* (*ant*) to vacillate. □ (*colloq*) ~ *nel manico* to be evasive.
ciurma *f.* 1 (*Mar*) crew; (*spreg*) (*basso equipaggio*) ruffianly crew. 2 (*Stor*) rowers pl. (of a galley). 3 (*fig,spreg*) mob, rabble, riff-raff.
ciurmaglia *f.* (*lett*) (*marmaglia*) riff-raff, mob, rabble.
ciurmare (**ciùrmo**) *v.t.* (*ingannare, raggirare*) to deceive, to dupe.
ciurmatore *m.* (*f.* **-trice**) (*imbroglione*) swindler; (*ciarlatano*) charlatan.
civaia *f.* (*region,Bot*) pulse.
civetta I *f.* 1 (*Ornit*) owl. 2 (*fig*) flirt, coquette. 3 (*Giorn*) headline display sheet. II *a.* (*Comm*) loss leader (*attr.*): *prodotto* ~ loss leader. □ (*fig*)*fare la* ~ to flirt, to play the coquette.

civettare (**civétto**; *aus.* **avere**) *v.i.* to flirt, to play the coquette, to be a flirt.
civetteria *f.* coquetry, flirtiness. ☐ *avere la ~ di* to make a point of: *ha la ~ dell'ordine* she makes a point of being tidy.
civettone *m.* fop.
civettuolo *a.* **1** coquettish: *sguardo ~* coquettish look. **2** (*attraente, grazioso*) attractive, charming, perky, spruce: *un cappellino ~* a perky little hat; *una casetta civettuola* a spruce little house, an attractive little house.
civico (*pl.* **-ci**) *a.* **1** (*della città*) town (*attr.*), civic, municipal, city (*attr.*): *museo ~* municipal museum, town museum. **2** (*dei cittadini*) civic: *virtù civiche* civic virtues.
civile I *a.* **1** civil: *codice ~* civil code. **2** (*contr. di militare*) civilian: *abiti civili* civilian clothes, (*colloq*) civvies. **3** (*contr. di ecclesiastico, religioso*) civil, lay, secular: *festa ~* civil holiday. **4** (*incivilito*) civilized: *popolo ~ civilized* people. **5** (*cortese*) civil, polite, urbane: *maniere civili* polite ways; *una persona civile ~* a very civil person. **6** (*decoroso*) respectable, decent. II *m./f.* civilian.
civilista *m.* **1** (*Dir*) (*avvocato*) civil lawyer, (*Am*) attorney. **2** (*studioso*) expert in civil law.
civilistico (*pl.* **-ci**) *a.* civil law (*attr.*).
civilizzare (**civilìzzo**) I *v.t.* to civilize. II *v.pron.* **civilizzarsi 1** to become civilized. **2** (*diventare più cortese, educato*) to become more refined, to acquire more polish.
civilizzato *a.* (*incivilito*) civilized.
civilizzatore I *m.* (*f.* **-trice**) civilizer. II *a.* civilizing.
civilizzazione *f.* civilization.
civilmente *avv.* **1** civilly. **2** (*educatamente*) civilly, politely. **3** (*rif. a matrimonio*) in a registry-office, (*Am*) in city hall: *essere sposato ~* to be married in a registry-office, (*Am*) to be married in city hall.
civiltà *f.* **1** civilization: *~ precolombiana* pre-Columbian civilization. **2** (*cortesia, educazione*) politeness, civility: *trattare qcu. con ~* to treat so. nicely, to treat so. decently. ☐ *~ dei consumi* consumers' culture; (*Archeol*) *~ di Golasecca* Golasecca culture.
civismo *m.* public spirit: *dare prova di ~* to display public spirit.
cl *centilitro* cl. (centilitre).
cl. 1 *classe* cl. (class). **2** (*Mus*) *clarinetto* cl (clarinet).
clacchista *m./f.* member of the claque.
clacson *m.* horn, (*Br*) hooter: *suonare il ~* to blow the horn.
clacsonare (**clacsòno**; *aus.* **avere**) *v.i.* (*colloq*) to blow the horn (to).
claire /klɛr/ *f.* (*saracinesca*) shutter, rolling shutter.
clamide *f.* **1** (*Stor*) chlamys. **2** (*lett*) (*manto reale*) regal mantle; (*manto imperiale*) imperial mantle.
clamidia *f.* (*Biol*) chlamydia.
clamore *m.* **1** (*lett*) (*schiamazzo*) clamour, uproar, noise, (*Am*) clamor. **2** (*fig*) outcry: *suscitare ~* to cause an outcry; (*destare grande interesse*) to be a sensation.
clamoroso *a.* **1** loud, noisy, clamorous: *applausi clamorosi* loud applause; *risata clamorosa* noisy laugh. **2** (*sensazionale*) sensational, much-talked-about. **3** (*schiacciante*) crushing, resounding: *la nostra squadra ha subito una clamorosa sconfitta* our team suffered a crushing defeat.
clan *m.* **1** clan: *~ scozzese* Scottish clan. **2** (*estens*) clan, (*colloq*) gang; (*famiglia*) family. **3** (*squadra*) team.
clandestinamente *avv.* clandestinely, se-

cretly, in secret, underground.
clandestinità *f.* **1** secrecy, clandestinity: *l'organizzazione operava nella ~* the organization worked under cover. **2** (*Pol*) underground: *darsi alla ~* to go underground; *vivere in ~* to live underground.
clandestino I *a.* clandestine, secret, underground: *attività clandestina* clandestine activity. II *m.* (*f.* **-a**) **1** stowaway. **2** (*estens*) (*immigrato*) illegal immigrant.
clang I *onom.* clang. II *m.* clanging sound.
clangore *m.* (*lett*) clangour.
claque /klak/ *f.* claque.
claqueur /kla'kœr/ *m.inv.* claqueur, member of the claque.
Clara *n.pr.f.* Clare, Clara, Claire.
clarinettista *m./f.* (*Mus*) clarinettist, clarinet player.
clarinetto *m.* (*Mus*) **1** clarinet: *suonare il ~* to play the clarinet. **2** (*suonatore*) clarinettist, clarinet player.
clarino *m.* (*Mus*) **1** (*clarinetto*) clarinet. **2** (*chiarina*) clarion.
clarissa *f.* (*Rel.catt*) Clarisse.
classare (**clàsso**) *v.t.* (*Svizz.it*) to classify.
classatore *m.* (*f.* **-trice**) (*Svizz.it*) classifier.
classe *f.* **1** (*condizione sociale*) class: *la ~ operaia* the working class, the working classes. **2** (*categoria*) class, category: *~ turistica* tourist class. **3** (*qualità*) class, grade, quality: *merce di prima ~* first-class goods, top-rate goods, top-quality goods. **4** (*Scol*) class, (*Am*) grade: *che ~ fai?* what class are you in?, (*Am*) what grade are you in? **5** (*Scol*) (*rif. alle scuole elementari*) (*Br*) year, (*Am*) grade: *~ prima* (*Br*) year one, (*Am*) grade one. **6** (*post-elementare*) class, form; (*gli alunni*) form, (*Am*) grade. **7** (*aula*) classroom, schoolroom: *entrare in ~* to go into the classroom, to come into the classroom. **8** (*Mil*) (*soldati della stessa leva*) class, (annual) contingent: *la ~ del millenovecentosettanta* the nineteen-seventy class, the nineteen-seventy contingent, (*Am*) the class of nineteen-seventy. **9** (*colloq*) (*anno di nascita*) year of birth. **10** (*Zool,Bot,Mat*) class: *la ~ dei mammiferi* the mammal class. **11** (*stile, distinzione*) class, style, distinction: *avere ~* to have class. ☐ *di ~* high-class, with class, top, top-ranking, (*colloq*) classy: *una donna di ~* a woman with class; *un atleta di ~* a first-rate athlete; (*Scol*) *~ di collegamento* year or semester-long preparatory course between primary and secondary school; *~ di età* age class; (*scherz*) *~ di ferro* the best, tops (*pl.*); *~ di leva* call-up contingent, call-up class; (*Scol*) *~ di recupero* removed class; *~ di reddito* income class; (*Scol*) *~ differenziale* special class; *la ~ dirigente* the ruling class; *~ dominante* dominant class, ruling class; (*Aer*) *~ economica* economy class; *~ lavoratrice* working class, working classes (*pl.*); *~ media* middle class, middle classes (*pl.*); (*Scol*) *~ mista* mixed class, class of boys and girls; (*colloq*) *la ~ non è acqua* class always comes out, class always shows; *la ~ politica* the political class; (*Scol*) *~ unica* single class, multi-grade class.
classica *f.* (*Sport*) classic.
classicamente *avv.* classically.
classicheggiante *a.* classical: *stile ~* classical style.
classicheggiare (**classichéggio, classichéggi**; *aus.* **avere**) *v.i.* to classicize, to imitate the classics.
classicismo *m.* (*Art,Lett*) classicism: *il ~ di una scultura* the classicism of a piece of sculpture; *il ~ di Carducci* Carducci's classicism.

classicista *m./f.* classicist.
classicistico *a.* classicistic, classical: *movimento ~* classical movement.
classicità *f.* **1** (*antichità classica*) classical antiquity. **2** (*carattere classico*) classical spirit.
classicizzare (**classicìzzo**) I *v.t.* to classicize. II *v.i.* (*aus.* **avere**) (*rar*) to classicize.
classico (*pl.* **-ci**) I *a.* **1** (*attinente alla civiltà classica*) classical, classic (*anche estens*): *gli autori classici* the classical authors; *studi classici* classical studies. **2** (*tradizionale*) classic: *un tailleur ~* a classic suit; *edificio di linea classica* building of classic design. **3** (*tipico*) classic, typical: *è il ~ figlio di papà* he is the typical spoiled brat. **4** (*fig*) classical. II *m.* **1** classic: *un ~ della letteratura italiana* a classic of Italian literature; *un ~ dello schermo* a movie classic; *un ~ del brivido* a classic thriller. **2** *pl.* the classics. ☐ (*iron*) *è un ~!* how typical!; *è il ~ tipo di figlio unico* he is the typical only son.
classifica *f.* **1** (*Sport*) (classified) results *pl.*, (*Am*) standings *pl.*; (*posto in classifica*) placing, position. **2** (*di dischi*) hit parade, charts *pl.*, top 40; (*di libri*) bestseller list. **3** (*burocr*) place list, graded results *pl.* (of a competitive examination). ☐ *~ finale* final results (*pl.*), final placing, final standings (*pl.*); *~ generale* overall standing.
classificabile *a.* classifiable.
classificare (**classìfico, classìfichi**) I *v.t.* **1** to classify. **2** (*Scol*) (*Br*) to mark, to give a mark to, (*Am*) to grade. **3** (*considerare*) to label, to brand; (*valutare*) to assess, to appraise. **4** (*Aer,Mar*) to class. II *v.pron.* **classificarsi** to be classed, to be placed. ☐ *classificarsi bene* to be awarded a good place, to be placed high up in the ranking, to come high up on the list; *classificarsi terzo in un concorso* to come third in a competitive examination, to win third place in a competitive examination.
classificatore *m.* **1** (*f.* **-trice**) classifier. **2** (*cartella*) file, classified file. **3** (*mobile*) filing-cabinet. **4** (*Mecc,Minier*) classifier, classificator. ☐ *~ di francobolli* stock book.
classificatorio *a.* classifying.
classificazione *f.* **1** classification, classifying, placement. **2** (*Scol*) (*atto*) marking, (*Am*) grading; (*voto*) mark. **3** (*valutazione*) grading, ranking. **4** (*archiviazione*) filing, classification. **5** (*Mat,Aer,Mar*) classification.
classismo *m.* (*Pol*) class consciousness.
classista I *m./f.* class conscious person. II *a.* **1** class, based on class (*posposto*): *società ~* society based on classes. **2** (*che dà importanza alle differenze di classe*) class-conscious: *mentalità ~* class-conscious mentality.
classistico (*pl.* **-ci**) *a.* **1** class, based on class (*posposto*): *società classistica* society based on classes. **2** (*che dà importanza alle differenze di classe*) class-conscious: *mentalità classistica* class-conscious mentality.
clastico *a.* (*Geol*) clastic: *roccia clastica* clastic rock.
claudia ☐ (*Bot,Alim*) *regina ~* greengage.
Claudia *n.pr.f.* Claudia.
claudicante *a.* **1** (*zoppicante*) limping, lame, hobbling. **2** (*fig*) halting, limping.
claudicare (**clàudico, clàudichi**; *aus.* **avere**) *v.i.* (*lett*) (*zoppicare*) to limp, to hobble.
claudicazione *f.* (*Med*) claudication, lameness.
Claudio *n.pr.m.* **1** Claude. **2** (*Stor.rom*) Claudius.
claunesco (*pl.* **-schi**) *a.* clownish, clown's, of a clown.

clausola f. 1 (Dir) clause, provision: inserire una ~ in un contratto to insert a clause in a contract. 2 (condizione, riserva) condition, provison, stipulation: con la ~ che with the stipulation that. 3 (conclusione di uno scritto) clause. 4 (Ret) clausula. ☐ (Dir) ~ accessoria collateral agreement; (Dir) ~ addizionale additional clause, rider; (Dir) ~ arbitrale arbitration clause, arbitral clause; (Econ) ~ della nazione più favorita most-favoured nation clause; (Dir) ~ di esclusione exclusion clause; (Dir) ~ di esclusiva clause of exclusive right; (Dir) ~ di esonero exception clause; (Dir) ~ di recesso escape clause, let-out clause; (Dir) ~ esclusoria exclusion clause; (Dir) ~ esecutiva execution of judgement order; (Dir) ~ esecutoria executive clause; (Dir) ~ restrittiva restrictive covenant, restrictive agreement; (Dir) ~ rossa red clause; (Dir) ~ transitoria temporary clause.

claustrale a. cloistered, claustral: vita ~ cloistered life.

claustrofilia f. (Psic) claustrophilia.

claustrofobia f. (Psic) claustrophobia.

claustrofobico a. (Psic) claustrophobic.

clausura f. 1 (Rel) enclosure: voto di ~ vow of seclusion. 2 (fig) (vita appartata) cloistered life.

clav. (Mus) clavicembalo hpschd (harpsicord).

clava f. 1 club, cudgel, bludgeon. 2 (Ginn) Indian club.

clavaria f. (Bot) clavaria.

clavicembalista m./f. (Mus) harpsichord player, harpsichordist.

clavicembalistico a. (Mus) harpsichord (attr.): composizione clavicembalistica harpsichord composition.

clavicembalo m. (Mus) harpsichord.

clavicola f. (Anat) clavicle, collarbone.

clavicolare a. (Anat) clavicular.

clavicordo, clavicordio m. (Mus) clavichord.

claxon m. horn, (Br) hooter: suonare il ~ to blow the horn.

clematide f. (Bot) clematis.

clemente a. 1 (rif. a persona) clement, merciful: sovrano ~ clement sovereign. 2 (rif. al clima) mild, clement: l'inverno è stato ~ the winter has been mild.

Clemente n.pr.m. Clement.

clementina f. (Bot,Alim) clementine.

Clementina n.pr.f. Clementine, Clementina.

clemenza f. 1 clemency, mercy, mercifulness: usare ~ verso qcu. to show clemency towards so., to show mercy towards so. 2 (rif. al clima) mildness, clemency.

Cleopatra n.pr.f. (Stor) Cleopatra.

cleptomane I a. kleptomaniac. II m./f. kleptomaniac.

cleptomania f. kleptomania.

cleptoparassitismo m. (Zool) kleptoparassitismo.

clergyman /'klerdʒimen/ m.inv. (Rel) (Catholic priest's) black suit.

clericale I a. clerical: partito ~ clerical party. II m./f. clericalist.

clericaleggiante a. pro-clerical, favouring clericalism (pospost): correnti clericaleggianti pro-clerical trends.

clericaleggiare (clericaléggio, clericaléggi; aus. avere) v.i. (rar) to favour clericalism, to be pro-clerical.

clericalismo m. clericalism.

clero m. clergy: alto ~ higher clergy. ☐ ~ diocesano diocesan clergy; ~ regolare regular clergy; ~ secolare secular clergy.

clessidra f. 1 (a sabbia) hourglass, sandg-

lass. 2 (ad acqua) waterclock, clepsydra.

clic I onom. click. II m. click: il ~ del chiavistello the click of the door latch; (Inform) fare doppio ~ sull'icona to double-click the icon. ☐ (colloq) fare ~: 1 to click; 2 (estens) (fotografare) to take a snapshot, to snapshot.

cliccabile a. (Inform) clickable: immagine ~ clickable image.

cliccare (clicco) v.t. (Inform) to click. ☐ (Inform) ~ sul tasto destro del mouse to right-click; (Inform) ~ sul tasto sinistro del mouse to left-click.

cliché /kli'ʃe/ m.inv. 1 (Tip) plate, cliché, stereotype. 2 (fig) (luogo comune) cliché, commonplace, stereotype. 3 (Ling) cliché. ☐ (Tip) ~ a mezza tinta half-tone block; (Tip) ~ al tratto line block; (Tip) ~ di gomma (o ~ in gomma) rubber block.

client /'klajent/ m.inv. (Inform) client.

cliente m./f. 1 customer: un buon ~ (che fa molti acquisti) a good customer; ~ da lunga data old customer. 2 (di albergo) guest. 3 (di professionista, banca) client: ~ dell'avvocato lawyer's client. 4 (di medico) patient. 5 (di prostituta) punter. 6 (spreg) (sostenitore) hanger-on. 7 (Stor.rom) client. ☐ ~ abituale: 1 regular customer; 2 (rif. ad albergo) regular guest; ~ fisso patron.

clientela f. 1 (di negozio) customers pl., custom, clientele: quel negozio ha una numerosa ~ that shop has a large clientele. 2 (di professionista) clients pl., practice; (di medico) patients pl., practice. 3 (spreg) (sostenitori) hangers-on pl. 4 (Stor.rom) clientage, clients pl. ☐ ~ abituale regular clientele, patrons (pl.); ~ affezionata faithful clientele; ~ di passaggio floating clientele; ~ fissa regular clientele, patrons (pl.).

clientelare ☐ (spreg) sistema ~ patronage system.

clientelismo m. (spreg) patronage (system).

clientelistico a. (spreg) patronage (attr.).

clima m. climate (anche estens): cambiare ~ to move to another climate; il ~ culturale di un'epoca the cultural climate of an age; vivere in un ~ di terrore to live in a climate of terror, to live in a situation of terror. ☐ ~ continentale continental climate; ~ equatoriale equatorial climate; ~ freddo cold climate; ~ marittimo marine climate, maritime climate; ~ mediterraneo Mediterranean climate; ~ monsonico monsoon climate; ~ secco dry climate; ~ temperato temperate climate, mild climate; ~ tropicale tropical climate.

climaterico a. 1 (infausto) critical, dangerous: giorno ~ critical day. 2 (Med) climacteric.

climaterio m. (Med) climacteric.

climaticamente avv. climatically.

climatico a. 1 weather (attr.), (Br) climatic: condizioni climatiche weather conditions. 2 (che ha buon clima) health (attr.): città climatica (o stazione climatica) health resort.

climatizzare (climatizzo) v.t. to air-condition.

climatizzato a. air-conditioned.

climatizzatore m. air-conditioning unit. ☐ ~ fisso fixed air-conditioning unit; ~ mobile portable air-conditioning unit.

climatizzazione f. air-conditioning: impianto di ~ air-conditioning unit.

climatologia f. climatology.

climatologico a. climatologic, climatological.

climatologo m. (f. -a; pl. -gi) climatologist.

climax m./f.inv. (Ret,Biol,Med) climax. ☐ (Ret) ~ discendente anticlimax.

clinica f. 1 (disciplina) clinic, clinical teaching. 2 (ospedale) clinic; (casa di cura) nursing home. ☐ ~ chirurgica clinical surgery; ~ medica medical clinic; ~ odontoiatrica dental clinic; ~ oftalmica eye clinic; ~ ostetrica maternity home; ~ privata private clinic; ~ universitaria school of medicine, (Br) teaching hospital; ~ veterinaria veterinary hospital.

clinicamente avv. clinically. ☐ ~ morto clinically dead; ~ testato laboratory tested, lab tested.

clinico (pl. -ci) I a. clinical: guarigione clinica clinical recovery. II m. 1 (medico) clinician. 2 (insegnante di clinica medica) professor of clinical medicine.

clinker m.inv. (Edil) clinker.

clinometro m. (Tecn) clinometer, inclinometer: ~ a pendolo pendulum clinometer.

clinoscopia f. (Med) X-ray examination.

clinto m. (Enol) a kind of red wine from Veneto and Friuli Venezia Giulia.

clinton m. (Enol) a kind of red wine from Veneto and Friuli Venezia Giulia.

clip[1] f.inv. 1 (graffetta) clip, paper clip. 2 (Oref) (rif. a orecchino) clip; (l'orecchino stesso) clip earring. 3 ~ (clip-on (attr.).

clip[2] m.inv. 1 (film) clip. 2 (videoclip) videoclip. ☐ (Inform) ~ art clip art.

clipeato I a. (Entom,lett) clypeate. II m. soldier armed with a clypeus.

clipeo m. (Stor.rom,Entom) clypeus.

clisma m. (Med) enema. ☐ (Med) ~ opaco barium enema.

clistere m. enema, clyster. ☐ fare un ~ a qcu. to give so. an enema.

clitico I a. (Ling) clitic. II m. (Ling) clitic.

clitoride f./m. (Anat) clitoris.

clitorideo a. (Anat) clitoridean.

clivaggio m. (Geol) cleavage.

clivia f. (Bot) Kaffir lily.

clivo m. 1 (lett) (pendio) slope. 2 (lett) (collinetta) hillock. 3 (Anat) clivus.

CLN (Stor.it) Comitato di liberazione nazionale (National committee for the liberation of Italy).

cloaca f. 1 (fogna) sewer, drain, cloaca. 2 (fig) (ambiente corrotto) sink, cesspool. 3 (Anat,Zool) cloaca.

cloacale a. (Anat,Zool) cloacal: membrana ~ cloacal membrane.

cloche /klɔʃ/ f.inv. 1 (Aer) control stick, control column, (colloq) joy-stick. 2 (Aut) gearstick. 3 (Mod) cloche, cloche hat.

clock /klɔk/ m.inv. (Inform) clock.

clonaggio f. (Biol,Inform) cloning (anche fig).

clonale a. (Biol) clonal.

clonare (clóno) v.t. (Biol,Inform) to clone (anche fig).

clonazione f. (Biol,Inform) cloning (anche fig).

clone m. (Biol,Inform) clone (anche fig).

cloracne f. (Med) chloracne.

cloralio m. (Chim) chloral.

clorato I m. (Chim) chlorate. II a. (Chim) chlorinated.

clorazione f. (Chim) chlorination.

clorico a. (Chim) chloric: acido ~ chloric acid.

cloridrato m. (Chim) hydrochloride.

cloridrico a. (Chim) hydrochloric: acido ~ hydrochloric acid.

cloro m. (Chim) chlorine.

clorochina f. (Farm) chloroquine.

clorofilla f. (Bot) chlorophyl, chlorophyll.

clorofilliano a. (Bot) chlorophyll (attr.), chlorophyllous.

clorofluorocarburo m.spec.pl. (Chim) chlorofluorocarbon.

cloroformio *m.* (*Chim*) chloroform.

cloroformizzare (**cloroformìzzo**) *v.t.* (*Med*) to chloroform.

cloroformizzazione *f.* (*Med*) chloroformization.

clorosi *f.* (*Med,Bot*) chlorosis.

clorotico *a.* (*Med,Bot*) chlorotic.

clorurare (**clorùro**) *v.t.* (*Chim*) to chlorinate.

clorurato *a.* (*Chim*) chlorinated, chlorine (*attr.*): *acqua clorurata* chlorinated water.

clorurazione *f.* (*Chim*) chlorination.

cloruro *m.* (*Chim*) chloride. ☐ (*Chim*) ~ *di calce* bleaching powder, chloride of lime; (*Chim*) ~ *di calcio* calcium chloride; (*Chim*) ~ *di mercurio* mercuric chloride; (*Chim*) ~ *di potassio* potassium cloride; (*Chim*) ~ *di sodio* sodium chloride; (*Chim*) ~ *di vinile* vinyl chloride; (*Chim*) ~ *ferrico* ferric chloride.

clostridio *m.* (*Biol*) clostridium.

clou /klu/ *m.inv.* height, culmination point, highlight: *il ~ della serata* the evening's highlight.

clown /klawn/ *m./f.inv.* clown.

clownesco /klaw'nesko/ (*pl.* **-schi**) *a.* clownish, of a clown.

club /klab, klɛb/ *m.inv.* club: ~ *aeronautico* flying club; ~ *ginnico* health club.

cluniacense, **cluniacese I** *a.* Cluniac. **II** *m.* Cluniac, Cluniac monk.

cluster /'klaster/ *m.inv.* cluster (*anche Astr*).

c.m. *corrente mese* (of the current month).

CNEN *Comitato nazionale per l'energia nucleare* (Italian national committee for nuclear power).

Cnosso *n.pr.f.* (*Geog.stor*) Cnossus.

C.N.R. *Consiglio nazionale delle ricerche* (Italian national research council).

coabitare (**coàbito**; *aus. avere*) *v.i.* to live, to live together, to share a home (*con* with): *gli sposi coabitano con i suoceri* the couple lives with their in-laws.

coabitazione *f.* 1 living together, sharing of a dwelling, house-sharing: *appartamento in* ~ shared flat. 2 (*Pol*) coexistence of an elected head of state and an opposition majority in Parliament.

coacervare (**coacèrvo**) *v.t.* (*lett*) to coacervate, to heap up, to pile up.

coacervato *m.* (*Biol*) coacervate.

coacervo *m.* 1 (*lett*) medley, jumble. 2 (*Econ*) (*accumulo*) aggregated value, accumulation: ~ *dei redditi* aggregated value of income. 3 (*Econ*) (*di interessi*) accrual. ☐ (*burocr*) ~ *delle retribuzioni* pay roll.

coach /kotʃ/ *m./f.inv.* (*Sport*) coach, trainer.

coadiutore *m.* 1 (*f.* **-trice**) (*chi aiuta*) assistant (*anche burocr*). 2 (*f.* **-trice**) (*chi fa le veci*) deputy, substitute. 3 (*Rel.catt*) coadjutor.

coadiutoria *f.* (*rar*) coadjutorship.

coadiuvante I *a.* 1 assisting, coadjutant. 2 (*Farm*) adjuvant: *farmaco* ~ adjuvant, adjuvant drug. **II** *m./f.* assistant, helper. **III** *m.* (*Farm*) adjuvant.

coadiuvare (**coàdiuvo**) *v.t.* to assist, to help.

coagulabile *a.* coagulable.

coagulabilità *f.* coagulability.

coagulamento *m.* (*rar*) coagulation.

coagulante I *a.* (*Farm*) coagulative. **II** *m.* (*Farm*) coagulant.

coagulare (**coàgulo**) **I** *v.t.* to coagulate, to clot; (*rif. al latte*) to curdle. **II** *v.i.* (*aus.* **essere**) to coagulate, to clot; (*rif. al latte*) to curdle; (*rif. a colloidi*) to gel. **III** *v.pron.* **coagularsi** to coagulate, to clot; (*rif. al latte*) to curdle; (*rif. a colloidi*) to gel.

coagulativo *a.* coagulative.

coagulazione *f.* 1 coagulation, clotting:

---

tempo di ~ coagulation time; ~ *del sangue* blood clotting. 2 (*rif. al latte*) curdling. 3 (*rif. a colloidi*) gelling.

coagulo *m.* 1 (*grumo*) clot. 2 (*caglio*) rennet, curd.

coalescenza *f.* (*Chim,Fis*) coalescence.

coalizione *f.* coalition, alliance: *una* ~ *di stati* a coalition of states; (*Pol*) ~ *di centro-sinistra* centre-left coalition. ☐ ~ *del lavoro* common front (put up by workers or employers); (*Pol*) ~ *di governo* government coalition; ~ *economica* economic coalition.

coalizzare (**coalìzzo**) **I** *v.t.* to join, to unite. **II** *v.pron.* **coalizzarsi** to form a coalition, to ally oneself.

coartare (**coàrto**) *v.t.* (*lett*) to coerce, to constrain, to force, to compel: ~ *la volontà di qcu.* to force so.'s will.

coartazione *f.* 1 (*lett*) (*costrizione*) coercion, constraint, compulsion. 2 (*Med*) coarctation,.

coassiale *a.* coaxial: (*El*) *cavo* ~ coaxial cable.

coassicuratore *m.* (*f.* **-trice**) (*Assic*) coinsurer.

coassicurazione *f.* (*Assic*) coinsurance.

coattività *f.* (*Dir*) compulsoriness.

coattivo *a.* 1 coercive: *mezzo* ~ coercive means. 2 (*Dir*) compulsory: *misure coattive* compulsory measures.

coatto I *a.* 1 forced, compulsory (*anche Dir*): *domicilio* ~ forced residence, forced domicile. 2 (*Psic*) compulsive. **II** *m.* (*f.* **-a**) 1 person under forced residence. 2 (*region*) (*detenuto*) prisoner. 3 (*region*) (*giovane emarginato*) outcast. 4 (*gerg*) (*persona rozza e volgare*) lout, boor.

coautore *m.* (*f.* **-trice**) coauthor.

coazione *f.* 1 coercion, constraint, compulsion (*anche Dir*). 2 (*Psic*) compulsion. ☐ (*Psic*) ~ *a ripetere* repetitive compulsion.

cobalto *m.* 1 (*Chim*) cobalt. 2 (*colore*) cobalt, cobalt blue.

cobaltoterapia *f.* (*Med*) cobalt therapy.

COBAS I *Comitato di Base* (militant trade union, radical trade union). **II** *m.pl.* militant trade unions, radical trade unions.

cobelligerante I *a.* cobelligerent. **II** *m./f.* cobelligerent.

cobelligeranza *f.* cobelligerency.

cobite *m.* (*Itt*) spined loach.

Coblenza *n.pr.f.* (*Geog*) Coblenz.

coboldo *m.* (*Mitol*) kobold.

cobra *m.* (*Zool*) cobra.

Coburgo *n.pr.f.* (*Geog*) Coburg.

coc *m.inv.* coke.

coca *f.* 1 (*Bot*) coca. 2 (*pop*) (*cocaina*) coke, cocaine. 3 (*colloq*) (*Coca-Cola*) Coke.

Coca-Cola *f.* Coca-Cola, (*colloq*) Coke.

cocaina *f.* cocaine.

cocainico *a.* cocaine (*attr.*): *intossicazione cocainica* cocaine poisoning.

cocainismo *m.* (*Med*) cocaine addiction.

cocainomane *m./f.* (*Med*) cocaine addict.

cocainomania *f.* (*Med*) cocaine addiction.

cocca[1] *f.* 1 (*tacca della freccia*) nock. 2 (*angolo di fazzoletto, del grembiule*) corner. 3 (*Mar*) cog.

cocca[2] *f.* 1 (*infant*) (*gallina*) hen. 2 (*colloq, iron*) (*tesoro*) my dear.

coccarda *f.* (*Abbigl*) cockade.

cocchia *f.* (*Pesc*) trawl net.

cocchiere *m.* coachman.

cocchio *m.* 1 coach. 2 (*ant*) (*carro a due ruote*) chariot.

cocchiume *m.* 1 (*foro della botte*) bung-hole, (*Am*) faucet hole. 2 (*tappo*) bung, (*Am*) faucet.

coccia (*pl.* **-ce**) *f.* 1 (*di fioretto, sciabola*)

---

sword-guard, bell-guard. 2 (*ant*) (*guscio*) shell. 3 (*region,scherz*) (*testa*) pate, nut. 4 (*Teat*) (*calotta per simulare la calvizie*) rubber skull-cap.

cocciaio *m.* (*f.* **-a**) (*rar*) potter.

coccidiosi *f.* (*Veter,Med*) coccidiosis.

coccige, **coccige** *m.* (*Anat*) coccyx, tail bone.

coccigeo *a.* (*Anat*) coccygeal.

coccinella *f.* 1 (*Entom*) ladybird, (*Am*) ladybug. 2 (*fig*) (*in un gruppo scout*) girl scout: *le coccinelle* girl scouts.

cocciniglia *f.* 1 (*Entom*) cochineal, cochineal insect, cochineal scale insect. 2 (*sostanza colorante*) cochineal: *rosso* ~ cochineal red.

coccio *m.* 1 (*terracotta*) terracotta, earthenware: *vaso di* ~ terracotta pot, earthenware pot. 2 (*oggetto di terracotta*) crock pot, terracotta, terracotta pot. 3 (*frammento*) fragment (of pottery), (broken) piece, potsherd, crock, shard: *raccogli i cocci del piatto che hai rotto* pick up the pieces of the plate you have broken. 4 (*fig,colloq*) (*persona malaticcia*) crock, old crock. 5 (*guscio*) shell. 6 *pl.* (*vasellame*) crockery (*costr.sing. o pl.*). ☐ *essere di* ~: 1 to be made of earthenware; 2 (*fig,colloq*) (*essere testardo*) to be stubborn, to be obstinate.

cocciutaggine *f.* 1 (*qualità*) stubbornness, pig-headedness, obstinacy. 2 (*atto da cocciuto*) obstinate act, obstinacy.

cocciutamente *avv.* stubbornly, pig-headedly.

cocciuto *a.* stubborn, pig-headed, obstinate. ☐ *essere* ~ *come un mulo* to be as stubborn as a mule.

cocco[1] (*pl.* **-chi**) *m.* 1 (*Bot*) (*palma di cocco*) coconut palm, coconut tree, coco, coco palm, cocoa palm. 2 (*Bot,Alim*) (*noce di cocco*) coconut. 3 (*fibra di cocco*) palm fibre, coconut fibre, coconut hair, coir, (*Am*) coco.

cocco[2] *m.* (*f.* **-a**; *pl.* **-chi**) (*colloq*) (*persona prediletta*) darling, sweetie-pie, pet: *essere il* ~ *della famiglia* to be the darling of the family. ☐ (*colloq*) ~ *di mamma* mummy's darling; (*colloq*) ~ *mio* sweetie.

cocco[3] (*pl.* **-chi**) *m.* (*Biol*) coccus.

cocco[4] (*pl.* **-chi**) *m.* (*infant*) (*uovo*) egg.

coccodè I *onom.* cluck-cluck: *la gallina ha fatto* ~ the hen has gone cluck-cluck, the hen has clucked. **II** *m.* cackle, cluck.

coccodrillo *m.* 1 (*Zool*) crocodile. 2 (*Pell*) crocodile, crocodile skin. 3 (*El*) (*pinzetta*) crocodile clip. 4 (*Ferr*) railway truck. 5 (*Giorn*) pre-obit. ☐ *di* ~ crocodile (*attr.*): *una borsa di* ~ a crocodile handbag.

coccola *f.* (*Bot*) berry (*anche Alim*): ~ *di ginepro* juniper berry.

coccolare (**còccolo**) **I** *v.t.* 1 (*vezzeggiare*) to pet, to cuddle, to fondle. 2 (*viziare*) to spoil. **II** *v.pron.* **coccolarsi** 1 (*crogiolarsi*) to nestle, to wallow. 2 (*nel letto*) to snuggle, to snuggle up.

coccole *f.pl.* (*colloq*) cuddle *sing.*: *fare le* ~ *a qcu.* to cuddle so.

coccolo *m.* (*f.* **-a**) (*colloq*) 1 (*bimbo grazioso e paffuto*) cuddly baby, cuddlesome little dear, chubby little dear. 2 (*cocco*) pet, darling: *il* ~ *della mamma* Mummy's darling.

coccolone[1] *m.* (*f.* **-a**) cuddly person: *essere un* ~ to be very cuddly, to be very affectionate.

coccolone[2] *m.* (*pop*) (*colpo*) stroke, heart-attack: *avere un* ~ to suffer a stroke; *momenti mi prende un* ~ I might have a stroke at any moment.

coccoloni *avv.* squatting, crouching: *stare* ~ to squat, to be squatting, to crouch.

cocente a. 1 (*caldissimo*) burning, scorching, scalding, searing: *sole* ~ scorching sun. 2 (*fig*) (*acuto, violento*) keen, acute, deep: *dolore* ~ keen sorrow.

cochon /koˈʃɔ̃/ a.inv. (*sconcio*) pornographic: *film* ~ pornographic film, pornofilm.

Cocincina n.prf. (*Geog.stor*) Cochin-China.

Cocito n.pr.m. (*Mitol*) Cocytus.

cocker /ˈkɔker/ m.inv. (*Zool*) cocker spaniel, spaniel.

cocktail /ˈkɔktejl/ m.inv. 1 (*bevanda*) cocktail. 2 (*ricevimento*) cocktail party. □ *dare un* ~ to give a cocktail party; (*Farm,pop*) ~ *di farmaci* (o ~*farmacologico*) drug cocktail, cocktail of drugs.

coclea f. 1 (*macchina idraulica*) Archimedean screw, Archimedes' screw, cochlea. 2 (*Anat*) cochlea. 3 (*Archeol*) wild animals' gate.

cocleare a. (*Anat*) cochlear.

coclearia f. (*Bot*) scurvy grass.

co.co.co., **CO.CO.CO.** I *collaborazione coordinata e continuativa* (ongoing and co-ordinated collaboration). II f. (*collaborazione coordinata e continuativa*) ongoing and coordinated collaboration. III m./f.inv. (*collaboratore coordinato e continuativo*) permanent collaborator.

cocolla f. (*Abbigl*) monk's scapular, cuculla.

cocomeraio m. (f. -a) watermelon seller.

cocomero m. 1 (*Bot,Alim*) watermelon. 2 (*fig,region*) (*sciocco*) dupe, fool.

cocorita f. (*colloq*) (*pappagallo*) parakeet.

cocotte[1] /koˈkɔt/ f.inv. pot, cast iron pot.

cocotte[2] /koˈkɔt/ f.inv. (*prostituta*) prostitute, (*ant*) cocotte.

cocuzza f. 1 (*region*) (*zucca*) pumpkin. 2 (*spreg,scherz*) (*testa*) pate, nut, gourd: *ma che hai nella* ~? what have you got in that nut of yours? 3 pl. (*region,colloq*) (*soldi*) dough (*costr.sing.*), money (*costr.sing.*), bread (*costr.sing.*).

cocuzzolo m. 1 (*rif. a monti*) summit, top. 2 (*rif. a testa*) crown, top (of the head). 3 (*rif. a cappello*) crown.

cod. (*Dir,Filol*) *codice* Cod., cod. (codex).

coda f. 1 tail: *agitare la* ~ to wag one's tail. 2 (*parte estrema*) tail, tail end, end: *la* ~ *della processione* the tail-end of the procession. 3 (*rif. a giacche*) tail, swallow tail, tails pl.; (*strascico*) train: *una giacca con le code* a tail-coat; *la* ~ *dell'abito da sposa* the train of the wedding dress. 4 (*fila*) queue, (*Am*) line: *c'era una lunga* ~ *davanti alla biglietteria* there was a long queue in front of the booking office, (*Am*) there was a long line in front of the ticket office; *marciare in* ~ to bring up the rear; *saltare la* ~ to jump the queue, (*Am*) to butt in line. 5 (*traffico*) traffic jam, traffic: *sull'autostrada c'era* ~ there was a traffic jam on the highway, there was traffic on the highway. 6 (*fig*) (*conseguenza*) consequence, after-effects pl.: *l'incidente avrà una* ~ the incident will have its after-effects. 7 (*Mus*) coda. 8 (*Inform*) queue. 9 (*codino*) pigtail, plait. 10 (*Lett,rar*) (*aggiunta, appendice*) coda, tail: *sonetto con la* ~ caudate sonnet. □ ~ *a ventaglio* fantail; *con una lunga* ~ (o*dalla lunga* ~) long-tailed, with a long tail; *la* ~ *del treno* the back of the train, the end of the train, the rear of the train; (*fig*) *con la* ~ *dell'occhio* out of the corner of one's eye; (*Aer*) ~ *di aeroplano* tail of an aeroplane; ~ *di cavallo* (*pettinatura*) ponytail: *farsi la* ~ *di cavallo* to tie one's hair in a ponytail; (*Astr*) *la* ~ *di una cometa* the train of a comet, the tail of a comet; (*fig*) *avere la* ~ *di paglia* to have a guilty conscience; ~ *di rondine*: 1 (*Sart*) swallow's tail; 2 (*Fal*) dovetail; *a* ~ *di rondine*: 1 (*Sart*) with tails, tail

(*attr.*), swallow-tail (*attr.*): *abito a* ~ *di rondine* tail coat, tails (*pl.*); 2 (*Fal*) swallow-tailed, dovetailed; (*Itt*) ~ *di rospo* frog fish, angler fish; (*Inform*) ~ *di stampa* print queue; ~ *di topo*: 1 (*Bot*) timothy, timothy grass; 2 (*Pesc*) fly fishing line; *fare la* ~ to queue, to queue up, (*Am*) to line up: *fare la* ~ *allo sportello* to queue at the counter, (*Am*) to stand in line at the counter; *essere in* ~: 1 (*in fondo*) to be at the back, to be at the end: *essere in* ~ *al treno* to be at the back of the train; 2 (*fare la coda*) to be standing in a queue, to queue, to queue up, (*Am*) to be standing in a line, to line up; *mettersi in* ~: 1 to queue up, to line up; 2 (*unirsi a una coda*) to join the queue, (*Am*) to join the line; ~ *mozza* bobtail, docktail; (*Zool*) ~ *prensile* prehensile tail; (*fig*) *undarsene con la* ~ *tra le gambe* to go off with one's tail between one's legs.

codardia f. (*lett*) 1 (*l'essere codardo*) cowardice, cowardliness. 2 (*azione codarda*) cowardly deed.

codardo I a. cowardly: *un rifiuto* ~ a cowardly refusal. II m. (f. -a) coward.

codazzo m. (*spreg*) (*gruppo disordinato*) swarm, mob, throng: *un* ~ *di gente* a mob, a swarm; *presentarsi col* ~ *della scorta* to arrive escorted by an entourage.

cod.civ. (*Dir*) *codice civile* C.C. (civil code).

codeina f. (*Farm*) codeine.

codesto I a. (*lett,rar*) that: *dammi* ~ *libro* give me that book; *non badare a codeste chiacchiere* don't take any notice of that gossip. II pron.dimostr. (*lett,rar*) 1 that, that one: *tra le due penne la migliore è codesta* that one is the better of the two pens. 2 (*codesta cosa*) that: ~ *non è vero* that is not true.

codetta f. 1 (*Tip*) (*segno grafico*) tail. 2 (*Comm,epist*) addressee's name and address.

codibugnolo m. (*Ornit*) long-tailed tit.

codice m. 1 (*Filol*) (*manoscritto*) codex, manuscript: *un* ~ *autografo del Petrarca* an original Petrarch manuscript. 2 (*Dir*) code, law: *il* ~ *della strada* highway code; *sfiorare il* ~ (o *rasentare il* ~) to keep just on the right side of the law, to bend the law. 3 (*cifrario*) code: ~ *telegrafico* telegraphic code. 4 (*Inform*) code, key, tag. □ (*Inform*) ~ *a barre* bar code; (*Inform*) ~ *a correzione di errore* error-correcting code; (*Aer*) ~ *aereo internazionale* International Air Code; ~ *amministrativo* administrative code; ~ *bancario* routing symbol, bank code; (*Inform*) ~ *binario* binary code; (*Mediev*) ~ *cavalleresco* code of honour, code of chivalry; (*Dir*) ~ *civile* civil code; ~ *cliente* customer code; (*Inform*) ~ *concatenato* chain code; ~ *della strada* rules of the road, highway code; ~ *deontologico* code of ethics; (*Inform*) ~ *di accesso* access code; ~ *di autodisciplina* code of self-discipline; ~ *di autoregolamentazione* (*dei lavoratori*) self-regulation code; (*Post*) ~ *di avviamento postale* (*Br*) Post Code, (*Am*) ZIP, zip Code; ~ *di comportamento* code of conduct, code of practice; (*Stor.rom,Dir*) ~ *di Giustinano* Justinian code, Justinian's codex; (*Dir*) ~ *di procedura civile* code of civil procedure; (*Dir*) ~ *di procedura penale* code of criminal procedure; (*Inform*) ~ *di programma* program code, programme code; (*Inform*) ~ *di tempo* time code; (*Stor.rom,Dir*) ~ *di Teodosio* Theodosian code, codex theodosianus; ~ *fiscale* fiscal identification number, fiscal code; (*Biol*) ~ *genetico* genetic code, genetic blueprint; (*Stor.rom,Dir*) ~ *giustinianeo* Justinian code, Justinian's codex; (*Aer*) ~ *iata* Iata code; ~ *identificativo* identification code

(*anche Inform*); *in* ~ in code, coded: *telegramma in* ~ coded telegram; *mettere in* ~ to code, to put into code; ~ *internazionale dei segnali* International Code of Signals; (*Inform*) ~ *istruzione* instruction code; (*Inform*) ~ *macchina* computer code; ~ *membranaceo* parchment codex; (*Mil*) ~ *militare* military code; (*Mediev*) ~ *miniato* illuminated manuscript; ~ *Morse* Morse code; (*Stor, Dir*) ~ *napoleonico* Napoleonic code; (*Inform*) ~ *operativo* operation code; ~ *papiraceo* papyrus manuscript; (*Dir*) ~ *penale* criminal code, penal code; (*Post*) ~ *postale* postal code, zip code; ~ *segreto* secret code; (*Inform*) ~ *sorgente* source code; ~ *stradale* rules of the road, highway code; (*Stor.rom, Dir*) ~ *teodosiano* Theodosian code, codex theodosianus.

codicillare a. (*Dir*) codicillary.

codicillo m. 1 (*Dir*) codicil: *un* ~ *al testamento* a codicil to the will. 2 (*scherz*) (*poscritto*) postscript.

codicologia f. (*Filol*) codicology.

codifica f. 1 coding, codification. 2 (*Inform*) encoding, coding; (*codice*) code. 3 (*Tel*) (*di segnali*) scrambling.

codificabile a. that may be codified, able to be codified.

codificare (**codìfico, codìfichi**) v.t. 1 to codify: ~ *le leggi sulla circolazione stradale* to codify the traffic laws. 2 (*attribuire un cifrario*) to code. 3 (*Inform*) to encode, to code. 4 (*Tel*) (*segnali*) to scramble.

codificatore m. 1 (*Inform*) encoder, coder. 2 (*Tel*) coder, scrambling device. 3 (f. -trice) (*chi codifica*) codifier, coder.

codificazione f. 1 (*di leggi*) codification. 2 (*di cifrari*) coding. 3 (*Inform*) encoding, coding; (*codice*) code.

codinismo m. (*atteggiamento retrogrado*) reactionism.

codino m. 1 (*trecciolina*) pigtail; (*di parrucca*) queue: *la bambina aveva i capelli divisi in due codini* the little girl's hair was parted in two pigtails. 2 (*fig*) (*reazionario*) reactionary.

codipendenza f. (*Psic*) codependency.

codirosso m. (*Ornit*) redstart.

codolo m. (*parte della lama*) tang: ~ *del fioretto* tang of the foil.

codominio m. (*Mat*) codomain.

codone[1] m. (*Biol*) codon, triplet.

codone[2] m. (*Ornit*) pintail.

codrione m. (*Ornit*) rump.

coeditare (**coèdito**) v.t. (*Edit*) to copublish, to publish jointly.

coeditore m. (f. -trice) (*Edit*) copublisher, joint publisher.

coedizione f. (*Edit*) coedition, joint edition.

coeducazione f. coeducation.

coefficiente m. 1 (*Mat,Fis*) coefficient. 2 (*causa concomitante*) factor, contributory factor, coefficient: *la perizia dei generali fu uno dei coefficienti della vittoria* the generals' skill was one of the factors contributing to victory. □ (*Fis*) ~ *di allungamento* coefficient of elongation, coefficient of expansion; (*Elettron*) ~ *di amplificazione* amplification factor; (*Ott*) ~ *di assorbimento* absorption coefficient, absorption index; (*Mecc*) ~ *di attrito* friction coefficient; (*Aer*) ~ *di carico* load coefficient; (*Fis*) ~ *di cattura* capture coefficient; (*Fis*) ~ *di dilatazione* coefficient of expansion; (*Fis*) ~ *di espansione cubica* expansivity; (*Fis*) ~ *di estinzione* extinction coefficient; (*Fis*) ~ *di mobilità* mobility coefficient; (*Statist*) ~ *di morbilità* morbidity rate; (*Fis*) ~ *di permeabilità* permeability coefficient; (*Statist*) ~ *di ponde-*

zione weighting coefficient; (*Fis*) ~ *di resistenza* drag coefficient; (*Edil*) ~ *di sicurezza* safety factor, safety coefficient; (*Edil*) ~ *dinamico* dynamic coefficient; (*Fis*) ~ *massico di assorbimento* mass absorption coefficient; (*Mat*) ~ *numerico* numerical coefficient.

coefficienza *f.* coefficient factor, cofactor.

coenzima *m.* (*Biol*) coenzyme: ~ *Q 10* coenzime Q 10.

coercibile *a.* 1 coercible, compellable. 2 (*Fis*) compressible: *gas* ~ compressible gas.

coercibilità *f.* 1 compellability. 2 (*Fis*) compressibility.

coercitivo *a.* coercive, compulsive: *misure coercitive* coercive measures; (*Fis*) *forza coercitiva* coercive force.

coercizione *f.* coercion, compulsion. □ *mezzi di* ~ coercive means; *agire sotto* ~ to act under coercion.

coerede *m./f.* coheir (*f.* -heiress), joint heir (*f.* heiress).

coerente *a.* 1 coherent, consistent, logical: *agire in modo* ~ *alle proprie idee* to act in keeping with one's ideas; *essere* ~ *con se stessi* to be consistent. 2 (*coeso*) coherent, cohering: *materiale* ~ coherent material. 3 (*Fis,Geol*) coherent: *luce* ~ coherent light; *rocce coerenti* coherent rocks.

coerentemente *avv.* coherently, consistently. □ ~ *a qcs.* consistently with: ~ *a quanto detto in precedenza* consistently with what has been said beforehand.

coerenza *f.* 1 coherence, consistency: *il tuo ragionamento manca di* ~ your reasoning lacks consistency, your reasoning is inconsistent. 2 (*coesione*) coherence. 3 (*Fis,Geol*) coherence.

coesione *f.* 1 (*Fis,Bot,Geol*) cohesion, cohesiveness. 2 (*fig*) coherence, cohesion, unity: ~ *sociale* social cohesion. 3 (*Ling*) coherence: *il testo manca di* ~ the text lacks coherence. □ (*Met*) ~ *a secco* dry strength; (*Met*) ~ *a verde* green strength.

coesistente *a.* coexistent.

coesistenza *f.* coexistence: ~ *pacifica* peaceful coexistence.

coesistere (*pres.ind.* **coesìsto**; *p.rem.* **coesistéi/coesistètti**; *p.p.* **coesistìto**; *aus.* **essere**) *v.i.* to coexist.

coesivo *a.* cohesive.

coeso *a.* cohesive: *gruppo* ~ cohesive group.

coesore *m.* (*Fis*) coherer.

coetaneo **I** *a.* the same age (*di* as), of the same age (as), contemporary (with): *essere* ~ *di qcu.* to be the same age as so., to be so.'s contemporary. **II** *m.* (*f.* -**a**) person of the same age, contemporary: *i ragazzi devono stare con i coetanei* children must be with those of their own age.

coeterno *a.* (*Teol*) coeternal.

coevo *a.* (*contemporaneo*) coeval, contemporary (*a* with).

cofanetto *m.* 1 casket. 2 (*per libri*) slipcase. 3 (*per dischi, cd*) boxed set. □ ~ *di gioielli* jewel case, jewel casket, (*Am*) jewelry box; ~ *di trucchi* make-up box.

cofano *m.* 1 (*Arred,ant*) coffer, chest. 2 (*Aut*) bonnet, (*Am*) hood. 3 (*Mil*) ammunition chest, ammunition box. 4 (*Mar*) trunk, trunk deck.

coffa *f.* (*Mar*) top. □ (*Mar*) ~ *di maestra* maintop.

cofinanziamento *m.* (*Econ*) co-financing, joint financing.

cofinanziare (**cofinànzio, cofinànzi**) *v.t.* (*Econ*) to co-finance, to finance jointly.

cofirmatario **I** *a.* cosignatory. **II** *m.* (*f.* -**a**)

cosignatory.

cofondatore *m.* (*f.* -**trice**) cofounder, joint founder.

cogarante *m./f.* coguarantor, joint guarantor.

coguaranzia *f.* joint guarantee.

cogente *a.* (*Dir*) binding, compulsory.

cogenza *f.* (*rar*) compulsoriness.

cogerente *m./f.* joint manager.

cogestionale *a.* joint-management (*attr.*).

cogestione *f.* joint management.

cogestire (**cogestìsco, cogestìsci**) *v.t.* to co-manage (sth.), to jointly manage (sth.).

cogitabondo *a.* (*lett*) (*pensieroso*) thoughtful, deep in thought (*posposto*).

cogitare (**cò,gito**) **I** *v.i.* (*aus.* **avere**) (*lett, scherz*) to cogitate, to ponder, to meditate. **II** *v.t.* (*lett,scherz*) to think about, to ponder, to meditate: *che cosa cogiti?* what are you thinking about?

cogitativo *a.* (*lett*) cogitative.

cogitazione *f.* (*lett*) (*meditazione*) cogitation, meditation, thought; (*riflessione*) reflection: *ha deciso dopo lunghe cogitazioni* he has decided after long reflection.

cogli → **con**.

cogliere (*pres.ind.* **còlgo, cògli**; *p.rem.* **còlsi**, *p.p.* **còlto**) *v.t.* 1 to pick, to pluck: ~ *una mela da un albero* to pick an apple from a tree. 2 (*raccogliere*) to gather, to pick, to pick up: ~ *i fiori* to gather flowers, to pick flowers. 3 (*approfittare di*) to grasp, to seize, to take: ~ *l'occasione per fare qcs.* to take the opportunity of doing sth., to take the opportunity to do sth. 4 (*fig*) (*capire*) to grasp, to catch: ~ *il senso di una frase* to grasp the sense of a phrase; ~ *un'allusione* to catch an allusion. 5 (*sorprendere*) to catch, to surprise, to come upon. 6 (*colpire*) to hit: ~ *il bersaglio* to hit the target. □ (*fig*) ~ *la palla al balzo* to seize the opportunity; ~ *qcu. alla sprovvista* to catch so. off guard, to catch so. unawares, to take so. unawares, to take so. by surprise, to take so. aback: *sono stato colto alla sprovvista e non ho saputo cosa dire* I was taken by surprise and didn't know what to say; (*fig*) ~ *qcu. con le mani nel sacco* to catch so. red-handed; ~ *qcu. di sorpresa* to take so. by surprise, to take so. aback, to catch so. off guard; ~ *qcu. impreparato* to catch so.off guard, to take so. by surprise; *qcu. in fallo* to catch so. red-handed, to catch so. in the act, (*Am,colloq*) to catch so. with their hand in the cookie jar; ~ *qcu. in flagrante*: 1 (*Dir*) to catch so. in the very act, to catch so. in flagrante delicto; 2 (*estens*) to catch so. in the act, to catch so. red-handed: *l'ho colto in flagrante mentre rubava la marmellata* I caught him red-handed stealing the jam; ~ *in pieno*: 1 to score a bull's-eye, to hit the target; 2 (*fig*) (*indovinare*) to hit the mark; *cogli l'attimo* seize the day, seize the moment; ~ *l'occasione per fare qcs.* to avail oneself of the opportunity to do sth., to take the opportunity to do sth.; ~ *nel segno*: to hit the target, to hit the bull's eye, to hit the mark (*anche fig*); ~ *qcu. sul fatto* to catch so. red-handed, to catch so. in the act.

coglionare (**coglióno**) *v.t.* (*volg,region*) 1 (*deridere*) to make a fool (*qcu.* of so.). 2 (*imbrogliare*) to hoax, to trick.

coglionata *f.* (*volg*) 1 (*stupidata*) bullshit, crap. 2 (*errore grossolano*) (*Br*) balls up, cock up, (*Am*) screw up.

coglionatura *f.* (*volg,region*) 1 mockery. 2 (*imbroglio*) hoax, trick.

coglione *m.* (*volg*) 1 (*f.* -**a**) (*stupido*) dickhead, (*Br*) arsehole, (*Am*) asshole. 2 *spec.pl.*

(*testicoli*) balls *pl.*, nuts *pl.*, (*Br*) bollocks *pl.* □ (*volg*) *avere i coglioni per fare qcs.* to have the balls to do sth.; *togliersi qcu. dai coglioni* to get rid of so., to tell so. to fuck off.

coglioneria *f.* (*volg*) 1 (*stupidata*) bullshit, crap. 2 (*errore grossolano*) (*Br*) balls up, cock up, (*Am*) fuck up.

coglitore *m.* (*f.* -**trice**) (*Agr*) gatherer, picker, plucker.

coglitura *f.* (*Agr,region*) gathering, picking, plucking: *la* ~ *delle pesche* the peach picking.

cognac *m.inv.* 1 cognac. 2 (*bicchiere di cognac*) cognac, glass of cognac.

cognata *f.* sister-in-law.

cognato *m.* brother-in-law.

cognazione *f.* (*Dir*) cognation.

cognitivismo *m.* (*Psic*) cognitive science.

cognitivo *a.* cognitive: (*Psic*) *sviluppo* ~ cognitive development.

cognito *a.* (*lett,rar*) known.

cognizione *f.* 1 (*conoscenza*) knowledge: *la* ~ *del male* the knowledge of evil. 2 (*Filos*) cognition. 3 (*lett*) (*nozione*) notion, knowledge: *hai qualche* ~ *di tedesco?* have you any knowledge of German?, do you know any German?; *avere un ricco bagaglio di cognizioni* to have a great deal of knowledge, you are very knowledgeable. 4 (*fig*) cognizance. □ ~ *avere* ~ *di qcs.* to know about sth.; *perdere la* ~ *del tempo* to lose all sense of time, to lose track of time, to completely lose track of time; ~ *di causa* full knowledge (of the facts): *parlare con* ~ *di causa* to speak with full knowledge of the facts; *prendere* ~ *di qcs.*: 1 to come to know sth., to learn of sth.; 2 (*Dir*) to take cognizance of sth.; (*Filos*) ~ *soggettiva* subjective cognition.

cognome *m.* surname, (*Am*) family name, last name. □ ~ *da ragazza* maiden name; ~ *doppio* compound surname, (*colloq*) double-barrelled surname.

coguaro *m.* (*Zool*) cougar, puma.

coi → **con**.

coibentare (**coibènto**) *v.t.* (*Tecn*) to insulate.

coibentazione *f.* (*Tecn*) insulation.

coibente I *a.* insulating, nonconducting. **II** *m.* (*Tecn*) insulator, nonconductor. □ (*Tecn*) ~ *acustico* acoustical insulator, sound deadener.

coibenza *f.* (*Tecn*) non conductivity, insulation.

coiffeur /kwa'fœr/ *m.inv.* hairdresser.

coimputato *m.* (*f.* -**a**) (*Dir*) codefendant, joint defendant.

coincidenza *f.* 1 (*caso, combinazione*) coincidence: *l'ho incontrato per una strana* ~ I met him by an odd coincidence. 2 (*identità*) agreement, harmony, accord: ~ *di idee* harmony of ideas. 3 (*rif. a mezzi di trasporto*) connection: *a Roma troverai la* ~ *per Napoli* at Rome, you will find the Naples connection; *perdere la* ~ to miss one's connection; *prendere la* ~ to catch one's connection. 4 (*Geom,Fis*) coincidence. □ *una* ~ *fortunata* a happy coincidence; *essere in* ~ to connect: *il pullman è in* ~ *con l'aereo* the coach connects with the plane.

coincidere (*p.rem.* **coincìsi**, *p.p.* **coincìso**; *aus.* **avere**) *v.i.* 1 (*essere identico, corrispondere*) to coincide, to correspond, to agree: *l'originale e la copia non coincidono* the original and the copy don't agree; *su questo argomento le nostre idee non coincidono* our ideas on this matter don't coincide, we don't agree on this matter. 2 (*accadere nello* *stesso tempo*) to coincide, to overlap, to clash, to conflict; (*rif. a ricorrenze, manifestazioni e sim.*) to fall on, to come on, to be on: *la lezione di tedesco di oggi coincide con quella di inglese* today's German lesson coincides with the English one; *quest'anno il Natale coincide con la domenica* this year Christmas day falls on a Sunday. **3** (*Geom*) to coincide: *le due figure coincidono* the two figures coincide.

coincisi → **coincidere**.

coinciso → **coincidere**.

coinquilino m. (f. **-a**) room-mate, fellow tenant, co-tenant.

cointeressare (**cointerèsso**) v.t. to give so. a joint interest, to give so. a joint share, to associate, to share profits with: ~ *qcu. in un affare* to give so. a joint interest in a transaction.

cointeressato I a. associated, joint-partner, profit-sharing: *le ditte cointeressate* the firms in partnership, the firms in association. **II** m. (f. **-a**) partner, associate, shareholder. □ *essere ~in un'azienda* to have a joint-interest in a company.

cointeressenza f. (*Comm,Econ*) **1** (*compartecipazione*) profit-sharing, partnership. **2** (*percentuale*) share, interest.

cointestare (**cointèsto**) v.t. to register jointly: *siamo cointestati* we are registered jointly.

coinvolgente a. enthralling, absorbing, captivating: *uno spettacolo ~* a captivating show, an enthralling show.

coinvolgere (*pres.ind.* **coinvòlgo, coinvòlgi**; *p.rem.* **coinvòlsi**; *p.p.* **coinvòlto**) v.t. **1** to involve, to implicate, to mix up: ~ *qcu. in uno scandalo* to involve so. in a scandal, to mix so. up in a scandal. **2** (*appassionare*) to involve, to engross.

coinvolgimento m. involvement.

coinvolto *p.pass.* → **coinvolgere**. a. **1** involved, implicated, mixed up: *essere ~ in uno scandalo* to be involved in a scandal, to be mixed up in a scandal; *essere ~ in un processo* to be involved in a trial; *essere ~ in prima persona* to be personally involved. **2** (*appassionato*) involved, engrossed: *sentirsi ~* to feel involved, to feel part of.

coiote m.inv. (*Zool*) coyote, prairie wolf.

Coira n.pr.f. (*Geog*) Chur.

coito m. coitus, coition, sexual intercourse. □ *~interrotto* coitus interruptus.

coke /kɔk/ m.inv. coke. □ *~ da gas* gas coke; *~di lignite* lignite coke; *~di petrolio* petroleum coke; *~metallurgico* metallurgical coke.

cokeria f. cokery, (*Am*) coke plant.

cokificare (**cokìfico, cokìfichi**) v.t. (*Ind*) to produce coke.

col → **con**.

col. (*Tip*) *colonna* col. (column).

Col. (*Mil*) *colonnello* col. (colonel).

cola f. (*Bot*) cola, cola tree, kola, kola tree: *noce di ~* kola nut, cola nut.

colà avv. (*lett*) (*stato in luogo*) yonder, there, over there; (*moto a luogo*) there, over there.

colabrodo m.inv. colander, strainer: (*fig*) *essere ridotto un ~* to be riddled with holes; (*in seguito a sparatoria*) to be riddled with bullets, to be turned into swiss cheese.

colaggio m. (*Comm,Mar*) (*calo di merci*) leakage, ullage.

colagogo (*pl.* **-ghi**) **I** a. (*Farm*) cholagogo. **II** m. (*Farm*) cholagogue.

colangiografia f. (*Radiol*) cholangiography.

colapasta m.inv. (*scolapasta*) colander (for pasta).

colare (**cólo**) **I** v.t. **1** (*filtrare*) to filter, to strain: ~ *il brodo* to strain stock. **2** (*scolare*) to drain, to strain, to strain off, to colander: ~ *la pasta* to drain (the) pasta. **3** (*versare a gocce*) to drip, to drop, to ooze: *la ferita cola sangue* the wound is dripping blood. **4** (*Met*) to pour, to cast, to melt: ~ *l'oro* to melt gold. **II** v.i. **1** (*aus.* **essere**) (*gocciolare*) to drip, to drop, to trickle, to ooze, to seep: *il sangue cola dalla ferita* blood is oozing from the wound. **2** (*aus.* **avere**) (*perdere gocce*) to leak: *il catino cola* the basin is leaking. **3** (*aus.* **essere**) (*sciogliersi*) to melt. □ *~a fondo* (o *~a picco*): **1** (*Mar*) to sink, to founder, to go down: *fare ~ a picco una nave* to sink a ship; *la nave è colata a picco* the ship has gone to the bottom, the ship has sunk; **2** (*fig*) (*andare in rovina*) to go to rack and ruin; *mi cola il naso* my nose is running.

colascione m. (*Mus,ant*) colascione.

colata f. **1** (*Met*) casting, pouring, tapping. **2** (*Met*) (*quantità di metallo fuso*) melt, cast. **3** (*Geol*) flow, outflow. □ (*Geol*) *~di fango* mudflow, mud slide; (*Geol*) *~di lava*: 1 (*fluida*) lava flow, stream of lava; 2 (*consolidata*) bed of lava, sheet of cooled lava; (*Geol*) *~di pietra* landslide; (*Met*) *~diretta* casting; (*Geol*) *~lavica*: 1 (*fluida*) lava flow, stream of lava; 2 (*consolidata*) bed of lava, sheet of cooled lava.

colaticcio m. **1** (*sgocciolatura*) drippings pl. **2** (*Met*) dross, dregs pl. **3** (*liquame della concimaia*) dung water. □ *~di candela* candle drippings (pl.).

colatitudine f. (*Geog*) colatitude.

colatoio m. strainer, sieve, filter.

colatore m. **1** (*f.-trice*) (*Met*) caster. **2** (*Idr*) drain. **3** (*Agr*) drain ditch.

colatura f. **1** (*il colare*) pouring; (*il gocciolare*) dripping, trickling; (*il filtrare*) filtering, straining, sifting. **2** (*sgocciolatura*) drippings pl.; (*di candela*) candle-drippings pl. **3** (*Met*) dross, dregs pl.

colazione f. **1** (*della mattina*) breakfast; (*orario*) breakfast, breakfast time: *fare ~* to breakfast, to have breakfast; *preparare la ~* to make breakfast ready. **2** (*di mezzogiorno*) lunch, luncheon; (*orario*) lunch, lunch time: *fare ~* to lunch, to have lunch; *invitare qcu. a ~* to ask so. to lunch, to invite so. to lunch. □ *~al sacco* picnic, picnic lunch; *~all'inglese* English breakfast; (*rar*) *~alla forchetta* buffet lunch; *~continentale* continental breakfast; *~di lavoro* luncheon meeting, business lunch, working lunch.

colbacco (*pl.* **-chi**) m. (*Mod*) busby, bearskin: *un ~ di pelliccia* a fur busby.

colchicina f. (*Chim*) colchicine.

colchico (*pl.* **-ci**) m. (*Bot*) autumn crocus.

Colchide n.pr.f. (*Geog.stor*) Colchis.

Coldiretti *Confederazione nazionale dei coltivatori diretti* (National Confederation of farmers).

colecistectomia f. (*Chir*) cholecystectomy.

colecisti f. (*Anat*) cholecyst, gall bladder.

colecistite f. (*Med*) cholecystitis.

coledocite f. (*Med*) choledochitis.

coledoco (*pl.* **-chi**) m. (*Anat*) bile duct, choledochus.

colei pron.dimostr.f. **1** (*soggetto*) she. **2** (*complemento*) her. **3** (*spreg*) (*quella tale*) that woman. □ *~che*: 1 (*soggetto*) the woman who, she who; 2 (*complemento*) the woman who(m), her who(m).

colendissimo a. (*rar,scherz*) most reverend, most honourable.

coleottero m. (*Entom*) coleopteron, beetle: *i coleotteri* coleoptera.

colera m. (*Med*) cholera: *epidemia di ~* cholera epidemic.

coleretico (*pl.* **-ci**) m. (*Farm*) choleretic: *farmaco ~* choleretic.

colerico (*pl.* **-ci**) a. (*Med*) cholera (*attr.*), choleraic: *febbre colerica* cholera fever.

coleroso I a. sick with cholera, affected by cholera. **II** m. (f. **-a**) cholera patient.

colesterina f. (*rar*) (*colesterolo*) cholesterol.

colesterolemia f. (*Med*) cholesterol level, blood cholesterol.

colesterolo m. cholesterol: *avere il ~ alto* to have a high cholesterol level.

colettare (**colétto**) v.t. (*Agr*) to sift, to riddle: ~ *il grano* to sift grain.

coletto m. (*Agr*) sieve, riddle.

colf, **COLF** f.inv. (*collaboratrice familiare*) home help, domestic help.

colgo → **cogliere**.

coliambico (*pl.* **-ci**) a. (*Metr*) choliambic.

coliambo m. (*Metr*) choliamb.

colibacillo m. (*Biol*) coli, colon bacillus.

colibacillosi f. (*Med*) colibacillosis.

colibatterio m. (*Biol*) coli, colon bacillus.

colibrì m. (*Ornit*) humming bird.

colica f. (*Med*) colic. □ (*Med*) *~ epatica* biliary colic, hepatic colic, (*colloq*) liver attack; (*Med*) *~ intestinale* intestinal colic; (*Med*) *~renale* renal colic.

coliforme [1] a. (*Bot*) coliform: *batterio ~* coliform bacterium.

coliforme [2] m. (*Ornit*) mousebird, coly: *i coliformi* mousebirds, colies.

colina f. (*Chim*) choline.

colinergico (*pl.* **-ci**) a. (*Biol*) cholinergic.

colino m. strainer, colander, cullender: ~ *per il caffè* coffee strainer; ~ *per il tè* tea strainer.

colite f. (*Med*) colitis. □ (*Med*) *~ulcerosa* ulcerative colitis.

coll' → **con**.

coll. (*Edit*) *collana* ser. (series).

colla [1] f. **1** (*adesivo*) glue, gum; (*di farina*) paste. **2** (*Tess,Cart*) size: *dare la ~* to size. □ (*Ind*) *~acida* acid size; (*Ind*) *~basica* basic size; *~d'amido* starch paste; *~da falegname* carpenter's glue, bone glue; (*Alim*) *~di pesce* isinglass, fish glue; *~ liquida* liquid glue; *~per tappezzieri* paperhanger's paste, wallpaper paste; *~stick* gluestick.

colla [2] → **con**.

collaborare (**collàboro**; *aus.* **avere**) v.i. **1** to collaborate (*con, a* with, on, in), to contribute (*a, in* to), to co-operate (*con* with): ~ *al successo di un'impresa* to contribute to the success of an undertaking. **2** (*svolgere attività di collaborazione*) to contribute (*a, in* to): ~ *a* (o *in*) *un giornale* to contribute to a newspaper. **3** (*cooperare*) to collaborate: ~ *con la polizia* to collaborate with the police. □ *~ con la giustizia* to turn state's evidence, (*GB*) to turn Queen's evidence, to turn King's evidence.

collaborativo a. collaborative, cooperative: *studio ~* collaborative study; *spirito ~* collaborative spirit, cooperative spirit.

collaboratore m. **1** collaborator, partner, cooperator, assistant, associate. **2** (*Edit*) contributor, contributing editor. □ *~di giustizia* cooperator with the police, police informant; *~ esterno*: 1 (*consulente*) consultant; 2 (*Edit*) freelance, freelancer; (*Edit*) *~fisso* regular contributor; (*Univ*) *~ linguistico* language assistant; ~ *scientifico* pharmaceutical representative, representative of a pharmaceutical firm.

collaboratrice f. **1** collaborator, partner, cooperator, assistant. **2** (*Edit*) contributor, contributing editor. □ ~ *domestica* home help, domestic help; ~ *esterna*: 1 (*consulente*) consultant; 2 (*Edit*) freelance, freelancer; ~ *familiare* home help, domestic help; (*Edit*) ~ *fissa* regular contributor.

collaborazione *f.* 1 collaboration: *lavorare in stretta* ~ to work in close collaboration; *avere bisogno della* ~ *di qcu.* to need so.'s help. 2 (*Edit*) contribution. 3 (*cooperazione*) collaboration, co-operation. □ *con la* ~ *di* with the co-operation of, with the collaboration of; ~ *coordinata e continuativa* collaboration offered by a consultant or freelancer on a regular basis; ~ *fissa* permanent collaboration; ~ *giornalistica* freelance journalism, contribution; *in* ~ *con* in association with, in collaboration with; ~ *periodica* collaboration at regular intervals.

collaborazionismo *m.* collaborationism, collaboration.

collaborazionista *m./f.* collaborationist, (*spreg*) quisling.

collage /kol'laʒ/ *m.inv.* 1 (*Art*) collage. 2 (*fig*) collage, patchwork.

collagene *m.* (*Anat*) collagen.

collageno I *m.* (*Anat*) collagen. **II** *a.* (*Anat*) collagenous, collagen (*attr.*): *fibre collagene* collagen fibres.

collana *f.* 1 necklace: ~ *d'oro* gold necklace; *una* ~ *di perle* a pearl necklace. 2 (*ghirlanda*) garland, wreath: *una* ~ *di fiori* a garland of flowers. 3 (*Edit*) collection, series: ~ *di sonetti* collection of sonnets; ~ *di romanzi* series of novels. 4 (*collare di ordini cavallereschi*) collar.

collant /kol'lan(t)/ *m.inv.* (*Abbigl*) tights *pl.*, stockings *pl.*, (*Am*) nylons *pl.*, pantihose *pl.* □ (*Abbigl*) ~ *a rete* fishnet tights; (*Abbigl*) ~ *autoreggenti* stay-ups, (*Am*) thigh-highs; (*Abbigl*) ~ *contenitivi* control tights; (*Abbigl*) ~ *coprenti* thick tights, opaque tights; (*Abbigl*) ~ *venti denari* twenty denier tights; (*Abbigl*) ~ *di pizzo* lace tights; (*Abbigl*) ~ *di seta* silk tights; (*Abbigl*) ~ *velato* sheer tights.

collante I *m.* glue, cement, adhesive. **II** *a.* adhesive.

collare *m.* 1 collar; (*per cani*) collar, dog-collar: *mettere il* ~ *al cane* to put the dog's collar on. 2 (*ornamento per il collo*) neckband, choker: *la signora indossava un abito nero con un* ~ *di pizzo* the lady was wearing a black dress with a lace neckband. 3 (*Med*) neck collar, neck brace. 4 (*Rel*) (*colletto dei preti*) clerical collar, (*colloq*) dog-collar: *portare il* ~ (*essere prete*) to wear a clerical collar, (*colloq*) to wear a dog-collar. 5 (*distintivo di ordine cavalleresco*) collar, neck-chain; (*persona*) knight: ~ *dell'Annunziata* collar of the Order of the Annunziata. 6 (*Zool*) collar, ring: *biscia dal* ~ grass snake. □ ~ *antipulci* flea collar; (*Med*) ~ *ortopedico* neck collar.

collarino *m.* 1 (*Rel*) clerical collar, (*colloq*) dog-collar. 2 (*Archeol*) collar, necking, girdle; (*astragalo*) astragal.

collassare (**collàsso**) **I** *v.t.* (*Med*) to collapse: ~ *un polmone* to collapse a lung. **II** *v.i.* (*aus.* **essere**) 1 (*avere un collasso*) to collapse, to have a breakdown. 2 (*fig*) to collapse, to break down, to fail. 3 (*Astr*) to undergo gravitational collapse.

collasso *m.* (*Med,Astr,fig*) collapse. □ (*Med*) ~ *cardiaco* heart failure; (*Astr*) ~ *gravitazionale* gravitational collapse; (*Med*) ~ *nervoso* nervous breakdown.

collaterale I *a.* collateral, secondary, side (*attr.*): *effetti collaterali* side effects. **II** *m./f.* collateral, collateral kinsman (*f.* -woman).

collateralmente *avv.* collaterally, together,

er, side by side (*a* with).

collaudare (**collàudo**) *v.t.* to test, to try (out), to put (sth.) to the test (*anche fig*): ~ *una macchina* to try out a machine; ~ *un impianto* to test an installation; (*fig*) *il nuovo impiegato deve essere collaudato* the new employee must be tried out.

collaudato *a.* 1 tested, tried: *motore* ~ tested engine. 2 (*approvato*) approved, passed. 3 (*fig*) tested, proven, secure, stable: *un rapporto* ~ a secure relationship.

collaudatore *m.* (*f.* -**trice**) 1 tester, trier-out. 2 (*di officina ecc.*) inspector. □ ~ *di aeroplani* test pilot; ~ *di automobili* test driver.

collaudo *m.* 1 (*atto*) testing, trying-out; (*di officina*) inspection: *fare il* ~ *di una macchina* to try out a machine, to test a machine; *sottoporre una macchina a* ~ to test a machine, to inspect a machine. 2 (*Inform*) (*di programmi*) debugging, debug. □ ~ *definitivo* (o ~ *finale*) final inspection; ~ *in officina* workshop testing, shop test.

collazionamento *m.* (*Filol,Edit*) collation.

collazionare (**collazióno**) *v.t.* (*Filol,Edit*) to collate: ~ *due manoscritti* to collate two manuscripts.

collazione *f.* 1 (*Filol,Edit*) collation: ~ *di due manoscritti* collation of two manuscripts. 2 (*Dir*) collation, hotchpot.

colle[1] → **con.**

colle[2] *m.* (*piccola altura*) hill: *la città dei sette colli* the City of the Seven Hills. □ (*Geog*) *colli Euganei* Euganean Hills; (*Geog*) ~ *Palatino* Palatine, Palatine Hill.

colle[3] *m.* (*Geog*) col, pass. □ (*Geog*) *il* ~ *del Moncenisio* the Mont Cenis pass.

collega *m./f.* colleague, fellow worker, workmate: ~ *d'ufficio* office colleague, (*colloq*) person so. works with.

collegamento *m.* 1 connection, connexion, link: *un autobus assicura il* ~ *tra i due quartieri* the two districts are linked by a bus service, the two districts are connected by a bus service. 2 (*fig*) connection, connexion: *tra i due avvenimenti non c'è* ~ there's no connection between the two events. 3 (*El,Tel,Rad*) connection, connexion, link, link-up, relay. 4 (*Mil*) liaison: *ufficiale di* ~ liaison officer. 5 (*Mecc*) connection, connexion, link, linkage, joint. 6 (*Inform*) connection, path, link; (*tra due terminali*) channel: *crea* ~ (*comando*) create link. □ (*Inform*) ~ *a infrarossi* infrared link; (*Inform*) ~ *a Internet* internet connection; (*El*) ~ *a stella* star connection; (*El*) ~ *a terra* grounding, earthing; (*Ferr*) ~ *ferroviario* railway junction, railway link; (*El*) ~ *in cascata* cascade connection; (*TV*) *essere in* ~ *da* to be live from; (*El*) ~ *in derivazione* shunt connection; (*Inform*) ~ *in parallelo* parallel connection; (*Inform*) ~ *in rete* network connection; (*El*) ~ *in serie* series connection; (*El*) ~ *in tandem* parallel connection; (*Tel*) ~ *interurbano* trunk call, long-distance call; (*Inform*) ~ *ipertestuale* hyperlink; (*Rad*) ~ *radio* (o ~ *radiofonico*) radio link; (*El*) ~ *stellare* star connection; (*Tel*) ~ *telefonico* telephonic connection, telephone connection; (*TV*) ~ *televisivo* television hook-up; (*Tel*) ~ *via cavo* cable link.

colleganza *f.* (*rar*) colleagueship, fellowship.

collegare (**collégo, colléghi**) **I** *v.t.* 1 to connect, to link, to join: *un corriera collega la stazione con il paese* the station is connected to the town by bus. 2 (*fig*) (*connettere*) to relate, to connect, to put (sth.) together, to associate: ~ *le idee* to put one's ideas together; *è necessario* ~ *i due fatti per meglio com-*

prenderli the two facts must be related if they are to be better understood. 3 (*El*) to connect, to connect up, to link, to plug in, to hook up. 4 (*Mecc*) to connect, to link, to join. 5 (*Inform*) to connect, to link. **II** *v.pron.* **collegarsi** 1 (*mettersi in comunicazione*) to put a call through, (*colloq*) to get through (to), to get in touch (with): *collegarsi telefonicamente con Milano* to get through to Milan (on the phone); *collegarsi con qcu.* to get through to so., to get in touch with so. by phone. 2 (*El*) to connect, to connect up, to link, to plug in, to hook up. 3 (*Inform*) to connect, to link. 4 (*estens*) (*essere in connessione*) to connect, to link up, to tie together: *i due fatti si collegano* the two facts link up, the two facts are connected. □ (*El*) ~ *a massa* (o ~ *a terra*) to earth, (*Am*) to ground; (*El*) ~ *alla presa* to connect to the socket; (*Fal*) ~ *con caviglie* to dowel; (*El*) ~ *in derivazione* to shunt, to parallel; (*El*) ~ *in serie* to connect in series; (*Tel*) *collegarsi via satellite* to link by satellite.

collegiale I *a.* 1 (*collettivo*) collective, joint, team (*attr.*), by a team, as a team, everybody's: *lavoro* ~ work done by a team, work done as a team; *responsabilità* ~ collective responsibility, joint responsibility. 2 (*rif. a collegio*) college (*attr.*), collegial, collegiate; (*rif. a convitto*) boarding-school (*attr.*): *vita* ~ college life; *educazione* ~ boarding-school education. **II** *m./f.* 1 boarder, collegian, (*Am*) collegiate, co-ed. 2 (*fig*) (*ragazza timida*) schoolgirl; (*ragazzo timido*) schoolboy: *timida come una* ~ as shy as a schoolgirl.

collegialità *f.* 1 collegiate character, joint nature, collective nature. 2 (*Rel*) collegiality.

collegialmente *avv.* as a body, as a team, as a group, corporately.

collegiata *f.* (*Rel*) (*chiesa*) collegiate church.

collegio *m.* 1 college, body, board: ~ *dei medici* college of physicians. 2 (*rif. al corpo insegnante*) staff, teaching body. 3 (*convitto*) boarding-school: *manderò mio figlio in* ~ I shall send my son to boarding-school. 4 (*istituto superiore, militare o navale*) college. 5 (*insieme dei collegiali: di un convitto*) boarders *pl.*; (*di un istituto superiore*) students *pl.*; (*di un collegio militare, navale*) cadets *pl.* □ (*Univ*) ~ *accademico* academic body; ~ *arbitrale*: 1 (*Dir*) court of arbitration, arbitration board; 2 (*Comm*) board of arbitrators; (*Stor.rom*) *il* ~ *degli auguri* the College of Augurs; ~ *degli avvocati* the Bar; (*Rel.catt*) ~ *dei cardinali* College of Cardinals, Sacred College; (*Scol*) ~ *dei docenti* teaching board; ~ *dei probiviri* board of arbitrators; (*Dir*) ~ *di difesa* lawyers for the defence, counsel for the defence, the defence; (*Scol*) ~ *docenti* teaching board; (*Pol*) ~ *elettorale*: 1 (*circoscrizione territoriale*) constituency; 2 (*complesso degli elettori*) constituency, electoral body, (*Am*) electoral college; (*Pol*) ~ *elettorale uninominale* first-past-the-post constituency seat; (*Scol*) ~ *femminile* girls' boarding-school; (*Dir*) *il* ~ *giudicante* the bench, the Court, panel of judges; (*Scol*) ~ *maschile* boys' boarding-school; (*Scol*) ~ *militare* military college, army college, (*Am*) military boarding-school; (*Dir*) ~ *sindacale* board of auditors; ~ *universitario* college.

collenchima *m.* (*Bot*) collenchyma.

collera *f.* 1 anger, rage, wrath, temper: *andare in* ~ to get angry, to fly into a rage, to lose one's temper; *fare andare in* ~ *qcu.* to make so. lose his temper, to make so. angry, to send so. into a rage; *avere un impeto di ~* to have a fit of rage. **2** (*fig*) rage, fury: *la ~ degli elementi* the fury of the elements. □ *la ~di Dio* the wrath of God; *essere in ~ con qcu.*: 1 to be angry with so.; 2 (*essere seccato*) to be annoyed, to be cross: *sono in ~ con te per il tuo silenzio* I'm cross with you because of your silence, I'm angry with you because of your silence.

collerico (*pl.* **-ci**) *a.* **1** (*facile alla collera*) irascible, hot-tempered, quick-tempered, choleric: *persona collerica* irascible person; *temperamento ~* irascible temperament. **2** (*causato dalla collera*) angry, irascible, choleric: *parole colleriche* angry words.

colletta *f.* **1** collection: *fare una ~ per qcs.* to make a collection for sth., to collect for sth. **2** (*Lit*) (*orazione della messa*) collect.

collettame *m.* packages *pl.*, packaged cargo: *trasporto a ~* general cargo service.

collettivamente *avv.* collectively, jointly.

collettivismo *m.* collectivism.

collettivista **I** *a.* collectivist, collectivistic. **II** *m./f.* collectivist.

collettivìstico (*pl.* **-ci**) *a.* collectivist, collectivistic: *politica collettivistica* collectivist policy.

collettività *f.* community, collectivity: *decisione della ~* decision of the (whole) community; *lavorare per la ~* to work in the common interest, to work for the general good.

collettivizzare (**collettivìzzo**) *v.t.* to share participation: *~ un'azienda* to give share participation of the company to the empolyees.

collettivizzazione *f.* collectivization.

collettivo **I** *a.* (*comune*) collective, joint, general, common, everybody's, group (*attr.*): *il benessere ~* the general welfare, the common good; *interesse ~* general interest, public interest, everybody's interest; *deliberazione collettiva* joint decision. **II** *m.* **1** (*Pol*) collective, workers *pl.* in a left-wing party, workers *pl.* in a trade-union organization. **2** (*Mus*) (*nel jazz*) jam session. **3** (*Gramm*) collective.

colletto *m.* **1** (*Abbigl*) collar: *~ duro* stiff collar; *~ floscio* soft collar; *~ inamidato* starched collar. **2** (*Bot*) collar, neck. **3** (*Dent*) neck. □ (*Abbigl*) *~alla coreana* mandarin collar; (*Abbigl*) *~alla stuarda* high stiff collar; (*Abbigl*) *~alto*: 1 high collar; 2 (*non rovesciato*) stand-up collar; (*fig*) *colletti bianchi* white-collar workers; (*fig*) *colletti blu* blue-collar workers; (*Abbigl*) *~ cambiabile* detachable collar; (*Abbigl*) *~di pelliccia* fur collar; (*Abbigl*) *~rovesciato* turn-down collar; (*Abbigl*) *~tondo* round collar.

collettore **I** *m.* **1** (*f.* **-trice**) (*burocr*) (*chi raccoglie*) collector, gatherer; (*chi riscuote*) collector: *~ delle imposte* tax-collector. **2** (*Tecn*) (*tubazione di raccolta o di distribuzione*) manifold; (*di caldaia*) header. **3** (*El*) (*di macchina rotante*) commutator, ring; (*di transistore*) collector; (*di tram e sim.*) trolley. **4** (*Idr*) (*canale collettore di bonifica*) outfall drain, collection drain; (*nelle fognature*) drain trunk line, sewer trunk line, main sewer. **5** (*Geol*) (*bacino collettore di ghiacciaio*) catchment basin. **6** (*Chim,Met*) collector, promoter. **II** *a.* collecting. □ (*Mot*) *~ di scarico* exhaust manifold; *~ solare* solar collector, solar energy collector.

collettoria *f.* (*burocr*) collector's office. □ *~del lotto* lotto receiving office; *~delle imposte* tax-collector's office.

collezionare (**collezióno**) *v.t.* **1** to collect, to be a collector of: *~ francobolli* to collect

---

stamps, to be a stamp collector. **2** (*fig*) to collect:*~ una serie di successi* to collect a series of successes; *~ fidanzati* to go through one boyfriend after another.

collezione *f.* **1** collection: *~ di francobolli* stamp collection; *una ~ di pipe* a collection of pipes. **2** (*Edit*) collection, series: *~ di classici stranieri* collection of foreign classics. **3** (*Abbigl*) collection: *~ primavera-estate* spring-summer collection. **4** (*scherz*) (*grande quantità*) collection, lot: *ha una bella ~ di nipoti* he's got a fine collection of grandchildren. □ *da ~* worth putting in a collection: *esemplare da ~* collector's item, collector's piece; *fare ~ di qcs.* to collect sth., to be a collector of sth.

collezionismo *m.* collecting, hobby of collecting things: *avere la mania del ~* to have the collecting mania.

collezionista *m./f.* collector: *un ~ di francobolli* a stamp collector.

collezionìstico *a.* collecting, collector's, collectors': *manie collezionistiche* collecting manias.

collider /kol'lajder/ *m.inv.* (*Fis*) collider.

collidere (*pres.ind.* **collìdo**; *p.rem.* **collìsi**; *p.p.* **collìso**; *aus.* **avere**) *v.i.* to collide (*contro, con* against, with).

collie /'kɔlli/ *m.inv.* (*Zool*) collie.

collier /kol'lje/ *m.inv.* necklace: *un ~ di diamanti* a diamond necklace.

colligiano **I** *a.* hill (*attr.*), of the hills, hill-dwelling: *popolazione colligiana* hill-dwelling people. **II** *m.* (*f.* **-a**) **1** (*originario di Colle Val d'Elsa*) native of Colle Val d'Elsa; (*abitante di Colle Val d'Elsa*) inhabitant of Colle Val d'Elsa. **2** (*rar*) (*abitante dei colli*) hill dweller.

collimare (**collìmo**) **I** *v.i.* (*aus.* **avere**) **1** to correspond, to coincide (*con* with). **2** (*fig*) to correspond (*con* with, to), to agree, to concide, to match: *le nostre teorie collimano* our theories coincide. **II** *v.t.* (*Fis*) to collimate.

collimatore *m.* **1** (*Ott*) collimator. **2** (*di armi da fuoco*) telescopic sight. □ (*Ott*) *~ottico* optical sight.

collimazione *f.* (*Ott*) collimation.

collina *f.* **1** hill. **2** (*regione collinosa*) hills *pl.*: *villeggiare in ~* to spend one's holidays in the hills; *mezza ~* low hills. □ *di ~* hill (*attr.*): *paese di ~* hill town.

collinare *a.* (*di collina*) hilly, hill (*attr.*): *zona ~* hilly region.

collinetta *f.* small hill, hillock.

collinoso *a.* hilly: *terreno ~* hilly ground.

collirio *m.* (*Farm*) eyedrops *pl.*, collyrium, eyewash. □ (*Farm*) *~ monodose* single dose eyedrops (*pl.*).

collisione *f.* **1** collision, impact. **2** (*Mar*) collision, running foul: *la ~ di due navi* the collision of two ships. **3** (*Fis*) collision. **4** (*fig*) (*conflitto*) conflict: *~ di interessi* conflict of interests. □ *entrare in ~ con* to collide with, to come into collision with; (*fig*) *sono in continua ~* they are in permanent conflict.

collisore *m.* (*Fis*) collider.

collo¹ → **con**.

collo² *m.* **1** neck: *buttarsi al ~ di qcu.* to fling one's arms round so.'s neck, to throw one's arms round so.'s neck; *piegare il ~* to bow one's head (*anche fig*); *portare qcs. al ~* to wear sth. round one's neck; *portare un braccio al ~* to have an arm in a sling. **2** (*Abbigl*) (*colletto*) collar, neck: *~ della camicia* shirt collar; *che misura porti di ~?* what size collar do you take? **3** (*rif. a recipienti e sim.*) neck: *il ~ della bottiglia* the neck of the bottle, the bottleneck. **4** (*Anat*) neck, cervix: *~*

---

della vescica neck of the bladder, cervix of the bladder. **5** (*Bot*) neck. **6** (*Mar*) (*giro completo di un cavo*) turn; (*non voluto*) fake. □ (*Abbigl*) *~ a polo* polo neck; (*Abbigl*) *~ a V* V-neck; (*Abbigl*) *~ a zip* zipped roll neck; (*Abbigl*) *~alto* (*di abito*) stand-up collar: *pullover a ~ alto* turtleneck; *un maglione con il ~ alto* a turtle-necked sweater; (*Anat*) *~ del piede* instep; (*Anat*) *~dell'utero* neck of the womb, cervix of the womb; *~ di cigno*: 1 (*flessuoso*) swan's neck; (*fig*) *avere un ~ di cigno* to have a neck like a swan; 2 (*Tecn*) swan neck; *a ~ di cigno* swan-necked, long-necked; *~ di giraffa* neck like a giraffe's, giraffe-neck; (*Mecc*) *~d'oca* goose neck, crankshaft: *albero a ~ d'oca* crank shaft; *a ~nudo* bare-necked; *prendere qcu.per il ~*: 1 to take so. by the neck, to take so. by the scruff of the neck; 2 (*fig*) (*costringerlo a condizioni gravose*) to force so. to accept bad terms, to squeeze so.; (*fig*) *~ taurino* bull neck.

collo³ *m.* **1** (*pacco*) item, package, packet, parcel: *numero dei colli* number of items. **2** (*balla*) bale.

collocabile *a.* placeable.

collocamento *m.* **1** placing, setting, setting up, settling, arrangement: *~ in aspettativa* placing in temporary retirement, temporary discharge; *~ dei lavoratori* placing of workers. **2** (*impiego*) position, post, job, situation, employment: *ha trovato un ~ come commessa* she has found a post as a shop assistant. **3** (*estens*) (*ufficio di collocamento*) employment office, employment agency: *andare al ~* to go to the employment office. **4** (*Econ*) (*piazzamento*) placing; (*vendita*) sale, marketing; (*investimento*) investment: *~ di merci* sale of goods; *~ di risparmi* investment of savings. **5** (*disposizione*) arrangement, placing, disposition. □ *~ a riposo* (*di lavoratori*) pensioning off, retirement, superannuation; (*Econ*) *~di un prestito* placing of a loan; (*burocr*) *~in disponibilità* placing of a public official in reserve, temporary suspension of a civil servant.

collocare (**còlloco, còllochi**) **I** *v.t.* **1** (*mettere: verticalmente*) to place, to stand, to set, to set up, to arrange; (*orizzontalmente*) to place, to lay: *~ i libri negli scaffali* to arrange books on shelves. **2** (*estens*) to set up, to place among: *questo romanzo lo ha collocato tra i più significativi scrittori di quest'anno* this novel has placed him among the most important writers of the year. **3** (*impiegare*) to place, to settle, to find employment for, to find a job for. **4** (*Econ*) (*vendere*) to place, to sell, to find a market for; (*investire*) to invest: *~ una merce* to sell an article, to place an article. **5** (*lett*) (*maritare*) to marry off, to settle. **II** *v.pron.* **collocarsi 1** (*disporsi*) to place oneself, to be placed. **2** (*procurarsi un impiego*) to find employment, to get a job. □ *~ qcu. a riposo*: 1 (*pensionare*) to pension off; 2 (*per raggiunti limiti di età*) to superannuate; *~ in aspettativa* to discharge (temporarily); (*Mil*) *~ in congedo* to discharge (from military service).

collocatore *m.* (*f.* **-trice**) (*impiegato di ufficio di collocamento*) employment-office clerk. **2** (*Econ*) investment dealer.

collocazione *f.* **1** (*il collocare*) arrangement, placing, setting: *~ di mobili* arrangement of furniture. **2** (*Bibliot*) classification, arrangement; (*cartellino*) pressmark, (*Am*) call number. **3** (*Ling*) collocation.

collodio *m.* (*Chim*) collodion, collodium.

colloidale *a.* colloidal, colloid (*attr.*): (*Chim*) *soluzione ~* colloidal solution; *avena*

~ colloidal oat.

colloide *m.* colloid. ☐ ~ *d'emulsione* emulsion colloid; ~ *di sospensione* suspension colloid.

colloquiale *a.* colloquial, informal: *linguaggio* ~ colloquial speech.

colloquialismo *m.* (*Ling*) colloquialism.

colloquialmente *avv.* colloquially.

colloquiare (**collòquio**; *aus.* **avere**) *v.i.* to talk (*con* with, to), to converse (*con* with).

colloquio *m.* 1 talk, conversation: ~ *amoroso* lovers' talk. 2 (*conversazione ufficiale*) talk, interview: *chiedere un* ~ to request an interview; *è previsto un* ~ *tra il capo del governo e gli esponenti dei partiti* the Prime Minister is expected to have a talk with the party representatives; *concedere un* ~ to grant an interview. 3 (*Univ*) (*esame orale preliminare*) preliminary oral exam. 4 *spec.pl.* (*Pol,Dipl*) negotiations *pl.*, talks *pl.* ☐ *essere a* ~ *con qcu.* to be talking to so., to be in conversation with so.; ~ *amichevole* friendly talk; ~ *di lavoro* job interview: *fare un* ~ *di lavoro* to have a job interview; ~ *di selezione* screening interview, selection interview; ~ *esplorativo* exploratory talk; ~ *intimo* tête-a-tête; ~ *privato* private interview; ~ *telefonico*: 1 telephone conversation; 2 (*lavorativo*) telephone interview; ~ *ufficiale* official talk.

collosità *f.* stickiness, glueyness, viscosity.

colloso *a.* 1 (*che contiene colla*) gummy, glutinous. 2 (*simile a colla*) sticky, gluey, viscous.

collotorto (*pl.* **collitòrti**) *m.* 1 (*bacchettone*) hypocrite, sanctimonious person, bigot. 2 (*Ornit*) wryneck.

collottola *f.* nape, scruff of the neck: *prendere qcu. per la* ~ to take so. by the scruff of the neck.

colludere (*pres.ind.* **collùdo**; *p.rem.* **collùsi**; *p.p.* **collùso**; *aus.* **avere**) *v.i.* to collude (*con* with).

collusione *f.* 1 (*Dir*) collusion. 2 (*estens*) (*accordo fraudolento*) collusion, plotting, secret understanding.

collusivo *a.* collusive, collusory.

colluso I *a.* in collusion with: *un politico* ~ *con la malavita* a political personality in collusion with the underworld organization. **II** *m.* (*f.* **-a**) person who has made secret and illicit agreements for illegal purposes.

collutorio *m.* (*Farm*) mouthwash.

colluttare (**collùtto**; *aus.* **avere**) **I** *v.i.* (*lett*) to fight, to grapple, to scuffle. **II** *v.pron.* **colluttarsi** (*lett*) to fight, to grapple, to scuffle.

colluttazione *f.* brawl, scuffle: *venire a* ~ to come to blows.

colma *f.* (*livello dell'alta marea*) high water.

colmabile *a.* that can be filled (up), able to be filled (up): *difficilmente* ~ difficult to fill.

colmare (**cólmo**) **I** *v.t.* 1 (*riempire fino all'orlo*) to fill (sth.) to the brim, to fill (sth.) to the top, to fill up, to fill right up; (*rif. a buche, fosse e sim.*) to fill in, to fill up; (*nelle bonifiche*) to reclaim: ~ *il bicchiere di vino* to fill the glass to the brim with wine; ~ *un fosso di terra* to fill in a ditch (with earth). 2 (*Econ*) to cover, to make up: ~ *il deficit* to cover the deficit, to make up a deficit. 3 (*fig*) to fill, to overwhelm: *quella vista mi ha colmato di orrore* the sight filled me with horror, I was overwhelmed with horror at the sight. **II** *v.pron.* **colmarsi** to fill: *mi si sono colmati gli occhi di lacrime* my eyes filled with tears. ☐ (*fig*) ~ *qcu. di gentilezze* to lavish kindnesses on so., to shower kindnesses on so., to overwhelm so. with kind-

ness; (*fig*) ~ *qcu. di insulti* to heap insults upon so.; (*Econ*) ~ *un disavanzo* to make up a deficit, to make good a deficit; ~ *il divario* to fill the gap, to bridge the gap; (*fig*) ~ *il sacco* to go too far; (*fig*) ~ *la misura* to overdo things, to go too far, to be the limit, to be the last straw: *questo tuo comportamento ha colmato la misura!* this time you have really gone too far!, your behaviour is the last straw!; (*fig*) ~ *l'abisso* to bridge the gap, to fill the gap; ~ *una lacuna* to fill a gap; (*Agr*) ~ *un terreno*: 1 (*alzarne il livello*) to raise the level of a piece of ground; 2 (*bonificarlo*) to reclaim land; (*fig*) ~ *un vuoto* to fill a void, to fill a gap, to make up for sth., to compensate for sth.

colmata *f.* 1 (*rif. a bonifica*) reclamation by alluvion; (*rialzamento*) banking up, filling in. 2 (*terreno colmato*) reclaimed land. 3 (*accumulo di sabbia*) sandbank.

colmatura *f.* 1 filling to the brim, filling to the top, filling up, filling in. 2 (*Enol*) adding of wine in barrels to replace evaporated wine.

colmo¹ *m.* 1 (*situazione paradossale*) last straw, (*iron*) the icing on the cake, the straw that broke the cammel's back: *è il* ~ *che io debba badare anche ai bambini altrui!* the icing on the cake is having to look after other people's kids to boot; (*colloq*) *ma questo è il* ~*!* this is the straw that broke the cammel's back!, this beats all!, this is the icing on the cake! 2 (*fig*) (*culmine*) height, summit, peak, climax; (*rif. a infelicità e sim.*) depths *pl.*: *al* ~ *della felicità* at the height of one's happiness; *essere al* ~ *della disperazione* to be in the depths of despair; *questo è il* ~ *della sfacciataggine!* this is the height of impudence! 3 (*punto più alto*) top, summit: *il* ~ *del colle* the top of the hill. 4 (*Edil*) ridge: *il* ~ *del tetto* the ridge of the roof. ☐ (*fig*) *essere al* ~ to be at one's peak: *l'allegria era al* ~ the merriment was at its height; *essere al* ~ *dell'ira* to be in a towering rage; *essere al* ~ *dell'esasperazione* (*Br*) to have reached the end of one's tether, (*Am*) to be at the end of one's rope; *il* ~ *dei colmi* the absolute limit; *per* ~ *di sventura* to top it all, to crown all.

colmo² *m.* 1 (*pieno fino all'orlo*) full, full to the brim (with); (*traboccante*) overflowing (with): *un vaso* ~ *di terra* a pot full to the brim with earth. 2 (*fig*) brimming over, bursting (with), full (of). ☐ *essere* ~ *di gioia* to be overjoyed.

colocasia *f.* (*Bot*) taro, elephant's ear.

colofone *m.* (*Edit,rar*) (*colophon*) colophon.

colofonia *f.* colophony, rosin.

cologaritmo *m.* (*Mat*) cologarithm.

colomba *f.* 1 (*Ornit*) dove (*anche fig*). 2 (*Dolc*) dove-shaped Easter cake. 3 (*Pol*) dove, peace advocate.

colombaccio *m.* (*Ornit*) woodpigeon, ringdove.

colombaia *f.* dovecot, dovecote.

colombario *m.* 1 (*nei cimiteri*) columbarium, vault (lined with burial niches). 2 (*Stor.rom*) columbarium.

colombella *f.* 1 (*Ornit*) stock dove. 2 (*fig*) (*fanciulla ingenua*) ingenuous girl.

Colombia *n.pr.f.* (*Geog*) Colombia.

colombiano¹ I *a.* Colombian. **II** *m.* (*f.* **-a**) Colombian.

colombiano² *a.* (*di Cristoforo Colombo*) Colombian.

colombicoltore *m.* (*f.* **-trice**) pigeon breeder.

colombicoltura *f.* pigeon breeding.

colombiere *m.* (*Mar*) masthead.

colombiforme *m.* (*Ornit*) columbiform.

Colombina *n.pr.f.* (*maschera*) Columbine.

colombo *m.* 1 (*Ornit*) pigeon, dove: ~ *viaggiatore* homing pigeon, carrier pigeon. 2 *pl.* (*fig,colloq*) (*piccioncini*) lovebirds. ☐ (*Ornit*) ~ *torraiolo* rock dove.

Colombo *n.pr.m.* (*Stor*) Columbus.

colon *m.inv.* (*Anat*) colon: ~ *ascendente* ascending colon; ~ *discendente* descending colon; (*Med*) *sindrome da* ~ *irritabile* irritable bowel syndrome.

colonia¹ *f.* 1 community: *la* ~ *italiana di Bruxelles* the Italian community in Brussels. 2 (*colonia per bambini*) (*Br*) holiday camp, (*Am*) summer camp: ~ *marina* seaside summer camp, (*Br*) seaside holiday camp. 3 (*bambini in una colonia*) campers *pl.* 4 (*possedimento*) colony, settlement: *fondare una* ~ to found a colony, to establish a settlement. 5 (*Stor.gr,Stor.rom*) colony: *le colonie greche in Asia Minore* the Greek colonies in Asia Minor. 6 (*Zool,Bot*) colony. ☐ (*Pol*) ~ *della corona* Crown Colony; ~ *di nudisti* nudist colony; ~ *di popolamento* settlement; ~ *montana* (*Br*) holiday camp in the mountains, (*Am*) summer camp in the mountains; ~ *penale* penal colony, penal farm.

colonia² *f.* (*acqua di Colonia*) eau de cologne, cologne.

colonia³ *f.* (*Dir,Agr*) agricultural lease on a profit-sharing basis. ☐ (*Dir,Agr*) *dare a* ~ to lease on a profit-sharing basis, to lease on share tenancy.

Colonia *n.pr.f.* (*Geog*) Cologne.

coloniale I *a.* colonial: *possedimenti coloniali* colonial possessions. **II** *m./f.* colonial, colonist. **III** *m.pl.* (*Alim*) colonial products, colonial groceries.

colonialismo *m.* colonialism (*anche estens*).

colonialista I *m./f.* 1 (*Pol*) (*fautore*) colonialist. 2 (*rar*) (*studioso*) expert in colonial questions. **II** *a.* colonialist.

colonialistico (*pl.* **-ci**) *a.* (*Pol*) colonialist: *politica colonialistica* colonialist policy.

colonico (*pl.* **-ci**) *a.* farmer's, farm (*attr.*): *casa colonica* farmhouse, tied farm house.

colonizzare (**colonìzzo**) *v.t.* to colonize.

colonizzatore I *m.* (*f.* **-trice**) colonizer, colonist. **II** *a.* colonizing.

colonizzazione *f.* colonization.

colonna *f.* 1 column, pillar (*anche estens*): *le colonne del portico* the columns of the portico; *una* ~ *di fumo* a column of smoke. 2 (*fila di persone, veicoli*) column, line, train: *una* ~ *di auto lunga un miglio* a mile-long line of cars; *mettersi in* ~ to form a column, to line up. 3 (*fig*) (*sostegno*) mainstay, pillar: *quel giovane è la* ~ *della famiglia* that young man is the pillar of his family. 4 (*Edit*) (*divisione verticale di una pagina*) column: *un articolo di tre colonne* a three column article. 5 (*Mil*) column. ☐ (*Art*) ~ *Antonina* Antonine column; (*Meteor*) ~ *barometrica* barometric column; (*Arch*) *colonne binate* coupled columns; (*Comm*) ~ *del dare* debit column, debit side; (*Comm*) ~ *dell'avere* credit column, credit side; (*Aut*) ~ *dello sterzo* steering column; (*Geog,Mitol*) *le colonne d'Ercole* the Pillars of Hercules; (*Edit*) *di una* ~ in one column, of one column, single-column (*attr.*), single-columned (*attr.*); *di due* ~ in two columns, of two columns, two-column (*attr.*), two-columned (*attr.*), double-column (*attr.*), double-columned (*attr.*); (*Bibl*) ~ *di fuoco* pillar of fire; (*Mil*) ~ *di marcia* marching column; ~ *di mercurio* mercury column; (*Cin*) ~ *dialoghi* dialogue track, voice track; (*Arred*) ~ *forno* upright oven; (*Arred*) ~ *frigo* upright fridge; (*Cin*) ~ *guida* guide track; *in* ~: 1 (*rif. a uomini, cose*) in column, in a column: *marciare in* ~ to march in column; 2 (*rif. a parole, numeri*) in a column, one below the other, under each other: *mettere in* ~ *i numeri* to write the numbers in a column; ~ *infame* pillory post; (*Archeol*) ~ *miliare* milestone; (*Edil*) ~ *montante* riser, flow pipe; (*Archeol*) ~ *rostrata* rostral column; (*Arch*) ~ *scanalata* fluted column; (*Cin*) ~ *sonora* soundtrack; (*Art*) la ~ *Traiana* Trajan's column; (*Anat*) ~ *vertebrale* spine, backbone, spinal column.

colonnare *a.* columnar.

colonnato I *m.* (*Arch*) colonnade: *il* ~ *di san Pietro* St. Peter's colonnade. II *a.* columned, colonnaded, pillared.

colonnello *m.* 1 (*Mil*) colonel. 2 (*Aer.mil*) group captain. ☐ ~ *medico* surgeon colonel.

colonnetta *f.* 1 (*nel distributore di benzina*) petrol pump, (*Am*) gas pump. 2 (*cippo sepolcrale*) memorial. 3 (*region*) (*comodino*) bedside table.

colonnina *f.* 1 (*nel distributore di benzina*) petrol pump, (*Am*) gas pump. 2 (*Strad*) (*spartitraffico*) bollard. ☐ ~ *di mercurio*: 1 mercury column, column of mercury; 2 (*estens*) (*temperatura*) temperature, thermometer; (*Strad*) ~ *SOS* (*sulle autostrade*) SOS phone, emergency call box.

colonnino *m.* 1 (*di balaustra o ringhiera*) baluster, banister. 2 (*Tip*) half-stick. 3 (*Giorn*) single column.

colonnista *m./f.* (*Giorn*) columnist.

colono *m.* (*f.* -a) 1 (*abitante di una colonia*) colonist, settler. 2 (*lett*) (*contadino: in proprio*) farmer; (*per conto di altri*) farm worker.

colophon /ˈkɔlofɔn/ *m.inv.* (*Edit*) colophon.

coloquintide *f.* (*Bot*) colocynth, (*colloq*) bitter apple.

colorabile *a.* that can be dyed, that can be coloured, (*Am*) that can be colored.

colorante I *a.* colouring, (*Am*) coloring. II *m.* dye, dyestuff, colouring matter, (*Am*) coloring. ☐ *coloranti alimentari* food dyes, (*Am*) food coloring (*sing.*); *senza coloranti* without dyes, without food dyes, (*Am*) without food coloring; (*Chim*) *coloranti sintetici* synthetic dyes; *coloranti vegetali* vegetable dyes.

colorare (*colóro*) I *v.t.* 1 to colour, (*Am*) to color, to give colour to, (*Am*) to give color to: ~ *il disegno di rosso* to colour the drawing red. 2 (*tingere*) to tinge, to tint. 3 (*rif. a tessuti e sim.*) to dye. 4 (*fig*) to colour, (*Am*) to color, to embellish. II *v.pron.* **colorarsi** 1 to take on a colour, (*Am*) to take on a color. 2 (*seguito dalla specificazione del colore*) to turn, to grow: *il cielo si colora di rosso* the sky is turning red. 3 (*tingersi leggermente*) to be tinged (*di* with). 4 (*fig*) (*arrossire*) to colour, (*Am*) to color, to blush, to flush, to go red.

colorato I *a.* 1 coloured, (*Am*) colored: *lampadine colorate* coloured lights. 2 (*rif. a tessuti e sim.*) dyed. II *m.pl.* (*capi colorati*) coloureds: *bianchi e colorati* whites and coloureds.

coloratura *f.* (*Mus*) coloratura.

colorazione *f.* 1 (*il colorare*) colouring, (*Am*) coloring, coloration; (*il tingere*) staining, dyeing. 2 (*colore*) colour, (*Am*) color, colouring, (*Am*) coloring, hue, tint: *il cielo ha preso una* ~ *rossastra* the sky has taken on a reddish hue. 3 (*Biol*) (*rif. a tecnica microscopica*) staining.

colore *m.* 1 colour, (*Am*) color: *il rosso è un*

bel ~ red is a beautiful colour. 2 (*sostanza per dipingere*) paint, colour, (*Am*) color; (*vernice, tinta*) paint: *mescolare i colori* to mix one's colours. 3 (*colorito del viso*) colour, (*Am*) color: *vivendo all'aria aperta ha ripreso* ~ living in the open air has brought his colour back. 4 (*Cosmet*) (*tinta*) colour, colouring, (*Am*) color, coloring, hair dye: *fare il* ~ to have one's hair dyed, to have one's hair coloured, (*Am*) to have one's hair colored. 5 (*fig*) (*apparenza*) appearance, colour, (*Am*) color, savour: *le tue parole hanno il* ~ *della sincerità, ma sono false* your words appear (*o* seem) sincere, but they are false. 6 (*Pitt*) colours *pl.*, (*Am*) colors *pl.*, colour, (*Am*) color, colouring, (*Am*) coloring, use of colour, (*Am*) use of color: *un pittore famoso per il* ~ an artist renowned for his colours, an artist renowned for his use of colour. 7 (*Pol*) (*partito*) party, political colour, (*Am*) political color, political shade: *di che* ~ *sei?* what party do you support? 8 (*nelle carte: seme*) suit; (*nel poker*) flush: *fare* ~ to get a flush. 9 (*di un suono*) colour, (*Am*) color, timbre. 10 *pl.* (*Sport*) (*squadra*) colours, (*Am*) colors: *fare onore ai propri colori* to be worthy of one's colours. 11 *pl.* (*colori nazionali*) colours, (*Am*) colors: *i colori di Francia* the colours of France. ☐ *a colori* in colour, (*Am*) in color, (*Am*) color (*attr.*), coloured, (*Am*) colored: *illustrazione a colori* coloured illustration; *televisione a colori* colour television; (*Pitt*) ~ *a colla* glue colour, (*Am*) glue color; (*Pitt*) *coloria olio* oils, oil paints; (*Pitt*) *coloria tempera* tempera colours, (*Am*) tempera colors; *color caffè*: 1 (*usato come nome*) coffee-colour, (*Am*) coffee-color; 2 (*usato come aggettivo*) coffee-colour (*attr.*), (*Am*) coffee-color (*attr.*), coffee-coloured, (*Am*) coffee-colored; *color cammello*: 1 (*usato come nome*) camel-colour, (*Am*) camel-color; 2 (*usato come aggettivo*) camel-colour (*attr.*), (*Am*) camel-color (*attr.*), camel-coloured, (*Am*) camel-colored; (*scherz*) *color cane che fugge* sky-blue pink; *color cardinale*: 1 (*usato come nome*) cardinal, cardinal red; 2 (*usato come aggettivo*) cardinal (*attr.*), cardinal red (*attr.*); *color carminio*: 1 (*usato come nome*) crimson, carmine; 2 (*usato come aggettivo*) crimson, carmine, carmine like; *color carne*: 1 (*usato come nome*) flesh-colour, (*Am*) flesh-color, nude; 2 (*usato come aggettivo*) flesh-colour (*attr.*), flesh-coloured, (*Am*) flesh-colored, (*Am*) flesh-color (*attr.*), nude: *calze color carne* flesh-coloured stockings, (*Am*) flesh-colored stockings; *color carota*: 1 (*usato come nome*) carrot-colour, (*Am*) carrot-color; 2 (*usato come aggettivo*) carrot-colour (*attr.*), (*Am*) carrot-color (*attr.*), carrot-red (*attr.*), carrot-coloured, (*Am*) carrot-colored; ~ *chiaro*: 1 (*usato come nome*) pale colour, (*Am*) pale color, light colour, (*Am*) light color; 2 (*usato come aggettivo*) pale colour (*attr.*), (*Am*) pale color (*attr.*), light colour (*attr.*), (*Am*) light color (*attr.*), pale-coloured, (*Am*) pale-colored, light-coloured, (*Am*) light-colored; ~ *complementare* complementary colour, (*Am*) complementary color; *dare il* ~ to paint, to colour, (*Am*) to color: *dare il* ~ *a una parete* to paint a wall; ~ *del cielo*: 1 (*usato come nome*) sky-blue; 2 (*usato come aggettivo*) sky-blue (*attr.*); *i colori dell'iride* the colours of the rainbow, (*Am*) the colors of the rainbow; *di* ~ coloured, (*Am*) colored: (*fig*) *gente di* ~ coloured people, (*Am*) colored people, blacks; *di che* ~? which colour?, (*Am*) which color?, what colour?, (*Am*) what color?; (*Inform*) *colori di*

sistema system colours, (*Am*) system colors; (*fig,colloq*) *dirne di tutti i colori* to talk through one's hat, (*colloq*) to talk rubbish; *farne di tutti i colori* to get up to all kinds of mischief, to be up to all kinds of mischief, to be up to all kinds of tricks; *raccontarne di tutti i colori* to tell tall stories; *vederne di tutti i colori* to have all sorts of experiences, to see all sorts of things; *diventare di tutti i colori* (*per la vergogna*) to turn red, to turn all the colours of the rainbow; *colori fantasia* bright colours, (*Am*) bright colors; ~ *fondamentale* primary colour, (*Am*) primary color; *color fragola*: 1 (*usato come nome*) strawberry, strawberry-colour, (*Am*) strawberry-color; 2 (*usato come aggettivo*) strawberry (*attr.*), strawberry colour (*attr.*), (*Am*) strawberry-color (*attr.*), strawberry-coloured, (*Am*) strawberry-colored; *color fucsia* fuchsia; *un* ~ *indefinibile* a nondescript colour, (*Am*) a nondescript color; (*Ind*) ~ *indelebile* indelible colour, (*Am*) indelible color; ~ *locale* local colour, (*Am*) local color: *nel libro c'è molto* ~ *locale* the book contains a lot of local colour; *color miele*: 1 (*usato come nome*) honey colour, (*Am*) honey color; 2 (*usato come aggettivo*) honey-colour (*attr.*), (*Am*) honey-color (*attr.*), honey-coloured, (*Am*) honey-colored; *color oliva*: 1 (*usato come nome*) olive, olive-green; 2 (*usato come aggettivo*) olive (*attr.*), olive-green (*attr.*); ~ *opaco* opaque paint, matt colour; *color paglia*: 1 (*usato come nome*) straw, straw colour, (*Am*) straw color; 2 (*usato come aggettivo*) straw (*attr.*), straw-colour (*attr.*), (*Am*) straw-color (*attr.*), straw-coloured, (*Am*) straw-colored; *color panna*: 1 (*usato come nome*) cream; 2 (*usato come aggettivo*) cream (*attr.*); *colori pastello* pastel colours; *color pelle*: 1 (*usato come nome*) flesh-colour, (*Am*) flesh-color; 2 (*usato come aggettivo*) flesh-coloured, (*Am*) flesh-colored, flesh-colour (*attr.*), (*Am*) flesh-color (*attr.*); *color perla*: 1 (*usato come nome*) pearl colour, (*Am*) pearl color; 2 (*usato come aggettivo*) pearly, pearl-coloured, (*Am*) pearl-colored, pearl-colour (*attr.*), (*Am*) pearl-color (*attr.*); *color pistacchio*: 1 (*usato come nome*) pistachio, pistachio green; 2 (*usato come aggettivo*) pistachio (*attr.*), pistachio-green (*attr.*); (*fig*) ~ *politico* political leanings (*pl.*), political views (*pl.*); ~ *primario* primary colour, (*Am*) primary color; *color prugna*: 1 (*usato come nome*) plum colour, (*Am*) plum color; 2 (*usato come aggettivo*) plum-colour (*attr.*), (*Am*) plum-color (*attr.*), plum-coloured, (*Am*) plum colored; *color pulce*: 1 (*usato come nome*) puce; 2 (*usato come aggettivo*) puce (*attr.*), puce-coloured, (*Am*) puce-colored; ~ *resistente* fadeless colour; *color rosso cardinale*: 1 (*usato come nome*) cardinal, cardinal red; 2 (*usato come aggettivo*) cardinal, cardinal-red (*attr.*); ~ *scuro* dark colour, (*Am*) dark color; *senza* ~: 1 colourless, (*Am*) colorless; 2 (*fig*) (*privo di vita*) colourless, (*Am*) colorless, lifeless, dull; ~ *solido* fast dye, fast colour, (*Am*) fast color; ~ *trasparente* transparent colour, (*Am*) transparent color; ~ *vivace* bright colour, (*Am*) bright color; *color zafferano*: 1 (*usato come nome*) saffron; 2 (*usato come aggettivo*) saffron (*attr.*), saffrony.

colorificio *m.* 1 (*fabbrica*) paint factory, colour factory, (*Am*) color factory, dye factory. 2 (*negozio*) paint shop.

colorimetria *f.* (*Fis*) colorimetry.

colorimetrico (*pl.* **-ci**) *a.* colorimetric, colorimetrical: *analisi colorimetrica* colorimetric analysis.

colorimetro *m.* (*Tecn*) colorimeter.

colorire (**colorìsco, colorìsci**) I *v.t.* **1** (*dare il colore*) to colour, (*Am*) to color: ~ *un disegno* to colour a drawing. **2** (*fig*) (*rendere vivace*) to enliven, to embellish: ~ *un racconto* to enliven a tale. **II** *v.pron.* **colorirsi** to colour, to colour up, (*Am*) to color, to color up, to flush: *si è colorito in volto* he coloured.

colorismo *m.* (*Pitt*) tendency to use colour as the fundamental element of painting.

colorista *m./f.* (*Art*) colourist, (*Am*) colorist.

coloristico (*pl.* -**ci**) *a.* colouristic, (*Am*) coloristic, colour (*attr.*), (*Am*) color (*attr.*): *effetti coloristici* colouristic effects, colour effects.

colorito I *m.* **1** colouring, (*Am*) coloring, colour, natural colour, (*Am*) color, (*Am*) natural color: *il ~ della pelle* (the) skin colouring, skin coloring; ~ *roseo* rosy colouring. **2** (*rif. al viso*) complexion: ~ *bruno* dark complexion. **3** (*fig*) (*vivezza espressiva*) colour, (*Am*) color, colourfulness, (*Am*) colorfulness: *il ~ di una frase* the colourfulness of a phrase. **4** (*Pitt*) (*arte del colorire*) colour, (*Am*) colouring, (*Am*) coloring: *morbidezza di ~* softness of colour, soft colouring. **5** (*Mus*) timbre, colour, tone-colour, (*Am*) timbre, color, tone-color: *effetti di ~* colouring, coloring. **II** *a.* **1** coloured, (*Am*) colored; (*rif. al viso: roseo*) rosy, pink; (*rubicondo*) ruddy: *carnagione colorita* ruddy complexion. **2** (*fig*) (*vivace*) highly coloured, (*Am*) highly colored, colourful, (*Am*) colorful, lively: *discorso ~* colourful speech.

coloritura *f.* **1** (*il colorire*) colouring, (*Am*) coloring: *la ~ di un disegno* the colouring of a drawing. **2** (*Pol*) colour, (*Am*) color, colouring, (*Am*) coloring, tone: ~ *ideologica di un giornale* ideological tone of a newspaper. **3** (*Mus*) colour, (*Am*) color, colouring, (*Am*) coloring.

colorizzare (**colorìzzo**) *v.t.* (*Cin*) to colorize.

coloro *pron.dimostr.m./f.pl.* **1** (*soggetto*) they. **2** (*complemento*) them. **3** (*spreg*) (*quei tali*) those people. □ ~ *che*: 1 (*soggetto*) the people who, they who; 2 (*complemento*) the people who(m), them who(m).

colossal *m.inv.* (*Cin*) colossal film.

colossale *a.* **1** colossal, enormous, huge, tremendous: *statua ~* colossal statue; *impresa ~* huge undertaking; *successo ~* colossal success, tremendous success. **2** (*fig*) (*madornale*) gross, massive, colossal: *un errore ~* a colossal error.

Colosseo *n.pr.m.* (*Archeol*) Coliseum, Colosseum.

Colossesi *m.pl.* (*Bibl*) Colossians.

colosso *m.* **1** (*statua grandiosa*) colossus: *il ~ di Rodi* the Colossus of Rhodes. **2** (*estens*) (*gigante*) giant, colossus: *un ~ dell'industria* an industrial giant. **3** (*fig*) (*persona di intelligenza eccezionale*) giant, genius. □ (*fig*) *essere un ~ dai piedi di argilla* to be a colossus with feet of clay.

colostro *m.* **1** (*Fisiol*) colostrum. **2** (*Zool*) beestings (*costr.sing. o pl.*).

colpa *f.* **1** fault, wrong, blame: *è ~ tua!* it's your fault!; *macchiarsi di una ~* to be guilty of a wrong-doing; *buttare la ~ addosso a qcu.* to put the blame on (to) so.; *addossarsi la ~ di un'azione* to take the blame for an action. **2** (*colpevolezza*) guilt: *hanno confessato le loro colpe* they have confessed their guilt. **3** (*azione colpevole*) fault, offence, misdeed: *fuggendo ha aggravato la sua ~* by running away he made matters worse. **4** (*Teol*) (*peccato*) sin: *pentirsi delle proprie*

colpe to repent of one's sins. □ *avere la ~ di qcs.* to be to blame for sth.: *tu non ne hai ~* it's not your fault, you are not to blame; *che ~ ho io se tu sei arrabbiato?* how am I to blame for you're being angry?, is it my fault if you are angry?, how is it my fault that you're angry?; *dare a qcu. la ~ di qcs.* to lay the blame for sth. on so.; *è ~ di qcu.* it's so.'s fault; *è ~ di qcs.* it's because of sth.: *è ~ della fretta* it's because of all the hurry; *di chi è la ~?* whose fault is it?; ~ *grave* grave offence, gross fault; *essere in ~* to be at fault, to be to blame; *sentirsi in ~* to feel guilty; *per ~ di* through, owing to, because of, due to, thanks to: *per ~ mia* because of me, it's my fault; *non abbiamo fatto la gita per ~ del maltempo* we didn't go on the trip due to the bad weather, we didn't go on the trip owing to the bad weather; *per ~ tua!* because of you!; *per ~ tua arriverò in ritardo* it's your fault that I shall be late, I shall be late because of you; (*Dir*) ~ *professionale* professional negligence; *senza ~* guiltless, blameless; *è tutta ~ della sua pigrizia* it's all due to his laziness.

colpetto *m.* **1** tap, rap. **2** (*colpo affettuoso*) pat. **3** (*con il gomito*) nudge, jog.

colpevole I *a.* **1** (*rif. a persona*) guilty, in the wrong, to blame, at fault: *sentirsi ~* to feel guilty, to feel to blame; *è ~ di furto* he is guilty of theft; *rendersi ~ di qcs.* to be guilty of sth.; (*Dir*) *dichiararsi ~* to plead guilty; (*Dir*) *riconoscere qcu. ~* to find so. guilty. **2** (*rif. ad azioni*) culpable, guilty. **II** *m./f.* culprit, offender, guilty person: *hanno arrestato il ~* they have arrested the culprit. □ (*Dir*) ~ *di omicidio* guilty of murder.

colpevolezza *f.* **1** guilt, culpability. **2** (*Dir*) guilt: *sostenere la ~ di qcu.* to maintain that so. is guilty.

colpevolismo *m.* maintaining the guilt of the accused.

colpevolista *m./f.* a person who holds the accused to be guilty, a person siding with the prosecution.

colpevolizzare (**colpevolìzzo**) *v.t.* to make (so.) feel guilty.

colpire (**colpìsco, colpìsci**) *v.t.* **1** (*percuotere*) to hit, to strike, to knock: ~ *qcu. con un bastone* to hit so. with a stick. **2** (*con oggetti a punta*) to stab, to strike: *lo ha colpito al braccio col coltello* he stabbed him in the arm with his knife. **3** (*cogliere*) to hit, to strike: *la pietra lo ha colpito alla testa* the stone struck him on the head; *il proiettile lo ha colpito al cuore* the bullet struck him in the heart; *essere colpito da un fulmine* to be struck by lightning. **4** (*con arma da fuoco*) to shoot. **5** (*danneggiare*) to hit (hard), to strike: *l'uragano ha colpito le zone costiere* the hurricane has hit the coastal areas. **6** (*estens*) (*prendere di mira*) to hit (hard), to affect: *la nuova tassa colpisce in particolare i piccoli proprietari* the new tax hits small landowners particularly hard. **7** (*fig*) (*rif. a malattia*) to affect, to strike, to hit: *questa forma di influenza colpisce soprattutto i bambini* this form of influenza affects mainly children. **8** (*fig*) (*impressionare: favorevolmente*) to strike, to make an impression on, to impress; (*sfavorevolmente*) to come as a shock to, to shock: *mi ha colpito il tono della sua voce* I was struck by the tone of his voice; *la sua sorte mi ha colpito profondamente* his fate has made a deep impression on me, his fate came as a shock to me; *rimanere colpito da qcs.* to be struck by sth.; *mi ha colpito l'onestà di quell'uomo* I was struck by that man's honesty. □ ~ *a morte*

qcu.: 1 to strike so. dead, to beat so. to death; 2 (*con arma da fuoco*) to shoot so. dead; ~ *qcu. alla schiena* to stab so. in the back; ~ *qcu. con un pugno* to punch so.; ~ *di striscio* to sideswipe; (*Sport*) ~ *di taglio la palla*: 1 to spin the ball; 2 (*nel golf*) to slice the ball; (*Sport*) ~ *di testa* to head; ~ *il bersaglio* to hit the mark, to hit the target, to score a bull's eye; (*fig*) *mi ha colpito il fatto che...* it struck me that...; (*fig*) ~ *la fantasia* di qcu. to catch so.'s fancy, to strike so.'s imagination; ~ *nel segno*: 1 to hit the mark; 2 (*fig*) (*indovinare*) to guess right, to hit the nail on the head; (*fig*) ~ *qcu. nel vivo* to cut so. to the quick, to hurt so. to the quick.

colpo *m.* **1** (*effetto del colpire*) blow, knock, hit, stroke; (*colpo leggero*) tap; (*colpetto secco*) rap; (*lo sbattere*) flap; (*rif. a oggetti a punta*) cut, thrust, stroke, hit: *fu ferito con un ~ di bottiglia in testa* he was wounded by a blow on the head with a bottle; *assestare un ~ a qcu.* to deal so. a blow; *fallire il ~* to miss one's stroke, to miss one's aim; *parare un ~* to ward off a blow, to parry a blow. **2** (*ferita, taglio*) slash; (*di pugnale, baionetta e sim.*) stab; (*di scure e sim.*) chop. **3** (*di arma da fuoco*) shot; (*salva*) round: *furono sparati cento colpi di cannone* a hundred cannon-shots were fired; *sparare un ~* to fire a shot. **4** (*spinta, urto*) push, blow, thrust: *con un ~ lo fece cadere a terra* with one blow he knocked him to the ground. **5** (*rumore*) knock, bang; (*sordo e forte*) whack; (*detonazione*) shot, bang, crack; (*di cannone*) gunshot: *si udì un ~ di pistola* a pistol shot was heard. **6** (*tiro, giocata*) attempt, try, (*colloq*) go: *ho vinto al primo ~* I won at the first attempt, I won at the first go. **7** (*Med,pop*) stroke, fit: ~ *apoplettico* apoplectic stroke. **8** (*impresa*) coup, move, attempt, enterprise; (*rapina*) robbery, raid, job; (*truffa*) fraud, swindle: *il ~ è riuscito* the deal was successful; *il ~ ha fruttato diecimila euro* the robbery brought in ten thousand euros. **9** (*fig*) (*viva impressione*) shock, blow: *la sua morte è stata un ~ per tutti noi* his death came as a great shock to us all. **10** (*Sport*) shot; (*nel pugilato*) hit, blow, punch; (*nella scherma*) colpo piatto) cut, thrust, hit, lunge; (*nel calcio: col piede*) kick; (*con la testa*) header; (*nel tennis*) stroke, drive, shot; (*nel nuoto*) stroke; (*nel biliardo, nel golf*) shot. □ (*Arm*) ~ *a salve* blank round, blank shot, blank; ~ *a vuoto*: 1 miss; 2 (*rif. ad armi da fuoco*) miss, bad shot, misfire; *dare un ~ al cerchio e uno alla botte* to run with the hare and hunt with the hounds; ~ *alla nuca*: 1 blow on the back of the neck, shot in the neck; 2 (*fig*) shot in the back; ~ *basso*: 1 (*Sport*) (*nel pugilato*) low blow, hit below the belt; 2 (*fig*) (*azione sleale*) low blow, underhanded trick; (*Aut*) *dare un ~ d'acceleratore* to press the accelerator; ~ *d'ala*: 1 flap of a wing, wing beat; 2 (*fig*) stroke of genius; ~ *da maestro* masterstroke; *dare un ~* to deal a blow, to deliver a blow; ~ *d'aria* draught, chill; *prendere un ~ d'aria* to catch a chill; (*Med,colloq*) ~ *della strega* lumbago, low-back pain, back strain; *di* ~ all at once, suddenly, unexpectedly; ~ *di calore* heat stroke; ~ *di coda* flick of the tail; ~ *di coltello*: 1 stab; 2 (*la ferita*) knife wound; ~ *di forbici*: 1 snip of scissors; 2 (*Sport*) (*nel nuoto*) scissors kick; ~ *di fortuna* stroke of luck, lucky break; (*Med*) ~ *di freddo* chill; *dare un ~ di freno* to brake; (*Med*) ~ *di frusta* whiplash injury; *condannare a dieci colpi di frusta* to sentence to ten lashes; (*Arm*) ~ *di fucile* rifle shot, shot; ~ *di fulmine*: 1 stroke of lightning; 2 (*fig*) (*innamoramento*) love at first sight; ~ *di genio* stroke of genius, masterstroke; (*Sport*) ~ *di gong* (*nel pugilato*) a stroke of a gong; ~ *di grazia* coup de grâce, finishing stroke, final blow (*anche fig*); *dare il* ~ *di grazia a qcu.* to finish so., to put an end to so.; *colpi di luna* (*colorazione dei capelli*) lowlights; (*Mil*) ~ *di mano* coup de main, sudden attack, surprise attack; ~ *di remo* stroke of the oar; ~ *di reni* heave (of the muscles of one's back), spring; (*Sport*) ~ *diritto* forehand drive; (*Sport*) ~ *di rimbalzo* ricochet shot; (*Sport*) ~ *di rovescio* backhand stroke; (*fig*) ~ *di scena* coup de théâtre; (*Med, colloq*) ~ *di sole* sunstroke; *colpi di sole* (*colorazione dei capelli*) highlights; ~ *di spada*: 1 sword stroke; 2 (*ferita*) sword wound; *colpi di spillo* pricks, pinpricks; (*fig*) *dare un* ~ *di spugna a qcs.* to put sth. out of one's mind, to wipe sth., to wipe the slate clean of sth.; (*Pol*) ~ *di stato* coup, coup d'état; ~ *di striscio* graze; (*Sport*) ~ *di tacco* (*nel calcio*) heel; (*colloq*) ~ *di telefono* ring, buzz: *dare un colpo di* ~ *a qcu.* to give so. a ring, to give so. a call, to give so. a buzz; *dare un* ~ *di telefono a casa* to call home; ~ *di testa*: 1 (*fig*) impulse, rash act, whim; 2 (*Sport*) (*nal calcio*) header; (*Mar*) ~ *di timone* sudden change of course (*anche fig*); ~ *di tosse* fit of coughing; *dare un* ~ *di tosse* to cough; ~ *di vento* puff of wind, gust of wind; (*raffica*) squall; ~ *d'occhio*: 1 (*veduta*) view, panorama: *un meraviglioso* ~ *d'occhio* a wonderful view; 2 (*occhiata*) glance, look: *a* ~ *d'occhio* immediately; 3 (*misura a occhio*) eye, good eye, sure sight: *ha un* ~ *d'occhio infallibile* he has an excellent eye; *a* ~ *d'occhio* at a glance; *d'un solo* ~ in a single blow, at a single blow; *fare* ~ to make a strong impression, (*colloq*) to be a hit: *fare* ~ *su qcu.* to make an impression on so., to impress so.; *è una ragazza che fa* ~ she is a striking girl; *un* ~ *fortunato*: 1 a lucky shot; 2 (*rif. a rapina*) a successful raid, a successful robbery; ~ *giornalistico* scoop; ~ *gobbo*: 1 (*fortunato*) lucky strike; 2 (*a tradimento*) dirty trick, underhand trick; (*fig*) ~ *mancino* dirty trick; ~ *mortale* death blow; ~ *netto* (o ~ *secco*) clean blow; *senza* ~ *ferire* without striking a blow; (*fig*) *a* ~ *sicuro*: 1 (*senza incertezza*) unhesitatingly, without fail; 2 (*senza pericolo*) without any risk; (*Sport*) ~ *smorzato* drop shot; (*fig*) *sul* ~ (*subito*) immediately, on the spot, outright: *è morto sul* ~ he was killed outright, he died immediately; (*Sport*) ~ *tagliato* chop; *tutto d'un* ~ (*tutto in una volta*) all at once, with one blow, at one go; *tutto in un* ~ (*tutto in una volta*) all at once; (*colloq*) *che mi venga un* ~ well I'll be damned; *che mi venga un* ~ *se è falso!* cross my heart and hope to die if I'm lying!, may God strike me dead if I'm lying!; (*colloq*) *quando l'ho sentito mi è venuto un* ~ when I heard it, it made me ill; when I heard it, it sent me into shock.

colposcopia *f.* (*Med*) colposcopy.

colposcopio *m.* (*Tecn*) colposcope.

colposo *a.* (*Dir*) culpable (without express malice).

colsi → **cogliere**.

colta *f.* (*rar*) 1 (*raccolta*) gathering, picking, harvesting: *la* ~ *delle mele* apple picking. 2 (*quantità di raccolto*) harvest, crop. 3 (*periodo*) harvest time.

coltan *m.inv.* (*Min*) coltan.

coltella *f.* (*grosso coltello*) large (broad-bladed) knife; (*da cucina*) large kitchen knife; (*da macellaio*) cleaver.

coltellaccio *m.* 1 (*grosso coltello*) large knife. 2 (*Mar*) studding sail.

coltellame *m.* cutlery, set of knives.

coltellata *f.* 1 (*colpo di coltello*) stab, knife wound. 2 (*fig*) stab. 3 (*Edil*) wall built of bricks laid on edge. □ *dare una* ~ *a qcu.* to knife so., to stab so.; *una* ~ *nella schiena* a stab in the back (*anche fig*).

coltelleria *f.* 1 (*assortimento di strumenti da taglio*) cutlery, set of knives. 2 (*negozio*) cutler's, cutler's shop. 3 (*fabbrica*) cutlery works (*costr.sing. o pl.*), knives factory.

coltelliera *f.* knife block.

coltellinaio *m.* (*f.-a*) cutler.

coltellino *m.* 1 small knife: ~ *per frutta* fruit knife. 2 (*temperino*) pocket knife, penknife. □ ~ *multiuso* multipurpose knife, all purpose knife; ~ *svizzero* Swiss Army knife.

coltello *m.* 1 knife. 2 (*della bilancia*) knife edge, fulcrum. □ *a* ~: 1 (*Edil*) laid on edge: *mattoni a* ~ bricks laid on edge, course of bricks on edge; 2 (*fig*) (*accanito*) to the death, fierce: *lotta a* ~ fight to the death, fierce struggle; ~ *a scatto* flick knife, switchblade; ~ *a scrocco* jack-knife, clasp-knife; ~ *a sega* knife with a serrated edge, steak knife; ~ *a serramanico*: 1 jack knife; 2 (*tascabile*) flick knife, (*Am*) switchblade; (*fig*) *avere il* ~ *alla gola* to be hard pressed, to have one's back to the wall; (*Chir*) ~ *chirurgico* surgical knife, bistoury; ~ *da burro* butter knife; (*Caccia*) ~ *da caccia* hunting knife; ~ *da pane* breadknife; ~ *da pesce* fish knife; ~ *da tasca* pocket knife; (*fig*) *avere il* ~ *dalla parte del manico* to have the upper hand, to have the whip hand; (*Agr*) ~ *dell'aratro* coulter; ~ *elettrico* electric knife; (*fig*) ~ *nel cuore* (*grave dolore*) deep sorrow, great anguish; (*fig*) *affondare il* ~ *nella piaga* to twist the knife in so.'s wound, to turn the knife in so.'s wound; (*Chir*) ~ *operatorio* surgical knife; ~ *seghettato* knife with a serrated edge.

coltivabile *a.* cultivable, fit for cultivation (*posposto*), tillable: *rendere* ~ *un terreno* to make a piece of land cultivable, to make a piece of land fit for cultivation.

coltivabilità *f.* cultivability, suitability for tilling, arability.

coltivare (**coltivo**) *v.t.* 1 to cultivate, to till; (*rif. ad aree delimitate*) to farm, to work: ~ *la terra* to till the land, to till the soil; ~ *un podere* to work a farm. 2 (*rif. a prodotti agricoli, piante*) to grow, to cultivate: ~ *il grano* to grow wheat; ~ *le rose* to grow roses. 3 (*Minier*) to work, to exploit. 4 (*fig*) (*educare*) to cultivate, to improve, to train: ~ *l'ingegno* to improve one's mind; ~ *la voce* to cultivate one's voice, to train one's voice. 5 (*fig*) (*curare, assecondare*) to cultivate, to foster, to nourish, to cherish: ~ *la passione per la musica* to cultivate a passion for music. 6 (*fig*) (*praticare*) to cultivate, to practice, to devote oneself to: ~ *gli studi* to devote oneself to study. 7 (*fig*) (*rif. a persone*) to cultivate: ~ *qcu. per ottenere un favore* to cultivate so. in order to obtain a favour. □ ~ *a* to plant with, to grow in, to grow on: ~ *a grano* to plant with corn; ~ *un campo a patate* to plant a field with potatoes, to grow a field of potatoes; (*fig*) ~ *l'amicizia* to cultivate friendship; ~ *la campagna* to till the soil, to farm; (*Agr*) ~ *qcs. in serra* to grow sth. in a greenhouse; (*fig*) ~ *un interesse* to cultivate a hobby; (*fig*) ~ *il proprio orticello* (o ~ *il proprio orto*) to mind one's own business; (*fig*) ~ *relazioni* to keep up connections, to cultivate connections.

coltivato *a.* 1 (*sottoposto a coltivazione*) cultivated, under cultivation, tilled: *campo* ~ cultivated field. 2 (*ottenuto con la coltiva-*

zione) cultivated: *rose coltivate* cultivated roses; *fungo* ~ champignon, cultivated mushroom.

coltivatore *m.* 1 (*f.*-*trice*) (*Agr*) grower, cultivator, farmer. 2 (*Agr*) (*macchina*) cultivator. 3 (*f.*-*trice*) (*fig*) promoter, fosterer, patron: ~ *dell'arte* promoter of art, patron of art. □ ~ *diretto* owner-occupier, farmer (who cultivates his own land).

coltivazione *f.* 1 (*Agr*) (*il coltivare*) cultivation, farming, tillage: *la* ~ *della terra* cultivation of the land. 2 (*Agr,Giard*) (*rif. a prodotti agricoli e piante ornamentali*) growing, cultivation: ~ *del riso* rice growing. 3 (*Agr*) *terreno coltivato* land under cultivation. 4 (*Minier*) exploitation, mining. 5 *spec.pl.* (*Agr*) (*piante*) crops *pl.*: *la siccità ha danneggiato le coltivazioni* the drought has damaged the crops. □ (*Minier*) ~ *a cielo aperto* open pit mining; (*Agr*) ~ *estensiva* extensive cultivation; (*Agr*) ~ *in serra* greenhouse cultivation; (*Agr*) ~ *intensiva* intensive cultivation.

coltivo I *a.* cultivated, under cultivation (*posposto*), tilled: *terreno* ~ cultivated land. II *m.* cultivated land, farmland.

colto[1] *a.* 1 (*istruito*) cultured, educated, well-educated; (*dotto*) learned: *una persona colta* a cultured person. 2 (*che denota cultura*) cultured, cultivated, learned: *stile* ~ cultured style.

colto[2] → **cogliere**.

coltrare (**cóltro**) *v.t.* (*Agr,region*) to plough (sth.) with a coulter.

coltratura *f.* (*Agr,region*) ploughing with a coulter, ploughing to one side.

coltre *f.* 1 (*coperta da letto*) blanket: *starsene al caldo sotto le coltri* to snuggle up beneath the blankets, to snuggle beneath the bedclothes. 2 (*fig*) (*strato*) blanket, carpet: *una* ~ *di neve* a blanket of snow, a sheet of snow. 3 (*drappo funebre*) pall. □ (*Geol*) ~ *di ricoprimento* nappe.

coltro *m.* (*Agr*) coulter.

coltrone *m.* 1 (*coperta*) quilt. 2 (*tenda imbottita*) quilted curtain.

coltura *f.* 1 (*Agr*) (*coltivazione*) cultivation, tilling, farming: ~ *dei campi* cultivation of the fields. 2 (*Agr*) (*terreno coltivato*) cultivated land, land under cultivation, land under crop. 3 (*Agr*) (*di prodotti agricoli*) growing, cultivation, culture: ~ *del riso* rice growing; ~ *della vite* viticulture, vine growing. 4 (*Zootecn*) (*allevamento*) culture, breeding, rearing, raising: ~ *di bachi da seta* silkworm breeding, silk growing. 5 (*Biol*) culture: ~ *batterica* culture of bacteria. 6 *spec.pl.* (*Agr*) (*piante*) crops *pl.*: *la grandine danneggia le colture* hail damages crops. □ (*Agr*) ~ *a terrazze* terracing, terrace cropping, terrace cultivation; (*Agr*) ~ *alternata* crop rotation; (*Agr*) ~ *dei campi* cultivation of the fields; (*Agr*) ~ *estensiva* extensive cultivation; (*Agr*) ~ *foraggera*: 1 forage growing, fodder cropping; 2 (*le piante*) seeded fodder crops; (*Agr*) ~ *forzata* forcing; (*Agr*) ~ *granaria* grain growing, cultivation of grain; (*Agr*) *colture granicole* wheat crops; (*Biol*) ~ *in vitro* in vitro culture; (*Agr*) ~ *intensiva* intensive cultivation.

colturale *a.* 1 farming: *metodo* ~ farming method. 2 (*Biol*) culture (*attr.*): *terreno* ~ culture medium.

colubrina *f.* (*Mil,ant*) culverin.

colubro *m.* (*lett*) (*serpente*) snake, serpent. □ (*Zool*) ~ *di Esculapio* Aesculapian snake, Aesculapian rat snake.

colui *pron.dimostr.m.* (*f.* **colèi**, *pl.* **colóro**) 1 (*soggetto*) he. 2 (*complemento*) him. 3

(spreg) (quel tale) that man. □ ~ *che*: 1 *(soggetto)* the man who, he who, those who: *coloro che lo desiderano possono entrare* those who wish to may go in; 2 *(complemento)* the man who, the one who, him who: *ho parlato con ~ che mi sostituirà* I talked with the man who is going to replace me.

Columbia *n.pr.f. (Geog)* Columbia.

columbio *m. (Chim)* columbium, niobium.

columbite *f. (Min)* columbite.

columella *f. (Biol,Anat)* columella.

columnist /'kɔlumnist/ *m./f.inv. (Giorn)* columnist.

coluro *m. (Astr)* colure.

colza *m./f. (Bot)* rape, colza: *olio di ~* rapeseed oil, colza oil.

COM *Comore* COM (Comoros).

Com. *comandante* Com., Comm. (Commander)

coma *m. (Med)* coma. □ *(Med) ~ etilico* ethylic coma; *(Med) ~ farmacologico* drug-induced coma; *entrare in ~* to go into a coma; *essere in ~:* 1 *(Med)* to be in a coma; 2 *(scherz) (poco lucido)* to be comotose; *(Med) ~ indotto* induced coma; *(Med) ~ irreversibile* irreversible coma; *(Med) ~ profondo* deep coma.

comanda *f.* 1 *(Svizz.it,Comm) (ordine)* order. 2 *(al ristorante: ordinazione)* order.

comandamento *m. (Rel)* commandment: *i dieci comandamenti* the ten commandments.

comandante *m.* 1 *(Mil) (di truppe)* commander, commanding officer; *(di piazzaforte, arsenale e sim.)* commandant. 2 *(Mar) (di nave da guerra)* commander, naval commander; *(di nave mercantile)* captain. 3 *(Aer)* captain, first pilot. 4 *(capo)* head, leader, person in charge. □ *~ di battaglione* major; *(Mar) ~ di porto* harbour master; *(Am)* harbor master; *(Aer) ~ di squadriglia* squadron leader; *(Mil) ~ in capo* commander-in-chief; *~ in seconda:* 1 *(Mar.mil)* second-in-command; 2 *(Mar) (di nave mercantile)* mate.

comandare (comàndo) I *v.t.* 1 *(ordinare, imporre)* to order, to command: *ti comando di venire* I order you to come; *~ la ritirata* to order the retreat; *comandò che partissero* he ordered them to leave. 2 *(avere il comando)* to be in charge of, to head, to lead; *(Mil)* to command, to be in command of: *~ una squadra di operai* to be in charge of a gang of workers; *~ l'esercito* to command the army. 3 *(fig) (richiedere)* to command, to enjoin, to require. 4 *(burocr) (destinare)* to second, to temporarily attach; *(Mil)* to detail, to tell off: *è stato comandato a un altro reparto* he has been seconded to another department; *~ dieci soldati per una ricognizione* to detail ten soldiers for a reconnaissance mission. 5 *(ordinare, far portare)* to order: *~ il vino* to order wine; *il signore comanda?* yes, sir? 6 *(Mecc)* to control, to operate; *(azionare)* to work, to drive: *questa leva comanda le luci* this lever controls the lights, this lever operates the lights. II *v.i. (aus.* **avere**) 1 to be in charge, to be master, *(colloq)* to be the boss: *a casa mia comando io* in my house I'm the boss. 2 *(Mil)* to command, to be in command; *(dare un ordine)* to give an order, to give a command. 3 *(rif. a leggi e sim.)* to enjoin, to lay down. □ *(fig) ~ qcu. a bacchetta* to boss so. around; *(Mecc) ~ a distanza* to operate by remote control, to remote-control; *comandi!* yes, sir!; *(Mil) ~ il riposo* to give the order to stand at ease; *(Mil) ~ l'attenti* to call to attention.

comandata *f. (Mil,Mar)* fatigue duty.

comandato *a.* 1 *(azionato)* controlled, operated, driven *(anche Mecc).* 2 *(Rel.catt)* obligatory, prescribed: *festa comandata* feast day prescribed by the Church. 3 *(burocr) (destinato)* seconded, temporarily attached *(presso* to): *professore ~ presso il ministero* teacher temporarily attached to the ministry. 4 *(Mil)* detailed, told off *(di* for): *soldato ~ di ronda* soldier detailed for patrol duty. □ *~ a distanza* remotely operated, remote-controlled; *~ a mano* hand-driven; *~ da radar* radar-operated; *~ meccanicamente* machine-driven.

comando *m.* 1 *(ordine)* order, command: *dare un ~* to give an order, to issue an order. 2 *(autorità di comandante)* command *(anche Mil)*: *essere al ~ di un battaglione* to be in command of a battalion; *assumere il ~* to take charge, to take command, to take on the leadership; *esercitare il ~* to be in charge, to be in command, to command; *(fig) avere la bacchetta del ~* to have full authority. 3 *(Mil) (il comandante e i suoi collaboratori)* headquarters *(costr.sing. o pl.)*; *(residenza del comandante)* headquarters *(costr.sing. o pl.)*. 4 *(Mecc) (manovra)* control, operation; *(azionamento)* working, driving. 5 *(Sport) (l'essere in testa)* lead, head: *il concorrente italiano è al ~ del gruppo* the Italian competitor is at the head of the group, the Italian competitor is leading the group. 6 *pl. (Mecc) (congegni di comando)* controls. 7 *(burocr)* temporary posting, temporary transfer, secondment. □ *~ a distanza:* 1 *(manovra)* remote control; 2 *(azionamento)* remote drive; *(Mecc) ~ a mano* hand operation; *(Mecc) ~ a pedale* pedal control, foot control; *(Inform) ~ a voce* voice command; *(Mil) ai suoi comandi!* at your service!; *stare ai comandi di qcu.* to be at so.'s command; *(Mil) al ~ di qcu.* under so.'s orders: *ha mille uomini al suo ~* he has a thousand men under his command; *(Aer) ~ ausiliario* Flettner control, servo control; *(Mecc) ~ automatico* automatic control; *(Mecc) ~ centralizzato* central control system; *(Mil) avere il ~ delle truppe* to be in command of the troops, to have command of the troops; *(Ferr) ~ dello scambio* point mechanism, signal box, *(Am)* tower; *(Aer) comandi di volo* flying controls; *(Mil) ~ generale* general headquarters *(costr.sing. o pl.)*; *(Mar) ~ marittimo* shore command; *per ~ di qcu.* by order of so.; *sotto il ~ di* under command of, under the command of; *(Mil) ~ supremo* supreme command.

comare *f.* 1 *(madrina)* godmother: *fare da ~ a qcu.* to be so.'s godmother. 2 *(spreg) (pettegola)* gossip. 3 *(colloq) (vicina di casa)* neighbour. 4 *(lett) (nelle favole)* Mistress: *~ volpe* Mistress Fox. 5 *pl. (donne del popolo, del vicinato)* old women, wives.

comasco I *a.* from Como, of Como. II *m.* 1 *(f.-a) (originario)* native of Como; *(abitante)* inhabitant of Como. 2 *(dialetto)* dialect of Como.

comatoso *a. (Med)* comatose: *stato ~* comatose state, coma.

comba *f. (Alp)* coombe, combe.

combaciamento *m.* 1 *(il combaciare)* fitting together, mating, tallying. 2 *(giuntura)* point of contact, joint. 3 *(Mecc)* mating, matching.

combaciare (combàcio, combàci; *aus.* **avere)** *v.i.* 1 *(aderire)* to fit together, to meet; *(rif. a superfici)* to fit together; *(congiungersi)* to join, to tally: *i due pezzi non combaciano* the two pieces don't fit together properly. 2 *(Mecc)* to mate, to match. 3 *(fig) (coincidere)* to agree, to coincide, to correspond:

opinioni che non combaciano views which do not agree.

combattente I *a.* fighting, combatant: *reparto ~* fighting unit. II *m.* 1 fighter, combatant, fighting man. 2 *(Mil) (soldato)* serviceman, combatant. 3 *(Ornit)* ruff. □ *non ~* non combatant.

combattentismo *m. (Stor)* nationalist movement founded by ex-servicemen after the First World War.

combattentistico *(pl.* **-ci)** *a.* ex-servicemen's, of ex-servicemen, veterans': *associazione combattentistica* ex-servicemen's association.

combattere (combàtto) I *v.i. (aus.* **avere)** 1 to fight: *~ contro il nemico* to fight the enemy, to fight against the enemy; *~ per la patria* to fight for one's country. 2 *(Sport) (disputare)* to play. 3 *(fig)* to fight, to struggle, to battle, to strive *(contro, con* against, with), to wage war (on): *~ per un'idea* to fight for an idea; *~ contro la malattia* to fight (against) disease, to wage war on disease; *~ con i creditori* to battle with one's creditors, to contend with one's creditors. II *v.t.* 1 to fight: *~ una battaglia* to fight a battle. 2 *(fig)* to fight, to combat, to wage war on: *i medici cercano di ~ l'epidemia di influenza* the doctors are trying to fight the flu epidemic; *~ l'ignoranza* to combat ignorance. III *v.r.recipr.* **combattersi** to fight (each other): *i due eserciti si sono combattuti a lungo* the two armies fought for a long time. □ *(fig) ~ contro i mulini a vento* to tilt at windmills; *(fig) ~ contro il sonno* to fight off sleep; *~ (a) corpo a corpo* to engage in hand to hand fighting; *(lett) ~ da prode* to fight valiantly; *~ slealmente* to fight dirty.

combattimento *m.* 1 *(Mil) (il combattere)* fighting; *(azione militare)* combat, fight, battle, action: *morire in ~* to be killed in action. 2 *(fig)* fight, struggle, battle, conflict. 3 *(Sport) (incontro: di pugilato)* match, boxing-match; *(di lotta)* match, wrestling-match; *(di scherma)* bout: *vincere per fuori ~* to win by a knock-out. □ *(Aer,Mil) ~ aereo* air battle, aerial combat, dogfight; *all'ultimo sangue* fight to the death; *~ corpo a corpo* hand-to-hand fight; *~ di galli* cock-fight; *~ di tori* bullfight; *(Mar,Mil) ~ navale* naval combat; *~ ravvicinato* close combat, *(Aer)* dogfight.

combattività *f.* fighting spirit, combativeness: *persona piena di ~* person full of fighting spirit.

combattivo *a.* fighting, combative, bellicose: *spirito ~* fighting spirit.

combattuto *a.* 1 *(travagliato)* troubled, distressed, assailed: *essere ~ dai dubbi* to be assailed by doubt. 2 *(incerto)* uncertain, undecided, torn: *essere ~ tra due alternative* to be caught between two alternatives; *non so se accettare, sono molto ~* I don't know whether to accept, I'm very undecided. 3 *(rif. a partite e sim.)* hard-fought: *una partita molto combattuta* a very hard-fought match.

combinabile *a.* 1 *(che si può mettere insieme)* combinable, that can be combined. 2 *(concludibile)* that can be settled, that can be concluded: *un affare difficilmente ~* a matter that can be settled only with difficulty. 3 *(Chim)* combinable: *sostanze tra loro combinabili* combinable substances.

combinare (combìno) I *v.t.* 1 *(mettere insieme)* to combine, to put (sth.) together; *(mettere d'accordo)* to bring (sth.) into agreement, to reconcile; *(rif. a colori)* to match, to match up: *non riesco a ~ lo studio* *con il lavoro* I can't combine study with work. **2** (*concludere*) to settle, to conclude, to arrange: ~ *un affare* to conclude a transaction; ~ *un matrimonio* to arrange a marriage. **3** (*organizzare*) to arrange (for), to plan; (*decidere*) to decide (upon): ~ *una gita in comitiva* to arrange a group outing; *abbiamo combinato di andare in campagna* we have decided to go to the country, we have arranged to go to the country. **4** (*colloq*) (*fare, causare*) to make, to cause, to get into, (*colloq*) to be up to, to get up to, to land in, to land up in: *ci hai combinato un bel disastro* you've landed us in a fine mess, you've got (o you've gotten) us into a fine mess; *ogni giorno ne combina una* every day he gets into some new mischief. **5** (*concludere*) to get done, to get somewhere, to amount to something: *oggi non ho combinato nulla* I haven't gotten anything done today; *è uno che non combinerà mai nulla* he's the sort who will never amount to anything. **6** (*Chim*) to combine. **II** *v.i.* (*aus.* **avere**) (*rar*) (*corrispondere*) to correspond, to conform, to fit (together): *le due parti non combinano* the two parts don't correspond, the two parts don't match. **III** *v.pron.* **combinarsi 1** (*conciarsi*) to get oneself up: *guarda come si è combinata!* what does she think she looks like! **2** (*Chim*) to combine. **3** (*andare d'accordo*) to be compatible, to go together: *la prudenza e il coraggio non si combinano* prudence and courage do not go together. □ (*colloq*) *l'hai combinata bella!* now you've done it!; (*colloq*) *cosa mai starà combinando?* what on earth is he up to?; (*colloq*) *combinarne di tutti i colori* to get into all sorts of trouble, to be trouble waiting to happen; ~ *un guaio* to do some damage; (*colloq*) *non combina che guai* he does nothing but get into trouble, he's always up to no good; (*colloq*) ~ *un pasticcio* to make a mess of things, to make a mess, to botch up; (*colloq*) *ne ha combinate tante!* he has been up to all sorts of tricks!, he's always up to something!; (*colloq*) *ne hai combinata un'altra delle tue!* you've been up to another of your tricks!, you've been at it again!

combinata *f.* (*Sport*) combined competition. □ (*Sport*) ~ *alpina* Alpine combined competition; (*Sport*) ~ *nordica* Nordic combined competition.

combinato *a.* **1** combined, joint, concerted: (*Mil*) *operazioni combinate* combined operations. **2** (*deciso*) arranged, rigged: *matrimonio* ~ arranged marriage; *una partita combinata* a rigged match. **3** (*colloq*) (*conciato*) in a bad state, dressed haphazardly: *ma come sei* ~*?* you're a sight!, you are scruffy!; *oggi sei proprio* ~ *male!* you really look a mess today! **4** (*Chim*) combined.

combinatore *m.* (*Ferr,El*) controller.

combinatorio *a.* combinatorial: (*Mat*) *analisi combinatoria* (*calcolo combinatorio*) combinatorial analysis.

combinazione *f.* **1** combination, arrangement, scheme: *una bella* ~ *di colori* a beautiful colour scheme. **2** (*gruppo di oggetti o numeri associati*) combination, set, assortment, collection. **3** (*rif. a carte*) hand: *una buona* ~ *di carte* a good hand. **4** (*caso*) (*mere*) chance, coincidence. **5** (*occasione*) opportunity: *approfittare di una* ~ to seize an opportunity. **6** (*di cassaforte*) combination. **7** (*Chim*) combination. **8** (*ant*) (*indumento femminile*) combinations *pl.*, (*tuta*) overalls *pl.* □ *guarda che* ~*!* what a coincidence!; *per* ~ by chance: *per pura* ~ by mere chance, by sheer chance, quite by chance; *è una* ~

che tu mi abbia trovato in casa you were lucky to find me at home; ~ *vincente* (*nel lotto*) winning combination.

combine /kɔ'bin/ *f.inv.* (*Sport*) fraud, rigging.

combo *m.inv.* **1** (*Fot*) montage. **2** (*Mus*) combo.

combriccola *f.* **1** gang, band, set: *una* ~ *di ladruncoli* a gang of petty thieves. **2** (*brigata*) party, (*colloq*) gang: *la* ~ *dei villeggianti* the party of holiday-makers. □ (*colloq*) *fare* ~ to form a gang, to band together, to gang up, to gang together.

comburente I *a.* (*Chim*) that supports combustion, comburent. **II** *m.* (*Chim*) supporter of combustion, comburent.

combustibile I *a.* combustible: *gas* ~ combustible gas; *liquido* ~ combustible liquid. **II** *m.* combustible material, fuel: ~ *liquido* liquid fuel. □ ~ *arricchito* enriched fuel; (*Nucl*) ~ *atomico* atomic fuel, nuclear fuel; ~ *fossile* fossil fuel; ~ *gassoso* gaseous fuel; ~ *non nucleare* non nuclear fuel; ~ *nucleare* nuclear fuel; ~ *per uso domestico* domestic fuel.

combustibilità *f.* combustibility.

combustione *f.* combustion; (*il bruciare*) burning. □ ~ *incompleta* imperfect combustion, incomplete combustion; (*Mot*) ~ *interna* internal combustion: *motore a* ~ *interna* internal combustion engine; ~ *lenta* slow combustion; ~ *rapida* lively combustion, brisk combustion; ~ *ritardata* retarded combustion; (*Fis*) ~ *spontanea* spontaneous combustion.

combusto *a.* burned, burnt: *materiali combusti* burnt materials.

combustore *m.* (*Aer*) combustion chamber, combustor.

combutta *f.* (*spreg*) crowd, gang, mob, collection: *una* ~ *di imbroglioni* a gang of rogues, a collection of rogues. □ *fare* ~ *con qcu.* to be hand in glove with so.; *in* ~ in league, in cahoots: *essere in* ~ *con qcu.* to be in league with so.; *agire in* ~ *con qcu.* to act in collusion with so.

come I *avv.* **1** (*per esprimere somiglianza, identità: rif. a nomi e pronomi*) like: *brilla* ~ *l'oro* it shines like gold; *in tempi* ~ *i nostri* in times like ours; *parla* ~ *un professore* he speaks like a teacher. **2** (*rif. a tempi finiti*) as; (*rif. all'infinito*) like: *fai* ~ *ti ho detto* do as I told you; *è* ~ *parlare al muro* it's like talking to a brick wall. **3** (*nei comparativi di uguaglianza; talvolta usato con* così *o* tanto) as (...) as; (*talvolta in frasi negative*) so... as: *bianco* ~ *un giglio* as white as a lily, lily-white; *sono alto* ~ *te* I am as tall as you (are); *non sei* (*così*) *puntuale* ~ *me* you are not so punctual as I am, you are not as punctual as I am. **4** (*in qualità di, in quanto*) as a: ~ *giudice devi essere imparziale* as a judge you must be impartial. **5** (*come per esempio*) like, such as: *piante rampicanti* ~ *l'edera* climbing plants like ivy, climbing plants such as ivy. **6** (*Tel*) for, (*Am*) as in: *G* ~ *Genova* G for Genova, (*Am*) G as in George. **II** *avv.interr.* **1** (*in che modo*) how: ~ *sta tuo padre?* how is you father?; ~ *va?* how are things? **2** (*col verbo dire*) what: ~ *hai detto?* what did you say?; ~ *sarebbe a dire* what do you mean?, what does that mean? **3** (*che aspetto*) what... like: *com'è il tuo amico?* what is your friend like?; *com'era il tempo?* what was the weather like? **4** (*quanto*) how; (*quanto bene*) how well: ~ *sei bravo!* how clever you are!; *non puoi capire* ~ *mi dispiacca* you don't know how sorry I am; ~ *parla il francese?* how well does he speak French? **5** (*che cosa?, prego?*) I beg your

pardon,...?, (*colloq*) what?, (*colloq*) sorry?: ~*?, non ho capito* I beg your pardon, what was that?; I beg your pardon, I didn't catch what you said; what did you say? **6** (*esclam.*) what!, do you mean to say: ~*, non c'è più?* what do you mean it isn't there any more?; *ma* ~*, vorresti dire che l'hai perduto?* do you mean to say you've lost it?, what are you trying to say, that you've lost it? **III** *congz.* **1** (*temporale: appena, quando*) as soon as, no sooner... than, when: ~ *ha visto la polizia è fuggito* as soon as he saw the police he fled, no sooner did he see the police than he fled. **2** (*temporale: mentre*) as, while: ~ *si dirigevano verso la casa suonò la sirena* as (o while) they were moving towards the house the siren blew. **3** (*correlativa; spesso usato con* così *o* tanto) as; (*sia... sia*) as well as, both... and: *mi piace così com'è* I like it as it is; *vado* ~ *sono* I shall go as I am, I'm going to go as I am; *l'ho visto tanto ieri* ~ *oggi* I saw him yesterday as well as today; *tanto i greci* ~ *i romani* both the Greeks and the Romans. **4** (*modale: quasi, quasi che*) as if, as though: *rispettalo* ~ *fosse tuo padre* respect him as though he were your father; *fai pure* ~ *se io non ci fossi* go ahead as if I weren't here. **5** (*dichiarativa: che*) that: *gli raccontò* ~ *l'amico fosse già partito* he told him that his friend had already left. **6** (*causale: poiché, siccome*) as, since: ~ *s'era fatto tardi, andai a dormire* as it was late, I went to bed; since it was late, I went to bed. **IV** *m.* the way, the manner, the means. □ ~ *a dire* as if to say, as though to say: ~ *alzato le spalle, ~ a dire che la questione non gli interessava affatto* he gave a shrug, as if to say that the matter did not regard him in the least; ~ *al solito* as usual; ~ *capita* in a happy-go-lucky way, in a haphazard way, anyhow; ~ *parla così scrive* he writes just as he speaks; *fai* ~ *credi* do as you like, do as you think best, do as you prefer; *da* ~ the way, from the way: *da* ~ *si mettevano le cose, temevo che sarebbe stato più difficile* (from) the way things were going, I was afraid it would be more difficult; (*Comm*) *da* as per, in compliance with, in accordance with, according to, as indicated by: ~ *da campione* as per sample; ~ *da copia acclusa* as you will see from the enclosed copy; ~ *da istruzione* according to instructions; ~ *d'accordo* as arranged, as agreed; ~ *dici?* (*per fare ripetere*) excuse me?, pardon?; ~ *hai detto?* what did you say?, what was that?; (*colloq*) ~ *Dio comanda* comme il faut, for God's sake, (*colloq*) for crying out loud; ~ *Dio volle* (*finalmente*) at last, at long last, finally, in the end, eventually: ~ *Dio volle, arrivò il giorno del matrimonio* at last the day of the wedding came; ~ *dire* as if to say: *ha alzato le spalle, ~ dire che la questione non gli interessava affatto* he shrugged, as if to say that the matter didn't concern him in the least; ~ *dire?* (*come posso dire?*) how shall I put it?, how shall I put this?; ~ *d'uso* as is the custom; *e* ~*!* I should say so!, (*colloq*) I sure did!, you bet!: *l'hai visto anche tu? - E* ~*!* did you see him too? - I certainly did!, did you see him too? - I sure did!; *com'è che* how is it that, why, how come: *com'è che non siete venuti alla seduta?* how is it that you didn't come to the meeting?; *com'è che non risponde?* why doesn't he answer?; *prendi la vita com'è* take life as it comes; *com'è vero che sono vivo, gli darò una lezione* as I live, I'll teach him a lesson; *com'è vero Iddio* as God is my witness; ~ *faccio a saperlo?* how should I know?, how would I know?; ~*fare*? what's to be done?, what are we to do?; what can we do?; (*Bibl*) *sia fatta la tua volontà, ~ in cielo così in terra* thy will be done on earth, as it is in Heaven; *io ~ io* for my part, I myself: *io ~ io non gli risponderei* for my part, I wouldn't answer him; *ma ~!* what!, do you mean to say...?: *ma ~, non ci sei andato?* what! didn't you go?; *ma ~, non è ancora arrivato?* do you mean to say he hasn't arrived yet?; *~ mai*: 1 (*nelle interrogative dirette*) why?, why on earth?, why ever?, how on earth?, how is that?, how is it that?, (*Am*) what in the world?, how can that be?, (*Am,colloq*) how come?: *~ mai sei arrivato tardi?* why did you arrive late?, how was it that you arrived late?; *~ mai non è più venuto?* why has he stopped coming?; *~ mai dici questo?* why ever do you say that?, why do you say that?, why in the world do you say that?, why in the world and also, say that?; *è stato licenziato - ~ mai?* he has been sacked - How is that?, he was fired - What in the world?; *~ mai sei qui?* why in the world are you here?, why ever are you here?; 2 (*nelle interrogative indirette*) why, why on earth, how on earth, why it is that, how it is that: *non capisco ~ mai sia così in ritardo* I don't understand why he is so late, I don't understand how he could be so late; *mi sono chiesto ~ mai non fosse ancora partito* I wondered why he still hadn't left; *~ minimo* at least, at the very least; *~ niente* very easily, (*Am*) like nothing, like it was nothing; *~ no* of course, by all means; *~ non detto* forget it, forget about it, it doesn't matter; *~ per dire* as if to say: *ha alzato le spalle, ~ per dire che la questione non gli interessava affatto* he shrugged, as if to say that the matter didn't concern him in the least; *~ pure* as well as, and so, and also, and... as well, and... too, both... and: *ho bisogno di un abito nuovo, ~ pure di un cappotto* I need a new dress and a coat too, I need a new dress as well as a coat; *è venuto Mario, ~ pure suo cugino* both Mario and his cousin came, Mario came and so did his cousin; *~ richiesto* as requested; *~ se* as if, as though: *gridi ~ se io fossi sordo* you're shouting as if I were deaf, you're shouting as though I'm deaf; *~ sempre* as ever, the same as always; *~ si suol dire* as they say; *sia ~ sia* be that as it may; *~ stanno le cose* as things stand, as things are; *~ tale* as such; *~ tutti sanno* as everybody knows, as everyone knows; *~ va con la salute?* how is your health?; *~ va con Luca?* how are you getting on with Luca?, how's it going with Luca?; *~ vanno le cose*? how are things?, how are things going?; *~volevasi dimostrare*: 1 (*Mat,Geom*) QED, quod erat demonstrandum, which was to be demonstrated; 2 (*scherz*) (*come c'era da aspettarsi*) as expected, it just goes to show; (*ovviamente*) sure enough, I told you so.

Comecon (*Stor,Pol*) *Consiglio di mutua assistenza economica* COMECON (Council for Mutual Economic Aid).

comedone *m.* comedo, (*colloq*) blackhead.

cometa *f.* (*Astr*) comet: *~ di Halley* Halley's comet.

comfort *m.inv.* comfort.

comica (*pl.-che*) *f.* 1 (*Cin*) comedy, silent comedy. 2 (*fig*) farce, mockery.

comicamente *avv.* 1 comically. 2 (*buffamente*) funnily.

comicità *f.* 1 comic quality, comicality, funniness. 2 (*spirito*) comic spirit. 3 (*effetto*) comic effect. 4 (*lato comico*) funny side: *la*

~ della situazione the funny side of the situation.

comicizzare (**comicìzzo**) *v.t.* to make (sth.) comic.

comico I *a.* 1 (*che fa ridere*) comic, comical, funny: *scena comica* comic scene; *una situazione comica* a comical situation; *il lato ~ di qcs.* the funny side of sth., the comic side of sth. 2 (*di commedia*) dramatic, theatrical, theatre (*attr.*): *compagnia comica* theatre company, company of players; *genere ~* comedy. II *m.* 1 (*comicità*) comic quality, comic spirit, comic effect, comicality, comedy: *non avere il senso del ~* to have no sense of comedy, to have no sense of the absurd. 2 (*f.* -a; *pl.* -ci) (*attore di commedie*) actor (*f.* -tress), player: *una compagnia di comici* a company of players. 3 (*f.* -a; *pl.* -ci) (*attore comico*) comedian, comic actor (*f.* -tress): *un celebre ~ del cinema muto* a famous comic actor of silent films.

comignolo *m.* (*Edil*) 1 chimney pot, chimney stack. 2 (*sommità del tetto*) roof ridge.

cominciare [1] (**comìncio, comìnci**) I *v.t.* to begin, to start, to commence: *~ un libro* to begin a book; *~ a fare qcs.* to begin doing sth., to start doing sth. II *v.i.* 1 (*aus. essere*) (*rif. a tempo*) to begin, to start: *sono cominciate le vacanze* the holidays have begun. 2 (*aus. essere*) (*rif. a luogo*) to begin, to start: *la strada comincia più avanti* the road begins farther on, the road begins further down. 3 (*aus. avere*) (*dare inizio*) to begin, to start: *comincia tu a leggere* you begin reading. □ *a ~da oggi* as from today, from today on, from today onwards, starting today; *a ~ dal primo del mese* beginning from the first of the month, as from the first of the month; *siamo tutti nervosi a ~ da me* we're all feeling irritable, beginning with me (*o* starting with me); *~con* to begin by, to start off by: *ha cominciato col dire che non voleva andarci* he began by saying that he didn't want to go; *~da capo* to begin all over again; *per ~* to start off with, to begin with, first of all, for starters. *Prov.*: *chi ben comincia è a metà dell'opera* well begun is half done, a good beginning is half the battle.

cominciare [2] *m.* (*lett,rar*) (*inizio*) beginning, start, outset. □ (*lett*)*al cominciar del giorno* at daybreak.

comino *m.* (*Bot*) (*cumino*) cumin, cummin.

comitale *a.* (*di conte*) of a count, count's; (*di conte inglese*) of an earl, earl's: *corona ~* earl's coronet, count's coronet.

comitato *m.* committee, board: *membro di un ~* committee member, committee man; *essere membro di un ~* to sit on a committee; *far parte di un ~* to be on a board, to be on a committee, to be a member of a committee. □ *~ad interim* interim committee; *~centrale* central committee; *~ d'azione* action committee; *~ internazionale della croce rossa* International Red Cross Committee; *~ delle regioni* (*nell'UE*) committee of the regions; *~di controllo dei prezzi* price-control board; *~ di coordinamento* coordination committee; *~di gestione* management committee; *~di liberazione nazionale* National Liberation Committee; *~d'inchiesta* board of inquiry, inquiry board; *~di quartiere* district committee; (*Giorn*) *~ di redazione* editorial board, drafting committe; (*Stor*) *~ di salute pubblica* Committee of Public Safety; *~ direttivo* management committee; *~ economico e sociale* (*nell'UE*) economic and social committee; *~elettorale* election committee; *~ esecutivo* executive committee; *~ EURO* (*nell'UE*) euro committee;

giuridico legal committee; *~ interinale* interim committee; *~ interministeriale* interdepartmental committee; *~ organizzativo* organizing committee; *~ per i festeggiamenti* festival committee; *~per la difesa del consumatore* consumer protection board; *~ per la pianificazione* planning committee; *~ per la programmazione* planning committee; *~permanente* standing committee; *~ scientifico* scientific committee; (*Scol*) *~ studentesco* students' union, student government.

comitiva *f.* party, group, set, company: *una ~ di amici* a group of friends; *viaggiare in ~* to travel in a group, to travel in a party.

comiziante *m./f.* 1 (*politico che tiene un comizio*) speaker at a political meeting. 2 (*partecipante a un comizio*) person attending a political meeting. 3 (*fig,spreg*) (*oratore demagogico*) speechifier, demagogue, troublemaker, (*ant*) rabble-rouser.

comizio *m.* 1 meeting, assembly: *partecipare a un ~* to attend a meeting, to be present at a meeting; *tenere un ~* to call a meeting, to hold a meeting. 2 (*Stor.rom*) comitia. □ (*Stor.rom*) *comizi centuriati* comizia centuriata; (*Stor.rom*) *comizi curiati* comitia curiata; (*Pol*) *~elettorale* electoral meeting, meeting held during an election campaign; *convocare i comizi elettorali* to announce the elections, to hold a General Election; (*Pol*) *~politico* political rally, political meeting.

Comm. *commendatore* (commendatore, Italian title).

comma *m.* 1 (*Dir*) sub-section, subparagraph. 2 (*Mus*) comma. 3 (*Ling*) (*parte del periodo*) short clause, comma.

commando [1] *m.inv.* (*Mil*) commando (*anche estens*). □ *~suicida* kamikaze commando; *~terroristico* terror commando.

commando [2] *m.* (*Mar*) spun yarn.

commedia *f.* 1 (*opera teatrale*) play, comedy: *non ho ancora visto tutte le commedie di Shakespeare* I haven't seen all of Shakespeare's plays yet. 2 (*fig*) (*finzione*) play-acting, make-believe: *fare la ~* to play-act, to sham, (*colloq*) to put it on; *non fare la ~ e rimettiti al lavoro* stop your play-acting and get on with your work, stop your shamming and get on with your work. 3 (*estens*) (*situazione comica*) farce, comedy, (*colloq*) riot: *la nostra partenza nella vecchia auto è stata una ~* our departure in the old car was pure farce (*o* was a riot). □ (*Teat*) *~a canovaccio* play with improvised dialogue; (*Teat*) *~a soggetto* improvised comedy; (*Teat*) *~a tesi* problem play, thesis play, comedy of ideas; (*Teat,Cin*) *~brillante* light comedy; (*Lett*) *~degli equivoci* comedy of errors; *~dell'arte* commedia dell'arte; (*Teat*) *~ di carattere* comedy of characters; (*Teat*) *~ di costume* comedy of manners; (*Teat*) *~ d'intreccio* comedy of intrigue; *una ~ lacrimevole* a tear-jerker; (*Teat,Cin*) *~ musicale* musical (comedy); (*Rad*) *~ radiofonica* radio play; (*Teat,Cin*) *~ sentimentale* romantic comedy; (*Teat*) *~togata* fabula togata.

commediante *m./f.* 1 (*artista comico*) comedian (*f.* comedienne), comic actor (*f.* -tress). 2 (*spreg*) (*di scarso valore artistico*) play-actor (*f.* -tress), third-rate actor (*f.* -tress). 3 (*fig*) (*ipocrita*) con-man (*f.* -woman). □ (*fig*)*fare il ~* to put on an act, to be the comedian, to play the comedian.

commediografo *m.* (*f.* -a) (*rif. a commedie*) comedy writer, writer of comedies; (*rif. a drammi*) playwright.

commemorare (**commèmoro**) *v.t.* to commemorate, to remember, to celebrate: *~*

un'impresa to commemorate an exploit; *~ la festa di tutti i santi* to commemorate All Saints' Day.

commemorativo *a.* commemorative, memorial: *discorso ~* commemorative address.

commemorazione *f.* commemoration: *la ~ dei caduti* the commemoration of the fallen; *la ~ dei defunti* the commemoration of the Dead, All Souls' Day.

commenda *f.* **1** (*titolo di commendatore*) title (of a commendatore); (*insegna*) insignia *pl.* (of a commendatore). **2** (*Rel*) commendam.

commendare (**commèndo**) *v.t.* **1** (*lett*) (*lodare*) to commend, to praise. **2** (*rar,ant*) (*raccomandare*) to commend.

commendatario *m.* (*Rel*) commendator, commendatary.

commendatizia *f.* commendatory letter.

commendatizio *a.* of recommendation, commendatory: *lettera commendatizia* letter of recommendation, commendatory letter.

commendatore *m.* **1** commendatore (Italian title). **2** (*negli ordini cavallereschi*) knight commander (of an Order of Chivalry).

commendevole *a.* (*lett*) commendable, praiseworthy.

commensale I *m./f.* table companion. **II** *m.* (*Biol*) commensal.

commensalismo *m.* (*Biol*) commensalism.

commensurabile *a.* (*Mat*) commensurable: *grandezze commensurabili* commensurable quantities.

commensurabilità *f.* (*Mat*) commensurability.

commentare (**commènto**) *v.t.* **1** to annotate: *~ un testo* to annotate a text. **2** (*illustrare, chiarire*) to write a commentary on, to expound, to comment: *~ un passo della Bibbia* to write a commentary on a passage from the Bible. **3** (*esprimere un giudizio*) to comment upon, to talk about: *~ un avvenimento* to talk about an event; *~ le parole di qcu.* to comment on so.'s words. **4** (*giudicare sfavorevolmente*) to comment unfavourably about, to criticize: *il suo comportamento è stato molto commentato* his behaviour has been greatly criticized. **5** (*Rad,TV*) to commentate on: *~ una partita di calcio* to commentate on a football match.

commentario *m.* (*Lett,Stor*) commentary: *i Commentari di Cesare* Ceasar's Commentaries.

commentatore *m.* (*f.* **-trice**) **1** (*Rad,Giorn*) commentator: *~ sportivo* sports commentator. **2** (*di testi*) commentator, annotator.

commento *m.* **1** (*giudizio*) comment, remark: *fare dei commenti su qcs.* (o *qcu.*) to comment on sth. (o so.), to criticize sth. (o so.). **2** (*Rad,TV*) commentary; (*radiocronaca, telecronaca*) running commentary: *il ~ della partita* the running commentary on the match. **3** (*note illustrative*) commentary, annotations *pl.*, explanatory notes *pl.*, comments *pl.*: *testo e ~* text with explanatory notes; *fare il ~ a un testo* to write a commentary on a text, to annotate a text. **4** *pl.* (*pettegolezzi*) talk (*costr.sing.*), gossip (*costr.sing.*): *non mi piacciono i commenti della gente* I don't like gossip. **5** *pl.* (*discussioni*) comment *sing.*, argument *sing.*, discussion *sing.*: *obbedite senza commenti* do as you're told without arguing; *il libro ha suscitato molti commenti* the book has aroused a great deal of discussion. □ *~ critico* critical commentary, critical notes (*pl.*); (*Cin*) *~ musicale*

background music.

commerciabile *a.* **1** marketable, saleable: *prodotti commerciabili* marketable products. **2** (*Econ*) (*rif. a titoli e sim.*) negotiable.

commerciabilità *f.* **1** marketability, saleability. **2** (*Econ*) (*rif. a titoli e sim.*) negotiability.

commerciale *a.* **1** (*che riguarda il commercio*) commercial, business (*attr.*), trade (*attr.*), trading, mercantile: *società ~* trading company; *casa ~* commercial house, business house, firm, concern; *lettere commerciali* business letters; *prodotti commerciali* commercial products. **2** (*che riguarda la vendita*) sales (*attr.*), marketing: *direzione ~* sales management. **3** (*comune, dozzinale*) commercial: *un film ~* a commercial film.

commercialista *m./f.* **1** (*esperto contabile*) chartered accountant, qualified accountant; (*consulente d'azienda*) business consultant; (*ragioniere*) accountant. **2** (*dottore commercialista*) chartered accountant, graduate in economics, graduate in business management. **3** (*studioso*) business expert, expert in economics, expert in business management. **4** (*avvocato*) expert in commercial law, lawyer specialized in commercial law.

commercialità *f.* commerciality.

commercializzare (**commercialìzzo**) *v.t.* **1** to commercialize, to make marketable. **2** (*fig*) (*svilire*) to commercialize, to debase: *~ l'arte* to commercialize art.

commercializzazione *f.* marketing, commercialization.

commercialmente *avv.* commercially.

commerciante *m./f.* **1** dealer, trader. **2** (*negoziante*) shopkeeper, tradesman (*f.* -woman), (*Am*) storekeeper. □ *~ al dettaglio* (o *~ al minuto*) retailer, retail dealer; *~ all'ingrosso* wholesaler, wholesale dealer; *~ di bestiame* livestock dealer, cattle dealer; *~ di ferramenta* (*Br*) ironmonger, (*Am*) hardware salesman, hardware retailer; *~ di tessuti*: 1 textile dealer; 2 (*al dettaglio*) draper; *~ di vino* wine merchant, person who selects wines and sells them to or from a wine shop; *fare il ~* to be in trade, to be in business.

commerciare (**commèrcio, commèrci**) **I** *v.i.* (*aus.* **avere**) to trade (*in* in), to deal (*in* in), to be a dealer (*of*), to be in the business (*of*): *~ in antichità* to be an antique dealer, to be in the antique business, to deal in antiques; *~ in oggetti d'arte* to be an art dealer; *~ con l'estero* to do business internationally, to do international business, to do business abroad, to trade with foreign countries. **II** *v.t.* (*rar*) to trade in, to deal in: *~ tessuti* to trade in fabrics. □ *~ al minuto* to do retail business, to be in the retail business; *~ all'ingrosso* to do wholesale business, to be in (the) wholesale trade, (*colloq*) to be in wholesale.

commercio *m.* **1** trade, commerce, trading; (*rif. a merci determinate*) trade, business; (*mercato*) market: *il ~ della frutta* the fruit trade; *casa di ~* firm, concern, company; *mettere in ~* to put on sale, to put on the market; *mettersi nel ~* to enter the market, to go into business, to go in for trade; *esercitare un ~* to run a business, to carry on a trade, to carry on a business. **2** (*traffico disonesto*) traffic, sale, illegal sale. □ *~ a catena* multiple shops (*pl.*), chain of shops (*costr.sing.* o *pl.*), chain of stores (*costr.sing.* o *pl.*); *~ al dettaglio* (o *~ al minuto*) retail trade; *~ all'ingrosso* wholesale trade; *~ bancario* banking business, banking, banking industry; *~ dei grani* (o *~ delle granaglie*) corn trade; *~ di esportazione* export

trade, exports (*pl.*), export industry; *~ di importazione* import trade, imports (*pl.*), import industry; (*Econ,Stor*) *paese a ~ di stato* state-trading country; *~ elettronico* e-commerce; *~ equo e solidale* fair trade, fair trading; *~ estero* foreign trade, foreign commerce; *fare ~ di qcs.* to sell sth.; (*fig*) *fare ~ di sé* to sell oneself; *essere in ~* to be on the market, to be on sale: *il prodotto che chiedete non è in ~* the product you require isn't on the market; *~ interno* domestic trade, home trade, inland trade; *~ interstatale* interstate commerce; *~ libero* free trade; *essere nel ~* to be in trade, to be in business: *mio fratello è nel ~ del caffè* my brother is in the coffee trade, my brother is in the coffee business; (*Stor*) *~ triangolare* three-cornered trade, triangular trade.

commessa¹ *f.* (*di negozio*) shop clerk, store clerk, shop assistant, salesgirl, saleslady, (*Am*) salesclerk.

commessa² *f.* (*Comm*) order. □ (*Ind*) *~ di lavorazione* work order; (*Comm*) *su ~* to order.

commesso¹ *m.* **1** (*di negozio*) shop clerk, store clerk, shop assistant, (*Am*) salesclerk. **2** (*di ufficio*) clerk; (*fattorino*) messenger, errand-boy; (*usciere*) usher: *~ di banca* bank clerk; *~ di Borsa* Exchange usher. □ *~ viaggiatore* travelling salesman, sales representative.

commesso² *m.* (*Artig*) mosaic work.

commesso³ → **committere**.

commessura *f.* **1** (*committitura*) join, joint, junction, juncture: *la ~ delle travi* the junction of the beams. **2** (*Anat*) commissure.

commestibile I *a.* eatable, edible: *funghi commestibili* edible mushrooms. **II** *m.pl.* foodstuffs, provisions: *negozio di commestibili* grocery shop; *generi commestibili* foodstuffs.

commestibilità *f.* edibility.

commettere (*pres.ind.* **commétto**; *p.rem.* **commìsi**, *p.p.* **commésso**) **I** *v.t.* **1** (*fare, compiere*) to commit, to do, to make, to perpetrate: *~ un delitto* to commit a crime, to perpetrate a crime; *~ un errore* to make a mistake, to commit an error. **2** (*rar*) (*far combaciare*) to join (together), to fit (together), to joint: *~ due assi* to join two boards (together). **3** (*rar*) (*commissionare: rif. a lavori*) to commission, to order: *~ una partita di merci* to order a consignment of goods. **II** *v.i.* (*aus.* **avere**) (*rar*) (*combaciare*) to fit together, to fit closely, to meet properly, to tally. □ (*Sport*) *~ fallo su qcu.* to foul so.

committitura *f.* **1** (*il commettere*) fitting (together), joining (together). **2** (*punto di unione*) seem, joint, junction, juncture: *una ~ invisibile* an invisible seem.

commiato *m.* **1** (*permesso di andare via*) permission to withdraw, permission to depart, leave to depart: *chiedere ~* to ask permission to depart, to ask leave to depart; *dare ~ a qcu.* to dismiss so.; *prendere ~ da qcu.* to take one's leave of so. **2** (*separazione*) leave-taking, parting: *~ doloroso* painful parting. **3** (*saluti*) leave-taking, farewells *pl.* **4** (*Lett,Metr*) (*congedo*) envoi, envoy.

commilitone *m.* fellow soldier, comrade-in-arms, (*Am,colloq*) buddy.

comminare (**commìno**) *v.t.* (*Dir*) to threaten; (*infliggere*) to inflict: *~ una pena* to inflict a punishment.

comminatoria *f.* (*Dir*) warning, threat (of punishment), notice of penalty.

comminatorio *a.* (*Dir*) threatening, comminatory, appointing a legal penalty: *inti-*

mazione comminatoria notice threatening a penalty.

comminuto *a.* (*Med*) comminuted: *frattura comminuta* comminuted fracture.

comminuzione *f.* (*Med*) comminution.

commiserabile *a.* commisetable, pitiable.

commiserare (**commìsero**) **I** *v.t.* **1** to sympathize with, to pity, to feel pity for, to commiserate: *ti commisero per la tua disgrazia* I sympathize with you over your misfortune. **2** (*considerare con disprezzo*) to pity. **II** *v.pron.* **commiserarsi** to feel sorry for oneself.

commiserazione *f.* **1** (*viva compassione*) commiseration, sympathy, pity, compassion: *provare ~ per qcu.* to feel sorry for so., to feel compassion for so., to sympathize with so. **2** (*disprezzo*) pity: *uno sguardo di ~* a pitying look, a look of pity.

commiserevole *a.* (*lett*) pitiable.

commisi → **commettere**.

commissariale *a.* (*di commissario*) commissarial.

commissariamento *m.* **1** (*commissariare*) to put under the administration of an external commissioner. **2** (*venire commissariato*) to be put under the administration of an external commissioner. **3** (*gestione sotto commissariamento*) temporary receivership, compulsory administration.

commissariare (**commissàrio**) *v.t.* to put under the administration of an external commissioner, to put under temporary receivership.

commissariato *m.* **1** (*carica*) commissionership, commissaryship. **2** (*sede*) commissioner's office, commissary's office. **3** (*Mil*) commissariat. □ *~di polizia* police station; *~di pubblica sicurezza* police station.

commissario *m.* **1** (*f.* **-a**) (*incaricato temporaneo*) commissioner, commissary, provisional administrator: *l'amministrazione dell'ente fu affidata a un ~* the management of the body was entrusted to a provisional administrator. **2** (*f.* **-a**) (*di pubblica sicurezza*) police superintendent, detective superintendent, police chief. **3** (*f.* **-a**) (*componente di una commissione*) commissioner, member of a committee, member of a board: *~ d'esami* member of an examining board. **4** (*Stor*) commissar, people's commissar. □ *~ di bordo* : 1 (*Mar.mil*) paymaster; 2 (*Mar*) (*rif. a nave da trasporto*) petty officer; (*Econ*) *~di borsa* stock exchange commissioner; *~ di polizia* (o *~di pubblica sicurezza*) police superintendent, detective superintendent, police chief; *~europeo* European Commissioner; (*Sport*) *~sportivo* sports official; (*Sport*) *~tecnico* technical manager; (*Sport*) *~unico* team manager.

commissionare (**commissióno**) *v.t.* to order, to place an order for, to commission: *~ un abito al sarto* to order a suit from the tailor.

commissionario I *m.* (*f.-a*) (*Comm*) commission agent, selling agent. **II** *a.* commission (*attr.*): *azienda commissionaria* commission house. □ (*Econ*) *~di borsa* stock broker.

commissione *f.* **1** (*incarico*) commission, order, charge: *fare qcs. per ~ di qcu.* to do sth. by order of so., to do sth. on so.'s behalf. **2** (*Comm*) order: *si accettano commissioni per conto del cliente* we accept orders on the client's behalf. **3** (*Econ*) (*provvigione*) commission, fee, charge: *una ~ del 2%* a commission of 2%; *lavorare su ~* to work on commission. **4** (*incombenza, acquisto*) er-

rand: *ho dovuto fare una ~ per mia madre* I had to run an errand for my mother; *la signora Rossi è uscita per delle commissioni* Mrs Rossi has gone out to do some errands (*o* to run some errands). **5** (*comitato*) committee, board, commission: *~ esaminatrice* board of examiners, examining body. □ *~antimafia* anti-mafia commission; *commissioni bancarie* bank charges, bank fees, banking fees; (*Parl*) *~ bicamerale* bicameral commission; *~ bilaterale* bilateral committee; (*Scol,Univ*) *~ d'esame* examination board, exam board, (*Br*) examining body; *~ d'inchiesta* board of inquiry, committee of inquiry, investigating panel; *~delle comunità europee* Commission of the European Communities; *~di agenzia* agency fee, agency commission; (*Dir*) *~di conciliazione* conciliation board; *~ di concorso* jury; (*Pol*) *~di controllo* control committee, control commission; *~di vigilanza* supervisory committee; *~disciplinare* disciplinary body; *~edilizia* building commission, planning committee; *Commissione Europea* European Commission; *~ inquirente* board of enquiry; *~ interim* interim commission; *~ interna* : 1 internal committee: *membro della ~ interna* member of an internal committee; 2 (*ant*) (*rif. a sindacati*) shop committee, factory committee; *~mista* joint committee; *~paritetica* joint committee; (*Parl*) *~parlamentare* parliamentary committee; (*Econ*) *~ per il bilancio* budget committee; *~permanente* standing committee; *~sanitaria* medical board; *~selezionatrice* selection panel; *fattosu ~* made to order; *~temporanea* temporary committee.

commissivo *a.* (*Dir*) commissive.

commistione *f.* mixture, medley.

commisto *a.* (*lett*) mixed, mixed together, mingled.

commisurare (**commisùro**) *v.t.* **1** (*adeguare*) to make (sth.) fit, to suit, to adapt: *~ la punizione alla colpa* to make the punishment fit the crime. **2** (*paragonare*) to compare.

commisurato *a.* proportional, in line (with), proportionate. □ *~a* proportional to, in line with, proportionate to; *~ sulla base di* proprotional to, in line with, proportionate to.

commisurazione *f.* **1** (*l'adeguare*) commensuration, proportioning, suiting. **2** (*il paragonare*) comparison.

committente *m./f.* **1** purchaser, customer: *le spese sono a carico del ~* cost to be charged to customer. **2** (*di un'opera d'arte*) client.

committenza *f.* **1** (*ordinazione*) commissioning, order. **2** (*insieme dei committenti*) clients *pl.*, customers *pl.*

commodity futures /kom'mɔditi'fjuturs/ *m.pl.* (*Econ*) commodity futures.

Commodo *n.pr.m.* (*Stor.rom*) Commodus.

commodoro *m.* (*Mar.mil*) commodore.

common law /'kɔmmon'low/ *f.* (*Dir*) common law.

common rail /'kɔmmon'rejl/ **I** *a.inv.* (*Aut*) common rail. **II** *m.inv.* (*Aut*) **1** (*sistema di iniezione*) common rail. **2** (*estens*) (*motore*) common rail.

commossi → **commuovere**.

commosso → **commuovere** *a.* **1** moved, touched, affected: *sono profondamente ~* I am deeply touched; *essere ~ fino alle lacrime* to be moved to tears. **2** (*che esprime commozione*) heartfelt: *parole commosse* heartfelt words.

commotivo □ (*Med*)*stato ~* commotion.

commovente *a.* touching, moving: *una storia ~* a touching story.

commozione *f.* **1** emotion, deep feeling: *ha detto poche parole rotte dalla ~* he spoke a few words, choked with emotion; *essere facile alla ~* to be easily moved, to be emotional; *provare ~* to be touched, to be moved. **2** (*turbamento*) commotion: *il fatto ha destato viva ~* the fact caused a great commotion. **3** (*Med*) concussion. □ (*Med*) *~cerebrale* concussion: *avere una ~ cerebrale* to be concussioned.

commuovere (*pres.ind.* **commuòvo, commuòvi, commuòve, commuoviàmo, commuovéte, commuòvono;** *impf.ind.* **commuovévo;** *p.rem.* **commòssi;** *fut.* **commuoverò;** *pres.cong.* **commuòva, commuoviàmo, commuoviàte, commuòvano;** *impf. cong.* **commuovéssi;** *p.p.* **commòsso;** *ger.* **commuovèndo**) **I** *v.t.* **1** to move, to touch, to affect, to stir: *~ l'animo di qcu.* to move so. deeply; *non lasciarti ~ dalle sue lacrime* don't allow yourself to be moved by her tears. **2** (*impietosire, intenerire*) to arouse the pity of, to arouse the sympathy of. **II** *v.pron.* **commuoversi** to be moved (*a* by), to be touched (by, at), to be affected (by): *commuoversi al pensiero di qcs.* to be moved by the thought of sth.; *commuoversi fino alle lacrime* to be moved to tears; *commuoversi per qcs.* to be touched by sth.; *si commuove facilmente* she's easily moved.

commutabile *a.* commutable.

commutabilità *f.* commutability.

commutare (**commùto**) **I** *v.t.* **1** to commute, to change, to alter. **2** (*Dir*) to commute, to reduce: *la pena di morte è stata commutata nell'ergastolo* the death penalty has been commuted to life imprisonment (*o* reduced to life imprisonment). **3** (*El*) to commute, to commutate, to change over, to switch over. **4** (*Mat*) to commute. **II** *v.pron.* **commutarsi** to change over, to be inverted, to be reversed.

commutatività *f.* (*Mat*) commutativity.

commutativo *a.* commutative: (*Mat*) *proprietà commutativa* commutative law; (*Dir*) *giustizia commutativa* commutative justice.

commutatore I *m.* **1** (*El*) switch, commutator, reverser. **2** (*Tel*) switchboard. **II** *a.* commuting, commutating. □ (*El*) *~automatico* automatic switch; (*Aut*) *~delle luci abbaglianti* dimmer, anti-dazzle switch, anti-glare switch; (*El*) *~di alta tensione* high-voltage switch; *~di frequenza* : 1 (*El*) frequency changer; 2 (*Rad*) wave-change switch; (*El*) *~di messa a terra* grounding switch, earthing switch; (*El*) *~elettrico* current reverser, cutout; (*Elettron*) *~elettronico* electronic switch, electronic commutator; (*El*) *~multiplo* gang switch; (*Tel*) *~telefonico* telephonic switch.

commutatrice *f.* (*El*) commutator, commutating machine.

commutazione *f.* **1** commutation, changing, alteration; (*inversione*) reversal. **2** (*Dir*) commutation: *chiederà la ~ della pena* he will request the commutation of the penalty. **3** (*El*) change-over, switching, change of connection. **4** (*Ling*) commutation. **5** (*Mat*) commutation. □ (*Tel*) *~automatica* automatic change over, automatic switching; (*El*) *~di circuiti* circuit switching; (*El*) *~di corrente* switching of the current; (*Inform*) *~di pacchetto* packet switching.

comò *m.* (*Arred*) chest of drawers, chiffonier, side-board.

comoda *f.* commode, toilett, (*ant*) closestool.

comodamente *avv.* **1** comfortably, snugly, cosily: *starsene ~ seduto in poltrona* to be comfortably seated in an armchair. **2** (*facilmente*) easily, leisurely: *arriverò ~ per le tre* I shall easily arrive by three o'clock.

comodante *m./f.* (*Dir*) bailer, bailor in commodatum.

comodatario *m.* (*f.* **-a**) (*Dir*) commodatary, bailee in commodatum.

comodato *m.* (*Dir*) commodate, commodatum, bailment.

comodino[1] *m.* (*Arred*) bedside table, night table, nightstand.

comodino[2] *m.* (*Teat*) **1** (*gerg*) (*sostituto di attore*) standby, understudy. **2** (*estens*) (*attore scadente*) second-rate actor (*f.* -tress). **3** (*telone*) drop scene.

comodità *f.* **1** (*l'essere comodo*) comfort. **2** (*cosa che arreca comodo*) convenience, comfort: *la mia casa ha tutte le ~ moderne* my house has all modern conveniences, my house has all modern comforts. **3** (*vantaggio*) convenience: *ho la ~ di avere l'ufficio a pochi passi da casa* having the office only a short walk from home is very convenient; *per vostra ~* for your convenience. ☐ (*Comm*) ~ *di pagamento* easy terms (*pl.*) of payment.

comodo I *a.* **1** comfortable: *una poltrona comoda* a comfortable armchair. **2** (*rif. ad ambiente piccolo e accogliente*) cosy, snug: *una casetta comoda* a cosy little house. **3** (*che non presenta difficoltà*) easy, smooth: *un ~ viaggio in macchina* an easy journey by car. **4** (*facilmente raggiungibile*) accessibile, handy: *la spiaggia più comoda da Roma è Ostia* the most accessible beach from Rome is Ostia; *l'ufficio è ~, per andarci impiego solo dieci minuti* the office is handy, it takes me only ten minutes to get there. **5** (*ampio: rif. a indumenti*) easy-fitting, loose-fitting, comfortable: *scarpe comode* easy-fitting shoes; *una bella giacca comoda* a nice comfortable jacket. **6** (*pratico*) sensible; *scarpe comode per camminare* sensible walking shoes. **7** (*opportuno*) good, convenient, opportune: *è un'ora comoda per fare una visita* it's a good time to pay a visit. **8** (*rif. alla vita: agiato*) comfortable, of ease: *amo la vita comoda* I love a comfortable life, I love a life of ease. **9** (*conveniente, solo posposto*) convenient: *mi è più ~ partire subito* it's more convenient for me to leave at once. **10** (*utile, solo posposto*) useful, handy, convenient: *può essere ~ conoscere le lingue straniere* it can be useful to know foreign languages; *questa è una macchinetta molto comoda per la città* this is a very handy little car for town use. **11** (*rif. a persona: che agisce senza fretta*) unhurried, easy-going. **12** (*rif. a tempo: abbondante*) good, whole, full: *ci hai messo un'ora comoda per vestirti* you took a good hour to dress. **II** *m.* **1** comfort, convenience: *i comodi della vita* the comforts of life; *questo è un gran ~* this is a great convenience; *non posso aspettare i tuoi comodi* I can't wait upon your convenience; *fare i propri comodi* to do (just) as one pleases, to do (just) as one likes, to please oneself; *fa sempre il ~ suo* he always does just as he pleases; *fare il ~ degli altri* to do what suits others. **2** (*convenienza, vantaggio*) convenience. **3** (*agio*) ease. ☐ *con ~* (*senza fretta*) at one's convenience, (*colloq*) when one gets the chance: *i soldi me li restituirai con ~* you can pay me back at your convenience (*o* when you get the chance); *fai pure con ~, non ho fretta* take your time, I'm in no hurry; *di ~*

convenient: *soluzione di ~* convenient arrangement; *fare ~:* **1** (*colloq*) (*riuscire utile*) to be handy, to be useful, to be convenient, to do nicely: *fare ~ a qcu.* to be useful to so., to come in convenient for so., to come in handy for so., to be convenient for so., to be handy for so.; *mi farebbe proprio ~ avere una giornata libera* I could just do with a day off, a day off would come in very handy; **2** (*essere d'aiuto*) to be a help; **3** (*garbare*) to please (*costr.pers. o impers.*), to suit, to like (*costr.pers.*): *se ti fa ~* if it suits you, if you like; *in comode rate* by easy instalments; (*fig*) *prendersela comoda* to take things easy, to take one's time, to take it easy; *stare ~* to be snug, to be comfortable, to be cosy: *si sta comodi su questa poltrona* it is very comfortable in this armchair, this armchair is very comfortable; *stia ~:* **1** (*non si alzi*) please don't get up; **2** (*non si disturbi*) please don't bother yourself.

comodone *m.* (*f.* **-a**) (*colloq,scherz*) slowcoach.

Comore *n.pr.f.pl.* (*Geog*) (the) Comoros, Comoro Islands.

compact, compact disc *m.inv.* compact disc: *lettore di ~* CD-Player.

compaesano *m.* (*f.* **-a**) **1** fellow villager, (fellow) townsman (*f.* -woman). **2** (*compatriota*) (fellow) countryman (*f.* -woman). ☐ *essere compaesani* to be countrymen, to come from the same country, to come from the same town.

compagine *f.* **1** (*connessione*) connection, whole, interconnected whole, compages *pl.*, complex. **2** (*fig*) (*coesione perfetta*) union, unity, structure: *la ~ di una squadra sportiva* the unity of a sports team. ☐ *la ~ dei giocatori* the team (taken as a whole); *la ~ dello stato* structure of the State; *la ~ ministeriale* the Cabinet.

compagna *f.* **1** companion, friend; (*nei composti*) mate, fellow: *~ di viaggio* travelling companion, fellow traveller. **2** (*di scuola*) schoolfriend, schoolmate. **3** (*di giochi*) playmate. **4** (*di squadra*) team mate. **5** (*dama al ballo*) partner. **6** (*in un gioco*) partner. **7** (*moglie*) companion, life companion, partner, spouse, consort. **8** (*rif. a cose*) match, companion, twin, fellow, other: *ho trovato la scarpa sinistra ma non vedo la ~* I've found the left shoe but I can't see its fellow (*o* its match). **9** (*Pol*) comrade.

compagnia *f.* **1** company, companionship: *quel ragazzo non ama la ~* that boy doesn't like company; *fare ~ a qcu.* to bear so. company, to keep so. company; *cercare ~* to seek company; *evitare la ~ di qcu.* to avoid so.'s company. **2** (*complesso di persone*) company, group, band, party: *una rumorosa ~ di ragazzi* a noisy group of boys, a noisy band of youngsters; *faremo una gita con tutta la ~* we'll go on a trip with the whole group. **3** (*società commerciale*) company: *~ di navigazione* steamship company, navigation company. **4** (*Teat*) company: *una ~ di attori girovaghi* a company of strolling players. **5** (*Mil*) company. **6** (*Rel*) (*ordine religioso*) society, confraternity. ☐ (*Aer*) ~ *aerea* airline company, aviation company; (*Teat*) ~ *ambulante* travelling company, touring company; (*Mar*) ~ *armatoriale* shipping company; (*Stor,Comm*) ~ *delle Indie Orientali* East India Company; *essere di ~* to be good company, to be companionable, to be sociable: *quel ragazzo è molto di ~* that lad is very good company; (*Assic*) ~ *di assicurazione* assurance company, insurance company; ~ *di bandiera:* **1** (*Aer*) national airline company,

flag carrier; **2** (*Mar*) national shipping company, flag carrier; (*Teat*) ~ *di dilettanti* amateur theatrical company; (*Mil*) ~ *di disciplina* disciplinary company, punishment squad, (*Am*) fatigue squad; (*Rel.catt*) ~ *di Gesù* Society of Jesus; (*Teat*) ~ *di prosa* theatrical company; (*Mil*) *compagnie di sussistenza* catering corps, commissariat (*sing.*) (*Am*) subsistence companies; (*Mediev*) ~ *di ventura* band of mercenaries; (*Stor*) *compagnie di ventura* mercenary troops; (*Teat*) ~ *drammatica* theatrical company, theatre company, (*Am*) theater company; (*colloq*) *e ~ bella* and so on, and co., etc.: *è venuto Paolo e ~ bella* Paolo and co. came; *essere in ~ di qcu.* to be with so., to be in company with so., to be in so.'s company; *essere in dolce ~* to be with one's sweetheart, to be with one's boyfriend (*o* one's girlfriend); (*Teat*) ~ *itinerante* travelling company; ~ *petrolifera* oil company; (*Teat*) ~ *stabile* repertory company, permanent theatre company, (*Am*) stock company; (*Teat*) ~ *teatrale* theatrical company, theatre company, (*Am*) theater company.

compagno I *m.* **1** companion, (*Br*) mate, friend, (*colloq*) chum, (*Am*) buddy; (*nei composti*) (*Br*) fellow, mate: ~ *di viaggio* travelling companion, fellow traveller. **2** (*di scuola*) schoolmate, schoolfriend. **3** (*di giochi*) playmate, playfellow. **4** (*partner*) partner. **5** (*in un gioco*) partner. **6** (*marito*) companion, life companion, partner. **7** (*rif. a cose*) companion, other, fellow, twin: *trovo un solo guanto, forse ho perso il ~* I can only find one glove, perhaps I've lost the other one. **8** (*Pol*) comrade. **II** *a.* (*uguale*) like, like this; (*rif. a oggetti appaiati*) other, fellow, matching, companion (*attr.*): *la scarpa compagna* the matching shoe. ☐ (*Mil*) ~ *d'armi* comrade-in-arms, fellow soldier; ~ *di camera* roommate; ~ *di carcere* prison mate, fellow inmate; (*Scol*) ~ *di classe* classmate; ~ *di fede* fellow believer, coreligionist, person of the same faith; (*Pol*) ~ *di lista* fellow candidate; (*Pol*) ~ *di partito* fellow member of a party; (*nei partiti socialisti*) comrade; ~ *di prigionia* fellow prisoner; ~ *di scuola* schoolmate, schoolfellow: *essere stati compagni di scuola* to have been at school together; ~ *di squadra* team mate; (*Stor*) *compagni di strada* fellow-travellers; (*fig*) ~ *di sventura* companion in misfortune; ~ *di viaggio* fellow-traveller; *avere qcu. per ~* to have so. as one's companion, to have so. as one's partner.

compagnone *m.* (*f.* **-a**) (*colloq*) boon companion, jolly companion, jolly fellow, good friend.

compaio → **comparire**

companatico *m.* something eaten with bread.

comparabile *a.* comparable (*a* with, to).

comparare (**compàro**) *v.t.* to compare.

comparatista *m./f.* **1** (*Ling*) comparativist, comparatist, specialist in comparative linguistics. **2** (*Lett*) comparativist, comparatist, specialist in comparative literature.

comparatistica *f.* comparative studies *pl.*

comparativo I *a.* comparative (*anche Gramm*): *studio ~ delle lingue classiche* comparative study of classical languages. **II** *m.* (*Gramm*) comparative: *il ~ di "cattivo" è "peggiore"* the comparative of "cattivo" is "peggiore". ☐ (*Gramm*) ~ *di maggioranza* (adjectival) comparative form using "more than"; (*Gramm*) ~ *di minoranza* (adjectival) comparative form using "less than"; (*Gramm*) ~ *di uguaglianza* equal comparative, positive comparative.

comparato *a.* comparative: *anatomia comparata* comparative anatomy; *letteratura comparata* comparative literature.

comparatore *m.* (*Tecn*) comparator, gauge.

comparazione *f.* **1** (*Ling,Gramm,Statist*) comparison: ~ *linguistica* linguistic comparison; (*Gramm*) *gradi di* ~ degrees of comparison. **2** (*Ret*) (*similitudine*) simile.

compare *m.* **1** (*padrino: di battesimo*) godfather, sponsor (at baptism); (*di cresima*) sponsor (at confirmation): *fare da* ~ *a un bambino* to stand godfather to a baby. **2** (*colloq*) (*vecchio amico*) old friend, (*colloq*) crony; (*come titolo davanti a nome proprio*) Master. **3** (*complice*) accomplice, confederate; (*chi fa da spalla*) stooge: *il ladro e il suo* ~ *sono stati arrestati* the thief and his accomplice have been arrested. □ ~ *d'anello* best man.

comparente *m./f.* (*Dir*) appearing party, party which appears before the court.

comparire (*pres.ind.* **compàio/comparìsco, compàri/comparìsci**; *p.rem.* **compàrvi/comparìi/compàrsi**, *p.p.* **compàrso**; *aus.* **essere**) *v.i.* **1** (*presentarsi all'improvviso*) to appear, to make an appearance, (*colloq*) to turn up. **2** (*presentarsi*) to put oneself forward, to present oneself, to stand, to appear: *compare come candidato alle elezioni* he is standing as an election candidate. **3** (*figurare*) to appear: *il mio nome comparirà sulla copertina* my name will appear on the cover. **4** (*uscire: rif. a libri*) to appear, to come out, to be published. **5** (*rar*) (*essere notato*) to stand out, to be noticed; (*mettersi in mostra*) to show off: *desidera solo* ~ his one desire is to be noticed. **6** (*lett,rar*) (*sembrare, apparire*) to seem, to look, to appear, to have an (*o* the) appearance of: *non vuole* ~ *fra i donatori* he doesn't wish to appear as one of the donors. □ ~ *all'improvviso* to come up out of the blue, to suddenly appear; ~ *all'orizzonte* to appear on the horizon; (*Dir*) ~ *come teste* to appear as witness; (*Dir*) ~ *davanti al giudice* to appear before the court, to appear before a judge; (*Dir*) ~ *in giudizio* to appear before the court, to appear before a judge, to appear in court; ~ *in pubblico* to appear in public, to make a public appearance; ~ *in sogno a qcu.* to appear in a dream to so.; ~ *in televisione* to appear on TV; ~ *sulla scena* to appear on stage.

comparizione *f.* appearance (*anche Dir*): ~ *in giudizio* appearance in court.

comparsa *f.* **1** appearance (*anche Dir*): *ha fatto una* ~ *al circolo e se ne è andato* he put in an appearance at the club and then went away. **2** (*arrivo*) arrival: *la sua* ~ *in scena* his arrival on the scene. **3** (*Cin*) extra, crowd artist; (*Teat,TV*) walker-on, (*colloq*) super; (*che ha un minimo di dialogo*) bit actor: *le comparse* the crowd people. □ (*Cin,Teat,TV*) *parte da* ~: 1 walk-on part; 2 (*con un minimo di dialogo*) bit part; *fare da* ~: 1 (*Teat,Cin*) to walk-on, to have a walk-on part, to be an extra; 2 (*fig*) (*non prendere parte attiva*) to be a mere onlooker; *è stato alla riunione solo per* ~ he went to the meeting only to put in an appearance.

comparsata *f.* **1** (*Cin*) part as an extra. **2** (*Teat,TV*) walk-on.

comparsi → **comparire**.

comparso → **comparire**.

compartecipare (**compartécipo**; *aus.* **avere**) *v.i.* **1** to share, to participate (*a, in* in): ~ *agli utili* to share the profits, to share in the profits. **2** (*Comm*) to be a shareholder, to have an interest (in a business).

compartecipazione *f.* **1** (*il comparteci-*

---

pare) sharing, participating, partaking (*a, in* in): ~ *a* (*o in*) *un'impresa* sharing in an undertaking. **2** (*parte spettante al compartecipe*) share. **3** (*complicità*) complicity, part, involvement (in): ~ *a* (*o in*) *un delitto* part in a crime. □ ~ *agli utili* profit-sharing; ~ *agraria* farming in partnership; ~ *collettiva* share farming; *in* ~: 1 jointly; 2 (*Comm*) in joint account: *azienda in* ~ co-partnership.

compartecipe I *a.* **1** participating, sharing, partaking (*a, in* in): ~ *agli utili* profit-sharing. **2** (*complice*) associated, involved, concerned (in). **II** *m./f.* joint sharer.

compartimentale *a.* departmental: *ufficio* ~ departmental office.

compartimentazione *f.* **1** division into compartments. **2** (*Mar*) subdivision.

compartimento *m.* **1** (*suddivisione*) division, compartment, section: *lo scaffale è diviso in quattro compartimenti* the shelf is divided into four sections. **2** (*Ferr,Mar*) compartment. **3** (*circoscrizione amministrativa*) department, administrative district. □ (*Ferr*) ~ *ferroviario* railway administrative sector; ~ *marittimo* coastal sector; (*Ferr*) ~ *per fumatori* smoking compartment; (*Ferr*) ~ *per non fumatori* non-smoking compartment; (*Ferr*) ~ *riservato* reserved compartment; (*Mar*) ~ *stagno* watertight compartment (*anche fig*).

compartire (**compàrto/compartìsco, compàrti/compartìsci**) *v.t.* (*lett*) to distribute, to apportion.

compartizione *f.* **1** (*il compartire*) division, distribution, sharing. **2** (*suddivisione*) division, sub-division, compartment, section.

comparto *m.* **1** (*ripartizione*) section, division, compartment: *riempire un* ~ *della libreria* to fill a section of the bookcase. **2** (*Econ*) section.

comparvi → **comparire**.

compassato *a.* **1** (*rif. a persone*) stiff, formal, self-controlled, cool and collected. **2** (*rif. a gesti*) deliberate, measured: *andatura compassata* measured gait. **3** (*rif. a parole*) measured, restrained, studied: *eloquenza compassata* studied eloquence.

compassionare (**compassióno**) *v.t.* (*lett*) to sympathize with, to feel compassion for, to pity: *tutti lo compassionavano per la sua disgrazia* everybody sympathized with him over his misfortune.

compassione *f.* **1** compassion (*per* on), pity, sympathy (for): *provare* ~ *per qcu.* to feel pity for so., to sympathize with so.; *mostrare* ~ *per qcu.* to take pity on so.; *muoversi a* ~ to be moved to pity. **2** (*spreg*) (*disprezzo*) pity: *sguardo di* ~ look full of pity, look of compassion, pitying look. □ *fare* ~: 1 to arouse pity: *il suo stato le faceva* ~ the state he was in aroused her pity; 2 (*spreg*) (*fare pena*) to be pathetic; *per* ~ out of compassion, (*spreg*) out of pity.

compassionevole *a.* **1** (*che prova compassione*) compassionate, pitiful, sympathetic: *animo* ~ compassionate soul. **2** (*che suscita compassione*) pitiable, pathetic, pitiful: *condizioni compassionevoli* pitiful conditions.

compassionevolmente *avv.* compassionately, sympathetically.

compasso *m.* **1** compasses *pl.*, pair of compasses; (*da tracciare*) callipers *pl.*, calipers *pl.*, caliper, calliper. **2** (*Mar*) (*bussola magnetica*) compass. □ ~ *a molla* spring callipers (*pl.*); ~ *a punte fisse* dividers (*pl.*); (*Mecc*) ~ *in asta* beam divider, universal compass.

---

compatibile *a.* **1** (*conciliabile*) compatible: *spesso il lavoro non è* ~ *con lo studio* work and study are often not compatible. **2** (*coerente*) consistent: *questo comportamento non è* ~ *con le tue idee* this behaviour isn't consistent with your ideas. **3** (*Inform*) compatible. □ ~ *con l'ambiente* environmentally compatible, environmentally-friendly.

compatibilità *f.* **1** (*l'essere conciliabile*) compatibility: ~ *di due cariche* combining (of) two offices, matching up (of) two offices, linking (of) two offices; ~ *di due caratteri* compatibility of two characters. **2** (*coerenza*) consistency. **3** (*Inform*) compatibility. □ (*Inform*) ~ *di programmi* program compatibility.

compatibilmente *avv.* compatibly, in line, in so far as... allows: ~ *con le esigenze di servizio* in so far as duty allows. □ ~ *con i miei impegni, verrò da te* engagements permitting, I'll come to you.

compatimento *m.* **1** (*indulgenza*) indulgence, forbearance. **2** (*commiserazione*) sympathy, commiseration, compassion, pity. **3** (*disprezzo*) condescension, pity.

compatire (**compatisco, compatisci**) *v.t.* **1** (*provare compassione*) to commiserate (with), to pity, to be sorry for, to sympathize with: *compatisco molto quell'uomo per le sue disgrazie* I really pity that man for all his misfortunes; *bisogna compatirlo* one must pity him, one has to pity him. **2** (*perdonare*) to forgive; (*trattare con indulgenza*) to make allowances for, to be indulgent towards; (*scusare*) to excuse, to justify: ~ *i difetti di qcu.* to excuse so.'s faults. **3** (*trattare con disprezzo*) to be sorry for. □ *farsi* ~ (*esporsi al ridicolo*) to make a pitiful exhibition of oneself.

compatriota *m./f.* compatriot, fellow countryman (*f.* -woman).

compatta *f.* **1** (*Fot*) compact camera. **2** (*Aut*) compact car.

compattabile *a.* compactable, compressable: *scaffalatura* ~ self-assembly shelving, self-assembly units.

compattamento *m.* compacting, compressing.

compattare (**compàtto**) *v.t.* **1** (*Tecn*) to compact. **2** (*rif. a rifiuti*) to compress. **3** (*Inform*) to pack: ~ *dati* to pack data.

compattatore *m.* compactor: ~ *per rifiuti* waste compactor.

compattazione *f.* compacting, compaction. □ (*Inform*) ~ *dei dati* data compaction.

compattezza *f.* **1** compactness, closeness; (*rif. a terreno, legno*) hardness: *la* ~ *di un tessuto* the closeness of a material, the close weave of a material. **2** (*fig*) unity, solidarity, cohesion: *la* ~ *di un partito* the solidarity of a party, the united front presented by a party. **3** (*Min*) compact texture.

compatto I *a.* **1** compact, close; (*rif. a stoffa*) closely-woven, close; (*rif. a maglieria*) close-knit; (*solido*) solid; (*rif. a terreno, legno*) hard; (*rif. a minerali*) of compact texture: *fondotinta* ~ compact foundation; *roccia compatta* solid rock; *legno* ~ hardwood. **2** (*poco ingombrante*) compact: *stereo* ~ compact stereo system. **3** (*fig*) (*denso, fitto*) thick, dense, close-packed: *folla compatta* dense crowd; *formare un gruppo* ~ to form a close-packed group; *nebbia compatta* thick fog, dense fog, heavy fog. **4** (*fig*) (*concorde, unito*) united, closely-knit: *un partito* ~ a united party. **II** *m.* (*impianto hi-fi*) compact stereo system.

compendiare (**compèndio**) *v.t.* **1** (*riassu-*

mere) to summarize, to abstract, to abridge: *hanno compendiato la storia del Risorgimento in un volume* they have summarized the history of the Risorgimento in one volume. **2** (*trattare in modo sintetico*) to outline, to give a concise account of: *in questo volume sono compendiati cento anni della nostra storia* this volume gives a concise account of a hundred years of our history.

compendiario *a.* brief, concise.

compendiatore I *m.* (*f.* **-trice**) abridger, summarizer. II *a.* summarizing, synthetizing.

compendio *m.* **1** (*riassunto*) summary, abridgement, compendium, précis, digest. **2** (*trattato breve e sintetico*) compendium, selection, epitome, outlines *pl.* **3** (*fig*) (*sintesi*) synthesis, mixture, complex: *la vita è un ~ di gioie e di dolori* life is a mixture of joy and grief. **4** (*fig*) (*rif. a persone*) quintessence: *essere un ~ di virtù* to be the quintessence of virtue. □ *~ statistico* abstract of statistics, digest of statistics.

compendiosità *f.* (*rar*) brevity, shortness, conciseness.

compendioso *a.* brief, concise, shortened, pithy: *descrizione compendiosa* brief decription; *discorso ~* pithy speech.

compenetrabile *a.* penetrable, interpenetrable, permeable.

compenetrabilità *f.* penetrability, permeability.

compenetrare (**compènetro**) I *v.t.* **1** to permeate (through, among), to penetrate (into): *il catrame ha compenetrato la massicciata* the tar has penetrated the roadbed. **2** (*fig*) (*pervadere*) to pervade, to imbue, to fill, to permeate: *sono compenetrato da una grande commozione* I am filled with great emotion. II *v.pron.* **compenetrarsi** to be filled (with): *compenetrarsi di dolore* to be filled with grief. III *v.r.recipr.* **compenetrarsi** to interpenetrate: *le due sostanze si compenetrano* the two substances blend.

compenetrazione *f.* penetration, interpenetration, permeation.

compensabile *a.* **1** that may be compensated, that may be rewarded. **2** (*Econ*) (*indennizzabile*) indemnifiable.

compensabilità *f.* compensability.

compensare (**compènso**) I *v.t.* **1** (*equilibrare, bilanciare*) to compensate (for), to make up for, to offset, to counterbalance: *i vantaggi compensano gli svantaggi* the advantages compensate the disadvantages, the advantages make up for the disadvantages; *il guadagno compensa le spese* the profits make up for the expenses. **2** (*ricompensare*) to reward, to make up, to compensate: *la bella notizia mi ha compensato di tante preoccupazioni* the good news compensated for all my worry, the good news made up for all my worry; *lo ha compensato con un sorriso* she rewarded him with a smile. **3** (*retribuire*) to pay, to remunerate, to reward: *~ qcu. per un lavoro* to pay so. for his work. **4** (*risarcire*) to pay compensation, to indemnify, to compensate (*di* for): *questo denaro ti compenserà del danno subito* this money will compensate you for the damage you have incurred. **5** (*Med*) to compensate. **6** (*assol.*) (*nelle immersioni subacquee*) to compensate. II *v.r.recipr.* **compensarsi** to make up for each other, to set each other off, to balance each other, to compensate each other: *i vantaggi e gli svantaggi si compensano* the advantages and disadvantages counterbalance each other, the advantages and disadvantages cancel each other out.

compensativo *a.* compensatory, compensating, compensation (*attr.*).

compensato *m.* (*Fal*) (*legno compensato*) plywood: *rivestimento di ~* plywood panelling.

compensatore I *a.* compensatory, compensation (*attr.*), compensating, balance (*attr.*). II *m.* **1** (*Mecc,Ott,El*) compensator. **2** (*Aer*) tab. **3** (*Rad*) trimmer, trimming condenser.

compensazione *f.* **1** compensation, making up; (*compenso*) remuneration, pay; (*premio*) reward; (*indennità*) indemnity. **2** (*Dir*) compensation, set-off, settlement; (*di debito*) set-off. **3** (*Econ*) clearing. **4** (*Fis,Psic*) compensation. **5** (*Mecc*) compensation, adjustment. □ *~ della bussola* compass compensation; (*Dir*) *~ di borsa* stock exchange settlement; (*Econ*) *~ generale* clearing; (*Econ*) *~ interbancaria* interbank clearing.

compenso *m.* **1** (*ricompensa*) reward, recompense, repayment, compensation: *anche un semplice grazie sarà un ~ sufficiente al mio lavoro* just a simple thank-you will be sufficient reward for my work; *offrire un ~* to offer a reward. **2** (*retribuzione*) remuneration, pay, recompense, (*Am*) compensation; (*onorario*) fee: *il lavoro è faticoso e il ~ è scarso* the work is hard and the pay is low. **3** (*risarcimento*) compensation, indemnity: *ha ricevuto una somma di denaro come ~ delle perdite subite* he received a sum of money as compensation for the loss incurred. □ *~ all'ora* hourly rate; *dietro ~* for money, for a consideration; *~ forfettario* lump-sum payment; *in ~*: **1** (*almeno*) to make up for it, in compensation, at least: *lavoro sodo, ma in ~ ho molte soddisfazioni* I work hard, but I get a lot of satisfaction to make up for it; **2** (*in cambio*) in return, in exchange: *in ~ delle sue gentilezze* in return for all her kindness; *~ simbolico* token payment.

compera *f.spec.pl.* buy, purchase: *andare a fare delle compere* to go shopping, to make purchases.

comperare → **comprare**.

competente I *a.* **1** (*esperto*) qualified, expert, competent: *non sono ~ in materia* I'm not qualified to speak, I'm not an expert on this subject. **2** (*Dir*) (*che ha autorità*) competent, right, in charge (*posposto*), concerned (*posposto*), authorized, appropriate: *tribunale ~* competent court; *ministero ~* Ministry concerned. **3** (*lett,rar*) (*adeguato*) fair, adequate: *mancia ~* fair tip. II *m./f.* expert, specialist; (*d'arte*) connoisseur: *chiedere il giudizio di un ~* to ask an expert's opinion.

competentemente *avv.* competently, proficiently, expertly.

competenza *f.* **1** (*esperienza*) competence, skill, ability, experience: *ho poca ~ in matematica* I have little ability in mathematics. **2** (*autorevolezza*) authority: *può parlare con sicura ~ su ogni ramo della matematica* he can speak with authority on every branch of mathematics. **3** (*pertinenza*) province, competence: *essere di ~ di qcu.* to lie within the province of so., (*colloq*) to be up to so.; *non è di tua ~ prendere una decisione definitiva* it is not up to you to take a final decision, it is not for you to take a final decision; *la faccenda non è di mia ~* the matter is no concern of mine, the matter is outside my province; *il fatto non è di ~ di questo ufficio* the matter doesn't lie within the province of this office, the matter doesn't lie within the competence of this office. **4** (*Dir*) compe-

tence, jurisdiction: *il processo è di ~ del tribunale dei minorenni* the action falls within the competence of the Juvenile Court. **5** (*Ling*) competence. **6** *pl.* (*onorario*) fee *sing.*, fees: *le competenze dell'avvocato* the lawyer's fee. □ *avere ~ in una data materia* to be skilled in a certain subject; *competenze bancarie* bank charges, bank commission (*sing.*), banking fees; *con ~ ably*, capably; (*Dir*) *~ esclusiva* exclusive competence, sole jurisdiction; (*Dir*) *~ per territorio* geographical jurisdiction, territorial jurisdiction.

competere (**compéto**; *no past participle, no compound tenses*) *v.i.* **1** (*reggere il confronto*) to compete, to vie (*con* with); (*rivaleggiare*) to rival, to challenge (sth.): *non posso ~ con la tua esperienza* I can't rival your experience, I can't compete with your experience. **2** (*gareggiare*) to compete, to vie: *~ per un premio* to compete for a prize. **3** (*essere dovuto*) to be due, to be owing, to belong (*a* to): *avrai ciò che ti compete* you will have what is due to you. **4** (*Dir*) (*spettare*) to lie within the competence of, to be within the jurisdiction of.

competitivamente *avv.* competitively.

competitività *f.* competitiveness (*anche Comm*).

competitivo *a.* competitive (*anche Comm*): *prezzi competitivi* competitive prices; *una persona molto competitiva* a very competitive person.

competitore *m.* (*f.* **-trice**) competitor, rival.

competizione *f.* **1** competition. **2** (*Sport*) competition, contest: *~ sportiva* sports competition, sports contest. □ (*Aut*) *da ~* racing (*attr.*); *entrare in ~* to enter into competition; *essere in ~* to be in competition.

compiaccio → **compiacere**.

compiacente *a.* **1** (*cortese*) obliging, courteous: *essere ~ con tutti* to be obliging to everybody. **2** (*accomodante*) complaisant, accomodating (*anche spreg*). **3** (*spreg*) (*rif. a donna: di facili costumi*) easy, fast.

compiacenza *f.* **1** (*cortesia*) courtesy, kindness: *fare qcs. per ~* to do sth. out of courtesy; (*rar,ant*) *abbiate la ~ di indicarmi l'uscita* would you be so kind as to show me the way out?, would you mind showing me the way out? **2** (*soddisfazione*) satisfaction, gratification: *il preside ha espresso la sua ~ per il buon andamento degli esami* the headmaster expressed his satisfaction at the good result of the examinations. □ *sorriso di ~* condescending smile.

compiacere (*pres.ind.* **compiàccio, compiàci, compiàce, compiacciàmo, compiacéte, compiàcciono;** *p.rem.* **compiàcqui;** *pres.cong.* **compiàccia, compiacciàmo, compiacciàte, compiàcciano;** *p.p.* **compiaciùto**) I *v.t.* (*accontentare*) to please, to content, to satisfy, to gratify: *cerco di compiacerti in tutto* I try to please you in everything. II *v.i.* (*aus.* **avere**) (*fare piacere*) to please, to satisfy, to gratify (*a qcu. so.*): *per ~ a te ho dispiaciuto agli altri* to please you I have gone against the others. III *v.pron.* **compiacersi 1** (*provare piacere*) to be pleased, to be glad, to be delighted, to delight, to take delight: *quella donna si compiace di quello che combina suo figlio* that woman takes delight in her son's pranks. **2** (*congratularsi*) to congratulate: *mi compiaccio con te per il successo avuto* I congratulate you on your success. **3** (*rar*) (*avere la cortesia*) to be good enough, to be kind enough, to be so good as, to be so kind as: *compiacetevi di ascoltarmi* please be so good as to listen to me; *il ministro si è compiaciuto di ricevermi* the minister was kind enough to receive me.

compiacimento m. 1 (*soddisfazione*) satisfaction, gratification. 2 (*congratulazione*) congratulations pl.: *mi ha espresso il suo ~ per la promozione* he offered me his congratulations on my promotion.

compiaciuto a. (*soddisfatto*) pleased, satisfied, delighted, smug: *uno sguardo ~* a satisfied look; *era tutto ~ per il successo del libro* he was delighted by the success of the book. □ *~ di sé* smug, self-satisfied.

compiacqui → **compiacere**.

compiangere (*pres.ind.* **compiàngo, compiàngi**; *p.rem.* **compiànsi**; *p.p.* **compiànto**) I *v.t.* 1 to pity, to sympathize with: *tutti lo hanno compianto per la sua disgrazia* everyone pitied him for his misfortune. 2 (*rimpiangere*) to lament, to mourn: *è morto compianto da tutti* he died mourned by all. 3 (*spreg*) (*compatire*) to pity, to be sorry for: *ti compiango perché non sai quello che fai* I'm sorry for you because you don't know what you are doing. II *v.pron.* **compiangersi** to feel sorry for oneself.

compiansi → **compiangere**.

compianto[1] → **compiangere** a. late, late lamented.

compianto[2] m. 1 (*cordoglio*) mourning, grief, sorrow, sorrowing: *è morto fra il ~ di tutti gli amici* he died amidst the sorrowing of all his friends. 2 (*Lett*) (*tipo di componimento*) lament, dirge.

compiere (*pres.ind.* **cómpio, cómpi**; *p.rem.* **compìi/compiéi**; *p.p.* **compiùto**) I *v.t.* 1 (*fare, eseguire*) to do, to perform, to execute, to carry out, to fulfil, to accomplish: *~ un esercizio* to do an exercise; *~ un'impresa difficile* to carry out a difficult task; *~ il proprio dovere* to fulfil one's duty, to do one's duty, to carry out one's duty. 2 (*commettere*) to commit: *~ un delitto* to commit a crime. 3 (*terminare*) to finish, to finish off, to complete: *~ gli studi* to finish one's studies. 4 (*rif. a età*) to be, to turn: *ho già compiuto trent'anni* I'm already thirty, I've already turned thirty. II *v.pron.* **compiersi** 1 (*giungere a termine*) to come to an end, to end, to be over: *il viaggio si è compiuto senza incidenti* the journey came to its end without incident. 2 (*essere appagato*) to be granted, to be satisfied, to be fulfilled: *si è compiuto il mio desiderio* my wish has been granted. 3 (*avverarsi*) to be fulfilled, to come true, to come to pass: *la profezia si è compiuta* the prophecy was fulfilled. □ *~ gli anni* to be, to have one's birthday: *ho compiuto vent'anni l'altro ieri* I was twenty the day before yesterday; *ha compiuto gli anni la settimana scorsa* his birthday was last week; *quando compi gli anni?* when is your birthday?; (*colloq,iron*) *per ~ l'opera* to finish things off, to crown everything, on top of it all: *per ~ l'opera mi si è guastata l'automobile* to finish things off my car broke down; *~ una missione* to discharge a mission; *~ un percorso* to cover a distance.

compieta f. (*Lit*) compline.

compilare (**compìlo**) *v.t.* 1 (*redigere*) to draw up, to compile, to make out, to make up, to edit: *~ una lista* to draw up a list, to make a list; *~ un'antologia* to compile an anthology, to edit an anthology. 2 (*riempire*) to fill in, to fill out, to make out: *~ un questionario* to fill out a questionnaire. 3 (*Inform*) to compile. □ *~ un assegno all'ordine di* to make out a cheque to, (*Am*) to make a check payable to; *~ un bilancio* to make a balance sheet; *da ~ e spedire a* complete and send to, fill out and send to; *~ una*

domanda to fill out an application; (*Comm*) *~ una fattura* to make out a bill; *~ un modulo* to fill out a form.

compilation /kompi'leʃon/ *f.inv.* (*Mus*) compilation.

compilativo a. compilatory, compilation (*attr.*).

compilatore m. 1 (*f.* -trice) compiler, editor: *il ~ dell'antologia* the compiler of the anthology. 2 (*Inform*) compiler.

compilazione f. 1 (*il compilare*) compilation, compiling; (*di documenti*) drawing up, making out. 2 (*opera compilata*) compilation, collection.

compimento m. 1 (*il compiere*) completion, end, ending, conclusion: *portare a ~ qcs.* to carry out sth., to complete sth., to finish sth. 2 (*esecuzione*) execution, accomplishment, performance, carrying out: *il ~ di un lavoro* the performance of a task. 3 (*rif. agli studi*) completion, end. □ *al ~ del mio cinquantesimo* when I reach(ed) fifty, on reaching my fiftieth birthday; *al ~ dei suoi studi* when she completes her studies.

compire (*pres.ind.* **compìsco, compìsci**; *p.rem.* **compìi**; *p.p.* **compìto**) → **compiere**.

compitamente avv. politely, courteously.

compitare (**cómpito, còmpito**) *v.t.* 1 (*sillabare*) to spell out. 2 (*leggere stentatamente*) to read laboriously, to read with difficulty.

compitezza f. politeness, good manners pl., courtesy.

compito[1] m. 1 (*lavoro, incarico*) task, duty, (*colloq*) job: *non è ~ mio* it's not my job; *il ~ è superiore alle mie capacità* the task is beyond my powers; *~ gravoso* difficult task. 2 (*dovere*) duty: *è ~ mio aiutarti* it's my duty to help you. 3 (*Scol*) exercise, schoolwork; (*a casa*) homework: *fare i compiti* to do one's homework; *devo preparare i compiti per domani* I must do my homework for tomorrow. □ (*Scol*) *compiti delle vacanze* holiday homework (*costr.sing.*), (*Am*) vacation homework (*costr.sing.*); (*Scol*) *~ in classe* classroom test; (*Scol,Univ*) *~ scritto* written homework.

compito[2] → **compire** a. polite, well-mannered, well-bred: *una signora molto compita* a very well-mannered lady.

compiutamente avv. entirely, completely, fully, wholly, thoroughly.

compiutezza f. 1 (*completezza*) completeness. 2 (*perfezione*) perfection.

compiuto → **compiere** a. finished, completed, done (*posposto*): *saranno pagati a opera compiuta* they will be paid when the work is finished; *ha cinque anni compiuti* he has turned five; *ho vent'anni appena compiuti* I just turned twenty.

complanare a. (*Geom*) coplanar.

complanarità f. (*Geom*) coplanarity.

compleanno m. birthday: *buon ~!* happy birthday!; *auguri per il tuo ~!* wishing you a happy birthday, have a happy birthday!; *festeggiare il ~ di qcu.* to celebrate so.'s birthday. □ *~ di* birthday (*attr.*): *festa di ~* birthday party; *regalo di ~* birthday present.

complementare I a. 1 complementary: *disposizioni complementari* complementary provisions. 2 (*Scol,Univ*) (*non fondamentale*) complementary, subsidiary: *esame ~* examination in a subsidiary subject; *nella mia scuola il russo è una materia ~* at my school Russian is a subsidiary subject (*o* a minor subject). 3 (*Mat,Fis*) complementary: *angoli complementari* complementary angles. II *f.* (*Econ,Stor*) (*anche imposta complementare*) supplementary income tax. □ (*Econ,Stor*) *~ sul reddito* supplementary tax

on income.

complementarità f. complementarity.

complementarmente avv. complementarily.

complementazione f. (*Mat*) complementation.

complemento m. 1 (*completamento*) completion, complement. 2 (*Gramm*) complement, object. 3 (*Mil*) reserve: *truppe di ~* reserve, reserve troops. 4 (*Mat*) complement. □ (*Gramm*) *~ d'agente* agent; (*Gramm*) *~ di causa* complement of cause; (*Gramm*) *~ di luogo* adverbial phrase of place; (*Gramm*) *~ di specificazione* genitive case, possessive case; (*Gramm*) *~ di stato in luogo* complement of state; (*Gramm*) *~ di tempo* adverbial phrase of time; (*Gramm*) *~ di termine* indirect object; (*Gramm*) *~ diretto* direct object; (*Gramm*) *~ indiretto* indirect object; (*Gramm*) *~ oggetto* direct object.

complessare (**complèsso**) *v.t.* (*Psic*) to cause a complex (*qcu.* to so.).

complessato I a. (*Psic*) full of complexes, (*colloq*) full of hang-ups. II m. (*f.* -a) (*Psic*) person full of complexes, (*colloq*) person full of hang-ups.

complessione f. (*rar*) (*costituzione*) constitution: *essere di ~ robusta* to have a strong constitution.

complessità f. complexity, intricacy.

complessivamente avv. in all, altogether, as a whole, on the whole: *~ è stata una bella festa* on the whole it was a good party; *la spesa ammonta ~ a cinquemila euro* the total cost comes to five thousand euros.

complessivo a. 1 total, inclusive, general, comprehensive, overall: *la spesa complessiva fu di diecimila euro* the total expenditure was ten thousand euros. 2 (*globale*) comprehensive: *visione complessiva della situazione* comprehensive survey of the situation, overview of the situation.

complesso[1] a. 1 (*complicato*) complex, complicated, difficult: *una questione complessa* a complex question; *l'intreccio del romanzo è assai ~* the plot of the novel is quite complex. 2 (*Mecc*) complex: *meccanismo ~* complex mechanism. 3 (*Mat*) complex: *numero ~* complex number.

complesso[2] m. 1 (*insieme*) whole, group, whole group, mass, collection, system: *~ di edifici* development, estate; *un ~ imponente di edifici* an imposing mass of buildings, an imposing group of buildings. 2 (*insieme di edifici*) complex. 3 (*organismo industriale*) group, unit, combine, trust, complex; (*stabilimento*) works (*costr.sing. o pl.*), plant: *~ editoriale* editorial group. 4 (*Psic*) complex, (*colloq*) hang-up: *~ di inferiorità* inferiority complex. 5 (*Mus*) ensemble, company; (*orchestra*) orchestra; (*orchestrina*) band; (*di musica pop*) group; (*quartetto*) quartet: *~ corale* choral ensemble, choral group; *~ di suonatori* ensemble of players, group of instrumentalists. 6 (*Mecc*) (*gruppo, assieme meccanico*) assembly, unit. 7 (*Mat,Fis,Chim*) complex. □ (*Psic*) *~ di castrazione* castration complex; *un ~ di circostanze* a (whole) series of circumstances, a combination of circumstances, a number of circumstances; (*Psic*) *~ di colpa* guilt complex; (*Psic*) *~ di Edipo* Oedipus complex, Oedipal complex; (*Psic*) *~ di Elettra* Electra complex; (*Psic*) *~ edipico* Oedipus complex, Oedipal complex; *in ~*: 1 (*in generale*) on the whole, all things considered, all in all: *in ~ sono contento del lavoro* on the whole I am pleased with the work; 2 (*in tutto*) in all, altogether: *ho pagato in ~ venti euro* I paid twenty euros in all; *nel* ~ on the whole; *bisogna considerare il problema nel suo* ~ the problem must be considered as a whole; ~ *ospedaliero* hospital complex; ~ *residenziale* housing complex, housing estate; (*Farm*) ~ *vitaminico* vitamin complex.

completamente *avv.* completely, utterly, quite, fully, entirely: *è* ~ *sbagliato* it's completely wrong, it's quite wrong; ~ *diverso* completely different, entirely different; *me ne ero* ~ *dimenticato* I had completely forgotten about it.

completamento *m.* completion, completing, finishing, finishing off: *in via di* ~ nearing completion; *al* ~ *dei lavori* on completion of the works.

completare (**complèto**) I *v.t.* 1 (*finire*) to complete, to finish: ~ *un elenco* to complete a list. 2 (*riempire*) to fill in: ~ *un modulo* to fill in a form. II *v.pron.* **completarsi** to complement one another. □ (*colloq,iron*) *per* ~ *l'opera* (*per colmo di disgrazia*) on top of it all, to crown it all, to top it all.

completezza *f.* completeness, comprehensiveness.

completivo *a.* completive.

completo I *a.* 1 complete, comprehensive, full, entire, whole: *catalogo* ~ *delle pubblicazioni* complete catalogue of publications; *un resoconto* ~ a complete account, a full account. 2 (*assoluto*) complete, entire, absolute, utter: *completa fiducia* complete trust; *la festa è stata un* ~ *disastro* the party was an absolute wash-out. 3 (*pieno*) full, full-up: *l'autobus è* ~ the bus is full. 4 (*fig*) all-round, well-rounded: *atleta* ~ all-round athlete. II *m.* 1 (*Abbigl*) (*da uomo*) suit. 2 (*Abbigl*) (*da donna: tailleur*) costume, suit, outfit; (*abito con giacca*) dress and jacket; (*due pezzi*) two-piece, two-piece outfit. 3 (*nécessaire*) set. □ *al* ~: 1 (*pieno*) full, full-up; 2 (*gremito*) packed, packed out; 3 (*esaurito*) sold out: *il teatro era al* ~ the theatre was sold out; 4 (*tutti presenti*) all present: *c'erano i professori al* ~ the whole teaching staff was there; (*Abbigl*) ~ *da sci* ski suit, ski outfit; (*Abbigl*) ~ *da tennis* tennis whites *pl.*, tennis outfit; *microscopio* ~ *di accessori* microscope complete with fittings; *sono a sua completa disposizione* (I'm) at your service; I'm ready, willing and able; your wish is my command.

complicanza *f.* (*Med*) complication.

complicare (**còmplico/cómplico, còmplichi/cómplichi**) I *v.t.* to complicate, to aggravate: *la tua presenza complica le cose* your presence complicates things; *il tuo modo di agire non fa che* ~ *la situazione* your behaviour only aggravates the situation. II *v.pron.* **complicarsi** 1 (*diventare difficile*) to become complicated, to get complicated: *la situazione si complica sempre più* the situation is becoming more and more complicated. 2 (*diventare intricato*) to thicken: *l'intreccio si complica verso la fine* the plot thickens towards the end. 3 (*rif. a malattia: aggravarsi*) to worsen, to get worse, to lead to complications. □ *complicarsi la vita* to do things the hard way.

complicato *a.* complicated, complex, difficult, intricate, awkward: *una questione complicata* a complicated question.

complicazione *f.* 1 complication: *complicazioni burocratiche* bureaucratic complications; *non crearmi complicazioni* don't create complications for me. 2 (*Med*) complication: *è sopravvenuta una* ~ *di carattere polmonare* a pulmonary complication has set in; *il malato è guaribile in dieci giorni*

salvo complicazioni the patient will be cured in ten days if no complications set in.

complice I *m./f.* 1 (*Dir*) accomplice, party, accessory: *i complici del ladro si sono dileguati* the thief's accomplices got away; *essere* ~ *nel delitto* to be a party to the crime. 2 (*estens*) party, accomplice. II *a.* knowing: *uno sguardo* ~ a knowing look. □ *farsi* ~ *di qcu.* to be so.'s accomplice, to aid and abet so. (*anche fig*) ~ *il vino* wine playing its part; (*Dir*) ~ *in un adulterio* co-respondent.

complicità *f.* 1 (*Dir*) complicity. 2 (*fig*) (*aiuto*) help, aid: *sono riusciti a fuggire con la* ~ *del buio* they managed to flee with the aid of darkness. 3 (*intesa*) mutual understanding: *tra loro due c'è ancora una forte* ~ there's still a strong mutual understanding between them; *uno sguardo di* ~ a knowing look. □ (*Dir*) ~ *materiale* abetment; (*Dir*) ~ *nella fuga* aiding escape.

complimentare (**compliménto**) I *v.t.* to compliment. II *v.pron.* **complimentarsi** to congratulate: *complimentarsi con qcu. per qcs.* to congratulate so. on sth.; *si sono complimentati con me per la promozione* they congratulated me on my promotion; *complimentarsi con i giovani sposi* to congratulate the newlyweds.

complimento *m.* 1 compliment, complimentary remark: *fare un* ~ *a una ragazza* to pay a girl a compliment; (*iron*) *i miei complimenti per il disastro che hai combinato* my compliments on the fine mess you've made. 2 *pl.* (*congratulazioni*) congratulations: *complimenti per la laurea!* congratulations on your graduation! 3 *pl.* (*cerimonie*) ceremony (*costr.sing.*), fuss *sing.* 4 *pl.* (*ossequi*) regards, respects, compliments: *i miei complimenti a sua moglie* my regards to your wife. □ (*fig*) *fare complimenti* to stand on ceremony; *ti prego di accettare senza fare complimenti* please accept without ceremony; *senza complimenti* without any fuss, without ceremony: *se non mi volete, ditelo pure senza tanti complimenti* if you don't want me, please say so without making such a fuss.

complimentoso *a.* 1 (*rif. a persone*) full of polite attentions, ceremonious; (*adulatorio*) obsequious, flattering, formal: *non essere troppo* ~ don't be too obsequious. 2 (*rif. a cose: adulatorio*) flattering; (*cerimonioso*) ceremonious: *discorso* ~ ceremonious speech.

complottardo *m.* (*f.* **-a**) 1 (*chi ordisce complotti*) conspirator. 2 (*chi vede complotti dovunque*) conspiracy monger.

complottare (**complòtto**) I *v.i.* (*aus. avere*) 1 to plot, to conspire, to scheme: ~ *ai danni di qcu.* to plot against so. 2 (*estens*) (*bisbigliare*) to talk in a conspiratorial whisper. II *v.t.* to plot.

complotto *m.* plot, conspiracy, scheme: *fare un* ~ *contro qcu.* to plot against so., to hatch a plot against so.; *sventare un* ~ to discover a plot, to uncover a plot.

compluvio *m.* 1 (*Edil*) valley. 2 (*Archeol*) compluvium.

componente I *a.* (*posposto*) component, composing, making up: *le parti componenti* the component parts. II *m./f.* 1 (*rif. a persone*) member: *i componenti della famiglia* the members of the family. 2 (*rif. a cose*) component, component part, constituent, element. III *m.* (*Chim,Ling,Ind*) component: *i componenti dell'anidride carbonica* the components of carbon dioxide. IV *f.* 1 (*Fis*) component: *la* ~ *di un vettore* the component of a vector. 2 (*fig*) constituent, component,

element, factor: *le componenti del pensiero di un filosofo* the elements of a philosopher's thought. □ (*Elettron*) ~ *elettronico* electronic component; (*Ling*) ~ *semantico* semantic component.

componentistica *f.* 1 parts production, components factory. 2 (*componenti*) components *pl.*: ~ *elettronica* electronic components.

componenziale *a.* componential.

compongo → **comporre**[1].

componibile *a.* unit (*attr.*), sectional: *mobili componibili* unit furniture, sectional furniture; *libreria a elementi componibili* sectional bookcase.

componimento *m.* 1 (*Lett*) composition, writing: ~ *lirico* lyrical composition; ~ *in versi* poem, composition in verse. 2 (*tema scolastico*) essay, composition: *fare un* ~ to do an essay, to write an essay. 3 (*Mus*) composition, work: *un* ~ *per orchestra* a composition for orchestra. 4 (*Dir*) settlement, composition, adjustment: *il* ~ *di una lite* the settlement of a dispute.

comporre[1] (*pres.ind.* **compóngo, compóni, compóne, componiàmo, componéte, compóngono;** *p.rem.* **compósi, componésti, compóse, componémmo, componéste, compósero;** *fut.* **comporrò;** *pres.cong.* **compónga, componiàmo, componiàte, compóngano;** *impf.cong.* **componéssi;** *imperat.* **compóni, compónga, componiàmo, componéte, compóngano;** *p.pres.* **componènte;** *ger.* **componèndo;** *p.p.* **compósto**) I *v.t.* 1 to compose, to make up, to compound, to put together, to fit together: ~ *un mosaico* to create a mosaic, to design a mosaic, to install a mosaic. 2 (*costituire, formare*) to constitute, to form, to make up: *undici giocatori compongono la squadra* the team is made up of eleven players, the team consists of eleven players. 3 (*Tel*) (*digitare*) to dial: ~ *un numero* to dial a number; ~ *il dodici* to dial twelve. 4 (*sistemare*) to arrange, to adjust, to put in order, to tidy, to tidy up: ~ *l'abito* to adjust one's dress, to straighten one's dress; ~ *i capelli* to straighten one's hair, to tidy one's hair. 5 (*conciliare*) to settle, to compose, (*colloq*) to patch up: ~ *una lite* to settle a dispute. 6 (*scrivere*) to compose, to write (*anche Mus*): ~ *una poesia* to compose a poem; *una sinfonia* to compose a symphony. 7 (*Tip*) to compose, to set up, to typeset. 8 (*Farm, Chim*) to compound. II *v.pron.* **comporsi** 1 (*essere formato*) to consist, to be composed, to be made up: *questo appartamento si compone di tre stanze* this flat is made up of three rooms. 2 (*Chim*) to be composed, to be made up: *l'acqua si compone di ossigeno e idrogeno* water is composed of oxygen and hydrogen. □ ~ *il codice personale* (*nelle istruzioni*) punch in your PIN, type your pin, type yor number, type your code; ~ *una salma* to lay a body, to lay out a body; (*Ferr*) ~ *un treno* to marshal a train; ~ *versi* to write verse.

comporre[2] *m.* (*Scol,Mus*) composition: *l'arte del* ~ the art of composition.

comporrò → **comporre**[1].

comportamentale *a.* behavioural, (*Am*) behavioral: *modello* ~ behavioural pattern.

comportamentismo *m.* (*Psic*) behaviourism, (*Am*) behaviorism.

comportamentista *m./f.* (*Psic*) behaviourist, (*Am*) behaviorist.

comportamentistico (*pl.* **-ci**) *a.* (*Psic*) behaviouristic, (*Am*) behavioristic.

comportamento *m.* 1 (*condotta*) behaviour, (*Am*) behavior, line of conduct, way of acting, way of behaving: *non mi piace il suo ~* I don't like his behaviour; *~ esemplare* exemplary behaviour. **2** (*atteggiamento*) attitude, manner. **3** (*Psic*) behaviour, (*Am*) behavior. □ (*Aut*) *~ alla guida* driving behaviour, (*Am*) driving behavior; *~ ineccepibile* (o *~ irreprensibile*) perfect behaviour, (*Am*) perfect behavior, unobjectionable behaviour, (*Am*) unobjectionable behavior; (*Psic*) *~ operante* operant behaviour, (*Am*) operant behavior; *~ riprovevole* misbehaviour, (*Am*) misbehavior; *avere un ~scorretto* to behave badly.

comportare (**compòrto**) **I** *v.t.* (*richiedere*) to involve, to imply, to entail: *è un'impresa che comporta dei rischi* it's an undertaking which implies certain risks; *lo studio comporta molti sacrifici* study involves great sacrifice; *~ delle spese* to involve expense. **II** *v.pron.* **comportarsi** to behave (oneself), to act, to conduct oneself: *ti sei comportato da vigliacco* you behaved like a coward; *non so come comportarmi con lui* I don't know how to behave towards him; *ti stai comportando da idiota!* you're behaving like an idiot! □ *comportarsi bene* to behave oneself; *comportarsi come si deve* to behave properly; *comportarsi da adulto* to behave like a grown-up; *comportarsi male* to behave badly, to misbehave.

comporto *m.* **1** (*burocr*) grace, grace period, respite, extension (of time): *ho un ~ di dieci giorni per pagare la cambiale* I have ten days' (grace period) to pay the bill. **2** (*Ferr*) maximum waiting time.

composi → **comporre**[1].

composit *m.* (*Fot*) composit.

composita *f.* (*Bot*) composite.

compositivo *a.* **1** (*che entra nella composizione*) component, constituent, making up: *gli elementi compositivi della lingua* the elements making up the language. **2** (*relativo alla composizione*) writing (*attr.*), of composition, composition (*attr.*), compositional: *abilità compositiva* skill in composing; *tecnica compositiva* composition(al) technique.

composito I *a.* **1** (*eterogeneo*) composite, compound, heterogeneous, mixed, motley: *linguaggio ~* composite language. **2** (*Arch*) composite. **II** *m.* (*Ind*) (*materiale composito*) composite, composite material.

compositoio *m.* (*Tip*) setting stick, composing stick.

compositore *m.* **1** (*f.* **-trice**) (*Mus*) composer. **2** (*Tip*) typesetter, compositor. □ (*Tip*) *~ a mano* handsetter; (*Tip*) *~ monotipista* keyboard operator.

compositrice *f.* (*Tip*) composing machine. □ (*Fot*) *~ fotografica* photocomposing machine.

composizione *f.* **1** formation, composition, make-up: *la ~ della squadra* the formation of the team; *la ~ delle giuria* the formation of the jury. **2** (*cosa composta*) composition, arrangement: *una ~ floreale* a floral arrangement. **3** (*struttura*) structure, make-up: *la ~ della frase* the structure of the sentence. **4** (*scritto: in prosa*) work, composition; (*in versi*) poem, work: *è stata letta una ~ in versi* a poem was read. **5** (*Mus*) composition, piece, work: *una ~ per pianoforte e orchestra* a composition for piano and orchestra. **6** (*Pitt,Scult*) (*il dipingere*) painting; (*lo scolpire*) sculpture, fashioning; (*opera*) work, composition, piece: *una ~ allegorica* an allegorical work. **7** (*Scol*) (*componimento*) composition, essay. **8** (*Tip*) (*il comporre*) setting, type-setting; (*pagina composta*) mat-

ter, type. **9** (*Chim,Farm,Gramm*) composition: *la ~ di un gas* the composition of a gas. **10** (*Met*) (*rif. a lega*) composition: *la lega risulta dalla ~ di stagno e argento* the alloy is made up of tin and silver. **11** (*Dir*) (*conciliazione*) settlement, composition: *la ~ di una controversia* the settlement of a dispute; *la ~ di una vertenza* the settlement of a controversy. □ (*Tip*) *~a mano* handsetting; (*Dir*) *~ amichevole* friendly settlement, settlement out of court; (*Dir*) *~arbitrale* arbitrated settlement; *~ chimica* chemical composition; (*Fis*) *~delle forze* composition of forces; *~ drammatica* dramatic work, play; *~ poetica* poetic composition.

compost *m.inv.* compost.

composta *f.* **1** (*Alim*) compote, stewed fruit, preserve: *~ di pesche* peach preserve; *~ di mele* stewed apples. **2** (*Agr*) compost.

compostaggio *m.* composting: *~ dei fanghi* sludge composting.

compostamente *avv.* composedly, sedately.

compostare (**compòsto**) *v.t.* to compost, to convert to compost.

compostezza *f.* **1** (*lo stare composto*) composure, sedateness, self-possession. **2** (*dignità*) dignity, decorum: *la ~ del volto* dignity of expression. **3** (*fig*) (*decoro*) moderation, decorum, decency, tidiness: *~ di linguaggio* moderation of language; *~ di stile* moderation of style.

compostiera *f.* compote.

composto → **comporre. I** *a.* **1** (*costituito*) composed, consisting, formed, made up (*di* of): *un appartamento ~ di due camere e servizi* a flat made up of two rooms, kitchen and bathroom; an apartment consisting of two rooms, kitchen and bathroom. **2** (*modesto, decoroso*) modest, decorous: *atteggiamento ~* modest attitude; *stare ~* to keep still, to be still, to sit properly; *stai seduto ~* sit properly, sit still; *stare ~ a tavola* to be well-behaved at table, to have good table manners. **3** (*in ordine*) neat, tidy, ordered, well-ordered: *capelli composti* tidy hair, well-groomed hair. **II** *m.* **1** mixture, compound, composite: *un ~ metallico* a metallic composite. **2** (*Chim*) compound: *~ chimico* chemical compound. **3** (*Ling*) compound, compound word. □ (*Chim*) *composti alifatici* aliphatic compounds; (*Chim*) *~aromatico* aromatic compound; (*Chim*) *~ binario* binary compound.

compra *f.* → **compera**.

comprabile *a.* **1** purchasable, buyable. **2** (*di prezzo accessibile*) reasonably-priced. **3** (*spreg*) (*rif. a persona*) bribable, open to bribery.

comprare (**cómpro**) **I** *v.t.* **1** to buy, to purchase: *~ qcs. da qcu.* to buy sth. from so., to buy sth. off so.; *mi hai comprato il dentifricio?* did you buy me the toothpaste? **2** (*fig*) (*corrompere con denaro*) to bribe, to buy: *~ qcu.* to pay so. off; *hanno comprato i testimoni* they bribed the witnesses. **II** *v.pron.* **comprarsi** to buy, to buy oneself: *mi sono comprata un nuovo paio di stivali* I bought (myself) a new pair of boots. □ *~a buon mercato* to buy cheaply, to find a bargain; (*Comm*) *~a credito* to buy on credit; (*fig*) *~a occhi chiusi* to buy sight unseen, (*ant*) to buy a pig in a poke; (*Comm*) *~a rate* to buy by instalments, to buy on easy terms; (*fig*) *~a scatola chiusa* to buy sight unseen, (*ant*) to buy a pig in a poke; (*Econ*) *~a termine* to buy on terms; *~all'asta* to buy at auction; (*Comm*) *~all'ingrosso* to buy wholesale; *~ di seconda mano* to buy secondhand; (*fig*) *~*

il silenzio di qcu. to buy so.'s silence, to pay so. hush money; *~in blocco* to buy in bulk; *~in contanti* to pay (in o with) cash; (*Comm*) *~per corrispondenza* to buy by mail order.

compratore *m.* (*f.* **-trice**) **1** buyer, purchaser. **2** (*cliente*) customer.

compravendita *f.* sale: *atto di ~* deed of sale.

comprendere (*pres.ind.* **comprèndo**; *p.rem.* **comprési**; *p.p.* **compréso**) **I** *v.t.* **1** (*includere*) to comprise, to include, to comprehend: *il conto comprende anche il servizio* the bill includes service; *non lo hanno compreso tra gli invitati* he was not included among those invited. **2** (*capire*) to understand, to make out, to catch: *non comprendo le tue parole* I don't understand what you're saying, I can't make out what you're saying. **3** (*rendersi conto*) to realize: *comprendo benissimo la situazione* I fully realize the situation. **4** (*scusare, perdonare*) to understand: *cerca di comprendermi* try to understand me. **5** (*rif. a tempo: abbracciare*) to cover, to take in: *il suo regno comprende il periodo della Prima guerra mondiale* his reign covers the period of the First World War. **II** *v.r.recipr.* **comprendersi** to understand each other: *ci siamo compresi con una sola occhiata* we understood each other at a glance; *comprendersi a meraviglia* to get on famously.

comprendonio *m.* (*colloq*) wits pl., brains pl.: *essere duro di ~* to be slow on the uptake; *privo di ~* slow-witted, dull-witted.

comprensibile *a.* **1** (*che si può capire*) comprehensible, understandable, intelligible: *le tue parole non sono comprensibili* your words are unintelligible; *è ~ che abbia rifiutato* it's understandable that she refused. **2** (*scusabile*) understandable: *è del tutto ~* it's quite understandable.

comprensibilmente *avv.* **1** understandably, comprehensibly. **2** (*a buon diritto*) understandably: *è ~ deluso* he's understandably disappointed.

comprensione *f.* **1** comprehension, understanding: *per andare d'accordo è necessaria la reciproca ~* getting along together is based on mutual understanding; *mancare di ~* to be lacking in understanding. **2** (*indulgenza*) understanding, tolerance, sympathy: *mostrare ~ per qcu.* to show understanding for so., to show sympathy for so.; (*epist, Comm*) *confidiamo nella vostra ~* we trust you will understand. **3** (*Filos*) comprehension.

comprensivo *a.* **1** (*indulgente*) understanding, sympathetic, tolerant: *i miei genitori sono sempre stati molto comprensivi nei miei riguardi* my parents have always been very understanding towards me. **2** (*che comprende, include*) comprehensive, inclusive, including, covering: *un conto ~ di tutte le spese* an all-inclusive bill, a bill covering all charges; (*Comm*) *~ di IVA* including VAT.

comprensorio *m.* district, territory, area: *~ di bonifica* reclamation district; *~ irriguo* irrigation area.

compresente *a.* present at the same time, coexistent.

compresenza *f.* **1** coexistence. **2** (*Scol*) team teaching.

compresi → **comprendere**.

compreso → **comprendere** *a.* **1** (*incluso*) including, included: *gli ho dato venti euro compresa la mancia* I gave him twenty euros including the tip. **2** (*racchiuso*) contained, included: *il territorio ~ tra il fiume e la collina* the land (contained) between the river and the hill. **3** (*rif. a tempo*) inclusive, including: *le vacanze saranno dal primo al trenta settembre* ~ the holidays will be from the first to the thirtieth of September inclusive; *fino a martedì* ~ up to and including Tuesday. **4** (*capito*) understood: *il ragazzo non si sente* ~ *in famiglia* the boy doesn't feel understood at home. **5** (*fig*) (*rif. a sentimenti: preso*) filled, (*lett*) stricken: ~ *di pietà* filled with pity. **6** (*fig*) (*occupato*) taken up: *è tutto* ~ *dal suo lavoro* he is wholly taken up with his work. **7** (*lett,fig*) (*compenetrato*) fully aware, very aware, conscious: *è tutto* ~ *della sua superiorità* he is very conscious of his superiority. □ *comprese tutte le spese* all expenses included; *non* ~ not included, apart: *servizio non* ~ service not included; *tutto* ~: 1 (*tipo di contratto*) all-inclusive; 2 (*in tutto: posposto*) altogether, in all.

compressa *f.* **1** (*pastiglia*) tablet, pill, lozenge. **2** (*pezzuola*) compress, pack. □ ~ *effervescente* effervescent tablet.

compressi → **comprimere**.

compressibile *a.* (*Fis*) compressible.

compressibilità *f.* (*Chim,Fis*) compressibility.

compressione *f.* **1** compression. **2** (*pressione*) pressure. **3** (*Inform*) compression: ~ *di dati* data compression. □ (*Med*) ~ *cerebrale* cerebral compression; (*Inform*) ~ *con perdita* loss compression; (*Fis*) ~ *d'aria* air pressure; (*Inform*) ~ *dell' immagine* image compression; (*Med*) ~ *emostatica* hemostatic compression; (*Inform*) ~ *senza perdita* lossless compression.

compresso → **comprimere** *a.* **1** pressed, compressed: *aria compressa* compressed air. **2** (*fig*) suppressed, smothered, repressed: *ira compressa* suppressed anger. **3** (*Aut*) compressed.

compressore I *m.* **1** (*Mecc,Chim,Anat*) compressor. **2** (*Aut*) supercharger. **3** (*Tecn*) (*condensatore*) condenser. **II** *a.* compressing. □ (*Mecc*) ~ *d'aria* air compressor; ~ *stradale* road roller.

compressorista *m./f.* **1** compressor operator. **2** (*di compressore stradale*) road-roller operator.

comprimario *m.* (*f.* **-a**) **1** (*Med*) (*medico comprimario*) associate chief of staff. **2** (*Teat,Cin*) second lead, supporting actor, co-star.

comprimere (*pres.ind.* **comprìmo, comprìmi**; *p.rem.* **comprèssi, comprimésti**; *p.p.* **comprèsso**) *v.t.* **1** to compress, to squeeze, to tamp, to ram, to ram down: ~ *gli abiti in una valigia* to squeeze one's clothes into a suitcase. **2** (*Med*) to apply pressure (to): ~ *una ferita* to apply pressure to a wound. **3** (*Fis*) to compress: ~ *un gas* to compress a gas. **4** (*Inform*) to zip, to compress: ~ *un file* to zip a file, to compress a file. **5** (*fig*) (*reprimere*) to restrain, to suppress, to repress.

comprimibile *a.* (*Chim,Fis*) compressible.

comprimibilità *f.* (*Chim,Fis*) compressibility.

compromesso[1] *m.* **1** (*accordo*) compromise, half-measure: *soluzione di* ~ compromise, compromise solution; *scendere a un* ~ (*o venire a un* ~) to compromise, to make a compromise; *vivere di compromessi* to live by half-measures. **2** (*Dir*) (*contratto preliminare*) pre-contract, conditional sale, preliminary contract. □ (*Dir*) ~ *di vendita* agreement to sell; (*Pol*) ~ *storico* historic compromise.

compromesso[2] *a.* **1** (*danneggiato*) compromised, at risk (*posposto*), blighted, damaged: *la sua carriera è stata compromessa*

his career has been compromised, his career is in jeopardy. **2** (*implicato*) involved, compromised: ~ *con la malavita* involved with crime.

compromettente *a.* compromising, damaging: *dichiarazione* ~ compromising statement.

compromettere (*pres.ind.* **comprométto**; *p.rem.* **compromìsi**; *p.p.* **compromésso**) **I** *v.t.* **1** (*mettere a repentaglio*) to compromise, to jeopardize, to endanger: ~ *la propria reputazione* to compromise one's reputation; *hanno compromesso il buon esito dell'impresa* they have endangered the outcome of the undertaking. **2** (*coinvolgere*) to compromise, to commit, to implicate: *non voglio* ~ *nessuno* I don't want to implicate anybody. **II** *v.pron.* **compromettersi 1** to compromise oneself, to get involved. **2** (*impegnarsi*) to commit oneself.

compromissario *m.* (*f.* **-a**) (*Dir*) arbitrator, referee.

compromissorio *a.* (*Dir*) arbitration (*attr.*), compromise (*attr.*): *clausola compromissoria* arbitration clause.

comproprietà *f.* **1** (*Dir*) joint ownership, co-ownership, co-propriety. **2** (*cosa posseduta*) joint propriety, co-propriety.

comproprietario *m.* (*f.* **-a**) joint-owner, co-owner.

comprova *f.* (*conferma*) proof, confirmation, evidence: *in* ~ in proof, as a proof, in confirmation.

comprovabile *a.* provable: *fatto* ~ provable fact.

comprovare (**compròvo**) *v.t.* to prove, to confirm: *le indagini comprovano la verità delle sue affermazioni* the inquiries prove the truth of his statements.

compulsare (**compùlso**) *v.t.* **1** (*Dir,rar*) to summon. **2** (*consultare*) to consult, to examine, to go through.

compulsione *f.* (*Psic*) compulsion.

compunto *a.* remorseful, contrite, afflicted: *aveva un atteggiamento* ~ he looked very contrite.

compunzione *f.* compunction, regret.

computabile *a.* calculable, computable.

computare (**còmputo**) *v.t.* **1** to calculate, to estimate: (*rif. a calcoli di precisione*) to compute. **2** (*addebitare*) to charge, to debit: ~ *a qcu. l'importo* to charge the sum to so., to debit so. with the sum, to charge so. with the sum.

computazionale *a.* computational: *linguistica* ~ computational linguistics.

computer /-'pju-/ *m.inv.* (*Inform*) computer: *fare qcs. al* ~ to do sth. on a computer; *comandato da* ~ computer-controlled; *assistito dal* ~ computer-aided. □ (*Inform*) ~ *da tavolo* desktop computer; (*Inform*) ~ *di bordo* on-board computer; (*Inform*) ~ *palmare* palmtop computer; (*Inform*) ~ *portatile* portable computer, laptop computer, notebook, notebook computer.

computer animation /kom'pjuter,ani'meʃon/ *f.* (*Inform*) computer animation.

computer art /-'pju-/ *f.* (*Inform*) computer art.

computerese /-pju-/ *m.* computerese, technical jargon of the computer profession.

computergrafica /-pju-/ *f.* (*Inform*) computer graphics (*costr.sing.*).

computeristica /-pju-/ *f.* computer science.

computeristico /-pju-/ *a.* computer (*attr.*).

computerizzabile /-pju-/ *a.* computerizable.

computerizzare /-pju-/ (**computerìzzo** /-pju-/) *v.t.* to computerize.

computerizzato /-pju-/ *a.* computerized.

computerizzazione /-pju-/ *f.* computerization.

computista *m./f.* book-keeper, accountant.

computisteria *f.* book-keeping, accounting: *quaderno di* ~ accounts book.

computo *m.* counting, calculation, estimate: *il* ~ *dei voti* the counting of votes; ~ *delle spese* estimate of costs. □ ~ *estimativo* estimate.

comunale *a.* (*del comune*) town (*attr.*), city (*attr.*), local, municipal, communal: *palazzo* ~ town hall; (*Pol*) *elezioni comunali* local elections; *biblioteca* ~ municipal library.

comunanza *f.* (*lett*) **1** (*società*) society, association: ~ *agraria* agricultural society, agricultural association. **2** (*comunità*) community: ~ *religiosa* religious community. □ ~ *di gusti* shared tastes; ~ *d'idee* sharing of ideas, shared views (*pl.*).

comunardo I *a.* (*Stor*) Communard. **II** *m.* (*f.* **-a**) **1** (*Stor*) Communard. **2** (*estens*) revolutionary.

comune[1] **I** *a.* **1** (*di tutti o della maggioranza*) common, general: *il bene* ~ the common good, the common welfare; *questa è l'opinione* ~ this is the general opinion. **2** (*di un gruppo ristretto*) in common, mutual: *un nostro* ~ *amico* a mutual friend of ours. **3** (*proprio, caratteristico*) common (*a* to), shared (by): *questa è un'esperienza* ~ *a molti studenti* this is an experience common to many students. **4** (*consueto*) common, ordinary, everyday (*attr.*), routine, normal, usual: *attendere alle comuni faccende domestiche* to do one's ordinary household chores. **5** (*medio*) average, medium: *persona di statura* ~ person of average height (*o* of medium height). **6** (*mediocre*) ordinary, commonplace, mediocre: *cibo* ~ ordinary food. **7** (*di poco prezzo*) common, cheap: *vino* ~ cheap wine, ordinary wine. **II** *f.* (*Teat*) main stage-door. □ (*Mat*) ~ *denominatore* common denominator (*anche fig*); *esserci di* ~ to have in common, to be in common: *fra i due fratelli non c'è nulla di* ~ the two brothers have nothing in common; *di* ~ *accordo* with one accord, by mutual consent, with one accord, by mutual agreement: *agire di* ~ *accordo* to act by mutual consent; *essere* ~ *fra* to be common among; *fuori del* ~ outstanding, outstandingly, unusual, unusually, above average, out of the ordinary, out of the common (run): *una persona fuori del* ~ an unusual person; *in* ~ in common: *avere qcs. in* ~ *con qcu.*: 1 to have sth. in common with so.: *abbiamo molto in* ~ we have a great deal in common; 2 (*spartire*) to share sth. with so.: *abbiamo in* ~ *il bagno* we share the bathroom; *mettere in* ~: 1 to put together; 2 (*dividere con altri*) to share; *i comuni mortali* lesser beings, ordinary mortals; *non* ~: 1 uncommon: *una persona di sensibilità non* ~ a person of uncommon sensitivity; 2 (*eccezionale*) exceptional, outstanding, unusual: *è dotato di un'intelligenza non* ~ he is gifted with unusual intelligence; *uscire per la* ~: 1 (*Teat*) to exit by the main stage-door; 2 (*fig*) to disappear from the scene, to sneak off.

comune[2] *m.* **1** (*paese, città*) village, town, city: *il* ~ *di Milano* the city of Milan. **2** (*suddivisione amministrativa: in Italia, Francia ecc.*) borough authority, (*GB,US*) municipality. **3** (*l'autorità*) civic authority, (*GB,US*) town council, municipality. **4** (*ufficio*) municipal office; (*sede*) town hall; (*amministrazione*) municipal administration: *gli impiegati del* ~ the city employees, the local authorities; *sposarsi in* ~ to get married in a registry office, to get married at a registry office, *(Am)* to get married at city hall. **5** *(Stor.it) (governo autonomo cittadino)* commune, Italian city-state: *Siena era un ~ Siena* was a city-state.

comune [3] *f.* *(Pol)* commune *(anche estens).* □ *~agricola* agricultural commune, collective farm; *~ hippie* hippie commune; *~ studentesca* students' commune.

Comune *n.pr.f.* *(Stor) (la Comune di Parigi)* Commune.

comunella *f.* **1** *(accordo)* league, agreement, arrangement. **2** *(chiave)* master key, passe-partout. □ *(colloq)fare ~* to band together, to gang up.

comunemente *avv.* commonly, generally, usually: *~ parlando* generally speaking, speaking in general.

comunicabile *a.* communicable, conveyable.

comunicabilità *f.* communicability: *~ di un pensiero* communicability of a thought.

comunicando *m.* *(f.* *-a) (Rel.catt)* communicant; *(rif. alla prima comunione)* person receiving Holy Communion for the first time.

comunicante **I** *a.* communicating, connected: *camere comunicanti* communicating rooms. **II** *m.* *(Rel.catt)* priest administering Holy Communion.

comunicare **(comùnico, comùnichi) I** *v.t.* **1** to make known, to communicate, to tell: *non so come comunicargli la notizia* I don't know how to tell him the news. **2** *(per radio)* to broadcast, to transmit. **3** *(per telefono)* to telephone, to tell over the telephone, to tell on the telephone. **4** *(solennemente)* to notify, to announce. **5** *(infondere)* to instil *(a* into), to convey, to communicate, to pass *(sth.)* on (to): *è riuscito ~ a egli altri il suo coraggio* he succeeded in instilling his own courage into the others; *mi hai comunicato la tua ansia* you have passed your anxiety on to me. **6** *(trasmettere)* to transmit, to communicate: *~ calore* to transmit heat. **7** *(Rel) (amministrare la comunione)* to administer Holy Communion: *il sacerdote comunica i fedeli* the priest administers Holy Communion to the congregation. **II** *v.i.* *(aus. avere)* **1** *(essere in relazione)* to communicate: *~ per lettera* to communicate by letter. **2** *(essere in comunicazione)* to communicate (with each other): *tutte queste stanze comunicano con il salotto* all these rooms communicate with the drawing room. **III** *v.pron.* **comunicarsi 1** *(diffondersi)* to spread, to be communicated: *il suo entusiasmo si è subito comunicato agli altri* his enthusiasm quickly spread to the others. **2** *(trasmettersi)* to be transmitted, to be communicated: *il movimento si comunica alle ruote* the movement is transmitted to the wheels. **3** *(Rel.catt) (ricevere la comunione)* to receive Holy Communion, to communicate. □ *~a segni* to communicate by gestures, to communicate by signs.

comunicativa *f.* ability to get something across (to so.), communication skills *pl.*

comunicativo *a.* **1** *(rif. a persona)* communicative: *un giovane molto ~* a very communicative young man. **2** *(relativo alla comunicazione)* communicative. **3** *(rar) (contagioso)* catching, infectious.

comunicato *m.* **1** announcement, statement. **2** *(documento)* communiqué, bulletin. □ *(Rad,TV) ~commerciale* commercial, *(brevissimo)* television spot; *~di guerra* war communiqué; *~stampa* press release; *~ufficiale* official statement, official bulletin.

comunicatore *m.* *(f.* **-trice)** communica-

tor.

comunicazionale *a.* communicationals *(attr.),* of communication *(posposto).*

comunicazione *f.* **1** communication; *(annuncio)* announcement; *(dichiarazione)* (official) statement: *il ministro ha fatto una ~ ai giornalisti* the Minister made an announcement to the journalists. **2** *(relazione)* report, account, paper: *fare una ~ a un congresso* to make a report to a congress. **3** *(collegamento)* communication: *mettersi in ~ con qcu.* to get in contact with so., to get in touch with so.; *tutte le comunicazioni con il paese sono interrotte a causa del maltempo* all communications with the village are cut because of the bad weather. **4** *(Tel)* call, telephone call; *(collegamento)* connection, telephone connection; *(notizia comunicata)* telephone message: *interrompere la ~* to cut off, to disconnect, to break a connection; *la ~ è stata interrotta* I have been cut off; *stabilire una ~* to put a call through, to make a connection. **5** *(materia di studio)* communication: *scienze della ~* communication studies. **6** *(messaggio)* message, note, notification. **7** *(Fis, Tecn) (trasmissione)* transmission: *~ del calore* transmission of heat. □ *comunicazioni aeree* air communications; *(Tel) ~automatica* automated voice recording; *(Tel)darela ~a qcu.* to put so. through, to connect so.; *comunicazioni di massa* mass communications; *~ di servizio* internal memorandum, *(colloq)* internal memo; *(Tel) ~diretta* : 1 direct connection, tie line; 2 *(chiamata)* direct call; *~d'ufficio* office communication, memorandum, *(colloq)* memo; *(Comm) comunicazioni esterne* external communications; *fare una ~*: 1 to make an announcement; 2 *(nei congressi)* to make a report, to read a paper; *comunicazioni ferroviarie* rail communications; *(Dir) ~giudiziaria* notice of intended prosecution; *essere in ~con qcu.* to be in touch with so., to be in contact with so., to be in communication with so.; *lo studio e il salotto sono in ~* the study and the drawing room communicate; *(Comm) comunicazioni interne* internal communications; *(Tel) ~interurbana* trunk call, long-distance call; *(Mar) ~ marittima* sea communication; *~ non verbale* non-verbal communication; *(Tel) ~radio (telegrafica)* radio-telegraphic message; *(Tel) ~telefonica* phone call, telephone call; *(Tel) ~ telegrafica* : 1 *(collegamento)* telegraphic connection; 2 *(comunicato)* telegraphic message; *~verbale* verbal communication.

comunione *f.* **1** *(comunanza)* community, sharing: *~ d'interessi* community of interests; *~ di idee* sharing of ideas. **2** *(gli appartenenti a una confessione religiosa)* community: *~ cristiana* Christian community. **3** *(Rel)* Communion, Holy Communion: *amministrare la ~* to administer Holy Communion; *fare la ~* to receive Communion. □ *(Dir) ~dei beni* joint-ownership of property and effects: *~ dei beni tra coniugi* joint-ownership of property and effects between man and wife; *(Teol) la ~dei santi* the Communion of Saints; *(Rel) ~sotto le due specie* Communion in both kinds; *~spirituale* spiritual communion.

comunismo *m.* *(Pol)* communism, Communism.

comunista **I** *m./f.* Communist, *(spreg)* Commie: *i comunisti di Rifondazione* the Refounded Communists. **II** *a.* Communist: *partito ~* Communist Party; *la Cina ~* Red China.

comunistizzare *v.t.* to communize.

comunistoide *m./f.* *(spreg)* red, commie.

comunità *f.* **1** *(collettività)* community: *la ~ ebraica di questa città è molto numerosa* the Jewish community in this town is very large. **2** *(abitanti di un comune)* (inhabitants of a) community, taxpayers *pl.*: *l'edificio sarà costruito a spese della ~* the building will be constructed at the expense of the community, the building will be constructed at the taxpayers' expense. **3** *(comunità terapeutica)* community, therapeutic community: *entrare in una ~* to enter a community. **4** *(Rel.catt) (parrocchia)* community, parish community. **5** *(Rel.prot)* church. □ *(Stor) ~atlantica* Atlantic Treaty countries *(pl.)*; *~ culturale* cultural community; *~ dei fedeli* holy community, holy congregation; *(Pol) ~ economica europea* European Economic Community; *~ etnica* ethnic community; *(Pol,Stor) ~europea* European Community; *(Pol) ~europea del carbone e dell'acciaio* European Coal and Steel Community; *(Pol) ~ europea dell'energia atomica* European Atomic Energy Community; *~europee* European Communities; *~familiare* family; *~ internazionale* international community; *~ linguistica* speech community; *~ parrocchiale* parish community; *~ religiosa* religious community; *~ scientifica* scientific community; *~terapeutica* therapeutic community; *(Inform) ~virtuale* virtual community.

Comunità *f.* *(Pol,Stor) (Comunità europea)* European Community.

comunitario *a.* **1** community *(attr.),* public: *spirito ~* public spirit; *vita comunitaria* community life. **2** *(rif. alla Comunità europea)* EEC *(attr.),* Community *(attr.)*; *(rif. all'Unione Europea)* Community *(attr.),* of the European Union, European Union *(attr.)*: *sul piano ~* at Community level.

comunque **I** *congz.* whatever, however, no matter how: *~ vada, non mi pentirò* whatever happens, I won't be sorry; *however things go, I won't be sorry.* **II** *avv.* **1** *(in ogni modo)* anyway, anyhow, all the same, in any case, at any rate: *devo partire ~* I must leave anyhow, I have to leave anyway. **2** *(in qualche modo)* somehow, somehow or other: *riuscirò ~ a vederlo* I shall somehow manage to see him, I'll manage to see him somehow. **3** *(tuttavia)* however, nevertheless, nonetheless, anyway: *è quasi impossibile, ~ si può provare* it's almost impossible, however we can try. **4** *(pur sempre)* still, and yet: *~ è tuo fratello* he is still your brother. □ *~ sia* however that may be.

con *prep.* *(contracted with the definite article to:* **col** [con + il], **coi** [con + i], *seldom used are:* **collo** [con + lo], **coll'** [con + l'], **colla** [con + la], **cogli** [con + gli], **colle** [con + le]) **1** *(compagnia)* with: *cenare ~ gli amici* to dine with friends; *arrivò ~ la moglie e i figli* he arrived with his wife and children. **2** *(rif. a cose)* with: *arrivò ~ il giornale sotto il braccio* he arrived with his newspaper under his arm. **3** *(rif. ad abiti e sim.)*: *indossando, avendo con sé)* with, with... on, wearing: *è uscito ~ l'impermeabile* he went out with his raincoat on. **4** *(possesso)* with: *una casa col giardino* a house with a garden. **5** *(Gastron)* with, and: *pasta ~ i funghi* pasta with mushrooms; *uova col prosciutto* ham and eggs. **6** *(presso)* with: *abita ~ i genitori* he lives with his parents; *avere fortuna ~ le donne* to be lucky with women, to have a way with women. **7** *(relazione: verso, nei confronti di)* to, towards, with: *è gentile ~ tutti* he is pleasant to everybody; *si è com-*

portato male ~ me he behaved badly towards me; *~ me non osa comportarsi così* he doesn't dare behave like that with me. **8** (*contro*) with, against: *combattere ~ i nemici* to fight (*o* to fight against) one's enemies; *litigare ~ qcu.* to quarrel with so. **9** (*rif. a mezzo, strumento*) with, by: *legare qcu. ~ una fune* to tie so. up with a rope; *~ l'aiuto di Dio* with God's help; *ottenere qcs. ~ la forza* to obtain sth. by force. **10** (*rif. a mezzi di trasporto*) by: *viaggiare ~ la macchina* to travel by car; *arriverò ~ l'aereo* I shall come by plane, I will arrive by plane. **11** (*rif. a materia*) from, with, out of: *l'olio si fa ~ le olive* oil is made from olives; *fare una pallina ~ la cera* to make a ball from wax, to make a ball out of wax. **12** (*rif. a modo, maniera*) *si traduce spesso con un avverbio* with, in: *~ pazienza* with patience, patiently; *~ piacere* with pleasure; *trattare qcu. ~ gentilezza* to treat so. with kindness, to treat so. kindly; *parlare ~ tono irato* to speak in an angry tone; *agire ~ prudenza* to act prudently. **13** (*qualità, caratteristica*) with: *scarpe col tacco alto* shoes with high heels, high-heeled shoes; *un vecchio ~ la barba bianca* an old man with a white beard, a white-bearded old man. **14** (*circostanza concomitante*) in, at, with, on, by: *dove vai ~ questo tempaccio?* where are you going in this bad weather?; *dormo sempre ~ la finestra aperta* I always sleep with the window open. **15** (*temporale: da, a partire da, in simultaneità*) as from, from... on: *~ domani* from tomorrow on; *col primo ottobre comincia la scuola* school starts on the first of October; *alzarsi ~ il primo sole* to get up at sunrise, to get up at dawn, to get up with the sun. **16** (*concessivo: malgrado, nonostante*) with, despite: *~ tutti i suoi difetti, non è antipatico* with all his faults he is not dislikable; *~ tutte le arie che si dà, non è nessuno* despite all the airs he gives himself he is really nobody. **17** (*consecutivo*) to: *~ mio stupore non è venuto* to my surprise he didn't come. **18** (*causale*) with, because of: *~ questo caldo non si può lavorare* with this heat nobody can work. **19** (*nelle comparazioni*) with: *non puoi paragonare la tua situazione ~ la mia* you cannot compare your situation with mine. **20** (*seguito dall'infinito sostantivato*) by, from, through: *~ l'insistere ottenne l'aiuto* by insisting he obtained help, (his) insisting got him the help. **21** (*preceduto da verbi: cominciare, iniziare, finire, terminare ecc.*) by: *cominciamo col dire che egli non era presente* let's begin by saying that he was not present; *ha finito col confessare tutto* he ended up by making a full confession. □ (*colloq*) *~ dentro* containing, with... inside, with... in it, of, filled with, with... inside: *un cestino ~ dentro delle uova* a basket filled with eggs, a basket with eggs inside; *~ o senza* with or without; *e ~ questo?* so what?

conativo *a.* (*Ling*) conative: *funzione conativa* conative function.

conato *m.* (*tentativo*) attempt; (*sforzo*) effort. □ *~ di vomito* retching.

conca *f.* **1** (*valle, depressione*) valley, depression, hollow: *il paese è situato in una ~* the town lies in a valley. **2** (*Geol*) basin: *~ di erosione* erosion basin. **3** (*Anat*) concha, conch. **4** (*bacinella*) vessel, basin, tub: *la ~ del bucato* washtub. **5** (*anfora di rame*) copper water vessel. □ *a ~* trough-shaped (*attr.*), basin-shaped (*attr.*), shell-shaped (*attr.*); *~ di navigazione* lock.

concata *f.* **1** (*quantità*) basinful. **2** (*in cana-*

li) lockage.

concatenamento *m.* concatenation, linking up, linking together: *~ dei fatti* linking up of the facts.

concatenare (**concatèno**) **I** *v.t.* to link (sth.) together, to link (sth.) up, to connect, to concatenate: *~ le idee* to connect ideas; *~ due fatti* to link two facts together. **II** *v.pron.* **concatenarsi** to be linked together, to be connected: *gli eventi si concatenano* the events are connected.

concatenazione *f.* **1** (*nesso*) connection, link, concatenation: *tra i due fatti non c'è ~* there is no connection between the two facts. **2** (*Chim,Fis*) linkage.

concausa *f.* joint cause, contributory cause, concomitant cause.

concavità *f.* **1** (*l'essere concavo*) concavity. **2** (*cavità*) concavity, hollow. **3** (*Geom*) concavity.

concavo *a.* concave: *lente concava* concave lens; (*Geom*) *angolo ~* concave angle.

concedente I *a.* (*Dir*) granting. **II** *m./f.* (*Dir*) grantor.

concedere (*pres.ind.* **concèdo**; *p.rem.* **cessì/concedéi/concedètti**; *p.p.* **concèsso**) **I** *v.t.* **1** to grant, to allow, to concede, to award, to bestow: *~ un favore* to bestow a favour; *~ i propri favori a qcu.* to grant so. one's favours; *~ un sussidio* to grant a subsidy; *gli è stata concessa una borsa di studio* he has been given a scholarship, he has been granted a scholarship; *~ l'esenzione* to grant exemption. **2** (*permettere*) to allow: *ti concedo di restare* I shall allow you to remain. **3** (*ammettere*) to admit, to allow, to concede: *hai ragione, te lo concedo* you're right, I must admit it. **II** *v.pron.* **concedersi 1** to allow oneself, to treat oneself to: *non posso concedermi troppi svaghi* I can't allow myself too many diversions. **2** (*rif. a donna*) to give oneself, to yield (*a* to). □ *~ l'amnistia* (*a qcu.*) to grant amnesty (to so.); *mi concede questo ballo?* may I have this dance?; (*Econ*) *~ un credito* to give credit, to allow credit; *~ una dilazione* to give time; (*Econ,Comm*) *~ una dilazione di pagamento* to grant an extension of payment, to allow an extension of payment; (*Parl*) *~ la fiducia* to give a vote of confidence; (*Dir*) *~ la grazia a qcu.* to grant so. pardon; (*fig*) *~ le proprie grazie a qcu.* (*diventarne l'amante*) to grant so. one's favours; *concedersi un lusso* to treat oneself; *concedersi il lusso di fare qcs.* to enjoy the luxury of doing sth.; *la banca non concede prestiti* the bank does not grant loans, the bank does not make loans; (*Dir*) *~ un'udienza* to grant an audience.

concedibile *a.* concessible, grantable, allowable.

concelebrante *m.* (*Lit*) concelebrant.

concelebrare (**concèlebro**) *v.t.* (*Lit*) to concelebrate.

concelebrazione *f.* (*Lit*) concelebration.

concento *m.* (*lett*) harmony (*anche fig*): *il dolce ~ del ruscello* the sweet harmony of the brook; *~ di sentimenti* harmony of feeling.

concentramento *m.* **1** concentration: (*Mil*) *~ di forze* concentration of forces. **2** (*Pol*) (*accentramento*) centralization. **3** (*Inform*) *~ di dati* data compression; (*Arm*) *~ di tiro* convergence of fire.

concentrare (**concèntro/concéntro**) *v.t.* **1** to concentrate: *~ le truppe* to concentrate troops; *~ il fuoco* to concentrate fire. **2** (*fig*) to concentrate, to focus, to centre: *~ l'attenzione su qcs.* to concentrate on sth., to concentrate one's attention on sth. **3** (*Chim*) to

concentrate. **II** *v.pron.* **concentrarsi 1** to concentrate, to assemble: *le truppe si sono concentrate su un unico fronte* the troops concentrated along a single front. **2** (*fig*) to concentrate, to fix one's mind (*in* on): *concentrarsi in un pensiero* to fix one's mind on a thought; *per studiare ho bisogno di concentrarmi* in order to study I need to concentrate. **3** (*convergere*) to converge, to be focused, to centre: *i sospetti si concentrano su di lui* suspicion centres on him, suspicion is focused on him.

concentrato I *a.* **1** (*fig*) (*assorto*) concentrated, wrapped, wrapped up, absorbed: *~ in se stesso* wrapped up in oneself; *stava ~ nei propri pensieri* he was absorbed in his thoughts. **2** (*ristretto*) concentrated, condensed: *succo ~* concentrated juice. **II** *m.* **1** (*Alim*) concentrate, concentrated food: *doppio ~ di pomodoro* extra strong tomato concentrate. **2** (*Chim*) concentrate.

concentratore *m.* (*Tecn*) concentrator.

concentrazionario *a.* concentration camp (*attr.*).

concentrazione *f.* **1** concentration: *capacità di ~* powers of concentration; *perdere la ~* to lose one's concentration. **2** (*raggruppamento*) concentration: *~ di forze* concentration of forces, massing of forces. **3** (*Chim*) concentration: *aumentare la ~ di una soluzione* to strengthen a solution. □ (*Giorn*) *~ delle testate* merger of newspapers; (*Econ*) *~ di capitali* concentration of capital; *~ industriale* concentration of industries, industrialized area; (*Econ*) *~ orizzontale* horizontal concentration; (*Econ*) *~ verticale* vertical concentration.

concentricamente *avv.* concentrically.

concentricità *f.* (*Geom*) concentricity.

concentrico (*pl.* **-ci**) *a.* (*Geom*) concentric: *cerchi concentrici* concentric circles.

concepibile *a.* conceivable. □ *non è ~ che* it's inconceivable that: *non è ~ che tu ti comporti come un bambino* it's inconceivable that you should behave in this childish way.

concepibilità *f.* conceivability.

concepimento *m.* **1** (*Fisiol*) conception. **2** (*fig*) conception, conceiving, devising: *il ~ di un'idea* the conception of an idea.

concepire (**concepìsco, concepìsci**; *p.p.* **concepìto**) *v.t.* **1** (*rif. spec. a donna*) to conceive: *~ un figlio* to conceive a child. **2** (*fig*) (*rif. a sentimenti*) to entertain, to conceive, to cherish: *~ una speranza* to cherish a hope; *~ sospetti* to entertain suspicions. **3** (*fig*) (*comprendere*) to understand, to conceive (of), to imagine: *non riesco a ~ una sfrontatezza simile* I can't understand such insolence. **4** (*fig*) (*ideare*) to conceive, to devise, to contrive: *~ un piano* to devise a plan, to think up a plan; *~ un romanzo* to devise the plot for a novel; *è concepito per soddisfare ogni tipo di esigenza* it is designed to satisfy every need. **5** (*fig*) (*considerare*) to conceive (of), to see: *~ la vita come una lotta* to see life as a struggle. □ *~ odio contro qcu.* to harbour hatred for so.

concept car /ˈkɔnsɛptˈkar/ *f.inv.* (*Aut*) concept car.

conceria *f.* (*Pell*) **1** (*arte*) tanning, tannage. **2** (*locale*) tannery.

concernente *a.* concerning, relating: *i testi concernenti l'argomento* the texts relating to, the texts regarding the subject.

concernere (**concèrno**) *v.t.* to concern, to relate to, to regard: *per ciò che mi concerne sono d'accordo* as far as I am concerned, I agree; speaking for myself, I agree; *per* *quanto concerne...* as regards..., as for...

concertare (**concèrto**) I *v.t.* 1 (*Mus*) (*dirigere una prova*) to rehearse; (*accordare gli strumenti fra loro*) to tune; (*orchestrare*) to orchestrate: ~ *una fuga* to rehearse a fugue. 2 (*stabilire con altri*) to concert, to plan, to contrive, to arrange, to devise: ~ *un piano* to devise a plan. 3 (*macchinare*) to plot. II *v.pron.* **concertarsi** (*accordarsi*) to agree, to arrange, to go together, to plan: *ci siamo concertati per aiutarlo* we have got together to help him.

concertato I *a.* 1 (*Mus*) concertato, concerted. 2 (*convenuto*) concerted, planned, arranged, agreed, agreed upon: *secondo il programma* ~ according to the programme agreed upon; (*Pol*) *azione concertata* concerted action. II *m.* (*Mus*) concertato, concertino, concertante.

concertatore I *m.* (*f.* **-trice**) 1 (*Mus*) conductor. 2 (*chi ordisce*) deviser, plotter, planner, contriver. II *a.* (*Mus*) conducting: *maestro* ~ *a direttore d'orchestra* conductor.

concertazione *f.* 1 (*Pol*) consultation. 2 (*Mus*) orchestration.

concertina *f.* (*Mus*) concertina.

concertino *m.* (*Mus*) 1 concertino, short concerto. 2 (*solisti nel concerto grosso*) concertino, soloists *pl.* in the concerto grosso.

concertismo *m.* (*Mus*) concert-giving.

concertista *m./f.* (*Mus*) concert performer: *un famoso* ~ a famous concert performer.

concertistico (*pl.* **-ci**) *a.* (*Mus*) concert (*attr.*): *attività concertistica* concert activity; *stagione concertistica* concert season.

concerto *m.* 1 (*Mus*) (*intrattenimento musicale*) concert; (*composizione musicale*) concerto: *andare al* ~ to go to the concert; *dirigere un* ~ to conduct a concert; ~ *per violino* violin concerto; ~ *per ottoni* brass concerto. 2 (*Mus*) (*rif. a solisti o a opere di un solo compositore*) recital. 3 (*scherz*) (*insieme di elementi, coro*) chorus: *un* ~ *di grida* a chorus of cries. 4 (*intesa*) agreement; (*collusione*) collusion: *tra i due imputati non c'è stato* ~ there has been no collusion between the two accused. ☐ *di* ~ in agreement: *agire di* ~ *con qcu.* to act in agreement with so.; ~ *di campane* chimes (*pl.*); (*Mus*) ~ *grosso* concerto grosso; (*Mus*) ~ *sinfonico* symphony concert; (*Mus*) ~ *vocale e strumentale* vocal and instrumental concert.

concessi → **concedere**.

concessionaria *f.* agency, concessionaire, concessioner: *una* ~ *di auto* a car distributor, an authorized car dealer, an authorized car licensee.

concessionario I *a.* concessionary: *ditta concessionaria* agency, firm holding a concession. II *m.* (*f.* **-a**) 1 concessionaire, agent, concessionary agent, grantee, licensee, franchiser: *il* ~ *di una ditta straniera* the concessionary of an overseas firm. 2 (*venditore*) agent, distributor; (*licenziatario*) licencee. ☐ ~ *di auto* car dealer, car distributor; (*Comm*) ~ *di brevetto* patentee, patentor; ~ *esclusivo* 1 (*venditore*) sole agent, franchiser 2 (*licenziatario*) licencee, exclusive dealer; ~ *unico* sole agent, franchiser.

concessione *f.* 1 concession: *fare delle concessioni* to make concessions; *a titolo di* ~ as a concession. 2 (*il concedere*) concession, granting: ~ *di un prestito* granting of a loan; *dare una* ~ to grant a concession. 3 (*permesso*) permission, licence, concession, permit: *per gentile* ~ *di* by gracious permission of, by kind permission of, by courtesy of. 4 (*Dir*) concession, grant, franchise, authorization. 5 (*condiscendenza*)

concession: *porteremo le gonne corte per fare una* ~ *alla moda* we shall wear short skirts as a concession to the demands of fashion. 6 (*rar*) (*ammissione*) admission, concession, acknowledgement: *per sua stessa* ~, *non si è comportato bene* on his own admission he didn't behave well. ☐ ~ *d'appalto* contract authorization; ~ *di un brevetto* granting of a patent; ~ *di credito* allowance of credit, granting of credit; ~ *di lavori pubblici* concession of public works; ~ *di licenza* licensing; (*Econ*) ~ *di prestito* granting of a loan; ~ *di vendita* sales rights (*pl.*), exclusive sales rights (*pl.*); ~ *edilizia* building permit, housing grant, building licence; ~ *governativa* government licence, state concession; *in* ~: 1 in concession, licensed: *trasporti in* ~ transport services held in concession; 2 (*in affitto*) let out, on lease; ~ *mineraria* mining concession; ~ *petrolifera* oil concession; ~ *televisiva* television licence.

concessiva *f.* (*Gramm*) (*proposizione concessiva*) concessive clause.

concessivo *a.* (*Gramm*) concessive: *congiunzione concessiva* concessive conjunction; *proposizione concessiva* concessive clause.

concesso ☐ ~ *che* granted that, provided that: ~ *che il piano sia attuabile, esiterei a metterlo in atto* granted that the plan may work, I should still hesitate to carry it out.

concessore *m.* (*rar*) 1 granter. 2 (*Dir*) grantor. ☐ ~ *di licenza* licensor.

concettismo *m.* (*Lett*) concettism (*anche estens*).

concetto *m.* 1 (*idea*) idea, concept, conception: *nel tuo tema i concetti sono buoni, ma la forma è scorretta* in your composition, the ideas are good but the form is poor; *afferrare il* ~ to get the idea, (*colloq*) to twig. 2 (*opinione*) opinion, concept, idea: *ha un alto* ~ *di se stesso* he has a high opinion of himself; *ha uno strano* ~ *della famiglia* he has a strange concept of the family. 3 (*Filos,Art*) concept: *il* ~ *di bene* the concept of good. 4 (*Lett*) (*nella letteratura del Seicento*) concetto, conceit: *una poesia piena di concetti* poetry which is full of concetti. ☐ *di* ~ responsible, involving initiative and judgement; *impiegato di* ~ employee with managerial capacities and functions; *farsi un* ~ *di qcs.* to form an opinion of sth., to form an opinion about sth.; ~ *fondamentale* basic idea, general concept.

concettosità *f.* 1 wealth of ideas, fertility of thought. 2 (*abuso di concetti sottili*) abundance of over-fanciful concepts, abstruseness.

concettoso *a.* 1 full of ideas, packed with ideas, rich in thought, fertile in thought: *è stato un discorso* ~ it was a talk with a wealth of ideas in it, it was a talk packed with ideas. 2 (*che abusa di concetti ricercati*) full of laboured concepts, abstruse.

concettuale *a.* conceptual: *errore* ~ conceptual error, misconception.

concettualismo *m.* (*Filos*) conceptualism.

concettualista *m./f.* (*Filos*) conceptualist.

concettualizzare (**concettualìzzo**) *v.t.* to conceptualize.

concettualizzazione *f.* conceptualization.

concettualmente *avv.* conceptually.

concezionale *a.* conceptional.

concezione *f.* 1 (*idea*) conception, idea, concept: *una* ~ *ardita* a bold concept; *quell'uomo ha una strana* ~ *della vita* that man has a strange concept of life. 2 (*ideazio-*

ne) conception, conceiving, devising: *la* ~ *di un piano* the devising of a plan; *la* ~ *di un'opera d'arte* the conception of a work of art. 3 (*rar*) (*concepimento*) conception.

conchifero I *a.* (*Zool*) conchiferous, conchitic. II *m.* (*Zool*) conchifer.

conchiglia *f.* 1 (*Zool*) shell, conch. 2 (*Arch*) conch. 3 (*Met*) chill, chill mould. 4 (*Sport*) box. 5 *pl.* (*Alim*) shell-shaped pasta (*costr.sing.*), shell pasta (*costr.sing.*). ☐ (*Zool*) ~ *bivalve* bivalved shell; (*Zool*) ~ *fossile* fossil shell; (*Zool*) ~ *univalve* univalve shell.

concia (*pl.* **-ce**) *f.* 1 (*il conciare*) tanning, tannage. 2 (*sostanza*) tan, tan bark, tannin. 3 (*di prodotti vegetali, sementi*) curing, treatment, pickling: *la* ~ *del tabacco* the curing of tobacco. ☐ (*Ind,Tecn*) ~ *al cromo* chrome tanning; ~ *all'olio* oil tanning; ~ *delle pelli* olive pickling; ~ *delle pelli* tanning of skins, tanning of hides.

conciapelli *m./f.inv.* tanner.

conciare (**cóncio, cónci**; *p.p.* **conciàto/cóncio**) I *v.t.* 1 (*Pell*) to tan: ~ *pelli* to tan hides, to tan skins. 2 (*rif. a prodotti vegetali*) to cure, to treat, to pickle: ~ *il tabacco* to cure tobacco; ~ *le olive* to pickle olives. 3 (*fig*) (*ridurre in cattivo stato*) to ill-treat, to knock about: *ti hanno conciato bene* they've really knocked you about. 4 (*sporcare*) to dirty, to soil, to mess up; (*sciupare*) to spoil: *ma come hai fatto a* ~ *così quelle scarpe?* how have you managed to get your shoes into such a state? II *v.pron.* **conciarsi** 1 (*ridursi in cattivo stato*) to get dirty, to get untidy, to get oneself into a bad state, to get dirty, to get untidy, to get oneself into a dreadful mess. 2 (*farsi male*) to hurt oneself: *è caduto per le scale e si è conciato male* he fell down the stairs and hurt himself. 3 (*vestirsi con cattivo gusto*) to dress in bad taste, (*colloq*) to get oneself up: *guarda come si è conciata per andare alla festa!* look how she has got herself up to go to the party! ☐ (*iron*) *ti sei conciato bene!* you've got yourself into a fine mess!, you've made a fine mess of yourself!; (*fig*) ~ *qcu. per le feste* to give so. a sound thrashing, to beat so., to beat so. up, (*colloq*) to tan so.'s hide.

conciario I *a.* (*Pell*) tan, tanning, leather (*attr.*). II *m.* (*f.* **-a**) (*Pell*) tanner.

conciatore *m.* (*f.* **-trice**) 1 (*Pell*) tanner. 2 (*di prodotti vegetali*) curer.

conciatura *f.* 1 (*Pell*) tanning, tannage. 2 (*di tabacco*) curing. 3 (*di olive*) pickling.

conciliabile *a.* reconcilable, compatible, consistent: *il suo comportamento non è* ~ *con le sue idee* his behaviour isn't reconcilable with his ideas; *due tendenze non conciliabili* two incompatible tendencies.

conciliabilità *f.* compatibility, consistency: *la* ~ *di due tendenze* the compatibility of two tendencies.

conciliabolo *m.* secret meeting, clandestine meeting, furtive gathering: *tenere un* ~ to hold a secret meeting.

conciliante *a.* conciliatory, conciliating, compliant: *atteggiamento* ~ conciliatory attitude; *avere un carattere* ~ to have a conciliatory nature; *persona* ~ compliant person.

conciliare[1] (**concìlio, concìli**) I *v.t.* 1 (*mettere d'accordo*) to reconcile: ~ *due avversari* to reconcile two adversaries. 2 (*fig*) to reconcile, to conciliate: ~ *il lavoro con lo studio* to reconcile work with study. 3 (*procurare*) to gain, to win: *quest'azione gli ha conciliato l'affetto di tutti* this act won him everybody's love, this act gained him everybody's affection. 4 (*favorire*) to be conducive to, to induce, to bring on: ~ *il sonno* to induce sleep; *la musica concilia il sonno* music is conducive to sleep. **5** (*burocr*) to pay (sth.) on the spot: *vuole ~ la contravvenzione?* (o *concilia?*) will you pay the fine on the spot? **II** *v.pron.* **conciliarsi 1** (*mettersi d'accordo*) to become reconciled (*con* with), to make up (with): *conciliarsi con un avversario* to become reconciled with an enemy. **2** (*andare d'accordo*) to be compatible, to agree: *studio e pigrizia non si conciliano* study and laziness are incompatible. **3** (*adattarsi*) to reconcile oneself, to resign oneself, to submit: *non riesco a conciliarmi con l'idea di partire* I can't resign myself to the idea of leaving. **4** (*procurarsi*) to win, to win over, to gain: *la giovane attrice si è conciliata subito il favore degli spettatori* the young actress won the audience over at once. □ (*fig*) *~il diavolo con l'acqua santa* to have the best of both worlds.

conciliare [2] **I** *a.* council (*attr.*), conciliar, of the council, of a council: *i padri conciliari* the council Fathers. **II** *m.* council member, member of a council.

conciliarismo *m.* (*Rel.catt*) conciliarism.

conciliativo *a.* conciliatory, conciliating: *parole conciliative* conciliatory words.

conciliatore I *m.* **1** (*f.* **-trice**) peacemaker, conciliator. **2** (*Dir*) Justice of the Peace. **II** *a.* conciliatory, conciliating, peacemaking.

conciliazione *f.* **1** (*il conciliare*) reconcilement, conciliation, reconciliation: *la ~ dei due avversari* the reconciliation of the two adversaries. **2** (*Dir*) settlement, composition, conciliation.

Conciliazione *f.* (*Stor*) Lateran Treaty of 1929.

concilio *m.* **1** (*Rel*) council: *tenere un ~* to hold a council. **2** (*riunione segreta*) secret assembly, secret gathering, council, meeting. □ (*Rel*) *~di Nicea* Council of Nicaea; (*Stor,Rel.catt*) *~di Trento* Council of Trent; (*Rel.catt*) *~ecumenico* ecumenical council; (*Rel*) *~lateranense* Lateran Council; (*Stor, Rel.catt*) *Concilio tridentino* Council of Trent; (*Rel.catt*) *~vaticano* Vatican Council.

concimaia *f.* (*Agr,Giard*) **1** (*mucchio*) manure heap, dunghill. **2** (*buca*) manure pit, dungpit.

concimare (**concìmo**) *v.t.* (*Agr,Giard*) to manure, to muck, to dung, to spread fertilizer on, to fertilize: *~ un campo* to manure a field.

concimato *a.* fertilized: *terreno non ~* unfertilized land.

concimazione *f.* (*Agr,Giard*) manuring, dunging, fertilizing.

concime *m.* (*Agr,Giard*) manure, dung, fertilizer. □ *~animale* organic manure, animal manure; *~azotato* nitrogenous fertilizer; *~chimico* artificial fertilizer, chemical fertilizer; *~potassico* potassium fertilizer, potash fertilizer; *senza concimi chimici* without chemical fertilizers; *~ stallatico* manure, stable manure, dung.

concio [1] *m.* (*Edil*) ashlar. □ (*Arch*) *~d'angolo* quoin; (*Arch*) *~di chiave* keystone.

concio [2] → **conciare** *a.* tanned: *pelli conce* tanned hides, tanned skins.

concionare (**concióno**; *aus.* **avere**) *v.i.* (*lett*) to harangue.

concione *f.* **1** (*lett*) harangue. **2** (*iron*) (*predica*) harangue, lecture, sermon: *il preside ci ha tenuto un'interminabile ~* the headmaster gave us an interminable lecture.

conciossiaché , **conciossiacosaché** *congz.* (*ant,lett*) as, for, since.

concisamente *avv.* concisely, briefly, tersely, pithily.

concisione *f.* conciseness, concision, brevity, terseness: *la ~ dello stile* the terseness of style; *esporre qcs. con ~* to set sth. out concisely.

conciso *a.* concise, brief, terse: *uno scrittore ~* a concise writer.

concistoriale *a.* consistorial, consistory (*attr.*).

concistoro *m.* consistory: *~ segreto* secret consistory.

concitatamente *avv.* excitedly: *parlare ~* to speak excitedly.

concitato *a.* excited, agitated, impassioned: *voce concitata* excited voice, impassioned voice.

concitazione *f.* excitement, agitation. □ *parlarecon ~* to speak excitedly.

concittadino *m.* (*f.* **-a**) fellow citizen, fellow townsman (*f.* -woman): *il tuo amico è un mio ~* your friend is a fellow-citizen of mine; *siamo concittadini* we come from the same town.

conclamare (**conclàmo**) *v.t.* (*lett*) to acclaim, to proclaim, to hail.

conclamato *a.* **1** (*evidente*) self-evident, clear. **2** (*Med*) manifest, full blown, clear, evident: *AIDS ~* full-blown aids.

conclave *m.* (*Rel.catt*) conclave (*anche estens*).

conclavista *m.* (*Rel.catt*) conclavist.

concludente *a.* **1** (*rif. a discorso, ragionamento e sim.*) conclusive, decisive, convincing: *sono ragioni concludenti* these are conclusive reasons; *prova ~* conclusive proof. **2** (*rif. a persona*) businesslike, efficient, (*colloq*) who gets things done: *è un uomo assai ~* he's a man who really gets things done.

concludere (*pres.ind.* **conclùdo, conclùdi**; *p.rem.* **conclùsi, concludésti**; *p.p.* **conclùso**) **I** *v.t.* **1** (*condurre a compimento*) to conclude, to end, to bring (sth.) to an end, to wind up, to close: *~ le trattative* to bring negotiations to an end. **2** (*fare*) to conclude, to settle, to arrange, to achieve, (*colloq*) to clinch: *~ la pace* to conclude peace, to make peace; *~ un affare* to clinch a deal. **3** (*operare con profitto*) to get something done, to get somewhere: *mi sembra che oggi tu abbia concluso ben poco* it seems to me that you have got very little done today. **4** (*terminare*) to conclude, to end, to end up, to finish: *~ la lettera con i saluti* to end one's letter with greetings; *ha concluso col darmi ragione* he ended up by admitting that I was right. **5** (*dedurre*) to conclude, to come to a conclusion, to decide: *ho concluso che non ne vale la pena* I concluded that it's not worth it; *hanno concluso che era meglio partire* they came to the conclusion that it was better to leave. **6** (*assol.*) to conclude, to end, to end up, to come to a conclusion, to come to an end, to come to a close, to wind (things) up: *cerchiamo di ~* let us try to wind things up. **II** *v.pron.* **concludersi 1** (*terminare*) to end, to end up, to conclude, to close, to come to a close, to come to an end (*con* with): *è opinione di molti che il processo si concluderà con una condanna* many people are of the opinion that the trial will end in a conviction. **2** (*avere come risultato*) to result, to end: *la disputa si è conclusa in una rissa* the dispute ended in a brawl. □ *~ undiscorso* to end a speech, to conclude a speech, to bring a speech to its close; *~unmatrimonio* to bring about a marriage, to arrange a marriage;*per ~* to conclude, to wind up, to come to a close.

conclusi → **concludere**.

conclusionale *f.* (*Dir*) (*anche comparsa conclusionale*) final statement of the case,

final argument, brief.

conclusione *f.* **1** (*il concludere*) conclusion, arrangement: *la ~ della pace* the conclusion of peace, the making of a peace. **2** (*risultato finale*) end, conclusion, issue, upshot, result: *quale sarà la ~ di tutto ciò?* what will the end of all this be?, what will the upshot of all this be? **3** (*deduzione logica*) conclusion, inference: *trarre le debite conclusioni da qcs.* to draw one's conclusions from sth.; *giungere a una ~* to come to a conclusion. **4** *pl.* (*Dir*) pleadings. □ *~di contratto* conclusion of contract; *in ~* in short, well, in conclusion, to sum up: *in ~, cosa pensi di fare?* in short, what do you intend to do?

conclusivo *a.* **1** (*finale*) final, last, conclusive: *fase conclusiva* last stage; *una seduta conclusiva* a final session. **2** (*decisivo*) conclusive, decisive: *il tuo intervento è stato ~* your intervention was decisive.

concluso → **concludere**.

concoide I *a.* (*Min*) conchoidal. **II** *f.* (*Mat*) conchoid.

concomitante *a.* concomitant, attendant, accompanying: *causa ~* concomitant cause; *circostanze concomitanti* attendant circumstances.

concomitanza *f.* concomitance, conjunction, coincidence, concurrence. □ *per una ~di cause* for a number of coincidental reasons, by coincidence;*in ~con* in conjunction with, in connection with.

concordante *a.* **1** agreeing, in agreement (*posposto*), concordant: *testimonianze concordanti* concordant depositions. **2** (*Min*) conformable.

concordanza *f.* **1** agreement, accordance, concordance: *tra voi non c'è ~ di intenti* your aims are not in agreement, you don't have the same objectives. **2** (*conformità*) conformity, accordance. **3** (*Min*) conformability. **4** (*Gramm*) agreement, concord; (*rif. a tempi*) sequence: *~ dei tempi* sequence of tenses. **5** (*Lett,Statist*) concordance: *concordanza biblica* concordance of the Bible. □ *~di opinioni* agreement.

concordare (**concòrdo**) **I** *v.t.* **1** (*stabilire d'accordo*) to agree on: *~ qcs. con qcu.* to agree with so. on sth., to agree with so. about sth.; *~ il prezzo* to agree on the price. **2** (*Gramm*) to make (sth.) agree: *~ l'aggettivo col nome* to make the adjective agree with the noun. **3** (*lett*) to reconcile: *~ due opinioni diverse* to reconcile two different opinions. **II** *v.i.* (*aus.* **avere**) **1** (*essere d'accordo*) to agree, to be in agreement: *tutti concordano nel lodarlo* everyone agrees in praising him. **2** (*corrispondere*) to be in agreement, to tally, to coincide (*con* with): *le tue idee concordano con le mie* your ideas are in agreement with mine; *i conti concordano* the accounts tally; *le vostre testimonianze non concordano* your depositions are in disagreement, your depositions disagree. **3** (*Gramm*) to agree: *il verbo concorda in numero col soggetto* the verb agrees in number with the subject.

concordatario *a.* **1** (*Rel*) concordatory, of the Concordat (*posposto*), in accordance with the Concordat (*posposto*), regulated by the Concordat (*posposto*): *matrimonio ~* religious marriage with civil effects according to the Concordat. **2** (*Dir*) composition (*attr.*), pertaining to a composition.

concordato I *a.* agreed, pre-arranged. **II** *m.* **1** agreement, arrangement, settlement. **2** (*Dir*) composition (with creditors), arrangement: *proposta di ~* proposal of composition. **3** (*Stor,Pol*) (*convenzione con la Santa Sede*) Italian Concordat of 1929. □ (*Dir*) ~ *fallimentare* scheme of arrangement.

concorde *a.* **1** in agreement, in accord, agreed, unanimous: *tutti furono concordi nel negare di averlo visto* they were unanimous in denying they had seen him; *le nostre opinioni sono concordi* we are of the same opinion. **2** (*simultaneo*) simultaneous, concurrent: *azione* ~ simultaneous action.

concordemente *avv.* **1** (*in accordo*) in agreement, concordantly, by mutual consent: ~ *a quanto è stato detto finora* in agreement to what has been said so far. **2** (*unanimemente*) unanimously, with one accord: *decidere* ~ to decide unanimously. **3** (*simultaneamente*) simultaneously: *agire* ~ to act simultaneously.

concordia *f.* concord, agreement, harmony: *in quella famiglia manca la* ~ there is no concord in that family; *vivere in* ~ to live in harmony.

concorrente **I** *a.* **1** (*che tende a uno stesso fine*) concurrent: *cause concorrenti* concurrent causes; *forze concorrenti* concurrent forces. **2** (*Comm*) (*in competizione*) competing, rival: *imprese concorrenti* rival firms. **3** (*convergente*) concurrent, converging: *linee concorrenti* converging lines. **4** (*Inform*) concurrent. **II** *m./f.* **1** (*Comm*) competitor, rival. **2** (*chi partecipa a un concorso*) competitor, candidate, applicant: ~ *per un posto statale* applicant for a government job; *per venti posti ci sono cinquecento concorrenti* there are five hundred applicants for twenty vacancies. **3** (*chi partecipa a una gara*) competitor, contestant, contender.

concorrenza *f.* **1** (*Comm*) competition, rivalry: *temere la* ~ *di una ditta* to fear competition from a firm; *libera* ~ free competition. **2** (*concorrenti*) competitors *pl.*, rivals *pl.*, competing firms *pl.*: *eliminare la* ~ to eliminate one's competitors. **3** (*burocr*) (*raggiungimento*) reaching, reach. □ ~ *estera* foreign competition; *fare* ~ *a qcu.* to vie with so., to compete with so.; (*burocr*) *fino alla* ~ *di* to the amount of, amounting to; *fino alla* ~ *dell'importo* to the amount of, up to the amount of; *essere in* ~ *con qcu.* to compete with so.; *entrare in* ~ *con qcu.* to enter into competition with so.; (*Econ*) ~ *monopolistica* monopolistic competition; (*burocr*) *sino alla* ~ *di* to the amount of, to the extent of, not exceeding; (*Econ,Comm*) ~ *sleale* unfair competition; ~ *spietata* fierce competition.

concorrenziale *a.* (*Econ*) competitive (*anche estens*): *regime* ~ competitive system; *prezzo* ~ cut price, competitive price; *tariffe concorrenziali* cut rates, competitive prices.

concorrenzialità *f.* competitiveness.

concorrere (*pres.ind.* **concórro**, **concórri**; *p.rem.* **concórsi**, **concorrésti**; *p.p.* **concórso**; *aus.* **avere**) *v.i.* **1** (*contribuire*) to concur (*a* in), to contribute (to): *molte cause hanno concorso alla sua rovina* many causes contributed to his ruin; ~ *al buon esito di qcs.* to contribute to the success of sth. **2** (*partecipare*) to share: ~ *a una spesa* to share (in) expenses. **3** (*fare un concorso*) to compete (in, for), to go in, to put in: *voglio* ~ *a quella cattedra* I want to put in for that (teaching) post, I want to compete for that teaching post (*o* for that chair). **4** (*Mat*) (*convergere*) to converge, to meet (in a point): *le due rette concorrono in un punto* the two straight lines meet. □ (*Dir*) ~ *in un reato* to be an accomplice to a crime.

concorsi → **concorrere**.

concorso¹ *m.* **1** (*competizione*) competition, contest: ~ *nazionale* nation-wide competition, nation-wide contest; *partecipare a un* ~ to enter a contest. **2** (*Scol*) (*esame*) competitive examination: ~ *a una cattedra* (*universitaria*) competitive examination for a teaching post, competitive examination for a professorship. **3** (*Sport*) contest, show: ~ *ippico* horse show. **4** (*concomitanza*) concurrence, combination: *un* ~ *di cause* a concurrence of causes; ~ *di circostanze* combination of circumstances. **5** (*cooperazione*) co-operation (*a* in); (*contributo*) contribution (to), sharing (in): ~ *a* (*o* in) *una spesa* sharing (in) an expense. **6** (*affluenza*) concourse, crowd, gathering: *un grande* ~ *di visitatori* a great crowd of visitors. **7** (*Dir*) complicity, participation: ~ *in un reato* complicity in a crime. □ (*Scol*) ~ *a cattedra* competition for a teaching post, competition for a professorship; ~ *a premi* advertising contest, prize-winning competition, prize contest; ~ *a un posto* competition to fill a post; ~ *ai pubblici impieghi* public service exam; ~ *canoro* singing contest; *col* ~ *di* with the aid of: *con il* ~ *dello Stato* with aid from the government; (*Scol*) ~ *d'ammissione* entrance examination; ~ *di bellezza* beauty contest; (*Dir*) ~ *di colpa* contributory negligence; (*Dir*) ~ *di persone nel reato* complicity in a crime; (*Dir*) ~ *di reato* concurrence of crime, complicity in a crime; ~ *divino* Divine aid; *fare un* ~ to go in for a competition, to enter a competition, to take a competitive examination, to sit for a competitive examination; *fuori* ~: **1** (*partecipante non classificato*) unclassified competitor, entrant who is not competing; **2** (*dicitura*) out of competition; ~ *in appalto* request for bids, call for bids, call for tenders; ~ *per assunzioni* competitive entrance examination; ~ *per titoli* civil service entrance exam based on candidate's academic record and qualifications, exam with qualifications taken into consideration; ~ *pubblico* competitive state exam.

concorso² → **concorrere**.

concorsuale *a.* (*rif. a concorsi*) competition (*attr.*), examination (*attr.*): *condizioni concorsuali* qualifications for a competition; *iter* ~ examination path.

concretamente *avv.* in practical terms, really, substantially.

concretare (**concrèto**) **I** *v.t.* **1** (*rendere concreto, tangibile*) to make (sth.) concrete, to make (sth.) a reality, to materialize. **2** (*realizzare*) to carry out, to accomplish, to get (sth.) done, to put (sth.) into effect, to put (sth.) into practice. **3** (*precisare*) to specify, to state exactly. **II** *v.pron.* **concretarsi 1** (*prendere forma concreta*) to take (on) concrete form, to find expression. **2** (*realizzarsi*) to be realized, to come true, to materialize.

concretezza *f.* concreteness (*anche fig*).

concretismo *m.* (*Pitt*) concretism.

concretista *m./f.* (*Pitt*) concretist.

concretizzare (**concretìzzo**) **I** *v.t.* **1** (*rendere concreto, tangibile*) to make (sth.) concrete, to make (sth.) a reality, to materialize. **2** (*realizzare*) to carry out, to accomplish, to get (sth.) done, to put (sth.) into effect, to put (sth.) into practice. **3** (*precisare*) to specify, to state exactly: ~ *le proprie richieste* to specify one's requests. **II** *v.pron.* **concretizzarsi 1** (*prendere forma concreta*) to take on concrete form, to find expression: *i suoi sentimenti si sono concretizzati in un volume di poesie* his feelings found expression in a book of poetry. **2**

(*realizzarsi*) to be realized, to come true, to materialize: *le mie speranze non si sono ancora concretizzate* my hopes have not yet been realized.

concreto **I** *a.* **1** (*fondato*) concrete, well-founded, solid: *speranze concrete* concrete hopes; *addurre ragioni concrete* to put forward solid reasons. **2** (*reale*) definite, solid, concrete, positive: *mi hanno fatto proposte concrete* they have made me definite proposals, they have made me positive proposals; *cercate di fare qualcosa di* ~ try to get something definite done, try to get something concrete done. **3** (*rif. a persona: pragmatico*) practical, down-to-earth: *una persona concreta* a practical person. **4** (*solido, compatto*) concrete, solid: *sostanza concreta* solid substance. **5** (*Gramm*) concrete: *nome* ~ concrete noun. **II** *m.* concrete: *passare dall'astratto al* ~ to go from the abstract to the concrete; *venire al* ~ to come to the point, (*colloq*) to come down to brass tacks. □ *in* ~ in reality, in concrete terms, substantially, in substance.

concrezionale *a.* (*Geol*) concretionary.

concrezione *f.* (*Geol,Med*) concretion.

concubina *f.* **1** concubine. **2** (*estens*) (*amante*) lover.

concubinaggio *m.* concubinage.

concubinario *a.* concubinary.

concubinato *m.* concubinage. □ *vivere in* ~ to live in concubinage, to live together.

concubino *m.* concubinary.

conculcare (**concùlco**, **concùlchi**) *v.t.* **1** (*lett*) (*violare*) to violate, to infringe, to infringe upon, to outrage, to trample on: ~ *i diritti di qc.* to violate so.'s rights, to infringe upon so.s' rights. **2** (*opprimere*) to oppress.

concupire (**concupìsco**, **concupìsci**) *v.t.* (*lett*) to covet, to long for, to lust after.

concupiscente *a.* (*lett*) lustful, concupiscent: *sguardo* ~ lustful gaze.

concupiscenza *f.* (*lett*) lust, concupiscence: *peccato di* ~ sin of lust.

concussionario *m.* (*f.* **-a**) (*Dir*) extortioner.

concussione *f.* (*Dir*) extortion, misappropriation, exaction, bribery.

concussore *m.* (*Dir*) extortioner.

condanna *f.* **1** (*Dir*) (*il condannare*) conviction: *il processo si chiuderà con la* ~ *dell'imputato* the trial will end in the conviction of the accused. **2** (*Dir*) (*sentenza*) sentence, judgement: *pronunciare una* ~ to pass judgement. **3** (*Dir*) (*pena*) sentence, penalty, punishment: *espiare una* ~ *all'ergastolo* (*o scontare una* ~ *all'ergastolo*) to serve a sentence of life imprisonment. **4** (*fig*) (*biasimo*) condemnation, censure, blame, reproof. □ (*Dir*) ~ *a morte* death sentence: *pronunciare una* ~ *a morte* to pass a death sentence; (*Dir*) ~ *a vita* (o ~ *all'ergastolo*) life sentence; (*Dir*) ~ *condizionale* probation; (*Dir*) ~ *in contumacia* conviction by default; (*Dir*) ~ *pecuniaria* money penalty; (*Dir*) ~ *per estorsione* sentence for extortion; (*Dir*) ~ *per frode* conviction on fraud charges.

condannabile *a.* **1** condemnable. **2** (*fig*) (*biasimevole*) censurable, condemnable: *comportamento* ~ censurable conduct.

condannare (**condànno**) *v.t.* **1** (*Dir*) to sentence, to condemn, to convict, to pass judgement against, to find (so.) guilty: *la giuria ha condannato gli imputati* the jury has convicted the accused, the jury has found the accused guilty; ~ *qcu. a dieci anni* to sentence so. to ten years' imprisonment; *essere condannato a vita* to receive a life sentence, (*colloq*) to get life. **2** (*disapprovare*) to condemn, to censure, to blame, to reprove: *tutti noi abbiamo condannato il suo operato* we have all condemned his conduct. **3** *(fig)* *(rivelare colpevole)* to condemn: *il tuo rossore ti ha già condannato* your blushing has already condemned you, your blushing has already given you away. **4** *(costringere)* to doom, to condemn: *una specie condannata all'estinzione* a species doomed to extinction. **5** *(dichiarare inguaribile)* to give (so.) up as incurable, to give up all hope for: *i medici lo hanno condannato* the doctors have given up all hope for him. ☐ ~ *a un'ammenda* to fine; *(Dir)* ~*al capestro* to sentence to hanging, to sentence to be hanged, to condemn to the gallows; *(Dir)* ~*qcu.a morte* to condemn so. to death, to sentence so. to death; *(ant)* ~*al remo* to condemn to the galleys; *(Dir)* ~*al risarcimento dei danni* to order to pay damages; *(Dir)* ~ *alla decapitazione* to condemn to be beheaded, to condemn to beheading; *(Dir)* ~ *qcu. alla forca* to sentence so. to hanging; *(Dir)* ~*alla gogna* to condemn to the pillory; *(Dir)* ~*qcu.alla sedia elettrica* to send so. to the electric chair; *(Dir)* ~ *qcu. all'ergastolo* to sentence so. to life, to condemn so. to life imprisonment, to sentence so. to life imprisonment; *(Dir)* ~*all'esilio* to sentence to exile, to sentence to banishment, to exile; *(Dir)* ~ *qcu.in contumacia* to sentence so. in absentia, to condemn so. for default; ~ *per omicidio* to convict of murder, to convict of homicide.

condannato *m.* *(f. -a)* **1** condemned person: *un ~ a morte* a person condemned to death *(o sentenced to death).* **2** *(carcerato)* convict, prisoner.

condebitore *m. (f. -trice) (Dir)* joint debtor.

condensa *f.* condensation, condensate.

condensabile *a.* **1** *(Fis)* condensable: *gas ~ condensabile* gas. **2** *(fig)* *(riassumibile)* that can be summed up, that can be summarized, that can be abridged.

condensabilità *f.* *(Fis)* condensability: *~ di un vapore* condensability of a vapour.

condensamento *m.* condensation.

condensare (condènso) I *v.t.* **1** *(Fis,Chim, Ott)* to condense, to concentrate. **2** *(Alim)* to condense, to evaporate, to boil down. **3** *(fig)* *(compendiare)* to condense, to summarize, to abridge: *~ un libro in un articolo* to summarize a book in an article. **II** *v.pron.* **condensarsi** *(Chim,Fis)* to condense, to be condensed.

condensato I *a.* **1** *(Fis,Chim,Ott)* condensed, concentrated. **2** *(Alim)* condensed, evaporated, boiled down: *latte ~* condensed milk. **3** *(fig)* *(riassunto)* condensed, summarized, abridged. **II** *m.* **1** *(compendio)* summary, abridgement. **2** *(fig,colloq)* *(mucchio)* mass, heap, pile: *questo componimento è un ~ di errori* this composition is a mass of errors.

condensatore *m.* *(El,Rad)* condenser, capacitor. ☐ *(El)* ~*ad aria* air condenser; *(Mecc)* ~*rotante* syncronous condenser.

condensazione *f.* condensation, condensing *(anche Fis)*: *impianto di ~* condensing plant.

condicio sine qua non /-tsjo/ *f.inv.* condicio sine qua non, (the) only necessary prerequisite.

condilo *m.* *(Anat)* condyle: *~ occipitale* occipital condyle.

condiloide *a.* condyloid.

condiloma *m.* *(Med)* condyloma.

condimento *m.* **1** *(il condire)* seasoning, flavouring; *(rif. all'insalata)* dressing. **2** *(Alim)* *(sostanza)* seasoning, flavouring, condiment; *(salsa)* sauce; *(per insalata)* dressing: *l'olio è un ~ essenziale dell'insalata* oil is an essential salad dressing; *in questa pietanza c'è troppo ~* this dish is too heavily seasoned. **3** *(fig)* spice: *l'allegria è il miglior ~ di ogni festa* merriment is the best spice for any party.

condire (condisco, condisci) *v.t.* **1** to season, to flavour: ~ *una pietanza* to season a dish. **2** *(rif. all'insalata)* to dress: ~ *con olio e aceto* to dress with oil and vinegar. **3** *(con una salsa)* to serve (sth.) with a sauce. **4** *(fig)* *(rendere più gradevole)* to spice, to season, to enliven: *condisce ogni suo racconto con battute umoristiche* he spices all his stories with witty remarks.

condirettore *m.* **1** co-director, joint manager. **2** *(rif. a un giornale)* coeditor, associate editor.

condirettrice *f.* **1** co-directress, joint director. **2** *(rif. a un giornale)* coeditress, associate editress.

condirezione *f.* **1** joint management, joint direction. **2** *(rif. a un giornale)* coediting, associate editing.

condiscendente *a.* **1** *(arrendevole)* yielding, compliant. **2** *(indulgente)* obliging, indulgent, *(spreg)* condescending.

condiscendenza *f.* **1** *(arrendevolezza)* compliance, docility. **2** *(indulgenza)* obligingness, indulgence, *(spreg)* condescension.

condiscendere *(pres.ind.* **condiscéndo**; *p.rem.* **condiscési**; *p.p.* **condiscéso**; *aus.* **avere**) *v.i.* **1** *(acconsentire)* to comply (*a* with), to yield, to agree (to): ~ *alla preghiera di qcu.* to agree to so.'s request; ~ *a un desiderio* to comply with a wish. **2** *(degnarsi)* to deign, to condescend.

condiscepolo *m.* *(f.* **-a**) fellow disciple, fellow student, *(ant)* condiscible.

condividere *(pres.ind.* **condivido, condividi**; *p.rem.* **condivisi**; *p.p.* **condiviso**) *v.t.* to share *(anche fig)*: *non condivido le tue idee* I don't share your ideas; ~ *la passione per lo sport* to share the love for sport.

condivisi → **condividere**.

condivisibile *a.* shareable, that can be shared, able to be shared: *la tua posizione è ~* your ideas are to be agreed with, I share your opinion.

condivisione *f.* sharing *(anche Inform)*. ☐ *(Inform)* ~*dei dati* data sharing; *(Inform)* ~*dei file* file sharing.

condiviso → **condividere**.

condizionale I *a.* **1** *(Gramm)* conditional: *proposizione ~* conditional clause. **2** *(Dir)* conditional, suspended, probation *(attr.)*. **II** *m.* *(Gramm)* conditional, conditional mood. **III** *f.* *(Dir)* suspended sentence, probation: *beneficiare della ~* to be granted probation. ☐ *è stato condannato a tre mesi con la ~* he was put on probation for three months; *(Giorn) il ~è d'obbligo* and here we must use the conditional; *(Gramm)* ~*passato* past conditional; *(Gramm)* ~*presente* present conditional.

condizionamento *m.* **1** *(Tecn)* *(rif. all'aria)* air-conditioning: *impianto di ~* air-conditioning unit. **2** *(Psic,Ling)* conditioning, influence: *condizionamenti sociali* social conditioning.

condizionare (condizióno) *v.t.* **1** *(influenzare)* to condition, to bias, to influence: *sua sorella la condiziona molto* her sister influences her a lot. **2** *(Psic)* to condition: *essere condizionato dall'ambiente* to be conditioned by one's environment. **3** *(subordinare, far dipendere)* to make (sth.) depend (*a*

on), to make (sth.) conditional (*a* on), to subject (sth.) to a condition: *ha condizionato il viaggio alla sua promozione* he has made the trip subject to his being promoted. **4** *(Tecn)* to condition, to treat. **5** *(confezionare)* to pack, to wrap, to prepare for packing; *(in scatole di latta)* to tin, *(Am)* to can. ☐ *(Tecn)* ~*l'aria* to air-condition.

condizionatamente *avv.* conditionally.

condizionato *a.* **1** *(subordinato a una condizione)* conditional: *assenso ~* conditional assent. **2** *(Psic,Fisiol)* conditioned: *riflesso ~* conditioned reflex, conditioned response. **3** *(Ind,Alim)* *(confezionato)* packed, wrapped; *(in scatole di latta)* tinned, *(Am)* canned.

condizionatore I *m.* *(Tecn)* air-conditioner. **II** *a.* conditioning.

condizionatura *f.* *(Tecn)* conditioning.

condizione *f.* **1** condition: *accettare una ~* to agree to a condition, to accept a condition; *imporre delle condizioni (o porre delle condizioni)* to lay down conditions; *porre come ~ che* to make it a condition that. **2** *(rango)* position, condition: *la ~ delle donne nelle società primitive* women's condition in primitive societies. **3** *(Dir)* condition, stipulation, term: *condizioni del contratto* conditions of the contract. **4** *pl.* *(modalità)* terms, conditions: *stabilire le condizioni di vendita dei nuovi prodotti* to fix the terms of sale of the new products. **5** *pl.* *(stato: rif. alla salute)* condition *sing.*, state *sing.*, *(colloq)* shape *sing.*; *(rif. alla morale)* state *sing.* of mind: *ho trovato i miei genitori in buone condizioni* I found my parents in good shape; *essere in condizioni gravi* to be in serious condition; *essere in buone condizioni* to be fit; *essere in cattive condizioni* to be unfit. **6** *pl.* *(stato: rif. a cose)* condition *sing.*, state *sing.*, order *sing.*, *(colloq)* shape *sing.*: *quest'abito è ancora in ottime condizioni* this suit is still in very good condition; *la casa è in condizioni pietose* the house is in a dreadful state; *la mia macchina è ancora in buone condizioni* my car is still in good state of repair. **7** *pl.* *(stato: rif. a situazione finanziaria)* circumstances, state *sing.*, financial state *sing.*, position *sing.*: *le sue condizioni finanziarie sono buone* he is well comfortably-off, he is well-off. ☐ *a ~* on condition: *a una ~* on one condition; *a nessuna ~* on no account, on no condition; *a ~che* on condition that, provided that: *vengo a ~ che qcu. mi riaccompagni a casa* I'll come, but only on condition that so. brings me back home; *condizioni ambientali* environmental conditions; *condizioni atmosferiche (o condizioni climatiche)* weather conditions; *condizioni contrattuali* terms of contract, conditions of contract; *(Comm)* *condizioni da convenirsi* terms to be agreed upon, terms to be arranged; *condizioni del contratto* terms of contract, conditions of contract; *(Comm)* *condizioni d'esercizio* operating conditions; *(Comm)* *condizioni di consegna* terms of delivery, delivery terms; *condizioni di favore* preferential terms; *condizioni di lavoro* working conditions; *(Econ)* *a condizioni di mercato* under market conditions; *condizioni d'impiego* conditions of employment; *condizioni di pace* peace terms; *(Comm)* *condizioni di pagamento* conditions of payment, terms of payment; *condizioni di spirito* mood *(sing.)*, state *(sing.)* of mind: *non sono in condizioni di spirito di rispondervi* I'm not in the mood *(o* in the right mood) to answer you; *(Comm)* *condizioni di vendita* terms of sale, purchasing conditions; *(Meteor)* *condizioni di visibilità* visibility: *cattive condizioni di visibilità* bad visibility; *condizioni di vita*: 1 living conditions; 2 (*tenore di vita*) standard of living, living standard; *condizioni fisiche* form (*sing.*), state (*sing.*) of health; *condizioni generali* general conditions; *essere in ~ di fare qcs.* to be in a state to do sth., to be in a position to do sth., to be up to doing sth.: *non sono in ~ di guidare l'automobile, sono troppo nervoso* I'm in no condition to drive, I'm too nervous; I'm in no state to drive, I'm too nervous; *mettere qcu. in ~ di fare qcs.* to put so. in a position to do sth.; *~ indispensabile* sine qua non; *~ necessaria e sufficiente*: 1 (the) only necessary prerequisite; 2 (*Mat*) necessary and adequate condition; *essere nella ~ di fare qcs.* to be in a state to do sth., to be in a position to do sth., to be up to doing sth.; *mettere qcu. nella ~ di fare qcs.* to put so. in a position to do sth.; *condizioni sanitarie* sanitary conditions; *senza condizioni* with no strings, without reservation, without reserve, unconditional; (*Mil*) *resa senza condizioni* unconditional surrender; *~ sociale* social position, social standing.

condoglianze *f.pl.* condolences, sympathy (*costr.sing.*): *fare le proprie ~ a qcu.* to give one's condolences to so., to give one's sympathy to so.; *sentite ~* my deepest sympathy.

condolersi (*pres.ind.* **mi condòlgo, ti conduòli**; *p.rem.* **mi condòlsi**; *p.p.* **condolùto**) *v.pron.* (*lett*) to sympathize (*con* with), to condole (with): *~ con i parenti del defunto* to sympathize with the dead man's relatives; *~ con qcu. per qcs.* to condole with so. on sth., to condole with so. up on sth., to sympathize with so. for sth.

condom *m.inv.* condom.

condominiale *a.* 1 residents' (*attr.*), of co-owners (*posposto*), of joint ownership (*posposto*), relating to joint ownership (*posposto*): *adunanza ~* residents' meeting, meeting of co-owners; *regolamento ~* regulations of co-ownership.

condominio *m.* 1 (*edificio*) jointly-owned building, block of flats, (*Am*) condominium. 2 (*condomini*) joint owners (*pl.*), co-owners *pl.*: *una riunione del ~* a meeting of joint owners. 3 (*Dir*) joint ownership, co-ownership, (*Am*) condominium, (*colloq*) condo: *palazzo in ~* joint ownership of a building.

condomino *m.* (*f.* **-a**) joint owner, co-owner: *assemblea dei condomini* meeting of joint-owners.

condonabile *a.* 1 (*Dir*) remissible: *debito ~* remissible debt. 2 (*fig*) (*perdonabile*) pardonable, excusable, forgivable: *errore ~* pardonable error.

condonare (**condóno**) *v.t.* 1 (*Dir*) to remit: *~ una pena* to remit a penalty. 2 (*fig*) (*perdonare*) to condone, to pardon, to overlook, to forgive.

condono *m.* remission, release, forgiveness. □ *~ della pena* remission, remission of a penalty; *~ edilizio* amnesty for infringements of building regulations; *~ fiscale* conditional amnesty for tax evaders, tax amnesty, tax relief.

condor *m.inv.* (*Ornit*) condor.

condotta *f.* 1 (*comportamento*) conduct, behaviour, (*Am*) behavior, bearing: *~ esemplare* exemplary behaviour; *buona ~* good behaviour, good conduct; *tenere una buona ~* to behave well; *cattiva ~* bad behaviour, bad conduct, misbehaviour; *tenere una cattiva ~* to behave badly. 2 (*Scol*) (*comportamento*) conduct: *ha avuto sette in ~* he got seven for conduct. 3 (*tubazione*) piping, pipe, pipeline, main; (*canale*) channel, duct, conduit. 4 (*modo di condurre un'azione*)

running, conduct, management, direction: *la ~ della guerra* the direction of the war. 5 (*circoscrizione di medico condotto*) general practise, district (assigned to a doctor employed by a local authority). □ *~ dell'acqua* water main, water pipe; (*Idr*) *~ forzata* penstock, pressure water pipe; *~ medica* (*incarico*) medical practice, general practise.

condottiero *m.* 1 (*Mil*) leader of troops, commander. 2 (*Mediev*) condottiere.

condotto[1] *m.* 1 (*tubo, canale*) pipe, duct, conduit, channel, main; (*per il petrolio*) pipeline: *il ~ dell'acqua* water pipe, water main. 2 (*Anat*) duct: *~ acustico* acoustic duct. □ (*Edil*) *~ d'aerazione* ventilation duct; *~ dell'aria* air duct, ventiduct; (*Mecc*) *~ di alimentazione* feed line; *~ di drenaggio* drain, drainpipe; (*Edil*) *~ di scarico delle acque di rifiuto* waste pipe, drain; (*Anat*) *~ lacrimale* tear duct; *~ principale* main pipeline, trunk pipeline.

condotto[2] → **condurre**.

condrale *a.* (*Anat*) chondral.

condrite[1] *f.* (*Med*) chondritis.

condrite[2] *f.* (*Geol*) chondrite.

condroma *m.* (*Med*) chondroma.

conducente *m./f.* 1 driver: *~ di tram* tram-driver; *~ d'autobus* bus driver; *non parlare al ~* do not speak to the driver. 2 (*Dir*) (*locatario*) lessee, tenant.

conducibile *a.* conductible, that can be carried, able to be carried.

conducibilità *f.* (*Fis*) conductivity, conductibility. □ (*El*) *~ elettrica* electric conductivity; (*Fis*) *~ termica* thermal conductivity.

conduco → **condurre**.

condurre (*pres.ind.* **condùco, condùci**; *fut.* **condurrò**; *p.rem.* **condùssi, conducésti**; *p.p.* **condótto**) I *v.t.* 1 (*accompagnare*) to take; (*accompagnare in macchina*) to drive, to guide, to lead: *~ a passeggio i bambini* to take the children out for a walk. 2 (*fig*) (*portare, ridurre*) to lead, to bring, to bring about, to drive, to reduce: *l'ozio conduce alla rovina* idleness brings about a man's downfall; *la sua prodigalità l'ha condotto alla miseria* his extravagance has reduced him to poverty. 3 (*dirigere*) to manage, to direct, to run, to conduct: *~ l'interrogatorio* to conduct the examination; *~ un'azienda* to run a firm, to manage a firm. 4 (*eseguire*) to carry out, to conduct, to handle: *~ le trattative* to handle negotiations. 5 (*guidare*) to drive; (*rif. a imbarcazioni*) to sail, to steer: *non sa ~ l'automobile* he can't drive (a car). 6 (*Rad,TV*) (*presentare*) to host, to anchor: *~ un programma televisivo* to anchor a TV programme. 7 (*Mat*) (*tracciare*) to draw, to trace, to trace out: *~ una retta* to draw a straight line. 8 (*trascorrere*) to lead, to spend: *~ una vita tranquilla* to lead a peaceful life. 9 (*Fis,El*) to conduct: *~ il calore* to conduct heat. 10 (*trasportare*) to conduct, to convey, to pipe: *questi tubi conducono il gas* these pipes convey gas. 11 (*sviluppare: rif. a opere letterarie*) to treat, to handle, to develop, to unfold: *l'intreccio della commedia è ben condotto* the plot of the play unfolds smoothly. II *v.i.* (*aus.* **avere**) 1 to lead, to go: *la strada conduce al paese* the road leads to the town. 2 (*Sport*) (*essere in vantaggio*) to lead: *la nostra squadra conduce per due a zero* our team is leading by two-nil. III *v.pron.* **condursi** to behave, to behave oneself, to conduct oneself: *ti sei condotto bene e avrai un premio* you have behaved well, and you'll have a reward. □ *~ a buon fine* to bring off, to bring to a successful conclu-

sion; *~ a fine* (*finire*) to bring to an end, to carry out, to finish; *~ una bicicletta a mano* to wheel a bicycle; *~ il cavallo a mano* to lead one's horse; *~ a termine* to conclude; *~ a termine un'impresa* to see an undertaking through to the end; *~ bene i propri affari* to successfully manage one's affairs; *~ il gregge al pascolo* to take the flock to pasture, to drive the flock to pasture; (*fig*) *~ qcu. al sepolcro* to drive so. to the grave; *~ alla disperazione* to drive to despair; *~ alla rovina* to ruin, to bring to ruin; (*Mil*) *~ l'esercito alla vittoria* to lead the army to victory; (*fig*) *~ all'altare* (*sposare*) to lead to the altar; (*fig*) *~ in porto* to carry through, to carry out, to accomplish; *~ le trattative* to negotiate, to conduct the negotiations; *~ una vita felice* to lead a happy life, to live happily.

condurrò → **condurre**.

condussi → **condurre**.

conduttanza *f.* (*El*) conductance: *~ elettrica* electric conductance.

conduttività *f.* (*Fis*) conductivity, conductibility.

conduttivo *a.* (*Fis*) conductive.

conduttometria *f.* (*Chim,Fis*) conductometry.

conduttore I *m.* 1 (*f.* **-trice**) driver: *il ~ dell'autobus* the bus driver; *il ~ del tram* tram driver. 2 (*f.* **-trice**) (*macchinista*) operator. 3 (*Dir*) (*affittuario*) tenant, lessee. 4 (*Fis, El*) conductor. 5 (*f.* **-trice**) (*Rad,TV*) master of ceremonies, host (*f.* hostess), anchorperson, anchorman (*f.* -woman), (*colloq*) M.C., emcee, (*Am*) talkshowman (*f.* -woman). II *a.* 1 guiding, guide (*attr.*). 2 (*Fis*) conducting, conductive. □ (*Fis*) *~ di calore* heat conductor; (*Ferr*) *~ di treno*: 1 (*il conducente*) driver, engine driver, (*Am*) conductor, (*Am*) engineer; 2 (*controllore*) ticket collector, ticket inspector, conductor; (*El*) *non ~*: 1 (*usato come aggettivo*) non-conducting; 2 (*usato come nome*) non-conductor.

conduttura *f.* (*Idr*) 1 (*complesso*) piping, pipes *pl.* 2 (*condotto*) pipe, duct, main. 3 (*impianto idraulico*) plumbing. □ *~ d'aria* hot air duct; *~ del gas* gas main; *~ dell'acqua* water pipe, water main; (*El*) *~ elettrica* electric mains (*pl.*).

conduzione *f.* 1 (*Fis*) conduction: *~ termica* heat conduction, thermal conduction. 2 (*Dir*) tenancy, leasing, leasehold. 3 (*controllo di macchine*) control, management, operation, tending: *~ della caldaia* control of the boiler, tending of the boiler. 4 (*guida*) leadership, management. □ *azienda a ~ familiare* family enterprise, family-run business, family-owned business.

conestabile *m.* (*Stor*) constable: *gran ~* High Constable.

confabulare (**confàbulo**; *aus.* **avere**) *v.i.* (*parlare segretamente*) to talk in secret, to plot, to chat, to have a confab, (*ant*) to confabulate, (*Am*) to have a pow-wow.

confabulazione *f.* 1 (*conversazione segreta*) secret conversation, confab, pow-wow. 2 (*Psic*) confabulation.

confacente *a.* suitable, fitting (*a* for), proper, suited (to): *questo clima non è ~ alla tua salute* this climate is not suitable for your health.

Confagricoltura *Confederazione generale dell'agricoltura italiana* (General Confederation for Italian Agriculture).

Confapi *Confederazione italiana della piccola e media industria* (National Federation of Small Manufacturers).

confarsi *v.pron.* (*forms in use: pres.ind.* **si confà, si confànno**; *impf.ind.* **si confacéva**;

pres.cong. **si confàccia**; *impf.cong.* **si confacésse**) (*addirsi*) to be suitable (*a* for), to be appropriate (*a* to), to suit, to become (so.): *questo atteggiamento superbo non ti si confà* this haughty attitude doesn't become you; *il clima di questo paese non si confà alla mia salute* the climate of this country doesn't suit my health.

Confartigianato *Confederazione generale italiana dell'artigianato* (General Federation of Italian Artisans and Craftsmen).

Confcoltivatori (*Stor*) *Confederazione nazionale dei coltivatori diretti* (National Federation of Agricultural Owner-occupiers).

Confcommercio *Confederazione generale italiana del commercio e del turismo* (General Federation of Italian Commerce and Tourism).

confederale *a.* confederal: *sindacati confederali* unions.

confederare (**confédero**) **I** *v.t.* to federate, to confederate, to associate. **II** *v.pron.* **confederarsi** to federate, to confederate, to form a federation, to form a confederation, to form an association.

confederativo *a.* federative, confederative, federal: *trattato ~* federative treaty.

confederato I *a.* federal, confederate, federate, federated. **II** *m.* **1** confederate. **2** (*Stor.am*) Confederacy: *gli stati confederati* Confederate States.

confederazione *f.* **1** (*il confederare, il confederarsi*) federation, confederation. **2** (*Pol*) (*stato federale*) confederation, federation, federation of states, confederacy. □ (*Stor.am*) *~ degli Stati Uniti d'America* Confederate States of America; *~ del lavoro* trade union , trade union federation; *~ elvetica* Swiss Confederation, Switzerland, Helvetic confederation.

Confederterra (*Stor*) *Confederazione nazionale dei lavoratori della terra* (National Federation of Agricultural Workers).

conference call /'kɔnferens'kɔll/ *f.inv.* (*Tel*) conference call.

conferenza *f.* **1** lecture, talk: *tenere una ~ su qcs.* to lecture on sth., to give a lecture on sth. **2** (*riunione internazionale*) conference, meeting, convention: *~ europea* European Conference. □ *~ al vertice* summit conference, summit meeting; (*Pol*) *~ bilaterale* bilateral conference; *~ con proiezione di diapositive* slide lecture, conference and projection of slides; *~ dei diritti del mare* Conference on the Law of the Sea; *~ dei ministri* conference of ministers; *~ della pace* peace conference; *~ delle Nazioni Unite sul commercio e lo sviluppo* United Nations Conference on Trade and Development; (*Rel*) *~ episcopale* Bishops' conference; *~ internazionale* international conference; *~ marittima* shipping conference; *~ mondiale dell'alimentazione* World Food Conference; *~ per il disarmo* disarmament conference; *~ preparatoria* preliminary conference; (*Giorn*) *~ stampa* press conference; (*Mil*) *~ sul disarmo* disarmament conference.

conferenziere *m.* (*f.* **-a**) lecturer, speaker.

conferibile *a.* conferrable.

conferimento *m.* **1** conferring, conferment, grant, assignment, appointment, bestowal, awarding: *~ di un incarico* assignment of a task; *~ di un premio letterario* awarding of a prize for literature. **2** (*Dir,Econ*) contribution. □ *~ della cittadinanza* granting of citizenship.

conferire (**conferìsco, conferìsci**) **I** *v.t.* **1** to

---

confer, to bestow (*a* on), to award, to grant, to give (so.): *gli hanno conferito il premio letterario di quest'anno* he has been awarded this year's prize for literature. **2** (*fig*) to give, to lend (so.), to confer (on so.): *gli occhiali ti conferiscono un'espressione professionale* your glasses give you a professional look. **II** *v.i.* (*aus.* **avere**) (*avere un colloquio*) to confer (*con* with), to consult (*con qcu.* so.). □ *~ la cittadinanza a* to confer citizenship on; (*Univ*) *~ la laurea* to confer a degree; (*Dir*) *~ un mandato* to grant a mandate; (*Dir*) *~ la procura* to grant power of attorney, to confer power of attorney.

conferma *f.* confirmation: *avere ~* to be proved, to be confirmed; *la notizia non ha avuto ~* the news has not been confirmed; *dare ~* to confirm; *domandare una ~* to seek confirmation. □ *a ~ di quanto ti ho detto* in confirmation of what I told you; *a ~ di quanto sopra* in confirmation of the above; (*Comm*) *~ d'ordine* confirmation of an order; *chiediamo ~ dell'ordine* we request confirmation of the order; *~ scritta* written confirmation.

confermare (**conférmo**) **I** *v.t.* **1** (*provare*) to confirm, to corroborate, to strengthen, to bear out: *questi fatti non fanno che ~ i miei sospetti* these facts merely confirm my suspicions; *i fatti confermano la nostra tesi* the facts bear out our theory; *il testimone ha confermato la precedente deposizione* the witness has confirmed his previous evidence. **2** (*ribadire*) to confirm, to reaffirm: *confermo ciò che è già stato detto* I confirm what has already been said. **3** (*ratificare*) to confirm, to ratify, to approve, to uphold: *~ una sentenza* to uphold a sentence. **4** (*rif. a cariche e sim.: riconfermare*) to confirm: *~ qcu. in una carica* to confirm so.'s post. **5** (*Rel*) to confirm. **II** *v.pron.* **confermarsi 1** (*dimostrarsi corretto*) to turn out right, to prove right, to prove founded. **2** (*affermarsi*) to assert oneself, to prove oneself.

confermativo *a.* confirmative, confirmatory.

confermazione *f.* (*Rel*) confirmation.

confessare (**confèsso**) **I** *v.t.* **1** to confess, to plead guilty to: *~ un delitto* to confess a crime; *ha confessato di avere agito in modo disonesto* he confessed to having acted dishonestly. **2** (*ammettere*) to confess, to admit, to acknowledge, to own: *confesso la mia ignoranza* I confess my ignorance. **3** (*Rel*) to confess: *~ i propri peccati* to confess one's sins; *~ qcu.* to hear so.'s confession. **II** *v.pron.* **confessarsi 1** to confess, to acknowledge: *confessarsi colpevole* to confess to being guilty, to confess one's guilt, to plead guilty. **2** (*Rel*) to confess, to confess oneself, to go to confession: *mi confesso ogni settimana* I go to confession every week. **3** (*scherz*) (*confidarsi*) to confide: *confessarsi con un amico* to confide in a friend.

confessionale I *a.* confessional, denominational: *insegnamento ~* confessional teaching. **II** *m.* (*Rel*) confessional.

confessionalismo *m.* confessionalism, denominationalism.

confessione *f.* **1** confession: *la ~ di un delitto* the confession of a crime; *costringere qcu. alla ~* to force so. to confess; *estorcere una ~ a qcu.* to force a confession out of so., to wring a confession out of so.; *rendere piena ~* to make a full confession. **2** (*ammissione*) confession, admission, acknowledgement, avowal: *la ~ dei propri errori* the acknowledgement of one's mistakes; *la sua ~ mi ha colpito* I was struck by his admission.

---

3 (*Rel.catt*) (*sacramento*) confession: *fare una buona ~* to make a good confession. **4** (*religione professata*) faith, confession, creed, religion; (*comunità religiosa*) Church, confession, communion, denomination: *la ~ valdese* the Waldensian confession; *essere di ~ luterana* to belong to the Lutheran Church. **5** (*confidenza*) confession: *devo farti una ~* I must confess something to you. **6** *pl.* (*Lett*) confessions, memoirs: *le Confessioni di sant'Agostino* the Confessions of St. Augustine. □ (*Rel.catt*) *~ auricolare* auricular confession; (*Rel.catt*) *~ comunitaria* group confession; *~ di fede* confession of faith; (*Dir*) *~ extragiudiziale* extrajudicial confession.

confesso *a.* self-confessed: *reo ~* confessed criminal; *essere reo ~* to have confessed.

confessore *m.* confessor: *padre ~* father confessor.

confettare (**confètto**) *v.t.* to sugar, to coat with sugar, to candy, (*Am*) to sugarcoat: *~ le mandorle* to coat almonds with sugar.

confetteria *f.* **1** (*negozio*) confectioner's shop, sweetshop. **2** (*prodotti*) confection, confectionery.

confettiera *f.* (*recipiente per confetti*) bonbonnière; (*scatoletta*) sweet box.

confettiere *m.* (*f.* **-a**) confectioner.

confetto I *m.* **1** (*Dolc*) candy-coated almond. **2** (*Farm*) dragée, sugarcoated pill, sugarcoated medicine. **II** *a.* (*posposto*) candy: *rosa ~* candy pink. □ (*fig*) *mangiare i confetti di qcu.* (*festeggiarne il matrimonio*) to celebrate so.'s wedding; (*fig*) *quando mangeremo i confetti?* (*o a quando i confetti?*) when is the wedding going to be?

confettura *f.* jam, preserves *pl.* □ (*Alim*) *~ di arance* marmalade; (*Alim*) *~ di ciliege* cherry jam.

confezionamento *m.* (*imballaggio*) packaging, wrapping. □ *~ sotto vuoto* vacuum packaging.

confezionare (**confezióno**) *v.t.* **1** (*imballare: rif. a pacchi e sim.*) to make up, to package: *~ un pacco* to make up a parcel. **2** (*imballare: rif. a merci*) to pack, to package; (*in scatole di latta*) to tin, (*Am*) to can. **3** (*preparare*) to prepare. **4** (*Sart*) to make, to make up, to tailor: *si confezionano abiti su misura* clothes made to measure, tailor-made clothes. □ *~ sotto vuoto* to vacuum pack.

confezionato *a.* **1** (*in confezione*) packed, packaged: *merenda confezionata* packed snack; *cibi ben confezionati* well-packaged food. **2** (*Sart*) ready-made, off-the-peg, off-the-rack, prête a porter: *abito ~* ready-made suit, ready-to-wear suit.

confezione *f.* **1** (*involucro*) packet, wrap. **2** (*l'imballare: rif. a pacchi*) packaging; (*in scatole di latta*) tinning, (*Am*) canning: *nel magazzino c'è un reparto per la ~ dei pacchi* there is a packaging department in the store. **3** (*Sart*) making, making-up, tailoring: *la ~ di questo vestito mi è costata più della stoffa* the tailoring of this suit cost me more than the material; *negozio di confezioni maschili* men's wear shop. **4** *pl.* (*Abbigl*) garments, clothes, clothing (*costr.sing.*), wear (*costr. sing.*): *confezioni per bambini* children's wear; *confezioni su misura* tailor-made clothes, (*Am*) custom-made clothes. □ (*Farm*) *~ calendario* calendar package; *~ prova* test pack; (*Comm*) *~ famiglia* family pack; *~ regalo* gift wrapping, presentation box; *~ richiudibile* reclosable pack; (*Comm*) *~ risparmio* economy pack, economy size; (*Comm,Alim*) *~ salvafreschezza* stay-fresh pack.

conficcare (**conficco, conficchi**) **I** *v.t.* to hammer in, to thrust in, to drive in, to knock in, to sink: ~ *un chiodo nel muro* to hammer a nail into the wall; ~ *un palo* to drive in a post. **II** *v.pron.* **conficcarsi** to stick, to run, to get: *gli si è conficcata una scheggia nel piede* he has got a splinter in his foot.

confidare (**confido, confidi**) **I** *v.t.* to confide, to impart: ~ *un segreto a qcu.* to confide a secret to so. **II** *v.i.* (*aus.* **avere**) **1** (*avere fiducia*) to confide (*in* in), to rely (on): ~ *in Dio* to confide in God; *ti ho raccontato tutto confidando nella tua discrezione* I have told you everything relying on your discretion. **2** (*essere fiducioso*) to feel sure, to be confident: *confido che tu possa aiutarmi* I feel sure that you can help me, I'm confident that you can help me. **III** *v.pron.* **confidarsi** to confide (*con* in), to open one's heart (to): *si è confidato con me* he confided in me. □ *te lo confido in gran segreto* I'm telling you in the greatest confidence.

confidente *a.* trusting, confiding, trustful: *animo* ~ trusting nature. **II** *m./f.* **1** (*persona cui si fanno le confidenze*) confidant (*f.* confidante): *sono il suo* ~ I am her confidant. **2** (*spia, informatore*) informer, informant: ~ *della polizia* police informer.

confidenza *f.* **1** (*segreto confidato*) confidence, secret: *le piace ascoltare le confidenze degli altri* she likes listening to people's secrets. **2** (*dimestichezza*) intimacy, familiarity: *avere* ~ *con qcu.* to be close to so., to be on familiar terms with so., to be an intimate acquaintance of so. **3** *pl.* liberties: *prendersi delle confidenze* to act in an overly familiar way, (*colloq*) to be fresh; *niente confidenze!* don't be fresh! **4** (*lett*) (*fiducia*) confidence, trust. □ *trattare qcu. con* ~ to treat so. without formality, to be free and easy with so.; *dare* ~ *a qcu.* to get too familiar with so., to be too familiar with so.: *non dare troppa* ~ *a quel ragazzo* don't get too familiar with that boy; *fare una* ~ *a qcu.* to tell so. a secret; *in* ~: **1** in confidence, confidentially: *dire qcs. a qcu. in* ~ to tell so. sth. in confidence; **2** (*introducendo il discorso*) to tell you the truth, quite frankly, to be honest, between ourselves: *in* ~ *non me la sento di viaggiare solo* quite frankly I don't feel like travelling alone, to tell you the truth I don't feel like travelling alone; *essere in* ~ *con qcu.* to be close to so., to be on familiar terms with so., to be an intimate of so.; *in tutta* ~ in all sincerity, quite honestly; *te lo dico in tutta* ~ I tell you in all sincerity; *prendere* ~ *con qcs.* to know sth. well, to get to know sth. well, to get used to sth.: *non ho ancora preso* ~ *con la tua automobile* I don't know your car very well yet, I haven't got used to your car yet.

confidenziale *a.* **1** (*riservato*) confidential: *informazione* ~ confidential information; *strettamente* ~ strictly confidential; *in via* ~ (o *a titolo* ~) confidentially, in confidence. **2** (*amichevole*) familiar, friendly, informal, unofficial: *modi confidenziali* familiar ways.

confidenzialmente *avv.* confidentially.

configgere (*pres.ind.* **configgo, configgi**; *p.rem.* **confissi**; *p.p.* **confitto**) *v.t.* **1** (*inchiodare*) to nail. **2** (*conficcare*) to drive in, to thrust in: *gli ha confitto un pugnale nella schiena* he drove a dagger into his back.

configurabile *a.* (*Inform*) configurable.

configurare (**configùro**) **I** *v.t.* **1** to configure, to represent. **2** (*Inform*) to configure, to set up. **II** *v.pron.* **configurarsi** to take shape,

to emerge, to be depicted, to assume a shape, to assume a form, to take on a shape, to take on a form, to be given a form: *il racconto si configura come una confessione* the story assumes the form of a confession.

configurazionale *a.* (*Chim*) configurational.

configurazione *f.* **1** configuration, shape, outline: *la* ~ *del cranio* the shape of the skull. **2** (*Geog*) configuration: ~ *del suolo* soil configuration ground. **3** (*Inform,Chim*) configuration: *file di* ~ configuration file. □ (*Dir*) ~ *di reato* definition of criminal offence.

configurazionismo *m.* (*Psic*) configurationism, Gestalt psychology.

confinante **I** *a.* bordering (*con* on, upon), adjoining, neighbouring: *stato* ~ neighbouring state; *poderi confinanti* adjoining farms. **II** *m./f.* neighbour, abutter.

confinare (**confino**) **I** *v.i.* (*aus.* **avere**) **1** to border (*con* on, upon): *l'Italia confina con la Svizzera* Italy borders on Switzerland; (*fig*) *il tuo atteggiamento confina con la sfacciataggine* your behaviour borders on insolence. **II** *v.t.* **1** (*mandare al confino*) to banish, to intern: *lo hanno confinato su un'isola* they interned him on an island. **2** (*fig*) to confine, to shut up, to house-bound: *mi hanno confinato nella mia stanza* they shut me up in my room; *sono rimasto confinato in casa per il periodo della malattia* I was confined to the house throughout my illness, I was house-bound throughout my illness. **III** *v.pron.* **confinarsi** **1** (*isolarsi, appartarsi*) to confine oneself, to retire: *si è confinato in campagna* he has retired into the country. **2** (*rinchiudersi*) to shut oneself up: *confinarsi in casa* to shut oneself up at home.

confinario *a.* **1** boundary (*attr.*), border (*attr.*): *palo* ~ boundary post. **2** (*rif. ai confini di uno stato*) frontier (*attr.*), border (*attr.*): *polizia confinaria* frontier police, border police.

confinato *m.* (*f.* **-a**) internee. □ *sono* ~ *a letto* I'm confined to the bed, I have to stay in bed; *un* ~ *politico* a political internee, one sent into forced residence for political reasons.

Confindustria *Confederazione generale dell'industria italiana* (General Confederation of Italian Industry).

confindustriale **I** *a.* of Confindustria. **II** *m./f.* member of Confindustria.

confine *m.* **1** border, boundary: *i confini di una proprietà rurale* the boundaries of a rural holding. **2** (*tra stati*) border: *il* ~ *tra l'Italia e l'Austria* the border between Italy and Austria; *i confini italiani* the Italian borders; *passare il* ~ to cross the border; *varcare il* ~ to cross the border. **3** (*segnale di confine*) boundary mark; (*palo*) boundary post; (*pietra*) boundary stone: *collocare i confini* to set out the boundary marks; *tracciare il* ~ to mark out the boundary, to outline the boundary. **4** (*fig*) boundary, limits *pl.*, bounds *pl.*: *i confini della scienza* the bounds of science, the furthermost limits of science; *entro i confini* within the limits, within the bounds. □ *i confini della terra* the ends of the earth; ~ *di stato* national boundary, state line; (*Mar, Dir*) ~ *marittimo* limit of territorial waters; (*Geog*) ~ *naturale* natural boundary.

confino *m.* internment: *mandare qcu. al* ~ to intern so., to send so. into internal exile.

confisca *f.* (*Dir*) confiscation: ~ *di monete false* confiscation of false coins; *la* ~ *dei beni* the confiscation of goods.

confiscabile *a.* confiscable.

confiscare (**confisco, confischi**) *v.t.* to

confiscate: ~ *i beni* to confiscate goods.

confiteor *m.* (*Lit*) confiteor: *dire il* ~ to say the confiteor.

confittura *f.* (*Svizz.it*) (*confettura*) jam, preserves *pl.*

conflagrazione *f.* **1** conflagration. **2** (*fig*) (*scoppio di una guerra*) (sudden) outbreak of war. □ ~ *generale* (o ~ *universale*) global holocaust.

confliggere (**confliggo, confliggi**; *aus.* **avere**) *v.i.* to be in conflict (*con* with), to collide (*con* with).

conflitto *m.* **1** conflict, collision: *venire a* ~ to come into conflict, to clash. **2** (*estens*) (*guerra*) conflict, war. **3** (*fig*) (*contrasto*) conflict, clash: ~ *d'idee* conflict of ideas. **4** (*Psic*) conflict, clash. □ ~ *a fuoco* shoot-out; (*Mil*) ~ *armato* armed conflict; (*Mil*) ~ *atomico* atomic conflict; *conflitti del lavoro* labour disputes, industrial disputes; (*Dir*) ~ *di attribuzione* conflict of powers; (*Sociol*) ~ *di classe* class struggle; ~ *di doveri* conflict of duties; (*Pol*) ~ *di interessi* conflict of interest; (*Inform*) ~ *di memoria* memory conflict; *un* ~ *di opinioni* a conflict of opinions; (*Psic*) ~ *di personalità* personality clash; (*Pol*) ~ *di poteri* clash of powers, conflict of powers; (*Sociol*) *conflitti generazionali* conflicts between generations, generational conflicts; *in* ~ *con* in contrast with; *essere in* ~ *con la famiglia* to be at loggerheads with one's family; *essere in* ~ *con se stesso* to be in conflict, to be in a state of conflict; (*Mil*) ~ *mondiale* world war; (*Mil*) ~ *nucleare* nuclear war; ~ *razziale* racial conflict; (*Sociol*) *conflitto sociale* social conflict; ~ *tra ruoli* role conflict.

conflittuale *a.* conflictual, conflicting.

conflittualità *f.* conflicts *pl.*, unrest.

confluente *m.* (*affluente*) confluent, confluent stream, tributary, affluent: *i confluenti del Tevere* the confluents of the Tiber.

confluenza *f.* **1** (*Geog*) (*punto di confluenza: rif. a fiumi, ghiacciai*) confluence; (*rif. a valli*) convergence. **2** (*Strad*) (*rif. a strade*) road junction.

confluire (**confluisco, confluisci**; *aus.* **essere/avere**) *v.i.* **1** to flow together, to flow into each other: *i due torrenti confluiscono* the two streams flow together. **2** (*rif. a un fiume che si versa in un altro*) to flow: *l'Aniene confluisce nel Tevere* the Aniene flows into the Tiber. **3** (*rif. a valli, strade*) to meet, to come together. **4** (*fig*) to meet, to come together, to be found, to join, to join up, to merge: *nel romanzo confluiscono tutte le esperienze letterarie dello scrittore* all the writer's literary experiences are to be found in the novel.

confocale *a.* (*Fis,Ott*) confocal.

confondere (**confóndo, confóndi**; *p.rem.* **confùsi**; *p.p.* **confùso**) **I** *v.t.* **1** (*mescolare*) to confuse, to mix up, to jumble up, to muddle, to muddle up: *hanno confuso tutte le carte che erano sul tavolo* they have jumbled up all the papers that were on the table. **2** (*scambiare*) to confuse, to mistake, to take (sth.) for, to get (sth.) mixed up: ~ *i nomi* to confuse names, to get names mixed up; *ti confondo con tuo fratello* I get you mixed up with your brother, I confuse you with your brother; *ha confuso il mio ombrello con il suo* he has mistaken my umbrella for his. **3** (*turbare*) to confuse, to muddle, to mix up, to puzzle, to bewilder: ~ *le idee a qcu.* to confuse so., to muddle so. **4** (*mettere in imbarazzo*) to embarrass: *mi confondi con le tue gentilezze* your kindness overwhelms me. **5** (*rendere indistinto*) to confuse, to blur, to cover up: *i ladri hanno confuso le tracce* the thieves covered up their tracks. **6** (*lett*) (*umiliare*) to confound: *Dio confonde i superbi* Pride comes before a fall. **II** *v.pron.* **confondersi 1** (*mescolarsi*) to mix, to mingle, to blend, to get mixed up: *i fogli si sono confusi* the papers have got mixed up; *ci siamo confusi tra la folla* we mingled with the crowd. **2** (*turbarsi*) to become confused, to grow confused: *a quelle parole la ragazza si è confusa* when she heard these words, the girl grew confused. **3** (*sbagliare*) to get mixed up: *mi sono confuso e ho preso un libro invece di un altro* I got mixed up and took the wrong book. **4** (*diventare vago, indistinto*) to grow confused, to grow hazy, to become blurred, to become dim: *le montagne si confondevano nella nebbia* the mountains grew hazy in the fog; (*fig*) *mi si confondono le idee* I feel confused, (*colloq*) I can't think straight any more. **5** (*annebbiarsi*) to dim, to grow blurred: *mi si confonde la vista* my sight is becoming blurred.

confondibile *a.* that may be confused, that may be mixed up, mistakable, easily-mistaken.

conformabile *a.* conformable.

conformare (*confórmo*) **I** *v.t.* **1** (*dare una forma*) to shape, to mould. **2** (*adattare*) to conform, to adapt, to fit: *~ la propria espressione alle circostanze* to fit one's expression to the circumstances. **II** *v.pron.* **conformarsi 1** (*agire in conformità*) to conform (*a* to), to comply (with), to abide (by): *conformarsi ai desideri di qcu.* to comply with so.'s wishes; *conformarsi alle leggi* to abide by the laws. **2** (*adeguarsi*) to adapt, to adapt oneself, to adjust, to adjust oneself, to conform (to), to fall in (with): *conformarsi alla moda* to follow fashion, to stick to fashion.

conformato *a.* (*Abbigl*) oversize (*attr.*): *taglie conformate* outsizes, oversizes, (*Br*) larger sizes, (*Am*) plus sizes.

conformazione *f.* **1** (*forma*) conformation, structure, form, shape: *la ~ del cranio* the conformation of the skull. **2** (*Geol*) conformation: *la ~ del suolo* the conformation of the ground.

conforme *a.* **1** (*uguale*) exactly alike (*a qcs.* sth.). **2** (*simile*) similar. **3** (*fedele: rif. a relazioni, documenti e sim.*) true: *la copia è ~ all'originale* the copy is true to the original. **4** (*corrispondente*) in conformity (to), consistent (with), in accordance (with), in line (with): *la sua vita è ~ alle sue idee* his way of living conforms with his ideas, his way of living is in line with his ideas, his way of living is consistent with his ideas. □ *essere ~ a* to be in line with, to conform to, to satisfy: *essere ~ a un modello* to conform to a model; *~ a ragione* according to reason; *~ al campione* as per sample; (*Comm*) *~ all'ordinazione* up to order.

conformemente *avv.* in conformity, in compliance (to), in accordance (*a* with), according (to): *agire ~ alle proprie idee* to act in accordance with one's ideas; *~ alla legge* by law, in compliance to the law.

conformismo *m.* **1** conformity, conventionality, conformation. **2** (*Rel*) conformism.

conformista I *m./f.* conformist (*anche Rel*). **II** *a.* conformist: *avere un atteggiamento ~* to have a conformist attitude. □ *non ~* nonconformist.

conformistico (*pl.* **-ci**) *a.* conformist, conventional: *tendenze conformistiche* conventional tendencies.

conformità *f.* conformity, accordance, compliance. □ *in ~* accordingly; *questi*

---

sono gli ordini e voi dovete agire in ~ these are the orders and you are to comply with them; *in ~ a* (o *in ~ di*) in conformity with, in accordance with, according to, in compliance with: (*Dir*) *in ~ alla legge* in compliance with the law; (*burocr*) *in ~ alle norme di sicurezza* in compliance with safety standards.

confortante *a.* comforting, consoling: *un pensiero ~* a comforting thought; *è ~ sapere che tornerai presto* it's comforting to know that you'll come back soon.

confortare (*confòrto*) **I** *v.t.* **1** to comfort, to console: *ho cercato di confortarlo* I tried to comfort him; *mi conforta il pensiero del ritorno* the thought of returning comforts me; *~ un condannato a morte* to minister to a prisoner condemned to death. **2** (*avvalorare*) to support, to back up: *~ con esempi la propria tesi* to support one's theory with examples. **II** *v.pron.* **confortarsi** to comfort oneself, to console oneself, to take courage: *si confortò pensando che non era solo* he took courage in the thought that he wasn't alone. **III** *v.r.recipr.* **confortarsi** to comfort each other, to console each other.

confortatore I *m.* (*f.* **-trice**) comforter. **II** *a.* comforting.

confortevole *a.* **1** (*che offre comodità*) comfortable: *l'appartamento è ~* the flat is comfortable. **2** (*che conforta*) comforting, consoling: *una parola ~* a comforting word.

confortevolmente *avv.* comfortably.

conforto *m.* **1** comfort, consolation, solace: *la sua vicinanza è stata per me un grande ~* his nearness has been a great solace to me, his nearness has been of great comfort to me; *non trova ~ al suo dolore* he can find no consolation for his grief; *recare ~ a qcu.* to comfort so., to be of comfort to so., to bring comfort to so. **2** (*conferma*) support, proof, confirmation: *un argomento a ~ di una tesi* an argument in support of a theory. □ *a ~ di* in proof of, in support of: *addurrò delle prove a ~ di quanto ho detto* I'll produce evidence in support of what I have said; *essere di ~* to be a comfort, to be of comfort; *la tua presenza mi è di ~* your presence is a comfort to me; *una parola di ~* a comforting word; (*Rel*) *i conforti religiosi* the extreme unction.

confratello *m.* (*Rel*) member of a confraternity, brother: *i confratelli della Misericordia* the brothers of the Confraternity of the Misericordia, the brethren of the Confraternity of the Misericordia.

confraternita *f.* confraternity, brotherhood.

confrontabile *a.* comparable.

confrontare (*confrónto*) **I** *v.t.* **1** to compare, to match up: *~ un'opera con un'altra* to compare one work with another. **2** (*Filol*) (*collazionare*) to collate: *~ tra loro due scritti* to collate two writings. **3** (*Dir*) to confront: *~ due testimonianze* to confront two witnesses. **4** (*Mat*) to equate. **II** *v.pron.* **confrontarsi 1** (*misurarsi*) to confront, to face, to tackle: *confrontarsi con un problema di difficile soluzione* to tackle a problem which is difficult to solve. **2** (*gareggiare*) to compete, to meet: *confrontarsi con un avversario* to compete with a rival.

confronto *m.* **1** comparison: *non c'è ~* there is no comparison; *fare un ~* to compare, to make a comparison; *reggere il ~* to stand up to comparison, to bear comparison; *non temere il ~* to be able to stand comparison, to have no fear of comparison. **2** (*Filol*) (*collazione*) collation: *dal ~ dei testi risulta che* the collation of the texts shows that. **3** (*Dir*)

---

cross-examination: *il ~ tra due testimonianze* the cross-examination of two witnesses. **4** (*Sport*) contest, match. □ *a ~ di* in comparison with, compared with; (*Dir*) *~ all'americana* identification parade, identity parade, lineup; *in ~ a* in comparison with, compared with: *oggi fa caldo in ~ a ieri* it's hot today compared with yesterday; *mettere a ~*: **1** to compare; **2** (*Dir*) to cross-examine: *i due testimoni sono stati messi a confronto* the two witnesses were cross-examined; *nei confronti di* to, towards; *questo non è gentile nei confronti di tua madre* this is not a kind thing to do to your mother; *senza confronti* beyond compare, by far, far and away: *è senza confronti il migliore* he is far and away the best.

confucianesimo *m.* (*Rel*) Confucianism.

confuciano I *a.* (*Rel*) Confucian, Confucianist. **II** *m.* (*f.* **-a**) (*Rel*) Confucian, Confucianist.

Confucio *n.pr.m.* (*Stor,Rel*) Confucius.

confusamente *avv.* **1** (*in modo poco chiaro*) confusedly, in a confused way, vaguely: *ricordo tutto ~* I vaguely remember everything. **2** (*in modo disordinato*) helter-skelter, haphazardly, every which way.

confusi → **confondere**.

confusionale *a.* (*Psic*) confusional: *stato ~* confusional state, mental confusion.

confusionario I *a.* muddling, bungling, incompetent. **II** *m.* (*f.* **-a**) muddler, bungler: *essere un ~* to be a muddler, to be a blunderer, to be an incompetent, to make a mess of things.

confusione *f.* **1** (*disordine*) confusion, disorder, muddle, mess, chaos: *nella stanza regnava la ~* there was utter confusion in the room; *creare ~* to create confusion, to cause confusion; *che ~ in questi cassetti!* what a mess these drawers are in! **2** (*scambio*) confusion, muddling, mixing up: *~ di nomi* confusion of names. **3** (*disordine mentale*) confusion: *mandare qcu. in ~* to make so. feel awkward, to make so. feel embarrassed. **4** (*imbarazzo*) confusion, embarrassment; (*vergogna*) shame, abashment: *arrossì per la ~* she blushed in confusion, she blushed from shame. **5** (*ressa*) confusion, bustle, throng: *nella ~ il ladro riuscì a fuggire* in the confusion the thief managed to get away. **6** (*Dir*) merger, confusion. □ (*Bibl*) *~ delle lingue* confusion of languages; *~ di poteri* conflict of powers; *fare ~*: 1 (*fare disordine*) to create disorder, to create confusion, to make a mess, to be a muddler; 2 (*scambiare*) to mix up: *fare ~ di date* to mix up dates, to muddle dates, to get dates confused; (*colloq*) *ho una gran ~ in testa* my head is in a whirl; (*Psic*) *~ mentale* mental confusion.

confusionismo *m.* tendency towards creating confusion.

confusionista *m./f.* muddler, bungler, incompetent.

confuso → **confondere** *a.* **1** (*disordinato*) confused, jumbled, jumbled-up, (*colloq*) higgledy-piggledy: *un insieme ~ di giocattoli* a jumbled pile of toys. **2** (*non chiaro*) confused, muddled, vague: *sentirsi ~* to feel confused; *racconto ~* confused story; *avere le idee confuse* to have muddled ideas; *ricordo ~* confused recollection. **3** (*imbarazzato, turbato*) confused, embarrassed, disconcerted: *a quel complimento è restato ~* he was embarrassed by that compliment. **4** (*mortificato*) ashamed, abashed, mortified. **5** (*mescolato*) mingled, hidden: *ha assistito alla cerimonia ~ tra la folla* I followed the ceremony hidden in the crowd.

confutabile *a.* confutable, refutable: *argomento* ~ confutable argument.

confutabilità *f.* refutability.

confutare (**cònfuto/confùto**) *v.t.* to confute, to refute, to rebut: ~ *una tesi* to refute a thesis.

confutativo *a.* confutative.

confutatore *m.* (*f.* **-trice**) confuter, refuter.

confutazione *f.* confutation, refutation, rebuttal: *la* ~ *di una teoria* the confutation of a theory.

cong. (*Gramm*) 1 *congiunzione* conj. (conjunction). 2 *congiuntivo* subj., conj. (subjunctive, conjunctive).

conga *f.* (*danza*) conga.

congedare (**congèdo**) **I** *v.t.* 1 to dismiss, to discharge, to send away, to send off, to take leave of: ~ *gli ospiti* to take leave of one's guests. 2 (*Mil*) to discharge. **II** *v.pron.* **congedarsi** to take leave (*da* of), to say goodbye (to): *si è congedato dai compagni ed è partito* he said goodbye to his friends and he left.

congedato I *a.* (*Mil*) discharged, demobilized. **II** *m.* (*Mil*) discharged soldier.

congedo *m.* 1 leave, leave-taking, dismissal, discharge: *prendere* ~ *da qcu.* to take one's leave of so. 2 (*Mil*) discharge; (*licenza*) furlough, leave, leave of absence: *foglio di* ~ certificate of discharge, discharge papers. 3 (*permesso*) leave, leave of absence: *chiedere un* ~ *per motivi di salute* to apply for sick-leave. 4 (*Lett,Metr*) envoy, envoi. □ ~ *di maternità* maternity leave; ~ *di paternità* paternity leave; (*Univ*) ~ *di studio* sabbatical, sabbatical leave; (*Mil*) ~ *illimitato* discharge to the reserve, honourable discharge; *in* ~: 1 (*in licenza*) on leave; 2 (*in pensione*) retired; 3 (*Mil*) discharged; (*in licenza*) on leave, on furlough: *andare in* ~ to be discharged; 4 (*Univ*) on sabbatical: *professore in* ~ professor on sabbatical; ~ *matrimoniale* marriage leave, wedding leave; ~ *retribuito* paid leave.

congegnare (**congégno**) *v.t.* 1 to assemble, to fit together, to put together, to construct. 2 (*fig*) to devise, to contrive, to plan: ~ *una beffa* to devise a practical joke; ~ *un furto* to plan a robbery.

congegnato *a.* 1 assembled, put together, constructed: *la commedia è ben congegnata* the play is skilfully put together. 2 (*fig*) devised, contrived, planned: *un furto ben* ~ a well-planned robbery.

congegno *m.* 1 (*meccanismo*) mechanism, gear, apparatus, machine; (*strumento*) instrument; (*dispositivo*) device, contrivance. 2 (*oggetto*) device, gadget, contrivance, (*colloq*) contraption: *quell'accendino è un* ~ *complicato* that cigarette lighter is a complicated gadget. 3 (*struttura*) structure, construction: *studiare il* ~ *di un apparecchio* to study the structure of an apparatus. □ (*Tecn*) ~ *di espulsione* ejector; (*Tecn*) ~ *di mira* gun-sight; (*Mil*) ~ *di puntamento* bombsight.

congelamento *m.* 1 (*Fis*) freezing, congelation: ~ *dell'acqua* freezing of water. 2 (*Alim*) freezing, quick-freezing, deep-freezing: ~ *della carne* freezing of meat. 3 (*Med*) frostbite: *morire per* ~ to freeze to death. 4 (*Econ*) freezing, freeze: ~ *di un credito* credit freeze, freezing of a credit. □ (*Pol*) ~ *degli armamenti* nuclear freeze.

congelare (**congèlo**) **I** *v.t.* 1 to freeze, to congeal: ~ *l'acqua* to freeze water. 2 (*rif. a sostanze alimentari*) to freeze, to quick-freeze, to deep-freeze: ~ *la carne* to freeze meat. 3 (*Econ*) to freeze: ~ *un conto*

all'estero to freeze a foreign account, to block a foreign account. **II** *v.i.* to freeze: *sto congelando!* I'm freezing! **III** *v.pron.* **congelarsi** 1 to freeze, to congeal: *l'acqua si è congelata* the water has frozen. 2 (*Med*) to become frostbitten: *gli si è congelata una gamba* one of his legs has been frostbitten. □ (*Pol*) ~ *gli armamenti* to freeze armaments.

congelato *a.* 1 (*di alimenti*) frozen, flash-frozen: *verdura congelata* frozen vegetables. 2 (*Econ*) frozen: *credito* ~ frozen credit, frozen assets. 3 (*Med*) frostbitten.

congelatore *m.* (*Tecn*) (*apparecchio*) freezer. □ ~ *a pozzo* chest freezer; ~ *verticale* upright freezer.

congenere I *a.* 1 (*simile*) similar, like this, like that, of the same sort: *non ho mai svolto un lavoro* ~ I have never done work like this. 2 (*Biol*) congener, congeneric. **II** *m.* (*Biol*) congener.

congeniale *a.* congenial: *questo lavoro non mi è* ~ this work doesn't suit me.

congenialità *f.* congeniality.

congenito *a.* 1 (*Med*) congenital, inborn: *malformazione congenita* congenital malformation. 2 (*estens*) congenital, innate: *vizio* ~ congenital vice; *pigrizia congenita* innate laziness.

congerie *f.inv.* heap, mass (*anche fig*).

congestionamento *m.* (*Strad*) congestion, overcrowding, over-crowding: ~ *del traffico* traffic congestion.

congestionare (**congestióno**) **I** *v.t.* 1 (*Med*) to congest. 2 (*Strad*) to congest, to jam, to overcrowd. **II** *v.pron.* **congestionarsi** 1 (*Med*) to congest, to get congested. 2 (*Strad*) to congest, to become overcrowded.

congestionato *a.* 1 (*Med*) congested: *organo* ~ congested organ. 2 (*estens*) (*accalorato, rosso*) flushed: *faccia congestionata* flushed face. 3 (*Strad*) congested, overcrowded, jammed: *traffico* ~ congested traffic.

congestione *f.* 1 (*Med*) congestion. 2 (*Strad*) congestion, jam: ~ *del traffico* traffic jam, traffic congestion. □ (*Med*) ~ *cerebrale* congestion of the brain; (*Med*) ~ *polmonare* lung congestion, congestion of the lungs.

congestizio *a.* (*Med*) congestive.

congettura *f.* conjecture, supposition, guess: *le mie sono solo congetture* I'm only making conjectures, it's pure guesswork; *azzardare una* ~ to hazard a guess, to venture a guess; *basarsi su congetture* to base oneself on guesswork, to base oneself on conjectures. □ *una* ~ *azzardata* a wild guess; (*Mat*) ~ *di Goldbach* Goldbach conjecture; *fare delle congetture* to conjecture.

congetturabile *a.* conjecturable.

congetturale *a.* conjectural.

congetturare (**congettùro**) *v.t.* to conjecture, to presume.

congiungere (*pres.ind.* **congiùngo, congiùngi;** *p.rem.* **congiùnsi;** *p.p.* **congiùnto**) **I** *v.t.* 1 (*unire*) to join, to join up, to join together, to unite, to bring together: ~ *due punti con una retta* to join two points by a straight line; ~ *le mani* to join hands; *i due generali cercarono di* ~ *le truppe* the two generals tried to unite their troops. 2 (*Mecc*) (*montare*) to join; (*mediante saldature*) to weld, to solder; (*rif. a corde*) to tie together, to knot together; (*rif. a travi, binari*) to splice; (*mediante caviglie, perni*) to dowel; (*mediante incastri*) to cog: ~ *due pezzi* to join two parts. 3 (*collegare*) to connect, to link, to link up, to join, to join up: *un tram congiunge i due estremi della città* the two

sides of the town are connected by a tram; *il ponte congiunge le due rive* the bridge joins the two banks. 4 (*El,Tel*) to connect, to switch, to join. **II** *v.pron.* **congiungersi** 1 (*unirsi*) to join, to join up, to unite, to meet, to meet up, to link, to link up, to merge: *il viottolo si congiunge alla strada maestra* the path joins the main road. 2 (*Astr*) to conjoin, to be in conjunction. 3 (*rar,lett*) (*avere rapporti sessuali*) to have sexual intercourse. □ *congiungersi in matrimonio* to be joined in matrimony.

congiungimento *m.* 1 (*azione*) joining, junction, union, linking, meeting. 2 (*punto di congiunzione*) junction. 3 (*rar,lett*) (*accoppiamento*) sexual intercourse, coupling.

congiunsi → **congiungere**.

congiuntamente *avv.* jointly, in conjunction, together: *agiremo* ~ we will act in conjunction.

congiuntiva *f.* (*Anat*) conjunctiva.

congiuntivite *f.* (*Med*) conjunctivitis.

congiuntivo I *a.* (*Gramm*) subjunctive. **II** *m.* (*Gramm*) subjunctive mood, conjunctive mood. □ (*Gramm*) *al* ~ in the subjunctive; (*Gramm*) ~ *esortativo* hortatory subjunctive; (*Gramm*) ~ *imperfetto* imperfect subjunctive; (*Gramm*) ~ *presente* present subjunctive; (*Gramm*) ~ *trapassato* pluperfect subjunctive.

congiunto → **congiungere I** *a.* 1 (*unito*) joined, united, combined: *sforzi congiunti* combined efforts. 2 (*collegato*) connected, linked. **II** *m.* (*f.* **-a**) relative, relation, kin: *inviterò amici e congiunti* I'll invite friends and relatives.

congiuntura *f.* 1 (*circostanza*) circumstance, juncture: *in questa* ~ at this juncture; *le presenti congiunture* the present circumstances; *una* ~ *favorevole* a favourable circumstance. 2 (*punto di congiunzione*) joint (*anche Anat*). 3 (*Econ*) economic trend, economic tendency.

congiunturale *a.* (*Econ*) economic, of economic trends (*posposto*): *clima* ~ economic climate; *provvedimenti congiunturali* steps to deal with an economic trend; *stasi* ~ slump, economic crisis.

congiunzionale *a.* conjunctional.

congiunzione *f.* 1 junction, link, connection, joint. 2 (*Gramm*) conjunction. 3 (*Astr*) conjunction: *la luna è in* ~ *con Marte* the moon is in conjunction with Mars. □ (*Gramm*) ~ *avversativa* adversative conjunction; (*Gramm*) ~ *concessiva* concessive conjunction; (*Gramm*) ~ *coordinante* (o ~ *coordinativa*) coordinating conjunction; (*Gramm*) ~ *disgiuntiva* disjunctive conjunction; (*Gramm*) ~ *finale* final conjunction; (*Gramm*) ~ *subordinante* subordinating conjunction.

congiura *f.* conspiracy, plot: *ordire una* ~ to lay a plot, to hatch a plot, to plot, to conspire; *una* ~ *contro lo stato* a plot against the state; *sventare una* ~ to foil a plot. □ ~ *del silenzio* conspiracy of silence; (*Stor.brit*) *la* ~ *delle Polveri* the Gunpowder Plot; (*Stor.rom*) *la* ~ *di Catilina* the Catiline conspiracy.

congiurare (**congiùro**) *v.i.* (*aus.* **avere**) 1 to plot, to conspire: ~ *ai danni di qcu.* to conspire against so. 2 (*concorrere*) to work against, to be against, to work against: *non basta il traffico stradale, anche la pioggia congiura contro di noi* as if the traffic weren't enough, even the rain is against us; *tutto congiura contro di me* everything is working against me.

congiurato *m.* (*f.* **-a**) conspirator, plotter: *i congiurati furono scoperti* the conspirators were discovered.

conglobamento *m.* consolidation, incorporation, combination, unification, merger, aquisition. □ *(Econ)* ~*dei crediti* consolidation of credits; *(Econ)* ~ *delle indennità nel salario* incorporation of allowances into one's income.

conglobare (**conglòbo/cònglobo**) *v.t.* 1 *(ammassare, ammucchiare)* to amass, to conglobate. 2 *(Econ)* to consolidate, to combine, to incorporate: ~ *le indennità nel salario* to incorporate allowances into one's income.

conglomerare (**conglòmero**) I *v.t.* to amass, to accumulate. II *v.pron.* **conglomerarsi** to conglomerate, to be amassed.

conglomerato *m.* 1 *(ammasso)* conglomerate, mass *(anche fig).* 2 *(Geol)* conglomerate, pudding-stone. 3 *(Edil)* concrete, mix. 4 *(Econ)* conglomerate.

conglutinamento *m.* conglutination.

conglutinare (**conglùtino**) I *v.t.* to conglutinate. II *v.pron.* **conglutinarsi** to cohere, to conglutinate, to stick together.

conglutinazione *f.* conglutination.

Congo *n.pr.m.* *(Geog)* 1 Congo. 2 *(fiume)* Congo, River Congo.

congolese I *a.* Congoese, Congolese. II *m./f.* Congolese.

congratularsi (**mi congràtulo**) *v.pron.* to congratulate: *mi congratulo con te per la promozione* I congratulate you on your promotion; *me ne congratulo* I congratulate you.

congratulatorio *a.* congratulatory: *lettera congratulatoria* congratulatory letter, letter of congratulation.

congratulazione *f.* 1 *(il congratularsi)* congratulations *pl.*, congratulation, felicitation: *lettera di congratulazioni* letter of congratulations, letter of congratulation, congratulatory letter. 2 *pl.* congratulations: *vivissime congratulazioni* hearty congratulations.

congrega *f.* 1 *(Rel)* congregation, confraternity. 2 *(spreg)* band, group, set, gang, *(colloq)* bunch: *una ~ di ladri* a band of robbers, a gang of thieves.

congregare (**congrègo/còngrego, congrèghi/còngreghi**) I *v.t.* to assemble, to gather together, to call together: *il vescovo ha congregato i parroci* the bishop has called the parish priests together. II *v.pron.* **congregarsi** *(adunarsi)* to congregate, to assemble, to gather together.

congregazionalismo *m.* *(Rel.prot)* Congregationalism.

congregazionalista *m./f.* *(Rel.prot)* Congregazionalist.

congregazione *f.* 1 *(adunanza)* assembly, congregation, gathering. 2 *(persone congregate)* assembly, gathering, congregation. 3 *(Rel)* congregation. □ ~*di carità* charitable association.

congregazionista *m./f.* member of a religious congregation.

congressista *m./f.* participant (to a conference), one who attends a congress.

congresso *m.* 1 *(di studiosi, professionisti)* congress, conference, convention: ~ *medico* medical congress. 2 *(Pol)* *(di un partito)* congress, conference, *(Am)* convention: *il ~ del partito socialista* the Socialist Party Congress. 3 *(US)* *(parlamento)* Congress. □ *(Stor)* ~*di Vienna* Congress of Vienna; *(Rel)* ~*eucaristico* Eucharistic Congress.

congressuale *a.* 1 of a congress, of the congress, congressional: *atti congressuali* proceedings of the congress, congressional

proceedings; *lavori congressuali* work of a congress. 2 *(US)* Congress *(attr.)*, Congressional.

congrua *f.* *(Rel)* stipend.

congruamente *avv.* congruously, suitably, fittingly, adequately: *sarai ricompensato ~* you will be suitably rewarded.

congruente *a.* 1 congruent, suitable, agreeing, appropriate. 2 *(Mat)* congruent.

congruenza *f.* 1 congruence, suitability. 2 *(Mat)* congruence, congruency.

congruità *f.* congruity.

congruo *a.* 1 suitable, fitting, adequate, appropriate, congruous: *ho un ~ stipendio* I get an adequate salary; *dietro ~ compenso* for a fitting reward. 2 *(Mat)* congruent.

conguagliare (**conguàglio, conguàgli**) *v.t.* *(Econ)* to equalize, to square up, to balance, to adjust: ~ *gli stipendi* to adjust salaries.

conguaglio *m.* *(Econ)* 1 *(il conguagliare)* balancing, equalization, squaring up, adjustment. 2 *(somma con cui si conguaglia)* balance, settlement, compensation, adjustment, compensatory sum of money: *riscuotere il ~* to collect the balance.

CONI *Comitato olimpico nazionale italiano* (Italian Olympic Games Committee).

coniare (**cònio**) *v.t.* 1 to coin, to mint, to strike: ~ *una moneta* to mint a coin; ~ *una medaglia* to strike a medal. 2 *(fig)* *(creare: rif. a parole)* to coin, to mint: ~ *una nuova parola* to coin a word.

coniato *a.* coined, minted, struck.

coniatore *m.* *(f.* **-trice**) coiner, minter.

coniatura, coniazione *f.* 1 *(azione)* coining, minting, striking. 2 *(effetto)* coinage, mintage.

conica *f.* *(Geom)* conic section.

conicità *f.* *(Geom)* conical shape, conical nature.

conico *(pl.* **-ci**) *a.* *(Geom)* conic, conical, cone-shaped: *figura conica* cone-shaped figure; *proiezione conica* conic projection.

conidio *m.* *(Bot)* conidium.

conifera *f.* *(Bot)* conifer.

conifero *a.* *(Bot)* coniferous: *pianta conifera* coniferous plant.

coniglicoltore *m.* *(f.* **-trice**) *(Zootecn)* rabbit breeder.

coniglicoltura *f.* *(Zootecn)* rabbit breeding.

conigliera *f.* 1 *(gabbia)* rabbit hutch. 2 *(recinto)* rabbit run, rabbitry.

coniglietta *f.* *(ragazza)* bunny girl.

coniglietto *m.* *(infant)* bunny.

coniglio *m.* 1 *(Zool)* rabbit. 2 *(pelliccia)* rabbit, rabbit-fur, *(Br)* cony, coney: *un colletto di ~* *(Br)* a cony collar, *(Am)* a rabbit collar, a fur collar. 3 *(fig)* *(persona timida)* timid person; *(persona vile)* faint-heart, coward, *(colloq)* chicken. □ *(Zool)* ~*d'angora* angora rabbit; *(Gastron)* ~ *in salmì* rabbit stewed in wine; *(Zool)* ~*selvatico* wild rabbit.

conio *m.* 1 *(matrice per coniare)* minting die. 2 *(l'impronta)* stamp, imprint, impress. 3 *(il coniare)* coinage, coining, minting: *il ~ di una nuova moneta* the minting of a new coin. 4 *(fig)* *(qualità)* stamp, kind, sort: *due bricconi dello stesso ~* two rascals of the same stamp.

coniugabile *a.* *(Gramm)* conjugable.

coniugale *a.* conjugal, married: *amore ~* conjugal love; *vita ~* married life.

coniugare (**còniugo, còniughi**) I *v.t.* 1 *(Gramm)* to conjugate. 2 *(fig)* *(fare coesistere)* to combine. II *v.pron.* **coniugarsi** 1 *(sposarsi)* to marry, to get married. 2 *(Gramm)* to conjugate: *il verbo "leggere" si coniuga ir-*

regolarmente the verb "leggere" has an irregular conjugation. 3 *(fig)* *(coesistere)* to combine.

coniugato I *a.* 1 *(sposato)* married. 2 *(Mat, Geom,Chim)* conjugate, conjugated: *angoli coniugati* conjugate angles. II *m.* *(f.* **-a**) married person.

coniugazione *f.* *(Gramm)* conjugation. □ *(Gramm)* ~ *deponente* deponent conjugation; *(Gramm)* ~*irregolare* irregular conjugation; *(Gramm)* ~*perifrastica* periphrastic conjugation.

coniuge *m.* 1 spouse, partner, married partner, consort; *(marito)* husband; *(moglie)* wife. 2 *pl.* married couple *sing.*, husband and wife: *i coniugi Bianchi* Mr. and Mrs. Bianchi, the Bianchis.

connaturale *a.* innate, inborn, congenital: *vizi connaturali all'uomo* vices which are innate in man.

connaturare I *v.t.* *(rar)* to connaturalize. II *v.pron.* **connaturarsi** to become second nature *(in to),* to become a part of one's nature.

connaturato *a.* 1 innate: *la maternità è connaturata nella donna* motherhood is instinctive in women. 2 *(radicato)* ingrained, deeply rooted: *vizio ~* deeply-rooted vice.

connazionale *m./f.* fellow countryman *(f.* -woman), compatriot: *sono connazionali* they come form the same country.

connessi → **connettere**.

connessione *f.* 1 connection, connexion *(anche El,Inform).* 2 *(fig)* *(relazione)* connection, relation, relationship, link: *tra i due fatti non c'è alcuna ~* there's no connection between the two facts. 3 *(Dir)* union, connection. □ *(Inform)* ~*a Internet* Internet connection; *(Inform)* ~ *a margherita* daisy chain; *(El)* ~*a stella* star connection; *(Inform)* ~*diretta* direct connection; *(Inform)* ~*via cavo* cable connection.

connesso → **connettere** *a.* connected, linked *(anche fig):* *i due avvenimenti sono strettamente connessi* the two events are closely connected.

connestabile *m.* *(Stor,rar)* constable: *gran ~* High Constable.

connettere *(pres.ind.* **connètto/connétto**; *p.rem.* **connettéi/connettésti**; *p.p.* **connèsso/connésso**) I *v.t.* 1 to join, to link, to connect *(anche fig):* ~ *due travi* to join two beams; ~ *le idee* to connect ideas. 2 *(El,Inform)* to connect: ~ *in serie* to connect in series. 3 *(assol.)* *(collegare i pensieri, ragionare)* to be able to think rationally, *(colloq)* to think straight: *quando è arrabbiato non connette più* when he is angry he can't think straight. II *v.pron.* **connettersi** 1 to be connected, to be linked: *la sua partenza si connette con la scoperta del furto* his departure is connected with the discovery of the theft. 2 *(Inform)* to log in. □ *(Inform) connettersivia telefono* to dial up.

connettivite *f.* *(Med)* inflammation of the connective tissue.

connettivo I *a.* 1 *(Biol)* connective: *tessuto ~* connective tissue. 2 *(che unisce)* conjunctive. II *m.* 1 *(elemento che unisce)* link. 2 *(Biol)* connective. 3 *(Ling)* connective, linker.

connivente I *a.* conniving *(con* with, in, at): *essere ~* to connive; *il guardiano era ~ con i ladri* the watchman connived with the thieves; ~ *in un furto* conniving at a theft. II *m./f.* conniver.

connivenza *f.* connivance: *hanno messo a segno il furto con la ~ del guardiano* they carried out the theft with the connivance of the watchman. □ *in ~con* in connivance with.

connotare (**connòto**) *v.t.* *(Filos,Ling)* to

connote.

connotativo *a.* (*Ling*) connotative: *nome* ~ connotative name; *significato* ~ connotative meaning.

connotato *m.spec.pl.* characteristic feature, distinctive feature, description: *nome, cognome e connotati* name, surname and description; *rispondere ai connotati* to answer to the description; (*colloq*) *cambiare i connotati a qcu.* (*picchiarlo duramente*) to smash so.'s face in, to beat so. black and blue.

connotazione *f.* 1 (*Filos*) connotation. 2 (*Ling*) connotation, overtone: *il termine ha una ~ leggermente negativa* the word has a slightly negative connotation.

connubio *m.* 1 (*unione*) combination, alliance, marriage, union: *il difficile ~ tra la libertà e l'obbedienza* the difficult combination of freedom and obedience. 2 (*lett*) (*matrimonio*) marriage.

cono *m.* 1 (*Geom,Bot*) cone. 2 (*Dolc*) (*cialda di gelato*) cone, ice-cream cone. 3 (*Dolc*) (*cornetto*) horn. 4 (*Geol*) (*cono vulcanico*) cone: *il ~ del Vesuvio* the cone of Vesuvius. □ *a ~* cone-shaped, conic, conical: *cappello a ~* conical hat; ~ *di luce* pool of light; ~ *d'ombra*: 1 conical-shaped shadow; 2 (*Astr*) shadow cone, cone of shade; ~ *luminoso* cone of light.

conobbi → **conoscere**.

conocchia *f.* 1 (*rocca*) distaff. 2 (*pennacchio avvolto alla rocca*) bunch of flax (wound on a distaff), bunch of wool (wound on a distaff).

conoidale *a.* (*Geom*) conoidal.

conoide *m./f.* 1 (*Geom*) conoid. 2 (*Geol*) cone. □ (*Geol*) ~ *di deiezione* alluvial cone.

conoscente *m./f.* acquaintance: *è un mio vecchio ~* he's an old acquaintance of mine; *ho invitato alcuni conoscenti* I have invited some acquaintances.

conoscenza *f.* 1 (*il conoscere, il sapere*) knowledge; (*pratica*) knowledge (*di* of), familiarity, acquaintance (with): *ha una buona ~ del latino* he has a good knowledge of Latin; *ho una certa ~ di motori* (o *in fatto di motori*) I've some knowledge of engines. 2 (*persona conosciuta*) acquaintance: *una mia ~* an acquaintance of mine; *una persona di mia ~* a person I know, an acquaintance of mine; *se vuoi fare l'attore devi avere delle conoscenze* if you want to be an actor you need to have connections in high places. 3 (*sensi, coscienza*) consciousness, senses *pl.*: *perdere ~* to lose consciousness, to lose one's senses. 4 (*Filos*) cognition. 5 (*Dir, burocr*) cognizance. □ *essere a ~ di qcs.* to know sth., to know of sth., to know about sth., to be aware of sth.: *sono a ~ di tutto* I know all about it; *venire a ~ di qcs.* to hear of sth., to learn of sth.; *portare qcs. a ~ di qcu.* to bring sth. to the attention of so., to inform so. of sth., to bring sth. to the notice of so., to acquaint so. with sth.; ~ *delle lingue* knowledge of languages; *fare la ~ di qcu.* to get to know so., to make so.'s acquaintance; *lieto di fare la sua ~* glad to meet you, pleased to meet you; *conoscenze informatiche* computer knowledge; (*Comm, burocr*) *per ~* copy sent to; *conoscenze professionali* professional skills.

conoscere (*pres.ind.* **conósco, conósci**; *p.rem.* **conóbbi, conoscésti**; *p.p.* **conosciùto**) I *v.t.* 1 to know, to be familiar with, to be acquainted with: *non conosco tua madre* I don't know your mother; *non conosco il romanzo di cui parli* I'm not familiar with the novel you're speaking of, I don't know the novel you're speaking of. 2 (*fare la conoscenza*) to meet, to make the acquaintance of: *ieri ho conosciuto la tua amica* I met your friend yesterday. 3 (*sapere, essere pratico*) to know, to be familiar with, to be acquainted with: *conosci il francese?* do you speak French?, do you know French?; *non conosco il motore della tua macchina* I'm not familiar with the engine of your car. 4 (*capire*) to know, to understand: ~ *le donne* to understand women. 5 (*riconoscere, ravvisare*) to know, to distinguish, to recognize: *l'ho conosciuto dall'andatura* I recognized him by his gait. 6 (*sperimentare*) to know, to experience: *in quel periodo ho conosciuto la miseria e il dolore* at that time I went through misery and sorrow. 7 (*con la negazione: ammettere*) to listen to, to hear: *non vuole ~ ragioni* he won't listen to reason. 8 (*prendere in considerazione*) to let, to admit of, to know: *quando ha deciso non conosce ostacoli* when he has decided something nothing stands in his way. 9 (*concedersi*) to allow oneself, to give oneself: *non conosce tregua* he won't allow himself a respite, he won't let up. 10 (*Bibl*) (*avere rapporti sessuali*) to know: ~ *una donna* to know a woman. II *v.pron.* **conoscersi** (*conoscere se stesso*) to know oneself: *deve imparare a conoscersi meglio* he must learn to know himself better. III *v.r.recipr.* **conoscersi** 1 to know each other: *ci conosciamo da un anno* we have known each other for a year; *nei paesi tutti si conoscono* in small towns everybody knows everybody else. 2 (*fare conoscenza*) to meet: *ma noi ci conosciamo già, vero?* but we've already met, haven't we? □ ~ *a fondo* qcu. to know so. through and through: *ti conosco a fondo, non mi puoi ingannare* you can't fool me, I know you too well; (*fig*) ~ *qcs. come le proprie tasche* to know sth. like the back of one's hand, to know sth. through and through, to know sth. inside out; ~ *qcu. di fama* to have heard of so., to know of so., to know so. by reputation; ~ *qcu. di persona* to know so. personally; ~ *qcu. di vista* to know so. by sight; *fare ~*: 1 to make known: *fare ~ qcs. a qcu.* to make sth. known to so., to inform so. of sth.; 2 (*presentare*) to introduce: *fare ~ qcu. a qcu.* to introduce so. to so.; *fammi ~ tuo fratello!* introduce me to your brother!; 3 (*Comm*) to advertise: *fare ~ un nuovo prodotto* to advertise a new product; *farsi ~*: 1 (*diventare noto*) to make a name for oneself, to become well-known; 2 (*farsi riconoscere*) to make oneself known; (*fig,scherz*) ~ *i propri polli* to know one's customers, to know whom one has to deal with: *conosco i miei polli* I know who I have to deal with; ~ *il mestiere* to know one's job, (*colloq*) to know one's stuff; (*scherz*) *conosco il mio uomo* I know my man, I know who I'm dealing with; (*fig*) ~ *il mondo* to know what's what, to know the world, to know the ways of the world; (*scherz*) *ti conosco, mascherina!* you can't fool me!; ~ *mezzo mondo* to know half the world, to know everybody, to have many contacts; (*fig*) ~ *qcs. per filo e per segno* to know sth. from A to Z, to know sth. inside out; *non volere ~ ragioni* to refuse to listen to reason; (*fig*) *ho conosciuto tempi migliori!* I've seen better days!, I've been better!; (*fig*) ~ *vita, morte e miracoli di qcu.* to know absolutely everything about so., to know so. inside out. *Prov.: conosci te stesso* know thyself.

conoscibile I *a.* 1 knowable. 2 (*Filos*) cognizable. II *a.* (*riconoscibile*) recognizable: *è ~*

dall'accento he is recognizable by his accent. II *m.* (*Filos*) knowledge: *i limiti del ~* the bounds of knowledge.

conoscitivo *a.* cognitive, of knowing (*posposto*), of cognition (*posposto*): *facoltà conoscitiva* faculty of knowing, cognitive faculty.

conoscitore *m.* (*f.* **-trice**) 1 person who knows (*di* about): *un grande ~ dell'animo umano* one who has a profound knowledge of the human heart. 2 (*intenditore*) connoisseur (*di* of, in), expert (in), authority (on): ~ *di vini* wine connoisseur; *un ~ di musica classica* an expert in classical music, an authority on classical music.

conosciuto → **conoscere** I *a.* 1 (*noto*) well-known: *un attore poco ~* not a very well-known actor, a little-known actor. 2 (*provato*) known, trusted, tried: *persona di conosciuta onestà* a trusted person. II *m.* (*Filos*) known: *il conoscente e il ~* the knower and the known. □ *essere ~ col nome di Tom* to be known by the name of Tom, to be known as Tom; (*fig*) *essere più ~ della bettonica* to very well known.

conquibus *m.inv.* (*scherz,colloq*) wherewithal, cash, (*colloq*) lolly.

conquista *f.* 1 (*il conquistare*) conquest; (*con la forza*) seizure: *la ~ della regione* the conquest of the region; *la ~ del potere* the seizure of power. 2 (*rif. a città e sim.*) taking, capture. 3 (*zona conquistata*) conquest: *l'imperatore perse tutte le sue conquiste* the emperor lost all his conquests. 4 (*fig*) attainment, achievement, conquest: *le grandi conquiste della scienza* the great scientific achievements. 5 (*colloq*) (*successo amoroso, persona conquistata*) conquest: *mi ha raccontato tutte le sue conquiste dell'estate* he has told me about all the conquests he made this summer; *l'ho visto a passeggio con la sua ultima ~* I saw him out walking with his latest conquest. 6 (*rif. a montagne*) conquest: *la ~ dell'Everest* the conquest of Everest.

conquistabile *a.* conquerable, that may be conquered (*anche fig*): *un paese facilmente ~* an easily conquerable country; *non è una donna ~ al primo incontro* she isn't an easy conquest.

conquistare (**conquisto**) I *v.t.* 1 to conquer: ~ *lo spazio* to conquer space. 2 (*rif. a città e sim.*) to take, to capture: ~ *una città* to take a city, to take a city; *hanno conquistato la fortezza nemica* they captured the enemy fortress. 3 (*fig*) to gain, to win, to win over, to acquire, to obtain: ~ *la ricchezza* to acquire wealth; ~ *il cuore di qcu.* to win so.'s heart; *la sua gentilezza ci ha conquistati* his kindness has won us over; ~ *la stima di qcu.* to gain so.'s esteem, to win so.'s esteem. 4 (*colloq*) (*fare innamorare*) to conquer: ~ *una ragazza* to win a girl's heart. 5 (*rif. a montagne*) to conquer. II *v.pron.* **conquistarsi** to gain, to win: *conquistarsi la simpatia di qcu.* to win so. over, to get into so.'s good graces, to get into so.'s good books. □ ~ *il potere*: 1 to come to power; 2 (*con la forza*) to seize power.

conquistatore I *m.* (*f.* **-trice**) 1 conqueror (*f.* -ress). 2 (*chi ha fortuna in amore*) lady-killer (*f.* femme fatale), heartbreaker. II *a.* conquering: *esercito ~* conquering army.

Cons. *Consiglio* (Council).

consacrabile *a.* that may be consecrated (*anche Rel*).

consacrante I *a.* consecrating. II *m.* consecrator.

consacrare (**consàcro**) I *v.t.* 1 to consecrate, to dedicate (*anche fig*): ~ *una cappella alla Madonna* to consecrate a chapel to the Virgin; ~ *un monumento ai caduti* to dedicate a monument to the fallen; ~ *la vita alla scienza* to dedicate one's life to science. **2** (*fig*) (*riconoscere solennemente*) to consecrate, to sanction, to confirm, to establish: *il premio lo ha consacrato tra i migliori scrittori dell'anno* the prize has established him as one of the best writers of the year. **3** (*rendere come sacro*) to hallow, to consecrate: *usi consacrati dal tempo* customs hallowed by time. **II** *v.pron.* **consacrarsi** to consecrate oneself, to dedicate oneself: *consacrarsi a Dio* to consecrate oneself to God. ☐ (*Lit*) ~ *il pane e il vino* to consecrate the bread and wine; (*Lit*) ~ *l'ostia* to consecrate the Host, to bless the Host.

consacrato *a.* consecrated, hallowed: *ostia consacrata* consecrated Host.

consacratore *m.* (*f.* **-trice**) consecrator.

consacrazione *f.* **1** consecration, dedication. **2** (*Lit*) Consecration. **3** (*estens*) (*riconoscimento*) accolade: *un francesismo che ha avuto la* ~ *dell'uso* a gallicism which has been sanctioned through use. ☐ (*Lit*) ~ *del pane e del vino* Consecration of the bread and wine; (*Lit*) ~ *eucaristica* (Eucharistic) Consecration.

consanguineità *f.* consanguinity, blood relationship.

consanguineo **I** *m.* (*f.* **-a**) blood relation, kinsman (*f.* -woman): *matrimonio tra consanguinei* intermarriage. **II** *a.* consanguineous, related by blood (*posposto*), consanguine.

consapevole *a.* **1** (*cosciente*) aware, conscious (*di of*): *sono* ~ *delle mie responsabilità* I am aware of my responsibilities; *non è* ~ *di quello che fa* he is not aware of what he is doing. **2** (*informato*) acquainted (with), aware (of): *non è* ~ *di ciò che è avvenuto* he isn't aware of what has happened, he doesn't know what has happened.

consapevolezza *f.* awareness, consciousness: *la* ~ *della colpa* consciousness of guilt.

consapevolmente *avv.* consciously, knowingly, deliberately, intentionally: *agire* ~ to act deliberately; *ferire qcu.* ~ to hurt so. intentionally.

consciamente *avv.* consciously, knowingly.

conscio **I** *a.* (*cosciente*) conscious, aware: *sono* ~ *dei miei errori* I am conscious of my errors. **II** *m.* (the) conscious, (the) conscious self.

consecutio temporum /konse'kutsjo-/ *f.* (*Gramm*) sequence of tenses, tense form in sequence.

consecutiva *f.* **1** (*Gramm*) consecutive clause. **2** (*interpretazione*) consecutive translation, consecutive interpretation.

consecutivamente *avv.* consecutively, successively.

consecutivista *m./f.* consecutive translator.

consecutivo *a.* **1** (*seguente*) following, next: *l'anno* ~ *al nostro arrivo* the year following our arrival, the year after our arrival. **2** (*di seguito, senza interruzione*) consecutive, running, in a row: *sei arrivato in ritardo per tre volte consecutive* you've arrived late three times in a row; *è stato interrogato per due ore consecutive* he was questioned for two hours on end, he was questioned for two consecutive hours. **3** (*Geom*) contiguous: *angoli consecutivi* contiguous angles. **4** (*Gramm*) consecutive: *proposizione consecutiva* consecutive clause.

consegna *f.* **1** (*Comm*) delivery, consignment: *la* ~ *della merce si effettua il giovedì* delivery is on Thursdays; *condizioni di* ~ delivery conditions, delivery terms; *effettuare la* ~ to deliver, to make a delivery; *mancata* ~ non-delivery (*anche Post*). **2** (*distribuzione*) giving-out, distribution, handing-out: *la* ~ *dei pacchi natalizi* the giving-out of Christmas parcels. **3** (*custodia*) trust, custody, care, charge: *ha lasciato la casa in* ~ *a un parente* he left a relative in charge of the house. **4** (*Dir*) (*di malfattori, detenuti*) handing over, turning over, delivering up; (*estradizione*) extradition. **5** (*Mil*) (*ordine che il militare in servizio trasmette a chi prende il suo posto*) orders *pl.*: *eseguire la* ~ to carry out orders, to obey orders; *mancare alla* ~ to fail to carry out orders, to fail to obey orders. **6** (*Mil*) (*punizione*) confinement to barracks, arrest in quarters; (*Mar.mil*) confinement to a ship. **7** *pl.* (*lasciando una carica, un posto*) handing over *sing.*, transfer *sing.*: *dare le consegne* to hand over; *il cassiere dà le consegne al suo successore* the cashier hands over to his successor; *prendere le consegne* to take over. ☐ (*Comm*) ~ *a domicilio* home delivery; (*Comm*) ~ *a mano* delivery in person, delivery by hand; (*Comm*) *alla* ~ on delivery; *sarai pagato alla* ~ *del lavoro* you will be paid upon submission of the work; *avere in* ~: **1** (*in custodia*) to be entrusted with, to hold on trust, to hold in trust, to have in custody; **2** (*in deposito*) to have in deposit; (*Comm*) ~ *contro assegno* cash on delivery, C.O.D.; *dare qcs.in* ~ *a qcu.*: **1** (*in custodia*) to entrust so. with sth., to entrust sth. to so., to consign sth. to so., to leave sth. with so., to leave sth. in so.'s care; **2** (*in deposito*) to leave sth. at a deposit, to leave sth. in deposit; (*Comm*) ~ *franco domicilio* free home delivery; (*Comm*) ~ *immediata* immediate delivery, spot delivery, prompt delivery; (*Mil*) ~ *in caserma* confinement to barracks; (*Comm,Post*) ~ *per espresso* express; (*Comm*) *prendere in* ~ to accept delivery, to take delivery (of).

consegnabile *a.* deliverable.

consegnare (**conségno**) **I** *v.t.* **1** (*rif. a merci*) to deliver, to consign: *la merce sarà consegnata domani* the goods will be delivered tomorrow. **2** (*rif. a lavoro*) to submit, to hand over, to hand in, to consign: *non ho ancora consegnato il lavoro* I have not submitted the work yet. **3** (*distribuire*) to give out, to hand out, to distribute: ~ *i pacchi agli sfollati* to hand out parcels to evacuees. **4** (*consegnare per la spedizione*) to hand in, to hand over, to give in, to consign: *le raccomandate vanno consegnate allo sportello di fronte* registered letters should be taken to the counter opposite, registered letters should be handed in at the counter opposite. **5** (*dare via*) to hand in, to turn in: ~ *un passaporto scaduto* to turn in an expired passport. **6** (*affidare*) to consign, to entrust, to hand over, to commit (*a* to), to leave (*sth.*) in safekeeping (with): ~ *le chiavi al custode* to leave the keys in safekeeping with the caretaker. **7** (*Dir*) to turn in, to deliver up, to hand over: ~ *il ladro alla giustizia* to turn the thief in to the police, to hand the thief over to the police. **8** (*Mil*) to confine to barracks. **9** (*Scol, Univ*) (*un compito*) to hand in. **II** *v.pron.* **consegnarsi** to give oneself over to, to give oneself up to: *consegnarsi alla polizia* to give oneself up to the police. ☐ (*Comm*) *da* ~ *a domicilio* for home delivery; ~ *a mano* to deliver by hand, to deliver personally; ~ *qcu. alla giustizia* to hand so. over, to turn so. in

to the law, to bring so. to justice; (*Comm,Post*) ~ *un pacco* to deliver a parcel.

consegnatario *m.* (*f.* **-a**) **1** (*Dir*) trustee, bailee, receiver. **2** (*Comm*) consignee, deliveree.

consegnato **I** *a.* (*Mil*) confined to barracks. **II** *m.* (*Mil*) soldier confined to barracks. ☐ (*Mil*) *essere* ~ *in caserma* to be confined to barracks.

consegnatore *m.* (*f.* **-a**) consignor.

conseguente *a.* **1** consequent (*a* on, upon), resulting (from): *disturbi conseguenti all'eccessiva fatica* disorders resulting from fatigue; *ragionamento* ~ consequent reasoning. **2** (*coerente*) consistent, consequent: *essere* ~ *alle proprie azioni* to be consistent in one's behaviour. ☐ *essere* ~ *a se stesso* to be consistent; *non sei* ~ *a te stesso* you are inconsistent.

conseguentemente *avv.* **1** consequently, in consequence. **2** (*in seguito*) subsequently, at a later time.

conseguenza *f.* **1** (*Filos,Mat*) consequence, conclusion. **2** (*risultato*) consequence, result, outcome: *la bocciatura è* ~ *della tua pigrizia* your failure is the result of your laziness; *il suo nervosismo è* ~ *dell'eccessivo lavoro* his irritability is a consequence of overwork; *il fatto ha avuto conseguenze gravi* the matter has had serious consequences. **3** (*Med*) after-effect: *questa malattia non lascerà conseguenze* this illness will have no after-effects. ☐ *di* ~: **1** consequently, as a consequence, in consequence; **2** (*perciò*) therefore, so: *arriverai tardi e di* ~ *non troverai posto* you will arrive late and so you won't get a seat.

conseguibile *a.* attainable, achievable.

conseguibilità *f.* attainability.

conseguimento *m.* attainment, achievement: ~ *della felicità* attainment of happiness; *lottare per il* ~ *di uno scopo* to fight for the achievement of a purpose. ☐ *al* ~ *della laurea* upon getting one's degree; *al* ~ *della maggiore età* upon reaching adulthood.

conseguire (**conséguo**) **I** *v.t.* to obtain, to attain, to achieve, to win, to reach: ~ *lo scopo* to achieve one's end. **II** *v.i.* (*aus.* **essere**) to result, to ensue, to follow (on). ☐ ~ *la laurea* to get one's degree, to obtain one's degree, to graduate: ~ *la laurea in medicina* to graduate in medicine, to get one's degree in medicine; *ne consegue che* it follows that; *ne conseguirà un periodo di benessere* a period of well-being will ensue; ~ *la promozione* to attain promotion; ~ *una specializzazione* to specialize, to qualify; ~ *un successo* to meet with success, to have success.

consenso *m.* **1** (*permesso*) consent, permission: *non ho il* ~ *dei miei genitori* I don't have my parents' consent, I haven't got my parent's consent; *chiedere il* ~ to ask permission; *ottenere il* ~ to obtain permission, to obtain consent. **2** (*approvazione*) consent, assent, agreement, approval: *con il* ~ *di tutti i soci* with all the members' approval; *per comune* ~ by common consent. **3** (*giudizio favorevole*) approval; (*dei critici*) praise: *incontrare larghi consensi* to be approved, to be acclaimed, to be warmly received: *l'opera ha incontrato larghi consensi di pubblico e di critica* the work has been warmly received by the public and critics alike, the work has been acclaimed by the public and critics alike. **4** (*Pol,Sociol*) consensus. **5** (*Dir*) (*matrimoniale*) marriage licence, (*Am*) marriage license: *prendere il* ~ to procure the marriage licence, (*Am*) to procure the marriage license; *rilasciare il* ~ *v.t.* to issue the marriage licence, (*Am*) to issue the marriage licence. ☐ *dare il* ~ to give permission, to give one's consent, to give one's blessing; (*Dir*) ~ *matrimoniale* matrimonial consent; ~ *orale* verbal consent.

consensuale *a.* (*Dir*) by agreement of the parties, by mutual consent, consensual: *contratto* ~ consensual contract; *separazione* ~ separation by mutual consent.

consensualmente *avv.* by mutual consent, by common consent, consensually.

consentire (**consènto**) I *v.i.* (*aus.* avere) 1 (*essere d'accordo*) to agree, to be in agreement: ~ *con qcu.* in un'opinione to agree with so.'s opinion. 2 (*accondiscendere*) to comply (*a* with), to agree, to consent (to): ~ *al volere di qcu.* to comply with so.'s wish; *consentì alla mia proposta* he agreed to my proposal. II *v.t.* to allow, to permit: *lo stipendio non mi consente troppi lussi* my salary doesn't allow me many luxuries; *consentimi di spiegare l'accaduto* allow me to explain what happened, let me explain what happened.

consentito *a.* allowed, permitted: *accesso non* ~ no entrance; *sull'aereo non è* ~ *l'uso di telefoni cellulari* the use of mobile phones is not permitted on (the) aircraft, the use of mobile phones is prohibited on (the) aircraft.

consenziente *a.* agreeable, consenting, assenting, consentient: *essere* ~ *a una proposta* to be agreeable to a proposal; *il matrimonio è avvenuto consenzienti i genitori* the marriage took place with the consent of the parents.

consequenziale *a.* consequent, consequential.

consequenzialità *f.* consequentiality.

conserto *a.* 1 (*rar*) (*intrecciato*) intertwined, interwoven. 2 (*rif. alle braccia*) folded: *a braccia conserte* with folded arms.

conserva[1] *f.* 1 (*rif. ad alimenti*) preserve: *mettere in* ~ to preserve. 2 (*il conservare*) preservation. 3 (*serbatoio*) reservoir, storage tank. ☐ (*Alim*) ~ *di frutta*: 1 fruit preserve, jam; 2 (*di arance*) marmalade; (*Alim*) ~ *di pomodoro* tomato sauce, tomato purée; (*Alim*) ~ *di verdure* tinned vegetables (*pl.*), preserved vegetables (*pl.*); *in* ~: 1 preserved (*attr.*); 2 (*in scatola*) tinned (*attr.*), (*Am*) canned (*attr.*); 3 (*in recipienti di vetro*) bottled (*attr.*); 4 (*in recipienti di terraglia e sim.*) potted (*attr.*).

conserva[2] *f.* (*Mar*) convoy, ships sailing under convoy: *navigazione di* ~ sailing in convoy. ☐ (*fig*) *andare di* ~ (*o procedere di* ~) to act together, to get on well together.

conservabile *a.* preservable, conservable: *cibo* ~ preservable food.

conservante *m.* (*Chim*) preservative. ☐ (*Alim*) *senza conservanti* no preservatives, with no preservatives, free of preservatives, preservative free.

conservare (**consèrvo**) I *v.t.* 1 (*serbare*) to keep (*anche fig*): ~ *le lettere* to save letters, to keep letters; ~ *la calma* to keep one's calm; *Dio ti conservi sempre così* may God keep you always as you are now. 2 (*tenere caro*) to cherish, to treasure: *conservo un bel ricordo di lui* I cherish a happy memory of him. 3 (*mettere in conserva*) to preserve, to conserve; (*in scatola*) to tin, (*Am*) to can; (*in recipienti di vetro*) to bottle; (*in recipienti di terraglia e sim.*) to pot: ~ *i legumi sottaceto* to preserve vegetables in vinegar, to pickle vegetables. 4 (*non sciupare*) to keep, to look after, to take care of: ~ *bene la roba* to look after one's things, to keep one's things in

good condition. II *v.pron.* **conservarsi** 1 to keep: *il latte non si conserverà fino a domani* the milk won't keep until tomorrow. 2 (*continuare a essere, restare*) to keep, to remain: *conservarsi in salute* to keep in good health, to keep fit; *conservarsi fedele* to remain faithful. 3 (*colloq*) (*mantenersi in salute*) to keep, to be fit, to be in good shape: *nonostante l'età si conserva bene* he is in good shape for his age. ☐ ~ *il calore* to retain heat, to keep heat in; ~ *il potere* to hold on to power, to stay in power, to keep power; ~ *in luogo fresco* to keep in a cool place; ~ *nella memoria* to remember, to treasure the memory of.

conservativo *a.* 1 preservative: *restauro* ~ preservative restoration. 2 (*Dir*) preventive, conservative.

conservato *a.* 1 preserved, kept: *sculture ben conservate* well-preserved sculptures. 2 (*Alim*) preserved: *frutta conservata* preserved fruit; (*in scatola*) tinned, (*Am*) canned; (*in vasi di vetro*) bottled; (*in recipienti di terraglia e sim.*) potted.

conservatore I *m.* (*f.* **-trice**) 1 (*Pol*) conservative, (*Br*) Conservative. 2 (*impiegato*) keeper, custodian, curator: ~ *dei monumenti* keeper of monuments. II *a.* (*Pol*) conservative, (*Br*) Conservative: *partito* ~ conservative Party. ☐ ~ *delle ipoteche* the Registrar of Mortgages and Charges; ~ *di un museo* keeper of a museum, curator of a museum.

conservatorio *m.* conservatory, conservatoire: *ho studiato al* ~ I have studied at the conservatory.

conservatorismo *m.* (*Pol*) conservatism.

conservazione *f.* 1 (*stato di conservazione*) preservation, state of preservation, state, condition: *la* ~ *della merce è buona* the goods have been well-preserved. 2 (*di alimenti*) preservation; (*in scatola*) tinning, (*Am*) canning; (*in vasi di vetro*) bottling; (*in recipienti di terraglia e sim.*) potting: ~ *della frutta fresca* preservation of fresh fruit. ☐ ~ *del paesaggio* landscape conservation; ~ *della fauna* wild life conservation; (*Biol*) ~ *della specie* conservation of the species; ~ *delle risorse idriche* water conservation; ~ *delle risorse naturali* conservation of natural resources; ~ *dell'energia* energy conservation; ~ *di prodotti alimentari* food preservation; ~ *in silo* storage in silo.

conservazionismo *m.* conservationism.

conserviero *a.* (*Ind,Alim*) preserving, preserved food (*attr.*): *industria conserviera* preserved food industry, canning industry.

conservificio *m.* cannery, canning factory.

consesso *m.* assembly, meeting.

considerabile *a.* considerable.

considerare (**considèro**) I *v.t.* 1 (*esaminare, tener presente*) to consider, to think of, to think over, to weigh, to weigh up: *hai considerato i rischi a cui vai incontro?* have you considered all the risks you are taking?; ~ *tutti gli aspetti di una proposta* to consider all the aspects of a proposal, to weigh all the aspects of a proposal. 2 (*tener conto*) to consider, to take (sth.) into account, to take (sth.) into consideration: *devi* ~ *anche le spese del viaggio* you have to also take into account the travel expenses, you must also consider the costs of the trip; *bisogna* ~ *che...* it must be considered that..., bare in mind that... 3 (*guardare*) to examine, to contemplate, to study: *considerò con attenzione la statua* he examined the statue carefully. 4 (*reputare, ritenere*) to consider, to judge, to regard: *lo considero un mascalzone* I consider him (to be) a scoundrel, I regard him as a villain. 5

(*apprezzare, stimare*) to consider highly, to think highly of: *i superiori lo considerano molto* his superiors think very highly of him; *nessuno lo considera* nobody thinks anything of him. II *v.pron.* **considerarsi** (*ritenersi*) to consider, to consider oneself, to regard oneself as, to hold oneself, to think, to think oneself: *mi considero fortunato* I consider myself lucky; *si considera un genio* he considers himself a genius, he regards himself as a genius, he thinks he is a genius. ☐ *considerando che* (*o considerato che*) considering that, taking into account that; (*fig*) ~ *chiusa una partita* to consider sth. settled; ~ *poco qcu.* not to think much of so., not to esteem so. highly; *senza* ~ *le altre difficoltà* without taking the other difficulties into account.

consideratezza *f.* care, caution, circumspection, deliberation.

considerato *a.* 1 (*rif. a persona*) thoughtful, deliberate, cautious, prudent: *è una persona molto considerata* he is a very prudent person. 2 (*visto*) considering, in view of. ☐ ~ *che* since, as, considering that, seeing as, seeing how: *potevi anche telefonarmi,* ~ *che è il mio compleanno* you could have called me, considering (that) it's my birthday; you could have phoned me, seeing as it's my birthday.

considerazione *f.* 1 (*il considerare*) consideration: *prendere in* ~ to take into account, to take into consideration; *tenere qcu. nella giusta* ~ to have the proper amount of respect for so.; *essere tenuto in grande* ~ to be highly esteemed, to be very well thought of; *avere in* ~ *qcu.* to think very well of so., to esteem so. 2 (*prudenza*) deliberation, prudence, caution, circumspection: *agire con* ~ to proceed with caution. 3 (*riguardo*) regard, consideration, concern: *non ha alcuna* ~ *per la sua salute* he has no regard for his health. 4 (*stima, reputazione*) regard, esteem, respect. 5 *pl.* (*osservazione*) remarks, comments: *fare delle considerazioni* to make remarks. ☐ *in* ~ *di* in view of, in consideration of, on account of.

considerevole *a.* considerable, substantial, large: *un numero* ~ *di persone* a large number of people; *una somma* ~ a considerable sum.

considerevolmente *avv.* considerably.

consigliabile *a.* advisable, wise: *la cosa più* ~ *è aspettare* the wisest thing is to wait, the most advisable thing is to wait.

consigliare (**consiglio, consìgli**) I *v.t.* 1 (*dare consigli*) to advise, to counsel: *consigliami come devo fare* advise me what I should do, advise me as to what I should do; *te lo consiglio* that's my advice to you; *non te lo consiglio* I advise you against it. 2 (*raccomandare*) to advise, to recommend: *ti consiglio prudenza* I recommend caution, I advise you to be cautious; *il medico mi ha consigliato il mare* the doctor has advised me to go to the sea; *ti consiglio di non ripetere quello che hai detto* I advise you not to repeat what you said. 3 (*incitare, indurre*) to urge, to incite, to induce, to persuade: ~ *qcu. al male* to lead so. to do wrong, to lead so. astray. II *v.pron.* **consigliarsi** (*chiedere consiglio*) to ask advice, to seek advice, to consult: *consigliarsi con un amico* to ask a friend's advice, to ask a friend for advice; *mi sono consigliato con il mio avvocato* I have consulted my lawyer, I have sought my lawyer's advice. III *v.r.recipr.* **consigliarsi** to discuss the matter, to take counsel together, to confer: *i soci si sono consigliati* the partners discussed the matter. ☐ ~*bene qcu.* to give so. good advice, to give so. sound counsel; *farsi ~ da qcu.* to ask so.'s advice, to ask for so.'s advice, to seek advice from so.; ~*male qcu.* to give so. bad advice, to give so. poor counsel.

consigliere *m.* (*f.* **-a**) **1** adviser, counsellor: *lo scelse per suo ~* he chose him as his adviser; *cattivo ~* poor counsellor, bad counsellor. **2** (*membro di un consiglio*) councillor. ☐ ~*comunale* town councillor; (*Dipl*) ~*d'ambasciata* embassy counsellor; ~*d'amministrazione* member of a board of directors; (*Comm*) ~*delegato* managing director; (*Dir*) ~*di cassazione* Judge of the Court of Cassation; (*Pol*) ~*di stato* State Councillor; (*Mil*) ~*militare* military advisor; (*Mil,Pol*) ~*per la sicurezza* security advisor; (*Pol*) ~*regionale* regional councillor; ~*segreto* Privy Councillor.

consiglio *m.* **1** advice, piece of advice: *un ~* a piece of advice, a word of advice; *chiedere ~ a qcu.* to ask so.'s advice, to seek so.'s advice; *dai retta ai miei consigli!* take my advice!; *rifiutare un ~* to turn down advice; *seguire il ~ di qcu.* to take so.'s advice, to follow so.'s advice. **2** (*organo amministrativo*) council, board: ~*regionale* regional council; *convocare il ~* to convene the council; *riunione del ~* board meeting, council meeting. **3** (*consultazione tra più persone*) council, meeting: ~*di famiglia* family council, family meeting; *tenere ~ con qcu.* to hold a meeting with so., to sit in council with so.; *riunirsi in ~* to meet in council, to hold a council meeting. ☐ (*Univ*) ~*accademico* academic council; ~*comunale* city council, town council; ~*d'amministrazione*: 1 board of directors; 2 (*nelle scuole e sim.*) board of governors, governing body; *dare un ~* to give advice, to give a piece of advice; (*Stor*) *il ~dei dieci* the Council of Ten; (*Scol*) ~*dei genitori* parent-teacher association; (*Pol*) ~*dei ministri* Cabinet, (*GB*) Council of Ministers; (*US*) ~*della sicurezza nazionale* National Security Council; ~*dell'Unione europea* (*nell'UE*) Council of the European union; ~*d'Europa* Council of Europe; (*Scol*) ~*di classe* meeting between teachers, parents, and the student representatives of a class; ~*di direzione* board of directors; ~*di fabbrica* factory board, works committee, factory council, works council, (*US*) company union; (*Univ*) ~*di facoltà* (*Br*) Faculty Board, (*Am*) faculty meeting; ~*di gestione* factory council, works council, (*US*) company union; (*Mil*) ~*di guerra* council of war; (*Pol*) ~*di mutua assistenza economica* council for mutual economic assistance; *Consiglio di Sicurezza* (*delle Nazioni Unite*) (United Nations) Security Council; ~*di stato* State Council; ~*dietetico* dietary recommendation; *dietro ~ di qcu.* on so.'s advice, at so.'s suggestion, on so.'s suggestion; ~*direttivo* board of directors, executive board, executive council; ~*disciplinare* disciplinary committee, disciplinary board, disciplinary council; (*Scol*) ~*d'istituto* school council; ~*europeo* (*nell'UE*) European Council; *Consiglio nazionale delle ricerche* National Council for Scientific Research; *per ~di* following the advice of, on the advice of; *per mio ~* on my advice; ~*provinciale* provincial council; ~*regionale* regional council; *su ~di qcu.* on so.'s advice, at so.'s suggestion, on so.'s suggestion; ~*superiore* higher council, supreme council; (*Dir*) ~*superiore della magistratura* supreme law council, superior council of the

Bench.

consiliare *a.* council (*attr.*), board (*attr.*), of a council (*posposto*): *sala ~* board room, council chamber; *seduta ~* council sitting.

consistente *a.* **1** (*denso*) thick, dense: *una salsa molto ~* a very thick sauce. **2** (*compatto*) firm, compact, solid. **3** (*fig*) (*convincente*) convincing, sound: *prove consistenti* convincing evidence.

consistenza *f.* **1** (*densità*) consistency, thickness, density: *la ~ di una pasta* the consistency of a paste. **2** (*compattezza*) firmness, compactness, solidity. **3** (*fondamento*) basis, foundation, ground: *i tuoi progetti hanno scarsa ~* your plans lack a solid foundation. ☐ (*Comm*) ~*di cassa* amount of readily available resources; *prendere ~* to gain substance, to become firmer: *i suoi sospetti prendono ~* his suspicions are gaining ground; *senza ~*: 1 (*vago*) vague, airy; 2 (*senza fondamento*) groundless, unfounded: *sospetti senza ~* groundless suspicions.

consistere (*pres.ind.* **consìsto, consìsti**; *p.rem.* **consistéi/consistétti/consistètti**; *p.p.* **consistìto**; *aus.* **essere**) *v.i.* **1** to consist, to be composed (of): *la mia dieta consiste di sola frutta* my diet consists of nothing but fruit, my diet consists of only fruit. **2** (*avere fondamento*) to lie (*in* in), to depend (*on*): *la difficoltà consiste nel capire i segnali* the difficulty lies in understanding the signals.

consistito → **consistere**.

CONSOB (*Econ*) *Commissione nazionale per le società e la borsa* (Securities and Exchange Commission).

consociare (**consòcio, consòci**) **I** *v.t.* to associate, to bring together, to join, to group together: ~*diverse ditte commerciali* to group various commercial concerns. **II** *v.pron.* **consociarsi** to associate.

consociata *f.* (*Econ,Comm*) subsidiary company.

consociativismo *m.* (*Pol*) consociationalism, practice of associating the opposition in government decisions.

consociato I *a.* united, associated: *aziende consociate* associated firms. **II** *m.* (*f.* **-a**) partner, associate.

consociazione *f.* **1** association, consociation: ~*di ditte* association of firms. **2** (*Agr*) intermixed crops *pl.*

consociazionismo *m.* (*Pol*) (*consociativismo*) consociationalism, practice of incorporating the opposition in government decisions.

consocio *m.* (*f.* **-a**) partner, associate; (*di una società*) fellow member. ☐ ~*in affari* business partner.

consolabile *a.* consolable, that may be consoled: *facilmente ~* easily consoled.

consolante *a.* consoling, comforting: *una speranza ~* a comforting hope.

consolare¹ (**consòlo**) **I** *v.t.* **1** to console, to comfort, to soothe: ~*un bambino* to console a child, to comfort a child; ~*gli afflitti* to comfort the afflicted; *le tue parole mi consolano* your words comfort me, your words console me. **2** (*rallegrare*) to cheer, to cheer up, to rejoice: *mi consola il pensiero di rivederti* I am cheered by the thought of seeing you again. **3** (*ricreare*) to cheer, to do so. good. **4** (*ristorare*) to refresh, to brace. **II** *v.pron.* **consolarsi 1** to be consoled, to be comforted, to take comfort, to take heart, to cheer up: *il bambino si consolò alla vista del regalo* the child cheered up at the sight of the gift. **2** (*rassegnarsi*) to console oneself, to get over. **3** (*rallegrarsi*) to cheer up, to rejoice, to be delighted, to be glad: *mi consolo*

al vederti in buona salute I am glad to see you in good health.

consolare² *a.* consular, consul's: *visto ~* consul's visa, consular visa.

consolato¹ *a.* consoled, comforted.

consolato² *m.* **1** (*sede*) consulate (*anche Stor.rom*). **2** (*dignità*) consulship.

consolatore I *m.* (*f.* **-trice**) consoler, comforter. **II** *a.* consoling, comforting, cheering.

consolatorio *a.* consolatory, consoling, comforting: *lettera consolatoria* consolatory letter.

consolazione *f.* **1** consolation, comfort, solace: *il ~ degli afflitti* the consolation of the afflicted; *non trova ~ alla sua pena* he can find no solace for his grief; *lo studio è la ~ della sua vita* study is the comfort of his life; (*iron*) *bella ~!* that's small comfort!; *great!, some consolation that is!*; great!, some consolation you are!; (*colloq*) big deal!; *una magra ~* a scant consolation, a cold comfort, a small consolation. **2** (*piacere*) delight, joy: *che ~ rivederti!* how wonderful to see you again! ☐ *dare ~ a qcu.* to console so., to be of comfort to so.; *essere la ~ di qcu.* to be so.'s comfort: *i figli sono la mia ~* my children are my comfort.

console¹ *m.* consul (*anche Stor.rom*). ☐ (*Stor.rom*) ~*designato* consul designate; ~*generale* consul general.

console² /kõ'sɔl/ *f.inv.* **1** (*Arred*) console, console table. **2** (*Inform*) console, console desk: *operatore di ~* console operator.

consolida *f.* (*Bot*) comfrey.

consolidamento *m.* **1** consolidation, solidification: *il ~ della lava* the solidification of lava. **2** (*fig*) strengthening, consolidation: *il ~ della fede* the strengthening of faith. **3** (*Med*) blood clotting. **4** (*Econ*) funding.

consolidare (**consòlido**) **I** *v.t.* **1** (*rinforzare*) to reinforce, to strengthen (*anche fig*): ~*un soffitto con travi nuove* to strengthen a roof with new beams; ~*un'amicizia* to strengthen a friendship. **2** (*rif. a terreni*) to consolidate. **3** (*Econ,Dir,Mil*) to consolidate: ~*i debiti* to consolidate debts; (*Mil*) ~*una posizione* to consolidate a position. **4** (*Met*) to solidify. **II** *v.pron.* **consolidarsi 1** to consolidate, to harden, to set: *il cemento non si è ancora consolidato* the cement has not yet hardened. **2** (*fig*) to take root, to become consolidated, to become established: *la sua fama si è consolidata* his fame is well established. ☐ (*Edil*) ~*con calcestruzzo* to reinforce with concrete; (*Econ*) ~*il propriopatrimonio* to consolidate one's fortune.

consolidato I *a.* **1** consolidated (*anche Econ*): *debito ~* funded debt, consolidated debt. **2** (*fig*) strengthened, reinforced, firm: *un'amicizia ormai consolidata* a firm friendship, a friendship that has stood the test of time. **II** *m.* (*Econ*) consolidated national debt.

consolidatore *m.* (*f.* **-trice**) consolidator.

consolidazione *f.* (*Dir,Econ*) consolidation.

consolista, consollista *m./f.* (*Inform*) console operator.

consolle /kõ'sɔl/ *f.inv.* **1** (*Arred*) console, console table. **2** (*Inform*) console, console desk: *operatore di ~* console operator.

consommé /kõsɔ'me/ *m.inv.* (*Gastron*) consommé, clear broth.

consonante¹ *f.* (*Ling*) consonant. ☐ (*Ling*) ~*continua* continuant; (*Ling*) ~*doppia* double consonant; (*Ling*) ~*esplosiva* plosive, stop; (*Ling*) ~*geminata* geminate; (*Ling*) ~*implosiva* implosive; (*Ling*) ~*lene* lenis; (*Ling*) ~*occlusiva* plosive, stop; (*Ling*)

~ *tenue* tenuis.

consonante[2] *a.* (*Mus,Metr*) consonant: *accordo* ~ consonant chord.

consonantico (*pl.* **-ci**) *a.* (*Ling*) consonantal, consonant (*attr.*): *gruppo* ~ consonant cluster; *rotazione consonantica* consonant shift.

consonantismo *m.* consonantism, consonant system.

consonanza *f.* (*Mus,Metr*) consonance.

consono *a.* in keeping, in accordance, consonant (*a* with): *queste parole non sono consone alla tua educazione* these words aren't in keeping with your upbringing.

consorella I *f.* **1** (*Rel*) sister. **2** (*Comm*) (*rif. a società*) sister company; (*rif. a filiale*) sister branch. **II** *a.* (*posposto*) sister: *ditta* ~ sister company.

consorte *m./f.* consort, spouse; (*marito*) husband; (*moglie*) wife.

consorteria *f.* **1** (*Mediev*) guild. **2** (*spreg*) (*fazione politica*) political clique, political faction.

consortile *a.* (*rar*) (*consorziale*) social, co-operative; (*rif. a imprese riunite*) of an association (*posposto*), consortial, of a union (*posposto*), of a trust (*posposto*), syndicated.

consorziale *a.* **1** social, co-operative: *gestione* ~ co-operative management. **2** (*rif. a imprese riunite*) of an association (*posposto*), consortial, of a union (*posposto*), of a trust (*posposto*), syndicated.

consorziare (**consòrzio**) **I** *v.t.* (*riunire in consorzio*) to make (sth.) into a consortium, to make (sth.) into a syndicate, to make (sth.) into a union, to associate, to group (sth.) in consortia, to pool. **II** *v.pron.* **consorziarsi** to form a consortium.

consorziato *a.* associated, united, syndicated: *industrie consorziate* associated industries.

consorzio *m.* **1** association, partnership; (*rif. a imprese riunite*) union, syndicate, consortium; (*monopolistico*) trust, cartel, pool. **2** (*lett*) (*società*) society, group. □ ~ *agrario* farmers' union, farmers' co-operative; ~ *bancario* banking trust, banking syndicate, banking group, consortium; ~ *di bonifica* land-reclamation syndicate, land-improvement co-operative; ~ *umano* mankind, human society.

constare (**cònsto**) *v.i.* (*aus.* **essere**) **1** to consist (*di* of), to be composed (*di* of), to be made up (*di* of): *il dizionario consta di due volumi* the dictionary consists of two volumes. **2** (*essere noto*) to be known, to know (*costr.pers.*), to be within one's knowledge: *per* (*o a*) *quanto mi consta* as far as I know, to my knowledge.

constatabile *a.* that can be ascertained, verifiable, assessible.

constatare (**constàto/cònstato**) *v.t.* **1** (*accertare*) to ascertain, to establish, to verify: *è ormai constatato che il calcolo è sbagliato* it has been ascertained that the calculation is wrong. **2** (*notare*) to note, to observe, to notice: *non ho constatato nulla di nuovo* I noted nothing new.

constatazione *f.* **1** (*l'accertare*) ascertainment, verification, establishment. **2** (*il notare*) observation, noting. □ (*Assic*) ~ *amichevole* agreement statement.

consueto I *a.* usual, habitual, customary: *con la sua consueta ironia* with his habitual irony; *nel modo* ~ in the usual way. **II** *m.* usual. □ *come di* ~ as usual: *come di* ~, *sei arrivato in ritardo* as usual, you've arrived late; *di* ~ usually, generally, as a rule; *più del* ~ more than usual: *lavorerò più del*

~ I'll work harder than usual.

consuetudinario I *a.* **1** (*conforme alla consuetudine*) habitual, customary: *diritto* ~ customary law, common law. **2** (*abitudinario*) of habit, habitual, methodical: *persona consuetudinaria* creature of habit. **II** *m.* (*f.* **-a**) creature of habit, lover of routine.

consuetudine *f.* **1** (*abitudine*) habit, custom, practice: *non è mia* ~ *uscire dopo cena* I'm not in the habit of going out after supper. **2** (*usanza*) custom, tradition: *le consuetudini del luogo* the local customs. **3** (*Dir*) customary law, consuetudinary law, consuetude. **4** (*lett*) (*dimestichezza*) conversance, conversancy, familiarity: *avere* ~ *con gli scrittori greci* to be familiar with the Greek writers. □ *com'è* ~ as usual: *verremo a Natale, com'è nostra* ~ we'll come for Christmas, as usual; *secondo la sua* ~ as is his custom, as he is in the habit of doing; *secondo un'antica* ~ in accordance with an old custom.

consulente I *a.* consultant (*attr.*), consulting. **II** *m./f.* consultant, adviser. □ ~ *aziendale* management consultant, corporate adviser, financial engineer, company doctor; ~ *commerciale* business consultant; ~ *d'organizzazione* management consultant; ~ *esterno* outside consultant; ~ *finanziario* financial adviser; ~ *fiscale* tax consultant; ~ *legale* legal adviser; ~ *matrimoniale* marriage guidance counsellor; ~ *militare* military adviser; ~ *patrimoniale* financial adviser; ~ *per gli investimenti* investment adviser; ~ *politico* policy adviser, (*colloq*) spin doctor; (*Edit*) ~ *redazionale* consultant editor; ~ *tributario* tax consultant.

consulenza *f.* advice, consultation, consulting. □ ~ *ai consumatori* consumers' advice; ~ *economica* economic consultation; ~ *legale* legal advice: *chiedere una* ~ *legale* to seek legal advice; ~ *matrimoniale* marriage guidance; ~ *tecnica* technical advice.

consulta *f.* **1** (*riunione*) conference: *essere a* ~ to be in conference. **2** (*organo consultivo*) council: ~ *di stato* Council of State.

Consulta *f.* (*Dir*) Italian Constitutional Court.

consultabile *a.* consultable: *il testo è* ~ *solo nella sala di lettura* the book can only be consulted in the reading room.

consultare (**consùlto**) **I** *v.t.* **1** to consult: *prima di decidere, voglio* ~ *mio marito* before deciding, I wish to consult my husband; *before deciding, I'd like to consult my husband*. **2** (*esaminare per trovare una notizia e sim.*) to consult, to look (sth.) up: ~ *un dizionario* to consult a dictionary, to look (sth.) up in a dictionary; ~ *l'enciclopedia* to consult the encyclopedia. **3** (*fig*) to question, to examine: ~ *la propria coscienza* to examine one's conscience. **II** *v.pron.* **consultarsi** (*consigliarsi*) to consult (*con qcu.* so.), to take advice (from), to talk (sth.) over, to confer (with so.): *non fa nulla senza consultarsi con il suo amico* he does nothing without asking his friend's advice, he does nothing without consulting his friend; *consultarsi con il proprio legale* to consult one's lawyer. **III** *v.r.recipr.* **consultarsi** to consult together, to consult each other. □ ~ *l'avvocato* to take legal counsel, to take legal advice; ~ *l'elenco telefonico* to look up a phone number in the directory; ~ *l'oracolo* to consult the oracle; ~ *l'orario* to consult the timetable; ~ *l'oroscopo* to examine one's horoscope; ~ *un medico* to ask a doctor's advice.

consultazione *f.* **1** consultation. **2** (*rif. a*

libri) consultation (*di* of), reference (to): ~ *di un catalogo* reference to a catalogue; *libro di* ~ reference book. □ (*Pol*) ~ *elettorale* election; (*Bibliot*) *solo per* ~ for reference only.

consultivo *a.* consultative, advisory: *assemblea consultiva* consultative assembly; *comitato* ~ advisory committee.

consulto *m.* (*Med*) consultation: *chiedere un* ~ (*rif. a paziente*) to ask for a consultation; (*rif. a medico*) to seek a second opinion, to get a second opinion; ~ *medico* medical consultation.

consultore *m.* (*f.* **-trice**) **1** (*consulente*) consultant, adviser, advisor. **2** (*membro di consulta*) councillor.

consultorio *m.* advice bureau, consulting room. □ ~ *familiare* family advisory centre; ~ *matrimoniale* marriage advisory bureau.

consumabile *a.* consumable.

consumare[1] (**consùmo**) **I** *v.t.* **1** (*logorare*) to wear out, to wear down, to wear away: ~ *le scarpe* to wear out one's shoes. **2** (*terminare a poco a poco*) to use up, to consume, to go (right) through: ~ *le provviste* to use up the provisions. **3** (*adoperare*) to consume, to use up, (*colloq*) to get through: *questo mese abbiamo consumato molto gas* this month we've used a great deal of gas; *quest'auto consuma un litro di benzina ogni dieci chilometri* this car consumes a litre of petrol every ten kilometres. **4** (*dissipare*) to waste, to squander: ~ *il patrimonio* to squander one's fortune. **5** (*rif. a pasti*) to have, to take, to eat, to drink: ~ *i pasti al ristorante* to have one's meals in a restaurant. **6** (*fig*) (*rif. a malattie e sim.*) to waste away: *la malattia lo consuma lentamente* the illness is slowly wasting him away. **II** *v.pron.* **consumarsi 1** (*logorarsi*) to wear, to wear out. **2** (*terminare*) to be used up, to be consumed. **3** (*rif. a combustibile e sim.*) to burn up, to burn out: *la candela si è consumata completamente* the candle has burned itself out. **4** (*fig*) to wear oneself out, to consume all one's time, to take up all one's time: *consumarsi sui libri* to wear oneself out over one's books, to have books take up all of one's time. **5** (*fig*) (*struggersi*) to pine (away) (*di* from), to be consumed (by, with), to languish (for); (*rif. a invidia, superbia, odio e sim.*) to be eaten up: *consumarsi d'amore* to be consumed with love, to languish for love; *consumarsi d'odio* to be eaten up with hatred, to be consumed with hate, to be consumed with hatred. □ *da consumarsi preferibilmente entro...* best before...; (*Lit*) ~ *il pane e il vino* to partake of the bread and wine; *consumarsi la vista leggendo* to ruin one's eyesight by reading.

consumare[2] (**consùmo**) *v.t.* (*portare a compimento*) to commit, to consummate: ~ *un delitto* to commit a crime; ~ *il matrimonio* to consummate marriage.

consumato[1] *a.* **1** (*logoro*) worn, worn-out, worn-down, (*di tessuti*) worn-out: *scarpe tutte consumate* worn-down shoes; *una giacca consumata ai gomiti* a jacket with worn elbows, a jacket with threadbare elbows. **2** (*fig*) worn-out, pined, pined away, consumed; (*rif. a invidia, superbia, odio e sim.*) eaten up.

consumato[2] *a.* (*esperto, abile*) consummate, skilled, accomplished: *un ladro* ~ a consummate thief.

consumatore *m.* (*f.* **-trice**) consumer: *grande* ~ large-scale consumer. □ *paese* ~ *di petrolio* oil-consuming country; ~ *fina-*

le end user, end-consumer; ~ *tipo* basic consumer.

consumazione[1] *f.* **1** (*spuntino*) snack; (*bevanda*) drink: *l'ingresso al locale è quindici euro compresa la* ~ entrance to the night-club costs fifteen euros, including a drink. **2** (*consumo*) consumption. **3** (*Lit*) consummation: ~ *della messa* consummation of the mass.

consumazione[2] *f.* (*compimento, esecuzione*) committing, consummation: ~ *di un delitto* committing of a crime; ~ *del matrimonio* consummation of marriage. □ (*Dir*) ~ *del reato* perpetration of the crime.

consùmere (forms in use: *p.rem.* **consùnsi, consùnse, consùnsero**; *p.p.* **consùnto**) **I** *v.t.* (*lett*) to wear away, to consume: *il dolore l'ha consunta* she is consumed with grief. **II** *v.pron.* **consumersi** (*lett*) to be consumed, to be eaten up, to pine away.

consumerismo *m.* consumerism.

consumismo *m.* consumers' culture, consumerism.

consumista I *m./f.* wasteful consumer, victim of publicity. **II** *a.* consumer (*attr.*): *società consumista* consumer society, society based on conspicuous consumption.

consumìstico (*pl.* **-ci**) *a.* consumer (*attr.*): *società consumìstica* consumer society, society based on conspicuous consumption.

consumo *m.* **1** consumption: ~ *di elettricità* electricity consumption. **2** (*usura*) wear: ~ *dovuto all'uso* wear and tear. □ ~ *alimentare* food consumption; (*Aut*) ~ *di benzina* petrol consumption; ~ *di carburante* fuel consumption; ~ *di combustibile* fuel consumption; ~ *di energia* energy consumption, power consumption; *fare molto* ~ *di gas* to get through a lot of gas, to use a lot of gas; ~ *di stupefacenti* use of drugs; ~ *domestico* household consumption; ~ *energetico* energy consumption, power consumption; ~ *giornaliero* daily consumption; (*Econ*) ~ *interno* home consumption; ~ *privato* private consumption; (*Econ*) ~ *pro capite* per capita consumption; ~ *proprio* own consumption; ~ *pubblico* public consumption.

consunsi → **consumere**.

consuntivo I *a.* (*Econ*) final: *bilancio* ~ final balance; *conto* ~ final account. **II** *m.* **1** (*Econ*) balance-sheet, final balance. **2** (*fig*) survey: *fare il* ~ *di una settimana di lavoro* to evaluate a week's work, to take stock of a week's work.

consunto → **consumere** *a.* **1** (*logoro*) worn, wornout, worndown; (*rif. a stoffe, vestiti*) threadbare: *scarpe consunte* worn shoes. **2** (*emaciato*) wasted, emaciated: *volto* ~ wasted face.

consunzione *f.* (*Med*) consumption: *morire di* ~ to die of consumption.

consuocera *f.* (one's) son's mother-in-law, (one's) daughter's mother-in-law.

consuocero *m.* (one's) son's father-in-law, (one's) daughter's father-in-law: *i miei consuoceri* my son's in-laws, my daughter's in-laws.

consustanziale *a.* (*Teol*) consubstantial.

consustanzialità *f.* (*Teol*) consubstantiality.

consustanziazione *f.* (*Teol*) consubstantiation.

conta *f.* count. □ *fare la* ~ to draw straws, to decide whose turn it is.

contaballe *m./f.inv.* (*colloq*) bullshitter.

contabile I *a.* **1** (*rif. alla contabilità*) accounting: *situazione* ~ *di qcu.* estate of so.'s accounts; *libri contabili* account books. **2** (*rif. alle scritture contabili*) book-keeping,

---

calculating, book (*attr.*): *macchina* ~ calculating machine, book-keeping machine; *valore* ~ book value. **II** *m./f.* **1** (*computista*) book-keeper. **2** (*ragioniere*) accountant: *capo* ~ chief accountant, head accountant.

contabilità *f.* **1** (*disciplina*) book-keeping, accounting: *ho studiato* ~ **1** (have) studied book-keeping, **1** (have) studied accounting. **2** (*ragioneria*) accounting, accountancy. **3** (*estens*) (*complesso dei conti di un'azienda*) accounts *pl.*, books *pl.*: *tenere la* ~ to keep the accounts, to keep the books. **4** (*estens*) (*ufficio*) accounts department, accounting office, (*colloq*) accounts *pl.* □ (*Comm*) ~ *a partita doppia* double-entry book-keeping; (*Comm*) ~ *a partita semplice* single-entry book-keeping; (*Comm,ant*) ~ *a ricalco* duplicate recording system, manifold paper book-keeping; (*Am*) one-write system; (*Comm*) ~ *analitica* management accounting; (*Comm*) ~ *commerciale* commercial book-keeping; ~ *del personale* wages/salaries records, (*Am*) payroll records; (*Comm*) ~ *di banca* bank book-keeping; (*Comm*) ~ *di cassa* cash accounts; (*Comm*) ~ *di impresa* enterprise accounting; (*Comm*) ~ *di negozio* retail accounting; (*Comm*) ~ *di stato* public (service) accounting; (*Comm*) ~ *generale* general accounting; (*Comm*) ~ *industriale* cost accounting.

contabilizzare (**contabìlizzo**) *v.t.* to enter, to record, to compute, to calculate.

contabilizzazione *f.* accounting, accountancy.

contachilometri *m.inv.* **1** odometer, hodometer, mileage recorder, clock; (*rif. a biciclette e sim.*) cyclometer: *azzerare il* ~ to reset the clock, to zero the clock. **2** (*tachimetro*) speedometer, speed indicator.

contadina *f.* **1** (*chi abita in campagna*) countrywoman. **2** (*chi lavora la terra per conto altrui*) peasant, peasant-woman. **3** (*moglie di agricoltore*) farmer's wife.

contadinella *f.* young countrywoman.

contadinesco (*pl.* **-chi**) *a.* **1** rustic, country (*attr.*), rural, peasant (*attr.*): *canti contadineschi* country songs. **2** (*spreg*) (*villano*) oafish, rough, boorish: *modi contadineschi* oafish manners.

contadino I *m.* **1** (*chi abita in campagna*) countryman. **2** (*chi lavora la terra: in proprio*) farmer; (*per conto altrui*) farm worker, farm hand, hand, peasant. **3** (*spreg*) (*persona rozza*) peasant, oaf, boor, rustic. **II** *a.* **1** (*campagnolo*) country (*attr.*), rustic, rural, peasant (*attr.*): *una famiglia contadina* a peasant family. **2** (*spreg*) (*contadinesco*) rough, boorish, oafish: *abitudini contadine* rough ways. □ *alla contadina*: **1** in the country fashion, after the manner of countryfolk: *un ragazzo vestito alla contadina* a boy dressed in the country fashion; **2** (*Gastron*) farmer-style, country style (referred to simple cuisine made with the most available ingredients). *Prov.* ~*, scarpe grosse e cervello fino* wisdom sometimes walks in hobnailed boots.

contado *m.* **1** (*campagna intorno alla città*) countryside, rural area (round a city), surrounding country: *il* ~ *di Roma* the Roman countryside. **2** (*popolazione del contado*) country people *pl.*, country-folk *pl.*

contafili *m.inv.* (*Tecn*) counting glass.

contafotogrammi *m.inv.* (*Fot*) exposure counter, frame counter.

contafrottole *m./f.inv.* (*colloq*) fibber.

contagiare (**contàgio, contàgi**) **I** *v.t.* **1** to infect, to contaminate, to give (a contagious disease) (to): *si è ammalato di morbillo e ha contagiato tutta la famiglia* he got measles

---

and gave it to the whole family. **2** (*fig*) to infect. **II** *v.pron.* **contagiarsi** to be infected, to be contaminated.

contagio *m.* infection, contamination; (*per mezzo del contatto diretto*) contagion: *il morbillo è trasmesso per* ~ measles is conveyed by contagion; *diffondere il* ~ to spread infection.

contagiosità *f.* (*infettività*) infectiousness; (*trasmissibilità per contatto diretto*) contagiousness.

contagioso *a.* **1** (*infettivo*) infectious: *la poliomielite è contagiosa* poliomyelitis is an infectious disease. **2** (*trasmesso per contatto diretto*) contagious: *la difterite è altamente contagiosa* diphtheria is highly contagious. **3** (*fig*) infectious, catching, contagious: *il riso è* ~ laughter is infectious; *gli sbadigli sono contagiosi* yawns are catching.

contagiri *m.inv.* (*Mecc*) revolution counter, speed counter, (*Am*) reading tachometer.

contagocce *m.inv.* **1** dropper, glass dropper, dropping tube. **2** (*per medicinali*) medicine dropper. □ (*fig*) *dare qcs. col* ~ (*a piccole dosi*) to give sth. in dribs and drabs.

container /kon'tejner, kon'tajner/ *m.inv.* container.

containerizzare /kontejner-, kontajner-/ (**containerìzzo**) *v.t.* to containerize, to package (sth.) in containers.

containerizzato /kontejner-, kontajner-/ containerized, container (*attr.*): *trasporto* ~ container transport.

containerizzazione /kontejner-, kontajn er-/ *f.* containerization.

contaminabile *a.* contaminable.

contaminante I *a.* polluting: *sostanze contaminanti* polluting agents. **II** *m.* pollutant. □ *non* ~ non polluting.

contaminare (**contàmino**) **I** *v.t.* **1** to contaminate, to pollute: ~ *l'acqua di una cisterna* to contaminate the water in a cistern; *lo smog ha contaminato l'aria* the smog has polluted the air. **2** (*Med*) (*infettare*) to infect. **3** (*fig*) (*macchiare*) to sully, to foul, to defile: ~ *il buon nome di qcu.* to sully so.'s reputation. **4** (*lett*) (*fare una contaminazione*) to contaminate. **II** *v.pron.* **contaminarsi** to be contaminated, to become contaminated, to become infected, to become polluted.

contaminato *a.* **1** *terreno* ~ polluted ground. **2** (*Med*) (*infetto*) infected; (*di sangue*) tainted.

contaminatore I *a.* contaminating, polluting. **II** *m.* (*f.* **-trice**) contaminator, polluter.

contaminazione *f.* **1** contamination, pollution: ~ *dell'acqua* water pollution. **2** (*Med*) (*infezione*) infection. **3** (*lett,Ling*) contamination. □ ~ *acustica* noise pollution; ~ *ambientale* environmental pollution; ~ *atmosferica* air pollution; ~ *degli alimenti* food contamination; ~ *del suolo* soil pollution, soil contamination; ~ *dell'aria* air pollution; ~ *delle acque* fluviali pollution of the rivers; ~ *radioattiva* radioactive pollution.

contaminuti *m.inv.* timer.

contanastro *m.* (*Tecn*) tape counter.

contante I *a.* ready, cash (*attr.*): *denaro* ~ ready money; *pagamento in denaro* ~ cash payment, payment in cash. **II** *m.spec.pl.* ready money. □ (*rar*) *a contanti* cash (*attr.*), in cash, for cash; *in contanti* in cash, cash (*attr.*): *duecento euro in contanti* (*Br*) two hundred euros in ready money, two hundred euros in cash; *per contanti* cash (*attr.*), in cash, for cash; *senza contanti* cashless, without cash.

contapassi *m.inv.* (*Tecn*) pedometer.

contare (**cónto**) **I** *v.t.* **1** to count (up), to reckon (up): *la maestra conta gli scolari* the teacher counts the pupils. **2** (*mettere nel conto*) to count, to reckon in, to reckon with, to take (sth.) into account: *non hai contato mio fratello* you haven't counted my brother. **3** (*lesinare*) to count (out), to dole out, to begrudge: *mio padre mi conta il denaro* my father doles out my money; ~ *i bocconi a qcu.* to begrudge so.'s every mouthful, to count so.'s every mouthful. **4** (*avere, vantare*) to count, to have, to boast: *conta tra i suoi antenati molti nobili* he has many aristocrats among his ancestors. **5** (*aspettarsi*) to count on, to trust, to expect: *contavo che saresti venuto* I counted on your coming, I expected you to come. **6** (*proporsi*) to intend, to propose, to mean, to think of: *conto di partire lunedì* I am thinking of leaving on Monday; *cosa conti di fare?* what do you intend to do? **7** (*region,colloq*) (*raccontare*) to tell, to recount. **II** *v.i.* (*aus.* **avere**) **1** to count: ~ *fino a dieci* to count up to ten. **2** (*far di conto*) to count, to do sums, to reckon. **3** (*avere importanza, autorità*) to count (for), to be important, to have importance: *la sua opinione conta poco* his opinion counts for little, his opinion carries little weight. **4** (*fare assegnamento*) to count, to rely (*su* on): *puoi ~ sul mio aiuto* you can count on my help; *su di lui non si può* ~ you can't rely on him. □ (*fig*) *la gente che conta* (the) people who matter; *ciò che conta è arrivare in tempo* what matters is getting there in time; *e, ciò che più conta* and what's more; (*fig*) ~ *come il due di briscola* (o ~ *come il due di picche*) to count for little or nothing, to count for nothing; *contarci* to rely on it, to count on it, to depend on it, to be sure of it: *spero di poter venire, ma non ci* ~ I hope to be able to come, but don't count on it; *arriverai in tempo? - Potete contarci* will you arrive in time? - You can depend on it; (*Giorn*) *si contano i danni* (they) count the damages, (they) count the victims; (*fig*) *conto i giorni che mancano al tuo arrivo* I can hardly wait for you to arrive, I'm counting the days till you arrive; (*fig*) ~ *i minuti* to count the minutes, to look forward to; (*Sport*) ~ *i secondi* to count out; ~ *le pecore* to count sheep; ~ *mentalmente* to do mental arithmetic; (*fig*) ~ *molto* to carry a lot of weight, to be of weight, to be important; ~ *qcu. nel numero degli amici* to count so. among one's friends; *non conta nulla* he doesn't count for anything; *contano più i fatti che le parole* actions speak louder than words; ~ *poco* to count for little, to be unimportant; *quel che conta è che...* what matters is that...; *senza* ~ apart from, quite apart from, not counting, let alone, apart from, not including: *ho un debito di cinquanta euro, senza* ~ *i trenta che devo a te* I have a debt of fifty euros, not counting the thirty euros I owe you; *siamo dodici, senza* ~ *i bambini* there are twelve of us, not counting the children; *senza* ~ *che...* (quite) apart from the fact that..., not to mention that...; (*fig*) *le persone oneste in questa città si possono* ~ *sulle dita di una mano* honest people in this town can be counted on the fingers of one hand; (*Sport*) ~ *un pugile* to count out a boxer; ~ *uno a uno* to count out.

contarighe *m.inv.* (*Tecn*) (*nella macchina da scrivere*) line counter.

contascatti *m.inv.* (*Tel*) telephone meter.

contasecondi *m.inv.* (*Sport,Tecn*) stopwatch.

contastorie *m./f.inv.* (*colloq*) fibber.

contata *f.* quick count, rough check.

contato *a.* **1** counted. **2** (*fig*) (*limitato*) lim-

ited, numbered: *i suoi giorni sono contati* his days are numbered; *ha le ore contate* his days are numbered.

contatore *m.* (*Tecn*) (*per misurare quantità*) counter; (*per misurare flussi*) meter: *leggere il* ~ to read the meter; *lettura del* ~ meter reading. □ (*Tecn*) ~ *a gettoni* prepayment meter, slot meter; (*Inform*) ~ *binario* binary counter; (*Tecn*) ~ *del gas* gas meter; (*Tecn*) ~ *della luce* electric-light meter; (*Tecn*) ~ *dell'acqua* water meter; (*Nucl*) ~ *di Geiger* Geiger counter; (*Inform*) ~ *di programma* program counter; (*Nucl*) ~ *Geiger* Geiger counter.

contattare (**contàtto**) *v.t.* to contact: ~ *qcu. telefonicamente* to reach so. by telephone.

contatto *m.* **1** contact, touch (*anche fig*): *la retroguardia non riuscì a prendere* ~ *con il grosso dell'esercito* the rearguard did not succeed in establishing contact with the main body of the army; *evitate ogni* ~ *con l'ammalato* avoid all contact with the patient; *prendere* ~ *con qcu.* to get in touch with so., to get in contact with so., to contact so., to make contact with so., to establish contact with so.; *perdere i contatti con qcu.* to get out of touch with so., to lose touch with so.; (*fig*) *perdere il* ~ *con la realtà* to be out of touch with reality, to lose one's grip with reality. **2** (*El*) contact: *stabilire il* ~ to make contact, to switch on; *stabilire il* ~ *tra due conduttori* to make contact between two cables; *togliere il* ~ to cut (off) contact, to break (off) contact, to switch off; *non fa* ~ there isn't a contact. **3** (*pop*) (*guasto nell'impianto elettrico*) loose contact, faulty contact. □ *le due superfici sono a* ~ the two surfaces are touching; *a* ~ *con* in contact (with), touching: *vivere a* ~ *con la natura* to live close to nature; (*El*) ~ *a spina* plug; (*El*) ~ *di terra* earth contact; ~ *elettrico* electric contact; ~ *fisico* physical contact; *essere in* ~ *con persone influenti* to be in contact with influential people, to be in touch with influential people; *mantenersi in* ~ *con qcu.* to keep in contact with so., to keep in touch with so.; *mi manterrò in* ~ *telefonico con l'ufficio* I shall keep in touch with the office by phone; *mettere in* ~ to put in contact, to put in touch; *mettersi in* ~ *con qcu.* to get in touch with so., to contact so.; ~ *radio* radio contact: *stabilire un* ~ *radio* to establish a radio contact; *tenersi in* ~ *con qcu.* to keep in touch with so., to keep in contact with so.; *venire in* ~ *con qcu.* to come into contact with so.

contattologia *f.* (*Ott*) specialization in contact lenses.

contattologo *m.* (*f.* **-a**; *pl.* **-gi**) (*Ott*) contact lenses specialist.

contattore *m.* (*El*) contactor.

conte *m.* count, (*GB*) earl. □ (*Stor*) ~ *palatino* Earl Palatine, Count Palatine.

contea *f.* **1** (*titolo*) countship, (*GB*) earldom. **2** (*territorio*) countship, domain of a count, (*GB*) earldom; (*di un conte palatino*) county palatine. **3** (*GB*) (*divisione amministrativa*) county; (*nei composti*) -shire: *la* ~ *del Surrey* the county of Surrey; *la* ~ *di York* the county of York, Yorkshire.

conteggiare (**contéggio, contéggi**) **I** *v.t.* **1** (*calcolare*) to count, to reckon, to compute: *hai conteggiato le spese straordinarie?* have you counted the extras? **2** (*far pagare*) to charge, to put (sth.) on the bill: *non mi hanno conteggiato il servizio* they haven't charged me for the service, they haven't put the service on the bill. **II** *v.i.* (*aus.* **avere**) (*far di conto*) to count, to reckon, to calculate.

conteggio *m.* **1** reckoning, counting, calculation, computation. **2** (*Sport*) (*nel pugilato*) count out, counting-out. □ (*Astron*) ~ *alla rovescia* countdown; ~ *dei voti* vote count, counting of votes.

contegno *m.* **1** (*condotta*) demeanour, (*Am*) demeanor, bearing, behaviour, (*Am*) behavior: *avere un* ~ *riservato* to have a reserved bearing. **2** (*atteggiamento dignitoso*) dignity, reserve, aloofness, self-control: *mantenere un certo* ~ to retain a certain dignity. □ *darsi un* ~ to strike an attitude, to try to show dignity; ~ *decoroso* dignified bearing.

contegnoso *a.* **1** (*dignitoso*) dignified. **2** (*riservato*) reserved. **3** (*compassato*) sedate, demure, composed. **4** (*altero*) aloof, haughty.

contemperamento *m.* **1** (*l'adattare*) adaptation. **2** (*il mitigare*) moderation, tempering, mitigation.

contemperanza *f.* (*lett*) **1** (*l'adattare*) adaptation. **2** (*il mitigare*) moderation, tempering, mitigation.

contemperare (**contèmpero, contémpero**) *v.t.* **1** (*adattare*) to adapt, to suit, to make (sth.) fit: ~ *la punizione alla gravità del fatto* to make the punishment fit the crime. **2** (*mitigare*) to temper, to mitigate, to moderate: ~ *la severità con la bontà* to temper severity with kindness.

contemplabile *a.* that can be contemplated, able to be contemplated.

contemplare (**contèmplo/contémplo**) **I** *v.t.* **1** (*guardare*) to contemplate, to gaze at, to gaze upon, to behold: ~ *il paesaggio* to contemplate the landscape; *abbiamo contemplato a lungo il quadro* we gazed at the picture for a long time. **2** (*Dir*) (*considerare*) to provide for, to make provision for, to envisage: *la legge non contempla questo caso* the law does not provide for this case. **3** (*comprendere*) to include: *questo brano non è contemplato nel programma* this piece is not included in the programme, this piece is not on the programme. **4** (*Rel*) to contemplate: ~ *i misteri della fede* to contemplate the mysteries of the Faith. **II** *v.pron.* **contemplarsi** to gaze at oneself, to contemplate oneself, to admire oneself: *contemplarsi nello specchio* to gaze at oneself in the mirror.

contemplativo I *a.* contemplative, meditative: *vita contemplativa* contemplative life. **II** *m.* (*f.* **-a**) contemplative.

contemplatore I *m.* (*f.* **-trice**) contemplator. **II** *a.* contemplating.

contemplazione *f.* contemplation (*anche Rel*): *la* ~ *della natura* the contemplation of nature; *perdersi nella* ~ *di qcs.* to lose oneself in contemplation over sth., to be lost in contemplation over sth. □ *stare in* ~ to contemplate.

contempo □ *nel* ~ (*frattanto*) at the same time, meanwhile, in the meantime: *lavoro e nel* ~ *studio* I work and study at the same time.

contemporaneamente *avv.* at the same time, simultaneously, (*rar*) contemporaneously. □ ~ *a* at the same time as.

contemporaneità *f.* contemporaneity: *la* ~ *di due avvenimenti* two events happened simultaneously.

contemporaneo I *a.* **1** contemporaneous, contemporary (*di* with): *due avvenimenti contemporanei* two contemporaneous events. **2** (*dei giorni nostri*) contemporary, present-day (*attr.*): *gli scrittori contemporanei sono mal compresi* contemporary writers are not very well understood. **II** *m.* (*f.* **-a**) contemporary: *i contemporanei di Dante* Dante's contemporaries.

contendente I *a.* contending, rival, opposing: *le parti contendenti* the rival parties. **II** *m./f.* rival, adversary, opponent.

contendere (*pres.ind.* **contèndo**; *p.rem.* **contési**; *p.p.* **contéso**) **I** *v.t.* to contest, to dispute, to deny, to refuse, to contend: *~ un diritto a qcu.* to contest so.'s right; *~ il premio a qcu.* to contend with so. for the prize. **II** *v.i.* (*aus.* **avere**) **1** (*litigare*) to dispute (*per* over), to quarrel (*per* over, about): *i due fratelli contendono per ogni piccola cosa* the two brothers quarrel over the smallest things. **2** (*competere*) to compete (*con* with), to rival (so.), to contend (*con* with): *nessuno può ~ con lui nella corsa* no one can compete with him in running. **III** *v.pron.* **contendersi** to contend for, to compete for, to rival each other, to be rivals for: *contendersi un premio* to compete for a prize, to be rivals for a prize.

contenere (*pres.ind.* **contèngo, contièni**; *p.rem.* **conténni**; *p.p.* **contenùto**) **I** *v.t.* **1** to contain, to hold: *la cassa contiene arance* the crate contains oranges; *la bottiglia contiene due litri* the bottle holds two litres. **2** (*avere un certo numero di posti*) to hold, to seat, to accomodate: *la sala contiene cinquecento persone* the hall seats five hundred people. **3** (*trattenere*) to contain, to control, to hold back, to curb, to restrain: *~ l'ira* to curb one's anger. **4** (*limitare*) to limit: *~ le spese* to limit expenditure. **II** *v.pron.* **contenersi 1** (*dominarsi*) to contain oneself, to restrain oneself, to control oneself: *a quella vista non si è più contenuto* at the sight of this he could contain himself no longer. **2** (*limitarsi*) to limit (oneself): *contenersi nello spendere* to limit one's spending. **3** (*rar*) (*comportarsi*) to behave: *non sapeva come contenersi* he did not know how to behave. □ *~ l'assalto del nemico* to contain the enemy assault.

contengo → **contenere**.

contenibile *a.* containable.

contenimento *m.* **1** (*limitazione*) restriction, limitation. □ *~ dei consumi* check on consumption; *~ dei costi* cost containment, restraint; (*Econ*) *~ dell'inflazione* inflation control, curbing inflation.

contenitore *m.* **1** container: *~ in acciaio* steel container; *~ in plastica* plastic container; *~ ermetico* airtight container. **2** (*TV*) (*programma contenitore*) magazine.

contenni → **contenere**.

contentabile *a.* (*rar*) satisfiable: *essere facilmente ~* to be easy to please.

contentamento *m.* contentment, satisfaction.

contentare (**contènto**) **I** *v.t.* (*rar*) **1** (*far contento*) to please, to make (so.) content, to make (so.) happy: *tornerò a casa presto per contentarti* I'll come home early to please you, I'll come home early to make you happy. **2** (*appagare*) to satisfy, to gratify: *spero di ~ tutti i tuoi desideri* I hope to satisfy all your wishes. **II** *v.pron.* **contentarsi 1** to be content, to be satisfied, to content oneself (*di* with): *quel ragazzo non si contenta mai* that boy is never satisfied; *contentarsi di poco* to be content with little. **2** (*limitare i propri desideri*) to make do, to content oneself. □ *Prov.: chi si contenta gode* a contented mind is a perpetual feast, enough is as good as a feast.

contentatura *f.* (*rar*) contentment: *essere di difficile ~* to be hard to please; *essere di facile ~* to be easy to please.

contentezza *f.* content, contentment, satisfaction, pleasure, gladness, happiness.

contentino *m.* **1** sweetener, concession, (*Br*) sop: *mi hanno dato un aumento come ~* (*Br*) they gave me a pay rise as a sop, (*Am*) they gave me a raise as a concession. **2** (*qualcosa in più*) make-weight, (bit) extra, little extra: *oltre la somma stabilita, mi hanno dato anche un ~* as well as the agreed sum, they gave me a bit extra. □ *dare qcs. per ~* to throw sth. in: *mi hanno dato questo per ~* they threw this in as well.

contentivo *m.* (*Med*) truss, support.

contento *a.* **1** (*soddisfatto*) pleased, content, satisfied (*di* with): *non sono ~ di come ti sei comportato* I'm not pleased with the way you have behaved; *la maestra è contenta dei suoi alunni* the teacher is satisfied with her pupils; *sono ~ di quello che ho fatto* I feel good about what I did. **2** (*lieto*) glad, happy, content: *sono ~ di rivederti* I'm happy to see you again. **3** (*che esprime contentezza*) contented: *un viso ~* a contented expression. □ (*fig*) *essere ~ come una pasqua* (*Br*) to be as happy as a sandboy, (*Am*) to be pleased as Punch, to be happy as a lark; *fare ~ qcu.* to make so. happy, to please so.; *vai a trovarlo, lo farai ~* go and see him, he will be pleased; (*colloq*) *contenta lei* (*o contenta lei, contenti tutti*)!, well, if she's happy about it!, if she's happy, we're all happy!, (*Am*) if it's okay by her!; (*colloq*) *~ lui!* (*o ~ lui, contenti tutti!*) well, if he's happy about it!, if he's happy, we're all happy, (*Am*) if it's okay by him!

content provider /'kɔntent,proˈvaɪdər/ *m.inv.* (*Inform*) content provider.

contenutismo *m.* (*Art,Lett*) placing of emphasis on content over form.

contenutista *m./f.* (*Art,Lett*) writer (*o* artist) who places emphasis on content rather than form.

contenutisticamente *avv.* in terms of (the) content, from the standpoint of content.

contenutistico (*pl.* **-ci**) *a.* (*Art,Lett*) emphasizing content over form.

contenuto[1] *a.* **1** (*controllato*) contained, restrained: *una reazione contenuta* a restrained reaction. **2** (*limitato*) limited, low, contained: *prezzi contenuti* low prices.

contenuto[2] *m.* **1** contents *pl.*: *~ di un bicchiere* the contents of a glass. **2** (*quantità*) content: *~ di grassi* fat content; *a basso ~ di nicotina* low-nicotine (*attr.*). **3** (*argomento, soggetto*) content, subject matter: *cerca di riassumere il ~ del libro* try and summarize the content of the book. □ (*Biol*) *~ cellulare esogeno* exogenous cellular content; (*Filos*) *~ di un concetto* comprehension of a concept; *~ e forma* content and form, matter and style; (*Fis*) *~ termico* heat content.

contenzione *f.* (*Med*) immobilization: *camicia di ~* straitjacket.

contenziosamente *avv.* contentiously.

contenziosità *f.* contentiousness.

contenzioso I *a.* (*Dir*) contentious: *procedimento ~* contentious procedure. **II** *m.* (*Dir*) **1** contentious jurisdiction, the object or subject and procedures relative to legal disputes. **2** (*nelle aziende: ufficio che cura le controversie legali*) legal office, legal department. **3** (*insieme delle controversie*) causes *pl.*, cases *pl.* □ (*Dir*) *~ amministrativo* administrative cases *pl.*

conterraneo I *a.* from the same country, from the same region, from the same village. **II** *m.* (*f.* **-a**) fellow countryman (*f.* -woman).

conterrò → **contenere**.

contesa *f.* dispute, argument, quarrel, con-

tention: *venire a* (*o in*) *~* (*litigare*) to contend, to disagree, to quarrel, to argue. □ *~ giudiziaria* legal dispute.

contesi → **contendere**.

conteso → **contendere** *a.* **1** (*desiderato da molti: rif. a cosa*) longed-for, sought-after; (*rif. a persona*) sought-after. **2** (*combattuto*) hard-fought: *una partita molto contesa* a hard-fought match.

contessa *f.* countess.

contessina *f.* daughter of a count, (*GB*) daughter of an earl.

contestabile *a.* contestable, disputable: *dichiarazioni contestabili* contestable statements.

contestare (**contèsto**) **I** *v.t.* **1** (*Dir*) to charge with, to notify, to give notice of: *~ un reato all'imputato* to charge the accused with an offence. **2** (*negare, criticare*) to contest, to dispute, to challenge, to question: *~ un diritto a qcu.* to contest so.'s right; *contesto le tue dichiarazioni* I challenge your declarations. **II** *v.i.* (*aus.* **avere**) to protest. □ (*Dir*) *~ una contravvenzione a qcu.* to fine so.; *~ una decisione* to challenge a decision.

contestatario I *a.* protesting. **II** *m.* (*f.* **-a**) protester.

contestatore I *m.* (*f.* **-trice**) protester. **II** *a.* protesting.

contestazione *f.* **1** (*Dir*) (giving of) formal notice, notification: *~ di un reato all'imputato* notification of a crime to the accused. **2** (*opposizione*) contestation, challenge. **3** (*Sociol*) protest. □ (*Dir*) *~ dell'accusa* notification of the charge; *~ giovanile* youth protest; *in ~* in question, in dispute, disputed, contested, at issue; *~ studentesca* student protest.

conteste, contestimone *m./f.* (*Dir*) co-witness, fellow-witness.

contesto *m.* **1** context: *il significato della parola è chiarito dal ~* the meaning of the word is clarified by its context. **2** (*fig*) context, background: *il ~ politico* political background.

contestuale *a.* **1** (*del contesto*) contextual: *esame ~* contextual examination. **2** (*Dir*) happening contemporaneously, occuring simultaneously, concomitant: *atto ~* act occurring at the same time as another.

contestualizzare (**contestualìzzo**) *v.t.* to contextualize.

contestualmente *avv.* contextually, at the same time, simultaneously.

contiguamente *avv.* contiguously.

contiguità *f.* (*l'essere contiguo*) contiguity, adjacency.

contiguo *a.* next (*a* to) (*posposto*), adjacent (*a* to) (*posposto*), neighbouring (*attr.*), adjoining (*attr.*): *il suo appartamento è ~ al mio* his flat is next to mine, (*Am*) his apartment is next door to mine; *camere contigue* adjoining rooms.

continentale I *a.* (*Geog,Geol*) continental: *clima ~* continental climate. **II** *m./f.* continental, mainlander.

continentalità *f.* continentality.

continente[1] *m.* **1** (*Geog*) continent: *~ eurasiatico* Eurasian continent; *~ europeo* European continent. **2** (*terraferma*) mainland: *il ~ e le isole* the mainland and the islands. □ *il ~ nero* the Dark Continent, the African Continent.

continente[2] *a.* **1** (*moderato*) moderate, temperate, controlled, self-controlled, sober: *essere ~ nel bere* to be a moderate drinker. **2** (*casto*) continent. **3** (*Med*) continent.

continenza *f.* **1** temperance, moderation, control, self-control, restraint, self-restraint.

2 (*castità*) continence. **3** (*Fisiol*) continence.

contingentamento *m.* (*Econ*) **1** quota restrictions *pl.*, curtailment: ~ *delle importazioni* import quota (restrictions). **2** (*razionamento*) rationing: ~ *della benzina* rationing of petrol.

contingentare (**contingènto**) *v.t.* (*Econ*) to fix a quota for, to subject (sth.) to quota restrictions.

contingente I *a.* **1** contingent, incidental: *situazione* ~ contingent situation. **2** (*Filos*) contingent. **II** *m.* **1** (*Econ*) (*quota*) quota; (*parte assegnata a qcu.*) share: ~ *in* (*o di*) *denaro* share in cash. **2** (*Comm*) (*quantità massima di merce che può essere importata o esportata*) quota. **3** (*Mil*) contingent. **4** (*Filos*) contingent. □ (*Comm*) ~ *d'esportazione* export quota; (*Mil*) ~ *di pace* peace-keeping force; ~ *d'immigrazione* immigration quota; (*Comm*) ~ *d'importazione* import quota; (*Mil*) ~ *d'urto* assault force, shock troops.

contingentismo *m.* (*Filos*) philosophy of contingency.

contingenza *f.* **1** (*circostanza*) circumstance, occasion: *ci troviamo insieme in una dolorosa* ~ we meet on a sad occasion, we meet in sad circumstances, we meet under sad circumstances. **2** (*Filos*) contingency.

continuamente *avv.* **1** (*ininterrottamente*) continuously, non-stop, unceasingly: *piove* ~ *da una settimana* it has been raining continuously for a week, it has been raining non-stop for a week. **2** (*frequentemente*) continually, constantly: *mi chiede* ~ *consigli* he is continually asking my advice.

continuare (**continuo**) **I** *v.t.* to continue (with), to go on (with), to carry on (with), to keep up (with); (*riprendere*) to resume: *continua il tuo lavoro* go on with your work; *il discepolo continuò l'opera del maestro* the pupil continued his teacher's work; ~ *a fare qcs.* to keep on doing sth., to continue doing sth. **II** *v.i.* (*aus.* **essere/avere**: *referring to things* **essere/avere**, *to persons* **avere**) **1** (*prolungarsi nel tempo e nello spazio*) to continue, to go on: *il carteggio è continuato per due anni* the correspondence continued for two years, the correspondence went on for two years; *la strada continua fino al paese* the road continues as far as the village; *così non si può* ~ we can't go on like this. **2** (*continuare a parlare*) to continue, to go on, to keep on, to proceed; (*riprendere*) to resume: *continuò dicendo che voleva partire* he continued saying that he wished to leave. **III** *v.impers.* (*aus.* **essere/avere**) to continue: *ha continuato a piovere* it continued raining, it kept on raining. □ ~ *a*: **1** to go on (with sth.), to continue (with sth.), to go ahead (with sth.): ~ *a scrivere* to go on writing; ~ *a vivere* to continue living; **2** (*insistere, perseverare*) to keep (on): *continua a telefonarmi per invitarmi a casa sua* she keeps (on) phoning me to ask me round; *continua*: **1** (*TV,Lett*) (*nei romanzi o nelle trasmissioni a puntate*) to be continued; **2** (*Giorn*) continued: *continua a pag.* 5 continued on page 5; **3** (*esclam.*) (*rif. a discorso*) go on!; **4** (*esclam.*) (*rif. a movimento*) go on!, go ahead!; **5** (*esclam.*) (*rif. a lavoro*) carry on!, keep it up!; (*Med*) ~ *una cura* to keep up a treatment, to continue a treatment; ~ *l'opera di qcu.* to carry on so.'s work.

continuatamente *avv.* continually, ceaselessly, perpetually.

continuativamente *avv.* continuously.

continuativo *a.* continuing, permanent: *un lavoro* ~ a permanent job.

continuato *a.* **1** continuous, uninterrupted, unbroken, unceasing. **2** (*che dura*) lasting, permanent.

continuatore *m.* (*f.* **-trice**) **1** continuer, continuator: *il* ~ *dell'opera* the continuer of the work. **2** (*successore*) successor, follower.

continuazione *f.* **1** (*il continuare*) continuation, continuance, carrying on: *la* ~ *dei lavori* the continuation of the work. **2** (*seguito*) continuation; (*rif. a romanzi*) sequel: *la* ~ *dell'articolo* the continuation of the article; *questo romanzo è la* ~ *di quello che hai letto* this novel is the sequel to the one you have read. □ (*Giorn*) ~ *e fine al prossimo numero* conclusion in the next issue; *in* ~ continuously, non-stop, uninterruptedly: *ha parlato per due ore in* ~ he has been speaking for two hours non-stop; *si lamenta di tutto in* ~ she continuously complains about everything.

continuità *f.* **1** continuity. **2** (*connessione logica*) coherence, logical connection: *il racconto manca di* ~ the story lacks coherence.

continuo I *a.* **1** (*ininterrotto*) continuous, unbroken, non-stop, uninterrupted: *numerazione continua* continuous numbering; *una fila continua di automobili* an unbroken line of cars. **2** (*che dura*) continual, endless, incessant, constant, perpetual: *un mese di piogge continue* a month of continual rain; *vivere nel* ~ *terrore di qcs.* to live in perpetual terror of sth.; *una serie continua di disgrazie* an endless series of misfortunes. **3** (*frequente*) continual, constant, frequent: *erano continui litigi* there was constant quarrelling. **II** *m.* continuum (*anche Mat*).

continuum *m.inv.* continuum.

contitolare *m./f.* co-owner, joint owner.

conto *m.* **1** (*calcolo*) account, reckoning, calculation, computation: *sbagliare il* ~ to make a mistake in one's calculation. **2** (*Comm*) (*somma dovuta*) account, bill, (*Am*) check, tab: *il* ~ *della sarta* the dressmaker's bill; *addebitare qcs. sul* ~ *qcu.* to charge sth. to so.'s account, to debit sth. to so.'s account, to debit so.'s account with sth.; *pagare il* ~ to pay the bill, to settle a bill, (*Am*) to pay the tab; *chiedere il* ~ to ask for the bill. **3** (*Econ,Comm*) account: *aprire un* ~ to open an account; *chiudere un* ~ to close an account; *versare su un* ~ to pay into an account. **4** (*fig*) (*stima, considerazione*) account, estimate, consideration. **5** (*fig*) (*affidamento*) reliance: *far* ~ *su qcu.* to place reliance on so., to rely on so. **6** (*fig*) (*spiegazione*) explanation: *chiedere* ~ *a qcu.* to demand an explanation of so., to ask so. for an explanation; *rendere* ~ *di qcs. a qcu.* to account for sth. to so. □ *a conti fatti*: **1** after reckoning up; **2** (*fig*) after all, all things considered; (*Econ*) ~ *a più firme* joint account; (*Astron*) ~ *alla rovescia* countdown; (*Econ*) ~ *attivo*: **1** (*in ragioneria*) receivable account; **2** (*in finanza*) active account; (*Econ*) ~ *bancario* bank(ing) account; (*Econ*) ~ *capitale* capital account; (*Econ*) ~ *cassa* cash account; (*Econ*) ~ *chiuso* account settled, account balanced; (*Econ*) ~ *cifrato* numbered account; (*Econ*) ~ *congiunto* joint account; (*Econ*) ~ *corrente* current account, account current, (*Am*) checking account; ~ *corrente postale* post office (current) account, giro account; (*Econ*) ~ *creditore*: **1** (*in ragioneria*) creditor account; **2** (*in finanza*) credit account; (*Econ*) ~ *debitore*: **1** (*in ragioneria*) account payable, debtor account; **2** (*in finanza*) debit account; (*Econ*) ~ *di accantonamento* appro-

priation account; (*Econ*) ~ *d'ordine*: **1** (*in ragioneria*) suspense account; **2** (*in finanza*) memorandum account, interim account; (*Econ*) *conti esterni* external accounts; (*Econ*) ~ *estero* foreign currency account; (*Econ*) ~ *etico* ethic account; *fare* ~ *che* to suppose: *facciamo* ~ *che tu abbia ragione* let's suppose you are right; *fare di* ~ to count, to reckon; *fare* ~ *di*: **1** (*immaginare*) to imagine; **2** (*supporre*) to suppose: *fai* ~ *di non essere in Italia* suppose you're not in Italy; **3** (*avere l'intenzione*) to intend, to propose: *faccio* ~ *di partire domani* I intend to leave tomorrow; **4** (*fare finta*) to pretend; *fai* ~ *di essere a casa tua* make yourself at home; *fare i conti* to draw up the accounts, (*colloq*) to do the accounts; (*fig*) *fare bene i propri conti* to calculate accurately, to forecast accurately, to work sth. out carefully; (*fig*) *fare male i propri conti* to be out in one's reckoning, to be mistaken in one's calculations; *fare i conti addosso a qcu.* to pry into so.'s financial affairs; (*fig*) *fare i conti con qcu.* to square accounts with so., to settle accounts with so.; *fare i conti con qcs.* to take sth. into account, to allow for sth., to consider sth.: *hai fatto i conti con la distanza?* have you considered the distance?; *fare i conti in tasca a qcu.* to pry into so.'s financial affairs; (*fig*) *fare i conti senza l'oste* to reckon without one's host; (*Econ*) ~ *fiduciario* trust account; *avere un* ~ *in banca* to have a bank account; (*Econ*) *in* ~ *comune* joint account; (*Econ*) ~ *in pendenza* outstanding account; (*rar*) *mettere* ~ (*valere la pena*) to be worthwhile, to be worth (it): *mette* ~ *provare* it is worth trying; *non mette* ~ *parlarne* it's not even worth talking about it; *mettere in* ~: **1** (*includere nel conto*) to put on the bill, to charge up; **2** (*segnare a debito*) to put on (so.'s) account, (*Am*) to put sth. on so.'s tab: *non ho i soldi, metta in* ~ I haven't got the money on me, put it on my account, (*Am*) I don't have the money on me, put it on my tab; *mettere qcs. sul* ~ *di qcu.* to charge sth. to so.'s account, (*Am*) to put sth. on so.'s tab; (*Econ*) *conti nazionali* national accounts; (*Econ*) ~ *numerato* numbered account; (*Econ*) ~ *passivo* account payable; *per* ~ *di* on behalf of: *vengo a ritirare la merce per* ~ *della ditta* I'm here to pick up the goods on behalf of (*o* for) the firm, I have come for the goods on the firm's behalf; *cameriere, il* ~ *per favore!* waiter, the bill please!; *per* ~ *mio*: **1** (*da solo*) myself, by myself, alone, on one's own, out of the way: *ci sono andato per* ~ *mio* I went there by myself; *starò per* ~ *mio, senza disturbare gli altri* I'll keep out of the way without disturbing the others, I'll keep to myself without disturbing the others; **2** (*da parte mia*) on my part, for my (own) part, as far as I am concerned: *per* ~ *mio sono d'accordo* for my part I am in agreement; **3** (*a mio favore*) on my behalf, on my account; *per* ~ *proprio* on one's own account, by oneself, for oneself, on one's own: *studiare per* ~ *proprio* to study by oneself; *mettersi per* ~ *proprio* to set up on one's own, to set up for oneself; (*Comm*) *per* ~ *terzi* for the account of a third party, on behalf of third parties; (*Econ*) ~ *personale* personal account, charge account; (*Econ*) ~ *postale* post office account, giro account; (*Econ*) ~ *profitti e perdite* profit and loss account; (*Econ*) ~ *scoperto* overdrawn account: *avere un* ~ *scoperto* to be overdrawn, to have an overdraft, (*colloq*) to be in the red; *senza tenere* ~ *di*: **1** without considering, without taking into account; 2 (*a prescindere*) apart from, let alone; *conti separati* individual bills, separate bills; (*Econ*) ~ *spese* expense account; (*fig*) *sapere qcs. sul* ~ *di qcu.* to know sth. concerning so., to know sth. about so.: *ne so di belle sul tuo* ~ I know some nice stories about you; *non si può dire nulla sul suo* ~ there is nothing to be said against him; *tenere qcs. da* ~ (*custodire con cura*) to take great care of sth.: *è un mobile antico, tienilo da* ~ it is an antique, take great care of it; *tenendo* ~ *di* considering that, taking into account that; *tenuto* ~ *di* taking into account that; *tenere* ~ *di:* 1 (*prendere nota*) to make a note of sth.: *tenere* ~ *delle spese* to make a note of expenditure; 2 (*considerare*) to take into account, to consider, to take (sth.) into consideration: *tu non tieni* ~ *del fatto che è giovane* you are not taking his age into account; *non tenere* ~ *di qcs.* to disregard sth., to leave sth. out of consideration, to leave sth. out of account; *tenere i conti* to keep the accounts; *tenere in gran* ~ *qcu.* to think highly of so., to have a high opinion of so., to hold so. in high regard, to hold so. in high esteem; *tenere qcu. in poco* ~ to consider so. of no account, to consider so. unimportant; *tengo in poco* ~ *i suoi pareri* I don't think much of his opinions; *non lo tengono in alcun* ~ they think very little of him; *i conti tornano:* 1 (*di soldi*) that's the right amount; 2 (*di oggetti, persone*) that's the right number; 3 (*fig*) it all adds up: *i conti non tornano* it doesn't add up; (*Econ*) ~ *vincolato* (fixed) deposit account.

contofondo *m.* (*Econ*) fund account.

contorcere (*pres.ind.* **contòrco, contòrci;** *p.rem.* **contòrsi, contorcésti;** *p.p.* **contòrto**) I *v.t.* to twist, to wring (out), to contort: ~ *un panno bagnato* to wring out a wet rag. II *v.pron.* **contorcersi** 1 (*dimenarsi*) to writhe, to twist, to contort: *contorcersi dal dolore* to writhe in agony. 2 (*divincolarsi*) to twist (and turn): *si contorceva per sfuggire alla stretta* he twisted and turned to free himself.

contorcimento *m.* 1 (*il contorcersi*) twisting, writhing, contortion. 2 (*il contorcere*) twist, wriggle, contortion: *si è liberato con un* ~ he freed himself with a wriggle.

contornare (**contórno**) I *v.t.* 1 (*cingere*) to surround, to ring in, to enclose (*di, da* with), to encircle (by), to go round: *una fila di cipressi contorna il cimitero* a row of cypresses surrounds the cemetery. 2 (*con ornamenti*) to decorate (round the edge), to edge round (with). 3 (*fig*) (*attorniare*) to surround: *è contornato da* (*o di*) *nemici* he is surrounded by enemies. II *v.pron.* **contornarsi** to surround oneself (*di* with).

contorno *m.* 1 (*linea esterna*) outline, contour, silhouette: *il* ~ *di un disegno* the contour of a drawing; *contorni poco definiti* blurred outlines, vague outlines, hazy outlines; *i contorni delle case si vedevano sfumati nella nebbia* mist blurred the outline of the houses; *tracciare il* ~ *di qcs.* to outline sth. 2 (*Gastron*) vegetables *pl.*, side dish, side order: *qual è il* ~ *per questo piatto?* what vegetables go with this dish? 3 (*persone che stanno intorno a qcu.*) entourage, suite, circle, company: *un* ~ *di adulatori* an entourage of flatterers, a band of admirers. □ (*Gastron*) *bistecca con* ~ *di piselli* steak with peas; *di* ~: 1 contour (*attr.*); *linea di* ~ contour line; 2 (*come contorno*) as side dish, as an accompaniment to: *vorrei un'insalata mista di* ~ I'd like a mixed salad as side dish; 3 (*fig*) secondary, minor: *una questione di* ~ a minor matter.

contorsi → **contorcere.**

contorsione *f.* 1 writhing, twisting (and turning), contortion: *le contorsioni dell'acrobata* the contortions of the acrobat. 2 (*fig*) contortion, intricacy.

contorsionismo *m.* art of contortion.

contorsionista *m./f.* contortionist.

contorto → **contorcere** *a.* 1 twisted, contorted (*anche estens*): *un viso* ~ *in una smorfia di dolore* a face contorted in a grimace of pain; *con la bocca contorta* with mouth awry, with twisted mouth. 2 (*fig*) involved, tortuous: *stile* ~ involved style; *ragionamento* ~ tortuous reasoning, complicated line of thought.

contrabbandare (**contrabbàndo**) *v.t.* 1 to smuggle, to bootleg: ~ *sigarette* to smuggle cigarettes. 2 (*fig*) to pass off.

contrabbandiere I *m.* (*f.* **-a**) smuggler; bootlegger; (*di armi*) gunrunner, arms runner. II *a.* contraband (*attr.*), smuggling, smuggler (*attr.*): *nave contrabbandiera* smuggler (ship).

contrabbando *m.* contraband, smuggling: *esportare di* ~ to smuggle out; *importare di* ~ to smuggle in. □ *d'armi* gunrunning; *di* ~: 1 (*usato come aggettivo: contrabbandato*) smuggled, contraband (*attr.*): *sigarette di* ~ contraband cigarettes; *merce di* ~ smuggled goods; 2 (*fig*) (*usato come avverbio: furtivamente*) clandestinely, surreptitiously: *sono entrati nello stadio di* ~ they sneaked their way into the stadium, they got into the stadium on the quiet; ~ *di valuta* currency smuggling; *fare il* ~ to smuggle.

contrabbassista *m./f.* (*Mus*) double bass player.

contrabbasso I *m.* (*Mus*) 1 double-bass, contrabass. 2 (*suonatore*) double bass player. II *a.* (*Mus*) contrabass, bass: *trombone* ~ contrabass trombone.

contraccambio (**contraccàmbio, contraccàmbi**) *v.t.* 1 to return, to requite, to repay, to reciprocate: ~ *un favore* to return a favour; *contraccambiamo sinceramente i vostri saluti* we heartily reciprocate your greetings. 2 (*rif. a persona: dimostrarle gratitudine*) to requite, to repay, to pay back, to reciprocate, to return: *contraccambierò la tua ospitalità* I will repay your hospitality. □ ~ *l'amore di qcu.* to return so.'s love.

contraccambio *m.* return, requital, repayment, reciprocation. □ *in* ~ in return.

contraccettivo I *a.* contraceptive: *metodo* ~ contraceptive method, contraceptive device. II *m.* (*Farm*) contraceptive: ~ *orale* oral contraceptive.

contraccezione *f.* contraception, pregnancy prevention; (*controllo delle nascite*) birth control: ~ *orale* oral contraception.

contraccolpo *m.* 1 rebound, repercussion. 2 (*rif. ad arma da fuoco*) recoil, kick. 3 (*fig*) (*conseguenza immediata*) consequence, repercussion, effect, backlash: *tutti abbiamo subito il* ~ *della congiuntura* we have all suffered the consequences of the slump.

contraccusa *f.* (*Dir*) countercharge.

contrada *f.* 1 (*rione di città medievale*) quarter: *le contrade di Siena* the quarters of Siena. 2 (*strada larga, principale*) main street. 3 (*lett*) (*regione, paese*) land, country, district.

contraddanza *f.* contradance, contredanse.

contraddetto → **contraddire.**

contraddico → **contraddire.**

contraddire (*pres.ind.* **contraddìco, contraddìci;** *p.rem.* **contraddìssi;** *p.p.* **contraddétto**) I *v.t.* to contradict, to gainsay: ~ *le*

affermazioni di qcu. to contradict so.'s statements; *non mi è stato possibile contraddirlo* he wouldn't be contradicted. II *v.pron.* **contraddirsi** 1 (*rif. a persone*) to contradict oneself: *l'imputato si è contraddetto più volte* the accused contradicted himself several times. 2 (*rif. a cose*) to be contradictory, to be in contradiction with each other: *le sue asserzioni si contraddicono* his assertions are contradictory. III *v.r.recipr.* **contraddirsi** to contradict each other: *i due testimoni si sono contraddetti* the two witnesses contradicted each other.

contraddirò → **contraddire.**

contraddissi → **contraddire.**

contraddistinguere (*pres.ind.* **contraddistìnguo, contraddistìngui;** *p.rem.* **contraddistìnsi;** *p.p.* **contraddistìnto**) I *v.t.* 1 to mark; (*con un'etichetta*) to label, to mark with a label, to tag: *ha contraddistinto il pacco con un'etichetta* he marked the packet with a label; *la qualità è ciò che contraddistingue questo prodotto* quality is the trademark of this product. 2 (*fig*) (*contraddistinguere*) to characterize, to distinguish, to mark: *la timidezza l'ha sempre contraddistinto* shyness has always distinguished him. II *v.pron.* **contraddistinguersi** to differ, to stand out, to be distinguished: *il libro si contraddistingue dagli altri per la copertina a colori* the book stands out (from the others) because of its coloured jacket, the book differs from the others in that it has a coloured jacket.

contraddittore *m.* (*f.* **-trice**) contradictor, contradicter, opposer.

contraddittoriamente *avv.* contradictorily, in a contradictory manner.

contraddittorietà *f.* contradictoriness.

contraddittorio I *a.* 1 (*che contraddice*) contradictory (*anche Filos*): *ordini contraddittori* contradictory orders. 2 (*ambiguo*) contradictory, uncertain, inconsistent, conflicting: *comportamento* ~ inconsistent behaviour. II *m.* (*Dir*) debate, cross-examination. □ (*Dir*) *interrogare in* ~ to cross-examine, to cross-question.

contraddizione *f.* 1 contradiction (*anche Filos*): *tra i due fatti non c'è* ~ there is no contradiction between the two facts. 2 *pl.* (*parole, fatti che si contraddicono*) contradictions, discrepancies: *un articolo pieno di contraddizioni* an article full of discrepancies. □ *essere in* ~ *con qcs.* to be in conflict with sth., to contradict sth., to be at variance with sth.; ~ *in termini* self-contradiction, contradiction in terms.

contraente I *a.* contracting: *le parti contraenti* the contracting parties. II *m./f.* contracting party, contractor.

contraerea *f.* (*Mil*) anti-aircraft artillery.

contraereo *a.* (*Mil*) antiaircraft (*attr.*), anti-aircraft (*attr.*): *cannone* ~ anti-aircraft gun; *difesa contraerea* anti-aircraft defence; *tiro* ~ anti-aircraft fire.

contraffare (*pres.ind.* **contraffàccio, contraffài;** *p.rem.* **contrafféci;** *p.p.* **contraffàtto**) I *v.t.* 1 (*falsificare*) to counterfeit, to forge, to counterfeit: ~ *una firma* to forge a signature. 2 (*adulterare*) to adulterate: ~ *sostanze alimentari* to adulterate foodstuffs. 3 (*alterare*) to disguise: ~ *la voce per non farsi riconoscere* to disguise one's voice to avoid recognition. II *v.pron.* **contraffarsi** (*camuffarsi*) to disguise oneself: *contraffarsi da mendicante* to disguise oneself as a beggar.

contraffatto → **contraffare** *a.* 1 (*falsificato*) counterfeit, forged, falsified, false: *calligrafia contraffatta* forged handwriting;

moneta contraffatta counterfeit coin; *lettera contraffatta* forged letter. **2** (*alterato*) disguised: *parlò con voce contraffatta* he spoke in a disguised voice. **3** (*non genuino*) sham, imitation (*attr.*), fake; (*rif. a cibi e sim.*) adulterated: *merce contraffatta* imitation goods; *vino ~ adulterated* wine.

contraffattore *m.* (*f.* -**trice**) counterfeiter, forger.

contraffazione *f.* **1** (*falsificazione*) forging, forgery, counterfeiting, faking: *~ di una firma* forging of a signature; *~ di monete* counterfeiting of coins. **2** (*imitazione*) forgery, counterfeit, fake: *il quadro che hai visto è un'abile ~* the picture you have seen is a clever fake. **3** (*alterazione*) disguising: *~ della voce* disguising of the voice.

contrafforte *m.* **1** (*Edil,Arch*) buttress, counterfort. **2** (*Geol*) spur. **3** (*di scarpa*) quarter stiffener.

contraggo → **contrarre**.

contraltare *m.* **1** (*Art,Arch*) opposite altar. **2** (*fig*) rival project, rival attraction, counterattraction: *servire da ~* to serve as a rival attraction.

contralto **I** *m.* (*Mus*) (contr)alto: *cantare da ~* to sing alto, to sing contralto. **II** *a.* (*Mus*) alto (*attr.*), contralto (*attr.*): *sassofono ~* alto saxophone.

contrammiraglio *m.* (*Mar.mil*) rear admiral.

contrappasso *m.* retaliation: *legge del ~* retaliation law.

contrappello *m.* second roll-call (*anche Mil*).

contrappesare (**contrappéso**) **I** *v.t.* **1** (*bilanciare*) to counterbalance, to counterpoise. **2** (*fig*) (*essere equivalente a*) to balance (out), to outweigh, to offset, to be equal to: *il vantaggio contrappesa il danno* the drawback is offset by the advantage. **3** (*fig*) (*valutare*) (*Br*) to weigh up, (*Am*) to weigh, to set off: *~ il pro e il contro* to weigh (up) the pros and cons. **II** *v.r.recipr.* **contrappesarsi 1** (*bilanciarsi*) to balance, to counterbalance each other: *i due oggetti si contrappesano* the two objects balance each other. **2** (*fig*) to balance each other, to compensate, to even out, to offset each other: *il bene e il male si contrappesano* good and evil compensate each other, good and evil balance each other.

contrappeso *m.* **1** counterbalance, counterpoise. **2** (*nelle macchine*) counterweight, balance weight: *~ del montacarichi* hoist counterweight. □ *fare da ~a qcs.* to act as counterbalance to sth. (*anche fig*).

contrapponibile *a.* opposable.

contrapporre (*pres.ind.* **contrappóngo, contrappóni, contrappóne, contrapponiàmo, contrapponéte, contrappóngono**; *p.rem.* **contrappósi, contrapponésti, contrappóse, contrapponémmo, contrapponéste, contrappósero**; *fut.* **contrapporrò**; *pres.cong.* **contrappónga, contrapponiàmo, contrapponiàte, contrappóngano**; *impf.cong.* **contrapponéssi**; *imperat.* **contrappóni, contrappónga, contrapponiàmo, contrapponéte, contrappóngano**; *p.pres.* **contrapponènte**; *p.p.* **contrappósto**) **I** *v.t.* **1** to set against, to oppose (to). **2** (*fig*) (*opporre*) to oppose (*a* to), to set (against), to match (against): *~ un argomento a un altro* to set one argument against another, to match one argument against another. **II** *v.pron.* **contrapporsi** (*opporsi*) to oppose: *contrapporsi ai soprusi* to oppose the abuse of power. **III** *v.r.recipr.* **contrapporsi** (*contrastare*) to contrast, to

clash: *le due teorie si contrappongono* the two theories clash.

contrapposizione *f.* **1** contrast, opposition, setting against: *~ di argomenti* contrasting arguments. **2** (*Filos*) contraposition.

contrapposto → **contrapporre I** *a.* **1** (*posto dirimpetto*) facing, opposite, opposing: *due file contrapposte di soldati* two opposing lines of soldiers. **2** (*fig*) (*opposto*) opposite, opposed: *caratteri contrapposti* opposite characters. **II** *m.* opposite, antithesis.

contrappuntare (**contrappùnto**) *v.t.* (*Mus*) to counterpoint.

contrappuntista *m./f.* (*Mus*) contrapuntist.

contrappuntistico (*pl.* -**ci**) *a.* (*Mus*) contrapuntal, counterpoint (*attr.*).

contrappunto *m.* (*Mus*) counterpoint (*anche fig*).

contrare (**cóntro**) *v.t.* **1** (*nel gioco delle carte*) to double. **2** (*Sport*) (*nel pugilato*) to counter; (*nel calcio*) to block.

contrariamente □ *~a*: **1** contrary to, in contrast with, in spite of: *~ a quanto mi avevi detto c'era molta folla* contrary to what you had told me there were a lot of people; *~ alle nostre aspettative* contrary to our expectations; *~ a ogni aspettativa* contrary to all expectations; *~ alle istruzioni ricevute* in contrast with instructions, contrary to the instructions received; **2** (*seguito da pronome personale complemento*) unlike; *~ a me, è una persona serena* unlike me she's a calm person; *~ al solito* once in a while, just for once.

contrariare (**contràrio**) *v.t.* **1** (*ostacolare*) to thwart, to cross, to oppose: *mi contrariano in ogni cosa* they thwart me at every turn. **2** (*seccare*) to put out, to annoy, to irritate: *questo ritardo mi ha molto contrariato* this delay has certainly put me out.

contrariato *a.* annoyed, irritated, put out, (*colloq*) in a huff: *era evidentemente ~ per il ritardo* he was visibly annoyed by the delay.

contrarietà *f.* **1** (*avversione*) aversion, strong dislike: *conosci la mia ~ per questo genere di scherzi* you know my aversion to this kind of joke. **2** (*l'essere sfavorevole*) opposition, adversity, contrariety, unpropitiousness: *la ~ del destino* the unpropitiousness of fate, the adversity of fate. **3** *pl.* (*disavventura*) misfortunes, setbacks, mishaps, adversities: *per una serie di ~ non sono arrivato in tempo* through a series of mishaps I didn't arrive in time; *le ~ della vita* the adversities of life.

contrario I *a.* **1** contrary, opposite: *quello che vuoi fare è ~ al regolamento* what you want to do is contrary to the regulations; *movimento ~* contrary motion; *andare in direzione contraria* to go in the opposite direction; *essere di parere ~* to be of the opposite opinion. **2** (*alieno*) opposed (*a* to), averse (to, from): *essere ~ a ogni innovazione* to be opposed to all innovation. **3** (*sfavorevole*) unfavourable, adverse, unpropitious, against: *il destino ci è ~* fate is against us, fate is unfavourable to us; *la stagione contraria* the unfavourable season. **II** *m.* **1** contrary, opposite: *ha fatto il ~ di quello che gli avevo suggerito* he has done the opposite of what I had suggested. **2** (*Gramm*) antonym: *sinonimi e contrari* synonyms and antonyms. □ *al ~*: **1** on the contrary, while, whereas: *tu ti opponi, io al ~ sono favorevole* you are against it, while I am in favour; **2** (*a ritroso, all'indietro*) backwards: *andare al ~* to go backwards; **3** (*col davanti dietro*) the wrong way round, back to front: *mettere la maglietta al ~* to put on one's T-shirt the

wrong way round, to put on one's T-shirt back to front; **4** (*con l'interno all'esterno*) inside out; **5** (*a testa in giù*) upside down; *al ~ di* contrary to, unlike: *suo fratello, al ~ di lui, è molto gentile* his brother, unlike him, is very polite; *~ al sistema* anti-establishment; *non ho nullain ~* I have no objections, I have nothing against it; *se lei non ha niente in ~* if you don't object, if you have no objections.

contrarre (*pres.ind.* **contràggo, contrài**; *p.rem.* **contràssi**; *p.p.* **contràtto**) **I** *v.t.* **1** (*rif. a muscoli e sim.*) to contract: *~ i muscoli* to contract the muscles; (*in una smorfia*) to twist: *~ la bocca in una smorfia* to twist one's mouth in a grimace, (*colloq*) to make a face. **2** (*prendere*) to contract, to acquire, to form, to get into: *~ un'infezione* to catch an infection: *~ un'abitudine* to form a habit; *~ un vizio* to get into a bad habit. **3** (*rif. a malattia*) to catch, to contract, to get: *~ una malattia* to get an illness, to contract an illness. **4** (*concludere*) to contract, to enter into, to make: *~ un accordo* to make an agreement; *~ un prestito* to contract a loan. **II** *v.pron.* **contrarsi 1** (*rif. a muscoli e sim.*) to contract, to tauten; (*in una smorfia*) to twist: *la sua mano si è contratta sulla maniglia* his hand tightened on the handle. **2** (*Ling*) to contract, to be contracted: *i due suoni si contraggono in un dittongo* the two sounds are contracted into a diphthong. □ *~ un'alleanza* to make an alliance, to contract an alliance; *~ amicizia con qcu.* to make friends with so.; *~debiti* to incur debts, to contract debts; *~matrimonio* to contract marriage, to get married; *~ un mutuo* to get a loan, to obtain a loan; (*rif. a mutuo ipotecario*) to take out a mortgage.

contrarrò → **contrarre**.

contrassegnare (**contrasségno**) *v.t.* **1** to countermark, to mark: *~ la merce* to mark the goods. **2** (*con un'etichetta*) to label, to mark with a label, to tag. **3** (*fig*) (*contraddistinguere*) to characterize, to mark: *quel periodo fu contrassegnato da molte guerre* that period was characterized by many wars. □ *~con un'cartellino* to label, to tag; *~con un numero* to number, to mark with a number.

contrassegnato *a.* **1** countermarked, marked: *~ con il numero 5* marked with the number 5. **2** (*fig*) marked. □ *~da un'asterisco* marked with an asterisk.

contrassegno[1] *m.* **1** (*segno caratteristico*) mark, identification mark, countermark: *fare un ~ su un pacco* to make a mark on a packet. **2** (*fig*) (*prova*) mark, proof, token: *dare a qcu. un ~ della propria amicizia* to give so. a token of one's friendship.

contrassegno[2] *avv.* (*Comm*) cash on delivery, COD: *comprare qcs. ~* to buy sth. cash on delivery. □ (*Comm*)*in ~* cash on delivery, COD.

contrassi → **contrarre**.

contrastabile *a.* contestable, questionable.

contrastante *a.* conflicting, contrasting, clashing: *colori contrastanti* clashing colours; *sentimenti contrastanti* mixed feelings.

contrastare (**contràsto**) **I** *v.i.* (*aus. avere*) to clash, to contrast (*con* with), to be in contrast (*con* with), not to be in keeping (*con* with), to contradict: *le sue parole contrastano con le sue azioni* his words contrast with his actions, his words are not in keeping with his actions, his words contradict his actions. **II** *v.t.* **1** to oppose, to cross, to hinder, to curb, to thwart: *~ i progetti di qcu.* to oppose so.'s plans; *~ i desideri di qcu.* to oppose so.'s wishes, to thwart so.'s wishes. **2** (*rif. al cammino e sim.*) to bar: ~ *il passo a qcu.* to bar so.'s way, to stand in so.'s way. **III** *v.pron.* **contrastarsi** (*disputarsi*) to struggle for, to fight for, to fight over, to contend for.

contrastato *a.* **1** meeting with opposition, opposed, thwarted: *un matrimonio* ~ a strongly-opposed marriage. **2** (*combattuto*) hard-won, hard-fought: *vittoria contrastata* hard-won victory.

contrastivo *a.* (*Gramm*) contrastive: *analisi contrastiva* contrastive analysis.

contrasto *m.* **1** contrast: ~ *di luci e di ombre* contrast of light and shade. **2** (*conflitto, contrapposizione*) contrast, clash, conflict: *un* ~ *di opinioni* a conflict of opinions. **3** (*litigio, discordia*) quarrel, disagreement, dispute, argument: *è sorto un* ~ *tra di loro* an argument arose between them; *risolvere un* ~ to settle a dispute. **4** (*Fot,TV*) contrast: *regolazione del* ~ contrast control. **5** (*Lett*) dialogue, dialogue-poem: *il* ~ *della rosa e della viola* the dialogue between the rose and the violet. □ (*TV*) ~ *dell'immagine* image contrast, picture contrast; *aumentare il* ~ *dell'immagine* to sharpen the picture; ~ *di colori* colour contrast; ~ *di opinioni* conflict of opinion, clash of opinion, difference of opinion; *in* ~ in contrast: *le nostre vedute sono in* ~ we hold conflicting opinions; *essere in* ~ *con qcs.* to disagree with sth., to clash with sth.: *le ultime notizie sono in* ~ *con le precedenti* the latest news disagrees with what we heard earlier; *per* ~ by contrast, in contrast.

contrattabile *a.* negotiable.

contrattaccare (**contrattàcco, contrattàcchi**) *v.t.* to counter-attack (*anche fig*): ~ *il nemico* to counter-attack the enemy.

contrattacco (*pl.* **-chi**) *m.* (*Mil,Sport*) counter-attack (*anche fig*). □ *muovere al* ~ to counter-attack, to make a counter-attack; *passare al* ~ to counter-attack, to make a counter-attack.

contrattare (**contràtto**) **I** *v.t.* to bargain for, to bargain over, to negotiate (the price of), to contract (for): ~ *un acquisto* to negotiate a purchase; ~ *un appartamento* to negotiate the price of a flat. **II** *v.i.* (*aus.* **avere**) to bargain, to haggle: *essere abile nel* ~ to be good at bargaining; *l'acquirente ha pagato senza* ~ the purchaser paid without trying to haggle. □ ~ *sul prezzo* to negotiate the price, to bargain over the price.

contrattazione *f.* **1** negotiation, bargaining, dealing. **2** (*Econ*) (*in borsa*) trading, dealing. □ (*Econ*) ~ *alle grida* (*in borsa*) open outcry; (*Econ*) ~ *collettiva* collective bargaining; ~ *libera* free marketing; ~ *salariale* wage bargaining.

contrattempo *m.* **1** setback, hitch, mishap, contretemps *pl.*: *un piccolo* ~ *mi ha impedito di partire* a slight hitch prevented me from leaving. **2** (*Mus*) (*controtempo*) syncopation.

contrattile *a.* contractile, contractible: *muscolo* ~ contractile muscle.

contrattilità *f.* contractility.

contrattista *m./f.* (*Univ*) contract worker, contract lecturer.

contratto[1] *m.* contract, bargain, deal, agreement (*anche Dir*): *firmare un* ~ to sign a contract; *stipulare un* ~ to draw up a contract; *rescindere un* ~ to rescind a contract; *to terminate a contract*; *rompere il* ~ to break the contract; *rinnovare un* ~ to renew a contract. □ ~ *a tempo determinato* fixed-term contract; ~ *a tempo indeterminato* permanent contract; ~ *a termine*: 1 time contract, time bargain, forward contract; 2 (*Econ*) fu-

tures contract; ~ *bilaterale* reciprocal contract, bilateral contract, commutative contract; ~ *capestro* binding contract; ~ *collettivo di lavoro* collective labour agreement, collective wage agreement, blanket agreement; *come da* ~ as per contract; ~ *d'affitto* lease, tenancy contract, rent agreement; ~ *d'agenzia* agency contract; ~ *di appalto* contract; (*per enti pubblici*) procurement contract; ~ *di assicurazione* insurance contract; *contratti di borsa* stock exchange contracts; ~ *di categoria* national contract; ~ *di compravendita* contract of sale and purchase, bill of sale; ~ *di costruzione* building contract; (*Dir*) ~ *di donazione* deed of gift; ~ *di formazione e lavoro* youth employment training scheme; ~ *di fornitura* supply contract; ~ *di lavoro* labour contract, contract of employment; ~ *di licenza* licensing contract; ~ *di locazione* rent agreement, lease; ~ *di manutenzione* maintenance contract; ~ *di matrimonio* marriage contract; ~ *di nolo* freight contract, charter; (*Econ*) ~ *di opzione* option contract; (*Comm*) ~ *di pegno* pawn agreement; ~ *di servitù* easement contract; (*Econ*) ~ *di swap* swap contract; (*Comm*) ~ *di vendita* contract of sale, sale contract; ~ *d'impiego* employment contract; ~ *nullo* (null and) void contract; ~ *online* online contract; ~ *per adesione* abiding contract; (*Comm*) ~ *preliminare* preliminary agreement, preliminary contract; ~ *prematrimoniale* premarital agreement; *il* ~ *prevede...* the contract provides that...; ~ *registrato* registered contract; ~ *scaduto* expired contract; ~ *sinallagmatico* synallagmatic contract, bilateral contract; (*Pol*) ~ *sociale* social contract; ~ *standard* standard contract; ~ *vincolante* binding contract.

contratto[2] *a.* contracted, drawn: *muscoli contratti* contracted muscles; *vocali contratte* contracted vowels.

contrattuale *a.* contractual, of a contract, contract (*attr.*): *clausola* ~ contractual clause.

contrattualismo *m.* (*Pol*) contractualism, contractarianism, legal doctrine based on the principles of the social contract.

contrattualmente *avv.* contractually, by contract.

contrattura *f.* (*Med*) contracture.

contravveleno *m.* antivenin, antidote (*anche fig*).

contravvengo → **contravvenire**.

contravvenire (*pres.ind.* **contravvèngo, contravvièni**; *p.rem.* **contravvénni**; *p.p.* **contravvenùto**; *aus.* **avere**) *v.i.* to contravene, to infringe, to transgress, to disobey: ~ *a un comando* to disobey a command. □ ~ *al regolamento* to infringe a regulation; ~ *alla legge* to contravene the law, to violate the law.

contravvenni → **contravvenire**.

contravventore *m.* (*f.* **-trice**) offender, transgressor (*a* against), infringer (of): *i contravventori alle leggi* offenders against the law.

contravvenuto → **contravvenire**.

contravvenzione *f.* **1** (*multa*) fine, (*Am*) ticket: *dichiarare qcu. in* ~ to fine so.; *conciliare una* ~ to pay a fine on the spot. **2** (*il contravvenire*) contravention, infringement, breach, transgression: *essere in* ~ to be in breach of the law.

contravverrò → **contravvenire**.

contrazione *f.* **1** (*il contrarre*) contraction, shrinking: *la* ~ *di un muscolo* the contraction of a muscle. **2** (*fig*) (*riduzione*) reduction: ~ *delle spese* reduction of expenditure. **3** (*Ling,*

Mat) contraction.

contre /'kɔtr/ *m.* (*nel bridge*) double.

contribuente *m./f.* taxpayer; (*rif. a imposte comunali*) ratepayer: *a spese dei contribuenti* at public expense.

contribuire (**contribuìsco, contribuìsci**; *aus.* **avere**) *v.i.* **1** (*cooperare*) to contribute (*a* to), to co-operate, to have a share (in), to help: ~ *alla buona riuscita di un'impresa* to contribute to the success of an undertaking; (*fig*) *anche questi fatti contribuiscono a renderlo simpatico a tutti* these facts too help to make him popular. **2** (*partecipare alle spese*) to contribute (*a* to), to share (in). **3** (*giovare*) to contribute (to, towards), to help (in, towards), to be good (for): *il riposo contribuirà al suo completo ristabilimento* rest will help him to recover completely.

contributivo *a.* (*Dir*) contributory.

contributo *m.* **1** contribution, donation: *dare il proprio* ~ *a un'impresa* to make one's contribution to an enterprise; *tutti i presenti hanno versato un* ~ all those present made a contribution. **2** (*Econ*) (*sovvenzione*) grant-in-aid, subsidy, government subsidy, contribution. **3** (*Econ*) (*tassa*) tax: *imporre contributi* to levy taxes. **4** *pl.* (*Econ*) (*versamenti a enti previdenziali*) contributions: *pagare i contributi* to pay contributions. □ *contributi a carico del datore di lavoro* employer's contributions; *contributi accumulabili per la pensione* contributions accruing for a pension, accruable pension benefits, accruable pension credit; ~ *alle spese* share in expenditure; *contributi arretrati* back payments, payments in arrears; *contributi del lavoratore* employee's contributions; ~ *di denaro* contribution in money, sum contributed; *contributi di malattia* health insurance contributions; ~ *di sangue* blood donation; *contributi facoltativi* optional contributions, voluntary contributions; ~ *in denaro* contribution in money, sum contributed; ~ *letterario* literary contribution; *contributi obbligatori* compulsory contributions; (*Aut*) ~ *per la rottamazione* charge for scrapping a vehicle; *contributi per le assicurazioni sociali* social insurance contributions; *contributi previdenziali* National Insurance contributions, social security contributions; *contributi sindacali* trade union contributions, union dues; *contributi sociali* social security contributions; ~ *spese* share in expenditure; ~ *straordinario* extraordinary allocation; (*Assic*) *contributi volontari* voluntary contributions.

contributore *m.* (*f.* **-trice**) contributor.

contribuzione *f.* **1** contribution. **2** (*Econ*) (*imposta*) tax, levy, tribute.

contristare (**contristo**) **I** *v.t.* to sadden, to grieve, to distress, to afflict: *la tua lontananza contristerà tutti noi* your absence will sadden us all. **II** *v.pron.* **contristarsi** (*affliggersi*) to be distressed, to grieve: *si è constristato per la notizia* he was distressed by the news.

contrito *a.* contrite, penitent, remorseful: *essere* ~ to be contrite; *espressione contrita* contrite expression.

contrizione *f.* contrition (*anche Rel*): *atto di* ~ act of contrition; *fare atto di* ~ to make an act of contrition.

contro I *prep.* (*when used with the stressed form of a personal pronoun* contro *is followed by the pronoun and connected to it by the preposition* di; *when used with an unstressed personal pronoun* contro *becomes an adverb and follows the verb; in some other cases* contro *is connected to pronouns* *and nouns by the preposition* a). **1** (*opposizione, ostilità*) against, towards: *ostilità ~ una persona* hostility towards a person; *~ la mia volontà* against my will; *quello che fai è ~ i tuoi interessi* what you are doing is against your own interests; *combattere ~ il nemico* to fight (against) the enemy; *gli si sono rivoltati tutti ~* they all rebelled against him. **2** (*per indicare una difesa*) against: *assicurarsi ~ gli infortuni* to take out insurance against sth. **3** (*rif. a malattie*) for: *una cura ~ l'AIDS* a cure for Aids. **4** (*in direzione opposta*) against: *~ vento* against the wind. **5** (*addosso*) against; (*violentemente*) into: *ha battuto la testa ~ il muro* he hit his head against the wall; *la macchina è andata a sbattere ~ il muro* the car crashed into the wall. **6** (*verso*) towards, to; (*di fronte*) facing; (*con ostilità*) at: *l'ho visto venirmi ~* I saw him coming towards me; *stare voltato ~ la parete* to stand facing the wall, to stand with one's face to the wall; *tirare una pietra ~ qcu.* to throw a stone at so. **7** (*poggiato a*) (up) against: *ha appoggiato il bastone ~ il muro* he leaned the stick against the wall. **8** (*rispetto a*) as against, as opposed to: *ci saranno quattro milioni di emigranti ~ gli attuali due* there will be four million emigrants as opposed to the two million there are now. **9** (*Sport*) versus, against: *Roma ~ Lazio* Rome versus Lazio. **10** (*Comm*) on, against: *pagamento ~ assegno* cash on delivery, COD; *~ ricevuta* on receipt; *~ pagamento* on payment. **II** *avv.* against (*a qcs.* sth.), in opposition (*a qcs.* to sth.): *tutti hanno votato ~* everyone voted against (the motion). **III** *m.* con: *esaminare il pro e il ~* to examine the pros and cons. □ *~ corrente* : **1** (*rif. a fiumi*) upstream, against the flow, against the current: *navigare ~ corrente* to sail upstream; *nuotare ~ corrente* to swim against the current, to swim upstream; **2** (*fig*) against the general trend, against the tide: *andare ~ corrente* to go against the trend, to go against the tide; *dare ~a qcu.*: **1** (*osteggiarlo*) to be hostile to so., to be against so.; **2** (*contraddirlo*) to contradict so.; *~ di* against: *tu sei ~ di me* you are against me; (*Comm*) *~ documenti* against documents; (*Strad*) *~mano* on the wrong side of the road, in the wrong direction; *andare ~ mano* to drive on the wrong side of the road; *imboccare una strada ~ mano* to take a road on the wrong side, to take a road against traffic; (*colloq*) *mettersi ~ qcu.* to fight so., to oppose so., to go against so.; *~natura* against nature, contrary to nature; *~pelo* : **1** the wrong way; **2** (*rif. a tessuti*) against the nap; *per ~* instead, on the other hand: *lui per ~ voleva uscire* he, on the other hand, wanted to go out, he wanted to go out instead; (*Comm*) *~ presentazione* on presentation; *~ voglia* unwillingly, against one's will, reluctantly; *lavorare ~ voglia* to work unwillingly, to work against one's will. *Prov.*: *~ la forza la ragion non vale* might is right.

controaccusa *f.* (*Dir*) countercharge.

controalisei *m.pl.* (*Meteor*) antitrades.

controassemblea *f.* opposition meeting.

controassicurazione *f.* (*Assic*) reinsurance, underwriting for an insurer.

controazione *f.* **1** (*Sport*) counterattack; (*nella scherma*) parrying blow, counterstroke. **2** (*fig*) countermeasure, counteraction.

controbattere (**controbàtto**) *v.t.* **1** (*Mil*) to counter: *~ l'offensiva nemica* to counter the enemy offensive. **2** (*fig*) (*confutare*) to confute, to disprove, to rebut: *~ un'accusa* to

rebut an accusation. **3** (*fig*) (*replicare*) to retort, to reply, to answer (back): *sul momento non sono stato capace di ~* I was unable to find a retort.

controbatteria *f.* (*Arm*) counterbattery.

controbilanciare (**controbilàncio, controbilànci**) **I** *v.t.* **1** to balance, to counterbalance: *~ un carico* to counterbalance a load. **2** (*fig*) to balance, to counterbalance; (*compensare*) to make up for, to compensate for: *la soddisfazione controbilancia la fatica* the satisfaction makes up for all the effort involved. **II** *v.r.recipr.* **controbilanciarsi** to balance out, to counterbalance each other (*anche fig*): *i due pesi si controbilanciano* the two weights balance out.

controbuffè, contro-buffet /-by'fɛ/ *m.inv.* (*Arred*) small sideboard.

controcampo *m.* **1** (*Cin*) reverse shot, reverse angle. **2** (*El*) counterfield.

controcandidato *m.* (*Pol,rar*) opposition candidate, candidate of the opposition party.

controcanto *m.* (*Mus*) second melody, countermelody.

controcarro *a.inv.* (*Mil*) (*anticarro*) anti-tank, armour-piercing.

controcassa *f.* **1** outer casing. **2** (*dell'orologio*) case, casing.

controcatena *f.* (*Edil*) straining beam, straining piece.

controchiave *f.* **1** (*seconda chiave di una serratura*) second key, duplicate key, spare key. **2** (*chiave falsa*) false key, skeleton key. **3** (*seconda mandata*) second turn (of a key).

controchiglia *f.* (*Mar*) false keel, keelson.

controcoperta *f.* (*Mar*) spar deck.

controcorrente **I** *f.* (*Geog,El*) countercurrent. **II** *a.inv.* **1** counter-current (*attr.*). **2** (*fig*) original, against the mainstream (*posposto*): *un tipo ~* an original guy. **III** *avv.* **1** (*rif. a fiumi*) upstream, against the flow, against the current: *navigare ~* to sail upstream; *nuotare ~* to swim against the stream. **2** (*fig*) against the general trend, against the tide.

controcritica *f.* (*rar*) countercriticism.

controcultura *f.* counterculture.

controcurva *f.* bend in the opposite direction, curve in the opposite direction, double bend.

controdado *m.* (*Mecc*) lock nut, check nut.

controdata *f.* **1** new date. **2** (*burocr*) date of registration.

controdatare *v.t.* **1** to put a new date to. **2** (*burocr*) to put the date of registration to.

controdecreto *m.* (*burocr*) counterdecree.

controdichiarazione *f.* **1** counterstatement. **2** (*Dir*) counterdeed.

controdote *f.* (*Stor*) dowry given by the groom to the bride.

controesempio *m.* counter-example.

controesodo *m.* mass return from the holidays.

controfagottista *m./f.* (*Mus*) double bassoon player.

controfagotto *m.* (*Mus*) double-bassoon, contrabassoon.

controffensiva *f.* **1** (*Mil*) counteroffensive. **2** (*fig*) (*reazione*) reaction, counterattack: *passare alla ~* to counterattack.

controffensivo *a.* counteroffensive (*attr.*).

controfferta *f.* (*Comm*) counter-offer; (*in un'asta*) counter bid.

controfigura *f.* **1** (*Cin,TV*) double, stand-in. **2** (*fig,spreg*) poor substitute. □ (*Cin,TV*) *fare la ~ di qcu.* to double for so., to stand in for so.

controfiletto *m.* **1** (*Macell*) sirloin. **2** (*Arald*) second stripe.

controfilo *m.* cross-grain. □ *a ~* against

the grain.

controfinestra *f.* (*Edil*) storm window, storm sash.

controfinta *f.* (*Sport*) counter attack, counter blow, counter feint.

controfiocco (*pl.* **-chi**) *m.* (*Mar*) flying jib.

controfirma *f.* countersignature.

controfirmare (**controfirmo**) *v.t.* to countersign.

controfodera *f.* (*Sart*) interlining, interfacing.

controfondo *m.* (*rar*) false bottom.

controfosso *m.* (*Mil*) countertrench, auxiliary trench.

controfuga *f.* (*Mus*) counter-fugue.

controfuoco *m.* backfire.

controgaranzia *f.* (*Econ*) counter-security, counterbond.

controgirello *m.* (*Macell*) topside.

controguerriglia *f.* (*Mil*) counterinsurgency.

controinchiesta *f.* (*Dir*) second enquiry.

controindicare (**controìndico, controìndichi**) *v.t.* (*Med*) to counterindicate, to warn against (side effects).

controindicato *a.* **1** (*Med*) contraindicated. **2** (*sconsigliato*) inadvisable.

controindicazione *f.* (*Med*) contraindication, side-effect: *questa medicina non ha controindicazioni* this medicine has no side-effects.

controinformazione *f.* disinformation.

controinterrogatorio *m.* (*Dir*) cross examination.

controllabile *a.* **1** controllable. **2** (*verificabile*) verifiable: *i fatti sono facilmente controllabili* the facts are easily verifiable, the facts are easy to check.

controllabilità *f.* controllability.

controllare (**contròllo**) **I** *v.t.* **1** (*dominare*) to control, to rule, to master: *~ il traffico di droga* to control drug traffic. **2** (*verificare*) to check (up on), to verify, to control: *~ la data* to check the date; *~ l'esattezza di una notizia* to check (up on) a piece of news. **3** (*rif. a conti*) to audit: *~ i conti* to audit accounts. **4** (*ispezionare*) to inspect, to examine, to look into. **5** (*collaudare*) to test. **6** (*sorvegliare*) to control, to supervise, to watch: *bisogna ~ ogni sua mossa* his every move must be watched; *la polizia controlla tutte le uscite* the police control all the exits. **7** (*regolare*) to control, to regulate: *lo stato controlla l'esportazione* the State controls exportation. **8** (*Med*) to watch, to control: *~ l'alimentazione* to watch one's diet. **9** (*Sport*) to control; (*marcare*) to mark: *~ la palla* to control the ball; *~ un giocatore* to mark a player. **II** *v.pron.* **controllarsi** to control oneself: *controllati!* take a grip on yourself! □ *~gli istinti* to control one's instincts; *~i bagagli* : **1** to check the luggage; **2** (*rif. alla dogana*) to examine the luggage; *~i biglietti* to check the tickets; *~ i propri nervi* to keep one's nerves under control; *~i passaporti* to examine passports; (*Econ*) *~ il mercato* to control the market; (*Aut*) *~l'olio* to check the oil; *~l'ora* to check the time.

controllato *a.* **1** controlled: *economia controllata* managed economy. **2** (*fig*) controlled, self-controlled, restrained: *è sempre ~ nel parlare* he always speaks in a restrained way; *movimenti controllati* controlled movements.

controller *m.inv.* **1** (*Ferr*) controller. **2** (*Elettron*) controller. **3** (*controllore di gestione*) controller.

controllo *m.* **1** (*verifica*) check, checking, check-up, verification: *~ dell'esattezza di* *un'affermazione* verification of (the truth of) a statement. **2** (*rif. a conti*) audit, auditing: *il ~ di un conto* the auditing of an account. **3** (*ispezione*) inspection, examination: *giro di ~* tour of inspection, round, check-up; *sottoporre qcs. a un ~* to check (up on) sth., to examine sth., to inspect sth. **4** (*collaudo*) test. **5** (*sorveglianza*) control, supervision, surveillance: *tutte le uscite erano sotto il ~ della polizia* all exits were under police control; *eludere il ~* to escape control. **6** (*azione regolatrice*) control, regulation: *~ dei prezzi* price control. **7** (*padronanza, dominio*) control, rule, domination: *esercitare il ~ su qcs.* to exercise control over sth., to be in control of sth.; *~ dei mari* control of the seas; *assumere il ~ di qcs.* to take control of sth.; *perdere il ~ dell'automobile* to lose control of the car. **8** (*dominio di sé*) self-control: *perdere il ~ di se stesso* to lose one's self-control, to get carried away. **9** (*Med*) check-up, examination. **10** (*dispositivo di regolazione*) controls *pl.*, control, regulator. ☐ *~ a campione* spot check, random check; *~ a distanza* remote control; *~ ambientale* environmental control, environmental monitoring; *~ amministrativo* internal control, internal audit; (*Sport*) *~ antidoping* dope test, drug test; (*Tecn*) *~ automatico* self-checking, automatic control; (*Comm*) *~ budgetario* budgetary control; (*Pol*) *~ degli armamenti* arms control; *~ dei bagagli* baggage examination, baggage check; *~ dei biglietti* ticket inspection; *~ dei cambi* exchange control; (*Econ*) *~ dei costi* cost control; (*Comm*) *~ dei libri* auditing of accounts; *avere il ~ dei propri nervi* to have one's nerves under control; (*Tecn*) *~ dei processi* process control; (*Mecc*) *~ del motore* engine overhaul, engine service; (*Aer*) *~ del traffico aereo* air-traffic control; (*Ind*) *~ della qualità* quality control; *~ delle nascite* birth control; *~ delle scorte* stock control; *~ delle sementi* seed control; *~ di cassa* cash audit, cash control; *~ di gestione* management control; *~ di parità*: 1 (*Inform*) parity check; 2 (*Comm*) odd-even check; (*Inform*) *~ di processo* process control; (*Inform*) *~ di sequenza* sequence check; (*Inform*) *~ direttivo* management audit; *~ doganale* Customs inspection, Customs examination; *~ governativo* governmental control; *~ incrociato* cross-check; (*Inform*) *~ ortografico* spelling check, (*colloq*) spell check; (*Aer*) *~ radar* radar control, radar monitoring; *~ sanitario* health inspection; *sotto ~* under control; *tenere qcu. sotto ~* to keep so. under control; *essere sotto il ~ di qcu.* to be under so.'s control; *~ statale* state control.

controllore *m.* **1** controller, inspector, supervisor, superintendent. **2** (*nei treni, autobus e sim.*) ticket collector, ticket inspector. ☐ *~ dei conti* auditor; *~ del traffico aereo* air-traffic controller; *~ delle dogane* Customs official; *~ di volo* air-traffic controller.

controluce I *f.* (*Cin*) back lighting, reverse lighting. II *m.* (*fotografia*) backlit shot, photograph taken against the light. III *avv.* **1** against the light: *non ti ho visto perché eri ~* I didn't see you because you were against the light. **2** (*con luce cattiva*) in a poor lighting: *il quadro è ~* the picture is hanging in poor lighting. **3** (*Cin,Fot*) with back lighting: *fotografare in ~* to photograph with back lighting.

contromanifestante *m./f.* counterdemonstrator.

contromanifestazione *f.* counterdemonstration.

contromano *avv.* (*Strad*) on the wrong side of the road, in the wrong direction: *l'auto procedeva ~* the car was driving on the wrong side of the road; *imboccare una strada ~* to take a road on the wrong side, to take a road against traffic.

contromanovra *f.* **1** (*Mil*) countermanoeuvre, (*Am*) countermaneuver, countermove. **2** (*fig*) countermove.

contromarca *f.* **1** check, token, pass-out check, passout. **2** (*per guardaroba*) cloak-room ticket. **3** (*Numism*) (*su monete*) countermark.

contromarcia (*pl.* -ce) *f.* **1** countermarch. **2** (*Aut,rar*) (*retromarcia*) reverse motion, backing up. **3** (*Aut,rar*) (*dispositivo di retromarcia*) reverse, reverse gear.

contromezzana *f.* (*Mar*) mizzen topsail.

contromina *f.* (*Mil,Mar*) countermine.

controminare (**contromìno**) *v.t.* (*Mil,Mar*) to countermine.

contromisura *f.* countermeasure. ☐ (*Mil*) *contromisure elettroniche* electronic countermeasures.

contromossa *f.* **1** (*negli scacchi*) countermove. **2** (*contrattacco*) counter-attack.

contronota *f.* countermand.

contropagina *f.* reverse, verso.

contropalo *m.* (*Tecn*) strut.

controparte *f.* (*Dir*) opposing party, other party.

contropartita *f.* **1** (*Comm*) offset, set-off, contra: *in ~* per contra. **2** (*fig*) (*compenso*) return, reward, compensation: *mi ha aiutato e ora pretende la ~* he has helped me and now he wants his reward.

contropedale *m.* (*Mecc*) back-pedal: *freno a ~* back-pedal, coaster brake.

contropelo *avv.* **1** the wrong way: *accarezzare il gatto ~* to stroke the cat the wrong way; *fare il ~* to shave against the hair, to shave upwards; *radere a ~* to shave against the hair, to shave upwards; (*fig*) *prendere qcu. di ~* to rub so. up the wrong way, to go against the grain. **2** (*rif. a tessuti*) against the nap: *spazzolare il velluto* (*a*) *~* to brush the nap of the velvet, to brush the grain of the velvet.

contropendenza *f.* counterslope.

controperizia *f.* (*Dir*) expert evidence (of the opposite party).

contropiede *m.* (*Sport*) **1** (*nel calcio*) counterattack: *attacco in ~* counter-attack. **2** (*nel tennis*) wrong-footing. ☐ (*fig*) *prendere qcu. in ~* to catch so. off-balance, to catch so. unaware.

controporta *f.* (*Edil*) second door, double door, storm door; (*esterna*) outer door; (*interna*) inner door.

contropotere *m.* counterpower, opposing forces *pl.*

contropressione *f.* (*Fis*) back pressure, counterpressure.

controproducente *a.* counterproductive, self-defeating: *i tuoi rimproveri sono controproducenti* your reproofs only make things worse, your reproofs are counterproductive.

controprogetto *m.* counter proposal, alternative plan.

contropropaganda *f.* counter-propaganda.

controproposta *f.* counterproposal: *fare una ~* to make a counterproposal.

controprova *f.* **1** (*seconda prova*) countercheck. **2** (*Dir*) confirmatory evidence, counterevidence. **3** (*seconda votazione*) second vote.

controprovare (**contropròvo**) *v.t.* **1** to

countercheck. **2** (*Dir*) to prove by counterevidence, to counterproof. **3** (*nelle votazioni*) to recount.

contropunta *f.* (*Mecc*) tailstock, footstock.

controquerela *f.* (*Dir*) counterclaim, cross-complaint.

controquerelare (**controquerèlo**) *v.t.* (*Dir*) to countercharge, to counterclaim, to make a counterclaim, to place a counterclaim.

contrordine *m.* counter-order, countermand (*anche Mil*): *dare un ~* to give a counter-order.

controreazione *f.* (*Elettron*) negative feedback.

controrelatore *m.* (*f.*-*trice*) (*Univ*) member of the graduation examining board who challenges the graduate's dissertation.

controrelazione *f.* (*Pol*) minority report.

controreplica *f.* (*Dir*) rejoinder.

controreplicare (**controrèplico, controrèplichi**; *aus. avere*) *v.i.* to rejoin.

controricorso *m.* counterclaim.

Controriforma *f.* (*Stor*) Counter-Reformation.

controriformista I *a.* Counter-Reformation (*attr.*). II *m./f.* (*Stor*) supporter of the Counter-Reformation.

controriformistico *a.* Counter-Reformation (*attr.*).

controriva *f.* opposite bank.

controrivoluzionario I *a.* counter-revolutionary. II *m.* (*f.* -**a**) counter-revolutionary.

controrivoluzione *f.* counter-revolution.

controrotaia *f.* (*Ferr*) guide rail, check rail, guard rail.

controscarpa *f.* counterscarp, overshoe.

controscena *f.* (*Teat*) by-play.

controsenso *m.* **1** (*parole contraddittorie*) contradiction (in terms), inconsistency: *il tuo discorso è pieno di controsensi* your talk is full of contradictions; *una vita piena di controsensi* a life full of inconsistencies. **2** (*assurdità*) nonsense: *quello che dici è un ~* what you say is nonsense. **3** (*lett*) (*interpretazione errata*) misinterpretation, countersense: *una traduzione piena di controsensi* a translation full of misinterpretations.

controserratura *f.* safety lock.

controsoffittare (**controsoffitto**) *v.t.* (*Edil*) to make a false ceiling.

controsoffittato *a.* (*Edil*) with a false ceiling.

controsoffittatura, controsoffitto *m.* (*Edil*) false ceiling.

controspionaggio *m.* counter-espionage. ☐ *~ industriale* industrial counter-espionage.

controstallia *f.* (*Mar,Dir*) demurrage: *giorni di ~* demurrage days.

controstampa *f.* **1** (*nelle incisioni*) counterproof. **2** (*Tip*) (*impronta causata per sbaglio*) offset, setoff.

controstampare (**controstàmpo**) *v.t.* **1** (*nelle incisioni*) to counter-prove. **2** (*Tip*) (*per sbaglio*) to offset.

controstampo *m.* (*Tecn*) dolly.

controsterzare (**controstèrzo**; *aus. avere*) *v.i.* (*Aut*) to steer the wheel in the opposite direction.

controsterzata *f.* (*Aut*) compensatory steering, steering the wheel in the opposite direction.

controsterzo *m.* (*Aut*) compensatory steering, steering the wheel in the opposite direction.

controstomaco I *avv.* (*rar*) with repugnance (*anche fig*): *mangiare ~* to eat with repugnance. II *m.* (*rar*) **1** nausea, sickness. **2**

(fig) repugnance, disgust.

controstrategia *f. (Pol)* counter-strategy.

controtelaio *m. (Edil)* counterframe: *~ per porte scorrevoli* sliding door counterframe.

controtendenza *f.* counter-trend, counter-tendency. ☐ *in ~*: 1 *(anticonformistico)* offbeat; 2 *(Econ)* in countertrend.

controtenore *m. (Mus)* counter-tenor.

controtipo *m. (Cin)* dupe, duplicate: *tirare un ~* (o *fare un ~*) to duplicate (a negative). ☐ *(Cin) ~ colore* colour intermediate, colour dupe; *(Cin) ~ composito* combined dupe; *(Cin) ~ negativo* dupe negative.

controvalore *m. (equivalente)* value, equivalent: *il ~ in dollari* the equivalent in dollars.

controvapore *m. (Mecc)* reverse steam, back steam, return steam.

controvelaccino *m. (Mar)* fore royal, fore royal sail.

controvelaccio *m. (Mar)* main royal, main royal sail.

controveleno *m. (contravveleno)* antivenin, antidote *(anche fig)*.

controvento I *m. (Edil)* brace, strut. II *avv.* against the wind, into the wind, upwind: *volare ~* to fly against the wind.

controversia *f.* 1 controversy, dispute, debate: *comporre una ~* to settle a dispute. 2 *(Dir)* controversy, contention, litigation. ☐ *~ internazionale* international question; *~ religiosa* religious controversy; *~ sindacale* labour dispute.

controversista *m./f.* controversialist.

controverso *a.* controversial: *questione controversa* controversial matter; *una questione molto controversa* a much debated question.

controviale *m. (Strad)* service road.

controvoglia *avv.* unwillingly, against one's will, reluctantly: *lavorare ~* to work unwillingly, to work against one's will.

contumace I *a. (Dir)* guilty of default, defaulting, contumaceous: *imputato ~* accused guilty of default. II *m./f. (Dir)* defaulter.

contumacia *f.* 1 *(Dir)* default, contumacy: *condannare qcu. in ~* to sentence so. by default, to sentence so. in his absence; *precedimento in ~* proceeding in the absence of the accused. 2 *(quarantena)* quarantine: *la nave restò quaranta giorni in ~* the ship remained in quarantine forty days.

contumaciale *a.* 1 *(Dir)* by default *(posposto): sentenza ~* sentence by default. 2 *(di quarantena)* quarantine *(attr.): ospedale ~* quarantine hospital.

contumelia *f.* contumely, insult, abuse: *coprire qcu. di contumelie* to hurl abuse at so.

contundente *a.* blunt: *corpo ~* blunt instrument.

contundere (forms in use: *p.rem.* **contùsi**, **contundésti**; *p.p.* **contùso**) *v.t.* to bruise, to contuse.

conturbante *a.* perturbing, exciting, provocative: *sguardo ~* perturbing gaze.

conturbare (**contùrbo**) I *v.t.* to perturb, to excite, to provoke. II *v.pron.* **conturbarsi** to get perturbed, to get excited, to be provoked.

contusi → **contundere**.

contusione *f. (Med)* contusion, bruise: *riportare delle contusioni* to get bruises, to be bruised.

contuso → **contundere** I *a.* contused: *ferita contusa* contused wound. II *m. (f. -a)* person who is bruised.

conurbazione *f.* conurbation.

convalescente I *a.* convalescent: *era ~ da una lunga malattia* he was convalescing from a long illness. II *m./f.* convalescent.

convalescenza *f.* convalescence: *essere in ~* to be convalescing; *entrare in ~* to begin convalescence; *durante la sua ~* during his convalescence.

convalescenziario *m. (rar)* convalescent home.

convalida *f.* 1 *(burocr)* confirmation, ratification, validation. 2 *(obliterazione, di biglietto)* stamping, punching.

convalidare (**convàlido**) *v.t.* 1 *(burocr)* to confirm, to ratify: *~ un decreto* to ratify a decree. 2 *(avvalorare)* to confirm, to corroborate, to support: *i nuovi fatti convalidano la mia teoria* the new facts confirm my theory. 3 *(obliterare, rif. a biglietto)* to stamp, to punch.

convalidazione *f.* 1 *(burocr)* confirmation, ratification, validation. 2 *(obliterazione)* stamping, punching.

convalle *f.* 1 *(valle che sbocca in un'altra)* valley (opening out into another). 2 *(poet) (valle)* valley, dale.

convegno *m.* 1 *(riunione)* meeting, gathering; *(congresso)* congress, convention: *~ di studi* study congress; *partecipare a un ~* to take part in a conference. 2 *(luogo di riunione)* meeting place: *quel bar è diventato il ~ degli studenti* that bar has become the students' meeting place. 3 *(rar) (incontro)* appointment, meeting. ☐ *(lett) ~ amoroso*: 1 lovers' meeting, tryst; 2 *(appuntamento)* appointment, *(colloq)* date; *(lett) darsi ~* to meet, to gather (together); *~ di studiosi* meeting of scholars.

convenevole I *a. (lett)* convenient, suitable, fitting. II *m.* 1 *(ciò che è conveniente, ragionevole)* what is suitable, what is right. 2 *pl. (manifestazioni di cortesia)* compliments, civilities, polite greetings. ☐ *fare i convenevoli a qcu.* to pay so. compliments; *non fate tanti convenevoli* don't stand on ceremony; *più del ~* more than is reasonable, more than fitting.

conveniente *a.* 1 *(vantaggioso)* profitable, advantageous, favourable: *affare ~* profitable business; *a condizioni convenienti* on favourable terms. 2 *(rif. a prezzi)* low, reasonable, cheap: *il prezzo è molto ~* the price is very reasonable; *a un prezzo ~* cheaply, at a reasonable price. 3 *(opportuno)* expedient, opportune, proper: *sarà ~ avvisarlo in tempo* it would be expedient to warn him in time; *espressioni poco convenienti* rather inopportune expressions, rather unsuitable expressions. 4 *(adatto)* suitable, fitting *(a for)*, suited (to): *l'oratore ha usato parole convenienti alla circostanza* the speaker used words suited to the occasion.

convenientemente *avv.* 1 *(in modo appropriato)* suitably, appropriately, properly: *vestirsi ~* to dress appropriately, *(estens)* to come suitably dressed. 2 *(vantaggiosamente)* profitably, on good terms: *abbiamo concluso l'affare ~* we concluded the business profitably.

convenienza *f.* 1 *(l'essere adatto, adeguato)* suitability, fitness, convenience, appropriateness. 2 *(vantaggio)* advantage, profit, gain: *non c'è alcuna ~ in quest'affare* there is no profit in this deal. 3 *(cortesia)* courtesy, civility, politeness: *non ho risposto per ~* I didn't reply out of politeness. 4 *pl. (regole della buona educazione)* proprieties, good manners, polite manners, etiquette *(costr.sing.)*, conventions, social conventions: *rispettare le convenienze* to observe the conventions. ☐ *~ economica* economic gain, economic advantage.

convenire (*pres.ind.* **convèngo, convièni**;

p.rem. **convénni**; *p.p.* **convenùto**) I *v.i.* 1 *(aus. avere) (essere concordi)* to agree, to concur: *tutti hanno convenuto sulla necessità di agire* they all agreed on the need for action. 2 *(aus. essere) (essere opportuno)* to be convenient *(a* for), to be better *(a* for), to be worthwhile, to be worth one's while: *mi conviene prendere il treno delle quattro* it is better for me to catch the four o'clock train; *non ci conviene farlo* it's not worth our while to do it. 3 *(aus. essere) (essere economicamente vantaggioso)* to be financially worthwhile. 4 *(aus. essere) (venire da più parti)* to come together; *(riunirsi)* to meet (together), to assemble, to gather (together), to convene: *gli scienziati sono convenuti nella capitale* the scientists met up in the capital. II *v.impers. (aus. essere)* 1 *(bisognare)* to be necessary, to have to, must: *se si vuole essere promossi conviene studiare* if one wants to pass examinations one must study, if one wants to pass examinations it is necessary to study. 2 *(essere opportuno)* to be expedient, to be opportune, to be advisable, to be better: *conviene tacere* it is better to keep quiet; *non conviene partire di domenica* it is better not to leave on a Sunday; *ti conviene stare zitto* you would do better to keep quiet, you had better keep quiet, it would be better for you to keep quiet. III *v.t. (pattuire)* to agree (on, upon), to negotiate, to settle (upon), to stipulate: *abbiamo convenuto il prezzo* we have agreed on the price. 2 *(ammettere)* to admit, to allow, to concede, to acknowledge: *converrai che non posso accettare* you must admit that I cannot accept. 3 *(Dir)* to summon, to summons: *~ qcu. in giudizio* to summon so. to appear in court. IV *v.pron.* **convenirsi** *(addirsi)* to be fitting *(a* for, in), to be proper *(a* for, in), to become (so.): *comportati come si conviene a una ragazza* behave as is fitting for a young girl. ☐ *prezzo da convenirsi* price to be agreed upon.

conventicola *f. (lett) (cricca)* meeting, secret meeting, gathering, conventicle: *una ~ di malviventi* a gathering of crooks.

convention /kon'vɛnʃon/ *f.inv.* 1 convention: *~ aziendale* business convention. 2 *(Pol)* convention. 3 *(estens)* convention, meeting, gathering, summit.

convento *m.* cloister, religious house; *(di monache)* convent, nunnery; *(di monaci)* monastery: *chiudersi in ~* (o *entrare in ~*) *(rif. a monache)* to enter a convent; *(rif. a monaci)* to enter a monastery. ☐ *~ di clausura* convent of seclusion; *~ di frati* friary, monastry.

conventuale I *a.* conventual: *frate ~* conventual monk. II *m.* 1 conventual. 2 *(minore conventuale)* Friar Minor Conventual.

convenuto → **convenire** I *a. (stabilito)* agreed, fixed, settled: *abbiamo pagato il prezzo ~* we paid the agreed price, we paid the price agreed upon; *resta ~ che* it is settled that, it is agreed that, it is understood that. II *m.* 1 *(ciò che è stato stabilito)* agreement, settlement, accord, pact: *stare al ~* to keep to the agreement; *secondo il ~* as agreed. 2 *(Dir)* defendant, respondent. 3 *pl.* members of a congress, people attending a meeting.

convenzionale *a.* 1 *(non originale)* conventional: *ha detto poche frasi convenzionali* he uttered only a few conventional phrases. 2 *(tradizionale)* conventional, traditional: *automobile di modello ~* car of conventional design. 3 *(stabilito per convenzione)* conventional, agreed, stipulated. 4 *(prestabilito)* agreed, pre-arranged: *segni convenzionali* pre-arranged signs.

convenzionalismo m. 1 conventionalism, conventionality. 2 (*Filos*) conventionalism.

convenzionalista m./f. conventionalist (*anche Filos*).

convenzionalità f. conventionality, conventionalism.

convenzionalmente avv. 1 (*in modo convenzionale*) conventionally, in a conventional way. 2 (*per convenzione*) conventionally, usually.

convenzionare (**convenzióno**) I v.t. to reach agreement on, to settle, to arrange: ~ *i prezzi* to reach agreement on prices. II v.pron. **convenzionarsi** to reach an agreement.

convenzionato a. 1 operating within the national health service: *medico* ~ doctor operating within the national health service. 2 agreed (upon), fixed, arranged: *clinica convenzionata con un ente assistenziale* nursing home having an arrangement with a welfare organization; *prezzo* ~ fixed price.

convenzione f. 1 (*patto, trattato*) agreement, convention, covenant: *i due stati hanno firmato una* ~ the two countries signed an agreement; *stipulare una* ~ to draw up an agreement. 2 (*intesa generale*) convention: *misure stabilite per* ~ measures laid down by convention. 3 pl. (*uso, consuetudine*) convention sing.: (*fig*) *essere schiavo delle convenzioni* to be a slave to convention. 4 (*Pol*) (*assemblea*) convention. ☐ ~ *europea dei diritti dell'uomo* European Convention on Human Rights; (*Stor*) ~ *di Berna* Berne Convention; (*Stor*) ~ *di Ginevra* Geneva Convention; (*Stor*) ~ *di Lomé* Lome Convention; ~ *doganale* tariff convention, Customs agreement; ~ *europea* European Union Convention; (*Stor*) ~ *nazionale* National Convention; ~ *per la navigazione marittima e aerea* convention for sea and air navigation; ~ *per le riforme istituzionali* (*nell'UE*) European Union Institutional Reform Bill.

convergente a. converging, convergent (*anche fig*): *linee convergenti* converging lines; *interessi convergenti* convergent interests.

convergenza f. 1 convergence (*anche fig*): ~ *di due linee* convergence of two lines; ~ *di interessi* convergence of interests. 2 (*Aut*) toe-in, wheel alignment.

convergere (*pres.ind.* **convèrgo, convèrgi**; *p.rem.* **convèrsi**; *aus.* **essere**) v.i. 1 to converge (*in, su, verso* in): *le tre linee convergono in un punto* the three lines converge in a point. 2 (*fig*) to converge (on, towards), to be directed (towards): *i nostri sforzi convergono verso un unico fine* our efforts are directed towards a single end.

conversa[1] f. (*Rel*) lay sister.

conversa[2] f. (*Edil*) flashing.

conversare[1] (**convèrso**; *aus.* **avere**) v.i. 1 to talk, to make conversation, to converse (*di* about, of, on): ~ *del più e del meno* to talk about this and that; *abbiamo conversato a lungo di politica* we talked politics for a long time. 2 (*chiacchierare*) to chat.

conversare[2] m. conversation, talk: *l'arte del* ~ the art of conversation.

conversatore m. (f. **-trice**) talker, conversationalist: *un piacevole* ~ a pleasant conversationalist.

conversazionale a. 1 (*Ling*) conversational, conversation (*attr*.). 2 (*Inform*) conversational.

conversazione f. 1 talk, conversation: *la languiva la conversation* the conversation flagged; *sostenere una* ~ to carry on a conversation; *sostenere la* ~ (*non farla languire*) to keep the conversation going. 2 (*breve relazione*) presen-

tation. 3 pl. (*Dipl*) talks, informal discussions. ☐ ~ *brillante* sparkling conversation; (*Tel*) ~ *con avviso di chiamata* personal call, (*Am*) person to person call; *uomo di piacevole* ~ pleasant conversationalist; (*Tel*) ~ *interurbana* trunk call, (*Am*) long-distance call; ~ *mondana* drawing-room conversation; (*Tel*) ~ *telefonica* telephone conversation, telephone call.

conversi → **convergere**.

conversione f. 1 conversion: ~ *al buddismo* conversion to Buddhism; ~ *politica* political conversion. 2 (*mutamento di direzione*) turn, turning; (*Mil*) wheel, wheeling. 3 (*Econ,Chim,Fis*) conversion: ~ *della rendita* conversion of stock; ~ *di energia* conversion of energy; (*Met*) ~ *della ghisa in acciaio* conversion of pig-iron into steel. 4 (*Inform*) ~ *di dati* data conversion. ☐ ~ *a destra*: 1 (*Strad*) turn to the right; 2 (*Mil*) right wheel; (*Aut*) ~ *a U* U-turn; (*Inform*) ~ *binaria* binary conversion; (*Econ*) ~ *del debito pubblico* refunding; (*Mar*) ~ *della rotta* change of course, alteration of course; (*Inform*) ~ *di codice* code conversion; (*El*) ~ *di corrente elettrica* conversion of electric current; (*Inform*) ~ *di file* file conversion; (*Econ*) ~ *di valuta* currency conversion; ~ *religiosa* religious conversion.

converso m. (*Rel.catt*) lay brother.

convertibile I a. convertible. **II** f. (*Aut*) convertible.

convertibilità f. convertibility: ~ *della moneta* convertibility of currency.

convertiplano m. convertiplane.

convertire (*pres.ind.* **convèrto, convèrti**; *p.rem.* **convertìi**; *p.p.* **convertìto**) I v.t. 1 to convert: ~ *al buddismo* to convert to Buddhism; ~ *al marxismo* to convert to Marxism. 2 (*trasformare*) to turn, to change (*in* to, into): (*Mitol*) *Niobe fu convertita in pietra* Niobe was turned to stone. 3 (*Econ,Chim,Fis*) to convert: ~ *la cartamoneta in oro* to convert paper money into gold; ~ *in euro* to convert into euros. 4 (*Inform*) to convert: ~ *un file* to convert a file. **II** v.pron. **convertirsi** 1 to be converted, to become converted, to undergo a conversion: *convertirsi al cattolicesimo* to be converted to Catholicism. 2 (*trasformarsi*) to turn, to change, to be converted, to be changed (*in* into, to). 3 (*Chim,Fis*) to be converted, to change: *l'acqua si converte in vapore* water changes into steam. ☐ ~ *qcu. alle proprie idee* to convert so. to one's own way of thinking; ~ *in denaro* to convert into money, to convert into cash; (*Econ*) ~ *in valuta estera* to convert into foreign currency; (*Dir*) ~ *la pena da multa in reclusione* to convert a fine into imprisonment; (*Mar*) ~ *la rotta* to alter course, to change course; (*Econ*) ~ *titoli in denaro contante* to convert securities into cash.

convertito I a. converted. **II** m. (f. **-a**) converted.

convertitore I m. 1 (*El*) convertor, converter: ~ *elettrico* electric convertor. 2 (*Met*) converter. 3 (*Inform*) converter. **II** a. (*Rad*) converter (*attr*.), converting: *valvola convertitrice* converting valve. ☐ (*Inform*) ~ *analogico-digitale* analog-digital converter, digitalizer; (*Met*) ~ *Bessemer* Bessemer converter; (*Aut*) ~ *catalitico* catalytic converter; (*El*) ~ *di fase* phase converter; (*Rad*) ~ *di frequenza* frequency converter; (*Inform*) ~ *di segnale* signal converter; ~ *di valuta* currency converter; (*Elettron*) ~ *digitale* digital converter; (*TV*) ~ *d'immagine* image converter; (*El*) ~ *trifase* three-phase converter.

convertitrice f. (*El*) converter.

convessità f. convexity.

convesso a. convex: *lente convessa* convex lens; *superficie convessa* convex surface, convexity.

convettivo a. (*Fis*) convective: *moto* ~ convective movement.

convettore m. (*El*) convector.

convezione f. (*Fis*) convection.

convincente a. convincing, persuasive: *sa essere molto* ~ he can be very persuasive; *argomento* ~ convincing argument; *una scusa poco* ~ a lame excuse.

convincere (*pres.ind.* **convìnco, convìnci**; *p.rem.* **convìnsi**; *p.p.* **convìnto**) I v.t. 1 to convince, to persuade: *lo ho convinto del suo torto* I convinced him of his error; *lasciarsi* ~ to let oneself be persuaded. 2 (*assol.*) to be convincing: *il suo discorso non convinceva* his words were not convincing. 3 (*lett*) (*dimostrare la colpevolezza*) to convict: ~ *qcu. di furto* to convict so. of theft. **II** v.pron. **convincersi** to be convinced, to become convinced, to be persuaded: *non si convincerà mai di aver sbagliato* he will never be convinced that he was mistaken.

convincibile a. convincible.

convincimento m. conviction, persuasion: *fare opera di* ~ *presso qcu.* to persuade so., to convince so.

convinsi → **convincere**.

convinto → **convincere** a. 1 (*persuaso*) convinced, persuaded: *sono fermamente* ~ *di quello che dico* I am firmly convinced of what I say; *restare* ~ to be convinced. 2 (*fervente*) staunch, confirmed, earnest, diehard: *cattolico* ~ staunch Catholic; *uno scapolo* ~ confirmed bachelor.

convinzione f. 1 conviction, persuasion: *parlare con* ~ to speak with conviction. 2 *spec.pl.* (*opinione*) opinion, belief, firm belief: *queste sono le sue convinzioni religiose* these are his religious beliefs; *convinzioni politiche* political opinions. ☐ *avere la* ~ *che* to be convinced that; *con la* ~ *di* in the conviction that, firmly persuaded that.

convissi → **convivere**.

convissuto → **convivere**.

convitare (**convìto**) v.t. (*lett*) to invite (so.) to dinner, to invite (so.) to a feast.

convitato m. (f. **-a**) guest: *la sala era piena di convitati* the room was full of guests. ☐ (*fig*) ~ *di pietra* unwanted person or situation which makes people uncomfortable.

convito m. feast, banquet. ☐ (*Rel.catt*) ~ *eucaristico* Eucharist, Communion, Holy Communion.

convitto m. 1 boarding school. 2 (*insieme dei convittori*) boarders pl., pupils pl. ☐ ~ *femminile* girls' boarding-school; ~ *maschile* boys' boarding-school.

convittore m. (f. **-trice**) boarder, pupil (of a boarding-school).

convivente I a. living together, cohabitating. **II** m./f. cohabitant, cohabitee, (*uomo*) common-law husband; (*donna*) common-law wife.

convivenza f. 1 living together, life in common. 2 (*tra partner non sposati*) cohabitation, common-law marriage.

convivere (*pres.ind.* **convìvo, convìvi**; *p.rem.* **convissùto**; *p.p.* **convissùto**; *aus.* **essere/avere**) v.i. 1 to live (together): ~ *con i genitori* to live with one's parents. 2 (*di coppia*) to live together, to live as husband and wife, to cohabit: *i due coniugi non convivono più* the couple no longer live together. 3 (*fig*) (*coesistere*) to coexist, to live with: *imparare a* ~ *con una malattia* to learn to live with an illness.

conviviale a. convivial: *piaceri conviviali*

convivial pleasures.

convivialità f. conviviality.

convivio m. (lett) banquet, feast.

convocare (cònvoco, cònvochi) v.t. **1** (invitare a una riunione) to convene, to convoke, to call together (for a meeting), to summon, to send for: i soci sono convocati per lunedì prossimo members are convened for next Monday. **2** (radunare) to rally, to call together, to muster (up), to assemble. **3** (Sport,Mil) to call up: ~ i giocatori per un allenamento to call up the players for training. □ ~ un'adunanza to call a meeting, to summon a meeting, to convene a meeting; (Parl) ~ la camera to convoke the House; ~ i creditori to call a meeting of the creditors; (Parl) ~ il parlamento to convoke Parliament, to summon Parliament.

convocatore m. (f. **-trice**) convener, summoner.

convocazione f. **1** (il convocare) convocation, convening, summons: la ~ dell'assemblea the convocation of the assembly. **2** (Sport,Mil) call-up. **3** (riunione) meeting, summoning, convocation: seconda ~ second convocation.

convogliare (convòglio, convògli) v.t. **1** (dirigere) to direct, to send; (deviare) to divert: la polizia ha convogliato il traffico in un'altra direzione the police diverted the traffic. **2** (trasportare) to carry (along), to haul, to transport, to convey: il fiume convoglia molti detriti the river carries a large amount of silt with it; tutte le merci sono state convogliate al magazzino centrale all the merchandise was transported to the central depot.

convogliatore m. (Ind) conveyor. □ ~ a nastro conveyor belt.

convoglio m. **1** (treno) train: un ~ della metropolitana an underground train. **2** (corteo funebre) funeral procession; (carro funebre) hearse: i parenti seguivano il ~ the relatives followed the hearse. **3** (gruppo di veicoli) convoy, column: le automobili procedevano in ~ the cars proceeded in convoy. **4** (persone spostate da un luogo a un altro) group, company (under escort): ~ di prigionieri group of prisoners. □ ~ di navi convoy of ships; ~ ferroviario train; ~ militare military convoy.

convolare (convólo; aus. **essere**). □ ~ a nozze (o ~ a giuste nozze) to get married.

convolvolo m. (Bot) convolvulus.

convulsamente avv. convulsively: piangere ~ to weep convulsively, to cry hysterically.

convulsione f. **1** spec.pl. (Med) convulsion: soffrire di convulsioni to suffer from convulsions. **2** (estens) (manifestazione convulsa) fit, paroxysm; (rif. al riso) convulsions pl.: convulsioni di pianto paroxysms of crying; fu preso da una ~ di riso he went into convulsions of laughter, (colloq) he went into hysterics. □ avere le convulsioni to have convulsions; convulsioni infantili infantile convulsions.

convulsivamente avv. convulsively.

convulsivante a. convulsant: farmaco ~ convulsant.

convulsivo a. convulsive: crisi convulsiva convulsive crisis; moto ~ convulsive motion.

convulso I a. **1** convulsive, nervous, spasmodic: riso ~ convulsive laughter; moto ~ delle membra convulsive movement of the limbs; tremito ~ nervous trembling. **2** (incontrollato) violent, uncontrollable, convulsive: scoppiò in un pianto ~ he burst into uncontrollable sobs. **3** (fig) (febbrile) frantic,

feverish. **II** m. (rar) **1** (colloq) (convulsione) convulsion, twitch: avere il ~ to have a convulsion; mi fai venire il ~ you send me into fits. **2** (estens) (manifestazione convulsa) fit, paroxysm: un ~ di risa a fit of laughter, convulsions pl.

coobare (coòbo) v.t. (Chim) to cohobate.

coobazione f. (Chim) cohobation.

coobbligato m. (f. **-a**) (Dir) joint debtor, joint liable.

cooccorrenza, **co-occorrenza** f. (Ling) co-occurence.

cookie /'kuki/ m.inv. (Inform) cookie.

coop f.inv. (Inform) coop, cooperative.

Coop. cooperativa coop, co-op (cooperative).

cooperare (coòpero; aus. **avere**) v.i. to cooperate (a in), to co-operate (a in), to collaborate (on), to contribute (to): ~ al successo di un'impresa to contribute to the success of a venture; (Bibl) tutte le cose cooperano al bene di quelli che amano Dio all things work together for good to those who love God.

cooperativa f. **1** (società) co-operative society, co-operative association, co-operative, (colloq) co-op. **2** (negozio) co-operative, co-operative store. □ ~ agricola farmers' co-operative, agricultural co-operative; ~ casearia dairy co-operative society; ~ dei lavoratori workers' co-operative; ~ di consumo consumers' co-operative; ~ di credito credit co-operative, (Am) credit union; ~ di lavoro labour co-operative; ~ edilizia building society, building co-operative, construction co-operative; ~ vinicola co-operative vinegrowers' association.

cooperativismo m. cooperative movement.

cooperativistico (pl. **-ci**) a. cooperative.

cooperativo a. cooperative: società cooperativa cooperative, cooperative union; unione cooperativa cooperative union.

cooperatore I m. (f. **-trice**) **1** (chi coopera) cooperator. **2** (chi fa parte di una cooperativa) member of a cooperative. **II** a. **1** (che coopera) cooperating, cooperative. **2** (che fa parte di una cooperativa) cooperative.

cooperazione f. co-operation, collaboration (anche Econ). □ ~ commerciale trade co-operation; ~ internazionale international co-operation; (Pol) ~ rafforzata strengthened co-operation; (Pol) ~ tecnica technical co-operation.

cooptare (coòpto) v.t. to co-opt.

cooptazione f. co-optation.

coordinamento m. coordination: ~ delle ricerche nucleari coordination of nuclear research.

coordinare (coórdino) v.t. to coordinate (anche Gramm): questo ufficio si occupa di ~ il lavoro esterno this office coordinates outside work; (Gramm) ~ due proposizioni to coordinate two clauses.

coordinata f. **1** (Mat,Geog,Astr) coordinate. **2** (Gramm) coordinate clause. □ (Astr) coordinate astronomiche astronomical coordinates; (Econ) coordinate bancarie sort code and account number, account particulars; coordinate cartesiane Cartesian coordinates; coordinate dello spazio space coordinates; coordinate equatoriali equatorial coordinates; coordinate geografiche geographical coordinates, terrestrial coordinates; coordinate polari polar coordinates.

coordinativo a. coordinating: (Gramm) congiunzione coordinativa coordinating conjunction.

coordinato I a. **1** coordinated (anche fig): essere ~ nei movimenti to be coordinated; i

nostri sforzi coordinati hanno permesso l'attuazione del piano our coordinated efforts made the realization of the plan possible. **2** (Abbigl) (in abbinamento) matching: con guanti coordinati with matching gloves, with gloves to match. **3** (Mat,Gramm) coordinate: proposizione coordinata coordinate clause. **II** m. (Abbigl) coordinates pl., twin set, matching set.

coordinatore I m. (f. **-trice**) coordinator. **II** a. coordinating.

coordinazione f. coordination (anche Gramm): avere una buona ~ to have a good coordination. □ ~ dei movimenti coordination of movements.

coorganizzatore m. (f. **-trice**) joint organizer, coorganizer.

coorte f. **1** (Stor.rom) cohort. **2** (Statist) cohort. **3** (lett) (schiera) host, crowd. □ (Stor.rom) ~ ausiliaria auxiliary cohort; (Stor.rom) ~ legionaria legionary cohort; (Stor.rom) ~ pretoria praetorian guard.

copaive f. (Bot) copaiba.

copale f./m. **1** (resina) copal, copal gum. **2** (pelle lucida) patent leather: scarpe di ~ patent leather shoes.

copeco (pl. **-chi**) m. (Numism) kopeck, copeck.

Copenaghen n.pr.f. (Geog) Copenhagen.

coperchio m. lid, cover: mettere il ~ to put on the lid; togliere il ~ to take off the lid; chiudere il barattolo col ~ to put the lid on the jar. □ ~ a cerniera hinged lid; ~ a pressione snap-on lid; ~ della botola trap door; ~ della pentola saucepan lid.

copernicano a. Copernican: sistema ~ Copernican system.

Copernico n.pr.m. (Stor,Astr) Copernicus.

copersi → **coprire**.

coperta f. **1** cover, covering, cloth; (da letto) blanket; (da viaggio) rug. **2** (per cavalli) blanket, rug. **3** (Mar) (ponte scoperto) deck. □ ~ di cotone cotton cover, cotton coverlet, cotton cloth, cotton blanket; ~ di lana wool blanket; (Mar,Aer) ~ di lancio flight deck, takeoff deck, (Am) flying deck; (Mar) ~ di poppa poop deck; (Mar) ~ di prua foredeck; ~ imbottita quilt; (Mar) in ~ on deck: tutti in ~ all on deck; (Mar) sotto ~ below deck; infilarsi sotto le coperte (o ficcarsi sotto le coperte) to snuggle down under the blankets; ~ termica electric blanket.

copertamente avv. **1** (di nascosto) under cover, secretly, stealthily: agire ~ to act under cover. **2** (fig) (velatamente) covertly, in a veiled way, secretly: ha alluso ~ a gravi difficoltà he hinted secretly at serious difficulties.

copertina I f. **1** (di libri) jacket, cover. **2** (di dischi) sleeve, record sleeve. **3** (Legat) cover, book cover; (non rigida) paperback, soft cover. **4** (piccola coperta) small blanket: ~ per neonato cot cover, baby's blanket. **II** a. (posposto) cover (attr.): ragazza ~ cover-girl. □ in ~ on cover, cover (attr.); immagine in ~ cover image; (Legat) ~ rigida hardback, hardcover.

coperto[1] → **coprire** I a. **1** (ricoperto) covered (anche fig): un volume ~ di polvere a volume covered in dust; una montagna coperta di neve a snow-covered mountain; (fig) tornò ~ di gloria he returned covered with glory. **2** (rif. a piante) overgrown (with): il muro è ~ di edera the wall is overgrown with ivy. **3** (cosparso) covered, scattered, strewn, spread: volto ~ di efelidi face covered with freckles; un campo ~ di fiori a field covered with flowers, a field strewn with flowers. **4** (chiuso) closed, covered: vettura coperta closed vehicle; *passaggio* ~ covered way. **5** (*interno*) indoor: *piscina coperta* indoor swimming pool. **6** (*protetto da tetto*) roofed-over, covered: *un portico* ~ a roofed-over porch. **7** (*chiuso con coperchio*) covered, with the lid on: *lascia la pentola coperta* leave the pot covered, leave the lid on the pot. **8** (*riparato da coperte*) covered up: *stai* ~ *finché non ho chiuso la finestra* keep yourself covered up till I close the window. **9** (*vestito*) covered, dressed, clothed: *sei troppo* ~ *per questo caldo* you are too warmly dressed for this heat. **10** (*avvolto*) wrapped, muffled, covered (*di* in): *un mendicante* ~ *di stracci* a beggar covered in rags. **11** (*nuvoloso*) overcast, cloudy: *cielo* ~ overcast sky. **12** (*fig*) (*celato*) concealed; (*segreto*) covert, veiled: *odio* ~ concealed hatred; *minacce coperte* veiled threats. **13** (*Econ*) covered, provided with funds: *conto* ~ account in credit. **14** (*nascosto alla vista*) covered, hidden, concealed: *la sua fronte era coperta dal cappello* his forehead was hidden by (*o* under) his hat. **II** *m.* **1** (*luogo coperto*) cover, covered place. **2** (*luogo riparato*) shelter, cover. □ *al* ~: 1 (*usato come avverbio*) indoors, under cover: *giocare al* ~ to play indoors; *dormire al* ~ to sleep under cover, to sleep indoors; *essere al* ~: 1 to be under cover; 2 (*fig*) to be secure, to be safe; *mettere qcs. al* ~: 1 to put sth. under cover; 2 (*fig*) to put sth. in a safe place; 2 (*usato come aggettivo*) indoor, sheltered: *un campo al* ~ an indoor range, an indoor court, an indoor athletics ground, an indoor pitch; *rischio* ~ *da assicurazione* insured risk; *il danno è* ~ *dall'assicurazione* the damage is covered by the insurance; ~ *di alberi* wooded, covered with trees; ~ *di debiti* debt-ridden; ~ *di edera* ivy-clad, ivy-covered; ~ *di foglie* leaf-strewn, leafy, covered with leaves; ~ *di mattonelle* tiled; ~ *di nuvole* overcast, cloudy; *cielo* ~ *di nuvole* overcast sky, cloudy sky; *mettersi al* ~ to take cover, to take shelter, to get under cover.

coperto[2] *m.* **1** (*insieme di piatti e posate*) cover (in restaurant), place: *aggiungere un* ~ *per l'ospite* to lay an extra place for the guest. **2** (*prezzo*) cover charge.

copertone *m.* **1** (*telone*) tarpaulin. **2** (*Aut*) (*pneumatico*) tyre, (*Am*) tire: ~ *consumato* worn tyre, (*Am*) worn tire. □ (*Aut*) ~ *a fasce bianche* white wall tyre, (*Am*) white wall tire; (*Aut*) ~ *di gomma* rubber tyre, (*Am*) rubber tire.; ~ *di gomma piena* solid rubber tyre, (*Am*) solid rubber tire.

copertura *f.* **1** (*il coprire*) covering; (*la cosa con cui si copre*) cover, covering, coat, coating: ~ *di plastica* plastic covering. **2** (*fig*) cover-up, screen: *il commercio di liquori gli serve da* ~ *per il traffico di stupefacenti* the liquor trade is a cover-up for his drug trafficking. **3** (*Edil*) roof, roofing, covering. **4** (*Econ*) cover, covering, coverage. **5** (*Mil*) cover, covering. **6** (*Sport*) (*gioco di difesa*) defensive play. **7** (*Tel*) roaming area, roaming range: *è impossibile telefonare, non c'è* ~ you can't phone, we're out of roaming range; you can't phone, we're out of range. **8** (*Giorn*) coverage: *garantire la* ~ *di una notizia* to cover a piece of news. □ ~ *a carta semplice* plain paper covering; ~ *assicurativa* insurance cover; (*Econ*) ~ *aurea* gold cover; (*Econ*) ~ *bancaria* bank cover; (*Tel*) ~ *cellulare* mobile cover, cell phone cover; ~ *del fabbisogno* meeting the demand; (*Edil*) ~ *del tetto* roofing; (*Comm*) ~ *delle spese* covering of expenses; (*Edil*) ~ *di ardesia* slate covering, slate roofing; (*Edil*) ~ *di cemento arma-*

to reinforced ferro-concrete ceiling, reinforced concrete ceiling; ~ *di un costo* cost recovery; (*Edil*) ~ *di mattoni* brick facing; (*Econ*) ~ *di mercato* sales coverage; (*Tel*) ~ *di rete* network coverage; (*Edil*) ~ *di tegole* tile roofing; *senza* ~: 1 open; 2 (*Tel*) out of roaming area; (*fig*) *sotto* ~ under cover.

copia[1] *f.* **1** copy: *fai cinque copie della lettera* make five copies of the letter. **2** (*riproduzione*) reproduction, copy: *la* ~ *di un quadro famoso* the reproduction of a famous painting; *queste sculture sono tutte copie* these sculptures are all copies. **3** (*esemplare*) copy: *sono state vendute diecimila copie del libro* ten thousand copies of the book have been sold; *una* ~ *con la dedica dell'autore* a copy with the author's dedication. **4** (*fig*) image, living image, picture: *quel ragazzo è la* ~ *di suo zio* that boy is the living image of his uncle. **5** (*Fot,Cin*) print. **6** (*Tip*) copy. **7** (*con carta copiativa: rif. a disegno*) tracing, traced design. **8** (*il copiare*) copying: *mandare alla* ~ to send for copying. □ ~ *a ricalco*: 1 (*rif. a disegno*) tracing; 2 (*rif. a scritto*) carbon copy; (*Inform*) ~ *a stampa* hard copy; ~ *abusiva* pirate copy; ~ *autentica* true copy, certified copy, true and certified copy; ~ *autenticata* authenticated copy; (*Inform*) ~ *cache* cache copy; (*Cin*) ~ *campione* answer copy; ~ *carbone*: 1 (*rif. a scritto*) carbon copy; 2 (*rif. a disegno*) tracing; (*burocr*) ~ *conforme* true copy; *per* ~ *conforme* (the above is a) certified and true copy; ~ *d'archivio* file copy, copy for the records; ~ *dattilografata* typewritten copy; (*Inform*) ~ *di backup* backup copy; ~ *di brutta* rough copy; (*Comm*) ~ *di fattura* duplicate invoice; (*Cin*) ~ *di presentazione* distribution print, release print; (*Inform*) ~ *di riserva* back-up copy; (*Edit*) ~ *d'obbligo* duty copy; (*Tip*) ~ *eliografica* heliographic print; *essere la* ~ *esatta di qcs.* to be the exact copy of sth.; *essere la* ~ *esatta di qcu.* to be the spitting image of so.; *fare una* ~ *di un disegno*: 1 (*ricopiando*) to make a copy of a drawing, to copy a drawing; 2 (*con carta copiativa*) to trace a drawing; *fare una* ~ *di uno scritto*: 1 (*trascrivendo*) to copy a document; 2 (*con carta copiativa*) to make a carbon copy of a document; ~ *fotostatica* photostat, photostatic copy; *in* ~ copied, with a copy (of); ~ *in duplicato* duplicate, duplicate copy; ~ *in omaggio* free copy, complimentary copy; ~ *in visione* inspection copy; ~ *manoscritta* handwritten copy, manuscript copy; ~ *per l'ufficio* office copy; ~ *pirata* pirate copy; ~ *saggio* advance copy, specimen copy; (*Inform*) ~ *soft* soft copy; (*Edit*) ~ *staffetta* first copy; (*Inform*) ~ *su carta* hard copy.

copia[2] *f.* (*lett*) (*abbondanza*) abundance, plenty, large quantity.

copiafatture *m.inv.* (*Comm,ant*) invoice register, invoice book.

copialettere *m.inv.* **1** (*torchio*) letterpress, copying press. **2** (*registro*) letter book, copy letter book.

copiare (**còpio**) *v.t.* **1** (*trascrivere*) to copy (out): ~ *una lettera* to copy a letter. **2** (*ricalcare: con carta carbone*) to make a carbon copy of; (*con carta trasparente*) to trace. **3** (*rif. a opera d'arte*) to copy, to make a reproduction of: ~ *un quadro d'autore* to make a reproduction of a picture by a famous artist. **4** (*Scol*) to copy, to crib, to cheat. **5** (*fig*) (*imitare*) to imitate, to copy: *cerca di* ~ *gli atteggiamenti delle stelle del cinema* she tries to imitate the behaviour of film stars. **6** (*Inform*) to copy. □ ~ *a macchina* to type (out); ~ *a mano* to copy by hand; (*Inform*) *copia* (*co-*

mando) copy; (*Inform*) ~ *e incolla* copy and paste; ~ *dal vero* to draw from life; ~ *in bella qcs.* to make a fair copy of sth.

copiativo *a.* copying: *matita copiativa* indelible pencil; *lapis* ~ indelible pencil.

copiatore *m.* (*f.* **-trice**) copier, photocopier.

copiatrice *f.* copying machine, copier, photocopier.

copiatura *f.* **1** (*il trascrivere*) copying; (*con la macchina da scrivere*) typing. **2** (*il ricalcare*) tracing. **3** (*plagio*) imitation, copy: *quell'opera è una* ~ that work is an imitation. **4** (*Scol*) crib, cheat.

copiglia *f.* (*Mecc*) cotter, cotter pin, split pin.

copilota *m.* (*Aer*) co-pilot, second pilot.

copione[1] *m.* (*Teat,Cin,Rad*) script. □ (*fig*) *come da* ~ as expected.

copione[2] *m.* (*f.* **-a**) (*colloq*) copycat, cheat.

copiosamente *avv.* copiously, plentifully.

copiosità *f.* (*lett*) copiousness, plenty, abundance.

copioso *a.* (*lett*) copious, plentiful, abundant, bountiful: *messi copiose* bountiful harvests.

copista *m./f.* copyist; (*a macchina*) typist.

copisteria *f.* copying office, photocopy shop, typing agency.

copolimerizzare (**copolimerizzo**) *v.t.* (*Chim*) to copolymerize.

copolimerizzazione *f.* (*Chim*) copolymerization.

copolimero *m.* (*Chim*) copolymer.

coppa[1] *f.* **1** goblet, glass, cup, drinking cup, bowl. **2** (*contenuto*) goblet, gobletful, cup, cupful, glass, glassful: *bere una* ~ *di champagne* to drink a glass of champagne. **3** (*trofeo*) cup, trophy: *vincere una* ~ to win a cup. **4** (*di reggiseno*) bra cup, cup. **5** (*Mecc*) cup. **6** (*Archeol*) goblet, beaker. **7** *pl.* (*nelle carte da gioco*) cups. **8** *pl.* (*nelle carte da gioco napoletane*) chalices. □ (*Sport*) ~ *America* America's cup; (*Sport*) ~ *Davis* Davis cup; (*Sport*) ~ *del mondo* World Cup; (*Aut*) ~ *del motore* sump, oil sump; (*Mot*) ~ *dell'olio* oil sump, oil pan; *una* ~ *di gelato* an ice-cream cup, a cup of ice cream, a dish of ice cream; (*Sport*) ~ *Europea* European Cup; (*Sport*) ~ *UEFA* UEFA Cup.

coppa[2] *f.* **1** (*region*) (*nuca*) nape, back of one's neck. **2** (*Macell*) cut of meat from the neck. **3** (*Alim*) coppa (cured neck of pork).

coppella *f.* (*Met*) cupel (*anche Archeol*).

coppellare (**coppèllo**) *v.t.* (*Met*) to cupel.

coppellazione *f.* (*Met*) cupellation.

coppetta *f.* **1** (*piccola coppa*) small cup, small bowl: *una* ~ *di gelato* an ice-cream cup, a cup of ice-cream. **2** (*Med*) cupping glass.

coppia *f.* **1** couple, pair, two: *formare una* ~ to pair up; *giovani coppie* young couples. **2** (*marito e moglie*) couple, married couple. **3** (*di animali*) pair, yoke; (*rif. a selvaggina*) brace: *una* ~ *di fagiani* a brace of pheasants. **4** (*Sport*) pair, partners *pl.*, double partners *pl.* **5** (*due carte uguali*) pair: ~ *di assi* pair of aces. **6** (*Fis,Mecc*) torque, couple. **7** (*Mat*) pair. □ *a coppie* in pairs, in twos, two by two; *gara a coppie* doubles; *lavorare a coppie* to work in pairs; ~ *di ballerini* pair of dancers, dancing partners, dancing couple; ~ *di buoi* yoke of oxen; ~ *di fatto* common-law marriage; ~ *di innamorati* pair of lovers; *una* ~ *di sposi* a married couple; *una* ~ *di sposi novelli* a couple of newlyweds; *fare* ~ *con qcu.* to pair off with so.; *fare* ~ *fissa con qcu.*: 1 to go steady with so.; 2 (*ballare sempre insieme a una festa*) to be fixed partners; *giocare in* ~ *con qcu.* to play with a partner;

(*Ling*) *~minima* minimal pair; (*El*) *~voltaica* galvanic couple, voltaic couple.

coppiere *m.* (*f.* **-a**) cup bearer.

coppietta *f.* couple of lovers, courting couple.

coppiglia *f.* (*Mecc*) cotter, cotter pin, split pin.

coppiola *f.* **1** (*Caccia*) (*due spari simultanei*) double shot: *sparare una ~* to fire both barrels. **2** (*Mil*) (*lancio di due siluri*) simultaneous launching of two torpedoes.

coppo *m.* **1** (*orcio*) oil jar. **2** (*tegola*) bent tile. **3** (*Pesc*) landing net.

copra *f.* copra: *olio di ~* copra oil.

coprente *a.* covering; *vernice ~* one-coat paint; *calze coprenti* heavy tights, thick tights.

copresidente *m.* (*di una riunione*) co-chairman, co-president.

copresidenza *f.* (*di una riunione*) co-presidency, co-chairmanship.

copribusto *m.* (*Abbigl,Stor*) bodice, camisole, cache corset camisole, petticoat bodice.

copricalice *m.* (*Lit*) chalice veil.

copricalorifero *m.* radiator cover.

copricanna *m.inv.* (*Arm*) handguard.

copricapo *m.* **1** head gear. **2** (*estens*) (*cappello*) hat.

copricatena *m.inv.* (*Mecc*) chain guard.

copricostume *m.* (*Abbigl*) beachrobe, (*Am*) beach cover-up.

copricuscino *m.* cushion cover.

copridivano *m.* sofa cover, sofa throw.

coprifasce *m.inv.* baby's dress.

coprifuoco (*pl.* **-chi**) *m.* curfew: *decretare il ~* to order a curfew; *suonare il ~* to ring the curfew; *togliere il ~* to lift the curfew.

copriletto *m.* bedspread, bedcover.

coprimaterasso *m.* mattress cover.

copripiumino *m.* duvet cover.

copripiumone *m.* duvet cover.

coprire (*pres.ind.* **còpro**, **còpri**; *p.rem.* **coprìi/copèrsi**; *p.p.* **copèrto**) **I** *v.t.* **1** (*rivestire, ricoprire*) to cover (*di, con* with, in), to coat (with): *~ il pavimento con un tappeto* to cover the floor with a carpet; *la neve copriva i monti* the snow covered the mountains; *~ il muro di intonaco* to cover the wall with plaster, to plaster the wall. **2** (*chiudere col coperchio*) to cover, to put the lid on: *~ la pentola* to cover the pot, to put the lid on the pot. **3** (*coprire con le coperte*) to cover (up), (*Br*) to draw the bedclothes over, (*Am*) to tuck in: *lo ha messo nel lettino e lo ha coperto* she put him to bed and covered him up, (*Am*) she put him to bed and tucked him in. **4** (*vestire*) to cover (up), to wrap (up), to dress (warmly): *se vuoi portar fuori il bambino, coprilo bene* if you want to take the baby out, wrap him up well. **5** (*nascondere alla vista*) to cover, to conceal, to hide, to screen: *le nuvole hanno coperto la luna* the clouds covered the moon. **6** (*fig*) (*nascondere*) to cover up, to hide, to conceal: *~ una manovra losca* to cover up one's shady dealings; *cercava di ~ i difetti del figlio* he tried to hide his son's defects. **7** (*superare di intensità; rif. a suoni, rumori*) to drown, to cover, to smother: *il chiasso copriva il pianto del bambino* the din drowned the baby's crying. **8** (*riempire*) to cover, to fill, to cram, to clutter (up): *hanno coperto la città di manifesti* they have covered the city with posters. **9** (*fig*) (*colmare*) to load, to heap, to cover, to overwhelm, to lavish, to shower: *~ qcu. di onori* to heap honours on so., to lavish honours on so.; *l'ha coperta di regali* he loaded her with presents, he showered her with presents. **10** (*Comm*) to cover: *il danno è co-*

perto dall'assicurazione the damage is covered by the insurance. **11** (*Zootecn*) (*rif. ad animali: montare*) to cover, to mount. **12** (*Giorn*) (*trattare*) to deal with, to cover, to report: *~ una notizia* to report (sth.); *~ un evento* to cover an event. **13** (*fig*) (*includere*) to encompass, to encapsulate: *~ tutto il programma* (*Br*) to encompass the whole programme, (*Am*) to cover the entire course. **14** (*fig*) (*rif. a uffici, cariche*) to hold, to fill: *~ una carica* to hold a post. **15** (*fig*) (*percorrere*) to cover: *copre gli otto chilometri in un'ora* he covers the eight kilometres in an hour. **16** (*Mil*) to cover, to shield: *l'artiglieria coprirà la ritirata* the artillery will cover the withdrawal; *~ qcu. col proprio corpo* to shield so. with one's body. **17** (*Tel*) (*rif. a sistemi di telecomunicazioni*) to cover. **II** *v.pron.* **coprirsi 1** to cover: *coprirsi il volto con le mani* to cover one's face in (*o* with) one's hands; *la valle si è coperta di neve* the valley became covered with snow. **2** (*fig*) to cover oneself (*di* with), to be covered (in, with): *coprirsi di gloria* to be covered in glory; *coprirsi di infamia* to cover oneself with shame. **3** (*proteggersi*) to protect oneself. **4** (*vestirsi*) to wrap (oneself) up, to dress warmly: *oggi fa freddo, copriti bene* it's cold today, wrap up well; it's cold today, dress warmly. **5** (*con le coperte*) to draw up the bedclothes, to pull up the bedclothes, (*Am*) to pull the sheets up, to cover oneself: *si è coperto fino al naso con la trapunta* he drew the quilt up to his nose, (*Am*) he pulled the sheets up to his nose. **6** (*annuvolarsi*) to grow overcast, to cloud over: *il cielo si è coperto* the sky has grown overcast. **7** (*Sport*) (*nella scherma*) to guard, to be on guard, to be on one's guard. □ **coprimi!** cover me!; **ticopro io!** I'll cover you!; (*Econ*) *il costo di produzione* to cover production costs; (*fig*) *~ qcu. di gentilezze* to shower kindnesses on so.; (*fig*) *~ qcu. di insulti* to pour insults on so., to heap insults on so.; (*fig*) *~ qcu. di ridicolo* to cover so. with ridicule, to heap ridicule on so.; (*fig*) *~ qcu. di vergogna* to cover so. with shame; (*fig*) *~ una distanza* to cover a distance; (*Econ*) *~ la domanda* to meet the demand, to satisfy the demand; *~ il proprio fabbisogno* to satisfy one's needs; *~ un rischio* to insure against a risk, to cover a risk; *~ le spalle a qcu.* to cover so.'s back; *~ le spese* to cover expenses; *~ un tetto con tegole* to tile a roof; *~ la voce di qcu.* to speak over so.'s voice.

copriruota *m.inv.* (*Mecc*) wheel cover.

coprisedile *m.* (*Aut*) seat cover.

copritastiera *m.inv.* keyboard cover.

copritavolo *m.* cover, table carpet.

copriteiera *m.inv.* tea-cosy.

copritermosifone *m.* radiator cover.

coprivivande *m.inv.* dish cover.

coprocessore *m.* (*Inform*) coprocessor. □ (*Inform*) *~grafico* graphics coprocessor; (*Inform*) *~matematico* math coprocessor.

coprodurre (**coprodùco**, **coprodùci**) *v.t.* (*Cin,TV*) to coproduce.

coproduttore *m.* (*f.* **-trice**) (*Cin,TV*) coproducer.

coproduzione *f.* (*Cin,TV*) coproduction.

coprofagia *f.* (*Med,Psic*) coprophagy, coprophagia.

coprofago I *a.* (*Med,Psic*) coprophagous. **II** *m.* (*Med,Psic*) coprophagist.

coprofilia *f.* (*Psic*) coprophilia.

coprolalia *f.* (*Psic*) coprolalia.

coprolito *m.* (*Paleont*) coprolite.

coprologia *f.* (*Med*) coprology.

coprostasi ,**coprostasi** *f.* (*Med*) constipation, chronic constipation, faecal reten-

tion, faecal impaction, faecal loading.

copto I *a.* Coptic: *chiesa copta* Coptic church. **II** *m.* **1** (*f.* **-a**) (*discendente degli antichi Egiziani*) Copt (*anche Rel*). **2** (*lingua*) Coptic.

copula *f.* **1** (*Gramm*) copula. **2** (*accoppiamento*) copulation.

copulare (**còpulo**) **I** *v.i.* (*aus.* **avere**) (*Zool*) to copulate. **II** *v.t.* (*rar*) **1** (*Chim*) to join together, to couple. **2** (*unire in matrimonio*) to marry. **III** *v.pron.* **copularsi** (*rar*) to copulate.

copulativo *a.* (*Gramm*) copulative: *congiunzione copulativa* copulative (conjunction).

copulatore *a.* (*Zool*) copulating: *apparato ~* copulating apparatus.

copulazione *f.* (*Zool*) copulation.

copy /'kɔpi/ *m./f.inv.* copywriter.

copywriter /ˌkɔpiˈraitər/ *m./f.inv.* copywriter.

coque /kɔk/ □ (*Gastron*) *uovo alla ~* soft-boiled egg.

cor. (*Mus*) *corno* hrn (horn).

coraggio I *m.* **1** courage, bravery, (*colloq*) guts *pl.*, grit; (*ardimento*) boldness: *dimostrare ~* to show courage; *una donna piena di ~* a woman full of courage; *trovare il ~ di fare qcs.* to pluck up the courage to do sth., to get up the courage to do sth.; *mancare il ~* to lack the guts, to lack courage, to lack spirit. **2** (*forza*) heart: *riprendere ~* to take fresh heart, to get up the courage again; *mi è mancato il ~ di rispondere* I hadn't the heart to reply, I couldn't bring myself to reply. **3** (*impudenza*) effrontery, impudence, (*colloq*) nerve: *ci vuole proprio un bel ~ a mentire così* you need a lot of nerve to lie like that, it takes a lot of nerve to lie like that; *ha avuto il ~ di negare* he had the nerve to deny it. **II** *intz.* **1** don't be afraid!: *~, parla!* don't be afraid, speak up! **2** (*avanti*) come on! **3** (*su con il morale*) cheer up! □ (*fig*) *prendere il ~ a due mani* to take one's courage in both hands, to pluck up one's courage; *avere il ~*: 1 to have the guts, to have the courage: *avere il ~ delle proprie opinioni* to have the courage of one's convictions; 2 (*avere il cuore*) to have the heart: *non ho avuto il ~ di dire di no* I didn't have the heart to say no, I hadn't the heart to say no; 3 (*avere la sfacciataggine*) to have the nerve, to have the cheek; *~ civile* civil courage; *con ~* with courage, courageously, bravely; *con che ~ ti presenti qui?* how dare you turn up here?; *~ da leone* lion-heartedness; *avere un ~ da leoni* to be as brave as a lion, to be lion-hearted; (*fig*) *avere ~ da vendere* to have courage to spare; *il ~ della disperazione* the courage of despair; *avere il ~ delle proprie opinioni* to have the courage of one's convictions; *non so come abbia il ~ di presentarsi* I don't know how he dares show his face; *fare ~ a qcu.* to comfort so., to encourage so., to cheer so. up; *farsi ~* to take heart, to pluck up courage.

coraggiosamente *avv.* courageously, bravely.

coraggioso *a.* **1** brave, courageous; (*valoroso*) gallant: *un giovane ~* a brave young man. **2** (*ardito*) bold, daring: *un'impresa coraggiosa* a bold enterprise.

corale I *a.* **1** choral: *musica ~* choral music. **2** (*fig*) (*unanime*) unanimous: *riscuotere un'approvazione ~* to meet (with) unanimous approval. **II** *m.* **1** (*Mus*) chorale. **2** (*libro*) choir book, anthem book.

coralità *f.* choral nature, togetherness (*anche fig*).

corallaio *m.* (*f.* **-a**) **1** (*artigiano*) coral cutter. **2** (*chi vende*) coral dealer.

corallifero a. coral (attr.), coralliferous: banco ~ coral reef.

coralliforme a. coralliform.

corallina f. 1 (Bot) coralline. 2 (Min) coral limestone. 3 (barca) coral-fishing boat.

corallino a. 1 coral (attr.), coralline (anche fig): barriera corallina coral reef, barrier reef; banco ~ coral reef. 2 (color corallo) coral: labbra coralline coral lips.

corallo I m. coral: collana di ~ coral necklace. II m. (colore) coral red. III a.inv. (colore) coral.

coralmente avv. chorally.

corame m. 1 stamped leather. 2 (region) (cuoio) leather.

coramella f. razor strop, razor strap.

coramina f. (Farm) Coramine.

coram populo avv. in public, coram populo.

coranico (pl. -ci) a. (Rel.islam) Koranic: precetti coranici Koranic precepts.

corano m. (Rel.islam) Koran, Qu'ran, Quran.

corata, coratella f. (Macell) pluck.

corazza f. 1 cuirass: vestire la ~ to wear a cuirass. 2 (fig) hard shell, defences pl.: costruirsi una ~ to develop a hard shell, to erect one's defences; togliersi la ~ to lower one's defences. 3 (Sport) (nel rugby) chest protector. 4 (Mil) armour, (Am) armor, armour-plating, armour plate. 5 (Zool) carapace, shell: la ~ della tartaruga the carapace of the tortoise.

corazzare (**coràzzo**) I v.t. 1 (Mil) to fortify. 2 (Mar.mil) to armour, to armour-plate, to plate, (Am) to armor. 3 (fig) (premunire) to harden, to steel: la vita stentata lo ha corazzato contro le avversità his life of poverty has hardened him against adversity. II v.pron. **corazzarsi** (fig) (munirsi) to arm oneself, to harden oneself: corazzarsi di pazienza to arm oneself with patience.

corazzata f. (Mar) battleship: ~ tascabile pocket battleship; (Cin) la ~ Potëmkin Battleship Potemkin.

corazzato a. 1 (armato di corazza) wearing a cuirass, armed with a cuirass. 2 (Mil, Mar.mil) armoured, (Am) armored: nave corazzata battleship; truppe corazzate armoured corps. 3 (fig) hardened, proof, armed: sono ~ contro le avversità della vita I am hardened against the adversities of life. 4 (di batteria) leak-proof.

corazzatura f. (Mil,Mar.mil) armour plating, (Am) armor plating.

corazziere m. 1 (Stor,Mil) cuirassier. 2 (carabiniere) carabiniere, member of the honour guard, (Am) member of the honor guard, member of the presidential guard of honour, (Am) member of the presidential guard of honor. 3 (fig) (persona alta e robusta) strapping man.

corba f. large basket, large wicker basket.

corbeille /kor'bɛj/ f.inv. 1 elegant basket of flowers, corbeille. 2 (Econ,ant) (in borsa) kerb, (Am) curb, trading floor, floor.

corbellare (**corbèllo**) v.t. to make fun of, to make a fool of, to tease, to mock.

corbellatore m. (f. -**trice**) mocker, teaser.

corbellatura f. (canzonatura) mockery; (beffa) joke, hoax: prendersi una ~ to be tricked, to be the victim of a hoax.

corbelleria f. 1 (colloq) (atto sciocco) foolish action, foolishness, stupidity. 2 (discorso sciocco) nonsense, rubbish, foolish words pl.: dire delle corbellerie to talk nonsense. 3 (sproposito) howler: una traduzione piena di corbellerie a translation full of howlers.

corbello[1] m. 1 (recipiente) basket, skep. 2 (contenuto) basket, basketful.

corbello[2] m. 1 spec.pl. (volg,region) testicle. 2 (f. -a) (fig) stupid person, blockhead.

corbezzola f. (Bot) strawberry tree berry, arbutus berry.

corbezzoli intz. (scherz) my goodness!, gosh!

corbezzolo m. 1 (Bot) strawberry tree. 2 (region) (corbezzola) strawberry tree berry, arbutus berry.

Corcira n.pr.f. (Geog.stor) Corcyra.

corcontento m. (cuorcontento) easy-going fellow, happy-go-lucky person.

corda f. 1 cord; (fune) rope; (cordicella) string, twine: tendere una ~ to stretch a rope; allentare la ~ to slacken the rope; legare un pacco con la ~ to tie a package with string. 2 (di strumenti musicali) string: le corde del violino the violin strings. 3 (trama di tessuto) thread. 4 (Ginn) (per saltare) rope, skipping rope, (Am) jump rope. 5 (Sport) (del ring) rope. 6 (Anat) cord, chord: corde vocali vocal chords. 7 (Alp) climbing rope. 8 (Stor) (tortura) strappado. □ (Sport) ~ a nodi knotted rope, knotted climbing rope; (fig) essere con la ~ al collo to have a sword over one's head, to be in a very difficult situation; (fig) mettere la ~ al collo a qcu. to hold a knife to so.'s throat; (fig) dare ~ a qcu.: 1 (prestare ascolto) to encourage so. to talk; 2 (dare piena libertà) to give so. (plenty of) rope, to give so. a free rein, to give so. a free hand; ~ del bucato clothes line; (fig) toccare la ~ del sentimento to play on sentiment; ~ dell'arco: 1 bowstring, string of a bow; 2 (Geom) chord of the arc; ~ di budello catgut, gut, gut string; ~ di canapa hemp rope; (Mar, ant) ~ di manilla Manilla rope, Manilla cable; (Zool) ~ dorsale notochord; (Alp) ~ fissa fixed rope; (fig) essere giù di ~ to be depressed, to feel blue, to feel low; ~ metallica wire rope; mettere l'avversario alle corde (nel pugilato) to put one's opponent on the ropes; (fig) (imporgli la propria iniziativa) to get one's opponent on the ropes; sulla ~: 1 on a tightrope; 2 (fig) (Br) on tenterhooks, (Am) on pins and needles: (Br) tenere qcu. sulla ~ to keep so. on tenterhooks, (Am) to keep so. on pins and needles. Prov.: quando la ~ è troppo tesa si spezza if you push a situation too far, something's got to give.

cordaio m. 1 (operaio) rope maker. 2 (venditore) rope seller.

cordame m. 1 cordage, ropes pl. 2 (Mar) cordage, rigging.

cordata f. 1 (Alp) (group on one) rope, roped party: il primo in (o di) ~ roped-party leader. 2 (Econ,fig) consortium, cartel. □ (Alp) essere in ~ to be roped together, to be on the rope.

cordato m. (Zool) chordate.

cordatrice f. (macchina) rope-making machine.

cordatura f. rope-making.

cordellina f. (Mil) braid.

corderia f. rope-factory, ropery.

cordiale[1] a. warm, cordial, friendly, hearty: un'accoglienza ~ a warm welcome; una ~ stretta di mano a cordial handshake; è una persona ~ he is a friendly person; (iron) provo per lui una ~ antipatia I sincerely dislike him, I heartily dislike him. □ (epist) cordiali saluti kind regards, kindest regards, best wishes, Yours faithfully, Yours truly, Sincerely.

cordiale[2] m. (bevanda) cordial, liqueur.

cordialità f. 1 (l'essere cordiale) cordiality, warmth, friendliness. 2 (gentilezza) kindness. 3 pl. (saluti cordiali) kind regards,

kindest regards, best wishes: molte ~ da noi tutti kindest regards from us all.

cordialmente avv. 1 warmly, cordially, in a friendly manner: salutare ~ qcu. to greet so. warmly. 2 (con tutto il cuore) heartily, intensely: (iron) mi è ~ antipatico I heartily dislike him, I cordially dislike him. □ (epist) ti saluto molto ~ with kindest regards, (Am) best regards.

cordialone m. (f. -a) (colloq) sociable person, good mixer.

cordicella f. fine cord, thin cord, string.

cordiera f. (Mus) tailpiece.

cordigliera f. (Geog) cordillera. □ (Geog) la ~ delle Ande the Cordillera of the Andes, the Andes chain.

cordiglio m. 1 (cordone dei frati) friar's cord, friar's knotted cord. 2 (Lit) priest's girdle.

cordino m. 1 (corda sottile) string. 2 (Alp) spare rope.

cordite[1] f. (Med) chorditis.

cordite[2] f. (Mil) (esplosivo) cordite.

cordless /'kɔrdles/ m.inv. (Tel) cordless, cordless telephone.

cordofono m. chordophone.

cordoglio m. 1 (dolore) sorrow, grief, affliction: il suo ~ per la morte dell'amico his grief over the death of his friend. 2 (condoglianze) condolences pl., sympathy: esprimere il proprio ~ to offer one's condolences.

cordolo m. 1 (Strad) kerb, (Am) curb. 2 (Edil) stringcourse.

cordonare (**cordóno**) v.t. to border with stones.

cordonata f. 1 (scala) graded ramp, sloping stairs (with wide shallow steps). 2 (strada) street with steps. 3 (bordo arrotondato di aiole e sim.) border.

cordonato a. ribbed, corded: seta cordonata ribbed silk.

cordonatura f. 1 (Cart) creasing, crease. 2 (decorazione) cable decoration.

cordoncino m. 1 cord, string, twine, pack thread. 2 (tipo di ricamo) couching stitch.

cordone m. 1 cord: ~ della tenda curtain cord. 2 (filo elettrico) flexible cord, lead, (colloq) flex. 3 (cordiglio) friar's cord, friar's knotted cord, priest's girdle. 4 (Strad) (per delimitare i marciapiedi) kerb, (Am) curb. 5 (schieramento di agenti e sim.) cordon, chain: la folla ruppe i cordoni the crowd broke through the cordon. 6 (Arch) string course, cordon. 7 (Anat) cord. 8 (Geol) bar. 9 (Arald) (insegna di ordini cavallereschi) cordon, ribbon; (persona insignita) cordon, wearer of a cordon. 10 (Agr) (forma di potatura) cordon. 11 (Met) (segno della saldatura) seam, bead, weld. □ ~ del campanello bell pull; i cordoni della borsa the purse strings; (fig) allentare i cordoni della borsa (spendere) to open one's purse-strings, to loosen one's purse strings; (fig) stringere i cordoni della borsa to tighten the purse-strings; (El) ~ di alimentazione cord, mains lead; ~ di polizia police cordon; (Geol) ~ litorale bar, submerged sandbank, beach ridge; (Geol) ~ morenico moraine bar; (Anat) ~ ombelicale umbilical cord; ~ sanitario cordon sanitaire, sanitary cordon; erigere un ~ sanitario intorno ad una zona to seal off an area (for health reasons).

cordonetto m. twist: filo ~ twist thread.

Cordova n.pr.f. (Geog) Cordova, Cordoba.

cordovano I a.Cordovan, from Cordova. II m. 1 (f. -a) (originario) Cordovan, native of Cordova; (abitante) Cordovan, inhabitant of Cordova. 2 (cuoio) cordovan.

corea, corea[1] f. (Med) chorea. □ (Med)

~di Huntington Huntington chorea.

corea [2] f. (rar) (bidonville) shantytown, slums pl.

Corea n.pr.f. (Geog) Korea. □ (Geog) ~del Nord North Korea; (Geog) ~del Sud South Korea.

coreano I a. Korean. II m. 1 (f. -a) (abitante) Korean. 2 (lingua) Korean.

core business /kɔr'bisnes/ m. (Econ) core business.

coregone ,coregono m. (Itt) whitefish.

coreico a. 1 dance (attr.), dancing. 2 (Med) choreic.

coreo m. (Metr,ant) choree.

coreografia f. choreography.

coreograficamente avv. choreographically.

coreografico (pl. -ci) a. 1 choreographic. 2 (fig) (spettacolare) spectacular.

coreografo m. (f. -a) choreographer.

coretto m. (Arch) tribune (with a grate).

coreuta m./f. 1 (Stor.gr) member of the chorus. 2 (lett) (corista) choralist.

Corfù n.pr.f. (Geog) Corfu.

coriaceo a. 1 leathery, coriaceous: foglia coriacea coriaceous leaf; sostanza coriacea coriaceous substance, leathery substance. 2 (estens) (duro) tough: questa carne è coriacea this meat is tough. 3 (fig) (rif. a persona: privo di sensibilità) hard, (colloq) tough.

coriambico a. (Metr) choriambic.

coriambo m. (Metr) choriamb, choriambus.

coriandolo m. 1 (Bot) coriander; (frutto) coriander seed. 2 pl. (di carta) confetti: i coriandoli di carnevale carnival confetti.

coribante m. (Stor.gr) Corybant.

coribantico a. Corybantian, Corybantic.

coricare (còrico, còrichi) I v.t. 1 (adagiare) to lay down: lo coricò sul divano she laid him down on the couch. 2 (mettere a letto) to put to bed: ~ un bambino to put a child to bed. 3 (rovesciare) to knock down, to beat down, to lay (low), to flatten: il vento ha coricato le spighe the wind has flattened the corn to the ground. II v.pron. **coricarsi** 1 to lie down. 2 (andare a letto) to go to bed, to retire: ci siamo coricati presto per partire all'alba we went to bed early in order to leave at daybreak. 3 (lett) (rif. al sole: tramontare) to set, to go down.

corifa f. (Bot) talipot.

corifena f. (Itt) dolphin, dolphin fish, dorado.

corifeo m. (f. -a) (Stor.gr) coryphaeus (anche fig).

corimbo m. (Bot) corymb.

corindone m. (Min) corundum.

Corinto n.pr.f. (Geog) Corinth.

Corinzi m.pl. (Bibl) Corinthians: I ~ 1 Corinthians; II ~ 2 Corinthians.

corinzio I a. Corinthian (anche Arch). II m. 1 (f. -a) (abitante) Corinthian. 2 (Arch) (stile) Corinthian style.

Coriolano n.pr.m. (Stor,Lett) Coriolanus.

corion m. 1 (Biol) chorion. 2 (Anat) corium.

corista I m./f. member of a choir, chorister; (ragazzo) choir boy; (ragazza) choir girl. II m. 1 (strumento per accordare) tuning instrument. 2 (diapason) tuning fork, diapason.

coriza ,corizza f. (Med) coryza.

cormo m. (Bot) corm.

cormofita f. (Bot) cormophyte.

cormorano m. (Ornit) cormorant.

corna → corno.

cornacchia f. 1 (Ornit) crow. 2 (fig) (persona pettegola) gossip. 3 (fig) (iettatore) croaker.

cornamusa f. bagpipes pl., bagpipe: suo-

natore di ~ bagpiper.

cornata f. butt, blow with the horns, goring: ricevere una ~ da un toro to be gored by a bull.

cornea f. (Anat) cornea.

corneale a. (Anat) corneal.

corneificazione f. (Med) cornification.

Cornelio n.pr.m. Cornelius.

corneo a. 1 horny, corneous: sostanza cornea horny substance. 2 (simile al corno) horn-like: consistenza cornea horn-like consistency.

corner /'kɔrner/ m.inv. (Sport) corner, corner-kick. □ salvarsi in ~: 1 (Sport) (nel calcio: evitare un gol) to kick out of play, to kick the ball out the end line to prevent an opponent from scoring; 2 (fig) (riuscire a cavarsela) to be saved by the bell.

cornetta [1] f. 1 (Mus) (strumento) cornet. 2 (Mus) (suonatore) cornet, cornetplayer, cornetist. 3 (region) (ricevitore del telefono) receiver: la ~ del telefono the telephone receiver; sollevare la ~ to lift the receiver.

cornetta [2] f. 1 (Stor,Mil) cornet. 2 (cuffia di suora) starched white coif (of the Sisters of Charity).

cornettista m. (Mus) cornet, cornetplayer, cornetist.

cornetto m. 1 (amuleto) horn-shaped amulet. 2 (Dolc) (brioche) croissant, crescent-shaped roll. 3 (Dolc) (cono gelato) cone, (Br) cornet. 4 (Mus) cornet, cornett. 5 pl. (region) (fagiolini) French beans, green beans. □ ~acustico ear trumpet.

cornice f. 1 frame: la ~ del quadro the picture frame. 2 (fig) frame, framework: fare da ~ a qcs. to be the setting of sth., to frame sth. 3 (inquadratura di racconto e sim.) framework: la ~ del Decamerone the framework of the Decameron. 4 (Arch) cornice, drip-stone; (modanatura) moulding. 5 (Alp) narrow ledge. □ mettere in ~ to (put in a) frame.

corniciaio m. 1 (fabbricante) frame-maker, picture framer. 2 (venditore) seller of frames, frame seller.

corniciatura f. (rar) 1 (l'incorniciare) framing, picture framing. 2 (cornice) frame, picture frame.

cornicione m. (Edil) cornice. □ (Edil) ~ di gronda eaves (costr.sing. o pl.).

cornificare (cornìfico, cornìfichi) v.t. (colloq) (tradire: la moglie) to be unfaithful to, to two-time, to cheat (on); (il marito) to be unfaithful to, (ant) to cuckold.

corniola [1] f. (Min) cornelian, carnelian.

corniola [2] f. (Bot) cornelian cherry.

corniolo m. (Bot) cornelian cherry, cornelian cherry tree, cornel, cornel tree.

cornista m./f. (Mus) horn player.

corno m. 1 spec.pl. (pl. le còrna) (di bue, mucca, lumaca) horns pl.: le corna del bue an ox's horns. 2 spec.pl. (pl. le còrna) (di cervidi) antlers pl., horns pl.: le corna del cervo the stag's antlers. 3 (pl. i còrni) (oggetto a forma di corno) horn: a forma di ~ horn-shaped. 4 (materia) horn: bottoni di ~ horn buttons; un pugnale col manico di ~ a dagger with a horn handle. 5 (pl. i còrni) (Mus) (strumento antico) horn; (strumento moderno) horn, French horn; (suonatore di corno) horn player. 6 (pl. le còrna) (scherz) (bernoccolo) bump (on the head): il bambino è caduto e si è fatto un ~ the child fell and got a bump on his head. 7 (pl. i còrni) (amuleto) horn-shaped amulet, horn: un ~ di corallo a coral horn. □ (Zool) corna palmate antlers; (Mus) ~a pistoni valve horn, cornet; (Ind) ~artificiale artificial

horn, galalith; (scherz) avere le corna: 1 to wear horns; 2 (ant, solo rif. al marito) to be a cuckold; cornacaduche (cervi) deciduous antlers; (Mus) ~da caccia natural horn, hunting horn, bugle horn; ~da scarpe shoehorn; (Geog) il Corno d'Africa the Horn of Africa; (Lit) ~del vangelo Gospel side; ~dell'abbondanza horn of plenty; (Lit) ~dell'altare side of the altar; (Lit) ~dell'epistola Epistle side; (Mus) ~di bassetto basset horn; (fig) i corni di undilemma the horns of a dilemma; (Geog) ~d'Oro Golden Horn; fare le corna: 1 (come scongiuro) to cross one's fingers, to touch wood, (Am) to knock on wood; facciamo le corna! let's keep our fingers crossed!, touch wood!, (Am) knock on wood!; 2 (come gesto della mano) to jeer at so. (with a gesture of the hand); 3 (tradire) to cheat (on), (ant) to cuckold; (Mus) ~inglese English horn; (scherz) mettere le corna a qcu.: 1 (rif. al marito) to be unfaithful to so., to two-time so., to cheat on so., (ant) to cuckold so.; 2 (rif. alla moglie) to be unfaithful to so.; cornaramificate branching antlers; cornaramose branching antlers; (pop) un ~! like hell!, no way!, my foot!; non hai capito un ~ you haven't understood a blasted word; non m'importa un ~ I don't give a damn; non vale un ~ it's not worth a penny, it's not worth a cent.

Cornovaglia n.pr.f. (Geog) Cornwall.

cornucopia f. cornucopia, horn of plenty.

cornuto I a. 1 (colloq) (persona tradita dal coniuge) betrayed, deceived; (rif. al marito) cuckolded. 2 (dotato di corna) horned, with horns: animale ~ horned animal. II m. (f. -a) (colloq) 1 (persona cornuta) deceived partner; (rif. al marito) cuckold. 2 (insulto generico) son-of-a-bitch, bastard: quel ~ voleva imbrogliarmi! that bastard wanted to cheat on me!

coro m. 1 (gruppo di cantori) chorus; (della chiesa) choir: cantare nel ~ della chiesa to sing in the church choir. 2 (Lett) (di tragedia, opera) chorus. 3 (Arch) (parte dell'abside) choir, chancel; (stalli per i cantori) choir stalls pl., choir loft: il ~ della cattedrale the chancel of the cathedral; un ~ di legno intagliato choir stalls of carved wood. 4 (fig) (insieme di parole, grida) chorus, chorusing: i cori delle rane the chorusing of the frogs; un ~ di proteste a chorus of protests. 5 (Teol) (ordine angelico) choir. □ (Teol) coriangelici choirs of angels, angelic choirs; cori di montagna mountain choirs; ~ di voci bianche boys' choir; fare ~a qcs. (o qcu.), to echo sth. (o so.), to support sth. (o so.): tutti fecero ~ alle sue richieste they all echoed his demands; ~femminile female voice choir; in ~ in chorus, all together: cantare in ~ to sing in chorus; (fig) rispondere in ~ to answer in chorus; ~maschile male voice choir.

corografia f. (Geog) chorography.

corografico (pl. -ci) a. (Geog) chorographic, chorographical.

corografo m. (f. -a) (Geog) chorographer.

coroide , coroidea f. (Anat) choroid, choroid coat.

coroideo a. (Anat) choroid: plesso ~ choroid plexus.

coroidite f. (Med) choroiditis.

corolla f. (Bot) corolla. □ (Abbigl) gonna a ~ full flared skirt.

corollario m. (Filos,Mat) corollary.

corologia f. (Geog) chorology.

corona f. 1 (di monarca) crown: ~ d'oro gold crown. 2 (corona nobiliare) coronet. 3 (fig) (regno) throne, crown; (lo Stato) the

Crown: *perdere la* ~ to lose one's throne; *aspirare alla* ~ to be a pretender to the throne; *rinunciare alla* ~ to renounce the throne; *i beni della* ~ the Crown estate. **4** (*ghirlanda*) crown, garland, wreath. **5** (*corona funebre*) wreath, funeral wreath. **6** (*rosario*) rosary, beads *pl.*, rosary beads *pl.*: *recitare la* ~ to recite the rosary, to tell one's beads. **7** (*fig*) (*cerchio: rif. a persone*) circle, ring; (*rif. a cose*) ring, circle: *la circondava una* ~ *di bambine* there was a circle of children round her, she was ringed by children; *il paese è circondato da una* ~ *di colli* there is a ring of hills around the village, the village is ringed by hills. **8** (*Numism,Econ*) (*moneta*) crown. **9** (*giro di capelli intorno alla tonsura*) fringe. **10** (*Mecc*) rim. **11** (*Edil*) (*coronamento*) coping; (*cornicione*) cornice. **12** (*Minier*) back. **13** (*Mus*) pause sign, hold. **14** (*Astr*) corona, halo: ~ *lunare* halo round the moon. **15** (*Anat*) (*parte del dente*) crown. **16** (*Dent*) (*capsula*) crown: *mettere la* ~ *a un dente* to crown a tooth, to cap a tooth. **17** (*la parte più folta dell'albero*) crown, top. **18** (*Zool*) (*del cavallo*) coronet. ☐ ~ *baronale* baron's coronet; ~ *comitale* count's coronet; ~ *d'alloro* laurel wreath; (*Anat*) ~ *del dente* crown of a tooth; ~ *del martirio* martyr's crown; (*Mecc*) ~ *del volano* rim of the flywheel; ~ *della vittoria* crown (of victory); (*Anat*) ~ *dentaria* crown of a tooth; (*Mecc*) ~ *dentata* crown wheel; ~ *di conte* count's coronet; ~ *di fiori*: 1 wreath, garland: *una* ~ *di fiori d'arancio* a wreath of orange blossom; *portava al collo corone di fiori* she was wearing garlands of flowers round her neck; 2 (*funebre*) wreath, funeral wreath; (*Bibl*) ~ *di spine* crown of thorns (*anche fig*); ~ *ducale* ducal coronet; (*fig*) *fare* ~ *a qcu.* to form a ring around so., to form a circle around so.; (*Stor*) ~ *ferrea* iron crown (of Lombardy); ~ *imperiale* imperial crown; (*Numism,Econ*) ~ *inglese* crown; (*Numism,Econ*) ~ *norvegese* Norwegian krone, Norwegian crown; (*Stor.rom*) ~ *ossidionale* obsidional crown; (*Astr*) ~ *solare*: 1 solar corona; 2 (*aureola*) halo round the sun; (*Numism,Econ*) ~ *svedese* krona, Swedish krona, Swedish crown; (*Stor.rom*) ~ *trionfale* wreath of victory.

coronale *a.* (*Anat,Astr*) coronal: (*Anat*) *osso* ~ frontal bone.

coronamento *m.* **1** (*compimento*) completion, successful completion, realization, achievement, fulfilling: *riusciremo a vedere il* ~ *di questa impresa?* will we ever see the successful completion of this enterprise?; *il* ~ *di un sogno* the fulfilling of a dream. **2** (*Edil*) coping, crown. **3** (*Mar*) taffrail, tafferel.

coronare (**coróno**) *v.t.* **1** (*circondare*) to ring, to encircle, to surround: *le colline che coronano il paese* the hills which encircle the village. **2** (*fig*) (*dare degno compimento*) to crown: *il successo ha coronato la nostra impresa* our enterprise has been crowned with success. **3** (*fig*) (*realizzare*) to realize, to achieve, to fulfil, (*Am*) to fulfill: ~ *i propri sogni* to realize one's dreams, to see one's dreams come true. **4** (*rar*) (*incoronare*) to crown. ☐ (*fig*) ~ *l'opera* to crown the work.

coronaria *f.* (*Anat*) coronary, coronary artery.

coronarico (*pl.* -**ci**) *a.* (*Med*) coronary: *insufficienza coronarica* coronary insufficiency.

coronario *a.* coronary (*anche Anat*).

coronaropatia *f.* (*Med*) coronary disease.

coronaropatico (*pl.* -**ci**) *m.* (*Med*) coronary

patient.

coronato *a.* crowned: *teste coronate* crowned heads.

coronide *f.* (*Gramm*) coronis.

coronografo *m.* (*Tecn*) coronograph.

corozo *m.* (*Bot*) corozo.

corpacciuto *a.* corpulent, paunchy, stout.

corpetto *m.* **1** (*panciotto*) waistcoat. **2** (*corpino*) bodice. **3** (*per neonati*) baby's smock.

corpino *m.* (*parte superiore di abito femminile*) bodice.

corpo *m.* **1** body: *il* ~ *umano* the human body; *l'anima e il* ~ the soul and the body. **2** (*corporatura*) physique, build, frame; (*figura*) figure: *ha un* ~ *atletico* he has an athletic build; *quella ragazza ha un viso antipatico, ma ha un bel* ~ that girl has an unpleasant face, but she has a nice figure. **3** (*busto*) body, trunk: *con un colpo gli spiccò la testa dal* ~ with one blow he severed his head from his body. **4** (*colloq*) (*stomaco*) stomach, (*colloq*) belly: *mettersi qcs. in* ~ to get sth. in one's stomach, to put sth. inside one. **5** (*cadavere*) body, dead body, corpse: *gettarono il* ~ *in mare* they threw the body into the sea. **6** (*oggetto*) body: ~ *solido* solid body; *i corpi celesti* the heavenly bodies. **7** (*parte centrale: di un oggetto*) body, central part, main part: *il* ~ *del violino* the body of the violin. **8** (*parte centrale: di una costruzione*) main body, central part: *il* ~ *dell'edificio è basso* the central part of the building is low. **9** (*raccolta*) body, corpus: ~ *di leggi* body of laws; *il* ~ *degli scrittori latini* the corpus of Latin authors. **10** (*collettività di persone*) body, corps; (*personale*) staff, personnel: *il* ~ *insegnante* the teaching staff; ~ *elettorale* the electorate. **11** (*forma, consistenza*) shape, form. **12** (*robustezza, forza*) body, strength: *avere* ~ to have body, to have strength. **13** (*rif. a carta*) bulk; (*rif. a vino*) body; (*rif. a voce*) body, strength, range; (*densità*) thickness, density; (*rif. a stoffa*) body, compactness. **14** (*Mil*) (*specialità militare*) corps, force: *il* ~ *degli alpini* the Alpine corps. **15** (*Tip*) body size, point size, point: *stampato in* ~ *cinque* printed in 5-point, (*rar*) printed in pearl; ~ *dieci* 10-point, (*rar*) long primer; ~ *dodici* 12-point, pica; ~ *nove* 9-point, (*rar*) bourgeois; ~ *otto* 8-point, (*rar*) brevier; ~ *quattro e mezzo* 4 1/2-point, (*rar*) diamond; ~ *sei* 6-point, (*rar*) nonpareil; ~ *sette* 7-point, (*rar*) minion; ~ *undici* 11-point, (*rar*) small pica. **16** (*Anat*) body, corpus. **17** (*Mecc*) (*di pompa, filtro*) body, casing; (*di caldaia*) shell. ☐ (*a*) ~ *a* ~ hand-to-hand: *lottare a* ~ *a* ~ to engage in hand-to-hand fighting; (*Sport*) *esercizio a* ~ *libero* free standing exercise; ~ *accademico* university staff, (*Am*) faculty; (*eufem*) *andare di* ~ to evacuate the bowels, to relieve oneself; ~ *astrale* astral body; (*Anat*) ~ *calloso* corpus callosum; (*Anat*) ~ *cavernoso* corpus cavernosum, cavernous body; (*Astr*) ~ *celeste* celestial body; ~ *consolare* consular corps; ~ *contundente* blunt instrument; (*fig*) *dare* ~ *a qcs.* to put sth. into execution, to put sth. into effect, to carry sth. out; *dare* ~ *alle ombre* to imagine things; (*Mil*) ~ *d'armata* army corps; (*Tip*) ~ *dei caratteri* type size, point; ~ *dei vigili del fuoco* fire brigade, (*Am*) fire department; ~ *del delitto* corpus delicti; (*ant*) ~ *del diavolo!* what the devil!, blast!; (*Dir*) ~ *del reato* corpus delicti, material evidence; (*ant,scherz*) ~ *di Bacco!* by Jove!; (*Teat*) ~ *di ballo* corps de ballet, ballet company; (*Rel.catt*) ~ *di Cristo* body of Christ; (*Mil*) ~ *di guardia* guards *pl.*, (*locale*) guardroom; (*ant,scherz*) ~ *di mille balene!* (o ~ *di mille fulmini!*) blast it!; ~ *di polizia* police force; (*Mil*) ~ *di sbarco* landing force; (*Mil*) ~ *di spedizione* expeditionary force; ~ *diplomatico* diplomatic corps; (*Univ*) ~ *docente* teaching body, teaching staff, staff, academic staff, (*Am*) faculty; ~ *elettorale* voters, electorate, body of electors; (*Med*) ~ *estraneo* foreign body; ~ *forestale* Corps of Foresters; (*Mil,Stor*) ~ *franco* irregular troops *pl.*; (*fig*) *avere in* ~ *qcs.*: 1 to be full of sth., to be consumed with sth.: *ha molta rabbia in* ~ he is furious, he is consumed with rage; 2 (*rif. a pensieri*) to have sth. on one's mind: *gli ho raccontato tutto quello che avevo in* ~ I told him everything that was on my mind; (*Scol*) ~ *insegnante* staff, teaching staff; ~ *legislativo* legislative body; ~ *liquido* liquid body; (*Med*) ~ *luteo* corpus luteum, yellow body; (*fig*) *mettersi in* ~ (*mangiare*) to put in one's stomach, (*colloq*) to tuck in; (*Rel*) ~ *mistico di Cristo* mystical body of Christ; ~ *mortale* a transient body; (*Mar*) ~ *morto* anchor log; *a* ~ *morto*: 1 (*pesantemente*) heavily, like a dead weight: *si gettò a* ~ *morto sul divano* he threw himself heavily onto the couch, he flung himself onto the couch, he collapsed onto the couch; 2 (*fig*) (*con accanimento*) with all one's strength, whole-heartedly: *si è gettato a* ~ *morto nel lavoro* he has thrown himself (whole-heartedly) into his work; ~ *organico* organic body; (*Anat*) ~ *pineale* pineal body; *prendere* ~: 1 (*prendere consistenza, concretarsi*) to take shape: *il progetto andava prendendo* ~ the project was taking shape; 2 (*fig*) (*rif. a notizie, acquistare credito*) to gain credit; (*Inform*) ~ *principale* main body; (*Fis*) ~ *radioattivo* radioactive body; ~ *sanitario* medical corps *pl.*; *senza* ~: 1 bodiless, incorporeal; 2 (*fig*) (*infondato*) groundless, baseless: *sospetti senza* ~ groundless suspicions; ~ *solido* solid body; *il* ~ *umano* the human body; (*Anat*) ~ *vitreo* vitreous humor, vitreous, vitreous body.

corporale[1] *a.* corporal, bodily, physical: *bisogni corporali* bodily needs; *esercizi corporali* physical exercises; *punizione* ~ corporal punishment.

corporale[2] *m.* (*Lit*) Communion cloth.

corporalità *f.* corporality.

corporativismo *m.* corporatism, corporativism (*anche Pol*).

corporativista *m./f.* corporatist (*anche Pol*).

corporativistico (*pl.* -**ci**) *a.* corporatist, corporative (*anche Pol*).

corporativizzazione *f.* corporativization.

corporativo *a.* **1** corporate: *organizzazione corporativa* corporate organization. **2** (*Pol*) corporative.

corporatura *f.* build, physique, frame: *essere di* ~ *atletica* to have an athletic build; ~ *gracile* slight frame.

corporazione *f.* **1** corporation, association. **2** (*spreg*) (*categoria professionale che difende i propri interessi*) guild, association. **3** (*Stor.it*) (*durante il fascismo*) organ of state which represented workers and employers at the same time, corporation. **4** (*Mediev*) guild. ☐ ~ *artigiana* craft guild; (*Mediev*) *le corporazioni di arti e mestieri* the guilds; ~ *di commercianti* trade-guild.

corporeità *f.* corporeity.

corporeo *a.* bodily, body (*attr.*), physical: *forma corporea* build, frame, bodily shape; *temperatura corporea* body temperature.

corposità *f.* body.

corposo *a.* **1** full-bodied: *vino* ~ full-bodied wine. **2** (*compatto*) compact, dense: *colore* ~ dense colour. **3** (*fig*) (*ricco di contenu-*

ti) weighty, pithy, meaty: *un libro ~ a weighty book.*

corpulento *a.* **1** corpulent, stout, portly, strongly-built: *una signora corpulenta* a stout lady. **2** (*panciuto*) paunchy, pot-bellied. **3** (*fig*) gross, crude, coarse.

corpulenza *f.* corpulence, portliness, stoutness.

corpus *m.inv.* corpus (*anche Ling*).

corpuscolare *a.* corpuscular: (*Fis*) *teoria* ~ corpuscular theory (of light).

corpuscolo *m.* **1** corpuscle (*anche Fis,Anat*). **2** particle: *un ~ di polvere* a particle of dust. □ (*Anat*) *~di Malpighi* malpighian corpuscle of kidney; (*Anat*) *~ renale* renal corpuscle.

Corpus Domini, Corpusdomini *m.* (*Lit*) Corpus Christi, Corpus Christi Day.

corr. (*Comm*) corrente cur. (current), inst. (instant).

corradicale *a.* (*Ling*) having the same root.

Corrado *n.pr.m.* Conrad, Konrad.

corrasione *f.* (*Geol*) corrasion.

corredare (**corrèdo**) I *v.t.* **1** to fit out, to equip, to supply, to provide (*di* with). **2** (*fig*) to furnish (*di* with), to add (to); (*rif. a documenti e sim.*) to attach (*di* to) to enclose (*di* with): *~ l'articolo di bibliografia* to furnish the article with a bibliography, to add a bibliography to the article; *~ la domanda dei documenti necessari* to attach the necessary documents to an application. II *v.pron.* **corredarsi** to supply oneself, to provide oneself (*di* with). □ *~ di note* to annotate: *l'edizione è corredata di note accurate* the edition is carefully annotated.

corredino *m.* (*per neonato*) layette, baby's outfit.

corredo *m.* **1** (*attrezzatura*) outfit, equipment; (*di strumenti*) equipment, kit: *il ~ di un laboratorio* a laboratory's equipment. **2** (*rif. a sposa*) trousseau. **3** (*fig*) (*rif. a nozioni*) fund, store, wealth: *il ragazzo possiede un ampio ~ di nozioni* the boy possesses a wealth of knowledge, the boy possesses a rich store of knowledge. □ (*Biol*) *~ cromosomico* chromosome complement; *~ nuziale* trousseau; (*Archeol*) *~ tombale* tomb objects, burial objects.

correggere (*pres.ind.* **corrèggo, corrèggi**; *p.rem.* **corrèssi**; *p.p.* **corrètto**) I *v.t.* **1** to correct, to rectify, to check: *~ un errore* to correct an error, to rectify an error; *~ un compito* to correct a piece of homework. **2** (*rettificare*) to adjust, to rectify: *~ il tiro* to adjust one's fire. **3** (*migliorare*) to improve, to better: *cerca di ~ il tuo accento* try to improve your accent. **4** (*rimproverare*) to admonish. **5** (*punire*) to correct, to punish: *i bambini vanno corretti in tempo* children must be corrected in time. **6** (*rif. a bevanda*) to lace, to lace with spirits, to flavour: *~ il caffè con cognac* to lace a cup of coffee with brandy. II *v.pron.* **correggersi** **1** to break oneself, to get rid (*di* of): *correggersi di un difetto* to break oneself of a bad habit. **2** (*ravvedersi*) to mend one's ways, to reform: *cerca di correggerti o finirai male* try to mend your ways or you'll come to a bad end. □ *~ le bozze* to proof-read; *~ i compiti* to correct homework; *~ la rotta* to right the compass course, to correct the compass course; *correggimi se sbaglio, ma...* correct me if I'm wrong, but...; *~ i difetti della vista* to correct poor eyesight.

correggia (*pl.* **-ge**) *f.* leather strap, leather belt.

correggiato *m.* (*Agr,ant*) flail.

correggibile *a.* corrigible, correctable.

corregionale I *a.* belonging to the same region, coming from the same part of the country. II *m./f.* fellow countryman, person from the same region.

correità *f.* (*Dir*) complicity.

correlare (**corrèlo**) *v.t.* to correlate.

correlativo *a.* correlative (*anche Gramm*): *termini correlativi* correlative terms; *avverbi correlativi* correlative adverbs.

correlatore *m.* (*f.* **-trice**) (*Univ*) co-supervisor, co-tutor.

correlazione *f.* correlation, connection: *idee che non hanno ~ tra loro* ideas which have no correlation (between them); *i due avvenimenti sono in ~* the two events are correlated. □ (*Gramm*) *~ dei tempi* sequence of tenses; *mettere in ~* to correlate.

correligionario I *a.* of the same religion. II *m.* (*f.* **-a**) co-religionist, coreligionist.

corrente[1] *a.* **1** (*fluente*) flowing, smooth, fluent: *parla un inglese ~* he speaks fluent English. **2** (*diffuso, comune*) current, common, ordinary, everyday (*attr.*): *la morale ~* conventional moral standards *pl.*, generally-accepted moral standards *pl.*; *parola ~* word in common use, word in current use, word in general use. **3** (*convenzionale*) conventional. **4** (*rif. al tempo*) current, present; (*Comm*) instant: *il 10 del mese* the 10th of the current month; *la settimana ~* this week; *in risposta alla vostra del 15 ~* in reply to your letter of the 15th instant, in response to your letter of the 15th instant. **5** (*rif. a valuta: in corso*) current, that is legal tender: *moneta ~* legal tender, currency. **6** (*in vigore*) current: *prezzo ~* current price. **7** (*che scorre*) running, flowing: *acqua ~* running water. **8** (*andante*) standard, ordinary, of middling quality, of average quality. **9** (*di basso prezzo*) cheap: *vino ~* cheap wine. □ *essere al ~ di qcs.* to know about sth., to be informed of sth.; *mettere qcu. al ~ di qcs.* to inform so. of sth., to acquaint so. with sth.; *tenere qcu. al ~ di qcs.* to keep so. informed about sth., to keep so. informed on sth., to keep so. informed of sth., to let so. know sth.; *tenersi al ~* to keep up to date.

corrente[2] *f.* **1** current, stream: *la ~ del fiume è molto forte* the current of the river is very strong. **2** (*rif. ad aria*) current (of air); (*spiffero*) draught, (*Am*) draft: *non stare nella ~ o prenderai un raffreddore* don't sit in the draught or you'll catch a cold; *c'è ~* it's draughty, (*Am*) it's drafty; *c'è un po' di ~* I'm feeling a bit of a draught, (*Am*) I'm feeling a bit of a draft, there's a bit of a draft. **3** (*El*) current, electricity, power: *mancanza di ~* power failure, lack of current; *è saltata la ~* there's no power, the power has failed. **4** (*massa di materia fluente*) stream, flow: *~ di lava* stream of lava. **5** (*folla di gente in movimento*) stream. **6** (*fig*) (*tendenza di opinioni*) current of opinion, current of thought, trend of opinion; (*gruppo*) faction: *il partito è diviso in due correnti* the party is divided into two factions. **7** (*fig*) (*orientamento*) trend, current: *seguire la ~* to follow the general trend. □ (*El*) *~ a terra* earth leakage current; (*El*) *~ ad alta frequenza* high-frequency current; (*El*) *~ ad alta tensione* high-voltage current; *~ a bassa tensione* low-voltage current; (*El*) *~ alternata* alternating current; *~ alternata trifase* three-phase alternating current; (*Meteor*) *~ atmosferica* wind current; (*El*) *~ bifase* two-phase current; (*El*) *~ continua* continuous current, direct current, unidirectional current; (*Mar*) *~ contraria* head current; (*Mar*) *~ costiera* current following the coast; *~ d'acqua* stream of

water; *~ d'aria* draught, (*Am*) draft; (*Geog*) *~ del Golfo* Gulf Stream; *~ del traffico* traffic stream; (*El*) *~ della batteria* battery current; (*Geog,Mar*) *~ di marea* tidal current, flood, ebb tide; (*fig*) *~ di pensiero* current of thought; (*El*) *~ elettrica* electric current; (*El*) *~ faradica* faradic current; (*colloq*) *fare ~* to make a draught (of air), (*Am*) to let some fresh air in, to let some fresh air; (*El*) *~ galvanica* galvanic current; (*El*) *~ in cortocircuito* short-circuit current; (*El*) *~ indotta* induced current; (*El*) *~ industriale* power current; (*Fis*) *~ laminare* laminar flow; (*fig*) *~ letteraria* literary current, literary trend; (*Geog,Mar*) *~ marina* stream, marine current, sea current; *correnti migratorie* migratory movements; (*El*) *~ monofase* single-phase current; (*El*) *~ parassita* parasitic current, stray current; (*Geog,Mar*) *~ sottomarina* undercurrent; (*El*) *~ trifase* three-rotary current, three-phase current; (*El*) *~ unidirezionale* direct current, unidirectional current, continuous current; (*El*) *~ variabile* variable current.

corrente[3] *m.* **1** (*Edil*) batten. **2** (*Tecn*) stringer, cross-piece, secondary beam. **3** (*Ginn*) bar.

corrente[4] *f.* (*Mus*) courante.

correntemente *avv.* **1** fluently, easily: *parla ~ l'inglese* he speaks English fluently. **2** (*comunemente*) usually, commonly: *parole ~ usate* words in common use.

correntista *m./f.* current account holder. □ *~ postale* postal account holder.

correntocrazia *f.* power of political currents.

correo *m.* (*f.* **-a**) (*Dir*) accomplice.

correre (*pres.ind.* **córro, córri**; *p.rem.* **córsi, corrésti**; *p.p.* **córso**) I *v.i.* **1** (*aus.* **avere**) to run: *ho dovuto ~ per raggiungerlo* I had to run to catch up with him. **2** (*aus.* **avere**) (*rif. a veicoli*) to speed (along), to race (along), to go (fast), to travel (fast): *l'automobile correva a cento chilometri all'ora* the car was travelling at a hundred kilometres an hour; *è pericoloso ~ sull'autostrada* it is dangerous to speed on the motorway; *il treno correva attraverso i campi* the train sped through the fields. **3** (*aus.* **essere**) (*affrettarsi*) to hurry, to be quick; (*precipitarsi*) to rush: *corri, o arriverai tardi a scuola* hurry, or you'll be late for school; *appena avuta la notizia siamo corsi qui* as soon as we heard the news we rushed here. **4** (*aus.* **essere**) (*scorrere*) to run, to flow: *il torrente corre tra le rupi* the stream flows between the rocks; *un brivido gli corse lungo la schiena* a shiver ran down his spine; *un mormorio corse tra la folla* a murmur ran through the crowd. **5** (*aus.* **essere**) (*seguire un certo percorso*) to run, to go: *un fregio corre lungo la facciata* a frieze runs along the façade; *la ferrovia corre lungo il fiume* the railway runs alongside the river. **6** (*aus.* **essere**) (*rif. a tempo: passare*) to pass, to go by, to fly (by); (*essere in corso*) to be; (*intercorrere*) to be between, to elapse, to intervene: *come corre il tempo!* how time flies!; *correva l'anno 1972* it was 1972; *tra i due avvenimenti corrono due anni* there are two years between the two events; *tra i due fratelli corrono venti mesi* there is a difference of twenty months between the two brothers; (*fig*) *coi tempi che corrono* as things are at present, the way things are nowadays. **7** (*aus.* **essere**) (*rar*) (*rif. a spazio: intercorrere*) to lie between, to be (between): *da qui al paese corrono tre chilometri* it's three kilometres from here to the village. **8** (*aus.* **essere**) (*fig*) (*diffondersi*) to circulate, to go about, to go around: *corrono brutte voci sul suo conto* ugly rumours about him are going around, ugly rumours are circulating about him. **9** (*aus.* **essere**) (*fig*) (*dirigersi involontariamente*) to go, to fly, to shoot; (*rif. a pensiero: rivolgersi*) to fly, to turn: *la mano gli corse alla pistola* his hand flew to his pistol; *i suoi pensieri corsero alla madre* his thoughts flew to his mother. **10** (*aus.* **avere**) (*Sport*) to run; (*di ciclista*) to ride; (*di pilota*) to race; (*partecipare a una gara*) to race, to take part in a race: ~ *in bicicletta* to take part in a cycle race; ~ *in automobile* to take part in a car race. **II** *v.t.* **1** (*Sport*) to run (in); (*assieme ad altri*) to take part in, to race in; (*di ciclista*) to ride in; (*di pilota*) to drive in: ~ *i cento metri* to run the hundred metres; ~ *il giro d'Italia* to take part in the tour of Italy (cycle race). **2** (*percorrere: con veicoli*) to travel over, to drive along, to drive over; (*a piedi*) to walk (over, about); (*a cavallo*) to ride over. **3** (*esporsi a*) to run, to take: ~ *un rischio* to run a risk, to take a risk; ~ *il rischio di fare qcs.* to run the risk of doing sth. □ (*fig*) ~ *a gambe levate* to run as fast as one's legs will take one, to run at full speed; (*fig*) ~ *a rotta di collo* to run at breakneck speed, to run at a breakneck pace; ~ *ai ripari* to take measures, to take steps, to remedy matters; ~ *al riparo* to run for cover; (*fig*) ~ *alle armi* to fly to arms, to rush to arms; *tra i due non corre buon sangue* there is bad blood between them; (*fig*) *ce ne corre!* there's no comparison!; *ci corre un miglio* there's a lot of distance, there's a big difference; (*fig*) *ci corre molto* there's a lot of difference, there's a big difference: *fra lui e te ci corre molto* there's a big difference between you and him; (*fig*) *ci corre poco*: 1 (*c'è poca distanza*) it's not (very) far; 2 (*c'è poca differenza*) there's not much difference, there's little difference; 3 (*manca poco*) very nearly, almost; *c'è corso poco che non si picchiassero* they very nearly came to blows; ~ *come il fulmine* to run like lightning, to run like blazes; ~ *come il vento* to run like the wind; (*colloq*) ~ *come un accidente* to run like the devil; ~ *come un forsennato* to run like hell; ~ *come un levriero* to run very fast, to run like a hare; ~ *come un matto* to run like mad; ~ *come una furia* to run like lightning, to run like blazes; ~ *come una lepre* to run like a hare, (*Br*) to hare, (*Am*) to run like the devil; (*fig*) *corse del sangue* (*ci sono stati dei feriti*) blood was shed; (*fig*) ~ *di bocca in bocca* to run from mouth to mouth; ~ *dietro a qcu.* to be after so., to run after so., to chase after so. (*anche fig*); ~ *dietro a un ladro* to run after a thief, to chase after a thief; *non fa che* ~ *dietro alle donne* he is always chasing after some woman; ~ *dietro alle gonnelle* to be a skirt chaser; (*fig*) ~ *dietro a qcs.* to be after sth., to pursue sth.; *corre fama che...* it is rumoured that..., it is said that...; ~ *fuori* to run out, to run outside, to rush out; (*ant*) ~ *il mare* to sail the seas; ~ *il rischio di fare qcs.* to take a chance on doing sth.; ~ *in aiuto di qcu.* to run to so.'s aid; ~ *a chiamare aiuto* to run for help; ~ *incontro a qcu.* to run (forward) to meet so.; (*fig*) ~ *la cavallina* to sow one's wild oats, to have one's fling; (*fig*) *lasciare* ~: 1 (*non mettere freni a*) to let (sth.) ride: *mentre ascolti la musica lascia* ~ *la fantasia* while listening to music, let your imagination run wild; 2 (*non intervenire*) to let things take their course, to let things go, to let things go their own way; 3 (*sorvolare*) to close an eye to sth., to turn a blind eye to sth.; *mettersi a* ~ to set off running, to begin

running, to break into a run; ~ *un pericolo* to run a risk, to be in danger; *per non* ~ *rischi* to be on the safe side; ~ *un rischio* to take a chance; *venire correndo* to come running, to come running up; ~ *verso qcu.* to run up to so., to run towards so.; ~ *via* to run away; (*fig*) *fare* ~ *una voce* to spread rumours; *corre voce* it is said, it is rumoured: *corre voce che si sia sposata segretamente* it is rumoured that she has married secretly.

corresponsabile I *a.* **1** jointly responsible, jointly liable. **2** (*colpevole*) accessory. **II** *m./f.* **1** person who shares responsibility, person jointly liable. **2** (*colpevole*) accomplice, accessory.

corresponsabilità *f.* **1** joint responsibility, joint liability. **2** (*colpevolezza*) complicity.

corresponsabilizzare (**corresponsabilìzzo**) *v.t.* to make jointly responsible.

corresponsione *f.* **1** payment: ~ *delle ore di straordinario* payment of overtime. **2** (*fig*) (*corrispondenza di affetti*) reciprocation, return. □ *non trova* ~ *al suo amore* his love is not reciprocated, his love is unrequited.

corressi → **correggere**.

correttamente *avv.* **1** (*senza errori*) correctly, properly: *parla* ~ *l'italiano e il francese* he speaks good Italian and French. **2** (*onestamente*) honestly, fairly, straight.

correttezza *f.* **1** (*l'essere corretto*) correctness. **2** (*onestà*) honesty, fairness, uprightness: *in questo affare non si è comportato con* ~ he has not behaved well in this affair. **3** (*Sport*) fair play, fairness of play.

correttivo I *a.* corrective: *scarpe correttive* corrective shoes. **II** *m.* **1** corrective, (*colloq*) lesson: *la punizione sarà un buon* ~ *per quel ragazzo* the punishment will be a good corrective for that boy, the punishment will be a good lesson for that boy. **2** (*Farm*) corrective. **3** (*Agr*) chemical soil corrective. **4** (*misura correttiva*) corrective measure.

corretto → **correggere** *a.* **1** (*privo di errori*) correct, without mistakes (*posposto*): *uno stile* ~ *ma non elegante* a correct but inelegant style; *un compito* ~ an exercise without any mistakes. **2** (*cha ha subìto correzioni*) corrected, revised: *edizione riveduta e corretta* revised edition. **3** (*onesto*) honest, fair, straightforward: *il suo comportamento negli affari è* ~ his business dealings are honest; *i concorrenti sono stati corretti* the competitors have shown fair play. **4** (*educato*) correct, polite: *contegno* ~ correct conduct. **5** (*rif. a bevande*) laced: *caffè* ~ (o *al, con*) *cognac* coffee laced with brandy.

correttore *m.* **1** (*f.* **-trice**) corrector. **2** (*f.* **-trice**) reader: ~ *di bozze* proof-reader. **3** (*Mecc*) control (unit). **4** (*di macchina da scrivere*) correction key; (*nastro*) correction ribbon; (*liquido*) correction fluid. **5** (*Cosmet*) concealer. □ (*Aer*) ~ *altimetrico* altitude mixture control; (*Chim,Alim*) ~ *di acidità* acidity regulator; ~ *di bozze* proof-reader; (*Aer*) ~ *di quota* altitude mixture control; (*Aer,Mar*) ~ *di rotta* course control; (*Inform*) ~ *grammaticale* grammar checker; (*Inform*) ~ *ortografico* spelling checker, spell-checker, spell check.

correzionale I *a.* correctional: *tribunale* ~ correctional court. **II** *m.* (*rar*) approved school, reformatory.

correzione *f.* **1** correction: ~ *a matita* pencil correction; ~ *dei temi* correction of the compositions; *apportare una* ~ to correct sth.; *fare una* ~ to make a correction, to correct sth. **2** (*Tip*) correction, reading: ~ *delle bozze* proof-reading. **3** (*rettificazione*) cor-

rection, adjustment, rectification: ~ *del tiro* correction of fire. **4** (*rimprovero*) reproof, rebuke; (*punizione*) correction, punishment. **5** (*Tecn*) correction. □ (*Inform*) ~ *automatica degli errori* automatic error correction; (*Tip*) ~ *d'autore* author's proof, press proof, author's emendations; ~ *dei compiti* correction of homework; ~ *di rotta* course correction (*anche fig*); *fare una* ~ *di rotta* to change one's course.

corri corri *m.* rush, stampede, scramble: *ci fu un* ~ *generale* there was a general stampede.

corrida *f.* bullfight, corrida.

corridoio *m.* **1** corridor; (*in a house*) passage, passageway, hall, hallway: *l'appartamento è formato da due camere e un lungo* ~ the flat consists of two rooms and a long passage; *i corridoi del tribunale* the corridors of the law court. **2** (*rif. a treno con compartimenti*) corridor; (*rif. a pullman, aereo*) aisle, (*spec. Br*) gangway. **3** (*rif. al Parlamento*) lobby. **4** (*rif. a teatro, cinema*) aisle, (*spec. Br*) gangway. **5** (*Mar*) (*intercapedine tra ponti*) between decks, 'tween decks. **6** (*Pol*) corridor. □ (*Aer*) ~ *aereo* air lane, air corridor; (*Stor*) ~ *di Danzica* Danzig Corridor; (*Stor*) ~ *polacco* Polish Corridor.

corridore I *a.* **1** running, racing, race (*attr.*): *cavallo* ~ racehorse. **2** (*Zool*) cursorial. **II** *m.* **1** (*a piedi*) runner, racer; (*su veicolo*) driver, racer: *i corridori sono arrivati in gruppo al traguardo* the runners reached the finishing line in a bunch. **2** (*Ornit*) ratite, ratite bird. □ ~ *automobilista* racing driver, racing motorist, race car driver; ~ *ciclista* cycle racer.

corriera *f.* **1** country bus, local bus; (*per grandi distanze*) coach, (*Am*) bus. **2** (*unt*) (*a cavalli*) stage coach; (*per la posta*) mail coach.

corriere *m.* **1** (*chi trasporta merci*) shipper, carrier, courier, forwarding agent: *spedire qcs. a mezzo* ~ to send sth. by shipper, to ship sth. **2** (*burocr*) (*posta del giorno*) mail, post: *il* ~ *del lunedì* the Monday post. **3** (*nei titoli di giornali*) Mail, Courier. **4** (*Stor*) messenger, courier: *il re inviò un* ~ the king sent a messenger. □ *un* ~ *della droga* courier, drug mule; ~ *diplomatico* diplomatic courier; ~ *espresso*: 1 (*ditta*) courier, courier company; 2 (*servizio*) express courier, express courier service; (*Zool*) ~ *grosso* ringed plover; (*Zool*) ~ *piccolo* little ringed plover.

corrigendo I *a.* (*da correggere*) which has to be corrected. **II** *m.* (*f.* **-a**) juvenile offender.

corrimano *m.* handrail: ~ *della ringhiera* banister handrail.

corrispettivo I *a.* corresponding, equivalent. **II** *m.* **1** (*compenso*) corresponding amount, compensation. **2** (*equivalente*) equivalent. **3** (*cifra*) amount: ~ *pagato* amount paid: ~ *non pagato* amount due.

corrispondente I *a.* **1** corresponding, equivalent: *sostituire le parole straniere con le corrispondenti italiane* to replace foreign words by the corresponding Italian ones, to replace foreign words with their Italian equivalents. **2** (*che è in corrispondenza*) corresponding: *socio* ~ corresponding member, honorary member (of an learned society). **II** *m./f.* **1** (*Giorn*) correspondent: *dal nostro* ~ from our own correspondent. **2** (*chi scrive lettere*) correspondent, pen-friend. **3** (*Comm*) correspondent, agent: *prendete contatto con il nostro* ~ *nella vostra città* get in touch with our agent in your city. □ (*Giorn*) ~ *di guerra* war correspondent; (*Giorn*) ~ *estero* foreign correspondent; ~ *in lingue estere* foreign correspondent, person responsible for mantaining business relations with foreign firms.

corrispondenza *f.* **1** (*carteggio*) correspondence, letters *pl.*: *la sua ~ con la madre è andata perduta* his letters to his mother were lost; *essere in ~ con qcu.* to correspond with, to be in correspondence with, to keep up a correspondence with so.; *sospendere la ~* to stop writing. **2** (*posta*) post, mail: *aprire la ~* to open the post. **3** (*Giorn*) correspondence, report. **4** (*somiglianza*) correspondence, likeness, agreement, harmony: *la perfetta ~ tra il ritratto e l'originale* the perfect likeness of the portrait to the original. **5** (*reciprocità di sentimenti*) reciprocity, requital: *~ di affetti* reciprocal feelings, mutual affection. □ *~ amorosa* love letters *pl.*; (*Mat*) *~ biunivoca* bijective mapping, bijection; *~ commerciale* commercial correspondence; (*estens*) business letters; *~ di affari* business correspondence, business letters; *~ diplomatica* diplomatic correspondence; *~ epistolare* personal correspondence; *~ in arrivo e in partenza* incoming and outgoing mail; *~ inevasa* unanswered mail, letters awaiting reply; *insegnamento per ~* teaching by correspondence, correspondence course; *acquisto per ~* mail-order purchase; *~ per l'estero* foreign mail; *~ ufficiale* official correspondence.

corrispondere (*pres.ind.* **corrispóndo, corrispóndi;** *p.rem.* **corrispósi;** *p.p.* **corrispósto**) **I** *v.i.* (*aus.* avere) **1** to correspond (*a* with, to), to agree, to tally, to square (with), to match (sth.): *questa parola italiana non corrisponde perfettamente a quella inglese* this Italian word does not exactly correspond to the English one; *il locale corrispondeva alla descrizione* the room corresponded to the description, the room answered the description, the room matched the description; *le cifre corrispondono* the figures tally, the figures agree. **2** (*equivalere*) to be the equivalent (of), to be tantamount (to): *il consiglio di un superiore corrisponde praticamente a un ordine* a superior's advice is tantamount to an order. **3** (*coincidere*) to coincide: *i miei giorni liberi non coincide ai suoi* my free days do not coincide with his. **4** (*soddisfare*) to be equal (to), to answer, to meet, to fulfil, (*Am*) to fulfill, to come up to: *~ all'attesa* to come up to expectations. **5** (*contraccambiare*) to return, to reciprocate, to requite: *ha corrisposto all'amore del giovane* she returned the young man's love. **6** (*essere in corrispondenza*) to correspond (*con* with): *~ con un ragazzo straniero* to correspond with a foreign boy, to have a foreign pen friend, (*Am*) to have a foreign pen pal. **II** *v.t.* **1** (*pagare*) to pay, to give: *~ uno stipendio* to pay a salary; *~ un mensile al figlio* to give one's son a monthly allowance. **2** (*contraccambiare*) to return, to reciprocate, to requite: *~ un saluto* to return a salute. **III** *v.r.recipr.* **corrispondersi** to agree, to match, to be similar to each other, to be like each other. □ *~ a verità* to be true: *quello che dici non corrisponde a verità* what you say is not true; (*Comm*) *~ al campione* to be in conformity with the sample; *non ~ alla speranza* to fall short of one's expectations; *~ alle aspettative* to come up to one's expectations; *non ~ alle aspettative* to fall short of one's expectations, to disappoint one's expectations; *~ alle esigenze* to fulfil (the) requirements, to meet (the) requirements.

corrisposi → **corrispondere.**

corrisposto → **corrispondere** *a.* **1** returned, requited, reciprocal: *amore non ~* unrequited love. **2** (*pagato*) paid, paid out.

corrivo *a.* (*lett*) **1** (*avventato*) careless, rash, hasty, inconsiderate: *essere ~ nel giudicare* to be rash in one's judgements. **2** (*condiscendente*) indulgent, lenient.

corrò → **cogliere.**

corroborante I *a.* strengthening, fortifying, corroborant: *liquore ~* strengthening liqueur, corroborant liqueur. **II** *m.* (*tonico*) tonic, (*colloq*) pick-me-up.

corroborare (**corròboro**) **I** *v.t.* **1** to strengthen, to fortify, to invigorate: *~ il corpo con esercizi fisici* to strengthen the body by physical exercises. **2** (*fig*) (*confermare*) to corroborate, to confirm, to support: *le nuove scoperte corroborano le nostre tesi* the new discoveries corroborate our theory. **II** *v.pron.* **corroborarsi** to fortify oneself.

corroborazione *f.* **1** strengthening, fortification. **2** (*fig*) (*conferma*) corroboration, confirmation, support.

corrodere (*pres.ind.* **corródo, corródi;** *p.rem.* **corrósi;** *p.p.* **corróso**) *v.t.* **1** to corrode, to eat away, to wear away: *la ruggine ha corroso l'intelaiatura della finestra* the rust has corroded the window frame. **2** (*fig*) to corrode, to wear away, to wear down, to eat into: *l'invidia corrode il suo animo* envy is eating into him.

corrompere (*pres.ind.* **corrómpo;** *p.rem.* **corruppi;** *p.p.* **corrótto**) **I** *v.t.* **1** (*moralmente*) to corrupt, to deprave: *~ la gioventù* to corrupt youth. **2** (*con denaro e sim.*) to corrupt, to bribe: *~ un funzionario* to bribe an official. **3** (*guastare*) to spoil, to rot: *il caldo ha corrotto il cibo* the heat has spoiled the food. **4** (*contaminare*) to pollute, to contaminate, to foul: *~ l'aria* to pollute the air; *~ l'acqua* to pollute water. **5** (*rif. a lingua*) to corrupt. **II** *v.pron.* **corrompersi 1** (*andare in putrefazione*) to rot, to decay, to be spoiled, to be contaminated. **2** (*moralmente*) to become corrupted: *i costumi si sono corrotti* morals have become corrupted.

corrosi → **corrodere.**

corrosione *f.* **1** corrosion. **2** (*fig*) corrosion, wearing away. **3** (*Geol*) corrosion, corrasion, erosion. □ (*Geol*) *~ del mare* corrosion by the sea, sea erosion; (*Geol*) *~ magmatica* magmatic corrosion.

corrosività *f.* corrosiveness.

corrosivo I *a.* **1** corrosive, corroding: *sostanza corrosiva* corrosive (substance); *azione corrosiva* corrosive action. **2** (*fig*) corrosive, caustic, scathing: *critica corrosiva* scathing criticism; *spirito ~* caustic wit. **II** *m.* corrosive.

corroso → **corrodere** *a.* corroded, eaten away, worn away. □ *~ dai tarli* worm eaten; *~ dalla ruggine* rust eaten, rusted, rusted away.

corrotto → **corrompere** *a.* **1** (*con denaro e sim.*) corrupt, bribed: *funzionari corrotti* corrupt officials. **2** (*moralmente*) corrupt, depraved: *società corrotta* corrupt society. **3** (*guasto*) rotten, spoiled, spoilt. **4** (*contaminato*) polluted, contaminated, foul. **5** (*Filol*) corrupt, vitiated: *il testo è ~* the text is corrupt.

corrucciarsi (**mi corrùccio, ti corrùcci**) *v.pron.* **1** (*assumere un'espressione corrucciata*) to glower, to frown. **2** (*arrabbiarsi*) to become enraged, to grow angry, to be vexed, to be grieved.

corrucciato *a.* **1** (*che esprime corruccio*) frowning, worried: *un'espressione corruc-*

ciata a frown. **2** (*rar*) (*adirato*) angry, cross, vexed: *sono ~ con tutti voi* I am angry with you all.

corruccio *m.* anger, vexation, wrath.

corrugamento *m.* **1** wrinkling. **2** (*rif. a fronte, ciglia*) knitting, frowning. **3** (*Geol*) folding; (*piega*) fold.

corrugare (**corrùgo, corrùghi**) **I** *v.t.* (*increspare*) to wrinkle, to corrugate, to crease, to frown, to knit. **II** *v.pron.* **corrugarsi 1** (*incresparsi*) to wrinkle, to corrugate, to knit. **2** (*Geol*) to fold. □ *~ la fronte* to frown, to knit one's brows.

corrugato *a.* wrinkled, corrugated, creased, knitted.

corruppi → **corrompere.**

corruscare (**corrùsco, corrùschi;** *aus.* avere) *v.i.* (*lett*) (*scintillare*) to coruscate, to sparkle, to glitter; (*lampeggiare*) to flash.

corruscazione *f.* (*lett*) coruscation, sparkle, glitter.

corrusco (*pl.* **-chi**) *a.* (*lett*) (*scintillante*) coruscating, sparkling, glittering; (*balenante*) flashing.

corruttela *f.* corruption, depravity.

corruttibile *a.* **1** (*deperibile*) perishable, spoilable: *cibi corruttibili* perishable food. **2** (*fig*) (*asservibile al denaro*) bribable, corruptible, open to bribery: *funzionari corruttibili* officials open to bribery.

corruttibilità *f.* corruptibility.

corruttore I *m.* (*f.* **-trice**) **1** corrupter, perverter: *~ dei costumi* corrupter of morals. **2** (*con denaro*) briber. **II** *a.* corruptive, corrupting.

corruzione *f.* **1** (*con denaro*) corruption, bribery: *~ di pubblico ufficiale* corruption of a public official. **2** (*fig*) corruption, depravity, corruptness: *la ~ della società* the corruptness of society. **3** (*decomposizione*) decay, deterioration, decomposition: *~ di un alimento* deterioration of a foodstuff; *la ~ della carne* the decomposition of the flesh. **4** (*rif. a lingua*) corruption. □ (*Dir*) *~ di magistrato* bribery of a magistrate; (*Dir*) *~ di minorenni* corruption of minors.

corsa *f.* **1** run, running. **2** (*rif. a veicoli*) run, drive: *~ di collaudo* test run, test drive. **3** (*fig*) (*scappata*) errand, run, short visit. **4** (*Sport*) (*gara: a piedi o con veicoli*) race; (*disciplina atletica*) running. **5** (*fig*) rush, race, run: *~ all'oro* gold rush. **6** (*tragitto di trasporto pubblico*) trip, journey, run; (*itinerario*) route, *spesso si traduce col nome del veicolo: il pullman fa quattro corse al giorno* the bus makes four trips a day; *prenderò la ~ delle cinque* I'll catch the five-o'clock bus, I'll catch the five-o'clock train. **7** (*prezzo della corsa*) fare: *quant'è la ~?* what is the fare? **8** (*Mecc*) stroke, travel, traverse: *~ dello stantuffo* piston stroke. **9** (*Aer*) run. **10** *pl.* (*corse di cavalli*) races, racing (*costr.sing.*): *andare alle corse* to go to the races. □ (*Sport*) *~ a cronometro* time trial; *~ a ostacoli:* **1** (*Sport*) (*in atletica*) hurdle race, obstacle race, hurdles (*pl.*); **2** (*Equit*) steeplechase, obstacle race; (*Sport*) *~ a piedi* running race, footrace; (*Sport*) *~ a staffetta* relay race; (*Sport*) *~ a tappe* race in laps; (*Mecc*) *~ a vuoto* idle stroke; (*Pol*) *~ agli armamenti* arms race; (*Pol*) *~ agli armamenti nucleari* nuclear arms race; (*Equit*) *~ al galoppo* flat racing; (*Pol*) *~ al riarmo* arms race; (*Equit*) *~ al trotto* trotting race; *~ alla bersagliera* quick run, dash; *~ automobilistica* motor race, motor racing; *~ campestre* cross-country race, cross-country run; (*Sport*) *~ ciclistica* cycle racing, cycle race; *da ~:* **1** (*per correre*) running (*attr.*): *scarpe da ~* running shoes; **2** (*da* *competizione*) competition (*attr.*), racing: *auto da* ~ competition car, racing car; *di* ~: 1 running, at a run, on the run: *andare di* ~ (*correre*) to run; *venire di* ~ (*correndo*) to come running; 2 (*fig*) (*in fretta*) in a rush, in a hurry, in haste, on the run: *andare di* ~ (*avere fretta*) to hurry, to be in a hurry; *andare via di* ~ to rush off, to hurry away; *fare qcs. di* ~ to do sth. in a hurry, to do sth. in a rush; (*Mot*) ~ *di aspirazione* intake stroke; (*Aer*) ~ *di atterraggio* landing run; ~ *di cani* dog-racing, greyhound racing; (*Equit*) ~ *di cavalli* horse-race, horse-racing; (*Aer*) ~ *di decollo* take-off run; (*Sport*) ~ *di fondo* long-distance race; (*Aut*) ~ *di prova* trail run, road test; (*Sport*) ~ *di regolarità* endurance run; ~ *di resistenza*: 1 (*Aut*) endurance trial, endurance test, reliability run; 2 (*Sport*) endurance test, long-distance run; ~ *di velocità*: 1 (*Aut*) motor racing; 2 (*Sport*) (*in atletica*) sprint race, sprinting; (*fig*) *fare una* ~ *in un luogo*: 1 to rush over to a place, to run over to a place, to pay a quick visit to a place: *faccio una* ~ *al bar e compro una birra* I'll just dash over to the bar (*o* I'll make a dash to the bar *o* I'll just run over to the bar) and get a beer; 2 (*con veicolo*) to drive over somewhere quickly; *salire sul tram in* ~ to get on the tram when it is moving, to get on a moving tram; (*Sport*) ~ *motociclistica* motorcycle racing, motorcycle race; ~ *nei sacchi* sack race; (*Sport*) ~ *piana* flat racing, flat race; (*Sport*) ~ *su pista* track event, track race; (*Aut*) ~ *su strada* road race.

corsaletto *m.* 1 (*ant*) (*corazza*) corselet, corslet, breastplate. 2 (*Abbigl*) (*bustino*) corselet, corslet. 3 (*Zool*) corselet, corslet.

corsaro I *m.* (*f.* -a) privateer, corsair. II *a.* privateering, pirate (*attr.*): *nave corsara* privateer.

corseggiare (**corséggio**; *aus.* **avere**) *v.i.* to practice piracy, to privateer.

corsetteria *f.* 1 (*insieme di capi*) lingerie. 2 (*estens*) (*fabbrica*) corsetry workshop, corsetry factory; (*negozio*) corset maker's.

corsetto *m.* 1 (*bustino*) corset; (*di elastico*) girdle. 2 (*Med*) (*apparecchio ortopedico*) corset; (*gessato*) plaster jacket. □ (*Med*) ~ *ortopedico* orthopaedic corset, surgical corset.

corsi → **correre**.

corsia *f.* 1 (*Strad*) (*sezione di autostrada*) lane: *viaggiare sulla* ~ *di destra* to drive in the right-hand lane; *cambiare* ~ to change lanes. 2 (*Sport*) (*sezione di pista*) lane; (*per il salto*) runway; (*di piscina*) swimming lane. 3 (*sala di ospedale*) ward. 4 (*corridoio*) passage, aisle, (*spec. Br*) gangway: *la* ~ *tra i letti* the passage between the beds; ~ *di teatro* theatre aisle. 5 (*tappeto lungo e stretto*) runner, carpet runner. □ (*Strad*) *autostrada a cinque corsie* five-lane highway; (*Strad*) ~ *di accelerazione* fast lane, acceleration lane; (*Strad*) ~ *di arrampicamento* creeper lane, slow lane; (*Strad*) ~ *di canalizzazione* turning lane; (*Strad*) ~ *di decelerazione* deceleration lane; (*Strad*) ~ *di emergenza* emergency carriageway, (*Br*) hard shoulder, (*Am*) emergency lane; (*Strad*) ~ *di scorrimento* fast lane; (*Strad*) ~ *di sorpasso* overtaking lane, fast lane, passing lane; (*Strad*) ~ *di sosta* stopping place, halt area; ~ *preferenziale*: 1 (*Strad*) lane reserved for buses and taxis, bus lane; 2 (*fig*) fast lane.

Corsica *n.pr.f.* (*Geog*) Corsica.

corsiero *m.* (*lett*) (*cavallo da corsa*) courser.

corsista *m./f.* person who is attending a course.

corsivista *m./f.* (*Giorn*) editorialist, writer of short polemical articles.

corsivo I *a.* 1 cursive. 2 (*Tip*) italic. II *m.* 1 (*scrittura*) cursive, cursive writing, cursive character. 2 (*Tip*) italic type, italics *pl.* 3 (*Giorn*) (short) editorial, (short) article of comment (often printed in italics). □ *in* ~: 1 in cursive writing; 2 (*Tip*) in italics: *stampare in* ~ to print in italic type, to print in italics; (*Tip*) ~ *inglese* script; (*Edit*) ~ *mio* (*o il* ~ *è mio*) my italics.

corso[1] *m.* 1 course: *un* ~ *di inglese* an English course; *tenere un* ~ *su Dante* to give a course on Dante; *il* ~ *dura tre anni* the course lasts three years. 2 (*svolgimento*) course, progress: *il* ~ *degli eventi* the course of events. 3 (*decorso*) course: *la malattia segue il suo* ~ the illness is taking its course. 4 (*serie*) course, series: *un* ~ *di conferenze* a course of lectures. 5 (*annata*) year: *studente del primo* ~ first-year student. 6 (*strada principale*) high street, (*spec. Am*) main street; (*viale alberato*) avenue. 7 (*di fiume*) flow, flowing, course: *il* ~ *del Tevere* the flow of the Tiber. 8 (*Econ*) (*rif. a monete*) circulation: *queste monete sono ancora in* ~ these coins are still in circulation, these coins are still legal tender. 9 (*Econ*) (*rif. a titoli, valute: quotazione*) rate, rate of exchange, exchange rate, quotation, (exchange) price: *i corsi oscillano* exchange rates are unsteady. 10 (*Astr*) course: *il* ~ *del sole* the course of the sun. 11 *pl.* (*ant,lett*) (*mestruazioni*) menstruation (*costr.sing.*), menses, period *sing.*, courses. □ ~ *a immersione totale* full immersion course; (*Econ*) ~ *a termine* forward rate; ~ *accelerato* crash course; ~ *avanzato* advanced course; (*Econ*) *avere* ~ to be legal tender; ~ *biennale* two-year course; ~ *complementare* subsidiary course; ~ *d'acqua*: 1 watercourse, stream; 2 (*navigabile*) waterway; (*Comm*) *dare* ~ *a un ordine* (*eseguirlo*) to carry out an order; ~ *degli affari* business course; (*Econ*) ~ *dei cambi* exchange rate, rate of exchange; ~ *dei fiori* procession of flower-decorated floats; ~ *del tempo* course of time; ~ *di aggiornamento* refresher course; ~ *di base* basic course; (*Econ*) ~ *di borsa* market rate, stock-exchange price, listing; (*Econ*) ~ *di chiusura* closing price, closing rate; ~ *di dizione* elocution lessons (*pl.*), diction lesson; ~ *di formazione* training course; ~ *di formazione professionale* professional training course; ~ *di informatica* computer course; ~ *di laurea* degree course; ~ *di laurea in matematica*: 1 mathematics degree course; 2 (*programma*) curriculum for the mathematics degree; ~ *di nuoto* swim course, swimming course; ~ *di orientamento* orientation course; ~ *di perfezionamento* specialization course; ~ *di preparazione al parto* (*Br*) antenatal class, (*Am*) prenatal class; *corso di preparazione al matrimonio* marriage preparation course, marriage preparation class; (*Inform*) ~ *di programmazione* programming course; (*Scol*) ~ *di recupero* remedial course; ~ *di specializzazione* specialist training course; ~ *di studi* course of study; ~ *di taglio e cucito* dressmaking course; *corsi e ricorsi storici* historical recurrences; ~ *estivo* summer course; (*Univ*) ~ *facoltativo* optional course; (*Econ*) ~ *fluttuante* fluctuating price; (*Econ*) ~ *forzoso* forced circulation; *in* ~: 1 in progress (*posposto*), in course, underway: *sono in* ~ *delle trattative* negotiations are in progress; *in* ~ *di costruzione* in course of construction, under construction, being built; 2 (*intrapre-*

so) on hand: *ordinazione in* ~ order on hand; 3 (*corrente*) current: *l'anno in* ~ the current year, this year; *nel mese in* ~ in the present month, in the current month; 4 (*Univ*) (*rif. ad esami*) on track (within a degree programme); (*Tip*) *essere in* ~ *di stampa* to be printing, to be in press, to be in the press; *il libro è in* ~ *di stampa* the book is printing; ~ *intensivo* intensive course; (*Univ*) ~ *istituzionale* basic course; (*Econ*) ~ *legale* legal tender, standard currency; *avere* ~ *legale* to be legal tender; (*Univ*) ~ *libero* extracurricular lectures (*pl.*), extracurricular course; ~ *mascherato* carnival procession; (*Univ*) ~ *monografico* lecture series, course of lectures, series of lectures (on a subject); *nel* ~ *di* in the course of, during, in; *nel* ~ *della zuffa* in the course of the brawl; *nel* ~ *dell'anno* in the course of the year, during the year; *nel* ~ *della giornata* as the day goes on; *nel* ~ *della vita* in the course of life, during one's life; *nel* ~ *dei secoli* in the course of centuries, over the centuries; ~ *per corrispondenza* correspondence course; ~ *per principianti* beginners course; ~ *preparatorio* (*o* ~ *propedeutico*) preparatory course; ~ *serale* evening course: *frequentare un* ~ *serale* to attend evening classes; ~ *superiore*: 1 (*di un fiume*) upper course of a river; 2 (*Scol*) upper class; ~ *suppletivo* continuation course, refresher course; *tenere un* ~ *di lezioni* to give a series of lectures, to give a course of lectures; ~ *universitario* university course, academic course: *iscriversi a un* ~ *universitario* to enrol in a university course.

corso[2] I *a.* (*della Corsica*) Corsican. II *m.* 1 (*f.* -a) (*della Corsica*) Corsican. 2 (*lingua*) Corsican.

corso[3] → **corrcre**.

corsoio I *a.* (*rar*) (*scorsoio*) slipping, sliding, running. II *m.* (*Mecc*) slide, slider.

corte *f.* 1 (*residenza, seguito del sovrano*) court: *andare a* ~ to go to court; *essere presentati a* ~ to be presented at court. 2 (*Dir*) court, law-court; (*giudici*) bench. 3 (*cortile*) yard, court, courtyard. 4 (*corteggiamento*) court, courting, courtship, wooing. □ *bassa* ~ farmyard: *animali di bassa* ~ farmyard animals; *corti civili* civil courts; (*Dir*) ~ *costituzionale* Constitutional Court; (*Dir*) ~ *d'appello* (*GB*) Court of Appeal, (*US*) Court of Appeals; (*Dir*) ~ *d'assise* criminal court, (*GB*) Crown Court; (*Dir*) ~ *dei conti* (*GB*) state audit court, (*US*) National Audit Court, General Accounting Office, GAO; ~ *dei conti europea* European Court of Auditors; (*Stor*) ~ *dei miracoli* cour des miracles (*anche fig*); *di* ~ court (*attr.*): *gentiluomo di* ~ courtier, court gentleman; *ballo di* ~ court ball; (*Dir*) ~ *di cassazione* Corte di Cassazione, Court of Cassation; ~ *di dimostranti* procession of demonstrators; (*Dir*) ~ *di giustizia* court of justice, law court; *alta* ~ *di giustizia* High Court of justice; ~ *di giustizia delle comunità europee* European court of justice; (*Dir*) *Corte di giustizia europea* European Court of Justice; (*GB*) *corti di ultima istanza* courts of last resort, Supreme Court(s); (*US*) ~ *distrettuale* district court; (*Stor*) *la* ~ *estense* the Este court; ~ *europea dei diritti dell'uomo* European Court of Human Rights; *fare la* ~ *a* qcu.: 1 (*corteggiare*) to woo so., to court so., to pay court to so.: *fare la* ~ *a una ragazza* to court a girl; 2 (*estens*) (*adulare*) to make up to so., to play up to so.: *fare la* ~ *a* qcu. *per ottenere un favore* to curry favour with so.; (*US*) ~ *federale* federal court; (*US*) *corti intermedie* intermediate courts; (*US*) *corti locali* local courts; (*Mil*) ~ *marziale* court-martial: *portare qcu. davanti alla ~ marziale* to court-martial so.; *corti penali* criminal courts; ~ *pontificia* Papal Court; (*Dir*) *la ~ si ritira* the Court withdraws; *fare una ~ spietata a una ragazza* to court a girl persistently; (*US*) *corti statali* state courts; ~ *suprema* high court, (*US*) Supreme Court; *tenere ~* to hold court.

corteccia (*pl.* -ce) *f.* 1 (*Bot*) bark, rind: *la ruvida ~ dell'ulivo* the rough bark of the olive-tree. 2 (*Anat*) cortex: ~ *cerebrale* cerebral cortex. □ (*Farm*) ~ *di china* cinchona bark, china bark; (*Anat*) ~ *surrenale* adrenal cortex.

corteggiamento *m.* 1 (*il corteggiare*) courting, courtship, wooing. 2 (*estens*) (*l'adulare*) courting, flattering. 3 (*tra gli animali*) courtship.

corteggiare (**cortéggio, cortéggi**) *v.t.* 1 to court, to woo, to press one's suit (to): ~ *una donna* to court a woman; *quella ragazza è molto corteggiata* that girl has a lot of suitors. 2 (*estens*) (*adulare*) to court, to flatter, to curry favour with: ~ *i potenti* to curry favour with those in power.

corteggiatore *m.* (*f.* -**trice**) 1 suitor, wooer, admirer, (*colloq*) boy-friend (*f.* girl-friend): *la ragazza ha molti corteggiatori* the girl has a lot of suitors. 2 (*estens*) (*adulatore*) flatterer, fawner.

corteggio *m.* (*seguito*) train, retinue, suite: *il principe arrivò col suo* ~ the prince arrived with his retinue.

corteo *m.* 1 train, procession: ~ *nuziale* bridal procession. 2 (*manifestazione*) demonstration, procession, march: *il ~ dei dimostranti* the procession of demonstrators. 3 (*fila*) line, row, string, train; *un ~ di automobili* a line of cars. □ *andare in ~* to go in procession; ~ *funebre* funeral procession; *un ~ pacifico* a peaceful parade.

cortese *a.* 1 polite, kind, well-mannered, courteous: *una persona ~* a polite person; *ho ottenuto un ~ rifiuto* I obtained a polite refusal; *parole cortesi* kind words. 2 (*Lett*) courtly: *poesia ~* courtly poetry; *amor ~* courtly love. □ (*Comm*) *alla ~ attenzione di* to the kind attention of, to the attention of.

cortesemente *avv.* politely, kindly, courteously: *rispose molto ~* he replied very kindly; (*epist*) *vogliate ~ confermare* be so kind as to confirm, kindly confirm.

cortesia *f.* 1 courtesy, politeness, kindness, courteousness, good manners *pl.*: *usare cortesie* to be kind, to be courteous. 2 (*atto cortese*) (act of) kindness, attention: *mi hanno colmato di cortesie* they lavished kindnesses on me. 3 (*favore*) favour: *fare una ~ a qcu.* to do so. a favour. □ *avere la ~ di fare qcs.* to be good enough to do sth., to be so kind as to do sth.; *abbiate la ~ di ascoltarmi* be so good as to listen to me, be so kind as to listen to me, kindly listen to me; *di ~* polite, courtesy (*attr.*): *formula di ~* polite phrase; *fammi la ~ di avvertirmi in tempo* do me the favour of letting me know in time; *per ~:* 1 (*per favore*) please, kindly: *per ~, che ore sono?* what time is it, please?; could you kindly tell me the time?; 2 (*per ragioni di cortesia*) out of politeness, for politeness' sake: *ho dovuto ascoltarlo per ~* I had to listen to him out of politeness.

cortezza *f.* (*pochezza*) dullness: ~ *di mente* dull-wittedness, dullness (of mind).

corticale *a.* (*Bot,Anat*) cortical.

corticosteroide *m.* (*Biol*) corticosteroid.

corticosterone *m.* (*Biol*) corticosterone.

corticosurrenale *a.* (*Biol*) adrenocortical.

corticosurrene *m.* (*Anat*) adrenal gland.

corticotropina *f.* (*Biol*) corticotropin.

cortigiana *f.* 1 (*dama di corte*) court lady, lady of court, female courtier. 2 (*fig*) (*donna di facili costumi*) courtesan.

cortigianeria *f.* 1 courtier's art, courtliness. 2 (*atto adulatorio*) flattery, fawning, obsequiousness.

cortigianesco (*pl.* -**chi**) *a.* (*spreg*) obsequious, fawning, flattering: *modi cortigianeschi* flattering ways.

cortigiano I *a.* 1 (*della corte*) courtly, court (*attr.*): *usi cortigiani* courtly ways, court usage. 2 (*adulatore*) flattering, fawning, obsequious: *atteggiamento ~* obsequious behaviour. II *m.* 1 (*gentiluomo di corte*) courtier, court gentleman. 2 (*spreg*) flatterer, fawner.

cortile *m.* 1 court, courtyard, yard; (*sul retro della casa*) backyard; (*di cascina, cascinale*) yard, farmyard. 2 (*di scuola*) playground. 3 (*nei collegi universitari*) quadrangle, (*colloq*) quad. □ ~ *d'onore* ceremonial courtyard; *animali da* ~ farmyard animals; ~ *interno* inner courtyard.

cortina *f.* 1 (*tenda*) curtain, hanging: *alle finestre c'erano pesanti cortine* there were heavy curtains at the windows. 2 (*fig*) (*strato*) screen, curtain, cloud. 3 (*Mil*) (*sbarramento fumogeno*) smokescreen. □ (*Pol, Stor*) ~ *di bambù* Bamboo Curtain; (*Pol,Stor*) ~ *di ferro* Iron Curtain; ~ *di fuoco* screen of fire, curtain of fire; ~ *di nebbia* fog screen; ~ *fumogena* smokescreen.

cortinaggio *m.* curtains *pl.*

cortisone *m.* (*Farm*) cortisone.

cortisonico (*pl.* -**ci**) I *a.* (*Farm*) cortisone (*attr.*). II *m.* (*Farm*) cortisone preparation.

corto I *a.* 1 short, brief: *capelli corti* short hair; *gonne corte* short skirts. 2 (*fig*) (*scarso*) short, limited, scanty, poor, dull: *cervello ~* limited intelligence; *avere la memoria corta* to have a poor memory, to have a short memory; *avere il fiato ~* to be short of breath, to be gasping. II *m.* 1 (*El,colloq*) (*cortocircuito*) short, short circuit. 2 (*Cin,colloq*) (*cortometraggio*) short, short film. □ *essere a ~ di qcs.* to be short of sth.: *essere a ~ di denaro* to be short of money, to be hard up; *era a ~ di argomenti* he had run out of subjects; *essere a ~ di personale* to be understaffed; *rimanere a ~ di qcs.* to run short of sth.; *tenere qcu. a ~ di qcs.* to keep so. short of sth.; *alle corte!* let's get to the point!, come to the point!; *andare per le corte* to come straight to the point; (*El*) ~ *circuito* short circuit, short; *per farla corta* in short, to cut a long story short; (*Cin*) ~ *metraggio* short film, short; *a ~ raggio* short-range (*attr.*).

cortocircuitare (**cortocircùito**) *v.t.* (*El*) to short-circuit (*anche fig*).

cortocircuito *m.* (*El*) short circuit, short: *fare* ~ to short-circuit; *andare in* ~ to short-circuit (*anche fig*).

cortometraggio *m.* (*Cin*) short film, short. □ (*Cin*) ~ *animato* animated short film, short cartoon; (*Cin*) ~ *di presentazione* trailer; (*Cin*) ~ *pubblicitario* spot.

corvè, corvée *f.* 1 (*Mil*) fatigue: *essere di* ~ to be on fatigue. 2 (*fig*) (*lavoro pesante*) irksome task, thankless job, drudgery: *sottoporsi a una* ~ to undertake a thankless job. 3 (*Stor*) corvée.

corvetta[1] *f.* (*Mar.mil*) corvette.

corvetta[2] *f.* (*Equit*) curvet.

corvide *m.* (*Ornit*) corvid: *i corvidi* the crow family, the corvids.

corvina *f.* (*Enol*) 1 (*vitigno*) Corvina. 2 (*uva*) Corvina grape.

corvino *a.* raven (*attr.*), black, jet-black: *ca-*

pelli corvini black hair, raven hair.

corvo *m.* 1 (*Ornit*) crow. 2 (*fig*) (*iettatore*) croaker, jinx. 3 (*Giorn,fig*) (*chi scrive lettere anonime*) poison pen. 4 (*Mar,Stor*) grappling iron, grappling hook. □ *nero come un* ~ as black as a raven, raven black; (*Ornit*) ~ *comune* rook; (*Ornit*) ~ *imperiale* raven; ~ *nero* black crow.

cos (*Mat*) coseno cos (cosine).

cosa I *f.* 1 thing: *non sono cose da dirsi* you shouldn't say things like that. 2 (*qualche cosa, una cosa*) something; (*in frasi interrogative o col verbo negativo*) anything: *ho una ~ da dirti* I have something to tell you; *non fare cose inconsiderate* don't do anything rash. 3 (*oggetto*) thing, object: *tutte le cose sono create da Dio* all things are created by God. 4 (*azione*) thing, something: *hai fatto una ~ orribile* you have done a terrible thing, you have done something terrible. 5 (*avvenimento, situazione*) thing, matter, event, happening: *sono successe cose molto divertenti* some very amusing things have happened; *definire la* ~ to settle the matter; *le cose sono cambiate* matters have changed, things have changed; *le cose si mettono bene* things are going well. 6 (*opera*) thing, work: *le cose più belle del Rinascimento italiano* the finest works from the Italian Renaissance, the finest things produced during the Italian Renaissance. 7 (*causa*) thing, reason, matter: *si irrita per le più piccole cose* he gets angry for the slightest reason. 8 (*colloq*) (*donna di cui non si ricorda il nome*) what's-her-name: *ho incontrato ~...* I met what's-her-name... 9 *pl.* (*affari*) things, business (*costr.sing.*), matters: *le sue cose vanno bene* his business is flourishing, things are going well for him. 10 *pl.* (*averi*) things, belongings, possessions: *le mie cose di scuola* my school things. 11 *pl.* (*avvenimenti politici*) things, matters, affairs, events: *le cose di Spagna* Spanish affairs. 12 *pl.* (*colloq*) (*mestruazioni*) monthlies, period *sing.*: *ha le sue cose* it's that time of the month. 13 *pl.* (*masserizie*) things, goods and chattels, belongings: *prendi le tue cose e vattene* take your things and go. II *pron.interr.* 1 (*che cosa*) what: ~ *volete?* what do you want?; *non so ~ fare* I don't know what to do; *tu non sai ~ sia essere orfani* you don't know what it means to be an orphan. 2 (*per esprimere stupore*) what!, what's that!: ~?, *sarebbe colpa mia?* what's that, you are saying it's my fault?; ~ *mi dici!* what are you saying! 3 (*in che modo*) what, how, where: ~ *c'entri tu?* how do you come into it?, what have you got to do with it? □ *a* ~: 1 what: *a ~ pensi?* what are you thinking of?; 2 (*a che scopo*) what, what... for: *a ~ serve?* what is it for?, what is it used for?; *a cose fatte* when everything is over, all told, when all is said and done; (*fig*) *mettere le cose a posto* to put things straight; *cose banali* commonplaces, banalities, trivialities; ~ *c'è?* what's up?, what's the matter?, what is it?; ~ *c'è ancora?* what now?; ~ *c'è d'altro?* what else?; ~ *c'è di nuovo?* what's new?; *è ~ certa* it's a certainty, it's for sure, it's for certain; *la ~ certa è che...* the one thing certain is that..., *la ~ certa è che...* the one thing certain is that..., *la ~ certa è che...* the one thing I know is that..., the one thing I'm sure of is that...; *che cose sono queste?* what are these?; *sono cose che capitano* these things happen, such things happen, it's just one of those things; *con ~ scrivo?* what am I to write with?; (*colloq*) ~ *costa questa borsa?* how much is this bag?; *è una ~ da nulla* it's a mere nothing, it's a mere trifle, it's nothing; (*fig*) *cose da pazzi* crazy affairs, strange goings-on; (*esclam.*) *cose da pazzi!* madness!, sheer madness!, that's crazy!, unbelievable!; *una ~ da poco* a trifle, nothing much; *non è ~ da poco!*: 1 (*impresa difficile*) it's no laughing matter!; 2 (*buon raggiungimento*) that's no mean feat!, that's no mean accomplishment!; *è una ~ da ridere* it's a laughing matter; *cose d'altri tempi* things of the past; *~ degna di essere vista* something worth seeing; *di ~ parlate?* what are you talking about?; *cose di ordinaria amministrazione* routine business (*costr. sing.*), routine matters, everyday matters, business (*costr.sing.*) as usual; *ma ~ dici?* but what are you saying?; *~ dire?* what can I say?; *cos'è questo chiasso?* what's all this noise?; *tra una ~ e l'altra si sono fatte le otto* what with one thing and another, eight o'clock came round; *facciamo una ~, andiamoci subito* let's go right away; *non è una ~ facile* it's no simple matter, it's no mere child's play; *~ fai?* what are you doing?; *~ fare?* what should I do?; (*Dir*) *~ giudicata* res judicata; *fare le cose giuste* (*essere imparziale*) to be fair, to do things fairly; *cose grosse* serious matters, serious issues, weighty problems; (*guai*) trouble (*costr. sing.*); *cos'hai?* what's the matter with you?, what's wrong?; *~ importa?* who cares?; *è una ~ impossibile* it is quite impossible; *fare le cose in grande* (o *fare le cose in grande stile*) to do things on a big scale; *la ~ migliore sarebbe...* the best thing would be...; *~ ne pensi?* what do you think (about that)?; *la ~ non finisce qui!* you haven't heard the last of this!; (*gerg*) *Cosa Nostra* the Mafia; *una ~ o l'altra* one thing or the other; *~ ovvia* something that speaks for itself, obvious matter; *non c'è ~ peggiore dell'ingratitudine* there is nothing worse than ingratitude; *dire una ~ per l'altra*: 1 (*sbagliarsi*) to make a slip, to make a mistake; 2 (*ingannare*) to tell a lie; *una ~ per volta* one thing at a time; *la ~ principale* the main thing, the chief thing: *la ~ principale è che tutto sia andato bene* the chief thing is that everything went off all right; *la ~ pubblica* public affairs (*pl.*), the common good; *una ~ qualunque* anything; *è una ~ secondaria* it's a trifling matter, it's a minor matter; *è una ~ seria* it's a serious matter: *se è come dici tu, è una ~ seria* if things are as you say, then the matter is serious; *il mio amore per te è una ~ seria* my love for you is genuine; *le cose stanno così* this is how matters stand, this is how things stand; *se le cose stanno così* if this is how things stand; *~ succede?* what's going on?; (*scherz*) *cose turche* inconceivable!; *la ~ va da sé* it's a matter of course, it goes as a matter of course. *Prov.*: *~ fatta capo ha* what's done is done, what's done cannot be undone; *da ~ nasce ~* one thing leads to another.

cosà *avv.* □ *così ~* (*né bene né male*) so-so, comme ci comme ça, middling; *così e ~* (*in questo modo*) this way and that way, like this, in this way; *~ o cosà* this way or that way, like this or like that, one way or another; *né così né ~* neither this nor that way, neither way.

cosacco I *a.* Cossack: *danza cosacca* Cossack dance. **II** *m.* (*f.* **-a**; *pl.* **-chi**) Cossack: *i cosacchi del Don* the Cossacks of the Don.

cosare (**còso**) *v.t.* (*colloq*) to whatsit, to thingamy, to do: *prendi il martello, devo ~ un chiodino* get the hammer, I've got to thingamy the nail.

cosca *f.* cosca (organized band of the Mafia), Mafia gang.

coscia (*pl.* **-sce**) *f.* 1 (*Anat*) thigh, haunch; (*di animali*) haunch. 2 (*Macell*) leg, haunch: *un pezzo dalla parte della ~* a piece off the leg, a slice off the joint. 3 (*Mecc*) jaws *pl.* 4 (*Arch*) abutment. □ (*Macell*) *~ di pollo* chicken leg, drumstick.

cosciale *m.* 1 (*parte dell'armatura*) cuisse, cuish, thigh piece. 2 (*Sport*) thigh guard, thigh pad, thigh protector. 3 (*Med*) artificial thigh, above-knee prosthesis.

cosciente *a.* 1 conscious, aware (*di* of) (*pred.*): *sono ~ di aver agito male* I'm aware of having acted badly; *non è ~ del pericolo che corre* he is not aware of the risk he is running. 2 (*responsabile*) responsible: *una persona ~* a responsible person. 3 (*frutto di una decisione ponderata*) conscious: *una decisione ~* a conscious decision. 4 (*Med*) conscious.

coscientemente *avv.* consciously, knowingly.

coscienza *f.* 1 conscience: *mi rimorde la ~ per quello che ho fatto* my conscience torments me for what I have done, I am conscience-stricken for what I have done; *fare un esame di ~* to examine one's conscience. 2 (*consapevolezza*) consciousness, awareness. 3 (*coscienziosità*) conscientiousness. 4 (*sensibilità*) awareness, consciousness: *~ civile* civic awareness, civic consciousness; *~ politica* political awareness. 5 (*Med*) (*sensi*) consciousness: *perdere ~* to lose consciousness, to lose one's senses; *il paziente ha ripreso ~* the patient regained consciousness. □ *avere la ~ a posto* to have a clear conscience; *avere ~ di qcs.* to be aware of sth., to be conscious of sth., to realize sth., to be alive to sth.: *ne ho piena ~* I am fully aware of it; *~ collettiva* collective awareness, collective consciousness, social viewpoint; *con ~* conscientiously; *con la ~ di aver agito bene* knowing one has acted rightly; *essere di ~* to be conscientious: *è un uomo di ~* he is a conscientious man; *~ di classe* class consciousness; *~ ecologica* environmental awareness; *in ~*: 1 (*moralmente*) morally, as a matter of duty: *mi sento obbligato in ~* I feel morally bound; 2 (*colloq*) (*onestamente*) in all conscience, quite honestly: *in ~ non posso dire che hai agito bene* in all conscience, I can't say that you've done the right thing; *mettersi la ~ in pace* to set one's conscience at rest; *~ nazionale* national consciousness; *prendere ~ di qcs.* to become aware of sth.; *avere la ~ pulita* to have a clear conscience; *senza ~*: 1 (*usato come aggettivo*) unscrupulous; 2 (*usato come avverbio*) unscrupulously; *~ sociale* social awareness; *avere la ~ sporca* to have a guilty conscience; *avere qcu.* (o *qcs.*) *sulla ~* to have sou. (o sth.) on one's conscience; *ho un peso sulla ~* I have a load on my mind; *avere la ~ tranquilla* to have an easy conscience, to have a clear conscience.

coscienziosamente *avv.* conscientiously: *lavorare ~* to work conscientiously.

coscienziosità *f.* conscientiousness.

coscienzioso *a.* conscientious, scrupulous: *impiegato ~* conscientious employee; *lavoro ~* scrupulous work, work done conscientiously.

coscio *m.* (*Macell*) leg, haunch.

coscietto *m.* (*Macell*) leg, haunch. □ (*Gastron*) *~ di agnello* leg of lamb.

coscritto I *a.* (*Stor.rom*) conscript: *padri coscritti* conscript fathers. **II** *m.* (*Mil*) conscript; (*recluta*) recruit, (*Am*) draftee.

coscrivere (*pres.ind.* **coscrivo**, **coscrivi**; *p.rem.* **coscrissi**; *p.p.* **coscritto**) *v.t.* (*arruola-*

re) to conscript, to recruit, to enlist, to call up, (*Am*) to draft.

coscrizione *f.* (*arruolamento*) conscription, call-up, (*Am*) draft.

cosec (*Mat*) *cosecante* cosec (cosecant).

cosecante *f.* (*Mat*) cosecant.

coseno *m.* (*Mat*) cosine.

cosentino I *a.* from Cosenza, of Cosenza. **II** *m.* (*f.* **-a**) (*originario*) native of Cosenza; (*abitante*) inhabitant of Cosenza.

cosetta *f.* (*colloq*) 1 (*cosa piccola*) little something, trifle: *ti ho comprato una ~ per il tuo compleanno* I bought you a little something for your birthday. 2 (*da raccontare*) thing: *potrei raccontarti un paio di cosette sul tuo amico* I could tell you a thing or two about your friend.

così I *avv.* 1 (*in questo modo*) so, this, that, like this, like that, this way, that way: *un bambino alto ~* a little boy so high, a little boy this high; *le cose stanno ~* this is how matters stand; *la mamma ha detto ~* that's what Mum said, (*Am*) that's what Mom said. 2 (*tanto: con aggettivi*) so, such; (*con aggettivi che qualificano un sostantivo*) such; (*con avverbi*) so: *è ~ facile* it's so easy; *è una persona ~ buona che vorrei aiutarla* she is such a good person that I would like to help her; *legge ~ lentamente!* he reads so slowly! 3 (*nello stesso modo, altrettanto*) so: *lei è uscita e ~ ho fatto anch'io* she went out and so did I. **II** *congz.* 1 so, thus: *ero ~ stanco che non sono riuscito a studiare* I was so tired that I couldn't study. 2 (*dunque*) so (then): *~ hai deciso di non partire?* so you have decided not to leave?; *faceva un gran freddo, ~ sono rimasto a casa* it was very cold, so I stayed at home. **III** *a.* (*tale, siffatto*) like this, like that, such, of this kind: *non mi sarei aspettato un risultato ~* I wouldn't have expected a result like this (o a result of this kind). □ *~ ~* so-so, quite well, quite good, fairly well, fairly good: *il cantante aveva una voce ~ ~* the singer had quite a good voice, the singer's voice was so-so; *come ti senti? ~ ~* how do you feel? - So-so; *~ che*: 1 (*con valore correlativo*) so... (that): *ero ~ emozionato che non ho potuto rispondere* I was so excited (that) I couldn't reply; 2 (*con valore consecutivo*) so that: *ha lasciato le chiavi da me ~ che è dovuto tornare indietro* he left his keys at my place so that he had to come back; *~...come*: 1 (*nei comparativi di uguaglianza*) just as, just the way: *l'ho lasciato ~ com'era* I left it just as it was; *mi piaci ~ come sei* I like you just as you are, I like you just the way you are; 2 (*in frasi negative o interrogative*) so... as, as... as: *non sei tornato ~ presto come avevi promesso* you didn't come back so early as you had promised; you didn't come back as early as you had promised; 3 (*come anche*) as well as, as: *nel passato ~ come oggi* in the past as well as today; *~ cosà* (*né bene né male*) so-so, comme ci comme ça, middling; *~ detto* so-called; *~ dicendo* so saying, with these words: *~ dicendo se ne andò* so saying, he went off; *e ~?* (and) so?, well (then)?, what about it?, so what?; *~ è* that's how it is, that's how things stand, there it is; *~ e cosà* (*in questo modo*) this way and that way, like this, in this way; *è ~ o non è ~?* is it like that or not?, am I right or not?; *e ~ via* and so on; *~ facendo non otterrai nulla* behaving like this won't get you anywhere, such behaviour won't get you anywhere; *~ fatto* such, like this, like that, similar, of this kind (*anche spreg.*); (*colloq*) *~ impari!* that'll teach you!; *non so fare meglio di ~* this is the best I can do, I can't do any better than this; *meglio ~* it's better this way, it's better like this; (*colloq*) *meglio di ~!* what more can you ask for?; *nè ~ né così* neither this nor that way, neither way; *~ o così* this way or that way, like this or like that, one way or another; (*colloq,scherz*) *o ~ o pomì* take it or leave it, like it or lump it; *per ~* like that, like this, this way: *devi girare il lume per ~ se vuoi vederci meglio* you must turn the light like this if you want to see better; *per ~ dire* so to speak, as it were; *~ per dire* let's just say; *non posso dirti più di ~* I can't tell you any more than this; *~ pure* so, also, too, as well: *il teatro è stato rimodernato e ~ pure la sala annessa* the theatre has been modernized, and so has the hall attached to it; *~ sembra* so it seems; *~ sia* so be it; *~ va bene* that's better, that's right; *~ va il mondo* such is life, that's life, that's the way of the world, that's the way the cookie crumbles.

cosicché *congz.* **1** (*perciò*) so (that), therefore: *mi ero addormentato, ~ non ti ho sentito entrare* I had fallen asleep, so I didn't hear you come in. **2** (*allora, dunque*) so: *~ non ha studiato?* so he hasn't studied?

cosiddetto *a.* so-called: *la cosiddetta nobiltà* the so-called nobility.

cosiffatto *a.* such, like this, like that, similar, of this kind (*anche spreg*): *con una persona cosiffatta non si può andare d'accordo* you can't get on with a person like that.

Cosimo *n.pr.m.* Cosmo.

cosina *f.* (*colloq*) (*cosa piccola*) little something, trifle: *ti ho comprato una ~ per il tuo compleanno* I bought you a little something for your birthday.

cosmesi, cosmetica *f.* cosmetics (*costr.sing.*), beauty treatment.

cosmetico (*pl.* **-ci**) **I** *a.* cosmetic. **II** *m.* cosmetic.

cosmetista *m./f.* cosmetician, cosmetologist, beautician.

cosmetologia *f.* cosmetology, art of cosmetics.

cosmetologo *m.* (*f.* **-a**; *pl.* **-gi**) cosmetician, cosmetologist, beautician.

cosmicamente *avv.* cosmically.

cosmico (*pl.* **-ci**) *a.* cosmic (*anche fig*): *leggi cosmiche* cosmic laws; *dolore ~* cosmic grief; *energia cosmica* cosmic energy; *raggi cosmici* cosmic rays.

cosmo *m.* cosmos, universe.

cosmodromo *m.* (*Astron*) space launching base, cosmodrome.

cosmogonia *f.* cosmogony.

cosmogonico (*pl.* **-ci**) *a.* cosmogonic, cosmogonical.

cosmografia *f.* cosmography.

cosmografico (*pl.* **-ci**) *a.* cosmographic, cosmographical.

cosmografo *m.* (*f.* **-a**) cosmographer.

cosmologia *f.* cosmology.

cosmologico (*pl.* **-ci**) *a.* cosmologic, cosmological.

cosmologo *m.* (*f.* **-a**; *pl.* **-gi**) cosmologist.

cosmonauta *m./f.* (*Astron*) cosmonaut, astronaut.

cosmonautica *f.* (*Astron*) astronautics (*costr.sing.*).

cosmonautico (*pl.* **-ci**) *a.* (*Astron*) astronautic, astronautical.

cosmonave *f.* (*Astron*) spaceship, spacecraft.

cosmopolita I *m./f.* cosmopolite, cosmopolitan. **II** *a.* cosmopolitan: *Roma è una città* ~ Rome is a cosmopolitan city.

cosmopolitico (*pl.* **-ci**) *a.* cosmopolitan: *idee cosmopolitiche* cosmopolitan ideas.

cosmopolitismo *m.* cosmopolitism, cosmopolitanism.

cosmorama *m.* (*Tecn*) cosmorama.

coso *m.* (*colloq*) **1** (*rif. a cosa*) thing, what-d'you-call-it, thingamy, thingummy, thingumajig, thingamabob, what's-its-name, whatchamacallit: *dammi quel ~* give me that thingumajig. **2** (*uomo di cui non si ricorda il nome*) what's-his-name: *ho incontrato ~...* I met what's-his-name...

cospargere (*pres.ind.* **cospàrgo, cospàrgi**; *p.rem.* **cospàrsi**; *p.p.* **cospàrso**) **I** *v.t.* to strew, to scatter, to spread, to sprinkle (*di* with): *~ di fiori* to strew with flowers; *~ di zucchero a velo* to sprinkle with icing sugar. **II** *v.pron.* **cospargersi** to cover oneself (*di* with). □ (*fig*) *cospargersi il capo di cenere* to put on sackcloth and ashes.

cospetto *m.* presence, sight, view: *sparisci dal mio ~!* get out of my sight! □ *al ~ di qcu.* into so.'s presence, in the sight of so., before so.: *fu portato al ~ del re* he was brought into the king's presence, he was brought before the king; *al ~ di Dio* in the sight of God, before God.

cospicuamente *avv.* conspicuously.

cospicuità *f.* conspicuity, conspicuousness.

cospicuo *a.* **1** (*notevole*) conspicuous, remarkable, outstanding: *un ~ esempio di rettitudine* an outstanding example of honesty. **2** (*grande*) considerable, large: *somma cospicua* considerable sum; *patrimonio ~* large estate.

cospirare (**cospiro**; *aus.* **avere**) *v.i.* to conspire, to plot (*anche fig*): *~ contro qcu.* to conspire against so.; *tutto sembrava ~ contro di lei* all evidence was against her.

cospirativo *a.* conspiratorial.

cospiratore *m.* (*f.* **-trice**) conspirator (*f.* -tress), plotter.

cospiratorio *a.* conspiratorial.

cospirazione *f.* conspiracy, plot: *~ politica* political conspiracy; *sventare una ~* to foil a conspiracy.

cossi → **cuocere.**

cossovaro I *a.* (*rar*) (*kosovaro*) Kosovan, Kosovar. **II** *m.* (*f.* **-a**) (*rar*) (*kosovaro: abitante*) Kosovan, Kosovar.

costa *f.* **1** coast, sea-coast, seashore, seaboard: *la nave è naufragata sulla ~ francese* the ship was wrecked on the French coast. **2** (*linea di costa*) coastline; (*litorale*) shore. **3** (*falda di monte*) hillside, mountainside: *la ~ rocciosa del monte* the rocky mountainside. **4** (*Anat,Mar*) rib. **5** (*di coltello, di libro*) back, spine. **6** (*di tessuto*) rib: *velluto a coste* cord, corduroy; *lavorare a coste* to knit in rib. **7** (*Bot*) rib, vein. **8** (*estens,lett*) (*fianco*) side. □ *~ a ~:* **1** (*via terra*) coast to coast; **2** (*via mare*) shore to shore; *~ a picco* sheer coast, bold coast; *~ alta* high coast; (*Geog*) *Costa Azzurra* Côte d'Azur, French Riviera; *~ bassa* flat coast; (*Geog*) *Costa d'Avorio* Ivory Coast; *di ~* sideways; (*Geog*) *Costa d'Oro* Gold Coast; (*Geog*) *Costa Rica* Costa Rica; *~ rocciosa* rocky coast; *~ sabbiosa* sandy shore; *~ sassosa* stony shore.

costà *avv.* (*region,lett*) (*over*) there: *verrò presto ~* I'll come there soon.

costaggiù *avv.* (*region,lett*) down there.

costale *a.* (*Anat*) costal: *arcata ~* costal arch; *vertebre costali* costal vertebra.

costantana *f.* (*Met*) constantan.

costante I *a.* **1** constant, enduring, steady, steadfast: *temperatura ~* steady temperature, even temperature; *aumento ~ dei prezzi* constant rise in prices, steady rise in prices. **2** (*rif. a persona: perseverante*) persevering,

constant, faithful: *è ~ nelle amicizie e nelle inimicizie* he is constant in his friendships and in his hatreds. **3** (*Mat,Fis*) constant: *funzione ~* constant function. **II** *f.* **1** (*Mat,Fis*) constant. **2** (*fig*) constant (factor): *la ~ del pensiero kantiano* the constant factor in Kant's philosophy. □ (*Fis*) *~ di Planck* Planck's constant; (*Fis*) *~ di tempo* time constant; (*Fis*) *~ universale dei gas* gas constant.

costantemente *avv.* constantly, incessantly, steadily, always.

Costantino *n.pr.m.* Constantine.

Costantinopoli *n.pr.f.* (*Geog.stor*) Constantinople.

costanza *f.* constancy, steadfastness, perseverance: *lavorare con ~* to work with perseverance.

Costanza I *n.pr.f.* Constance. **II** *n.pr.* (*Geog*) Constance.

Costanzo *n.pr.m.* Constant.

costardella *f.* (*Itt*) saury, skipper.

costare (**còsto**; *aus.* **essere**) *v.i.* **1** to cost: *quanto costa?* how much is it?, how much does it cost?; *il libro costa dieci euro* the book costs ten euros. **2** (*fig*) to cost: *che cosa ti costa aiutarmi?* what will it cost you to help me?; *mi è costato molto, ma gli ho chiesto scusa* it was very hard for me, but I apologized to him. **3** (*essere caro*) to be expensive: *oggi la vita costa* life today is expensive. □ *~ caro:* **1** to be expensive: *è costato caro* it was expensive, it cost a lot; **2** (*fig*) to cost dear, to cost dearly: *ti costerà cara la tua impertinenza* your impertinence will cost you dear; *questo affronto ti costerà caro* this insult will cost you dear; (*fig*) *~ fatica* to require an effort, to mean hard work; *questo lavoro costa fatica* this is a taxing job; (*fig*) *ti può ~ la vita* it could cost you your life; (*fig*) *non costa nulla essere gentili* politeness costs nothing; *~ poco* to cost little, to be inexpensive; (*fig*) *costi quel che costi*, avrò quell'incarico cost what it may, I will have that post; (*colloq*) *~ salato* to cost a pretty penny; (*fig*) *~ un occhio* (o *~ un occhio della testa*) to be terribly expensive, to cost the earth, to cost a bomb, to cost a mint; *questo cappello mi è costato un occhio* this hat cost me a fortune, this hat cost me an arm and a leg; *venire a ~* to cost, to amount to.

costaricano I *a.* Costa Rican. **II** *m.* (*f.* **-a**) Costa Rican.

costassù *avv.* (*region,lett*) (up) there: *scendi di ~* come down from there.

costata *f.* (*Macell,Gastron*) chop, rib, entrecôte. □ (*Gastron*) *~ alla fiorentina* T-bone steak; (*Gastron*) *~ di manzo* beef chop, beef entrecôte.

costato *m.* **1** (*parete toracica*) chest, (region of the) ribs. **2** (*Macell*) side.

costeggiare (**costéggio, costéggi**) *v.t.* **1** (*procedere lungo una linea*) to border, to run along (the side of), to skirt (round, around): *il sentiero costeggia il bosco* the path runs along the side of the wood. **2** (*rif. a persone*) to skirt; (*a piedi*) to walk along, to walk beside. **3** (*con veicoli*) to drive along the coast, to ride along the coast. **4** (*Mar*) to coast, to sail along the coast of: *abbiamo costeggiato l'isola* we coasted the island.

costei *pron.dimostr.f.* **1** (*soggetto*) she. **2** (*complemento*) her. **3** (*spreg*) that woman.

costellare (**costèllo/costéllo**) *v.t.* **1** (*disseminare*) to stud, to strew, to scatter, to spangle; (*coprire*) to cover, to fill: *la tua traduzione è costellata di errori* your translation is studded with mistakes; *una tovaglia costellata di macchie* a cloth covered with stains. **2** (*lett*) (*ornare di stelle*) to constellate.

costellato *a.* studded, spangled (*di* with).

costellazione *f.* (*Astr*) constellation (*anche fig*). □ (*Astr*) *le dodici costellazioni dello zodiaco* the twelve constellations of the zodiac.

costernare (**costèrno**) *v.t.* to throw into consternation, to fill with consternation, to dismay: *la notizia ci ha costernati* the news has filled us with consternation.

costernato *a.* consternated, dismayed: *espressione costernata* dismayed expression.

costernazione *f.* consternation, dismay: *essere in preda alla ~* to be in a state of consternation.

costì *avv.* (*region,lett*) (over) there: *dammi codesto libro ~* give me that book there.

costiera *f.* 1 coast, stretch of coast: *la ~ amalfitana* the Amalfi coast. 2 (*fianco di monte*) hillside, mountainside, slope.

costiero *a.* coastal, coasting, coast (*attr.*): *naviglio ~* coaster, coasting vessel.

costipamento *m.* 1 compaction: *~ del terreno* tamping. 2 (*stitichezza*) constipation.

costipare (**costìpo**) I *v.t.* 1 to compact, to tamp (down): *~ la terra* to tamp down earth. 2 (*Med*) (*provocare stitichezza*) to constipate. 3 (*Med*) (*provocare raffreddore*) to cause to catch a cold. II *v.pron.* **costiparsi** (*Med*) 1 (*diventare stitico*) to become constipated. 2 (*prendere un raffreddore*) to catch a cold.

costipato *a.* (*Med*) 1 (*stitico*) constipated. 2 (*raffreddato*) full of cold: *sono molto ~* I'm full of cold, I've got a chest cold.

costipazione *f.* 1 (*Med*) (*raffreddore*) cold. 2 (*Med*) (*stitichezza*) constipation. 3 (*del terreno*) compacting, tamping.

costituente I *m.* 1 (*elemento costituente*) constituent. 2 (*Ling*) constituent: *~ immediato* immediate constituent. 3 (*membro di assemblea costituente*) member of a constituent assembly. II *f.* (*assemblea costituente*) constituent assembly. III *a.* constituent: *assemblea ~* constituent assembly.

costituire (**costituìsco, costituìsci**) I *v.t.* 1 (*istituire*) to constitute, to form, to set up, to institute, to establish: *~ un'associazione* to constitute an association; *~ una famiglia* to form a family. 2 (*mettere insieme*) to build up, to put together, to set up: *è riuscito a ~ un ingente patrimonio* he managed to build up a vast estate. 3 (*formare*) to form, to create: *~ un governo* to form a government. 4 (*comporre*) to make up, to form, to comprise: *la commissione è costituita da dieci membri* the commission is made up of ten members. 5 (*essere*) to be: *questo costituisce un precedente* this is a precedent. 6 (*nominare*) to appoint, to make: *~ qcu. erede* to appoint so. (as) one's heir. II *v.pron.* **costituirsi** 1 (*formarsi*) to come into being, to be formed, to set oneself up: *si è costituito un nuovo partito* a new party has been formed. 2 (*organizzarsi*) to form: *costituirsi in un partito* to form a party. 3 (*nominarsi, dichiararsi*) to constitute oneself, to appoint oneself. 4 (*presentarsi alla polizia*) to give oneself up, to turn oneself in: *l'assassino si è costituito alla polizia* the murderer has given himself up (to the police). □ *costituirsi in* to become, to form: *le varie tribù si sono costituite in nazione* the various tribes became a nation; (*Dir*) *costituirsi in giudizio* to file an appearance, to enter an appearance, to appear before a court (in civil proceedings); (*Dir*) *costituirsi parte civile* to insti-

tute a civil action in a criminal case, to be a plaintiff for damages in criminal proceedings, to join a prosecution as plaintiff; *costituirsi parte civile contro qcu.* to bring an action against so., to sue so.; (*Dir*) *~ reato* to be a criminal offence: *il fatto non costituisce reato* the act is not a criminal offence; *~ una società* to set up a partnership, to form a partnership, to incorporate a company.

costituito *a.* constituted, established: *le autorità costituite* the constituted authorities, the established authorities; *potere ~* established power. □ *essere ~ da* to be made up of.

costitutivo *a.* constitutive, constituent (*anche Chim,Fis*).

costituzionale *a.* 1 constitutional: *carta ~* constitution. 2 (*Med*) constitutional: *malattia ~* constitutional disease.

costituzionalismo *m.* constitutionalism.

costituzionalista *m./f.* constitutionalist.

costituzionalità *f.* constitutionality.

costituzionalmente *avv.* constitutionally.

costituzione *f.* 1 (*l'istituire*) constitution, establishment, setting up: *la ~ di una nuova società* the establishment of a new company. 2 (*composizione*) composition, constitution: *la ~ del suolo* the composition of the soil. 3 (*fisica*) constitution, frame: *persona di forte ~* person having a strong constitution. 4 (*Pol*) constitution: *la ~ italiana* the Italian Constitution. 5 (*il costituirsi alla giustizia*) surrender. □ *bambino di ~ debole* frail child, sickly child; *~fisica* frame; *~ geologica* geological constitution; (*Dir*) *~ in giudizio* entry of an appearance in civil proceedings.

costo *m.* 1 cost, costs *pl.*, expense. 2 (*fig*) (*sacrificio*) cost, effort. □ (*fig*) *a ~ di* at the cost of, even though, even if: *gli parlerò a ~ di aspettarlo tre ore* I'll speak to him even if I have to wait three hours for him; *a ~ della vita* at the cost of one's life; *a ~ di morire* (even) if it kills me; *costi amministrativi* administrative expenses, administrative costs; (*Comm*) *~assicurazione e nolo* cost, insurance and freight; *costi aziendali* operating expenses, operating costs, running expenses, running costs; *~ base* basic cost; *costi correnti* current costs, running costs; *~ d'acquisto* invoice cost; *~ decrescente* decreasing cost; *~ degli investimenti* cost of capital; *~ del denaro* cost of money, (*estens*) borrowing rate, interest rate; *~ del lavoro* cost of labour, labour costs (*pl.*); *~ della manodopera* labour costs (*pl.*); *~della vita* cost of living; *~di concorrenza* competitive cost; *costi di distribuzione* marketing costs, distribution costs; *costi di esercizio* operating costs, running costs; (*Ind*) *~di fabbricazione* manufacturing cost(s); *~ di manifattura* cost of manufacture; *~ di manutenzione* maintenance cost(s), upkeep; *~ di messa in opera* installation cost(s); (*Ind*) *~ di produzione*: 1 (*escluse le spese generali*) first cost, prime cost, flat cost; 2 (*incluse le spese generali*) production cost(s); *~di spedizione* shipping costs (*pl.*), forwarding costs (*pl.*); *~effettivo* actual cost; *~generale* overhead; *~ industriale* industrial cost(s), manufacturing cost(s); *costi salariali* wage costs; *~ scalare* stopped cost; *costi sociali* social costs; *sotto ~* below cost, at a loss, below cost price; *vendita sotto ~* below-cost sale; *~storico* historical cost; *~unitario* unit cost; *~ variabile* variable cost; *~ vivo* out-of-pocket cost.

costola *f.* 1 (*Anat,colloq*) (*costa*) rib: *gli si vedono le costole* (o *gli si contano le costo-*

le) you can see his ribs sticking out, he's nothing but skin and bone. 2 (*di coltello, di libro e sim.*) back, spine. 3 (*Bot*) rib, vein. 4 (*Arch,Mar*) rib. □ (*fig*) *avere* (*qcu.*) *alle costole* to be dogged by so.; *mettere qcu. alle costole di qcu.* to have so. closely watched; *mettersi alle costole di qcu.* (o *stare alle costole di qcu.*) to dog so., to dog so.'s heels; (*Anat*) *~fluttuante* floating rib.

costolatura *f.* 1 (*Anat*) rib structure. 2 (*Arch*) ribs *pl.*

costoletta *f.* (*Gastron*) cutlet; (*braciola*) chop: *~ di vitello* veal cutlet; *~ di maiale* pork chop.

costolone *m.* (*Arch*) (vaulting) rib.

costone *m.* ridge, rib.

costoro *pron.dimostr.m./f.pl.* 1 (*soggetto*) they. 2 (*complemento*) them. 3 (*spreg*) those people.

costosamente *avv.* expensively.

costoso *a.* 1 expensive, dear, costly: *merce costosa* expensive goods. 2 (*fig*) (*che richiede fatica, sacrificio*) hard-earned, hard-won: *un successo ~* hard-earned success.

costretto *a.* 1 (*obbligato*) constrained, obliged, compelled, forced: *~ con la forza* constrained by force. 2 (*vincolato*) restrained, constricted, limited: *in questo abito mi sento un po' costretta* I feel restrained in this dress.

costringere (*pres.ind.* **costrìngo, costrìngi**; *p.rem.* **costrìnsi**; *p.p.* **costrétto**) I *v.t.* 1 (*forzare*) to force, to compel, to oblige, to make: *sono stato costretto a partire* I was forced to leave; *l'interruzione di corrente ci ha costretto a sospendere il lavoro* the power outage forced us to stop work. 2 (*lett*) (*stringere, comprimere*) to press, to compress, to pack, to cram, to squeeze (sth.) into: *essere costretti in poco spazio* to be packed into a small space. II *v.pron.* **costringersi** to force oneself, to make oneself: *costringersi a fare qcs.* to force oneself to do sth. □ *vedersi costretto a fare qcs.* to be obliged to do sth.; *~ qcu. a letto* to lay so. up, to keep so. in bed; *~ qcu. al silenzio* to keep so. silent, to keep so. from talking; *il nemico ci ha costretto alla resa* the enemy compelled us to surrender; *~ qcu. con la forza* to compel so. by force, to force so.

costrinsi → **costringere**.

costrittivo *a.* 1 coercive, compelling, compulsive: *leggi costrittive* coercive laws; *regolamento ~* coercive regulation. 2 (*Med*) pressing: *fasciatura costrittiva* pressing bandage. 3 (*Ling*) constrictive, fricative: *consonanti costrittive* constrictive consonants.

costrittore *a.* (*Anat*) constrictor: *muscolo ~* constrictor.

costrizione *f.* constraint, compulsion: *~ morale* moral constraint.

costruibile *a.* constructible, able to be constructed.

costruire (*pres.ind.* **costruìsco, costruìsci**; *p.rem.* **costruìi**; *p.p.* **costruìto**) *v.t.* 1 to construct, to build: *ha costruito un aratro* he constructed a plough; *~ un ponte* to build a bridge; *~ una casa* to build a house; *si è costruito una casa bellissima* he built himself a beautiful house. 2 (*fig*) (*creare*) to build, to build up, to construct, to create, to put together, to amass: *~ un sistema filosofico* to create a philosophical system. 3 (*Gramm, Geom*) to construct. □ *~ un alibi* to construct an alibi; (*fig*) *~castelli in aria* to build castles in the air; *alla periferia di Roma si è costruito molto* there has been a lot of building on the outskirts of Rome; *~ un muro* to build a wall; (*fig*) ~ *sulla sabbia* to build on sand; (*fig*) *costruirsi un futuro* to shape one's future, to make a future for oneself.

costruttivismo *m.* (*Art*) constructivism.

costruttivo *a.* **1** building (*attr.*): *tecnica costruttiva* building tecnique. **2** (*fig*) constructive, positive: *idee costruttive* constructive ideas; *critica costruttiva* constructive criticism.

costrutto *m.* **1** (*Gramm*) construction: ~ *latineggiante* Latinate construction. **2** (*senso*) meaning, sense: *qual è il ~ di tutti questi discorsi?* what's the meaning of all this talk? **3** (*fig*) (*profitto*) advantage, profit, result, use. □ *ho lavorato a lungo ma con poco ~* I have worked a long time, but to little use; *senza ~:* 1 (*usato come aggettivo: sconclusionato*) meaningless: *frasi senza ~* meaningless sentences; 2 (*usato come aggettivo: inconcludente*) useless: *lavoro senza ~* useless work; 3 (*usato come avverbio: inutilmente*) uselessly, to no end: *affannarsi senza ~* to busy oneself to no end.

costruttore I *m.* (*f.* **-trice**) maker, constructor; (*fabbricante*) manufacturer. **II** *a.* building, construction (*attr.*): *impresa costruttrice* building firm. □ ~ *di aeroplani* aeroplane manufacturer; ~ *di automobili* car manufacturer; ~ *edile:* 1 (*proprietario*) builder; 2 (*imprenditore*) builder, building contractor; ~ *navale* shipbuilder; ~ *stradale* road builder.

costruzione *f.* **1** (*il costruire*) construction, building; (*fabbricazione*) manufacture: *la ~ di un'automobile* the manufacture of a car. **2** (*modo di essere costruito*) construction, manufacture, structure: *un tavolo di ~ solida* a table of solid construction, a solidly-made table; *edificio di solida ~* building of solid structure, solidly-built construction. **3** (*edificio*) building. **4** (*Gramm, Geom*) construction. **5** *pl.* (*giochi per bambini*) building bricks. □ ~ *di abitazioni* building of houses; ~ *di canali* canal construction; ~ *di pietra* stone building, stonework; (*Gramm*) *la ~ di un periodo* the construction of a sentence; (*Gramm*) ~ *diretta* direct construction; *in ~:* 1 in course of construction, under construction, being built: *edificio in ~* building under construction; *è in ~ un acquedotto* an aqueduct is under construction, an aqueduct is being built; 2 (*Inform*) (*di sito*) under construction; 3 (*Mar*) on the stocks; ~ *in appalto* construction under public contract; ~ *in cemento* concrete building; ~ *in cemento armato* reinforced-concrete building; ~ *in ferro* steel-framed building; ~ *in legno* wooden building, wooden-framed building; ~ *in mattoni* brick building, brickwork; (*Ind*) ~ *in serie* mass production; ~ *navale* shipbuilding; (*Gramm*) ~ *personale* personal construction; (*Gramm*) ~ *sintattica* sentence construction, syntax; ~ *stradale* road building, road making, road construction.

costui *pron.dimostr.m.* (*f.* **costèi**, *pl.* **costóro**) **1** (*soggetto*) he. **2** (*complemento*) him. **3** (*spreg*) that man.

costumanza *f.* (*rar*) custom, habit: *un'antica ~ del paese* an ancient custom of the town.

costumare (**costùmo**) *v.i.* (*aus.* **avere**) (*rar, lett*) (*avere l'abitudine, essere solito*) to be in the habit of, to be used to.

costumatezza *f.* (*rar,lett*) **1** decency, propriety. **2** (*buona creanza*) politeness, good manners *pl.*

costumato *a.* (*rar,lett*) **1** decent. **2** (*che denota buona educazione*) polite: *un giovane ~ a* decent young man; *maniere costumate* polite ways, good manners.

costume *m.* **1** (*costume da bagno*) bathing costume, swimming costume, bathing suit; (*da uomo*) swimming costume, trunks *pl.* **2** (*foggia di vestire*) costume: *gli attori indossano i costumi* the actors put on their costumes; *un ~ sardo* a Sardinian costume. **3** (*per carnevale, festa mascherata*) costume: *festa in ~* costume party. **4** (*usanza*) custom, usage, tradition, use; (*abitudine personale*) habit: *ogni popolo ha i suoi costumi* every people has its customs; *è mio ~ fare una passeggiata ogni giorno* it is my habit to take a walk every day; *secondo il ~* according to custom, according to usage; *secondo il suo ~* as is his habit. **5** *pl.* (*condotta morale*) morals, morality *sing.*: *persona di sani costumi* person of sound morals. □ ~ (*da bagno*) *a un pezzo* one-piece swimming costume; ~ (*da bagno*) *a due pezzi* two-piece bathing suit, bikini; (*fig*) *in ~ adamitico* in one's birthday suit; ~ *da amazzone* riding habit; *in ~ d'epoca* in period costume; *commedia di ~* comedy of manners; ~ *di carnevale* carnival costume; ~ *di vita* way of living; *costumi dissoluti* loose morals; *essere ~ di qcu.* to be in the habit of (doing) sth. (*costr.pers.*): *è arrivato tardi, com'è suo ~* he arrived late, as he is in the habit of doing; (*scherz,rar*) *in ~ evitico* in one's birthday suit, naked, nude; *in ~ costume* (*attr.*), in costume (*posposto*); *film in ~* period film; (*Teat*) *prova in ~* dress rehearsal; ~ *intero* one-piece swimming costume; (*Folcl*) ~ *nazionale* national dress, national costume; (*Sport*) ~ *olimpionico* athletic swimsuit; ~ *teatrale* stage costume.

costumista *m./f.* **1** (*Teat,Cin*) costume-designer. **2** (*addetto ai costumi*) costumier (*f.* costumière).

costura *f.* (*Sart*) (*cucitura*) seam.

cot (*Mat*) *cotangente* cot, ctn (cotangent).

cotale *a.* (*lett,ant*) (*tale*) such: *parlò in ~ guisa* he spoke in such a way.

cotangente *f.* (*Mat*) cotangent.

cotanto I *a.* (*lett,ant*) such, so much, so great; (*con nomi plurali*) so many: *non merita ~ affetto* he does not deserve such affection. **II** *avv.* (*lett,ant*) (*tanto*) so much, so greatly: *il premio ~ desiderato* the so much awaited prize.

cote *f.* whetstone, hone.

cotechino *m.* (*Alim*) cotechino (kind of large spiced pork sausage for boiling).

cotenna *f.* (*Macell*) (*pelle di maiale*) pork rind. □ (*fig*) *avere la ~ dura* (*essere insensibile*) to be thick-skinned.

cotesto¹ I *a.* (*lett,rar*) that. **II** *pron.dimostr.* (*lett,rar*) that (one). **2** (*codesta cosa*) that.

cotesto² *m.* (*Ling*) cotext.

cotica *f.* **1** (*Macell*) (*cotenna*) pork rind. **2** (*Agr*) (*cotenna erbosa*) turf.

cotidale *a.* (*Topogr*) cotidal: *linea ~* cotidal line.

cotile *f.* (*Anat*) cotyloid cavity, cotyle.

cotiledone *m.* (*Bot,Zool*) cotyledon.

cotillon /koti'jɔ̃/ *pl.inv.* o **-s**) *m.* present (given during a ball).

cotiloide *a.* (*Anat*) cotyloid.

cotogna *f.* (*Bot,Alim*) quince: *mela ~* quince.

cotognata *f.* (*Alim*) quince jam.

cotogno *m.* (*Bot*) quince, quince tree.

cotoletta *f.* (*Gastron*) cutlet: ~ *di vitello* veal cutlet. □ (*Gastron*) ~ *alla milanese* breaded veal cutlet, Wiener schnitzel.

cotonare (**cotóno**) *v.t.* to backcomb, (*Am*) to tease: ~ *i capelli a qcu.* to backcomb so.'s hair, (*Am*) to tease so.'s hair.

cotonato I *a.* **1** (*Tess*) cotton (*attr.*), cotton-backed: *raso ~* cotton-backed satin. **2**

(*rif. a capelli*) backcombed, (*Am*) teased. **II** *m.* (*Tess*) silk and cotton fabric.

cotonatura *f.* back-combing, (*Am*) teasing.

cotone *m.* **1** (*Bot*) cotton (plant): *coltivazione del ~* cotton cultivation; *piantagione di ~* cotton plantation; *raccogliere il ~* to pick cotton. **2** (*Tess*) (*filato*) cotton, cotton yarn, cotton thread: *un gomitolo di ~* a skein of cotton. **3** (*Tess*) (*tessuto*) cotton, cotton fabric, cotton cloth. **4** (*ovatta*) cotton, cotton wool. □ (*Sart*) ~ *da rammendo* darning thread, darning cotton; ~ *da ricamo* embroidery cotton, embroidery thread; (*Tess*) ~ *damascato* damasked cotton; *di ~* cotton (*attr.*): *calze di ~* cotton socks; *fiocco di ~* cotton staple; (*Tess*) ~ *felpato* cotton plush; ~ *idrofilo* (absorbent) cotton wool, (*Am*) (absorbent) cotton; (*Tess*) ~ *makò* maco cotton, fine Egyptian cotton; (*Tess*) ~ *mouliné* twisted cotton; (*Sart*) ~ *per imbastire* basting thread, tacking thread; (*Tess*) ~ *perlato* (o ~ *perlé*) pearl cotton, (*Am*) ply yarn.

cotoneria *f.* cotton goods *pl.*

cotonicoltore *m.* (*f.* **-trice**) (*Agr*) cotton grower.

cotonicoltura *f.* (*Agr*) cotton growing.

cotoniere *m.* **1** (*industriale*) cotton manufacturer, cotton spinner. **2** (*operaio*) cotton worker, cotton mill worker, cotton spinner.

cotoniero *a.* cotton (*attr.*): *industria cotoniera* cotton industry.

cotonificio *m.* (*Tess*) cotton mill.

cotonina *f.* (*Tess*) calico.

cotonoso *a.* cottony, fluffy: *barba cotonosa* fluffy beard.

cotta¹ *f.* **1** (*innamoramento*) crush: *prendere una ~ per qcu.* (*innamorarsi*) to have a crush on so., to fall for so. **2** (*infornata*) batch; (*rif. a mattoni, ceramiche e sim.*) kilnful. **3** (*rar,colloq*) (*cottura*) cooking. □ *di tre cotte* out-and-out, thorough: *un furfante di tre cotte* an out-and-out rascal.

cotta² *f.* **1** (*tunica*) cassock. **2** (*sopravveste*) tabard. **3** (*Lit*) surplice. □ (*Stor*) ~ *di maglia* chain mail, coat of mail.

cottimista *m./f.* piece worker.

cottimo *m.* **1** payment by piecework, piece rate system. **2** (*lavoro a cottimo*) piecework. □ *a ~* by piecework; *dare un lavoro a ~* to give piecework; *pagare a ~* to pay by piecework; *lavorare a ~* to do piecework; ~ *collettivo* group piecework.

cotto → **cuocere I** *a.* **1** cooked, done; (*arrosto*) roast (*attr.*), roasted; (*fritto*) fried; (*lesso*) boiled; (*al forno*) baked; (*in umido*) stewed: *ben ~* well done; *mal ~* badly cooked, poorly cooked; *poco ~* underdone; (*di carne: al sangue*) rare. **2** (*fig*) (*innamorato*) in love (*di with*): *sono ~ di quella ragazza* I am head over heels in love with that girl, I have a crush on that girl. **3** (*fig*) (*scottato*) burnt, scorched: *un viso ~ dal sole* a face burnt by the sun. **4** (*colloq*) (*stremato*) in a state of collapse, done in. **II** *m.* (*Edil*) **1** (*mattone cotto*) fired brick. **2** (*lavoro in mattoni*) brickwork. **3** (*terracotta*) terracotta: *decorazione in ~* terracotta. □ ~ *a puntino* done to a turn; ~ *ai ferri* (o ~ *alla griglia*) grilled; (*colloq*) *chi vuol cotta, chi la vuol cruda* some like it hot, some like it cold; one's man meat in another man's poison; one man's trash is another man's treasure; (*fig*) *farne di cotte e di crude* to get up to all kinds of tricks; (*colloq*) ~ *e stracotto:* 1 (*di pietanza*) overdone; 2 (*fig,scherz*) (*innamoratissimo*) head over heels in love (*di with*).

cotton-fioc *m.inv.* cotton swab, cotton bud, Q-tip.

cottura *f.* **1** (*il cuocere, il cuocersi*) cooking; (*dell'arrosto*) roasting; (*del fritto*) frying; (*del lesso*) boiling; (*al forno*) baking; (*in umido*) stewing: *un'ora di ~* an hour's cooking. 2 (*rif. a mattoni, vetro e sim.*) baking, firing. □ *~ a vapore* steam cooking, steaming; *portare a ~* to cook thoroughly.

coturnato *a.* (*lett*) wearing buskins (*posposto*), buskined: *attori coturnati* buskined actors.

coturnice *f.* (*Ornit*) rock partridge.

coturno *m.* (*Stor*) buskin, cothurnus.

coulisse /ku'lis/ *f.inv.* 1 (*Sart*) waistband. 2 (*scanalatura*) groove, slot: *porta a ~* sliding door. 3 *pl.* (*Teat*) (*quinte*) wings coulisse *sing.*: *dietro le ~* in the wings. 4 (*Mus*) slide.

coulomb /'kulomb, ku'lɔmb/ *m.* (*Fis*) coulomb.

coulombometro /ku-/ *m.* (*Tecn*) coulometer.

counseling, counselling /'kawnseliŋ/ *m.* counselling, (*Am*) counseling.

country /'kawntri/ **I** *a.inv.* (*Mus*) country (*attr.*): *musica ~* country music. **II** *m.* (*Mus*) country music.

coupé /ku'pe/ *m./f.inv.* (*Aut*) coupé.

coupon /ku'pɔ̃/ *m.inv.* 1 (*tagliando*) coupon, slip: *~ per la benzina* petrol coupon, (*Am*) gas coupon. 2 (*Econ*) (*cedola di azione*) dividend coupon, interest coupon; (*tagliando di dividendo*) dividend warrant, dividend coupon. □ (*Econ*) *~ stripping* coupon stripping.

couso *m.* (*Dir*) joint use, co-use.

coutente *m./f.* co-user, joint user; (*rif. a telefono*) joint subscriber, party-line subscriber.

coutenza *f.* co-use, joint use.

couture /ku'tyr/ *f.inv.* couture, fashion.

couturier /kuty'rje/ *m.inv.* couturier, fashion designer.

cova *f.* 1 (*il covare*) brooding, hatching. 2 (*luogo*) brooding place. 3 (*periodo*) brooding time.

covalente *a.* (*Chim*) covalent.

covalenza *f.* (*Chim*) covalence, covalency.

covare (**cóvo**) **I** *v.t.* 1 to sit on, to hatch, to brood (over): *~ le uova* to sit on eggs. 2 (*fig*) (*proteggere*) to overprotect. 3 (*fig*) (*alimentare segretamente*) to brood over, to brood on, to nurse, to cherish, to harbour, (*Am*) to harbor: *~ odio* to nurse hatred; *~ cattivi pensieri* to harbour evil thoughts, (*Am*) to harbor evil thoughts. 4 (*fig*) (*essere colpito da*) to come down with: *~ una malattia* to be getting sick, to become sick, to be coming down with an illness: *~ l'influenza* to come down with flu. **II** *v.i.* (*aus.* **avere**) 1 to brood, to sit (on eggs): *la chioccia cova* the hen is sitting. 2 (*fig*) to smoulder, (*Am*) to smolder, to lie hidden, to lurk: *l'invidia covava nel suo animo* envy lay hidden in his heart. □ (*fig*) *~ qcu. con gli occhi* to look lovingly at so.; (*fig*) *~ dentro l'invidia* to be harbouring envious thoughts; (*rar*) *~ le lenzuola* (*poltrire a letto*) to laze in bed, to idle in bed; (*fig*) *il fuoco cova sotto la cenere* the fire is smouldering under the ashes, there is something brewing; *il suo odio covava sotto la cenere* his hatred was still smouldering; (*fig*) *~ un progetto* to hatch a plan, to lay a plan; (*fig*) *~ un sospetto* to harbour a suspicion; (*fig*) *~ (nel cuore) la vendetta* to thirst for revenge, to nurse thoughts of revenge, to brood on vengeance.

covariante I *a.* (*Mat*) covariant. **II** *f.* (*Mat*) covariant.

covata *f.* 1 (*uova*) clutch; (*pulcini*) clutch, brood, hatch. 2 (*scherz*) (*figliolanza*) brood. 3 (*in apicoltura*) brood. 4 (*in antropologia*)

---

couvade.

covaticcio *a.* broody, brood (*attr.*): *gallina covaticcia* broody hen, brood hen.

covatura *f.* 1 (*il covare*) brooding, sitting on eggs, hatching. 2 (*periodo*) brooding time.

coventrizzare *v.t.* (*Mil*) to wipe out (sth.) by bombing.

cover /'kover/ *f.inv.* 1 (*Mus*) cover, cover version. 2 (*Tel*) (*frontalino di cellulare*) cover, cell phone cover.

covile *m.* 1 (*tana*) den, lair; (*cuccia*) dog's bed. 2 (*fig*) (*abitazione povera*) hovel, hole; (*giaciglio*) pallet, shakedown.

covo *m.* 1 (*tana*) lair, den; (*del coniglio*) burrow; (*della lepre*) form; (*nido*) nest: *il ~ della volpe* the fox's lair; *un ~ di vipere* a nest of vipers (*anche fig.*). 2 (*fig*) hideout, haunt, hiding place, den: *il ~ dei briganti* the thieves' den; *quel paese è un ~ di anarchici* that town is a den of anarchists; *non esce mai dal suo ~* he never leaves his den.

covone *m.* sheaf: *~ di grano* sheaf of corn.

cowboy /'kaw'bɔj/ *m.inv.* cowboy.

coxalgia *f.* (*Med*) coxalgia, coxalgy.

coxite *f.* (*Med*) coxitis.

coyote *m.inv.* (*Zool*) coyote, prairie wolf.

Cozie *n.pr.f.pl.* (*Geog*) (*Alpi Cozie*) Cottian Alps.

cozza *f.* 1 (*Zool*) (*mitilo*) mussel: *zuppa di cozze* mussel soup. 2 (*colloq.spreg*) dog: *quella ragazza è una ~* that girl is a dog.

cozzare (**còzzo**) **I** *v.i.* (*aus.* **avere**) 1 (*urtare violentemente*) to run (*contro* into), to bang (against), to collide (with), to hit; (*rif. a veicoli*) to crash (against, into), to run (into): *nel buio ho cozzato contro il muro* I ran into the wall in the dark; *l'automobile ha cozzato contro un albero* the car ran into a tree, the car crashed into a tree. 2 (*percuotere con le corna*) to butt: *il montone ha cozzato contro il muro* the ram butted the wall. 3 (*fig*) (*essere in contraddizione*) to clash, to be in conflict, to contrast (*con, contro* with): *le tue affermazioni cozzano contro* (o *con*) *l'evidenza* your statements clash with the evidence. **II** *v.pron.* **cozzarsi** (*fig*) (*litigare*) to quarrel. **III** *v.r.recipr.* **cozzarsi** (*urtarsi violentemente*) to collide, to crash into each other, to run into each other: *le due automobili si sono cozzate all'incrocio* the two cars collided at the intersection.

cozzata *f.* 1 (*colpo con le corna*) butt. 2 (*scontro violento*) clash, crash, collision, blow.

cozzo *m.* 1 (*cornata*) butt. 2 (*urto violento*) crash, clash, collision: *nel ~ il motociclista è stato gettato a terra* in the crash the motorcyclist was thrown to the ground. 3 (*fig*) (*conflitto*) clash, conflict, contrast. □ *dare di ~*: 1 (*scontrarsi*) to run into (sth.), to crash against (sth.); 2 (*fig*) (*essere in contrasto*) to be in contrast with (sth.), to clash with (sth.).

C.P. 1 (*Post*) *casella postale* PO Box (post office box). 2 (*Post*) *cartolina postale* p.c. (postcard). 3 (*Dir*) *codice penale* P.C. (Penal Code). 4 *consiglio provinciale* D.C. (District Council).

c.p.c., C.P.C. (*Dir*) *codice di procedura civile* C.C.P. (Code of Civil Procedure).

c.p.m., C.P.M. (*Dir,Mil*) *codice di procedura militare* (code of military procedure).

c.p.p., C.P.P. (*Dir*) *codice di procedura penale* (code of criminal procedure).

C.p.r. *con preghiera di restituzione* (please return).

CPU (*Inform*) *unità centrale di elaborazione* CPU (Central Processing Unit).

cpv. (*Tip*) *capoverso* par. (paragraph).

CR *Costa Rica* CR (Costa Rica).

crac I *onom.* crack. **II** *m.inv.* 1 crack, snap: *abbiamo sentito il ~ del ramo che si spezzava* we heard the crack of the branch breaking off. 2 (*fig*) (*rovina, fallimento*) crash, ruin: *~ finanziario* financial crash, bankruptcy.

crack *m.* (*droga*) crack.

cracker /'krɛker/ *m.inv.* 1 (*biscotto*) cracker, thin biscuit: *un pacchetto di ~* a packet of crackers. 2 (*Min*) cracker. 3 (*Inform,colloq*) cracker.

cracking /'krɛkiŋ/ *m.* (*Chim*) cracking.

Cracovia *n.pr.f.* (*Geog*) Cracow, Krakau.

CRAL *Circolo ricreativo assistenza lavoratori* (Recreational clubs organized by National Assistance Board).

crampo *m.* cramp: *avere i crampi allo stomaco* to have stomach cramps. □ *mi è venuto un ~ alla gamba* I got a cramp in my leg; *~ dello scrivano* writer's cramp.

craniata *f.* (*colloq*) blow with one's head.

cranico (*pl.* **-ci**) *a.* cranial, cranic, brain (*attr.*): (*Anat*) *scatola cranica* cranium, skull, braincase; (*Med*) *trauma ~* head injury.

cranio *m.* 1 (*Anat*) cranium, skull, braincase, (*Am,colloq*) brainpan: *frattura del ~* fracture of the skull. 2 (*colloq*) (*testa*) head: *avere il ~ duro* to be hardheaded. □ (*pop*) *a ~* a head, per person.

cranioleso I *m.* (*f.* **-a**) (*Med*) head-injured. **II** *a.* (*Med*) head-injured.

craniologia *f.* (*Anat*) craniology.

craniologico (*pl.* **-ci**) *a.* craniological.

craniologo *m.* (*f.* **-a**; *pl.* **-gi**) craniologist.

craniometria *f.* (*Anat*) craniometry.

craniometrico (*pl.* **-ci**) *a.* craniometric.

cranioscopia *f.* (*Med*) cranioscopy.

craniotomia *f.* (*Chir*) craniotomy.

craniotomo *m.* (*Chir,Tecn*) craniotome.

crapula *f.* (*lett*) gluttony, crapulence, bingeing.

crapulone *m.* (*f.* **-a**) glutton, guzzler.

crash /krɛʃ/ *onom.* crash. **II** *m.inv.* 1 (*Inform*) crash. 2 (*crollo in borsa*) crash. □ (*Inform*) *~ di programma* program crash.

crash test /krɛʃ-/ *m.inv.* (*Aut*) crash test.

crasi *f.* 1 (*Gramm*) crasis. 2 (*nella medicina antica*) crasis.

crasso I *a.* (*grossolano*) crass, gross: *ignoranza crassa* crass ignorance. **II** *m.* (*Anat*) (*intestino crasso*) large intestine.

Crasso *n.pr.m.* (*Stor.rom*) Crassus.

cratere *m.* 1 (*Geol*) crater: *il ~ dell'Etna* the crater of Etna. 2 (*Archeol*) crater, krater: *un ~ d'oro* a gold crater. 3 (*scavo di proiettile*) crater, hole. □ (*Geol*) *~ avventizio* lateral crater, parasitic crater; (*Geol*) *~ imbutiforme* crater cone; (*Astr*) *~ lunare* moon crater, lunar crater; (*Geol*) *~ meteorico* meteoric crater, meteorite crater; (*Geol*) *~ vulcanico* volcano crater.

crauti *m.pl.* (*Gastron*) sauerkraut (*costr.sing.*): *salsicce con ~* sauerkraut and sausages, sauerkraut and frankfurters.

cravatta *f.* 1 tie, necktie; (*ascot*) cravat: *farsi il nodo alla ~* to tie one's tie, to knot one's tie; *allentare la ~* to loosen one's tie; *obbligo della ~* neckties are required. 2 (*Sport*) neckhold. 3 (*Tecn*) clamp. 4 (*Mar*) bridle, sling. □ *~ a farfalla* (o *~ a fiocco*) bowtie; *~ nera* (*su biglietti da visita*) black-tie.

cravattaio *m.* (*f.* **-a**) 1 (*fabbricante*) tie maker, tie manufacturer. 2 (*venditore*) tie-seller. 3 (*colloq*) (*usuraio*) loan shark, usurer.

cravattaro *m.* (*region*) (*usuraio*) loan shark, usurer.

cravattino *m.* bow tie.

crawl /krol/ *m.* (*Sport*) crawl: *nuotare a ~* to

do the crawl, (*Am*) to crawl.

crawlista /kro'l-/ *m./f.inv.* (*Sport*) crawl swimmer.

creanza *f.* good manners *pl.*, breeding, politeness: *buona ~* good breeding, good manners; *insegnare le buone creanze a qcu.* to teach so. how to behave, to teach so. good manners; *mala ~* bad manners, ill-breeding; *persona senza ~* ill-mannered person, ill-bred person, person with no manners.

creare (**crèo**) *v.t.* **1** to create, to make: *Dio creò il mondo* God created the world; *nulla si crea e nulla si distrugge* nothing is created and nothing is destroyed. **2** (*ideare*) to create, to produce: *il parrucchiere ha creato una nuova acconciatura da sera* the hairdresser has created a new evening hairstyle; *~ un capolavoro* to produce a masterpiece; (*Lett,Teat*) *~ un personaggio* to create a character. **3** (*fondare, costruire*) to establish,to set up, to form: *~ una società* to set up a company. **4** (*suscitare*) to cause, to create, to make: *la sua risposta ha creato un certo imbarazzo tra i presenti* his reply caused some embarrassment among those present. **5** (*eleggere, nominare*) to create, to make. □ *~ dal nulla* to create out of nothing; *~ dei problemi a qcu.* to give so. problems; *~ delle aspettative* to create expectations; *~ un precedente* to set a precedent (*anche Dir*).

creatina *f.* (*Biol*) creatine.

creatinina *f.* (*Biol*) creatinine.

creatività *f.* creativeness.

creativo I *a.* creative: *facoltà creativa* creative ability; *scrittura creativa* creative writing. **II** *m.* (*f.* **-a**) (*in pubblicità*) advertising executive; (*copy*) copywriter.

creato I *a.* created. **II** *m.* creation: *le meraviglie del ~* the wonders of creation.

creatore I *m.* (*f.* **-trice**) **1** (*ideatore*) creator, maker. **2** (*fondatore*) founder. **II** *a.* creative: *l'opera creatrice di Dio* the creative work of God; *potenza creatrice* creative power. □ *~ di testi pubblicitari* advertising copywriter.

Creatore (*Dio*) Creator, Maker. □ (*colloq*) *andare al ~* to go to meet one's Maker; *mandare qcu. al ~* to send so. to the other world.

creatura *f.* **1** creature, being: *le creature di Dio* God's creatures. **2** (*colloq*) (*bambino*) creature, baby, child, little one: *povera ~!* poor (little) creature! **3** (*protetto*) creature, protégé, favourite: *è una ~ del ministro* he is a protégé of the minister's. □ *creature angeliche* angels.

creaturale *a.* (*lett*) creatural.

creazione *f.* **1** creation: *la ~ del mondo* the creation of the world. **2** (*l'ideazione*) creation, invention. **3** (*fondazione*) foundation, establishment, setting-up, formation: *~ di una società* formation of a company, foundation of a company. **4** (*creato*) creation: *le meraviglie della ~* the wonders of creation. **5** (*lett*) (*elezione, nomina*) creation, making, appointment. **6** (*Abbigl*) creation, design: *saranno presentate le ultime creazioni per la prossima estate* the latest creations for next summer will be shown. □ *le creazioni dello spirito* products of the intellect, fruits of the intellect.

creazionismo *m.* creationism.

creazionista *m./f.* creationist.

crebbi → **crescere**.

credente I *m./f.* believer: *un fervido ~* a fervent believer. **II** *a.* believing. □ *essere ~* to believe in God, to be a believer; *non essere ~* not to believe in God, to be an unbeliever; *non ~* nonbeliever.

credenza[1] *f.* **1** (*il credere*) belief, credence: *~ in Dio* belief in God. **2** (*cosa creduta*) belief: *un'antica ~ popolare* an old popular belief. **3** (*rar*) (*credito, attendibilità*) credit, belief, credibility. □ *credenze religiose* religious beliefs.

credenza[2] *f.* (*Arred*) **1** (*armadio*) kitchen cupboard. **2** (*nella sala da pranzo*) sideboard, buffet, credenza.

credenziale I *a.* (*Dipl,rar*) credential. **II** *f.* **1** (*Comm*) bank draft, banker's draft. **2** *pl.* (*Dipl*) credentials: *presentare le credenziali* to present one's credentials.

credere[1] (*pres.ind.* **crédo**, **crédi**; *p.rem.* **credéi/credètti**; *p.p.* **credùto**) **I** *v.i.* (*aus.* **avere**) **1** (*prestare fede*) to believe (*a qcs./qcu.* sth./so.): *non ti ho mai creduto* I have never believed you; *non posso crederci!* I can't believe it! **2** (*reputare probabile*) to believe, to think, to suppose: *non credo a questa eventualità* I don't believe this will happen. **3** (*credere nell'esistenza, confidare*) to believe (*a, in* in): *~ nell'umanità* to believe in the humanity. **4** (*avere fede religiosa*) to believe, to have faith (*a, in* in): *da quel momento ho smesso di ~* from that moment I stopped believing; *~ in Dio* to believe in God. **5** (*stimare giusto, opportuno*) to think best, to believe best: *fai pure quello che credi* go ahead and do what you think best. **II** *v.t.* **1** to believe: *non credo una sola parola di quanto mi dici* I don't believe a single word of what you say; *stento a crederlo* I find it hard to believe. **2** (*ritenere*) to think, to believe, to understand: *ti credevo all'estero* I thought you were abroad, I understood you were abroad; *ti credevo furbo* I thought you were clever; *credevo che tu fossi al lavoro* I thought you were at work; *non credevo di darti un dispiacere* I didn't think I would upset you. **III** *v.pron.* **credersi** to think oneself, to consider oneself, to believe oneself: *si crede un genio* he thinks himself a genius, he thinks he is a genius; *ti credi molto furbo* you think you are very clever. □ (*fig*) *non credo ai miei occhi* I can hardly believe my eyes, I can't believe my eyes; (*fig*) *non credevo alle mie orecchie* I couldn't believe my ears!; *~ bene* to think it best, to think it better: *ho creduto bene di partire subito* I thought it best to leave at once; *lo credo bene!* I should think so!, I can believe it!; *si crede chissà chi* she thinks she's somebody, she thinks she's something else, (*Br*) she thinks she's the cat's whiskers, (*Am*) she thinks she's the cat's meow; *ci credo!* I believe it!; *verrai? - credo* will you come? - I think so; (*colloq*) *è da non ~!* it's unbelievable!, it's beyond belief!; *dare a ~ qcs. a qcu.* to make so. believe sth.; *lo credi davvero?* do you really think so?; *chi credi di essere?* (o *chi ti credi di essere?*) who do you think you are?; *credo di no* I don't think so.; *non può essere già tornato - Credo di no* he can't have already come back - I guess not; *credo di sì* I believe so, I think so; *fare ~ qcs. a qcu.* to make so. believe sth., to make so. think sth.: *la sua lettera mi fa ~ che egli sia d'accordo* his letter makes me think that he agrees; *lasciar ~ qcs. a qcu.* to let so. believe sth.; *~ meglio* to think best: *agisci come meglio credi* do as you think best; (*fig*) *ti credevo morto* (*a chi non si è visto da mol to tempo*) you're still in the land of the living, (*iron*) you're alive!; *~ necessario* to think it necessary; *non ci posso ~* I can't believe it, I can't believe this; *~ opportuno* to think it right, to think it advisable, to think it necessary; *se credi* if you like; *lo credi sul*

serio? (do) you really think so?; *~ a qcu. sulla parola* to take so.'s word for it, to take so. at their word, to trust so.'s word: *ti credo sulla parola* I'll take your word for it; *voler ~* to trust, to hope: *voglio ~ che tu sia pentito* I (hope and) trust you are sorry for what you've done; *non voglio crederci* I refuse to believe it.

credere[2] *m.* (*opinione*) opinion, belief: *a mio ~* in my opinion, to my mind; *oltre ogni ~* beyond all belief.

credibile *a.* believable, credible: *notizia ~* credible news.

credibilità *f.* credibility: *perdere ~* to lose credit.

creditizio *a.* credit (*attr.*): (*Econ*) *sistema ~* credit system.

credito *m.* **1** (*fiducia*) credit, belief, credence: *la notizia non merita ~* the news does not deserve credit; *trovare ~* (*essere creduto*) to be believed, to be credited. **2** (*reputazione*) repute, esteem, credit, credibility: *un avvocato di gran ~* a lawyer of high repute; *godere di ~* to be highly thought of; *godere di molto ~* to be held in very high esteem. **3** (*Comm,Econ*) credit: *ho un ~ di cinquecento euro con un cliente* I have a five hundred euro credit with a client; *concedere un ~ a qcu.* to allow so. a credit, to grant so. a credit; *la banca mi ha concesso un ~* the bank has given me a credit, the bank has given me a loan; *revocare un ~* to withdraw a credit, to revoke a credit. **4** (*istituto bancario*) credit institution, (loan) bank. **5** *pl.* (*Cin,TV*) credits. **6** (*Scol,Univ*) credit. □ *~ a ~* on trust, on credit; (*Econ*) *~ a breve scadenza* (o *~ a breve termine*) short-term credit; (*Econ*) *~ a lunga scadenza* (o *~ a lungo termine*) long-term credit; (*Econ*) *~ a medio termine* medium-term credit; (*Econ*) *~ agevolato* facilitated credit, subsidized credit; (*Econ*) *~ agrario* farming credit, agricultural credit; (*Econ*) *~ al consumo* consumer credit; (*Comm*) *~ all'esportazione* export credit; (*Econ*) *~ allo scoperto* overdraft; (*Econ*) *~ automobilistico* auto loan, automobile loan; *~ bancario* 1 bank credit; 2 (*somma da ricevere*) bank debt; (*Econ*) *~ cambiario* paper credit, bill receivable; (*Econ*) *~ chirografario* unsecured credit; (*Econ*) *~ congelato* frozen guarantee credit; (*Econ*) *~ contro fideiussione* guarantee credit; (*Econ*) *~ contro pegno* loan secured by pledge, loan upon pledge, loan on pawn; *dare ~ a qcs.* (*crederci*) to give credence to sth., to give credit to sth.; (*Comm*) *~ d'esercizio* working credit, working capital credit; (*Econ*) *~ di accettazione* acceptance credit; (*Econ*) *~ d'imposta* tax credit; (*Econ*) *~ d'investimento* capital investment loan; (*Econ*) *~ esigibile* debt receivable, eligible loan, debts due; (*Comm*) *fare ~ a qcu.* to give so. credit; *non si fa ~* no credit given; (*Econ*) *~ fondiario* loan on landed property, land credit, credit on land; (*Scol*) *~ formativo* credit; (*Econ*) *~ garantito* secured credit; (*Econ*) *~ illimitato* unlimited credit, unsecured credit; (*Econ*) *~ immobiliare* mortgage credit, credit on real estate, real estate credit, credit on personal property; (*Econ*) *~ in bianco* blank credit; (*non garantito*) unsecured credit; *essere in ~ con qcu.* to have a credit with so., to be so.'s creditor, to be owed money by so.; (*Econ*) *~ inesigibile* irrecoverable debt, bad debt, ineligible debt; (*Econ*) *~ infruttifero* passive debt; (*Econ*) *~ ipotecario* mortgage credit; (*Econ*) *~ mercantile* trade credit; *crediti pendenti* outstanding credits; *~ per acquisti rateali* hire-purchase credit, (*Am*) instalment credit;

(*Econ*) ~ *per cassa* cash credit; ~ *personale* personal credit; (*Econ*) ~ *privilegiato* secured debt, preferential debt, secured preferential claim; (*Econ*) ~ *revocabile* revocable credit; (*Econ*) ~ *rotativo* revolving credit; ~ *scaduto* expired credit; (*Scol*) ~ *scolastico* credit; (*Econ*) ~ *stagionale* seasonal credit; (*Econ*) ~ *trasferibile* transferable credit; *crediti verso banche* credits to banks; (*Econ*) ~ *vincolato* tied credit.

creditore I *m.* (*f.* -**trice**) creditor. II *a.* credit (*attr.*), creditor (*attr.*). □ (*Dir*) ~ *chirografario* unsecured creditor; *creditori diversi* sundry creditors; (*Dir*) ~ *ipotecario* mortgagee, secured creditor; (*Dir*) ~ *privilegiato* preferred creditor, preferential creditor.

credo *m.* 1 (*Rel,Lit*) (*preghiera*) Creed: *recitare il* ~ to recite the Creed. 2 (*fig*) creed, views *pl.*, beliefs *pl.*: *il suo* ~ *politico* his political views. □ (*Rel.catt*) ~ *atanasiano* Athanasian creed; (*Rel*) ~ *evangelico* evengelical creed; (*Rel.catt*) ~ *niceno* Nicean creed, Nicene Creed; (*Rel.prot*) ~ *protestante* Protestant creed.

credulità *f.* credulity, credulousness, gullibility: *la sua* ~ *è sconcertante* his credulity is disconcerting.

credulo *a.* credulous, gullible.

credulone I *a.* credulous, gullible. II *m.* (*f.* -**a**) gullible person; (*gonzo*) stooge, dupe.

crema I *f.* 1 (*Dolc*) cream; (*di uova e latte*) custard: *un dolce alla* ~ a cream cake; ~ *grumosa* lumpy custard. 2 (*Dolc*) (*gusto di gelato*) plain ice-cream, vanilla ice-cream: *preferisco i gelati alla frutta alle creme* I prefer fruit-flavoured ice-creams to the others. 3 (*Gastron*) (*passato di legumi*) cream, thick soup, purée: ~ *di funghi* cream of mushrooms, cream of mushroom soup. 4 (*Cosmet*) cream: ~ *di bellezza* beauty cream. 5 (*per lucidare scarpe, borse e sim.*) cream, polish: ~ *per calzature* shoe polish, shoe cream. 6 (*fig*) (*fior fiore*) cream, élite: *la* ~ *dell'aristocrazia* the cream of the aristocracy. II *m.* (*colore*) cream. III *a.inv.* (*color crema*) cream (*attr.*), cream-coloured. □ (*Dolc*) *alla* ~ cream (*attr.*): *bignè alla* ~ cream puff; (*Cosmet*) ~ *anti-cellulite* anti-cellulite cream; (*Cosmet*) ~ *antirughe* anti-wrinkle cream; (*Cosmet*) ~ *antismagliature* anti-stretch mark cream; (*Dolc*) ~ *chantilly* crème Chantilly; (*Cosmet*) ~ *contorno occhi* eye cream; (*Cosmet*) ~ *da barba* shaving cream; (*Cosmet*) ~ *da giorno* day cream; (*Cosmet*) ~ *da notte* night cream; (*Cosmet*) ~ *depilatoria* hair-depilatory cream, hair-removing cream; (*Cosmet*) ~ *detergente* cleansing cream; (*Gastron*) ~ *di asparagi* cream of asparagus (soup); (*Gastron*) ~ *di tonno* tuna spread; (*Cosmet*) ~ *emolliente* softening cream, emollient cream; (*Cosmet*) ~ *idratante* moisturizer, moisturizing cream; (*Cosmet*) ~ *nutriente* nourishing cream; (*Dolc*) ~ *pasticciera* custard, pastry cream; (*Cosmet*) ~ *per il viso* face cream; (*Cosmet*) ~ *per le mani* hand cream; (*Cosmet*) ~ *protettiva* barrier cream; (*Cosmet*) ~ *rassodante* firming cream; (*Cosmet*) ~ *riducente* reducing cream, slimming cream; (*Cosmet*) ~ *solare* suntan cream, sun cream; (*Am*) suntan lotion.

cremagliera *f.* (*Mecc*) rack, rack-and-pinion.

cremare (**crèmo**) *v.t.* to cremate: ~ *un cadavere* to cremate a corpse.

crematistica *f.* (*Econ*) chrematistics (*costr.sing.*).

crematoio *m.* crematorium, crematory.

crematorio I *a.* crematory. II *m.* (*forno crematorio*) crematorium.

cremazione *f.* cremation.

crème /krɛm/ *f.* (*élite*) cream, pick, crème de la crème.

crème caramel /ˌkrɛmkaraˈmɛl/ *m./f.inv.* (*Dolc*) crème caramel, caramel custard.

cremeria *f.* (*region*) milk bar.

cremificato *a.* (*Alim*) creamed, cream (*attr.*): *formaggio* ~ cream cheese.

cremino *m.* 1 (*Dolc*) (*cioccolatino*) chocolate truffle. 2 (*Dolc*) (*gelato*) ice-cream cornet. 3 (*Alim*) (*formaggino*) soft cheese.

cremisi I *a.inv.* crimson. II *m.* crimson.

Cremlino *n.pr.m.* (*Pol*) Kremlin.

cremlinologia *f.* (*Pol,Giorn*) Kremlinology.

cremlinologo *m.* (*f.* -**a**; *pl.* -**gi**) (*Pol,Giorn*) Kremlinologist.

cremolato *m.* (*Dolc,region*) soft ice-cream, soft-serve ice-cream.

cremometro *m.* (*Alim,Tecn*) creamometer.

cremonese I *a.* from Cremona, of Cremona. II *m./f.* (*originario*) native of Cremona; (*abitante*) inhabitant of Cremona. III *f.* (*Edil*) (*chiusura di porte e finestre*) cremone bolt.

cremore *m.* (*Chim*) cream. □ (*Chim*) ~ *di tartaro* cream of tartar, potassium bitartrate.

cremortartaro *m.* (*Chim*) cream of tartar.

cremosità *f.* creaminess.

cremoso *a.* creamy, cream (*attr.*): *un dolce* ~ a creamy dessert.

cren *m.* (*Bot,Gastron*) horseradish.

crenatura[1] *f.* (*Bot*) crenature, crenation.

crenatura[2] *f.* (*Tip*) kerning.

crenoterapia *f.* (*Med*) crenotherapy.

creolina *f.* (*Chim*) creolin.

creolo I *a.* Creole, creole. II *m.* 1 (*f.* -**a**) (*abitante*) Creole. 2 (*dialetto*) Creole, creole.

creosolo *m.* (*Chim*) creosol.

creosoto *m.* (*Chim*) creosote.

crepa *f.* 1 crack, crevice, cleft: *c'è una* ~ *nel muro* there is a crack in the wall. 2 (*fig*) (*contrasto*) crack, rift.

crepaccio *m.* (*rif. a ghiacciaio*) crevasse; (*rif. a roccia*) crack, fissure, cleft: *il terreno era pieno di crepacci* the ground was full of fissures.

crepacuore *m.* heartbreak, broken heart: *morire di* ~ to die of heartbreak, to die of a broken heart.

crepapancia □ (*rar*) *mangiare a* ~ to eat until one is about to burst; *ridere a* ~ to split one's sides with laughter, to (nearly) burst with laughter.

crepapelle □ *mangiare a* ~ to eat until one is about to burst; *ridere a* ~ to split one's sides with laughter, to (nearly) burst with laughter.

crepare (**crèpo**; *aus.* **essere**) I *v.i.* 1 (*pop*) to die, to pop off, to kick the bucket, (*Br*) to snuff it, (*spec. Am,colloq*) to croak: *è crepato come un cane* he died like a dog. 2 (*pop,fig*) (*scoppiare*) to burst: *se continui a mangiare così creperai* if you keep on eating like that you'll burst. 3 (*formare una crepa*) to crack, to cleave. II *v.pron.* **creparsi** to crack, to split, to cleave: *il muro si è crepato* the wall has cracked. □ (*pop*) *crepa!* go to hell!, get lost!, drop dead!; (*colloq*) *crepi!* not translated (response to someone wishing you good luck); (*pop,fig*) *c'è da* ~ *dal ridere* it'll have you in stitches, it'll make you split your sides, it's so funny it'll kill you; (*pop,fig*) ~ *dalle risa* to split one's sides with laughter, to burst with laughter; (*pop,fig*) ~ *di caldo* to be boiling: *sto crepando dal caldo* the heat is killing me; (*pop,fig*) ~ *di fame* to starve (to death), to be dying of hunger; (*pop,fig*) ~ *di fatica* to be dead tired; (*pop,fig*) ~ *di freddo* to freeze, to be freezing to death; (*pop,fig*) ~ *di rabbia* to be bursting with rage, to be be-

side oneself with rage; (*scherz*) ~ *di salute* to be bursting with health; (*pop,fig*) ~ *di sete* to be dying of thirst; (*pop,fig*) ~ *d'invidia* to be eaten up with envy, to be green with envy; (*colloq*) *crepi il lupo!* not translated (response to someone wishing you good luck); (*scherz*) *crepi l'astrologo!* Heaven forbid!, Heavens forbid!; (*scherz*) *crepi l'avarizia!* blow the expense!

crepato *a.* cracked: *il muro è crepato in più punti* the wall has cracked in several places; *il piatto era crepato* the plate was cracked.

crepatura *f.* crack, crevice.

crêpe /krɛp/ I *f.inv.* (*Gastron*) crepe, crêpe, thin pancake. II *m.inv.* (*Tess*) crepe, crêpe, crape. □ (*Tess*) ~ *de Chine* crêpe de Chine; (*Gastron*) ~ *dolce* sweet crêpe, sweet pancake; (*Tess*) ~ *georgette* crêpe georgette; (*Gastron*) ~ *salata* savory crêpe.

crepella *f.* (*Tess*) wool crepe.

creperia *f.* crêpe shop.

crepitare (**crèpito**; *aus.* **avere**) *v.i.* to crackle, to rattle: *il ceppo crepitava nel fuoco* the log was crackling in the fire; *la grandine crepitava sul tetto* the hail was rattling down on the roof; *le foglie secche calpestate crepitavano* the dry leaves crackled underfoot.

crepitio *m.* crackling, crackle, rattling, rattle: *il* ~ *del fuoco* the crackling of the fire; *il* ~ *degli spari* the rattle of shots; *il* ~ *delle foglie calpestate* the crackle of leaves underfoot.

crépon /kreˈpɔ̃/ *m.* (*Tess*) crepon.

crepuscolare I *a.* 1 twilight (*attr.*), crepuscular: *ora* ~ twilight, twilight hours. 2 (*Lett*) (*della poesia crepuscolare*) crepuscolare, belonging to crepuscolarismo. II *m.* (*Lett*) (*poeta crepuscolare*) crepuscolare, poet belonging to crepuscolarismo.

crepuscolarismo *m.* (*Lett*) crepuscolarismo (20th century Italian literary movement).

crepuscolo *m.* 1 twilight, dusk: *al* ~ in the twilight, at dusk. 2 (*fig*) (*declino*) twilight, decline: *il* ~ *della vita* the twilight of life. □ (*Mitol.nord*) *il* ~ *degli dei* the twilight of the gods.

crescendo *m.* 1 (*Mus*) crescendo. 2 (*fig*) crescendo, steady increase, gradual increase: *un* ~ *di applausi* a crescendo of applause.

crescente *a.* 1 growing, increasing, rising, mounting: *entusiasmo* ~ growing enthusiasm; *un'ondata* ~ *di malcontento* a rising tide of discontent. 2 (*Mus*) sharp: *quel fa è un po'* ~ that f is a little sharp.

crescenza *f.* (*Alim*) crescenza (kind of soft cheese).

crescere (*pres.ind.* **cresco, cresci**; *p.rem.* **crébbi, crescésti**; *p.p.* **cresciùto**) I *v.i.* (*aus.* **essere**) 1 (*diventare più alto*) to grow (taller, higher); (*diventare più lungo*) to grow (longer); (*diventare più grande*) to grow (larger): *il tuo bambino è cresciuto molto in questi ultimi mesi* your little boy has grown a lot during the last few months, your little boy has grown much taller during the last few months. 2 (*rif. a piante*) to grow; (*germogliare*) to grow, to sprout (up): *da questo seme crescerà una pianta* a plant will grow from this seed. 3 (*aumentare*) to grow, to increase; (*rif. a livello*) to rise, to mount; (*rif. a quantità*) to increase, to mount up, to pile up; (*rif. a intensità*) to rise, to mount, to grow: *l'allegria cresceva con l'avvicinarsi della mezzanotte* the merriment grew as midnight drew near; *i nostri bisogni crescono* our needs are increasing; ~ *del 3%* to increase by 3%; *il livello del Tevere cresce an-*

cora the Tiber is still rising; *il lavoro non fa che* ~ work keeps mounting up; *la tensione cresceva* tension was mounting. **4** (*aumentare: rif. a prezzo*) to go up, to rise (in price): *i prezzi crescono* prices are rising. **5** (*diventare adulto*) to grow up: *siamo cresciuti insieme* we grew up together; *quando sarai cresciuto, capirai*; when you are grown-up, you will understand; *quando ti deciderai a ~?* when are you going to grow up? **6** (*essere allevato*) to grow up, to be brought up: *è cresciuto in campagna* he grew up in the country; *è cresciuto in casa dei nonni* he was brought up by his grandparents. **7** (*progredire*) to grow, to rise: ~ *di grado* to rise in rank. **8** (*rif. alla luna*) to wax. **9** (*colloq*) (*avanzare*) to have (sth.) as an extra. **II** *v.t.* **1** (*allevare*) to bring up, to raise, to rear: *ha cresciuto i suoi ragazzi con molta severità* he has brought his children up very strictly. **2** (*nel lavoro a maglia*) to increase, to cast on: ~ *due maglie ogni ferro* to increase two stitches every row. ☐ ~ *a dismisura* to grow disproportionately, to grow uncontrollably, to grow exponentially, (*spreg*) to mushroom; ~ *a vista d'occhio* to spring up, to shoot up, to grow apace; (*fig*) ~ *come la gramigna* to grow like weeds; ~ *di numero* to rise in number, to go up; ~ *di peso* to increase in weight, to put on weight, to gain weight; (*Bibl*) *crescete e moltiplicatevi* be fruitful and multiply; *far* ~ (*rif. a prezzi*) to make go up, to send up, to push up: *le recenti inondazioni hanno fatto* ~ *i prezzi* the recent floods have sent prices up; *farsi* ~ *la barba* to grow a beard; *farsi* ~ *i capelli* to let one's hair grow; *lasciarsi* ~ *i capelli* to grow one's hair; *lasciarsi* ~ *la barba* to grow a beard; (*fig*) *ci crescono le ortiche* (*è un luogo abbandonato*) it is overgrown with weeds; ~ *nella stima di qcu.* to go up in so.'s opinion, to go up in so.'s esteem; ~ *dieci volte* to increase tenfold.

crescione *m.* (*Bot*) watercress.
crescita *f.* **1** (*atto*) growing, growth; (*effetto*) growth: *la* ~ *del bambino* the growth of the child; *la* ~ *dei capelli* hair growth; *durante la* ~ during growth. **2** (*aumento*) increase, rise: *la* ~ *dei prezzi* the rise in prices. ☐ (*Econ*) ~ *a tasso costante* steady growth; ~ *economica* economic growth; ~ *esponenziale* exponential growth; *essere in* ~ to be growing; ~ *zero* zero growth.
cresciuto → **crescere**.
cresima *f.* (*Rel*) confirmation. ☐ *fare la* ~ to be confirmed; *tenere qcu. a* ~ to be so.'s godmother at confirmation, to be so.'s godfather at confirmation.
cresimando *m.* (*f.* **-a**) (*Rel.catt*) candidate for confirmation, confirmand.
cresimare (**crèsimo**) *v.t.* (*Rel.catt*) to confirm. **II** *v.pron.* **cresimarsi** (*Rel.catt*) to be confirmed.
cresimato I *a.* (*Rel.catt*) confirmed. **II** *m.* (*f.* **-a**) (*Rel.catt*) confirmed person, confirmed Christian, confirmed Catholic.
creso ☐ *essere ricco come un* ~ to be as rich as Croesus, to be a Croesus.
Creso *n.pr.m.* (*Stor*) Croesus.
crespa *f.* **1** (*grinza della pelle*) wrinkle, pucker. **2** (*piccola piega*) tuck, gather. **3** (*ondulazione*) ripple.
crespare (**créspo**) *v.t.* (*rar,lett*) to curl, to wrinkle.
crespato ☐ *carta crespata* crêpe paper.
crespella *f.* (*Gastron*) crepe, crêpe, thin pancake.
crespo I *a.* **1** frizzy: *capelli crespi* frizzy hair. **2** (*Tess*) crinkled. **3** (*lett*) (*rugoso*) wrin-

kled, puckered. **II** *m.* (*Tess*) crêpe; (*per lutto*) crape. ☐ (*Tess*) ~ *di lana* woollen crêpe; (*Tess*) ~ *di seta* silk crêpe.
cresta *f.* **1** (*rif. a polli, uccelli*) crest, comb; (*rif. a rettili, pesci*) crest; (*ciuffo di piume*) crest, tuft: *la* ~ *del gallo* coxcomb. **2** (*ornamento dell'elmo*) crest, plume. **3** (*crestina*) (*maid's*) starched cap. **4** (*Geog*) crest, ridge: *una* ~ *nevosa* a snowy crest; *le creste dei monti* mountain ridges. ☐ (*fig*) *abbassare la* ~ to come off one's high horse; (*fig*) *fare abbassare la* ~ *a qcu.* to take so. down (a peg or two). ~ *dello spartiacque* crest of a watershed; *la* ~ *dell'onda* the crest of the wave; (*fig*) *essere sulla cresta dell'* ~ to be (riding) on the crest of the wave; (*Bot*) ~ *di gallo* cockscomb; (*fig,colloq*) *fare la* ~ *sulla spesa* to keep a little of the shopping money for oneself.
crestato *a.* **1** (*Zool,Bot*) cristate. **2** (*di elmo*) crested.
crestina *f.* (*della cameriera*) (maid's) starched cap.
crestomazia *f.* (*lett*) chrestomathy.
creta *f.* **1** clay. **2** (*estens*) (*oggetto*) clay object. ☐ ~ *di* ~ clay (*attr.*): *vaso di* ~ clay vase; (*fig,poet*) *la* ~ *mortale* mortal clay, the mortal human body.
Creta *n.pr.f.* (*Geog*) Crete.
cretaceo I *a.* **1** cretaceous, chalky, clayey. **2** (*Geol*) Cretaceous: *fossile* ~ Cretaceous fossil. **II** *m.* (*Geol*) Cretaceous, Cretaceous period.
cretese I *a.* Cretan: *civiltà* ~ Cretan civilization. **II** *m./f.* Cretan.
cretese-miceneo *a.* Creto-Mycenaean: *civiltà cretese-micenea* Creto-Mycenaean civilization.
cretico I *a.* (*Metr*) cretic. **II** *m.* (*Metr*) cretic.
cretinata *f.* **1** (*cosa stupida*) idiocy, stupid thing, stupid act: *dire cretinate* to say stupid things; *che* ~! what a stupid thing!; *hai fatto una* ~! you did a stupid act!, you did a stupid thing! **2** (*cosa da nulla*) trifle: *non preoccuparti, è solo una* ~ don't worry, it's just a trifle; *l'ho pagato una* ~ I got it for next to nothing.
cretineria *f.* **1** (*l'essere cretino*) idiocy, lunacy, silliness, foolishness. **2** (*azione cretina*) idiocy, stupid act, foolishness. **3** (*parole cretine*) rubbish, nonsense, gibberish.
cretinetti *m./f.inv.* dimwit, twit, fathead: *il solito* ~ *che non ha capito nulla* the usual twit who hasn't understood a word.
cretinismo *m.* (*Med*) cretinism.
cretino I *m.* (*f.* **-a**) **1** (*colloq*) stupid, idiot, fool. **2** (*Med*) cretin. **II** *a.* stupid, foolish, silly: *una domanda cretina* a stupid question.
cretinoide *m./f.* **1** (*colloq*) stupid, idiot, peabrain. **2** (*Med*) cretinoid.
cretonne /kre'tɔn/ *m./f.inv.* (*Tess*) cretonne.
cretoso *a.* clayey: *terreno* ~ clayey ground.
cri ☐ ~ ~: **1** (*usato come onomatopea*) chirp-chirp; **2** (*usato come nome*) chirp: *il* ~ *dei grilli* the chirping of the crickets; *fare* ~ to chirp.
CRI *Croce rossa italiana* (Italian Red Cross).
cribbio *intz.* (*pop*) crikey!, cripes!
cribro *m.* (*Bot*) sieve tube.
cribroso *a.* (*Biol*) cribrose, cribriform.
cric¹ *m.inv.* (*Tecn*) (*martinetto*) jack: *alzare qcs. con il* ~ to jack sth. (up); ~ *idraulico* hydraulic jack.
cric² **I** *onom.* crack. **II** *m.* crack, creak. ☐ *fare* ~ to crack, to go crack.
cricca *f.* **1** gang, band, bunch: *una* ~ *di imbroglioni* a bunch of thieves. **2** (*nelle carte da gioco*) three of a kind.

cricchetto *m.* (*Mecc*) pawl.
cricco (*pl.* **-chi**) *m.* (*Tecn*) jack: ~ *idraulico* hydraulic jack.
criceto *m.* (*Zool*) hamster.
Crimea *n.pr.f.* (*Geog*) Crimea.
criminale I *a.* criminal: *atto* ~ criminal act. **II** *m./f.* criminal, offender, felon. ☐ ~ *di guerra* war criminal.
criminalista *m./f.* (*rar*) (*penalista*) criminalist, criminal lawyer.
criminalità *f.* (*quantità di crimini*) crime, criminality: *la* ~ *è in aumento* crime is on the increase; *percentuale di* ~ crime rate; *grande* ~ serious offences, high delinquency; *piccola* ~ petty offences, minor crimes. ☐ ~ *economica* economic crimes (*pl.*), economic criminality; ~ *giovanile* juvenile crime; ~ *informatica* computer crime; ~ *minorile* juvenile crime; ~ *organizzata* organized crime.
criminalizzare (**criminalìzzo**) *v.t.* to criminalize, to treat (sth.) as criminal, to portrait (sth.) as criminal: ~ *i drogati* to criminalize drug addicts.
criminalizzazione *f.* criminalization.
Criminalpol *polizia criminale* CID (Criminal Investigation Department, crime squad, international crime squad).
crimine *m.* crime, criminal act, felony: *commettere un* ~ to commit a crime; *incolpare qcu. di un* ~ to charge so. with a crime. ☐ ~ *contro l'umanità* crime against humanity; *crimini di guerra* war crimes.
criminogeno *a.* that favours crime.
criminologia *f.* criminology.
criminologo *m.* (*f.* **-a**; *pl.* **-gi**) criminologist.
criminosamente *avv.* criminally.
criminosità *f.* criminality.
criminoso *a.* criminal: *azione criminosa* criminal deed, criminal offence.
crinale *m.* (*Geog*) ridge, crest.
crine *m.* **1** horsehair: *materasso di* ~ horsehair mattress; *spazzola di* ~ horsehair brush. **2** (*Tess*) haircloth. **3** (*lett*) (*chioma*) hair. ☐ ~ *vegetale* vegetable fibre.
criniera *f.* **1** mane: *la* ~ *del cavallo* the horse's mane. **2** (*scherz*) (*folta capigliatura*) mop, mane.
crinito *a.* (*lett*) **1** maned: *i criniti destrieri* the maned steeds. **2** (*rif. a persona*) long-haired.
crinoide *m.* (*Zool*) crinoid.
crinolina *f.* (*Abbigl*) crinoline.
crioanestesia *f.* (*Med*) cryoanesthesia.
criobiologia *f.* (*Biol*) cryobiology.
criocauterio *m.* (*Med,Tecn*) cryocautery, cold cautery.
criochirurgia *f.* (*Chir*) cryosurgery.
criochirurgico (*pl.* **-ci**) *a.* (*Chir*) cryosurgical.
crioelettronica *f.* (*Elettron*) cryoelectronics (*costr.sing.*).
criogenia *f.* cryogenics (*costr.sing.*), cryogeny.
criogenico *a.* cryogenic.
crioidrato *m.* (*Chim*) cryohydrate.
criolite *f.* (*Min*) cryolite, Greenland spar.
criologia *f.* cryogenics (*costr.sing.*), cryogeny.
criopatia *f.* (*Med*) cryopathy, (*colloq*) frostbite.
crioscopia *f.* (*Chim,Fis*) cryoscopy.
criosonda *f.* (*Chir,Tecn*) cryoprobe.
criostato *m.* (*Fis*) cryostat.
crioterapia *f.* (*Med*) cryotherapy.
cripta *f.* **1** (*Arch*) crypt, vault, underground burial chamber. **2** (*Anat*) crypt.
criptaggio *m.* **1** (*TV*) scrambling, encoding. **2** (*Elettron,Inform*) encryption.

criptare (crìpto) *v.t.* **1** (*TV*) to scramble, to encode. **2** (*Elettron,Inform*) to encrypt.

criptato *a.* **1** (*TV*) scrambled, encoded. **2** (*Elettron,Inform*) encrypted.

criptestesìa *f.* (*Occult*) cryptaesthesia, (*spec. Am*) cryptesthesia.

cripticamente *avv.* cryptically.

criptico (*pl.* **-ci**) *a.* cryptic, cryptical.

cripto *m.* (*Chim*) krypton.

criptocomunista *m./f.* crypto-communist.

criptografia *e der.* → **crittografia** *e der.*

criptonimo *m.* cryptonym.

criptopòrtico *m.* (*Arch*) cryptoporticus.

crisàlide *f.* (*Entom*) chrysalis, chrysalid.

crisantemo *m.* (*Bot*) chrysanthemum.

Crisèide *n.pr.f.* (*Lett*) **1** Cryseide. **2** Cressida.

criselefantino *a.* chryselephantine.

crisi *f.* **1** crisis: *essere in ~* to be in crisis, to be in a state of crisis; *superare una ~* to get over a crisis, to overcome a crisis. **2** (*Econ*) crisis, slump, recession: *sull'orlo della ~* on the verge of a crisis. **3** (*accesso*) crisis, attack, fit, outburst (*anche Med*): *una ~ di pianto* a fit of crying, an outburst of crying. **4** (*penuria*) shortage, crisis. □ *~alimentare* food shortage; (*Med*) *~ cardiaca* cardiac crisis; (*Med*) *~ d'asma* asthma attack; (*Med*) *~ d'astinenza* withdrawal symptoms, (*colloq*) cold turkey; *la ~ degli alloggi* the housing shortage, the housing problem; (*Econ*) *~ del dollaro* dollar crisis; *~ di coscienza* conflict of conscience; (*Parl*) *~ di fiducia* confidence crisis; (*Pol*) *~ di gabinetto* (o *~ di governo*) cabinet crisis, government crisis, governmental crisis; (*Pol*) cabinet crisis, government(al) crisis; (*Econ*) *~ di liquidità* liquidity crisis; (*Med*) *~ di nervi* fit of nerves, attack of nerves; *~ di panico* panic attack; (*Econ*) *~ di produzione* production crisis; (*Med*) *~ di rigetto* rejection crisis; (*Psic*) *~ d'identità* identity crisis; (*Pol*) *~ dinastica* dynastic crisis; (*Econ*) *~ economica* economic crisis; *~ economica mondiale* world economic crisis; (*Econ*) *~ energetica* energy crisis; (*Med*) *~ epilettica* epileptic fit, epileptic seizure; (*Med*) *~ epilettoide* epileptoid crisis, epileptic seizure; *~ esistenziale* life crisis; (*Econ*) *finanziaria* financial crisis; (*Med*) *~ isterica* hysterical attack, hysterical outbreak; (*Pol*) *~ mediorientale* Middle East crisis; *mettere in ~* to put in a critical position; (*Pol*) *~ ministeriale* cabinet crisis; (*Econ*) *~ monetaria* monetary crisis; *~ occupazionale* employment crisis, occupational crisis, unemployment crisis; (*Econ*) *~ petrolifera* oil crisis; *~ religiosa* religious crisis; *~ strutturale* structural crisis.

crisma *m.* **1** (*Lit*) chrism. **2** (*fig,scherz*) (*approvazione*) approval, official blessing. □ *con tutti i crismi* (*in piena regola*) in strict accordance with the regulations.

crisoberillo *m.* (*Min*) chrysoberyl.

crisografia *f.* chrysography.

crisòlito *m.* (*Min*) chrysolite.

crisopazio, crisoprasio *m.* (*Min*) chrysoprase.

crisòtilo *m.* (*Min*) chrysotile.

cristallaio *m.* (*Vetr*) **1** (*chi lavora cristalli*) glass worker, glass blower, crystal worker; (*chi taglia cristalli*) glass cutter. **2** (*venditore*) dealer in glassware and crystalware.

cristalleria *f.* (*Vetr*) **1** (*negozio*) glass shop, glassware shop, crystalware shop; (*fabbrica*) glassware factory, glass factory, glassworks *pl.* **2** (*oggetti in cristallo*) crystal, crystalware, glass, glassware: *~ da tavola* table crystal.

cristalliera *f.* (*Arred*) glass cabinet, glass display cabinet.

cristallìfero *a.* crystalliferous.

cristallino I *a.* **1** (*di cristallo*) crystalline, crystal (*attr.*). **2** (*fig*) (*limpido*) crystal-clear, crystal (*attr.*), clear, crystalline: *acqua cristallina* crystalline water, crystal-clear water. **3** (*Min*) crystalline: *minerale ~* crystalline mineral. II *m.* (*Anat*) crystalline lens.

cristallizzàbile *a.* crystallizable.

cristallizzare (**cristallìzzo**) I *v.t.* to crystallize. II *v.i.* (*aus.* **essere**) to crystallize. III *v.pron.* **cristallizzarsi** **1** to crystallize, to be crystallized: *il sale* (*si*) *cristallizza con l'evaporazione* salt crystallizes on evaporation. **2** (*fig*) (*irrigidirsi*) to become entrenched, to become fossilized: *le sue idee si sono cristallizzate* his ideas have become entrenched.

cristallizzatore *m.* (*Chim*) crystallization vessel, crystallizer.

cristallizzazione *f.* **1** crystallization (*anche fig*): *~ di un sistema filosofico* crystallization of a philosophical system. **2** (*Ling*) crystallization.

cristallo *m.* **1** (*Chim,Min*) crystal: *~ di zolfo* sulphur crystal; *un ~ sfaccettato* a faceted crystal. **2** (*Vetr*) (*vetro pregiato*) crystal, crystal glass, cut glass: *una coppa di ~* a crystal goblet. **3** (*Vetr*) (*lastra di vetro*) crystal glass, glass, plate glass; (*di finestra*) pane: *i cristalli della finestra* the window panes. **4** (*Aut*) window, car window. **5** *pl.* (*Vetr*) (*oggetti di cristallo*) crystal (*costr.sing.*), crystalware (*costr.pl.*), glass (*costr.sing.*), glassware (*costr.pl.*), cut glass *sing.*: *una tavola rilucente di cristalli* a table resplendent with crystal. □ *~ artificiale* synthetic crystal; (*Aut*) *~ blindato* armour-plated glass, (*Am*) bullet-proof glass; *trasparente come il ~* as clear as crystal, crystal-clear; *di ~* crystal (*attr.*), made of crystal (*posposto*), glass (*attr.*), cut-glass (*attr.*): *vaso di ~* cut-glass vase; (*Vetr*) *~ di Boemia* Bohemian glass; (*Min*) *~ di quarzo* quartz crystal; (*Min*) *~ di rocca* rock crystal; (*Vetr*) *~ infrangibile* safety glass, laminated glass, (*Am*) shatter-proof glass; (*Fis*) *cristalli liquidi* liquid crystals; *~ martellato*: 1 (*Minier*) faceted crystal; 2 (*Met*) hammered crystal; (*Ott*) *~ modulatore* modulator crystal; (*Vetr*) *~ molato* cut glass.

cristallochimica *f.* (*Min*) chemical chrystallography.

cristallogènesi *f.* crystallogenesis.

cristallografia *f.* (*Min*) crystallography.

cristallogràfico (*pl.* **-ci**) *a.* crystallographic, crystallographical.

cristallografo *m.* (*f.* **-a**) crystallographer.

cristalloide I *a.* crystalloid. II *m.* (*Chim*) crystalloid.

cristalloterapìa *f.* crystal therapy.

Cristiana *n.pr.f.* Christiana.

cristianamente *avv.* in a Christian way, like a Christian: *vivere ~* to live a good Christian life.

cristianésimo *m.* Christianity: *convertire al ~* to convert to Christianity.

cristiania *m.* (*Sport*) (*nello sci*) christiania, (*colloq*) christie.

Cristiania *n.pr.f.* (*Geog.stor*) Christiania.

cristianità *f.* **1** Christianity. **2** (*insieme dei cristiani*) Christendom: *i popoli della ~* the peoples of Christendom.

cristianizzare (**cristianìzzo**) *v.t.* to convert to Christianity, to Christianize: *~ un paese* to convert a country to Christianity.

cristianizzazione *f.* Christianization.

cristiano I *a.* Christian: *religione cristiana* Christian religion, Christianity; *civiltà cristiana* Christian civilization, Christianity. II *m.* **1** (*f.* **-a**) Christian: *i primi cristiani* the early Christians. **2** (*colloq*) (*persona*) man, soul: *non c'era un ~* there wasn't a soul. □ (*colloq*) *da ~*: 1 (*usato come aggettivo: decente*) decent, proper: *mettiti un vestito da ~!* put on some decent clothes!; 2 (*usato come aggettivo: ragionevole*) sensible; 3 (*usato come aggettivo: umano*) humane: *atto da ~* humane act; 4 (*usato come avverbio: decentemente*) decently, in a civilized way: *comportarsi da ~* to behave in a civilized way; 5 (*usato come avverbio: ragionevolmente*) sensibly: *parlare da ~* to speak sensibly; 6 (*usato come avverbio: umanamente*) humanely; *farsi ~* to become a Christian.

Cristiano *n.pr.m.* Christian.

cristiano-democràtico I *a.* (*Pol*) Christian-Democratic. II *m.* (*f.* **-a**; *pl.* **-ci**) (*Pol*) Christian-Democrat.

cristiano-sociale I *a.* (*Pol*) Christian-Socialist. II *m.* (*Pol*) Christian-Socialist.

Cristina *n.pr.f.* Christine, Christina.

cristo *m.* (*pop,fig*) fellow, man: *un povero ~* a poor devil, a poor fellow.

Cristo I *n.pr.m.* Christ. II *m.*(*crocifisso*) crucifix: *c'è un ~ sulla parete* there is a crucifix on the wall. III *intz.* (*come bestemmia*) Christ! □ *dopo ~* after Christ, Anno Domini, A.D; *fratelli in ~* brothers in Christ; *~ in croce* Christ crucified; *~ pantocratore* Christ Pantocrator.

Cristoforo *n.pr.m.* Christopher. □ (*Stor*) *~ Colombo* Christopher Columbus.

cristologìa *f.* (*Teol*) Christology.

cristològico (*pl.* **-ci**) *a.* (*Teol*) Christological.

criterio *m.* **1** criterion, standard, basis, ground: *con quale ~ avete fissato tali norme?* by what criterion did you draw up these regulations?, on what basis did you establish these rules? **2** (*principio*) principle: *seguire un ~ giusto* to adopt the right principle. **3** (*colloq*) (*buon senso*) common sense, good sense: *manca di ~* he lacks common sense. □ *con ~* with common sense, sensibly: *agire con ~* to act sensibly; *quel ragazzo agisce con poco ~* that boy doesn't behave very sensibly; *di ~* sensible, of sense (*posposto*): *un uomo di ~* a sensible man; (*Bibliot*) *~ di catalogazione* principle of classification; (*Inform*) *~ di ordinamento* key; (*Inform*) *criteri di ricerca* search criteria; *~ di valutazione* evaluation criterion; *senza ~*: 1 (*usato come aggettivo: scriteriato*) lacking in common sense (*posposto*); 2 (*usato come avverbio: a casaccio*) at random.

criterium *m.inv.* (*Sport*) restricted competition, race restricted to certain classes. □ (*Sport*) *~ ciclistico* race for young cyclists, cycle selection race; (*Sport*) *~ ippico* race for young horses.

critica *f.* **1** (*colloq*) (*disapprovazione*) criticism, blame, censure, disapproval: *esporsi alle critiche* to lay oneself open to criticism; *muovere una ~ a qcu.* (o *fare una ~ a qcu.*) to criticize so.; *suscitare molte critiche* to receive much criticism; *essere oggetto di critiche* to be criticized, to be the object of criticism; *~ severa* stern criticism; *~ sferzante* pungent observation. **2** (*collett.*) critics *pl.*: *la ~ ha accolto favorevolmente il romanzo* the critics have reviewed the novel favourably; *la ~ è unanime* all critics agree. **3** (*scritto critico*) critique, critical essay; (*recensione*) review: *ho letto una ~ favorevole* I have read a favourable review. **4** (*disciplina*) criticism: *~ letteraria* literary criticism, book reviewing. □ *~ artistica* art criticism; *~ cinematografica* film criticism, film reviewing; ~ *costruttiva* constructive criticism; (*Lett*) ~ *dantesca* Dante criticism; ~ *d'arte* art criticism; (*Filos*) *la ~ del giudizio* the Critique of Judgement; (*Filol*) ~ *del testo* textual criticism; (*Filos*) ~ *della ragion pura* Critique of Pure Reason; ~ *demolitrice* (o ~ *distruttiva*) destructive criticism; ~ *estetica* aesthetic criticism; *fare la ~ a qcs*.: 1 to express one's opinion about sth.; 2 (*sui giornali e sim*.) to review sth.; ~ *musicale* music criticism; ~ *sociale* social criticism; ~ *storica* historical criticism; ~ *teatrale* theatre criticism, dramatic criticism; (*Filol*) ~ *testuale* textual criticism.

criticabile *a*. criticizable, blamable, censurable: *comportamento* ~ criticizable behaviour.

criticamente *avv*. critically.

criticare (**crìtico, crìtichi**) *v.t*. 1 (*biasimare*) to criticize, to find fault with, to blame, to censure: *non posso criticarti* I can't blame you; ~ *il comportamento di qcu*. to find fault with so.'s behaviour; *farsi ~ per qcs*. to be criticized for sth., to attract criticism for sth. 2 (*sottoporre a esame critico*) to criticize, to write a criticism of. □ (*colloq*) *hai sempre da criticarmi* you're always criticizing me.

criticato *a*. criticized, censured: *un libro molto* ~ a much-criticized book.

criticismo *m*. (*Filos*) criticism.

criticità *f*. criticality (*anche Fis*).

critico (*pl*. **-ci**) **I** *a*. 1 (*grave, difficile*) critical, crisis (*attr*.), serious, difficult: *momento* ~ critical moment; *guardare qcs. con occhio* ~ to observe sth. with a critical eye; *si trova in una situazione critica* he is in a difficult situation, he is in a predicament. 2 (*Med*) critical: *condizioni critiche* critical conditions; *l'adolescenza è un'età critica* adolescence is a critical age. 3 (*Fis,Mat*) critical. 4 (*relativo alla critica*) critical: *facoltà critica* critical faculty. **II** *m*. critic; (*recensore*) reviewer. □ ~ *cinematografico* film critic, film reviewer; ~ *d'arte* art critic; ~ *del sistema* critic of the establishment; ~ *letterario* literary critic, (book) reviewer; *un* ~ *malevolo* an ill-natured critic; ~ *musicale* music critic; ~ *teatrale* drama critic, theatre critic.

criticone *m*. (*f*. **-a**) (*colloq*) fault-finder, critic.

crittaggio *m*. 1 (*TV*) scrambling, encoding. 2 (*Elettron,Inform*) encryption.

crittare (**critto**) *v.t*. 1 (*TV*) to scramble. 2 (*Elettron,Inform*) to encrypt.

crittato *a*. 1 (*TV*) scrambled. 2 (*Elettron, Inform*) encrypted.

crittogama *f*. (*Bot*) cryptogam. □ (*Bot*) ~ *del melo* apple mildew, apple powdery mildew; (*Bot*) ~ *della vite* vine mildew, powdery mildew of grapes.

crittogamia *f*. (*Bot*) cryptogamia, cryptogamy.

crittogamico (*pl*. **-ci**) *a*. cryptogamic, cryptogamical, cryptogamous, cryptogamian: *flora crittogamica* cryptogamic flora; *malattie crittogamiche* cryptogamian diseases.

crittografato *a*. cryptic: *parole crociate crittografate* a cryptic crossword.

crittografia *f*. 1 cryptography. 2 (*nell'enigmistica*) cryptogram.

crittografico (*pl*. **-ci**) *a*. cryptographic: *scrittura crittografica* cryptographic writing.

crittografo *m*. 1 (*f*. **-a**) cryptographer. 2 (*macchina*) cryptograph.

crittogramma *m*. cryptogram.

crivellare (**crivèllo**) *v.t*. 1 to riddle: *è morto crivellato di pallottole* he died riddled with

bullets. 2 (*Minier*) to jig.

crivello *m*. 1 sieve, sifter, riddle. 2 (*Minier*) jig.

croato **I** *a*. Croat, Croatian. **II** *m*. 1 (*f*. **-a**) (*abitante*) Croat, Croatian. 2 (*lingua*) Croatian.

Croazia *n.pr.f*. (*Geog*) Croatia.

croccante **I** *a*. crisp, crackling, crunchy: *biscotto* ~ crisp biscuit; *diventare* ~ to crisp up, to get crunchy, to become crispy. **II** *m*. (*Dolc*) almond brittle, brittle nut.

crocchetta *f*. (*Gastron*) croquette: ~ *di patate* potato croquette.

crocchia *f*. chignon, bun.

crocchio *m*. (*capannello*) group, circle: *un* ~ *di gente* a group of people. □ *fare* ~ to form a small group.

croccolone *m*. (*Ornit*) great snipe.

croce *f*. 1 cross: *aveva al collo una ~ di brillanti* she wore a diamond cross at her neck. 2 (*crocifisso*) cross, crucifix: *sulla sua tomba c'era una* ~ there was a cross on his tomb; *inchiodare sulla* ~ to nail on the cross, to nail to the cross; *morire sulla* ~ to be crucified, to die on the cross; *farsi il segno della* ~ to cross oneself, to bless oneself. 3 (*segno grafico*) cross: *segnare con una* ~ *la risposta giusta* to mark the right answer with a cross; *firmare con una* ~ to sign with a cross, to put one's cross. 4 (*fig*) (*tormento, preoccupazione*) cross, (*sore*) trial, affliction, burden: *quel ragazzo è la mia* ~ that boy is a sore trial to me; *ciascuno ha la sua* ~ we all have a cross to bear; *portare la propria* ~ to bear one's cross (*anche Bibl*). 5 (*distintivo, persona insegna*) cross. □ ~ *al merito* Distinguished Service Cross; ~ *ansata* Ankh; ~ *celtica* Celtic cross; ~ *del calvario* Calvary, cross Calvary; (*Astr*) ~ *del Sud* Southern Cross, Crux; ~ *di cavaliere* knight's cross; ~ *di ferro* Iron Cross; ~ *di fuoco* fiery cross; ~ *di Gerusalemme* Jerusalem cross; ~ *di guerra* Military Cross; ~ *di Lorena* cross of Lorraine, patriarcal cross; ~ *di Malta* Maltese cross; ~ *di sant'Andrea* St. Andrew's cross; ~ *di sant'Antonio* St. Anthony's cross; (*fig*) ~ *e delizia* source of joy and torment; ~ *egizia* Egyptian cross; (*fig*) *fare una ~ su qcs*.: 1 (*rinunciarci*) to give sth. up; 2 (*non pensarci più*) to give up thinking about sth., to stop thinking about sth.: *ormai ci ho fatto una ~ sopra* I have stopped thinking about it; ~ *gammata* (*svastica*) swastika, gammadion; ~ *greca* Greek cross; *in ~*: 1 crosswise, across: *legare in* ~ to tie crosswise; 2 (*rar*) (*incrociato*) cross, cross-shaped, crossed: *stare con le braccia in* ~ to have one's arms crossed, to have one's arms folded; 3 (*iperb*) (*soltanto*) just, only: *ha detto tre parole in* ~ he said three words; ~ *latina* Latin cross; (*fig*) *mettersi una* ~ *sopra* to forget about sth., to strike out: *ormai ci ho messo una* ~ *sopra* I have stopped thinking about it; *mettere in* ~ to set up on the cross, to crucify; (*fig*) to torment, to plague, to pester: *mi ha messo in* ~ *per avere un trenino elettrico* he pestered me to give him an electric train; ~ *ortodossa* Orthodox cross; ~ *papale* Papal cross; (*Arald*) ~ *patente* cross patée, cross formée; ~ *pettorale* pectoral cross; ~ *potenziata* potent cross; ~ *rossa* Red Cross; ~ *russa* Russian cross; ~ *uncinata* (*svastica*) swastika; ~ *vescovile* pectoral cross.

crocefiggere *e der*. → **crocifiggere** *e der*.

croceo *a*. (*lett*) saffron yellow.

crocerista *m./f*. passenger (on a cruise).

crocerossina *f*. Red Cross nurse.

crocetta *f*. 1 (*small*) cross: *segnare con una* ~ to mark with a cross. 2 (*Mar*) cross tree. 3

(*Bot*) (*lupinella*) sainfoin.

crocevia *m.inv*. crossroads (*costr.sing. o pl*.) (*anche fig*).

crochet /kro'ʃe/ *m.inv*. 1 (*uncinetto*) crochet-hook. 2 (*lavoro*) crochet, crochet-work. 3 (*Sport*) (*nel pugilato*) hook. □ *lavorare a* ~ to crochet.

crociano **I** *a*. (*di Croce*) Crocean, Crocian, of Croce: *estetica crociana* Crocean aesthetics. **II** *m*. follower of Crocean philosophy.

crociata *f*. crusade (*anche fig*): *bandire una* ~ to proclaim a crusade; *la* ~ *contro gli Albigesi* the Crusade against the Albigenses; (*fig*) *una ~ contro la droga* a crusade against drugs.

crociato **I** *a*. 1 (*disposto a croce*) in the form of a cross, cruciform, cross-shaped: *parole crociate* crossword, crossword puzzle. 2 (*Anat,Biol*) crucial, cruciate: *legamento* ~ crucial ligament. **II** *m*. 1 (*Stor*) crusader: *farsi* ~ to join a crusade. 2 (*f*. **-a**) (*fig*) crusader.

crocicchio *m*. crossroads (*costr.sing. o pl*.).

crociera[1] *f*. 1 (*Arch*) cross: *volta a* ~ cross vault. 2 (*Mecc*) spider, cross (*journal*), cross piece, cross strut.

crociera[2] *f*. 1 cruise (*anche Mar.mil*): *fare una ~ nel Mediterraneo* to go on a Mediterranean cruise. 2 (*trasvolata aerea*) long-distance flight. □ ~ *aerea* long-distance flight; *di* ~ cruising: *velocità di* ~ cruising speed.

crociere *m*. (*Ornit*) red crossbill.

crocierista *m./f*. (*crocerista*) passenger (on a cruise).

crocifera *f*. (*Bot*) crucifer: (*le*) *crocifere* crucifers.

crocifero **I** *a*. processional: *asta crocifera* processional pole. **II** *m*. cross-bearer, crucifer.

crocifiggere (*pres.ind*. **crocifiggo, crocifiggi**; *p.rem*. **crocifissi**; *p.p*. **crocifisso**) *v.t*. to crucify (*anche fig*).

crocifissi → **crocifiggere**.

crocifissione *f*. crucifixion (*anche Art*): *la* ~ *di Cristo* the Crucifixion of Christ.

crocifisso → **crocifiggere I** *a*. crucified, on the cross. **II** *m*. 1 (*Cristo crocifisso*) Christ Crucified, Crucified. 2 (*Art*) crucifix.

crocifissore *m*. crucifier.

crociforme *a*. (*rar*) (*cruciforme*) cruciform, cross-shaped.

croco (*pl*. **-chi**) *m*. 1 (*Bot*) crocus. 2 (*lett*) (*zafferano*) saffron, saffron crocus.

crocoite *f*. (*Min*) crocoite.

croda *f*. (*Geol*) crag, rock face.

crogiolare (**crògiolo**) **I** *v.t*. (*cuocere a fuoco lento*) to simmer. **II** *v.pron*. **crogiolarsi** 1 to bask, to laze comfortably: *crogiolarsi al sole* to bask in the sun. 2 (*rif. a pensieri, sentimenti e sim*.) to wallow (in), to delight (in), to relish (sth.): *crogiolarsi in un pensiero* to relish a thought.

crogiolo[1] *m*. 1 (*Met*) crucible, melting pot. 2 (*Vetr*) pot. 3 (*fig*) melting pot: *un ~ di idee* a melting-pot of ideas; *un ~ di razze* a melting-pot of races.

crogiolo[2] *m*. 1 (*Vetr*) annealing. 2 (*Gastron*) simmering.

croissant /krwa'sã/ *m.inv*. (*Dolc*) croissant, crescent-shaped roll.

crollare (**cròllo**) **I** *v.i*. (*aus*. **essere**) 1 to collapse, to fall down, to fall into ruin, to crumble, to tumble down: *il vecchio castello sta crollando* the old castle is falling into ruin; *il ponte è crollato sotto il peso della valanga* the bridge collapsed under the weight of the avalanche. 2 (*accasciarsi*) to collapse, to drop, to fall, to sink: *è crollato esausto sul divano* he collapsed onto the sofa in exhaustion. **3** (*fig*) to collapse, to crumble away, to fall, to be dashed: *tutte le mie speranze sono crollate* all my hopes have been dashed; (*rif. a persona*) to go under, to succumb, to fall to pieces: *dopo un anno di lavoro troppo intenso è crollato* after a year of overwork he fell to pieces. **4** (*Econ*) to slump, to fall sharply: *i prezzi crollano* prices are falling sharply, there is a slump (in prices). **II** *v.t.* (*scuotere, agitare*) to shake, to toss: ~ *il capo* to shake one's head. □ ~ *a terra* to collapse, to fall down, to crash to the ground; ~ *dal sonno* to be dead on one's feet, to be asleep on one's feet; *fare* ~ *qcs.* to make sth. break down, to make sth. fall down, to bring sth. down: *i nemici hanno fatto* ~ *il ponte* the enemies brought the bridge down; (*fig*) *mi è crollato il mondo addosso* the world crumbled around me; ~ *per la stanchezza* to collapse with exhaustion.

crollo *m.* **1** collapse, fall, tumbling down. **2** (*fig*) collapse, ruin, downfall, crash, fall; (*rif. a persona*) collapse, breakdown: *questo è il* ~ *delle nostre speranze* this is the downfall of our hopes; *dopo la malattia ha avuto un* ~ after his illness he had a collapse. **3** (*Econ*) slump, crash. □ *avere un* ~: 1 to crack up, to break down; 2 (*fallire*) to crash, to fail, to collapse; ~ *dei prezzi* dive in prices; ~ *delle vendite* slump; ~ *demografico* population drop; ~ *emotivo* emotional breakdown; (*Econ*) ~ *finanziario* financial crash; (*Econ*) ~ *in borsa* stock-exchange crash, stock-exchange slump; ~ *nervoso* nervous breakdown.

croma *f.* (*Mus*) (*Br*) quaver, (*Am*) eighth note.

cromare (**cròmo**) *v.t.* to chrome, to chromium-plate.

cromaticità *f.* chromaticity, colour range, (*Am*) color range.

cromatico (*pl.* **-ci**) *a.* **1** (*Pitt*) chromatic, colour (*attr.*), (*Am*) color (*attr.*): *sensibilità cromatica* colour sensitiveness; *senso* ~ colour sense. **2** (*Mus*) chromatic: *scala cromatica* chromatic scale.

cromatidio *m.* (*Biol*) chromatid.

cromatina *f.* (*Biol*) chromatin.

cromatismo *m.* **1** (*Pitt*) (*colorazione*) colouring, (*Am*) coloring. **2** (*Pitt*) (*eccesso di colorazione*) emphasizing of colour, (*Am*) emphasizing of color, strong colouring, (*Am*) strong coloring, colourfulness, (*Am*) colorfulness: ~ *pittorico* emphasizing of colour in painting. **3** (*Mus*) chromaticism. **4** (*Ott*) chromatism.

cromato[1] *a.* chromium-plated, chrome (*attr.*): *metallo* ~ chromium-plated metal.

cromato[2] *m.* (*Chim*) chromate.

cromatoforo *m.* (*Biol*) chromatophore.

cromatografia *f.* chromatography.

cromatografico (*pl.* **-ci**) *a.* chromatographic.

cromatografo *m.* (*Tecn*) chromatograph.

cromatura *f.* chromium-plating, chroming.

cromia *f.* tone of colour, shade of colour, (*Am*) tone of color, shade of color.

cromico (*pl.* **-ci**) *a.* (*Chim*) chromic.

cromismo *m.* (*Med*) chromium poisoning.

cromite *f.* (*Min*) chromite.

cromlech /ˈkrɔmlek/ *m.inv.* (*Archeol*) cromlech.

cromo *m.* (*Chim*) chromium, chrome: ~ *puro* straight chromium.

cromoforo *m.* (*Chim*) chromophore.

cromofotografia *f.* (*rar*) chromophotography.

cromolitografia *f.* (*Tip*) **1** (*procedimento*) chromolithography. **2** (*riproduzione*) chro-

molithograph.

cromolitografico (*pl.* **-ci**) *a.* (*Tip*) chromolithographic.

cromoplasto *m.* (*Bot*) chromoplast.

cromorno *m.* (*Mus,ant*) crumhorn.

cromoscopia *f.* (*Med*) chromoscopy.

cromoscopio *m.* (*Tecn*) chromoscope.

cromosfera *f.* (*Astr*) chromosphere.

cromosoma *m.* (*Biol*) chromosome. □ (*Biol*) ~ *21* chromosome 21; (*Biol*) ~ *sessuale* sex chromosome; (*Biol*) ~ *X* X chromosome; (*Biol*) ~ *Y* Y chromosome.

cromosomico (*pl.* **-ci**) *a.* (*Biol*) chromosome (*attr.*), chromosomic, chromosomal: *teoria cromosomica* chromosome theory.

cromoterapeuta *m./f.* colour therapist, (*Am*) color therapist.

cromoterapia *f.* (*Med*) chromotherapy, colour therapy, (*Am*) color therapy.

cromotipia *f.* (*Tip*) chromotype.

cronaca *f.* **1** (*Giorn*) (*relazione*) newspaper account, newspaper story; (*rubrica*) column, page news (*costr.sing.*). **2** (*Rad,TV*) commentary: *la* ~ *della partita di calcio* the football match commentary. **3** (*colloq*) (*resoconto*) account, description: *fare la* ~ *di qcs.* to report on sth., to give an account of sth. **4** (*narrazione storica*) chronicle. □ (*Giorn*) ~ *bianca* (non-criminal) general news (*costr.sing.*); (*Giorn*) ~ *cittadina* local news (*costr.sing.*); *notizia di* ~ news story; (*Giorn*) ~ *economica* business column; (*Giorn*) ~ *giudiziaria* law reports (*pl.*); ~ *in diretta* running commentary; (*Giorn*) ~ *letteraria* book news (*costr.sing.*); (*Stor*) ~ *monastica* monastery chronicle; (*Giorn*) ~ *mondana* gossip column, society column, society news (*costr.sing.*), gossip news (*costr.sing.*); (*Giorn*) ~ *nera* crime news (*costr.sing.*); (*fig*) *per la* ~ for the record, to set the record straight, to be accurate; (*Giorn*) ~ *rosa* gossip column; ~ *sportiva*: 1 (*relazione*) sporting news (*costr.sing.*), sports news (*costr.sing.*); 2 (*rubrica*) sports page; (*Giorn*) ~ *teatrale* theatre reports, theatre news (*costr.sing.*).

Cronache *f.pl.* (*Bibl*) Chronicles: *I* ~ 1 Chronicles; *II* ~ 2 Chronicles.

cronachista *m./f.* chronicler.

cronachistica *f.* chronicles *pl.*

cronicamente *avv.* chronically.

cronicario *m.* chronic disease hospital.

cronicità *f.* chronicity: (*Med*) *la* ~ *di una malattia* the chronicity of a disease.

cronicizzarsi (**mi cronicìzzo**) *v.pron.* to become chronic (*anche Med*).

cronico I *a.* **1** (*Med*) chronic: *malattia cronica* chronic disease. **2** (*fig*) chronic, inveterate: *la tua pigrizia è cronica* your laziness is chronic. **II** *m.* (*f.* **-a**; *pl.* **-ci**) (*Med*) chronic invalid, chronic patient: *ospedale per cronici* hospital for chronic invalids, hospital for the chronically ill, hospice.

cronista *m./f.* **1** (*Giorn*) reporter, columnist, journalist: ~ *mondano* gossip columnist, society columnist; ~ *di cronaca nera* crime reporter. **2** (*Rad,TV*) commentator. **3** (*storico*) chronicler. □ ~ *d'assalto* news hound; ~ *politico* political commentator, political reporter; ~ *sportivo* sports reporter, sports commentator.

cronistoria *f.* **1** chronicle. **2** (*estens*) detailed account, description: *fare la* ~ *di qcs.* to give an account of sth.

Crono *n.pr.m.* (*Mitol*) Cronus, Cronos.

cronobiologia *f.* (*Biol*) chronobiology.

cronobiologo *m.* (*f.* **-a**; *pl.* **-gi**) chronobiologist.

cronofotografia *f.* **1** (*tecnica*) chronophotography. **2** (*copia*) chronophotograph.

cronografia *f.* chronography.

cronografico (*pl.* **-ci**) *a.* chronographic.

cronografo *m.* **1** chronograph. **2** (*cronometro*) chronometer.

cronologia *f.* chronology.

cronologicamente *avv.* chronologically.

cronologico (*pl.* **-ci**) *a.* chronological: *ordine* ~ chronological order.

cronologista *m./f.* **1** chronologist. **2** (*autore di una cronologia*) chronicler.

cronometraggio *m.* time-keeping.

cronometrare (**cronòmetro**) **I** *v.t.* to time. **II** *v.pron.* **cronometrarsi** to time oneself.

cronometria *f.* chronometry.

cronometricamente *avv.* chronometrically.

cronometrico (*pl.* **-ci**) *a.* **1** chronometric, chronometrical. **2** (*fig*) chronometric, absolute, precise: *puntualità cronometrica* absolute punctuality.

cronometrista *m./f.* timekeeper, timer.

cronometro I *m.* **1** (*orologio di precisione*) chronometer. **2** (*Sport*) chronometer, stopwatch. **II** *f.* (*Sport*) (*nel ciclismo: gara a cronometro*) time trial. □ ~ *a scatto* stopwatch.

cronoscalata *f.* (*Sport*) timed uphill cycle race.

cronoscopio *m.* (*Tecn*) chronoscope.

cronostratigrafia *f.* (*Geol*) chronostratigraphy, time-stratigraphy.

cronotappa *f.* (*Sport*) time-trial stage.

cronotecnica *f.* (*Ind*) time-and-motion study, time study.

cronotecnico *m.* (*f.* **-a**; *pl.* **-ci**) time-and-motion expert, time-study engineer, time-study expert.

cronotermostato *m.* (*Tecn*) programmable thermostat.

cronotopo *m.* (*Fis*) time-space.

croquet /ˈkrɔkɛt/ *m.* (*Sport*) croquet.

cross *m.inv.* **1** (*Sport*) (*nel gioco del calcio: traversone*) cross; (*nel pugilato*) cross-counter; (*nel tennis*) slice. **2** (*cross-country*) cross-country. **3** (*motocross*) cross-country motorcycle racing. □ *bicicletta da* ~ dirt bike; *moto da* ~ cross-country motorcycle.

crossare (**cròsso**; *aus.* **avere**) *v.i.* (*Sport*) (*nel calcio*) to cross the ball.

crossista *m./f.* (*Sport*) motocross racer.

crosta *f.* **1** crust: *la* ~ *del pane* bread crust. **2** (*sulla pelle*) crust, scab. **3** (*fig,spreg*) (*pittura scadente*) daub, dauby painting. □ ~ *di formaggio* cheese rind; (*Gastron*) *filetto in* ~ fillet in pastry; (*Med*) ~ *lattea* milk scab, crusta lactea; (*Geol*) ~ *terrestre* earth's crust.

crostaceo *m.* (*Zool*) crustacean, shellfish: *i crostacei* crustacea.

crostale *a.* (*Geol*) crustal.

crostata *f.* (*Dolc*) jam tart. □ (*Dolc*) ~ *alla crema* custard tart; (*Dolc*) ~ *alle fragole* strawberry jam tart; (*Dolc*) ~ *di frutta* fruit tart.

crostino *m.* (*Gastron*) **1** fried bread (served with savouries). **2** (*per minestre*) crouton.

crostone *m.* **1** (*Geol*) hardpan. **2** (*Gastron*) big piece of fried or toasted bread.

crostoso *a.* **1** (*di pane*) crusty. **2** (*ricoperto di croste*) scabby.

crotalo *m.* (*Zool*) rattlesnake.

croton *m.* (*Bot*) croton.

croupier /kruˈpje/ *m.inv.* croupier.

crucciare (**crùccio, crùcci**) **I** *v.t.* to trouble, to distress, to vex, to worry. **II** *v.pron.* **crucciarsi** (*affliggersi*) to be troubled (*di, per* by, about), to be distressed (by, at), to worry (about, at, over).

crucciato *a.* **1** (*afflitto*) troubled, distressed, upset. **2** (*adirato*) angry, annoyed, vexed. **3** (*preoccupato*) worried.

cruccio *m.* **1** (*afflizione*) trouble, distress, worry. **2** (*fastidio*) annoyance, vexation, resentment. □ *darsi ~ per qcs.* to be worried about sth., to be troubled about sth.; *prendersi ~ per qcs.* to be worried about sth., to be troubled about sth.

crucco *m.* (*f.* **-a**; *pl.* **-chi**) (*pop,spreg*) (*tedesco*) Kraut, Jerry, Hun: *i crucchi* the Krauts, the Jerries.

cruciale *a.* crucial: *momento ~* crucial moment; *punto ~* crucial point.

crucifige **I** *intz.* (*Rel*) crucify him! **II** *m.* (*fig*) persecution: *gridare (il) ~ contro qcu.* to attack so. bitterly.

cruciforme *a.* **1** cruciform, cross-shaped (*anche Arch*). **2** (*Bot,Anat*) cruciate.

cruciverba *m.inv.* crossword, crossword puzzle.

cruciverbista *m./f.* **1** (*autore*) crossword writer. **2** (*appassionato*) crossword lover, crossword buff.

crudamente *avv.* crudely, harshly.

crudele *a.* **1** cruel, pitiless, merciless: *un ~ tiranno* a cruel tyrant; *di animo ~* hard-hearted, iron-hearted. **2** (*doloroso*) cruel, painful, distressing, bitter: *destino ~* cruel fate; *parole crudeli* cruel words.

crudelmente *avv.* cruelly, pitilessly.

crudeltà *f.* **1** (*l'essere spietato*) cruelty, harshness, pitilessness: *la ~ del tiranno* the tyrant's cruelty; *~ mentale* mental cruelty. **2** (*azione crudele*) cruelty, cruel action: *commettere delle ~* to commit cruelties; *è una vera ~ farlo* it's really cruel to do it.

crudezza *f.* **1** (*asprezza*) harshness, severity, crudity, rudeness, roughness, coarseness: *~ di linguaggio* rudeness of speech, coarseness of speech; *~ di stile* harshness of style. **2** (*rif. a clima: rigidezza*) harshness, severity: *la ~ dell'inverno* the harshness of the winter, the rigours of winter. **3** (*rar,lett*) rawness. □ (*Chim*) *~ dell'acqua* hardness of water.

crudità *f.* **1** *pl.* (*Alim*) (*verdure crude*) raw vegetables, crudités. **2** (*fig,lett*) (*asprezza*) rawness, coarseness.

crudo *a.* **1** raw, crude, uncooked: *cibi crudi* raw foods. **2** (*poco cotto*) underdone, half-cooked: *questa carne è ancora cruda* this meat is still only half-cooked. **3** (*rif. a clima: rigido, freddo*) harsh, severe, bitingly cold: *un ~ inverno* a harsh winter; *stagione cruda* bitingly cold season. **4** (*fig*) (*rude*) crude, rough, rude, blunt, coarse: *parole crude* blunt words.

cruento *a.* bloody, sanguinary, violent: *lotta cruenta* bloody strife.

cruise /krujz/ *m.inv.* (*Mil*) cruise, cruise missile.

cruiser /'krujzer/ *m.inv.* (*Mar*) cabin cruiser.

crumiraggio *m.* (*spreg*) strikebreaking.

crumiro *m.* (*f.* **-a**) (*spreg*) strike-breaker, scab, (*Br*) blackleg.

cruna *f.* eye: *la ~ dell'ago* the eye of the needle.

crup *m.* (*Med*) croup.

crupale *a.* (*Med*) croupous, croupy.

crurale *a.* (*Anat*) crural: *arteria ~* crural artery.

crusca *f.* (*Alim*) bran: *pane di ~* bran bread.

Crusca *n.pr.f.* Accademia della Crusca (literary academy established in Florence in the XVI century), the Italian Academy.

cruscante *m./f.* (*accademico della Crusca*) member of the Accademia della Crusca, Della Cruscan, member of the Italian Acad-

emy.

cruschello *m.* fine bran.

cruscoso *a.* containing bran.

cruscotto *m.* **1** (*Aut*) dashboard, dash, (*Br*) fascia: *cassetto del ~* glove compartment, glovebox. **2** (*Aer*) instrument panel.

c.s. *come sopra* (as above).

C.S. **1** (*Mil*) *comando supremo* (supreme command). **2** *consiglio di sicurezza* SC (Security Council).

CSC (*Cin*) *Centro sperimentale di cinematografia* (Experimental film studios).

CSI (*Pol*) *Comunità di stati indipendenti* CIS (Commonwealth of Independent States).

CSM (*Pol*) *Consiglio superiore della magistratura* (Council of magistrates, Judicial council).

C.so *corso* Rd. (road).

CSS *Consiglio Superiore della Sanità* (Health Council).

CT *m.* (*Sport*) (*commissario tecnico*) team manager.

ctenoforo *m.* (*Zool*) ctenophore: *gli ctenofori* ctenophora.

ctg (*Mat*) *cotangente* cot, ctn (cotangent).

C.U. (*Sport*) *Commissario Unico* (coach of national football team).

Cuba *n.pr.f.* (*Geog*) Cuba.

cubano **I** *a.* (*abitante*) Cuban: *sigari cubani* Cuban cigars. **II** *m.* (*f.* **-a**) (*abitante*) Cuban.

cubatura *f.* cubic content, cubic capacity, cubature, cubage: *~ di un locale* cubic capacity of a room.

cubetto *m.* **1** small cube, small block: *~ di ghiaccio* ice cube. **2** (*Strad*) cube. □ *tagliare qcs. a cubetti* to chop sth. into cubes, to cube sth., to dice sth.

cubia *f.* (*Mar*) hawse. □ (*Mar*) *~ per la catena dell'ancora* hawsepipe.

cubico (*pl.* **-ci**) *a.* **1** cubic, cubical, cube-shaped: *una costruzione cubica* a cubical construction. **2** (*Mat*) cube (*attr.*), cubic, cubical: *radice cubica* cube root; *equazione cubica* cubic equation.

cubicolo *m.* **1** (*Stor.rom*) bedroom (in ancient Roman houses). **2** (*nelle catacombe*) cubiculum.

cubiforme *a.* cubiform, cube-shaped.

cubilotto *m.* (*Met*) cupola.

cubismo *m.* (*Art*) Cubism, cubism.

cubista[1] **I** *a.* (*Art*) cubist, cubistic. **II** *m./f.* (*Art*) Cubist, cubist.

cubista[2] *m./f.* (*nelle discoteche*) go-go dancer; (*donna*) go-go girl.

cubistico (*pl.* **-ci**) *a.* (*Art*) cubistic, cubist.

cubitale *a.* **1** (*molto grande*) very large, huge, block: *scrivere a caratteri cubitali* to write in very large letters, to write in block capitals; *titolo ~* banner, banner headline. **2** (*Anat*) cubital.

cubito *m.* **1** (*Stor*) (*unità di misura*) cubit (c. 44 cm). **2** (*Anat*) cubitus.

cubo **I** *m.* **1** cube, block: *un ~ di legno* a wooden block. **2** (*Mat*) cube, third power: *il ~ di due è otto* the cube of two is eight; *elevare un numero al ~* to cube a number. **II** *a.* (*posposto*) cubic: *metro ~* cubic metre. □ *di Rubik* Rubik's cube; *~ magico* cube puzzle, magic cube; (*Mat*) *~ perfetto* perfect cube.

cubo-flash /-'fleʃ/ *m.* (*Fot*) flash cube.

cuboide *a.* cuboid, cuboidal. **II** *m.* (*Anat*) cuboid, cuboid bone.

cuccagna *f.* **1** (*luogo immaginario*) Cockaigne. **2** (*abbondanza*) bounty, abundance, plenty. □ *che ~!* what a treat!, what a feast!; *il paese della ~* the Land of Plenty, Cockaigne; *albero della ~* greasy pole; *è fi-*

nita la ~! the party is over!

cuccare (**cùcco, cùcchi**) **I** *v.t.* (*colloq*) **1** (*rimorchiare*) to score: *hai cuccato l'altra sera, vero?* you scored last night, didn't you? **2** (*ingannare*) to trick, to deceive, to take in. **3** (*acciuffare*) to catch, to take. **4** (*region*) (*sgraffignare*) to pinch. **II** *v.pron.* **cuccarsi** (*colloq*) **1** (*sopportare*) to put up with (so.), to endure (sth.). **2** (*beccarsi*) to get, to catch.

cuccetta *f.* **1** (*Mar*) (*per passeggeri*) berth; (*per marinai*) bunk. **2** (*Ferr*) couchette, sleeping berth.

cucchiaia *f.* **1** (*grande cucchiaio*) tablespoon, big spoon. **2** (*cazzuola*) trowler. **3** (*delle escavatrici*) dipper, grab, scoop, bucket. □ *~ bucata* skimming-spoon.

cucchiaiata *f.* (*contenuto di un cucchiaio*) spoonful: *una ~ di brodo* a spoonful of soup; *versare il liquido a piccole cucchiaiate* to spoon out the liquid.

cucchiaino *m.* **1** teaspoon; (*da caffè*) coffee spoon. **2** (*contenuto*) teaspoon, teaspoonful. **3** (*Pesc*) spinner: *pescare col ~* to spin. □ (*fig*) *dopo una passeggiata così lunga sarò da raccogliere col ~* after such a long walk I will be ready to drop.

cucchiaio *m.* **1** spoon. **2** (*contenuto*) spoonful: *aggiungere un ~ di farina* add a spoonful of flour. □ *un ~ abbondante* (*nelle ricette*) a heaped tablespoon, (*Am*) a heaping tablespoon; *~ da dessert* dessert spoon; *~ da minestra* soup spoon; (*Mecc*) *~ della draga* bucket; *~ di legno* wooden spoon; *un ~ raso* (*nelle ricette*) a level tablespoon.

cucchiaione *m.* **1** tablespoon. **2** (*mestolo*) ladle.

cuccia (*pl.* **-ce**) *f.* **1** dog's bed, kennel, (*Am*) doghouse. **2** (*scherz,fig*) (*letto*) bed. □ *a ~!* down!, to your basket!; *va' a ~!* down!; *fai la ~!* down!; (*scherz*) *andare a ~* (*andare a dormire*) to go to bed, to hit the sack.

cucciolata *f.* **1** litter. **2** (*fig*) (*figliolanza*) brood.

cucciolo *m.* **1** (*di cane*) pup, puppy; (*di gatto*) kitty; (*di altri animali*) whelp, pup, puppy, cub. **2** (*colloq*) (*nomignolo affettuoso*) baby, pet, darling. **3** (*fig*) (*novellino*) novice, (*colloq*) greenhorn.

cucco (*pl.* **-chi**) *m.* **1** (*cuculo*) cuckoo. **2** (*babbeo*) simpleton, dolt, fool: *vecchio ~* old fool, old dodderer. □ (*region,fig*) *essere vecchio come il ~*: **1** (*rif. a cosa*) to be as old as the hills; **2** (*rif. a persona*) to be as old as Methuselah.

cuccù **I** *m.* (*cuculo*) cuckoo. **II** *intz.* (*grido di ragazzi nel gioco a nascondino*) peekaboo!, boo!

cuccuma *f.* **1** (*recipiente*) coffee-pot. **2** (*contenuto*) coffee pot, coffee potful, potful: *ho bevuto una ~ di caffè* I drank a whole pot of coffee.

cucina *f.* **1** (*stanza*) kitchen: *pranzare in ~* to have lunch in the kitchen; *andò in ~* she went into the kitchen. **2** (*sulle navi*) galley. **3** (*apparecchio per cucinare*) cooker, stove, range: *~ a cinque fornelli* cooker with five rings. **4** (*Arred*) (*arredamento da cucina*) kitchen cabinets *pl.*, kitchen unit: *~ di legno* wooden kitchen cabinets. **5** (*il cucinare*) cooking. **6** (*modo, arte di cucinare*) cookery, cuisine: *~ romana* Roman cookery, Roman cuisine. **7** (*cibi*) food, cooking: *~ sana* wholesome food; *la buona ~* good food. □ *~ a carbone* coal-fired range, coal stove; *a gas* gas cooker, (*Am*) gas stove, gas range; *~ a legna* wood range, wood stove; *~ a vista* open kitchen; *~ abitabile* kitchen-cum-dining room, kitchen-diner; *~ americana* fitted kitchen; ~ *casalinga* home cooking; ~ *cinese* Chinese food, Chinese cooking; (*Arred*) ~ *componibile* kitchen units (*pl.*), fitted kitchen (*costr.pl.*); *utensili da* ~ cooking utensils, kitchenware (*costr.sing.*); (*Mil*) ~ *da campo* field kitchen; ~ *dietetica* dietetic food; ~ *economica* cooking range, kitchen range, (*Am*) stove; ~ *elettrica* electric cooker, (*Am*) electric stove; ~ *etnica* ethnic cuisine, ethnic cooking; ~ *francese* French cuisine; (*Arred*) ~ *scomponibile* modular kitchen; ~ *tinello* live-in kitchen, eat-in kitchen; ~ *tipica* local cuisine, typical cuisine.

cucinabile *a.* able to be cooked.

cucinare (**cucìno, cucìni**) *v.t.* **1** to cook: ~ *il riso* to cook rice; ~ *la cena* to cook supper; *mia moglie sa* ~ *bene* my wife cooks well. **2** (*colloq*) (*rif. a persone: conciare*) to deal with, to settle, to fix. □ ~ *al forno* to bake; ~ *al vapore* to steam.

cucinetta *f.* (*stanza*) kitchenette.

cuciniere *m.* **1** (*f. -a*) cook. **2** (*Mil*) food officer, mess officer.

cucinino, cucinotto *m.* (*stanza*) kitchenette.

cucire (**cùcio, cùci**) *v.t.* **1** to sew, to stitch: ~ *un vestito* to sew a dress. **2** (*attaccare*) to sew on: ~ *un bottone alla camicia* to sew a button on the shirt. **3** (*Chir*) to suture, to stitch, to put stitches in: ~ *una ferita* to suture a wound. **4** (*con la cucitrice: fogli di carta*) to staple; (*Legat*) to stitch. **5** (*fig*) (*mettere insieme*) to put together, to string together, to link. □ (*fig,colloq*) *essere cucito a filo doppio con qcu.* to be very close to so.; ~ *a macchina* to machine, to sew by machine; ~ *a sottopunto* to slip stitch; (*fig,colloq*) ~ *la bocca* a qcu. to close so.'s mouth; (*fig,colloq*) *cucirsi la bocca* to button one's lips; (*fig,colloq*) *cucirsi le labbra* to button one's lips.

cucirino *m.* (*Sart*) thread, sewing thread.

cucita *f.* (*colloq*) stitch, sewing: *dare una* ~ *a qcs.* to put a stitch in sth.

cucito I *a.* sewn, stitched. **II** *m.* (*il cucire, roba cucita*) sewing, needlework. □ ~ *a macchina* machine-stitched; ~ *a mano* hand-stitched, hand-sewn.

cucitore I *m.* sewer, stitcher. **II** *a.* sewing (*attr.*).

cucitrice *f.* **1** (*Sart*) (*persona*) seamstress, needlewoman. **2** (*per carta*) stapler, staple gun, stapling machine. **3** (*Tip,Legat*) stitcher, stitching machine. □ (*Sart*) ~ *in bianco* seamstress, linen seamstress.

cucitura *f.* **1** (*costura*) seam, seaming, stitching. **2** (*Legat*) stitch. **3** (*Cart*) stapling. **4** (*Tip*) (*margine interno del libro*) inside margin. **5** (*il cucire*) sewing, stitching: *la ~ di un abito* the sewing of a dress. □ ~ *a macchina* machine-stitched seam; ~ *a mano* hand-sewn seam; *senza cuciture* seamless; *biancheria intima senza cuciture* seamless underwear.

cucù I *m.* (*cuculo*) cuckoo. **II** *intz.* (*grido di ragazzi nel gioco a nascondino*) peekaboo!, boo! □ *fare* ~ (*giocare a nascondersi*) to play peekaboo, to play boo, to play hide-and-seek.

cuculo, cuculo *m.* (*Ornit*) cuckoo.

cucurbita *f.* **1** (*Bot,lett*) (*zucca*) cucurbit, gourd, pumpkin. **2** (*nell'alambicco*) retort.

cucurbitacea *f.* (*Bot*) cucurbit: *cucurbitacee* cucurbits.

cucuzza *f.* **1** (*region*) (*zucca*) pumpkin. **2** (*spreg,scherz*) (*testa*) nut, gourd, (*Br*) bonce: *ma che hai nella* ~? (*Br*) what have you got in that nut of yours?, (*Am*) what have you got in that gourd of yours? **3** *pl.* (*region,colloq*) (*soldi*) dough (*costr.sing.*), money (*costr.sing.*),

bread (*costr.sing.*).

cucuzzolo *m.* **1** (*rif. a monti*) summit, top. **2** (*rif. a capo*) crown, top (of the head). **3** (*rif. a cappello*) crown.

CUD *Certificazione Unica dei redditi di lavoro Dipendente* (document issued by an employer for a dependent declaring income earned and taxes withheld).

cudù *m.* (*Zool*) koodoo, kudu.

cuffia *f.* **1** bonnet, cap. **2** *spec.pl.* (*per l'ascolto*) headphones *pl.*, earphones *pl.*, headset. **3** (*Mecc*) cowling, hood, casing. **4** (*Dent*) (*cuffia per trazione extraorale*) headgear. **5** (*Teat*) prompt box, prompter's box. □ ~ *da bagno* bathing cap, swimming cap; ~ *da doccia* shower cap; ~ *da notte* nightcap; (*Aut*) ~ *del radiatore* radiator hood, radiator cowling; ~ *monoaurale* monaural headphones *pl.*; ~ *senza filo* wireless cap.

cuffiette *f.pl.* (*per il walkman*) headphones, earphones, headset *sing.*

cufico (*pl. -ci*) *a.* Cufic, Kufic.

cugina *f.* cousin.

cuginanza *f.* (*rar*) cousinship, cousinhood.

cugino *m.* (*f. -a*) cousin: *sono cugini per parte di padre* they are cousins on their father's side. □ ~ *di primo grado* first cousin; ~ *di secondo grado* second cousin, cousin once removed; ~ *di terzo grado* third cousin, cousin twice removed; ~ *primo* first cousin.

cui *pron.rel.m./f.sing. e pl.* (*not used as subject; as direct object it appears in old literature and, infrequently, in modern poetry*) **1** (*con preposizioni: rif. a cose, animali*) *di solito non si traduce* that, which; (*rif. a persone*) *di solito non si traduce* that, whom: *il progetto (a) ~ accennavi* the plan (that) you were referring to, the plan to which you were referring; *i libri di ~ tutti parlano* the books (that) everyone is talking about; *il motivo per ~ sono venuto* the reason I came; *la penna con ~ scrivo* the pen (that) I write with; *l'anno in ~ ti ho conosciuto* the year I met you; *la signora (a) ~ ti ho presentato* the lady (that) I introduced you to, the lady to whom I introduced you. **2** (*inserito tra l'articolo e il sostantivo: rif. a persone*) whose; (*rif. a cose*) of which, (*colloq*) whose: *un artista la ~ opere sono divenute famose* an artist whose works have become famous; *l'uomo al ~ nome tutti tremano* the man at whose name all tremble; *ecco l'albero, dai ~ rami ho colto questi frutti* here is the tree from whose branches I picked this fruit, here is the tree from the branches of which I picked this fruit. □ *in ~*: **1** (*dove*) where, in which: *la città in ~ viviamo* the city where we live, the city in which we live, (*colloq*) the city we live in; **2** (*quando*) when, in which *a volte non si traduce*: *ci sono giorni in ~ è difficile lavorare* there are days when it's difficult to work; *il giorno in ~ ci siamo sposati* the day we got married; *per* ~ so (that), (and) so, therefore: *io non so nulla, per ~ taccio* I don't know anything and so I'll keep quiet; *tra* ~: **1** (*rif. a persone*) among whom, and among them, including: *c'erano tante persone tra ~ anche Jack* there were many people and among them Jack; **2** (*rif. a cose*) among which, including.

culaccio *m.* (*Macell*) rump.

culata *f.* (*pop*) (*colpo dato col sedere*) shove with the behind, bump with the behind; (*colpo battuto sul sedere*) fall on the behind.

culatello *m.* (*Gastron*) culatello (kind of ham).

culatta *f.* **1** (*Arm*) breech (of a gun). **2** (*Macell*) (*culaccio*) rump. **3** (*rigonfio dei calzoni*) seat.

culattone *m.* (*volg*) queer, poof, faggot, (*Am*) fag.

culbianco (*pl. -chi*) *m.* (*Ornit*) wheatear.

cul-de-sac /ˌkuldeˈsak/ *m.inv.* cul-de-sac, blind alley, (*spec. Am*) dead end.

culetto *m.* (*infant*) bum, botty, (*Am*) fanny.

culinaria *f.* culinary art.

culinario *a.* culinary, of cooking: *arte culinaria* culinary art, the art of cooking.

culla *f.* **1** cradle, cot: ~ *di vimini* wicker cradle. **2** (*fig*) (*luogo di origine*) cradle, birthplace: *Atene fu la ~ della civiltà* Athens was the cradle of civilization. **3** (*estens*) (*nascita*) cradle, birth: *fin dalla ~* from the cradle, from birth. **4** (*Arm*) cradle. □ ~ *termica* incubator.

cullare (**cùllo**) **I** *v.t.* **1** (*nella culla*) to rock; (*tra le braccia*) to dandle, to rock, to cradle; (*cantando*) to lull. **2** (*fig*) (*nutrire*) to cherish, to nurse, to harbour, (*Am*) to harbor. **3** (*fig*) (*illudere*) to lull, to soothe, to beguile: ~ *qcu. con promesse* to beguile so. with promises. **II** *v.pron.* **cullarsi** (*illudersi*) to indulge (*in* in), to delude oneself (*in* with), to cherish (sth.): *cullarsi in speranze vane* to cherish vain hopes. □ (*fig*) *cullarsi sugli allori* to rest on one's laurels.

culminante *a.* culminant, culminating: *la scena ~ del film* the culminating scene of the film; *punto ~* highest point, culmination, climax, culminating point, crucial point.

culminare (**cùlmino**; *aus.* **essere**) *v.i.* **1** (*raggiungere il massimo grado*) to culminate, to reach one's height, to reach one's climax: *la serata è culminata con i fuochi d'artificio* the evening reached its height with the firework display. **2** (*Astr*) to culminate, to reach culmination.

culminazione *f.* (*Astr,Geol*) culmination. □ (*Astr*) ~ *inferiore* lower transit; (*Astr*) ~ *superiore* upper transit.

culmine *m.* **1** (*cima*) top, summit; (*di montagna*) peak, top, summit; (*punto culminante*) highest point: *il ~ del tetto* the top of the roof; *siamo arrivati al ~ della salita* we reached the highest point of the ascent. **2** (*fig*) height, summit, climax: *essere al ~ della gloria* to be at the height of one's glory; *raggiungere il ~* to reach the climax. □ (*fig*) *al ~ del successo* at the height of success.

culmo *m.* (*Bot*) culm.

culo *m.* **1** (*pop*) arse, bum, (*Am*) ass, butt: *muovi il ~!* (o *alza il culo!*) move your ass!, shift your ass!, get off your ass!; (*fig*) *non alza mai il ~* (*non fa mai niente*) he never lifts a finger, he never gets off his butt. **2** (*volg*) (*ano*) shithole, arsehole, (*Am*) asshole. **3** (*pop*) (*fondo di bicchiere, bottiglia*) bottom: ~ *di bottiglia* bottom of a bottle. **4** (*pop*) (*fortuna*) luck: *che ~!* (*che fortuna*) you lucky dog!, you lucky bastard!; *avere* ~ (*avere fortuna*) (*Br*) to be a lucky bastard, (*Am*) to luck out. **5** (*volg*) (*omosessuale*) queer, poof, faggot, (*Am*) fag. □ (*volg*) *avere la faccia come il ~* (*essere sfacciato*) to have a nerve, to have a cheek; (*volg*) *avere una faccia da ~* (*essere sfacciato*) to have a nerve, to have a cheek; (*pop*) ~ *di bicchiere* (*brillante falso*) fake diamond; (*pop,fig*) ~ *di pietra* (*chi sta sempre seduto*) couch potato; (*pop,fig*) *essere ~ e camicia* con qcu. to be hand in glove with so.; (*pop,fig*) *fare il ~ a* qcu. to come down on so. like a ton of bricks, to ride roughshod over so., to kick so.'s arse, to kick so.'s ass: *ti faccio un ~ cosí!* I'm going to come down on you like a ton of bricks!; (*pop,fig*) *farsi il ~* to work one's arse off, to work one's guts out; *farsi un ~ così* to work one's arse off, to work one's guts out; (*pop,fig*) *in ~ ai lupi* in the back of beyond; (*pop,fig*) *in ~ alla balena!* (*per augurare buona fortuna*) break a leg!; (*volg,fig*) *metterlo nel ~ a qcu.* (*Br*) to make a butt of so., to con so., (*Am*) to cheat so.; (*pop,fig*) *essere col ~ per terra* to be broke; (*pop,fig*) *prendere per il ~ qcu.*: 1 (*prenderlo in giro*) (*Br*) to take the piss out of so., to get so.'s arse, (*Am*) to mess around with so.; 2 (*imbrogliarlo*) to pull a fast one on so., to cheat so.; (*volg*) *prenderlo nel ~* to be fucked, to be buggered; (*pop,fig*) *quello lì mi sta sul ~* I hate his guts, (*Am*) he gets on my wick; (*volg,fig*) *va' a dar via il ~!* fuck you!, fuck off!, kiss my ass!

culone *m.* (*pop*) **1** fat ass. **2** (*f.-a*) (*persona col culo grosso*) fat-ass.

culottes /ky'lɔt/ *f.pl.* (*Abbigl*) knickers, French knickers.

cult /kalt/ **I** *m.inv.* **1** cult movie. **2** cult book. **II** *a.inv.* cult.

cultivar, coltivar *f.* (*Agr,Giard*) cultivar.

culto *m.* **1** worship; (*venerazione*) veneration, cult: *il ~ di Dio* the worship of God; *essere oggetto di ~* to be an object of worship; *~ dei santi* veneration of the saints. **2** (*religione*) religion, faith; (*confessione*) creed, confession. **3** (*Rel.prot*) (*funzione*) service. **4** (*fig*) (*venerazione*) cult, worship (*di, per* of): *il ~ della libertà* the cult of freedom. **5** (*fig*) (*cura eccessiva*) great care, devotion, cult (*di, per* of, for): *il ~ dell'eleganza* the cult of elegance. **□** *il ~ degli antenati* ancestor worship; *~ dei morti* cult of the dead, veneration of the dead; *~ del corpo* cult of the body; (*spreg*) *~ della personalità* personality cult; *~ delle immagini* image worship; (*fig*) *avere un ~ per qcu.* to worship so., to revere so.: *ha un vero ~ per il padre* he really worships his father.

cultore *m.* (*f.* -**trice**) lover, enthusiast, buff: *~ di letteratura* lover of literature. **□** (*Univ*) *~ della materia* non-faculty member using his expertise in the university setting on a volunteer basis; *~ di lettere* man of letters.

cultuale *a.* religious, cult (*attr.*).

cultura *f.* **1** culture, cultural background, cultural level: *persona di media ~* person of average cultural level. **2** (*erudizione*) learning. **3** (*istruzione*) education, knowledge: *possedere una discreta ~* to be fairly well-educated. **4** (*tradizioni scientifiche e letterarie*) culture: *la ~ italiana* Italian culture; *la diffusione della ~* the spread of culture. **□** *~ classica* classical education; *~ di massa* mass culture; *~ ellenica* Hellenic culture; *~ generale* general knowledge; *~ giovanile* youth culture; *~ libresca* book learning; *~ popolare* popular culture; *persona senza ~* uneducated person, person lacking in culture.

culturale *a.* cultural: *centro ~* cultural centre, arts centre, (*Am*) arts center; *fenomeno ~* cultural phenomenon; *livello ~* cultural level.

culturalismo *m.* display of culture.

culturalistico *a.* pertaining to the display of culture.

culturalmente *avv.* culturally.

culturismo *m.* bodybuilding.

culturista *m./f.* bodybuilder.

culturistico (*pl.* -**ci**) *a.* bodybuilding (*attr.*).

Cuma *n.pr.f.* (*Geog.stor*) Cumae.

cumano *a.* Cumaean: *la sibilla cumana* the Cumaean Sibyl.

cumarina *f.* (*Chim*) coumarin.

cumino *m.* (*Bot*) cumin, cummin.

cumolo *m.* **1** (*mucchio*) heap, pile. **2** (*fig*)

(*grande quantità*) mass, load, heap, number. **3** (*Meteor*) cumulus.

cumulabile *a.* **1** (*di cariche*) which can be held concurrently. **2** (*di redditi*) which can be drawn concurrently.

cumulare (*cùmulo*) *v.t.* to accumulate, to heap up, to combine (*anche fig*): *~ incarichi* to combine offices, to hold a plurality of offices.

cumulativamente *avv.* cumulatively.

cumulativo *a.* cumulative, inclusive, all-in: *prezzo ~* inclusive price, all-in price; *biglietto ~* (*per più percorsi*) through ticket, inclusive ticket; (*per più persone*) group ticket.

cumulo *m.* **1** (*mucchio*) pile, heap: *un ~ di macerie* a pile of rubble, a heap of debris; *un ~ di sassi* a pile of stones. **2** (*fig*) (*grande quantità*) mass, load, heap, number: *c'è un ~ di prove contro di lui* there is a mass of proof against him; *un ~ di bugie* a pack of lies, a load of lies. **3** (*Meteor*) cumulus. **□** *~ dei redditi* aggregation of incomes, combined income; *~ di cariche* plurality of office, (*estens*) concurrent positions (*pl.*); *~ di funzioni* plurality of office; (*Dir*) *~ di pene* cumulative sentence.

cumulonembo *m.* (*Meteor*) cumulonimbus.

cumulostrato *m.* (*Meteor*) stratocumulus.

cuneato *a.* cuneated.

cuneese, cuneense I *a.* of Cuneo, from Cuneo. **II** *m./f.* (*originario*) native of Cuneo; (*abitante*) inhabitant of Cuneo.

cuneiforme *a.* cuneiform: *caratteri cuneiformi* cuneiform characters.

cuneo *m.* **1** wedge (*anche Mil*): *fermare con un ~* to wedge; (*tenere aperto*) to wedge open; (*tenere chiuso*) to wedge shut. **2** (*Arch*) wedge-shaped stone, quoin. **□** *a ~* wedge-shaped (*attr.*); (*Mecc*) *~ d'arresto* grip wedge; *~ fiscale* tax wedge.

cunetta *f.* **1** (*canaletto: rif. a strade di città*) gutter; (*rif. a strade fuori città*) ditch. **2** (*avvallamento del fondo stradale*) dip.

cunicolo *m.* **1** (*stretta galleria sotterranea*) (narrow) underground passage, (narrow) underground tunnel: *le due grotte comunicano attraverso un ~* the two caves are connected by an underground passage. **2** (*Minier*) shaft. **3** (*tana di animali*) burrow: *~ della talpa* mole's burrow.

cunicoltore *m.* (*f.* -**trice**) rabbit breeder.

cunicoltura *f.* rabbit breeding.

cunnilingio *m.* cunnilingus.

cuoca *f.* (woman) cook, female cook: *mia madre è una brava ~* my mother is a good cook.

cuocere (*pres.ind.* **cuòcio, cuòci, cuòce, cociàmo, cocéte, cuòciono**; *p.rem.* **còssi, cocésti/cuocésti**; *pres.cong.* **cuòcia, cociàmo, cociàte, cuòciano**; *p.p.* **còtto/cociùto**; the form *cociuto* is only used in the sense of "vexed") **I** *v.t.* **1** to cook; (*rif. ad arrosto*) to roast; (*rif. a lesso*) to boil; (*al forno*) to bake; (*in umido*) to stew; (*alla griglia*) to grill, (*Am*) to broil: *~ il pranzo* to cook lunch. **2** (*Tecn*) to fire, to bake: *~ i mattoni* to fire the bricks, to bake bricks. **3** (*fig*) (*rif. al sole: bruciare*) to burn, to bake, to tan: *il sole gli ha cotto il viso* the sun has burnt his face. **4** (*fig,rar*) (*fare innamorare*) to make (so.) fall in love: *quella ragazza lo ha cotto a puntino* that girl has made him fall head over heels in love with her. **II** *v.i.* (*aus. essere*) **1** to cook; (*rif. ad arrosto*) to roast; (*rif. a lesso*) to boil; (*al forno*) to bake; (*in umido*) to stew; (*alla griglia*) to grill, (*Am*) to broil: *gli spaghetti cuociono in sette minuti* spaghetti cooks in seven min-

utes. **2** (*fig*) (*rif. al sole*) to burn, to be hot: *come cuoce oggi il sole!* how hot the sun is today! **3** (*fig*) to irk, to vex, to hurt: *il suo rifiuto ancora gli cuoce* his refusal still irks him. **III** *v.pron.* **cuocersi** to cook, to bake. **□** *~ a bagnomaria* to cook in a bain-marie, to cook in a double saucepan; *~ a fuoco lento* to simmer, to cook over a low flame; *~ a fuoco vivo* to cook on a hot flame; *~ al dente* to cook al dente; *~ al forno* to bake; *~ al girarrosto* to cook on the spit; (*fig*) *cuocersi al sole* to bake in the sun; *~ alla piastra* to cook on the griddle, to grill; *~ allo spiedo* to roast on a spit; *~ il pane* to bake bread; *~ in padella* to fry; *~ in pentola a pressione* to pressure cook; *~ l'argilla* to fire clay; *~ nel forno a microonde* to microwave, (*Am, colloq*) to nuke; (*fig*) *~ nel proprio brodo* to stew in one's own juice; *lasciare ~ qcu. nel suo brodo* to let so. stew in their own juice; *~ sulla brace* to cook over hot coals; *~ sulla graticola* to grill; *~ troppo* to overcook.

cuoco *m.* (*pl.* -**chi**) cook: *primo ~* chef, head cook.

cuoiaio *m.* (*f.* -**a**) (*Pell*) **1** (*conciatore*) tanner. **2** (*venditore*) dealer in leather goods.

cuoiame *m.* (*Pell*) leather goods *pl.*, leather: *commercio di cuoiami* leather trade.

cuoio (*pl.* **i cuòi, le cuòia**; *the plural form* -*a is used in only a few expressions*) *m.* **1** (*pl.* **i cuòi**) (*Pell*) leather, hide: *vero ~* genuine leather, real leather. **2** (*pl.* **le cuòia**) (*estens*) skin: (*pop*) *tirare le cuoia* (*morire*) to kick the bucket; *avere le cuoia dure* to have a thick skin, to be thick-skinned. **□** *~ artificiale* artificial leather, imitation leather, leatherette; (*Pell*) *~ bulgaro* Bulgar leather, Russian leather; (*Anat*) *~ capelluto* scalp; *~ d'oro* cordovan; (*Pell*) *~ scamosciato* chamois leather; (*Pell*) *~ sintetico* synthetic leather; (*Pell*) *~ stampato* stamped leather.

cuorcontento *m.* easy-going person, happy-go-lucky person. **□** *Prov.: ~ il ciel l'aiuta* heaven smiles on the contented man.

cuore *m.* **1** (*Anat*) heart: *soffrire di ~* to have heart trouble, to have a heart condition; *essere debole di ~* to have a bad heart. **2** (*estens*) (*petto*) heart, breast, bosom: *si strinse al ~ la figlia* he drew his daughter to his breast; *mettersi una mano sul ~* to put one's hand on one's heart. **3** (*fig*) (*sede sel sentimento*) heart: *ha il ~ buono* he has a good heart; *avere un gran ~* to have big heart; *gli è mancato il ~ di punirlo* he didn't have the heart to punish him; *a quella notizia mi sono sentito mancare il ~* my heart sank at the news; *aprire il proprio ~ a qcu.* to open one's heart to so.; *guadagnarsi il ~ di qcu.* to win so.'s heart. **4** (*fig*) (*coraggio*) heart: *prendere ~* to take heart; *perdersi di ~* to lose heart. **5** (*fig*) (*parte centrale*) heart, centre, core: *il ~ della città* the heart of the city; *nel ~ della foresta* in the heart of the forest; *il ~ della lattuga* the heart of the lettuce. **6** (*estens*) (*oggetto a forma di cuore*) heart, heart-shaped object: *~ di cioccolato* heart-shaped chocolate, chocolate heart. **7** (*Met*) heart, core. **8** *pl.* (*nelle carte da gioco*) hearts: *asso di cuori* ace of hearts. **□** (*Chir*) *chirurgia a ~ aperto* open-heart surgery; *a cuor leggero* with a light heart, light-heartedly; *avere a ~ qcs.* to have sth. at heart; *avere il ~ di fare qcs.* to have the courage to do sth.; *non averne il ~* not to have the heart; *col ~:* **1** (*volentieri*) willingly, gladly; **2** (*sinceramente*) sincerely, heartily; *con tutto il ~* with all one's heart; *amare qcu. con tutto il ~* to love so. with all one's heart, to love so. dearly; (*fig*) *cuorcontento* happy soul, easy-going person, happy-go-lucky person; *avere un ~ da leone* to be lion-hearted, to have the heart of a lion; *dare il proprio ~ a qcu.* (*amarlo*) to give so. one's heart; *di ~*: 1 (*usato come avverbio: con tutto il cuore*) whole-heartedly, with all one's heart, heartily: *ti ringrazio di ~* I thank you with all my heart; 2 (*usato come avverbio: con entusiasmo*) heartily: *ridere di ~* to laugh heartily; 3 (*usato come nome: generoso*) good-hearted: *persona di buon ~* good-hearted person; *uomo di ~* kind-hearted man, generous man; *~ di carciofo* artichoke heart; (*fig*) *~ di coniglio* chicken-hearted person, hen-hearted person; (*Rel.catt*) *~ di Gesù* Heart of Jesus; (*fig*) *avere il ~ di ghiaccio* to be cold-hearted; (*fig*) *cuor di leone* lion's heart, lion-hearted person; (*Zool*) *~ di mare* cockle; (*Bot*) *~ di Maria* bleeding heart; (*Alim*) *cuori di palma* palm-hearts; (*fig*) *~ di pietra* hard heart, stony heart; (*fig*) *avere un ~ di tigre* to have a hard heart; (*fig*) *avere un ~ d'oro* to have a heart of gold; (*fig*) *~ duro* hard heart; *avere un ~ generoso* to be big-hearted, to be generous; (*fig*) *avere il ~ in gola* to be breathless, to have one's heart in one's mouth; (*fig*) *avere il ~ in mano* to be sincere; *parlare col ~ in mano* to speak from the bottom of one's heart; *in cuor mio* in my heart; (*fig*) *mettersi il ~ in pace* to set one's heart at rest, to set one's mind at rest, to resign oneself; *stabilire in cuor proprio* (*ripromettersi*) to intend, to resolve, to make up one's mind, to have one's heart set on; *in cuor suo* in his heart of hearts, at heart, deep down; (*fig*) *avere il ~ infranto* to be heartbroken, to have a broken heart, to be broken-hearted; (*fig*) *nel ~ della notte* in the dead of night, in the middle of the night; (*fig*) *nel ~ dell'inverno* in the depths of winter, in the heart of winter, in (the deep) midwinter, in the dead of winter; *~ nobile* great heart, noble heart; (*fig*) *prendere a ~ qcs.* (o *prendersi a ~ qcs.*) to take sth. up whole-heartedly, to have sth. at heart; (*fig*) *essere senza ~* to be unfeeling, to be heartless; *stare a ~* (*premere, importare*) to care (about), to be of great concern, to matter, to concern, to have at heart (*costr.pers.*): *mi sta a ~ la sua salute* his health is of great concern to me; *il suo avvenire mi sta a ~* I have his future very much at heart, I care about his future; (*fig*) *avere il ~ sulle labbra* to wear one's heart on one's sleeve; (*fig*) *~ tenero* tender heart, soft heart; *avere il ~ tenero* to be soft, to be soft-hearted; (*fig*) *venire dal ~* (*essere sincero*) to come from the heart, to be heartfelt.

cuoriforme *a.* heart-shaped.

cupamente *avv.* 1 darkly, obscurely. 2 (*rif. a suono*) hollowly, dully. 3 (*fig*) (*tetramente*) gloomily, sullenly, dismally.

cupè *m./f.inv.* (*Aut*) (*coupé*) coupé.

cupezza *f.* 1 darkness, gloom, dimness. 2 (*rif. a colore*) darkness, deepness. 3 (*rif. a suono*) hollowness, depth. 4 (*fig*) (*tetraggine*) gloom, gloominess, sullenness.

cupidamente *avv.* greedily, covetously.

cupidigia (*pl.* **-gie**) *f.* (*lett*) 1 (*desiderio sfrenato*) cupidity, greed, covetousness, desire, lust: *~ di onori* desire for honours; *~ di potere* lust for power, thirst for power. 2 (*concupiscenza*) desire, lust.

cupido *a.* (*lett*) 1 (*bramoso*) covetous, greedy: *~ di denaro* greedy for money. 2 (*lussurioso*) lustful: *sguardo ~* lustful gaze.

Cupido *n.pr.m.* (*Mitol*) Cupid: *le frecce di ~* Cupid's darts, Cupid's arrows.

cupio dissolvi *m.* cupio dissolvi, desire to lose oneself completely in another.

cupo *a.* 1 (*oscuro*) dark, gloomy, obscure: *un antro ~* a dark cave. 2 (*rif. a colore: scuro*) dark, deep: *rosso ~* dark red; *tinte cupe* dark hues; (*fig*) *dipingere la situazione a tinte cupe* to paint the situation very black. 3 (*rif. a suono: basso, sordo*) hollow, low, deep, deep-toned, dull, cavernous: *voce cupa* hollow voice. 4 (*fig*) (*tetro*) gloomy, sullen, dismal, grim: *carattere ~* gloomy nature. ☐ *cupa disperazione* dark despair.

cupola *f.* 1 (*Arch*) dome; (*piccola*) cupola. 2 (*di cappello*) crown. 3 (*Bot*) cupule. 4 (*Geol*) dome. 5 (*fig*) (*della mafia*) managing structure of the mafia. ☐ *a ~* dome-shaped: *costruzione a ~* dome-shaped building; (*Arch*) *a sesto ribassato* flat dome; (*Arch*) *~ geodetica* geodesic dome.

cupolone *m.* 1 (*S.Pietro a Roma*) St. Peter's dome (in Rome), St. Peter's (in Rome): (*fig*) *all'ombra del ~* in Rome, in the shadow of St. Peter's. 2 (*S. Maria del Fiore a Firenze*) dome of S. Maria del Fiore: (*fig*) *all'ombra del ~* in Florence. ☐ (*fig*) *sotto il ~* in Rome, in Florence.

cupralluminio *m.* (*Met*) aluminium bronze.

cuprammonio *m.* (*Chim*) cuprammonium.

cuprico (*pl.* **-ci**) *a.* 1 (*di rame*) copper (*attr.*). 2 (*che contiene rame*) cupric, cuprous.

cuprifero *a.* cupriferous.

cuprismo *m.* (*Med*) copper poisoning.

cuprite *f.* (*Min*) cuprite.

cura *f.* 1 (*il curare*) care, looking after, management, running; (*disbrigo*) doing, performance: *la ~ della casa* household management, running the house; *la ~ del giardino richiede molto tempo* looking after the garden takes up a lot of time; *la ~ delle faccende domestiche* (doing the) housework. 2 (*interessamento, attenzione*) care, concern, attention: *la sua unica ~ è la famiglia* the family is her only care; *affidare* (*qcu.*) *alle cure di qcu.* to entrust (so.) to so.'s care; *dedicare ogni ~ alla famiglia* to make the family one's sole concern. 3 (*accuratezza*) care, attention, heed: *ha fatto il lavoro con molta ~* he did the work with great care; *con la massima ~* with the utmost care. 4 (*Med*) (*prescrizione medica*) (course of) treatment, cure, remedy; (*assistenza medica*) treatment: *prescrivere una ~* to prescribe a course of treatment, to prescribe a cure; *il medico ha prescritto una ~ di calcio* the doctor prescribed calcium treatment; *essere in ~ presso il dott. Rossi* to be under treatment from Dr. Rossi. 5 (*Rel.catt*) (*ministero del sacerdote*) cure, spiritual charge. 6 (*Dir*) (*curatela*) administratorship, guardianship, trusteeship, curatorship. 7 (*Lett*) (*affanno*) care, anxiety, worry. ☐ *a ~ di*: 1 by: *traduzione e commento a ~ di E. Bianchi* translation and commentary by E. Bianchi; 2 (*edito da*) edited by; *~ a domicilio* home care; *cure ambulatoriali* ambulant care, outpatient treatment; *avere ~ di qcs.* (o *qcu.*) to take care of sth. (o so.), to look after sth. (o so.), to see to sth. (o so.), to mind sth. (o so.): *avere ~ della propria salute* to take care of one's health, to look after oneself; *abbi ~ che non vada perduto* be careful it doesn't get lost, mind it doesn't get lost; *abbi ~ di lui* take care of him; *con ~* carefully: *esaminare qcs. con ~* to examine sth. carefully; *maneggiare con ~* handle with care; (*colloq*) *~ da cavallo* horse remedy, strong treatment; *non darsi ~ di qcs.* (o *qcu.*) not to care about sth. (o so.); *~ dei bagni* course of (healing) baths; (*Med*) *~ del sonno* narcotherapy, sleep therapy; *fare la ~ delle acque* to take the waters; (*Rel*) *~ delle*

anime care of souls; *~ dentistica* dental treatment; *~ di bellezza* beauty treatment; *~ dimagrante* slimming cure; *fare una ~ dimagrante* to be on a slimming diet; *~ disintossicante* detoxification; *~ domiciliare* home care; *essere ~ di qcu.* to see (to it) (*costr.pers.*), to arrange (*costr.pers.*), to take care (*costr.pers.*): *sarà mia ~ impedirlo* I'll see that it doesn't happen; *avere in ~ un malato*: 1 (*rif. a medico*) to be treating a patient; 2 (*rif. a infermiera, parente ecc.*) to be tending a patient, to be nursing a patient; *essere in ~ per* to be on medication for; *cure intensive* intensive care (*costr.sing.*); *cure materne* motherly care (*costr.sing.*); *cure mediche* health care (*costr.sing.*), medical care (*costr.sing.*); (*fig*) *per qcs. non c'è ~* there's no remedy for sth.; *~ ormonale* hormone treatment; *cure ospedaliere* hospital treatment(s); *cure parentali* parenting (*costr. sing.*); *~ post-operatoria* post-surgical treatment, aftercare; *prendersi ~ di* to look after, to take care of, to care for; (*Med*) *~ preventiva* preventive treatment; *senza ~* carelessly, inattentively; *~ termale* mineral water therapy.

curabile *a.* curable, treatable: *un male ~* a curable ailment.

curabilità *f.* curability.

curaçao /kyra'so/ *m.* curaçao.

curante *a.* in charge of the case: *il nostro medico ~* our doctor, our family doctor.

curapipe *m.inv.* pipe cleaner.

curare (**cùro**) **I** *v.t.* 1 (*avere in cura*) to treat; (*medicare*) to dress: *il medico che lo cura è molto noto* the doctor who is treating him is very well-known; *lo hanno curato con gli antibiotici* they treated him with antibiotics; *~ una ferita* to dress a wound. 2 (*assistere*) to look after, to take care of; (*rif. a infermiera*) to nurse: *~ un malato* to look after a sick person. 3 (*occuparsi di*) to take care of, to take care over, to be very careful about, to look after, to see to, to attend: *~ i propri figli* to look after one's children; *cura molto il suo abbigliamento* she takes great care over the way she dresses; *~ gli interessi della famiglia* to look after the family interests. 4 (*provvedere*) to see to: *curate che tutto sia pronto per le dieci* see that everything is ready by ten. 5 (*fig*) (*stare attento*) to take care over, to pay attention to; (*cercare di migliorare*) to cure, to mend: *devi ~ di più la punteggiatura* you must pay closer attention to your punctuation, you must take more care over your punctuation; *~ i propri difetti* to mend one's faults. 6 (*Edit*) to edit: *~ l'edizione di un'opera* to edit a work; *l'edizione critica è stata curata da un noto filologo* the critical edition is by a well-known philologist. 7 (*rif. a mostre, eventi*) to curate, to be the curator of, to oversee: *~ una mostra* to curate an exhibition. 8 (*colloq*) (*seguire gli spostamenti di*) to shadow, to trail, to stalk, (*Am*) to tail: *i ladri lo hanno curato per alcuni giorni* he was tailed by the thieves for a few days, he was shadowed by the thieves for a few days. **II** *v.pron.* **curarsi** 1 (*sottoporsi a cure mediche*) to undergo treatment, to have treatment; (*avere cura della propria salute*) to look after oneself, to look after one's health, to take care of oneself: *è necessario curarsi in tempo* you must have treatment before it's too late. 2 (*interessarsi*) to pay attention (*di* to), to care (about), to take notice (of), to mind (sth.), to matter (*costr.impers.*): *non mi curo delle chiacchiere* I don't take any notice of gossip, I don't pay attention to gossip; *non me ne curo* I don't care; *non curarsi dell'opinione della gente* to be insensitive to public opinion, to ignore public opinion. **3** (*prendersi cura*) to bother, to take the trouble: *non si è mai curato di rispondermi* he has never bothered to reply to me. ☐ (*colloq*) *fatti ~!* you need to get your head examined!, you need to have your head examined!

curarina *f.* (*Chim*) curarine.

curaro *m.* (*Chim*) curare.

curatela *f.* (*Dir*) administratorship, guardianship, trusteeship, curatorship: *~ dei beni dell'assente* administratorship of the absent heir's property. ☐ (*Dir*) *~ fallimentare* official receivership, (*Am*) trusteeship in bankruptcy.

curativo *a.* curative, healing, remedial, of treatment (*posposto*): *metodo ~* curative method, method of treatment; *pedicure ~* curative pedicure.

curato[1] *a.* **1** tended, kept; *un giardino ben ~* a well-kept garden, a well-tended garden. **2** (*ordinato*) neat, tidy, trim, well-groomed; *ha un aspetto molto ~* he's very well-groomed; *avere delle unghie curate* to have manicured nails. **3** (*guarito*) healed; (*medicato*) dressed. **4** (*Edit*) edited. ☐ *un lavoro ~ nei minimi particolari* a piece of work executed with the greatest care for detail, a painstaking piece of work.

curato[2] *m.* (*Rel.catt*) curate; (*parroco*) parish priest.

curatore *m.* (*f.* **-trice**) **1** (*Dir*) administrator (*f.* -trix), trustee, curator (*f.* -trix). **2** (*Edit*) editor. **3** (*rar*) (*guaritore*) healer. ☐ (*Dir*) *~ dei beni dell'assente* administrator of the absent heir's property; (*Dir*) *~ dell'eredità* administrator, executor; (*Dir*) *~ fallimentare* official receiver, (*Am*) trustee in bankruptcy.

curculione *m.* (*Entom*) weevil, snout beetle, curculio.

curcuma *f.* (*Bot*) curcuma; (*spezia*) turmeric.

curdo I *a.* Kurdish. **II** *m./f.* Kurd. **III** *m.* (*lingua*) Kurdish.

curia *f.* **1** (*Rel.catt*) Curia. **2** (*Stor.rom*) curia. **3** (*collett.*) (*insieme degli avvocati di un luogo*) the Bar, lawyers *pl.* ☐ *~ romana* Roman Curia; *~ vescovile* bishop's see.

curiale I *a.* **1** (*aulico*) courtly, aulic, solemn. **2** (*Rel*) Curial. **II** *m.* (*Rel*) member of a Curia.

curialesco (*pl.* **-chi**) *a.* (*spreg*) (*cavilloso*) quibbling, cavilling.

curiato *a.* (*Stor.rom*) pertaining to a Roman curia.

Curiazi *n.pr.m.pl.* (*Stor.rom*) Curiatii.

curie /ky'ri/ *m.* (*Fis*) curie.

curio *m.* (*Chim*) curium.

curiosaggine *f.* nosiness, snoopiness.

curiosamente *avv.* **1** (*con curiosità*) curiously, inquisitively. **2** (*stranamente*) oddly, qeerly: *veste ~* he dresses oddly; *~ lei non c'era* oddly enough she wasn't there.

curiosare (**curióso**; *aus.* **avere**) *v.i.* **1** (*guardare con curiosità*) to look (about) curiously, to look (about) inquisitively, to browse around; (*ascoltare con curiosità*) to listen curiously, to listen in: *ho passato la mattinata a ~ nei negozi* I spent the morning browsing around the shops. **2** (*spreg*) (*ficcare il naso*) to pry, to nose (about), to snoop around, to meddle in, to rake among, to rake through; (*ascoltando*) to eavesdrop, to listen in: *l'ho sorpreso a ~ nei miei cassetti* I caught him nosing about in my drawers. ☐ *gli piaceva ~ per la città* he liked to wander through the city.

---

curiosità *f.* **1** curiosity, inquisitiveness, meddling, (*colloq*) nosiness: *destare la ~ di qcu.* to arouse so.'s curiosity; *mi tolga una ~...* out of curiosity...; *morire dalla ~* to be burning with curiosity; *è di una ~ insopportabile* he is dreadfully nosey. **2** (*cosa rara, strana*) curio, curiosity. ☐ *per pura ~* out of pure curiosity.

curioso I *a.* **1** curious, inquisitive, meddlesome, meddling, (*colloq*) nosy: *è una ragazza curiosa e pettegola* she is an inquisitive gossipy girl; *sono ~ di sapere cosa intendi fare* I'm curious to know what you intend to do. **2** (*strano*) curious, odd, peculiar, funny, queer: *un tipo ~* an odd character; *è accaduto un fatto ~* a funny thing happened; *~, credevo che fosse partito* that's odd, I thought he had left. **II** *m.* **1** (*f.* **-a**) (*persona curiosa*) curious person; (*spreg*) nosy parker, nosy person, busybody, meddler: *non posso sopportare i curiosi* I can't stand nosy people. **2** (*f.* **-a**) (*spettatore*) curious onlooker, curious bystander: *si era radunato intorno a loro un gruppo di curiosi* a group of curious onlookers had gathered round them. **3** (*cosa curiosa*) odd thing, funny thing: *il ~ è che...* the odd thing is that... ☐ *per una curiosa coincidenza* by an odd coincidence.

curiosone *m.* (*f.* **-a**) (*colloq*) prier, rubberneck, snooper.

Curlandia *n.pr.f.* (*Geog.stor*) Courland, Kurland.

curricolare *a.* curricular.

curriculum, **curriculum vitae** /-'vite/ (*pl.inv.* o **-a**) *m.* **1** (*Br*) curriculum vitae, CV, track record, (*Am*) résumé. **2** (*Scol,Univ*) curriculum, course of study.

curry /'karri/ *m.* (*Gastron*) curry (powder). ☐ (*Gastron*) *riso al ~* curried rice; *pollo al ~* chicken curry, curried chicken.

cursore *m.* **1** (*Inform*) cursor, pointer, slider. **2** (*Mecc*) slider; (*rif. a strumento matematico*) cursor. **3** (*Stor.rom*) running messenger. ☐ (*Inform*) *~ a blocco* block cursor.

curule *a.* (*Stor.rom*) curule: *sedia ~* curule chair.

curva *f.* **1** (*di strada*) bend, curve, turn; (*curvatura tortuosa*) twist, bend: *prendere una ~* to take a curve, to take a corner, to take a bend, to go around a bend, to corner; *prendere una ~ troppo stretta* to hug the curve; *prendere una ~ larga* to take a bend on the outside; *tagliare una ~* to cut a corner, (*Am*) to swing. **2** (*di fiume*) bend, curve, loop. **3** (*Mat*) curve. **4** (*rappresentazione grafica*) curve, graph: *~ di raffreddamento* cooling curve. **5** (*Sport*) (*parte della pista*) bend (in the track). **6** *pl.* (*scherz*) (*rotondità del corpo femminile*) curves: *tutta curve* curvy, curvaceous; *una bionda tutta curve* a curvy blonde. ☐ (*Strad*) *~ a destra* right-hand bend, bend to the right; (*Strad*) *~ a gomito* sharp bend, dogleg; (*tornante*) hairpin bend; (*Strad*) *~ a sinistra* left-hand bend, bend to the left; (*Fis*) *~ adiabatica* adiabatic curve; (*Mat*) *~ algebrica* algebraic curve; (*Topogr*) *~ altimetrica* contour line; (*Topogr*) *~ batigrafica* bathygraphic curve; (*Fot,Mat*) *~ caratteristica* characteristic curve; (*Strad*) *~ cieca* blind turning; (*Mat*) *~ cubica* cubic curve; (*Econ*) *~ dei prezzi* price curve; (*Econ*) *~ della domanda* demand curve; (*Econ*) *~ dell'offerta* supply curve; (*Edil*) *~ di carico* charging curve; (*Mecc*) *~ di dilatazione* expansion bend; (*Mecc*) *~ di elasticità* elastic curve; (*Statist*) *~ di frequenza* frequency curve; (*Topogr*) *~ di livello* contour line; (*Econ*) *~ di rendimento* yield curve; (*Econ*) *~ d'indifferenza* indifference curve; *fare una ~:* **1** to

---

turn; **2** (*sterzare*) to steer, to swerve; (*Mat*) *~ gaussiana* Gaussian curve; (*Strad*) *in ~* on a bend: *sorpassare in ~* to overtake on a bend; (*Strad*) *~ larga* flat curve; (*Strad*) *~ pericolosa* dangerous bend; (*Mat*) *~ piana* plane curve; (*Mat*) *~ sghemba* twisted curve; *~ stradale* bend in the road; (*Strad*) *~ stretta* sharp bend; (*Mat*) *~ tangente* tangent curve.

curvabile *a.* bendable, that can be bent.

curvare (**cùrvo**) **I** *v.t.* **1** to bend, to curve, to crook: *~ una sbarra* to bend a bar. **2** (*chinare*) to bend, to bow, to lower: *~ la schiena sotto un peso* to bend one's back under a load; *~ il capo* to bow one's head. **II** *v.i.* (*aus.* **avere**) **1** (*rif. a strada, fiume*) to curve, to bend, to loop: *il fiume curva verso la valle* the river curves towards the valley. **2** (*girare*) to turn, to corner: *~ a destra* to turn right; *~ a sinistra* to turn left. **III** *v.pron.* **curvarsi 1** to bend, to become bent, to curve; (*rif. a legno*) to warp: *l'asse si è curvato sotto il peso* the plank bent under the weight. **2** (*rif. a persona: chinarsi*) to stoop, to bend (down). ☐ (*fig*) *~ la schiena* (*sottomettersi*) to submit, to yield, to bow to so.'s wishes, to stoop.

curvatrice *f.* (*Tecn*) bending machine.

curvatura *f.* **1** (*il curvare*) curving, bending: *la ~ delle doghe* the curving of the slats. **2** (*punto di curvatura*) bend, sweep, curve, curvature; (*piegatura ad arco*) arching: *una leggera ~* a slight curvature. **3** (*Mat,Anat*) curvature. **4** (*Mecc,Strad*) camber. ☐ (*Mat*) *~ gaussiana* Gaussian curvature, Gauss curvature.

curvilineo I *a.* curvilinear. **II** *m.* (*Tecn*) French curve.

curvimetro *m.* (*Tecn*) map measurer, opisometer.

curvo *a.* **1** curved, twisty; (*piegato*) bent; (*storto*) crooked: *linea curva* curved line. **2** (*rif. a persona*) bent, stooping: *spalle curve* bent shoulders, rounded shoulders; *camminare ~* to walk with a stoop. ☐ *stare ~ sui libri* to be hunched over one's books, to be bent over one's books.

cuscinata *f.* blow with a cushion (or pillow). ☐ *fare a cuscinate* to have a pillow fight.

cuscinetto I *m.* **1** (*piccolo cuscino*) pad. **2** (*puntaspilli*) pincushion. **3** (*per timbri*) ink pad. **4** (*Mecc*) bearing. **5** (*Mus*) (*di clarinetti e sax: tampone*) pad. **II** *a.inv.* (*posposto*) buffer (*attr.*): (*Pol*) *stato ~* buffer state. ☐ (*Mecc*) *~ a sfere* ball bearing; (*Mecc*) *~ ad aghi* needle bearing; *~ di gomma* cushioning pad; (*colloq*) *~ di grasso* roll of fat; (*fig*) *fare da ~* to (act as a) buffer; (*Tip*) *~ inchiostrato* printing pad.

cuscino *m.* **1** (*guanciale*) pillow. **2** (*di divano*) cushion; (*per inginocchiatoio*) hassock. ☐ *~ da stadio* seat cushion; *~ da viaggio* travelling cushion; *~ d'acqua* water pillow, water cushion; (*Tecn*) *~ d'aria* air cushion; *~ di piume* feather pillow, downy pillow; (*Tecn*) *~ pneumatico* air cushion.

cusco *m.* (*Zool*) cuscus.

cuscus *m.* (*Gastron*) couscous.

cuscuta *f.* (*Bot*) dodder.

cuspidale *a.* cuspidal.

cuspidato *a.* **1** cuspidate, pointed. **2** (*Bot*) cuspidate.

cuspide *f.* **1** (*vertice*) point, apex, cusp. **2** (*punta di lancia, freccia*) point, tip. **3** (*Arch*) spire, pinnacle. **4** (*Mat,Anat*) cusp. **5** (*in astrologia*) cusp.

custode I *m./f.* **1** guardian, keeper, custodian; (*portinaio*) doorkeeper, door porter: *~ del museo* museum keeper. **2** (*fig*) guardian, protector, upholder, preserver: *~ dell'ordine* upholder of public order; ~ *della libertà* guardian of liberty. **II** *a.inv.* (*posposto*) guardian (*attr.*): *angelo* ~ guardian angel. □ ~ *del parcheggio* car park attendant; ~ *della scuola* porter, caretaker; ~ *delle carceri* warder, (*spec. Am*) prison guard.

custodia *f.* **1** (*sorveglianza*) care, surveillance: *la* ~ *della casa* the surveillance of the house. **2** (*rif. a persona*) care, custody, protection, guardianship: *ti affido la* ~ *dei miei figli* I entrust you with the care of my children. **3** (*incarico di conservare*) keeping, safekeeping, custody: *ho in* ~ *i suoi risparmi* I have his savings in my safekeeping. **4** (*Dir*) (*detenzione*) custody, guardianship, wardship. **5** (*astuccio*) case, holder; (*di libro*) case; (*di tessera e sim.*) holder; (*di disco*) sleeve, (*Am*) jacket; (*di macchina fotografica*) camera bag, camera case: ~ *del violino* violin-case; ~ *degli occhiali* spectacle-case. □ *avere in* ~ *qcs.* to take care of sth., to have sth. in one's care; (*Dir*) ~ *cautelare* preventive detention; (*Dir*) ~ *congiunta* joint custody; *dare in* ~ *qcs.* to put sth. into safekeeping; ~ *di telefonino* cell phone holder; ~ *morbida* soft case; (*Dir*) ~ *preventiva* detention awaiting trial; ~ *rigida* hard-shell

case; *essere sotto la* ~ *di qcu.* to be in so.'s charge.

custodire (**custodìsco, custodìsci**) *v.t.* **1** (*sorvegliare*) to look after, to take care of; (*fare la guardia*) to guard, to watch over: *custodisce la casa in mia assenza* he is looking after the house while I'm away; ~ *i prigionieri* to guard the prisoners. **2** (*serbare con cura*) to preserve, to guard, to keep: ~ *i soldi nella cassaforte* to keep one's money in the safe. **3** (*fig*) (*mantenere*) to keep, to guard, to cherish: ~ *un segreto* to guard a secret; ~ *un ricordo* to cherish a memory. □ ~ *gelosamente* to treasure, to enshrine; (*fig*) ~ *le tradizioni* to preserve traditions.

custodito *a.* attended, guarded, protected. □ *non* ~ unattended, unprotected, unguarded; *parcheggio non* ~ unattended car park, unguarded car park.

customer care /ˈkastomerˈker/ *m.* (*Comm*) customer care.

customer service /ˈkastomerˈservis/ *m.* (*Comm*) customer service.

customizzare (**customìzzo**) /kasto-/ *v.t.* (*Comm*) to customize.

customizzato /kasto-/ *a.* (*Comm*) customized.

customizzazione /kasto-/ *f.* (*Comm*) customization.

cutaneo *a.* cutaneous, skin (*attr.*), of the skin (*posposto*): *malattie cutanee* skin diseases; *eruzione cutanea* rash.

cute *f.* skin, cutis.

cuticola *f.* cuticle.

cuticolare *a.* cuticular.

cutireazione *f.* (*Med*) cutireaction.

cutrettola *f.* (*Ornit*) yellow wagtail, blue-headed wagtail.

cutter /ˈkatter/ *m.inv.* **1** (*Mar*) cutter. **2** (*taglierina*) cutter.

CV, C.V. **1** (*Fis*) *cavallo vapore* hp (horsepower). **2** *curriculum vitae* CV (curriculum vitae). **3** *Capo Verde* CV (Cape Verde).

c.v.d. (*Mat,Geom*) *come volevasi dimostrare* Q.E.D. (quod erat demonstrandum, which was to be demostrated).

c.vo (*Tip*) *corsivo* ital. (italic, italics).

CY *Cipro* CY (Cyprus).

cyber sex /ˌsajberˈseks/ *m.* cybersex.

cyberspazio /ˌsajber-/ *m.* cyberspace.

cyclette /siˈklet/ *f.inv.* (*Ginn*) stationary bike.

CZ *Repubblica Ceca* CZ (Czech Republic).

czar /dzar, tsar/ *m.inv.* (*Stor*) czar, tsar, tzar.

czarda /ˈtʃarda/ *f.* (*ciarda*) czardas.

D

d, D[1] /di/ *f./m.* (*lettera dell'alfabeto*) d, D: *due d* two ds, two d's; *una D maiuscola* a capital D; *una d minuscola* a small d; *(Tel) d come Domodossola* D for David, *(Am)* D as in Dog.

D[2] **1** *Germania* D (Germany). **2** *(Dir,Pol) decreto* Decree.

d. *diametro* d. (diameter).

da *prep.* (*before a vowel it is seldom apostrophized; with the definite articles it combines to form* **dal** [da + il], **dallo** [da + lo], **dall'** [da + l'], **dalla** [da + la], **dai** [da + i], **dagli** [da + gli], **dalle** [da + le]) **1** (*agente, causa efficiente*) by: *era amata ~ tutti* she was loved by all; *è stato lodato dai superiori* he was praised by his superiors; *la città fu distrutta dal terremoto* the city was destroyed by the earthquake; *l'universo fu creato ~ Dio* the universe was created by God; *il libro è scritto ~ Sartre* the book is written by Sartre. **2** (*moto da luogo*) from: *~ Napoli a Firenze* from Naples to Florence; *alzò gli occhi dal libro* he raised his eyes from the book; *tornare ~ scuola* to return from school. **3** (*fuori da*) out of, (out) from: *uscire dal negozio* to go out of the shop, to come out of the shop; *buttarsi dalla finestra* to throw oneself out the window, to throw oneself down from the window. **4** (*luogo, punto da cui si compie un'azione*) from: *dal nostro balcone si vede il mare* you can see the sea from our balcony; *dal primo all'ultimo* from beginning to end, from first to last. **5** (*moto per luogo*) by, through, via: *all'andata siamo passati ~ Firenze* on the way there we went via Florence. **6** (*attraverso*) through, by: *i ladri sono passati dalla finestra* the thieves got in through (*o* by) the window. **7** (*moto a luogo*) to: *andrò ~ lui domani* I'll go to (see) him tomorrow; *recarsi dal medico* to go to the doctor's; *mi ha mandato dal suo avvocato* he sent me to his lawyer. **8** (*stato in luogo*) with, at: *abita ~ un parente* he lives with a relative; *cenerò dai nonni* I'll have supper with my grandparents, I'll have supper at my grandparents'. **9** (*rif. a nomi di ristoranti*) at: *~ Tullio* at Tullio's (restaurant). **10** (*origine, provenienza*) from, of: *discendere ~ nobile famiglia* to descend from a noble family, to come of a noble family; *sant'Antonio ~ Padova* St. Anthony of Padua; *apprendere qcs. dai giornali* to learn of sth. from the newspapers. **11** (*copiato da*) (taken, copied) from: *disegno dal vero* drawing from life. **12** (*imitato da*) after: *~ una stampa antica* after an old print. **13** (*separazione, allontanamento*) from: *mi separai dai parenti* I parted from my relatives; *allontanare qcu. ~ un luogo pericoloso* to take so. away from a dangerous place, to send so. away from a dangerous place. **14** (*distanza*) (away) from: *a cento chilometri ~ Roma* a hundred kilometres from Rome; *abito non lontano ~ piazza Venezia* I live not far from Piazza Venezia. **15** (*tempo passato: rif. a durata*) for, *talvolta non si traduce*: *dormivo ~ due ore* I had been sleeping (for) two hours; *vivo qui ~ molti anni* I have lived here for many years. **16** (*fin da, a partire da*) since: *è dalle dieci che ti aspetto* I have been wait-

ing for you since ten. **17** (*tempo futuro: a decorrere da*) (as) from: *l'appartamento è libero dal mese prossimo* the flat is free as from next month; *~ oggi in poi* from today on. **18** (*causa*) with, from: *tremare dal freddo* to tremble with cold; *sono rauco dal gridare* I am hoarse from shouting. **19** (*mezzo*) from, by: *l'ho riconosciuta dalla capigliatura* I recognized her by her hair; *lo giudicai dall'espressione del viso* I judged him from the expression on his face. **20** (*tramite*) through, by (means of): *te lo manderò ~ un amico* I'll send it to you through a friend. **21** (*fine, scopo*) as, for: *servire ~ ornamento* to serve as an ornament. **22** (*uso, destinazione*) for, *si rende per lo più con un sostantivo composto o aggettivato*: *rete ~ pesca* net for fishing, fishing net; *imbarcazione ~ diporto* pleasure boat; *abiti ~ inverno* winter clothes; *stanza ~ pranzo* dining-room. **23** (*qualità, segno distintivo*) with: *la casa dalle persiane rosse* the house with the red shutters; *spesso si rende con un aggettivo composto*: *una ragazza dagli occhi verdi* a girl with green eyes, a green-eyed girl. **24** (*prezzo, valore*) *si rende con un aggettivo composto*: *un appartamento ~ duecentomila euro* a two hundred thousand euro flat. **25** (*a partire da*) from: *abiti ~ cinquanta euro in su* dresses from fifty euros (upwards). **26** (*limitazione*) in: *cieco ~ un occhio* blind in one eye. **27** (*modo, maniera*) like: *comportarsi ~ vigliacco* to behave like a coward; *mi ha trattato ~ amico* he treated me like a friend; *vivere ~ principe* to live like a prince. **28** (*degno di*) like, worthy of, fit for, *spesso si rende con un aggettivo, un avverbio o il caso possessivo*: *non è ~ te* it is not like you, it's not worthy of you; *un'azione ~ gentiluomo* gentlemanly behaviour; *una vita ~ cani* a dog's life. **29** (*età, condizione*) as, when: *~ giovane era una sportivo* as a young man he was keen on sport; *l'ho conosciuto ~ studente* I knew him as a student, I knew him when he was a student. **30** (*rif. a uffici, cariche: in funzione di*) as: *fungere ~ amministratore* to act as administrator. **31** (*secondo, in base a*) from, according to: *~ quel che dicono i giornali* from what the newspapers say, according to what the newspapers say. **32** (*seguito dall'inf.: consecutivo*) that, as to, *spesso non si traduce*: *era cosí stanco ~ non poter studiare* he was so tired (that) he could not study; *chi è cosí gentile ~ accompagnarmi a casa?* who will be so kind as to take me home? **33** (*seguito dall'inf.: finale*) *si traduce con l'infinito*: *dammi un libro ~ leggere* give me a book to read. **34** (*seguito dall'inf.: necessità, obbligo*) for, *spesso si rende con una proposizione relativa, con l'infinito, o con un aggettivo*: *camicie ~ stirare* shirts (that are) to be ironed, shirts for ironing; *diritti ~ difendere* rights to defend; *un vecchio ~ compatire* an old man who is to be pitied, a pitiable old man. □ *~...a* (*quantità approssimativa*) from... to: *c'erano ~ trecento a quattrocento persone* there were from three to four hundred people; *per terminare il lavoro mi ci vorranno ~ dieci a quindici giorni* it will take me from ten to fifteen days

to finish the work; *dal 1861 al 1961* from 1861 to 1961, from 1861 till 1961; *dalla a alla zeta* from A to Z; *~ noi*: 1 (*a casa mia*) at home; 2 (*nella mia città*) in my city; 3 (*nel mio paese*) in my country: *~ noi non c'è questo uso* we don't have this custom; *la porta si chiude ~ sé* the door shuts by itself, the door is self-closing.

dà → **dare**[1].

D/A (*Econ*) *Documenti contro Accettazione* D/A (documents on acceptance).

dabbasso *avv.* down, downstairs, below: *scendere ~* to go downstairs.

dabbenaggine *f.* **1** foolishness, credulity, gullibility: *lo ha fatto per ~* he did it out of foolishness. **2** (*azione da stupido*) foolish action.

dabbene *a.* honest, decent, upright: *una persona ~* an honest person; *è gente ~* they are decent folk.

daccanto *avv.* **1** (*vicino*) nearby. **2** (*a fianco*) beside.

daccapo I *avv.* **1** (*di nuovo*) all over again, once again, once more: *te lo spiegherò ~* I'll explain again; *eccolo ~ con la solita storia* there he goes again with the same old story. **2** (*dall'inizio*) from the beginning, all over again: *ricominciare ~* to begin all over again, to start all over again, to go back to the beginning; *siamo ~* we're back where we started; (*iron*) here we go again. **II** *m.* (*Mus*) da capo.

dacché *congz.* (*lett*) **1** (*da quando*) (ever) since: *~ lo conosco non mi ha dato che noie* ever since I've known him he's given me trouble. **2** (*poiché*) since, as: *~ insisti, ti dirò tutto* since you insist, I'll tell you everything.

dacia (*pl.* **-cie/-ce**) *f.* dacha, datcha.

Dacia *n.pr.f.* (*Geog.stor*) Dacia.

dacite *f.* (*Min*) dacite.

Dacron *m.* (*Tess*) (*Br*) Terylene, (*Am*) Dacron.

dada, dadà I *m.* (*Art,Lett*) (*dadaismo*) Dada, Dadaism. **II** *m./f.* (*Art,Lett*) (*dadaista*) Dadaist. **III** *a.* (*Art,Lett*) Dadaistic, Dada.

dadaismo *m.* (*Art,Lett*) Dada, Dadaism.

dadaista I *a.* (*Art,Lett*) Dadaistic, of Dada: *scuola ~* school of Dada. **II** *m./f.* (*Art,Lett*) Dadaist.

dado *m.* **1** die, dice: *giocare a dadi* to play dice; *giocarsi qcs. ai dadi* to dice for sth. **2** (*Alim*) soup cube, stock cube, bouillon, bouillon cube: *brodo di ~* broth made from bouillon cubes. **3** (*Mecc*) nut. **4** (*Arch*) dado, die. □ (*Gastron*) *tagliare a dadi* to cut into small cubes, to dice, to cube; (*Mecc*) *~ ad alette* butterfly nut, wing nut, fly nut; *dadi da poker* gambling dice; (*Alim*) *~ di carne* meat cube; (*fig*) *il ~ è tratto* the die is cast.

daffare *m.inv.* work, task, toil. □ *con tutto il ~ che ho, non posso aiutarti* with all I've got to do I can't help you.

dafne *f.* (*Bot*) daphne.

Dafne *n.pr.f.* (*Mitol*) Daphne.

dafnia *f.* (*Zool*) daphnia, water flea.

daga *f.* dagger.

dagherrotipia *f.* (*Fot*) daguerreotypy.

dagherrotipo *m.* (*Fot*) daguerreotype.

dagli[1] → **da**.

dagli[2] *intz.* **1** (*forza*) come on!, go on!, go it!:

~, che arrivi primo! go it, you'll be first! **2** (*addosso*) after him! □ **~ al ladro!** stop thief!; *e ~!* here we go again!; *~ e ridagli, mi hai convinto* all right, all right, you've convinced me at last; *~ oggi, ~ domani* in the long run; *~ oggi, ~ domani, ce l'hai fatta* your perseverance has paid off.

dai[1] → **da**.

dai[2] → **dare**[1].

dai[3] *intz.* come on, go on: *~, parla!* come on, out with it! □ *e ~, cammina più svelto* come on, walk faster; *~, entra* in you go.

daino *m.* **1** (*Zool*) fallow deer; (*maschio*) buck; (*femmina*) doe; (*di meno di un anno*) fawn. **2** (*Pell*) buckskin: *guanti di ~ buckskin* gloves.

dal → **da**.

dalai-lama *m.* Dalai Lama.

dalia *f.* (*Bot*) dahlia.

Dalila *n.pr.f.* (*Bibl*) Delilah.

dall' → **da**.

dalla → **da**.

dalle → **da**.

dalli *intz.* (*colloq*) **1** (*forza*) come on!, go on!, go it! **2** (*addosso*) after him!

dallo → **da**.

dalmata I *a.* Dalmatian. **II** *m./f.* Dalmatian. **III** *m.* (*Zool*) (*razza canina*) Dalmatian.

dalmatica *f.* (*Stor.rom,Lit*) dalmatic.

dalmatico (*pl.* **-ci**) **I** *a.* Dalmatian. **II** *m.* (*lingua*) Dalmatian.

Dalmazia *n.pr.f.* (*Geog*) Dalmatia.

daltonico I *a.* (*Med*) colour-blind, daltonic. **II** *m.* (*f.* **-a**; *pl.* **-ci**) (*Med*) colour-blind person.

daltonismo *m.* (*Med*) colour-blindness, daltonism.

dama *f.* **1** (*gentildonna*) lady (of rank). **2** (*rif. al ballo*) (dancing) partner. **3** (*gioco*) draughts (*costr.sing. o pl.*), (*Am*) checkers (*costr.sing.*): *giocare a ~* to play draughts, (*Am*) to play checkers. **4** (*nel gioco: pedina doppia*) king: *fare ~* to crown a draught. **5** (*scacchiera*) draughtboard, (*Am*) checkerboard. **6** (*nelle carte da gioco*) queen: *~ di picche* queen of spades. □ *~ di carità* charity worker; *~ di compagnia*: 1 lady companion; 2 (*di personaggio nobile*) lady-in-waiting; *~ di corte* lady-in-waiting.

damare (**dàmo**) *v.t.* to crown a draught.

damascare (**damàsco, damàschi**) *v.t.* to damask.

damascato I *a.* damask (*attr.*), damasked: *tessuto ~* damask cloth. **II** *m.* damask: *~ di lino* linen damask.

damascatura *f.* **1** (*Tess*) damasking. **2** (*Met*) damascening.

damaschinare (**damaschìno**) *v.t.* (*Met*) to damascene.

damaschinatura *f.* (*Met*) damascening.

damaschino I *a.* **1** (*di Damasco*) of Damascus (*posposto*), Damascus (*attr.*), Damascene. **2** (*Met*) damascene, damascened. **II** *m.* **1** Damascene. **2** (*Met*) damask, Damascus steel. **3** (*Bot*) damson.

damasco (*pl.* **-chi**) *m.* (*Tess*) damask. □ *di ~* damask (*attr.*); *tovaglia di ~* damask table-cloth; *~ di seta* silk damask.

Damasco *n.pr.f.* (*Geog*) Damascus: *sulla via di ~* on the road to Damascus.

damerino *m.* fop, dandy, beau.

damiera *f.* (*Br*) draughtboard, (*Am*) checkerboard.

damiere *m.* (*Br*) draughtboard, (*Am*) checkerboard.

damigella *f.* **1** (*lett*) young girl, damsel. **2** (*Stor*) (*nobile*) damsel. □ *~ d'onore* (*Br*) bridesmaid; (*Am*) maid of honour.

damigiana *f.* **1** demijohn. **2** (*per acidi e sim.*) carboy.

damista *m./f.* (*giocatore di dama*) draughts player, (*Am*) checkers player.

dammeno *a.inv.* less (*di* than); (*inferiore*) inferior (to): *mostrarsi ~ di qcu.* to show oneself to be inferior to so. □ *egli non è ~ di te* he is just as good as you.

Damocle *n.pr.m.* (*Stor*) Damocles.

DAMS (*Univ*) *discipline delle arti, della musica, dello spettacolo* (performing arts subjects).

Danae *n.pr.f.* (*Mitol*) Danae.

Danaidi *f.pl.* (*Mitol*) Danaides.

danaro *m.* **1** money. **2** (*soldi, ricchezze*) money, wealth, riches *pl.* **3** *pl.* (*nelle carte da gioco*) denari (the suit in Italian playing cards corresponding to diamonds). **4** (*Stor.rom,Numism*) denarius. **5** (*Tess*) denier.

danaroso *a.* rich, moneyed, wealthy, well-off (*posposto*), well-to-do.

dance music /'dɛns'mjuzɪk/ *f.* dance music.

dancing /'dɛnsɪŋ/ *m.* dance hall, (*Am*) dance club.

dande *f.pl.* (*ant*) leading reins, (*Am*) leading-strings. □ (*fig,ant*) *aver bisogno delle ~* to need a guiding hand.

dandismo *m.* dandyism.

dandistico (*pl.* **-ci**) *a.* dandyish.

dandy /'dɛndi/ *m.inv.* dandy, fop.

dandyismo /'den'di-/ *m.* dandyism.

danese I *a.* Danish. **II** *m.* **1** (*f.* **-a**) (*abitante*) Dane. **2** (*lingua*) Danish. **3** (*Zool*) (*cane*) Great Dane.

Daniela *n.pr.f.* Daniela, Danielle.

Daniele *n.pr.m.* Daniel (*anche Bibl*).

Danimarca *n.pr.f.* (*Geog*) Denmark.

dannare (**dànno**) **I** *v.t.* to damn. **II** *v.pron.* **dannarsi 1** to be damned. **2** (*tormentarsi*) to worry. **3** (*affannarsi*) to slave to death, to work oneself to death, to drive oneself mad: *si danna tutto il giorno a lavorare* he works himself to death from morning to night. □ *~ la propria anima* to be damned; (*fig*) *dannarsi l'anima* to go crazy; (*fig*) *fare ~ qcu.* to drive so. to distraction, to drive so. mad, (*colloq*) to drive so. round the bend, (*colloq*) to drive so. crazy: *i figli la fanno ~* her children drive her mad.

dannato I *a.* **1** damned. **2** (*fig*) (*maledetto*) damnable, miserable, wretched; (*nelle imprecazioni*) damned, confounded. **3** (*fig*) (*smisurato*) tremendous, dreadful, frightful, (*colloq*) beastly, (*colloq*) damnable: *una paura dannata* a tremendous fear. **II** *m.* (*f.* **-a**) damned soul: *i dannati* the damned. □ *gridare come un ~* to shout like one possessed; *lavorare come un ~* to work like hell.

dannazione I *f.* **1** damnation. **2** (*fig*) (*affanno, tormento*) trial, curse, pest. **II** *intz.* (*colloq*) damn!, dammit!, blast (it)! □ *quel ragazzo è la mia ~* that boy will be the death of me.

danneggiabile *a.* damageable.

danneggiamento *m.* **1** (*atto*) damaging. **2** (*effetto*) damage.

danneggiare (**dannéggio, dannéggi**) **I** *v.t.* **1** to damage: *la grandine ha danneggiato le piante* the hail has damaged the plants. **2** (*sciupare*) to spoil. **3** (*nuocere*) to harm, to injure: *puoi farlo senza ~ nessuno* you can do it without harming anyone; *le calunnie hanno danneggiato la sua reputazione* all this slander has harmed his reputation. **4** (*ledere, pregiudicare*) to injure, to prejudice, to be detrimental to, to damage, to impair: *~ gli interessi di qcu.* to be detrimental to so.'s interests. **II** *v.pron.* **danneggiarsi** to be damaged.

danneggiato I *a.* damaged, harmed, injured: (*Dir*) *la parte danneggiata* the injured

party. **II** *m.* (*f.* **-a**) (*sinistrato*) victim.

danno[1] *m.* **1** damage, harm, injury: *la grandine ha causato gravi danni* the hail has caused serious damage; *recare ~ a qcu.* to cause damage to so., to do so. harm, to injure so., to harm so.; *poco ~* slight damage. **2** (*perdita*) loss. **3** (*svantaggio*) detriment, prejudice, damage. **4** *pl.* (*Dir*) (*risarcimento di danno sofferto*) damages: *chiedere i danni* to claim damages; *pagare i danni* to pay damages. □ *a ~ di* against, to the detriment of, to the prejudice of, to the loss of; *a tutto ~ di* at the cost of, at the expense of: *la beffa si risolse a tutto ~ degli autori* the joke backfired on those that played it; *a ~ degli interessi di qcu.* to the prejudice of so.'s interests; *danni alla carrozzeria* dents, damage (*costr.sing.*) to the car bodywork; *~ alla salute* health damage; *danni all'ambiente* environmental damage (*costr.sing.*); *~ alle persone* injury to persons: *nessun ~ alle persone* no one was hurt; *avere il ~ e la beffa* to have insult added to injury; *oltre il ~ anche la beffa* and to add insult to injury; *danni di guerra* war damage (*costr.sing.*); (*Dir*) *~ economico* economic loss, pecuniary loss, financial setback; (*Dir*) *~ emergente* resulting damage; *fare danni* to do damage, to break things: *la nuova cameriera continua a fare danni* the new maid is continually breaking things; *~ indiretto* consequential damage; *~ materiale* material damage; (*Dir*) *danni morali* moral damages.

danno[2] → **dare**[1].

dannosamente *avv.* harmfully, injuriously.

dannoso *a.* harmful (*a, per* to), injurious, detrimental (*a* to), noxious, bad (*for*): *questo clima è ~ alla mia salute* this climate is harmful to my health, this climate is bad for my health; *insetti dannosi all'uomo* noxious insects. □ *non ~ friendly*: *non ~ per l'ozono* ozone-friendly.

dannunziano I *a.* (*Lett*) of D'Annunzio (*posposto*), like D'Annunzio (*posposto*). **II** *m.* (*f.* **-a**) (*Lett*) follower of D'Annunzio.

dante causa *m./f.* (*Dir*) assignor.

dantesco (*pl.* **-chi**) *a.* (*Lett*) **1** of Dante (*posposto*), Dante's, Dante (*attr.*), Dantesque: *studi danteschi* Dante studies; *il poema ~* Dante's poem; *letture dantesche* readings from Dante. **2** (*che imita Dante*) Dantesque: *stile ~* Dantesque style.

dantista *m./f.* (*Lett*) Dante scholar, Dantist.

dantistica, dantologia *f.* (*Lett*) Dante studies *pl.*

danubiano *a.* Danube (*attr.*), of the Danube (*posposto*), Danubian: *bacino ~* Danube basin.

Danubio *n.pr.m.* (*Geog*) Danube.

danza *f.* **1** dance: *danze gitane* gypsy dances. **2** (*il danzare*) dancing: *studiare ~* to learn dancing. **3** (*classica*) ballet. **4** (*fig*) (*successione incalzante*) dancing: *una ~ di luci* dancing lights. □ *~ artistica* artistic dance; *~ classica* ballet, classical dance; *~ del ventre* belly dance, belly dancing; *~ di guerra* war dance; *~ figurata* figure dance; *~ macabra* danse macabre, dance of death; *~ popolare* folk dance, popular dance; *~ sulla corda* tightrope dancing.

danzante *a.* **1** (*rif. a persona*) dancing: *le coppie danzanti* the dancing couples. **2** (*da ballo*) dance (*attr.*): *festa ~* dance, ball.

danzare (**dànzo**) **I** *v.i.* (*aus. avere*) to dance (*anche fig*): *~ in coppia* to dance in couples; *strane immagini gli danzavano davanti agli occhi* strange images danced before his eyes. **II** *v.t.* to dance: *~ un valzer* to dance a waltz.

danzatore m. (f. **-trice**) dancer.

Danzica n.pr.f. (Geog) Danzig.

dappertutto avv. everywhere, on all sides, all over the place: ti ho cercato ~ I looked for you everywhere; si sentivano grida ~ shouting could be heard on all sides.

dappiè, dappiedi avv. (lett) at the bottom, at the foot: ~ del letto at the foot of the bed; ~ del monte at the bottom of the mountain, at the foot of the mountain.

dappiù a.inv. (ant) 1 (migliore) better (than): non sono ~ di te I'm no better than you (are). 2 (più importante) more important (than).

dappocaggine f. worthlessness, inefficiency, ineptitude: non vi è riuscito per ~ he didn't succeed because of his ineptitude.

dappoco a.inv. 1 (inetto) worthless, inefficient, inept: gente ~ worthless folk. 2 (rif. a cosa) trivial, petty.

dappresso avv. 1 (vicino) near, nearby. 2 (da vicino) closely, at close quarters, close (up): lo seguivo ~ I followed him closely.

dapprima avv. (at) first.

dapprincipio avv. (lett) in the beginning.

Dardanelli n.pr.m.pl. (Geog) Dardanelles.

dardeggiare (**dardéggio, dardéggi**) I v.t. 1 to dart (anche fig): lo dardeggiò con uno sguardo di odio she darted a look of hatred at him. 2 (rif. al sole) to burn, to scorch, to blaze down on: il sole dardeggiava i campi the sun was blazing down on the fields. II v.i. (aus. **avere**) (rif. al sole) to blaze.

dardo m. 1 dart (anche fig): i dardi d'amore Cupid's arrows, the darts of love. 2 (fig) (fulmine) bolt.

dare[1] (pres.ind. **do, dài, dà, diàmo, dàte, dànno**; impf.ind. **dàvo**; p.rem. **dièdi/dètti, désti, diède/dètte** /ant **diè, démmo, déste, dièdero/dèttero**; fut. **darò**; pres.cong. **dìa, diàmo, diàte, dìano**; impf.cong. **déssi, déssi, désse, déssimo, déste, déssero**; imperat. **dà/da'/dài**; ger. **dàndo**; p.p. **dàto**) I v.t. 1 to give: gli diede un foglio di carta she gave him a sheet of paper; (colloq) non so cosa darei per sapere com'è andata I would give anything to know how it went off, (Am) I would give anything to know how it went. 2 (consegnare, porgere) to give, to hand (over): ~ una lettera al fattorino to hand a letter to the messenger; dai la penna al signore hand the gentleman his pen. 3 (distribuire) to give out, to hand out: ~ le pagelle to hand out the school reports. 4 (prestare) to lend, to give: dammi la matita, te la rendo subito lend me your pencil, I'll give it back in a second; let me have your pencil, I'll give it back in a second. 5 (pagare) to give, to pay: mi hanno dato cento euro per quel lavoro they paid me a hundred euros for that job. 6 (affidare) to give, to entrust, to charge: darò l'incarico a te I'll give you the job. 7 (assegnare) to give, to award, to assign: gli hanno dato il primo premio they awarded him first prize. 8 (attribuire) to attach, to give: non ~ importanza alle parole di qcu. to attach no importance to so.'s words. 9 (cedere) to give up, to let have: dai il posto alla signora give your seat up to the lady; gli ho dato il mio biglietto per la rappresentazione di domani I let him have my ticket for tomorrow's performance. 10 (dedicare) to give, to dedicate, to devote: ha dato la vita per la libertà he gave his life for the cause of freedom. 11 (Scol) (assegnare: rif. a compiti e sim.) to set, to give, to assign: ~ un tema to set an essay. 12 (rif. a medicine: somministrare) to give, to administer; (prescrivere) to give, to prescribe. 13 (produrre) to give (off), to produce, to yield: questo terreno dà ottimo grano this land produces

very good corn; la stufa dà calore the stove gives off heat. 14 (rif. a pene: infliggere) to inflict, to impose, to lay: ~ una multa a qcu. to inflict a fine on so., to fine so. 15 (condannare) to give, to sentence (so. to sth.): gli hanno dato tre anni di carcere he was given (o he was sentenced to) three years' prison. 16 (assestare colpi, percosse) to give, to deal: mi ha dato uno schiaffo he gave me a slap. 17 (rif. a suoni) to give, to utter: ~ un grido to give a cry. 18 (impartire) to give, to impart: ~ l'ordine della partenza to give the order to leave; non dà più lezioni he doesn't give lessons any more. 19 (comunicare) to give, to make known, to let know, to let have: ti prego di darmi il tuo giudizio su questo libro please let me have your opinion of this book, please let me have your opinion of this book. 20 (rif. a sentimenti: cagionare) to give, to cause: non ~ dispiaceri a tua madre don't cause your mother worry. 21 (infondere, ispirare) to inspire (with), to give, to fill with: ~ coraggio a qcu. to inspire courage in so., to inspire so. with courage; ~ speranza to fill with hope. 22 (suscitare) to give rise to, to arouse, to stir up: ~ scandalo to give rise to scandal. 23 (indire, organizzare) to give, to hold, (colloq) to throw: ~ un ricevimento to give a reception, to hold a reception; ~ una festa to give a party, to throw a party. 24 (augurare) to wish, to say, to give: ~ il buongiorno a qcu. to wish so. good morning, to say good morning to so. 25 (rif. a età) to give, to take, to give: non gli darei trent'anni I don't think he is over thirty; tu mi dai due anni di più you take me for two years older than I really am. 26 (rif. a conti, operazioni) to make, to be, to come to: la somma dà cinquanta that makes fifty, that comes to fifty, the total is fifty; tre per tre dà nove three times three makes nine, three times three is nine. 27 (rif. a colori, vernici e sim.) to apply, to put (on), to lay (on); (dipingere) to paint: ~ il bianco alle pareti to paint the walls white, to give the walls a coat of white paint. II v.i. (aus. **avere**) 1 (colpire) to strike, to hit, to bang, to bump: ~ con la testa nel muro to bang one's head against the wall. 2 (rif. a finestre, porte e sim.) to give (su, a onto), to look (out) (onto, towards), to face (sth.): la finestra dà sulla strada the window looks onto the road; la mia camera dà a levante my room faces east. 3 (aprirsi) to open (onto), to lead (into): questa stanza dà sul giardino this room leads into the garden. 4 (offrire la vista di) to have a view (of, over), to overlook: la mia camera dà sul lago my room overlooks the lake. 5 (rif. a colori) to border, to verge: ~ sul verde to border on green, to verge on green. III v.pron. **darsi** 1 (dedicarsi) to devote oneself, to dedicate oneself (a to): darsi alla musica to dedicate oneself to music; si diede agli studi storici he devoted himself to historical studies. 2 (rif. a professioni) to take up, to enter on, to enter into, to go into, to go for: darsi alla vita militare to enter on a military career, to enter into a military career; darsi al commercio to go into business. 3 (abbandonarsi: rif. a passioni) to give oneself up, to give oneself over, to take: darsi al gioco to give oneself up to gambling; darsi al bere to take to drink, to turn to drink. 4 (rif. a sentimenti) to abandon oneself, to surrender (oneself), to give way (to): darsi alla disperazione to surrender (oneself) to despair. 5 (rif. a donna: concedersi) to give oneself. 6 (incominciare) to begin, to start, to set off, to set to: si diede a gridare come un pazzo he began to shout like

a madman; darsi a correre to break into a run. □ ~da fare a qcu. to busy so., to keep so. busy; il figlio le dà molto da fare her son keeps her very busy; darsi da fare to bestir oneself, to busy oneself, to get busy; darsi da fare per ottenere qcs. to do all one can to obtain sth.; è un tipo che si dà da fare he's a go-getter; darle to hit, to smack, to slap, to beat, to give a good hiding, (colloq) to let so. have it: se non smetti di gridare te le dò if you don't stop shouting I'll smack you, (Am) if you don't stop shouting you're going to get it, if you don't stop shouting I'm going to let you have it; darsele to go at each other, to go for each other: se le sono date di santa ragione (Br) they went at each other hammer and tongs, (Am) they fought like cats and dogs; ~del to call: ~ del ladro a qcu. to call so. a thief; (fig) ~i numeri (Br) to be off one's head, (Am) to be off one's rocker, to be out of one's mind; ~ il permesso to grant permission, to give permission, to give leave: ~ a qcu. il permesso di fare qcs. to allow so. to do sth., to give so. permission to do sth.; dammi il permesso di uscire let me go out; ~ il sangue to donate blood, to give blood; ~ in qcs. to break (out) into sth., to burst out doing sth., to burst into sth.: diede in un pianto dirotto she burst out weeping, she burst into tears; ~per to give out as, to consider as, to say that, to state that, to think that: ~per certo qcs. to consider sth. certain, to give sth. out as a fact; ~ qcu. per morto (crederlo morto) to think that so. is dead, to presume that so. is dead; (proclamarlo) to give so. out as dead; fu dato per morto he was presumed dead; ~ per scontato qcs. to take sth. for granted; non darsi per inteso di qcs. to refuse to listen to sth., to turn a deaf ear to sth., to take no notice of sth.

dare[2] m. (Comm) debit: segnare una somma al ~ to enter a sum on the debit side, to enter a sum as a debit; dalla parte del ~ on the liabilities side, on the debit side. □ (Comm) ~ e avere debit and credit.

darico (pl. **-ci**) f. (Numism) daric.

darò → **dare**[1].

darsena f. (Mar) dock, wetdock, dockyard.

darwiniano /darvi-/ I a. Darwinian: teoria darwiniana Darwinian theory. II m. (f. **-a**) Darwinist, Darwinian.

darwinismo /darvi-/ m. Darwinism.

darwinista /darvi-/ m./f. Darwinist, Darwinian.

data f. 1 date: fissare la ~ dell'incontro to fix the date of the match; portare la ~ di to be dated. 2 (tempo) time: si conoscono da lunga ~ they have known each other for a long time; amicizia di lunga ~ long-standing friendship. □ in ~ da definire at a date to be set later; rinviare qcs. a ~ da destinarsi to put sth. off until a later date; in ~ da destinarsi on a date to be fixed, at a time to be fixed; (Comm) ~ del timbro postale date as postmark; ~ di arrivo date of arrival; (Alim) ~ di confezionamento packaging date; ~ di consegna delivery date; ~ di emissione date of issue; (Mar) ~ di imbarco loading date; ~ di morte date of death; ~ di nascita date of birth; ~ di produzione manufacturing date; ~ di scadenza: 1 expiry date (anche Farm); 2 (Alim) (sulle confezioni dei prodotti) best before; 3 (Econ) date of maturity; in ~ di ieri dated yesterday, (Comm) under yesterday's date; lettera in ~ primo maggio letter dated the first of May; (Comm) accusiamo ricevuta della Vostra in ~ sei agosto we acknowledge your letter of the sixth of August; in che ~? when?; in ~ fissa on the same day every year; *in ~ odierna* bearing today's date; *una ~ memorabile* a memorable date; *lettera senza ~* undated letter; *~ ultima* deadline.

database /ˌdataˈbeiz/ *m.inv.* (*Inform*) database. ☐ (*Inform*) *~ relazionale* relational database.

databile *a.* dateable, that may be dated: *il documento è ~ intorno al mille* the document may be dated to the year one thousand circa.

datare (**dàto**) **I** *v.t.* to date: *~ un documento* to date a document; *la lettera era datata 1° maggio* the letter was dated May 1st; *~ un quadro* to date a picture. **II** *v.i.* (*aus.* **essere**) **1** (*decorrere*) to date, to run. **2** (*risalire*) to date (*da* from, back to), to go (back to): *la loro amicizia data dal 1951* their friendship dates from 1951; *il manoscritto data dal quattordicesimo secolo* the manuscript dates back to the fourteenth century. ☐ *a ~ da*: 1 dating from, as from; 2 (*burocr*) (*rif. a disposizioni e sim.*) having effect as from.

dataria *f.* (*Rel.catt*) datary.

datario[1] *m.* **1** (*timbro*) date stamp. **2** (*rif. a orologi*) calendar.

datario[2] ☐ (*Rel.catt*) *cardinale ~* datary (cardinal).

datazione *f.* dating: *la ~ di una lettera* dating of a letter; *opera di ~ incerta* work of uncertain date. ☐ *~ con carbonio 14* carbon-14 dating, radiocarbon dating; *~ con il metodo radioattivo* radioactive dating.

dativo I *m.* (*Gramm*) dative. **II** *a.* (*Gramm*) dative. ☐ (*Gramm*) *~ etico* ethical dative.

dato[1] → **dare[1]** *a.* **1** given, certain: *una data quantità* a given quantity; *entro un ~ periodo* within a given period; *in date occasioni* on certain occasions. **2** (*assol.*) (*con valore causale o ipotetico*) considering, in view of, in consideration of, under: *data l'amicizia che ci lega, non puoi essere offeso* in view of our close friendship, you cannot take offence; *date le circostanze* under the circumstances. ☐ *~ che*: 1 (*supposto che*) granted that, supposing that, given that; 2 (*poiché*) since, as: *~ che non mi credi, non ti dirò nulla* since you don't believe me I won't tell you anything; *non ci è ~ sapere di più* it is not given to us to know more, it is not for us to know more; *presupporre qcs. come ~* to take sth. for granted; *~ e non concesso* even granting that: *~ e non concesso che tu abbia ragione, perché dovrei agire così?* even granting that you are right, why should I do this?; *essere ~* to be given; *in dati casi* in certain cases.

dato[2] *m.* **1** (*Mat*) datum: *i dati del problema* the data of the problem. **2** (*estens*) (*informazione*) fact, datum, piece of information: *non ho tutti i dati per giudicare* I haven't all the facts to be able to judge, I don't have all the information to be able to judge. **3** (*prova*) evidence, proof. **4** *pl.* (*Inform*) data: *trasmissione di dati* data transmission; *~ dati anagrafici* personal data; (*Inform*) *dati analogici* analog data; (*Inform*) *dati binari* binary data; *non so se sia colpa tua, ma è un ~ di fatto che arrivi sempre in ritardo* I don't know if it is your fault, but it is a fact that you always arrive late; (*Inform*) *dati di ingresso* data input; *dati personali* personal data; (*Dir*) *dati segnaletici* characteristic marks, identification marks, distinctive features; *dati statistici* statistical data, statistics; *dati tecnici* specifications, technical data.

datore *m.* (*f.* **-trice**) giver. ☐ *~ di lavoro* employer.

datoriale *a.* employers': *organizzazione ~* employers' organization.

dattero *m.* **1** (*Bot*) date, date-palm. **2** (*Bot,*

Alim) date. **3** (*Zool*) date mussel.

dattilico (*pl.* **-ci**) *a.* (*Metr*) dactylic.

dattilifero *a.* date (*attr.*): *palma dattilifera* date palm.

dattilo *m.* (*Metr*) dactyl.

dattilografa *f.* typist.

dattilografare (**dattilògrafo**) *v.t.* to type up, to type, to typewrite.

dattilografia *f.* typing, typewriting.

dattilografico (*pl.* **-ci**) *a.* typewriting.

dattilografo *m.* (*f.* **-a**) typist.

dattilogramma *m.* (*impronta digitale*) dactylogram, fingerprint.

dattilologia *f.* dactylology.

dattiloscopia *f.* dactyloscopy.

dattiloscopico (*pl.* **-ci**) *a.* dactyloscopic.

dattiloscritto I *a.* typed, typewritten: *tre cartelle dattiloscritte* three typewritten pages. **II** *m.* typescript.

dattorno *avv.* (*intorno*) around, round about: *non ti voglio più ~* I don't want you around any more; *non starmi sempre ~* don't hang round me all the time; *togliersi ~ qcu.* to get rid of so.

datura *f.* (*Bot*) datura.

daturismo *m.inv.* (*Med*) daturism.

davanti I *avv.* **1** in front: *~ c'è posto* there is room in front; *~ sedevano i professori, dietro gli alunni* the staff were sitting in front and the pupils behind. **2** (*dirimpetto*) opposite: *~ era seduto un signore con gli occhiali* a gentleman with glasses was seated opposite. **II** *a.inv.* (*placed after the noun*) front, fore: *i denti ~* the front teeth. **III** *m.inv.* front: *ho finito il ~ del maglione* I have finished the front of the sweater. ☐ *~ a*: 1 (*innanzi*) in front of, before: *hai tutta la vita ~ a te* you have your whole life before you, you have your whole life ahead of you; 2 (*dirimpetto*) opposite (to), facing: *la mia casa è ~ alla scuola* my house is opposite the school; 3 (*alla presenza*) before, in the face of, in the presence of, in front of: *comparire ~ al giudice* to appear before the judge; *~ a Dio* before God; *~ alla morte* in the face of death, in the presence of death; *stare sempre ~ alla televisione* to spend all one's time in front of the television; *mettere ~* to put to the front, to put forward; *l'abito è abbottonato sul ~* the dress is buttoned in front; *le stanze sul ~* the front rooms.

davantino *m.* (*Abbigl*) jabot, dicky.

davanzale *m.* **1** window-sill. **2** (*scherz, eufem*) (*seno*) bosom. ☐ *~ della finestra* window-sill; *stare al ~* to be at the window.

davanzo *avv.* (*rar*) more than enough: *di soldi ne ho ~* I have more than enough money; *ne ho ~ delle tue lamentele* I've had enough of your complaints.

Davide *n.pr.m.* David.

davidico *a.* Davidic.

davvero *avv.* **1** (*in verità, veramente*) really, truly, indeed: *sono ~ contento dei tuoi successi* I'm really happy about your success, I'm truly happy about your success; *sei ~ gentile* you are very kind indeed. **2** (*interrogativo*) really, indeed, is that so: *~? ma è impossibile* is that so? it's impossible. ☐ *dici ~?* are you serious?; *no, ~* no, really: *non vuoi proprio un altro cognac? - No, ~* are you sure you won't have another brandy? - No, really; *per ~* really, really and truly, in earnest: *ti sei arrabbiato per ~?* were you really angry?

day-hospital /ˌdejˈɔspital/ *m.inv.* day hospital.

dazebao *m.inv.* wall newspaper.

daziabile *a.* dutiable, liable to duty.

daziare (**dàzio, dàzi**) *v.t.* to levy duty on: *~*

una merce to levy duty on an article.

daziario *a.* customs (*attr.*), excise (*attr.*), toll (*attr.*): *casello ~* tollhouse.

daziere *m.* exciseman.

dazio *m.* **1** (*tassa*) duty, levy, toll: *esente da ~* free of duty, duty-free; *soggetto a ~* dutiable; *gravare qcs. di ~* to levy duty on sth.; *pagare il ~ per qcs.* to pay duty on sth.; *merce che paga il ~* dutiable goods. **2** (*ufficio del daziere*) customs office, customs house. ☐ *~ compensativo* countervailing duty; *~ compreso* duty paid; *~ di entrata* import duty; *~ di esportazione* export duty; *~ di importazione* import duty; *~ di uscita* export duty; *~ differenziale* differential duty; *~ doganale* customs (duty), customs tariff; *~ interno* inland duty.

dazione *m.* giving, conferring.

db (*Acus*) decibel dB (decibel).

d.C. *dopo Cristo* AD (Anno Domini).

D.C. 1 (*Mus*) *da capo* D.C., d.c. (from the beginning, da capo). **2** (*Pol,Stor.it*) *Democrazia Cristiana* (Christian Democrat party).

DCI (*Farm*) *denominazione comune internazionale* ICD (International Common Denomination).

DDL (*Pol*) *Disegno di Legge* (government bill).

d.d.p. (*El*) *differenza di potenziale* PD (potential difference).

DDT (*Chim*) *diclorodifeniltricloroetano* DDT (dichlorodi-phenyltrichloroethane).

de *prep.* (*lett*) of: *una traduzione ~ "La divina commedia"* a translation of "La Divina Commedia".

de' *prep.art.* (*apostrophized form of* dei, *composed of di + i*) → **di[1]**.

dea *f.* goddess (*anche fig*): *la ~ dell'amore* the goddess of love.

deadline /ˈdɛdˌlain/ *f.inv.* deadline.

deambulare (**deàmbulo**; *aus.* **avere**) *v.i.* (*passeggiare*) to stroll about, to walk about.

deambulatorio *m.* (*Arch*) ambulatory.

deambulazione *f.* walking about, deambulation.

débâcle /deˈbakl/ *f.inv.* debacle, downfall, rout.

debbiare (**débbio**) *v.t.* (*Agr*) to burnbeat. ☐ (*Agr*) *~ i campi* to burn the stubble in the fields.

debbio *m.* (*Agr*) burnbeating (of stubble).

debbo → **dovere[1]**.

debellare (**debèllo**) *v.t.* **1** to defeat, to subdue, to put to rout: *~ i propri nemici* to defeat one's enemies. **2** (*fig*) to defeat, to overcome, to wipe out, to eradicate: *~ una malattia* to eradicate a disease. **3** (*fig*) (*estirpare*) to exterminate, to wipe out, to root out: *~ il vizio* to exterminate vice.

debilitamento *m.* weakening, enfeeblement, debilitation.

debilitante *a.* debilitating, weakening.

debilitare (**debìlito**) **I** *v.t.* to weaken, to debilitate, to enfeeble: *il clima rigido lo ha debilitato* the harsh climate has weakened him; *l'ozio debilita l'uomo* idleness weakens a man. **II** *v.pron.* **debilitarsi** to grow weak, to weaken.

debilitato *a.* weakened.

debitamente *avv.* duly, properly, according to one's due, suitably: *premiare ~ qcu.* to reward so. according to his due; *il modulo dovrà essere ~ compilato* the form must be properly filled in.

debito[1] *m.* **1** (*Dir*) debt; (*in contabilità*) debit. **2** (*fig*) (*dovere*) duty: *assolvere il proprio ~* to do one's duty. **3** (*fig*) (*obbligo morale*) debt, (moral) obligation. ☐ (*Econ*) *~ allo scoperto* unsecured debt; (*Econ*) *~ chirogra-*

fario unsecured debt, book debt; *avere un ~ con qcu.* to be in debt to so., to be so.'s debtor; *~ di coscienza* moral duty; *per ~ di coscienza* as a moral duty, to clear one's conscience; *~di gioco* gambling debt; *~di guerra* war debt; *(Med) ~ di ossigeno* oxygen debt; *~ di riconoscenza* debt of gratitude; *~ d'onore* debt of honour; *(Comm) ~ e credito* debit and credit; *(Econ) debiti ereditari* liabilities of inherited estate; *(Econ) ~ esigibile* due debt, recoverable debt; *(Econ) ~ estero* foreign debt, external debt; *fare un ~* to contract a debt, to incur a debt; *fare debiti* to get into debt, to run into debt; *(fig) essere nei debiti fino al collo* to be up to one's eyes in debt, to be up to one's ears in debt; *(Econ) ~ fluttuante* floating debt; *(Scol) ~ formativo* lack of required level in a subject, which must be rectified in order to proceed to next level or year; *sentirsi in ~ verso qcu.* to feel obliged to so., to feel indebted to so.; *(fig) essere in ~ verso qcu.* to be indebted to so.; *(Econ) ~ ipotecario* mortgage debt; *(Econ) ~ pubblico* national debt; *(Econ) ~ redimibile* redeemable debt.

debito[2] *a.* due, proper, suitable, right. ☐ *a debita distanza* at arm's length; *usare le debite cautele* to take all due precautions; *lo tratterò col ~ riguardo* I'll treat him with due regard; *con le debite precauzioni* with the necessary precautions; *tenere ~ conto di qcu. (o di qcs.)* to make (due) allowances for so. (o for sth.); *fatte le debite riserve* with due reserve; *in debita forma* in required form, in proper form, in due form; *nelle debite forme* in required form, in proper form, in due form.

debitore *m. (f.* **-trice**) *(Dir)* debtor *(anche fig).* ☐ *essere ~ di qcs. a qcu.* to owe so. sth. *(anche fig):* ti sono ~ di duecento euro I owe you two hundred euros; *gli sono ~ della vita* I owe him my life; *(Dir) ~ insolvente (o ~ insolvibile)* insolvent, insolvent debtor; *(Dir) ~ipotecario* mortgager; *(Dir) ~moroso* debtor in default, debtor in arrears; *(Dir) ~ pignorato* distrained debtor; *restare ~ verso qcu.* to become so.'s debtor, to run up a debt with so.

debitorio *a. (Dir)* debt *(attr.).*

debole I *a.* 1 weak: *il malato è ancora ~ the patient is still weak; sono troppo ~ per camminare* I am too weak to walk. 2 *(rif. alla salute)* frail. 3 *(poco autoritario)* weak: *un governo ~* a weak government. 4 *(cedevole)* weak, (over)indulgent: *mostrarsi ~ con gli alunni* to be overindulgent with one's pupils. 5 *(dotato di poca volontà)* weak-kneed. 6 *(poco luminoso)* faint, weak, dim: *un ~ chiarore* a faint gleam. 7 *(poco sonoro)* faint, weak, feeble: *udì un ~ lamento* he heard a feeble cry; *ha una voce ~* her voice is very faint. 8 *(poco efficace)* weak, feeble, poor: *è una scusa ~* it is a weak excuse, it is a poor excuse. 9 *(Scol)* weak, poor: *il ragazzo è ~ in latino* the boy is weak in Latin. 10 *(Gramm)* weak: *declinazione ~* weak declension. II *m.* 1 *(uomo debole)* weakling, weak man: *suo padre è un ~ e non sa farsi rispettare* his father is a weak man who doesn't know how to command respect. 2 *pl.* the weak: *questo vigliacco se la prende sempre con i deboli* this coward always attacks the weak. 3 *(punto debole)* weak point, weak side: *ognuno ha il suo ~* everybody has his weak point. 4 *(inclinazione, preferenza)* weakness, foible, fondness, liking: *avere un ~ per qcs. (o per qcu.)* to have a weakness for sth. (o for so.); *ha un ~ per la figlia minore* he has a weakness for his younger daughter. ☐ *essere ~*

di cuore to have a weak heart; *~ di mente* weak-minded; *essere ~ di nervi* to have frail nerves; *essere ~ di udito* to be hard of hearing; *una ~speranza* a faint hope; *~tentativo* faint attempt, feeble attempt.

debolezza *f.* 1 weakness: *~ di stomaco* weakness of stomach; *la malattia mi ha lasciato una gran ~* the illness has left me (feeling) very weak. 2 *(rif. alla salute)* frailty, sickliness. 3 *(rif. alla morale)* weakness: *ha ceduto per ~* he yielded out of weakness. 4 *(arrendevolezza)* weakness, indulgence, overindulgence. 5 *(difetto)* frailty, weakness, weak spot: *le debolezze umane* human frailties; *ognuno ha le sue debolezze* we all have our weak spots. ☐ *~ di carattere* weakness of character; *~ di udito* hardness of hearing, poor hearing; *~ fisica* physical weakness.

debolmente *avv.* 1 weakly, feebly: *sorridere ~* to smile weakly. 2 *(rif. a suoni)* faintly, feebly. 3 *(rif. a luce)* faintly, dimly.

deboluccio *a.* rather weak, rather feeble.

Debora *n.pr.f.* Deborah.

debordare (debórdo; *aus.* **avere)** *v.i. (traboccare)* to overflow; *(straripare)* to flood.

debosciato I *a.* debauched. II *m. (f.* **-a)** debauchee.

débrayage /debra'jaʒ/ *m.inv. (Aut)* declutching: *fare un doppio ~* to double-declutch.

debugging /de'bagging/ *m.inv. (Inform)* debugging.

debuttante I *f.* débutante, *(colloq)* deb: *il ballo delle debuttanti* the coming out ball, the débutantes' ball. II *m./f. (principiante)* beginner, novice.

debuttare (debùtto; *aus.* **avere)** *v.i.* 1 *(Teat) (esordire)* to make one's début: *il tenore debutterà nella Tosca* the tenor will make his début in Tosca. 2 *(Teat) (aprire la stagione)* to open (the season): *quest'anno alla Scala debuttano con l'Aida* the Scala is opening this year with Aida. 3 *(estens) (cominciare)* to begin, to start off: *questo famoso scrittore debuttò come giornalista* this famous writer began as a journalist. ☐ *~ in società* to come out.

debutto *m.* 1 *(Teat)* début: *stasera l'attore farà il suo ~* the actor will make his début tonight. 2 *(prima rappresentazione)* first night, opening night: *la commedia ha avuto un buon ~* the play had a good first night. 3 *(primo spettacolo)* first performance: *il ~ della nuova compagnia* the new company's first performance. 4 *(estens) (inizio)* beginning, start, outset: *il suo ~ come medico* the beginning of his career as a doctor. ☐ *fare il proprio ~ come avvocato* to start one's career as a lawyer; *fare il proprio ~ in società* to come out, to have one's coming out.

deca *f.* 1 *(lett)* decade. 2 *(colloq,ant) (banconota da diecimila lire)* ten-thousand lire note.

decabrista I *m. (Stor)* Decembrist. II *a. (Stor)* Decembrist *(attr.).*

decaddi → **decadere**

decade *f.* 1 *(dieci giorni)* ten days *pl.,* ten day period: *nella prima ~ di agosto* in the first ten days of August. 2 *(Mil) (paga di dieci giorni)* ten days' pay. 3 *(rar) (dieci anni)* decade, ten years *pl.,* ten year period.

decadente I *a.* decadent *(anche Lett,Art):* *una civiltà ~* a decadent civilization; *poesia ~* decadent poetry. II *m. (Lett)* decadent.

decadentismo *m. (Art,Lett)* decadence, decadentism.

decadentistico *(pl.* **-ci)** *a. (Art,Lett)* decadent *(attr.).*

decadenza *f.* 1 decadence, decline, decay:

la ~ dell'impero romano the decline of the Roman Empire; *la ~ di un artista* the decadence of an artist. 2 *(Dir)* forfeiture, loss. 3 *(Stor,Lett)* decadence. ☐ *(Dir) ~ dalla patria potestà* loss of paternal authority; *in ~* on the decline, in decline, in a state of decay.

decadere *(pres.ind.* **decàdo;** *p.rem.* **decàddi;** *p.p.* **decadùto;** *aus.* **essere)** *v.i.* 1 to decline, to decay, to fall into decline, to fall into decay: *istituzioni che vanno decadendo* institutions which are falling into disuse. 2 *(sparire)* to disappear. 3 *(Dir)* to lose, to forfeit: *~ da un diritto* to lose a right; *~ da un ufficio* to lose office, to fall from office. 4 *(Nucl)* to decay.

decadimento *m.* decay, decline: *il ~ delle arti* the decline in the arts. ☐ *(Nucl) ~ nucleare* nuclear decay.

decaduto *a. (impoverito)* impoverished: *nobile ~* impoverished noble.

decaedrico *a. (Geom)* decahedral.

decaedro *m. (Geom)* decahedron.

decaffeinare (decaffeìno) *v.t.* to decaffeinate.

decaffeinato I *a.* caffeine-free, decaffeinated: *caffè decaffeinato* decaffeinated coffee, *(colloq)* decaf. II *m.* decaffeinated coffee, *(colloq)* decaf.

decaffeinazione *f. (Ind)* decaffeination.

decaffeinizzare (decaffeinìzzo) *v.t. (Ind)* to decaffeinate.

decaffeinizzazione *f. (Ind)* decaffeination.

decagono *m. (Geom)* decagon.

decagrammo *m.* decagram, decagramme.

decalcabile *m. (per il ricamo)* transfer.

decalcare (decàlco, decàlchi) *v.t.* to trace.

decalcificare (decalcìfico, decalcìfichi) I *v.t. (Chim,Med)* to decalcify. II *v.pron.* **decalcificarsi** *(Chim,Med)* to decalcify.

decalcificatore *m. (Chim,Med)* decalcifier. ☐ *~ dell'acqua* water softener, water decalcifier.

decalcificazione *f. (Chim,Med)* decalcification.

decalcomania *f.* decalcomania, decal, transfer.

decalitro *m.* decalitre, *(Am)* decaliter.

decalogo *(pl.* **-ghi)** *m.* 1 *(Rel)* Decalogue. 2 *(estens)* rules *pl.;* *(manuale)* handbook, guide.

Decamerone *n.pr.m. (Lett)* Decameron.

decametro *m.* decametre, *(Am)* decameter.

decampamento *m. (Mil)* decampment.

decampare (decàmpo; *aus.* **avere)** *v.i.* 1 *(Mil)* to decamp. 2 *(fig,rar) (retrocedere)* to recede: *~ dalle proprie opinioni* to recede from one's opinion, to withdraw one's opinion, to rethink one's opinion.

decanato *m.* deanery.

decano *m.* 1 senior member, doyen, dean. 2 *(Univ,Rel)* dean. ☐ *il ~ dei professori* the senior professor; *(Rel) ~ del capitolo* dean (of chapter); *~ del corpo diplomatico* doyen of the diplomatic corps, senior member of the diplomatic corps; *(Univ) il ~della facoltà* the Dean of the Faculty.

decantare[1] **(decànto)** *v.t.* to praise (highly), to extol: *tutti decantano la sua bellezza* everyone is extolling her beauty.

decantare[2] **(decànto)** I *v.t.* 1 *(Chim)* to settle, decant. 2 *(fig)* to purify. II *v.i. (aus.* avere) *(Chim)* to settle.

decantato *a.* extolled, exalted, much-praised.

decantatore *m. (Chim)* settler, decanter, decantation glass, decanting glass.

decantazione *f.* 1 *(Chim)* settling, decantation. 2 *(fig)* purification. 3 *(Enol)* racking.

decapaggio m. (*Met*) stripping, pickling.

decapare (**decàpo**) v.t. (*Met*) to strip, to pickle.

decapitare (**decàpito**) v.t. **1** to behead, to decapitate: *il re fu decapitato* the king was beheaded. **2** (*tagliare la cima*) to cut off the top of. **3** (*fig*) (*catturare i capi*) apprehend the head: *~ un'organizzazione criminale* apprehend the head of a criminal organization.

decapitato a. beheaded, decapitated, headless: *statua decapitata* headless statue.

decapitazione f. beheading, decapitation: *condannare alla ~* to condemn to be beheaded, to condemn to beheading.

decapodi m.pl. (*Zool*) decapods, Decapoda.

decappottabile I a. (*Aut*) convertible. II f. (*Aut*) convertible.

decappottare (**decappòtto**) v.t. (*Br*) to remove the roof of, to put the roof down, (*Am*) to put the top down.

decarburare (**decarbùro**) v.t. (*Chim*) to decarburize, to decarbonize.

decarburazione f. (*Chim*) decarburization, decarbonization.

decartellizzazione f. (*Econ*) decartelization.

decasillabo I a. (*Metr*) decasyllabic. II m. (*Metr*) decasyllable.

decastilo a. (*Archeol*) decastyle.

decathlon m.inv. (*Sport*) decathlon.

decatissaggio m. (*Tess*) decating, decatizing.

decatizzare (**decatìzzo**) v.t. (*Tess*) to decatize.

decatleta m./f. (*Sport*) decathlete.

decatlon m.inv. (*Sport*) decathlon.

decauville /deko'vil/ f.inv. (*Ferr*) Decauville railway.

decedere (*pres.ind.* **decèdo**; *p.rem.* **decedéi**; *p.p.* **decedùto**; *aus.* **essere**) v.i. to die, to decease: *è deceduto un mese fa* he died a month ago.

deceduto I a. died, deceased. II m. (f. **-a**) dead person.

decelerare (**decèlero**) I v.t. to decelerate, to slow down. II v.i. (*aus.* **avere**) to decelerate, to slow down.

deceleratore a. decelerating.

decelerazione f. deceleration, slowing down.

decemvirato m. (*Stor.rom*) decemvirate.

decemviro m. (*Stor.rom*) decemvir.

decennale I a. **1** (*che dura dieci anni*) ten-year (*attr.*), decennial: *piano ~* ten-year plan. **2** (*che accade ogni dieci anni*) ten-yearly, decennial: *celebrazione ~* decennial celebration. II m. (*decimo anniversario*) tenth anniversary, (*Am*) decennial.

decenne I a. (*rar*) ten-year old (*attr.*), ten years old (*posposto*), of ten (*posposto*), aged ten (*posposto*): *un ragazzo ~* a ten-year old boy, a boy of ten. II m./f. (*rar*) ten-year old boy (f. girl).

decennio m. decade, ten years pl.: *nell'ultimo ~ del secolo scorso* in the last decade of the last century.

decente a. **1** (*decoroso*) decent, decorous, respectable: *un appartamento ~* a decent flat. **2** (*accettabile*) reasonable, adequate, fair: *uno stipendio ~* a decent wage, an adequate wage; *questo è un prezzo ~* this is a reasonable price, this is a fair price. **3** (*adatto*) decent, respectable, seemly, proper: *metti un abito più ~* put on something more decent; *usare parole decenti* to use seemly language; *un contegno ~* decent behaviour. **4** (*conveniente*) reasonable, quite profitable, quite good: *mi ha proposto un affare ~* he has proposed quite a good deal to me. **5** (*colloq*)

(*abbastanza buono*) decent, fair, satisfactory, quite good: *uno spettacolo ~* quite a good show; *questo vino è ~* this is quite a decent wine.

decentemente avv. **1** decently, properly, in a proper way: *vestire ~* to dress decently; *comportarsi ~* to behave in a proper way. **2** (*in modo accettabile*) reasonably well. **3** (*colloq*) (*abbastanza bene*) fairly well, quite well: *in questa trattoria si mangia ~* you can eat quite well in this restaurant.

decentralizzare (**decentralizzo**) v.t. **1** to decentralize. **2** (*Pol*) to devolve.

decentralizzazione f. **1** decentralization. **2** (*Pol*) devolution.

decentramento m. **1** decentralization. **2** (*Pol*) devolution. □ *~ amministrativo* devolution.

decentrare (**decèntro**) v.t. **1** to decentralize. **2** (*Pol*) to devolve.

decentrato a. **1** decentralized. **2** (*Pol*) devolved.

decenza f. decency, propriety, decorum: *vestire con ~* to dress with propriety; *~ del linguaggio* decency of language. □ (*Dir*) *~ pubblica* public decency, decency.

decerebrare (**decèrebro**) v.t. (*Chir*) to decerebrate.

decesso m. death, decease.

decibel m.inv. (*Fis*) decibel.

decidere (*pres.ind.* **decìdo**; *p.rem.* **decìsi**; *p.p.* **decìso**) I v.t. **1** to decide (on), to fix, to arrange: *bisogna ~ il giorno della partenza* we must decide the day of departure; *gli operai hanno deciso lo sciopero* the workers decided to strike. **2** (*scegliere*) to decide (on), to choose: *non ho ancora deciso il colore della tappezzeria* I have still not decided on the colour of the upholstery. **3** (*risolvere*) to decide, to settle, to solve: *~ una questione* to settle an issue. II v.i. (*aus.* **avere**) to decide: *sei tu che devi ~* it is you who must decide; *ho deciso per quella stoffa* I have decided on that material; *quell'avvenimento decise della sua sorte* that event decided his fate. III v.pron. **decidersi** to decide, to make up one's mind, to resolve: *decidersi a fare qcs.* to decide on doing sth., to resolve to do sth.; *decidersi a non fare* to decide against doing sth.; *ci siamo decisi a partire* we have decided to leave; *non sa mai decidersi* he can never make up his mind. □ *~ a favore di qcu.* to decide for so., to decide in favour of so.; *non so decidermi a lasciarti* I can't bring myself to leave you; *devi ~ tu* you must make up your own mind.

decidua f. (*Anat*) decidua.

deciduo a. deciduous: *foglie decidue* deciduous leaves.

decifrabile a. decipherable: *iscrizione ~* decipherable inscription; *calligrafia poco ~* unreadable writing, illegible writing.

deciframento m. deciphering, decoding: *il ~ del dispaccio* the decoding of the dispatch.

decifrare (**decìfro**) v.t. **1** (*interpretare una scrittura in cifra*) to decipher, to decode: *~ un messaggio cifrato* to decode a cipher message, to decode a cyphered message. **2** (*estens*) to decipher, to make out, to solve: *non riesco a ~ la tua calligrafia* I can't decipher your writing; *~ un enigma* to solve a riddle. **3** (*Mus*) (*leggere a prima vista*) to sight-read.

decifratore m. decipherer, decoder.

decifrazione f. deciphering, decoding.

decigrado m. decigrade.

decigrammo m. decigram, decigramme.

decilitro m. decilitre, (*Am*) deciliter.

decima f. **1** (*Stor,Rel*) tithe, tenth (part): *de-*

cime ecclesiastiche Church tithes. **2** (*Mus*) tenth (interval). **3** (*Mat*) tenth (power): *elevare un numero alla ~* to raise a number to the tenth (power).

decimale I a. (*Mat*) decimal: *sistema ~* decimal notation, decimal system. II m. decimal.

decimalizzare (**decimalìzzo**) v.t. (*Mat*) to decimalize, to change to the decimal system.

decimalizzazione f. (*Mat*) decimalization.

decimare (**dècimo**) v.t. to decimate (*anche estens*): *il terremoto ha decimato la popolazione* the earthquake decimated the population.

decimazione f. decimation (*anche estens*).

decimetro m. decimetre, (*Am*) decimeter: *doppio ~* twenty-centimetre rule, twenty-centimetre ruler.

decimilionesimo I a. ten millionth. II m. ten millionth.

decimillesimo I a. ten thousandth. II m. ten thousandth.

decimo I a. tenth: *il ~ giorno* the tenth day; *Pio ~* Pius the Tenth. II m. **1** (f. **-a**) (*ordinale*) tenth: *ero il ~ della fila* I was tenth in line. **2** (*Mat*) (*frazionario*) tenth: *a lei spetteranno due decimi del patrimonio* two tenths of the inheritance are due to her. □ (*scherz*) *la decima musa* (il cinema) the cinema; *la decima parte* a tenth, the tenth part.

decimonono a. (*rar*) (*diciannovesimo*) nineteenth.

decimoprimo a. (*rar*) (*undicesimo*) eleventh.

decimoquarto a. (*rar*) (*quattordicesimo*) fourteenth.

decimoquinto a. (*rar*) (*quindicesimo*) fifteenth.

decimosecondo a. (*rar*) (*dodicesimo*) twelfth.

decimosesto a. (*rar*) (*sedicesimo*) sixteenth.

decimosettimo a. (*rar*) (*diciassettesimo*) seventeenth.

decimottavo a. (*rar*) (*diciottesimo*) eighteenth.

decina f. **1** (*dieci*) ten, half-a-score. **2** (*circa dieci*) about ten, some ten, ten or so: *c'erano una ~ di persone* there were about ten people. **3** (*Mat*) ten. □ *a decine*: 1 in tens, by tens; 2 (*estens*) (*in grandi quantità*) by the score, by the dozen: *i feriti morivano a decine* dozens of wounded died; *te l'ho detto una ~ di volte* I have told you a number of times.

decisamente avv. **1** (*senza dubbio*) definitely, decidedly: *uno spettacolo ~ brutto* a decidedly poor show; *lavoro ~ meglio qui che a casa* I work much better here than at home, I work definitely better here than at home. **2** (*risolutamente, con decisione*) resolutely, decidedly: *si diresse ~ verso la porta* he went resolutely towards the door.

decisi → **decidere**.

decisionale a. decisional, decision-making: *organo ~* decision-making body; *potere ~* decision-making power, power to decide.

decisione f. **1** decision: *una ~ affrettata* a hurried decision; *giungere a una ~* to come to a decision, to reach a decision. **2** (*deliberazione*) resolution: *la ~ dell'assemblea* the resolution of the assembly. **3** (*risolutezza*) decision, resolution, determination: *agire con ~* to act with resolution. **4** (*Dir*) decision; (*sentenza*) judgement, ruling, decree: *la ~ del tribunale* the Court's ruling. □ *~ del governo* governmental resolution; *per ~ unanime* by unanimous decision; *prendere* *una* ~: 1 to take a decision, to make a decision, to decide; 2 (*rif. ad assemblee e sim.*) to pass a resolution; *su ~ di* at the decision of.

decisionismo *m.* determination, decisiveness, decision-making ability, ability to make quick decisions.

decisionista I *a.* decisive, quick decision making. II *m./f.* quick decision maker, decisive person.

decisivo *a.* 1 decisive, conclusive: *la sua risposta sarà decisiva* his reply will be decisive; *la battaglia decisiva* the decisive battle; *prove decisive* conclusive evidence. 2 (*cruciale*) crucial: *il momento* ~ the crucial moment.

deciso → **decidere** *a.* 1 (*stabilito*) definite, fixed, settled: *la partenza è ormai decisa* the departure is now definite; *non c'è ancora nulla di* ~ there is still nothing definite, there is still nothing fixed. 2 (*definito, risolto*) settled, resolved: *la questione è decisa* the matter is settled. 3 (*risoluto*) decided, resolute, determined: *un uomo* ~ a resolute man; *sono* ~ *a farlo* I'm decided to do it, I'm determined to do it. 4 (*pronto*) ready: *essere* ~ *a tutto* to be ready for anything. 5 (*netto*) clean, sharp: *un taglio* ~ a clean cut. 6 (*spiccato*) decided, marked: *il bambino dimostrò una decisa antipatia per la nuova maestra* the child showed decided dislike of his new teacher.

decisorio *a.* decisive.

deck /dek/ *m.inv.* (*Mus*) tape deck.

declamare (**declàmo**) I *v.t.* to declaim, to recite: ~ *una poesia* to recite a poem. II *v.i.* (*aus.* **avere**) to declaim, to speak rhetorically. □ *è un buon oratore ma declama troppo* he is a good speaker but too rhetorical.

declamatore *m.* (*f.* **-trice**) declaimer; (*di una poesia*) reciter.

declamatorio *a.* 1 declamatory. 2 (*estens*) bombastic, inflated.

declamazione *f.* 1 declamation, recitation: *la* ~ *di una poesia* the recitation of a poem. 2 (*spreg*) (*discorso retorico*) bombast, rhetorical speech.

declaratoria *f.* (*Dir*) declaratory judgement.

declaratorio *a.* (*Dir*) declaratory.

declassamento *m.* 1 degrading, declassing. 2 (*perdita di prestigio*) downgrading, decline in social prestige. 3 (*rif. ad alberghi e sim.*) lower grading. 4 (*Ferr*) changing to a lower class.

declassare (**declàsso**) *v.t.* 1 to degrade, to declass. 2 (*togliere prestigio*) to downgrade, to lower the status of. 3 (*rif. ad alberghi e sim.*) to give a lower grading. 4 (*Ferr*) to change to a lower class.

declassato *a.* 1 degraded, declassed. 2 (*che ha perso prestigio*) downgraded. 3 (*rif. ad alberghi e sim.*) given a lower grading. 4 (*Ferr*) changed to a lower class.

declassazione *f.* 1 degrading, declassing. 2 (*perdita di prestigio*) downgrading, decline in social prestige. 3 (*rif. ad alberghi e sim.*) lower grading. 4 (*Ferr*) changing to a lower class.

declinabile *a.* (*Gramm*) declinable.

declinante *a.* declining.

declinare[1] (**declìno**) I *v.i.* (*aus.* **avere**) 1 (*rif. ad astri*) to get lower; (*rif. al sole*) to decline, to set; (*rif. alla luna*) to wane. 2 (*scendere, tendere verso il basso*) to slope (down): *le montagne declinano verso la pianura* the mountains slope down to the plain. 3 (*scorrere verso il basso*) to flow down: *i fiumi declinano al mare* the rivers flow down to

the sea. 4 (*fig*) (*volgere al termine*) to draw to a close, to near one's end: *il secolo declinava* the century was nearing its end. 5 (*fig*) (*rif. a intensità: diminuire*) to decline, to grow weaker, to fail, to lessen. 6 (*fig*) (*estinguersi, dileguarsi*) to decline, to wane, to be on the wane: *la sua gloria declinava* his glory was declining, his glory was on the wane. 7 (*fig*) (*peggiorare*) to decline, to fail: *la mia salute declina lentamente* my health is slowly failing. 8 (*fig*) (*deviare*) to deviate. 9 (*Fis*) (*rif. all'ago magnetico*) to deviate. II *v.t.* 1 (*rifiutare*) to decline, to turn down: ~ *un invito* to decline an invitation; ~ *un'offerta* to turn down an offer. 2 (*Gramm*) to decline. □ (*burocr*) ~ *le proprie generalità* to give one's (personal) particulars; ~ *qualsiasi responsabilità* to disclaim all responsibility, to renounce all responsibilty: (*in caso di furto*) *la direzione declina ogni responsabilità* the management disclaims all responsibility (for loss due to theft), the management renounces all responsibilty (for loss due to theft).

declinare[2] *m.* close, decline, wane: *il* ~ *della vita* the decline of life. □ *sul* ~ *del giorno* at dusk.

declinatoria *f.* (*Dir*) declinatory exception.

declinatorio *a.* (*Dir*) declinatory.

declinazione *f.* 1 (*Gramm*) declension. 2 (*Geog,Astr*) declination: *angolo di* ~ angle of declination. □ (*Astr*) ~ *magnetica* magnetic variation, magnetic declination; (*Geog*) ~ *orientale* east declination.

declino *m.* 1 setting: ~ *di un astro* setting of a star. 2 (*fig*) decline, wane, waning: ~ *morale* moral decline; *il* ~ *dell'impero romano* the decline of the Roman Empire. □ (*fig*) *in* ~ in decline, on the wane: *la sua stella è in* ~ his star is setting; *un atleta in* ~ an athlete in decline.

declinometro *m.* (*Fis,Tecn*) declinometer.

declive *m.* (*lett*) declivitous.

declivio *m.* slope, declivity: *salire per il* ~ to climb up the slope; *un dolce* ~ a slight slope, a gentle slope; *terreno in* ~ sloping ground.

declorare (**declòro**) *v.t.* (*Chim*) to dechlorinate.

declorazione *f.* (*Chim*) dechlorination.

declorurazione *f.* (*Chim*) dechlorination.

decoder *m.inv.* (*Tecn*) decoder.

decodifica *f.* (*Ling,Inform*) decoding.

decodificare (**decodìfico, decodìfichi**) *v.t.* 1 (*Ling*) to decode. 2 (*Inform*) to decode, to descramble. 3 (*estens*) to decipher.

decodificatore *m.* 1 (*Ling*) decoder. 2 (*Inform*) decoder, descrambling unit.

decodificazione *f.* 1 (*Ling*) decoding. 2 (*Inform*) decoding, descrambling.

decollare[1] (**decòllo**; *aus.* **avere**) *v.i.* 1 (*Aer*) to take off. 2 (*Astron*) to take off, to lift off, to blast off. 3 (*fig*) to take off.

decollare[2] (**decòllo**) *v.t.* (*rar*) (*decapitare*) to decollate, to behead.

decollazione *f.* (*rar*) (*decapitazione*) decollation, beheading.

décolleté /dekol'te/ I *a.* 1 décolleté, with a low neckline (*posposto*). 2 (*rif. a scarpe*) court (*attr.*). II *m.inv.* 1 (*scollatura*) décolleté, low-cut neckline; (*profonda*) plunging neckline: *avere un bel* ~ to have a fine neckline. 2 (*Abbigl*) (*abito scollato*) décolleté dress, dress with a low neckline. 3 (*Calz*) (*scarpa*) court shoe.

decollo *m.* 1 (*Aer*) take-off: *spazio di* ~ take-off run, take-off distance. 2 (*Astron*) take-off, lift-off, blast-off. 3 (*fig*) take-off. □ (*Aer*) ~ *verticale* vertical take-off.

decolonizzare (**decolonìzzo**) *v.t.* (*Pol*) to decolonize.

decolonizzazione *f.* (*Pol*) decolonization.

decolorante I *a.* decolorizing, decolourizing, decolorant, bleaching: *sostanza* ~ decolorant. II *m.* decolorant, bleach. □ ~ *per capelli* hair bleach, hair dye.

decolorare (**decolóro**) *v.t.* to bleach, to decolorize, to decolourize: *farsi* ~ *i capelli* to have one's hair bleached, to have one's hair dyed.

decolorato *a.* bleached, decolorized, decolourized: *capelli decolorati* bleached hair, dyed hair.

decolorazione *f.* decolorization, decolourization, bleaching, decoloration, dyeing.

decomponibile *a.* decomposable.

decomponibilità *f.* decomposability.

decomporre (*pres.ind.* **decompóngo, decompóni**; *p.rem.* **decompósi**; *p.p.* **decompòsto**) I *v.t.* 1 to decompose, to separate, to disintegrate. 2 (*Chim*) to decompose. 3 (*Mat*) to factorize, to resolve into factors, to break up into factors, to find the factors of: ~ *un numero in fattori primi* to find the prime factors of a number. II *v.pron.* **decomporsi** 1 (*Chim*) to decompose. 2 (*putrefarsi*) to decompose, to putrefy: *il cadavere cominciava a decomporsi* the corpse was beginning to decompose.

decomposizione *f.* 1 decomposition (*anche Chim*). 2 (*Mat*) factorization, finding of factors. 3 (*putrefazione*) decomposition, putrefaction: *processo di* ~ (process of) decomposition: *cadaveri in* ~ decomposing corpses.

decompressione *f.* decompression.

decomprimere (*pres.ind.* **decomprìmo**; *p.rem.* **decomprèssi**; *p.p.* **decomprèsso**) *v.t.* 1 to decompress. 2 (*Inform*) to decompress, to unzip.

deconcentrare (**deconcèntro**) I *v.t.* to make one lose one's concentration. II *v.pron.* **deconcentrarsi** to lose one's concentration.

deconcentrato *a.* lacking concentration (*posposto*).

deconcentrazione *f.* lack of concentration.

decondizionamento *m.* deconditioning.

decondizionare (**decondizióno**) *v.t.* to decondition.

decongelamento *m.* defrosting, thawing.

decongelare (**decongèlo**) *v.t.* 1 to thaw, to defrost. 2 (*Econ*) to unfreeze.

decongelazione *f.* defrosting, thawing.

decongestionamento *m.* 1 (*Med*) decongestion, decongesting, relief of congestion. 2 (*rif. al traffico*) relief of traffic jam, easing of congestion, relief of congestion.

decongestionante I *a.* (*Farm,Cosmet*) decongestant. II *m.* (*Farm,Cosmet*) decongestant, decongestive.

decongestionare (**decongestióno**) *v.t.* 1 (*Med*) to decongest. 2 (*rif. al traffico*) to keep moving, to keep flowing smoothly, to relieve the congestion in: *decongestionare il traffico di una città* to relieve the (traffic) congestion in a city.

decongestione *f.* 1 (*Med*) decongestion, decongesting, relief of congestion. 2 (*rif. al traffico*) relief of traffic jam, easing of congestion, relief of congestion.

decontaminare (**decontàmino**) *v.t.* to decontaminate (*anche Nucl*).

decontaminazione *f.* decontamination (*anche Nucl*).

decontestualizzare (**decontestualìzzo**) *v.t.* to decontextualize.

decontrarre (**decontràggo, decontrài**) *v.t.* to relax, to unclench.

decontratto *a.* relaxed, unclenched.

decontrazione *f.* relaxation, relaxing: *~ dei muscoli* muscle relaxation.

decorare (**decòro**) *v.t.* **1** to decorate, to adorn, to ornament, to deck: *~ una sala con fiori* to decorate a room with flowers. **2** (*insignire di decorazione*) to decorate: *~ un soldato con una medaglia d'oro* to decorate a soldier with a gold medal. □ *~ a smalto* to enamel; *~ al merito* to decorate for merit; *~ al valor civile* to decorate for civil valour; *~ al valor militare* to decorate for military valour; *~ l'albero di Natale* to decorate the Christmas tree.

decorativismo *m.* (*Art,Lett*) predominance of purely decorative characters, predomination of decoration.

decorativo *a.* (*Art,Lett*) decorative (*anche estens*): *arte decorativa* decorative art; *elemento ~* decorative motif.

decorato I *a.* **1** (*adorno*) decorated, adorned, ornamented. **2** (*insignito di decorazione*) decorated. II *m.* (*f.* -**a**) holder of a decoration, person who has been awarded a decoration.

decoratore *m.* (*f.* -**trice**) **1** decorator. **2** (*estens*) (*imbianchino*) painter and decorator.

decorazione *f.* **1** (*il decorare*) decoration, ornamentation: *una ~ di fiori* a flower decoration. **2** *pl.* (*Edil*) decoration (*costr.sing.*), decorations, decorative work (*costr.sing.*): *le decorazioni della facciata* the decorations of the façade. **3** (*onorificenza*) decoration, award, medal: *conferire una ~ a qcu.* to confer a decoration on so.

decoro *m.* **1** (*convenienza*) decorum, propriety, correctness, seemliness: *vestire con ~* to dress with propriety; *comportarsi con ~* to behave with decorum; *mantenere il ~* to keep up the proprieties. **2** (*sentimento di dignità*) dignity: *persona priva di ~* person without any dignity. **3** (*onore, lustro*) honour, credit: *è il ~ della sua famiglia* he is a credit to his family.

decorosamente *avv.* **1** (*decentemente*) decently, respectably: *vestire ~* to dress respectably. **2** (*dignitosamente*) decorously, properly, in a dignified way, in a seemly way: *comportarsi ~* to behave in a dignified way.

decoroso *a.* **1** (*decente*) decent, respectable, proper: *un'abitazione decorosa* a respectable house; *un abito ~* a decent dress. **2** (*dignitoso*) proper, decorous, dignified, seemly: *contegno ~* dignified bearing.

decorrenza *f.* **1** starting point, starting day. **2** (*decadenza, scadenza*) expiry: *per ~ dei termini di legge* expiry of legally established period. □ *con ~ dal 1° gennaio* starting on January 1st, effective from January 1st, starting from January 1st, running (as) from January 1st, to be reckoned (as) from January 1st; *con ~ immediata* starting immediately, with immediate effect; (*Econ*) *~ degli interessi* start of interest accrual.

decorrere (*pres.ind.* **decórro**; *p.rem.* **decórsi**; *p.p.* **decórso**; *aus.* **essere**) *v.i.* **1** (*trascorrere: rif. al tempo*) to pass, to elapse, to go by: *da allora è già decorso un anno* a year has already gone by since then. **2** (*avere vigore*) to have effect, to take effect, to run, to be reckoned, to start. **3** (*cominciare ad essere calcolato*) to start: *l'aumento decorre dal prossimo mese* the increase starts from next month, the increase is effective as from next month. **4** (*rif. a interessi*) to accrue. **5** (*decadere, scadere*) to expire. □ *a ~ da oggi* as

from today, starting from today.

decorsi → **decorrere**.

decorso¹ → **decorrere**.

decorso² *m.* **1** (*il passare*) passing, elapsing; (*corso, periodo*) course, lapse: *nel ~ di un anno* in the course of a year. **2** (*Med*) course: *il ~ della malattia* the course of the illness; *un ~ decorso* a long course of an illness.

decorticare (**decòrtico, decòrtichi**) *v.t.* to decorticate, to hull.

decorticato *a.* decorticated, hulled.

decorticazione *f.* decortication, hulling.

decostruire (*pres.ind.* **decostruìsco, decostruìsci**; *p.rem.* **decostruìi, decostruìsti**; *p.p.* **decostruìto**) *v.t.* (*Lett*) to deconstruct.

decostruttivismo *f.* (*Arch*) deconstructivism, deconstructionism.

decostruzione *f.* (*Lett*) deconstruction.

decostruzionismo *f.* (*Lett*) deconstructionism.

decotto¹ *m.* decoction, tea. □ *~ di malva* mallow tea, malva tea.

decotto² I *a.* (*Dir,Econ*) **1** bankrupt, insolvent: *azienda decotta* insolvent firm; *debitore ~* insolvent debtor. **2** (*rif. a credito*) frozen. II *m.* (*Dir,Econ*) insolvent debtor.

découpage /deku'paʒ/ *m.* découpage.

decozione¹ *f.* decoction.

decozione² *f.* **1** (*Dir,Econ*) insolvency, bankruptcy. **2** (*Econ*) (*condizioni di dissesto*) financial difficulties *pl.*

decrebbi → **decrescere**.

decremento *m.* decrease, decrement.

decrepitezza *f.* decrepitude (*anche fig*).

decrepito *a.* **1** decrepit: *un vecchio ~* a decrepit old man. **2** (*fig*) in decay, in decline, declining: *istituzioni decrepite* institutions in decay.

decrescendo *m.inv.* (*Mus*) decrescendo.

decrescente *a.* decreasing, diminishing, waning: *in ordine ~* in a decreasing order.

decrescenza *f.* decrease, diminution, wane, fall. □ *in ~*: 1 on the wane, decreasing; 2 (*di popolazione*) dwindling, falling.

decrescere (*pres.ind.* **decrésco, decrésci**; *p.rem.* **decrébbi**; *p.p.* **decresciùto**; *aus.* **essere**) *v.i.* **1** to decrease, to diminish; (*rif. alla luna*) to wane: *la luna decresce* the moon is waning. **2** (*diminuire di livello*) to subside, to sink: *la piena decresce* the flood is subsiding. **3** (*rif. alla marea*) to ebb. **4** (*rif. a suoni*) to die away, to fade away.

decretale *f.* (*Dir.can*) decretal.

decretare (**decréto**) *v.t.* **1** to decree, to order: *il consiglio ha decretato così* the council has so decreed. **2** (*tributare*) to award, to grant, to bestow, to confer: *gli decretarono altissimi onori* they awarded him the highest honours.

decreto *m.* **1** (*Dir*) decree: *emettere un ~* to issue a decree; *revocare un ~* to revoke a decree. **2** (*Dir*) (*in diritto penale*) order, judgement; (*in diritto civile*) order, ruling. **3** (*disposizione divina*) decree: *i decreti di Dio* the decrees of God. □ (*Dir*) *~ di amnistia* amnesty ordinance; (*Dir*) *~ di citazione* summons; (*Dir*) *~ di confisca* order of seizure, seizure warrant; (*Dir*) *~ di espropriazione* (o *~ di esproprio*) expropriation order; (*Dir*) *~ di espulsione* order of expulsion; (*Dir*) *~ di ingiunzione* injunction; (*Dir*) *~ esecutorio* executive decree; (*Dir*) *~ governativo* government decree; (*Dir*) *~ ingiuntivo* injunction, order, decree of injunction; (*Dir*) *~ legge* decree with the force of law; (*Dir*) *~ ministeriale* ministerial decree; (*Dir*) *~ prefettizio* prefectoral order; (*Dir*) *~ presidenziale* presidential decree;

(*Dir*) *~ regio* royal decree.

decriptare (**decrìpto**) *v.t.* to decrypt, to decode, to decipher.

decriptazione *f.* decryption, decoding, deciphering.

DECT (*Tel*) *telefono digitale senza cavo con raggio d'azione esteso* DECT (Digital Extended Cordless Telephone).

decubito *m.* (*Med*) decubitus.

de cuius *m.inv.* testator, testate.

decumano I *a.* (*Stor.rom*) decuman. II *m.* **1** (*Stor.rom*) decuman soldier. **2** (*strada*) decumanus.

decuplicare (**decùplico, decùplichi**) *v.t.* to multiply by ten, to decuple.

decuplo I *a.* tenfold, decuple. II *m.* ten times as much, ten times the amount: *ho speso il ~ del previsto* I spent ten times as much as I had expected, I spent ten times the amount I had expected.

decuria *f.* (*Stor.rom*) decury.

decurione *m.* (*Stor.rom*) decurion.

decurtare (**decùrto**) *v.t.* to curtail, to reduce, to dock: *~ uno stipendio* to reduce a salary, to dock a salary; *~ un debito* to reduce a debt.

decurtazione *f.* curtailment, reduction, docking: *subire una ~* to be reduced.

decussato *a.* (*Numism,Arald*) decussate.

decusse *f.* (*Numism,Arald*) decussate cross.

dedalo *m.* maze, labyrinth: *un ~ di viuzze* a maze of alleys.

Dedalo *n.pr.m.* (*Mitol*) Daedalus.

dedica *f.* dedication: *fotografia con ~* photograph with dedication.

dedicare (**dèdico, dèdichi**) I *v.t.* **1** (*rif. a opere letterarie, artistiche*) to dedicate (*a* to): *il libro è dedicato al fratello dell'autore* the book is dedicated to the author's brother. **2** (*consacrare*) to dedicate, to consecrate: *~ una chiesa alla Madonna* to dedicate a church to the Virgin Mary; *~ un monumento ai caduti* to dedicate a monument to the fallen. **3** (*intitolare*) to name after, to call after: *~ una via a Garibaldi* to name a street after Garibaldi. **4** (*riservare*) to devote, to give, to give up, to give over: *dedico il tempo libero alla musica* I devote my free time to music; *i primi capitoli del libro sono dedicati alle condizioni storiche* the first chapters of the book are given up to the historical background. II *v.pron.* **dedicarsi 1** (*occuparsi di*) to devote oneself (*a* to): *dedicarsi alla famiglia* to devote oneself to one's family. **2** (*consacrarsi*) to dedicate oneself: *dedicarsi a Dio* to dedicate oneself to God. □ (*Giorn, TV,Rad*) *~ spazio a qcs.* to dedicate space to sth.

dedicatario *m.* (*f.* -**a**) dedicatee.

dedicato *a.* **1** dedicated, devoted. **2** (*Tecn, Inform*) dedicated.

dedicatoria *f.* dedicatory epistle.

dedicatorio *a.* dedicatory: *sonetto ~* dedicatory sonnet; *lettera dedicatoria* dedicatory epistle.

dedicazione *f.* (*Rel*) dedication.

dedito *a.* **1** devoted (*a* to): *~ agli studi* devoted to study. **2** (*rif. a vizio*) addicted, given (to): *~ al gioco* addicted to gambling; *~ al bere* addicted to drink; *~ alla droga* addicted to drugs.

dedizione *f.* devotion: *~ alla famiglia* devotion to the family. □ *con ~* with devotion, devotedly: *lo curava con ~* she tended him devotedly, she cared for him devotedly.

dedotto → **dedurre** *a.* **1** (*desunto*) deduced, inferred: *la conclusione dedotta dalle premesse* the conclusion deduced from the premises. **2** (*defalcato*) deducted, subtracted.

deducibile *a.* 1 deducible. 2 (*che si può detrarre*) deductible.

deducibilità *f.* 1 deducibility, deducibleness. 2 (*detraibilità*) deductibility.

deduco → **dedurre**.

dedurre (*pres.ind.* **dedùco, dedùci**; *p.rem.* **dedùssi**; *p.p.* **dedótto**) *v.t.* 1 (*desumere*) to deduce, to infer, to conclude (*da* from): *cosa devo ~ dalle tue parole?* what am I to infer from your words? 2 (*Filos*) to deduce. 3 (*sottrarre*) to deduct (*da* from), to subtract: *~ le spese dall'incasso* to deduct expenses from takings. 4 (*Dir*) to deduce, to infer, to argue. 5 (*derivare*) to draw, to take: *dedusse da un libro la trama del suo film* he took the story for his film from a book. □ *dedotte le spese, restano pochi soldi* after all expenses have been deducted, there is not much money left; *da ciò si deduce che* it may hence be inferred that.

dedurrò → **dedurre**.

dedussi → **dedurre**.

deduttivo *a.* deductive (*anche Filos*): *metodo ~* deductive method.

deduzione *f.* 1 deduction (*anche Filos*), inference: *ottima ~, Watson* good thinking, Watson (in Sherlock Holmes). 2 (*detrazione*) deduction: *fatta la ~ delle spese, restano cento euro* after deduction of expenses, there are a hundred euros left. 3 (*Dir*) inference. □ *per ~* by deduction, deductively; *ragionare per ~* to reason by deduction, to reason deductively.

dee-jay /di'dʒεɪ/ *m./f.inv.* DJ, disk jockey.

de facto *avv.* de facto, in fact, in reality.

défaillance /defa'jãs/ *f.inv.* (*Sport*) breakdown, collapse (*anche fig*): *avere un momento di ~* to have a moment's weakness.

defalcabile *a.* deductable.

defalcare (**defàlco, defàlchi**) *v.t.* to deduct, to substract (*da* from): *~ le tasse dallo stipendio* to deduct taxes from a salary.

defalcazione (*pl.* **-chi**) *f.* deduction, subtraction.

defalco *m.* deduction, subtraction.

defascistizzare (**defascistìzzo**) *v.t.* (*Pol*) to purge of Fascists.

defascistizzazione *f.* (*Pol*) anti-Fascist purge.

defatigante *a.* wearying, wearisome.

defatigatorio *a.* (*Dir*) dilatory.

default /de'fɔlt/ *m.* (*Inform,Tecn*) default: *valore di ~* default value. □ (*Inform*) *per ~* by default.

defecare (**defèco, defèchi**) **I** *v.t.* (*Chim*) to defecate. **II** *v.i.* (*aus.* **avere**) (*Fisiol*) to defecate.

defecazione *f.* (*Chim,Fisiol*) defecation.

defenestrare (**defenèstro**) *v.t.* 1 to throw out of a window. 2 (*fig*) to dismiss, to discharge.

defenestrazione *f.* 1 defenestration. 2 (*fig*) dismissal, removal (from office). □ (*Stor*) *la ~ di Praga* the defenestration of Prague.

defensionale *a.* (*Dir*) for defence (*posposto*), of defence (*posposto*).

deferente **I** *a.* 1 (*rispettoso*) deferential, respectful. 2 (*Anat*) deferent: *canale ~* deferent duct, vas deferens. **II** *m.* (*Anat*) deferent duct, vas deferens.

deferentemente *avv.* deferentially.

deferenza *f.* deference: *la ~ verso i superiori* deference to one's superiors. □ *con ~* deferently.

deferimento *m.* (*Dir*) referral, referring.

deferire (**deferìsco, deferìsci**) *v.t.* (*Dir*) to submit, to refer, to defer: *~ una causa al tribunale* to submit a case to the Court. □

(*Dir*) *~ qcu. al tribunale* to take so. to court, to sue so.

defezionare (**defezióno**; *aus.* **avere**) *v.i.* 1 to desert (*da qcs.* sth.), to defect (*da* from). 2 (*disertare*) to desert.

defezione *f.* 1 defection, desertion. 2 (*diserzione*) desertion.

defezionista *m./f.* defector.

defibrillatore *m.* (*Med,Tecn*) defibrillator.

defibrillazione *f.* (*Med*) defibrillation.

deficiente **I** *a.* 1 (*insufficiente*) insufficient; (*mancante*) lacking. 2 (*minorato mentale*) mentally deficient. 3 (*estens*) (*stupido*) idiotic, stupid. **II** *m./f.* 1 (*minorato mentale*) mentally deficient person, mentally defective person. 2 (*estens*) (*stupido*) idiot, fool, imbecile.

deficienza *f.* 1 (*insufficienza*) deficiency, insufficiency, shortage. 2 (*mancanza*) deficiency, lack. 3 (*lacuna*) gap. 4 (*minorazione mentale*) mental deficiency. 5 (*estens*) (*stupidità*) idiocy, imbecility. 6 (*Med*) deficiency.

deficit *m.* 1 (*Econ*) deficit, deficiency. 2 (*estens*) (*carenza*) deficiency, inadequacy. 3 (*Med*) deficiency, defect: *~ vitaminico* vitamin deficiency. □ (*Econ*) *~ commerciale* trade deficit, trade gap; *~ di bilancio* debit balance, adverse balance, budget deficit; *essere in ~* to have a deficit, to show a deficit; *l'azienda è in ~* the firm has a deficit; *una società in ~* a company in deficit; (*Econ*) *~ pubblico* public deficit.

deficitario *a.* 1 (*Econ*) showing a deficit (*posposto*), showing a loss (*posposto*), having a debit balance (*posposto*), with a debit balance (*posposto*): *azienda deficitaria* firm with a debit balance. 2 (*scarso*) insufficient, poor, scanty.

defilamento *m.* 1 (*Mil*) defilade. 2 (*Mar.mil*) passing astern.

defilare (**defilo**) **I** *v.t.* (*Mil*) to defilade. **II** *v.pron.* **defilarsi** (*fig*) (*sottrarsi*) to make off, to make oneself scarce, to get out of it, to wriggle out of it.

defilato *a.* 1 (*Mil*) defiladed. 2 (*estens*) (*appartato*) isolated, remote; (*di vita, esistenza*) quiet, in the background (*posposto*), low profile (*attr.*).

défilé /defi'le/ *m.inv.* fashion parade, fashion show.

definibile *a.* 1 definable. 2 (*risolvibile*) easy to settle (*posposto*): *la questione è facilmente ~* the question is easy to settle.

definire (**definìsco, definìsci**) **I** *v.t.* 1 (*delimitare*) to define, to determine, to set out: *~ i poteri di qcu.* to define so.'s powers. 2 (*fissare, stabilire*) to fix, to settle, to make clear, to determine, to establish: *~ la propria posizione* to make one's position clear; *~ una politica comune* to establish a common policy. 3 (*determinare con una spiegazione*) to define: *~ un vocabolo* to define a word; *~ un concetto* to define a concept. 4 (*risolvere*) to resolve, to settle: *~ una questione* to resolve a matter; *~ una lite* to settle a quarrel. 5 (*descrivere*) to describe, to term, to call: *il romanzo è stato definito un capolavoro* the novel has been described as a masterpiece. **II** *v.pron.* **definirsi** to define oneself (as). □ *è ancora da ~* it has still to be defined.

definitezza *f.* definiteness.

definitivamente *avv.* 1 definitively, finally. 2 (*per sempre*) once and for all, for good.

definitivo *a.* definitive, final: *dare una risposta definitiva* to give a definitive answer; (*Dir*) *pronunciare la sentenza definitiva* to pronounce final judgement. □ *in definitiva*: 1 (*in conclusione*) in conclusion, in short; 2 (*in fin dei conti*) after all, when all's

said and done, in the final analysis; 3 (*dunque*) (well) then: *che cosa hai deciso in definitiva?* what have you decided, then?, well (then), what have you decided?

definito *a.* 1 defined, definite, determinate: *dei confini ben definiti* well-defined limits. 2 (*netto*) clear-cut, sharp: *i contorni del disegno sono ben definiti* the lines of the drawing are clearly defined; *contorni poco definiti* blurred outlines, vague outlines, hazy outlines.

definitore *m.* 1 (*f.* **-trice**) definer. 2 (*Rel.catt*) definitor.

definizione *f.* 1 definition: *una ~ esatta* an exact definition; *dare la ~ di qcu.* to give the definition of sth. 2 (*risoluzione*) settlement: *~ di una lite* settlement of a quarrel. 3 (*Fot, TV*) definition: *dell'immagine* image definition. 4 (*Inform*) definition, resolution. 5 (*di cruciverba*) clue. □ *per ~* by definition.

defiscalizzare (**defiscalìzzo**) *v.t.* (*Econ*) to exempt from tax.

defiscalizzazione *f.* (*Econ*) exemption from tax.

deflagrante *a.* deflagrating, deflagrable.

deflagrare (**deflàgro**; *aus.* **avere**) *v.i.* 1 to deflagrate. 2 (*scoppiare*) to explode. 3 (*fig*) (*divampare*) to blaze up, to flare up.

deflagrazione *f.* 1 deflagration. 2 (*scoppio*) explosion. 3 (*fig*) flaring up, blazing up, outbreak. □ *~ di una mina* explosion of a mine.

deflativo *a.* (*Econ*) deflationary.

deflatore *m.* (*Econ*) deflator.

deflattivo *a.* (*Econ*) deflationary.

deflazionare (**deflazióno**) *v.t.* (*Econ*) to deflate.

deflazione *f.* 1 (*Econ*) deflation. 2 (*Geol*) deflation, wind erosion.

deflazionista *m./f.* (*Econ*) deflationist.

deflazionistico (*pl.* **-ci**) *a.* (*Econ*) deflationary, deflationist.

deflemmare (**deflèmmo**) *v.t.* (*Chim,ant*) to dephlegmate.

deflemmatore *m.* (*Chim,ant*) dephlegmator.

deflemmazione *f.* (*Chim,ant*) dephlegmation.

deflessione *f.* 1 deflection, bending. 2 (*fig*) deviation, turning aside (*da* from): *~ da un principio* deviation from a principle. 3 (*Rad, TV,Fis*) deflection. 4 (*Med*) disengagement, extension.

deflesso → **deflettere**.

deflettere (*pres.ind.* **deflètto**; *p.rem.* **deflettéi/deflèssi**; *p.p.* **deflèsso**; *aus.* **avere**) *v.i.* 1 to deflect, to deviate, to diverge. 2 (*fig*) to deflect; (*desistere*) to desist, to give up: *~ da un proposito* to give up one's intention. □ *~ da una rotta* to change course.

deflettore *m.* 1 (*Mecc*) deflector, baffle. 2 (*Aer*) flap. 3 (*Aut*) vent window. □ (*Aer*) *dell'ala* (aerofoil) flap.

deflogisticato *a.* (*nell'alchimia*) dephlogisticated.

deflorare (**deflòro**) *v.t.* (*lett*) to deflower.

deflorazione *f.* defloration.

defluenza *f.* (*rar*) downflow.

defluire (**defluìsco, defluìsci**; *aus.* **essere**) *v.i.* 1 (*rif. a liquidi*) to flow (out), to run (out). 2 (*fig*) to stream, to flow, to spill (*a* out of): *gli spettatori defluivano lentamente dallo stadio* the spectators flowed slowly out of the stadium.

deflusso *m.* 1 flow, downflow, outflow, flowing out: *~ dell'acqua* downflow of water. 2 (*volume d'acqua*) (amount of) discharge, flow. 3 (*rif. alla marea*) reflux, ebb; (*rif. a onda*) undertow. 4 (*fig*) (*rif. a folla*) flow, streaming out. □ (*Econ*) ~ *di capitali* outflow of capital.

defogliante I *a.* (*Agr,Chim*) defoliating. **II** *m.* (*Agr,Chim*) defoliant.

defogliare (**defòglio**) *v.t.* (*Agr,Chim*) to defoliate.

defogliazione *f.* (*Agr,Chim*) defoliation.

defoliante I *a.* (*Agr,Chim*) defoliating. **II** *m.* (*Agr,Chim*) defoliant.

deforestazione *f.* deforestation.

deformabile *a.* deformable.

deformabilità *f.* deformability.

deformante *a.* 1 deforming, distorting. 2 (*Med*) deforming: *artrite* ~ deforming arthritis.

deformare (**defórmo**) **I** *v.t.* 1 (*sformare*) to deform, to distort, to make (sth.) misshapen. 2 (*rif. a parti del corpo*) to deform, to disfigure; (*curvare*) to bend, to twist, to crook: *l'artrosi le ha deformato le mani* arthrosis deformed her hands. 3 (*rattrappire*) to (cause to) contract. 4 (*Mecc*) to deform, to warp. 5 (*Edil*) to strain. 6 (*rif. a specchio, lente*) to distort: *quello specchio deforma l'immagine* that mirror distorts the image. 7 (*fig*) to warp, to distort, to twist: ~ *il senso di un discorso* to twist the meaning of words; ~ *la verità* to distort the truth, to twist the truth. **II** *v.pron.* **deformarsi** 1 to become deformed, to grow misshapen, to lose shape: *il cappello si era deformato con la pioggia* the hat lost its shape in the rain. 2 (*rif. a parti del corpo*) to become deformed, to become disfigured; (*curvarsi*) to bend, to become twisted, to become crooked; (*rattrapparsi*) to contract. 3 (*Mecc*) to warp, to buckle. 4 (*Edil*) to become strained. 5 (*fig*) to be distorted, to be warped, to be twisted: *la realtà si è deformata attraverso il suo racconto* in his story reality became distorted.

deformato *a.* deformed, distorted, misshapen.

deformazione *f.* 1 (*rif. a parti del corpo*) deformation, disfigurement, deformity: *una* ~ *del cranio* a deformity of the skull. 2 (*rif. al viso*) disfigurement. 3 (*Mecc*) buckling, warping. 4 (*Edil*) strain, straining. 5 (*Ott*) distortion. 6 (*fig*) distortion, warping, twisting: ~ *della verità* distortion of truth. □ ~ *professionale* vocational bias, professional bias; *non farci caso, è una* ~ *professionale* don't worry, it's just my job.

deforme *a.* 1 (*rif. a parti del corpo*) deformed, misshapen, disfigured: *corpo* ~ misshapen body. 2 (*rif. al viso*) disfigured. 3 (*estens*) (*brutto*) ugly, unsightly.

deformità *f.* 1 (*l'essere deforme*) deformity. 2 (*difetto fisico*) deformity, disfigurement. 3 (*estens*) (*bruttezza*) ugliness.

defosforare (**defòsforo**) *v.t.* (*Met*) to dephosphorize.

defosforazione *f.* (*Met*) dephosphorization.

deframmentazione *f.* (*Inform*) defragmentation.

defraudare (**defràudo**) *v.t.* to defraud, to cheat: ~ *qcu. di qcs.* to defraud so. of sth., to cheat so. out of sth., to trick so. out of sth.; ~ *gli operai del loro salario* to defraud the workers of their wages; ~ *qcu. dei suoi diritti* to cheat so. out of his rights.

defraudatore *m.* (*f.* **-trice**) cheat, cheater, defrauder.

defraudazione *f.* defrauding, cheating.

defunto I *a.* late (*attr.*), dead, deceased, defunct: *il* ~ *signor Rossi* the late Mr. Rossi. **II** *m.* (*f.* **-a**) 1 dead person, deceased, defunct: *i parenti del* ~ the relatives of the deceased. 2 *pl.* the dead: (*Rel*) *commemorazione dei de-*

funti commemoration of the dead. 3 (*Dir*) deceased.

degassamento *m.* (*Chim*) degassing, outgassing.

degassare (**degàsso**) *v.t.* (*Chim*) to degas, to outgas.

degassificare (**degassìfico, degassìfichi**) *v.t.* (*Chim*) to degas, to outgas.

degassificazione *a.* (*Chim*) degassing.

degenerare (**degénero**; *aus.* **avere**) *v.i.* 1 to degenerate, to deteriorate, to boil over (*in* into), to grow worse, to worsen: *la discussione degenerò in una lite* the argument degenerated into a quarrel; *la discussione rischia di degenerare* the discussion could get out of hand. 2 (*rif. a malattie*) to turn, to degenerate (*in* into): *la bronchite degenerò in una polmonite* the bronchitis turned into pneumonia. 3 (*Biol,Fis*) to degenerate.

degenerativo *a.* degenerative, of degeneration.

degenerato I *a.* degenerate (*anche fig*): *giovani degenerati* degenerate youths. **II** *m.* (*f.* **-a**) degenerate: *è un* ~ he is a degenerate.

degenerazione *f.* 1 degeneracy, degeneration, decline: *la* ~ *dei costumi* the decline of morals. 2 (*perversione*) perversion. 3 (*Biol,Fis*) degeneration: ~ *di un organo* degeneration of an organ.

degenere *a.* 1 degenerate: *figlio* ~ degenerate son. 2 (*Fis*) degenerate.

degente I *a.* bedridden, ill in bed. **II** *m./f.* bedridden person; (*all'ospedale*) in-patient. □ *è* ~ *all'ospedale* he is in hospital.

degenza *f.* (period of) confinement to bed; (*in ospedale*) stay in hospital, hospitalization: *tre mesi di* ~ three months' stay in hospital.

degli → **di**[1].

deglutire (**deglutìsco, deglutìsci**) *v.t.* to swallow, to gulp.

deglutizione *f.* swallowing, deglutition (*spec. Med*).

degnamente *avv.* 1 worthily, deservingly. 2 (*come si deve*) properly.

degnare (**dégno**) **I** *v.t.* to deign, to condescend, to deem worthy: *non mi ha degnato di una risposta* he did not deign to reply to me, (*Am*) he didn't even bother to answer me. **II** *v.pron.* **degnarsi** to deign, to condescend (*di fare* to do), to be so kind, to be so gracious, to be so good, to be good enough: *non si è degnato di rispondermi* he has not deigned to answer me, (*Am*) he didn't even bother to answer me. □ ~ *qcu. di uno sguardo* to deign to look at so: *non mi ha neanche degnato di uno sguardo* he didn't even notice me; *non mi degna neanche di uno sguardo* he doesn't even know I'm alive; *non mi ha degnato di uno* ~ he didn't deign to glance at me.

degnazione *f.* condescension: *uno sguardo di* ~ a condescending look. □ *gli rispose con* ~ he replied to him condescendingly.

degno *a.* 1 (*meritevole*) worthy (*di* of), worth (sth.): *essere* ~ *di lode* to be worthy of praise; *una degna causa* a worthy cause; *non sono* ~ *di te* I am not worthy of you, I am unworthy of you, I don't deserve you. 2 (*conveniente*) suitable, suited, right, proper: *questo ambiente non è* ~ *di te* this environment is not suitable for you, this is no place for you. 3 (*rispettabile*) worthy, respectable: *una degna persona* a worthy person; (*iron*) *lui e i suoi degni amici* he and his worthy friends. □ *un* ~ *avversario* a match; *non è* ~ *di allacciargli le scarpe* he is not worthy to lick the soles of his boots; ~ *di biasimo* blameworthy, to be blamed; ~ *di compassio-*

ne worthy of compassion, pitiable; ~ *di considerazione*: 1 (*rif. a proposte e sim.*) worth considering; 2 (*rif. a persona*) worthy of respect; ~ *di credito*: 1 (*rif. a cose*) credible; (*rif. a persone*) worthy of belief; 2 (*Comm*) creditworthy; ~ *di essere menzionato* worthy of note (*posposto*), noteworthy, worth mentioning (*posposto*); ~ *di fede*: 1 (*rif. a cosa*) credible, plausible, believable; 2 (*rif. a persona*) reliable, credible, trustworthy: *un testimone* ~ *di fede* a trustworthy witness; ~ *di fiducia* trustworthy; (*colloq*) *non essere* ~ *di legare le scarpe a qcu.* not to be worthy to tie so.'s shoelaces; ~ *di lode* praiseworthy; *azione degna di lode* praiseworthy deed; ~ *di menzione* worthy of note (*posposto*), noteworthy, worth mentioning (*posposto*); ~ *di miglior causa* worthy of a better cause; ~ *di nota* noteworthy; ~ *di onore* worthy of honour; ~ *di questo nome* worthy of the name; ~ *di ricordo* memorable, worth remembering; ~ *figlio di suo padre* like father, like son, the apple doesn't fall far from the tree.

degradabile *a.* (*Chim*) degradable.

degradamento *m.* (*rar*) degradation (*anche fig*).

degradante *a.* degrading: *un'azione* ~ a degrading deed.

degradare (**degràdo**) **I** *v.t.* 1 (*Mil*) to strip (so.) of his rank, to break, to demote: ~ *un ufficiale* to strip an officer of his rank. 2 (*Rel*) to degrade: ~ *un sacerdote* to degrade a priest. 3 (*fig*) (*rendere abietto*) to degrade, to debase: *i vizi degradano l'uomo* vice degrades man. 4 (*Geol,Fis*) to degrade. **II** *v.i.* (*aus.* **essere**) to slope down, to decline: *la collina degrada verso il mare* the hill slopes down to the sea. **III** *v.pron.* **degradarsi** 1 (*disonorarsi*) to degrade oneself, to sink, to demean oneself: *si è degradato fino a tradire i compagni* he sank so low as to betray his companions. 2 (*Fis,Chim*) to degrade.

degradazione *f.* 1 (*Mil*) dishonourable discharge, breaking, demotion: ~ *di un ufficiale* demotion of an officer. 2 (*Rel*) degradation. 3 (*fig*) (*decadimento*) degradation: ~ *morale* moral degradation. 4 (*Geol,Chim,Fis*) degradation.

degrado *m.* 1 deterioration, degeneration, squalor: *vivere nel* ~ to live in squalor. 2 (*inquinamento*) pollution, contamination: ~ *dell'aria* air pollution. □ ~ *ambientale* deterioration of the environment, degradation; ~ *urbano* urban decay, city degradation.

degustare (**degùsto**) *v.t.* to taste, to sample: ~ *il vino* to taste wine; ~ *il caffè* to sample coffee.

degustatore *m.* (*f.* **-trice**) taster.

degustazione *f.* tasting, sampling: ~ *del vino* wine tasting.

deh *intz.* (*lett,poet*) ah, oh: ~, *ascoltami!* ah, hear me!

dei[1] → **di**[1].

dei[2] → **dio**.

deicida I *a.* deicidal. **II** *m./f.* deicide.

deicidio *m.* deicide.

deidratare *e der.* → **disidratare** *e der.*

deidrocongelazione *f.* (*Ind,Alim*) dehydrofreezing.

deidrogenare (**deidrògeno**) *v.t.* (*Chim*) to dehydrogenate, to dehydrogenize.

deidrogenazione *f.* (*Chim*) dehydrogenation, dehydrogenization.

deiezione *f.* 1 (*defecazione*) defecation. 2 (*escrementi*) faeces *pl.*, excrement, dejecta *pl.* 3 (*Geol*) alluvial deposit, alluvium.

deificare (**deìfico, deìfichi**) *v.t.* 1 to deify. 2 (*fig*) to deify, to turn into a god, to worship.

deificazione f. **1** deification. **2** (fig) glorification.

deiforme a. (lett) deiform, godlike (attr.).

deindicizzare (**deindicìzzo**) v.t. (Econ) to stop indexation of.

deindicizzato a. (Econ) no longer index-linked.

deindustrializzare (**deindustrialìzzo**) v.t. to deindustrialize.

deindustrializzazione f. deindustrialization.

deionizzazione f. (Fis) deionization.

deiscente a. (Bot) dehiscent.

deiscenza f. (Bot) dehiscence.

deismo m. (Filos) deism.

deissi f. (Ling) deixis.

deista I m./f. (Filos) deist. II a. (Filos) deistic, deistical.

deistico (pl. **-ci**) a. (Filos) deistic.

deità f. deity.

de iure avv. de jure, by right: ~ o de facto de jure or de facto.

déjà vu /deʒa'vy/ m.inv. (Psic) déjà vu.

del → **di**[1].

delatore m. (f. **-trice**) informer, police spy.

delatorio a. informing: lettera delatoria informing letter.

delazione f. laying of information, rape, denouncing, informing: la congiura fu scoperta in seguito a una ~ the plot was discovered through the laying of information.

dele, deleatur m.inv. (Edit) dele.

delega f. **1** (il delegare) delegation: atto di ~ proxy, written authority, written consent. **2** (documento) power of attorney, proxy (statement). ☐ dare la ~ a qcu. to give so. a proxy; ~ di poteri delegation of powers; ~ di voto proxy voting, voting by proxy; per ~ by proxy, as proxy; agire per ~ di qcu. to act as a proxy for so.; (Comm) ~ per l'incasso delegation for collection; ~ speciale special proxy.

delegante m./f. delegator.

delegare (**dèlego**, **dèleghi**) v.t. **1** to delegate, to depute: il direttore ha delegato il vicedirettore a rappresentarlo the manager has delegated the assistant manager to represent him. **2** (rimettere, affidare) to delegate, to commit: la commissione delegò al componente più anziano il compito di tenere la relazione the commission delegated the task of making the report to the senior member. **3** (Dir) to delegate.

delegatario m. (f. **-a**) (Dir) delegatee.

delegato I a. delegated, deputed. II m. (f. **-a**) delegate, representative: la Francia ha mandato cinque delegati alla conferenza France has sent five delegates to the conference. **2** ~ apostolico apostolic delegate; ~ del governo governmental delegate; ~ di fabbrica shop steward; ~ governativo governmental delegate; ~ sindacale union representative.

delegazione f. **1** delegation (anche Dir). **2** (gruppo di rappresentanti) delegation, deputation: la ~ italiana all'ONU the Italian delegation to the UN; il capo della ~ head of the delegation. **3** (sede di un delegato) delegation. ☐ ~ commerciale trade delegation; ~ di poteri delegation of powers.

delegittimare (**delegìttimo**) v.t. to deprive of authority, to delegitimize.

delegittimazione f. deprivation of authority, delegitimization.

delete /de'lejt/ m. (Inform) delete.

deleterio a. deleterious, noxious, harmful.

Delfi n.prf. (Geog.stor) Delphi: l'oracolo di ~ the Delphic Oracle.

delfico (pl. **-ci**) a. Delphian, Delphic:

l'Apollo ~ the Delphic Apollo.

delfinario m. dolphinarium.

delfinista m./f. (Sport) dolphin swimmer.

delfino[1] m. **1** (Zool) dolphin. **2** (Sport) butterfly (stroke): nuotare a ~ to do the butterfly stroke.

delfino[2] m. **1** (Stor) dauphin. **2** (fig) probable successor.

delibare (**delìbo**) v.t. **1** (rar) (assaporare) to taste, to sample. **2** (fig) to relish. ☐ (Dir) ~ una sentenza to recognize a foreign judgement, to allow a foreign judgement.

delibazione f. (rar) tasting, sampling: (Dir) giudizio di ~ judgement giving a foreign sentence legal effect.

delibera f. **1** resolution, decision. **2** (aggiudicazione) knocking-down.

deliberante a. deliberative: assemblea ~ deliberative assembly.

deliberare (**delìbero**) I v.t. **1** to deliberate (upon, over), to decide, to resolve: il tribunale ha deliberato la condanna dell'imputato the Court has deliberated the judgement against the accused. **2** (aggiudicare) to knock down: ~ al miglior offerente to knock down to the highest bidder. II v.i. (aus. **avere**) to deliberate: ~ su qcs. to deliberate (upon, over) sth. ☐ ~ a maggioranza assoluta to decide by an absolute majority; la corte si ritira per ~ the Court will now adjourn for consultation.

deliberatamente avv. deliberately, on purpose.

deliberativo a. deliberative, deciding, resolving: voto ~ deciding vote, casting vote.

deliberato I a. **1** (risoluto) determined, decided. **2** (intenzionale) intentional, deliberate. II m. (deliberazione) decision, resolution: il ~ della commissione the commission's decision.

deliberazione f. **1** decision, determination, resolution: la ~ del parlamento the resolution of Parliament. **2** (decisione) decision, resolve: prendere una ~ to make a decision. **3** (Psic) deliberation. ☐ ~ presa a maggioranza dei voti majority resolution; per ~ di by decision of.

delicatamente avv. delicately, gently.

delicatezza f. **1** delicacy, gentleness, lightness. **2** (rif. a colori) delicacy, softness: ~ di tinte softness of hue. **3** (cibo delicato) delicacy, dainty, daintiness. **4** (fragilità) delicacy, daintiness, fragility: la ~ di un congegno the delicacy of a mechanism. **5** (rif. a salute) frailty, weakness. **6** (sensibilità) delicacy, sensitivity, considerateness; (discrezione, tatto) delicacy, tact: una questione da trattarsi con la massima ~ a question requiring the utmost delicacy. **7** (azione gentile) considerate action, kind act. ☐ avere la ~ di non fare qcs. to have the good taste not to do sth.; che ~! how tactful!; ~ d'animo delicacy of feeling; ~ di modi delicacy, discretion; ~ di tocco delicacy of touch; (iron) avere la ~ di un elefante to be as dainty as an elephant; per ~ out of tact.

delicato I a. **1** delicate: mani delicate delicate hands; ricamo ~ intricate embroidery; salute delicata delicate health. **2** (tenue, leggero) delicate, light: profumo ~ light perfume. **3** (rif. a colori) delicate, soft, pale: un rosa ~ a soft pink. **4** (rif. a cibi) delicate, dainty: sapore ~ delicate flavour. **5** (facilmente digeribile) light, digestible. **6** (fragile) delicate, fragile: meccanismo ~ delicate mechanism. **7** (di gracile costituzione) frail, weakly. **8** (gentile, sensibile) delicate, sensitive, gentle, considerate: gesto ~ thoughtful gesture; un animo ~ a sensitive soul. **9** (che

richiede tatto) delicate, ticklish: un argomento ~ a delicate matter. **10** (rif. a detergenti) mild. II m. **1** (spreg) sensitive soul: non fare il ~ don't be so fussy. **2** pl. (capi, indumenti delicati) delicate fabrics. ☐ essere ~ di stomaco to have a weak stomach, to have a delicate stomach, to be queasy.

delimitare (**delìmito**) v.t. **1** to limit, to delimit, to mark the limits of, to circumscribe; (fare da confine) to bound. **2** (definire) to define (anche fig): ~ i confini di uno stato to define the borders of a state.

delimitatore m. (Inform) delimiter.

delimitazione f. **1** delimitation, determination: ~ dei confini delimitation of borders. **2** (confine) boundary (anche fig).

delineabile a. that may be delineated (posposto), delineable.

delineamento m. delineation, outline.

delineare (**delìneo**) I v.t. **1** to outline, to sketch, to sketch out, to delineate: ~ una figura to sketch a figure. **2** (fig) (descrivere sommariamente) to outline, to sketch, to sketch in: ~ brevemente la situazione to outline the situation in brief. **3** (fig) (abbozzare) to draft: ~ un progetto to draft a project. II v.pron. **delinearsi 1** to loom, to loom up, to be outlined: si delineava in lontananza la sagoma del campanile the outline of the bell tower loomed up in the distance. **2** (fig) (presentarsi) to emerge, to take shape: si delinea una nuova politica a new policy is taking shape.

delineato a. **1** outlined, delineated. **2** (definito) clearly defined, well marked: una linea di condotta ben delineata a clearly defined line of conduct.

delineazione f. delineation, outline.

delinquente m./f. **1** criminal, delinquent, offender. **2** (estens) (mascalzone) rogue, rascal, scoundrel, wretch: quel ~ di tuo fratello ha rotto il vetro della finestra your rascal of a brother has broken the window pane. ☐ ~ abituale habitual criminal; ~ comune common criminal; ~ minorile juvenile delinquent; un ~ nato a born criminal; ~ occasionale occasional criminal, sometimes criminal; ~ professionale professional criminal.

delinquenza f. **1** delinquency, criminality. **2** (complesso dei delitti) crime: la ~ è in aumento crime is on the increase. ☐ ~ minorile juvenile delinquency.

delinquenziale a. delinquent.

delinquere (**delìnquo**; aus. **avere**) v.i. (Dir) to commit a crime, to break the law.

deliquescente a. (Chim,Bot) deliquescent.

deliquescenza f. (Chim,Bot) deliquescence.

deliquio m. fainting fit, swoon. ☐ cadere in ~ to faint, to swoon; essere in ~ to be in a faint.

delirante a. **1** (Med) delirious; (che parla nel delirio) raving. **2** (fig) (entusiasta) wild, wildly enthusiastic, frenzied: entusiasmo ~ wild enthusiasm; applauso ~ frenzied applause.

delirare (**delìro**; aus. **avere**) v.i. **1** (Med) (essere in delirio) to be delirious: ~ per la febbre to be delirious with fever. **2** (parlare nel delirio) to rave: il malato delirava the sick man was raving. **3** (estens) (dire cose insensate) to rave, to talk wildly, to be out of one's mind: non gli credere, sta delirando don't believe him, he's raving. **4** (fig) (essere entusiasta) to be wildly enthusiastic, to be wild, to be frenzied. ☐ ~ d'amore to be madly in love; fare ~ qcu. to work so. into a frenzy, to rouse so. to a frenzy: un cantante che fa ~

i giovani a singer young people go crazy over, a singer young people go wild about.

delirio *m.* 1 (*Med*) delirium, delirious state; (*vaneggiamento*) ravings *pl.* 2 (*estens*) (*discorso insensato*) ravings *pl.*, wild talk: *il ~ di un pazzo* the ravings of a madman. 3 (*fig*) (*entusiasmo*) frenzy (of enthusiasm), (*colloq*) raptures *pl.*: *la folla andava in ~* the excitement of the crowd rose to fever pitch. 4 (*Psic*) delusion. □ (*Psic*) *~di onnipotenza* delusion of omnipotence; *dovunque si esibisce è il ~* wherever she performs, audiences go wild; *in ~*: 1 (*Med*) in delirium, raving: *il malato era in ~* the sick man was in a delirium, the sick man was raving; 2 (*fig*) delirious, ecstatic, in a frenzy, in raptures; *~ omicida* murderous frenzy.

delirium □ (*Med*) *~ tremens* delirium tremens.

delitto *m.* 1 (*Dir*) crime; (*violazione: grave*) felony; (*lieve*) misdemeanour; (*reato*) offence. 2 (*estens*) (*omicidio*) murder. 3 (*estens*) (*grave colpa*) crime, outrage: *è un ~ contro l'umanità* it is a crime against humanity: *commettere un ~* to perpetrate a crime, to commit a crime. 4 (*estens*) (*peccato*) sin: *sarebbe un ~ buttar via questi abiti* it would be a crime to throw away these clothes. □ *~ a sfondo politico* crime from a political motive; *~ a sfondo sessuale* sexual offence; *~ capitale* capital offence; *~ contro la personalità dello stato* offence against the security of the state; *~ contro l'ambiente* offence against the environment; *~ di lesa maestà* lese-majesty crime; (*Lett*) *Delitto e castigo* Crime and Punishment; *~ passionale* crime of passion; *~ perfetto* perfect crime; *~ politico* political crime.

delittuoso *a.* criminal: *proposito ~* criminal intent; *azione delittuosa* crime.

delizia *f.* 1 delight, pleasure: *questa musica è una ~* this music is a delight, this music is delightful; *questa torta è una ~* this cake is delicious; *con sua grande ~* to his great delight. 2 (*rif. a persona*) joy, darling: *questo bambino è la ~ dei genitori* this child is his parents' joy. □ *che ~!* how lovely!: *che ~ quest'aria fresca!* how pleasant this fresh air is!, how lovely this fresh air is!; *suona che è una ~ sentirlo* it's a real treat to hear him play, it's a real pleasure to hear him play; *una ~ per gli occhi* a pleasure to the eye.

deliziare (**delìzio**) I *v.t.* to delight, to charm. II *v.pron.* **deliziarsi** to delight, to take great pleasure (*di*, *con* in), to relish (sth.). □ *~ gli occhi di qcu.* to delight so.'s eyes; *~ le orecchie di qcu.* to delight so.'s ears.

deliziosamente *avv.* 1 delightfully. 2 (*rif. a cibi, bevande*) deliciously.

delizioso *a.* 1 delightful: *un fresco ~* delightful coolness; *musica deliziosa* delightful music. 2 (*bello, grazioso*) fetching, charming, lovely: *un visetto ~* a fetching little face. 3 (*rif. a cibi, bevande*) delicious.

della → **di**[1].

delle → **di**[1].

dello → **di**[1].

Delo *n.pr.f.* (*Geog.stor*) Delos.

delocalizzare (**delocalìzzo**) *v.t.* to delocalize.

delocalizzazione *f.* delocalization.

delta[1] *m./f.inv.* (*lettera dell'alfabeto greco*) delta.

delta[2] *m.inv.* (*Geog*) delta: *il ~ del Nilo* the Nile Delta; *il ~ padano* the Po Delta. □ *~ lacustre* lake delta; *~ marino* marine delta.

deltaplanista *m./f.* (*Sport*) hang glider flyer.

deltaplano *m.* 1 (*velivolo*) hang glider. 2 (*sport*) hang gliding.

deltazione *f.* (*Geol*) deltafication.

deltizio *a.* (*Geog*) deltaic, delta (*attr.*): *zona deltizia* deltaic area.

deltoide I *a.* (*Anat*) deltoid. II *m.* (*Anat*) (*anche muscolo deltoide*) deltoid (muscle).

delucidare[1] (**delùcido**) *v.t.* (*spiegare*) to explain, to elucidate.

delucidare[2] (**delùcido**) *v.t.* (*Tess*) to take the gloss off.

delucidazione[1] *f.* explanation, elucidation, clarification.

delucidazione[2] *f.* (*Tess*) taking the gloss off.

deludente *a.* disappointing.

deludere (*pres.ind.* **delùdo**; *p.rem.* **delùsi**; *p.p.* **delùso**) *v.t.* to disappoint: *quel libro mi ha deluso* that book disappointed me; *~ le aspettative di qcu.* to disappoint so.'s expectations; *~ le speranze di qcu.* to dash so.'s hopes, to disappoint so.'s hopes.

delusi → **deludere**.

delusione *f.* disappointment. □ *che ~!* what a disappointment!; *avere una ~ d'amore* to be disappointed in love; *dare una ~ a qcu.* to disappoint so.

deluso → **deludere** *a.* disappointed: *restare ~* to be disappointed, to feel disappointed; *essere ~ da qcu.* to be disappointed in (*o* with) so. □ *essere ~ nelle proprie speranze* to be disappointed in one's expectations.

demagnetizzare (**demagnetìzzo**) *v.t.* (*Fis*) to demagnetize.

demagnetizzazione *f.* (*Fis*) demagnetization.

demagogia *f.* demagogy.

demagogicamente *avv.* demagogically.

demagogico (*pl.* **-ci**) *a.* demagogic, demagogical.

demagogo (*pl.* **-ghi**) *m.* demagogue.

demandare (**demàndo**) *v.t.* (*Dir*) to refer, to transfer: *la causa fu demandata a un altro giudice* the case was referred to another judge.

demaniale *a.* State (*attr.*), of the State (*posposto*), belonging to the State (*posposto*): *beni demaniali* State property.

demanio *m.* 1 State property, (*GB*) Crown property, (*US*) federal property. 2 (*ufficio del demanio*) State Property Office, (*GB*) Crown Property Office, (*US*) Federal Property Office.

démaquillage /demaki'ʒaʒ/ *m.* (*Cosmet*) make-up removal.

demarcare (**demàrco**, **demàrchi**) *v.t.* to demarcate, to delimit: *~ i confini* to demarcate the boundaries.

demarcazione *f.* demarcation: *linea di ~* line of demarcation.

d'emblée /dam'ble/ *avv.* 1 straight off, right away. 2 (*estens*) (*all'improvviso*) suddenly, all at once.

demente I *a.* 1 (*insensato, stolto*) senseless, foolish, (*colloq*) crazy. 2 (*Med*) demented, mentally deranged. II *m./f.* 1 madman (*f. -woman*). 2 (*Med*) insane person, lunatic person.

demenza *f.* 1 (*Med*) dementia. 2 (*fig*) madness, insanity, (*colloq*) craziness. □ (*Med*) *~ precoce* dementia praecox; (*Med*) *~ senile* senile dementia.

demenziale *a.* 1 (*Med*) demential. 2 (*fig*) insane, crazy; (*assurdo*) absurd.

demeritare (**demèrito**) *v.t.* (*lett*) to forfeit, to lose, to become unworthy of: *~ la stima di qcu.* to forfeit so.'s esteem.

demerito *m.* demerit, unworthiness, (*Scol*) *voto di ~* demerit.

demilitarizzare (**demilitarìzzo**) *v.t.* to demilitarize.

demilitarizzazione *f.* demilitarization.

demineralizzare (**demineralìzzo**) *v.t.* to demineralize.

demineralizzato *a.* demineralized: *acqua demineralizzata* demineralized water.

demineralizzazione *f.* demineralization.

demi-sec /ˌdemi'sɛk/ *a.inv.* (*Enol*) medium dry.

demistificare (**demistìfico**, **demistìfichi**) *v.t.* to demystify.

demistificazione *f.* demystification.

demitizzare (**demitìzzo**) *v.t.* to demythologize.

demitizzazione *f.* demythologization.

demiurgico (*pl.* **-ci**) *a.* (*Filos*) demiurgic, demiurgical (*anche fig*).

demiurgo (*pl.* **-ghi**) *m.* (*Filos,Stor.gr*) demiurge (*anche fig*).

demo I *m.* 1 (*Stor.gr*) deme. 2 (*Inform*) demo. II *f.* (*Inform*) demo.

democraticamente *avv.* democratically.

democraticismo *m.* show of democracy.

democraticità *f.* democratic nature: *tratta tutti con grande ~* he treats everyone in a very democratic way.

democratico (*pl.* **-ci**) I *a.* 1 democratic. 2 (*estens*) democratic, open, friendly. II *m.* (*f. -a*) democrat, (*US*) Democrat. □ (*Pol*) *~ cristiano* Christian Democrat; (*Pol*) *democratici di sinistra* Left Democrats.

democratismo *m.* show of democracy.

democratizzare (**democratìzzo**) *v.t.* to democratize, to make more democratic.

democratizzazione *f.* democratization, making more democratic.

democrazia *f.* 1 (*Pol*) democracy: *instaurare la ~* to establish democracy. 2 (*paese*) democracy, democratic country. □ (*Pol, Stor.it*) *~ cristiana* Christian Democrat Party; *~ diretta* direct democracy; *~ indiretta* indirect democracy; *~ parlamentare* parliamentary democracy; *~ popolare* popular democracy, people's democracy.

democristiano I *a.* (*Pol,Stor.it*) Christian Democrat (*attr.*), Christian Democratic: *partito ~* Christian Democrat Party. II *m.* (*f. -a*) (*Pol,Stor.it*) Christian Democrat.

Democrito *n.pr.m.* (*Stor*) Democritus.

démodé /demo'de/ *a.inv.* outmoded, out of fashion, démodé.

demodossologia *f.* research into the formation of public opinion.

demodulare (**demòdulo**) *v.t.* (*Rad*) to demodulate.

demodulatore *m.* (*Rad*) demodulator.

demodulazione *f.* (*Rad*) demodulation.

demofobia *f.* (*Psic*) ochlophobia.

demografia *f.* demography.

demografico (*pl.* **-ci**) *a.* demographic, population (*attr.*): *indagine demografica* population survey; *incremento ~* population increase.

demografo *m.* demographer.

demolire (**demolìsco**, **demolìsci**) *v.t.* 1 to demolish, to pull down, to tear down: *~ un muro* to demolish a wall; *~ un edificio* to pull down a building. 2 (*Mil*) (*con esplosivi*) to blow up, to demolish. 3 (*fig*) to demolish, to destroy, to pull to pieces: *~ una teoria* to demolish a theory. 4 (*fig*) (*rif. a persona*) to demolish, to crush: *ha demolito l'avversario con le sue argomentazioni* his arguments crushed his opponent.

demolitore I *m.* 1 (*f. -trice*) demolisher, destroyer. 2 (*impresa di demolizioni*) demolition contractor. 3 (*di veicoli*) car wrecker, auto wrecker. II *a.* demolishing, destructive (*anche fig*): *critica demolitrice* destructive criticism.

demolizione f. 1 demolition: *la ~ di una casa* the demolition of a house; *lavori di ~* demolition works. 2 (*rif. a vetture usate, navi*) breaking-up, scrapping. 3 (*fig*) demolition, destruction. 4 (*Chim*) degradation. ☐ *in ~* being demolished, under demolition.

demoltiplica f. (*Mecc*) 1 (*riduzione di giri*) gearing down. 2 (*rotismo riduttore*) reduction gear.

demoltiplicare (**demoltìplico, demoltìplichi**) v.t. 1 to reduce. 2 (*Mecc*) to gear down.

demoltiplicatore m. 1 (*Mecc*) (*rotismo riduttore*) reduction gear. 2 (*Elettron*) scaler.

demoltiplicazione f. (*Mecc*) gearing down.

demone m. 1 (*Mitol,Filos*) daemon, daimon: *il ~ di Socrate* the daemon of Socrates. 2 (*fig*) (*passione travolgente*) demon, (overwhelming) passion: *il ~ del gioco* the demon of gambling; *il ~ della gelosia* the demon of jealousy. 3 (*lett,Rel*) (*demonio*) demon, devil.

demonetare (**demonéto**), **demonetizzare** (**demonetìzzo**) v.t. (*Econ*) to demonetize.

demonetizzazione f. (*Econ*) demonetization.

demoniaco (*pl.* **-ci**) I a. 1 (*del demonio*) demoniac, demoniacal, devilish, demon (*attr.*). 2 (*fig*) (*diabolico*) devilish, fiendish, demoniacal. II m. demoniac: *il ~ nell'arte* the demoniac in art.

demonico a. demoniac, daimonic.

demonietto m. 1 little devil, little demon. 2 (*fig*) (*detto di bambino*) imp, pest, terror, little devil.

demonio m. 1 demon, devil. 2 (*fig*) (*persona cattiva*) fiend. 3 (*fig*) (*persona abile*) wizard: *negli affari è proprio un ~* he's a real wizard in business. 4 (*fig*) (*bambino vivace*) imp, pest, terror, little devil. ☐ *un ~ di donna* a devil of a woman.

demonismo m. demonism.

demonizzante a. demonizing.

demonizzare (**demonìzzo**) v.t. to demonize.

demonizzazione f. demonization.

demonofobia f. (*Psic*) demonophobia.

demonologia f. demonology.

demonomania f. (*Psic*) demonomania.

demoplutocrazia f. (*Pol,Stor*) pluto-democracy.

demopsicologia f. folk psychology.

demoralizzante a. demoralizing, discouraging.

demoralizzare (**demoralìzzo**) I v.t. to demoralize, to dishearten, to discourage: *la sconfitta ha demoralizzato le truppe* the defeat has demoralized the troops. II v.pron. **demoralizzarsi** to get demoralized, to become demoralized, to lose heart: *non demoralizzarti se tutto non andrà per il meglio* don't get demoralized if things don't go well, you mustn't let it get you down if things don't go well.

demoralizzato a. demoralized, disheartened, discouraged.

demoralizzazione f. demoralization.

demordere (**demòrdo**; *aus. avere*) v.i. to give in: *non ~!* don't give in!

demoscopia f. (*Statist*) public opinion research.

demoscopico (*pl.* **-ci**) a. (*Statist*) (public) opinion (*attr.*): *indagine demoscopica* public opinion poll, public opinion survey.

Demostene n.pr.m. (*Stor,gr*) Demosthenes.

demotico (*pl.* **-ci**) I a. demotic: (*Stor*) *scrittura demotica* demotic script. II m. demotic, demotic script.

demotivare (**demotìvo**) I v.t. to demotivate, to deprive of motivation, to discourage. II v.pron. **demotivarsi** to lose motivation, to become demotivated, to be discouraged.

demotivato a. lacking motivation, without motivation.

demotivazione f. demotivation, lack of motivation.

denario m. (*Mediev,Numism*) denier.

denaro m. 1 money. 2 (*soldi, ricchezze*) money, wealth, riches *pl.* 3 *pl.* (*nelle carte da gioco*) denari (the suit in Italian playing cards corresponding to diamonds). 4 (*Stor.rom,Numism*) denarius. 5 (*Tess*) denier. ☐ *~ a corso legale* legal tender; (*fig*) *avere denaro a palate* to have mints of money; *guadagnare denaro a palate* to earn pots of money, to earn bags of money; *~ contante* ready money, cash, hard cash: *pagare in ~ contante* to pay cash (down); *avere il ~ contato*: 1 (*averne poco*) not to have a penny to spare; 2 (*avere la somma esatta occorrente*) to have exact change; *fare ~* to make money; *dono in ~* money gift; *~ investito* invested money; *~ liquido* ready money, cash; (*Bibl*) *per trenta denari d'argento* for thirty pieces of silver; *~ pubblico* public money; *essere senza ~* to have no money, (*colloq*) to be broke; *~ sonante* ready money, hard cash; *~ spicciolo* (small) change; (*fig*) *~ sporco* dirty money. Prov.: *il ~ è una chiave che apre tutte le porte* money opens all doors; *il ~ non puzza* it's all money!, money talks!

denatalità f. fall in the birth-rate, drop in the birth-rate.

denaturante I a. (*Chim*) denaturing. II m. (*Chim*) denaturant, denaturing agent.

denaturare (**denatùro**) v.t. (*Chim*) to denature.

denaturato a. (*Chim*) denatured: *alcol ~* methylated spirits, (*Am*) denatured alcohol.

denaturazione f. (*Chim*) denaturation.

denazificare (**denazìfico, denazìfichi**) v.t. to denazify.

denazificato a. denazified.

denazificazione f. denazification.

denazionalizzare (**denazionalìzzo**) v.t. to denationalize.

denazionalizzazione f. denationalization.

dendrite[1] f. (*Min*) dendrite.

dendrite[2] m. (*Biol*) dendrite, dendron.

dendritico a. (*Min,Biol*) dendritic, dendritical.

dendrocronologia f. (*Geol*) dendrochronology.

dendrologia f. (*Forest*) dendrology.

dendrologico a. (*Forest*) dendrologic, dendrological.

dendrometria f. (*Forest*) dendrometry.

dengue /'dengwe/ f. (*Med*) dengue, breakbone fever.

denicotinizzare (**denicotinìzzo**) v.t. to denicotinize.

denicotinizzato a. denicotinized.

denigrare (**denìgro**) v.t. to denigrate, to disparage, to belittle, to defame: *~ un innocente* to denigrate an innocent man; *~ il buon nome di qcu.* to defame so., to blacken so.'s reputation.

denigratore m. (*f.* **-trice**) denigrator, disparager, defamer.

denigratorio a. disparaging, denigrating.

denigrazione f. denigration, disparagement, defamation.

denitrificare (**denitrìfico, denitrìfichi**) v.t. (*Chim*) to denitrify.

denitrificazione f. (*Chim*) denitrification.

denocciolare (**denòcciolo**) v.t. (*Br*) to

stone, (*Am*) to pit.

denocciolato a. (*Br*) stoned, (*Am*) pitted.

denocciolatrice f. (*macchina*) stoner.

denominale a. (*Ling*) denominative.

denominare (**denòmino**) I v.t. to call, to name, to denominate. II v.pron. **denominarsi** to be called, to be named.

denominativo I a. denominative (*anche Ling*). II m. (*Ling*) denominative verb.

denominato a. called, named, denominated.

denominatore m. (*Mat*) denominator. ☐ (*Mat*) *~ comune* common denominator (*anche fig*).

denominazione f. 1 (*il denominare*) denomination, naming, denominating. 2 (*nome*) name, denomination, designation. 3 (*Rel.prot*) denomination. ☐ *~ commerciale* trade name; *~ di origine controllata* controlled denomination of origin, appellation contrôlée; *vino a ~ di origine controllata* controlled denomination of origin wine, appellation contrôlée wine; *~ di origine controllata e garantita* controlled and guaranteed denomination of origin, appellation contrôlée et garantie; (*Comm*) *~ sociale* company name, (*Am*) corporate name.

denotare (**denòto/dènoto**) v.t. 1 to denote, to be a sign of, to indicate: *la sua timidezza denota un complesso di inferiorità* his shyness denotes an inferiority complex. 2 (*Ling*) to denote.

denotativo a. (*Ling*) denotative.

denotazione f. denotation (*anche Ling*).

densamente avv. densely, thickly: *~ popolato* densely populated, highly populated.

densimetria f. (*Fis*) densimetry.

densimetro m. (*Fis,Tecn*) densimeter.

densità f. 1 (*l'essere denso*) density, denseness. 2 (*l'essere fitto*) thickness: *la ~ della nebbia* the thickness of the fog. 3 (*fig*) fullness, wealth: *~ di concetti* wealth of concepts. 4 (*Fis,Inform*) density. ☐ (*Fis*) *~ apparente* apparent density; (*Inform*) *~ dei caratteri* character density; *~ del traffico* volume of traffic; *~ della terra* density of the earth; *~ dell'aria* air density; (*Inform*) *~ di bit* bit density; (*Inform*) *~ di compattazione* packing density; (*Fis*) *~ di flusso* flux density; *~ di popolazione* population density; *~ luminosa* brilliance, surface brightness.

densitometria f. (*Tecn*) densitometry.

densitometro m. (*Tecn*) densitometer.

denso a. 1 dense, thick: *olio ~* thick oil; *un inchiostro ~* a thick ink; *nebbia densa* thick fog, dense fog; *popolazione densa* dense population. 2 (*fig*) (*pieno*) full (*di* of), packed (with), teeming (with): *un discorso ~ di idee* a speech teeming with ideas. 3 (*fig*) (*carico*) charged, pregnant (with): *un mutamento politico ~ di significato* a political change charged with significance. 4 (*Fis,Mat*) dense.

dentale I a. 1 (*Anat*) dental, tooth (*attr.*). 2 (*Fon*) dental. II f. (*Fon*) dental (consonant).

dentario a. (*Anat*) dental, tooth (*attr.*).

dentarolo, dentaruolo m. teething ring.

dentata f. 1 (*morso*) bite. 2 (*segno dei denti*) tooth mark.

dentato a. 1 (*Bot,Anat*) dentate: *foglia dentata* dentate leaf. 2 (*Mecc*) toothed, serrated; (*rif. a ruota*) cogged.

dentatrice f. (*Mecc*) gear cutter.

dentatura f. 1 set of teeth, teeth *pl.*: *avere una bella ~* to have a fine set of teeth. 2 (*Mecc*) toothing, teeth *pl.*; (*rif. a ruota*) cogs *pl.* ☐ *~ di latte* milk teeth; *~ regolare* regular teeth.

dente m. 1 (*Anat,Bot*) tooth; (*di elefante, cinghiale*) tusk; (*di animale feroce*) fang. 2

(*Mecc*) tooth; (*rif. a ruota dentata*) cog; (*di cremagliera*) rack tooth. **3** (*rif. a forchette, rastrelli e sim.*) prong, tine. **4** (*rif. a sega*) tooth. **5** (*cima di montagna*) jagged peak. **6** (*fig*) sting: *il ~ della gelosia* the sting of jealousy. ☐ (*Dent*) *~a perno* pivot tooth, pin tooth; (*fig*) *a denti stretti* tight-lipped, with clenched teeth; *sorriso a denti stretti* forced smile, tight-lipped smile; (*Gastron*) *al ~ al dente*; (*Anat*) *~ anteriore* anterior tooth, front tooth; (*fig*) *avere il ~ avvelenato contro qcu.* to bear so. a grudge, to have a grudge against so.; (*Anat*) *denti caduchi* milk teeth; *~canino*: 1 (*Anat*) canine tooth; 2 (*Bot*) dog's grass, shear-grass; *~ cariato* bad tooth, decayed tooth; (*Anat*) *~ da latte* milk tooth, (*Am*) baby tooth; (*Anat*) *denti decidui* milk teeth, deciduous teeth; (*Anat*) *~del giudizio* wisdom tooth; *i denti del pettine* the teeth of a comb; (*Mar*) *~dell'ancora* pea, bill; *i denti dell'erpice* the tine of the harrow, the teeth of the harrow; (*Mecc*) *~ di arresto* detent, pawl, catch, ratchet; (*Mecc*) *~ di innesto* clutch jaw, clutch claw, clutch dog; (*Bot*) *~ di leone* dandelion; *~di sega* tooth of a saw; *a ~ di sega* sawtooth (*attr.*); *~ d'oro* gold tooth; (*Zool*) *~ferino* carnassial; *~finto* false tooth; (*Anat*) *~incisivo* incisor; *~ incluso* impacted tooth; (*Anat*) *denti inferiori* lower teeth; *mettere i denti* to teethe, to cut one's teeth; *senza denti* toothless; (*colloq*) *non aver nulla da mettere sotto i denti* to have nothing to eat; *denti sporgenti* buck teeth; *avere i denti storti* to have crooked teeth; (*Anat*) *denti superiori* upper teeth. *Prov.: via il ~, via il dolore* no pain no gain.

dentellare (**dentèllo**) *v.t.* **1** to indent, to tooth. **2** (*Mecc*) to notch, to indent. **3** (*Tess*) (*rif. a stoffe*) to pink. **4** (*Filat*) to perforate.

dentellato *a.* **1** indented, toothed. **2** (*Mecc*) notched, indented. **3** (*Arch*) denticulate, denticulated. **4** (*Filat*) perforated.

dentellatura *f.* **1** (*il dentellare*) notching, indenting, indentation; (*rif. a stoffe*) pinking. **2** (*insieme dei dentelli*) notches *pl.*, indentations *pl.* **3** (*Mecc*) indent, indentation. **4** (*Arch*) denticulation. **5** (*Bot*) dentation. **6** (*Filat*) perforation.

dentello *m.* **1** tooth. **2** (*tacca, intaccatura*) notch. **3** (*Mecc*) tooth, notch. **4** (*Arch*) dentil, dentel. **5** (*Filat*) perforation.

dentice *m.* (*Itt*) dentex.

dentiera *f.* **1** (*Dent*) dentures *pl.*, dental plate, set of false teeth: *portare la ~* to wear false teeth, to wear dentures. **2** (*Mecc*) (*cremagliera*) rack, ratchet.

dentifricio **I** *m.* toothpaste. **II** *a.* tooth (*attr.*). ☐ *~al fluoro* fluoride toothpaste; *~anti-tartaro* anti-tartar toothpaste.

dentina *f.* (*Anat*) dentine.

dentista **I** *m./f.* dentist. **II** *a.* dental: *meccanico ~* dental mechanic; *medico ~* dental surgeon.

dentistico (*pl.* -**ci**) *a.* dental: *studio ~* dental surgery, dentist's surgery.

dentizione *f.* teething, dentition, cutting of teeth. ☐ *~ da latte* cutting of milk teeth, milk teeth; *~ definitiva* growing of permanent teeth, permanent teeth.

dentro **I** *avv.* **1** in, inside: *portami la borsa, ~ ci sono i soldi* bring me the bag, the money is inside (*o* in it). **2** (*al coperto, in casa*) indoors, in, inside: *~ si sta bene, ma fuori fa freddo* it's warm indoors (*o* inside), but outside it's cold; it's nice inside but outside it's cold. **3** (*nell'intimo*) within, inside, inwardly, in one's mind: *non ho mai capito cosa abbia ~* I have never understood what goes on in his mind; *guardare ~* to look inside. **II**

prep. **1** (*stato*) in, inside, within: *è rimasta ~ il convento per anni* she stayed in the convent for years. **2** (*stato: in casa, al coperto*) in, indoors. **3** (*moto*) into, inside, within: *il pastore spinse la mandria ~ il recinto* the shepherd drove the herd into the pen. **4** (*moto: in casa*) indoors, in, inside: *venite ~ casa a riscaldarvi* come in(doors) and warm yourselves. **III** *m.* inside. ☐ *~a*: 1 (*stato*) (*colloq*) in(side), within; 2 (*partecipe*) involved: *essere ~ a qcs.* to be involved in sth., to be in on sth.; *al di ~* inside; (*colloq*)*andare ~*: 1 to go in, to enter (sth.); 2 (*colloq*) (*finire in prigione*) to land in gaol, to land in jail; *~ casa* in(doors); *ho una bottiglia con ~ del caffè* I have a bottle with coffee in it; *da dentro* from within, from inside; *la porta è chiusa dal di ~* the door is closed from the inside; (*region,colloq*) *darci ~*: 1 (*mettersi di proposito*) to work with a will; 2 (*lavorare sodo*) to put one's back into sth., to throw oneself into sth.; *~ di* inside, within: *~ di me pensai che aveva ragione* deep down I thought that he was right; *brontolava ~ di sé* he was grumbling to himself; *di ~*: 1 from within, from inside, from the inside: *uscire di ~* to come out; 2 (*usato come sostantivo*) inside: *il di ~* the inside; 3 (*usato dopo un sostantivo*) *la parte di ~* the inside, the inner part; *~ e fuori* inside and outside, within and without; (*colloq*) *essere ~* (*in prigione*) to be locked up; (*fig*) *in quest'imbroglio ci sei ~ fino al collo* you're in this mess up to your neck; *là ~* in there; *è molto ~ nella politica* he is well in on politics; *o ~ o fuori*: 1 inside or outside, in or out, come in or go out; 2 (*fig*) (*deciditi*) make up your mind; (*fig*)*tenersi ~ qcs.* to keep sth. bottled up inside.

denuclearizzare (**denuclearìzzo**) *v.t.* to denuclearize.

denuclearizzato *a.* nuclear-free, denuclearized.

denuclearizzazione *f.* denuclearization.

denudamento *m.* stripping, denudation.

denudare (**denùdo**) **I** *v.t.* **1** to strip, to bare, to denude: *l'infermiera denudò il braccio del ferito* the nurse bared the wounded man's arm. **2** (*svestire*) to undress, to strip. **3** (*estens*) (*rif. a ornamenti*) to strip (of ornaments); (*rif. a vegetazione*) to denude, to strip (of vegetation): *~ un colle* to strip a hill of its vegetation. **II** *v.pron.* **denudarsi** to strip, to undress.

denudazione *f.* **1** stripping, denudation. **2** (*Geol*) denudation.

denuncia *f.* **1** (*Dir*) report, reporting, denunciation, denouncement: *~ di un reato* reporting of a crime: *inoltrare una ~* to present a denunciation, to make a denunciation; *sporgere ~ alla polizia* to make a statement to the police, *devi fare la ~ alla polizia* you must report it to the police, you must make a police report. **2** (*dichiarazione*) declaration, statement; (*fiscale*) return: *~ dei redditi* income tax return, statement of income. **3** (*disdetta*) denunciation: *~ di un trattato* denunciation of a treaty. **4** (*pubblica condanna*) denunciation, condemnation. ☐ (*Dir*) *~ contro ignoti* criminal complaint against persons unknown; *~ dei decessi* report of deaths; *~ dei redditi* income tax return; *~ delle nascite* report of births; *~di infortunio* accident report; *~di un sinistro* accident report; (*Dir*) *~penale* criminal prosecution;*su ~ di qcu.* on the strength of so.'s denunciation.

denunciante *m./f.* denouncer.

denunciare (**denùncio, denùnci**) *v.t.* **1** to report, to denounce (*a* to; *per* for): *~ un furto*

alla questura to report a theft to the police; *denunciare un sinistro* to report an accident; *~ la scomparsa di qcu.* to report so. missing. **2** (*rif. a persona*) to inform against, to lay an information against, to denounce: *il ladro ha denunciato i complici* the thief has informed against his accomplices. **3** (*dichiarare*) to declare: *~ i redditi* to declare one's income. **4** (*notificare*) to report: *~ la nascita di un figlio* to report the birth of a child. **5** (*disdire*) to denounce. **6** (*estens*) (*al pubblico*) to denounce, to expose. **7** (*fig*) (*manifestare*) to denote, to betray, to reveal: *parole che denunciano paura* words denoting fear.

denunciatore *m.* (*f.* -**trice**) denouncer.

denunziare *e der.* → **denunciare** *e der.*

denutrito *a.* underfed, undernourished.

denutrizione *f.* malnutrition, undernourishment, underfeeding.

deodorante **I** *a.* deodorant. **II** *m.* (*Cosmet*) deodorant, deodorizer. ☐ (*Cosmet*) *~ in stick* stick deodorant; (*Cosmet*) *~ spray* spray deodorant.

deodorare (**deodóro**) *v.t.* to deodorize.

deodorazione *f.* deodorization, deodorizing.

Deo gratias /'deo'gratsjas/ *intz.* **1** (*Lit*) Deo gratias, thanks be to God. **2** (*colloq*) thank goodness.

deontologia *f.* code of ethics, code of conduct, (*rar*) deontology.

deontologico (*pl.* -**ci**) *a.* ethical, (*rar*) deontological.

deossidare (**deòssido**) *v.t.* (*Chim*) to deoxidize, to deoxidate.

deossiribonucleico ☐ (*Biol*) *acido ~* deoxyribonucleic acid.

deostruire (**deostruìsco, deostruìsci**) *v.t.* to unblock, to clear.

depauperamento *m.* impoverishment, (*rar*) depaupcration, depauperization. ☐ *~ del terreno* impoverishment of the soil.

depauperare (**depàupero**) *v.t.* to impoverish, to pauperize, (*rar*) to depauperate. ☐ *~ il terreno* to impoverish the land.

depenalizzare (**depenalìzzo**) *v.t.* (*Dir*) to decriminalize.

depenalizzazione *f.* (*Dir*) decriminalization.

dépendance /depa'dàs/ *f.inv.* annexe, outbuilding, outhouse.

depennamento *m.* striking out, striking off, deletion.

depennare (**depénno**) *v.t.* to strike out, to strike off (*anche fig*): *~ un nome da una lista* to strike a name off a list.

deperibile *a.* perishable: *merce ~* perishable goods, perishables.

deperibilità *f.* perishability.

deperimento *m.* **1** (*Med*) wasting away. **2** (*rif. a piante*) withering. **3** (*deterioramento*) perishing, deterioration: *~ della merce* perishing of goods. ☐ (*Med*) *~organico* wasting of the body.

deperire (**deperìsco, deperìsci**; *aus.* **essere**) *v.i.* **1** (*Med*) to waste away. **2** (*rif. a piante*) to wither. **3** (*deteriorarsi*) to perish, to deteriorate.

deperito *a.* run down: *il ragazzo è un po' ~* the boy is somewhat run down.

depersonalizzazione *f.* (*Psic*) depersonalization.

depigmentato *a.* (*Biol*) depigmented.

depigmentazione *f.* (*Biol*) depigmentation.

depilare (**depìlo**) **I** *v.t.* to depilate; (*mediante rasoio*) to shave; (*mediante ceretta*) to wax; (*mediante pinzette*) to pluck. **II** *v.pron.* **depilarsi** to depilate; (*mediante rasoio*) to

shave; (*mediante ceretta*) to wax; (*mediante pinzette*) to pluck: *depilarsi le gambe* to depilate one's legs.
depilatore I *a.* depilatory. **II** *m.* hair remover, depilator.
depilatorio I *a.* depilatory, hair-removing: *crema depilatoria* depilatory cream, hair-removing cream. **II** *m.* depilatory, hair-remover.
depilatrice *f.* (*Pell*) unhairing machine.
depilazione *f.* depilation, hair removal.
□ ~ *con la ceretta* waxing; ~ *definitiva* permanent hair removal, permanent depilation; ~ *delle ascelle* underarm air removal, underarm shaving; ~ *delle sopracciglia* eyebrow plucking.
dépistage /depis'taʒ/ *m.* (*Statist*) detection.
depistaggio *m.* (*sviamento*) diversion.
depistare (**depìsto**) *v.t.* (*sviare*) to put on the wrong track, (*colloq*) to send (so.) on a wild goose chase: ~ *le indagini della polizia* to put the police on the wrong track.
dépliant /depli'jã/ *m.inv.* leaflet.
deplorabile *a.* deplorable, regrettable.
deplorare (**deplòro**) *v.t.* **1** (*biasimare*) to deplore, to blame: ~ *la condotta di qcu.* to deplore so.'s behaviour. **2** (*compiangere*) to deplore, to grieve over, to bewail: ~ *le disgrazie di qcu.* to bewail so.'s misfortunes.
deplorazione *f.* blame, disapproval, reproof.
deplorevole *a.* deplorable: *ridursi in uno stato* ~ to fall into a deplorable state; *condotta* ~ deplorable conduct.
deplorevolmente *avv.* deplorably.
depolarizzante I *a.* (*Fis*) depolarizing. **II** *m.* (*Fis*) depolarizer.
depolarizzare (**depolarìzzo**) *v.t.* (*Fis*) to depolarize.
depolarizzatore *m.* (*Fis*) depolarizer.
depolarizzazione *f.* (*Fis*) depolarization.
depoliticizzare (**depoliticìzzo**) *v.t.* to depoliticize.
depoliticizzazione *f.* depoliticization.
depolverizzare (**depolverìzzo**) *v.t.* (*Tecn*) to dust, to remove dust.
depolverizzatore *m.* (*Tecn*) dust collector, dust remover.
depolverizzazione *f.* (*Tecn*) dust collection, dust removal.
deponente[1] **I** *a.* (*Gramm*) deponent: *coniugazione* ~ deponent conjugation. **II** *m.* (*Gramm*) (*verbo deponente*) deponent (verb).
deponente[2] *m.* (*Tip*) subscript.
depongo → **deporre**.
deporre (*pres.ind.* **depóngo**, **depóni**; *p.rem.* **depósi**; *p.p.* **depósto**) **I** *v.t.* **1** to put down, to set down, to lay down, to deposit: ~ *un peso* to set down a weight. **2** (*appoggiare*) to lay, to put, to set: ~ *il cappotto sullo sgabello* to lay one's coat on the stool. **3** (*mettere da parte*) to put down, to lay down, to set aside: *depose il lavoro e si alzò* he put his work down and got up. **4** (*calare*) to lower, to lay: ~ *un corpo nella tomba* to lower a body into the tomb, to lay a body in the tomb. **5** (*fig*) (*destituire*) to remove: ~ *qcu. da una carica* to remove so. from office. **6** (*fig*) (*rif. a re*) to depose. **7** (*fig*) (*rif. a cariche: rinunziare*) to give up, to resign from: ~ *una carica* to resign from a post. **8** (*fig*) (*rif. a propositi, abitudini: abbandonare*) to give up, to abandon: ~ *un'idea* to abandon an idea. **9** (*Dir*) (*testimoniare*) to testify (*per* for, *contro* against), to bear witness, to give evidence (upon oath). **II** *v.i.* (*aus. avere*) **1** (*Dir*) to bear witness, to give (sworn) evidence: ~ *contro qcu.* to give evidence against so.; ~ *a favore di qcu.* to testify on so.'s behalf; *essere chia-*

mato a ~ to be called to (bear) witness, to be called to testify. **2** (*fig*) to redound, to testify (*a* to), to speak (for): *tutto ciò depone a suo favore* all this redounds (*o* is) to his credit.
□ (*Dir*) ~ *il falso* to bear false witness; (*Dir*) ~ *in giudizio* to give evidence in court; ~ *la corona* to renounce the crown; ~ *la scheda nell'urna* to place one's ballot in the ballot box; ~ *l'abito talare* to give up the priesthood; ~ *le armi*: 1 to lay down one's arms; 2 (*estens*) to give up the fight; ~ *uova*: 1 to lay eggs; 2 (*rif. a pesci, molluschi*) to spawn.
deporrò → **deporre**.
deportare (**depòrto**) *v.t.* to deport, to transport: ~ *un condannato* to deport a convict.
deportato I *a.* deported, transported. **II** *m.* (*f.* **-a**) deportee, deported convict.
deportazione *f.* **1** deportation, transportation: *condannare alla* ~ to sentence to deportation; ~ *in massa* mass deportation. **2** (*periodo in un campo di concentramento*) internment.
deposi → **deporre**.
depositante I *a.* depositing. **II** *m.* depositor.
depositare (**depòsito**) **I** *v.t.* **1** (*lasciare*) to leave, to deposit (*in* in; *presso* with): ~ *l'ombrello al guardaroba* to leave one's umbrella at the cloakroom. **2** (*rif. a denaro, documenti*) to deposit, to lodge: ~ *denaro in banca* to deposit money in a bank, to lodge money in a bank; ~ *il testamento presso un notaio* to deposit one's will with a notary. **3** (*rif. a merci*) to store. **4** (*posare*) to put down. **5** (*scaricare*) to unload. **6** (*rif. a liquidi*) to deposit: *il vino ha depositato un fondo* the wine has deposited dregs. **II** *v.i.* (*aus. avere*) to deposit, to settle, to make a sediment, to make a deposit: *il vino, lasciato fermo, deposita* wine deposits if it is not moved. **III** *v.pron.* **depositarsi** to deposit, to settle: *il fondo si è depositato completamente* the dregs have completely settled. □ ~ *la firma* to lodge one's signature, to deposit one's signature; ~ *un brevetto* to register a patent; ~ *un marchio* to register a trade-mark; (*Dir*) ~ *un progetto di legge* to table a bill, to introduce a bill; ~ *una domanda di brevetto* to apply for a patent; (*Dir*) ~ *una sentenza* to deposit a sentence; ~ *una valigia* (*al deposito bagagli*) to leave one's suitcase in the left luggage lockers, to leave one's suitcase at the left luggage office.
depositario *m.* **1** depositary, bailee, trustee, consignee; (*di merci*) stockist. **2** (*fig*) repository: *essere il* ~ *di un segreto* to be the repository of a secret.
depositato *a.* (*registrato*) registered: *marchio* ~ registered trade mark.
deposito *m.* **1** (*il depositare*) leaving; (*rif. a denaro, documenti*) deposing, lodging; (*rif. a merci*) storage, storing, warehousing. **2** (*denaro depositato*) deposit. **3** (*luogo in cui si lasciano oggetti in custodia*) depot, depository. **4** (*deposito bagagli*) (*Br*) left-luggage office, (*Am*) checkroom, baggage room; (*armadietti con chiave*) left luggage lockers *pl.* **5** (*magazzino di merci*) warehouse, store, storehouse. **6** (*rimessa per locomotive*) engine shed, running shed; (*per tram, autobus*) depot, garage. **7** (*sedimento di un liquido*) deposit, sediment, dregs *pl.*; (*rif. a vino, birra*) dregs *pl.*, sediment; (*rif. a caffè*) grounds *pl.* **8** (*Mil*) depot. **9** (*Geol*) deposit. **10** (*Met*) depositing, deposition: ~ *elettrolitico* electrodeposition. □ ~ *a risparmio* savings deposit; (*Econ*) ~ *a termine* time deposit; (*Geol*) ~ *alluvionale* alluvial deposit, drift; (*Ferr*) ~ *bagagli*: 1 (*Br*) left-luggage

office, (*Am*) checkroom, baggage room; **2** (*armadietti con chiave*) left luggage lockers (*pl.*); ~ *bancario* bank deposit; (*Econ*) ~ *bloccato* frozen deposit, blocked deposit; (*Geol*) ~ *calcareo* hard deposit, lime deposit, layer of scale, lime scale; ~ *carbonioso* carbon deposit; (*Comm*) ~ *cauzionale* security, deposit, downpayment; ~ *del testamento* depositing of a will; ~ *della firma* registration of so.'s signature; ~ *delle immondizie* rubbish dump, (*Am*) garbage dump; ~ *di atti* filing of documents; (*Geol*) ~ *di carbone* coal depot; ~ *di garanzia*: 1 (*atto*) giving of security, (*effetto*) earnest money, deposit; 2 (*per mezzo di effetti*) collateral deposit; 3 (*a garanzia di operazioni su titoli*) margin; ~ *di legname* lumber yard, timber yard, timber store; ~ *di materiale* storage yard; ~ *di scorie* dump; ~ *di un marchio* registering of a trade mark; (*Geol*) ~ *eolico* aeolian deposit, aeolian rock; *fare un* ~ *di denaro* to deposit money, to make a deposit; (*Econ*) ~ *fruttifero* interest-bearing deposit; (*Geol*) ~ *glaciale* glacial drift; *in* ~ on consignment, on deposit, on trust: *tenere in* ~ to hold on consignment; *lasciare la valigia in* ~ to leave one's case at the left-luggage office; (*Econ*) ~ *in conto corrente* deposit on current account; (*Econ*) ~ *infruttifero* deposit bearing no interest; ~ *merci* warehouse, store(house); (*Mil*) ~ *munizioni* ammunition depot, ammunition dump; (*Econ*) ~ *vincolato* time deposit, term deposit.
deposizione *f.* **1** (*Dir*) deposition: *la* ~ *del teste* the witness's deposition; *fare una* ~ to testify (*a favore di* in favour of, *contro* against); *ascoltare una* ~ to hear a witness. **2** (*rimozione dalla dignità regia*) deposition; (*rimozione da un'alta carica*) removal. **3** (*Rel,Art*) (*deposizione di Cristo*) Deposition. **4** (*il deporre*) putting down, laying down. □ ~ *delle uova*: 1 laying of eggs; 2 (*rif. a pesci, molluschi*) spawning; (*Dir*) ~ *giurata* sworn testimony.
depravare (**depràvo**) **I** *v.t.* to corrupt, to pervert, to debauch: ~ *i giovani* to corrupt youth. **II** *v.pron.* **depravarsi** to become depraved, to become perverted, to become corrupt.
depravato I *a.* depraved, perverted: *gusti depravati* perverted tastes. **II** *m.* (*f.* **-a**) depraved person, pervert, degenerate.
depravazione *f.* depravity, depravation, perversion, perverseness.
deprecabile *a.* (*lett*) disgraceful: *nella* ~ *ipotesi che l'emendamento non sia approvato* in the awful event that the amendment is not approved.
deprecare (**deprèco**, **deprèchi**) *v.t.* to deprecate, to disapprove of: *tutti hanno deprecato la sua condotta* everybody has deprecated his conduct.
deprecatorio *a.* (*lett*) deprecatory.
deprecazione *f.* deprecation, disapproval.
depredare (**deprèdo**) *v.t.* **1** (*saccheggiare*) to plunder, to loot, to pillage. **2** (*derubare*) to despoil, to rob: *lo depredarono di tutti i suoi averi* they despoiled him of all his possessions.
depredatore I *m.* (*f.* **-trice**) (*lett*) plunderer, pillager. **II** *a.* (*lett*) plundering.
depressi → **deprimere**.
depressionario *a.* (*Meteor*) low-pressure (*attr.*): *area depressionaria* low pressure area, depression, (*Am*) low.
depressione *f.* **1** (*Psic*) depression; (*estens*) (*abbattimento*) depression, dejection: *è in* ~ he's depressed, he's getting depressed. **2** (*avvallamento*) depression, hollow, dip. **3**

(*Geol*) depression: *la ~ caspica* the Caspian depression. **4** (*Meteor*) depression, barometric depression; (*area depressionaria*) (area of) depression, (*Am*) low. **5** (*Econ*) depression, slump. **6** (*Fis*) pressure drop. □ (*Meteor*) *~atmosferica* depression, lowering of atmospheric pressure; (*Geol*) *~ del suolo* depression in the ground; *~ post partum* postnatal depression, postpartum depression, (*colloq*) baby blues (*pl.*).

depressivo *a.* **1** depressing, depressant, depressive (*anche Farm*): *azione depressiva di un farmaco* depressant action of a drug. **2** (*Psic*) depressed: *stato ~* depressed state, state of depression.

depresso → **deprimere** I *a.* **1** (*rif. a terreno*) low, low-lying, depressed: *terreno ~* low ground. **2** (*fig*) depressed, dejected, dispirited: *hai un'aria depressa* you look depressed. **3** (*Econ,Psic,Bot*) depressed: *aree depresse* depressed areas; *paesi depressi* depressed countries. II *m.* (*f.* **-a**) (*Psic*) depressive.

depressore I *a.* **1** (*Anat*) depressor (*attr.*): *muscolo ~* depressor muscle, depressor. **2** (*Mecc*) (*aspiratore*) suction (*attr.*). II *m.* **1** (*Anat*) depressor. **2** (*Mecc*) (*aspiratore*) suction pump, vacuum pump.

depressurizzare (**depressurìzzo**) *v.t.* to depressurize: *~ la cabina* to depressurize the cabin.

depressurizzazione *f.* depressurization.

deprezzamento *m.* depreciation, drop in value, fall in value. □ *~ del denaro* depreciation of money, fall in the value of money.

deprezzare (**deprèzzo**) I *v.t.* **1** to depreciate, to lower the price of: *~ una merce* to depreciate an article. **2** (*fig*) to belittle, to depreciate. II *v.pron.* **deprezzarsi** to depreciate, to fall in value.

deprezzato *a.* depreciated, down in price (*posposto*): *prodotti deprezzati* depreciated products.

deprimente *a.* **1** depressing, disheartening: *compagnia ~* depressing company. **2** (*Med*) sedative, depressant: *farmaci deprimenti* sedative drugs.

deprimere (*pres.ind.* **deprìmo**; *p.rem.* **deprèssi**; *p.p.* **deprèsso**) I *v.t.* **1** (*spingere in basso*) to depress, to press down. **2** (*fig*) (*abbattere, avvilire*) to depress, to demoralize, to deject: *il brutto tempo mi deprime* bad weather depresses me. **3** (*Med*) to depress, to lower. **4** (*Econ*) (*rif. a consumi e sim.*) to hold down, to depress. II *v.pron.* **deprimersi 1** (*rif. a terreni*) to sink, to subside. **2** (*fig*) to get depressed, to become depressed, to grow dejected, to grow dispirited.

depurante I *a.* purifying, cleansing. II *m.* purifier, depurant, cleanser.

depurare (**depùro**) I *v.t.* **1** to purify, to depurate, to clean, to cleanse: *~ il sangue* to purify the blood, to depurate the blood. **2** (*Met*) to refine. II *v.pron.* **depurarsi** to be purified.

depurativo I *a.* depurative, cleansing, purifying (*anche Med*). II *m.* (*Farm*) depurative: *~ del sangue* blood depurative.

depuratore I *a.* cleansing, purifying. II *m.* **1** (*apparecchio*) cleaner, purifier; (*filtro*) filter, strainer. **2** (*impianto*) purification plant. **3** (*f.* **-trice**) (*rar*) (*operaio*) depurator, purifier, cleaner. □ *~ ad acqua* washer; *~ dell'acqua*: 1 water filter; 2 (*per acqua dura*) water softener; *~ dell'aria* air filter, air purifier, air cleaner; *~ d'olio* oil cleaner; *~ per il gas* gas purifier, gas scrubber.

depuratorio I *a.* purifying, depurative. II *m.* water purifier, water depurator.

depurazione *f.* **1** purification, depuration, cleansing. **2** (*Chim*) purification, cleaning, depuration, washing, scrubbing. **3** (*Met*) refining: *~ dell'acciaio* steel refining. □ *~ delle acque*: 1 water purification, water filtering; 2 (*di acque dure*) water conditioning.

deputare (**dèputo**) *v.t.* to depute, to appoint, to delegate: *~ qcu. per un'ambasciata* to depute so. for an embassy.

deputata *f.* (*Pol*) (lady) deputy, (*GB*) (woman) Member of Parliament, (*US*) Congress Woman.

deputato I *a.* deputed, appointed, assigned. II *m.* (*f.* **-a**) **1** (*Pol*) deputy, (*GB*) Member of Parliament, (*US*) Congressman. **2** (*delegato*) delegate. **3** (*incaricato*) deputy, representative. □ (*Pol*) *~ europeo* Member of European Parliament.

deputazione *f.* **1** deputation. **2** (*delegazione*) delegation. □ *andare in ~* to be a member of a delegation; (*Econ*) *~ di borsa* council of the stock exchange.

dequalificare (**dequalìfico, dequalìfichi**) *v.t.* **1** to discredit, to throw discredit on. **2** (*un lavoratore*) to deskill.

dequalificato *a.* **1** discredited. **2** (*rif. a un lavoratore*) deskilled.

dequalificazione *f.* **1** discredit, retrogression. **2** (*rif. a un lavoratore*) deskilling.

deragliamento *m.* derailment.

deragliare (**deràglio, deràgli**; *aus.* **avere**) *v.i.* to be derailed, to run off the rails, to go off the rails. □ *fare ~* to derail.

dérapage /dera'paʒ/ *m.inv.* (*Aut,Aer,Sport*) skid, skidding, sideslip.

derapare (**deràpo**; *aus.* **avere**) *v.i.* (*Aut,Aer,Sport*) to skid, to sideslip.

derapata *f.* (*Aut,Aer,Sport*) skid, skidding, sideslip.

derattizzare (**derattìzzo**) *v.t.* to rid of rats.

derattizzazione *f.* rat disinfestation.

derby /'dɛrbi/ *m.inv.* **1** (*Equit*) Derby. **2** (*Sport*) (*calcio*) local Derby.

deregolamentare (**deregolaménto**) *v.t.* to deregulate.

deregolamentazione *f.* deregulation.

derelitto I *a.* abandoned, forsaken, forlorn, derelict. II *m.* (*f.* **-a**) derelict; (*rif. a bambini*) foundling, waif: *ospizio per i derelitti* foundling home.

derelizione *f.* (*Dir*) dereliction.

derequisire (**derequisìsco, derequisìsci**) *v.t.* to derequisition.

derequisizione *f.* derequisitioning.

deresponsabilizzare (**deresponsabilìzzo**) I *v.t.* to relieve of responsibility. II *v.pron.* **deresponsabilizzarsi** to lose one's sense of responsibility.

deretano *m.* (*colloq*) bottom, posterior, behind.

deridere (*pres.ind.* **derìdo**; *p.rem.* **derìsi**; *p.p.* **derìso**) *v.t.* to deride, to mock, to laugh at: *~ qcu.* to mock so.; *tutti hanno deriso il suo abbigliamento* everybody laughed at the way she dressed.

derisi → **deridere**.

derisione *f.* derision, mockery: *essere oggetto di ~* to become an object of derision, to be a laughing stock.

deriso → **deridere** *a.* derided, mocked.

derisore *m.* derider, mocker.

derisorio *a.* derisive, derisory, mocking, scoffing.

deriva *f.* **1** (*Mar,Aer*) (*spostamento*) drift. **2** (*Mar*) (*chiglia*) keel, lee-board. **3** (*in aerodinamica*) drift fin, tail fin, (*Am*) vertical stabilizer. **4** (*rif. a proiettili*) windage. □ *alla ~*: 1 adrift, drifting; 2 (*fig*) downhill; *andare alla ~*: 1 (*Mar*) to go adrift, to drift; 2 (*fig*) to

drift (along); (*Geol*) *~ dei continenti* continental drift; (*Geol*) *~ dei ghiacci* ice drift; (*Aer*) *~ di stabilizzazione* tail plane.

derivabile *a.* derivable (*anche Mat*).

derivare [1] (**derìvo**) I *v.i.* (*aus.* **essere**) **1** to be derived, to derive, to be due (to), to come, to originate (in, from), to stem (*da* from): *la sua timidezza deriva da un complesso* his shyness is due to a complex; *ciò deriva dal fatto che* that is due to the fact that. **2** (*rif. a fiumi e sim.*) to rise, to have one's source (in): *il Tevere deriva dal monte Fumaiolo* the Tiber rises in Mount Fumaiolo. **3** (*discendere*) to descend, to be descendend (from): *~ da famiglia nobile* to be descended from a noble family. **4** (*Ling*) (*provenire*) to be derived, to derive (*da* from): *l'italiano deriva dal latino volgare* Italian is derived from vulgar Latin. II *v.t.* **1** (*prendere, dedurre*) to take, to draw, to derive: *l'autore ha derivato la trama del romanzo da un fatto di cronaca* the author has taken the plot of his novel from a newspaper story. **2** (*Idr*) to divert: *~ un canale di irrigazione* to divert an irrigation canal. **3** (*El*) to shunt, to branch, to derive, to by-pass. **4** (*Ling*) to derive: *l'italiano deriva alcuni vocaboli dal francese* Italian derives some words from French. **5** (*Mat*) to derive. □ *ne deriva* hence, it follows.

derivare [2] (**derìvo**; *aus.* **essere**) *v.i.* **1** (*Mar*) to drift, to go adrift, to be adrift. **2** (*Aer*) to drift, to deviate.

derivata *f.* (*Mat*) derivative. □ (*Mat*) *~ logaritmica* logarithmic derivative; (*Mat*) *~ parziale* partial derivative.

derivativo *a.* derivative.

derivato I *a.* **1** derived, derivative. **2** (*Idr*) diverted: *acque derivate* diverted waters. **3** (*El*) shunted, branch (*attr.*), branched, derived: *circuito ~* branch circuit. **4** (*Ling,Fis*) derived: *grandezza derivata* derived quantity. II *m.* **1** (*Ind*) (*sottoprodotto*) by-product: *i derivati del nylon* the by-products of nylon. **2** (*Chim*) derivative: *i derivati dell'azoto* the nitrogen derivatives. **3** (*Ling,Fis*) derivative. □ *i derivati del latte* dairy produce (*costr.sing.*).

derivatore I *m.* (*El*) shunt, shunter. II *a.* (*Idr*) diverting.

derivazione *f.* **1** derivation, origin: *la ~ logica di un fatto da un altro* the logical derivation of one fact from another. **2** (*Idr*) diversion, derivation. **3** (*El*) shunt, branch, branching, derivation: *collegamento in ~* shunt connection. **4** (*Ling,Mat*) derivation. **5** (*Tel*) extension. □ (*El*) *~ a terra* earth connection; (*El*) *mettere in ~* to shunt.

derivometro *m.* (*Aer,Mar,Tecn*) drift meter, drift indicator.

derma *m.* (*Anat*) derm, derma, dermis, true skin.

dermatite *f.* (*Med*) dermatitis.

dermatologia *f.* (*Med*) dermatology.

dermatologico *a.* (*Med*) dermatologic, dermatological.

dermatologo *m.* (*f.* **-a**; *pl.* **-gi**) (*Med*) dermatologist, skin specialist.

dermatomicosi *f.* (*Med*) dermatomycosis.

dermatoplastica *f.* (*Chir*) dermatoplasty.

dermatosi *f.* (*Med*) dermatosis, skin disease.

dermatozoi *m.pl.* (*Zool*) ectoparasites, ectozoa.

dermeste *m.* (*Entom*) larder beetle.

dermico (*pl.* **-ci**) *a.* (*Med*) dermic.

dermoabrasione *f.* (*Chir*) dermabrasion.

dermocosmesi *f.* (*Cosmet*) skin care products (*pl.*).

dermografia *f.* (*Med*) dermographism, dermographia.

dermografismo *m.* (*Med*) dermographism, dermographia.

dermoide I *a.* (*Anat*) dermoid. **II** *f.* (*Ind*) leatherette. **III** *m./f.* (*Med*) dermoid.

dermopatia *f.* (*Med*) skin disease, dermopathy, dermatopathy.

dermopatico (*pl.* **-ci**) *a.* (*Med*) dermatopathic.

dermoprotettivo *a.* (*Med,Cosmet*) skin-protecting.

dermoprotezione *f.* (*Med,Cosmet*) skin protection.

derno □ (*Mar*) *bandiera* **in** ~ distress flag.

deroga *f.* **1** departure (*a* from), exception (to): ~ *alle disposizioni* departure from instructions. **2** (*rif. a legge*) derogation, partial repeal. □ ~ *a un contratto* departure from the terms of a contract; *in* ~ *a* notwithstanding, making an exception to: *in* ~ *alle disposizioni vigenti* notwithstanding the provisions in force.

derogabile *a.* that may be derogated (from) (*posposto*).

derogare (**dèrogo, dèroghi**) **I** *v.i.* (*aus.* **avere**) **1** to fail to observe (*a qcs.* sth.), to depart (*a* from): ~ *a un contratto* to fail to observe a contract. **2** (*estens*) to deviate, to depart, to derogate (*a* from): *non ha voluto* ~ *ai propri principi* he would not deviate from his principles. **3** (*Dir*) (*rif. a legge: abrogare parzialmente*) to repeal in part, to restrict the force of. **II** *v.t.* (*rar*) to depart from, to make an exception to, to repeal in part: *questa norma non può essere derogata* no exceptions can be made to this regulation.

derogativo, derogatorio *a.* **1** creating an exception (*posposto*), exception (*attr.*): *norma derogativa* regulation creating an exception. **2** (*rif. a leggi*) derogatory.

derogazione *f.* **1** departure (*a* from), exception (to). **2** (*rif. a legge*) derogation, partial repeal.

derrata *f.* **1** *spec.pl.* victuals *pl.*, foodstuff, provisions *pl.*, rations *pl.*: *rifornire la città di derrate* to supply the city with victuals, to victual the city, to supply the city with rations. **2** (*merce*) commodity, merchandise. **3** *pl.* goods. □ *derrate alimentari* foodstuffs, rations; *derrate deperibili* perishable goods, perishables.

derrick /'dɛrrik/ *m.inv.* (*Minier*) derrick.

derubare (**derùbo**) *v.t.* to rob: *è stato derubato di tutto il suo denaro* he was robbed of all his money.

derubato *m.* (*f.* **-a**) victim of a robbery.

derubricare (**derùbrico/derubrìco; derùbrichi /derubrìchi**) *v.t.* (*Dir*) to reduce: ~ *un reato* to reduce a charge.

derubricazione *f.* (*Dir*) reduction.

deruralizzazione *f.* move from the land, flight from the land, rural exodus.

derviscio *m.* (*Rel.islam*) dervish: *dervisci danzanti* whirling dervishes.

desacralizzare (**desacralìzzo**) *v.t.* to deconsecrate.

desacralizzazione *f.* deconsecration.

desalatore *m.* (*Tecn*) desalinator.

desalazione *f.* desalination.

desalinizzare (**desalinìzzo**) *v.t.* to desalinate.

desalinizzazione *f.* desalination.

desaparecido /desapareˈsido/ *m./f.inv.* desaparecido, disappeard person.

deschetto *m.* cobbler's bench.

desco (*pl.* **-chi**) *m.* (*lett*) (*tavola, mensa*) table, dining table.

descolarizzare (**descolarìzzo**) *v.t.* to de-

school.

descolarizzazione *f.* deschooling: ~ *della società* deschooling of society.

descrissi → **descrivere**.

descrittivismo *m.* (*Art*) descriptive style.

descrittivo *a.* descriptive: *grammatica descrittiva* descriptive grammar.

descritto → **descrivere**.

descrittore *m.* **1** (*f.* **-trice**) describer. **2** (*Inform*) descriptor.

descrivere (*pres.ind.* **descrìvo**; *p.rem.* **descrìssi**; *p.p.* **descritto**) *v.t.* **1** to describe (*come as*), to give an account of, to give a description of: ~ *un paesaggio* to describe a landscape; ~ *un fatto* to give an account of an event. **2** (*Geom*) to describe, to draw: ~ *un cerchio* to describe a circle; ~ *un'ellisse* to draw an ellipse. **3** (*fig*) to describe: *la palla ha descritto una parabola* the ball described a parabola.

descrivibile *a.* describable.

descrizione *f.* description: *la* ~ *che hai fatto di me non è molto lusinghiera* your description of me is not very flattering; *il racconto è pieno di belle descrizioni* the story is full of fine descriptions, the story is full of fine descriptive passages. □ *fare la* ~ *di qcs.* to give a description of sth., to describe sth.; ~ *particolareggiata* detailed description.

desegretare *v.t.* (*Dir*) to classify.

desegretazione *f.* (*Dir*) classification.

deselezionare (**deselezióno**) *v.t.* (*Inform*) (*una casella di spunta*) to uncheck.

desensibilizzare (**desensibilìzzo**) *v.t.* (*Fot, Med*) to desensitize.

desensibilizzatore *m.* (*Fot,Chim*) desensitizer.

desensibilizzazione *f.* (*Fot,Med*) desensitization, desensitizing.

desertico (*pl.* **-ci**) *a.* desert (*attr.*), desertic.

desertificazione *f.* (*Geol*) desertification.

deserto I *a.* **1** (*disabitato*) desert (*attr.*), uninhabited: *un'isola deserta* a desert island. **2** (*vuoto*) deserted, empty: *trovò la casa deserta* he found the house deserted; *il teatro era quasi* ~ the theatre was almost empty; *l'asta è andata deserta* there were no bids at the auction sale. **3** (*incolto, spoglio*) waste, wild. **II** *m.* **1** desert. **2** (*distesa deserta*) wastes *pl.*, wasteland. **3** (*fig*) (*spazio aperto spopolato*) wilderness, waste. **4** (*fig*) (*di città, villaggi spopolati*) ghost town. □ (*Geog*) ~ *arabico* Arabian Desert; (*Geog*) ~ *del Namib* Namib Desert; (*Geog*) ~ *del Sahara* Sahara Desert; (*Geog*) ~ *di Gobi* Gobi Desert.

desessualizzare (**desessualìzzo**) *v.t.* to desexualize.

desessualizzazione *f.* desexualization.

déshabillé /dezabiˈje/ *m.* dishabille. □ *in* ~ in a state of undress.

desiare (**desìo**) *v.t.* (*ant*) → **desiderare**.

desiderabile *a.* **1** desirable, advisable: *sarebbe* ~ *che tu venissi* it is advisable for you to come; *poco* ~ undesirable. **2** (*rif. a persona*) desirable.

desiderare (**desìdero**) *v.t.* **1** to want, to wish (for): ~ *la tranquillità* to want peace and quiet; *desidero rivederti presto* I want to see you again soon. **2** (*al condizionale*) like: *desidererei un bicchiere di acqua* I should like a glass of water. **3** (*bramare*) to long for, to crave (for), to be eager for, to yearn for, to yearn after, to desire: ~ *un figlio* to long for a child, to long to have a child. **4** (*chiamare, cercare*) to want: *ti desiderano al telefono* you're wanted on the phone. **5** (*chiedere di parlare*) to want (to see), to

wish to speak to: *c'è in anticamera un signore che La desidera* there is a gentleman in the waiting room who wishes (*o* would like) to speak to you. **6** (*desiderare sessualmente*) to desire. □ *essere desiderato al telefono* to be wanted on the (tele)phone, to have a call, to have a call on hold, to have someone for you on the telephone; *farsi* ~: **1** (*tardare*) to keep people waiting; **2** (*farsi vedere raramente*) to be hard to meet; **3** (*fare il prezioso*) to play hard to get; (*Bibl*) *non* ~ *la donna d'altri* thou shalt not covet thy neighbour's wife; (*Bibl*) *non* ~ *la roba d'altri* thou shalt not covet thy neighbour's goods; *lasciare molto a* ~ to leave much to be desired; *il signore desidera?* what can I do for you, sir?; *desidera altro, signore?* is there anything else you require, sir?

desiderata *m.pl.* desiderata.

desiderativo *a.* (*Ling*) desiderative.

desiderato *a.* desired, longed for, looked forward to: *finalmente arrivò il giorno tanto* ~ the day so greatly looked forward to came at last.

desiderio *m.* **1** wish (*di* for): *il* ~ *di piacere a qcu.* the wish to please so.; *esprimere un* ~ to express a wish; *provare* ~ *di qcs.* to feel the wish for sth., to want sth. **2** (*brama*) longing (*di* for), desire, yearning, craving, eagerness (*di* for). **3** (*cosa desiderata*) wish, desire, request: *esporre i desideri degli impiegati* to set out the wishes of the staff. **4** (*desiderio sessuale*) desire (*di* for), lust: *ardere di* ~ to burn with desire. □ ~ *di affetto* longing for affection; ~ *di evasione* desire to get away from it all; *ogni tuo* ~ *è un ordine* your every wish is my command; ~ *irraggiungibile* pipe-dream; *per* ~ *di qcu.* at so.'s wish: *per mio* ~ at my wish; *secondo i desideri di qcu.* as so. wishes, according to so.'s wish, at so.'s wish: *spero che tutto proceda secondo i tuoi desideri* I hope that everything will go as you wish.

desiderosamente *avv.* eagerly, longingly.

desideroso *a.* desirous (*di* of), longing, eager (*di* for), thirsty, yearning (for): ~ *di comprensione* longing for understanding; *sono* ~ *di conoscerlo* I am eager to meet him, I can't wait to meet him; *essere* ~ *di sapere* to be thirsty for knowledge, to be eager for knowledge.

design /deˈzain, diˈzain/ *m.* design: ~ *industriale* industrial design.

designare (**desìgno**) *v.t.* **1** (*nominare*) to designate, to appoint (*a* to), to name (*a* for): *il re lo designò come suo successore* the king appointed him as his successor; ~ *qcu. per una carica* to designate so. for an office. **2** (*stabilire*) to fix, to set: ~ *il luogo dell'appuntamento* to fix the meeting place; ~ *un giorno per l'incontro* to set a day for the meeting. **3** (*denominare*) to designate, to name (*a* for), to call: *termine con cui si designa un oggetto* term by which an object is designated.

designato *a.* **1** appointed, fixed, set: *il giorno* ~ the appointed day. **2** (*Stor.rom,Mil*) designate: *console* ~ consul designate.

designazione *f.* designation, appointment, nomination: *dell'erede* designation of one's heir.

designer /deˈzajner, diˈzajner/ *m./f.inv.* designer.

desinare¹ (**désino**; *aus.* **avere**) *v.i.* (*region*) (*pranzare*) to have lunch, to lunch, to dine.

desinare² *m.* (*region*) (*pranzo*) lunch, dinner.

desinenza *f.* (*Gramm*) ending, desinence.

desinenziale *a.* (*Gramm*) desinential.

desio *m.* (*poet*) desire.

desioso *a.* (*poet*) desirous (*di* of).

desistenza *f.* **1** (*Dir*) discontinuance, abandonment. **2** (*Pol*) endorsement of a candidate from an opposing political party, thereby aligning the two parties in an attempt to increase the odds of each.

desistere (*pres.ind.* **desisto**; *p.rem.* **desistéi/desistètti**; *p.p.* **desistito**; *aus.* **avere**) *v.i.* **1** to desist (*da* from), to leave off, to give up (sth.): ~ *dal fare qcs.* to desist from doing sth.; ~ *da un tentativo* to give up an attempt. **2** (*Dir*) to discontinue (sth.): ~ *da una querela* to discontinue a lawsuit.

desistito → **desistere**.

desk *m.inv.* (*Giorn*) desk.

desktop /'dɛstɔp/ *m.inv.* (*Inform*) desktop.

desmodronico *a.* (*Mot*) desmodronic.

desolante *a.* distressing, disheartening, very sad: *uno spettacolo* ~ a disheartening sight.

desolare (**desòlo/dèsolo**) *v.t.* **1** (*addolorare*) to distress, to dishearten, to afflict, to desolate: *la notizia ci ha desolati* the news has greatly distressed us. **2** (*lett*) (*devastare*) to desolate, to devastate: *la guerra desolava il paese* the war desolated the land.

desolato *a.* **1** (*disabitato, incolto*) desolate, desert, deserted, barren: *una landa desolata* a desolate waste, a barren waste. **2** (*afflitto*) desolate, desolated, distressed, grieved: *siamo desolati per questa notizia* we are greatly distressed by this news. **3** (*spiacente*) sorry: *essere* ~ to be sorry, to regret: *sono ~ di non poterti aiutare* I am sorry I cannot help you.

desolazione *f.* **1** (*devastazione*) desolation, devastation: *la* ~ *di una città* the devastation of a town; *restò colpito dalla* ~ *delle campagne* he was struck by the desolation of the countryside. **2** (*dolore*) desolation, distress, grief: *la* ~ *della vedova* the widow's desolation; *sguardo di* ~ disconsolate look.

desolforare (**desólforo**) *v.t.* (*Chim*) to desulphurize.

desolforazione *f.* (*Chim*) desulphurization.

desonorizzare (**desonorìzzo**) *v.t.* (*Ling*) to devoice.

desonorizzazione *f.* (*Ling*) devoicing.

desossiribonucleico □ (*Biol*) *acido* ~ dcoxyribonucleic acid.

despota *m.* despot (*anche fig*).

despotico *a.* (*rar*) despotic (*anche fig*): *governo* ~ despotic rule; *atteggiamento* ~ despotic attitude.

despotismo *m.* despotism (*anche fig*).

desquamare (**desquàmo**) **I** *v.t.* to scale. **II** *v.pron.* **desquamarsi** to desquamate, to scale off.

desquamativo *a.* (*Med*) desquamative.

desquamazione *f.* **1** (*Med*) desquamation. **2** (*Geol*) exfoliation.

dessert /des'sɛr(t)/ *m.inv.* dessert, (*Br*) pudding, sweet: *gradisci un* ~? will you have some dessert? □ *da* ~ dessert (*attr*): *vino da* ~ dessert wine.

dessi → **dare**[1].

desso *pron.pers. m.* (*lett,scherz*) he himself (*f.* she herself).

dest *intz.* → **destr**.

destabilizzante *a.* destabilizing.

destabilizzare (**destabilìzzo**) *v.t.* to destabilize.

destabilizzatore I *a.* destabilizing. **II** *m.* (*f.* **-trice**) destabilizer.

destabilizzazione *f.* destabilization.

destagionalizzare (**destagionalìzzo**) *a.* (*Statist,Econ*) deseasonalize.

destagionalizzato *a.* (*Statist,Econ*) season-

---

ally adjusted.

destalinizzare (**destalinìzzo**) *v.t.* (*Pol*) to destalinize.

destalinizzazione *f.* (*Pol*) destalinization.

destare (**désto**; *p.p.* **destàto/désto**) **I** *v.t.* **1** (*svegliare*) to wake (up), to awake. **2** (*fig*) to rouse, to arouse, to excite, to stir (up), to wake (up): *l'arrivo del circo destò il paese dal torpore* the arrival of the circus aroused the town from its torpor. **3** (*fig*) (*suscitare*) to arouse, to excite, to stir (up): ~ *l'ammirazione di qcu.* to excite so.'s admiration; *cercò invano di* ~ *la sua curiosità* he tried in vain to arouse her curiosity. **II** *v.pron.* **destarsi** to wake up, to awake (*anche fig*): *destarsi alla vita* to awake to life. □ ~ *compassione* to arouse pity; ~ *interesse* to arouse interest; ~ *invidia* to excite envy; ~ *l'invidia di qcu.* to make so. envious, to arouse so.'s envy; ~ *meraviglia* to cause wonder, to cause amazement, to cause surprise; ~ *orrore* to horrify, to fill with horror, to strike with horror; ~ *ricordi* to awaken memories; ~ *scalpore* to cause a sensation, to make a stir; ~ *sospetti* to rouse suspicion.

destinare (**destino**) **I** *v.t.* **1** (*assegnare, devolvere*) to destine, to assign, to set apart, to allot, to designate (*a, per* to, for): ~ *l'incasso alla beneficenza* to destine the takings to charity, to designate the proceeds for charity; *questi soldi sono destinati alle spese impreviste* this money is set apart for unforeseen expenses; *ha destinato al nipote le sue rendite* he has assigned his assets to his grandson, he has designated that his assets go to his grandson, he has bequeathed his assets to his grandson. **2** (*con il pensiero*) to intend, to design, to mean: *avevo destinato il regalo a lui* I had intended the gift for him. **3** (*riservare a una professione*) to destine, to intend: *i genitori lo avevano destinato alla carriera militare* his parents had destined him for a military career. **4** (*assegnare, designare*) to assign, to appoint, to nominate: *il nuovo impiegato è stato destinato al reparto spedizioni* the new employee has been assigned to the mailing department. **5** (*riservare*) to intend, to reserve, to keep: *le prime file di platea sono destinate alle autorità* the front rows of the stalls are reserved for the authorities. **6** (*dedicare*) to devote, to destine: *ho deciso di* ~ *tutto il pomeriggio allo studio* I have decided to devote the whole afternoon to study. **7** (*fissare*) to fix, to settle, to appoint: ~ *il giorno della riunione* to fix the day of the meeting. **8** (*indirizzare*) to address: *la lettera è destinata a te* the letter is addressed to you. **II** *v.i.* (*aus.* **avere**) (*deliberare*) to decree, to ordain, to foreordain, to will: *il cielo ha destinato cosí* God has willed it so. □ (*rar*) ~ *una ragazza in moglie a qcu.* to intend a girl (as wife) for so.

destinatario *m.* **1** (*f.* **-a**) receiver; (*rif. a merci*) consignee. **2** (*f.* **-a**) (*Post*) addressee: *recapitare il pacco al* ~ to deliver the parcel to the addressee. **3** (*f.* **-a**) (*Dir*) usufructuary. **4** (*Ling*) listener.

destinato *a.* **1** destined, bound, sure: *l'inflazione è destinata a scendere* inflation is bound to go down; *l'uomo è* ~ *a morire* man is destined to die. **2** (*che ha un determinato scopo*) for: *edificio* ~ *ad abitazione* a building to be used as a dwelling. **3** (*condannato*) doomed, bound: *l'impresa è destinata a fallire* the undertaking is doomed to fail, the undertaking is bound to fail. **4** (*deciso*) fixed, appointed. **5** (*diretto*) intended (*a* for), for: *il regalo era* ~ *a lui* the gift was intended for him. **6** (*indirizzato*) addressed.

---

destinazione *f.* **1** (*fine a cui una cosa è destinata*) destination, (intended) purpose. **2** (*meta di un viaggio*) destination: *la nostra* ~ *è la Scozia* our destination is Scotland, we are bound for Scotland. **3** (*luogo di recapito*) destination. **4** (*residenza assegnata a un impiegato*) post, posting, appointed residence: *l'impiegato ha avuto una nuova* ~ the clerk has been sent to a new post. □ *arrivare a* ~ (*o giungere a* ~): **1** (*rif. a persone*) to reach one's destination, to get to one's destination; **2** (*rif. a cose*) to arrive, (*Comm*) to come to hand; **3** (*fig*) to achieve one's end, to reach one's goal; (*Aer*) *il volo AZ 504 con* ~ *Londra* flight AZ 504 to London; ~ *d'uso* intended use; ~ *prevista* planned destination; ~ *sconosciuta* unknown destination.

destino *m.* **1** destiny, fate, lot, fortune, fortunes *pl.*: *perseguitato dal* ~ pursued by destiny; *sfuggire al proprio* ~ to escape one's fate. **2** *pl.* (*vicende storiche*) destiny *sing.*: *i destini della patria* the country's destiny. □ *è* ~ *che* it is fated that, it is destined that, it is inevitable that; *era* ~ it was fated: *era* ~ *che non la rivedessi mai più* I was fated never to see her again.

destituire (**destituisco, destituisci**) *v.t.* **1** to dismiss, to discharge, to remove (from office): ~ *un funzionario* to dismiss an official. **2** (*Mil*) to demote: ~ *un ufficiale* to cashier an officer.

destituito *a.* **1** dismissed. **2** (*privo*) devoid, destitute (*di* of), lacking (in): *accuse destituite di ogni fondamento* groundless charges.

destituzione *f.* **1** dismissal, removal: ~ *di un funzionario* dismissal of an official. **2** (*Mil*) demotion.

desto → **destare** *a.* **1** (*sveglio*) awake, wide-awake: *alle dieci non era ancora* ~ at ten o'clock he was still not awake. **2** (*fig*) awakened, aroused: *l'attenzione dei suoi ascoltatori era desta* his listeners' attention was fully aroused. □ *tenere desta l'attenzione di qcu.* to hold so.'s attention.

destoricizzare (**destoricìzzo**) *v.t.* to consider (sth.) out of a historical context.

destr *intz.* (*Mil*) right: *fianco* ~! right turn!

destra *f.* **1** (*mano destra*) right hand. **2** (*parte destra*) right (side), right-hand side: *andare a* ~ to turn right. **3** (*Pol*) Right, right wing: *la* ~ *di un partito* the right (wing) of a party. **4** (*Arald*) dexter. □ *a* ~: **1** (*stato in luogo*) on the right, to the right, on the right side, on the right-hand side: *a* ~ *c'è un albero* on the right there is a tree, to the right there is a tree; **2** (*moto a luogo*) to the right, right, rightward(s): *prendi a* ~ go right; *prendi la prima a* ~ take the first right; **3** (*Pol*) right-wing, on the right: *essere molto a* ~ to be very right-wing, to be on the far right; *a* ~ *di* on the right-hand side of, on the right of, to the right of; *a* ~ *e a manca* all over the place; *alla* ~ *di* on the right-hand side of, on the right of, to the right of: *alla mia* ~ on my right; *dare la* ~ to put on one's right; (*Bibl*) *alla* ~ *del Padre* on God's right hand, at the right hand of the Father; *di* ~: **1** right-hand (*attr.*), on the right: *la finestra di* ~ the window on the right, the right-hand window; **2** (*Pol*) right-wing (*attr.*): *essere di* ~ to be right-wing; *i partiti di* ~ the right-wing parties, the Right; *un uomo di* ~ a rightist, a right-winger; (*Pol*) ~ *extraparlamentare* extraparliamentary right; (*Strad*) *tenere la* ~: **1** (*rif. a veicoli*) to keep to the right; **2** (*rif. a pedoni*) to walk along the right-hand side of the road, to keep to the right-hand side of the road; *troppo a* ~ too far to the right; *verso* ~

towards the right, rightward(s).

destreggiamento m. (rar) manoeuvring, (clever) management.

destreggiarsi (mi destréggio, ti destréggi) v.pron. to manoeuvre, to manage, to act adroitly: si destreggia bene nelle difficoltà he manages well in the face of difficulty.

destrese m.inv. jargon and rhetoric expected of the Italian right-wing.

destrezza f. skill, dexterity, adroitness: dimostrò grande ~ nell'evitare l'ostacolo he displayed great dexterity in getting round the obstacle; maneggiare le armi con ~ to handle arms with skill. □ con ~ dexterously, skilfully; ~ di mano sleight of hand, (scherz) light-fingeredness; ~ negli affari business acumen.

destriero m. (poet) 1 (cavallo da battaglia) charger, war horse. 2 (cavallo da giostra) steed, merry-go-round horse.

destrina f. (Chim) dextrin, dextrine.

destrismo m. 1 right-handedness. 2 (Pol) right-wing tendencies pl.

destro[1] I a. 1 right, right-hand: il lato ~ della strada the right-hand side of the road. 2 (abile) skilful (in at, in), clever (at), adroit, dexterous (in): è stato ~ nell'evitare l'ostacolo he was dexterous in getting round the obstacle. 3 (Arald) dexter. II m. 1 (pugno) right, right-hander. 2 (nel calcio) right foot. □ ~ di mano dexterous, deft, skilful.

destro[2] m. (occasione) opportunity, chance: cogliere il ~ to seize the opportunity, to take the chance.

destrogiro a. (Chim,Fis) dextrorotatory, dextrogyrate.

destroide I a. rightist. II m./f. rightist.

destrorso I a. 1 (Mecc) right-hand (attr.), right-handed, clockwise (posposto): vite destrorsa right-handed screw. 2 (Chim,Fis) dextrorotatory, dextrogyrate. 3 (Pol,scherz) rightist, right-wing. II m. (Pol,scherz) rightist.

destrosio m. (Chim) dextrose.

destrutturare (destruttùro) v.t. to alter the structure of, to remove the structure from.

destrutturazione f. altering of the structure, destructuring.

desueto a. 1 (lett) (non usato) obsolete; (antiquato) outdated, out-of-date, old-fashioned: abitudini ormai desuete out-of-date usages. 2 (insolito) unusual. 3 (non avvezzo) unaccustomed, unused.

desuetudine f. 1 (rar) desuetude, disuse: cadere in ~ to fall into disuse, to become obsolete. 2 (Dir) desuetude.

desumere (pres.ind. desùmo; p.rem. desùnsi; p.p. desùnto) v.t. 1 to deduce, to infer, to gather: dalle tue parole desumo che non sei convinto I gather from what you say that you are not convinced. 2 (trarre) to take: l'argomento del dramma è desunto dalla storia the theme of the play is taken from history.

desumibile a. deducible, inferable: dalle sue parole è facilmente ~ la sua disapprovazione his disapproval is clearly inferable from what he says.

desunsi → desumere.

desunto → desumere.

detassazione f. 1 (riduzione) tax reduction. 2 (abolizione) abolition of a tax.

detective /de'tektiv/ m./f.inv. detective, (colloq) sleuth. □ ~ privato private detective, private investigator.

detector /de'tektor/ m.inv. (Rad) detector: ~ magnetico magnetic detector.

deteinato a. decaffeinated.

detenere (pres.ind. detèngo, detièni; p.rem. deténni; p.p. detenùto) v.t. 1 (possedere) to hold: detiene questo incarico da due anni he

---

has held this post for two years; ~ un primato (o ~ un record) to hold a record. 2 (Dir) to hold, to possess: ~ armi to possess firearms (unlawfully); ~ refurtiva to be in possession of stolen property. 3 (tenere in prigione) to detain, to hold in custody. □ ~ il potere to be in power, to hold power.

detentivo a. (Dir) of imprisonment (posposto), custodial, detention (attr.): pena detentiva sentence of imprisonment, term of imprisonment.

detentore m. (f. -trice) 1 holder: ~ di un primato record holder. 2 (Dir) holder, possessor: ~ di armi unlawful possessor of arms.

detenuto → detenere I a. (in arresto) detained, imprisoned. II m. (f. -a) prisoner, convict, inmate, detainee. □ ~ in attesa di giudizio prisoner awaiting trial; ~ politico political prisoner.

detenzione f. 1 (Dir) (nel diritto penale) (unlawful) holding, (unauthorized) possession: ~ abusiva di armi unauthorized possession of firearms. 2 (Dir) (nel diritto civile) detention, holding, possession: ~ di beni detention of goods. 3 (Dir) (carcerazione) imprisonment, confinement, custody, detention. □ (Dir) ~ di stupefacenti possession of drugs, possession of controlled substances; (Dir) ~ preventiva detention pending trial.

detergente I a. cleansing, detergent: (Cosmet) crema ~ cleansing cream. II m. detergent (anche Cosmet).

detergere (pres.ind. detèrgo, detèrgi; p.rem. detèrsi; p.p. detèrso) v.t. 1 to cleanse. 2 (asportare con acqua) to wash off, to wash away. 3 (asciugare) to wipe away, to wipe off: ~ le lacrime to wipe away the tears. 4 (Med) to deterge: ~ una ferita to deterge a wound.

deteriorabile a. 1 liable to deteriorate (posposto). 2 (rif. a cibi) perishable.

deterioramento m. 1 (rif. a macchine e merci) wear and tear, deterioration. 2 (rif. a generi alimentari) perishing, deterioration, spoiling. 3 (cattivo stato) decay. 4 (fig) (peggioramento) deterioration.

deteriorare (deterióro) I v.t. 1 (rif. a macchine e merci) to cause wear and tear to, to deteriorate, to damage: l'umidità ha deteriorato la merce the dampness has damaged the goods. 2 (rif. a cibi) to spoil, to cause to perish, to cause to go bad: il caldo deteriora i cibi the heat causes the food to go bad, the heat causes the food to go off. II v.pron. deteriorarsi 1 to deteriorate, to decay. 2 (rif. a macchine, merci) to suffer wear and tear, to deteriorate, to be damaged. 3 (rif. a cibi) to perish, to go bad, to be spoilt, to go off. 4 (fig) (peggiorare) to deteriorate.

deteriorato a. 1 damaged, deteriorated. 2 (rif. a cibi) spoilt, gone bad, off (pred.).

deteriore a. 1 (peggiore) worse. 2 (scadente) inferior, second-rate (attr.).

determinabile a. determinable.

determinante I a. 1 determining, decisive, conclusive: avere un ruolo ~ to play a decisive role. 2 (significativo) significant. II f. (Dir) (determining) motive, decisive factor: la ~ del delitto the motive of the crime. III m. (Mat,Biol) determinant.

determinare (detèrmino) I v.t. 1 (definire, precisare) to define, to determine, to fix: ~ i poteri di qcu. to define so.'s powers; ~ il significato di una parola to define the meaning of a word; ~ i confini dello stato to fix the state boundaries, to delimit the state boundaries. 2 (stabilire) to fix, to set: ~ la

---

data to fix the date; ~ il prezzo della merce to set the price of the goods. 3 (calcolare) to determine, to reckon: ~ il volume di un solido to determine the volume of a solid. 4 (individuare) to determine, to ascertain: ~ la posizione del nemico to ascertain the enemy's position, to locate the enemy; ~ il punto della nave to determine the ship's position. 5 (provocare, causare) to bring about, to produce, to cause, to lead to: una politica economica sbagliata ha determinato la caduta del governo the fall of the government was brought about by its mistaken economic policy. 6 (indurre) to persuade. II v.pron. determinarsi 1 (decidersi) to decide, to resolve. 2 (verificarsi) to come about, to occur: si è determinata una situazione spiacevole an unpleasant situation has come about.

determinatezza f. 1 (risolutezza) determination. 2 (esattezza) exactitude, exactness, precision.

determinativo a. (Gramm) definite: articolo ~ definite article.

determinato a. 1 (speciale, particolare) special, particular: in determinate circostanze in special circumstances, under special circumstances. 2 (qualche, certo) certain, some: in determinati casi è meglio tacere in certain cases it is better to keep quiet. 3 (stabilito) fixed, settled, appointed: verrò nel giorno ~ I'll come on the appointed day. 4 (dato) given: la figura ha una superficie determinata the figure has a given surface area. 5 (deciso, risoluto) determined, resolute: sono ~ a sostenere le mie idee I am determined to stand by my ideas. 6 (Ling) determined.

determinazione f. 1 determination: ~ delle zone di influenza determination of zones of influence. 2 (il fissare) settlement, fixing, establishment. 3 (volontà, risolutezza) determination, resolution, resoluteness: agire con ~ to act with determination. 4 (calcolo) determination, reckoning, calculation: la ~ dell'area di una figura the determination of the area of a figure. 5 (rar) (decisione) decision, determination: prendere una ~ to make a decision, to make up one's mind. 6 (Ling) determination. □ (Comm) ~ dei costi costing; ~ dei tempi di lavoro scheduling; ~ del prezzo pricing, fixing of the price; (Topogr) ~ del punto locating; ~ del reddito income determination; ~ del sesso sex determination; ~ della posizione: (Aer) reckoning; 2 (Mar) reckoning, determining of a ship's position; (Mar,Aer) ~ della rotta finding of course, determination of course.

determinismo m. (Filos) determinism. □ ~ geografico geographical determinism.

determinista m./f. (Filos) determinist.

deterministico (pl. -ci) a. (Filos) deterministic.

deterrente I a. deterrent, deterring: mezzi deterrenti deterrents. II m. deterrent: servire da ~ to act as a deterrent. □ ~ atomico (o ~ nucleare) nuclear deterrent.

deterrenza f. deterrence.

detersi → detergere.

detersione f. cleansing.

detersivo I m. detergent: sostanza detersiva detergent. II a. detergent, cleansing, cleaning: potere ~ detergent power, cleaning power. □ ~ biodegradabile biodegradable detergent; ~ in polvere washing powder; ~ liquido liquid detergent; ~ per indumenti delicati delicate fabric detergent; ~ piatti washing up liquid, dishwashing liquid; detersivi sintetici synthetic detergents.

deterso → detergere.

detestabile *a.* **1** detestable, hateful, dreadful: *quel ~ individuo* that hateful fellow. **2** (*estens*) (*pessimo*) dreadful: *cibo ~* dreadful food.

detestare (**detèsto**) *v.t.* to detest, to hate, to loathe: *quando si comporta così lo detesto* when he behaves like that I hate him; *detesto la televisione* I detest television; *detesto dovermi alzare presto* I hate having to get up early. □ *~ cordialmente qcu.* to passionately dislike so.

detonante I *a.* detonating, explosive. **II** *m.* explosive, (*Am*) knock fuel.

detonare (**detòno**; *aus.* **avere**) *v.i.* to detonate. □ *fare ~* to detonate.

detonatore *m.* detonator.

detonazione *f.* **1** detonation: *la ~ di una mina* the detonation of a mine. **2** (*scoppio*) explosion, blast: *udì una ~* he heard an explosion. **3** (*rif. a fucili e sim.*) report, crack, shot. **4** (*Aut*) detonation, pinking, (*Am*) knock, knocking.

detraggo → **detrarre**.

detraibile *a.* deductible: *spese detraibili* deductible expenses.

detraibilità *f.* deductibility.

detrarre (*pres.ind.* **detràggo**, **detrài**; *p.rem.* **detràssi**; *p.p.* **detràtto**) *v.t.* to deduct (*da* from), to take away (*da* from), to take (off, from): *~ le spese dall'incasso* to deduct expenses from takings; *~ lo sconto dal prezzo* to take the discount off the price.

detrarrò → **detrarre**.

detrassi → **detrarre**.

detrattivo *a.* detractive.

detratto → **detrarre** *a.* deducted. □ *detratti gli interessi* less interest; *detratte le spese* after deduction of expenses, after deducting expenses; *~ il dieci per cento dal prezzo di listino* ten per cent off the list price.

detrattore *m.* (*f.* **-trice**) detractor, defamer, disparager.

detrazione *f.* **1** (*il detrarre*) deduction, subtraction (*da* from), taking (off, from): *~ dello sconto dal prezzo* deduction of the discount from the price. **2** (*somma detratta*) deduction: *una ~ del dieci per cento* a ten per cent deduction. **3** (*riduzione*) allowance: *~ fiscale* tax allowance, tax relief. **4** (*rar*) (*denigrazione*) detraction, disparagement, defamation.

detrimento *m.* detriment, damage, harm: *recare ~ a qcu.* to damage so.; *tornare a ~ di qcu.* to be detrimental to so., to be harmful to so. □ *a ~ di* to the detriment of: *a ~ della tua salute* to the detriment of your health; *~ della sua reputazione* to the detriment of his reputation.

detritico (*pl.* **-ci**) *a.* (*Geol*) detrital: *depositi detritici* detrital deposits.

detrito *m.* **1** (*Geol*) detritus, debris. **2** (*estens*) (*frammento, scoria*) rubble, debris. □ (*Geol*) *detriti alluvionali* alluviums, alluvia; (*Nucl*) *detriti radioattivi* radioactive waste (*costr.sing.*).

detronizzare (**detronìzzo**) *v.t.* **1** to dethrone, to depose. **2** (*fig*) to oust.

detronizzazione *f.* **1** dethronement, deposition. **2** (*fig*) ousting.

detta □ *a ~ di* according to: *a ~ di tutti* according to what everybody says.

dettagliante *m./f.* retailer, retail dealer.

dettagliare (**dettàglio**, **dettàgli**) *v.t.* to (give in) detail, to relate the details of, to give full details of: *~ i fatti* to relate the events in detail.

dettagliatamente *avv.* in detail, with full particulars.

dettagliato *a.* detailed, in detail (*posposto*):

narrazione dettagliata detailed account.

dettaglio *m.* detail, particular: *narrò tutti i dettagli del fatto* he related all the details of the event; *i dettagli di un quadro* the details of a painting; *entrare nei dettagli* to go into particulars, to go into details. □ *al ~* (at) retail; *comprare al ~* to buy retail; *vendere al ~* to sell (at) retail; *prezzo al ~* retail price.

dettame *m.* (*lett*) dictate. □ *i dettami della coscienza* the dictates of conscience; *agire secondo i dettami del cuore* to follow the dictates of the heart; *i dettami della moda* the dictates of fashion.

dettare (**détto**) *v.t.* **1** to dictate (*a* to): *~ una lettera* to dictate a letter. **2** (*Scol*) to read (sth.) out as dictation. **3** (*fig*) to tell, to dictate, to suggest: *fai quel che ti detta la coscienza* do as your conscience tells you; *norme dettate dal buon senso* rules suggested by common sense. **4** (*fig*) (*imporre*) to dictate, to impose, to lay down: *~ le condizioni della pace* to dictate the peace terms. □ (*fig*) *~ legge* to lay down the law.

dettato[1] **I** *m.* dictation. **II** *a.* **1** dictated. **2** (*fig*) (*causato*) determined: *un comportamento ~ dalle circostanze* behaviour determined by circumstance. □ *fare il ~* : **1** (*rif. a insegnante*) to give a dictation; **2** (*rif. ad allievo*) to have a dictation, to do a dictation; *~ musicale* musical dictation.

dettato[2] *m.* (*lett*) **1** (*motto*) saw, saying. **2** (*contenuto*) provisions *pl.*: *il ~ della legge* the provisions of the law.

dettatura *f.* dictation.

detto[1] → **dire**[1] *a.* **1** (*soprannominato*) called, known as, alias: *Mario, ~ lo Zoppo* Mario, known as the Cripple. **2** (*sopraddetto*) said, aforesaid, above, above-mentioned: *nel ~ giorno* on said day. **3** (*rif. a persone*: *sopraddetto*) above-named. □ *come non ~* forget it, forget what I said, scratch that; *così ~* so-called; *~ fatto* no sooner said than done; *sia ~ fra (di) noi* let it be said in confidence, be it said in confidence, between you and me; *detto fra noi* between you and me, between ourselves, between the two of us; *lasciare ~* to leave a message, to leave word; *non è ~* I'm not that sure: *non è ~ che funzioni* it might not work, it will not necessarily work, there is no guarantee that it will work; *non è detta ancora l'ultima parola* the last word hasn't been said yet; *~ tra noi* between ourselves.

detto[2] *m.* **1** (*parola, discorso*) words *pl.* **2** (*sentenza*) saying; (*motto*) maxim: *i detti di Socrate* the maxims of Socrates. **3** (*proverbio*) proverb, proverbial saying, saw: *un antico ~* an old saw, an old saying. **4** *pl.* (*Teat*) previous characters: *Arlecchino e detti* Harlequin and previous characters.

detumescenza *f.* (*Med*) detumescence.

deturpamento *m.* disfigurement, defacement.

deturpare (**detùrpo**) *v.t.* **1** to disfigure, to deface: *una cicatrice gli deturpava la guancia* his cheek was disfigured by a scar. **2** (*fig*) (*moralmente*) to sully, to defile: *vizi che deturpano l'anima* vices which sully the soul. **3** (*fig*) (*rovinare*) to spoil, to disfigure: *costruzioni che deturpano il paesaggio* buildings which disfigure the landscape, buildings which are a blot on the landscape.

deturpatore I *m.* (*f.* **-trice**) **1** disfigurer, defacer, deformer. **2** (*fig*) sullier, defiler. **II** *a.* disfiguring.

deturpazione *f.* disfigurement, defacement.

deumidificare (**deumidìfico, deumidìfichi**) *v.t.* to dehumidify.

deumidificatore *m.* dehumidifier.

deumidificazione *f.* dehumidification.

deus □ *~ ex machina* deus ex machina.

deuteragonista *m.* (*Teat,Lett*) deuteragonist.

deuterio *m.* (*Chim*) deuterium.

Deuteronomio *m.* (*Bibl*) Deuteronomy.

deutone *m.* (*Fis*) deuteron, deuton.

devalutazione *f.* (*Econ*) currency depreciation; (*svalutazione*) devaluation.

devastare (**devàsto**) *v.t.* **1** to devastate, to lay waste: *i soldati devastarono la regione* the soldiers devastated the region. **2** (*fig*) to devastate, to ravage, to ruin: *la grandine ha devastato il raccolto* the hail has devastated the harvest, the hail has ruined the harvest; *un viso devastato dalle sofferenze* a face ravaged by suffering.

devastatore *m.* (*f.* **-trice**) devastator, ravager. **II** *a.* devastating, ravaging.

devastazione *f.* **1** devastation, ravage. **2** (*rovina*) devastation, ravages *pl.*, damage; (*distruzione*) destruction.

deviamento *m.* **1** (*Idr*) diversion, deviation: *~ del fiume* diversion of the river. **2** (*El*) deflection, deviation. **3** (*rif. a tram, treno*) shunting, switching. **4** (*Sport*) (*nella scherma*) disengagement.

deviante I *a.* (*Sociol*) deviant. **II** *m./f.* **1** (*Sociol*) deviant. **2** (*estens*) (*malato di mente*) insane person, mentally deranged person.

devianza *f.* (*Sociol*) deviance, deviancy.

deviare (**devìo, devìi**) **I** *v.i.* (*aus.* **avere**) **1** to deviate (*da* from), to be deflected, to turn aside, to turn off from a course, to swerve, to diverge: *urtando l'ostacolo, la palla deviò verso destra* on hitting the obstacle, the ball was deflected to the right. **2** (*abbandonare una via per un'altra*) to turn aside, to turn off, to deviate, to swerve: *l'auto deviò per un sentiero a destra* the car turned off along a path to the right. **3** (*fare una deviazione*) to make a detour. **4** (*fig*) to deviate, to stray, to turn aside, to turn away: *~ dai propri principi* to deviate from one's principles. **5** (*Mar*) to yaw, to sheer (off, away), to fall off: *~ dalla rotta* to bear away, to yaw, to deviate from the course. **6** (*Aer*) to yaw: *~ dalla rotta* to yaw. **II** *v.t.* **1** to divert, to turn aside, to deflect: *il prisma devia i raggi di luce* the prism deflects light rays, the prism refracts light rays; *~ il traffico* to divert the traffic. **2** (*rif. a treno, tram*) to shunt, to switch. **3** (*El*) to deflect, to deviate, to shunt: *~ la corrente* to shunt the current. **4** (*Idr*) to divert: *hanno deviato il corso del fiume* they have diverted (the course of) the river. **5** (*fig*) (*sviare*) to divert, to turn aside, to distract: *~ l'attenzione di qcu.* to distract so.'s attention. □ *far ~ to divert.

deviato *a.* **1** (*Strad*) (*di traffico*) diverted. **2** (*Ferr*) shunted, switched. **3** (*fig*) covert: *servizi segreti deviati* covert activities.

deviatoio *m.* (*Ferr*) (*scambio*) points *pl.*, (*Am*) switch.

deviatore *m.* **1** (*Ferr*) pointsman, signalman, shunter, (*Am*) switchman. **2** (*El*) switch.

deviazione *f.* **1** (*il percorrere una via diversa*) detour, diversion, deviation: *durante il viaggio da Roma a Milano ho fatto una ~ per Livorno* during my journey from Rome to Milan, I made a detour through Leghorn. **2** (*fig*) deviation, straying, wandering, departure, swerving: *~ da una regola* deviation from a rule. **3** (*fig*) (*perversione*) perversion. **4** (*Strad*) detour. **5** (*El,Elettron*) deviation, deflection, swing, shift. **6** (*Idr*) diversion. **7** (*Ferr*) shunting, switching. □ *~ del pendolo* swing of the pendulum; *~ del traffico* (traffic) detour; ~ *della bussola* compass deviation; (*Med*) ~ *della colonna vertebrale* curvature of the spine; ~ *dell'ago* deflection of the needle; ~ *sessuale* sexual perversion; (*Statist*) ~ *standard* standard deviation.

deviazionismo *m.* (*Pol*) deviationism.

deviazionista *m./f.* (*Pol*) deviationist.

deviazionistico (*pl.* **-ci**) *a.* (*Pol*) deviationist.

deviscerare (**devìscero**) *v.t.* to disembowel, to eviscerate, to gut.

devitalizzare (**devitalìzzo**) *v.t.* (*Med,Dent*) to devitalize.

devitalizzazione *f.* (*Med,Dent*) devitalization.

devitaminizzare (**devitaminìzzo**) *v.t.* to devitaminize.

devitaminizzato *a.* lacking in vitamins (*posposto*), deprived of vitamins (*posposto*), vitamin deficient: *organismo* ~ organism lacking in vitamins, organism poor in vitamins.

devo → **dovere**[1].

devoltore *m.* (*El*) negative booster.

devolution /devo'luʃən/ *f.* (*Pol*) devolution.

devolutivo *a.* of transfer (*posposto*), of assignment (*posposto*), devolutionary.

devoluto → **devolvere** *a.* devolved, transferred, assigned, transmitted.

devoluzione *f.* 1 assignment, transfer. 2 (*Pol*) devolution: (*Stor*) *guerra di* ~ War of Devolution.

devolvere (*pres.ind.* **devòlvo**; *p.rem.* **devolvéi/devolvètti**; *p.p.* **devolùto**) *v.t.* to assign, to transfer, to transmit, to devolve (*anche Dir*): ~ *una somma a scopi di beneficenza* to assign a sum of money to charity; ~ *un diritto a qcu.* to devolve a right on (*o* to) so., to transfer a right to so.

devoniano I *a.* (*Geol*) Devonian. II *m.* (*Geol*) Devonian.

devotamente *avv.* 1 (*con estrema cura*) devoutly, devotedly. 2 (*religiosamente*) devoutly.

devotissimo □ (*epist, ant*) *Suo* ~ *Mauro Rossi* Yours very truly Mauro Rossi, Yours very sincerely Mauro Rossi.

devoto I *a.* 1 (*religioso, osservante*) devout, pious, religious, faithful (*a* to): *è molto* ~ he is very devout. 2 (*che ispira devozione*) religious, devotional: *libro* ~ religious book; *preghiera devota* devotional prayer. 3 (*dedito*) devoted, dedicated: ~ *al dovere* devoted to duty. 4 (*affezionato, fedele*) devoted: *servitore* ~ devoted servant. II *m.* (*f.* **-a**) 1 devout person. 2 (*chi pratica un culto*) (assiduous) churchgoer, (regular) worshipper: *i devoti si inginocchiarono a pregare* the worshippers knelt in prayer, the congregation knelt in prayer. 3 (*persona devota a un santo*) devotee: *i devoti di san Francesco* the devotees of St. Francis. □ (*scherz*) *essere* ~ *alla greppia* to be in it only for the money; *è* ~ *alla Vergine* he has great devotion for the Virgin; *in* ~ *silenzio* in reverent silence.

devozione *f.* 1 devoutness: *pregare con* ~ to pray with devoutness. 2 (*dedizione a un santo, un culto*) devotion: ~ *alla Vergine* devotion to the Virgin. 3 (*dedizione*) devotion, dedication: ~ *alla patria* dedication to one's country. 4 (*affetto*) devotion, affection. 5 *pl.* (*preghiere*) devotions, prayers: *dire le devozioni* to be at one's devotions.

dezippare (**dezìppo**) *v.t.* (*Inform,colloq*) to unzip.

di[1] *prep.* (*before an initial vowel di may be apostrophied; followed by the definite article it becomes* **del** [di + il], **dello** [di + lo], **dell'** [di + l'], **della** [di + la], **dei** [di + i],

degli [di + gli], **delle** [di + le]) 1 (*compl. di specificazione*) of: *il presidente della Repubblica* the president of the republic; *il suono delle campane* the sound of the bells; *un professore* ~ *storia greca* a teacher of Greek history; *una veduta* ~ *Parigi* a view of Paris. 2 (*compl. di specificazione*) *spesso si rende con un sostantivo aggettivato o composto*: *il colletto della camicia* the shirt collar; *il direttore dell'albergo* the hotel manager; *il canto degli uccelli* bird song. 3 (*compl. di specificazione oggettiva*) *si traduce con la preposizione che corrisponde al senso della frase*: *l'amore della patria* love of (*o* for) one's country; *è la preoccupazione della famiglia* he is the worry of the family. 4 (*compl. di specificazione, rif. a persone e, a volte, ad animali*) *si traduce spesso con il genitivo di possesso*: *l'auto* ~ *mio padre* my father's car; *la madre del tuo amico* your friend's mother; *un'idea* ~ *John* an idea of John's, one idea of John's. 5 (*compl. di specificazione, indicante l'autore di un'opera*) by: *un quadro* ~ *Picasso* a painting by Picasso; *il libro è* ~ *Hemingway* the book is by Hemingway. 6 (*in costruzioni appositive*) of: *la città* ~ *Venezia* the city of Venice; *il regno* ~ *Danimarca* the kingdom of Denmark; *il mese* ~ *maggio* the month of May. 7 (*in costruzioni appositive*) *a volte non si traduce*: *il nome* ~ *Carlo* the name (of) Charles; *che razza* ~ *imbecille!* what an idiot! 8 (*specificazione partitiva*) of: *un pezzo* ~ *formaggio* a piece of cheese; *due litri* ~ *vino* two litres of wine. 9 (*specificazione partitiva*) *a volte non si traduce*: *un po'* ~ *pazienza* a little patience; *qualcosa di nuovo* something new; *due milioni* ~ *euro* two million euros; *una dozzina* ~ *uova* a dozen eggs. 10 (*specificazione partitiva*) (*tra di*) of: *molti* ~ *voi* many of you; *nessuno dei tuoi scolari* none of your pupils. 11 (*compl. partitivo*): *ho del denaro* I have some money; *ho portato dei libri* I have brought some (*o* a few) books; *vuoi del latte?* do you want some milk?; *vorrei della frutta* I would like some fruit. 12 (*paragone: coi comparativi*) than: *mio fratello è più grande* ~ *me* my brother is older than me, my brother is older than I am. 13 (*paragone: con i superlativi: rif. a persone, cose*) of: *la maggiore delle mie sorelle* the eldest of my sisters, my eldest sister. 14 (*paragone: coi superlativi: rif. a luogo*) in: *il più grande albergo della città* the largest hotel in town. 15 (*argomento: intorno a*) about, of, on, concerning, with regard to: *parlo* ~ *te* I am speaking about you; *un trattato* ~ *fisica* a treatise on physics. 16 (*mezzo: con*) with: *colpire* ~ *spada* to strike with a sword; *macchiare* ~ *sugo* to stain with sauce. 17 (*materia*) *generalmente si rende con un sostantivo composto o aggettivato*: *uno scalone* ~ *marmo* a marble staircase; *un uomo* ~ *neve* a snowman. 18 (*origine, provenienza*) from, of: *sono* ~ *Roma* I come from Rome; *essere* ~ *umili natali* to be of lowly birth. 19 (*determinazione, fine, scopo*) *si rende per lo più con un sostantivo composto o aggettivato, oppure con for*: *libro* ~ *lettura* reading book; *sala* ~ *musica* music room. 20 (*causa*) with, of, from: *morire* ~ *fame* to die of hunger; *ridere* ~ *gioia* to laugh with joy. 21 (*modo, maniera*) with, in, *spesso si rende con un participio presente o con un avverbio*: *giungere* ~ *corsa* to come running; *vestire* ~ *nero* to dress in black; *mangiare* ~ *buon appetito* to eat with a hearty appetite, to eat heartily. 22 (*qualità*) of, *talvolta si rende con un aggettivo*: *un uomo* ~ *buon gusto*

a man of (good) taste; *un oggetto* ~ *gusto* a tasteful object. 23 (*abbondanza, privazione*) in, of: *una regione ricca* ~ *metalli* a region rich in metals; *il libro è povero* ~ *idee* the book is poor in ideas. 24 (*limitazione*) of, in: *debole* ~ *udito* hard of hearing; *debole* ~ *petto* weak in the chest. 25 (*colpa, pena*) of: *è colpevole* ~ *omicidio* he is guilty of murder. 26 (*tempo*) in, on, at, during, by: ~ *inverno* in (the) winter; ~ *giorno* during the day, by day, in the daytime; ~ *sera* in the evening; ~ *notte* at night, by night, during the night; ~ *domenica* on Sundays. 27 (*durata*) *di solito si traduce con il genitivo sassone, con un aggettivo o con of*: *la guerra dei cent'anni* the Hundred Years' War. 28 (*età*) *si traduce con of o con un aggettivo*: *un ragazzo* ~ *dieci anni* a ten-year-old boy; *un uomo* ~ *cinquant'anni* a man of fifty (years of age). 29 (*misura, prezzo*) *generalmente si rende con un aggettivo composto*: *una multa* ~ *trenta euro* a thirty-euro fine; *un carico* ~ *due tonnellate* a two-ton load; *una passeggiata* ~ *due miglia* a two-mile walk. 30 (*seguito dall'infinito: in proposizioni oggettive e soggettive*) *traduzione idiomatica*: *mi promise* ~ *ritornare* he promised me he would come back; *digli* ~ *andare* tell him to go; *smettete* ~ *disturbarmi* stop bothering me. 31 (*differenza*) of, *talvolta non si traduce*: *mi sono sbagliato* ~ *tre euro* I have made a mistake of three euros; *è* ~ *due anni più anziano di me* he is two years older than I (am).

di[2] *m./f.* D, the letter d.

dì *m.* day: *notte e* ~ night and day; *buon* ~ good morning.

di' → **dire**[1].

dia → **dare**[1].

DIA 1 *Direzione Investigativa Antimafia* (Italian antimafia investigation department). 2 (*Edil*) *dichiarazione di inizio attività* (commencement of works).

diabete *m.* (*Med*) diabetes. □ (*Med*) ~ *mellito* diabetes mellitus.

diabetico (*pl.* **-ci**) I *a.* (*Med*) diabetic. II *m.* (*f.* **-a**) diabetic: *marmellata per diabetici* diabetic jam.

diabolicamente *avv.* diabolically, devilishly, fiendishly.

diabolico (*pl.* **-ci**) *a.* diabolic, diabolical, devilish, fiendish: *per ispirazione diabolica* by diabolic inspiration; *un piano* ~ a diabolical plan; *sorriso* ~ fiendish smile.

diaclasi *f.* (*Geol*) diaclase, joint.

diaconale *a.* (*Rel*) diaconal.

diaconato *m.* (*Rel*) diaconate.

diaconessa *f.* (*Stor,Rel*) deaconess.

diaconia *f.* (*Rel*) 1 (*titolo*) cardinal deaconship. 2 (*ufficio*) deaconry.

diacono *m.* (*Rel*) deacon.

diacritico (*pl.* **-ci**) *a.* (*Ling*) diacritic, diacritical: *segno* ~ diacritic.

diacronia *f.* (*Ling*) diachrony.

diacronicamente *avv.* (*Ling*) diachronically.

diacronico (*pl.* **-ci**) *a.* (*Ling*) diachronic.

diade *f.* (*Mat,Biol,Filos*) dyad.

diadema *m.* 1 diadem (*anche Stor*). 2 (*Oref*) (*gioiello che adorna il capo*) tiara.

diadico *a.* (*Mat*) dyadic.

diadoco (*pl.* **-chi**) *m.* (*Stor*) Diadochos.

diafanità *f.* (*estens*) transparency, diaphaneity.

diafano *a.* 1 diaphanous, transparent. 2 (*estens*) ethereal, transparent, alabaster (*attr.*): *volto* ~ alabaster face.

diafisi *f.* (*Anat*) diaphysis.

diafonia *f.* 1 (*Mus*) diaphony. 2 (*Tel*) cross-talk: *disturbo per* ~ cross-talk interference.

diaforesi *f.* (*Med*) diaphoresis.

diaforetico (*pl.* **-ci**) **I** *a.* (*Farm*) diaphoretic. **II** *m.* (*Farm*) diaphoretic.

diaframma *m.* **1** (*divisione*) screen: *un ~ divide le due cavità* the two cavities are separated by a screen. **2** (*Anat*) diaphragm, midriff. **3** (*Tel*) diaphragm, tympanum. **4** (*Ott,Bot*) diaphragm. **5** (*Fot*) diaphragm, stop, aperture. **6** (*Mecc*) diaphragm, baffle plate. **7** (*Minier*) brattice. **8** (*Med*) (*anticoncezionale*) diaphragm, (*colloq*) Dutch cap. □ (*Fot*) *~ a iride* iris diaphragm; (*Fot*) *~ di apertura* (*dell'obiettivo*) aperture diaphragm; (*Mecc*) *~ isolante* insulating diaphragm; (*Fot*) *~ regolabile* (o *~ variabile*) compensator.

diaframmare (**diafràmmo**) **I** *v.t.* (*Fot*) to stop (down), to diaphragm. **II** *v.i.* (*aus.* **avere**) (*Fot*) to stop down, to regulate the diaphragm.

diaframmatico (*pl.* **-ci**) *a.* (*Anat*) diaphragmatic.

diagenesi *f.* (*Geol*) diagenesis.

diagnosi *f.* (*Med*) diagnosis (*anche fig*): *la ~ della situazione economica* the diagnosis of the economic situation; *fare una ~* to diagnose, to make a diagnosis. □ (*Med*) *~ differenziale* differential diagnosis; (*Med*) *~ precoce* early diagnosis; (*Med*) *~ prenatale* antenatal diagnosis; (*Med*) *~ sbagliata* misdiagnosis.

diagnosta *m./f.* (*Med*) diagnostician.

diagnostica *f.* (*Med*) diagnostics (*costr. sing.*): *~ di laboratorio* laboratory diagnostics.

diagnosticare (**diagnòstico**, **diagnòstichi**) *v.t.* (*Med*) to diagnose (*anche fig*): *~ una malattia* to diagnose an illness.

diagnostico (*pl.* **-ci**) **I** *a.* (*Med*) diagnostic: *esame ~* diagnostic examination. **II** *m.* diagnostician.

diagonale I *a.* **1** (*Geom*) diagonal: *linea ~* diagonal (line). **2** (*Tess*) twilled: *tessuto ~* twilled material. **II** *f.* (*Geom*) diagonal: *la ~ di un quadrato* the diagonal of a square. **III** *m.* **1** (*Tess*) (*tessuto*) diagonal (cloth), twill. **2** (*Sport*) (*nel calcio*) cross; (*nel tennis*) cross court drive. □ *in ~*: 1 diagonally; 2 (*rif. a stoffe*) on the bias, on the cross.

diagonalmente *avv.* diagonally. **2** (*rif. a stoffa*) on the cross, on the bias.

diagramma *m.* **1** diagram, graph, chart: *rappresentare un fenomeno con un ~* to set out a phenomenon by means of a diagram. **2** (*andamento*) curve: *su questa tabella è stato disegnato il ~ delle vendite* the sales curve has been plotted on this table. □ *~ a barre* bar chart; (*Inform*) *~ a blocchi* flow diagram; *~ a torta* pie chart; *~ ad albero* tree diagram; *~ cartesiano* Cartesian graph; (*Mot*) *~ della distribuzione* timing diagram; (*Mat*) *~ di Eulero* Euler diagram; (*Inform*) *~ di flusso* flowchart; *~ di produzione* production curve; (*Mat*) *~ di Venn* Venn diagram; *~ funzionale* functional diagram; *~ grafico* chart.

diagrammare (**diagràmmo**) *v.t.* to chart, to make a diagram of, to represent by a diagram, (*Am*) to diagram.

diagrammatico *a.* diagrammatic.

diagrammatore *m.* (*Inform*) plotter.

diagrammazione *f.* (*Inform*) flowcharting.

dialettale *a.* **1** dialect (*attr.*), dialectal: *accento ~* dialect accent, dialectal accent; *vocabolo ~* dialect word. **2** (*in dialetto*) dialect: *poesia ~* poetry written in dialect, vernacular poetry.

dialetteggiante *a.* having dialect features (*posposto*), dialect-like.

dialettalismo *m.* **1** (*parola*) dialect word. **2**

(*forma dialettale*) dialect form.

dialettica *f.* **1** (*arte del ragionare*) dialectics (*costr.sing.*). **2** (*Filos*) dialectic. **3** (*estens*) dialectics (*costr.sing.*): *~ stringente* cogent dialectics. **4** (*estens*) (*abilità nel parlare*) eloquence.

dialetticamente *avv.* dialectically (*anche estens*).

dialettico (*pl.* **-ci**) **I** *a.* dialectic, dialectical (*anche Filos*): *abilità dialettica* dialectic ability. **II** *m.* dialectician.

dialettismo *m.* (*Ling*) **1** (*parola*) dialect word. **2** (*forma dialettale*) dialect form.

dialetto *m.* dialect: *parlare in ~* to speak in dialect.

dialettofono *m.* (*f.* **-a**) dialect speaker.

dialettologia *f.* (*Ling*) dialectology, study of dialects.

dialettologico (*pl.* **-ci**) *a.* dialectological.

dialettologo *m.* (*f.* **-a**; *pl.* **-gi/-ghi**) dialectologist.

dialipetalo *a.* (*Bot*) dialypetalous.

dialisi *f.* **1** (*Chim*) dialysis. **2** (*Med*) haemodyalisis, dialysis: *~ renale* renal dialysis; *essere in ~* to be under dialysis.

dialitico (*pl.* **-ci**) *a.* **1** (*Chim*) dialytic. **2** (*Med*) dialytic, dialysis (*attr.*): *centro ~* dialysis unit.

dializzare (**dialìzzo**) *v.t.* (*Chim,Med*) to dialyze, to dialyse.

dializzato I *a.* (*Med*) dialized, dialised. **II** *m.* (*f.* **-a**) (*Med*) dialyzed patient.

dializzatore *m.* (*Med*) dialyser, dializer.

diallage *f.* (*Ret*) diallage.

dialogare (**diàlogo**, **diàloghi**) **I** *v.i.* (*aus.* **avere**) **1** (*aprire un dialogo*) to negotiate, to hold talks. **2** (*conversare*) to converse, to hold a dialogue. **3** (*estens*) communicate: *due persone che convivono ma non dialogano* two people who live together but do not communicate. **II** *v.t.* to write the dialogue of, to dialogue, (*Am*) to dialog: *~ una scena* to write the dialogue of a scene.

dialogato I *a.* in the form of a dialogue (*posposto*), put into dialogue (*posposto*): *parti dialogate* parts which have been put into dialogue, dialogues. **II** *m.* dialogue, conversational part, (*Am*) dialog.

dialogico (*pl.* **-ci**) *a.* dialogic, dialogical, in dialogue (*posposto*), dialogue (*attr.*), (*Am*) dialog (*attr.*): *in forma dialogica* in dialogue, in dialogic form, in dialogue form.

dialogismo *m.* dialogism.

dialogista *m./f.* **1** writer of dialogues, dialogist. **2** (*Cin*) dialogue director.

dialogizzare (**dialogìzzo**) **I** *v.i.* (*aus.* **avere**) (*rar*) (*conversare*) to converse, to hold a dialogue. **II** *v.t.* to write the dialogue of, to dialogue, (*Am*) to dialog: *~ una scena* to write the dialogue of a scene.

dialogo (*pl.* **-ghi**) *m.* **1** dialogue, (*Am*) dialog: *il film è bello, ma i dialoghi sono scadenti* the film is good, but the dialogue is very poor. **2** (*colloquio, discorso*) conversation, talk, dialogue, (*Am*) dialog: *dopo un breve ~ si separarono* after a short conversation they parted. **3** (*estens*) communication: *tra loro non c'è ~* they don't communicate. **4** (*Lett*) dialogue: *i dialoghi di Platone* Plato's dialogues. **5** (*Pol,Giorn*) talks *pl.*, negotiations *pl.* □ (*Pol*) *~ nord-sud* North-South dialogue; (*fig*) *~ tra sordi* dialogue of the deaf.

diamagnetico (*pl.* **-ci**) *a.* (*Fis*) diamagnetic: *sostanza diamagnetica* diamagnet.

diamagnetismo *m.* (*Fis*) diamagnetism.

diamantato *a.* (*Tecn*) diamond (*attr.*), diamond-edged (*attr.*): *lama diamantata* diamond-edged blade.

diamante *m.* **1** (*Min,Oref*) diamond: *tagliare un ~* to cut a diamond. **2** (*arnese dei vetrai*) diamond (point), glass-cutter diamond. **3** (*Mar*) crown (of an anchor). **4** (*Sport*) (*nel baseball*) diamond, infield: *fare ~* to take infield practice. **5** (*Tip*) diamond. □ (*Oref*) *~ a brillante* brilliant; (*Oref*) *~ a rosetta* rose diamond, rose-cut diamond; *di diamanti* diamond (*attr.*): *anello di diamanti* diamond ring; *collana di diamanti* diamond necklace; *~ difettoso* spotted stone; *~ grezzo* rough diamond, uncut diamond; *~ industriale* industrial diamond, bort; *~ nero* black diamond; *~ sintetico* synthetic diamond, industrial diamond.

diamantifero *a.* diamantiferous, diamondiferous, diamond-bearing: *filone ~* diamantiferous vein.

diametrale *a.* **1** (*Geom*) (*del diametro*) diametral, diametric, diametrical. **2** (*opposto*) diametrical: *opposizione ~* diametrical opposition.

diametralmente *avv.* diametrally, diametrically. □ *caratteri ~ opposti* diametrically opposed characters.

diametro *m.* (*Geom*) diameter: *il ~ del cerchio* the diameter of the circle; *avere un ~ di 10 cm* to be 10 cm in diameter. □ (*Ott*) *~ del fascio* beam diameter; (*Geog*) *~ equatoriale* equatorial diameter; (*Mecc*) *~ esterno* outside diameter, major diameter; (*Mecc*) *~ interno* inside diameter; (*Mecc*) *~ nominale* major diameter; (*Mecc*) *~ primitivo* pitch diameter.

diamine *intz.* (*colloq*) **1** (*con impazienza*) the dickens, the deuce, the devil, on earth, (*intens*) the hell: *chi ~ cerchi?* who on earth are you looking for?; *che ~ vuoi?* what the devil do you want?; *che ~!* what the devil! **2** (*con disapprovazione*) my goodness, (good) heavens: *~, che modi!* heavens, what a way to behave!, my goodness, what a way to behave! **3** (*sì, certo*) of course, certainly, you bet: *mi chiedi se c'ero? - Ma ~!* you ask if I was there? - I certainly was!

diammina *f.* (*Chim*) diamine.

diana *f.* **1** (*Mil*) reveille: *suonare la ~* to sound the reveille. **2** (*Mar*) morning watch.

Diana *n.pr.f.* Diana (*anche Mitol*). □ (*Mitol*) *~ efesina* Ephesian Diana.

dianetica *f.* dianetics (*costr.sing.*).

dianetico *a.* dianetic.

dianto *m.* (*Bot*) dianthus.

dianzi *avv.* (*lett*) **1** (*poco fa*) a short while ago, a short time ago: *l'ho visto ~* I saw him a short while ago. **2** (*or ora*) just (now): *è uscito ~* he has just gone out.

diapason *m.inv.* **1** (*strumento*) tuning fork, diapason. **2** (*estensione: rif. a voce, strumento musicale*) compass, diapason. **3** (*fig*) (*culmine*) peak: *la discussione giunse al ~* the discussion reached a peak. **4** (*nella musica greca*) diapason, octave.

diapositiva *f.* slide, transparency.

diaproiettore *m.* slide projector, transparency projector.

diarchia *f.* diarchy, dyarchy (*anche estens*).

diaria *f.* daily allowance (for travelling expenses), per diem.

diario *m.* **1** diary, journal (*anche Lett*): *registrare un avvenimento nel ~* to enter an event in one's diary; *tenere un ~* to keep a diary. **2** (*Scol*) notebook (for homework): *segnare i compiti sul ~* to write one's homework in one's notebook. **3** (*registro*) register, book. □ (*Mar*) *~ di bordo* log(book); *~ di classe* class register; *~ di guerra* war diary; *~ di viaggio* travel journal.

diarista *m./f.* diarist.

diarrea f. (*Med*) diarrhea, diarrhoea: *avere la ~* to have diarrhoea.

diarroico (pl. **-ci**) a. (*Med*) diarrheal, diarrhoeic.

diartrosi f. (*Anat*) diarthrosis.

diascopia f. **1** (*Fot*) slide projection, transparency projection. **2** (*Med*) diascopy.

diascopio m. diascope, slide projector.

diaspora f. **1** Diaspora: *la ~ degli ebrei* the Diaspora (of the Jews). **2** (*estens*) diaspora.

diasporico (pl. **-ci**) a. diasporal.

diaspro m. (*Min*) jasper.

diastasi f. **1** (*Med*) diastasis. **2** (*Biol*) diastase.

diastema m. **1** (*Zool*) diastema. **2** (*Geol*) diastem.

diastilo **I** a. (*Arch*) diastyle. **II** m. (*Arch*) diastyle.

diastole f. (*Med,Metr*) diastole.

diastolico (pl. **-ci**) a. (*Med*) diastolic.

diastrofismo m. (*Geol*) diastrophism.

diateca f. slide library.

diatermanità f. (*Fis*) diathermacy, diathermancy.

diatermano a. (*Fis*) diathermanous, diathermic.

diatermia f. (*Med*) diathermy.

diatermico (pl. **-ci**) a. (*Med*) diathermic.

diatesi f. **1** (*Med*) diathesis. **2** (*Gramm*) voice, diathesis. □ (*Gramm*) ~ *attiva* active voice; (*Gramm*) ~ *media* medium voice; (*Gramm*) ~ *passiva* passive voice.

diatesico, diatetico (pl. **-ci**) a. (*Med*) diathetic.

diatomea f. (*Bot*) diatom.

diatomico (pl. **-ci**) a. (*Chim*) diatomic.

diatomite f. (*Geol*) diatomite.

diatonia f. (*Mus*) diatonicism.

diatonico (pl. **-ci**) a. (*Mus*) diatonic: *scala diatonica* diatonic scale.

diatriba, diatriba f. **1** (*Stor*) diatribe. **2** (*discorso o scritto violento*) diatribe, invective, bitter tirade.

diavola □ (*Gastron*) *pollo alla ~* spicy grilled chicken; *cuocere alla ~* to devil.

diavoleria f. **1** (*azione diabolica*) devilry, devilment, witchcraft, work of the devil: *incantesimi e altre diavolerie* spells and other works of the devil. **2** (*colloq*) (*cosa strana*) oddity, freak, weird object. **3** (*colloq*) (*invenzione bizzarra*) trick, cunning device, piece of mischief, devilment: *ha inventato una nuova ~ per non andare a scuola* he's found a new trick in order not to go to school.

diavolessa f. **1** she devil. **2** (*scherz*) hag.

diavoletto m. **1** little devil, imp. **2** (*rif. a bambino*) imp (*anche fig*). **3** (*bigodino*) hair curler. □ (*Fis*) ~ *di Cartesio* Cartesian diver; (*Fis*) *il ~ di Maxwell* the demon of Maxwell, Maxwell's demon.

diavolino m. (*rar*) **1** little devil, imp. **2** (*rif. a bambino*) imp (*anche fig*). **3** (*bigodino*) hair curler.

diavolio m. (*baccano*) uproar, pandemonium, hubbub.

diavolo m. **1** devil (*anche fig*): *quel ragazzo è un ~* that boy's a devil. **2** (*esclam.*) my goodness!, heavens!, good Lord!: *~, quanta fretta!* heavens, what a hurry you're in! **3** (*esclam.*) (*in domande*) what the devil, what the deuce, what the dickens, what on earth, (*colloq*) what, what the hell: *dove ~ ti sei cacciato?* where the devil have you got to?, where on earth have you got to?; *che ~ vuoi?* what on earth do you want?, what the hell do you want? **4** (*sì, certo*) of course, I should say so, I should think so, by Jove, (*colloq*) you bet: *ci sei andato? - ~!* did you go? - I certainly did!; did you go? - You bet I did!

□ (*fig*) *fare il ~ a quattro*: **1** (*fare baccano*) to raise Cain, to raise hell; **2** (*darsi un gran da fare*) to move heaven and earth; (*fig*) *avere il ~ addosso* to be very restless, to be like one possessed; *al ~* to hell with: *al ~ la fretta!* to hell with all this hurry!; *andare al ~* to go to hell, to go to the devil, to go to blazes; *vai al ~!* go to the devil!, go to hell!; *mandare al ~ qcu.* to tell so. to go to hell, to tell so. to go to the devil; *che il ~ ti porti!* the devil take you!; *che il ~ mi porti se non è vero!* may I be damned if it isn't true!; *il ~ ci ha messo la coda* the devil has had a hand in this; (*fig*) *essere come il ~ e l'acqua santa* (*Br*) to be as different as chalk from cheese, (*Am*) to be as different as night and day; (*fig*) *avere una fame del ~* to be very hungry; *fa un freddo del ~* it's freezing cold, it's bitterly cold; (*Zool*) *~ della Tasmania* Tasmanian devil; (*fig*) *un ~ di donna* a devil of a woman; (*fig*) *avere il ~ in corpo* to be very restless, to be like one possessed; (*fig*) *avere un ~ per capello* to be beside oneself with rage; *per tutti i diavoli!* for heaven's sake!, for goodness' sake!: *per tutti i diavoli, fatemi parlare!* for goodness' sake, let me speak!; *i miei figli sono dei diavoli scatenati* my children are little devils let loose, my children are real imps; *~ tentatore* tempter; (*fig*) *saperne una più del ~* to be up to more tricks than Old Nick. Prov.: *il ~ non è poi così brutto come lo si dipinge* the devil is not so black as he is painted; *un ~ caccia l'altro* one evil drives away another; *il ~ fa le pentole ma non i coperchi* the devil teaches us his tricks but not how to hide them.

diazonio m. (*Chim*) diazonium.

diazotare (**diazòto**) v.t. (*Chim*) to diazotize.

diazotazione f. (*Chim*) diazotization.

dibattere (**dibàtto**) **I** v.t. to debate, to discuss: *~ una questione* to debate a matter; *i pro e i contro* to discuss the pros and cons, to weigh the pros and cons. **II** v.pron. **dibattersi 1** (*agitarsi*) to struggle, to writhe: *dibattersi nell'agonia* to struggle in death's clasp. **2** (*divincolarsi*) to struggle, to writhe about, to wriggle: *il prigioniero si dibatteva per liberarsi* the prisoner struggled to get free. **3** (*in acqua*) to flounder. **4** (*fig*) to struggle; (*in un dubbio*) to be torn; (*in un problema*) to grapple (*in* with).

dibattimentale a. (*Dir*) of a hearing (*posposto*).

dibattimento m. **1** (*Dir*) hearing, trial: *~ a porte chiuse* hearing in camera, closed hearing. **2** (*rar*) (*dibattito*) debate, discussion.

dibattito m. debate, discussion (*su* on): *aprire il ~* to open the debate; *dirigere un ~* to conduct a debate, to lead a debate. □ ~ *parlamentare* parliamentary debate; (*Parl*) ~ *sul bilancio* Budget debate; ~ *televisivo* TV forum.

dibattuto a. **1** (*controverso*) vexed, much-discussed: *un problema molto ~* a vexed question, a much-discussed question. **2** (*tormentato*) troubled.

diboscamento m. deforestation, disforestation, disafforestation, clearance.

diboscare (**dibòsco**) v.t. to disforest, to disafforest, to deforest, to clear: *~ un monte* to deforest a mountain.

dic. dicembre Dec., D. (December).

dicastero m. (*ministero*) ministry, (*US*) department. □ ~ *degli esteri* Ministry of Foreign Affairs, (*GB*) Foreign Office, (*US*) State Department.

dicembre m. December. □ *a ~* in December; *di ~* of December; *arrivò una domenica di ~* he arrived one Sunday in December; *in*

~ in December.

dicembrino a. of December, December (*attr.*).

dicentra f. (*Bot*) dicentra.

diceria f. hearsay, (*Br*) rumour, (*Am*) rumor, (piece of) gossip: *è solo una ~* it's only a rumour, it's only hearsay; *su di lui corrono molte dicerie* all sorts of stories are going around about him.

dicessi → **dire**[1].

dicevo → **dire**[1].

dichiarabile a. declarable.

dichiarante m./f. **1** (*Dir*) declarant. **2** (*nel gioco delle carte*) bidder.

dichiarare (**dichiàro, dichiàri**) **I** v.t. **1** to declare, to state: *dichiarò di non essere d'accordo* he declared his disagreement; *il testimone dichiara di non aver mai visto l'imputato* the witness states that he has never seen the accused. **2** (*manifestare*) to profess, to declare, to make known, to make clear, to show: *~ il proprio amore* to declare one's love; *~ la propria stima* to show one's esteem. **3** (*proclamare*) to proclaim, to declare: *lo dichiararono vincitore* they declared him the winner. **4** (*nominare*) to nominate, to designate, to appoint: *ti dichiaro mio erede* I designate you as my heir. **5** (*giudicare*) to find, to judge, to declare: *fu dichiarato colpevole* he was found guilty. **6** (*attestare, certificare*) to testify, to certify, to declare: *si dichiara che il signor Rossi presta servizio in questa scuola* it is hereby certified that Mr. Rossi teaches at this school. **7** (*denunciare*) to declare: *~ il reddito* to declare one's income. **8** (*nel gioco delle carte*) to bid, to declare. **II** v.pron. **dichiararsi 1** to declare oneself, to proclaim oneself: *dichiararsi vinto* to declare oneself beaten; *l'imputato si dichiarò innocente* the accused declared that he was innocent, the accused declared himself to be innocent; *dichiararsi a favore* to come out for; *dichiararsi contro* to come out against. **2** (*confessare il proprio amore*) to propose, to declare oneself, to declare one's love. □ ~ *aperta la seduta* to declare the meeting open; ~ *bancarotta* to declare bankruptcy; ~ *le carte* to declare one's cards; (*ha*) *qualcosa da ~?* (do you have) anything to declare?; *niente da ~* nothing to declare; ~ *fallimento*: **1** (*Dir*) to declare a state of bankruptcy, to adjudicate a state of bankruptcy; **2** (*fig*) to give up; *dopo i primi tentativi ha dovuto dichiarare ~* after his first attempts, he had to give up; ~ *forfait*: **1** (*Sport*) to scratch, to default; **2** (*fig*) to give up; ~ *guerra a un paese* to declare war on a country; (*fig*) ~ *guerra ai pregiudizi* to declare war on prejudice; ~ *il falso* to make a false declaration, to make a false statement; ~ *in arresto qcu.* to declare so. under arrest, to put so. under arrest; *vi dichiaro marito e moglie* I now pronounce you man and wife; ~ *nullo qcs.* to nullify sth., to invalidate sth., to declare sth. null and void.

dichiaratamente avv. declaredly, openly.

dichiarativamente avv. declaratively.

dichiarativo a. **1** declarative (*anche Gramm*): *proposizione dichiarativa* declarative clause. **2** (*Dir*) declaratory.

dichiarato a. **1** declared, stated. **2** (*manifesto*) avowed, open: *un nemico ~* an avowed enemy, a sworn enemy.

dichiarazione f. **1** declaration, statement: *una ~ del ministro degli esteri* a statement by the Minister for Foreign Affairs; *rilasciare una ~* to issue a statement. **2** (*manifestazione*) profession, expression, declaration: *la lettera contiene molte dichiarazioni di stima* the letter contains many professions of respect. **3** (*attestazione, certificato*) declaration: *occorre una ~ del padre* a declaration from the father is required. **4** (*dichiarazione d'amore*) proposal, declaration (of love). **5** (*nei giochi di carte*) bid. □ *~ dei diritti* declaration of rights; (*Stor*) *~ dei diritti dell'uomo e del cittadino* Declaration of the Rights of Man and of the Citizen; *~ dei redditi* (income) tax return, statement of income, declaration of income; *presentare la ~ dei redditi* to file a tax return; *~ del valore* declaration of value; *~ di accettazione* declaration of acceptance; *~ di cessione* declaration of transfer; (*Pol*) *~ di cobelligeranza* declaration of cobelligerency; (*Dir,Comm*) *~ di fallimento* adjudication in bankruptcy; *~ di guerra* declaration of war; (*Stor.am*) *la ~ di indipendenza* the Declaration of Independence; (*Dir,Comm*) *~ di intenti* declaration of intent, statement of intent; *~ di morte* notification of death, notice of death, death certificate, death notice; *~ di nascita* notification of birth, notice of birth; (*Pol*) *~ di neutralità* declaration of neutrality; (*Pol*) *~ di non belligeranza* declaration of non belligerency; *~ di paternità* declaration of paternity; (*Assic*) *~ di sinistro* notification of accident, notice of accident; *~ doganale* customs declaration; (*Dir,Comm*) *~ fallimentare* adjudication in bankruptcy; *fare una ~:* 1 to make a statement, to make a declaration; 2 (*dichiarare il proprio amore*) to declare one's love, to propose (*a* to); *~ giurata* affidavit, sworn statement; *~ governativa* government statement; *~ per la stampa* press release, hand-out; *~ ufficiale* official statement.

diciannove I *a.* nineteen. **II** *m.inv.* **1** (*numero*) nineteen. **2** (*nelle date*) nineteenth. **III** *f.pl.* seven o'clock, seven p.m.

diciannovenne I *a.* of nineteen (*posposto*), nineteen-year-old (*attr.*), nineteen years old (*posposto*). **II** *m./f.* nineteen-year-old.

diciannovesimo I *a.* nineteenth. **II** *m.* (*f. -a*) nineteenth.

diciassette I *a.* seventeen. **II** *m.inv.* **1** (*numero*) seventeen. **2** (*nelle date*) seventeenth. **III** *f.pl.* five o'clock, five p.m.

diciassettenne I *a.* of seventeen (*posposto*), seventeen-year-old (*attr.*), seventeen years old (*posposto*). **II** *m./f.* seventeen-year-old.

diciassettesimo I *a.* seventeenth. **II** *m.* (*f. -a*) seventeenth.

diciottenne I *a.* of eighteen (*posposto*), eighteen-year-old (*attr.*), eighteen years old (*posposto*). **II** *m./f.* eighteen-year-old.

diciottesimo I *a.* eighteenth. **II** *m.* (*f. -a*) eighteenth.

diciotto I *a.* eighteen. **II** *m.inv.* **1** (*numero*) eighteen. **2** (*nelle date*) eighteenth. **III** *f.pl.* six o'clock, six p.m.

dicitore *m.* (*f. -trice*) reciter.

dicitura *f.* **1** (*breve scritta*) words *pl.*, phrase: *c'era una targhetta con la ~ "vietato fumare"* there was a sign with the words "no smoking" on it. **2** (*didascalia*) caption.

dico → dire[1].

dicotiledone *a.* (*Bot*) dicotyledonous. **II** *f.* (*Bot*) dicotyledon.

dicotomia *f.* dichotomy.

dicotomico (*pl. -ci*) *a.* dichotomous, dichotomic.

dicotomo *a.* (*Bot*) dichotomous, dichotomic.

dicroico (*pl. -ci*) *a.* (*Fis*) dichroic.

dicroismo *m.* (*Fis*) dichroism, dichromatism.

dicromatico (*pl. -ci*) *a.* dichromatic.

dicrotismo *m.* (*Med*) dicrotism.

dictafono *m.* dictaphone.

didascalia *f.* **1** (*spiegazione di una illustrazione*) caption. **2** (*Teat*) stage direction. **3** (*Cin*) title, subtitle. □ (*Cin*) *didascalie iniziali* credit titles, credits.

didascalico (*pl. -ci*) *a.* **1** didactic: *poema ~* didactic poem. **2** (*relativo all'insegnamento*) teaching, didactic: *metodo ~* teaching method.

didatta *m./f.* teacher.

didattica *f.* didactics (*costr.sing. o pl.*).

didattico (*pl. -ci*) *a.* **1** didactic, teaching: *principi didattici* didactic principles; *metodo ~* teaching method. **2** (*istruttivo*) educational, didactic: *un film ~* an educational film. **3** (*estens*) (*di tono*) didactic.

didentro I *avv.* inside, within. **II** *m.* **1** (*colloq*) inside. **2** (*fig*) within, inside: *una voce dal ~* a voice from within.

didietro I *a.inv.* back, rear, hind: *le zampe ~* the hind legs. **II** *avv.* behind, to the back, at the back. **III** *m.* **1** back (part), rear: *la finestra dà sul ~* the window looks out on the back. **2** (*colloq*) (*sedere*) behind, bottom, backside, rear, rear-end: *mi ha dato un calcio nel ~* he gave me a kick in the behind.

Didone *n.pr.f.* (*Mitol*) Dido.

dieci I *a.* ten. **II** *m.inv.* **1** (*numero*) ten. **2** (*nelle date*) tenth. **III** *f.pl.* ten, ten o'clock. □ (*Scol*) *~ e lode* ten out of ten; *~ volte tanto* tenfold, ten times as much.

diecimila I *a.* ten thousand. **II** *m.inv.* ten thousand.

diecimilionesimo I *a.* ten millionth. **II** *m.* (*f. -a*) ten millionth.

diecimillesimo I *a.* ten thousandth. **II** *m.* (*f. -a*) ten thousandth.

diecina *f.* **1** (*dieci*) ten, half-a-score. **2** (*circa dieci*) about ten, some ten, ten or so. **3** (*Mat*) ten.

diedi → dare[1].

diedro I *m.* (*Geom*) dihedral (angle), dihedron. **II** *a.* (*Geom*) dihedral: *angolo ~* dihedral angle.

dielettricità *f.* (*Fis*) dielectricity.

dielettrico (*pl. -ci*) **I** *a.* (*Fis*) dielectric. **II** *m.* (*Fis*) dielectric.

diencefalico (*pl. -ci*) *a.* (*Anat*) diencephalic.

diencefalo *m.* (*Anat*) diencephalon.

diene *m.* (*Chim*) diene.

dieresi *f.* **1** (*Metr,Fon*) (*Br*) diaeresis, (*Am*) dieresis. **2** (*Med*) separation of tissues.

diesare (**dièso**) *v.t.* (*Mus*) to sharpen.

diesel /'dizel/ **I** *a.inv.* diesel: *motore ~* diesel engine. **II** *m.inv.* **1** (*motore*) diesel, diesel engine. **2** (*carburante*) diesel, diesel oil. **III** *f./m.inv.* (*autoveicolo*) diesel. □ *~ common rail* common rail diesel, common-rail diesel.

diesel-elettrico /'dizel-/ *a.* diesel-electric.

diesis I *m.* (*Mus*) sharp: *doppio ~* double sharp. **II** *a.* (*Mus*) sharp: *sinfonia in do ~* symphony in C sharp.

diesizzare (**diesìzzo**) *v.t.* (*Mus*) to sharpen.

diessino I *a.* (*Pol*) of the Left Democrats (*posposto*). **II** *m.* (*f. -a*) (*Pol*) member of the Left Democrat Party.

dieta[1] *f.* diet: *essere a ~* to be on a diet; *fare una ~* to diet; *mettere qcu. a ~* to put so. on a diet; *mettersi a ~* to go on a diet; *stare a ~* to be on a diet; *tenere qcu. a ~* to keep so. on a diet, to keep so. on a diet. □ *~ a basso contenuto di grassi* low-fat diet; *~ aproteica* protein-free diet; *~ basale* basal diet; *~ bilanciata* balanced diet; *~ dimagrante* slimming diet, weight loss diet; *~ dissociata* dis-

sociated diet; *~ equilibrante* balancing diet; *~ equilibrata* balanced diet; *~ ferrea* strict diet; *~ ipercalorica* high-calorie diet; *~ ipocalorica* low-calorie diet; *~ iposodica* low sodium diet; *~ lattea* milk diet; *~ latteo-vegetariana* milk and vegetable diet; *~ liquida* liquid diet; *~ macrobiotica* macrobiotic diet; *~ mediterranea* Mediterranean diet; *~ povera di fibre* low-fibre diet; *~ ricca di fibre* high-fibre diet; *~ rigida* starvation diet; *~ variata* varied diet; *~ vegetariana* vegetarian diet, meat-free diet.

dieta[2] *f.* (*assemblea*) diet (*anche Stor*). □ (*Stor*) *la ~ di Worms* the Diet of Worms.

dietetica *f.* (*Med*) dietetics (*costr.sing. o pl.*).

dietetico (*pl. -ci*) *a.* dietetic, dietetical, diet (*attr.*): *alimenti dietetici* dietetic foodstuffs.

dietista *m./f.* dietician.

dietologia *f.* (*Med*) dietetics (*costr.sing. o pl.*).

dietologo (*pl. -gi*) *m.* dietician.

dietoterapia *f.* (*Med*) dietotherapy.

dietro I *prep.* **1** behind, at the back of: *sta ~ la porta* it is behind the door; *si nascose ~ la tenda* he hid behind the curtain. **2** (*rif. a tempo: dopo*) after: *gli incidenti capitarono uno ~ l'altro* the accidents occurred one after another. **3** (*Comm,burocr*) on, against: *consegna ~ pagamento* delivery on payment; *~ pagamento di una somma* against payment of a sum; *~ compenso* on payment. **II** *avv.* **1** (*stato*) behind, at the back: *io ero in prima fila, gli altri sedevano ~* I was in the front row, the others sat behind. **2** (*sui sedili posteriori di un'automobile*) in the back. **3** (*moto*) behind, to the back: *venite ~ con noi* come to the back with us. **4** (*in coda, dopo*) behind, in the rear. **5** (*nella parte posteriore*) at the back, behind: *il vestito pende ~* the dress hangs down at the back. **III** *m.* back, rear: *la cucina sta sul ~ della casa* the kitchen is at the back of the house. □ *~ a:* 1 (*stato*) behind, at the back of: *alla casa* behind the house; 2 (*moto*) behind, to the back of; *andare ~ alla casa* to go to the rear of the house, to go to the back of the house; *andare ~ a qcu.* to follow so., (*fig,colloq*) to be in love with so.; (*fig*) *andare ~ alla moda* to follow fashion; (*colloq,region*) *avere ~ qcs.* (*avere con sé*) to have sth. along; *da ~* from the back, from behind; *di ~:* 1 behind, to the back, at the back: *siedi avanti, io mi metterò di ~* you sit in front, I'll go behind; *il vestito si abbottona di ~* the dress buttons down the back; 2 (*rif. ad automobile*) in the back; 3 (*dopo un nome*) back, rear, hind: *le zampe di ~* the hind legs; *~ di:* 1 (*stato in luogo*) behind, at the back of: *camminavo ~ di te* I was walking behind you; 2 (*moto a luogo*) behind, after, to the back of; *~ dichiarazione* on declaration; (*region,colloq*) *essere ~ a fare qcs.* to be busy doing sth.: *è tutto il giorno ~ a lavorare* he is busy working all day; *~ front:* 1 about turn, (*Am*) about face (*anche esclam.*); 2 (*fig*) (*voltafaccia*) volte-face, about turn, (*Am*) about face; *~ l'angolo* around the corner (*anche fig*); *lasciarsi ~* to leave behind, to let behind (*anche fig*): *si lasciò ~ il paese* he left the country behind; *~ le quinte:* 1 (*Teat*) backstage, in the wings; 2 (*fig*) behind the scenes; *~ le spalle* behind one's back; *~ le spalle di qcu.* behind so.'s back; *~ ordinazione* to order; *qui ~* back here; *~ ricevuta* against receipt; *~ richiesta* by request, on request, on application, on demand; *~ richiesta di qcu.* at so.'s request; (*fig*) *stare ~ a qcu.:* 1 (*sorvegliarlo*) to watch over so., to keep an eye on so.; 2 (*badargli*) to take care of so., to look after so.; 3 (*non lasciargli pace*) to stand over so., to keep on at so., to pester so., to dog so.; *stare ~ a una donna* to run after a woman; *tenere ~ a qcu.*: 1 (*seguirlo*) to follow so.; 2 (*fig*) to follow so.'s progress, to keep up with so.; 3 (*seguire il suo ragionamento*) to follow so.'s idea; 4 (*sorvegliarlo*) to keep an eye on so.; *tenere ~ a qcs.* to keep up with sth., to cope with sth.; *non riesco a tener ~ a tutto il lavoro* I can't keep up with all the work, I can't cope with all the work; (*fig*) *tirarsi ~ qcs.* (*attirarsi qcs.*) to draw sth. upon oneself, to attract sth.; *tirarsi ~ qcu.* to bring so. (along) with one; *siamo usciti uno ~ l'altro* we came out one behind the other; (*fig,colloq*) *quel ragazzo ti viene ~* that boy is in love with you.

dietrofront *m.* **1** about turn, (*Am*) about face (*anche esclam.*). **2** (*fig*) (*voltafaccia*) volte-face, about turn, (*Am*) about face. □ *fare ~*: 1 to about turn; 2 (*fig*) to make a volte-face.

dietrologia *f.* search for hidden motives behind public events and actions, conspiracy theory.

dietrologo *m.* (*f.* **-a**) one who searches for hidden motives behind public events and actions, conspiracy theorist.

difatti *congz.* (*infatti*) as a matter of fact, in fact.

difendere (*pres.ind.* **difèndo**; *p.rem.* **difési**; *p.p.* **diféso**) **I** *v.t.* **1** to defend (*da* from; *contro* against): *pochi soldati difendevano il ponte* only a few soldiers defended the bridge. **2** (*riparare*) to protect, to shelter: *la lana difende dal freddo* wool protects you from the cold. **3** (*tutelare*) to defend, to protect, to look after: *~ gli interessi di qcu.* to look after so.'s interests; *sapersi ~* to know how to look after oneself. **4** (*sostenere, giustificare*) to defend, to stand up for, to uphold: *~ una tesi* to defend a theory; *difendere un amico* to stand up for a friend. **5** (*Dir*) (*rif. a persona*) to plead for, to plead the case of; (*rif. a causa*) to plead. **II** *v.pron.* **difendersi 1** to defend oneself (*da* against, from). **2** (*ripararsi*) to protect oneself (*da* from, against): *difendersi dal freddo* to protect oneself from the cold. **3** (*cavarsela*) to manage, to get by, to get along: *non sono un esperto nel tennis, ma mi difendo* I'm no expert tennis player, but I get by. □ *difendersi bene* to get by: *difendersi bene dagli anni* to look young for one's years, to be young for one's years, to look young for one's age; *~ i propri diritti* to stand up for one's rights; (*fig*) *~ i propri sonni* to defend one's peace and tranquility; *difendersi male dagli anni* to show one's age.

difendibile *a.* defensible.

difensiva *f.* (*Mil,Sport*) defensive. □ *mettersi sulla ~* to take up the defensive, to assume the defensive, (*Am*) to go on the defensive, to become defensive (*anche fig*); *stare sulla ~* to be on the defensive (*anche fig*).

difensivismo *m.* **1** defensiveness. **2** (*Sport*) defensive play.

difensivista I *a.* defensive. **II** *m./f.* (*Sport*) supporter of defensive play.

difensivo *a.* defensive, of defence (*posposto*): *armi difensive* defensive weapons; *guerra difensiva* defensive war.

difensore I *a.* defending. **II** *m.* **1** (*f.* **difenditrìce**) defender (*anche Sport*). **2** (*sostenitore*) upholder, supporter, champion: *strenuo ~ della democrazia* staunch upholder of democracy. □ *farsi ~ di una causa* to take up a cause, to champion a cause; *~ civico* ombudsman; *~ del consumatore* consumer advocate; *~ della fede* defender of the faith; *~ della patria* defender of one's country; (*Sport*) *~ destro* right back; (*Dir*) *~ di fiducia*

hired counsel; (*Dir*) *~ d'ufficio* (*Br*) duty solicitor, (*Am*) public defender; (*Sport*) *~ sinistro* left back.

difesa *f.* **1** (*Mil*) (*Br*) defence, (*Am*) defense: *spese per la ~* defence expenditure. **2** (*estens*) (*Br*) defence, (*Am*) defense. **3** (*Dir*) defence: *assumere la ~ di qcu.* to undertake so.'s defence; *presentare una ~* to set up a defence. **4** (*Dir*) (*parole di difesa*) defence; (*arringa di difesa*) speech for the defence; (*scritto di difesa*) defence, apology. **5** (*Dir*) (*avvocato difensore*) (counsel for) the defence: *dare la parola alla ~* to call upon the defence. **6** (*Sport*) (*Br*) defence, (*Am*) defense: *giocare in ~* to defend, (*Br*) to play in defence, (*Am*) to play defence, to play on defense. **7** *spec.pl.* (*Fisiol,Psic*) (*Br*) defence, (*Am*) defense: *meccanismi di ~* means of defence, defence mechanisms. **8** *pl.* (*fortificazioni*) defences, defensive works. **9** *pl.* (*zanne*) tusks. □ *a ~ di*: 1 in defence of, defending; 2 (*a riparo*) protecting, screening: *una staccionata a ~ del campo* a stockade to defend the camp; *a mia ~ dirò che...* in my own defece I must say that...; (*Sport*) *a uomo* man-to-man defence, man on man defence; (*Sport*) *~ a zona* zone defence; (*Mil*) *~ aerea* air defence; (*Mil*) *~ antiaerea* antiaircraft defence, air-raid defence; (*Mil*) *~ antimissile* theater missile defence; (*Mil*) *~ antisbarco* anti-landing defence; *le difese del cinghiale* the boar's tusks; *~ del consumatore* consumer protection; (*Mil*) *~ costiera* coastal defence; *~ del paesaggio* conservation of nature, nature conservation; *~ del suolo* protection of the soil; (*Mil*) *~ della costa* protection of the coast; *~ dell'ambiente* environmental protection; (*Biol*) *difese immunitarie* immune defence mechanisms; *in ~ di qcu.* in defence of so., defending so.; *parlare in ~ di qcu.* to speak in defence of so.; *accorrere in ~ di qcu.* to run to so.'s defence; (*Dir*) *~ personale* self-defence; *prendere le difese di qcu.* to side with so., to defend so.; *senza ~* defenceless. *Prov.: la miglior ~ è l'attacco* attack is the best form of defence.

difesi → **difendere**.

difeso → **difendere** *a.* **1** defended: *una trincea ben difesa* a well-defended trench. **2** (*fortificato*) fortified. **3** (*riparato*) sheltered, protected.

difettare (**difètto**; *aus. avere*) *v.i.* **1** (*mancare*) to be lacking, to be wanting (*di* in), to lack (sth.): *il giovane non difetta di ingegno* the youth is not lacking in talent. **2** (*essere difettoso*) to be defective: *difetta nella pronuncia* his pronunciation is defective.

difettivo *a.* defective (*anche Gramm*): *verbi difettivi* defective verbs.

difetto *m.* **1** (*mancanza*) lack, want: *c'è ~ d'acqua* there is a lack of water. **2** (*imperfezione*) *difetto ~ un ~ del legno* a defect in the wood; *quel film ha un solo ~, è troppo lungo* there's only one thing wrong with that film, it's too long. **3** (*irregolarità*) flaw: *il piatto costa poco perché c'è un ~ nella porcellana* the plate is cheap because there is a flaw in the china. **4** (*rif. a persona: difetto fisico*) defect, blemish; (*difetto morale*) defect, fault, flaw, blemish: *tutti abbiamo i nostri difetti* we all have our faults; *è un brutto ~* it's a bad fault. □ *~ della vista* impaired sight; *~ dell'udito* impaired hearing; *~ di costruzione* construction fault, construction defect; (*Ind*) *~ di fabbricazione*: 1 manufacturing defect; 2 (*Tess*) flaw; (*Ind*) *~ di lavorazione* defect in workmanship; *~ di massa* mass defect; *~ di pronuncia* defect in pronunciation, defect of pronunciation; *~ ere-*

ditario hereditary defect; *far ~*: 1 (*mancare*) to lack: *non gli fa certo ~ la faccia tosta* he certainly doesn't lack cheek, (*Am*) he certainly doesn't lack nerve; 2 (*venire meno*) to fail: *mi fa ~ la memoria* memory fails me; 3 (*Abbigl*) to be badly cut; *essere in ~* (*trovarsi in colpa*) to be at fault; (*fig*) *il ~ sta nel manico* the fault lies at the source; *non avere nessun ~* to be flawless, to be faultless; *senza difetti* flawless, faultless.

difettosamente *avv.* **1** defectively. **2** (*imperfettamente*) imperfectly.

difettoso *a.* **1** (*imperfetto*) defective, imperfect: *pronuncia difettosa* defective pronunciation. **2** (*che funziona male*) defective, faulty, imperfect: *motore ~* faulty engine.

diffamare (**diffàmo**) *v.t.* **1** to defame, to slander (*anche Dir*). **2** (*per scritto*) to libel.

diffamato *a.* **1** defamed, slandered (*anche Dir*). **2** (*accusato per iscritto*) libelled.

diffamatore *m.* (*f.* **-trice**) **1** defamer, slanderer (*anche Dir*). **2** (*accusatore per iscritto*) libeller.

diffamatorio *a.* defamatory (*anche Dir*): *una lettera diffamatoria* a defamatory letter.

diffamazione *f.* **1** defamation, slander (*anche Dir*). **2** (*per scritto*) (defamatory) libel: *querela per ~* libel action.

differente *a.* different: *essere ~ da qcs.* to be different from (*o* to) sth.; *due persone differenti per cultura* two people of different cultural backgrounds. □ *~ di colore* of different colours, different in colour; *~ di forma* different in form, different in shape.

differentemente *avv.* **1** differently, in a different way. **2** (*altrimenti*) otherwise.

differenza *f.* **1** (*diversità*) difference (*di* in, of, *tra* between): *~ di colori* difference in colour; *qual è la ~?* what's the difference? **2** (*divario*) difference, discrepancy: *tra le nostre idee c'è una grande ~* there is considerable discrepancy between our opinions; *c'è qualche piccola ~* there are one or two slight differences; *c'è una bella ~!* that makes a lot of difference!, there's quite a difference!, there's a big difference! **3** (*somma mancante*) difference: *pagare la ~* to pay the difference. **4** (*Mat*) (*risultato della sottrazione*) difference: *la ~ tra dieci e sei è quattro* the difference between ten and six is four. □ *a ~ di* unlike: *a ~ del fratello, lui è pigro* unlike his brother, he is lazy; *con la ~ che* with the difference that; (*Sociol*) *differenze di classe* class differences; *~ di età* age difference, disparity of age, age difference, age gap; (*Fis*) *~ di fase* phase difference; *~ di fuso orario* time difference; *~ di livello* difference in level; (*El*) *~ di potenziale* potential difference; *fare la ~* to make a difference; *che ~ fa?* what difference does it make?, what's the difference?; *non fa alcuna ~* it makes no difference; *un maestro non deve fare differenze tra gli allievi* a teacher must be impartial with his pupils; *è il servizio che fa la ~* it's the service that makes the difference; *~ in meno* deficiency, shortfall, less, fewer, shortage: *c'è una ~ in meno di sei* there are six fewer (than there should be); *~ in più* excess; *non c'è ~* there's no difference.

differenziabile *a.* differentiable (*anche Mat*).

differenziabilità *f.* (*Mat*) differentiability.

differenziale I *a.* differential: (*Mat*) *calcolo ~* differential calculus. **II** *m.* **1** (*Mecc*) differential gear, differential gearing, differential. **2** (*Mat,Econ*) differential.

differenziamento *m.* differentiation (*anche Biol*).

differenziare (**differènzio, differènzi**) I *v.t.* **1** to differentiate, to distinguish. **2** (*Mat*) to differentiate. **II** *v.pron.* **differenziarsi 1** (*essere differente*) to differ (*da* from), to be different: *si differenziano per cultura* they differ in their cultural backgrounds. **2** (*diventare differente*) to differentiate, to become different, to grow different: *il suo stile si differenziò sempre più da quello del maestro* his style became more and more different from that of his teacher. **3** (*distinguersi*) to distinguish oneself (*da* from). **4** (*Biol*) to differentiate.

differenziato *a.* differentiated.

differenziazione *f.* differentiation (*anche Mat,Min,Biol*).

differibile *a.* deferrable, postponable: *la data non è ~* the date is not deferrable.

differimento *m.* deferment, postponement.

differire (**differìsco, differìsci**) I *v.i.* (*aus.* **avere**) to differ (*da* from), to be different: *~ in qcs.* to differ in sth., to be different in sth.; *la seconda edizione non differisce molto dalla prima* the second edition does not differ greatly from the first. **II** *v.t.* (*rinviare*) to defer, to postpone, to put off: *~ un pagamento* to defer a payment. □ *~ di molto* to differ widely; *~ di poco* to differ little; *differiscono molto nelle idee* they differ greatly in their ideas; (*Comm*) *~ la scadenza di una cambiale* to extend the maturity of a bill.

differita *f.* (*TV,Rad*) recorded broadcast, recording. □ (*TV,Rad*) *trasmissione in ~* recorded broadcast; *trasmettere qcs. in ~* to broadcast a recording of sth.

differito *a.* postponed, deferred.

difficile I *a.* **1** difficult, hard: *un'impresa ~* a difficult undertaking; *tempi difficili* hard times; *trovo ~ parlare in pubblico* I find it difficult to speak in public; *rendere la vita ~ a qcu.* to make life hard for so.; *mi riesce ~ crederti* I find it hard to believe you. **2** (*rif. a persona: scontroso*) difficult, hard to get on with (*posposto*): *un ragazzo ~* a difficult boy; *un bambino ~* a problem child. **3** (*incontentabile*) hard to please, difficult, exacting. **4** (*schizzinoso*) difficult, finicky, fastidious, fussy: *è molto ~ nel mangiare* he's very fussy about his food. **5** (*improbabile*) unlikely, improbable: *è ~ che io lo veda* I am unlikely to see him, it is unlikely (*o* improbable) that I'll see him. **II** *m.* difficulty, hard part, difficult part, what is difficult: *il ~ è convincerlo* the hard part is convincing him. **III** *m./f.* difficult person. □ *~ a leggersi* difficult to read: *un libro difficile a leggersi* a difficult book to read; *è ~ a dirsi* it's hard to tell; *il ~ è cominciare* the hard part is beginning, the hardest part is getting started; *è ~ da capire* it is hard to understand, it is difficult to understand; *un libro di ~ lettura* to be difficult to digest; *un libro di ~ lettura* difficult book to read; *fare il ~* (*farsi pregare*) to be hard to get on with, to be difficult; *mi sarà ~ persuaderlo* I'll have a hard time persuading him.

difficilmente *avv.* **1** (*con difficoltà*) with difficulty. **2** (*con scarsa probabilità*) unlikely: *~ potrò venire domani* I am unlikely to be able to come tomorrow.

difficoltà *f.* **1** (*l'essere difficile*) difficulty: *la ~ sta nel trovare un equilibrio* the difficulty lies in finding a balance. **2** (*ostacolo*) difficulty, trouble, hurdle, hitch: *ciò non presenta alcuna ~* that presents no difficulty, that's no trouble; *sono sorte delle ~* some difficulties have come up; *incontrare delle ~* to run into difficulties, to meet with difficulties. **3** (*opposizione, obiezione*) difficulty,

objection: *sollevare delle ~* to raise difficulties, to make difficulties, to raise objections. **4** *pl.* (*ristrettezze economiche*) (financial) difficulties, straits: *trovarsi in ~* to be in difficulties, to be in difficult straits. □ *avere ~ a fare qcs.* to have difficulty in doing sth., to find it difficult to do sth.; *non avere ~ a credere a qcu.* to have no difficulty in believing so.; *con ~* (*faticosamente*) with an effort, with difficulty: *parla con ~* he speaks with difficulty; *respirava con ~* he had trouble breathing; *~ di apprendimento* learning difficulties; *fare ~* to make difficulties, to raise difficulties; *~ finanziarie* financial straits, financial difficulties; *essere in ~* to be in trouble, to be in difficulty; *mettere qcu. in ~* to put so. in a difficult position; *senza ~* without a hitch, without difficulty, without trouble, without problems; *non senza ~* non without difficulty, with no little difficulty.

difficoltoso *a.* **1** difficult, hard, tough. **2** (*rif. a persona: scontroso*) difficult; (*incontentabile*) hard to please, difficult, exacting.

diffida *f.* (*Dir*) warning, notice, intimation: *notificare una ~ a qcu.* to serve a notice on so. □ *~ di pagamento* notice to pay.

diffidare (**diffìdo**) I *v.i.* (*aus.* **avere**) to mistrust, not to trust (*di qcs.* sth.), to be distrustful, to be suspicious (of), to have no faith (in): *diffido delle sue promesse* I don't trust his promises; *~ di tutti* to be suspicious of everybody. **II** *v.t.* to warn, to caution, to give warning, to give notice to: *~ qcu. dal fare qcs.* to warn so. not to do sth., to caution so. against doing sth.; *il tribunale lo diffidò a lasciare la città* the court gave him warning to leave the city. □ *diffidate delle imitazioni* beware of imitations.

diffidente *a.* mistrustful, distrustful, suspicious: *essere ~ con* (*o di*) *qcu.* to be suspicious of so., to be distrustful of so., to distrust so.: *è ~ con gli estranei* he is suspicious of strangers, he distrusts strangers.

diffidenza *f.* distrust, mistrust, suspicion: *provare ~ nei confronti di qcu.* to be distrustful of so. □ *con ~* with distrust, with suspicion.

diffondere (*pres.ind.* **diffóndo**; *p.rem.* **diffùsi**; *p.p.* **diffùso**) I *v.t.* **1** to give out, to shed, to diffuse, to give off: *la lampada diffondeva una luce bianca* the lamp shed a white light; *il fuoco diffondeva calore nell'ambiente* the fire gave off warmth to the room. **2** (*fig*) (*vulgare*) to spread (abroad): *~ una notizia* to spread news; *~ il terrore* to spread terror abroad. **3** (*fig*) (*propagandare*) to advertise, to publicize, to make known. **4** (*fig*) (*fare circolare*) to circulate: *~ un giornale* to circulate a newspaper. **5** (*fig*) (*incrementare la vendita*) to promote the sales of: *~ un prodotto* to promote the sales of a product. **6** (*Rad*) (*trasmettere*) to broadcast. **7** (*TV*) to broadcast, to telecast. **II** *v.pron.* **diffondersi 1** to spread (out): *un improvviso rossore si diffuse sul suo volto* a sudden flush spread over her face; *il morbo si diffuse per tutta la città* the disease spread all over the town. **2** (*rif. a odori*) to waft: *dalla pentola si diffondeva l'odore dell'arrosto* the smell of the roast wafted up from the pan. **3** (*fig*) to spread, to become widespread, to circulate: *queste idee si diffusero rapidamente* these ideas spread rapidly. **4** (*fig*) (*dilungarsi*) to enlarge (*su* on): *diffondersi su un argomento* to enlarge on a subject.

difforme *a.* different, unlike, dissimilar. □ *una copia ~ dall'originale* a copy unconformable to the original.

difformità *f.* unlikeness, difference, dis-

similarity.

diffrangere (*pres.ind.* **diffràngo, diffràngi**; *p.rem.* **diffrànsi**; *p.p.* **diffrànto**) I *v.t.* (*Fis*) to diffract. **II** *v.pron.* **diffrangersi** (*Fis*) to be diffracted, to diffract.

diffrazione *f.* (*Fis*) diffraction. □ (*Fis*) *~ acustica* acoustic diffraction; (*Fis*) *~ della luce* light diffraction; (*Fis*) *~ elettronica* electron diffraction.

diffusamente *avv.* diffusely, fully, at length: *trattare ~ un argomento* to treat a subject fully, to treat a subject at length, to go deeply into a subject, to go thoroughly into a subject.

diffusi → **diffondere**.

diffusibile *a.* diffusible.

diffusibilità *f.* diffusibility.

diffusionale *a.* **1** distribution (*attr.*): *rete ~* distribution network. **2** (*Fis*) diffusional.

diffusione *f.* **1** spread, diffusion, propagation: *la ~ del cristianesimo* the spread of Christianity; *la ~ di notizie* the propagation of news. **2** (*il diffondersi*) spreading: *la ~ di un morbo* the spreading of a disease. **3** (*rif. a giornali e sim.*) circulation: *~ di pubblicazioni clandestine* circulation of clandestine publications. **4** (*Rad*) broadcast. **5** (*TV*) broadcast, telecast. **6** (*Fis,Nucl*) scattering. **7** (*Ott,Met,Chim*) diffusion. □ (*TV,Rad*) *~ regionale* regional (*attr.*); (*Acus*) *~ del suono* diffusion of sound; (*Ott*) *~ della luce* diffusion of light, light scattering; (*Fis*) *~ termica* thermal diffusion.

diffusivo *a.* (*rar*) diffusive.

diffuso → **diffondere** *a.* **1** widespread: *un'abitudine molto diffusa* a widespread habit. **2** (*rif. a giornali e sim.*) circulated: *un giornale molto ~* a widely-circulated newspaper. **3** (*prolisso*) long-winded, prolix. **4** (*Fis*) diffused: *calore ~* diffused heat; *luce diffusa* diffused lighting, indirect light.

diffusore *m.* **1** spreader. **2** (*Mecc,Fis*) diffuser. **3** (*Nucl*) scatterer. **4** (*Acus*) (sound) diffuser. **5** (*Aut*) choke (tube). **6** (*Ind*) diffuser. **7** (*di asciugacapelli*) hair dryer attachment.

diffusorio *a.* diffusion (*attr.*).

difilato *avv.* **1** (*direttamente*) straight: *vai ~ a scuola* go straight to school. **2** (*subito*) straight away, straight off: *venne ~ a raccontarmi l'accaduto* she came straight away to tell me what had happened.

difronte I *a.inv.* opposite: *la casa ~* the house opposite. **II** *avv.* opposite. □ *~ a* in front of, facing, opposite.

difterico (*pl.* **-ci**) *a.* (*Med*) diphtheric, diphtheritic, diphtheria (*attr.*).

difterite *f.* (*Med*) diphtheria.

diga *f.* **1** (*sbarramento di fiume*) dam, barrage. **2** (*argine litoraneo*) dike, dyke; (*frangiflutti*) breakwater. **3** (*opera portuale*) breakwater. **4** (*fig*) defence, barrier, dike: *una ~ al malcostume* a defence against immorality; *rompere le dighe* to break the bounds. □ *~ a contrafforti* counterfort dam, buttress dam; *~ a gettata* jetty; *~ artificiale* artificial dam, barrage; *la ~ di Assuan* the Aswan Dam, the Aswan High Dam; *~ di sbarramento* (retaining) dam; *~ fluviale* (river) dam, barrage, (*Am*) levee; *~ foranea* outer breakwater; *~ marittima* breakwater; *~ mobile* movable dam.

digamma *m.inv.* (*Ling*) digamma.

digastrico I *a.* (*Anat*) digastric. **II** *m.* (*Anat*) digastric muscle, digastric.

digerente *a.* digestive: (*Anat*) *apparato ~* digestive tract.

digeribile *a.* **1** digestible: *cibo facilmente ~* easily-digestible food. **2** (*fig*) tolerable.

digeribilità *f.* digestibility.

digerire (**digerìsco, digerìsci**) *v.t.* **1** to digest. **2** (*fig*) (*smaltire*) to let cool, to work off: ~ *la rabbia* to let one's anger cool, to cool off. **3** (*fig*) (*sopportare, tollerare*) to swallow, to bear, to put up with: ~ *un'offesa* to swallow an affront, to stomach an insult, to swallow an insult. **4** (*fig*) (*rif. a persone: sopportare*) to bear, to stand: *non lo posso* ~ I can't stand him. **5** (*fig*) (*assimilare*) to digest, to take in: *non digerisco la matematica* I cannot take in mathematics. **6** (*Chim*) to digest. □ ~ *bene* to have a good digestion; (*fig, colloq*) ~ *anche i chiodi* to have a cast-iron stomach; ~ *male* to have a poor digestion; (*fig,colloq*) ~ *anche i sassi* to have a cast-iron stomach.

digestione *f.* (*Fisiol,Chim*) digestion. □ ~ *difficile* difficult digestion; ~ *laboriosa* laboured digestion, poor digestion.

digestivo I *a.* digestive: *processo* ~ digestive process; *liquore* ~ digestive liqueur. II *m.* **1** (*rar*) digestant. **2** (*liquore*) digestive liqueur.

digesto *m.* (*Dir.rom*) digest.

digestore *m.* (*Ind*) digester.

digitale[1] *a.* finger (*attr.*), digital: *impronta* ~ fingerprint.

digitale[2] *f.* (*Bot*) foxglove, digitalis.

digitale[3] I *a.* (*Inform*) digital. II *m.* (*Ind, Comm*) (*settore*) digital sector: *la grande espansione del* ~ the boom in the digital sector.

digitalina *f.* (*Farm*) digitalin.

digitalizzare (**digitalìzzo**) *v.t.* (*Inform*) to digitize.

digitalizzato *a.* (*Inform*) digitalized.

digitalizzatore *m.* (*Inform*) digitizer.

digitalizzazione *f.* (*Med*) digitalization.

digitare (**dìgito**) *v.t.* **1** (*su una tastiera*) to type (in). **2** (*Inform*) to enter, to type in, to key (in), to punch in: ~ *il codice segreto* please enter your PIN, please key in your code. **3** (*su un telefono*) dial. **4** (*Mus*) to finger.

digitato *a.* (*Zool,Anat,Bot*) digitate.

digitazione *f.* **1** (*Anat*) digitation. **2** (*Mus*) fingering. **3** (*Inform*) typing in, keying.

digitigrado I *a.* (*Zool*) digitigrade. II *m.* (*Zool*) digitigrade.

digitopressione *f.* acupressure.

digitossina *f.* (*Chim,Farm*) digitoxin.

digiunare (**digiùno**) *aus.* **avere**) *v.i.* **1** (*per penitenza, per ragioni di salute*) to fast. **2** (*patire la fame*) to go hungry.

digiunatore *m.* (*f.* **-trice**) faster.

digiuno[1] I *m.* **1** fast, fasting: *osservare il* ~ to observe a fast; *rompere il* ~ to break one's fast; *rimanere* ~ to have nothing to eat or drink. **2** (*fig*) (*lunga privazione*) (long) privation. II *a.* **1** not having eaten, fasting: *stamattina sono ancora* ~ I haven't eaten this morning; *era* ~ *da due giorni* he hadn't eaten for two days. **2** (*fig*) (*privo*) without (*di qcs.* sth.), lacking (in): *essere* ~ *di notizie* to be without news, to be starved for news; *essere* ~ *delle cognizioni più elementari* to be lacking in the most elementary knowledge; *è completamente* ~ *di matematica* he knows no mathematics at all, he knows nothing about mathematics. □ *a* ~ on an empty stomach, before meals, before eating: *non fumo mai a* ~ I never smoke on an empty stomach; *è una medicina da prendere a* ~ it's a medicine to be taken before meals; *sono a* ~ I haven't eaten; *tenere qcu. a* ~: **1** to keep so. without food, to starve so.; **2** (*fig*) to starve, to keep without: *mi hai tenuto a* ~ *di notizie* you have kept me short of news, you have starved me of news; (*Rel*) ~ *eucaristico* fasting before Communion; *fare* ~ to fast;

(*Rel*) ~ *quaresimale* Lenten fasting; (*Med*) ~ *terapeutico* therapeutic fasting.

digiuno[2] *m.* (*Anat*) jejunum.

digiunoterapia *f.* fasting therapy.

dignità *f.* **1** dignity: *la mia* ~ *non mi permette di farlo* it is beneath my dignity to do this. **2** (*rispetto di sé*) self-respect. **3** (*decoro*) decorum, dignity. **4** (*alto ufficio*) dignity, high office, rank: *conferire una* ~ *a qcu.* to confer a high office on so.; *elevare alla* ~ *papale* (o *innalzare alla* ~ *papale*) to raise to the papal dignity. **5** *pl.* (*dignitari*) dignitaries. □ *con* ~: **1** (*con onore*) with dignity, honourably; **2** (*con decoro*) with decorum, decorously; *senza* ~ undignified.

dignitario *m.* dignitary: *un alto* ~ a leading dignitary.

dignitosamente *avv.* **1** with dignity, in a dignified manner. **2** (*decorosamente*) decently, decorously.

dignitoso *a.* **1** dignified. **2** (*decoroso*) decorous, decent: *abito* ~ decorous dress.

DIGOS *Divisione investigazioni generali e operazioni speciali* (*della polizia*) (political intelligence branch of the Italian police force).

digradante *a.* **1** sloping (down). **2** (*rif. a colori*) shading off.

digradare (**digràdo**; *aus.* **avere/essere**) *v.i.* **1** to slope (down), to decline: *i colli digradano verso il fiume* the hills slope down towards the river. **2** (*rif. a colori*) to shade off: *un rosso che digrada nel rosa* a red shading off into pink, a red that softens gradually to pink.

digradazione *f.* **1** sloping (down). **2** (*rif. a colori*) shading off.

digramma *m.* (*Ling*) digraph, digram.

digrassare (**digràsso**) *v.t.* **1** to remove fat from. **2** (*schiumare*) to skim.

digrassatura *f.* **1** removal of fat. **2** (*schiumatura*) skimming.

digressione *f.* digression (*anche Astr*): *fare una* ~ to make a digression, to digress.

digressivo *a.* digressive.

digrignamento *m.* grinding, gnashing.

digrignare (**digrìgno**) *v.t.* to grind, to gnash, to snarl. □ ~ *i denti*: **1** (*rif. ad animali*) to show the teeth, to bare the teeth; **2** (*rif. a persone*) to grind one's teeth, to gnash one's teeth.

digrossamento *m.* **1** trimming (down), cutting down. **2** (*sbozzatura*) rough-hewing. **3** (*fig*) (*dirozzamento*) refining. **4** (*fig*) (*istruzione*) teaching the rudiments.

digrossare (**digròsso**) *v.t.* **1** (*sgrossare*) to trim (down), to reduce, to thin down: ~ *un blocco di marmo* to trim a block of marble. **2** (*sbozzare*) to rough-hew, to rough-shape: ~ *una scultura* to rough-hew a sculpture. **3** (*fig*) (*dirozzare*) to refine, to polish, to give polish to: *la vita di città lo ha digrossato* city life gave him polish. **4** (*fig*) (*istruire*) to teach the rudiments.

diguazzamento *m.* splashing (about).

diguazzare (**diguàzzo**; *aus.* **avere**) *v.i.* to splash (about), to paddle, to dabble: *i bambini diguazzavano nella piscina* the children splashed about in the pool.

diktat /dik'tat, 'diktat/ *m.inv.* (*Pol*) diktat.

DIL (*Edil*) *dichiarazione di inizio lavori* (declaration of commencement of works).

dilagante *a.* on the increase (*posposto*), rampant: *il vizio* ~ rampant vice.

dilagare (**dilàgo, dilàghi**; *aus.* **avere**) *v.i.* **1** to flood (*in qcs.* sth.), to spread, to overflow (into): *le acque dilagarono nella campagna* the waters flooded the countryside. **2** (*fig*) to spread (far and wide), to be rampant, to be

rife: *la corruzione dilaga nel paese* corruption is spreading all over the country. **3** (*Sport*) (*dominare*) to dominate.

dilaniare (**dilànio, dilàni**) I *v.t.* **1** to tear to pieces: *il suo corpo fu dilaniato dall'esplosione* he was blown to pieces by the explosion. **2** (*fig*) (*tormentare*) to torment, to rend, to gnaw: *lo dilaniava il sospetto* he was tormented by suspicion, suspicion gnawed (at) him; *il colpevole era dilaniato dal rimorso* the guilty man was smitten by remorse. II *v.r.recipr.* **dilaniarsi 1** (*sbranarsi*) to tear each other to pieces. **2** (*fig*) to pull each other to pieces.

dilapidare (**dilàpido**) *v.t.* to squander, to waste, to dissipate: ~ *un patrimonio* to squander a fortune.

dilapidatore I *a.* squandering. II *m.* (*f.* **-trice**) squanderer.

dilapidazione *f.* waste, squandering, dissipation.

dilatabile *a.* expandable, expansible, dilatable, expanding.

dilatabilità *f.* expandability, expansibility.

dilatare (**dilàto**) I *v.t.* **1** to extend, to widen. **2** (*aprire*) to open (up), to dilate: *questa crema dilata i pori* this cream opens up the pores. **3** (*gonfiare*) to swell. **4** (*Fis*) to dilate, to expand. **5** (*Med*) to dilate. II *v.pron.* **dilatarsi 1** to dilate, to expand, to widen (out): *gli si dilatarono le pupille per l'ira* his pupils dilated with anger. **2** (*gonfiarsi*) to swell: *col calore le vene si dilatano* in the heat veins swell up. **3** (*Fis*) to expand. **4** (*Med*) to dilate. □ ~ *le narici* to flare one's nostrils; *gli si è dilatato lo stomaco* his stomach is distended.

dilatato *a.* dilated, enlarged: *pupille dilatate* dilated pupils; *pori dilatati* enlarged pores, open pores.

dilatatore I *a.* dilating. II *m.* **1** (*Chir*) dilator. **2** (*Mecc*) expansion joint, expansion bend.

dilatatorio *a.* dilative, dilating, dilator (*attr.*).

dilatazione *f.* **1** dilation, dilatation. **2** (*rigonfiamento*) swelling. **3** (*Fis*) expansion, dilatation. **4** (*Med*) dilation, dilatation. □ (*Fis*) ~ *dei gas* gas expansion; (*Med*) ~ *del cuore* dilation of the heart; (*Med*) ~ *di stomaco* distension of the stomach; (*Fis*) ~ *termica* thermal expansion.

dilatometria *f.* (*Fis*) dilatometry.

dilatometro *m.* (*Fis,Tecn*) dilatometer.

dilatorio *a.* delaying, dilatory: *tattica dilatoria* delaying tactics. **2** (*Dir*) dilatory: *eccezione dilatoria* dilatory exception.

dilavamento *m.* (*Geol*) washing away, washing out.

dilavare (**dilàvo**) *v.t.* (*Geol*) to wash away, to wash out.

dilavato *a.* **1** (*Geol*) washed away, scoured. **2** (*fig*) (*smorto*) pale, (*Br*) colourless, (*Am*) colorless.

dilazionabile *a.* **1** (*rimandabile*) that can be postponed (*posposto*). **2** (*ritardabile*) that can be deferred (*posposto*), that can be delayed (*posposto*). **3** (*Comm*) extendable, extendible.

dilazionare (**dilazióno**) *v.t.* **1** (*rimandare*) to postpone. **2** (*ritardare*) to defer, to delay. **3** (*Comm*) to extend: ~ *il pagamento* to extend payment.

dilazionato *a.* deferred, postponed, extended: *pagamento* ~ extended payment, deferred payment.

dilazionatorio *a.* dilatory.

dilazione *f.* **1** (*rinvio*) postponement. **2** (*ritardo*) delay: ~ *nella consegna* delay in delivery. **3** (*Comm*) extension, respite: ~ *di pa-*

gamento extension of payment, deferrment of payment.

dileggiare (**diléggio, diléggi**) *v.t.* to mock, to scoff at.

dileggiatore *m.* (*f.* **-trice**) mocker, scoffer.

dileggio *m.* mocking, scoffing, derision. □ *per* ~ in derision.

dileguare (**diléguo**) **I** *v.t.* **1** to disperse, to dispel, to dissipate: *il sole ha dileguato la nebbia* the sun has dispersed the mist. **2** (*fig*) to dispel, to dissipate: ~ *ogni dubbio* to dispel all doubt. **II** *v.i.* (*aus.* **essere**) to vanish, to disappear. **III** *v.pron.* **dileguarsi 1** to vanish, to disappear: *la figura si dileguò nella nebbia* the figure vanished into the mist. **2** (*fig*) to fade, to vanish: *tutte le nostre speranze si sono dileguate* all our hopes faded.

dilemma *m.* dilemma: *trovarsi di fronte a un* ~ to be in a dilemma, to be faced with a dilemma, to find oneself faced with a dilemma.

dilettante I *a.* amateur (*attr.*), dilettant (*attr.*): *pittore* ~ amateur painter. **II** *m./f.* **1** amateur, dilettante: *è un* ~ *di musica* he is an amateur musician. **2** (*spreg*) dabbler: *non è un suonatore, è solo un* ~ he's not a player, he's a mere dabbler; he's not a player, he's a mere strummer. **3** (*Sport*) amateur: *campionato dei dilettanti* amateur championship. □ (*spreg*) *da* ~ amateurish: *un quadro da* ~ an amateurish painting; *scrivere da* ~ to be an amateur writer.

dilettantesco (*pl.* **-chi**) *a.* (*spreg*) amateurish: *un lavoro* ~ an amateurish job.

dilettantismo *m.* **1** dilettantism. **2** (*spreg*) amateurishness. **3** (*Sport*) amateurism, non-professionalism.

dilettantistico (*pl.* **-ci**) *a.* **1** amateur (*attr.*), dilettante (*attr.*). **2** (*spreg*) amateurish. **3** (*Sport*) amateur (*attr.*), non-professional: *sport* ~ amateur sport.

dilettare (**dilètto**) **I** *v.t.* **1** to delight, to please, to enchant: *la musica mi diletta* music delights me. **2** (*fare divertire*) to amuse, to entertain. **II** *v.pron.* **dilettarsi 1** (*provare piacere*) to take pleasure, to delight (*di, a, in* in), to enjoy (sth.). **2** (*occuparsi per diletto*) to delight (*di* in), to love (sth.): *si diletta di pittura* he loves painting, he paints as a pastime.

dilettevole *a.* delightful, pleasing, amusing, (*lett*) delectable.

diletto[1] **I** *a.* (*lett*) beloved: *la sposa diletta* the beloved bride. **II** *m.* (*f.* **-a**) beloved, loved one: *ha ricevuto una lettera dal suo* ~ she has received a letter from her beloved.

diletto[2] *m.* **1** delight, pleasure: *arrecare* ~ to give pleasure, to delight. **2** (*svago*) hobby, pleasure. □ *con* ~ with pleasure: *ho letto il libro con gran* ~ I read the book with great pleasure; *per* ~ for pleasure, for enjoyment: *dipinge per* ~ he paints for pleasure.

diligente *a.* **1** diligent, hard-working: *scolaro* ~ hard-working pupil. **2** (*accurato*) diligent, careful, painstaking: *lavoro* ~ diligent work.

diligentemente *avv.* diligently, carefully.

diligenza[1] *f.* **1** diligence. **2** (*accuratezza*) care, pains *pl.*: *eseguì l'incarico con molta* ~ he took great pains over the task. **3** (*Dir*) diligence, care. □ *con* ~ diligently, conscientiously: *studiare con* ~ to study conscientiously.

diligenza[2] *f.* **1** stage coach, diligence. **2** (*postale*) mailcoach.

diliscare (**dilìsco, dilìschi**) *v.t.* to bone, to fillet (a fish).

diluente I *a.* (*Chim*) diluting, diluent. **II** *m.* **1** diluent. **2** (*per vernici e sim.*) thinner.

diluire (**diluìsco, diluìsci**) *v.t.* **1** to dilute, to thin (down), to water down: ~ *una soluzione* to dilute a solution; ~ *una vernice* to thin a paint; ~ *una salsa* to thin a sauce. **2** (*sciogliere*) to dissolve: ~ *la polvere in mezzo bicchiere d'acqua* to dissolve the powder in half a glass of water. **3** (*fig*) to water down.

diluizione *f.* **1** dilution, thinning, watering down. **2** (*lo sciogliere*) dissolving.

dilungarsi (**mi dilùngo, ti dilùnghi**) *v.pron.* (*parlare a lungo*) to talk at length, to dwell: ~ *nell'esposizione di un avvenimento* to give a drawn-out description of the event; *non voglio dilungarmi* I don't want to go into details.

diluviale[1] *a.* **1** (*lett*) (*rif. al diluvio universale*) diluvial, diluvian. **2** (*estens*) (*torrenziale*) torrential, pouring.

diluviale[2] *a.* (*Geol*) diluvial, diluvian.

diluviare (**dilùvio**) **I** *v.i.impers.* (*aus.* **essere/avere**) to pour, (*colloq*) to rain cats and dogs: *ha diluviato tutta la notte* it poured all night. **II** *v.i.* (*aus.* **avere**) to pour in, to rain down, to come thick and fast: *diluviavano i colpi* the blows rained down; *diluviavano ordini* orders came thick and fast, (*Am*) orders flooded in.

diluvio *m.* **1** downpour, deluge: *devo uscire con questo* ~ I've got to go out in this downpour. **2** (*fig*) hail, flood, torrent, shower: *un* ~ *di parole* a torrent of words; *un* ~ *di colpi* a hail of blows. **3** (*Bibl*) (*diluvio universale*) (the) Flood, (the) Deluge. □ *dopo di me, il* ~ after me, the flood.

diluvium *m.* (*Geol,rar*) diluvium.

dima *f.* (*Tecn*) template.

dimagramento *m.* **1** loss of weight, weight loss. **2** (*volontario*) slimming. **3** (*Agr*) impoverishment.

dimagrante *a.* slimming: *dieta* ~ (*o cura* ~) slimming diet.

dimagrare (**dimàgro**) **I** *v.i.* (*aus.* **essere**) **1** (*rar*) to get thin, to become thin, to lose weight, to grow thinner, to grow slimmer; (*dimagrire di proposito*) to slim, to reduce, to slim down. **2** (*Agr*) to become poor. **II** *v.t.* (*rar*) **1** (*fare diventare magro*) to make (sth.) thin. **2** (*fare apparire snello*) to slim, to make (so.) look slim(mer), to be slimming: *il nero dimagra sempre* black is always slimming.

dimagrimento *m.* **1** loss of weight, weight loss. **2** (*volontario*) slimming.

dimagrire (**dimagrìsco, dimagrìsci**; *aus.* **essere**) *v.i.* **1** to lose weight. **2** (*volontariamente*) to slim, to get slim, to slim down. □ ~ *di due chili* to lose two kilos.

dimagrito *a.* thinner, slimmer: *ti trovo dimagrita* you look thinner; *sei* ~ *in viso* your face has got thinner, you look slimmer in the face.

dimandare *v.t.* (*ant*) → **domandare**.

dimenamento *m.* **1** (*il dimenare*) wagging, waggling. **2** (*agitarsi*) tossing (about). **3** (*il divincolarsi*) struggling, wriggling.

dimenare (**diméno**) **I** *v.t.* **1** (*rif. a braccia, gambe*) to wave (about); (*dondolare*) to sway, to swing. **2** (*rif. a coda*) to wag, to waggle. **II** *v.pron.* **dimenarsi 1** to fidget, to fling oneself about; to throw oneself about: *il pazzo si dimenava per la stanza* the madman flung himself around the room. **2** (*nel letto*) to toss (about), to toss and turn: *si dimenò tutta la notte* he tossed and turned all night. **3** (*colloq*) (*camminando*) to sway (one's hips), to wiggle. **4** (*divincolarsi*) to struggle, to writhe, to wriggle: *si dimenava per sfuggire alla stretta* he struggled to get free. □ ~ *le braccia*: **1** (*sbracciarsi*) to wave one's arms about; **2** (*dondolarle*) to

swing one's arms.

dimenìo *m.* **1** (*rif. a braccia, gambe*) waving, swinging; (*rif. alla coda*) wagging, waggling. **2** (*il dimenarsi*) fidgeting; (*nel letto*) tossing (about).

dimensionale *a.* dimensional: *analisi* ~ dimensional analysis.

dimensionamento *m.* (*Tecn*) dimensioning. □ (*Inform*) ~ *automatico* autosizing.

dimensionare (**dimensióno**) *v.t.* (*Tecn*) to measure, to dimension.

dimensione *f.* **1** dimension (*anche Geom, Fis*). **2** *pl.* size *sing.*, dimensions: *queste due stanze hanno le medesime dimensioni* these two rooms are the same size. **3** *spec.pl.* (*grandezza*) scope, proportion, importance: *il fatto ha assunto notevoli dimensioni* the event has taken on great importance. **4** (*fig*) (*aspetto*) aspect, dimension: *la* ~ *spirituale* the spiritual dimension; *conferire una nuova* ~ to bring a new dimension. □ *a* ~ *d'uomo* on a human scale; *a tre dimensioni* three-dimensional, (*colloq*) 3-D: *film a tre dimensioni* three-dimensional film, (*colloq*) 3-D film; (*Nucl*) ~ *critica* critical size; (*Inform*) ~ *del file* file size; (*TV*) ~ *dell'immagine* projection size, size of the image; (*Tecn*) *dimensioni d'ingombro* overall dimensions; *di dimensioni standard* standard-size (*attr.*); *di tutte le dimensioni* of all sizes; (*Mecc*) ~ *nominale* basic size, nominal size.

dimenticabile *a.* forgettable.

dimenticanza *f.* **1** (*il dimenticare*) forgetfulness: ~ *dei propri doveri* the forgetfulness (*o* the neglect) of one's duties. **2** (*omissione*) omission; (*svista*) oversight, slip, inadvertence: *non invitarlo è stata una imperdonabile* ~ not inviting him was an unpardonable oversight.

dimenticare (**diméntico, diméntichi**) *v.t.* **1** to forget: *non ha dimenticato i vecchi amici* he has not forgotten his old friends; *me lo sono dimenticato* I forgot about it; *queste cose non si dimenticano* these things can't be forgotten; *riuscire a* ~ *qcu.* to get so. out of one's mind, to get over so. **2** (*trascurare*) to neglect, to overlook: ~ *i propri doveri* to neglect one's duties. **3** (*perdonare*) to forgive, to forget about: ~ *le offese* to forgive affronts. **4** (*lasciare per dimenticanza*) to leave (behind): *ho dimenticato l'ombrello in ufficio* I left my umbrella (behind) at the office. **II** *v.pron.* **dimenticarsi** to forget: *dimenticarsi* (*di*) *qcs.* to forget (about) sth.; *dimenticarsi di fare qcs.* to forget to do sth.; *mi sono dimenticato di avvertirti* I forgot to notify you; *mi hai portato il libro? - No, me ne sono dimenticato* have you brought me the book? - No, I forgot (about it); *ah, dimenticavo, Marco ci ha invitati a cena* oh, I nearly forgot, Marco invited us to dinner. □ ~ *di dire qcs.* to fail to mention sth.; *cercò di fare* ~ *il suo passato* he tried to live down his past; ~ *il passato* to let bygones be bygones.

dimenticato *a.* **1** forgotten: *uno scrittore* ~ a forgotten writer. **2** (*rif. a luoghi*) godforsaken: *un paese* ~ *da tutti* a godforsaken village. □ ~ *da Dio* godforsaken; ~ *da Dio e dagli uomini* forgotten by God and man.

dimenticatoio *m.* (*scherz*) oblivion: *cadere nel* ~ to fall into oblivion, to sink into oblivion; *lasciare nel* ~ *qcs.* (*o mettere nel* ~ *qcs.*) to consign sth. to oblivion.

dimentico (*pl.* **-chi**) *a.* **1** forgetful (*di* of), forgetting (sth.): ~ *di sé* forgetting oneself. **2** (*noncurante*) oblivious, unmindful, unaware (*di* of): *sembrava* ~ *di tutto* he seemed oblivious of everything; ~ *dei propri doveri* unmindful of one's duties, forgetful of one's duties.

dimero *m.* (*Chim*) dimer.

dimessamente *avv.* **1** (*umilmente*) humbly. **2** (*modestamente*) modestly. **3** (*rif. a vestiario*) plainly, shabbily: *vestire ~* to dress shabbily.

dimesso[1] *a.* **1** (*umile*) humble, lowly; (*modesto*) modest, unassuming: *atteggiamento ~* unassuming attitude. **2** (*rif. a vestiario: modesto*) plain, simple; (*trascurato*) shabby. **3** (*rif. a stile e sim.*) plain, unpretentious. **4** (*rif. a voce*) soft: *con voce dimessa* in a soft voice.

dimesso[2] → **dimettere**.

dimestichezza *f.* familiarity. □ *avere ~ con qcu.* to be on familiar terms with so., to be friendly with so.; *avere ~ con qcs.* to be familiar with sth.; *avere poca ~ con Internet* not to be very familiar with the Internet; *prendere ~ con* to become familiar with.

dimetro *m.* (*Metr*) dimeter.

dimettere (*pres.ind.* **dimétto**; *p.rem.* **dimìsi**; *p.p.* **dimésso**) **I** *v.t.* **1** (*lasciare andare: dall'ospedale*) to discharge; (*dal carcere*) to release, to discharge. **2** (*deporre*) to remove, to dismiss: *~ da una carica* to remove from a post. **II** *v.pron.* **dimettersi** to resign, to quit: *dimettersi da una carica* to resign from office.

dimezzamento *m.* halving: (*Fis*) *periodo di ~* half-life.

dimezzare (*dimèzzo*) *v.t.* **1** to cut in half, to halve: *~ una mela* to cut an apple in half; *~ gli investimenti* to halve investments. **2** (*ridurre alla metà*) to halve, to cut by half. **3** (*iperb*) (*diminuire*) to reduce drastically: *gli hanno dimezzato lo stipendio* his salary has been drastically reduced, his salary has been drastically cut.

dimezzato *a.* halved.

diminuendo[1] *m.* (*Mat*) (*minuendo*) minuend.

diminuendo[2] **I** *m.* (*Mus*) diminuendo. **II** *avv.* (*Mus*) diminuendo.

diminuire (**diminuìsco, diminuìsci**) **I** *v.t.* **1** to diminish, to decrease, to reduce, to lessen, to lower: *~ progressivamente* to diminish gradually. **2** (*restringere*) to narrow. **3** (*rimpicciolire*) to make smaller. **4** (*accorciare*) to shorten. **5** (*abbassare*) to reduce, to lower, to cut (down): *~ i prezzi* to lower prices, to cut prices. **6** (*fare regredire*) to reduce, to decrease, to lessen: *~ la produttività* to reduce productivity. **7** (*nel lavoro a maglia*) to decrease, to cast off: *~ una maglia* to cast off a stitch. **II** *v.i.* (*aus.* **essere**) **1** to diminish, to decrease, to go down: *la popolazione del paese è diminuita* the population of the country has decreased. **2** (*di prezzo*) to go down, to fall, to lower, to drop: *il petrolio è diminuito di un dollaro al barile* oil has gone down by one dollar a barrel. **3** (*di altezza*) to fall, to sink: *la piena è diminuita di trenta centimetri* the floodwater has fallen thirty centimetres. **4** (*di peso*) to lose (weight), to go down: *durante la prigionia sono diminuito di dieci chili* while in prison I lost ten kilos. **5** (*di intensità*) to abate, to diminish, to fall off, to ease off: *la pioggia diminuisce* the rain is easing off; *il caldo sta diminuendo* the heat is abating; *la febbre non accenna a ~* the fever shows no sign of abating, the fever shows no signs of breaking. □ *~ di importanza* to lose importance, to become less important; *~ di valore* to fall in value; *fare ~* to reduce, to lower, to bring down; *~ la distanza* to shorten the distance, to lessen the distance; *~ la velocità* to slow down, to reduce speed; *~ le tasse* to reduce taxes.

diminuito *a.* (*Mus*) diminished.

diminutivo I *a.* (*Gramm*) diminutive. **II** *m.* (*Gramm*) diminutive.

diminutore *m.* (*Mat*) subtrahend.

diminuzione *f.* **1** diminution, decrease, reduction, lessening. **2** (*restringimento*) narrowing. **3** (*accorciamento*) shortening. **4** (*nel lavoro a maglia*) decrease, casting off. **5** (*Mus*) diminution. □ *~ dei prezzi* drop in prices, fall in prices; *~ del personale* reduction of staff; *~ del valore* decline in value, reduction in value; (*Econ*) *~ della domanda* fall off in demand, reduction in demand; *~ della natalità* drop in birthrate; (*Econ*) *~ della produttività* fall in productivity; (*Econ*) *~ delle esportazioni* drop in exports; (*Dir*) *~ di pena* reduction of sentence, time off; *~ di peso* loss of weight; *~ di temperatura* fall in temperature, drop in temperature; *in ~* on the wane, on the decrease, falling, diminishing: *gli incidenti stradali sono in ~* road accidents are on the decrease; *le temperature sono in ~* temperatures are decreasing.

dimisi → **dimettere**.

dimissionare (**dimissióno**) *v.t.* (*burocr*) to oblige to resign, to dismiss.

dimissionario *a.* outgoing, resigning: *essere ~* to have resigned; *governo ~* outgoing government.

dimissione *f.* **1** *pl.* resignation: *dare le dimissioni* to resign; *presentare le dimissioni* to hand in one's resignation, to submit a letter of resignation; *accettare le dimissioni di qcu.* to accept so.'s resignation; *respingere le dimissioni di qcu.* to reject so.'s resignation; *dimissioni da una carica* resignation from a post, (*Am*) resignation from one's position. **2** (*da ospedale e sim.*) discharge.

dimissorio □ (*Rel*) *lettera dimissoria* dimissory letter.

dimora *f.* **1** (*luogo di dimora*) residence, dwelling (place), place of abode. **2** (*permanenza*) stay, sojourn, residence: *dopo una lunga ~ a Roma si trasferì a Firenze* after a long stay in Rome he moved to Florence. **3** (*abitazione*) home, dwelling, residence, (*lett*) abode. **4** (*Dir*) (place of) abode, domicile. □ *~ abituale* usual place of abode; *~ avita* ancestral home; *~ fissa* fixed abode; *senza fissa ~* of no fixed abode; (*Agr*) *mettere a ~ una pianta* to bed out a plant.

dimorare (**dimòro**; *aus.* **avere**) *v.i.* to stay, to live, to dwell: *dimorò lungamente a Roma* he stayed in Rome for a long time; *dimorò in casa di parenti* he lived with relatives.

dimorfismo *m.* (*Biol*) dimorphism.

dimorfo *a.* (*Biol*) dimorphous.

dimostrabile *a.* demonstrable.

dimostrabilità *f.* demonstrability.

dimostrante *m./f.* demonstrator, protester.

dimostrare (**dimóstro**) *v.t.* **1** to show, to display, to manifest, to demonstrate: *il cane dimostrò la sua gioia dimenando la coda* the dog showed its joy by wagging its tail; *ha dimostrato molto coraggio* he displayed great courage. **2** (*provare*) to prove, to show: *ti dimostrerò che ho ragione* I'm going to prove to you that I'm right, I'm going to show you that I'm right; *ha cercato di ~ la propria innocenza* he tried to prove his innocence; *questo dimostra che non hai capito nulla* this shows that you haven't understood a thing. **3** (*Mat,Filos*) to demonstrate, to prove: *~ una tesi* to demonstrate a proposition; *~ un teorema* to prove a theorem. **4** (*rif. all'età*) to show, to look: *ha quarant'anni, ma non li dimostra* he is forty but doesn't look it; *non ~ i propri anni* not to show one's

age, not to look one's age; *non dimostra gli anni che ha* he doesn't look his age; *~ la propria età* to look one's age. **5** (*presentare*) to demonstrate: *~ il funzionamento di un prodotto* to demonstrate a product. **6** (*partecipare a una dimostrazione*) to demonstrate (*contro* against, *a favore di* in favour of). **II** *v.pron.* **dimostrarsi 1** to show oneself to be, to prove (to be): *si è dimostrato molto capace* he showed himself to be very able, he proved himself very capable, he proved himself to be very capable. **2** (*rif. a cose: rivelarsi*) to prove to be, to turn out to be: *quest'investimento si è dimostrato redditizio* this investment has turned out to be profitable; *i sospetti si sono dimostrati fondati* our suspicions proved correct. □ *~ che qcu. ha torto* to prove so. wrong; *come volevasi ~*: **1** (*Mat,Geom*) QED, quod erat demonstrandum, which was to be demonstrated; **2** (*scherz*) as expected, it just goes to show; (*ovviamente*) sure enough, I told you so; *è tutto da ~* it remains to be proved, it is yet to be proved.

dimostrativamente *avv.* demonstratively.

dimostrativo I *a.* demonstrative, demonstration (*attr.*). **2** (*Gramm*) demonstrative: *aggettivo ~* demonstrative adjective. **II** *m.* (*Gramm*) demonstrative pronoun.

dimostratore *m.* (*f.* **-trice**) **1** (*chi protesta*) demonstrator. **2** (*di prodotti commerciali ecc.*) salesman, sales rep: *sono ~ di giochi elettronici* I demonstrate electronic games; *la dimostratrice della Avon* the Avon lady.

dimostrazione *f.* **1** demonstration, display, show: *~ di affetto* display of affection; *dare la ~ di qcs.* to give a demonstration of sth. **2** (*prova*) proof, evidence, demonstration: *le sue parole sono una ~ della sua innocenza* his words are proof of his innocence; *a ~ di ciò che ho detto citerò alcune cifre* as proof of what I have said I will quote some figures. **3** (*Mat,Filos*) demonstration, proof. **4** (*spiegazione dell'uso di un apparecchio*) demonstration: *~ pratica di una macchina* practical demonstration of a machine; *~ a domicilio* home demonstration; *fare la ~ di un prodotto* to demonstrate a product. **5** (*manifestazione*) demonstration (*contro* against, *a favore di* in favour of): *una ~ contro il governo* a demonstration against the government; *organizzare una ~* to stage a demonstration. **6** (*Mil*) display. □ *~ di forza* show of force; *~ di piazza* (public) demonstration; *~ di protesta* protest demonstration; *~ per assurdo* reductio ad absurdum, indirect proof; *~ per la pace* peace demonstration; *essere la ~ vivente di qcs.* to be the living proof of sth.

din, dindin I *onom.* ting-a-ling, ding-ding. **II** *m.* ting-a-ling, ding-ding.

dina *f.* (*Fis*) dyne.

Dina *n.pr.f.* (*Bibl*) Dinah.

dinamica *f.* **1** (*Fis,Mus*) dynamics (*costr.sing. o pl.*). **2** (*fig*) (*andamento, sviluppo*) dynamics (*costr.sing. o pl.*), trend: *la ~ degli avvenimenti* the way events occurred; *la ~ di un incidente* how an accident happened. **3** (*fig*) (*vitalità*) dynamism. □ (*Fis*) *~ dei liquidi* hydrodynamics (*costr.sing. o pl.*); (*Psic*) *~ di gruppo* group dynamics (*costr.sing. o pl.*); *~ economica* economic dynamics (*costr.sing. o pl.*); *~ salariale* wage dynamics (*costr.sing. o pl.*).

dinamicamente *avv.* dynamically.

dinamicità *f.* dynamism (*anche fig*).

dinamico (*pl.* **-ci**) *a.* **1** (*Fis,Mus*) dynamic. **2** (*fig*) energetic, dynamic, lively, active: *una donna molto dinamica* a very energetic woman.

dinamismo m. 1 (*Filos*) dynamism. 2 (*fig*) energy, dynamism, drive: *il ~ di un sistema economico* dynamism of an economic system. 3 (*fig*) (*rif. a persona*) energy: *una persona piena di ~* a very energetic person.

dinamitardo I a. dynamite (*attr.*): *attentato ~* dynamite attack. **II** m. (*f.* **-a**) dynamiter, bomber.

dinamite f. dynamite (*anche fig*): *far saltare un ponte con la ~* to blow up a bridge with dynamite.

dinamizzare (**dinamìzzo**) v.t. to dynamize (*anche Med*).

dinamizzato a. dynamized (*anche Med*).

dinamizzazione f. dynamization (*anche Med*).

dinamo f.inv. (*El*) dynamo, generator. □ (*El*) *~ a corrente alternata* alternating current dynamo, a.c. generator; (*El*) *~ a corrente continua* direct current dynamo; (*El*) *~ a magneti* magneto-dynamo; (*El*) *~ in serie* series dynamo.

dinamoelettrico (*pl.* **-ci**) a. (*El*) dynamoelectric.

dinamometrico (*pl.* **-ci**) a. (*Fis*) dynamometric, dynamometrical.

dinamometro m. (*Fis,Tecn*) dynamometer. □ (*Fis,Tecn*) *~ di resistenza* strength tester; (*Fis,Tecn*) *~ di torsione* torquemeter.

dinanzi I avv. 1 (*avanti*) ahead, before, forward: *guardare ~* to look ahead, to look before one. 2 (*davanti*) in front. 3 (*dirimpetto*) opposite, facing. **II** m. (*rar*) front (part). □ *~ a*: 1 (*innanzi*) in front of, before: *mi sedeva ~ un signore* a man was sitting in front of me; *passò dinanzi alla casa* he went by in front of the house; 2 (*dirimpetto*) opposite, facing: *~ alla chiesa c'è l'albergo* opposite the church stands the hotel; 3 (*alla presenza*) before, in the presence of: *~ al giudice* before the judge.

dinaro m. (*Numism,Econ*) (*unità monetaria*) dinar.

dinasta m. dynast.

dinastia f. dynasty: *la ~ dei Borboni* the Bourbon dynasty.

dinastico (*pl.* **-ci**) a. dynastic, dynastical.

dindi m.inv. (*infant*) money.

dindirindina □ *per ~!* my goodness!

dindo m. (*region*) (*tacchino*) turkey.

din don, **dindon I** onom. ding-dong. **II** m. ding-dong: *il ~ delle campane* the ding-dong of the bells.

dingey, **dinghy** /'diŋgi/ m.inv. (*Mar*) dinghy.

dingo m.inv. (*Zool*) dingo.

diniego (*pl.* **-ghi**) m. 1 (*rifiuto*) refusal: *un secco ~* a flat refusal. 2 (*negazione*) denial: *scosse il capo in segno di ~* he shook his head in denial.

dinnanzi avv. → **dinanzi**.

dinoccolato a. lanky, loose-knit, loose-jointed: *un giovane ~* a lanky youth; *camminare ~* to shamble.

dinosauro m. (*Paleont*) dinosaur.

dintorno I avv. round, around, (*round*) about: *quelli che stavano ~ lo guardarono* those who were standing around looked at him. **II** m.pl. (*vicinanze*) surroundings, environs, outskirts: *i dintorni di Firenze* the environs of Florence, the surroundings of Florence.

dio m. (*f.* **dèa**; *pl.* **gli dèi**) (*nelle religioni politeiste*) god (*f.* goddess) (*anche fig*): *il denaro è il suo ~* money is his god; *considerare qcu. un ~* to make a god of so., to make an idol of so.; *credersi un ~* to think oneself God almighty, to think oneself a little tin god. □ *è bello come un ~* he looks like a Greek god,

he is very handsome; (*iperb*) *da ~* wonderfully, beautifully: *canta da ~* he sings beautifully; *~ della guerra* god of War; *dell'amore* god of Love; *gli dei degli inferi* the infernal gods.

Dio m. 1 (*nelle religioni monoteiste*) God: *io credo in ~* I believe in God. 2 (*esclam.*) (good) heavens!, (good) Lord!, (my) goodness!, gracious!, (*intens*) good God!: *~, quanta gente!* heavens, what a crowd of people!; *~, che freddo!* goodness, how cold it is! 3 (*rif. a cose spiacevoli*) oh, dear: *~, come è tardi!* oh dear, how late it is!, my God, it's late! □ *a ~ piacendo* God willing, if God is willing, Lord willing; *~ ti aiuti* God help you; *~ mi assista* (may) God help me; *~ benedetto* good Lord, my goodness; *~ sia benedetto* thank God, heaven be praised; *~ sia praised, thanks to be God; (che) ~ ti benedica* God bless you, (*colloq*) God bless; *~ buono!* good Lord!, heavens!; *il buon ~* the good Lord; *~ ce la mandi buona* let's keep our fingers crossed, let's hope for the best, God help us; *Dio ce ne guardi!* God forbid!, Heaven forbid!; *come ~ comanda* comme il faut, for God's sake, (*colloq*) for crying out loud; *come ~ volle* at last, finally, in the end: *come ~ volle arrivò il giorno della partenza* at last the day of departure came; (*Bibl*) *il ~ degli eserciti* the God of Hosts; (*Bibl*) *~ e Mammona* God and Mammon; *che ~ mi fulmini se ciò che dico non è vero!* may God strike me dead if I'm not telling the truth!; *che Dio ti fulmini!* God damn you!; *~ l'abbia in gloria* God rest his soul; *credersi ~ in terra* to think one is God Almighty; *mio ~!* (o *~ mio!*) oh dear!, my God!, oh, my goodness!; *~ ve ne renda merito* may God reward you; *~ non voglia* (*scongiurando*) God forbid, heaven forbid; *~ non voglia che ci mandino via* God forbid that they should send us away; *~ onnipotente* God Almighty; *~ padre* God the Father; *per ~* by Jove, by God; *~ sa* heaven only knows, goodness only knows, God knows: *~ sa quante volte te l'ho ripetuto* goodness only knows how often I have told you; *~ ce ne scampi!* (o *~ ce ne scampi e liberi!*) God forbid!, heaven forbid!; *se ~ vuole*: 1 (*in espressioni di fiducia*) God willing, please God, if all goes well: *forse adesso andrà meglio, se ~ vuole* maybe things will go better now, God willing; 2 (*in espressioni di gratitudine*) thank heavens, thank God: *se ~ vuole, ce l'abbiamo fatta* thank God, we've made it; 3 (*finalmente*) at last, finally; *senza ~* godless; *~ sia lodato* thank God, heaven be praised, God be praised; *~ solo sa* heaven only knows, goodness only knows, God knows, God only knows; *mi è testimone* (as) God is my witness, God as my witness; *vai con ~!* be off with you!; *~ voglia* let's hope (to goodness), God grant it; *~ lo voglia* God grant; *~ voglia che sia così* God grant that it be so; *come ~ vuole* (*alla meno peggio*) somehow or other; *se Dio vuole* God willing, if God is willing, please God. Prov.: *~ li fa e poi li accoppia* birds of a feather flock together; *~ non paga il sabato* the mills of God grind slowly (but sure); *~ manda il freddo secondo i panni* God tempers the wind to the shorn lamb; *~ vede e provvede* God sees and provides.

diocesano a. (*Rel*) diocesan: *clero ~* diocesan clergy.

diocesi f. (*Rel*) diocese.

Diocleziano n.pr.m. (*Stor*) Diocletian.

diodo m. (*Elettron*) diode. □ (*Elettron*) *~ a cristallo* crystal rectifier, crystal diode; (*Elettron*) *~ a semiconduttore* semiconduc-

tor diode; (*Elettron*) *~ al germanio* germanium diode; (*Elettron*) *~ luminoso* light-emitting diode, LED; (*Elettron*) *~ raddrizzatore* rectifier diode; (*Elettron*) *~ zener* Zener diode.

Diogene n.pr.m. (*Stor*) Diogenes.

dioico a. (*Bot*) dioecious.

Diomede n.pr.m. (*Stor,Mitol*) Diomed, Diomede(s).

dionea f. (*Bot*) Venus's fly-trap, dionaea.

Dionigi n.pr.m. 1 (*Stor*) Denys, Denis, Dennis. 2 (*Stor.gr*) Dionysius. □ (*Stor.gr*) *~ l'Areopagita* Dionysius the Areopagite.

dionisiaco (*pl.* **-ci**) a. Dionysiac, Dionysian (*anche fig*): *culto ~* Dionysiac cult.

Dionisio n.pr.m. (*Stor.gr*) Dionysius.

Dioniso n.pr.m. (*Mitol*) Dionysus.

diopside f. (*Min*) diopside.

diorama m. diorama.

diorite f. (*Min*) diorite.

Dioscuri m.pl. (*Mitol*) Dioscuri.

diossido m. (*Chim*) dioxide.

diossina f. (*Chim*) dioxin.

diottra f. (*Topogr*) diopter.

diottria f. (*Ott*) (*Br*) dioptre, (*Am*) diopter.

diottrica f. (*Ott*) dioptrics (*costr.sing.*).

diottrico (*pl.* **-ci**) a. (*Ott*) dioptric, dioptrical.

dipanare (**dipàno**) **I** v.t. 1 to wind (up), to wind into a ball: *~ la lana* to wind wool (up) into a ball. 2 (*fig*) (*sbrogliare*) to disentangle, to sort out, to unravel: *~ una questione intricata* to sort out a tricky question. **II** v.pron. **dipanarsi** to unravel (*anche fig*). □ *~ una matassa*: 1 to wind a skein into a ball; 2 (*fig*) to unravel a difficulty.

dipanatura f. (*rar*) winding (up).

dipartimentale a. departmental.

dipartimento m. 1 department; (*circoscrizione*) district; (*in Francia*) département. 2 (*Univ*) department: *~ di informatica* computer science department. 3 (*US*) (*ministero*) department: *~ di Stato* State Department. □ (*Mar*) *~ marittimo* naval district.

dipartirsi (**mi dipàrto, ti dipàrti**) v.pron. 1 (*lett*) (*partire*) to leave, to depart, to go away. 2 (*diramarsi*) to branch off: *dalla strada si diparte un sentiero a destra* from the road a path branches off to the right. 3 (*fig*) (*scostarsi*) to stray, to wander: *~ dalla retta via* to stray from the straight and narrow path, to go off the straight and narrow path. 4 (*eufem*) (*morire*) to pass away.

dipartita f. 1 (*lett*) (*partenza*) departure. 2 (*eufem*) (*morte*) passing away.

dipendente I a. 1 depending, dependent (*da* on). 2 (*da sostanza, droga*) addicted (*da* to). 3 (*di lavoratore*) employed. 4 (*subordinato*) subordinate, subsidiary: *ufficio ~* subsidiary office. 5 (*Gramm*) dependent, subordinate: *proposizione ~* dependent clause, subordinate clause. **II** m./f. 1 employee; (*subordinato*) subordinate. 2 *pl.* staff (*costr.sing. o pl.*), personnel (*costr.pl.*), employees: *i dipendenti di un'azienda* a firm's personnel, a firm's employees. **III** f. (*Gramm*) dependent clause, subordinate clause. □ *dipendenti comunali* municipal employees; *dipendenti privati* private sector employees; *dipendenti pubblici* civil servants; *dipendenti statali* State employees, civil servants.

dipendenza f. 1 (*il dipendere*) dependence: *la ~ dei figli dai genitori* children's dependence on their parents. 2 (*assuefazione*) addiction (*da* to): *~ dalla droga* drug addiction; *creare ~* to be addictive. 3 (*edificio annesso*) annex, annexe: *lo ospitarono in una ~ dell'albergo* they put him up in an annex of the hotel. 4 *pl.* (*annessi*) outbuildings, annexes, outhouses: *la villa e le sue dipendenze* the villa and its outbuildings. **5** (*Comm*) (*filiale*) branch. □ *avere alle proprie dipendenze molti impiegati* to have many employees working for one, to have many workers in one's employ; *essere alle dipendenze di qcu.* to be in so.'s pay, to be in so.'s employ, to be under so.; *prendere alle proprie dipendenze* to engage, to employ, to hire; (*Econ*) *~ petrolifera* oil dependence.

dipendere (*pres.ind.* **dipèndo**; *p.rem.* **dipési**; *p.p.* **dipéso**; *aus.* **essere**) *v.i.* **1** to depend (*da* on, upon), to hang (on): *il prezzo dipende dalla qualità* the price depends on the quality; *dalla tua decisione dipende il mio avvenire* my future hangs on your decision; *la riuscita dipende dalla tua buona volontà* success depends on your own efforts; *l'ora della partenza dipenderà dal tempo* the time of departure will depend on the weather. **2** (*derivare*) to be due (to): *il tuo errore dipende dalla mancanza di attenzione* your error is due to carelessness. **3** (*essere in potere, in facoltà*) to be up to, to be for (so.), to depend (on, upon), to lie (with), to rest (with): *dipende da te se accettare o meno* it is up to you to accept or not; *non dipende da noi decidere* it is not for us to decide. **4** (*essere soggetto*) to depend on, to be dependent on: *dipende completamente dai genitori* he is fully dependent on his parents. **5** (*essere alle dipendenze*) to be under, to come under (so.), to be under the supervision (of), to be under the authority (of), to be subordinate (to): *tutto il personale dipende da lui* all the staff are under him, he is in charge of the whole staff, he is at the head of the whole staff; *la filiale dipende dall'ufficio principale* the branch comes under the head office. **6** (*Gramm*) to depend (on, upon), to be subordinate (to). □ *non ~ da nessuno* to be one's own master, to be one's own person; *dipende* it all depends, that depends, we'll see: *accetterai l'incarico? - Dipende* will you take the post? - It all depends; (*Am*) will you take the position? - It all depends; *se dipendesse da lui non si farebbe nulla* if it were up to him nothing would be done.

dipesi → **dipendere**.

dipeso → **dipendere**.

dipingere (*pres.ind.* **dipìngo**, **dipìngi**; *p.rem.* **dipìnsi**; *p.p.* **dipìnto**) **I** *v.t.* **1** to paint: *dipingere un quadro* to paint a picture; *~ qcs. di rosso* to paint sth. red. **2** (*ornare di pitture*) to paint, to decorate; (*affrescare*) to fresco: *~ le pareti di una chiesa* to paint (*o* to fresco) the walls of a church. **3** (*pitturare*) to paint: *ho dipinto la cucina di giallo* I painted the kitchen yellow. **4** (*fig*) (*descrivere*) to describe, to depict, to portray: *lo ha dipinto come un mascalzone* he depicted him as a rogue. **II** *v.pron.* **dipingersi 1** to paint oneself. **2** (*truccarsi*) to make oneself up, to use make-up. **3** (*fig*) (*apparire: rif. a sentimenti*) to show, to be the picture of, to be portrayed, to be written: *gli si dipinse sul viso la delusione* disappointment was written all over his face. **4** (*fig,rar*) (*colorarsi*) to turn: *il mare si dipinse di verde* the sea turned green. □ *~ a olio* to paint in oils; *~ a pastello* to draw with pastels; *~ a tempera* to paint with tempera, to distemper; *~ ad acquarello* to paint in watercolours; *~ con le dita* to fingerpaint; *~ dal vero* to paint from life; *dipingersi gli occhi* to make up one's eyes; *dipingersi le labbra* to put on lipstick, to use lipstick, to paint one's lips; *dipingersi le unghie* to paint one's nails, to varnish one's nails; *~ su seta* to paint on silk; *~ su tela* to paint on

canvas.

dipinsi → **dipingere**.

dipinto[1] → **dipingere** *a.* painted: *il paesaggio sembra ~* this landscape looks like a painting. □ *~ a mano* handpainted; (*fig*) *non starei in quel luogo neppure ~* I wouldn't dream of staying there; *non lo voglio vedere neppure dipinto* I can't bear the sight of him; *~ su tela* painted on canvas; (*fig*) *avere qcs. ~ sul volto* to have sth. written on one's face: *la gioia era dipinta sul suo volto* his face was the picture of joy, joy was written all over his face.

dipinto[2] *m.* painting. □ *~ a olio* oil painting; *~ a pastello* pastel.

diplegia *f.* (*Med*) diplegia.

diplococco (*pl.* **-chi**) *m.* (*Biol*) diplococcus.

diploma *m.* **1** (*titolo*) diploma, qualification (*in* in): *conseguire un ~* to obtain a diploma, to earn a diploma. **2** (*documento*) diploma, certificate (*in* in): *ritirare un ~* to collect a certificate. **3** (*Stor*) diploma. □ *~ di abilitazione* professional diploma; *~ di abilitazione all'insegnamento* teaching diploma; *~ di Conservatorio* diploma from a conservatory; *~ di infermiera* nursing qualification; *~ di laurea* degree certificate; *~ di maestro* teaching certificate; *~ di maturità* school-leaving certificate, (*GB*) General Certificate of Education, (*US*) high school diploma, (*Aus*) matriculation certificate, certificate of matriculation; *~ di ragioniere* diploma in accountancy; *~ di scuola superiore* secondary-school diploma; *~ di secondo grado* upper-class diploma; *~ di traduttore* translation diploma.

diplomare (**diplòmo**) **I** *v.t.* to award a diploma to, (*Am*) to graduate. **II** *v.pron.* **diplomarsi** to obtain a diploma, to get a diploma, to qualify, (*Am*) to graduate: *diplomarsi a pieni voti* to obtain one's diploma with full marks, (*Am*) to graduate with honors; *diplomarsi maestro* to obtain a teaching diploma, to obtain a teaching certificate, to qualify as a schoolteacher.

diplomatica *f.* **1** diplomatics (*costr.sing.*). **2** (*valigia*) diplomatic bag, diplomatic pouch, attaché case. **3** (*Dolc*) diplomatica cake.

diplomaticamente *avv.* diplomatically (*anche fig*).

diplomatico (*pl.* **-ci**) **I** *a.* diplomatic (*anche fig*): *una risposta molto diplomatica* a very diplomatic reply. **II** *m.* **1** diplomat (*anche fig*). **2** (*Dolc*) diplomatica cake. □ *~ di carriera* career diplomat.

diplomato I *a.* trained, qualified, holding a diploma (*posposto*): *ostetrica diplomata* trained midwife. **II** *m.* (*f.* **-a**) holder of a diploma, qualified person, (*Am*) graduate. □ *un ~ in ragioneria* a qualified accountant.

diplomazia *f.* **1** diplomacy (*anche fig*): *agire con ~* to act with diplomacy; *mancare di ~* to be undiplomatic. **2** (*insieme di diplomatici*) diplomatic corps *pl.* **3** (*carriera*) diplomatic service: *entrare in ~* to enter the diplomatic service.

diplomificio *m.* diploma mill.

diplopia *f.* (*Med*) diplopia, double vision.

Dipnoi *m.pl.* (*Itt*) Dipnoi.

dipodia *f.* (*Metr*) dipody.

dipolare *a.* (*El*) dipolar: *zona ~* dipolar zone.

dipolo *m.* (*Fis*) dipole: *antenna a ~* dipole.

dipoplia *f.* (*Med*) dipoplia.

diportismo *m.* yachting, pleasure boating.

diportista *m./f.* yachtsman (*f.* -woman).

diporto *m.* **1** (*divertimento*) amusement. **2** (*passatempo*) pastime, hobby. **3** (*ricreazione*) recreation. □ *da ~* pleasure (*attr.*):

naviglio da ~ pleasure craft; *per ~* for recreation, as a hobby, as a pastime: *fare qcs. per ~* to do sth. as a pastime; *viaggiare per ~* to travel for pleasure.

dipresso □ *a un ~* (*circa*) approximately, about, roughly.

dipsomane I *a.* (*Med*) dipsomaniacal. **II** *m./f.* dipsomaniac.

dipsomania *f.* (*Med*) dipsomania.

diptero *a.* (*Archeol*) dipteral.

dir. 1 *diritto* l. (law). **2** *direzione* (management).

Dir. *direttore* (manager, executive).

diradamento *m.* **1** thinning (out) (*anche Agr, Giard*). **2** (*rif. a nebbia*) clearing. **3** (*rif. a visite*) reduction.

diradare (**diràdo**) **I** *v.t.* **1** (*Agr,Giard*) to thin (out): *~ un bosco* to thin (out) a wood. **2** (*rif. a nebbia, nubi*) to disperse, to dispel, to dissipate. **3** (*rendere meno frequente*) to reduce, to cut down, to make less frequent, to space out: *la società tranviaria ha diradato le corse* the tram company has reduced the number of runs. **II** *v.pron.* **diradarsi 1** to grow sparse, to grow thin, to be few and far between, to thin out, to disperse: *sulla cima del colle gli alberi si diradano* the trees on top of the hill are few and far between; *la folla si diradò* the crowd thinned out, the crowd scattered; *i suoi capelli si diradano* his hair is growing thin. **2** (*rif. a nebbia, nubi*) to clear up, to clear away, to be dispelled, to thin. **3** (*divenire meno frequente*) to become less frequent: *le sue visite si sono diradate* his visits have become less frequent.

diramare (**diràmo**) **I** *v.t.* to issue, to send out, to send round: *~ un ordine* to issue an order; *~ una circolare* to send out a circular. **II** *v.pron.* **diramarsi 1** (*ramificarsi*) to branch out, to spread out, to ramify: *la chioma dell'albero si dirama a ombrello* the treetop spreads out in the shape of an umbrella. **2** (*diffondersi*) to spread. **3** (*partire da un punto*) to radiate, to branch (off), to branch out. **4** (*biforcarsi*) to fork: *la strada si dirama* the road forks. □ *~ per radio* to broadcast (on the radio).

diramazione *f.* **1** (*il comunicare, il trasmettere*) issuing, sending out; (*per radio*) broadcasting. **2** (*ramificazione*) branching (off), branching out, ramification. **3** (*rif. a strade: ramo*) branch, fork. **4** (*rif. a fiumi, linee, tubi e sim.: ramo*) branch. **5** (*Ferr*) branch, branchline. **6** (*Inform*) branch: *eseguire una ~* to take a branch. □ (*Inform*) *~ condizionata* conditional branch.

dire[1] (*pres.ind.* **dìco**, **dìci**, **dìce**, **diciàmo**, **dìte**, **dìcono**; *impf.ind.* **dicévo**; *p.rem.* **dìssi**, **dicésti**; *fut.* **dirò**, **dìrai**, **diciàmo**, **diciàte**, **dicàno**; *impf.cong.* **dicéssi**, **di'**; *p.pres.* **dicènte**; *p.p.* **détto**) **I** *v.t.* **1** to say: *mi disse poche parole* he said few words to me; *dice di essere stanco* he says he's tired; *ha detto che sarebbe arrivato domani* he said he would arrive tomorrow. **2** (*nel discorso diretto*) to say: *aspettami - gli disse - torno subito* wait for me - he said to him- I'll be right back. **3** (*proferire*) to utter: *non disse una parola* he did not utter a word. **4** (*recitare*) to say, to recite: *~ il padrenostro* to say the Lord's prayer; *~ una poesia* to recite a poem. **5** (*raccontare, riferire*) to tell: *~ qcs. a qcu.* to tell so. sth., to tell sth. to so.; *dimmi che cosa è accaduto* tell me what happened. **6** (*comunicare*) to tell, to express: *non so dirti quanto piacere mi ha fatto la tua lettera* I cannot tell you how pleased I was by your letter. **7** (*affermare, sostenere*) to say, to maintain: *questo lo dici tu* that's what you say; *lo dicevo io!* I said so! **8** (*rif. a lettere e sim.*) to say: *che cosa dice la sua lettera?* what does her letter say?, what does it say in her letter?; *il telegramma dice che arriverà domani* the telegram says he will arrive tomorrow, it says in the telegram that he will arrive tomorrow. **9** (*significare*) to mean: *che cosa vuol ~ questa parola?* what does this word mean? **10** (*tradurre, esprimere*) to say: *come si dice "madre" in inglese?* how do you say "madre" in English?, what is the English word for "madre"? **11** (*esprimere*) to say, to express, to speak: *i suoi occhi dicevano molte cose* his eyes said many things, his eyes spoke worlds. **12** (*spiegare*) to explain: *~ le proprie ragioni* to explain one's reasons, to give one's reasons. **II** *v.i.* (*aus.* **avere**) **1** (*parlare*) to tell, to speak: *dimmi, ti ascolto* tell me, I'm listening; go ahead, I'm listening; *dimmi un po', lo conosci?* tell me, do you know him? **2** (*continuare*) to go on, to continue: *poi, disse, andremo a casa* then, he went on, we'll go home. **3** (*dichiarare*) to state, to declare, to say: *il teste disse di non conoscere l'imputato* the witness declared that he did not know the accused. **4** (*assicurare*) to say, to assure: *chi mi dice che manterrai la promessa?* who says you'll keep your promise? **5** (*ordinare, comandare*) to tell, to order: *digli di entrare* tell him to come in; *fate come vi ho detto* do as I told you, do as I said, do as you've been told; *chi ti ha detto di uscire?* who told you to go out? **6** (*supporre*) to suppose, to believe, to say: *costerà, diciamo, cento euro* it will cost, (let us) say, a hundred euros; *non avrei mai detto che fosse un mascalzone* I would never have believed he was a scoundrel, I would never have said he was a scoundrel. **7** (*pensare*) to think (*di* of), to say (to): *che ne dici della mia proposta?* what do you think of my proposal?, what do you say to my proposal? **8** (*enfat*) (*ripetere*) to tell, to say: *sono dieci giorni, dico dieci, che non si fa vedere* it's ten days, ten days I tell you, since he's shown his face. **III** *v.pron.* **dirsi 1** to say one is, to call oneself, to claim to be, to profess to be: *si diceva mio amico* he said he was my friend, he called himself my friend. **2** (*spacciarsi*) to claim to be: *si dice figlio di un nobile* he claims to be the son of a nobleman. **IV** *v.r.recipr.* **dirsi 1** to say to each other: *dirsi addio* to say goodbye to each other. **2** (*raccontarsi*) to tell each other: *noi ci diciamo tutto* we tell each other everything. □ *dico a voi!* hey, you!, (*Am*) hey, you guys!; *~ le cose a metà* to leave some things unsaid; *a dir poco* to say the least; *avrò speso cento euro a dir poco* I must have spent a hundred euros at the very least; *a dir poco, ci saranno state cento persone* there must have been at least a hundred people; *~ addio:* 1 to say good-bye, to bid farewell: *le disse addio e partì* he said good-bye to her and left; 2 (*rinunciare*) to give up (the idea) (*a* of), to forget (about): *ormai ho detto addio alla macchina nuova* I've given up the idea of a new car now; *avere da ~ su qcs.* to find fault with sth.; *avere da ~ con qcu.* to have a bone to pick with qcu.; *~ bene di qcu.* to speak highly of so., to speak well of so.; *dico bene?* (am I) right?; *e dici bene!* and you're quite right!; *~ buongiorno* to say good morning; *che dico?* no, rather; *tornai a casa bagnato, ma che dico, inzuppato* I got home wet or, rather, soaked to the skin; *che ti avevo detto?* what did I tell you?, what did I say?; *è più facile a dirsi che a farsi* easier said than done; *che ne diresti di?* how

about?, what about?, what would you say to?: *che ne diresti di un caffè?* what would you say to (having) a cup of coffee?; *mi ha fatto un male che non ti dico* I can't tell you how painful it was, it was terribly painful; *c'era un rumore che non ti dico* there was a terrible noise; *come sarebbe a ~?* what do you mean (by that)?; *cosa dico?* no, rather; *tornai a casa bagnato, ma cosa dico, inzuppato* I got home wet or, rather, soaked to the skin; *cosa ti avevo detto?* what did I tell you?, what did I say?; *non è una cosa da ~* you shouldn't say that sort of thing; *da non dirsi* unspeakable, incredible: *furono commesse atrocità da non dirsi* the most unspeakable atrocities were committed; *dici davvero?* are you serious?; *dirne delle belle* to backbite, to gossip, to talk; *~ di no:* 1 to say no; 2 (*rifiutare*) to refuse: *gli ho chiesto se gli piaceva, ma ha detto di no* I asked him if he liked it but he said he didn't; *~ di sì:* 1 to say yes: *dice di sì a tutti* she says yes to everyone; 2 (*acconsentire*) to say yes, to agree: *la mamma ha detto di sì, quindi posso venire* mother has agreed, so I can come; 3 (*affermare*) to say so, to say it is so, to think so: *pensi che verrà? - Io dico di sì* do you think he'll come? - I think so; *lui dice di sì* he says so, he says it is so; *diciamo che...* let's say that...; *dicono che...* it is said..., rumour has it...; (*fig*) *non se l'è fatto ~ due volte* he didn't wait to be told twice, he didn't wait to be asked twice; *e ~ che* and to think that: *e ~ che non mi volevi credere* and to think that you didn't believe me; *è un mascalzone, e dico poco* to say he's a scoundrel is putting it mildly; *il che è tutto ~* need I say more?; *fare ~ qcs. a qcu.* to put sth. into so.'s mouth; *non farmi ~ quello che non ho detto* don't put words in my mouth; *puoi dirlo forte!* (o *lo puoi ~ forte!*) you can say that again!; *~ fra sé* to say to oneself; *~ grazie a qcu.* to thank so., to say thank you to so.; *dì grazie alla signora* say thank you to the lady; *dirle grosse* to tell tall stories; *~ il vero* to tell the truth; *se la memoria mi dice il vero* if my memory is correct, if my memory doesn't fail me; *a ~ il vero* to tell (you) the truth, to be (quite) honest, truth to tell; *~ qcs. in faccia a qcu.* to say sth. to so.'s face; *andare a ~ in giro che* to put it around that; *per dirla in parole povere:* 1 (*semplicemente*) to speak plainly; 2 (*brevemente*) to cut a long story short; *te lo dirò in un orecchio* I'll whisper it in your ear; *~ la propria* to have one's say, to give one's opinion, to say what one thinks; *ognuno dice la sua* everyone gives his opinion; *~ la verità* to tell the truth; *a ~ la verità* (o *per ~ la verità*), to tell (you) the truth, to be (quite) honest, truth to tell; *lasciare ~:* 1 to let (so.) have one's say: *lascialo ~, poi gli risponderai* let him have his say, then you can reply; 2 (*non preoccuparsi*) to let (so.) talk (on), to take no notice of (so.): *lascialo ~, tanto nessuno gli crederà* let him talk, no one will believe him anyway; *~ le cose come stanno* to speak plainly; *l'hai detto* exactly, quite so, (*Am*) you said it; *dirla lunga su qcs.* to say a lot about sth., to speak volumes about sth.; *dici male!* you are wrong!; *~ male di qcu.* to speak ill of so., to run so. down; *~ messa* to say Mass; *far dire una ~ per qcu.* to have a Mass said for so.; *mi dicono che* I am told (that), I hear (that): *mi dicono che vive all'estero* I hear he lives abroad; *vuol ~ molto* it's important; *a dir molto* at (the) most; *~ qcs. nell'orecchio di qcu.* to say sth. in so.'s ear; *non dico che sia brutta, ma non è neppure bella* I don't say

she's ugly, but she's no beauty either; *non dico di essere un esperto di computer* I don't claim to be a computer expert; *non c'è che ~* there's no denying it, there's no doubt about it: *non c'è che ~, quel cappello ti sta proprio bene* there is no doubt about it, that hat really suits you; *non dico di no:* 1 (*accetto l'offerta*) I wouldn't say no; 2 (*lo ammetto*) I must admit, I don't deny it: *è un bell'appartamento, non dico di no, ma è troppo caro per noi* it's a fine flat, I don't deny it, but it is too dear for us; (*Am*) it's a beautiful apartment I'll admit, but it's too expensive for us; *ma non mi dire!* you don't say!; *non mi ~ che te ne sei dimenticato!* don't tell me you forgot!, don't say you forgot!; *e poi non mi si venga a ~ che...* don't let anyone tell me that...; *questo romanzo non mi dice nulla* this novel doesn't appeal to me at all; *questo nome non mi dice nulla* this name means nothing to me; *ha un bel viso che però non dice nulla* she has a beautiful but inexpressive face; *da come parla non si direbbe una persona bene educata* from his way of talking you would not say he is a well-bred person, from his way of talking you would not take him for a well-bred person; *da come parla non si direbbe che è inglese* you wouldn't think he is English to listen to him; (*fig*) *~ pane al pane* to call a spade a spade; *dico per ~* for argument's sake; *per dirla con Dante* as Dante says; *per così ~* so to speak; *per meglio ~* to be more exact; *ce ne sono pochi, per non ~ nessuno* there are few, not to say none; *è un vigliacco, per non ~ di peggio* he's a coward at the very least; *per non ~ di più* to say the least; *~ qcs. per scherzo* to say sth. as a joke; *per dirla tutta* to put it bluntly; *per dirne una* just to give you an idea, just to give you an example; (*fig*) *~ peste e corna di qcu.* to disparage so., to speak ill of so.; *dica pure!:* 1 tell me!; 2 (*da un commesso a un cliente*) how can I help you?; *sarebbe a ~?* what do you mean (by that)?; *se ne dicono tante sul suo conto* there is such a lot of gossip about him, he is so much talked about; *senza ~* not to mention, apart from: *senza ~ nulla* (o *senza ~ una parola*) without a word, without saying a word; *si dice* it is said, rumour has it: *si dice che sia malato* it is said that he is ill, he is said to be ill; *a sentirlo parlare lo si direbbe un pozzo di scienza* to hear him talk you would think he was a walking encyclopaedia; *si fa per ~:* 1 for argument's sake; 2 (*come intercalare*) let's say; *dica, signora?* yes, Madam?; *ti dico solo questo* I'll say no more; *~ qcs. sul grugno a qcu.* to say sth. to so.'s face, to say sth. rudely to so.'s face; *dico sul serio!* I mean it!; *te lo dico io* mark my words; *di' un po' com'è andato l'incontro?* tell me how the meeting went; *dimmi una cosa* tell me; (*colloq*) *non ~ una sillaba* not to say a word, not to utter a word. *Prov.:* *dimmi con chi vai e ti dirò chi sei* you can tell a man by the company he keeps, birds of a feather flock together; *chi dice donna dice danno* women spell trouble.

dire² *m.* **1** talk; (*il parlare*) talking. **2** (*parole, discorso*) words *pl.*, speech, talk. □ *a ~ di tutti* by all accounts, by general consent; *stando al suo ~* according to what he says, according to him. *Prov.:* *tra il ~ e il fare c'è di mezzo il mare* easier said than done.

directory /di'rektori/ *f.inv.* (*Inform*) directory. □ (*Inform*) *~ principale* (o *~ radice*) root directory.

diressi → **dirigere**.

diretta *f.* (*Rad,TV*) live broadcast. □ (*Rad,*

TV) *in* ~ live; *trasmettere in* ~ to broadcast live; *in* ~ *televisiva* live on television; (*Rad, TV*) ~ *via satellite* direct broadcasting by satellite.

direttamente *avv.* straight, direct, directly: *vado* ~ *a casa* I am going straight home; *la merce viene* ~ *dalla fabbrica* the goods come direct(ly) from the factory; *tratterò* ~ *con lui* I'll deal with him directly, I'll deal directly with him. □ *essere* ~ *interessato a qcs.* to have a vested interest in sth.; ~ *proporzionale a qcs.* directly proportional to sth., in direct proportion to sth.

direttissima *f.* **1** shortest way, direct route. **2** (*Alp*) shortest route, most direct route. **3** (*Ferr*) high-speed line. □ (*Dir*) *per* ~ summarily: *essere processato per* ~ to be given a summary trial.

direttissimo *m.* (*Ferr;ant*) express train.

direttiva *f.* **1** (*disposizione*) directive. **2** *spec.pl.* (*istruzione*) instruction, direction, directive: *dare delle direttive* to give instructions; *seguire le direttive* to follow instructions. **3** *spec.pl.* (*indirizzo di condotta*) policy, main lines *pl.*, line: *le direttive politiche di un partito* the policy of a party, the party line. □ ~ *generale* (o ~ *quadro*) framework directive; ~ *UE* EU directive.

direttivo I *a.* **1** guiding, leading, directing: *il principio* ~ the guiding principle. **2** (*attinente alla dirigenza*) managerial, managing, executive: *ha un posto* ~ he has a managerial post. **II** *m.* leaders *pl.*, leadership: *il* ~ *del partito* the party leaders. □ (*Psic*) *non* ~ non directive.

diretto → **dirigere I** *a.* **1** on one's way (*a* to), headed (*a* for), directed (*a* towards): *essere* ~ *a casa* to be on one's way home. **2** (*rif. a navi e sim.*) bound (for). **3** (*fig*) (*mirante*) aimed (at): *un'indagine diretta ad appurare le cause della crisi* an inquiry aimed at ascertaining the causes of the crisis. **4** (*indirizzato*) to, (intended) for, addressed (to): *un messaggio* ~ *alla popolazione* a message to the people. **5** (*guidato*) conducted, run: *un'indagine ben diretta* a well-conducted inquiry. **6** (*rif. a concerti e sim.*) conducted: *un concerto ben* ~ a well-conducted concert. **7** (*breve*) short: *prese la via più diretta* he took the shortest route. **8** (*immediato*) direct, immediate: *la conseguenza diretta della riforma* the immediate consequence of the reform; *è il suo* ~ *superiore* he's his immediate superior. **9** (*schietto*) direct, straightforward. **10** (*senza deviazioni*) through, direct. **11** (*Gramm*) direct. **12** (*Ferr*) non-stop, through (*attr.*). **II** *avv.* straight, direct: *andrò* ~ *a casa* I'll go straight home. **III** *m.* **1** (*Ferr*) (*treno diretto*) through train, (*Am*) direct train, express train. **2** (*Sport*) (*nel pugilato*) straight (punch); *un* ~ *destro* a straight right. □ ~ *a casa* homewardbound; *a* ~ *contatto con qcs.* in direct contact with sth.; ~ *a est* eastbound; ~ *a nord* northbound; ~ *a oriente* eastbound; ~ *a ovest* westbound; ~ *a sud* southbound; ~ *verso il basso* downward.

direttore *m.* (*f.* **-trice**) **1** director (*f.* -tress), manager (*f.* -ress). **2** (*di scuola*) headmaster (*f.* -mistress), principal. **3** (*di giornale ecc.*) editor. □ ~ *amministrativo* (managing) director; (*Cin*) ~ *artistico* art director; ~ *aziendale* managing director; ~ *commerciale* sales manager; (*Edil*) ~ *dei lavori* site engineer; ~ *del carcere* prison governor, (*Am*) warden; ~ *del personale* human resources manager, human resources director, staff manager, (*ant*) personnel manager; ~ *della ricerca* research manager; ~ *delle poste* postmaster; ~ *delle vendite* sales adminis-

trator, sales director; ~ *di aeroporto* airport director, airport controller; ~ *di albergo* hotel manager, (hotel) general manager; ~ *di banca* bank manager; ~ *di coro* choirmaster, (*Am*) choral director; ~ *di fabbrica* factory manager, plant manager, works manager; (*Aer*) ~ *di lancio* despatcher; (*Mar*) ~ *di macchina* chief engineer; (*Mus*) ~ *di orchestra* (orchestra) conductor; (*rif. a musica leggera*) band leader, bandmaster; (*Cin,TV*) ~ *di produzione* unit manager, production manager, executive producer, associate producer; (*Teat*) ~ *di scena* stage manager; ~ *di sede* head office manager; ~ *di stabilimento* works manager; (*Mar.mil*) ~ *di tiro* ordnance officer; ~ *didattico* primary school headmaster; ~ *editoriale* publishing director, editorial director; ~ *esecutivo* executive director (*anche Cin*); ~ *finanziario* finance manager; ~ *generale*: 1 general manager, (*Am*) president; 2 (*di organizzazione internazionale*) director general; (*Giorn*) ~ *responsabile* editor, editor-in-chief; ~ *sanitario* medical director; (*Rel*) ~ *spirituale* spiritual director; ~ *sportivo* (sports) manager; ~ *tecnico*: 1 works manager, technical manager; 2 (*Sport*) team manager.

direttoriale *a.* directorial, managerial.

direttorio I *m.* **1** (*organismo direttivo*) board of directors. **2** (*Stor*) Directory, Directoire. **II** *a.* (*Arred*) Directory (*attr.*), Directoire (*attr.*): *stile* ~ Directory style, Directoire style.

direttrice *f.* **1** (*di scuola*) headmistress, principal. **2** (*di giornale*) editor, editor-in-chief, editor. **3** (*Mil*) (*direttrice di marcia*) line of march, route of march, route. **4** (*Pol*) policy, (guiding) line. **5** (*Geom*) directrix. **6** (*Strad,Ferr*) artery, main route: *il traffico è incanalato su due grandi direttrici nord-sud* the traffic is channelled into two main north-south arteries.

direzionale I *a.* **1** directional (*anche fig*): antenna ~ directional antenna. **2** (*Comm*) managerial. **II** *m.* (*Aer*) direction indicator.

direzionalità *f.* directionality.

direzione *f.* **1** direction, course (*anche fig*): *il ladro è fuggito in questa* ~ the thief fled in this direction, the thief fled this way; *cercava di mantenere la stessa* ~ he tried to keep the same course. **2** (*il dirigere*) management: *la* ~ *di una fabbrica* factory management; *assumere la* ~ to take on the management, to take charge. **3** (*il dirigere: rif. a una scuola*) headmastership; (*rif. a un giornale*) editorship. **4** (*sede*) head office, administrative offices *pl.*, administrative department: *la* ~ *è stata trasferita* the head office has been transferred. **5** (*ufficio del direttore*) manager's office, director's office; (*di una scuola*) headmaster's office, headmaster's study. **6** (*insieme di dirigenti*) board of directors, directors *pl.*; (*rif. a partito e sim.*) leaders *pl.* **7** (*Mus*) conducting. □ ~ *amministrativa* finance department; ~ *centrale* head office(s); ~ *commerciale* sales management; *da ogni* ~ from all directions; ~ *degli affari* business management; (*Edil*) ~ *dei lavori* supervision of construction, building management; ~ *del partito* party leadership, (*collett.*) party leaders (*pl.*); ~ *del personale* personnel management; (*Arm*) ~ *del tiro* gun control, fire control; ~ *del vento* direction of the wind; ~ *dell'azienda* management of the firm; ~ *di marcia* route of march, line of march; ~ *di volo* flight course; *la* ~ *generale della società* the company's head office; *in che* ~ *stai andando?* which way are you going?; *in* ~ *di* in the direction of, towards,

-wards: *si allontanò in* ~ *della scuola* he went off towards the school, he went off in the direction of the school; *in* ~ *nord* (towards the) north, northwards, in a northerly direction; *in* ~ *opposta* in the opposite direction; *in quale* ~ *stai andando?* which way are you going?; *in* ~ *sud* (towards the) south, southwards, in a southerly direction; *in tutte le direzioni* in all directions, on all sides; *in* ~ *verticale* vertically; *prendere una* ~ to go in a direction; *sotto la* ~ *di* under the direction of, under the management of; ~ *tecnica* technical management; (*Strad*) ~ *vietata* no entry.

dirigente I *a.* **1** ruling, leading, directing: *le classi dirigenti* the ruling classes. **2** (*Comm*) managerial, managing, executive: *il personale* ~ the managerial staff. **II** *m./f.* **1** manager, executive. **2** (*rif. a partito e sim.*) leader, chief. □ ~ *di azienda* managing director, business manager; ~ *di partito* party chief; ~ *politico* leader; ~ *scolastico* school director, principal; ~ *sindacale* trade-union officer, union executive, union leader.

dirigenza *f.* **1** management, direction. **2** (*rif. a partito e sim.*) leadership. □ ~ *aziendale* company management.

dirigenziale *a.* managerial, executive, directing.

dirigere (*pres.ind.* **dirìgo**, **dirìgi**; *p.rem.* **dirèssi**; *p.p.* **dirètto**) **I** *v.t.* **1** (*volgere*) to direct (*verso* to, towards), to head (*verso* for, towards), to turn, to bend (*anche fig*): *diresse i suoi passi verso casa* he turned his steps towards home, he made for home; ~ *la propria attenzione su qcs.* to turn one's attention to sth., to direct one's attention to sth., to bend one's mind to sth. **2** (*indirizzare*) to address: *ha diretto la lettera al rettore* he addressed the letter to the rector. **3** (*gestire*) to manage, to run: ~ *una fabbrica* to manage a factory; ~ *una scuola* to run a school, to be headmaster of a school. **4** (*sovrintendere*) to superintend, to supervise: ~ *i lavori* to superintend work. **5** (*regolare*) to direct, to regulate: ~ *il traffico* to direct the traffic. **6** (*Mus*) to conduct: ~ *un'orchestra* to conduct an orchestra. **7** (*Teat,Cin*) to direct. **II** *v.pron.* **dirigersi 1** to go, to direct one's steps, to make one's way (*verso* towards), to head (*verso, a* for), to make (for): *ci siamo diretti verso il villaggio* we went towards, we made for the village. **2** (*Mar*) (*rif. a natante*) to sail, to steer (for). **3** (*Aer*) (*rif. a velivolo*) to fly (towards). **4** (*fig*) to turn (*verso, a* to). □ ~ *la casa* to run the house(hold), to keep house; *dirigersi a casa* to go homewards, to make for home; ~ *un giornale* to edit a newspaper; (*Mus*) ~ *l'orchestra* to conduct the orchestra; (*Mar*) ~ *la rotta verso nord* to set a northerly course; ~ *il tiro contro un bersaglio* to shoot at a target, to aim at a target; *dirigersi verso nord* to head north(wards): *la nave si diresse verso nord* the ship headed north; *dirigersi verso sud* to head south(wards): *la nave si diresse verso sud* the ship headed south.

dirigibile *m.* (*Aer*) airship, dirigible (balloon), zeppelin. □ (*Aer*) ~ *floscio* non-rigid airship, blimp; (*Aer*) ~ *rigido* rigid airship.

dirigibilista *m./f.* (*Aer*) airship crew member.

dirigismo *m.* (*Pol*) dirigisme.

dirigista I *a.* (*Pol*) of dirigisme (*posposto*), concerning dirigisme (*posposto*), dirigiste: *politica* ~ dirigism. **II** *m./f.* (*Pol*) supporter of dirigisme.

dirigistico (*pl.* **-ci**) *a.* (*Pol*) of dirigisme (*posposto*), concerning dirigisme (*posposto*), dirigiste.

dirimente *a.* (*Dir*) diriment.

dirimere (*pres.ind.* **dirimo**; *p.rem.* **diriméi/ dirimètti**; *no past participle and compound tenses*) *v.t.* to settle, to put an end to: *~ una controversia* to settle a controversy.

dirimpettaio *m.* (*f.* **-a**) (*colloq*) person living opposite.

dirimpetto I *avv.* opposite: *voltando a sinistra vedrà il palazzo ~* if you turn left you'll see the building right opposite. **II** *a.inv.* (following the noun) opposite: *abita nella casa ~* he lives in the house opposite. □ *~ a* opposite, facing: *la scuola è ~ alla chiesa* the school faces the church, the school is opposite the church.

diritta *f.* (*lett*) right, right-hand. □ *a ~ to* the right, on the right.

diritto[1] **I** *a.* **1** straight, direct: *una via diritta* a straight road: *tienilo ~* keep it straight. **2** (*rif. a persona: eretto*) upright, erect, straight: *stai su ~* stand up straight. **3** (*rif. a gambe, naso, schiena*) straight. **4** (*verticale*) upright, up, erect: *il giocoliere teneva il bastone ~ sul naso* the juggler held the stick upright on his nose. **5** (*liscio*) straight: *capelli diritti* straight hair. **6** (*destro*) right: *mano diritta* right hand. **7** (*nel lavoro a maglia*) plain, knit. **8** (*Sart*) straight. **9** (*fig,ant*) (*onesto*) honest, upright. **II** *avv.* **1** straight: *l'ubriaco non riusciva a camminare ~* the drunk man could not walk straight. **2** (*direttamente*) straight, directly: *andate ~ a casa* go straight home. **III** *m.* **1** right side. **2** (*lato di un tessuto*) right side; (*rif. a indumento*) right side, outside. **3** (*rif. a monete, medaglie*) obverse. **4** (*Sport*) (*nel tennis*) forehand. **5** (*nel lavoro a maglia*) plain. □ (*Tess*) *stoffa a due diritti* double-faced cloth; *andare ~* to go straight, to go straight on, to go straight ahead: *vada ~ fino al semaforo* go straight on till you get to the traffic lights, keep straight on till you get to the traffic lights; (*fig*) *andare ~ allo scopo* to go straight to the point; *~ come un fuso* as straight as a (ram)rod, as straight as a poker; *guarda ~ davanti a te* look straight ahead; *guardare qcu. ~ negli occhi* to look so. full in the face, to look so. square in the eye; (*fig*) *per ~ o per traverso* (*in un modo o nell'altro*) by hook or by crook. *Prov.*: *ogni ~ ha il suo rovescio* every rose has a thorn.

diritto[2] *m.* **1** (*scienza*) law: *professore di ~* professor of law; *studiare ~* to study law. **2** (*facoltà riconosciuta*) right: *i diritti e i doveri del cittadino* the rights and duties of citizen; *ognuno ha il ~ di esprimere la sua opinione* everyone has the right to express his opinion; *avanzare dei diritti su qcs.* (*o accampare dei diritti su qcs.*) to claim rights to sth. **3** (*tassa*) due, duty, fee, charge: *diritti di cancelleria* registry dues. □ *a ~* rightly, by right; *a buon ~* quite rightly, with good reason; (*Dir*) *~ accessorio* incident, appurtenance; (*Dir*) *~ agrario* land law; *~ al lavoro* right to work; *~ alla difesa* right to defence; *~alla pensione* right to a pension; *~alla vita* right to live; (*Pol*) *~all'autodeterminazione* right to self-determination; *~ all'esistenza* right to exist; *~all'informazione* right to information; *~ allo studio* right to education; (*Dir*) *~ amministrativo* administrative law; (*Dir*) *~ anglosassone* common law; *avere ~ a qcs.* to have the right to sth., to have a right to sth., to be entitled to sth.; *avere ~ a fare qcs.* to have the right to do (to have a right to do) sth., to be entitled to do sth.; *avere ~ di fare qcs.* to have the right to do (to have a right to do) sth., to be entitled to do sth.; *che*

~ hai di parlarmi così? what right have you to speak to me like that?; (*Dir*) *~ canonico* canon law; *diritti cinematografici* screen rights; (*Dir*) *~ civile* civil law; *diritti civili* civil rights; (*Dir*) *~ commerciale* commercial law; (*Dir*) *~ comparato* comparative law; (*Dir*) *~ comune* common law; (*Dir*) *~ comunitario* Community law; (*Dir*) *diritti coniugali* conjugal rights; (*Dir*) *~ consuetudinario* customary law, common law; (*Dir*) *~ contrattuale* contract law; (*Dir*) *~ costituzionale* constitutional law; *dare ~* to give the right, to entitle: *la tessera dà ~ a entrare in biblioteca* the card gives the right of entry into the library, the card entitles the holder to enter the library; *~ d'autore*: **1** copyright; **2** *pl.* (*compenso*) royalties; *diritti del consumatore* consumer rights; (*Dir*) *~ del lavoro* labour legislation, labour law; *il ~ del più forte* the survival of the fittest; *diritti della donna* women's rights; (*Dir*) *~ dell'aria* air legislation; (*Dir*) *~ delle genti* law of nations; *diritti delle minoranze* minority rights; *diritti dell'uomo* rights of man; *di ~* by right, lawfully: *mi spetta di ~* it is my right, it is mine by right; (*Inform*) *diritti di accesso* access rights; *per ~ di anzianità* by right of seniority; (*Dir*) *~ di appello* right of appeal; (*Pol*) *~ di asilo* right of asylum, right to asylum; *~ di associazione* right of association; (*Aer*) *~ di atterraggio* right to land; *diritti di atterraggio* landing fees; (*Mar*) *diritti di banchina* quayage (*sing.*), wharfage (*sing.*); *~ di bollo* stamp duty; *diritti di cancelleria*: **1** registry expenses; **2** (*Dir*) court fees; (*Mar*) *diritti di chiusa* sluice dues, lock charges; *~ di cittadinanza* right of citizenship; *~ di elettorato attivo* franchise; *diritto di elettorato passivo* eligibility for election; (*Dir*) *~ di esclusiva* exclusive right; (*Dir*) *~ di famiglia* family law; (*Dir*) *~ di immunità* right of immunity; *per ~ di nascita* by birthright, by right of birth; *~ di noleggio* rental right; (*Dir*) *~ di occupazione di una proprietà* tenure of an estate; *per ~ di occupazione* by right of occupancy; *~ di opposizione* right to opposition; (*Econ*) *~ di opzione* option, right of option, pre-emptive right; (*Mar*) *diritti di ormeggio* moorage (*sing.*); *~ di pascolo* grazing right, right of common, right of pasturage; (*Dir*) *~ di passaggio* right of way, easement, right of passage; *diritti di pesca* fishing rights; (*Strad*) *~ di precedenza* right of way; *~ di prelazione* pre-emption right; *~ di primogenitura* (right of) primogeniture; *~ di priorità* preferential right, right of priority, priority right; *~ di privativa* patent right; (*Dir*) *~ di proprietà* right of ownership, ownership; *diritti di pubblicazione* copyright (*sing.*); (*Dir*) *~ di recesso* withdrawal right; (*Dir*) *~ di regresso* right of recourse; *diritti di riproduzione* reproduction rights, reproductive rights; (*Dir*) *~ di ritenzione* lien; *~ di riunione* right of public meeting; *~ di sciopero* freedom to strike, right to strike; *diritti di segreteria* fee paid for issuing documents; *~ di sovranità* sovereign right; (*Mar*) *diritti di stivaggio* stowage (*sing.*); *~ di successione* right of succession, law of succession; *diritti di successione* probate duties, death duties, (*Am*) estate taxes, (*Am*) inheritance taxes; *~ di transito*: **1** right of transit; **2** (*pagamento*) transit duty; *~ di veto* veto; *avere ~ di vita e di morte su qcu.* to have the power of life or death over so.; *~ di voto* right to vote, voting right; (*Dir*) *~ diplomatico* diplomatic law; *~ divino* divine right; (*Comm*) *diritti doganali* Customs duties, Customs duty (*sing.*); *è un ~ ma anche un*

dovere it's not only a right, but also a duty; (*Dir*) *~ ecclesiastico* ecclesiastical law; *~ ereditario* hereditary right; *per ~ ereditario* hereditary; (*Dir*) *~ esclusivo* sole right, exclusive right; *~ europeo* European law; (*Dir*) *~ fallimentare* bankruptcy law; (*Stor*) *~ feudale* feudal law; (*Dir*) *~ finanziario* financial law; *~ in contestazione* contested right; *credersi in ~ di fare qcs.* to believe (*o* to think) one has the right to do sth., to believe (*o* to think) one is entitled to do sth.; (*Dir*) *~ internazionale* international law; *~ internazionale dell'ambiente* international environmental law; (*Dir*) *~ marittimo* shipping law, maritime law, law of the sea, marine law; *~ materiale* substantial right; (*Dir*) *~ mercantile* mercantile law; (*Dir*) *~ naturale* natural law, law of nature; *essere nel ~ di qcu.* to be so.'s right: *è nel mio ~ sapere cosa sia stato deciso* it is my right to know what has been decided, I have the right to know what has been decided; *essere nel proprio ~* to be within one's rights; (*Dir*) *~ penale* penal law, criminal law; *diritti politici* political rights; (*Dir*) *~ privato* private law; (*Dir*) *~ processuale* law of procedure; (*Dir*) *~ pubblico* public law; (*Dir*) *diritti quesiti* acquired rights; *tutti i diritti riservati* all rights reserved; (*Dir*) *~ romano* Roman law; (*Dir*) *~ scritto* statute law; *diritti sindacali* trade union rights; (*Dir*) *~ sociale* social legislation; *~ societario* company law, (*Am*) corporate law; (*Econ*) *diritti speciali di prelievo* special drawing rights; (*Dir*) *~ tributario* tax law; *diritti umani* human rights.

dirittura *f.* **1** (*direzione in linea retta*) straight course, straight line. **2** (*Sport*) (*rettilineo*) straight. **3** (*fig*) (*rettitudine*) uprightness, honesty, rectitude. □ (*Sport*) *~ di arrivo* finishing straight; (*fig*) *essere in ~ di arrivo* to be on the home stretch.

dirizzone □ (*colloq,region*) pigliare un *~* (*o prendere un ~*): **1** to get an idea into one's head, to get sth. into one's head, to get a bee in one's bonnet: *quando ha preso un ~ nessuno lo ferma più* when he gets an idea into his head there's no stopping him; **2** (*prendere una cantonata*) to make a blunder.

dirò → **dire**[1].

diroccamento *m.* demolition, dismantlement.

diroccare (**dirocco**, **dirocchi**) *v.t.* to demolish, to pull down, to raze: *~ una fortezza* to raze a fortress.

diroccato *a.* **1** ruined, in ruins (*posposto*), dilapidated: *un castello ~* a ruined castle. **2** (*cadente*) tumbledown.

dirompente *a.* **1** bursting, disruptive, explosive: *forza ~* explosive power, explosive force. **2** (*fig*) sensational.

dirompere (*pres.ind.* **dirómpo**; *p.rem.* **dirùppi**; *p.p.* **dirótto**) *v.t.* **1** (*rif. a lino, canapa: maciullare*) to scutch, to brake. **2** (*rar*) (*rif. alle membra: rendere agile*) to limber up, to make supple.

dirottamente *avv.* **1** copiously, abundantly, violently. **2** (*rif. a pianto*) bitterly, uncontrollably. **3** (*rif. a pioggia*) hard, heavily, in torrents (*posposto*).

dirottamento *m.* **1** (*atto di pirateria*) hijacking, (*Am*) skyjacking: *il ~ di un aereo* the highjacking of a plane. **2** (*Mar*) (*cambiamento di rotta*) change of course; (*deviazione*) deviation (from course). **3** (*estens*) (*deviazione*) deviation, diversion, (*rif. a traffico*) diversion, detour.

dirottare (**dirótto**) **I** *v.t.* **1** (*per pirateria*) to hijack, (*Am*) to skyjack: *l'aereo è stato dirottato* the plane has been hijacked. **2** (*Mar*) (*cambiare la rotta di*) to change the course of, to deviate: ~ *una nave* to change a ship's course. **3** (*Aer*) (*cambiare la rotta di*) to reroute, to divert: *a causa della nebbia il volo è stato dirottato su Bergamo* due to fog the flight has been rerouted to Bergamo, due to fog the flight has been diverted to Bergamo. **4** (*estens*) (*deviare*) to divert: ~ *il traffico* to divert traffic. **II** *v.i.* (*aus.* **avere**) **1** (*Mar*) to change course: *la nave ha dirottato* the ship has changed course. **2** (*estens*) (*deviare*) to deviate, to turn off, to turn aside: *la colonna dei dimostranti dirottò verso la piazza* the column of demonstrators turned off towards the square. □ (*Econ*) ~ *gli investimenti* to reroute investments.

dirottatore *m.* (*f.* **-trice**) hijacker, (*Am*) skyjacker.

dirotto[1] *a.* copious, abundant, violent. □ *a* ~ in torrents, copiously, abundantly, violently: *piangere a* ~ to cry bitterly, to weep one's heart out; *piove a* ~ it's pouring, it's raining cats and dogs.

dirotto[2] → **dirompere**.

dirozzamento *m.* **1** rough-hewing. **2** (*fig*) refinement, polishing.

dirozzare (**diròzzo**) **I** *v.t.* **1** (*sbozzare*) to rough-hew, to rough-dress. **2** (*fig*) (*rif. a costumi e sim.: ingentilire*) to refine, to polish: ~ *i costumi di qcu.* to polish so.'s manners. **3** (*fig*) (*rif. a persone*) to refine, to teach breeding to, to teach manners to: *il maestro cercò di* ~ *il ragazzo* the teacher tried to teach the boy better manners. **II** *v.pron.* **dirozzarsi** to acquire better manners, to become more refined.

dirupare (**dirùpo**; *aus.* **essere**) *v.i.* (*rar*) to fall headlong down, to plunge down, to hurtle down.

dirupato *a.* precipitous, abrupt, steep.

dirupo *m.* precipice, crag.

diruppi → **dirompere**.

disabile I *a.* disabled, handicapped. **II** *m./f.* disabled (person), handicapped (person). □ ~ *fisico* physically disabled, physically handicapped; *accesso per disabili* wheelchair access, disabled access; ~ *psichico* mentally disabled, mentally handicapped.

disabilità *f.* disability, handicap.

disabilitare (**disabìlito**) *v.t.* to disable (*anche Inform,Tel*).

disabilitato *a.* disabled (*anche Inform,Tel*).

disabilitazione *f.* disabling (*anche Inform, Tel*).

disabitato *a.* **1** (*non abitato*) uninhabited: *una casa disabitata* an uninhabited house. **2** (*spopolato*) deserted, abandoned: *regioni disabitate* deserted regions.

disabituare (**disabìtuo**) **I** *v.t.* to disaccustom, to make unused (*a* to), to break a habit, to get out of a habit: *l'ozio lo ha disabituato al lavoro* idleness has made him unused to work, idleness has got him out of the habit of working, idleness has gotten him out of the habit of working. **II** *v.pron.* **disabituarsi** to lose a habit, to get out of a habit, to get rid of a habit, to disaccustom oneself, to become unused: *disabituarsi a fare qcs.* to lose the habit of doing sth., to get out of the habit of doing sth.; *disabituarsi a qcs.* to wean oneself off sth.

disaccaride *m.* (*Chim*) disaccharide.

disaccentare (**disaccènto**) *v.t.* to remove the accent from.

disaccentato *a.* unaccented.

disaccoppiamento *m.* (*Mecc,El*) uncoupling, decoupling.

disaccoppiare (**disaccòppio**, **disaccòppi**) *v.t.* (*Mecc,El*) to uncouple, to decouple.

disaccordo *m.* **1** (*dissenso*) disagreement, variance. **2** (*Mus*) discord. □ *essere in* ~ *su qcs.* to disagree on sth.; *trovarsi in* ~ *su qcs.* to be at issue over sth., to be at variance over sth.; *venire in* ~ *con qcu.* to clash with so.

disadattamento *m.* (*Psic*) maladjustment.

disadattato I *a.* (*Psic*) maladjusted. **II** *m.* (*f.* -a) maladjusted person, misfit.

disadatto *a.* unsuited, ill-suited (*a* to), unfit, unsuitable (for): *essere* ~ *a un incarico* to be ill-suited to a post, to be ill-suited for a position.

disadorno *a.* plain, bare, unadorned.

disaerare (**disàero**) *v.t.* (*Tecn*) to deaerate.

disaeratore *m.* (*Tecn*) deaerator.

disaerazione *f.* (*Tecn*) deaeration.

disaffezionare (**disaffezióno**) **I** *v.t.* (*lett*) to estrange, to alienate (*da* from), to make indifferent (to). **II** *v.pron.* **disaffezionarsi** to lose one's affection, to lose one's fondness (*a, da* for), to become estranged (from).

disaffezione *f.* estrangement, alienation (*a, da* from), loss of affection, loss of fondness (for).

disagevole *a.* uncomfortable, difficult, hard: *un viaggio* ~ an uncomfortable journey; *condurre una vita* ~ to lead a hard life.

disaggio *m.* (*Econ*) disagio.

disaggregare (**disaggrègo**, **disaggrèghi**) **I** *v.t.* to disaggregate (*anche Chim*). **II** *v.pron.* **disaggregarsi** to disaggregate.

disaggregazione *f.* disaggregation (*anche Chim*).

disagiatamente *avv.* **1** (*senza agi*) uncomfortably. **2** (*poveramente*) poorly, in hardship, with difficulty.

disagiato *a.* **1** (*privo di agi*) uncomfortable, inconvenient. **2** (*povero*) poor, difficult, straitened, hard: *condizioni economiche disagiate* straitened economic conditions; *condurre una vita disagiata* to lead a hard life, to live in poverty.

disagio *m.* **1** (*mancanza di agi*) discomfort, lack of comfort. **2** (*disturbo*) inconvenience: *causare* ~ *a qcs.* to inconvenience so. **3** *pl.* (*incomodi, fatiche*) discomfort *sing.*, hardships: *i disagi del viaggio* the hardships of the journey. **4** (*imbarazzo*) embarrassment, awkwardness. **5** (*malessere*) uneasiness, uncomfortableness. □ *essere a* ~ to feel uneasy, to be uneasy; *mettere qcu. a* ~ to embarras so., to make so. feel awkward; *sentirsi a* ~ to feel uneasy, to be uneasy; ~ *giovanile* juvenile unrest; ~ *sociale* social unease, social unrest.

disalberare (**disàlbero**) *v.t.* (*Mar*) to dismast.

disambientato *a.* out of place: *nel nuovo ufficio si sentiva* ~ he felt out of place in the new office.

disambiguare (**disambìguo**) *v.t.* (*Ling*) to disambiguate.

disamina *f.* close examination, careful investigation: *passare in* ~ (o *prendere in* ~) *qcs.* to examine sth. carefully; *sottoporre a* ~ to examine carefully.

disamorare (**disamóro**) **I** *v.t.* to estrange, to alienate (*da* from), to make indifferent (to): ~ *qcu. da qcs.* to make so. indifferent to sth., to lose interest in sth. **II** *v.pron.* **disamorarsi 1** to fall out of love (*di qcu.* with so.). **2** (*estraniarsi*) to become estranged (*da* from), to lose interest (in), to become indifferent (to): *disamorarsi di qcs.* to lose interest in sth.

disamorato *a.* **1** (*estraniato*) estranged (*da* from). **2** (*indifferente*) indifferent (to).

disamore *m.* **1** lack of love, estrangement

(*per, a* from). **2** (*indifferenza*) indifference (to).

disancorare (**disàncoro**) **I** *v.t.* (*Mar*) to loosen from anchorage, (*ant*) to disanchor. **II** *v.pron.* **disancorarsi 1** (*Mar*) to weigh anchor. **2** (*fig*) to break away, to get away (*da* from), to rid oneself (of): *non si è ancora disancorato dai preconcetti borghesi* he hasn't yet rid himself of his bourgeois prejudices.

disanimare (**disànimo**) **I** *v.t.* (*rar*) to dishearten, to discourage. **II** *v.pron.* **disanimarsi** to lose heart, to be discouraged, to get disheartened: *si è disanimato alle prime difficoltà* he lost heart as soon as the first difficulties arose.

disanimato *a.* discouraged, disheartened.

disappannamento *m.* demisting.

disappannare (**disappànno**) *v.t.* to demist.

disappetenza *f.* (*rar*) poor appetite, lack of appetite.

disapplicare (**disàpplico**, **disàpplichi**) **I** *v.t.* (*rar*) to cease to apply. **II** *v.pron.* **disapplicarsi** to neglect (*da qcs.* sth.).

disapprovare (**disappròvo**) *v.t.* **1** to disapprove (of): ~ *la condotta di qcu.* to disapprove of so.'s behaviour. **2** (*assol.*) to disapprove, to show one's disapproval.

disapprovazione *f.* disapproval: *lo guardò con* ~ he looked at him with disapproval, he looked at him disapprovingly; *parole di* ~ disapproving words.

disappunto *m.* **1** (*delusione*) disappointment: *l'affare, con suo grande* ~, *non si è concluso* to his great disappointment, the deal didn't come off. **2** (*irritazione*) vexation, annoyance.

disarcionare (**disarcióno**) *v.t.* to unhorse, to unsaddle.

disarmante *a.* disarming: *un sorriso* ~ a disarming smile.

disarmare (**disàrmo**) **I** *v.t.* **1** to disarm (*anche fig*): ~ *i prigionieri* to disarm the prisoners. **2** (*rif. a fortezze e sim.*) to dismantle. **3** (*un'arma*) to disarm a weapon. **4** (*Mar*) to lay up, to unrig. **5** (*Edil*) to take down (the scaffolding from). **II** *v.i.* (*aus.* **avere**) **1** to disarm. **2** (*fig*) to give in, to yield, to surrender: *non disarma di fronte alle difficoltà* he doesn't give in in the face of difficulty. □ ~ *i remi* to lay in oars, to boat oars, to (un)ship oars.

disarmato *a.* **1** unarmed (*anche fig*). **2** (*rif. a fortezze e sim.*) dismantled. **3** (*Mar*) laid up, out of commission. **4** (*fig*) helpless, defenceless.

disarmo *m.* **1** (*rif. a persona*) disarming, disarmament: *il* ~ *dei prigionieri* the disarming of the prisoners. **2** (*rif. a fortezze e sim.*) dismantlement, dismantling. **3** (*Pol*) disarmament. **4** (*Mar*) laying up, unrigging, paying off. □ (*Pol*) ~ *atomico* nuclear disarmament; *nave in* ~ ship out of commission; (*Pol*) ~ *nucleare* nuclear disarmament; (*Pol*) ~ *unilaterale* unilateral disarmament.

disarmonia *f.* **1** (*Mus*) discord. **2** (*estens*) disharmony, discord, discordance: *c'è* ~ *tra i componenti della famiglia* there is discord in the family.

disarmonicamente *avv.* discordantly.

disarmonico (*pl.* -ci) *a.* **1** (*Mus*) discordant. **2** (*estens*) discordant, disharmonious, ill-matched, clashing, ill-assorted: *un insieme ~ di colori* an ill-assorted colour arrangement.

disarticolare (**disartìcolo**) **I** *v.t.* **1** to disarticulate, to disjoint (*anche Med*). **2** (*fig*) to disrupt. **II** *v.pron.* **disarticolarsi** to be dislocated.

disarticolato *a.* **1** disarticulated, disjointed (*anche Med*). **2** (*fig*) disjointed.

disarticolazione *f.* **1** disarticulation (*anche Med*). **2** (*fig*) disruption.

disartria *f.* (*Med*) dysarthria.

disassamento *m.* (*Mecc*) misalignment, out-of-alignment.

disassato *a.* out of axis.

disassortito *a.* broken (up), odd, assorted.

disassuefare (*pres.ind.* **disassuefàccio,** **disassuefài;** *p.rem.* **disassueféci;** *p.p.* **disassuefàtto**) *v.t.* to cause to give up a habit, to wean, to break a habit: ~ *qcu. dall'alcol* to wean so. from alcohol, to get so. to stop drinking alcohol, to detoxify so. from alcohol, to go through detox.

disassuefazione *f.* weaning, detoxification (*da* from).

disastrare (**disàstro**) *v.t.* to ravage, to devastate: *un ciclone ha disastrato la campagna* a tornado ravaged the countryside.

disastrato I *a.* **1** (*rif. a cosa*) heavily damaged, ravaged, badly-hit, stricken: *le zone disastrate* the badly-hit areas. **2** (*rif. a persona*) stricken, badly-hit. II *m.* (*f.* -**a**) victim: *i disastrati del terremoto* the earthquake victims.

disastro *m.* **1** disaster: *è accaduto un* ~ there has been a disaster. **2** (*grave incidente*) crash, bad accident: *recarsi sul luogo del* ~ to go to the scene of the accident, to go to the scene of the crash. **3** *pl.* havoc *sing.*, ravages, damage *sing.*, destruction *sing.*: *i disastri del terremoto* the destruction caused by the earthquake, the havoc caused by the earthquake. **4** (*colloq*) complete failure, fiasco, disaster: *il pranzo è stato un* ~ the dinner was a fiasco; *la tua versione di latino è un* ~ your Latin translation is atrocious, your Latin translation is dreadful. **5** (*colloq*) (*rif. a persona*) utter failure: *come professore è un* ~ he is an utter failure as a teacher. **6** (*colloq*) (*confusione, disordine*) mess: *combinare un* ~ to make a mess. ☐ ~ *aereo* air crash, air disaster; ~ *ambientale* ecological disaster; ~ *ecologico* ecological disaster, ecocatastrophe; ~ *ferroviario* rail crash, train crash; ~ *finanziario* financial disaster, crash; ~ *militare* military disaster.

disastrosamente *avv.* disastrously.

disastroso *a.* **1** (*che provoca disastri*) disastrous, devastating, ruinous: *una grandinata disastrosa* a disastrous hailstorm. **2** (*pessimo*) shocking, dreadful, terrible: *la tappezzeria è in condizioni disastrose* the upholstery is in a shocking state.

disatomizzare (**disatomìzzo**) *v.t.* to denuclearize.

disatomizzato *a.* nuclear-free, denuclearized.

disattendere (*pres.ind.* **disattèndo;** *p.rem.* **disattési;** *p.p.* **disattéso**) *v.t.* to disregard: ~ *una raccomandazione* to disregard a recommendation.

disattento *a.* inattentive, careless: *alunno* ~ inattentive pupil.

disattenzione *f.* **1** inattention, lack of attention, carelessness. **2** (*distrazione*) absent-mindedness. **3** (*svista*) oversight: *mi spiace di non averti invitato: è stata una* ~ I'm sorry I didn't invite you: it was a pure oversight. **4** (*errore*) slip, mistake: *la traduzione è piena di disattenzioni* the translation is full of mistakes. ☐ *per* ~ inadvertently.

disatteso → **disattendere** *a.* disregarded, not complied with.

disattivare (**disattìvo**) *v.t.* **1** to disconnect: ~ *una linea telefonica* to disconnect a telephone line. **2** (*rif. a ordigni*) to disarm: ~ *una* *bomba* to disarm a bomb.

disattivato *a.* **1** disconnected. **2** (*rif. a ordigni*) disarmed: *mina disattivata* disarmed mine.

disattrezzare (**disattrézzo**) *v.t.* (*Mar*) to strip, to unrig.

disavanzo *m.* (*Econ*) deficit: *un ~ nelle pubbliche entrate* a deficit in public revenue. ☐ (*Econ*) ~ *della bilancia commerciale* deficit in the balance of trade; (*Econ*) *essere in ~* to have a deficit; (*Econ*) ~ *patrimoniale* capital deficit.

disavvedutezza *f.* heedlessness, carelessness.

disavveduto *a.* heedless, careless.

disavventura *f.* mishap, mischance, misadventure, misfortune: *durante il viaggio gli sono accadute molte disavventure* he met with many mishaps during his journey. ☐ *per* ~ unfortunately, unluckily.

disavvertenza *f.* carelessness, heedlessness, negligence, thoughtlessness.

disavvezzare (**disavvézzo**) I *v.t.* to disaccustom (*da* to), to break the habit (of), to get out of the habit (of), to wean (from), to cause to stop: *la fidanzata lo ha disavvezzato dal bere* his girlfriend has made him stop drinking. II *v.pron.* **disavvezzarsi** to give up, to lose the habit, to give up the habit.

disavvezzo *a.* **1** (*non abituato*) unaccustomed, not used (*a* to). **2** (*che ha perso l'abitudine*) disaccustomed (to), out of the habit (of).

disborso *m.* (*Comm,rar*) disbursement, outlay. ☐ *essere in ~* to be due for reimbursement.

disboscamento *m.* deforestation, disforestation, disafforestation, clearance.

disboscare (**disbòsco, disbòschi**) *v.t.* to disforest, to disafforest, to deforest, to clear: ~ *un monte* to deforest a mountain.

disbrigare (**disbrìgo, disbrìghi**) I *v.t.* (*rar*) to dispatch, to settle quickly: ~ *un affare* to settle a matter quickly. II *v.pron.* **disbrigarsi** to get rid of.

disbrigo (*pl.* -**ghi**) *m.* (*prompt*) settlement, dispatch, clearing-up (*di* of), dealing (with). ☐ *attendere al ~ degli affari* to get one's business done; ~ *della corrispondenza* dealing with one's correspondence.

discantare (**discànto;** *aus.* **avere**) *v.i.* (*Mus*) to descant.

discantista *m./f.* descanter.

discanto *m.* (*Mus*) descant, discant.

discapitare (**discàpito;** *aus.* **avere**) *v.i.* (*rar*) to suffer loss, to lose.

discapito *m.* (*danno*) damage; (*svantaggio*) detriment, disadvantage. ☐ *a ~ di qcu.* to so.'s detriment, to so.'s cost: *se agirai così, lo farai a tuo ~* if you act like this, you will do so to your own detriment.

discarica *f.* **1** (*per rifiuti*) dump, dumping ground, refuse disposal site, (*Br*) rubbish dump, tip, (*Am*) garbage dump: ~ *abusiva* unauthorized rubbish dump. **2** (*di miniera*) mine dump. **3** (*Mar*) discharge.

discaricare (**discàrico, discàrichi**) *v.t.* **1** (*rar*) to unload, to discharge. **2** (*fig*) to relieve, to clear.

discarico (*pl.* -**chi**) *m.* **1** (*rar*) (*scarico*) unloading, discharging. **2** (*fig*) (*discolpa*) defence, justification. ☐ *a mio ~* in my defence; *per ~ di coscienza* to unburden one's conscience, to ease one's conscience, to clear one's conscience.

discatore *m.* (*Svizz.it*) (*giocatore di hockey sul ghiaccio*) hockey player.

discendente I *a.* **1** descending, downward, down (*attr.*). **2** (*che deriva*) descend-ing, deriving. **3** (*Ling*) falling. **4** (*Mus*) descending: *scala* ~ descending scale. II *m./f.* descendant. ☐ (*Dir*) ~ *diretto* direct descendant; (*Dir*) ~ *in linea retta* lineal descendant.

discendenza *f.* **1** descent, lineage. **2** (*discendenti*) descendants *pl.*, issue, offspring. ☐ *la ~ di Adamo* the seed of Adam; ~ *diretta* lineal descent, direct descent, direct descendants (*pl.*).

discendere (*pres.ind.* **discéndo;** *p.rem.* **discési;** *p.p.* **discéso**) I *v.i.* (*aus.* **essere**) **1** to come down, to descend, to go down. **2** (*smontare: da autobus, treno, tram*) to get off (*da qcs.* sth.); (*da auto*) to get out (of); (*da cavallo*) to dismount (sth.), to get down (from). **3** (*digradare*) to slope down, to descend. **4** (*calare*) to come down, to go down, to fall: *la temperatura continua a ~* the temperature is still falling. **5** (*tramontare*) to sink, to go down, to set. **6** (*trarre origine*) to be descended: ~ *da una famiglia illustre* to be descended from an illustrious family. **7** (*Mus*) to descend. II *v.t.* to come down, to go down, to descend: ~ *le scale* to come down the stairs.

discenderia *f.* (*Minier*) winze, inclined shaft.

discensionale *a.* (*Fis*) descensional.

discente *m./f.* (*lett*) (*alunno*) learner.

discepolo *m.* **1** (*f.* -**a**) (*scolaro*) pupil. **2** (*seguace*) follower, disciple: *i discepoli di Michelangelo* Michelangelo's disciples. **3** (*Bibl,Rel*) disciple: *i discepoli di Cristo* the disciples of Christ.

discernere (*pres.ind.* **discèrno;** *p.rem.* **discernéi;** *no past participle*) *v.t.* **1** (*lett*) to discern, to make out, to descry, to see clearly: *al buio non riusciva a ~ gli oggetti* he could not make out the objects in the darkness. **2** (*fig*) to distinguish (*da* from, between), to see the difference, to discriminate (between): ~ *il bene dal male* to distinguish between good and evil, to distinguish good from bad; ~ *la verità* to discern the truth.

discernimento *m.* **1** discernment, insight. **2** (*buon senso*) common sense: *agire con ~* to act sensibly; *parlare senza ~* to talk foolishly.

discesa *f.* **1** (*il discendere*) descent: *la ~ richiese due ore* the descent took two hours; it took two hours to come down. **2** (*con mezzi di trasporto*) descent: *la ~ in funivia* the descent by cableway. **3** (*in automobile*) drive down, ride down. **4** (*rif. a miniere*) descent. **5** (*con paracadute*) jump. **6** (*rif. a palombaro*) dive. **7** (*tratto in discesa*) slope, descent, downhill stretch: *a metà della ~ mi sono fermato* I stopped halfway down the slope. **8** (*Sport*) (*nello sci*) downhill run: *fare una ~* to make a run. **9** (*Sport*) (*nel ciclismo*) downhill race. **10** (*Alp*) descent. **11** (*abbassamento, diminuzione*) fall: ~ *dei prezzi* fall in prices. **12** (*calata, invasione*) descent, invasion: *la ~ dei barbari in Italia* the barbarians' invasion of Italy, the barbarians' descent upon Italy. ☐ (*Alp*) ~ *a corda doppia* abseiling, rappel; (*Mitol*) ~ *agli inferi* (*o ~ all'inferno*) descent into hell; (*Bibl,Rel*) *la ~ dello Spirito Santo* the descent of the Holy Ghost; *durante la ~ l'ascensore si fermò improvvisamente* on its way down, the lift suddenly stopped; (*fig*) *è tutta ~* it's downhill all the way; *in ~* downhill (*anche fig*): *tratto in ~* downhill stretch; *la strada è tutta in ~* the road is all downhill; (*Alp*) ~ *in cordata* descent on the rope, roping down; (*Aer*) ~ *in picchiata* nose-dive; (*Sport*) ~ *libera* downhill race, (straight) downhill run; (*Sport*) ~ *obbligata* slalom; (*Aut*) ~*pericolosa* dangerous hill; ~ *ripida* steep slope.

discesi → **discendere**.

discesismo *m.* (*Sport*) downhill racing.

discesista *m./f.* (*Sport*) **1** (*sciatore*) downhill skier. **2** (*ciclista*) downhill racer.

disceso → **discendere**.

discettare (**discètto**) *v.t.* (*lett,iron*) to discuss, to argue.

dischetto *m.* **1** small disk, small disc. **2** (*Sport*) (*nel gioco del calcio*) penalty spot. **3** (*Inform*) diskette, floppy disk. ☐ (*Inform*) ~*di sistema* systems diskette.

dischiudere (*pres.ind.* **dischiùdo**; *p.rem.* **dischiùsi**; *p.p.* **dischiùso**) **I** *v.t.* **1** (*lett*) (*aprire*) to open: ~ *le imposte* to open the shutters. **2** (*lett,fig*) to reveal. **II** *v.pron.* **dischiudersi** to open (up). ☐ (*lett*) ~ *ilcuore alla speranza* to open one's heart to hope; (*lett*) ~ *le labbra al sorriso* to part one's lips in a smile; (*lett*) ~ *gli occhi* to open one's eyes.

dischiusi → **dischiudere**.

dischiuso → **dischiudere** *a.* (*lett*) (*aperto*) open, half-open; (*rif. a porta*) ajar (*pred.*); (*rif. a fiore*) open.

discinesia *f.* (*Med*) dyskinesia.

discinto *a.* scantily dressed.

disciogliere (*pres.ind.* **disciòlgo, disciògli**; *p.rem.* **disciòlsi**; *p.p.* **disciòlto**) **I** *v.t.* **1** (*dissolvere*) to dissolve: ~ *la polvere nell'acqua* to dissolve the powder in the water. **2** (*liquefare, fondere*) to melt, to thaw: *il calore ha disciolto la neve* the heat has thawed the snow. **3** (*lett*) (*slegare, slacciare*) to unfasten, to untie, to loosen. **II** *v.pron.* **disciogliersi 1** (*dissolversi*) to dissolve. **2** (*fondersi*) to melt, to thaw. **3** (*lett*) (*slegarsi*) to untie oneself, to release oneself.

disciolsi → **disciogliere**.

disciolto → **disciogliere** *a.* **1** (*dissolto*) dissolved. **2** (*fuso*) melted, thawed. **3** (*sciolto*) loose, unfastened, untied, unbound.

disciplina *f.* **1** discipline: *mantenere la* ~ to keep discipline. **2** (*materia di studio*) discipline, branch of learning: *le discipline storiche* the historical disciplines. **3** (*fig*) school, discipline, teaching, training: *la* ~ *del dolore* the school of grief. **4** (*fig*) (*flagello*) scourge, discipline. ☐ ~ *del traffico* traffic regulation, traffic control; *di* ~: **1** disciplinary: *commissione di* ~ disciplinary commission; *consiglio di* ~ disciplinary committee; (*Dir*) disciplinary court; **2** (*Mil*) guard (*attr.*), disciplinary: *compagnia di* ~ disciplinary company; ~ *di partito* party discipline; ~ *ferrea* strict discipline, iron discipline; ~ *militare* military discipline; ~ *scolastica* discipline in school, class-room discipline; *senza* ~ undisciplined; *il maestro non sa tenere la* ~ the teacher can't keep discipline, the teacher can't keep order.

disciplinare[1] (**disciplìno**) **I** *v.t.* **1** to discipline. **2** (*regolare*) to regulate, to control: ~ *il traffico stradale* to regulate the traffic. **3** (*fig*) to discipline, to bring under control: ~ *i propri istinti* to control one's instincts. **II** *v.pron.* **disciplinarsi** to discipline oneself.

disciplinare[2] **I** *a.* disciplinary: *prendere un provvedimento* ~ to take disciplinary measures, to take disciplinary action. **II** *m.* specifications *pl.*

disciplinatamente *avv.* in an orderly way.

disciplinato *a.* **1** (well-)disciplined, self-disciplined, orderly: *alunni disciplinati* disciplined pupils; *un ragazzo poco* ~ a disorderly boy, an undisciplined boy. **2** (*rif. a soldati e* ~) well-drilled.

disc-jockey /ˌdis(k)'dʒɔkej/ *m./f.inv.* disc jockey.

discman /'disk,mɛn/ *m.inv.* discman.

disco[1] (*pl.* **-chi**) *m.* **1** disk, disc: *un* ~ *di metallo* a metal disk. **2** (*Mus*) record: *un* ~ *di Bach* a Bach record; *un* ~ *di musica blues* a blues record; *incidere un* ~ to cut a record. **3** (*Sport*) (*in atletica*) discus; (*lancio*) discus-throwing. **4** (*Sport*) (*per l'hockey su ghiaccio*) puck. **5** (*Ferr*) (*segnale*) disk signal, railway signal. **6** (*Mecc*) plate, disk, wheel. **7** (*Anat*) disc, disk: *ernia del* ~ slipped disc. **8** (*Bot*) disc, disk. **9** (*Inform*) disc, disk. ☐ ~*abrasivo* sanding disk; (*Tel*) ~*combinatore* dial; (*Aut*) ~ *del freno* brake disk; (*Aut*) ~ *della frizione* clutch plate, friction disk; *il* ~ *della luna* the disk of the moon; (*Aut*) ~*della ruota* wheel disk; (*Inform*) ~*di avvio* startup disk; (*Inform*) ~*di destinazione* target disk, target drive; (*Inform*) ~*di sistema* system disk; (*Mus*) ~ *d'oro* gold disc; (*Inform*) ~*estraibile* removable disk; (*Inform*) ~ *fisso* hard disk; (*Anat*) ~ *intervertebrale* intervertebral disc; (*ant*) ~*microsolco*: **1** microgroove record; **2** (*a 33 giri*) long-playing record, (*colloq*) L.P.; **3** (*a 45 giri*) extended-play record, (*colloq*) E.P; (*Aut*) ~ *orario* parking disk; (*Inform*) ~*ottico* optical disk; (*Inform*) ~*primario* master disk; (*Inform*) ~ *rigido* hard disk; ~*rosso*: **1** red disk signal; **2** (*fig*) red light, stop (signal); (*Inform*) ~*secondario* slave disk; (*Svizz.it,Sport*) ~ *su ghiaccio* (*hockey su ghiaccio*) ice hockey; ~ *verde*: **1** green disk signal; **2** (*fig*) green light, go-ahead signal; ~*volante* flying saucer.

disco[2] *f.inv.* **1** (*disco-music*) disco music. **2** (*disco-dance*) disco dance. **3** (*discoteca*) disco.

discobar *m.inv.* bar with disco music.

discobolo *m.* (*lanciatore di disco*) discus thrower; (*nell'atletica antica*) discobolus.

disco-dance /ˌdisko'dens/ *f.* disco dancing.

discofilo *m.* (*f.* **-a**) record collector.

discografia *f.* **1** recording, record making. **2** (*industria*) record industry. **3** (*catalogazione di dischi*) discography.

discografico (*pl.* **-ci**) **I** *a.* **1** (*rif. alla tecnica o all'industria dei dischi*) record (*attr.*), recording: *industria discografica* record industry; *casa discografica* record company. **2** (*rif. alla catalogazione di dischi*) discographic, discographical. **II** *m.* (*f.* **-a**) **1** (*tecnico*) person in the record industry, record company worker. **2** (*industriale*) record company owner.

discoidale *a.* discoid.

discoide I *a.* discoid. **II** *m.* (*Farm*) round tablet.

discolibro (*pl.* **dischilibri/discolibri**) *m.* book accompanied by a record.

discolo I *a.* **1** (*rif. a bambino*) naughty, mischievous. **2** (*scapestrato*) wild, madcap (*attr.*), reckless. **II** *m.* (*f.* **-a**) **1** (*rif. a bambino*) naughty boy, (little) rogue, rascal, (young) scamp, urchin. **2** (*scapestrato*) madcap, daredevil, scapegrace, wild young man.

discolorare (**discolóro**) **I** *v.t.* to discolour, (*Am*) to discolor. **II** *v.pron.* **discolorarsi** to discolour, (*Am*) to discolor.

discolpa *f.* excuse, justification, defence, exculpation. ☐ *a propria* ~ in one's vindication, in one's defence, for one's justification: *dico ciò a mia* ~ I say this in my defence; *che hai da dire a tua* ~? what have you to say for yourself?

discolpare (**discólpo**) **I** *v.t.* to clear, to justify: *cercò di* ~ *l'amico* he tried to clear his friend. **II** *v.pron.* **discolparsi** to justify oneself, to clear oneself.

disco mix /'disko'miks/ *m.* disco mix.

disco-music /ˌdisko'mjuzik/ *f.* disco music.

disconnessione *f.* disconnection (*anche Inform*).

disconnettere (*pres.ind.* **disconnètto**; *p.rem.* **disconnettéi**; *p.p.* **disconnésso**) **I** *v.t.* (*Inform*) to disconnect. **II** *v.pron.* **disconnettersi** (*Inform*) to log out.

disconobbi → **disconoscere**.

disconoscente *a.* (*lett*) (*ingrato*) ungrateful.

disconoscere (*pres.ind.* **disconósco**, **disconósci**; *p.rem.* **disconóbbi**; *p.p.* **disconosciùto**) *v.t.* **1** to disown, not to appreciate, to refuse to acknowledge, to refuse to recognize: ~ *i meriti di qcu.* to refuse to recognize so.'s merits. **2** (*Dir*) to disclaim: ~ *un figlio* to disclaim the paternity of a child.

disconoscimento *m.* (*Dir*) disclaimer: ~ *di paternità* disclaimer of paternity.

disconosciuto → **disconoscere**.

discontinuità *f.* **1** discontinuity: ~ *di rendimento* discontinuity of output; ~ *di stile* discontinuity of style; ~ *di una linea* discontinuity of a line. **2** (*interruzione*) discontinuance: *la* ~ *della tradizione* the discontinuance of the tradition. **3** (*Mat*) discontinuity.

discontinuo *a.* **1** discontinuous (*anche Mat*): *superficie discontinua* discontinuous surface. **2** (*disuguale*) discontinuous, uneven, fluctuating: *rendimento* ~ uneven yield, fluctuating yield. **3** (*fig*) (*incostante*) erratic, inconstant, unsteady: *il ragazzo è* ~ *nello studio* the boy is erratic in his work.

discopatia *f.* (*Med*) discopathy.

discopub /ˌdisko'pab/ *m.inv.* pub with disco music.

discordante *a.* **1** (*contrastante*) clashing, conflicting, discordant: *testimonianze discordanti* conflicting evidence. **2** (*rif. a suoni*) dissonant, discordant; (*rif. a colori*) clashing. **3** (*Geol*) discordant, unconformable: *strati discordanti* discordant strata.

discordanza *f.* **1** (*contrasto*) discordance, conflict, clash; ~ *di opinioni* clash of opinions. **2** (*rif. a suoni*) dissonance, discord, discordance; (*rif. a colori*) clash, clashing. **3** (*Geol*) discordance. ☐ (*El*) ~*di fase* phase difference.

discordare (**discòrdo**) *aus.* **avere**. *v.i.* **1** to disagree, to be at variance, to clash (*da* with): *le nostre opinioni discordano* our opinions clash, our opinions are at variance; *gli storici discordano sulla data del documento* historians disagree on (*o* as to) the date of the document. **2** (*non essere conforme*) to clash, not to be in keeping (*da* with): *la sua condotta discorda dalle sue parole* his behaviour is not in keeping with his words. **3** (*rif. a suoni*) to discord, to clash. **4** (*rif. a colori*) to clash.

discorde *a.* disagreeing, at variance (*posposto*), clashing, discordant, conflicting: *notizie discordi* conflicting reports; *essere discordi* to disagree, to differ; *i due erano discordi su molti punti* the two disagreed on many points, the two held discordant views on many points; *i pareri sono discordi* opinion is divided.

discordemente *avv.* discordantly.

discordia *f.* **1** (*disaccordo*) discord, dissension, variance, disagreement: ~ *tra parenti* discord in the family; *seminare la* ~ to sow strife, to sow discord. **2** (*divergenza*) disagreement, difference, clash, discrepancy: ~ *di opinioni* differences of opinion, clash of views. ☐ *essere in* ~ *con qcu.* to be in disagreement with so., to be at variance with so.

discorrere[1] (*pres.ind.* **discórro**; *p.rem.* **discórsi**; *p.p.* **discórso**; *aus.* **avere**) *v.i.* **1** (*con-*

versare) to talk (*di* about), to converse (on, about): ~ *di arte* to talk about art. **2** (*chiacchierare*) to chat: *sta sempre a* ~ *con le amiche* she's always chatting with her friends. **3** (*parlare*) to talk: ~ *di politica* to talk politics. ☐ *si fa per* ~ (*o tanto per* ~) it's just for the sake of talking.

discorrere[2] *m.* talk: *se ne fece un gran* ~ this was much talked about, there was a lot of talk about this.

discorsi → **discorrere**[1].

discorsivamente *avv.* in a conversational style.

discorsività *f.* conversational character.

discorsivo *a.* **1** conversational: *stile* ~ conversational style. **2** (*rar*) (*loquace*) talkative, chatty, loquacious. **3** (*Filos*) discursive.

discorso[1] *m.* **1** (*di fronte a un pubblico*) speech, address: *tenere un* ~ (*o fare un* ~) to make a speech, to give an address; *leggere un* ~ to read a speech; *un* ~ *sfilacciato* a disjointed speech. **2** (*conversazione*) talk (*con* with, *su* about), conversation: *fare un* ~ to have a talk, to have a conversation, to have a chat; *fare strani discorsi* to say odd things. **3** (*parole*) words *pl.*, remarks *pl.*: *dopo questo* ~ *lasciò la stanza* after these words he left the room, after saying this he left the room. **4** (*argomento*) subject, matter: *questo è un altro* ~ that's a different story, that's another matter, that's another story. **5** (*ragionamento*) way of talking, way of reasoning, argument, arguments *pl.*: *è un* ~ *che non capisco* this is a way of reasoning that I can't follow; ~ *serrato* logical argument. **6** (*Ling*) discourse. ☐ ~*!*, ~*!* speech, speech!; ~ *celebrativo* commemorative speech; *bisogna sentire certi discorsi!* one does hear some odd things!; *che discorsi!* what nonsense!, *che discorsi sono questi?* what do you mean by that?; *discorsi da taverna* vulgar talk (*sing.*); (*GB*) *il* ~ *della corona* the speech from the Throne; (*Bibl*) *il* ~ *della montagna* the Sermon on the Mount; ~ *di addio* farewell speech; ~ *di apertura* opening speech; ~ *di chiusura* closing speech; ~ *di fine anno* (*del presidente della Repubblica*) New Year's speech; ~ *di inaugurazione* inaugural speech, opening speech; (*Gramm*) ~ *diretto* direct speech; *il* ~ *è caduto sulla festa* conversation turned to the party; ~ *elettorale* election address, electoral speech; ~ *inaugurale* inaugural speech, opening speech; (*Gramm*) ~ *indiretto* reported speech, indirect speech; *è un* ~ *lungo* it's a long story; *sarebbe un* ~ *troppo lungo* it would take too long to tell; ~ *programmatico* policy address, general policy statement, (*Am*) inaugural; *senza tanti discorsi* without wasting words; ~ *televisivo* televised address; ~ *ufficiale* official address.

discorso[2] → **discorrere**[1].

discostare (**discòsto**) **I** *v.t.* **1** (*rar*) (*allontanare*) to remove, to move away. **2** (*rar,fig*) to put off, to drive away: *la sua superbia discosta tutti* his haughtiness puts everybody off. **II** *v.pron.* **discostarsi 1** to move away (*da* from). **2** (*fig*) to wander, to move away, to draw away (*da* from): *discostarsi dall'argomento* to wander from the subject.

discosto I *a.* (*lett*) **1** (*lontano*) far (away) (*da* from), distant. **2** (*poco lontano*) off (*posposto*) (*da qcs.*): *un paesino* ~ *dalla strada* a village which lies off the road. **3** (*fig*) far, far-removed: ~ *dalla realtà* far-removed from reality. **II** *avv.* far off, far away: *abita poco* ~ he doesn't live far off. ☐ ~ *da* far from.

discoteca *f.* **1** (*locale*) discotheque, (*colloq*)

disco: *andare in* ~ to go to the disco. **2** (*raccolta di dischi*) record library.

discotecaro *m.* (*f.* **-a**) (*colloq*) disco-goer.

discount /dis'kawnt/ *m.inv.* discount store.

discrasia *f.* **1** (*Med*) dyscrasia. **2** (*fig*) malfunction, failure.

discreditare (**discrédito**) **I** *v.t.* to discredit, to bring into discredit, to bring into disrepute. **II** *v.pron.* **discreditarsi** to be discredited.

discredito *m.* discredit, disrepute: *cadere in* ~ to fall into disrepute; *gettare* ~ *su qcu.* to bring so. into disrepute, to bring so. into discredit.

discrepante *a.* divergent, discrepant, differing: *opinioni discrepanti* divergent views.

discrepanza *f.* discrepancy, disagreement, divergence.

discretamente *avv.* **1** (*abbastanza*) quite, fairly: *è* ~ *ricco* he is quite rich. **2** (*sufficientemente bene*) quite well, quite nicely, fairly well, not too bad(ly): *il mio esame è andato* ~ my exam went off quite well; (*colloq*) *di salute sto* ~ I'm not too bad; *suona il pianoforte discretamente* he's quite good at playing the piano. **3** (*con discrezione*) discreetly, tactfully.

discretezza *f.* **1** discretion: *svolse le indagini con la massima* ~ he carried out the investigations with great discretion. **2** (*moderazione*) moderation.

discreto *a.* **1** (*non importuno, riservato*) discreet, unobtrusive: *un ospite* ~ an unobtrusive guest; *contegno* ~ discreet behaviour. **2** (*abbastanza buono*) quite good, fairly good, fair, not bad: *questo quadro è* ~ this painting is quite good; *un vino* ~ a fairly good wine; *il tempo è stato* ~ the weather has been fair, the weather has been quite good. **3** (*sufficiente*) fair, reasonable, good: *ha in banca un* ~ *capitale* he has a fair amount of money in the bank; *ho un appetito* ~ I've got a pretty good appetite. **4** (*moderato*) fair, reasonable, moderate: *è stato molto* ~ *nelle sue richieste* he has been very reasonable in his requests. **5** (*Mat*) discrete. **6** (*Scol*) fair. ☐ *avere un* ~ *numero di amici* to have quite a number of friends, to have a fair number of friends.

discrezionale *a.* (*Dir*) discretionary: *potere* ~ discretionary power.

discrezionalità *f.* (*Dir*) discretionary power.

discrezione *f.* **1** (*riservatezza*) discretion, circumspection, prudence: *mi affido alla tua* ~ I rely on your discretion. **2** (*arbitrio, potere*) discretion, judgement, free choice: *a* ~ *di qcu.* at so.'s discretion. **3** (*discernimento*) discernment, discrimination, judgement. **4** (*moderazione*) moderation, restraint. ☐ *a* ~ (*a volontà*) at will, at discretion, at pleasure: *avere pane a* ~ to have as much bread as one wants; *con* ~: **1** with moderation, in moderation, moderately, with restraint: *chiedere con* ~ to be moderate in one's requests; **2** (*con tatto*) discreetly, tactfully: *si informò con* ~ *dell'accaduto* he made discreet enquiries about what had happened; *senza* ~: **1** (*usato come aggettivo*) immoderate, wanting in restraint (*posposto*); **2** (*usato come aggettivo: senza tatto*) indiscreet; **3** (*usato come avverbio*) immoderately; **4** (*usato come avverbio: senza tatto*) indiscreetly.

discriminante I *a.* discriminating, discriminant. **II** *f.* (*Dir*) extenuating circumstance. **III** *m.* (*Mat*) discriminant.

discriminare (**discrìmino**) *v.t.* **1** to dis-

criminate (between): ~ *le persone secondo le loro idee politiche* to discriminate between people according to their political views. **2** (*Dir*) to extenuate.

discriminato *m.* (*f.* **-a**) (*Stor*) Jew freed from the restrictions of the anti-Jewish laws.

discriminazione *f.* discrimination (*di, nei confronti di* against). ☐ ~ *contro gli anziani* ageism, age discrimination; *discriminazioni di razza* racial discrimination; *fare discriminazioni* to make discriminations, to discriminate; ~ *fiscale* tax discrimination; ~ *razziale* racial discrimination; ~ *sessuale* sex discrimination, sexual bias.

discussi → **discutere**.

discussione *f.* **1** discussion. **2** (*rif. ad assemblea*) debate, discussion. **3** (*litigio*) argument, dispute, quarrel. ☐ (*Parl*) ~ *del bilancio pubblico* Budget debate; (*Dir*) ~ *della causa* pleading, trial of a case, argument of a case; *essere in* ~: **1** (*oggetto di dibattito*) to be under discussion, to be under debate; **2** (*sottoposto a riserve*) at issue; *mettere in* ~: **1** to debate, to discuss; **2** (*fig*) (*mettere in dubbio*) to doubt, to question, to challange; *senza discussioni* without dispute, without argument.

discusso *a.* **1** discussed, debated. **2** (*controverso*) controversial.

discutere (*pres.ind.* **discùto**; *p.rem.* **discùssi/discutéi**; *p.p.* **discùsso**) **I** *v.t.* **1** to discuss, to debate (*su* on, about; *con* with), to talk over: ~ *una questione* to discuss a matter; *un progetto di legge* to debate a bill. **2** (*contestare*) to argue (*su* about; *con* with): *non discuto la fondatezza delle sue ragioni* I'm not arguing as to whether he's right or not. **3** (*mettere in dubbio*) to question. **II** *v.i.* (*aus. avere*) **1** to discuss, to debate: ~ *su qcs.* to discuss sth., to debate about sth., to talk about sth.; *discussero a lungo sul da farsi* they talked for a long time about what to do. **2** (*parlare*) to discuss (*di qcs.* sth.), to talk (*di qcs.* sth., about sth.): *gli piace* ~ *di politica con gli amici* he likes talking politics with his friends; *possiamo discuterne?* can we talk about it? **3** (*litigare*) to argue, to quarrel: *discutevano sempre* they were always arguing. ☐ ~ *a fondo qcs.* to go (deeply) into sth., to talk sth. over; ~ *animatamente* to spar, to have a lively discussion, to have a heated argument; (*Univ*) ~ *la tesi* to discuss one's thesis, to defend one's thesis; *non si discute!* there is no discussing it!; *su questo non si discute* this is beyond question; *gli ordini non si discutono* there is no questioning orders; *senza* ~ without arguing; ~ *sul prezzo* to haggle (over the price), to argue over the price; (*fig*) ~ *sul sesso degli angeli* to talk about an irrelevant and unsolvable problem, to waste one's breath in futile discussion; (*Dir*) ~ *una causa* to debate a suit.

discutibile *a.* **1** debatable, questionable, disputable: *un'affermazione* ~ a questionable assertion. **2** (*dubbio*) questionable, doubtful: *la casa è arredata con gusto* ~ the house is furnished in questionable taste.

discutibilità *f.* disputableness, questionableness.

discutibilmente *avv.* questionably.

disdegnare (**disdégno**) *v.t.* to disdain, to scorn, to spurn: ~ *le adulazioni* to scorn flattery; *mi piace il jazz ma non disdegno altri tipi di musica* I like jazz but I'm not averse to other kinds of music.

disdegno *m.* disdain, scorn: *guardare qcu. con* ~ to regard so. with disdain.

disdegnosamente *avv.* disdainfully,

scornfully.

disdegnoso a. disdainful, scornful.

disdetta f. 1 (Dir) notice (of termination), notice to leave, notice to quit. 2 (Comm) (rif. a merce) cancellation. 3 (sfortuna) misfortune, bad luck: che ~! what bad luck!; per mia ~ to my misfortune. □ dare la ~ to give notice; dare la ~ all'inquilino to give a tenant notice to quit.

disdettare (disdétto) v.t. 1 (Dir) to give notice, to give notice of termination (of). 2 (Comm) to cancel.

disdicevole a. improper, unseemly, unbecoming.

disdico → disdire[1].

disdire (pres.ind. disdìco, disdìci; p.rem. disdìssi; p.p. disdétto) I v.t. 1 (annullare) to cancel: ~ un appuntamento to cancel an appointment; ~ un abbonamento to cancel a subscription. 2 (Dir) to give notice (of termination of): ~ l'appartamento to give notice of termination of tenancy. 3 (Comm) (rif. a ordini, abbonamenti) to cancel; (rif. a contratti e sim.) to rescind. 4 (ritrattare) to take back, to retract, to unsay: ~ un'affermazione to retract a statement, to take back what one has said. II v.pron. disdirsi (only used in the third person singular and plural, no compound tenses) (lett) (essere sconveniente) to be unbecoming (a to), to be unsuitable (a for), to be unseemly (a in): questi discorsi si disdicono a una ragazza bene educata this kind of talk is unseemly in a well-brought up girl, this kind of talk does not become a well-brought up girl. □ ~ un contratto to give rescind a contract; ~ un ordine to cancel an order; (Mil) ~ una tregua to give notice of termination of a truce.

disdirò → disdire[1].

disdissi → disdire[1].

disdoro m. (rar) discredit, disgrace, disrepute: questa azione torna a tuo ~ this deed brings disgrace on you.

diseconomia f. (Econ) diseconomy.

diseducare (disèduco, disèduchi) v.t. to bring up badly, to miseducate, to be harmful (for): letture che diseducano la gioventù reading material that miseducates young people.

diseducativo a. contributing to bad upbringing (posposto), educationally harmful: sistemi diseducativi methods contributing to bad upbringing.

diseducazione f. bad upbringing, miseducation.

disegnare (diségno) v.t. 1 to draw: ~ un rettangolo to draw a rectangle; (assol.) ~ bene to draw well. 2 (schizzare, progettare) to design, to sketch: ~ le scene e i costumi per una commedia to design the sets and costumes for a play. 3 (fig) (descrivere a parole) to outline, to sketch (out), to describe: l'oratore ha ben disegnato la gravità della situazione the speaker has described the gravity of the situation very well. 4 (fig,rar) (progettare, proporsi) to plan, to intend: disegnammo di fare un viaggio we planned to take a trip. □ ~ a contorno to outline; ~ a grandi linee to outline, to sketch out; ~ a mano libera to draw freehand; ~ a matita to draw in pencil; ~ a pastello to crayon; ~ al carboncino to draw in charcoal; ~ dal vero to draw from life; ~ in scala to draw to scale.

disegnatore m. (f. -trice) 1 (Tecn) drawer. 2 (Tecn) draughtsman (f. -woman), draftsman (f. -woman). 3 (Tecn) (progettista, bozzettista) designer. □ (Aut) ~ di carrozzerie stylist; ~ di cartoni animati cartoonist; ~ di moda fashion designer; ~ di stoffe textile designer;

~ di vignette umoristiche cartoonist; ~ grafico graphic designer; ~ meccanico engineering draughtsman; ~ tecnico draughtsman, (Am) draftsman.

disegno m. 1 (immagine) drawing. 2 (motivo ornamentale, su stoffe, carte e sim.) pattern, design. 3 (l'arte del disegnare) drawing, sketching; (a livello tecnico) design, draughtsmanship, draftsmanship: imparare il ~ to learn drawing. 4 (schizzo) sketch, design: il ~ dei costumi per un film costume sketches for a film. 5 (progetto) design. 6 (fig) (abbozzo) outline, plan, draft, design: il ~ di un romanzo the outline of a novel. 7 (fig) (proposito) design, purpose, aim, intention: il mio primo ~ era di partire my first intention was to leave. 8 (Scol,colloq) art: professore di ~ art teacher. □ a disegni patterned: una stoffa a disegni a patterned fabric; ~ a carboncino charcoal drawing; ~ a graffito graffito design; ~ a mano libera free-hand drawing; ~ a matita pencil drawing; ~ a pastello pastel, pastel drawing; ~ a penna pen-and-ink drawing; ~ al tratto line drawing; (Cin) disegni animati cartoons, animated cartoons; ~ architettonico architectural drawing; ~ dal vero real-life drawing; i disegni della provvidenza the designs of Providence; (Pol) ~ di legge bill; ~ di legge governativo government bill; presentare un ~ di legge in parlamento to bring a bill before Parliament; ~ di legge per stanziamenti in bilancio appropriation bill; ~ di un particolare detail drawing; fare un ~ to make a sketch, to make a drawing; ~ geometrico geometrical drawing, mechanical drawing, geometric design; (Tecn) ~ in scala scale drawing; ~ industriale industrial design; ~ meccanico mechanical drawing; ~ per stoffa fabric pattern; ~ tecnico technical drawing.

diseguale a. → disuguale.

disequazione f. (Mat) inequality.

disequilibrio m. disequilibrium.

diserbante I a. (Agr) herbicidal. II m. (Agr) herbicide, weed-killer.

diserbare (disèrbo) v.t. (Agr) to weed, to free from weeds: ~ un terreno to weed a plot.

diserbatura f. (Agr) weeding, weed-killing.

diserbo m. (Agr) weeding, weed-killing.

diseredare (diserèdo) v.t. to disinherit, to cut (so.) out of a will: mio padre ha minacciato di diseredarmi se non finisco la tesi my father threatened to cut me out of his will if I don't finish my thesis.

diseredato I a. 1 (Dir) disinherited: figlio ~ disinherited son. 2 (fig) (rif. a rapporti interrotti: misconosciuto) disowned. 3 (fig) (sfortunato) underprivileged, unfortunate: le classi diseredate the underprivileged classes. II m. (f. -a) underprivileged person, unfortunate person, have-not: i diseredati the underprivileged.

disertare (disèrto) I v.i. (aus. avere /rar essere) 1 (Mil) to desert. 2 (fig) to desert, to leave: militava nel partito ma ha disertato he was an active supporter of the party, but he has left it. II v.t. 1 (non andare) to fail to turn up at (o to), not to go to: ha disertato la riunione he didn't go to the meeting, he didn't attend the meeting. 2 (abbandonare) to desert, to abandon, to leave: la popolazione disertò il paese the population abandoned the town. □ ~ la scuola to drop out of school; ~ le file: 1 to desert; 2 (fig) (tradire una causa) to abandon a cause.

disertore m. (Mil) deserter (anche fig).

diserzione f. (Mil) desertion (anche fig): le sue dimissioni sono state considerate una ~

his resignation is regarded as a defection.

disfaccia → disfare.

disfaccio → disfare.

disfacimento m. 1 (lett) (il disfare) undoing. 2 (decomposizione) decomposition, decay. 3 (fig) (dissoluzione) break-up; (rovina) decay, distruction. 4 (Geol) weathering. □ (fig) andare in ~ to disintegrate, to fall into decay: una società che va in ~ a disintegrating society; in ~ in process of decomposition, in decay, decaying, decomposing: corpi organici in ~ decaying organic bodies; (fig) una famiglia in ~ a family which is breaking up.

disfare (pres.ind. disfàccio/disfò, disfài, disfà/disfa, disfacciàmo, disfàte, disfànno/disfano; impf.ind. disfacévo; p.rem. disféci; p.p. disfàtto) I v.t. 1 to undo: ho dovuto ~ tutto il lavoro già fatto I had to undo all the work I had already done. 2 (sciogliere, slegare) to untie, to undo: ~ un nodo to undo a knot. 3 (rif. a pacchi) to unwrap, to unpack. 4 (scucire) to unpick: ~ un vestito to unpick a dress. 5 (rif. a lavori a maglia) to unravel. 6 (sconfiggere) to defeat, to (put to) rout: l'esercito fu disfatto dal nemico the army was put to rout by the enemy. 7 (liquefare) to melt; (rif. a neve) to melt, to thaw. 8 (smontare) to dismantle, to take apart. 9 (rif. a persone) to devastate: la malattia lo ha disfatto the illness devastated him. II v.pron. disfarsi 1 (scucirsi) to come undone, to come to pieces. 2 (sciogliersi, slegarsi) to come undone, to be untied, to come unfastened, to come loose: ti si è disfatto il nodo della cravatta the knot of your tie has come (o is) undone. 3 (liquefarsi) to melt; (rif. a neve) to thaw: la neve si è disfatta all'apparire del sole the snow thawed (o melted) as soon as the sun came out. 4 (fig) (sfiorire) il suo viso si è disfatto his face crumpled. 5 (liberarsi) to rid oneself, to get rid (di of): non sono riuscito a disfarmi di quel seccatore I haven't managed to get rid of that bore. □ fare e ~ (o fare e ~ a proprio piacimento) to have everything one's own way; ~ i bagagli to unpack; ~ il letto to strip the bed; disfarsi in bocca to melt in the mouth: queste mele sono così tenere che si disfanno in bocca these apples are so tender that they melt in your mouth; (fig) disfarsi in lacrime to dissolve in tears; ~ la casa to shut up a house, to strip a house; ~ le valigie to unpack.

disfasia f. (Med) dysphasia.

disfatta f. (total) defeat, rout, overthrow (anche fig): le ultime elezioni sono state una ~ per il nostro partito the recent elections were a total defeat for our party; subire una ~ to suffer defeat.

disfattismo m. defeatism (anche fig), negativism. □ (Dir) ~ economico economic defeatism; fare del ~ to be a defeatist, to spread alarm and despondency, to be a negativist.

disfattista I m./f. defeatist (anche fig), negativist. II a. defeatist (attr.) (anche fig): propaganda ~ defeatist propaganda; atteggiamento ~ defeatist attitude. □ fare il ~ to be a defeatist.

disfatto → disfare a. 1 (distrutto) destroyed. 2 (smontato) dismantled. 3 (sciolto) undone. 4 (sconfitto) defeated: l'esercito ~ the defeated army. 5 (liquefatto) melted, thawed: neve disfatta thawed snow; burro ~ melted butter. 6 (sfiorito) haggard, wasted: volto ~ wasted face, haggard face. 7 (molto stanco) worn-out, exhausted. 8 (rif. a letto) unmade.

disfavore *m.* **1** (*lett*) disfavour. **2** (*svantaggio, danno*) disadvantage, prejudice, harm. □ *a ~ di* against, unfavourable to; *quello che hai fatto tornerà a tuo ~* what you have done will go against you.

disfeci → **disfare**.

disfida *f.* (*lett*) (*sfida*) challenge, defiance.

disfo → **disfare**.

disfonia *f.* (*Med*) dysphonia.

disfunzione *f.* **1** (*Med*) disorder, dysfunction, (*pop*) trouble. **2** (*estens*) failing, malfunction. □ (*Med*) *~ cardiaca* heart trouble, heart disorder; (*Med*) *~ epatica* hepatic dysfunction, liver trouble; (*Med*) *~ erettile* erectile dysfunction; (*Med*) *~ gastrica* gastric disorder; (*Med*) *~ ormonale* hormone disorder.

disgelare (**disgèlo**) **I** *v.t.* **1** to thaw (out); (*scongelare*) to defrost. **2** (*Aer*) to de-ice. **II** *v.pron.* **disgelarsi** to thaw (out). **III** *v.i.impers.* (*aus.* **essere/avere**) to thaw.

disgelo *m.* **1** thaw. **2** (*fig*) thaw, detente.

disgiungere (*pres.ind.* **disgiùngo, disgiùngi**; *p.rem.* **disgiùnsi**; *p.p.* **disgiùnto**) **I** *v.t.* **1** to separate, to sever, to disjoin. **2** (*fig*) to distinguish. **II** *v.pron.* **disgiungersi** to be separated, to separate, to part.

disgiunsi → **disgiungere**.

disgiuntamente *avv.* separately.

disgiuntivo *a.* (*Gramm,Filos*) disjunctive: *congiunzione disgiuntiva* disjunctive conjunction; *proposizione disgiuntiva* disjunctive proposition.

disgiunto → **disgiungere** *a.* (*separato*) separated, parted, detached, disjoined.

disgiunzione *f.* disjunction, separation.

disgrafia *f.* (*Med*) dysgraphia.

disgrazia *f.* **1** (*sfortuna*) misfortune, ill-luck, bad luck: *la ~ lo perseguita* he is dogged by ill-luck; *ha la ~ di essere sordo* he has the misfortune to be deaf; *portare ~* to bring bad luck. **2** (*avvenimento funesto*) misfortune, mishap: *gli sono accadute molte disgrazie* many misfortunes have befallen him. **3** (*incidente*) accident: *è accaduta una ~* there has been an accident; *essere vittima di una ~* to meet with an accident; *è stata una ~* it was an accident. **4** (*fatto involontario*) accident, mishap: *non l'ho fatto apposta, è stata una ~* I didn't do it on purpose, it was an accident. **5** (*sfavore*) disgrace, disfavour: *essere in ~* to be in disfavour, to be in disgrace. □ (*fig*) *cadere in ~* to fall on hard times, to fall on difficult times, (*colloq*) to fall on tough times; *cadere in ~ presso qcu.* to fall out of favour with so., to fall into disfavour with so., to lose so.'s favour; *per ~* unfortunately, unluckily; *~ volle che lo fermasse la polizia* as luck would have it (*o* ill-luck would have it that) he was stopped by the police. *Prov.*: *le disgrazie non vengono mai sole* it never rains but it pours, bad things come in threes.

disgraziata *f.* **1** (*sfortunata*) wretched woman, poor woman. **2** (*sciagurata*) wretch, evil woman.

disgraziatamente *avv.* unfortunately, unluckily, unhappily.

disgraziato I *a.* **1** unfortunate, unlucky, wretched: *è stato ~ fin dalla nascita* he was born unlucky; *un'impresa disgraziata* an unfortunate undertaking; *un giorno ~* an unlucky day, a bad day. **2** (*deforme*) misshapen, deformed: *avere un corpo ~* to have a misshapen body. **II** *m.* **1** (*persona sfortunata*) wretch, wretched man, poor man. **2** (*mascalzone*) rascal, scoundrel, rogue, wretch: *disgraziato!* you wretch! **3** (*deforme, minorato*) misshapen man, deformed man.

disgregabile *a.* breakable, separable.

disgregamento *m.* **1** disintegration, breaking up, breaking down, break-up. **2** (*fig*) disintegration, separation, break-up: *~ della famiglia* the break-up of the family.

disgregare (**disgrègo, disgrèghi**) **I** *v.t.* **1** to break up, to break down, to disintegrate, to separate: *il gelo disgrega le rocce* frost breaks up rocks. **2** (*fig*) to break up, to separate, to disperse, to disunite: *l'egoismo disgrega le famiglie* selfishness causes families to break up. **3** (*Chim*) to break down. **II** *v.pron.* **disgregarsi 1** to break up, to break down, to disintegrate, to separate, to decompose. **2** (*fig*) to break up, to disintegrate, to be dispersed: *la nostra società si è disgregata* our society has broken up.

disgregazione *f.* **1** break-up, breaking down, disintegration: *la ~ delle rocce* the disintegration of rocks. **2** (*fig*) break-up, disintegration, dispersal. **3** (*Chim*) breaking down. □ *~ morale* moral decay, moral collapse.

disguido *m.* **1** (*errore: nel recapito*) going astray, wrong delivery: *a causa di un ~ la lettera è arrivata in ritardo* the letter went astray and arrived late, (*Am*) the letter was misdelivered and arrived late. **2** (*contrattempo*) snag, hitch. □ (*Post*) *~ postale* going astray of mail, a mistake in delivery, misdelivery.

disgustare (**disgùsto**) **I** *v.t.* to disgust, to sicken, to nauseate, to make to feel sick (*anche fig*): *le sigarette mi disgustano* cigarettes disgust me; *il latte mi ha sempre disgustato* milk has always made me feel sick; *i suoi discorsi mi hanno disgustato* what he had to say disgusted me. **II** *v.pron.* **disgustarsi 1** to be disgusted, to be nauseated, to be sickened, to be revolted (*di* by), to loathe (sth.); (*stancarsi*) to get sick of, to get tired of, to go off: *a lungo andare mi disgusterò di questo lavoro* in the long run, I'll get tired of this work; in the long run, I'll get sick of this work. **III** *v.r.recipr.* **disgustarsi** (*ant*) to fall out, to quarrel, to become estranged.

disgustato *a.* disgusted, sickened, nauseated, shocked, revolted (*di* by): *sono ~ dal tuo comportamento* I am disgusted by your behaviour; *a quella scena rimase ~* his stomach was turned by the scene, he was disgusted by the scene.

disgusto *m.* **1** disgust (*di, per* at, for), loathing (for); nausea (at): *provare ~ per qcs.* to be disgusted by sth. **2** (*avversione*) aversion (to, from, for), dislike (of, for): *mi è venuto il ~ del vino* I have acquired a strong aversion to wine. **3** (*fig*) disgust (*di, per* at, for), nausea, indignation (at), repugnance (to), repulsion (for): *il suo cinismo mi ispira ~* his cynicism arouses my disgust, his cynicism shocks me. □ *con ~* in disgust, with a feeling of nausea: *inghiottì la medicina con ~* he swallowed the medicine with a feeling of nausea; *assistere a una scena con ~* to watch a scene in disgust.

disgustosamente *avv.* disgustingly, revoltingly.

disgustoso *a.* disgusting, revolting, sickening, nauseating, loathsome (*anche fig*): *questa medicina ha un sapore ~* this medicine has a disgusting taste; *una scena disgustosa* a nauseating scene.

disidratante I *a.* (*Chim*) dehydrating. **II** *m.* (*Tecn*) dehydrator.

disidratare (**disidràto**) **I** *v.t.* **1** (*Chim*) to dehydrate. **2** (*Minier*) to dewater. **II** *v.pron.* **disidratarsi 1** (*Chim*) to dehydrate. **2** (*Med*) to become dehydrated.

disidratato *a.* (*Chim,Med*) dehydrated.

disidratatore *m.* (*Chim*) dehydrator.

disidratazione *f.* **1** (*Chim,Med*) dehydration. **2** (*Minier*) dewatering.

disillabico (*pl.* **-ci**) *a.* disyllabic, dissyllabic.

disillabo I *m.* disyllable, dissyllable. **II** *a.* disyllabic, dissyllabic.

disilludere (*pres.ind.* **disillùdo**; *p.rem.* **disillùsi**; *p.p.* **disillùso**) **I** *v.t.* **1** to disillusion, to disenchant: *mi dispiace doverti ~, ma il tuo esame è andato male* I'm sorry to have to disappoint you, but you have failed your exam. **2** (*deludere*) to disappoint. **II** *v.pron.* **disilludersi** to be disillusioned, to be disenchanted: *iniziò il lavoro pieno di speranza, ma presto si disilluse* he took up the work full of hope, but was soon disenchanted.

disillusi → **disilludere**.

disillusione *f.* disillusion, disenchantement: *avere una ~* to be disillusioned.

disilluso → **disilludere** *a.* disillusioned, disenchanted.

disimballaggio *m.* unpacking.

disimballare (**disimbàllo**) *v.t.* to unpack.

disimparare (**disimpàro**) *v.t.* **1** to forget, to unlearn: *vivendo all'estero ha disimparato l'italiano* living abroad has made him forget his Italian; *~ a nuotare* to forget how to swim. **2** (*perdere l'abitudine*) to get out of the habit (of).

disimpegnare (**disimpégno**) **I** *v.t.* **1** (*liberare da un impegno*) to release (from an obligation), to disengage: *venne disimpegnato dall'obbligo di obbedire* he was released from the duty of obedience. **2** (*liberare un oggetto dato in pegno*) to redeem, to get out of pawn: *~ un anello al Monte di Pietà* to get a ring out of pawn. **3** (*rendere libero, servibile*) to release, to free, to disengage, to clear: *cercò di ~ la corda* he tried to free the rope; *~ l'ancora* to clear the anchor. **4** (*adempiere a un ufficio*) to fulfil, to perform, to carry out: *~ bene i propri compiti* to perform one's tasks well. **5** (*Edil*) to make independent, to afford direct access to: *il corridoio centrale disimpegna le stanze* the corridor down the middle makes each room independent of the others, the corridor down the middle affords direct access to each room. **6** (*Mil,Sport*) to relieve. **7** (*Mecc*) to disengage. **II** *v.pron.* **disimpegnarsi 1** (*liberarsi da un impegno*) to release oneself, to free oneself (*da* from), (*colloq*) to get out (of): *non so come disimpegnarmi da quell'incarico* I don't know how to get out of that job. **2** (*cavarsela*) to manage, to acquit oneself, to cope, to carry out: *si disimpegnò assai bene nei suoi compiti di padrona di casa* she acquitted herself very well in her duties as hostess, she carried out her duties as hostess very well. **3** (*Mil*) to disengage, to withdraw. **4** (*Sport*) to clear.

disimpegnato *a.* **1** (*rif. a cosa data in pegno*) redeemed. **2** (*rif. a locale*) with free access (*posposto*), independent. **3** (*Pol*) uncommitted.

disimpegno *m.* **1** disengagement (*anche Pol,Mil*). **2** (*rif. a oggetto dato in pegno*) redemption. **3** (*adempimento*) fulfilment, performance: *è molto diligente nel ~ dei propri compiti* he is very conscientious in the fulfilment of his duties. **4** (*Edil*) access. **5** (*Sport*) clearance.

disincagliare (**disincàglio, disincàgli**) **I** *v.t.* **1** (*Mar*) to refloat, to get afloat: *~ una nave* to refloat a ship. **2** (*fig*) to get going again, to get moving again: *~ le trattative* to get negotiations going again. **II** *v.pron.* **disincagliarsi**

1 (*Mar*) to get afloat again, to get off. **2** (*fig*) to get going again, to get under way again: *le trattative si sono disincagliate* negotiations are under way again.

disincantare (**disincànto**) *v.t.* to disenchant, to disillusion.

disincantato *a.* disenchanted, disillusioned.

disincanto *m.* disenchantment, disillusionment.

disincentivare (**disincentìvo**) *v.t.* to discourage.

disincentivazione *f.* discouragement.

disincentivo *m.* disincentive.

disincrostante I *a.* descaling. II *m.* descaler, scale remover.

disincrostare (**disincròsto**) *v.t.* to scale, to descale.

disincrostazione *f.* scaling, descaling.

disinfestante I *a.* disinfesting. II *m.* disinfestant, disinfestor, insecticide.

disinfestare (**disinfèsto**) *v.t.* to disinfest.

disinfestatore *m.* disinfestor.

disinfestazione *f.* disinfestation: *~ chimica* chemical disinfestation.

disinfettante I *a.* disinfectant, antiseptic. II *m.* disinfectant, antiseptic.

disinfettare (**disinfètto**) *v.t.* to disinfect.

disinfezione *f.* disinfection. □ (*Agr*) *~ delle sementi* seed dressing, seed disinfection.

disinflazionare (**disinflazióno**) *v.t.* (*Econ*) to disinflate.

disinflazione *f.* (*Econ*) disinflation.

disinflazionistico (*pl.* **-ci**) *a.* (*Econ*) disinflationary.

disinformato *a.* uninformed, misinformed.

disinformazione *f.* **1** (*mancanza di informazione*) lack of information. **2** (*informazione distorta*) disinformation.

disingannare (**disingànno**) I *v.t.* to disabuse, to disillusion, to disenchant. II *v.pron.* **disingannarsi** to be undeceived, to become disillusioned: *sperava di ricevere aiuti, ma dovette presto disingannarsi* he hoped to receive help, but was soon undeceived.

disinganno *m.* **1** disillusionment, disenchantment. **2** (*delusione*) disappointment: *subire un crudele ~* to have a sad disappointment, to have a harsh disappointment.

disingranare (**disingràno**) *v.t.* (*Mecc*) to disengage, to throw out of gear.

disinibire (**disinibìsco, disinibìsci**) I *v.t.* (*Psic*) to disinhibit, to uninhibit. II *v.pron.* **disinibirsi** to become uninhibited.

disinibito *a.* uninhibited, disinhibited.

disinibizione *f.* disinhibition.

disinnamorare (**disinnamóro**) I *v.t.* to estrange. II *v.pron.* **disinnamorarsi** to fall out of love (with), to become estranged (from).

disinnescare (**disinnésco, disinnéschi**) *v.t.* to defuse.

disinnesco (*pl.* **-ci**) *m.* defusing.

disinnestare (**disinnèsto**) I *v.t.* (*Mecc*) to disengage, to disconnect. II *v.pron.* **disinnestarsi** (*Mecc*) to slip out of gear. □ (*Aut*) *~ la frizione* to declutch, to disengage the clutch; (*Aut*) *~ una marcia* to throw out of gear, to go out of gear.

disinnesto *m.* **1** (*Mecc*) disengagement, release, knock-off: *~ automatico* self-acting disengagement, automatic disconnection. **2** (*Aut*) declutching.

disinquinamento *m.* depollution.

disinquinare (**disinquìno**) *v.t.* to depollute, to free from pollution: *~ un fiume* to depollute a river.

disinserire (**disinserìsco, disinserìsci**) *v.t.* (*El*) to disconnect, to unplug, to switch off, to cut out: *~ il motore* to switch off the motor.

disinserzione *f.* (*El*) disconnection, switching off, unplugging.

disinstallare (**disinstàllo**) *v.t.* (*Inform*) to uninstall.

disintasare (**disintàso**) *v.t.* to unblock.

disintegrare (**disìntegro**) I *v.t.* **1** to disintegrate (*anche fig*). **2** (*Nucl*) to split. II *v.pron.* **disintegrarsi** to disintegrate (*anche fig*): *il razzo si è disintegrato* the rocket has disintegrated.

disintegrazione *f.* disintegration (*anche fig*): *la ~ di un'istituzione* the disintegration of an institution. □ (*Nucl*) *~a catena* chain decay, chain disintegration; (*Nucl*) *~ atomica* (nuclear) disintegration, splittting of the atom.

disinteressamento *m.* lack of interest, loss of interest (*di* in), unconcern (for).

disinteressare (**disinterèsso**) I *v.t.* to make lose interest (*a* in), to cause to lose interest (in): *~ qcu. a qcs.* to make so. lose interest in sth. II *v.pron.* **disinteressarsi** to take no interest (*di* in), to show no interest (*di* in), to lose interest (in), to wash one's hands (of): *si è sempre disinteressato della politica* he has never taken any interest in politics; *si disinteressò completamente dei figli* he washed his hands of his children.

disinteressatamente *avv.* disinterestedly.

disinteressato *a.* **1** disinterested: *un uomo ~* a disinterested man; *amicizia disinteressata* disinterested friendship. **2** (*altruistico*) unselfish.

disinteresse *m.* **1** (*altruismo*) disinterestedness, unselfishness: *agire con ~* to act unselfishly. **2** (*indifferenza*) indifference (*per* to), lack of interest (in): *mostrare ~ per qcs.* to display indifference to sth.

disintermediazione *f.* (*Econ*) disintermediation.

disintossicante I *a.* detoxifying, detoxicating. II *m.* detoxicant.

disintossicare (**disintòssico, disintòssichi**) I *v.t.* to detoxicate, to detoxify: *il latte disintossica* milk is detoxicating. II *v.pron.* **disintossicarsi** **1** to clear one's system, to detoxify oneself. **2** (*rif. a tossicomani*) to detoxify.

disintossicazione *f.* detoxication, detoxification, disintoxication: *centro di ~* detoxification centre.

disinvestimento *m.* (*Econ*) disinvestment, negative investment.

disinvestire (**disinvèsto**) *v.t.* (*Econ*) to disinvest: *~ capitale* to disinvest money, to withdraw money from an investment.

disinvoltamente *avv.* **1** casually, easily, in a free and easy way. **2** (*sfacciatamente*) boldly, cheekily, shamelessly: *mentire ~* to lie shamelessly.

disinvolto *a.* **1** carefree, casual, (free and) easy, natural, self-confident, self-possessed: *essere ~ nel parlare* to talk in a self-confident way; *modi disinvolti* free-and-easy ways. **2** (*sfacciato*) shameless, bold, cheeky.

disinvoltura *f.* **1** casualness, ease, easiness, unconstraint, self-confidence, self-possession: *parlare con ~* to talk with unconstraint, to talk in an easy way, to speak with ease. **2** (*sfacciataggine*) impudence, shamelessness, boldness, impertinence, cheekiness, (*colloq*) cheek: *mentire con ~* to lie unconcernedly, to lie shamelessly.

disistima *f.* lack of esteem, disesteem: *meritarsi la ~ di qcu.* to deserve so.'s lack of

esteem; *cadere in ~* to fall into discredit, to fall into disrepute.

disistimare (**disistìmo**) *v.t.* **1** to hold in low estimation, to hold in low regard, to disesteem, to cease to esteem. **2** (*disprezzare*) to despise.

dislalia *f.* (*Med*) dyslalia.

disleale *a.* (*lett*) disloyal.

dislessia *f.* (*Med*) dyslexia.

dislessico (*pl.* **-ci**) *a.* (*Med*) dyslectic, dyslexic.

dislivello *m.* **1** difference in level. **2** (*rif. ad altezza*) difference in height: *tra le due colline c'è un ~ di trecento metri* there is a difference in height of three hundred metres between the two hills. **3** (*rif. a profondità*) difference in depth. **4** (*rif. a strada*) gradient. **5** (*fig*) inequality, difference, gap: *~ sociale* social inequality; *~ culturale* cultural difference; *~ tecnologico* technological gap: *ridurre il ~* to bridge the gap.

dislocabile *a.* (*Mil*) that may be stationed (*posposto*).

dislocamento *m.* **1** (*Mil*) stationing: *~ di truppe* stationing of troops. **2** (*Mar*) displacement.

dislocare (**dislòco, dislòchi**) *v.t.* **1** (*Mil*) to station, to deploy, to position: *~ truppe* to station troops. **2** (*Mar*) to displace. **3** (*estens*) (*collocare*) to station, to position.

dislocazione *f.* **1** (*Mil*) deployment, posting, position, positioning, stationing: *rivelò la ~ delle truppe nemiche* he revealed the positions of the enemy troops. **2** (*Mar.mil*) detachment. **3** (*estens*) distribution. **4** (*Geol, Med*) dislocation. **5** (*Psic*) displacement.

dismenorrea *f.* (*Med*) dysmenorrhoea, dysmenorrhea.

dismenorroico (*pl.* **-ci**) *a.* (*Med*) dysmenorrhoeal, dysmenorrheal.

dismesso → **dismettere** *a.* unused, no longer used, abandoned, desolate: *area dismessa* abandoned area, desolate area; *fabbrica dismessa* abandoned warehouse.

dismetabolico (*pl.* **-ci**) I *a.* (*Med*) caused by a metabolic disorder (*posposto*); (*rif. a persona*) suffering from a metabolic disorder (*posposto*). II *m.* (*f.* **-a**) person suffering from a metabolic disorder.

dismetabolismo *m.* (*Med*) metabolic disorder.

dismetria *f.* (*Med*) dysmetria.

dismisura □ *a ~* excessively, to excess, out of all proportion, out of porportion: *i prezzi crescono a ~* prices are rising out of (all) proportion.

disneiano *a.* Disney (*attr.*).

disneyano /dizne'jano/ *a.* Disney (*attr.*).

disobbedire *e der.* → **disubbidire** *e der.*

disobbligare (**disòbbligo, disòbblighi**) I *v.t.* (*rar*) to release, to relieve: *~ qcu. da un incarico* to release so. from an office. II *v.pron.* **disobbligarsi** (*sdebitarsi*) to return a favour. **2** (*rar*) to free oneself from an obligation.

disoccupato I *a.* unemployed, out of work (*posposto*), jobless: *sono ~ da sei mesi* I have been out of work for six months. II *m.* (*f.* **-a**) unemployed person, jobless person: *i disoccupati* the unemployed (*costr.pl.*); *c'erano due milioni di disoccupati* there were two million unemployed.

disoccupazione *f.* unemployment: *lotta contro la ~* fight against unemployment. □ *~ cronica* chronic unemployment; *~ giovanile* youth unemployment; *~ intellettuale* unemployment of graduates; *~ involontaria* involuntary unemployment; *~ nascosta* hidden unemployment; *~ palese* visible unemployment, overt unemployment; ~ *permanente* chronic unemployment; ~ *stagionale* seasonal unemployment; ~ *strutturale* structural unemployment; ~ *tecnica* frictional unemployment; ~ *tecnologica* technological unemployment; ~ *volontaria* voluntary unemployment.

disodontiasi *f.* (*Dent*) dysodontiasis.

disomogeneità *f.* lack of homogeneity.

disomogeneo *a.* not homogeneous, (*colloq*) patchy.

disonestà *f.* **1** dishonesty. **2** (*immoralità*) immorality, dishonourable behaviour, (*Am*) dishonorable behavior. **3** (*azione disonesta*) dishonesty, dishonourable act, dishonest act, fraud: *commettere una* ~ to perform a dishonest act.

disonestamente *avv.* dishonestly: *denaro guadagnato* ~ dishonestly acquired money, ill-gotten gains.

disonesto **I** *a.* **1** dishonest, deceitful: *commerciante* ~ dishonest merchant; *usare mezzi disonesti* to make use of dishonest means. **2** (*immorale*) dishonourable, (*Am*) dishonorable, immoral, improper, unseemly: *pensieri disonesti* dishonourable thoughts, (*Am*) dishonorable thoughts; *donna disonesta* immoral woman, loose woman. **II** *m.* dishonest person.

disonorante *a.* dishonourable, (*Am*) dishonorable, shameful: *un'azione* ~ a dishonourable act.

disonorare (**disonóro**) **I** *v.t.* **1** to dishonour, (*Am*) to dishonor, to disgrace, to bring dishonour upon, (*Am*) to bring dishonor upon: *quest'azione lo ha disonorato di fronte a tutti* that deed has brought universal dishonour upon him, (*Am*) that deed has brought universal dishonor upon him. **2** (*ant,rar*) (*sedurre*) to seduce. **II** *v.pron.* **disonorarsi** to be dishonoured, (*Am*) to be dishonored, to disgrace oneself, to bring dishonour upon oneself, (*Am*) to bring dishonor upon oneself.

disonorato *a.* **1** dishonoured, (*Am*) dishonored, disgraced: *un nome* ~ a dishonoured name, (*Am*) a dishonored name. **2** (*ant*) (*sedotto*) dishonoured, (*Am*) dishonored, seduced.

disonore *m.* **1** dishonour, (*Am*) dishonor, disgrace, shame: *preferì la morte al* ~ he preferred death to dishonour, (*Am*) he preferred death to dishonor; *recare* ~ *a qcu.* to bring dishonour upon so., (*Am*) to bring dishonor upon so., to bring so. into disrepute. **2** (*causa di disonore*) disgrace: *questo ragazzo è il* ~ *della famiglia* this boy is a disgrace to his family: *essere poveri non è un* ~ it is no disgrace to be poor.

disonorevole *a.* dishonourable, (*Am*) dishonorable, disgraceful, shameful: *un'azione* ~ a shameful deed.

disonorevolmente *avv.* dishonourably, (*Am*) dishonorably, disgracefully, shamefully.

disopra *avv./a.* → **sopra**.

disordinare (**disórdino**) **I** *v.t.* **1** to (throw into) disorder, to disarrange, to upset, to confuse, to muddle (up), to mess up: *qualcuno ha disordinato le mie carte* somebody has messed up my papers; ~ *le schiere nemiche* to throw the enemy ranks into confusion. **2** (*fig*) (*confondere*) to upset, to confuse, to trouble, to muddle: ~ *le idee a qcu.* to confuse so. **II** *v.i.* (*aus. avere*) **1** to exceed, to go to excess: ~ *nel mangiare* to eat to excess, to overeat. **2** (*essere sregolato*) to be immoderate.

disordinatamente *avv.* in disorder, in a disorderly way, (*colloq*) messily: *i nemici si*

ritirarono ~ the enemy retreated in disorder.

disordinato **I** *a.* **1** untidy, disordered, muddled, topsy-turvy, upside-down, (*colloq*) messy: *una stanza disordinata* an untidy room. **2** (*fig*) (*confuso*) confused, muddled, mixed-up: *idee disordinate* confused ideas. **3** (*poco preciso, poco esatto*) untidy, unmethodical: *il ragazzo è molto* ~ the boy is very untidy; *lavorare in modo* ~ to work in an unmethodical way. **4** (*sregolato*) wild, irregular, intemperate: *condurre una vita disordinata* to lead a wild life. **II** *m.* (*f.* -*a*) untidy person.

disordine *m.* **1** disorder, untidiness, confusion, muddle, (*colloq*) mess: *nella stanza c'era un gran* ~ the room was in a great mess, the room was very untidy. **2** (*fig*) (*confusione*) muddle: *nella sua mente c'è un gran* ~ his mind is in a complete muddle. **3** (*sregolatezza*) wildness, irregularity, intemperance. **4** *pl.* (*tumulti*) riots, rioting *sing.*, disorders, disturbances: *disordini politici* political riots. **5** (*Psic*) (*disturbo*) disorder. □ *che disordine!* what a mess!; *in* ~: 1 untidy, disorderly, in confusion, in disorder, in a mess, in a muddle: *la tua stanza è ancora in* ~ your room is still untidy, your room is still in a mess; 2 (*rif. a capelli*) dishevelled: *ho i capelli in* ~ my hair is a mess; 3 (*rif. a stomaco*) upset: *avere lo stomaco in* ~ to have an upset stomach; *mettere in* ~ to upset, to make untidy, (*colloq*) to make a mess of; *disordini razziali* race riots; *disordini studenteschi* student unrest (*costr.sing.*).

disorganicità *f.* lack of coherence, lack of order.

disorganico (*pl.* -**ci**) *a.* incoherent, lacking in order (*posposto*), lacking in co-ordination (*posposto*), disorganized.

disorganizzare (**disorganìzzo**) **I** *v.t.* to disorganize. **II** *v.pron.* **disorganizzarsi** to become disorganized.

disorganizzato *a.* disorganized, badly organized, muddled.

disorganizzazione *f.* disorganization: ~ *di una ditta* disorganization of a firm.

disorientamento *m.* **1** desorientation. **2** (*fig*) confusion, bewilderment: *ci fu un attimo di* ~ there was a moment of confusion.

disorientare (**disoriènto**) **I** *v.t.* **1** to cause to lose his bearings, to disorient(ate). **2** (*fig*) (*confondere*) to confuse, to bewilder, to disorient(ate), to puzzle: *la domanda mi ha disorientato* I was confused by the question. **II** *v.pron.* **disorientarsi 1** (*perdere l'orientamento*) to lose one's bearings. **2** (*smarrirsi*) to get lost. **3** (*fig*) (*confondersi*) to get confused.

disorientato *a.* **1** disorientated. **2** (*fig*) bewildered, puzzled: *si guardò intorno* ~ he looked about him in bewilderment.

disormeggiare (**disorméggio, disorméggi**) *v.t.* (*Mar,Aer*) to unmoor: ~ *una nave* to unmoor a ship, to cast off a ship; ~ *un dirigibile* to unmoor an airship.

disormeggio *m.* (*Mar,Aer*) unmooring.

disossare (**disòsso**) *v.t.* to bone, to debone: ~ *un pollo* to bone a chicken, to debone a chicken.

disossato *a.* **1** boneless, boned, deboned. **2** (*fig,lett*) (*dinoccolato*) lanky, loose-jointed.

disossidante **I** *a.* (*Chim*) deoxidizing. **II** *m.* (*Chim*) deoxidizer.

disossidare (**disòssido**) *v.t.* (*Chim*) to deoxidize.

disossidazione *f.* (*Chim*) deoxidizing, deoxidation, deoxidization.

disostosi *f.* (*Med*) dysostosis.

disostruire (**disostruìsco, disostruìsci**)

v.t. to unblock.

disotto *avv./a.* → **sotto**.

dispaccio *m.* dispatch, despatch. □ ~ *di agenzia* agency dispatch; ~ *telegrafico* telegram.

disparato *a.* dissimilar, different, disparate, unlike, distinct: *idee disparate* different views; *nella sua vita ha fatto i lavori più disparati* in the course of his life he has done all kinds of work; *è possibile acquistare online le cose più disparate* it's possible to buy the most varied things online.

disparere *m.* (*rar*) difference of opinion, dissension.

dispari **I** *a.* odd, uneven: *numero* ~ odd number; *pagina* ~ odd-numbered page; *non possiamo fare questo gioco perché siamo* ~ we cannot play this game because there is an odd number of us. **II** *m.inv.* (*numero dispari*) odd (number): *scommettere sul* ~ to bet on an odd number.

disparità *f.* **1** (*disuguaglianza*) disparity, inequality, dissimilarity: ~ *di forze* disparity of forces. **2** (*divergenza*) divergence, difference, disparateness: ~ *di opinioni* difference of opinions.

disparte □ *mettere qcs. in* ~ to set sth. apart, to set sth. aside, to lay sth. by; (*fig*) *mettere qcu. in* ~ to set so. to one side, to put so. on the shelf: *i soci cercarono di metterlo in* ~ his partners tried to set him to one side, (*spec. Am*) his partners tried to keep him out of things, his partners tried to keep him out of the way; *prendere qcu. in* ~ to take so. apart, to take so. aside, to draw so. to one side; *stare in* ~ to keep to oneself, to keep at a distance, to keep one's distance, to to keep away, to stay on one's own, to stay by oneself (*Br*) to hold off, to hold aloof; *tenersi in* ~ to keep to oneself, to keep at a distance, to keep one's distance, to stay on one's own, to stay by oneself (*Br*) to hold off, to hold aloof.

dispendio *m.* **1** expense, expenditure. **2** (*fig*) (*spreco*) waste: ~ *di forze* waste of energy; ~ *di tempo* waste of time; ~ *di energie* waste of energy.

dispendiosamente *avv.* expensively, in a costly way.

dispendioso *a.* expensive, costly: *vita dispendiosa* costly living; *impresa dispendiosa* expensive undertaking; *il viaggio è stato molto* ~ the journey was very expensive.

dispensa *f.* **1** (*stanza per le provviste*) pantry, larder, storeroom; (*mobile per le provviste*) sideboard; (*in cucina*) dresser, cupboard. **2** (*fascicolo*) number, issue, instalment: *l'opera si pubblica in dispense* the work is being published in instalments. **3** (*Univ*) (*published*) text of a course of lectures, lecture notes *pl.* **4** (*Dir,Rel*) dispensation. **5** (*esenzione*) exemption. **6** (*rar*) (*distribuzione*) distribution, dispensation: ~ *gratuita di medicinali* free distribution of drugs. □ *a dispense* in instalments, in parts, serialized, serial (*attr.*): *a dispense settimanali* in weekly issues, in weekly instalments; (*Edit*) *vendita a dispense* instalment selling; ~ *dal servizio militare* exemption from military service; (*Dir,can*) ~ *matrimoniale* marriage dispensation.

dispensabile *a.* (*lett*) dispensable.

dispensare (**dispènso**) **I** *v.t.* **1** (*distribuire*) to distribute, to dispense: ~ *pane ai poveri* to distribute bread to the poor. **2** (*elargire*) to bestow, to dispense: ~ *favori* to bestow favours; ~ *sorrisi a tutti* to bestow smiles on everyone. **3** (*esonerare*) to dispense, to exempt, to release, to exonerate: ~ *qcu. da un obbligo* to dispense so. from an obligation;

~ dal servizio militare to exempt from military service. **4** (*Dir.can*) to dispense: **~ qcu. dai voti** to dispense so. from vows. **II** *v.pron.* **dispensarsi** to abstain (*da* from), to get out (of), to excuse oneself (from). ☐ (*iron*) *puoi dispensarti dal fare commenti* your comments are not required, you can keep your comments to yourself; (*iron*) *ti dispenso dal fare osservazioni* you may keep your remarks to yourself; (*Giorn*) *si dispensa dalle visite* (*negli annunci funebri*) no visits, please.

dispensario *m.* (*Med*) dispensary, welfare centre. ☐ (*Med*) **~ antitubercolare** TB dispensary, antitubercolosis dispensary.

dispensatore *m.* (*f.* **-trice**) (*chi distribuisce*) distributor, dispenser; (*chi elargisce*) bestower: **~ di grazie** bestower of favours.

dispenser *m.inv.* dispenser.

dispensiere *m.* (*f.* **-a**) **1** (*addetto alla dispensa*) steward (*f.* -ess). **2** (*lett*) (*dispensatore*) bestower.

dispepsia *f.* (*Med*) dyspepsia.

dispeptico (*pl.* **-ci**) **I** *a.* (*Med*) dyspeptic. **II** *m.* (*f.* **-a**) (*Med*) dyspeptic.

disperare (**dispèro**; *aus.* **avere**) **I** *v.i.* to despair, to lose all hope, to give up hope (*di* of): *i medici disperano di salvarlo* the doctors have given up hope of saving him; *è stata molto coraggiosa, ma ora comincia a ~* she has been very brave, but now she is beginning to lose hope. **II** *v.pron.* **disperarsi** (*to be in*) despair (*per* at), to give oneself up to despair, to lose (all) hope (*anche iperb*): *quando penso alle difficoltà del lavoro mi dispero* when I think how hard a task this is I just lose hope. ☐ **fare ~ qcu.** to drive so. to despair, to drive so. to distraction, to drive so. mad (*anche iperb*): *i figli la fanno ~* her children drive her mad; (*colloq*)*non ~!* never say die! **disperatamente** *avv.* **1** desperately: *avere ~ bisogno di qcs.* to desperately need sth. **2** (*con grande impegno*) very hard, frantically, (*colloq*) like mad: *lavorare ~* to work like mad.

disperato I *a.* **1** desperate, in despair, despairing: *trovò l'amico ~* he found his friend in despair. **2** (*causato dalla disperazione*) desperate: *azione disperata* desperate deed; *pianto ~* desperate weeping, bitter weeping. **3** (*senza speranza*) desperate, hopeless: *caso ~* desperate case, hopeless case; *situazione disperata* hopeless situation, desperate situation; *il malato è in condizioni disperate* the patient is in a desperate state. **4** (*accanito*) desperate, reckless, wild, fierce: *una lotta disperata* a desperate struggle. **5** (*miserabile*) wretched. **II** *m.* (*f.* **-a**) **1** despairing person, desperate person. **2** (*miserabile*) wretch: *un ~ senza più un centesimo in tasca* a poor wretch without a penny in his pocket. **3** (*persona frenetica*) madman. ☐ **alla disperata** in great haste, frantically, recklessly; *gridare come un ~* to shout like a madman; (*colloq*) *sgobbare come un ~* to slave away.

disperazione *f.* **1** despair (*per* at, about), desperation, hopelessness: *essere in preda alla ~* to be seized by despair. **2** (*persona o cosa che fa disperare*) despair: *questo ragazzo è la ~ dei suoi genitori* this boy is the despair of his parents. ☐ **dalla ~** out of despair, in despair: *si strappava i capelli dalla ~* he tore his hair in despair; *essere fuori di sé dalla ~* to be beside oneself with despair; *essere preso dalla disperazione* to be overcome by despair; *questa pioggia continuaè una ~* this endless rain is enough to drive one mad;*per la ~* out of despair, in

despair.

disperdente I *a.* (*Chim*) dispersing. **II** *m.* (*Chim*) dispersant.

disperdere (*pres.ind.* **dispèrdo**; *p.rem.* **dispèrsi**; *p.p.* **dispèrso**) **I** *v.t.* **1** to scatter, to disperse: **~ la folla** to scatter the crowd; *la polizia ha disperso i dimostranti* the police dispersed the demonstrators. **2** (*rif. a nuvole, nebbia: dileguare*) to dissipate, to scatter, to sweep away: *il vento ha disperso le nubi* the wind has broken up the clouds, the wind has swept away the clouds. **3** (*fig*) to waste, to dissipate: **~ le energie** to dissipate one's energy. **4** (*Fis,Chim*) to disperse. **II** *v.pron.* **disperdersi 1** to disperse, to scatter: *all'apparire della polizia la folla si disperse* at the sight of the police the crowd dispersed. **2** (*dissiparsi*) to dissipate: *la nebbia si è dispersa* the fog dissipated. **3** (*rif. a cosa: andare perduto*) to be scattered, to be lost: *il calore si disperde in una stanza così grande* heat is lost in such a big room. **4** (*fig*) to lose oneself, to squander one's energy, to waste one's energy, to dissipate one's efforts: *disperdersi in attività marginali* to dissipate one's efforts in sidelines. **5** (*rif. a gas*) to disperse. ☐ **~ i voti** to spread votes.

dispermia *f.* (*Biol*) dispermy.

dispermo *a.* (*Bot*) dispermous.

dispersi → **disperdere**.

dispersione *f.* **1** scattering, dispersion, dispersal: *la ~ di un popolo* the dispersion of a people. **2** (*fig*) waste, dissipation: **~ di forze** dissipation of strength, waste of energy. **3** (*Chim*) dispersion. **4** (*Fis,Ott,Statist*) dispersion, scatter. **5** (*El*) leak, leakage. ☐ (*Fis*) **~acustica** acoustic scattering, acoustic dispersion; **~ dei voti** spreading of votes; (*Fis*) **~ della luce** dispersion of light; (*Fis*) **~ di calore** loss of heat, heat loss; (*El*) **~ di corrente** loss of current; (*Fis*) **~magnetica** magnetic leak.

dispersività *f.* **1** disorganization, lack of concentration. **2** (*Fis*) dispersiveness.

dispersivo *a.* **1** disorganized, lacking concentration (*posposto*): *lavoro ~* disorganized work; *studiare in modo ~* to lack concentration in one's studies. **2** (*Fis*) dispersive: *potere ~* dispersive power.

disperso → **disperdere** *I a.* **1** (*rif. a persone*) missing (*anche Mil*): *soldati dispersi* missing soldiers, soldiers missing in action. **2** (*sparpagliato*) scattered, dispersed: *una folla dispersa* a dispersed crowd. **3** (*smarrito*) missing, lost: *la lettera è andata dispersa* the letter has been lost. **4** (*sprecato*) dissipated, wasted: *voti dispersi* dissipated votes. **5** (*Fis*) disperse. **II** *m.* **1** missing person, person unaccounted for: *dieci morti e due dispersi* ten dead and two missing; *essere dato per ~* to be reported missing. **2** (*Mil*) missing soldier, soldier missing in action. ☐ **~ in mare** lost at sea.

dispersore *m.* (*El*) earth plate, ground plate.

dispetto *m.* **1** (piece of) spite, nasty turn. **2** (*stizza, irritazione*) irritation, vexation, annoyance: *con mio grande ~ arrivò in ritardo* much to my annoyance he arrived late. ☐ **a ~ di qcs.** in spite of sth., despite sth.: *andrò al cinema a ~ del suo divieto* I'll go to the cinema despite his telling me not to; **a ~ di tutto** in spite of everything; **a ~ di qcu.** to spite so., against so.'s will, **a ~ dei santi** in spite of everything;*fare un ~ a qcu.* (o *fare i dispetti a qcu.*) to tease so., to annoy so., to play a trick on so.: *lo ha detto per farmi un ~* he said it to annoy me; *fare qcs.per ~* to do sth. on purpose, to do sth. out of spite:

sembra che tu lo faccia per ~ you seem to do it on purpose.

dispettosamente *avv.* spitefully.

dispettoso *a.* **1** (*che fa dispetti: con malizia*) spiteful; (*birichino*) mischievous, saucy: *un bambino ~* a mischievous child. **2** (*estens*) (*rif. a cose*) annoying, irritating: *che tempo ~!* what annoying weather! **3** (*stizzoso*) peevish: *una risposta dispettosa* a peevish answer. **4** (*fatto per dispetto*) spiteful, vexing.

dispiaccio → **dispiacere²**.

dispiacente *a.* (*rar*) sorry.

dispiacere¹ *m.* **1** (*rammarico*) regret, sorrow: *sentire ~ per qcs.* (o *provare ~ per qcs.*) to be sorry about sth. **2** (*dolore*) grief. **3** (*disapprovazione, malcontento*) displeasure. **4** (*delusione*) disappointment. **5** *pl.* (*affanni*) troubles, worries: *i dispiaceri l'hanno invecchiato* his troubles have aged him. **6** *pl.* (*fastidi*) trouble *sing.*, worry *sing.*: *ha molti dispiaceri con il negozio* he has a lot of trouble with the shop, the shop gives him a lot of worry; *avere dei dispiaceri* to have trouble(s). ☐ *dispiaceriamorosi* disappointments in love; *con ~* with regret: *con ~ ho saputo la notizia* I learnt the news with regret; *con mio grande ~* to my great regret, much to my regret;*dare un ~ a qcu.* to cause so. trouble: *dare dei dispiaceri* to give trouble, to worry;*fare ~a qcu.* to cause so. trouble.

dispiacere² (*pres.ind.* **dispiàccio, dispiàci**; *p.rem.* **dispiàcqui**; *p.p.* **dispiaciùto**) **I** *v.i.* (*aus.* **essere**) **1** (*contrariare*) to displease, to upset (*a qcu.* so.): *il suo comportamento dispiacque al padre* his behaviour upset his father. **2** (*non piacere*) to be disagreeable, not to please (so.), to dislike (*costr.pers.*), not to like (*costr.pers.*): *la cacciagione può ~ a chi non è abituato* those who are not used to eating game may not like it. **II** *v.i.impers.* (*aus.* **essere**) **1** to be sorry (*costr.pers.*), to regret (*costr.pers.*): *mi dispiace dover rifiutare* I am sorry to have to refuse, I regret having to refuse, I'm sorry I have to decline, I regret having to decline; *mi dispiace che tu non sia potuto venire* I am sorry that you were unable to come; *mi dispiace per te* I am sorry for you; *mi dispiacerebbe se tu te ne andassi* I'd be sorry if you went away. **2** (*in espressioni di cortesia*) to mind (*costr.pers.*): *se non Le dispiace, io vado* if you don't mind, I'll be going; (*iron*) *ti dispiacerebbe lasciarmi tranquillo?* would you mind leaving me in peace? **III** *v.pron.* **dispiacersi** to be sorry (*di* for), to regret (*di qcs.* sth.). ☐ **come mi dispiace!** I am so sorry!; *mi dispiace doverlo dire* I hate to say this;*me ne dispiace* (*sono dolente*) I am sorry; *mi ~ dispiace* I'm sorry; *non mi dispiace:* **1** I am not sorry about it; **2** (*mi piace abbastanza*) I quite like it, it's not bad, it's quite good: *questo libro non mi dispiace* this book is quite good, this book is not bad, I quite like this book; *questa ragazza non mi dispiace affatto* I really rather like this girl; **3** (*spec. seguito da verbo*) I don't mind: *se non ti dispiace* if you don't mind, if you please; *non mi dispiacerebbe fare un viaggetto* I shouldn't mind taking a short trip; *non mi dispiacerebbe un'altra tazza di caffè* I wouldn't mind another cup of coffee; *Le dispiace se fumo?* do you mind if I smoke? do you mind my smoking?, do you object to my smoking?

dispiaciuto → **dispiacere²** *a.* **1** (*spiacente*) sorry: *sono molto ~ di ciò che è accaduto* I am very sorry about what has happened, I deeply regret what has happened. **2** (*contra-*

riato) annoyed, upset, vexed.

dispiacqui → **dispiacere**[2].

dispiegamento *m.* deployment.

dispiegare (**dispiègo, dispièghi**) **I** *v.t.* **1** (*schierare*) to deploy. **2** (*lett*) to spread out, to unfold, to unfurl: ~ *le ali*: to spread out one's wings. **II** *v.pron.* **dispiegarsi 1** (*lett*) to spread out, to unfold, to unfurl. **2** (*fig*) (*svolgersi*) to spread.

dispiego *m.* deployment.

displasia *f.* (*Med*) dysplasia.

displasico, **displastico** (*pl.* **-ci**) *a.* (*Med*) dysplastic.

display /dis'plei/ *m.inv.* (*Elettron*) display. ☐ (*Elettron*) ~ *a cristalli liquidi* liquid crystal display; (*Elettron*) ~ *ad alta risoluzione* high-resolution display; (*Elettron*) ~*alfanumerico* alphanumeric display; (*Elettron*) ~*digitale* digital display; (*Elettron*) ~ *grafico* graphic display; (*Elettron*) ~ *numerico* numerical display.

displuviale *f.* (*Geol*) (*linea displuviale*) watershed, divide.

displuvio *m.* (*Geol*) mountain side, slope.

dispnea *f.* (*Med*) dyspnea, dyspnoea.

dispnoico I *a.* (*Med*) dyspneic, dyspnoeic. **II** *m.* (*f.* **-a**; *pl.* **-ci**) (*Med*) patient affected with dyspn(o)ea.

dispongo → **disporre**.

disponibile I *a.* **1** (*di cui si può disporre*) available, at one's disposal (*posposto*), on hand (*posposto*), in hand (*posposto*): *il denaro* ~ the money available, the money on hand. **2** (*libero*) free, available: *oggi sono* ~ I am free today. **3** (*vuoto, non occupato*) free, vacant, available, left: *c'è ancora qualche posto* ~ *per lo spettacolo* there are still a few seats available (*o* left) for the performance; *la camera è* ~ the room is vacant, the room is free. **4** (*aperto*) open, approachable, receptive, helpful. **5** (*disponibile a collaborare*) ready, willing, forward: *essere* ~ *al dialogo* to be willing to discuss matters; *è un tipo molto* ~ he is always willing to help out; *mostrarsi* ~ to show that one is willing to help. **6** (*Comm*) in stock: *merce* ~ goods in stock; *non* ~ out of stock. **7** (*Dir*) disposable: *quota* ~ disposable portion. **8** (*libero da legami sentimentali*) unattached: *un uomo simpatico e* ~ a nice unattached man. **II** *m.* (*Econ*) available funds *pl.*, available assets *pl.*, liquid assets *pl.*: *il* ~ *in conto* funds available on one's account. **III** *f.* (*Dir*) disposable portion (of an estate).

disponibilità *f.* **1** (*l'essere disponibile*) availability, disposability. **2** (*rif. a persona*) helpfulness, willingness, readiness: ~ *al dialogo* willingness to discuss matters. **3** (*fig*) (*apertura mentale*) open-mindedness, receptiveness. **4** (*burocr*) (*temporanea sospensione dal servizio*) temporary suspension from work, temporary retirement from work, (state of) reserve: *mettere in* ~ *un funzionario* to put a public official in a state of reserve, to put a public official on half-pay. **5** *pl.* (*denaro disponibile*) available funds, available assets, liquid assets: *avere larghe* ~ to have considerable liquid assets. ☐ *avere* ~ *di una somma* to have a sum of money available; ~*di magazzino* stock availability; (*Econ*) ~*finanziarie* assets, (available) funds; (*Econ*) ~*immobiliari* property assets; (*Mar*) *navein* ~ ship in dry dock, ship in care and maintenance; (*burocr*) *ufficiale in* ~ public officer on the reserve; ~*in banca* bank deposits, bank assets; ~*valutaria* currency holdings (*pl.*).

disporre (*pres.ind.* **dispóngo, dispóni**; *p.rem.* **dispósi**; *p.p.* **dispósto**) **I** *v.t.* **1** (*colloca-*

re in un determinato ordine) to arrange, to range, to set out, to (place in) order, to place, to put in place: ~ *i fiori nel vaso* to arrange the flowers in the vase; ~ *i libri nello scaffale* to (ar)range the books on the shelf. **2** (*preparare opportunamente*) to arrange, to make the arrangements, to prepare, to plan (*a, per* for): ~ *ogni cosa per la partenza* to make all the arrangements for the departure. **3** (*fig*) to prepare, to make ready, to dispose, to fit (*a* for), to set (to): ~ *qcu. a una cattiva notizia* to prepare so. for bad news; ~ *la mente allo studio* to set one's mind to study; *cercò di disporlo alla clemenza* he sought to dispose him to mercy. **4** (*fig*) (*comandare, prescrivere*) to order, to direct: *il generale dispose il ritiro delle truppe* the general ordered the troops to retreat. **5** (*fig*) (*prevedere*) to prescribe: *in questo caso la legge dispone l'arresto* in this case the law prescribes arrest. **II** *v.i.* (*aus.* **avere**) **1** (*avere a propria disposizione*) to have at one's disposal, to have at one's service, to have available, to have on hand, to have in hand. **2** (*fare assegnamento*) to rely (on), to depend (on): *se ti occorre un aiuto disponi pure di me* if you need any help you can depend on me, if you need any help I am at your disposal. **3** (*decidere*) to decide, to determine. **4** (*stabilire*) to make arrangements, to arrange, to settle: ~ *per il da farsi* to settle what is to be done. **5** (*avere, possedere*) to have: *lo stadio dispone di ventimila posti* the stadium has twenty thousand seats, the stadium holds twenty thousand. **6** (*avere alle proprie dipendenze*) to have (in one's service). **7** (*Comm*) (*rif. a merce*) to have in stock. **8** (*Dir*) (*per testamento*) (*Br*) to make over: *ha disposto che l'appartamento vada al figlio* he has made his apartment over to his son, (*Am*) he has left his apartment to his son, he has bequeathed his apartment to his son, he has made provisions that his apartment go to his son. **III** *v.pron.* **disporsi 1** to arrange oneself, to draw up, to place oneself: *i soldati si disposero in ordine di battaglia* the soldiers drew up in battle array. **2** (*prepararsi*) to prepare (oneself), to get ready, to fit oneself (*a* for): *disporsi alla lotta* to prepare for the fight; *disporsi a ricevere i sacramenti* to fit oneself to receive the sacraments; *mi disponevo ad andare a dormire, quando udii bussare alla porta* I was just getting ready for bed when I heard a knock on the door. ☐ *disporsi a catena* : 1 (*tenendosi per mano*) to make a chain, to join hands, to link hands; 2 (*per passarsi qcs.*) to link up; ~ *di qcu. a proprio piacimento* to deal with so. just as one pleases; ~*con testamento* to make testamentary provision, to make testamentary disposition; ~*della propria vita* to live one's own life; *i fanciulli si disposero in cerchio* the children formed a ring; ~*in fila* : 1 to range; 2 (*rif. a persone*) to line up; ~ *qcs.in ordine alfabetico* to put sth. in alphabetical order, to arrange sth. in alphabetical order; ~*in ordine di altezza* to arrange by height; ~*l'animo alla morte* to ready one's soul for death, to prepare one's soul for death; *disporsi per file* to line up; (*Sport*) *disporsisulla linea di partenza* to get ready.

disporrò → **disporre**.

disposi → **disporre**.

dispositivo I *m.* **1** (*Mecc*) (*congegno*) device, contrivance, apparatus; (*accessorio*) gear. **2** (*Mil*) disposition. **3** (*Inform*) device. **II** *a.* operative, enacting, regulating: *la parte dispositiva di una legge* the operative part (*o* enacting terms) of a law. ☐ (*Inform*) ~*a*

blocchi block device; (*Inform*) ~*a caratteri* character device; (*Inform*) ~*antifurto* burglar alarm, antitheft device; (*Inform*) ~*di alimentazione* feeding device; (*Inform*) ~*di allarme* warning system, alarm system; (*Inform*) ~*di allineamento* aligner; ~*di arresto* cut-off device; ~ *di chiusura* closing device, locking device; ~*di comando* control device; ~ *di comando a distanza* remote-control device; (*Mil*) ~ *di difesa* defence system; (*Inform*) ~*di entrata* input device; ~ *di fine nastro* tape end device; (*Inform*) ~*di input* input device; (*Inform*) ~*di output* output device; (*Inform*) ~ *di puntamento* pointing device; ~ *di sicurezza* : 1 safety device; 2 (*rif. ad arma da fuoco*) safety catch; 3 (*Aer*) retraction lock; ~*elettronico* electronic device.

disposizione *f.* **1** (*facoltà di disporre*) disposal, disposition: *mettere qcs. a* ~ *di qcu.* to put sth. at so.'s disposal; *metto a tua* ~ *la mia auto* I am putting my car at your disposal. **2** (*collocazione*) arrangement, disposition: *la* ~ *dei mobili* the arrangement of the furniture. **3** (*rif. a opere: piano*) design, layout, arrangement, make-up. **4** (*fig*) (*condizione di spirito*) frame of mind, mood, spirits *pl.*: *non sono nella* ~ *adatta per studiare* I am not in the right mood for studying. **5** (*fig*) (*inclinazione*) bent, inclination, turn, flair, penchant, disposition: *ha* ~ *per la musica* he has a bent for music. **6** (*comando*) order, instruction, direction. **7** (*norma, provvedimento*) provision, regulation: ~ *legale* (*o* ~ *di legge*) provision of the law, regulation. **8** (*volontà*) disposition, wish: *rispettare le disposizioni del defunto* to respect the deceased's wishes, to respect the deceased's dispositions; *ultime disposizioni* last wishes. **9** (*Med*) predisposition. ☐ *a* ~ *di qcu.* at so.'s disposal; *con tutti i mezzi a nostra* ~ with all the means at our disposal; ~ *d'animo* state of mind, frame of mind; *dare disposizioni*: 1 to give orders, to give instructions; 2 (*fare i preparativi*) to make arrangements, to arrange: *dare disposizioni per la partenza* to make the arrangements for departure; (*Sport*) ~*dei giocatori* position(ing) of the players; *per* ~ *del medico* by doctor's orders; *disposizioni di servizio* official regulations, service regulations; (*Dir*) ~*esecutiva* executive order; *disposizionigenerali* general provisions; (*El*) ~*in serie* series arrangement, series connection; (*burocr*)*mettere a* ~*un funzionario* to put an official on half-pay, to put an official on reserve; *tenersi a* ~ *di qcu.* to be at so.'s disposal; (*Dir*) ~*testamentaria* disposition, testamentary provision; *disposizionivigenti* regulations in force.

disposto → **disporre I** *a.* **1** arranged, set out, to laid out: *nella nuova casa le stanze sono disposte bene* the rooms in the new house are well laid out. **2** (*favorevole, propenso*) ready, willing, open, prepared, inclined: ~ *a trattare* willing to negotiate; *sono* ~ *a partire* I am ready to leave; *sono dispostissimo ad aiutarti* I am only too willing to help you; *non sono* ~ *a cedere su questo punto* I am not prepared to give in on this point; *sentirsi* ~ *a fare qcs.* to be disposed to do sth., to be willing to do sth.; (*sentirsi propenso*) to feel inclined to do sth.; *essere* ~ *a negoziare* to be ready to negotiate. **3** (*stabilito*) laid down, set out, established, disposed, provided (for): *le misure disposte dal regolamento* the provisions set out in the regulation. **II** *m.* (*Dir*) provisions *pl.*, provision: *secondo il* ~ *della legge* according to the provisions of the law, as laid down by the law. ☐ *essere* ~*a tutto* to be desperate, to be willing to go to any lengths.

dispoticamente *avv.* despotically (*anche fig*): *governare* ~ to rule despotically.

dispotico (*pl.* **-ci**) *a.* despotic (*anche fig*): *governo* ~ despotic rule; *atteggiamento* ~ despotic attitude.

dispotismo *m.* despotism (*anche fig*). □ (*Stor*) ~*illuminato* enlightened despotism.

dispregiativo I *a.* **1** derogatory, disparaging. **2** (*Gramm*) pejorative: *epiteto* ~ pejorative epithet. **II** *m.* (*Gramm*) pejorative.

dispregio *m.* scorn, contempt. □ *avere in* ~ to disdain, to hold in contempt; *in* ~*alle leggi* in contempt of the law; *tenere in* ~ to disdain, to hold in contempt.

disprezzabile *a.* despicable, contemptible. □ *non* ~ (*considerevole*) considerable, sizable: *una cifra non* ~ a considerable sum.

disprezzare (**disprèzzo**) *v.t.* **1** to despise, to scorn, to look down on, to spurn: ~ *le ricchezze* to spurn wealth. **2** (*non osservare, trascurare*) to disregard: ~ *i consigli* to disregard advice; ~ *il pericolo* to disregard danger. □ *la sua propostanon è da* ~ his offer should be taken into consideration. *Prov.: chi disprezza compra* he who blames would buy.

disprezzo *m.* **1** scorn, contempt (*per, di* for). **2** (*sprezzo*) disregard (*di* of, for), contempt. □ *con* ~ with contempt, contemptuously: *lo guardò con* ~ he looked at him with contempt; *trattare qcu. con* ~ to treat so. contemptuously; ~ *del pericolo* disregard of danger; *in* ~ *a qcs.* in contempt of sth.: *fare qcs. in* ~ *alla legge* to fly in the face of the law.

disprosio *m.* (*Chim*) dysprosium.

disputa *f.* **1** (*discussione*) dispute, debate, discussion: ~ *scientifica* scientific debate. **2** (*lite, contesa*) dispute, quarrel, argument: *si accese una* ~ a dispute broke out. **3** (*Teol, Filos*) disputation. **4** (*Sport*) holding.

disputabile *a.* disputable.

disputare (**dispùto** /*ant* **dispùto**) **I** *v.i.* (*aus.* avere) **1** (*discutere*) to debate, to discuss (*di, su qcs.* sth.), to dispute (about, on), to hold a disputation: ~ *su un argomento* to debate a matter, to discuss a matter. **2** (*competere*) to compete, to contend. **II** *v.t.* **1** (*contendere*) to dispute, to contend for, to contest: ~ *il premio all'avversario* to contend for the prize with one's opponent. **2** (*Sport*) (*giocare*) to play: *si disputa oggi la partita Italia-Scozia* the Italy-Scotland match is being played today. **3** (*Sport*) (*gareggiare*) to take part in: ~ *una gara* to take part in a contest, to take part in a match, to compete in an event. **III** *v.pron.* **disputarsi** (*contendersi*) to contend for, to dispute, to fight for, to fight over: *si disputavano il titolo di campione* they contended for the championship; *disputarsi il pallone* to fight to get the ball; *i locali notturni si disputavano il nuovo cantante* the nightclubs fought over the new singer. □ (*Sport*) ~ *unincontro* to play a match; (*nel pugilato*) to fight, to meet.

disqualificare (**disqualìfico, disqualìfichi**) *v.t.* to disqualify.

disquisire (**disquisìsco, disquisìsci**; *aus.* avere) *v.i.* to discourse, to dissert.

disquisitore *m.* (*f.* **-trice**) disquisitor.

disquisizione *f.* disquisition: *una dotta* ~ a learned disquisition.

disruttivo *a.* (*Fis*) disruptive: (*El*) *scarica disruttiva* disruptive discharge.

disruttore *m.* (*Aer*) spoiler.

dissabbiatore *m.* (*Idr*) sand trap, sand collector.

dissacrante *a.* **1** desecrating. **2** (*fig*) profaning, irreverent.

dissacrare (**dissàcro**) *v.t.* **1** (*rar*) to desecrate. **2** (*fig*) to profane.

dissacrazione *f.* **1** desecration. **2** (*fig*) profanity.

dissalamento *m.* desalinization.

dissalare (**dissàlo**) *v.t.* **1** to desalinate, to desalinize. **2** (*Alim*) to remove salt from, to get the salt out of.

dissalatore *m.* (*Tecn*) desalinator.

dissalazione *f.* desalinization.

dissaldare (**dissàldo**) **I** *v.t.* (*Met*) to unsolder. **II** *v.pron.* **dissaldarsi** (*Met*) to come unsoldered.

dissaldatura *f.* (*Met*) unsoldering.

dissanguamento *m.* **1** loss of blood, bleeding: *morire per* ~ to bleed to death. **2** (*fig*) bleeding (white, dry), draining.

dissanguare (**dissànguo**) **I** *v.t.* **1** to bleed. **2** (*fig*) to bleed (white), (*Am*) to bleed (so.) dry, to ruin: *le tasse ci dissanguano* taxation is ruining us, taxation is bleeding us dry; *suo figlio lo ha dissanguato* his son has bled him white, his son bled him dry. **3** (*sfruttare*) to drain. **II** *v.pron.* **dissanguarsi 1** to lose a great deal of blood, to bleed copiously. **2** (*fig*) to bleed oneself white, to ruin oneself: *si è dissanguato per aiutare i parenti* he has ruined himself in order to help his relatives.

dissanguato *a.* **1** drained of blood (*posposto*), bled: *morire* ~ to bleed to death. **2** (*privo di sangue*) bloodless. **3** (*fig*) bled (white), ruined, impoverished.

dissapore *m.* slight disagreement, unpleasantness, misunderstanding: *ci sono stati dei dissapori in famiglia* there has been some unpleasantness in the family.

dissecare (**disséco, disséchi**) *v.t.* (*Chir*) to dissect.

disseccante I *a.* (*Chim*) desiccative. **II** *m.* (*Chim*) desiccative.

disseccare (**dissécco, disséchi**) **I** *v.t.* **1** (*seccare*) to dry (up), to parch. **2** (*prosciugare*) to dry up, to drain. **II** *v.pron.* **disseccarsi 1** (*seccarsi*) to dry up, to be parched. **2** (*fig*) (*esaurirsi*) to dry up, to wither: *la sua vena poetica si è disseccata* his poetic vein dried up.

disseccativo *a.* desiccative.

disseccato *a.* dried, parched, dried-up, dessicated.

disselciare (**dissélcio, dissélci**) *v.t.* (*Strad*) to unpave.

dissellare (**dissèllo**) *v.t.* to unsaddle: ~ *il cavallo* to unsaddle one's horse.

disseminare (**dissémino**) *v.t.* **1** to scatter, to strew, to spread. **2** (*diffondere*) to spread (abroad), to disseminate: *la notizia disseminò il panico nel paese* the news spread panic throughout the land.

disseminato *a.* scattered (*di* with), strewn (with): *un campo* ~ *di fiori* a field scattered with flowers.

disseminazione *f.* (*Bot*) dissemination, scattering.

dissennatamente *avv.* unwisely.

dissennatezza *f.* madness, insanity.

dissennato *a.* **1** mad, crazy, insane. **2** (*sciocco*) foolish: *un giovane* ~ a foolish fellow. **3** (*insensato*) senseless: *un'idea dissennata* a senseless idea, an ill-considered idea.

dissenso *m.* **1** (*divergenza di opinioni*) dissent, disagreement: *sorsero dei dissensi tra i membri della commissione* disagreements arose between the members of the commission. **2** (*discordia*) discord, variance, dissension: *non ci fu mai motivo di* ~ *tra i coniugi* there was never any cause for discord be-

tween husband and wife. **3** (*disapprovazione*) dissent, disagreement, disapproval: *la proposta fu accolta dal* ~ *della maggioranza* the proposal met with the dissent of the majority. **4** (*Pol*) dissent: *il* ~ *cattolico* the catholic dissent; *scrittori del* ~ dissenting writers. **5** (*Pol*) (*i dissidenti*) dissidents *pl.*

dissenteria *f.* (*Med*) dysentery.

dissenterico (*pl.* **-ci**) **I** *a.* (*Med*) dysenteric. **II** *m.* (*Med*) dysenteric patient.

dissentire (**dissènto**; *p.pres.* **dissenziènte**; *aus.* avere) *v.i.* to disagree (*da* with), to dissent (from), to differ (*da* from, with; *su* on, about, over): *dissento da voi su molti punti* I disagree with you on many points.

dissenziente I *a.* dissenting, disagreeing, dissentient: *essere* ~ to disagree, to differ. **II** *m./f.* dissentient, dissenter.

dissepolto → **disseppellire**.

disseppellimento *m.* **1** disinterment, exhumation. **2** (*fig*) unearthing, disinterring.

disseppellire (*pres.ind.* **disseppellìsco, disseppellìsci**; *p.p.* **dissepólto/disseppellìto**) *v.t.* **1** to disinter, to exhume: ~ *un cadavere* to exhume a body. **2** (*riportare alla luce*) to bring to light, to unearth. **3** (*rif. a costruzioni e sim.*) to dig up, to unearth: *gli archeologi hanno disseppellito un teatro romano* the archeologists have dug up a Roman theatre. **4** (*fig*) to unearth, to bring to light: ~ *una vecchia disposizione* to unearth an old regulation.

dissequestrare (**dissequèstro**) *v.t.* (*Dir*) to release from seizure.

dissequestro *m.* (*Dir*) release from seizure.

disserrare (**dissèrro**) **I** *v.t.* **1** (*lett*) (*aprire*) to unfasten, to unlock, to (throw) open. **2** (*fig*) to disclose. **II** *v.pron.* **disserrarsi** (*lett*) (*aprirsi*) to be released, to come forth.

dissertare (**dissèrto**; *aus.* avere) *v.i.* to discourse, to dissert (*di, su* of), to dissertate (on).

dissertatore *m.* (*f.* **-trice**) (*lett*) dissertator.

dissertatorio *a.* dissertational.

dissertazione *f.* dissertation, discourse: *una dotta* ~ a learned dissertation. □ ~*di laurea* dissertation; *fare una* ~ *su qcs.* to give a dissertation concerning sth., to give a dissertation on sth., to make a dissertation concerning sth., to make a dissertation on sth.

disservizio *m.* **1** poor service. **2** (*disorganizzazione*) inefficiency, disorganization: *disservizi delle poste* inefficiency of the postal service.

dissestare (**dissèsto**) *v.t.* **1** to impair, to disarrange, to unbalance: *il colpo ha dissestato il meccanismo* the blow has unbalanced the mechanism. **2** (*danneggiare*) to damage: ~ *il fondo stradale* to damage the road surface. **3** (*rif. a finanze e sim.*) to upset, to throw off balance: *questa spesa ha dissestato tutte le mie finanze* this expence has upset all my finances.

dissestato *a.* **1** disarranged, in disorder (*posposto*), unsettled: *strada dissestata* uneven road surface. **2** (*rif. a finanze e sim.*) upset, ruined, unbalanced: *bilancio* ~ unbalanced budget; *azienda dissestata* shaky company.

dissesto *m.* **1** disorder, confusion, impairment, unbalance. **2** (*rif. a finanze e sim.*) bad financial state. □ ~*ambientale* environmental instability; ~*finanziario* financial difficulty, financial trouble; ~*geologico* geological instability; ~*idrogeologico* hydrogeological instability; *in* ~ unbalanced, in disorder (*posposto*), disarranged: *un'azienda* *in* ~ a shaky company.

dissetante I *a.* thirst-quenching, refreshing: *bevanda* ~ refreshing drink. **II** *m.* thirst-quencher.

dissetare (**disséto**) **I** *v.t.* **1** to quench (so.'s) thirst, to slake (so.'s) thirst; (*rif. ad animali*) to water. **2** (*assol.*) to be thirst-quenching: *il tè disseta* tea is thirst-quenching. **3** (*fig,lett*) to satisfy. **II** *v.pron.* **dissetarsi 1** to quench one's thirst, to slake one's thirst, to satisfy one's thirst: *dissetarsi alla fontana* to quench one's thirst at the fountain. **2** (*fig,lett*) to satisfy one's thirst.

dissettore *m.* (*Chir*) dissector.

dissezionare (**disezióno**) *v.t.* (*Chir*) to dissect (*anche fig*).

dissezione *f.* (*Chir*) dissection.

dissi → **dire**[1].

dissidente I *a.* **1** dissident, dissenting, dissentient (*anche Pol*): *scrittore* ~ dissident writer. **2** (*Rel*) dissenting, nonconformist: *chiese dissidenti* nonconformist churches. **II** *m./f.* **1** dissident, dissenter, dissentient (*anche Pol*). **2** (*Rel*) Dissenter, Nonconformist.

dissidenza *f.* **1** dissent, disagreement. **2** (*i dissidenti*) dissidents *pl.*

dissidio *m.* **1** (*contrasto di opinioni*) disagreement, variance, difference of opinion: *sorse un* ~ *tra di loro* a difference of opinion arose among them. **2** (*lite*) quarrel, dissension, dispute, altercation: *comporre un* ~ to settle a quarrel. □ *essere in* ~*con qcu.* to be at variance with so., to be in disagreement with so.

dissigillare (**dissigìllo**) *v.t.* to unseal, to break the seal of.

dissimilazione *f.* (*Ling*) dissimilation.

dissimile *a.* (*diverso*) unlike, different, dissimilar: *essere* ~ *da qcu.* (*o qcs.*) to be unlike so. (*o* sth.), to be different to (*o* from) so. (*o* sth.), to be dissimilar to so. (*o* sth.); *caratteri dissimili* unlike natures; *ha gusti dissimili dai miei* he has different tastes from mine.

dissimmetria *f.* dissymmetry.

dissimmetrico (*pl.* -ci) *a.* dissymmetric(al).

dissimulare (**dissìmulo**) **I** *v.t.* **1** to dissimulate, to dissemble: ~ *i propri sospetti* to dissemble one's suspicions. **2** (*nascondere*) to hide, to conceal. **3** (*fingere*) to feign, to pretend, to simulate: ~ *un attacco* to feign an attack. **II** *v.i.* (*aus.* **avere**) to dissemble, to dissimulate, to pretend.

dissimulato *a.* dissembled, concealed: *orgoglio mal* ~ ill-concealed pride.

dissimulatore I *a.* dissembling. **II** *m.* (*f.* -**trice**) dissimulator, dissembler.

dissimulazione *f.* dissimulation, dissembling, concealment; (*finzione*) pretence, simulation: *l'arte della* ~ the art of pretence.

dissipabile *a.* dispersible.

dissipare (**dìssipo**) **I** *v.t.* **1** (*disperdere*) to dissipate, to dispel, to disperse: *il vento ha dissipato le nuvole* the wind has dispersed the clouds. **2** (*fig*) to dispel, to dissipate, to drive away: ~ *i timori di qcu.* to dispel so.'s fears; ~ *un dubbio* to dispel a doubt; ~ *ogni dubbio* to clear up all doubt, to dissipate all doubt. **3** (*fig*) (*sperperare*) to dissipate, to waste, to squander, to fritter away: ~ *il patrimonio* to dissipate one's assets, to squander one's assets; ~ *le forze* to dissipate one's energies. **II** *v.pron.* **dissiparsi 1** to dissipate, to disperse, to vanish, to clear: *la nebbia si è dissipata* the fog has cleared. **2** (*fig*) to be dispelled, to vanish: *si è dissipato ogni sospetto su questa persona* all suspicion regarding this person has been dispelled.

dissipatamente *avv.* dissolutely, in a dissipated way.

dissipatezza *f.* dissipation, dissolute living.

dissipato I *a.* dissipated, dissolute: *un giovane* ~ a dissipated young man; *condurre una vita dissipata* to lead a dissolute life. **II** *m.* (*f.* -**a**) dissolute person, debauchee.

dissipatore *m.* (*f.* -**trice**) squanderer, spendthrift.

dissipazione *f.* **1** dissipation, wasting, squandering. **2** (*vita dissoluta*) dissipation, dissolute living: *vivere nella* ~ to live a life of dissipation. **3** (*Fis,Rad*) dissipation: ~ *anodica* plate dissipation, anode dissipation.

dissociabile *a.* dissociable, separable.

dissociabilità *f.* dissociability, separableness.

dissociare (**dissòcio, dissòci**) **I** *v.t.* **1** to dissociate, to separate. **2** (*Chim*) to dissociate. **II** *v.pron.* **dissociarsi 1** (*Chim*) to dissociate. **2** (*fig*) to dissociate oneself (*da* from).

dissociativo *a.* dissociative (*anche Psic*): *processo* ~ dissociative process.

dissociato I *a.* **1** dissociated, unconnected, unrelated: *idee dissociate* unrelated ideas. **2** (*Psic,Chim*) dissociated. **II** *m.* (*f.* -**a**) **1** (*Psic*) sufferer from dissociation. **2** (*nei processi*) a terrorist who, while acknowledging the error of his ways, refuses to collaborate with the law.

dissociazione *f.* **1** dissociation, separation. **2** (*Chim,Psic,Med*) dissociation. □ (*Chim*) ~ *elettrolitica* electrolytic dissociation; (*Psic*) ~*psichica* psychic dissociation.

dissodamento *m.* (*Agr*) tillage, breaking up.

dissodare (**dissòdo**) *v.t.* (*Agr*) to till, to break up, to plough up: ~ *un terreno* to till land, to plough up the land.

dissolto → **dissolvere**.

dissolubile *a.* solublc, dissoluble.

dissolubilità *f.* solubility, dissolubility.

dissolutamente *avv.* dissolutely, licentiously.

dissolutezza *f.* **1** dissoluteness, licentiousness, looseness: *vivere nella* ~ to lead a loose life, to lead a dissolute life. **2** (*azione da dissoluto*) dissolute act: *le sue dissolutezze lo hanno rovinato* his dissolute behaviour has ruined him.

dissoluto I *a.* dissolute, loose, debauched: *vita dissoluta* dissolute life. **II** *m.* (*f.* -**a**) dissolute person, debauchee.

dissoluzione *f.* **1** disintegration, break-up, dissolution (*anche fig*): *la* ~ *di una famiglia* the break-up of a family; *la* ~ *della società* the disintegration of society. **2** (*fig*) (*dissolutezza*) dissoluteness, licentiousness, looseness.

dissolvenza *f.* (*Cin,TV*) fade, fading: *chiudere in* ~ to fade out. □ ~ (*Cin,TV*) *in apertura* fade-in; (*Cin,TV*) ~ *in chiusura* fade-out; (*Cin,TV*) ~*incrociata* cross-fade.

dissolvere (*pres.ind.* **dissòlvo**; *p.rem.* **dissòlsi**; *p.p.* **dissòlto**) **I** *v.t.* **1** (*dileguare*) to dissolve, to disperse, to dispel: *il sole ha dissolto la nebbia* the sun has dispersed the fog. **2** (*sciogliere*) to dissolve (*anche Chim*): ~ *una polvere in acqua* to dissolve a powder in water. **3** (*fig*) (*dissipare*) to dispel, to dissipate: *le tue parole hanno dissolto ogni dubbio* your words dispelled all doubt. **4** (*fig*) (*dividere, disunire*) to disintegrate, to break up, to disconnect, to disunite, to dissolve. **II** *v.pron.* **dissolversi 1** (*dileguarsi*) to dissolve, to disperse, to scatter, to clear: *la nebbia si è dissolta* the mist has dissolved, the mist has cleared. **2** (*disfarsi*) to disintegrate, to de-

compose, to separate. **3** (*lett*) (*sciogliersi*) to dissolve, to melt: *dissolversi nell'acqua* to dissolve in water. **4** (*fig*) (*svanire*) to be dispelled, to be dissipated, to clear up. □ (*Cin,TV*) ~ *in apertura* to fade in; (*Cin,TV*) ~ *in chiusura* to fade out.

dissolvimento *m.* (*lett*) dissolution.

dissomigliante *a.* dissimilar (*da* to), different (from).

dissomiglianza *f.* dissimilarity, difference, unlikeness.

dissomigliare (**dissomìglio, dissomìgli**; *aus.* **avere**) **I** *v.i.* to be unlike, to differ. **II** *v.pron.* **dissomigliarsi** (*rar*) to be unlike, to differ.

dissonante *a.* **1** (*Mus*) dissonant: *accordo* ~ dissonant chord. **2** (*fig*) (*discordante*) discordant, clashing, dissonant.

dissonanza *f.* **1** (*Mus*) dissonance, discord. **2** (*fig*) (*discordanza*) discordance, dissonance, disagreement, clash.

dissonare (**dissuòno, dissoniàmo**; *aus.* **avere**) *v.i.* **1** (*Mus*) to be dissonant. **2** (*fig*) (*discordare*) to disagree, to clash.

dissotterrare (**dissottèrro**) *v.t.* **1** to disinter: ~ *un cadavere* to disinter a corpse. **2** (*riportare alla luce*) to dig up, to excavate: *gli archeologi hanno dissotterrato una colonna romana* the archeologists dug up a Roman column. **3** (*fig*) to unearth, to bring to light, to bring up again: ~ *una vecchia questione* to bring an old matter up again.

dissuadere (*pres.ind.* **dissuàde**; *p.rem.* **dissuàsi**; *p.p.* **dissuàso**) *v.t.* to dissuade, to deter (*da* from), to advise (against): ~ *qcu. dal fare qcs.* to dissuade so. from doing sth., to deter so. from doing sth.; *nulla mi dissuaderà dal tentare ancora* nothing will deter me from trying again.

dissuasi → **dissuadere**.

dissuasione *f.* **1** dissuasion, determent: *fare opera di* ~ to try to dissuade. **2** (*Pol*) deterrence.

dissuasivo *a.* dissuasive: *avere un effetto* ~ to act as a deterrent.

dissuaso → **dissuadere**.

dissuasore *m.* dissuader. □ (*Strad*) ~*di sosta* parking obstacle; (*Strad*) ~ *di velocità* speed bump.

dissueto *a.* (*lett*) unaccustomed, no longer accustomed, disaccustomed.

dissuetudine *f.* (*lett*) disuse, desuetude: *caduto in* ~ fallen into disuse.

dissuggellare (**dissuggèllo**) *v.t.* (*rar*) to unseal (*anche fig*): ~ *le labbra* to unseal one's lips.

distaccabile *a.* detachable.

distaccamento *m.* **1** detachment, separation, cutting off. **2** (*Mil*) detachment: *un* ~ *di cavalleria* a cavalry detachment.

distaccare (**distàcco, distàcchi**) **I** *v.t.* **1** (*staccare*) to detach, to separate. **2** (*strappare*) to pull off, to pull away, to pluck: ~ *il frutto dal ramo* to pull a fruit from the branch, to pick a fruit from the branch. **3** (*rimuovere*) to take off, to take down: ~ *un quadro dalla parete* to take a picture off the wall, to take a picture down from the wall. **4** (*fig*) (*allontanare*) to alienate, to estrange, to draw away (*da* from): ~ *un ragazzo dalla famiglia* to alienate a boy from his family. **5** (*Mil*) (*trasferire*) to detach, to detail. **6** (*burocr*) (*rif. a cose: trasferire*) to set up: ~ *un ufficio* to set up a branch office. **7** (*burocr*) (*rif. a persone: trasferire*) to transfer, to detail: ~ *un impiegato presso un altro ufficio* to detail an employee to another office. **8** (*Sport*) (*distanziare*) to outdistance: *il nostro corridore aveva distaccato il gruppo* our runner had outdistanced the group. **II** *v.pron.* **distaccarsi 1** (*staccarsi*) to be detached, to get separated, to come off, to come away. **2** (*fig*) (*allontanarsi spiritualmente*) to withdraw, to become detached, to become cut off, to retire (*da* from): *distaccarsi dal mondo* to withdraw from the world. **3** (*fig*) (*distinguersi, risaltare*) to stand out: *la figura principale si distacca dagli altri personaggi del romanzo* the main character of the novel stands out from the others.

distaccato *a.* **1** (*Mil*) detached: *compagnia distaccata* detached company. **2** (*fig*) detached, aloof (*pred.*): *parlare con tono ~* to speak in a detached tone. **3** (*indifferente*) indifferent, unconcerned.

distacco (*pl.* **-chi**) *m.* **1** detaching, detachment, removal, disjunction. **2** (*addio, separazione*) parting: *il ~ dalla famiglia* the parting from the family; *è giunto il momento del ~* the time has come to say good-bye. **3** (*fig*) (*indifferenza*) detachment (*da* from), indifference (to), unconcern (for). **4** (*Sport*) lead, gap, distance: *un ~ di tre minuti* a three-minute lead; *aumentare il ~* to increase one's lead; *vincere una vittoria con ampio ~* to win a race hands down, to win a race easily. **5** (*Med*) detachment: *~ della retina* detachment of the retina, retinal detachment. □ *con ~:* 1 (*con indifferenza*) in a detached way, with detachment; 2 (*oggettivamente*) objectively; 3 (*da lontano*) at a distance; *prendere ~* to distance oneself.

distante I *a.* **1** distant, far, away, off, from: *la casa è ~ cento metri dal negozio* the house is a hundred metres (away) from the shop; *il paese è poco ~ dal mare* the town is not very far from the sea. **2** (*lontano*) distant, far off, far away, a long way, a long way off, a long way away, remote: *si udivano suoni distanti* far-off sounds were heard, distant sounds were heard; *è andato ad abitare in un quartiere ~* he has gone to live in a district a long way off; *molto ~* a good way off, a long way off, very far, very far away, very far off; *poco ~* not far (away, off). **3** (*rif. a tempo*) remote, far off, a long time (ago), a long way (back): *fatti distanti nel tempo* events which took place a long time ago. **4** (*diverso*) different. **5** (*fig*) (*riservato*) distant, reserved, detached, aloof (*pred.*): *tratta tutti con modi distanti* he treats everyone in a very detached way. **II** *avv.* far, far off, far away, a long way, a long way off, a long way away: *abita poco ~ dall'ufficio* he doesn't live far from the office; *sono troppo ~ per leggere la scritta* I am too far off to read the writing.

distanza *f.* **1** distance: *la ~ tra i due paesi è di dieci chilometri* the distance between the two towns is ten kilometres; *dispose i ragazzi a un metro di ~ l'uno dall'altro* he arranged the children at one-metre intervals. **2** (*intervallo di tempo*) distance, interval: *una ~ di due anni* an interval of two years. **3** (*fig*) (*differenza*) difference, distance, disparity; (*disparità sociale o di grado*) distance. **4** (*fig*) (*distacco*) detachment: *parlava dell'avvenimento con una certa ~* he talked about the event with a certain detachment. **5** (*Sport*) (*percorso*) distance, course: *una corsa sulla ~ di mille metri* a race over a distance of a thousand metres. □ *a ~:* **1** remote: *comando a ~* remote control; **2** (*fig*) at a distance: *tenere qcu. a ~* to keep so. at a distance; *stare a ~* to keep at a distance, to keep one's distance; *a ~ di:* **1** (*rif. a tempo*) after, later: *lo rividi a ~ di un anno* I saw him again after a year, I saw him again a year later; **2** (*rif. a spazio*) at a distance of, away, off: *si trovava a*

~ di cento metri he was a hundred metres off, he was a hundred metres away; (*Aut*) *~ di arresto* stop distance; (*Aut*) *~ di frenata* braking distance; (*Aut*) *~ di sicurezza* safety distance; (*Geom,Ott*) *~ focale* focal distance, focal length; *in ~* in the distance, at a distance: *vedere qcs. in ~* to see sth. in the distance; *~ in linea d'aria* distance as the crow flies; *~ massima* maximum range, maximum distance; (*fig*)*prendere le distanze da qcu.* to distance oneself from so.; *a ~ ravvicinata* from close up; *vincere sulla ~* to win in the long run (*anche fig*).

distanziamento *m.* **1** (*il distanziare*) outdistancing, outstripping. **2** (*Aer*) separation: *~ laterale* lateral separation.

distanziare (**distànzio, distànzi**) *v.t.* **1** (*Sport*) to distance, to outdistance, to outstrip: *il corridore aveva distanziato tutti gli altri concorrenti* the runner had outdistanced all the other competitors. **2** (*mettere a distanza determinata*) to space (out), to place at intervals, to place at gaps: *~ i banchi di un metro* to place the benches at one-metre intervals. **3** (*fig*) to outstrip, to outdo, to surpass: *questo scrittore ha distanziato tutti i suoi contemporanei* this writer has surpassed all his contemporaries.

distanziato *a.* **1** (*Sport*) outdistanced, outstripped, lagging behind: *corridore ~* outdistanced runner. **2** (*intervallato*) spaced (out). **3** (*distante*) separate, apart.

distanziatore *m.* (*Mecc*) spacer.

distanziometro *m.* (*Tecn*) diastimeter.

distare (**dìsto**; *no compound tenses*) *v.i.* **1** (*not used in compound tenses*) to be distant, to be far, to be... away: *la fermata dell'autobus dista pochi metri dal semaforo* the bus stop is only a few metres (away) from the traffic lights; *quanto dista la più vicina biblioteca?* how far (away) is the nearest library? **2** (*fig*) to differ, to be distant. □ *~ molto* to be a long way off, to be far away; *~ poco* not to be far, to be quite near.

distendere (*pres.ind.* **distèndo**; *p.rem.* **distési**; *p.p.* **distéso**) **I** *v.t.* **1** to spread, to lay: *~ la coperta sul letto* to lay the cover on the bed. **2** (*spiegare*) to unfold, to spread out, to lay out. **3** (*allungare*) to stretch (out), to spread: *~ le gambe* to stretch one's legs; *~ la mano* to spread one's hand. **4** (*spargere*) to spread (out), to lay (out). **5** (*appendere*) to hang, to hang out, to hang up: *~ i panni ad asciugare* to hang the washing out to dry. **6** (*mettere a giacere*) to lay: *distesero il malato sulla barella* they laid the sick man on the stretcher. **7** (*rilassare*) to relax: *~ i muscoli del volto* to relax the muscles of one's face. **II** *v.pron.* **distendersi 1** (*sdraiarsi*) to lie (down) (*su* on); (*allungarsi*) to stretch out (*su* on): *andrò a distendermi sul letto per qualche minuto* I am going to lie down on the bed for a few minutes. **2** (*estendersi*) to spread (out), to extend, to stretch: *la pianura si distende verso sud* the plain extends southwards. **3** (*rilassarsi*) to relax, to let oneself go. □ *~ i nervi* to relax; *~ la tovaglia sul tavolo* to lay the tablecloth; *~ la voce* to sing in full voice; *~ le ali* to spread one's wings; (*Mar*) *~ le vele* to extend the sails, to stretch the sails; *distendersi sull'erba* to stretch out on the grass, to lie on the grass.

distensione *f.* **1** (*stiramento*) stretching: *~ delle membra* stretching of the limbs. **2** (*riposo, svago*) relaxation, rest: *dopo tanto lavoro ho bisogno di un po' di ~* after all that work I need some relaxation. **3** (*Pol*) détente, thaw: *~ nei rapporti internazionali* a detente in international relations. □ *la ~ degli*

animi the easing of tension.

distensivo *a.* **1** relaxing, relaxation (*attr.*): *esercizio ~* relaxation exercise. **2** (*riposante*) restful, relaxing: *è stato uno spettacolo piacevole e ~* it was a pleasant and restful show. **3** (*Pol*) conciliatory: *politica distensiva* conciliatory policy.

distesa *f.* **1** (*grande estensione*) expanse, stretch, sweep: *la ~ del mare* the expanse of the sea. **2** (*fila di oggetti*) line, row, range: *una ~ di panni ad asciugare* a long line of washing hanging out to dry. **3** (*insieme di oggetti*) heap, pile: *sul tavolo c'era una ~ di fogli* there was a heap of papers on the table. □ *a ~* continuously, uninterruptedly; *le campane suonavano a ~* the bells were ringing full peal; *cantare a ~* to sing in full voice; *~ deserdica* expanse of desert; *una ~ di acqua* a stretch of water.

distesamente *avv.* in detail, at length.

disteso → **distendere** *a.* **1** extended, stretched. **2** (*allungato*) outstretched, stretched out, held out: *con la mano distesa* with outstretched hand. **3** (*sdraiato*) laid out, stretched (out), lying: *ero ~ sul divano* I was lying on my sofa; *stare ~* to be stretched out, to be lying down. **4** (*rilassato, riposato*) relaxed, rested: *avere il volto ~* to have a relaxed look.

distico (*pl.* **-ci**) *m.* (*Metr*) couplet, distich. □ (*Ret*) *~ elegiaco* elegiac couplet.

distillabile *a.* distillable (*anche Chim*).

distillare (**distìllo**) **I** *v.t.* **1** to distil, (*Am*) to distill (*anche Chim*). **2** (*versare stilla a stilla*) to exude, to trickle: *il pino distilla la resina* the pine tree exudes resin. **3** (*fig*) (*estrarre*) to extract. **II** *v.i.* (*aus.* **avere**) to trickle, to ooze.

distillato I *a.* distilled (*anche Chim*). **II** *m.* **1** distillate: *un ~ di erbe* a distillate of herbs. **2** (*fig*) concentration. □ *non ~* undistilled.

distillatoio *m.* (*ant*) still.

distillatore *m.* **1** (*operaio*) distiller. **2** (*macchina*) still, distiller.

distillazione *f.* distillation: *prodotto di ~* distillate. □ *~ a secco* dry distillation; *~ clandestina* illegal distillation, (*Am*) moonshining; *~ continua* continuous distillation; *~ discontinua* batch distillation; (*Chim*) *~ frazionata* fractional distillation; *per ~* by distillation; *~ secca* dry distillation; *~ sotto vuoto* vacuum distillation.

distilleria *f.* distillery.

distilo[1] *a.* (*Arch*) distyle.

distilo[2] *a.* (*Bot*) distylous.

distinguere (*pres.ind.* **distìnguo**; *p.rem.* **distìnsi**; *p.p.* **distìnto**) **I** *v.t.* **1** to distinguish (*tra* between, *da* from), to tell, to differentiate, to discriminate: *~ il bene dal male* to tell good from evil, to distinguish between good and evil. **2** (*vedere*) to distinguish, to make out, to pick out, to discern, to recognize: *non distinguevo le persone a causa della grande lontananza* I couldn't make out the people because they were so far away. **3** (*sentire distintamente*) to distinguish, to make out, to pick out: *non riuscivo a ~ le parole della conversazione* I was unable to make out the words of the conversation. **4** (*differenziare*) to distinguish, to differentiate, to mark, to mark out, to mark off: *la ragione distingue l'uomo dalla bestia* reason distinguishes man from animals. **5** (*caratterizzare*) to distinguish, to characterize: *una tendenza al realismo distingue le sue opere di questo periodo* his works of this period are characterized by a tendency towards realism. **6** (*dividere*) to divide, to separate, to distinguish: *le opere di uno scrittore in due gruppi* to divide a writer's works into two groups. **7** (*contrassegnare*) to distinguish, to mark (off): *hanno distinto gli alberi da abbattere con un segno* they have marked the trees to be cut down. **8** (*segnalare*) to distinguish, to mark out, to give distinction to: *una vivace intelligenza lo distinse durante i suoi studi* a lively intelligence marked him out throughout his studies. **II** *v.pron.* **distinguersi 1** to stand out, to be conspicuous, to be distinguished, to differ (*da* from): *la tua casa si distingue dalle altre per il buon gusto con cui è arredata* your house stands out from the others because of the taste with which it is furnished. **2** (*segnalarsi*) to distinguish oneself, to be distinguished, to stand out (*da* from, *per* because of): *i soldati si distinsero nel combattimento* the soldiers distinguished themselves in battle; (*iron*) *si è distinto per la sua ignoranza* he stood out because of his ignorance. □ (*fig*) *non ~ il nero dal bianco* not to know black from white.

distinguibile *a.* **1** distinguishable. **2** (*riconoscibile*) that can be recognized (*posposto*), that can be distinguished (*posposto*), conspicuous, recognizable: *l'alta statura lo rende facilmente ~* his height makes him conspicuous. **3** (*visibile*) visible: *queste stelle sono distinguibili a occhio nudo* these stars are visible to the naked eye.

distinguo *m.* subtle distinction, fine distinction: *operare un ~ tra* (o *fare un ~ tra*) to make a subtle distinction between.

distinsi → **distinguere**.

distinta *f.* note, bill, slip, specification. □ *~ dei prezzi* price list; *~ delle merci* packing list; *~ di accompagnamento* remittance slip; *~ di cassa* cash statement; *~ di versamento* deposit slip.

distintamente *avv.* **1** (*separatamente*) distinctly, separately: *trattare ~ due argomenti* to deal with two matters separately. **2** (*chiaramente*) distinctly, clearly. **3** (*signorilmente*) in a distinguished manner, in a refined manner. □ (*epist,Comm*) *~ Vi salutiamo* (*Br*) Yours faithfully, Yours truly, Yours sincerely, (*Am*) Cordially, Sincerely.

distintivo I *a.* distinctive, distinguishing: *caratteri distintivi* distinctive features. **II** *m.* badge (*anche fig*): *portare un ~ della Croce rossa* to wear a Red Cross badge; *mi faccia vedere il ~!* (*a un poliziotto*) show me your badge!

distinto → **distinguere I** *a.* **1** (*differente*) distinct (*da* from), different: *si tratta di due cose distinte* these are two distinct matters. **2** (*chiaro*) distinct, clear: *parlare con voce distinta* to speak in a clear voice. **3** (*raffinato*) distinguished, refined, well-bred: *una persona distinta* a distinguished person; *è un uomo molto ~* he's a man of great distinction; *appartiene a una famiglia distinta* he comes from a distinguished family. **4** (*Scol*) (*voto*) very good, B. **II** *m.* (*Scol*) (*voto*) very good, B. □ (*epist*) *distinti saluti* Yours truly, Yours faithfully, Sincerely; *tenere distinte due cose* to keep two things apart.

distinzione *f.* **1** distinction, difference: *tra le due interpretazioni non c'è molta ~* there is not much difference between the two interpretations. **2** (*preferenza*) distinction, preferential treatment. **3** (*riguardo*) (special) regard. **4** (*raffinatezza*) distinction, refinement, excellence: *persona di grande ~* very distinguished person, person of great distinction. **5** (*onorificenza*) distinction, (mark of) honour: *conferire una ~ a qcu.* to confer a distinction on so. □ *~ di modi*

refined manners, distinguished manners; *fare ~* to draw a distinction, to make a distinction, to distinguish: *occorre fare una ~ tra i due fatti* a distinction must be made between the two facts; *una madre non dovrebbe fare ~ tra i figli* a mother should treat all her children alike; *senza fare distinzioni* without discrimination; *senza ~*: 1 without discrimination, without distinction; 2 (*in modo equo*) impartially, fairly.

distocia *f.* (*Med*) dystocia, dystokia.

distocico (*pl.* -**ci**) *a.* (*Med*) dystocial: *parto ~* dystocial delivery.

distogliere (*pres.ind.* **distòlgo**, **distògli**; *p.rem.* **distòlsi**; *p.p.* **distòlto**) **I** *v.t.* **1** (*allontanare*) to remove, to withdraw, to take away: *~ lo sguardo* to remove one's gaze, to withdraw one's gaze; *~ lo sguardo da qcu.* to look away from so. **2** (*dissuadere*) to dissuade, to deter, to turn, to turn away, to turn aside: *~ qcu. da un proposito* to turn so. from a purpose. **3** (*distrarre*) to distract, to divert, to take so.'s mind off: *il chiasso lo distoglieva dalla lettura* the noise distracted him from his reading. **II** *v.pron.* **distogliersi 1** (*allontanarsi*) to take one's mind off: *non riuscivo a distogliermi da loro* I couldn't take my mind off them. **2** (*distrarsi*) to distract one's attention, to stray away, to wander. □ *~ il pensiero da qcs.* to turn one's thoughts from sth.; *non riuscivo a ~ la mente da quel sospetto* I could not rid my mind of that suspicion; *~ l'attenzione di qcu. da qcs.* to distract so.'s attention from sth.

distolgo → **distogliere**.

distolsi → **distogliere**.

distolto → **distogliere**.

distoma *m.* (*Zool*) liver fluke.

distonia *f.* (*Med*) dystonia.

distonico *a.* (*Med*) dystonic.

distorcere (*pres.ind.* **distòrco**, **distòrci**; *p.rem.* **distòrsi**; *p.p.* **distòrto**) **I** *v.t.* **1** (*storcere*) to twist, to wrench, to distort: *~ la bocca* to twist one's mouth. **2** (*fig*) (*alterare*) to distort, to twist: *~ la verità* to distort the truth. **II** *v.pron.* **distorcersi** to sprain, to twist: *distorcersi una caviglia* to sprain one's ankle.

distorsi → **distorcere**.

distorsione *f.* **1** (*Med*) sprain, twist, wrench: *una ~ al polso* a sprained wrist. **2** (*fig*) distortion, twisting: *~ della verità* distortion of the truth. **3** (*Fis,TV,Mecc*) distortion. □ (*TV,Ott*) *~ del quadro* frame distortion; (*TV*) *~ dell'immagine* image distortion; (*TV, Rad*)*senza ~* undistorted; (*TV,Ott*) *~ trapezoidale* trapezium distortion, keystone distortion, keystone effect.

distorto → **distorcere** *a.* **1** (*Med*) sprained, twisted: *caviglia distorta* sprained ankle. **2** (*fig*) (*alterato*) distorted, twisted: *avere una visione distorta della realtà* to have a distorted view of reality. **3** (*Fis*) distorted.

Distr. *distretto* dist. (district).

distrarre (*pres.ind.* **distràggo**, **distrài**; *p.rem.* **distràssi**; *p.p.* **distràtto**) **I** *v.t.* **1** to distract, to divert, to draw away: *le preoccupazioni lo distraggono dallo studio* his worries distract him from his studies. **2** (*divertire*) to amuse, to divert, to entertain: *cercò di ~ l'amico raccontandogli una storia divertente* he tried to amuse his friend by telling a funny story. **II** *v.pron.* **distrarsi 1** to let one's thoughts wander, to be inattentive, to be absent-minded: *questo ragazzo si distrae continuamente* this boy's attention is always wandering, this boy is always distracted. **2** (*divertirsi*) to amuse oneself, to have some relaxation, to have some fun: *dopo tanto lavoro ho bisogno di distrarmi* after all that

work I need some relaxation. □ *~ il nemico con una finta manovra* to create a diversion; *~ la mente* to distract the mind; *~ l'attenzione di qcu.* to divert so.'s attention, to distract so.'s attention; *~ lo sguardo* to avert one's eyes; *non distrarti!* pay attention!

distrattamente *avv.* **1** (*con distrazione*) absent-mindedly, absently, without paying attention: *ascoltava ~ il discorso* he listened absent-mindedly to the speech. **2** (*inavvertitamente*) inadvertently, unthinkingly.

distratto → **distrarre** *a.* **1** (*assente*) absent, absent-minded, distracted. **2** (*sbadato*) careless, heedless: *è molto ~ e perde sempre qcs.* he is very careless and is always losing things.

distrazione *f.* **1** absent-mindedness. **2** (*disattenzione*) lack of attention, inattention: *un attimo di ~* a momentary lapse of concentration; *è bastato un attimo di ~ per causare l'incidente* it took only a moment's inattention to cause the accident. **3** (*sbadataggine*) carelessness, heedlessness. **4** (*svago*) relaxation, distraction, recreation, diversion: *dopo lo studio ho bisogno di un po' di ~* after studying I need some relaxation, after studying I need some distraction. **5** (*destinazione illecita di un bene*) diversion, embezzlement, misappropriation. □ (*Dir*) *~ dolosa di fondi* fraudulent conversion of funds; *per ~* carelessly, inadvertently, without thinking: *per ~ ho lasciato la finestra aperta* I left the window open without thinking.

distretto *m.* **1** (*circoscrizione territoriale*) district. **2** (*estens*) (*zona*) zone, area. **3** (*Mil*) recruiting office, recruiting centre: *presentarsi al ~* to report to one's recruiting centre. **4** (*Geol*) (*regione*) region: *~ vulcanico* volcanic region; *~ carbonifero* carboniferous region. □ *~ di polizia* police station, (*Am*) precinct; *~ ferroviario* railway district; *~ industriale* industrial zone; *~ minerario* mining area; *~ postale* postal district; *~ scolastico* school district; (*Tel*) *~ telefonico* telephone area.

distrettuale *a.* district (*attr.*): *giudice ~* district judge.

distribuibile *a.* **1** distributable. **2** (*assegnabile*) apportionable.

distribuire (**distribuìsco**, **distribuìsci**) **I** *v.t.* **1** (*dividere*) to distribute (*tra* among, *a* to), to give out, to hand out, to share out, to deal out (*a* to, among): *il ricavato fu distribuito ai poveri* the proceeds were distributed among the poor. **2** (*consegnare, portare*) to distribute, to deliver, to give out, to hand out: *~ la posta* to deliver the post, (*Am*) to deliver the mail; *~ le paghe* to hand out the wages. **3** (*assegnare*) to assign, to allot. **4** (*ordinare, disporre*) to distribute, to arrange, to place, to set out: *~ i libri negli scaffali* to arrange books on shelves. **5** (*erogare*) to supply. **6** (*Comm*) to distribute. **7** (*Cin*) to distribute, to release. **II** *v.pron.* **distribuirsi 1** to be distributed. **2** (*nel tempo*) to stretch. □ (*Econ*) *~ gli utili* to share out profits, to distribute profits; (*Econ*) *~ i dividendi* to distribute dividends; *~ i posti a tavola* to assign places at table; *~ il carico in modo uniforme* to spread the load evenly; *~ le carte* to deal, to deal (out) the cards; (*Teat*) *~ le parti di un dramma* to cast (the parts in) a play; *~ premi* to give out prizes, to award prizes; *~ sorrisi a tutti* to bestow smiles on all and sundry.

distribuito *a.* distributed: *ben ~* shared out evenly, evenly distributed.

distributivo *a.* distributive (*anche Gramm*): *giustizia distributiva* distributive justice.

distributore I *m.* 1 (*f.* **-trice**) distributor, dispenser. 2 (*apparecchio distributore*) slot machine, vending machine, dispenser. 3 (*Comm*) distributor, wholesaler. 4 (*di benzina*) (*Br*) petrol station, (*Am*) filling station, gas station. 5 (*Tecn*) distributor. II *a.* distributing. □ ~ *a gettone* slot machine; ~ *automatico* slot machine, vending machine; ~ *automatico di francobolli* stamp machine; ~ *automatico di bevande* drinks machine; ~ *automatico di monete* (*che cambia i soldi*) change machine; (*Cin*) ~ *cinematografico* film distributor; ~ *dei giornali* newspaper distributor; (*Mot*) ~ *di accensione* distributor; ~ *di benzina* : 1 (*Br*) petrol station, (*Am*) filling station, gas station; 2 (*colonnina*) petrol pump, (*Am*) gas(oline) pump; (*Ferr*) ~ *di biglietti* railway ticket machine; ~ *di sigarette* cigarette (vending) machine; (*Comm*) ~ *esclusivo* sole distributor.

distribuzionale *a.* (*Ling*) distributional.

distribuzione *f.* 1 distribution: ~ *geografica* geographical distribution. 2 (*il distribuire*) distribution, dealing out, apportionment: *la ~ dei viveri* the distribution of foodstuffs. 3 (*assegnazione*) allocation, allotment. 4 (*fornitura*) supply: *la ~ del gas* the gas supply. 5 (*recapito*) delivery, distribution: *la ~ della posta* (*da parte del postino*) mail delivery. 6 (*consegna a mano o allo sportello*) handing out, giving out. 7 (*disposizione*) distribution, arrangement: ~ *uniforme del carico* even load distribution; *la ~ delle stanze in una casa* the floorplan of the house, the arrangement of the rooms in a house. 8 (*Comm*) distribution: *costi di ~* distribution costs, marketing costs. 9 (*Comm*) (*settore*) retailing sector: ~ *musicale* music retailing sector. 10 (*Aut,Mecc*) timing system, (*timing*) gear. 11 (*Statist,Econ,Mat*) distribution. 12 (*Cin*) distribution, release. □ ~ *automatica* automatic dispensing; (*Statist*) ~ *campionaria* sampling distribution; (*Ling*) ~ *complementare* complementary distribution; ~ *degli utili* distribution of profits; ~ *dei compiti* task setting; ~ *dei dividendi* distribution of dividends; *la ~ dei premi* prize giving, the awarding of the prizes; (*Econ*) ~ *del capitale* distribution of capital; ~ *del lavoro* allotment of work, work distribution; ~ *del reddito* income distribution; ~ *della proprietà* distribution of wealth, distribution of property; ~ *dell'acqua potabile* drinking water supply; ~ *delle carte* deal; (*Teat,Cin*) ~ *delle parti* casting; ~ *delle risorse* resource allocation; ~ *dell'energia elettrica* energy supply; ~ *di corrente* current supply; ~ *di frequenza* frequency distribution; ~ *idrica* water supply.

districabile *a.* extricable.

districare (**distrìco, distrìchi**) I *v.t.* 1 (*sbrogliare*) to unravel, to disentangle (*anche fig*): ~ *una matassa* to unravel a skein; ~ *una situazione imbrogliata* to unravel a tangled situation. 2 (*fig*) (*togliere d'impaccio*) to extricate (*da* from), to get out (of): *non sapeva come districarlo da quella situazione* she didn't know how to get him out of that situation. II *v.pron.* **districarsi** 1 to disentangle oneself, to extricate oneself. 2 (*fig*) to extricate oneself (*da* from), to get (oneself) out (of): *non riesce a districarsi da questo imbroglio* he is unable to get (himself) out of this mess.

distrofìa *f.* (*Med*) dystrophy. □ (*Med*) ~ *muscolare* muscular dystrophy.

distrofico (*pl.* **-ci**) I *a.* (*Med*) dystrophic. II *m.* (*f.* **-a**) (*Med*) dystrophy sufferer.

distruggere (*pres.ind.* **distrùggo**; *p.rem.* **di-**

strùssi; *p.p.* **distrùtto**) I *v.t.* 1 to destroy: *i bombardamenti hanno distrutto la maggior parte delle abitazioni* the bombing has destroyed most of the houses; *la grandine ha distrutto il raccolto* the hail destroyed the crops. 2 (*fig*) to destroy, to shatter, to wipe out, to bring to nought, to wreck: *il suo intervento ha distrutto tutti i nostri sforzi* his interference has brought all our efforts to nought, (*Am*) his interference has ruined all our efforts. 3 (*fig*) (*sfiancare*) to wear out, to exhaust: *oggi il lavoro mi ha distrutto* I'm worn out after the day's work. II *v.pron.* **distruggersi** to ruin oneself: *si sta distruggendo con la droga* he's ruining himself with drugs. □ ~ *le speranze di qcu.* to destroy so.'s hopes, to shatter so.'s hopes.

distruggidocumenti *m.inv.* paper shredder, paper shredding machine.

distrussi → **distruggere**.

distruttibile *a.* destructible, destroyable.

distruttivo *a.* destructive (*anche fig*): *critica distruttiva* destructive criticism; *il potere ~ di una bomba* destructive power of a bomb.

distrutto → **distruggere** *a.* 1 destroyed. 2 (*rovinato*) ruined, shattered: *vite distrutte* shattered lives; (*estens*) *un'illusione distrutta* a shattered illusion. 3 (*fig*) (*esausto*) worn-out, exhausted. 4 (*fig*) (*psicologicamente*) devastated. □ ~ *dal dolore* shattered by grief.

distruttore I *m.* (*f.* **-trice**) destroyer (*anche fig*). II *a.* destroying, destructive, of destruction: *mania distruttrice* mania of destruction.

distruzione *f.* 1 destruction: *la ~ di Cartagine* the destruction of Carthage. 2 (*fig*) destruction, shattering, ruin: *la ~ delle nostre speranze* the shattering of our hopes. □ ~ *dell'ambiente* destruction of the environment; ~ *di atti* (o ~ *di documenti*) destruction of documents, destruction of deeds; ~ *di massa* mass destruction.

disturbare (**distùrbo**) I *v.t.* 1 to disturb, to trouble (*per* for): ~ *il sonno di qcu.* to disturb so.'s sleep, to interrupt so.'s sleep; *il dottore ha una visita e non vuole essere disturbato* the doctor has a patient and does not want to be disturbed. 2 (*recare molestia*) to trouble, to bother, to disturb: *scusa se ti disturbo a quest'ora* I'm sorry to trouble you at this hour; *La disturbo se fumo?* does it bother you if I smoke?, do you mind if I smoke? 3 (*Rad*) to disturb, to cause interference; (*intenzionalmente*) to jam. II *v.pron.* **disturbarsi** to put oneself out, to bother, to take the trouble, to go to the trouble: *non si disturbi* don't go to any trouble, don't put yourself out; *che bel regalo, ma non dovevi disturbarti* what a lovely present, you really shouldn't have bothered; what a lovely present, you shouldn't have gone to all that trouble; what a lovely present, you really shouldn't have. □ *disturbo?* am I disturbing you?, may I?; ~ *lo stomaco di qcu.* to upset so.'s stomach; ~ *l'ordine pubblico* to cause a breach of the peace; *si prega di non ~* please do not disturb.

disturbato *a.* 1 (*indisposto*) upset, out of sorts: *stamattina mi sento ~* I feel out of sorts this morning; *avere lo stomaco ~* to have an upset stomach. 2 (*Psic*) disturbed. 3 (*Rad*) noisy, unintelligible; (*intenzionalmente*) jammed: *una trasmissione molto disturbata* a very noisy broadcast.

disturbatore *m.* (*f.* **-trice**) disturber, trouble-maker. □ ~ *della quiete pubblica* disturber of the peace, public nuisance.

disturbo *m.* 1 (*seccatura*) nuisance, bother,

inconvenience: *scusi il ~* sorry to bother you. 2 (*incomodo*) inconvenience, trouble, nuisance, annoyance: *se non è troppo ~* if it's not too much trouble; *recare ~ a qcu.* to be a trouble to so., to inconvenience so.; *se non ti reca ~* if it's no trouble; (*eufem*) *togliere il ~* to go, to leave, to be off: *è quasi ora di cena, togliamo il ~* it's nearly supper time, so we'll be saying goodbye; it's nearly supper time, so we'll be leaving. 3 (*Med*) disorder, ailment, trouble: ~ *cardiaco* heart trouble, *disturbi mentali* mental disorders; ~ *gastrico* stomach problem; ~ *della personalità* personality disorder. 4 (*difetto di funzionamento*) trouble. 5 (*Rad*) noise, static; (*intenzionale*) jamming. □ (*Rad*) *disturbi atmosferici* static (*sing.*), atmospherics, atmospheric disturbances; (*Med*) ~ *circolatorio* circulatory disorder; (*Dir*) ~ *della quiete pubblica* public nuisance; *essere di ~* to be a bother, to be a nuisance; (*Rad*) ~ *di ricezione* receiving interference; *prendersi il ~ di fare qcs.* to go to the trouble of doing sth., to take the trouble of doing sth.; (*Rad,TV*)*senza disturbi* noise-free.

disubbidiente I *a.* disobedient. II *m./f.* disobedient person.

disubbidienza *f.* disobedience: ~ *ai genitori* disobedience to (*o* of) one's parents; ~ *a un ordine* disobedience to (*o* of) an order. □ ~ *civile* civil disobedience.

disubbidire (**disubbidìsco, disubbidìsci**) I *v.i.* (*aus.* **avere**) 1 (*rif. a persone*) to disobey (*a qcu.* so.): ~ *ai genitori* to disobey one's parents. 2 (*rif. a cose*) to disobey, to break, to disregard: ~ *a un comando* to disobey an order; ~ *alla legge* to break the law. 3 (*essere disubbidiente*) to be disobedient, to refuse to obey. II *v.t.* (*colloq*) to disobey.

disuguaglianza *f.* 1 inequality, difference, disparity: *ridurre le disuguaglianze* to reduce inequalities; *disuguaglianze sociali* social disparities, social inequalities. 2 (*irregolarità*) unevenness: *le disuguaglianze del terreno* the unevenness of the ground. 3 (*Mat*) inequality.

disuguale *a.* 1 unequal, different, disparate: *due parti disuguali* two unequal parts. 2 (*discordante*) discordant. 3 (*incostante*) uneven, irregular, variable, unequal: *rendimento ~ di un motore* irregular engine efficiency. 4 (*Mat*) unequal. 5 (*di superficie*) uneven: *terreno ~* uneven ground. 6 (*di lotta*) unfair, unbalanced.

disumanare (**disumàno**) I *v.t.* (*lett*) to dehumanize. II *v.pron.* **disumanarsi** to become dehumanized, to become bestial.

disumanità *f.* inhumanity, brutishness.

disumanizzare (**disumanìzzo**) I *v.t.* to dehumanize. II *v.pron.* **disumanizzarsi** to be dehumanized.

disumanizzazione *f.* dehumanization.

disumano *a.* 1 (*indegno dell'uomo*) inhuman: *leggi disumane* inhuman laws; *vivere in condizioni disumane* to live in inhuman conditions. 2 (*bestiale*) brutish, bestial. 3 (*terribile*) terrible, fearful; *grido ~* terrible cry. 4 (*crudele, spietato*) inhuman, cruel, inhumane: *trattamento ~* cruel treatment, inhumane treatment.

disunione *f.* 1 disunion. 2 (*discordia*) discord, dissension: *portare la ~ in una famiglia* to sow dissension in a family.

disunire (**disunìsco, disunìsci**) I *v.t.* 1 (*separare*) to disunite, to disjoin. 2 (*fig*) to disunite, to divide: *l'invidia disunisce gli uomini* envy divides men. II *v.pron.* **disunirsi** 1 to become disunited, to become separated, to disunite. 2 (*fig*) to disunite, to be disunited, to divide.

disunito *a*. **1** disunited. **2** (*fig*) (*in discordia*) disunited, divided: *famiglia disunita* divided family. **3** (*fig*) (*disorganico*) irregular, uneven, fragmentary.

disuria *f*. (*Med*) dysuria.

disusare (**disùso**) *v.t.* (*rar*) (*smettere di usare*) to cease to use, to lay aside.

disusato *a*. **1** disused, no longer in use (*posposto*): *un metodo ~* a disused method. **2** (*antiquato, invecchiato*) out-of-date, archaic: *parola disusata* obsolete word, archaic word.

disuso *m*. desuetude, disuse. □ *in ~* dated, obsolete, outmoded, out-of-date; *cadere in ~* to fall into disuse.

disutile I *a*. **1** (*rar*) (*inutile*) uscless. **2** (*lett*) (*rif. a persone: inetto*) useless, good-for-nothing. **II** *m*. (*danno*) damage, loss. **III** *m./f.* (*rar*) (*persona inetta*) good for nothing.

disutilità *f*. uselessness, disutility.

disvalore *m*. **1** disvalue (*anche Filos*). **2** (*Econ*) capital loss.

dita → **dito**.

ditale *m*. **1** (*Sart*) thimble. **2** (*dito di guanto di gomma*) fingerstall, cot.

ditalino *m*. **1** *pl*. (*Gastron*) small tube-shaped kind of pasta. **2** (*volg*) finger fucking.

ditata *f*. **1** (*impronta*) fingermark. **2** (*colpo*) jab with a finger, thrust with a finger. **3** (*quanto si può raccogliere con un dito*) dab.

dite → **dire**[1].

diteggiare (**ditéggio, ditéggi**) *v.t.* (*Mus*) to finger.

diteggiatura *f*. (*Mus*) fingering.

ditionico □ (*Chim*) *acido ~* dithionic acid.

ditirambico (*pl*. **-ci**) *a*. (*Lett*) dithyrambic: *poeta ~* dithyrambic poet.

ditirambo *m*. (*Lett*) dithyramb.

dito (*pl*. **i diti, le dita**; *the plural in* -i *is used when followed by the finger's name*) *m*. **1** (*della mano*) finger: *hai le dita sporche di inchiostro* your fingers are inky. **2** (*del piede*) toe. **3** (*Anat,Zool*) digit. **4** (*di guanto*) finger: *questi guanti hanno le dita troppo lunghe per me* these gloves are too long in the finger for me. **5** (*misura dello spessore di un dito*) finger breadth; (*rif. a liquidi*) drop, little: *dammi solo un ~ di vino* give me just a drop of wine; *versare nel tegame un ~ di olio* pour a little oil into the pan. **6** (*iperb*) inch: *su questo tavolo c'è un ~ di polvere* the dust on this table is an inch deep. □ (*Anat*) *~ a martello* hammertoe; *~ accusatore* accusing finger; *~ anulare* ring finger; *~ di gomma* rubber fingerstall; *~ indice* forefinger, index finger; *~ medio* second finger, middle finger; *mettere il ~ nella piaga* (*o mettere il ~ sulla piaga*) to touch on a sore point, to put one's finger on it; *~ mignolo* little finger, (*Am*) pinkie; *mettersi le dita nel naso* to pick one's nose. *Prov.*: *dagli un ~ e si prenderà il braccio* give him an inch and he'll take a mile.

ditola *f*. (*Bot*) club fungus, coral fungus, fairy club.

ditone *m*. **1** big finger. **2** (*colloq*) (*alluce*) big toe.

ditta *f*. **1** (*impresa*) firm, company, concern, business: *una ~ seria* a reliable firm, a reputable firm. **2** (*negli indirizzi*) Messrs. *pl.*: *Rossi & C.* Messrs. Rossi and Co. **3** (*Teat*) company. □ *~ associata* associated company, associated form; *~ commerciale* trading house, commercial house; *~ concorrente* rival firm; *~ di vendita per corrispondenza* mail-order house, mail-order firm; *~*

esportatrice export firm; *~ espositrice* exhibiting firm; *~ fornitrice* supplier, suppliers, firm of suppliers; *~ importatrice* import firm; *~ individuale* one-man business, one-man company; *~ off-shore* off-shore company.

dittafono *m*. dictaphone.

dittamo *m*. (*Bot*) fraxinella, burning bush, dittany.

dittatore *m*. (*f*. **-trice**) dictator (*anche fig*): *il preside è un vero ~* the headmaster is a real dictator. □ (*fig*) *fare il ~* to lay down the law, (*colloq*) to be bossy.

dittatoriale *a*. dictatorial (*anche fig*): *regime ~* dictatorial regime; *metodi dittatoriali* dictatorial methods.

dittatorio *a*. dictatorial (*anche fig*): *maniere dittatorie* dictatorial ways.

dittatura *f*. dictatorship (*anche fig*): *~ del proletariato* dictatorship of the proletariat.

dittero I *a*. (*Archeol*) dipteral. **II** *m.pl.* (*Entom*) dipterans, Diptera.

dittico (*pl*. **-ci**) *m*. (*Art*) diptych (*anche Filat*).

dittologia *f*. (*Ling*) dittology.

dittongare (**dittòngo, dittònghi**) **I** *v.t.* (*rar, Ling*) to diphthongize. **II** *v.i.* (*aus. avere*) to diphthongize, to change into a diphthong.

dittongazione *f*. (*Ling*) diphthongization.

dittongo (*pl*. **-ghi**) *m*. (*Ling*) diphthong.

diuresi, diuresi *f*. (*Med*) diuresis.

diuretico (*pl*. **-ci**) **I** *a*. (*Farm*) diuretic. **II** *m*. (*Farm*) diuretic.

diurna *f*. (*Teat*) matinée.

diurno I *a*. **1** day (*attr.*), daytime (*attr.*): *corsi diurni e serali* day and evening courses; *daytime and evening courses*; *scuola diurna* day school; *questa linea tranviaria fa solo servizio ~* this tram line only runs during the day. **2** (*Biol,Zool*) diurnal. **II** *m*. **1** (*Rel*) diurnal. **2** (*albergo diurno*) daytime hotel (offering baths, toilets, hairdressing and rest room facilities).

diva *f*. **1** (*lett*) goddess. **2** (*attrice*) star: *una ~ dello schermo* a screen star. **3** (*del teatro*) stage celebrity, stage star. **4** (*cantante lirica*) prima donna, diva. □ *~ del cinema* film star, (*Am*) movie star.

divagare (**divàgo, divàghi**) **I** *v.int.* (*aus. avere*) to digress, to wander, to stray (*da* from): *~ dal tema* to stray from the point; *la sua mente divagava* his mind was wandering. **II** *v.pron.* **divagarsi** to amuse oneself.

divagazione *f*. digression, straying: *divagazioni poetiche su un argomento* poetical digressions on a subject.

divampare (**divàmpo**; *aus. essere*) *v.i.* **1** to flare up, to burst into flame(s), to blaze up: *il fuoco divampò improvvisamente* the fire suddenly flared up. **2** (*rif. a incendio*) to break out. **3** (*fig*) (*accendersi*) to flare up, to blaze, to burn, to burst out: *~ dall'ira* to blaze with anger. **4** (*fig*) (*estendersi*) to spread like wildfire: *la notizia divampò* the news spread like wildfire.

divano *m*. **1** (*Arred*) divan, sofa. **2** (*Stor,Lett*) divan, diwan. □ (*Arred*) *~ letto* day bed, sofa bed, (*Br*) studio couch, (*Am*) hide-a-bed, pull-out coach, fold-out couch.

divano-letto *m*. (*Arred*) day bed, sofa bed, (*Br*) studio couch, (*Am*) hide-a-bed, pull-out coach, fold-out couch.

divaricamento *m*. (*atto*) opening (out), stretching apart.

divaricare (**divàrico, divàrichi**) **I** *v.t.* to open, to open out, to open wide, to stretch apart, to set apart, to pull apart, to pull open. **II** *v.pron.* **divaricarsi** to open. □ *~ i lembi di una ferita* to open up the lips of a wound, to part the lips of a wound; *~ le gambe* to

stretch one's legs apart, to straddle one's legs; *~ le sbarre di un'inferriata* to bend back the bars of a grille.

divaricata *f*. (*Ginn*) (the) splits *pl*.

divaricato *a*. wide apart, opened wide, opened out: *sedere a gambe divaricate* to sit with one's legs wide apart.

divaricatore *m*. (*Chir,Med*) retractor.

divaricazione *f*. (*atto*) opening (out), stretching apart.

divario *m*. difference, gap; *aumentare il ~* to widen the gap; *colmare il ~* to bridge the gap. □ *~ culturale* cultural gap; *~ di opinioni* difference of opinion; (*Econ*) *~ inflazionistico* inflationary gap; *~ nord-sud* North-South divide, North-South gap; *~ tecnologico* technological gap.

divedere □ (*rar,lett*) *dare a ~*: **1** (*far capire*) to give to understand, to make to understand; **2** (*far credere*) to lead to believe: *gli diede a ~ di essere malato* he led him to believe that he was ill.

divellere (*pres.ind.* **divèllo**; *p.rem.* **divèlsi / **rar **divùlsi**; *p.p.* **divèlto**) *v.t.* (*lett*) **1** (*sradicare*) to uproot, to pull up, to root up (*anche estens*): *~ un albero dal terreno* to uproot a tree (from the ground); *~ un palo* to pull up a stake. **2** (*fig*) to eradicate, to extirpate, to root out: *~ un vizio* to eradicate a vice.

divelsi → **divellere**.

divelto → **divellere** *a*. **1** (*sradicato*) uprooted. **2** (*fig*) eradicated.

divenire[1] (*pres.ind.* **divèngo, divièni**; *p.rem.* **divénni**; *p.p.* **divenùto**; *aus. essere*) *v.i.* (*diventare*) to become, to grow, to turn, to get.

divenire[2] *m*. (*Filos*) becoming.

diventare (**divènto**; *aus. essere*) *v.i.* **1** to become: *tra due anni diventerò medico* in two years I'll be a doctor, in two years I'll become a doctor; *diventerà un buon attore* he will make a good actor. **2** (*seguito da aggettivo*) to get: *~ magro* to get thin; *il caffè diventa freddo* the coffee is getting cold. **3** (*gradualmente*) to grow (into), to turn into: *mio figlio è diventato ormai un uomo* my son has now grown into a man; *~ vecchio* to grow old, to get old. **4** (*trasformarsi*) to turn into, to change into: *il vino diventa aceto* wine turns into vinegar; *le foglie diventano gialle* the leaves are turning yellow; *l'amore può ~ odio* love can turn to hate. **5** (*farsi diverso*) to change, to alter: *come è diventato!* look what he's turned into!, look what he's become! □ *~ calvo* to go bald; *~ cieco* to go blind; (*fig*) *~ di porpora* to blush, to flush, to turn red; *~ di tutti i colori* (*arrossire*) to blush (to the roots of one's hair), to go scarlet, to go red; *~ famoso* to become famous; *quando diventerò grande* when I grow up; *~ matto* to go mad; *c'è da diventare matti!* it's enough to drive you mad!; *mi fai diventare matto* you drive me mad, you drive me crazy, you drive me nuts, you make me crazy; *~ pallido* to turn pale; *~ qualcuno* to make a name for oneself; *~ rosso*: **1** (*arrossire*) to go red, to turn red (*per, di* with), to blush: *diventò rosso dalla vergogna* he blushed with shame; **2** (*di semaforo*) to go red, to turn red; (*eufem*) *~ signorina* to have one's first period; *~ sindaco* to be elected mayor; *~ sordo* to go deaf; (*fig*) *~ una spugna* (*inzupparsi*) to get drenched, to get soaked.

diverbio *m*. **1** dispute, altercation, wrangle. **2** (*lite*) quarrel (*su* over, on, *con* with), squabble: *avere un ~ con qcu.* to have a quarrel with so.

divergente I *a*. **1** diverging, divergent (*anche Fis,Mat*): *strade divergenti* diverging roads; (*Mat*) *linee divergenti* divergent lines.

2 (*differente*) differing, divergent: *opinioni divergenti* differing opinions, divergent opinions. **II** *m.* (*Pesc*) otter board, trawl board.

divergenza *f.* **1** (*Mat,Fis*) divergence. **2** (*fig*) (*diversità*) difference, divergence: *~ di opinioni* difference of opinion. **3** (*fig*) (*dissenso*) dissension, difference of opinion: *nacquero tra loro gravi divergenze* serious dissension arose between them. □ *~di vedute* difference of views, disagreement.

divergere (**divèrgo, divèrgi**; *no past participle and compound tenses*) *v.i.* **1** to diverge, to be divergent: *le due linee divergono* the two lines are divergent. **2** (*scostarsi*) to turn off, to move away, to diverge (*da* from): *la strada diverge dal fiume* the road turns away from the river. **3** (*fig*) to differ, to diverge: *le nostre opinioni divergono* our opinions differ. **4** (*Mat,Fis*) to diverge.

diversamente *avv.* **1** differently, in a different way, otherwise: *io la penso ~* I think otherwise; *lo tratta ~ dagli altri* he treats him differently from the others. **2** (*in vari modi*) in different ways, variously, differently: *il passo fu interpretato ~ dai vari traduttori* the various translators interpreted the passage in different ways.

diversificare (**diversìfico, diversìfichi**) **I** *v.t.* **1** (*rendere vario*) to diversify, to vary. **2** (*rendere differente*) to differentiate, to distinguish. **3** (*Comm,Econ*) to diversify. **II** *v.i.* (*aus.* **avere**) to be different, to differ. **III** *v.pron.* **diversificarsi** to be different, to differ.

diversificazione *f.* **1** diversification, variation. **2** (*Comm,Econ*) diversification: *~ dei prodotti* product diversification.

diversione *f.* **1** detour, diversion. **2** (*Mil*) (tactical) diversion: *fare una ~* to create a diversion.

diversità *f.* **1** difference, diversity: *~ di colori* diversity of colours; *~ di prezzo* price differences. **2** (*varietà*) variety, diversity.

diversivo I *a.* **1** diversionary. **2** (*fig*) diverting. **II** *m.* distraction, diversion, change: *cercare un ~ al lavoro* to seek a distraction from work; *è un piacevole ~* it's a welcome distraction, it's a pleasant change. **2** (*svago*) amusement, relaxation, recreation. **3** (*rif. a percorso*) detour. **4** (*Idr*) diversion canal. □ *come ~* for relaxation, for amusement.

diverso I *a.* **1** (*distinto*) different (*da* from, to), distinct, diverse: *due interpretazioni diverse* two different interpretations; *due oggetti di forma diversa* two objects of a different shape, two objects different in shape; *per motivi molto diversi* for very diverse reasons. **2** (*dissimile*) unlike (*da qcu.* so.), dissimilar, different (from): *i due fratelli sono molto diversi* the two brothers are very unlike. **3** (*premesso a nomi plurali: vari*) various, several, sundry: *per diverse ragioni* for various reasons, for several reasons. **4** (*parecchi*) several, a good many, a number of: *sono diversi giorni che non lo vedo* it's several days since I saw him last. **5** (*che non sia*) other (*da* than): *vuoi qualcosa di ~ da questo?* would you like something instead of this? **II** *pron.pl.* (*parecchi*) several (people), many (people), a number of people: *diversi pensano così* a number of people are of this opinion; *eravamo in diversi* there were several of us. **III** *m.* **1** misfit. **2** (*eufem*) (*omosessuale*) homosexual, gay. □ *è una cosa diversa* that's another matter; *in diversi luoghi* in various places; *ma allora è ~* well, that's different; *sotto diversi aspetti* in various respects; *diverse volte* several times.

divertente *a.* **1** entertaining, enjoyable,

pleasant: *un film ~* an entertaining film. **2** (*che fa ridere*) amusing, funny: *una storiella ~* a funny story, an amusing story; *Mario è stato ~* it was fun; *non è affatto ~* there is nothing funny about this.

diverticolare *a.* (*Anat*) diverticular.

diverticolite *f.* (*Med*) diverticulitis.

diverticolo *m.* (*Anat*) diverticulum.

diverticolosi *f.* (*Med*) diverticulosis.

divertimento *m.* **1** amusement, fun, entertainment: *è stato un bel ~* it was great fun; (*iron*) *bel ~!* how lovely!; (*esclam.*) *buon ~!* have a good time!, enjoy yourself!; *con gran ~ dei presenti* much to the entertainment of those present, to the great amusement of those present. **2** (*piacere*) pleasure, enjoyment: *è un ~ sentirlo parlare* it's a pleasure to hear what he has to say, it's a pleasure to speak with him. **3** (*passatempo*) pastime, amusement, recreation, entertainment: *essere amante dei divertimenti* to be fond of amusements; *il cinema è il mio ~ preferito* the cinema is my favourite form of entertainment. **4** (*Mus*) divertimento, divertissement. □ *per ~*: **1** for fun; **2** (*per piacere personale*) for pleasure.

divertire (**divèrto**) **I** *v.t.* to entertain, to divert, to amuse, to cheer: *cercò di divertirlo raccontandogli una storia allegra* he tried to amuse him by telling a funny story; *un pagliaccio divertiva il pubblico durante l'intervallo* a clown entertained the audience during the interval. **II** *v.pron.* **divertirsi** **1** to enjoy oneself, to have fun, to have a good time, to amuse oneself: *ieri sera sono andata a teatro e mi sono divertita molto* last night I went to the theatre and enjoyed myself very much, last night I went to the theatre and had a wonderful time; *divertitevi!* enjoy yourselves!, have a good time! **2** (*provare piacere*) to enjoy, to like, to take pleasure: *mi diverto a giocare a tennis* I like playing tennis; *si diverte a prendermi in giro* he enjoys making fun of me; (*iron*) *credi che mi diverta a pulire la casa?* do you think I enjoy cleaning the house? **3** (*avere avventure amorose*) to play around, to sow one's wild oats. □ *lui si diverte con poco* he doesn't need much to have a good time, he's easily pleased; *mi sono divertito da matti* (o *un mondo*) I had the time of my life.

divertito *a.* amused: *guardava con aria divertita* he looked on with an amused look.

divetta *f.* (*del cinema*) starlet.

divezzamento *m.* weaning.

divezzare (**divèzzo**) **I** *v.t.* **1** (*rar*) (*svezzare*) to wean. **2** (*lett*) (*disabituare*) to wean, to break (*da* of), to wean (from), to break of a habit: *~ qcu. da un vizio* to break so. of a bad habit. **II** *v.pron.* **divezzarsi** (*rar*) (*disabituarsi*) to break oneself (of the habit) (*da* of), to give up, to stop (sth.), to wean oneself (from): *divezzarsi dal fumo* to give up smoking, to quit smoking. □ *~ qcu. dal bere* to get so. to stop drinking, to get so. to give up drinking.

divezzato *a.* (*rar*) weaned: *un bambino ~* a baby that has been weaned, a weanling.

dividendo *m.* (*Mat,Econ*) dividend: *riscuotere i dividendi* to claim dividends; *distribuire un ~* to distribute a dividend. □ (*Econ*) *con ~* cum dividend; (*Econ*) *~ non riscosso* unclaimed dividend; (*Econ*) *senza ~* ex dividend.

dividere (*pres.ind.* **divìdo**; *p.rem.* **divìsi**; *p.p.* **divìso**) **I** *v.t.* **1** to divide (up) (*in* into), to split: *~ un foglio di carta in due* to divide a sheet of paper in two. **2** (*suddividere*) to divide

(up), to split up: *~ un libro in capitoli* to divide a book (up) into chapters; *il maestro divise i ragazzi in due squadre* the teacher divided the boys into two teams. **3** (*separare*) to separate, to divide, to part: *i casi della vita divisero i due amici* circumstances separated the two friends; *solo la morte potrà dividerci* only death can divide us; *~ due litiganti* to part two brawlers. **4** (*distribuire*) to distribute, to share out: *~ gli utili tra i soci* to share out profits among the partners. **5** (*spartire*) to share (*tra* among, between, *con* with) (*anche fig*): *ha diviso la merenda con i compagni* he shared his snack with his companions; *~ una gioia con qcu.* to share a joy with so. **6** (*fig*) (*lacerare*) to tear, to split: *l'odio ha diviso la famiglia* hatred split the family. **7** (*Mat*) (*eseguire la divisione*) to divide: *~ 200 per 5* to divide 200 by 5. **II** *v.pron.* **dividersi** **1** to divide, to split (up): *dividersi in due parti* to divide into two (parts). **2** (*separarsi*) to part, to separate (*da* from): *si divise dagli amici con grande dolore* he parted from his friends with great sorrow. **3** (*rif. a coniugi*) to separate: *si è diviso dalla moglie* he is separated from his wife. **4** (*constare*) to be divided (*in* into), to consist (of): *il dramma si divide in tre atti* the play is divided into three acts. **5** (*suddividersi*) to divide up, to divide off, to split up (*anche fig*): *i ragazzi si divisero in due squadre* the boys split up into two teams; *la popolazione si divise in due fazioni* the people split up into two factions. **6** (*biforcarsi*) to divide, to branch (off): *la strada si divide in due sentieri* the road divides into two paths, the road branches off into two paths. **7** (*spartire con altri*) to divide up, to share out, to split: *i ladri si divisero il bottino* the thieves split the loot. **8** (*dedicarsi a più attività*) to divide one's time: *dividersi tra la casa e il lavoro* to divide one's time between house and work. □ *~ a metà* to halve; *~ a metà la differenza* to split the difference; *~ il letto con qcu.* to share the bed with so.; *~ una parola in sillabe* to divide a word into syllables, to divide into syllables, to syllabize, to syllabify; *~ le spese* to share the expenses, to split the expenses.

divieto *m.* prohibition. □ *~di accesso* No Entry, Keep Out, no admittance; *~ di affissione* post no bills; *~ di balneazione* no swimming, swimming prohibited; *~ di caccia* no hunting allowed, hunting prohibited; *~ di campeggio* no camping; (*Strad*) *~ di circolazione* no thoroughfare, no access, no traffic; *~ di dimostrazione* ban on demonstration; *~ di entrata* No Admittance, No Entry; *~di esportazione* ban on exportation; *~ di estradizione* ban on extradition; *~ di fermata* no waiting, no stopping; *~di fumare* no smoking; *~ di importazione* embargo on imports; *~ di ingresso* No Admittance, No Entry; (*Strad*) *~di inversione* no U-turns; *~ di pascolo* grazing prohibited; *~ di pesca* fishing prohibited, No Fishing; *~ di scarico* no dumping; *~ di segnalazioni acustiche* no horns; (*Dir*) *~di soggiorno* residence prohibition; (*Strad*) *~di sorpasso* (*Br*) no overtaking, (*Am*) no passing; (*Strad*) *~ di sosta* no parking; *essere in divieto di sosta* to be parked in a no parking zone; (*Strad*) *~di svolta* no turning, ahead only; *~ di svolta a destra* no right turn; *~ di svolta a sinistra* no left turn; (*Strad*) *~ di transito* no thoroughfare, no through traffic; *fare ~di qcs.* to prohibit sth.

divinamente *avv.* **1** divinely, beautifully: *cantare ~* to sing divinely. **2** (*estremamente*) extremely, (*colloq*): *una ragazza ~ bella* an extremely beautiful girl.

divinamento *m.* (*rar*) divination.

divinare (**divìno**) *v.t.* to divine: *i sacerdoti divinarono la sconfitta dell'esercito romano* the priests divined the defeat of the Roman army.

divinatore I *m.* (*f.* **-trice**) (*rar*) diviner. II *a.* divining.

divinatorio *a.* divinatory, divining: *arte divinatoria* divination.

divinazione *f.* divination (*anche estens*).

divincolare (**divìncolo**) I *v.t.* to twist (free), to wriggle: *cercò di ~ la mano* he tried to twist his hand free, he tried to get his hand free. II *v.pron.* **divincolarsi** to writhe, to twist (and turn), to wriggle: *si divincolava come un serpente per sfuggire alla presa* he writhed like a snake to escape his grasp.

divincolio *m.* twisting (and turning), wriggling, writhing.

divinità *f.* 1 deity, divinity, god (*f.* goddess): *le ~ dell'Olimpo* the gods of Olympus; *adorare le ~* to worship the gods. 2 (*natura divina*) divinity, godhead: *credere nella ~ di Cristo* to believe in the divinity of Christ. □ (*Mitol*) *~ del mare* sea god; (*Mitol*) *~ domestiche* household gods; (*Mitol*) *~ tutelari* tutelary gods.

divinizzare (**divinìzzo**) *v.t.* to deify (*anche fig*): *i romani divinizzarono Romolo* the Romans deified Romulus.

divinizzazione *f.* deification (*anche fig*).

divino I *a.* 1 divine: *la misericordia divina* Divine mercy. 2 (*iperb*) (*eccellente*) excellent, heavenly, divine: *si udiva una musica divina* heavenly music was heard. II *m.* (*essenza divina*) Divine. □ (*Rel*) *il ~ Architetto* the divine architect; (*Lett*) *la Divina Commedia* the Divine Comedy; (*Rel*) *la divina Provvidenza* divine providence.

divisa[1] *f.* 1 (*uniforme*) uniform. 2 (*livrea*) livery. 3 (*Arald*) device. □ *~ di gala* full dress, gala dress; *in ~* in uniform, uniformed: *ufficiale in ~* officer in uniform; *essere in ~* to be wearing uniform, to be in uniform.

divisa[2] *f.* (*Econ*) foreign exchange, foreign currency. □ (*Econ*) *~ aurea* gold currency; (*Econ*) *~ estera* foreign exchange, foreign currency; (*cambiale, tratta*) foreign bill; (*Econ*) *~ pregiata* hard currency.

divisi → **dividere**.

divisibile *a.* divisible: *12 è ~ per 3* 12 is divisible by 3.

divisibilità *f.* divisibility: *~ di un bene* divisibility of property.

divisionale *a.* (*Mil,Econ*) divisional: *comando ~* divisional command; (*Numism, Econ*) *moneta ~* divisional coin.

divisione *f.* 1 division: *divisione in classi* division into classes. 2 (*spartizione*) division, sharing-out, distribution. 3 (*distinzione*) distinction, separation, division. 4 (*separazione*) separation, partition. 5 (*fig*) (*discordia*) discord, disagreement, division: *divisioni interne* internal divisions. 6 (*Mil, Mar.mil*) division. 7 (*settore amministrativo*) (government) department, (*Br*) bureau, (*Am*) division. 8 (*rif. a ospedali e sim: reparto*) ward. 9 (*Sport*) division. 10 (*Mat*) division. 11 (*Dir*) division, distribution: *~ dei beni* division of property. 12 (*parete divisoria*) partition, dividing wall. 13 (*Mecc*) indexing. □ (*Mil*) *~ aerea* air division; (*Mil*) *~ alpina* alpine division; (*Mil*) *~ blindata* armoured division; (*Biol*) *~ cellulare* cell division; (*Mil*) *~ corazzata* armoured division; (*Comm*) *~ degli utili* profit-sharing; (*Dir*) *~ dei beni*

ereditari distribution of the estate; *~ del lavoro* division of labour; (*Dir*) *~ dell'eredità* distribution of the estate; *di ~* dividing, partition (*attr.*): *muro di ~* dividing wall, partition wall; *linea di ~* dividing line; *~ in sillabe* syllabication; (*Sport*) *~ nazionale* national division.

divisionismo *m.* (*Pitt*) Divisionism, Pointillism.

divisionista I *a.* (*Pitt*) Divisionist, Pointillist. II *m./f.* Divisionist, Pointillist.

divisionistico (*pl.* **-ci**) *a.* (*Pitt*) Divisionist, Pointillist.

divismo *m.* 1 (*infatuazione per i divi*) star worship. 2 (*comportamento capriccioso*) prima donna behaviour.

diviso → **dividere** *a.* 1 divided: *una torta divisa in parti uguali* a cake divided into equal portions, a cake cut up into equal portions; *il libro è diviso in due parti* the book is divided into two parts. 2 (*separato*) separate, separated, apart (*pred.*): *i miei genitori vivono divisi* my parents are separated; *è divisa dal marito* she is separated from her husband. 3 (*fig*) (*discorde*) at variance (*posposto*), discordant, divided: *i nostri pareri sono divisi* our views are divided. 4 (*condiviso*) shared. 5 (*Mat*) divided: *nove ~ tre* nine divided by three.

divisore *m.* 1 (*Mat*) divisor. 2 (*Mecc*) index head, dividing head. □ (*Mat*) *~ comune* common factor, common divisor; *massimo comun ~* highest common factor, greatest common divisor; (*Elettron*) *~ di frequenza* frequency divider.

divisorio I *a.* dividing, separating, partition (*attr.*), division (*attr.*): *una parete divisoria* a partition wall. II *m.* partition (wall), dividing wall.

divistico (*pl.* **-ci**) *a.* star (*attr.*), like a film-star (*posposto*), prima donna (*attr.*): *atteggiamenti divistici* film-star behaviour.

divo[1] *a.* (*lett*) divine, godlike: *il ~ Augusto* the divine Augustus.

divo[2] *m.* (*f.* **-a**) 1 star. 2 (*estens*) (*personaggio molto popolare*) popular figure, hero, star, idol: *un ~ del calcio* a star football player. □ *~ del cinema* film-star; *~ della canzone* popstar; *~ della televisione* television star.

divorante *a.* all-consuming, devouring.

divorare (**divóro**) I *v.t.* 1 to devour, to eat up, (*colloq*) to wolf (down), to gobble down, to gobble up: *il lupo divorò la preda* the wolf devoured its prey; *i bambini hanno divorato la merenda* the children gobbled down their snack. 2 (*fig*) (*distruggere*) to devour, to destroy, to consume: *le fiamme divorarono le abitazioni* the flames destroyed (*o* devoured) the houses. 3 (*fig*) (*rif. a passioni: consumare*) to devour, to consume: *l'invidia lo divora* he is consumed with envy. 4 (*fig*) (*leggere con avidità*) to devour, to read fast, to read eagerly: *~ un romanzo* to devour a novel. 5 (*fig*) (*rif. a cammino e sim.: percorrere a gran velocità*) to eat up, to devour: *~ la strada* to eat up the miles, to eat up the road. II *v.pron.* **divorarsi** to be consumed, to be eaten up (*da* with), to be devoured (*by*): *divorarsi dalla rabbia* to be eaten up with rage. □ (*fig*) *~ qcu. con gli occhi* (*o* *qcu. con lo sguardo*) to devour so. with one's eyes; (*fig*) *essere divorato dalla curiosità* to be devoured by curiosity.

divoratore I *m.* (*f.* **-trice**) 1 (great, greedy) eater, devourer: *un gran ~ di frutta* a great fruit eater. 2 (*fig*) (*lettore accanito*) avid reader, keen reader, devourer: *sono una divoratrice di romanzi gialli* I'm an avid read-

er of crime novels. II *a.* consuming, devouring, destroying: *passione divoratrice* consuming passion.

divorziare (**divòrzio, divòrzi**; *aus.* **avere**) *v.i.* 1 to divorce (*da qcu.* so.): *hanno divorziato nel 1992* they divorced in 1992; *stiamo divorziando* we are getting divorced. 2 (*fig*) to split up, to break up, to part (company). □ (*fig*) *divorziato* I *a.* divorced. II *m.* (*f.* **-a**) divorcé (*f.* divorcée).

divorzile *a.* divorce (*attr.*).

divorzio *m.* (*Dir*) divorce (*anche fig*): *ottenere il ~* to obtain a divorce, to get a divorce; *chiedere il ~* to apply for a divorce; *presentare domanda di ~* to sue for divorce, to file a petition for divorce. □ (*Dir*) *~ per mutuo consenso* divorce by mutual consent.

divorzista I *a.* 1 (*relativo al divorzio*) divorce (*attr.*). 2 (*favorevole al divorzio*) for divorce (*posposto*), in favour of divorce (*posposto*), divorce (*attr.*): *la campagna divorzista* the campaign for divorce, the campaign to introduce divorce. II *m./f.* 1 (*Dir*) (*legale*) divorce lawyer, divorce attorney. 2 (*sostenitore*) supporter of divorce, advocate of divorce, divorce advocate.

divorzistico (*pl.* **-ci**) *a.* 1 (*relativo al divorzio*) divorce (*attr.*). 2 (*favorevole al divorzio*) for divorce (*posposto*), in favour of divorce (*posposto*), divorce (*attr.*).

divulgare (**divùlgo, divùlghi**) I *v.t.* 1 (*rendere noto*) to make known; (*per radio*) to broadcast; (*per televisione*) to broadcast, to telecast; (*mediante la stampa*) to publish: *~ una notizia* to publish a news item. 2 (*diffondere*) to divulge, to spread. 3 (*rif. a segreti*) to divulge, to disclose, to reveal. 4 (*rendere accessibile*) to popularize, to vulgarize: *~ una dottrina* to vulgarize a doctrine. II *v.pron.* **divulgarsi** to spread, to travel: *la notizia si divulgò rapidamente* the news travelled fast.

divulgativo *a.* popular: *opera divulgativa* popular work.

divulgatore I *m.* (*f.* **-trice**) 1 (*chi diffonde*) divulger. 2 (*chi rende accessibile*) popularizer, vulgarizer: *~ di una filosofia* popularizer of a philosophy. II *a.* popular: *fare opera divulgatrice di qcs.* to popularize sth.

divulgazione *f.* 1 (*il divulgare, il rendere noto*) making known; (*per radio*) broadcasting; (*per televisione*) telecasting; (*mediante la stampa*) publication, publishing: *fare opera di ~ su qcs.* to popularize sth. 2 (*rif. a segreti*) divulgence, disclosure, revelation. 3 (*diffusione*) spreading, diffusion: *la ~ di una notizia* the spreading of news. 4 (*esposizione facile*) popularization, vulgarization. □ *~ di voci* spreading of rumours.

divulsione *f.* (*Med*) divulsion.

divulsore *m.* (*Med*) divulsor.

dizigotico (*pl.* **-ci**) *a.* (*Biol*) dizygotic.

dizionarietto *m.* pocket-dictionary.

dizionario *m.* dictionary: *~ della lingua italiana* dictionary of the Italian language; *consultare un ~* to consult a dictionary, to look up in a dictionary; *cercare una parola sul ~* to look a word up (in the dictionary). □ *~ analogico* thesaurus; *~ bidirezionale* bidirectional dictionary; *~ bilingue* bilingual dictionary; *~ biografico* biographical dictionary; *~ combinatorio* combinatory dictionary; *~ dei sinonimi* dictionary of synonyms; *~ di citazioni* dictionary of quotations; *~ di pronuncia* pronouncing dictionary; *~ elementare* elementary dictionary; *~ enciclopedico* encyclopaedic dictionary; *~ etimologico* etymological dictionary; *~ giuridico* law dictionary; *~ inverso* reverse dictionary; ~*medico* medical dictionary; ~*medio* desk dictionary; ~*monolingue* monolingual dictionary; ~ *multilingue* multilingual dictionary; ~*pedagogico* learners' dictionary; ~ *per bambini* children's dictionary; ~ *plurilingue* multilingual dictionary; ~*specialistico* specialized dictionary; ~*storico* historical dictionary; ~*su CD-Rom* dictionary on CD-Rom; ~ *su supporto elettronico* electronic dictionary; ~*tascabile* pocket dictionary; ~*tecnico* technical dictionary.

dizionarista *m.* lexicographer, dictionary maker.

dizione *f.* 1 diction: *prendere lezioni di ~* to take diction lessons, to take elocution lessons. 2 (*declamazione in pubblico*) recital, reading: ~ *di poesie* poetry reading. 3 (*locuzione, modo di dire*) idiom, expression, phrase.

DJ /di'dʒɛj/ *m./f.inv.* DJ, disk jockey.

DJI *Gibuti* DJI (Djibuti).

DK *Danimarca* DK (Denmark).

DL *decreto legge* (decree law, law by decree).

DM *decreto ministeriale* (minister's decree).

DNA (*Biol*) *acido desossiribonucleico, acido deossiribonucleico* DNA (desoxyribonucleic acid, deoxyribonucleic acid). ☐ (*Biol*) ~*polimerasi* DNA polymerase; (*Biol*) ~ *replicante* replicating DNA, replication DNA; (*Biol*) ~ *ricombinante* recombinant DNA.

do[1] *m.* (*Mus*) C, do, doh. ☐ (*Mus*) ~*di petto* high C; (*Mus*) ~*diesis* C sharp; (*Mus*) ~*maggiore* C major; (*Mus*) ~*minore* C minor.

do[2] → *dare*[1].

dobbiamo → *dovere*[1].

dobermann *m.* (*Zool*) doberman (pinscher).

doblone *m.* (*Numism*) doubloon.

doc, DOC I (*Alim,Enol*) *denominazione di origine controllata* (controlled denomination of origin, appellation contrôlée). **II** *a.* 1 DOC (*attr.*): *barbera ~*: DOC Barbera. 2 (*fig, scherz*) (*autentico*) genuine: *un milanese ~* a genuine Milanese, a Milanese born and bred. 3 (*fig,scherz*) (*di gran pregio*) first-class (*attr.*).

doccia (*pl.* -**ce**) *f.* 1 shower: *fare la ~* to take a shower, to have a shower, to shower; *ero sotto la ~* (*o ero nella ~*) I was in the shower. 2 (*Arch*) rainwater pipe; (*grondaia*) gutter. 3 (*rif. a mulino*) millrace. 4 (*Med*) (*apparecchio ortopedico*) splint. ☐ ~*a telefono* hand-held shower; ~*fredda*: 1 cold shower; 2 (*fig*) damper: *quella notizia è stata per noi una ~ fredda* that news damped our enthusiasm; ~ *scozzese*: 1 alternately hot and cold shower; 2 (*fig*) seesaw of good and bad events; ~*solare* sun shower.

docciagel *m.inv.* shower gel.

docciaschiuma *m.inv.* shower cream, bath gel.

docciatura *f.* (*Med*) douching, douche.

doccionata *f.* (*Edil*) rainwater pipe.

doccione *m.* 1 (*Arch*) spout; (*in palazzi antichi*) gargoyle. 2 (*Alp,rar*) (*colatoio*) crack.

docente I *a.* teaching: (*Univ*) *corpo ~* teaching body, teaching staff, (academic) staff, (*Am*) faculty. **II** *m./f.* 1 teacher. 2 (*Univ*) lecturer, professor: ~ *universitario* lecturer, university professor; *libero ~* qualified lecturer.

docenza *f.* (*Univ*) teaching.

DOCG (*Enol*) *denominazione di origine controllata e garantita* (controlled and guaranteed denomination of origin, appellation contrôlée et garantie).

docile *a.* 1 obedient, tractable, manageable: *un ragazzo ~* an obedient boy. 2 (*rif. ad animale*) docile, tractable, meek: *un cavallo ~* a docile horse. 3 (*rif. a materiali*) soft, workable, malleable: *legno ~* softwood. ☐ *capelli docili al pettine* manageable hair (*costr.sing.*); *essere ~ come un agnello* to be as meek as a lamb, to be meek and mild.

docilità *f.* 1 docility, obedience, tractability. 2 (*rif. a materiali*) malleability, workableness, softness.

docilmente *avv.* docilely, with docility.

docimasia *f.* (*Med,Chim*) docimasy: ~ *polmonare* pulmonary docimasy.

docimastico (*pl.* -**ci**) *a.* (*Chim*) docimastic.

docimologia *f.* docimology.

docking station /'dɔkiŋ'steʃon/ *f.inv.* (*Inform*) docking station.

documentabile *a.* documentable.

documentale *a.* documentary: *prova ~* documentary evidence.

documentare (**documénto**) **I** *v.t.* 1 (*dimostrare*) to document: ~ *un'accusa* to document an accusation. 2 (*corredare, fornire di documenti*) to document, to furnish with documents. **II** *v.pron.* **documentarsi** (*informarsi minuziosamente*) to collect background information (*su* about), to gather (documentary) evidence (about); (*colloq*) to read up (*su* on): *il giornalista si documentò sul fatto* the journalist collected background information about the event.

documentario I *a.* documentary: (*Econ*) *credito ~* documentary credit. **II** *m.* (*Cin*) documentary (film). ☐ (*Cin*) ~*di attualità* newsreel; (*Cin*) ~*didattico* educational film; (*Cin*) ~*sulla natura* wildlife documentary.

documentarista *m./f.* (*Cin*) documentary film maker, documentary film director.

documentaristico (*pl.* -**ci**) *a.* (*Cin*) documentary (*attr.*).

documentato *a.* 1 documented, substantiated. 2 (*rif. a persone*) well-informed, well-documented.

documentatore *m.* (*f.* -**trice**) documentalist.

documentazione *f.* 1 documentation: *la ~ di un'accusa* the documentation of a charge; *la ~ di un articolo* the documentation of an article. 2 (*insieme dei documenti*) documents *pl.*, records *pl.*, documentation. ☐ (*Tel*) ~*degli addebiti* receive, phone bill.

documento *m.* 1 document: *la domanda deve essere accompagnata dai documenti prescritti* the application should be accompanied by the prescribed supporting documents; *documenti epigrafici* epigraphic documents. 2 (*documento di identificazione e sim.*) document, paper: *esibire un ~* to show one's identity papers. 3 (*fig*) (*documento storico*) historical document, evidence, record. 4 (*Inform*) document, file. ☐ *documenti alla mano* by means of documentary evidence; ~*allegato*: 1 (*Comm*) enclosure; 2 (*Inform*) attached document, attachment; ~*apocrifo* spurious document; ~ *confidenziale* confidential document; ~ *di appoggio*: 1 supporting document; 2 (*Comm*) voucher; *documenti di archivio* archive documents; (*Mar*) *documenti di bordo* ship's documents; *documenti di identità* (identity) papers; (*Mar*) *documenti di imbarco* shipping documents; *documenti di lavoro* work papers, (*colloq*) cards; ~*di programmazione economica e finanziaria* economic and financial planning document; *documenti di viaggio* travel documents; *documenti! your papers, please!; documenti doganali* customs (clearance) papers; ~*falsificato* (o ~

falso) forged document, forgery; *documenti fotografici* photographic documents; *documenti giustificativi* supporting documents, vouchers, justificatory documents; *avere i documenti in regola* to have one's papers in order; ~*legalizzato* certified document, authenticated document; ~ *originale* original (document); (*Comm*) *documenti per l'incasso* documents for collection; ~*programmatico* programmatic document; ~*scaduto* expired document; *documenti scritti* written documents; ~*ufficiale* official document.

dodecaedrico (*pl.* -**ci**) *a.* (*Geom*) dodecahedral.

dodecaedro *m.* (*Geom*) dodecahedron.

dodecafonia *f.* (*Mus*) dodecaphony, twelve-tone system.

dodecafonico (*pl.* -**ci**) *a.* (*Mus*) dodecaphonic, twelve-tone: *musica dodecafonica* twelve-tone music, dodecaphonic music.

dodecagono *m.* (*Geom*) dodecagon.

Dodecaneso, Dodecanneso *n.pr.m.* (*Geog*) Dodecanese.

dodecasillabo I *a.* (*Metr*) dodecasyllabic, twelve-syllable (*attr.*). **II** *m.* (*Metr*) dodecasyllable, twelve-syllable line.

dodicenne I *a.* of twelve (*posposto*), twelve-year-old (*attr.*), twelve years old (*posposto*). **II** *m./f.* twelve-year-old, twelve-year-old boy (*f.* girl), boy (*f.* girl) of twelve.

dodicennio *m.* (*rar*) period of twelve years.

dodicesima *f.* (*Mus*) twelfth.

dodicesimo I *a.* twelfth. **II** *m.* 1 (*f.* -**a**) (*ordinale*) twelfth. 2 (*frazionario*) twelfth (part).

dodici I *a.* twelve. **II** *m.inv.* 1 (*numero*) twelve. 2 (*nelle date*) twelfth. **III** *f.pl.* twelve o'clock. ☐ (*Bibl*) *le ~ tavole* the Twelve Tables.

dodo *m.* (*Ornit*) dodo.

doga *f.* 1 (*di barile*) stave. 2 (*di letto*) slat. 3 (*di pavimento, parete*) floorboard.

dogale *a.* (*Stor*) of a doge (*posposto*), doge's.

dogana *f.* 1 customs (*costr.sing.*): *passare la ~* to get through customs. 2 (*sede*) customhouse, customshouse, customoffice, customsoffice. 3 (*dazio doganale*) customs duty, customs, duty: *pagare la ~* to pay duty.

doganale *a.* customs (*attr.*): *autorità ~* customs authority; *barriere doganali* customs barriers.

doganiere *m.* customs officer.

dogaressa *f.* (*Stor*) doge's wife.

dogato *m.* (*Stor*) office of a doge.

doge *m.* (*Stor*) doge.

doglie *f.pl.* labour *sing.*, labour pains, (*Am*) labor *sing.*, labor pains: *avere le ~* to be in labour.

doglio *m.* (*Archeol*) dolium.

dogma *m.* dogma (*anche estens.*).

dogmatica *f.* (*Teol*) dogmatics (*costr.sing. o pl.*), dogmatic theology.

dogmaticamente *avv.* dogmatically.

dogmatico (*pl.* -**ci**) **I** *a.* dogmatic (*anche estens.*). **II** *m.* dogmatist.

dogmatismo *m.* dogmatism (*anche estens.*).

dogmatizzare (**dogmatìzzo**) *v.t.* to dogmatize.

dogmatizzazione *f.* dogmatization.

dog-sitter *m./f.inv.* dog sitter, dog walker.

dog-sitting *m.inv.* dog sitting.

dolce I *a.* 1 sweet: *il tè mi piace ~* I like my tea sweet; *liquore ~* sweet liqueur. 2 (*non piccante*) mild: *formaggio ~* mild cheese. 3 (*rif. a canti, voci*) sweet, dulcet; (*rif. a profumo*) sweet, fragrant. 4 (*fig*) (*piacevole*) sweet, pleasant, agreeable: *dolci ricordi* sweet memories. 5 (*fig*) (*gentile, amabile*) sweet, kind, gentle, dear, charming; (*mite*) mild, gentle: *un carattere ~* a mild character, a sweet temper. **6** (*fig*) (*tenero*) sweet, tender: *le sussurrò dolci parole* he whispered sweet nothings in her ear. **7** (*fig*) (*lieve*) gentle, mild: *soffiava una ~ brezza* a gentle breeze was blowing; *un ~ pendio* a gentle slope, an easy slope. **8** (*fig*) (*facile a lavorarsi*) malleable, soft. **9** (*Fon*) (*sonoro*) soft, voiced: *una s ~* a soft s. **10** (*Fon*) (*palatale*) palatal: *g ~* palatal g. **II** *m.* **1** (*sapore dolce*) sweetness, sweet taste: *il ~ dello zucchero* the sweet taste of sugar. **2** (*portata, dessert*) (*Br*) pudding, sweet, (*Am*) dessert. **3** (*torta*) cake: *un ~ alla crema* a custard cake. **4** *pl.* (*dolciumi*) sweets, (*Am*) candies; (*collett.*) confectionery (*costr.sing.*): *mi piacciono i dolci* I have a sweet tooth. ☐ *al ~* (*alla fine del pranzo*) at the end of one's meal; *~ come il miele* as sweet as honey; *~ come lo zucchero* as sweet as sugar, sugarsweet (*anche fig*); *il ~ far niente* the sweetness of doing nothing; (*fig*) *essere in ~attesa* to be expecting, to be pregnant; (*Lett*) *~ stil novo* dolce stil novo, sweet new style; *~ vita* dolce vita, life of pleasure. *Prov.*: *dopo il ~ vien l'amaro* after the sweet comes the sour.

dolceamaro *a.* bitter-sweet (*anche fig*).

dolcemente *avv.* **1** sweetly, gently, mildly, softly: *rimproverò il bambino ~* she gently reproved the child. **2** (*con precauzione*) gently, carefully, delicately: *posò ~ l'oggetto sulla tavola* he carefully placed the object on the table.

dolcetta *f.* (*Bot,Alim*) lamb's lettuce, corn salad.

dolcetto *m.* (*Enol*) red wine produced in Piedmont.

dolcevita I *f./m.* (*Br*) polo neck, (*Am*) turtleneck. **II** *a.inv.* (*Br*) polo neck (*attr.*), (*Am*) turtleneck (*attr.*): *maglione ~* (o *maglione a ~*) turtleneck (sweater).

dolcezza *f.* **1** sweetness, sweet taste: *la ~ dello zucchero* the sweetness of sugar. **2** (*estens*) (*di persona*) sweetness. **3** (*fig*) charm, enchantment, sweetness: *mi commosse la ~ di quei ricordi* I was moved by the sweetness of those memories. **4** (*fig*) (*mitezza*) mildness: *la ~ del clima* the mildness of the climate. **5** (*fig*) (*rif. a materiali*) malleability, softness. **6** (*fig*) (*precauzione*) care, gentleness, delicacy: *posò l'oggetto con ~* he put down the object with care. **7** *pl.* (*piacere, gioia*) sweets, pleasures, delights: *le dolcezze dell'amore* the delights of love. ☐ *con ~* gently; *~ mia!* my sweet!, my darling!

dolciario *a.* confectionery (*attr.*): *industria dolciaria* confectionery industry.

dolciastro *a.* **1** sweetish. **2** (*fig*) (*mellifluo*) sugary, cloying, ingratiating: *modi dolciastri* ingratiating manners.

dolciere *m.* (*f.* **-a**) confectioner.

dolcificante I *a.* sweetening: *potere ~* sweetening power. **II** *m.* sweetener.

dolcificare (*dolcìfico, dolcìfichi*) *v.t.* to sweeten, to add sugar to. ☐ (*Chim*) *~ l'acqua* to soften water.

dolcificatore *m.* (*Chim*) (*di acqua*) water softener.

dolcificazione *f.* sweetening. ☐ (*Chim*) *~ dell'acqua* softening of water.

dolciume *m.* **1** *pl.* sweets, sweetmeats, confectionery (*costr.sing.*), (*Am*) candies. **2** (*rar*) (*sapore dolce e stucchevole*) cloying taste, over sweetness.

dolente *a.* **1** (*afflitto, contrariato*) (very) sorry, regretful, grieved, distressed: *sono ~ di quanto è accaduto* I am sorry for what has happened; *sono ~ di avervi fatto attendere* I much regret having kept you waiting. **2** (*che*

---

duole) aching, painful, sore: *indicò al medico la parte ~* he showed the doctor the aching part. **3** (*che esprime dolore*) sorrowful, mournful, woeful: *voce ~* sorrowful voice. ☐ (*fig*) *ora passiamo alle dolenti note* now we come to the bad bit, (*Am*) now we come to the bad news.

dolere (*pres.ind.* **dòlgo, duòli, duòle, doliàmo, doléte, dòlgono;** *fut.* **dorrò;** *p.rem.* **dòlsi;** *pres.cong.* **dòlga, doliàmo, doliàte, dòlgano;** *ger.* **dolèndo;** *p.pres.* **dolènte;** *p.p.* **dolùto;** *aus.* **essere/avere**) **I** *v.i.* **1** (*dar dolore*) to ache, to hurt, to be sore: *mi duole la testa* my head is aching, my head hurts (me); *da due giorni mi duole questo dente* this tooth has been aching for two days. **2** (*fig*) (*dispiacere*) to regret (*di qcs.* sth.), to be sorry (about), to grieve (at): *mi duole della sua partenza* I am sorry he is leaving. **II** *v.pron.* **dolersi 1** (*rammaricarsi*) to be (very) sorry (*di* about), to regret (sth.), to be distressed (about): *mi dolgo dell'accaduto* I am sorry about what has happened. **2** (*lamentarsi*) to complain (*di* about).

dolicocefalia *f.* dolichocephaly, dolichocephalism.

dolicocefalo I *a.* dolichocephalic, dolichocephalous. **II** *m.* (*f.* **-a**) dolichocephal.

dolina *f.* (*Geol*) doline, dolina, sink, sinkhole.

dollarizzazione *f.* (*Econ*) advent of the dollar as the official currency.

dollaro *m.* (*Econ,Numism*) dollar, (*colloq*) buck: *un biglietto da dieci dollari* a ten-dollar bill. ☐ (*Econ,Numism*) *~ australiano* Australian dollar; (*Econ,Numism*) *~ canadese* Canadian dollar; (*Econ,Numism*) *~ statunitense* U.S. dollar.

dolman *m.inv.* dolman.

dolmen *m.inv.* (*Archeol*) dolmen.

dolo *m.* (*Dir*) malice: *assenza di ~* absence of malice. ☐ (*Dir*) *con ~* with malice.

dolomia *f.* (*Min*) dolomite (rock).

dolomite *f.* (*Min*) dolomite.

Dolomiti *n.pr.f.pl.* (*Geog*) Dolomites.

dolomitico (*pl.* **-ci**) *a.* **1** (*Min*) dolomitic: *calcare ~* dolomitic limestone. **2** (*delle Dolomiti*) Dolomite (*attr.*): *paesaggio ~* Dolomite landscape.

dolomitizzazione *f.* (*Geol*) dolomitization.

dolorante *a.* aching, sore, painful: *la parte ~* the sore part.

dolorare (*dolóro; aus.* **avere**) *v.i.* (*lett*) (*sentire dolore*) to suffer, to ache.

dolore *m.* **1** pain, ache: *sentire ~* to feel pain; *calmare il ~* to ease pain; *essere pieno di dolori* to ache all over, to be full of aches and pains; *~ a un braccio* pain in an arm; *avere ~ a un ginocchio* to have a sore knee. **2** (*sofferenza morale*) sorrow, grief (*per* at, over): *la notizia gli diede un grande ~* the news caused him great sorrow; *con mio grande ~* to my great distress, to my great sorrow. **3** *pl.* (*fig*) (*dispiaceri*) trouble *sing.*, troubles, worry *sing.*: *raccontare a qcu. i propri dolori* to tell so. one's troubles; *quel ragazzo non ci dà che dolori* that boy gives us nothing but trouble. ☐ *i dolori del parto* labour pains, (*Am*) labor pains; *~ di denti* toothache; *dolori di pancia* stomach ache (*sing.*); *dolori di stomaco* heartburn (*sing.*); *~ di testa* headache; (*Med*) *~ fantasma* phantom limb pain; *~ intercostale* intercostal pain, (*colloq*) stitch in one's side; *~ lancinante* agonizing pain, acute pain, searing pain; *~ martellante* throbbing pain; *dolori mestruali* menstrual pains, menstrual cramps; *~ muscolare* muscular pain; *~ osteoarticolare* osteoarticular

---

pain; *per il ~* from pain, with pain, in pain; *gridare per il ~* to cry out with pain, to cry out in pain; *~ sordo* dull pain.

dolorifico (*pl.* **-ci**) *a.* (*rar*) pain-producing, dolorific: *sensibilità dolorifica* sensibility to pain.

dolorimetria *f.* (*Med*) dolorimetry.

dolorino *m.* small pain.

dolorosamente *avv.* painfully (*anche fig*).

dolorosità *f.* painfulness.

doloroso *a.* **1** painful: *una cura molto dolorosa* a very painful treatment. **2** (*fig*) painful, sad, distressing, grievous: *avvenimento ~* sad happening; *rinuncia dolorosa* painful renunciation; *lo conobbi in circostanze dolorose* I met him in sad circumstances.

dolosamente *avv.* (*Dir*) with malice.

dolosità *f.* (*Dir*) malice, wilfulness.

doloso *a.* (*Dir*) malicious.

dolsi → **dolere.**

doluto → **dolere.**

DOM *Repubblica Dominicana* DOM (Dominican Republic).

dom. *domenica* Sun. (Sunday).

domabile *a.* tameable.

domanda *f.* **1** question: *fare una ~ a qcu.* to ask so. a question, to put a question to so.; *non ha saputo rispondere alle domande* he could not answer the questions. **2** (*istanza*) application (*di* for); (*richiesta*) request: (*burocr*) *su Vostra ~* at your request; *accogliere una ~* to accept a request, to grant a request, (*burocr*) to accept an application. **3** (*richiesta di riconoscimento di un diritto*) claim: *~ di pensione* pension claim; *~ in dennizzo* claim. **4** (*Econ*) demand: *la ~ aumenta* demand is on the rise, demand is increasing; *la ~ diminuisce* demand is falling off, demand is dwindling. **5** (*Dir*) petition: *~ di grazia* petition for mercy; *~ di divorzio* petition for divorce. ☐ *~ a tranello* trick question; (*Econ*) *~ aggregata* aggregate demand; *una ~ da un milione di dollari* a million dollar question; (*Econ*) *~ debole* slack demand; *~ di adesione* application for membership; *~ di ammissione* application for admission, application for entry; *~ di assunzione* employment application; (*Dir*) *~ di estradizione* extradition request; *~ di impiego* application for a job, job application; *domande di impiego* (*annunci su giornali*) jobs wanted, situations wanted; *~ di iscrizione* application for registration, application for enrolment; (*rif. a club*) application for membership; *fare ~ di iscrizione*: **1** to apply for admission, to submit an application; **2** (*rif. a gare, concorsi e sim.*) to apply to enter; **3** (*rif. a circoli, partiti e sim.*) to apply for membership, to apply to join; (*Econ*) *~ di manodopera* demand for manpower; *~ di matrimonio* proposal; *fare una ~ di matrimonio* to propose; *fare ~* to apply (*per* for), to put in (*di* for), to request (sth.): *fare ~ di trasferimento* to apply for a transfer, to request a transfer; (*Econ*) *~ globale* aggregate demand; *~ in carta bollata* application on stamped paper, request on stamped paper; *~ in carta semplice* application on plain paper, request on plain paper; *ma che ~!* what a question!; (*Dir*) *~ riconvenzionale* crossclaim; (*Econ*) *la ~ supera l'offerta* demand exceeds supply; (*fig*) *~ trabocchetto* trick question.

domandare (*domàndo*) **I** *v.t.* **1** (*chiedere per sapere*) to ask, to enquire: *~ qcs. a qcu.* to ask so. sth.; *~ l'ora* to ask the time; *perché lo domandi?* why do you ask? **2** (*chiedere per avere*) to ask for: *~ un consiglio a qcu.* to ask so. for advice. **3** (*pregare*) to beg (for). **4** (*esigere*) to demand: *domando di essere* *ricevuto* I demand admission. **5** (*richiedere*) to ask, to charge, to want. **II** *v.i.* (*aus.* **avere**) **1** (*cercare*) to ask, to enquire, to look (*di* for), to want (so.): *ha telefonato un signore che domandava di te* a gentleman rang asking for you; *domandano di Lei* you are wanted. **2** (*informarsi*) to ask, to enquire (*di* after): *gli amici mi hanno domandato di te* our friends were asking after you. **III** *v.pron.* **domandarsi** (*chiedersi*) to wonder: *mi domando perché non sia ancora arrivato* I wonder why he has not arrived yet. □ (*mi*) *domando e dico* I ask you, well really: *ma io domando e dico se questa è l'ora di tornare a casa* well, really, is this a time to come home?; *~ il nome a qcu.* to ask so.'s name; *~ il prezzo* to ask the price, to ask what the price is; *~ l'opinione di qcu.* to ask so.'s opinion; *~ notizie di qcu.* to enquire after so., to ask after so.; *~ ragione di qcs.* to ask for an explanation of sth.; *~ scusa* to apologize, to beg so.'s pardon. *Prov.*: *~ è lecito, rispondere è cortesia* asking is lawful, answering is good manners; *non ~ all'oste se ha buon vino* no man cries stinking fish.

domani I *avv.* **1** tomorrow: *~ è martedì* tomorrow is Tuesday. **2** (*estens*) (*l'avvenire, il futuro*) the future, tomorrow: *la moda di ~* tomorrow's fashions, the coming fashions. **3** (*iron,scherz*) (*mai*) some hope, what a hope, you've got a hope: *mi presti la tua automobile? - Sì, ~!* (*Br*) will you lend me your car? - you've got a hope! **II** *m.* **1** (*il giorno dopo*) tomorrow. **2** (*rif. ad avvenimenti al passato*) next day, following day, day after: *pensava con piacere al ~* he was looking forward to the next day. **3** (*estens*) (*il futuro*) the future, tomorrow: *chissà che cosa ci riserva il ~* who knows what tomorrow holds in store for us, who knows what the future holds in store for us. □ *a ~* until tomorrow, till tomorrow: *rimanderò il resto del lavoro a ~* I'll put off the rest of the work till tomorrow; (*arrivederci*) *a ~* see you tomorrow; *~ a otto* tomorrow week; *~ a quindici* tomorrow fortnight; *entrerà in servizio da ~* he will begin work (as from) tomorrow; *di ~* tomorrow's: *il giornale di ~* tomorrow's paper; *dopo ~* the day after tomorrow; *~ mattina* tomorrow morning; *~ notte* tomorrow night; *~ pomeriggio* tomorrow afternoon; *~ sera* tomorrow evening, tomorrow night; *un ~ potresti pentirti di quelle parole* you may repent of those words some day, some day you may regret those words.

domare (**dómo/dòmo**) *v.t.* **1** (*rif. ad animali feroci*) to tame: *~ una tigre* to tame a tiger. **2** (*rif. a cavalli e sim.*) to break (in), to train. **3** (*fig,scherz*) (*rif. a persone*) to tame. **4** (*fig*) (*sedare*) to put down, to suppress: *~ una rivolta* to put down a revolt. **5** (*fig*) (*frenare*) to curb, to check, to control, to subdue: *~ le passioni* to curb one's passions. □ *~ un incendio* to put out a fire, to get a fire under control.

domato *a.* **1** tame, tamed; (*rif. a cavalli e sim.*) broken in. **2** (*fig,scherz*) (*sottomesso*) tamed.

domatore *m.* (*f.* **-trice**) tamer: *~ di leoni* lion tamer. □ *~ di cavalli* horse breaker.

domattina *avv.* tomorrow morning.

domatura *f.* taming; (*di cavalli*) breaking, breaking in.

domenica *f.* Sunday. □ *gli abiti della ~* Sunday best, Sunday clothes; (*Rel*) *~ delle palme* Palm Sunday; *di ~* on Sunday; (*Rel*) *~ di Pasqua* Easter Sunday; (*Rel*) *~ di passione* Passion Sunday; (*Rel*) *~ di Pentecoste* Whit Sunday, Sunday of Penetecost; *~ in albis* Low Sunday; *la ~*: **1** on Sunday; **2** (*ogni do-*

menica) on Sundays: *questo negozio rimane chiuso la ~* this shop is closed on Sundays; *~ mattina* Sunday morning; *~ prossima* next Sunday; *~ scorsa* last Sunday.

domenicale *a.* Sunday (*attr.*): *riposo ~* Sunday rest; (*Rel.prot*) *scuola ~* Sunday school.

domenicano I *a.* Dominican: *chiesa domenicana* Dominican church. **II** *m.* (*f.* **-a**) Dominican friar (*f.* nun).

Domenico *n.pr.m.* Dominic, Dominick.

domestica *f.* maid, maidservant, servant, housemaid. □ *~ a ore* daily help, (*colloq*) daily.

domesticabile *a.* **1** (*rar*) (*addomesticabile*) tameable, trainable. **2** (*Biol*) domesticable.

domestichezza *f.* (*rar*) familiarity.

domestico (*pl.* **-ci**) I *a.* **1** (*della casa, della famiglia*) domestic, household (*attr.*), home (*attr.*), house (*attr.*): *lavori domestici* housework *sing.*; *vita domestica* home life, family life. **2** (*rif. ad animali*) domestic. **3** (*rif. a piante*) cultivated. **II** *m.* **1** (*f.* **-a**) (*servitore*) (man) servant. **2** *pl.* (*collett.*) servants, household staff (*costr.sing.* o *pl.*).

domiciliare[1] *a.* (*attr.*), home (*attr.*): (*Dir*) *arresti domiciliari* house arrest.

domiciliare[2] (**domicìlio, domicìli**) I *v.t.* (*Comm*) to domicile: *~ una cambiale* to domicile a bill; *~ le bollette* (*in banca*) to have one's bills paid by banker's order. **II** *v.pron.* **domiciliarsi** (*prendere domicilio*) to take up residence, to make one's home: *si è domiciliato a Roma* he took up (his) residence in Rome.

domiciliato *a.* **1** domiciled, resident: *Mauro Rossi, ~ a Roma* Mauro Rossi, domiciled in Rome. **2** (*Comm*) domiciled.

domiciliazione *f.* (*Comm*) domiciliation: *~ bancaria* payment by banker's order.

domicìlio *m.* **1** domicile, (place of) residence: *stabilire il proprio ~ in un luogo* to take up residence in a place; *trasferire il proprio ~* to transfer one's residence. **2** (*Dir*) place of abode, domicile. □ *a ~* from home, at home, home (*attr.*), house (*attr.*): *lavoro a ~* work from home; *consegna a domicilio* home delivery; *avere ~* to be resident, to be domiciled: *ha il suo ~ a Roma* he is domiciled in Rome; (*Dir*) *~ coatto* forced residence, forced domicile; *~ fiscale* residence for tax purposes; *~ fisso* fixed abode, fixed residence; *~ legale*: **1** legal domicile; **2** (*rif. a società*) registered office; *~ necessario* legal domicile.

dominabile *a.* controllable, manageable, subduable (*anche fig*).

dominante I *a.* **1** dominating, predominant, ruling, commanding: *la classe ~* the ruling class, the dominant class. **2** (*fig*) (*predominante*) dominant, predominant, prevailing, prevalent, preponderant: *le opinioni dominanti* prevailing opinions. **3** (*Biol*) dominante. **II** *f.* **1** (*Mus*) dominant. **2** (*tratto principale*) dominant feature. **3** (*colore dominante*) (*Br*) main colour, (*Am*) main color, predominant color.

dominanza *f.* (*Biol*) dominance. □ (*Bot*) *~ apicale* apical dominance.

dominare (**dòmino**) I *v.i.* (*aus.* **avere**) **1** (*avere potere*) to dominate, to rule (*su, sopra* qcs. sth., over sth.): *~ sui mari* to rule the seas. **2** (*essere superiore*) to stand out (*su* from), to be outstanding (among), to be superior (to), to surpass (so.): *domina sui compagni per la sua intelligenza* he stands out from his companions for his intelligence. **3** (*fig*) (*predominare*) to predominate,

to prevail (*su* over): *un'idea dominava su tutte le altre* one idea predominated over all the others. **II** *v.t.* **1** (*tenere sottomesso*) to dominate (over), to rule (over): *~ un popolo* to rule a people. **2** (*fig*) to dominate (over), to rule: *la madre lo domina completamente* his mother completely dominates him; *~ la situazione* to dominate the situation, to be master of the situation. **3** (*fig*) (*frenare: rif. a sentimenti*) to control, to curb, to be master of, to master, to check: *~ un impulso* to check an impulse; *~ le proprie passioni* to control one's passions. **4** (*conoscere alla perfezione*) to be a master of. **5** (*fig*) (*rif. a luogo: sovrastare, essere in alto*) to dominate, to command, to overlook: *il paese domina la valle* the village overlooks the valley. **6** (*fig*) (*avvincere*) to dominate, to grip (the attention of): *l'oratore dominava l'uditorio* the speaker dominated his audience. **III** *v.pron.* **dominarsi** to control oneself, to master oneself: *fu preso dalla collera e non riuscì a dominarsi* he was seized with rage and could not control himself; *non sapersi ~* to have no self-control.

dominatore *m.* (*f.* **-trice**) ruler, master (*f.* mistress): *dominatori del mare* rulers of the seas.

dominazione *f.* **1** domination, rule, sway: *il paese era sotto la ~ della Francia* the country was under the rule of France; *sottrarsi alla ~* to free oneself from domination. **2** *pl.* (*Teol*) Dominations. □ *~ straniera* foreign rule.

domineddio *m.* (*colloq*) God (Almighty), the (good) Lord (*anche esclam.*).

Dominica *n.pr.f.* (*Geog*) Dominica.

dominicale *a.* **1** (*del Signore*) dominical, of the Lord (*posposto*). **2** (*Dir*) of the landlord (*posposto*).

dominicano I *a.* Dominican: (*Geog*) *Repubblica Dominicana* Dominican Republic. **II** *m.* (*f.* **-a**) Dominican.

dominio *m.* **1** dominion, rule (*su* over), domination: *Venezia ebbe a lungo il ~ dei mari* Venice long had the dominion of the seas; *sotto il ~ della Spagna* under Spanish rule, under the dominion (*o* sway) of Spain; *esercitare il ~ su qcu.* to rule so. **2** (*fig*) (*padronanza*) mastery, control, restraint (*su* on): *~ di sé* self-control. **4** (*fig*) (*campo, branca*) field, domain: *questo rientra nel ~ della scienza* this comes within the field of science. **5** (*Mat*) domain. **6** (*Inform*) domain: *nome di ~* domain name. □ *avere il ~ di qcs.* to be master of sth., to be mistress of sth., to hold sway over sth., to control sth., to rule sth.: *avere il ~ dei propri nervi* to control one's nerves; *i domini della corona* Royal Demesne; (*Mil*) *il ~ dell'aria* control of the air; (*Inform*) *~ di libero accesso* public domain; *~ pubblico* public domain, public property; *di ~ pubblico*: **1** (*Dir*) (*di proprietà generale*) public property; **2** (*fig*) (*noto a tutti*) (of) common knowledge: *la notizia è ormai di ~ pubblico* the news is now common knowledge.

dominion *m.inv.* (*Stor*) Dominion.

domino[1] *m.inv.* (*mantello e persona che lo indossa*) domino.

domino[2] *m.inv.* (*gioco*) dominoes (*costr.sing.*): *giocare a ~* to play dominoes.

Domiziano *n.pr.m.* (*Stor*) Domitian.

domotica *f.* domotics (*costr.sing.*).

don[1] *m.* **1** (*titolo laico italiano o spagnolo*) Don. **2** (*rif. a sacerdoti*) Father; (*rif. ai Benedettini*) Dom.

don[2] I *onom.* dong. **II** *m.* dong.

Don *n.pr.m.* (*Geog*) Don.

donare (**dóno**) **I** *v.t.* **1** to give: ~ *qcs. a qcu.* to give so. sth., to give so. a present of sth.; *le ho donato un libro per il suo compleanno* I gave her a book for her birthday. **2** (*fare donazione: per beneficenza e sim.*) to donate; (*sacrificare*) to give (up): ~ *la vita per la patria* to give one's life for one's country. **3** (*Med*) to donate: ~ *gli organi* to donate one's organs; ~ *il sangue* to donate blood, to give blood. **II** *v.i.* (*aus.* **avere**) (*addirsi*) to suit, to become (*a qcu. so.*): *i colori scuri non le donano* dark colours do not suit her. **III** *v.pron.* **donarsi** (*lett*) (*dedicarsi*) to devote oneself (*a* to).

donatario *m.* (*f.* **-a**) (*Dir*) donee.

donativo *m.* (*lett*) present, gift; (*in denaro*) bonus.

donatore *m.* (*f.* **-trice**) **1** giver, donor. **2** (*Dir, Med*) donor. □ (*Med*) ~ *di midollo osseo* bone marrow donor; (*Med*) ~ *di organo* organ donor; (*Med*) ~ *di sangue* blood donor; (*Med*) ~ *di sperma* sperm donor; (*Econ*) *donatori internazionali* international donors; (*Med*) ~ *universale* universal donor.

donazione *f.* **1** donation, endowment. **2** (*Med*) donation. □ (*Stor*) *la ~ di Costantino* the Donation of Constantine; (*Med*) ~ *di organi* organ donation; *fare una ~* to make a donation.

donchisciotte *m.inv.* Don Quixote. □ *fare il ~* to act quixotically.

donchisciottesco (*pl.* **-chi**) *a.* quixotic.

donchisciottismo *m.* quixotism.

donde *avv.* **1** (*da dove*) whence, where (from): ~ *vieni?* where do you come from? **2** (*per quale motivo*) why, wherefore: ~ *tante lacrime?* why all these tears? **3** (*da chi, da quale fonte*) from whom: ~ *l'hai saputo?* from whom did you hear it? **4** (*dal luogo dal quale*) from where, whence: *venne ~ erano venuti gli altri* he came from where the others came. **5** (*al luogo dal quale*) to where, whence: *torna ~ sei venuto* return whence you came. **6** (*dalla qual cosa*) for which reason, wherefore: ~ *concludo che egli ha ragione* for which reason I conclude he is right. **7** (*di che, con che*) the means with which, the wherewithal: *non abbiamo ~ vivere* we have not the wherewithal to live. **8** (*ant*) (*da cui*) from which, (*lett*) whence: *la città ~ vengo* the town from which I come. □ (*ant*) *averne ben ~* to have good reason, to have good cause: *è offeso per la tua condotta e ne ha ben ~* he is offended by your behaviour and he has good reason to be, he is offended by your behaviour and with reason.

dondolamento *m.* **1** rocking. **2** (*il penzolare*) dangling.

dondolare (**dóndolo**) **I** *v.t.* **1** to swing. **2** (*penzolare, ciondolare*) to dangle, to swing: ~ *i piedi* to dangle one's feet. **3** (*cullare*) to rock. **II** *v.i.* (*aus.* **avere**) to rock, to swing, to sway: *la barca dondolava sulle onde* the boat rocked on the waves. **III** *v.pron.* **dondolarsi** to swing, to sway, to rock (oneself): *la ragazza si dondolava sull'amaca* the girl swung in the hammock. □ ~ *le braccia camminando* to walk along swinging one's arms; ~ *la testa* to roll one's head.

dondolio *m.* **1** rocking, swinging. **2** (*ciondolio*) dangling.

dondolo *m.* swing seat.

dondolone *m.* (*f.* **-a**) (*rar*) (*bighellone*) idler, loafer.

dondoloni *avv.* swinging, dangling: *camminare ~* (*o camminare a ~*) to loaf about, to wander idly.

don don, **dondon** **I** *onom.* ding-dong. **II** *m.* ding-dong: *il ~ delle campane* the ding-dong of the bells.

dongiovannesco (*pl.* **-chi**) *a.* Don Juan-like.

dongiovanni *m.* Don Juan, libertine, philanderer, (*colloq*) lady killer: *essere un ~* to be a Don Juan, to be a lady killer.

dongiovannismo *m.* Don Juanism.

donna *f.* **1** woman: *una bella ~* a good-looking woman, a beautiful woman. **2** (*compagna*) woman, (*colloq*) girl-friend. **3** (*ant,lett*) (*dama, signora*) lady, gentlewoman, dame. **4** (*ant*) (*nei titoli italiani*) Donna: ~ *Francesca* Donna Francesca. **5** (*ant*) (*moglie di un nobile*) Lady. **6** (*domestica*) cleaning lady, help. **7** (*nelle carte da gioco, negli scacchi*) queen: ~ *di picche* queen of spades. □ ~ *a giornata* daily help, daily woman; ~ *a mezzo servizio* part-time help, part-time maid; *andare a donne* to womanize; (*fig*) ~ *cannone* fat lady; *da ~* woman's, women's, lady's, ladies': *abiti da ~* women's clothes; ~ *da marciapiede* streetwalker, prostitute; ~ *d'affari* businesswoman; ~ *del popolo* woman of the people, working-class woman; ~ *delle pulizie* cleaning lady, help; *di ~* woman's: *una voce di ~* a woman's voice; ~ *di casa*: **1** (*casalinga*) housewife; **2** (*chi ama la vita familiare*) stay-at-home woman; *le donne di casa* (*o le donne della casa*) the women of the household; ~ *di classe* woman with class; ~ *di fatica* cleaning lady; ~ *di malaffare* woman of ill repute; ~ *di mondo* woman of the world; ~ *di servizio* maid; ~ *di strada* street-walker; ~ *di vita* loose woman; *la ~ della mia vita* the love of my life; *la ~ è mobile* woman is fickle; ~ *fatale* femme fatale, vamp; ~ *in carriera* career-woman; ~ *lavoratrice* working woman, ~ *libera* (*di facili costumi*) loose woman; *le mie donne* (*le donne della famiglia*) the women of my family, (*ant*) my womenfolk; ~ *oggetto* sex object; (*ant*) ~ *perduta* lost woman; ~ *poliziotto* policewoman; ~ *soldato* woman soldier; ~ *sposata* married woman; ~ *tuttofare* maid-of-all-work, all-around maid, general maid, maid of all work.

donnaccia (*pl.* **-ce**) *f.* (*spreg*) hussy.

donnaiolo *m.* lady-killer, ladies' man, philanderer.

donnesco (*pl.* **-chi**) *a.* (*rar*) women's, woman's, womanish: *chiacchiere donnesche* womanish gossip; *lavori donneschi* women's work.

donnetta *f.* **1** little woman. **2** (*donna umile*) ordinary woman, humble woman. **3** (*spreg*) old maid.

donnicciola *f.* **1** (*spreg*) silly woman, empty-headed woman. **2** (*spreg*) (*uomo debole*) weakling, (*colloq*) sissy.

donnina *f.* **1** (*vezz*) (*donna piccola e graziosa*) pretty little woman. **2** (*bambina assennata*) sensible little girl, little woman. □ ~ *allegra* woman of easy virtue, fast woman, loose woman.

donnino *m.* **1** tiny woman. **2** (*bambina assennata*) sensible little girl, little woman.

donnola *f.* (*Zool*) weasel.

donnone *m.* (*colloq*) big woman.

dono *m.* **1** gift, present: *un ~ prezioso* a precious gift; ~ *simbolico* symbolic gift. **2** (*donazione*) donation. **3** (*dote naturale*) gift, talent, flair: ~ *di natura* natural gift, natural talent; *avere il ~ di una buona memoria* to be gifted with a good memory. □ *un ~ del cielo* a godsend; *i doni della natura* nature's gifts; *il ~ della parola* the gift of speech; *i doni della terra* the fruits of the earth; ~ *di*

natura natural gift; *far ~ di qcs. a qcu.* to give so. sth., to give sth. to so., to make a present of sth. to so.; *far ~ di sé* to give oneself (up); *in ~* as a gift: *ho avuto in ~ un disco* I got a record as a gift; *dare qcs. in ~* to give sth. (as a gift), to make a present of sth.; *avere qcs. in ~* to be given sth., to be presented with sth., to get sth.; *ricevere qcs. in ~* to be given sth., to be given a present of sth., to get sth.

donzella *f.* (*lett*) maiden, damsel.

donzello *m.* (*lett*) (*giovane nobile*) knight bachelor.

doocumentalista *m./f.* documentalist.

DOP **I** (*Alim*) *denominazione di origine protetta* (protected denomination of origin). **II** *a.* (*Alim*) DOP (*attr.*): *formaggi ~ DOP* cheeses.

dopaggio *m.inv.* (*Farm*) doping (to improve performance in sports).

dopamina *f.* (*Biol*) dopamine.

dopante **I** *a.* (*Farm*) doping (to improve performance in sports). **II** *m.* (*Farm*) doping agent (to improve performance in sports).

dopare (**dòpo**) **I** *v.t.* to dope (to improve performance in sports). **II** *v.pron.* **doparsi** to dope, to take dope (to improve performance in sports).

dopato *a.* doped.

doping *m.inv.* (*Farm*) doping (to improve performance in sports).

dopo *avv.* **1** (*rif. a tempo: poi*) then, after, afterwards: *ho sgridato mio figlio e ~ me ne sono pentito* I scolded my son and afterwards I was sorry. **2** (*più tardi*) later (on), after, afterwards: *ci vediamo ~* see you later. **3** (*rif. a luogo*) after, next: *imbocca la strada che viene ~* take the next road. **II** *prep.* **1** (*when used with a personal pronoun dopo is followed by di*) (*rif. a tempo*) after, later: *vieni ~ di me* come after me; *lo rividi ~ un anno* I saw him a year later; *se ne parlerà ~ Pasqua* it will be dealt with after Easter. **2** (*da, a partire da*) since: ~ *Natale non l'ho più visto* I haven't seen him since Christmas. **3** (*rif. a luogo*) past, beyond, after: ~ *la chiesa voltate a destra* after the church turn right. **III** *a.inv.* (*posposto a un nome: seguente*) following, after (*posposto*): *gli telefonai il giorno ~* I phoned him the day after, I phoned him the next day; *qualche giorno ~* some days later. **IV** *m.* (*what comes*) afterwards: *non pensare al ~* don't think about what comes afterwards. **V** *congz.* (*davanti al participio passato*) after, when: ~ *morto* after his death; ~ *mangiato si alzò* when he had finished lunch he rose, after eating he rose. □ *a ~*: **1** till after, until after: *rimandare a ~ le vacanze* to put off until after the holidays; **2** (*a più tardi*) until later, till later (on); **3** (*nei saluti*) see you later; ~ *che*: **1** (*una volta che*) after, when; **2** (*da quando*) since: ~ *che è partito non ho più avuto sue notizie* since he left I've had no news of him; ~ *di che* (and) then, and after that, after which, upon which, whereupon; *mi salutò, ~ di che uscì* he said good-bye to me and then went out; ~ *di ciò* then, after that, thereupon; *e ~?* and then?, and afterwards?; *molto ~* (o *molto tempo ~*) a long time afterwards, much later; *per ~* till afterwards, for later (on): *ha conservato il dolce per ~* he kept the sweet for later; *poco ~* (o *poco tempo ~*) a short time later, a little (while) later, a short while after; ~ *pranzo* after lunch, afternoon: *ci vedremo ~ pranzo* we'll see each other after lunch; *domani ~ pranzo* tomorrow afternoon; *oggi ~ pranzo* this afternoon; ~ *tutto* after all; *entrarono uno ~ l'altro* they came in one after the other.

dopobarba I *a.* (*Cosmet*) aftershave: *lozione* ~ aftershave lotion. II *m.inv.* (*Cosmet*) aftershave lotion.

dopoborsa *m.inv.* (*Econ*) street market, afterhours.

dopocena *m.inv.* after dinner, evening.

dopoché *congz.* 1 (*una volta che*) after, when, once. 2 (*da quando*) since: ~ *è partito non ho più avuto sue notizie* since he left I've had no news of him.

dopodiché *congz.* upon which, after which, whereupon.

dopodomani *avv.* the day after tomorrow.

dopoelezioni *m.inv.* period after the elections, post-elections.

dopoguerra *m.inv.* post-war period. □ *del* ~ post-war (*attr.*): *gli anni del* ~ the post-war years.

dopolavorista *m./f.* member of a workmen's club.

dopolavoristico (*pl. .ci*) *a.* of a workmen's club (*posposto*).

dopolavoro *m.* workmen's club, recreational activities *pl.*

dopopartita *m.inv.* post-match period: *i commenti del* ~ the post-game commentary.

dopopranzo *m.inv.* afternoon: *ho passato il* ~ *leggendo* I spent the afternoon reading.

doposcì I *a.inv.* après-ski: *scarpe* ~ après-ski shoes. II *m.pl.* (*Calz*) après-ski shoes.

doposcuola *m.inv.* afterschool activities *pl.*

doposole I *a.inv.* after-sun. II *m.inv.* (*Cosmet*) after-sun lotion, after-sun cream.

dopoteatro I *a.inv.* after-theatre (*attr.*). II *m.inv.* after-theatre.

dopotutto *avv.* after all: ~ *sarai tu a subire le conseguenze della tua condotta* after all you are the one who will suffer for your behaviour.

doppia *f.* 1 (*consonante doppia*) double consonant. 2 (*Numism*) doppia.

doppiaggio *m.* (*Cin*) dubbing.

doppiamente *avv.* 1 doubly, twice as: *ti sono* ~ *grato per quello che hai fatto* I am doubly grateful for what you have done. 2 (*con doppiezza*) deceitfully.

doppiare[1] (**dóppio, dóppi**) *v.t.* 1 (*Mar*) to round: ~ *un promontorio* to round a promontory. 2 (*Sport*) to double; (*di macchine da corsa*) to lap; (*di barca a vela*) to weather. 3 (*Met*) (*placcare*) to plate. 4 (*Tess*) to wind together.

doppiare[2] (**dóppio, dóppi**) *v.t.* (*Cin*) to dub: ~ *un film* to dub a film; ~ *un attore* to dub an actor.

doppiato I *a.* 1 (*Cin*) dubbed: *film* ~ dubbed film. 2 (*Sport*) lapped. II *m.* (*Cin*) dubbed soundtrack.

doppiatore *m.* (*f.* **-trice**) (*Cin*) dubber.

doppiatura[1] *f.* (*Mar*) strengthening, stiffening.

doppiatura[2] *f.* (*Tess*) double texture proofing.

doppiere, doppiero *m.* (*lett*) two-branched candlestick, two-branched candelabra.

doppietta *f.* 1 (*Arm*) (*fucile a due canne*) double-barrelled gun, double-barrelled shotgun. 2 (*doppio colpo di fucile*) double shot. 3 (*Aut*) double-declutching: *fare la* ~ to double-declutch. 4 (*Sport*) (*nel calcio*) two goals (by the same player). 5 (*Sport*) (*nel pugilato*) one-two. 6 (*Fis*) dipole.

doppiezza *f.* 1 doubleness, double thickness. 2 (*falsità, ipocrisia*) duplicity, falseness, double-dealing.

doppino *m.* 1 (*El*) duplex cable. 2 (*Mar*)

---

bight. □ (*El*) ~ *intrecciato* twisted-pair cable.

doppio I *a.* 1 double: *doppia paga* double pay; *anno si scrive con la doppia n* anno is written with a double n. 2 (*duplice*) double, dual, two (*attr.*), twofold, twin: *è stato un* ~ *dolore per me* it was a twofold grief to me. 3 (*fig*) (*ambiguo, falso*) double-dealing, deceitful, false, two-faced. II *m.* 1 double, twice as much, twice the amount: *dare il* ~ to give twice as much; *pagare il* ~ to pay double; *pesa il* ~ *di me* he weighs twice as much as I do. 2 (*rif. a numero*) double: *quattro è il* ~ *di due* four is the double of two. 3 (*rif. a un sostantivo plurale*) twice as many, twice the number. 4 (*Sport*) doubles *pl.*: ~ *maschile* men's doubles. 5 (*Teat*) understudy, double. 6 (*El*) double. III *avv.* double, twofold, doubly: *vederci* ~ to see double (*anche fig*). □ (*Mecc*) *a* ~ *effetto* double-acting; (*Inform*) *a doppia faccia* double-sided; *a doppia parete* double-walled; *a* ~ *senso*: 1 (*Strad*) (*di circolazione*) two-way (*attr.*): *a* ~ *senso di marcia* two-way traffic; 2 (*fig*) (*ambiguo*) with two meanings, with a double meaning: *una frase a* ~ *senso* a sentence with a double meaning, a double entendre; *a* ~ *taglio*: 1 double-edged, two-edged; 2 (*fig*) double-edged, that cuts both ways: *arma a* ~ *taglio* double-edged sword, two-edged sword; (*Mus*) ~ *bemolle* double flat; *doppia cittadinanza* dual citizenship, dual nationality; (*Inform*) *fare* ~ *clic sull'icona* to double-click the icon; (*Aer,Aut*) ~ *comando* dual control; *a doppi comandi* dual controls; *auto con doppi comandi* dual-control car; *doppia coppia* (*nel poker*) two pairs; (*Strad*) *doppia curva* S-bend; ~ *decimetro* twenty-centimetre rule, twenty-centimetre ruler; (*Inform*) *doppia densità* double density; (*Mus*) ~ *diesis* double sharp; *in doppia dose* in double doses; (*Sport*) ~ *femminile* women's doubles (*costr.sing.*); *sostare in doppia fila* to double-park; ~ *fondo*: 1 false bottom: *a* ~ *fondo* false-bottomed: *baule a* ~ *fondo* trunk with a false bottom; 2 (*Mar*) double bottom; (*rif. a sommergibile*) ballast tank; *fare il* ~ *gioco con qcu.* to double-cross so., to run with the hare and hunt with the hounds; ~ *lavoro* second job, (*colloq*) moonlighting; (*Chim*) ~ *legame* double bond; *doppia mandata* double lock; (*Sport*) ~ *maschile* men's doubles (*costr.sing.*); ~ *mento* double chin; (*Sport*) ~ *misto* mixed doubles (*costr.sing.*); *doppia nazionalità* dual citizenship, dual nationality; (*Gramm*) *doppia negazione* double negation; (*Psic*) *doppia personalità* split personality; (*Sart*) *a* ~ *petto* double-breasted: *abito a* ~ *petto* double-breasted suit; (*Abbigl*) *un* ~ *petto*: 1 (*giacca*) double-breasted jacket; 2 (*cappotto*) double-breasted coat; *doppia porta* double door; *doppie punte* (*di capelli*) split ends; (*Mus*) *doppio scappamento* double escapement; (*Edil*) *doppi vetri* double glazing (*sing.*); *avere una doppia vita* to lead a double life.

doppiofondo (*pl.* **doppifóndi**) *m.* 1 false bottom: *a* ~ false-bottomed. 2 (*Mar*) double bottom; (*rif. a sommergibile*) ballast tank.

doppiogiochismo *m.* double-crossing.

doppiogiochista *m./f.* double-crosser.

doppione *m.* 1 duplicate (copy): *questo francobollo è un* ~ this stamp is a duplicate. 2 (*in una collezione, copia uguale*) copy: *ho molti doppioni di alcune figurine* I have extra copies of some stickers, I have extra copies of some cards. 3 (*Ling*) doublet. 4 (*Teat*) dual role, double part. □ *fare un* ~ *di una*

---

chiave to make a double of a key, to make a copy of a key.

doppiopesismo *m.inv.* (*Giorn*) bias, having a double standard.

doppiopetto I *a.* (*Sart*) double-breasted: *abito* ~ double-breasted suit. II *m.inv.* (*Abbigl*) 1 (*giacca*) double-breasted jacket. 2 (*cappotto*) double-breasted coat.

doppiovetro (*pl.* **doppivétri**) *m.* double glazing.

doppista *m./f.* (*Sport*) (*nel tennis*) doubles player.

dorare (**dòro**) *v.t.* 1 to gild; (*con lamine*) to gold-plate. 2 (*fig,poet*) to gild, to make golden, to tinge with gold: *il sole dorava le cime dei monti* the sun tinged the mountain tops with gold. 3 (*Gastron*) to brown, to fry until (*golden*) brown. 4 (*Gastron*) (*spennellare con tuorlo d'uovo*) to brush with egg yolk.

dorato *a.* 1 gilt, gilded: *argento* ~ gilded silver. 2 (*coperto di lamine d'oro*) gold-plated. 3 (*fig*) gilded, golden: *gabbia dorata* gilded cage; *gioventù dorata* golden youth. 4 (*fig*) (*color oro*) golden: *capelli dorati* golden hair; *biondo* ~ golden blonde. 5 (*Gastron*) golden-brown: *carciofi fritti dorati* golden-brown fried artichokes. 6 (*Gastron*) (*spennellato con tuorlo d'uovo*) brushed with egg yolk (*posposto*).

doratore *m.* (*f.* **-trice**) gilder.

doratura *f.* 1 (*il dorare*) gilding (process); (*con lamine d'oro*) gold plating. 2 (*oro che ricopre*) gilding. 3 (*fregio*) gilt ornament, gilt decoration. 4 (*Legat*) gilding. □ (*Art*) ~ *a foglia d'oro* gold leaf gilding.

dorico (*pl.* **-ci**) I *a.* 1 Dorian. 2 (*Ling,Arch*) Doric. II *m.* (*dialetto dorico*) Doric.

dorifora *f.* (*Entom*) potato beetle.

dorismo *m.* (*Ling*) Dorism.

dormeuse /dor'mœz/ *f.inv.* sofa, lounge.

dormicchiare (**dormìcchio, dormìcchi**) *aus.* **avere**) *v.i.* to doze, to drowse, to slumber, (*colloq*) to snooze.

dormiente I *a.* 1 sleeping. 2 (*Bot*) dormant. 3 (*Mar*) standing: *manovre dormienti* standing rigging. II *m./f.* sleeper, sleeping man (*f.* woman): *non svegliate i dormienti* do not wake the sleepers. III *m.* 1 (*Arch*) beam, joist. 2 (*Mar*) standing rigging.

dormienza *f.* (*Bot*) dormancy.

dormiglione *m.* (*f.* **-a**) sleepyhead, late riser.

dormire (**dòrmo**; *p.pres.* **dormiènte**) I *v.i.* (*aus.* **avere**) 1 to sleep, to be asleep (*anche estens*): *stanotte ho dormito solo cinque ore* last night I slept for only five hours, last night I had only five hours' sleep; *dormi?* are you asleep? 2 (*alloggiare*) to sleep, to spend the night (*da, a at*): *dormirò in albergo* I'll spend the night in a hotel. 3 (*fig*) (*rif. a lavori, pratiche: essere fermo*) to be pigeon-holed, to be shelved: *in questi uffici le pratiche dormono per mesi e mesi* in these offices files are pigeon-holed for months and months. 4 (*fig*) (*rif. a sentimenti e sim.: essere sopito*) to lie dormant, to sleep, to slumber: *le passioni dormivano nel suo cuore* passion was slumbering in her heart, passion was dormant in her heart. II *v.t.* to sleep: *dormire sonni tranquilli* to sleep peacefully. □ *andare a* to go to bed; *mandare a* ~ *i bambini* to send the children to bed; ~ *a occhi aperti*: 1 (*essere vigile*) to keep an eye open, to keep one's eyes open; 2 (*addormentarsi*) to be falling asleep; ~ *abbastanza* to get enough sleep; ~ *bene*: 1 to sleep soundly, to sleep well: *dormi bene!* sleep well!; 2 (*abitualmente*) to be a sound sleeper; ~ *bocconi* to sleep on one's stomach; (*fig*) ~ *come un*

ciocco to sleep like a log; (*fig*) ~ *come un ghiro* to sleep like a top, to sleep like a log; (*fig*) ~ *come un sasso* to sleep like a top, to sleep like a log; (*fig*) ~ *con un occhio solo* to sleep with one eye open; (*fig*) ~ *della grossa* (*profondamente*) to sleep soundly, to sleep like a log; *fare ~*: 1 to make sleep: *questa pillola ti farà ~* this pill will make you sleep; *il caffè non mi fa dormire* coffee keeps me awake; 2 (*fig*) (*essere noioso*) to send to sleep, to be boring; ~ *fino a tardi* to sleep in; (*fig*) ~ *fra due guanciali* to have nothing to worry about; ~ *fuori* to sleep away from home, to sleep out; (*fig*) ~ *in pace* to sleep peacefully; (*fig*) ~ *in piedi* to be dead on one's feet, to be asleep on one's feet; ~ *in tenda* to sleep in a tent, to camp out; ~ *male*: 1 to sleep badly; 2 (*abitualmente*) to be a bad sleeper; *mettere a* ~ to put to bed; (*fig*) *mettere a* ~ *una pratica* to shelve a matter, to pigeon-hole a matter; (*fig*) *non* ~*!* (*fai presto*) don't dawdle!, get a move on!; ~ *saporitamente* to sleep peacefully, to sleep soundly, to sleep like a log; ~ *scoperto* to sleep without bedclothes; ~ *sodo* to sleep deeply, to sleep soundly, to be fast asleep; (*fig*) ~ *sonni tranquilli* not to worry; (*fig*) ~ *il sonno eterno* to sleep eternally; (*fig*) ~ *il sonno del giusto* to sleep the sleep of the just; ~ *tutto d'un sonno* to sleep (right) through the night; (*fig*) *dormirci sopra* (*rimandare qcs. al giorno seguente*) to sleep over it, to sleep on it; (*fig*) *non dormirci sopra* (*non perderci tempo*) don't bother sleeping on it; ~ *sotto i ponti* to sleep rough, to be a tramp, to sleep on the street; *dormirci su* to sleep on it; (*fig*) ~ *sugli allori* to rest on one's laurels; ~ *sul fianco* to sleep on one's side; ~ *sulla schiena* to sleep on one's back; ~ *supino* to sleep on one's back; (*colloq,scherz*) *vai a ~!* get lost! *Prov.: chi dorme non piglia pesci* the early bird catches the worm, the early bird gets the worm.

dormita *f.* sleep: *fare una bella* ~ to have a good sleep, to sleep well.

dormitina *f.* nap, snooze, doze: *fare una* ~ to have a nap, to take a nap.

dormitorio I *m.* dormitory (*anche fig*). **II** *a.* dormitory: *quartiere* ~ dormitory suburb. □ ~ *pubblico* free hostel, doss-house.

dormiveglia *m.inv.* drowsiness. □ *essere nel* ~ to be half-asleep, to be drowsy.

Dorotea *n.pr.f.* Dorothy, Dorothea.

dorrò → **dolere**.

dorsale I *a.* (*Anat,Zool,Fon,Bot*) dorsal: *articolazione* ~ dorsal articulation; (*Itt*) *pinne dorsali* dorsal fins. **II** *f.* **1** (*Geol*) ridge, range, hog's back. **2** (*Inform*) backbone. **III** *m.* (*schienale*) back. □ (*Geol*) ~ *alpina* Alpine ridge; (*Geol*) ~ *atlantica* Atlantic ridge; (*Inform*) ~ *collassata* collapsed backbone; (*Inform*) ~ *internet* internet backbone; (*Geol*) ~ *oceanica* ocean ridge.

dorsalmente *avv.* dorsally.

dorsista *m./f.* (*Sport*) backstroke swimmer.

dorso *m.* 1 back. 2 (*Sport*) (*nuoto*) backstroke: *nuotare a* ~ to do the backstroke. 3 (*Bot*) dorsal. 4 (*Geol*) ridge, crest. 5 (*Legat*) spine. □ *a* ~ *del cavallo* on horseback; *a* ~ *di cammello* on camelback; ~ *del monte* mountain ridge, mountain crest; ~ *della mano* back of the hand; *sul* ~ on one's back.

dorsoventrale *a.* (*Zool,Bot*) dorsoventral.

DOS (*Inform*) disk operating system DOS (*sistema operativo su disco*).

dosabile *a.* measurable.

dosaggio *m.* (*Farm,Chim*) dosage: ~ *delle medicine* dosage of drugs.

dosare (**dòso**) *v.t.* **1** to measure out: ~ *gli*

ingredienti to measure out the ingredients,. **2** (*Farm,Chim*) to dose. **3** (*fig*) to dole out, to weigh, to give sparingly: ~ *le lodi* to give praise sparingly; ~ *le parole* to weigh one's words.

dosatore I *m.* measuring device, measure. **II** *a.* measuring: *tappo* ~ measuring cap (*anche Farm*).

dose *f.* **1** quantity, amount. **2** (*misura*) measure. **3** (*Farm,Chim,Radiol*) dose. **4** (*fig*) portion, amount, deal: *una buona* ~ *di fortuna* a great deal of luck, a good deal of luck. **5** (*colloq*) (*di droga*) fix: *farsi una* ~ to get a fix. □ *non superare le dosi consigliate* do not exceed the stated dose; (*colloq*) ~ *da cavallo* strong dose; (*Med*) ~ *di mantenimento* maintenance dose; (*Farm*) ~ *d'urto* massive dose; ~ *eccessiva* overdose; ~ *giornaliera raccomandata* recommended daily intake; (*Med*) ~ *letale* lethal dose; (*Med*) ~ *minima* minimum dose; (*Med*) ~ *mortale* lethal dose; (*Farm*) ~ *quotidiana* daily dose; (*Med*) ~ *terapeutica* average dose.

dosimetria *f.* (*Fis*) dosimetry.

dosimetro *m.* (*Fis,Tecn*) dosimeter.

dossale *m.* **1** (*copertura di panno per mobili e sim.*) ornamental cover. **2** (*copertura del messale*) missal cover. **3** (*paliotto*) altar frontal. **4** (*Edil*) lagging.

dossier /dos'sje/ *m.inv.* dossier, file.

dosso *m.* **1** (*lett*) (*dorso*) back. **2** (*Geol*) knoll, hillock, mound. **3** (*sommità*) top, summit. **4** (*Strad*) hump. □ (*Strad*) ~ *artificiale* speed breaker, speed bump; *di* ~ off: *togliersi gli abiti di* ~ to take one's clothes off; (*fig*) *togliersi un peso di* ~ to get a weight off one's mind; *scuotersi di* ~ *la polvere* to shake the dust off (oneself).

dossologia *f.* (*Lit*) doxology.

dot *m.* (*Tel*) dot.

dotale *a.* (*Dir*) dotal, of a dowry (*posposto*), from a dowry (*posposto*): *beni dotali* dotal property.

dotare (**dòto**) *v.t.* **1** (*dare la dote*) to give a dowry to, to settle a dowry on, to dower: ~ *qcu. di qcs.* to dower so. with sth. **2** (*assegnare una dotazione*) to endow. **3** (*fornire, munire: di beni e sim.*) to equip, to provide (*di* with), to furnish, to supply (*di* with): ~ *la scuola di banchi* to furnish the school with desks. **4** (*fig*) to endow (with), to bestow (on, upon): *la natura lo ha dotato di una intelligenza pronta* nature has endowed him with a lively mind.

dotato *a.* **1** gifted, endowed (*di* with): *essere* ~ *di una buona memoria* to be endowed with a good memory, to have a good memory; *ben* ~ well-endowed. **2** (*di talenti*) gifted, talented: *uno scultore molto* ~ a very gifted sculptor; *è un fanciullo* ~ he is a gifted boy; *è molto dotato per la pittura* he has a talent for painting. **3** (*munito, fornito*) equipped, provided (*di* with): *uno stabilimento* ~ *dei più moderni macchinari* a factory equipped with the most up-to-date machinery.

dotazione *f.* **1** (*macchine e sim.*) equipment, outfit, supplies *pl.* **2** (*Teat*) properties *pl.* **3** (*rendita assegnata a un istituto e sim.*) endowment: *le dotazioni di un collegio* a college's endowments. **4** (*Mil*) equipment, kit. □ *avere in* ~ *qcs.* to be equipped with sth.; ~ *della corona* Civil List; ~ *di attrezzi* tool outfit; (*Mar*) ~ *di bordo* ship's outfit, ship's equipment; (*Econ*) ~ *di capitale* capital at hand, capital on hand; (*Aut*) ~ *di serie* current (production) accessories, standard accessories.

dote *f.* **1** dowry. **2** (*rif. a istituto e sim.*) endowment: *assegnare una* ~ *a un ospedale* to

make an endowment to a hospital. **3** (*fig*) (*qualità, dono naturale*) accomplishment, endowment, gift, talent. □ *le doti dell'ingegno* the gifts of the mind; *fare la* ~ *a una ragazza* to supply a girl with a dowry; *dare in* ~ to give as a dowry; *portare in* ~ to bring as one's dowry; ~ *naturale* natural talent, natural gift.

dott., Dott. *dottore* Dr. (doctor).

dottamente *avv.* learnedly, in a learned way.

dotto[1] **I** *a.* **1** (*rif. a persona: istruito*) learned, well-read: *un uomo* ~ a learned man. **2** (*erudito in un determinato campo*) learned, expert: *essere* ~ *di* (o *in*) *qcs.* to be learned in sth. **3** (*rif. a cose*) learned, scholarly: *un* ~ *articolo* a learned article; *il libro è ricco di dotte citazioni* the book is full of scholarly quotations. **II** *m.* (*f.* -**a**) scholar, learned person, person of learning.

dotto[2] *m.* (*Anat*) duct. □ (*Anat*) ~ *biliare* bile duct; (*Anat*) ~ *cistico* cystic duct; (*Anat*) ~ *deferente* deferent duct, vas deferens; (*Anat*) ~ *escretore* excretory duct; (*Anat*) ~ *spermatico* spermatic duct.

dottorale *a.* **1** doctoral, Doctor's. **2** (*iron*) learned, erudite: *un'aria* ~ learned airs; *tono* ~ high-and-mighty tone.

dottorando *m.* (*f.* -**a**) Ph.D student, graduate student, doctoral student.

dottorato *m.* degree; (*rif. a dottorato di ricerca*) doctorate, doctor's degree. □ (*Univ*) ~ *di ricerca* doctorate of research, Ph.D course.

dottore *m.* (*f.* -**essa**) **1** (*laureato*) graduate: (*davanti a nome*) Mr.: *il dottor Fazio* (*laureato*) Mr. Fazio; (*dottore di ricerca*) Doctor Fazio. **2** (*medico*) doctor: *il dottor Bianchi* Doctor Bianchi. **3** (*ant*) (*maestro*) scholar. □ (*fig*) *il* ~ *angelico* (*San Tommaso d'Aquino*) Angelic Doctor; (*Rel*) *i dottori della Chiesa* the Doctors of the Church; ~ *di ricerca* doctor; ~ *honoris causa* Doctor honoris causa, honorary graduate, honorary Doctor; ~ *in farmacia* pharmacist, pharmacy graduate; ~ *in ingegneria* engineering graduate, engineer; ~ *in legge* law graduate; ~ *in lettere* Bachelor of Arts; ~ *in matematica* mathematics graduate; ~ *in medicina* doctor of medicine, medical doctor; ~ *in scienze naturali* Bachelor of Science; ~ *in scienze politiche* graduate in political science; ~ *serafico* (*san Bonaventura da Bagnorea*) Seraphic Doctor.

dottoreggiare (**dottoréggio, dottoréggi**) *aus.* **avere**) *v.i.* (*scherz,spreg*) to show off one's learning, to pontificate.

dottorescamente *avv.* (*spreg*) donnishly, pedantically.

dottoresco (*pl.* -**chi**) *a.* (*spreg*) donnish, pedantic.

dottoressa *f.* **1** (*laureata*) (woman) graduate; (*davanti a nome*) Miss, Mrs: *la* ~ *Russo* (*laureata*) Ms Russo; (*dottoressa di ricerca*) Doctor Russo. **2** (*donna medico*) (lady, woman) doctor, (woman) physician: *la* ~ *Bianchi* Doctor Bianchi.

dottrina *f.* **1** (*cultura*) learning, erudition: *uomo di molta* ~ man of great learning. **2** (*l'insieme dei principi di una scienza, filosofia e sim.*) teachings *pl.*, doctrine: *la* ~ *di Aristotele* the teachings of Aristotle. **3** (*l'insieme dei principi della fede cristiana*) doctrine; (*catechismo*) catechism. **4** (*Pol*) doctrine. □ ~ *conciliare* conciliarism; ~ *dello stato* doctrine of the State; *la* ~ *di Cristo* the teachings of Christ; ~ *epicurea* Epicurean doctrine; ~ *filosofica* philosophical doctrine; ~ *politica* political doctrine.

dottrinale *a.* **1** doctrinal. **2** (*fig*) (*cattedratico*) bookish.

dottrinalmente *avv.* doctrinally.

dottrinario I *a.* doctrinaire: *affermazioni dottrinarie* doctrinaire assertions. **II** *m.* doctrinarian, doctrinaire.

dottrinarismo *m.* doctrinairism, doctrinarism.

dove I *avv.* **1** where: *~ abiti?* where do you live?; *dimmi dov'è* tell me where it is; *~ vai?* where are you going? **2** (*nel luogo in cui: stato*) where: *sta ~ stanno tutti gli altri* it is where all the others are; *ecco ~ ho visto i ladri* this is where I saw the thieves; *la casa ~ abito* the house where I live. **3** (*nel luogo in cui: moto*) (to) where: *andò ~ stavano i suoi amici* he went to where his friends were; *la stanza ~ entrammo era grande* the room (that) we went into was a big one. **II** *congz.* (*lett*) **1** (*se*) if, lest: *~ ciò accadesse, avvertimi* if that should happen, let me know. **2** (*mentre*) whereas, while, whilst: *fugge, ~ dovrebbe combattere* he flees, whereas he should fight. **III** *m.* where, place: *voglio sapere il ~ e il quando* I want to know the time and place.

□ *da* ~ from where, where (from), (*lett*) whence: *non so da ~ cominciare* I don't know where to begin; *da ~ viene?* where is he from?; *da ~ vieni?* where do you come from?; *da ogni ~* from everywhere, from all places, from all sides; *di ~* from where, where (from), (*lett*) whence; *fin ~*: **1** as far as: *ti aiuterò fin ~ mi è possibile* I'll help you as far as I can; **2** (*in proposizioni interrogative*) how far?; *fin ~ lo hai accompagnato?* how far did you go with him?; *~ mai?* wherever?; *per ~ si passa?* which way must we go?; *per ~ è partito?* where has he gone?

dovecchessia *avv.* (*ant,lett*) anywhere.

dovere[1] (*pres.ind.* **dèvo/dèbbo**, **dèvi** /*poet* **dèi**, **dève**, **dobbiàmo**, **dovéte**, **dèvono/dèbbono**/ *fut.* **dovrò**; *p.rem.* **dovètti** /*rar* **dovéi**; *pres.cong.* **dèbba** /*rar* **dèva**, **dobbiàmo**, **dobbiàte**, **dèbbano/dèvano**/ *pres.cond.* **dovrèi**; *no imperative*; *p.p.* **dovùto**; *when* dovere *is used as a modal verb it usually takes the auxiliary required by the verb it is used with*) **I** *v.i.* (*aus.* **avere/essere**) **1** (*obbligo, necessità*) to have to, must: *devi lavorare di più* you must work harder; *sono dovuto uscire* I had to go out. **2** (*in proposizioni negative: essere obbligato*) must, to have to, *talvolta si rende con il verbo* to be to: *tu non devi lavorare più di otto ore* you mustn't work more than eight hours, (*Br*) you haven't to work more than eight hours, (*Am*) you don't have to work more than eight hours. **3** (*essere necessario*) to need, to have (got) to: *non devi stare in casa se non vuoi* you needn't stay at home, you don't have to stay at home, you haven't got to stay at home. **4** (*necessità assoluta o logica*) must: *tutti devono morire* all men must die; *per spendere così deve essere ricco* if he can spend like that he must be rich. **5** (*essere lecito*) may: *non si deve fumare in biblioteca* you may not smoke in the library, no smoking in the library. **6** (*ordine, perplessità*) *si rende con il verbo* to be to: *devi partire subito* you are to leave at once; *che cosa devo fare?* what am I to do? **7** (*programma stabilito*) *si rende con il verbo* to be (due) to *o con il presente progressivo*: *mi deve telefonare alle tre* he is supposed to ring me at three, he is ringing me at three, he is due to ring me at three. **8** (*essere inevitabile*) to be bound to: *presto o tardi doveva succedere* it was bound to happen sooner or later. **9** (*al condizionale*) should, ought to: *dovresti avvertirlo* you ought to warn him; *non dovresti*

rispondere così sgarbatamente you shouldn't answer so rudely. **10** (*all'imperfetto: opportunità, dovere morale*) should have, ought to have: *non dovevi dirglielo* you shouldn't have told him. **11** (*al passato remoto*) to be obliged to, to be compelled to, to have to: *dovette andare* he was obliged to go, he had to go. **12** (*in forme di cortesia*) shall: *devo aprire la finestra?* shall I open the window? **II** *v.t.* (*essere debitore*) to owe (*anche fig*): *gli devo duemila euro* I owe him two thousand euros; *mi devi una spiegazione* you owe me an explanation; *dobbiamo la salvezza alla sua presenza di spirito* we owe our safety to his presence of mind. □ *come si deve* properly, well: *fare le cose come si deve* to do things properly; *una persona come si deve* a decent person; *dovrò forse assentarmi per qualche giorno* I may be away for a few days; *se dovessi tardare occupati tu della cosa* if I should be late, you see to the matter.

dovere[2] *m.* **1** duty (*verso* to, towards): *fare il proprio ~* to do one's duty; *i doveri verso la famiglia* one's duties towards one's family; *credere proprio ~* to feel it one's duty, to feel bound, to feel duty-bound; *credo mio ~ dirvi la mia opinione* I feel it my duty to tell you what I think; *sentirsi in ~ di fare qcs.* to feel bound to do sth. **2** *pl.* (*rar*) (*ossequi, saluti*) regards, respects: *i miei doveri a Sua moglie* my respects to your wife. □ *a ~* properly, as it should be, in the right way, correctly, well: *fare le cose a ~* to do things properly; *a chi di ~* to the person concerned; *avere il ~* to have the duty, to be duty-bound: *abbiamo il ~ di aiutarci l'un l'altro* it is our duty to help each other; *doveri coniugali* conjugal duties, marital duties; *doveri di moglie* wifely duties; *~ di ufficio* official duty; *dovere!* not at all!, you are welcome!; *farsi un ~ di fare qcs.* to feel bound to do sth., to feel obliged to do sth., to make a point of doing sth., to consider it one's duty, to take it upon oneself: *si fece un ~ di telefonarmi* he took it upon himself to telephone me; *il ~ mi chiama!* duty calls!; *per ~* out of duty; *per ~ di cronaca* for the record.

doverosamente *avv.* duly, properly.

doveroso *a.* **1** right and proper, only right, rightful: *è ~ dirglielo* it is only right to tell him; *credo ~ avvertirvi* I feel that I ought to warn you, I feel duty-bound to warn you. **2** (*debito*) due: *trattare qcu. con il ~ riguardo* to treat so. with due respect.

dovete → **dovere**[1].

dovizia *f.* (*lett*) plenty, wealth, abundance. □ *a ~* in abundance, in plenty; *narrare qcs. con ~ di particolari* to tell sth. with a wealth of details.

dovizioso *a.* (*lett*) **1** (*rif. a cose*) abundant, plentiful, copious. **2** (*rar*) (*rif. a persone*) wealthy, rich.

dovrò → **dovere**[1].

dovunque I *avv.* **1** (*dappertutto*) everywhere, (*colloq*) all over the place. **2** (*in qualsiasi luogo*) anywhere, wherever, no matter where: *il mio cagnolino mi segue ~* my puppy follows me everywhere, my puppy follows me wherever I go. **II** *cong.* wherever: *vado lo incontro* wherever I go I bump into him.

dovutamente *avv.* duly.

dovuto → **dovere**[1] **I** *a.* **1** (*che si deve dare*) due, owing, owed: *la somma dovuta* the amount due. **2** (*che si deve pagare*) payable: *il prezzo ~* the price payable. **3** (*debito*) due, right, rightful, proper: *prendere le dovute precauzioni* to take due precautions; *trattare*

qcu. con i dovuti riguardi to treat so. with all proper regard. **4** (*causato*) due: *il fallimento dei negoziati fu ~ alla sua inesperienza* the failure of the negotiations was due to his inexperience. **II** *m.* (*amount*) due: *pagare il ~ a qcu.* to pay so. his due; *dare più del ~* to give more than what is due. □ *col ~ riguardo* (o *col ~ rispetto*) with all due respect, with due respect; *ciò che mi è ~* what is owing to me, my due.

Dow Jones /'daw'dʒɔns/ □ (*Econ*) *indice ~* Dow Jones index.

Down /'daun/ **I** *a.* **1** (*Med*) with Down's syndrome (*posposto*), affected with Down's syndrome (*posposto*): *bambini ~* children affected with Down's syndrome. **II** *m./f.inv.* person affected with Down's syndrome.

download /'dawn'lod/ *m.* (*Inform*) download.

downsizing /ˌdawn'saizing/ *m.* downsizing.

dozzina *f.* **1** (*dodici*) dozen: *una ~ di alunni* a dozen pupils; *una mezza ~* half a dozen. **2** (*circa dodici*) about a dozen, about twelve. **3** (*ant*) (*pensione*) board and lodging: *pagare la ~* to pay for one's board and lodging. □ *a dozzine* by the dozen, in dozens.

dozzinale *a.* **1** (*ordinario, scadente*) cheap, second-rate (*attr.*), common, commonplace (*attr.*), shoddy: *un abito ~* a shoddy dress; *scherzi dozzinali* commonplace jokes, trite jokes; *merce ~* cheap goods. **2** (*rif. a persone*) second-rate (*attr.*), commonplace (*attr.*), mediocre: *scrittore ~* mediocre writer, dime-a-dozen writer.

dozzinalità *f.* cheapness.

DP 1 (*Dir,Pol*) *Decreto Presidenziale* (presidential decree). **2** (*Pol,Stor.it*) *Democrazia proletaria* (proletarian democracy).

D/P (*Econ*) *Documenti contro pagamento* D/P (documents against payments).

DPC (*Dir,Pol*) *Decreto del presidente del consiglio* (premier's decree).

DPEF (*Pol*) *Documento di programmazione economica e finanziaria* EDPF (economic and financial planning document).

DPR (*Dir,Pol*) *Decreto del Presidente della Repubblica* (presidential decree).

Dr., **dr.** *dottore* Dr. (doctor).

dracena *f.* (*Bot*) dracaena, dragon tree.

dracma *f.* **1** (*Econ,Numism*) (*unità monetaria*) drachm, drachma. **2** (*ant*) (*misura di peso*) dram, drachm, drachma.

Dracone *n.pr.m.* (*Stor.gr*) Draco.

draconiano *a.* Draconian (*anche fig*).

draga *f.* **1** dredge, dredger, dredging machine, drag. **2** (*Mar*) drag anchor. □ *~ a benna* clamshell dredge; *~ a norie* bucket dredger; *~ a secchie* bucket dredger; *~ ad aspirazione* suction dredger.

dragaggio *m.* **1** dredging. **2** (*Mar*) (*rif. a mine*) minesweeping.

dragamine *m.inv.* (*Mar*) minesweeper.

dragante *m.* (*Mar*) transom beam.

dragare (*dràgo*, **dràghi**) *v.t.* **1** to dredge, to drag: *~ un fiume* to dredge a river. **2** (*rif. a mine*) to sweep.

dragata *f.* dredging.

dragatore, **draghista** *m.* dredger.

draglia *f.* (*Mar*) stay, runner.

drago (*pl.* **-ghi**) *m.* **1** (*animale favoloso*) dragon. **2** (*fig,colloq*) (*asso*) ace, whizz. □ *~ volante*: **1** (*aquilone*) kite; **2** (*Zool*) flying dragon.

dragomanno *m.* dragoman.

dragona *f.* (*Mil*) sabre knot, sword knot.

dragoncello *m.* **1** (*Bot,Alim*) tarragon. **2** (*Zool*) guinea worm.

dragone *m.* **1** (*drago*) dragon. **2** (*Mil*) dragoon. **3** (*barca a vela*) dragon, dragon-class boat.

dramma[1] *m.* **1** (*Teat*) drama, play; (*genere*) drama. **2** (*fig*) tragedy. ☐ (*fig*) ~*familiare* family tragedy; (*fig*) *non farne un* ~*!* don't make such a big thing out of it!; (*Lett*) ~*lirico* opera; (*Lett*) ~ *pastorale* pastoral play, pastoral drama; (*Lett*) ~*satiresco* satyr play.

dramma[2] *f.* **1** (*Econ,Numism*) (*unità monetaria*) drachm, drachma. **2** (*ant*) (*misura di peso*) dram, drachm, drachma.

drammatica *f.* (*Teat*) dramatic art, dramatics (*costr.sing.*), drama.

drammaticamente *avv.* dramatically.

drammaticità *f.* dramatic force, drama: *la* ~ *di un personaggio di un romanzo* the dramatic force of a character in a novel; *la ~ di una situazione* the drama of a situation.

drammatico (*pl.* **-ci**) *a.* **1** (*Teat*) dramatic: *poesia drammatica* dramatic poetry. **2** (*estens*) dramatic, stage (*attr.*): *attore* ~ (stage)actor; *spettacolo* ~ stageplay, dramatic performance, stage performance. **3** (*fig*) (*doloroso, tragico*) dramatic. **4** (*fig*) (*teatrale, esagerato*) theatrical, dramatic, melodramatic, histrionic: *gesti drammatici* theatrical gestures.

drammatizzare (**drammatizzo**) *v.t.* **1** to dramatize: ~ *una situazione* to dramatize a situation. **2** (*assol.*) to dramatize, to be melodramatic: *non ~, non è successo nulla di grave* don't be melodramatic, nothing terrible has happened.

drammatizzazione *f.* dramatization.

drammaturgia *f.* (*Teat*) dramaturgy.

drammaturgico *a.* dramaturgic(al).

drammaturgo (*f.* **-a**; *pl.* **-ghi**) *m.* (*Teat*) dramatist, playwright, dramaturge.

drammone *m.* (*spreg*) **1** (*film, romanzo*) tear-jerker. **2** (*situazione patetica*) melodrama.

drappeggiare (**drappéggio, drappéggi**) **I** *v.t.* to drape: ~ *una tenda* to drape a curtain. **II** *v.pron.* **drappeggiarsi** to drape oneself: *drappeggiarsi nel mantello* to drape one's cloak over one's shoulders.

drappeggio *m.* **1** drapery, drapes *pl.*; (*l'insieme delle pieghe*) draping: *il ~ di una tenda* the draping of a curtain. **2** (*Sart*) drape: *una camicetta ornata di drappeggi* a blouse decorated with drapes.

drappella *f.* (*Mil*) banderol(e).

drappello *m.* **1** (*Mil*) squad: *un ~ di soldati* a squad of soldiers. **2** (*estens*) band, group: *un ~ di persone veniva verso di lui* a group of people came towards him.

drapperia *f.* **1** (*insieme di drappi*) drapery, drapes *pl.* **2** (*magazzino di tessuti*) draper's (shop).

drappo *m.* (*Tess*) cloth, fabric. ☐ ~*funebre* pall.

drasticamente *avv.* drastically.

drasticità *f.* quality of being drastic.

drastico (*pl.* **-ci**) *a.* drastic: *decisione drastica* drastic decision.

dravida **I** *a.* Dravidian. **II** *m./f.* Dravidian.

dravidico (*pl.* **-ci**) *a.* Dravidian: *lingua dravidica* Dravidian, Dravidian language.

drenaggio *m.* **1** (*Chir*) drainage. **2** (*Idr*) drainage, draining. **3** (*Cosmet*) (*massaggio leggero*) drainage: ~ *linfatico* lymphatic drainage (therapy). ☐ (*Econ*) ~*fiscale* fiscal drag.

drenare (**dréno**) *v.t.* (*Idr;Chir*) to drain: ~ *un acquitrino* to drain a swamp; ~ *una ferita* to drain a wound.

Dresda *n.pr.f.* (*Geog*) Dresden.

dressage /dres'saʒ/ *m.inv.* (*Equit*) dressage.

driade *f.* (*Mitol*) dryad.

dribblaggio *m.* (*Sport*) dribbling.

dribblare (**dribblo**) **I** *v.i.* (*aus.* **avere**) (*Sport*) to dribble. **II** *v.t.* **1** (*Sport*) to dribble, to dodge: ~ *l'avversario* to dodge one's adversary. **2** (*fig*) (*eludere*) to duck, to shirk.

dribblatore *m.* (*Sport*) dribbler.

dribbling *m.inv.* (*Sport*) dribbling: *fare un* ~ to dribble.

drillo *m.* (*Zool*) drill.

drin drin, drindrin *I onom.* ting-a-ling. **II** *m.* tinkle, ring, ringing.

drink *m.inv.* drink.

dripping *m.inv.* (*Art*) dripping method.

dritta *f.* **1** (*mano destra*) right hand. **2** (*parte destra*) right, right side, righthand side. **3** (*Mar*) starboard. **4** (*colloq*) (*informazione, consiglio*) tip: *dare una ~ a qcu.* to tip so. off. ☐ *a* ~: **1** (*a destra*) to the right: *girare a* ~ to turn to the right; **2** (*Mar*) to starboard; *a* ~ *e a manca* right and left; left, right and centre.

dritto **I** *a.* **1** (*diritto*) straight, direct: *una via dritta* a straight road. **2** (*rif. a persona*) upright, erect. **3** (*liscio*) straight: *capelli dritti* straight hair. **4** (*destro*) right, righthand: *la mano dritta* the right hand. **5** (*colloq*) (*astuto*) astute, cunning, sly. **6** (*usato avverbialmente: direttamente*) straight, directly: *andate dritti a scuola* go straight to school. **II** *avv.* directly, straight: *andare ~ allo scopo* to go straight to the point. **III** *m.* **1** right side (*anche Tess*). **2** (*rif. a indumento*) right side, outside. **3** (*rif. a monete, medaglie*) obverse. **4** (*colloq*) (*persona astuta*) slicker, sharper. **5** (*Sport*) (*nel tennis*) forehand. **6** (*Mar*) post: ~ *dell'elica* propeller post. **7** (*nella maglia*) plain. ☐ (*Tess*) ~*filo* grain; *non ne va una dritta* nothing goes right; (*fig*) *per* ~ *e per rovescio* (in) one way or another, by hook or by crook; *vada sempre* ~ (*nelle indicazioni stradali*) go straight ahead; *un* ~, *un rovescio* (*nel lavoro a maglia*) knit one, purl one.

drittofilo *m.inv.* (*Tess*) grain: *tagliare* ~ (*o tagliare in drittofilo*) to cut on the grain.

drittone *m.* (*colloq*) slicker, sharper.

drive /'drajv/ *m.inv.* (*Inform*) drive.

drive-in /draj'vin/ *m.inv.* drive-in.

drizza *f.* (*Mar*) halyard.

drizzare (**drizzo**) **I** *v.t.* **1** (*raddrizzare*) to straighten (out): ~ *un fil di ferro* to straighten a wire. **2** (*volgere, indirizzare*) to turn, to direct (*anche fig*): ~ *la prua al largo* to turn the prow to the open sea. **3** (*mettere in posizione verticale*) to put up, to set upright. **4** (*erigere*) to erect, to set up: ~ *un muro di cinta* to erect a boundary wall. **II** *v.i.* (*aus.* **avere**) (*Mar*) to work the halyards. **III** *v.pron.* **drizzarsi 1** (*rizzarsi*) to stand up, to rise. **2** (*raddrizzarsi*) to straighten (up). ☐ (*fig*) *quando guida lui mi si drizzano i capelli* (*sulla testa*) his driving makes my hair stand on end; *drizzarsi in piedi* to stand up, to rise; (*fig*) ~*le antenne* to put out feelers; (*fig*) ~*le gambe ai cani* (*Br*) to straighten up bananas; (*fig*) ~*le orecchie* to prick up one's ears, to cock one's ears.

droga *f.* **1** (*sostanza aromatica*) spice. **2** (*stupefacente*) drug, narcotic, (*colloq*) dope: *fare uso di* ~ to take drugs; *uscire dalla* ~ to stop taking drugs; *è morto per* ~ he died from drug abuse. ☐ *per lui il caffè è una* ~ coffee is like a drug for him, he is addicted to coffee; *droghe leggere* soft drugs, recreational drugs; ~*party* acid house party; ~*pesante* heavy drug.

drogaggio *m.* (*Sport,Tecn*) doping.

drogare (**drògo, dròghi**) **I** *v.t.* **1** (*somministrare stupefacenti*) to drug, to dope. **2** (*aggiungere stupefacenti*) to drug: ~ *un dottore:* ~ *il vino* to drug wine. **3** (*Gastron,rar*) to season, to spice. **4** (*Sport,rar*) (*dopare*) to

dope. **II** *v.pron.* **drogarsi 1** to drug oneself. **2** (*abitualmente*) to take drugs.

drogato **I** *a.* **1** (*rif. a persona*) doped, drugged. **2** (*Gastron,rar*) seasoned, spiced. **II** *m.* (*f.* **-a**) drug addict, (*colloq*) druggie.

drogheria *f.* grocer's shop, grocery.

droghiere *m.* (*f.* **-a**) grocer.

dromedario *m.* (*Zool*) dromedary.

dromo *m.* (*Mar*) seamark.

dronte *m.* (*Ornit*) dodo.

drosofila *f.* (*Entom*) drosophila, fruit fly.

Dr.ssa, dr.ssa *dottoressa* Dr. (woman doctor).

drudo *m.* (*lett*) paramour.

druida *m.* (*Rel*) Druid.

druidico (*pl.* **-ci**) *a.* (*Rel*) Druid (*attr.*), Druidic, Druidical: *culto* ~ Druid worship.

druidismo *m.* (*Rel*) Druidism.

druido *m.* (*Rel*) Druid.

drupa *f.* (*Bot*) drupe, stone fruit.

drupacea *f.* (*Bot*) drupaceous tree.

drupaceo *a.* (*Bot*) drupaceous.

drusa *f.* (*Min*) druse.

druso *m.* Druse, Druze.

DS (*Pol,Stor.it*) Democratici di Sinistra (left democrat party).

DSP (*Econ*) diritti speciali di prelievo SDR (special drawing rights).

dual band /'dual'bend/ *a.inv.* dual band.

duale **I** *a.* (*Gramm,Mat*) dual. **II** *m.* (*Gramm*) dual (number).

dual feed /'dual'fiːd/ *m.* (*TV*) dual feed system.

dual income tax /'dual'inkɔm'taks/ *f.* dual income tax.

dualismo *m.* **1** (*Filos*) dualism. **2** (*fig*) (*antagonismo*) rivalry.

dualista *m./f.* (*Filos*) dualist.

dualistico (*pl.* **-ci**) *a.* (*Filos*) dualistic: *concezione dualistica* dualistic concept.

dualità *f.* duality (*anche Mat,Fis*).

dual pricing /'dual'praisiŋ/ *m.* dual pricing.

dubbio[1] *m.* **1** doubt, uncertainty: *non ci sono dubbi* there can be no doubt; *non c'è* ~ no doubt about it; *su questo rimane il* ~ there is still some doubt about it. **2** (*sospetto*) suspicion, doubt. **3** (*punto oscuro*) doubtful point: *ci sono ancora molti dubbi nell'interpretazione del passo* there are still many doubtful points regarding the interpretation of the passage. ☐ ~*amletico* dilemma; *avere un* ~ to be in doubt; *avere dei dubbi* to have doubts: *ho i miei* ~ I have my doubts (*su as to, about*); *essere in* ~ to be doubtful, to be uncertain: *sono in* ~ *se accettare o no* I am uncertain as to whether to accept or not; *lasciare qcu. in* ~ to leave so. in doubt; (*Filos*) ~*metodico* methodical doubt, methodic doubt; *mettere in* ~ *qcs.* to cast doubt on sth., to doubt sth.; *nessuno mette in* ~ *la tua lealtà* nobody doubts your loyalty; *nel* ~ when in doubt, if in doubt; *senza* ~ without doubt, without any doubt, doubtless, no doubt, certainly, undoubtedly; *arriverà senza ~ prima di noi* he will certainly arrive before us; *senza alcun* ~ beyond (all) doubt; *senza il minimo* ~ without the slightest doubt; *ciò mi fa venire un* ~ this makes me wonder; *mi viene un* ~ I am doubtful, I am wondering.

dubbio[2] *a.* **1** (*incerto*) doubtful, dubious, uncertain: *un caso* ~ a dubious case; *l'esito è* ~ the outcome is doubtful, the outcome is uncertain. **2** (*non determinabile*) dubious, uncertain: *colore* ~ uncertain colour. **3** (*ambiguo*) dubious, ambiguous. ☐ *una persona di dubbia fama* a person of dubious reputation, a doubtful character, a dubious character; *uno scherzo di ~ gusto* a jest in very doubtful taste, a joke in questionable taste.

dubbiosamente *avv.* doubtfully, uncertainly, dubiously.

dubbioso *a.* 1 (*incerto*) doubtful, dubious, in doubt (*posposto*), undecided: *ero ~ se accettare o no* I was doubtful as to whether to accept or not, I was in doubt as to whether to accept or not. 2 (*esitante*) irresolute: *essere ~ di fronte a una scelta* to be irresolute when faced with a choice. 3 (*su cui si è in dubbio*) doubtful, dubious, uncertain: *esito ~* doubtful issue, doubtful outcome.

dubitabile *a.* 1 doubtful, questionable. 2 (*incerto*) doubtful, uncertain.

dubitante I *a.* doubting. II *m.* doubter.

dubitare (**dùbito**; *aus.* avere) *v.i.* 1 to doubt (*di qcs.* sth., *che* that): *dubitavo che tu venissi* I doubted whether you would come, I doubted that you would come. 2 (*diffidare*) to distrust, to mistrust, to doubt, not to trust (sth.): *~ delle proprie forze* to mistrust one's own powers. 3 (*temere*) to be afraid. 4 (*esitare*) to hesitate, to waver. □ *ne dubito* I doubt it: *riusciremo a prendere quel treno? - Ne dubito* shall we manage to catch that train? - I doubt it; *non ~:* 1 (*essere certo*) to have no doubt, not to doubt: *non dubito che tu sia sincero* I do not doubt (but) that you are sincere, I do not question your sincerity; 2 (*stare tranquillo*) to depend upon it, not to worry: *non ~, mi pagherà quest'affronto* depend upon it, he will pay for this insult; you can be sure, he will pay for this insult; *sarò puntuale, non ~* I'll be on time, don't worry; *non ne dubito* I have no doubt of it, I do not doubt it.

dubitativo *a.* 1 doubting, of doubt (*posposto*), expressing doubt (*posposto*), dubitative: *tono ~* tone of doubt. 2 (*Gramm*) dubitative: *proposizione dubitativa* dubitative clause.

dublinese I *a.* Dublin (*attr.*), of Dublin (*posposto*). II *m./f.* Dubliner.

Dublino *n.pr.f.* (*Geog*) Dublin.

duca (*pl.* **-chi**) *m.* duke.

ducale *a.* 1 (*del duca*) ducal, duke's: *corona ~* ducal coronet. 2 (*del doge*) doge's.

ducato[1] *m.* 1 (*titolo*) dukedom. 2 (*territorio*) duchy, dukedom.

ducato[2] *m.* (*Numism,Stor*) ducat.

duce *m.* 1 (*capo, condottiero*) leader, chief. 2 (*Stor.it*) Duce.

duchessa *f.* duchess.

duchessina *f.* (*figlia di duca*) duke's daughter.

duchino *m.* (*figlio di duca*) duke's son.

due I *a.* 1 two. 2 (*colloq*) (*duecento*) two hundred: *cinquemila e ~* five thousand two hundred. 3 (*colloq*) (*piccola quantità*) a few, a couple (of): *gli ho scritto ~ righe* I have written him a few lines. II *m.inv.* 1 (*numero*) two: *~ o tremila* two or three thousand. 2 (*nelle date*) second: *il ~ ottobre* October 2nd, on 2nd of October. 3 (*nelle carte da gioco*) two, deuce: *il ~ di cuori* the two of hearts. 4 *pl.* (*rif. a persona*) two, couple, pair: *noi ~* we two; *la sorte dei ~ è ignota* the couple's fate is unknown; *uno di voi ~ mi potrebbe aiutare* one of you two might be able to help me. III *f.pl.* two, two o'clock. □ *una cenetta a ~* an intimate dinner for two; *la vita a ~* life as a couple; *a ~ a ~* two by two(s), in pairs, in twos; (*Mecc*) *a ~assi* two-axled; *a ~facce:* 1 double-faced; 2 (*fig*) two-faced; *a ~ mani* two-handed; (*fig*) *prendere il coraggio a ~ mani* to pluck up one's courage; (*Fis*) *a ~poli* bipolar; *a ~ruote* two-wheeled; (*Aut*) *veicolo a ~ ruote* two-wheeler; *a ~ tagli*

two-edged, double-edged; (*Mar*) *un ~ alberi* a two-master, a two-masted ship; *fare ~ chiacchiere* to have a chat; (*Sport*) *~ con* coxed pair; (*fig*) *~ cuori e una capanna* love in a cottage; (*fig*) *da ~ soldi* (*di scarso valore*) twopenny (*attr.*), tuppenny (*attr.*), (*Am*) nickel-and-dime (*attr.*); *delle ~ l'una, o ci aiuti o te ne vai* you can take your choice, either you help us or you go; (*fig*) *contare come il ~ di briscola* to count for nothing; (*Sport*) *~ di coppia* double scull; (*fig*) *dare il ~ di picche a qcu.* to refuse point-blank; *e ~!* that's the second time!, not again!; (*fig*) *essere fra ~ fuochi* to be between the devil and the deep blue sea, to be caught in the crossfire; *trovarsi fra due fuochi* to be caught in the crossfire; *in ~* in half, in two: *piegare in ~* to fold the sheet in half, to fold the sheet in two; *siamo in ~* there are two of us; (*iron*) *allora siamo in ~* join the club; *ogni ~ giorni* every other day; (*colloq,region*) *ogni ~ per tre* all the time, continually; (*fig*) *~ parole* a few words; *dire ~ parole* to have a word or two, to say a word or two; *ti racconterò tutto in ~ parole* I'll tell you the whole story very briefly, I'll tell you the whole story in just a few words; *raccontare qcs. in due parole* to tell sth. in a few words, to tell sth. briefly; *scrivere due parole a qcu.* to write so. a short note; *fare ~ passi* to go for a short walk, to take a (short) walk; *si trova a ~ passi da qui* it's right near here; *qui a ~ passi a* stone's throw from here; *lavoro a ~ passi da casa* I work within a stone's throw from home; *per ~:* 1 (*enough*) for two, of two: *mangiare per ~* to eat enough for two men; *lavorare per ~* to do the work of two men; 2 (*Mat*) by two: *moltiplicare per ~* to multiply by two; *dividere per ~* to divide by two; (*fig*) *usare ~ pesi e ~ misure* to have double standards, to use different criteria, to be unfair, to be partial; (*Abbigl*) *~ pezzi:* 1 (*costume da bagno*) bikini, two-piece bathing costume, two-piece bathing suit; 2 (*abito composto di gonna e giacca*) two-piece, two-piece suit; (*fig*) *prendere ~ piccioni con una fava* to kill two birds with one stone; (*fig*) *~ più ~ fa quattro* two plus two is four; (*Aut*) *una ~ posti* a two-seater; *veicolo a ~ posti* two-seater; *~ punti* (*segno grafico*) colon; (*iperb*) *scrivere ~ righe a qcu.* to write so. a line, to drop so. a line; (*Sport*) *~ senza* coxless pair, coxwainless pair; *su ~ piedi:* 1 (*immediatamente*) at once, immediately; 2 (*senza preavviso*) without warning, offhand, on the spot, there and then, (*colloq*) straight off: *lo licenziò ~ due piedi* he sacked him on the spot; *sulle ~ ruote* (*sulla moto*) on motorcycle; *tutt'e ~* both (of): *ho conosciuto tutt'e ~ i fratelli* I have met both (the) brothers; *sono qui tutti e ~* both of them are here; *l'Europa a ~ velocità* (*Br*) two-speed Europe; *~ volte* twice: *~ volte al giorno* twice a day; *~ volte tanto* twice as many, twice as much; (*Aut*) *autovettura a ~ volumi* hatchback. Prov.: *non c'è ~ senza tre* things always come in threes.

duecentesco (*pl.* **-chi**) *a.* (*del duecento*) thirteenth-century (*attr.*).

duecentesimo I *a.* two-hundredth. II *m.* (*f. -a*) two-hundredth.

duecentista *m./f.* 1 (*lett*) (*scrittore*) thirteenth-century writer; (*artista*) thirteenth-century artist, artist of the thirteenth-century. 2 (*lett*) (*studioso*) thirteenth-century historian. 3 (*Sport*) (*corridore*) two-hundred metre sprinter; (*nuotatore*) two-hundred metre swimmer.

duecento I *a.* two hundred: *~ euro* two hundred euros; *a pagina ~* on page two hun-

dred. II *m.inv.* 1 two hundred. 2 *pl.* (*Sport*) two hundred metres.

Duecento *m.* 1 thirteenth century. 2 (*rif. all'arte e letteratura italiane*) Duecento.

duecentometrista *m./f.* (*Sport*) 1 (*corridore*) two-hundred metre sprinter. 2 (*nuotatore*) two-hundred metre swimmer.

due diligence /'dju:dilidʒens/ *f.* (*Econ*) due diligence.

duellante *m./f.* duellist.

duellare (**duèllo**; *aus.* avere) *v.i.* to duel, to fight a duel, to have a duel.

duellista *m.* expert duellist.

duello *m.* duel (*anche fig*): *battersi in ~* to have a duel, to fight a duel. □ *~ alla pistola* duel fought with pistols; *~ all'ultimo sangue* duel to the death; *~ rusticano* knife duel.

duemila *a.* two thousand. II *m.inv.* 1 (*numero*) two thousand. 2 (*l'anno duemila*) (the year) two thousand. 3 (*il ventunesimo secolo*) twenty-first century.

duepezzi *m.inv.* 1 (*costume da bagno*) two-piece, bikini, two-piece bathing costume, two-piece bathing suit. 2 (*abito composto di gonna e giacca*) two-piece (suit).

duettare (**duétto**; *aus.* avere) *v.i.* (*Mus*) to do a duet (*con* with).

duetto *m.* 1 (*Mus*) duet. 2 (*fig*) (*coppia*) pair, duo. 3 (*fig*) (*battibecco*) squabble, argument.

duglia *f.* (*Mar*) fake.

dugongo (*pl.* **-ghi**) *m.* (*Zool*) dugong.

dulcamara[1] *f.* (*Bot*) bitter-sweet, woody nightshade.

dulcamara[2] *m.inv.* (*lett*) (*ciarlatano*) quack.

dulcina *f.* (*Chim*) dulcin.

dulcinea *f.* (*Lett*) (*donna amata*) sweetheart, lady-love, dulcinea.

dulia *f.* (*Rel.catt*) dulia.

duma *f.* (*Pol*) duma.

dum-dum *a.* (*Mil*) dumdum (*attr.*): *proiettile ~* dumdum (bullet).

dumper /'damper/ *m.inv.* dumper truck.

dumping /'damping/ *m.* (*Econ*) dumping.

duna *f.* (*Geol*) dune. □ *~ di sabbia* sand dune; *~ litoranea* coastal dune.

Dunkerque /dan'kɛrk/ *n.pr.f.* (*Geog*) Dunkirk.

dunoso *a.* duny.

dunque *congz.* 1 (*quindi*) so, therefore: *ho già detto di no, ~ non insistere* I have already said no, so don't insist; (*Filos*) *penso, ~ sono* I think, therefore I am. 2 (*riprendendo il discorso*) well then, well (now): ~, *dicevamo che...* well, we were saying that... 3 (*enfat*) (*in frasi esclamative*) then: *parla ~* speak, then. 4 (*enfat*) (*in frasi interrogative*) well (then), so: *che vuoi ~ da me?* what do you want from me, then? 5 (*allora*) well, so: ~, *non sei ancora pronto?* well, aren't you ready yet? II *m.* point: *eccoci al ~* we've come to the church. □ *venire al ~* to get to the point: *vieni al ~* come to the point.

duo *m.inv.* (*Mus*) duo (*anche estens*).

duodecima *f.* (*Mus*) twelfth.

duodecimale *a.* duodecimal: (*Mat*) *sistema di numerazione ~* duodecimal number system.

duodecimo *a.* (*lett*) twelfth.

duodenale *a.* (*Anat*) duodenal.

duodenite *f.* (*Med*) duodenitis.

duodeno *m.* (*Anat*) duodenum.

duoli → **dolere**.

duolo *m.* (*poet*) grief, sorrow.

duomo[1] *m.* cathedral: *il ~ di Milano* Milan Cathedral.

duomo[2] *m.* (*Mecc*) (steam) dome. □ *~ di vapore* steam chest, steam dome, steam drum.

duopolio *m.* (*Econ*) duopoly.

duplex I *a.* (*Tel*) duplex: *telefono ~ party line*, shared telephone. **II** *m.* (*Tel*) party line, shared line.

duplicare (**dùplico, dùplichi**) *v.t.* **1** (*raddoppiare*) to double: *~ gli sforzi* to double one's efforts. **2** (*fare una seconda copia*) to duplicate.

duplicato *m.* (*copia di documento*) duplicate, copy: *copia in ~* duplicate (copy). □ *~di fattura* duplicate invoice.

duplicatore *m.* **1** duplicator, duplicating machine. **2** (*Rad,El*) doubler. □ (*Tip*) *~ litografico* (o *~tipografico*) multilith.

duplicazione *f.* duplication.

duplice I *a.* double, twofold: *avrai un ~ vantaggio* you will have a double advantage. **II** *f.* (*Equit*) double. □ (*Stor*) *~ alleanza* Dual Alliance; (*burocr*) *documento in ~ copia* document in duplicate.

duplicità *f.* **1** doubleness. **2** (*fig*) (*falsità*) duplicity, double-dealing.

duracino □ (*Bot,Alim*)*ciliegia duracina* bigarreau; (*Bot,Alim*)*pesca duracina* clingstone peach.

duralluminio *m.* (*Met*) Duralumin.

duramadre *f.* (*Anat*) dura mater.

durame *m.* (*Bot*) duramen.

duramente *avv.* **1** (*con severità*) harshly, sternly. **2** (*bruscamente, in malo modo*) roughly, rudely. **3** (*gravemente*) seriously, heavily, hard. **4** (*con molto impegno*) hard.

durante *prep.* **1** during: *~ la settimana* during the week; *~ il viaggio* during the journey. **2** (*per tutta la durata di*) throughout, all through: *~ l'intero anno* throughout the year, all through the year.

durare (**dùro**) **I** *v.i.* (*aus.* **essere/avere**) **1** to last, to go on: *lo spettacolo dura due ore* the show lasts two hours. **2** (*rif. a sentimenti*) to last: *la sua gioia durò poco* his joy did not last long, his joy was short-lived. **3** (*perdurare, prolungarsi*) to last, to continue, to hold, to persist, to keep on, to keep up: *il tempo è molto bello, speriamo che duri* the weather is lovely, let's hope it lasts; *the weather is lovely, let's hope it keeps up.* **4** (*rif. a merce deperibile: mantenersi*) to keep: *col freddo i cibi durano molto* when it is cold food keeps well. **5** (*non logorarsi*) to wear (well): *questa stoffa è durata molto* this material has worn well. **6** (*resistere*) to last, to hold out: *il nuovo impiegato non durerà molto in quest'ufficio* the new clerk won't last long in this office. **7** (*colloq*) (*andare avanti*) to last, to continue, to keep up, to go on: *così non può ~* things can't go on like this. **II** *v.t.* (*lett*) (*sopportare*) to endure, to stand, to bear, to suffer. □ (*fig*) *~da Natale a S. Stefano* to be short-lived; *~ fatica* to

have a hard job, to have difficulty, to be hardly able, to have a hard time; *duro fatica a crederci* I find it difficult to believe; *durai fatica a convincerlo* I had a hard job convincing him;*finché dura!* as long as it lasts!; *~ in carica* to remain in office; *~ in eterno* to last forever, to be everlasting; (*fig*) *~una vita* to last and last, to last a lifetime. *Prov.*: *chi la dura la vince* slow and steady wins the race.

durata *f.* **1** duration, length (of time). **2** (*rif. a stoffe e sim.: resistenza*) wear, endurance: *abito di lunga ~* well-wearing garment, garment with plenty of wear in it, a durable outfit. **3** (*periodo*) term, period: *la ~ di una carica* the term of an office. **4** (*Mecc*) (*vita*) working time, service life. **5** (*rif. a film*) running time; (*rif. a dischi*) playing time. **6** (*Fon*) length. □ *~del contratto* period of validity of a contract, life of a contract; *~del soggiorno* length of stay; (*Tel*) *~della conversazione* duration of call;*della ~di due anni* two year (*attr.*); *~ della vita* duration of life; (*Tecn*) *~ di vita utile* service life; (*Fis*) *~ dell'oscillazione* period of oscillation; *~ di ~ well-wearing, lasting: una stoffa di ~ a well-wearing fabric, a durable fabric; (Inform) ~di guasto* fault time; (*Zootecn*) *~di incubazione* period of incubation, brooding time; *~ in carica* tenure of office, term of office; *~ media della vita* life expectancy; *per la ~di un anno* for (the length of) one year;*per tutta la ~di* throughout (sth.).

durativo *a.* (*Ling*) durative.

duraturo *a.* **1** lasting, enduring: *fama duratura* lasting fame. **2** (*rif. a materiale*) durable. **3** (*rif. a colori*) fast.

durevole *a.* lasting, durable: *pace ~* lasting peace.

durevolezza *f.* durability, lastingness.

durevolmente *avv.*lastingly.

durezza *f.* **1** hardness: *la ~ della pietra* the hardness of the stone. **2** (*fig*) (*severità, asprezza*) harshness, severity, hardness: *con ~* harshly. **3** (*fig*) (*mancanza di grazia*) hardness, stiffness: *~ di lineamenti* hardness of features. □ *~del clima* harshness of the climate; *~della carne* toughness of meat; *~ dell'acqua* hardness of water.

durlindana *f.* **1** (*Lett*) Durendal. **2** (*scherz*) (*spada*) sword.

duro I *a.* **1** hard. **2** (*rif. a carne*) tough. **3** (*rif. a congegni e sim.*) stiff. **4** (*fig*) (*difficile*) hard, difficult, (*colloq*) tough: *tempi duri* hard times; *è stata dura, ma ce l'ho fatta* it was hard, but I made it; it was tough, but I made it. **5** (*fig*) (*brusco*) hard, stern, harsh, sharp, brusque: *maniere dure* rough ways; *sono stato ~ con te* I have been hard on you;

un ~ rimprovero a stern rebuke. **6** (*fig*) (*caparbio*) stubborn, pig-headed: *ho cercato di convincerlo, ma lui, ~, finge di non capirmi* I have tried to persuade him, but he is stubborn and pretends not to understand. **7** (*fig*) (*privo di grazia*) hard, stiff: *lineamenti duri* hard features; *un disegno dai contorni duri* a drawing with hard outlines. **8** (*Fon*) hard. **II** *avv.* hard: *ha studiato ~* he has been studying hard. **III** *m.* **1** (*cosa o parte dura*) hard part. **2** (*colloq*) (*persona insensibile*) bully, tough (guy): *lui è un ~* he's tough. **3** (*colloq*) (*persona che non si piega*) diehard. □ (*fig*) *essere ~a morire*: **1** to be a diehard; **2** (*rif. a cosa*) to die hard: *le vecchie abitudini sono dure a morire* old habits die hard; (*volg*) *avercelo ~* to have a hard-on; *~come il diamante* as hard as a rock; *~come la pietra* as hard as rock; *~ come un sasso* (*Br*) as hard as stone, (*Am*) as hard as brick; (*colloq*) *~ di comprendonio* dull, slow-witted, slow on the uptake; *~di cuore* hard-hearted; (*colloq*) *essere ~ di timpani* to be hard of hearing; (*fig*) *essere ~d'orecchi* to be hard of hearing; *è dura* it's hard; (*colloq*)*fare il ~ con qcu.* to be hard on so., to bully so.; *una dura fatica* a hard task, hard work; (*Anat*) *dura madre* dura mater; *mi piace dormire sul ~* I like a hard bed; (*fig*)*tenere ~*: **1** (*resistere*) to stand out, to hold out, to resist; **2** (*perseverare*) to keep going, to stand fast; *è dura la vita!* it's a hard life!

durometro *m.* (*Fis,Tecn*) durometer.

durone *m.* **1** (*callosità*) callosity, corn. **2** (*region*) (*ciliegia*) bigarreau.

durra *f.* (*Bot*) Guinea corn, Indian millet, durra.

duttile *a.* **1** ductile: *metallo ~* ductile metal. **2** (*fig*) (*flessibile*) flexible, versatile. **3** (*fig*) (*arrendevole*) ductile, compliant, yielding: *carattere ~* compliant nature.

duttilità *f.* **1** ductility. **2** (*fig*) (*flessibilità*) flexibility, adaptability, suppleness: *~ di stile* suppleness of style. **3** (*fig*) (*arrendevolezza*) ductility, pliability.

duty-free /ˌdjuːtiˈfriː/ *m.inv.* duty-free shop.

duumviro *e der.* → **duunviro** *e der.*

duunvirato *m.* (*Stor*) duumvirate.

duunviro *m.* (*Stor*) duumvir.

duvetina, duvetine /dyvˈtin/ *f.* (*Tess*) duvetyn, duvetyne.

DVD I *disco video digitale* DVD (Digital Video Disc). **II** *m.inv.* (*Inform*) DVD.

DVD-Rom *m.inv.* (*Inform*) DVD-Rom.

DVRK *Corea del Nord* DVRK (North Korea).

DY *Benin* DY (Benin).

DZ *Algeria* DZ (Algeria).

E

e[1],**E**[1] /e/ f./m. (lettera dell'alfabeto) e, E: due *e* two E's, two Es; *una e minuscola* a small e; *una e maiuscola* a capital E; *e commerciale* ampersand, (Tel) *e come Empoli* E for Edward, (Am) E as in Easy.

e[2] congz. (before a word beginning with e the preposition e often becomes **ed**) **1** (con valore coordinativo) and: *bianco e nero* black and white; *aprì la porta e uscì* he opened the door and went out; *tu e io* you and me. **2** (ma, invece) but, but then, and then: *doveva venire e non è venuto* he was supposed to come but he didn't. **3** (con valore rafforzativo) and: *migliaia e migliaia di persone* thousands and thousands of people. **4** (eppure) yet, and yet: *non capisce nulla e sembrava tanto intelligente* he understands nothing yet he seemed so intelligent. **5** (nelle ore) past: *sono le otto e mezza* it's half past eight; *sono le due e dieci* it's ten past two. **6** (nelle misurazioni) non si traduce: *la parete è alta due metri e quaranta centimetri* the wall is two metres forty (centimetres) high; *quattro metri e venti* four metres twenty. **7** (ebbene) well, then: *vuoi venire? e vieni* do you want to come? ok then, come. **8** (enfat) (in frasi esclamative) oh: *e stai zitto!* oh, be quiet! **9** (enfat) (in frasi interrogative) and, but, talvolta non si traduce: *vuoi andare a casa? e perché?* you want to go home? (and) why? **10** (colloq) (in frasi interrogative: che ne è di?, che cosa mi dici di?) what about: *e tua sorella?* what about your sister? **11** (con valore correlativo) both... and: *una giovane e bella e gentile* a girl both beautiful and kind; *vogliono e questo e quello* they want both this one and that one. **12** (Mat) and, plus: *5 e 2 fa 7* 5 and 2 is 7. □ (colloq) *e allora?* so what?, what of it?; *per giorni e giorni* for days on end; *tutti e tre* all three, all three of them; *tutti e due* both, both of them.

e[3] **1** (Fis) elettrone e (electron). **2** (Mat) numero di Nepero e (Napier's number).

E[2] **1** campo elettrico E (electric field). **2** (Geog) est E (east). **3** Spagna E (Spain).

è → essere[1].

EAK Kenya EAK (Kenya).
EAT Tanzania EAT (Tanzania).
EAU Uganda EAU (Uganda).

ebanista m./f. (Fal) cabinet maker.
ebanisteria f. (Fal) **1** (arte) cabinet making. **2** (officina) cabinet maker's, cabinet maker's shop.
ebanite f. (Ind) ebonite, vulcanite.
ebano I m. **1** (legno) ebony. **2** (Bot) ebony, ebony-tree. **II** a.inv. (colore) ebony (attr.): *occhi* ~ ebony eyes; *rendere color* ~ to ebonize. □ *di* ~: **1** (fatto di ebano) ebony (attr.): *una scrivania di* ~ an ebony desk; **2** (fig) (del colore dell'ebano) ebony, as black as ebony; (di capelli) jet-black (attr.), raven (attr.); (Bot) ~*verde* green ebony.

ebbene congz. **1** well, well then, so: *vuoi che parta?* ~ *partirò* do you want me to go? well I'll go then. **2** (con valore enfatico) well, well then, now then: ~ *possiamo cominciare* now then, we can start. **3** (nelle interrogazioni) well: ~, *hai deciso?* well, have you made up your mind?; *volevi parlare con me? ebbene?* you wanted to speak to me,

well then? (o so?).

ebbi → avere[1].
ebbio m. (Bot) danewort.
ebbrezza f. **1** drunkness, intoxication, inebriation: *in stato di* ~ drunk, in a state of drunkenness, under the influence of alcohol, under the influence of drink. **2** (fig) (euforia) rapture, elation, inebriation, thrill, exhilaration: *provare l'~ dei duecento chilometri l'ora* to feel the thrill of going two hundred kilometres per hour; *l'~ della vittoria* the elation of victory; *un senso di* ~ a feeling of exhilaration. □ (fig) ~*d'amore* intoxication of love, headiness of love, rapture of love, elation of love; (fig) ~*dei sensi* exaltation of the senses, intoxication of the senses.
ebbro a. **1** drunk, intoxicated, inebriated: ~ *di vino* drunk with wine, drunk on wine. **2** (fig) (euforico) elated, beside oneself, enraptured, intoxicated: ~ *di gioia* beside oneself with joy. □ (fig) ~*d'amore* drunk with love, intoxicated with love, (colloq) head over heels in love.
ebdomadario I a. (lett) (settimanale) hebdomadal, weekly. **II** m. **1** (rar,Giorn) hebdomadal, weekly paper, weekly magazine. **2** (Rel) hebdomadary.
Ebe n.pr.f. (Mitol) Hebe.
Ebenacee f.pl. (Bot) Ebenaceae.
ebete I a. obtuse, dull, dull-witted, doltish, idiotic, imbecilic, daft: *sguardo* ~ imbecilic gaze, moronic gaze. **II** m./f. idiot, dolt, half-wit, blockhead: *sei proprio un* ~! you're a real idiot!, you're a real half-wit!
ebetismo m. **1** idiocy, dullness. **2** (Psic) hebetude.
ebetudine f. (rar) **1** idiocy, dullness. **2** (Psic) hebetude.
Ebola m. (Med) Ebola.
ebollizione f. **1** boiling, (ant) ebullition: *punto di* ~ (o *temperatura di* ~) boiling point. **2** (fig) ferment, turmoil. □ *portare a* ~ (Br) to bring to the boil, (Am) to bring to a boil; *essere in* ~: **1** to be boiling; **2** (fig) to be in turmoil: *il mio cervello è in* ~ my brain is seething, my brain is overheating.
e-book /i'buk/ m.inv. (Edit,Inform) e-book.
ebraico (pl. -ci) **I** a. **1** Hebrew, Jewish, Hebraic: (Stor) *la questione ebraica* the Jewish question, the Jewish problem. **2** (rif. alla religione) Jewish: *il popolo* ~ the Jewish people, the Jews. **3** (rif. alla lingua) Hebrew: *la Bibbia ebraica* the Hebrew Bible. **II** m. (lingua) Hebrew: *antico* ~ ancient Hebrew; *moderno* ~ modern Hebrew.
ebraismo m. **1** Hebraism (anche Ling). **2** (Rel) Judaism.
ebraista m./f. Hebraist, Hebrew scholar.
ebraizzare (ebràizzo) **I** v.t. to Hebraize. **II** v.i. (aus. avere) to Hebraize.
ebreo I a. Hebrew, Jewish, Israelite: *il popolo* ~ the Jewish people, the Jews. **II** m. **1** (f. -a) Jew (f. -ess), (Stor) Hebrew: *gli ebrei* Jews; *gli ebrei della diaspora* diaspora Jews. **2** (f. -a) (spreg) (avaro) Jew; (usuraio) Shylock. **3** pl. (Bibl) (epistola) Hebrews. □ *ashkenazita* (o ~ *askenazita*) Ashkenazi Jew, Ashkenazic Jew; (spreg) ~ *convertito* converted Jew; *l'Ebreo errante* the wandering Jew; ~*messianico* Messianic Jew, Mes-

sianic Hebrew; ~*ortodosso* orthodox Jew; ~ *osservante* practicing Jew; ~*polacco* Polish Jew; ~*sefardita* Sephardic Jew.
Ebridi n.pr.f.pl. (Geog) Hebrides.
Ebro n.pr.m. (Geog) Ebro.
ebullioscopia f. (Chim,Fis) ebullioscopy.
ebullioscopio m. (Chim,Fis) ebullioscope, ebulliometer.
eburneo a. **1** (di avorio) ivory. **2** (lett,fig) as white as ivory, ivory (attr.), ivory-white.
e-business /i'biznes/ m.inv. (Econ,Comm) e-business.
EC Ecuador EC (Ecuador).
ECA Ente comunale di assistenza (Municipal Public Assistance Board).
Ecate n.pr.f. (Mitol) Hecate.
ecatombe f. **1** (Stor.gr) hecatomb. **2** (fig) (strage) massacre, bloodbath, mass slaughter. **3** (scherz) (catastrofe) catastrophe, massacre: *l'esame è stato un'*~ the exam was a catastrophe.
ecc. eccetera etc (et cetera, and so on).
Ecc. 1 eccellenza (per ambasciatore, ministro) Exc. (Excellency). **2** eccellenza (per vescovo) Ldp, Lp. (Lordship).
eccedentario a. (Econ) surplus: *prodotti eccedentari* surplus products; *regione eccedentaria* surplus area.
eccedente I a. **1** excess, in excess (posposto), redundant. **2** (d'avanzo) surplus (attr.). **3** (Mus) augmented. **II** m. excess, surplus. □ ~*il fabbisogno* in excess of requirements.
eccedenza f. excess, surplus, superabundance, glut, over- (seguito da sostantivo). □ (Econ) ~*agricola* farm surplus; (Econ) ~*alimentare* surplus of foodstuffs; (Comm) ~*commerciale* trade surplus; (Comm) ~*contabile* accounting surplus; (Aer) ~ *di bagaglio* excess baggage; (Comm) ~*di cassa* cash surplus; (Econ) ~*di compratori* surplus of buyers; (Econ) ~*di dollari* dollar glut; (Econ, Comm) ~*di domanda* over-demand; ~*di manodopera* labour surplus; (Econ,Comm) ~*di offerta* over-supply; ~ *di personale* over-staffing, overmanning; (Comm,Aer,Mar) ~*di peso* overweight, excess weight; (Comm) ~*di prezzo* overcharge, overprice; (Econ,Ind) ~*di produzione* overproduction; (Econ,Comm) ~ *di spesa* excess expenditure; (Econ) ~*di valore* excess value; *in* ~: **1** (di troppo) in excess; **2** (rif. a numero) too many: *quanto al personale, ce n'è in* ~ as for the staff, there are too many of them.
eccedere (pres.ind. eccèdo; p.rem. eccedéi/ eccedètti; p.p. eccedùto) **I** v.t. to exceed, to go beyond, to go over, to pass: *il successo di questo libro eccede ogni previsione* the success of this book goes beyond every expectation; ~ *un limite* to exceed a limit. **II** v.i. (aus. avere) (esagerare) to go too far, to overdo: *con questo scherzo avete ecceduto* you went too far with this joke. □ ~*nel bere* to drink too much, to overdo the alcohol; ~*nel mangiare* to eat too much, to overeat.
eccellente a. **1** (di gran valore) excellent, superlative, first-rate, first-class: *un* ~ *pittore* an excellent painter; *un'idea* ~ an excellent idea, a very good idea. **2** (squisito) ex-

quisite, excellent, delicious: *questo vino è ~* this wine is first-class, this wine is delicious. **3** (*Giorn*) important, prominent: *arresti eccellenti* high-profile arrests, prominent arrests.

eccellentemente *avv.* (*rar*) excellently.

eccellentissimo *a.* (*rar,epist*) most excellent.

eccellenza *f.* **1** excellence, perfection, greatness: *raggiungere l'~ in una disciplina* to achieve excellence in a subject. **2** (*titolo*) Excellency: *Vostra Eccellenza* Your Excellency; *Sua Eccellenza l'ambasciatore d'India* His Excellency the Ambassador of India; *Sua Eccellenza l'ambasciatrice di Francia* Her Excellency the Ambassador of France. ☐ *per ~* par excellence, above all others: *Dante è il poeta per ~* Dante is the poet par excellence; *distinguersiper ~di ingegno* to stand out for the excellence of one's intellect.

eccellere (*pres.ind.* **eccèllo**; *p.rem.* **eccèlsi**; *p.p.* **eccèlso**; *aus.* **essere/avere**; *compound tenses rarely used*) *v.i.* **1** to excel, to distinguish oneself, to shine: *quel pittore eccelle nei paesaggi* that painter excels in landscapes. **2** (*essere superiore*) to excel, to surpass (*su qcu. so.*): *~ su tutti i propri compagni di classe* to outdo all one's schoolmates. ☐ *senza ~* without being outstanding.

eccelsamente *avv.* (*rar*) excellently.

eccelsi → **eccellere**.

eccelso *a.* **1** (*altissimo*) lofty, high, very high: *una vetta eccelsa* a lofty peak. **2** (*fig*) (*eccellente*) excellent: *qualità eccelse* excellent qualities. **3** (*fig*) (*straordinario*) outstanding, exceptional: *avere eccelse doti pittoriche* to have exceptional talent for painting. **4** (*titolo onorifico*) lofty, noble.

Eccelso *m.* (*lett*) **1** (*Dio*) the Most High, Almighty, God. **2** *pl.* (*rar*) (*Paradiso*) Heaven *sing.*: *negli eccelsi* in Heaven.

eccentricamente *avv.* **1** (*in modo stravagante*) eccentrically: *comportarsi ~* to behave eccentrically. **2** (*Mat*) (*esternamente al centro*) eccentrically, off-centre.

eccentricità *f.* **1** (*stravaganza*) eccentricity, oddity, peculiarity: *~ nel vestire* an eccentric way of dressing. **2** (*azione stravagante*) eccentric behaviour, eccentricity. **3** (*Mat, Mecc,Astron*) eccentricity: *~ di una ruota* eccentricity of a wheel. **4** (*rar*) (*di luogo*) eccentricity.

eccentrico (*pl.* **-ci**) **I** *a.* **1** (*stravagante*) eccentric, odd, peculiar: *una ragazza eccentrica* a peculiar girl. **2** (*Mat,Mecc*) eccentric: *ruote eccentriche* eccentric wheels. **3** (*rar*) (*lontano dal centro*) outlying, remote. **II** *m.* **1** (*f.* **-a**) (*persona eccentrica*) eccentric, original, (*colloq*) freak, oddball. **2** (*Mecc*) cam, eccentric cam.

eccepibile *a.* exceptionable, reprehensible, objectionable: *argomenti eccepibili* objectionable topics; *contegno ~* reprehensible behaviour.

eccepire (**eccepìsco, eccepìsci**) *v.t.* **1** (*obiettare*) to except, to object, to take exception to: *non ho nulla da ~* I have nothing to object, I have no objection to make. **2** (*assol.*) (*sollevare un'obiezione*) to demur, to raise an objection. **3** (*Dir*) to object to.

eccessivamente *avv.* **1** (*seguito da aggettivo*) too, excessively: *sei stato ~ severo con tuo figlio* you were too severe with your son; *un prezzo ~ alto* an excessively high price, an exorbitant price. **2** (*oltre misura*) too much, immoderately, *spesso tradotto con verbo composto da* over-: *mangiare ~* to eat too much, to eat immoderately; *lavorare ~*

to work too hard, to overwork. ☐ *~sfruttato* : 1 over-exploited; 2 (*rif. a miniere e sim.*) worked out.

eccessività *f.* excess, excessiveness, exorbitance.

eccessivo *a.* **1** excessive, extreme, undue, exaggerated: *calore ~* extreme heat; *dare un'importanza eccessiva a qcs.* to attach too much importance to sth., to attach undue importance to sth.; *pretese eccessive* exaggerated claims. **2** (*smodato*) excessive, immoderate, unbridled, unrestrained: *un desiderio ~ di denaro* an unrestrained desire for money. **3** (*oltre misura*) excessive, exaggerated, *spesso tradotto con sostantivo composto da* over-: *una reazione eccessiva* an overreaction; *carico ~* overload. **4** (*elevato*) excessive, exorbitant, unreasonable: *una cifra eccessiva* an exorbitant amount; *prezzo ~* exorbitant price. **5** (*rif. a persona*) extravagant, exaggerated, flamboyant.

eccesso *m.* **1** (*quantità eccessiva*) excess: *~ di alcol* excess of alcohol; *~ di entusiasmo* excess of enthusiasm. **2** (*smoderatezza*) immoderacy, immoderation, excess: *gli eccessi nel bere sono dannosi alla salute* excessive drinking damages the health; *darsi agli eccessi* to go to extremes; *si è lasciato andare a degli eccessi* he indulged himself in all sorts of excesses. **3** (*Econ*) (*parte eccedente*) excess, surplus. ☐ *all'~*: 1 (*con aggettivi*) excessively, exceedingly, *spesso tradotto con aggettivo composto da* over-: *generoso all'~* overgenerous, generous to a fault; *una ragazza timida all'~* an excessively timid girl; 2 (*con verbi*) too much, to extremes: *bere all'~* to drink too much, to go on a binge, to go on a drinking binge; *giungere all'~* to reach the limit; *spingere qcs. all'~* to go to extremes with sth., to take sth. to extremes; *passare da un ~ all'altro* to go from one extreme to the other; (*Med*) *~ di colesterolo* excess cholesterol; (*Dir*) *~di difesa* disproportionate use of force in self-defence, exceeding the limits of self-defence; (*Econ*) *~ di liquidità* excess liquidity; *~ di manodopera* excess manpower, excess labour; *~di peso* excess weight, overweight; *~di popolazione* overpopulation; (*Dir*) *~di potere* excess of authority, misuse of power; (*Strad*) *~di velocità* exceeding the speed limit, speeding; *~di zelo* over-zealousness, excess of zeal; *in ~* (*di troppo*) in excess: *bagaglio in ~* excess luggage, excess baggage; *ce n'è in ~* there is more than enough; *arrotondareper ~* to round up.

eccetera *avv.* etcetera, and so on, and so forth.

eccetto *prep.* except (for), excepting, save (for), excepted (*posposto*), excluding, but: *sono tutti d'accordo ~ te* everyone agrees but you, they all agree but you; *tutti i giorni ~ il sabato* every day except Saturday. ☐ *~che* : 1 (*tranne che*) except (for), but (for): *mi trovo bene con tutti ~ che con lui* I get on well with everyone except him; 2 (*rar*) (*a meno che*) unless: *vi raggiungerò al più presto, ~ che accada qualche imprevisto* I will join you immediately unless something unexpected happens.

eccettuare (**eccèttuo**) *v.t.* to except, to exclude, to leave out: *è una trasmissione interessante, se si eccettuano alcune parti* it's an interesting programme, if you leave out a few parts; it's an interesting programme, if you overlook a few parts; *se si eccettuano i casi isolati* if we exclude isolated cases. ☐ *tutti senza ~ nessuno* everyone bar none, everyone no exceptions.

eccettuativa *f.* (*Gramm*) exceptive proposition.

eccettuativo *a.* (*Gramm*) exceptive: *proposizione eccettuativa* exceptive proposition.

eccettuato *a.* except (for), excepting, save (for), excepted, excluding, but: *il dottore riceve tutti i giorni ~ il sabato* the doctor sees patients every day except Saturday; *nessuno ~* no one excepted, bar none.

eccezionale *a.* **1** (*bellissimo*) fantastic, wonderful, great, exceptionally good, exceptional, splendid, remarkable: *un'occasione ~* a wonderful opportunity, a fantastic opportunity; (*acquisto a buon prezzo*) a fantastic bargain; *è stato uno spettacolo ~* it was a fantastic show; *un tempo ~* splendid weather. **2** (*singolare*) extraordinary, rare: *una donna di bellezza ~* a woman of rare beauty. **3** (*di talento*) outstanding, extraordinary: *un attore ~* an outstanding actor. **4** (*insolito*) exceptional, unusual, special, extraordinary: *caso ~* exceptional case, exception; *provvedimenti eccezionali* special measures.

eccezionalità *f.* **1** exceptional nature, (*rar*) exceptionality: *l'~ di un evento* the exceptional nature of an event; *data l'~ della situazione...* in view of the exceptional circumstances..., given the exceptional nature of the situation... **2** (*rarità*) rarity, rareness.

eccezionalmente *avv.* **1** (*in via eccezionale*) exceptionally, as an exception, by way of exception. **2** (*notevolmente*) exceptionally, unusually, extraordinarily: *~ ricco* exceptionally rich, unusually rich.

eccezione *f.* **1** exception: *costituire un'~* to constitute an exception. **2** (*obiezione*) exception, objection: *sollevare un'~* to raise an objection (*anche Dir*); *non ammettere eccezioni* not to tolerate any objections. **3** (*Dir*) plea: *~ dilatoria* dilatory plea; *~ d'incompetenza* jurisdictional plea. ☐ *a ~ di* with the exception of, except for: *sono tutti d'accordo a ~ di tuo marito* they are all agreed with the exception of your husband; *~alla regola* exception to the rule; *un attore d'~* an outstanding actor; (*Dir*) *~esclusoria* exclusive exception, exclusion exception; *fare ~* to be an exception: *questo sostantivo fa ~* this noun is an exception; *fare un'~* to make an exception: *farò un'~ per te* I will make an exception in your case; *fatta ~ per* (o *~ fatta per*) except for, aside from, excepting, except, with the exception of; *salvo eccezioni* barring exceptions; *senza ~* without exception. *Prov.: l'~ conferma la regola* the exception proves the rule.

ecchimosi,ecchimòsi *f.* (*Med*) ecchymosis.

ecchimotico (*pl.* **-ci**) *a.* (*Med*) ecchymotic.

eccì *int.* (*starnuto*) atishoo!, achoo!

eccidio *m.* slaughter, massacre, bloodshed, carnage: *l'~ della seconda guerra mondiale* the massacre of the Second World War; *fare un ~* to perpetrate a massacre.

eccimero *m.* (*Chim*) excimer.

eccipiente **I** *a.* (*Farm*) excipient (*attr.*): *sostanza ~* excipient. **II** *m.* (*Farm,Chim*) excipient.

eccitabile *a.* **1** excitable, highly strung: *carattere ~* excitable disposition. **2** (*Biol*) excitable.

eccitabilità *f.* excitability (*anche Biol*): *~ elettrica* electric excitability.

eccitamento *m.* **1** (*eccitazione*) excitement, arousal: *~ fisico* physical excitement, arousal. **2** (*incitamento*) incitement, provocation: *~ al vizio* incitement to vice. **3** (*Biol*) excitement, agitation: *~ nervoso* nervous excitement, arousal.

eccitante I *a.* 1 exciting, stimulating. 2 (*entusiasmante*) exciting, stimulating, thrilling: *un'esperienza ~* an exciting experience. 3 (*provocante*) exciting, arousing, sexy, provocative: *una donna ~* a sexy woman, a provocative woman. II *m.* (*Chim, Farm*) stimulant, excitant: *il caffè è un ~* coffee is a stimulant; *abusare di eccitanti* to abuse stimulants.

eccitare (**èccito**) I *v.t.* 1 to excite, to stimulate: *~ la fantasia* to excite the imagination; *~ i sensi* to stimulate the senses. 2 (*provocare*) to provoke, to cause, to rouse: *~ il riso* to provoke laughter, to cause laughter; *~ l'odio* to provoke hatred. 3 (*sessualmente*) to arouse, (*colloq*) to turn on. 4 (*incitare*) to incite, to provoke, to rouse, to arouse: *~ la folla* to rouse the crowd; *~ la rivolta* to incite rebellion. 5 (*El*) to excite. II *v.pron.* **eccitarsi** 1 to excite oneself, to get excited, to get worked up: *non eccitarti per così poco* don't get worked up over so little, don't get overexcited over so little. 2 (*sessualmente*) to get excited, to be aroused, (*colloq*) to be turned on: *eccitarsi alla vista di una profonda scollatura* to get turned on at the sight of a revealing neckline. □ *~ l'appetito* to whet the appetite.

eccitato *a.* 1 (*agitato*) feverish, excited, worked up, restless. 2 (*entusiasta*) excited, stimulated, stirred up, thrilled, enthusiastic: *essere ~ all'idea di andare in vacanza* to be excited about the idea of going on holiday. 3 (*sessualmente*) aroused, sexually aroused, (*colloq*) turned on, hot, horny. 4 (*che è stato incitato*) (that has been) incited, (that has been) provoked, (that has been) aroused: *la folla eccitata* the incited crowd. 5 (*Fis*) excited: *atomo ~* excited atom; *stato ~* excited state. □ *tutto ~* all excited, (*Br, colloq*) all of a twitter.

eccitatore I *m.* 1 (*f.* **-trice**) exciter. 2 (*El, Elettron, Mecc*) exciter: *~ principale* main exciter. II *a.* (*El*) exciting.

eccitatrice *f.* (*El*) exciter, exciting dynamo.

eccitazione *f.* 1 (*entusiasmo*) excitement, fervour, enthusiasm: *l'oratore parlava con grande ~* the orator spoke with great fervour; *fu preso dall'~* he got very excited. 2 (*agitazione, irrequietezza*) anxiety, agitation, restlessness: *aspettava con grande ~* he was waiting in great agitation; *stato di grande ~* state of great excitement. 3 (*sessuale*) arousal, excitement. 4 (*l'eccitare*) stimulation: *~ della fantasia* stimulation of the imagination. 5 (*El, Fis*) excitation: *energia di ~* excitation energy. □ *nell'~ del momento* in the heat of the moment.

ecclesia *f.* (*Stor. gr*) ecclesia.

ecclesiale *a.* (*Rel*) ecclesiastic, ecclesiastical, ecclesial: *la tradizione ~* ecclesiastic tradition.

ecclesiaste *m.* (*Stor. gr*) ecclesiast.

Ecclesiaste *m.* (*Bibl*) Ecclesiastes.

ecclesiastico (*pl.* **-ci**) I *a.* 1 (*della chiesa*) ecclesiastical, ecclesiastic, church (*attr.*): *beni ecclesiastici* church property, church estate. 2 (*dei sacerdoti*) clerical, ecclesiastical, ecclesiastic: *abito ~* clerical dress. II *m.* (*Rel*) ecclesiastic, churchman, clergyman: *gli ecclesiastici* the clergy, the clergymen.

Ecclesiastico *m.* (*Bibl*) Ecclesiasticus.

ecclesiologia *f.* (*Teol*) ecclesiology.

ecco *avv.* 1 (*per indicare persona o cosa vicina*) here is, there is; (*per nomi plurali*) here are, there are; (*guarda!*) look, see, (*lett*) behold: *~ la mamma* (look), here comes mummy; *~ il nostro autobus* here's our bus;

~ qui il quaderno here's the exercise book. 2 (*nelle presentazioni*) this is; (*per nomi plurali*) these are: *~ la mia fidanzata* this is my girlfriend; *~ i miei amici Paolo e Matteo* these are my friends Paul and Matthew. 3 (*seguito da pronomi personali*) here, there (*seguiti da soggetto e verbo essere*): *eccomi!* (*o eccomi qua!*) here I am!; *eccoti!* here you are, there you are; *eccolo!* here he is, there he is; (*riferito a cosa*) here it is, there it is; *eccola!* (*o eccola qua!*) here she is, there she is; *eccoLe il denaro* here is your money; *eccoci!* here we are; *eccovi!* here you are, there you are; *eccoli qua!* here they are; *vuoi il mio consiglio? eccolo* do you want my advice? this is it (*o* here it is); *eccoti nuovamente ubriaco* there you are, drunk again; *eccotelo!* here you are, there you go; *eccone uno* here's one; *eccone alcuni* here are some; *eccolo che arriva* here he comes. 4 (*a quel punto, improvvisamente*) suddenly, lo, lo and behold: *quando meno se l'aspettavano, ~ tornare il padre* just when they least expected it, their father turned up; *quando era già troppo tardi, ~ che arrivano gli ospiti* when it was too late, lo and behold the guests turned up; *quand'~* when suddenly, when all of a sudden. 5 (*seguito da un participio passato*) *non tradotto*: *~ risolto il problema* now the problem is solved, that's the problem solved; *eccoci arrivati* we're finally here, here we are. 6 (*pleonastico*) see, so there, there, you see: *~, sei uno sciocco* see, you are a silly; *~, te l'avevo detto!* there, I told you so!; *~, ti sta bene!* there, it serves you right!; *~, non funziona più!* you see?, it doesn't work any more!; look, it doesn't work any more!; *me ne vado, ~!* I'm leaving, so there! 7 (*colloq*) (*capisco*) I see, now I understand: *ah, ~! I see!, I get it!* 8 (*nelle risposte: sì, va bene*) all right, here I am: *andiamo, è tardi - ~, vengo subito* let's go it's late - All right, I'm just now. □ *~come si fa* this is how it's done; *~ come stanno le cose* that's how things are, that's how things stand; *~ come sono andate le cose* this is how things went; *~ cosa succede ai ragazzi svogliati* that's what happens to lazy boys; *~ dove si era nascosto* that's where he was hiding; *~ fatto* that's done, there you are, there we are, and that's that; *~ perché* that's why; *ed ~ perché...* and that's why..., this is why...; *~ qua!* here it is; *eccomi qua* here I am; *~ qual è il problema!* that's what the problem is!; *~ tutto* that's all, (*Br, colloq*) that's the lot.

eccome *avv.* certainly!, yes indeed!, rather! I'll say!, (*colloq*) you bet!, (*Br*) not half!, and how!: *l'ho visto, ~* I've, yes, I've most certainly seen him; *~ se c'ero, ho visto tutto* I certainly was there, I saw everything; (*colloq*) you bet I was there, I saw everything; *tu vai al cinema? - ~!* are you going to the cinema? - You bet!

ECG (*Med*) *elettrocardiogramma* ECG (electrocardiogram).

echeggiamento *m.* echoing, reechoing, resounding.

echeggiante *a.* echoing, reechoing, resounding.

echeggiare (**echéggio, echéggi**) I *v.i.* (*aus. essere/avere*) to echo, to sound, to resound, to ring, to ring out: *la sala echeggiava di applausi* the room resounded with applause. II *v.t.* (*fig*) (*imitare*) to echo, to imitate, to recall.

echidna *f.* (*Zool*) echidna.

echinacea *f.* (*Bot*) echinacea.

echino *m.* 1 (*Zool*) echinus, sea urchin. 2 (*Arch*) echinus.

echinococco (*pl.* **-chi**) *m.* (*Zool*) echinococcus.

echinococcosi *f.* (*Med*) echinococcosis.

echinoderma *m.* (*Zool*) echinoderm.

echio *m.* (*Bot*) echium.

ecidio *m.* (*Bot*) aecidium.

eclampsia *f.* (*Med*) eclampsia.

eclatante *a.* 1 (*che colpisce*) striking, impressive, sensational: *un esempio ~* a striking example; *una notizia ~* an impressive news item. 2 (*evidente*) evident, obvious: *un risultato ~* an evident result; *un errore ~* an glaring mistake.

ecletticamente *avv.* eclectically.

ecletticità *f.* eclecticism.

eclettico (*pl.* **-ci**) I *a.* 1 (*Filos*) eclectic: *filosofo ~* eclectic philosopher. 2 (*rif. a persone, versatile*) versatile, eclectic: *è un ragazzo ~* he is a versatile boy. 3 (*eterogeneo*) eclectic, wide-raging: *interessi eclettici* wide-ranging interests. II *m.* (*f.* **-a**) 1 (*Filos*) eclectic. 2 (*estens*) (*persona che ha attività varie*) versatile person.

eclettismo *m.* 1 (*Filos*) eclecticism. 2 (*estens*) (*versatilità*) eclecticism, versatility.

eclissamento *m.* 1 eclipsing. 2 (*estens*) eclipsing, overshadowing.

eclissare (**eclìsso**) I *v.t.* 1 (*Astr*) to eclipse: *la luna eclissò il sole* the moon eclipsed the sun. 2 (*fig*) (*mettere in ombra*) to outshine, to eclipse, to put (sth. *o* so.) in the shade: *con la sua bellezza ha eclissato tutte le donne presenti* with her beauty she eclipsed all the other women. II *v.pron.* **eclissarsi** 1 (*Astr*) to be eclipsed: *la luna si è eclissata* the moon is eclipsed. 2 (*fig*) (*sparire*) to disappear, to steal away, to slip away, (*colloq*) to make oneself scarce, to vanish.

eclisse, eclissi *f.* 1 (*Astr*) eclipse. 2 (*fig*) (*declino*) eclipse, collapse, decline: *l'~ dell'impero germanico* the decline of the German empire, the fall of the German empire. □ (*Astr*) *~anulare* annular eclipse; (*Astr*) *~lunare* lunar eclipse; (*Astr*) *~parziale* partial eclipse; (*Astr*) *~solare* solar eclipse; (*Astr*) *~totale* total eclipse.

eclittica (*pl.* **-che**) *f.* (*Astr*) ecliptic.

eclittico (*pl.* **-ci**) *a.* (*Astr*) ecliptic.

ecloga *f.* (*Lett*) eclogue.

eco (*pl.* **gli èchi**) *f./m.* 1 echo: *sentire un'~* (*o un ~*) to hear an echo. 2 (*estens*) (*rumore che rimbomba*) sound: *l'~ dei passi* the sound of footsteps. 3 (*fig*) (*commenti*) comment, echo, interest, gossip: *la tua partenza improvvisa ha destato molta ~* your sudden departure caused a great deal of comment, your sudden departure gave rise to a lot of gossip. 4 (*Lett*) echo verse. 5 (*Mar*) (*di profondità*) sounding. □ (*El, Rad*) *~artificiale* artificial echo; (*Giorn*) *echi di cronaca* news (*costr. sing.*), items; (*Acus*) *~ di riferimento* control echo; (*fig*) *fare ~* to echo, to be an echo of: *i compagni fecero ~ alle sue parole* his companions echoed his words; (*Fis*) *~ multiplo* flutter echo; (*Mar, Aer*) *~ radar* radar return; (*Acus*) *senza echi* echo-proof: *sala senza echi* echo-proof room; (*Acus*) *~ ultrasonora* ultrasonic echo.

ecocardiografia *f.* (*Med, Radiol*) echocardiography.

ecocardiogramma *m.* (*Med, Radiol*) echocardiogram.

ecocatastrofe *f.* ecocatastrophe, ecological catastrophe, ecological disaster.

ecocidio (*pl.* **-di**) *m.* ecocide, destruction of the natural environment.

ecoclima *m.* ecoclimate.

ecocompatibile *a.* ecompatibile, ecofriendly.

ecocompatibilità *a.* ecompatibility.
ecodiesel /ˌekoˈdizel/ *m.inv.* biodiesel.
ecoetichetta *f.* ecolabel.
ecofobia *f.* (*Psic*) oikophobia, ecophobia.
ecogenetica *f.* (*Biol*) genecology.
ecogenicità *f.* (*Biol*) echogenicity.
ecogoniometria *f.* (*Tecn*) echo ranging.
ecogoniometro *m.* (*Tecn*) sonar, asdic.
ecografia *f.* **1** (*Med*) ultrasound scanning, echography, sonography, ultrasonography. **2** (*Psic*) (*ripetizione di segni grafici*) echographia. □ (*Med*)*fare un'~:* 1 (*sottoporsi ad ecografia*) to have an ultrasound scan; 2 (*eseguirla su un paziente*) to do an ultrasound scan; (*Med*) *~transvaginale* transvaginal echography.
ecografo *m.* **1** (*Med,Radiol*) echographer, ultrasonograph. **2** (*Mar*) echograph, automated echo-sounder.
ecogramma *m.* **1** (*Mar*) echogram. **2** (*Med, Radiol*) echogram, ultrasonogram, sonogram.
ecolabel *f.inv.* ecolabel.
ecolalia *f.* (*Psic*) echolalia.
ecolalico (*pl.* **-ci**) *m.* (*Psic*) echolalic: *linguaggio ~* echolalic language.
ecolocazione *f.* (*Biol*) echolocation.
ecologia *f.* ecology. □ *~agraria* agroecology; *~animale* animal ecology; *~del paesaggio* geo-ecology; *~forestale* forest ecology; *~marina* marine ecology; *~sanitaria* health ecology; *~sociale* social ecology; *~umana* human ecology; *~vegetale* plant ecology.
ecologicamente *avv.* ecologically: *~ sano* ecologically sound.
ecologico (*pl.* **-ci**) *a.* **1** ecological: *disastro ~* ecological disaster. **2** (*estens*) (*non inquinante*) non-polluting, not causing pollution (*posposto*), eco-friendly, organic, environmental: *detersivo ~* ecological washing powder, (*Am*) ecological detergent; *prodotto ~* eco-friendly product. **3** (*Agr*) (*biologico*) organic: *coltivazione ecologica* organic farming.
ecologismo *m.* environmentalism.
ecologista **I** *m./f.* **1** ecologist. **2** (*ambientalista*) green, environmentalist, (*spreg*) ecofreak. **II** *a.* ecology (*attr.*), ecological, environmental, environmentalist: *partito ~* ecology party, green party; *movimento ~* environmentalist movement.
ecologistico (*pl.* **-ci**) *a.* ecological, ecology (*attr.*).
ecologo *m.* (*f.* **-a**; *pl.* **-gi**) ecologist.
ecomafia *f.* ecomafia, sector of the mafia dealing in the trafficking of environmentally hazardous substances.
ecometria *f.* (*Mar,Tecn*) echo ranging.
ecometro *m.* (*Mar,Tecn*) echosounder.
e-commerce /iˈkɔmmers/ *m.inv.* e-commerce.
ecomontone *m.* (*Abbigl*) faux sheepskin jacket.
ecomostro *m.* an architectural monstrosity that ruins the surrounding environment.
economato *m.* **1** (*carica*) stewardship; (*nelle università*) bursarship. **2** (*ufficio*) supply office, purveying office, treasurer's office; (*nelle università*) bursar's office.
econometria *f.* econometrics (*costr.sing.*).
econometrico (*pl.* **-ci**) **I** *a.* econometric: *modello ~* econometric model. **II** *m.* (*rar*) econometrician, econometrist.
econometrista *m./f.* econometrician, econometrist.
economia *f.* **1** (*scienza*) economics (*costr.sing.*): *facoltà di ~ e commercio* business and economics faculty, faculty of eco-

nomics; *uno studente di ~* a business and economics student; *studiare ~* to study economics. **2** (*Econ*) (*sistema economico*) economy: *pianificare l'~* to plan the economy; *rilanciare l'~* to boost the economy. **3** (*amministrazione, struttura*) economy, structure, management: *l'~ di un romanzo* the economy of a novel. **4** (*governo della casa*) household: *mia moglie cura l'~ della famiglia* my wife manages the household. **5** (*risparmio*) saving, economy, economization, thrift: *fare ~* to save money, to economize (on sth.); (*colloq*) *fare ~ fino all'osso* to economize as much money as possible; *fare ~ di qcs.* to save on sth., to economize on sth., to cut down on sth.; *avere il senso dell'~* to have a sense of thrift, to have a sense of economy; (*estens*) *~ di spazio* space saving; (*estens*) *~ di tempo* time saving. **6** *pl.* (*denaro risparmiato*) savings: *ho investito nell'impresa tutte le mie economie* I put all my savings into the enterprise. □ *~agraria* agricultural economy; *~ambientale* environmental economics (*costr.sing.*); *~ applicata* applied economics (*costr.sing.*); *~ arretrata* underdeveloped economy, undeveloped economy; *~avanzata* advanced economy; *~ aziendale*: 1 business management, business economics (*costr.sing.*); 2 (*Scol,Univ*) (*materia di studio*) business administration; *~capitalista* capitalist economy; *~ chiusa* closed economy; *~ collettivista* collective economy; *~competitiva* competitive economy; *~ del benessere* welfare economics (*costr.sing.*); *~di guerra* war economy; *~di mercato* market economy; *~di raggio d'azione* economy of scope; *~di rapina* robber economy; *~di scala* economy of scale; *~di sussistenza* subsistence economy; *~dirigista* centrally-planned economy; *~domestica*: 1 household management; 2 (*Scol*) domestic science, home economics (*costr.sing.*); *economieesterne* external economies; *~globale* global economy; *in ~* on the cheap, on a shoestring; (*Edil*) *lavori in ~* work done on a time and materials basis; *~industriale* industrial economy; *~ interna* internal economy; *~libera* free economy; *~liberalista* liberal economy; *~ mondiale* world economy; *~ monetaria* monetary economy; *~ nazionale* national economy; *per ~* for the sake of economy, in order to save; *~pianificata* planned economy, managed economy; *~politica*: 1 political economy; 2 (*Univ*) political economics (*costr.sing.*); *~pubblica* public economy; *~ sanitaria* health economics (*costr.sing.*);*senza ~* freely, liberally: *spendere senza ~* to spend freely, to spend without stinting; *~sociale* social economics (*costr.sing.*); *~ sommersa* underground economy, black economy, informal economy, hidden economy, (*Br*) shadow economy, (*Am*) off-the-books economy; *~ sottosviluppata* underdeveloped economy.
economicamente *avv.* **1** (*dal punto di vista economico*) economically: *regione ~ debole* economically weak region; *essere ~ indipendenti* to be economically independent. **2** (*con poca spesa*) economically, cheaply, (*colloq*) on the cheap, on a shoestring.
economicismo *m.* economism.
economicità *f.* **1** (*basso prezzo*) inexpensiveness, cheapness. **2** (*Econ*) economic character.
economico (*pl.* **-ci**) *a.* **1** (*Econ*) economic, trade (*attr.*), business (*attr.*): *dottrine economiche* economic doctrines. **2** (*che richiede poca spesa*) economical; (*a buon mercato*)

cheap, cost-effective: *edizione economica* cheap edition; *ristorante ~* cheap restaurant. **3** (*finanziario*) financial, economic: *difficoltà economiche* financial difficulties; *aiuto ~* economic aid.
economismo *m.* economism.
economista *m./f.* economist: *~ aziendale* business economist.
economizzare (**economìzzo**) **I** *v.t.* **1** (*risparmiare*) to save, to economize: *~ denaro* to save money; *~ il tempo* to save time; (*estens*) *~ le forze* to save one's strength. **2** (*amministrare con parsimonia*) to economize on: *~ lo spazio* to save space. **3** (*assol.*) (*ridurre le spese*) to economize on, to cut down on expenses: *~ su tutto* to economize on everything. **II** *v.i.* (*aus.* **avere**) to economize (*su qcs.* on sth.), to reduce (*su qcs.* sth.): *~ sul cibo* to economize on food.
economizzatore *m.* (*Tecn*) economizer.
economizzazione *f.* economization, cutback.
economo **I** *m.* (*f.* **-a**) **1** treasurer. **2** (*di circolo, impresa*) treasurer. **3** (*di università, collegi*) bursar, governor. **II** *a.* economical, thrifty, sparing, saving.
economy class *f.inv.* (*Aer*) economy class.
ecopacifismo *m.* ecological pacifism.
ecopacifista *a.* ecological pacifist: *movimento ~* ecological pacifist movement.
ecopelle *f.inv.* eco-leather, faux leather.
ecoprassia *f.* (*Psic*) echopraxia.
ecoprogettazione *f.* ecodesign.
ecoscandaglio *m.* (*Mar,Tecn*) echosounder.
ecosfera *f.* (*Geog*) ecosphere.
ecosistema *m.* ecosystem.
ECOSOC *Consiglio economico e sociale delle Nazioni Unite* ECOSOC (Economic and Social Council of the United Nations).
ecostrage *f.* (*Biol*) destruction of the natural environment, ecocide.
ecotassa *f.* eco-tax.
ecoterrorista *m./f.* ecoterrorist.
ecotipo *m.* (*Biol*) ecotype.
ecotossicologia *f.* ecotoxicology.
ecoturismo *m.inv.* ecotourism.
écru /eˈkry/ *a.inv.* ecru (*attr.*), écru (*attr.*): *un abito ~* an ecru dress; *colore ~* ecru.
ecstasy /-zi/ *f.inv.* ecstasy.
ectasia *f.* (*Med*) ectasis, ectasia.
ectasico (*pl.* **-ci**) *a.* (*Med*) ectatic.
ectipografia *f.* (*Tip*) embossed printing, raised printing.
ectoderma *m.* (*Biol*) ectoderm.
ectodermico (*pl.* **-ci**) *a.* (*Biol*) ectodermal.
ectomia *f.* (*Chir*) ectomy.
ectoparassita *m.* (*Biol*) ectoparasite.
ectopia *f.* (*Med*) ectopia, ectopy: *~ renale* renal ectopia.
ectopico (*pl.* **-ci**) *a.* (*Med*) ectopic: *gravidanza ectopica* ectopic pregnancy.
ectoplasma *m.* (*Biol,Occult*) ectoplasm.
ectoplasmatico (*pl.* **-ci**) *a.* (*Biol*) ectoplastic, ectoplasmic.
ectoscopia *f.* (*Med*) ectoscopy.
ECU (*Econ,Stor*) *unità monetaria europea* ECU (European Currency Unit).
Ecuador *n.pr.m.* (*Geog*) Ecuador.
ecuadoriano **I** *a.* Ecuadorian. **II** *m.* (*f.* **-a**) Ecuadorian.
Ecuba *n.pr.f.* (*Mitol*) Hecuba.
ecumene *f.* **1** (*Geog*) ecumene, oecumene. **2** (*estens,Rel*) (*insieme di fedeli*) ecumene: *l'~ musulmana* Muslim ecumene; *l'~ cristiana* Christian ecumene.
ecumenicamente *avv.* (*Rel*) ecumenically, oecumenically.
ecumenicità *f.* (*Rel*) ecumenicity, oecu-

menicity.

ecumenico (*pl.* **-ci**) *a.* **1** (*Rel*) ecumenic, ecumenical, oecumenic, oecumenical: *concilio ~* ecumenical council. **2** (*estens*) (*universale*) ecumenic, world (*attr.*), global: *consiglio ~ delle chiese* World Council of Churches.

ecumenismo *m.* (*Rel*) ecumenism, oecumenism.

eczema *m.* (*Med*) eczema.

eczematico, eczematoso *a.* (*Med*) eczematous.

ed *congz.* → **e.**

edafico (*pl.* **-ci**) *a.* (*Biol*) edaphic: *fattore ~* edaphic factor.

edafologia *f.* (*Biol*) edaphology.

edafon *m.* (*Biol,Bot*) edaphon.

Edda *n.pr.f.* Edda. ☐ (*Stor,Lett*) *~ in poesia* Poetic Edda; (*Stor,Lett*) *~ in prosa* Prose Edda; (*Stor,Lett*) *~ poetica* Poetic Edda.

edelweiss /'edelvais, edel'vais/ *m.inv.* (*Bot*) edelweiss.

edema, edema *m.* (*Med*) oedema, (*Am*) edema: *~ polmonare* pulmonary oedema, pulmonary edema.

edematoso I *a.* (*Med*) oedematous, (*Am*) edematous. **II** *m.* (*f.* **-a**) (*Med*) (*che è affetto da edema*) oedema sufferer, (*Am*) edema sufferer.

eden *m.* (*fig*) Eden, paradise.

Eden *n.pr.m.* (*Bibl*) Eden: *il giardino dell'~* the Garden of Eden.

edenico (*pl.* **-ci**) *a.* **1** of Eden (*posposto*). **2** (*fig*) eden (*attr.*), Eden-like, paradisiacal.

edera *f.* (*Bot*) ivy. ☐ (*fig*) *attaccarsi come l'~* to cling like ivy; (*Bot*) *~ terrestre* ground ivy.

edetico (*pl.* **-ci**) ☐ (*Chim*) *acido ~* edetic acid.

edicola *f.* **1** (*chiosco di giornali*) newsstand, kiosk, newspaper kiosk, bookstall. **2** (*Arch*) aedicule, edicule, aedicula; (*nicchia*) niche. ☐ (*Arch*) *finestra a ~* aedicula, aedicula window; *oggi in ~* out today.

edicolante, edicolista *m./f.* newsagent, bookstall keeper, newsvendor.

edificabile *a.* **1** (*che si può edificare*) buildable. **2** (*dove si può edificare*) suitable for building, zoned for building, building (*attr.*): *area ~* building area.

edificabilità *f.* suitability for building, buildability.

edificante *a.* edifying, exemplary, uplifting, enriching: *letture edificanti* uplifting literature. ☐ *uno spettacolo poco ~* an unedifying sight.

edificare (**edifico, edifichi**) *v.t.* **1** to build, to erect: *~ un grattacielo* to erect a skyscraper; *~ un muro* to build a wall; *~ un terreno* to build on land. **2** (*fondare, istituire*) to set up, to found. **3** (*costruire*) to build, to construct: *~ un impero* to build an empire. **4** (*fig*) (*stimolare al bene*) to edify, to enlighten, to uplift, to instruct. ☐ (*fig*) *~ sulla roccia* to build on a firm foundation; (*fig*) *~ sulla sabbia* to build on sand.

edificatore I *m.* builder. **II** *a.* (*rar*) building (*attr.*).

edificatorio *a.* **1** (*rar*) (*che riguarda l'edificazione*) building (*attr.*). **2** (*fig*) (*edificante*) edifying, exemplary, uplifting, enriching.

edificazione *f.* **1** (*l'edificare*) building, construction. **2** (*fig*) (*ammaestramento*) edification, enlightenment: *l'~ dei fedeli* the edification of the faithful.

edificio *m.* **1** building, (*rar*) edifice: *complesso di edifici* development, estate. **2** (*fig*) (*struttura organizzata*) structure, frame-work, edifice: *l'~ dello stato* the structure of the state; *~ sociale* social order. **3** (*fig*) (*insieme di argomentazioni*) case: (*Dir*) *l'~ della difesa* the case for the defence. ☐ *~ a sei piani* (*Br*) six-storeyed building, six-storey building, (*Am*) six-storied building, six-story building; *~ annesso* annex; *~ di pietra* stone building; *~ industriale* industrial building; (*Fis*) *~ molecolare* molecular structure, molecular framework; *~ privato* private building; *edifici pubblici* public buildings; *edifici sacri* sacred buildings; *~ scolastico* school building; *~ simbolo della città* the city's symbolic landmark, architectural icon of the city.

edile I *a.* construction (*attr.*), building (*attr.*): *impresa ~* construction company, builders, constructors; *ingegnere ~* construction engineer; *cantiere ~* construction site. **II** *m./f.* (*operaio*) worker in the building industry, building worker. **III** *m.* (*Stor.rom*) aedile.

edilità *f.* (*Stor.rom*) aedility.

edilizia *f.* building, building trade, construction industry: *lavorare nell'~* to work in the building industry; *l'~ del dopoguerra* post-war construction. ☐ *~ abitativa* housing; *~ agevolata* subsidized building; *~ industriale* industrial construction; *~ popolare* council housing, house building, municipal building, (*Am*) public housing; *~ privata* private building, private building trade; *~ pubblica* public building, public building trade; *~ residenziale* housing construction; *~ scolastica* building of schools.

edilizio *a.* **1** (*relativo all'edilizia*) construction (*attr.*), building (*attr.*): *cooperativa edilizia* building co-operative, construction co-operative; *impresa edilizia* building contractors; *lavori edilizi* building work, construction work; *regolamento ~* building regulations, building code. **2** (*Stor.rom*) aedile (*attr.*): *incarico ~* aedile's office.

Edimburgo *n.pr.f.* (*Geog*) Edinburgh.

edipico (*pl.* **-ci**) *a.* (*Psic*) Oedipus (*attr.*), Oedipal: *complesso ~* Oedipus complex; *fase edipica* Oedipal phase.

Edipo *n.pr.m.* (*Lett*) Oedipus.

editare (**edito**) *v.t.* **1** (*Edit*) (*curare per la stampa*) to edit. **2** (*rar*) (*dare alle stampe*) to publish, to print.

editing *m.inv.* (*Edit,Inform*) editing.

edito *a.* (*Tip,Edit*) published, printed: *libro ~ a Roma* book published in Rome. ☐ *~ da...* published by; *opere edite e inedite* published and unpublished works.

editor *m./f.inv.* **1** (*Giorn*) (*redattore responsabile di un settore*) editor. **2** (*Edit*) (*curatore*) editor. **3** (*Inform*) editor: *~ di testo* text editor.

editore I *a.* publishing: *casa editrice* publishing house, publishing firm, publishers *pl.* **II** *m.* **1** (*f.* **-trice**) publisher: *tipografo ~* publisher printer. **2** (*curatore di un'edizione*) editor: *nota dell'~* editor's note. **3** (*rar*) (*direttore di pubblicazione*) editor.

editoria *f.* **1** (*industria del libro*) publishing industry, book industry, publishing trade, publishing business: *~ elettronica* electronic publishing; *~ multimediale* multimedia publishing, on-line publishing. **2** (*complesso degli editori*) publishing industry, publishers *pl.* ☐ (*Inform*) *~ da tavolo* DTP (Desk Top Publishing); *~ scolastica* school publishing.

editoriale I *a.* publishing, editorial: *impresa ~* publishing firm, publishing business; *pubblicità ~* editorial advertising; *direttore ~* editorial director; *gruppo ~* publishing group, editorial group. **II** *m.* (*Giorn*) (*articolo di fondo*) editorial, leading article, leader.

editorialista *m./f.* (*Giorn*) editorialist, leader writer.

edittale *a.* **1** (*relativo a un editto*) edictal. **2** (*Dir*) (*previsto dalla legge*) law (*attr.*), statutory (*attr.*): *pena ~* statutory penalty.

editto *m.* **1** (*Stor.rom*) edict: *emanare un ~* to issue an edict; *promulgare un ~* to enact an edict; *revocare un ~* to revoke an edict. **2** (*estens*) (*decreto, ordine*) decree, order: *~ imperiale* imperial decree. ☐ (*Stor*) *~ di Nantes* (o *~ di tolleranza*) Edict of Nantes.

edizione *f.* **1** (*Edit*) edition: *un'~ accurata* a well-produced edition; *curare l'~ di un testo latino* to be responsible for the (critical) edition of a Latin text. **2** (*Edit*) (*testo, libro*) edition: *un'~ rara* a rare edition. **3** (*Giorn*) (*tiratura*) edition, issue: *l'~ di oggi* today's edition, today's issue; *seconda ~* second edition. **4** (*TV,Rad*) edition, version: *prima ~ del telegiornale* first edition of the news. **5** (*Teat*) production: *una nuova ~ dell'Amleto* a new production of Hamlet. **6** (*estens*) (*rif. a manifestazioni e sim.*) *non si traduce: la decima ~ della mostra dell'artigianato sardo* the tenth exhibition of Sardinian craftsmanship; *l'ultima ~ del Festival di Sanremo* the latest Sanremo Festival. ☐ (*Edit*) *~ a cura di...* edited by...; (*Edit*) *~ a tiratura limitata* limited edition; (*Edit*) *~ ampliata* enlarged edition; (*Filol*) *~ apocrifa* apocryphal edition; *~ bilingue* bilingual edition; *~ castigata* bowdlerized edition, expurgated edition; *~ clandestina* pirate edition; *~ con testo a fronte* parallel text edition, bilingual edition; (*Filol*) *~ critica* critical edition; (*Giorn*) *~ del mattino* morning edition; (*Giorn*) *~ della notte* night edition; (*Giorn*) *~ della sera* evening edition; (*Edit*) *~ di lusso* de luxe edition; (*Filol*) *~ diplomatica* diplomatic edition; (*Edit*) *~ economica* popular edition, paperback, cheap edition; (*Edit*) *~ elzeviriana* Elzevir edition; (*Edit*) *~ fuori commercio* private edition, privately-printed edition; (*Tip*) *~ in folio* folio edition; (*Tip*) *~ in sedicesimo* sixteenmo edition; (*Edit*) *~ integrale* unabridged edition; (*Edit*) *~ limitata* limited edition; (*Edit,Inform*) *~ on-line* on-line edition; (*Edit*) *~ originale* original edition; *~ pirata* pirate edition; (*Filol*) *~ principe* editio princeps, first edition; (*Edit*) *~ purgata* expurgated edition; (*Edit*) *~ ridotta* abridged edition; (*Edit*) *~ rilegata* bound edition; (*Edit*) *~ riveduta e corretta* revised and corrected edition; (*Edit*) *~ scolastica* school edition; (*Giorn*) *~ speciale* special edition; (*Giorn*) *~ straordinaria* extra edition, late edition; (*Edit,Inform*) *~ su supporto elettronico* electronic edition; (*Edit*) *~ tascabile* pocket edition.

Edoardo *n.pr.m.* Edward.

edonismo *m.* (*Filos*) hedonism (*anche estens*).

edonista *m./f.* (*Filos*) hedonist (*anche estens*).

edonistico (*pl.* **-ci**) *a.* (*Filos*) hedonistic (*anche estens*).

edotto *a.* (*lett*) informed (*su, circa, di* of, about), acquainted (with): *rendere ~* to inform; *lo resi ~ dell'accaduto* I informed him of the event.

EDP (*Inform*) *elaborazione elettronica dei dati* EDP (Electronic Data Processing).

edredone *m.* (*Ornit*) common eider, common eider duck.

educabile *a.* teachable, educatable, educable.

educabilità *f.* educability, teachability.

educanda *f.* **1** (*in un istituto*) boarding-school girl; (*in un convento*) convent-school girl. **2** (*fig*) (*ragazza timida, pu-*

dica) convent-school girl, shy young girl, inexperienced girl, convent girl: *atteggiamenti da ~* convent-school attitudes; *vestirsi da ~* to dress like a convent-school girl.

educandato *m.* girls' boarding school, *(di suore)* convent boarding school.

educare **(èduco, èduchi)** *v.t.* **1** *(formare)* to educate, to bring up, to raise: *i genitori devono ~ i figli* parents should educate their children, parents should bring up their children; *~ qcu. al rispetto* to bring so. up to be respectful. **2** *(istruire)* to educate, to train, to cultivate: *~ le masse* to educate the masses; *~ un cane da guardia* to train a guard dog. **3** *(abituare con l'esercizio)* to educate, to refine, to train, to shape, to cultivate: *~ il gusto* to educate one's taste, to refine one's taste; *~ la voce* to train one's voice; *~ la mente* to shape the mind; *~ la fantasia* to cultivate imagination. **4** *(poet,rar)* *(coltivare)* to cultivate.

educatamente *avv.* **1** *(con gentilezza)* politely, kindly: *rispondere ~* to answer politely. **2** *(in modo opportuno)* properly: *comportarsi ~* to behave properly; *stare a tavola ~* to behave at table, to have good table manners.

educativo *a.* **1** *(dell'educazione)* educational: *metodi educativi* educational methods; *sistema ~* educational system. **2** *(che serve a educare)* educative, instructive, informative: *romanzo ~* instructive novel.

educato *a.* **1** polite; well-bred, well brought-up, well-mannered; *(di bambino)* well-behaved: *un ragazzo ~* a polite boy; *male ~* ill-bred, bad-mannered, ill-mannered; *bene ~* well-bred, well-mannered, well brought-up. **2** *(estens)* *(esercitato)* practised, trained: *un orecchio ~* a trained ear. **3** *(estens)* *(affinato)* refined, educated, attuned: *avere l'animo ~ al senso del bello* to have a soul attuned to beauty.

educatore I *m.* *(f.* **-trice)** **1** educator. **2** *(pedagogista)* educator, educationist, educationalist. **II** *a.* educational, teaching, educative: *la funzione educatrice della famiglia* the educational function of the family.

educazione *f.* **1** *(formazione)* education, upbringing: *l'~ dei figli* the upbringing of the children; *impartire a qcu. un'~ rigida* to give so. a strict upbringing; *curare l'~ di qcu.* to take charge of so.'s education. **2** *(buone maniere)* breeding, good breeding, good manners *pl.*: *mancanza di ~* lack of manners, lack of breeding, bad manners, rudeness, ill-breeding; *un ragazzo senza alcuna ~* an ill-mannered boy, a boy with no manners; *è una questione di buona ~* it's a matter of good manners; *(colloq) impara l'~!* learn some manners!; *insegnare l'~ a qcu.* to teach so. manners; *(iron) bell'~!* fine manners! **3** *(affinamento)* training, education: *l'~ della mente* the training of the mind; *~ della voce* training of the voice, voice training. □ *~alimentare* nutritional education; *~ ambientale* environmental education; *(Scol) ~artistica* art education; *(Scol) ~civica* civics *(costr.sing.)*; *~degli adulti* adult education; *~del consumatore* consumer education; *(Dir) ~della prole* education of offspring; *(Scol) ~fisica* physical education, physical training; *insegnante di ~fisica* gym and games teacher, PE teacher; *(Scol) ~musicale* musical education; *~ permanente* continuing education, in-service training; *~ religiosa* religious education; *~ sanitaria* health education; *(Scol) ~sessuale* sex education; *~stradale* road safety instruction.

edulcorante I *a.* sweetening. **II** *m.* sweetener.

edulcorare **(edùlcoro)** *v.t.* **1** to sweeten. **2** *(fig)* *(attenuare, mitigare)* to sweeten, to soften.

edulcorato *a.* **1** sweetened. **2** *(fig)* *(mitigato)* softened, watered-down, sweetened: *una versione edulcorata dei fatti* a softened version of events, a watered-down version of events.

edule *a.* edible.

edutainment /edu'tejnmənt/ *m.inv.* edutainment.

EEG *(Med)* *elettroencefalogramma* EEG (electroencephalogram).

efebico *(f.* **-ci)** *a.* **1** *(di efebo)* ephebic. **2** *(estens)* *(effeminato)* effeminate.

efebo, **efebo** *m.* **1** *(Stor.gr)* ephebe, ephebus. **2** *(estens,spreg)* effeminate young man, girlish youth.

efedrina *f.* *(Chim)* ephedrine, ephedrin.

efelide *f.* **1** *(lentiggine)* freckle: *un volto cosparso di efelidi* a freckled face; *pieno di efelidi* freckled, covered with freckles. **2** *(Med)* ephelis.

efemera *f.* *(Zool)* ephemera.

efemeride *f.* **1** *(Astr)* ephemeris. **2** *(estens)* *(pubblicazione periodica)* periodical. **3** *(rar)* almanac, calendar, book.

efesino I *a.* Ephesian, Ephesine. **II** *m.* **1** Ephesian. **2** *pl.* *(Bibl)* *(epistola)* Ephesians.

Efeso *n.pr.f.* *(Geog.stor)* Ephesus.

Efesto *n.pr.m.* *(Mitol)* Hephaestus.

effe *f./m.inv.* F, letter F.

effemeride *f.* **1** *(Astr)* ephemeris. **2** *(estens)* *(pubblicazione periodica)* periodical. **3** *(rar)* almanac, calendar, book. □ *(Astr) effemeridi astronomiche* astronomical almanac, astronomical ephemeris; *(Mar) effemeridi nautiche* nautical almanac, nautical ephemeris.

effeminare **(efférmino)** **I** *v.t.* **1** to make effeminate, to emasculate. **2** *(estens)* *(infiacchire)* to enfeeble, to weaken. **II** *v.pron.* **effeminarsi 1** to become effeminate, to become womanish. **2** *(infiacchirsi)* to weaken, to become weak.

effeminatezza *f.* effeminacy, sissiness.

effeminato *a.* effeminate, unmanly, womanish: *una voce effeminata* an effeminate voice; *un giovane ~* an effeminate youth.

efferatamente *avv.* ferociously, cruelly, brutally.

efferatezza *f.* **1** *(ferocia, crudeltà)* ferocity, cruelty, brutality: *agire con ~* to act with brutality; *l'~ di un crimine* the brutality of a crime; *l'~ della guerra* the atrocity of war. **2** *(atto efferato)* cruel action, atrocity, crime.

efferato *a.* brutal, vicious, cruel, ferocious, savage: *delitto ~* vicious crime; *strage efferata* brutal massacre; *odio ~* savage hatred.

efferente *a.* *(Anat)* efferent: *canali efferenti* efferent canals.

effervescente *a.* **1** effervescent, fizzy, bubbly: *una compressa ~* an effervescent tablet; *aspirina ~* effervescent aspirin, soluble aspirin. **2** *(fig)* *(brioso)* effervescent, sparkling, bubbly: *una conversazione ~* a sparkling conversation; *una persona ~* a bubbly person.

effervescenza *f.* **1** effervescence. **2** *(fig)* *(vivacità)* effervescence, vivacity, liveliness, exuberance. **3** *(fig)* *(agitazione)* excitement: *essere in ~* to be in a froth (over sth.), to bubble with excitement, to bubble over with excitement.

effettivamente *avv.* **1** *(realmente)* really, actually: *hai ~ deciso di partire?* have you actually decided to leave? **2** *(in effetti)* actually, indeed, in fact, in actual fact: *~ è proprio così* that's just how it is, in fact; *~ avevo*

torto I was wrong, actually.

effettività *f.* effectivity, effectiveness.

effettivo I *a.* **1** *(reale)* real, actual, effective: *valore ~* real value; *guadagno ~* real profit, actual profit; *lavoro ~* actual work; *rendimento ~* effective yield. **2** *(concreto)* concrete, definite: *il nuovo metodo di lavoro presenta effettivi vantaggi* the new method of work presents concrete advantages. **3** *(non provvisorio)* permanent, regular: *professore ~* permanent professor; *personale ~* regular staff; *membro ~* permanent member. **4** *(burocr)* *(operativo)* effective: *il provvedimento diventerà ~ a partire dalla prossima settimana* the measure will come into force as from next week. **5** *(Mil)* *(in servizio permanente)* regular: *ufficiale ~* regular officer. **6** *(in contanti)* cash: *denaro ~* cash on hand. **II** *m.* **1** *(chi ha un ruolo stabile)* permanent member, permanent employee: *gli effettivi della scuola* the permanent school staff; *effettivi di bordo* ship's company. **2** *(consistenza concreta)* sum total, whole. **3** *(Mil)* strength, force, effectives *pl.* **4** *(Econ)* sum total: *l'~ del patrimonio* the real value of the estate.

effetto *m.* **1** *(conseguenza)* effect: *causa ed ~* cause and effect; *~ positivo* positive effect; *~ negativo* negative effect; *~ contrario* opposite effect; *non sortire l'~ desiderato* not to achieve the desired effect; *produrre un ~* to bring about an effect, to cause an effect. **2** *(viva impressione)* effect, impression, sensation: *la notizia ha suscitato grande ~* the news caused a sensation; *fare un certo ~* to give a strange impression, to impress; *mi ha fatto uno strano ~ rivederlo dopo tanto tempo* it was strange to see him again after so long; *che ~ ti fa essere nonno?* how does it feel to be a grandfather? **3** *(validità, efficacia)* effect, validity. **4** *(Sport)* spin, twist: *dare ~ ad una palla* to give a spin to a ball; *palla a ~* twister, ball with spin, ball with slice. **5** *(Econ)* *(cambiale)* bill, bill of exchange, note; *(pagherò)* promissory note, notes receivable; *(titolo)* security. **6** *(Fis,Acus,Ott)* effect: *effetti di luce* lighting effects; *~ luminoso* luminous effect; *~ ottico* optical effect. □ *mandare qcs. a ~* to carry sth. out; *a ~ rapido* fast-acting; *(Econ) ~a breve scadenza* short-term bill; *(Econ) ~ a lunga scadenza* long-term bill; *a tutti gli effetti* to all intents and purposes, in every respect; *(Econ) ~ a vista* sight bill; *(Fis) ~anodico* anode effect; *(Econ) effetti attivi* bills receivable; *avere ~:* **1** to have an effect, to take effect, to work *(anche fig)*: *la medicina ha avuto ~* the medicine has taken effect, the medicine has worked; *i rimproveri non hanno alcun ~ su questo ragazzo* scolding has no effect on this boy; **2** *(entrare in vigore)* to come into effect, to take effect; *(Econ) ~bancario* bankable bill; *avere un ~ boomerang su qcu.* to boomerang on so.; *(Econ) ~cambiario* bill of exchange; *(Med) ~cocktail* cocktail effect; *~collaterale* side effect; *con ~da* with effect from, as from; *con ~retroattivo* with retroactive effect, backdated *(attr.)*: *una legge con ~ retroattivo* a backdated law; *(Acus) ~ copia* print-through; *(Art) ~craquelé* crackling effect; *(Sport) gioco d'~* spin; *(Teat) recitazione d'~* effective acting; *di ~* effective; *una scena di grande ~* a very effective scene, a very impressive scene, a sensational scene; *(Fis) ~ Doppler* Doppler effect; *fare ~:* **1** *(essere efficace)* to have an effect, to take effect, to work: *il sonnifero comincia a fare ~* the sedative is beginning to work; **2** *(fare impressione)* to impress:

fare un grande ~ su qcu. to impress so.; (*Elettron*) *~ fotovoltaico* photovoltaic effect; *~frenante* braking effect; *con ~ immediato* with immediate effect; *in effetti* as a matter of fact, really, actually, in fact, indeed; (*Econ*) *~ in bianco* blank bill; (*Farm*) *effetti indesiderati* adverse reactions; (*Econ*) *~ insoluto* unpaid bill, overdue bill; (*Fis*) *~ Joule* Joule effect; (*Fis*) *~ Larsen* Larsen effect; (*Ott*) *~ Maxwell* Maxwell effect; (*Tel,Tecn*) *effetti indesiderati* memory effect; (*Cin,TV*) *~nebbia* fog effect; (*Elettron*) *~neve* snow; (*Econ*) *~passivo* bill payable, note payable; (*El*) *~pelle* (o ~ *pellicolare*) skin effect; *per ~ di* through, through the effect of, because of: *era allegro per ~ del vino* he was merry because of the wine he had drunk; *effetti personali* personal belongings, personal effects; *~ placebo* placebo effect; (*Nucl*) *~radioattivo* radioactive effect; *~ritardato* after-effect; *~secondario* secondary effect, side effect; *senza ~* without effect: *le mie raccomandazioni restarono senza ~* my recommendations had no effect; (*Meteor*) *~serra* greenhouse effect; (*Cin,TV*) *effetti sonori* sound effects, SFX; *sotto l ~ di* under the influence of; *agire sotto l ~ dell'alcol* to act under the influence of alcohol; (*Cin,TV*) *effetti speciali* special effects, EFX, SFX.

effettuabile *a.* practicable, realizable, feasible.

effettuale *a.* (*lett*) (*effettivo*) effective, real, actual.

effettuare (**effèttuo**) I *v.t.* 1 (*realizzare*) to effect, to make, to put sth. into effect, to put sth. into practice, to carry out, to realize: *~ un pagamento* to make a payment, to effect a payment; *~ un versamento* to effect a payment; *~ una fermata* to make a stop; *~ un piano* to carry out a plan. 2 (*adempiere*) to fulfil, (*Am*) to fulfill. II *v.pron.* **effettuarsi** 1 (*realizzarsi*) to be realized, to be carried out. 2 (*avere luogo*) to be held, to be put on, to take place, to occur: *la mostra non si è mai effettuata* the exhibition never took place. □ (*Strad*) *~ un sorpasso* to overtake, to pass.

effettuazione *f.* execution, carrying out, realization: *l'~ di un progetto* the execution of a project. □ *in ~* during the execution, while it is being carried out.

efficace *a.* 1 effective, efficacious, efficient, good: *un rimedio ~ contro...* an effective remedy against..., an efficacious remedy against...; *misure efficaci* effective measures; *un esempio ~* a good example; *essere ~* to be effective, to work. 2 (*fig*) (*incisivo*) effective, telling: *un discorso ~* an effective speech; *un'osservazione ~* a telling remark. 3 (*Fis*) effective: *area ~* effective area. □ *~in termini di... ...* effective: *~ in termini di costo* cost effective.

efficacemente *avv.* 1 efficaciously, effectively, efficiently. 2 (*in modo incisivo*) effectively, tellingly.

efficacia *f.* 1 efficacy, effectiveness, efficaciousness: *l'~ di una medicina* the efficacy of a medicine; *di scarsa ~* lacking in efficacy. 2 (*fig*) (*capacità espressiva*) effectiveness, force, warmth, potency: *gli oratori hanno parlato con ~* the orators spoke with force. □ *avere ~* (*essere efficace*) to be effective, to be efficacious: *il rimedio non ha avuto ~* the remedy was not effective; *avere ~ da...* to be effective as from...; *~dei costi* cost effectiveness; (*Dir*) *~giuridica* validity in law, legal effect; (*Dir*) *~legale* legal force; (*Dir*) *~probatoria* probative force.

efficiente *a.* 1 (*efficace*) efficient, effective,

efficacious. 2 (*che ha buon rendimento*) efficient, productive, economical: *una ditta ~* a productive firm; *i nuovi motori sono molto più efficienti di quelli di un tempo* the new engines are much more efficient than those of the past, the new engines work much better than those of the past. 3 (*redditizio*) cost effective. 4 (*in buono stato*) efficient, in good condition (*posposto*), serviceable, working, in working order (*posposto*). 5 (*rif. a persone*) efficient, competent, practical, fit: *è un impiegato ~* he is an efficient employee.

efficientemente *avv.* efficiently, effectively, efficaciously.

efficientismo *m.* 1 efficiency, high efficiency, cult of efficiency. 2 (*spreg*) show of efficiency.

efficientista *m./f.* efficiency-minded person, stickler for efficiency.

efficientistico (*pl.* -ci) *a.* efficiency (*attr.*).

efficienza *f.* 1 efficiency: *provare l'~ di un motore* to test the efficiency of a motor; *aumentare l'~* to increase efficiency; *un alto grado di ~* a high degree of efficiency; *perseguire l'~* to strive for efficiency. 2 (*rif. a persone*) efficiency: *una persona di grande ~* a very efficient person. 3 (*Fis*) efficiency, effectiveness: *~ aerodinamica* streamlined efficiency. 4 (*Econ*) cost-effectiveness: *~ marginale* marginal efficiency; *~ della manodopera* workers' effectiveness; *~ allocativa* economic efficiency. □ *in ~*: 1 in working order: *la macchina è in ~* the machine is in working order; *mantenere (qcs.) in ~* to maintain (sth.) in perfect working order; 2 (*rif. a legge*) in effect, in force: *mantenere (qcs.) in ~* to keep (sth.) in force; 3 (*rif. a persone*) fit: *è un uomo anziano ma ancora in piena ~* he is getting on in years but he is still quite fit.

effigiare (**effigio, effigi**) *v.t.* 1 (*raffigurare, dipingere*) to portray, to represent, to depict: *nel quadro è effigiato un cavaliere* the painting depicts a knight, the painting shows a knight. 2 (*lett*) (*scolpire effigi, adornare con effigi*) to sculpt, to sculpture, to carve (with effigies), to adorn (with effigies): *~ un tempio* to carve a temple with effigies. 3 (*lett*) (*modellare*) to model: *~ la cera* to model wax.

effigiato *a.* 1 portrayed, represented; (*dipinto*) painted, depicted. 2 (*lett*) (*scolpito, adornato*) sculptured, carved with effigies, adorned with effigies. 3 (*lett*) (*modellato*) modelled.

effigie (*pl.* **effigi**) *f.* 1 (*immagine*) effigy, image, likeness: *una moneta con l'~ del presidente* a coin carved with the president's image; *~ in bronzo* bronze effigy. 2 (*ritratto*) portrait: *nel quadro risalta l'~ dell'autore* the portrait of the artist appears in the painting. 3 (*fig*) (*espressione*) portrait, image, mirror: *il volto è l'~ dell'anima* the face is the mirror of the soul. 4 (*rar*) (*aspetto, parvenza*) image, aspect, guise. □ (*Stor*) *in ~* in effigy: *giustiziare qcu. in ~* to hang so. in effigy; *bruciare qcu. in ~* to burn so. in effigy.

effimera *f.* (*Zool*) ephemera.

effimerità *f.* (*lett,rar*) ephemerality.

effimero I *a.* 1 (*che dura un giorno*) ephemeral: *insetto ~* ephemeral insect, ephemeral. 2 (*estens*) (*di breve durata*) ephemeral, short-lived, transient, transitory, passing: *piaceri effimeri* short-lived pleasures; *le gioie effimere della vita* the ephemeral joys of life. II *m.* (*ciò che dura poco*) ephemeral: *cultura dell'~* culture of ephemeral.

efflorescente *a.* (*Chim,Geol*) efflorescent.

efflorescenza *f.* (*Chim,Med,Geol*) efflorescence.

effluente I *a.* effluent, outflowing, flowing out, flowing from: *l'acqua ~ dal rubinetto* the water flowing from the tap. II *m.* (*rifiuti di fognature*) effluent: *~ industriale* industrial effluent.

efflusso *m.* efflux, effusion, flow, outflow: *l'~ dell'acqua da una falla* the flow of water from a leak; *~ di sangue* flow of bood.

effluvio *m.* 1 (*lett*) scent, fragrance: *l'~ dei fiori* the fragrance of the flowers. 2 (*scherz*) (*cattivo odore*) odour, bad smell, stink, unpleasant smell, (*Br,colloq*) pong: *dalla cucina veniva un ~ di frittura* an unpleasant odour of frying came from the kitchen. 3 (*estens*) (*emanazione*) emanation, effluvium. □ (*El*) *~elettrico* glow discharge.

effondere (*pres.ind.* **effóndo**; *p.rem.* **effùsi**; *p.p.* **effùso**) I *v.t.* (*lett*) 1 (*versare*) to pour out, to pour forth, to shed: *~ lacrime* to shed tears. 2 (*diffondere*) to diffuse, to send out, to give out, to give off, to shed: *la lampada effondeva una luce bianca* the lamp gave out a white light. 3 (*fig*) (*manifestare*) to pour out, to give vent to: *~ l'animo* to pour out one's soul. II *v.pron.* **effondersi** (*lett*) to spread, to pour, to be shed.

effrazione *f.* 1 (*Dir*) housebreaking, effraction, break-in, burglary, breaking and entering. 2 (*estens*) (*violazione*) breaking, violation, infringement: *~ di una norma* breaking of a rule. □ (*Dir*) *furto con ~* burglary, breaking and entering.

effusi → **effondere**.

effusione *f.* 1 effusion, flow, pouring out, shedding: *~ di un liquido* pouring out of a liquid; *~ di un gas* effusion of a gas. 2 *spec.pl.* (*fig*) (*dimostrazioni di affetto*) effusions *pl.*: *i ragazzi mi accolsero con effusioni di gioia* the children welcomed me with effusions of joy; *non mi sono mai piaciute le effusioni d'amore in pubblico* I never liked public effusions of love. 3 (*Chim,Fis,Geol,Med*) effusion: *~ lavica* effusion of lava.

effusivo *a.* (*Geol*) effusive, effusion (*attr.*): *roccia effusiva* effusive rock.

effuso → **effondere**.

eforo *m.* (*Stor,gr*) ephor.

EFTA (*Stor*) *Associazione europea di libero scambio* EFTA (European Free Trade Association).

Egadi *n.pr.f.pl.* (*Geog*) Aegadean Islands, Egadi Islands.

egalitario *a.* (*Pol*) egalitarian, equalitarian.

egalitarismo *m.* (*Pol*) egalitarianism, equalitarianism.

egemone I *a.* hegemonic, leading, ruling: *stato ~* hegemonic state, dominant state. II *m./f.* (*lett*) hegemon.

egemonia *f.* 1 hegemony: *l'~ spartana in Grecia* the Spartan hegemony in Greece. 2 (*estens*) (*preminenza*) leadership, supremacy: *~ commerciale* commercial supremacy.

egemonico (*pl.* -ci) *a.* 1 hegemonic: *autorità egemonica* hegemonic authority. 2 (*estens*) (*preminente*) leading, ruling, dominant.

egeo *a.* (*Geog*) Aegean: *isole egee* Aegean Islands; *mare Egeo* Aegean Sea.

Egeo *n.pr.m.* 1 (*Mitol*) Aegeus. 2 (*Geog*) Aegean, Aegean Sea.

Egeria *n.pr.f.* (*Mitol*) Egeria.

egida *f.* 1 (*Mitol*) aegis, egis. 2 (*fig,lett*) (*difesa, riparo*) aegis, egis, defence, protection: *essere sotto l'~ della legge* to be under the aegis of the law.

Egina *n.pr.f.* (*Geog*) Aegina.

egira f. (Rel.islam) hegira, hejira.

Egisto n.pr.m. (Mitol) Aegisthus.

Egitto n.pr.m. (Geog) Egypt.

egittologia f. Egyptology.

egittologico (pl. -ci) a. Egyptological.

egittologo m. (f. -a; pl. -gi) Egyptologist.

egiziaco (pl. -ci) a. (lett) Egyptian.

egiziano I a. Egyptian. II m. 1 (f. -a) (abitante) Egyptian: gli Egiziani the Egyptians. 2 (lingua) Egyptian. 3 (Tip) Egyptian, Egyptian type-face.

egizio I a. (dell'antico Egitto) of ancient Egypt, ancient Egyptian, Egyptiac: le piramidi egizie the pyramids of ancient Egypt. II m. (f. -a) (abitante dell'antico Egitto) Egyptian.

eglefino m. (Itt) haddock.

egli pron.pers.m. he: ~ ce lo disse he told us; ~ stesso he himself.

eglino pron.pers.m.pl. (ant) they.

egloga f. (Lett) eclogue.

ego m.inv. (Psic) ego.

egocentricamente avv. egocentrically.

egocentricità f. egocentricity, self-centredness.

egocentrico I a. self-centred, egocentric. II m. (f. -a; pl. -ci) self-centred person, egocentric, egocentric person: essere un ~ to be self-centred, to be an egocentric person.

egocentrismo m. egocentrism, self-centredness, egocentricity.

egoismo m. selfishness.

egoista I m./f. selfish person, egoist, self-centred person. II a. selfish, egoistic, egoistical: un carattere ~ a selfish character.

egoisticamente avv. selfishly, egoistically. □ ~ parlando ... from a purely selfish point of view..., speaking from a purely selfish point of view...

egoistico (pl. -ci) a. selfish, egoistic, egoistical: sentimenti egoistici selfish feelings.

egotismo m. (Psic) egotism, self-conceit.

egotista I a. (Psic) egotistic. II m./f. (Psic) egostist, egotistic person.

egotistico (pl. -ci) a. (Psic) egotistic, egotistical.

egregiamente avv. excellently, very well, extremely well: ti sei comportato ~ you behaved extremely well.

egregio a. 1 excellent, eminent, distinguished, worthy: un ~ professore a distinguished professor. 2 (epist) dear: ~ signore Dear Sir; egregi Signori Dear Sirs, (Am) Gentlemen; (seguito da cognome) ~ signor Rossi Dear Mr Rossi. 3 (negli indirizzi) Mr, (ant,scherz) Esq. (posposto): ~ signor Carlo Rossi Mr Charles Rossi, (ant,scherz) Charles Rossi, Esq.

egressivo a. (Ling) egressive.

egretta f. 1 (Ornit) egret. 2 (Mil,ant) (pennacchio ornamentale) plume. 3 (Mod) aigrette.

Egr. Sig. (epist) 1 Egregio Signore (Dear Sir). 2 (seguito da cognome) Egregio Signor (Dear Mr): Egr. Sig. Rossi Dear Mr Rossi.

eguaglianza f. 1 equality, parity: ~ di peso equality of weight; ~ di fronte alla legge equality before the law. 2 (Mat) equality, equation.

eguagliare (eguàglio, eguàgli) v.t. → **uguagliare**.

eguale a. → **uguale**.

egualità f. (rar) equality.

egualitario I a. (Pol) egalitarian, equalitarian. II m. (f. -a) (Pol) egalitarian, equalitarian person, equalitarian person.

egualitarismo m. (Pol) egalitarianism, equalitarianism.

eh intz. 1 (dubbio) hm, h'm, well: il lavoro sarà pronto per domani? - ~, sarà difficile will the work be ready by tomorrow? - Hm, it isn't very likely. 2 (rassegnazione) oh dear, ah, (lett) alas: ~, ormai non c'è più speranza alas, there is no hope left now. 3 (rimprovero) hm, oh: ~ no, così non va! oh no, that won't do! 4 (meraviglia) phew!, ah!, what?, wow!: l'appartamento mi è costato trenta milioni - ~? the flat cost me thirty million - Phew! (o What!). 5 (nelle domande retoriche) aren't I?, aren't you?, isn't it?, isn't he?, isn't she?, aren't we?, aren't you?, aren't they?: sei stanco, ~? tired, aren't you?; bello, ~? beautiful, isn't it?; è carina, ~? pretty, isn't she?; simpatici ~? nice, aren't they? 6 (per chiedere un chiarimento) what?, pardon?, eh?, song?: ~? non ho sentito quello che hai detto pardon? I didn't hear what you said. 7 (rispondendo a chi chiama) yes?, what?: Mario? - ~? Mario? - Yes?

ehi intz. 1 (per richiamare l'attenzione) hey!, hey there!: ~ tu, vieni qui! hey, you, come here!; ~!, parlo con te! hey!, I'm speaking to you! 2 (per esprimere apprezzamento) goodness!, gosh!, wow!: ~! che bellezza! wow! what a beauty! □ ~ là! you there!; hey, you there!; hey, there!

ehilà intz. you there!; hey, you there!; hey, there!

ehm intz. (esprime esitazione) um, er: ~, preferisco non parlare um, I'd rather not say anything.

EI (targa automobilistica) Esercito Italiano (Italian Army).

eiaculare (eiàculo; aus. avere) v.i. (Fisiol) to ejaculate.

eiaculatore , eiaculatorio a. (Anat) ejaculatory, ejaculative.

eiaculazione f. (Fisiol) ejaculation. □ (Med) ~ precoce premature ejaculation.

eidetico (pl. -ci) a. (Filos,Psic) eidetic.

eiettabile a. that may be ejected (posposto), ejector (attr.), ejection (attr.): (Aer) sedile ~ ejector seat, (Am) ejection seat.

eiettare (eiètto) v.t. to eject.

eiettore m. (Mecc,Arm,Aer) ejector. □ (Mecc) ~ a vapore booster ejector; (Mecc) ~ di aria air ejector.

eiezione f. 1 (Med) ejection: ~ di sangue blood ejection. 2 (Geol) ejecta pl., ejected matter (from a volcano). 3 (Aer) ejection.

EIMA Ente per gli interventi sul mercato agricolo (State agency for intervention on the agricultural market).

einsteiniano /ajnstaj'njano/ a. Einsteinian, Einstein (attr.).

einsteinio /ajns'tajnjo/ m. (Chim) einsteinium.

Eire n.pr.f. (Geog) Eire, the Republic of Ireland, the Irish Republic.

elaborare (elàboro) v.t. 1 to elaborate, to draw up, to formulate, to work out: ~ un piano to devise a plan, to draw up a plan; ~ una teoria to formulate a theory. 2 (Fisiol) (digerire) to elaborate, to digest: lo stomaco elabora i cibi the stomach elaborates food, the stomach digests food. 3 (Inform) (rif. a dati) to process: ~ dati statistici to process statistical data. 4 (Biol) (produrre) to elaborate; (secernere) to secrete.

elaboratezza f. elaborateness: l'eccessiva ~ dello stile the over-elaborateness of the style.

elaborato I a. 1 (preparato con cura) elaborate, carefully prepared, carefully drawn up: discorso ~ elaborate speech. 2 (sofisticato) elaborate, sophisticated, (spreg) stilted: un piatto ~ an elaborate dish; stile troppo ~ over-elaborate style, stilted style. II m. 1 (Scol) (compito) paper, test: gli elaborati d'esame the examination papers, the scripts. 2 (Inform) (tabulato) printout. 3 (Biol) elaborate, secretion: l'~ del pancreas secretion of the pancreas, pancreatic secretion.

elaboratore I a. 1 elaborating. 2 (Inform) processing. II m. 1 elaborator. 2 (Inform) computer; (processore) processor. □ (Inform) ~ analogico (Br) analogue computer, (Am) analog computer; (Inform) ~ asincrono asynchronous computer; (Inform) ~ centrale central computer, mainframe, server; (Inform) ~ di testi word processor; (Inform) ~ digitale digital computer; (Inform) ~ elettronico electronic computer; (Inform) ~ portatile lap-top computer; (Inform) ~ sequenziale sequencer; (Inform) ~ universale multipurpose computer.

elaborazione f. 1 elaboration, drawing up, formulation, working out, drafting: l'~ di una teoria the formulation of a theory; curare l'~ di un piano to work out a plan; essere in fase di ~ to be at the drafting stage. 2 (Inform) processing, process: ~ dell'informazione information processing. 3 (Biol) elaboration; (digestione) digestion; (secrezione) secretion. 4 (Psic) working through: ~ del lutto working through grief, bereavement. 5 (Mus) development, elaboration. □ (Inform) ~ a distanza teleprocessing, remote computing; (Inform) ~ batch batch processing; (Inform) ~ centralizzata centralized processing; (Inform) ~ dei testi text processing; (Inform) ~ del suono sound processing; (Inform) ~ delle immagini image processing; (Inform) ~ di dati data processing; (Inform) ~ in background background processing; (Inform) ~ in linea on-line processing; (Inform) ~ parallela parallel processing; (Ling) ~ semantica semantic processing; (Inform) ~ seriale serial processing.

elargire (elargìsco, elargìsci) v.t. to lavish (a on), to give (sth.) freely, to bestow freely, to deal (sth.) out generously, to hand (sth.) out generously (to), to dispense: ~ mance a destra e a sinistra to lavish tips right and left; ~ aiuti to give help freely; ~ denaro to give money generously; ~ favori to heap favours on.

elargitore m. (f. -trice) bestower of largesse, giver, donor.

elargizione f. 1 (il dare) donation: fare elargizioni ai poveri to make donations, to give generously to the poor. 2 (il dono) donation, gift: una generosa ~ a generous gift.

elasticamente avv. elastically, flexibly.

elasticità f. 1 (Fis) elasticity: limite di ~ elastic limit; modulo di ~ modulus of elasticity; ~ termica thermoelasticity. 2 (rif. a molla) spring, springiness. 3 (estens) (flessibilità) elasticity, adaptability, flexibility: l'~ di un concetto the elasticity of a concept. 4 (fig) (agilità mentale) nimbleness, quickness, agility: ~ mentale nimbleness of wit, quick-wittedness, mental agility. 5 (Econ) elasticity, flexibility: ~ dell'offerta elasticity of supply; ~ della domanda elasticity of demand.

elasticizzato a. elasticized, stretchy: tessuto ~ elasticized fabric, stretch fabric.

elastico (pl. -ci) I a. 1 (Fis) elastic: deformazione elastica elastic deformation. 2 (che possiede elasticità) elastic, stretchy, supple, flexible: cintura elastica elastic belt; tessuto ~ elastic, elastic webbing; (Biol) elastic tissue. 3 (dotato di molle) springy. 4 (estens) (dotato di agilità) elastic, agile, nimble: muscoli elastici elastic muscles, supple muscles. 5 (fig) (vivace, pronto) lively, nimble, quick, supple: *mente elastica* lively mind. **6** (*fig*) (*flessibile*) elastic, flexible, adaptable: *orario ~* flexitime, flexible working hours; *bisogna essere un po' elastici!* you have to be a bit flexible! **7** (*fig*) (*rif. a persone: largo di vedute*) broad-minded. **8** (*fig*) (*cedevole, accomodante*) accommodating, compliant, elastic: *coscienza elastica* elastic conscience, lax conscience. **9** (*Mil*) flexible, mobile: *fronte ~* mobile front; *difesa elastica* flexible defence. **II** *m.* **1** (*per pacchi, capelli e sim.*) rubber band, elastic band. **2** (*tessuto*) elastic, elastic web, elastic fabric. **3** (*nastro, fettuccia*) elastic band, elastic cord, elastic. **4** (*del letto*) (*Br*) bed base, (*Am*) box spring. **5** (*delle calze*) garters *pl.*; (*dei calzini*) sock suspender.

elastomero *m.* (*Chim*) elastomer.

elaterina *f.* (*Chim*) elaterin.

elaterio *m.* **1** (*Bot*) squirting cucumber. **2** (*Chim*) elaterium. **3** (*Entom*) click beetle, snapping beetle.

Elba *n.pr.f.* (*Geog*) **1** (*isola*) Elba: *l'isola d'~* the Isle of Elba. **2** (*fiume*) Elbe.

elce *f./m.* (*Bot,lett*) (*leccio*) holm oak, ilex.

eldorado *m.* (*fig*) El Dorado, eldorado.

Eldorado *m.* (*Lett*) El Dorado, Eldorado.

eleatico **I** *a.* (*Filos*) Eleatic. **II** *m.* (*f.* **-a**; *pl.* **-ci**) (*Filos*) Eleatic, Eleatic philosopher.

eleatismo *m.* (*Filos*) Eleaticism.

electron *m.* (*Met*) electron.

elefante *m.* **1** (*Zool*) elephant: *~ femmina* cow elephant, female elephant; *~ maschio* bull elephant; *piccolo di ~* elephant calf. **2** (*Cart*) (*formato*) elephant. □ (*Zool*) *~africano* African elephant; (*Zool*) *~di mare* European lobster; (*Zool*) *~indiano* Indian elephant, Asiatic elephant; (*Zool*) *~marino* elephant seal. *Prov.: l'~ non sente il morso della pulce* an elephant does not feel a flea bite.

elefantesco (*pl.* **-chi**) *a.* **1** elephantine (*anche iron*): *con grazia elefantesca* with elephantine grace. **2** (*estens*) (*mastodontico*) elephantine, ponderous, massive.

elefantessa *f.* cow elephant, female elephant.

elefantiaco (*pl.* **-ci**) *a.* **1** (*Med*) elephantiasic. **2** (*fig*) (*enorme*) elephantine.

elefantiasi *f.* (*Med*) elephantiasis (*anche fig*).

elegante **I** *a.* **1** (*ben vestito*) elegant, (*Br*) smart, smartly-dressed. **2** (*rif. ad abiti*) elegant, chic, (*Br*) smart, (*Am*) sharp; (*alla moda*) fashionable. **3** (*fine, aggraziato*) elegant, graceful, stylish: *ha una figura ~* she has a graceful figure; *un tempio dalle eleganti linee classiche* a temple with elegant classical lines; *prosa ~* stylish prose. **4** (*di buon gusto*) tasteful. **5** (*fig*) (*sottile, ingegnoso*) elegant, nice, fine, neat, smart: *una dimostrazione ~* an elegant demonstration. **II** *avv.* elegantly: *vestire ~* to dress elegantly, to dress up; (*abitualmente*) to be a sharp dresser.

elegantemente *avv.* **1** elegantly, (*Br*) smartly, (*alla moda*) fashionably: *vestire ~* (*Br*) to dress smartly; (*abitualmente*) to be a sharp dresser. **2** (*fig*) smartly, neatly, elegantly, gracefully, stylishly: *è riuscito a cavarsela ~ da questo brutto impiccio* he managed to get out of this nasty situation neatly (*o* gracefully).

elegantone **I** *a.* very well-dressed. **II** *m.* (*f.* **-a**) (*spreg,iron*) smart dresser; (*di uomo*) dandy, fop.

eleganza *f.* **1** elegance, (*Br*) (*rif. ad abbigliamento, look*) smartness. **2** (*raffinatezza*) elegance, grace, refinement, polish. **3** (*estens*) (*grazia, leggiadria*) elegance, gracefulness, stylishness: *l'~ delle linee architettoniche di un edificio* the elegance of a build-

ing's architectural lines.

eleggere (*pres.ind.* **elèggo, elèggi**; *p.rem.* **elèssi**; *p.p.* **elètto**) *v.t.* **1** to elect, to vote, to choose: *~ i deputati* to elect the Members of Parliament; *fu eletto presidente* he was elected President, he was voted President. **2** (*nominare*) to elect, to appoint, to nominate. **3** (*burocr*) (*fissare, stabilire*) to elect, to fix: *~ il proprio domicilio a Roma* to fix one's domicile in Rome. □ *~per acclamazione* to elect by acclamation.

eleggibile *a.* eligible: *~ a una carica* eligible for an office.

eleggibilità *f.* eligibility.

elegia *f.* (*Lett,Mus*) elegy.

elegiaco (*pl.* **-ci**) *a.* **1** elegiac: *tono ~* elegiac tone; *poeta ~* elegist. **2** (*fig*) (*mesto*) elegiac, mournful, plaintive, melancholy: *sentimenti elegiaci* mournful feelings.

elementare *a.* **1** (*facile, semplice*) elementary, simple, easy: *non capisce le spiegazioni più elementari* he doesn't understand even the simplest explanations. **2** (*fondamentale*) elemental, elementary, fundamental, basic: *concetti elementari* elementary concepts; *le nozioni elementari della fisica* elementary knowledge of physics, the elements of physics, the rudiments of physics, the basic concepts of physics; *livello ~* elementary level, basic level; *bisogno ~* basic necessity, bare necessity. **3** (*Scol*) primary, (*Am*) elementary: *maestro ~* primary school teacher, (*Am*) elementary school teacher; *istruzione ~* primary school education, (*Am*) elementary school education; *scuola ~* primary school, (*Am*) elementary school. **4** (*Fis, Chim*) elemental, elementary: *corpo ~* elemental material; *materia ~* elementary material; *particella ~* elementary particle; *analisi chimica ~* elementary chemical analysis. **5** (*naturale, della natura*) elemental, of nature: *le forze elementari* the elemental forces.

elementari *f.pl.* (*Scol*) primary school *sing.*, (*Am*) elementary school *sing.*

elementarità *f.* elementariness, simplicity, easiness.

elementarizzare (**elementarìzzo**) *v.t.* to make sth. elementary, to simplify.

elementarmente *avv.* elementarily, simply, easily.

elemento *m.* **1** (*parte componente*) element, component, component part, constituent, constituent part, part: *gli elementi di un edificio* the elements of a building; *~ costitutivo* constituent element, constituent part. **2** (*rif. a termosifone*) section. **3** (*forza della natura*) element: *la furia degli elementi* fury of the elements. **4** (*dato*) fact, datum: *elementi di giudizio* facts (*o* data) by which one can judge; *non avere elementi per giudicare* not to have the facts, to have nothing to go by, to have nothing to go on. **5** (*individuo*) person, individual, (*colloq*) sort. **6** (*rif. a uomo*) fellow, guy, (*Br*) chap, bloke: *un buon ~* a good fellow, a capable man; (*colloq*) *che ~!* (*che persona strana*) what an odd fellow!; *elementi sovversivi* subversive individuals, subversive influences; *un ~ cattivo* a bad lot, (*colloq*) a nasty piece of work. **7** (*lavoratore*) worker: *mancano buoni elementi negli uffici* good office-workers are few and far between. **8** (*ambiente in cui vive un essere*) element: *i quattro elementi* the four elements; *essere nel proprio ~* to be in one's element (*anche fig*); *essere fuori dal proprio ~* to be out of one's element (*anche fig*). **9** (*Ling*) part: *il primo ~ di una parola composta* the first part of a compound word.

10 (*Mecc,Tecn*) element, part, component, unit: *~ standard* unit; *~ mobile* moving part. **11** (*El*) element, cell: *gli elementi di una pila* the cells of a storage battery. **12** (*Chim,Mat*) element: *~ chimico* element, chemical element. **13** *pl.* (*principi fondamentali*) elements, rudiments: *elementi di matematica* elements of mathematics; *i primi elementi di una materia* the rudiments of a subject. □ (*scherz*) *un ~ da sbarco* a rough-and-ready person; *~decorativo* decorative motif; (*Aut*) *~ del radiatore* cell; (*Tecn,Edil*) *elementi di finitura* finishing material; (*Inform*) *~ di gruppo* group item; (*Inform*) *~ di immagine* pixel; (*Dir*) *~ di prova* proof, evidence; (*Inform*) *~grafico* graphic; *~nutritivo* nutritional substance.

elemosina *f.* **1** charity, (*lett,ant*) alms (*costr.sing. o pl.*): *campare di ~* to live on charity; *chiedere l'~* to beg; *fare l'~* (*o dare l'~*) to give charity; *ridursi all'~* to be reduced to poverty, to be reduced to begging. **2** (*fig, spreg*) charity: *non voglio l'~ di nessuno* I don't want anybody's charity.

elemosinare (**elemòsino**) **I** *v.i.* (*aus. avere*) to beg, to ask for alms, to ask for charity. **II** *v.t.* **1** to beg (for): *~ il cibo* to beg for food. **2** (*fig*) (*domandare umiliandosi*) to beg, to entreat.

elemosiniere *m.* (*ant*) almoner.

Elena *n.pr.f.* Helen, Helena. □ (*Mitol*) *~di Troia* Helen of Troy.

elencare (**elènco, elènchi**) *v.t.* **1** (*registrare in un elenco*) to list, to make a list of. **2** (*estens*) (*enumerare*) to list, to enumerate, to run through: *mi ha elencato tutte le sue disgrazie* he enumerated all his misfortunes to me.

elencazione *f.* **1** listing. **2** (*estens*) (*enumerazione*) enumeration.

elenco (*pl.* **-chi**) *m.* **1** list, roll: *l'~ degli esaminandi* the list of examination candidates; *fare un ~* to draw up a list, to make a list. **2** (*telefonico*) telephone directory, telephone book, phonebook: *consultare l'~* to look up a number in the directory, to look up a number in the phone book, to look up a number in the telephone book. **3** (*catalogo*) catalogue; (*prospetto*) schedule; (*inventario*) inventory. **4** (*estens*) (*enumerazione*) list, enumeration. □ (*Tel*) *~ abbonati* telephone directory, phone book, telephone book; *~ degli abbonati* (*rif. a giornali, riviste ecc.*) list of subscribers; (*Econ*) *~ degli azionisti* register of shareholders; *~ degli iscritti* roll of members, list of members, members' register; (*Comm*) *~ delle merci* goods list; *~ di indirizzi* list of addresses, mailing list; *non in ~* (*di numeri telefonici*) ex-directory; *~per classi* classified directory; (*Tel*) *~ telefonico* telephone book, telephone directory, phone book.

Eleonora *n.pr.f.* Eleanor, Eleanora.

elessi → **eleggere**.

elettivamente *avv.* **1** (*per elezione*) electively, by election. **2** (*di preferenza*) preferably, electively, for preference, by choice.

elettivo *a.* **1** (*che si nomina per elezione*) elective: *carica elettiva* elective office; *nomina elettiva* elective appointment; *monarchia elettiva* elective monarchy. **2** (*scelto volontariamente*) chosen, selected, elective: *domicilio ~* domicile of choice, address for service. **3** (*di scelta*) elective: *affinità elettive* elective affinity.

eletto → **eleggere I** *a.* **1** elected, appointed, elect (*posposto*): *un deputato ~* an elected member of Parliament; *è il presidente ~* he is the president elect. **2** (*prescelto*) chosen:

(*Bibl*) *il popolo* ~ the Chosen People. **3** (*eccellente, nobile*) select, noble, distinguished: *un animo* ~ a noble heart; *un* ~ *pubblico* a select audience; *un'anima eletta* a noble soul, a noble being. **II** *m.* (*f.* **-a**) **1** elected member: *gli eletti al Parlamento* the members elected to the Parliament; *nuovo* ~ newly-elected member. **2** (*Rel*) chosen one, one chosen by God. **3** *pl.* the elect, the chosen: *per pochi eletti* for the chosen few, for the happy few.

elettorale *a.* **1** (*Pol*) electoral, election (*attr.*), ballot (*attr.*), poll (*attr.*), polling: *campagna* ~ election campaign; *risultati elettorali* election results; *scheda* ~ ballot, ballot paper; *cabina* ~ polling booth, voting booth. **2** (*Stor*) electoral: *la dieta* ~ the electoral diet.

elettoralismo *m.* (*Pol*) electoralism.

elettoralistico (*pl.* **-ci**) *a.* (*Pol*) electoralist.

elettorato *m.* **1** (*gli elettori*) electorate, electorship; (*di un collegio*) constituency: *chiamare l'* ~ *alle urne* to call an election. **2** (*Stor*) electorate, electorship. □ ~ *attivo* the electorate; ~ *fluttuante* swing voters, floating voters; ~ *passivo* candidates.

elettore *m.* **1** (*f.* **-trice**) elector, voter; (*di un collegio elettorale*) constituent: *rivolgersi ai propri elettori* to appeal to one's voters; *essere* ~ to be an elector, to have the vote, to have the right to vote. **2** (*Stor*) (*principe elettore*) Elector. □ ~ *delegato* elector, grand elector.

Elettra *n.pr.f.* (*Mitol,Lett*) Electra.

elettrauto *m.inv.* **1** (*operaio*) car electrician. **2** (*officina*) (workshop for) car electrical repairs, car electrical repair shop. **3** (*rivendita*) car electric parts shop.

elettricamente *avv.* electrically: *corpo* ~ *neutro* electrically neutral body.

elettricista *m./f.* electrician.

elettricità *f.* **1** (*El*) electricity: *fornire l'* ~ to supply electricity; *bolletta dell'* ~ electricty bill; *è mancata l'* ~ there was a blackout; *sorgente di* ~ source of electricity. **2** (*fig*) (*tensione*) electricity, tension: *un'atmosfera carica di* ~ an electric atmosphere. □ ~ *atmosferica* atmospheric electricity; ~ *da fonte nucleare* electricity from nuclear source, nuclear power, nuclear energy; ~ *da fonte solare* electricity from sunlight, solar power, solar energy; ~ *di contatto* contact electricity; ~ *dinamica* dynamic electricity; ~ *latente* dissimulated electricity; ~ *negativa* negative electricity,; ~ *nucleare* electricity from nuclear source, nuclear power, nuclear energy; ~ *positiva* positive electricity; ~ *solare* electricity from sunlight, solar power, solar energy; ~ *statica* static electricity.

elettrico (*pl.* **-ci**) **I** *a.* **1** electric, electrical: *energia elettrica* electric energy, electricity; *carica elettrica* electric charge; *chitarra elettrica* electric guitar; *rasoio* ~ electric razor, shaver; *presa elettrica* electrical outlet. **2** (*colloq*) (*teso, nervoso*) electric, highly-charged, excited: *c'era un'atmosfera elettrica* the atmosphere was electric. **II** *m.* (*lavoratore dell'industria elettrica*) electricity worker.

elettrificare (**elettrìfico, elettrìfichi**) *v.t.* to electrify: ~ *una linea ferroviaria* to electrify a railway line.

elettrificato *a.* electrified: *linea ferroviaria elettrificata* electrified railway line.

elettrificazione *f.* electrification.

elettrizzante *a.* (*fig*) (*eccitante*) electrifying, exciting, thrilling, electrical, exhilarating: *notizie elettrizzanti* electrifying news; *musica* ~ exciting music.

elettrizzare (**elettrìzzo**) **I** *v.t.* **1** (*El*) to elec-

trify. **2** (*fig*) (*eccitare*) to electrify, to excite, to exhilarate; (*entusiasmare*) to thrill, (*Br*) to thrill to bits: *la notizia mi ha elettrizzato* the news thrilled me. **II** *v.pron.* **elettrizzarsi 1** (*El*) to be charged with electricity, to become electrified, to be electrified. **2** (*fig*) (*eccitarsi*) to be electrified, to become excited, to get excited, to be exhilarated; (*entusiasmarsi*) to be thrilled, (*Br*) to be thrilled to bits.

elettrizzato *a.* **1** (*El*) electrified, charged with electricity: *corpo* ~ body charged with electricity. **2** (*fig*) (*eccitato*) electrified, excited, exhilarated; (*entusiasta*) thrilled, (*Br*) thrilled to bits.

elettrizzazione *f.* electrification.

elettro *m.* **1** (*Met*) electrum. **2** (*lett*) (*ambra gialla*) yellow amber.

elettroacustica *f.* (*Fis*) electroacoustics (*costr.sing.*).

elettroacustico (*pl.* **-ci**) *a.* electroacoustic.

elettroanalisi *f.* (*Chim*) electroanalysis.

elettrobiologia *f.* (*Biol*) electrobiology.

elettrobisturi *m.* (*Chir*) acusector.

elettrocalamita *f.* (*Fis*) electromagnet.

elettrocardiografia *f.* (*Med*) electrocardiography.

elettrocardiografo *m.* (*Med*) electrocardiograph.

elettrocardiogramma *m.* (*Med*) electrocardiogram.

elettrocardiologia *f.* (*Med*) electrocardiology.

elettrocauterio *m.* (*Chir*) electrocautery.

elettrochimica *f.* (*Chim*) electrochemistry.

elettrochimico I *a.* electrochemical: *serie elettrochimica* electrochemical series. **II** *m.* (*f.* **-a**; *pl.* **-ci**) electrochemist.

elettrochirurgia *f.* (*Med*) electrosurgery.

elettrochirurgico (*pl.* **-ci**) *a.* (*Med*) electrosurgical.

elettrochoc / ˈʃɔk/ *m.inv.* (*Med*) electroshock.

elettrocinetica *f.* (*El*) electrokinetics (*costr.sing.*).

elettrocoagulatore *m.* (*Chir*) electrocoagulator.

elettrocoagulazione *f.* **1** (*Chir*) electrocoagulation. **2** (*Cosmet*) (*depilazione*) electrolysis.

elettroconvulsivo *a.* (*Med*) electroconvulsive: *trattamento* ~ electro-convulsive therapy, electric shock therapy, ETC.

elettrocuzione *f.* **1** (*esecuzione mediante sedia elettrica*) electrocution. **2** (*scarica accidentale di corrente elettrica sul corpo umano*) electric shock.

elettrodeposizione *f.* (*Met*) electrodeposition.

elettrodiagnostica *f.* (*Med*) electrodiagnosis.

elettrodialisi *f.* (*Chim*) electrodialysis.

elettrodinamica *f.* (*Fis*) electrodynamics (*costr.sing.*).

elettrodinamico (*pl.* **-ci**) *a.* (*Fis*) electrodynamic, electrodynamical.

elettrodinamometro *m.* (*Fis*) electrodynamometer.

elettrodo *m.* (*Fis,Chim*) electrode. □ (*El*) ~ *bipolare* bipolar electrode; (*Mecc*) ~ *della candela* spark plug electrode; (*Elettron*) ~ *di base* base electrode; (*Met*) ~ *di carbonio* carbon electrode; (*Elettron*) ~ *di deflessione* deflection electrode; (*Elettron*) ~ *di modulazione* modulating electrode; (*El*) ~ *negativo* negative plate; (*El*) ~ *nudo* bare electrode; (*El*) ~ *passivo* passive electrode, collective electrode; (*El*) ~ *positivo* positive electrode; (*Met*) ~ *rivestito* coated electrode.

elettrodomestico (*pl.* **-ci**) *m.* electrical ap-

pliance, electrical household appliance: *negozio di elettrodomestici* electrical appliance shop, shop selling electrical household appliances.

elettrodotto *m.* (*El*) power line, long distance power line, electric main.

elettroencefalografia *f.* (*Med*) electroencephalography.

elettroencefalografo *m.* (*Med*) electroencephalograph.

elettroencefalogramma *m.* (*Med*) electroencephalogram.

elettroesecuzione *f.* **1** (*esecuzione mediante sedia elettrica*) electrocution. **2** (*scarica accidentale di corrente elettrica sul corpo umano*) electric schock.

elettrofisiologia *f.* (*Fisiol*) electrophysiology.

elettrofisiologico (*pl.* **-ci**) *a.* (*Fisiol*) electrophysiological.

elettroforesi *f.* (*Fis,Chim*) electrophoresis.

elettroformatura *f.* (*Met*) electroform.

elettroforo *m.* (*Fis*) electrophorus.

elettrofrenico (*pl.* **-ci**) *a.* (*Med*) electrophrenic.

elettrogeno *a.* (*El*) electricity generating (*attr.*): *gruppo* ~ power supply unit, generating set, electricity generating set, generator.

elettroidraulico (*pl.* **-ci**) *a.* electrohydraulic.

elettrolisi , elettrolisi *f.* (*Chim,Fis*) electrolysis.

elettrolita *m.* (*Chim,Fis*) electrolyte.

elettrolitico (*pl.* **-ci**) *a.* (*Chim,Fis*) electrolytic: *analisi elettrolitica* electrolytic analysis; *bagno* ~ galvanic bath, electrolytic bath; *cella elettrolitica* electrolytic cell, electrolyzer.

elettrolito , elettrolito *m.* (*Chim,Fis*) electrolyte.

elettrolizzare (**elettrolìzzo**) *v.t.* (*Chim,Fis*) to electrolyze, to decompose (sth.) by electrolysis.

elettrolizzatore *m.* (*Chim,Fis*) electrolyzer.

elettrolizzazione *f.* (*Chim,Fis*) electrolyzation.

elettrologia *f.* (*Fis*) electrology.

elettrologico (*pl.* **-ci**) *a.* (*Fis*) electrological.

elettrologo *m.* (*f.* **-a**; *pl.* **-gi**) electrologist.

elettroluminescente *a.* (*Fis*) electroluminescent.

elettroluminescenza *f.* (*Fis*) electroluminescence.

elettromagnete *m.* (*Fis*) electromagnet.

elettromagnetico (*pl.* **-ci**) *a.* (*Fis*) electromagnetic: *campo* ~ electromagnetic field; *onda elettromagnetica* electromagnetic wave.

elettromagnetismo *m.* (*Fis*) electromagnetism.

elettromassaggio *m.* (*Cosmet,Med*) electromassage.

elettromeccanica *f.* (*Fis*) electromechanics (*costr.sing.*).

elettromeccanico (*pl.* **-ci**) **I** *a.* electromechanical: *circuito* ~ electromechanical circuit. **II** *m.* (*operaio*) electrical mechanic.

elettrometallurgia *f.* (*Met*) electrometallurgy.

elettrometallurgico (*pl.* **-ci**) *a.* (*Met*) electrometallurgical, electrometallurgic.

elettrometria *f.* (*Fis*) electrometry.

elettrometrico (*pl.* **-ci**) *a.* (*Fis*) electrometric.

elettrometro *m.* (*Fis*) electrometer.

elettromiografia *f.* (*Med*) electromyography.

elettromiografico (*pl.* **-ci**) *a.* (*Med*) electromyographic.

elettromotore I *a.* (*Fis*) electromotive: *forza elettromotrice* electromotive force. II *m.* (*Mecc*) electric motor, electromotor.

elettromotrice *f.* (*Ferr*) electric railcar, electric locomotive.

elettronarcosi *f.* (*Med*) electronarcosis.

elettrone *m.* (*Fis*) electron: *fascio di elettroni* electron beam; *carica dell'~* electron charge. □ (*Fis*) ~*di conduzione* conduction electron; (*Fis*) ~ *di legame* bonding electron; (*Fis*) ~*di valenza* valence electron; (*Fis*) ~ *libero* free electron; (*Fis*) ~ *mobile* mobile electron; (*Fis*) ~ *negativo* negative electron, negatron; (*Fis*) ~ *orbitale* orbital electron; (*Fis*) ~*positivo* positive electron, positron.

elettronegatività *f.* (*Fis,Chim*) electronegativity.

elettronegativo *a.* (*Fis,Chim*) electronegative.

elettronica *f.* electronics (*costr.sing.*). □ ~ *di consumo* consumer electronics (*costr. sing.*); ~ *industriale* industrial electronics (*costr.sing.*); ~*medicale* medical electronics (*costr.sing.*); ~*quantistica* quantum electronics (*costr.sing.*); ~*spaziale* space electronics (*costr.sing.*).

elettronicamente *avv.* electronically.

elettronico (*pl.* -**ci**) *a.* electronic, electron (*attr.*): *circuito* ~ electronic circuit; *cannone* ~ electron gun; *posta elettronica* e-mail, electronic mail.

elettronucleare *a.* nuclear power (*attr.*): *centrale* ~ nuclear power plant, nuclear power station; *energia* ~ nuclear power, nuclear energy.

elettronvolt *m.inv.* (*Fis*) electronvolt.

elettroottico (*pl.* -**ci**) *a.* (*Ott*) electrooptical, electro-optical.

elettropompa *f.* electropump, electric pump, motor-driven pump.

elettropositività *f.* (*Chim,Fis*) electropositivity.

elettropositivo *a.* (*Chim,Fis*) electropositive.

elettroscopio *m.* (*Fis*) electroscope. □ ~ *a foglie d'oro* gold-leaf electroscope; ~*condensatore* condensing electroscope, condenser electroscope.

elettroshock /-'ʃɔk/ *m.inv.* (*Med*) electro-shock.

elettroshockterapia /-ʃɔk-/ *f.* (*Med*) electro-shock therapy, electroconvulsive therapy, ECT.

elettrosincrotrone *m.* (*Nucl*) electrosynchrotron.

elettrosmog *m.inv.* electrosmog.

elettrostatica *f.* (*Fis*) electrostatics (*costr.sing.*).

elettrostatico (*pl.* -**ci**) *a.* (*Fis,Elettron,Tecn*) electrostatic: *lente elettrostatica* electrostatic lens; *generatore* ~ electrostatic generator; *precipitatore* ~ electrostatic precipitator.

elettrostimolatore *m.* (*Med*) electrostimulator.

elettrostimolazione *f.* (*Med*) electrostimulation.

elettrotecnica *f.* electrotechnics (*costr.sing.*), electrical engineering.

elettrotecnico (*pl.* -**ci**) I *a.* electrotechnical, electrotechnic: *ingegnere* ~ electrical engineer. II *m.* electrical technician.

elettroterapia *f.* (*Med*) electrotherapeutics (*costr.sing.*), electrotherapy.

elettroterapico (*pl.* -**ci**) *a.* (*Med*) electrotherapeutic.

elettrotermia *f.* (*Fis*) electrothermics (*costr.sing.*).

elettrotermico (*pl.* -**ci**) *a.* (*Fis*) electrother-

mal, electrothermic.

elettrotrazione *f.* (*Ferr*) electric traction.

elettrotreno *m.* (*Ferr*) electric train, streamlined express electric train.

elettrottica *f.* (*Ott*) electrooptics (*costr. sing.*), electro-optics (*costr.sing.*).

elettrottico (*pl.* -**ci**) *a.* (*Ott*) electrooptical, electro-optical.

elettroutensile *m.* (*El,Tecn*) electrical tool.

elettrovalenza *f.* (*Chim,Fis*) electrovalence, electrovalency.

elettrovalvola *f.* (*Tecn*) electromagnetic valve, electrovalve.

elettuario *m.* (*Farm,ant*) electuary.

Eleusi *n.pr.f.* (*Geog.stor*) Eleusis.

eleusino *a.* Eleusinian: *misteri eleusini* Eleusinian mysteries.

elevabile *a.* raisable, that may be raised (*posposto*).

elevamento *m.* 1 (*innalzamento*) raising, lifting, elevation. 2 (*fig*) (*miglioramento*) elevation, exaltation.

elevare (**elèvo/elevo**) I *v.t.* 1 (*alzare, innalzare*) to raise, to heighten, to elevate: ~ *l'edificio di un piano* to heighten the building by one floor, to add a floor to the building; ~ *il piano stradale* to raise the roadway. 2 (*erigere*) to erect: ~ *un monumento* to erect a monument. 3 (*volgere verso l'alto*) to raise, to lift, to lift up, to turn (*sth.*) upwards: ~ *lo sguardo* to raise one's eyes. 4 (*fig*) (*innalzare*) to elevate, to uplift, to raise: ~ *l'animo a Dio* to raise one's heart to God; *una lettura che eleva lo spirito* a reading which lifts spirit, an uplifting reading. 5 (*fig*) (*migliorare*) to raise, to improve, to better: *l'istruzione eleva il livello culturale del popolo* education raises a people's cultural standards. 6 (*fig*) (*rif. a cariche e sim.*) to raise, to elevate: ~ *qcu. alla dignità cardinalizia* to raise so. to the dignity of Cardinal; ~ *al trono* to raise to the throne. 7 (*Mat*) to raise: ~ *all'ennesima potenza* to raise to the nth power; ~ *un numero al quadrato* to square a number; ~ *al cubo* to cube. II *v.pron.* **elevarsi** 1 (*divenire più alto*) to rise, to increase: *la temperatura si è elevata* the temperature has risen. 2 (*innalzarsi*) to raise oneself. 3 (*migliorare*) to improve, to rise; (*migliorarsi*) to better oneself. 4 (*dominare dall'alto*) to overlook (*su qcs.* sth.), to tower (over sth.): *la montagna si eleva sul lago* the mountain towers over the lake. 5 (*fig*) to be elevated, to be uplifted: *elevarsi con lo spirito* to be uplifted. □ (*burocr*) ~ *una contravvenzione a qcu.* to fine so.; (*Lit*) ~ *l'ostia* to elevate the Host; ~ *una preghiera* to lift up a prayer.

elevatezza *f.* 1 (*altezza*) highness. 2 (*fig*) elevation, loftiness, dignity, nobility: ~ *di pensieri* high thinking; ~ *di sentimenti* loftiness of sentiment.

elevato *a.* 1 high, elevated, soaring: *un monte* ~ a high mountain; *prezzo* ~ high price. 2 (*fig*) high: *un tenore di vita* ~ a high standard of living. 3 (*fig*) (*importante*) high: *ricoprire una carica elevata* to hold a high office. 4 (*fig*) (*nobile*) elevated, lofty, noble: *sentimenti elevati* lofty sentiments; *stile* ~ lofty style. 5 (*Mat*) risen: ~ *alla seconda* raised to the second power, squared. 6 (*soprelevato*) raised, additional: *un piano* ~ an additional storey.

elevatore I *a.* elevator (*attr.*); elevatory: (*Anat*) *muscolo* ~ elevator, elevator muscle. II *m.* 1 (*Mecc*) (*Br*) lift, (*Am*) elevator; (*montacarichi*) (*Br*) service lift, (*Am*) service elevator. 2 (*Arm*) magazine. □ (*Mecc*) ~*a nastro* endless band elevator, belt elevator; (*Mecc*) ~*a tazze* bucket elevator; (*Agr*) ~*di*

cereali grain elevator; (*Agr*) ~*per balle* bale elevator; (*Agr*) ~*per covoni* sheaf loader.

elevazione *f.* 1 raising, lifting, lifting up, uplifting, elevation. 2 (*fig*) raising, uplifting, elevation: ~ *al trono* raising to the throne; ~ *dello spirito* elevation of the mind. 3 (*luogo elevato*) elevation, rise, height: *le elevazioni del terreno* the rises in the ground. 4 (*Mat*) (*elevazione a potenza*) raising: ~ *a potenza* raising to a power; ~ *all'ennesima potenza* raising to the nth power, raising to the power of n. 5 (*Lit*) elevation: *l'~ dell'ostia* the elevation of the host. 6 (*Sport,Mil,Aer*) elevation: *capacità di* ~ elevation; *angolo di* ~ angle of elevation. 7 (*Mus*) raising: ~ *di un semitono* raising by a semitone, raising of the note by a semitone. 8 (*Astr*) altitude, elevation.

elezione *f.* 1 *spec.pl.* (*Pol*) election, elections *pl.*: *essere candidato alle elezioni* to be up for election, to stand for election; *indire le elezioni* to call for election; *boicottare le elezioni* to boycott the poll; *giorno delle elezioni* (*Br*) polling day, (*Am*) Election Day. 2 (*scelta*) choice: ~ *di domicilio* adoption of domicile of choice. 3 (*nomina*) election, nomination, appointment. □ *elezioni a suffragio universale* elections by universal suffrage; *elezioni amministrative* local government elections; *elezioni anticipate* early elections; ~ *cantonale* cantonal elections (*pl.*); *elezioni del consiglio regionale* regional government elections; *elezioni a scelta* by choice, from choice, of one's own free will: *patria d'~* adoptive country, country of adoption, country of choice; ~ *del senato* election of the Senate; *elezioni europee* European elections, Europoll; *elezioni legislative* (o *elezioni politiche*) parliamentary elections, general elections; *elezioni presidenziali* presidential election (*sing.*), presidential elections; *elezioni regionali* regional government elections; *elezioni con sistema maggioritario uninominale* first-past-the-post elections; ~ *supplementare* (o ~*suppletiva*) by-election.

elfo *m.* (*Mitol.nord*) elf.

Elia *n.pr.m.* (*Bibl*) Elijah, Elias.

eliaco (*pl.* -**ci**) *a.* (*Astr*) heliacal: *tramonto* ~ heliacal setting; *levata eliaca* heliacal rising.

eliambulanza *f.* helicopter ambulance.

eliantemo *m.* (*Bot*) helianthemum, rockrose.

elianto *m.* (*Bot*) helianthus.

elibus *m.inv.* helibus.

elica *f.* 1 (*Aer,Mar*) screw, propeller: *pala dell'~* screw blade. 2 (*di elicottero*) rotor. 3 (*Geom*) helix. □ *a due eliche* twin-screw (*attr.*); *battello a due eliche* twin-screw boat; (*Aer*) ~ *di aeroplano* airscrew, propeller, screw propeller; (*Aer,Mar*) ~ *di propulsione* (o ~*propulsiva*) pusher propeller; (*Aer*) ~ *traente* tractor propeller.

elice *f.* (*Anat,Arch,Zool*) helix.

elicoidale *a.* 1 (*a forma di elica*) helical, spiral: *scala* ~ spiral staircase. 2 (*Geom,Mecc*) helicoid, helical, helicoidal: *superficie* ~ helicoid, screw surface; *molla* ~ spiral spring, helical spring; *moto* ~ helicoidal motion.

elicoide I *a.* 1 (*a forma di elica*) helical, spiral. 2 (*Geom,Mecc*) helicoid, helical, helicoidal. II *m.* (*Geom*) helicoid.

Elicona *n.pr.m.* (*Geog.stor*) Helicon.

eliconio *a.* (*lett*) Heliconian.

elicotterista I *m./f.* 1 (*pilota*) helicopter pilot. 2 (*fabbricante*) helicopter manufacturer. II *a.* helicopter (*attr.*).

elicottero *m.* helicopter, (*colloq*) chopper.

□ ~ *civile* civil helicopter; (*Aer.mil*) ~ *da combattimento* combat helicopter; ~ *da trasporto* cargo helicopter (*anche Aer.mil*); ~ *di soccorso* rescue helicopter; (*Aer.mil*) ~ *militare* military helicopter.

elicriso *m.* (*Bot*) helichrysum, everlasting.

Elide *n.pr.f.* (*Geog.stor*) Elis.

elidere (*pres.ind.* **elido**; *p.rem.* **elìsi**; *p.p.* **elìso**) **I** *v.t.* **1** (*Ling*) to elide. **2** (*estens*) (*annullare*) to annul, to omit. **II** *v.pron.* **elidersi** (*Ling*) (*subire elisione*) to be elided. **III** *v.r.recipr.* **elidersi** (*annullarsi*) to annul each other, to cancel each other out.

eliminabile *a.* eliminable.

eliminacode *m.inv.* queue ticket dispenser.

eliminare (**clìmino**) *v.t.* **1** to eliminate, to remove: ~ *la concorrenza* to eliminate one's competitors, to oust one's competitors, to eliminate the competition; ~ *ogni dubbio* to remove every doubt; ~ *un ostacolo* to remove an obstacle. **2** (*togliere via*) to get rid of, to do away with: ~ *i peli superflui* to remove unwanted hair; *il deodorante elimina i cattivi odori* deodorant eliminates unpleasant odours; ~ *alla radice* to root out, to eradicate; ~ *le incrostazioni di qcs.* to scale sth. **3** (*espellere*) to eliminate, to expel: *l'organismo elimina le sostanze nocive* the organism eliminates waste matter. **4** (*scartare*) to scrap, to discard. **5** (*Sport*) to eliminate, (*colloq*) to knock out: ~ *un concorrente* to knock out a competitor. **6** (*gerg*) (*uccidere*) to eliminate, to bump off, to get rid of, to dispose of.

eliminatoria *f.spec.pl.* (*Sport*) eliminating race, preliminary heat, qualifying heat, preliminary round: *partecipare alle eliminatorie* to take part in the preliminary heats; *superare le eliminatorie* to get through the preliminary rounds.

eliminatorio *a.* preliminary, eliminating: *gare eliminatorie* eliminating races, preliminary heats.

eliminazione *f.* **1** elimination, removal, deletion. **2** (*Sport*) elimination: *gara a* ~ knockout competition; ~ *diretta* direct elimination. **3** (*eufem*) (*soppressione, uccisione*) elimination, suppression, purge: ~ *in massa* fullscale purge. **4** (*Mat*) elimination. **5** (*Fisiol*) elimination. □ ~ *dei rifiuti* waste disposal;*per* ~ by process of elimination: *nella ricerca ho proceduto per* ~ *di determinati fattori* in my research work, I have proceeded by eliminating certain factors.

elio *m.* (*Chim*) helium.

Elio *n.pr.m.* **1** Helius. **2** (*Mitol*) Helios.

eliocentrico (*pl.* **-ci**) *a.* (*Astr*) heliocentric.

eliocentrismo *m.* (*Astr*) heliocentrism.

elioelettrico (*pl.* **-ci**) □ *centrale elioelettrica* solar power station, (*Am*) solar power plant.

eliofilo *a.* (*Bot*) heliophilous: *pianta eliofila* heliophilous plant.

eliofobia *f.* **1** (*Bot*) heliophobia. **2** (*Med*) photophobia.

eliofobo *a.* **1** (*Bot*) heliophobous: *pianta eliofoba* heliophobous plant. **2** (*Med*) photophobic.

eliografia *f.* (*Tip*) **1** (*processo*) heliography. **2** (*prodotto*) heliograph.

eliografico (*pl.* **-ci**) *a.* (*Tip,Astr*) heliographic: *carta eliografica* heliographic paper; *copia eliografica* heliographic print.

eliografista *m./f.* (*Tip*) heliographist.

eliografo *m.* (*Astron,Tecn*) heliograph.

Elios *n.pr.m.* (*Mitol*) Helios.

elioscopio *m.* (*Astr*) helioscope.

eliosfera *f.* (*Astr*) heliosphere.

eliostato *m.* (*Tecn*) heliostat.

elioterapia *f.* (*Med*) heliotherapy.

elioterapico (*pl.* **-ci**) *a.* (*Med*) heliotherapeutic.

eliotipia *f.* **1** (*Fot*) heliotypy; (*prodotto*) heliotype. **2** (*Tip*) phototypy; (*prodotto*) phototype.

eliotipico (*pl.* **-ci**) *a.* **1** (*Fot*) heliotype (*attr.*). **2** (*Tip*) phototypic.

eliotropico (*pl.* **-ci**) *a.* (*Bot*) heliotropic.

eliotropio *m.* **1** (*Bot*) heliotrope. **2** (*lett*) (*girasole*) sunflower. **3** (*Min*) bloodstone, heliotrope.

eliotropismo *m.* (*Bot,Biol*) heliotropism.

eliporto *m.* (*Aer*) heliport.

Elisa *n.pr.f.* Eliza, Elisa.

Elisabetta *n.pr.f.* Elizabeth, Elisabeth.

elisabettiano *a.* (*Stor.brit*) Elizabethan: *teatro* ~ Elizabethan theatre.

eliscalo *m.* heliport, helipad, helistop.

elisi → **elidere**.

Elisio I *m.* (*Mitol*) Elysium. **II** *a.* Elysian: *campi elisi* Elysian Fields.

elisione *f.* elision (*anche Gramm*).

elisir *m.inv.* elixir: ~ *di lunga vita* elixir of life. □ ~ *di china* cordial based on extract of cinchona bark.

eliskì *m.* (*Sport*) heli-skiing.

eliso¹ *m.* (*Mitol*) Elysium.

eliso² → **elidere**.

elisoccorso *m.* helicopter rescue.

elitario *a.* elitist, elite (*attr.*), select: *ambiente* ~ elite milieu; *club* ~ elite club.

elitarismo *m.* elitism.

elitaxi *m.inv.* helitaxi.

élite /e'lit/ *f.inv.* elite, cream, (the) chosen few, crème de la crème: *appartenere a un'* ~ to belong to an elite; *l'* ~ *della società* the cream of society.

elitra *f.* (*Entom*) elytron (*pl.* elytra), wing-sheath.

elitrasportare (**elitraspòrto**) *v.t.* to carry (sth. *o* so.) by helicopter, to helicopter.

elitrasportato *a.* helicopter-borne, heliborne, carried by helicopter.

ella *pron.pers.f.* **1** she. **2** (*ant*) (*forma di cortesia*) you. □ (*lett*) ~ *stessa* she herself.

Ellade *n.pr.f.* (*Geog.stor*) Hellas.

elladico (*pl.* **-ci**) *a.* (*Archeol*) Helladic.

elle *f./m.inv.* L, letter L: *a* ~ (o *a forma di* ~) L-shaped.

elleboro *m.* (*Bot*) hellebore. □ (*Bot*) ~ *bianco* veratrum, European white veratrum; (*Bot*) ~ *nero* Christmas rose, black hellebore; (*Bot*) ~ *verde* green hellebore.

ellenicità *f.* Hellenism.

ellenico (*pl.* **-ci**) *a.* (*della Grecia classica*) Hellenic: *cultura ellenica* Hellenic culture; *mondo* ~ Hellenic world; *penisola ellenica* Greek peninsula.

ellenismo *m.* (*Stor,Art,Ling*) Hellenism.

ellenista **I** *m./f.* (*Stor,Art,Ling*) Hellenist. **II** *a.* (*Stor*) Hellenistic.

ellenistico (*pl.* **-ci**) *a.* (*Lett,Art,Ling*) Hellenistic: *civiltà ellenistica* Hellenistic civilization.

ellenizzante *a.* (*lett*) Hellenizing.

ellenizzare (**ellenìzzo**) *v.t.* to Hellenize.

ellenizzazione *f.* (*Stor*) Hellenization.

elleno I *a.* Hellenic. **II** *m.* (*f.* **-a**) Hellene.

Ellesponto *n.pr.m.* (*Geog.stor*) Hellespont.

ellisse *f.* (*Geom*) ellipse.

ellissi *f.* (*Ling*) ellipsis.

ellissoidale *a.* (*Geom*) ellipsoidal.

ellissoide *m.* (*Geom*) ellipsoid.

ellittico¹ (*pl.* **-ci**) *a.* **1** (*Geom*) elliptic, elliptical: *geometria ellittica* elliptic geometry; *orbita ellittica* elliptical orbit; *piano* ~ elliptical plane. **2** (*Bot*) (*di foglia*) elliptic, elliptical.

ellittico² (*pl.* **-ci**) *a.* **1** (*Ling*) elliptical: *espressione ellittica* elliptical expression. **2** (*estens*) (*elusivo*) elliptical, elusive: *discorso* ~ elliptical speech, elusive speech.

elmetto *m.* helmet. □ ~ *da minatore* miner's helmet; ~ *da pompiere* firefighter's helmet, fireman's helmet; ~ *protettivo* safety helmet, safety hat, (*Aut*) crash-helmet.

elminta *m.* (*Zool*) helminth.

elmintiasi *f.* (*Med*) helminthiasis.

elminticida I *m.* (*Agr,Chim*) anthelmintic, anthelmintic drug. **II** *a.* (*Agr,Chim*) helminthic.

elmintologia *f.* (*Med*) helminthology.

elmintologo *m.* (*f.* **-a**; *pl.* **-gi**) helminthologist.

elmo *m.* **1** (*Mil,Arald*) helmet, (*ant*) helm. **2** (*estens*) (*copricapo metallico*) helmet, headpiece, headgear. **3** (*Chim*) (*dell'alambicco*) head (of an alambic). □ ~ *coloniale* pith helmet, pith hat; (*Stor*) ~ *da corazziere* cuirassier's helmet; ~ *da pompiere* firefighter's helmet, fireman's helmet.

elocutorio *a.* (*Ret*) elocutionary.

elocuzione *f.* (*Ret*) elocution.

elogiabile *a.* praiseworthy, commendable.

elogiare (**elògio, elògi**) *v.t.* to praise, to commend, to eulogize, to exalt, to celebrate: *il maestro lo elogiò davanti ai compagni* the teacher commended him in front of his classmates; *sua madre lo elogia sempre* his mother always praises him.

elogiativo *a.* of praise (*posposto*), commendatory, eulogistic: *discorso* ~ speech of praise.

elogiatore I *m.* (*f.* **-trice**) **1** praiser, eulogist. **2** (*adulatore*) praiser, flatterer, adulator. **II** *a.* eulogistic, commendatory, appreciative.

elogio *m.* **1** (*lode, esaltazione*) praise, commendation: *la tua azione merita un* ~ your deed is worthy of praise, your deed is to be praised, your deed deserves praise; *tessere gli elogi* (*o fare gli elogi*) *di qcu.* to sing so.'s praises; *ricevere un* ~ to be praised; *parole di* ~ praise, words of praise. **2** (*Lett*) (*discorso o scritto elogiativo*) eulogy, panegyric. □ (*Lett*) *Elogio della pazzia* Praise of Folly; ~ *funebre* eulogy, funeral oration.

Eloisa *n.pr.f.* (*Lett*) Héloïse.

elongazione *f.* (*Astr,Fis*) elongation.

eloquente *a.* **1** (*che sa parlare in modo efficace*) eloquent, articulate: *oratore* ~ eloquent speaker. **2** (*estens*) (*espressivo*) eloquent, meaningful, significant: *gesto* ~ eloquent gesture; *sguardo* ~ meaningful look; *un silenzio* ~ an eloquent silence.

eloquenza *f.* **1** eloquence: *essere dotato di* ~ to have the gift of eloquence. **2** (*forza di espressività*) eloquence, significance, meaningfulness: *l'* ~ *di uno sguardo* the eloquence of a look; *l'* ~ *del silenzio* the eloquence of silence. **3** (*potere di persuasione*) eloquence, power: *l'* ~ *del denaro* the power of money. □ *con* ~ eloquently, with eloquence: *parlare con* ~ to speak with eloquence.

eloquio *m.* (*lett*) speech, language: *avere l'* ~ *facile* to have a way with words, to be good with words, (*colloq*) to have the gift of the gab.

elsa *f.* hilt: *immergere la spada fino all'* ~ to plunge in one's sword up to the hilt.

El Salvador *n.pr.m.* (*Geog*) El Salvador.

elson *f.inv.* (*Sport*) (*nella lotta greco-romana*) nelson.

elucubrare (**elùcubro**) *v.t.* to think up, to brew, to concoct, to cook up (*anche iron*): *che diavolo stai elucubrando?* what on earth are you thinking up now?, what on earth are you cooking up?, what are you concocting?

elucubrazione f. lucubration, lucubrations: *quelle sono soltanto elecubrazioni mentali!* these are just mental concoctions, these are just mental quibbles.

eludere (*pres.ind.* **elùdo**; *p.rem.* **elùsi**; *p.p.* **elùso**) *v.t.* **1** (*evitare*) to elude, to escape, to dodge, to evade: ~ *una difficoltà* to dodge a difficulty; ~ *le guardie* to dodge one's guards. **2** (*raggirare*) to elude, to shirk, to bypass: ~ *la legge* to elude the law; ~ *una domanda* to shirk a question.

eludibile a. that can be eluded (*posposto*).

eluente **I** a. (*Chim*) eluting. **II** m. (*Chim*) eluant.

eluire (**eluìsco, eluìsci**) *v.t.* (*Chim*) to elute.

eluizione f. (*Chim*) elution.

elusi → **eludere.**

elusione f. evasion, elusion: ~ *delle leggi* evasion of the law. □ ~*fiscale* tax avoidance.

elusivamente avv. elusively: *parlare* ~ to speak elusively.

elusività f. elusiveness, evasiveness.

elusivo a. elusive, evasive: *risposta elusiva* evasive reply.

eluso → **eludere.**

eluviale a. (*Geol*) eluvial: *terreno* ~ eluvial soil.

eluvio m. (*Geol*) eluvium.

elvella f. (*Bot*) miter mushroom.

elvetico **I** a. **1** (*Stor*) Helvetic, Helvetian. **2** (*svizzero*) Helvetian, Helvetic, Swiss: *confederazione elvetica* Helvetic confederation. **II** m. (f. **-a**; pl. **-ci**) **1** (*Stor*) Helvetian, Helvetic. **2** (*svizzero*) Helvetian, Helvetic, Swiss.

Elvezia n.pr.f. (*Geog.stor*) Helvetia.

elzeviriano a. (*Tip*) Elzevir: *carattere* ~ Elzevir type; *edizione elzeviriana* Elzevir edition.

elzevirista m./f. (*Giorn*) arts feature writer.

elzeviro, elzeviro **I** m. **1** (*Tip*) (*carattere*) Elzevir type; (*edizione*) Elzevir. **2** (*Giorn*) culture feature, arts feature. **II** a. (*rar*) Elzevir.

Em. *Eminenza* (Eminence).

emaciare (**emàcio, emàci**) *v.t.* (*rar*) to emaciate *v.i.* (*rar*) to emaciate, to become emaciated, to waste away.

emaciato a. **1** emaciated, wasted, skinny. **2** (*rif. al volto*) emaciated, drawn.

emaferesi f. (*Med*) hemapheresis, haemapheresis.

e-mail f./m.inv. (*Inform*) **1** (*sistema e messaggio*) e-mail: *mandare un'* ~ (o *mandare un* ~) to e-mail, to send an e-mail; *inviare un file per* ~ to e-mail a file. **2** (*indirizzo*) e-mail address.

emanare (**emàno**) **I** *v.t.* **1** to give off, to give out, to give forth, to send out, to spread, to release, to emanate: *i fiori emanano un buon profumo* flowers give off a nice parfume. **2** (*di luce*) to emanate, to shed, to give off: *la lampada emana una luce giallastra* the lamp sheds a yellowish light. **3** (*promulgare*) to issue, to enact: ~ *una legge* to issue a law. **II** *v.i.* (*aus.* **essere**) **1** to emanate, to come, to be given off, to issue: *dalle violette emana un profumo delizioso* violets smell lovely. **2** (*di luce*) to shine, to come from: *una luce fioca emanava da quella vecchia lampada* a wan light shone from that old lamp, the old lamp shed a feeble glow. **3** (*di fonti di calore e di energia*) to radiate, to emanate: *dalla stufa emanava calore* heat radiated from the stove. **4** (*fig*) (*derivare*) to derive, to emanate, to proceed: *ogni bene emana da Dio* all good is derived from God.

□ (*Dir*) ~ *una sentenza* to pronounce judgement, to deliver a judgement.

emanatismo m. (*Filos*) emanatism.

emanatista m./f. (*Filos*) emanatist.

emanatistico (*pl.* **-ci**) a. (*Filos*) emanatistic.

emanazione f. **1** (*l'emanare*) emanation, efflux, effluence, release: ~ *di luce* emanation of light. **2** (*esalazione*) emanation, exhalation, fume: *le emanazioni dello stagno* the emanations from the pond. **3** (*emissione*) issue, issuing, promulgation (*anche Dir*): ~ *di una legge* issuing of a law; ~ *di un decreto* promulgation of a decree. **4** (*estens*) (*espressione*) expression: *il parlamento è* ~ *della volontà degli elettori* parliament reflects the will of the electorate. **5** (*Chim,Fis*) emanation, emission: ~ *di gas* gas emission. **6** (*Filos*) emanation. □ (*Dir*) ~*governativa* Government Issue; (*Nucl*) ~*radioattiva* radioactive emanation; *emanazioni tossiche* toxic fumes; *emanazioni vulcaniche* volcanic emissions.

emancipare (**emàncipo**) **I** *v.t.* **1** to emancipate (*anche Dir*): *l'indipendenza economica può* ~ *la donna* economic independence can emancipate women; ~ *un minore* to emancipate a minor. **2** (*fig*) to emancipate, to set free. **II** *v.pron.* **emanciparsi** to free oneself, to set oneself free, to emancipate oneself (*da* from), to make oneself independent (of), to become independent: *la ragazza si è emancipata dalla famiglia* the girl has made herself independent of her family. □ (*Dir.rom*) ~ *uno schiavo* to set a slave free, to emancipate a slave.

emancipato a. **1** (*libero da soggezione*) emancipated (*anche Dir*), free: *popolazioni emancipate* emancipated peoples. **2** (*estens*) (*libero da condizionamenti*) open-minded, unprejudiced, free: *una ragazza emancipata* an open-minded girl.

emancipatore **I** a. emancipatory. **II** m. (f. **-trice**) emancipator.

emancipazione f. emancipation, freedom, liberation (*anche Dir*): *l'* ~ *della donna* the emancipation of women, (*Am*) women's liberation, women's lib; ~ *dei minori* emancipation of minors; ~ *degli schiavi* emancipation of slaves.

emangioma m. (*Med*) hemangioma.

Emanuela n.pr.f. Emmanuelle.

Emanuele n.pr.m. Emmanuel, Immanuel.

emarginare (**emàrgino**) *v.t.* **1** to marginalize, to cast out, to cast off, to isolate: ~ *un individuo dalla società* to cast a person out from society, to exclude so. from society. **2** (*burocr*) (*annotare a margine*) to make notes on, to make marginal notes on, to reference, to provide with marginal notes.

emarginato **I** m. **1** outcast, social misfit: *un* ~ *della società* a social outcast. **2** (*burocr*) (*annotazione al margine di un documento*) marginal note; (*documento*) document with notes in the margin. **II** a. **1** outcast, marginalized, isolated: *sentirsi* ~ to feel an outcast. **2** (*burocr*) (*a margine*) marginal, margined, annotated in the margin (*posposto*): *note emarginate* marginal notes.

emarginazione f. **1** marginalization, social outcasting, isolation: *combattere l'* ~ to fight against marginalization. **2** (*burocr*) marginal note.

emartro m. (*Med*) hemarthrosis.

emasculazione f. (*Chir,Bot*) emasculation.

ematico (*pl.* **-ci**) a. blood (*attr.*), haematic, (*Am*) hematic: *cellule ematiche* blood cells; *flusso* ~ blood flux.

ematina f. (*Chim,Biol*) haematin, (*Am*) hematin.

ematite f. (*Min*) haematite, (*Am*) hematite.

ematologia f. (*Med*) haematology, (*Am*) hematology.

ematologico (*pl.* **-ci**) a. (*Med*) haematological, (*Am*) hematological.

ematologo (*pl.* **-gi**) m. (*Med*) haematologist, (*Am*) hematologist.

ematoma m. (*Med*) haematoma, (*Am*) hematoma.

ematopatia f. haemopathy, (*Am*) hemopathy.

ematopoiesi f. (*Biol*) haematopoiesis, haemopoiesis (*Am*) hematopoiesis, hemopoiesis.

ematopoietico (*pl.* **-ci**) a. (*Biol*) haematopoietic, (*Am*) hematopoietic.

ematosi f. (*Biol*) haematosis, (*Am*) hematosis.

ematossilina f. (*Chim*) haematoxylin, (*Am*) hematoxylin.

ematuria, ematuria f. (*Med*) haematuria, (*Am*) hematuria.

emazia f. (*Biol*) erythrocyte.

embargo (*pl.* **-ghi**) m. **1** (*Dir*) (*fermo di navi*) embargo: *mettere l'* ~ *su una nave* to embargo a ship. **2** (*Pol*) (*blocco economico*) embargo: *imporre un* ~ to impose an embargo; *levare l'* ~ to lift the embargo; *essere soggetto a* ~ to be under an embargo. **3** (*estens*) (*blocco*) embargo, blockade. □ ~ *civile* civil embargo; ~ *commerciale* economic embargo; ~ *marittimo* naval blockade; ~*petrolifero* oil embargo; ~*sulle armi* arms embargo; ~*sulle merci* embargo on goods, goods embargo.

emblema m. **1** emblem: *la colomba è l'* ~ *della pace* the dove is the emblem of peace. **2** (*stemma*) crest, device. **3** (*simbolo*) symbol.

emblematicamente avv. **1** emblematically, significally, typically. **2** (*simbolicamente*) symbolically.

emblematico (*pl.* **-ci**) a. **1** (*fig*) (*significativo, paradigmatico*) emblematic, emblematical, significant, representative, typical: *un personaggio* ~ an emblematic character; *un caso* ~ a typical case, a representative case. **2** (*fig*) (*simbolico*) symbolic. **3** (*rar*) (*relativo ad emblema*) emblematic, emblematical.

embolia f. (*Med*) embolism. □ (*Med*) ~ *cerebrale* cerebral embolism; (*Med*) ~ *polmonare* pulmonary embolism.

embolismo m. (*Med*) embolism.

embolo m. (*Med*) embolus.

embricare (**émbrico, émbrichi**) **I** *v.t.* (*Edil*) to tile, to cover (sth.) with tiles. **II** *v.r.recipr.* **embricarsi** (*sovrapporsi*) to imbricate, to overlap (*anche Bot,Zool*).

embricato a. **1** (*Edil*) tiled, covered with tiles: *tetto* ~ tiled roof. **2** (*sovrapposto*) scaled, imbricate, imbricated, overlapping (*anche Bot,Zool*): *struttura embricata* imbricated structure.

embrice m. (*Edil*) tile, plain roofing tile, flat tile.

embriogenesi f. (*Biol*) embryogenesis, embryogeny.

embriogenetico (*pl.* **-ci**) a. (*Biol*) embryogenic.

embriologia f. (*Biol*) embryology.

embriologico (*pl.* **-ci**) a. (*Biol*) embryological.

embriologo m. (f. **-a**; pl. **-gi**) (*Biol*) embryologist.

embrionale a. **1** (*Biol,Med*) embryonic, embryo (*attr.*), embryonal: *sviluppo* ~ embryonic development; *membrane embrionali* embryonic membranes; *sacco* ~ embryo sac; *vita* ~ embryonal life. **2** (*fig*) (*in fase di for-*

mazione) embryonic, in embryo (*posposto*), at an early stage, undeveloped: *idee embrionali* embryonic ideas; *un progetto allo stadio ~* a project still in embryo, a project still in its early stages, a project still at an early stage.

embrionàrio *a.* (*rar*) 1 (*Biol,Med*) embryonic, embryo (*attr.*), embryonal. 2 (*fig*) (*in fase di formazione*) embryonic, in embryo (*posposto*), at an early stage (*posposto*), undeveloped.

embriòne *m.* 1 (*Biol,Med*) embryo. 2 (*fig*) embryo, germ, undeveloped stage, nucleus: *in ~* in embryo; *un progetto in ~* a plan in embryo; *l'~ di un progetto* the germ of a project.

emendàbile *a.* 1 amendable, rectifiable: *errore ~* correctible error. 2 (*Filol*) emendable: *testo ~* emendable text.

emendamento *m.* 1 (*correzione*) amendment, correction, improvement, revision. 2 (*Dir*) amendment: *proposta di ~* amendment, motion of amendment; *apportare un ~ alla costituzione* to propose an amendment to the constituition; (*Dir.am*) *il quinto ~* the fifth Amendment. 3 (*Filol*) emendation: *~ di un testo* text emendation. 4 (*Agr*) amendment. □ (*Dir*) *~di legge* amendment of a bill.

emendàre (**emèndo**) I *v.t.* 1 (*correggere*) to amend, to correct, to mend, to improve, to revise: *~ i propri difetti* to correct one's faults. 2 (*Dir*) to amend: *~ un progetto di legge* to amend a bill. 3 (*Filol*) to emend, to emendate: *~ un testo* to emend a text. 4 (*Agr*) to amend. II *v.pron.* **emendarsi** (*liberarsi da un difetto*) to free oneself of a vice, to mend one's ways, to correct one's faults.

emendatìvo *a.* 1 amendatory, corrective, emendatory. 2 (*Filol*) emendatory.

emendàto *a.* 1 (*corretto*) amended, corrected, mended, improved, revised. 2 (*Dir*) amended. 3 (*Filol*) emended, emendated. 4 (*Agr*) amended.

emendatóre *m.* (*f.* **-trice**) 1 (*Dir*) amender: *~ di una legge* amender of a bill. 2 (*Filol*) emendator, emender: *~ di un testo* emendator of a text.

emergènte *a.* 1 emergent: *parte ~* emergent part. 2 (*di crescente importanza*) emergent, emerging: *un attore ~* an emergent actor, an up-and-coming actor. 3 (*rar*) (*sporgente*) protruding, projecting.

emergènza[1] *f.* 1 emergency. 2 (*situazione critica*) emergency, alarm, crisis: *~ sanitaria* health emergency; *~ AIDS* AIDS emergency. □ *di ~* emergency (*attr.*): *uscita di ~* emergency exit; *piano di ~* emergency plan; *stato di ~* state of emergency.

emergènza[2] *f.* 1 (*comparsa*) emergence. 2 (*Bot*) (*protuberanza*) emergence, enation. 3 (*estens*) (*scoperta*) discovery; (*prova*) evidence. □ *~del terreno* rise in the ground.

emèrgere (*pres.ind.* **emèrgo, emèrgi**; *p.rem.* **emèrsi**; *p.p.* **emèrso**; *aus.* **essere**) *v.i.* 1 (*venire a galla*) to emerge, to rise, to surface: *il sottomarino emerse a pochi chilometri dalla costa* the submarine surfaced a few kilometres from the coast. 2 (*elevarsi*) to rise, to stand out, to tower: *la torre emerge tra le case* the tower rises amid the houses. 3 (*sporgere*) to protrude, to stick out. 4 (*fig*) (*distinguersi*) to distinguish oneself, to stand out, to shine (*su* among), to rise (above): *come scrittore emerge sui contemporanei* as a writer he stands out among his contemporaries. 5 (*fig*) (*apparire*) to emerge, to appear, to come out: *una figura scura emerse dall'ombra* a dark figure

emerged from the shadows. 6 (*fig*) (*risultare*) to emerge, to arise, to come out, to result (*da* of): *dall'interrogatorio è emersa l'innocenza dell'accusato* the innocence of the accused emerged from the interrogation.

emèrito *a.* 1 emeritus: *professore ~* Professor emeritus. 2 (*insigne, egregio*) eminent, outstanding, distinguished, illustrious: *un ~ studioso* a distinguished scholar. 3 (*scherz*) egregious, absolute, total, notorious, thorough, regular, out-and-out, (*spreg*) arrant: *un ~ bugiardo* an arrant liar; *un ~ cretino* a total moron.

emerocàllide *f.* (*Bot*) hemerocallis.

emerotèca *f.* newspaper and periodical library.

emèrsi → **emergere**.

emersióne *f.* 1 emersion, emergence, surfacing. 2 (*Mar*) surfacing. 3 (*fig*) emergence: *l'~ di attività economiche illecite* the emergence of illegal economic activities. 4 (*Astr*) emersion. □ (*Mar*)*in ~* surfaced, surface (*attr.*): *un sommergibile in ~* a surfaced submarine; *navigazione in ~* surface navigation; *navigare in ~* to sail on the surface.

emèrso → **emergere** *a.* 1 floating, above sea-level, emergent: *le terre emerse* the lands above sea-level; *continente ~* floating continent. 2 (*Mar*) surfaced: *un sommergibile ~* a surfaced submarine.

emèsso → **emettere**.

emètico (*pl.* **-ci**) I *a.* (*Farm*) emetic: *sostanza emetica* emetic substance; *tartaro ~* tartar emetic. II *m.* (*Farm*) emetic.

emetìna *f.* (*Chim*) emetine.

eméttere (*pres.ind.* **emétto**; *p.rem.* **emìsi**; *p.p.* **emésso**) *v.t.* 1 (*rif. a voce e sim.*) to give out, to let out, to utter, to emit: *~ un grido* to utter a cry, to let out a cry, to give a yell; *~ un suono* to give out a sound. 2 (*rif. a calore, vapore e sim.*) to emit, to give out, to give off, to send out: *~ calore* to emit heat. 3 (*Comm,Econ*) (*mettere in circolazione*) to issue, to draw: *~ un mandato di pagamento* to issue an order for payment. 4 (*fig*) (*esprimere, pronunciare*) to express, to pass, to deliver: *~ un giudizio* to deliver a judgement; *~ un giudizio di assoluzione* to pronounce a decision of acquittal; *~ una sentenza* to pass sentence, to deliver a judgement. 5 (*fig,Dir*) (*emanare*) to issue: *~ un ordine* to issue an order, to give an order; *~ un mandato di cattura* to issue an arrest warrant. □ (*Comm*) *~ un assegno* to issue a cheque, to draw a cheque, (*Am*) to make out a check; (*Econ*) *azioni* to issue shares; (*Econ*) *~banconote* to issue banknotes; (*Econ*) *~buoni del tesoro* to issue Treasury bonds; (*Comm*) *~unacambiale* to draw a bill, to issue a bill; (*Dir*) *~ un decreto* to enact a decree; (*Comm*) *~unafattura* to issue an invoice, to raise an invoice; (*Comm*) *~ unprestito* to issue a loan, to float a loan.

emettitóre *m.* (*Elettron*) emitter.

emettìtrice *f.* 1 (*di biglietti*) ticket machine, ticket dispensing machine, automatic ticket machine. 2 (*distributore*) dispensing machine, dispenser.

emiatrofìa *f.* (*Med*) hemiatrophy.

emicàrpo *m.* (*Bot*) hemicarp.

emicellulòsa *f.* (*Chim,Biol*) hemicellulose.

emicìclo *m.* 1 (*ant,Teat*) hemicycle, semicircle. 2 (*sala a forma semicircolare*) semicirclar room, semicirclar structure. 3 (*Pol*) (*della camera dei deputati*) Italian Chamber of Deputies.

emicrània *f.* 1 (*Med*)migraine. 2 (*colloq, estens*) (*mal di testa*) headache, bad headache.

emidàttilo *m.* (*Zool*) hemidactylus.

emìde *f.* (*Zool*) European pond turtle, European pond tortoise, European pond terrapin.

emigrànte I *a.* emigrant (*attr.*), emigrating; (*una volta emigrato*) immigrant (*attr.*), expatriate: *un lavoratore ~* an immigrant worker. II *m./f.* emigrant; (*una volta emigrato*) immigrant, expatriate: *la città è affollata di emigranti* the city is crowded with expatriates.

emigràre (**emìgro**; *aus.* **essere/avere**) *v.i.* to emigrate, to expatriate, to migrate: *la sua famiglia è emigrata in America* his family has emigrated to America.

emigràto I *a.* emigrated. II *m.* (*f.* **-a**) emigrant; (*per motivi politici o religiosi*) exile, émigré, refugee: *~ politico* political exile.

emigratòrio *a.* migrational, migratory: *flusso ~* migratory flux.

emigrazióne *f.* 1 migration, emigration: *~ di massa* mass emigration; *ufficio ~* emigration office; *~ interna* internal migration. 2 (*estens*) (*persone emigrate*) emigrant population, emigrants *pl.*: *l'~ italiana in America* Italian emigrants to America. 3 (*Econ*) flow abroad, transfer abroad: *~ di capitali all'estero* flow of capital abroad, transfer of capital abroad. 4 (*rar*) (*rif. ad animali*) migration: *~ stagionale* seasonal migration.

Emìlia *n.pr.f.* 1 Emily. 2 (*Geog*) Emilia, Emilia-Romagna. 3 (*via Emilia*) Via Aemilia.

emiliàno I *a.* Emilian, of Emilia. II *m.* 1 (*f.* **-a**) (*originario*) native of Emilia; (*abitante*) inhabitant of Emilia. 2 (*dialetto*) Emilian dialect.

Emìlio *n.pr.m.* 1 Emil, Emile. 2 (*Stor*) Aemilius.

emìna *f.* (*Chim*) haemin, (*Am*) hemin.

eminènte *a.* 1 (*eccellente, illustre*) eminent, outstanding, distinguished, excellent: *un ~ scrittore* an outstanding writer, an eminent writer; *ingegno ~* eminent intellect; *in grado ~* to a high degree, eminently. 2 (*lett, rar*) (*in posizione elevata*) eminent, high, towering.

eminenteménte *avv.* eminently.

eminentìssimo *a.* (*titolo onorifico dei cardinali*) His Eminence; (*vocativo*) Your Eminence.

eminènza *f.* 1 (*l'essere eminente*) height, loftiness, distinction. 2 (*fig*) (*eccellenza*) eminence, excellence: *l'~ del suo ingegno* the eminence of his intellect. 3 (*titolo cardinalizio*) Eminence: *Sua Eminenza* His Eminence, (*vocativo*) Your Eminence. 4 (*Anat*) eminence: *~ frontale* frontal eminence. □ (*fig*) *~ grigia* éminence grise, grey eminence; (*Anat*) *~tenar* thenar.

emiparèsi *f.* (*Med*) hemiparesis.

emiplegìa *f.* (*Med*) hemiplegia.

emiplègico I *a.* (*Med*) hemiplegic. II *m.* (*f.* **-a**; *pl.* **-ci**) (*Med*) hemiplegic.

emiràto *m.* emirate. □ (*Geog*) *Emirati Arabi Uniti* United Arab Emirates.

emìro *m.* emir.

emisfèrico (*pl.* **-ci**) *a.* hemispheric, hemispherical: *calotta emisferica* hemispherical bowl; *superficie emisferica* hemispheric surface.

emisfèro *m.* hemisphere (*anche Geog,Anat*). □ (*Geog*) *~australe* southern hemisphere; (*Geog*) *~boreale* northern hemisphere; (*Astr*) *~celeste* celestial hemisphere; (*Anat*) *~cerebrale* cerebral hemisphere; (*Fisiol*) *~dominante* dominant hemisphere; (*Geog*) *~meridionale* southern hemisphere; (*Geog*) *~occidentale* western hemisphere; (*Geog*) *~orientale* eastern hemisphere; (*Geog*) *~settentrionale* northern hemisphere.

emìsi → **emettere**.

emissario[1] **I** *m.* **1** (*fiume*) outlet, effluent, outflowing stream: *un ~ del Garda* an outlet of Lake Garda. **2** (*di fognature*) drain. **3** (*Anat*) emissary duct. **II** *a.* (*rar,Anat*) emissary: *vena emissaria* emissary vein.

emissario[2] *m.* (*f.* **-a**) **1** emissary: *un ~ del re* an emissary of the king. **2** (*spia*) spy; (*agente segreto*) secret agent.

emissione *f.* **1** emission: *~ di luce* emission of light; *~ di calore* heat emission; *~ di voce* vocal emission. **2** (*Econ*) issue, putting into circulation: *data di ~* date of issue; *giorno di ~* day of issue. **3** (*Tecn*) emission, release: *~ di sostanze inquinanti* release of polluting substances. **4** (*Fis*) emission: *spettro di ~* emission spectrum; *~ di raggi alfa* alpha ray emission. **5** (*Rad,Tel*) emission, broadcasting, broadcast: *stazione di ~* transmitting station, broadcasting station. **6** (*TV*) television broadcast, broadcasting, telecast: *stazione di ~* broadcasting station. **7** (*Inform*) output. □ *~ zero* zero-emission; (*Aut*) *a ~ zero* zero-emission; (*Econ*) *all' ~* when issued; *~ di un assegno* drawing of a cheque, issue of a cheque; (*Econ*) *~ di azioni* stock issue, share issue; (*Econ*) *~ di banconote* issue of banknotes; (*Econ*) *~ di una cambiale* drawing of a bill, issue of a bill; (*Fis*) *~ di campo* field emission; (*Econ*) *~ di capitale* capital issue; *~ di corrente* impulse of current; (*Fis*) *~ di francobolli* issue of stamps; (*Econ*) *di nuova ~* newly issued; (*Tecn*) *~ di polveri* dust emission; (*Econ*) *~ di un prestito* issue of a loan; (*Econ*) *~ globale* global issue; (*Econ*) *~ obbligazionaria* bond issue; (*Fis*) *~ primaria* primary emission; (*Fis*) *~ secondaria* secondary emission; (*Fis*) *~ spontanea* spontaneous emission; (*Fis*) *~ stimolata* stimulated emission.

emissivo *a.* emissive (*anche Fis*): *potere ~* emissive power.

emistichio *m.* (*Metr*) hemistich.

emittente **I** *a.* **1** (*Rad,TV*) broadcasting, transmitting: *stazione radio ~* broadcasting station, transmitting station, radio station. **2** (*Econ*) issuing, issue (*attr.*), of issue (*posposto*): *banca ~* issuing bank, bank of issue. **II** *f.* **1** (*Econ*) (*società emittente*) issuer, issuing company. **2** (*Rad,TV*) transmitting station, broadcaster. **III** *m./f.* **1** (*Econ*) issuer, drawer. **2** (*Ling*) transmitter: *~ e ricevente* transmitter and receiver. □ (*Rad*) *~ clandestina* clandestine radio, clandestine radio station; (*Econ*) *~ di un assegno* issuer of a cheque; (*Econ*) *~ di una cambiale* drawer of a bill; *~ locale* : 1 (*Rad*) local broadcaster, local station; 2 (*TV*) local channel; (*Rad,TV*) *~ nazionale* national broadcaster; (*Rad,TV*) *~ pirata* pirate broadcaster; (*Rad,TV*) *~ privata* private broadcaster; (*Rad,TV*) *~ pubblica* public broadcaster; (*Rad*) *~ radiofonica* radio station, radio broadcasting station; *~ satellitare* : 1 (*Rad*) satellite transmitter, satellite broadcaster, satellite radio, satellite radio station; 2 (*TV*) satellite TV, satellite TV channel; (*TV*) *~ televisiva* television channel, television broadcasting channel.

emittenza *f.* (*Rad,TV*) **1** (*insieme degli emittenti*) broadcasters *pl.* **2** (*l'emissione di programmi radiotelevisivi*) broadcasting. □ *~ privata* private broadcasting, private broadcasters; *~ pubblica* public broadcasting, public broadcasters; *~ radiofonica* radio, radio broadcasting; *~ televisiva* television, television broadcasting.

emittero *m.pl.* (*Entom*) hemipter.

emivita *f.* (*Fis*) half-life.

Emma *n.pr.f.* Emma.

emme *m./f.inv.* M, letter M.

emmental *m.* (*Alim*) Emmental, Emmentaler, Emmentaler cheese, Emmenthaler, Emmenthaler cheese.

emmetropia *f.* (*Med*) emmetropia.

emmetropico (*pl.* **-ci**) *a.* (*Med*) emmetropic.

emoblastoma *m.* (*Med*) haemoblastoma, (*Am*) hemoblastoma.

emocitoblasto *m.* (*Med*) haemocytoblast, (*Am*) hemocytoblast.

emocoltura *f.* (*Med*) blood culture, haemoculture, (*Am*) hemoculture.

emocromo *m.* haemochrome, haemachrome (*Am*) hemochrome, hemachrome.

emocromocitometrico (*pl.* **-ci**) □ (*Med*) *esame ~* blood count.

emoderivato *m.* (*Med*) blood derivate, heamoderivative, (*Am*) hemoderivative.

emodialisi *f.* (*Med*) haemodialysis, (*Am*) hemodialysis.

emodializzato **I** *a.* (*Med*) haemodialysis (*attr.*), (*Am*) hemodialysis (*attr.*). **II** *m.* (*f.* **-a**) (*Med*) haemodialysis case, (*Am*) hemodialysis case.

emodinamica *f.* (*Med*) haemodynamics (*costr.sing.*), (*Am*) hemodynamics (*costr.sing.*).

emofilia *f.* (*Med*) haemophilia, (*Am*) hemophilia.

emofiliaco, emofilico **I** *a.* (*Med*) haemophilic, (*Am*) hemophilic. **II** *m.* (*f.* **-a**; *pl.* **-ci**) (*Med*) haemophiliac, (*Am*) hemophiliac.

emoftalmo *m.* (*Med*) haemophthalmus, (*Am*) hemophthalmus.

emoglobina *f.* (*Biol*) haemoglobin, (*Am*) hemoglobin.

emolisi *f.* (*Med*) haemolysis, (*Am*) hemolysis.

emolitico (*pl.* **-ci**) *a.* (*Med*) haemolytic, (*Am*) hemolytic.

emolliente **I** *a.* (*Farm,Cosmet*) emollient, softening: *crema ~* softening cream, emollient cream. **II** *m.* (*Farm,Tess*) emollient.

emolumento *m.* **1** (*compenso per prestazione d'opera professionale*) emolument. **2** (*estens*) (*compenso*) remuneration, fee, salary, emolument.

emopatia *f.* haemopathy, (*Am*) hemopathy.

emopoiesi *e der.* → **ematopoiesi** *e der.*

emorragia *f.* **1** (*Med*) haemorrhage, (*Am*) hemorrhage: *morire per ~* to die of haemorrhage; *fermare l'~* to stop the haemorrhage, to arrest the haemorrhage. **2** (*estens*) (*sanguinamento*) bleeding. **3** (*fig*) (*perdita*) haemorrhage, loss: *~ di capitali* haemorrhage of funds, drain on capital. □ (*Med*) *~ cerebrale* cerebral haemorrhage, brain haemorrhage; (*Med*) *~ esterna* external haemorrhage; (*Med*) *~ gastrica* gastric haemorrhage; (*Med*) *~ interna* internal haemorrhage; (*Med*) *~ intestinale* intestinal haemorrhage; (*Med*) *~ nasale* nasal haemorrhage.

emorragico (*pl.* **-ci**) *a.* haemorrhagic, (*Am*) hemorrhagic.

emorroidale *a.* (*Med*) haemorrhoidal, (*Am*) hemorrhoidal.

emorroidario *a.* (*Med*) haemorrhoidal, (*Am*) hemorrhoidal: *vena emorroidaria* hemorrhoidal vein.

emorroidi *f.pl.* (*Med*) haemorrhoids, (*Am*) hemorrhoids, (*colloq*) piles.

emorroissa *f.* (*rar,Bibl*) woman diseased with an issue of blood.

emostasi, emostasi, emostasia *f.* (*Med*) haemostasis, (*Am*) hemostasis.

emostatico (*pl.* **-ci**) **I** *a.* (*Med*) haemostatic, (*Am*) hemostatic, styptic: *cotone ~* styptic cotton; *laccio ~* tourniquet; *matita emostatica* styptic pencil. **II** *m.* (*Med*) haemostatic, (*Am*) hemostatic, styptic.

emoteca *f.* (*Med*) blood bank.

emoticon *m.inv.* (*Inform*) emoticon.

emotisi *f.* (*Med*) haemoptysis, (*Am*) hemoptysis.

emotivamente *avv.* emotionally: *essere ~ coinvolto in qcs.* to be emotionally involved in sth.; *reagire ~* to react emotionally.

emotività *f.* **1** emotiveness, emotivity, emotionality. **2** (*estens*) (*il commuoversi facilmente*) emotional susceptibility, sensitivity.

emotivo **I** *a.* **1** emotional, emotive: *temperamento ~* emotional temperament; *sconvolgimento ~* emotional upset. **2** (*sensibile*) sensitive: *una ragazza emotiva* a sensitive girl. **II** *m.* (*f.* **-a**) emotional person, emotionalist.

emottisi *f.* (*Med*) haemoptysis, (*Am*) hemoptysis.

emozionabile *a.* easily moved, quickly moved, easily upset, excitable: *una persona facilmente ~* one who is easily upset.

emozionale *a.* (*Psic*) emotional: *stato ~* emotional state.

emozionante *a.* **1** (*eccitante*) exciting, stirring: *uno spettacolo ~* a stirring sight. **2** (*commovente*) touching, moving: *una cerimonia ~* a touching ceremony.

emozionare (**emozióno**) **I** *v.t.* **1** (*eccitare*) to excite, to stir, to thrill: *lo spettacolo ha emozionato la platea* the show thrilled the audience. **2** (*commuovere*) to move, to touch: *quel film mi ha davvero emozionato* that film really touched me. **II** *v.pron.* **emozionarsi** (*eccitarsi*) to get excited, to be stirred: *il ragazzo si emozionò e non riuscì più a parlare* the boy got so excited that he could no longer speak **1** (*commuoversi*) to be moved, to be touched.

emozionato *a.* **1** (*commosso*) moved, touched, stirred, deeply stirred: *guarda tua madre: è proprio emozionata!* look at your mother: she's really moved! **2** (*agitato*) worked up, in a state.

emozione *f.* **1** emotion: *provare una forte ~* to experience a strong emotion (*o a deep* emotion); *reprimere le proprie emozioni* to quash one's emotions; *dare sfogo alle proprie emozioni* to give vent to one's emotions. **2** (*eccitazione*) excitement, thrill: *il malato deve evitare le emozioni* the patient must avoid all excitement; *una forte ~* a shock; *andare in cerca di forti emozioni* to be in search of thrills, to be in search of kicks. **3** (*commozione*) emotion, commotion: *essere preso dall'~* to be overwhelmed by one's emotion.

empatia *f.* (*Psic*) empathy.

empatico (*pl.* **-ci**) *a.* (*Psic*) empathic, empathetic.

Empedocle *n.pr.m.* (*Stor,Filos*) Empedocles.

empetigine *f.* (*Med*) (*impetigine*) impetigo.

empiamente *avv.* godlessly, impiously.

empiema *m.* (*Med*) empyema.

empietà *f.* **1** godlessness, impiety, ungodliness. **2** (*azione empia*) impiety, impious act; (*parole empie*) impious talk, irreverent talk.

empio *a.* **1** (*irreligioso*) godless, impious, ungodly: *gli empi* the ungodly. **2** (*sacrilego*) irreverent, sacrilegious, profane: *parole empie* profane talk. **3** (*estens*) (*scellerato*) wicked, evil: *vita empia* wicked life. **4** (*estens*) (*spietato, crudele*) cruel, pitiless.

empire (*pres.ind.* **émpio, émpi**; *p.rem.* **empìi**; *ger.* **empièndo**; *p.p.* **empìto**) *v.t./v.pron.* (*lett*) → **riempire**

empireo **I** *m.* **1** (*Filos*) empyrean. **2** (*lett*) empyrean, paradise. **II** *a.* (*lett*) empyrean, empyreal.

empiricamente *avv.* empirically.

empirico (*pl.* -**ci**) **I** *a.* **1** (*Filos,Stor*) empiric, empirical: *filosofia empirica* empirical philosophy. **2** (*estens*) empirical, practical, experimental: *scienze empiriche* empirical sciences; *rimedio* ~ practical remedy, empirical remedy. **II** *m.* (*Filos,Stor*) empiric, empiricist.

empirismo *m.* (*Filos,Med*) empiricism (*anche estens*).

empirista *m./f.* (*Filos,Med*) empiricist (*anche estens*).

empiristico (*pl.* -**ci**) *a.* (*Filos,Med*) empiristic (*anche estens*).

emporio *m.* **1** (*centro commerciale*) emporium, shopping centre, market. **2** (*deposito di merci*) warehouse, store. **3** (*negozio*) general shop, emporium; (*grande magazzino*) department store. **4** (*estens*) (*ammasso disordinato*) jumble, medley, confused mass.

emù *m.* (*Ornit*) emu.

emulare (**èmulo**) *v.t.* **1** to emulate: *volle* ~ *il maestro* he sought to emulate his master. **2** (*eguagliare*) to emulate, to match, to try to match: *cercare di* ~ *la propria madre* to try to emulate one's mother, to try to rival one's mother. **3** (*Inform*) to emulate.

emulativo *a.* emulative, emulous.

emulatore I *m.* **1** (*f.* -**trice**) emulator. **2** (*Inform*) (*programma emulatore*) emulator. **II** *a.* emulating.

emulazione *f.* emulation (*anche Inform*): ~ *della gloria* emulation of glory; *spirito di* ~ spirit of emulation.

emulo I *m.* (*f.* -**a**) emulator. **II** *a.* (*emulativo*) emulous, emulative.

emulsionabile *a.* (*Chim*) emulsifiable.

emulsionante I *a.* (*Chim*) emulsifying. **II** *m.* (*Chim*) emulsifier, emulsifying agent.

emulsionare (**emulsióno**) *v.t.* **1** (*Chim*) to emulsify. **2** (*estens*) (*amalgamare: in cucina*) to emulsify, to mix.

emulsione *f.* **1** (*Chim,Fot,Med*) emulsion. **2** (*estens*) (*miscela: in cucina*) emulsion, mixture, cream. □ (*Cosmet*) ~*idratante per il corpo* moisturizing body lotion; (*Fot*) ~*sensibile* emulsion, sensitive coating.

emulsivo *a.* emulsive, emulsifying.

emungere (**emùngo**) *v.t.* (*rar*) to drain.

emungimento *m.* drainage.

emuntore *m.* (*Geog*) effluent.

emuntorio *m.* (*Anat*) emunctory.

ENAL (*Stor*) *Ente nazionale assistenza lavoratori* (National agency for workers' welfare).

enalista *m./f.* (*Stor*) member of ENAL.

enallage *f.* (*Ret*) enallage.

enalotto *m.* state lottery, national lottery.

enantiomorfismo *m.* (*Chim,Geom*) enantiomorphism.

enantiomorfo *m.* (*Chim,Geom*) enantiomorph.

enarmonia *f.* (*Mus*) **1** enharmonic relationship. **2** (*ant*) (*impiego di intervalli inferiori al semitono*) use of enharmonic intervals.

enarmonico (*pl.* -**ci**) *a.* (*Mus,ant*) enharmonic.

enartrosi *f.* (*Anat*) enarthrosis.

encarpo *m.* (*Arch*) encarpus.

encaustica *f.* (*Pitt*) encaustic.

encausto *m.* (*Pitt*) encaustic, encaustic work: *pittura a* ~ encausting painting, wax-painting.

encefalico (*pl.* -**ci**) *a.* (*Anat*) encephalic.

encefalite *f.* (*Med*) encephalitis.

encefalitico I *a.* (*Med*) encephalitic. **II** *m.* (*f.* -**a**; *pl.* -**ci**) (*Med*) encephalitic, encephalitic

patient.

encefalo *m.* (*Anat*) encephalon.

encefalografia *f.* (*Med*) encephalography.

encefalogramma *m.* (*Med*) encephalogram.

encefalopatia *f.* (*Med*) encephalopathy. □ (*Veter*) ~ *spongiforme bovina* bovine spongiform encephalopathy, BSE.

enchiridio *m.* (*rar*) enchiridion.

enciclica *f.* (*Rel*) encyclical: ~ *papale* papal encyclical.

enciclopedia *f.* **1** encyclopedia, encyclopaedia: *consultare l'*~ to consult the encyclop(a)edia. **2** (*Stor,Filos*) Encyclopédie. □ (*fig*) *essere un'*~*ambulante* to be a walking encyclopedia (*o* a walking encyclopaedia); ~ *delle scienze* encyclopaedia of sciences, encyclopedia of sciences; ~ *geografica* geographical encyclopedia, geographical encyclopaedia; ~*giuridica* law encyclopedia, law encyclopaedia; ~*medica* medical encyclopedia, medical encyclopaedia; ~*universale* universal encyclopedia, universal encyclopaedia.

enciclopedico (*pl.* -**ci**) *a.* encyclopedic, encyclopaedic (*anche fig*): *dizionario* ~ encyclopedic dictionary, encyclopaedic dictionary; *mente enciclopedica* encyclopedic mind, encyclopaedic mind; *sapere* ~ encyclopedic knowledge, encyclopedic learning.

enciclopedismo *m.* encyclopedism, encyclopaedism (*anche Filos*).

enciclopedista *m./f.* encyclopedist, encyclopaedist.

enclave *f.inv.* (*Pol*) enclave.

enclisi *f.* (*Gramm*) enclisis.

enclitica *f.* (*Gramm*) enclitic.

enclitico (*pl.* -**ci**) *a.* (*Gramm*) enclitic: *particella enclitica* enclitic, enclitic particle.

encomiabile *a.* praiseworthy, commendable, meritorious: *un atteggiamento* ~ a commendable attitude; *un comportamento* ~ praiseworthy behaviour.

encomiare (**encòmio**) *v.t.* to praise, to commend, to pay public tribute to: ~ *l'eroismo dei soldati* to pay public tribute to the soldiers' heroism.

encomiasta *m.* (*Stor.gr*) encomiast.

encomiastico (*pl.* -**ci**) *a.* **1** encomiastic, of praise (*posposto*): *discorso* ~ speech of praise; *tono* ~ encomiastic tone. **2** (*Stor.gr*) encomiastic: *componimento* ~ encomiastic composition.

encomio *m.* **1** (*discorso encomiastico*) encomium. **2** (*estens*) (*lode*) praise, laud, commendation: *lettera di* ~ letter of commendation; *degno di* ~ praiseworthy, commendable. **3** (*Mil*) mention in a dispatch, citation: *ricevere un* ~ to be mentioned in dispatches; ~ *solenne* solemn citation. **4** (*Stor.gr*) encomium.

endecaedro *m.* (*Geom*) hendecahedron.

endecasillabo I *a.* (*Metr*) hendecasyllabic. **II** *m.* (*Metr*) hendecasyllable.

endemia *f.* (*Med*) endemy, endemia.

endemicità *f.* endemicity, endemism, endemic nature: ~ *della malaria* endemicity of malaria.

endemico (*pl.* -**ci**) *a.* **1** (*Med,Biol*) endemic: *la malattia ha assunto un carattere* ~ the disease has become endemic; *razza endemica* endemic race. **2** (*fig*) (*cronico*) endemic, chronic, native: *il traffico è un problema* ~ *in ogni grande città* traffic is a chronic problem in all big cities.

endiadi *f.* (*Ret*) hendiadys.

endice *m.* nest-egg.

endocardio *m.* (*Anat*) endocardium.

endocardite *f.* (*Med*) endocarditis.

endocarpio, **endocarpo** *m.* (*Bot*) endocarp.

endocranico (*pl.* -**ci**) *a.* (*Anat*) endocranial.

endocranio *m.* (*Anat*) endocranium, endocrane.

endocrino *a.* (*Fisiol*) endocrine: *ghiandole endocrine* endocrine glands.

endocrinologia *f.* (*Med*) endocrinology.

endocrinologico (*pl.* -**ci**) *a.* (*Med*) endocrinological.

endocrinologo *m.* (*f.* -**a**; *pl.* -**gi**) (*Med*) endocrinologist.

endoderma *m.* **1** (*Bot*) endodermis. **2** (*Biol, Zool*) endoderm.

endodermico (*pl.* -**ci**) *a.* (*Bot,Biol,Zool*) endodermal.

endodinamica *f.* (*Geol*) endogenic dynamics (*costr.sing.*).

endofita *m.* (*Biol*) endophyte.

endofitico (*pl.* -**ci**) *a.* (*Biol*) endophytic: *malattia endofitica* endophytic disease.

endogamia *f.* (*Etnol,Zool,Biol*) endogamy.

endogamico (*pl.* -**ci**) *a.* (*Etnol,Zool,Biol*) endogamous: *matrimonio* ~ endogamous marriage.

endogamo *a.* (*Etnol*) endogamous: *casta endogama* endogamous caste.

endogenesi *f.* (*Biol,Geol*) endogenesis.

endogeno *a.* **1** (*Biol,Med,Bot*) endogenous. **2** (*Geol*) endogenic.

endolinfa *f.* (*Anat*) endolymph.

endometrio *m.* (*Anat*) endometrium.

endometriosi *f.* (*Med*) endometriosis.

endometrite *f.* (*Med*) endometritis.

endomorfismo *m.* (*Geol*) endomorphism.

endomorfo *a.* (*Geol*) endomorphic.

endoparassita *m.* (*Biol*) endoparasite.

endoplasma *m.* (*Biol*) endoplasm.

endoplasmatico (*pl.* -**ci**) *a.* (*Biol*) endoplasmic: *reticolo* ~ endoplasmic reticulum.

endoreattore *m.* (*Aer*) rocket, rocket engine.

endorfina *f.spec.pl.* (*Fisiol*) endorphin.

endoscheletro *m.* (*Zool*) endoskeleton.

endoscopia *f.* (*Med*) endoscopy.

endoscopico (*pl.* -**ci**) *a.* (*Med*) endoscopic.

endoscopio *m.* (*Med*) endoscope.

endosmosi *f.* (*Fisiol*) endosmosis.

endosperma *m.* (*Bot*) endosperm.

endospora *f.* (*Bot*) endospore.

endostatina *f.* (*Med*) endostatin.

endotecio *m.* (*Bot*) endothecium.

endoteliale *a.* (*Anat*) endothelial.

endotelio *m.* (*Anat*) endothelium.

endotelioma *m.* (*Med*) endothelioma.

endotermico (*pl.* -**ci**) *a.* (*Fis,Chim*) endothermic: *reazione endotermica* endothermic reaction.

endouterino *a.* (*Med,Anat*) intrauterine: *dispositivo* ~ IUD (intrauterine device).

endovena I *f.* (*Med*) intravenous injection. **II** *avv.* intravenously: *iniettare* ~ to make an intravenous injection, to inject intravenously.

endovenosa *f.* (*Med*) intravenous injection: *fare un'*~ to give an intravenous injection.

endovenoso *a.* (*Med*) intravenous: *iniezione endovenosa* intravenous injection; *per via endovenosa* by intravenous injection.

enduro *m.inv.* **1** (*Sport*) enduro, motorcycle enduro, endurance race. **2** (*estens*) (*motocicletta*) enduro motorcycle.

Enea *n.pr.m.* (*Stor*) Aeneas.

ENEA 1 *Ente per le nuove tecnologie, l'energia e l'ambiente* (Italian agency for the new technology the energy and the environment). **2** *Comitato nazionale per la ricerca e lo sviluppo dell'energia nucleare e* *delle energie alternative* (National institution for research and development of nuclear and alternative energies). **3** *Agenzia Europea per l'energia nucleare* ENEA (European Nuclear Energy Agency).

Eneide *n.pr.f.* (*Lett*) Aeneid.

ENEL *Ente nazionale per l'energia elettrica* (National Electricity Board).

eneolitico (*pl.* **-ci**) **I** *a.* (*Paleont*) chalcolithic, aeneolithic, eneolithic. **II** *m.* (*Paleont*) the Aeneolithic, the Aeneolithic period, the Calcolithic, the Calcolithic period.

energetica *f.* (*Fis*) energetics (*costr.sing.*).

energetico (*pl.* **-ci**) **I** *a.* **1** (*Fis*) (*relativo all'energia*) energy (*attr.*): *trasformazione energetica* energy transformation; *bilancio ~ energy* balance. **2** (*Fisiol*) energy (*attr.*): *fabbisogno ~* energy requirements; *soddisfare il fabbisogno ~* to meet the energy requirements; *valore ~* energy value. **3** (*che produce energia*) energy (*attr.*), of energy (*posposto*): *fonte energetica* energy source. **4** (*che dà energia*) energy-producing, energetic: *alimento ~* energy-giving food. **II** *m.* (*energizzante*) tonic, energizer, energy-giving remedy, energy-giving substance.

energia *f.* **1** energy, vigour, strength: *pieno di ~* energetic, full of energy; *risparmiare le proprie energie* to save one's energies; *non ha ancora riacquistato le energie dopo la sua malattia* he hasn't got his strength back yet after his illness. **2** (*Fis,Mecc,Chim*) energy, power: *~ di legame* binding energy. **3** (*fig*) (*vigore spirituale*) energy, vigour, resolution, determination: *dedicare tutte le proprie energie allo studio* to devote all one's energies to study. **4** (*fig*) (*forza, efficacia*) energy, force, strength: *con ~* with energy, with force, with strength; *reagire con ~* to react forcefully. □ *~alternativa* alternative energy; (*Fis*) *~atomica* atomic energy, nuclear energy; (*Fis*) *~ chimica* chemical energy; (*Fis*)*~cinetica* kinetic energy; *~delle maree* tidal energy; *~d'urto* impact strength; (*Fis*) *~ elettrica* electricity, electric power, electric energy, electricity: *fornire ~ elettrica* to supply electricity; (*Fis*) *~ elettronucleare* nuclear power, nuclear energy; (*Tecn*) *~ eolica* wind energy, wind power; (*Tecn*) *~geotermica* geothermal energy; (*Tecn*) *~ idroelettrica* hydroelectric energy, hydroelectric power; (*Mecc*) *~ motrice* propellent power, motive power; (*Fis*) *~nucleare* atomic energy, nuclear energy, nuclear power: *a ~ nucleare* nuclear-powered (*attr.*); (*Fis*) *~potenziale* potential energy; (*Fis*) *~ primaria* primary energy; *~ pulita* clean energy; (*Fis*) *~ raggiante* radiant energy; (*Fis*) *~secondaria* secondary energy; *~senza* without energy, lacking in energy, listlessly; (*Fis*) *~ solare* solar energy, solar power; (*Fis*) *~ termica* heat energy; (*Fis*) *~termonucleare* thermonuclear energy.

energicamente *avv.* energetically, forcefully, with energy, with force.

energico (*pl.* **-ci**) *a.* **1** (*forte*) energetic, strong, forceful, vigorous, assertive: *un'energica protesta* an energetic protest; *un carattere ~* an assertive character. **2** (*attivo*) energetic, dynamic, active, sprightly: *un uomo ~* a dynamic man. **3** (*radicale*) drastic, firm, energetic, vigorous: *misure energiche* forthright measures; *un rifiuto ~* a firm refusal. **4** (*efficace*) energetic, powerful, potent, strong: *rimedio ~* potent remedy.

energumeno *m.* (*f.* **-a**) **1** (*uomo dal fisico possente*) strong man (*f.* woman), muscle man (*f.* woman). **2** (*uomo violento e iroso*) wild man (*f.* woman), furious man (*f.* wom-

an), madman (*f.* -woman), energumen. **3** (*rar*) (*indemoniato*) energumen, one possessed.

energy manager /ˈɛnɛrdʒiˈmɛnadʒer/ *m./f.inv.* energy manager.

enfant /āˈfā/ □ *~prodige* child prodigy; *~terrible* enfant terrible.

enfasi *f.* **1** (*importanza, rilievo*) emphasis, stress: *dare ~ a qcs.* to give emphasis to sth., to emphasize sth., to stress so. **2** (*esagerazione*) emphasis, overemphasis, bombast: *parlare con ~* to speak with undue emphasis; *recitare con ~* to act melodramatically. **3** (*Ret*) emphasis.

enfaticamente *avv.* emphatically, over-emphatically.

enfatico (*pl.* **-ci**) *a.* **1** emphatic. **2** (*ampolloso*) overemphatic, bombastic, grandiloquent: *stile ~* bombastic style.

enfatizzare (**enfatizzo**) *v.t.* **1** (*pronunciare con enfasi*) to emphasize, to give emphasis (to). **2** (*estens*) (*sottolineare*) to emphasize, to give emphasis (to), to underline, to stress.

enfatizzazione *f.* **1** emphasizing. **2** (*esagerazione*) emphasizing, exaggeration.

enfiagione *f.* (*lett,rar*) inflation.

enfiare (**énfio**) **I** *v.t.* (*lett*) to inflate, to swell, to distend. **II** *v.i.* (*aus.* essere) (*lett*) to become inflated, to inflate, to puff up, to swell, to swell up. **III** *v.pron.* **enfiarsi** (*lett*) to become inflated, to inflate, to puff up, to swell, to swell up.

enfiato *a.* (*lett*) inflated, swollen, puffed up: *volto ~* swollen face, puffy face.

enfisema *m.* (*Med*) emphysema: *~ polmonare* emphysema, pulmonary emphysema.

enfisematico (*pl.* **-ci**) *a.* (*Med*) emphysematous.

enfisematoso *a.* (*Med*) emphysematous.

enfiteusi *f.* (*Dir*) emphyteusis; (*a tempo indeterminato*) perpetual lease.

enfiteuta *m./f.* (*Dir*) emphyteuta; (*in perpetuo*) perpetual leaseholder.

enfiteutico (*pl.* **-ci**) *a.* (*Dir*) emphyteutic: *contratto ~* emphyteusis, contract of emphyteusis.

Engadina *n.pr.f.* (*Geog*) Engadine.

engagé /āɡaˈʒe/ *a.inv.* engagé.

ENI *Ente nazionale idrocarburi* (National hydrocarbon agency).

enigma *m.* **1** (*indovinello*) riddle, enigma, conundrum, puzzle: *risolvere un ~* to solve a riddle; *parlare per enigmi* to speak in riddles, to talk in riddles. **2** (*estens*) (*cosa misteriosa*) enigma, mystery, puzzle. **3** (*estens*) (*persona misteriosa*) enigma, enigmatic person: *questa ragazza è un ~* that girl is an enigma.

enigmaticamente *avv.* enigmatically.

enigmaticità *f.* enigmatic nature, enigmatic quality.

enigmatico (*pl.* **-ci**) *a.* **1** enigmatic, enigmatical, puzzling: *parole enigmatiche* enigmatic words; *il sorriso ~ della Gioconda di Leonardo* the enigmatic smile of Leonardo's Mona Lisa. **2** (*estens*) (*misterioso*) mysterious, inscrutable: *tono ~* mysterious tone; *una donna enigmatica* a mysterious woman.

enigmista *m./f.* **1** (*inventore*) puzzle maker, puzzle writer; (*di rebus*) rebus maker; (*di sciaradе*) creator of charades. **2** (*appassionato di enigmistica*) puzzle buff, puzzle fan, puzzle enthusiast; (*di rebus*) rebus enthusiast, rebus fan; (*di sciarade*) charades enthusiast, charades fan; (*di cruciverba*) crossword enthusiast, crossword fan. **3** (*chi risolve*) puzzle solver; (*di rebus*) rebus solver; (*di sciarade*) charades solver; (*di cruciverba*) crossword solver.

enigmistica *f.* **1** (*invenzione*) inventing of puzzles, composing of puzzles. **2** (*soluzione*) puzzle solving.

enigmistico (*pl.* **-ci**) *a.* puzzle (*attr.*): *giornale ~* puzzle and crossword magazine.

ENIT *Ente nazionale industrie turistiche* (Italian State Tourist Office).

enjambement /āʒãbˈmã/ *m.inv.* (*Metr*) enjambement.

ennagonale *a.* (*Geom*) nonagonal.

ennagono *m.* (*Geom*) nonagon.

enne *f./m.inv.* N, letter N.

ennesimo *a.* **1** (*Mat*) n^{th}: *elevare all'ennesima potenza* to raise to the nth power. **2** (*colloq*) umpteenth, hundredth, n^{th}: *mi ha raccontato per l'ennesima volta le sue disgrazie* he told me all his woes for the hundredth time. □ *all'~grado* to the nth degree; *all'ennesimapotenza* : **1** (*Mat*) to the nth power; **2** (*fig*) to the highest degree, to the nth degree; *un ~ tentativo* an umpteenth attempt.

enocianina *f.* (*Enol,Chim*) enocyanin.

enofilo **I** *a.* oenophilic, (*Am*) enophilic, wine (*attr.*): *circolo ~* wine club. **II** *m.* (*f.* **-a**) **1** oenophile, (*Am*) enophile. **2** (*scherz*) wine buff, tippler, winebibber.

enologia *f.* oenology, (*Am*) enology.

enologico (*pl.* **-ci**) *a.* wine (*attr.*), oenological, (*Am*) enological: *caratteristiche enologiche* oenological characteristics; *produzione enologica* oenological production, wine production.

enologo *m.* (*f.* **-a**; *pl.* **-gi**) oenologist, (*Am*) enologist.

enopolio *m.* wine growers' cooperative.

enorme *a.* **1** enormous, huge, giant, immense: *un albero ~* a huge tree; *la commedia ha avuto un ~ successo* the play has been enormously successful. **2** (*fig*) (*terribile*) enormous, tremendous: *hai fatto uno sbaglio ~* you have made a tremendous mistake. **3** (*rif. a capi di abbigliamento*) oversize, oversized.

enormemente *avv.* **1** enormously. **2** (*fig*) (*terribilmente*) terribly, awfully.

enormità *f.* **1** (*grandezza*) hugeness, enormousness, enormity: *l'~ del problema* the enormity of the problem. **2** (*fig*) (*azione grave*) enormity: *commise ~ di ogni sorta* he committed all kinds of enormities. **3** (*fig*) (*assurdità*) enormity, unreasonableness, absurdity: *l'~ delle tue pretese mi ha scoraggiato* the unreasonableness of your demands has disheartened me.

enoteca *f.* **1** (*negozio*) wine shop, (*Am*) wine store. **2** (*degustazione*) wine bar. **3** (*collezione di vini*) stock of vintage wines, cellar, wine-cellar.

enotecnica *f.* wine-production techniques *pl.*

enotecnico **I** *m.* (*f.* **-a**; *pl.* **-ci**) wine-making expert. **II** *a.* wine-making, wine-production (*attr.*).

Enotria *n.pr.f.* (*Geog.stor*) Oenotria.

ENPA *Ente nazionale per la protezione degli animali* (National society for the prevention of cruelty to animals).

ENPAS (*Stor*) *Ente nazionale di previdenza e assistenza per i dipendenti statali* (National insurance and welfare board for public employees).

en passant /ā.paˈsā/ *avv.* en passant, incidentally, by the way, in passing.

en plein /āˈplɛ̃/ *m.inv.* **1** (*nella roulette e alle carte*) en plein. **2** (*montepremi*) jackpot. □ *~ air* in the open air: *pittura ~ air* plein-air painting, open-air painting; *fare l'~* to hit the jackpot, to sweep the board (*anche fig*).

Enrichetta *n.pr.f.* Henrietta.

Enrico *n.pr.m.* Henry.

enrosadira *m.* alpenglow, rosy glow at sunset, rosy glow of mountains at sunset.

ensemble /ɑ̃'sɑ̃bl/ *m.inv.* (*Mus,Abbigl,Tecn*) ensemble.

ensiforme *a.* (*Bot,Anat*) ensiform: *cartilagine* ~ ensiform cartilage.

entasi *f.* (*Arch*) entasis.

ente *m.* 1 (*organizzazione*) organization, body; (*istituzione*) institution. 2 (*istituto*) institute. 3 (*di controllo*) authority. 4 (*consiglio*) council, corporation. 5 (*comitato*) board, committee. 6 (*con funzioni amministrative*) administration. 7 (*di tipo tecnico, scientifico*) agency. 8 (*associazione*) association. 9 (*ufficio*) bureau, office. 10 (*Filos*) being. 11 (*Mat,Fis*) entity. □ ~ *parastatale* semi-autonomous authority, parastatal institution, quango; ~ *a partecipazione statale* semipublic agency; ~ *assicurativo* insurance company; ~ *autonomo* autonomous board, independent body; ~*benefico* charity organization; *Ente Autonomo del Turismo* local tourist office; *Ente Italiano del Turismo* Italian Tourist Board; ~ *di controllo* watchdog; ~ *di ricerca* research body, research council; ~*ecclesiastico* religious institution; ~*fisico* physical entity; ~*geometrico* geometrical entity; ~ *giuridico* body corporate; ~ *locale* local authority, local board; ~*matematico* mathematical entity; ~ *morale* non-profit organization, non-profit making institution, charitable trust, (*Am*) foundation; ~*normatore* standards association; ~*ospedaliero* hospital; ~*per la cooperazione economica* economic cooperation administration; ~ *per l'energia elettrica* electricity board; ~*previdenziale* social security institution, national insurance body; ~ *privato* private body; ~ *pubblico* public body; ~*spaziale* space agency; ~*statale*: 1 government body, state body; 2 (*comitato*) national board; (*Filos*) ~*supremo* (*Dio*) Supreme Being; ~ *territoriale* territorial authority.

entelechia *f.* (*Filos*) entelechy.

entello *m.* (*Zool*) langur, common langur, hanuman langur.

enter *m.inv.* (*Inform*) enter.

enterico (*pl.* -**ci**) *a.* (*Med*) enteric: *febbre enterica* enteric fever.

enterite *f.* (*Med*) enteritis.

enteroclisi *f.* (*Med*) enema.

enteroclisma *m.* 1 (*Med*) enema. 2 (*apparecchio: clistere a peretta*) enema syringe; (*sacchetto*) enema.

enterocolite *f.* (*Med*) enterocolitis.

enterologia *f.* (*Med*) enterology.

enteropatia *f.* (*Med*) enteropathy.

enteropatico (*pl.* -**ci**) *a.* (*Med*) enteropathic.

enteroptosi *f.* (*Med*) enteroptosis.

enterorragia *f.* (*Med*) enterorrhagia.

enteroscopia *f.* (*Med*) enteroscopy.

enterotomia *f.* (*Med*) enterotomy.

entertainment /enter'tejnment/ *m.inv.* entertainment.

entità *f.* 1 (*essenza, essere*) entity, being (*anche Filos*): ~ *divina* divine entity; *un'*~ *sconosciuta* an unknown being. 2 (*consistenza*) extent, degree, size: *l'*~ *delle ordinazioni* the size of the order book, the volume of orders. 3 (*importanza*) importance, consequence: *un danno di una certa* ~ a fairly serious damage. 4 (*valore*) value, amount: *l'*~ *del prestito* the loan amount. □ ~ *del danno* amount of damage, extent of the damage; *calcolare l'*~ *del danno* to estimate

the damage done (*o* the amount of damage done); *di una certa* ~ of some importance; *di nessuna* ~ of no importance, of no account; *nell'incidente la macchina ha riportato un danno di lieve* ~ the car was only slightly damaged in the accident.

entomofago (*pl.* -**gi**) *m.* (*Entom,Zool*) entomophagous.

entomofilia *f.* (*Bot*) entomophily.

entomofilo *a.* (*Bot*) entomophilous.

entomologia *f.* (*Zool*) entomology.

entomologico (*pl.* -**ci**) *a.* (*Zool*) entomological.

entomologo *m.* (*f.* -**a**; *pl.* -**gi**) entomologist.

entourage /ɑ̃tu'raʒ/ *m.inv.* 1 (*cerchia*) environment, entourage. 2 (*seguito*) retinue, entourage.

entozoo *m.* (*Zool*) entozoon.

entraîneuse /ɑ̃tre'nœz/ *f.inv.* night-club hostess.

entrambi I *pron.* both: *li ho visti* ~ *ieri sera a teatro* I saw them both (*o* I saw both of them) at the theatre last night; *sono entrambe prima di me* they are both before me. II *a.* both: ~ *i fratelli mi aiutarono* both (the) brothers helped me. □ *in* ~ *i casi* in both cases; *entrambe le cose* both things; (*Strad*) *su* ~ *i lati* on both sides, on either side.

entrante *a.* 1 (*che sta per arrivare*) coming, next: *il mese* ~ next month, the coming month; *la settimana* ~ next week. 2 (*burocr*) (*che sta per entrare in carica*) new, newly-appointed: *il ministro* ~ the newly-appointed minister.

entrare[1] (**éntro**; *aus.* **essere**) I *v.i.* 1 to enter (*in qcs.* sth.): ~ *in una stanza* to enter a room. 2 (*allontanandosi da chi parla*) to go (*in* in, into), to enter (*in qcs.* sth.): *li ho visti* ~ *in un cinema* I saw them go into a cinema. 3 (*avvicinandosi a chi parla*) to come (*in* in, into), to enter (*in qcs.* sth.): *posso* ~? may I come in?; *entra!* come in!; *entrate pure!* do come in!; *entrarono nella stanza in cui stavo studiando* they came into the room where I was studying. 4 (*camminando*) to walk (*in* in, into) to step (*in* in, into): *entrò nella camera da letto* he walked into the bedroom. 5 (*correndo*) to rush (*in* in, into), to run (*in* in, into): ~ *di corsa* (*o* ~ *correndo*) to rush in, to run in. 6 (*con difficoltà*) to get (*in* in, into): *sono entrato dalla finestra* I got in through the window. 7 (*di nascosto*) to sneak (*in* in, into); (*facendo irruzione*) to break (*in* in, into); (*scassinando*) to burgle (*in* sth.). 8 (*con auto e sim.*) to drive (*in* in, into): *non si può* ~ *nel giardino della villa in automobile* you are not allowed to drive into the garden of the villa. 9 (*in bicicletta, a cavallo ecc.*) to ride (*in* in, into). 10 (*con una nave*) to enter (sth.), to sail (*in* in, into); (*con una nave a vapore*) to steam (*in* in, into); (*entrare in un porto*) to put (*in* in, into): *la nave è entrata nel porto* the ship sailed into the harbour. 11 (*rif. ad aria, odori e sim.*) to waft (*in* in, into), to drift (*in* in, into). 12 (*rif. ad acqua e sim.*) to enter (sth.), to flow (*in* in, into). 13 (*filtrare*) to seep (*in* in, into); (*entrare a fiotti*) to pour (*in* in, into), to stream (*in* in, into). 14 (*salire in auto*) to get (*in* into): ~ *in auto* to get into the car. 15 (*entrare solennemente*) to enter (*in qcs.* sth.), to make one's entry (*in* in). 16 (*rif. a truppe*) to march (*in* in, into), to enter (*in qcs.* sth.). 17 (*penetrare*) to go (*in* in, into), to sink (*in* in, into), to drive (*in* in, into): *il pugnale entrò fino al manico* the dagger sank up to the hilt, the dagger went in up to the hilt. 18 (*penetrare nel corpo*) to get (*in* in, into), to get (*costr.pers.*): *mi è entrata della polvere in un occhio* some dust has got into

my eye; *gli è entrata una spina nel dito* he's got a thorn in his finger. 19 (*riuscire a passare in un'apertura, potere essere contenuto*) to go (*in* in, into), to enter (*in qcs.* sth.), to get (*in* through): *questa chiave non entra nel buco della serratura* this key won't go into the lock, this key doesn't fit the lock. 20 (*fig*) (*cominciare un'attività*) to go (*in* into), to enter (*in qcs.* sth.): ~ *in affari* to go into business; ~ *in commercio* to go into trade; ~ *in politica* to enter politics. 21 (*fig*) (*rif. ad abiti e sim.*) to fit: *la giacca dell'anno scorso non mi entra più* last year's jacket doesn't fit me any more. 22 (*fig*) (*essere ammesso a far parte*) to join (*in qcs.* sth.), to become a member (*in* of), to enter (*in qcs.* sth.): ~ *in un partito* to join a party; ~ *a far parte di un circolo* to become a member of a club, to join a club. 23 (*fig*) (*immischiarsi*) to meddle (*in* in), to interfere, to have to do, to have dealings (*in* with), to be mixed up, to get mixed up (*in* in): *non voglio che tu entri nei miei affari* I don't want you meddling in my affairs; ~ *nelle faccende altrui* to meddle in other people's business. 24 (*fig*) (*avere inizio, in rif. a stagioni e sim.*) to come (*costr.pers.*), to begin (*costr.pers.*), to start (*costr.pers.*), to enter (*in* into): *stiamo entrando nella bella stagione* summer is on its way, it's the beginning of summer; ~ *nel quarto mese di gravidanza* to be four months pregnant. 25 (*Teat*) to enter: *entra Amleto* enter Hamlet. II *v.t.* (*region,pop*) (*portare dentro*) to take in, to bring in. □ (*fig*) ~*da un orecchio e uscire dall'altro* to go in one ear and out the other; (*colloq*) ~*dentro* to come in, to go in, to enter; *entrarci*: 1 (*avere relazione*) to have to do with: *questo non c'entra con quanto ti ho detto* this has nothing to do with what I told you; *che cosa c'entra?* what has that got to do with it?; (*colloq*) *entrarci come i cavoli a merenda* to have nothing to do with it; 2 (*avere a che fare, avere colpa*) to come into, to have to do with, to have a part in: *io non c'entro* it has nothing to do with me; *io non c'entro niente!* I've got nothing to do with it!; *che c'entri tu?* where do you come in?, what have you got to do with it?; 3 (*starci, essere contenuto*) to fit, to go: *in questo cappotto ci entro due volte* this coat is miles too big for me; *fare* ~: 1 to let in; 2 (*accompagnare*) to usher (in, into), to show (in, into): *fai* ~ *la signora in salotto* show the lady into the drawing room; ~ *furtivamente* to creep in, to steal in; ~*in agonia* to be in one's death throes, to enter upon one's death throes; ~*in argomento* to broach a subject, to come to a matter, to begin talking about a matter; ~*in attività* to become active: *il vulcano è entrato in attività* the volcano has become active; ~ *in azione* to go into action; (*fig*) ~*in ballo* to come up, to come into, to come into play: *qui entrano in ballo interessi diversi* various interests come into this; ~ *in carica* to come into office, to take office, to take up office; ~*in casa* to go indoors, to go in; ~*in collisione* to come into collision, to collide (*con* with), to run foul (*con* of); (*Med*) ~*in coma* to go into a coma; ~*in conflitto* to clash, to come into conflict (*con* with); ~ *in contatto con qcu.* to come into contact with so., to make contact with so., to get in touch with so.; (*Rel*) ~*in convento*: 1 (*farsi frate*) to enter a monastery, to become a monk; 2 (*farsi suora*) to enter a convent, to enter a nunnery, to become a nun; ~*in corrispondenza con qcu.* to enter into correspondence with so., to begin a corrispondence with so.; ~ *in ebollizione* to begin to boil, to come to the boil; (*fig*) ~ *in funzione*: 1 (*attivarsi*) to come into operation; 2 (*rif. a macchina*) to go into operation, to start working, to start up; 3 (*rif. a persona*) to take up office; (*fig*) ~ *in gioco* to come into play; ~ *in guerra* to go to war (*con* with, *contro* against); (*Astron*) ~ *in orbita* to go into orbit; (*colloq,scherz*) *è entrato in orbita* he's off, he's got going, (*Am*) he's out of it; (*fig,Teat, Cin*) ~ *in un personaggio* to get into one's role; ~ *in possesso di qcs.*: 1 to come into possession of sth., to enter into possession of sth., to take possession of sth.; 2 (*per caso*) to come by sth.; (*fig*) ~ *in relazione con qcu.* to establish relations with so.; ~ *in scena*: 1 (*Teat*) to enter (the scene), to come on stage, to go on to the stage; 2 (*fig*) to come on the scene, to make one's appearance; ~ *in sciopero* to go on strike, to begin a strike; (*Sport*) ~ *in scivolata* (*nel calcio*) to slide tackle; ~ *in servizio* to start work, to go on duty; (*fig*) ~ *in trattative con qcu.* to enter into negotiations with so. (*anche Mil,Pol*); ~ *in travaglio* to start labour; (*burocr*) ~ *in vigore* to come into effect, to come into force; *lasciar* ~ to let in, to allow to enter; ~ *nei dettagli* (o ~ *nei particolari* o ~ *nel dettaglio*) to go into particulars, to go into details; ~ *nel merito di una questione* to enter into the merits of a question, to go into a question, to come to the heart of the matter; ~ *nel numero di coloro che* to join the ranks of those who, to form part of those who; (*fig*) ~ *nel vivo dell'argomento* to get to the heart of the matter; (*fig*) ~ *nella leggenda* to become a legend; (*Mil*) ~ *nell'esercito* to join the army.

entrare[2] *m.* (*principio*) beginning, begin: *sull'*~ *dell'estate* at the beginning of summer.

entrata *f.* 1 (*ingresso*) entrance, way in, entry: *l'*~ *è a destra* the entrance is to the right; ~ *laterale* side entrance; ~ *principale* main entrance; ~ *posteriore* back entrance, back gangway; (*sui cartelli*) *divieto d'*~ No Admittance, No Entry; ~ *di servizio* tradesmen's entrance, (*Am*) delivery entrance. 2 (*di teatro*) entrance, entry. 3 (*di una miniera*) adit. 4 (*di autostrada*) junction. 5 (*di caverne*) mouth. 6 (*accesso: per veicoli, treni, navi e sim.*) entrance, entry, means of access; (*rif. a un porto*) mouth: *l'*~ *del porto* the mouth of the harbour. 7 (*estens*) (*vano di ingresso*) doorway, entrance; (*stanza di ingresso di teatro, albergo*) lounge, foyer, entrance hall, lobby; (*di edificio privato*) entrance. 8 (*estens*) (*biglietto di ingresso*) entrance, entrance ticket, admission, admission ticket: *l'*~ *costa 5 euro* the ticket (*o* the entrance ticket) costs five euros, entrance is five euros. 9 (*ammissione, accettazione*) entry (*attr*), admittance, entrance: *visto di* ~ entry visa. 10 (*inizio*) entrance, beginning: ~ *in guerra* entrance into war. 11 (*Ling*) (*lemma*) entry, entry word, reference: *le entrate in un dizionario* the entries in a dictionary. 12 *pl.* (*guadagno*) profit *sing.*, proceeds, income *sing.*, earnings: *entrate personali* personal income. 13 *pl.* (*Comm*) receipts, takings: *le*

entrate di un teatro (*o cinema*) box-office takings, receipts. 14 *pl.* (*dello stato, di enti pubblici*) revenue (*costr.sing.*): *entrate dello stato* government revenue; *entrate straordinarie* special revenue, additional revenue. 15 (*Mecc,Tecn*) inlet, intake, input, electricity input: *cavo di* ~ input lead. 16 (*Inform*) input, entry: *dispositivo di* ~ input device. 17 (*Mus*) entry, entrance. 18 (*Sport*) (*nel calcio*) tackle. □ (*Econ*) *entrate accessorie* supplementary income (*sing.*); *all'*~: 1 (*all'ingresso*) in the hall, in the doorway, at the doorway: *incontriamoci all'*~ *dell'hotel!* let's meet in the hotel lobby!; *ci siamo visti all'*~ we saw each other at the doorway; *lascia il cappotto all'*~ leave your coat in the hall; 2 (*estens*) (*quando si entra*) on entering: *pagare all'*~ pay on entering; ~ *complessiva* gross income, gross revenue; ~ *dell'aria* air intake, air inlet; (*Comm*) ~ *di cassa* till receipts, takings, cash takings; (*Econ*) *entrate doganali* customs revenues; (*Econ*) *entrate e uscite*: 1 revenue and expenditure, income and expenditure, receipts and expenses; 2 (*nella contabilità*) debit and credit; (*Econ*) *entrate effettive* actual income (*sing.*), actual revenue (*costr.sing.*); (*Econ*) *entrate fiscali* tax yield (*sing.*); (*Econ*) *registrarein* ~ to enter on the credit side; (*burocr*) ~ *in carica* entrance upon office, entrance into office; ~ *in possesso* taking possession (of); (*Teat*) ~ *in scena* entrance (upon the stage); (*burocr*) ~ *in servizio* taking up of office; (*burocr*) ~ *in vigore* coming into force; ~ *libera*: 1 (*sui cartelli nei negozi*) feel free to browse, you're welcome to browse; 2 (*gratuita*) free entrance, admission free; (*Econ*) *entratepreviste* estimated revenue (*costr.sing.*).

entratura *f.* 1 (*possibilità di accesso, entrata*) freedom of access, entrée, way in. 2 (*conoscenza influente*) familiar terms *pl.*, connections *pl.*: *è stato eletto grazie alla sua politica di entrature* he got elected thanks to his use of connections. 3 (*Sport*) (*tassa di ammissione*) fee, entrance fee, entry fee: *tassa di* ~ entry fee. □ *avere* ~ *presso* (o *con*) *qcu.* (o *avere entrature presso qcu.*) to have free access to so., to be on familiar terms with so.: *ha molte entrature presso* (o *con*) *persone influenti* he has great entrée with influential people.

entrecôte /ãtrə'kɔt/ *f.inv.* (*Gastron*) rib steak, entrecôte.

entrée /ã'tre/ *f.inv.* (*Gastron*) first course, entrée.

entremets /ãtrə'mɛ/ *m.inv.* (*Gastron*) entremets.

entrismo *m.* (*Pol*) entryism, entrism.

entro *prep.* 1 (*rif. a tempo: nel giro di*) in, within: *sarò di ritorno* ~ *un'ora* I'll be back in an hour, I'll be back in an hour's time; ~ *i prossimi otto giorni* within the next eight days; ~ *breve tempo* within a short time, within a short period of time, before long, shortly. 2 (*rif. a tempo: prima della fine di*) by, before, not later than: ~ *sabato avrò finito* I'll have finished by Saturday. 3 (*lett*) (*rif. a luogo*) in, inside, within: ~ *casa* inside the house, at home; ~ *le mura della città* within the city walls. □ ~ *certi limiti* within limits; ~ *il mese* by the end of the month; ~ *un mese* in a month.

entrobordo, entrofuoribordo I *a.inv.* (*Mar*) (*di motore o di imbarcazione*) inboard. II *m.inv.* (*Mar*) 1 (*motore*) inboard motor. 2 (*imbarcazione*) inboard motorboat.

entropia *f.* (*Fis*) entropy.

entropico (*pl.* -**ci**) *a.* (*Fis*) entropic.

entroterra *m.inv.* hinterland, inland: *visita-*

re l'~ *ligure* to visit the Ligurian hinterland; *abitare nell'*~ to live inland.

entusiasmante *a.* thrilling, exciting, stirring, exhilarating: *un'esperienza* ~ an exciting experience.

entusiasmare (**entusiàsmo**) I *v.t.* to arouse enthusiasm in, to thrill, to stir: *lo spettacolo mi ha entusiasmato* the show thrilled me, the show delighted me. II *v.pron.* **entusiasmarsi** to become enthusiastic (*per* about), to be thrilled (by), to go into raptures (over): *entusiasmarsi per qcs.* to get enthusiastic about sth.

entusiasmo *m.* 1 enthusiasm, excitement: *l'*~ *dei tifosi* the fans' enthusiasm; *con grande* ~ with great enthusiasm, with great excitement; *un'ondata di* ~ a wave of enthusiasm; *provare* ~ *per qcs.* to be enthusiastic about sth.; *una persona facile agli entusiasmi* a person who is easily moved to enthusiasm, an easily fired person. 2 (*esuberanza*) ebullience, ebulliency. □ *con* ~ enthusiastically, with enthusiasm; *farsi prendere dall'*~ to give way to enthusiasm, to get carried away by enthusiasm; ~ *religioso* religious fervour; *fare qcs. senza* ~ to do sth. half-heartedly.

entusiasta I *a.* 1 enthusiastic, excited, ebullient: *temperamento* ~ enthusiastic temperament. 2 (*molto soddisfatto*) delighted, very pleased, highly satisfied (*di* with), overjoyed: *sono* ~ *dei tuoi risultati scolastici* I'm delighted with your results at school. II *m./f.* enthusiast. □ *essere* ~ *del proprio successo* to be delighted with one's success; *mostrarsi* ~: 1 to show enthusiasm, to appear delighted; 2 (*fingendo*) to pretend to be delighted.

entusiasticamente *avv.* enthusiastically, with enthusiasm.

entusiastico (*pl.* -**ci**) *a.* enthusiastic, hearty, warm: *la commedia ha ricevuto applausi entusiastici* the play received an enthusiastic ovation.

enucleare (**enùcleo**) *v.t.* 1 (*spiegare*) to explain (sth.) in detail, to clarify: ~ *un concetto* to explain a concept. 2 (*individuare*) to identify, to pinpoint: ~ *il problema* to pinpoint the problem, to put one's finger on the problem. 3 (*Chir*) to enucleate: ~ *un tumore* to enucleate a tumour.

enucleazione *f.* 1 (*spiegazione*) explanation (in detail), clarification. 2 (*individuazione*) identification, pinpointing. 3 (*Chir*) enucleation.

enumerare (**enùmero**) *v.t.* to enumerate, to list.

enumerativo *a.* enumerative.

enumerazione *f.* enumeration, list, catalogue: ~ *incompleta* incomplete list; *mi ha fatto una* ~ *completa dei suoi mali* he gave me a detailed list of all his ailments, he gave me a full catalogue of his ailments, he detailed a long list of his ailments.

enunciare (**enùncio, enùnci**) *v.t.* 1 (*esprimere*) to express (clearly), to enunciate: ~ *un teorema* to enunciate a theorem. 2 (*formulare*) to formulate: ~ *una teoria* to formulate a theory.

enunciativo *a.* 1 enunciative. 2 (*Gramm*) declarative: *proposizione enunciativa* declarative proposition.

enunciato *m.* 1 enunciation, statement, proposition. 2 (*Mat*) terms *pl.*: *l'*~ *di un teorema* the terms of a theorem. 3 (*Ling*) utterance: ~ *verbale* verbal utterance. 4 (*Filos*) enunciation, argument. □ (*Ling*) ~*illocutivo* illocution.

enunciazione *f.* 1 statement, declaration,

announcement, enunciation: ~ *sommaria* summary statement; ~ *dei fatti* statement of fact. **2** (*formulazione*) enunciation, formulation, terms *pl.*: *l'~ del teorema non è chiara* the formulation of the theorem is not clear.

enuresi *f.* (*Med*) enuresis. ☐ (*Med*) ~*notturna* nocturnal enuresis.

enzima *m.* (*Chim,Biol*) enzyme. ☐ (*Biol*) ~ *allosterico* allosteric enzyme; (*Biol*) *enzimi digestivi* digestive enzymes; (*Biol*) ~*proteolitico* proteolytic enzyme.

enzimatico (*pl.* -**ci**) *a.* (*Chim,Biol*) enzymic, enzymatic: *catalisi enzimatica* enzymatic catalysis.

enzimologia *f.* (*Chim,Biol*) enzymology.

enzimologo (*pl.* -**gi**) *m.* (*Chim,Biol*) enzymologist.

enzimoterapia *f.* (*Chim,Biol*) enzymotherapy.

eocene *m.* (*Geol*) Eocene, Eocene epoch.

eocenico (*pl.* -**ci**) *a.* (*Geol*) eocenic.

eolico[1] (*pl.* -**ci**) *a.* **1** wind (*attr.*): *energia eolica* wind energy; *motore* ~ wind engine. **2** (*Geol*) aeolian, (*Am*) eolian: *depositi eolici* aeolian rocks.

eolico[2] (*pl.* -**ci**) **I** *a.* (*dell'Eolide*) Aeolian, Aeolic: *poesia eolica* Aeolic poetry. **II** *m.* (*Ling,Filol*) (*dialetto*) Aeolic.

Eolide *n.pr.f.* (*Geog.stor*) Aeolia, Aeolis.

Eolie *n.pr.f.pl.* (*Geog*) Aeolian Islands *pl.*

eolio[1] *a.* (*Mitol*) (*di Eolo*) Aeolian, Eolian, aerial.

eolio[2] *a.* (*eolico*) Aeolian: (*Mus*) *modo* ~ Aeolian mode.

Eolo *n.pr.m.* (*Mitol*) Aeolus.

épagneul /epa'nœl/ *m.inv.* (*Zool*) spaniel.

epanalessi *f.* (*Ling*) epanalepsis.

eparina *f.* (*Biol,Chim*) heparin.

epatica *f.* (*Bot*) liverwort, (*Am*) liverleaf.

epatico **I** *a.* (*Med*) hepatic, liver (*attr.*): *malattia epatica* liver disease; *cirrosi epatica* cirrhosis (of the liver); *insufficienza epatica* hepatic insufficiency. **II** *m.* (*f.* -**a**; *pl.* -**ci**) (*Med*) person suffering from a liver disorder.

epatite *f.* (*Med*) hepatitis. ☐ (*Med*) ~*A* hepatitis A; (*Med*) ~ *acuta* acute hepatitis; (*Med*) ~*B* hepatitis B; (*Med*) ~*C* hepatitis C; (*Med*) ~*cronica* chronic hepatitis; (*Med*) ~*D* hepatitis D, delta hepatitis; (*Med*) ~*fulminante* fulminant hepatitis; (*Med*) ~*virale* infectious hepatitis: ~ *virale A* hepatitis A; ~ *virale B* hepatitis B; ~ *virale C* hepatitis C; ~ *virale D* hepatitis D, delta hepatitis.

epatizzazione *f.* (*Med*) hepatization.

epatobiliare *a.* (*Med*) hepatobiliary: *malattia* ~ hepatobiliary disease.

epatologia *f.* (*Med*) hepatology.

epatologo *m.* (*f.* -**a**; *pl.* -**gi**) (*Med*) hepatologist.

epatonefrite *f.* (*Med*) hepatonephritis.

epatopatia *f.* (*Med*) hepatopathy, liver disorder.

epatopatico (*pl.* -**ci**) *a.* (*Med*) hepatopathic, suffering from liver disorder.

epatoprotettore **I** *a.* (*Farm*) liver protector (*attr.*). **II** *m.* (*Farm*) liver protector drug.

epatotomia *f.* (*Chir*) hepatotomy, liver incision.

epatotossico (*pl.* -**ci**) *a.* (*Med*) hepatotoxic.

epatta *f.* (*Astr*) epact.

epentesi *f.* (*Filol,Ling*) epenthesis.

epentetico (*pl.* -**ci**) *a.* (*Filol,Ling*) epenthetic.

eperlano *m.* (*Itt*) sparling.

epesegesi *f.* (*Ling*) epexegesis.

epesegetico (*pl.* -**ci**) *a.* (*Ret*) epexegetic, epexegetical: *proposizione epesegetica* epexegetical clause.

epica *f.* **1** (*genere*) epic poetry. **2** (*rar*) (*poe-*

ma epico) epic.

epicamente *avv.* epically.

epicardio *m.* (*Anat*) epicardium.

epicarpio, **epicarpo** *m.* (*Bot*) epicarp.

epicedio *m.* (*Lett*) epicedium.

epicentro *m.* **1** (*Geol*) epicentre, (*Am*) epicenter, epicentrum: *l'~ di terremoto* earthquake epicentre; ~ *sismico* seismic epicentre. **2** (*estens*) focus, centre, heart, epicentre: *l'~ di un'epidemia* the centre of an epidemic.

epiciclo *m.* (*Astr,Stor*) epicycle.

epicicloidale *a.* (*Geom*) epicyclic, epicycloidal: (*Mecc*) *moto* ~ epicyclic movement.

epicicloide *f.* (*Geom*) epicycloid.

epico (*pl.* -**ci**) *a.* epic (*anche estens*): *poesia epica* epic poetry; *stile* ~ epic style; *le epiche gesta di Alessandro Magno* the epic deeds of Alexander the Great.

epicureismo *m.* **1** (*Filos*) Epicureanism. **2** (*estens*) (*atteggiamento da epicureo*) epicurism.

epicureo **I** *a.* Epicurean: *dottrina epicurea* Epicurean doctrine. **II** *m.* (*f.* -**a**) **1** (*Filos*) Epicurean. **2** (*estens*) epicurean.

Epicuro *n.pr.m.* (*Stor,Filos*) Epicurus.

Epidauro *n.pr.m.* (*Geog.stor*) Epidaurus.

epidemia *f.* **1** (*Med*) epidemic, plague: *un'~ di influenza* a flu epidemic; ~ *di colera* cholera epidemic. **2** (*fig,scherz*) epidemic, spate: *che* ~ *di matrimoni!* what an epidemic of weddings!; *nuova* ~ *di furti nelle città* new spate of thefts in the cities.

epidemico (*pl.* -**ci**) *a.* epidemic (*anche fig*): *febbre epidemica* epidemic fever.

epidemiologia *f.* (*Med*) epidemiology.

epidemiologico (*pl.* -**ci**) *a.* (*Med*) epidemiological.

epidemiologo *m.* (*f.* -**a**; *pl.* -**gi**) (*Med*) epidemiologist.

epidermico (*pl.* -**ci**) *a.* **1** (*Anat*) epidermal: *cellule epidermiche* epidermal cells. **2** (*estens*) (*superficiale, esteriore*) superficial, skin-deep: *una sensibilità epidermica* a superficial sensitivity. **3** (*fig*) (*istintivo, immediato*) instinctive, immediate: *provare un'antipatia epidermica per qcu.* to take an instinctive dislike to so., to have an instinctive dislike for so.

epidermide *f.* **1** (*Anat,Bot*) epidermis. **2** (*fig*) (*parte superficiale*) surface.

epididimo *m.* (*Anat*) epididymis.

epidittico (*pl.* -**ci**) *a.* (*Ret*) epideictic.

epidoto *m.* (*Min*) epidote.

epidurale *a.* (*Anat*) epidural.

Epifania *f.* (*Rel.catt*) Epiphany: *festa dell'~* Epiphany, Feast of the Epiphany; *la notte dell'~* Twelfth Night. ☐ *Prov.: l'~ tutte le feste porta via* Twelfth Night ends the festive season.

epifenomeno *m.* (*Med,Filos*) epiphenomenon.

epifisario *a.* (*Anat*) epiphyseal, epiphysial.

epifisi *f.* (*Anat*) **1** (*di osso*) epiphysis. **2** (*corpo pineale*) pineal body.

epifita **I** *f.* (*Bot*) epiphyte. **II** *a.* (*Bot*) epiphytic, epiphytal: *pianta* ~ epiphytic plant.

epifonema *m.* (*Ret*) epiphonema.

epifora *f.* **1** (*Med*) (*lacrimazione*) epiphora. **2** (*Ret*) epiphora, epistrophe.

epigastrico (*pl.* -**ci**) *a.* (*Anat*) epigastric.

epigastrio *m.* (*Anat*) epigastrium.

epigenesi *f.* (*Biol*) epigenesis.

epigenetico (*pl.* -**ci**) *a.* (*Biol*) epigenetic: *sviluppo* ~ epigenetic development.

epigeo *a.* **1** (*Bot*) epigeal. **2** (*Zool*) epigean.

epiglottide *f.* (*Anat*) epiglottis.

Epigoni *m.pl.* (*Mitol*) Epigoni, Epigones.

epigono *m.* (*f.* -**a**) **1** follower, epigone, im-

itator. **2** (*rar*) (*discendente*) descendant.

epigrafe *f.* **1** (*iscrizione*) epigraph, inscription. **2** (*citazione all'inizio di uno scritto*) epigraph, quotation.

epigrafia *f.* (*Archeol,Filol*) **1** (*scienza*) epigraphy. **2** (*corpus di epigrafi*) epigraphy, epigraphs *pl.*: *l'~ latina del terzo secolo* Latin epigraphy of the third century.

epigraficamente *avv.* **1** epigraphically. **2** (*fig*) (*concisamente*) tersely, concisely.

epigrafico (*pl.* -**ci**) *a.* **1** epigraphic: *documenti epigrafici* epigraphic documents; *raccolta epigrafica* an epigraphic collection, a collection of epigraphs. **2** (*conciso*) terse, concise, brief: *stile* ~ terse style.

epigrafista *m./f.* **1** (*studioso*) epigraphist. **2** (*scrittore*) writer of epigraphs.

epigramma *m.* (*Lett*) epigram: *gli epigrammi di Marziale* Martial's epigrams.

epigrammatica *f.* (*Lett*) **1** (*arte*) art of writing epigrams. **2** (*genere letterario*) epigrammatic poetry. **3** (*corpus di epigrammi*) epigrammatic production, epigraphs.

epigrammatico (*pl.* -**ci**) *a.* **1** epigrammatic: *poesia epigrammatica* epigrammatic poetry; *stile* ~ epigrammatic style. **2** (*estens*) (*arguto*) epigrammatic, pithy, witty, sharp: *un'affermazione epigrammatica* a pithy remark.

epigrammista *m./f.* epigrammatist.

epilatore *m.* epilator, depilator.

epilatorio *a.* (*Cosmet*) depilatory, hair-removing.

epilazione *f.* (*Cosmet*) depilation, hair removal.

epilessia *f.* (*Med*) epilepsy.

epilettico *a.* (*Med*) epileptic: *attacco* ~ epileptic fit. **II** *m.* (*f.* -**a**; *pl.* -**ci**) (*Med*) epileptic.

epilettoide **I** *a.* (*Med*) epileptoid: *crisi* ~ epileptoid crisis. **II** *m./f.* (*Med*) epileptoid.

epillio *m.* (*Lett*) epyllion.

epilobio *m.* (*Bot*) epilobium, willowherb.

epilogo (*pl.* -**ghi**) *m.* **1** epilogue: *l'~ di un libro* the epilogue of a book. **2** (*di un discorso*) summing up: *l'~ della predica* the summing up of the sermon. **3** (*fig*) (*conclusione, fine*) epilogue, conclusion, ending: *un triste* ~ a sad ending; *una cena al ristorante fu l'~ della giornata* the day came to an end with dinner at a restaurant.

epinicio (*pl.* -**ci**) **I** *a.* (*lett,rar*) epinician. **II** *m.* (*Lett*) epinician lyric poem.

Epiro *n.pr.m.* (*Geog*) Epirus.

epirogenesi *f.* (*Geol*) epeirogeny.

epirota **I** *a.* (*dell'Epiro*) Epirot, Epirote. **II** *m./f.* Epirot, Epirote.

episcopale *a.* (*Rel*) episcopal, bishop's (*attr.*): *anello* ~ bishop's ring; *assemblea* ~ episcopal meeting; *chiesa* ~ Episcopal Church; *sede* ~ bishropic; *sedia* ~ bishop's throne.

episcopaliano **I** *a.* (*Rel*) Episcopal, Episcopalian. **II** *m.* (*f.* -**a**) (*Rel*) Episcopalian.

episcopalismo *m.* (*Rel*) Episcopalianism.

episcopaliano *a.* (*Rel*) Episcopalian. **II** *m./f.* (*Rel*) Episcopalian.

episcopato *m.* (*Rel*) **1** (*carica*) episcopate, bishopric: *innalzare all'*~ to raise to the episcopate. **2** (*periodo di durata della carica*) episcopate. **3** (*complesso di vescovi*) episcopacy, episcopate: *l'~ cattolico* the Catholic episcopacy.

episcopio[1] *m.* (*Rel*) (*vescovado*) bishop's residence.

episcopio[2] *m.* (*Ott,Fis*) episcope.

episodicamente *avv.* **1** (*per episodi*) episodically. **2** (*estens*) (*occasionalmente*) episodically, occasionally.

episodico (*pl.* -**ci**) *a.* **1** episodic: *poema* ~

episodic poem. **2** (*estens*) (*accidentale*) episodic, incidental, casual, occasional: *un evento* ~ an occasional event.

episodio *m*. **1** (*Lett,Teat,TV,Rad*) (*parte di una narrazione*) instalment, (*Am*) installment, episode: *l'~ dei Ciclopi nell'Odissea* the episode of the Cyclops in the Odyssey. **2** (*vicenda, avvenimento*) episode, event: *la vita militare fu per lui un ~ di scarsa importanza* military life was an unimportant episode for him; *un triste* ~ a sad event; *un ~ isolato* an isolated episode. **3** (*Med,Geol*) episode: *episodi vulcanici* volcanic episodes; *episodi di tachicardia ventricolare* episodes of ventricular tachycardia. **4** (*fatto d'armi*) engagement, action: *si distinse in molti episodi di eroismo* he distinguished himself in many heroic actions. **5** (*Mus*) episode. □ (*TV*) *un film a episodi* a film in instalments, (*Am*) a film in installments; (*TV*) *uno sceneggiato in quattro episodi* a four-part adaptation.

epistasi *f.* (*Biol*) epistasis.

epistassi *f.* (*Med*) epistaxis, nose bleeding.

epistemologia *f.* (*Filos*) epistemology.

epistemologico (*pl.* **-ci**) *a.* (*Filos*) epistemological.

epistemologo *m.* (*f.* **-a**; *pl.* **-gi**) (*Filos*) epistemologist.

epistilio *m.* (*Arch*) epistyle.

epistola *f.* **1** epistle (*anche Bibl,Lett*). **2** (*scherz,rar*) long, boring letter. □ (*Bibl*) *l'Epistola agli Ebrei* the Epistle to the Hebrews; (*Bibl*) *l'Epistola agli Efesini* the Epistle to the Ephesians.

epistolare *a.* epistolary: *stile* ~ epistolary style; *corrispondenza* ~ personal correspondence; *romanzo* ~ epistolary novel; *scambio* ~ exchange of letters.

epistolario *m.* collection of letters, letters *pl.*, correspondence: *l'~ del Machiavelli* Machiavelli's letters.

epistolografia *f.* epistolography.

epistolografo *m.* (*f.* **-a**) writer of epistles, letter writer.

epistrofeo *m.* (*Anat*) epistropheus, axis.

epitaffio *m.* epitaph.

epitalamico (*pl.* **-ci**) *a.* (*Lett*) epithalamic.

epitalamio *m.* (*Lett*) epithalamium.

epitalamo *m.* (*Anat*) epithalamus.

epiteliale *a.* (*Anat*) epithelial: *cellule epiteliali* epithelial cells.

epitelio *m.* (*Anat*) epithelium.

epitelioma *m.* (*Med*) epithelioma.

epiteto *m.* **1** epithet: *epiteti omerici* Homeric epithets. **2** (*estens*) (*titolo ingiurioso*) name, insult, epithet, abuse, term of abuse.

epitome *f.* epitome, summary, abridgement, compendium.

epizootico (*pl.* **-ci**) *a.* (*Veter*) epizootic.

epizoozia *f.* (*Veter*) epizootic.

epoca *f.* **1** (*periodo*) epoch, age, era, time, period: *l'~ della Prima guerra mondiale* the time of the First World War; *l'~ elisabettiana* the Elizabethan age, the Elizabethan era; *l'~ delle grandi scoperte* the age of discovery; *segnare una nuova* ~ to mark a new epoch. **2** (*tempo*) time, period, days *pl.*, season: *all'~ del suo matrimonio* at the time of his marriage; *~ del raccolto* harvest time; *~ di transizione* transitional period. **3** (*Geol,Astr*) epoch. □ *a quell'~* (o *all'~*) at that time, in those days: *a quell'~ ero studente* at that time I was a student; *d'~* period (*attr.*): *in costume d'~* in period costume; *mobile d'~* period furniture; *auto d'~* veteran car, vintage car; *da quell'~* from that time on, since then; *fare* ~ to mark a new epoch: *quest'avvenimento farà* ~ this event will be ep-

och-making.

epocale *a.* epochal, of an epoch, epoch-making (*attr.*) (*anche iperb*): *svolta* ~ epochal turning-point, watershed.

epodico (*pl.* **-ci**) *a.* (*Metr*) epodic.

epodo *m.* (*Metr,Lett*) epode.

eponimia *f.* eponymy (*anche Stor*).

eponimo **I** *a.* eponymous (*anche Stor*), of the same name (*posposto*): *raccolta eponima* epomynous collection. **II** *m.* **1** (*Stor.gr, Stor.rom*) eponym. **2** (*f.* **-a**) eponym.

epopea *f.* **1** (*poema epico*) epic poem. **2** (*estens*) (*genere epico*) epic poetry, epopee; (*insieme di narrazioni epiche*) epos. **3** (*estens*) (*imprese eroiche*) epic deeds *pl.*: *l'~ napoleonica* Napoleon's epic deeds. □ *~ cavalleresca* epic poems of chivalry.

epos *m.inv.* epos.

epossidico (*pl.* **-ci**) *a.* (*Chim*) epoxy: *resine epossidiche* epoxy resins.

eppure *congz.* **1** (*tuttavia*) and yet, nevertheless: *non è ancora arrivato,* ~ *sapeva che io avevo fretta* he still hasn't arrived, and yet he knew I was in a hurry; *questa cosa è incredibile,* ~ *è vera!* this story is unbelievable, yet it is true! **2** (*in espressioni esclamative*) all the same, just the same, though: ~ *devi farlo!* you must do it, though!

epsilon *m./f.inv.* epsilon.

epsomite *f.* (*Min*) epsomite.

eptacordo *m.* (*Mus*) heptachord.

eptagonale *a.* (*Geom*) heptagonal.

eptagono *m.* (*Geom*) heptagon.

eptasillabo **I** *a.* (*rar*) heptasyllabic. **II** *m.* (*rar*) heptasyllabic verse.

epulone *m.* **1** (*Stor.rom*) epulo. **2** (*Bibl*) rich man. **3** (*lett*) (*mangione*) glutton.

epurare (**epùro**) *v.t.* **1** (*liberare, fare pulizia: rif. a cariche, partiti*) to purge, (*rif. a persona*) to weed out (*anche Pol*): ~ *la pubblica amministrazione* to purge the Civil Service, to purge public administration; ~ *il partito dagli estremisti* to purge the party of extremists, to weed out extremists from the party. **2** (*rimuovere da una carica*) to remove, to expel, to dismiss from office: ~ *qcu. da un ufficio* to remove so. from office.

epurato **I** *a.* **1** purged, purified (*anche Pol*). **2** (*rimosso: rif. a persona*) eliminated, removed, weeded out, expelled: *funzionario* ~ eliminated official. **II** *m.* victim of a purge, person who has been removed from office (*anche Pol*).

epuratore **I** *a.* (*che purifica la società*) purging. **II** *m.* (*f.* **-trice**) **1** (*membro di una commissione di epurazione*) purger. **2** (*Ind*) (*addetto alla depurazione di prodotti*) purifier, purger.

epurazione *f.* **1** (*Tecn,Ind*) purification. **2** (*Pol*) purge, purging, expulsion (*anche estens*).

eq. (*Mat*) *equazione* eq. (equation).

equabile *a.* **1** (*uniforme, costante*) equable. **2** (*lett*) (*equo*) equal, fair: *legge* ~ equal law.

equalizzare (**equalìzzo**) *v.t.* (*Elettron*) equalize.

equalizzatore *m.* (*Elettron,Econ*) equalizer.

equalizzazione *f.* (*Elettron,Econ*) equalization.

equamente *avv.* **1** (*giustamente*) fairly, justly, equitably: *giudicare* ~ to judge fairly. **2** (*in modo proporzionato*) equitably, fairly, reasonably: *dividere* ~ *l'eredità* to divide the inheritance equitably.

equanime *a.* impartial, just, fair, unbiased: *giudice* ~ impartial judge; *giudizio* ~ fair judgement.

equanimemente *avv.* (*rar*) impartially, justly, fairly.

equanimità *f.* impartiality, justness,

fair-mindedness: *giudicare con* ~ to judge impartially.

equatore *m.* (*Geog*) **1** equator. **2** (*zona*) equator, equatorial zone: *vivere all'*~ to live on the equator. □ (*Astr*) *~celeste* celestial equator; (*Geog*) *~ geografico* geographical equator; (*Fis*) *~ magnetico* magnetic equator; (*Geog*) *~ termico* heat equator, thermal equator.

equatoriale **I** *a.* **1** (*Geog*) equatorial: *clima* ~ equatorial climate; *linea* ~ equatorial line. **2** (*Geog*) (*dell'area equatoriale*) Equatorial: *Africa* ~ Equatorial Africa. **3** (*Astr*) equatorial: *orbita* ~ equatorial orbit. **II** *m.* (*cannocchiale astronomico*) equatorial, equatorial telescope.

equazione *f.* (*Mat,Chim,Astr*) equation: *risolvere un'*~ to solve an equation. □ (*Mat*) *~ a più incognite* equation with more than one unknown; (*Mat*) ~ *algebrica* algebraic equation; (*Mat*) ~ *binomia* binomial equation; (*Mat*) *~biquadratica* biquadratic equation; (*Mat*) *equazioni canoniche* canonical equations; (*Mat*) ~ *cubica* cubic equation; (*Fis*) *~dei gas* gas equation; (*Mat*) *~del cerchio* equation of the circle; (*Fis*) *~del pendolo* pendulum equation; (*Mat*) *~del tempo* equation of time; (*Astr*) *~della luce* equation of light; (*Mat*) *~della parabola* equation of the parabola, equation of parabola; (*Mat*) ~ *della tangente* tangent equation; (*Mat*) ~ *dell'ellissi* equation of the ellipse; (*Fis*) *~di campo* field equation; (*Mat*) *~di una curva* equation of a curve; (*Mat*) *~di primo grado* first degree equation, linear equation; ~ *di secondo grado* quadratic equation; ~ *di terzo grado* cubic equation; (*Fis*) *~di Maxwell* Maxwell relation; (*Mat*) *~di unaretta* equation of a line; (*Chim,Fis*) *~di stato* equation of state, state equation; (*Mat*) *~differenziale* differential equation; (*Mat*) ~ *esponenziale* exponential equation; (*Mat*) ~ *integrale* integral equation; (*Mat*) *~irrazionale* irrational equation; (*Mat*) *~lineare* linear equation; (*Mat*) ~ *logaritmica* logarithmic equation; (*Mat*) *~numerica* numerical equation; (*Mat*) *~parametrica* parametric equation; (*Mat*) *~trigonometrica* trigonometric equation; (*Mat*) *~vettoriale* vector equation.

equestre *a.* **1** equestrian: *statua* ~ equestrian statue. **2** (*dell'ordine dei cavalieri*) relating to an order of knights, of knights, equestrian: *ceto* ~ rank of knights.

equiangolo *a.* (*Geom*) equiangular.

equide *m.* (*Zool*) equid.

equidistante *a.* **1** (*Mat*) equidistant, at equal distances (*da* from). **2** (*fig*) impartial, neutral, unbiased: *un atteggiamento* ~ an impartial attitude.

equidistanza *f.* **1** equidistance, equal distance. **2** (*fig*) impartiality, neutrality.

equilatero *a.* (*Geom*) equilateral: *triangolo* ~ equilateral triangle.

equilibramento *m.* (*Mecc*) balancing, equilibration: *dispositivo di* ~ balancing device; *ruota di* ~ balance wheel. □ (*Mecc*) *~ dinamico* dynamic balancing; (*Mecc*) *~ statico* static balancing.

equilibrante *a.* balancing (*anche Cosmet*): *shampoo* ~ balancing shampoo.

equilibrare (**equilìbro**) *v.t.* **1** to balance, to counterbalance, to equilibrate (*anche fig*): *~ due pesi* to balance two weights; *un peso equilibra l'altro* one weight balances the other; *~ un carico* to balance a cargo. **2** (*Econ*) to balance, to counterbalance, to equalize: *le spese equilibrano le entrate* expenditure balances income, expenditure and income balance out. **3** (*Mar*) (*un'imbarca-*

zione) to trim. **II** *v.r.recipr.* **equilibrarsi** to balance, to counterbalance (each other), to equilibrate (*anche fig*): *le due forze si equilibrano* (*a vicenda*) the two forces counterbalance each other; *le due nazioni si equilibrano* the two countries counterbalance each other.

equilibrato *a.* **1** balanced, counterbalanced (*anche Mecc,Econ*): *ben ~* well balanced, correctly balanced; *un sistema ~* a balanced system; *un'alimentazione equilibrata* a balanced diet. **2** (*fig*) (*assennato*) sensible, balanced, well-balanced, reasonable, rational: *una persona equilibrata* a well-rounded person. **3** (*di gara, partita*) even. **4** (*estens*) (*equanime*) impartial, just, fair, unbiased: *un giudizio ~* an impartial judgement. **5** (*Mar*) trimmed: *scafo ~* trimmed hull.

equilibratore I *m.* **1** (*Mecc*) balancer, equalizer, equilibrator. **2** (*Aer*) elevator. **3** (*Arm*) equilibrator. **II** *a.* **1** balancing. **2** (*fig*) steadying, balancing: *elemento ~* steadying influence.

equilibratura *f.* (*Aut*) balancing: *l'~ delle ruote* wheel balancing.

equilibrio *m.* **1** balance, equilibrium, poise: *mantenere l'~* to keep one's balance; *perdere l'~* to lose one's balance; *far perdere l'~ a qcu.* to throw so. off balance; *ristabilire l'~* to restore balance, (*fig*) to redress the balance; *rompere l'~* to upset the equilibrium; *tenere qcs. in ~* to keep sth. on an even keel; *tenersi in ~* to balance, to poise; *tenersi in ~ sulle mani* to balance on one's hands. **2** (*fig*) (*stabilità*) balance, equilibrium: *~ politico* balance of power; *~ economico* equilibrium, economic equilibrium; *trovare il proprio ~* to find one's balance. **3** (*fig*) (*giusta proporzione*) balance, proportion: *~ tra profitti e perdite* balance between profits and losses. **4** (*fig*) (*armonia*) harmony. **5** (*fig*) (*di persona: moderazione, assennatezza*) balance, common sense, moderation, composure, restraint: *l'~ di quest'uomo è ammirevole* this man's common sense is admirable; *mancare di ~* to lack all sense of restraint. **6** (*Aer,Mar*) (*stabilità*) stability. □ (*Pol*) *~ atomico* nuclear balance; (*Fis*) *~ chimico* chemical equilibrium; (*Econ*) *~ concorrenziale* competitive equilibrium; (*Econ*) *~ costi-ricavi* cost-revenue balance; *~ del terrore* balance of terror; (*Art*) *~ delle forme* harmony of shapes; (*Pol*) *~ delle forze* balance of power; (*Econ*) *~ di mercato* market equilibrium; (*Fis*) *~ dinamico* dynamic balance; *~ ecologico* ecological balance; *~ idrico* water balance; *in ~* balanced: *i piatti della bilancia sono in ~* the scales are balanced; *tenere qcs. in ~* to balance sth.; (*Fis*) *~ indifferente* neutral euilibrium; (*Fis*) *~ instabile* unstable equilibrium, unstable balance; (*estens*) *in ~ instabile* off balance; (*fig*) *~ mentale* balance of mind; (*Econ*) *~ monetario* monetary balance; (*fig*) *~ morale* moral balance, equilibrium; *~ naturale* balance of nature; *~ sociale* social balance; (*Fis*) *~ stabile* stable equilibrium; (*Fis*) *~ statico* static balance; (*Pol*) *~ strategico* strategic balance; (*Fis*) *~ termico* thermal equilibrium.

equilibrismo *m.* **1** acrobatics (*costr.sing.*) (*anche fig*): *un numero di ~* an acrobatic number. **2** (*sulla corda*) tightrope walking. □ (*fig*) *~ politico* political acrobatics (*costr.sing.*).

equilibrista *m./f.* **1** acrobat, (*rar*) equilibrist. **2** (*sulla corda*) tightrope walker, funambulist. **3** (*fig*) one who is adept at handling social and political situations.

equino I *a.* horse (*attr.*), of horses (*posposto*),

horse's, equine: *carne equina* horse meat. **II** *m.* equine: *gli equini* horses (and related animals).

equinoziale *a.* (*Astr*) equinoctial: *circolo ~* equinoctial circle; *punti equinoziali* equinoctial points.

equinozio *m.* (*Astr*) equinox. □ (*Astr*) *~ di autunno* autumn equinox, autumnal equinox; (*Astr*) *~ di primavera* vernal equinox, spring equinox.

equipaggiamento *m.* **1** (*materiale*) equipment, outfit, kit, gear: *l'~ di un atleta* an athlete's gear; *~ per ogni evenienza* equipment for every occasion. **2** (*l'equipaggiare*) equipment, outfitting, fitting out. □ *~ antincendio* firefighting equipment; (*Mil*) *~ comune* common item; *~ da campeggio* camping equipment; *~ da montagna* climbing equipment; (*Sport*) *~ da scherma* fencing equipment; (*Sport*) *~ da sci* skiing outfit, skiing gear; (*Mar*) *~ di bordo* ship's outfitting, ship's equipment; *~ di emergenza* emergency equipment; (*Mar*) *~ di salvataggio* life-saving equipment; *~ di serie* standard equipment; *~ di sopravvivenza* survival equipment, survival kit; *~ elettrico* electrical equipment; *~ invernale* winter outfit, winter equipment; (*Mil*) *~ metallico* hardware; (*Mil*) *~ militare* military equipment, military kit.

equipaggiare (**equipàggio, equipàggi**) **I** *v.t.* **1** (*fornire di equipaggio*) to man: *~ una nave* to man a ship. **2** (*fornire dell'equipaggiamento necessario*) to equip, to fit out, to rig out (*di* with), to supply (*di* with): *~ un esercito* to equip an army; *~ una spedizione scientifica* to fit out a scientific expedition. **II** *v.pron.* **equipaggiarsi** to equip oneself: *equipaggiarsi per una gita in montagna* to equip oneself for a trip into the mountains.

equipaggiato *a.* (*fornito dell'occorrente*) equipped, fitted out: *partimmo per l'ascensione equipaggiati di tutto punto* we set out for the climb fully equipped; *ben equipaggiati* well fitted out.

equipaggio *m.* **1** (*Mar*) crew (*anche Sport*): *alloggi dell'~* crew's quarters; *membro dell'~* crewman. **2** (*Aer*) crew, aircrew: *~ di terra* ground crew; *fornito di ~* manned. **3** (*Mil*) crew; (*rar*) (*equipaggiamento*) equipment: *arruolare l'~* to sign up the crew. □ (*Mil*) *~ da campo* field equipment; (*Mil*) *~ da guerra* war crew; (*Aer*) *~ dell'aereo* air crew; *senza ~* unmanned: *volo senza ~* unmanned flight.

equiparabile *a.* equivalent: *titolo di studio ~* equivalent qualification, equivalent educational qualification.

equiparare (**equipàro**) *v.t.* to equalize, to level, to equate: *~ gli stipendi* to level salaries.

equiparato *a.* equalized, (*Br*) levelled, (*Am*) leveled, equated.

equiparazione *f.* equalization, levelling. □ (*Dir*) *~ dei diritti* equalization of rights; (*Econ*) *~ di azioni* equalization of shares; (*Econ*) *~ nel trattamento economico* equalization of salaries and wages.

équipe /e'kip/ *f.inv.* team (*anche Sport*): *un'~ di ricercatori* a team of researchers. □ *un'~ cinematografica* a film unit, film crew; *~ di ~* team (*attr.*): *lavoro di ~* team-work; *~ direzionale* management team.

equipollente *a.* (*burocr*) equivalent, (*rar*) equipollent: *per l'ammissione al concorso occorre la laurea o altro titolo ~* a degree or equivalent qualification is required for competition entry.

equipollenza *f.* (*burocr,Filos*) equivalence, equipollence.

equisetacea *f.* (*Bot*) horsetail.

equiseto *m.* (*Bot*) equisetum: *~ arvense* field horsetail.

equità *f.* **1** (*Dir*) fairness, equity: *l'~ della decisione* the fairness of the judgement. **2** (*estens*) (*imparzialità, giustizia*) equity, impartiality, justice: *giudicare con ~* to judge fairly. □ (*Dir*) *~ fiscale* equity of taxation, equality of taxation, (*Am*) tax fairness; (*Dir*) *~ formale* formal equity; (*Dir*) *~ sostanziale* substantial equity.

equitazione *f.* **1** (*il cavalcare*) riding, horseriding: *fare dell'~* to ride, to go riding, to go horseriding; *scuola di ~* riding school, (*Am*) riding academy. **2** (*arte*) horsemanship, (*rar*) equitation. **3** (*Sport*) showjumping: *gara di ~* showjumping competition.

equivalente I *a.* **1** equivalent, equal, corresponding, comparable, tantamount (*posposto*): *essere ~ a* to be equivalent to, to be equal to; *questa risposta è ~ a un rifiuto* this answer is tantamount to a refusal. **2** (*Mat*) equivalent, equal: *valore ~* equal value; *figure equivalenti* equivalent figures. **II** *m.* **1** equivalent: *mi diede l'~ della somma in merce* he gave me the equivalent of the sum in goods, he paid me in kind. **2** (*Chim*) (*peso equivalente*) equivalent weight, combining weight. □ *~ elettrochimico* electrochemical equivalent; (*Econ*) *~ fiscale* tax equivalent.

equivalenza *f.* equivalence (*anche Mat, Chim,Fis*): *classi di ~* equivalence classes; *punto di ~* equivalence point; *principio di ~* equivalence principle.

equivalere (*pres.ind.* **equivàlgo, equivàli**; *p.rem.* **equivàlsi**; *p.p.* **equivàlso**; *aus.* **essere/avere**) **I** *v.i.* **1** (*avere lo stesso valore*) to be equivalent (*a* to), to be worth (*sth.*): *l'euro equivale a 1936,27 lire* the euro is equivalent to 1936.27 lira. **2** (*corrispondere*) to be equivalent, to be tantamount (*to*), to be the same (*as*): *il tuo silenzio equivale a un consenso* your silence is tantamount to consent. **II** *v.r.recipr.* **equivalersi 1** to be equivalent, to be on a par. **2** (*bilanciarsi, equilibrarsi*) to balance each other, to balance out, to be equivalent to each other: *i profitti e le perdite si equivalgono* profits and losses balance out. **3** (*rif. a denaro*) to be worth the same, to have the same value. **4** (*di parole, espressioni*) to have the same meaning. **5** (*rif. a forze e sim.*) to be equally matched, to be a match for each other: *il valore delle squadre in gara si equivale* the teams are equally matched, the teams are a match for each other. **6** (*fig*) to be of equal value, to have the same value, to be equally good: *i due metodi di insegnamento si equivalgono* the two methods of teaching are equally good, two methods of teaching are of equal value. □ *questo equivale a dire che...* this is the same as saying that...

equivalsi → **equivalere**.
equivalso → **equivalere**.

equivocabile *a.* equivocal, deceptive.

equivocamente *avv.* **1** (*in modo poco chiaro*) ambiguously, equivocally, deceptively: *mi ha risposto ~* he answered me ambiguously, he gave me an ambiguous reply. **2** (*in modo immorale*) dubiously, questionably.

equivocare (**equìvoco, equìvochi**; *aus.* **avere**) *v.i.* to mistake, to misunderstand, to misinterpret: *~ sul significato di qcs.* to mistake the meaning of sth.; *questo discorso potrebbe essere equivocato* this talk could be misinterpreted.

equivocità *f.* **1** (*rar*) ambiguity, equivocation, equivocality, equivocalness: *l'~ di una* *risposta* the ambiguity of an answer. **2** (*l'essere immorale*) dubious nature, shadiness: ~ *di un ambiente* dubious nature of an environment.

equivoco (*pl.* **-ci**) **I** *a.* **1** ambiguous, equivocal, misleading: *la tua risposta è equivoca* your answer is ambiguous. **2** (*di dubbia moralità*) dubious, questionable, shady; (*malfamato*) sleazy: *persona equivoca* dubious character; *reputazione equivoca* doubtful reputation. **II** *m.* **1** (*malinteso*) mistake, misunderstanding: *ci deve essere un* ~ there must be some mistake, there must be some misunderstanding; *dare adito a equivoci* to lead to misunderstandings; *a scanso d'equivoci* (in order) to avoid any misunderstanding. **2** (*parole, frasi a doppio senso*) double meaning; (*gioco di parole*) play on words, pun.

equo *a.* **1** (*giusto*) fair, just, equitable: *le condizioni sono eque* the terms are fair; *giudice* ~ impartial judge, fair judge; *prezzo* ~ fair price. **2** (*proporzionato*) reasonable, fair, impartial, just: *compenso* ~ fair reward. □ (*Dir,Stor*) ~ *canone* controlled rent.

ER *Eritrea* ER (Eritrea).

era[1] *f.* **1** (*epoca*) age, era, epoch, period: *l'~ del colonialismo* the age of colonialism. **2** (*Geol*) era. □ ~ *atomica* atomic age; ~ *comune* common era; ~ *cristiana* Christian era; *l'~ di internet* the Internet era, the age of the Internet; ~ *geologica* geological era, geological age; (*Geol*) *l'~ paleozoica* the Paleozoic era; ~ *spaziale* space age.

era[2] → **essere**[1].

Era *n.pr.f.* (*Mitol*) Hera.

Eracle *n.pr.m.* (*Mitol*) Heracles.

Eraclito, Eraclìto *n.pr.m.* (*Stor,Filos*) Heraclitus.

erariale *a.* revenue (*attr.*), fiscal, tax (*attr.*), taxation (*attr.*), public, state (*attr.*): *amministrazione* ~ revenue administration; *ufficio* ~ tax office, revenue office; (*Dir*) *avvocato* ~ public prosecutor; *imposte erariali* state taxes; *spese erariali* government expenditure, public expenditure.

erario *m.* **1** (*amministrazione del tesoro pubblico*) Treasury. **2** (*Stor.rom*) aerarium.

erasmiano *a.* Erasmian.

Erasmo *n.pr.m.* (*Stor*) Erasmus.

Erato *n.pr.f.* (*Mitol*) Erato.

eravamo → **essere**[1].

erba **I** *f.* **1** grass: *un filo d'* ~ a blade of grass. **2** (*distesa erbosa*) grass, lawn: *sdraiarsi sull'* ~ to lie down on the grass; *coperto d'* ~ grassy, grass-covered; *non calpestare l'* ~! keep off the grass! **3** (*gerg*) (*marijuana e sim.*) grass, pot, weed: *fumare* ~ to smoke pot. **4** (*Bot,Farm*) herb: *erbe medicinali* medicinal herbs. **5** *pl.* (*Gastron*) herb *sing.*, pot herb *sing.*: *formaggio alle erbe* herb cheese. **II** *a.inv.* grass (*attr.*): *verde* ~ grass-green. □ (*Bot,Gastron*) ~ *acciuga* oregano; (*Bot*) ~ *acetina* fumitory, wax dolls; (*Bot*) ~ *aglina* fool's parsley; (*Bot*) ~ *altissima* false oat; (*Bot*) ~ *amara* costmary, alecost; (*Gastron*) *erbe aromatiche* herbs, aromatic herbs, pot herbs; (*Bot*) ~ *bacaia* goat-root; (*Bot*) ~ *baccellina* greenweed; (*Bot*) ~ *betonica* wood betony; (*Bot*) ~ *bozzolina* meadow soft-grass, Yorkshire fog, (*Am*) velvet grass; (*Bot*) ~ *brusca* sorrel; (*Bot*) ~ *calderina* groundsel; (*Bot*) ~ *cali* Russian thistle, kali; (*Bot*) ~ *cariofillata* herb bennet; (*Bot*) ~ *cedrina* balm, lemon balm; (*Bot*) ~ *cicutaria* common stork's bill; (*Bot,Gastron*) ~ *cipollina* chives; (*Bot*) ~ *cipressina* cypress spurge; (*Bot*) ~ *codina* black-grass; (*Bot*) ~ *cornacchia* hedge-mustard; (*Bot*) ~ *cornetta* scor-

pion senna; (*Bot*) ~ *da calli* orpine; (*Bot*) ~ *da fava* tick, tick-bean; ~ *da gatti* cat-thyme; ~ *da pascolo* pasture; (*Bot*) ~ *da porri* celandine; ~ *da spazzole* broom sedge, broom grass; (*Bot*) ~ *dei camosci* Celtic nard; (*Bot*) ~ *dei pidocchi* stavesacre; (*Bot*) ~ *del cucco* bladder-campion; (*Bot*) ~ *della regina* tobacco; (*Bot*) ~ *di S. Pietro* costmary, alecost; (*fig*) *fare di tutta l'* ~ *un fascio* to make no distinction, to mix the good with the bad indiscriminately, to lump things together, to throw things together; (*Bot*) *erbe erratiche* creeping herbs, climbing plants; ~ *essiccata* dried grass; *fare l'* ~ (*falciarla*) to cut the grass, to mow the grass, to mow the lawn; *erbe foraggere* fodder, forage; (*Bot*) ~ *forbicina* water hemp, water agrimony; (*Bot*) ~ *fragolina* sanicle, wood sanicle; (*Bot*) ~ *fumaria* moschatel; (*Bot*) ~ *galletta* vetchling, meadow vetchling; (*Bot*) ~ *gatta* catmint, catnip; (*Bot*) ~ *ginestrina* crown vetch; (*Bot*) ~ *grassa* stone crop; *in* ~: **1** green: *il grano è ancora in* ~ the corn is still green; **2** (*fig*) (*agli inizi*) budding, in the making: *un avvocato in* ~ a budding lawyer; **3** (*fig*) (*inesperto*) inexperienced, green; (*Bot*) ~ *limoncina* lemon verbena; (*Bot*) ~ *lucciola* pink grass; (*Bot*) ~ *medica* lucerne, (*Am*) alfalfa; *erbe medicamentose* medicinal herbs; *mettere a* ~ (*far pascolare*) to put out to grass, to pasture, to graze; (*Bot*) ~ *miseria* spiderwort; (*Bot*) ~ *pazienza* patience-dock; (*Bot*) ~ *peperina* dropwort; (*Bot*) ~ *pesce* salvinia; (*Bot*) ~ *spagna* lucerne, (*Am*) alfalfa; *tenere a* ~ (*far pascolare*) to put out to grass, to graze. *Prov.: l'* ~ *cattiva non muore mai* a bad penny is always turning up, ill weeds grow apace; *l'* ~ *del vicino è sempre più verde* the grass is always greener on the other side of the fence; *l'* ~ *voglio non cresce neppure nel giardino del re* you cannot have everything you want.

erbaccia (*pl.* **-ce**) *f.* weed: *un campo pieno di erbacce* a field overrun by weeds, a field grown to weed, a field overgrown with weeds; *infestato dalle erbacce* weed-infested, overgrown with weeds; *privo di erbacce* weedless; *strappare le erbacce da un giardino* to weed a garden.

erbaceo *a.* herbaceous: *pianta erbacea* herbaceous plant.

erbaggi *m.pl.* (*rar*) vegetables, green vegetables, greens, pot-herbs.

erbario *m.* **1** (*raccolta*) herbarium: *raccogliere piante per l'* ~ to collect plants for one's herbarium. **2** (*rar*) (*libro*) herbal.

erbatico (*pl.* **-ci**) *m.* (*Dir,Stor*) herbage, grazing rights *pl.*, right of pasture (on public land).

erbetta *f.* **1** (*erba appena nata*) new grass. **2** (*Alim,region*) (*prezzemolo*) parsley. **3** *pl.* (*Alim*) (*erbe odorose*) aromatic herbs. **4** *pl.* (*Alim,region*) (*bietole*) chards, Swiss chards.

erbicida **I** *a.* (*Agr*) herbicide (*attr.*). **II** *m.* (*Agr*) weed-killer, herbicide: *raccolti resistenti agli erbicidi* herbicide-resistant crops.

erbio *m.* (*Chim*) erbium.

erbivendolo *m.* (*f.* **-a**) greengrocer; (*ambulante*) (*Br,rar*) costermonger.

erbivoro **I** *a.* (*Zool*) herbivorous. **II** *m.* (*Zool*) herbivore, herbivorous animal: *gli erbivori* herbivores.

erborare (**èrboro**) *aus.* avere) *v.i.* to search for medicinal herbs, (*ant*) to herborize.

erborazione *f.* (*rar*) herborization: *viaggio di* ~ expedition to collect medicinal herbs.

erborinato □ (*Alim*) *formaggio* ~ cheese with bluish-green veins, blue-veined cheese.

erborista *m./f.* herbalist.

erboristeria *f.* **1** (*negozio*) herbalist's shop, (*Am*) herbalist's store. **2** (*raccolta*) collection of medicinal herbs. **3** (*disciplina*) herbalism. **4** (*estens*) (*negozio di prodotti naturali*) natural healthcare shop.

erboristico (*pl.* **-ci**) *a.* herb (*attr.*): *prodotti erboristici* herbal products.

erborizzare (**erborìzzo**) *v.i.* to search for medicinal herbs, (*ant*) to herborize.

erborizzazione *f.* (*rar*) herborization.

erboso *a.* grassy, grass (*attr.*), grass-covered, grass-grown: *tappeto* ~ (*prato*) lawn; *terreno* ~ grassland.

Ercolano *n.pr.f.* (*Geog,Archeol*) Herculaneum.

ercole *m.* (*fig*) (*uomo forte*) Hercules, man of great strength.

Ercole *n.pr.m.* (*Mitol*) Hercules: *colonne d'* ~ Pillars of Hercules; *le fatiche di* ~ the labours of Hercules.

ercolino **I** *m.* **1** (*uomo forte*) little Hercules. **2** (*scherz*) (*bambino robusto*) strong child, stout little boy. **II** *a.* **1** Herculean, strong: *dalla corporatura ercolina* powerfully built. **2** (*rif. a gambe*) bowed, bandy.

erculeo *a.* Herculean (*anche fig*): *fatica erculea* Herculean task; *forza erculea* Herculean strength.

erebo *m.* (*Mitol*) Erebus.

erede *m./f.* **1** heir (*f.* heiress): *essere l'* ~ *di* to be heir to; *lasciare qcu.* ~ to leave so. as one's heir; *nominare un* ~ to appoint an heir. **2** (*estens*) heir, disciple, successor: *gli eredi di Petrarca* Petrarch's successors. **3** (*colloq, scherz*) (*primo figlio*) son and heir (*f.* daughter and heiress): *quando nascerà l'* ~? when is the baby due? □ ~ *al trono* heir to the throne; (*Dir*) ~ *apparente* heir apparent, heir presumptive; (*Dir*) ~ *diretto* direct heir; (*Dir*) ~ *fiduciario* fiduciary heir; (*Dir*) ~ *illegittimo* wrongful heir; (*Dir*) ~ *legittimo* heir-at-law, rightful heir, legal heir; (*Dir*) ~ *naturale* natural heir; (*Dir*) ~ *necessario* heir at law; (*Dir*) ~ *presuntivo* heir presumptive; *senza eredi* heirless: *morire senza eredi* to die heirless; ~ *spirituale* spiritual heir; (*Dir*) ~ *testamentario* testamentary heir, heir under a will; ~ *unico* sole heir; (*Dir*) ~ *universale* universal heir, general heir.

eredità *f.* **1** inheritance, legacy, heritage: ~ *di affetti* heritage of love; *adire un* ~ to accept an inheritance; *lasciare in* ~ to bequeath (*a qcu.* to so.) (*anche fig*); *ricevere in* ~ to inherit; *rinunciare a un'* ~ to refuse an inheritance, to renounce an inheritance; *rivendicare un'* ~ to claim inheritance, to lay claim to an inheritance. **2** (*Biol*) heredity, inheritance: ~ *genetica* genetic inheritance. **3** (*fig*) (*origini, retaggio*) heritage: ~ *spirituale* spiritual heritage. □ (*Dir*) ~ *giacente* vacant succession; (*Dir*) ~ *vacante* vacant inheritance.

ereditabile *a.* heritable, inheritable (*anche Dir*).

ereditare (**erèdito**) **I** *v.t.* to inherit (*anche fig*): *ha ereditato una grossa fortuna* he inherited a huge fortune, he came into a huge fortune; *ha ereditato la volontà ferrea del padre* he has inherited his father's iron will. **II** *v.i.* (*aus.* avere) to inherit: ~ *da un parente ricco* to inherit from a rich relative.

ereditarietà *f.* **1** inheritability: ~ *di un titolo* inheritability of a title. **2** (*Biol*) heredity: *leggi dell'* ~ laws of heredity; *teoria dell'* ~ theory of heredity. □ *per* ~ by heredity.

ereditario *a.* hereditary (*anche Biol*): *principe* ~ Crown Prince, (*in Gran Bretagna*)

Prince of Wales; *monarchia ereditaria* hereditary monarchy; *carattere ~* hereditary character; *malattia ereditaria* hereditary disease.

ereditiera *f.* heiress.

eremita *m.* **1** hermit. **2** (*Rel*) hermit, eremite. □ (*fig*) *fare vita da ~* to lead an ascetic existence.

eremitaggio *m.* **1** hermitage, place of retreat. **2** (*Rel*) hermitage.

eremitico (*pl.* -**ci**) *a.* **1** hermit's, hermitic, ascetic: *vita eremitica* hermit's life. **2** (*Rel*) eremitic, eremitical.

eremo *m.* **1** hermitage, place of retreat. **2** (*Rel*) hermitage.

eresia *f.* **1** (*Rel*) heresy. **2** (*fig*) (*assurdità*) heresy, nonsense. **3** (*fig,colloq*) (*bestemmia*) curse, swear-word: *non farmi dire eresie* don't make me swear. □ (*Stor*) *~ ariana* Arian heresy; (*Stor*) *~ catara* Catharist heresy, Catharism.

eresiarca (*pl.* -**chi**) *m.* (*Rel*) heresiarch.

eressi → **erigere**.

ereticale *a.* heretical: *movimenti ereticali* heretical movements.

ereticamente *avv.* heretically.

eretico **I** *a.* heretical: *affermazione eretica* heretical statement; *setta eretica* heretical sect. **II** *m.* (*f.* -**a**; *pl.* -**ci**) heretic (*anche fig*).

eretismo *m.* (*Med*) erethism.

eretistico (*pl.* -**ci**) *a.* (*Med*) erethistic.

erettile *a.* (*Fisiol*) erectile: *organo ~* erectile organ; *tessuto ~* erectile tissue; *disfunzione ~* erectile dysfunction.

erettilità *f.* (*Fisiol*) erectility.

eretto *a.* **1** (*costruito*) erected, built: *un edificio ~ da poco* a newly erected building. **2** (*dritto*) erect, straight, upright: *tenere il capo ~* to hold one's head erect; *stare col busto ~* to hold oneself upright; *in posizione eretta* up, upright. **3** (*Fisiol*) erect.

erezione *f.* **1** (*l'erigere*) erection, building: *l'~ di un palazzo* the building of a block of flats, the construction of a building. **2** (*fondazione, istituzione*) foundation, establishment. **3** (*Fisiol*) erection: *in ~* in erection.

erg[1] *m.inv.* (*Fis*) erg.

erg[2] *m.inv.* (*Geog*) (*nel Sahara*) erg.

ergastolano *m.* (*f.* -**a**) prisoner serving a life sentence, convict serving a life sentence, (*colloq*) lifer: *~ evaso* escaped lifeterm convict.

ergastolo *m.* (*Dir*) life imprisonment, life sentence, (*Am*) life term: *condannare all'~* to sentence to life imprisonment; *sta scontando l'~* he is serving a life sentence, (*colloq*) he is doing life.

ergere (*pres.ind.* **èrgo**, **èrgi**; *p.rem.* **èrsi**; *p.p.* **èrto**) **I** *v.t.* (*lett*) to raise, to lift up: *~ il capo* to raise the head, to lift up the head. **II** *v.pron.* **ergersi** **1** (*rif. a monti e sim.*) to rise: *il monte Bianco si erge sopra la vallata* Mont Blanc rises above the valley. **2** (*fig*) to set oneself up (as): *ergersi a giudice della situazione* to set oneself up as the judge of a situation.

ergo *congz.* (*lett,scherz*) ergo, therefore.

ergologia *f.* ergology.

ergometria *f.* (*Med*) ergometrics (*costr. sing.*).

ergometrico (*pl.* -**ci**) *a.* (*Med*) ergometric.

ergometro *m.* (*Fis*) ergometer.

ergonometria *f.* ergonometrics (*costr. sing.*).

ergonomia *f.* ergonomics (*costr.sing.*).

ergonomico (*pl.* -**ci**) *a.* ergonomic.

ergonomo *m.* (*f.* -**a**) ergonomist.

ergosterina *f.* (*Chim*) ergosterol.

ergosterolo *m.* (*Chim*) ergosterol.

ergoterapeuta *m./f.* (*Med*) occupational

---

therapist.

ergoterapia *f.* (*Med*) occupational therapy.

ergoterapista *m./f.* (*Med*) occupational therapist.

ergotina *f.* (*Chim*) ergot.

ergotismo *m.* (*Med*) ergotism.

eribanno *m.* (*Stor*) arrière-ban.

erica *f.* (*Bot*) heath, heather, erica: *coperto di ~* heathery. □ (*Bot*) *~ bianca* white heather.

Erica *n.pr.f.* Heather, Erica.

ericacea *f.* (*Bot*) Ericacea.

erigere (*pres.ind.* **erìgo**, **erìgi**; *p.rem.* **erèssi**; *p.p.* **erètto**) **I** *v.t.* **1** (*Edil*) (*costruire*) to erect, to raise, to put up, to construct: *~ un edificio* to erect a building; *è stato eretto un monumento alla memoria dei caduti* a war memorial has been erected, a war memorial has been put up. **2** (*fig*) (*elevare, innalzare*) to raise sth. to the status (*a* of), to elevate (to): *la città fu eretta a vescovato* the town was raised to the status of a diocese. **II** *v.pron.* **erigersi** **1** (*drizzarsi*) to straighten up, to straighten oneself up, to stand up, to rise. **2** (*fig*) to set oneself up (*a* as a), to claim to be (*a qcu.* so.): *erigersi a giudice* to set oneself up as a judge. □ (*Dir*) *~ in ente* to incorporate.

eringio *m.* (*Bot*) Eryngium.

Erinni *n.pr.f.pl.* (*Mitol*) Erinyes.

erisimo *m.* (*Bot*) hedge-mustard.

erisipela *f.* (*Med*) erysipelas.

eristica *f.* (*Filos*) eristic.

eristico (*pl.* -**ci**) *a.* **1** eristic: *filosofo ~* eristic philosopher, eristic. **2** (*estens*) (*capzioso*) specious, captious.

eritema *m.* (*Med*) erythema: *~ solare* solar erythema.

eritematoso *a.* (*Med*) erythematous.

Eritrea *n.pr.f.* (*Geog*) Eritrea.

eritremia *f.* (*Med*) erythremia.

eritreo **I** *a.* Eritrean. **II** *m.* (*f.* -**a**) Eritrean.

eritrina *f.* **1** (*Bot*) erythrina, coral tree. **2** (*Chim*) erythrite.

eritrite *f.* **1** (*Min*) erythrite, cobalt bloom. **2** (*Chim*) erythritol.

eritrocita, eritrocito *m.* (*Biol*) erythrocyte, red cell, red blood cell.

eritrocitico (*pl.* -**ci**) *a.* (*Biol*) erythocytic.

eritrocitosi *f.* (*Med*) erythrocytosis.

eritromicina *f.* (*Farm*) erythromycin.

eritrosedimentazione *f.* (*Med*) erythrocyte sedimentation.

erma *f.* (*Archeol*) herm.

ermafrodismo *m.* (*Biol*) hermaphroditism.

ermafrodita, ermafrodito **I** *a.* (*Biol*) hermaphroditic, hermaphroditical. **II** *m.* (*Biol*) hermaphrodite.

ermafroditismo *m.* (*Biol*) hermaphroditism.

Ermanno *n.pr.m.* Herman.

ermellino *m.* **1** (*Zool*) (*con pelliccia bruna*) stoat; (*con pelliccia bianca*) ermine. **2** (*pelliccia*) ermine. **3** (*Arald*) ermine.

ermeneuta *m./f.* (*Filol,Filos*) hermeneut.

ermeneutica *f.* (*Filol,Filos*) hermeneutics (*costr.sing o pl.*).

ermeneutico (*pl.* -**ci**) *a.* (*Filol,Filos*) hermeneutic, hermeneutical.

Ermes *n.pr.m.* (*Mitol*) Hermes.

Ermete *n.pr.m.* (*Mitol*) Hermes.

ermeticamente *avv.* **1** hermetically: *un recipiente chiuso ~* a hermetically sealed container. **2** (*estens*) tight, tightly, hermetically: *le finestre erano chiuse ~* the windows were shut tight. **3** (*fig*) (*in modo oscuro*) obscurely, cryptically: *scrivere ~* to write cryptically.

ermetico (*pl.* -**ci**) **I** *a.* **1** (*a perfetta tenuta*) airtight, hermetic, hermetical: *chiusura er-*

---

metica hermetic seal; *contenitore ~* airtight container. **2** (*a tenuta d'acqua*) watertight. **3** (*a tenuta di gas*) gas tight. **4** (*fig*) obscure, cryptic, recondite, inscrutable, hermetic, hermetical: *espressione ermetica* obscure expression; *testo ~* recondite text. **5** (*Lett*) of the Italian Ermetismo movement. **II** *m.* (*f.* -**a**) (*Lett*) poet of the Ermetismo school.

ermetismo *m.* **1** (*Filos*) Hermeticism. **2** (*Lett*) (*Italian literary school*) Ermetismo, Ermetismo movement. **3** (*estens*) (*impenetrabilità*) inscrutability, obscurity: *l'~ di uno sguardo* the inscrutability of a look.

ermo *a.* (*poet*) remote, solitary.

Ernesto *n.pr.m.* Ernest.

ernia *f.* (*Med*) hernia, (*Br,colloq*) rupture, ruptured hernia: *soffrire di ~* to have a hernia, to have a ruptured hernia. □ (*Med*) *~ addominale* abdominal hernia, (*Br,colloq*) rupture, ruptured hernia; (*Med*) *~ del disco* slipped disk; (*Med*) *~ inguinale* inguinal hernia; (*Med*) *~ ombelicale* umbilical hernia; (*Med*) *~ strozzata* strangulated hernia; (*fig, iron*) *non vorrei che ti venisse l'~* I wouldn't want you to break a sweat.

erniaria *f.* (*Bot*) rupturewort.

erniario *a.* (*Med*) hernial, hernia (*attr.*): *cinto ~* truss, hernia truss; *sacco ~* hernial sac.

ernioso **I** *a.* (*Med*) herniated. **II** *m.* (*f.* -**a**) (*Med*) hernia sufferer.

erniotomia *f.* (*Chir*) herniotomy.

ero[1] → **essere**[1].

ero[2] *f.* (*gerg*) (*eroina*) heroin, horse, H.

Erode *n.pr.m.* (*Stor*) Herod.

erodere (*pres.ind.* **eródo**; *p.rem.* **erósi**; *p.p.* **eróso**) *v.t.* **1** to erode, to eat away, to wear away. **2** (*di acqua*) to wash away, to scour. **3** (*fig*) to erode: *~ il potere d'acquisto* to erode (the) purchasing power.

Erodiade *n.pr.f.* (*Stor*) Herodias.

erodoteo *a.* (*Stor,Lett*) Herodotean.

Erodoto *n.pr.m.* (*Stor,Lett*) Herodotus.

eroe *m.* **1** hero: *culto degli eroi* hero worship. **2** (*protagonista*) hero, main character, leading character, protagonist (*anche Lett, Teat,Cin*). □ (*fig*) *~ di cartapesta* cardboard hero; *fare l'~* to behave like a hero, to act the hero; *~ nazionale* national hero; (*Lett*) *~ romantico* Romantic hero.

erogabile *a.* **1** (*rif. ad acqua, gas e sim.*) deliverable, suppliable, able to be supplied (*posposto*), that can be supplied (*posposto*): *acqua ~* water available for supply. **2** (*rif. a denaro*) distributable, payable: *somma ~* payable sum, sum payable.

erogabilità *f.* (*burocr*) deliverability.

erogare (**èrogo**, **èroghi**) *v.t.* **1** (*rif. ad acqua, gas e sim.*) to distribute, to supply, to deliver: *~ energia elettrica* to supply electric power, to supply current power; *la tubatura eroga mille litri di acqua al minuto* the pipes deliver a thousand litres of water a minute. **2** (*rif. a denaro: destinare*) to distribute, to give, to give away, to pay out, to disburse, to grant. **3** (*in donazione, per beneficenza*) to donate: *~ una somma* to donate a sum.

erogatore **I** *m.* **1** (*f.* -**trice**) distributor, supplier. **2** (*distributore*) dispenser. **3** (*Mecc*) distribution valve. **II** *a.* distributing, supplying: *ente ~ di corrente* (*privato*) electricity supply company; (*pubblico*) electricity board. □ *~ di acqua* water pump; *~ di aria* air supply valve; *~ di benzina* petrol pump, (*Am*) gasoline pump.

erogazione *f.* **1** (*rif. ad acqua, gas e sim.*) supply, delivery, distribution: *l'~ del gas sarà sospesa a causa dello sciopero* the gas supply will be cut off because of the strike. **2** (*rif. a denari*) distribution, expenditure, disbursement, grant. **3** (*donazione, beneficenza*) donation. □ *~ di acqua potabile* drinking water supply; *~ di corrente* (o *~ di energia elettrica*) power supply.

erogeno *a.* erogenous: *zona erogena* erogenous zone.

eroicamente *avv.* heroically: *combattere ~* to fight heroically.

eroicità *f.* **1** heroism (*anche estens*). **2** (*atto eroico*) heroic deed.

eroicizzare (**eroicìzzo**) *v.t.* (*rar*) to make a hero of, to treat as a hero.

eroico (*pl.* **-ci**) *a.* **1** heroic: *impresa eroica* heroic deed; *prendere una decisione eroica* to make a heroic decision; *morte eroica* heroic death. **2** (*estens*) heroic, courageous, brave: *una donna eroica* a courageous woman. **3** (*Lett*) heroic, epic: *poesia eroica* heroic poetry; *poemi eroici* heroic poems, epic poems; *verso ~* heroic meter, heroic verse. **4** (*Mitol*) heroic: *età eroica* heroic age.

eroicomico (*pl.* **-ci**) *a.* mock-heroic: *poema ~* mock-heroic poem.

eroina[1] *f.* heroine (*anche estens*): *l'~ del film* the heroine of the film.

eroina[2] *f.* (*droga*) heroin: *far uso di ~* to take heroin; (*gerg*) *farsi di ~* to shoot up heroine.

eroinomane I *m./f.* heroin addict. II *a.* heroin addicted, addicted to heroin.

eroinomania *f.* heroin addiction.

eroismo *m.* **1** heroism. **2** (*atto eroico*) heroic deed.

erompere (*pres.ind.* **erómpo**; *p.rem.* **erùppi**; *p.p.* **erótto**; *aus.* **avere**) *v.i.* **1** to burst, to burst out, to burst forth, to break, to break out (*in* into): *la folla eruppe nel cortile* the crowd burst into the courtyard, the crowd stormed into the courtyard. **2** (*fig*) to burst, to burst out (*in* into): *il pubblico eruppe in un applauso fragoroso* the audience burst into thunderous applause; *~ in grida di sdegno* to burst out into shouts of anger.

eros *m.* eros (*anche Psic*).

Eros *n.pr.m.* (*Mitol*) Eros.

erosi → **erodere**.

erosione *f.* **1** (*Geol*) erosion. **2** (*Med*) erosion, abrasion. **3** (*Econ*) erosion: *l'~ dei salari reali* the erosion of real wages; *~ fiscale* fiscal erosion. □ (*Geol*) *~ accelerata* accelerated erosion; (*Geol*) *~ del suolo* soil erosion; (*Agr*) *~ del terreno* soil erosion; (*Geol*) *~ eolica* wind erosion, aeolian erosion, eolian erosion; (*Geol*) *~ glaciale* glacial erosion; (*Geol*) *~ interna* internal erosion; (*Geol*) *~ laterale* lateral erosion; (*Geol*) *~ marina* marine erosion; (*Geol*) *~ regressiva* recession; (*Geol*) *~ sotterranea* piping, subterranean erosion; (*Geol*) *~ superficiale* surface erosion.

erosivo *a.* (*Geol*) erosive: *l'azione erosiva delle acque piovane* the erosive action of rain water.

eroso → **erodere** *a.* eroded.

eroticamente *avv.* erotically.

erotico (*pl.* **-ci**) *a.* **1** erotic: *sogno ~* erotic dream; *delirio ~* erotic frenzy; *poesia erotica* erotic poetry. **2** (*estens*) (*afrodisiaco*) erotic, aphrodisiac.

erotismo *m.* erotism, eroticism.

erotizzare (**erotìzzo**) *v.t.* (*Psic*) to eroticize.

erotizzazione *f.* (*rar*) eroticization.

erotomane *m./f.* (*Psic*) erotomaniac.

erotomania *f.* (*Psic*) erotomania.

ERP (*Stor*) *Piano di ricostruzione europea* ERP (European Recovery Program).

erpete *m.* (*Med*) herpes.

erpetico I *a.* (*Med*) herpetic: *febbre erpetica* herpetic fever. II *m.* (*f.* **-a**; *pl.* **-ci**) (*Med*) herpes sufferer.

erpetologia *f.* (*Med*) herpetology.

erpetologico (*pl.* **-ci**) *a.* (*Med*) herpetological.

erpetologo *m.* (*f.* **-a**; *pl.* **-gi**) (*Med*) herpetologist.

erpicare (**érpico, érpichi**) *v.t.* (*Agr*) to harrow.

erpicatura *f.* (*Agr*) harrowing.

erpice *m.* (*Agr*) harrow. □ (*Agr*) *~ a coltelli* knife harrow; (*Agr*) *~ a dischi* disc harrow; (*Agr*) *~ a lame* acme harrow; (*Agr*) *~ a maglie snodate* chain harrow; (*Agr*) *~ a sbarra* rod weeder; (*Agr*) *~ frangizolle* drag; (*Agr*) *~ per erbacce* weeder, weed harrow.

errabondo *a.* (*lett*) wandering, rambling.

errante *a.* wandering, errant: *cavaliere ~* knight-errant; *l'Ebreo ~* the wandering Jew; (*Astr,ant*) *stella ~* wandering star.

errare (**èrro**) I *v.i.* (*aus.* **avere**) **1** to wander, to roam, to ramble, to rove: *errammo per le vie deserte* we wandered through the deserted streets. **2** (*ingannarsi, sbagliare*) to be mistaken, to be wrong, to make a mistake, to err: *se non erro* if I am not mistaken. II *v.t.* (*rar,lett*) to mistake. □ (*fig*) *~ con la fantasia* to let one's imagination wander; (*fig*) *~ con lo sguardo* to let one's eyes wander. *Prov.:* *~ è umano, perseverare diabolico* to err is human, to persist in error is diabolical; *~ è umano, perdonare è divino* to err is human, to forgive is divine.

errata □ (*Tip*) *~ corrige* errata (*pl.*), corrigenda (*pl.*), erratum slip.

erratico (*pl.* **-ci**) *a.* **1** (*Zool*) wandering, vagrant, itinerant: *fauna erratica, vagrant species of fauna.* **2** (*Bot*) creeping, climbing: *erbe erratiche* creeping herbs, climbing plants. **3** (*Med*) erratic: *febbri erratiche* erratic fevers. **4** (*Geol*) erratic: *masso ~* erratic boulder.

errato *a.* **1** (*non vero*) false, untrue: *le notizie ricevute sono errate* the news received is false. **2** (*inesatto, sbagliato*) wrong, mistaken, incorrect: *opinione errata* mistaken opinion; *pronuncia errata* incorrect pronunciation. □ (*Econ*) *errataallocazione delle risorse* misallocation of resources; *andare ~* to be wrong, to be mistaken: *se non vado errato* if I'm not mistaken; (*Econ*) *erratagestione* mismanagement.

erre *f./m.inv.* R, letter R. □ *~ moscia* French "r": *parlare con la ~ moscia* to speak with a French "r".

erroneamente *avv.* wrongly, mistakenly, erroneously, by mistake.

erroneità *f.* (*rar*) wrongness, erroneousness, incorrectness.

erroneo *a.* wrong, mistaken, erroneous, improper, false: *erronea interpretazione della legge* a misconstruction of the law; *una credenza erronea* an erroneous belief.

errore *m.* **1** mistake, error: *fare un ~* (o *commettere un ~*) to make a mistake; *il compito è pieno di errori* the work is full of mistakes; *è stato un ~ pagare l'intera somma anticipatamente* it was a mistake to pay the whole amount in advance; *correggere un ~* to correct a mistake. **2** (*colpa, fallo*) error, fault, lapse: *un ~ di gioventù* a youthful error, juvenile error. **3** (*peccato*) sin. □ *~ casuale* random error; *~ comune* common error, common mistake; (*Inform*) *~ definitivo* fatal error; *~ di battitura* typing error; *~ di calcolo* miscalculation; (*Statist*) *~ di campionamento* sampling error; (*Dir*) *~ di diritto* error of law, error in law; *~ di disattenzione*: 1 lapse; 2 (*scrivendo*) slip of the pen; 3 (*parlando*) slip of the tongue; *~ di distrazione* lapse, slip-up; *~ di fatto* error of fact, error

in fact; *~ di giudizio* error of judgement; *~ di grammatica* grammar mistake; (*Dir*) *~ di omissione* posting error, error of omission; *~ di ortografia* spelling mistake, misspelling; (*Tecn*) *~ di parallasse* parallax error; (*Inform*) *~ di programma* bug; *~ di prospettiva*: 1 wrong perspective; 2 (*fig*) (*errata valutazione*) mistaken estimation, mistaken evaluation; (*Tip*) *~ di stampa* misprint, printing error, typographical error, (*colloq*) typo; *~ di trascrizione* clerical error, slip of the pen; *~ di valutazione* error of judgement; (*Inform*) *~ diagnostico* error in diagnosis; (*Dir*) *~ essenziale* essential error; (*Inform*) *~ fatale* fatal error; (*Dir*) *~ giudiziario* miscarriage of justice; *~ grammaticale* grammatical error, grammar mistake; *~ grossolano* blunder: *fare un ~ grossolano* to make a blunder; *essere in ~* to be wrong, to be mistaken: *essere in ~ su qcs.* to be mistaken about sth.; *cadere in ~* to fall into error; *~ marchiano* blunder; *gli errori non si contano* there are countless mistakes; *per ~* by mistake, in error; *~ per difetto* error below the true figure; *~ per eccesso* error above the true figure; (*Statist*) *~ quadratico medio* mean square error; (*Statist*) *~ residuo* residual error; (*Statist*) *~ sistematico* systematic error; (*Statist*) *~ standard* standard error; (*Tip*) *~ tipografico* misprint, printing error, typographical error, (*colloq*) typo; *~ umano* human error.

ersi → **ergere**.

erta *f.* (*versante ripido*) steep slope, ascent. □ *all'~!* look out!, watch out!; (*fig*) *stare all'~* to be on the look-out, to be on the alert.

erto → **ergere** *a.* steep, precipitous: *un ~ pendio* a steep slope.

erucico (*pl.* **-ci**) □ (*Chim*) *acido ~* erucic acid.

erudire (**erudìsco, erudìsci**) I *v.t.* (*istruire*) to teach, to instruct, to educate, to enlighten: *~ un discepolo* to teach a pupil; (*scherz*) *non ho mai giocato a canasta, erudiscimi nelle regole del gioco* I've never played canasta, teach me the rules of the game (o enlighten me as to the rules of the game). II *v.pron.* **erudirsi** to become educated, to get educated: *erudirsi nelle scienze* to become educated in the sciences.

eruditamente *avv.* eruditely, learnedly.

erudito I *a.* **1** learned, erudite, scholarly: *un articolo ~* a scholarly article; *discorso ~* learned discourse. **2** (*di persona*) well-read, educated, (*spreg*) pedant. II *m.* (*f.* **-a**) learned person, erudite, scholar.

erudizione *f.* learning, erudition, scholarship, (*spreg*) pedantry: *far mostra di ~* to show off one's learning; *essere un uomo di vasta ~* to be a man of great learning.

eruppi → **erompere**.

eruttare (**erùtto**) I *v.t.* **1** (*Geol*) to erupt, to belch forth, to throw out, to spew out: *il vulcano eruttò cenere e lapilli* the volcano spewed out ash and lapilli. **2** (*fig*) (*mandare fuori dalla bocca*) to spew out, to spit out, to pour forth: *~ bestemmie e insulti* to spew out curses and insults. II *v.i.* (*aus.* **avere**) (*rar*) (*ruttare*) to burp, to belch.

eruttazione *f.* (*rar*) (*il ruttare*) belching, eructation.

eruttivo *a.* (*Geol,Med*) eruptive: *roccia eruttiva* eruptive rock; *malattia eruttiva* eruptive disease.

eruzione *f.* **1** (*Geol*) eruption, volcanic eruption, eructation: *~ vulcanica* volcanic eruption. **2** (*Med*) eruption, rash, efflorescence: *~ cutanea* rash. **3** (*Min*) blowout. □ (*Fisiol*) *~ dentaria* eruption of teeth; (*Geol*) *~*

pliniana Plinian eruption.

Erzegovina, **Erzegovina** *n.pr.f.* (*Geog*) Herzegovina.

erziano *a.* (*rar,Fis*) (*hertziano*) Hertzian.

es *m.inv.* (*Psic*) id.

ES *El Salvador* ES (El Salvador).

es. *esempio* e.g. (example given), ex. (example). □ *per* ~ e.g.

ESA *Ente Spaziale Europeo* ESA (European Space Agency).

esacerbare (**esacèrbo**) I *v.t.* 1 (*rendere più duro*) to increase, to intensify, to heighten, to sharpen: ~ *la pena* to increase the punishment. 2 (*rendere più grave*) to exacerbate, to aggravate, to make worse: ~ *una ferita* to exacerbate a wound. 3 (*esasperare*) to irritate, to exacerbate, to exasperate: *queste liti mi esacerbano* these quarrels exasperate me. II *v.pron.* **esacerbarsi** 1 to grow worse, to intensify: *il malcontento generale si esacerbò* the general dissatisfaction intensified. 2 (*esasperarsi*) to become exasperated: *i rapporti tra di loro si sono esacerbati* their relationship has soured.

esacerbato *a.* 1 exacerbated, exasperated: ~ *dallo sforzo fisico* exacerbated by physical effort. 2 (*amareggiato*) embittered: *animo ~* embittered heart.

esacerbazione *f.* 1 (*aggravamento*) exacerbation, worsening, aggravation: *l'~ della malattia* worsening of the disease. 2 (*aumento*) heightening, increasing: ~ *dei contrasti* heightening of discord. 3 (*esasperazione*) exasperation.

esacordo *m.* (*Mus*) hexachord.

esadecimale *a.* (*Inform,Mat*) hexadecimal: *codice* ~ hexadecimal code; *sistema* ~ hexadecimal system.

esaedrico (*pl.* **-ci**) *a.* (*Geom*) hexahedral.

esaedro *m.* (*Geom*) hexahedron.

esagerare (**esàgero**) I *v.t.* 1 to exaggerate, to overstate, to inflate: *tu esageri le difficoltà dell'impresa* you exaggerate the difficulties of the undertaking. 2 (*rendere eccessivo*) to exaggerate, to overemphasize: ~ *i colori* to exaggerate the colours. 3 (*assol.*) (*eccedere*) to exaggerate, to go too far, (*colloq*) to lay it on thick: *come esageri!* you do exaggerate!, you lay it on thick!; *adesso basta! Non ~!* That's enough! Don't go too far! II *v.i.* (*aus.* avere) to exaggerate, to overdo, to carry too far (*in qcs.* sth.): ~ *nelle lodi* to overdo one's praises. □ *non ~ col fumo!* don't overdo the cigarettes!; ~ *nel bere* to overdo the drinking, to drink too much; ~ *nel mangiare* to overeat: *ci saranno state diecimila persone, non esagero* there must have been ten thousand people, without exaggeration.

esageratamente *avv.* exaggeratedly, ridiculously, absurdly: *questo prezzo è ~ alto* this price is ridiculously high.

esagerato I *a.* 1 (*eccessivo*) exaggerated, excessive, flamboyant, (*colloq*) over the top, (*Br*) OTT: *queste lodi sono esagerate* these praises are exaggerated. 2 (*rif. a prezzi e sim.*) exorbitant, excessive: *questo conto è ~!* this bill is exorbitant! 3 (*rif. a persona*) who overdoes things: *essere* ~ to overdo things, to go too far; *è* ~ *in tutto* he overdoes everything, he always goes too far. II *m.* (*f.* -a) person who overdoes things: *per la mia vecchia automobile voglio mille euro - ~!* I want one thousand euros for my old car - That's asking too much! (*o* That's overdoing it!); *sei sempre il solito ~!* you're exaggerating as usual!; *essere un* ~ to overdo things, to go too far; *è un'esagerata in tutto* she overdoes everything, she always goes too far.

esagerazione *f.* 1 exaggeration, overstatement: *senza ~, ci saranno state mille persone* without exaggeration, there must have been a thousand people; I'm not exaggerating, there must have been a thousand people. 2 (*eccesso*) extravagance: *mi sembra un'~ spendere tanto per un cappello!* it seems to me an extravagance to spend so much on a hat!; *quattro euro per un chilo di pesche? - Che ~!* four euros for a kilo of peaches? - What nonsense!; *quell'abito costa un'~!* that dress costs a fortune!, (*Br*) that dress costs a bomb! 3 (*quantità eccessiva*) too much, too many: *era davvero buono quel cioccolato: ne ho mangiato un'~!* that chocolate was really delicious: I've eaten too much of it!, that chocolate was really delicious: I've overdone it!

esagitare (**esàgito**) *v.t.* (*lett,fig*) to trouble, to overexcite: ~ *la mente* to trouble the mind.

esagitato I *a.* troubled, restless, overexcited, frantic, frenzied: *animo ~* troubled mind. II *m.* (*f.* -a) troubled person, frantic person, frenzied person.

esagitazione *f.* (*lett*) agitation, restlessness, anxiety.

esagonale *a.* (*Geom*) hexagonal, hexagon (*attr.*) (*anche Min*): *sistema ~* hexagonal system.

esagono I *m.* (*Geom*) hexagon. II *a.* (*rar, Geom*) hexagonal, hexagon.

esalamento *m.* 1 (*rar*) exhalation, fumes, emission. 2 (*Geol*) exhalation.

esalare (**esàlo**) I *v.t.* 1 to give off, to give out, to give forth, to exhale, to diffuse, to emanate: *i fiori esalavano un profumo intenso* the flowers gave off a strong scent. 2 (*fig, lett*) to breathe, to exhale: ~ *l'anima* to breathe one's last, to give up the ghost; ~ *lo spirito* to give one's last breath, to breathe one's last; ~ *l'ultimo respiro* to breathe one's last. II *v.i.* 1 (*aus.* essere) to emanate, to exhale, to come, to come out (*da* from), to be given off (by): *dai fiori esalava un profumo delicato* a delicate perfume emanated from the flowers. 2 (*rif. a cattivo odore*) to reek (*costr.pers.*): *dalla cucina esalava un odore di pesce* the kitchen reeked of fish. □ ~*fumo* to fume, to give off fumes.

esalazione *f.* 1 exhalation, fumes, emission: *esalazioni venefiche* toxic fumes. 2 (*Geol*) exhalation: *esalazioni vulcaniche* volcanic exhalations.

esaltante *a.* exciting, stimulating, arousing, thrilling: *un'esperienza ~* an exciting experience, a thrilling experience.

esaltare (**esàlto**) I *v.t.* 1 (*magnificare*) to exalt, to extol, to praise, to magnify, to glorify, to celebrate: ~ *gli eroi* to glorify the heroes. 2 (*entusiasmare*) to thrill, to rouse, to arouse, to stir: *questo spettacolo mi ha esaltato* I was thrilled by the show. 3 (*valorizzare*) to enhance, to heighten, to set off, to intensify: *il vino esalta il sapore delle vivande* wine enhances the flavour of food; *la pettinatura esaltava la bellezza dei suoi lineamenti* her hair-style set off the beauty of her features, her hair-style brought out the beauty of her features. 4 (*lett*) (*innalzare a una dignità*) to exalt, to raise, to elevate: ~ *al trono* to raise to the throne. II *v.pron.* **esaltarsi** 1 (*entusiasmarsi*) to be roused, to be aroused, to get fired up, to be fired up, to be thrilled, to be elated, to be stirred, to get carried away, to rave (*per qcs.* about sth.): *dopo quel discorso si è subito esaltato* after that speech he got all fired up. 2 (*vantarsi*) to boast, to feel proud: *non esaltarti troppo - non abbiamo ancora vinto* don't boast too much: we haven't won yet.

esaltato I *a.* 1 (*eccitato*) excited, frantic, frenzied: *una mente esaltata* an excited mind. 2 (*fanatico*) fanatical: *un tifoso ~* a fanatical supporter. 3 (*avventato*) hot-headed, impetuous: *un ragazzo ~* a hot-headed young man. II *m.* (*f.* -a) fanatic, hot-head: *è un ~, non ci si può ragionare* he is a fanatic, you can't reason with him. □ *essere ~ dal successo* to be intoxicated by success, to let success go to your head.

esaltatore *m.* (*f.* -trice) enhancer. □ (*Chim,Alim*) ~ *di sapidità* flavour enhancer.

esaltazione *f.* 1 (*lode*) exaltation, extolling, glorification: *l'~ delle virtù* the extolling of virtue. 2 (*eccitazione*) excitement, enthusiasm, fervour, elation, euphoria, rapturous excitement: *nella sua ~ non riusciva a parlare* he was in such a state of excitement that he could not speak. 3 (*fanatismo*) exaltation, excitement, fanaticism: ~ *religiosa* religious fanaticism. 4 (*innalzamento a un'alta dignità*) raising, exaltation. 5 (*nell'astrologia*) exaltation.

esame *m.* 1 (*Scol,Univ*) exam, examination, test: *domani cominciano gli esami scritti* the written exams begin tomorrow; *sostenere un ~* to sit an exam, to sit for an exam, to take an exam; *dare un ~* to take an exam (*o* an examination), to sit (for) an exam (*o* for an examination); *a settembre avrò gli esami* my exams are in September, I've got my exams in September; *passare gli esami* to pass one's examination, to get through one's exams; *non passare un ~* to fail an exam, to fail in an exam(*o* in an examination). 2 (*Med*) visit, check, check up, test, examination. 3 (*controllo accurato*) scrutiny, inspection: ~ *dei documenti* inspection of documents; *gli animali esportati vivi dalla Gran Bretagna devono essere sottoposti a un ~* animals exported live from Great Britain must undergo an inspection. 4 (*analisi*) examination, survey, analysis, study, investigation, review: ~ *di un campione* examination of a sample; (*burocr*) ~ *di una pratica* examination of a case; *fare un attento ~ della situazione* to make a thorough review of the situation; *a un ~ più attento* on closer examination. □ (*burocr*) *essere all'~* to be under examination, to be under review; ~ *attitudinale* aptitude test; (*Univ*) ~ *catenaccio* exam prerequisite for moving on to the next course in a series; (*Univ*) ~ *complementare* examination in a subsidiary subject; (*Comm*) ~ *dei conti* auditing of the accounts, checking of the accounts; *all'~ dei fatti* while examining the facts; (*Med*) ~ *del sangue* blood test; (*Med*) ~ *della vista* eye test; (*Med*) ~ *delle urine* urine test; (*Med*) ~ *dell'udito* hearing test; (*Scol*) ~ *di abilitazione* qualifying exam for teaching, qualifying examination for teaching; (*Scol*) ~ *di ammissione* entrance exam, entrance examination; (*Scol*) ~ *di concorso* competitive examination; *fare degli esami di controllo*: 1 (*sottoporsi ad esami*) to have a check up; 2 (*di medico*) to run some tests on a patient; ~ *di coscienza* examination of one's conscience: *fare un ~ di coscienza* to examine one's conscience; ~ *di guida* driving test; ~ *di idoneità* aptitude test; ~*di laboratorio* lab test, laboratory test (*anche Med*); (*Univ*) ~ *di laurea* graduation exam, viva; (*Scol*) ~ *di licenza* school-leaving exam, school-leaving examination; (*Scol*) ~ *di maturità* final exams, exiting exams, (*Br*) school-leaving exam, (*Br*) school-leaving examination; (*Scol,ant*) ~ *di riparazione* resit, resit examination; ~ *di*

stato: 1 (*Scol*) (*maturità*) school-leaving exam, school-leaving examination; 2 (*per laureati*) state exam, state examination; ~ *di un testo* examination of a text, text analysis (*anche Ling*); (*Med*) ~ *diagnostico* diagnostic examination; (*Med*) ~ *elettrocardiografico* electrocardiographic test; (*Med*) ~ *elettroencefalografico* electroencephalographic test; (*Med*) ~ *emocromocitometrico* blood count; *fare l'* ~: 1 (*rif. a esaminando*) to sit for the exam, to sit for the examination, to take the exam, to take the examination; 2 (*rif. a esaminatore*) to hold the exam, to hold the examination; (*Scol*) ~ *finale di stato* (*maturità*) school-leaving exam, school-leaving examination; *esami finali* final exam, final examination, finals; (*Univ*) ~ *fondamentale* required course, requirement; ~ *grafologico* handwriting examination; *in* ~: 1 under examination, under review: *la pratica in* ~ the paper under case; *prendere qcs. in* ~ to examine sth., to take sth. into consideration; 2 (*in prova, in visione*) on approval; (*Univ*) ~ *libero* free exam; (*Med*) ~ *necroscopico* post-mortem, post-mortem examination, autopsy; (*Scol,Univ*) ~ *orale* oral exam, oral examination; (*Med*) ~ *radiologico* radiological examination, X-ray; (*Radiol*) ~ *schermografico* X-ray examination; (*Scol,Univ*) ~ *scritto* written exam, written examination; *essere sotto* ~ (*esaminato*) to be under review; (*Scol,Univ*) *essere sotto esami* to be in the exam period. *Prov.*: *gli esami non finiscono mai* exams never finish.

esametro *m.* (*Metr*) hexameter.

esaminabile *a.* examinable, that can be examined (*posposto*): *i casi esaminabili sono due* there are two cases that can be examined.

esaminando *m.* (*f.* **-a**) examinee, candidate, examination candidate: *gli esami si protraggono a seconda del numero degli esaminandi* the exam dates will be extended according to the number of candidates.

esaminare (**esàmino**) *v.t.* 1 to examine, to test; (*accuratamente*) to scrutinize, to inspect: ~ *un nuovo prodotto* to examine a new product; ~ *i documenti* to inspect the documents. 2 (*controllare*) to check; (*leggendo*) to look through, to read through, to look over: ~ *i conti* to check the accounts; ~ *la corrispondenza* to look through one's mail. 3 (*Scol,Univ*) to examine: ~ *i candidati* to examine the candidates. 4 (*Med*) to examine, to test: ~ *la vista* to test sight, to test one's vision. 5 (*Dir*) to examine, to hear: ~ *i testimoni* to examine the witnesses; ~ *l'accusato* to hear the accused. 6 (*considerare*) to examine, to consider, to take sth. into consideration, to discuss, to look into, to go into: ~ *una proposta* to consider a proposal, to look into a proposal. 7 (*vagliare*) to vet, to sound out, to explore: ~ *la possibilità di fare qcs.* to explore the possibility of doing sth. 8 (*riflettere*) to mull over, to review: ~ *l'accaduto* to mull over what has happened. 9 (*fig*) to search, to examine: ~ *la propria coscienza* to search one's soul.

esaminato I *a.* examined, (*preso in esame*) considered: *il campione* ~ *non presenta anomalie* the sample examined shows no signs of anomalies. II *m.* (*f.* **-a**) candidate (who has been examined).

esaminatore I *m.* (*f.* **-trice**) examiner: ~ *interno* internal examiner; ~ *esterno* external examiner. II *a.* examining: *commissione esaminatrice* examining body, board of examiners.

esamotore I *a.* (*Aer*) six-engine (*attr.*). II *m.*

(*Aer*) six-engine airplane.

esangue *a.* 1 bloodless, drained of blood (*posposto*). 2 (*fig*) (*pallido*) pale, pasty-faced, white, white as a sheet: *volto* ~ pale face. 3 (*fig*) (*debole*) wan, weak, feeble: *avere un aspetto* ~ to look pale and wan.

esanime *a.* lifeless, (*rar*) exanimate: *cadde* ~ *al suolo* he fell lifeless to the ground.

esano *m.* (*Chim*) hexane.

esantema *m.* (*Med*) exanthema.

esantematico (*pl.* **-ci**) *a.* (*Med*) exanthematic, exanthematous.

esarazione *f.* 1 (*Geol*) ice action, glacial abrasion, ice scouring. 2 (*Paleogr*) erasure.

esarca (*pl.* **-chi**) *m.* (*Stor*) exarch.

esarcato *m.* (*Stor*) exarchate.

esarchia *f.* (*Pol*) six-man government, six-party government.

esasperante *a.* exasperating, nerve-racking, irritating, maddening: *oggi sei proprio* ~ you're really getting on my nerves today; *lentezza* ~ exasperating slowness; *una tensione* ~ nerve-racking tension.

esasperare (**esàspero**) I *v.t.* 1 (*irritare al massimo grado*) to exasperate, to madden, to drive (so.) mad, to irritate: *il tuo contegno mi esaspera* your behaviour exasperates me, your behaviour gets on my nerves; *mi stai esasperando* you're driving me mad. 2 (*esacerbare*) to increase, to sharpen, to heighten, to make worse, to aggravate: ~ *una pena* to increase a punishment; ~ *il dolore* to sharpen sorrow. II *v.pron.* **esasperarsi** 1 (*irritarsi*) to get exasperated, to become exasperated, to be irritated (by), to get mad: *si esaspera per la difficoltà che deve affrontare* he is getting exasperated by the difficulties he has to face. 2 (*esacerbarsi*) to grow worse, to grow greater, to worsen, to increase: *il conflitto si esaspera ogni giorno di più* the conflict is getting more and more bitter every day.

esasperato *a.* 1 (*di persone*) exasperated, irritated (by), maddened: *sono veramente* ~ *per questa lunga attesa* I'm really exasperated by this long wait. 2 (*di cose*) spinto all'eccesso) extreme, exaggerated: *odio* ~ extreme hatred.

esasperazione *f.* 1 (*l'esasperare*) increase, heightening, sharpening, aggravation, worsening: *l'* ~ *del dolore* the sharpening of pain; *l'* ~ *della situazione* the worsening of the situation. 2 (*irritazione*) exasperation, irritation: *la sua* ~ *è al colmo* his exasperation is at its height, he's at the end of his tether. □ *portare all'* ~ to rouse to fever pitch.

esastico (*pl.* **-ci**) I *a.* 1 (*Metr*) hexastical. 2 (*Bot*) hexasticous. II *m.* (*Metr*) hexastich.

esastilo *a.* (*Arch*) hexastyle: *tempio* ~ hexastyle temple.

esatonale *a.* (*Mus*) whole-tone: *accordo* ~ whole-tone chord.

esatonia *f.* (*Mus*) whole-tone scale.

esatonico (*pl.* **-ci**) *a.* (*Mus*) whole-tone.

esattamente *avv.* 1 (*precisamente*) exactly, precisely: *calcolare* ~ to calculate exactly; *sono* ~ *venti minuti che ti aspetto* I've been waiting for you for precisely twenty minutes; *esporre* ~ *i fatti* to state the facts precisely. 2 (*proprio*) just, exactly: *questo è* ~ *l'abito che volevo* this is just the dress I wanted; *è* ~ *lo stesso* it's exactly the same. 3 (*accuratamente*) exactly, precisely, strictly: *seguire* ~ *le indicazioni* to follow the instructions accurately, to follow the instructions to the letter. 4 (*correttamente*) properly, in a proper way, correctly, rightly: *rispondere* ~ *alle domande* to answer the questions properly. 5 (*puntualmente*) punctually, on the

dot: *il cliente è arrivato* ~ *alle quattro* the client arrived punctually at four.

esattezza *f.* 1 (*giustezza*) correctness, truth, rightness: *accertarsi dell'* ~ *di un'informazione* to ascertain the truth of a piece of information, to check the truth of a piece of information. 2 (*accuratezza*) accuracy, precision: *l'* ~ *di un calcolo* the accuracy of a calculation. 3 (*Inform*) accuracy. □ *con* ~ exactly, precisely, accurately: *rispondete con* ~ *alle domande* answer the questions accurately; *non ricordo con* ~ *il numero degli invitati* I can't exactly remember the number of guests; ~ *geometrica* geometrical precision; ~ *matematica* mathematical precision; *per l'* ~ actually, to tell the truth, in actual fact: *per l'* ~ *non ero in Inghilterra, ma in Irlanda* actually I wasn't in England but in Ireland; *per l'* ~ *non è andata proprio così* that's not exactly what happened.

esatto[1] *a.* 1 (*giusto*) correct, right, true: *informazione esatta* correct information. 2 (*preciso*) exact, accurate, precise, careful: *la radio ha appena trasmesso l'ora esatta* the radio has just broadcast the exact time; *una previsione esatta* an accurate forecast; *per essere* ~ to be precise. 3 (*rif. a ore: in punto*) exactly, precisely: *siamo arrivati alle dieci esatte* we arrived at exactly ten o'clock. 4 (*puntuale*) punctual, prompt: *cercherò di essere* ~ *nei pagamenti* I will try to be on time with my payments. □ *l'* ~ *contrario* the exact opposite: *è l'* ~ *contrario di te* he is the exact opposite of you, he is just the opposite of you; *esatto!* (*nelle risposte*) right!, that's right!, quite so!, just so!, exactly!

esatto[2] → **esigere** *a.* (*riscosso*) collected, cashed, received: *la somma esatta* the sum collected.

esattore *m.* tax collector, tax gatherer, collecting agent, (*colloq*) taxman. □ ~ *comunale* municipal tax collector; ~ *degli affitti* rent collector; ~ *del gas* (*colloq*) gasman, gasboard official; ~ *della luce* collector of electricity rates, (*colloq*) electricity man; ~ *delle imposte* tax collector, (*colloq*) taxman.

esattoria *f.* collector's office, collection agency. □ ~ *comunale* office of municipal tax collector, municipal office of rates and taxes; ~ *delle imposte* tax office; ~ *provinciale* provincial office of rates and taxes, local office of rates and taxes.

esattoriale I *a.* tax (*attr.*), tax-collecting, collector's, of tax (*posposto*): *svolgere mansioni esattoriali* to carry out tax collecting duties; *servizio* ~ tax-collecting, tax-collecting service; *cartella* ~ rates return form. II *m.* (*rar*) (*esattore*) tax collector, taxman, collecting agent.

Esaù *n.pr.m.* (*Bibl*) Esau.

esaudibile *a.* that can be granted (*posposto*), grantable, that can be fulfilled (*posposto*), fulfillable: *desiderio facilmente* ~ easily-granted wish.

esaudimento *m.* (*rar*) fulfilment, (*Am*) fulfillment, granting, satisfaction: *l'* ~ *di una promessa* the fulfilment of a promise, (*Am*) the fulfillment of a promise.

esaudire (**esaudìsco, esaudìsci**) *v.t.* 1 (*soddisfare*) to fulfil, (*Am*) to fulfill, to grant, to satisfy: ~ *un desiderio* to fulfil a wish; *ogni tuo desiderio sarà esaudito* your every wish will be granted; ~ *una richiesta* to grant a request. 2 (*accogliere*) to answer: *Dio ha esaudito le mie preghiere* God has answered my prayers. □ (*Comm,Econ*) ~ *la richiesta di mercato* to meet market demand; ~ *i voti di qcu.* to grant so.'s wish.

esauribile *a.* exhaustible, depletable: *ri-*

sorse esauribili depletable resources; *fonti esauribili di energia* exhaustible sources of energy.

esauribilità *f.* exhaustibility.

esauriente *a.* **1** (*approfondito*) exhaustive, thorough, complete, full, comprehensive: *informazioni esaurienti* exhaustive information; *una risposta* ~ a complete answer; *uno studio* ~ *dell'argomento* an exhaustive study of the subject, a comprehensive study of the subject. **2** (*che toglie ogni dubbio*) exhaustive: *prove esaurienti* exhaustive proofs; *una spiegazione esauriente* an exhaustive explanation.

esaurientemente *avv.* exhaustively, thoroughly, completely, fully, comprehensively: *credo di aver risposto* ~ *a tutte le domande* I think I have answered all the questions fully.

esaurimento *m.* **1** exhaustion, depletion, consumption, using up (*anche fig*): ~ *delle risorse* exhaustion of resources; ~ *di un pozzo d'acqua* exhaustion of a well; ~ *delle fonti di energia rinnovabili* exhaustion of renewable sources of energy; ~ *delle riserve* depletion of reserves. **2** (*estens*) (*stanchezza*) exhaustion, tiredness: ~ *delle forze* exhaustion of strength, physical exhaustion. **3** (*crollo psicofisico*) breakdown, collapse: *avere l'*~ to have a nervous breakdown; *essere sull'orlo dell'*~ to be on the verge of a nervous breakdown. **4** (*Idr*) draining, drainage, depletion. □ (*Elettron,Chim*) exhaustion. □ (*Comm*) *svendita fino a* ~ *della merce* clearance sale, sell-out of goods, sell-off of goods; (*Comm*) ~ *delle scorte* stock exhaust, selling out; (*Med,Psic*) ~ **nervoso** nervous breakdown, (*Br*) brain fag; (*Comm*) *fino a* ~ *scorte* while supplies last.

esaurire (**esaurisco, esaurisci**) **I** *v.t.* **1** to use up, to exhaust, to consume, to expend, to run through, to run out of, to run short of: ~ *le provviste* to use up the supplies, to run out of supplies; ~ *tutti i mezzi* to exhaust all one's means; ~ *le munizioni* to expend one's ammunition; *avere esaurito la benzina* to be out of petrol; ~ *i viveri* to run out of food supplies. **2** (*rif. a miniere*) to work out, to exhaust. **3** (*fig*) to exhaust, to use up, to consume, to expend: ~ *la pazienza di qcu.* to exhaust so.'s patience; ~ *le proprie forze* to expend one's energies. **4** (*rif. a merci: venderle completamente*) to sell out, to sell off, to sell up: ~ *le scorte* to sell out. **5** (*trattare compiutamente*) to exhaust: ~ *un argomento* to exhaust a subject. **6** (*debilitare*) to wear out, to tire out, to exhaust, to weaken: *lo studio lo ha esaurito* studying has worn him out. **7** (*estrarre completamente da una sostanza*) to drain, to extract, to dry up: ~ *un giacimento petrolifero* to drain an oil field; ~ *una sorgente* to dry up a source. **8** (*Mar*) (*liberare dall'acqua le parti interne di una nave*) to drain, to exhaust. **II** *v.pron.* **esaurirsi 1** (*consumarsi*) to be used up, to be exhausted, to run out: *i nostri fondi si sono esauriti* our funds are exhausted. **2** (*rif. a miniere*) to be worked out. **3** (*fig*) (*estinguersi*) to dry up, to run dry: *la sua vena artistica si è esaurita* his artistic inspiration has dried up. **4** (*debilitarsi*) to wear oneself out, to exhaust oneself, to become exhausted: *con il troppo lavoro si è esaurito* he has worn himself out with overwork. **5** (*rif. a merci*) to be sold out. **6** (*rif. a libri*) to be out of print.

esaurito *a.* **1** exhausted, consumed, used up, depleted. **2** (*rif. a miniere e sim.*) worked out. **3** (*rif. a merce, venduto completamente*) sold out, out of stock: *questo articolo è* ~ this

item is out of stock. **4** (*rif. a libri*) out of print. **5** (*rif. a teatri*) full. **6** (*rif. a posti a sedere*) sold out. **7** (*rif. a alberghi*) booked up, fully booked, no vacancy. **8** (*spossato*) exhausted, worn out, tired out, spent. **9** (*di esaurimento nervoso*) run down, on the verge of a nervous breakdown, having a nervous breakdown. **10** (*estinto*) dried up, run dry: *il pozzo è* ~ the well is dry. **11** (*di batterie*) flat, dead, low: *la batteria è esaurita* the battery is flat. □ *tutto* ~: **1** (*Comm*) (*sui cartelli*) sold out, all gone; **2** (*Teat*) (*sui cartelli*) full house, sold out; **3** (*di albergo: sui cartelli*) no vacancy; **4** (*usato come aggettivo*) booked up: *l'albergo è tutto* ~ the hotel is booked up, the hotel is fully booked; *avere il tutto* ~ to be fully booked, to be sold out.

esaustivamente *avv.* exhaustively, thoroughly, comprehensively.

esaustivo *a.* exhaustive, thorough, comprehensive.

esausto *a.* **1** (*spossato*) worn out, tired out, exhausted, spent: *essere* ~ to be worn out; *sentirsi* ~ to feel exhausted. **2** (*vuoto*) exhausted: *l'erario è* ~ the treasury is empty. **3** (*consumato: di batterie*) flat, dead, low, run-down: *riciclaggio di batterie esauste* recycling of dead batteries. **4** (*di olio*) waste (*attr.*): *olio* ~ waste oil.

esautoramento *m.* (*rar,lett*) deprivation of power, deprivation of authority, removal from office.

esautorare (**esàutoro**) *v.t.* to deprive of power, to deprive of authority, to remove from office: ~ *il governo* to deprive the government of power, to depose the government. □ (*fig*) ~ *una teoria* to discredit a theory.

esautorato *a.* deprived of power, deprived of authority, removed from office: *governo* ~ government deprived of its power, deposed government.

esautorazione *f.* deprivation of power, deprivation of authority, removal from office.

esavalente *a.* (*Chim*) hexavalent.

esazione *f.* (*burocr*) collection, exaction, levy, levying: ~ *di crediti* debt collection; ~ *fiscale* tax collection.

esborsare (**esbórso**) *v.t.* (*burocr*) to disburse, to pay out.

esborso *m.* (*burocr*) disbursement, disbursal, expenditure, outlay: ~ *in contanti* cash outlay.

esca *f.* **1** (*Pesc,Caccia*) bait: ~ *viva* live bait; ~ *artificiale* artificial bait, dun; *gettare l'*~ to cast bait; *mettere l'*~ *all'amo* to bait the hook. **2** (*estens*) (*persona che fa da esca*) bait, decoy, stool, stoolpigeon: *usare qcu. come* ~ to use so. as a decoy; *fare da* ~ to act as a decoy, to serve as a bait. **3** (*fig*) (*inganno*) bait, lure, enticement, allurement. **4** (*per accendere il fuoco*) tinder, touchwood, firefighter, (*Am*) punk. **5** (*fig*) (*incitamento*) incitement, fuel: *dare* ~ to feed, to foment, to stir up; *dare* ~ *all'odio* to foment hatred. □ (*fig*) *dare* ~ *al fuoco* (*alimentare una passione, un litigio*) to add fuel to the fire; *aggiungere* ~ *al fuoco* (*aggravare una situazione difficile*) to pour oil on the flames; (*fig*)*prendere all'*~ *qcu.* to hook so., to trap so.

escalation /eska'leʃon/ *f.inv.* escalation, upsurge: ~ *di violenza* escalation of violence.

escamotage /eskamo'taʒ/ *m.inv.* sleight of hand, ploy, contrivance, ruse, escamotage: *ricorrere a un* ~ to resort to a ruse, to resort to a ploy.

escandescenza *f.spec.pl.* fit of rage, out-

burst of anger. □ *dare in escandescenze* to fly into a passion, to fly into a rage, to lose control of oneself, to lose one's temper, to have a fit of rage.

escape /e'skeip/ *m.inv.* (*Inform*) escape.

escapismo *m.* (*Psic*) escapism.

escara *f.* (*Med*) eschar, scab.

escatologia *f.* (*Teol*) eschatology.

escatologico (*pl.* **-ci**) *a.* (*Teol*) eschatological.

escavatore *m.* **1** (*macchina*) excavator, digger. **2** (*Chir*) excavator. □ (*Mecc*) ~ *a benna* grab bucket excavator; (*Mecc*) ~ *a benna rovescia* power shovel; (*Mecc*) ~ *a cucchiaio* power shovel; (*Mecc*) ~ *a tazze* bucket excavator; (*Mecc*) ~ *girevole* revolving shovel.

escavatorista *m./f.* excavator operator.

escavatrice *f.* (*macchina escavatrice*) excavator, digger.

escavazione *f.* **1** excavation, digging, (*nelle miniere*) mining. **2** (*Med*) excavation. □ ~ *a getto d'acqua* digging by jet of high pressure water.

eschileo *a.* Aeschylean.

Eschilo *n.pr.m.* (*Stor,Lett*) Aeschylus.

eschimese I *a.* **1** Eskimo (*attr.*): *cane* ~ Eskimo dog, husky. **2** (*per gli eschimesi del Nord America*) Inuit (*attr.*). **II** *m.* **1** (*lingua*) Eskimo; (*per gli eschimesi del Nord America*) Inuit. **2** (*famiglia linguistica*) Eskimo-Aleut; (*per gli eschimesi del Nord America*) Inuit. **III** *m./f.* (*abitante*) Eskimo; (*per gli eschimesi del Nord America*) Inuit.

Eschine *n.pr.m.* (*Stor*) Aeschines.

escissione *f.* (*Chir*) excision.

esclamare (**esclàmo**) *aus.* avere) *v.i.* to exclaim, to cry, to cry out: *suvvia, esclamò, non perdete tempo* come on, he exclaimed, don't waste time.

esclamativo *a.* exclamatory: *punto* ~ exclamation mark, (*Am*) exclamation point; (*Gramm*) *proposizione esclamativa* exclamatory clause.

esclamazione *f.* **1** exclamation: ~ *di gioia* exclamation of joy. **2** (*Gramm*) (*interiezione*) exclamation, interjection.

escludere (*pres.ind.* **esclùdo**; *p.rem.* **esclùsi**; *p.p.* **esclùso**) **I** *v.t.* **1** to exclude, to debar, to leave out, to shut out: ~ *qcu. dagli esami* to exclude so. from the examinations; *sentirsi escluso* to feel left out. **2** (*eccettuare*) to exclude, to leave out, to except: ~ *una cifra dal totale* to exclude a figure from the total. **3** (*non ammettere*) to exclude, to except, to rule out: *un'ipotesi esclude l'altra* one hypothesis excludes the other; ~ *ogni possibilità di dubbio* to rule out all possibility of doubt. **4** (*negare*) to refuse to admit, to exclude, to reject, to rule out: *escludo assolutamente che sia accaduto un fatto simile* I absolutely refuse to admit that such a thing happened; *non escludo di cambiare idea* I don't rule out changing my mind, I don't deny I could change my mind; *lo escludo assolutamente* I exclude it absolutely, I rule it out completely. **5** (*estromettere*) to exclude, to cut out, to remove; (*da una squadra*) to drop: ~ *qcu. dal gioco* to exclude so. from the game. **6** (*Mecc,Fis*) to switch off, to turn off, to shut off, to cut off, to disconnect: ~ *l'interruttore generale* to switch off the mains. **II** *v.pron.* **escludersi** (*escludere se stesso*) to cut oneself off: *io mi escludo* I cut myself off, I exclude myself. **III** *v.r.recipr.* **escludersi** (*elidersi*) to cancel each other out: *due forze contrarie si escludono* two opposite forces cancel each other out. □ (*Dir*) ~ *una prova* to suppress evidence.

esclusi → **escludere**.

esclusione *f.* **1** exclusion, exception: *la tua ~ dagli esami è ben giustificata* your exclusion from the examinations is quite justified. **2** (*Sport*) (*da una partita*) omission: *~ di un calciatore* omission of a soccer player. **3** (*Mecc,Fis,Chim*) exclusion: *principio di ~* exclusion principle; *regola della mutua ~* mutual exclusion rule. **4** (*El*) (*di interruttori, contatori*) switching off, turning off, shutting off, cutting off, disconnection: *~ dell'interruttore generale* switching off of the mains. □ *a ~ di* except: *tutti erano presenti a ~ del colpevole* everyone was present except the culprit; (*Dir*) *~ dalla successione* exclusion from the succession; (*Dir*) *~ della responsabilità* exclusion of liability; (*Chim*) *~ di ioni* ion exclusion; *per ~* by elimination, by process of elimination; *procedere per ~* to proceed by elimination; *senza alcuna ~* with no exception; *senza ~ di colpi* no holds barred, with no holds barred; (*Dir*) *~ di un socio* ouster of a partner, freezing out of a partner.

esclusiva *f.* **1** exclusive right, sole right, monopoly; (*Dir*) *diritto di ~* exclusive right. **2** (*Giorn,TV*) exclusive, scoop: *avere un servizio in ~* to have a scoop, to have an exclusive; *intervista col presidente in ~* exclusive interview with the president. **3** (*Comm*) (*esclusiva di vendita*) exclusive rights *pl.*, exclusive rights *pl.* of sale, sole rights *pl.* of sale, franchise: *avere l'~ di un prodotto* to have the exclusive rights of sale for a product, to have the exclusive right to market a product; *concedere l'~ a qcu.* to franchise so. **4** (*Comm*) (*esclusiva di rappresentanza*) sole agency: *avere l'~ di un prodotto* to be the sole agent for a product. **5** (*Comm*) (*brevetto*) patent; (*licenza di fabbricazione*) exclusive licence: *avere l'~ di un prodotto* (*per la fabbricazione*) to own a patent (on sth.). □ *in ~* exclusive (*attr.*): *film in ~* exclusive film; *un modello in ~* an exclusive model; *notizia in ~* exclusive, exclusive news item, (*colloq*) scoop; *in ~ mondiale* with world copyright.

esclusivamente *avv.* only, exclusively: *si interessa ~ di calcio* he is only interested in football; *pensa ~ a se stesso* he thinks only of himself, he only thinks about himself.

esclusivismo *m.* **1** exclusivism. **2** (*Pol, Econ*) monopolism, exclusivism; (*affiliazione commerciale*) franchising.

esclusivista I *m./f.* **1** dogmatic person, intolerant person. **2** (*Comm*) (*unico rivenditore*) holder of exclusive rights of sale. **3** (*Comm*) (*unico rappresentante*) sole agent, sole dealer: *~ di un prodotto* sole agent for a product. II *a.* exclusivist: *atteggiamento ~* exclusivist attitude.

esclusività *f.* **1** (*l'essere esclusivo*) exclusiveness, exclusivity. **2** (*il godere di un diritto in esclusiva*) exclusive right, sole right. □ *~ di un brevetto* exclusive patent rights (*pl.*); *~ di distribuzione* exclusive distributorship; *~ di vendita* sole selling rights (*pl.*), sole rights (*pl.*) of sale.

esclusivo *a.* **1** (*che tende a escludere*) exclusive. **2** (*unico*) exclusive, sole: *è il proprietario esclusivo di tutta la tenuta* he's the sole owner of the estate; *diritto ~* sole right, exclusive right. **3** (*protetto da esclusiva*) proprietary, patented: *diritto ~ di vendita* proprietary right of selling, exclusive selling rights. **4** (*raffinato*) exclusive, selected, high-class: *ambiente ~* exclusive environment; *un circolo ~* an exclusive club; *un abito ~* a designer dress, a classy dress, a unique dress, (*Br*) a one-off dress.

escluso → **escludere** I *a.* **1** excluded, shut out, left out: *si sentiva ~ dalla società* he felt excluded from society; *sentirsi ~* to feel left out, to feel out of place. **2** (*eccettuato*) except, excepted: *nessuno ~* nobody excepted, no exceptions, bar none; *c'erano tutti ~ tuo padre* everyone was there except your father. **3** (*non compreso*) exclusive of, excluding: *il pranzo costa venticinque euro, vino ~* the lunch costs twenty-five euros, exclusive of wine; *fino al 10 aprile ~* up to and excluding 10th April, up to and exclusive of 10th April. **4** (*impossibile*) impossible, out of the question: *è ~ che sia partito* it is impossible that he has left, he can't have left, he can't possibly have left; *non è ~ che torni* he may come back, he may well come back. **5** (*estromesso*) excluded, cut out, removed. **6** (*Sport*) (*da una squadra*) dropped: *sostituire un giocatore ~* to replace a dropped player. **7** (*El*) (*spento, messo fuori uso*) off, switched off, turned off, shut off, cut off, disconnected: *l'interruttore è stato ~* the switch has been turned off. II *m.* (*f.* **-a**) **1** excluded person. **2** (*emarginato*) outcast. □ *è ~!* nothing doing!, no way!; *tutti, esclusi i presenti, devono rispondere a queste domande* everyone has to answer these questions, present company excluded; *escluse le spese* charges excluded; (*Econ*) *~ tutto* ex all.

esclusorio *a.* (*Dir*) exclusion (*attr.*), exclusive: *clausola esclusoria* exclusion clause; *eccezione esclusoria* exclusive exception, exclusion exception.

escogitabile *a.* (*rar*) that can be contrived (*posposto*), able to be contrived (*posposto*), able to be concocted (*posposto*), contrivable, that can be thought up (*posposto*): *non sono escogitabili soluzioni diverse* no other solutions can be thought up, no other solutions can be concocted.

escogitare (*escògito*) *v.t.* to think up, to think out, to excogitate, to contrive, to concoct, to come up (*qcs.* with sth.), to devise: *~ un espediente* to devise an expedient, to think up an expedient; *~ un piano* to think up a plan; (*scherz*) *che cosa avrai escogitato di nuovo per disturbarmi?* what new way of bothering me can you have thought up?, what new way of bothering me can you have come up with?

escomiare (*escòmio*) *v.t.* (*Dir*) to evict.

escomio *m.* (*Dir*) eviction.

escoriare (*escòrio, escòri*) I *v.t.* to graze, to scrape, to skin, (*rar*) to excoriate. II *v.pron.* **escoriarsi** to graze, to graze oneself: *cadendo mi sono escoriato un ginocchio* I fell down and grazed my knee.

escoriato *a.* grazed, scraped, skinned, (*rar*) excoriated: *avere un gomito ~* to have a grazed elbow.

escoriazione *f.* graze, scrape, (*rar*) excoriation: *prodursi un'~* to graze oneself.

escreato *m.* (*Med*) sputum, expectoration.

escrementizio *a.* excremental: *materie escrementizie* excremental matter.

escremento *m.* **1** *spec.pl.* excrement, faeces *pl.*, excreta *pl.* **2** (*rif. ad animali*) excrement, dung, droppings *pl.*: *~ di vacca* cow dung.

escrescenza *f.* **1** (*Anat*) growth, excrescence, process. **2** (*Bot,Zool*) excrescence, wart, process. **3** (*estens*) (*protuberanza*) bulge, protuberance.

escretivo *a.* (*Med*) excretory: *apparato ~* excretory organs.

escreto I *a.* (*Med*) excreted. II *m.* (*Med*) (*escrezione*) excretion.

escretore, escretorio *a.* (*Anat*) excretory,

excretive: *dotto ~* excretory duct; *apparato ~* excretory system.

escrezione *f.* (*Med*) **1** (*processo*) excretion. **2** (*sostanza eliminata*) excretion, excreta *pl.*

escudo (*pl. inv.* o **escudos**) *m.* (*unità monetaria*) escudo.

Esculapio *n.pr.m.* (*Mitol,Med*) Aesculapius.

escursione *f.* **1** (*gita*) trip, excursion, outing: *fare un'~* to make a trip, to have a trip, to go on a trip, to go on an outing. **2** (*a piedi*) hike, walking-tour, trek, ramble: *andare a fare un'~* to go for a hike, to go trekking; *un'~ in montagna* a mountain hike. **3** (*Mecc*) travel, stroke: *l'~ del tergicristallo* the stroke of the windscreen wiper. **4** (*Med*) (*ampiezza massima di spostamento*) excursion: *~ del ginocchio* knee excursion; (*variazione*) range: *~ febbrile* range of temperature. **5** (*Meteor*) range. **6** (*Mil*) manoeuvre, (*Am*) maneuver, exercises *pl.* **7** (*El,Elettron*) swing, sweep: *~ di frequenza* frequency swing; *~ massima* main sweep. □ (*Meteor*) *~ annua* annual range; (*Meteor*) *~ diurna* daily range; (*Meteor*) *~ termica* temperature range.

escursionismo *m.* touring, (*a piedi*) hiking, walking, rambling.

escursionista *m./f.* excursionist, tourist, (*colloq*) tripper; (*chi fa escursioni a piedi*) hiker, rambler, walker.

escursionistico (*pl.* **-ci**) *a.* excursion (*attr.*), tourist (*attr.*): *calendario ~* excursion calendar; *guida escursionistica* tourist guide.

escussi → **escutere**.

escussione *f.* (*Dir*) **1** (*rif. a testimoni*) examination: *beneficio di ~* benefit of discussion; *~ in contraddittorio* cross-examination. **2** (*rif. a debitori*) prosecution.

escusso → **escutere**.

escutere (*pres.ind.* **escùto**; *p.rem.* **escùssi**; *p.p.* **escùsso**) *v.t.* (*Dir*) **1** (*rif. a testimoni*) to examine. **2** (*rif. a debitori*) to prosecute.

Esdra *n.pr.m.* (*Bibl*) Ezra.

esecrabile *a.* **1** (*riprovevole*) abominable, detestable, execrable: *gusto ~* execrable taste. **2** (*odioso*) odious, hateful, loathsome, execrable: *un delitto ~* an odious crime.

esecrabilità *f.* **1** (*l'essere riprovevole*) detestability, abominableness. **2** (*odiosità*) odiousness, hatefulness.

esecrando *a.* (*lett*) **1** (*riprovevole*) abominable, detestable, execrable. **2** (*odioso*) odious, hateful, loathsome, execrable.

esecrare (*esècro/esecro*) *v.t.* **1** (*riprovare*) to execrate, to abominate. **2** (*odiare*) to loathe, to abhor: *il popolo esecrava il tiranno* the people abhorred the tyrant.

esecrato *a.* **1** (*riprovato*) execrated, abominated. **2** (*odiato*) abhorred, loathed: *l'~ tiranno* the abhorred tyrant.

esecrazione *f.* **1** (*riprovazione*) execration, abomination. **2** (*odio*) abhorrence.

esecutività *f.* (*Dir*) enforceability.

esecutivo I *m.* (*Dir*) **1** (*potere esecutivo*) executive power, executive department, executive. **2** (*governo*) cabinet. **3** (*comitato esecutivo*) executive, executive committee: *l'~ del partito* the party executive. II *a.* **1** (*Dir*) executive, enforceable, executory: *comitato ~* executive committee; *poteri esecutivi* executive powers; *rendere ~* to execute. **2** (*che può essere eseguito*) feasible.

esecutore *m.* (*f.* **-trice**) **1** executor (*f.* executrix) (*anche Dir*), person who carries out sth.: *l'~ di un ordine* the executor of an order, the person who carries out an order; *l'~ di un piano* the executor of a plan. **2** (*Mus*) performer, interpreter. **3** (*estens*) (*carnefice*) executioner. □ (*Dir*) *~ fallimentare* trustee in bankruptcy; (*Dir*) ~ *giudiziario* bailiff; (*Dir*) ~ *testamentario* executor, testamentary executor; (*designato dal tribunale*) administrator.

esecutorietà *f.* (*Dir*) enforceability: ~ *di una sentenza* enforceability of a judgement.

esecutorio *a.* (*Dir*) executive, executory, enforceable: *clausola esecutoria* executive clause; *decreto* ~ executive decree; *lettere esecutorie* executorial letters.

esecuzione *f.* **1** (*realizzazione*) execution, carrying out, fulfilment, (*Am*) fulfillment, realization: ~ *di un disegno* execution of a plan; ~ *di un ordinativo* execution of an order, carrying out of an order, fulfilment of an order, (*Am*) fulfillment of an order; *un lavoro di facile* ~ an easy job to do; *un lavoro di difficile* ~ a difficult job to do; *lavoro in corso di* ~ work in progress; *mancata* ~ non-performance. **2** (*Mus*) performance, rendering, interpretation: ~ *di un pezzo difficile* performance of a difficult piece. **3** (*di crimini*) execution, perpetration: ~ *del reato* perpetration of a crime. **4** (*Dir*) execution, enforcement, putting into effect: *andare in* ~ to come into force, to become effective, to be executed. **5** (*uccisione*) execution (*anche Dir*): *procedere a un'* ~ to carry out an execution; *sospendere un'* ~ to reprieve. **6** (*qualità, fattura*) workmanship, execution: *un'opera di finissima* ~ an article of exquisite workmanship. **7** (*Ling*) performance: ~ *di un suono* performance of a sound. □ (*Dir*) ~ *capitale* execution, capital punishment; (*Dir*) ~ *coattiva* compulsory sale; ~ *dal vivo* live performance; (*Dir*) *dare* ~ *a qcs.* to put sth. into execution, to put sth. into effect: *dare* ~ *a una sentenza* to enforce a judgement; *dare* ~ *a un ordine* to execute an order, to carry out an order; (*Dir,Comm*) ~ *del contratto* fulfilment of contract, (*Am*) fulfillment of contract, performance of contract; (*Dir*) ~ *del reato* perpetration of the crime; (*Dir*) ~ *di un'ipoteca* satisfaction of a mortage; (*Dir*) ~ *di una sentenza* enforcement of a judgement; ~ *di una sentenza di sfratto* execution of an eviction order; (*Dir*) ~ *forzata* compulsory execution; ~ *in massa* mass execution; *nell'* ~ *delle proprie funzioni* in the execution of one's duties; (*Dir*) ~ *sommaria* summary execution; (*Dir*) ~ *testamentaria* executorship.

esedra *f.* (*Arch*) exedra.

esegesi *f.* exegesis: ~ *biblica* biblical exegesis.

esegeta *m./f.* exegete.

esegetica *f.* exegetics (*costr.sing. o pl.*).

esegetico (*pl.* **-ci**) *a.* exegetic, exegetical: *studi esegetici* exegetic studies.

eseguibile *a.* **1** that can be executed (*posposto*), that can be carried out (*posposto*), that can be performed (*posposto*), that can be put into effect (*posposto*), executable, feasible: *un ordine difficilmente* ~ an order that is difficult to carry out; *questo progetto è facilmente* ~ this project can easily be put into effect, this project is quite feasible. **2** (*Inform*) executable: *file* ~ executable file; *programma* ~ executable programme. **3** (*Mus*) playable, that can be played (*posposto*), that can be performed (*posposto*): *un pezzo* ~ *anche a quattro mani* a piece of music that can also be played four-handed. **4** (*Teat*) performable, that can be performed (*posposto*).

eseguibilità *f.* **1** feasibility, workability: ~ *di un piano* feasibility of a plan; *vagliare l'* ~ *di qcs.* to assess the workability of sth., to weigh up the workability of sth. **2** (*Mus*) performability, playability. **3** (*Teat*) performability.

eseguire (*eséguo, eségui*) *v.t.* **1** to carry out, to do, to make, to perform, to execute: ~ *un lavoro* to carry out a piece of work, to do a job; ~ *un piano* to carry out a plan; ~ *una consegna* to make a delivery. **2** (*Comm, Econ*) to effect: ~ *un pagamento* to effect a payment. **3** (*adempiere*) to carry out, to fulfil, (*Am*) to fulfill: ~ *un ordine* to carry out an order, to fulfil an order, (*Am*) to fulfill an order. **4** (*Mus,Teat*) (*interpretare*) to perform, to play, to act, to render, to execute: ~ *un concerto* to perform a concerto, to play a concerto; ~ *un balletto* to perform a ballet. **5** (*Inform*) to execute. □ (*Dir,Comm*) ~ *un contratto* to perform a contract; ~ *un incarico* to carry out a task; (*Dir*) ~ *la legge* to carry out the law; (*Dir*) ~ *un mandato* to carry out an order; (*Comm*) ~ *un'ordinazione* to fill an order, to carry out an order; ~ *un pagamento* to make a payment, to effect a payment (*anche Comm*); ~ *riparazioni* to carry out repairs; (*Inform*) ~ *una scansione di* to scan; (*Dir*) ~ *una sentenza* to execute a judgement.

esempio *m.* **1** example, model: *un* ~ *tipico* a prize example; *fare un* ~ to give an example; *solo per fare qualche* ~ to name but a few; *prendere* ~ *da qcu.* to follow so.'s example; *seguire l'* ~ *di qcu.* to follow so.'s example; *dare il buon* ~ to set a good example; *dare un cattivo* ~ to set a bad example. **2** (*modello*) example, paragon, model, pattern: *è un* ~ *di fedeltà coniugale* he is a paragon of marital fidelity, he is a model of marital fidelity. **3** (*citazione, saggio*) example, sample, instance: *un* ~ *di musica medievale* an example of medieval music, a sample of medieval music; *un* ~ *vivente di civiltà* a living example of civility. **4** (*ammaestramento*) example, lesson: *un* ~ *concreto* a concrete example; *questo ti serva di* ~ (o *da* ~) let this be an example to you, let this be a lesson to you. □ *ad* ~ for instance, for example, e.g.: *portare ad* ~ to give as an example, (*rif. a persona*) to hold up as an example; *prendere qcu. a* ~ to follow so.'s example; *dimostrare con un* ~ to illustrate by means of an example; *essere di* ~ *a qcu.* to be an example to so., to set an example for so.; *per* ~ for instance, for example: *molte persone, per* ~ *mio padre, fumano la pipa* many people smoke a pipe, my father for instance; *io, per* ~ *I* for one; *e se per* ~...? and supposing...?; *secondo l'* ~ *di* following the example of, after the example of; *essere l'* ~ *tipico di* to epitomize, to typify.

esemplare [1] **I** *a.* **1** (*che serve da esempio*) exemplary, model (*attr.*): *vita* ~ exemplary life; *punizione* ~ exemplary punishment; *moglie* ~ model wife. **2** (*perfetto*) exemplary, perfect: *comportamento* ~ exemplary behaviour; *una gestione* ~ perfect management, exemplary management. **II** *m.* **1** (*modello*) example, paragon, model, pattern: *un* ~ *di virtù* a paragon of virtue. **2** (*copia di libro*) copy, specimen, exemplar: *di questo libro sono rimasti solo due esemplari* there are only two copies of this book left; *un* ~ *raro* a rare copy. **3** (*rif. a francobolli, monete e sim.*) specimen, example, exemplar: *un* ~ *raro di francobollo dell'Ottocento* a rare specimen of a nineteenth-century stamp. **4** (*rif. a documenti*) copy. **5** (*individuo tipico di una specie*) specimen, example, sample: *un bell'* ~ *di cane pastore* a fine example of a sheepdog, a fine specimen of a sheepdog; (*scherz*) *certo che Paolo è proprio un bell'* ~!

Paul is a real character! **6** (*campione*) sample, specimen, tester: *un* ~ *del nuovo rossetto* a sample of the new lipstick. □ ~ *gratuito* (*di libri*) free copy; *in due esemplari* in duplicate; *in tre esemplari* in triplicate.

esemplare [2] (*esèmplo*) *v.t.* **1** (*Filol*) to copy, to reproduce. **2** (*lett*) (*imitare*) to copy, to imitate.

esemplarità *f.* exemplariness: *l'* ~ *di una punizione* the exemplariness of a punishment.

esemplarmente *avv.* (*rar*) **1** (*come esempio*) exemplarily, by way of example. **2** (*in maniera perfetta*) exemplarily, perfectly: *un reperto* ~ *conservato* a perfectly preserved find.

esemplificare (*esemplìfico, esemplìfichi*) *v.t.* to exemplify, to illustrate with examples: ~ *una regola* to exemplify a rule, to illustrate a rule.

esemplificativo *a.* exemplifying, illustrative: *a titolo* ~ by way of example.

esemplificazione *f.* **1** exemplification, illustration. **2** (*insieme di esempi*) examples *pl.*: *una lunga* ~ a wealth of examples.

esentare (*esènto*) *v.t.* **1** to exempt, to free (*da* from): ~ *qcu. dal servizio militare* to exempt so. from military service; ~ *qcu. da un pagamento* to exempt so. from payment; ~ *qcu. dal pagamento delle tasse* to exempt so. from taxation. **2** (*da un'incombenza*) to relieve, to release, to let off, to dispense (*da* from): ~ *qcu. da un compito* to relieve so. from a duty; ~ *qcu. dal lavoro* to let so. off their work. **II** *v.pron.* **esentarsi 1** (*evitare*) to avoid (*da* sth.), to dodge (*da* sth.): *esentarsi da un pagamento* to avoid a payment. **2** (*sottrarsi*) to get out (of): *esentarsi da un impegno* to get out of doing sth., to get out of a commitment. □ (*Comm*) ~ *le merci dalle tasse* to clear goods of duty.

esentasse *a.inv.* (*burocr*) tax-exempt, tax-free: *un reddito* ~ a tax-free income.

esente *a.* **1** exempt (*da* from), exempted (*da* from), free (*da* of, from): ~ *da dazio* free of duty, duty-free; ~ *da debiti* free from debts, free of debts, debtfree. **2** (*privo*) free (of, from), without (sth.): *essere* ~ *da colpa* to be blameless, to be without blame. **3** (*dispensato*) exempt, excused: ~ *dal servizio militare* exempt from military service. □ (*Med*) ~ *da contagio* immune from contagion; (*Comm*) ~ *da dazio doganale* uncustomed; (*Dir*) ~ *da ipoteche* not subject to mortgage; (*Comm*) ~ *da IVA* VAT-free, (*Br*) zero-rated; (*Strad*) ~ *da pedaggio* free of tolls, without tolls; ~ *da preoccupazioni* carefree; (*Comm*) ~ *da spese* free of charge; (*Comm*) ~ *da tasse* duty-free, tax-free.

esenzione *f.* **1** exemption: *chiedere l'* ~ to claim exemption; *concedere l'* ~ to grant exemption. **2** (*da un compito*) release. □ (*Econ*) ~ *completa* complete exemption; ~ *dagli esami* exemption from exams, exemption from examinations; ~ *dal lavoro* exemption from working; (*burocr*) ~ *dal servizio* release from duty; ~ *dal servizio militare* exemption from military service. (*Comm*) ~ *doganale* duty-free, free of duty; ~ *fiscale* tax exemption; ~ *dalle imposte* tax exemption (*anche Comm*); ~ *dall'imposta sul reddito* income-tax exemption; ~ *per età* age allowance.

esequie *f.pl.* obsequies, funeral ceremony *sing.*, funeral rites, (*lett*) exequies.

esercente *m./f.* **1** tradesman (*f.* -woman): *gli esercenti* tradesfolk, tradespeople; *prezzi per esercenti* trade prices. **2** (*di negozio*) shopkeeper, (*Am*) storekeeper. □ ~ *cine-*

matografico proprietor of a cinema, cinema owner; ~ *di esercizio pubblico* proprietor of premises open to the public; ~ *di un ristorante* restaurateur.

esercire (**esercìsco, esercìsci**) *v.t.* **1** (*gestire un'attività, un negozio*) to run, to keep: ~ *un negozio* to run a shop, to keep a shop, (*Am*) to run a store, to keep a store. **2** (*esercitare un'attività*) to practise, (*Am*) to practice, to carry on: ~ *una professione* to practise a profession, (*Am*) to practice a profession.

esercitabile *a.* exercisable.

esercitare (**esèrcito**) **I** *v.t.* **1** to exercise, to train: ~ *la mente* to exercise the mind; ~ *la voce al canto* to train the voice; ~ *la memoria* to exercise the memory, to train the memory. **2** (*praticare*) to practise, (*Am*) to practice: ~ *una lingua* to practise a language. **3** (*Sport, Mil*) (*allenare, addestrare*) to train, to drill: ~ *i soldati* to train soldiers, to drill soldiers. **4** (*rif. a attività professionale*) to practise, (*Am*) to practice (*anche assol.*): ~ *una professione* to practise a profession; ~ *la professione di medico* to be a doctor; *è avvocato, ma non esercita* he is a lawyer but he does not practise; *quel medico non esercita più* that doctor has given up his practice; ~ *la professione legale* to practice law. **5** (*rif. a mestiere*) to carry on. **6** (*usare, adoperare*) to exercise, to exert (*anche Dir*): ~ *il potere* to exercise power, to wield power; ~ *tutta la propria influenza* to exert all one's influence. **7** (*mettere alla prova*) to try: ~ *la pazienza di qcu.* to try so.'s patience. **II** *v.pron.* **esercitarsi 1** to practise, (*Am*) to practice, to exercise oneself: *devi esercitarti in inglese* you must practise your English; *esercitarsi a scrivere* to practise writing; *esercitarsi nella guida* to practise driving. **2** (*Sport,Mil*) (*allenarsi, addestrasi*) to train, to drill: *esercitarsi ai pesi* to do weight training, to do weight lifting. ☐ ~ *un'attività* to pursue an activity; (*fig*) ~ *la propria autorità* to wield one's authority, to exercise one's authority; ~ *la censura* (*su*) to censure (sth.); ~ *un diritto* to exercise a right, to assert a right; ~ *il commercio* to be in trade, to be in business, to carry on a trade, to have a commercial business; ~ *il contrabbando* to smuggle; (*fig*) ~ *un'influenza su qcu.* to exert an influence on so.; ~ *l'insegnamento* to teach, to be a teacher; ~ *un monopolio* to hold a monopoly, to have a monopoly (*anche Comm*); (*fig*) ~ *pressioni su qcu.* to exert pressure on so.

esercitazione *f.* **1** exercise, practice: ~ *scolastica* exercise in class; *il suo primo romanzo è una semplice ~ letteraria* his first novel is merely a literary exercise. **2** (*allenamento*) training: ~ *della voce* voice training. **3** (*Mil*) exercises *pl.*, manoeuvres *pl.*, (*Am*) maneuvers, (*in caserma*) drill: *esercitazioni militari* military exercises; *circuito di ~* drill circuit. ☐ ~ *antincendio* fire drill; (*Mil*) ~ *di tiro* shooting practice; (*Mar.mil*) ~ *navale* naval manoeuvres (*pl.*), (*Am*) naval maneuvers (*pl.*); (*Mil*) ~ *notturna* night manoeuvres (*pl.*), (*Am*) night maneuvers (*pl.*).

esercito *m.* **1** (*Mil*) (*forze armate*) armed forces *pl.*; (*forze terrestri*) army: *raccogliere un ~* to gather an army, to assemble an army; *formare un ~* to levy an army; *guidare un ~* to lead an army; *entrare nell'~* to enter the army, to join the army; *prestare servizio militare nell'~* to serve in the army; ~ *attaccante* attacking army. **2** (*fig*) (*moltitudine*) host, crowd, army: *un ~ di dimostranti* a crowd of demonstrators. ☐ (*Rel.prot*) ~ *della salvezza* Salvation Army; (*Mil*) ~ *di occupazione* army of occupation (*anche Stor*); (*Mil*) ~ *mer-*

cenario mercenary army; (*Mil*) ~ *permanente* standing army; (*Mil*) ~ *professionale* professional army; (*Mil*) ~ *regolare* regular army.

eserciziario *m.* workbook, exercise book (*anche Scol*).

esercizio *m.* **1** exercise: *esercizi di pianoforte* piano exercises; *un ~ di latino* a Latin exercise; ~ *di compito* homework; ~ *di traduzione* translation exercise; ~ *di scrittura* writing exercise. **2** (*attività fisica*) exercise: ~ *fisico* physical exercise; *fare un po' di ~* to take some exercise, to get some exercise. **3** (*allenamento*) practice: *sa l'inglese benino, ma gli manca l'~* he knows English quite well but he needs practice; *essere fuori ~* to be out of practice; *tenersi in ~* to keep in practice, to keep oneself in practice. **4** (*attività professionale*) practice, practising, (*Am*) practicing: *l'~ di una professione* the practice of a profession; ~ *dell'avvocatura* law practice; *nell'~ delle proprie funzioni* in the exercise of one's duties. **5** (*gestione di un'azienda*) management, running, carrying on: *gestire un ~* to run a business, to run a shop. **6** (*estens*) (*negozio, attività commerciale*) shop, firm, business: *aprire un ~* to open a business, to open a shop; *costi di ~* operating costs. **7** (*Comm*) (*periodo*) accounting period, business year: ~ *finanziario* financial year; *l'~ 1999 si è chiuso in deficit* the balance of the 1999 financial year showed a deficit. **8** (*l'usare, l'adoperare*) exercise, exertion, wielding: ~ *del potere* exercise of power, wielding of power. **9** (*funzionamento: spec. rif. a impianti*) operation: *essere in ~* to be operating; *entrare in ~* to go into operation; *essere fuori ~* to be out of order, not to be working; *temporaneamente fuori ~* temporarily out of order. ☐ (*Ginn*) *esercizi a corpo libero* free-standing exercises; (*Ginn*) *esercizi a terra* floor exercises; (*Dir*) ~ *abusivo di una professione* unauthorized practice of a profession; (*Comm*) ~ *amministrativo* administration; (*Ginn*) ~ *con gli attrezzi* work-out on equipment; (*Comm*) ~ *contabile* accounting period; (*Sport*) *esercizi di allenamento* training exercises; (*Scol*) *esercizi di comprensione* comprehension exercises; (*Dir*) ~ *di un diritto* assertion of a right, exercise of a right: ~ *arbitrario di un diritto* misfeasance; ~ *di memoria* exercise of the memory, memory-training; (*Econ*) ~ *finanziario* financial year; (*Ginn*) *esercizi ginnici* physical training exercises, gymnastic exercises, gymnastics (*costr.sing.*); (*Comm*) ~ *in proprio* privately-run concern; *nell'~ delle proprie funzioni* while carrying out one's duties, in the performance of one's duties; (*Sport*) *esercizi obbligatori* compulsories; (*Comm*) ~ *provvisorio* stop-gap budget, provisional carrying on of business; (*Comm*) ~ *pubblico* commercial concern; (*Rel.catt*) *esercizi spirituali* spiritual exercises. *Prov.: l'~ è buon maestro* practice makes perfect.

esergo (*pl.* **-ghi**) *m.* (*Numism*) exergue.

esfoliante I *a.* (*Med*) exfoliating (*anche Cosmet*): *trattamento ~ per il corpo* exfoliating body treatment; *gel ~* exfoliating gel. **II** *m.* (*Med*) exfoliant (*anche Cosmet*).

esfoliare (**esfòlio**) **I** *v.t.* (*Med*) to exfoliate (*anche Cosmet*). **II** *v.pron.* **esfoliarsi** (*Med*) to exfoliate.

esfoliazione *f.* (*Med*) exfoliation.

esibire (**esibìsco, esibìsci**) **I** *v.t.* **1** to show, to exhibit, to display: ~ *i propri dipinti* to show one's paintings. **2** (*mettere in mostra*) to show off, to parade: ~ *la propria cultura*

to show off one's knowledge. **3** (*Dir*) to show, to exhibit, to produce, to present: ~ *la carta d'identità* to show one's identity card; ~ *un documento al giudice* to exhibit a document (*o* to submit a document) to the judge. **II** *v.pron.* **esibirsi 1** (*dare spettacolo*) to perform: *nel circo si esibisce un giovane acrobata* a young acrobat is performing in the circus; *esibirsi in pubblico* to perform in public; *esibirsi come attore* to perform as an actor. **2** (*mettersi in mostra*) to show off, to parade oneself: *non perde mai l'occasione di esibirsi* he never misses the chance to show off, he never misses the opportunity to show off.

esibizione *f.* **1** presentation, show, display, exhibition: ~ *di un documento* presentation of a document. **2** (*ostentazione*) show, showing off, ostentation, exhibition, display: ~ *delle proprie ricchezze* ostentation of one's riches; ~ *di coraggio* display of courage. **3** (*spettacolo*) performance, show, number: *le esibizioni degli acrobati* the acrobats' performance; *questa sarà la sua ultima ~ in pubblico* this will be his last performance in public, this will be his last public performance.

esibizionismo *m.* **1** (*ostentazione*) exhibitionism, ostentation, showing off. **2** (*Psic*) exhibitionism.

esibizionista *m./f.* **1** exhibitionist, show-off. **2** (*Psic*) exhibitionist.

esibizionistico (*pl.* **-ci**) *a.* exhibitionist, exhibitionistic: *manie esibizionistiche* exhibitionist manias.

esigente *a.* **1** exacting, demanding, exigent, (*colloq*) choosy, fussy: *essere una persona ~* to be an exacting person; *poco ~* undemanding. **2** (*difficile da accontentare*) particular, difficult, hard to please (*posposto*): *essere ~ in fatto di donne* to be particular about women, to be picky about women; *essere un cliente ~* to be a difficult customer. **3** (*severo*) strict, demanding: *essere un insegnante ~* to be a strict teacher, to be a demanding teacher.

esigentemente *avv.* demandingly, exactingly.

esigenza *f.* **1** (*necessità*) exigency, necessity, need, requirement, demands *pl.*: *sentire l'~ di fare qcs.* to feel the need to do sth.; *non ho esigenze particolari* I don't need anything in particular; *le esigenze della vita* the necessities of life; *un'~ primaria* a primary need; *venire incontro alle esigenze di qcu.* to meet so.'s requirements. **2** (*pretesa*) demand, requirement: *avere molte esigenze* to make many demands, to be very demanding; *soddisfare le esigenze di qcu.* to meet so.'s requirements. **3** (*l'essere esigente*) exactingness, demandingness, choosiness. ☐ *per esigenze di servizio* for work reasons.

esigere (*pres.ind.* **esìgo, esìgi;** *p.rem.* **esigéi/esigètti;** *p.p.* **esàtto**) *v.t.* **1** (*pretendere*) to demand, to call for, to expect, to ask, to claim: *esigo una risposta* I demand an answer; ~ *soddisfazione* to demand satisfaction; *esigi troppo da me* you expect too much from me; *esigo che voi mi obbediate* I expect you to obey me; *esigo il totale silenzio* I demand your total silence. **2** (*richiedere, comportare*) to demand, to require, to call for, to necessitate: *il lavoro esige prontezza* the work demands speed, the work calls for speed; *questo comportamento esige una spiegazione* this behaviour necessitates an explanation. **3** (*riscuotere*) to collect, to exact, to cash (*anche Comm*): ~ *le imposte* to collect taxes; ~ *il pagamento* to exact payment; ~ *un* *tributo* to exact a tax, (*Am*) to collect a tax.

esigibile *a.* **1** due (*anche posposto*), payable, collectable: *crediti esigibili* debts due. **2** (*che si può riscuotere presso una cassa*) cashable, encashable: *quest'assegno non è* ~ this cheque is not cashable. □ *~a vista* at call; *~anticipatamente* callable.

esigibilità *f.* collectability, payability.

esiguità *f.* meagreness, (*Am*) the meagerness, smallness, slightness, exiguity: ~ *del compenso* meagreness of the reward; ~ *della spesa* smallness of outlay.

esiguo *a.* **1** meagre, small, (*Am*) meager, small, slight, paltry, exiguous: *numero* ~ small number; *una cifra esigua* a small sum of money. **2** (*stentato*) narrow, slender, poor: *un'esigua maggioranza* a narrow majority; *uno stipendio* ~ a poor salary.

esilarante → **esilarare** *a.* cheering, exhilarating, hilarious, funny: *una scena* ~ hilarious scene.

esilarare (**esìlaro**) **I** *v.t.* to exhilarate, to amuse: *il suo racconto esilarò i presenti* his story amused those present. **II** *v.pron.* **esilararsi** (*rar*) to have a good time, to have fun, to enjoy oneself.

esile *a.* **1** slender, slight, thin, (*snello*) slim: *corporatura* ~ slight build; *spalle esili* thin shoulders; *un corpo* ~ a slim body. **2** (*fig*) (*debole*) thin, weak, feeble, flimsy: *esili argomenti* weak arguments; *una vocina* ~ a feeble voice, a flimsy voice.

esiliare (**esìlio, esìli**) **I** *v.t.* **1** to exile, to banish: *il regnante esiliò gli avversari politici* the ruler exiled his political opponents. **2** (*estens*) to exclude, to shut out, to banish: *è stato esiliato dalla sua stessa famiglia* he has been excluded from his own family. **II** *v.pron.* **esiliarsi 1** to go into exile. **2** (*estens*) (*ritirarsi*) to cut oneself off, to withdraw: *esiliarsi dal mondo* to cut oneself off from the world.

esiliato I *a.* **1** exiled, banished. **2** (*estens*) excluded, shut out, banished, isolated. **II** *m.* (*f.* **-a**) exile: *esiliati politici* political exiles.

esilio *m.* **1** exile, banishment: *andare in* ~ to go into exile, to go into banishment; *condannare all'* ~ to exile, to sentence to exile; *mandare in* ~ to send into exile; *scegliere la via dell'* ~ to go into exile, to choose exile. **2** (*luogo*) exile, place of exile: *morire in* ~ to die in exile. **3** (*fig*) withdrawal, retirement, isolation: ~ *dal mondo* withdrawal from the world. □ *~a vita* lifelong banishment; ~ *volontario* self-imposed exile, voluntary exile.

esilità *f.* **1** slenderness, slightness, thinness; (*snellezza*) slimness: ~ *di corporatura* slightness of build. **2** (*fig*) (*debolezza*) weakness, feebleness, fragility; (*inconsistenza*) flimsiness: ~ *della trama* weakness of plot.

esimere (**esìmo**; *no past participle and compound tenses*) **I** *v.t.* **1** to exempt, to excuse, to free, to dispense: ~ *qcu. dal fare qcs.* to exempt so. from doing sth.; ~ *qcu. da un obbligo* to free so. from an obligation, to release so. from an obligation. **2** (*da un lavoro*) to release, to relieve. **II** *v.pron.* **esimersi** to get out (*da of*), to avoid, to evade: *non ho potuto esimermi dall'aiutarlo* I could not get out of helping him; *esimersi dal servizio militare* to evade military service.

esimio *a.* **1** (*egregio*) outstanding, distinguished, excellent, egregious, illustrious: *un* ~ *scrittore* an outstanding writer; *un* ~ *studioso* an egregious scholar. **2** (*epist,rar*) Dear: ~ *Signore* Dear Sir. **3** (*rif. a cose*) rare, excellent, singular: *virtù esimia* rare virtue. **4** (*titolo di cortesia*) distinguished, eminent: *il*

mio ~ *collega* my distinguished colleague. **5** (*iron*) real, thorough, out-and-out: *un* ~ *mascalzone* a real scoundrel.

Esiodo *n.pr.m.* (*Stor,Lett*) Hesiod.

esistente *a.* **1** existent, in existence, present. **2** (*vivente*) living, alive (*pred.*): *tutte le creature esistenti* all living creatures. **3** (*attuale*) current: *tariffe esistenti* current tariffs. □ *tuttora* ~: **1** (*di persona*) surviving; **2** (*di cosa*) extant (*anche pred.*), in existence (*posposto*): *il manoscritto è tuttora* ~ the manuscript is still extant; *un documento tuttora* ~ an extant document.

esistenza *f.* **1** existence (*anche Filos*): *ignorava l'* ~ *del libro* he did not know of the existence of the book. **2** (*vita*) life, existence: *condusse un'* ~ *felice* he led a happy life. **3** (*sopravvivenza*) survival: *lottare per l'* ~ to struggle for survival. □ *l'~terrena* earthly life.

esistenziale *a.* existential (*anche Filos*): *problemi esistenziali* existential problems.

esistenzialismo *m.* (*Filos*) existentialism.

esistenzialista I *a.* (*Filos*) existentialist: *filosofo esistenzialista* existentialist philosopher, Existentialist. **II** *m./f.* (*Filos*) Existentialist.

esistenzialistico (*pl.* **-ci**) *a.* (*Filos*) existentialist.

esistere (*pres.ind.* **esìsto**; *p.rem.* **esistéi/esistètti**; *p.p.* **esistìto**; *aus.* **essere**) *v.i.* **1** to exist, to be: *le streghe non esistono* witches do not exist; *non esistono prove della sua colpevolezza* there is no proof of his guilt; *la ditta ha cessato di* ~ the firm has ceased to exist; *per lui esiste solo il calcio* only soccer exists for him. **2** (*vivere*) to live, to exist: *esistono molte specie di uccelli nella foresta* a lot of species of birds live in the forest; *il più famoso scrittore mai esistito* the most famous writer that ever lived. **3** (*esserci, trovarsi*) there is, there are: *non esiste niente di meglio dell'amicizia* there's nothing better than friendship; *non esiste alcun dubbio* there's no doubt at all. □ *~da* to go back to, to date back to; *da quando esiste il mondo* since the beginning of time; (*colloq*) *non esiste proprio!* it's absolutely out of the question!, forget about it!, (*colloq*) no way!

esistito → **esistere**

esitante *a.* **1** hesitant, hesitating: *mi guardò con aria* ~ he looked at me with a hesitant air. **2** (*indeciso*) uncertain, irresolute, doubtful: *sembrava* ~ he seemed uncertain; *essere* ~ to be doubtful. **3** (*rif. alla voce, al modo di parlare*) faltering, halting, stumbling: *rispose con voce* ~ he answered in a faltering voice.

esitare¹ (**èsito**; *aus.* **avere**) *v.i.* **1** to hesitate, to waver: *esitò a lungo prima di rispondere* he hesitated for a long time before answering; ~ *tra due possibilità* to waver between two possibilities; *accettai subito senza* ~ I accepted immediately without hesitating. **2** (*di voce*) to falter, to halt, to stumble. □ ~ *a credere qcs.* to find sth. hard to believe: *non esito a credere che tu abbia ragione* I have no doubt that you are right, I can well believe that you are right; *senza* ~ unhesitatingly, without a moment's hesitation.

esitare² (**èsito**) *v.t.* **1** (*smerciare, vendere*) to sell, to retail. **2** (*burocr*) (*consegnare*) to deliver.

esitare³ (**èsito**; *aus.* **avere**) *v.i.* **1** (*Med*) (*risolversi*) to be resolved (*in* as). **2** (*Ling*) to have the reflex.

esitazione *f.* hesitation, hesitancy, wavering: ~ *a fare qcs.* hesitation in doing sth.; *avere un attimo di* ~ to have a moment's hesitation, to waver for a moment; *basta con le*

esitazioni! that's enough dithering! □ *con* ~ hesitatingly: *rispose con* ~ he answered hesitatingly; *senza* ~ without hesitation: *accettò l'incarico senza* ~ he accepted the office without hesitation.

esito *m.* **1** (*risultato*) result, outcome, issue: *attendere l'* ~ *degli esami* to wait for the examination results; *l'* ~ *delle elezioni* the outcome of the elections; *giudicare dall'* ~ to judge from results; *l'* ~ *del colloquio* the outcome of the interview; *avere cattivo* ~ to turn out badly; *avere buon* ~ to turn out well; *avere* ~ *negativo* to be unsuccessful. **2** (*successo*) success, successful result: *garantire l'* ~ *di un'impresa* to guarantee the success of an undertaking. **3** (*effetto*) effect: *non sortire alcun* ~ to produce no effect. **4** (*Comm*) (*smercio, vendita*) sale, turnover, (*Br*) disposal: *un capo di facile* ~ an article of clothing which sells easily. **5** (*Med*) resolution, result: *l'* ~ *della malattia* the result of the disease. **6** (*Ling*) reflex. **7** (*rar*) (*uscita*) outlet, outflow. □ (*burocr*) *dare* ~ *a una lettera* to reply to a letter; *senza* ~ to no purpose, without result, to no avail, of no avail: *essere senza* ~ to come to nothing, to be of no avail.

esiziale *a.* **1** (*rovinoso*) ruinous, disastrous: *quei provvedimenti furono esiziali per l'economia* those measures were disastrous to the economy. **2** (*mortale*) fatal, mortal: *ferita* ~ mortal wound; *malattia* ~ fatal disease.

eskimo *m.* (*Abbigl*) parka, anorak.

eslege *a.* **1** (*che non è sottoposto a legge*) extra-legal, not governed by law (*posposto*), not regulated by law (*posposto*): *una condizione* ~ a condition not regulated by law. **2** (*che non si assoggetta alla legge*) defying the law (*posposto*): *un artista* ~ an outlaw artist.

esobiologia *f.* (*Biol*) exobiology.

esobiologo *m.* (*f.* **-a**; *pl.* **-gi**) (*Biol*) exobiologist.

esocarpo *m.* (*Bot*) exocarp.

esoceto *m.* (*Itt*) flying fish.

esocrino *a.* (*Fisiol*) exocrine: *ghiandola esocrina* exocrine gland.

esodo *m.* **1** exodus: *l'* ~ *degli Ebrei dall'Egitto* the exodus of the Jews from Egypt. **2** (*estens*) exodus, migration, departure: *con il caldo inizia l'* ~ *verso il mare e la montagna* when it gets hot the exodus to the seaside and mountains begins; *il grande* ~ mass migration, mass departure; ~ *di massa* mass exodus. **3** (*estens*) (*rif. a capitali e sim.*) flight: ~ *di capitali all'estero* flight of capital (abroad). **4** (*Lett*) (*ultima parte della tragedia greca*) exodus. □ *~dalle campagne* rural exodus, exodus from the countryside; *~dalle città* flight from the cities.

Esodo *m.* (*Bibl*) Exodus: *il libro dell'* ~ the book of Exodus.

esofageo *a.* (*Anat*) (*Br*) oesophagal, (*Br*) oesophageal, (*Am*) esophagal, (*Am*) esophageal.

esofagite *f.* (*Med*) (*Br*) oesophagitis, (*Am*) esophagitis.

esofago (*pl.* **-gi**) *m.* (*Anat*) (*Br*) oesophagus, (*Am*) esophagus.

esoftalmo *m.* (*Med*) exophthalmos.

esogamia *f.* (*Etnol,Biol*) exogamy.

esogamo *a.* (*Etnol,Biol*) exogamous.

esogenesi *f.* exogenesis.

esogeno *a.* (*Geol,Biol*) exogenous: *rocce esogene* exogenous rocks; *contenuto cellulare* ~ exogenous cellular content.

esondare (**esóndo**; *aus.* **avere/essere**) *v.i.* to overflow, to overflow the banks.

esondazione *f.* overflow.

esonerare (**esònero**) **I** *v.t.* **1** to exempt, to excuse, to free: *sono stato esonerato dalle lezioni di educazione fisica* I've been excused (from) P.E. classes; *~ il proprio figlio dall'ora di religione* to withdraw one's child from religious education; *~ dal servizio militare* to exempt from military service; *~ dalle tasse* to exempt from taxation. **2** (*da un compito*) to release, to relieve, to exonerate, to dismiss, to let off, to discharge: *~ qcu. dalle sue responsabilità* to dismiss so. from their responsibilities, to relieve so. of their responsabilities; *~ qcu. dal lavoro* to let so. off work. **3** (*destituire*) to remove, to sack, to relieve. **II** *v.pron.* **esonerarsi** to excuse oneself (*da* from), to get out (*da* from): *esonerarsi da un incarico* to get oneself out of a duty.

esonerato *a.* **1** exempted, excused, freed: *~ dalle tasse* exempted from taxation; *sono ~ dalle lezioni di educazione fisica* I'm excused (from) P.E.; *perché non sei in classe? - Perché sono ~ da religione* why aren't you in the classroom? - Because I'm excused (from) R.I. **2** (*da un compito*) released, relieved, exonerated, dismissed, let off, discharged: *è stato ~ dal lavoro* he has been let off work, he has been dismissed from work. **3** (*destituito*) removed, relieved, (*colloq*) sacked.

esonero *m.* exemption, release, exoneration: *chiedere l'~* to ask for exemption, to apply for exemption, to claim exemption; *~ dalle lezioni di educazione fisica* P.E. exemption; *~ da religione* R.I. exemption; *~ da un dovere* exemption from a duty. □ (*Dir*) *~ da responsabilità* exemption from liability; *~ dal servizio militare* exemption from military service; *~ dalle tasse* exemption from taxation, tax relief; *~ dalle tasse scolastiche* exemption from school fees; *~fiscale* exemption from taxation, tax relief.

Esopo *n.pr.m.* (*Stor,Lett*) Aesop.

esorbitante *a.* **1** exorbitant, excessive: *richieste esorbitanti* excessive demands. **2** (*di prezzi*) exorbitant, excessive, high, unreasonably high, steep: *un prezzo ~* an exorbitant price, an unreasonably high price.

esorbitanza *f.* excessiveness, exorbitance.

esorbitare (**esòrbito**; *aus.* **avere**) *v.i.* to exceed, to go beyond, to be beyond, to lie outside (*da qcs.* sth.): *~ dai propri diritti* to exceed one's rights; *il prezzo di questo articolo esorbita dalle mie possibilità* the price of this article is beyond my means; *questo esorbita dalle mie competenze* this goes beyond my competence, this lies outside my competence.

esorcismo *m.* (*Rel*) exorcism: *fare esorcismi* to perform exorcisms; *praticare un ~* to conduct an exorcism.

esorcista *m./f.* exorcist.

esorcistato *m.* (*Rel.catt*) exorcistate.

esorcistico (*pl.* **-ci**) *a.* of exorcism (*posposto*): *formula esorcistica* formula of exorcism.

esorcizzare (**esorcìzzo**) *v.t.* **1** (*Rel*) to exorcize: *~ il demonio* to exorcize the devil; *~ un indemoniato* to exorcize one possessed. **2** (*estens*) (*allontanare*) to exorcize, to wish away: *~ le proprie paure* to exorcize one's fears away.

esorcizzatore **I** *m.* (*f.* **-trice**) exorcist, exorciser. **II** *a.* exorcizing.

esorcizzazione *f.* exorcizing.

esordiente **I** *a.* making one's debut (*posposto*), appearing for the first time (*posposto*), debutant, at one's debut (*posposto*): *un cantante ~* a singer making his debut, a singer making her debut. **II** *m./f.*

debutant (*f.* debutante), beginner: *un corso per esordienti* a course for beginners. **III** *m.pl.* (*Sport*) (*categoria nel calcio*) beginners.

esordio *m.* **1** (*debutto*) debut, first appearance: *l'~ della cantante* the singer's debut. **2** (*inizio*) beginning, start, opening: *l'~ di un romanzo* the opening of a novel. **3** (*lett*) exordium, introduction, preamble: *dopo un lungo ~ passò all'argomento centrale* after a long introduction he moved on to the main subject. □ *essere agli esordi* to be at the beginning of one's career, to make one's debut: *un attore agli esordi* an actor at the beginning of his career; *gli esordi della civiltà* the beginnings of civilization, the origins of civilization, the dawn of civilization.

esordire (**esordìsco, esordìsci**; *aus.* **avere**) *v.i.* **1** (*cominciare un discorso*) to open, to begin, to start: *l'oratore esordì delineando la situazione politica* the orator opened by outlining the political situation; *ha esordito con una battuta poco felice* he started with a joke in poor taste. **2** (*cominciare un'attività*) to begin (one's career), to start out, to start off: *esordì nel giornalismo con un servizio sul lavoro minorile* he began his career as a journalist with a report on child labour; *ha esordito come segretaria e ora è la direttrice generale* she started off as a secretary, and now she is the general manager. **3** (*debuttare*) to make one's debut, to make one' first appearance: *l'attrice esordì giovanissima* the actress made her debut at a very early age. **4** (*Sport*) (*partecipare per la prima volta*) to take part in sth. (*o* to attend sth.) for the first time: *~ in serie A* to be in the top division for the first time, to debut in the big league.

esornativo *a.* (*lett*) ornamental, embellishing, decorative: *capitello ~* ornamental capital.

esortare (**esòrto**) *v.t.* to urge, to exhort, to entreat: *ti esorto a dire la verità* I urge you to tell the truth; *~ qcu. alla prudenza* to exhort so. to be prudent; *la esortai a darmi una risposta in fretta* I urged her to answer me quickly.

esortativo *a.* hortatory, exhortatory, hortative, exhortative.

esortatore **I** *m.* (*f.* **-trice**) exhorter. **II** *a.* exhortative, exhortatory.

esortazione *f.* exhortation.

esoscheletro *m.* (*Zool*) exoskeleton.

esosfera *f.* (*Meteor*) exosphere.

esosità *f.* **1** (*avidità*) avarice, greed; (*avarizia*) meanness, stinginess: *è conosciuto per la sua ~* he is well known for his stinginess. **2** (*rif. a prezzi e sim.*) exorbitance, excessiveness. **3** (*rar*) (*odiosità*) hideousness, hatefulness.

esoso[1] *a.* **1** (*avido*) greedy, avaricious; (*avaro*) mean, stingy: *usuraio ~* avaricious usurer; *non essere ~!* don't be stingy! **2** (*rif. a prezzo e sim.*) exorbitant, excessive, extremely high, unreasonable: *prezzo ~* exorbitant price. **3** (*rar*) (*odioso*) odious, hateful: *atteggiamento ~* odious behaviour.

esoso[2] *m.* (*Chim*) hexose.

esoterico (*pl.* **-ci**) *a.* **1** (*Filos,Rel,Occult*) esoteric: *dottrine esoteriche* esoteric doctrines. **2** (*estens*) (*incomprensibile*) esoteric, obscure, mysterious: *poesie esoteriche* esoteric poems.

esoterismo *m.* (*Filos, Rel,Occult*) esoterism.

esotermico (*pl.* **-ci**) *a.* (*Chim,Fis*) exothermic, exothermal.

esoticità *f.* exoticism.

esotico (*pl.* **-ci**) **I** *a.* **1** exotic: *frutti esotici*

exotic fruit; *piante esotiche* exotic plants; *animale ~* exotic animal. **2** (*stravagante*) exotic, strange, peculiar: *moda esotica* exotic fashion; *gusti esotici* outlandish tastes. **3** (*Ling*) exotic. **4** (*Med*) exotic, tropical: *patologia esotica* exotic disease, tropical disease. **II** *m.* exotic: *gusto dell'~* taste for the exotic.

esotismo *m.* **1** exoticism. **2** (*gusto dell'esotico*) taste for the exotic. **3** (*Ling*) exotic word.

espadrillas /espa'driʎas/ *f.pl.* (*Calz*) espadrilles.

espandere (*pres.ind.* **espàndo**; *p.rem.* **espànsi**; *p.p.* **espànso**) **I** *v.t.* **1** to expand, to extend, to spread, to widen, to enlarge: *~ i confini* to extend one's boundaries. **2** (*diffondere*) to spread, to give off: *quel fiore espande un buon profumo* that flower gives off a lovely perfume, that flower smells lovely. **3** (*Inform*) to expand: *~ un file* to expand a file. **II** *v.pron.* **espandersi 1** (*diffondersi*) to spread, to spread out, to expand, to extend: *la macchia di vino si espandeva sulla tovaglia* the wine stain spread out over the tablecloth; *la città si espande rapidamente* the city is spreading fast. **2** (*ampliarsi*) to grow, to expand: *il mercato si sta espandendo* the market is growing. **3** (*Fis*) (*aumentare di volume*) to expand: *i gas si espandono* gases expand. □ *espandersi a macchia d'olio* to spread like wildfire.

espandibile *a.* **1** (*che si può espandere*) expandable, expansible. **2** (*Inform*) open-ended: *sistema ~* open-ended system.

espansi → **espandere**.

espansibile *a.* expansible, expandable, expandible; (*di gas*) expansile.

espansibilità *f.* expansibility: *l'~ di un gas* the expansibility of a gas.

espansione *f.* **1** expansion: *~ territoriale* territorial expansion; *~ coloniale* colonial expansion; *politica di ~* expansionist policy. **2** (*crescita, sviluppo*) expansion, growth, development: *~ di un'industria* growth of an industry; *la rapida ~ di una città* the rapid spread of a city, the rapid growth of a city; *~ economica* economic development, economic growth. **3** (*Fis,Mecc,Mat*) expansion: *~ di un gas* expansion of a gas. **4** (*effusione d'affetto*) expansiveness, effusiveness, warmth: *le sue espansioni mi irritano* his (*o* her) effusiveness annoys me; *mi salutò con grande ~* he greeted me with great warmth. **5** (*Inform*) expansion: *scheda di ~* expansion card; *slot di ~* expansion slot. **6** (*Med*) (*dilatazione di un organo*) expansion, dilation. **7** (*Gramm*) (*complemento*) expansion: *~ nominale* nominal expansion. □ (*Fis*) *~ adiabatica* adiabatic expansion; (*Inform*) *~ dei dati* data expansion; (*Geol*) *~ dei fondi oceanici* sea floor spreading; (*Mil*) *~ della canna* bore expansion; (*Econ*) *~ della domanda* demand expansion, growth in demand, demand boost; (*Econ*) *~ della produzione* rise in production; (*Tel*) *~ di banda* band spreading; (*Inform*) *~ di memoria* memory expansion; *in ~* expanding, growing: *universo in ~* expanding universe; (*Econ*) *~ indotta* forced-draught expansion; (*Inform*) *~ della macro* macro expansion; (*El*) *espansionipolari* pole shoes, pole pieces; *~urbana incontrollata* urban sprawl.

espansionismo *m.* (*Pol,Econ*) expansionism: *~ economico* economic expansionism.

espansionista **I** *m./f.* expansionist. **II** *a.* expansionist, expansionistic.

espansionistico (*pl.* **-ci**) *a.* expansionist, expansionistic: *politica espansionistica* expansionist policy.

espansività *f.* **1** expansivity. **2** (*fig*) expansiveness, effusiveness, warmth, extroversion. ☐ *~di carattere* expansive character, outgoing personality.

espansivo *a.* **1** outgoing, demonstrative, expansive, warm, effusive: *un ragazzo ~* an outgoing boy; *poco ~* undemonstrative. **2** (*Fis*) expansive: *forza espansiva* expansive force.

espanso → **espandere** I *a.* **1** (*Fis,Chim*) expanded: *gas ~* expanded gas; *resina sintetica espansa* expanded plastic, plastic foam; *polistirolo ~* expanded polystyrene, foam polystyrene, polistyrene foam. **2** (*spiegato*) open, unfolded, outstretched: (*Arch*) *capitello corinzio a foglie espanse* Corinthian capital with open leaves. II *m.* (*Chim*) foam, plastic foam, (*Am*) styrofoam.

espatriare (**espàtrio, espàtri**) *aus.* **essere**) *v.i.* **1** to expatriate, to leave one's country. **2** (*emigrare*) to emigrate.

espatrio *m.* **1** expatriation. **2** (*emigrazione*) emigration: *permesso di ~* permission to emigrate; *documento valido per l'~* document valid for travel abroad; *divieto di ~* ban on emigration. ☐ *~ clandestino* illegal emigration, clandestine emigration.

espediente *m.* **1** expedient, device, contrivance, trick, ploy, (*colloq*) gimmick: *un buon ~ per un rapido disbrigo del lavoro* a good expedient for getting the work done quickly; *trovare un ~* to find an a way out, to find an expedient; *ricorrere a tutti gli espedienti* to resort to all ploys, to resort to all methods, to resort to all tricks. **2** *pl.* (*ripiego, lavoretto saltuario*) makeshift *sing.*, expedient *sing.*, shift *sing.*: *vivere di espedienti* to live by makeshift, to live on one's wits; *andare avanti a forza di espedienti* to make shift. ☐ *espedienti contabili* accounting ploys; *~legale* legal quibble, *~mnemonico* mnemonic device.

espellere (*pres.ind.* **espèllo; espùlsi**; *p.p.* **espùlso**) *v.t.* **1** (*scacciare*) to expel, to drive out (*da* of), to turn out (*da* of): *~ qcu. da una scuola* to expel so. from a school; *~ gli stranieri* to expel foreigners. **2** (*Sport*) to expel, (*Br*) to send off: *~ un giocatore* to expel a player, (*Br*) to send a player off. **3** (*emettere*) to expel, to discharge, to void (*anche Ind*): *~ un gas* to discharge a gas. **4** (*Med*) (*eliminare dal corpo*) to expel, to excrete, to void, to discharge: *~ escrementi* to void the bowel, to evacuate the bowel; *~ il catarro* to discharge catarrh. ☐ *~da unpartito* to expel from a party; *~da una società* to expel from an association; *~ qcu. dall'aula* to eject so. from the hall, to expel so. from the hall; *~ dallo stato* to expel from the state.

esperantista *m./f.* Esperantist.

esperanto I *m.* Esperanto. II *a.* Esperanto (*attr.*): *grammatica esperanta* Esperanto grammar.

Esperia *n.pr.f.* (*Geog.stor*) Hesperia.

esperibile *a.* **1** (*che si può provare*) attemptable, that may be attempted (*posposto*). **2** (*che si può attuare*) accomplishable, that may be accomplished (*posposto*), achievable, able to be achieved (*posposto*).

Esperidi *n.pr.f.pl.* (*Mitol*) Hesperides *pl.*: *i frutti delle ~* the apples of the Hesperides; *il giardino delle ~* the garden of the Hesperides.

esperidio *m.* **1** (*Bot*) hesperidium, citrus fruit. **2** (*Entom*) (*esperia*) skipper.

esperienza *f.* **1** (*abilità, pratica*) experience, skill, practice: *avere dieci anni di ~ con il computer* to have ten years experience

in computers; *le esperienze della vita* the experiences of life; *raccontare le proprie esperienze* to narrate one's experiences; *bagaglio di esperienza* background, background experience; *una lunga ~ in qcs.* many years of experience with (*o* in) sth. **2** (*negli annunci di lavoro*) experience: *anche prima ~ no experience required; *si richiede ~* experience required. **3** (*prova di laboratorio*) experiment, test: *un'~ di fisica* a physics experiment; *esperienze di laboratorio* laboratory experiments. ☐ *avere ~ di qcs.* to have experience of sth.: *non ho alcuna ~ in questo campo* I have no experience in this field; (*eufem*) *quella donna ha avuto molte esperienze* that woman has slept around; *una personaon molta ~* a very experienced person; *~ del dolore* experience of pain; *~ di insegnamento* teaching experience; *fare ~ di qcs.* to gain experience in sth., to get experience in sth.: *ne ho fatto ~ io stesso* I have been through this experience myself, I have experienced it myself; (*estens*) *avere fatto ~* to have been around; *~lavorativa* work experience; *per ~* by experience, from experience: *imparare per ~* to learn by experience, to learn from experience; *sapere qcs. per ~* to know sth. by experience; *te lo dico per ~ personale* I tell you that from personal experience; *senza ~* without experience, inexperienced: *un giovane senza ~* an inexperienced young man, a young man with no experience.

esperimentare (**esperiménto**) *v.t.* → **sperimentare**.

esperimento *m.* **1** (*di laboratorio*) experiment: *~ chimico* chemical experiment; *fare un ~ su* to carry out an experiment on, to do an experiment on; *ripetere un ~* to repeat an experiment; *~ sugli animali* test on animals. **2** (*tentativo, prova*) experiment, test, trial, attempt: *tentare un ~* to try an experiment; *fare un ~* to make an attempt, to try; *a titolo di ~* as an experiment. ☐ (*Fis*) *di criticità* critical experiment; (*Biol*) *~ di crossover* crossover experiment; *~di laboratorio* lab test; (*Fis*) *~nucleare* nuclear test: *blocco degli esperimenti nucleari* nuclear test ban; *un ~riuscito* a successful experiment; *~scientifico* scientific experiment.

esperire (*pres.ind.* **esperìsco, esperìsci**; *p.p.* **esperìto**) *v.t.* **1** (*mettere in atto*) to carry out, to accomplish; *~un'indagine* to carry out an investigation. **2** (*lett*) (*provare*) to test, to try, to try out, to attempt. ☐ *~ le vie legali* to take legal action.

espero *m.* (*lett*) **1** (*occidente*) west. **2** (*vento di ponente*) west wind.

Espero *n.pr.m.* (*Astr*) Hesperus.

esperto I *a.* **1** expert (*in* at, in), skilled (in), skilful, (*Am*) skillful (at): *non sono ~ in queste faccende* I'm not (an) expert in these matters, I'm no expert in these matters; *guidatore ~* expert driver. **2** (*navigato*) experienced, of experience (*posposto*): *un uomo ~* a man of experience. **3** (*competente*) experienced, capable, competent, expert, well-versed, skilled, skilful, (*Am*) skillful, practised; *un ~ uomo d'affari* an experienced businessman; *un insegnante ~* a competent teacher; *un artigiano ~* a skilled craftsman; *con mano esperta* with a skilled hand; *con occhio ~* with a practised eye. **4** (*in attività manuali*) handy, practical. II *m.* (*f.* **-a**) expert, authority, (*colloq*) guru, (*Br*) whizz, (*Am*) whiz: *un team di esperti* a team of experts; *un ~ di comunicazione* an expert on communication; *rivolgersi a un ~ per una consulenza* to ask an expert for advice; *è un*

~ di epigrafia he is an authority on epigraphy. ☐ *~contabile* chartered accountant; *da ~*: **1** expert, skilful, (*Am*) skillful: *un consiglio da ~* expert advice; *un'esecuzione da ~* a skilful performance, (*Am*) a skillful performance; **2** (*come un esperto*) like an expert: *parlare da ~* to speak like an expert; *~ della vita* worldly, worldly-wise; (*Inform*) *~ di computer* computer expert, techie, (*colloq*) computer guru, (*Br*) computer whizz, (*Am*) computer whiz; *~ di mercati azionari* equity market expert; *~economico* economic expert; *~finanziario* investment adviser; *~ in pubbliche relazioni* public relations expert; *~legale* legal expert.

espettorante I *a.* (*Farm*) expectorant. II *m.* (*Farm*) expectorant.

espettorare (**espèttoro**) *v.t.* (*Med*) to expectorate.

espettorato *m.* (*Med*) expectorated matter, sputum: *~ sanguigno* rusty sputum.

espettorazione *f.* (*Med*) expectoration.

espiabile *a.* expiable.

espiantare *m.* (*Chir*) to explant.

espianto *m.* **1** (*Biol*) (*organo o parte espiantata*) explant, explanted matter. **2** (*Chir*) (*operazione*) explantation.

espiare (**espìo, espìi**) *v.t.* **1** to expiate, to atone for, to make amends for: *~ una colpa* to expiate one's guilt. **2** (*scontare*) to suffer, to undergo, to pay; (*rif. a pena detentiva*) to serve: *~ una condanna* to serve a sentence.

espiatore I *m.* (*f.* **-trice**) (*rar*) expiator. II *a.* (*rar*) expiatory: *pena espiatrice* expiatory punishment.

espiatorio *a.* expiatory: *sacrificio ~* expiatory sacrifice, sacrifice for atonement.

espiazione *f.* **1** expiation; (*rif. a pena e sim.*) suffering: *~ di pena* suffering of punishment. **2** (*Teol*) atonement. ☐ *in ~ delle proprie colpe* in expiation of one's sins.

espirare (**espìro**) *v.t.* (*Fisiol*) to expire, to breathe out: *inspirare ed ~* to inspire and expire, to breathe in and out, to inhale and exhale.

espiratorio *a.* (*Fisiol*) expiratory.

espirazione *f.* (*Fisiol*) expiration, exhalation, breathing out.

espletamento *m.* (*burocr*) fulfilment, (*Am*) fulfillment, execution, carrying out: *~ di un incarico* fulfilment of a task, (*Am*) fulfillment of a task; *nell'~ del proprio dovere* in the execution of one's duty.

espletare (**esplèto**) *v.t.* (*burocr*) to carry out, to see through, to go through, to fulfil, (*Am*) to fulfill: *~ le proprie funzioni* to carry out one's duties; *~ una pratica* to see a case through; *~ il proprio dovere* to fulfil one's duty, (*Am*) to fulfill one's duty; *~ le operazioni di imbarco* to carry out the embarking operations; *~ tutte le formalità doganali* to go through customs formalities.

espletivo *a.* (*Gramm*) expletive.

esplicabile *a.* (*rar*) **1** (*che si può spiegare*) explicable. **2** (*che si può realizzare*) feasible, practicable.

esplicare (**èsplico, èsplichi**) I *v.t.* (*svolgere*) to carry on, to carry out, to perform: *~ un'attività* to carry on an activity. II *v.pron.* **esplicarsi** to be expressed, to unfold, to be realized: *la sua personalità si esplica completamente nella sua attività artistica* his personality is fully expressed in his artistic activity.

esplicativo *a.* explicative, explanatory, explicatory: *note esplicative* explanatory notes.

esplicazione *f.* **1** (*svolgimento*) carrying on, exercise, performance: *~ di un'attività* exercise of an activity. **2** (*lett*) (*spiegazione*) explication, explanation.

esplicitamente *avv.* explicitly, unequivocally, expressly.

esplicitare (**esplìcito**) *v.t.* **1** to make sth. explicit, to make sth. plain, to make sth. clear: *~ i propri pensieri* to make one's thoughts explicit; *~ un rifiuto* to make a refusal clear.

esplicitazione *f.* making explicit, making plain; (*il rendere chiaro*) making clear.

esplicito *a.* **1** explicit, express: *promessa esplicita* explicit promise; *affermazione esplicita* explicit statement; *un'accusa esplicita* an explicit accusation; *un ordine ~* an express order; *in forma esplicita* explicitly. **2** (*chiaro*) clear, unequivocal, direct: *fare un riferimento ~ a qcu.* to make a clear reference to so.; *un rifiuto ~* an unequivocal refusal; *mi sembra di essere stato ~* I think I've made myself clear. **3** (*Mat*) explicit. **4** (*Gramm*) with a finite verb: *proposizione esplicita* finite clause.

esplodente I *a.* explosive. **II** *m.* (*materiale esplodente*) explosive.

esplodere (*pres.ind.* **esplòdo**; *p.rem.* **esplòsi**; *p.p.* **esplòso**) **I** *v.i.* (*aus.* essere) **1** (*saltare in aria*) to explode, to blow up: *la polveriera esplose a causa di un incendio* the magazine exploded because of a fire, the magazine went up because of a fire; *~ rumorosamente* to go bang. **2** (*scoppiare*) to burst, to explode, to go off: *il proiettile non è esploso* the shell did not go off. **3** (*fig*) (*manifestarsi all'improvviso*) to burst, to break out: *il caldo è esploso all'improvviso* the heat wave suddenly broke out. **4** (*fig*) (*esclamare con forza*) to explode, to burst, to burst out: *"basta" - esplose - "non sopporto questo linguaggio"* "that's enough" - he exploded (*o* he burst out) - "I won't stand for such language"; *~ in un grido di rabbia* to burst out angrily. **II** *v.t.* to fire, to fire off: *~ un colpo* to fire a shot. □ *far ~* to blow up, to explode, to set off.

esploditore *m.* (*Tecn*) mine exploder.

esplorabile *a.* that can be explored (*posposto*), explorable: *regioni esplorabili* explorable regions.

esplorare (**esplòro**) *v.t.* **1** to explore: *~ una regione sconosciuta* to explore an unknown region; *~ una grotta* to explore a cave. **2** (*perlustrare*) to search: *hanno esplorato il bosco alla ricerca dell'evaso* they searched the wood for the fugitive. **3** (*osservare attentamente*) to explore, to scan, to search, to examine: *~ il cielo all'orizzonte* to explore the sky at the horizon; *~ il cielo con un cannocchiale* to search the sky with a telescope; *~ il mare con il binocolo* to search the sea with one's binoculars, (*Br*) to sweep the sea with one's binoculars. **4** (*Mil*) to reconnoitre, to scout: *~ le posizioni nemiche* to reconnoitre the enemy positions. **5** (*Med*) to probe, to explore: *~ una ferita* to probe a wound. **6** (*fig*) (*cercare di conoscere*) to probe, to look into, to sound out, to search: *~ l'animo umano* to look into the human soul, to look into the human heart. **7** (*Elettron*) to scan.

esplorativo *a.* **1** exploratory, explorative (*anche fig*): *spedizione esplorativa* exploratory expedition. **2** (*Med*) exploratory: *un intervento chirurgico ~* an exploratory surgical operation.

esploratore I *m.* **1** (*f.* **-trice**) explorer. **2** (*f.* **-trice**) (*membro di movimento giovanile*) scout: *giovani esploratori* Boy Scouts; *giovani esploratrici* Girl Guides, (*Am*) Girl Scouts. **3** (*Mil*) scout. **4** (*Mar.mil*) scout, scout ship, scout cruiser. **II** *a.* exploring, explora-

tory, inquiring: *sonda esploratrice* exploratory probe.

esplorazione *f.* **1** exploration, exploring: *andare in ~* to go exploring; *esplorazioni geografiche* geographical explorations; *viaggio di ~* voyage of exploration. **2** (*indagine, perlustrazione*) exploration, investigation, examination, search, searching: *~ minuziosa* painstaking investigation, meticulous investigation. **3** (*Mil*) reconnaissance, scouting, reconnoitring: *mandare qcu. in ~* to send so. on a scouting expedition. **4** (*Med*) probing, exploration. **5** (*Tecn*) scanning. □ (*Inform*) *~ della rete* surfing, web surfing; (*Mar.mil*) *~ navale* naval reconnaissance; (*Astron*) *~ spaziale* space exploration; (*Mil*) *~ tattica* tactical reconnaissance.

esplosi → **esplodere**.

esplosione *f.* **1** explosion, burst, bursting: *~ nucleare* nuclear explosion; *~ di una mina* explosion of a mine. **2** (*Minier*) explosion, blast, blasting. **3** (*fig*) outburst, outbreak, explosion, blast, flare-up: *~ d'ira* outburst of anger; *un'~ di violenza* an outbreak of violence. **4** (*Med*) outbreak, eruption: *un'~ di febbre* an outbreak of fever; *~ di una malattia* outbreak of a disease. **5** (*Fon*) plosion, explosion. □ (*Nucl,Arm*) *~atomica* nuclear explosion, atomic explosion; (*Statist*) *~ demografica* population explosion, baby boom; (*Nucl,Arm*) *~ nucleare* nuclear explosion, atomic explosion; (*Econ*) *~ dei prezzi* price explosion; (*Astr*) *~ primordiale* primordial explosion, big bang; (*Nucl,Arm*) *~ termonucleare* thermonuclear blast, thermonuclear explosion; (*Geol*) *~ vulcanica* volcanic eruption.

esplosiva *f.* (*Fon*) plosive, explosive.

esplosività *f.* explosiveness (*anche fig*).

esplosivo I *a.* **1** explosive: *materiale ~* explosive material; *miscela esplosiva* explosive mixture; *~ plastico* highly explosive plastic. **2** (*fig*) (*improvviso*) explosive, sudden, violent: *rabbia esplosiva* violent anger. **3** (*fig*) (*straordinario*) explosive, astonishing, extraordinary, remarkable: *una notizia esplosiva* astonishing news, a bombshell. **4** (*fig*) (*critico*) explosive, critical, dangerous: *una situazione esplosiva* a critical situation. **5** (*Fon*) plosive: *consonante esplosiva* plosive, stop. **II** *m.* explosive: *deposito di esplosivi* magazine (of explosives). □ (*Chim*) *~ atomico* atomic explosive; (*Chim*) *~ innescante* initiating agent, primary explosive.

esploso → **esplodere**.

esponente I *m./f.* **1** exponent; (*portavoce*) spokesperson, (*uomo*) spokesman, (*donna*) spokeswoman; (*rappresentante*) representative: *~ di un partito* party representative. **2** (*burocr,Dir*) (*di un'istanza*) applicant, petitioner: *l'~ chiede giustizia* the applicant asks for justice, the applicant seeks justice. **II** *m.* **1** (*Mat*) exponent, index: *~ di una potenza* exponent of a power. **2** (*Tip*) superscript: *lettere a ~* superscripts. **3** (*Edit*) (*lemma*) head-word, entry word. □ (*Mar*) *~ di carico* deadweight tonnage, deadweight capacity; *in ~* superscript: *scrivere in ~* to superscribe; (*Mat*) *~ intero* whole exponent.

esponenziale I *a.* **1** (*Mat*) exponential: *funzione ~* exponential function; *equazione ~* exponential equation; *notazione ~* exponential notation. **2** (*fig*) exponential: *crescita ~* exponential growth; *i prezzi sono saliti in maniera ~* prices have risen exponentially, prices have gone up in a staggering way. **II** *f.* (*Mat*) (*curva esponenziale*) exponential curve.

espongo → **esporre**.

esporre (*pres.ind.* **espóngo, espóni**; *p.rem.* **espósi**; *p.p.* **espósto**) **I** *v.t.* **1** to put on show, to show, to exhibit, to display, to expose: *non bisogna ~ troppo gli occhi al sole durante un'eclissi* during an eclipse you mustn't expose your eyes to the sun too much, don't look directly at the sun during an eclipse. **2** (*in una fiera, mostra*) to exhibit (*anche assol.*): *~ un quadro* to exhibit a painting; *quel pittore esporrà a Londra* that painter is going to exhibit in London. **3** (*mettere in vendita*) to expose, to display (for sale): *~ la merce* to expose goods for sale. **4** (*appendere*) to hang out, to hang up, to put out, to put up: *~ una bandiera* to hang out a flag. **5** (*sottoporre*) to expose, to lay open, to subject: *~ qcu. a un pericolo* to expose so. to a danger. **6** (*arrischiare*) to expose, to risk, to hazard: *~ la vita* to risk one's life. **7** (*spiegare un testo e sim.*) to explain, to expound, to interpret: *il proprio punto di vista* to explain one's point of view. **8** (*riferire, raccontare*) to state, to tell, to explain: *vi ho esposto i fatti così come si sono svolti* I've explained the facts to you exactly as they took place; *ho esposto la mia opinione* I've stated my opinion, I've given my opinion; *~ chiaramente* to state clearly, *~ per sommi capi* to outline. **9** (*Fot*) to expose: *~ una pellicola* to expose a film. **10** (*rar*) (*rif. a bambini, abbandonare*) to expose: *gli antichi greci erano soliti ~ i neonati indesiderati* the ancient Greeks used to expose unwelcomed infants. **11** (*Lit*) to expose: *~ il Santissimo* to expose the Host. **II** *v.pron.* **esporsi 1** to expose oneself: *non esporti alle correnti d'aria* don't expose yourself to draughts; *esporsi al sole* to expose oneself to the sun. **2** (*fig*) to expose oneself, to lay oneself open: *esporsi alle critiche* to lay oneself open to criticism; *esporsi a un rischio* to run a risk. **3** (*compromettersi*) to compromise oneself, to get involved, to commit oneself: *parlando così si è esposto troppo* by talking that way he got involved too much. **4** (*Econ*) (*indebitarsi*) to be exposed, to incur debts: *esporsi per duemila euro* to be exposed for two thousand euros; *esporsi a forti debiti* to incur large debts. □ *~ al pubblico* to put on show, to put on public show, to put on view, to put on public view, to display the public; (*fig*) *~ al ridicolo* to expose to ridicule; *~ alla concorrenza* to expose to competition; *~ all'aria* to expose to the air, to air; *~ un avviso* to put up a notice; *~ in vetrina* to showcase, to display in a shopwindow.

esporrò → **esporre**.

esportabile *a.* exportable.

esportare (**espòrto**) *v.t.* **1** to export (*anche fig*): *l'Italia esporta agrumi* Italy exports citrus fruits. **2** (*Inform*) to export: *~ dati* to export. □ *~ di contrabbando* to smuggle out; (*Comm,Econ*) *~ sottocosto* to dump.

esportatore I *m.* **1** (*f.* **-trice**) exporter. **2** (*ditta esportatrice*) export firm. **II** *a.* exporting, export (*attr.*): *paese ~ di petrolio* oil exporting country; *paese esportatore di ~* energy exporting country. □ (*Comm*) *~ su commissione* export agent.

esportazione I *f.* (*l'esportare, la merce esportata*) export, exportation: *articolo di ~* export, export article, article for export; *merci di ~* exports; *commercio di ~* export trade; *vietare l'~ di qcs.* to ban the export of sth.; *licenza di ~* export licence; *divieto di ~* ban on exportation. **II** *a.inv.* export (*attr.*): *tabacco ~* (*o tabacco tipo ~*) export tobacco. □ *~ di armi* arms exporting; (*Econ*) *~ di capitale* capital export; (*Econ*) *~ sottocosto* dumping.

esposi → esporre.

esposimetro *m.* (*Fot*) exposure meter, light meter.

espositivo *a.* 1 expository, expositive: *stile ~* expository style. 2 (*rif. ad esposizioni e fiere*) exhibit (*attr.*), exhibition (*attr.*): *servizio ~* exhibit facility; *area espositiva* exhibition area.

espositore I *m.* 1 (*f.* **-trice**) exhibitor: *gli espositori della fiera* the exhibitors at the fair. 2 (*f.* **-trice**) (*chi spiega*) commentator, expounder, expositor. 3 (*supporto mobile*) display unit, stand. II *a.* exhibiting: *ditta espositrice* exhibiting firm.

esposizione *f.* 1 display, exposure: *~ al sole* exposure to the sun; *~ di articoli* display of goods; *in ~* on exhibition, on view, on display. 2 (*mostra, fiera*) exhibition, show, display, (*Am*) exhibit: *~ d'arte* art exhibition; *sala dell'~* exhibition room, showroom; *~ di quadri* exhibition of paintings; *~ permanente* permanent exhibition; *inaugurare un'~* to open an exhibition. 3 (*spiegazione*) exposition, explanation, expounding: *l'~ di una teoria* the exposition of a theory. 4 (*narrazione*) statement, exposition, setting forth: *~ dei fatti* statement of the facts, factual report; *~ orale* oral exposition; *~ sintetica* synthetic statement. 5 (*posizione*) exposure, position: *casa con ~ a ponente* house with a western exposure; *l'appartamento ha l'~ a mezzogiorno* the flat has a southern exposure, the flat faces south. 6 (*Med*) exposure: *~ alle radiazioni* radiation exposure. 7 (*Fot*) exposure: *indice di ~* exposure index; *tempo di ~* exposure time; *durata dell'~* length of exposure. 8 (*Lit*) exposition: *~ del Santissimo* exposition of the Host. 9 (*rif. a salme*) laying out: *~ di una salma* laying out of a body. 10 (*rif. a reliquie*) displaying: *~ delle reliquie* displaying of relics. 11 (*Comm,Econ*) exposure: *~ allo scarto di scadenze* maturity gap exposure; *~ finanziaria* financial exposure. 12 (*Mus*) exposition. 13 (*rar*) (*rif. a bambini*) exposition. 14 (*Alp*) exposure. □ (*Fot*) *~ automatica* automatic exposure; (*Econ*) *~ bancaria* bank liabilities; *cane da ~* show dog, competition dog; *~di merce* (*in vetrina*) display, window display; (*Econ*) *~in valuta* currency exposure; (*Econ*) *~indebitoria* indebtedness; *~internazionale* international exhibition, expo; *~mondiale* world exhibition; *~universale* universal exhibition.

esposto → esporre I *a.* 1 exhibited, displayed, on show, on display: *essere ~* to be on show, to be displayed; *merce esposta* goods on display. 2 (*non riparato*) exposed, in: *~ alle intemperie* exposed to the elements. 3 (*orientato, posto*) facing, looking, having an exposure, having an aspect: *una casa esposta a mezzogiorno* a house facing south; *una stanza esposta a est* a room facing south, a room having a southern exposure; *questo appartamento è ben ~* this flat has a good exposure. 4 (*riferito, spiegato*) explained, set forth, set out, stated; (*narrato*) narrated: *mi riferisco ai fatti esposti nel precedente capitolo* I refer to the facts set forth in the previous chapter. 5 (*Med*) exposed, subject, open: *~ ad attacchi di cuore* subject to heart attacks. 6 (*fig*) (*soggetto*) exposed, open, liable: *~ alle critiche* open to criticism; *~ a rischio* exposed to risk. 7 (*Alp*) exposed: *un sentiero ~* an exposed path. II *m.* (*burocr*) statement, account, exposé, report: *presentare un ~ al ministero* to present a statement to the minister. □ *essere ~al sole* : 1 to be exposed to the sun, to be in the

sun; 2 (*a mezzogiorno*) to be facing south; (*Dir*) *~di causa legale* brief.

espressamente *avv.* 1 (*in modo chiaro*) expressly, explicitly: *mi ha chiesto ~ di andarmene* she expressly asked me to go away. 2 (*appositamente*) expressly, on purpose: *andai ~ per vederlo* I went expressly to see it.

espressi → esprimere.

espressione *f.* 1 (*manifestazione*) expression: *~ di sentimenti* expression of feelings; *trovare ~ in* to find expression in; *la droga è ~ del disagio giovanile* drug abuse is the expression of the malaise of youth. 2 (*Ling*) (*parola, frase*) expression, word, phrase: *~ dialettale* dialectal expression; *~ idiomatica* idiom. 3 (*espressione del volto*) expression, look, countenance: *non cambiò ~* his expression did not change; *questo ragazzo ha un'~ intelligente* this boy has an intelligent look about him; *~ del volto* facial expression; *uno sguardo privo di ~* an expressionless look, a blank look; *~ di meraviglia* look of wonder; *~ di sdegno* look of disdain. 4 (*capacità espressiva*) expression, feeling, emotion: *con ~* with expression, expressively; *recitare senza ~* to recite without expression, to act without expression, to recite unexpressively, to act unexpressively, to recite woodenly, to act woodenly. 5 (*Mus*) expression, feeling: *suonare con ~* to play with feeling. 6 (*Mat, Inform*) expression: *espressioni a una incognita* expressions with one unknown; *~ regolare* regular expression. 7 (*epist*) *non si traduce*: *accolga le espressioni della mia riconoscenza* please accept my sincere thanks. □ (*Mat*) *~algebrica* algebraic expression; (*Ling*) *~cristallizata* fixed expression, crystallized expression; *un'~ di incredulità* an expression of disbelief; *~poetica* poetical expression; (*Mat*) *~ quadratica* quadratic.

espressionismo *m.* (*Lett,Art*) expressionism. □ (*Art*) *~astratto* abstract expressionism.

espressionista I *m./f.* (*Lett,Art*) expressionist. II *a.* (*Lett,Art*) expressionist, expressionistic: *movimento ~* expressionist movement.

espressionistico (*pl.* **-ci**) *a.* (*Lett,Art*) expressionist, expressionistic.

espressivamente *avv.* expressively.

espressività *f.* 1 expressiveness, expressivity: *l'~ del suo sguardo* the expressiveness of her look. 2 (*Biol*) expressivity.

espressivo *a.* 1 expressive: *occhi espressivi* expressive eyes. 2 (*significativo*) expressive, meaningful, telling, eloquent, revealing: *un silenzio ~* an eloquent silence, a meaningful silence. 3 (*Mus*) espressivo, with feeling.

espresso → esprimere I *a.* 1 (*pronunciato*) expressed, uttered: *questo è il parere da lui ~* that's the opinion he expressed. 2 (*esplicito*) express, explicit: *sono venuto per tuo ~ desiderio* I have come at your express wish. 3 (*Ferr*) (*veloce, rapido*) express, fast: *treno ~* express train, fast train. 4 (*rif. a cucina*) instant, made to order (*posposto*), upon request (*posposto*): *piatto ~* dish cooked upon request. II *a.inv.* (*Post*) express, (*Am*) special delivery (*attr.*): *lettera ~* express letter; *corriere ~* courier, courier company. III *m.* 1 (*caffè espresso*) expresso, espresso: *vorrei un ~* I'd like an espresso. 2 (*Post*) (*lettera espresso*) express letter, (*Am*) special delivery letter; (*scritta sulle lettere*) Express, (*Am*) Special Delivery. 3 (*Post*) (*francobollo espresso*) express stamp, (*Am*) special deliv-

ery stamp. 4 (*Ferr*) (*treno espresso*) express, express train. □ *per ~* by express, (*Am*) by special delivery: *consegna per ~* express; *spedire una lettera per ~* to send a letter express.

esprimere (*pres.ind.* **esprìmo**; *p.rem.* **esprèssi**; *p.p.* **esprèsso**) I *v.t.* 1 (*manifestare*) to express: *~ le proprie idee* to express one's ideas; *~ i propri sentimenti* to express one's feelings. 2 (*pronunciare*) to express, to utter, to state, to voice: *~ la propria opinione* to state one's opinion, to voice one's opinion, to have one's say, to express one's view, to speak one's mind. 3 (*significare*) to express, to mean: *questa frase non esprime nulla* this sentence does not mean a thing. 4 (*rappresentare*) to express: *nei paesaggi lunari l'artista esprime la sua malinconia* in his lunar landscapes the artist expresses his melancholy. 5 (*generare, produrre*) to express, to produce: *una maggioranza che non è in grado di ~ un governo forte* a majority unable to produce a strong government. II *v.pron.* **esprimersi** to express oneself, to speak out: *non riesco a esprimermi con chiarezza* I can't express myself clearly; *proverò a esprimermi in inglese* I'll try to express myself in English, I'll try to speak English; *modo di esprimersi* expression, way of talking, turn of speech, turn of phrase; (*colloq*) *è questo il modo di esprimersi?!* that's no way to talk?!, (*iron*) that's a fine way to talk?! □ *~a parole* to verbalize, to put into words; *le proprie condoglianze* to express one's condolences; *~ un desiderio* to express a wish, to make a wish; *~ il propriodisappunto* to express one's disappointment; *~ i propriringraziamenti* to express one's thanks; *~ il proprio voto* to cast one's vote.

esprimibile *a.* expressible, that can be expressed (*posposto*): *sentimento non ~ a parole* a feeling that can't be expressed in words, a feeling that can't be put into words.

espropriare (**espròprio, espròpri**) I *v.t.* to expropriate; (*per pubblica utilità*) to expropriate, (*Am*) to condemn: *~ un podere* to expropriate a farm. 2 (*estens*) (*privare*) to deprive, to dispossess, to strip (*di* of), to oust: *mi hanno espropriato di tutti i miei averi* they've deprived me of all my possessions. II *v.pron.* **espropriarsi** to divest oneself (*di* of), to wave, to give up, to give away: *espropriarsi di tutte le proprie ricchezze* to give up all one's riches.

espropriato *a.* 1 expropriated: *poderi espropriati* expropriated farms. 2 (*estens*) (*privato*) deprived (*di* of), dispossessed (*di* of), stripped (*di* of), ousted (*di* from): *proprietari terrieri espropriati* dispossessed landowners.

espropriazione *f.* 1 (*burocr,Dir*) expropriation: *decreto di ~* expropriation order. 2 (*estens*) deprivation, dispossession. □ (*burocr,Dir*) *~forzata* repossession; (*burocr, Dir*) *~per pubblico interesse* expropriation in the public interest, (*Am*) eminent domain.

esproprio *m.* 1 (*burocr,Dir*) expropriation: *decreto di ~* expropriation order. 2 (*estens*) deprivation, dispossession.

espugnabile *a.* 1 conquerable, that may be taken (by force) (*posposto*), that may be taken (by storm) (*posposto*): *roccaforte ~* stronghold that can be captured, stronghold that can be stormed. 2 (*fig*) conquerable, able to be conquered (*posposto*).

espugnare (**espùgno**) *v.t.* 1 to seize, to take sth. by force, to take sth. by storm, to conquer: *~ un castello* to take a castle by storm. 2 (*fig*) to overcome, to get the better of, to corrupt: ~ *l'onestà di qcu.* to corrupt so., to shake so.'s honesty.

espugnazione *f.* storm, storming, taking by force, taking by storm, conquest.

espulsi → **espellere**.

espulsione *f.* **1** (*lo scacciare*) expulsion, driving out, turning out: *l'~ di un socio dalla società* the expulsion of a member from the club. **2** (*Sport*) expulsion, (*Br*) sending-off: ~ *di un giocatore* expulsion of a player, (*Br*) sending-off of a player. **3** (*emissione*) expulsion, discharge. **4** (*Med*) (*l'emettere dal corpo*) expulsion, voiding, discharge: ~ *del catarro* discharge of catarrh; ~ *delle feci* voiding of the bowels, defecation. **5** (*rif. a registratore a cassetta*) ejection: *tasto di* ~ eject button. □ (*Scol*) ~ *da scuola* expulsion (from school); ~ *dallo stato* expulsion from the state; (*Arm*) ~ *del bossolo* ejection of the cartridge; (*Med*) ~ *del feto* expulsion of the foetus, expulsion of the fetus.

espulsivo *a.* expulsive (*anche Med*): *periodo* ~ *del parto* delivery stage; *dolori espulsivi* expulsive pains.

espulso → **espellere**.

espulsore I *m.* (*Arm*) ejector. **II** *a.* expulsive, ejecting.

espulsorio *a.* expulsive, ejecting, ejective.

espungere (*pres.ind.* **espùngo, espùngi**; *p.rem.* **espùnsi**; *p.p.* **espùnto**) *v.t.* (*Filol*) to expunge, to delete, to erase: ~ *una parola* to expunge a word; ~ *un intero passo* to erase a whole passage.

espunzione *f.* (*Filol*) expunction, deletion, erasure.

espurgabile *a.* that can be expurgated (*posposto*).

espurgare (**espùrgo, espùrghi**) *v.t.* **1** (*rar*) to clean, to cleanse. **2** (*fig*) (*togliere qcs. perché ritenuto contro la morale*) to expurgate, to bowdlerize: *edizione espurgata per le scuole* bowdlerized school edition, expurgated school edition.

espurgatorio *a.* expurgatory.

espurgazione *f.* expurgation, bowdlerization: ~ *di un libro* expurgation of a book.

Esquilino *n.pr.m.* (*Geog*) Esquiline.

esquimese I *a.* (*rar*) **1** Eskimo (*attr.*): *cane* ~ Eskimo dog, husky. **2** (*per gli esquimesi del Nord America*) Inuit (*attr.*). **II** *m.* (*rar*) **1** (*lingua*) Eskimo; (*per gli esquimesi del Nord America*) Inuit. **2** (*famiglia linguistica*) Eskimo-Aleut; (*per gli esquimesi del Nord America*) Inuit. **III** *m./f.* (*rar*) (*abitante*) Eskimo; (*per gli esquimesi del Nord America*) Inuit.

essa *pron.pers.f.* **1** (*rif. a persone: soggetto*) she; (*complemento*) her. **2** (*rif. ad animali o cose: soggetto e complemento*) it. □ (*burocr*) **chi per** ~ her representative, whoever is acting for her, someone else in authority: *la domanda deve essere firmata dalla madre o chi per* ~ the application must be signed by the mother or someone else in authority; ~ *stessa*: **1** (*rif. a persone*) herself, she... herself; **2** (*rif. ad animali o cose*) itself.

essai /es'sɛ/ *m.inv.* **1** essai. **2** (*Sport*) (*nel rugby: meta*) try, touchdown. □ *d'*~ art (*attr.*): *cinema d'*~ art cinema, experimental cinema; *film d'*~ art film; *ballon d'*~ trial balloon, sighting shot.

esse[1] *f./m.inv.* **1** S, letter S. **2** (*Dolc*) (*pasta a forma di esse*) S-shaped pastry. □ *a* ~ S-shaped: *curva a* ~ S-bend; *strada a* ~ winding road.

esse[2] *pron.pers.f.pl.* **1** (*soggetto*) they. **2** (*complemento*) them: *alcune di* ~ some of them. □ ~ *stesse* they themselves, they... themselves.

essenza *f.* **1** essence, essential oil: ~ *di menta* spearmint oil; ~ *di vaniglia* vanilla essence; ~ *di bergamotto* essence of bergamot. **2** (*estens*) (*profumo*) essence, attar, (*Br*) scent: ~ *di lavanda* lavender essence; ~ *di rose* attar of roses. **3** (*essenziale*) essence, main point, essential point, core: *badare all'*~ *delle cose* to pay attention to the essence of things; *comprendere l'*~ *di un problema* to understand the core of a problem. **4** (*Filos*) essence: ~ *divina* divine essence. **5** (*di albero, legno*) species.

essenziale I *a.* **1** essential, fundamental, main: *il punto* ~ the essential point, the main point; *questo fatto ha un'importanza* ~ this fact is of fundamental importance. **2** (*Chim*) essential: *olio* ~ essential oil, volatile oil. **3** (*ridotto all'essenza*) essential, skeletal, stark: *bibliografia* ~ essential bibliography; *una relazione ridotta all'*~ a skeletal report. **4** (*Filos*) essential. **II** *m.* **1** (*elemento fondamentale*) essential thing, important thing, main point: *l'*~ *è che tu stia bene* the important thing is that you are well; *badare all'*~ to stick to the main point. **2** (*oggetti indispensabili*) the essentials *pl.*, the essential things *pl.*, the bare minimum: *portare solo l'*~ to bring just the essential things, to bring just the bare minimum.

essenzialismo *m.* (*Filos*) essentialism.

essenzialità *f.* essentiality, essentialness.

essenzialmente *avv.* essentially, fundamentally.

essenziero *a.* (*Chim*) essence (*attr.*), essential-oil (*attr.*).

essere[1] (*pres.ind.* **sóno, sèi, è, siàmo, siète, sóno**; *impf.ind.* **èro, èri, èra, eravàmo, eravàte, èrano**; *p.rem.* **fùi, fósti, fu, fùmmo, fóste, fùrono**; *fut.* **sarò, sarài, sarà, sarémo, saréte, sarànno**; *condiz.pres.* **sarèi**; *pres.cong.* **sìa, siàmo, siàte, sìano**; *impf.cong.* **fóssi**; *imperat.* **sìi, siàte**; *p.p.* **stàto**; *ger.* **essèndo**) I *v.i.* **1** to be: *la bambina è piccola* the child is small; *il cane è un animale* the dog is an animal; *chi è? - Sono io* who is it? - It's me; *siamo noi* it's us. **2** (*usato impersonalmente*) to be: *è incredibile che tu non lo sappia* it's incredible that you don't know. **3** (*esistere*) to be, to exist: *penso, dunque sono* I think, therefore I am; ~ *o non* ~, *questo è il problema* to be or not to be, that is the question; *Dio è* God exists. **4** (*esserci*) there is, there are: (*Bibl*) *e la luce fu* and there was light. **5** (*accadere, avvenire*) to be, to happen: *che cosa è stato?* what was it?, what happened?; *non è nulla* it's nothing. **6** (*consistere*) to lie in, to consist of, to be: *la sua unica gioia è accumulare denaro* his only joy is hoarding money. **7** (*diventare*) to be, to become, to grow: *quando sarai grande, capirai* when you grow up, you will understand. **8** (*andare*) to be: *sono stato a trovarlo* I have been to see him. **9** (*arrivare*) to be (*a* at, in), to reach (sth.), to get (to): *siamo quasi a Roma* we are nearly in Rome. **10** (*provenire*) to be, to come (*di* from): *è di Roma* he comes from Rome, he is from Rome. **11** (*rif. a tempo*) to be: *che ore sono? - Sono le quattro* what time is it? - It is four o'clock; *è tardi* it's late. **12** (*rif. a sapore*) to be, to taste: *com'è la carne? - È buona* how's the meat like? - It's good (*o* It tastes good). **13** (*rif. ad aspetto*) to look, to be like: *com'è la sua fidanzata?* what is his girlfriend like? **14** (*trovarsi*) to be: *non è in casa* he isn't at home, he isn't in. **15** (*essere nascosto*) to be, to get to: *chi sa dov'è il giornale?* I wonder where the paper is?, I wonder where the paper has got to? **16** (*appartenere*) to be, to belong to: *il libro è mio*

this book is mine, this book belongs to me. **17** (*colloq*) (*costare*) to be, to cost: *quant'è questo maglione?* how much is this pullover? **18** (*ausiliare*) to have, (*per azioni concluse: in frasi interrogative e negative*) did: *cosa è accaduto?* what has happened?; *non è ancora arrivata* she hasn't arrived yet; *è piovuto tutta la notte* it rained all night, it has rained all night; *sei andata alla festa ieri sera? - No, sono rimasta a casa* did you go to the party last night? - No, I stayed at home. **19** (*ausiliare: con la forma passiva*) to be: *questo libro è letto dai giovani* this book is read by young people. □ ~... *che*: **1** (*in determinazioni temporali*) *traduzione idiomatica*: *sono tre settimane che non ti vedo* I haven't seen you for three weeks; *è un anno che è partito* it is a year since he went away; *è molto che non mi scrivi* it's a long time since you wrote to me; *è un'ora che ti aspetto* I've been waiting for you for an hour; *è molto che non lo vedi?* is it very long since you last saw him?; *martedì saranno due mesi che sono sposata* next Tuesday I'll have been married for two months; **2** (*in espressioni dichiarative*) *traduzione idiomatica*: *non è che non sia intelligente, è pigro* it is not that he isn't intelligent, he is just lazy; *è che* (*causale*) it is because, the fact is that: *è che sei un galantuomo* it is because you are a good man; *che è che non* ~ unexpectedly, suddenly, all of a sudden; *ci sono!* (*ho capito*) I've got it!; *ci siamo!*: **1** (*abbiamo capito*) that's it!, here we go!; **2** (*siamo arrivati*) here we are!, we're there!; ~ *da*: **1** (*seguito da sostantivo: convenire*) to be worthy of, to be like: *questa azione non è da te* this act isn't worthy of you; **2** (*seguito da sostantivo: essere atto*) to be suitable for, to be fit for, to be right for, to be -worthy: *non è strada da automobili* this is not a road for cars, this is not a road fit for cars; **3** (*seguito dall'infinito, in proposizioni affermative: dovere*) to be, to have to: *il conto è ancora da pagare* the bill still has to be paid; *c'è da imballare tanta roba* there is so much to pack up, there is so much to be packed up; **4** (*seguito dall'infinito, in proposizioni negative: potere*) to be: *non è da rimproverare* he is not to blame; ~ *di*: **1** (*per indicare possesso*) to be, to belong to: *quest'auto è di mio padre* this car is my father's; *di chi è?* whose is it?; **2** (*rif. a materia*) to be made of: *questa scala è di marmo* this staircase is made of marble, this is a marble staircase; **3** (*nelle indicazioni di autore*) to be by: *di chi è quest'articolo? - È del caporedattore* who is this article by? - It is by the editor-in-chief; *che sarà di lui?* what's to become of him?, what will happen to him?; **essercene**: **1** there is, there are: *ce ne sono molti* there are many; *ce n'è per tutti* there is enough for everyone; **2** (*richiedere*) to take: *ce n'è per due ore* it will take two hours; **esserci**: **1** there is, there are: *in questa stanza ci sono troppi mobili* there is too much furniture in this room; *c'era molta gente a riceverlo* there were a lot of people waiting to receive him; *c'è da mangiare in frigorifero* there's something to eat in the fridge; **2** (*essere presente*) to be there: *c'ero anch'io* I was there, too; *c'è Paolo?* is Paul there?; **3** (*andare*) to go there: *ci sei stato?* did you go there?; **4** (*offrirsi*) there is, there are, to be: *non c'è dubbio* there's no doubt; *non c'è altra possibilità* there is no other choice; *che c'è di nuovo?* what's new?; **5** (*rif. a occasioni e sim.*) to arise, to present itself: *se ci sarà l'occasione* if the opportunity arises; **6** (*vivere*) to be, to live: *c'era una volta un re* once upon a time there was a king, there once lived a king; 7 (*distare: rif. a spazio*) to be: *da qui alla posta ci sono cinquecento metri* it's five hundred metres from here to the post office; *quanto c'è fino al mare?* how far is it to the sea?; 8 (*rif. a tempo*) to take, to be: *da qui alla casa ci sono venti minuti* it takes (*o* it is) twenty minutes from here to the house; 9 (*esserci da: bisogna*) to need (*costr.pers.*) *c'è da lavare la macchina* the car needs washing, the car needs to be washed; *non c'è da preoccuparsi* you don't need to worry about that; *esserci da* (*seguito dall'infinito*): to be, to make, to drive: *c'è da piangere* it makes you want to weep; *c'è da impazzire* it's enough to drive one mad; *in quest'affare c'è da guadagnare molto* there is a lot to be made out of this; *c'era da preoccuparsi* it was worrying; *Antonio Carli fu Luigi* (*o del fu Luigi*) Antonio Carli, son of the late Luigi; *~in*: 1 (*con pron.pers.: essere al posto di*) to be: *se io fossi in te* if I were you; 2 (*rif. a indumenti*) to be in, to be wearing, to have on: *~ in ciabatte* to be in one's slippers, to have one's slippers on; *~ in sottoveste* to be in one's slip; 3 (*con numero di persone*) there are... of: *siamo in cinque* there are five of us; *erano in due* there were two of them; *farò quanto è in me per aiutarti* I will do all I can to help you; *ero lì lì per andarmene* (*o ero lì per andarmene*) I was about to go away, I was on the point of leaving; *è meglio che io vada* I'd better go; *non ~ in sé* to be beside oneself, to be out of one's mind, not to be oneself: *non era più in sé dalla gioia* he was beside himself for joy; *sarà!* may, that may be!, it's possible: *sarà, ma non ci credo* that may be, but I don't believe it; *vedrai che verrà anche lui - Sarà!* you'll see, he'll come too - We'll see! (*o* Maybe!); *sarà quel che sarà* whatever will be, will be; *e sia* very well then.

essere[2] *m.* **1** being; (*esistenza*) existence, life. **2** (*ente*) being, creature, entity: *~ razionale* rational being; *~ unicellulare* unicellular creature, unicellular animal. **3** (*natura intima*) essence, being; (*rif. allo stesso soggetto*) self, inner self: *conoscere qcu. nel suo vero ~* to know so.'s true being, to know so. through and through. **4** (*colloq*) (*individuo*) creature, individual, person, (*rif. a uomo*) fellow, guy: *un ~ fortunato* a lucky creature, a lucky fellow; *che ~ spregevole* what a despicable creature!, what a wretch! □ (*Filos*) *non ~* non existence; *~ supremo* Supreme Being, God; *~ umano* human being; *gli esseri viventi* living creatures.

esserino *m.* (*colloq*) **1** (*bambino piccolo*) little creature. **2** (*creatura che desta compassione*) poor little thing, poor creature.

essi *pron.pers.m.pl.* **1** (*soggetto*) they. **2** (*complemento*) them. □ *~ stessi* they themselves, they... themselves.

essiccare (**essìcco, essìcchi**) I *v.t.* **1** to dry, to dry up, to exsiccate. **2** (*prosciugare*) to drain, to dry, to dry up: *~ una palude* to drain a swamp. **3** (*Ind,Tecn*) to dry, to desiccate: *~ i materiali edilizi* to dry building materials. **4** (*Alim*) to dry, to desiccate: *~ la frutta* to dry fruit. II *v.pron.* **essiccarsi** to dry up (*anche fig*). □ *fare ~* to dry: *fare ~ i funghi al sole* to dry mushrooms in the sun.

essiccativo *a.* drying, siccative, desiccative: *olio ~* drying oil.

essiccato *a.* dried: *frutta essiccata* dried fruit; *verdure essiccate* dried vegetables. □ (*Ind,Tecn*) *~ all'aria* air-dried.

essiccatoio *m.* (*Ind*) **1** (*macchina*) dryer,

drier; (*impianto*) drying unit; (*per prodotti chimici*) desiccator. **2** (*luogo*) drying room, dryhouse; (*per prodotti agricoli*) kiln. □ (*Met,Ind*) *~ per anime* core drier; (*Ind*) *~ per legname* dry kiln.

essiccatore *m.* (*Ind*) **1** (*macchina*) dryer, drier; (*impianto*) drying unit; (*per prodotti chimici*) desiccator. **2** (*f.* **-trice**) (*addetto all'essiccazione*) dryer, drier. □ (*Ind*) *~ a spruzzo* spray dryer; (*Ind*) *~ dell'aria* air dryer.

essiccazione *f.* **1** (*Ind*) drying, drying process, desiccation. **2** (*bonifica*) drying, drainage: *~ di una palude* drainage of a marsh. □ (*Ind*) *~ al forno* oven-drying.

esso *pron.pers.m.* **1** (*rif. a persone: soggetto*) he; (*complemento*) him. **2** (*rif. ad animali o cose: soggetto e complemento*) it. □ (*burocr*) *chi per ~* his representative, whoever is acting for him, someone else in authority: *la domanda deve essere firmata dal padre o chi per ~* the application must be signed by the father or someone else in authority; *~ stesso*: 1 (*rif. a persone*) himself, he... himself; 2 (*rif. ad animali o cose*) itself.

essoterico (*pl.* **-ci**) *a.* **1** (*Filos*) exoteric. **2** (*estens*) (*comprensibile a tutti*) exoteric, public, popular.

essudativo *a.* (*Med*) exudative.

essudato *m.* (*Biol,Med*) exudate.

essudazione *f.* (*Biol,Med*) exudation.

est I *m.* **1** east. **2** (*estens*) (*regione orientale*) east, eastern area, eastern region: *abitavo nell'~ del paese* I used to live in the east of the country; *l'~ dell'Italia* Eastern Italy. **3** (*paesi orientali*) East, the East, Orient, the Orient, Eastern countries. II *a.inv.* east: *la facciata ~* the east wall, the east-facing wall. □ *andare a ~* to go east, to go eastwards; *la cucina è* (*esposta*) *a est* the kitchen faces east; *a ~ di* east of, to the east of: *più a ~ di* farther east than, further east than; *venire da ~* to come from the east; *dell'~*: 1 east, eastern: *Europa dell'~* East Europe; (*Stor*) *la ex Germania dell'~* the former Eeast Germany; 2 (*rif. a venti*) easterly: *vento dell'~* east wind, easterly wind; *verso ~*: 1 (*con valore aggettivale*) eastward, eastbound, due east, easterly; 2 (*con valore avverbiale*) eastwards.

EST *Estonia* EST (Estonia).

establishment /e'stabliʃment/ *m.inv.* (*classe dirigente*) establishment.

estasi *f.inv.* ecstasy, rapture (*anche estens*). □ *andare in ~* to go into raptures, to go into ecstasies (*per qcs.* over, about sth.); *essere in ~* to be in ecstasy, to be in raptures; *mandare qcu. in ~* to throw so. into ecstasy, to send so. into ecstasy; *essere rapito in ~* to be in ecstasy; *~ mistica* mystical ecstasy.

estasiare (**estàsio, estàsi**) I *v.t.* (*rar*) to send so. into ecstasy, to throw so. into ecstasy, to enrapture, to send so. into raptures, to entrance, to captivate: *la musica lo estasiava* the music threw him into ecstasy. II *v.pron.* **estasiarsi** to be filled with ecstasy, to ecstasize, to be enraptured, to go into raptures, to go into ecstasies.

estasiato *a.* enraptured, entranced, in raptures (*posposto*): *ascoltava ~ la sua voce* he was listening to his voice enraptured.

estate *f.* **1** summer: *durante l'~* during summer, during the summer, in summer; *piena ~* midsummer, the height of summer. **2** (*periodo estivo*) summertime. □ *d'~*: 1 (*nel periodo estivo*) in summer, in summertime; 2 (*estivo*) summer (*attr.*), summer's: *vestito d'~* summer dress; (*fig*) *l'~ della vita* life's summer; *~ di san Martino* Indian summer;

in ~ in summer, in summertime.

estatico (*pl.* **-ci**) *a.* **1** ecstatic: *lo trovai in estatica contemplazione* I found him in ecstatic contemplation. **2** (*estasiato*) ecstatic, rapt, enraptured: *visione estatica* ecstatic vision. **3** (*fig*) (*immobile*) still, peaceful: *silenzio ~* perfect silence.

estemporaneamente *avv.* extemporaneously, extempore.

estemporaneità *f.* (*rar*) extemporaneousness, extemporariness.

estemporaneo *a.* impromptu, extempore, extemporaneous, extemporary: *discorso ~* impromptu speech; *oratore ~* extempore speaker; *poeta ~* extemporary poet.

estendere (*pres.ind.* **estèndo**; *p.rem.* **estési**; *p.p.* **estéso**) I *v.t.* **1** to extend, to expand, to enlarge (*anche fig*): *ha esteso la sua attività anche nel meridione* he has extended his activities into the south; *~ la cerchia degli affari* to expand one's range of business, to increase one's range of business. **2** (*fig*) (*rif. a legge e sim.*) to extend: *~ il diritto di voto alle donne* to extend the right to vote to women; *~ l'invito a qcu.* to extend the invitation to so. **3** (*prolungare, allungare*) to extend, to prolong, to stretch, to stretch out: *~ la durata delle lezioni* to extend the length of the lessons. II *v.pron.* **estendersi** **1** (*ampliarsi*) to extend, to reach, to reach out, to spread; (*di città*) to sprawl: *il commercio si è esteso fino all'estremo oriente* trade has extended to the far east; *la città si estende a perdita d'occhio* the city sprawls as far as the eye can see; *la città si è estesa molto negli ultimi anni* the city has spread out considerably in recent years. **2** (*stendersi*) to stretch, to extend, to reach, to spread: *il bosco si estende per molti chilometri* the wood stretches for many kilometres; *estendersi a perdita d'occhio* to extend as far as the eye can see. **3** (*fig*) (*rif. a legge e sim.*) to extend: *questa legge si estende anche a tutti i pensionati* this law also extends to all pensioners. **4** (*fig*) (*diffondersi*) to spread: *il contagio si estende* the contagion is spreading. □ (*Econ*) *~ un credito* to extend credit.

estense I *a.* of the ducal family of Este (*posposto*), Este (*attr.*): *la corte ~* the Este court. II *m.spec.pl.* Este: *gli estensi* the Este family.

estensibile *a.* **1** stretchable, extensible, extendible: *filo ~* stretchable thread. **2** (*fig*) (*applicabile*) extensible, extendible, that may be extended (*posposto*): *il regolamento è ~ a tutta la provincia* the regulation may be extended to the whole province.

estensimetro *m.* (*Mecc*) extensometer.

estensione *f.* **1** (*ampiezza di superficie*) extension, expansion (*anche fig*): *~ territoriale* territorial extension; *l'~ della propria potenza* the extension of one's power. **2** (*dimensione, diffusione*) extent, expanse, range (*anche fig*): *l'~ dell'impero romano* the extent of the Roman Empire; *sarai stupito dell'~ della sua cultura* you will be astonished at the extent of his knowledge; *l'~ di un fenomeno* the extent of a phenomenon. **3** (*rif. a vocaboli, concetti*) extension: *in tutta l'~ del termine* in the full meaning of the word, in the broadest sense of the word, in every sense of the word; *per ~* in a wider sense. **4** (*rif. a leggi e sim.*) extension: *l'~ di un diritto ai lavoratori stranieri* the extension of a right to foreign workers. **5** (*di molla, metallo*) extension. **6** (*Mus*) compass, range: *~ di una voce* range of a voice. **7** (*Ginn*) extension, straightening out, stretching: *~ degli arti* extension of the limbs, stretching of the limbs. **8** (*Inform*) extension: *gestore delle estensioni* extension manager. □ (*Inform*) ~ *di codice* code extension; ~ *di copertura* extended coverage; (*Econ*) ~ *di credito* credit extension, extended credit; (*Inform*) ~ *di file* file extension; *in tutta la sua* ~ to its full extent; *per tutta l'* ~ *di* (*rif. a territorio*) across length and breadth of, throughout length and breadth of.

estensivamente *avv.* extensively.

estensivo *a.* **1** (*Agr*) extensive: *coltivazione estensiva* extensive cultivation. **2** (*Ling*) extensive. **3** (*fig*) (*ampio*) extended, broad, wide: *interpretazione estensiva della legge* broad interpretation of the law; *significato* ~ broad meaning, extended sense; *uso* ~ *di un vocabolo* broad use of a word.

estensore *m.* **1** (*compilatore*) drafter, compiler, author, writer: ~ *di un articolo* writer of an article. **2** (*Dir*) draftsman: ~ *di un atto* draftsman of a deed, drafter of a deed. **3** (*Anat*) (*muscolo estensore*) extensor, extensor muscle. **4** (*Ginn*) chest expander. **5** (*Inform*) extender.

estenuante *a.* exhausting, trying, fatiguing, wearying, wearisome, enervating: *fatica* ~ exhausting labour; *questa attesa è* ~ this waiting is wearying; *lavoro* ~ exhausting work, very hard work; *viaggio* ~ a tiring journey.

estenuare (**estènuo**) **I** *v.t.* **1** to exhaust, to wear, to wear out, to tire out, to fatigue, to enervate, to waste: *il caldo mi estenua* the heat enervates me, the heat takes it out of me; *questo lavoro mi estenua* this work wears me out. **2** (*indebolire*) to enfeeble, to weaken, to enervate, to drain: *la malattia lo ha estenuato* his illness has weakened him. **3** (*Agr*) to impoverish, to drain: ~ *un terreno* to impoverish a piece of land. **II** *v.pron.* **estenuarsi** to become exhausted, to wear oneself out, to be worn out, to become worn out.

estenuato *a.* exhausted, worn-out, tired-out: *essere* ~ *dalla fatica* to be worn-out with fatigue.

estenuazione *f.* exhaustion, weariness, tiredness.

Ester *n.pr.f.* (*Bibl*) Esther.

estere *m.* (*Chim*) ester. □ (*Chim*) ~ *acetico* acetic ester.

esterificare (**esterìfico, esterìfichi**) *v.t.* (*Chim*) to esterify.

esterificazione *f.* (*Chim*) esterification.

esteriore **I** *a.* **1** external, outward, outer: *le circostanze esteriori ci indussero a credere nella sua innocenza* external circumstances led us to believe in his innocence; *atti esteriori del culto* outward forms of worship; *mondo* ~ external world, outside world. **2** (*estens*) (*fisico*) external, physical: *aspetto* ~ physical appearance; *doti esteriori* outward gifts, bodily gifts. **3** (*estens*) (*superficiale*) external, superficial: *la sua cordialità è solo* ~ his kindness is only superficial. **II** *m.* (*apparenza*) exterior, outside, outward appearance, appearances *pl.*: *a giudicare dall'* ~ judging by appearances.

esteriorità *f.* **1** (*aspetto esteriore*) appearance, outward appearance, external appearance, exteriority. **2** (*apparenze*) appearances *pl.*, outward appearances *pl.*: *badare all'* ~ to care for appearances; *non farsi ingannare dall'* ~ don't be taken in by appearances. **3** (*Rel,Filos*) externalism: *l'* ~ *di un atto del culto* the externalism of an act of worship.

esteriorizzare (**esteriorìzzo**) **I** *v.t.* to externalize, to manifest, to express: ~ *i propri sentimenti* to externalize one's feelings. **II** *v.pron.* **esteriorizzarsi** to reveal, to become

manifest, to show.

esteriorizzazione *f.* **1** externalization (*anche Psic*). **2** (*Med*) exteriorization.

esteriormente *avv.* outwardly, externally, from the outside: ~ *è una casa molto bella* from the outside it's a very beautiful house.

esternamente *avv.* externally, outwardly, on the outside, from the outside, exteriorly.

esternare (**estèrno**) **I** *v.t.* **1** (*manifestare*) to express, to manifest, to disclose: ~ *un sospetto* to disclose a suspicion; ~ *un desiderio* to express a wish; ~ *un pensiero* to utter a thought, to voice a thought. **2** (*assol.*) (*fare dichiarazioni pubbliche*) to make public statements. **II** *v.pron.* **esternarsi 1** (*divenire palese*) to become manifest, to show. **2** (*aprire il proprio animo*) to open one' heart, to reveal oneself.

esternazione *f.* **1** expression, manifestation, outpouring. **2** (*dichiarazione*) declaration, statement.

esterno **I** *a.* **1** external, outer, outside (*attr.*), exterior, outward (*attr.*): *parete esterna* outer wall; *aspetto* ~ outward appearance; *situato all'* ~ outside. **2** (*Geom*) exterior: *angolo* ~ exterior angle; *punto* ~ *a una circonferenza* point exterior to a circumference. **3** (*rif. a medico d'ospedale ecc.*) non-resident (*attr.*): *personale* ~ out-house staff. **II** *m.* **1** (*parte esterna*) outside, exterior: *l'* ~ *della villa è dipinto di verde* the outside of the house is painted green. **2** (*f. -a*) (*Scol*) day boy (*f.* girl), day pupil. **3** (*Sport*) outfielder: ~ *destro* right fielder; ~ *sinistro* left fielder; ~ *centro* center fielder. **4** (*Cin,Fot*) exterior, outdoor shot, location shot: *girare gli esterni* (*di un film*) to shoot the exteriors, to shoot on location. □ *all'* ~ outside, on the outside, outdoors; *all'* ~ *di* outside: *all'* ~ *dell'edificio* outside the building; *dall'* ~ from outside, from the outside; *per l'* ~ outdoor (*attr.*): *abbigliamento per l'* ~ outdoor clothes; *verso l'* ~ outwards.

estero **I** *a.* foreign: *politica estera* foreign policy; *affari esteri* foreign affairs; *commercio* ~ foreign trade; *mercato* ~ foreign market; *corrispondente* ~ foreign correspondent. **II** *m.* **1** foreign countries *pl.* **2** *pl.* (*Giorn*) foreign news (*costr.sing.*). □ *all'* ~ abroad: *andare all'* ~ to go abroad; *gli italiani all'* ~ the Italians abroad (*o living abroad*); *diretto all'* ~ outward, outbound; *trasferirsi all'* ~ to go to live abroad, to move abroad.

esterofilia *f.* xenomania, xenophilia, great love of foreign things, great love of foreign people.

esterofilo **I** *a.* xenophilic, xenophilous, exceedingly attached to foreign things. **II** *m.* (*f. -a*) xenophile, person exceedingly attached to foreign things.

esterofobia *f.* xenophobia.

esterrefatto *a.* **1** (*sbigottito*) amazed, astonished, dumbfounded, flabbergasted, stunned: *rimanere* ~ to be flabbergasted, (*Br, colloq*) to be gobsmacked. **2** (*scandalizzato*) shocked. **3** (*atterrito*) aghast (*pred.*), terrified, appalled.

estesamente *avv.* **1** extensively, widely. **2** (*dettagliatamente*) in detail, in full detail, in full: *mi narrò il fatto* ~ he told me the story in full detail.

estesi → **estendere**.

estesiologia *f.* (*Med*) esthesiology, aesthesiology.

estesiometria *f.* (*Med*) esthesiometry, aesthesiometry.

estesiometro *m.* (*Med*) esthesiometer, aesthesiometer.

esteso → **estendere** *a.* **1** (*ampio*) large, wide, broad, extensive, vast (*anche fig*): *la cit-*

tà è molto estesa the city is very large; *un'estesa conoscenza della materia* a vast knowledge of the subject; *in senso* ~ in a broad sense. **2** (*generalizzato*) broad, ample, widespread: *un fenomeno* ~ a widespread phenomenon. □ *per* ~: **1** (*in forma non abbreviata*) in full: *firmare per* ~ to sign one's full name, to sign one's name in full; *scrivere per* ~ to write out; **2** (*dettagliatamente*) in detail, with full particulars, at length: *mi narrò il fatto per* ~ he told me everything in great detail.

esteta *m./f.* aesthete, (*Am*) esthete.

estetica *f.* **1** (*Filos*) aesthetics (*costr.sing.*), (*Am*) esthetics (*costr.sing.*): *insegnare estetica all'università* to teach aesthetics at university. **2** (*bellezza*) beauty, harmony: *la nuova costruzione rovina l'* ~ *della piazza* the new building ruins the beauty of the square. □ ~ *facciale* facial aesthetics, facial beauty; ~ *industriale* industrial design.

esteticamente *avv.* aesthetically, from an aesthetic point of view, (*Am*) esthetically, from an esthetic point of view: *giudicare* ~ *qcs.* to judge sth. from an aesthetic point of view.

esteticità *f.* aesthetic character, (*Am*) esthetic character; aesthetic features *pl.*, (*Am*) esthetic features *pl.*

estetico (*pl.* **-ci**) *a.* **1** aesthetic, (*Am*) esthetic: *critica estetica* aesthetic criticism; *senso* ~ aesthetic sense. **2** (*bello*) beautiful, lovely, attractive: *la facciata non è molto estetica* the façade is not very beautiful. **3** (*che riguarda la cura del corpo*) beauty (*attr.*): *trattamento* ~ beauty treatment; *chirurgia estetica* aesthetic surgery, cosmetic surgery.

estetismo *m.* aestheticism, (*Am*) estheticism.

estetista *m./f.* beautician.

estetistico (*pl.* **-ci**) *a.* of aestheticism (*posposto*), relative to aestheticism (*posposto*), (*Am*) of estheticism (*posposto*), relative to estheticism (*posposto*).

estetizzante *a.* **1** of aestheticism, professing aestheticism, (*Am*) of estheticism, professing estheticism: *atteggiamento* ~ affectation of aestheticism. **2** (*che ostenta raffinatezza*) overly-refined, excessively refined: *atteggiamento* ~ excessively refined attitude, overly-refined behaviour.

estimale *a.* estimated, rated.

estimativa *a.* (*lett*) critical judgement.

estimativo *a.* estimative, evaluative: *computo* ~ estimate; *giudizio* ~ appraisal.

estimatore *m.* (*f.* **-trice**) **1** appraiser, judge, estimator: ~ *di oggetti di antiquariato* appraiser of antiques. **2** (*conoscitore*) connoisseur. □ (*Dir*) ~ *pubblico* official estimator.

estimazione *f.* (*lett*) **1** (*stima*) esteem, admiration. **2** (*valutazione*) estimate, evaluation, valuation, appraisal (*anche fig*).

estimo *m.* **1** (*stima*) estimate, valuation, evaluation, rating, appraisal: ~ *dei terreni* land valuation. **2** (*disciplina*) appraisal. □ ~ *catastale* cadastral survey.

estinguere (*pres.ind.* **estìnguo**; *p.rem.* **estìnsi**; *p.p.* **estìnto**) **I** *v.t.* **1** (*spegnere*) to put out, to extinguish, to quench: ~ *un incendio* to put out a fire. **2** (*Econ*) (*saldare*) to wipe out, to pay, to pay off, to discharge, to extinguish, to redeem: ~ *un conto* to pay a bill; ~ *un debito* to pay off, to discharge a debt, to settle a debt; (*lavorando*) to work off a debt. **3** (*fare scomparire*) to extinguish: *le specie furono estinte da un'epidemia* the species were wiped out by an epidemic. **4** (*fig*) to wipe out, to blot out, to extinguish: ~ *il ricordo di qcu.* to wipe out the memory of so., to blot out the memory of so. **II** *v.pron.* **estinguersi 1** to go out, to die out: *l'incendio si è estinto da sè* the fire died out. **2** (*rif. a famiglia, specie e sim.*) to come to an end, to die out, to become extinct: *con la morte del principe si è estinta la casa regnante* with the death of the prince, the reigning house has come to an end; *questa specie animale si è estinta parecchi secoli fa* this animal species died out many centuries ago, this animal species became extinct many centuries ago. **3** (*fig*) to die away, to die out, to fade, to fade away: *la sua fama si è estinta* his fame has died away, his fame has passed out of memory. □ (*Dir*) ~ *un contratto* to terminate a contract, to terminate an agreement; (*Econ*) ~ *un'ipoteca* to redeem a mortgage; ~ *la sete* to slake one's thirst, to quench one's thirst; (*Econ*) ~ *un mutuo* to discharge a loan, to pay off a loan, to settle a loan; (*Econ*) ~ *un'obbligazione* to discharge an obligation; (*Dir*) ~ *una pena* : **1** to serve one's term; **2** (*graziando*) to remit a penalty; (*Dir*) ~ *un reato* to extinguish an offence.

estinguibile *a.* **1** extinguishable, that may be put out (*posposto*): *un incendio facilmente* ~ a fire that is easy to put out. **2** (*Econ*) extinguishable, to be paid off, to be wiped out, repayable, redeemable: *un debito* ~ *in due anni* a debt to be paid off in two years.

estinsi → **estinguere**.

estintivo *a.* (*Dir*) extinctive.

estinto → **estinguere** **I** *a.* **1** extinguished, extinct; (*rif. a sete*) quenched: *un incendio* ~ an extinguished fire. **2** (*Econ*) extinguished, paid off, wiped out, discharged: *un debito* ~ a discharged debt. **3** (*morto*) dead, deceased: *lingue estinte* dead languages. **4** (*rif. a famiglia, specie e sim.: scomparso*) extinct, which has died out: *una specie estinta* an extinct species, a species which has died out. **5** (*Dir*) (*decaduto, annullato*) extinguished, expired, redeemed: *un reato* ~ an extinguished offence; *un mandato* ~ an expired warrant. **II** *m.* (*f.* **-a**) (*defunto*) deceased, departed: *gli estinti* the dead; *i cari estinti* the dear deceased, the departed.

estintore *m.* extinguisher, fire-extinguisher: ~ *ad acqua* water fire extinguisher; ~ *portatile* portable fire-extinguisher; ~ *schiumogeno* foam extinguisher.

estinzione *f.* **1** extinction, putting out: *l'~ dell'incendio ha richiesto più di due ore* it took over two hours to put out the fire. **2** (*Econ,Dir*) extinction, redemption, wiping-out, paying-off, discharge. **3** (*rif. a famiglia, specie e sim.*) extinction, dying out, disappearance, death: *l'~ di una dinastia* the extinction of a dynasty; ~ *di una specie animale* extinction of an animal species; ~ *di un vulcano* death of a volcano, extinction of a volcano; *in via di* ~ faced with the danger of extinction, dying out. □ ~ *della calce* slaking of lime, slaking of quicklime; ~*della fauna* faunal extinction; ~*di campo* field quenching; ~*di un conto* closing of an account; (*Comm,Dir*) ~*di un contratto* termination of a contract; ~*di un debito* discharge of a debt, extinction of a debt, settlement of a debt, redemption of a loan: *a completa* ~ *del debito* in full discharge of the debt; (*Dir*) ~*di un'ipoteca* redemption of a mortgage; (*Dir*) ~ *di reato* extinction of an offence; (*Dir*) ~ *della pena* expiration of sentence; (*Fis*) ~*primaria* primary extinction.

estirpabile *a.* eradicable (*anche fig*).

estirpamento *m.* (*rar*) → **estirpazione**.

estirpare (**estìrpo**) *v.t.* **1** to extirpate, to eradicate, to pull up, to pull out, to uproot:

ho estirpato le erbacce del giardino I have weeded the garden. **2** (*fig*) (*eliminare totalmente*) to extirpate, to eradicate, to root out, to wipe out: ~ *un errore* to eradicate an error; ~ *il delitto* to eradicate crime. **3** (*Chir*) to extirpate. **4** (*Dent*) to extract, to pull, to pull out.

estirpatore I *a.* extirpating, eradicating. **II** *m.* **1** (*f.* **-trice**) extirpator, eradicator (*anche fig*). **2** (*Agr*) grubber.

estirpatura *f.* (*Agr*) grubbing, weeding.

estirpazione *f.* **1** extirpation, eradication, uprooting: ~ *delle erbacce* weeding. **2** (*fig*) (*eliminazione totale*) extirpation, eradication, rooting out, weeding out: ~ *del vizio* extirpation of vice; ~ *di un errore* eradication of an error. **3** (*Chir*) extirpation: ~ *di un tumore* extirpation of a tumor. **4** (*Dent*) extraction, pulling out. **5** (*Agr*) grubbing.

estivare (**estìvo**) *v.t.* (*Zootecn*) to summer: ~ *il gregge* to summer the flock.

estivazione *f.* **1** (*Zool*) (*letargo estivo*) aestivation, (*Am*) estivation. **2** (*Zootecn*) migration to summer pasture, summering. **3** (*Bot*) (*particolare disposizione dei petali in un bocciolo*) aestivation, (*Am*) estivation.

estivo *a.* summer (*attr.*), summer's: *vacanze estive* summer holidays; *vestito* ~ summer dress; *periodo* ~ summertime.

estollere (*pres.ind.* **estòllo**; *p.rem.* **estòlsi**; *p.p.* **estòlto**) **I** *v.t.* (*lett*) **1** (*esaltare*) to extol, to exalt, to praise. **2** (*innalzare*) to raise, to lift. **II** *v.pron.* **estollersi** (*lett*) **1** (*innalzarsi*) to rise. **2** (*togliersi*) to go away.

estone I *a.* Estonian, Esthonian, Estonia (*attr.*). **II** *m.* (*lingua*) Estonian, Esthonian. **III** *m./f.* (*abitante*) Estonian, Esthonian.

Estonia *n.pr.f.* (*Geog*) Estonia, Esthonia.

estorcere (*pres.ind.* **estòrco, estòrci**; *p.rem.* **estòrsi**; *p.p.* **estòrto**) *v.t.* to extort, to wring out: *mi ha estorto il denaro con le minacce* he extorted the money from me by threats; ~ *una promessa* to extort a promise; ~ *una confessione* to extort a confession; ~ *mediante ricatto* to extort by blackmail.

estorsione *f.* extortion, wringing, wresting (*anche fig*): ~ *di denaro* extortion of money; ~ *di promesse* wresting of promises; ~ *di una confessione* extortion of a confession.

estorsivo *a.* extortive.

estorsore *m.* (*f.* **estorcitrice**) extortioner, extortionist.

estorto → **estorcere**.

estradabile *a.* (*Dir*) extraditable.

estradando *m.* (*Dir*) extraditable person.

estradare (**estràdo**) *v.t.* (*Dir*) to extradite: ~ *un criminale* to extradite a criminal.

estradizione *f.* (*Dir*) extradition: *divieto di* ~ ban on extradition; *domanda di* ~ extradition request; *ottenere l'* ~ *di qcu.* to obtain the extradition of so.; *passibile di* ~ extraditable; *richiesta di* ~ request of extradition; *rifiutare l'* ~ to refuse so.'s extradition; *trattato di* ~ extradition treaty.

estradosso *m.* (*Arch*) extrados.

estraggo → **estrarre**.

estragone *m.* (*Bot*) (*dragoncello*) tarragon.

estraibile *a.* **1** (*che si può estrarre*) extractable, pull-out (*attr.*), removable: *letto* ~ pull-out bed. **2** (*di autoradio*) detachable. **3** (*Min*) mineable, minable: *oro* ~ mineable gold. **4** (*Chim*) educible.

estraneità *f.* extraneousness, non-involvement. □ *la sua* ~*al delitto è stata provata* it has been proved that he had no part in the crime.

estraneo **I** *a.* **1** outside, extraneous: *gente estranea* people from outside, outsiders *pl.*; *persone estranee alla famiglia* people from outside the family. **2** (*alieno, contrario*) al-

ien (*a* to): ~ *alla politica* alien to politics. **3** (*sconosciuto*) strange, unknown: *tutto ciò le era* ~ it was all strange to her, it was all unknown to her. **4** (*che non ha relazione*) extraneous, unrelated (*a* to), unconnected (*a* with), having no bearing (*a* on) (*posposto*): *digressione estranea all'argomento* digression having no bearing on the matter in hand. **II** *m.* (*f.* **-a**) **1** (*che non fa parte di un gruppo*) outsider, stranger: *essere trattato da* ~ to be treated like a stranger; *un perfetto* ~ a total stranger; *ho invitato tutti i parenti e pochi estranei* I've invited all the family and a few other people. **2** (*sconosciuto*) unknown person, stranger: *non bisogna parlare con gli estranei* you mustn't speak to strangers. **3** (*non autorizzato*) unauthorized person: *vietato l'ingresso agli estranei* no entry for unauthorized persons. □ *essere* ~ *a qcs.*: **1** to have nothing to do with sth.: *sono* ~ *alla faccenda* I have no part in this matter; **2** (*non appartenere*) not to be a member of sth., not to belong to sth.: *è* ~ *alla famiglia* he doesn't belong to the family, he is not one of the family; *rimanere* ~ *a qcs.* (*non partecipare*) to keep out of sth., to take no part in sth.: *rimanere* ~ *a una discussione* to keep out of an argument.

estraniare (**estrànio**) **I** *v.t.* to estrange: ~ *qcu. dalla famiglia* to estrange so. from their family. **II** *v.pron.* **estraniarsi** to become estranged, to cut oneself off (from), to grow indifferent: *estraniarsi dal mondo* to be lost to the world; *estraniarsi dalla realtà* to cut oneself off from reality.

estraniazione *f.* estrangement, alienation.

estrapolare (**estràpolo**) *v.t.* **1** to work out, to extrapolate, to elaborate: ~ *qcs. da un discorso* to work sth. out from a speech; ~ *dati* to extrapolate data; ~ *qcs. da un contesto* to decontextualize sth. **2** (*Mat*) to extrapolate.

estrapolazione *f.* extrapolation (*anche Mat*).

estrarre (*pres.ind.* **estràggo, estrài**; *p.rem.* **estràssi**; *p.p.* **estràtto**) *v.t.* **1** to extract, to take, to take out, to pull, to pull out, to draw, to draw out, to remove: ~ *una spina dal piede* to pull a thorn out of one's foot; ~ *il pugnale dal fodero* to draw one's dagger from its sheath; ~ *un chiodo dal muro* to take a nail out of the wall. **2** (*ricavare*) to extract (*anche Chim*): ~ *il sale dall'acqua marina* to extract salt from sea water; ~ *olio dalle olive* to extract oil from olives. **3** (*sorteggiare*) to draw: ~ *il nome del vincitore* to draw the name of the winner. **4** (*Minier*) to mine, to dig out; (*da una cava*) to quarry: ~ *oro* to mine gold. **5** (*Dent*) to extract, to take out, to pull, to pull out: ~ *la radice di un dente* to extract the root of a tooth, take out the root of a tooth; *farsi* ~ *un dente* to have a tooth out, to have a tooth taken out. **6** (*Inform*) (*per ordinamento*) to sort; (*per selezione*) to select. □ ~*a sorte* to draw lots, to cast lots; ~ *dal cilindro* to pull out from one's hat; ~*la pistola* to pull a gun; (*Mat*) ~*la radice* (o ~*la radice quadrata*) to extract the root, to extract the square root; ~*petrolio* to extract oil.

estrarrò → **estrarre**.

estrassi → **estrarre**.

estrattivo *a.* mining (*attr.*): *industria estrattiva* mining industry.

estratto *m.* **1** (*di una sostanza*) extract: ~ *di carne* meat extract; ~ *di pomodoro* tomato purée, tomato concentrate. **2** (*profumo*) extract, essence: ~ *di lavanda* extract of lavender, essence of lavender. **3** (*di libro*) excerpt, abstract; (*di documento e sim.*) abstract, summary: *un breve* ~ *da "Marcovaldo" di*

Italo Calvino a short excerpt from "Marcovaldo" by Italo Calvino. **4** (*rif. a lotteria*) number drawn, winning number: *il primo ~ è il 5* the first number drawn is 5. **5** (*Giorn*) offprint. **6** (*Dir*) abstract. □ (*burocr*) *~catastale* abstract of title; (*Econ,Comm*) *~conto* statement of account, bank statement, account statement, account; *~ conto analitico* detailed statement; *~ conto bimestrale* bimonthly statement (of account); (*burocr*) *~di un atto pubblico* short form certificate, abstract; (*burocr*) *~di nascita* birth certificate; (*Dir*) *~ di sentenza* docket; *~epatico* liver extract; *estratti medicinali* medicinal extracts; (*Gastron*) *~ per brodo* meat extract cube, bouillon cube.

estrattore *m.* **1** (*addetto all'estrazione*) extractor. **2** (*Mecc*) puller, stripper, (*nelle armi da fuoco*) extractor. **3** (*Chir*) extractor. **4** (*Met*) ejector, knockout.

estrazione *f.* **1** (*Minier*) extraction, mining, digging, digging out; (*da una cava*) quarrying: *~ di minerali* mineral extraction; *~ di petrolio* oil extraction; *~ del carbone* coal mining. **2** (*l'estrarre*) extraction, pulling out, drawing out: *~ dei denti del giudizio* extraction of the wisdom teeth. **3** (*sorteggio: atto*) drawing; (*effetto*) draw: *~ del lotto* drawing of the lottery numbers, lottery draw. **4** (*origine, condizione sociale*) extraction, origin, descent: *persona di bassa ~* person of low extraction, a low-born person. **5** (*Econ*) drawing. **6** (*Inform*) output. □ *~a premi* prize draw; *~a sorte* drawing of lots; (*Chir*) *~ del feto* extraction of a foetus, extraction of a fetus; (*Dent*) *~dentaria* extraction of a tooth; (*Econ*) *~ di obbligazioni* drawing of bonds; (*Mat*) *~di radice* extraction of root.

Estremadura *n.pr.f.* (*Geog*) Estremadura.

estremamente *avv.* extremely, in the extreme (*posposto*), exceedingly, highly: *una donna ~ gelosa* an extremely jealous woman; *una situazione ~ delicata* an extremely delicate situation.

estremismo *m.* extremism: *~ di destra* right-wing extremism; *~ di sinistra* left-wing extremism.

estremista I *m./f.* extremist: *~ di destra* right-wing extremist, extreme rightist. II *a.* extremist: *gruppi estremisti* extremist groups.

estremistico (*pl.* **-ci**) *a.* extremist: *gruppi estremistici* extremist groups.

estremità *f.* **1** end, extremity: *le ~ di un filo* the two ends of a thread. **2** (*punta*) tip, point: *l'~ del dito* tip of the finger, fingertip. **3** (*di cosa verticale*) top: *l'~ del palo* the top of the post. **4** (*bordo, margine*) border, fringe, margin, hem: *le ~ del lenzuolo* the hems of the sheet. **5** *pl.* (*arti*) extremities; (*piedi*) feet; (*mani*) hands: *ho le ~ gelate* my hands and feet are frozen. **6** (*Mar*) end: *~ di baglio* beam end. □ *da un '~all'altra* from one end to the other; *le ~della terra* the farthest ends of the earth; (*Aer*) *~ dell'ala* wing tip; *~inferiori* lower limbs, feet, legs; *~superiori* upper limbs, hands, arms.

estremizzare (*estremìzzo*) *v.t.* **1** (*Pol*) to exasperate, to exacerbate: *~ le tensioni sociali* to exasperate social tensions. **2** (*portare agli estremi*) to carry sth. to the extreme.

estremo I *a.* **1** (*ultimo nello spazio*) extreme, outermost, far, farthest, utmost, uttermost: *gli estremi confini del mondo* the outermost bounds of the earth; *limite ~* extreme limit. **2** (*ultimo nel tempo*) last, final: *l'ora estrema* the last hour; *un ~ tentativo* a last attempt, a final attempt. **3** (*sommo, grandis-*

simo) extreme, utmost, great, very great, greatest: *ho ~ bisogno di denaro* I'm in great need of money; *trovarsi in ~ pericolo* to be in very great danger. **4** (*limite*) extreme: *un caso ~* an extreme case, a limit case. **5** (*esagerato, disperato*) extreme, exaggerated, desperate: *passione estrema* exaggerated passion; *atti estremi* desperate acts; *bisogno ~* extreme need. **6** (*Pol*) extreme, far: *l'estrema destra* the extreme right, the far right; *l'estrema sinistra* the extreme left, the far left. II *m.* **1** (*parte estrema, estremità*) extremity, end, tip: *a un ~ della corda c'era un nodo* at one end of the rope there was a knot. **2** (*eccesso*) extreme, excess: *passare da un ~ all'altro* to go from one extreme to the other. **3** (*colmo*) height, peak; (*in senso negativo*) depth, depths: *questo tuo atteggiamento è l'~ della sfacciataggine* this behaviour of yours is the height of insolence; *la mia pazienza è all'~* my patience has reached its limits; *giungere all'~ della disperazione* to be in the depths of despair. **4** (*momento estremo*) last moment. **5** (*Sport*) full back. **6** *pl.* (*Dir*) conditions, terms, grounds, essential elements: *gli estremi di un reato* the essential elements of a crime. **7** *pl.* (*burocr*) essential references, essential data: *gli estremi di un documento* the essential data contained in a document. **8** *pl.* (*Mat*) (*rif. a proporzioni*) extremes. □ *essere agli estremi*: **1** (*in fin di vita*) to be on the point of death; **2** (*sul punto di cedere*) to be in dire straits, to be about to give up; *all'~* extremely, in the extreme: *è noioso all'~* he is extremely dull; *spingere le cose all'~* to carry matters to extremes; *resistere fino all'~* to hold out to the last; (*lett*) *l'~anelito* one's last breath; (*Sport*) *~di difesa* full-back; (*Mat*) *~inferiore* infimum; *estremi onori* last honours; *l'Estremo Oriente* the Far East; *dell'~ oriente* far eastern; *l'~ saluto* leave-taking (of the dead), last farewell; (*Mat*) *~superiore* supremum; *l'~supplizio* death penalty, capital punishment; (*Rel.catt*) *Estrema Unzione* Extreme Unction. *Prov.*: *gli estremi si toccano* extremes meet.

estremorientale *a.* Far East (*attr.*), Far Eastern...

estrinsecamente *avv.* extrinsically.

estrinsecamento *m.* expression, voicing, utterance, manifestation: *~ del pensiero* expression of one's thoughts, voicing of one's thoughts; *~ della volontà* expression of one's will.

estrinsecare (*estrìnseco, estrìnsechi*) I *v.t.* to express, to manifest, to make sth. known: *~ il proprio pensiero* to express one's opinion, to express one's thoughts; *~ la propria volontà* to make one's wishes known. II *v.pron.* **estrinsecarsi** to be expressed, to be voiced, to become manifest: *il suo pensiero non riusciva a estrinsecarsi* he was unable to express his thoughts.

estrinsecazione *f.* expression, voicing, utterance, manifestation: *~ del pensiero* expression of one's thoughts, voicing of one's thoughts; *~ della volontà* expression of one's will.

estrinseco (*pl.* **-ci**) *a.* extrinsic (*anche Anat*): *prove estrinseche* extrinsic proof.

estro *m.* **1** (*ispirazione artistica*) inspiration: *~ poetico* poetic inspiration. **2** (*ghiribizzo*) fancy, sudden fancy, whim, whimsy: *un ~improvviso* a sudden fancy; *mi è venuto l'~ di dipingere* I've taken a fancy to painting; *agire secondo l'~* to follow one's fancy, to indulge one's whims. **3** (*talento*) gift, bent, flair: *avere un ~ per la musica* to have

a gift for music, to have a musical bent. **4** (*Biol*) (*preparazione all'accoppiamento*) oestrus, (*Am*) estrus, heat. **5** (*Entom*) gadfly. □ *a ~* on the spur of the moment; (*Entom*) *~bovino* warble fly.

estrogeno I *a.* (*Fisiol*) oestrogenic, (*Am*) estrogenic: *ormone ~* oestrogenic hormone. II *m.spec.pl.* (*Fisiol*) oestrogen, (*Am*) estrogen.

estromettere (*pres.ind.* **estrométto**; *p.rem.* **estromìsi**; *p.p.* **estromésso**) *v.t.* to drive out, to turn out, to throw out, to expel, to oust, to exclude: *~ qcu. da un partito* to expel so. from a party; *è stato estromesso dal circolo* he has been thrown out of the club.

estromissione *f.* expulsion, exclusion, driving out, ousting.

estrone *m.* (*Biol*) oestrone, (*Am*) estrone.

estrosamente *avv.* **1** (*con estro*) imaginatively, ingeniously, creatively, inventively, with flair. **2** (*capricciosamente*) whimsically, capriciously, freakishly.

estrosità *f.* **1** (*estro*) creativity, imaginativeness, ingeniousness, inventiveness. **2** (*bizzarria*) whim, whimsy, caprice, originality.

estroso *a.* **1** (*ricco di estro*) original, inspired, ingenious, inventive, creative: *un musicista ~* an inspired musician. **2** (*dotato*) gifted, talented: *scrittore ~* gifted writer. **3** (*capriccioso, bizzarro*) whimsical, capricious; (*imprevedibile*) unpredictable: *carattere ~* unpredictable character.

estroversione *f.* (*Psic*) extroversion.

estroverso I *a.* outgoing, extrovert, extroverted, extravert: *carattere ~* outgoing personality. II *m.* (*f.* **-a**) extrovert.

estrovertere (*pres.ind.* **estrovèrto**; *p.p.* **estrovèrso**; *no past tense*) I *v.t.* (*rar*) to turn outwards. II *v.pron.* **estrovertersi** (*rar*) to turn outwards, to open up.

estrudere (**estrùdo**) *v.t.* **1** (*Tecn*) to extrude: *~ un metallo* to extrude a metal. **2** (*lett*) (*spingere fuori*) to extrude, to expel, to force out.

estrusione *f.* **1** (*Geol,Tecn*) extrusion. **2** (*lett*) ejection, forceful expulsion.

estrusivo *a.* (*Geol*) extrusive.

estuario *m.* (*Geog*) estuary: *foce a ~* estuary; *porto d'~* estuary harbour.

estuoso *a.* **1** (*lett*) (*che arde, ribolle*) ardent, boiling. **2** (*burrascoso*) stormy (*anche fig*).

esuberante *a.* **1** (*sovrabbondante*) abundant, lavish, profuse: *raccolto ~* abundant harvest. **2** (*rigoglioso*) luxuriant: *vegetazione ~* luxuriant vegetation, lush vegetation. **3** (*di donna*) curvacious, voluptuous, buxom, shapely: *forme esuberanti* voluptuous curves. **4** (*vivace*) exuberant, lively: *temperamento ~* exuberant temperament; *fantasia ~* lively imagination; *stile ~* exuberant style. **5** (*Econ*) excess (*attr.*); (*rif. a lavoratori*) redundant: *produzione ~* excess production; *manodopera ~* redundant labour; *un lavoratore ~* a redundant worker.

esuberantemente *avv.* exuberantly, redundantly.

esuberanza *f.* **1** (*sovrabbondanza*) superabundance. **2** (*di vegetazione*) luxuriance. **3** (*vivacità*) exuberance, liveliness, vivacity: *~ di carattere* exuberance of character, a vivacious personality.

esubero *m.* **1** (*eccedenza*) superabundance, surplus, excess: *~ nella produzione* over-production. **2** (*estens*) (*dipendente in esubero*) redundancy, redundant worker: *ridurre gli esuberi* to reduce overstaffing, to create redundancies. □ *personale in ~*: **1** (*da licenziare*) overstaffing, overmanning; **2** (*licenziato*) redundancy.

esulare (**èsulo**; *aus.* **avere**) *v.i.* **1** (*essere* estraneo) to be beyond, to lie outside: *questo incarico esula dalle mie competenze* this office lies outside my competence. **2** (*rar*) (*esiliarsi*) to go into exile.

esulceramento *m.* **1** (*Med*) (*ulcerazione superficiale*) exulceration, ulceration. **2** (*fig*) (*esacerbazione*) exacerbation, exasperation, embitterment.

esulcerare (**esùlcero**) **I** *v.t.* **1** (*Med*) (*ulcerare*) to ulcerate. **2** (*fig*) (*esacerbare*) to exacerbate, to exasperate, to heighten, to embitter: ~ *il dolore di qcu.* to heighten so.'s grief. **II** *v.pron.* **esulcerarsi** (*rar*) to ulcerate.

esulcerazione *f.* **1** (*Med*) (*ulcerazione superficiale*) exulceration, ulceration. **2** (*fig*) (*esacerbazione*) exacerbation, exasperation, embitterment.

esule **I** *a.* exiled: *tomba* ~ exile's grave. **II** *m./f.* exile, (*per ragioni politiche*) émigré: ~ *di guerra* war émigré, war exile; ~ *politico* émigré, political exile; *andare* ~ *in Inghilterra* to go into exile in England, to go to England as an exile.

esultante *a.* exultant, triumphant: *la folla* ~ the exultant crowd; *sguardo* ~ triumphant look.

esultanza *f.* exultation, triumph: *con* ~ exultantly; *un grido di* ~ a cry of exultation.

esultare (**esùlto**) (*aus.* **avere**) *v.i.* to exult (*per* at), to be exultant, to triumph, to rejoice: *esultammo per la notizia* we exulted at the news. □ ~ *in cuor proprio* to be exultant deep down.

esultazione *f.* (*rar*) exultation, triumph: *con* ~ exultantly; *un grido di* ~ a cry of exultation.

esumare (**esùmo/èsumo**) *v.t.* **1** to exhume, to disinter: ~ *una salma* to exhume a body. **2** (*fig*) to unearth, to bring sth. to light, to revive: ~ *una vecchia usanza* to revive an old custom, to bring back an old custom.

esumazione *f.* **1** exhumation, disinterment: ~ *di salma* exhumation (of a corpse). **2** (*fig*) unearthing, bringing to light, revival.

et □ ~*al.* et al., et alii, et alia; ~*cetera* etc., et cetera, etcetera.

ET **1** (*extra terrestre*) ET (extraterrestrial). **2** *Egitto* ET (Egypt).

eta *f.* (*lettera dell'alfabeto greco*) eta.

ETA (*organizzazione clandestina basca*) ETA (militant Basque nationalist organization).

età *f.* **1** age: *gli chiesero il nome e l'*~ they asked him his name and age; *stabilire l'*~ *di un albero* to establish the age of a tree; *essere avanti con l'*~ to be getting on in years; *la prima* ~ childhood, infancy; *la quarta* ~ the fourth age; *le quattro* ~ *dell'uomo* the four ages of Man; *sentire l'*~ to feel one's age; *ho il fiatone: l'*~ *si sente!* I'm short of breath: I'm feeling my age! **2** (*vecchiaia*) (old) age, years *pl.*: *con l'*~ *è diventato più curvo* with the years he has grown more bent. **3** (*tempo*) generation, age, times *pl.*: *uno scrittore della nostra* ~ a writer of our own times. **4** (*periodo, epoca*) age (*anche Geol*): *l'*~ *di Augusto* the age of Augustus. □ ~ *adulta* adulthood;*all'*~ *di vent'anni* at twenty, at the age of twenty; *arrivare all'*~ *di ottant'anni* to reach the age of eighty; ~ *anagrafica* real age; (*Stor.rom*) ~*augustea* Augustan age; *essere in* ~*avanzata* to have reached a ripe old age; *morire in* ~*avanzata* to die at a ripe old age;*avere l'*~ *di trent'anni* to be thirty, to be thirty years of age, to be thirty years old; *che* ~ *hai?* how old are you?; *avere la stessa* ~ to be the same age; *ormai ha la sua* ~ *anche Paolo!* even Paul is getting on a bit!, even Paul is getting on in years!; ~*biologica* bio-

logical age; *di* ~*compresa tra i quindici e i vent'anni* between the ages of fifteen and twenty, between fifteen and twenty years old; *con l'*~ when you grow old, as you grow old: *con l'*~ *le cose cambiano* when you grow old things change; ~*critica* : **1** (*adolescenza*) adolescence, awkward age; **2** (*menopausa*) climacteric, menopause, crucial age; (*Stor, Archeol*) ~ *del bronzo* Bronze Age; *l'*~ *del discernimento* the age of discretion; (*Stor, Archeol*) ~*del ferro* Iron Age; *l'*~*del giudizio* the age of reason; (*Stor,Archeol*) ~*della pietra* Stone Age; *l'*~*della ragione* the age of reason (*anche fig*); ~ *delle caverne* age of the cave dwellers; ~*dello sviluppo* puberty; (*fig*) ~*dell'oro* Golden Age; ~*di mezzo* middle age; (*Stor*) *l'Età di Mezzo* the Middle Ages; *è un'*~*difficile* it's a difficult age; ~*evolutiva* the years of growth; ~*feconda* childbearing age; (*Geol*) ~*glaciale* Ice Age; *essere in* ~ to be old enough: *essere in* ~ *da marito* to be of marriageable age, to be old enough to marry; *di* ~*indefinibile* ageless; *di* ~ *inferiore* younger; *di* ~ *inferiore ai quindici anni* under fifteen; ~*lavorativa* legal age (for working); ~ *legale* lawful age; ~ *mentale* mental age; (*Stor*) ~*moderna* modern age; ~ *pensionabile* pensionable age, retirement age; ~*prescolare* pre-school age; ~*scolare* school age; ~ *senile* old age; *senza* ~ ageless.

etano *m.* (*Chim*) ethane.

etanolo *m.* (*Chim*) ethanol, ethil alcohol.

etc. *eccetera* etc. (etcetera, et cetera, and so on).

etci *intz.* (*starnuto*) achoo!, atishoo!

etera *f.* **1** (*Stor.gr*) hetaera, hetaira. **2** (*lett, eufem*) (*cortigiana*) courtesan, prostitute.

etere[1] *m.* (*lett*) ether, aether: *via* ~ through the air; *il segnale viene trasmesso via* ~ the signal is transmitted through the air. □ ~ *cosmico* cosmic ether.

etere[2] *m.* (*Chim*) ether. □ (*Chim*) ~*di petrolio* petroleum ether; (*Chim*) ~*etilico* diethyl ether; (*Chim*) ~*glicolico* glycol ether; (*Chim*) ~*isopropilico* isopropyl ether; (*Chim*) ~*vinilico* vinyl ether.

etereo[1] *a.* **1** (*lett*) (*dell'etere*) ethereal, etherial, ether (*attr.*), aether (*attr.*): *spazi eterei* ethereal spaces. **2** (*fig*) ethereal, etherial, heavenly: *bellezza eterea* ethereal beauty.

etereo[2] *a.* (*Chim*) ethereal, etherial, ether (*attr.*).

eterico (*pl.* -**ci**) *a.* (*Chim*) ethereal, etherial, ether (*attr.*).

eterificare (**eterìfico, eterìfichi**) **I** *v.t.* (*Chim*) to turn sth.to ether, to etherify. **II** (*aus.* **essere**) (*Chim*) to turn to ether. **III** *v.pron.* **eterificarsi** (*Chim*) to be etherified.

eterificazione *f.* (*Chim*) etherification.

eterizzare (**eterìzzo**) *v.t.* (*Med*) to etherize.

eterizzazione *f.* (*Med*) etherization.

eternamente *avv.* **1** (*per sempre*) eternally, forever: *ti sarò* ~ *grata* I'll be eternally grateful to you. **2** (*per tutta la vita*) all life long, for all one's life. **3** (*iperb*) (*sempre*) always, continually, steadily: *mi ripete* ~ *quella vecchia storia* he continually repeats that old story, he goes on repeating that old story.

eternare (**etèrno**) **I** *v.t.* to immortalize, to perpetuate, to make sth. eternal, to make sth. live for ever, to eternalize: ~ *il ricordo di qcu.* to perpetuate so.'s memory; *Dante ha eternato Paolo e Francesca* Dante immortalized Paolo and Francesca. **II** *v.pron.* **eternarsi** to be immortalized, to win eternal fame, to achieve immortality, to become eternal, to last forever.

eternit, eternit *m.* (*Edil*) asbestos lumber,

asbestos cement.

eternità *f.* **1** eternity. **2** (*vita ultraterrena*) eternity, kingdom come. **3** (*immortalità*) immortality, eternity, immortal fame: *con le sue opere acquistò l'*~ his works won him immortal fame. **4** (*colloq,iperb*) (*molto tempo*) ages *pl.*, (*Br,colloq*) donkey's years *pl.*, lifetime: *ci mette un'*~ *a vestirsi* she takes ages to get dressed; *è un* ~ *che non lo vedo* I haven't seen him for ages, (*Br*) I haven't seen him in donkey's years; *ho aspettato un'*~ I've been waiting for ages. □ *di quiall'*~ from here to eternity; *per l'*~ (o *per tutta l'eternità*) forever, throughout eternity, for all eternity, till kingdom come.

eterno **I** *a.* **1** eternal: *Dio è* ~ God is eternal; *vita eterna* eternal life. **2** (*immortale, senza fine*) eternal, immortal, everlasting, undying: *la sua fama sarà eterna* his fame will be everlasting, his fame will never die; *le giurò* ~ *amore* he swore her eternal love (o undying love); *fama eterna* immortal fame; *il sonno* ~ everlasting sleep. **3** (*colloq,iperb*) (*lunghissimo*) interminable, endless, everlasting: *la conferenza è stata eterna* the lecture was interminable. **4** (*colloq,iperb*) (*solido, resistente*) durable: *queste scarpe sono eterne* these shoes are indestructible. **5** (*colloq*) (*continuo*) everlasting, eternal, perpetual, never-ending: *sono costretto ad ascoltare le sue eterne lagnanze* I am forced to listen to her perpetual complaints; *ecco l'*~ *seccatore* here comes that perpetual nuisance; *questa ragazza è un'eterna scontenta* that girl is never satisfied. **II** *m.* eternity. □ (*fig*) ~*bambino* (o ~*fanciullo*) person who has not grown up, eternal child, Peter Pan; *l'eternafelicità* (*la beatitudine celeste*) eternal bliss; (*lett*) *l'*~*femminino* the eternal feminine; *in* ~ forever, until kingdom come, for ever, foi ever and ever, eternally: *vivere in* ~ to live forever; *l'*~*riposo* eternal rest; *l'*~*triangolo* the eternal triangle.

Eterno *m.* (*Dio*) the Everlasting, God Eternal.

etero **I** *a.inv.* (*colloq*) (*eterosessuale*) straight. **II** *m./f.inv.* (*colloq*) straight.

eteroaggressività *f.* (*Psic*) aggressiveness towards others.

eterociclico (*pl.* -**ci**) *a.* (*Chim,Bot*) heterocyclic: *nucleo* ~ heterocyclic nucleus.

eteroclisia *f.* (*Gramm*) suppletion.

eteroclito *a.* (*Ling*) heteroclite (*anche fig*).

eterodina *f.* (*Elettron*) heterodyne.

eterodossia *f.* heterodoxy.

eterodosso *a.* heterodox.

eteroeducazione *f.* (*Pedag*) education by teachers (as opposed to that of parents).

eterofillia *f.* (*Bot*) heterophylly.

eterofillo *a.* (*Bot*) heterophyllous.

eterogamia *f.* (*Biol*) heterogamy.

eterogamo *a.* (*Biol*) heterogamous.

eterogeneità *f.* heterogeneity, heterogeneousness.

eterogeneo *a.* **1** heterogeneous (*anche Chim,Gramm*): *materia eterogenea* heterogeneous matter. **2** (*disparato*) heterogeneous, mixed, miscellaneous, assorted, different: *un'accozzaglia di oggetti eterogenei* a medley of assorted objects; *una folla eterogenea riempiva la piazza* a motley crowd filled the square.

eterogenesi *f.* (*Biol*) heterogenesis.

eteromane **I** *a.* (*Med*) **1** (*rif. a persona*) addicted to ether. **2** (*rif. a cosa*) related to ether addiction. **II** *m./f.* (*Med*) etheromaniac, ether addict.

eteromania *f.* (*Med*) etheromania, addiction to ether.

eteromorfismo m. (Bot) heteromorphism.

eteromorfo a. (Bot) heteromorphic.

eteromorfosi f. (Biol) heteromorphosis.

eteronimia f. (Gramm) heteronymous relationship.

eteronimo I a. 1 (Gramm) heteronymous. 2 (Lett) published under a name other than the author's. II m. 1 (Gramm) heteronym. 2 (Lett) work published under a name other than the author's.

eteronomia f. (Filos) heteronomy.

eteronomo a. (Filos) heteronomous.

eterosessuale I a. heterosexual, (colloq) straight. II m./f. heterosexual, heterosexual person, (colloq) straight person.

eterosessualità f. heterosexuality.

eterotassia f. (Med,Bot) heterotaxis, heterotaxia.

eterotermia f. (Geog,Biol) heterothermy.

eterotermo I a. (Biol) heterothermic. II m. (Biol) heterotherm.

eterotrapianto m. (Chir) heterotransplantation, xenotransplantation.

eterotrofia f. (Biol) heterotrophy.

eterotrofo a. (Biol) heterotrophic: organismo ~ heterotroph.

eterozigosi f. (Biol) heterozygosity.

eterozigote I a. (Biol) heterozygous. II m. (Biol) heterozygote.

etesii m.pl. Etesian winds.

ETH

ethos m.inv. ethos: l'~ rivoluzionario the revolutionary ethos.

etica f. 1 (Filos) ethics (costr.sing.). 2 (senso morale) morals pl., ethics pl. 3 (principio etico) ethic: l'~ protestante del lavoro Protestant work ethic. □ ~aziendale business ethics (costr.sing.); ~medica medical ethics (costr.sing.); (Filos) l'Etica Nicomachea Nicomachean Ethics (costr.sing.), Ethica Nicomachea; ~ professionale professional ethics (costr.sing.): contrario all'~ professionale unprofessional, unethical.

eticamente avv. ethically, morally.

etichetta [1] f. 1 label; (cartellino) tag, tab, ticket: attaccare un'~ to stick on a label; staccare un'~ to remove a label; mettere l'~ a qcs. to label sth.; ~ col prezzo price tag, price label; il prezzo è indicato sull'~ the price is shown on the label. 2 (fig) label: affibbiare un'~ a qcu. to label so. 3 (Inform) label: prefisso di ~ label prefix. □ ~adesiva sticker; ~autoadesiva stick-on label; ~ da incollare stick-on label, gummed label; ~della bottiglia bottle label; (Ling) ~di registro register, register distinction; ~gommata stick-on label; ~per bagagli luggage label.

etichetta [2] f. (cerimoniale) etiquette: l'~ vuole che il giovane saluti per primo la persona più anziana etiquette requires a young person to greet an older one first; badare all'~ to be an observer of form, to stand on ceremony. □ (Inform) ~della rete netiquette, internet etiquette; ~di corte court etiquette, corrt ceremonial; senza ~ unceremoniously, informally.

etichettare (etichétto) v.t. 1 to label, to stick a label on. 2 (fig) (catalogare) to label, (spreg) to brand.

etichettatrice f. label marker.

etichettatura f. labelling.

eticità f. ethicality.

etico [1] (pl. -ci) a. 1 ethical, moral (anche Filos): problema ~ ethical problem. 2 (Ling) etic.

etico [2] (pl. -ci) a. (ant) (tisico) hectic, consumptive: febbre etica hectic fever.

etile m. (Chim) ethyl.

etilene m. (Chim) ethylene.

etilenico (pl. -ci) a. (Chim) ethylenic: legame ~ ethylenic linkage.

etilico (pl. -ci) a. (Chim) ethyl (attr.): alcol ~ ethyl alcohol.

etilismo m. (Med) alcoholism.

etilista m./f. (Med) alcoholic.

etilometro m. breathalyser, (Am) breathalyzer.

etilotest m.inv. (Med) breath test.

etimo m. (Ling) etymon, derivation.

etimologia f. etymology: risalire all'~ di una parola to go back to the etymology of a word. □ ~popolare folk etymology, popular etymology.

etimologicamente avv. etymologically.

etimologico (pl. -ci) a. etymological: dizionario ~ etymological dictionary.

etimologista m./f. etymologist.

etimologizzare (etimologizzo; aus. avere) v.i. to etymologize.

etimologo m. (f. -a; pl. -gi) etymologist.

etiope I a. Ethiopian. II m./f. (abitante) Ethiopian.

Etiopia n.pr.f. (Geog) Ethiopia.

etiopico (pl. -ci) I a. Ethiopian. II m. (lingua) Ethiopic.

etiopide m./f. (Etnol) Ethiopid.

etisia f. (ant) (tisi) phthisis.

etmoidale a. (Anat) ethmoidal.

etmoide m. (Anat) ethmoid.

Etna n.pr.m. (Geog) Mount Etna.

etnia f. ethnic group, race: etnie diverse different races.

etnicamente avv. ethnically, from an ethnical point of view.

etnico (pl. -ci) a. 1 ethnic: gruppo ~ ethnic group; minoranze etniche ethnic minorities; pulizia etnica ethnic cleansing. 2 (estens) (tradizionale, extraeuropeo) ethnic, traditional: musica etnica ethnic music; cucina etnica ethnic cuisine, ethnic cooking.

etnocentrico (pl. -ci) a. ethnocentric.

etnocentrismo m. ethnocentrism.

etnografia f. ethnography.

etnografico (pl. -ci) a. ethnographic: atlante ~ ethnographic atlas.

etnografo m. (f. -a) ethnographer.

etnolinguistica f. ethnolinguistics (costr.sing.).

etnologia f. ethnology.

etnologico (pl. -ci) a. ethnologic, ethnological.

etnologo m. (f. -a; pl. -gi) ethnologist.

etnomusicologia f. ethnomusicology.

etnonimo m. (Ling) ethnonym.

etolico (pl. -ci) a. (Geog.stor) Aetolian.

etologia f. ethology.

etologico (pl. -ci) a. ethological.

etologo m. (f. -a; pl. -gi) ethologist.

Etruria n.pr.f. (Geog.stor) Etruria.

etrusco (pl. -chi) I a. Etruscan, Etrurian: vaso ~ Etruscan vase. II m. 1 (f. -a) (abitante) Etruscan. 2 (lingua) Etruscan.

etruscologia f. Etruscology.

etruscologo m. (f. -a; pl. -gi) Etruscologist.

ettacordo m. (Mus) heptachord.

ettaedrico a. (Geom) heptahedral.

ettaedro m. (Geom) heptahedron.

ettagonale a. (Geom) heptagonal.

ettagono m. (Geom) heptagon.

ettaro m. (unità di misura) hectare (2,471 acres).

ette m. (ant) (nulla) jot, whit, iota: non capisco un ~ di questa faccenda I don't understand a thing about all this.

etto m. (colloq) (ettogrammo) one hundred grams, one hundred grammes.

ettogrammo m. hectogram, hectogramme.

ettolitro m. hectolitre, (Am) hectoliter.

ettometro m. hectometre, (Am) hectometer.

Ettore n.pr.m. Hector (anche Mitol).

EU Europa EUR (Europe).

Eubea n.pr.f. (Geog) Euboea.

eubiotica f. (Biol) eubiotics (costr.sing.).

eucalipto m. (Bot) eucalyptus.

eucaliptolo m. (Chim,Farm) eucalyptol.

eucarestia, eucaristia f. (Rel.catt) Eucharist, Communion: ricevere l'~ to receive Holy Communion; il sacramento dell'~ the sacrament of Eucharist.

eucaristico (pl. -ci) a. (Rel.catt) Eucharistic, Eucharistical: congresso ~ Eucharistic Congress; offerta eucaristica Eucharistic offering; cibo ~ Eucharistic food; convito ~ Eucharist, Communion, Holy Communion.

Euclide n.pr.m. (Stor) Euclid.

euclideo a. Euclidean, Euclidian, Euclid's: (Geom) geometria euclidea Euclidean geometry; geometrie non euclidee non-Euclidean geometries; (Geom) spazio ~ Euclidean space.

eudemonia f. (Filos) eudemony, eudaemony, eudaemonia.

eudemonismo m. (Filos) eudaemonism, eudemonism, eudaimonism.

eudemonista m./f. (Filos) eudaemonist, eudemonist.

eudemonistico (pl. -ci) a. (Filos) eudaemonic, eudemonic, eudaemonistic, eudemonistic: concezione eudemonistica eudemonic concept.

eudiometro m. (Fis) eudiometer.

eufemismo m. (Ret) euphemism. □ per ~ euphemistically.

eufemisticamente avv. euphemistically.

eufemistico (pl. -ci) a. euphemistic: espressione eufemistica euphemistic expression.

eufonia f. (Fon) euphony.

eufonico (pl. -ci) a. (Fon) euphonic, euphonious: consonante eufonica euphonic consonant.

euforbia f. (Bot) euphorbia, spurge.

euforbiacee f.pl. (Bot) Euphorbiaceae.

euforia f. 1 (Psic) euphoria. 2 (estens) elation, high spirits pl., light-heartedness, exhilaration, cheerfulness, euphoria: ~ provocata dal vino wine-induced euphoria.

euforicamente avv. euphorically.

euforico (pl. -ci) a. euphoric, elated, in high spirits (posposto), exhilarated: sentirsi ~ to feel elated; essere ~ to be euphoric, to be in high spirits; stato ~ state of euphoria.

euforizzante I m. (Farm) euphoriant, euphoric agent, euphoriant drug. II a. (Farm) euphoriant: effetto ~ euphoriant effect, exhilarating effect; farmaco ad azione ~ euphoric agent.

eufrasia f. (Bot) euphrasia, eyebright.

Eufrate n.pr.m. (Geog) Euphrates: il Tigri e l'~ Tigris and Euphrates.

eufuismo m. (Lett) euphuism.

eufuista m./f. euphuist.

eufuistico (pl. -ci) a. (Lett) euphuistic.

euganeo a. (Geog) Euganean: colli Euganei Euganean Hills.

eugenetica f. (Biol) eugenics (costr.sing.).

eugenetico (pl. -ci) a. (Biol) eugenic: controllo ~ eugenic control; matrimonio ~ eugenic marriage.

eugenia f. (Bot) Eugenia.

Eugenia n.pr.f. Eugenia, Eugenie.

eugenica f. (Biol) eugenics (costr.sing.).

eugenico (pl. -ci) a. (Biol) eugenic.

Eugenio n.pr.m. Eugene.

eugenista m./f. eugenicist, eugenist.

eugenolo m. (Chim) eugenol.

Eumenidi *n.pr.f.pl.* (*Mitol*) Eumenides.
Eumiceti *m.pl.* (*Bot*) Eumycetes.
eunucheria *f.* (*rar*) feebleness, weakness.
eunuchismo *m.* (*Med*) eunuchism.
eunuco (*pl.* **-chi**) I *m.* 1 (*Med*) eunuch. 2 (*fig*) (*inetto, smidollato*) eunuch, feeble person. II *a.* 1 (*Med*) (*evirato*) castrated, emasculated. 2 (*fig*) (*debole, inetto*) weak, feeble, impotent.
eunucoide I *a.* (*Med*) eunuchoid. II *m./f.* (*Med*) eunuchoid.
eunucoidismo *m.* (*Med*) eunuchoidism.
eupatorio *f.* (*Bot*) hemp agrimony.
eupepsia *f.* (*Med*) eupepsia, good digestion.
eupeptico (*pl.* **-ci**) I *a.* (*Farm*) eupeptic. II *m.* (*Farm*) eupeptic, eupeptic remedy.
Eurasia *n.pr.f.* (*Geog*) Eurasia.
eurasiano I *a.* Eurasian. II *m.* (*f.* **-a**) Eurasian.
eurasiatico (*pl.* **-ci**) *a.* Eurasian (*attr.*), Eurasiatic: *continente* ~ Eurasian continent.
EURATOM *Comunità europea dell'energia atomica* EURATOM, EAEC (European Atomic Energy Commission).
euregio *m.* euregio.
eureka *intz.* eureka!
Euridice *n.pr.f.* (*Mitol*) Eurydice.
Euripide *n.pr.m.* (*Stor*) Euripides.
euripideo *a.* Euripidean.
euristica *f.* (*Filos*) heuristics (*costr.sing.*).
euristico (*pl.* **-ci**) *a.* (*Filos*) heuristic.
euritmia *f.* 1 eurhythmics (*costr.sing.*), eurhythmy, eurythmics (*costr.sing.*), eurythmy, harmonious proportions *pl.* 2 (*Med*) eurhythmia, eurythmia, regularity of the pulse.
euritmico (*pl.* **-ci**) *a.* 1 harmonious, eurhythmic, eurythmic: *stile* ~ harmonious style. 2 (*Med*) regular: *polso* ~ regular pulse.
euro (*pl.inv.* o **-i**) *m.* euro: *cinque* ~ five euros.
euroassegno *m.* Eurocheque.
eurobanca *f.* Eurobank.
eurocent /ˈɛwroˈsɛnt/ *m.inv.* (*Numism*) eurocent coin, eurocent piece.
eurocentrico (*pl.* **-ci**) *a.* Eurocentric.
eurocentrismo *m.* Eurocentrism, Eurocentricity.
eurochèque /ˌɛwroˈʃɛk/ *m.inv.* Eurocheque.
eurocity /ˌɛwroˈsiti/ *m.inv.* (*Ferr*) Eurocity (fast Euroepan intercity train).
eurocomunismo *m.* (*Stor*) Eurocommunism.
eurocomunista I *a.* (*Stor*) Eurocommunist. II *m./f.* (*Stor*) Eurocommunist.
eurocrate *m./f.* (*burocr*) Eurocrat.
eurocratico (*pl.* **-ci**) *a.* (*burocr*) Eurocratic.
eurocrazia *f.* Eurocracy.
eurocredito *m.* (*Econ*) Eurocredit.
eurodeputato *m.* (*f.* **-a**) (*Pol*) Euro-MP, member of European Parliament (MEP).
eurodivisa *f.* (*Econ*) Eurocurrency: *mercato delle eurodivise* Eurocurrency market.
eurodollaro *m.* (*Econ*) Eurodollar.
euroemissione *f.* (*Econ*) European issue.
eurogruppo *m.* (*Pol*) Eurogroup.
eurolandia *f.* (*Econ*) Euroland.
euromercato *m.* (*Econ*) Euromarket.
euromissile *m.* (*Mil*) Euromissile.
euromoneta *f.* (*Econ*) Eurocurrency.
euroobbligazione *f.* (*Econ*) Eurobond.
Europa *n.pr.f.* 1 (*Geog*) Europe. 2 (*Mitol,Astr*) Europa. □ ~*centrale* central Europe; *l'*~ *continentale* continental Europe, (*per gli inglesi*) the Continent; ~*del Nord* Northern Europe; ~*del Sud* Southern Europe; ~*dell'est* East Europe; ~*dell'ovest* West Europe; ~*meridionale* Southern Europe; ~*occidentale* Western Europe; ~*orientale* Eastern Europe; ~*settentrionale* Northern Eu-

rope; (*Pol*) ~*unita* united Europe.
europanto *m.* Europanto.
europarlamentare *m./f.* (*Pol,Parl*) Euro-MP, member of European Parliament (MEP).
europarlamento *m.* (*Parl*) Europarliament.
europeismo *m.* (*Pol*) Europeanism.
europeista I *m./f.* supporter of Europeanism. II *a.* of Europeanism (*posposto*), leading to European unification (*posposto*): *politica europeista* policy of European unification.
europeistico (*pl.* **-ci**) *a.* of Europeanism (*posposto*), leading to European unification (*posposto*): *politica europeistica* policy of European unification.
europeizzare (**europeìzzo**) I *v.t.* to Europeanize. II *v.pron.* **europeizzarsi** to become Europeanized.
europeizzazione *f.* Europeanization.
europeo I *a.* 1 European, of Europe: *continente* ~ European continent; *Unione Europea* European Union. 2 (*dell'Unione Europea*) EU (*attr.*), European. II *m.* 1 (*f.* **-a**) European. 2 *pl.* (*Sport*) European championship *sing.* III *f.pl.* (*Pol*) European elections.
europide *m./f.* (*Etnol*) Europid.
europio *m.* (*Chim*) europium.
europoide I *a.* (*Etnol*) Europoid, Caucasoid. II *m./f.* (*Etnol*) Europoid, Caucasoid.
Europol *m.* Europol.
eurorealista *m./f.* eurorealist.
euroregione *f.* Euroregion.
euroscetticismo *m.* Euroscepticism.
euroscettico I *a.* Eurosceptical. II *m.* (*f.* **-a**; *pl.* **-ci**) Eurosceptical.
eurosocialismo *m.* (*Pol*) Eurosocialism.
eurosocialista *m./f.* (*Pol*) Eurosocialist.
eurostar *m.inv.* (*Ferr*) Eurostar (Italian high-speed train).
eurostrategico (*pl.* **-ci**) *a.* (*Mil*) Euro-strategic.
eurotassa *f.* Eurotax.
euroterrorismo *m.* Euro-terrorism.
euroterrorista *m./f.* Euro-terrorist.
eurovaluta *f.* (*Econ*) Eurocurrency.
eurovisione *f.* (*TV*) Eurovision: *trasmissione in* ~ Eurovision telecast.
eurovisivo *a.* (*TV*) Eurovision (*attr.*): *canale* ~ Eurovision channel.
Eustachio *n.pr.m.* (*Stor*) Eustachius. □ *di* ~ Eustachian (*anche Anat*).
eutanasia *f.* euthanasia.
eutettico (*pl.* **-ci**) I *a.* (*Chim,Fis*) eutectic: *temperatura eutettica* eutectic temperature; (*Met*) *fusione eutettica* eutectic melting; *lega eutettica* eutectic, eutectic alloy. II *m.* (*Chim, Fis*) eutectic: *miscela eutettica* eutectic.
eutocia *f.* (*Med*) eutocia, normal birth, natural childbirth.
eutocico (*pl.* **-ci**) *a.* (*Med*) of normal childbirth, of natural childbirth (*posposto*): *parto* ~ normal childbirth, natural childbirth.
eutrofia *f.* (*Biol*) eutrophy.
eutrofico (*pl.* **-ci**) *a.* (*Biol*) eutrophic.
eutrofizzante *a.* (*Biol*) eutrophicating: *sostanza* ~ eutrophicating agent.
eutrofizzazione *f.* (*Biol*) eutrophication.
euzone *m.* (*Mil*) euzone.
eV *elettronvolt* eV (electron volt).
EV 1 *era volgare* C.E. (Christian era, Common era). 2 *eccellenza vostra* (Your Excellency).
Eva *n.pr.f.* 1 Eve, Eva. 2 (*Bibl*) Eve.
evacuamento *m.* evacuation.
evacuare (**evàcuo**) I *v.t.* 1 to evacuate, to clear out, to empty: ~ *un territorio* to evacuate a territory. 2 (*Med*) (*espellere dall'organismo*) to evacuate: ~ *le feci* to evacuate the

feeces. II *v.i.* (*aus.* **avere**) 1 to evacuate (*da qcs.* sth.); (*ritirarsi*) to withdraw (*da* from): *la popolazione fu costretta a* ~ *dalla città* the population was forced to evacuate the city; *i soldati evacuarono dal forte* the soldiers withdrew from the fort. 2 (*Med*) (*defecare*) to evacuate (the bowels).
evacuativo *a.* (*Farm*) evacuant, evacuative: *rimedio* ~ evacuant, evacuant agent.
evacuazione *f.* 1 evacuation; (*ritiro*) withdrawal. 2 (*Med*) (*defecazione*) evacuation.
evadere (*pres.ind.* **evàdo**; *p.rem.* **evàsi**; *p.p.* **evàso**) I *v.i.* (*aus.* **essere**) 1 to escape, to run away (*da* from): ~ *dalla prigione* to escape from prison. 2 (*fig*) to escape, to get away (*da* from): ~ *dal proprio ambiente* to get away from one's environment. 3 (*rif. al fisco*) to evade, to dodge. II *v.t.* 1 (*burocr*) (*sbrigare*) to dispatch, to deal with: ~ *una pratica* to deal with a matter. 2 (*eseguire*) to execute, to carry out, to process: ~ *ordini* to execute orders, carry out orders. 3 (*sbrigare*) to clear (sth.): ~ *la corrispondenza* to clear correspondence. 4 (*rif. al fisco*) to evade, to dodge, to escape: ~ *il fisco* (o ~ *le imposte*) to escape the tax authorities, to dodge the tax authorities, to evade taxes.
evanescente *a.* 1 evanescent, vanishing, fading: *ricordo* ~ fading memory. 2 (*rif. a suoni*) dying, fading, faint. 3 (*Fon*) indistinct: *vocale* ~ indistinct vowel.
evanescenza *f.* 1 evanescence, vanishing, vanishing away, fading, fading away, fading out. 2 (*fugacità*) fleetingness. 3 (*rif. a suono*) faintness. 4 (*imprecisione*) dimness, haziness: ~ *di un'immagine* haziness of an image. 5 (*Rad,Tel*) fading: *margine di* ~ fading margin.
evangelario, **evangeliario** *m.* (*Lit*) evangelistary.
evangelicale *a.* (*Rel.prot*) Evangelical.
evangelicamente *avv.* evangelically.
evangelico I *a.* 1 Gospel (*attr.*), evangelic, evangelical: *precetti evangelici* Gospel teaching, Gospel precepts; *parabola evangelica* Gospel parable. 2 (*Rel.prot*) (*protestante*) Protestant. 3 (*Rel.prot*) (*evangelicale*) Evangelical: *pastore* ~ Evangelical pastor; *chiesa evangelica* Evangelical Church. II *m.* (*f.* **-a**; *pl.* **-ci**) Evangelical.
evangelismo *m.* evangelism.
evangelista *m.* evangelist: *i quattro evangelisti* the four evangelists.
evangelizzare (**evangelìzzo**) *v.t.* 1 to evangelize. 2 (*fig,rar*) (*convincere di qcs.*) to win over, to convert.
evangelizzatore *m.* (*f.* **-trice**) evangelizer.
evangelizzazione *f.* evangelization.
evangelo *m.* (*lett*) (*vangelo*) Gospel.
evaporabile *a.* evaporable.
evaporare (**evàporo/evapóro**) I *v.i.* 1 (*aus.* **essere**) (*diventare vapore*) to evaporate, to become vapour: *l'acqua è evaporata* the water has evaporated; *il profumo è evaporato completamente* the perfume has completely evaporated. 2 (*aus.* **avere**) (*di liquidi: diminuire in seguito a evaporazione*) to evaporate, to boil down, to be reduced by evaporation: ~ *del tutto* to boil dry, to boil away. II *v.t.* to evaporate, to turn into vapour: ~ *un liquido* to evaporate a liquid; ~ *il latte* to evaporate milk.
evaporato *a.* evaporated: *latte* ~ evaporated milk; (*Tecn*) *legno* ~ evaporated wood.
evaporatore *m.* 1 (*Tecn,Chim*) evaporator. 2 (*per termosifoni*) humidifier. □ (*Chim*) ~ *molecolare* molecular still; (*Tecn*) ~ *sotto vuoto* vacuum evaporator.
evaporazione *f.* (*Fis*) evaporation; (*vapo-*

rizzazione) vaporization. ☐ (*Fis,Biol*) ~ **atmosferica** atmospheric evaporation; (*Fis*) ~ **equivalente** equivalent evaporation; (*Fis, Biol*) ~**solare** solar evaporation; (*Tecn*) ~**sotto vuoto** vacuum evaporation.

evaporimetro *m.* (*Fis,Meteor*) atmometer. ☐ (*Tecn*) ~**a parete porosa** clay atmometer; (*Tecn*) ~**a piatto** evaporation pan.

evasi → **evadere**.

evasione *f.* **1** (*rif. a prigioni*) escape, (*colloq*) getaway, jailbreak, jailbreaking: *piano di* ~ plan of escape; *sventare un tentativo di* ~ to thwart an escape attempt, to thwart an attempted jailbreak. **2** (*rif. al fisco*) evasion, dodge, (*colloq*) dodging: ~ *fiscale* tax evasion. **3** (*fig*) escape, escapism: (*distrazione*) diversion, distraction: ~ *dalla vita di ogni giorno* escape from everyday life; *desiderio di* ~ desire to get away from it all. **4** (*burocr*) (*disbrigo*) dispatch, carrying out, execution: *l'* ~ *di una domanda* the processing of an application. **5** (*Comm*) (*di ordini*) execution: *l'* ~ *di un ordine* the execution of an order. ☐   ~ **carceraria** prison escape, (*Am*) jailbreak; *d'* ~ escapist, diverting: *letteratura d'* ~ escapist literature; **dare** ~ *alla corrispondenza* to clear the correspondence; (*Comm*) *dare* ~ *a un ordine* to carry out an order, (*Am*) to fill an order; (*burocr*) *dare* ~ *a una pratica* to deal with a matter, to deal with a case, to dispatch a matter.

evasivamente *avv.* evasively, in an evasive manner: *rispondere* ~ to answer evasively.

evasività *f.* evasiveness.

evasivo *a.* evasive, elusive: *una risposta evasiva* an evasive answer; *un atteggiamento* ~ an evasive attitude.

evaso → **evadere I** *a.* **1** escaped: *ergastolano* ~ escaped lifeterm convict. **2** (*burocr*) dispatched, dealt with: *pratiche evase* matters which have been dealt with. **II** *m.* escapee, fugitive, runaway: *la polizia sta cercando un* ~ the police are looking for an escaped prisoner.

evasore *m.* (*evasore fiscale*) tax evader, tax dodger.

Evelina *n.pr.f.* Evelyn, Eveline, Evelina.

evellere (*pres.ind.* **evèllo**; *p.p.* **evùlso**; *not used in the preterite*) *v.t.* (*ant,lett*) to uproot, to eradicate.

evenienza *f.* event, occurrence, eventuality: *nell'* ~ *che tu venga a Roma, potrei ospitarti* in the event of your coming to Rome I could put you up; if you should come to Rome, I could put you up. ☐ *per ogni* ~: **1** (*in caso di bisogno*) in case of need, if need be, for all eventualities: *non esitare a contattarmi per ogni* ~ don't hesitate to contact me in case of need; **2** (*per tutte le occasioni*) for every occasion, for every need: *equipaggiamento per ogni* ~ equipment for every occasion.

evento *m.* **1** case, event: *attendere gli eventi* to wait on events; *un tragico* ~ a tragic event. **2** (*avvenimento degno di nota*) event: *l'* ~ *musicale dell'anno* the musical event of the year; *i grandi eventi* great events; *lieto* ~ happy event; *organizzare un* ~ to organize an event. **3** (*Fis,Statist,Inform*) event: ~ *di accesso a un file* file event. ☐ (*Statist*) ~**composto** compound event; *un* ~ **culturale** a cultural event; (*Fis*) ~**ionizzante** ionizing event; *tenersi pronto per ogni* ~ to be ready for all eventualities; (*Geol*) ~ **sismico** seismic event.

eventuale *a.* any, possible, probable: *un* ~ *ritardo nella pubblicazione del libro può pregiudicarne la vendita* any delay in the publication of the book may adversely affect

sales; *eventuali spese* possible charges; *tienimi informato di un* ~ *cambiamento di programma* let me know if there is any change in plans.

eventualità *f.* **1** eventuality, contingency, possibility. **2** (*caso, evenienza*) case, chance, occasion, event: *fortunata* ~ lucky chance. ☐ *nell'* ~ *che* in the event of, if, in case: *nell'* ~ *che io ritardi, non preoccuparti* if I should be late, don't worry; *nella sfortunata* ~ *che anche lei arrivi...*, in the unfortunate event of her turning up as well...;*per ogni* ~: **1** (*in caso di bisogno*) in case of need, if need be, for all eventualities; **2** (*per tutte le occasioni*) for all eventualities: *essere pronti per ogni* ~ to be prepared to deal with any eventuality.

eventualmente *avv.* in case, if, if necessary, in that case: ~ *dovessi sapere qcs.* if (*o* in case) you should hear anything; *non ci dovrebbero essere problemi:* ~ *ti chiamo* there shouldn't be any problems: if anything happens I'll call you (*o* but if there are I'll call you); *oggi non posso venire,* ~ *passo da te più tardi* I can't come today, if I can I'll come by later; *sarebbe meglio indossare un paio di stivali, o* ~ *delle scarpe impermeabili* it would be better to wear boots, or at any rate waterproof shoes.

Everest *n.pr.m.* (*Geog*) Everest.

evergreen /ˌɛvərˈɡriːn/ **I** *a.inv.* (*sempre in voga*) evergreen. **II** *m.inv.* (*Econ*) (*credito rotativo che non ha scadenza*) revolving credit, continuous credit.

eversione *f.* **1** subversion (*anche Pol*). **2** (*Stor, Dir*) abolition.

eversivo *a.* subversive, revolutionary (*anche Pol*): *mezzi eversivi* subversive means.

eversore *m.* subversive (*anche Pol*).

evidente *a.* **1** (*manifesto*) evident, obvious, manifest, patent: *per ragioni evidenti* for obvious reasons. **2** (*chiaro*) plain, clear, unmistakable: *rendere* ~ *qcs.* to make sth. clear; *dare segni evidenti di noia* to show unmistakable signs of boredom. ☐ *è* ~ *che* it is plain that, it is clear that; (*colloq*) *vieni anche tu al cinema? - È* ~! are you coming to the cinema as well? - Of course I am!

evidentemente *avv.* **1** (*a quanto pare*) apparently: ~ *si conoscevano* they apparently knew each other; ~ *non vi siete capiti* you seem to have misunderstood each other. **2** (*in modo evidente*) evidently, clearly, obviously, plainly: *era* ~ *imbarazzato* he was clearly embarrassed.

evidenza *f.* **1** obviousness: *l'* ~ *di un errore* the obviousness of a mistake. **2** (*certezza*) clearness, plainness. **3** (*prova*) evidence, record, proof: *conservare le evidenze* to keep the records, to keep the proof. ☐ (*Comm*) ~ **contabile** accounting evidence: *evidenze contabili* accounting records; **mettere in** ~ to bring out, to point out, to highlight, to stress; (*burocr*) *mettere in* ~ *una pratica* to put out a file for immediate handling; **mettersi in** ~ (*farsi notare*) to make oneself conspicuous, to draw attention to oneself, to come to the fore; **tenere in** ~ to hold in evidence, to keep on file: *terremo in evidenza il Suo curriculum vitae* we will keep your CV on file, (*Am*) we will keep your résumé on file.

evidenziare (**evidènzio**, **evidènzi**) **I** *v.t.* **1** (*mettere in evidenza*) to point out, to highlight: ~ *un particolare* to highlight a detail. **2** (*rivelare*) to point out, to reveal: *l'esame ha evidenziato la presenza di una costola rotta* the exam has revealed the existence of a broken rib. **3** (*con un evidenziatore*) to

highlight: ~ *un passo* to highlight a passage. **4** (*burocr*) (*tenere in evidenza*) to keep sth. out for immediate attention, to reserve sth. for speedy dispatch., to hold in evidence. **5** (*Inform*) to select. **II** *v.pron.* **evidenziarsi** (*diventare evidente,manifestarsi*) to become evident, to become manifest.

evidenziatore *m.* highlighter.

evincere (*pres.ind.* **evìnco**, **evìnci**; *p.rem.* **evìnsi**; *p.p.* **evìnto**) *v.t.* to infer, to work out, to deduce: *dalle sue parole si evince che è ancora molto amareggiato* from his words you can tell that he is still very hurt.

evirare (**evìro**) *v.t.* **1** to emasculate, to evirate, to castrate. **2** (*fig*) (*indebolire*) to emasculate, to deprive of force and vigour, to weaken, to castrate.

evirato I *a.* emasculated, evirated, castrate. **II** *m.* (*Stor*) (*cantore castrato*) castrato.

evirazione *f.* emasculation, eviration, castration.

eviscerare (**evìscero**) *v.t.* to eviscerate, to disembowel.

evitabile *a.* avoidable, that can be avoided (*posposto*): *questo errore era* ~ this mistake could have been avoided.

evitare (**evìto**) **I** *v.t.* **1** to avoid, to shun, to evade, to escape, to dodge: *per* ~ *malintesi* to avoid misunderstandings; *desidero* ~ *ogni discussione* I wish to avoid any argument; *non riuscirai a* ~ *il castigo* you will not succeed in escaping punishment; *evita di affaticarti!* don't tire yourself out! **2** (*scansare*) to avoid, to by-pass, to dodge: *l'automobilista riuscì a* ~ *il pedone* the motorist managed to avoid the pedestrian. **3** (*sfuggire*) to avoid, to escape, to shun: ~ *qcu.* to avoid so.; *cercare di* ~ *lo sguardo di qcu.* to try not not catch so.'s eye, to avoid so.'s eyes. **4** (*scongiurare*) to avert, to ward off: ~ *un pericolo* to ward off a danger. **5** (*astenersi*) to avoid, to abstain, to refrain: ~ *i grassi* to avoid fatty foods, to keep off fatty foods; ~ *di fumare* to refrain from smoking; ~ *di fare qcs.* to avoid doing sth., to abstain from doing sth., to refrain from doing sth., not to do sth.; *non ho potuto* ~ *di rispondergli* I couldn't avoid answering him. **6** (*risparmiare*) to spare, to save: *farò di tutto per evitarti questa noia* I shall do all I can to save you this trouble; *ti evito la fatica di tornare indietro* I'll spare you the trouble of coming back. **7** (*sfuggire a*) to escape: ~ *la pena di morte* to escape the death penalty. **8** (*Mar*) to steer clear of: ~ *uno scoglio* to steer clear of a reef. **II** *v.recipr.* **evitarsi** to avoid each other: *in questo periodo cercano di evitarsi* they are trying to avoid each other in this period, (*colloq*) they're giving each other a wide berth in this period. ☐ (*fig*) ~ *qcu.* **come la peste** to avoid so. like the plague; ~ *un creditore* to evade a creditor; ~ *una figuraccia* to avoid making a fool of oneself; ~*il peggio* to avoid the worst; ~ *la bancarotta* to avoid bankruptcy, (*Br*) to stave off bankruptcy; (*fig, colloq*) ~ *qcs.* (*qcu.*) *per un pelo* to miss sth. (so.) by a whisker, to miss sth. (so.) by a hair; ~*seccature* to avoid trouble.

evitico (*pl.* **-ci**) *a.* of Eve (*posposto*): (*scherz, rar*) *in costume* ~ in one's birthday suit, naked, nude.

evizione *f.* (*Dir*) eviction.

evo *m.* age, era, ages *pl.*, times *pl.* ☐ ~**antico** ancient times; ~*di mezzo* Middle Ages; ~ *moderno* modern history, modern times.

evocare (**èvoco** /*poet* **evòco**, **èvochi** /*poet* **evòchi**) *v.t.* **1** (*Occult*) to evoke, to call forth, to raise, to conjure, to conjure up: ~ *gli spi-*

riti to evoke spirits. **2** (*fig*) (*rievocare*) to evoke, to recall, to call up: ~ *il passato* to evoke the past.

evocativo *a.* **1** (*Occult*) evocative: *avere poteri evocativi* to have the power to call forth spirits. **2** (*fig*) evocative: *parole evocative* evocative words.

evocatore I *m.* (*f.* **-trice**) evoker. II *a.* evocative, evocatory, of evocation (*posposto*): *rito* ~ evocatory rite.

evocatorio *a.* evocative, evocatory, of evocation (*posposto*): *rito* ~ evocatory rite.

evocazione *f.* (*Occult*) evocation, calling up, calling forth, raising, conjuring: ~ *degli spiriti* raising of spirits.

evoluire (**evoluìsco, evoluìsci**; *aus. avere*) *v.i.* (*Mil,Mar,Aer*) to manoeuvre, to perform manoeuvres, (*Am*) to perform maneuvers.

evolutivo *a.* evolutionary, evolutional, evolutive, developmental: *fase evolutiva* evolutionary phase; *processo* ~ evolutionary process.

evoluto → **evolvere** *a.* **1** (*Biol*) (*adulto*) fully-developed, evolved: *organismo* ~ fully-developed organism. **2** (*fig*) (*progredito*) advanced, progressive, up-to-date, highly-civilized: *idee evolute* progressive ideas; *popolo* ~ highly-civilized nation. **3** (*fig*) (*moderno, senza pregiudizi*) with up-to-date ideas, open-minded: *una persona evoluta* an open-minded person.

evoluzione *f.* **1** (*Biol*) evolution: *l'~ delle specie* the evolution of species; *teoria dell'~* theory of evolution, evolutionism; *tasso di* ~ evolutionary rate. **2** (*sviluppo*) evolution, development, growth: *l'~ della società* the evolution of society; *in* ~ (o *in fase di* ~) in the development phase, being developed, under development. **3** (*progresso*) progress: *l'~ della scienza* the progress of science. **4** (*Aer,Mil,Mar*) evolution, manoeuvres *pl.*, (*Am*) maneuver: *evoluzioni acrobatiche* acrobatic feats. **5** (*Sport*) (*serie di movimenti*) evolutions *pl.* ☐ (*Biol*) ~ *bloccata* arrested evolution, arrested development; (*Econ*) ~ *del mercato* market development, market trend; ~ *demografica* demographic evolution, demographic development; (*Ling*) ~ *fonetica* phonetic change; (*Biol*) ~ *organica* organic evolution; (*Biol*) ~ *orizzontale* coincidential evolution; (*Ling*) ~ *semantica* semantic change; (*Astr*) ~ *stellare* stellar evolution; ~ *tecnologica* technological development, technological progress.

evoluzionismo *m.* (*Biol,Filos*) evolutionism. ☐ (*Filos*) ~ *spenceriano* Spencerian evolutionism.

evoluzionista *m./f.* evolutionist.

evoluzionistico (*pl.* **-ci**) *a.* (*Biol,Filos*) evolutionistic, evolutionist (*attr.*).

evolvere (*pres.ind.* **evòlvo**; *p.rem.* **evolvètti/evolvéi/evòlsi**; *p.p.* **evolùto**) I *v.t.* (*rar*) to evolve. II *v.pron.* **evolversi** to evolve, to develop, to grow.

evonimo *m.* (*Bot*) euonymus europaeus, spindle tree.

evulso → **evellere** *a.* (*rar*) uprooted, eradicated.

evviva I *intz.* **1** (*usato da solo*) hurrah!, hurray! **2** (*seguito da un nome*) long live, up with, hurrah for: ~ *l'Italia!* up with Italy!; ~ *la libertà!* long live freedom! **3** (*che bello!*) goody!, whoopee!, great!, hurrah!: *Stasera andiamo al circo! - Evviva!* Let's go to the circus this evening! - Goody! II *m.inv.* cheer, shout, hurrah, (*Am*) yeah: *gli ~ della folla* the cheers of the crowd. ☐ (*iron*) ~ *la modestia!* there's nothing like being modest!

ex I *a.* ex, former, old: ~ *sindaco* ex-mayor,

former mayor; *l'ho incontrato con la sua ~ fidanzata* I met him with his ex-girlfriend, I met him with his old girlfriend. II *m./f.inv.* (*colloq*) **1** (*qcu. con cui si è troncata una relazione*) ex. **2** (*ex marito*) former husband, ex. **3** (*ex moglie*) former wife, ex. ☐ ~ *abrupto* suddenly; ~ *allieva* alumna, former student (female); ~ *allievo* alumnus, former student (male); ~ *ante* ex ante: (*Econ*) *risparmi ~ ante* ex ante savings; (*Econ*) ~ *capitalizzazione* ex capitalization, ex script, ex bonus; (*Econ*) ~ *cedola* ex coupon, without coupon; (*Mil*) ~ *combattente* ex-serviceman, (*Am*) veteran, war veteran; (*Dir*) ~ *lege* according to the law, by law; ~ *novo* from the beginning, all over again; (*Econ*) ~ *opzione* ex option, without right of option; ~ *post* ex post, retrospectively: (*Econ*) *risparmio ~ post* ex post saving; ~ *professo* : **1** deliberately, on purpose, intentionally; **2** (*estens*) completely, thoroughly; (*Rel.catt*) ~ *voto* ex-voto, votive offering.

ex aequo /ɛgz'ɛkwo/ *avv.* ex aequo, equally, with equal merit, on an equal footing: *il premio è stato diviso ~ fra i tre concorrenti* the prize has been equally divided between the three competitors; *arrivarono secondi ~* they both came in second, they came in equal second, they tied second.

ex cathedra /ˌɛks'katedra/ *avv.* **1** (*Teol*) ex cathedra. **2** (*fig*) authoritatively.

excerpta *m.pl.* (*lett*) excerpts, extracts.

exclave *f.inv.* (*Pol*) exclave.

excursus *m.inv.* excursus, digression: *un breve ~* a brief digression.

executive /eg'zekutiv/ *m./f.inv.* executive.

exit poll /'ɛgzitpol/ *m.inv.* exit poll.

ex libris /ɛgz'libris/ *m.inv.* ex libris, bookplate.

ex nihilo /ɛks'niilo/ *avv.* from nothing.

expertise /eksper'tiz/ *f.inv.* (*Art*) (*dichiarazione di autenticità di un'opera d'arte*) expert's authentication.

exploit /eks'plwa/ *m.inv.* exploit, brilliant achievement, brilliant performance.

expo /eks'po/ *f.inv.* (*fiera*) exhibition, exhibit; (*esposizione mondiale*) world exhibition.

export /'eksport/ *m.inv.* (*Econ,Comm*) export: *import-~* import-export; *ditta import-~* import-export firm.

extension /eks'tɛnʃon/ *f.inv.* (*Cosmet*) hair extension.

extra I *prep.* (*fuori da*) extra: *spese ~ bilancio* extra budget expenses. II *a.inv.* **1** (*dopo sostantivo: di prima qualità*) best-quality, top-grade, first-rate, extra, choice (*attr.*), select: *burro ~* best-quality butter, choice butter. **2** (*fuori del previsto*) extra, additional, further: *molte spese ~* a lot of additional expenditure, many extra charges. **3** (*seguito da aggettivo*) very, extra: ~ *forte* extra strong, very strong. III *m.inv.* **1** (*spesa extra*) extra, extra charge: *gli ~ dell'albergo* the hotel extras. **2** (*optional*) optional extra: *i finestrini automatici sono un ~* automatic windows are an optional extra.

extraatmosferico (*pl.* **-ci**) *a.* (*Astr*) outer: *spazio ~* outer space.

extracomunitario I *a.* non-EU, non-European: *paese ~* non-EU country. II *m.* (*f.* **-a**) **1** (*immigrato*) non-EU immigrant. **2** (*cittadino*) non-EU national, non-EU citizen.

extraconiugale *a.* extramarital: *avere una relazione ~* to have an extramarital affair.

extracontrattuale *a.* (*Dir*) not specified in the contract (*posposto*), not laid down by the contract (*posposto*), outside the terms of the contract (*posposto*).

extracorporeo *a.* (*Med*) extracorporeal:

circolazione extracorporea extracorporeal circulation.

extradotale *a.* (*Dir*) extradotal.

extraeuropeo *a.* non-European: *paesi extraeuropei* non-European countries, countries outside Europe.

extragalattico (*pl.* **-ci**) *a.* (*Astr*) extragalactic: *nebulosa extragalattica* extragalactic nebula.

extragiudiziale *a.* (*Dir*) extrajudicial: *confessione ~* extrajudicial confession.

extra-large /ɛkstra'lardʒ, ɛkstra'larʒ/ *a.inv.* (*Abbigl*) extra-large: *una felpa ~* an extra-large sweatershirt, an XL sweatershirt.

extralegale *a.* (*Dir*) extralegal: *provvedimento ~* extralegal provision.

extralinguistico (*pl.* **-ci**) *a.* (*Ling*) extralinguistic.

extranet *f.inv.* (*Inform*) extranet.

extraparlamentare I *a.* extraparliamentary: *partiti extraparlamentari* extraparliamentary parties; *opposizione ~* extraparliamentary opposition; (*Pol*) *destra ~* extraparliamentary right; (*Pol*) *sinistra ~* extraparliamentary left. II *m./f.* member of an extra-parliamentary group, extraparliamentary politician.

extraprofessionale *a.* extraprofessional: *attività ~* extraprofessional activity.

extraprofitto *a.* (*Econ*) extra profit, excess profit.

extrarapido *a.* **1** very fast, high-speed (*attr.*). **2** (*Fot*) ultrafast, ultrahigh-speed, high-speed: *pellicola extrarapida* high speed film.

extrascolastico (*pl.* **-ci**) *a.* after-school, outside school: *insegnamento ~* education outside school, after-school education; *attività extrascolastiche* after-school activities.

extrasensibile *a.* **1** extrasensory. **2** (*ultrasensibile*) ultrasensitive.

extrasensoriale *a.* (*Psic*) extrasensory: *percezione ~* extrasensory perception.

extrasistole *f.* (*Med*) extrasystole.

extrasistolico (*pl.* **-ci**) *a.* (*Med*) extrasystolic.

extrastallia *f.* (*Mar,Comm*) extra-demurrage.

extrastrong /ˌɛkstras'trɔŋg/ I *a.inv.* extra-strong, extra strong: *carta ~* extra strong paper. II *f.inv.* (*Cart*) extra strong paper.

extratariffario I *a.inv.* (*Comm*) non-tariff: *barriere extratariffarie* non-tariff barriers. II *m.* (*prodotti non inclusi nelle tariffe*) products *pl.* not included in the tariffs.

extratemporale *a.* timeless, outside time, beyond time, extratemporal, supertemporal.

extraterrestre I *a.* extraterrestrial: *radiazione ~* extraterrestrial radiation; *rumore ~* extraterrestrial noise. II *m./f.* extraterrestrial, extraterrestrial creature, (*colloq*) alien: *avvistare un ~* to sight an alien, to spot an alien.

extraterritoriale *a.* (*Dir*) extraterritorial: *spazio aereo ~* extraterritorial airspace; *acque extraterritoriali* extraterritorial waters.

extraterritorialità *f.* (*Dir*) extraterritoriality, extraterritorial status.

extrauniversitario *a.* off-campus, non-university (*attr.*), (*Br*) extramural: *personale ~* non-university staff.

extraurbano *a.* **1** (*al di fuori della città*) out-of-town (*attr.*): *parco ~* out-of-town park. **2** (*che collega la città con zone limitrofe*) interurban: *strada extraurbana* interurban road, highway, road outside a town; *tariffa extraurbana* fare for travel beyond the city limits.

extrauterino *a.* (*Med*) extrauterine: *gravidanza extrauterina* extrauterine pregnancy;

vita extrauterina extrauterine life.

extravergine *a.* (*Comm,Alim*) extra virgin: *olio ~ di oliva* extra virgin olive oil.

extremis □ *in ~*: 1 (*in punto di morte*) at the point of death, in extremis *è stato salvato in ~* he was saved in extremis; 2 (*fig*) (*all'ultimo momento*) at the last moment, at the eleventh hour.

eye-liner, eye liner, eyeliner /aj'lajner/ *m.inv.* (*Cosmet*) eye-liner.

Ezechiele *n.pr.m.* (*Bibl*) Ezekiel, Ezechiel.

eziandio *congz.* (*ant,lett*) **1** (*anche*) also, likewise. **2** (*perfino*) even. □ (*ant,lett*) ~ *che* even if.

e-zine /i'zin, e'zin/ *f.inv.* (*Inform*) e-zine.

eziolamento *m.* (*Bot*) etiolation.

eziolato *a.* (*Bot*) etiolated.

eziologia *f.* aetiology, (*Am*) etiology (*anche Med*).

eziologico (*pl.* **-ci**) *a.* aetiological, aetiologic, (*Am*) etiological, etiologic.

f¹, F¹ /ˈɛffe/ *f./m.* (*lettera dell'alfabeto*) f, F: *due f* two f's, two fs; *una f maiuscola* a capital F; *una f minuscola* a small f; (*Tel*) *f come Firenze* F for Frederick, (*Am*) F as in Fox.

f² 1 (*Fis*) *frequenza* f (frequency). 2 (*Mus*) *forte* f (forte).

F² 1 *Francia* F (France). 2 *fiume* R. (River).

f. 1 (*Gramm*) *femminile* f, fem. (feminine, female). 2 (*Filol*) *foglio* f. (folio).

fa¹ *m.* (*Mus*) F, fa: *chiave di ~* key of F; *~ bemolle maggiore* F flat major; *~ diesis minore* F sharp minor.

fa² *avv.* ago, back: *un mese ~* a month ago; *poco ~* a short time ago.

fa³ → **fare¹**.

fa' → **fare¹**.

fabbisogno *m.* requirements *pl.*, needs *pl.*: *coprire il ~ di un articolo* to meet the requirements for an article; *il ~ di grano* wheat requirements; □ *~ alimentare* food requirements; *~ calorico* calorie requirements; (*Econ*) *~ di capitale* capital requirement; *~ di carta* paper consumption; (*Econ*) *~ di cassa* cash requirements; *~ di denaro* financial requirements, financial needs; *~ di manodopera* labour requirements, hands needed, workmen needed; *~ di mercato* market requirements; *~ di vitamine* vitamin requirements; *~ eccedente* excess, surplus; *~ energetico* energy requirements; *~ idrico* water demand, water quantity requirements; *~ petrolifero* oil requirements; *~ proteico* protein need; *~ totale* total requirements.

fabbrica *f.* 1 factory, works (*costr.sing.*), mill: *una ~ di sapone* a soap factory. 2 (*impianto*) plant. 3 (*azienda di tipo industriale*) industry, factory: *una ~ di cinquecento operai* a factory with five hundred hands (*o* workers); *chiudere una ~* to shut down a factory. 4 (*costruzione*) building. 5 (*edificio*) building, fabric, edifice: *una ~ solida* a solid building. 6 (*rar*) (*edificio in costruzione*) building under construction. □ *~ di armi* arms factory; *~ di automobili* car factory, (*Am*) automobile plant; *~ di birra* brewery, brewing industry; *~ di ceramiche* pottery, pottery workshop; *~ di conserve* tinning factory, (*Am*) cannery; (*fig*) *quel corso di laurea è una ~ di disoccupati* that course doesn't offer good prospects; *~ di mattoni* brickyard, brick factory, brickworks; *~ di motori* engine factory; (*scherz*) *~ di san Pietro* (*lavoro che non finisce mai*) never-ending job; *~ di tessuti* cloth-mill.

fabbricabile *a.* 1 manufacturable. 2 (*edificabile*) building, that may be built on (*posposto*): *area ~* building site, building ground.

fabbricante *m./f.* manufacturer, maker, producer.

fabbricare (**fàbbrico, fàbbrichi**) *v.t.* 1 to manufacture, to make, to produce: *~ mobili* to make furniture; *il ragazzo si fabbricò una spada con due pezzi di legno* the boy made himself a sword from two pieces of wood. 2 (*costruire*) to build, to construct, to erect: *~ una casa* to build a house. 3 (*assol.*) (*costruire*) to build: *hanno fabbricato molto alla periferia di Roma* there has been a lot of

building in the suburbs of Rome. 4 (*fig*) (*architettare, ideare*) to fabricate, to make up, to invent: *~ notizie false* to fabricate false rumours. □ (*Comm*) *~ su campione* to make as per sample, to make according to pattern; (*Comm*) *~ su ordinazione* to make to order.

fabbricato I *a.* 1 (*prodotto*) manufactured, produced, made. 2 (*costruito*) built. 3 (*fig*) (*architettato, ideato*) fabricated, invented. **II** *m.* building, edifice. □ *~ annesso* outbuilding, outhouse; *~ in serie* mass produced; *~ industriale* factory building, industrial building.

fabbricatore *m.* (*f.* **-trice**) 1 (*produttore*) maker, manufacturer. 2 (*costruttore*) builder, constructor. 3 (*fig*) (*ideatore*) fabricator, maker up, trumper up, inventor, deviser: *~ di inganni* swindler, con man.

fabbricazione *f.* 1 (*Ind*) manufacture, making, make: *la ~ della carta* paper making; *la ~ del vetro* glassmaking. 2 (*rar*) (*in urbanistica: edificazione*) building, construction: *~ intensiva* building up. 3 (*fig*) (*ideazione*) fabrication, invention. □ *di ~ inglese* made in England, of English make; *~ in serie* large-scale production, mass production.

fabbriceria *f.* (*Dir.can*) Board of Trustees, Council of Maintenance.

fabbriciere *m.* (*Dir.can*) Councilman, member of a church's Board of Trustees.

fabbro *m.* 1 (*chi lavora in ferramenta*) blacksmith, smith. 2 (*chi fa chiavi, serrature e sim.*) locksmith. 3 (*lett*) (*artefice*) maker (*anche fig*). □ (*fig*) *il Fabbro dell'universo* (*Dio*) the Maker of the Universe, the Creator of the Universe; *~ ferraio* blacksmith, smith. *Prov.*: *ciascuno è ~ della sua fortuna* each man is the forger of his own destiny.

fabianesimo, fabianismo *m.* (*Pol*) Fabianism.

fabiano I *a.* (*Pol*) Fabian. **II** *m.* (*Pol*) Fabian.

Fabio *n.pr.m.* 1 Fabian. 2 (*Stor.rom*) Fabius.

Fabrizio *n.pr.m.* Fabricius.

faccenda *f.* 1 thing, matter; (*lavoro*) job, work: *ho una ~ da sbrigare* I have something to see to, there is a job I must do. 2 (*affare*) matter, affair, business, piece of business: *una ~ grossa* an important matter. 3 (*caso, questione*) matter, affair, business, thing: *una brutta ~* a nasty business, an unpleasant matter; *la ~ si mette male* the matter is going badly; *una ~ poco pulita* a shady business, a dirty business; *tutt'altra ~* a completely different matter. 4 *pl.* (*lavori domestici*) housework (*costr.sing.*), chores: *accudire alle faccende* (*o sbrigare le faccende*) to do the housework. □ *le faccende domestiche* the housework, the household duties, the household chores; *fare le faccende* to do the housework; *essere in faccende* to be busy.

faccendiere, faccendiero *m.* (*f.* **-a**) wheeler-dealer, unscrupulous person.

faccendone *m.* (*colloq*) busy bee.

faccetta *f.* (*di un poliedro*) facet: *le faccette di un diamante* the facets of a diamond.

faccettare (**faccétto**) *v.t.* to facet, to cut.

faccettatura *f.* faceting.

facchinaggio *m.* porterage.

facchinata *f.* 1 (*rar*) (*sfacchinata*) drudg-

ery, back-breaking job. 2 (*ant*) (*azione triviale*) vulgar action; (*parola triviale*) vulgar word.

facchino *m.* 1 (*portabagagli*) porter: *chiamare un ~* to call a porter. 2 (*fig*) (*persona rozza*) coarse person, rough person, boor. □ *linguaggio da ~* foul language; *modi da ~* boorish manners; *lavoro da ~* drudgery, hard work.

faccia¹ (*pl.* **-ce**) *f.* 1 face: *avere la ~ smunta* to have a pale face; *una ~ rotonda* a round face. 2 (*espressione*) face, expression, look: *~ arcigna* sour face, sullen look. 3 (*Geom*) face. 4 (*apparenza*) side, aspect: *le molte facce di una questione* the many sides to a question. 5 (*aspetto*) appearance: *dopo una ripulita la stanza ha cambiato ~* after a good cleaning it looks like a new room. 6 (*lato*) side: *l'altra ~ della luna* the other side of the moon. 7 (*facciata*) façade, front: *la ~ del palazzo* the front of the building. 8 (*rif. a moneta e sim.*) side: *l'altra ~ della medaglia* the other side of the coin. 9 (*Geom*) face, side. □ *~ a ~*: 1 (*usato come nome: intervista*) one on one, one on one interview; 2 (*usato come nome: discussione*) face to face discussion; 3 (*usato come avverbio: di fronte*) face to face: *si trovò ~ a ~ con il padre* he found himself face to face with his father: *mettere due testimoni ~ a ~* to confront two witnesses; 4 (*usato come aggettivo: a quattr'occhi*) face to face, to so.'s face; *incontro ~ a ~* face to face encounter; *~ a terra* face down; (*pop*) *alla ~!* in your face!; (*iron*) *alla ~ della solidarietà!* so much for solidarity!; *alla ~ tua!* (*a tuo dispetto*) damn you!; *fare qcs. alla ~ di qcu.* to do sth. just to show so., to do sth. just to spite so., (*Am*) to do sth. in so.'s face; *~ da boia* hard face; *hai una ~ da funerale* you look like you just lost your best friend; *avere una ~ da schiaffi* to be cheeky, to have a brazen face, to look cheeky; (*spreg*) *~ da sgherro* face of a thug; *fare una ~ da stupido* to make a stupid face; *la ~ della luna* the face of the moon; *il più gran mascalzone che ci sia mai stato sulla ~ della terra* the greatest (*o* biggest) rogue that has ever lived on the face of this earth; *scomparire dalla ~ della terra* to disappear from the face of the earth; *di ~* (*dirimpetto*) opposite, facing: *abita nella casa di ~* he lives in the house opposite; *visto di ~* seen from the front; (*fig*) *~ di bronzo* brazen-faced person; *che ~ di bronzo!* what nerve!, what cheek!; (*volg*) *~ di merda* shit face; *fare le facce* to make faces, to pull faces; *farsi la ~* (*truccarsi*) to make oneself up, to do one's makeup; *in ~*: 1 on one's face; 2 (*fig*) (*apertamente*) frankly, openly: *dire le cose in ~* to say things openly; *in ~ a*: 1 (*dirimpetto*) opposite, facing: *la casa è in ~ alla chiesa* the house is opposite the church, the house faces the church; 2 (*al cospetto*) in the sight of, before: *in ~ al mondo* in the sight of the world; *non potrò più guardarlo in ~* I will never be able to look him in the face again; *a ~ in giù* face down; *a ~ in su* face up; *avere la ~ di fare qcs.* to have the cheek to do sth.; *fare la ~ lunga* to pull a long face; *una ~ pulita*: 1 a face without make-up; 2 (*fig*) an outspoken face; *fare* *una ~ scura* to look grim, to look stern, to look sombre, to look gloomy, to frown; *avere una ~stanca* to look tired; *fare delle facce strane* to make faces, to pull faces; *~ tosta* face, cheek, nerve; *avere la ~ tosta* to be cheeky, to have got a cheek: *ha avuto la ~ tosta di negarlo* he had the face to deny it; *che ~ tosta!* what nerve!, what cheek!

faccia[2] → **fare**[1].

facciale *a.* facial, face (*attr.*): (*Filat*) *valore ~* face value.

facciamo → **fare**[1].

facciata *f.* **1** (*Arch,Edil*) façade, front, face: *la ~ di un palazzo* the front of a building; *una ~ rinascimentale* a Renaissance façade; *rifare la ~* to reface, to restore the façade. **2** (*fig*) (*apparenza*) outside, appearances *pl.*, front: *non giudicare dalla ~* don't judge by appearances; *la sua tolleranza è solo una ~* his tolerance is just a front. **3** (*pagina*) page: *una lettera di tre facciate* a three-page letter. **4** (*copertura di attività illegali*) cover, front. □ *di ~* outward; (*fig*) *un'operazione di ~* a marketing ploy, a job of white-washing, a bit of white-washing.

faccina *f.* (*Inform*) emoticon.

faccio → **fare**[1].

facciola *f.* (*Abbigl*) bands *pl.*

face *f.* **1** (*poet*) (*fiaccola*) torch. **2** (*fig*) (*luce*) light.

facemmo → **fare**[1].

facendo → **fare**[1].

facente → **fare**[1]. □ *il ~funzione* (o *il ~ funzioni*) *di direttore* the deputy manager; *il ~ funzioni di sindaco* the acting mayor; *il ~ funzioni di capufficio* the acting chief clerk.

facessi → **fare**[1].

faceto *a.* facetious, waggish, jesting: *persona faceta* facetious person, wag: *tono ~* jesting tone; *in tono ~* humorously.

facevo → **fare**[1].

facezia *f.* jest, witticism, pleasantry, witty remark.

fachirismo *m.* fakirism.

fachiro *m.* fakir.

facies *f.* (*Med,Zool,Bot,Geol*) facies.

facile I *a.* **1** easy, simple: *le domande d'esame erano tutte facili* the exam questions were all simple. **2** (*leggero*) easy, light: *un lavoro ~* an easy job, a light job. **3** (*che si ottiene con poca fatica*) facile, easy: *è stata una vittoria ~* it was an easy victory, it was a facile victory. **4** (*chiaro, comprensibile*) easy, clear: *un libro ~* an easy book. **5** (*fluente, scorrevole*) easy, smooth, fluent: *stile ~* smooth style. **6** (*fig*) (*affabile, mite*) easy-going, yielding, tractable: *carattere ~* easy-going nature. **7** (*fig*) (*incline*) prone, quick, easily moved, inclined: *una persona ~ all'ira* a person easily angered, a quick-tempered person; *come sei ~ a offenderti!* how quick you are to take offence!; (*ant*) *essere ~ alle promesse* to be too quick to promise. **8** (*fig*) (*probabile*) probable, likely: *è ~ che piova* it is likely to rain, it may well rain. **II** *m.* easy: *lasciare il ~ per il difficile* to leave the easy for the difficult. □ *è ~ a dirsi* it is easy to say; *è ~ come bere un bicchier d'acqua* it's as easy as falling off a log, it's as easy as winking, it's as easy as ABC, it's as easy as (*o* as easy like) taking candy from a baby; *donna di facili costumi* woman of easy virtue, woman of loose morals; *persona ~ da accontentare* easily-contented person; *lavoro di ~ esecuzione* work that is easy to do; *di ~ comprensione* easy to understand, easily understood; *è più ~ dirlo che farlo* (it's easy) said than done; *è ~ parlare!* talk is cheap!

facilità *f.* **1** easiness, facility, ease: *~ di un lavoro* easiness of a job; *la ~ di un'impresa* the easiness of an undertaking. **2** (*fluidità*) ease, smoothness, fluency. **3** (*attitudine, inclinazione*) talent, bent, aptitude (*a* for), facility (*a* in): *ha una grande ~ allo studio* he has a great aptitude for study. **4** (*leggerezza*) lightness, irresponsibility, easiness: *ha accettato l'incarico con troppa ~* he has accepted the office too lightly, he accepted the office with too little sense of responsibility. **5** (*tendenza*) tendency, being prone: *avere ~ ad arrabbiarsi* to be prone to anger. □ *con ~* with ease, easily, quickly, readily: *apprende con ~* he learns with ease, he learns readily; *parlare una lingua con ~* to speak a language fluently; *con grande ~* with the greatest of ease; *~ di mano* (*rif. a pittori e sim.*) ready talent; *~ di parola* glibness.

facilitare (*facìlito*) *v.t.* **1** to facilitate, to make easy, to make easier: *queste informazioni facilitano il mio compito* this information will make my task easier. **2** (*venire incontro*) to meet, to grant facilities to: *cercheremo di facilitarla nel pagamento* we shall try to meet you over payment, we shall try to make payment easier for you. **3** (*aiutare*) to help: *la conoscenza della lingua lo ha facilitato nel lavoro* his knowledge of the language has helped him in his work. **4** (*concedere crediti*) to accommodate, to grant credit to.

facilitazione *f.* facility, facilitation: *fare delle facilitazioni a qcu.* to give so. facilities, to grant so. facilities. □ (*Comm*) *facilitazioni di cassa* overdraft facilities; (*Comm*) *facilitazioni di credito* credit facilities; (*Comm*) *facilitazioni di pagamento* facilities for payment, easy terms; (*Econ*) *facilitazioni fiscali* tax remission, tax inducements.

facilmente *avv.* **1** easily, with ease, readily: *in macchina puoi arrivarci ~ in due ore* you can easily get there in two hours by car. **2** (*probabilmente*) probably.

facilone *m.* (*f.* **-a**) careless person.

faciloneria *f.* superficiality, carelessness.

facinoroso I *a.*, violent, unruly, turbulent: *gente facinorosa* violent people. **II** *m.* (*f.* **-a**) rioter, troublemaker.

facocero, facochero *m.* (*Zool*) warthog.

facola *f.* (*Astr*) facula.

facoltà *f.* **1** (*capacità*) faculty: *la ~ di intendere* the faculty of understanding. **2** (*potere, autorità*) power, authority: *questo esula dalle mie ~* this is outside the scope of my powers; *non è nelle mie ~* (o *non è in mia ~*) it is not in my power; *conferire una ~ a qcu.* to invest so. with power; *esercitare una ~* to wield a power, to exercise a faculty, to exercise a power. **3** (*rif. a cosa: proprietà*) power: *questa medicina ha la ~ di calmare il dolore* this medicine has the power of alleviating pain. **4** (*Univ*) faculty, department: *~ di lettere e filosofia* Faculty of Arts and Philosophy; (*Univ*) *~ di economia e commercio* business and economics faculty, faculty of economics. **5** (*Univ*) (*sede*) faculty institute. **6** *pl.* (*rar*) (*beni*) possessions, wealth (*costr.sing.*), means: *dispone di grandi ~* he has great wealth. □ *avere la ~ di* to have the right to, to have the ability to, to be able to; *dare ~ a qcu. per qcs.* to allow so. to do sth., to authorize so. to do sth.: *gli diedero la ~ di decidere a suo piacimento* they allowed him to decide as he wished; (*Univ*) *~ di agraria* Faculty of Agriculture; *~ di disporre* power to dispose, faculty of decision; (*Univ*) *~ di giurisprudenza* Faculty of Law; (*Univ*)

~ di ingegneria Faculty of Engineering; (*Dir*) *~ di intendere e di volere* full possession of one's faculties; (*Univ*) *~di magistero* teacher training school; (*Dir*) *~ di non rispondere* right of silence; (*Univ*) *~di teologia* Faculty of Theology; *~ mentali* mental powers, mental faculties: *non è in pieno possesso delle sue ~ mentali* he is not in full possession of his mental faculties; *~ sensoriali* sense faculties; (*Univ*) *~ umanistica* Arts, Faculty of Humanities.

facoltativamente *avv.* optionally.

facoltativo *a.* **1** optional, facultative. **2** (*Scol,Univ*) optional, (*Am*) elective: *materia facoltativa* optional subject, (*Am*) elective.

facoltoso *a.* wealthy, moneyed, rich: *una famiglia facoltosa* a wealthy family.

facondia *f.* (*lett*) eloquence, readiness of speech, fluency.

facondo *a.* (*lett*) eloquent: *parlatore ~* eloquent speaker.

facsimile *m.* **1** facsimile: *il ~ di un documento* the facsimile of a document. **2** (*fig*) copy, double: *questo ragazzo è il ~ del fratello* this boy is his brother's double. **3** (*rar*) (*fax*) fax, fax message. **4** (*rar*) (*apparecchio fax*) fax, fax machine. □ *~ di una firma* **1** (*fatto a mano*) specimen signature; **2** (*fatto meccanicamente*) facsimile signature.

factotum *m.inv.* factotum, (*scherz*) jack-of-all-trades.

faentina, faenza *f.* (*Ceram*) faience.

faggeta *f.* (*bosco di faggi*) beechwood.

faggeto *m.* (*bosco di faggi*) beechwood.

faggina *f.* (*Bot*) beech mast, beech nut.

faggio *m.* **1** (*Bot*) beech. **2** (*legno*) beech, beechwood. □ *di ~* beech (*attr.*): *una tavola di ~* a beech table; *in ~* beech (*attr.*).

faggiola *f.* (*Bot*) beech mast, beech nut.

fagianaia *f.* (*Zootecn*) pheasantry.

fagianella *f.* (*Ornit*) little bustard.

fagiano *m.* (*f.* **-a**) (*Ornit*) pheasant (*f.* hen pheasant); (*fagiano giovane*) poult.

fagiolata *f.* (*Gastron*) bean soup.

fagiolino *m.spec.pl.* (*Bot,Alim*) French bean, (*Am*) string bean: *fagiolini lessi* boiled French beans.

fagiolo *m.* **1** (*Bot*) kidney bean, bean. **2** (*Alim*) bean: *piatto di fagioli* dish of beans. **3** (*Univ,ant*) (*studente del secondo anno*) second-year student, (*Am*) sophomore. **4** (*colloq*) *andare a ~* to be to one's taste, to be to one's liking, to suit fine: *questo lavoro mi va a ~* I like this work, this work suits me well; (*colloq*) *capitare a ~* to happen at the right moment, to come at the right time; *capiti proprio a ~!* your timing is perfect, just the man (*o* the woman) I wanted to see!; (*Alim*) *fagioli bianchi* haricots, haricot beans; (*Alim*) *fagioli dall'occhio* black-eyed beans; (*Alim*) *fagioli di Spagna* runners, runner beans; (*Bot*) *~ nano* dwarf kidney bean; (*Alim*) *fagioli secchi* dry beans.

faglia[1] *f.* (*Geol*) fault: *piano di ~* fault plane. □ (*Geol*) *~ a gradinate* step fault; (*Geol*) *~ di Sant'Andrea* San Andreas fault; (*Geol*) *~ longitudinale* strike fault.

faglia[2] *f.* (*Tess*) faille.

fagocita *m.* (*Biol*) phagocyte.

fagocitare (*fagòcito*) *v.t.* **1** (*Biol*) to phagocytize. **2** (*fig*) (*assorbire*) to take over, to absorb, to engulf, to swallow up: *le piccole imprese furono fagocitate dalle grandi aziende* the small companies were taken over by the large ones.

fagocitario *a.* (*Biol*) phagocytic.

fagocitazione *f.* swallowing up, engulfing.

fagocito *m.* (*Biol*) phagocyte.

fagocitosi f. (Biol) phagocytosis.

fagopirismo m. (Veter) fagopyrism.

fagottino m. (Alim) puff pastry pocket, puff pastry pouch.

fagottista m. (Mus) bassoonist.

fagotto[1] m. 1 bundle: un ~ di stracci a bundle of rags. 2 (fig) (persona goffa) clumsy-looking person, awkward person, sack. □ (fig) far ~ (partire) to pack up and leave.

fagotto[2] m. (Mus) bassoon.

fai → **fare**[1].

faida f. (Stor) feud.

fai da te, fai-da-te I m.inv. do-it-yourself, (Br) D.I.Y. II a. (scherz) do-it-yourself (attr.).

faille /faj/ f. (Tess) faille.

faina f. 1 (Zool) stone marten, beech marten. 2 (fig) weasel.

fainesco a. cunning, sly; (maligno) malicious.

falange[1] f. 1 (Stor.gr) phalanx. 2 (Stor) (in Spagna) Falange; (in Libano) Phalange. 3 (fig) (moltitudine) host, army, mass: una ~ di creditori a host of creditors.

falange[2] f. (Anat) phalanx.

falangetta f. (Anat) terminal phalanx, ungual phalanx.

falangina f. (Anat) middle phalanx, second phalanx.

falangismo m. (Stor) Falangism.

falangista[1] I m./f. (Stor) Falangist. II a. (Stor) Falangist: regime ~ Falangist regime.

falangista[2] m. (Zool) phalanger.

falansterio, falanstero m. 1 (Stor) (edificio, comunità) phalanstery. 2 (spreg) (casamento popolare) sprawling tenement house.

falascià m./f. Falasha.

falasco (pl. -chi) m. (Bot) sedge.

falcata f. 1 (salto del cavallo) curvet. 2 (Sport) (nel podismo) running step, stride. 3 (estens) (passo) stride.

falcato a. 1 (a forma di falce) sickle-shaped, falcate. 2 (Astr) falcated. 3 (munito di falci) scythed, armed with scythes: (Mil, ant) carro ~ scythed chariot. □ (poet) la falcata luna the falcated moon, the crescent moon.

falcatura f. crescent, curvature.

falce f. 1 (Agr) (falce messoria) sickle; (falce fienaia) scythe. 2 (della luna) crescent: la ~ argentea della luna the silver crescent of the moon. □ ~ di luna crescent; (Pol) ~ e martello hammer and sickle.

falcetto m. (Agr) 1 reaping hook, scythe. 2 (per potare) pruning shears pl.

falchetta f. (Mar) gunwale.

falchetto m. (Ornit) kestrel.

falciare (fàlcio, fàlci) v.t. 1 to mow, to scythe: ~ il fieno to cut the hay. 2 (fig) (uccidere) to mow down, to cut down: i soldati furono falciati da una raffica di mitragliatrice the soldiers were mown down by machine-gun fire. 3 (fig) (rif. a malattie e sim.) to claim: l'epidemia ha falciato molte vite umane the epidemic has claimed many lives.

falciata f. (Agr) 1 mowing, scything: il prato ha bisogno di una ~ the lawn needs mowing. 2 (colpo di falce fienaia) sweep of a scythe, swath; (colpo di falce messoria) sickle-stroke. 3 (quantità falciata in una volta) swath.

falciatore m. (f. -trice /pop -tora) mower, reaper.

falciatrice f. 1 (Agr) mower, mowing machine. 2 (Giard) lawn-mower.

falciatura f. (Agr) 1 (il falciare) mowing, scything. 2 (periodo) mowing time.

falcidia f. 1 (riduzione) drastic reduction, cut, plunge, drop-off, diminishment. 2 (estens,fig) (strage) massacre, slaughter: una

---

~ di candidati a high incidence of candidate failure. 3 (estens,fig) (riduzione) drastic cut-back, drastic drop-off: il capitale ha subito una notevole ~ the capital has been greatly reduced. 4 (Dir.rom) Falcidian portion, Falcidian Law.

falcidiare (falcìdio, falcìdi) v.t. 1 (ridurre) to reduce, to cut (down, into): le tasse hanno falcidiato il patrimonio taxation has greatly cut into the estate. 2 (estens) (fare una strage) to massacre, to slaughter, to mow down; (rif. a malattie e sim.) to carry off: l'epidemia ha falcidiato la popolazione the epidemic has carried off large numbers of the population.

falciforme a. 1 falcate, falcated. 2 (Anat) sickle shaped, falciform.

falciola f. (Agr) (falce messoria) sickle.

falco (pl. **-chi**) m. 1 (Ornit) hawk; (usato per la caccia) tiercel, tercel; (femmina) falcon. 2 (fig) (persona fiera e vivace) proud and spirited person. 3 (fig) (persona avida) hawk. 4 (Pol) hawk: falchi e colombe hawks and doves. □ (Ornit) ~ cappone buzzard, (Am) European buzzard; (Ornit) ~ della regina Eleonora's falcon; (Ornit) ~ giocoliere bateleur eagle; (Ornit) ~ pecchiaiolo honey-buzzard; (Ornit) ~ pellegrino peregrine falcon, duck hawk; (Ornit) ~ pescatore osprey.

falcone m. 1 (Ornit) (falco) hawk; (usato per la caccia) falcon, tiercel, tercel; (femmina) falcon. 2 (Edil) derrick. 3 (Arm) falcon. □ (Caccia) cacciare con il ~ to go hawking, to hawk; caccia con il ~ hawking, falconry.

falconeria f. (Caccia) falconry, hawking.

falconetto m. (Arm) falconet.

falconidi m.pl. (Ornit) Falconidae.

falconiera f. (Mil,ant) embrasure.

falconiere m. falconer.

falda f. 1 layer, stratum (anche Geol). 2 (rif. a cotone) lap. 3 (rif. a neve) flake, snowflake: la neve cadeva a larghe falde the snow was falling in large flakes. 4 (parte dell'abito sotto la vita) skirt: le falde di un soprabito the skirts of an overcoat; vestito a larghe falde wide-skirted garment. 5 (coda) tail: le falde della marsina the tails of a (tail)coat. 6 (tesa del cappello) brim, flap: un cappellino con la ~ rialzata a hat with an upturned brim; cappello a larghe falde broad-brimmed hat. 7 (base di pendio) foot: il paese è alle falde del monte the village is at the foot of the mountain. 8 (Edil) (parte del tetto) pitch. 9 (Lit) (veste del papa) Papal vestment. □ (Geol) ~ acquifera water bearing layer, aquifer; (Geol) ~ freatica water table, water-bearing stratum; (Geol) ~ impermeabile impermeable stratum.

faldato a. (Geol) stratified, layered.

faldella f. (Tess) carded cotton (for linings).

faldistorio, faldistoro m. (Lit) faldstool.

faleceo, falecio I a. (Metr) Phalaecean. II m. (Metr) Phalaecean.

falegname m. 1 (per grandi lavori) carpenter. 2 (per piccoli lavori) joiner. □ arnesi da ~ carpenter's tools; bottega di ~ carpenter's shop, joiner's shop.

falegnameria f. 1 (attività) carpentry, (piccoli lavori) joinery. 2 (laboratorio) carpenter's shop, (per piccoli lavori) joiner's shop. □ lavoro di ~ woodwork, piece of woodwork, carpentry work.

falena f. 1 (Entom) moth. 2 (fig,ant) (prostituta) streetwalker, tart, hooker.

falera f. (Stor.rom,Archeol) phalera.

falerno m. (Enol) Falernian wine.

falesa, falesia f. (Geol) cliff.

Falkland /'falkland/ f.pl. (Geog) (isole) Falkland Islands.

---

falla f. 1 leak (anche fig): si è aperta una ~ nello scafo the hull has sprung a leak; la nave ha una ~ the ship is leaking. 2 (Mil) breach: aprire una ~ nello schieramento nemico to open a breach in the enemy ranks.

fallace a. fallacious, misleading, deceptive, vain: speranze fallaci vain hopes.

fallacia f. fallaciousness, deceptiveness, vainness, unsoundness, fallacy, emptiness: la ~ delle sue promesse the emptiness of his promises.

fallato a. faulty, flawed.

fallibile a. fallible, liable to err: l'uomo è ~ man is fallible.

fallibilità f. fallibility.

fallico (pl. **-ci**) a. phallic: simboli fallici phallic symbols.

fallimentare a. 1 (Dir) bankruptcy (attr.). 2 (fig) (disastroso) ruinous, disastrous. □

fallimentarista m. (Dir) bankruptcy expert.

fallimento m. 1 (Dir,Comm) bankruptcy. 2 (fig) failure: il ~ delle trattative the failure of negotiations. 3 (colloq) (cosa mal riuscita) failure, (colloq) flop: la cena è stata un ~ the dinner was a failure; ~ totale complete failure, fiasco. □ (Dir) ~ doloso fraudulent bankruptcy; (Comm) fare ~ to go bankrupt.

fallire (fallìsco, fallìsci) I v.i. 1 (aus. essere) (Dir,Comm) to go bankrupt: il commerciante è fallito the dealer has gone bankrupt. 2 (aus. essere) (non riuscire) to fail, to be unsuccessful, to be in vain, to come to nothing: le trattative sono fallite the negotiations have come to nothing; tutti i tentativi sono falliti all our efforts have failed, all our efforts have been in vain. 3 (aus. avere) (non avere successo) to fail, to be unsuccessful: ~ in un'impresa to fail in an undertaking. 4 (aus. avere) (mancare il colpo) to miss: tirò dieci colpi, senza mai ~ he fired ten shots and did not miss once. 5 (aus. avere) (lett) (venire meno) to fall short: ~ all'aspettativa to fall short of expectations. II v.t. to miss (anche fig): ~ il colpo to miss the mark; ~ il bersaglio to miss the target (anche fig). □ far ~ un progetto to cause a plan to miscarry.

fallito I a. 1 (Dir) bankrupt: un industriale ~ a bankrupt industrialist. 2 (fig) unsuccessful: un tentativo miseramente ~ a miserably unsuccessful attempt. 3 (che non colpisce il bersaglio) missed, unsuccessful: colpo ~ missed shot. II m. (f. **-a**) 1 (Dir,Comm) bankrupt: albo dei falliti register of bankrupts. 2 (fig) failure.

fallo[1] m. 1 (errore) error, mistake; (mancanza leggera) slip: cadere in ~ to make a mistake, to slip up. 2 (errore morale) offence, fault, slip: un ~ di gioventù a youthful slip. 3 (imperfezione) flaw, fault, defect: un ~ nel vetro a fault in the glass. 4 (Sport) (nel calcio) foul; (nel tennis) fault: commettere ~ su qcu. to foul so. □ (Sport) ~ di mano handball, handling the ball; (Sport) ~ di ostruzione obstruction; (Sport) ~ di piede (nel tennis, nella pallavolo) foot-fault; (Sport) ~ di sfondamento (nella pallacanestro) charging foul; essere in ~ to be at fault; cogliere qcu. in ~ to catch so. out, to catch so. red-handed, to find so. out; mettere un piede in ~: 1 to slip; 2 (fig) to take a false step; (Sport) ~ intenzionale intentional foul; (Sport) ~ laterale kicking the ball out; (Sport) ~ personale personal foul; (ant) senza ~ without fail, certainly, definitely; (ant) arriverà senza ~ domani he will definitely (o certainly) be coming tomorrow; (ant) ti aspetto senza ~ I shall expect you without fail.

fallo[2] m. (Anat) (membro virile) phallus.

fallocentrico (*pl.* **-ci**) *a.* phallocentric.

fallocentrismo *m.* phallocentricity.

fallocrate *m.* phallocrat.

fallocratico (*pl.* **-ci**) *a.* phallocratic.

fallocrazia *f.* phallocracy.

fallosità *f.* 1 faultiness, defectiveness. 2 (*Sport*) foul play.

falloso *a.* 1 (*Sport*) foul, rough, incorrect, dirty. 2 (*Ind*) flawed, faulty: *ceramica fallosa* flawed pottery.

fall-out /fɔl'awt/ *m.inv.* 1 fall out. 2 (*fig*) fall-out, side-effects *pl.*

falò *m.* 1 bonfire: *fare un ~ di qcs.* to make a bonfire of sth. 2 (*per segnalazione*) beacon.

faloppa *f.* imperfect cocoon.

falpalà *m.* (*Sart,Mod*) flounce, furbelow.

falsachiglia (*pl.* **falsechiglie**) *f.* (*Mar*) false keel, keelson.

falsamente *avv.* falsely, untruthfully.

falsare (**fàlso**) *v.t.* 1 to distort, to misrepresent, to alter: *~ un fatto* to misrepresent a fact; *il pensiero del filosofo è stato falsato* the philosopher's ideas have been distorted. 2 (*falsificare*) to counterfeit, to falsify: *~ monete* to counterfeit coins. 3 (*falsificare: rif. a documenti*) to forge.

falsariga (*pl.* **falsarighe**) *f.* 1 guide sheet of ruled paper. 2 (*fig*) (*modello, esempio*) pattern, model, guide, example: *seguire la ~ di qcu.* to follow so.'s example. □ *sulla ~ di* along the lines of; *andare sulla ~ di qcu.* to follow in so.'s tracks.

falsario *m.* (*f.* **-a**) 1 (*di monete*) counterfeiter. 2 (*di documenti*) forger.

falsatura *f.* (*Sart*) insertion.

falsettista *m.* (*Mus*) falsettist.

falsetto *m.* (*Mus*) falsetto. □ *cantare in ~* to sing falsetto; *parlare in ~* to talk in a falsetto voice.

falsificabile *a.* falsifiable, that may be counterfeited (*posposto*).

falsificare (**falsìfico, falsìfichi**) *v.t.* 1 to counterfeit, to falsify, to fake: *~ un'opera d'arte* to fake a work of art. 2 (*rif. a documenti*) to forge. 3 (*fig*) (*alterare*) to distort, to alter: *hanno falsificato i fatti* they have distorted the facts. 4 (*Filos*) to falsify. □ *~ banconote* to counterfeit bank notes; *~cambiali* to forge bills; *~ una firma* to counterfeit a signature, to forge a signature. *~ monete* to counterfeit coins.

falsificato *a.* counterfeit, falsified, faked, forged: *banconote falsificate* counterfeit notes.

falsificatore *m.* (*f.* **-trice**) falsifier, counterfeiter, forger, faker. □ *~ di monete* counterfeiter.

falsificazione *f.* falsification, counterfeiting, forgery, faking: *~ dello stato civile* falsification of legal status. □ *~ di documenti* forgery of documents; *~ di monete* counterfeiting; *~ di opere d'arte* faking of works of art; *~ di testamento* forgery of a will.

falsità *f.* 1 falseness: *la ~ di una notizia* the falseness of a piece of news; *dimostrare la ~ di un documento* to prove that a document is false, to prove that a document is a forgery. 2 (*rif. a persona: ipocrisia*) falseness, duplicity, deceitfulness: *~ d'animo* falseness of heart, false-heartedness. 3 (*affermazione falsa*) falsehood, lie, untruth: *non dice che ~* he tells nothing but lies.

falso I *a.* 1 (*non vero*) false, untrue: *notizie false* false news; *un'interpretazione falsa* a false interpretation. 2 (*errato, erroneo*) wrong, wrongful, false, erroneous, incorrect, mistaken: *farsi un concetto ~ di qcs.* to gain the wrong idea about sth., to get the wrong impression about sth. 3 (*non autenti-*

co) false, sham, imitation, fake: *gioielli falsi* false jewels, imitation jewellery; *denti falsi* false teeth; *questo Picasso è ~* this Picasso is a fake. 4 (*falsificato*) counterfeit, forged, falsified, false: *documenti falsi* forged documents; *monete false* counterfeit coins. 5 (*menzognero*) false, lying, untrue, deceitful, untrustworthy: *falsa testimonianza* false witness. 6 (*finto, simulato*) false, feigned, sham, mock: *falsa modestia* false modesty, mock modesty. 7 (*ant*) (*imbarazzante*) false, awkward: *trovarsi in una posizione falsa* to find oneself in a false position, to find oneself in an awkward position. II *m.* 1 untruth, falsehood: *distinguere il vero dal ~* to tell truth from falsehood; (*Dir*) *testimoniare il ~* to bear false witness. 2 (*Dir*) (*reato di falsificazione*) forgery. 3 (*opera d'arte contraffatta*) fake, imitation. 4 (*f.* **-a**) (*persona menzognera*) false person, deceitful person. □ *~ allarme* false alarm (*anche fig*); (*Ling*) *~ amico* false friend; *false apparenze* false appearance; (*Dir*) *~ contabile* falsification of accounts; *~ d'autore* reproduction; *falsa deposizione* false statement; (*Dir*) *~ giuramento* perjury; (*Dir*) *~ ideologico* falsification of contents of a document; (*Dir*) *~ in atto pubblico* forgery of a public deed; (*Dir*) *~ in bilancio* false accounting; *un ~ indizio* a false clue; *false lacrime* crocodile tears; (*fig*) *mettere qcu. sotto falsa luce* to play so. down, to disparage so.; *un ~ magro* a person who is not so thin as he (*o* she) looks; *essere nel ~* to be mistaken; *sotto ~ nome* under an assumed name, under a false name; (*Sport*) *falsa partenza* false start; *~ pudore* false modesty; (*Topogr*) *falsa squadra* bevel; *~ storico* historical myth, historical farse, false report, historical error; (*Dir*) *falsa testimonianza* perjury: *dire falsa testimonianza, fare falsa testimonianza* to give false testimony; (*Bibl*) *non dire falsa testimonianza* thou shalt not bear false witness; *falsa traccia*: 1 (*Caccia*) false trail, false scent; 2 (*fig*) wrong track: *seguire una falsa traccia* to go off on the wrong track, to be (*o* to get) off the track.

falsobordone *m.* (*Mus*) faburden.

falsopiano *m.* apparently flat ground.

fama *f.* 1 (*celebrità*) fame, renown, celebrity: *conquistarsi la ~* to win fame, to achieve fame; *un medico di gran ~* a renowned doctor, a very famous doctor; *uno scrittore di ~ internazionale* an internationally renowned writer. 2 (*reputazione*) reputation, repute, name, fame: *godere buona ~* to have a good name, *godere cattiva ~* to have a bad name. 3 (*voce*) report, rumour, word: *la ~ delle sue gesta arrivò al paese natio* word of his deeds reached his native town. □ *avere ~ di* to have a reputation as, to be known as, to be held: *avere ~ di santo* to be held a saint; *ha ~ di persona retta* he is known as an honest man; *è ~ che* it is said that; *~ mondiale* world renown; *di ~ mondiale* world-famous; *conoscere qcu. per ~* to have heard of so.

fame *f.* 1 hunger: *i morsi della ~* the pangs of hunger; *saziare la ~* to satisfy one's hunger. 2 (*inedia*) starvation. 3 (*fig*) (*bramosia*) hunger, thirst: *~ di gloria* thirst for glory; *~ di ricchezza* hunger for riches. 4 (*carestia*) famine, hunger: *la ~ nel mondo* world famine. □ *essere alla ~* to be reduced to misery, to be starving; *avere ~* to be hungry: (*colloq*) *ho una ~ che non ci vedo* I'm so hungry, I'm starving; *da ~* starvation (*attr.*): *stipendio da ~* starvation salary; *dieta da ~* starvation diet; (*colloq*) *avere una ~ da lupo* to be famished, to be as hungry as a wolf, to

be starving; *~ di sapere* thirst for knowledge; *fare la ~*: 1 to go hungry; 2 (*avere la vita difficile*) to go through hard times; *mettere a ~ qcu.* to make so. (feel) hungry; *prendere una città per ~* to starve out a city; *mi fa venire ~* it makes me (feel) hungry.

famedio *m.* memorial chapel.

famelicamente *avv.* ravenously.

famelico (*pl.* **-ci**) *a.* 1 (*affamato*) ravenous, famished, starving: *lupi famelici* ravenous wolves. 2 (*fig,lett*) (*bramoso*) eager, greedy: *sguardi famelici* eager looks.

famigerato *a.* notorious, ill-famed: *il ~ bandito* the notorious bandit.

famiglia *f.* 1 family (*anche estens*): *una ~ di cinque persone* a family of five; *tutta la ~ disapprovò il suo comportamento* the whole family disapproved of his behaviour. 2 (*casata, stirpe*) family, house, lineage, stock: *discende da un'illustre ~* he comes from a distinguished family. 3 (*Zool,Bot,Chim,Ling*) family. □ *~ allargata* extended family; *avere ~* to have a wife and children; *~ d'arte* family of actors, acting family, stage family; *di ~* family (*attr.*): *vizio di ~* family failing, defect that runs in the family; *vincoli di ~* family ties; *faccende di ~* family matters; *essere di ~* to be (like) one of the family, to be a close friend of the family; *essere di ~ nobile* to be an aristocrat, to be well-born; (*Ling*) *~ di vocaboli* word family; *farsi una ~* to start a family, to set up house; *in ~* at home, in the (bosom of the) family; *fare Pasqua in ~* to spend Easter with the family; *vivere in ~* to live at home; *una festa in ~* a family party; *fare le cose in ~* (*alla buona*) to do things in a homely way, to do things informally, to do things without ceremony; (*Ling*) *~ linguistica* language family; *~ mononucleare* mononuclear family, single-parent family; *~ monoparentale* single-parent family; *~ monoreddito* single income household, one income household; *~ numerosa* large family; *~ reale* royal family; *senza ~* without a family, homeless: *essere senza ~* to have no family; *un uomo tutto ~* a family man; *la ~ umana* the human race, mankind.

famigliare *a.* (*della famiglia*) family (*attr.*): *vita ~* family life.

famiglio *m.* (*ant*) servant.

familiare I *a.* 1 (*della famiglia*) family (*attr.*): *vita ~* family life. 2 (*ben noto, consueto*) familiar, well-known: *questi luoghi mi sono familiari* these places are familiar to me, I am familiar with these places. 3 (*naturale*) natural, normal, usual, habitual: *questo tono sprezzante gli è ~* this contemptuous tone is normal for him. 4 (*semplice, alla buona*) informal, homely, unceremonious, familiar: *un'accoglienza ~* a homely welcome. 5 (*Biol,Med*) familial. II *m.* 1 member of a family; (*parente*) relative, relation. 2 *pl.* family (*costr.sing. o pl.*); (*parenti*) relations, (*colloq*) folks: *a Natale andrò a trovare i miei familiari* at Christmas, I am going to see my relations (*o* folks). III *f.* (*Br*) estate car, (*Am*) station-wagon. □ *essere ~ con qcu.* to be on familiar terms with so., to be close to so.

familiarità *f.* 1 (*intimità di rapporti, amicizia*) familiarity, closeness, intimacy. 2 (*confidenza*) familiarity, informality, easy-goingness: *tratta i dipendenti con ~* he treats his employees with familiarity. 3 (*dimestichezza*) familiarity: *acquistare ~ con qcs.* to get to know sth. well. □ *avere ~ con qcs.* to be well acquainted with sth., to be familiar with sth., to be up on sth., to be at home in sth.: *non ho molta ~ con la lingua inglese*

I'm not very familiar with English, I'm not very at home in English; *avere ~ con qcu.* to be on familiar terms with so., to be close to so.; *~ di modi* familiar ways, informality; *entrare in ~ con qcu.* to become so.'s close friend; *prendersi troppa ~ con qcu.* to be familiar (*o* overfamiliar) with so., to take liberties with so.

familiarizzare (familiarìzzo) I *v.i.* (*aus. avere*) to make friends, to make good friends, to enter upon familiar terms (*con* with), to grow close (*con* to): *i nostri ragazzi hanno subito familiarizzato* our children made friends at once. II *v.pron.* **familiarizzarsi** 1 (*entrare in familiarità*) to become friendly (*con* with). 2 (*acquistare esperienza, impratichirsi*) to make oneself familiar (*con* with), to get to know (all about), to gain a good knowledge (of): *familiarizzarsi con una lingua straniera* to gain a good knowledge of a foreign language.

familiarmente *avv.* informally, simply.

familismo *m.* familism.

familista *m./f.* familist.

familistico *a.* familistic.

famoso *a.* 1 famous, well-known, renowned, celebrated: *un pittore ~* a famous painter; *il suo nome è ~* he is renowned. 2 (*famigerato*) notorious, ill-famed. 3 (*scherz*) famous: *è questo il ~ cane che ti hanno regalato?* is this the famous dog that they gave you? □ *~ in tutto il mondo* world-famous, world-renowned.

famulo *m.* (*lett*) servant.

fan *m./f.inv.* fan.

fanale *m.* 1 lamp. 2 (*ant*) (*lanterna*) lantern. 3 (*Aut,Mar,Ferr*) light, lamp. □ *~ ad acetilene* acetylene lamp; (*Ferr,Aut*) *~ anteriore* headlight, headlamp; (*Aut*) *~ antinebbia* fog lamp, fog light; *~ di arresto* (rear) stop light, braking light; *~ di bicicletta* bicycle light, bicycle lamp; (*Ferr,Aut*) *~ di coda* tail light, (*Am*) rearlight; (*Mar*) *fanali di navigazione* side lights, navigation lights, position lights; *fanali di porto* harbour lights; (*Mar*) *fanali di posizione* side lights, navigation lights, parking lights; (*Aut*) *~ lampeggiatore* emergency light; *a fanali spenti* with lights off.

fanaleria *f.* (*Aut*) lights.

fanalino *m.* lamp, light. □ *~ di coda*: 1 (*Aut*) tail light; 2 (*Aer*) tail lamp; 3 (*fig*) tail ender, (*Am*) tail end Charlie.

fanalista *m.* 1 (*di faro*) lighthouse-keeper. 2 (*lampionaio*) lamp lighter.

fanaticamente *avv.* fanatically.

fanatico (*pl.* -ci) I *a.* 1 fanatic, fanatical. 2 (*colloq*) (*entusiasta*) mad (*per, di* about, on), wild (about), crazy (over, on, about): *essere ~ per la musica* to be a music lover, to be a music fanatic. II *m.* (*f.* -a) 1 (*persona mossa da fanatismo religioso*) fanatic. 2 (*estens*) (*entusiasta*) enthusiast, keen supporter; (*tifoso*) fan.

fanatismo *m.* 1 fanaticism: *~ religioso* religious fanaticism. 2 (*estens*) wild enthusiasm, mania (*per* for), keenness (on), (*colloq*) craze (for): *il ~ dei giovani per lo sport* (*Br*) young people's keenness on sport, (*Am*) young people's enthusiasm for sports. □ *lavorare con ~* to work like a maniac.

fanatizzare (fanatìzzo) *v.t.* to make so. fanatical, to fanaticize.

fanciulla *f.* (*young*) girl, (*poet*) maid, maiden.

fanciullaccia *f.* (*Bot*) love-in-a-mist.

fanciullaggine *f.* childishness, childish behaviour.

fanciullata *f.* (*ant*) childish action.

fanciullescamente *avv.* childishly, like a child: *comportarsi ~* to behave like a child.

fanciullesco (*pl.* -chi) *a.* children's, childish: *giochi fanciulleschi* children's games; *contegno ~* childish behaviour; *ripicche fanciullesche* childish pique, childish spite.

fanciullezza *f.* 1 childhood: *ricordi della ~* childhood memories. 2 (*rif. a maschi*) boyhood; (*rif. a femmine*) girlhood. 3 (*fig*) infancy.

fanciullo I *m.* child, little boy, young boy: *un caro ~* a dear little boy. II *a.* (*agli inizi*) young, in one's early stages: *arte fanciulla* art still in its early stages. □ *da ~* child-like, children's: *sguardo da ~* childish gaze; *giochi da fanciulli* children's games; *~ prodigio* infant prodigy.

fan club /'fan klab, fan'klɛb/ *m.inv.* fan club.

fandonia *f.* tall story, idle story, story, yarn, humbug, nonsense: *sono tutte fandonie* it's all humbug, it's all nonsense; *raccontare fandonie* to tell (tall) stories, to spin yarns.

fané *a.inv.* faded.

fanello *m.* (*Ornit*) linnet.

fanerogame *f.pl.* (*Bot*) phanerogams, Spermatophyta.

fanerogamico (*pl.* -ci) *a.* (*Bot*) phanerogamic, phanerogamous.

fanfaluca *f.* (*rar*) 1 (*ciancia, frottola*) idle talk, tall story, nonsense, yarn: *raccontare fanfaluche* to tell tall stories, to spin yarns. 2 (*fig*) (*capriccio*) whim, fancy.

fanfara *f.* (*Mus*) 1 band, brassband; (*militare*) military band. 2 (*pezzo musicale*) fanfare, flourish.

fanfaronata *f.* brag, fanfaronade.

fanfarone *m.* braggart, boaster, swaggerer.

fangaia *f.* (*rar*) 1 (*strada fangosa*) muddy stretch of road. 2 (*luogo fangoso*) muddy place.

fangatura *f.* (*Med*) mud bath: *fare le fangature* to have mud baths, to take mud baths.

fanghiccio *m.* mire, soft mud, wet mud.

fanghiglia *f.* 1 (*fango*) mire, soft mud, wet mud: *la strada era coperta di ~* the road was miry, the road was covered with mud. 2 (*Geol*) ooze, sludge, slime, slush.

fango *m.* (*pl.* -ghi) 1 mud: *il sentiero era coperto di ~* the path was covered with mud. 2 (*viscido*) slime. 3 (*fig*) (*abiezione morale*) degradation, filth: *vivere nel ~* to lead a life of degradation; *raccogliere qcu. dal ~* to take so. out of the gutter. 4 (*Geol*) mud. 5 *pl.* (*fangature*) mud baths: *fare i fanghi* to have mud baths; *la cura dei fanghi* mud bath treatment, mud bath cure. 6 *pl.* (*luogo di cura*) mud baths: *andare ai fanghi* to go to the mud baths. □ (*Minier*) *~ di perforazione* drilling mud; (*Geol*) *~ vulcanico* volcanic mud.

fangosità *f.* muddiness.

fangoso *a.* muddy, miry: *un sentiero ~* a muddy path; *scarpe fangose* muddy shoes.

fangoterapia *f.* (*Med*) mud-bath treatment.

fanno → **fare**[1].

fannullaggine *f.* (*rar*) idleness, laziness, loafing.

fannullone I *m.* (*f.* -a) idler, loafer, sluggard, (*colloq*) lazybones. II *a.* idle, lazy, sluggish, slack. □ *fare il ~* to lounge about, to idle about.

fanone *m.* 1 (*Lit*) fanon. 2 (*Zool*) whalebone, baleen.

Fantacalcio *m.* Fantasy Football.

fantaccino *m.* (*soldato di fanteria*) infantryman, foot soldier.

fantapolitica *f.* political fantasy.

fantapolitico *a.* political fantasy (*attr.*).

fantascientifico (*pl.* -ci) *a.* science fiction (*attr.*): *romanzo ~* science fiction novel; *letteratura fantascientifica* science fiction.

fantascienza *f.* science fiction: *film di ~* science fiction film.

fantasia I *f.* 1 (*immaginazione, inventiva*) imagination: *hai troppa ~* you have too much imagination, you are too imaginative; *non ha ~* he has no imagination. 2 (*fantasticheria, invenzione*) fantasy, reverie, daydream, fancies *pl.*: *perdersi in fantasie* to lose oneself in daydreams, to waste one's time daydreaming; *~ e realtà* fantasy and reality; *sono tutte fantasie* it's pure fantasy. 3 (*capriccio*) fancy, whim, caprice: *una ~ passeggera* a passing fancy. 4 (*Mus*) fantasia. 5 (*disegno*) pattern, design: *la ~ di questo tessuto è troppo vivace* the pattern of this fabric is too bold. II *a.inv.* (*moda*) fancy; (*rif. al disegno*) patterned: *tessuto ~* (boldly-)patterned material. □ *avere ~* to be (very) imaginative; *avere poca ~* to have little imagination; *articoli di ~* (*moda*) fancy goods; *gli è venuta la ~ di andare in America* he has taken it into his head he wants to go off to America.

fantasiosamente *avv.* fancifully, imaginatively.

fantasioso *a.* 1 fanciful, imaginative, with a lively imagination: *un ragazzo ~* a boy with a lively imagination; *una narrazione fantasiosa* an imaginative tale. 2 (*estroso, bizzarro*) fanciful, strange, bizarre.

fantasista I *m./f.* variety artist. II *m.* (*Sport*) (*nel calcio*) football player with technical and imaginative abilities.

fantasma I *m.* 1 (*spettro*) ghost, phantom, spectre: *credere ai fantasmi* to believe in ghosts. 2 (*prodotto della fantasia*) fancy, fantasy, phantasm, figment, illusion: *i fantasmi di una mente malata* the figments of a disordered mind. 3 (*fig*) ghost: *i fantasmi del passato* the ghosts of one's past. II *a.* phantom (*attr.*), ghost (*attr.*): *città ~* ghost town. □ *essere il ~ di se stesso* to be the shadow of one's former self.

fantasmagoria *f.* phantasmagoria, phantasmagory.

fantasmagorico (*pl.* -ci) *a.* phantasmagoric, phantasmagorical: *spettacolo ~* phantasmagoric sight.

fantasticamente *avv.* fantastically, fancifully.

fantasticare (fantàstico, fantàstichi) I *v.t.* 1 to dream up, to dream about. 2 (*arzigogolare*) to day-dream about: *che cosa vai fantasticando?* what are you day-dreaming about? II *v.i.* (*aus. avere*) to dream, to day-dream, to wool-gather, to let one's imagination run away with one.

fantasticheria *f.* reverie, daydream, fancy: *perdersi in fantasticherie* to be lost in reverie.

fantastico (*pl.* -ci) *a.* 1 (*della fantasia*) imaginative. 2 (*creato dalla fantasia*) imaginary, fanciful: *un racconto ~* an imaginary tale. 3 (*irreale*) fantastic, strange: *un paesaggio ~* a fantastic landscape. 4 (*infondato*) imaginary, fancied, unreal, untrue, groundless: *una notizia fantastica* a groundless report. 5 (*colloq*) (*bellissimo*) fantastic, wonderful, marvellous, terrific, magnificent, (*colloq*) tremendous, terrific, spectacular, (*Am,colloq*) great, awesome *il film è ~* the film is wonderful; *tutti gli attori sono fantastici* all the actors are magnificent. 6 (*esclam.*) wonderful!, that's wonderful!, marvellous!, that's marvellous!, splendid!, (*Am,colloq*) that's great!: *verrai anche tu? - ~!* will you also be coming? - that's wonderful!

fante m. 1 (Mil) infantryman, (Stor) foot soldier. 2 (nelle carte da gioco) jack, knave: il ~ di cuori the jack of hearts.

fanteria f. (Mil) infantry. □ (Mil) ~auto-trasportata motor-transported infantry; (Mil) arma di ~ infantrymen, foot soldiers; (Mil) ~di marina marines, marine corps.

fantesca f. (lett,scherz) (domestica) maid, maidservant.

fantino m. jockey.

fantocciata f. (rar) 1 (rappresentazione di burattini) puppet show, puppet play. 2 (fig, spreg) puppet-like action, childish action.

fantoccio I m. 1 (pupazzo) puppet; (marionetta) marionette; (bambola) doll: un ~ di stracci a ragdoll. 2 (fig) (persona inetta) puppet. II a. puppet (attr.): governo ~ puppet government.

fantolino m. (ant,lett) (bambino) baby, child.

fantomatico (pl. -ci) a. 1 (immaginario, irreale) phantom (attr.), imaginary, ghostly. 2 (inafferrabile) elusive, mysterious, uncatchable: un ladro ~ an elusive thief.

Fantozzi m./f.inv. working-class Joe.

fantozziano a. 1 (goffo, impacciato) awkward. 2 (tragicomico) tragicomical: situazione fantozziana tragicomical situation.

fanzine /ˈfanˈzin/ f.inv. fanzine.

FAO Organizzazione delle Nazioni Unite per l'Alimentazione e l'Agricoltura FAO (Food and Agriculture Organization).

farabutto m. (f. -a) 1 rascal, scoundrel, rogue. 2 (imbroglione) swindler, trickster, cheat, (colloq) crook.

farad m. (El) farad.

faraday /ˈfaradaj/ m.inv. (El) faraday.

faradico (pl. -ci) a. (El) faradic, faradaic: corrente faradica faradic current.

faradizzazione f. (Med) faradization.

faraglione m. (Geol) stack.

farandola f. (danza) farandole.

faraona f. (Zool) guinea fowl, guinea hen.

faraone m. 1 (Stor) Pharaoh. 2 (gioco d'azzardo) faro.

faraonico (pl. -ci) a. 1 Pharaonic, of the Pharaohs: l'età faraonica the age of the Pharaohs. 2 (fig) magnificent, sumptuous.

farcia (pl. -ce) f. (Gastron) stuffing.

farcino m. (Veter) farcy.

farcire (farcìsco, farcìsci) v.t. (Gastron) to stuff, to fill: ~ un pollo di carne tritata to stuff a chicken with minced meat.

farcito a. (Gastron) stuffed, filled.

fard m. (Cosmet) blusher, rouge.

fardello m. 1 bundle. 2 (fig) load, burden: portare il proprio ~ to carry one's burden. □ (fig,ant) far ~ to pack one's bags (and go).

fare[1] (pres.ind. **fàccio, fài, fa, facciàmo, fàte, fànno**; impf.ind. **facévo**; p.rem. **féci, facésti, féce, facémmo, facéste, fécero**; fut. **farò**; pres.cong. **fàccia**; impf.cong. **facéssi**; imperat. **fa'/fa/fài, fàte**; ger. **facèndo**; p.pres. **facènte**; p.p. **fàtto**) I v.t. 1 (in senso generico) to do: cosa posso ~ per te? what can I do for you?; che vuoi ~ con il cacciavite? what do you want to do with the screwdriver? 2 (preparare, fabbricare) to make: ~ una camicia to make a shirt; fare un elenco to make a list, to draw up a list. 3 (creare) to make, to create: Dio fece il mondo God made the world, God created the world. 4 (costruire: rif. a edifici) to build, to put up: stanno facendo una scuola they are building a school. 5 (preparare, cucinare) to make, to cook: ~ la minestra to make the soup. 6 (scrivere) to write: ci farò sopra un articolo I shall write an article about it. 7 (tenere) to make, to

hold: ~ un discorso to make a speech. 8 (partorire) to have, to bear: la gatta ha fatto quattro gattini the cat has had four kittens. 9 (produrre) to make, to produce: la notizia ha fatto molta impressione the news made a great impression. 10 (causare) spesso si traduce con il verbo appropriato: ~ piacere a qcu. to please so.; ~ paura a qcu. to frighten so. 11 (raccogliere) to gather, to make, to get: ~ legna to gather firewood; ~ fieno to make hay. 12 (esercitare una professione) to be: da grande farò il medico when I grow up I will be a doctor; ~ l'avvocato to be a lawyer. 13 (praticare un'attività) to go in for, to do, to engage in: i miei figli fanno molto sport my children go in for a lot of sport, my children do a lot of sports; ogni mattina faccio un po' di ginnastica every morning I do a few exercises. 14 (assumere un atteggiamento, comportarsi) to act, to play: non ~ lo stupido don't act the fool, don't play the fool. 15 (fingersi) to act, to make oneself out to be, to pretend: fa lo stupido he is acting silly. 16 (imitare) to make, to imitate, to give: ~ il verso del gallo to crow like a cock. 17 (eleggere, nominare) to make, to appoint: lo fecero sindaco they made him mayor. 18 (rendere) to make: questa notizia mi ha fatto felice this news has made me happy; questo fa di lui un eroe this makes him a hero, now he's become a hero. 19 (rigovernare) to do: ~ i piatti to do the dishes. 20 (avere, possedere) to have: questo paese fa cinquecento abitanti this village has five hundred inhabitants. 21 (dare come risultato) to make, to be: tre per tre fa nove three times three makes (o is) nine. 22 (ammontare) to come to, to add up to, to be: quanto fa? how much does it cost?, how much is it?, how much is that? 23 (segnare) to say, to show: il mio orologio fa le cinque e venti my watch says twenty past five; il termometro fa venti gradi the thermometer shows twenty degrees. 24 (percorrere) to do: ho fatto dieci chilometri a piedi I did ten kilometres on foot. 25 (passare, trascorrere) to spend: farò le vacanze al mare I am going to spend my holidays at the seaside, I'm going to spend my vacation at the sea; ha fatto quattro anni di carcere he has spent (o done) four years in prison. 26 (compiere: rif. a età) to be: il bambino farà due anni a marzo the baby will be two in March. 27 (dire) to say: appena mi vide mi fece: "sei arrivato finalmente" as soon as he saw me he said: "at last you've come"; ~ il nome di qcu. to mention so.'s name. 28 (adempiere) to do, to perform: ~ il proprio dovere to do one's duty. 29 (percorrere) to go, to go along, to travel: facciamo la stessa strada we go the same way. 30 (salire) to climb, to go: ~ le scale to climb the stairs, to go up the stairs. 31 (credere, pensare) to think, to consider: ti facevo più furbo I thought you were more clever. 32 (ordinare) to make, to order, to get: falli stare calmi make them keep quiet. 33 (fare la parte) to play (the part of), to do: l'attore più giovane fa il figlio the youngest actor plays the son. 34 (seguito dall'inf. con valore causativo: se l'azione è voluta dal soggetto agente) to have, to get: mi farò ~ un vestito nuovo I am going to have (o get) a new dress made; ho fatto scrivere la lettera da Maria I got Mary to write the letter, I had the letter written by Mary. 35 (seguito dall'inf. con valore causativo: se l'azione non è voluta dal soggetto) to make, to get: mi fai ridere you make me laugh; far parlare di sé to get oneself talked about. II v.i. (aus. avere) 1 to do: che cosa stai

facendo? what are you doing? 2 (decidere, regolarsi) to decide, to do: non so, fai tu I don't know, you decide; fai come credi do (o act) as you think best; faccia Lei you decide, I'll leave it to you; quanto Le devo? how much do I owe you? faccia Lei I'll leave it to you. 3 (agire: rif. a medicine e sim.) to do, to act: questa medicina mi fa bene this medicine does me good, this medicine works well for me; ~ da calmante to act as a sedative. 4 (potere, permettersi) to be able: come fai a dire certe cose? how can you say such things? 5 (convenire, essere adatto) to be (suitable, right) (per for), to suit (so.): questo lavoro non fa per me this job is not for me, this job doesn't suit me; è la donna che fa per te she's just the woman for you. 6 (essere) to go: come fa la canzone? how does the song go? III v.i.impers. (aus. avere) 1 to be: oggi fa freddo it is cold today. 2 (nelle determinazioni temporali) to be, to make: fanno tre mesi oggi da che sono arrivato in Italia it is three months today since I arrived in Italy. 3 (diventare) to get, to grow: in inverno fa buio presto in winter it gets dark early. IV v.pron. **farsi** 1 (diventare) to grow, to get, to become: come ti sei fatto grande how big you have grown, how big you have got, (Am) how big you have gotten. 2 (in modo improvviso) to turn, to go: farsi rosso in viso to turn red, to go red. 3 (procurarsi) to get, to acquire: farsi una grande clientela to get a large clientele; (colloq) si è fatto la ragazza he has got (o Am gotten) (himself) a girlfriend. 4 (comprarsi) to buy, to get: mi son fatto la macchina I've bought a car; si è fatto la casa in campagna he has bought (himself) a house in the country. 5 (rif. al tempo) to get, to grow: andiamo, si è fatto tardi let's go, it's late; let's go, it's getting late; (Am) let's go, it has gotten late; si è fatto giorno it's getting light, (Am) it's become light, it's gotten light (out); abbiamo fatto le cinque (ieri notte) we stayed out until five o'clock (in the morning); (adesso sono le cinque) it's already five o'clock. 6 (seguito dall'inf.) to make oneself: farsi leggere qcs. to have sth. read to one; farsi capire to make oneself understood; si fa voler bene dagli insegnanti he makes himself the teachers' pet. 7 (combinare, fare in modo che) to get oneself, to have oneself: farsi invitare to get oneself invited; farsi annunciare to have oneself announced. □ ~a chi corre di più to run a race, to see who comes first; farsi a: 1 (affacciarsi, per mostrarsi) to appear at, to come to; 2 (accostarsi per guardare) to go and look out of: si fece alla finestra he went over to the window; ha avuto a che ~ con la polizia he has had dealings with the police; ~che qcu. faccia qcs. (fare in modo che) to make so. do sth., to get so. to do sth., to see that so. does sth.: fa' che venga get him to come; fa' che esca make him go out; fa' che non esca don't let him go out; fa' che mio padre torni a casa sano e salvo (in una preghiera) let my father come home safe and sound, that my father would come home safe and sound; (colloq) che ci fai tu alle donne? what do you do to women?; ma chi me l'ha fatto ~? what was I thinking?; chi me lo fa ~? why do I do it?, what should I?; ho molto da ~ I have a lot to do; non sono cose da farsi you shouldn't do this sort of thing; ~ da 1 (fare le funzioni) to be (like): gli ha fatto da padre he was (like) a father to him; 2 (lavorare da) to act as: ~ da segretaria to act as secretary; 3 (servire da) to serve for, to serve as: la giacca ripiegata gli faceva da cuscino his folded jacket served as his pillow; (colloq) *faccia, faccia* (*espressione di cortesia*) please do, go ahead, go right ahead; (colloq) *farcela* (*riuscire*) to be able (to do it), to do, to succeed, to manage, to make it; *non ce la faccio*: 1 (*non ci riesco*) I can't, I can't do it: *non ce la faccio per le sei* I can't make it by six; 2 (*non resisto più*) I cannot go on; *non posso farci niente* (o *non posso farci nulla*) there's nothing I can do about it, I can't do anything about it; *farla a qcu.* to take so. in; *quel disgraziato me l'ha fatta* that scoundrel took me in; (colloq) *farsela con qcu.* to mix with so., to go with so., to be in with so.; *farsela con una ragazza* to be going with a girl, to have an affair with a girl; *farsene* to do with; *che me ne faccio?* what am I going to do with it?; *di quell'affare, non se ne farà più nulla* nothing more is being done about that matter; (colloq,fig) *farsela nei pantaloni* to be in a blue funk, (Am) to poop in one's pants; *non* ~ *che* to do nothing but: *non fa che parlare* he does nothing but talk; ~ *per* to make a move to, to make as if to, to be on the point of, to be about to: *fece per andarsene* he made as if to go away, he was about to leave; *si fa per scherzare* it's only a joke; *non faccio per vantarmi* it's not that I'm bragging, I don't want to boast; *non faccio per dire* I don't want to say anything, I shouldn't say so; *questo non fa per voi* this is not for you; *una ne fa e mille ne pensa* he's always thinking up new things, he always has a million plans. Prov.: ~ *e disfare è tutt'un lavorare* it's a hard life, it's all work, work, work; *chi la fa l'aspetti* you will get as good as you gave, you get out (of life) what you put into (it); *chi fa da sé fa per tre* if you want sth. done, do it yourself; *non* ~ *agli altri ciò che non vorresti fosse fatto a te* (Br) do as you would be done by, (Am) do unto others as you would have done unto you (o as you would have them do unto you); *chi non sa* ~ *non sa comandare* a bad worker is a bad master.

fare[2] *m.* (*comportamento*) manner, way: *ha un* ~ *che non mi piace* I don't like his manner. □ *sul far del giorno* at dawn, at daybreak; *sul far del mattino* at daybreak, at dawn; *sul far della notte* at nightfall, at dusk; *sul far della sera* at nightfall, at dusk.

faretra *f.* quiver.

faretto *m.* (*El*) downlight.

farfalla *f.* 1 (*Entom*) butterfly; (*falena*) moth. 2 (*fig*) (*persona volubile*) fickle person, flighty person, inconstant person, flibbertigibbet, lightweight. 3 (*Mecc*) (*valvola a farfalla*) throttle, throttle valve; (*nelle stufe e sim.*) butterfly, butterfly valve. 4 (*Sport*) butterfly, butterfly stroke: *nuotare a* ~ to do the butterfly. 5 *pl.* (*Gastron*) farfalle (bow pasta) (*costr.sing.*). 6 (*rar,fig,scherz*) (*biglietto sgradito*) unwelcome paper, unwelcome note, unwelcome document.

farfallamento *m.* (*Aut*) shimmy, wobbling.

farfallina *f.* (*fig*) (*ragazza leggera*) flighty girl, butterfly, lightweight.

farfallino *m.* 1 (*cravatta a farfalla*) bow tie. 2 (*persona vana, leggera*) butterfly, flibbertigibbet: *essere un* ~ to be flighty, to be a lightweight.

farfallista *m./f.* (*Sport*) butterfly swimmer, butterfly stroke swimmer.

farfallone *m.* 1 (*persona fatua*) philanderer: *fare il* ~ to fool about. 2 (*rar*) (*strafalcione*) blunder.

farfara *f.* (*Bot*) coltsfoot.

farfaraccio *m.* (*Bot*) butterbur.

farfaro *m.* (*Bot*) coltsfoot.

farfugliamento *m.* splutter.

farfugliare (**farfùglio, farfùgli**) I *v.i.* (*aus.* avere) to mumble, to mutter. II *v.t.* to mumble, to mutter: ~ *parole incomprensibili* to mumble incomprehensible words.

farfuglione *m.* (*f.* **-a**) mumbler, mutterer.

farina *f.* flour, meal. □ ~ *animale* bone meal; (*Alim*) ~ *bianca* white flour; (*Alim*) ~ *d'avena* oatmeal; (*fig*) *non è* ~ *del suo sacco* it is not his own work; (*Alim*) ~ *di castagne* chestnut flour; (*Alim*) ~ *di frumento* wheat flour; (*Alim*) ~ *di granoturco* maize meal, Indian meal, corn meal; (*Alim*) ~ *di mais* maize meal, Indian meal, corn meal; (*Alim*) ~ *di riso* rice flour, ground rice; (*Alim*) ~ *di segale* rye flour; (*Geol*) ~ *fossile* diatomaceous earth, diatomite; (*Alim*) ~ *gialla* maize meal, Indian meal, corn meal; (*Alim*) ~ *integrale* wholemeal flour; (*Alim*) ~ *lattea* baby cereal; (*Alim*) ~ *semolosa* bran flour; (*Alim*) ~ *tipo 00* superfine flour. Prov.: *la* ~ *del diavolo va tutta in crusca* it's an ill wind that blows no good.

farinaceo I *a.* farinaceous, starchy: *sostanze farinacee* starchy substances. II *m.pl.* (*Alim*) starchy foods, farinaceous foods, starches: *la dieta esclude i farinacei* the diet excludes starchy foods.

farinata *f.* (*Gastron*) chickpea flat bread.

faringale *a.* (*Fon*) pharyngal.

faringe *f./m.* (*Anat*) pharynx.

faringeo, faringeo *a.* (*Anat*) pharyngal, pharyngeal: *arteria faringea* pharyngeal artery.

faringite *f.* (*Med*) pharyngitis.

faringoscopia *f.* (*Med*) pharyngoscopy.

faringotomia *f.* (*Med*) pharyngotomy.

farinoso *a.* floury, mealy: *mela farinosa* mealy apple.

farisaicamente *avv.* hypocritically, pharisaically.

farisaico (*pl.* **-ci**) *a.* 1 (*dei farisei*) Pharisaic, Pharisaical: *la setta farisaica* the Pharisaic sect. 2 (*fig*) pharisaic, pharisaical, hypocritical: *comportamento* ~ hypocritical behaviour.

fariseismo *m.* 1 Pharisaism, Phariseeism. 2 (*fig*) (*atteggiamento ipocrita*) pharisaism, hypocrisy.

fariseo *m.* (*f.* **-a**) 1 Pharisee. 2 (*fig*) (*ipocrita*) pharisee, hypocrite.

farlocco (*pl.* **-chi**) *a.* (*colloq*) 1 (*falso, inventato*) fake, false, made-up, (*pop*) fudged. 2 (*stupido*) idiot, moron.

farmaceutica *f.* pharmaceutics *pl.*

farmaceutico (*pl.* **-ci**) *a.* pharmaceutical, drug (*attr.*).

farmacia *f.* 1 (*scienza*) pharmacy. 2 (*facoltà*) faculty of pharmacy. 3 (*negozio*) pharmacy, (*Br*) chemist's (shop), (*Am*) drugstore. 4 (*in ospedale*) dispensary. □ ~ *comunale* municipal pharmacy; *farmacie di turno* (*Br*) duty chemist, (*Am*) drugstores open on a holiday or with rotating hours, drugstores open when another is closed,; (*Farm*) *da vendersi solo in* ~ only on prescription; ~ *notturna* all night chemist's, (*Am*) all-night drugstore.

farmacista *m./f.* pharmacist, (*Br*) chemist, (*Am*) druggist.

farmaco (*pl.* **-ci/-chi**) *m.* drug, medicine. □ (*Farm*) ~ *ad azione euforizzante* euphoric agent; (*Farm*) ~ *da banco* over-the-counter drug; (*Farm*) ~ *generico* generic drug, generically equivalent medicine; (*Farm*) ~ *orfano* orphan drug; (*Farm*) ~ *originale* original drug; (*Farm*) ~ *simpaticomimetico* sympathomimetic drug.

farmacocinetica *f.* (*Farm*) pharmacokinetics (*costr.sing.*).

farmacocinetico (*pl.* **-ci**) *a.* (*Farm*) pharmacokinetic.

farmacodinamica *f.* (*Farm*) pharmacodynamics (*costr.sing.*).

farmacodipendente I *a.* drug dependent. II *m./f.* drug dependent.

farmacodipendenza *f.* drug dependence.

farmacologia *f.* pharmacology.

farmacologico (*pl.* **-ci**) *a.* pharmacological.

farmacologo (*pl.* **-gi**) *m.* pharmacologist.

farmacopea *f.* pharmacopeia, pharmacopoeia.

farmacoterapia *f.* (*Med*) pharmacotherapy.

Farnace *n.pr.m.* (*Stor*) Pharnaces.

Farnesina □ (*Pol*) *la* ~: 1 (*ministero*) the Italian Foreign Ministry; 2 (*ministro*) the Italian Minister of Foreign Affairs.

farneticamento *m.* raving, delirium.

farneticante *a.* raving.

farneticare (**farnètico, farnètichi**; *aus.* avere) *v.i.* 1 to rave, to be delirious: *il malato farneticava per la febbre* the sick man was raving with fever. 2 (*fig*) to rave, to talk wildly, to talk nonsense.

farneticazione *f.* raving, delirious speech, irrational speech.

faro *m.* 1 (*torre*) lighthouse; (*fanale*) light, beacon. 2 (*Aut*) light, headlight, headlamp. 3 (*riflettore*) floodlight. 4 (*Aer*) beacon, light. 5 (*fig*) beacon. □ (*Aut*) *fari abbaglianti* (*Br*) full beams, headlights on full beam, (*Am*) brights; (*Aut*) *fari allo iodio* iodine lights; (*Aut*) *fari alogeni* halogen lights; (*Aut*) *fari anabbaglianti* (*Br*) dipped headlights, (*Am*) low beams, dimmed headlights; (*Aut*) *fari antinebbia* fog lamp, fog light; (*Aer*) ~ *d'atterraggio* landing light; (*Aer*) *fari di rotta* airway beacons; (*Aut*) *fari fendinebbia* fog lamps, fog lights; (*Mar*) ~ *galleggiante* light ship, light-vessel, floating beacon; (*Aut*) *fari posteriori antinebbia* rear fog-lights; (*Aut*) *fari spenti* with headlights off.

farò → **fare**[1].

farragine *f.* (*rar*) muddle, jumble, medley, farrago: *una* ~ *di carte* a jumble of papers; *una* ~ *di parole* a farrago of words.

farraginoso *a.* muddled, jumbled, farraginous: *un articolo* ~ a muddled article.

farro *m.* (*Bot*) (*triticum spelta*) spelt; (*triticum dicoccum*) emmer.

farsa *f.* (*Teat*) farce (*anche fig*): *smettila con questa* ~ stop this farce; *la cerimonia si ridusse a una* ~ the ceremony degenerated into a farce.

Farsaglia *n.pr.f.* (*Geog.stor*) Pharsalia.

Farsalo *n.pr.f.* (*Geog.stor*) Pharsalus.

farsesco (*pl.* **-chi**) *a.* 1 farcical, of a farce: *rappresentazione farsesca* performance of a farce. 2 (*fig*) farcical: *una situazione farsesca* a farcical situation.

farsetto *m.* 1 (*Sart,Stor*) doublet. 2 (*Mil,Mar*) seaman's jersey.

FAS (*Comm*) *franco banchina nave* f.a.s. (free alongside ship).

fascera *f.* (*Alim*) mould for making cheese.

fascetta *f.* 1 small band. 2 (*per spedire stampe, per banconote*) wrapper; (*del sigaro*) band. 3 (*anello di metallo*) ring, band; (*del fucile*) loop. 4 (*busto*) girdle. 5 (*Edit,Tip*) wrapper. 6 (*Tecn*) clamp, collar, strap.

fascia (*pl.* **-ce**) *f.* 1 (*striscia di stoffa*) band, strip. 2 (*di cuoio*) strap. 3 (*per capelli*) head band. 4 (*per fasciature*) bandage. 5 *pl.* (*per neonati*) swaddling clothes, swaddling bands, swathing bands. 6 (*Abbigl*) (*fusciacca*) sash: *la* ~ *tricolore del sindaco* the mayor's tricolour sash; *una* ~ *bianca le cingeva* *la vita* she wore a white sash round her waist. **7** (*Abbigl*) (*dello smoking*) cummerbund. **8** (*striscia di carta*) wrapper, band, paper band. **9** (*zona di territorio*) strip, belt: ~ *costiera* coastal strip. **10** (*settore, categoria*) sector, bracket: ~ *di età* age bracket; ~ *di reddito* income bracket. **11** (*Mecc*) band; (*anello*) ring. **12** (*Arald*) fess, fesse. **13** (*Anat, Arch*) fascia. **14** (*Sport*) wing: ~ *laterale* wing. □ (*fig*) *fin dalle fasce* since infancy; ~ *dell'ozono* ozone layer; (*Anat*) *~dentata* fascia, dentate fascia; (*Med*) ~ *di garza* gauze bandage; (*TV*) ~ *di massimo ascolto* peak time, prime time; ~ *elastica*: 1 (*Med*) elastic bandage; 2 (*Mot*) piston ring; (*Geog*) *~equatoriale* equatorial zone, equatorial belt; (*Med*) ~ *gessata* chalk bandage, plaster of Paris; *in fasce* in swaddling clothes: *bambino in fasce* (*molto piccolo*) babe-in-arms, small baby; (*Anat*) ~ *muscolare* fascia, aponeurosis; ~ *oraria* time slot; (*Arch*) ~ *ornamentale* moulding.

fasciame *m.* (*Mar*) (*in metallo*) plating; (*in legno*) planking.

fasciare (**fàscio, fàsci**) **I** *v.t.* **1** (*bendare*) to bandage, to dress: ~ *una ferita* to bandage a wound, to bind a wound; ~ *una caviglia distorta* to bandage a sprained ankle. **2** (*rif. a neonati*) to swaddle, to wrap, to bundle up. **3** (*Mar*) to plank. **II** *v.pron.* **fasciarsi** to bind oneself up. □ *l'abito le fasciava il corpo* she wore a close-fitting dress. *Prov.*: *non bisogna fasciarsi la testa prima di rompersela* don't cross your bridges before you come to them, (*Am*) cross your bridges when you come to them.

fasciatoio *m.* changing table, changing top.

fasciatura *f.* **1** (*operazione*) bandaging, dressing, binding. **2** (*fasce*) bandage, dressing, bandaging: ~ *lenta* loose bandaging; ~ *di emergenza* emergency bandage.

fascicolare[1] *a.* fascicular.

fascicolare[2] (**fascìcolo**) *v.t.* to bind together, to file.

fascicolato *a.* (*Bot,Anat*) fasciculate.

fascicolo *m.* **1** (*Edit*) (*numero di riviste e sim.*) issue, number: *il primo ~ è già in vendita* the first issue is already on sale. **2** (*Edit*) (*dispensa*) instalment: *a fascicoli* in instalments. **3** (*Edit*) (*opuscolo*) pamphlet, booklet. **4** (*incartamento*) file. **5** (*Anat*) fasciculus, bundle.

fascina *f.* **1** faggot, (*Am*) fagot, bundle of sticks. **2** (*Stor*) (*per opere di fortificazione e riparo*) fascine.

fascinaia *f.* (*rar*) woodpile, woodstore.

fascinare (**fascìno**; *aus.* avere) *v.i.* (*fare fascine*) to make faggots.

fascinata *f.* mattress.

fascinazione *f.* (*lett*) bewitching.

fascino *m.* **1** charm, glamour: *una donna ricca di* ~ a woman full of charm. a fascinating woman: *avere* ~ to be glamorous, to be fascinating; *esercitare un certo* ~ *su qcu.* to charm so., to fascinate so.; *subire il* ~ *di qcu.* to be fascinated by so. **2** (*fig*) (*allettamento*) fascination, glamour, attraction, lure: *il* ~ *dell'avventura* the fascination of adventure. **3** (*lett*) (*malia, stregoneria*) spell.

fascinoso *a.* fascinating, enchanting, charming, bewitching (*anche fig*): *sguardo* ~ bewitching look.

fascio *m.* **1** bundle, bunch, sheaf: *un* ~ *d'erba* a bundle of grass; *un* ~ *di spighe* a sheaf of corn; *un* ~ *di rose rosse* a bunch of red roses. **2** (*rif. a luce e sim.*) beam: ~ *laser* laser beam. **3** (*estens*) (*mucchio*) bundle, sheaf: *un* ~ *di carte* a bundle of papers. **4** (*Bot*) bundle:

~ *vascolare* vascular bundle. **5** (*Anat*) fasciculus, bundle: ~ *muscolare* muscular fasciculus, muscle bundle. **6** (*Geom*) sheaf: ~ *di rette* sheaf of straight lines; ~ *di piani* sheaf of planes. **7** (*Stor.rom*) fasces (*costr.sing.*). **8** (*Stor.it*) (*simbolo*) fasces (*costr.sing.*); (*partito fascista*) Fascist Party: *essere iscritto al* ~ to be a member of the Fascist Party. **9** (*Stor.it*) (*casa del fascio*) local Fascist branch, local Fascist headquarters (*costr.sing. o pl.*). **10** (*gerg*) (*fascista*) Fascist. □ *a fasci* in bundles; (*El*) ~ *di cavi* loom, group of cables, bundle of cables, cluster of cables; (*Stor.it*) *Fasci di combattimento* militant Fascist groups; (*Geom*) *~di linee* sheaf of lines; (*fig*) *essere un ~di nervi* to be a bundle of nerves; *~di raggi* bundle of rays, beam of rays, pencil of rays; (*Fis*) ~ *di raggi X* X-ray beam; (*Fis*) ~ *elettronico* electron ray, electron beam, electron stream; *raccogliere in un* ~ to make a bundle of; (*Stor.rom,Stor.it*) *~littorio* (lictor's) fasces; (*Fis*) ~ *luminoso* beam, pencil of light; (*fig*) *fare tutt'un* ~ to lump things together, to throw things together.

fasciola *f.* (*Zool*) fluke: ~ *epatica* liver fluke.

fascismo *m.* (*Pol,Stor.it*) Fascism.

fascista I *m./f.* (*Pol,Stor.it*) Fascist, fascist. **II** *a.* (*Pol,Stor.it*) Fascist, fascist: *governo* ~ Fascist government.

fascistoide *a.* fascistoid.

fase *f.* **1** phase, stage, period: *la nuova ~ della malattia* the new phase of the illness; *le varie fasi della battaglia* the various phases of the battle; ~ *evolutiva* evolutionary phase. **2** (*Sport*) round: *la prima ~ del campionato* the first round of the championship. **3** (*Astr,El,Fis*) phase: (*Fis*) *concordanza di* ~ phase coincidence; *le fasi lunari* the phases of the moon. **4** (*Mot*) phase, stroke: *motore a due fasi* two-stroke engine. **5** (*Chim*) phase, state of aggregation. □ (*Psic*) *~anale* anal stage; ~ *calante* waning; ~ *critica* critical stage; *essere in ~decrescente*: 1 (*diminuire*) to be falling, to be decreasing, to be going down: *la piena è in ~ decrescente* the flood is going subsiding, the flood is going down; 2 (*rif. alla luna*) to be on the wane, to be waning; (*Mot*) *~di aspirazione* inlet stroke; (*Mot*) ~ *di compressione* compression stroke; ~ *di espansione*: 1 (*Econ*) boom; 2 (*Mecc*) expansion, power stroke; (*Mot*) ~ *di esplosione* explosion, explosion stroke; *~di lavorazione* working cycle, cycle of operations; *in ~ di progettazione* in the planning stage, at the plannig stage; (*Econ*) *~di ristagno* stagnation; (*Mot*) ~ *di scarico* exhaust stroke; ~ *di transizione* transitional phase; *entrare in una ~difficile* to go through a difficult stage, to go through a difficult phase; *attraversare una* ~ *difficile* to go through a difficult phase; (*Mot*) *mettere in* ~ to time; (*Psic*) *~orale* oral stage; *~progettuale* planning stage; (*Fisiol*) *~REM* REM sleep, REM phase.

fasianidi *m.pl.* (*Ornit*) phasianids, Phasianidae.

fasmidi *m.pl.* (*Entom*) phasmids, Phasmida.

fasometro *m.* (*El*) phasemeter, phase indicator.

fasore *m.* (*Fis*) phasor.

fastello *m.* **1** (*large*) bundle, sheaf, bunch: *un ~ di fieno* a large sheaf of hay. **2** (*di legna*) faggot.

fast food /'fast'fud/ *m.inv.* **1** (*pasto*) fast food. **2** (*locale*) fast-food restaurant.

fasti *m.pl.* **1** (*Stor.rom*) (*giorni e calendario*) Fasti. **2** (*fig*) (*memorie gloriose*) glorious past events, annals, memorials: *i* ~ *della na-*

zione the annals of the nation. □ *i ~ e i nefasti* the glorious and inglorious events.

fastidio *m.* **1** (*cosa fastidiosa*) annoyance, bother, vexation, nuisance: *i fastidi della vita in città* the (trials and) tribulations of town life; *provare ~ per qcs.* to be irritated by sth., to be annoyed by sth., to be put out by sth.; *recare ~ a qcu.* to bother so., to annoy so., to be a nuisance to so. **2** (*disturbo fisico*) pain: *provare un ~ in gola* to have a sore throat, to have an irritated throat; *ti fa male? - non è un dolore, è un* ~ does that hurt? it doesn't hurt, it's just irritated. **3** (*molestia*) annoyance, vexation, trouble. **4** (*seccatura*) trouble. **5** (*scomodità*) inconvenience. □ *dare ~ a qcu.* to bother so., to annoy so., to be a nuisance to so.: *dare ~ a una ragazza* to annoy a girl; *Le dà ~ il fumo?* do you mind if I smoke?, will it bother you if I smoke?; *il sasso nella scarpa mi da* ~ the stone in my shoe is bothering me; *dare dei fastidi a qcu.* to give so. trouble.

fastidiosamente *avv.* annoyingly, troublesomely.

fastidioso *a.* **1** (*seccante*) annoying, irritating, troublesome, vexing: *mosche fastidiose* irritating flies. **2** (*noioso*) tiresome, troublesome: *come sei ~ con queste continue domande* how tiresome (*o* what a nuisance) you are with these continual questions. **3** (*irritabile*) irritable, touchy: *carattere* ~ irritable character. **4** (*lett*) (*incontentabile, schifiltoso*) finicky, fussy, fastidious.

fastigiato *a.* (*Bot*) fastigiate.

fastigio *m.* **1** (*Arch*) pediment, fastigium. **2** (*fig*) (*culmine*) peak, apex, height, summit: *giungere ai fastigi della gloria* to reach the heights of glory.

fasto[1] *m.* pomp, splendour, magnificence: *il ~ della corte* the pomp of the court.

fasto[2] *a.* (*lett*) auspicious, propitious.

fastosamente *avv.* sumptuously, splendidly, magnificently.

fastosità *f.* pomp, splendour, magnificence.

fastoso *a.* sumptuous, splendid, magnificent, gorgeous: *cerimonia fastosa* magnificent ceremony.

fasullo *a.* counterfeit, false, fake, bogus, sham: *monete fasulle* counterfeit coins.

fata *f.* **1** fairy: *i racconti delle fate* fairy tales. **2** (*fig*) angel. □ *bella come una* ~ as beautiful as a fairy; ~ *Morgana*: 1 (*nei poemi medievali*) Morgan le Fay; 2 (*Ott*) Fata Morgana; *la Fata turchina* the Blue fairy.

fatale *a.* **1** (*irrimediabile, mortale*) fatal: *il viaggio gli fu* ~ the journey was fatal to him; *un'imprudenza* ~ fatal carelessness; *il giorno* ~ the fatal day; *un errore* ~ a fatal mistake, a fatal error. **2** (*voluto dal fato*) fated, destined, predestined, fateful: *avvenimento* ~ predestined event. **3** (*rif. a persona*: *strumento del fato*) of destiny, chosen by fate: *l'uomo* ~ the man of destiny. **4** (*ineluttabile*) inevitable: *era ~ che ciò accadesse* it was inevitable that this should happen. **5** (*scherz*) (*irresistibile*) irresistible, killing: *sguardo* ~ irresistible look.

fatalismo *m.* fatalism.

fatalista *m./f.* fatalist.

fatalistico (*pl.* **-ci**) *a.* fatalistic.

fatalità *f.* **1** fate, evil destiny: *la ~ si accanisce contro di me* fate is against me. **2** (*avvenimento funesto*) fatality, (piece of) bad luck, misfortune: *la sua morte è stata una* ~ his death was a fatality. □ *~volle che* ... as (ill) luck would have it..., unfortunately...: ~ *volle che io non fossi presente* unfortunately I was not present.

fatalmente avv. 1 (inevitabilmente) fatally, inevitably. 2 (disgraziatamente) fatally, unfortunately.

fatalona f. (scherz) femme fatale, vamp.

fatato a. magic, enchanted, fairy.

fate → **fare**[1].

fatica f. 1 effort, exertion: una grande ~ a great effort. 2 (lavoro) toil, labour: le fatiche della giornata the day's toil; vive col frutto delle sue fatiche he lives by the fruit of his labours. 3 (affaticamento, stanchezza) fatigue, tiredness, weariness, exhaustion: non reggersi in piedi dalla ~ to be dropping with fatigue. 4 (fig) trouble, effort. □ a ~: 1 (con difficoltà) with difficulty: il malato respira a ~ the patient is breathing with difficulty; a gran ~ with great difficulty; 2 (a malapena) hardly: poté a ~ distinguere la donna he could hardly make out the woman; una ~ bestiale a beastly job; che ~! what hard work!, what an effort!, (Br,colloq) what a fag!; ~ da bestie drudgery, back-breaking work, hard work; (Tecn) ~ del metallo metal fatigue; ~ di braccia manual labour, manual work; (Mitol) le dodici fatiche di Ercole the twelve labours of Hercules; (fig) ~ di Sisifo Sisyphean task, Sisyphean toil; fare ~ to have difficulty, to have trouble: fa ~ a camminare he has trouble walking, walking is difficult for him; ~ mentale mental work, mental effort; ~ risparmiata! that's one job less to do, it's (all) effort saved; senza ~ without difficulty, effortlessly: apprendere senza ~ to learn effortlessly, to have no trouble in learning; ~ sprecata wasted effort.

faticaccia f. effort, exertion, hard task, hard work, tiring job, (colloq) sweat: è stata una ~ it was a great effort.

faticare (**fatico, fatichi**; aus. **avere**) v.i. 1 to toil, to labour: ~ dalla mattina alla sera to toil from morning to night. 2 (fig) to have (great) trouble, to have (great) difficulty, to have a hard time, to have a job, to find it difficult: faticava a sollevare la valigia he had a job to lift the suitcase; il ragazzo fatica a capire l'inglese the boy finds it difficult to understand English, the boy has trouble in understanding English.

faticata f. effort, exertion, hard task, hard work, tiring job, (colloq) sweat: è stata una gran ~ it was a great effort.

faticosamente avv. laboriously, with difficulty.

faticoso a. 1 (che affatica) tiring, wearing, exhausting: lavoro ~ tiring work. 2 (fatto con fatica) laborious. 3 (difficile) hard, difficult: (fig) strada faticosa difficult road.

fatidico (pl. -ci) a. 1 (profetico) prophetic, (lett) fatidic: un augurio ~ a prophetic omen. 2 (fatale) fateful: giorno ~ fateful day.

fatiscente a. crumbling, dilapidated: edificio ~ crumbling building.

fatiscenza f. dilapidation, disrepair.

fato m. 1 (Mitol) Fate. 2 (destino) fate, destiny: il ~ volle che non s'incontrassero fate willed that they should not meet. 3 (sorte) lot: un triste ~ an unhappy lot.

fatt. abbreviazione inv. (invoice).

fatta f. (tipo) kind, type, sort: non avevo mai conosciuto gente di tal ~ I had never met people of this sort (o people like this) before; gente d'ogni ~ people of all kinds.

fattaccio m. (colloq) wicked deed, crime.

fatterello m. 1 (fatto di poca importanza) minor episode. 2 (raccontino) anecdote.

fattezze f.pl. features.

fattibile a. feasible, practicable, possible: questo lavoro non mi sembra ~ this job does

---

not seem practicable to me.

fattibilità f. feasibility, practicability: studio di ~ feasibility study.

fatticità f. (Filos) facticity.

fattispecie f.inv. (Dir) case in question, matter in question, case in point, case in issue, present case. □ (Dir) ~ del reato type of offence; nella ~ in this particular instance, in this case, in the case in point.

fattitivo a. (Ling) factitive.

fattivo a. 1 (utile) effective. 2 (attivo) active, energetic, busy: temperamento ~ energetic temperament; un ~ interessamento an active interest.

fatto[1] → **fare**[1] a. 1 made, done. 2 (pienamente sviluppato) full-grown: mio figlio or mai è un uomo ~ my son is now a full-grown man. 3 (confezionato) ready-made: ho comprato un abito ~ I have bought a ready-made suit. 4 (maturo) ripe: mele fatte ripe apples. 5 (colloq) (spacciato) done for: se anche questa va male sono ~ if this fails too I am done for (o I have had it). 6 (colloq) (drogato) stoned, zonked. 7 (colloq) (stanchissimo) dead beat, (Br) fagged out, (Am) pooped. □ ~ a: 1 (a forma di) in the form of, in the shape of, shaped: una spilla fatta a stella a brooch in the shape of a star, a star-shaped brooch; 2 (eseguito con) -made: ~ a mano handmade; ~ a macchina machine-made; ~ è così! he is that kind of man!; ~ dall'uomo man-made; ~ di made of, of, spesso si traduce con una forma aggettivale: un letto ~ di ferro a bed made of iron, an iron bed; una scala fatta di marmo a marble staircase; è fatta it's done; ~ e finito: 1 (come si deve) accomplished; 2 (spreg) through and through, dyed in the wool: un bugiardo ~ e finito a liar through and through; ~ in casa homemade: pane ~ in casa homemade bread; essere ~ per: 1 (rif. a persona) to be cut out for, to be made for: non sei ~ per studiare you are not cut out for studying; 2 (rif. a cose) to be (right, suitable) for: questo lavoro non è ~ per me this is not my kind of job, this is not the job for me; venir ~: 1 (capitare) to happen: se ti vien ~ di incontrarlo, salutamelo if you happen to meet him, give him my regards; 2 (venir naturale) to just have to: a quelle parole mi venne ~ di ridere at those words I just had to laugh.

fatto[2] m. 1 (realtà) fact. 2 (avvenimento) event, occurrence, happening: è successo un ~ strano a strange event has happened; i fatti degli ultimi anni the events of the last few years. 3 (azione) action, deed: un ~ glorioso a glorious deed; voglio fatti, non parole I want deeds, not words. 4 pl. (affari) business (costr.sing.): questi sono fatti miei that is my business, that is my affair. 5 (vicenda, intreccio) story, plot: il ~ si svolge in America the story takes place in America. 6 (argomento) point, main issue: veniamo ai fatti let's get to the point. □ un ~ acquisito a matter of fact; ~ compiuto fait accompli: mettere qcu. davanti al ~ compiuto to present so. with a fait accompli; ~ d'armi military action; di ~ de facto; ~ di cronaca news item; ~ di sangue 1 bloodshed, bloody deed; 2 (assassinio) murder; dire il ~ proprio to give one's say: dire a qcu. il ~ suo to give so. a piece of one's mind; è un ~ che the fact is that, it is a fact that: è un ~ che il traffico è cresciuto the fact is that the traffic has got heavier; non per farmi i fatti tuoi, ma quanto guadagni? I don't want to seem curious (o to be nosey), but how much do you earn?; il ~ è che the fact is that..., it is a fact that...: il ~ è che sono stufo di questo lavoro the fact is, I'm fed up

---

with this job; (Dir) ~ illecito tort; in ~ di (riguardo, relativamente) as far as... is concerned, as far as... goes, as for...: è un esperto in ~ di musica he is an expert in music; in ~ di eleganza, nessuno la batte as far as smartness goes, she is the last word; vogliono fatti, non parole they want facts not words, they want facts not explanations; i fatti parlano da soli the facts speak for themselves; i fatti parlano chiaro the facts are clear; andarsene per i fatti propri to mind one's own business, to go about one's own affairs; per il ~ che because; ~ sta che... (o il ~ sta che...) the fact remains..., the fact is..., the fact of the matter is...: dite pure quel che volete, ma il ~ sta che le cose vanno male say whatever you like, but the fact is that things are going badly; say whatever you like, but the fact of the matter is that things are going badly; sta di ~ che... the fact is that...; il ~ stesso che... the very fact that...; venire ai fatti to get down to the facts; dalle parole vennero ai fatti they proceeded from words to action; un ~ vero a true episode.

fattore m. 1 (elemento determinante) factor, element: i fattori del progresso the factors of progress. 2 (Mat,Biol) factor. 3 (Fis) factor, coefficient. 4 (capo di fattoria) bailiff, steward. 5 (lett) maker, creator: il ~ di tutte le cose the Creator of all things. □ ~ ambientale environmental factor; ~ climatico climatic factor; (Fis) ~ di assorbimento absorption coefficient, absorption factor; (Fis) ~ di carico load factor; (Econ) ~ di conversione conversion factor; ~ di crescita growth factor; (Fis) ~ di cresta peak factor, crest factor; ~ di disturbo disturbing element; (Econ) ~ di produzione factor of production; (Cosmet) ~ di protezione solare sun protection factor; ~ di rischio risk factor; ~ di stress stressor; (Biol) ~ ereditario hereditary factor; ~ gamma gamma factor; (Mat) fattori primi prime factors; (Med) ~ Rh rhesus factor; ~ scatenante causing factor; ~ umano human factor.

fattoressa f. 1 stewardess, bailiff. 2 (moglie del fattore) bailiff's wife.

fattoria f. 1 farm. 2 (terreni) estate. 3 (fabbricato) farmhouse. 4 (casa del fattore) steward's house, bailiff's house. □ (Agr) ~ modello model farm.

fattoriale a. (Mat,Psic) factorial.

fattorino m. 1 (per consegne) deliverer, delivery man, delivery boy. 2 (di ufficio) errand boy, office boy, messenger: ~ di banca bank messenger. 3 (di albergo) page, bellboy, (colloq) buttons, (Am,colloq) bellhop, bellman. 4 (per telegrammi) telegraph messenger.

fattorizzare (**fattorizzo**) v.t. (Mat) to factorize, to factor.

fattorizzazione f. (Mat) factorization.

fattrice f. (Zootecn) brood female; (cavalla) brood-mare.

fattuale a. (effettivo) factual, real.

fattucchiera f. witch, sorceress.

fattucchiere m. wizard, sorcerer.

fattura f. 1 (Comm) invoice, (Am) bill, bill of sale: emettere una ~ to make (out) an invoice; pagare una ~ to settle a bill, to pay a bill; segue ~ invoice to follow. 2 (Comm) (modulo di fattura) invoice, bill-head: blocco delle fatture pad of bill-heads. 3 (confezione) making, processing; (rif. a vestiti) making up: la ~ costa settanta euro the making up costs seventy euros, the processing costs seventy euros. 4 (maniera in cui qcs. è fatto) workmanship, make, execution: un gioiello di pregevole ~ a jewel of fine workmanship.

5 (*maniera in cui qcs. è fatto: rif. a vestiti e sim.*) cut, design. **6** (*incantesimo*) spell: *fare una ~ a qcu.* to cast a spell on so. ☐ (*Comm*) *~ commerciale* invoice; (*Comm*) *come da ~* as per invoice; (*Comm*) *~ dettagliata* fully-priced invoice; (*Comm*) *~di consegna* delivery note; (*Comm*) *~ doganale* custom-house invoice; (*Comm*) *~pro forma* pro forma invoice; (*Comm*) *~ quietanzata* receipted bill.

fatturare (**fattùro**) *v.t.* **1** (*Comm*) to invoice, (*Am*) to bill: *non abbiamo ancora fatturato la merce* we have not yet invoiced the goods. **2** (*rar*) (*adulterare*) to adulterate.

fatturato **I** *a.* (*rar*) (*adulterato*) adulterated. **II** *m.* (*Comm*) turnover; sales *pl.*, (*Am*) invoicing: *~ totale* total sales, (*Am*) total invoicing.

fatturatrice *f.* (*ant*) invoicing machine, (*Am*) billing machine.

fatturazione *f.* (*Comm*) invoicing, (*Am*) billing: *la ~ della merce* the billing of the goods.

fatturista *m./f.* invoice clerck, accounts clerk.

fatuità *f.* fatuousness, fatuity.

fatuo *a.* fatuous, foolish: *discorso ~* fatuous talk.

fauci *f.pl.* **1** (*Anat*) fauces. **2** (*estens*) jaws, maw *sing.*: *le ~ del leone* the lion's jaws. ☐ (*fig*) *cadere nelle ~ di qcu.* to fall into the clutches of so.

fauna *f.* **1** fauna. **2** (*iron*) talent: *la ~ del luogo* the local talent. ☐ *~abissale* deep-sea fauna; *~erratica* vagrant species of fauna; *~ tropicale* tropical fauna.

Fauna *n.pr.f.* (*Mitol*) Fauna.

faunesco (*pl.* **-chi**) *a.* of a faun, faun-like: *aspetto ~* faun-like look.

faunistica *f.* study of fauna (of a region).

faunistico (*pl.* **-ci**) *a.* faunal.

fauno *m.* (*Mitol*) faun.

faustiano *a.* Faustian: *personaggio ~* Faustian character.

fausto *a.* auspicious, propitious: *giorno ~* auspicious day. ☐ *~evento* happy event.

Fausto *n.pr.m.* Faustus.

fautore *m.* (*f.* **-trice**) supporter, advocat, upholder, champion: *i fautori di un partito* the supporters of a party; *i fautori di una tesi* advocates of a thesis.

fauve /fov/ **I** *m.* (*Pitt*) Fauvist. **II** *a.inv.* (*Pitt*) fauve.

fauvismo /fo'vizmo/ *m.* (*Pitt*) Fauvism.

fava *f.* **1** (*Bot*) broad bean, horse bean, fava (bean). **2** (*volg*) cock, prick.

favagello *m.* (*Bot*) lesser celandine.

favella *f.* (*lett*) **1** (*facoltà di parlare*) power of speech, speech, talk, talking: *perdere la ~* to lose the power of speech; *riacquistare la ~* to regain the power of speech. **2** (*lingua*) language.

favellare (*favèllo*; *aus.* *avere*) *v.i.* (*lett*) to speak, to talk.

favilla *f.* spark (*anche fig*). ☐ *mandava faville dagli occhi* (o *sprizzava faville dagli occhi*) his eyes were sparkling; (*fig,colloq*) *fare faville*: **1** (*eccellere in qualità*) to sparkle; **2** (*riuscire brillantemente*) to shine.

favo *m.* **1** comb. **2** (*Med*) favus. ☐ *~artificiale* artificial honeycomb; *~ del miele* honeycomb; *~di cera* wax comb.

favola *f.* **1** story, tale; (*fiaba*) fairy tale: *la ~ di Biancaneve* the story of Snow White, the tale of Snow White; *le favole di Andersen* Hans Christian Andersen's fairy tales and stories; *raccontare una ~ a un bambino* to tell a child a story. **2** (*molto antica, simile a leggenda*) fable: *le favole di Esopo* Aesop's fables. **3** (*fandonia*) tall tale, idle talk, yarn: *son tutte favole* they are all tall tales, it's all

talk. **4** (*Lett*) (*dramma*) drama: *~ pastorale* pastoral drama. ☐ *da ~* (*meraviglioso*) fabulous, fantastic; *essere la ~ della città* to be the talk of the town.

favoleggiare (**favoléggio, favoléggi**) *aus.* *avere*) *v.i.* **1** to tell fables, to tell stories. **2** (*fantasticare*) to make up stories (*di about*), to imagine (sth.), to tell fantastic tales (of): *il tesoro di cui tanto si è favoleggiato* the treasure that became a legend, the treasure of so many legends, the treasure made legend in so many tales.

favolello *m.* (*Lett*) fabliau.

favolista *m./f.* (*scrittore di favole*) fabulist, writer of fables.

favolistica *f.* (*Lett*) fables *pl.*

favolistico (*pl.* **-ci**) *a.* (*Lett*) of fables, fable (*attr.*).

favolosamente *avv.* fabulously.

favoloso *a.* **1** fabulous: *animale ~* fabulous beast. **2** (*estens*) fabulous, fantastic: *mi hanno offerto una cifra favolosa* they offered me a fabulous sum; *ricchezze favolose* fabulous wealth.

favonio *m.* **1** (*lett*) (*vento di ponente*) west wind. **2** (*Meteor*) (*föhn*) Foehn, Föhn.

favore *m.* **1** (*benevolenza*) favour, (*Am*) favor, goodwill: *ottenne il ~ dei superiori* he obtained the favour of his superiors; *perdere il ~ di qcu.* to lose favour with so., to fall out of so.'s favour. **2** (*piacere*) favour, (*Am*) favor, kindness: *devo chiederti un ~* I have a favour to ask of you. **3** (*approvazione*) favour, approval, good graces: *il nuovo prodotto ha incontrato il ~ del pubblico* the new product has met with the public's approval, the new product has found favour with the public. **4** (*rif. a cose: aiuto, protezione*) help, cover: *fuggì col ~ delle tenebre* he escaped under cover of darkness. ☐ *a ~* favourable, in favour, for: *voti a ~* votes in favour; *sei a ~ o contrario?* are you for or against?; *a ~ di* in aid of, in favour of, for the benefit of, on behalf of: *testimoniare a ~ di qcu.* to give evidence on so.'s behalf; *testimone a ~ di qcu.* witness for so.; *andare a ~ di qcu.* to turn to so.'s advantage; *col ~ del vento* with the help of the wind; *col ~ della notte* (o *col ~ delle tenebre*) under cover of darkness; *fare un ~ a qcu.* to do so. a favour; *mi faresti il ~ di aiutarmi?* would you be good enough to help me?, would you do me a favour!; *ma mi faccia il ~!* do me a favour!; *per ~* please; *un caffè, per ~* a cup of coffee, please; *~popolare* popular approval.

favoreggiamento *m.* (*Dir*) abetting, aiding and abetting. ☐ (*Dir*) *~della prostituzione* procuring.

favoreggiare (**favoréggio, favoréggi**) *v.t.* **1** (*aiutare*) to favour, (*Am*) to favor. **2** (*Dir*) to aid and abet: *~ il colpevole* to aid the culprit.

favoreggiatore *m.* (*f.* **-trice**) (*Dir*) abettor.

favorevole *a.* **1** (*a favore, che approva*) in favour, (*Am*) in favor: *voto ~* vote in favour. **2** (*propizio*) favourable, (*Am*) favorable: *attendiamo il momento ~* let us wait for a favourable moment; *circostanze favorevoli* favourable circumstances. ☐ *essere ~* to be for: *lui è ~, io sono contrario* he is for it, I am against it; *essere ~ a qcs.* (o *qcu.*) to be in favour of sth. (o so.), to be for sth. (o so.), to support sth. (o so.): *essere ~ a una proposta* to back a proposal.

favorevolmente *avv.* favourably, (*Am*) favorably.

favorire (**favorìsco, favorìsci**) **I** *v.t.* **1** to favour, (*Am*) to favor (*anche fig*). **2** (*sostenere*) to support: *~ un concorrente* to support a candidate. **3** (*incoraggiare, promuovere*) to

encourage, to foster, to further, to favour, (*Am*) to favor: *~ le arti* to encourage the arts. **4** (*porgere cortesemente*) to hand, to give, to pass. **II** *v.i.* (*aus.* **avere**) **1** (*accomodarsi*) to go, to come: *favorisca alla cassa* kindly pay at the cash desk, kindly go to the cash desk. **2** (*servirsi*) to have some, to help oneself. **3** (*negli ordini, seguito dall'inf.*) to be so kind as, to be so good as, kindly, please: *favorisca uscire* kindly leave; be so good as to leave; *favorisca seguirmi al commissariato* please come with me to the police station. ☐ *favoriscanoil biglietto* tickets, please; *favorisca la patente!* may I see your driving licence, please?; *vuole ~?*: **1** (*vuole assaggiare*) won't you have some?, won't you help yourself?; **2** (*vuole pranzare con noi?*) won't you join us for lunch?

favorita *f.* **1** (*amante di re e sim.*) favourite, (*Am*) favorite. **2** (*prediletta*) favourite, (*Am*) favorite, darling, pet: *Maria è la ~ della mamma* Maria is her mother's favourite. **3** (*Sport*) favourite.

favoritismo *m.* favouritism, (*Am*) favoritism.

favorito **I** *a.* **1** (*prediletto*) favourite. **2** (*avvantaggiato*) favoured, (*Am*) favored, favourite: *partire ~* to start with an advantage. **3** (*Sport*) favourite. **II** *m.* (*f.* **-a**) (*prediletto*) favourite, darling, pet: *il ~ degli dei* the darling of the gods. **2** (*f.* **-a**) (*di un potente*) favourite: *il ~ dell'imperatore* the Emperor's favourite. **3** (*f.* **-a**) (*Sport*) favourite. **4** *pl.* (*fedine*) side whiskers, muttonchop whiskers, (*Am*) sideburns. ☐ *un uomo ~dalla sorte* a man smiled upon by fate, a man born under a lucky star; *i favoriti della sorte* fortune's darlings.

fax *m.inv.* **1** (*messaggio*) fax, fax message: *inviare un ~* to send a fax. **2** (*apparecchio*) fax, fax machine: *numero di ~* fax number; *per ~* (o *via ~*) by fax.

faxare (**fàxo**) *v.t.* to fax, to send by fax.

fazione *f.* **1** faction: *la ~ avversaria* the opposing faction; *nel partito si formarono due fazioni* the party split into two factions. **2** (*Sport*) team, side. ☐ (*ant*) *essere di ~* (*montare di ~*) (*essere di sentinella*) to be on sentry duty.

faziosamente *avv.* factiously.

faziosità *f.* factiousness.

fazioso **I** *a.* factious: *un giovane ~* a factious young man. **II** *m.* (*f.* **-a**) factionist, partisan: *un gruppo di faziosi* a group of factionists.

fazzoletto *m.* **1** handkerchief, (*colloq*) hankie, (*colloq*) hanky, (*Am*) tissue. **2** (*Abbigl*) (*da collo*) scarf; (*da testa*) scarf, headscarf. **3** (*Abbigl*) (*da taschino*) handkerchief. **4** (*fig*) small patch of land, small plot of land: *possiede un ~ di terra* he has a small plot of land. ☐ *~di carta* tissue.

f.co (*Comm*) *franco* (free).

FD *filodiffusione* (cable radio).

FDC (*Filat*) *busta primo giorno* FDC (firt day cover).

Feaci *n.pr.m.pl.* (*Mitol*) Phaeaces, Phaeacians.

Feb., Febb. *febbraio* Feb. (February).

febbraietto ☐ *Prov.*: *~ corto e maledetto* fleeting February, brusque and weather dreary.

febbraio *m.* February: *il 2 ~* (o *il 2 di ~*) 2nd February, February 2nd; *rispondo alla Vostra* (*lettera*) *del 5 ~* in answer to your letter of 5th February.

febbre *f.* **1** temperature, fever: *avere la ~* to be running a temperature, to have a temperature; *il malato ha la ~ a quaranta* the patient has a temperature of forty degrees; *mi è venuta la* ~ I have a temperature, I'm running a temperature (*o fever*); *la ~ del malato sale* the patient's temperature is rising; *la ~ scende* the fever is going down, the fever is abating. **2** (*seguito dal nome di una malattia*) fever: ~ *gialla* yellow fever. **3** (*infiammazione delle labbra*) cold sore, fever blister. **4** (*fig*) (*frenesia*) fever, frenzy. **5** (*fig*) (*passione*) fever, thirst: *la ~ del sapere* the thirst for knowledge. ☐ ~ *alta* high fever, high temperature; *la ~ cala* the fever is going down, the fever is abating; ~ *da cavallo* violent fever, raging fever; (*Med*) ~ *da fieno* hay fever; *la ~ dell'oro* the gold rush; (*Med*) ~ *emorragica* haemorrhagic fever; (*Med*) ~ *epidemica* epidemic fever; (*Med*) ~ *erpetica* herpetic fever; (*Med,ant*) ~ *etica* hectic fever; ~ *influenzale* influenza; (*Med*) ~ *intermittente* intermittent fever; (*Med*) ~ *lattea* milk fever; (*Med*) ~ *malarica* malarial fever; (*Med*) ~ *maltese* Malta fever; (*ant*) ~ *maremmana* (*malaria*) malaria, marsh fever; (*Med*) ~ *miliare* miliary fever; (*Med*) ~ *ondulante* recurring fever; (*Med*) ~ *palustre* marsh fever; (*Med*) ~ *periodica* periodic fever; (*Med*) ~ *perniciosa* pernicious malaria, malignant fever; (*fig*) ~ *politica* political fever; (*Med*) ~ *reumatica* rheumatic fever; (*Med*) ~ *ricorrente* relapsing fever, recurrent fever; *senza* ~ without fever, afebrile.

febbriciattola *f.* slight fever.

febbricitante *a.* feverish, having a temperature: *il malato è ancora* ~ the patient is still feverish; *andò al lavoro benché* ~ he went to work although he had a temperature.

febbricola *f.* (*Med*) slight fever, febricula.

febbrifugo (*pl.* -**ghi**) **I** *a.* (*Farm*) febrifugal, febrifuge. **II** *m.* (*Farm*) febrifuge.

febbrile *a.* **1** (*Med*) (*di febbre*) feverish, febrile, of fever: *accesso* ~ attack of fever; *stato* ~ feverish state. **2** (*fig*) feverish: *attesa* ~ feverish wait; *impazienza* ~ feverish impatience.

febbrilmente *avv.* feverishly: *lavorare* ~ to work feverishly.

febbrone *m.* very high fever.

Febo *n.pr.m.* (*Mitol*) Phoebus.

fecale *a.* faecal, (*Am*) fecal: *escrezione* ~ faecal excretion.

fecaloide *a.* (*Med*) fecaloid: *vomito* ~ fecaloid vomit.

fecaloma *m.* (*Med*) fecaloma.

feccia (*pl.* -**ce**) *f.* **1** dregs *pl.*, lees *pl.*: *la ~ del vino* the wine dregs. **2** (*fig*) dregs *pl.*, scum: *la ~ della società* the dregs of society.

feci[1] *f.pl.* (*escrementi*) faeces, (*Am*) feces, stools.

feci[2] → **fare**[1].

fecola *f.* starch, cornflour, flour: ~ *di patate* potato flour, potato starch.

fecondabile *a.* fertilizable.

fecondabilità *f.* fertilizability.

fecondamente *avv.* fruitfully.

fecondare (**fecóndo**) *v.t.* **1** (*Biol*) to fertilize, to fecundate. **2** (*rendere fertile*) to make fertile, to make fruitful, to fertilize: *la pioggia feconda i campi* the rain makes the fields fertile. ☐ ~ *artificialmente* to inseminate artificially.

fecondativo *a.* fecundative, fertilizing.

fecondato *a.* **1** fertilized, fecundated: *uovo* ~ fertilized egg. **2** (*Bot*) pollinated.

fecondatore I *m.* (*f.* -**trice**) fertilizer. **II** *a.* **1** fertilizing. **2** (*che rende fertile*) fertilizing, that makes fertile, that makes fruitful: *pioggia fecondatrice* rain that fertilises the land.

fecondazione *f.* **1** (*Biol,Med*) fertilization, fecundation. **2** (*Bot*) pollination. ☐ (*Med*) ~ *artificiale* artificial insemination; (*Med*) ~ *assistita* assisted fertilization, assisted reproduction; (*Med*) ~ *eterologa* heterologous fertilization; (*Med*) ~ *in vitro* in vitro fertilization; (*Med*) ~ *omologa* homologous fertilization.

fecondità *f.* **1** fertility, fecundity: *periodo della* ~ period of fertility, fertile period; *la ~ dei conigli* the fertility of rabbits. **2** (*fig*) fertility: *la ~ di uno scrittore* the fertility of a writer. **3** (*del suolo*) fertility, fruitfulness: ~ *di un campo* fertility of a field.

fecondo *a.* **1** fertile, fecund: (*Fisiol*) *giorni fecondi* fertile days. **2** (*fertile*) fertile, fruitful: *campi fecondi* fertile fields; *rendere* ~ to make fruitful, to make fertile. **3** (*fig*) fertile, fruitful: *ingegno* ~ fertile intellect; *pace feconda* fruitful peace. **4** (*fig*) (*rif. a persona*) prolific: *scrittore* ~ prolific writer.

fedain, **fedayn**, **feddayn** *m./f.inv.* (*Pol*) fedayee (*pl.* -yeen).

fede *f.* **1** (*credenza religiosa, l'essere credente*) faith: *abbracciare la* ~ to embrace the faith; *perdere la* ~ to lose (one's) faith; *rinnegare la* ~ to renounce one's faith. **2** (*convinzione, opinione*) belief, creed: ~ *politica* political belief. **3** (*fiducia*) trust, confidence, faith: *avere* ~ *nella causa della libertà* to have faith in the cause of liberty. **4** (*fedeltà*) faith, loyalty, faithfulness, fidelity. **5** (*attestazione*) proof, evidence: *la sua risposta fa* ~ *della sua innocenza* his answer is proof of his innocence. **6** (*anello*) wedding ring: *portare la* ~ to wear a wedding ring. **7** (*rar*) (*certificato*) certificate: ~ *di battesimo* certificate of baptism. ☐ *abbi* ~! have faith!; *avere* ~ *in qcu.* to have faith in so., to (place) trust in so.; *avere* ~ *in Dio* to trust in God; (*Comm*) ~ *di deposito* warehouse warrant, deposit warrant; *fa* ~ *la data del timbro postale* date as postmark; *in* ~ (*in dichiarazioni e sim.*) in witness whereof; *in* ~ *mia* upon my word; *una* ~ *indistruttibile* enduring faith; *tenere* ~ *alla parola data* to keep one's word; *tenere* ~ *ai propri impegni* to fulfil one's obligations, to meet one's obligations; *non tener* ~ *ai propri impegni* to fail to meet one's obligations. *Prov.: la* ~ *smuove le montagne* faith can move mountains.

fedecommesso *m.* (*Dir*) fideicommissum, trust.

fedecommissario I *a.* (*Dir*) fideicommissary, trust (*attr.*). **II** *m.* (*f.* -**a**) (*Dir*) fideicommissary, trustee.

fedele I *a.* **1** faithful, true, loyal, constant: *un amico* ~ a true friend; *moglie* ~ faithful wife; *essere* ~ *alle tradizioni* to be faithful to tradition, to be true to tradition; *restare* ~ *alle proprie opinioni* to stand by one's opinions; *rimanere* ~ *a qcu.* to be true to so., to stand by so.; *rimanere* ~ *a qcs.* to hold fast to sth., to be true to sth., to stick to sth.; *rimanere* ~ *a se stesso* to be true to oneself. **2** (*conforme*) true, faithful: *copia* ~ exact copy; *ritratto* ~ true likeness. **3** (*preciso, esatto*) exact, accurate, faithful: *narrazione* ~ exact account. **4** (*rif. a persona*) accurate, faithful, exact, reliable: *interprete* ~ accurate interpreter; *traduttore* ~ reliable translator. **II** *m./f.* **1** (*devoto*) believer. **2** (*seguace*) (loyal) follower, supporter: *i fedeli della monarchia* the loyal supporters of the monarchy. **3** *pl.* the faithful, congregation *sing.*: *i fedeli ascoltavano in ginocchio* the faithful (*o* congregation) listened kneeling.

fedelissimo *m.* (*f.* -**a**) trusted employee.

fedelmente *avv.* **1** (*con fedeltà*) faithfully, truly, loyally: *servire* ~ *il padrone* to serve one's master faithfully. **2** (*con esattezza*) faithfully, exactly, accurately: *l'ordine è stato* ~ *eseguito* the order was faithfully carried out; *tradurre* ~ to translate accurately.

fedeltà *f.* **1** faithfulness, loyalty, constancy: *la ~ dei cani è proverbiale* the faithfulness of dogs is proverbial; ~ *agli ideali* loyalty to ideals; ~ *all'azienda* company loyalty. **2** (*fedeltà coniugale*) fidelity. **3** (*precisione, esattezza*) fidelity, exactness, accuracy. **4** (*rif. a persona*) reliability, trustworthiness, accuracy. **5** (*Acus*) fidelity.

federa *f.* pillow case, (*Br*) pillow slip.

federale I *a.* (*Pol*) federal: *stato* ~ federal state. **II** *m.* (*Stor.it*) provincial party secretary.

federalismo *m.* (*Pol*) federalism. ☐ ~ *fiscale* fiscal federalism.

federalista I *a.* (*Pol*) federalist. **II** *m./f.* **1** (*Pol*) federalist. **2** (*Am,Stor*) Federal.

federalistico (*pl.* -**ci**) *a.* (*Pol*) federalist, federalistic.

federare (**fèdero**) **I** *v.t.* (*Pol*) to federate. **II** *v.pron.* **federarsi** to federate.

federativo *a.* (*Pol*) federative.

federato *a.* (*Pol*) federate, confederate: *stati federati* federate states.

federazione *f.* **1** (*Pol*) federation. **2** (*associazione*) federation, union, association. **3** (*Sport*) league: ~ *calcistica* football league. ☐ ~ *consorzi agrari* agricultural co-operative association; ~ *dei coltivatori diretti* farmers' union, farmers' association; (*Geog*) *Federazione Russa* Russian Federation; ~ *sindacale* trade unions; ~ *sindacale mondiale* World Trade Unions.

Federcaccia *federazione italiana della caccia* (Italian hunting federation).

Federcalcio *federazione italiana gioco calcio* (Italian football federation).

Federconsorzi *Federazione italiana dei consorzi agrari* (Italian federation of agricultural unions).

Federica *n.pr.f.* Frederica.

federiciano *a.* of Frederick (*posposto*), Frederick's (*attr.*).

Federico *n.pr.m.* Frederick. ☐ (*Stor*) ~ *Barbarossa* Frederick Redbeard.

Federmeccanica *Federazione sindacale dell'industria metalmeccanica italiana* (Italian federation of metallurgical and mechanical trade unions).

Federterra *Federazione dei lavoratori della terra* (Federation of agricultural labourers).

fedifrago *a.* **1** (*lett*) faithless. **2** (*scherz*) (*rif. a partner*) unfaithful. **II** *m.* (*f.* -**a**; *pl.* -**ghi**) faithless person.

fedina *f.* (*Dir*) criminal record, police record. ☐ *avere la* ~ *penale pulita* to have a clean sheet, to have no criminal record; *avere la* ~ *penale sporca* to have a criminal record, to have a police record.

fedine *f.pl.* (*basette lunghe*) side whiskers, sideburns.

Fedone *n.pr.m.* (*Stor,Lett*) Phaedo.

Fedra *n.pr.f.* (*Mitol*) Phaedra.

Fedro *n.pr.m.* (*Stor,Lett*) Phaedrus.

feedback /ˈfidˈbɛk/ *m.inv.* feedback.

feeling /ˈfiliŋ/ *m.inv.* rapport, chemistry: *tra loro non c'è* ~ there is no rapport between them, (*colloq*) they just don't click. ☐ *tra noi c'è stato un* ~ *immediato* we hit it off immediately, we instantly liked each other, we clicked immediately.

fegataccio *m.* (*ant*) **1** (*coraggio*) guts *pl.* **2** (*uomo coraggioso*) dare-devil.

fegatella *f.* (*Bot*) hepatica, common liverwort.

fegatello *m.* (*Gastron*) roast piece of pig's liver.

fegatino m. (*Gastron*) chicken liver.

fegato m. **1** (*Anat,Macell,Alim*) liver: ~ *di maiale* pig's liver. **2** (*fig*) (*coraggio*) guts *pl.*: *avere il* ~ *di fare qcs.* to have the guts to do sth.; *avere del* ~ to have guts. **3** (*fig*) (*faccia tosta*) (*Br*) cheek, (*Am*) nerve, gall. □ (*Alim*) ~ *di vitello* calf's liver; (*Alim*) ~ *d'oca* goose liver.

fegatoso I a. **1** (*malato di fegato*) suffering from liver trouble, (*colloq*) liverish. **2** (*fig*) (*irascibile, rabbioso*) liverish, irritable, peevish, bilious: *un tipo* ~ an irritable sort. **II** m. (*f.* **-a**) **1** (*malato*) sufferer from liver trouble. **2** (*fig*) (*persona irascibile*) irritable person, liverish person.

felce f. **1** (*Bot*) fern. **2** pl. Filocopsida.

felceta f. fernery.

feldmaresciallo m. (*Mil*) field-marshal.

feldspatico (pl. **-ci**) a. (*Min*) felspathic, feldspathic: *roccia feldspatica* feldspathic rock.

feldspato m. (*Min*) felspar, feldspar.

felibrismo m. (*Lett*) Félibrige.

felibro m. (*Lett*) Félibre.

felice a. **1** happy: *un uomo* ~ a happy man; *giorni felici* happy days. **2** (*fig*) (*rif. a cosa: fortunato, opportuno*) happy, fortunate: *una* ~ *idea* a happy idea, a good idea. **3** (*fig*) (*indovinato*) appropriate, well-chosen: *un'espressione* ~ an appropriate expression, a well-chosen expression; *un'espressione poco* ~ an unfortunate expression, an ill-chosen expression. **4** (*ben riuscito*) successful, happy: *questi sono i suoi versi più felici* these are his most successful poems. **5** (*negli auguri*) happy, good, enjoyable: ~ *anno nuovo* Happy New Year. **6** (*fig*) (*rif. a persona: fortunato*) lucky, fortunate, happy: *è stato* ~ *nella scelta della professione* he was lucky in his choice of profession. **7** (*nelle presentazioni*) pleased, glad, happy: ~ *di fare la sua conoscenza* pleased to meet you, how do you do. □ *essere* ~ *come una Pasqua* (*Br*) to be as happy as a sandboy, (*Am*) to be pleased as Punch; *fare* ~ *qcu.* to make so. happy; *che* ~ *incontro!* how nice to meet you!, how pleasant to meet you!; *di* ~ *memoria*: 1 of happy memory; 2 (*rif. a defunti*) of blessed memory.

Felice n.pr.m. Felix.

felicemente avv. **1** happily, luckily, successfully. **2** (*rif. a viaggi*) safely.

felicità f. **1** happiness, felicity, bliss, blissfulness: *intensa* ~ intense happiness, bliss; *riempire qcu. di* ~ to fill so. with happiness; *volere la* ~ *di qcu.* to want so. to be happy. **2** (*fatto piacevole*) pleasure, delight: *è una* ~ *averli con noi* it is a pleasure to have you two with us. **3** (*fig*) (*appropriatezza*) felicity, fitness, appropriateness:. □ *fare la* ~ *di qcu.* to make so. happy.

felicitarsi (**mi felicito**) v.pron. **1** to congratulate, (*lett*) to felicitate (*con qcu.* so.): *gli amici si felicitarono con lui per il successo ottenuto* his friends congratulated him on his success. **2** (*lett*) (*rallegrarsi*) to rejoice (*per* in).

felicitazioni f.pl. (*congratulazioni*) congratulations, (*lett*) felicitations: *vivissime* ~ hearty congratulations.

felidi m.pl. (*Zool*) felids, Felidae.

felino I a. **1** (*Zool*) feline: *razza felina* feline race. **2** (*di gatti*) cat (*attr.*), cat's: *mostra felina* cat show. **3** (*fig*) (*da gatto*) feline, cat-like, of a cat: *andatura felina* feline gait; *agilità felina* agility of a cat, cat-like agility. **II** m. feline, cat.

fellatio /fel'lattsjo/ f.inv. fellatio.

fellema m. (*Bot*) phellem.

felliniano a. Felliniesque.

fellogeno m. (*Bot*) phellogen.

fellone m. (*f.* **-a**) **1** (*lett*) (*traditore*) traitor, felon. **2** (*scherz*) (*briccone*) rogue, rascal, scoundrel, villain.

fellonesco (pl. **-chi**) a. (*rar*) (*da fellone*) traitorous, treacherous, felonious.

fellonia f. **1** (*Mediev*) felony. **2** (*lett*) (*tradimento*) treachery.

felpa f. **1** (*Tess*) plush. **2** (*Abbigl*) sweatshirt. □ (*Tess*) *di* ~ plush (*attr.*).

felpato a. **1** plush (*attr.*); (*rivestito di felpa*) plush-lined, plush-covered: *pantofole felpate* plush-lined slippers. **2** (*fig*) (*silenzioso*) stealthy, soft: *passo* ~ silent step, soft tread, cat-like tread; *camminare con passo* ~ to walk stealthily.

feltrare (**feltro**) I v.t. to felt; (*foderare di feltro*) to line with felt; (*coprire di feltro*) to cover with felt. **II** v.pron. **feltrarsi** to felt.

feltratura f. (*Tess*) felting.

feltrino m. felt cover (used to muffle sound and protect seats and furniture).

feltro m. **1** (*Tess,Mar*) felt. **2** (*cappello di feltro*) felt hat. **3** (*panno di feltro*) felt cover. **4** (*oggetto di feltro*) felt.

feluca f. **1** (*Mar*) felucca. **2** (*Mod*) (*cappello a due punte*) cocked hat, two-pointed hat.

felze m. (*Mar*) (*cabina di gondola*) cabin of a gondola.

fem., femm. (*Gramm*) femminile f., fem. (female, feminine).

f.e.m., F.E.M. (*Fis*) forza elettromotrice e.m.f. (electromotive force).

femmina I f. **1** (*bambina, ragazza*) girl: *i maschi erano seduti a destra e le femmine a sinistra* the boys sat on the right and the girls on the left. **2** (*figlia*) daughter, girl: *ha un maschio e due femmine* he has one son and two daughters, he has one boy and two girls; *ha avuto una* ~ she has had a baby girl... **3** (*spreg*) (*donna*) woman: *una* ~ *disonesta* a loose woman, a loose-living woman. **4** (*rif. ad animali*) female, she (*attr.*), cow (*attr.*), spesso si traduce con un nome particolare: *una* ~ *di terranova* a female of Newfoundland; *la* ~ *del lupo* the she-wolf; *la* ~ *dell'elefante* the cow-elephant; *la* ~ *del leone* the lioness; *la* ~ *del cervo* the doe, the hind. **5** (*rif. ad alcuni volatili*) hen: *la* ~ *del fagiano* the hen pheasant; *la* ~ *del tacchino* the turkey hen. **6** (*Mecc*) female (*attr.*), female part: *la* ~ *della vite* the female screw. **II** a. **1** (*Zool*) female, cow (*attr.*), she (*attr.*), hind (*attr.*): *una lepre* ~ a female hare, *una balena* ~ a cow whale. **2** (*rif. ad alcuni volatili*) hen (*attr.*). **3** (*Mecc*) (*rif. a viti e sim.*) female: *vite* ~ female screw. **4** (*femminile*) feminine, womanly: *non è bella, ma è molto* ~ she is not beautiful, but she is very feminine.

femminella f. **1** little woman. **2** (*spreg*) (*rif. a uomo*) sissy, wimp. **3** (*dei gancetti*) eye. **4** (*Mar*) brace.

femmineo a. **1** (*Lett*) feminine, womanly. **2** (*effeminato*) effeminate, womanish.

femminile I a. **1** female, feminine: *sesso* ~ female sex; *psicologia* ~ female psychology; *astuzia* ~ feminine wiles; *una ragazza molto* ~ a very feminine girl. **2** (*per donne*) women's, woman's: *gara* ~ women's race; *rivista* ~ women's magazine. **3** (*per ragazze*) girls', girl's: *scuola* ~ girls' school. **4** (*femmineo*) feminine, womanly: *lineamenti femminili* feminine features. **5** (*Gramm*) feminine: *genere* ~ feminine gender. **II** m. **1** (*Gramm*) (*genere, sostantivo*) feminine. **2** (*Sport*) (*gara femminile*) women's tournament: *il* ~ *di scherma* women's fencing tournament; *il* ~ *di slalom* the women's slalom. **3** (*Edit*) wom-

en's magazine.

femminilismo m. (*Biol*) feminism.

femminilità f. femininity, womanliness: *è una donna piena di* ~ she is very feminine; *mancare di* ~ to be unfeminine.

femminilmente avv. in a feminine way, in a womanly way.

femminino I a. (*lett*) feminine. **II** m. (*lett*) feminine: *l'eterno* ~ the eternal feminine.

femminismo m. feminism.

femminista I m./f. feminist. **II** a. feminist, for women's rights: *movimento* ~ women's movement.

femministico (pl. **-ci**) a. (*rar*) feminist.

femminuccia (pl. **-ce**) f. **1** (*vezz*) baby girl: *le è nata una* ~ she has had a baby girl. **2** (*vezz*) (*bambina*) little girl. **3** (*spreg*) (*rif. a uomo o bambino*) milksop, sissy.

femorale a. (*Anat*) femoral.

femore m. (*Anat*) femur, thigh bone.

fenacetina f. (*Farm*) phenacetin, acetophenetidin.

fenantrene m. (*Chim*) phenanthrene.

fenato m. (*Chim*) phenate.

fendente m. **1** downward stroke (with a sabre): *menare un* ~ to deliver a downward blow (with a sabre), to strike a cleaving blow. **2** (*estens*) (*colpo*) slash.

fendere (pres.ind. **fèndo**; p.rem. **fendéi/fendétti**; p.p. **fendùto** /rar **fésso**) I v.t. **1** (*spaccare*) to split, to cleave, to rend: ~ *un tronco con un colpo d'ascia* to cleave a trunk with a blow of the axe. **2** (*solcare*) to plough, to furrow: *l'aratro fende la terra* the plough furrows the earth. **3** (*attraversare*) to pass through, to cut through, to force one's way through, to elbow one's way through: ~ *la folla* to force one's way through the crowd. **II** v.pron. **fendersi** **1** to split, to cleave. **2** (*rif. a vasi e sim.*) to crack. □ ~ *la nebbia* to pierce the mist; ~ *l'aria*: 1 to rend the air; 2 (*di suono*) to cut through; ~ *le onde* to breast the waves, to plough through the waves.

fendinebbia m.inv. (*Aut*) fog-light.

fenditoio m. (*Agr*) grafting-knife.

fenditura f. **1** split, cleft, crack, fissure, chink: *un tronco pieno di fenditure* a trunk full of cracks; *nel piatto c'era una piccola* ~ there was a slight crack on the plate; *il vento passava attraverso una* ~ *della finestra* the wind came in through a chink in the window. **2** (*Fis,Cin*) slit: (*Fis*) ~ *luminosa* luminous slit.

fenduto → **fendere**.

fenestrato a. (*Bot*) fenestrate.

fenestratura f. opening, slit.

fenestrazione f. (*Med*) fenestration.

feng shui /fɛŋ'ʃui/ m. feng shui.

feniano m. (*Stor*) Fenian.

fenicato a. (*Chim*) phenolic.

fenice f. **1** (*Mitol*) phoenix. **2** (*fig*) (*cosa rara*) great rarity; (*persona rara*) rare bird.

Fenicia n.pr.f. (*Geog.stor*) Phoenicia.

fenicio I a. (*Stor*) Phoenician. **II** m. (*Stor*) **1** (*f.* **-a**) (*abitante*) Phoenician. **2** (*lingua*) Phoenician.

fenico □ (*Chim*) *acido* ~ phenol.

fenicottero m. (*Ornit*) flamingo.

fenilalanina f. (*Chim*) phenylalanine.

fenile m. (*Chim*) phenyl.

fenilico a. (*Chim*) phenylic, phenic.

fennec m. (*Zool*) fennec.

fenocristallo m. (*Min*) phenocryst.

fenolato m. (*Chim*) phenolate.

fenolftaleina f. (*Chim*) phenolphthalein.

fenolico (pl. **-ci**) a. (*Chim*) phenolic: *resine fenoliche* phenolic resins.

fenolo m. (*Chim*) phenol.

fenologia f. (*Biol*) phenology.

fenomenale *a.* **1** phenomenal. **2** (*colloq*) (*straordinario*) phenomenal, extraordinary, exceptional: *intelligenza ~* phenomenal intelligence; *una partita ~* an exceptional match.

fenomenalismo *m.* (*Filos*) phenomenalism.

fenomenicità *f.* (*Filos*) phenomenality.

fenomenico (*pl.* **-ci**) *a.* (*Filos*) phenomenal: *realtà fenomenica* phenomenal reality; *il mondo ~* the phenomenal world.

fenomenismo *m.* (*Filos*) phenomenalism.

fenomeno *m.* **1** phenomenon: *~ fisico* physical phenomenon; *fenomeni storici* historical phenomena; *il ~ dell'emigrazione* the phenomenon of emigration. **2** (*fig*) (*persona bravissima*) phenomenon, wonder, marvel, wizard: *essere un ~* (*essere fenomenale*) to be extraordinary, to be phenomenal: *questo cavallo è un ~* this is a phenomenal horse; *è un ~ in disegno* he is a wizard at drawing, he is wonderful at drawing. □ *~ artistico* artistic phenomenon; *~ atmosferico* weather phenomenon; (*Geol*) *fenomeni carsici* karst phenomena; (*Statist*) *~ collettivo* group phenomenon; *~ da baraccone* freak, freak of nature; *~ linguistico* linguistic phenomenon; *~ naturale* natural phenomenon; *fenomeni sensibili* perceptible phenomena, sensible phenomena; (*Geol*) *~ sismico* seismic phenomenon; *i fenomeni sociali* social phenomena.

fenomenologia *f.* (*Filos*) phenomenology.

fenomenologico (*pl.* **-ci**) *a.* (*Filos*) phenomenological.

fenomenologo *m.* (*Filos*) phenomenologist.

fenoplasto *m.* (*Chim*) phenoplast.

fenotipico (*pl.* **-ci**) *a.* (*Biol*) phenotypic, phenotypical.

fenotipo *m.* (*Biol*) phenotype.

teoficee, teofite *f.pl.* (*Bot*) brown algae.

FEOGA *Fondo europeo di orientamento e garanzia per l'agricoltura* EAGGF (European Agricultural Guidance and Guarantee Fund).

ferace *a.* (*lett*) fertile (*anche fig*): *terreno ~* fertile land; *mente ~* fertile mind.

feracità *f.* (*lett*) fertility (*anche fig*).

ferale *a.* (*lett*) funereal, gloomy, feral: *evento ~* funereal event.

Ferdinando *n.pr.m.* Ferdinand.

feretro *m.* **1** (*bara coperta con la coltre*) bier. **2** (*estens*) (*bara*) coffin: *i parenti seguivano il ~* the relatives followed the coffin.

feria *f.* **1** *pl.* holidays, holiday *sing.*, (*Am*) vacation *sing.*: *le ferie estive* the summer holidays; *ho quindici giorni di ferie* I have a fortnight's holiday; *prendere le ferie* to take one's holiday(s). **2** (*Rel.catt*) feria, weekday. □ *ferie anticipate* enforced leave; *ferie del parlamento* Parliamentary recess; *ferie giudiziarie* vacation; *essere in ferie* to be on holiday; *andare in ferie* to go on holiday; *ferie non retribuite* unpaid holidays; *ferie pagate* paid holidays; *ferie retribuite* paid holidays.

feriale *a.* **1** (*non festivo*) week (*attr.*), work (*attr.*), working (*attr.*): *giorno ~* weekday, working day; *orario ~* weekday timetable, Monday through Saturday timetable. **2** (*Rel.catt*) ferial, weekday (*attr.*): *messe feriali* weekday masses, ferial masses.

ferimento *m.* wounding, injuring.

ferino *a.* **1** (*Lett*) ferine, feral. **2** (*estens*) (*bestiale*) of a wild beast, bestial, brutish, feral: *istinti ferini* instincts of a wild beast.

ferire (*pres.ind.* **ferìsco, ferìsci**; *p.p.* **ferìto**) I *v.t.* **1** to wound, to injure: *la pallottola lo ferì*

al braccio the bullet wounded him in the arm. **2** (*tagliare*) to cut: *gli sterpi lo ferivano alle gambe* the thorn bushes cut his legs. **3** (*leggermente*) to hurt. **4** (*fig*) (*colpire*) to hurt, to strike: *questa luce intensa mi ferisce gli occhi* this bright light hurts my eyes. **5** (*fig*) (*offendere*) to hurt, to wound, to offend, to injure: *~ l'onore di qcu.* to offend so.'s honour; *~ l'orgoglio di qcu.* to hurt so.'s pride. **6** (*addolorare*) to wound, to hurt, to cut: *le tue parole mi hanno profondamente ferito* your words have deeply wounded me, your words have cut me to the quick. II *v.pron.* **ferirsi** to hurt, to hurt oneself, to injure, to injure oneself, to wound oneself: *cadde e si ferì* he fell and hurt himself; *il ragazzo si è ferito a un ginocchio* the boy has hurt his leg. □ *~ qcu. a morte* to wound so. to death, to mortally wound so.; *~ qcu. con un colpo di pistola* to shoot so., to wound so. with a shot; *~ qcu. con una coltellata* to inflict a knife wound on so., to stab so.; *~ gravemente* to injure seriously, to wound badly; (*lett*) *~ il cuore di qcu.* to break so.'s heart, to grieve so.; *~ leggermente* to hurt, to injure slightly; *~ qcu. nell'amor proprio* to inflict a blow on so.'s self-respect; *~ qcu. nell'orgoglio* to hurt so.'s pride.

ferita *f.* **1** wound, injury: *il soldato aveva una ~ a un braccio* the soldier had a wounded arm; *procurare una ~ a qcu.* to injure so., to inflict a wound on so. **2** (*fig*) wound, blow: *le ferite d'amore* wounds to the heart. □ *~ alla testa* head wound; *~ aperta* open wound (*anche fig*); *~ contusa* contused wound; *~ da taglio* slash, gash, cut; *~ d'arma da fuoco* bullet-wound, gunshot wound; *~ di striscio* graze, surface wound; (*Med*) *~ lacero-contusa* lacerated and contused wound; *~ leggera* minor wound; *~ penetrante* deep wound; *~ profonda* deep wound; *~ rimarginata* wound which has healed up; *~ superficiale* superficial wound.

ferito *a.* wounded, injured, hurt: *un soldato ~* a wounded soldier; *restare ~* to be hurt, to be wounded, to be injured. II *m.* (*f.* **-a**) **1** wounded person, injured person, victim, casualty. **2** *pl.* the injured, the wounded: *soccorrere i feriti* to rescue the wounded; *nello scontro si sono avuti due morti e tre feriti* there were two people killed and three wounded in the crash. □ *un ~ di guerra* a man wounded in action, a war victim; *un ~ grave* a seriously-wounded man; *~ leggermente* slightly hurt.

feritoia *f.* **1** (*nelle opere fortificate*) loophole; (*cannoniera*) embrasure; (*saettiera*) arrow slit. **2** (*estens*) (*stretta apertura*) slit, slot.

feritore *m.* (*f.* **-trice**) wounder, injurer.

ferma *f.* **1** (*Mil*) period of service, term of service. **2** (*Caccia*) pointing. □ (*Mil*) *~ abbreviata* shortened term of service (for family reasons); (*Mil*) *~ di leva* compulsory military service.

fermacalzoni *m.inv.* bicycle clip.

fermacampione, fermacampioni *m.inv.* (*Post*) split pin.

fermacapelli *m.inv.* hair slide, (*Am*) barrette.

fermacarro *m.* (*Ferr*) buffer stop, bumper.

fermacarte *m.inv.* paperweight.

fermacravatta, fermacravatte *m.inv.* tie-pin.

fermaglio *m.* **1** clasp, fastener, clip; (*a fibbia*) buckle; (*a spillo*) pin; (*a gancio*) clasp, hook. **2** (*per fermare fogli; a gancio*) paper clip; (*a molla*) clip, spring clip, spring hold-

er. **3** (*di penna stilografica*) clip. **4** (*chiusura*) clasp, fastener: *il ~ della collana* the clasp of the necklace. **5** (*per capelli*) hair clip, hair buckle, hair clasp, hat pin. **6** (*Oref*) brooch, clasp, clip: *un ~ di brillanti* a diamond brooch. **7** (*El,Mecc*) fastener.

fermamente *avv.* firmly (*anche fig*).

fermanello *m.inv.* guard ring.

fermapiedi *m.inv.* (*di bicicletta e sim.*) toe clip.

fermaporta, fermaporte *m.inv.* doorstop.

fermare (**fèrmo**) I *v.t.* **1** to stop, to halt, to arrest: *fermò la macchina davanti all'ingresso* he stopped the car in front of the entrance. **2** (*rif. a cavalli*) to pull up: *~ il cavallo* to pull up (the horse), to rein in. **3** (*far fermare*) to stop: *fermò una macchina di passaggio* he stopped a passing car. **4** (*rif. a meccanismi*) to stop, to shut off: *~ il motore* to stop the engine. **5** (*arrestare*) to check, to stop, to stay: *non si può ~ il corso della storia* one cannot stay the course of history. **6** (*frenare, ritardare*) to stunt, to retard, to hold back: *~ la crescita* to stunt growth. **7** (*Med*) to staunch: *~ un'emorragia* to staunch a haemorrhage. **8** (*trattenere*) to stop, to detain, to hold back, to keep back: *lo fermai mentre stava per uscire* I stopped him as he was going out; *voleva andar via, ma io l'ho fermato* he wanted to go, but I stopped him (*o* I kept him back). **9** (*operare un fermo di polizia*) to take so. into custody, to detain, to hold (in custody): *alcuni scioperanti furono fermati* several of the strikers were taken into custody. **10** (*sospendere*) to stop, to break off, to suspend: *~ il gioco* to stop play. **11** (*interrompere*) to interrupt: *~ il lavoro* to interrupt work. **12** (*fissare*) to fasten, to fix, to make firm, to make fast, to secure: *~ le imposte* to make the shutters fast. **13** (*rif. a bottoni e sim.*) to sew on, to stitch on. **14** (*prenotare*) to book, to reserve. II *v.i.* (*aus.* **avere**) to stop, to draw up: *l'autobus ferma davanti alla posta* the bus stops in front of the post-office. III *v.pron.* **fermarsi 1** to stop, to come to a stop, to come to a halt, to come to a stand, to halt: *si fermò davanti alla porta* he stopped at the door; *non fermatevi davanti a tutte le vetrine* don't stop to look in all the shop-windows. **2** (*restare*) to stay, to remain, (*colloq*) to stop: *mi fermerò in ufficio fino a tardi* I shall be staying late in the office, I'll be at the office until late; *fermarsi a cena* to stay for dinner. **3** (*rif. a mezzi di trasporto: arrestarsi*) to pull up, to draw up, to come to a stop, to come to a halt, to come to a standstill, to stop, to come to rest: *il treno si fermò con uno stridio di freni* the train pulled up with a screeching of brakes; *il treno si ferma per quindici minuti* the train stops for fifteen minutes. **4** (*rif. a meccanismi: cessare di funzionare*) to stop, to shut down: *mi si è fermato l'orologio* my watch has stopped. **5** (*rif. a motori*) to stall. **6** (*interrompersi*) to stop, to pause: *parlava senza mai fermarsi* he talked on and on and never stopped, he talked on without a pause. **7** (*trattenersi*) to stop oneself, to hold back, to restrain oneself: *volevo dargli uno schiaffo, ma mi sono fermato in tempo* I wanted to give him a slap but stopped myself in time. □ *fermarsi a dormire* to stay the night, (*Am*) to stay over; (*fig*) *non fermarsi al primo uscio* not to take the first opportunity that comes along; (*fig*) *fermarsi alla prima osteria* to take the first thing that comes along, to take the first thing that is offered, to take the first opportunity offered; *fermarsi di botto* to stop short; *ferma!* **1** stop!, halt!; **2** (*in-*

vito a smettere di fare qcs.) stop it!, don't!; *fermatelo!* stop him!; ~ *il pensiero su qcs.* to fix one's thoughts on sth.; ~ *il punto*, 1 (*nei lavori di cucito*) to fasten off; 2 (*nei lavori a maglia*) to cast off; ~ *il sangue* to stanch blood, to check the flow of blood; ~ *il traffico* to bring traffic to a halt; ~ *l'attenzione su qcs.* to focus one's attention on sth., to fix one's attention on sth.; (*fig*) *non si ferma mai* (*è attivissimo*) he never stops, he is always on the go. *Prov.: chi si ferma è perduto* he who hesitates is lost.

fermascambi, fermascambio m. (*Ferr*) point lever, switch lock.

fermata f. 1 stop, halt: *faremo una breve ~* we shall have a short stop; *il treno fa una ~ di dieci minuti* the train makes a ten-minute stop, the train stops for ten minutes. 2 (*luogo di sosta*) stop: *l'appuntamento è alla ~ dell'autobus* the appointment is at the bus-stop; ~ *del tram* tram-stop; ~ *della metropolitana* underground stop, (*Br*) tube stop, (*Am*) subway stop. 3 (*tappa*) stop over.

     □ ~ *a richiesta* request stop; (*Sport*) ~ *ai box* pit stop; ~ *facoltativa* request stop; *fare ~* to stop; ~ *obbligatoria* compulsory stop; *senza fermate* non-stop; (*Strad*) ~ *sussidiaria* additional stop.

fermato I a. 1 stopped. 2 (*arrestato*) detained. II m. detainee.

fermentabile a. fermentable.

fermentare (**fermènto**; *aus.* avere) *v.i.* 1 to ferment, to work (*anche fig*): *il mosto fermenta* must ferments; *il malcontento fermenta nella folla* trouble spreads in a mob. 2 (*rif. a birra*) to brew. 3 (*rif. a pasta*) to rise.

fermentativo a. fermentative.

fermentato a. fermented.

fermentazione f. 1 fermentation, fermenting, working. 2 (*rif. a birra*) brewing. 3 (*rif. a pasta*) rising. □ ~ *aerobica* aerobic digestion, aerobic fermentation; ~ *alcolica* alcoholic fermentation; ~ *anaerobica* anaerobic fermentation; ~ *lattica* lactic (acid) fermentation; ~ *del mosto* fermentation of must; ~ *lattica* lactic (acid) fermentation.

fermento m. 1 (*Biol*) ferment; (*enzima*) enzyme. 2 (*fig*) (*agitazione*) ferment, agitation, turmoil: *la popolazione è in ~* the people are in turmoil. 3 (*rar*) (*lievito*) yeast. □ ~ *del vino* wine yeast; ~ *della birra* beer yeast; ~ *lattico* milk enzyme; (*rar*) ~ *per il pane* yeast.

fermezza f. 1 (*saldezza, stabilità*) firmness, steadiness, stability. 2 (*fig*) firmness, resoluteness, steadiness, steadfastness, strength: ~ *d'animo* strength of mind; ~ *di propositi* strength of purpose, steadiness of purpose. □ *con* ~ firmly, with resolution: *negò con* ~ he firmly denied it; ~ *di carattere* strength of character.

fermio m. (*Chim*) fermium.

fermione m. (*Fis*) fermion.

fermo I a. 1 (*immobile*) still, motionless: *essere ~* to be still, to be motionless; (*in piedi*) to stand still; (*seduto*) to sit still; (*coricato*) to lie still. 2 (*rif. a mezzi di trasporto*) at a halt, stationary, at a standstill, standing, standing still: *il treno è ~ in stazione* the train is standing in the station. 3 (*non in funzione*) at a standstill, at a stop, not working: *la fabbrica è ferma* the factory is at a standstill. 4 (*scarico*) that has run down, that has stopped: *il mio orologio è ~* my watch has run down, my watch has stopped. 5 (*saldo*) firm, steady, stable, unwavering: *voce ferma* steady voice. 6 (*fig*) (*perseverante*) firm, steady, constant, staunch, steadfast: *è ~ nel suo rifiuto* he is firm in his refusal. 7 (*fig*) (*risoluto, deciso*) firm, resolute, deter-

mined: *rispose in tono ~* he replied in a firm tone. 8 (*fig*) (*sicuro, stabilito*) firm, fixed, definite: *è nostra ferma volontà continuare l'impresa* it is our firm intention to continue the undertaking. 9 (*fig*) (*che non fa progressi*) at a standstill: *il progetto è ~* the project is at a standstill; *gli affari sono fermi* business is at a standstill; *la produzione è ferma* production has stopped, production is at a standstill. 10 (*Econ*) (*che languisce*) flat, dull, depressed: *il commercio è ~* trade is flat. 11 (*esclam.*) stop!, stay where you are!, keep still!, halt!, (*colloq*) hold it! II m. 1 (*congegno per fermare*) lock, catch, stop, fastener, holder, clamp, retainer. 2 (*di imposte e sim.*) latch, fastener, holder; (*della baionetta*) bayonet clip. 3 (*Dir*) detention, custody: *procedere al ~ di qcu.* to take so. into custody, to arrest so.; *tramutare il ~ in arresto* to change custody into arrest. 4 (*Cin,Fot*) freeze.

     □ *essere ~ al palo* to be left at the post; ~ *automatico* automatic cut-off, self-stopping device; (*TV*) ~ *immagine* freeze frame; ~ *là!* stop!, halt!, stay where you are!; ~ *posta* poste restante, (*Am*) general delivery; ~ *restando che...* it is understood that...; *ferme restando le disposizioni* without prejudice to the dispositions; *stare* ~: 1 to be still, to be motionless: *stai* ~ keep still; *il ragazzo stava* ~ *nel nascondiglio* the boy was motionless in his hiding-place; *i ragazzi non stanno mai* ~ children are always on the go, children can never keep still; (*fig*) *non stare* ~ *un minuto* to never be still for a moment; 2 (*in piedi*) to stand still; 3 (*seduto*) to sit still; 4 (*coricato*) to lie still; 5 (*composto*) to keep still: *stai* ~ *con le mani* keep your hands still; *mettere il* ~ *su un assegno* to stop a cheque, (*Am*) to stop a check; *tenere* ~ *qcu. perché non fugga* to hold so. tight so that he cannot get away; *fermi tutti!* stays where you are!, don't move!; *stare* ~ *un giro* (*nei giochi*) to miss a turn.

fermoposta I *avv.* poste restante, (*Am*) general delivery: *spedire* ~ to send poste restante. II *a.inv.* poste restante (*attr.*), (*Am*) general delivery (*attr.*): *lettere* ~ poste restante letters, (*Am*) general delivery letters. III *m.inv.* poste restante, (*Am*) general delivery.

Fernando n.pr.m. Ferdinand.

feroce a. 1 ferocious, wild, savage, fierce: *una bestia* ~ a wild animal a fierce animal; *un* ~ *tiranno* a fierce tyrant; *sguardo* ~ ferocious look. 2 (*atroce*) fierce, savage, cruel, terrible: *il periodo più* ~ *delle persecuzioni* the fiercest period of the persecutions. 3 (*sanguinoso*) bloody, fierce, merciless: *una* ~ *battaglia* a bloody battle. 4 (*fig*) (*aspro, pungente*) fierce, sharp, biting: *critica* ~ sharp criticism, biting criticism. 5 (*fig*) (*insopportabile*) fierce, sharp, violent, raging: *un dolore* ~ a deep sorrow; *fame* ~ raging hunger.

ferocemente *avv.* ferociously, fiercely, savagely.

ferocia f. fierceness, ferocity, ferociousness, wildness, savagery.

ferocità f. (*lett*) 1 fierceness, ferocity. 2 (*crudeltà*) cruelty.

ferodo m. (*Mecc*) lining: ~ *per freni* brake lining.

feromone m. (*Biol*) pheromone.

ferracavallo m. farrier, blacksmith.

ferraglia f. scrap-iron.

ferragosto m. 1 (*il 15 di agosto*) August 15th, Feast of the Assumption. 2 (*periodo*) August holidays pl., August holiday period: *passare il* ~ *in montagna* to spend the August holidays in the mountains.

ferraio m. blacksmith, smith.

ferrame m. (*Met*) ironware, iron goods pl.

ferramenta I f.pl. 1 (*Met*) hardware (*costr.sing.*), ironmongery (*costr.sing.*), ironware (*costr.sing.*), iron goods; (*per rifinire mobili, vetture e sim.*) iron fittings. II m. (*negozio di ferramenta*) hardware shop, (*Br*) ironmonger's (shop), (*Am*) ironmongery.

ferramento (*pl.* **i ferraménti, le ferraménta**; *the latter form is used in a collective sense and also when it means "tool"*) m. 1 (*sostegno*) iron support, iron strut; (*guarnizione*) iron fitting. 2 (*utensile*) tool, iron.

ferrare (*fèrro*) *v.t.* 1 (*rif. a cavalli*) to shoe. 2 (*rinforzare con ferro*) to put iron fittings on, to fit with iron, to arm with iron, to bind with iron. 3 (*munire di bullette*) to set with hobnails: ~ *un paio di scarponi* to set a pair of boots with hobnails. □ ~ *una botte* to hoop a cask.

ferrarese I a. from Ferrara, of Ferrara. II m./f. native of Ferrara, inhabitant of Ferrara.

ferrarista m./f. 1 (*proprietario di Ferrari*) Ferrari owner. 2 (*sostenitore della Ferrari*) Ferrari Formula 1 fan.

ferrata f. (*Alp*) route fitted with ropes, metal ladders, etc.

ferrato I a. 1 (*rif. a cavalli*) shod: *cavallo* ~ shod horse. 2 (*rinforzato con ferro*) ironshod, ironclad: *bastone* ~ ironshod stick. 3 (*munito di bullette*) hobnailed: *scarpe ferrate* hobnailed shoes. 4 (*fig*) well read, well up, well versed: *essere* ~ *in una materia* to be well up in a subject. II m. (*Chim*) ferrate.

ferratura f. 1 (*rif. a cavalli*) shoeing: *la* ~ *dei cavalli* the shoeing of horses. 2 (*i ferri*) horseshoes pl., shoes pl.

ferreo a. 1 (*di ferro*) iron (*attr.*): (*Stor*) *corona ferrea* Iron Crown; *età ferrea* Iron Age. 2 (*fig*) (*robusto*) iron, strong, robust, hard, hardy: *salute ferrea* iron constitution. 3 (*fig*) (*rigido*) iron (*attr.*), strict, rigid: *disciplina ferrea* iron discipline, strict discipline. 4 (*fig*) (*irremovibile*) iron (*attr.*), inflexible, unyielding: *volontà ferrea* iron will, inflexible will. 5 (*fig*) (*tenace*) tenacious, firm: *memoria ferrea* tenacious memory, excellent memory, retentive memory.

ferretto m. piece of iron. □ (*Abbigl*) *reggiseno con il* ~ underwire bra, underwired bra.

ferrico (*pl.* **-ci**) a. (*Chim*) ferric: *cloruro* ~ ferric chloride.

ferriera f. ironworks pl., iron-foundry.

ferrifero a. ferriferous, iron-yielding.

ferrigno a. 1 (*di ferro*) iron (*attr.*). 2 (*simile al ferro*) iron-like. 3 (*color ferro*) iron grey, (*Am*) iron gray.

ferrista m./f. (*Chir*) theatre nurse, (*Am*) operating room nurse, O.R. nurse.

ferrite f. (*Met,Min*) ferrite.

ferritina f. (*Biol*) ferritin.

ferro m. 1 (*Chim*) iron. 2 (*oggetto di ferro*) iron implement, piece of iron; (*sbarra*) (iron) bar, (iron) rod: *lo colpì in testa con un* ~ he hit him on the head with an iron bar. 3 (*ferro da calza*) knitting needle. 4 (*ferro da stiro*) iron. 5 (*per arricciare i capelli*) curling-iron, tongs. 6 (*per marchiare il bestiame*) branding iron. 7 (*lett*) (*spada*) sword; (*pugnale*) dagger. 8 (*Sport*) (*nel golf*) iron. 9 pl. (*arnesi*) tools: *i ferri del fabbro* the blacksmith's tools. 10 pl. (*Chir*) surgical instruments. 11 pl. (*catene per i prigionieri*) irons, shackles, chains, fetters: *i carcerati avevano i ferri ai piedi e alle mani* the prisoners had shackles on their hands and feet. □ ~ *a vapore* steam iron; (*Gastron*) *ai ferri* grilled, broiled: *bistecca ai ferri* grilled steak; ~ *al-*

luminio ferroaluminium; ~*battuto* wrought iron: *letto in ~ battuto* wrought-iron bed; *lavori in ~ battuto* wrought-iron work; (*fig*) *essere ai ferri corti* to be at loggerheads, to be at daggers drawn; *essere ai ferri corti con qcu.* to be at loggerheads with so.; *venire ai ferri corti* to come to blows; *ferri da calza* knitting needles; ~*da stiro* iron; ~ *da stiro a vapore* steam iron; *i ferri del mestiere* the tools of the trade; *di ~*: 1 iron (*attr.*); 2 (*fig*) iron, cast-iron (*attr.*): *alibi di ~* (*Br*) cast-iron alibi, (*Am*) ironclad alibi, watertight alibi, airtight alibi; 3 (*fig*) (*tenace*) tenacious, retentive: *memoria di ~* tenacious memory, excellent memory, retentive memory; ~*di cavallo* horseshoe; *a ~ di cavallo* horseshoe (*attr.*), horseshoe-shaped: *tavolo a ~ di cavallo* horseshoe table; (*Met*) ~*dolce* ductile iron; *col ~ e col fuoco* by fire and sword; *mettere a ~ e fuoco* to put to fire and sword; ~ *grezzo* pig-iron; (*Met*) ~ *laminato* rolled iron; *essere sotto i ferri* to undergo an operation, to be under the knife; *morire sotto i ferri* to die in the course of an operation; ~ *vecchio* old iron, scrap iron; ~*zincato* galvanised iron.
ferrocemento *m.* iron-ore cement.
ferrocianuro *m.* (*Chim*) ferrocyanide.
ferrocromo *m.* (*Met*) ferrochromium.
ferroelettricità *f.* (*Fis*) ferroelectricity.
ferroelettrico (*pl.* -**ci**) *a.* (*Fis*) ferroelectric.
ferrolega *f.* (*Met*) ferro-alloy.
ferromagnetico (*pl.* -**ci**) *a.* (*Fis*) ferromagnetic.
ferromagnetismo *m.* (*Fis*) ferromagnetism, paramagnetism.
ferromodellismo *m.* 1 (*costruzione*) model railway construction. 2 (*collezionismo*) model railway collecting.
ferromodellista *m./f.* 1 (*costruttore*) model railway constructor. 2 (*collezionista*) model railway collector.
ferroso *a.* (*Chim,Met*) ferrous: *solfato ~* ferrous sulphate. ☐ *non ~* non-ferrous: *metalli non ferrosi* non-ferrous metals.
ferrotipia *f.* (*Fot*) ferrotype.
ferrotipo *m.* (*Fot*) ferrotype.
ferrotranviario *a.* rail and tram (*attr.*): *servizio ~* rail and tram service; *sciopero ~* rail and tram strike.
ferrotranvieri *m.pl.* workers on the railways and tramways, rail and tram workers.
ferrovecchio (*pl.* **ferrovécchi**) *m.* 1 (*rigattiere*) scrap-metal dealer, junk dealer. 2 (*fig, rar*) (*rudere*) wreck, broken-down thing, broken-down person.
ferrovia *f.* 1 (*Ferr*) railway, (*Am*) railroad. 2 (*estens,region*) (*stazione*) (railway) station: *imbucherò la lettera alla ~* I shall post the letter at the station. 3 *pl.* (*Ferrovie dello Stato*) Italian state railways: *dipendente delle ferrovie* railway employee, railwayman. ☐ (*Ferr*) ~*a binario unico* one-track railway; (*Ferr*) ~*a cremagliera* rack railway; (*Ferr*) ~ *a dentiera* rack railway; (*Ferr*) ~ *a scartamento largo* broad-gauge railway; ~ *a scartamento normale* standard-gauge railway; ~ *a scartamento ridotto* narrow-light railway, narrow-gauge railway; (*Ferr*) ~*a trazione elettrica* electrified railway; (*Ferr*) ~*a vapore* steam railway; (*Ferr*) ~ *aerea* elevated railway, overhead railway; (*Ferr*) ~*circolare* circular railway, (*Am*) beltline; (*Ferr*) ~ *decauville* Decauville-type railway, Decauville line; *Ferrovie dello Stato* Italian state Railways, Italian Railways; (*Ferr*) ~*elettrica* electric railway; ~ *metropolitana* underground (railway), (*Am*) subway; (*a Londra*) Underground, (*colloq*) Tube; (*Ferr*) ~*mono-*

rotaia monorail;*per ~* by train, by rail, rail (*attr.*): *spedire qcs. per ~* to send sth. by rail.
ferroviaria *f.* (*polizia ferroviaria*) railway police.
ferroviario *a.* (*Ferr*) railway (*attr.*), train (*attr.*), (*Am*) railroad (*attr.*): *biglietto ~* train ticket, railway ticket.
ferroviere *m.* railway employee, railway worker, railwayman; (*funzionario*) railway official.
ferruginosità *f.* ferruginous quality.
ferruginoso *a.* ferruginous: *acque ferruginose* ferruginous waters; *sorgente ferruginosa* ferruginous spring.
ferruminatorio ☐ *cannello* ~blowpipe.
ferry-boat /ˌferriˈbɔt/ *m.inv.* (*Mar*) ferry.
fertile *a.* fertile (*anche fig*): *campi fertili* fertile fields; *età* ~ fertile age; *immaginazione* ~ fertile imagination; *ingegno* ~ fertile mind, inventive mind.
fertilità *f.* 1 fertility (*anche fig*): ~ *del terreno* fertility of land; (*fig*) ~ *d'idee* fertility of ideas; ~ *d'ingegno* fertility of mind. 2 (*Statist*) fertility.
fertilizzante I *a.* fertilizing. II *m.* fertilizer. ☐ ~*azoto* nitrate fertilizer; ~*chimico* chemical fertilizer; *fertilizzanti naturali* natural fertilizers.
fertilizzare (**fertilìzzo**) *v.t.* to fertilize: ~ *un terreno* to fertilize a piece of land.
fertilizzazione *f.* 1 fertilization. 2 (*Nucl*) breeding: *processo di ~* breeding process.
ferula *f.* 1 (*ant*) (*bacchetta per punire gli scolari*) rod, cane, ferule. 2 (*Stor.rom*) (*insegna sacerdotale*) priest's staff. 3 (*strumento ortopedico*) splint. 4 (*Bot*) ferula, giant fennel.
fervente *a.* 1 fervent, fervid, ardent: *preghiere ferventi* fervent prayers; *amore* ~ ardent love. 2 (*rif. a persona: pieno di zelo*) fervent, ardent, burning: ~ *di zelo* burning with zeal; *un cattolico* ~ a fervent Catholic.
fervere (*pres.ind.* **fèrvo**; *p.rem.* **fervéi/fervètti**; *no past participle and no compound tenses*) *v.i.* 1 (*ribollire*) to boil. 2 (*fig*) *essere al massimo* to be at the height, to be in full swing, to rage: *fervevano i preparativi della festa* preparations for the festivity were in full swing; *ferve la battaglia* the battle is raging; *ferveva la disputa* the dispute was at its height. 3 (*fig*) (*brulicare*) to swarm: *la piazza ferveva di folla* the square was swarming with people. 4 (*lett*) (*ardere*) to burn, to blaze.
fervidamente *avv.* fervidly, fervently, ardently.
fervido *a.* 1 fervent, fervid: *una fervida preghiera* a fervent prayer, *un* ~ *sostenitore* a fervent supporter. 2 (*fig*) (*vivace*) lively, quick: *ingegno* ~ quick wit, lively mind; *una fervida immaginazione* a lively imagination. ☐ (*rar*) *fervidi auguri* heartfelt wishes, warmest wishes.
fervore *m.* 1 (*ardore*) fervour, (*Am*) fervor, ardour, (*Am*) ardor: *pregare con* ~ to pray with ardour, to pray with fervor; *il* ~ *della passione* the fervour of passion. 2 (*zelo*) ardour, fervour, eagerness: *lavorare con* ~ to work eagerly, to work with enthusiasm. 3 (*punto culminante*) height, heat: *nel* ~ *della discussione* in the heat of the discussion.
fervorino *m.* 1 (*Rel*) exhortation. 2 (*estens*) (*paternale*) lecture, talking-to, (*colloq*) pep talk.
fervoroso *a.* fervent, ardent, fervid.
FES *Fondo Europeo di Sviluppo* EDF (European Development Fund).
fesa *f.* (*Macell,region*) cut of rump.
fescennino *a.* (*Stor.rom*) Fescennine: *canto*

~ Fescennine song.
fessacchiotto *m.* (*scherz*) fool, silly person.
fesseria *f.* (*colloq*) 1 (*azione sciocca*) silly thing: *hai fatto una* ~ you have done a (very) silly thing. 2 (*parole sciocche*) foolish talk, rubbish, nonsense: *non dire fesserie* don't talk rubbish, don't say such silly things. 3 (*inezia, cosa da nulla*) trifle, mere nothing: *si è arrabbiato per una* ~ he got worked up over nothing.
fesso[1] → **fendere** *a.* 1 (*incrinato*) cracked: *vaso* ~ cracked vase. 2 (*estens*) (*rif. a suono, voce*) cracked: *suono* ~ cracked sound.
fesso[2] I *a.* (*colloq*) silly, stupid, foolish, idiotic. II *m.* (*f.* -**a**) fool, idiot, dolt, (*colloq*) nitwit, halfwit. ☐ *fare ~ qcu.* (*imbrogliarlo*) to make a fool of so.; *fare il* ~ to play the fool.
fessura *f.* 1 (*fenditura, spaccatura*) cleft, split, crack: *una* ~ *nel muro* a crack in the wall. 2 (*spiraglio di porte e finestre*) chink. 3 (*buco, feritoia*) slit, slot: *introdurre la moneta nell'apposita* ~ to put the coin in the slot provided.
fessurarsi (**mi fessùro**) *v.pron.* to crack, to split, to cleave.
fessurato *a.* cracked.
fessurazione *f.* 1 cracking, splitting: ~ *del cemento armato* cracking of concrete. 2 (*Geol*) fissuring, cracking: ~ *delle rocce* fissuring of rock.
festa *f.* 1 holiday. 2 (*Rel*) feast, feast day, holiday: *la ~ del Corpus Domini* the feast of Corpus Christi; (*Bibl*) *santificare le feste* to hallow the feasts. 3 (*con un nome particolare*) Day: *la ~ di san Giovanni* St. John's Day; *la ~ della mamma* Mother's Day. 4 (*colloq*) (*onomastico*) name day, saint's day. 5 (*colloq*) (*compleanno*) birthday: *domani è la mìa ~* tomorrow it's my birthday. 6 (*colloq*) (*vacanza*) holiday. 7 (*ricevimento*) party, entertainment: *dare una* ~ to give a party, to throw a party; *andare a una* ~ to go to a party. 8 (*manifestazione pubblica*) festival, festivity: ~ *della birra* beer festival. 9 (*festeggiamento*) celebration. 10 (*allegria*) festivity, rejoicing, merriment: *l'arrivo dell'ospite fu una* ~ *per tutti* the arrival of the guest brought general festivity. 11 *pl.* (*giorni festivi, vacanze*) holidays: *per le feste andrò a casa* I am going home for the holidays. 12 *pl.* (*di Natale*) Christmas holidays; (*di Pasqua*) Easter holidays. ☐ *chiesa parata* a ~ church decorated (*o* festooned) with streamers and flowers; ~*a sorpresa* surprise party; ~*civile* civil holiday, public holiday, legal holiday, (*GB*) Bank Holiday; ~*commemorativa* commemoration, anniversary; ~ *da ballo*: 1 dance; 2 (*ballo importante*) ball; ~*d'addio* farewell party; ~*degli alberi* Arbor Day; (*Rel.ebr*) ~*degli azzimi* feast of unleavened bread; (*colloq*) *la ~ dei morti* All Souls' Day; ~*del lavoro* Labour Day, (*Am*) Labor Day; *la ~della liberazione* Liberation Day; ~*della repubblica* National Day of the Republic; (*Rel.catt*) ~ *dell'Annunciazione* Feast of the Annunciation, Lady Day, Annunciation Day; ~ *della vendemmia* grape-harvest festival; (*Univ*) ~*delle matricole* undergraduate's ball, (*Am*) freshmen's rag; (*Rel.catt*) ~ *dell'Epifania* Epiphany, Feast of the Epiphany; ~*dell'Unione europea* Europe Day; (*Folcl*) ~*dell'uva* grape festival; ~ *di beneficenza* fête; ~ *di colori* riot of colours; ~*di compleanno* birthday party; ~*di famiglia* family celebration; ~*di Ognissanti* All Saints' Day, (*ant*) Hallowmas; (*Rel.catt*) ~ *di precetto* holy day of obliga-

tion; (*Stor.gr*) *feste dionisiache* Dionysia; *fare ~*: 1 (*non lavorare*) to have a holiday, to take a day off; 2 (*festeggiare*) to celebrate, to party; *fare ~ a qcu.* to give so. a warm welcome; *fare ~ a qcs.* (*gradirla*) to appreciate sth.; (*fig*) *fare la~ a qcs.*: 1 (*mangiare qcs.*) to eat sth. up; 2 (*rubare qcs.*) to steal sth., to swipe sth.; (*fig*) *fare la~ a qcu.*: 1 (*uccidere*) tŏ bump so. off, to kill so.; 2 (*colloq*) (*possedere una donna*) to force a woman to bed with one; *fare le feste* to give a hearty welcome (*a* to), to greet (so.) joyfully: *il cane faceva le feste al padrone* the dog greeted its master with joyful barks and wagging of its tail; *in ~* celebrating, rejoicing, jubilant, partying: *la folla in ~* the jubilant crowd; *la città era in ~* the town was making merry, the town was in the midst of festivities; *~ mascherata* masked ball; (*Lit*) *feste mobili* movable feasts; *feste natalizie* Christmas holidays; *~ nazionale* national holiday, official public holiday, bank holiday; (*Stor.gr*) *feste nemee* Nemean games; *~ patronale* patron saint's day; *~ popolare* folk festival; *essere sotto le feste* (*vicino a Natale*) to be getting close to Christmas.

festaiolo I *a.* (*amante delle feste*) festive, fond of feasting, jovial: *gente festaiola* merrymakers, revellers. **II** *m.* party-goer, merrymaker, (*colloq*) party animal.

festante *a.* 1 (*in festa*) rejoicing, celebrating, jubilant: *la città era ~ per la ricorrenza* the town was celebrating the anniversary. 2 (*gioioso*) joyful, festive: *gli amici mi corsero incontro festanti* my friends ran joyfully towards me.

festeggiamento *m.* 1 celebration: *il ~ di una ricorrenza* the celebration of an anniversary. 2 *pl.* (*feste, manifestazioni*) festivities, celebrations: *si fecero grandi festeggiamenti in suo onore* great festivities were held in his honour; *dare inizio ai festeggiamenti* to let the festivities begin; *comitato per i festeggiamenti* festival committee.

festeggiare (**festéggio, festéggi**) *v.t.* 1 to celebrate, to keep: *~ un anniversario* to keep an anniversary; *oggi festeggiamo il compleanno della mamma* today we are celebrating my mother's birthday. 2 (*accogliere festosamente*) to give a hearty welcome to, to make merry in honour of: *~ gli sposi* to have a party for the bride and groom. 3 (*assol.*) to celebrate: *dobbiamo ~!* we have to celebrate!

festeggiato I *a.* 1 (*rif. a una ricorrenza*) celebrated. 2 (*accolto festosamente*) warmly welcomed. **II** *m.* (*f.* **-a**) guest of honour, (*Am*) guest of honor: *fare un brindisi al ~* to toast the guest of honour.

festicciola *f.* small party, informal party.

festino *m.* 1 (*festa*) party, entertainment: *dare un ~* to give a party. 2 (*pranzo*) feast, banquet. 3 (*estens*) gathering.

festival *m.* festival. □ *~ cinematografico* film festival; *~ della canzone* song festival; *~ della canzone italiana* Italian song festival; *~ di Sanremo* Sanremo Festival; *~ musicale* music festival.

festività *f.* festivity, holiday. □ *la ~ del Natale* Christmas; *la ~ di Capodanno* New Year's Day.

festivo *a.* holiday (*attr.*): *giorno ~* holiday, feast day.

festonare (**festóno**) *v.t.* to festoon.

festonato *a.* 1 festooned. 2 (*ricamato a festoni*) scalloped.

festone *m.* 1 festoon (*anche Art*); (*di carta*) paper chain: *la sala era addobbata con festoni di carta* the room was decorated with paper chains. 2 (*nel ricamo*) scallop. 3 (*Arch*) festoon.

festosamente *avv.* joyfully, merrily, cheerfully.

festosità *f.* joyfulness, merriment, festiveness.

festoso *a.* joyful, merry, festive, cheerful: *accoglienza festosa* joyful welcome, warm welcome; *grida festose* cheerful cries; *voci festose* merry voices.

festuca *f.* 1 straw. 2 (*Bot*) fescue, fescue grass.

feta *m.inv.* (*Alim*) feta cheese.

fetale *a.* (*Biol*) fetal, foetal.

fetch /fɛtʃ/ *m.inv.* (*Mar*) fetch.

fetente I *a.* 1 (*spreg*) (*meschino*) stinking, rotten. 2 (*rar*) (*fetido*) stinking, fetid, rank, foul-smelling. **II** *m.* (*spreg*) skunk, stinker.

feticcio *m.* fetish, fetiche: *il culto dei feticci* the worship of fetishes, fetishism.

feticidio *m.* feticide.

feticismo *m.* fetishism.

feticista I *m./f.* fetishist. **II** *a.* fetishistic, fetishist (*attr.*).

feticistico (*pl.* **-ci**) *a.* fetishistic.

fetidamente *avv.* fetidly.

fetido *a.* 1 fetid, stinking, foul: *esalazioni fetide* foul exhalations. 2 (*fig*) disgusting.

fetidume *m.* 1 (*ammasso di cose fetide*) rotting matter. 2 (*fetore*) stench, stink, fetor.

feto *m.* (*Biol*) fetus, foetus.

fetologia *f.* (*Med*) fetology, foetology.

fetologo (*pl.* **-gi**) *m.* (*Med*) fetologist, foetologist.

fetonte *m.* (*Ornit*) tropic bird.

Fetonte *n.pr.m.* (*Mitol*) Phaethon.

fetore *m.* stench, stink, fetor.

fetoscopia *f.* (*Med*) fetoscopy.

fetta *f.* slice: *una ~ di pane* a slice of bread; *una ~ di salame* a slice of salame; *una bella ~* a thick slice; *~ di formaggio* slice of cheese. 2 (*di prosciutto, pancetta*) rasher; (*spicchio*) slice, piece: *una ~ di torta* a slice of cake, a piece of cake. 3 (*fig*) (*striscia sottile*) strip, piece: *una ~ di terra* a strip of land. 4 (*fig*) (*porzione*) share, slice: *~ di mercato* share of the market; *prendersi la ~ più grossa* to take the lion's share. 5 *pl.* (*colloq*) (*piedi*) big feet, (*colloq*) dogs. □ *tagliare a fette* to slice, to cut into slices; (*Alim*) *fette biscottate* rusks; *fare a fette* to slice, to cut into slices; (*fig*) *fare a fette qcu.* to rip so. to pieces.

fettina *f.* (*Gastron*) minute steak, slice of meat.

fettuccia (*pl.* **-ce**) *f.* 1 (*nastro*) tape, ribbon. 2 (*Ind*) (*striscia di barbabietola*) chip, beet chip, cossette. □ *~ elastica* rubber band, elastic band.

fettuccine *f.pl.* (*Alim*) fettuccine (ribbon-shaped pasta) (*costr.sing.*).

feudale *a.* (*Stor*) feudal: *diritto ~* feudal law; *signore ~* feudal lord.

feudalesimo, feudalismo *m.* (*Stor*) feudalism, feudal system.

feudalità *f.* 1 feudality. 2 (*classe dei feudatari*) feudatories *pl.*

feudalmente *avv.* feudally.

feudatario I *m.* 1 (*Mediev*) feudatory, feudal vassal, feudal lord. 2 (*latifondista*) large landowner. **II** *a.* feudatory (*attr.*), feudal: *la nobiltà feudataria* the feudal nobility.

feudo *m.* 1 (*Mediev*) feud, fief, fee: *concedere in ~ un territorio a qcu.* (*o dare in ~ un territorio a qcu.*) to enfeoff so.; *i confini del ~* the bounds of the feud. 2 (*fig*) (*grande proprietà terriera*) large estate. 3 (*scherz*) (*possesso esclusivo*) domain: *l'ufficio era diventato il suo ~* the office had become his pri-

vate domain.

feuilleton /fœje'tɔ̃/ *m.inv.* 1 (*romanzo d'appendice*) serial story. 2 (*spreg*) light literature.

fez *m.* (*Mod*) fez.

ff (*Mus*) *fortissimo* ff (fortissimo).

ff. (*Filol*) *fogli* ff. (folios).

f.f. *facente funzione* (acting, deputy).

FF.AA. (*Mil*) *forze armate* (armed forces).

FF.SS. (*Ferr,Stor.it*) *Ferrovie dello Stato* (Italian state railways).

fg. (*Mus*) *fagotto* bsn (bassoon).

FGCI (*Stor.it*) *Federazione Giovanile Comunista Italiana* (Federation of young Italian communists).

FI (*Fis*) *frequenza intermedia* IF (intermediate frequency).

FIA (*Fis*) *frequenza intermedia audio* (medium audio frequency).

fiaba *f.* 1 fairy tale, story, tale: *la ~ di Cenerentola* the story of Cinderella; *raccontare una ~ a un bambino* to tell a child a story. 2 (*fig*) (*fandonia*) story, idle talk, tale.

fiabesco (*pl.* **-chi**) *a.* 1 (*di fiaba*) fairy-tale (*attr.*), fairy-like, fairy (*attr.*). 2 (*fig*) (*fantastico*) fairy-tale (*attr.*), fairy (*attr.*), magic, wonderful, fantastic: *un paesaggio ~* a fairy-tale landscape.

fiabistica *f.* (*Lett*) fairy tales *pl.*

fiacca *f.* 1 (*stanchezza*) weariness, exhaustion, tiredness. 2 (*svogliatezza*) sluggishness, slackness. □ *avere la ~*: 1 (*sentirsi stanco*) to feel tired; 2 (*sentirsi svogliato*) to be sluggish.

fiaccamente *avv.* wearily, weakly, listlessly, sluggishly.

fiaccare (**fiàcco, fiàcchi**) **I** *v.t.* 1 (*indebolire*) to weaken, to enfeeble: *la malattia lo ha fiaccato* his illness has weakened him. 2 (*spossare*) to weary, to tire, to exhaust, to wear out. 3 (*fig*) to weaken, to wear down, to beat down, to break (down): *~ la volontà di qcu.* to break so.'s will; *~ la resistenza di qcu.* to weaken so.'s resistance, to wear down so.'s resistance. **II** *v.pron.* **fiaccarsi** 1 to wear oneself out. 2 (*indebolirsi*) to weaken. □ *lo spirito* to dispirit, to depress.

fiaccheraio *m.* (*region*) (*vetturino*) cab driver, cabman.

fiacchezza *f.* 1 (*spossatezza*) weariness, tiredness, exhaustion. 2 (*debolezza*) weakness (*anche fig*): *~ morale* moral weakness. 3 (*svogliatezza*) sluggishness, slackness. 4 (*pigrizia*) laziness. 5 (*Econ*) (*rif. a mercato, economia*) dullness, slackness. □ (*fig*) *~ di stile* mousy.

fiacco (*pl.* **-chi**) *a.* 1 (*spossato*) weary, tired, worn out: *oggi mi sento ~* I feel worn out today. 2 (*debole*) weak, feeble. 3 (*svogliato*) listless, slack, sluggish. 4 (*pigro*) lazy. 5 (*fig*) weak, feeble, half-hearted. 6 (*Econ*) slack, dull: *mercato ~* slack market, dull market. 7 (*fig*) (*scadente*) poor: *la sua recitazione è fiacca* his acting is poor. 8 (*fig*) (*senza slanci*) half-hearted (*attr.*): *una reazione fiacca* a half-hearted reaction.

fiaccola *f.* 1 torch: *la piazza era illuminata da fiaccole* the square was lit by torches (*o* by torchlight). 2 (*fig*) torch, flame, light: *la ~ della civiltà* the torch of civilization; *tenere alta la ~ della libertà* to carry the torch for freedom. 3 (*fig*) (*scintilla, causa*) spark, seed: *la ~ della discordia* the seed of discord. □ *~ olimpica* Olympic torch; (*Bibl, fig*) *mettere la ~ sotto il moggio* to hide one's light under a bushel.

fiaccolata *f.* torchlight procession. □ *~ sugli sci* night skiing.

fiacre /ˈfjakr/ *m.inv.* horse cab, fiacre, hackney coach.

fiala *f.* (*Farm*) phial, vial; (*per iniezioni*) ampoule.

fiamma I *f.* **1** flame: *la ~ della candela* the flame of the candle. **2** (*improvvisa, irregolare*) flare; (*molto viva*) blaze. **3** *pl.* (*incendio, fuoco*) flames, fire *sing.*: *la casa fu distrutta dalle fiamme* the house was destroyed by the flames; *morire tra le fiamme* to die in a fire. **4** (*del fornello*) gas, flame: *alzare la ~* to turn up the gas; *abbassare la ~* to turn down the gas; *a ~ bassa* over a low flame; *a ~ alta* over a high flame. **5** (*fig*) (*ardore, passione ardente*) flame, fervour, (*Am*) fervor, ardour, (*Am*) ardor: *la ~ della fede* the ardour of faith; *le fiamme d'amore* the flames of love. **6** (*fig, scherz*) (*persona amata*) flame, sweetheart: *la sua ultima ~* his latest sweetheart (*o* girl-friend); *una vecchia ~* an old flame. **7** *pl.* (*fig*) (*rossore*) flush *sing.*: *sentirsi venire le fiamme al viso* to feel a flush come to one's cheeks, to feel oneself blushing, to feel oneself going red. **8** *pl.* (*fig*) (*di vergogna o pudore*) blush *sing.* **9** *pl.* (*Mil*) (*mostrine*) facings. **10** (*Mar.mil*) (*bandiera*) pennant, pennon. **II** *a.* (*acceso*) flame (*attr.*), bright: *rosso ~* flame red. □ (*Gastron*) *alla ~* flambé: *pollo alla ~* chicken flambé; *dare alle fiamme qcs.* to set sth. on fire; (*Rel*) *le fiamme dell'inferno* hell-fire; *di ~* (*rosso vivo*) flame-coloured, flaming, bright red (*attr.*): *cielo di ~* flaming sky; *le Fiamme Gialle* (*finanzieri*) customs officers, financial police; *in fiamme* in flames, on fire: *la casa è in fiamme* the house is on fire; *andare in fiamme* (*prendere fuoco*) to go up in flames, to catch fire; *essere in fiamme* (*bruciare*) to be blazing, to be on fire, to be aflame, to be in flames; (*Tecn*) *~ ossiacetilenica* oxyacetylene flame; (*Tecn*) *~ ossidrica* oxy-hydrogen flame; (*Tecn*) *~ riducente* reducing flame; *senza ~* flameless; (*Mil*) *fiamme verdi* (*alpini*) Alpine troops.

fiammante *a.* **1** (*che manda fiamme*) flaming, blazing, glowing, fiery. **2** (*fig*) (*rif. a colori: acceso*) bright, flame (*attr.*), flaming: *ho una macchina rossa ~* I have a bright red car.

fiammata *f.* **1** blaze, flare; (*improvvisa*) flare-up: *la paglia bruciò in una breve ~* the straw flared up briefly. **2** (*fig*) blaze (of passion), flare-up, outburst: *il suo amore fu una ~ improvvisa* his love was a sudden blaze of passion. □ *fare una ~* (*bruciare*) to make a blaze, to flare up, to blaze (up); *fare una ~ di qcs.* (*bruciarla*) to make a bonfire of sth.

fiammato I *a.* (*Tess*) shot. **II** *m.* (*Tess*) shot fabric.

fiammeggiante *a.* **1** flaming, blazing. **2** (*fig*) (*splendente*) blazing, bright, shining, fiery: *sguardo ~* blazing eyes. **3** (*fig*) (*ardente*) burning.

fiammeggiare (**fiamméggio, fiamméggi**) **I** *v.i.* (*aus.* avere) **1** to flame, to flame up, to blaze. **2** (*fig*) (*scintillare*) to blaze, to burn, to flash: *il suo sguardo fiammeggiava* his eyes blazed. **3** (*fig*) (*rosseggiare*) to glow, to be red, to flame: *al tramonto il cielo fiammeggiava* the sky was glowing at sunset, the sky was fiery red at sunset. **II** *v.t.* (*Gastron*) (*strinare*) to singe, to flame. **2** (*dare fuoco al liquore*) to flambé.

fiammiferaio *m.* (*ant*) **1** (*f.* -a) (*venditore ambulante*) match seller (*f.* match-girl): (*Lett*) *La piccola fiammiferaia* the little match-girl. **2** (*operaio*) maker of matches, match maker.

fiammifero *m.* match: *accendere un ~* to strike a match, to light a match; *scatola di*

fiammiferi box of matches. □ (*fig*) *accendersi come un ~* to be quick-tempered, to flare up easily; *fiammiferi di sicurezza* safety matches; *fiammiferi svedesi* safety matches; *~ usato* spent match.

fiammingo I *a.* Flemish: (*Pitt*) *scuola fiamminga* Flemish school. **II** *m.* (*pl.* -ghi) **1** (*f.* -a) (*abitante*) Fleming. **2** *pl.* the Flemish. **3** (*lingua*) Flemish. **4** (*Pitt*) Flemish painter.

fiancata *f.* **1** (*parete laterale*) side: *le fiancate del cassettone* the sides of the chest. **2** (*rif. a costruzioni*) flank, side. **3** (*Mar*) broadside.

fiancheggiamento *m.* **1** (*lo spalleggiare*) support, help, backing, back up. **2** (*Mil*) flanking.

fiancheggiare (**fianchéggio, fianchéggi**) *v.t.* **1** to flank, to border, to line: *il viale è fiancheggiato da platani* the avenue is lined with plane-trees. **2** (*correre lungo*) to border, to flank, to run along: *la strada fiancheggia il fiume* the road borders (*o* runs beside) the river. **3** (*fig*) (*spalleggiare*) to support, to back, to back up, to help. **4** (*Mil*) to flank, to cover the flank of.

fiancheggiatore *m.* (*f.* -**trice**) (*spalleggiatore*) supporter, helper. **2** (*Mil*) flanker.

fianco (*pl.* -**chi**) *m.* **1** side: *ho un dolore a un ~* I have a pain in my side. **2** (*di animale*) flank. **3** (*anca*) hip: *essere stretto di fianchi* to be narrow in the hips. **4** (*parte esterna*) side: *il ~ destro del carro* the right side of the cart. **5** (*versante di montagna e sim.*) flank, side: *i fianchi della collina* the flanks of the hill. **6** (*rif. a valle*) wall, side, slope. **7** (*Mecc, Mil*) flank. □ *a ~* next: *l'appartamento a ~* the next apartment; *~ a ~* side by side: *camminavano ~ a ~* they walked along side by side; *i due palazzi si trovano ~ a ~* the two buildings are next to each other, the two buildings are adjacent; *al mio ~* by my side; *stare al ~ di qcu.* to be at so.'s side (*anche fig*); (*Mil*) *~ destr!* (*o* *~ destro !*) right turn!, by the right (turn); *di ~*: **1** (*lateralmente*) from the side, sideways (on): *la macchina è stata investita di ~* the car was hit from the side, the car was hit sideways (on); **2** (*rif. a fotografie, ritratti*) in profile: *farsi fotografare di ~* to have one's photo taken in profile; **3** (*Mil*) on the flank: *attaccare la colonna di ~* to attack the column on the flank; **4** (*in funzione aggettivale*) side (*attr.*): *la porta di ~* the side door; **5** (*in funzione aggettivale*) (*accanto*) next, next-door, neighbouring: *l'appartamento di ~* the next flat, the next-door flat; *di ~ a*: **1** (*vicino*) next to, by, beside: *la casa di ~ alla chiesa* the house by the church; **2** (*lungo*) alongside, along the side of: *la strada corre di ~ alla collina* the road runs along the side of the hill; *stare di ~ a qcu.* to be at so.'s side, to be next to so., to be beside so.; (*Meteor*) *~ esposto* weather side; (*Mil*) *~ sinistr!* (*o* *~ sinistro !*) left turn!; *dormire su un ~* to sleep on one's side; *mettersi le mani sui fianchi* to put one's hands on one's hips; *dormire sul ~* to sleep on one's side.

fiandra *f.* (*Tess*) damask linen.

Fiandra *n.pr.f.* (*Geog*) Flanders (*costr.sing.*). □ (*Geog*) *le Fiandre* the Flanders (*costr. sing.*). (*Geog*) *~ Occidentale* West-Flanders (*costr.sing.*); (*Geog*) *~ Orientale* East-Flanders (*costr.sing.*).

fiasca *f.* **1** (*fiasco schiacciato*) flask. **2** (*borraccia*) water-bottle, flask.

fiascaio *m.* (*f.* -a) (*ant*) **1** (*operaio delle vetrerie*) flask blower. **2** (*venditore*) flask seller.

fiaschetta *f.* **1** hip-flask. **2** (*Mil,ant*) powder flask.

fiaschetteria *f.* **1** (*negozio*) wine-shop. **2** (*osteria*) tavern.

fiasco (*pl.* -**chi**) *m.* **1** flask. **2** (*contenuto*) flaskful: *bere un ~ di vino* to drink a flaskful of wine. **3** (*fig,scherz*) (*insuccesso*) fiasco, (*colloq*) flop: *lo spettacolo è stato un ~ solenne* the show was a fiasco, the show was an utter flop; *mezzo ~* partial failure. □ (*fig*) *fare ~*: **1** (*non riuscire*) to fail badly, to be completely unsuccessful: *agli esami ho fatto ~* I failed my exams badly; **2** (*non avere successo*) to be a fiasco, (*colloq*) to be a wash-out, (*colloq*) to be a flop: *la commedia ha fatto ~* the play was a fiasco; *vino in fiaschi* wine bottled in flasks.

fiatare (**fiàto**, *aus.* **avere**) *v.i.* (*aprire bocca*) to speak, to breathe (a word), to open one's mouth. □ *non ~*: **1** (*non parlare*) not to say a word, not to breathe a word; **2** (*non protestare*) not to say a word; *guai a te fiati* don't you dare breathe a word; (*fig*) *senza ~*: **1** (*senza muoversi*) without batting an eyelid; **2** (*senza protestare*) without a word, without saying a word.

fiato *m.* **1** (*respiro, aria respirata*) breath. **2** (*alito*) breath: *ha il ~ che puzza* he has bad breath. **3** (*sorsata*) gulp, draught: *vuotò il bicchiere in un ~* he drained his glass in a draught, he drained his glass in a single gulp. **4** (*resistenza*) staying power, stamina: *è un bravo nuotatore, ma ha poco ~* he is a good swimmer, but he has little staying power (*o* but he lacks stamina). **5** (*rif. a suonatore di strumento a fiato*) good lungs *pl.*: *avere ~* to have good lungs. **6** (*lett*) (*soffio di vento*) breath of wind, gust. **7** *pl.* (*Mus*) wind instruments. □ *scaldarsi le mani col ~* to breathe on one's hands to warm them; (*fig*) *stare col ~ sul collo a qcu.* to breathe down so.'s neck, to be on top of so.; *dare ~ alle trombe*: **1** (*suonarle*) to sound the trumpets; **2** (*fig*) to trumpet; *d'un ~* all in one go, all in one breath, at a breath: *bere d'un ~* to drain the cup at a single draught, to drink sth. down in one gulp; *avere il ~ grosso*: **1** to be out of breath, to be breathless; **2** (*Sport*) to be short-winded; (*fig*) *finché avrò ~ in corpo* as long as I live, to my dying day, as long as there is breath in my body, till my last gasp; *prendere ~* to draw breath, to get one's wind back, to get one's breath back; *essere senza ~* to be breathless; *lasciare qcu. senza ~* to leave so. breathless (*anche fig*); *col ~ sospeso* with bated breath; *tenere qcu. col fiato sospeso* to keep so. in suspense; *è tutto ~ sprecato* it's just a waste of breath; *tutto d'un ~* all in one go, all in one breath, at a breath: *disse queste parole tutte d'un ~* he said these words all in one breath; *leggere un libro tutto d'un ~* to read a book non-stop, to read a book all in one go.

fiatone *m.* heavy breathing, panting. □ *avere il ~* to be breathless, to be out of breath; *sono arrivato a casa col ~* I reached home panting; *mi è venuto il ~* I'm out of breath.

fibbia *f.* buckle: *~ da cintura* belt buckle.

fibra *f.* **1** (*Bot,Biol,Alim*) fibre, (*Am*) fiber: *~ muscolare* muscle fibre; *dieta ricca di fibre* high-fibre diet. **2** (*fig*) (*cartone fibra*) fibre: *una valigia di ~* a fibre suitcase. **3** (*fig*) (*costituzione*) fibre, constitution, strength, toughness: *una ~ robusta* a strong constitution; *~ morale* moral fibre. □ (*Tess*) *~ acrilica* acrylic fibre; (*Alim*) *~ alimentare* dietary fibre; (*Tess*) *~ artificiale* man-made fibre; (*Tess*) *~ di canapa* hemp; *~ di cocco* palm fibre, coconut fibre, coconut hair, coir; (*Tess*) *~ di cotone* cotton fibre, cotton staple, lint; (*Tess*) ~ *di lino* flax staple, flax fibre; ~ *di vetro* fibreglass; ~ *ottica* optical fibre: *cavo a fibre ottiche* optical-fibre cable, (*Am*) fiberoptic cable; (*Tess*) *fibre sintetiche* synthetic fibres; ~ *tecnica* man-made fibre; (*Tess*) ~ *tessile* textile fibre; ~ *tessile artificiale* man-made textile fibre; (*Tess*) ~ *vegetale* vegetable fibre.

fibrilla *f.* (*Biol*) fibril.

fibrillare¹ *a.* (*Biol*) fibrillose.

fibrillare² (**fibrìllo**; *aus.* **avere**) *v.i.* (*Med*) to fibrillate.

fibrillazione *f.* 1 (*Med*) fibrillation: *andare in* ~ to go into fibrillation. 2 (*fig*) (*agitazione*) state of agitation, anxiety.

fibrina *f.* (*Biol*) fibrin.

fibrinogeno *m.* (*Biol*) fibrinogen.

fibrinoso *a.* (*Biol*) fibrinous: *essudato* ~ fibrinous exudate.

fibroblasto *m.* (*Biol*) fibroblast.

fibrocemento *m.* (*Ind*) fibrocement, (*Am*) asbestos cement.

fibrocito *m.* (*Biol*) fibrocyte.

fibroide *a.* fibroid.

fibroina *f.* (*Chim*) fibroin.

fibroma *m.* (*Med*) fibroma.

fibromatoso *a.* (*Med*) fibromatous.

fibrosarcoma *m.* (*Med*) fibrosarcoma.

fibroscopio *m.* (*Med*) fibrescope, (*Am*) fiberscope.

fibrosi *f.* (*Med*) fibrosis. □ (*Med*) ~ *cistica* cystic fibrosis; (*Med*) ~ *del fegato* fibrosis of the liver.

fibrosità *f.* 1 fibrousness. 2 (*Alim*) stringiness.

fibroso *a.* 1 fibrous: *tessuto* ~ fibrous tissue. 2 (*Alim*) stringy.

fibula *f.* (*Archeol,Anat*) fibula. □ (*Archeol*) ~ *aurea* gold fibula.

fica *f.* (*volg,region*) 1 cunt, pussy. 2 (*donna attraente*) dish, cool chick.

ficata *f.* (*volg,region*) smasher: *la mia moto è una* ~ my motorcycle is a real smasher. □ (*volg,region*) *che* ~! that's cool!, that's great!, that's wicked!

ficcanasare (**ficcanàso**; *aus.* **avere**) *v.i.* (*colloq*) to nose around, to pry around (*in* in), (*colloq*) to poke one's nose (in).

ficcanaso (*m.pl.* **ficcanàsi/ficcanàso**, *f.pl.* **ficcanàso**) *m./f.* (*colloq*) meddler, busybody, nosey parker.

ficcante *a.* (*incisivo*) forceful, keen.

ficcare (**ficco, ficchi**) **I** *v.t.* **1** to poke, to stick: *ficcarsi un dito in un occhio* to stick a finger into one's eye, to poke a finger into one's eye. **2** (*conficcare*) to thrust, to drive: ~ *un palo in terra* to drive a stake into the ground. **3** (*con un martello*) to hammer: ~ *un chiodo nel muro* to hammer a nail into the wall, to drive a nail into the wall. **4** (*mettere dentro*) to put, to stick: *ficcò i fogli nel cassetto* he put the sheets of paper into the drawer. **5** (*colloq*) (*mettere, posare*) to put, to set: *dove hai ficcato i miei occhiali?* where have you put my glasses? **II** *v.pron.* **ficcarsi 1** (*mettersi, cacciarsi*) to put oneself, to thrust oneself, to get: *ficcarsi sotto le lenzuola* to get under the bed clothes. **2** (*colloq*) (*andare a finire*) to get to: *dove si sono ficcati i miei guanti?* where have my gloves got to? **3** (*fig*) (*cacciarsi*) to get (oneself) (into), to become involved (in): *ficcarsi nei guai* to get into trouble. □ *ficcarsi a letto* to slip into bed, (*colloq*) to hop into bed; (*fig*) ~ *il naso nei fatti altrui* to stick one's nose into other people's business, to poke one's nose into other people's business; *ficcarsi in mente di fare qcu.* to take it into one's head to do sth.; *ficcarsi in testa qcs.* to get sth. into one's

head; *ficcatelo bene in testa!* get that into (*o* through) your skull!; *ficcarsi le dita nel naso* to pick one's nose; *ficcarsi le mani in tasca* to thrust one's hands in one's pockets; (*volg*) *ficcatelo su per il culo!* stick it up your ass!

fiche /fiʃ/ *f.inv.* (*nei giochi d'azzardo*) chip, counter.

ficheto *m.* fig orchard, fig garden.

fichetto *m.* (*pop,region*) dandy, pretty boy.

fico¹ (*pl.* **-chi**) *m.* **1** (*Bot*) fig, fig tree. **2** (*Bot, Alim*) fig. □ ~ *d'india*: 1 (*Bot*) prickly pear (cactus), (*Am*) Indian fig tree; 2 (*Bot,Alim*) prickly pear, (*Am*) Indian fig; *fichi primaticci* early figs; *fichi secchi* dried figs; (*pop*) *non m'importa un* ~ I don't care a fig, I don't give a damn; *non valere un* ~ (*Br*) not to be worth a brass farthing, not to be worth a farthing, (*Am*) not to be worth a dime, not to be worth a darn (*o* damn); *non capire un* ~ not to understand a thing; (*pop*) *non m'importa un* ~ *secco* I don't care a fig, I don't give a damn; *non valere un* ~ *secco* (*Br*) not to be worth a brass farthing, not to be worth a farthing, (*Am*) not to be worth a dime, not to be worth a darn (*o* damn); *non capire un* ~ *secco* not to understand a thing.

fico² (*pl.* **-chi**) **I** *m.* (*pop,region*) cool guy, cool dude. **II** *a.* (*pop,region*) cool. □ (*pop,region*) *che* ~! he is really cool!; (*pop,region*) *fare* ~ to be cool.

ficodindia (*pl.* **fichidìndia**) *m.* **1** (*Bot*) prickly pear (cactus), (*Am*) Indian fig tree. **2** (*Bot,Alim*) prickly pear, (*Am*) Indian fig.

ficomiceti *m.pl.* (*Bot*) Phycomycetes.

ficosecco (*pl.* **fichisécchi**) *m.* dried fig. □ (*pop*) *non m'importa un* ~ I don't care a fig, I don't give a damn; *non valere un* ~ (*Br*) not to be worth a brass farthing, not to be worth a farthing, (*Am*) not to be worth a dime, not to be worth a darn (*o* damn); *non capire un* ~ not to understand a thing.

fiction /'fikʃn/ *f.inv.* (*Lett,Cin,TV*) work of fiction, ficticious work.

ficus *m.* (*Bot*) ficus. □ (*Bot*) ~ *benjamina* weeping fig, ficus benjamina; (*Bot*) ~ *elastica* rubber plant, ficus elastica.

fida *f.* (*region*) land rented for grazing. □ (*region*) *prezzo di* ~ rent for grazing rights.

fidanzamento *m.* engagement, (*lett*) betrothal: *si sposarono dopo tre anni di* ~ they got married after a three-year engagement; *annunciare il proprio* ~ to announce one's engagement; *rompere il* ~ to break off one's engagement. □ ~ *ufficiale* official engagement.

fidanzare (**fidànzo**) **I** *v.t.* (*ant*) to betroth: *hanno fidanzato la figlia a* (*o con*) *un architetto* they have betrothed their daughter to an architect. **II** *v.pron.* **fidanzarsi** to get engaged, to become engaged: *mi sono fidanzata con un mio compagno di università* I am engaged to a fellow student.

fidanzatissimo *a.* (*colloq*) (*completely*) devoted, faithful.

fidanzato I *a.* **1** (*con in vista il matrimonio*) engaged, (*lett*) betrothed. **2** (*estens*) (*che esce insieme a*) going steady: *quei due sono fidanzati* they are going steady as boyfriend and girlfriend. **II** *m.* **1** (*f.* **-a**) (*con in vista il matrimonio*) fiancé (*f.* fiancée). **2** (*f.* **-a**) (*estens*) (*ragazzo con cui si esce*) boy-friend (*f.* girl-friend). **3** *pl.* engaged couple *sing*.

fidare (**fido**) **I** *v.i.* (*aus.* **avere**) **1** (*confidare*) to trust (*in* in, to), to confide (in), to rely (on): ~ *nelle proprie forze* to rely on one's own resources. **2** (*rar*) (*avere fede*) to trust, to have faith: ~ *in Dio* to trust in God. **II** *v.pron.* **fidarsi 1** (*avere fiducia*) to trust (*di qcu.* so.), to rely (on so.), to confide (in so.): *non fidar-*

ti di lui do not trust him. **2** (*avere il coraggio*) to dare, to trust oneself, to feel up to: *fidarsi di fare qcs.* (*o fidarsi a fare qcs.*) to dare to do sth., to trust oneself to do sth., to feel up to doing sth.; *non mi fido a* (*o di*) *guidare da solo* I don't feel up to driving by myself. □ *fidarsi ciecamente di qcu.* to have blind trust in so.; *fidarsi delle promesse di qcu.* to have faith in so.'s promises, to believe so.'s promises; *una persona di cui non ci si può* ~ an unreliable person, an untrustworthy person. *Prov.*: *fidarsi è bene, non fidarsi è meglio* to trust is good, not to trust is better.

fidatezza *f.* trustworthiness, reliability.

fidato *a.* reliable, trustworthy, trusted: *amico* ~ trusted friend.

fidecommissario I *a.* (*Dir*) fideicommissary, trust (*attr.*). **II** *m.* (*f.* **-a**) (*Dir*) fideicommissary, trustee.

fidecommesso *m.* (*Dir*) fideicommissum, trust.

fideismo *m.* (*Filos*) fideism.

fideista *m./f.* (*Filos*) fideist.

fideistico (*pl.* **-ci**) *a.* (*Filos*) fideistic.

fideiussione *f.* (*Dir*) guaranty, guarantee, surety, performance guarantee, performance bond. □ *fare una* ~ to guarantee, to stand surety; ~ *per debito futuro* guarantee of future debt.

fideiussore *m.* (*Dir*) guarantor, surety.

fideiussorio *a.* (*Dir*) guarantee (*attr.*), surety (*attr.*).

fidelizzare (**fidelìzzo**) *v.t.* (*Econ*) to make (*o* keep) a client a faithful customer, to keep a client's business.

fidelizzazione *f.* (*Econ*) developing faithful clients, making faithful clients.

fidente *a.* (*lett*) trusting (*in* in, to), confiding (in), confident (of), relying (on): ~ *nelle proprie forze* relying on one's own strength, relying on oneself.

Fidia *n.pr.m.* (*Stor,Art*) Phidias.

fidiaco (*pl.* **-ci**) *a.* (*Stor,Art*) Phidian, of Phidias, by Phidias.

fido¹ **I** *a.* faithful, devoted, loyal: *i suoi fidi amici* his faithful friends. **II** *m.* (*seguace*) follower, supporter, faithful attendant.

fido² *m.* (*Econ*) credit: *richiedere un* ~ *di due milioni* to ask for a credit of two million lire. □ (*Econ*) ~ *bancario* bank credit, credit line; (*Econ*) ~ *cambiario* acceptance credit; (*Econ*) ~ *massimo* credit limit, credit ceiling.

fiducia *f.* **1** trust, confidence (*in* in), reliance: ~ *in Dio* trust in God; *riporre la propria* ~ *in qcu.* to place one's trust in so. **2** (*certezza*) confidence (of): ~ *nella vittoria* confidence in victory. **3** (*credito*) credit: *la ditta gode di grande* ~ the firm enjoys great credit. **4** (*Parl*) confidence: *voto di* ~ vote of confidence; *negare la* ~ *al governo* to pass a vote of no confidence; *concedere la* ~ to give a vote of confidence. □ ~ *assoluta* absolute trust; *avere* ~ *in qcu.* to rely on so., to trust so., to have confidence in so.; *avere* ~ *in qcs.* to have confidence in sth., to trust in sth.; *avere* ~ *in se stessi* to be self-confident, to have self-confidence; *guardare con* ~ *all'avvenire* to regard the future with confidence; *di* ~: 1 (*di responsabilità*) responsible, of trust: *un incarico di* ~ a responsible task, a position of trust; *posto di* ~ responsible position; 2 (*fidato*) reliable, trustworthy: *persona di* ~ reliable person; *il mio macellaio di* ~ my regular butcher; ~ *in se stesso* self-confidence, self-assurance; ~ *piena* full confidence.

fiduciante *m./f.* (*Dir*) settlor.

fiduciaria *f.* (*Econ*) trust company, trust corporation.

fiduciario I *a.* **1** (*basato sulla fiducia*) fiduciary. **2** (*Dir*) trust (*attr.*), fiduciary: *contratto ~ fiduciary contract, trust indenture, trust deed.* II *m.* (*Dir*) trustee, fiduciary.

fiduciosamente *avv.* trustingly, confidently, trustfully.

fiducioso *a.* trusting (*in* in, to), confident (of), trustful: *~ nelle proprie forze* trusting to one's own resources; *~ in Dio* trusting in God.

fiele *m.* **1** (*Anat*) (*bile*) bile, gall: *amaro come il ~* as bitter as bile. **2** (*fig*) (*malanimo*) gall, bitterness. **3** (*fig*) (*rancore*) rancour, (*Am*) rancor, grudge: *essere pieno di ~* to be filled with rancour.

fienagione *f.* (*Agr*) **1** (*azione*) hay making, hay harvest. **2** (*periodo*) hay time, haying season.

fienaio *a.* of hay, hay (*attr.*).

fienarola *f.* (*Bot*) bluegrass.

fienile *m.* (*Agr*) **1** (*locale*) barn. **2** (*palco per il fieno*) hay loft.

fieno *m.* (*Agr*) hay. □ (*Agr*)*fare ~* to make hay; (*Bot*) *~greco* fenugreek; (*Agr*) *~grumereccio* late hay.

fiera[1] *f.* **1** fair (*anche fig*). **2** (*esposizione*) fair, exhibition, show. □ *~campionaria* trade fair, trade show; *~commerciale* trade fair; *~ del bestiame* cattle fair; *~del bianco* household linen sale; *~ del libro* book fair; *~ dell'antiquariato* antique fair; *~ di beneficenza* (charity) bazaar, charity fête; *la ~ di Milano* the Milan trade fair.

fiera[2] *f.* (*animale*) wild beast, wild animal.

fieramente *avv.* **1** (*orgogliosamente*) proudly. **2** (*con alterigia*) haughtily. **3** (*crudelmente*) cruelly. **4** (*ferocemente*) wildly. **5** (*audacemente*) boldly, with spirit.

fierezza *f.* **1** (*orgoglio*) pride. **2** (*alterigia*) haughtiness. □ *~d'animo* spirit, mettle.

fieristico (*pl.* **-ci**) *a.* fair (*attr.*), exhibition (*attr.*), show (*attr.*), of a fair: *manifestazione fieristica* fair, exhibition; *quartiere ~* fair ground.

fiero *a.* **1** (*orgoglioso*) proud: *sono ~ di te* I am proud of you. **2** (*altero*) haughty: *atteggiamento ~* haughty bearing. **3** (*ardito, audace*) bold, daring, courageous. **4** (*lett*) (*feroce*) fierce, cruel, wild: *il ~ tiranno* the fierce tyrant; (*fig*) *la fiera sorte* cruel fate. **5** (*lett*) (*violento, furioso*) fierce, violent, raging: *fiera lotta* fierce fighting.

fievole *a.* feeble, faint, weak: *un ~ lamento* a feeble moan; *suono ~* faint sound.

fievolmente *avv.* feebly, faintly, weakly.

fifa[1] *f.* (*colloq*) (*paura*) funk: *avere ~* to be in a funk, to be scared. □ (*pop*) *avere una ~ blu* to be in a blue funk, to be scared stiff.

fifa[2] *f.* (*Ornit*) lapwing, peewit.

FIFA *Federazione Internazionale del Calcio* FIFA (International Football Association).

fifo *m.* (*Comm*) FIFO (first in first out).

fifone I *a.* (*colloq*) chicken (*attr.*), chicken-hearted, cowardly. II *m.* (*f.* **-a**) (*colloq*) chicken.

fig. **1** *figurato* fig. (figurative). **2** *figura* fig. (figure).

figa *f.* (*volg,region*) **1** cunt, pussy. **2** (*donna attraente*) dish, cool chick.

figaro *m.* (*scherz*) (*barbiere*) barber.

figata *f.* (*volg,region*) smasher: *la mia moto è una ~* my motorcycle is a real smasher. □ (*volg,region*)*che ~!* that's cool!, that's great!, that's wicked!

FIGC (*Sport*)*Federazione Italiana Gioco Calcio* (Italian football association).

figgere (*pres.ind.* **figgo, figgi**; *p.rem.* **fissi**; *p.p.* **fitto**) *v.t.* (*lett*) to drive, to fix, to stick. □

figgersi in mente strane idee to get strange ideas into one's head.

fighetto *m.* (*pop,region*) dandy, pretty boy.

Figi *n.pr.f.pl.* (*Geog*) Fiji: *Isole ~* Fiji Islands.

figiano I *a.* Fijian. II *m.* (*f.* **-a**) Fijian.

figlia *f.* **1** daughter, girl, child: *la mia ~ maggiore si è sposata* my elder daughter (*o* girl) has got married. **2** (*ragazza*) girl: *povera ~, quanto ha sofferto* poor girl, how she has suffered; (*esclam.*) *~ mia!* my dear girl! **3** (*fig*) result: *la violenza è ~ dell'odio* violence is the child of hatred. **4** (*cedola*) counterfoil, coupon; *bollettario a madre e ~* counterfoil book.

figliare (**figlio, figli**) *v.t.* **1** (*partorire: rif. ad animali*) to give birth; (*fare più piccoli in una volta*) to litter. **2** (*rif. a cavalla*) to foal. **3** (*rif. a cagna*) to pup, to whelp. **4** (*rif. a pecora*) to lamb. **5** (*rif. a mucca*) to calve. **6** (*rif. a gatta*) to kitten, to have kittens. **7** (*rif. a scrofa*) to farrow, to pig. **8** (*rif. a belve*) to whelp.

figliastro *m.* (*f.* **-a**) step child, step son (*f.* step daughter).

figliata *f.* litter: *una ~ di gattini* a litter of kittens.

figlio *m.* **1** (*f.* **-a**) child. **2** *pl.* (*figli e figlie*) children: *i miei figli sono già grandi* my children are grown up. **3** (*figlio maschio*) son. **4** (*bambino piccolo*) baby: *aspetta un ~* she is expecting, she's expecting a baby. **5** (*rif. ad animali*) young. **6** (*uomo*) man, (*colloq*) fellow, (*colloq*) chap: *povero ~, come l'hanno ridotto* poor fellow, look what they've done to him. **7** (*fig*) son: *questo problema è ~ dei suoi errori passati* this problem is the result of his past errors. □ *~adottivo* adoptive child, adopted child; *~adulterino* illegitimate child; *~ in affidamento* foster child; *~ cadetto* younger son; *trattare qcu. come un ~* to treat so. as a son;*dare un ~ a qcu.* to give so. a child, to bear so. a child; *~d'arte* actor who comes from a theatrical family; *i figli dei figli*: 1 (*i nipoti*) one's grandchildren; 2 (*i posteri*) one's descendants; *figli dei fiori* flower children, flower people; *~del popolo* man of humble birth, man of the people; *un ~del suo tempo* a child of his time; (*fig*) *essere il ~della serva* to be the third wheel; *~ dell'amore* (*figlio naturale*) love child; (*Bibl*) *il Figlio dell'uomo* the Son of man; (*volg*) *~di buona donna* son of a bitch; (*Teol*) *il ~ di Dio* the Son of God; *~ di genitori ignoti* (*o ~di ignoti*) child of unknown parents; *~di nessuno* waif, foundling, orphan; (*spreg*) *~di papà* spoilt young man; *~di primo letto* child born of a first marriage; (*volg*) *~ di puttana* son of a bitch, bastard; *è proprio ~ di suo padre* he's his father's son; (*volg*) *~di una mignotta* son of a bitch, bastard; (*volg*) *~d'un cane* son of a bitch, bastard; (*fig*)*fare figlie figliastri* to have favourites, (*Am*) to have favorites; (*colloq*)*fare un ~* to have a child; *~ illegittimo* illegitimate child; *~ legittimo* legitimate child; *~ maggiore*: 1 firstborn, eldest child; (*tra due*) firstborn, elder child; 2 (*rif. a figli maschi*) eldest son; (*tra due figli maschi*) elder son; *~minore* youngest child, (*tra due*) younger child; *~nato morto* still-born child; *~naturale* natural son; *senza figli* childless: *coppia senza figli* childless couple; *~ unico*: 1 only child; 2 (*rif. a figlio maschio*) only son; *~ unico di madre vedova* 1 only son of a widowed mother; 2 (*fig,scherz*) (*l'ultimo rimasto*) the only one (left), the last of its kind.

figlioccio *m.* (*f.* **-a**) godson (*f.* -daughter); (*senza distinzione di sesso*) godchild.

figliola *f.* **1** (*figlia*) daughter, child. **2** (*ra-*

gazza) girl.

figliolanza *f.* children *pl.*, offspring (*costr. pl.*): *una numerosa ~* a lot of children, a large family.

figliolo *m.* **1** (*figlio*) son; (*senza distinzione di sesso*) child. **2** *pl.* (*figli e figlie*) children: *ha tre figlioli* she has three children. **3** (*ragazzo*) boy, fellow, chap, lad: *un bravo ~* a good lad. **4** (*uomo*) man: *quel ~ non è mai puntuale* that man's never on time. □ (*Bibl*) *il figliolprodigo* the Prodigal Son.

figo[1] *m.* (*region,Bot*) **1** fig (tree). **2** (*frutto*) fig: *fichi secchi* dried figs.

figo[2] I *m.* (*pop,region*) cool guy, cool dude. II *a.* (*pop,region*) cool. □ (*pop*) *che ~!* he is really cool!; (*pop*)*fare ~* to be cool.

figura *f.* **1** (*sagoma, forma*) figure, shape: *~ tonda* round figure. **2** (*corporatura*) figure: *~ snella* slender figure; *~ tozza* dumpy figure, chubby figure. **3** (*illustrazione*) illustration, picture: *un libro pieno di figure* a book full of illustrations. **4** (*disegno*) drawing. **5** (*tavola*) figure, plate. **6** (*personaggio*) figure, character. **7** (*apparenza*) figure, appearance: *fare la ~ dello sciocco* to make a fool of oneself. **8** (*buona apparenza*) fine figure, good figure, good appearance, good impression: *è una ragazza intelligente, ma non fa ~* she is an intelligent girl, but she does not make a good impression (*o* but she does not show up to advantage). **9** (*Geom*) figure: *~ piana* plane figure; *~ solida* solid (figure); *~ geometrica* geometric figure. **10** (*Art*) figure: *~ al naturale* life-size figure; *figure di sfondo* background figures. **11** (*nelle carte*) court card. **12** (*negli scacchi*) chessman (other than a pawn). **13** (*nella danza, nel pattinaggio e sim.*) figure. **14** (*Mus*) (written) note. **15** (*Dir*) (*specie, tipo*) type, kind: *~ di reato* type of offence. □ (*Edit*) *~a colori* colour plate, colour illustration; (*Aer*) *~ acrobatica* acrobatic figure, acrobatic stunt, piece of acrobatics; (*colloq*) *fare una ~ barbina* to make a poor impression; to cut a poor figure, to make a fool of oneself;*che ~ hai fatto!* what a poor show!, what an idiot!; *fare una ~ di merda* (*volg*) to behave like a real prick, to make a shit of oneself; to act like a shit;*fare ~*: 1 to look good; 2 (*fig*) to cut a fine figure, to cut a dash, to show to advantage, to show up well; 3 (*rif. a vestiti*) to look smart, to look good, to look nice; *fare la ~ di* to look, to make oneself look: (*colloq*) *fare la ~ del cretino* to look (like) a real fool, to make a fool of oneself; *figure grottesche* grotesque figures; *~ materna* mother figure; *~paterna* father figure; (*Ret*) *~retorica* figure of speech.

figuraccia (*pl.* **-ce**) *f.* poor figure, sorry figure: *fare una ~* to cut a sorry figure, to make a fool of oneself; *far fare una ~ a qcu.* to show so. up.

figurante *m./f.* **1** (*comparsa*) walker-on, figurant (*f.* figurante). **2** (*fig*) nonentity.

figurare (**figuro**) I *v.t.* **1** (*rappresentare*) to represent, to portray, to figure, to depict, to show: *la giustizia è figurata con una bilancia in mano* Justice is shown holding a pair of scales. **2** (*simboleggiare*) to symbolize, to stand for, to represent: *il cane figura la fedeltà* the dog represents faithfulness. II *v.i.* (*aus.* **avere**) **1** (*risultare, esserci*) to appear, to be found, to be shown: *il suo nome non figura nell'elenco* his name does not appear on the list, his name is not to be found on the list. **2** (*trovarsi, esserci*) to be: *fra gli intervenuti figuravano alcuni ministri* among those present there were several ministers. **3** (*apparire*) to appear, to be shown; (*essere* *conosciuto*) to be known: *non volle ~ come autore della donazione* he did not want to be known as the donor. **III** *v.pron.* **figurarsi** to imagine, to suppose, to fancy, to picture: *me lo figuravo più giovane* I imagined him as being younger; *puoi figurarti il mio stupore* you can (just) imagine my astonishment; *figurati che...* just fancy..., just think..., just imagine..., fancy that...; *si figuri che io non sapevo nulla di tutto ciò* just think, I knew nothing of all this. □ *~ bene* to cut a fine figure, to make a good impression; *figurati!* (*risposta negativa*) not at all!; *~ male* to cut a sorry figure, to make a bad impression; *~ nel bilancio* to appear in the budget; *grazie - si figuri* (*prego*) thank you - Don't mention it; *disturbo? - Si figuri* am I troubling you? - Not in the least; am I troubling you? - Of course not; *ma si figuri!* please do not mention it!

figuratamente, **figurativamente** *avv.* figurately.

figurativismo *m.* (*Art*) representational art.

figuratività *f.* figurativeness, representativeness.

figurativo *a.* figurative: *arti figurative* figurative arts.

figurato *a.* **1** (*Ling*) (*simbolico*) figurative: *espressione figurata* figurative expression; *in senso ~* in the figurative sense, figuratively. **2** (*che contiene figure*) figured, bearing figures: *vetro ~* figured glass. **3** (*rif. a libro*) illustrated. **4** (*Mus*) figural, figured.

figurazione *f.* **1** figure, figuration: *un arazzo con figurazioni mitologiche* a tapestry with mythological figures. **2** (*Mus*) figuration.

figurina *f.* **1** (*adesiva*) sticker: *fare una raccolta di figurine* to collect stickers. **2** (*cartoncino con una figura*) card, picture card. **3** (*statuetta*) figurine: *una ~ di alabastro* an alabaster figurine.

figurinista *m./f.* dress designer, fashion designer.

figurino *m.* **1** (*disegno*) fashion plate, fashion sketch. **2** (*fig*) (*rif. a persona: chi veste alla moda*) fashion-plate, fashion icon.

figuro *m.* (*tipo losco*) shady character, suspicious-looking fellow.

figurona *f.* good figure, fine figure, brilliant figure.

figurone *m.* good figure, fine figure, brilliant figure: *fare un ~* to cut a brilliant figure, to make a show.

fila[1] *f.* **1** row, line, rank: *una ~ di soldati* a line of soldiers; *una lunga ~ di macchine* a long line of cars. **2** (*coda, in attesa*) queue, (*Am*) line: *fare la ~* to queue, (*Am*) to wait in line. **3** (*di posti*) row: *poltrona di prima ~* front-row seat. **4** (*fig*) (*serie*) string, series, succession: *una ~ di disgrazie* a string of accidents, a series of accidents; *una ~ di bestemmie* a string of obscenities. **5** *pl.* (*Mil*) the ranks (*anche fig*): *andare a ingrossare le file dei disoccupati* to join the ranks of the unemployed. □ *uscire dalla ~*: **1** to leave a queue, to leave a line; **2** (*Mil*) to leave the ranks; (*Mil*) *per ~ destr'* right wheel; *di ~* running, in succession, on end, in a row, straight: *è piovuto per cinque giorni di ~* it rained for five days in a row, it rained for five days straight; *in ~*: **1** in a line; **2** (*uno dietro l'altro*) in file, lined up; **3** (*uno accanto all'altro*) in a row, lined up; *in ~ indiana* in Indian file, in single file; *in ~ per tre* in line by (*o* in) threes, in triple-file, in three lines side by side; *in ~ per due* in double file, in line side by side, in line two by two; *mettere in ~* to draw up, to line up, to place in a row;

mettersi in ~: **1** to line up, to get in line; **2** (*fare una coda*) to queue up, to line up; *si metta in fila!* go to the back of the queue!, go to the back of the line!; *stare in ~*: **1** (*essere in fila*) to be lined up, to be in a row; **2** (*rimanere in fila*) to stay in line; **3** (*Mil*) to keep ranks.

fila[2] → **filo**.

filabile *a.* spinnable, fit for spinning.

filaccia (*pl.* **-ce**) *f.* **1** (*Tess*) thrum. **2** (*sfilacciatura*) ravelling, unravelling. **3** (*materiale usato per medicazione*) lint. **4** (*Mar*) rope-yarn.

filaccicoso *a.* (*rar*) **1** (*rif. a carne, verdura*) stringy. **2** (*Bot*) filamentous, filamentary.

Filadelfia *n.pr.f.* (*Geog*) Philadelphia.

filamento *m.* **1** (*Anat*) filament, fibre, (*Am*) fiber: *filamenti nervosi* nerve fibres. **2** (*Bot, El*) filament.

filamentoso *a.* **1** (*rif. a carne, verdura*) stringy. **2** (*Bot*) filamentous.

filanca *f.* (*Tess*) stretch-nylon: *calze di ~* stretch stockings.

filanda *f.* (*Tess*) spinning mill; (*per seta*) silk factory, silk mill, filature.

filandiere *m.* (*Tess*) owner of a silk factory.

filandina *f.* spinner.

filandra *f.* (*Tess*) **1** (*cascame di filatura*) spinning waste. **2** (*di tessitura*) weaving waste.

filante □ (*Gastron*) *formaggio ~* string cheese; (*Aut*) *dalla linea ~* streamlined; *stella ~*: **1** (*stella cadente*) shooting star; **2** (*striscia di carta*) (paper) streamer.

filantropia *f.* philanthropy.

filantropicamente *avv.* philanthropically.

filantropico (*pl.* **-ci**) *a.* philanthropic, philanthropical, charitable: *società filantropica* charitable association.

filantropismo *m.* philanthropism.

filantropo **I** *m.* (*f.* **-a**) philanthropist. **II** *a.* philanthropic, philanthropical.

filare[1] (**filo**) **I** *v.t.* **1** to spin: *~ la seta* to spin silk. **2** (*Ind*) *ridurre in fili mediante fusione*) to spin, to draw, to draw out: *~ il vetro* to spin glass. **3** (*Mar*) to pay out, to ease off, to slack away: *~ un cavo* to pay out a rope. **4** (*colloq*) (*corteggiare*) to court, to woo, to flirt. **5** (*colloq*) (*considerare*) to be considered interesting: *ormai sono vecchia, non mi fila più nessuno* at this point I'm old, no one's interested in me anymore. **II** *v.i.* **1** (*aus. avere*) (*assumere forma di filo*) to go stringy: *il formaggio fila* the cheese is going stringy. **2** (*aus. avere*) (*rif. a liquido*) to trickle. **3** (*aus. avere*) (*colare*) to trickle. **4** (*aus. avere*) (*colloq*) (*flirtare*) to be going out, to go together, (*colloq*) to go steady: *~ con una ragazza* to be going out with a girl. **5** (*aus. essere*) (*procedere velocemente*) to bowl, to bowl along, to speed, to speed along, to spin, to run, to go at full speed: *~ a cento miglia all'ora* to speed along at a hundred miles an hour. **6** (*aus. essere*) (*scorrere: rif. a discorso e sim.*) to follow, to follow on, to make sense, to hang together, to tally: *il ragionamento fila* that reasoning follows on, the line of reasoning makes sense. **7** (*aus. essere*) (*colloq*) (*andarsene*) to make off, to clear off, to make oneself scarce: *filò via prima che tornasse il padre* he made off before his father got back. □ (*Tess*) *~ a mano* to spin by hand; (*colloq*) *~ diritto* to behave properly; (*colloq*) *fare ~ qcu.* to make so. tow the line, to make so. behave; (*colloq*) *fila!* scram!; *filarsela* to make off, to clear off, to make oneself scarce: (*scherz*) *filarsela all'inglese* to take French leave; *~ il perfetto amore* to live in perfect harmony; *~ liscio come l'olio* to

go very smoothly; (*fig,scherz*) *~ per la tangente* (*svignarsela accortamente*) to make off, to slip off; (*Mus*) *~ una nota* to sing a messa di voce, to perform a messa di voce, to gradually crescendo decrescendo on a sustained note; (*colloq*) *fila via!* off with you!, clear off!, beat it!, go away!

filare[2] *m.* row, line: *un ~ di cipressi* a row of cypresses.

filaria *f.* (*Zool*) filaria.

filariasi *f.* (*Veter*) filariasis.

filarino *m.* (*colloq*) **1** (*giovane innamorato*) boyfriend, girlfriend. **2** (*amore poco impegnativo*) (*Br*) calf-love, (*Am*) puppy love, crush.

filariosi *f.* (*Veter*) filariasis.

filarmonica *f.* philharmonic: *la ~ di Berlino* the Berlin Philharmonic.

filarmonico (*pl.* **-ci**) *a.* philharmonic: *società filarmonica* philharmonic society. **II** *m.* **1** member of a philharmonic. **2** (*appassionato di musica*) music lover.

filastrocca *f.* **1** (*poesia infantile*) nursery rhyme; (*per fare la conta*) counting-out rhyme. **2** (*serie lunga e noiosa di parole*) endless list, rigmarole: *una ~ di nomi* an endless list of names.

filatelia, **filatelica** *f.* philately, stamp-collecting.

filatelico (*pl.* **-ci**) **I** *a.* philatelic, stamp (*attr.*): *esposizione filatelica* stamp exhibition, philatelic exhibition, stamp expo. **II** *m.* (*f.* **-a**) **1** philatelist, stamp-collector. **2** (*commerciante*) stamp-dealer.

filatelista *m./f.* **1** philatelist, stamp-collector. **2** (*commerciante*) stamp-dealer.

filaticcio *m.* (*Tess*) floss silk.

filato **I** *a.* **1** spun: *lana filata* spun wool. **2** (*fig*) (*scorrevole*) smooth, easy: *discorso ~* smooth speech, easy speech. **3** (*coerente*) logical, consequent, consistent: *ragionamento ~* logical reasoning. **4** (*rif. a tempo*) nonstop: *parlare per due ore filate* to talk nonstop for two hours. **II** *m.* (*Tess*) yarn. □ (*Tess*) *~ di canapa* hemp yarn; (*Tess*) *~ di lino* linen; (*Tess*) *~ ritorto* twisted yarn; *~ ritorto fantasia* chain yarn.

filatoio *m.* (*Tess*) **1** (*domestico*) spinning wheel; (*macchina*) spinning machine, spinning frame, spinner. **2** (*locale*) spinning room.

filatore *m.* (*f.* **-trice**) (*Tess*) (*operaio*) spinner.

filatrice *f.* (*Tess*) **1** (*operaia*) spinner. **2** (*macchina*) spinning machine, spinning frame, spinner.

filatterio *m.* (*Lit*) phylactery.

filatura *f.* (*Tess*) **1** spinning. **2** (*fabbrica*) spinnery, spinning mill. □ (*Tess*) *~ manuale* hand-spinning; (*Tess*) *~ meccanica* machine-spinning.

fildiferro *m.* wire, iron wire.

file /fajl/ *m.inv.* (*Inform*) □ (*Inform*) *~ aperto* open file; (*Inform*) *~ audio* sound file; (*Inform*) *~ casuale* random file; (*Inform*) *~ chiuso* closed file; (*Inform*) *~ compresso* compressed file; (*Inform*) *~ degli errori* error file; (*Inform*) *~ di lavoro* scratch file, work file; (*Inform*) *~ di programma* program file; (*Inform*) *~ di scambio* swap file; (*Inform*) *~ di sola lettura* read only file; (*Inform*) *~ di testo* text file; (*Inform*) *~ eseguibile* executable file; (*Inform*) *~ nascosto* hidden file; (*Inform*) *~ sequenziale* sequential file; (*Inform*) *~ temporaneo* temporary file.

filellenico (*pl.* **-ci**) *a.* philhellenic.

filellenismo *m.* philhellenism.

filelleno **I** *a.* philhellenic. **II** *m.* philhellene, philhellenist.

Filemone *n.pr.m.* (*Mitol,Bibl*) Philemon. □ *~e Bauci* Baucis and Philemon.

filettare (**filétto**) *v.t.* **1** (*Sart*) to braid, to pipe: *~ un berretto* to braid a cap. **2** (*Mecc*) to thread: *~ una vite* to cut a screw; (*all'interno*) to tap.

filettato *a.* **1** (*Sart*) braided, piped: (*Mil*) *berretto ~* braided cap. **2** (*Mecc*) threaded.

filettatore *m.* (*operaio*) threader.

filettatrice *f.* (*Mecc*) threader, thread-cutting machine.

filettatura *f.* **1** (*Sart*) edging, binding, braid, trimming. **2** (*Mecc*) threading; (*all'interno*) tapping; (*filetto*) (screw) thread: *~ della vite* (screw), thread. □ (*Mecc*) *~al tornio* tapping in the lathe; (*Mecc*) *~destra* right-handed thread; (*Mecc*) *~ destrorsa* right-handed thread; (*Mecc*) *~sinistra* left-handed thread; (*Mecc*) *~sinistrorsa* left-handed thread.

filetto *m.* **1** (*Gastron*) fillet, tenderloin: *~ di manzo* fillet of beef; *~ di sogliola* fillet of sole. **2** (*Sart*) (*cordoncino*) thread; (*bordatura*) edging, border, braid, trimming: *un berretto con un ~ d'oro* a cap with gold braid, a gold-braided cap. **3** (*Sart*) (*gallone*) braid, ribbon, trimming; (*di uniforme*) stripe, braid; (*dei calzoni*) (leg) stripe, leg band. **4** (*ornamento filiforme*) line: *una cornice chiara con un ~ d'oro* a light-coloured frame with a gold line. **5** (*Legat*) fillet, band. **6** (*Tip*) rule. **7** (*in calligrafia*) hair stroke. **8** (*Mecc*) (*filettatura*) thread. **9** (*morso per cavalli*) snaffle, snaffle bit. **10** (*Anat,pop*) (*frenulo*) fraenum, fraenulum. **11** (*ant*) (*gioco*) nine men's morris. □ (*Tip*) *~chiaro* fine-face rule; (*Tip*) *~ fra due colonne* column rule; (*Tip*) *~ ornamentale* ornamented rule; (*Mecc*) *~sinistro* left-handed thread.

filiale I *a.* filial: *amore ~* filial love; *i doveri filiali* filial duties. **II** *f.* branch; (*ufficio*) branch office. □ *~autonoma* subsidiary (company), affiliate; *~ estera* foreign branch.

filiazione *f.* **1** filiation (*anche Dir*). **2** (*fig*) (*derivazione*) derivation: *la ~ di un'idea da un'altra* the following on of one idea from another.

filibustiere *m.* **1** (*Stor*) filibuster, freebooter. **2** (*f.* **-a**) (*fig*) (*furfante*) buccaneer, freebooter; (*mascalzone*) rascal, scoundrel.

filiera *f.* **1** (*Tess*) spinneret. **2** (*Ind*) (*trafila*) die, dieplate, drawplate. **3** (*Mecc*) screw cutting die, threading die. **4** (*Zool*) spinneret.

filiforme *a.* filiform, thread-like.

filigrana *f.* **1** (*Oref*) filigree, filagree (*anche fig*): *~ d'argento* silver filigree. **2** (*Cart, Numism,Inform*) watermark: *la ~ dei francobolli* the watermark on stamps. □ (*Inform*) *~digitale* digital watermark.

filigranato *a.* **1** (*Oref*) filigreed. **2** (*Cart*) watermarked: *carta filigranata* watermarked paper.

filino *m.* (*colloq*) **1** (*fig*) (*quantità minima*) scrap, ounce, a bit, a little bit. **2** (*fig*) (*rif. a liquidi*) drizzle: *metti un ~ di olio sulla verdura* drizzle a little olive oil on the vegetables, put a drizzle of olive oil on the vegetables.

filipendula *f.* (*Bot*) dropwort, filipendula.

Filippesi *m.pl.* (*Bibl*) Philippians.

Filippi *n.pr.f.* (*Geog.stor*) Philippi. □ *ci rivedremoa* ~ my day will come.

filippica *f.* philippic, tirade: *fare una* ~ to deliver a tirade.

Filippiche *n.pr.f.pl.* (*Lett*) Philippics.

Filippine *n.pr.f.pl.* (*Geog*) Philippines, Philippine Islands.

filippino I *a.* Philippine, Filipino. **II** *m.* (*f.* **-a**) Filipino.

Filippo *n.pr.m.* Philip. □ (*Stor*) *~il Bello* Philip the Fair.

filisteismo *m.* Philistinism (*anche fig*).

filisteo I *a.* **1** (*Stor*) Philistine: *il popolo ~* the Philistines. **2** (*fig,spreg*) philistine. **II** *m.* (*f.* **-a**) **1** (*Stor*) Philistine. **2** (*fig,spreg*) philistine.

fillio *m.* (*Entom*) leaf insect, walking leaf.

fillodio *m.* (*Bot*) phyllode.

fillossera *f.* (*Entom*) phylloxera.

fillotassi *f.* (*Bot*) phyllotaxy, phyllotaxis.

film *m.* **1** (*Cin*) film, (*colloq*) picture, (*Am*) motion picture, (*Am,colloq*) movie: *un ~ di un regista francese* a film by a French director; *girare un ~* to shoot a film; *un ~ sfortunato* an unsuccessful film. **2** (*Cin*) (*cinematografia*) film, films *pl.*, cinema: *il ~ sonoro* the sound film, the talking film. **3** (*Fot*) (*pellicola*) film. **4** (*Tecn*) (*foglio, strato sottile*) film. □ (*Cin*) *~a colori* colour film, (*Am*) color film; (*Cin*) *~a corto metraggio* short, short subject, short film; (*Cin*) *~a episodi* film series; (*Cin*) *~a lungo metraggio* feature film, full-length film; (*Cin*) *~a passo ridotto* sub sixteen-millimetre film, sub standard film; (*Cin*) *~avventuroso* adventure film; (*Cin*) *~comico* comic film; (*Cin*) *~ d'amore* love story; (*Cin*) *~d'animazione* animation film; (*Cin*) *~ d'autore* art film; (*Cin*) *~ d'azione* action film; (*Cin*) *~dell'orrore* horror film, horror movie, horror picture; (*Cin*) *~d'essai* art film; (*Cin*) *~di avventure* adventure film; (*Cin,fig*) *~di cassetta* blockbuster, box-office success; (*Cin*) *~di fantascienza* science-fiction film; (*Cin*) *~ di guerra* (*Br*) war film, (*Am*) war movie; (*Cin*) *~di spionaggio* spy film; (*Cin*) *~didattico* educational film; *~doppiato* dubbed film; (*Cin*) *~giallo* detective film, thriller; (*Cin,TV*) *~giallorosa* romantic thriller; (*Cin*) *~ in bianco e nero* black-and-white film; (*Cin*) *~in cinemascope* cinemascope film; (*Cin*) *~in costume* period film; (*Cin*) *~in DVD* film on DVD; (*Cin*) *~in lingua originale* original language film, film in original language; (*Cin*) *~in technicolor* technicolor film; (*Cin*) *~musicale* musical; (*Cin*) *~muto* silent film; (*Cin*) *~opera* filmed opera; (*Cin,TV*) *~per la TV* made for TV movie; (*Cin*) *~poliziesco* detective film; (*Cin*) *~ porno* porno film, blue film, (*pop*) skin flick; (*Cin*) *~pubblicitario* advertising film; (*Cin*) *~ sentimentale* romantic film; (*Cin*) *~sonoro* sound film, talking film, (*Am, colloq*) talkie; (*Cin*) *~sottotitolato* subtitled film, film with subtitles; (*Cin*) *~strappalacrime* tearjerker; (*Tecn*) *~termoretraibile* shrink wrap; (*Cin*) *~vietato ai minori (di diciotto anni)* R-rated film, restricted film; (*Cin*) *~western* Western.

filmare (**filmo**) *v.t.* **1** to film: *~ un avvenimento* to film an event. **2** (*girare*) to shoot. **3** (*ridurre in edizione cinematografica*) to film, to make a film of, to put on the screen: *~ un romanzo* to film a novel.

filmato I *a.* filmed. **II** *m.* film, footage.

filmico (*pl.* **-ci**) *a.* film (*attr.*), cinema (*attr.*), (*Am*) motion-picture (*attr.*).

filmina *f.* (*Fot*) film strip.

filmino *f.* (*film amatoriale*) home movie.

filmistico *a.* film (*attr.*), cinema (*attr.*), (*Am*) motion-picture (*attr.*).

filmografia *f.* filmography.

filmologia *f.* study of cinematography.

filo *m.* (*pl.* **i fili**, **le fila**; *when used in a concrete sense the plural is in* **-i**; *when used figuratively or collectively the plural is in* **-a**) **1** thread: *un ~ sottile* a fine thread. **2** (*Tess*) (*filato*) yarn, thread: *~ di lana* woollen yarn; *~ di lino* linen (thread), flax yarn. **3** (*Tess*) (*cotone*) cotton: *calzini di ~* cotton socks. **4**

(*Sart*) (*per cucire*) sewing thread, thread; (*di cotone*) cotton: *un rocchetto di ~* a bobbin of cotton, a reel of cotton. **5** (*cavo*) line; (*metallico*) wire: *~ di acciaio* steel wire. **6** (*El*) (*conduttore*) wire. **7** (*Oref*) string, strand, row: *un ~ di perle* a string of pearls; *collana a tre fili* three-strand necklace. **8** (*foglia filiforme*) blade: *~ di paglia* (blade of) straw. **9** (*taglio di lama*) cutting edge, edge: *il ~ del coltello* the knife edge; *la lama ha perso il ~* the blade has lost its edge. **10** (*di fagiolini e sim.*) string: *fagiolini senza fili* stringless French beans. **11** (*fig*) (*svolgimento logico*) thread: *perdere il ~ del discorso* to lose the thread (of what one was saying); *riprendere il ~ del discorso* to pick up the thread, to go back to the topic. **12** (*fig*) (*quantità minima*) scrap, ounce: *non ha un ~ di giudizio* he hasn't a scrap of sense. **13** (*fig*) (*rif. a liquidi*) trickle: *un ~ d'acqua* a trickle of water; *non c'è un ~ d'acqua* there's not a drop of water. **14** *pl.* (*fig*) (*elementi essenziali*) threads: *le fila della congiura* the threads of the plot; *tiene lui le fila dell'affare* he holds all the facts. **15** (*per stendere il bucato*) line, washing line, (*Am*) clothes line. **16** (*Edil*) hip, edge. □ (*Tess*) *lana a tre fili* three-ply wool; (*Edil*) *~a piombo* plumb line; (*El*) *~ad alta tensione* high-tension cable; (*El,Tel*) *~ aereo* aerial wire, overhead wire; *~conduttore*: **1** (*El*) lead wire, conductor; **2** (*fig*) (*guiding*) thread, clue, lead; (*Sart*) *~da rammendo* darning yarn, darning thread; (*Sart*) *~ da ricamo* embroidery thread; (*fig*) *dare del ~ da torcere a qcu.* to make things hard for so.; *dare il ~ a una lama* to sharpen a blade; (*Mitol*) *il ~ d'Arianna*: **1** Ariadne's thread; **2** (*fig*) the clue to a difficult problem; *i fildei burattini* puppet strings; *il ~del baco da seta* silk thread; *~del ragno* cobweb, spider's thread; (*fig*) *sul ~del rasoio* on the razor's edge: *essere sul ~ del rasoio* to walk a tightrope; (*Tel*) *~ del telefono* telephone wire; (*Sport*) *~del traguardo* finishing tape; *il ~ della vita* the thread of life; *~ d'erba* blade of grass; (*Ferr*) *~ di contatto* contact wire, whisker, cat whisker; *fil di ferro* wire, iron wire; *un ~di fumo* wisp of smoke; *~di lana*: **1** (*Tess*) woollen yarn; **2** (*Sport*) finishing tape; *a fil di logica* logically; (*Met,El*) *~ di rame* copper wire; (*Tess*) *~di Scozia* lisle; (*Tess*) *~di seta* silk, silk thread; (*Numism*) *~ di sicurezza* (*di banconota*) thread mark; (*fig*) *passare qcu. a fil di spada* to put so. to the sword's edge, to put so. to the sword; *un ~ di speranza* a ray of hope, a glimmer of hope, a faint hope; (*El*) *~di terra* earth wire, (*Am*) ground wire; *senza un ~di verde* without a blade of grass; *gli è rimasto un fil di vita* he is at his last gasp; *finché mi resta un ~ di vita* to my dying breath, while I have an ounce of life left in me; *un fil di voce* a faint voice, almost a whisper; (*fig*) *~diretto* hotline; *~ doppio* twin wire, double wire: (*fig*) *essere legati a ~ doppio* (o *essere cuciti a ~ doppio*) to be never apart, to be inseparable; (*El*) *~ elettrico* electric flex, electric wire; *fare i fili* to go stringy, to rope: *il formaggio fa i fili* the cheese is going stringy; (*colloq*) *fare il ~ a qcu.*: **1** (*fare la corte*) to chat so. up, (*Am*) to hit on so.; **2** (*per ottenere favori*) to curry favour with so., to court so.; *ridurre in ~* to spin; (*El*) *~ in derivazione* branch wire, derivative wire; *~interdentale* dental floss; *~ interdentale cerato* waxed dental floss; *~ interdentale non cerato* unwaxed dental floss; (*El*) *~ isolato* insulated wire; (*El*) *~ massa* zero wire, earth wire, (*Am*) ground wire; *per ~ e per segno* in (minute) detail, with full particulars, thoroughly; (*Sart*) ~ *per imbastire* tacking thread; ~ *ramato* copper-coated wire; (*Tess*) ~ *ritorto* twine, twist; ~ *semplice* single thread; *senza fili* cordless; *senza* ~ (*rif. a lama*) blunt; ~ *spinato* barbed wire, (*spec. Am*) razor wire; (*Tel*) ~ *telefonico* telephone wire; ~ *telegrafico* telegraph wire.

filoamericano I *a.* pro-American. II *m.* (*f. -a*) pro-American.

filoarabo I *a.* pro-Arab. II *m.* (*f. -a*) pro-Arab.

filobus *m.* trolley bus: ~ *articolato* trolley bus with trailer.

filocinese I *a.* pro-Chinese. II *m./f.* pro-Chinese.

filocomunista I *m./f.* Communist sympathizer, Communist supporter, pro-Communist. II *a.* pro-Communist (*attr.*).

filodendro *m.* (*Bot*) philodendron.

filodiffusione *f.* cable radio.

filodiffusore *m.* cable radio receiver.

filodrammatica *f.* amateur dramatic society.

filodrammatico (*pl. -ci*) I *a.* amateur-dramatic. II *m.* (*f. -a*) amateur actor (*f.* actress): *compagnia di filodrammatici* company of amateur actors.

filoeuropeo I *a.* pro-European. II *m.* (*f. -a*) pro-European.

filofascista I *m./f.* pro-Fascist, Fascist sympathizer, Fascist supporter. II *a.* pro-Fascist, with Fascist sympathies, with Fascist tendencies: *governo* ~ government with Fascist tendencies.

filogenesi *f.* (*Biol*) phylogeny.

filogenetico (*pl. -ci*) *a.* (*Biol*) phylogenetic: *storia filogenetica* phylogeny.

filogovernativo *a.* pro-government.

filoisraeliano I *a.* pro-Israeli. II *m.* (*f. -a*) pro-Israeli.

filologia *f.* 1 (*scienza*) philology. 2 (*studi filologici*) philological studies *pl.*: *la* ~ *tedesca* German philological studies. 3 (*i filologi*) philologists *pl.* □ ~ *bizantina* Byzantine philology; ~ *classica* classical philology; ~ *comparata* comparative philology; ~ *germanica* Germanic philology; ~ *greca* Greek philology; ~ *latina* Latin philology; ~ *romanza* Romance philology; ~ *semitica* Semitic philology; ~ *slava* Slavic philology; ~ *umanistica* humanistic philology.

filologico (*pl. -ci*) *a.* philological: *ricerca filologica* philological research.

filologo (*pl. -gi /pop -ghi*) I *m.* (*f. -a*) philologist: *un* ~ *classico* a classical philologist. II *a.* philological.

Filomena *n.pr.f.* (*Mitol*) Philomena.

filonazista I *m./f.* pro-Nazi. II *a.* pro-Nazi.

filoncino *m.* (*Gastron*) small French loaf.

filone[1] *m.* 1 (*Minier,Geol*) vein, lode, seam: *un* ~ *d'oro* a gold vein; ~ *di carbone* coal seam. 2 (*Idr*) stream, strongest part of a current. 3 (*fig*) (*indirizzo, corrente*) current, course, stream, trend, line: *seguire un* ~ *di indagini* to follow a certain course of enquiries, to follow a certain line of research; *un'opera che rientra nel* ~ *del Romanticismo* a work of art from the Romantic period. 4 (*Gastron*) (*pane di forma allungata*) long loaf, baguette. 5 (*Macell*) spinal cord. □ ~ *aurifero* auriferous vein.

filone[2] *m.* (*f. -a*) (*region,colloq*) (*persona astuta*) sly fellow, (*Am*) smart guy.

filoniano *a.* (*Minier,Geol*) lode (*attr.*), seam (*attr.*).

filonucleare I *m./f.* advocate of nuclear energy, pro-nuclear person. II *a.* pro-nuclear.

filooccidentale I *m./f.* pro-Western. II *a.*

pro-Western.

filoorientale I *m./f.* pro-Eastern. II *a.* pro-Eastern.

filorusso I *m.* (*f. -a*) pro-Russian. II *a.* pro-Russian.

filoso *a.* stringy.

filosofale *a.* (*scherz,rar*) (*da filosofo*) philosopher's, philosophical. □ *pietra* ~ philosopher's stone.

filosofare (**filòsofo**; *aus.* **avere**) *v.i.* to philosophize.

filosofastro *m.* (*f. -a*) (*spreg*) philosophaster, pseudophilosopher.

filosofeggiare (**filosoféggio, filosoféggi**; *aus.* **avere**) *v.i.* (*spreg*) to play the philosopher, to pose as a philosopher.

filosofema *m.* (*Filos*) philosopheme.

filosofia *f.* philosophy (*anche estens*): *i problemi della* ~ the problems of philosophy; (*estens*) *la* ~ *di un'azienda* the company policy, the company strategy; *la metafisica è una parte della* ~ metaphysics is a branch of philosophy; *fare* ~ to philosophize. □ ~ *analitica* analytic philosophy; ~ *antica* ancient philosophy; ~ *aristotelica* Aristotelian philosophy; ~ *atomistica* atomistic philosophy; ~ *cartesiana* Cartesian philosophy; (*fig*) *prendere la vita con* ~ to take life philosophically, to take it easy; ~ *contemporanea* contemporary philosophy; (*Stor*) ~ *dei lumi* philosophy of the Enlightment; ~ *del diritto* philosophy of law, jurisprudence, legal philosophy; ~ *del linguaggio* philosophy of language; ~ *della natura* philosophy of nature; ~ *della religione* philosophy of religion; ~ *della scienza* philosophy of science; ~ *ellenistica* Hellenistic philosophy; ~ *empirica* empiricist philosophy, empirical philosophy; ~ *epicurea* Epicurean philosophy; ~ *esistenzialista* existentialist philosophy; ~ *greca* Greek philosophy; ~ *hegeliana* Hegelian philosophy; ~ *idealista* idealistic philosophy; *in* ~ in philosophy; ~ *kantiana* Kantian philosophy; ~ *medievale* medieval philosophy; ~ *moderna* modern philosophy; ~ *morale* moral philosophy; ~ *orientale* Eastern philosophy; ~ *platonica* Platonic philosophy, Platonism; ~ *politica* political philosophy; ~ *positiva* positive philosophy; ~ *sartriana* Sartre's philosophy; ~ *scettica* skeptical philosophy; ~ *scolastica* scholastic philosophy; ~ *socratica* Socratic philosophy; (*fig*) ~ *spicciola* common sense; ~ *stoica* Stoic philosophy; ~ *teoretica* theoretical philosophy.

filosoficamente *avv.* philosophically: *prenderla* ~ to take life philosophically, to take it easy.

filosofico (*pl. -ci*) *a.* 1 (*di filosofia*) philosophic, philosophical: *sistema* ~ philosophical system. 2 (*da filosofo*) philosopher's, of a philosopher, philosophical (*anche estens*): *mente filosofica* mind of a philosopher; *atteggiamento* ~ philosophical attitude.

filosofismo *m.* (*spreg*) philosophism.

filosofo *m.* (*f. spreg. -a/-essa*) philosopher. □ ~ *aristotelico* Aristotelian, Aristotelian philosopher; *da* ~ philosophic, philosophical; ~ *esistenzialista* Existentialist; ~ *positivista* positivist.

filosovietico I *a.* pro-Soviet. II *m.* (*f. -a*; *pl. -ci*) pro-Soviet.

filossera *f.* (*Entom,pop*) phylloxera.

Filostrato *n.pr.m.* (*Lett*) Philostratus.

Filottete *n.pr.m.* (*Lett*) Philoctetes.

filovia *f.* 1 (*linea di filobus*) trolley line, trolley bus service, trolley bus route. 2 (*colloq*) (*filobus*) trolley bus.

filoviario *a.* trolley (*attr.*), trolley bus: *linea*

filoviaria trolley bus line, trolley bus route.

filtrabile *a.* filterable.

filtrabilità *f.* filterability (*anche Biol*).

filtraggio *m.* filtration.

filtrante *a.* filter (*attr.*), filtering: *elemento* ~ filter element.

filtrare (**filtro**) I *v.t.* to filter, to strain: ~ *l'acqua* to filter water; ~ *il tè con il colino* to strain tea. II *v.i.* (*aus.* **essere**) 1 to filter, to percolate, to seep: *l'umidità è filtrata attraverso il soffitto* the damp has seeped through the ceiling. 2 (*stillare*) to ooze, to trickle. 3 (*estens*) (*rif. alla luce*) to filter through, to pass through: *la luce filtrava attraverso la fessura* the light filtered in through the chink. 4 (*fig*) (*trapelare*) to filter, to filter out, to filter through, to leak out, to get out: *la notizia filtrò alla fine* the news got out in the end. □ ~ *le telefonate* to screen phone calls.

filtrato I *a.* filtered. II *m.* filtrate.

filtrazione *f.* filtration, filtering, straining.

filtro[1] *m.* 1 filter. 2 (*colino*) strainer: *il* ~ *per il tè* the tea strainer. 3 (*di sigaretta*) filter, filtertip; (*di pipa*) filter. 4 (*Fot,Tecn*) filter. 5 (*Rad,Acus*) filter, suppressor. □ (*Acus*) ~ *antidisturbo* suppressor; ~ *antipolvere* pollen filter; (*Fot*) ~ *colorato* colour filter, (*Am*) color filter; (*Mot*) ~ *dell'aria* air filter, (*Am*) air cleaner; (*Mot*) ~ *dell'olio* oil filter; ~ *di carta* paper filter; (*Inform*) ~ *di posta elettronica* mail filter, mail screening; (*Fot*) ~ *di selezione* tricolour filter, colour-separation filter; (*Fot*) ~ *diffusore* diffuser, soft focus lens; (*Fot*) ~ *giallo* yellow filter; (*Acus*) ~ *passabanda* band-pass filter; (*Cosmet*) ~ *solare* sun filter, sun screen; ~ *UV* UV filter.

filtro[2] *m.* (*bevanda magica*) philtre, (*Am*) philter, potion, elixir. □ ~ *amoroso* love potion.

filtropressa (*pl.* **filtroprèsse**) *m.* (*Chim*) (*macchina*) filter press.

filugello *m.* (*Entom*) silkworm.

filza *f.* 1 string, row: *una* ~ *di salsicce* a string of sausages; *una* ~ *di perle* a string of pearls. 2 (*fig*) (*sequela*) string, series, row, long train: *una* ~ *di bestemmie* a string of oaths. 3 (*Sart*) (*imbastitura*) running stitch.

FIM 1 *Federazione Italiana Metalmeccanici* (Italian federation of mechanical and metallurgical workers). 2 *Federazione internazionale Metalmeccanici* (International federation of mechanical and metallurgical workers).

fimosi *f.* (*Med*) phimosis.

FIN *Finlandia* FIN (Finland).

finale I *a.* 1 (*ultimo*) last, final, end (*attr.*): *la scena* ~ the final scene. 2 (*definitivo, conclusivo*) final, conclusive, ultimate: *decisione* ~ the final decision. 3 (*che concerne il fine*) final, ultimate: *causa* ~ final cause, ultimate cause. 4 (*Gramm*) *final*: *congiunzione* ~ final conjunction; *proposizione* ~ final clause. II *m.* 1 (*ultima scena*) last scene: *il* ~ *del primo atto* the last scene of the first act. 2 (*parte conclusiva*) ending, end, close: ~ *a sorpresa* unexpected ending, twist. 3 (*Mus*) finale. III *f.* 1 (*di gara*) finals *pl.*, final: *entrare in* ~ to reach the finals. 2 (*di concorso*) final round, last round, final trial: *dieci canzoni sono entrate in* ~ ten songs have reached the last round. 3 (*Gramm*) (*proposizione finale*) final clause; (*congiunzione finale*) final conjunction. □ (*Sport*) ~ *di coppa* cup finals.

finalina *f.* (*Sport*) bronze medal match.

finalismo *m.* (*Filos*) finalism.

finalissima *f.* (*Sport*) grand final.

finalista I *m./f.* (*Filos,Sport*) finalist. II *a.*

finalistico

(*Sport*) (*ammesso alla finale*) in the final round, having reached the finals: *atleta ~* athlete in the finals.

finalistico (*pl.* -**ci**) *a.* (*Filos*) finalist (*attr.*).

finalità *f.* 1 (*fine, scopo*) end, purpose, aim, objective. 2 (*Filos*) finality.

finalizzare (**finalìzzo**) *v.t.* 1 (*concludere*) to finalize. 2 (*indirizzare*) to aim (*a* at), to direct (to).

finalizzato *a.* 1 target-oriented, goal-oriented: *un progetto ~* a project with objective; *uno studio ~* a specifically designed study. 2 (*indirizzato, destinato*) aimed (*a* at).

finalizzazione *f.* 1 finalization. 2 (*scopo*) aim, purpose.

finalmente I *avv.* 1 (*alla fine, fortunatamente*) at last, finally: *~ sei arrivato* at last you have come; *~ soli* alone at last. 2 (*da ultimo*) finally, in the end, at the end, eventually: *ha viaggiato molto e ~ si è stabilito in Italia* he travelled a great deal and finally settled in Italy. II *intz.* at last!, at long last!

finanche *avv.* (*anche, perfino*) even: *~ gli amici più cari lo abbandonarono* even his best friends abandoned him.

finanza *f.* 1 (*attività finanziaria*) finance; (*politica finanziaria*) financial policy: *il mondo della ~* the financial world. 2 *pl.* finances: *le finanze dello stato* state finances. 3 *pl.* (*scherz*) (*mezzi economici*) finances, means, financial state *sing.*, financial resources: *le mie finanze non mi permettono di viaggiare in aereo* my finances will not allow me to fly. 4 (*Guardia di Finanza*) tax police, finance ministry's police. □ (*fig*) *~ allegra* lavish spending; *finanze pubbliche* public revenue, public finances.

finanziamento *m.* 1 (*il finanziare*) financing: *il ~ di un'impresa* the financing of a company. 2 (*concessione di fondi*) funding. 3 (*l'ammontare della somma erogata*) funds *pl.*, capital. 4 (*aiuto finanziario*) backing, financial support, sponsoring. □ (*fig*) *~ a breve termine* short-term financing; *~ a medio termine* medium-term financing; *~ a tasso zero* interest-free loan; *~ illegale dei partiti* illegal party funding; *~ in disavanzo* deficit financing.

finanziare (**finànzio, finànzi**) *v.t.* 1 to finance, to fund: *~ un giornale* to finance a newspaper. 2 (*sponsorizzare*) to sponsor.

finanziaria *f.* 1 finace company, finance house; (*holding*) holding company. 2 (*legge finanziaria*) finance act, financial act. 3 (*progetto di legge*) finance bill, financial bill: *approvare la ~* to approve the finance bill.

finanziariamente *avv.* financially.

finanziario *a.* financial: *diritto ~* financial law; *esercizio ~* financial year; *dal punto di vista ~ questo impiego non mi conviene* from the financial point of view this job is not worth my while.

finanziatore I *m.* (*f.* -**trice**) 1 (*financial*) backer, financer: *il ~ di un'impresa* the backer of a venture. 2 (*sponsor*) sponsor, backer. II *a.* financing: *ente ~* financing body.

finanziera *f.* 1 (*Abbigl*) frock coat. 2 (*Gastron*) dish consisting of giblets, mushrooms and vegetables cooked in wine and butter.

finanziere *m.* 1 financier. 2 (*agente della Guardia di Finanza*) tax police officer.

finca *f.* (*burocr*) (*colonna*) column (of a register or schedule).

finché *congz.* 1 (*per tutto il tempo che*) as long as: *ti amerò ~ vivo* I shall love you as long as I live. 2 (*fino al momento in cui*) until, till: *aspetta ~ io non sia tornato* wait until

---

I come, wait for me to return; *aspetterò ~ non arriverà* I'll wait until he arrives.

fin de siècle /fɛ̃de'sjɛkl/ *a.inv.* fin de siècle.

fine [1] I *f.* 1 close, end, ending, conclusion: *dal principio alla ~* from beginning to end; *raccontami la ~ del romanzo* tell me the end of the novel, tell me how the novel ends; *film a lieto ~* film with a happy ending; *~ della prima parte* end of part one; *~ primo tempo* end of part one. 2 (*morte*) end, death: *il malato sentiva avvicinarsi la ~* the sick man felt the end drawing near. 3 (*esito, riuscita*) end. 4 (*Cin*) (*di un film*) the end. II *m.* 1 (*scopo*) end, purpose, aim, goal, intention: *proporsi un ~* to set oneself a goal; *ottenere un ~* to gain one's end, to achieve one's end, to attain one's goal; *agire con fini onesti* to act with honest intentions; *il ~ ultimo* the ultimate purpose, the aim. 2 (*esito*) result, issue, conclusion, end, outcome: *portare qcs. a buon ~* to bring sth. to a successful conclusion. □ *a ~ maggio* at the end of May; (*Comm*) *a ~ anno* at the close of the year; *a che ~?* to what end?, for what reason?, why?, (*colloq*) what for?; *a fini di bene* with good intentions; *l'ho fatto a fin di bene* I meant well; *a ~ mese*: 1 at the end of the month; 2 (*Comm*) (for payment) at the end of the month, for monthly settlement; *a ~ pagina* at the bottom of the page; *essere ~ a se stesso* to be an end in itself; *al ~ di* in order to; *al solo ~ di* for the sole purpose of; *alla ~*: 1 (*rif. a spazio*) at the end: *alla ~ della strada troverai una chiesa* at the end of the road you will find a church; 2 (*rif. a tempo*) in the end, at length: *alla ~ si vedrà chi aveva ragione* we shall (*o* will) see who was right in the end; 3 (*finalmente*) at last, finally: *sei arrivato, alla ~* at last you have come; *alla ~ di ottobre* at the end of October; *alla fin ~* after all, all things considered, on the whole; *avere ~* to end, to come to an end; *non avere ~* to be never ending, to be endless; *che ~ ha fatto tuo fratello?* what has happened to your brother?; *~ corsa*: 1 (*Mot*) end of stroke; 2 (*Mecc*) (*arresto*) end-stop; 3 (*El*) limit switch; *in fin dei conti* after all, all things considered, on the whole; *la ~ del mondo*: 1 the end of the world (*anche estens*): (*estens*) *non è la ~ del mondo!* it's not the end of the world!; *sembrava la ~ del mondo* it was a real disaster; 2 (*fig*) (*in senso positivo*) fantastic, wonderful: *quella ragazza è la ~ del mondo* that girl is really fantastic, that girl is really very beautiful, that girl is quite something; *ha preparato un dolce che era la ~ del mondo* he made a dessert that was incredible, he made a dessert that was over the top; (*fig*) *fare la ~ del topo* to be caught like a rat in a trap (*o* in a maze); *vedere la ~ del tunnel* to see the light at the end of the tunnel (*anche fig*); (*region*) *alla ~ della fiera* after all, all things considered, on the whole; *~ dell'anno* year's end; *essere in fin di vita* to be at death's door, to be dying; *è la ~!* this is the end; *mettere a qcs.* to put an end to sth., to bring sth. to an end; *~ secondario* secondary purpose; *senza ~* endless, never-ending, unending, boundless; *una distesa d'erba senza ~* a boundless stretch of grass; *un'attesa senza ~* an endless wait; *~ settimana* weekend; *~ stagione* end of the season. *Prov.*: *il ~ giustifica i mezzi* the end justifies the means.

fine [2] I *a.* 1 (*sottile*) fine, thin, slender: *un filo ~* a fine thread; *capelli fini* very fine hair. 2 (*impalpabile*) fine: *sabbia finissima* very fine sand; *una pioggerella ~* a fine drizzle. 3 (*di buon gusto, di qualità*) fine. 4 (*delicato*) fine, delicate: *ricamo ~* fine embroidery; *li-*

---

neamenti fini fine features, delicate features. 5 (*signorile, raffinato*) refined, distinguished, fine: *una signora molto ~* a very refined lady. 6 (*Met*) pure, fine: *argento ~* pure silver, fine silver. 7 (*fig*) (*acuto, penetrante*) sharp, acute, discerning, subtle: *udito ~* sharp hearing keen hearing; *intelletto ~* subtle mind. II *avv.* finely, fine: *questa penna scrive ~* this pen has a fine nib, this pen has a fine tip. □ *~ dicitore*: 1 music hall reciter, cabaret reciter; 2 (*iron*) affected speaker; (*colloq*) *fare ~* to be (all) the rage, to be sharp, (*Br*) to cut a dash; *~ ironia* subtle irony.

finegranulante *a.* (*Fot*) fine-grain, fine-grained.

finemente *avv.* 1 finely, thin, thinly: *tagliare ~* to cut thinly. 2 (*delicatamente, abilmente*) finely: *un ricamo ~ eseguito* finely-worked embroidery. 3 (*fig*) (*con acume*) subtly, shrewdly.

finestra *f.* 1 window: *la stanza ha quattro finestre* the room has four windows. 2 (*nelle buste commerciali*) window. 3 (*Giorn*) box. 4 (*Inform*) window, box. 5 (*Anat*) fenestra. 6 (*fig*) age after which one may take retirement with benefits. □ (*Edil*) *~ a battenti* casement-window; *~ a due battenti* double-light window; (*Inform*) *~ a comparsa* pop-up window; (*Arch*) *~ a edicola* aedicula, aedicula window; (*Edil*) *~ a ghigliottina* sash window; (*Arch*) *~ a mezzaluna* (*Br*) fanlight, transom window, (*Am*) transom; (*Arch*) *~ a tramoggia* hopper-frame window; (*Arch*) *~ a vetri* glass window; *~ a vetri colorati* stained-glass window; *alla ~*: 1 (*stato in luogo*) at the window; 2 (*moto a luogo*) to the window; *andare alla ~* to go to the window, to come to the window; (*Arch*) *~ architrava* architraved window; (*Inform*) *~ attiva* active window; (*Arch*) *~ bifora* mullioned window with two lights; (*Arch*) *~ cieca* blind window; (*Arch*) *~ con inferriata* window with a grille; *la ~ dà sul lago* the window looks out over the lake, the window overlooks the lake; *guarda dalla ~* to look out of the window; (*Inform*) *~ di avvertimento* alert box; (*Inform*) *~ di dialogo* dialog box; (*Edil*) *~ doppia* double glazed window; (*Arch*) *~ finta* blind window, false window; (*Inform*) *~ inattiva* inactive window; (*Arch*) *~ monofora* single-lancet window; (*Arch*) *~ ogivale* lancet window; (*Arch*) *~ panoramica* bay window; (*Inform*) *finestre sovrapposte* overlapped windows; (*fig*) *~ sul mondo* window on the world; (*Geol*) *~ tettonica* tectonic fenster.

finestrato *a.* windowed.

finestratura *f.* (*Edil*) windows *pl.*

finestrino *m.* 1 (*di treni, auto e sim.*) window: *posto vicino al ~* window seat. 2 (*Mar*) (*oblò*) porthole.

finestrone *m.* large window.

finezza *f.* 1 fineness, thinness: *la ~ di un capello* the fineness of a hair; *la ~ della sabbia* the fineness of the sand. 2 (*delicatezza*) fineness, delicacy: *la ~ di un intarsio* the delicacy of inlaid work. 3 (*raffinatezza, signorilità*) refinement: *~ di gusti* good taste. 4 (*fig*) (*acutezza*) sharpness, keenness: *~ d'udito* sharpness of hearing, keenness of hearing; *~ d'ingegno* shrewdness of mind. 5 (*sottigliezza*) nicety, subtlety: *le finezze della lingua* the niceties of the language.

fingere (*pres.ind.* **fingo, fingi**; *p.rem.* **finsi**; *p.p.* **finto**) *v.t.* 1 (*simulare*) to feign, to pretend, to sham: *finse uno svenimento* she feigned a fainting fit, she staged a fainting fit; *~ la pazzia* to feign madness, to pretend to be mad, to pretend one is mad; *~ amicizia* to feign friendship; *~ una malattia* to fake an illness, to pretend to be ill. **2** (*immaginare, supporre*) to imagine, to suppose: *fingi per un attimo di essere un bambino* imagine for a moment that you are a child. **3** (*ammettere*) to assume: *fingiamo che sia così* let us assume that is how it is. **II** *v.i.* (*aus.* **avere**) to pretend, to feign, to sham: *non sa* ~ *di fronte ai genitori* she cannot pretend to her parents; *non dorme, finge soltanto* he is not asleep, he is only pretending (*o* he is only shamming). **III** *v.pron.* **fingersi** to pretend to be, to feign, to feign oneself, to sham: *si finse un ricco commerciante* he pretended to be a rich merchant, he made himself out to be a rich merchant; *fingersi cieco* to feign blindness, to pretend to be blind; *fingersi morto* to feign death.

finimento *m.* **1** (*rar*) (*rifinitura*) finish, finishing touches *pl.*, lasttouches *pl.* **2** *pl.* (*bardatura del cavallo*) harness *sing.* □ *mettere i finimenti a un cavallo* to harness a horse.

finimondo *m.* pandemonium, bedlam, chaos, turmoil: *successe un* ~ *pandemonium broke out, there was bedlam, all hell broke loose.*

finire (**finìsco, finìsci**) **I** *v.t.* **1** (*portare a termine*) to finish, to end, to complete, to conclude, to bring to an end: *hai finito il lavoro?* have you finished your work?; *finisci i compiti!* finish your homework! **2** (*esaurire, consumare*) to finish, to finish up, to finish off, to go through: *abbiamo finito le provviste* we have finished our provisions. **3** (*spendere tutto*) to spend: *ho finito lo stipendio in una settimana* I spent all my salary in a week, I went through my salary in a week. **4** (*vendere tutto*) to run out of, to sell out of: *il negoziante ha finito questo prodotto* the shopkeeper has run out of this product. **5** (*mangiare tutto*) to eat up, (*scherz*) to polish off; (*bere tutto*) to drink up, to drink down, to drain. **6** (*smettere*) to stop, to put an end to: *finisci le tue inutili lamentele* stop your useless moaning. **7** (*uccidere, dare il colpo di grazia*) to finish, to finish off, to dispatch: *il cacciatore finì la lepre* the hunter finished off the hare. **II** *v.i.* (*aus.* **essere/avere**; *when used in relation to persons the auxiliary used is* **avere**) **1** (*cessare: rif. a cose*) to end, to come to an end, to finish, to be over: *la riunione finisce alle diciannove* the meeting ends at seven o'clock, the meeting is over at seven o'clock. **2** (*rif. a tempo*) to be up; (*rif. a persone*) to finish, to end, (*colloq*) to be through: *l'oratore ha finito* the speaker has finished. **3** (*consumarsi, esaurirsi*) to be finished, to be used up, to be (all) gone, to have run out: *il burro è finito* the butter is finished, the butter is all gone. **4** (*esaurirsi*) (*Comm*) to be sold out. **5** (*terminare*) to end, to come to an end, to stop: *il nostro podere finisce al fiume* our land ends at the river. **6** (*sboccare: rif. a fiumi*) to flow: *l'Aniene finisce nel Tevere* the Aniene flows into the Tiber. **7** (*sboccare: rif. a strade*) to lead: *questa strada finisce nella piazza del paese* this road leads to the town square. **8** (*concludersi*) to end, to end up: *come finisce il film?* how does the film end? **9** (*andare a capitare*) to end up, to land up: *l'arazzo è finito in soffitta* the tapestry has ended up in the lumber room; *finire in galera* to end up in jail, to land in jail, to go to jail. **10** (*Gramm*) to end: *i sostantivi femminili generalmente finiscono in "a"* feminine nouns generally end in "a". **III** *v.i.impers.* (*aus.* **essere/avere**) to stop: *è* (*o ha*) *finito di piovere* it has stopped raining. **IV** *m.* end: *sul* ~ *del giorno* at the end of the day; *sul* ~ *della primavera* towards the end of the

spring. □ (*fig*) ~ *al muro* to be shot; (*colloq, fig*) ~ *alla neuro* to end up in a nuthouse; *andare a* ~: 1 to get to, to happen to: *dove sono andati a* ~ *i miei occhiali?* where have my glasses gone (to)?, what (ever) happened to my glasses?; 2 (*terminare*) to lead to, to go to, to end (up): *dove va a* ~ *questa strada?* where does this road lead (to)?, where does this road go (to)?; 3 (*concludersi*) to turn out, to end (up): *come è andata a* ~ *poi quella faccenda?* how did it all end (up)?; *so già come va a* ~ I know just what will happen; *va sempre a* ~ *così* it's always the same old story, it always ends up like this; *andare a* ~ *bene* to turn out well; *andare a* ~ *male* to turn out badly: *andrà a* ~ *male*: 1 (*rif. a situazione*) no good will come of this, it will end badly, things will take a nasty turn; 2 (*rif. a persona*) he will come to no good; (*colloq*) *avere finito qcs.* to have finished sth., to be done with sth., to be through with sth.: *ho finito il lavoro* I have finished my work; *con te non ho ancora finito!* I'm not through with you yet!; *hai finito?*: 1 have you finished?, are you finished?; 2 (*la smetti?*) are you through?, have you had your say?; ~ *bene*: 1 to turn out well; 2 (*rif. a film*) to have a happy ending; ~ *che* to end up by: *finirà che dovrà pagare* he will end up by having to pay, he'll have to pay in the end; ~ *con* to end up by: *finì con l'arrabbiarsi* he got angry in the end; ~ *di fare qcs.* to stop doing sth., to finish doing sth., to leave off doing sth.: ~ *di crescere* to stop growing; *ho appena finito di mangiare* I have just finished lunch, I have just finished eating; ~ *di parlare* to stop talking, to end one's speech; *ha finito di soffrire* his sufferings are ended, his sufferings are over; ~ *di leggere qcs.* to read sth. through; (*colloq*) **finirla** to stop, to have done, to give over: *è ora di finirla* it is time to put a stop to all this, it is time to stop all this; *finiscila!* stop it!; *finiscila con queste chiacchiere sciocche* stop all this silly talk; *è ora di finirla con questa storia* it's time to put an end to this matter; stop going on about this; ~ *i propri giorni* to end one's days; ~ *in bellezza* to end up with a bang, to wind up with a flourish; ~ *in gloria* to end up with a bang; ~ *in niente* to come to nothing; (*fig*) ~ *in una bolla di sapone* to end up in smoke; (*fig*) *è finita la festa!* the party's over!; ~ *lì* to end there: *tutto finì lì* it all ended there; *la cosa non finirà lì* it won't end there; ~ *un libro* to get to the end of a book, to finish a book; ~ *male*: 1 to come to a bad end; 2 (*morire in povertà*) to die in poverty; 3 (*morire di mala morte*) to come to a bad end; 4 (*rif. a film*) to have an unhappy ending; *non* ~ *mai* to be interminable, to be endless, to be never-ending: *una strada che non* ~ *mai* a never-ending road; *la cosa non finisce qui* you will be hearing more about this matter, this is not the end of the matter; ~ *per* to end (up) by, to come to (*costr.pers.*): *finirà per ammalarsi* he will end up by making himself ill; *finirò per odiarlo se continua così* I shall come to hate him if he goes on like this; *ho finito per accettare* I accepted in the end; *per* ~ in conclusion; *stare per* ~ to be about to end; *stare per* ~ *di fare qcs.* to be about to finish doing sth.; ~ *gli studi* to complete one's studies; *essere sul* ~ to be nearly at an end, to be nearly over. *Prov.*: *non si finisce mai di imparare* live and learn.

finissaggio *m.* (*Tess*) finish, finishing.

finitezza *f.* **1** (*compiutezza, perfezione*) perfection, completeness: ~ *di stile* perfection of style. **2** (*limitatezza*) finiteness, limitedness.

finito **I** *a.* **1** (*completo, terminato*) finished, completed, over, done, concluded: *sarai pagato a lavoro* ~ you will be paid when the work is finished (*o* when the job is done); *arrivammo a festa finita* we arrived when the party was over; *la scuola è finita* term is over, term is ended. **2** (*venduto, esaurito*) sold out, out of stock: *articolo* ~ article which is sold out. **3** (*concluso*) (all) over, done with, ended, finished: *una faccenda finita da tempo* a matter which was all over a long time ago. **4** (*rif. a persona: rovinato*) done for, finished, ruined: *è un uomo* ~ he is finished, he is done for; *sono* ~! I'm done for!, I'm finished! **5** (*rifinito, perfetto*) perfect, finished, polished: *un'opera finita in ogni particolare* a work which is perfect in every detail; *prodotto* ~ finished product. **6** (*rar*) (*bravo nella propria arte*) accomplished, expert, finished: *sarta finita* expert dressmaker. **7** (*passato*) over (and done), past: *è tutto* ~ it's all over (and done with). **8** (*Filos,Mat,Gramm*) finite: *quantità finita* finite quantity. **II** *m.* (*Filos*) finite. □ *è finita* (*non c'è più nulla da fare*) it is all up, it is all over: *fra i due amici è finita* the two friends are through with each other; *tra noi è tutto* ~ it's all over between us; (*colloq*) *farla finita*: 1 (*smetterla*) to stop (it), to give over with (it): *falla finita con queste lamentele* stop all this complaining; *farla finita con qcs.* to have done with sth.; *farla finita con qcu.* to be through with so., to have done with so., to break it off with so.; 2 (*suicidarsi*) to end it all.

finitore *m.* finisher.

finitrice *f.* (*Mecc*) finishing machine.

finitura *f.* finishing, finish, trim: ~ *opaca* matt finish.

finizione *f.* (*Tecn*) finishing.

finlandese **I** *a.* Finnish, Finnic. **II** *m./f.* (*abitante*) Finn. **III** *m.* (*lingua*) Finnish.

Finlandia *n.pr.f.* (*Geog*) Finland.

finlandizzare (**finlandìzzo**) *v.t.* (*Pol*) to Finlandize.

finlandizzazione *f.* (*Pol*) Finlandization.

finnico (*pl.* **-ci**) **I** *a.* (*Stor*) Finnic. **II** *m.* (*lingua*) Finnic.

fino[1] **I** *prep.* (*used only before another preposition or an adverb; often shortened to* **fin**) **1** (*rif. a tempo*) until, till, up to: *sarò qui* ~ *alle sei* I shall be here until six. **2** (*rif. a luogo*) as far as, to: *accompagnami* ~ *alla stazione* take me to the station; *ho letto* ~ *a pagina cinque* I have read as far as page five, I have read up to page five. **II** *avv.* (*rar*) (*perfino, anche*) even, actually: ~ *gli amici lo abbandonarono* even his friends abandoned him. □ ~ *a*: 1 (*seguito dall'inf.*) until, till, to the extent that: *mangiare* ~ *a vomitare* to eat until one throws up; 2 (*seguito dall'inf.: tanto da*) so much that: *applaudirono* ~ *a spellarsi le mani* they clapped until their hands hurt, they clapped so much that their hands hurt; 3 (*rif. a tempo*) until, till, up to: *aspetterò* ~ *a domani* I shall wait till tomorrow; ~ *a qualche tempo fa* until lately, until recently; 4 (*rif. a luogo*) as far as, to: *abbiamo viaggiato insieme* ~ *a Venezia* we travelled together as far as Venice; 5 (*rif. a quantità*) up to: ~ *a 20 kg* up to 20 kg; ~ *a dieci persone* up to 10 people; ~ *a che*: 1 (*per tutto il tempo che*) as long as: *ti amerò* ~ *a che vivo* I shall love you as long as I live; 2 (*fino al momento in cui*) until, till: *aspetterò* ~ *a che non arriverà* I'll wait until he arrives; ~ *a che punto...?* to what extent...?; (*Comm*) ~ *a esaurimento scorte* while supplies last; ~ *a mezza gamba* halfway down the leg, halfway up the leg; (*rif. a gonna*) calf-length; ~ *a nuove disposizioni* until further instructions, until further orders; ~ *a nuovo avviso* (o ~*a nuovo ordine*) till further notice, until further orders, until further notice; ~*a oggi*: 1 until today; 2 (*finora*) up to now, so far; 3 (*Comm*) to date; ~*a ora*: 1 so far, till now, up to now: *dove sei stato ~ a ora?* where have you been till now?; *ho lavorato ~ a ora* I have been working up to now; 2 (*in frasi negative*) so far, yet: ~ *a ora non ho ricevuto alcuna risposta* so far, I have had no reply, I have had no reply (as) yet; ~*a prova contraria* until proved otherwise; ~ *a quando*: 1 until, till, as long as; 2 (*interrogativo*) till when?; (*per quanto tempo*) how long?; ~*a quel momento* until then, until that time, until that moment; ~*a questo momento* (*finora*) up to now, until now, so far; *non la credevo gelosa ~ a questo punto* I hadn't thought she was that jealous; ~*a qui*: 1 (*rif. a spazio*) this far, up to here; 2 (*rif. a tempo*) so far, up to now; 3 (*rif. a ragionamento*) so far; (*fig*) *mangiare ~a scoppiare* (*Br*) to eat fit to burst, (*Am*) to eat until you're ready to pop; ~ *ad allora* till then, until then; ~ *agli occhi* up to the eyes; (*fig*) ~*al collo* up to one's neck, up to one's ears, up to one's eyeballs: *essere indebitato ~ al collo* to be deep in debt, to be up to one's ears in debt, to be debt-ridden; (*fig*) *essere marcio ~al midollo* to be rotten to the core, to be bad to the bone; *l'acqua arriva ~ al petto* the water is chest-high; ~*alla morte*: 1 until one dies, till death: *fedele ~ alla morte* faithful till death; *combattere ~ alla morte* to fight to the death; 2 (*per tutta la vita*) all one's life: *è vissuto qui ~ alla morte* he lived here all his life; ~ *alla nausea* until one is sick: *ho mangiato ~ alla nausea* I ate until I was sick; I made myself sick eating; 2 (*iperb*) ad nauseam: *ripetere qcs. ~ alla nausea* to repeat sth. ad nauseam; *ripetere qcs. ~alla noia* to repeat sth. until one is sick of it; (*fig*) *bagnato ~alle ossa* wet through, soaked to the skin; (*fig*) *congelato fino alle ossa* chilled to the bone; ~*all'eccesso* to the last degree; ~*all'ultimo* to the (very) end, until the end, to the last; *fin da*: 1 (*rif. al presente o al futuro*) (as) from, from... on(wards): *fin da domani* as from tomorrow, from tomorrow (onwards); 2 (*rif. al passato*) since, ever since, as far back as: *fin da ieri* since yesterday; *fin dalla nascita* since birth, ever since he was born; *fin da bambino* ever since childhood, ever since one was a child; *fin da allora* since then; *fin dall'età di quindici anni* since he wa fifteen; *fin dall'inizio* from the start, from the outset; *fin da quel momento* (*fin d'ora*) from now on, (as) from now; *fin dal primo momento* from the very beginning; *fin dal principio* right from the start; *fin dalle origini* from the beginning, from the very beginning, from the outset, from the very start; *fin d'ora*: 1 as from now; 2 (*subito*) at once, straight away; *te lo dico fin d'ora* I'm telling you as from now, I'm telling you here and now; 3 (*in anticipo*) in advance: *grazie fin d'ora* thank you in advance; *fin dove*: 1 to where, as far as, up to; 2 (*interrogativo*) how far?; ~ *in cima* to the (very) top, right up; ~ *in fondo*: 1 to the bottom, to the very bottom, to the end, right down: *leggere ~ in fondo* to read to the last page, to read to the end; *premere il pedale ~ in fondo* to press the pedal right down; 2 (*fig*) thoroughly: *fece il suo dovere ~ in fondo* he did his duty thoroughly, he did his duty to the best of his ability; *dobbiamo andare ~ in fondo a questo affare* we must

get to the bottom of this matter; *fin là* as far as there, up to that point, up to there; *fin lì* as far as there, up to that point, up to there; *fin qua*: 1 (*rif. a spazio*) (*fino a questa altezza*) up to here; (*fino a questo punto*) to this point; 2 (*rif. a tempo*) till now, up to now, up till now, so far; *fin qui*: 1 (*rif. a spazio*) this far, up to here: *fin qui e non oltre* so far and no farther; 2 (*rif. a tempo*) so far, up to now; 3 (*rif. a ragionamento*) so far: *fin qui tutto bene* so far so good; (*fig*) *averne fin sopra i capelli* (o *averne fin sopra le orecchie*) to be fed up (*di* with), to be sick and tired (*di* of): *di lui ne ho fin sopra i capelli* I am sick to death of him, (*Am*) I've had enough of him; *fin troppo* all too, only too: *fin troppo spesso* all too often.

fino[2] *a.* 1 (*sottile*) fine, thin, slender: *seta fina* fine silk. 2 (*rif. a lavoro*: accurato) fine, delicate. 3 (*Met*) pure, fine: *oro ~* pure gold, fine gold. 4 (*fig*) (*acuto*) sharp, keen, subtle, acute: *ingegno ~* keen mind. □ *lavoro di ~* fine work, delicate work.

finocchiella *f.* (*Bot*) sweet cicely.

finocchietto *m.* (*Bot,Alim*) wild fennel.

finocchio *m.* 1 (*Bot,Alim*) fennel: *essenza di ~* fennel oil; *semi di ~* fennel seeds. 2 (*spreg*) (*omosessuale*) queer, fairy, poof.

finora *avv.* 1 so far, until now, up to now: *ho lavorato ~* I have been working up to now. 2 (*in frasi negative*) so far, yet: ~ *non ho ricevuto alcuna risposta* so far, I have had no reply, I have had no reply (as) yet.

finsi → **fingere**.

finta *f.* 1 (*finzione, simulazione*) pretence, (*Am*) pretense, sham, feint: *il suo pentimento è una ~* his repentance is a pretence, he's not a bit sorry. 2 (*Sport*) (*nel pugilato*) feint: *fare una ~* to feint; (*nel calcio*) dummy. 3 (*fare ~* (*fingere*) to pretend, to sham, to put on a show: *fece ~ di non capire* he pretended not to understand, he pretended he did not understand; *fare ~ di nulla* to act as if nothing had happened; *fare ~ di non vedere qcs.* to turn a blind eye on sth.; *fare per ~* to pretend, to put it on, to sham; *è solo per ~* it's only pretend; *è tutta una ~* it's all pretence.

fintaggine *f.* (*rar*) duplicity, falseness.

fintanto □ ~ *che*: 1 (*per tutto il tempo che*) as long as; 2 (*fino a quando*) until, till: *il bambino non smise di piangere ~ che non lo presi in braccio* the baby did not stop crying until I picked him up.

fintantoché *congz.* 1 (*per tutto il tempo che*) as long as. 2 (*fino a quando*) until, till: *il bambino non smise di piangere ~ non lo presi in braccio* the baby did not stop crying until I picked him up.

fintare (**finto**) I *v.t.* (*Sport*) to dummy, (*Am*) to fake so. out. II *v.i.* (*aus. avere*) (*Sport*) to feint.

finto → **fingere** *a.* 1 false: *baffi finti* a false moustache. 2 (*artificiale*) artificial, false, imitation: *scarpe di ~ coccodrillo* imitation crocodile shoes; *fiori finti* artificial flowers. 3 (*simulato*) false, sham, feigned, mock. 4 (*rif. a porta, finestra*) blank, dummy. 5 (*fig*) fictitious: *finta donazione* fictitious donation. □ (*Mil*) *finta battaglia* mock battle; *finta pelle* mock leather, imitation leather; *fare il ~tonto* to play dumb, to pretend to be a fool, to act dumb.

finzione *f.* 1 pretence, sham: *il suo dolore è una ~* his sorrow is a sham, his sorrow is put on; *questa malattia è tutta una ~* this illness is all pretence. 2 (*ipocrisia*) deceit, deceitfulness, duplicity, falsehood, hypocrisy. 3 (*Lett*) (*creazione dell'immaginazione*) fiction, figment, invention, make-believe: ~

poetica poetic invention. □ (*Dir*) ~*giuridica* legal fiction; ~*scenica* theatrical make-believe.

fio *m.* (*rar*) penalty. □ *pagare il* ~ to pay, to pay the penalty, to pay the price (*di* for): *pagare il ~ di una colpa* to pay for a fault.

fiocamente *avv.* 1 weakly, faintly. 2 (*rif. a luce*) dimly.

fioccare (**fiòcco, fiòcchi**; *aus.* **essere**) I *v.i.* 1 (*cadere a fiocchi*) to snow, to fall in flakes: *la neve fiocca lentamente* the snow is falling slowly. 2 (*fig*) to pour down, to shower down. II *v.i.impers.* (*nevicare*) to snow: *fiocca da due giorni* it has been snowing for two days. □ *fioccano le proteste* we are snowed under with protests.

fiocchetto *m.* tassel.

fiocco[1] *m.* (*pl.* -**chi**) 1 (*nodo di nastro*) bow, ribbon: *aveva un ~ di velluto fra i capelli* she had a velvet bow in her hair; *fare un ~* to make a bow; *sciogliere un ~* to loosen a bow, to undo a bow. 2 (*bioccolo*) tuft, flock, lock: ~ *di lana* flock of wool; ~ *di cotone* lock of cotton, cotton flock. 3 (*di fibre artificiali*) staple. 4 (*di neve*) flake, snowflake: *la neve cadeva a fiocchi* snowflakes were falling. 5 (*batuffolo*) wad: *un ~ d'ovatta* a wad of cotton wool. 6 *pl.* (*Alim*) flakes: *fiocchi di granoturco* cornflakes; *fiocchi di avena* oatflakes. □ (*fig*) *coi fiocchi*: 1 (*colloq*) (*eccellente*) first-rate, excellent, capital, slap-up: *un pranzo coi fiocchi* a slap-up meal; *un avvocato coi fiocchi* a first-class lawyer; 2 (*forte*) real, thorough: *un predicozzo coi fiocchi* a real talking-to.

fiocco[2] (*pl.* -**chi**) *m.* (*Mar*) jib.

fioccoso *a.* 1 (*che ha molti fiocchi*) fluffy, flocky: *lana fioccosa* flocky wool. 2 (*simile a fiocchi*) fleecy, fluffy: *nuvole fioccose* fleecy clouds. 3 (*Chim*) flocculent (*attr.*).

fiocina *f.* (*Pesc*) harpoon.

fiocinare (**fiòcino**) *v.t.* (*Pesc*) to harpoon, to spear: ~ *un pesce* to harpoon a fish.

fiocinata *f.* (*Pesc*) blow with a harpoon.

fiocinatore *m.* (*Pesc*) harpooner.

fiocine *m.* (*Pesc*) grape skin.

fiociniere *m.* (*Pesc,rar*) harpooner.

fioco (*pl.* -**chi**) *a.* 1 (*rif. a suono*) faint, weak, dim: *un ~ lamento* a weak moan, a feeble moan; *con voce fioca* in a weak tone. 2 (*rif. a luce*) dim, faint: *un ~ chiarore* a faint light.

FIOM 1 *Federazione Impiegati e Operai Metallurgici* (Federation of metallurgical workers and staff). 2 *Federazione Internazionale dei Lavoratori Metallurgici* (International Federation of Metallurgical Workers).

fionda *f.* 1 (*Mil,ant*) sling. 2 (*per ragazzi*) catapult: *tirare un sasso con la* ~ to shoot a stone with a catapult, to catapult a stone.

fiondare (**fióndo**) I *v.t.* (*scagliare*) to throw, to fling. II *v.pron.* **fiondarsi** (*colloq*) to rush, to fling oneself.

fioraia *f.* florist; (*ambulante*) flower seller; (*ragazza*) flower girl.

fioraio *m.* 1 florist; (*ambulante*) flower seller. 2 (*negozio*) florist, florist's shop; (*chiosco*) flower stall, flower stand.

fiorame *m.* flowered pattern. □ *stoffa a fiorami* flowered fabric, flowered material.

fiorato *a.* (*a fiori*) flowered, with a floral design: *carta fiorata* flowered paper; *stoffa fiorata* flowered fabric, flowered material.

fiordaliso *m.* 1 (*Bot*) cornflower, bluebottle. 2 (*Arald*) (*giglio*) lily; (*giglio di Francia*) fleur-de-lis.

fiordilatte *m.inv.* (*Alim*) 1 mozzarella made with cow's milk. 2 (*gelato*) plain icecream.

fiordo *m.* (*Geol*) fjord, fiord.

fiore m. 1 flower. 2 (*di albero*) blossom: ~ *di mandorlo* almond blossom. 3 (*pianta di fiori*) flower: *coltivare i fiori* to grow flowers. 4 (*fig*) (*parte migliore*) flower, cream, pick: *il ~ della nobiltà* the cream of the aristocracy; *il ~ della società* the cream of society. 5 (*fig*) (*periodo più bello, massimo splendore*) bloom, prime, flower: *nel ~ della gioventù* in the bloom of youth, in one's prime. 6 pl. (*nelle carte da gioco*) clubs: *asso di fiori* ace of clubs. 7 (*Pell*) grain leather, skiver. 8 (*Enol*) flowers pl. (of wine). □ *a fiori* flowered, with a floral design, with a floral pattern: *abito a fiori* dress with a flowered pattern; *carta a fiori* paper with a floral design; *a fior di* on the surface of, skimming over, level with: *galleggiare a fior d'acqua* to float on the surface of the water; *a fior di labbra* in a whisper, under one's breath: *dire qcs. a fior di labbra* to mutter sth., to murmur sth.; *parole bisbigliate a fior di labbra* barely-whispered words; *sorridere a fior di labbra* to give a half-smile, to give a faint smile; *a fior di pelle* skin-deep, superficial: *avere i nervi a fior di pelle* to be on edge; *una ferita a fior di pelle* a graze; *un ~ all'occhiello*: 1 a flower in one's buttonhole: *aveva un ~ all'occhiello* he wore a (flower in his) buttonhole; 2 (*fig*) a feather in one's cap, a pride, a cause of pride, a flower: *il ~ all'occhiello della nostra generazione* the flower of our generation; *~ artificiale* artificial flower; *fiori d'arancio* orange blossom (*anche estens*); *nel ~ degli anni* in one's prime; (*Alim*) *~ del latte* cream; *fior di* a mint of, a lot of: *fior di quattrini* a mint of money; *un ~ di ragazza* a very pretty girl, a lovely girl, a beauty; *un fior di mascalzone* a real rascal, an out and out rogue; *fiori di Bach* Bach flower remedies; *~ di campo* wild flower; (*Numism*) *fior di conio* perfect mint state, fleur-de-coin; (*Alim*) *fior di farina* superfine flour; *fiori di pesco* peach blossom; *fiori di prato* field flowers, meadow flowers, wild flowers; *fiori di serra* hot house flowers, hothouse plant (*anche fig*), greenhouse flowers; (*Chim*) *fiori di zolfo* flowers of sulphur; *fiori freschi* fresh flowers; *in ~* in flower, in bloom, in blossom, (*rif. a piante di fiori*) out: *mandorli in ~* almond trees in blossom; *essere in ~*: 1 to be in flower, to be in bloom: *le rose sono in ~* the roses are out; 2 (*fig*) to be flourishing, to thrive; *essere nel ~ della giovinezza* to be in one's prime; *essere nel ~ dell'età* to be in the prime of life; *non fiori ma opere di bene* no flowers, please, but donations to charity; *~ notturno* nocturnal flower; *fiori recisi* cut flowers; *fiori selvatici* wild flowers.

fiorellino m. floweret, floret.

fiorente a. 1 blooming. 2 (*fig*) (*prospero*) flourishing, thriving: *commercio ~* flourishing trade. 3 (*fig*) (*rif. a persona*) blooming, flourishing, thriving: *una ragazza ~* a girl in her prime.

fiorentina f. 1 (*Gastron*) (grilled) T-bone steak. 2 (*Chim*) Florence flask.

fiorentineggiare (**fiorentinéggio, fiorentinéggi**; *aus.* **avere**) *v.i.* (*rar*) to affect the Florentine manner.

fiorentinismo m. Florentine idiom.

fiorentinità f. Florentine nature: *la ~ della lingua italiana* the Florentine nature of the Italian language.

fiorentino I a. 1 Florentine. 2 (*Sport*) of Fiorentina, Fiorentina (*attr.*). **II** m. 1 (f. **-a**) (*abitante*) Florentine. 2 (*dialetto*) Florentine (dialect). 3 (*Sport*) (*giocatore*) Fiorentina player; (*tifoso*) Fiorentina supporter.

Fiorenza n.pr.f. Florence (*anche Geog.stor*).

fioretta f. (*Enol*) flowers (of wine), mould: *fare la ~* to grow mould.

fiorettare (**fiorétto**) *v.t.* (*rar*) to embellish: *~ una proposizione di figure retoriche* to embellish a sentence with figures of speech.

fiorettatura f. flourish, flowers pl. of speech, embellishment: *una prosa piena di fiorettature* extravagant prose.

fiorettista m./f. (*Sport*) foilsman.

fioretto¹ m. 1 (*lett*) (*piccolo fiore*) floweret, floret. 2 (*ornamento del discorso*) flower (generally in pl.), flourish, embellishment: *fioretti retorici* flowers of speech, flowers of rhetoric. 3 (*Rel.catt*) (*piccolo sacrificio fatto per devozione*) small sacrifice, act of mortification. 4 pl. (*rar*) selected passages. □ (*Lett*) *Fioretti di san Francesco* Little Flowers of St. Francis.

fioretto² m. 1 (*Sport*) foil: *gara di ~* matching foils. 2 (*Minier*) drilling bit.

fioricoltura e der. → **floricoltura** e der.

fioriera f. 1 (*cassetta*) window box. 2 (*recipiente*) flower holder, pot.

fiorifero a. (*Bot*) floriferous.

fiorile m. (*Stor*) Floréal.

fiorino m. (*Numism*) florin. □ (*Numism, Econ*) *~ olandese* guilder, gulden.

fiorire (**fiorìsco, fiorìsci**) **I** *v.i.* (*aus.* **essere**) 1 to flower, to bloom; (*rif. ad alberi da frutto*) to blossom; (*rif. a piante di fiori*) to come out, to be out; (*rif. a luoghi: coprirsi di fiori*) to be in flower, to be in bloom, to be covered with flowers, to be full of flowers: *il prato è tutto fiorito* the meadow is full of flowers. 2 (*fig*) (*prosperare*) to flourish: *a Firenze fiorivano le arti e le scienze* the arts and sciences flourished in Florence. 3 (*fig*) (*nascere, apparire*) to be born, to arise, to rise: *la speranza fiorì nel suo animo* hope was born in his heart. 4 (*Enol*) (*fare la fioretta*) to grow mould. 5 (*coprirsi di muffa*) to go mouldy, (*Am*) to go moldy, to go musty. 6 (*rif. alla pelle: coprirsi di eruzioni*) to come out in a rash. **II** *v.t.* (*abbellire*) to embellish.

fiorista m./f. (*coltivatore, venditore*) florist.

fiorita f. 1 (*tappeto di fiori*) carpet of flowers. 2 (*fig*) (*florilegio*) anthology.

fiorito a. 1 (*in fioritura*) flowering, blooming, in flowers, in bloom; (*rif. ad alberi da frutto*) blossoming, in blossom: *un albero ~* a tree in blossom. 2 (*rif. a luoghi: coperto di fiori*) flowering, covered with flowers, full of flowers, flowery, flowered: *un giardino ~* a garden full of flowers. 3 (*ornato di fiori*) adorned with flowers, decked with flowers: *altare ~* altar adorned with flowers. 4 (*disegnato a fiori*) flowered, having a floral design (*o ornato*). 5 (*fig*) (*ornato*) flowery, florid: *linguaggio ~* flowery language. 6 (*Enol*) (*che ha fatto il fiore*) mouldy, (*Am*) moldy. 7 (*che presenta eruzioni cutanee*) covered with a rash.

fioritura f. 1 (*il fiorire*) flowering, blooming, florescence; (*rif. ad alberi da frutto*) blossoming; (*periodo*) flowering (time), bloom; (*rif. ad alberi da frutto*) blossom time: *durante la ~ dei mandorli* in almond blossom time. 2 (*fiori*) bloom, flowers pl.; (*rif. ad alberi da frutto*) blossom: *essere in piena ~* to be in full bloom (*anche fig*). 3 (*fig*) (*abbondanza*) crop, wealth: *~ di poeti* crop of poets. 4 (*Mus*) fioritura. 5 (*macchia di umidità*) patch of mildew, mildew stain, water stain. 6 (*eruzione cutanea*) rash, outbreak.

fiorone m. 1 (*Bot*) early fig. 2 (*Arch*) fleuron.

fiorrancino m. (*Ornit*) firecrest.

fiorrancio m. (*Bot*) pot marigold, Scotch marigold.

fiosso m. 1 (*Anat*) (*arco del piede*) arch. 2 (*Calz*) shank, waist.

fiotto m. 1 (*getto violento*) gush, spurt, stream, flood: *un ~ d'acqua sgorgò dalla falla* a gush of water poured out of the leak. 2 (*region*) (*piagnucolio*) (constant) whimpering, whining, moaning; (*brontolio*) grumbling. □ *a fiotti* in spurts, in streams: *uscire a fiotti* to come out in spurts, to stream out; *il sangue usciva a fiotti dalla ferita* the blood streamed out of the wound.

Firenze n.pr.f. (*Geog*) Florence.

firma f. 1 signature: *la tua ~ è illeggibile* your signature is illegible. 2 (*il firmare*) signing, signature: *la ~ del trattato è avvenuta ieri* the signing of the treaty took place yesterday; *passare alla ~* to submit for signature, to send up for signing. 3 (*facoltà di firmare*) authorization to sign: *avere la ~ su un conto* to be authorized to sign on an account. 4 (*fig*) (*persona nota e apprezzata*) name, big name, personality, celebrity. 5 (*fig*) (*griffe*) designer label. 6 (*Inform*) signature. □ *~ autenticata* certified signature, legalized signature; *~ autografa* autograph (signature); *~ depositata* specimen signature; (*Univ*) *~ di frequenza* signature testifying attendance; (*Comm*) *~ di traenza* drawer's signature; (*Inform*) *~ di virus* virus signature; (*Inform*) *~ digitale* digital signature; *~ falsa* forged signature; *~ in bianco* blank signature; (*collog*) *ci metterei la ~* (*accetterei subito*) I should take it at once, I should have no hesitation in accepting; *~ per esteso* full signature; *~ per quietanza* discharge signature; *senza firma* unsigned.

firmamento m. 1 (*la volta celeste*) firmament, sky. 2 (*fig*) world, sphere: *il ~ cinematografico* the film world.

firmare (**firmo**) *v.t.* to sign: *la Francia non ha firmato il trattato* France has not signed the treaty. □ *~ con le proprie iniziali* to sign one's initials, to initial; *~ con una croce* to sign with an x; *~ un contratto* to be party to a contract, to sign a contract; (*Sport*) *~ un gol* to score a goal (in one's own inimitable style); *~ in calce* to undersign, (*fig*) *~ la propria condanna* to sign one's own death warrant, to seal one's doom; *~ la pace* to sign a peace treaty; *~ per esteso* to sign in full, to sign one's full name, to sign one's name in full.

firmatario I m. (f. **-a**) 1 signer: *i firmatari della petizione* the signers of the petition. 2 (*Comm,Dir*) signatory, signee: *il ~ di un contratto* the signatory to a contract. **II** a. signatory: *le potenze firmatarie del trattato* the signatory powers to the treaty.

firmato a. 1 signed: *~, il ministro degli Affari Esteri* signed, the Minister of Foreign Affairs; *un quadro ~* a painting signed by the artist. 2 (*estens*) (*griffato*) designer (*attr.*): *un abito ~* a designer suit.

FIS (*Sport*) *Federazione Italiana Scherma* (Italian fencing association).

fisarmonica f. (*Mus*) accordion.

fisarmonicista m./f. (*Mus*) accordionist, accordion player.

fiscal drag /ˈfiskalˌdrɛg/ m.inv. fiscal drag.

fiscale a. 1 fiscal, tax (*attr.*), revenue (*attr.*), taxation (*attr.*): *leggi fiscali* tax laws, fiscal laws. 2 (*fig.spreg*) (*rigido*) rigid, strict, exacting.

fiscaleggiare (**fiscaléggio, fiscaléggi**; *aus.* **avere**) *v.i.* (*rar*) to be oppressive, to be too exacting, to be over-rigorous.

fiscalismo m. 1 (*Econ*) oppressive tax system, oppressive fiscal system. 2 (*fig*) (*l'esse-*

re rigido, vessatorio) excessive rigour, excessive strictness.

fiscalista *m./f.* tax adviser, tax consultant.

fiscalità *f.* **1** taxation system. **2** (*fig*) excessive rigour, excessive strictness.

fiscalizzare (**fiscalìzzo**) *v.t.* to exempt (from taxes): ~ *gli oneri sociali* to exempt from the payment of social-security contributions.

fiscalizzazione *f.* exemption (from taxes). □ ~ *degli oneri sociali* exemption from the payment of social-security charges.

fiscalmente *avv.* **1** fiscally. **2** (*fig*) rigidly.

fischiare (**fischio, fischi**) **I** *v.i.* (*aus. avere*) **1** to whistle: ~ *al cane* to whistle to the dog, to whistle for the dog. **2** (*rif. al vento*) to whistle: *il vento fischia* the wind is whistling. **3** (*rif. a uccelli*) to whistle, to sing: *i merli fischiano* blackbirds sing. **4** (*rif. a serpenti*) to hiss. **5** (*rif. a macchine e sim.*) to (give a) whistle: *il treno fischiò* the train gave a whistle. **6** (*rif. a sirene e sim.*) to hoot: *fischiano le sirene* the sirens are hooting. **7** (*sibilare*) to whistle, to whizz: *i proiettili fischiavano sulle nostre teste* bullets whistled over our heads. **8** (*rif. a amplificatori e sim.*) to buzz, to hum. **II** *v.t.* **1** to whistle: ~ *una canzone* to whistle a tune. **2** (*disapprovare con fischi*) to boo, to hiss, to catcall: ~ *un attore* to boo an actor. **3** (*Sport*) to give the whistle for, to blow (the whistle) for: ~ *una punizione* to blow for a penalty. □ (*Sport*) ~ *la fine* (*della partita*) to give the final whistle, to whistle for the end of play; *mi fischiano le orecchie*: **1** my ears are ringing, my ears are buzzing; **2** (*fig*) my ears are burning.

fischiata *f.* **1** (*fischio di disapprovazione*) boo, booing, hiss, hissing, hoot, hooting, catcall: *il cantante è stato accolto a fischiate* the singer was greeted with booing. **2** (*fischio di richiamo*) whistle: *dare una ~ al cane* to give the dog a whistle, to whistle for the dog.

fischiatina *f.* whistle. □ *fare una ~* to whistle a merry tune.

fischiatore I *a.* whistling; (*rif. a serpente*) hissing. **II** *m.* (*f.* **-trice**) **1** whistler. **2** (*al teatro e sim.*) hisser, hooter, catcaller.

fischiettare (**fischiétto**) **I** *v.t.* to whistle (softly), to whistle to oneself: ~ *una canzone* to whistle a song (to oneself). **II** *v.i.* (*aus. avere*) to whistle (softly), to whistle to oneself.

fischiettio *m.* whistling, continual whistling.

fischietto *m.* **1** (*per segnali*) whistle. **2** (*Mar.mil*) pipe. **3** (*Sport,fig*) (*arbitro*) referee.

fischio *m.* **1** (*suono*) whistle, whistling. **2** (*di disapprovazione*) boo, booing, hoot, hooting, hiss, hissing, catcall: *l'oratore fu accolto con fischi dal pubblico* the audience greeted the speaker with catcalls. **3** (*rif. ad animali, al vento*) whistle, whistling: *il ~ del vento* the whistling of the wind. **4** (*rif. a uccelli*) whistle, singing: *il ~ del merlo* the singing of the blackbird. **5** (*rif. a serpenti*) hiss, hissing. **6** (*rif. a gas, vapore*) hiss. **7** (*rif. a macchine e sim.*) whistle: *il ~ della locomotiva* the engine's whistle. **8** (*rif. a segnali acustici*) hoot, hooting; (*di avvertimento*) toot, tooting. **9** (*sibilo*) whistle, whistling, whizz, whizzing: *il ~ delle pallottole* the whistle of bullets, the whizz of bullets. **10** (*strumento*) whistle: *il ~ dell'arbitro* the referee's whistle. **11** (*amplificatore*) humming, buzzing. **12** (*Med*) wheezing. **13** (*Mar.mil*) pipe. □ (*Sport*) ~ *della fine* final whistle; ~ *di ammirazione* wolf-whistle; (*Sport*) ~ *d'inizio* whistle for kick-off; *fare un ~* to

(*give a*) whistle; (*colloq*) *quando la trovi fammi un ~* when you find her, just give a whistle; ~ *nelle orecchie* buzzing in the ears; (*colloq*) *capire fischi per fiaschi* to get the wrong end of the stick.

fischione *m.* (*Ornit*) widgeon.

fisciù *m.* (*Abbigl*) fichu.

fisco *m.* **1** public treasury, (*GB*) Treasury, Exchequer, Office of Inland Revenue, (*US*) Internal Revenue Service. **2** (*le imposte*) taxation, taxes *pl.*; (*public*) revenue, (*GB*) Inland Revenue: *l'esosità del* ~ the weight of taxation. **3** (*amministrazione delle imposte*) revenue authorities *pl.*, tax authorities *pl.*, Treasury officers *pl.*

FISI (*Sport*) *Federazione Italiana Sport Invernali* (Italian winter sports association).

fisiatra *m./f.* (*Med*) physiatrist.

fisiatria *f.* (*Med*) physiatrics (*costr.sing.*)

fisiatrico (*pl.* **-ci**) *a.* (*Med*) physiatrical.

fisica *f.* (*Fis*) physics (*costr.sing.*). □ (*Fis*) ~ *applicata* applied physics; (*Fis*) ~ *atomica* atomic physics; (*Fis*) ~ *classica* classical physics; (*Fis*) ~ *dei fluidi* fluid physics; (*Fis*) ~ *dei gas* gas physics; (*Fis*) ~ *del plasma* plasma physics; (*Fis*) ~ *delle alte energie* high-energy physics; (*Fis*) ~ *delle alte pressioni* high-pressure physics; (*Fis*) ~ *delle basse temperature* low-temperature physics; (*Fis*) ~ *delle particelle* particle physics; (*Fis*) ~ *dello stato solido* solid-state physics; (*Fis*) ~ *moderna* modern physics; (*Fis*) ~ *nucleare* nuclear physics; (*Fis*) ~ *quantistica* quantum physics; (*Fis*) ~ *teorica* theoretical physics; (*Fis*) ~ *terrestre* (*geofisica*) geophysics.

fisicamente *avv.* physically.

fisicità *f.* physicalness.

fisico (*pl.* **-ci**) **I** *a.* **1** (*della fisica*) physical: *leggi fisiche* physical laws. **2** (*della natura*) physical, natural. **3** (*del corpo*) physical, bodily: *il dolore* ~ physical pain. **II** *m.* **1** (*f.* **-a**) (*studioso di fisica*) physicist: ~ *atomico* atomic physicist. **2** (*corpo*) body: *soffrire nel* ~ *e nel morale* to suffer body and soul. **3** (*figura personale*) figure: *avere un bel* ~ too have a good figure. **4** (*corporatura, costituzione*) physique, constitution, build: *avere un* ~ *gracile* to have a frail physique; ~ *possente* strong build. □ *non avere il* ~ *del ruolo* not to have the physical build (suitable) for the job; (*estens*) not to be cut out for the job, not to be well-suited for the role; ~ *nucleare* nuclear physicist.

fisima *f.* **1** (*ghiribizzo*) whim, fancy. **2** (*piccola fissazione*) fad, crotchet: *è pieno di fisime* he is faddy.

fisiocinesiterapia *f.* (*Med*) physiokinesitherapy.

fisiocinesiterapista *m./f.* (*Med*) physiokinesitherapist.

fisiocrate *m./f.* (*Econ*) physiocrat.

fisiocratico (*pl.* **-ci**) **I** *a.* (*Econ*) physiocratic. **II** *m.* (*Econ*) physiocrat.

fisiocrazia *f.* (*Econ*) physiocracy.

fisiognomica *f.* physiognomy.

fisiognomico (*pl.* **-ci**) *a.* physiognomic, physiognomical.

fisiognomo *m.* physiognomist.

fisiognomonia *f.* physiognomy.

fisiognomonico (*pl.* **-ci**) *a.* physiognomic, physiognomical.

fisiologia *f.* physiology. □ ~ *comparata* comparative physiology; ~ *del lavoro* work physiology; ~ *del sistema nervoso* neurophysiology; ~ *umana* human physiology; ~ *vegetale* plant physiology.

fisiologicamente *avv.* physiologically.

fisiologico (*pl.* **-ci**) *a.* physiological: *condizioni fisiologiche* physiological conditions.

fisiologo *m.* (*f.* **-a**; *pl.* **-gi**) physiologist.

fisionomia *f.* **1** (*espressione*) physiognomy; (*fattezze*) features *pl.*, face: *questa ~ non mi è nuova* that face is not new to me, I've seen that face before. **2** (*fig*) physiognomy, (characteristic) aspect, face: *la ~ di un popolo* the physiognomy of a people; *le nuove costruzioni hanno cambiato la ~ della città* the new buildings have changed the face (*o* the aspect) of the city.

fisionomico (*pl.* **-ci**) *a.* physiognomic, physiognomical.

fisionomista *m./f.* physiognomist. □ *non sono ~* I have a poor memory for faces.

fisiopatologia *f.* physiopathology, pathophysiology.

fisioterapia *f.* (*Med*) physiotherapy.

fisioterapico (*pl.* **-ci**) *a.* (*Med*) physiotherapeutic.

fisioterapista *m./f.* (*Med*) physiotherapist.

fiso I *a.* (*poet*) (*fisso*) fixed, intent: *sguardo* ~ fixed gaze. **II** *avv.* (*poet*) fixedly, intently.

fisostigmina *f.* (*Farm*) physostigmine.

fissa *f.* (*colloq*) fad, pet subject, craze, whim, trend.

fissabile *a.* fixable.

fissaggio *m.* **1** fastening, fixing. **2** (*Tecn*) fastening, fixing, clamping. **3** (*Fot,Chim*) fixing: *bagno di* ~ fixing bath. □ *dispositivo di* ~ clamp; (*Cosmet*) ~ *forte* (*rif. a lacca*) extra hold.

fissamaiuscole *m.inv.* shift lock, caps lock (*anche Inform*).

fissamente *avv.* fixedly.

fissante *a.* (*Cosmet*) styling: *gel* ~ styling gel.

fissare (**fisso**) **I** *v.t.* **1** to fix, to fasten, to make firm, to make fast: ~ *un gancio* to fix a hook. **2** (*bloccare*) to lock, to block; (*appuntare*) to pin up, to pin down: ~ *la stoffa con gli spilli* to pin up material. **3** (*con chiodi*) to nail up, to nail down, to nail in, to fasten with nails: *fissò una tavola* he nailed down a plank. **4** (*con viti*) to screw up, to screw down, to fix with screws. **5** (*agganciare*) to fasten (with a hook), to hook up, to hook on: ~ *le imposte* to fasten the shutters. **6** (*guardare fissamente*) to gaze, to look hard at, to look steadily at, to fix one's eyes on; (*in modo offensivo*) to stare at: *smettila di fissarmi così* stop staring at me. **7** (*stabilire, determinare*) to fix, to settle, to establish: ~ *il programma del viaggio* to decide upon one's travel programme (*o* upon one's itinerary). **8** (*rif. a riunioni, sedute e sim.*) to fix (the date for), to settle: ~ *una riunione* to fix (the date for) a meeting. **9** (*pattuire*) to fix, to agree upon, to settle: ~ *il prezzo* to fix the price. **10** (*accordarsi*) to agree: *fissarono di partire insieme* they agreed to leave together. **11** (*prenotare*) to book, to engage: ~ *una stanza* to book a room. **12** (*Biol,Fot,Pitt*) to fix. **II** *v.pron.* **fissarsi 1** to be fixed. **2** (*fig*) (*avere una fissazione*) to be obsessed (by sth.), to get it into one's head: *si è fissato di essere perseguitato* he has got it into his head that he is being persecuted. **3** (*fig*) (*ostinarsi*) to be set, to insist, to be determined, to set one's heart: *si è fissato di riuscire nell'impresa* he has set his heart on succeeding. **4** (*stabilirsi*) to settle: *si fissò a Roma* he settled in Rome. □ ~ *i confini* to mark boundaries, to establish boundaries, to fix boundaries; ~ *il proprio domicilio in un luogo* to settle in a place, to take up one's residence in a place; ~ *il pensiero su qcs.* to fix one's mind on (*o* upon) sth.; *fissarsi in mente qcs.* to get sth. into one's head; ~ *qcu. in viso* to look so. straight in the face; ~ *la pro-*

pria dimora in un luogo to settle in a place, to take up one's residence in a place; ~ *l'attenzione su qcs.* to fix one's attention on sth.; (*Biol*) ~ *l'azoto* to fix nitrogen; ~ *lo sguardo su qcs.* to fix one's eyes on (*o* upon) sth., to fix one's gaze on (*o* upon) sth., to gaze at sth., to stare at sth.; ~ *un appuntamento* to arrange an appointment, to fix an appointment, to fix a date; ~ *un limite* to set a limit, to fix a limit; ~ *un termine* to set a term; ~ *una data* to set a date; ~ *una scadenza* to fix maturity.

fissativo I *m.* fixative. II *a.* fixing, fixative.

fissato I *a.* 1 (*stabilito*) set, fixed, arranged, appointed: *si incontrarono il giorno* ~ they met on the appointed day. 2 (*fig*) (*che ha una fissazione*) obsessed, (*colloq*) with a bee in one's bonnet: *un vecchio signore un po'* ~ an old gentleman with a bee in his bonnet. II *m.* (*f.* -a) 1 (*persona che ha una fissazione*) person with an obsession, person with a bee in his bonnet. 2 (*maniaco*) fanatic, fiend, weirdo, obsessive: *è un* ~ *dell'ordine* he is very fussy about tidiness, he is obsessed with tidiness. □ (*Econ*) ~ *bollato*: 1 contract note; 2 (*rif. ad acquisti*) bought note, purchase confirmation; 3 (*rif. a vendite*) sold note, sales confirmation.

fissatore I *m.* 1 (*f.* -trice) (*operaio*) fixer (of dyes). 2 (*Med,Tess,Art*) fixative. 3 (*Fot*) (*bagno fissatore*) fixing bath, fixer. 4 (*Cosmet*) (*lacca*) hair lacquer, hair spray; (*lozione per fissare la messa in piega*) setting lotion. II *a.* fixing, fixative. □ (*Bot*) ~ *di azoto* nitrogen fixer.

fissazione *f.* 1 (*il fissare*) fixing, fastening: ~ *delle tariffe* fixing of rates. 2 (*pensiero fisso*) obsession, fixed idea, mania: *il suo amore per l'ordine è diventato una vera* ~ his love of tidiness has become a real obsession. 3 (*Psic,Biol*) fixation.

fissi → **figgere**.

fissile *a.* 1 (*Min*) fissile, cleavable: *pietra* ~ fissile stone. 2 (*Nucl*) fissionable, fissible.

fissilità *f.* (*Nucl*) fissility.

fissionabile *a.* (*Nucl*) fissionable.

fissione *f.* (*Nucl*) fission. □ (*Nucl*) ~ *nucleare* nuclear fission; (*Nucl*) ~ *termica* thermal fission.

fissipede *m.* (*Zool*) fissiped.

fissità *f.* fixity, fixedness, steadiness: ~ *dello sguardo* steady gaze; *la* ~ *di un pensiero* a fixed thought.

fisso[1] I *a.* 1 (*firmly*) fixed, fast, securely fastened. 2 (*che non varia*) fixed, definite, set: *compenso* ~ fixed pay; *a ore fisse* at set times. 3 (*stabile*) fixed, steady: *impiego* ~ steady job. 4 (*rif. a persona*) fixed, permanent, regular: *impiegato* ~ employee on the permanent staff, regular employee; *cliente* ~ regular customer. 5 (*rif. a occhi, sguardi*) fixed, staring: *tutti gli sguardi erano fissi su di lui* all eyes were fixed on him, everybody was staring at him. 6 (*fig*) (*fermamente risoluto*) steady, firm, resolved, unwavering: *essere* ~ *in un proposito* to be steady (*o* firmly resolved) in one's purpose. II *avv.* fixedly, intently, steadily: *guardare* ~ *qcu.* to stare at so.; *la ragazza lo guardò* ~ the girl looked fixedly at him, the girl stared at him. II *m.* 1 (*stipendio fisso*) fixed salary: ~ *mensile* fixed monthly salary. 2 (*salario fisso*) fixed wage, set wage; (*rendita fissa*) fixed income. 3 (*compenso fisso*) fixed pay. □ *senza fissa dimora* of no fixed address, with no fixed abode, of no fixed abode.

fisso[2] → **fissare**.

fistola *f.* 1 (*Med*) fistula. 2 (*Mus*) pan-pipes *pl.*, syrinx.

fistoloso *a.* (*Med,Bot*) fistulous, fistular.

FIT (*Sport*) *Federazione Italiana Tennis* (Italian lawn tennis association).

fitina *f.* (*Biol*) phytin.

fitness /'fitnes/ *m.inv.* fitness.

fitobiologia *f.* phytobiology.

fitochimica *f.* phytochemistry.

fitocosmesi *f.* (*Cosmet*) phytocosmetics (*costr.sing.*), organic cosmetics (*costr.sing.*).

fitofago *a.* phytophagous.

fitofarmaceutico *a.* phytopharmacological.

fitofarmacia *f.* phytopharmacology.

fitofarmaco *m.* plant protection product.

fitogenetica *f.* phytogenesis, phytogeny.

fitogenico (*pl.* -ci) *a.* phytogenic.

fitogeografia *f.* phytogeography.

fitogeografo *m.* (*f.* -a) phytogeographer.

fitolacca *f.* (*Bot*) pokeweed.

fitomorfico (*pl.* -ci) *a.* phytomorphic.

fitomorfo *a.* phytomorphic.

fitopatologia *f.* phytopathology, plant pathology.

fitoplancton *m.* phytoplankton.

fitormone *m.* (*Biol*) phytohormone.

fitosociologia *f.* phytosociology.

fitoterapia *f.* (*Med,Agr*) phytotherapy.

fitotossico (*pl.* -ci) *a.* phytotoxic.

fitotrone *m.* phytotron.

fitta *f.* 1 (*dolore acuto*) sharp pain, shooting pain, stab of pain, twinge: *sentire una* ~ *alla testa* to feel a sharp pain in one's head; *avere delle fitte all'addome* to have shooting pains in the stomach. 2 (*intercostale*) stitch. 3 (*rar*) (*folla, calca*) crowd, throng, multitude, mass, crush. □ *una* ~ *al cuore* a sharp pain in the heart: (*fig*) *a quelle parole sentì una* ~ *al cuore* when she heard those words, she felt a pang (of grief).

fittamente *avv.* thickly, densely.

fittavolo *m.* (*f.* -a) tenant farmer.

fittezza *f.* 1 (*densità, foltezza*) thickness, density, denseness. 2 (*compattezza*) thickness, density. 3 (*rif. a tessuti e sim.*) thickness, close weave, close texture.

fittile *a.* fictile, clay (*attr.*).

fittizio *a.* fictitious: *in modo* ~ fictitiously.

fitto[1] I *a.* 1 driven (*in* into), thrust: *un palo* ~ *in terra* a stake driven into the ground. 2 (*denso, folto*) thick, dense: *una fitta nebbia* a thick fog; *un* ~ *bosco* a thick wood. 3 (*compatto*) thick, compact, close-packed: *folla fitta* dense crowd. 4 (*rif. a tessuti e sim.*) thick, closely woven: *tessuto* ~ closely woven fabric, thick material. 5 (*rif. a maglie e sim.*) close-meshed, close-knit. 6 (*stretto*) close, close-set: (*Tip*) *caratteri fitti* close type. 7 (*pieno*) crammed, packed (*di* with), full (of). II *avv.* 1 thickly, closely, hard, heavily: *piove* ~ it is raining hard, it is raining heavily. 2 (*rapidamente*) fast: *parlare* ~ ~ to talk fast. III *m.* thick, depths *pl.*, middle: *nel* ~ *del bosco* in the thick of the wood, in the depths of the wood; *nel* ~ *della notte* in the middle of the night, at dead of night. □ ~ *mistero* inexplicable mystery, baffling mystery.

fitto[2] *m.* (*affitto*) rent; (*rif. a terreni*) rent, lease. □ ~ *bloccato* frozen rent.

fitto[3] → **figgere**.

fittone *m.* (*Bot*) main root, tap-root. □ (*Bot*) *radice a* ~ tap-root.

fiumana *f.* 1 swollen river. 2 (*fig*) stream, flood: *una* ~ *di gente* a stream of people; *una* ~ *di parole* a flood of words.

fiumara *f.* 1 torrent. 2 (*fiumana*) swollen river.

fiume I *m.* 1 river: *la città è attraversata da un* ~ a river runs through the town; *il* ~ *nasce* (*in o da*) the river has its rise (in); *il* ~ *Danubio* the (River) Danube. 2 (*fig*) stream, flood: *un* ~ *di parole* a stream of words; *versare un* ~ *di lacrime* to shed a flood of tears; *un* ~ *di gente* a stream of people. II *a.* never-ending: *una seduta* ~ a never-ending session. □ *a fiumi* in torrents, in floods, in abundance, abundantly; *scorrere a fiumi* to flow; *il* ~ *dell'oblio* the River of oblivion; *un* ~ *di eloquenza* a flood of eloquence, a flow of eloquence; *un* ~ *di sangue* a river of blood, a stream of blood; *fiumi d'inchiostro* floods of ink, floods of words; (*Geog*) *Fiume giallo* Yellow River; ~ *magro* low river, shallow river; ~ *navigabile* navigable river; ~ *non navigabile* unnavigable river; ~ *sotterraneo* underground river; (*Geog*) ~ *tributario* (*affluente*) tributary, tributary river, affluent.

fiutare (**fiùto**) *v.t.* 1 (*annusare*) to smell, to sniff. 2 (*Caccia*) to scent: *il cane fiutò la lepre* the dog scented the hare. 3 (*fig*) (*intuire*) to sense, to scent, to get wind of: ~ *il pericolo* to scent danger; ~ *un buon affare* to get wind of a bargain. □ ~ *qualcosa di losco* to smell a rat; ~ *tabacco* to take snuff, to snuff tobacco.

fiutata *f.* 1 sniff. 2 (*di tabacco*) pinch of snuff. □ *dare una* ~ *a qcu.* (*o qcs.*) to sniff so. (*o* sth.), to give so. (*o* sth.) a sniff; *dare una* ~ *di tabacco* to take a pinch of snuff.

fiuto *m.* 1 (*odorato*) smell, sense of smell. 2 (*rif. ad animali*) scent, nose: *il cane ha un* ~ *finissimo* the dog has a very good nose. 3 (*il fiutare*) scenting, smelling, sniffing. 4 (*fig*) (*intuizione*) nose, instinct: *ha* ~ *negli affari* he has a nose for business. □ *al* ~ (*per istinto*) by instinct, instinctively: *capii al* ~ *che era un mascalzone* instinct told me that he was a scoundrel, I instinctively knew he was a scoundrel; *al primo* ~ instinctively.

fixing /'fiksiŋ/ *m.inv.* (*Econ*) (*in borsa*) fixing.

FJI *Figi* FJI (Fiji).

FL *Liechtenstein* FL (Liechtenstein).

fl. (*Mus*) *flauto* fl (flute).

flabellato *a.* (*Bot*) flabellate.

flabelliforme *a.* (*Bot*) flabelliform.

flabello *m.* (*Bot*) flabellum.

flaccidamente *avv.* flabbily, flaccidly.

flaccidezza, flaccidità *f.* flabbiness, flaccidity.

flaccido *a.* flabby, flaccid, slack: *pelle flaccida* flabby skin; *muscoli flaccidi* flaccid muscles, slack muscles.

flacone *m.* bottle; (*per medicinale*) medicine bottle. □ ~ *a spruzzo* spray, sprayer; *un* ~ *di profumo* a bottle of perfume; ~ *spruzzatore* spray can, sprayer can.

flagellamento *m.* 1 flagellation, (*ant*) scourging. 2 (*fig*) lashing.

flagellante *m.* (*Stor*) Flagellant.

flagellare (**flagèllo**) I *v.t.* 1 to flagellate, to beat, to whip, (*ant*) to scourge: ~ *uno schiavo* to scourge a slave. 2 (*estens*) to lash: *la pioggia flagella gli alberi* the rain lashes the trees. 3 (*fig,lett*) (*criticare*) to castigate, to chastise, to lash (into). II *v.pron.* **flagellarsi** to scourge oneself, to flagellate oneself.

flagellati *m.pl.* (*Zool*) flagellates, Flagellata.

flagellatore *m.* (*f.* -trice) 1 scourger, flagellator. 2 (*fig*) chastiser, censurer: ~ *dei vizi* censurer of vice.

flagellazione *f.* 1 scourging, flagellation. 2 (*Art*) Flagellation.

flagello *m.* 1 (*sferza*) scourge, whip: *percuotere con il* ~ to scourge. 2 (*fig*) scourge: *il* ~ *della carestia* the scourge of famine. 3 (*fig*) (*calamità*) plague: *suo figlio è un vero* ~ his son is a plague. 4 (*Biol,Bot*) flagellum.

5 (*rar*) (*gran quantità*) plenty, (*colloq*) load: *ha un ~ di soldi* he has loads of money. □ *Attila, il ~di Dio* Attila, the Scourge of God.

flagioletto m. (*Mus*) flageolet.

flagrante a. **1** (*Dir*) flagrant: *reato ~* flagrant crime. **2** (*estens*) (*evidente*) flagrant, glaring, evident, open: *essere in ~ contraddizione* to be in open contradiction. □ *cogliere qcu. in ~*: 1 (*Dir*) to catch so. in the very act, to catch so. in flagrante delicto; 2 (*estens*) to catch so. in the act, to catch so. red-handed: *l'ho colto in ~ mentre rubava la marmellata* I caught him red-handed stealing the jam.

flagranza f. (*Dir*) flagrante delicto, flagrancy: *cogliere qcu. in ~* to catch so. in flagrante delicto.

flambare (**flàmbo**) v.t. (*Gastron*) to flambé.

flambé /flã'be/ a.inv. (*Gastron*) flambé.

flamenco m. flamenco.

flamine m. (*Stor.rom*) flamen.

Flaminio n.pr.m. (*Stor*) Flaminius.

flan /flã/ m.inv. **1** (*Gastron*) flan. **2** (*Tip*) flong.

flanella f. (*Tess*) flannel. □ (*Tess*) *di ~* flannel (*attr.*): *pantaloni di ~* flannel trousers; (*Tess*) *~ di cotone* flannelette, cotton flannel; (*Tess*) *~ di lana* wool flannel.

flangia (*pl.* **-ge**) f. (*Mecc*) flange.

flangiare (**flàngio**, **flàngi**) v.t. (*Mecc*) to flange.

flano m. (*Tip*) flong.

flap m.inv. (*Aer*) flap.

flash /fleʃ/ m.inv. **1** (*Fot*) flash. **2** (*Giorn*) news flash: *~ di agenzia* news flash. □ (*Fot*) *~ automatico* automatic flash, autoflash.

flashback /ˌfleʃ'bɛk/ m.inv. flashback.

flato m. (*Med*) flatus.

flatting m.inv. high gloss varnish.

flatulento a. (*Med*) flatulent.

flatulenza f. (*Med*) flatulence.

flautato a. **1** (*Mus*) fluted, fluty. **2** (*estens*) (*gentile, dolce*) flute-like, melodious: *parlare con voce flautata* to speak in a musical voice.

flautino m. (*Mus*) **1** small flute. **2** (*ottavino*) piccolo.

flautista m./f. (*Mus*) flutist, flautist, flute, flute-player.

flauto m. (*Mus*) **1** (*strumento*) flute. **2** (*suonatore*) flutist, flautist, flute, flute-player: *il primo ~* the first flute. □ (*Mus*) *~di Pan* Pan's pipes; (*Mus*) *~dolce* recorder; (*Mus*) *~magico* The Magic Flute; (*Mus*) *~traverso* transverse flute.

Flavia n.pr.f. Flavia.

flavina f. (*Chim*) flavin.

flavio a. (*Stor.rom*) Flavian.

Flavio n.pr.m. Flavius. □ (*Stor.rom*) *i Flavi* the Flavians.

flavo a. (*lett*) (*giallo*) yellow; (*biondo*) fair.

flebile a. **1** (*fievole*) faint, feeble: *un suono ~ in lontananza* a faint sound in the distance. **2** (*lamentoso*) plaintive, mournful: *un ~ lamento* a mournful lament.

flebilmente avv. **1** (*fiocamente*) faintly, feebly. **2** (*lamentosamente*) plaintively, mournfully.

flebite f. (*Med*) phlebitis.

flebo f. **1** (*Med*) drip, drip-feed, intravenous drip, I.V. drip: *mi hanno fatto una ~* they put me on a drip. **2** (*scherz*) (*enorme quantità*) I.V.: *ho bisogno di una ~ di caffè* I need a coffee I.V.

fleboclisi f. (*Med*) drip, drip-feed, intravenous drip: *mi hanno fatto una ~* they put me on an I.V.

flebografia f. (*Med*) phlebography.

flebologia f. (*Med*) phlebology.

flebologo (*pl.* **-gi**) m. (*Med*) phlebologist.

flebotomia f. (*Chir*) phlebotomy.

flebotomo m. **1** (*Chir*) phlebotomist. **2** (*Chir*) (*strumento*) lancet. **3** (*Entom*) sandfly.

Flegetonte n.pr.m. (*Mitol*) Phlegethon.

Flegrei □ (*Geog*) *Campi ~* Phlegraean Fields.

flemma f. **1** (*calma*) coolness, phlegm, calm. **2** (*nella medicina antica*) phlegm.

flemmaticamente avv. phlegmatically.

flemmatico (*pl.* **-ci**) a. **1** (*calmo*) phlegmatic, cool, calm, unemotional. **2** (*ant*) (*rif. a temperamento*) phlegmatic.

flemmone m. (*Med*) phlegmon.

flemmonoso a. (*Med*) phlegmonous, phlegmonic.

flessi → **flettere**.

flessibile I a. **1** (*pieghevole*) flexible, pliable, pliant: *ramo ~* flexible branch. **2** (*fig*) (*docile, arrendevole*) tractable, manageable, yielding, pliable, docile: *carattere ~* docile nature. **3** (*fig*) (*versatile*) versatile: *ingegno ~* versatile mind. II m. (*Idr*) hose: *~ della doccia* shower hose.

flessibilità f. **1** flexibility, pliability, pliancy: *~ di una molla* flexibility of a spring. **2** (*fig*) (*docilità*) pliability, pliancy, docility, flexibility. **3** (*fig*) (*adattabilità*) flexibility, adaptability: *~ di un sistema economico* flexibility of an economic system. □ (*Econ*) *~ dei prezzi* price flexibility; *~ d'ingegno* versatility.

flessibilmente avv. flexibly, pliably.

flessile a. (*lett*) (*flessibile*) flexile, flexible, pliant.

flessimetro m. (*Edil*) deflectometer.

flessionale a. (*Ling*) inflectional.

flessione f. **1** bending, flexing, bowing: *la ~ di un ramo* the bending of a branch, the bowing of a branch. **2** (*graduale diminuzione*) decline, fall, gradual fall, drop, sag: *si è registrata una leggera ~ nelle vendite* there has been a slight fall in sales; *subire una leggera ~* to fall slightly, to drop slightly. **3** (*rallentamento*) easing off; (*caduta improvvisa*) break. **4** (*Ginn*) (*atto*) bending; (*sulle gambe*) knee-bend; (*sulle braccia*) push-up, press-up. **5** (*Gramm*) inflection. **6** (*Edil*) flexion, flexure; (*deviazione dalla linea retta*) deflection. □ *~ dei prezzi* fall in prices, gradual fall in prices; (*Ginn*) *~ del busto* bending the body; (*Ginn*) *~ sulle braccia* push-up, press-up; (*Ginn*) *~ sulle ginocchia* knee bend.

flessivo a. (*Ling*) inflected, inflectional: *lingua flessiva* inflected language.

flesso → **flettere**. I a. **1** flexed: (*Ginn*) *piede ~* foot flexed. **2** (*Ling*) inflected. II m. (*Mat*) inflection.

flessografia f. (*Tip*) flexography.

flessometro m. flexometer, tape-line, tape-measure.

flessore m. (*Anat*) (*anche muscolo flessore*) flexor (muscle).

flessuosamente avv. supply, lissomly.

flessuosità f. suppleness, flexuosity, lissomness: *~ dei movimenti* suppleness of movement.

flessuoso a. supple, lithe, lissom: *corpo ~* lithe body.

flessura f. (*Geol*) flexure, fold.

flettere (*pres.ind.* **flètto**; *p.rem.* **flettéi** /*rar* **flèssi**; *p.p.* **flèsso**) I v.t. **1** to bend, to bow: *il vento fletteva i rami* the wind bowed the branches. **2** (*rif. a membra*) to bend, to flex: *~ le ginocchia* to bend the knees; *~ il busto* to bend over, to bend down, to bend at the waist. **3** (*Gramm*) to inflect. II v.pron. **flettersi** **1** to bend, to bow: *gli alberi si flettevano sotto la neve* the trees bowed beneath the

snow. **2** (*Ling*) to inflect.

flicorno m. (*Mus*) flugelhorn.

flip m.inv. (*Tel*) (*di cellulare*) flip.

flip-flop m. (*Elettron*) flip-flop, flip-flop circuit.

flippare (**flìppo**) I v.i. (*aus.* **avere**) (*gerg*) **1** (*essere eccitato*) to flip, to freak. **2** (*assumere droga*) to get high. II v.pron. **flipparsi** (*gerg*) (*drogarsi*) to get high, to get stoned.

flippato a. (*gerg*) freaked out, flipped out.

flipper m. pinball, pinball machine. □ *giocare a ~* to have a game of pinball.

flirt /flert/ m.inv. **1** (*amoreggiamento*) flirtation, flirt: *avere un ~ con qcu.* to have a flirt with so. **2** (*persona*) boy-friend (*f.* girl-friend).

flirtare /fler't-/ (**flìrto** /'flert-/; *aus.* **avere**) v.i. to flirt.

flit m. (*ant*) insect spray.

flittena f. (*Med*) water blister.

F.lli (*Comm*) *fratelli* Bros. (Brothers).

FLM *Federazione lavoratori metalmeccanici* (Federation of mechanical and metallurgical workers).

FLN (*Pol*) *Fronte di Liberazione Nazionale* NLP (National Liberation Front).

floating /'flouting/ m.inv. (*Econ*) floating.

floccaggio m. (*Ind*) flocking.

flocculante I a. (*Chim*) flocculating. II m. (*Chim*) flocculating agent.

flocculare (**flòcculo**; *aus.* **avere**) v.i. (*Chim*) to flocculate.

flocculazione f. (*Chim*) flocculation.

flogistico (*pl.* **-ci**) a. (*Med*) phlogistic: *processo ~* phlogistic process.

flogosi f. (*Med*) phlogosis.

flop m.inv. flop, fiasco, failure. □ (*colloq*) *fare ~* to be a flop, to be a failure.

floppy disk m.inv. (*Inform*) floppy disk.

flora f. flora. □ *~ alpina* Alpine flora; (*Fisiol*) *~ batterica* bacterial flora; *~ batterica intestinale* intestinal flora; *~ marina* marine flora.

Flora n.pr.f. Flora (*anche Mitol*).

floreale a. floral, flower (*attr.*): *decorazione ~* floral decoration; *composizione ~* flower arrangement.

Floriano n.pr.m. Florian.

floricolo a. floricultural, flower-growing (*attr.*): *azienda floricola* floricultural concern, garden centre.

floricoltore m. (*f.* **-trice**) floriculturist, flower-grower, nurseryman (*f.* -woman).

floricoltura f. floriculture, flower-growing.

floricultore m. (*f.* **-trice**) floriculturist, flower-grower, nurseryman (*f.* -woman).

floricultura f. floriculture, flower-growing.

Florida, Florida n.pr.f. (*Geog*) Florida.

floridamente avv. prosperously.

floridezza f. **1** flourishing state, booming state. **2** (*rif. a persona*) glowing health, healthy glow.

florido a. **1** (*prospero*) thriving, booming, flourishing: *una florida industria* a flourishing industry, a booming industry. **2** (*rif. a persona*) flourishing, blooming, glowing with health, healthy: *una ragazza florida* a girl glowing with health; *avere una salute florida* to be in excellent health, to be in glowing health; *aspetto ~* healthy look; (*estens*) *finanze floride* healthy finances. **3** (*Mus*) florid.

florilegio m. (*Lett*) anthology, (*rar*) florilegium.

floriterapia f. flower therapy.

florovivaista m./f. nursery gardener.

floscezza f. (*rar*) **1** limpness, floppiness. **2**

(flaccidità) flabbiness, flaccidity.
floscio *a.* 1 soft, limp, floppy: *cappello ~* soft hat, floppy hat. 2 *(flaccido)* flabby, flaccid, slack: *guance flosce* flabby cheeks; *muscoli flosci* slack muscles. 3 *(fig)* soft, weak, feeble, flabby, wimpish: *carattere ~* weak character.
flotta *f. (Mar,Aer)* fleet: *la ~ inglese* the English fleet. ☐ *(Aer) ~ aerea* air fleet; *~ commerciale* merchant fleet; *~ da carico* merchant fleet; *(Mil) ~ da guerra* fleet of warships; *~ mercantile* merchant fleet.
flottaggio *m.* 1 *(Aer)* taxiing. 2 *(Chim)* flotation.
flottante I *a.* 1 floating. 2 *(estens)* floating, fluctuating: *(Assic) polizza ~* floating policy; *(Econ) cambio ~* fluctuating rate of exchange. II *m. (Econ)* floating sicurities *pl.*, floating funds *pl.*
flottare (flòtto) I *v.i. (aus.* **avere)** 1 *(galleggiare)* to float. 2 *(Aer)* to taxi, to taxi along. II *v.t.* to float.
flottazione *f. (Chim,Minier)* flotation.
flottiglia *f. (Mar,Aer)* flotilla, fleet. ☐ *(Mar) ~ da pesca* fishing fleet.
flou /flu/ I *a.inv.* 1 *(Abbigl)* loose-fitting, flowing: *linea ~* flowing line. 2 *(Fot)* soft-focus: *effetto ~* soft focus. II *m.inv. (Fot)* soft focus.
fluente *a.* 1 flowing: *le acque fluenti del fiume* the flowing waters of the river. 2 *(estens) (rif. a capelli, vesti e sim.)* flowing: *barba ~* flowing beard. 3 *(fig) (scorrevole)* fluent.
fluidica *f. (Tecn)* fluidics *(costr.sing.)*.
fluidificante I *a.* fluidizing, liquefying. II *m. (Farm)* expectorant.
fluidificare (fluidìfico, fluidìfichi) *v.t.* to fluidize, to liquefy.
fluidificazione *f.* fluidization, liquefaction.
fluidità *f.* 1 fluidity: *~ dell'acqua* fluidity of water. 2 *(fig) (scorrevolezza)* fluency, smoothness, fluidity: *~ di stile* fluency of style, fluidity of style. 3 *(fig) (instabilità)* unsettled state, instability: *la ~ della situazione politica* the instability of the political situation. 4 *(Econ)* fluctuation, volatility: *la ~ dei cambi* the fluctuation of the exchange rate.
fluidizzare (fluidìzzo) *v.t. (Chim)* to fluidize.
fluidizzazione *f. (Chim)* fluidization.
fluido I *a.* 1 fluid, flowing. 2 *(fig) (scorrevole)* fluent, flowing, smooth: *stile ~* fluent style. 3 *(fig) (instabile)* unsettled, unstable: *situazione fluida* unsettled situation. II *m. (Fis)* fluid. ☐ *~ elettrico* electric fluid; *~ magnetico* magnetic fluid; *~ refrigerante* coolant, cooling fluid.
fluidodinamica *f. (Fis)* fluid dynamics *(costr.sing.)*.
fluire I *v.i. (fluìsco, fluìsci; aus.* **essere)** 1 to flow: *le acque fluivano lentamente* the waters flowed slowly along. 2 *(rapidamente)* to stream, to gush: *il sangue fluisce dalla ferita* the blood is streaming from the wound. 3 *(estens) (rif. a barba, capelli)* to flow (down). 4 *(fig) (rif. a parole, versi e sim.)* to flow. II *m.* flow, passage: *il ~ del tempo* the passage of time.
fluitare (flùito; *aus.* **essere)** *v.i.* to float, to raft.
fluitazione *f.* floating, rafting: *~ del legname* floating of timber, rafting of timber.
fluoresceina *f. (Chim)* fluorescein.
fluorescente *a. (Fis)* fluorescent.
fluorescenza *f. (Fis)* fluorescence.
fluorico *(pl.* **-ci)** *a. (Chim)* fluorine *(attr.)*.
fluoridrico ☐ *(Chim) acido ~* hydrofluoric acid.

fluorite *f. (Min)* fluorite, fluorspar.
fluorizzare (fluorìzzo) *v.t. (Chim)* to fluoridate.
fluorizzazione *f. (Chim)* fluoridation: *~ delle acque* fluoridation of water.
fluoro *m. (Chim)* fluorine: *dentifricio al ~* fluoride toothpaste.
fluorosi *f. (Med)* fluorosis.
fluorurare (fluorùro) *v.t. (Chim)* to fluorinate.
fluorurazione *f. (Chim)* fluorination.
fluoruro *m. (Chim)* fluoride. ☐ *(Chim) ~ di calcio* calcium fluoride; *(Chim) ~ di uranio* uranium fluoride; *(Chim) ~ manganico* manganic fluoride.
fluosilicato *m. (Chim)* fluosilicate.
flussione *f. (Med,ant)* fluxion.
flusso *m.* 1 flow, flux, stream: *il ~ delle acque* the flow of the waters; *~ d'aria* airflow. 2 *(fig)* onward course, progress, march, passing: *il ~ del tempo* the march of time, the passage of time; *il ~ della storia* the course of history. 3 *(fig) (gran quantità)* flow, stream, torrent: *un ~ di parole* a torrent of words. 4 *(fig) (viavai continuo)* coming and going: *il ~ della gente per le vie* the coming and going of people in the streets. 5 *(Med)* flux, flow: *un ~ di sangue dal naso* a flow of blood from the nose. 6 *(Fis,Met)* flux: *~ luminoso* light flux, luminous flux. 7 *(Econ)* flow: *~ di capitali* flow of capital. 8 *(alta marea)* high-tide. ☐ *il ~ del traffico* the traffic flow; *(Inform) ~ dell'informazione* information flow; *(Econ) ~ di beni* flow of goods; *(Fis) ~ di calore* heat flow, thermal flux; *(Econ) ~ di cassa* cash flow; *(Inform) ~ di controllo* control flow; *(Lett) ~ di coscienza* stream of consciousness; *(Inform) ~ di dati* data flow; *(Fis) ~ di elettroni* electron flow; *(Ind) ~ di materiali* flow of materials; *il ~ e riflusso* the ebb and flow *(anche fig)*; *(Fisiol) ~ ematico* blood flux; *~ ematico cerebrale* cerebral blood flow; *(Med) ~ mestruale* menstrual flow; *(Econ) ~ monetario* monetary flow.
flussometro *m.* 1 *(Idr)* flowmeter. 2 *(Fis)* fluxmeter.
flutto *m. (lett) (onda)* wave; *(onda grossa)* billow: *il naufrago fu inghiottito dai flutti* the castaway was engulfed by the waves.
fluttuante *a.* floating, fluctuating: *(Econ) prezzi fluttuanti* fluctuating prices; *debito ~* floating debt; *(Anat) costola ~* floating rib.
fluttuare *v.i. (flùttuo; aus.* **avere)** 1 *(ondeggiare: rif. al mare)* to rise and fall, to surge, to heave, to billow; *(rif. a navi e sim.)* to toss, to rock. 2 *(estens) (nell'aria)* to float. 3 *(fig)* to fluctuate, to waver, to float. 4 *(Econ)* to float, to fluctuate. I *m.* 1 *(del mare)* surging, heaving, tossing. 2 *(fig)* floating, surging, swaying: *il ~ della folla* the surging of the crowd.
fluttuazione *f.* 1 *(l'ondeggiare)* tossing, surging, rise and fall. 2 *(fig) (oscillazione, variazione)* fluctuation, unsteadiness, floating: *~ dei prezzi* fluctuation of prices. 3 *(Med)* fluctuation, flutter. ☐ *(Econ) ~ ciclica* cyclical fluctuation; *(Econ) ~ dei cambi* fluctuation in the rate of exchange; *(Econ) ~ del mercato* market fluctuation; *(Econ) fluttuazioni della congiuntura* cyclical fluctuations, economic fluctuations; *~ della manodopera* fluctuation of the labour market; *(Econ) fluttuazioni monetarie* monetary fluctuations.
fluviale *a.* river *(attr.)*, fluvial: *acque fluviali* river waters; *per via ~* by river.
fluvioglaciale *a. (Geol)* fluvioglacial.
fluviometro *m.* fluviometer.

fly and drive /'flajen'drajv/ *m.inv.* fly and drive.
FM 1 *forza motrice* (motive power, driving power). 2 *(Rad) modulazione di frequenza* F.M. (Frequency Modulation).
f.m. *fine mese* (month end, end of month).
FMI *Fondo monetario internazionale* IMF (International Monetary Fund). 2 *Federazione Motociclistica Italiana* (Italian motorcycle federation).
FMM *(Fis) forza magneto motrice* mmf (magnetomotive force).
FOB *(Comm) franco a bordo* f.o.b. (free on board).
fobia *f.* 1 *(Psic)* phobia. 2 *(colloq) (forte antipatia)* aversion: *ha una vera ~ per il latino* Latin is his pet aversion, he really loathes Latin.
fobico *(pl.* **-ci)** I *a. (Psic)* phobic. II *m. (f.* **-a)** *(Psic)* phobic.
foca *f.* 1 *(Zool)* (common) seal, sea-calf. 2 *(Pell) (pelle)* sealskin: *una cartella di ~* a sealskin case. 3 *(Pell) (pelliccia)* sealskin, seal, seal-fur. 4 *(fig) (persona grassa e goffa)* elephant. ☐ *(Zool) ~ groenlandica* harp seal; *(Zool) ~ monaca* monk seal.
focaccia *(pl.* **-ce)** *f.* 1 *(Gastron) (tipo di pane)* flat bread. 2 *(Gastron) (all'italiana)* focaccia. 3 *(Dolc)* simple cake.
focaia ☐ *pietra ~* flint, fire stone.
focale I *a. (Fis,Geom,Med)* focal: *asse ~* focal axis; *distanza ~* focal distance, focal length. II *f. (distanza focale)* focal distance, focal length.
focalizzare (focalìzzo) *v.t.* 1 *(Fot)* to focus, to focalize. 2 *(fig)* to bring into focus.
focalizzazione *f. (Fot)* focusing, focalization *(anche fig)*.
focatico *m. (Mediev)* hearth-tax.
focato *a. (scuro con macchie fulve)* dark with tawny markings, dappled tawny: *cavallo baio ~* dappled bay.
focatura *f.* tawny markings *pl.*
foce *f.* mouth: *la ~ del Tevere* the mouth of the Tiber. ☐ *~ a delta* delta; *~ a estuario* estuary; *la ~ del fiume* the river mouth.
Focea *n.pr.f. (Geog.stor)* Phocaea.
focena *f. (Zool)* porpoise.
fochista *m. (ant)* 1 *(Ferr)* fireman, stoker. 2 *(Mar,Ind)* stoker.
Focide *n.pr.f. (Geog.stor)* Phocis.
foco *m.* → **fuoco.**
focolaio *m.* 1 *(Med)* focus, breeding ground: *~ di epidemia* epidemic, breeding ground. 2 *(fig) (centro di diffusione)* hotbed.
focolare *m.* 1 hearth; *(camino)* fireplace. 2 *(fig) (casa)* home, hearth: *fare ritorno al proprio ~* to go back home. 3 *(Tecn)* furnace, firebox. ☐ *(fig) ~ domestico* home.
focomelia *f. (Med)* phocomelia, phocomely.
focomelico *(pl.* **-ci)** I *a. (Med)* phocomelia *(attr.)*. II *m. (f.* **-a)** *(Med)* phocomelus.
focometro *m. (Ott)* focometer, focimeter.
focosamente *avv.* impetuously, ardently, rashly.
focosità *f.* impetuosity, fieriness, rashness.
focoso *a.* 1 fiery, impetuous, hot-blooded: *temperamento ~* fiery temperament. 2 *(ardente)* burning, ardent, passionate. 3 *(rif. a cavallo)* fiery. ☐ *cavallo ~* fiery horse, fiery steed.
focus *m. (Med)* focus.
focus group /'fɔkus'grup/ *m.inv.* focus group.
fodera *f.* 1 *(di abiti)* lining; *(tessuto)* lining (material): *tre metri di ~* three metres of lining. 2 *(rivestimento)* cover. ☐ *~ di cuscino*: 1 cushion cover; 2 *(di guanciale)* pillow

slip, pillow case; ~ *di libro* dust jacket, dust cover; ~ *di materasso* mattress slip; (*Abbigl*) ~ *di pelliccia* fur lining; ~ *staccabile* loose cover, slip cover.

foderame m. lining materials *pl.*

foderare (**fòdero**) *v.t.* **1** to line: ~ *una giacca di pelliccia* to line a jacket with fur. **2** (*rivestire: internamente*) to line: ~ *i cassetti di carta* to line drawers with paper. **3** (*rivestire: esternamente*) to cover, to put a cover on: ~ *un quaderno di plastica* to cover an exercise book with plastic. **4** (*Gastron*) to line.

foderato a. **1** lined: *cappotto ~ di pelliccia* fur-lined overcoat; *gonna foderata* lined skirt. **2** (*rivestito*) covered, bound: *libro ~ di carta a fiori* book bound with flowered paper.

foderatura f. **1** (*il foderare*) lining: ~ *di un abito* lining of a suit. **2** (*il rivestire*) covering.

foderina f. (*Legat*) dust cover, dust jacket.

fodero m. **1** sheath: ~ *della spada* sword sheath. **2** (*astuccio*) case. **3** (*rif. a ombrello*) cover. □ *trarre la spada dal* ~ to unsheath one's sword.

foga f. enthusiasm, ardour, heat: ~ *giovanile* youthful enthusiasm. □ *con* ~ heatedly, passionately: *discutere con* ~ to have a heated argument; *nella ~ della discussione* in the heat of the argument.

foggia (*pl.* **-ge**) f. **1** form, shape. **2** (*modo di vestire o pettinarsi*) style, fashion: *pettinatura di ~ moderna* modern hair-style. □ *a ~ di* in the form of, -shaped, shaped like: *a ~ di cilindro* cylinder-shaped; *un abito di ~ antica* an old-fashioned dress.

foggiano I a. from Foggia (*posposto*), of Foggia (*posposto*). **II** m. **1** (f. **-a**) (*originario*) native of Foggia; (*abitante*) inhabitant of Foggia. **2** (*dialetto*) dialect of Foggia.

foggiare (**fòggio, fòggi**) *v.t.* to shape, to form, to mould, to make in the shape of: ~ *un cappello a cono* to make a hat in the shape of a cone; ~ *un vaso* to mould a pot; ~ *il carattere di qcu.* to mould so.'s character.

foggiatura f. (*Ceram*) moulding.

foglia f. **1** (*Bot*) leaf. **2** *pl.* (*fogliame*) leaves, foliage (*costr. sing.*), leafage (*costr. sing.*). **3** *pl.* (*motivo ornamentale*) leafwork (*costr. sing.*), foliage (*costr. sing.*). **4** (*lamina*) foil: ~ *d'argento* silver foil. □ (*Bot, Alim*) *verdure a larga* leafy vegetables; (*Bot*) ~ *binata* binate leaf; (*Bot*) *foglie caduche* caducous leaves; (*Bot*) ~ *composta* compound leaf; (*Bot*) ~ *dentellata* denticulate leaf; (*Arch*) ~ *di acanto* acanthus leaf; (*Bot*) *foglie di alloro* bay leaves, laurel leaves: *una corona di foglie di alloro* a laurel wreath; (*Bot*) ~ *di fico* fig leaf; (*Met*) ~ *di stagno* tinfoil; (*Bot*) ~ *di tabacco* tobacco leaf; (*Bot*) ~ *di tè* tea leaf; (*Met*) ~ *d'oro* gold leaf (*anche Art*): *doratura a ~ d'oro* gold leaf gilding; *in ~* leaf (*attr.*): *verdura in ~* leaf vegetable; (*Bot*) ~ *lanceolata* lanceolate leaf; (*Bot*) ~ *lobata* lobate leaf; *mettere le foglie* to come into leaf; (*Bot*) *foglie persistenti* persistent leaves; ~ *secca* withered leaf, dead leaf; *senza foglie* leafless.

fogliaceo a. (*Bot*) foliaceous.

fogliame m. foliage, leaves *pl.*, (*rar*) leafage: *il viale era coperto di ~* the avenue was covered with leaves.

fogliare a. (*Bot*) foliar, leaf (*attr.*).

fogliato a. sheeted, laminated.

fogliazione f. (*Bot*) foliation.

foglietta f. (*region, ant*) (*misura per liquidi*) half-litre.

foglietto m. **1** leaflet, pamphlet. **2** (*piccolo foglio di carta*) slip of paper, piece of paper.

3 (*Anat*) layer: ~ *pleurico* pleural layer. **4** (*Filat*) sheet. □ (*Farm*) ~ *illustrativo* instructions *pl.* for use; ~ *pubblicitario* handout, (*Am*) flyer.

foglifero a. (*Bot*) leaf (*attr.*), leaf-bearing: *gemme foglifere* leaf buds.

foglio m. **1** (*di carta*) sheet, sheet of paper, piece, piece of paper: *un ~ di carta da pacchi* a sheet of wrapping paper, a sheet of brown paper; *scrivere gli appunti su un ~* to take notes on a piece of paper. **2** (*di libro o quaderno*) leaf, page. **3** (*facciata*) page, side: *ha riempito due fogli* he has filled two sides. **4** (*modulo*) form: *compilare il ~ d'iscrizione* to fill in the enrolment form; ~ *per la denuncia dei redditi* income tax form. **5** (*documento*) document, certificate. **6** (*colloq*) (*banconota*) bank-note, note, (*Am*) bill. **7** (*giornale*) newspaper. **8** (*Tecn*) (*lamina*) sheet: ~ *di plastica* plastic sheet. □ ~ *a quadretti* sheet of squared paper; ~ *a righe* sheet of ruled paper; ~ *bianco* blank paper, blank sheet; (*Aut*) ~ *complementare* title; ~ *da disegno* piece of drawing-paper; ~ *delle presenze* attendance sheet; ~ *di carta* sheet of paper: ~ *di carta bollata* sheet of stamped paper, stamped sheet; ~ *di carta intestata* letter-head; ~ *di carta da lettere* piece of writing-paper; (*Fal*) ~ *di compensato* sheet of plywood; (*Mil*) ~ *di congedo* discharge paper; (*Inform*) ~ *di lavoro* worksheet; (*Inform*) ~ *di programma* programme sheet; (*Inform*) ~ *di stile* style sheet; ~ *di verifica* coding sheet; (*Dir*) ~ *di via* expulsion order; (*Inform*) ~ *elettronico*: 1 spreadsheet; 2 (*programma*) spreadsheet program; (*Legat*) *in ~ folio, in folio*: *volume in ~* volume in folio, folio, folio volume; ~ *in bianco* blank paper, blank sheet; *a fogli mobili* loose-leaf (*attr.*); ~ *paga* pay sheet, pay roll; ~ *protocollo* sheet of foolscap; (*Aut*) ~ *rosa* (*Br*) provisional licence, (*Am*) learner's permit, temporary driving licence; ~ *volante*: 1 loose leaf, loose sheet, loose page: *quaderno a fogli volanti* loose-leaf notebook; 2 (*volantino*) leaflet.

fogna f. **1** sewer, drain: ~ *a cielo aperto* open drain. **2** (*fig*) (*luogo sudicio*) pigsty; (*luogo corrotto*) sink, cesspool. **3** (*fig*) (*persona ingorda*) greedy pig, glutton.

fognaiolo m. sewage worker.

fognare (**fógno**) *v.t.* (*fornire di fogne*) to provide with drainage.

fognario a. sewer (*attr.*): *rete fognaria* sewer system.

fognatura f. **1** (*Idr*) drainage system, sewerage system. **2** (*rif. a terreni*) drainage system.

föhn /fɔn/ m. (*Meteor*) Foehn, Föhn.

foia f. **1** (*rif. ad animali*) rut, heat. **2** (*spreg*) (*rif. a persone*) lust, heat. □ *essere in ~* to be on heat.

foiba f. (*Geol*) doline.

foie-gras /ˌfwaˈɡra/ m. (*Gastron*) foie gras, goose liver.

foiolo m. (*Macell*) honeycomb tripe.

fola f. **1** (*rar*) (*fiaba*) fairy-tale. **2** (*frottola*) tall story: *inventare fole* to make up tall stories.

folade f. (*Zool*) pholas.

folaga f. (*Ornit*) coot.

folata f. gust, blast, rush: *una ~ di vento* a gust of wind. □ *a folate* in gusts: *il vento soffiava a folate* the wind was blowing in gusts.

folclore m. folklore.

folclorico (*pl.* **-ci**) a. of folklore (*posposto*), relating to folklore (*posposto*), folkloric: *studi folcloristici* folklore studies.

folclorismo m. folklore, love of folklore;

(*spreg*) excessive preoccupation over maintaining local traditions.

folclorista m./f. folklorist.

folcloristico (*pl.* **-ci**) a. **1** folkloric, folkloristic, folklore (*attr.*): *studi folcloristici* folklore studies. **2** (*popolare, caratteristico*) folk (*attr.*): *canto ~* folk-song; *danze folcloristiche* folk-dances. **3** (*colloq, scherz*) (*singolare*) colourful, (*Am*) colorful, picturesque.

folgorante a. **1** (*abbagliante*) dazzling, glaring: *luce ~* dazzling light. **2** (*rif. allo sguardo*) flashing, glaring: *occhi folgoranti* flashing eyes. **3** (*fig*) (*meraviglioso*) striking, dazzling: *bellezza ~* striking beauty. **4** (*fig*) (*improvviso*) sudden.

folgorare (**fólgoro**) **I** *v.i.* (*aus. avere*) (*lett*) **1** (*lampeggiare*) to flash: *il cielo folgorava* lightning flashed in the sky. **2** (*scagliare fulmini*) to hurl thunderbolts, to hurl down thunderbolts: *Giove folgorava dall'Olimpo* Jove hurled down thunderbolts from Olympus. **3** (*fig*) (*brillare*) to flash, to blaze, to shine: *i suoi occhi folgoravano* his eyes flashed. **4** (*fig*) (*muoversi con la velocità di un fulmine*) to flash by, to streak past. **II** *v.t.* **1** to strike: *fu folgorato da un fulmine* he was struck by lightning. **2** (*colpire con una scarica elettrica*) to electrocute: *fu folgorato da una scarica elettrica* he was electrocuted. **3** (*uccidere con arma da fuoco*) to hit, to shoot, to shoot down: *fu folgorato da una scarica di mitragliatrice* he was hit by a burst of machine-gun fire. **4** (*abbagliare*) to dazzle: *una luce splendente mi folgorò* I was dazzled by a bright light. **5** (*fig*) (*con lo sguardo*) to wither, to glare (at): ~ *qcu. con lo sguardo* to wither so. with a glance. **6** (*Mitol*) to strike with a thunderbolt, to rain thunderbolts upon: *Giove folgorò i giganti* Jove rained his thunderbolts upon the giants.

folgorato a. **1** (*da un fulmine*) to be struck by lightning: *restare ~* to be struck by lightning. **2** (*per scarica elettrica*) electrocuted: *restare ~* to be electrocuted. **3** (*fig*) struck, overwhelmed, dazzled: ~ *da un'idea* struck by an idea; *restare ~* (*da qualcosa di strabiliante*) to be overwhelmed, to be dazzled.

folgorazione f. **1** (*da corrente*) electrocution. **2** (*fig*) (*intuizione improvvisa*) sudden flash, brainwave.

folgore f. (*lett*) (*fulmine*) flash of lightning, thunderbolt: *essere colpito dalla ~* to be struck by lightning.

folgorite f. (*Min*) fulgurite.

foliazione f. (*Edit*) foliation.

folico □ (*Chim*) *acido ~* folic acid.

folio □ (*Tip*) *in ~*: 1 (*usato come aggettivo*) folio, in folio (*posposto*); 2 (*usato come nome*) folio.

folk I a. inv. folk (*attr.*): *cantante ~* folk-singer; *canzone ~* folk-song. **II** m. inv. (*Mus*) folk-music.

folklore e der. → **folclore** e der.

folla f. **1** crowd, throng, (*spreg*) mob: *una gran ~ si accalcò nella piazza* a large crowd thronged the square; *una ~ in delirio* a delirious crowd. **2** (*gran quantità*) host, large number, lot: *ha una ~ di amici* he has a host of friends. **3** (*fig*) (*rif. a cose astratte*) host: *una ~ di ricordi* a host of memories.

follare (**fóllo/fòllo**) *v.t.* **1** (*Tess*) to full. **2** (*Enol*) to press, to tread.

follatoio m. (*Enol*) grape press, wine press.

follatore m. **1** (*Tess*) fuller. **2** (*Enol*) treader.

follatrice f. (*Tess*) fulling machine.

follatura f. **1** (*Tess*) fulling. **2** (*Enol*) pressing, treading.

folle I a. **1** (*pazzo*) mad, insane. **2** (*estens*) (*sciocco*) foolish, mad, crazy: *sei stato ~ a* *sperare una cosa simile* you were foolish to hope for such a thing; *un'idea* ~ a foolish idea; ~ *terrore* mad terror. **3** *(Mecc)* idle. **4** *(Aut)* neutral. **II** *m./f.* *(pazzo)* madman *(f. -woman)*, lunatic: *comportarsi da* ~ to act like a madman, to act crazy. ☐ *in* ~: **1** *(Mecc)* idle: *essere in* ~ (*o girare in* ~) to idle, to run idle; **2** *(Aut)* in neutral: *motore in* ~ engine in neutral; *mettere in* ~ to put in neutral.

folleggiamento *m.* *(il folleggiare)* frolicking.

folleggiare *(folléggio, folléggi; aus.* **avere)** *v.i.* to have fun, to enjoy oneself, to have a merry time, *(Am,colloq)* to have a ball.

follemente *avv.* madly, crazily: *amare* ~ *qcu.* to be madly in love with so., *(colloq)* to be mad about so., to be crazy about so.

folletto I *m.* **1** sprite, elf. **2** *(fig)* *(bambino vivace)* imp. **II** *a.* **1** elfin: *spirito* ~ elfin spirit. **2** *(fig)* *(vivace)* elfish.

follia *f.* **1** *(pazzia)* madness, insanity, lunacy: *in preda alla* ~ in a fit of madness. **2** *(estens)* *(stoltezza)* foolishness, folly. **3** *(estens)* *(azione sconsiderata)* foolish act, folly, piece of foolishness: *commettere follie* to act senselessly, to act rashly. ☐ *alla* ~ madly, to distraction: *essere innamorato alla* ~ *di qcu.* to be madly in love with so., to love so. to distraction; *fare follie* to frolic: *fare follie per qcs.* (*o qcu.*) to be crazy about sth. (*o* so.), to be mad about sth. (*o* so.).

follicolare *a.* *(Anat,Bot)* follicular.

follicolina *f.* *(Biol)* folliculin, oestrone, *(Am)* estrone.

follicolite *f.* *(Med)* folliculitis.

follicolo *m.* *(Bot,Anat)* follicle.

follone *m.* *(Tess)* fulling mill, fulling machine.

follow up /ˌfɔlloˈap/ *m.inv.* *(Med)* follow-up.

foltamente *avv.* thickly, closely.

foltezza *f.* thickness, denseness: *la* ~ *della sua chioma* the thickness of her hair.

folto I *a.* **1** thick, dense: *un* ~ *bosco* a thick wood. **2** *(fitto, spesso)* dense, thick: *una folta nebbia* a dense fog; *folte tenebre* thick darkness, pitch darkness. **3** *(rif. a sopracciglia)* bushy. **4** *(estens)* *(numeroso)* large, numerous: *un* ~ *gruppo* a large group. **II** *m.* thick, depths *pl.*: *entrare nel* ~ *del bosco* to go into the depths of the wood; *gettarsi nel* ~ *della mischia* to throw oneself into the thick of the fray.

fomentare *(foménto)* *v.t.* **1** to foment, to instigate, to foster, to encourage: ~ *il vizio* to encourage vice; ~ *il malcontento* to foster discontent. **2** *(eccitare)* to stir up, to incite, to rouse: ~ *gli animi* to stir people up.

fomentatore *m.* *(f.* **-trice)** fomenter, agitator. ☐ ~ *di discordie* trouble-maker, rabble-rouser, agitator; ~ *di guerre* warmonger.

fomentazione *f.* fomentation, state of agitation.

fomento *m.* **1** *(Med)* *(impacco caldo)* fomentation. **2** *spec.pl.* *(Med)* *(suffumigio)* fumigation: *fare i fomenti* to fumigate. **3** *(fig, lett)* instigation, incitement (*a to*).

fomite *m.* *(lett)* **1** *(istigazione)* incitement: ~ *di discordie* source of discord. **2** *(causa)* source, cause.

fon *m.* *(asciugacapelli)* hairdryer, hairdrier.

fonare *(fòno)* *v.t.* *(colloq)* *(asciugare con fon)* to blow-dry.

fonatorio *a.* *(Fisiol)* phonatory: *organo* ~ phonatory organ.

fonazione *f.* *(Fisiol)* phonation.

foncé /fõˈse/ *a.inv.* *(scuro)* deep, dark.

fonda[1] *f.* *(Mar)* anchorage. ☐ *(Mar)* *anda-re alla* ~ to come to anchor, to drop anchor;

essere alla ~ to ride at anchor.

fonda[2] *f.* *(rar)* **1** *(borsa da sella)* saddlebag. **2** *(imbragatura per tenere sospeso il cavallo)* sling, horse sling.

fondaccio *m.* **1** *(colloq)* *(fondo, feccia)* dregs *pl.*, lees *pl.*: *il* ~ *del vino* the wine lees; *il* ~ *della botte* the dregs of the barrel. **2** *(merce scadente)* leftover goods *pl.*

fondaco *(pl.* **-chi)** *m.* *(Mediev)* store, warehouse.

fondale *m.* **1** *(profondità delle acque)* depth, sounding, soundings *pl.*: ~ *minimo* minimum depth. **2** *(fondo marino)* seabed. **3** *(Teat)* backdrop. ☐ ~*alto* deep sea; ~*basso* shoal.

fondamenta → **fondamento**.

fondamentale I *a.* **1** fundamental, basic: *principi fondamentali* basic principles. **2** *(Mus)* fundamental. **II** *m.* **1** *pl.* *(Sport)* basics. **2** *(Mus)* fundamental.

fondamentalismo *m.* fundamentalism: ~ *islamico* Islam fundamentalism; ~ *religioso* religious fundamentalism.

fondamentalista I *m./f.* fundamentalist: ~ *islamico* Muslim fundamentalist. **II** *a.* fundamentalist.

fondamentalistico *(pl.* **-ci)** *a.* fundamentalist.

fondamentalmente *avv.* fundamentally, basically.

fondamento *m.* *(pl.* **i fondaménti**, **le fondaménta**; *in a concrete sense the plural is in* **-a**, *when used figuratively the plural is usually in* **-i)** *spec.pl.* *(Edil)* foundation: *gettare le fondamenta di un palazzo* to lay the foundations of a building. **2** *spec.pl.* *(fig)* *(base)* foundations *pl.*: *scuotere le fondamenta dello stato* to shake the State to its foundations; *mancare di* ~ to have no foundation, to be groundless. **3** *(fig)* *(principio fondamentale)* foundation, fundamental, fundamental principle: *i fondamenti della nostra fede* the fundamentals of our faith. **4** *(nozione fondamentale)* fundamental: *i fondamenti di una scienza* the fundamentals of a science. ☐ *sospetti senza* ~ groundless suspicions.

fondant /fõˈdã/ *m.inv.* *(Dolc)* fondant.

fondare *(fóndo)* **I** *v.t.* **1** *(erigere)* to build, to found: ~ *una città* to build a city. **2** *(istituire)* to found, to establish: ~ *una biblioteca* to found a library; ~ *un'azienda* to establish a company. **3** *(Edil)* to lay the foundations of, to found: ~ *una costruzione* to lay the foundations of a building. **4** *(estens)* *(creare)* to found, to build up: ~ *una colonia* to found a colony. **5** *(fig)* *(basare)* to base, to found, to ground: ~ *l'accusa su prove* to base the charge on factual evidence. **II** *v.pron.* **fondarsi** *(basarsi)* to be founded, to be based *(su* on): *ragionamento che si fonda su presupposti errati* reasoning based on mistaken conjectures; *fondarsi su dati sicuri* to be based on proven facts.

fondatamente *avv.* with good reason, with good reasons, with good grounds.

fondatezza *f.* **1** *(validità)* validity, soundness, credibility: *la* ~ *di un motivo* the validity of a reason, the soundness of a reason. **2** *(attendibilità)* veracity, authenticity, credibility: *la* ~ *di una notizia* the authenticity of a piece of news.

fondato *a.* **1** founded, established: *un'azienda fondata nel secolo scorso* a company founded in the last century. **2** *(fig)* *(che ha solido fondamento)* well-founded, legitimate: *sospetti fondati* legitimate suspicions; *ben* ~ well-grounded, well-founded. **3** *(serio, giusto)* sound, valid: *ho fondate ragioni*

per dubitare della sua onestà I have sound reasons to doubt his honesty. **4** *(sicuro)* reliable: *notizia fondata* reliable news. ☐ ~ *ci sono fondatespetanze* there are well-founded hopes, there is good chance.

fondatore I *m.* *(f.* **-trice)** founder *(f. -dress)*: *il* ~ *di una città* the founder of a city. **II** *a.* foundation *(attr.)*, founding: *socio* ~ founder member, charter member.

fondazione *f.* **1** foundation, founding: *la* ~ *di Roma* the foundation of Rome. **2** *(di un'azienda)* establishment. **3** *pl.* *(Edil)* foundations, groundwork *(costr.sing.)*. **4** *(Dir)* foundation: *la* ~ *X per i bambini abbandonati* the X foundation for abandoned children.

fondello *m.* **1** *(Sart)* lining of the seat of trousers. **2** *(parte posteriore del bossolo)* base (of a cartridge). **3** *(rar)* *(anima del bottone)* shank. ☐ *(colloq)* *che fondello!* what a stroke of luck!; *(colloq)* *prendere qcu. per i fondelli* to take so. for a ride, to pull so.'s leg.

fondente I *a.* melting. **II** *m.* **1** *(Dolc)* fondant. **2** *(Met)* flux, fluidizer.

fondere *(pres.ind.* **fóndo**; *p.rem.* **fùsi**; *p.p.* **fùso)** **I** *v.t.* **1** *(Met)* to melt, to fuse: ~ *il ferro* to smelt iron. **2** *(gettare nella forma)* to cast, to mould: ~ *una statua* to cast a statue. **3** *(unire mediante fusione)* to fuse. **4** *(liquefare)* to melt: *il calore fonde la cera* heat melts wax. **5** *(sciogliere)* to melt, to thaw: *il sole ha fuso la neve* the sun has thawed the snow. **6** *(fig)* *(unire)* to unite, to fuse, to amalgamate, to merge: ~ *due partiti* to unite two parties, to fuse two parties; ~ *due società* to merge two companies. **7** *(fig)* *(accostare armonicamente)* to blend: ~ *due colori* to blend two colours. **II** *v.i.* *(aus. avere)* **1** *(Met)* to melt, to fuse: *l'alluminio fonde a bassa temperatura* aluminium melts at a low temperature. **2** *(sciogliersi)* to melt, to thaw. **3** *(unirsi)* to merge, to merge together. **4** *(rif. a motore)* to seize: *ho fuso* my engine has seized. **III** *v.pron.* **fondersi 1** *(Met)* to melt, to fuse. **2** *(liquefarsi)* to melt: *la cera si fonde al calore* wax melts in heat; *il ghiaccio si è fuso* the ice has melted. **3** *(fig)* *(unirsi)* to unite, to merge. **4** *(El)* to fuse, to blow: *si è fusa una valvola* a fuse has blown.

fonderia *f.* *(Met)* foundry.

fondiario *a.* *(Econ)* land *(attr.)*, landed.

fondibile *a.* fusible.

fondiglio, fondigliolo *m.* dregs *pl.*, sediment, lees *pl.*; *(rif. al caffè)* grounds *pl.*

fondina *f.* **1** *(Arm)* *(custodia della pistola)* holster. **2** *(region)* *(piatto fondo)* soup plate.

fondino *m.* *(Tip)* background.

fondista *m./f.* **1** *(Sport)* *(corridore)* long-distance runner, marathon runner. **2** *(Sport)* *(sciatore)* langlaufer, cross-country skier. **3** *(Giorn)* writer of a leading article, editorialist.

fonditore *m.* **1** *(f.* **-trice)** *(operaio)* founder, foundryman, smelter. **2** *(Tip)* *(fonditore di caratteri)* type founder.

fonditrice *f.* *(Tip)* casting machine, caster.

fondo[1] *m.* **1** *(parte inferiore)* bottom: *il* ~ *della tazza* the bottom of the cup. **2** *(parte più interna)* bottom, opposite end, other side: *in* ~ *al cortile* at the bottom of the courtyard, on the opposite end of the courtyard, on the other side of the courtyard. **3** *(fine, estremità)* end, bottom: *lo vidi in* ~ *alla via* I saw him at the bottom of the street, I saw him at the end of the street. **4** *(parte posteriore)* back, rear: *i vagoni in* ~ *al treno* the carriages at the rear (*o* at the back) of the train. **5** *(fig)* *(parte intima)* bottom, depths *pl.*: *in ~ all'animo* in the depths (*o* at the bottom) of one's heart, in one's heart of hearts; *gli sono riconoscente dal ~ del cuore* I am grateful to him from the bottom of my heart. **6** (*fig*) (*natura, indole*) bottom, heart, nature: *ha un ~ buono* he is a good fellow at heart. **7** (*deposito*) dregs *pl.*, lees *pl.*: *il vino ha lasciato un po' di ~* the wine has left some lees (*o* some dregs). **8** (*rif. al caffè*) grounds *pl.* **9** (*superficie su cui posa una massa liquida*) bottom, bed: *il ~ del mare* the bottom of the sea, the sea bed. **10** (*colore base di un tessuto*) background, ground: *un tappeto a ~ rosso* a carpet with a red background; *un abito a disegni rosa su ~ grigio* a dress with a pink pattern on a grey background. **11** (*Pitt*) (*mestica*) priming, primer. **12** (*Giorn*) (*articolo di fondo*) editorial, leading article, leader. **13** (*Strad*) road bed, (*colloq*) surface: *il ~ della strada è ottimo* the road surface is excellent. **14** (*Sport*) (*linea di fondo*) goal line. **15** (*Sport*) (*distanza lunga*) long distance. □ *a ~*: **1** (*profondamente*) thoroughly, to the bottom: *esaminare a ~ qcs.* to go to the bottom of sth., to go thoroughly into sth.; *conoscere a ~ qcu.* to know so. through and through, to know so. inside-out; **2** (*con tutte le forze*) with all one's might, with might and main, very hard: *impegnarsi a ~* to do one's best, to strive with all one's might; *andare a ~*: **1** to go to the bottom, to go down: *la nave è andata a ~* the ship sank, the ship went down; *andare a ~ in una faccenda* to get to the bottom of a matter; **2** (*fig*) (*non riuscire*) to founder, to fall through, to fail: *l'impresa è andata a ~* the enterprise fell through; *dare ~*: **1** to consume, to run, to go, to get through, to use up: *dare ~ a un patrimonio* to run through a fortune, to go through a fortune; **2** (*colloq*) (*rif. a cibo*) to do justice to, to polish off; (*Mar*) *dare ~ all'ancora* (*affondarla*) to let go the anchor, to drop the anchor; *~ dei pantaloni* seat of the trousers; *il ~ del bicchiere*: **1** the bottom of the glass; **2** (*il liquido*) the last drops *pl.*; *il ~ della botte* the cask head; (*Anat*) *~ dell'occhio* eye ground; *di ~*: **1** basic, root (*attr.*): *problema di ~* root problem; **2** (*Sport*) long-distance (*attr.*), distance (*attr.*): *campione di ~* long-distance champion; *gara di ~* long-distance race, distance trial; (*fig,scherz*) *~ di bicchiere* (*brillante falso*) false diamond; *fondi di caffè* coffee grounds; (*Comm*) *fondi di magazzino* unsold stock, remainders, job lot; *~ di un pozzo*: **1** bottom of a well; **2** (*Minier*) shaft bottom; *languire nel ~ di una prigione* to lie mouldering in prison; *un ~ di verità* a shadow of truth; *in ~*: **1** (*nella parte più bassa*: *stato in luogo*) at the bottom; (*moto a luogo*) to the bottom; **2** (*dietro, stato*) at the back; **3** (*alla fine: stato in luogo*) at the end; (*moto a luogo*) to the end; **4** (*fig*) (*in conclusione*) after all, all things considered; *in ~ a*: **1** (*all'estremità di*) at the bottom of, at the end of: *in ~ alla stanza* at the (far) end of the room; **2** (*nella parte inferiore*) at the bottom of; **3** (*alla fine*) at the bottom of, at the end of: *in ~ alla lettera* at the end of the letter; *in ~ alla pagina* at the bottom of the page; *le note in ~ alla pagina* footnotes; *in ~ al cuore* at heart, deep down; *in ~ in ~* deep down; *non avere ~* to be bottomless; (*Geol*) *~ oceanico* ocean floor; (*Anat*) *~ oculare* eye ground; *senza ~*: **1** bottomless: (*estens*) *essere senza ~* (*mangiare tantissimo*) to be a bottomless pit; **2** (*senza fine*) endless; (*Dir*) *~ servente* servient tenement; (*Strad*) *~ stradale* roadbed; (*Cosmet*) *~ tinta* foundation, foundation cream.

fondo² *m.* **1** (*appezzamento di terreno*) land, property, holding, estate: *coltivare un ~* to farm an estate. **2** (*fondo rustico*) country estate. **3** (*somma di denaro*) fund, sum of money: *~ di riserva* reserve fund. **4** *pl.* (*denaro*) funds, money (*costr.sing.*), (*colloq*) cash (*costr.sing.*): *avere necessità di fondi* to need funds; *sottrazione di fondi* abstraction of money; *raccogliere fondi* to raise funds. **5** (*Dir*) fund: *~ di assistenza e previdenza* sickness and insurance fund. **6** *spec.pl.* (*Econ*) funds *pl.*: *fondi privati* private funds; *fondi pubblici* public funds. □ (*Econ*) *fondi all'estero* foreign funds; (*Econ*) *fondi azionari* common stock funds, equity funds; (*Comm*) *~ cassa* float; (*Econ*) *~ comune d'investimento* investment trust, investment fund, unit trust, (*Am*) mutual funds (*pl.*); *fondi congelati* frozen funds; (*Econ*) *fondi consolidati* consolidated stocks, consolidated annuities, (*colloq*) consols; (*Dir*) *~ d'adeguamento* adjustment fund; (*Dir*) *~ d'assistenza* relief fund; (*Comm*) *~ d'esercizio* trading capital, working capital; (*Dir*) *~ di ammortamento* sinking fund, depreciation fund; (*Econ*) *fondi di bilancio* budgetary appropriations, budget appropriations; *fondi di credito* loan funds; (*Dir*) *~ di dotazione* endowment fund; (*Dir*) *~ di garanzia* guarantee fund, indemnity fund; (*Econ*) *~ di investimento* investment fund, investment trust; *~ di investimento immobiliare* real estate investment trust; (*Econ*) *~ di previdenza* contingency fund, provident fund; (*Dir*) *~ di riserva* emergency fund, reserve fund; *~ di solidarietà* solidarity fund; (*Comm*) *fondi liquidi* liquid assets, ready money (*costr.sing.*); *~ monetario europeo* European Monetary Fund; *~ monetario internazionale* International Monetary Fund; *fondi neri* slush money (*costr.sing.*), slush funds; *~ pensioni* pension fund; (*Econ*) *a ~ perduto* without security; *fondi segreti* secret funds; *~ sociale europeo* European Social Fund; *~ speciale* special fund; (*Dir*) *~ svalutazione* reserve account for depreciation; *~ urbano* town property.

fondo³ *a.* **1** (*profondo*) deep: *acqua fonda* deep water; *un pozzo ~ dieci metri* a well ten metres deep. **2** (*folto, fitto*) thick, dense.

fondoschiena *m.inv.* (*colloq*) bottom, backside.

fondotinta *m.inv.* (*Cosmet*) foundation, base. □ (*Cosmet*) *~ compatto* foundation compact.

fondovalle (*pl.* **fondivàlle**) *m.* bottom of a valley.

fondue /fɔ̃'dy/ *f.inv.* (*Gastron*) fondue.

fonduta *f.* (*Gastron*) fondue.

fonema *m.* (*Ling*) phoneme.

fonematica *f.* (*Ling*) phonemics (*costr.sing.*).

fonematico (*pl.* **-ci**) *a.* (*Ling*) phonemic.

fonemica *f.* (*Ling*) phonemics (*costr.sing.*).

fonendoscopio *m.* (*Med*) phonendoscope.

fonetica *f.* phonetics (*costr.sing.*).

foneticamente *avv.* phonetically.

fonetico (*pl.* **-ci**) *a.* phonetic.

fonetismo *m.* (*Ling*) phonetism.

fonetista *m./f.* (*Ling*) phonetician.

fonia *f.* (*Tel*) telephony.

foniatra *m./f.* (*Med*) phoniatrist.

foniatria *f.* (*Med*) phoniatrics (*costr.sing.*).

foniatrico (*pl.* **-ci**) *a.* (*Med*) speech-therapy (*attr.*), phoniatric.

fonicamente *avv.* phonically.

fonico I *a.* phonic, sound (*attr.*). **II** *m.* (*f.* **-a**; *pl.* **-ci**) (*Cin*) sound technician, sound engineer.

fono *m.* (*asciugacapelli*) hairdryer, hairdrier.

fonoassorbente *a.* sound absorbent, sound deadening.

fonocassetta *f.* (*musicassetta*) music cassette.

fonogenico (*pl.* **-ci**) *a.* suitable for sound recording: *una voce fonogenica* a voice that records well.

fonografia *f.* phonography.

fonografico (*pl.* **-ci**) *a.* phonographic.

fonografo *m.* phonograph, gramophone.

fonogramma *m.* (*Tel,Ling*) phonogram.

fonoisolante *a.* soundproof.

fonolite *f.* (*Min*) phonolite.

fonologia *f.* (*Ling*) phonology.

fonologico (*pl.* **-ci**) *a.* (*Ling*) phonological.

fonologo *m.* (*f.* **-a**; *pl.* **-gi**) (*Ling*) phonologist.

fonometria *f.* (*Fis,Ling*) phonometry.

fonometro *m.* (*Fis*) phonometer.

fonomontaggio *m.* (*Acus*) edited recording, edited track; (*alla radio*) edited phonogramme.

fonone *m.* (*Fis*) phonon.

fonoregistratore *m.* tape recorder, sound recorder.

fonoregistrazione *f.* sound recording.

fonoriproduttore *m.* **1** phonograph, record player. **2** (*altoparlante*) loudspeaker.

fonoriproduzione *f.* play back.

fonorivelatore *m.* pick-up.

fonoscopio *m.* phonoscope.

fonoteca *f.* sound archive, record library.

fonovaligia *f.* portable record player.

font *m.inv.* (*Inform*) font: *~ scalabile* scalable font.

fontana *f.* **1** fountain. **2** (*modo di disporre la farina*) to make a well: *disporre la farina a ~* make a well in the center of the flour. □ (*Geol*) *~ ardente* fire well; (*Arch*) *~ monumentale* monumental fountain.

fontanazzo *m.* (*Idr*) outflow.

fontanella *f.* **1** (*fontana a colonnina*) fountain, drinking fountain: *bere alla ~* to drink at the fountain. **2** (*Anat*) fontanelle, (*Am*) fontanel.

fontaniere *m.* **1** fountain attendant. **2** (*region*) (*idraulico*) plumber.

fontanile *m.* **1** (*Geol*) resurgence. **2** (*abbeveratoio in muratura*) trough, drinking trough.

fonte I *f.* **1** spring, source, well head. **2** (*fontana*) fountain. **3** (*fig*) (*sorgente*) source, well, wellspring, fountain, fountainhead: *~ di ricchezza* source of wealth. **4** (*fig*) (*causa*) cause, root, source: *la miseria è ~ di infiniti disagi* poverty is the cause of endless misery. **5** (*fig*) (*rif. a notizie e sim.*) source: *la ~ di un'informazione* the source of a piece of information. **6** (*documento*) source, original: *lo studio delle fonti* the study of sources. **II** *m.* font: *~ battesimale* baptismal font. □ *da ~ attendibile* from a reliable source; (*fig*) *da ~ autorevole* from an authoritative source; *da ~ bene informata* from a reliable source, from a well-informed source; *~ d'acqua viva* fountain head, well spring; (*Dir*) *fonti del diritto* sources of the law; *~ del reddito* source of income; (*Econ*) *~ d'entrata* source of income; *~ di calore* source of heat, heat source; *~ di energia* source of energy, energy source, power source; *~ di ispirazione* inspiration; *~ energetica* source of energy, energy source, power source; *fonti energetiche alternative* alternative sources of energy; *fonti energetiche rinnovabili* renewable energy sources, renewable sources of energy; *fonti esauribili di energia* exhaustible sources of energy; *da ~ sicura* on good authority.

fontina *f.* (*Alim*) fontina (kind of cheese from Valle d' Aosta).

football /'futbol/ *m.* (*Sport*) (*calcio*) football, (*Am*) soccer. □ (*Sport*) ~*americano* American football, (*Am*) football.

footing /'futiŋ/ *m.* (*Sport*) jogging: *fare* ~ to go jogging.

forabile *a.* pierceable, perforable.

foracchiare (**foràcchio, foràcchi**) *v.t.* (*sforacchiare*) to riddle; (*con uno spillo*) to prick all over.

foracchiatura *f.* holes *pl.*, perforations *pl.*; (*con uno spillo*) pricking.

foraggero *a.* (*Agr*) forage (*attr.*), fodder (*attr.*): *raccolto* ~ forage harvest.

foraggiamento *m.* (*Agr*) feeding, foraging: ~ *estivo* summer feeding.

foraggiare (**foràggio, foràggi**) *v.t.* 1 (*Zootecn*) (*fornire di foraggio*) to forage, to feed with fodder, (*ant*) to fodder. 2 (*fig,spreg*) (*rifornire di denaro*) to supply with money, (*colloq*) to bankroll, (*Am*) to subsidize.

foraggio *m.* (*Agr*) fodder, forage.

forame *m.* (*Anat*) foramen.

foraminiferi *m.pl.* (*Zool*) foraminifers, Foraminifera.

foraneo *a.* (*esterno al porto*) outer, offshore: *diga foranea* outer breakwater; *opere foranee* offshore structures.

forapaglia, forapaglie *m.inv.* (*Ornit*) sedge-warbler.

forare (**fóro/fòro**) **I** *v.t.* 1 to pierce, to make a hole in, to riddle: *il proiettile forò il vetro* the bullet made a hole in the glass. 2 (*trapanare*) to drill; (*trivellare*) to bore. 3 (*rif. a pneumatico, pallone*) to puncture. 4 (*rif. a biglietti*) to punch: *il controllore forò il biglietto* the ticket collector punched the ticket. 5 (*assol.*) (*subire una foratura*) to have a puncture, to get a flat tyre, (*Am*) to get a flat (*tire*): *il ciclista forò due volte* the cyclist had two punctures. **II** *v.pron.* **forarsi** 1 to go into holes, to get a hole in (it): *la suola si è forata* the sole has got a hole in it. 2 (*rif. a pneumatico, pallone*) to puncture.

foratoio *m.* punch.

foratura *f.* 1 perforation, piercing; ~ *di una lamiera* drilling of a sheet of metal, drilling of a plate of metal. 2 (*in profondità*) boring; (*il trapanare*) drilling. 3 (*rif. a biglietti*) punching. 4 (*di pneumatico: atto*) puncturing; (*effetto*) puncture, flat: *subire una* ~ to have a puncture, to have a flat tyre.

forbice *f.* 1 *spec.pl.* scissors *pl.*: *tagliare con le forbici* to cut with the scissors (*o a pair of* scissors). 2 (*cesoie*) shears *pl.* 3 (*colloq*) (*chele*) pincers *pl.*, claws *pl.*, nippers *pl.*: *le forbici del granchio* the crab's claws. 4 (*Sport*) scissors (*costr.sing.*); (*nel nuoto*) scissors kick. 5 (*Mar*) kevel. □ *movimento a* ~ scissor movement; *forbici da carta* paper scissors; (*Chir*) *forbici da chirurgo* surgical scissors; (*Giard*) *forbici da giardiniere* gardening shears; *forbici da sarta* dressmaker's scissors; (*Econ*) *forbice dei prezzi* price range; (*fig*) *le forbici della censura* the censor's scissors; (*Agr,Giard*) *forbici per potare* pruning shears, secateurs; *forbici per tosare* shears; *forbici per unghie* nail scissors; *forbici universali* multipurpose scissors.

forbiciata *f.* 1 (*colpo di forbici*) cut, stab. 2 (*taglio*) snip, cut, trim: *dare una* ~ *ai capelli* to give one's hair a trim (*o a cut*), to trim one's hair, to cut one's hair. 3 (*Sport*) scissors (*costr.sing.*).

forbicina *f.* (*Entom*) earwig. □ *forbicine per unghie* nail scissors.

forbire (**forbìsco, forbìsci** /*poet* **fòrbi**) *v.t.* (*lett*) 1 (*pulire*) to clean; (*rif. a lacrime, boc-*

---

ca e sim.) to wipe, to wipe away. 2 (*lucidare: rif. a metalli, specchi e sim.*) to polish, to furbish: ~ *le armi* to furbish one's arms. 3 (*fig*) (*raffinare*) to polish, to polish up, to refine: ~ *lo stile* to refine one's style.

forbitamente *avv.* elegantly, in a refined manner, with polish: *parlare* ~ to speak in a refined manner; *scrivere* ~ to write elegantly, to write with polish.

forbitezza *f.* polish, refinement, elegance: ~ *di linguaggio* refinement of language; ~ *di stile* elegance of style.

forbito *a.* (*raffinato*) polished, elegant, refined: *essere* ~ *nel parlare* to speak in a refined way, to speak with polish.

forca *f.* 1 (*Agr*) pitchfork, fork; (*per fieno*) hayfork; (*per letame*) dung fork. 2 (*patibolo*) gallows, gibbet: *mandare alla* ~ to send to the gallows, to send to be hanged; *morire sulla* ~ to die on the gallows. □ *a* ~ (*biforcato*) forked, bifurcated; (*Stor*) *forche caudine* Caudine Forks; (*fig*) *passare sotto le forche caudine* to suffer bitter humilation.

forcaiolo *m.* (*spreg*) (*reazionario*) reactionary.

forcata *f.* 1 (*quantità sollevata con la forca*) forkful: *una* ~ *di fieno* a forkful of hay. 2 (*colpo di forca*) thrust (with a fork).

forcella *f.* 1 (*Mecc*) fork. 2 (*rif. a bicicletta, moto*) fork. 3 (*biforcazione di tronco o di ramo*) fork, crutch. 4 (*Tel*) cradle. 5 (*forcina per capelli*) hairpin. 6 (*Mar*) rowlock, crutch. 7 (*Geol*) pass, col, saddle. 8 (*Arm*) bracket, (*Am*) ladder. 9 (*Mus*) crescendo symbol; (*di diminuendo*) diminuendo symbol. 10 (*pop*) (*osso del petto dei volatili*) wishbone. □ *a* ~ (*biforcato*) forked, bifurcated: *ramo a* ~ forked branch.

forchetta *f.* 1 fork: *mangiare con la* ~ to eat with a fork. 2 (*forcella*) fork. □ (*Anat*) ~ *sternale* jugular notch; (*Anat*) ~ *vulvulare* fourchette.

forchettata *f.* 1 (*quantità di cibo*) forkful: *una* ~ *di spaghetti* a forkful of spaghetti. 2 (*colpo di forchetta*) fork-thrust.

forchetto *m.* (*Mar*) forked stick.

forchettone *m.* carving fork, large fork.

forcina *f.* 1 (*per capelli*) hairpin, (*Am*) bobby pin. 2 (*forcella*) fork.

forcing /'forsiŋ/ *m.inv.* (*Sport*) attacking action from opposing team member.

forcipe *m.* (*Med*) forceps.

forcola *f.* 1 (*Agr*) fork. 2 (*Mar*) oarlock.

forconata *f.* 1 (*colpo di forcone*) fork-thrust. 2 (*quantità sollevata con un forcone*) forkful.

forcone *m.* (*Agr*) pitchfork; (*per fieno*) hayfork; (*per letame*) dung fork, dung prong.

forcuto *a.* (*biforcuto*) forked: *coda forcuta* forked tail.

forense *a.* forensic: *eloquenza* ~ forensic eloquence; *chimica* ~ forensic chemistry.

foresta *f.* 1 forest (*anche fig*). □ ~ *cedua* deciduous forest; ~ *demaniale* national forest, state forest; (*fig*) *una* ~ *di capelli* a mop of thick hair; ~ *equatoriale* equatorial forest; ~ *pluviale* rainforest; ~ *tropicale* tropical forest; ~ *vergine* virgin forest.

forestale *a.* forest (*attr.*), forestal: *leggi forestali* forest laws; *patrimonio* ~ forest heritage, forests.

forestare (**forèsto**) *v.t.* to reforest.

forestazione *f.* forestation.

foresteria *f.* 1 guest-rooms *pl.*, guest quarters *pl.*: *la* ~ *del convento* the monastery guest-rooms. 2 (*di azienda*) company flat, (*Am*) company apartment: *affittasi esclusivamente uso* ~ fully furnished short term lets.

---

forestierismo *m.* (*Ling*) foreignism; (*parola*) foreign word.

forestiero **I** *m.* (*f.* -**a**) 1 stranger: *la città è piena di forestieri* the city is full of strangers. 2 (*persona di altra nazione*) foreigner. 3 (*rar*) (*ospite*) guest, stranger: *abbiamo a cena dei forestieri* we have guests to dinner. **II** *a.* foreign: *usi forestieri* foreign customs.

forestierume *m.* (*spreg,rar*) 1 (*accozzaglia di forestieri*) motley crowd of foreigners, motley crowd of strangers. 2 (*insieme di usanze forestiere*) foreign customs *pl.* 3 (*insieme di locuzioni forestiere*) foreignisms *pl.*

forfait[1] /forfɛ/ *m.inv.* lump sum. □ *a* ~ (*attr.*), on a lump-sum basis, all-in: *prezzo a* ~ all-in price, flat rate, price by the job, contract price, lump-sum price; *pagamento a* ~ lump sum payment.

forfait[2] /forfɛ/ *m.inv.* (*Sport*) default, withdrawal. □ *dare* ~: 1 (*Sport*) to scratch, to default; 2 (*fig*) to give up; (*Sport*) *vincere per* ~ to win by default.

forfecchia *f.* (*Entom*) earwig.

forfetario *a.* lump-sum (*attr.*), all-in: *compenso* ~ lump-sum payment.

forfetizzazione *f.* (*Econ*) forfeiting.

forfettario *a.* lump-sum (*attr.*), all-in: *compenso* ~ lump-sum payment.

forfettizzare (**forfettìzzo**) *v.t.* to fix a lump-sum price for.

forficula *f.* (*Entom*) earwig.

forfora *f.* dandruff, (*colloq*) scurf: *capelli pieni di* ~ hair full of dandruff, dandruffy hair. □ ~*grassa* greasy dandruff; ~*secca* dry dandruff.

forforaceo *a.* (*Bot*) furfuraceous.

forforoso *a.* dandruffy, (*colloq*) scurfy: *testa forforosa* dandruffy hair.

forgia (*pl.* -**ge**) *f.* forge.

forgiabile *a.* forgeable: *metallo* ~ forgeable metal.

forgiabilità *f.* forgeability.

forgiare (**fòrgio, fòrgi**) *v.t.* 1 (*Met*) to forge. 2 (*fig*) (*plasmare*) to mould, to shape: ~ *il carattere* to mould so.'s character.

forgiatrice *f.* (*Mecc,Met*) forging machine.

forgiatura *f.* (*Met*) forging.

foriero *a.* (*lett*) presaging, heralding. □ *essere* ~*di qcs.* to presage sth., to herald sth.

forlivese **I** *a.* from Forlì (*posposto*), of Forlì (*posposto*). **II** *m./f.* (*originario*) native of Forlì; (*abitante*) inhabitant of Forlì.

forma *f.* 1 form, shape: *la* ~ *di un corpo* the shape of a body; *cambiare* ~ to change (one's) shape. 2 (*aspetto*) form, shape, appearance, likeness: *demonio in* ~ *d'angelo* devil in the form (*o* in the likeness) of an angel; *assumere* ~ *umana* to take on human form. 3 *pl.* (*conformazione del corpo*) figure *sing.*, shape *sing.*: *l'abito attillato le metteva in evidenza le forme* the close-fitting dress showed off her figure. 4 (*modo di essere*) form: ~ *di governo* form of government; *infettiva* infectious form. 5 *pl.* (*fig*) (*convenzioni*) appearances, convention *sing.*: *rispettare le forme* to keep up appearances, to respect convention; *venire meno alle forme* to fail to respect the demands of convention. 6 (*Filos*) form. 7 (*stile*) style, form: *scrivere in buona* ~ *italiana* to write in good Italian style; *esprimersi in* ~ *chiara* to express oneself in a clear style. 8 (*etichetta, esteriorità*) form, appearances *pl.*: *salvare la* ~ to save appearances, to keep up appearances; *è questione di* ~ it is a matter of form. 9 (*Dir*) (*procedura*) procedure: *vizio di* ~ breach of procedure, procedural flaw. 10 (*Gramm*) form: *le forme del verbo* the forms of the verb. 11 (*condizione fisica o psichica*) form,

shape: *essere in (buona)* ~ to be in form (*o in good form*), to be in shape (*o in good shape*), to be fit: *il corridore non è in* ~ the racer is not in form. **12** (*stampo da cucina*) mould, (*Am*) mold: *mettere il budino nella* ~ to put the pudding in the mould. **13** (*Tip*) form, forme. **14** (*Met*) mould, (*Am*) mold, matrix. **15** (*Calz*) last; (*per tenere in forma la scarpa*) shoe-tree. **16** (*Alim*) cheese, whole cheese, round of cheese: *una* ~ *di formaggio* a whole cheese; *una* ~ *di parmigiano* a round of Parmesan cheese. ☐ *a* ~ *di*-shaped, shaped like, in the form of, in the shape of: *a* ~ *di croce* cross-shaped, cruciform; *a* ~ *di cuore* heart-shaped; *a* ~ *di S* S-shaped; *a* ~ *d'uovo* egg-shaped; (*Gramm*) ~ *attiva* active form; (*Med*) ~ *benigna* benign form; ~ *circolare* circle, ring; *in* ~ *circolare* round, circular; ~ *esteriore* outward shape, outward appearance; ~ *fisica* fitness; (*Med*) ~ *grave* severe form; ~ *in gesso* plaster mould; (*Gramm*) ~ *irregolare* irregular form; (*Med*) ~ *maligna* malignant form; ~ *mentis* cast of mind; (*Gramm*) ~ *nominale* noun form; (*Gramm*) ~ *passiva* passive voice, passive form; (*Mod*) ~ *per cappelli* hat-block; (*Gramm*) ~ *plurale* plural form; (*fig*) *prendere* ~ to take shape: *il progetto comincia a prendere* ~ the plan is beginning to take shape; *prendere la* ~ *di* to take (on) the shape of, to take (on) the form of, to turn oneself into; (*burocr*) *nella* ~ *prescritta dalla legge* in the form laid down by the law; *in* ~ *privata* in private, in a private capacity; *nella* ~ *seguente* as follows; *senza* ~ formless, shapeless; *in* ~ *solenne* solemnly; *sotto* ~ *di* in the shape of; *in* ~ *ufficiale* officially, in an official form.
formabile *a.* formable, mouldable.
formaggetta *f.* (*Mar*) truck.
formaggiaio *m.* **1** (*fabbricante*) cheese maker. **2** (*venditore*) cheese monger, cheese seller.
formaggiera *f.* **1** (*per formaggio grattugiato*) dish for grated cheese, cheese dish. **2** (*vassoio per formaggi*) cheeseboard.
formaggino *m.* (*Alim*) **1** (*processed*) cream cheese. **2** (*da spalmare*) cheese spread.
formaggio *m.* (*Alim*) cheese. ☐ (*Alim*) ~ *affumicato* smoked cheese; (*Alim*) ~ *alle erbe* cheese with herbs, herbed cheese; (*Alim*) ~ *caprino* goat cheese; (*colloq*) ~ *coi buchi* Swiss cheese; (*Alim*) ~ *cremoso* cream cheese; (*Alim*) ~ *da spalmare* cheese spread; (*Alim*) ~ *dolce* mild cheese; (*Alim*) ~ *erborinato* cheese with bluish-green veins, blue-veined cheese, blue cheese; (*Alim*) ~ *fermentato* blue cheese; (*Alim*) ~ *filante* stringy cheese; (*Alim*) ~ *fresco* cream cheese; (*Alim*) ~ *fuso* processed cheese; (*Alim*) ~ *grasso* fatty cheese, full-fat cheese, rich cheese; (*Alim*) ~ *grattugiato* grated cheese; (*Alim*) ~ *magro* skim cheese, low-fat cheese, reduced fat cheese; (*Alim*) ~ *molle* soft cheese; (*Alim*) ~ *parmigiano* Parmesan cheese; (*Alim*) ~ *pecorino* pecorino, ewe's-milk cheese, sheep's milk cheese; (*Alim*) ~ *piccante* strong cheese; (*Alim*) *formaggi semigrassi* medium fat cheese; (*Alim*) ~ *stagionato* mature cheese, seasoned cheese.
formaldeide *f.* (*Chim*) formaldehyde.
formale *a.* **1** formal: *problema* ~ formal problem. **2** (*solenne*) formal, solemn: *promessa* ~ solemn promise.
formalina *f.* (*Chim*) formalin.
formalismo *m.* formalism (*anche Filos,Art*).
formalista *m./f.* formalist (*anche Filos,Art*).
formalistico (*pl.* -**ci**) *a.* formalistic (*anche Filos,Art*).

formalità *f.* **1** *spec.pl.* formality, form: *le* ~ *per ottenere un documento* the formalities to obtain a document. **2** (*convenzione sociale*) formality, form. ☐ ~ *doganali* customs formalities.
formalizzare (**formalìzzo**) **I** *v.t.* to formalize: *un accordo* to formalize an agreement. **II** *v.pron.* **formalizzarsi 1** to be too formal. **2** (*offendersi*) to take offence.
formalizzazione *f.* (*Filos*) formalization.
formalmente *avv.* formally.
formare (**fórmo**) **I** *v.t.* **1** to form, to shape, to make: *il ruscello forma un laghetto* the stream forms a small lake; *i ragazzi formarono un cerchio* the children formed a ring (*o made a ring*); ~ *un periodo* to make a sentence. **2** (*costituire*) to form, to constitute, to set up, to establish: ~ *una compagnia teatrale* to establish a theatrical company. **3** (*fig*) (*plasmare, educare*) to mould, to form, to build, to build up: ~ *il carattere* to form so.'s character, to build so.'s character. **4** (*fig*) (*dare una formazione*) to train. **5** (*essere, rappresentare*) to be, to form, to constitute: *quest'opera forma il nostro orgoglio* this work is our great pride. **II** *v.pron.* **formarsi 1** (*prodursi*) to form, to take shape: *ai piedi della cascata si è formato un lago* a lake has formed at the foot of the waterfall. **2** (*svilupparsi*) to develop (fully), to grow, to grow up: *il suo corpo non si è ancora formato* his body is not yet fully-developed. **3** (*fig*) (*plasmarsi*) to be formed, to be moulded, to be trained: (*lett*) *si formò alla scuola del dolore* he was trained in the school of grief, he was moulded by the school of grief. **4** (*fig*) (*acquisire una formazione*) to be trained, to go through training. ☐ ~ *il governo* to form the government; *formarsi un'idea di qcs.* to get an idea of sth., to form an idea of sth.; (*Tel*) ~ *un numero* to dial a number.
format *m.inv.* (*TV*) TV format.
formativo *a.* formative.
formato¹ *m.* size, format. ☐ (*Cart*) ~ *A4* A4 format; (*Inform*) ~ *binario* binary format; ~ *commerciale* commercial size; ~ *della carta* paper size, paper format; (*Inform*) ~ *di file* file format; (*Inform*) ~ *di pagina* page format; (*Comm*) ~ *famiglia* family-size; (*scherz*) ~ *francobollo* miniature-sized; (*Edit, Tip*) ~ *in-folio* folio, folio format; (*Edit,Tip*) ~ *in-ottavo* octavo, octavo format; (*Edit,Tip*) ~ *in-sedicesimo* sixteenmo, sixteenmo size; (*Cart*) ~ *normale* standard size, standard paper size; (*Inform*) ~ *PDF* PDF format; ~ *protocollo* foolscap, foolscap size; ~ *ridotto* small size; ~ *standard* standard size; ~ *tascabile* pocket, pocket size: *libro* ~ *tascabile* paper-back; ~ *tessera* passport-size (*attr.*).
formato² *a.* **1** fully-grown, fully-developed, grown-up: *un giovane* ~ a fully-grown young man. **2** (*istruito professionalmente*) trained.
formatore I *m.* **1** (*f.* -**trice**) (*educatore*) educator. **2** (*Met*) moulder. **II** *a.* formative, forming.
formatrice *f.* (*Met*) moulding machine, moulder.
formattare (**formàtto**) *v.t.* (*Inform*) to format.
formattato *a.* (*Inform*) formatted. ☐ (*Inform*) *non* ~ unformatted.
formattazione *f.* (*Inform*) formatting.
formatura *f.* (*Ceram,Met*) moulding.
formazione *f.* **1** (*il formare, il formarsi*) formation, forming, development: ~ *di nubi* cloud formation. **2** (*fig*) (*sviluppo*) moulding, formation, building: *la* ~ *di un carattere* the formation of a character, character build-

ing. **3** (*fig*) (*istruzione scolastica*) education. **4** (*fig*) (*addestramento*) training. **5** (*composizione*) composition: *la* ~ *di un acido* the composition of an acid. **6** (*Mil,Aer,Geol,Bot*) formation. **7** (*Sport*) formation, line-up: *la* ~ *della squadra* the formation of the team. ☐ (*Scol*) ~ *a distanza* distance learning; (*Bot*) ~ *a mangrovie* mangrove forest; (*Mil*) *in* ~ *aperta* in open formation; *di* ~ *classica* classically trained; (*Geol*) ~ *corallina* coral formation; (*Mil*) ~ *d'attacco* attack formation; ~ *degli insegnanti* teacher training, (*Am*) teacher education; ~ *dei dirigenti* management training; (*Geol*) ~ *dei minerali* formation of minerals; (*Geol*) ~ *del governo* formation of the government; (*Geol*) ~ *delle rocce* rock formation; (*Pedag*) ~ *di base* basic education; (*Mil*) ~ *di combattimento* fighting formation: *schierarsi in* ~ *di combattimento* to draw up in battle array; (*Meteor*) ~ *di nubi* cloud formation; ~ *di volo* flight formation; *in* ~: **1** (*non ancora formato*) in the process of formation; **2** (*Aer*) in formation: *volare in* ~ to fly in formation; *volo in* ~ formation flying; ~ *intellettuale* intellectual development; ~ *politica* political education; ~ *professionale* vocational training; (*Mil*) *in* ~ *serrata* in close formation; ~ *sparsa* extended line, extended order, scattered formation; (*Meteor*) ~ *temporalesca* storm formation, storm cloud formation.
formella *f.* **1** (*Edil*) (*mattonella*) tile, brick; (*di marmo*) marble slab; (*di ceramica*) tile. **2** (*Art*) (*riquadro*) panel. **3** (*mattonella combustibile*) briquette.
formiato *m.* (*Chim*) formate.
formica¹ *f.* (*Entom*) ant. ☐ (*Entom*) *formiche bianche* white ants; (*Entom*) ~ *operaia* worker ant; *la* ~ *operosa*: **1** the industrious ant; **2** (*fig*) the little worker; (*Entom*) ~ *rossa* red ant.
formica² *f.* (*Ind*) (*materiale*) Formica.
formicaio *m.* **1** (*nido di formiche*) ants' nest, ant-nest; (*il mucchio che lo copre*) anthill. **2** (*fig*) swarm: *un* ~ *di gente* a swarm of people.
formicaleone *m.* (*Entom*) ant lion.
formichiere *m.* (*Zool*) ant-eater.
formico (*pl.* -**ci**) *a.* (*Chim*) formic: *acido* ~ formic acid.
formicolante *a.* swarming, teeming (*di with*).
formicolare (**formìcolo**; *aus.* **avere/essere**) *v.i.* **1** (*aus.* *avere*) to swarm, to teem (*di with*): *la città formicolava di turisti* the town was teeming with tourists; *la folla formicolava per le vie* the crowd was swarming through the streets. **2** (*aus.* *essere*) (*rif. ad arti intorpiditi*) to tingle, to have pins and needles in (*costr.pers.*): *mi formicola una mano* my hand is tingling, I have pins and needles in my hand.
formicolio *m.* **1** (*brulichio*) swarm, swarming, teeming: *un* ~ *di gente* a swarm of people. **2** (*rif. ad arti intorpiditi*) pins and needles *pl.*, tingling sensation: *provare un* ~ *a una mano* to feel a tingling sensation in one's hand.
formidabile *a.* **1** impressive, remarkable, extraordinary, tremendous: *un'intelligenza* ~ remarkable intelligence, an outstanding brain. **2** (*fortissimo*) powerful, formidable: *un pugno* ~ a powerful punch.
formina *f.* **1** mould: *formine per ghiaccio* ice cube moulds, ice cube trays. **2** (*per giocare con la sabbia*) shape, mould (for making sand pies).
Formosa *n.pr.f.* (*Geog.stor*) Formosa.
formosità *f.* **1** shapeliness, buxomness. **2** *pl.*

(forme appariscenti) curves.

formoso *a.* *(colloq,scherz)* shapely, curvaceous: *una ragazza formosa* a shapely girl.

formula *f.* **1** formula: *~ rituale* ritual formula. **2** *(Chim,Mat)* formula: *la ~ dell'acido solforico* the formula for sulphuric acid; *~ algebrica* algebraic formula. **3** *(sistema)* form, system, lines *pl.*: *il lancio pubblicitario del prodotto è stato fatto secondo una nuova ~* the launching of the product has been done on new lines. **4** *(metodo)* key, way: *quest'attrice ha trovato la ~ del successo* this actress has found the key to success. **5** *(Sport)* formula: *Gran Premio di Formula 1* Formula-1 Grand Prix; *gara automobilistica di ~ 1* Formula-1 race. □ *~ augurale* set phrase expressing good wishes; *(Chim)* *~ chimica* chemical formula; *(Rel.catt)* *~ di assoluzione* formula of absolution; *~ di cortesia* polite phrase; *~ di giuramento* form of oath, wording of an oath; *(Chim)* *~ di struttura* structural formula; *(Dir)* *assolvere qcu. con ~ dubitativa* to acquit so. for want of evidence; *(Chim)* *~ empirica* (o *~ greggia*) empirical formula; *~ magica* magic formula; *(Dir)* *assolvere qcu. con ~ piena* to give full acquittal to so.

formulabile *a.* formulable, expressible.

formulare *(fòrmulo)* *v.t.* **1** *(esprimere)* to express, to formulate: *~ un augurio* (o *~ un desiderio*) to express a wish; *~ una definizione* to formulate a definition. **2** *(compilare)* to draw up, to compile, to word: *~ un contratto* to draw up a contract. **3** *(avanzare)* to put forward, to propose, to make: *~ un'ipotesi* to advance a hypothesis; *~ una proposta* to put forward, to make a proposal. □ *~ una domanda* to pose a question.

formulario *m.* **1** *(modulo)* form: *riempire un ~* to fill in a form. **2** *(Chim)* formulary: *~ farmaceutico* pharmaceutical formulary.

formulazione *f.* **1** *(il formulare)* formulation; *(l'esprimere)* expression; *(l'avanzare)* proposal, putting forward, making; *(la compilazione)* drawing up, compilation. **2** *(testo)* text, wording: *la ~ definitiva di una legge* the final text of a law. **3** *(Dir)* *(di sentenza)* phrasing.

fornace *f.* **1** *(Edil)* kiln; *(stabilimento)* brick-yard, brickworks *(costr.sing.)*. **2** *(Met)* furnace. **3** *(fig)* oven, furnace. □ *~ di mattoni* brick-kiln; *~ per la calce* lime-kiln.

fornaciaio *m.* **1** *(Edil)* *(padrone)* owner of a brick-yard, owner of a brick-kiln; *(operaio)* kiln man. **2** *(Met)* *(padrone)* owner of a furnace; *(operaio)* furnace workman, furnace man.

fornaia *f.* **1** bakeress. **2** *(proprietaria di un forno)* bakery owner, female bakery owner.

fornaio[1] *m.* **1** baker. **2** *(proprietario di un forno)* bakery owner. **3** *(negozio)* baker's, baker's shop.

fornaio[2] *m.* *(Ornit)* ovenbird.

fornelletto *m.* stove. □ *~ a gas* gas stove; *~ da campeggio* camping stove.

fornello *m.* **1** *(apparecchio da cucina)* stove, *(Br)* cooker: *~ a gas* gas stove, *(Br)* gas cooker. **2** *(rif. a piano di cottura: fuoco)* burner: *un piano di cottura con cinque fornelli* a stove top with five burners. **3** *(rif. a pipa)* bowl. **4** *(parte della caldaia)* firebox, furnace. **5** *(Minier)* rise, riser, raise; *(di getto)* chute, shoot. □ *~ a carbone* coal stove; *~ a legna* wood stove; *~ a petrolio* primus stove, oil-stove; *~ a spirito* spirit stove; *essere ai fornelli* to be doing the cooking; *~ da campeggio* camping stove; *(Minier)* *~ di mina* blast hole; *~ di pipa* pipe bowl; *~ elettrico* electric cooker, hot plate; *~ portatile* porta-

ble stove.

fornicare *(fòrnico, fòrnichi; aus. avere)* *v.i.* *(lett,rar)* to fornicate.

fornicatore *m.* *(f.* **-trice***)* *(lett)* fornicator *(f.* -trix*)*.

fornicazione *f.* *(lett)* fornication.

fornice *m.* **1** *(Arch)* barrel vault, arch, supporting arch. **2** *(Anat)* fornix.

fornire *(fornisco, fornisci)* **I** *v.t.* **1** *(provvedere)* to supply, to provide, to furnish: *~ qcu. di qcs.* to supply so. with sth., to provide so. with sth., to furnish so. with sth., to supply sth. for so., to provide sth. for so.; *~ il denaro a qcu.* to supply so. with money; *~ la biblioteca di nuovi libri* to furnish the library with new books; *~ una scuola di banchi* to provide a school with forms (o with desks). **2** *(dare)* to supply, to give, to furnish: *~ informazioni* to supply information. **3** *(equipaggiare)* to equip (with): *~ una fabbrica di macchinari* to equip a factory with machinery. **4** *(Comm)* to supply, to furnish, to purvey: *~ una fabbrica di materie prime* to supply a factory with raw materials. **II** *v.pron.* **fornirsi 1** *(procurarsi)* to procure, to get, to obtain *(di qcs.* sth.*)*, to provide oneself (with), to supply oneself (with), to get one's supplies (of): *si fornì di tutto il necessario* he provided himself with everything necessary. **2** *(Comm)* to obtain supplies, to buy *(presso* from*)*, to deal (with): *fornirsi presso una ditta* to deal with a firm. □ *(Dir)* *~ un alibi* to provide an alibi; *~ chiarimenti* to give an explanation, to supply an explanation; *~ i dati necessari* to supply the necessary data; *~ la prova* to furnish proof, to prove.

fornito *a.* **1** *(provvisto)* provided, furnished, supplied, stocked: *essere ~ di tutto* to be provided with everything. **2** *(dotato)* endowed; *(equipaggiato)* equipped, fitted up. **3** *(di negozio)* stocked: *ben ~* well-stocked: *una dispensa ben fornita* a well-stocked larder.

fornitore *m.* *(f.* **-trice***)* supplier, purveyor. **2** *(Inform)* provider. □ *~ della Casa Reale* Purveyor to the Royal Household; *(Inform)* *~ di contenuti* content provider; *(Inform)* *~ di servizi* service provider; *(Inform)* *~ di servizi Internet* Internet Service Provider, ISP.

fornitura *f.* **1** *(merce fornita)* supply, supplies *pl.*, provision: *ottenere una grossa ~* to obtain a large supply. **2** *(il fornitore, il fornirsi)* supplying, providing, furnishing. □ *forniture belliche* munitions; *contratto di ~* supply contract; *~ di armi* arms supply; *~ di energia elettrica* power supply, electric power supply; *forniture militari* military supplies; *forniture per ufficio* office equipment *(costr.sing.)*, office supplies; *~ petrolifera* oil supply.

forno *m.* **1** oven. **2** *(bottega di fornaio)* bakery, baker's. **3** *(Met,Chim,Fis)* furnace. **4** *(Edil)* *(per calce, cemento e sim.)* kiln: *~ per mattoni* brick kiln. **5** *(Ceram)* *(per vasellame)* stove. **6** *(Med)* *(apparecchio)* apparatus used in thermotherapy. **7** *(Med)* *pl.* *(cura)* thermotherapy *sing.* **8** *(fig)* *(ambiente molto caldo)* oven, furnace: *questa stanza è un ~* this room is like an oven. □ *~ a gas* gas oven; *~ a microonde* microwave oven; *(Gastron)* *al ~*: **1** *(rif. a carne, patate)* roast, baked: *pollo al ~* roast chicken; **2** *(rif. a pasta e sim.)* baked; *~ autopulente* self-cleaning oven; *~ crematorio* cremation chamber; *(Ind)* *~ d'incinerazione* incinerator; *~ elettrico* electric oven; *(Met)* *~ fusorio* smelting furnace; *~ ventilato* fan oven.

foro[1] *m.* **1** hole: *fare un ~ nel muro* to make a hole in the wall. **2** *(buco da proiettile)* bul-

let hole: *il morto aveva un ~ in una tempia* the dead man had a bullet hole in his temple. □ *(Met)* *~ di colata* gate; *(Met)* *~ di entrata* entry wound; *(Met)* *~ di uscita* exit wound.

foro[2] *m.* **1** *(Stor.rom)* forum. **2** *(Dir)* *(tribunale)* court, law-court. **3** *(Dir)* *(gli avvocati)* (the) Bar, barristers *pl.*, lawyers *pl.* □ *(Stor.rom)* *~ boario* cattle market; *(Dir)* *~ competente* place of jurisdiction; *~ ecclesiastico* ecclesiastical court; *(Stor.rom)* *~ romano* Roman Forum.

foronidei *m.pl.* *(Zool)* phoronids, Phoronida.

forosetta *f.* *(lett)* country lass.

forra *f.* *(Geol)* ravine, gorge.

forse **I** *avv.* **1** perhaps, possibly, maybe: *~ è meglio così* perhaps it is better this way; *~ arriverò in ritardo* I may (possibly) be late; *verrai anche tu? - ~* are you coming too? - maybe. **2** *(circa, quasi)* about, almost, some: *avrà ~ quindici anni* he must be about fifteen; *dalla villa al paese ci saranno ~ due chilometri* the villa is about (o must be some) two kilometres from the town. **3** *(per caso)* perhaps, by any chance, *spesso non si traduce*: *avresti ~ paura?* would you be afraid by any chance? *credi ~ che io sia in condizioni migliori?* do you think I'm any better off? **4** *(nelle interrogazioni retoriche)* by any chance: *non hai ~ mentito?* were you by any chance lying? **II** *m.* doubt. □ *~* very likely, in all probability: *~ te la caverai* very likely you will get off; *essere in ~* to be in doubt; *mettere in ~* to throw doubt on, to cast doubt on, to doubt: *mise in ~ la mia affermazione* he cast doubt on my statement; *stare in ~* *(stare in dubbio)* to be in doubt, to be doubtful, to be hesitant, to be uncertain.

forsennatamente *avv.* madly, furiously, frantically.

forsennato **I** *a.* mad, crazy, out of one's mind *(posposto)*, out of one's wits *(posposto)*, frantic. **II** *m.* *(f.* **-a***)* madman *(f.* -woman*)*, lunatic, raving lunatic: *gridava come un ~* he was shouting like a madman.

forsizia *f.* *(Bot)* forsythia.

forte[1] **I** *a.* **1** strong: *il ragazzo cresce sano e ~* the boy is growing up healthy and strong; *braccia forti* strong arms; *il suo cuore è ~* his heart is strong. **2** *(potente)* strong, powerful: *una nazione ~* a powerful nation. **3** *(resistente)* strong, tough, stout: *una rilegatura ~* a stout binding. **4** *(grande)* great, large, heavy, considerable, *(colloq)* sizable: *mi ha chiesto una ~ somma di denaro* he asked me for a large sum of money (o considerable sum of money); *~ guadagno* large profit; *una ~ spesa* a great outlay, heavy expenditure; *una ~ differenza* a great difference. **5** *(in senso morale)* strong: *carattere ~* strong character; *dimostrarsi ~ nel dolore* to display strength in grief. **6** *(bravo)* good: *essere ~ in matematica* to be good at mathematics. **7** *(violento)* hard, heavy, mighty, powerful, strong, sharp: *un ~ pugno* a powerful punch; *un ~ vento* a strong wind, a raging wind; *un ~ dolore* a sharp pain. **8** *(rif. a sentimento: intenso, profondo)* deep, intense, strong, powerful, hearty: *nutre una ~ antipatia per i parenti* he has a hearty dislike of his relatives. **9** *(valido)* sound, convincing, valid, strong: *ho forti motivi per sospettare di lui* I have sound motives for suspecting him. **10** *(numeroso)* large, great, numerous: *un ~ numero di persone* a large number of people. **11** *(con specificazione del numero)* strong *(posposto)*: *un esercito ~ di centomila uomini* an army one hundred thousand strong. **12**

(*robusto, grosso*) large, broad, ample: *fianchi forti* broad hips; *essere ~ di petto* to have a large bosom, to be big-busted. **13** (*intenso: rif. a luce*) bright, dazzling: *una ~ luce mi colpì gli occhi* a dazzling light hit my eyes. **14** (*rif. a colore*) bright. **15** (*rif. a suono*) loud. **16** (*rif. a sapore*) strong; (*piccante*) hot, sharp: *cipolle forti* hot onions. **17** (*acido*) sour, acid: *aceto ~* acid vinegar. **18** (*rif. a odore*) strong, heavy: *il profumo che porti è molto ~* the perfume you are wearing is very heavy; *un ~ odore di frittura* a strong smell of frying. **19** (*rif. a bevande, medicine*) strong: *caffè ~* strong coffee; *un liquore molto ~* a very strong liqueur. **20** (*rif. a malattie e sim.*) bad, severe, serious: *ho un ~ mal di testa* I have a bad headache. **21** (*Gramm, Chim*) strong: *verbo ~* strong verb. **II** *avv.* **1** (*con forza*) hard, tight, tightly: *tieni ~ questo spago* hold this string tight; *tieniti ~* hold tight; *quel pugile picchia ~* that boxer hits hard. **2** (*a voce alta*) loud, loudly: *non ridere troppo ~* do not laugh too loudly. **3** (*velocemente*) hard, fast: *correre ~* to run hard. **4** (*con violenza*) hard, heavily: *piove ~* it is raining hard, it is raining heavily, it is pouring. **5** (*molto*) a lot: *mangiare ~* to eat a lot. **6** (*rar*) (*grandemente, assai*) greatly, very much: *dubito ~ che tu possa aiutarmi* I greatly (*o* very much) doubt whether you can help me. **7** (*Mus*) forte, loud. **III** *m.* **1** (*persona forte*) strong person; (*persona coraggiosa*) brave person. **2** *pl.* the strong; (*i coraggiosi*) the brave. **3** (*specialità*) strong point, forte: *la matematica è il suo ~* mathematics is his strong point. **4** (*sapore acido*) sour taste: *il vino sa di ~* the wine has a sour taste. **IV** *intz.* (*colloq*) brilliant! □ *andare ~*: **1** (*velocemente*) to drive fast, to go quickly: *disse all'autista di andare più ~* he told the chauffeur to go more quickly, he told the chauffeur to speed up; **2** (*fig,colloq*) (*avere successo*) to be successful, to be doing very well, to be going strong; *un ~ bevitore* a hard drinker a heavy drinker; (*fig*) *avere una ~ carica di simpatia* to be a very likeable person, to be charismatic; (*colloq*) *che ~!* how amazing!, how wonderful!; *che ~ questo libro!* what a compelling book!; (*fig*) *~ come un toro* as strong as a an ox, as strong as a horse; *~ domanda* great demand; *avere forti dubbi su qcs.* to have grave doubts about sth.; (*Rad*) *~ e chiaro* loud and clear; (*fig*) *farsi ~ di qcs.* to take courage from sth.; *un ~ fumatore* a heavy smoker; (*fig*) *è più ~ di lui* he can't help it; *un ~ scommettitore* a heavy gambler; (*Am*) a high roller; (*fig*) *un dramma a forti tinte* a sensational play, a melodrama.

forte[2] *m.* (*fortezza*) fort, fortress: *gli indiani attaccarono il ~* the Indians attacked the fort.

Fortebraccio *n.pr.m.* (*Lett*) Fortinbras.

fortemente *avv.* **1** (*con forza*) hard, tight, tightly: *legare ~* to tie tightly; *picchiare ~* to hit hard. **2** (*assai, intensamente*) very, very much, greatly, deeply: *essere ~ innamorato* to be deeply (*o* greatly) in love, to be very much in love, to be head over heels in love. □ *volere ~ qcs.* to want sth. badly.

forte-piano *m.* (*Mus*) fortepiano.

fortezza *f.* **1** (*opera di fortificazione*) fort, fortress, stronghold: *espugnare una ~* to take a fortress. **2** (*forza spirituale*) strength. **3** (*una delle virtù cardinali*) fortitude. □ (*Aer.mil*) *~ volante* flying fortress.

fortificabile *a.* fortifiable.

fortificante *a.* strengthening, fortifying.

fortificare (**fortìfico, fortìfichi**) **I** *v.t.* **1** to

strengthen, to fortify (*anche fig*). **2** (*Mil*) to fortify. **II** *v.pron.* **fortificarsi 1** (*Mil*) to fortify. **2** (*irrobustirsi*) to strengthen.

fortificato *a.* fortified: *zona fortificata* fortified zone.

fortificatorio *a.* of fortification (*posposto*), strengthening: *opere fortificatorie* works of fortification, defensive works.

fortificazione *f.* (*Mil*) fortification: *le fortificazioni nemiche* the enemy fortifications; *opere di ~* works of fortification, defensive works.

fortilizio *m.* (*Mil*) fortalice, small fortress, small fort.

fortino *m.* (*Mil*) blockhouse.

fortissimo *m.* (*Mus*) fortissimo, very loud.

fortore *m.* (*rar*) **1** sourness; (*odore forte*) strong acrid smell. **2** *pl.* (*acidità di stomaco*) acidity *sing.* (of the stomach).

fortuitamente *avv.* by chance, fortuitously.

fortuito *a.* chance (*attr.*), accidental, casual, fortuitous: *incontro ~* chance meeting.

fortuna *f.* **1** (*sorte*) fortune, luck: *la ~ gli fu favorevole* fortune smiled on him; *la cattiva ~* bad luck; *la ~ sta girando* our luck is on the turn. **2** (*riuscita, successo*) success, fortune: *il suo tentativo non ebbe ~* his attempt did not meet with success (*o* was not attended by fortune). **3** (*patrimonio*) fortune: *ha ereditato una cospicua ~* he has inherited a (large) fortune; *una piccola ~* a small fortune. **4** (*in espressioni di cortesia*) pleasure: *non ho la ~ di conoscere Sua moglie* I haven't had the pleasure of meeting your wife. □ *la ~ ti assista* wishing you the best of luck, (*ant*) may fortune favour you; *avere ~*: **1** to be lucky: *avere ~ al gioco* to be lucky at gambling; *avere ~ con le donne* to be lucky in love; *ebbi la ~ di incontrarlo* I was fortunate enough to meet him; **2** (*incontrare favore*) to meet with success, to be successful, (*colloq*) to go over well, (*colloq*) to go down well: *un prodotto che ha avuto molta ~* a product which has gone down very well; *avere la ~ avversa* to have luck against one, to have fortune against one, to be fortune's foe; *che ~!* you lucky thing!; (*iron*) *ma che ~!* just my luck!; *ha la ~ dalla sua* luck is on his side; *la ~ del principiante* beginner's luck; *di ~*: **1** (*improvvisato*) improvised, makeshift: *arnesi di ~* makeshift tools; **2** (*Mar*) jury: *albero di ~* jury mast; *timone di ~* jury rigged rudder; *vela di ~* storm sail; **3** (*Aer*) emergency (*attr.*): *campo di ~* emergency landing field, emergency landing ground; *è una ~ che* it's a good thing that; *fare ~* to make one's fortune; *avere la ~ favorevole* to have fortune on one's side; *essere la ~ di qcu.* to be lucky for so.: *quel ritardo fu la nostra ~* that delay was lucky for us; *per ~* fortunately, luckily; *portare ~ a qcu.* to bring so. good luck; *~ volle che* egli *non fosse presente* as chance would have it, he was not present; as luck would have it, he was not present. *Prov.*: *la ~ aiuta gli audaci* fortune favours the brave; *la ~ è cieca* Fortune is blind.

fortunale *m.* storm.

fortunatamente *avv.* fortunately, luckily.

fortunatissimo *intz.* (*ant*) (*nelle presentazioni*) how do you do. □ (*ant*) *~ di conoscerla* I'm very glad to meet you, I'm very pleased to meet you, (*Am*) (so) happy to meet you, (*Am*) it's great (*o* it's wonderful) to meet you.

fortunato *a.* **1** lucky, fortunate: *un uomo ~* a lucky man. **2** (*che porta fortuna*) lucky: *il mio numero ~* my lucky number. **3** (*che ha buon esito*) successful, lucky, happy: *un'im-*

presa fortunata a lucky venture. □ *dirsi ~* to think oneself lucky, to be lucky: *puoi dirti ~ di essere uscito incolume da quell'incidente* you are very lucky to have come out unscathed from that accident; *~ lui:che è stato promosso lucky* he! - he passed his exams. *Prov.*: *~ al gioco, sfortunato in amore* lucky at cards, unlucky in love.

fortunello *m.* (*scherz*) lucky devil.

fortunoso *a.* **1** eventful: *un viaggio ~* an eventful journey. **2** (*casuale*) flukey, chance (*attr.*).

forum *m.inv.* forum.

foruncolo *m.* (*Med*) boil, furuncle.

foruncolosi *f.* (*Med*) furunculosis.

foruncoloso *a.* pimply, spotty, furuncular: *viso ~* pimply face.

forviare (*rar*) *e der.* → **fuorviare** *e der.*

forwardare /forwar'dare/ (**forwàrdo**) *v.t.* (*Inform*) to forward.

forza I *f.* **1** strength: *con ~ taurina* with the strength of a bull; (*estens*) *la ~ dell'euro* the strength of the euro. **2** *pl.* (*forza fisica*) strength *sing.*: *mi mancano le forze* my strength is failing; *perdere le forze* to lose one's strength; *riacquistare le forze* to regain one's strength, to recover one's strength. **3** (*forza morale*) strength; (*coraggio*) courage: *non ho avuto la ~ di dirglielo* I didn't have the courage to tell him. **4** (*impeto, intensità*) force, strength, intensity (*anche fig*): *la ~ del vento* the force of the wind; *la ~ della corrente* the intensity of the current; *la ~ della sua passione* the intensity of his passion. **5** (*violenza*) force, violence: *adoperare la ~* to use force. **6** (*potere*) power, force, might: *la ~ della legge* the force of the law. **7** (*gruppo di persone*) force: *forze di opposizione* opposition forces. **8** (*Dir*) force: *il decreto ha ~ di legge* the decree has legal force. **9** (*Fis*) force: *~ di gravità* force of gravity. **10** *pl.* (*Mil*) forces: *sbaragliare le forze del nemico* to rout the enemy forces. **11** (*Mar*) speed: *tutta ~* full speed; *avanti a tutta ~* full speed ahead. **II** *intz.* **1** (*dai, coraggio*) come on! **2** (*presto*) come on!, hurry up! **3** (*viva*) go!: *~ Milan* go Milan! □ *a ~* (*con sforzo*) by force; *fare entrare qcs. a ~* to force sth. in; *a ~ di*: **1** (*per mezzo di, seguito da nome*) by, through, by means of, by dint of: *farsi strada a ~ di gomiti* to push one's way, to elbow one's way; **2** (*dopo tanto, seguito da infinito sostantivato o nome*) after a lot of, after much, through: *a ~ di gridare ha perso la voce* through shouting so much he has lost his voice; *le forze lo abbandonano* he is beginning to tire; (*Mil*) *forze aeree* air forces; (*Stor*) *le forze alleate* the Allied Forces; *forze armate* armed forces; (*Aer*) *~ ascensionale* lift, lifting power; *avere molta ~* to be very strong; *~ bruta* brute force; (*Fis*) *~ centrifuga* centrifugal force; (*Fis*) *~ centripeta* centripetal force; *con ~* hard, heavily: *scagliare con ~ un sasso* to fling a stone, to hurl a stone; *negare qcs. con forza* to deny sth. absolutely, to refuse sth. absolutely; *con la ~* by force: *lo trascinarono via con la ~* they dragged him off by force; *con tutte le forze* with all one's strength, with all one's might, with all one's might and main; *~ contrattuale* bargaining power; *~ d'animo* strength of mind, strength of character, will power; *dare ~* (*confortare*) to give heart, to give strength: *il buon risultato gli diede la ~ di continuare* the good result gave him the strength to go on; (*Fis*) *~ d'attrazione* attractive force, force of attraction; *le forze del lavoro* the labour force, manpower; *la ~ della legge* the power of the law; *le forze della* *natura* the forces of nature; (*fig*) *quella donna è una ~ della natura* that woman is full of life, that woman is full of energy; *la ~della suggestione* the power of suggestion; *la ~ dell'abitudine* the force of habit; *~ dell'immaginazione* power of the imagination; *le forze dell'ordine* the police force; (*Mil*) *~deterrente* deterrent force; *di ~ (di prepotenza)* by force: *lo trascinarono via di ~* they dragged him off by force; (*Fis*) *~ di caduta* drop force; *~di carattere* force of character, strength of character; (*Fis*) *~di coesione* cohesive force; *per ~ di cose* by force of circumstances; *~ di governo* government majority; (*Dir,burocr*) *avere ~ di legge* to be legally binding; (*Mil*) *~ di offesa* striking force; (*Pol,Mil*) *~ di pace* peacekeeping force: *~ di pace multinazionale* multinational peacekeeping force; *forze di polizia* police force; *a ~di schiena* by hard work; (*Mil*) *forze di terra* land forces; (*Mil,Mar.mil*) *forze di terra e di mare* land and sea forces; (*Mecc*) *~ di trazione* tractive force; *~ di volontà* willpower; (*Fis*) *~d'inerzia* force of inertia; (*fig*) *andare avanti per ~ d'inerzia* to keep going, to go automatically on, to go blindly on; (*Mil*) *~d'urto* strike force; *~ e coraggio!* come on!, keep going!; (*Fis*) *~ effettiva* effective force; *~ elettromotrice* electromotive force; *~ erculea* Herculean strength; (*Fis*) *~ espansiva* expansive force; *fare ~ a qcu. (incoraggiarlo)* to encourage so.; *farsi ~ (non perdersi d'animo)* to pluck up courage; *ha una ~ fuori del comune* he has uncommon strength; (*Mil*) *in ~* serving: *in ~ al secondo battaglione* serving with the second battalion; *essere in forze* to be in good health; *in ~ di (a norma)* by virtue of, in accordance with: *in ~ della legge* in accordance with the law; (*Pol*) *Forza Italia* Forza Italia (Italian centre-right political party); *~ maggiore* force majeure; (*Fis*) *~ magnetica* magnetic force; (*Fis*) *~ magnetomotrice* magnetomotive force; *forze militari* armed forces; *~morale* moral courage; (*Fis*) *~motrice* motive power, driving power; (*Mil*) *~ multinazionale* multinational army; *~ muscolare* muscular strength; (*Mar,Mil*) *forze navali* naval forces; *forze occulte* occult powers; *per ~*: 1 (*controvoglia*) against one's will, unwillingly: *mangiare per ~* to eat unwillingly; 2 (*naturalmente*) of course; *la ~ pubblica* the police; *senza ~ (fiacco)* weak, listless; (*Fis*) *~vapore* steam power; *~ vitale* life force.

forzaglia *f.* (*Sart*) canvas interlining.

forzare (**fòrzo**) **I** *v.t.* **1** (*premere con forza*) to force: *~ il coperchio sulla scatola* to force the lid on to the box. **2** (*scassinare: rif. a serratura*) to force; (*rif. a porta e sim.*) to break down; (*rif. a cassaforte*) to crack, to break open, to force open. **3** (*obbligare*) to force, to compel: *lo forzarono a firmare* they compelled him to sign. **4** (*accelerare*) to quicken, to accelerate: *~ il passo* to quicken one's step. **5** (*Mot*) to run at full throttle. **6** (*fig*) (*interpretare arbitrariamente*) to strain, to twist: *~ il significato di una parola* to twist the meaning of a word. **7** (*Agr*) to force: *~ la fioritura di una pianta* to force a plant to bloom. **II** *v.i.* (*aus.* **avere**) **1** (*fare resistenza*) to stick: *l'anta forza* the door is sticking. **2** (*rif. a scarpa*) to pinch. **III** *v.pron.* **forzarsi** to force oneself. ☐ (*Mil*) *~il blocco* to run the blockade; (*fig*) *~la mano a qcu.* to force so.'s hand; *~la serratura* to force the lock.

forzatamente *avv.* **1** (*con sforzo*) forcedly: *ridere ~* to give a forced laugh. **2** (*per forza*) against one's will.

forzato I *a.* **1** forced: *riso ~* forced laugh; *sorriso ~* forced smile. **2** (*fig*) (*arbitrario*) strained, twisted, arbitrary: *interpretazione forzata* strained interpretation, arbitrary interpretation. **II** *m.* (*condannato ai lavori forzati*) convict (condemned to hard labour).

forzatura *f.* (*il forzare*) cracking, forcing, breaking, breaking open: *la ~ di una cassaforte* the cracking of a safe. **2** (*fig*) (*distorsione*) twist, twisting. **3** (*Agr*) forcing, bringing on.

forziere *m.* strong-box, coffer.

forzosamente *avv.* compulsorily.

forzoso *a.* **1** (*imposto dalla legge*) compulsory, forced. **2** (*Econ*) forced.

forzuto *a.* strong, robust: *un facchino ~* a strong porter.

fosbury /ˈfɔsburi/ *m.inv.* (*Sport*) Fosbury flop.

foscamente *avv.* gloomily.

foschia *f.* haze, mist. ☐ *c'è ~* it is misty.

fosco (*pl.* **-chi**) *a.* **1** (*scuro*) dark: *un arazzo a colori foschi* a dark-coloured tapestry. **2** (*offuscato*) overcast, dull: *cielo ~* overcast sky. **3** (*torvo, cupo*) sullen, grim: *sguardo ~* sullen look. **4** (*tetro, deprimente*) black, bleak. ☐ (*fig*) *descrivere qcs. a foschetinte* to paint a black picture of sth.

fosfatico (*pl.* **-ci**) *a.* phosphatic, phosphate: *rocce fosfatiche* phosphate rocks.

fosfatizzazione *f.* (*Ind*) phosphatizing.

fosfato *m.* (*Chim*) phosphate. ☐ (*Chim*) *di ammonio* ammonium phosphate; (*Chim*) *~di calcio* calcium phosphate; (*Chim*) *senza fosfati* phosphate-free.

fosfene *m.* (*Med*) phosphene.

fosfina *f.* (*Chim*) phosphine.

fosfito *m.* (*Chim*) phosphite.

fosfolipide *m.* (*Chim*) phospholipid.

fosforare (**fòsforo**) *v.t.* (*Chim*) to phosphorate.

fosforato *a.* (*Chim*) phosphorated.

fosforeo *a.* **1** (*Chim*) (*di fosforo*) phosphoreal. **2** (*fosforescente*) phosphorescent.

fosforescente *a.* **1** phosphorescent. **2** (*estens*) glowing, phosphorescent: *gli occhi fosforescenti del gatto* the cat's glowing eyes.

fosforescenza *f.* phosphorescence.

fosforico (*pl.* **-ci**) *a.* (*Chim*) phosphoric.

fosforilare (**fosfòrilo**) *v.t.* (*Chim*) to phosphorylate.

fosforilazione *f.* (*Chim*) phosphorylation.

fosforismo *m.* (*Med*) phosphorism, phosphorous poisoning.

fosforite *f.* (*Min*) phosphorite.

fosforo[1] *m.* (*Chim*) phosphorus.

fosforo[2] *m.* (*Elettron*) phosphor.

fosforoso *a.* (*Chim*) phosphorous.

fosfuro *m.* (*Chim*) phosphide.

fosgene *m.* (*Chim*) phosgene.

fossa *f.* **1** hole, pit: *scavare una ~* to dig a hole. **2** (*estens*) (*tomba*) grave (*anche fig*). **3** (*nelle autorimesse e sim.*) inspection pit, pit. **4** (*Sport*) (*fossa di caduta*) sandpit. **5** (*Min*) (*pozzo*) pit. **6** (*Geol*) graben. **7** (*Anat*) fossa: *fosse iliache* iliac tissue. ☐ *~ biologica* septic tank; *~ comune* (*nei cimiteri*) pauper's grave; *~ dei leoni* lions' den (*anche fig*): (*Bibl*) *Daniele nella ~ dei leoni* Daniel in the lions' den; (*Geog*) *delle Marianne* Mariana Trench; (*Met*) *~ di colata* casting pit; (*Anat*) *fosse nasali* nasal fossae; (*Geog*) *~ oceanica* deep sea trench; *~ settica* septic tank; (*Geol*) *~tettonica* graben.

fossato *m.* **1** ditch: *~ per lo scolo delle acque* drainage ditch; *~ di confine* boundary ditch. **2** (*Mil,ant*) moat.

fossetta *f.* dimple: *fossette delle guance* dimples in one's cheeks.

fossi → **essere**[1].

fossile I *a.* fossil (*anche fig*): *resti fossili* fossil remains. **II** *m.* fossil (*anche fig*): *~ guida* index fossil, guide fossil.

fossilifero *a.* (*Geol*) fossiliferous.

fossilizzare (**fossilìzzo**) **I** *v.t.* to fossilize (*anche fig*). **II** *v.pron.* **fossilizzarsi** to fossilize, to become a fossil, to petrify (*anche fig*): *fossilizzarsi nelle proprie abitudini* to be stuck in one's ways.

fossilizzato *a.* **1** fossilized. **2** (*fig*) fossilized, set.

fossilizzazione *f.* fossilization (*anche fig*).

fosso *m.* **1** ditch, trench: *scavare un ~* to dig a trench. **2** (*Mil,ant*) moat. ☐ *~di cinta* : 1 (*Mil*) ditch, fosse; 2 (*di castello*) moat; (*di città*) town walls; *~di irrigazione* irrigation channel; *~di scarico* gully; *~di scolo* gully.

fosti → **essere**[1].

fot *m.* (*Fis*) phot.

fotbalino *m.* (*Svizz.it*) (*calciobalilla*) table football, fussball.

foto *f.inv.* (*Fot,colloq*) photo, picture. ☐ *~ di gruppo* group photo; *fare una ~* to take a photo, to take a picture; *farsi fare una ~* to have one's photo (*o* one's picture) taken; *~ formato tessera* passport-size photo; *~ ricordo* souvenir photo; *~ segnaletica* identity photo, (*Am*) mug shot, I.D. photo.

fotoallergia *f.* (*Med*) photoallergy.

fotoamatore *m.* (*f.* **-trice**) amateur photographer.

fotobiologia *f.* (*Biol*) photobiology.

fotocalcografia *f.* (*Tip*) photogravure, photengraving.

fotocalcografo *m.* (*f.* **-a**) photoengraver.

fotocamera *f.* (*Fot*) camera. ☐ (*Fot*) *~ digitale* digital camera.

fotocatodo *m.* photocathode.

fotocellula *f.* photocell, photoelectric cell.

fotochimica *f.* (*Chim*) photochemistry.

fotochimico (*pl.* **-ci**) *a.* (*Chim*) photochemical.

fotocoagulazione *f.* (*Med*) photocoagulation.

fotocolor *m.* **1** (*Fot*) colour photography, (*Am*) color photography. **2** (*Tip*) colour transparency, (*Am*) color transparency.

fotocomporre (*pres.ind.* **fotocompóngo**, *fotocompóni*; *p.rem.* **fotocompósi**; *p.p.* **fotocompósto**) *v.t.* (*Tip*) to filmset, (*Am*) to photocompose.

fotocompositore *m.* (*Tip*) filmsetter, (*Am*) phototypesetter.

fotocompositrice *f.* (*Tip*) filmsetter, (*Am*) photocomposer.

fotocomposizione *f.* (*Tip*) filmsetting, (*Am*) photocomposition, (*Am*) phototypesetting.

fotoconduttività *f.* (*Fis*) photoconductivity.

fotoconduttivo, **fotoconduttore** *a.* (*Fis*) photoconductive.

fotocopia *f.* **1** photocopy. **2** (*fig*) double, spitting image (*di* of).

fotocopiabile *a.* photocopiable.

fotocopiare (**fotocòpio**, **fotocòpi**) *v.t.* to photocopy, to duplicate.

fotocopiatore *m.* (*macchina*) copier, photocopier, photocopying machine.

fotocopiatrice *f.* copier, photocopier, photocopying machine.

fotocopiatura *f.* photocopying.

fotocromatico *a.* (*pl.* **-ci**) photochromic.

fotocromia *f.* photochromy.

fotocronaca *f.* (*Giorn*) photo-reportage.

fotocronista *m./f.* (*Giorn*) press photographer.

fotodegradabile *a.* photodegradable.

fotodinamico (*pl.* **-ci**) *a.* photodynamic.
fotodiodo *m.* (*Elettron*) photodiode.
fotodisintegrazione *f.* (*Fis*) fotodisintegration.
fotoelasticità *f.* (*Fis*) photoelasticity.
fotoelettrica *f.* (*El*) searchlight.
fotoelettricità *f.* photoelectricity.
fotoelettrico (*pl.* **-ci**) *a.* photoelectric, photoelectrical.
fotoelettrone *m.* (*Fis*) photoelectron.
fotoelettronica *f.* photoelectronics (*costr. sing.*).
fotoemissione *f.* (*Fis*) photemission.
fotofinish /-'finiʃ/ *m.inv.* (*Sport*) photofinish.
□ (*Sport*) *arrivo al ~* close finish, photofinish; (*fig*) *vincere al ~* to beat so. across the line, to end in a photofinish.
fotofit *m.inv.* photofit.
fotofobia *f.* (*Med*) photophobia.
fotoforo *m.* 1 (*Minier*) miner's lamp. 2 (*Med, Zool*) photophore.
fotogenesi *f.* (*Biol*) photogenesis.
fotogenia, **fotogenicità** *f.* photogenic quality.
fotogenico (*pl.* **-ci**) *a.* photogenic.
fotogeno *a.* (*Biol*) photogenic.
fotogeologia *f.* (*Geol*) photogeology.
fotogiornale *m.* (*Giorn*) illustrated paper.
fotogiornalista *m./f.* (*Giorn*) photojournalist.
fotografare (**fotògrafo**) *v.t.* 1 to photograph, to take a picture of. 2 (*fig*) (*imprimersi nella memoria*) to photograph, to make a mental picture of: *~ mentalmente una scena* to photograph a scene in one's mind's eye. 3 (*fig*) (*rappresentare fedelmente*) to draw a picture of. □ *farsi ~* to have one's photo (*o* one's picture) taken.
fotografia *f.* 1 (*Fot*) (*tecnica*) photography. 2 (*Fot*) (*copia*) photograph, picture: *scattare una ~* (*o fare una ~*) to take a photograph, to take a picture (*di* of). 3 (*fig*) (*descrizione precisa*) picture. 4 (*Cin*) photography, picture. □ (*Fot*) *~ a colori*: 1 (*tecnica*) colour photography, (*Am*) color photography; 2 (*copia*) colour photograph, (*Am*) color photograph; (*Fot*) *~ a posa* time exposure; (*Fot*) *~ a sviluppo immediato* instant print, polaroid; (*Fot*) *~ aerea*: 1 (*tecnica*) aerial photography; 2 (*copia*) aerial photograph; (*Fot*) *~ all'infrarosso* infrared photography; (*Fot*) *~ automatica* automatic photo; (*Fot*) *~ dal basso* low-angle shot; (*Fot*) *~ d'arte* art photography; (*Fot*) *~ digitale*: 1 (*tecnica*) digital photography; 2 (*copia*) digital photograph; (*Fot*) *~ formato passaporto* (*o ~ formato tessera*) passport-size photo; *in ~* in photos: *in ~ sembra più bello* in photos he seems more handsome; *venire bene in ~* to photograph well, to be photogenic; (*Fot*) *~ in bianco e nero*: 1 (*tecnica*) black and white photography; 2 (*copia*) black and white photograph; (*Fot*) *~ istantanea* snapshot, snap; (*Fot*) *~ nitida* sharp photograph; (*Fot*) *~ sfocata* blurred photograph; (*Fot*) *~ spaziale* space photography; (*Fot*) *~ subacquea* underwater photograph.
fotograficamente *avv.* photographically.
fotografico (*pl.* **-ci**) *a.* 1 photographic. 2 (*fedele al modello*) true-to-life, faithful: *rappresentazione fotografica della realtà* faithful representation of the reality.
fotografo *m.* (*f.* **-a**) 1 photographer. 2 (*negozio*) camera shop: *andare dal ~* to go to the camera shop. □ *~ di moda* fashion photographer; (*Cin*) *~ di scena* still photographer.
fotogramma *m.* (*Cin*) frame, still.
fotogrammetria *f.* photogrammetry.

fotogrammetrico *a.* photogrammetric.
fotogrammetrista *m./f.* photogrammetrist.
fotoincisione *f.* (*Tip*) (*procedimento e copia*) photogravure, photoengraving.
fotoincisore *m.* (*Tip*) photoengraver.
fotoionizzazione *f.* (*Fis*) photoionization.
fotokit *m.inv.* photofit.
fotolisi *f.* (*Chim*) photolysis.
fotolitista *m./f.* photolithographer.
fotolito *f.inv.* (*Tip*) photolith.
fotolitografia *f.* (*Tip*) photolithography.
fotolitografico (*pl.* **-ci**) *a.* (*Tip*) photolithographic: *riproduzione fotolitografica* photolithograph, photolithoprint.
fotolitografo *m.* (*f.* **-a**) (*Tip*) photolithographer.
fotomeccanica *f.* (*Tip*) photomechanics (*costr.sing.*).
fotomeccanico (*pl.* **-ci**) *a.* (*Tip*) photomechanical.
fotometria *f.* (*Ott*) photometry.
fotometrico (*pl.* **-ci**) *a.* (*Ott*) photometric.
fotometro *m.* photometer.
fotomitragliatrice *f.* (*Mil*) gun camera.
fotomodella *f.* model, female model.
fotomodello *m.* model, male model.
fotomoltiplicatore *m.* (*Elettron*) photomultiplier.
fotomontaggio *m.* (*Fot*) photomontage, montage.
fotone *m.* (*Nucl*) photon.
fotonico (*pl.* **-ci**) *a.* (*Nucl*) photonic.
fotonucleare *a.* (*Nucl*) photonuclear.
fotoperiodismo *m.* (*Biol*) photoperiodism.
fotoperiodo *m.* (*Biol*) photoperiod.
fotoreazione *f.* (*Chim*) photoreaction.
fotorecettore I *a.* (*Anat*) photoreceptive. **II** *m.* (*Anat*) photoreceptor.
fotoreportage /-repor'taʒ/ *m.inv.* (*Giorn*) photoreport.
fotoreporter *m./f.* press photographer.
fotoresistenza *f.* (*Elettron*) photoresistance.
fotoritocco *m.* (*Fot*) retouch.
fotoromanzo *m.* (*Giorn*) picture romance story, picture comic.
fotosafari *m.inv.* photo safari.
fotosensibile *a.* photosensitive, light-sensitive.
fotosensibilità *f.* photosensitivity.
fotosfera *f.* (*Astr*) photosphere.
fotosintesi *f.* (*Bot,Biol*) photosynthesis: *~ clorofilliana* chlorophyllian photosynthesis.
fotosintetico *a.* (*Biol*) photosynthetic.
fotostatico (*pl.* **-ci**) *a.* photostatic: *copia fotostatica* photostat, photostat copy.
fototattismo *m.* (*Biol*) phototaxis.
fototeca *f.* photo library.
fototelegrafia *f.* phototelegraphy.
fototelegrafico *a.* phototelegraphic.
fototerapia *f.* (*Med*) phototherapy.
fototessera *f.* passport photo.
fototipia *f.* (*Tip*) phototypy.
fototipista *m./f.* (*Tip*) phototypist.
fototipo *m.* (*Biol*) phototype.
fototropico *a.* (*Biol*) phototropic.
fototropismo *m.* (*Biol*) phototropism.
fototubo *m.* (*Fis*) phototube.
fotovoltaico (*pl.* **-ci**) *a.* (*El*) photovoltaic: *cella fotovoltaica* photovoltaic cell; *effetto ~* photovoltaic effect.
fottere (**fótto**) *v.t.* (*volg*) 1 to fuck. 2 (*fig*) (*ingannare*) to screw: *farsi ~* to be screwed. □ (*volg*) *che te ne fotte?* what the fuck is it to you?; (*volg*) *mandare qcu. a farsi ~* to tell so. to fuck off; (*volg*) *vai a farti ~!* fuck off!, fuck you!; *che vada a farsi fottere* sod him, fuck

him; (*volg*) *fottersene* not to give a fuck, not to give a shit: *me ne fotto* I don't give a fuck.
fottio *m.* (*pop*) stacks *pl.*, loads *pl.*: *c'era un ~ di gente* there were stacks of people there; *un ~ di soldi* loads of money, bags of money.
fottuto *a.* (*volg*) 1 fucking: *questo ~ libro* this fucking book. 2 (*rovinato, fregato*) buggered, fucked, screwed: *siamo fottuti!* we are screwed!
foulard /fu'lar/ *m.inv.* 1 (*da collo*) scarf, neckerchief; (*da testa*) head-square, head-scarf, scart. 2 (*Tess*) foulard.
foularino /fula'rino/ *m.* little scarf.
fovea *f.* (*Anat*) fovea.
fox terrier /'fɔkster'rje/ *m.inv.* (*Zool*) fox-terrier.
fox-trot /ˌfɔks'trɔt/ *m.inv.* foxtrot.
foyer /fwa'je/ *m.inv.* 1 (*Teat*) foyer. 2 (*di alberghi e sim.*) hall.
fp (*Mus*) *forte piano* fp (forte piano).
FP *Fermo Posta* (*Br*) (poste restante), (*Am*) (general delivery).
FPI (*Sport*) *Federazione Pugilistica Italiana* (Italian boxing association).
FPL (*Pol,Stor*) *Fronte Popolare di Liberazione* (Popular Liberation Front).
fra[1] *prep.* (*when followed by a personal pronoun it is generally used with* di) 1 (*rif. a due persone o cose*) between: *sedeva ~ i genitori* he was sitting between his parents; *ci vedremo domani ~ le nove e le dieci* we'll meet tomorrow between nine and ten. 2 (*rif. a più persone o cose*) among, amongst: *la pace ~ le nazioni* peace among nations; *arrivammo ~ i primi* we were among the first to arrive. 3 (*attraverso*) through: *avanzare fra la folla* to push oneself through the crowd; *cercare ~ le carte* to look through one's papers. 4 (*in mezzo a, circondato da*) among, amid, amidst, in, io the middle of, in the midst of: *un paesino ~ i monti* a village among (*o* in) the mountains. 5 (*rif. a tempo*) in, within: *tornerò ~ una settimana* I'll be back in a week's time; *~ quindici giorni* (*Br*) within a fortnight, (*Am*) within two weeks; *~ oggi e domani* by tomorrow. 6 (*rif. a luogo*) another, after: *~ quaranta chilometri saremo a Roma* another forty kilometres and we'll be in Rome. 7 (*partitivo*) of, among: *il più giovane ~ noi condurrà il gioco* the youngest of us will organize the game; *chi fra di voi?* which of you? 8 (*per indicare un complesso, una totalità*) in: *~ tutti saranno stati una trentina* there must have been some thirty of them altogether (*o* in all); *inviterò ~ le 40 e le 50 persone* I'm going to invite 40 to 50 people. □ *~... e ...*: 1 between... and...: *Orvieto si trova ~ Firenze e Roma* Orvieto is between Florence and Rome; 2 (*con aggettivi o avverbi*) half... half...: *un'espressione ~ triste e pensosa* a half sad, half thoughtful expression; 3 (*con l'infinito*) what with, between: *~ mangiare e dormire ho speso trentacinque euro* what with board and lodging I spent thirty-five euros, between board and lodging I spent thirty-five euros; *~ sé* to oneself: *parlare ~ sé* to talk to oneself; *pensare ~ sé e sé* to think to oneself.
fra[2] *m.* (*Rel.catt*) Fra, Brother: *~ Tommaso* Brother Thomas.
frac *m.* (*Abbigl*) tailcoat, (*colloq*) tails *pl.*, (*colloq*) white tie.
fracassare (**fracàsso**) **I** *v.t.* to smash, to shatter: *l'esplosione ha fracassato i vetri* the explosion has shattered the window panes; *per la rabbia fracassò tutte le stoviglie* he was so angry that he smashed all the dishes. **II** *v.pron.* **fracassarsi** 1 to break up, to break in pieces, to smash, to crash: *l'imbarcazione*

si fracassò sugli scogli the boat broke up on the rocks. **2** (*rif. a veicoli*) to crash: *l'automobile andò a fracassarsi contro un albero* the car crashed into a tree. □ *~ le ossa a qcu.* to break all the bones in so.'s body.

fracasso *m.* **1** crash, din: *la vetrata s'infranse con gran ~* the window broke with a great crash. **2** (*di stoviglie*) crash, clatter. **3** (*di ruote*) rumble, roar. **4** (*rif. a persone: chiasso*) din, row, uproar, hullabaloo, hubbub. □ *fare ~*: **1** (*colloq*) to make a commotion, to make a row; **2** (*fig*) (*fare scalpore*) to make a great stir, to cause an uproar: *lo scandalo ha fatto un gran ~* the scandal caused an uproar; *un ~ indiavolato* pandemonium, bedlam.

fracassone *m.* (*f.* **-a**) (*colloq*) **1** (*persona maldestra*) clumsy person, (*colloq*) bull in a china shop. **2** (*persona rumorosa*) noisy person.

fracco *m.* (*region,colloq*) heaps *pl.*, stacks *pl.* □ (*region,colloq*) *un ~ di botte* a sound beating, a good hiding; (*region,colloq*) *un ~ di soldi* pots (*pl.*) of money.

fracosta *f.* (*region*) steak.

fradicio **I** *a.* **1** (*zuppo*) soaking, soaking wet, soaked, drenched: *abiti fradici* soaking wet clothes; *sono arrivato a casa ~* I arrived home drenched. **2** (*marcio*) rotten, rotting: *legno ~* rotting wood. **3** (*fig*) (*corrotto*) corrupt, rotten: *società fradicia* corrupt society. **II** *m.* **1** (*parte fradicia*) rotten part, bad part, rot: *il ~ della mela* the bad part of the apple. **2** (*terreno bagnato*) wet, sodden ground. **3** (*fig,ant*) (*corruzione*) corruption. □ *~ di sudore* dripping with perspiration, bathed in perspiration.

fradiciume *m.* **1** (*roba marcia*) mass of rotten things. **2** (*umidità*) wetness. **3** (*rif. a terreno*) bog, sodden ground. **4** (*fig, ant*) (*corruzione*) corruption, rottenness.

fragile *a.* **1** fragile, brittle: *merce ~* fragile goods. **2** (*scritta, su pacchi e sim.*) handle with care. **3** (*fig*) (*gracile, delicato*) frail, fragile, delicate: *costituzione ~* weak constitution; *salute ~* delicate health, poor health. **4** (*fig*) (*debole*) weak, fragile. **5** (*fig*) (*inconsistente*) faint, weak, frail: *fragili speranze* faint hopes.

fragilità *f.* **1** fragility, brittleness. **2** (*fig*) (*gracilità*) delicacy, weakliness, frailness: *la ~ di una fanciulla* the delicacy of a young girl. **3** (*fig*) (*debolezza*) weakness, frailty: *la ~ della natura umana* the frailty of human nature. **4** (*fig*) (*inconsistenza*) faintness, weakness, frailty.

fragilmente *avv.* weakly.

fragola *f.* **1** (*Bot,Alim*) strawberry: *fragole con panna* strawberries and cream. **2** (*colore*) strawberry, strawberry-colour, (*Am*) strawberry-color: *un vestito ~* a strawberry-coloured dress. □ (*Bot,Alim*) *~ di bosco* wild strawberry.

fragolaia *f.* (*Agr*) strawberry bed.

fragolino *m.* **1** (*Itt*) red bream. **2** (*Enol*) velvety red wine with the aroma of Concord grapes.

fragore *m.* **1** crash, thunder, din; (*di ruote*) rumble, roar. **2** (*fig*) (*clamore*) clamour, (*Am*) clamor. □ *il treno passò sul ponte con gran ~* the train thundered across the bridge, the train roared across the bridge; *il ~ degli applausi* the thunder of applause; *il ~ della cascata* the roar of the waterfall; *il ~ dell'esplosione* the roar of the explosion.

fragorosamente *avv.* loudly, noisily.

fragoroso *a.* **1** loud, resounding, roaring, crashing. **2** (*assordante*) loud, deafening: *uno scoppio ~* a deafening explosion, a loud

explosion. **3** (*rif. ad applauso*) thunderous.

fragrante *a.* fragrant, sweet-smelling, scented: *aria ~ di fiori* air fragrant with flowers; *pane ~* fragrant bread.

fragranza *f.* **1** fragrance, scent. **2** (*Cosmet*) fragrance.

fraintendere (*pres.ind.* **fraintèndo**; *p.rem.* **fraintési**; *p.p.* **fraintéso**) *v.t.* to misunderstand, to misinterpret: *~ il senso di una frase* to misunderstand the meaning of a sentence; *non fraintendermi* don't get me wrong.

fraintendimento *m.* misunderstanding.

frainteso *a.* misunderstood.

frale *a.* (*poet*) (*fragile*) frail.

fralezza *f.* (*poet*) (*fragilità*) frailty.

frammassone *m.* Freemason.

frammassoneria *f.* Freemasonry.

frammentare (**frammènto**) **I** *v.t.* to fragment, to break up, to subdivide: *~ una proprietà* to break up an estate; *~ la materia di un libro* to subdivide the subject matter of a book. **II** *v.pron.* **frammentarsi** to fragment, to split, to break up.

frammentariamente *avv.* fragmentarily.

frammentarietà *f.* fragmentary nature, fragmentariness: *la ~ di un'opera* the fragmentary nature of a work.

frammentario *a.* **1** (*incompleto*) fragmentary: *opera frammentaria* fragmentary work. **2** (*fig*) (*privo di organicità*) scrappy, fragmentary, disjointed, disconnected: *racconto ~* disjointed tale; *cognizioni frammentarie* fragmented knowledge.

frammentazione *f.* **1** fragmentation (*anche Biol.*) **2** (*rif. a partito e sim.*) split. □ *~ della proprietà terriera* fragmentation of landholdings, splitting up of properties.

frammento *m.* **1** fragment, chip: *un ~ di vetro* a fragment of glass; *un ~ di vaso del periodo miceneo* a fragment of a vase belonging to the Mycenaean period; *~ di dente* chip of a tooth. **2** (*brano*) passage. □ *~ di osso* bone splinter; (*fig*) *~ di vita* slice of life; *in frammenti* in smithereens.

frammesso → **frammettere**.

frammettere (*pres.ind.* **frammétto**; *p.rem.* **frammìsi**; *p.p.* **frammésso**) **I** *v.t.* to insert, to interpose, to put between. **II** *v.pron.* **frammettersi 1** (*interporsi*) to interpose, to come between: *frammettersi fra due avversari* to come between two enemies. **2** (*immischiarsi*) to interfere, to meddle: *frammettersi negli affari altrui* to meddle in other people's affairs.

frammezzare (**frammèzzo**) *v.t.* (*rar*) to intersperse.

frammezzo *avv.* **1** (*tra due*) between. **2** (*tra più di due*) in the midst, in the middle: *porsi ~* to place oneself in the middle. □ *~ a*: **1** (*tra*) among, amongst, amid, in the midst of; **2** (*tra due*) between; **3** (*attraverso*) through: *passare ~ alla folla* to go through the middle of the crowd.

frammischiare (**frammischio, frammischi**) **I** *v.t.* to mix, to intermingle. **II** *v.pron.* **frammischiarsi** to mingle.

frammisi → **frammettere**.

frammisto *a.* mixed, mixed up (*a* with).

frana *f.* **1** landslide, landslip: *l'automobile restò sepolta sotto la ~* the car was buried under the landslide. **2** (*materiale franato*) fall. **3** (*fig*) dead loss, washout, disaster: *sei una ~!* you are a real disaster!

franabile *a.* liable to slide: *terreno ~* land which is liable to slide.

franamento *m.* **1** (*il franare*) sliding, slipping. **2** (*frana*) landslip, landslide. **3** (*estens*) (*crollo*) collapse (*anche fig*): *il ~ delle mie speranze* the collapse of my hopes.

franare (**fràno**; *aus.* **essere**) *v.i.* **1** to slide, to slide down, to fall. **2** (*crollare*) to collapse (*anche fig*): *il muro è franato* the wall has collapsed. **3** (*fig*) (*sfumare*) to collapse, to come to nothing, to come to naught: *tutte le nostre speranze sono franate* all our hopes have come to naught.

Franca *n.pr.f.* Frances.

francamente *avv.* frankly, candidly, openly: *parlare ~* to speak frankly, to speak one's mind.

Francesca *n.pr.f.* Frances.

francescanamente *avv.* in the way laid down by St. Francis, according to the spirit of St. Francis: *vivere ~* to live in the way laid down by St. Francis.

francescanesimo *m.* **1** Franciscanism. **2** (*spirito francescano*) Franciscan spirit.

francescano **I** *a.* **1** (*Rel.catt*) Franciscan: *la regola francescana* the Franciscan rule. **2** (*fig*) of a Franciscan. **II** *m.* (*f.* **-a**) Franciscan.

Francesco *n.pr.m.* Francis. □ *san ~ d'Assisi* St. Francis of Assisi.

francese **I** *a.* **1** French. **2** (*di lingua francese*) French-speaking. **II** *m.* (*lingua*) French. **III** *m./f.* (*abitante*) Frenchman (*f.* -woman). **2** *pl.* (*popolo*) the French. **3** *pl.* (*gruppo determinato*) French people: *tutti i francesi che io conosco* all the French people I know. □ *alla ~* in the French style: *vestire alla ~* to dress in the French style.

francesismo *m.* (*Ling*) Gallicism.

francesista *m./f.* (*Univ*) specialist in French studies.

francesistica *f.* (*Univ*) French studies *pl.*

francesizzare (**francesìzzo**) **I** *v.t.* (*rar*) to Frenchify. **II** *v.pron.* **francesizzarsi** (*rar*) to become Frenchified.

francesizzazione *f.* (*rar*) **1** Frenchification. **2** (*rif. a lingua*) gallicization.

franchezza *f.* frankness, openness, straightforwardness, outspokenness: *ammiro la sua ~* I admire his frankness. □ *con ~* frankly, sincerely: *ti risponderò con ~* I'll give you a plain answer, I'll give you a frank answer; *~ d'animo* openness of spirit, openness of mind; *~ di linguaggio* frankness, outspokenness; *di una ~ eccessiva* excessively frank, over frank; *in tutta ~* to be absolutely truthful: *parlare in tutta ~* to speak quite frankly.

franchigia *f.* **1** (*Econ,Comm*) exemption. **2** (*Assic*) franchise, (*Br*) excess. **3** (*Mar.mil*) shore leave. **4** (*ant*) (*libertà*) freedom. □ (*Stor*) *franchigie comunali* communal franchises; (*Comm*) *~ doganale* exemption from customs duty; *in ~ doganale* duty-free: *ingresso in ~ doganale* duty free entry; *bagaglio in ~* baggage allowance; *in ~ postale* post-free.

franchisee /fren'tʃaizi/ *m.inv.* (*Comm*) franchisee.

franchising /fran'tʃaiziŋ/ *m.inv.* (*Comm*) franchising. □ (*Comm*) *società in ~* franchisee business.

franchismo *m.* (*Pol*) Francoism.

franchista **I** *m./f.* (*Pol*) Francoist. **II** *a.* (*Pol*) of Franco (*posposto*), Franco's: *regime ~* Franco's regime; *la Spagna ~* Spain under Franco.

Francia *n.pr.f.* (*Geog*) France.

francio *m.* (*Chim*) francium.

franco[1] **I** *a.* (*pl.* **-chi**) **1** (*aperto, schietto*) frank, open, sincere, forthright, straightforward, candid, outspoken: *carattere ~* open character; *parole franche* forthright words. **2** (*ardito*) bold: *~ nell'affrontare il pericolo* bold in facing danger. **3** (*disinvolto*) confident, self-confident. **4** (*Econ,Comm*) free (*di* of): *merce franca di porto* carriage-free goods. **5** (*Mar*) off-duty: *personale ~* off-duty crew members. **II** *avv.* frankly, candidly, openly: *parlare ~* to speak frankly. □ (*Comm*) *~ a bordo* free on board; (*Comm*) *~ a domicilio* delivery free, paid home, carriage paid, carriage free; (*Comm*) *~ banchina* ex dock, ex quay, ex wharf; (*Mar*) *~ bordo* freeboard; (*Comm*) *~ deposito* ex warehouse, ex store; (*Comm*) *~ destinazione* free at destination; (*Comm*) *~ di consegna* free delivery; (*Comm*) *~ di dogana* duty-free, duty-paid; (*Mar*) *~ di nolo* freightage free; *~ di porto*: 1 (*Comm*) carriage paid, carriage free; 2 (*Post*) postage prepaid; (*Comm*) *~ di porto a domicilio* delivery free, paid home, carriage paid, carriage free; (*Comm*) *~ fabbrica* ex factory, ex works; *farla franca* to get away with it, to get away with sth., to get off scotfree, to get away scotfree; (*Comm*) *~ magazzino* free warehouse; (*Comm*) *~ raffineria* ex refinery; (*Comm*) *~ stabilimento* ex works; *~ tiratore*: 1 (*Mil*) sniper; 2 (*Parl*) member of Parliament who votes against his party.

franco² (*pl.* **-chi**) *m.* (*Numism,Econ*) franc. □ (*Numism,Econ*) *~ belga* Belgian franc; (*Numism,Econ*) *~ francese* French franc; (*Numism,Econ*) *~ svizzero* Swiss franc.

franco³ (*pl.* **-chi**) **I** *a.* **1** (*Stor*) Frankish. **2** (*francese: in composizione con altro aggettivo*) Franco..., French: *la guerra ~-prussiana* the Franco-Prussian War. **3** (*Mediev*) (*latino, cristiano occidentale*) Latin: *regni franchi* Latin kingdoms. **4** (*Mediev*) (*crociato*) Crusade (*attr.*). **II** *m.* (*Stor*) Frank.

Franco *n.pr.m.* Francis, Frank.

francobollo *m.* (*Filat*) (postage) stamp: *collezionare francobolli* to collect stamps, *~ commemorativo* commemorative stamp.

franco-canadese **I** *a.* French Canadian. **II** *m./f.* French Canadian. **III** *m.* (*lingua*) French Canadian.

francofilia *f.* Franchophilia.

francofilo **I** *a.* Francophile, pro-French. **II** *m.* (*f.* **-a**) Francophile.

francofobia *f.* Francophobia.

francofobo **I** *a.* Francophobe. **II** *m.* (*f.* **-a**) Francophobe.

francofono **I** *a.* French-speaking, Francophone. **II** *m.* (*f.* **-a**) French-speaking person, Francophone.

Francoforte *n.pr.f.* (*Geog*) Frankfurt. □ (*Geog*) *~ sul Meno* Frankfurt-on-Main; (*Geog*) *~ sull'Oder* Frankfurt-on-Oder.

francolino *m.* (*Ornit*) black partridge, francolin.

francone **I** *a.* (*della Franconia*) Franconian. **II** *m.* (*lingua*) Franconian.

franco-normanno *a.* Norman-French.

francoprovenzale **I** *a.* Franco-Provençal. **II** *m.* Franco-Provençal.

frangente *m.* **1** (*ondata*) breaker. **2** (*scogliera a fior d'acqua*) reef; (*scoglio*) shoal, shallows *pl.* **3** (*fig*) (*situazione difficile*) difficult situation, predicament, (*colloq*) spot: *trovarsi in un brutto ~* to be in a spot, to be in a nasty predicament; *in simili frangenti* in a situation like this; *in questo ~* at this juncture, under the circumstances.

frangere (*pres.ind.* **fràngo, fràngi**; *p.rem.* **frànsi**; *p.p.* **frànto**) **I** *v.t.* (*lett*) to break (*anche fig*): *~ la resistenza di qcu.* to break so.'s resistance. **II** *v.pron.* **frangersi** to break. □ *~ le olive* to press olives, to crush olives.

frangetta, frangettina *f.* (*acconciatura*) fringe, (*Am*) bangs *pl.*

frangia (*pl.* **-ge**) *f.* **1** fringe. **2** (*acconciatura*) fringe, (*Am*) bangs *pl.* **3** (*fig*) (*minoranza*) fringe: *la ~ estremista del partito* the ex-

tremist fringe of the party. **4** (*fig*) (*fronzolo, aggiunta*) frill, embellishment. □ *uno scialle con frange* a fringed shawl; (*Ott*) *frange di interferenza* interference fringes.

frangiare (**fràngio, fràngi**) *v.t.* to fringe.

frangiatura *f.* **1** fringing. **2** (*l'insieme delle frange*) fringing, fringes *pl.*

frangibiade *m.inv.* (*Agr*) grinder.

frangibile *a.* breakable, breakable, easily broken.

frangifiamme *m.inv.* flame arrester, flame trap.

frangiflutti **I** *m.inv.* breakwater. **II** *a.inv.* breakwater (*attr.*): *diga ~* breakwater, breakwater dam.

frangipani *m.inv.* (*Bot*) frangipani.

frangitore *m.* (*Agr*) (*frantoio per olive*) olive press.

frangitura *f.* (*Agr*) olive pressing, olive crushing.

frangivento *m.inv.* (*Agr*) windbreak.

frangizolle *m.inv.* (*Agr*) harrow.

franosità *f.* (*Geol*) fact of being prone to landslides.

franoso *a.* (*Geol*) subsidence-prone, subject to landslides: *terreno ~* land subject to landslides.

fransi → **frangere**.

franto → **frangere**.

frantoio *m.* **1** (*Tecn*) (*macchina*) mill, crusher; (*per pietre*) crusher, breaker. **2** (*Agr*) (*per olive*) olive press, oil press, oil mill.

frantoista *m./f.* (*operaio*) crusher, breaker.

frantumare (**frantùmo**) **I** *v.t.* **1** (*mandare in frantumi*) to crush, to break into pieces, to break up, to shatter: *frantumò il vetro con un pugno* he shattered the pane with his fist. **2** (*Tecn*) to crush, to break. **II** *v.pron.* **frantumarsi** to break into pieces, to shatter. □ (*fig*) *~ le speranze di qcu.* to shatter so.'s hopes; *~ un minerale* to crush a mineral.

frantumato *a.* broken (*anche fig*).

frantumatore *m.* (*operaio, macchina*) crusher, breaker.

frantumatrice *f.* crusher.

frantumazione *f.* grinding, crushing, shattering, breaking.

frantume *m.spec.pl.* **1** (*frammento*) fragment, piece, shiver, bit, smithereens *pl.* **2** (*scheggia*) splinter, chip, flake. □ *andare in frantumi* to smash to smithereens; *mandare in frantumi* to break to pieces, to shatter; *ridurre in frantumi* to smash to bits, to smash into pieces; *ridursi in frantumi* to shatter, to break into pieces.

frappa *f.* **1** fringe. **2** (*Art*) painted foliage. **3** (*Gastron,region*) sweet biscuit for carnival.

frappè *m.inv.* (*Alim*) milk shake, frappé: *un ~ alla fragola* a strawberry shake.

frapporre (*pres.ind.* **frappóngo, frappóni**; *p.rem.* **frappósi**; *p.p.* **frappósto**) **I** *v.t.* **1** to interpose. **2** (*rif. a difficoltà e sim.*) to set in the way. **II** *v.pron.* **frapporsi** **1** (*sorgere*) to arise: *si sono frapposte nuove difficoltà* new difficulties have arisen. **2** (*intromettersi, intervenire*) to come between, to intervene: *frapporsi tra due contendenti* to come between two rivals. □ (*fig*) *~ indugi* to delay, to linger, to take (one's) time; *senza ~ indugi* without delay; (*fig*) *~ ostacoli* to place obstacles in the way.

frapposizione *f.* **1** (*il frapporre*) interposition, putting in the way. **2** (*il frapporsi*) intervention.

frasale *a.* (*Gramm*) phrasal: *verbo ~* phrasal verb.

frasario *m.* **1** (*modo di esprimersi*) language, vocabulary, speech, style of speech, phraseology. **2** (*linguaggio particolare*) jar-

gon, language: *il ~ dei cineasti* the jargon of the film world. **3** (*raccolta di frasi*) phrasebook, collection of phrases. □ *usare un ~ ricercato* to be affected in one's speech.

frasca *f.* **1** (*ramo fronzuto*) branch, leafy branch, spray: *il fringuello cantava tra le frasche* the finch was singing among the leafy branches. **2** (*ramoscello tagliato*) branch: *coprire il tetto di frasche* to cover the roof with branches. **3** (*in bachicoltura*) mulberry leaves *pl.* **4** (*fig*) (*persona incostante*) flibbertigibbet, scatterbrain.

frascame *m.* branches *pl.*, leafy branches *pl.*, foliage: *nascondersi tra il ~* to hide among the branches.

frascati *m.* (*Enol*) Frascati wine.

frascato *m.* leafy bower, arbour, shelter of branches.

frascheggiare (**fraschéggio, fraschéggi**; *aus.* **avere**) *v.i.* **1** (*lett*) (*stormire*) to rustle. **2** (*fig,rar*) (*civettare*) to coquette.

frascheria *f.* **1** (*inezia*) trifle. **2** (*fronzolo*) gewgaw, trinket.

fraschetta *f.* **1** twig. **2** (*fig*) (*donna leggera*) flighty woman, coquette, flirt.

frasconaia *f.* (*luogo ricco di frasche*) thicket (*anche Caccia*).

frase *f.* **1** (*Gramm*) sentence: *la struttura della ~* the sentence structure. **2** (*Gramm*) (*proposizione*) clause; (*locuzione*) phrase. **3** (*espressione*) phrase, expression: *trovare la ~ giusta* to find the right expression; *una ~ gentile* a kind expression. **4** (*Mus*) phrase. □ *~ compiuta* sentence, complete sentence; *~ fatta*: 1 (*espressione convenzionale*) stock phrase, set phrase, idiom; 2 (*luogo comune*) platitude, commonplace; *~ idiomatica* idiomatic expression, idiom; (*Gramm*) *~ interrogativa* interrogative sentence; (*Gramm*) *~ verbale* verbal phrase.

fraseggiare (**fraséggio, fraséggi**; *aus.* **avere**) *v.i.* (*Mus*) to phrase.

fraseggio *m.* (*Mus*) phrasing.

fraseologia *f.* **1** (*insieme di locuzioni tipiche*) phraseology: *~ inglese* English phraseology. **2** (*linguaggio particolare*) terminology, jargon, phraseology: *la ~ alpinistica* mountaineering jargon.

fraseologico (*pl.* **-ci**) *a.* phraseological: *dizionario ~* dictionary of idioms.

frassinella *f.* (*Bot*) fraxinella, gas plant, dittany.

frassinello *m.* (*Bot*) fraxinella, gas plant, dittany.

frassineto *m.* ash grove.

frassino *m.* **1** (*Bot*) ash, ash tree. **2** (*legno*) ash.

frastagliamento *m.* cutting, intersection, indentation. □ *il ~ della costa* the jagged coastline.

frastagliare (**frastàglio, frastàgli**) *v.t.* to make cuts in, to indent, to notch, to jag: *~ un foglio di carta* to make cuts in a sheet of paper (*o* in the edge of a sheet of paper).

frastagliato *a.* **1** (*tagliuzzato ai margini*) indented, notched, jagged. **2** (*non uniforme*) irregular, uneven: *terreno ~* uneven ground. **3** (*Bot*) (*laciniato*) laciniate. **4** (*Geog*) (*rif. a costa*) indented, jagged.

frastagliatura *f.* jagged effect, indentation. □ (*Geol*) *la ~ della costa* the indentation of the coast.

frastaglio *m.* **1** (*lavoro di intaglio*) bevelling. **2** *pl.* (*ornamenti minuti*) ornamentation (*costr.sing.*), embellishments.

frastornamento *m.* bewilderment, confusion.

frastornante *a.* bewildering, confusing, dazing.

frastornare (**frastórno**) *v.t.* **1** to disturb, to bother, to annoy: ~ *qcu. di chiacchiere* to disturb so. with one's chatter. **2** (*stordire*) to daze, to stun. **3** (*distogliere, distrarre*) to distract: *il rumore lo frastornava dalla lettura* the noise distracted him from his reading.

frastornato *a.* dazed, bewildered, confused: *sentirsi* ~ to feel confused; *sentirsi* ~ *per la stanchezza* to feel dazed with fatigue.

frastuono *m.* uproar, hubbub, din, deafening noise: *un* ~ *di voci* an uproar of voices, a babel of voices, a hubbub. □ *un* ~ *indiavolato* a fiendish din, a dreadful racket, (*ant*) bedlam.

frate *m.* **1** (*Rel.catt*) friar, monk; (*come appellativo*) brother. **2** (*Edil*) raised tile (admitting light and air). **3** (*Tip*) blank, part accidentally left blank. □ (*Rel.catt*) ~*cappuccino* Capuchin, Capuchin friar, Capuchin monk; (*Rel.catt*) ~*domenicano* Dominican, Dominican friar, Black Friar; (*Rel.catt*) *farsi* ~ to become a friar; (*Rel.catt*) ~*francescano* Franciscan, Franciscan friar; (*Stor*) *frati* **gaudenti** Knights of Our Lady; (*Rel.catt*) ~ *laico* lay brother; (*Rel.catt*) *frati minori* Friars Minor, Minorites; (*Rel.catt*) ~*ospedaliero* Hospitaller; (*Rel.catt*) *frati osservanti* Observant Friars; (*Rel.catt*) ~*questuante* mendicant friar, mendicant.

fratellanza *f.* **1** brotherhood, fraternity (*anche fig*): *la* ~ *dei popoli* the brotherhood of peoples; ~ *universale* universal brotherhood. **2** (*associazione*) fraternity.

fratellastro *m.* **1** (*fratello col quale si condivide un solo genitore*) half-brother. **2** (*figlio del patrigno o della matrigna*) stepbrother.

fratello *m.* **1** brother: *mio* ~ *Paolo* my brother Paul. **2** *pl.* (*fratelli e sorelle*) brothers and sisters *pl.*: *hai dei fratelli?* have you got any brothers or sisters?; *ha tre fratelli, un maschio e due femmine* he has one brother and two sisters. **3** (*Rel*) (*chi condivide la stessa fede*) brother. **4** (*Rel.catt*) (*frate*) Brother. **5** *pl.* (*Comm*) brothers, Bros.: *la ditta fratelli Rossi* Rossi Bros. □ ~*adottivo* adopted brother; (*Bibl*) *fratelli carissimi* dearly beloved brethren; ~ *carnale* (o ~ *consanguineo*) full brother, brother-german, blood brother; ~ *d'armi* brother-in-arms, comrade-in-arms; *fratelli di latte* foster brothers; ~ *gemello* twin brother; ~*germano* brother german, full brother; (*Rel*) ~*in Cristo* brother in Christ; ~ *maggiore*: **1** (*tra due*) elder brother; **2** (*tra più di due*) eldest brother; ~ *minore*: **1** (*tra due*) younger brother; **2** (*tra più di due*) youngest brother; *fratelli siamesi* Siamese twins; (*ant*) ~*uterino* uterine brother.

fraternamente *avv.* fraternally, in a brotherly way, like a brother: *amarsi* ~ to love one another like brothers.

fraternità *f.* brotherhood, fraternity, brotherliness.

fraternizzare (**fraternìzzo**; *aus.* **avere**) *v.i.* to fraternize (*anche estens*): *i soldati fraternizzarono con la popolazione* the soldiers fraternized with the people.

fraternizzazione *f.* fraternization.

fraterno *a.* fraternal, brotherly: *vincolo* ~ fraternal bond; *un rimprovero* ~ a brotherly reproach.

fratesco (*pl.* **chi**) *a.* (*spreg*) of a monk, monkish, monk-like: *furberia fratesca* the wiliness of a monk.

fraticello *m.* **1** young monk. **2** (*Ornit*) little tern.

fratina *f.* **1** (*Arred*) (*tavolo da convento*) refectory table. **2** (*taglio di capelli*) short page boy.

fratino *m.* **1** (*giovane frate*) young friar. **2** (*Ornit*) Kentish plover.

fratria, fratrìa *f.* (*Etnol,Stor*) phatry.

fratricida I *m./f.* fratricide (*anche estens*). **II** *a.* fratricidal (*anche estens*): *guerra* ~ fratricidal war, internecine war.

fratricidio *m.* fratricide (*anche estens*).

fratta *f.* (*macchia intricata*) thicket, scrub, brake, spinney.

frattaglie *f.pl.* (*Macell*) plucks, offal (*costr.sing.*); (*di agnelli, vitelli*) liver and lights, plucks; (*di polli, conigli e sim.*) giblets.

frattale I *m.* (*Mat*) fractal. **II** *a.* (*Mat*) fractal.

frattanto *avv.* meanwhile, in the meanwhile. □ *e* ~ (*e intanto*) but, yet, and still: *e* ~ *gli aiuti non arrivavano* and still help didn't arrive.

frattazzo *m.* (*Edil*) float.

frattempo □ *nel* ~ meanwhile, in the meantime.

fratto *a.* **1** (*Mat*) fractional, fractionary: *numero* ~ fractional number. **2** (*diviso*) divided by, over: *a* ~ *b* a over b, a divided by b.

frattura *f.* **1** (*rottura*) break, fracture, rupture. **2** (*Med*) fracture: *ha riportato la* ~ *della gamba destra* he has fractured his right leg. **3** (*Geol*) fracture. **4** (*fig*) fracture, breaking off, rift. □ (*Med*) ~*a legno verde* greenstick fracture; (*Med*) ~*aperta* open fracture, compound fracture; (*Med*) ~*composta* compound fracture; (*Med*) ~*da stress* stress fracture; (*Med*) ~ *esposta* open fracture, compound fracture; (*Med*) ~*scomposta* simple fracture, closed fracture; (*Med*) ~*semplice* simple fracture.

fratturare (**fratturo**) **I** *v.t.* (*Med*) to fracture, to break. **II** *v.pron.* **fratturarsi** (*Med*) to fracture, to break: *cadendo si è fratturato un polso* he fell and fractured his wrist.

fraudolentemente *avv.* fraudulently.

fraudolento *a.* fraudulent: *bancarotta fraudolenta* fraudulent bankruptcy.

fraudolenza *f.* **1** (*lett*) fraudulence, deceitfulness. **2** (*inganno, frode*) fraud.

frazionabile *a.* divisible, that may be broken up (*posposto*), that may be subdivided (*posposto*): *credito* ~ divisible credit; *proprietà non* ~ property which cannot be broken up.

frazionale *a.* fractional: *moneta frazionale* fractional currency.

frazionamento *m.* **1** (*suddivisione*) break up, split, division. **2** (*Chim*) fractionation. **3** (*Mat*) fractionization. □ (*Econ*) ~*di azioni* stock split, shares split; ~*di un mutuo* splitting up of a loan.

frazionare (**frazióno**) **I** *v.t.* **1** (*suddividere*) to break up, to split up, to parcel, to parcel out, to divide, to subdivide: ~ *un lavoro* to split up a job; ~ *una proprietà* to parcel out, to break up an estate. **2** (*Chim*) to fractionate. **3** (*Mat*) to fractionize. **II** *v.pron.* **frazionarsi** to split.

frazionario *a.* (*Mat*) fractional, fractionary: *numero* ~ fractional number.

frazione *f.* **1** fraction, part, small part, portion: *il centesimo è una* ~ *dell'euro* the centesimo is a fraction of a euro. **2** (*Mat*) fraction. **3** (*Econ*) division. **4** (*borgata*) (outlying) administrative division (of a municipality), country hamlet: *una piccola* ~ *del capoluogo* a small outlying suburb hamlet of the county town. □ (*Mat*) ~*algebrica* algebraic fraction; (*Mat*) ~*apparente* improper fraction; (*Mat*) ~*decimale* decimal fraction; (*Lit*) *la* ~*dell'ostia* the breaking of the Host, the fraction of the Host; *in una* ~ *di secondo* in a fraction of a second, in a split

second; (*Sport*) *frazioni di tappa* legs; (*Mat*) ~*impropria* improper fraction; (*Mat*) ~*propria* proper fraction.

frazionismo *m.* (*Pol*) fractionalism.

frazionista I *m./f.* **1** (*Sport*) relay runner. **2** (*Pol*) member of a splinter group. **II** *a.* (*Pol*) splinter (*attr.*): *tendenza* ~ splinter tendency.

frazionistico (*pl.* **-ci**) *a.* (*Pol*) splinter (*attr.*).

freak *m./f.* freak.

freatico (*pl.* **-ci**) *a.* (*Geol*) phreatic.

freccetta *f.* **1** dart: *giocare a freccette* to play darts; *partita a freccette* game of darts. **2** (*segno grafico*) arrow.

freccia (*pl.* **-ce**) *f.* **1** arrow, shaft: *scagliare una* ~ to shoot an arrow. **2** (*segnale*) arrow (*anche Strad*): *una* ~ *indica l'entrata* the entrance is indicated by an arrow. **3** (*Aut*) (*freccia di direzione*) indicator, blinker (*Am*) turn signal: *mettere la* ~ to switch on the indicator, to put on the turn signal. **4** (*fig,rar*) (*frecciata, allusione maligna*) cutting remark, gibe, sharp words *pl.*, taunt. **5** (*Mod*) (*baghetta*) clock. **6** (*Geom*) camber. **7** (*Edil*) height, rise. **8** (*Tip*) (*segno grafico*) arrow. □ (*fig*) *avere molte frecce al proprio arco* to have many strings to one's bow; ~ *avvelenata* poisoned arrow; *correre come una* ~ to run like an arrow; *veloce come una* ~ swift as an arrow, arrow-swift; (*fig*) ~*del Parto* Parthian shaft, Parthian shot; *le frecce di Cupido* Cupid's darts; (*Inform*) *di scorrimento* scroll arrow; (*Aut*) ~*direzionale* directional arrow; (*Aer*) *frecce tricolori* Italian acrobatic formation team (*costr.sing.*).

frecciata *f.* **1** arrow, arrowshot: *essere colpito da una* ~ to be hit by an arrow. **2** (*fig*) (*allusione maligna*) dig, cutting remark, gibe, sharp words *pl.*, taunt: *l'oratore lanciò qualche* ~ *contro l'avversario* the speaker made some cutting remarks about his opponent. **3** (*Sport*) (*nella scherma*) running attack, flèche.

frecciatina *f.* (*allusione maligna*) dig, cutting remark, gibe, taunt.

freddamente *avv.* **1** coldly: *la mia proposta è stata accolta* ~ my suggestion was received coldly. **2** (*con sangue freddo*) coolly, calmly, composedly: *agire* ~ to act calmly.

freddare (**freddo**) **I** *v.t.* **1** (*rar*) (*lasciar freddare*) to cool, to let cool, to allow to become cold: *lasciare* ~ *il brodo* to cool the soup. **2** (*fig*) (*smorzare*) to cool, to damp, to dampen: ~ *l'entusiasmo di qcu.* to damp so.'s enthusiasm, to dampen so.'s enthusiasm. **3** (*fig*) (*uccidere*) to shoot dead, to gun down: *lo freddò con una fucilata* he shot him dead with a rifle. **II** *v.pron.* **freddarsi** to become cold, to get cold, to cool down (*anche fig*): *mangia la carne prima che si freddi* eat your meat before it gets cold; *il suo entusiasmo si sta freddando* his enthusiasm is cooling down, his enthusiasm is wearing off.

freddezza *f.* **1** coldness, coolness (*anche fig*): *la* ~ *degli spettatori* the coldness of the audience. **2** (*fig*) (*sangue freddo*) coolness, calmness, self-control, sang-froid: *conservare la* ~ to keep calm, to keep one's head, to keep one's sang-froid. □ *accolse la proposta con* ~ he received the suggestion coldly; *trattare qcu. con* ~ to give so. the cold shoulder; ~*di carattere* coldness, coldness of character.

freddo I *a.* **1** cold: *acqua fredda* cold water; *diventare* ~ to get cold. **2** (*fresco*) cool, chilly. **3** (*gelido*) freezing, icy. **4** (*rif. a cibi*) cold: *carne fredda* cold meat. **5** (*fig*) (*indifferente*) cold, cool, chilly: *la proposta lo lasciò* ~ the suggestion left him cold; *accoglienza fredda* cool reception; *mostrarsi* ~

con qcu. to act coldly towards so. **6** (*fig*) (*calmo*) cool, calm, self-controlled: *restò ~ di fronte al pericolo* he remained calm (*o* cool) in the face of danger. **II** *m.* **1** cold: *non uscire con questo ~* don't go out in this cold (weather). **2** (*stagione fredda*) cold, cold weather: *viene il ~* the cold weather is coming. **3** (*fig*) (*spavento, paura*) shivers *pl.*, creeps *pl.*, shudders *pl.*: *mi viene ~ a pensarci* it gives me the shivers to think of it. □ *a~:* **1** (*Tecn*) cold, *spesso traduzione idiomatica: lavorazione a ~* cold working; *solubile a ~* soluble in a cold solution; **2** (*freddamente, deliberatamente*) deliberately, in cold blood: *lo uccise a ~* he killed him in cold blood; *insultare qcu. a ~* to insult so. deliberately; *avere ~* to feel cold, to be cold: *ho ~* I am cold; *ho ~ ai piedi* my feet are cold; (*ant,scherz*) *un ~ birbone* a devilish cold; *fa un ~ cane* it's bitterly cold; *~ come il ghiaccio* as cold as ice, ice-cold; *~ come il marmo* as cold as marble; *comincia a fare ~* it's getting cold; *fa ~* it's cold; *~ intenso* intense cold; *fa un ~ polare* it's freezing cold; *prendere ~* to catch a chill; *~ pungente* intense cold, bitter cold; *~ rigido* severe cold; *~ secco* dry cold, crisp cold; (*fig*) *~ tagliente* biting cold, bitter cold; *~ umido* damp cold.

freddoloso *a.* sensitive to the cold, who feels the cold: *una persona freddolosa* a person who feels the cold; *essere ~* to feel the cold.

freddura *f.* witticism, quip, pun.

freddurista *m./f.* wit, punster, joker, wag, smart Alec.

free climber /fri'klajmber/ *m./f.inv.* (*Sport*) free climber.

free climbing /fri'klajmbiŋ/ *m.* (*Sport*) free climbing.

free-lance /fri'lens/ **I** *a.* freelance. **II** *m./f.inv.* freelance.

freeware /'friwer/ *m.inv.* (*Inform*) freeware.

freezer /'frizer, 'friddzer/ *m.inv.* freezer, deep-freezer.

fregagione *f.* (*pop*) (*frizione*) massage, rub-down, friction.

fregamento *m.* rubbing.

fregare (*frégo, fréghi*) **I** *v.t.* **1** to rub: *fregarsi gli occhi* to rub one's eyes. **2** (*per lavare*) to scrub; (*per lucidare*) to polish: *~ il pavimento con uno straccio* to polish the floor with a rag. **3** (*rif. a fiammiferi e sim.*) to strike: *un cerino contro la parete* to strike a match against the wall. **4** (*colloq*) (*ingannare*) to take in, to rip off, to cheat, to swindle. **5** (*colloq*) (*rubare*) to pinch, to lift, to swipe: *mi hanno fregato la macchina fotografica* they've pinched my camera. **II** *v.pron.* **fregarsi** to rub oneself. □ (*colloq*) *fregarsene* not to give a damn, not to care (*di* about): *me ne frego* I don't give a damn, I don't care in the least; *me ne frego dei suoi ordini* I don't give a damn about his orders; *e chi se ne frega?* who gives a damn?, who cares?; (*fig*) *fregarsi le mani* to rub one's hands; (*volg*) *non me ne frega un cazzo* I don't give a shit.

fregarola *f.* (*Itt*) minnow.

fregarolo *m.* (*Itt*) minnow.

fregata[1] *f.* (*il fregare*) rubbing, scrubbing. □ *una ~ di mani* a rubbing of hands.

fregata[2] *f.* (*Mar.mil*) frigate.

fregata[3] *f.* (*Ornit*) frigate, frigatebird.

fregato *a.* (*colloq*) (*ingannato*) taken in, swindled, ripped off: *rimanere ~* to be been taken in, to be swindled, to be ripped off.

fregatura *f.* (*colloq*) **1** (*inganno*) swindle, cheat, sell. **2** (*contrattempo*) nuisance: *questa pioggia è una grossa ~* this rain is a damned nuisance. **3**

(*cosa scadente*) wash-out: *lo spettacolo è stato una ~* the show was a wash-out. □ *ti hanno dato una ~* they've given you a bad deal, they've cheated you, they've swindled you; *prendere una ~* to be had, to be cheated, to be swindled, to be ripped off.

fregiare (*frégio/frègio, frégi/frègi*) **I** *v.t.* **1** (*decorare*) to decorate, to embellish, to adorn. **2** (*imprimere un disegno*) to tool. **3** (*fig*) (*dare una decorazione*) to bestow on, to bestow upon, to confer on, to confer upon, to decorate: *~ qcu. di una medaglia* to bestow a medal upon so., to confer a medal upon so., to decorate so. with a medal. **II** *v.pron.* **fregiarsi 1** (*essere fregiato*) to be decorated. **2** (*fig*) (*vantarsi*) to boast. **3** (*fig*) (*portare*) to bear: *fregiarsi di un titolo* to bear a title.

fregio *m.* **1** (*Arch*) frieze. **2** (*ornamento*) decoration, embellishment, ornament, adornment. **3** (*Legat*) vignette, ornament. **4** (*Tip*) flourish. **5** (*Mil*) (*sul copricapo*) badge, insignia. □ (*Arch*) *~ architettonico* frieze.

fregna *f.* (*region,volg*) **1** (*vulva*) cunt. **2** (*stupidaggine*) nonsense, rubbish, crap.

fregnaccia (*pl.* **-ce**) *f.* (*region,volg*) nonsense, rubbish, crap.

fregnone *m.* (*region,volg*) moron, chump.

frego (*pl.* **-ghi**) *m.* **1** stroke, line: *cancellare una parola con un ~* to cross out a word; *tirare un ~ su qcs.* to cross sth. out. **2** (*sgorbio*) scrawl, scribble. □ (*gerg*) *il film mi è piaciuto un ~* (*moltissimo*) I liked the film very much; *un ~ di libri* a pile of books.

fregola *f.* **1** (*Zool*) heat; (*rif. a cervi, ovini*) rutting; (*rif. a pesci*) spawning. **2** (*fig,colloq*) (*smania, frenesia*) itch, yen, craze: *gli è venuta la ~ di viaggiare* he got the itch to travel, he got the travel bug. □ *essere in ~* (*o* *andare in ~*) to be on heat.

fregolatoio *m.* (*Zootecn*) spawning ground.

fregolo *m.* (*Zootecn*) spawn.

Freir *n.pr.m.* (*Mitol.nord*) Freyr.

freisa *m./f.* (*Enol*) **1** (*vino*) Piedmontese red wine. **2** (*vitigno*) vine (producing freisa).

fremebondo *a.* (*lett*) quivering, shivering, trembling.

fremente *a.* **1** agitated, excited. **2** (*tremante*) trembling, quivering, shaking: *mani frementi* trembling hands. □ *~ di desiderio* throbbing with desire; *~ di sdegno* quivering with indignation.

fremere (*pres.ind.* **frèmo**; *p.rem.* **frémei/fremètti**; *aus.* **avere**) *v.i.* **1** to be in a state of extreme agitation: *ascoltò fremendo l'ingiusta accusa* he listened to the unjust accusation in a state of extreme agitation. **2** (*tremare*) to tremble, to quiver. **3** (*palpitare*) to throb. □ *~ d'amore* to tremble with love; *~ di passione* to tremble with passion; *~ di sdegno* to quiver with indignation; *~ d'ira* to quiver with anger.

fremito *m.* **1** quiver, shiver: *rispose con un ~ nella voce* he answered with a quiver in his voice. **2** (*brivido*) shudder: *un ~ d'orrore corse tra la folla* a shudder of horror ran through the crowd. **3** (*rif. al mare*) roar. **4** (*rif. ad alberi*) rustling. **5** (*Med*) fremitus. □ *~ di piacere* throb of pleasure; *~ di sdegno* quiver of indignation.

frenabile *a.* (*controllabile*) controllable, restrainable.

frenaggio *m.* (*Aut*) braking.

frenante *a.* (*Aut*) breaking: *potenza ~* braking power.

frenare (*fréno/frèno*) **I** *v.t.* **1** to brake (*anche assol.*): *la vettura* to brake the car; *non ~ sul ghiaccio!* don't brake on ice; *~ di colpo* to hit the brakes, to slam on the brakes. **2** (*rif.*

a cavalcatura) to rein in. **3** (*fig*) (*controllare*) to curb, to check: *~ l'avanzata nemica* to check the enemy's advance; *~ gli abusi* to curb abuses; *~ l'impazienza* to curb one's impatience. **4** (*fig*) (*rif. a sentimenti*) to restrain, to curb, to control; *~ la curiosità* to restrain one's curiosity; *~ il desiderio* to control one's desire. **5** (*fig*) (*trattenere*) to hold back, to hold: *~ le lacrime* to hold back one's tears; *~ la lingua* to hold one's tongue; *~ il riso* to hold back one's laughter, to contain one's laughter; *~ l'ira* to hold back one's anger. **6** (*fig*) (*soffocare*) to stifle: *~ i singhiozzi* to stifle one's sobs. **7** (*fig*) (*rif. a persone*) to restrain, to control, to hold back. **II** *v.pron.* **frenarsi** to restrain oneself, to stop, to stop oneself, to control oneself, to hold oneself back: *non riuscì a frenarsi e scoppiò a ridere* he could not control himself and burst out laughing. □ *~ la corsa* to slow down.

frenastenia *f.* (*Med*) mental deficiency.

frenastenico *I a.* (*Med*) mentally deficient. **II** *m.* (*f.* **-a**; *pl.* **-ci**) (*Med*) mentally deficient.

frenata *f.* **1** braking. **2** (*segno*) tyre marks *pl.* **3** (*fig*) (*rallentamento*) slowing down. □ (*Sport*) *~ a spazzaneve* snow plough (in skiing); *fare una ~* to brake.

frenato *a.* **1** braked: *veicolo ~* braked vehicle. **2** (*fig*) (*rif. a sentimenti*) controlled.

frenatore *m.* (*f.* **-trice**) **1** (*Sport*) brakeman (*f.* -woman). **2** (*Ferr*) brakesman (*f.* -woman).

frenatura *f.* (*il frenare*) braking.

frenesia *f.* frenzy, craze (*anche estens*): *~ del gioco* frenzy of gambling. □ *~ degli acquisti* shopping binge.

freneticamente *avv.* frantically, frenziedly, in a frenzy, deliriously: *la folla applaudiva ~* the crowd applauded frenziedly.

frenetico (*pl.* **-ci**) *a.* frantic, frenzied (*anche estens*): *una danza frenetica* a frenzied dance; *ritmo di vita ~* frantic pace of living.

frenico (*pl.* **-ci**) *a.* (*Anat*) phrenic: *nervo ~* phrenic nerve.

freno *m.* **1** brake: *i freni dell'auto* the car brakes; *azionare il ~* to apply the brake; *i freni non funzionano* the brakes have failed. **2** (*morso del cavallo*) bit. **3** (*fig*) check, restraint, curb, control: *piangeva senza ~* she cried without restraint. □ (*Aut*) *~ a depressione* vacuum brake; (*Aut*) *~ a disco* disk brake; (*Aut*) *~ a mano* parking brake, hand brake; (*Aut*) *~ a pedale* foot brake; (*Aut*) *~ ad aria compressa* air brake; (*Aer*) *~ aerodinamico* air brake; (*Aut*) *~ di emergenza* emergency brake, (*Br*) communication cord; (*Aut*) *~ idraulico* hydraulic brake; (*Psic*) *~ inibitore* inhibitor; (*fig*) *mettere un ~ a qcs.* to put a stop to sth., to curb sth., to check sth.: *mettere un ~ alle spese* to curb expenditure; (*fig*) *senza ~* without restraint, with no holds barred; (*fig*) *tenere a ~* to keep in check, to restrain: *tenere a ~ una scolaresca* to keep a class in check; *tenere a ~ la lingua* to hold one's tongue.

frenologia *f.* phrenology.

frenologico (*pl.* **-ci**) *a.* phrenologic, phrenological.

frenologo *m.* (*f.* **-a**; *pl.* **-gi**) phrenologist.

freno-motore *m.* (*Aut*) engine brake.

frenopatia *f.* (*Med*) mental disorder.

frenotomia *f.* (*Chir*) frenotomy.

frenulo *m.* (*Anat*) frenulum, fraenulum. □ (*Anat*) *~ linguale* frenulum linguae.

frequentabile *a.* frequentable.

frequentare (*frequènto*) **I** *v.t.* **1** (*rif. a persone*) to associate with, to go round with: *gli amici ~* to go round with one's friends. **2** (*rif. a luoghi*) to frequent, to patronize, to go to often: *~ l'Opera* to go to the opera often.

3 (*Scol,Univ*) to attend, to go to: ~ *la scuola* to attend school, to go to school; *quale scuola hai frequentato?* which school did you go to? **4** (*avere un legame sentimentale*) to go out with, (*Am*) to date. **5** (*leggere con assiduità*) to read. **II** *v.r.recipr.* **frequentarsi 1** (*vedersi*) to see one another. **2** (*uscire insieme*) to go out together. □ ~ *cattive compagnie* to keep bad company.

frequentativo I *a.* (*Gramm*) frequentative: *verbo* ~ frequentative verb. **II** *m.* (*Gramm*) frequentative.

frequentato *a.* frequented, patronized, visited, popular, busy: *un ristorante molto* ~ a well-patronized restaurant, a very popular restaurant; *strade frequentate* busy roads; *un bar mal* ~ a bar with a bad reputation.

frequentatore *m.* (*f.* **-trice**) frequenter, goer: *un assiduo* ~ *di concerti* an assiduous concert-goer; ~ *di teatro* theatre goer.

frequentazione *f.* **1** frequentating, attending; (*rif. a persone*) associating. **2** (*lettura assidua*) habitual reading.

frequente *a.* **1** frequent: *piogge frequenti* frequent rainfalls. **2** (*diffuso*) common. □ *di* ~ frequently, often.

frequentemente *avv.* frequently, often.

frequenza *f.* **1** frequency: *la* ~ *degli incidenti stradali* the frequency of road accidents. **2** (*visite frequenti*) frequent visits *pl.*, frequent calls *pl.*: *gli amici notarono la sua* ~ *in casa Rossi* his friends noted his frequent visits to the Rossi's. **3** (*numero di persone o cose*) number: *gran* ~ *di spettatori* a great number of spectators. **4** (*diffusione*) prevalence. **5** (*Scol,Univ*) attendance. **6** (*Fis,Statist*) frequency. □ (*Med*) ~*cardiaca* heart rate; *con* ~ frequently, often: *vado al cinema con una certa* ~ I go to the cinema quite frequently; (*Med*) ~ *del polso* pulse rate; (*Elettron*) ~ *di eco* echo frequency; (*TV, Elettron*) ~ *di esplorazione* field frequency; (*Elettron*) ~ *di estinzione* quench frequency; (*Fis*) ~ *di onde* wave frequency; (*Rad*) ~ *di sintonia* tuning frequency; (*Univ*) ~*obbligatoria* compulsory attendance; (*Ling*) *la* ~ *di un termine* the frequency of a word; (*TV*) ~ *video* video frequency.

frequenzìmetro, frequenziòmetro *m.* **1** (*El*) frequency meter. **2** (*Rad*) wave meter.

fresa *f.* **1** (*Mecc*) (*utensile*) cutter, milling cutter, mill, miller; (*fresatrice*) milling machine, miller. **2** (*Dent*) burr. □ (*Mecc*) ~ *cilindrica* cylindrical cutter; (*Mecc*) ~ *conica* coned milling cutter.

fresare (**frèso**) *v.t.* (*Mecc*) to mill.

fresatore *m.* (*operaio*) milling machine operator, miller, millwright.

fresatrice *f.* (*Mecc*) milling machine, miller. □ (*Mecc*) ~*automatica* automatic milling machine, self-acting miller; (*Mecc*) ~*per filetti* thread milling machine, thread miller; (*Mecc*) ~ *per ingranaggi* gear cutting machine.

fresatura *f.* (*Mecc*) milling.

frescaccia *f.* (*region*) nonsense.

freschezza *f.* **1** freshness: *la* ~ *dell'acqua di fonte* the freshness of spring water; *la* ~ *del pane* the freshness of the bread. **2** (*rif. ad aria*) freshness, coolness; (*rif. al tempo*) coolness. **3** (*fig*) (*l'essere giovane*) freshness, bloom: *la* ~ *della gioventù* the bloom of youth. □ ~*di stile* purity of style, freshness of style.

freschista *m./f.* (*Pitt*) fresco painter.

fresco (*pl.* **-chi**) I *a.* **1** cool: *venticello* ~ cool breeze. **2** (*preparato o fatto da poco*) fresh: *pane* ~ fresh bread. **3** (*ancora umido*) wet: *vernice fresca* wet paint. **4** (*fig*) (*giovane*)

---

fresh, youthful: *carnagione fresca* fresh complexion. **5** (*fig*) (*vivace, naturale*) fresh, bright: *immagini fresche* fresh images. **6** (*fig*) (*recente*) fresh, recent: *notizia fresca* recent news. **7** (*fig*) (*riposato*) fresh, refreshed: *truppe fresche* fresh troops. **II** *m.* **1** cool, coolness, freshness: *il* ~ *della sera* the cool of the evening. **2** (*Tess*) light wool fabric. □ (*Pitt*) *dipingere a* ~ to (paint in) fresco; *al* ~ in the cool: *stare seduto al* ~ to sit out in the cool; *mettere il vino al* ~ to chill the wine; *mettere al* ~: **1** to store in a cool place; **2** (*fig, scherz*) (*mettere in prigione*) to lock up, to put in the cooler, to put away; (*fig*) ~*come una rosa* fresh as a daisy, as fresh as a daisy; *di fresca data* recent, of recent date: *avvenimento di fresca data* recent event; *di* ~ (*da poco*) freshly; ~ *di bucato* freshly laundered; (*Tess*) ~*di lana* light wool; *giornale* ~ *di stampa* newspaper hot off the press; (*fig*) *essere* ~*di studi* to be fresh from one's studies; *fa* ~ it's cool; (*fig*)*stai* ~: **1** (*ti sbagli di grosso*) you're kidding yourself!, you're very wrong!, you've got another thing coming!, you've got a hope!, not on your life!, dream on!: *stai* ~ *se speri nel mio aiuto* you're kidding yourself if you think I'm going to help you; **2** (*aspetta e spera*) that'll be the day!; **3** (*avrai dei guai*) you are in for a surprise, you are in for it: *se lo fai, stai* ~ if you do it, you'll be in for it.

frescone *m.* (*f.* **-a**) (*pop*) goof, moron.

frescura *f.* cool, coolness: *la* ~ *della sera* the cool of the evening.

fresia *f.* (*Bot*) freesia.

fretta *f.* hurry, haste. □ *andare di* ~ to be in a hurry; *avere* ~ to be in a hurry; *ho* ~ *di arrivare* I can hardly wait to get there, I can't wait to get there; *che* ~ *hai di partire?* what's the hurry to leave?; *che* ~ *c'è?* what's the rush?, what's the hurry?; *fare* ~ *a qcu.* to hurry so. up; *in* ~ in a hurry, hurriedly, hastily: *un lavoro fatto troppo in* ~ a rushed job; *in* ~ *e furia* in a terrific hurry, in a terrific rush, (*ant*) helter-skelter; *in tutta* ~ with breathless haste, in a great hurry; *mettere* ~ *a qcu.* to hurry so. up; *nella* ~ *non ho preso la borsetta* in my hurry I forgot my bag; *non c'è* ~ there's no rush, there's no hurry; *per la* ~ *ho dimenticato di chiudere le finestre* in my haste, I forgot to close the windows; *perché tanta* ~? why the haste?, what's the hurry?; *senza* ~ at one's leisure. *Prov.*: *la* ~ *è cattiva consigliera* haste makes waste; *more hast, less speed.*

frettare (**frétto**) *v.t.* (*Mar*) to scrub.

frettazzo *m.* (*Mar*) scrubbing brush, scrubber.

frettolosamente *avv.* hastily, hurriedly.

frettoloso *a.* **1** hurried, hasty, rushed, quick: *lavoro* ~ rushed job; *preparativi frettolosi* hasty preparations; *un bacio* ~ a quick kiss. **2** (*superficiale*) superficial: *lettore* ~ superficial reader.

freudiano /froj'djano/ I *a.* (*Psic*) Freudian. **II** *m.* (*f.* **-a**) (*Psic*) Freudian.

freudismo /froj'dizmo/ *m.* (*Psic*) Freudianism, Freudism.

Freya *n.pr.f.* (*Mitol.nord*) Freyja.

friabile *a.* friable, crumbly (*anche Geol*): *roccia* ~ friable rock; *biscotti friabili* crumbly biscuits.

friabilità *f.* friability, crumbliness.

Friburgo *n.pr.f.* (*Geog*) **1** (*in Svizzera*) Fribourg. **2** (*in Germania*) Freiburg.

fricassea *f.* (*Gastron*) fricassée: ~ *di pollo* chicken fricassée; *vitello in* ~ veal fricassée.

fricativo *a.* (*Fon*) fricative.

fricchettone *m.* (*f.* **-a**) freak.

Frigg *n.pr.m.* (*Mitol.nord*) Frigg.

friggere (*pres.ind.* **friggo, friggi**; *p.rem.* **frissi**; *p.p.* **fritto**) I *v.t.* (*Gastron*) **1** to fry: ~ *il pesce* to fry the fish. **2** (*in friggitrice, in olio abbondante*) to deep-fry. **3** (*in padella*) to pan-fry. **4** (*saltare*) to sauté. **II** *v.i.* (*aus.* **avere**) **1** to fry, to sizzle. **2** (*stridere: rif. a metallo rovente*) to hiss. **3** (*fig*) to seethe, to fume: *ascoltò le sue parole friggendo per la rabbia* seething with rage he listened to his words. □ *andare a farsi* ~ to go to blazes, to go to hell; *mandare qcu. a farsi* ~ to send so. to the devil.

friggitore *m.* (*f.* **-tora**) **1** (*chi frigge*) fryer, frier. **2** (*venditore*) fried-food vendor.

friggitoria *f.* fried-food shop, chip shop.

friggitrice *f.* fryer, deep fryer, deep-fat fryer.

Frigia *n.pr.f.* (*Geog.stor*) Phrygia.

frigidario *m.* (*Archeol*) frigidarium.

frigidità *f.* **1** (*Med*) frigidity: ~ *fisiologica* physiological frigidity. **2** (*fig*) coldness, frigidity: ~ *di temperamento* coldness of temperament. **3** (*lett*) coldness: *la* ~ *del clima* the coldness of the climate.

frigido *a.* **1** (*Med*) frigid. **2** (*lett*) (*freddo*) cold, frigid (*anche fig*).

frigio I *a.* Phrygian: *berretto* ~ Phrygian cap; (*Mus*) *modo* ~ Phrygian mode. **II** *m.* (*f.* **-a**) Phrygian.

frignare (**frigno**; *aus.* **avere**) *v.i.* to whine, to whimper.

frignone *m.* (*f.* **-a**) whiner, whimperer.

frigo *m.inv.* (*colloq*) fridge. □ ~*portatile* icebox, (*Br*) cool bag.

frigobar *m.inv.* minibar.

frigocongelatore *m.* refrigerator-freezer, (*Br*) fridge-freezer.

frigoconservazione *f.* refrigeration.

frigorifero I *a.* refrigerant, refrigerating, freezing. **II** *m.* refrigerator, fridge. □ ~ *combinato* refrigerator-freezer, (*Br*) fridge-freezer.

frigorista *m.* (*operaio*) refrigeration technician, refrigerator repairman.

Frine *n.pr.f.* (*Stor*) Phryne.

fringe benefit /'frindʒ'benefit/ *m.inv.* (*Econ*) fringe benefit.

fringuello *m.* (*Ornit*) chaffinch.

frinire (**frinìsco, frinìsci**; *aus.* **avere**) *v.i.* to stridulate, to chirp, to chirr.

frisata *f.* (*Mar,ant*) gunwale, gunnel.

frisbee /'frizbi/ *m.inv.* frisbee.

Frisia *n.pr.f.* (*Geog*) Friesland.

frisone I *a.* Frisian. **II** *m.* **1** (*f.* **-a**) (*abitante*) Frisian. **2** (*lingua*) Frisian. **3** (*cavallo*) Friesland horse.

Frisone *n.pr.f.pl.* (*Geog*) (*isole Frisone*) Frisian Islands.

frissi → **friggere**.

fritillaria *f.* (*Bot*) fritillary.

frittata *f.* (*Gastron*) omelet, omelette. □ (*fig*) *ormai la* ~ *è fatta* the fat is in the fire; *fare una* ~: **1** to make an omelette; **2** (*fig, scherz*) (*combinare un pasticcio*) (*Br*) to make a hash, to make a muddle, (*Am*) to make a mess.

frittella *f.* **1** (*Dolc*) pancake, (*spec. Am*) flapjack. **2** (*colloq*) (*macchia di unto*) grease stain, greasy stain.

fritto → **friggere** I *a.* (*Alim*) fried: *pesce* ~ fried fish. **II** *m.* (*Alim*) **1** (*piatto di cibi fritti*) fry. **2** (*vivande fritte*) fried food: *il* ~ *fa male al fegato* fried food is bad for the liver. □ (*Gastron*) ~*di pesce* fried fish; (*fig*) *cose fritte e rifritte* (*risapute*) old hat, the same old stuff; (*Gastron*) ~*misto* mixed fry; (*fig,colloq*) *sono* ~! (*spacciato*) I've had it now!, I'm finished!

frittura f. (Alim) fry, fried food, fry-up: una ~ di pesce a fish fry.

friulano I a. Friulian. II m. 1 (f. **-a**) (abitante) Friulian. 2 (lingua) Friulian.

Friuli n.pr.m. (Geog) Friuli.

frivolamente avv. frivolously.

frivoleggiare (frivoléggio, frivoléggi; aus. avere) v.i. 1 (dire cose frivole) to talk frivolously, to chatter frivolously. 2 (comportarsi frivolamente) to behave frivolously, to act frivolously.

frivolezza f. 1 frivolity, frivolousness. 2 (cosa frivola) trifle: non perderti in frivolezze don't be picky, don't be a fusspot, (ant) don't lose yourself in trifles.

frivolo a. frivolous: donna frivola frivolous woman.

frizionale a. frictional.

frizionare (frizióno) v.t. to rub, to massage: ~ la pelle to massage the skin; ~ con alcol to rub with alcohol.

frizione f. 1 friction, rub-down, massage: una ~ di alcol a rub-down with alcohol. 2 (Fis) friction. 3 (Aut) clutch; (pedale) clutch pedal. 4 (fig) (contrasto) friction, conflict. □ (Aut) ~ a dischi multipli multiple-disk clutch.

frizzante I a. 1 (rif. a bevanda) sparkling, fizzy: vino ~ sparkling wine. 2 (pungente) brisk, crisp: vento ~ brisk wind. 3 (fig) (mordace) biting, caustic, pungent: motto ~ pungent quip. 4 (fig) (vivace) sparkling, vivacious, lively: conversazione ~ lively conversation. II m. sparkle.

frizzare (frizzo; aus. avere) v.i. 1 (rif. a bevande) to sparkle, to fizz. 2 (pungere) to tingle, to smart, to sting: l'alcol frizzava sulla ferita the alcohol made the wound smart. 3 (stridere: rif. a metallo rovente) to hiss, to sizzle.

frizzo m. quip, witticism.

frocio m. (region,spreg) faggot, fairy, queer.

frodare (fròdo) v.t. 1 (sottrarre con la frode) to defraud, to swindle: ~ una somma a qcu. (o ~ qcu. di una somma) to swindle so. out of a sum of money, to defraud so. of a sum of money. 2 (ingannare) to defraud: ~ lo stato to defraud the government.

frode f. 1 fraud, cheat, swindle. 2 (Dir) fraud, deception. □ ~ alimentare food fraud; ~ commerciale commercial fraud; ~ elettorale electoral malpractice; ~ fiscale tax evasion; ~ tributaria tax evasion.

frodo m. smuggling. □ pescare di ~ to poach; cacciare di ~ to poach; merce di ~ contraband goods (pl.), smuggled goods (pl.).

frogia (pl. **-gie/-ge**) f. nostril.

frollare (fròllo) I v.t. to hang (game): ~ la selvaggina to hang the game. II v.i. (aus. essere) to hang (game). III v.pron. **frollarsi** to hang (game).

frollatura f. 1 hanging (of game). 2 (stagionatura) readiness (of game).

frollino m. (Gastron) shortbread.

frollo a. 1 prepared by hanging several days: carne frolla meat that has been hung. 2 (fig, ant) (senza vigore) lethargic, sluggish: gioventù frolla lethargic youth.

frombola f. (lett) (fionda) sling.

fromboliere m. (ant) slinger, slingsman.

fronda [1] f. 1 (frasca) branch, leafy branch. 2 (Bot) frond. 3 pl. (foglie) leafy fronds, foliage (costr.sing.): le fronde degli ulivi the leafy fronds of the olive trees.

fronda [2] f. 1 (Stor) Fronde. 2 (fig) (opposizione) opposition; (ribellione) rebellion, revolt: vento di ~ current of rebellion.

frondista I m./f. 1 (Stor) Frondeur. 2 (fig)

political opponent, rebel. II a. rebellious, seditious: atteggiamento ~ rebellious attitude.

frondosità f. 1 foliation. 2 (fig) (rif. a stile) redundancy.

frondoso a. 1 leafy: albero ~ leafy tree. 2 (fig) (rif. a stile) redundant.

frontale I a. 1 frontal, front (attr.): attacco ~ frontal attack; statua in posizione ~ statue in a frontal position. 2 (Anat) frontal: osso ~ frontal bone. II m. 1 (ornamento della fronte) frontlet, frontal. 2 (nella bardatura) front. 3 (mensola del caminetto) mantelpiece.

frontaliere m. (f. **-a**) border worker.

frontaliero I a. border (attr.). II m. (f. **-a**) border worker.

frontalino m. 1 (Edil) (alzata di scalino) riser. 2 (Aut) (di autoradio) front panel: ~ estraibile detachable front panel. 3 (Tel) (di cellulare) cover. □ (Tel) ~ intercambiabile (di cellulare) interchangeable cover, interchangeable cell-phone cover.

frontalità f. frontality.

frontalmente avv. frontally, head on: scontrarsi ~ to collide head on.

fronte I f. 1 forehead, brow: ha una ~ spaziosa he has a wide forehead (o broad forehead); ~ sfuggente receding forehead; ~ grinzosa wrinkled brow. 2 (faccia, volto) face, head. 3 (Edil,Arch) (facciata) front, frontage, façade: la ~ dell'edificio the front of the building. II m. 1 (Mil,Meteor) front: partire per il ~ to leave for the front; aprire un nuovo ~ to open a new front. 2 (Pol) front, coalition. 3 (fig) front: sul ~ dell'economia on the economy front. □ a ~ parallel (anche Edit,Giorn): testo a ~ parallel text; traduzione a ~ parallel translation; a ~ a ~ face to face: i due avversari stavano ~ a ~ the two opponents were face to face; (Mil) ~ a destr! right front!, right turn!; a~ di quanto è accaduto recentemente in view of recent events; ~ alta high forehead; (fig) a ~ alta with one's head held high, proudly; (Meteor) ~ artico polar front; ~ bassa low forehead; (fig) a ~ bassa shamefully; (Meteor) ~ caldo warm front; (fig) far ~ comune contro qcu. to make a common front against so.; (Meteor) ~ d'aria calda warm front; (Geol) ~ del ghiacciaio glacier snout; (Mar) ~ del porto waterfront; ~ del rifiuto rejection front; (Mil) ~ destr! right front!, right turn!; di ~ 1 (dirimpetto) opposite: il palazzo di ~ the building opposite; 2 (da davanti) from the front: fotografare qcu. di ~ to photograph so. from the front; di ~ a: 1 in front of, before, facing: l'auto si fermò di ~ alla chiesa the car stopped in front of the church; 2 (a paragone) compared with, compared to: questo è niente di ~ a quello che accadde poi this is nothing compared to what happened then (o next o after); 3 (in considerazione) in the light of: di ~ a tali circostanze in the light of such circumstances; 4 (in presenza, davanti) before, in the face of: fuggire di ~ al nemico to flee in the face of the enemy; (fig) trovarsi di ~ a un problema to be faced with a problem; (Pol) ~ di liberazione nazionale national liberation front; fare ~ a: 1 (fronteggiare) to face, to stand up to, to confront: fare ~ al nemico to face the enemy; 2 (fig) to cope with: fare ~ a una difficoltà to cope with a difficult situation; 3 (adempiere) to meet: fare ~ a un impegno to meet a commitment; fare ~ a una spesa to undertake an expenditure; (Meteor) ~ freddo cold front; (Pol) ~ popolare popular front; su tutti i fronti: 1 (Mil) on all fronts; 2 (fig) (in ogni campo) in every field; tenere ~ a to stand up to; fare ~ unico

to present a united front.

fronteggiare (frontéggio, frontéggi) I v.t. 1 to face, to confront, to stand up to (anche fig): ~ il nemico to face the enemy; l'oratore fronteggiò l'avversario the orator stood up to his opponent. 2 (fig) (provvedere) to meet, to cope with: ~ le difficoltà to cope with the difficulties; ~ il pericolo to meet the danger. 3 (stare di fronte) to face, to be opposite, to front: il palazzo fronteggia la chiesa the palace faces the church. II v.r.recipr. **fronteggiarsi** to face, to face each other: i due nemici si fronteggiavano the two enemies faced each other.

frontespizio m. 1 (Edit) title page. 2 (Arch) frontispiece.

frontiera f. 1 frontier, border. 2 (fig) (confine) boundary, boundary line, line: la ~ tra il bene e il male the boundary line between good and evil. □ di ~ border (attr.): città di ~ border town.

frontino m. (Teat) toupee.

frontismo m. (Pol) tendency towards forming a left-wing front.

frontista I m./f. 1 (Pol) member of a political front. 2 (Dir) frontager. II a. (Pol) of a political front.

frontone m. (Arch) pediment, fronton: il ~ del palazzo the pediment of the palace.

fronzolo m.spec.pl. frill, frippery, trimming, (ant) gewgaw (anche fig): un abito pieno di fronzoli a dress covered with frills. □ un discorso senza fronzoli a straightforward speech.

fronzuto a. (lett) leafy: ramo ~ leafy branch.

frosone m. (Ornit) hawfinch.

frotta f. crowd, flock, throng, swarm, (colloq) bunch: una ~ di ragazzi a group of boys. □ a frotte (a gruppi) in flocks, in swarms: i ragazzi uscivano a frotte dalla scuola the children came out of the school in swarms.

frottola f. 1 (fandonia) tall story, fib: raccontare frottole to tell tall stories, to fib. 2 (lett,ant) (composizione di senso oscuro) old popular nonsense rhyme. 3 (Mus) frottola.

frou frou, frou-frou /fru'fru/ I m.inv. 1 (fruscio) rustle, rustling. 2 (Abbigl) froufrou, ruffles pl. II a.inv. frilly, frivolous: un vestito ~ a frilly dress. III onom. froufrou.

fru-fru I m.inv. 1 (fruscio) rustle, rustling. 2 (Abbigl) froufrou, ruffles pl. II a.inv. frilly, frivolous: un vestito ~ a frilly dress. III onom. froufrou.

frugale a. 1 (rif. a persona) frugal, thrifty: un uomo ~ a frugal man. 2 (rif. a cibo) frugal, meagre, scanty: pasto ~ frugal meal.

frugalità f. 1 (rif. a persona) frugality, thriftiness. 2 (rif. a cibo) frugality, meagreness, scantiness.

frugalmente avv. frugally.

frugare (frùgo, frùghi) I v.i. (aus. avere) to search, to rummage: ~ tra le carte to search through the papers; ~ nel cassetto to search the drawer; ~ tra le immondizie to rummage among the garbage. II v.t. to search, to go through, to ransack: frugarsi le tasche to search one's pockets; la polizia frugò la casa da capo a fondo the police searched the house from top to bottom. □ ~ in tutti gli angoli to search in every nook and cranny, to search high and low.

frugata f. search, rummage.

frugivoro a. frigivorous.

frugoletto, frugolino, frugolo m. (f. **-a**) lively child.

fruibile a. enjoyable, usable.

fruibilità f. availability, accessibility.

fruire(**fruìsco, fruìsci**; *aus.* **avere**) *v.i.* to enjoy (*di qcs.* sth.), to benefit (*di* from): ~ *di una pensione* to benefit from a pension; ~ *di una rendita* to enjoy an income.

fruitore *m.* (*f.* **-trice**) **1** beneficiary. **2** (*utilizzatore*) user; (*di un bene*) consumer.

fruizione *f.* use, enjoyment.

frullare (**frùllo**) **I** *v.t.* to whip, to whisk, to beat, to beat up: ~ *le uova* to beat the eggs. **II** *v.i.* (*aus.* **avere**) **1** (*rif. a uccelli*) to whirr, to flutter. **2** (*fig*) (*agitarsi: rif. a idee e sim.*) to whirl. □ *non si capisce che cosa gli frulli per il testa* who knows what's going on in his mind.

frullato I *a.* whipped, whisked, beaten up: *uovo* ~ beaten egg. **II** *m.* (*Alim*) milk shake. □ (*Alim*) ~ *di frutta* fruit mix.

frullatore *m.* (*apparecchio*) mixer, (*Am*) blender. □ ~ *a immersione* hand blender.

frullino *m.* **1** (*utensile*) whisk, beater. **2** (*Ornit*) jacksnipe.

frullio *m.* flutter, fluttering, whirr, whirring.

frullo *m.* **1** (*rumore*) whirr, flutter: *un* ~ *d'ali* a whirr of wings. **2** (*Aer*) (*mulinello*) roll. □ (*Caccia*) *sparare a* ~ to shoot on the rise.

frullone *m.* (*buratto*) sifter, bolter.

frumentario *a.* wheat (*attr.*), grain (*attr.*): *commercio* ~ wheat trade.

frumento *m.* wheat, corn. □ (*Agr*) ~ *nano* club wheat.

frumentone *m.* (*region*) (*granturco*) maize, Indian corn.

frusciante *a.* swishing.

frusciare (**frùscio, frùsci**; *aus.* **avere**) *v.i.* to rustle, to swish: *il vento fa* ~ *le foglie* the wind makes the leaves rustle.

fruscio *m.* **1** rustle, rustling, swish. **2** (*Rad*) ground noise.

frusinate I *a.* from Frosinone (*posposto*), of Frosinone (*posposto*). **II** *m./f.* (*originario*) native of Frosinone; (*abitante*) inhabitant of Frosinone.

frusone *m.* (*Ornit*) grosbeak, hawfinch.

frusta *f.* **1** whip, lash: *sferzare i cavalli con la* ~ to lash the horses with the whip; *condannare a dieci colpi di* ~ to sentence to ten strokes of the lash (*o* to ten lashes). **2** (*utensile da cucina*) whisk: *montare la panna con la* ~ to whip the cream with the whisk.

frustare (**frùsto**) *v.t.* **1** to whip, to lash, to flog (*anche fig*): ~ *il cavallo* to whip the horse; *frustarono i prigionieri* they flogged the prisoners. **2** (*fig*) (*criticare aspramente*) to castigate. **3** (*fig,region*) (*logorare*) to wear out: ~ *un abito* to wear out a dress. □ ~ *qcu. a sangue* to whip so. until he bleeds.

frustata *f.* **1** lash: *gli diedero venti frustate* they gave him twenty lashes. **2** (*fig*) (*critica severa*) lash, lashing; (*incitamento energico*) spur, goad.

frustino *m.* (*Equit*) riding whip, hunting crop.

frusto *a.* **1** worn out, threadbare: *un abito* ~ a shabby dress. **2** (*fig*) old, stale: *una storiella frusta* a stale joke.

frustolo *m.* **1** fragment. **2** (*Bot*) frustule.

frustrante *a.* frustrating (*anche Psic*).

frustrare (**frùstro**) *v.t.* **1** to frustrate, to thwart: ~ *le speranze di qcu.* to frustrate so.'s hopes, to dash so.'s hopes; *il tentativo di fuga fu frustrato* the attempt to escape was thwarted. **2** (*Psic*) to frustrate.

frustrato I *a.* **1** frustrated, thwarted. **2** (*Psic*) frustrated. **II** *m.* (*f.* **-a**) (*Psic*) frustrated person.

frustrazione *f.* frustration (*anche Psic*).

frutice *m.* (*Bot*) shrub, frutex.

fruticoso *a.* (*Bot*) fruticose.

frutta *f.* (*Bot,Alim*) fruit. □ ~ *acerba* unripe

---

fruit; *essere alla* ~: **1** (*alla fine del pranzo*) to be at the end of the meal; **2** (*fig*) to have reached the end; (*Dolc*) ~ *candita* crystallized fruit; (*Dolc*) ~ *caramellata* caramelized fruit; (*Alim*) ~ *cotta* stewed fruit; ~ *di stagione* fruit in season; *negozio di* ~ *e verdura* greengrocer, greengrocer's, (*Am*) fruit and vegetable store, fruit and vegetable stand; ~ *esotica* exotic fruit; ~ *fresca* fresh fruit; (*Alim*) ~ *in guscio* nuts (*pl.*); (*Alim*) ~ *sciroppata* fruit in syrup; (*Alim*) ~ *secca*: **1** (*fichi, datteri ecc.*) dried fruit; **2** (*in guscio*) nuts (*pl.*).

fruttaiolo *m.* (*f.* **-a**) (*Br,region*) greengrocer, fruiterer, (*Am*) fruit and vegetable seller.

fruttare (**frùtto**) **I** *v.i.* (*aus.* **avere**) **1** (*fruttificare*) to fruit, to bear fruit, to yield. **2** (*estens*) (*rendere*) to yield, to give, to bring in: *il podere gli frutta poco* the farm doesn't bring him in very much. **3** (*Econ*) to yield. **II** *v.t.* **1** (*rendere*) to give, to bring in, to yield (*anche Econ*): *l'affare gli fruttò qualche milione* the deal brought him in a few millions (*o* he made a few millions on the deal); ~ *il 10% in 5 anni* to yield 10% in 5 years. **2** (*fig*) (*procurare*) to earn, to get, to bring, to win: *il suo servilismo gli ha fruttato una promozione* he got a promotion by bootlicking (*o* by sucking up). □ *fare* ~ *un capitale* to invest capital.

fruttariano *m.* (*f.* **-a**) fruitarian.

fruttato *a.* fruity (*anche Enol*).

frutteto *m.* orchard.

frutticolo *a.* fruit (*attr.*).

frutticoltore *m.* (*f.* **-trice**) fruit farmer, fruit grower.

frutticoltura *f.* (*Agr*) fruit farming, fruit growing.

fruttiera *f.* fruit dish, fruit bowl.

fruttifero *a.* **1** fruit (*attr.*), fruit-bearing, fructiferous: *albero* ~ fruit tree, fruit-bearing tree. **2** (*fig*) (*redditizio*) profitable. **3** (*Econ*) interest-bearing: *capitale* ~ interest-bearing capital; *buoni fruttiferi* interest-bearing securities.

fruttificare (**fruttìfico, fruttìfichi**; *aus.* **avere**) *v.i.* (*Bot*) to fructify, to bear fruit, to produce fruit.

fruttificazione *f.* (*Bot*) fructification.

fruttivendolo *m.* **1** (*f.* **-a**) (*Br*) greengrocer, fruiterer, (*Am*) fruit and vegetable seller. **2** (*negozio*) (*Br*) greengrocer's, fruiterer's, (*Am*) fruit and vegetable stand.

fruttivoro *a.* (*rar*) frugivorous.

frutto *m.* **1** fruit: *cogliere un* ~ to pick a fruit; *mangia un* ~! have some fruit!; *il contadino viveva dei frutti del suo campo* the farmer lived on the fruits of his plot of ground. **2** (*fig*) fruit: *il* ~ *delle sue ricerche* the fruit of his research. **3** (*fig*) (*successo*) success, profit: *lavorò a lungo, ma senza molto* ~ he worked a great deal but without much success. **4** (*fig*) (*guadagno*) fruits *pl.*, earnings *pl.*: *il* ~ *di un mese di lavoro* the fruits of a month's work. **5** (*Econ*) interest, yield: *le azioni mi danno un* ~ *del dieci percento* the shares give me a ten per cent yield, the shares yield me ten per cent. □ (*fig*) *dare buoni frutti* to be fruitful; (*fig*) *il* ~ *del peccato* the offspring of an adulterous affair; (*Rel*) *benedetto il* ~ *del seno tuo* blessed be the fruit of thy womb; *un* ~ *della fantasia* a figment of the imagination; (*Bot, Alim*) ~ *della passione* passion fruit; *i frutti della terra* the produce (*costr.sing.*) of the earth, the fruits of the earth, the fruits of the soil; *il* ~ *dell'amore* the fruit of their love; (*Mitol*) *i frutti delle Esperidi* the apples of the Hesperides; *un* ~ *dell'immaginazione* a figment of the imagination; *è solo* ~ *della tua immaginazione* you must have imagined it;

(*Bot,Alim*) *frutti di bosco* berries; (*Alim*) *frutti di mare* shellfish (*costr.sing.*), seafood (*costr.sing.*); ~ *di stagione* seasonal fruit, fruit in season; (*fig*) *mettere a* ~ *qcs.* to put sth. to good use; (*Econ*) *mettere a* ~ *un capitale* to put a capital to interest; (*Bibl*) ~ *proibito* forbidden fruit (*anche fig*); *senza* ~ (*inutilmente*) fruitlessly, uselessly; (*Bot*) *frutti spontanei* wild berries, wild fruits. *Prov.: dal* ~ *si conosce l'albero* you know the tree by its fruit.

fruttosio *m.* (*Chim*) fructose.

fruttosuria *f.* (*Med*) fructosuria.

fruttuosamente *avv.* fruitfully.

fruttuosità *f.* fruitfulness.

fruttuoso *a.* **1** fruitful, fertile: *terreno* ~ fruitful ground. **2** (*fig*) fruitful, useful, profitable, advantageous: *studi fruttuosi* profitable studies.

FS (*Ferr*) *Ferrovie dello Stato* (Italian state railways).

FSM 1 *Federazione Sindacale Mondiale* WFTU (World Federation of Trade Unions). **2** *Stati Federati di Micronesia* FSM (Federal States of Micronesia).

ftaleina *f.* (*Chim*) phthalein.

ftalico (*pl.* **-ci**) *a.* (*Chim*) phthalic.

fu → **essere**[1] *a.* (*defunto*) late: *Mario Rossi* ~ *Federico* Mario Rossi son of the late Federico.

fuchsite *f.* (*Min*) fuchsite.

FUCI (*Univ*) *Federazione Universitaria Cattolica Italiana* (Italian catholic university association).

fucilare (**fucìlo**) *v.t.* to shoot: *fucilarono gli ostaggi* they shot the hostages. □ *fare* ~ *qcu.* to have so. shot.

fucilata *f.* **1** (*colpo di fucile*) gunshot; (*di carabina*) rifle-shot; (*rumore*) shot. **2** (*Sport*) (*nel calcio*) shot.

fucilazione *f.* shooting, execution, execution by shooting. □ *condannare alla* ~ to sentence to the firing squad, to sentence to be shot.

fucile *m.* **1** (*Arm*) gun; (*da caccia*) shotgun; (*carabina*) rifle. **2** (*fig*) (*tiratore*) shot: *un buon* ~ a good shot. □ (*Arm*) ~ *a una canna* single-barrelled gun; ~ *a due canne* double-barrelled shotgun; ~ *a canne mozze* sawn-off shotgun; (*Arm*) ~ *a palla* rifle; (*Arm*) ~ *a pallettoni* shotgun; (*Arm*) ~ *a percussione* percussion gun; (*Arm*) ~ *a pompa* pump action gun; (*Arm*) ~ *a precisione* precision shotgun; (*Arm*) ~ *a ripetizione* repeater, semi-atuomatic rifle; (*Arm*) ~ *ad aria compressa* air gun; (*Arm*) ~ *automatico* automatic rifle; (*Arm*) ~ *calibro dodici* 12-gauge shotgun; (*Arm*) ~ *da caccia* shotgun; (*Arm*) ~ *mitragliatore* light machine-gun, LMG, submachine gun; (*Arm*) ~ *subacqueo* spear gun.

fucileria □ *fuoco di* ~ fusillade; *scarica di* ~ fusillade.

fuciliere *m.* (*Mil*) rifleman, fusilier.

fucina *f.* **1** forge. **2** (*fig*) mine, source, hotbed: *una* ~ *di nuove idee* a mine of new ideas. **3** (*fig,spreg*) hotbed: *una* ~ *di menzogne* a hotbed of lies.

fucinare (**fucìno**) *v.t.* **1** (*Met*) to forge. **2** (*fig*) (*foggiare*) to forge, to form, to mould, to shape.

fucinatore *m.* (*operaio*) forger.

fucinatura *f.* (*Met*) forging. □ (*Met*) ~ *a stampo* drop forging.

fuco[1] (*pl.* **-chi**) *m.* (*Bot*) fucus.

fuco[2] (*pl.* **-chi**) *m.* (*Entom*) drone.

fucsia I *f.* (*Bot*) fuchsia. **II** *m.inv.* (*colore*) fuchsia. **III** *a.inv.* fuchsia.

fucsina *f.* (*Chim*) fuchsine, rosaniline.

fuegino I *a.* Fuegian. **II** *m.* (*f.* **-a**) Fuegian.

fuga f. 1 escape, flight (*anche fig*): *la ~ dei prigionieri* the prisoners' escape; *una ~ dalla realtà* an escape from reality. 2 (*rif. a liquidi, ad aeriformi*) leak, leakage, escape: *una ~ di gas* a gas leak. 3 (*serie*) series, flight: *una ~ di archi* a series of arches. 4 (*serie: rif. a stanze*) suite. 5 (*Sport*) (*nel ciclismo*) sprint, spurt. 6 (*Econ*) flight: *~ di capitali* flight of capital. 7 (*Mus,Psic*) fugue. □ *~ d'amore* elopement; *darsi alla ~* to take flight, to take to flight; (*fig*) *~ di cervelli* brain drain; *~ di gas* gas leak; *~ di notizie* news leak; *~ di petrolio* : 1 oil leak; 2 (*disastro ecologico*) oil slick; (*Med*) *~ epilettica* epileptic fugue; *in ~* on the run; (*Bibl*) *la ~ in Egitto* the Flight into Egypt; *mettere in ~* to put to flight; *prendere la ~* to flee, to run away.

fugace a. fleeting, short-lived, transient: *illusioni fugaci* short-lived illusions; *attimo ~* fleeting moment; *un'apparizione ~* a fleeting appearance.

fugacemente avv. fleetingly, transiently.

fugacità f. 1 fleetingness, transiency: *la ~ dei piaceri* the fleetingness of pleasure. 2 (*Fis*) fugacity.

fugare (**fùgo, fùghi**) v.t. 1 (*scacciare*) to drive away, to dispel: *~ le preoccupazioni* to drive cares away; *~ un dubbio* to dispel a doubt. 2 (*estens*) (*disperdere*) to disperse: *il vento fugò le nubi* the wind dispersed the clouds.

fugato I a. (*Mus*) in fugue. II m. (*Mus*) fugue.

fuggente a. fleeting, fugitive: *attimo ~* fleeting moment.

fuggevole a. transient, fleeting, short-lived, transient: *istante ~* fleeting moment; *uno sguardo ~* a fleeting glance.

fuggevolezza f. transience.

fuggevolmente avv. fleetingly.

fuggiasco (*pl.* **-chi**) I a. fugitive, runaway: *soldati fuggiaschi* fugitive soldiers. II m. (f. **-a**) fugitive, runaway.

fuggifuggi m. rush, scramble, stampede: *ci fu un ~ generale* there was a general rush.

fuggire (**fùggo, fùggi**) I v.i. (*aus.* **essere**) 1 to flee, to run away, to escape: *scagliò una pietra contro il vetro e fuggì* he threw a stone at the window and ran away; *riuscì a ~ dalla casa in fiamme* he managed to escape from the burning house; *la ragazza fuggì con l'amante* the girl ran away (*o* the girl eloped) with her lover. 2 (*evadere*) to escape, to get away: *~ dal carcere* to escape from jail, to break out of jail. 3 (*mettersi in salvo*) to flee: *è fuggito in Svizzera per evitare l'arresto* he fled to Switzerland to avoid being arrested. 4 (*fig*) (*sottrarsi a*) to run away (*a* from). 5 (*fig*) (*passare davanti velocemente*) to fly past, to fly by, to flash past, to flash by, to speed past, to speed by: *i pali telegrafici fuggivano davanti ai nostri occhi* the telegraph poles flashed past (like lightning) before our eyes. 6 (*fig*) (*passare velocemente*) to fly: *come fugge il tempo!* how time flies! 7 (*Sport*) to break, to make a break. II v.t. to avoid, to shun. □ (*fig*) *~ qcu. come la peste* to avoid so. like the plague; *~ davanti a qcu.* to flee before so., to flee from so.; *~ di casa* to run away from home; *~ via* to run away.

fuggitivo I a. 1 fugitive. 2 (*fig,rar*) (*fugace*) fleeting, short-lived, transient: *gioie fuggitive* fleeting joys. II m. (f. **-a**) 1 fugitive, runaway. 2 (*Mil*) (*disertore*) deserter.

fui → essere[1].

fulcro m. 1 (*Fis,Bot*) fulcrum: *il ~ della leva* the lever fulcrum. 2 (*fig*) (*punto fondamentale*) corner stone, hub, heart, essence: *questo è il ~ della questione* this is the heart of

the matter, this is the crux of the matter.

fulgente a. (*lett*) shining, brilliant, bright: *occhi fulgenti* shining eyes.

fulgere (*pres.ind.* **fùlgo, rifùlgi**; *p.rem.* **fùlsi**; *no past participle or compound tenses*) v.i. (*rar,lett*) to shine, to be bright, to glow (*di* with) (*anche fig*).

fulgidamente avv. brilliantly, brightly, resplendently, refulgently.

fulgido a. shining, brilliant, bright, glittering: *una luce fulgida* a bright light.

fulgore m. brightness, brilliance, glitter, radiance: *il ~ delle gemme* the glitter of the gems.

fuliggine f. soot.

fuligginoso a. sooty.

full /ful/ m.inv. (*nel poker*) full house, full hand.

fullerene m. (*Chim*) fullerene.

full immersion /ˌfulimˈmɜrʃən/ f.inv. full immersion.

full time /ˈfultajm/ I a.inv. full time. II m.inv. full time job, full-time position.

fulmicotone m. gun cotton.

fulminante I a. 1 withering: *gli lanciò uno sguardo ~* he gave him a withering glance. 2 (*Med*) fulminating: *malattia ~* fulminating disease. 3 (*esplosivo*) fulminating: *polvere ~* fulminating powder. II m. (*Arm*) (*capsula esplosiva*) primer.

fulminare (**fùlmino**) I v.t. 1 (*rif. a fulmine*) to strike by lightning. 2 (*rif. a scariche elettriche*) to electrocute: *fu fulminato dalla corrente* he was electrocuted. 3 (*uccidere sul colpo*) to strike dead. 4 (*El,colloq*) to blow, to fuse. 5 (*fig*) (*folgorare, fare allibire*) to annihilate, to crush, to wither: *mi fulminò con un'occhiata* he gave me a withering glance. 6 (*fig*) (*scioccare*) to shock, to horrify: *la notizia ci ha fulminati* we are shocked by the news, we are horrified by the news. II v.i.impers. (*aus.* **essere/avere**) (*traduzione idiomatica*): *ha tuonato e fulminato tutta la notte* there was thunder and lightning all night. III v.pron. **fulminarsi** (*El,colloq*) to burn out, to blow: *la lampadina si è fulminata* the light bulb has burnt out. □ *~ qcu. con lo sguardo* to wither so. with a look.

fulminato I a. 1 (*colpito dal fulmine*) struck by lightning. 2 (*colpito da scarica elettrica*) electrocuted. 3 (*ucciso sul colpo*) struck dead. 4 (*El,colloq*) burnt out, blown: *la lampadina è fulminata* the light bulb has burnt out. 5 (*fig*) (*allibito*) dumbfounded. II m. (*Chim*) fulminate. □ (*Chim*) *~ di mercurio* mercury fulminate.

fulminazione f. (*Med*) electrocution.

fulmine m. 1 (*Meteor*) lightning, thunderbolt: *un ~ è caduto sulla casa* a thunderbolt struck the house; *il ~ illuminò la stanza* a flash of lightning lit up the room. 2 (*fig*) (*persona svelta*) live wire. □ (*fig*) *un ~ a ciel sereno* a bolt from the blue; *corse via come un ~* he went off like lightning (*o* like a streak of lightning).

fulmineamente avv. (as) quick as lightning.

fulmineità f. swiftness, suddenness.

fulmineo a. 1 (*rapido*) lightning, lightning-swift, rapid, meteoric: *un balzo ~* a lightning-swift leap; *un'ascesa fulminea* meteoric career. 2 (*improvviso*) sudden, lightning: *morte fulminea* sudden death.

fulminico (*pl.* **-ci**) a. (*Chim*) fulminic: *acido ~* fulminic acid.

Fulvia n.pr.f. Fulvia.

fulvo a. tawny.

fumacchio m. 1 smoke plume, smoke: *i fumacchi dei rifiuti bruciati* smoke from burn-

ing rubbish (*o* refuse). 2 (*rif. a legno*) smoky piece of partially burned wood. 3 (*Geol*) fumarole.

fumaiolo m. 1 (*di fabbrica*) chimney stack, smokestack. 2 (*di locomotiva, di nave*) funnel, smokestack. 3 (*region*) (*fumacchio*) fumarole.

fumante a. 1 smoking. 2 (*bollente*) steaming, piping hot: *minestra ~* steaming soup.

fumare (**fùmo**) I v.t. to smoke: *vuole una sigaretta? - grazie, non fumo* would you like a cigarette? - no, thank you, I don't smoke. II v.i. (*aus.* **avere**) 1 (*emettere fumo*) to smoke, to give off smoke: *la legna verde fuma* green wood smokes. 2 (*emettere vapore*) to steam, to give off steam, to fume: *la minestra fumava nei piatti* the soup was steaming in the plates. □ (*fig*) *~ come un turco* (*o ~ come una ciminiera*) to smoke like a chimney; (*fig*) *~ di rabbia* to fume with anger; (*colloq,fig*) *mi fuma il cervello* my head is spinning; *~ la pipa* to smoke a pipe; *~ l'oppio* to smoke opium; *~ una sigaretta* to smoke a cigarette; *~ una sigaretta dietro l'altra* to chain-smoke cigarettes.

fumaria f. (*Bot*) fumitory.

fumarico a. (*Chim*) fumaric: *acido ~* fumaric acid.

fumario □ *canna fumaria* chimney flue, flue.

fumarola f. (*Geol*) fumarole.

fumata f. 1 smoke, cloud of smoke, puff of smoke: *dalle macerie si alzava una ~ nera* a cloud of black smoke rose from the ruins. 2 (*segnalazione*) smoke signal. 3 (*il fumare*) smoke: *fare una ~* to have a smoke. □ (*Rel.catt*) *~ bianca* (*nel conclave*) white smoke; *~ nera*: 1 (*Rel.catt*) (*nel conclave*) black smoke; 2 (*estens*) (*mancata elezione*) a red light, a no-go; 3 (*estens*) (*risposta negativa che viene da un gruppo di persone riunite*) a red light, a no-go.

fumato a. (*gerg*) spaced out.

fumatore m. (f. **-trice**) smoker. □ *un ~ accanito* a heavy smoker, a chain-smoker; *~ di pipa* pipe smoker; *~ di sigaro* cigar smoker; *un ~ incallito* an inveterate smoker; *non ~* non-smoker; (*Aer,Ferr*) *posti per non fumatori* non smoking seats.

fumé /fyˈme/ a.inv. smoky, tinted.

fumeggiare (**fuméggio, fuméggi**) *aus.* **avere**) v.i. to smoke, to give off, to smoke, to emit smoke, to fume.

fumeria f. opium den.

fumettista m./f. cartoonist.

fumettistico (*pl.* **-ci**) a. 1 comic-strip (*attr.*), cartoonish (*attr.*). 2 (*spreg*) stereotyped, commonplace.

fumetto[1] m. 1 comic-strip, strip cartoon. 2 *pl.* comics, comic-strips. 3 (*nuvoletta*) balloon. 4 (*spreg*) (*opera narrativa o teatrale banale*) soap opera, soap. □ *giornale a fumetti* comic-strip magazine; *racconti a fumetti* comic-strip stories.

fumetto[2] m. (*Gastron*) (*brodo di pesce concentrato*) fumet, fish stock.

fumido a. (*lett*) smoking, smoky.

fumigare (**fùmigo, fùmighi**) *aus.* **avere**) v.i. 1 (*esalare fumo*) to smoke, to give off smoke. 2 (*esalare vapore*) to steam, to give off steam.

fumigatore m. (*Mecc,Agr*) fumigator.

fumigazione f. 1 fumigation. 2 (*Alim,Ind*) smoking. □ (*Agr*) *~ contro insetti dannosi* pest fumigation.

fumista m./f. 1 (*riparatore*) stove-repairer. 2 (*fabbricante*) stove-maker.

fumisteria f. (*discorso pretenzioso*) bombast.

fumivoro ☐ *apparecchio* ~ smoke consumer.

fummo → **essere**[1].

fumo *m.* **1** smoke: *il ~ dei camini* the smoke from the chimneys. **2** (*il fumare*) smoking: *il ~ fa male alla salute* smoking is bad for one's health. **3** (*esalazione, vapore*) fume, steam: *il ~ che usciva dalla pentola* the steam coming from the pot. **4** *pl.* (*fig*) (*annebbiamento*) mist *sing.*, haze *sing.*, fumes: *i fumi del vino* wine fumes. **5** (*gerg*) (*hashish*) pot.

☐ *andare in* ~: **1** (*fallire*) to come to nothing, to go up in smoke; **2** (*diventare vano*) to fade, to melt away, to become vain: *le loro speranze sono andate in* ~ their hopes have become vain; **3** (*disperdersi*) to be squandered: *le sue ricchezze sono andate in* ~ his wealth has been squandered; ~ *di Londra* (*colore*) dark grey: *un abito ~ di Londra* a dark grey suit; (*fig*) *molto ~ e poco arrosto* (*o tanto ~ e poco arrosto*) more appearance than substance, hot air, a lot of hot air; (*fig*) *farsi di* ~ to disappear into thin air, to disappear in a puff of smoke; (*fig*) *mandare in* ~: **1** (*rovinare*) to send up in smoke, to bring to nothing: *mandare in ~ un progetto* to send a plan up in smoke; **2** (*rendere vano, deludere*) to dash: *mandare in ~ le speranze di qcu.* to dash so.'s hopes; **3** (*sperperare*) to squander, to fritter away: *mandare in ~ un patrimonio* to squander a fortune; *vedere qcu. come il ~ negli occhi* to be unable to stand so.; *il ~ nuoce gravemente alla salute* smoking is hazardous to your health; ~ *passivo* passive smoking, (*Am*) secondhand smoke; *senza* ~ smokeless. Prov.: *non c'è ~ senza arrosto* where there's smoke there's fire, there is no smoke without fire.

fumogeno I *a.* smoke (*attr.*), smoke-producing: *bomba fumogena* smoke bomb; *cortina fumogena* smokescreen. **II** *m.* smoke-producing substance.

fumoir /fu'mwar/ *m.inv.* smoking room.

fumosità *f.* **1** (*l'essere fumoso*) smokiness. **2** (*fumo*) smoke. **3** (*fig*) obscurity, vagueness.

fumoso *a.* **1** smoky, smoking: *legna fumosa* smoking wood; *locale ~* smoky room. **2** (*fig*) vague, obscure, woolly: *un progetto ~* a vague plan.

funaiolo *m.* (*f.* **-a**) ropemaker.

funambolesco, **funambolico** (*pl.* **-chi**) *a.* **1** funambulatory, rope walking (*attr.*). **2** (*fig*) acrobatic.

funambolismo *m.* **1** rope walking, tightrope walking, rope dancing, funambulism. **2** (*fig*) acrobatics (*costr.sing.*).

funambolo, **funambulo** *m.* (*f.* **-a**) **1** tightrope walker, rope dancer, funambulist. **2** (*fig*) tightrope walker, acrobat: *un ~ della politica* a political tightrope walker.

fune *f.* **1** (*corda*) rope, cord; (*grossa corda*) rope, cable. **2** (*di acrobata*) tightrope. **3** (*Sport*) rope. **4** (*Mar*) cable, hawser. ☐ ~ *da rimorchio* tow-rope, tow-line; ~ *di acciaio* steel cable; ~ *di canapa* hemp rope; ~ *metallica* wire rope; ~ *tenditrice* tightening rope; ~ *traente*: **1** pull-rope; **2** (*per auto*) tow rope.

funebre *a.* **1** funeral. **2** (*fig*) (*mesto, lugubre*) gloomy, mournful, funereal: *aspetto ~* mournful appearance.

funerale I *m.spec.pl.* funeral, obsequies *pl.*: *assistere a un ~* to go to a funeral. **II** *a.* (*lett*) (*funebre*) funeral. ☐ ~ *civile* funeral without religious rites, secular funeral; *funerali di stato* state funeral; *fare un ~* to hold a funeral; ~ *religioso* religious funeral.

funerario *a.* funerary, funeral.

funereo *a.* **1** (*funebre*) funeral, funereal. **2**

(*fig*) (*mesto*) mournful, gloomy, sad: *aspetto ~* sad appearance.

funestare (**funèsto**) *v.t.* **1** (*causare grave danno*) to devastate, to lay waste, to ravage: *le guerre continue funestarono il paese* the country was ravaged by continual war. **2** (*rattristare*) to distress, to sadden, to grieve, to cast a pall over: *la cattiva notizia funestò il banchetto* the bad news cast a pall over the banquet.

funesto *a.* **1** (*che causa lutto*) deadly, fatal, grievous: *discordie funeste* fatal discord. **2** (*che causa grave danno*) ruinous, disastrous: *guerra funesta* ruinous war. **3** (*triste, doloroso*) woeful, sorrowful, distressing: *notizia funesta* distressing news.

fungaia *f.* **1** mushroom bed. **2** (*spreg,fig*) (*quantità di cose o persone della stessa specie*) mushrooming, profusion.

fungere (*pres.ind.* **fùngo**, **fùngi**; *p.rem.* **fùnsi**; *p.p. rar* **fùnto**; *aus.* **avere**) *v.i.* to act, to function (*da* as): ~ *da segretario* to act as secretary.

funghicoltore *m.* (*f.* **-trice**) mushroom grower.

funghicoltura *f.* (*Agr*) mushroom growing, mushroom cultivation.

fungibile *a.* (*Dir*) fungible.

fungibilità *f.* (*Dir*) fungibility.

fungicida I *a.* (*Chim*) fungicidal. **II** *m.* (*Chim*) fungicide.

fungino *a.* fungal.

fungo (*pl.* **-ghi**) *m.* **1** (*Bot*) fungus, mushroom. **2** (*Med*) fungus. ☐ *andare a funghi* (*o andare per funghi*) to go mushroom picking; (*fig*) ~ *atomico* atomic mushroom; (*Bot, Alim*) ~ *coltivato* champignon; (*fig*) *spuntare come i funghi* (*o venire su come i funghi*) to spring up like mushrooms, to shoot up like mushrooms; (*Bot,Alim*) *funghi commestibili* edible mushrooms; (*Bot*) ~ *matto* non-edible mushroom; (*Alim*) *funghi secchi* dried mushrooms; (*Bot*) ~ *velenoso* poisonous mushroom, toadstool.

fungosità *f.* (*Med*) fungosity.

fungoso *a.* fungoid, fungous (*anche Med*).

funicella *f.* cord, string, thin rope.

funicolare[1] *f.* funicular, funicular railway, cable railway. ☐ ~ *aerea* ropeway.

funicolare[2] *a.* (*Anat*) funicular.

funicolite *f.* (*Med*) funiculitis.

funicolo *m.* (*Anat,Bot*) funiculus, funicle.

funivia *f.* cableway.

funsi → **fungere**.

funto → **fungere**.

funzionale *a.* **1** functional: *architettura ~* functional architecture. **2** (*estens*) (*pratico*) handy: *questo apriscatole è molto ~* this can opener is very handy. **3** (*Med,Mat*) functional: *malattia ~* functional disease.

funzionalismo *m.* functionalism.

funzionalista *m./f.* functionalist.

funzionalistico *a.* functionalist.

funzionalità *f.* functionality.

funzionalmente *avv.* functionally.

funzionamento *m.* functioning, working, running, operation: *spiegami il ~ di questa macchina* show me how this machine works. ☐ (*Mecc*) ~ *a vuoto* idling, idle stroke.

funzionante *a.* **1** working, running, operative: *modello ~* working model. **2** (*non guasto*) in service, in working order. ☐ *non ~* out of order.

funzionare (**funzióno**; *aus.* **avere**) *v.i.* **1** to work, to function: *funziona questo telefono?* does this telephone work? **2** (*rif. a motore*) to run. **3** (*essere in funzione*) to be on, to be in operation, to work, to function, to operate:

il termosifone funziona dalle sei alle ventidue the heating is on from six in the morning till ten in the evening. **4** (*rif. ad aziende e sim.*) to operate, to run, to go, to work: *l'azienda funziona bene* the business is going well. **5** (*fig*) (*procedere bene*) to go right, to work, to work well: *nell'organizzazione c'è qualcosa che non funziona* there is something wrong with the organization; *il loro matrimonio non funziona* their marriage doesn't work. ☐ ~ *a metano* to run on methane; ~ *come fotocopiatrice* to serve as a copier; *fare* ~ *qcs.* to make sth. work, to operate sth., to start sth. up: *fare ~ un macchinario* to operate a machine; ~ *male* to malfunction; *non* ~ not to work, to be out of order: *l'ascensore non funziona* the lift (*o Am* the elevator) is not working (*o* is out of order).

funzionario *m.* (*f.* **-a**) official, officer, functionary. ☐ ~ *di banca* officer of a bank; ~ *di ministero* ministry official; ~ *di stato* civil servant; ~ *responsabile* officer in charge.

funzione *f.* **1** function, role: *ognuno ha la sua ~ nell'organizzazione* everyone has his function in the organization. **2** (*ufficio, carica*) office, position: *esercita la ~ di segretario* he acts as a secretary, his job is secretary. **3** (*mansione*) duty, assignment: *queste sono le mie funzioni* these are my duties. **4** (*compito*) task, function: *la ~ dell'educatore* the task of a teacher, the mission of a teacher. **5** (*attività*) operation, working, running. **6** (*rif. a cose: scopo*) purpose, function: *un cornicione con ~ puramente ornamentale* a cornice with a purely ornamental function. **7** (*Lit*) service. **8** (*Biol,Gramm,Mat,Chim*) function: (*Gramm*) *infinito con ~ di sostantivo* infinitive with the function of a noun. ☐ (*Mat*) ~ *algebrica* algebraic function; (*Mat*) ~ *armonica* harmonic function; (*Ling*) ~ *conativa* conative function; (*Fisiol*) ~ *digestiva* digestive function; (*Ling*) ~ *emotiva* emotive function; (*Mat*) ~ *esponenziale* exponential function; (*Ling*) ~ *fatica* phatic function; (*Mat*) ~ *implicita* implicit function; *essere in* ~: **1** (*essere acceso*) to be on; **2** (*essere funzionante*) to be working, to be running, to be in operation: *il motore è in* ~ the engine is running, the engine is in operation; *mettere in* ~ *una macchina* to switch on a machine, to start a machine; *in* ~ *di*: **1** (*Mat*) as a function of; **2** (*fig*) (*a seconda, in relazione*) dependent upon, related to, conditional on: *la qualità del lavoro è in* ~ *del tempo disponibile* the quality of the work depends on the time available; *vivere in funzione di qcu.* (*o qcs.*) to live for so. (*o* sth.); (*Mat*) ~ *inversa* inverse function; (*Ling*) ~ *metalinguistica* metalinguistic function; (*Mat*) ~ *periodica* periodic function; (*Ling*) ~ *poetica* poetic function; (*Dir*) ~ *pubblica* civil service; (*Ling*) ~ *referenziale* referential function; (*Lit*) ~ *religiosa* religious ceremony, religious service; (*Ling*) ~ *sensitiva* sensory function; (*Lit*) ~ *solenne* solemn ceremony.

fuocherello ☐ *fuochino*, ~, *fuoco!* you're getting warmer, warmer, you're hot!

fuochino ☐ ~, *fuocherello, fuoco!* you're getting warmer, warmer, you're hot!

fuochista *m.* **1** (*Ferr*) fireman, stoker. **2** (*Mar,Ind*) stoker.

fuoco (*pl.* **-chi**) *m.* **1** fire: *accanto al ~* by the fire; *attizzare il ~* to stoke the fire, to poke the fire. **2** (*focolare, caminetto*) fireplace, fireside, hearth: *d'inverno la famiglia si raccoglie intorno al ~* in winter the family gathers around the fire (*o* around the fireside). **3** (*fornello*) burner: *cucina a tre fuochi* three-burner stove. **4** (*incendio*) fire. **5** (*fig*) (*calore intenso*) fire: *il liquore gli mise il ~ in gola* the spirits set his throat on fire. **6** (*fig*) (*ardore, passione*) fire, ardour, passion. **7** (*Mil*) fire: *essere sotto il ~ nemico* to be under enemy fire. **8** (*Fis,Mat,Fot*) focus. □ *bollare a ~* to brand (*anche fig*); (*fig*) *avere il ~addosso* to be temperamental; *al ~!* fire!; *dare ~ alle polveri* : 1 to fire the powder; *~ alle polveri!* fire!; 2 (*fig*) (*scatenare una sommossa*) to set off a revolt; (*Mil*) *~amico* friendly fire; *andare a ~* to go up in flames; *fuochi artificiali* fireworks; *dare ~ a qcs.* to set sth. on fire; *fuochi d'artificio* fireworks; (*Mil*) *d'artiglieria* artillery fire, gunfire, shellfire; *di ~*: 1 fiery, flaming, blazing: *croce di ~* fiery cross; 2 (*fig*) (*vivace, ardente*) fiery, burning, bright, flashing: *occhi di ~* flashing eyes, bright eyes; 3 (*fig*) (*irato*) blazing, angry: *sguardi di ~* angry glances; 4 (*fig*) (*appassionato*) passionate, ardent, fiery: *parole di ~* fiery words, passionate words; *~di fila*: 1 (*Mil*) barrage; 2 (*fig*) running fire: *un ~ di fila di domande* a continuous stream of questions; *~di legna* wood fire; (*fig*) *~di paglia* flash in the pan; (*Med*) *~di sant'Antonio* shingles (*costr.sing.*), herpes zoster; *fuochi di sant'Elmo* St. Elmo's fire; (*Mil*) *~di sbarramento* barrage; (*fig*) *fare ~ e fiamme per ottenere qcs.* to move heaven and earth to get sth.; (*fig*) *il ~eterno* (*l'inferno*) eternal fires (*pl.*), everlasting flames (*pl.*), the never-ending fire (of Hell); (*Mil*) *fare ~* to fire, to open fire; *farsi di ~* (*arrossire*) to blush, to flush, to redden; *~fatuo*: ignis fatuus, will-o'-the-wisp; (*Mil*) *fuoco!* fire! (*Ott*) *a ~fisso* fixed focus (*attr.*); (*Mil*) *~incrociato* crossfire; (*Gastron*) *cuocere qcs. a ~lento* to cook sth. on a slow flame; *mettere a ~*: 1 (*Ott, Fot*) to focus: *mettere a ~ l'immagine* to focus the image; 2 (*fig*) (*puntualizzare*) to focus, to focalize: *mettere a ~ la situazione* to focalize the situation; *prendere ~*: 1 to catch fire: *la paglia prese ~ rapidamente* the straw quickly caught fire; 2 (*fig*) (*adirarsi*) to flare up; 3 (*fig*) (*entusiasmarsi*) to get excited; *prendere ~come l'esca*: 1 to go up like tinder; 2 (*fig*) (*essere irascibile*) to flare up quickly; (*Mil*) *~radente* grazing fire; (*fig*) *~sacro* sacred fire (*anche fig*); (*fig*) *tutto ~* (*pieno di ardore*) hot-blooded, fiery, passionate: *una donna tutto ~* a passionate woman; (*Gastron*) *cuocere qcs. a ~vivo* to cook sth. on a high flame.

fuorché I *congz.* (*tranne che*) except, but: *chiedimi tutto, ~ di tradire i miei amici* ask me anything, but not to betray my friends. **II** *prep.* (*tranne*) except, save, but: *tutti erano presenti ~ il direttore* everyone was present except the director.

fuori I *avv.* **1** (*stato*) outside: *c'è un signore ~ che ti vuole parlare* there is a gentleman outside who wants to talk to you. **2** (*stato: all'aperto*) outdoors: *~ fa freddo ma dentro si sta bene* it's cold outdoors but warm inside. **3** (*moto*) out, outside: *venite ~!* come outside!; *ragazzi andate ~ a giocare* children, go out and play. **4** (*fuori di casa*) out, out of the house: *stasera ceneremo ~* this evening we are having dinner out. **5** (*fuori di città*) out of town, away: *parto domani e resterò ~ qualche giorno* I am leaving tomorrow and I'll be away for a few days. **6** (*all'estero*) abroad: *ho viaggiato molto, in Italia e ~* I have travelled a lot, both in Italy and abroad. **7** (*nella parte esterna*) outside. **8** (*Sport*) out. **II** *prep.* **1** (*often used with the preposition* di) (*stato*) out of, out, outside: *abito ~ città* I live out of town, I live outside

the city; *è stato tutto il giorno ~ di casa* he has been out (of the house) all day. **2** (*moto*) out of, away from: *quest'anno andrò ~ Roma* this year I'll go away from Rome. **III** *m.inv.* outside: *il ~ della brocca è dipinto a mano* the outside of the jug is hand-painted. **IV** *intz.* get out!: *non voglio più sentire una parola, ~!* I won't listen to another word, get out! □ *al di ~ di*: 1 outside; 2 (*eccetto, tranne*) except, apart from; *essere ~allenamento* to be out of practice, to be out of shape; *andare ~*: 1 (*uscire*) to go out: *vai ~ con questo tempo?* are you going out in this weather?; *se ne vada ~* get out; *andare ~ a cena* to go out for dinner; 2 (*traboccare*) to overflow, to brim over; (*bollendo*) to boil over; (*colloq*) *avere ~* (*rif. a denaro*) to have tied up, to have outstanding: *ho ~diversi milioni* I have several million outstanding; (*Econ*) *~ bilancio* off-balance-sheet, below the line; (*Mar*) *~bordo* outboard; (*colloq*) *~ busta* undeclared, not in the pay-pocket; (*Cin*) *~ campo* off-screen; (*Sport*) *giocare ~ casa* to play away (from home); *~centro*: 1 out of position; 2 (*rif. a colpo*) wide of the mark; 3 (*rif. a città*) outlying, suburban, on the outskirts; 4 (*Mecc*) off-centre, (*Am*) off-center; *fuorche*: 1 (*usato come congiunzione: tranne che*) except, but; 2 (*usato come proposizione: tranne*) except, save, but; *~ circuito* off-circuit; *~ città* out of town; (*Sport*) *~combattimento* knock-out, (*colloq*) K.O.: *~ combattimento tecnico* technical knock-out, T.K.O.; *vincere per ~ combattimento* to win by a knock-out; *mettere ~combattimento*: 1 (*Sport*) to knock out; 2 (*fig, scherz*) (*spossare*) to knock out, to finish off, to kill: *queste scale mi hanno messo ~ combattimento* these stairs have finished me off, these stairs put me out of commission; *~ commercio* not for sale; *~concorrenza* not in competition, not competing; *~concorso* hors concours, not competing; *~ corso*: 1 (*Econ*) no longer in circulation, out of circulation, not current: *valuta ~ corso* money out of circulation, money no longer current; *mettere ~ corso* to withdraw from circulation; 2 (*Univ*) having failed to take his degree in the time prescribed; *da ~* from outside, from the outside: *vengo da ~ e ho le scarpe bagnate* I have been outside and my shoes are wet; (*fig*) *parlare ~dai denti* to be outspoken; (*fig*) *essere ~dai gangheri* to be beside oneself; (*fig*) *tenersi ~dai guai* to stay out of trouble; *con la maglia ~dai pantaloni* with his shirt-tail out, with his shirt not tucked in; (*fig*) *~ dai piedi!* get out of my way!, move!; *dal di ~* from the outside: *la porta è chiusa dal di ~* the door is closed from the outside; (*fig*) *guardare le cose dal di ~* to take a detached view of things, to look at things objectively; (*fig*) *vivere ~dal mondo* to live cut off from the world; *guardare ~ dalla finestra* to look out of the window; (*fig*) *essere ~dalla grazia di Dio* to be beside oneself; *~dalla norma* that does not respect the norm; *~ del solito* (o *~ dell'ordinario*) out of the ordinary, unusual, extraordinary; *di ~*: 1 (*stato*) outside: *ero di ~ ad aspettarti* I was waiting for you outside; 2 (*moto*) out, outside: *vieni di ~, devo parlarti* come outside, I want to talk to you; *~ di* (*eccetto*) except, apart from, but for: *~ di questo non vidi altro* I did not see anything apart from this; *non lo sa nessuno ~ di noi* no one but us knows about it; *~di casa* out: *Carlo è ~ di casa* Charles has out at home, Charles is out; (*pop,fig*) *essere ~di cotenna* to be out of your gourd, to be off your rocker; *fuori di dubbio*

beyond doubt; (*colloq,region*) *dare ~di matto* to lose one's patience, to lose one's temper, to lose it, to fly off the handle, to flip (one's lid); *fuor di metafora* (*esplicitamente*) clearly, explicitly, plainly; *~di ogni dubbio* beyond all doubt: *è ~ di dubbio che* it is beyond all doubt that, it is past all doubt that, there can be no question (but) that; (*lett*) *~di proposito* beside the point, off the point: *quel che dici è ~ di proposito* what you say is beside the point; *è fuor di questione* it is out of the question; *~di qui!* get out!, get out of here!; *essere ~di sé* to be beside oneself, to be furious; *essere ~di senno* to be out of one's senses, to be out of one's mind; *essere ~di squadra* (o *essere ~di squadro*): 1 (*non perpendicolare*) to be out of plumb, to be crooked; 2 (*fig*) (*sfasato*) to be out of sorts; *essere ~di testa* to be out of one's senses, to be out of one's mind; *~di vista* out of sight; *essere ~ discussione* to be indisputable, to be beyond dispute, to be out of the question; *essere ~*: 1 (*non essere in casa*) to be out; 2 (*essere uscito di prigione*) to be out, to have left prison: *è ~ da più di due anni* he has been out for more than two years; 3 (*essere partito*) to be out of town, to be away; 4 (*non avere più parte in qcs.*) to have no further connection, to take no further part; 5 (*colloq*) (*essere un po' matto*) to be off one's nut, to be out of one's head; 6 (*temporale*) to be over, to be out of: *essere ~ dall'inverno* to be over the winter; (*colloq*) *far ~* (o *fare ~*): 1 (*uccidere*) to do in, to bump off, to get rid of; 2 (*sperperare*) to squander: *ha fatto ~ un capitale* he has squandered a fortune; 3 (*Sport*) to eliminate, to knock out; 4 (*distruggere*) to destroy, to account for; *essere ~fase*: 1 (*Mot, El*) to be out of phase; 2 (*fig*) to be out of sorts, to be out of form; *essere ~forma* to be out of shape; (*Ott*) *~fuoco* out of focus; (*Sport*) *~ gara* non competing; (*Sport*) *~ gioco* off-side: *in ~ gioco* offside; *~ i soldi!* pay up!, out with your money!; *in ~* (*verso l'esterno*) out, outwards; *ha i denti in ~* his teeth stick out; *avere gli occhi in ~* to be pop-eyed; *sporgersi in ~* to lean out; *petto in ~!* chest out!; *lasciare ~*: 1 to leave outside; 2 (*omettere*) to leave out; 3 (*escludere*) to cut out, to exclude; *~le mura* outside the walls; *~ luogo*: 1 (*usato come aggettivo*) out of place, untimely, uncalled for; 2 (*usato come avverbio*) inopportunely; *~mano* out of the way, off the beaten track: *la casa è bella, ma è un po' troppo ~ mano* the house is beautiful but it is a little bit too out of the way; *abitare ~ mano* to live in an out-of-the-way place; *~ misura* excessively; *~moda* out of fashion, out of date, outdated, unfashionable, (*colloq*) out; *~ orario* after-hours (*attr.*), outside office hours (*posposto*): *lavorare ~ orario* to work after hours, to work overtime; *~ordine* out of (alphabetical) order; *~pasto* between meals: *mangiare ~ pasto* to eat between meals; *essere ~per lavoro* to be out on business; *il malato è ~pericolo* the patient is out of danger; *~porta*: 1 (*fuori città*) outside the town; 2 (*oltre le porte della città*) outside the old city walls; (*Mil*) *essere ~portata* to be out of range; *~posto*: 1 out of place, missplaced: *questa scheda è ~ posto* this card is out of place, this card is missplaced; 2 (*fig*) out of place: *sentirsi ~ posto* to feel out of place; *~programma*: 1 (*usato come aggettivo*) additional, extra; 2 (*fig,scherz*) (*usato come aggettivo: inaspettato*) unscheduled, unexpected, unforeseen; 3 (*TV*) (*usato come nome*) special bulletin, special report, extra, unscheduled programme, (*Am*) unscheduled program; 4 (*Mus*) (*usato come nome*) selection not on the programme, (*Am*) selection not on the program; 5 (*fig*) (*usato come nome: evento inaspettato*) unexpected event; ~ *prospettiva* out of perspective; ~ *ruolo* temporary: *personale ~ ruolo* temporary staff; ~ *scala*: 1 excessive, out of proportion, disproportionate, not to scale; 2 (*fig*) (*eccessivo*) out of proportion, out of hand, off the charts; (*Aut*) ~ *serie*: 1 (*usato come aggettivo*) custom-built, special; 2 (*usato come nome*) custom-built car; *essere ~ servizio* to be off duty; *essere ~ squadra*: 1 (*non perpendicolare*) to be out of plumb, to be crooked; 2 (*fig*) (*sfasato*) to be out of sorts; ~ *stagione*: 1 out of season; 2 (*primaticcio*) early: *un frutto ~ stagione* an early fruit; 3 (*tardivo*) late; *stare ~*: 1 (*all'aperto*) to be outdoors, to be out-of-doors, to be outside; 2 (*fuori casa*) to be away from home, to be out: *sta ~ tutto il giorno per ragioni di lavoro* he's out all day because of his work; (*fig*) *starne ~* (*non immischiarsi*) to stay out of (sth.); ~ *strada*: 1 (*su una strada sbagliata*) off the route, on the wrong road, off route; 2 (*rif. a veicoli: fuori strada*) off the road: *in curva il camion è andato ~ strada* the truck went off the road on the curve; 3 (*estens*) (*fuori mano*) out of the way, (*colloq*) off the beaten track: *il ristorante è un po' ~ strada* the restaurant is a bit out of the way; 4 (*fig*) (*in errore*) on the wrong track: *sembra che la polizia sia ~ strada* it seems that the police are on the wrong track; *andare ~ strada* to go astray, to go off the beaten track; *mettere qcu. ~ strada* to lead so. astray, to put so. on the wrong track; *se ragioni così sei ~ strada* if that's what you think you're on the wrong track; 5 (*Sport*) (*usato come aggettivo*) cross-country (*attr.*); (*Scol*) ~ *tema* off the subject, digressing: *andare ~ tema* to wander off the subject, to digress; (*Mus*) *essere ~ tempo* to be out of time; *andare fuori tempo* to get out of time; (*Edit*) *illustrazioni ~ testo* plates; *essere ~ tiro*: 1 to be out of range; 2 (*fig*) (*lontano*) to be out of reach; *tenersi ~ tiro*: 1 to keep out of range; 2 (*fig*) (*alla larga*) to keep out of the way; ~ *uso*: 1 (*inservibile*) unserviceable, useless, broken-down: *mettere ~ uso* to make unserviceable, 2 (*guasto*) out of order, not working: *l'ascensore è ~ uso* the lift is out of order, the lift is not working; 3 (*Ling*) obsolete, that has gone out of usage, that is no longer in use: *parola ~ uso* obsolete word, word no longer in use; *venire ~*: 1 (*uscire*) to come out; 2 (*dire all'improvviso*) to come out: *venne ~ con una battuta divertente* he came out with an amusing remark; 3 (*rif. a notizia, venirsi a sapere*) to come out, to become known: *la verità è venuta ~ durante le indagini* the truth came out during the investigations; (*fig*) *venirne ~* to come through it; *venirsene ~ con qcs.* to come out with sth.; ~ *vista* out of sight.

fuoribordo I *m.inv.* (*Mar*) outboard. II *a.inv.* outboard (*Mar*) *motore* ~ outboard motor.

fuoriborsa I *a.* (*Econ*) over-the-counter (*attr.*). II *m.inv.* (*Econ*) over the counter market.

fuoribusta I *m.inv.* off-the-books pay. II *a.* off-the-books (*attr.*), undeclared.

fuoricampo I *m.inv.* 1 (*Cin*) (*voce*) off-screen voice; (*suono*) off-screen sound. 2 (*Sport*) (*baseball*) homerun. II *a.* (*Cin*) off-screen (*attr.*): *voce* ~ off-screen voice.

fuoriclasse I *m./f.inv.* 1 (*Sport*) undisputed champion, world-champion, ace. 2 (*estens*) (*di persona*) ace, a cut above the rest. II *a.* 1 (*Sport*) (*rif. a persona*) outstanding, in a class

by oneself, a cut above the rest. 2 (*fig*) (*straordinario*) of superlative quality, in a class of one's own, of a class apart, in another league.

fuoricorso I *a.* 1 (*Filat,Econ*) no longer in circulation, out of circulation, not current. 2 (*Univ*) (*rif. a persona*) who has failed to take his degree in the time prescribed. II *m./f.* (*Univ*) student who has failed to take his degree in the time prescribed.

fuorigioco *m.inv.* (*Sport*) off-side. □ (*Sport*) *in* ~ offside.

fuorilegge I *m./f.inv.* outlaw. II *a.* illegal, outlawed, unlawful: *dichiarare un partito* ~ to outlaw a party.

fuorimano *a.inv.* out of the way, off the beaten track: *abitare* ~ to live in an out-of-the-way place.

fuorimisura *a.inv.* 1 excessive. 2 (*Sport*) wide.

fuoripasto *avv.* between meals.

fuoripista *m.inv.* (*Sport*) off-piste skiing: *fare un* ~ to ski off-piste.

fuoriposto *a.inv.* out of place.

fuoriprogramma I *m.inv.* 1 (*TV*) special bulletin, special report, extra, unscheduled programme, (*Am*) unscheduled program: *trasmettere un* ~ to broadcast an unscheduled programme. 2 (*Mus*) selection not on the programme, (*Am*) selection not on the program. 3 (*fig*) unexpected event. II *a.inv.* 1 additional, extra. 2 (*fig,scherz*) unscheduled, unexpected, unforeseen.

fuorisede I *a.inv.* off-site (*attr.*), out of office. II *m./f.inv.* person who works or studies away from their residence or office.

fuoriserie I *a.* made to order, custom-built (*anche Aut*). II *f.inv.* (*Aut*) custom-built car.

fuoristrada I *a.* (*Aut*) all-terrain. II *m.inv.* 1 (*Aut*) all-terrain vehicle, off-road vehicle. 2 (*Sport*) off-roading, off-road racing.

fuoriuscire (*pres.ind.* **fuorièsco, fuorièsci**; *p.rem.* **fuoriuscìi**; *p.p.* **fuoriuscìto**; *aus.* essere) *v.i.* to come out, to be discharged: *dalla ferita fuoriusciva il pus* pus was discharged from the wound.

fuoriuscita *f.* emission, discharge: *la ~ dei vapori* the emission of fumes. □ ~ *di petrolio* oil spill.

fuoriuscito *m.* (*f.* **-a**) exile, political exile.

fuorviante *a.* misleading, deceptive.

fuorviare (**fuorvìo, fuorvìi**) I *v.i.* (*aus.* avere) to go astray. II *v.t.* to lead astray, to mislead.

furbacchione *m.* (*f.* **-a**) cunning fellow, crafty fellow, shifty fellow, smart Alec.

furbamente *avv.* cunningly, craftily, shiftily.

furbata *f.* (*colloq*) slick trick, clever move.

furberia *f.* 1 (*qualità*) cunning, craftiness, wiliness, (*spreg*) slyness. 2 (*scaltrezza*) shrewdness. 3 (*azione*) clever trick, cunning trick, ruse. □ *con* ~ craftily.

furbescamente *avv.* cunningly, slyly.

furbesco (*pl.* **-chi**) *a.* 1 cunning, sly: *un ghigno* ~ a sly grin. 2 (*della malavita*) thieves': *linguaggio* ~ thieves' jargon, lingo.

furbizia *f.* 1 (*qualità*) cunning, craftiness, wiliness, (*spreg*) slyness. 2 (*scaltrezza*) shrewdness. 3 (*azione*) clever trick, cunning trick, ruse.

furbo I *a.* 1 clever, smart, cunning, crafty, wily, (*spreg*) sly, artful. 2 (*scaltro*) shrewd. 3 (*malizioso*) roguish, artful: *un sorrisetto* ~ a roguish smile. II *m.* (*f.* **-a**) cunning fellow, clever fellow. □ (*fig*) ~ *come una volpe* as sly as a fox; (*fig*) *un ~ di tre cotte* an out-and-out rogue, a shark, a rip-off merchant; *fare il* ~ to try to be smart, to try to be

clever; *farsi* ~ to wise up, to get wise; (*fig*) *un ~ matricolato* an out-and-out rogue, a shark, a rip-off merchant; (*fig*) ~ *più del diavolo* as cunning as Old Nick.

furente *a.* furious, raging, mad: *era ~ contro di te* he was furious with you. □ ~ *d'ira* raging with anger.

fureria *f.* (*Mil*) company office.

furetto *m.* (*Zool*) ferret.

furfantaggine *f.* roguery, knavery.

furfante *m./f.* rogue, scoundrel, (*scherz*) scamp.

furfanteria *f.* 1 (*qualità*) roguery, scoundrelism. 2 (*azione*) scoundrelly act, scoundrelly trick.

furfantesco (*pl.* **-chi**) *a.* scoundrelly, knavish, roguish.

furfurolo *m.* (*Chim*) furfural.

furgoncino *m.* (*Aut*) small van, light van.

furgone *m.* (*Aut*) 1 van. 2 (*per traslochi*) removals van, pantechnicon, pantechnicon van. 3 (*per il trasporto dei morti*) hearse. □ ~ *cellulare* police van, prison van, (*colloq*) Black Maria, (*Am,colloq*) paddy wagon; ~ *per traslochi* removals van; ~ *portavalori* security van, armoured van, (*Am*) armored van; ~ *postale* mail van.

furgonista *m./f.* van driver.

furia *f.* 1 (*collera, furore*) fury, rage, anger. 2 (*accesso d'ira*) fit of passion, fit of temper, fit of anger. 3 (*fig*) (*rif. a sentimenti*) vehemence, intensity. 4 (*fig*) (*rif. a forze naturali*) fury, violence: *la ~ del vento* the fury of the wind, the violence of the wind. 5 (*rif. a combattimento e sim.*) fury, heat, violence. 6 (*rif. a malattie*) raging: *la ~ dell'epidemia* the raging of the epidemic. 7 (*grande fretta*) rush, haste: *fare le cose di ~* to do things in a rush; *quanta ~!* what's the rush? 8 (*persona adirata*) fury, (*colloq*) maniac. □ *a ~ di* by force of, by continually..., by... again and again: *la convinse a ~ di pianti* she convinced her by continually crying; *lo convinse a ~ di dirglielo* she convinced him by telling him again and again; (*ant*) *far ~ a qcu.* to hurry so., to hurry so. up, to rush so.; ~ *omicida* murderous frenzy; *essere su tutte le furie* to be absolutely furious; *mandare qcu. su tutte le furie* to drive so. mad, to send so. into a rage; *andare su tutte le furie* to go berserk.

Furia *n.pr.f.* (*Mitol*) Fury: *le Furie* the Furies.

furibondo *a.* 1 (*furioso, adirato*) furious, enraged, irate, seething wrathful: *essere ~ con qcu.* to be furious with so.; *mi lanciò un'occhiata furibonda* he gave me a wrathful look. 2 (*fig*) (*violento*) furious, violent: *una battaglia furibonda* a violent battle.

furiere *m.* 1 (*Mil*) quartermaster. 2 (*Mar.mil*) paymaster.

furiosamente *avv.* 1 furiously, angrily, madly. 2 (*violentemente*) violently, furiously, wildly.

furioso *a.* 1 furious, enraged, raging: *a quelle parole diventò ~* at those words he became furious; *un ~ litigio* a furious quarrel. 2 (*rif. ad animali*) raging: *un toro ~* a raging bull. 3 (*fig*) (*violento*) violent, burning: *gelosia furiosa* violent jealousy; *una discussione furiosa* a violent argument.

furlana *f.* (*danza*) forlana, furlana.

furono → **essere**[1].

furore *m.* 1 (*ira*) fury, rage. 2 (*fig*) (*violenza*) fury, violence, frenzy: *il ~ della battaglia* the violence of the battle; *il ~ della tempesta* the fury of the storm. 3 (*fig*) (*esaltazione*) frenzy: ~ *bacchico* Bacchic frenzy, Bacchic uproar. 4 (*fig*) (*estro*) inspiration, impulse: ~ *poetico* poetic inspiration. □ ~ *cieco* blind rage; *con* ~ furiously, violently; *a furor di*

popolo : 1 (*spreg*) by the people, by the mob: *il tiranno fu cacciato a furor di popolo* the tyrant was driven out by the people; 2 (*rif. a successo e sim.*) by popular acclaim; *fare ~* (*avere successo*) to be a great success, to be all the rage.

furoreggiare (**furoréggio, furoréggi**; *aus.* **avere**) *v.i.* to be a great success, to be all the rage.

furtivamente *avv.* (*di nascosto*) stealthily, furtively, surreptitiously: *si allontanò ~* he stole away, he stole off.

furtivo *a.* 1 stealthy, furtive, surreptitious, covert: *sguardo ~* furtive glance, covert glance. 2 (*rubato*) stolen: *merce di provenienza furtiva* stolen goods.

furto *m.* 1 (*Dir*) theft, larceny: *commettere un ~* to commit a theft; *essere accusato di ~* to be accused of theft. 2 (*cosa rubata*) stolen goods *pl.*, stolen property, loot. 3 (*fig*) (*prezzo troppo alto*) sheer robbery, sheer daylight robbery: *è un ~!* it's sheer robbery! □ (*Dir*) *~ aggravato* aggravated theft; (*Dir*) *~ con effrazione* burglary, breaking and entering; (*Dir*) *~con scasso* burglary, housebreaking; (*Edit,Dir*) *~letterario* (*plagio*) plagiarism; *fu condannato per ~* he was sentenced for theft.

fusa □ *fare le ~* to purr.

fusaggine *f.* (*Bot*) spindle tree.

fusaiola *f.* (*Arch*) fusarole.

fusata *f.* spindle, spindleful.

fuscello *m.* 1 (*ramoscello*) twig. 2 (*di paglia*) piece of straw. □ *magro come un ~* as thin as a rake; (*Bibl,fig*) *vedere il ~ nell'occhio del prossimo e non la trave nel proprio* to see a mote (*o* speck) in another's eye and not a beam in one's own; (*fig*) *fare di un ~una trave* to make a mountain out of a molehill.

fusciacca *f.* sash.

fuseaux /fy'zo/ *m.pl.* (*Abbigl*) leggings.

fusellato *a.* (*Arch*) fusiform, spindle-shaped: *colonna fusellata* fusiform column.

fusello *m.* 1 (*Tess*) bobbin. 2 (*Ferr*) spindle. 3 (*Tip*) rule. □ (*Ferr*) *~dell'assale* axle-tree spindle; (*Ferr*) *~di ruota* stub axle.

fuselol, fuselolo *m.* (*Chim*) fusel oil.

fusi → **fondere**.

fusibile I *a.* meltable, fusible. II *m.* (*El*) fuse: *fare saltare un ~* to blow a fuse.

fusibilità *f.* (*Fis*) fusibility.

fusiforme *a.* fusiform, spindle-shaped.

fusilli *m.pl.* (*Gastron*) fusilli (*costr.sing.*) (spiral shaped pasta).

fusione *f.* 1 (*liquefazione*) melting: *~ della cera* melting of wax; *la ~ del ghiaccio* the melting of ice. 2 (*Met*) fusion, founding: *la ~ del bronzo* the fusion of bronze. 3 (*colata, getto*) casting: *la ~ delle campane* the casting of the bells. 4 (*fig*) fusion, union, blend, amalgamation: *la ~ di due popoli* the uniting of two peoples; *una ~ di colori* a blend of colours. 5 (*rif. a società, partiti ecc.*) merger, merging: *fusioni e acquisizioni* mergers and acquisitions. 6 (*Ling,Nucl*) fusion. □ (*Tip*) *~di caratteri* type casting; (*Met*) *~eutettica* eutectic melting; (*Nucl*) *~ fredda* cold fusion; (*Met*) *~in conchiglia* chill casting.

fusionismo *m.* (*Pol*) fusionism.

fusionista *m./f.* (*Pol*) fusionist.

fuso[1] *m.* 1 (*per filare*) spindle. 2 (*Mecc*) spindle, axle, journal, shank. □ (*Aut*) *~a snodo* stub axle; (*fig*) *essere dirittocome un ~* to be as straight as a ramrod, to be as straight as a poker; (*Mar*) *~dell'ancora* shank of an anchor; (*Macell*) *~di pollo* oyster and thigh of a chicken; (*Geog*) *~orario* time zone; *differenza di ~ orario* time difference; (*Mat*) *~ sferico* spherical lune.

fuso[2] → **fondere** *a.* 1 (*Met*) melted; (*colato*) cast: *acciaio ~* cast steel. 2 (*liquefatto*) melted: *burro ~* melted butter; *neve fusa* melted snow, thawed snow. 3 processed: *formaggio ~* processed cheese. 4 (*colloq*) (*esausto*) worn-out. 5 (*gerg*) (*fatto*) stoned.

fusoliera *f.* (*Aer*) fuselage.

fusorio *a.* (*Met*) smelting, foundry (*attr.*), founding, casting: *forno ~* smelting furnace; *arte fusoria* foundry craft.

fustagno *m.* (*Tess*) fustian.

fustaia *f.* (*Forest*) high forest.

fustanella *f.* (*Abbigl*) fustanella.

fustella *f.* 1 (*Mecc*) punch. 2 (*talloncino del prezzo dei medicinali*) price tag.

fustellare (**fustèllo**) *v.t.* (*Mecc*) to punch.

fustellatrice *f.* (*Mecc*) (*macchina*) punch cutter.

fustigare (**fùstigo, fùstighi**) *v.t.* 1 to flog, to whip, to lash: *~ a sangue qcu.* to flog so. until he bleeds. 2 (*con una canna*) to cane. 3 (*fig*) (*censurare*) to criticize, to censure, to lash out at.

fustigatore *m.* (*f.* **-trice**) 1 flogger, whipper. 2 (*fig*) severe critic.

fustigazione *f.* 1 flogging, lashing. 2 (*fig*) severe criticism.

fustino *m.* carton, box: *~ di detersivo* washing powder carton, detergent carton, box of washing powder; (*cilindrico*) drum of detergent.

fusto *m.* 1 (*Bot*) (*tronco*) trunk: *alto ~* high trunk; *basso ~* low trunk. 2 (*Bot*) (*stelo*) stalk, stem. 3 (*tronco umano*) trunk. 4 (*colloq*) (*giovane atletico*) hunk, babe, stud: *che ~!* what a hunk!, what a babe! 5 (*ossatura, intelaiatura*) frame, framework: *il ~ dell'ombrello* the frame of an umbrella. 6 (*recipiente*) container; (*di metallo*) drum, can; (*di legno*) barrel, keg, cask: *un ~ di vino* a cask of wine. 7 (*Arch*) (*corpo della colonna*) shaft. □ *~ di benzina* drum of gasoline, drum of petrol.

futile *a.* 1 (*di scarsa importanza*) futile, trifling, trivial, petty: *hanno litigato per futili motivi* they quarrelled for petty reasons. 2 (*frivolo*) frivolous, silly: *discorsi futili* silly talk, frivolous talk.

futilità *f.* 1 futility, uselessness, (*ant*) triviality. 2 (*cosa frivola*) frivolity, trifle.

futilmente *avv.* trivially, uselessly.

futon *m.inv.* (*Arred*) futon.

futures /'fjutʃərz/ *m.pl.* (*Econ*) futures.

futuribile I *a.* feasible. II *m.* futurity.

futurismo *m.* (*Art,Lett*) futurism, Futurism.

futurista I *m./f.* (*Art,Lett*) futurist. II *a.* (*Art, Lett*) futurist, futuristic: *arte ~* futuristic art; *manifesto ~* futurist manifesto; *movimento ~* futurist movement; *pittore ~* futuristic painter.

futuristico (*pl.* **-ci**) *a.* futurist, futuristic.

futuro *a.* 1 future, to come (*posposto*), coming: *gli anni futuri* the coming years, the years to come; *la mia futura moglie* my future wife, my bride-to-be; *il ~ presidente della società* the future president of the firm. II *m.* 1 future: *risparmiare per il ~* to save for the future; *pensare al ~* to look ahead. 2 (*Gramm*) future. 3 *pl.* (*posteri*) posterity (*costr.sing.*), future generations. □ (*Ling*) *al ~* in the future; (*Gramm*) *~ anteriore* future perfect; *futura madre* mother-to-be, expectant mother; *~ padre* expectant father; *per il ~* for the future; (*Gramm*) *~ semplice* future simple; *senza ~* futureless.

futurologia *f.* futurology.

futurologico (*pl.* **-ci**) *a.* futurologic.

futurologo *m.* (*f.* **-a**; *pl.* **-gi**) futurologist.

fuzzy logic /'faddzi'lɔdʒik/ *f.inv.* (*Inform*) fuzzy logic.

G

g, G[1] /dʒi/ *f./m.* (*lettera dell'alfabeto*) g, G: *due g* two g's; *una g maiuscola* a capital G; *una g minuscola* a small g; *doppia g* double g; (*Tel*) *g come Genova* G for George, (*Am*) G as in George.

G[2] *Gabon* G (Gabon).

gabardine /ˈgabardin, gabarˈdin/ **I** *f.* (*Tess*) gabardine. **II** *m./f.inv.* (*Abbigl*) **1** (*soprabito*) gabardine overcoat. **2** (*impermeabile*) gabardine raincoat.

gabbana *f.* (*Abbigl,ant*) hooded overcoat.

gabbanella *f.* (*Abbigl,ant*) **1** (*camice*) white coat, white overall. **2** (*veste da camera: corta*) dressing gown, dressing jacket, (*Am*) robe, (*Am*) housecoat.

gabbano *m.* (*Abbigl,ant*) **1** (*soprabito*) loose overcoat. **2** (*veste da lavoro*) overall.

gabbare (*gàbbo*) **I** *v.t.* **1** (*ingannare*) to cheat, to swindle, to dupe, to hoodwink, to take (so.) in. **2** (*beffare*) to make fun of, to mock. **II** *v.pron.* **gabbarsi** (*prendersi gioco*) to laugh (*di* at), to make fun (of), to be amused (by): *gabbarsi della credulità altrui* to be amused by the credulity of others.

gabbia *f.* **1** cage: *la ~ dei leoni* the lions' cage; *in ~ in a cage.* **2** (*colloq*) (*prigione*) jail, (*Br*) gaol, (*colloq*) cooler, (*colloq*) clink: *sentirsi in ~* to feel cooped up, to feel boxed in. **3** (*da imballaggio*) crate. **4** (*Edil*) (*nelle costruzioni in cemento armato*) reinforcement. **5** (*Edil*) (*tromba delle scale*) well. **6** (*Minier*) skip, cage. **7** (*Pesc*) (*nassa*) fish trap. **8** (*museruola per buoi*) muzzle. **9** (*Mar*) (*coffa*) crow's nest, top; (*vela quadra*) topsail: *bassa ~* lower main topsail. **10** (*Mil,ant*) (*torre di guardia*) watch tower; (*garitta su un baluardo*) look-out post (on ramparts). **11** (*Met*) (*incastellatura per cilindri di laminatoi*) stand, holster, housing: *~ a cilindri equilibrati* balanced stand. □ *~ da imballaggio* crate; *la ~ degli imputati* the dock; *~ di ascensore* (*Br*) lift shaft, (*Am*) elevator shaft; (*Minier*) *~ di estrazione* skip; (*El*) *~ di Faraday* Faraday cage; (*Mar*) *~ di maestra* main topsail; (*fig*) *una ~ di matti* a madhouse; (*fig*) *~ dorata* gilded cage; (*El*) *~ elettrostatica* Faraday cage; *~ per polli* chicken coop; *~ per uccelli* birdcage; (*Anat*) *~ toracica* chest, rib cage, thoracic cage.

gabbiano *m.* (*Ornit*) gull, seagull.

gabbiata *f.* (*animali di una gabbia*) cage of animals, cageful of animals.

gabbiere *m.* (*Mar*) topman.

gabbietta *f.* small cage.

gabbionata *f.* (*Idr*) gabionade.

gabbione *m.* **1** (*Idr,Mil*) gabion. **2** (*gabbia degli imputati*) prisoner's dock, (the) dock.

gabbiotto *m.* (*del portiere*) porter's lodge.

gabbo *m.* (*rar*) joke, hoax. □ *farsi ~ di qcu.* to make fun of so., to mock so.; *prendere a ~ qcs.* to take sth. lightly.

gabbro *m.* (*Min*) gabbro.

gabella *f.* (*Stor*) tax, toll; (*dazio*) duty, excise duty, gabelle. □ (*fig*) *fare lo sciocco per non pagar ~* to play dumb.

gabellare (*gabèllo*) *v.t.* **1** to tax, to excise. **2** (*fig*) (*far passare*) to pass off: *lo gabellarono per esperto* they passed him off as an expert. **3** (*fig,rar*) (*accettare per vero*) to believe, (*colloq*) to swallow: *questa frottola non*

---

la gabello I'm not falling for that story.

gabelliere *m.* (*Stor*) excise man, tax collector.

gabinetto *m.* **1** (*latrina*) lavatory, toilet, W.C., gentlemen's room (*o* ladies' room), (*Am*) restroom, (*Am*) bathroom, (*Am*) washroom; *andare al ~* to go to the toilet. **2** (*studio: di medico*) consulting room, (*Am*) office; (*di fotografo*) studio. **3** (*Pol*) (*ministero*) cabinet. **4** (*Stor*) (*consiglio privato del sovrano*) privy council, cabinet council. **5** (*stanza, studio privato*) study. **6** (*Scol*) (*aula per esperimenti*) laboratory, (*colloq*) lab. □ *~ alla turca* squat toilet; *~ di coalizione* coalition cabinet; *~ dentistico* dentist's surgery, (*Am*) dentist's office; (*Scol*) *~ di analisi* laboratory; (*rar*) *~ di decenza* bathroom, public convenience, public toilet; (*Scol*) *~ di fisica* physics room, physics laboratory; *~ di lettura* reading-room; (*Pol*) *~ fantasma* shadow cabinet; *~ fotografico* photographic studio; *~ medico* (*Br*) doctor's surgery, (*Am*) doctor's office; *~ ombra* shadow cabinet.

gabola *f.* (*dial*) hassle.

Gabon *n.pr.m.* (*Geog*) Gabon.

gabonese *I* *a.* Gabonese. **II** *m./f.* Gabonese.

Gabriele *n.pr.m.* Gabriel: (*Bibl*) *l'arcangelo ~* the Archangel Gabriel.

Gabriella *n.pr.f.* Gabriella, Gabrielle.

gadget /ˈgadʒet/ *m.inv.* **1** gadget, widget. **2** (*oggetto promozionale*) promotional giveaway.

gadolinio *m.* (*Chim*) gadolinium.

gadolinite *f.* (*Min*) gadolinite.

gaelico (*pl.* **-ci**) **I** *a.* Gaelic. **II** *m.* (*lingua*) Gaelic.

Gaetano *n.pr.m.* Gaetano.

gaettone *m.* (*Mar.mil*) dogwatch.

gaffa *f.* (*Mar*) boat-hook.

gaffe /gaf/ *f.inv.* gaffe, faux pas, blunder: *fare una ~* to make a gaffe, to commit a gaffe, (*colloq*) to put one's foot in it, to put one's foot in one's mouth.

gaffeur /gafˈfœr/ *m.inv.* (*f.* **gaffeuse**) blunderer, person who frequently makes gaffes.

gag /geg/ *f.inv.* gag.

gagà *m.* fop, dandy.

gagate *f.* (*Min*) jet.

gaggia *f.* (*Bot*) huisache, cassie.

gagliarda *f.* (*Mus*) galliard.

gagliardetto *m.* **1** (*bandierina*) pennant, pennon. **2** (*Mar*) pennon, pennant.

gagliardia *f.* (*lett*) strength, vigour, hardiness.

gagliardo *a.* **1** strong, vigorous, hardy, lusty: *vento ~* strong wind. **2** (*robusto*) strapping, robust: *un giovane ~* a strapping young man. **3** (*coraggioso*) brave, courageous, bold. **4** (*rif. a vino*) full-bodied, strong and generous. **5** (*fig*) (*vivace*) lively, forceful: *ingegno ~* lively intellect.

gaglioffaggine *f.* foolishness, loutishness.

gaglioffo I *m.* **1** oaf, lout. **2** (*buono a nulla*) idler, (*colloq*) good-for-nothing. **II** *a.* **1** oafish, loutish. **2** (*goffo*) clumsy.

gaiamente *avv.* gaily, cheerfully, merrily.

gaiezza *f.* gaiety, cheerfulness, merriness.

gaio *a.* **1** cheerful, light-hearted, merry: *carattere ~* cheerful character; *una gaia compagnia* a merry band. **2** (*vivace*) lively; (*rif.*

---

a colori) bright, lively.

gala I *f.* **1** (*lusso, sfarzo*) luxury, pomp, show. **2** (*ricevimento*) festivity, gala, feast. **3** (*striscia increspata: di stoffa*) frill, flounce. **4** (*nastro*) ribbon; (*fiocco*) bow. **5** (*rar,Abbigl*) (*cravatta a farfalla*) bow tie. **6** (*Mar*) (*pavese*) flags *pl.*, flag dressing. **II** *m.inv.* (*ricevimento*) gala. □ *di ~* gala (*attr.*): *abito di ~* formal dress; *pranzo di ~* gala dinner; *serata di ~* formal evening, gala performance.

galà *m.* (*ricevimento, spettacolo*) gala.

galalite *f.* (*Ind*) galalith.

galante *a.* **1** gallant: *un signore ~* a gallant gentleman. **2** (*amoroso*) love (*attr.*): *avventura ~* love-affair, romance. □ *fare il ~* to flirt: *gli piace fare il ~ con le signore* he likes to play the ladies' man, he likes to be the ladies' man.

galantemente *avv.* gallantly.

galanteria *f.* **1** gallantry. **2** (*atto galante*) compliment, courtesy: *è pieno di galanterie con le signore* he is full of gallantry with the ladies.

galantina *f.* (*Gastron*) galantine: *~ di pollo* chicken galantine.

galantuomo *m.* gentleman, man of honour, honest man, upright man. □ *da ~* like a true gentleman.

Galapagos *n.pr.f.pl.* (*Geog*) Galapagos Islands *pl.*

galassia *f.* **1** (*Astr*) galaxy; (*via Lattea*) Milky Way, Galaxy. **2** (*fig*) (*gruppo*) galaxy, circle: *la ~ delle piccole imprese venete* the range (*o* vast array *o* assembly) of small Venetian businesses; *la ~ delle associazioni di volontariato* the array of volunteer associations. □ (*Astr*) *~ a spirale* spiral galaxy; (*Astr*) *~ ellittica* elliptical galaxy.

galata I *a.* Galatian. **II** *m./f.* Galatian.

galateo *m.* **1** (*libro*) book of etiquette, book of manners, code of politeness. **2** (*estens*) (*buona educazione*) etiquette, good manners *pl.*, proper decorum: *questo è contro il ~* this is not etiquette, this goes against proper decorum; *conoscere il ~* to have good manners; *non conoscere il ~* to have no manners; *dovresti imparare il ~* you should learn some manners. □ *~ di Internet* netiquette.

Galati *m.pl.* (*Bibl*) Galatians.

galattagogo (*pl.* **-ghi**) *a./m.* (*Farm*) galactagogue.

galattico (*pl.* **-ci**) *a.* **1** (*Astr*) galactic. **2** (*fig*) (*grandioso*) fantastic, wonderful.

galattoforo *a.* (*Anat*) galactophorous.

galattometro *m.* (*Ind*) galactometer.

galattopoiesi *f.* (*Fisiol*) galactopoiesis.

galattosio *m.* (*Chim*) galactose.

galaverna *f.* (*Meteor*) hoar-frost, rime.

galaxite *f.* (*Min*) galaxite.

galbula *f.* (*Ornit*) jacamar.

galbulo *m.* (*Bot*) cone.

galea[1] *f.* (*Mar,ant*) galley.

galea[2] *f.* (*Stor.rom*) (*elmo*) leather helmet.

galeazza *f.* (*Mar,ant*) galleass.

galena *f.* (*Min*) galena.

galenico (*pl.* **-ci**) *a.* galenic, galenical: *preparato ~* galenical.

Galeno *n.pr.m.* (*Stor*) Galen.

galeone *m.* (*Mar,ant*) galleon.

galeopiteco *m.* (*Zool*) galeopithecus.

galeotta f. (Mar,ant) galiot, galliot.

galeotto[1] m. 1 (Mar,ant) galley slave. 2 (estens) (carcerato) convict. 3 (fig) (furfante) ruffian, scoundrel, knave.

galeotto[2] I m. go-between, (ant) pander II a. acting as a go-between. □ (fig) galeotta fu la festa sulla spiaggia the party on the beach brought them together.

galera f. 1 (Mar,ant) galley. 2 (prigione) prison, jail, (Br) gaol, (Am,colloq) lock-up: finire in ~ to go to jail. 3 (lavori forzati) penal servitude, hard labour, imprisonment with hard labour: fu condannato a dieci anni di ~ he was sentenced to ten years' penal servitude. 4 (fig) prison: questo lavoro è una ~ this job is like serving time (o like doing time); fare una vita da ~ to drudge and slave. □ (colloq) essere in ~ to do time.

galero m. Cardinal's hat.

galestro m. (Geol) marl.

Galilea n.pr.f. (Geog) Galilee: Alta ~ High Galilee; mare di ~ Sea of Galilee.

galileiano a. Galilean.

galileo a./m. Galilean. □ il Galileo (Gesù Cristo) the Galilean.

Galizia n.pr.f. (Geog) (in Spagna e Polonia) Galicia.

galla f. 1 (Bot,Veter) gall. 2 (vescica) blister, gall. □ a ~ (a fior d'acqua) afloat, floating: tenersi a ~ to keep afloat (anche fig); rimanere a ~ (o stare a ~): 1 to float, to keep afloat, to stay afloat; 2 (fig) to keep one's head above water, to scrape through, to hang on; venire a ~: 1 to rise to the surface, to come to the surface; 2 (fig) to come to light, to come out: prima o poi i suoi imbrogli verranno a ~ sooner or later his cheating will come to light.

gallare (gàllo) I v.t. to fertilize. II v.i. (aus. avere) to be fertilized.

gallato a. fertilized: uovo ~ fertilized egg.

gallatura f. fertilization.

galleggiabilità f. buoyancy.

galleggiamento m. floating, flotation, floatation.

galleggiante I a. floating, afloat (pred.): bacino ~ floating dock. II m. 1 (Pesc,Idr,Aer) float. 2 (Mar) (natante) float, barge; (pontone) pontoon; (zattera) float. 3 (Mar) (boa) buoy.

galleggiare (galléggio, galléggi; aus. avere) v.i. to float (anche fig): il sughero galleggia cork floats.

gallego I a. Galician. II m. (f. -a; pl. -ghi) Galician.

galleina f. (Chim) gallein.

galleria f. 1 (traforo) tunnel: scavare una ~ to dig a tunnel, to tunnel; ~ del Sempione Simplon Tunnel. 2 (esposizione di opere d'arte) gallery: ~ di arte moderna modern art gallery. 3 (Cin,Teat) balcony, circle. 4 (strada coperta, porticato) arcade. 5 (Arch) gallery, portico. 6 (Minier) gallery, tunnel, drift. 7 (scavo fatto da animali) burrow, tunnel: scavare una ~ to burrow. 8 (Mil) gallery. □ (Aer) ~aerodinamica air tunnel, (Aer) ~del vento wind tunnel; (Minier) ~di accesso adit; (Minier) ~ di passaggio gangway; (Minier) ~di ventilazione air way, wind way; (Minier) ~in pendenza slant; ~ della metropolitana (Br) tube, (Br) underground, (Am) subway; Galleria Nazionale National Gallery.

gallerista m./f. gallery director.

Galles n.pr.m. (Geog) Wales.

gallese I a. Welsh. II m. (lingua) Welsh. III m./f. (abitante) Welshman (f. -woman): i gallesi the Welsh, the Welsh people.

galletta f. (Alim) biscuit; (per marinai) ship's biscuit, sea biscuit, hard tack.

galletto m. 1 (giovane gallo) cockerel, young cock. 2 (fig) (giovane vivace o arrogante) young cock, cocky young man. 3 (Mecc) wing nut. 4 (Bot) chanterelle. □ (fig) ~di primo canto cockerel, perky young fellow; fare il ~: 1 (essere arrogante) to be cheeky, to be cocky; 2 (fare il galante) to flirt.

Gallia n.pr.f. (Geog.stor) Gaul. □ (Geog. stor) ~Belgica Belgic Gaul; (Geog.stor) ~Cisalpina Cisalpine Gaul; (Geog.stor) ~ Citeriore Hither Gaul; (Geog.stor) ~ Transpadana Transpadane Gaul.

gallicanesimo, **gallicanismo** m. (Stor) Gallicanism.

gallicano a. Gallic, Gallican: Chiesa gallicana Gallican Church.

gallicismo m. (Ling) gallicism.

gallicizzare (gallicìzzo) v.t. to gallicize.

gallico[1] (pl. -ci) I a. 1 Gallic. 2 (estens) (francese) French. II m. (lingua) Gaulish.

gallico[2] a. (Chim) gallic: acido ~ gallic acid.

galliformi m.pl. Galliformes.

gallina f. 1 (Ornit) hen. 2 (Macell) chicken. □ (fig) la ~dalle uova d'oro the goose that lays the golden egg; (Ornit) ~faraona guinea fowl, guinea hen; (Gastron) ~lessa boiled chicken; (Ornit) ~ovaiola laying hen, layer. Prov.: ~ vecchia fa buon brodo the old hen makes good soup; ~ che canta ha fatto l'uovo the guilty party speaks first, the guilty party speaks loudest, the guilty pig squeals first.

gallinaccio m. 1 (region) (tacchino) turkey, turkey cock. 2 (Bot) chanterelle.

gallinaceo I a. gallinaceous. II m.pl. gallinaceans.

gallinella f. 1 (gallina giovane) pullet. 2 (Ornit) (porciglione) water rail. 3 (Ornit) (beccaccia) woodcock. 4 (Bot) weasel's snout, lesser snapdragon. □ (Ornit) ~d'acqua moor hen, water hen.

gallio m. (Chim) gallium.

gallismo m. (iron) exaggerated sense of masculinity, sexual conceit, machismo.

gallo[1] I m. 1 (Ornit) cock, (Am) rooster. 2 (iron) (vanitoso nelle faccende amorose) lady-killer II m.inv. (Sport) (nel pugilato: peso gallo) bantam, bantamweight. □ (Ornit) ~ cedrone great grouse, wood grouse; ~ da combattimento fighting cock, game-cock; (fig) essere il ~del pollaio (o il ~della Checca) to be a ladies' man, to be the only man among a lot of women; (fig) ~di primo canto cockerel; fare il ~: 1 (imbaldanzirsi) to be cocky, to strut; 2 (darsi arie da conquistatore) to flirt, to play the ladykiller.

gallo[2] I a. (Stor) Gallic. II m. (Stor) Gaul.

gallofobia f. francophobia, gallophobia.

gallomania f. gallomania.

gallonare (gallóno) v.t. to braid, to trim with braid, to decorate (sth.) with stripes.

gallonato a. 1 braided, gallooned: divisa gallonata braided uniform. 2 (rif. a usciere e sim.) liveried.

gallone[1] m. 1 braid, galloon: una tenda con galloni dorati a curtain with gold braid. 2 (Mil) stripe, chevron: i galloni di sergente a sergeant's stripes; meritare i galloni to get one's stripes.

gallone[2] m. (unità di misura) gallon.

galloromanzo I a. (Ling) Gallo-romance. II m. (Ling) Gallo-romance.

gallozzola f. 1 (vescichetta) blister. 2 (bolla su un liquido) bubble.

galoche /gaˈlɔʃ/ f.inv. (Calz) (caloscia) galosh, golosh, overshoe.

galoppante a. (Med,Econ) galloping.

galoppare (galòppo; aus. avere) v.i. 1 to gallop. 2 (fig) (essere in continuo movimento) to be always on the go. □ (fig) ~con la fantasia to let one's imagination run away with one.

galoppata f. 1 (corsa al galoppo) gallop, galloping. 2 (Equit) gallop. 3 (fig) (lavoro intenso) hard work. □ (fig)fare una bella ~ to really rush.

galoppatoio m. (Equit) riding track.

galoppatore m. (f. -trice) (Equit) galloper.

galoppino m. 1 (f. -a) (colloq,spreg) messenger boy (f. girl), errand boy. 2 (Tecn) pulley. □ ~elettorale canvasser, (Am) heeler, ward heeler.

galoppo m. 1 (Equit) gallop: mettere un cavallo al ~ to gallop a horse; partire al ~ to gallop off; andare di ~ to gallop. 2 (danza) galop, galopade. □ al ~ at a gallop; di ~: 1 at a gallop: il cavallo procedeva di ~ the horse was galloping; 2 (fig) (in gran fretta) at full speed, at the double, to come at the double, to go at the double, to dash.

galvanico (pl. -ci) a. (El) galvanic: corrente galvanica galvanic current.

galvanismo m. galvanism.

galvanizzare (galvanìzzo) I v.t. to galvanize (anche fig). II v.pron. galvanizzarsi (fig) to become excited.

galvanizzazione f. (Med,Met) galvanization (anche fig).

galvanometro m. (Fis) galvanometer.

galvanoplastica f. (Tecn) galvanoplasty, galvanoplastics (costr.sing.).

galvanoplastico (pl. -ci) a. galvanoplastic.

galvanostegia f. (Met) electroplating.

galvanostegista m./f. electroplater.

galvanotecnica f. science of electroplating.

galvanoterapia f. (Med) electrotherapy.

galvanotipia f. (Tip) electrotype.

galvanotipo m. electrotype.

galvanotipista m./f. electrotypist.

gamba f. 1 (Anat) leg (anche estens): questi pantaloni sono troppo lunghi di ~ these trousers are too long in the leg; le gambe del tavolo the table legs. 2 (asta: di lettera, di nota musicale) stem. □ a tre gambe three-legged; a gambe larghe with legs wide apart; a gambe levate hotfoot, as fast as one's legs can carry one, like a scalded cat; andare a gambe all'aria: 1 to fall flat on one's back; 2 (fig) (fallire) to fail, to be ruined; (Zool) ~anteriore foreleg; ~artificiale artificial leg; (fig) avere buone gambe to be a good walker; dalle gambe corte short-legged; dalle gambe lunghe long-legged; darsela a gambe (fuggire) to take to one's heels; ~di legno wooden leg; (colloq) gambe! (via!, vattene!) be off!, off with you!; (colloq) in ~: 1 (valente) smart, bright, clever, on the ball: un tipo in ~ a smart fellow; 2 (in buona salute) well, on top of the world; (rif. a persona anziana) sprightly; (fig,scherz) mettersi le gambe in spalla to take to one's heels, to flee; avrà trent'anni per ~ he's sixty if he's a day; (Zool) ~posteriore hind leg; (fig) prendere qcu. sotto ~ to have a poor opinion of so.; prendere qcs. sotto ~ to take sth. lightly; gambe storte bow legs, bandy legs.

gambacorta m./f.inv. (colloq,scherz) 1 (persona zoppa) lame person. 2 (persona dalle gambe corte) short-legged person.

gambale m. 1 (parte dello stivale) leg, bootleg; (ghetta) legging. 2 (forma di legno) boot tree. 3 (Mil,ant) (gambiera di armatura) jamb, jambe.

gambalesta m./f.inv. (colloq,scherz) fast runner.

gambaletto m. 1 (Med) leg cast. 2 (calza) knee sock, knee high.

gambalunga m./f.inv. (colloq,scherz) long-legs pl.

gambecchio m. (Ornit) little stint.

gamberetto m. (Zool) shrimp, prawn.

gambero m. (Zool) crayfish, (Am) crawfish. □ (Zool) ~ di fiume freshwater crayfish; (Zool) ~ di mare European lobster.

gambesecche m.inv. (Bot,Alim) fairy ring champignon, fairy ring mushroom.

gambetta[1] f. small leg.

gambetta[2] f. (Ornit) ruff.

gambetto m. 1 (sgambetto) trip. 2 (negli scacchi) gambit.

Gambia n.pr.m. (Geog) (The) Gambia.

gambiera f. (Mil,ant) jamb, jambe.

gambino m. (fosso di risaia) irrigation ditch in paddy fields.

gambissima □ (colloq) in ~ really cool, together: un tipo in ~ a really cool guy.

gambizzare (gambìzzo) v.t. to shoot (so.) in the leg, to kneecap.

gambizzato a. shot in the leg, kneecapped.

gambizzazione f. shot in the leg, kneecapping.

gambo m. 1 (di fiore) stem, stalk: rose col ~ lungo long-stemmed roses. 2 (di fungo) stipe, stalk. 3 (di bicchiere) stem. 4 (Mecc) (codolo) shank; (di valvola) stem.

game /gejm/ m.inv. (Sport) game.

gamella f. 1 (Mil) (gavetta) mess tin. 2 (Mar) (stoviglie) kit, mess kit.

gamete m. (Biol) gamete.

gametofito m. (Bot) gametophyte.

gametogamia f. (Biol) gametogony.

gamia f. (Biol) gamic reproduction.

gamma[1] f. 1 (Mus) scale, gamut. 2 (rif. a colori) range, gamut: la ~ dei rossi the gamut of reds. 3 (fig) range: una vasta ~ (o ampia ~) di articoli a wide range of articles; ~ di colori range of colours, colour range. 4 (Rad) band, range: ~ di frequenza frequency range; ~ di onda (o ~ di lunghezza d'onda) waveband; ~ di sintonia tuning band.

gamma[2] f./m.inv. (lettera dell'alfabeto greco) gamma: fattore ~ gamma factor.

gammaglobulina f. (Biol) gamma globulin.

gammato □ croce gammata (svastica) swastika, gammadion.

gamogenesi f. (Biol) gamogenesis.

gamopetalo a. (Bot) gamopetalus.

gamosepalo a. (Bot) gamosepalous.

ganascia (pl. -sce) f. 1 jaw. 2 (Mecc) jaw, shoe. 3 (dei freni) shoe, brake shoe. 4 (Ferr) fish plate, fishing plate. 5 (bloccaruota) wheel clamp.

ganascino □ prendere qcu. per il ~ to pinch so.'s cheek.

gancio m. 1 hook (anche Abbigl): appendere a un ~ to hang on a hook. 2 (Sport) (nel pugilato) hook. 3 (fig) (appiglio, pretesto) cavil, pretext. □ a ~ hooked; ~ di sicurezza safety hook; (Ferr) ~ di trazione tow hook.

Gand n.pr.f. (Geog) Ghent.

gandarico, gandharico (pl. -chi) a. Gandharan.

gang /geng/ f.inv. (banda) gang.

ganga[1] f. (banda) gang, band.

ganga[2] f. (Minier) gang, gangue.

Gange n.pr.m. (Geog) Ganges.

gangetico (pl. -chi) a. Gangetic.

gangherella f. (Abbigl) eye.

ganghero m. 1 hinge: i gangheri della porta the door hinges. 2 (Abbigl) (gancio) hook.

gangliare /-gli-/ a. (Anat) ganglionic, ganglion: cellula ~ ganglion cell.

ganglio /-gli-/ m. 1 (Anat,Med) ganglion. 2 (fig) (centro vitale) nerve centre, ganglion, vital point: i gangli dell'economia the nerve centres of the economy. □ (Anat) ~ linfatico lymph node; (Anat) ~ nervoso ganglion.

ganglioma /-gli-/ m. (Med) ganglioma.

gangrena f. 1 (Med,Bot) gangrene. 2 (fig) (vizio insanabile) vice, canker.

gangster /'gangster, 'gengster/ m./f.inv. gangster.

gangsterismo /gang-, geng-/ m. gangsterism.

gangsteristico /gang-, geng-/ (pl. -ci) a. gangster (attr.), gangsterism (attr.).

ganimede m. (bellimbusto) dandy, fop, beau: fare il ~ to play the dandy.

Ganimede n.pr.m. (Mitol) Ganymede.

ganzo I m. (f. -a) 1 (colloq) smart fellow, cool person. 2 (spreg) (amante) paramour. II a. (colloq) smart, clever, cool.

gap /gep/ m.inv. 1 gap, disparity: ~ generazionale generation gap; ~ tecnologico technological gap. 2 (Inform) gap.

gara f. 1 competition, contest: ~ poetica poetry competition. 2 (Sport) contest; (corsa) race; (fra due contendenti o squadre) match. 3 (concorso) competitive bidding. 4 (fig) competition, rivalry. □ a ~ in competition: fare a ~ to compete, to compete with each other, to vie with each other, to try to outdo each other; facciamo una ~ a chi arriva prima alla macchina I'll race you to the car; (Comm) ~ a offerta segreta sealed bid tender; (Sport) ~ automobilistica car race, motor race; (Sport) ~ ciclistica bicycle race, cycle race; (Sport) ~ classica classic, classic event; ~ di addestramento training match; (Comm, burocr) ~ di appalto tender for contract: partecipare a una ~ di appalto per qcs. to tender for sth.; indire una ~ di appalto to call for tenders; ~ di ballo dance contest, dance competition; (Sport) ~ di corsa race; (Sport) ~ di fondo long-distance race, distance race; (Ginn,Sport) ~ di ginnastica gymnastic competition; (Sport) ~ di mezzofondo middle-distance race; (Sport) ~ di nuoto swimming race; (Sport) gare di qualificazione qualifying games; ~ di regolarità reliability trial; (Sport) ~ di salto jumping competition; (Sport) ~ di sci ski race; (Sport) ~ di tiro shooting competition; (Sport) ~ di tuffi diving contest; (Sport) ~ eliminatoria heat; (Sport) ~ finale final; essere in ~ con qcu. to compete with so.; essere in ~ per qcs. to be in the running for sth.; entrare in ~ con qcu. to compete with so.

garage /ga'ra:ʒ/ m.inv. garage: ~ sotterraneo underground garage.

garagista m./f. 1 (operaio) garage attendant; (meccanico) motor mechanic. 2 (proprietario) garage proprietor, garage owner.

garante I a. guarantee (attr.). II m./f. 1 guarantor, surety, warrantor. 2 (autorità) authority. □ ~ antitrust trust buster; essere ~ per qcu. to answer for so., to vouch for so.; farsi ~ per qcs. to vouch for sth.; ~ per la privacy privacy authority; ~ per la radiodiffusione broadcasting authority; ~ per l'editoria press watchdog; rendersi ~ per qcs. to vouch for sth.

garantire (garantìsco, garantìsci) I v.t. 1 (rendersi garante) to guarantee, to warrant: ~ il rimborso di un credito to guarantee the refund of a loan; l'esito di un'impresa to guarantee the success of an undertaking. 2 (rif. a merci) to guarantee: ~ un orologio per due anni to guarantee a watch for two years. 3 (fig) to vouch for, to answer for: posso ~ la sua onestà I can vouch for his honesty; te lo garantisco io! I guarantee you! 4 (estens) (as-

sicurare) to assure, to warrant: ti garantisco che le cose stanno come ti ho detto I assure you that the situation is as I have described it. II v.i. (aus. avere) to go surety, to stand as surety: ~ per qcu. to go surety for so. III v.pron. **garantirsi** (procurarsi delle garanzie) to obtain guarantees. □ (Dir) ~ con un'ipoteca to secure by a mortgage.

garantismo m. (Pol) defence of civil liberties, commitment to the respect of civil rights.

garantista m./f. advocate of civil liberties, defender of civil rights, supporter for the respect of civil rights.

garantistico (pl. -ci) a. respectful of civil rights.

garantito a. 1 guaranteed, warranted: tessuto ~ impermeabile guaranteed waterproof fabric; un frigorifero ~ per due anni a refrigerator with a two-year guarantee; ~ a vita life-time guaranteed. 2 (esclam.) depend on it!, you can be sure of it!: arriverà tardi, ~! he will arrive late, depend on it!

garanzia f. 1 guarantee, guaranty, surety, warranty: esigere delle garanzie to insist on guarantees; un anno di ~ one-year warranty; cartolina di ~ guarantee card. 2 (estens) (assicurazione) assurance: ricevere garanzie sull'abilità di qcu. to receive assurances on so.'s abilities. 3 (Comm,Pol) guarantee (anche fig): l'orologio ha la ~ di un anno the watch has a one-year guarantee; il suo appoggio è una ~ di successo his support is a guarantee of success. 4 (Econ) security. □ a ~ di qcs. as security for sth., as a guarantee for sth.; (Econ) ~ bancaria bank guarantee; (Econ) ~ collaterale collateral security; dare una somma come ~ to leave a sum of money as security, to leave a deposit as a guarantee; (Pol) garanzie costituzionali constitutional guarantees; (Comm,Ind) ~ di qualità guarantee of quality; dare ~ di serietà to be reliable; non dare ~ di serietà to be unreliable; ~ immobiliare real security, security on property; (Comm) essere in ~ to be under guarantee; ~ personale personal guarantee; senza ~ without recourse.

garbare (gàrbo) aus. essere) v.i. to please, to suit, to like (costr.pers.): i tuoi scherzi non mi garbano I don't like your jokes; il suo comportamento mi garba poco I don't much like his behaviour.

garbatamente avv. politely, courteously, amiably, nicely.

garbatezza f. (rar) politeness, courtesy, good manners pl.

garbato a. 1 polite, courteous, well-mannered: una persona garbata a well-mannered person. 2 (gentile) kind, amiable, nice. 3 (delicato) gentle.

garbo m. 1 (gentilezza) kindness. 2 (modi garbati) politeness, good manners, nice manners pl., courtesy; (grazia) grace, gracefulness, style; (tatto) tact: una persona piena di ~ a very courteous person. 3 (Mar) garboard. □ con ~: 1 (con delicatezza) gently; 2 (con educazione) politely; 3 (con gentilezza) with kindness; persona senza ~ (goffa) clumsy person, awkward person.

garbuglio m. 1 entanglement, tangle: un ~ di fili a tangle of threads. 2 (fig) confusion, muddle: un ~ di sentimenti confused feelings.

garçonnière /garso'njer/ f.inv. batchelor pad, love nest.

Garda n.pr.m. (Geog) Garda: lago di ~ Lake Garda.

garden center /'garden'senter/ m.inv. garden center.

gardenia f. (Bot) gardenia.

gareggiamento m. (rar) competition.

gareggiare (garéggio, garéggi; aus. **avere**) v.i. 1 to compete. 2 (fig) (misurarsi) to vie, to compete, to rival (con with): i due fratelli gareggiavano nello studio the two brothers vied with each other in studying. 3 (essere alla pari) to compete, to come near: nessuno può ~ con lui nobody can compete with him.

garenna f. (Zootecn) rabbit warren.

garganella □ bere a ~ to pour (sth.) down one's throat.

gargarismo m. 1 gargling. 2 (collutorio) gargle. □ fare i gargarismi to gargle.

gargarizzare (gargarìzzo; aus. **avere**) v.i. to gargle.

gargarozzo m. (colloq) throat, gullet.

garibaldino I a. 1 (Stor) (di Garibaldi) Garibaldian, Garibaldi's. 2 (fig) (audace) dashing, daring, reckless, bold. II m. (Stor) (soldato) soldier in Garibaldi's army. □ alla garibaldina boldly, daringly, impetuously.

garitta f. 1 (Mil) sentrybox. 2 (Stor) watchtower. 3 (Ferr) brake cabin. 4 (Mar) weather boards pl.

garnettare (garnétto) v.t. (Tess) to garnett.

garnettatrice f. (Tess) garnett.

garnettatura f. (Tess) garnetting.

garofano m. (Bot) carnation, gillyflower: portava all'occhiello un ~ rosso he wore a red carnation in his buttonhole. □ (Bot) ~ a mazzetti sweet william; (Bot) ~ selvatico wild pink.

garrese m. (Veter) withers pl.

garretto m. 1 (pop) (caviglia) ankle. 2 (Veter) (di animale) hock, hough. □ (fig) dai garretti d'acciaio sturdy-legged.

garrire (garrìsco, garrìsci; aus. **avere**) v.i. 1 to chirp, to twitter. 2 (lett) (sventolare) to flap, to flutter: le bandiere garrivano al vento the flags were fluttering in the breeze.

garrito m. chirping, twittering.

garrotta f. garrote.

garrulità f. (lett) garrulity, garrulousness.

garrulo a. 1 (che garrisce) chirping, twittering. 2 (rar,lett) (ciarliero) garrulous, loquacious.

garza f. gauze (anche Med): ~ idrofila surgical gauze; ~ sterile sterile gauze; una ~ sterile a piece of sterile gauze; compressa di ~ gauze pad.

garzare (gàrzo) v.t. (Tess) to teasel, to teazle.

garzatore m. (Tess) teaseler, teazler.

garzatrice f. (Tess) 1 (operaia) teaseler, teazler. 2 (macchina) teaseling machine.

garzatura f. (Tess) teaseling, teazling.

garzo m. (Bot) (cardo dei lanaioli) teasel, teazle. □ (Tess) dare il ~ to teasel.

garzone m. 1 boy, helper, labourer, hand. 2 (nelle campagne) farm labourer, farm hand. □ ~ del fornaio baker's boy; ~ di bottega shop boy; ~ di stalla stable hand, stable boy.

gas m.inv. (Fis) gas. □ a ~ gas (attr.); (fig) a tutto ~ at full speed, at full throttle, flat out; ~ asfissiante noxious gas, poison gas, poisonous gas; ~ combustibile fuel gas, combustible gas; ~ compresso compressed gas; (Aut) dare ~ to accelerate; ~ delle paludi marsh gas; ~ di miniera firedamp; (Aut) ~ di scappamento waste gas, exhaust gas; (Aut) ~ di scarico exhaust gas, waste gas; ~ di sintesi synthesis gas; ~ esilarante laughing gas; ~ illuminante illuminating gas, coal gas; ~ in bombole bottled gas; ~ inerte inert gas; ~ infiammabile inflammable gas; ~ lacrimogeno tear gas; ~ liquido liquid gas; ~ metano methane gas; ~ monoatomico monoatomic

gas; ~ naturale natural gas; ~ nervino nerve gas; ~ nobile noble gas; ~ per uso domestico town gas; ~ perfetto ideal gas, perfect gas; ~ serra greenhouse gas; ~ tossico toxic gas; ~ vescicante vesicant, blister gas.

gasare (gàso) I v.t. 1 to aerate, to carbonate. 2 (colloq) to excite, to thrill. II v.pron. **gasarsi** (colloq) to get excited.

gasato I a. 1 aerated, fizzy, carbonated: bevande gasate carbonated beverages. 2 (colloq) excited, thrilled. II m. (f. -a) (colloq) bighead, conceited person.

gascromatografia f. (Fis) gaschromatography.

gasdotto m. gas pipeline.

gasolina f. (Chim) gasolene, gasoline.

gasolio m. (Chim) gas oil, diesel oil, diesel fuel. □ ~ da riscaldamento heating gas oil; ~ per autotrazione derv.

gasometrico (pl. -ci) a. gasometric, gasometrical.

gasometro m. gasometer.

gassa f. (Mar) loop, eye. □ (Mar) ~ d'amante bowline knot.

gassare (gàsso) v.t. 1 (rif. a liquidi) to aerate, to carbonate. 2 (uccidere con gas) to gas.

gassato a. 1 aerated, fizzy, carbonated: bevande gassate carbonated beverages. 2 (ucciso da gas) gassed. □ non ~ still.

gassatura f. 1 (rif. a liquidi) aeration, carbonation. 2 (uccisione con gas) gassing.

gassificare (gassìfico, gassìfichi) v.t. to gasify.

gassificazione f. gasification: ~ del carbone coal gasification.

gassista m./f. 1 (addetto alle apparecchiature) gasman, gas-fitter. 2 (Met) (operaio) operator of a gas generator.

gassogeno m. (Tecn) gas generator, gas producer.

gassometria f. gasometry.

gassometro m. gasometer.

gassosa f. (Br) lemonade, (Am) lemon soda.

gassoso a. 1 (Fis) gaseous: stato ~ gaseous state. 2 (di gas) gas (attr.): emanazione gassosa gas leak.

gastaldo m. (Mediev) chamberlain.

gasteropodi m.pl. (Zool) gastropods, gasteropods.

Gastone n.pr.m. Gaston.

gastralgia f. (Med) gastralgia.

gastrectasia f. (Med) gastrectasia.

gastrectomia f. (Chir) gastrectomy.

gastrico (pl. -ci) a. (Anat) gastric.

gastrina f. (Biol) gastrin.

gastrite f. (Med) gastritis. □ (Med) ~ da helicobacter helicobacter pylori gastritis.

gastrocele m. (Med) gastrocele.

gastroduodenale a. (Anat) gastroduodenal.

gastroenterico (pl. -ci) a. (Anat) gastroenteric.

gastroenterite f. (Med) gastroenteritis.

gastroenterologia f. (Med) gastroenterology.

gastroenterologo m. (f. -a; pl. -gi) a. gastroenterologist.

gastroepatico (pl. -ci) a. (Anat) gastrohepatic.

gastroepatite f. (Med) gastrohepatitis.

gastrointestinale a. (Anat,Med) gastrointestinal.

gastrologia f. (Med) gastrology.

gastronomia f. 1 gastronomy. 2 (negozio) deli shop, delicatessen.

gastronomico (pl. -ci) a. gastronomic, gastronomical: specialità gastronomiche gastronomic specialities.

gastronomo m. 1 gastronome, gastronomist. 2 (buongustaio) gourmet.

gastropatia f. (Med) gastropathy.

gastroresistente a. (Farm) enteric coated.

gastroscopia f. (Med) gastroscopy.

gastrotomia f. (Med) gastrotomy.

gastrula f. (Biol) gastrula.

gastrulazione f. (Biol) gastrulation.

gateway /'gejt,wej/ m.inv. (Inform) gateway.

gatta f. (Zool) cat, she cat, female cat. □ (fig) qui ~ ci cova I smell a rat, there's a snake in the grass, there's something fishy about all this; (fig) una ~ da pelare a tough nut to crack, a hard nut to crack; ho altre gatte da pelare I have other fish to fry; (fig,colloq) ~ morta wily person, sly one: fare la ~ morta to act slyly. Prov.: la ~ frettolosa fece i gattini ciechi more haste less speed, the more haste the less speed, haste makes waste; tanto va la ~ al lardo che ci lascia lo zampino the pitcher went once too often to the well, curiosity killed the cat; quando la ~ manca i topi ballano when the cat's away the mice will play.

gattabuia f. (colloq) (prigione) (the) clink, (the) quod, (the) cooler, (Br) (the) nick: mettere qcu. in ~ to put so. in the clink.

gattaiola f. cat door, cat flap.

gattamorta (pl. **gattemòrte**) f. (colloq) wily person, sly one. □ fare la ~ to act slyly.

gattara f. cat-lover known for caring for strays.

gattesco (pl. -chi) a. (di gatto) cat-like, cattish, feline.

gattice m. (Bot) white poplar.

gattile m. pound (for cats).

gattinara m. (Enol) gattinara (a red wine from Vercelli).

gattino[1] m. kitten.

gattino[2] m. (Bot) catkin.

gatto m. 1 (Zool) cat; (maschio) tom cat, cat, he cat, male cat. 2 (pelliccia) cat fur. 3 (berta) ram, rammer. □ (fig,ant) ~ a nove code cat-o'nine-tails; (Zool) ~ d'Angora Angora cat; ~ delle nevi snowmobile; (Lett) il ~ con gli stivali Puss-in-Boots; (fig) ~ mammone (nelle fiabe) bogeyman, bogey, bogy; (Zool) ~ persiano Persian cat; (Zool) ~ rosso ginger cat; (Zool) ~ selvatico wild cat; (Zool) ~ siamese Siamese cat, Siamese; (Zool) ~ soriano tabby, tabby cat, tiger cat.

gattomammone m. (nelle fiabe) bogeyman, bogey, bogy.

gattonare (gattóno) I v.t. (Caccia) to stalk. II v.i. (aus. avere) 1 (Caccia) to stalk. 2 (rif. a bambini) to crawl.

gattoni[1] avv. on all fours. □ gatton ~ (quatto quatto) stealthily: avanzare gatton ~ to creep stealthily.

gattoni[2] m.pl. (colloq) (parotite) mumps.

gattopardesco (pl. -chi) a. referring to the political practice of creating reforms that are only apparent rather than substantial.

gattopardismo m. creation of reforms that are only apparent rather than substantial.

gattopardo m. (Zool) (africano) serval; (americano) ocelot.

gattuccio[1] m. (Itt) small spotted dogfish.

gattuccio[2] m. (Fal) turning saw, compass saw.

gauchisme /go'ʃism/ m.inv. (Pol) far left movements and politics.

gauchiste /go'ʃist/ I a.inv. (Pol) leftist, left-wing. II m./f.inv. (Pol) leftist, left-winger.

gaudente I m./f. reveller, pleasure lover, pleasure seeker. II a. pleasure-loving, pleasure-seeking.

gaudio m. (lett) bliss, joy.

gaudiosamente avv. (lett) joyfully.

gaudioso a. (lett) joyful.
gaullismo /gol-/ m. (Pol) Gaullism.
gaullista /gol-/ I a. (Pol) Gaullist. II m./f. (Pol) Gaullist.
gauss m.inv. (Fis) gauss.
gaussiano a. (Mat) Gaussian: curva gaussiana Gaussian curve.
gavetta f. 1 mess tin. 2 (Mar) mess kit. □ venire dalla ~: 1 (Mil,Mar.mil) (rif. a ufficiali) to come from the ranks, to rise from the ranks; 2 (estens,fig) to come from nothing, to be a self-made man, (spreg) to be an upstart.
gavettone m. 1 (Mil) big pot. 2 (colloq) water balloon: fare un ~ a qcu. to throw a water balloon at so. 3 (Mar.mil) dogwatch.
gaviale m. (Zool) gavial.
gavigliano m. (Sport) (nella scherma) quillon.
gavina f. (Ornit) common gull, seamew.
gavitello m. (Mar) buoy.
gavone m. (Mar) peak: ~ di poppa afterpeak; ~ di prua forepeak.
gavotta f. (Mus) gavotte.
gay /gɛj/ I a.inv. gay, homosexual. II m./f.inv. gay, homosexual.
Gaza n.pr.f. (Geog) Gaza: la striscia di ~ the Gaza Strip.
gazare (gàzo) v.t. (Tess) to gas, to singe.
gazatore m. (Tess) gasser.
gazatrice f. (Tess) singeing machine, singer.
gazatura f. (Tess) singeing, gassing.
gazebo m.inv. gazebo.
gazza f. (Ornit) magpie (anche fig).
gazzarra f. uproar, hubbub, din, row. □ fare ~ to make a hullabaloo, to kick up a row, (Am) to make a ruckus.
gazzella f. 1 (Zool) gazelle. 2 (fig,gerg) high-speed police car.
gazzetta f. 1 gazette (anche Giorn). 2 (fig) (persona pettegola) gossip. □ (Giorn) ~ dello sport sports newspaper; (Pol,burocr) ~ ufficiale Official Gazette.
gazzettiere m. (f. -a) (spreg) hack reporter.
gazzettino m. 1 news-sheet. 2 (estens) (notiziario) news, report. 3 (fig) (persona pettegola) gossip. □ (Giorn) ~ rosa gossip column.
gazzettistico (pl. -ci) a. 1 of a gazzette. 2 (spreg) sensationalist, hack.
gazzosa f. (Br) lemonade, (Am) lemon soda.
GB Gran Bretagna GB (Great Britain).
G.C. 1 Genio Civile CE (Civil Engineers). 2 Gesù Cristo JC (Jesus Christ).
GCA Guatemala GCA (Guatemala).
G.d.F. Guardia di Finanza (Police Force concerned with fiscal matters).
Gea n.pr.f. (Mitol) Gea.
geastro m. (Bot) earthstar.
geco (pl. -chi) m. (Zool) gecko.
geenna /ge'ɛnna/ f. (inferno) gehenna.
Geenna /ge'ɛnna/ n.pr.f. (Bibl) Gehenna.
GEI Giovani Esploratori Italiani (Italian boy scouts).
Geiger /'gajger/ m.inv. (Tecn) geiger: contatore ~ geiger counter.
geisha /'gɛjʃa/ f. geisha (anche estens).
gel m.inv. (Chim,Cosmet) gel. □ (Cosmet) ~ esfoliante exfoliating gel; (Cosmet) ~ fissante styling gel; (Cosmet) ~ per capelli hair gel.
gelare (gèlo) I v.i. (aus. essere) 1 to freeze (over), to become frozen: stanotte il lago è gelato the lake froze over last night. 2 (avere molto freddo) to be frozen, to be freezing. II v.i.impers. (aus. essere/avere) to freeze: durante la notte ha (o è) gelato it froze during the night. III v.t. 1 to freeze: il vento la gelava le membra her limbs were frozen by the cold wind. 2 (rif. a bibite e sim.) to chill, to ice. 3 (rif. a piante) to bite, to kill, to ruin: la brina

gelò le colture the frost ruined the crops. 4 (fig) (spaventare) to horrify: la notizia ci ha gelato the news horrified us. IV v.pron. gelarsi to freeze, to be frozen: mi si sono gelate le mani my hands are frozen. □ fare ~ to freeze: il freddo ha fatto ~ l'acqua nei tubi the cold has frozen the water in the pipes; (fig) fare ~ il sangue to make one's blood run cold; (fig) sentirsi ~ il sangue nelle vene to feel one's blood run cold, to feel one's blood curdle; (fig) sentirsi ~ to be petrified, to be terrified: mi sentii ~ my heart missed a beat.
gelata f. hard frost, frost: la ~ ha rovinato i germogli the frost has ruined the buds.
gelataio m. (f. -a) 1 (venditore) ice-cream vendor, ice-cream man (f. woman). 2 (produttore) ice-cream maker.
gelateria f. ice-cream parlour, ice-cream shop, (Am) ice-cream parlor.
gelatiera f. ice-cream machine.
gelatina f. 1 (Alim) jelly. 2 (Chim) gelatin, gelatine. 3 (Teat) gelatin. □ (Alim) ~ di frutta fruit jelly, (Am) jello; (Chim,Arm) ~ esplosiva blasting gelatine, nitrogelatine; (Gastron) in ~ in aspic, in gelatine, jellied: carne in ~ meat in aspic, aspic; (Alim) ~ reale royal jelly; (Fot) ~ sensibile light-sensitive gelatine.
gelatinizzante I a. gelatinizing, jelling. II m. gelatinizing agent, jelling agent.
gelatinizzare (gelatinizzo) I v.t. to gelatinize. II v.pron. **gelatinizzarsi** to gel, to gelatinize, to jell.
gelatinizzazione f. gelatinization.
gelatinoso a. gelatinous (anche Med).
gelato I a. 1 frozen, icy. 2 (iperb) (gelido) cold, freezing: avere le mani gelate to have cold hands. II m. (Dolc) icecream, ice-cream. □ (Dolc) ~ alla crema vanilla ice-cream; (Dolc) ~ alla fragola strawberry ice-cream; (Dolc) ~ artigianale homemade ice-cream; (Dolc) ~ confezionato prepackaged ice-cream; (Dolc) ~ da passeggio take away ice-cream.
gelicidio m. (Meteor) glazed frost, glaze.
gelidamente avv. icily, coldly, frigidly, gelidly (anche fig).
gelido a. icy, ice cold, gelid, frosty (anche fig): acqua gelida ice cold water; accoglienza gelida cold reception; vento ~ icy wind.
gelificante I a. jellying, jelling (anche Chim, Fis). II m. jellying agent (anche Chim,Fis).
gelificare (gelifico, gelifichi) I v.t. (Chim, Fis) to gelatinize. II v.i. (aus. essere) to gel, to jell. III v.pron. **gelificarsi** to gel, to jell.
gelificazione f. gelatinization.
gelo m. 1 (freddo intenso) intense cold, cold. 2 (ghiaccio) ice; (brina) frost: la campagna è coperta di ~ the countryside is covered with frost. 3 (Agr) frost: il ~ ha rovinato i raccolti the frost has ruined the harvest. 4 (fig) (sensazione di freddo, paura) chill: sentirsi il ~ nelle ossa to feel a chill in one's bones. 5 (fig) (freddezza) chill, chilliness: un ~ improvviso cadde sulla conversazione a sudden chill descended over the conversation.
gelone m. (Med) chilblain.
gelosamente avv. 1 jealously: (con invidia) enviously. 2 (con cura scrupolosa) jealously, scrupulously: custodire ~ un segreto to guard a secret jealously.
gelosia¹ f. 1 jealousy: essere roso dalla ~ to be consumed with jealousy; una scenata di ~ a scene of jealousy; provare ~ per qcu. to be jealous of so. 2 (invidia) envy: i suoi successi hanno suscitato la ~ dei colleghi his success aroused his colleagues's envy. 3 (cura scrupolosa) loving care, great care: cu-

stodire qcs. con ~ to keep sth. jealously guarded. □ per ~ out of jealousy.
gelosia² f. (persiana) jalousie, shutter; (sportello apribile nella persiana) shutter hatch, shutter flap.
geloso a. 1 jealous: è gelosa del fidanzato she is jealous of her fiancé. 2 (invidioso) envious, jealous: essere ~ del successo di un amico to be envious (o to be jealous) of a friend's success. 3 (attaccato) particular, jealous: essere ~ della propria intimità to be jealous of one's privacy; sono gelosa dei miei libri I am particular about my books.
gelseto m. (Agr) mulberry grove, mulberry plantation.
gelsicoltore m. (f. -trice) mulberry grower, mulberry farmer.
gelsicoltura f. mulberry growing.
gelso m. (Bot) mulberry, mulberrytree.
gelsomino m. (Bot) jasmine, jessamine: essenza di ~ jasmine oil.
gemebondo a. (lett) moaning, mournful, lamenting, plaintive.
gemellaggio m. twinning, twinship: il ~ tra Roma e Parigi the twinship between Rome and Paris.
gemellanza f. twinship.
gemellare¹ a. twin (attr.): gravidanza ~ twin pregnancy, bigeminal pregnancy; parto ~ twin birth, twinning.
gemellare² (gemèllo) I v.t. to twin. II v.pron. **gemellarsi** to twin.
gemellarità f. twin birth.
gemellato a. twinned.
Gemelli I n.pr.m.pl. (Astr) Gemini. II m./f.inv. (persona nata sotto il segno dei Gemelli) Gemini.
gemellipara f. mother of twins.
gemello I a. 1 (di due) twin: mia sorella gemella my twin sister; letti gemelli twin beds. 2 (di tre) triplet. 3 (di quattro) quadruplet. II m. 1 (f. -a) twin: coppia di gemelli twins; tre gemelli triplets; quattro gemelli quadruplets. 2 pl. (Abbigl) (bottoni fermapolso) cufflinks. 3 pl. (Abbigl) (twin-set) twinset sing. □ (Biol) gemelli biovulari diovular twins; (Abbigl) gemelli da polso cufflinks; (Biol) gemelli dizigotici dizygotic twins; (Biol) gemelli identici identical twins; (Biol) gemelli monovulari monovular twins; (Biol) gemelli monozigotici monozygotic twins; (Biol) gemelli omozigoti homozigous twins; (Biol) gemelli siamesi Siamese twins.
gemellologia f. gemellology, study of twins.
gemere (pres.ind. gèmo; p.rem. geméi/gemètti; p.p. gemùto; aus. avere) v.i. 1 (lamentarsi) to moan, to groan (anche fig): i feriti gemevano the wounded were moaning; il popolo geme sotto il giogo straniero the people are groaning under the yoke of foreign domination; ~ di dolore to moan with pain. 2 (rif. a colombi, tortore) to coo. 3 (stridere, scricchiolare) to creak, to groan: la trave gemette sotto il peso the beam groaned under the weight. 4 (rar) (perdere) to leak: la vasca geme the tub leaks. 5 (aus. essere/avere) (colare goccia a goccia) to drip, to trickle, to ooze: il sangue geme dalla ferita blood is oozing from the wound. □ (fig) far ~ i torchi (stampare) to go to press.
geminale a. (Chim) geminale.
geminare (gèmino) I v.t. (Ling) to geminate. II v.pron. **geminarsi** to geminate.
geminata f. (Fon) geminate.
geminato I a. (Ling,Min,Bot) geminate, geminated. II m. (Min) geminate crystal.
geminazione f. (Ling,Min) gemination.
gemino a. (lett) twin (attr.), geminous.

gemito *m.* wail, wailing, lamentation, lamenting, groan, groaning (*anche fig*): *emettere un ~* to give a groan; *il ~ dei feriti* the moaning of the wounded men; *il ~ del vento* the wailing of the wind, the mournful cry of the wind.

gemma *f.* 1 (*Bot*) bud, gemma. 2 (*Min*) (*pietra preziosa*) gem, precious stone. 3 (*fig*) (*cosa preziosa*) gem, jewel, pearl: *le gemme della letteratura italiana* the gems of Italian literature. 4 (*catarifrangente*) cat's eye. □ (*Bot*) *~apicale* terminal bud; (*Bot*) *~ascellare* axillary bud; (*Bot*) *~ avventizia* adventitious bud; (*Bot*) *~floreale* flower bud.

gemmare (**gèmmo**; *aus.* **avere**) *v.i.* (*Bot*) to gemmate, to bud.

gemmario *a.* 1 (*Bot*) gemmary. 2 (*Min*) jewel (*attr.*), gem (*attr.*).

gemmato *a.* 1 (*Bot*) gemmate. 2 (*ornato di gemme*) bejewelled.

gemmazione *f.* (*Bot,Biol*) gemmation.

gemmifero *a.* (*Bot,Min*) gemmiferous.

gemmiparo *a.* (*Biol*) gemmiparous.

gemmologia *f.* gemmology.

gemmoso *a.* 1 (*Bot*) full of buds. 2 (*ricco di pietre preziose*) gemmiferous.

gemmula *f.* (*Biol,rar*) gemmule.

gen. 1 (*Mil*) *generale* Gen. (general). 2 (*Gramm*) *genitivo* gen. (genitive). 3 (*Biol*) *genere* gen. (genus).

gendarme *m.* 1 gendarme, policeman. 2 (*colloq,fig*) (*donna grossa ed energica*) virago.

gendarmeria *f.* 1 (*corpo dei gendarmi*) gendarmerie. 2 (*estens*) (*caserma*) police station.

gene *m.* (*Biol*) gene.

genealogia *f.* 1 genealogy. 2 (*discendenti*) genealogy, lineage. 3 (*rif. ad animali*) pedigree.

genealogico (*pl.* **-ci**) *a.* genealogic, genealogical.

genealogista *m./f.* genealogist.

genepì *m.* 1 (*Bot*) wormwood, mugwort. 2 (*liquore*) liqueur flavoured with wormwood.

generalato *m.* generalship.

generale[1] I *a.* 1 general: *norme generali* general rules; *opinione ~* general opinion. 2 (*comune*) common; (*diffuso*) widespread. 3 (*principale*) general, head (*attr.*): *direttore ~* general manager. 4 (*complessivo*) overall. II *m.* general: *il ~ ed il particolare* the general and the particular. □ *in ~*: 1 (*per sommi capi*) in general, in general terms; 2 (*di solito*) usually, as a rule, in general, generally, generally speaking; *mantenersi sulle generali* (*o stare sulle generali*) to stick to generalities, to keep to generalities, (*scherz*) to talk about the weather.

generale[2] *m.* 1 (*Mil*) general; (*Aer.mil*) marshal. 2 (*Rel.catt*) superior general; (*dei benedettini*) abbot general; (*dei francescani*) minister general. □ (*Mil*) *~d'armata* general; (*Mil*) *~ di brigata* (*Br*) brigadier, (*Am*) brigadier general; (*Mil*) *~di corpo d'armata* lieutenant general; (*Mil*) *~di divisione* major general.

generalessa *f.* 1 (*scherz*) (*moglie di generale*) general's wife. 2 (*Rel.catt*) superior general, abbess. 3 (*scherz*) (*donna di carattere imperioso*) battle axe, virago.

generalissimo *m.* (*Mil*) generalissimo, commander-in-chief.

generalista *a.* (*Svizz.it*) general, non-specialized.

generalità *f.* 1 (*l'essere generale o comune*) commonness, universality, generality: *la ~ di un'opinione* the commonness of an

opinion. 2 (*la maggior parte*) majority: *la ~ degli uomini* the majority of men; *quello che tu dici è vero nella ~ dei casi* what you say is true in the majority of cases, what you say is true in most cases. 3 *pl.* (*notizie sull'identità*) personal particulars, name and address: *declinare false ~* to give a false name and address.

generalizio *a.* (*Rel*) of a superior general: *casa generalizia* mother house.

generalizzare (**generalìzzo**) I *v.t.* 1 to generalize: *~ un principio* to generalize a principle. 2 (*diffondere*) to spread. II *v.i.* (*aus.* **avere**) to generalize.

generalizzato *a.* 1 generalized. 2 (*diffuso, esteso*) common, widespread, general.

generalizzazione *f.* generalization.

generalmente *avv.* 1 generally: *~ parlando* generally speaking. 2 (*di solito*) in general, generally, usually, as a rule: *~ arriva puntuale* he generally arrives punctually, he generally arrives on time. 3 (*da parte di tutti*) commonly, generally.

generare (**gènero**) I *v.t.* 1 to give birth to, to beget, to procreate, to breed: *Abramo generò Isacco* Abraham begot Isaac. 2 (*estens*) (*dare vita*) to give birth to, to produce, to breed: *la Grecia generò poeti e filosofi* Greece produced (*o* gave birth to) poets and philosophers; *la terra genera una grande varietà di piante* the earth produces a large variety of plants. 3 (*fig*) (*provocare*) to arouse, to breed, to generate: *il suo atteggiamento genera sospetti* his attitude arouses suspicion; *l'ignoranza genera le superstizioni* ignorance breeds superstition. 4 (*Tecn*) to generate, to produce: *~ elettricità* to generate electricity. 5 (*Geom*) to generate, to form. II *v.pron.* **generarsi** to be produced, to be formed.

generativismo *m.* (*Ling*) theory of generative grammar.

generativista I *m./f.* follower of the theory of generative grammar. II *a.* (*Ling*) generative.

generativo *a.* generative.

generatore I *m.* 1 (*f.* **-trice**) (*rar*) generator, producer. 2 (*Tecn*) generator. II *a.* generative, generating, productive: *principio ~* generative principle, productive principle. □ (*Tecn*) *~ acustico* acoustic generator; (*El*) *~di corrente alternata e continua* double-current generator; (*Tecn*) *~di gas* gas generator; (*Tecn*) *~di radiofrequenza* oscillator; (*Tecn*) *~di vapore* steam generator; (*Tecn*) *~eolico* wind generator; (*Tecn*) *~idraulico* hydraulic generator; (*Tecn*) *~solare* solar generator.

generatrice *f.* (*Mat*) generatrix.

generazionale *a.* generational, generation (*attr.*): *conflitti generazionali* conflicts between generations, generational conflicts.

generazione *f.* 1 (*il generare*) generation, begetting, procreation: *la ~ dell'uomo* the generation of man, the procreation of man. 2 (*discendenti*) descendants *pl.*; (*stirpe*) house, race: *la ~ di David* the house of David. 3 (*individui della stessa età*) generation. 4 (*Tecn*) generation, production: *~ di elettricità* generation of electricity. □ *computer di quarta ~* fourth-generation computer; *di ~ in ~* from generation to generation, from father to son; *le generazioni future* future generations, the generations to come; *le generazioni passate* past generations; (*Biol*) *~ spontanea* spontaneous generation.

genere *m.* 1 (*tipo, specie*) type, kind, sort, way: *questo ~ di vita non fa per me* this kind of life is not for me; *che ~ di film è questo?* what kind of film is this?, what sort of film

is this? 2 (*Comm*) (*tipo di merce*) product, article, line: *l'argenteria è un ~ che si vende molto* silverware is a line which sells well. 3 (*Lett,Mus*) genre. 4 (*Biol*) genus. 5 (*Gramm*) gender. 6 (*Filos*) category, class. □ *generi alimentari* foodstuffs (*anche Comm*); (*TV,Cin,Teat*) *~comico* comedy; *del ~* of the kind, of the same kind, like, similar: *non ho mai visto una cosa del ~* I have never seen such a thing; *niente del ~* nothing of the kind; *qualcosa del ~* something of the sort; *~di affari* type of business, line of business; *generi di conforto* refreshments (*anche Comm*); *generi di consumo* consumer goods (*anche Comm*); *~di lusso* luxury article (*anche Comm*); *generi di prima necessità* basic commodities, staple commodities, staple goods; (*Lett*) *~ drammatico* drama, dramatic genre; (*Lett*) *~ epico* the epic; (*Gramm*) *~ grammaticale* gender; *questo libro non è il mio ~* this is not my sort of book, this is not my kind of book; *in ~* generally, generally speaking, usually, as a rule; *~letterario* literary genre; *nel suo ~* in his own way: *nel suo ~ è un artista* in his own way he is an artist; *il ~umano* mankind; *generi voluttuari* luxury goods (*anche Comm*).

genericamente *avv.* generically: *ci siamo accordati ~* we came to a an overall agreement, we came to a general agreement.

genericità *f.* lack of precision, indefiniteness: *la ~ delle sue cognizioni* the lack of precision in his concepts.

generico (*pl.* **-ci**) I *a.* 1 (*che riguarda il genere*) generic: *caratteri generici* generic characteristics. 2 (*generale*) general, generic, vague: *discorsi generici* general remarks; (*impreciso*) generic, imprecise: *cognizioni generiche* generic concepts. 3 (*non specializzato*) general, non-specialized: *medico ~* general practitioner, GP. II *m.* 1 (*f.* **-a**) (*Teat, Cin*) utility actor (*f.* actress), all-round actor (*f.* actress), bit-player, bit part actor (*f.* actress). 2 (*ciò che ha valore generico*) general, generalities *pl.*: *restare nel ~* to stick to generalities. 3 (*Farm*) generic drug, generically equivalent medicine.

genero *m.* son-in-law.

generosamente *avv.* 1 generously. 2 (*abbondantemente*) generously, liberally, munificently.

generosità *f.* 1 (*liberalità*) generosity, munificence, liberality: *~ nel donare* generosity in giving. 2 (*magnanimità*) generosity, magnanimity: *~ verso i nemici* generosity towards one's enemies. 3 (*altruismo*) generosity, unselfishness. □ *con ~* generously.

generoso *a.* 1 generous, liberal; (*altruista*) generous, unselfish; (*abbondante*) generous: *una generosa porzione di dolce* a generous helping of dessert. 2 (*rif. a vino: forte*) generous. 3 (*rif. a terreno: fertile*) rich, fertile. □ (*fig*) *fare il ~* to be lavish.

genesi *f.* genesis, origin, birth (*anche Lett, Art*): *la ~ dell'uomo* the genesis of man; *la ~ di un'opera d'arte* the genesis of a work of art, the birth of a work of art.

Genesi *n.pr.f.* (*Bibl*) Genesis.

genetica *f.* (*Biol*) genetics (*costr.sing.*). □ (*Biol*) *~molecolare* molecular genetics; (*Biol*) *~umana* human genetics.

geneticamente *avv.* genetically: *~ manipolato* genetically manipulated; *~ modificato* genetically modified.

genetico (*pl.* **-ci**) *a.* genetic (*anche Biol*): *caratteri genetici* genetic characteristics.

genetista *m./f.* geneticist.

genetliaco (*pl.* **-ci**) I *a.* (*lett*) birthday (*attr.*). II *m.* (*lett*) birthday.

genetta f. (Zool) genet.

Gengis Khan /kan/ n.pr.m. (Stor) Genghis Khan.

gengiva f. (Anat) gum, gingiva.

gengivale a. (Anat) gingival, gum (attr.), of the gums: *infiammazione* ~ inflammation of the gums.

gengivario m. (Farm) medicine for the gums.

gengivectomia f. (Dent) gingivectomy, gum resection.

gengivite f. (Dent) gingivitis.

genia f. 1 (ant,lett) (stirpe, razza) race, family. 2 (spreg) (gentaglia) tribe, pack, gang, crowd: *non voglio avere a che fare con una simile* ~ I don't want to have anything to do with such a crowd.

geniaccio m. wizard, genius.

genialata f. (colloq,scherz) brilliant idea, brainwave, great idea.

geniale a. 1 (rif. a persona) brilliant, inspired, ingenious. 2 (rif. a cosa) brilliant, ingenious, clever: *un'idea* ~ a brilliant idea, an ingenious idea.

genialità f. 1 (rif. a persona) genius, cleverness, talent, ingeniousness, brilliance: *la* ~ *di un artista* the ingeniousness (o the genius o the brilliance) of an artist. 2 (rif. a cosa) brilliance, ingeniousness: *la* ~ *di una scoperta* the ingeniousness of a discovery.

genialmente avv. brilliantly, cleverly, ingeniously.

genialoide m./f. erratic genius.

genico (pl. **-ci**) a. (Biol) gene (attr.), genic: *terapia genica* gene therapy.

genicolato a. (Bot,Anat) geniculate, geniculated.

geniere m. (Mil) pioneer, sapper.

genietto m. whizz kid.

genio[1] m. 1 genius: *il* ~ *di Dante* Dante's genius; *Leonardo fu un* ~ Leonardo was a genius; *un* ~ *del computer* a computer genius. 2 (talento, disposizione) genius, talent, gift: *avere* ~ *per la musica* to have a gift for music, to have a talent for music; *persona di* ~ talented person, gifted person. 3 (carattere distintivo) character, genius, nature: *il* ~ *di un popolo* the character of a nation, the genius of a nation. 4 (divinità tutelare) genius, tutelary god: *il* ~ *della casa* the tutelary genius of the house; (folletto) genie, sprite, fairy. ☐ *andare a* ~ to be to one's taste, to be to one's liking: *questo lavoro non mi va a* ~ this work is not to my liking; ~*benefico* guardian angel, beneficent spirit; *il* ~ *del male* evil spirit; *il* ~*della lampada* the genie of the lamp; ~*familiare* genius familiae; ~ *incompreso* misunderstood genius (anche iron); ~*tutelare* guardian angel, tutelary genius.

genio[2] m. (Mil) engineers pl., (GB) Royal Engineers pl., (US) Engineer Corps. ☐ (Aer.mil) ~*aeronautico* aircraft engineering; ~ *civile* Office of Works, Civil Engineers (pl.); (Ferr) ~*ferrovieri* Railroad Engineers (pl.); (Mil) ~ *militare* Military Engineers (pl.); (Mar.mil) ~ *navale* Naval Engineers (pl.).

genitale I a. genital (anche Anat): *apparato* ~ genital apparatus. **II** m.pl. (Anat) genitals, genitalia.

genitivo I m. (Ling) genitive. **II** a. (Ling) genitive: *caso* ~ genitive case. ☐ ~*sassone* 1 apostrophe s; 2 (Ling) possessive case.

genitore m. parent: *i suoi genitori* his parents.

genitoriale a. parental.

genitorialità m. parenting.

genitourinario a. (Anat) urogenital, geni-

tourinary: *apparato* ~ urogenital tract.

genitrice f. (lett,scherz) mother, parent.

gennaio m. January. ☐ *di* ~ of January, in January; *in* ~ in January.

gennaker /dʒe'naker/ m.inv. (Mar) gennaker.

genocidio m. genocide.

genoma m. (Biol) genome.

genomico (pl. **-ci**) a. (Biol) genomic.

genotipico (pl. **-ci**) a. (Biol) genotypical.

genotipo m. (Biol) genotype.

Genova n.pr.f. (Geog) Genoa.

genovese a./m./f. Genoese.

gentaglia f. (spreg) mob, rabble, scum.

gente f. 1 people (costr.pl.): *le strade sono piene di* ~ the streets are full of people; ~ *estranea* people from outside, outsiders pl. 2 (ospiti) guests pl., people (costr.pl.): *ieri abbiamo avuto* ~ *a cena* yesterday we had some guests for dinner. 3 (famiglia, parenti) family, people (costr.pl.), (colloq) folks pl.: *la mia* ~ *vive al paese* my family lives in the village, my folks live in the village; *essere figlio di povera* ~ to come from a poor family. 4 (concittadini, connazionali) countrymen pl. 5 (lett) (popolo) people: *le genti italiche* the Italic peoples. 6 (Aer,Mar) crew. 7 (Stor.rom) gens. ☐ ~*alla buona* easy-going people; *la* ~ *bene* the upper middle class; ~ *comune* ordinary people, common people; ~ *d'arme* soldiers (pl.); ~ *di campagna* country people, country folk; ~ *di chiesa* church-goers (pl.); ~*di città* city people, city folk, city dwellers (pl.); ~*di mare* sea-faring people, seafolk; ~*di teatro* stage folk, theatrical people; ~ *per bene* decent people, respectable people; *quanta* ~*!* what a crowd!; *è* ~ *semplice* they're simple folk. *Prov.*: ~ *allegra il ciel l'aiuta* Heaven helps cheerful people.

gentildonna f. gentlewoman, lady.

gentile I a. 1 (cortese) kind, polite, courteous: *è* ~ *con tutti* he is polite to everyone; *vuoi essere così* ~ *da chiudere la porta?* would you be so kind as to close the door?; *è stato* ~ *da parte tua* that was kind of you. 2 (aggraziato) fine, graceful, gracious: *lineamenti gentili* graceful features. 3 (nobile, elevato) noble, lofty: *sentimenti gentili* noble sentiments. 4 (epist) (nell'intestazione) Dear: *gentili signori* Dear Sirs, (Am) Gentlemen; ~ *signora* Dear Madam; *gentili signore* Mesdames; ~ *signora Maria Rossi* Dear Ms Rossi. 5 (epist) (sulla busta) non si traduce: *Gentile signora Maria Bianchi* Ms Maria Bianchi. 6 (delicato) delicate, gentle: *profumo* ~ delicate perfume; *natura* ~ gentle nature. **II** m./f. (Rel) (non ebreo, pagano) Gentile. ☐ (fig) *il gentil sesso* the fair sex, the fairer sex (anche scherz).

gentilezza f. 1 kindness, politeness, courtesy. 2 (atto gentile) kindness, favour: *fare una* ~ *a qcu.* to do so. a favour, to do so. a kindness; *gli usarono molte gentilezze* they showered kindnesses upon him. ☐ ~ *di animo* kindheartedness; ~*di modi* kindness, kindliness, kind ways; (iron) *fammi la* ~ *di andartene* do me the kindness of going away, do me the favour of leaving; *per* ~ (per favore) please.

gentilissimo a. (epist) (nell'intestazione) Dear; (sulla busta) non si traduce: *Gentilissima signora Maria Bianchi* Ms Maria Bianchi.

gentilizio a. 1 family-, gentilitial: *nome* ~ family name. 2 (di famiglia nobile) noble, aristocratic, gentilitial.

gentilmente avv. kindly, courteously, politely.

gentiluomo (pl. **gentiluòmini**) m. 1 (ant)

(nobile) noble, nobleman, gentleman. 2 (estens) (persona di modi signorili) gentleman: *è un vero* ~ he's a true gentleman; *comportarsi da* ~ to behave like a gentleman. ☐ ~ *di camera* chamberlain; ~ *di campagna* squire, country squire; ~ *di palazzo* chamberlain.

gent.mo (epist) gentilissimo (nell'intestazione) Dear; (sulla busta) non si traduce: *gent.ma signora Maria Bianchi* Ms Maria Bianchi.

gentucola f. (gente da poco) common people pl.

genuflessione f. genuflection, genuflexion. ☐ *fare una* ~ to genuflect.

genuflesso → **genuflettersi** a. kneeling, on one's knees: *pregava* ~ he was praying on his knees.

genuflettersi (pres.ind. **mi genuflètto**; p.rem. **mi genuflettéi**; p.p. **genuflèsso**) v.pron. to genuflect, to kneel, to kneel down.

genuinamente avv. genuinely.

genuinità f. 1 genuineness, authenticity: *la* ~ *di un documento* authenticity of a document. 2 (spontaneità) naturalness, spontaneity.

genuino a. 1 (non sofisticato) genuine, natural, wholesome, real: *vino* ~ genuine wine. 2 (schietto, spontaneo) natural, spontaneous, genuine: *sentimenti genuini* genuine feelings. 3 (autentico) authentic, genuine: *documento* ~ authentic document.

genziana f. (Bot) gentian.

genzianella f. (Bot) gentianella.

GEO Georgia GEO (Georgia).

geobotanica f. geobotany, phytogeography.

geocentrico (pl. **-ci**) a. (Astr) geocentric.

geocentrismo m. (Astr) geocentrism.

geochimica f. geochemistry.

geochimico (pl. **-ci**) a. geochemical.

geode m. (Min) geode.

geodesia f. geodesy.

geodeta m./f. geodesist.

geodetica f. (Geom) geodesic line, geodetic line.

geodetico (pl. **-ci**) a. geodesic, geodetic, geodetical: *rilevamento* ~ geodetic survey.

geodinamica f. (Geol) geodynamics (costr.sing.).

geodinamico (pl. **-ci**) a. (Geol) geodynamic, geodynamical.

geofagia f. (Med) geophagy, geophagism.

geofisica f. geophysics (costr.sing.).

geofisico I a. geophysical. **II** m. (f. **-a**; pl. **-ci**) geophysicist.

geografia f. geography. ☐ ~*economica* economic geography; ~*fisica* physical geography; ~ *politica* political geography; ~*regionale* regional geography; ~*storica* historical geography; ~*umana* human geography; ~*urbana* urban geography.

geograficamente avv. geographically.

geografico (pl. **-ci**) a. geographic, geographical: *atlante* ~ atlas; *carta geografica* map, geographical map.

geografo m. (f. **-a**) geographer.

geoide m. (Geol) geoid.

geolinguistica f. linguistic geography.

geologia f. geology. ☐ ~*applicata* economic geology.

geologicamente avv. geologically.

geologico (pl. **-ci**) a. geologic, geological: *era geologica* geological era; *carta geologica* geological map.

geologo m. (f. **-a**; pl. **-gi**) geologist.

geomagnetico (pl. **-ci**) a. geomagnetic.

geomagnetismo m. geomagnetism, magnetism of the earth.

geomante m./f. geomancer.
geomantico (pl. **-ci**) a. geomantic.
geomanzia f. geomancy.
geometra m./f. surveyor.
geometria f. 1 geometry. 2 (fig) (struttura rigorosa) structure, layout. ☐ ~analitica analytical geometry, coordinate geometry; ~elementare Euclidean geometry; ~ellittica elliptic geometry; ~ euclidea Euclidean geometry; geometrie non euclidee non-Euclidean geometries; ~piana plane geometry; ~proiettiva projective geometry; ~solida solid geometry; ~spaziale space geometry.
geometricamente a. geometrically.
geometricità f. 1 geometric quality. 2 (fig) schematism.
geometrico (pl. **-ci**) a. 1 geometric, geometrical: disegno ~ geometric design; figura geometrica geometric figure. 2 (fig) logical, precise.
geometride m. (Zool) geometer, inchworm.
geometrizzare (geometrìzzo) v.t. to geometrize.
geomorfologia f. geomorphology.
geopedologia f. geopedology.
geopolitica f. geopolitics (costr.sing.).
geopolitico (pl. **-ci**) a. geopolitical.
Georgia n.pr.f. (Geog) Georgia.
georgiano[1] I a. (della Georgia) Georgian. II m. 1 (f. **-a**) (abitante) Georgian. 2 (lingua) Georgian.
georgiano[2] a. (Stor) Georgian.
georgico (pl. **-ci**) a. (Lett) georgic, georgical: poesia georgica georgics, georgic poetry.
geosfera f. (Geol) geosphere.
geosinclinale f. (Geol) geosyncline.
geostazionario a. (Astron) geostationary: satellite ~ geostationary satellite.
geotecnica f. geotechnics (costr.sing.).
geotermale a. geothermal, geothermic.
geotermia f. 1 (misura) geothermy. 2 (scienza) geothermics (costr.sing.).
geotermico (pl. **-ci**) a. (Geol,El) geothermal, geothermic: centrale geotermica geothermal power station; gradiente ~ geothermal gradient.
geotettonica f. tectonics (costr.sing.).
geotropico (pl. **-ci**) a. (Bot) geotropic.
geotropismo m. (Bot) geotropism.
geotrupe m. (Entom) dung-beetle.
Geova n.pr.m. (Bibl) Jehovah.
geraniacee f.pl. (Bot) Geraniales.
geranio m. (Bot) geranium, storksbill. ☐ (Bot) ~edera ivy geranium.
gerarca (pl. **-chi**) m. 1 (Rel) hierarch. 2 (Stor) Fascist party official. 3 (fig,spreg) despotic person.
gerarchia f. 1 hierarchy (anche Rel,Inform). 2 pl. (persone che fanno parte dell'ordinamento gerarchico) hierarchs, members of a hierarchy: erano presenti tutte le gerarchie dello stato all the government hierarchs were present. ☐ ~amministrativa administrative structure, administrative hierarchy; ~aziendale company hierarchy; (Rel) le gerarchie celesti the celestial hierarchy (sing.).
gerarchicamente avv. hierarchically.
gerarchico (pl. **-ci**) a. hierarchical: grado ~ hierarchical rank; ordinamento ~ hierarchical system, hierarchical organization.
gerarchizzare (gerarchìzzo) v.t. to hierarchize.
gerarchizzazione f. hierarchization.
Gerardo n.pr.m. (Bibl) Gerald, Gerard.
gerbillo m. (Zool) gerbil.
Geremia n.pr.m. (Bibl) Jeremiah.

geremiade f. (rar) jeremiad.
gerente m./f. 1 manager, director. 2 (ant) (di giornale) editor.
gerenza f. management, direction.
gergale a. slang (attr.): espressione ~ slang expression.
gergalismo m. (Ling) slang term.
gergo (pl. **-ghi**) m. 1 (linguaggio convenzionale) slang, jargon: ~ della malavita underworld slang; parlare in ~ to speak slang, to speak in jargon. 2 (linguaggio di un ambiente, di una professione) jargon (anche estens): ~ teatrale theatrical jargon. ☐ ~burocratico officialese; ~giornalistico journalese; ~ informatico computer jargon, computerese; ~politico political jargon; ~studentesco student slang.
geriatra m./f. geriatrist, geriatrician.
geriatria f. (Med) geriatrics (costr.sing.).
geriatrico (pl. **-ci**) a. geriatric: istituto ~ geriatric institution, nursing home.
Gerico n.pr.f. (Geog) Jericho.
gerla f. pannier.
gerlo m. (Mar) sail gasket.
germanesimo m. Germanism.
germani m.pl. (Stor) Germans.
Germania n.pr.f. (Geog) Germany: l'ex ~ dell'est the former Eeast Germany. ☐ (Stor) ~Occidentale West Germany; (Stor) ~ Orientale East Germany.
germanico (pl. **-ci**) a. 1 (Stor) (dei germani) Germanic. 2 (tedesco) German: la cultura germanica German culture. 3 (Ling) Germanic: filologia germanica Germanic philology.
germanio m. (Chim) germanium: diodo al ~ germanium diode.
germanismo m. Germanism (anche Ling).
germanista m./f. Germanist.
germanistica f. Germanistics (costr.sing.), Germanics (costr.sing.).
germanizzare (germanìzzo) I v.t. to Germanize. II v.i. (aus. **avere**) to Germanize. III v.pron. **germanizzarsi** to become Germanized.
germano[1] I a. full, german: fratello ~ brother german, full brother; sorella germana sister german, full sister. II m. (f. **-a**) full brother (f. sister), brother german (f. sister german).
germano[2] m. (Stor) German.
germano[3] ☐ (Ornit) ~forestiero ruddy sheldrake; (Ornit) ~ nero (folaga) coot; (Ornit) ~reale mallard.
germanofilia f. pro-German sentiments pl., Germanophilia.
germanofilo I a. Germanophil, Germanophile. II m. (f. **-a**) Germanophil, Germanophile.
germanofobia f. Germanophobia.
germanofobo I a. Germanophobic. II m. (f. **-a**) Germanophobe.
germanofono I a. German-speaking. II m. (f. **-a**) German-speaking person.
germe m. 1 (Biol) germ. 2 (fig) (principio, origine) germ, seed: il ~ del vizio the seed of vice; il ~ della nuova civiltà the germ of the new civilization. ☐ (Biol) ~di grano wheat germ; (fig) in ~ in embryo, in embryonic form; (Biol) ~patogeno pathogenic germ.
germicida I a. germicidal. II m. germicide.
germinabile f. germinable.
germinabilità f. germination power: analisi di ~ germination test; tasso di ~ germination percentage.
germinale a. (Biol) germinal: cellule germinali germinal cells.
germinare (gèrmino; aus. **essere/avere**) v.i. 1 (Bot) to germinate. 2 (fig) (nascere) to

originate, to arise.
germinativo a. (Bot) germinative.
germinazione f. germination.
germogliare (germòglio, germògli; aus. **essere/avere**) v.i. 1 (Bot) to bud, to germinate, (rif. a semi) to sprout: le piantine sono germogliate the plants have sprouted. 2 (fig) (svilupparsi) to germinate, to spring up.
germoglio m. 1 (Bot) bud, (di seme) sprout, shoot: germogli di soia soyabean sprouts. 2 (fig) (origine) germ, origin. ☐ (Bot,Agr) ~da innesto budwood; (Bot) ~laterale lateral bud; (Bot) ~terminale leader.
gerocomio m. old people's home.
geroglifico /-gli-/ (pl. **-ci**) I a. hieroglyphic: scrittura geroglifica hieroglyphic writing. II m. 1 hieroglyph, hieroglyphic. 2 (fig) (scrittura incomprensibile) hieroglyphics pl.
Gerolamo n.pr.m. Jerome.
gerontocomio m. old people's home.
gerontocrazia f. (Pol) gerontocracy.
gerontofilia f. gerontophilia.
gerontoiatria f. (Med) geriatrics (costr. sing.).
gerontologia f. gerontology.
gerontologico (pl. **-ci**) a. gerontological, gerontologic.
gerontologo m. (f. **-a**; pl. **-gi**) gerontologist.
gerosolimitano I a. (di Gerusalemme) Jerusalem, Jerusalem. II m. 1 (f. **-a**) (originario) native of Jerusalem; (abitante) inhabitant of Jerusalem. 2 (Rel) Knight of St. John of Jerusalem, Hospitaler.
gerundio m. (Gramm) gerund.
gerundivo I m. (Gramm) gerundive. II a. (Gramm) gerundial, gerundival, gerundive: costruzione gerundiva gerundial construction.
Gerusalemme n.pr.f. (Geog) Jerusalem.
GESCAL Gestione Case per Lavoratori (Institute for administration of workers' houses).
gessaia f. (cava di gesso) chalk pit, gypsum quarry.
gessaio m. (f. **-a**) 1 (venditore) seller of plaster. 2 (fabbricante di oggetti di gesso) plasterer.
gessare (gèsso) v.t. 1 (Agr) to gypsum, to treat with gypsum. 2 (Enol) to plaster.
gessatura f. 1 (Agr) liming, gypsuming. 2 (Enol) plastering.
gessetto m. 1 chalk, piece of chalk: gessetti colorati coloured chalks, (Am) colored chalks. 2 (per sarti) tailor's chalk.
gesso m. 1 (Min) gypsum. 2 (per scrivere sulla lavagna) chalk, piece of chalk. 3 (Art) (opera in gesso) plaster cast: sala dei gessi gallery of plaster casts. 4 (Med) (ingessatura) plaster cast, cast, plaster: fare un ~ to make a cast, to make a plaster cast; mettere il ~ a qcu. to put so. in plaster; portare il ~ per un mese to be in plaster for a month; gli hanno tolto il ~ alla gamba they took the plaster cast off his leg. ☐ (Edil,Art) ~ a presa rapida plaster of Paris; gessi colorati coloured chalks, (Am) colored chalks (anche Scol); (Edil) ~da murare wall plaster; di ~ plaster (attr.); (fig) rimanere di ~ to be flabbergasted; ~in polvere plaster powder; (Sart) ~per sarti tailor's chalk.
gessoso a. 1 (che contiene gesso) containing gypsum, gypsum (attr.): rocce gessose rocks containing gypsum. 2 (simile al gesso) chalky.
gesta f.pl. 1 (azioni gloriose) feats, exploits, deeds: le ~ dei cavalieri antichi the feats of the knights of old. 2 (iron) exploits, feats: non fa che vantare le sue ~ amorose he is

always bragging about his amorous exploits.

gestaccio (*pl.* **-ci**) *m.* vulgar gesture, rude gesture.

Gestalt /'gestalt, ges'talt/ *f.inv.* (*Psic*) Gestalt.

gestaltico /ge-/ (*pl.* **-ci**) *a.* (*Psic*) Gestalt-.

gestaltismo /ge-/ *m.* (*Psic*) Gestalt psychology.

gestante *f.* pregnant woman, expectant mother.

Gestapo /ge-/ *f.* (*Stor*) Gestapo.

gestatorio *a.* (*Lit*) gestatorial: *sedia gestatoria* gestatorial chair.

gestazione *f.* 1 pregnancy, gestation. 2 (*fig*) (*preparazione*) gestation, preparation: *in ~* in preparation.

gestibile *a.* manageable.

gesticolamento *m.* (*rar*) gesticulation.

gesticolare (**gesticolo**; *aus.* **avere**) *v.i.* to gesticulate.

gesticolazione *f.* (*rar*) gesticulation.

gesticolio *f.* continuous gesticulation.

gestionale *a.* 1 managerial. 2 (*operativo*) operational.

gestione *f.* (*Comm,Dir*) 1 management, direction, administration. 2 (*di negozio, attività*) management, running: *cambiamento di ~* management change, new management; *nuova ~* new management; (*nei cartelli*) under new management. □ *a ~ familiare* family-run (*attr.*); ~ *degli affari* conduct of business; (*Dir*) ~ *di affari altrui* management of so. else's business; ~ *aziendale* business administration; (*Inform*) ~ *dati* data management; (*Inform*) ~ *degli errori* error handling; ~ *dei rifiuti* waste management; ~ *dei rischi* risk management; (*Inform*) ~ *dei sistemi* systems management; ~ *del personale* staff management, personnel management; (*Pol*) ~ *della crisi* crisis management, the handling of a crisis, the management of a crisis; *di ~* operational, operating, management (*attr.*); ~ *di cassa* cash management; (*Inform*) ~ *di rete* net administration; (*Dir*) ~ *fallimentare* bankruptcy management; ~ *fiduciaria* trusteeship; ~ *finanziaria* financial administration; ~ *ordinaria* day-to-day management; ~ *patrimoniale* assets administration; (*Inform*) ~ *risorse* resource management; ~ *simulata* business game, executive game.

gestire[1] (**gestisco, gestisci**; *aus.* **avere**) *v.i.* to gesticulate.

gestire[2] (**gestisco, gestisci**) *v.t.* to manage, to administrate, to run: ~ *un'azienda* to manage a business; ~ *un ristorante* to run a restaurant; ~ *una situazione difficile* to manage a difficult situation. □ ~ *una trattativa* to conduct negotiations.

gesto *m.* 1 gesture: *fare un ~ di rabbia* to make an angry gesture; ~ *meccanico* mechanical gesture; ~ *eloquente* eloquent gesture. 2 (*cenno*) gesture, sign; (*col capo*) nod; (*con la mano*) wave: *mi salutò con un ~ della mano* he greeted me with a wave (*o* with a wave of his hand). 3 (*posa, piglio*) pose, attitude, position: *teatrale* theatrical attitude, theatrical gesture. 4 (*estens*) (*azione*) gesture, act: *un ~ generoso* a generous gesture; *un bel ~* a nice gesture, a kind gesture. □ *comunicavano a gesti* they communicated by gesture.

gestore *m.* 1 (*f.* **-trice**) manager, director: ~ *di negozio* shop manager. 2 (*Inform*) handler. 3 (*Tel*) provider.

gestosi *f.* (*Med*) gestosis.

gestuale *a.* gestural: *arte ~* gestural art.

gestualità *f.* 1 gestural character. 2 (*insieme dei gesti*) gestural expressiveness.

Gesù *n.pr.m.* 1 Jesus. 2 (*esclam.*) Good Heavens!, Jesus! □ ~ *Bambino* the Infant Jesus, the Christ Child; ~ *Cristo* Jesus Christ; ~ *nazareno* Jesus of Nazareth, Jesus the Nazarene; (*Bibl*) ~ *tra i dottori* Jesus among the Scribes.

gesuita I *m.* 1 (*Rel*) Jesuit. 2 (*spreg*) Jesuit, hypocrite: *fare il ~* to be a hypocrite. **II** *a.* Jesuitic, Jesuitical.

gesuiticamente *avv.* (*rar*) Jesuitically.

gesuitico (*pl.* **-ci**) *a.* (*Rel*) Jesuitic, Jesuitical (*anche spreg*).

gesuitismo *m.* 1 (*Rel*) Jesuitism. 2 (*spreg*) Jesuitry, hypocrisy.

gesummaria *intz.* good Heavens!, good Lord!

Getsemani *n.pr.m.* (*Bibl*) Gethsemane: *l'orto del ~* the garden of Gethsemane.

gettare (**getto**) **I** *v.t.* 1 (*buttare*) to throw, to cast: ~ *qcs. a qcu.* to throw so. sth.; ~ *qcs. dalla finestra* to throw sth. out of the window; ~ *a terra* to throw to the ground; ~ *a mare* to throw overboard. 2 (*lanciare*) to toss: *gli gettò il pacchetto di sigarette* he tossed him the packet of cigarettes. 3 (*scagliare con violenza*) to hurl, to fling. 4 (*emettere: rif. a suoni*) to let out: ~ *un grido* to let out a scream. 5 (*versare: rif. a liquidi*) to spout, to gush, to spurt: *la ferita getta sangue* the wound is spurting blood. 6 (*Econ*) (*rendere, fruttare*) to yield, to bring in. 7 (*Met,Scult*) to cast: ~ *una statua in bronzo* to cast a statue in bronze. 8 (*Edil*) to lay: ~ *le fondamenta di un edificio* to lay the foundations of a building. **II** *v.i.* (*aus.* **avere**) 1 (*sgorgare*) to flow: *la fontana non getta più* the fountain has stopped flowing. 2 (*germogliare*) to sprout, to bud, to shoot. **III** *v.pron.* **gettarsi** 1 (*scagliarsi*) to throw oneself, to hurl oneself, to fling oneself: *gettarsi in acqua* to throw oneself into the water; *si gettò a terra piangendo* he threw himself down on the ground and cried. 2 (*correre*) to rush, to run headlong: *si gettò giù per la discesa* he ran headlong down the slope, he rushed headlong down the slope. 3 (*confluire*) to flow: *il torrente getta nel lago* the stream flows into the lake. □ ~ *a terra* to knock down; (*fig*) ~ *acqua sul fuoco* to pour oil on troubled waters; *gettarsi addosso*: 1 (*indossare in fretta*) to throw on: *si gettò addosso la giacca e uscì* he threw on his jacket and went out; 2 (*scagliarsi*) to hurl oneself, to fling oneself, to spring: *gettarsi addosso a qcu.* to spring on so.; (*fig*) ~ *qcs. al vento* to waste sth.; *gettarsi alle ginocchia di qcu.* to go down on one's knees before so.; to fall on one's knees before so.; (*fig*) ~ *qcs. alle ortiche* to hang up sth.; (*fig*) *gettarsi qcs. alle spalle* to put sth. behind one, to think no more about sth.; ~ *qcs. contro qcu.* to throw sth. at so.; (*fig*) ~ *i soldi dalla finestra* to throw money down the drain, to throw money out of the window; (*fig*) *gettarsi qcs. dietro le spalle* to put sth. behind one, to think no more about sth.; (*fig*) ~ *discredito su qcu.* to bring so. into disrepute, to bring so. into discredit; (*fig*) ~ *fango addosso a qcu.* to throw mud at so.; (*fig*) ~ *fumo negli occhi a qcu.* to pull the wool over so.'s eyes; ~ *giù*: 1 to throw down; 2 (*abbattere, demolire*) to knock down; 3 (*fig*) (*scrivere in fretta*) to jot down, to dash off: ~ *giù degli appunti* to jot down notes; ~ *giù un articolo* to dash off an article; (*fig*) ~ *il guanto* to throw down the gauntlet; (*fig*) *il sasso e nascondere la mano* (*cercare di danneggiare qcu. senza esporsi*) to make an anonymous attack, to attack from under cover; ~ *in alto* to toss in

the air; *gettarsi in avanti* to push forward; ~ *qcs. in faccia a qcu.* to throw sth. in so.'s face (*anche fig*); *gettarsi in ginocchio* to fall on one's knees; (*fig*) ~ *la colpa addosso a qcu.* (*o* ~ *la colpa su qcu.*) to cast the blame on so., to throw the blame on so.; (*fig*) ~ *la maschera* to tear off the mask, to throw down the mask; (*fig*) ~ *la polvere negli occhi a qcu.* to throw dust in so.'s eyes; (*fig*) ~ *la spugna* to throw in the towel, to throw in the sponge; (*fig*) ~ *la tonaca* (*o* ~ *la tonaca alle ortiche*): 1 (*sfratarsi*) to abandon the cowl; 2 (*smonacarsi*) to renounce the veil; 3 (*spretarsi*) to lay aside the cloth, to leave the priesthood; ~ *l'amo* to cast the hook, to cast the line; (*Mar*) ~ *l'ancora* to drop anchor, to cast anchor; ~ *le armi* to throw down one's arms; ~ *le braccia al collo di qcu.* to throw one's arms around so.'s neck, to throw one's arms around so.; (*Pesc*) ~ *le reti* to cast the nets; ~ *l'occhio su* to cast an eye on; (*fig*) ~ *luce su qcs.* to cast light upon sth., to throw light upon sth.; (*fig*) *gettarsi nel fuoco per qcu.* to go through fire and water for so., to go through hell for so.; ~ *nella miseria* to leave in dire poverty; ~ *un ponte* to throw a bridge, to build a bridge (*anche fig*); ~ *un ponte su un fiume* to bridge a river, to build a bridge over a river; ~ *uno sguardo a* (*o su*) *qcu.* to cast an eye at so., to cast a glance at so.; ~ *uno sguardo d'odio a qcu.* to give so. a look of hatred; (*fig*) ~ *un'ombra su qcs.* to cast a shadow over sth., to cast a cloud over sth.; ~ *via*: 1 to throw out, to throw away; 2 (*fig*) (*sprecare*) to throw away, to waste.

gettata *f.* 1 (*il gettare*) throwing, casting, hurling: *la ~ delle reti* the casting of the nets. 2 (*Arm*) range. 3 (*Tecn*) cast: *una ~ di gesso* a plaster cast. 4 (*diga*) jetty.

gettato *a.* 1 thrown, cast, hurled. 2 (*fig*) (*sprecato*) wasted. 3 (*nel lavoro a maglia*) looped: *maglia gettata* looped stitch.

gettito *m.* 1 (*Econ*) revenue, yield: *il ~ di un'imposta* a tax revenue, a tax levy; ~ *fiscale* inland revenue, internal revenue. 2 (*Mar*) jetsam.

getto *m.* 1 (*il gettare*) throwing, hurling; (*lancio*) throw. 2 (*emissione*) jet, spout: *un ~ d'acqua* a jet of water. 3 (*Met,Scult*) (*azione*) casting; (*oggetto ottenuto*) cast. 4 (*Edil*) casting. 5 (*Mecc,Aer*) jet. 6 (*Bot*) sprout, shoot. □ *a ~ continuo*: 1 in a continual stream; 2 (*fig*) non-stop: *parlare a ~ continuo* to talk non-stop; (*fig*) *di ~* straight off: *un romanzo scritto di ~* a novel written straight off; ~ *di aria* air jet, air blast; (*Met,Ind*) ~ *di colata* runner.

gettonare (**gettono**) *v.t.* (*colloq*) 1 (*telefonare*) to ring up. 2 (*suonare al juke-box*) to select (sth.) on a juke-box. □ (*scherz*) *oggi sei molto gettonato!* my, you're popular today!

gettone *m.* 1 token, counter, (*Am*) slug: *introdurre un ~* to put a token in. 2 (*nei giochi*) counter, chip. 3 (*contromarca*) token, check. □ *a ~* slot (*attr.*): *apparecchio a ~* slot machine; ~ *di presenza* attendance fee; (*Tel,ant*) ~ *telefonico* telephone token.

gettoniera *f.* 1 token machine, token dispenser. 2 (*feritoia*) slot.

gettopropulsione *f.* (*Aer*) jet propulsion.

geyser /'gajzer/ *m.inv.* (*Geol*) geyser.

geyserite /gaj-/ *f.* (*Min*) geyserite.

GG *giorno* DD (day).

GH *Ghana* GH (Ghana).

Ghana *n.pr.m.* (*Geog*) Ghana.

Ghati *n.pr.m.pl.* (*Geog*) Ghats.

ghepardo *m.* (*Zool*) cheetah.

gheppio *m.* (*Ornit*) kestrel.

Gherardo *n.pr.m.* Gerard.

gheriglio *m.* (*Bot*) kernel.

gherlino *m.* (*Mar*) hawser.

gherminella *f.* **1** (*ant*) (*gioco di mano*) sleight-of-hand. **2** (*fig*) trick.

ghermire (**ghermìsco, ghermìsci**) *v.t.* **1** (*afferrare con gli artigli*) to clutch, to seize (in its talons): *l'aquila ghermì la preda* the eagle clutched the prey. **2** (*afferrare*) to grab, to seize, to snatch: *~ per un braccio* to grab by the arm.

gherone *m.* **1** (*Abbigl*) gusset. **2** (*Mar*) gore. **3** (*Arald*) gyron.

ghetta *f.* **1** (*Calz*) gaiter; (*ghetta bassa*) spat. **2** *pl.* (*Abbigl*) (*pantaloncini per bambini*) breeches, knee breeches.

ghettizzare (**ghettìzzo**) *v.t.* **1** to ghettoize. **2** (*fig*) to segregate.

ghettizzazione *f.* **1** ghettoization; (*isolamento*) isolation. **2** (*fig*) segregation.

ghetto *m.* **1** ghetto. **2** (*estens*) (*quartiere povero*) slum.

ghia *f.* (*Mar*) whip, gantline.

ghiacciaia *f.* **1** (*mobile*) icebox (*anche fig*): *in inverno questa stanza è una ~* in the winter this room is a freezer (*o* is a refrigerator *o* is freezing cold). **2** (*locale*) ice-house.

ghiacciaio *m.* (*Geog*) glacier. □ (*Geog*) *~ continentale* polar glacier, cold glacier.

ghiacciare (**ghiàccio, ghiàcci**) **I** *v.t.* **1** to freeze, to ice: *il gelo ha ghiacciato l'acqua nei tubi* the extreme cold has frozen the water in the pipes. **2** (*fig*) to freeze, to send chills down one's spine: *le sue parole mi ghiacciarono* his words sent chills down my spine. **II** *v.i.* (*aus.* **essere/avere**) **1** to freeze (over): *in inverno la fontana ghiaccia* in winter the fountain freezes. **2** (*ricoprirsi di ghiaccio*) to frost over **III** *v.pron.* **ghiacciarsi** to freeze, to get frozen.

ghiacciata *f.* iced drink.

ghiacciato *a.* **1** frozen: *lago ~* frozen lake. **2** (*fig*) (*rif. a parti del corpo*) freezing: *ho i piedi ghiacciati* my feet are freezing. **3** (*rif. a bevande*) iced, ice (*attr.*): *acqua ghiacciata* ice water.

ghiaccio[1] *m.* ice. □ (*Tecn*) *~ artificiale* artificial ice; *whisky con ~* whisky on the rocks; *di ~*: 1 (*fig*) (*freddissimo*) freezing, frozen, ice-cold: *ho i piedi di ~* my feet are freezing, my feet are frozen; 2 (*fig*) (*insensibile*) cold, icy, numb: *cuore di ~* cold heart; *essere di ~* to be cold-hearted; *diventare di ~* (*o farsi di ~*) to freeze; (*Chim*) *~ secco* dry ice; *~ tritato* crushed ice.

ghiaccio[2] (*f.pl.* **-ce**) *a.* cold, icy.

ghiacciolo *m.* **1** icicle. **2** (*Dolc*) (*gelato*) ice lolly, (*Am*) popsicle. **3** (*Min*) (*macchia delle pietre preziose*) flaw.

ghiaia *f.* gravel (*anche Edil*): *~ grossa* coarse gravel; *~ piccola* fine gravel.

ghiaiata *f.* layer of gravel.

ghiaietto *m.* fine gravel.

ghiaione *m.* (*Geol*) scree.

ghiaioso *a.* gravelly.

ghianda *f.* **1** (*Bot*) acorn. **2** (*guarnizione per tende*) acorn-shaped pendant.

ghiandaia *f.* (*Ornit*) jay.

ghiandola *f.* (*Anat*) gland. □ (*Anat*) *~ esocrina* exocrine gland; (*Anat*) *~ lacrimale* lachrymal gland; (*Anat*) *~ linfatica* lymph gland, lymphatic gland; (*Anat*) *~ mammaria* mammary gland; (*Anat*) *~ pineale* pineal gland, pineal body; (*Anat*) *~ pituitaria* pituitary gland, pituitary body; (*Anat*) *~ salivare* salivary gland; (*Anat*) *~ sebacea* sebaceous gland; (*Anat*) *ghiandole sudoripare* sweat glands, sudoriparous glands; (*Anat*) *~ surrenale* adrenal gland, suprarenal gland; (*Anat*)

~ tiroidea thyroid gland.

ghiandolare *a.* (*Anat*) glandular.

ghibellinismo *m.* (*Stor*) Ghibellinism.

ghibellino I *a.* (*Stor*) Ghibelline (*attr.*). **II** *m.* (*Stor*) Ghibelline.

ghibli *m.inv.* (*Meteor*) gibli, gibleh.

ghiera *f.* **1** (*puntale*) ferrule: *la ~ del bastone* the ferrule of the walking stick. **2** (*Mecc*) ring nut. **3** (*Arch*) arched lintel.

ghierato *a.* ferruled.

ghigliottina *f.* guillotine.

ghigliottinare (**ghigliottìno**) *v.t.* to guillotine.

ghigna *f.* (*colloq*) grimace.

ghignare (**ghìgno**; *aus.* **avere**) *v.i.* to sneer, to grin sarcastically.

ghignata *f.* (*colloq*) sneer.

ghigno *m.* **1** (*riso beffardo*) sneer: *~ sardonico* sardonic sneer; *~ satanico* satanic sneer. **2** (*smorfia*) grimace.

ghimberga *f.* (*Arch*) Gothic pediment.

ghinda *f.* (*Mar*) hoist.

ghindare (**ghìndo**) *v.t.* (*Mar*) to hoist: *~ una bandiera* to hoist a flag.

ghindazzo *m.* (*Mar*) top rope.

ghinea *f.* **1** (*Numism*) guinea. **2** (*Tess*) coarse cotton fabric.

ghingheri □ (*colloq*) *in ~* dressed up, in one's Sunday best: *mettersi in ~* to dress up.

ghiotta *f.* (*leccarda*) dripping pan.

ghiotto *a.* **1** greedy. **2** (*appetitoso*) delicious, appetizing. □ *essere ~ di qcs.* to be very fond of sth.

ghiottone *m.* **1** (*f.* **-a**) glutton, greedy person. **2** (*Zool*) glutton.

ghiottoneria *f.* **1** gluttony, greed, greediness. **2** (*concr*) (*cibo ghiotto*) titbit, tasty morsel, (*Am*) tidbit. **3** (*fig*) (*rarità*) rarity.

ghiozzo *m.* (*Itt*) goby.

ghirba *f.* **1** (*recipiente*) water bag. **2** (*Mil*) (*la pelle, la vita*) skin, hide (*anche fig*): *riportare a casa la ~* to save one's skin. □ (*colloq*) *ci ha lasciato la ~* he was killed, he got his.

ghiribizzo *m.* whim, fancy, caprice.

ghirigoro *m.* doodle, scribble, squiggle. □ *fare dei ghirigori su un foglio* to doodle on a piece of paper.

ghirlanda *f.* **1** wreath, garland: *una ~ di fiori* a garland of flowers; *una ~ di alloro* a laurel wreath. **2** (*fig,lett*) ring, circle.

ghiro *m.* **1** (*Zool*) dormouse. **2** (*fig*) (*dormiglione*) sleepyhead.

ghisa[1] *f.* (*Met*) cast iron. □ (*Met*) *~ bianca* white iron, white cast iron; *di ~* iron (*attr.*), cast-iron (*attr.*); (*Met*) *~ greggia* pig iron; (*Met*) *~ temprata* chilled iron.

ghisa[2] *f.* (*region*) (*vigile urbano*) traffic policeman.

ghitarra *f.* (*Svizz.it,Mus*) guitar.

ghost writer /ɡɔst'rajter/ *m./f.inv.* ghostwriter.

gi *f./m.* (*lettera dell'alfabeto*) G, letter G.

G.I. *giudice istruttore* (investigating magistrate).

già *avv.* **1** already: *quando sono arrivato era ~ partito* when I arrived he had already left. **2** (*prima d'ora*) before, already: *ho ~ visto quell'uomo* I have seen that man before; *siamo ~ stati qui* we have been here before; *ti ho ~ avvertito più volte* I have already warned you several times. **3** (*ormai*) by now, already, now: *a quest'ora sarà ~ a casa* he'll be home by now, by this time he'll already be home. **4** (*ex*) formerly, once: *piazza della Repubblica, ~ piazza dell'Esedra* Piazza della Repubblica, formerly Piazza dell'Esedra. **5** (*con funzione aggettivale*) ex, former: *l'onorevole Rossi, ~ ministro della Pubblica Istruzione* Rossi M.P., ex-Minister for Edu-

cation. **6** (*colloq*) (*nelle risposte: sì*) yes, of course, indeed: *sei arrivato adesso? - ~!* have you just arrived? - Yes, I have!; *~, hai ragione* of course, you're right. **7** (*nelle frasi interrogative*) already, yet: *sei ~ in piedi?* are you already up?; *avete ~ ordinato?* have you ordered yet? □ *~ che* since, as: *~ che ci sei* since you are at it, while you are at it; *~ citato* above-mentioned, above-cited; *di ~* already: *di ~ le dieci?* is it already ten o'clock?; *~ nel 1965* as long ago as 1965; *è ~ qualcosa* at least that's something, that's a start; *è ~ tanto se...* it's something if...

Giacarta *n.pr.f.* (*Geog*) Djakarta, Jakarta.

giacca *f.* (*Abbigl*) jacket: *~ del tailleur* suit jacket. □ (*Abbigl*) *~ a un petto* single-breasted jacket; *~ a doppio petto* double-breasted jacket; (*Abbigl*) *~ a vento* wind-cheater, wind-jacket, (*Am*) wind breaker; (*Abbigl*) *~ del pigiama* pyjama jacket; (*Am*) tuxedo jacket; (*Abbigl*) *~ di maglia* cardigan; (*Abbigl*) *~ di pelle* leather jacket; *~ e cravatta* (*vestito in modo formale*) (in) coat and tie; (*Abbigl*) *~ monopetto* single-breasted jacket; (*Abbigl*) *~ sfoderata* unlined jacket; (*Abbigl*) *~ sportiva* sports jacket.

giacché *congz.* as, since, inasmuch as: *~ insisti, te lo dirò* since you insist, I will tell you.

giacchetta *f.* (*Abbigl*) jacket.

giaccio → **giacere**.

giaccone *f.* (*Abbigl*) heavy jacket, coat.

giacente *a.* **1** (*in sospeso*) pending, outstanding: *affari giacenti* pending business. **2** (*invenduto*) unsold: *merci giacenti* unsold goods. **3** (*Post*) unclaimed, dead, undelivered: *lettera ~* dead letter; *pacco ~* unclaimed package. **4** (*Econ*) uninvested, idle, unproductive: *capitali giacenti* idle capital. **5** (*Comm*) in stock.

giacenza *f.* **1** (*merce in deposito*) stock; (*merce invenduta*) unsold goods *pl.* **2** (*periodo*) lay over, waiting period. **3** *pl.* (*Econ*) (*somme depositate*) deposits. □ (*Comm, Econ*) *~ di cassa* cash in hand, cash on hand; (*Comm*) *~ di magazzino* stock, inventory; (*Econ*) *capitale in ~* uninvested capital, idle capital; (*Comm*) *merce in ~* goods (*pl.*) in store, goods (*pl.*) in stock; (*Econ*) *~ monetaria* deposits (*pl.*).

giacere (*pres.ind.* **giàccio, giàci, giàce, giacciàmo, giacéte, giàcciono**; *p.rem.* **giàcqui**; *pres.cong.* **giàccia, giacciàmo, giacciàte, giàcciano**; *p.p.* **giaciùto**; *aus.* **essere**) *v.i.* **1** to lie: *il ferito giaceva su una branda* the wounded man was lying on a cot. **2** (*rif. a luoghi: trovarsi*) to be situated, to be located, to lie: *il paesino giace in una valle* the village is situated in a valley. **3** (*essere in sospeso*) to lie idle, to be pending, (*colloq*) to be pigeon-holed: *la pratica giace da tempo* the file has been pigeon-holed for some time. **4** (*Comm*) to lie, to be stored: *la merce giace in magazzino* the goods are lying in the warehouse. **5** (*Geom*) to lie: *la retta giace sul piano* the line lies in the plane. □ (*ant*) *~ con qcu.* (*avere rapporti sessuali*) to lie with so.; *~ malato* to lie ill; *mettersi a ~* to lie down; (*fig*) *~ nel più completo abbandono* to lie in complete desolation; *qui giace* (*nelle iscrizioni funebri*) here lies.

giaciglio *m.* pallet: *~ di paglia* pallet, straw bed.

giacimento *m.* (*Geol*) deposit, bed, layer. □ *~ carbonifero* coal seam, coal bed; *~ di ferro* iron ore deposit; *~ minerario* ore body, mineral deposit; *~ petrolifero* oil field.

giacinto m. (Bot,Min) hyacinth.

giacitura f. 1 (posizione) lying position, lying posture. 2 (Geol) disposition. 3 (Ling) position of words.

giaciuto → giacere.

giaco (pl. -chi) m. (Mediev) coat of mail.

Giacobbe n.pr.m. (Bibl) Jacob.

giacobinismo m. (Stor) Jacobinism (anche estens).

giacobino I m. (Stor) Jacobin (anche estens). II a. (Stor) Jacobinic, Jacobinical (anche estens).

giacobita m./f. (Rel,Stor) Jacobite.

giacomo □ (pop) fare ~ ~ (tremare) to tremble, to shake: le gambe mi facevano ~ ~ my legs were trembling.

Giacomo n.pr.m. James (anche Bibl).

giacqui → giacere.

giaculatoria f. 1 (preghiera) short prayer. 2 (fig) (discorso noioso) boring words pl. 3 (fig) (imprecazione) curse.

giada f. (Min) jade: una statuetta di ~ a jade statuette. □ color ~ jade; di ~ jade.

Giaffa n.pr.f. (Geog) Jaffa.

giaggiolo m. (Bot) iris.

giaguaro m. (Zool) jaguar.

giaietto m. (Min) jet.

gialappa f. 1 (Bot) jalap, jalap plant. 2 (purgante) jalap.

giallastro a. yellowish: colorito ~ yellowish complexion, jaundiced complexion.

giallino a./m. light yellow.

giallista m./f. crime writer, detective-story writer.

giallistica f. detective fiction, crime stories pl.

giallo I a. 1 yellow. 2 (rif. al colorito del viso) sallow, yellow. 3 (poliziesco) crime (attr.), detective (attr.), mystery (attr.): film ~ detective film, mystery film, (colloq) thriller. 4 (Giorn) (scandalistico) yellow: stampa gialla yellow press. 5 (rif. al semaforo) amber. II m. 1 (colore) yellow. 2 (romanzo) thriller, detective story; (film) detective film, mystery film. 3 (di semaforo) amber, amber light, (Am) yellow light: passare con il ~ to run through an amber light, (Am) to run through a yellow light. □ ~ arancio orange-yellow; ~ canarino canary yellow; ~ chiaro pale yellow, light yellow; (Alim) ~ dell'uovo egg yolk; ~ di cromo chrome yellow; ~ limone lemon, lemon yellow; ~ ocra yellow ochre; ~ oro golden yellow; ~ paglierino straw-yellow.

giallognolo a. yellowish.

giallore m. (rar) 1 yellowness. 2 (colorito malsano) sallow complexion, yellow complexion.

giallorosa □ (Cin,TV) film ~ romantic thriller.

giallorosso I m. 1 (giocatore) Roma F.C. player. 2 (-a) (tifoso) Roma fan, Roma F.C. fan. II a. Roma F.C. (attr.).

Giamaica n.pr.f. (Geog) Jamaica.

giamaicano I a. Jamaican. II m. (f. -a) Jamaican.

giambico (pl. -ci) a. (Metr) iambic.

giambo m. (Metr) iambus, iamb.

giamburrasca m./f.inv. naughty child.

giammai avv. (ant) never: non ti crederò ~ I will never believe you; assisterai alla cerimonia? - ~! will you attend the ceremony? - Never! Not on your life!

gianduia m. (Dolc) Piedmontese nut chocolate.

gianduiotto m. (Dolc) piece of Piedmontese nut chocolate.

Gianicolo n.pr.m. (colle di Roma) Janiculum.

gianiforme a. (Art) janiform.

Gianna n.pr.f. dim. di Giovanna.

Gianni n.pr.m. dim. di Giovanni.

giannizzero m. 1 (Stor) janissary, janizary. 2 (fig,spreg) henchman.

Giano n.pr.m. (Mitol) Janus. □ (Mitol) ~ bifronte two-faced Janus.

Giansenio n.pr.m. (Stor) Jansen.

giansenismo m. (Rel) Jansenism.

giansenista I m./f. (Rel) Jansenist. II a. (Rel) Jansenistical, Jansenistic.

giansenistico (pl. -ci) a. (Rel) Jansenistic, Jansenistical.

Giappone n.pr.m. (Geog) Japan.

giapponese I a. Japanese, Japan (attr.). II m. (lingua) Japanese. III m./f. (abitante) Japanese.

giapponeseria f.spec.pl. Japanese bric-à-brac.

giara f. jar.

giarda f. (Veter) spavin.

giardinaggio m. gardening.

giardinetta f. (Aut,ant) (Br) estate car, (Am) station wagon.

giardinetto m. 1 small garden, little garden. 2 (Econ) diversified portfolio, spread investment. 3 (Mar) quarter. 4 (spec.pl.) (giardini pubblici) public gardens.

giardiniera f. 1 (Gastron) (sottaceti misti) mixed pickles pl. 2 (Giard) (fioriera) jardinière, flower stand. 3 (Aut) (Br) estate car, (Am) station wagon.

giardiniere m. (f. -a) gardener (f. woman gardener, gardener).

giardino m. 1 garden, (Am) yard. 2 (pubblico) park. □ ~ alla francese French garden; ~ all'inglese English garden, landscaped garden; ~ all'italiana Italian garden; ~ botanico botanical gardens (pl.); (Mitol) il ~ delle Esperidi the garden of the Hesperides; ~ d'infanzia kindergarten, nursery school; ~ d'inverno winter garden; in ~ in the garden, (Am) in the yard: passeggiare in ~ to take a walk round the garden; ~ pensile hanging garden, roof garden; giardini pubblici public gardens, public parks; ~ zen Zen garden; ~ zoologico zoo, zoological gardens (pl.), (Am) zoological park.

giarrettiera f. (Abbigl) 1 (nastro elastico) garter; (del busto o del reggicalze) suspender, (Am) garter. 2 (ant) (da uomo) suspender, garter.

Giasone, Giasone n.pr.m. (Mitol) Jason.

giaurro m. (f. -a) (spreg) giaour.

Giava n.pr.f. (Geog) Java.

giavanese I a. Javanese, Java (attr.), Javan. II m. (lingua) Javanese. III m./f. (abitante) Javanese, Javan.

giavazzo I m. (Min) jet. II a. (colore) jet-black.

giavellottista m./f. (Sport) javelin thrower.

giavellotto m. javelin (anche Sport): lancio del ~ javelin throwing.

gibbone m. (Zool) gibbon.

gibbosità f. 1 (lett) (l'essere gobbo) gibbosity. 2 (rar) (gobba) hump: le ~ del cammello the camel's humps. 3 (rar) (rif. a terreno) unevenness.

gibboso a. (rar) 1 (gobbo) gibbous, humped. 2 (rif. a terreno) undulating, hilly.

giberna f. (Mil) cartridge pouch, cartridge box.

gibigiana, gibigianna f. (region) flash of reflected light.

Gibilterra n.pr.f. (Geog) Gibraltar: stretto di ~ Strait of Gibraltar.

gibollare v.t. (region) to dent, to batter.

gibollo m. (region) dent.

gibus m.inv. (Mod) gibus, gibus hat, opera hat.

Gibuti n.pr.m. (Geog) Djibuti.

giga f. (Mus) 1 (strumento) gigue, giga. 2 (danza) jig, gigue.

gigabyte /ˌdʒiɡaˈbajt/ m.inv. (Inform) gigabyte.

gigahertz /ˌdʒiɡaˈɛrts/ m.inv. (Fis) gigahertz.

gigante I m. 1 giant. 2 (fig) genius, giant: un ~ della musica a musical giant. II a. gigantic, huge, colossal (anche fig): albero ~ huge tree; un'impresa ~ a colossal undertaking. □ (fig) un ~ dai piedi di argilla a giant with feet of clay.

giganteggiare (gigantéggio, gigantéggi) aus. avere) v.i. to tower, to loom (anche fig): lo scrittore giganteggia sui suoi contemporanei the writer towers over his contemporaries.

gigantesco (pl. -chi) a. 1 gigantic: proporzioni gigantesche gigantic proportions. 2 (fig) gigantic, huge, colossal, tremendous: sforzi giganteschi tremendous efforts.

gigantessa f. giantess (anche estens).

gigantismo m. (Med,Bot) gigantism (anche estens).

gigantografia f. (Fot) blow-up, photo-mural.

gigantomachia f. (Mitol) gigantomachy, battle of the Giants.

gigaro f. (Bot) cuckoo-pint.

gigionata f. hamming.

gigione m. (f. -a) 1 (Teat,gerg) ham, ham actor. 2 (estens) (persona presuntuosa) presumptuous person.

gigioneggiare (gigionéggio, gigionéggi) aus. avere) v.i. (Teat,gerg) to ham, to overact.

gigionesco (pl. -chi) a. (Teat,gerg) ham, hammy.

gigionismo m. (Teat,gerg) hamming, overacting.

gigliacee f.pl. (Bot) lilies.

gigliaceo a. (Bot) liliaceous.

gigliato a. 1 lilied (anche Arald): stemma ~ lilied banner, lilied coat of arms. 2 (rif. a moneta) stamped with a lily.

giglio m. 1 (Bot) lily (anche fig). 2 (Arald) fleur-de-lis, lily. □ (Bot) ~ bianco madonna lily, white lily; (Bot) ~ d'acqua water lily; (Arald) ~ di Firenze Florentine fleur-de-lis, fleur-de-lis of Florence; (Arald) ~ di Francia French fleur-de-lis.

gigolò /dʒiɡoˈlɔ/ m.inv. gigolo.

gihad /dʒiˈad/ f.inv. jihad, jehad.

Gilberto n.pr.m. Gilbert.

gilda f. (Mediev) guild.

gilè, gilet /dʒiˈle, dʒiˈle/ m.inv. (Abbigl) waistcoat, (Am) vest.

gimcana f. (Sport) gymkhana.

gimnosperme f.pl. (Bot) Gymnosperms.

gimnoto m. (Itt) electric eel.

gin m.inv. gin.

gincana f. (Sport) gymkhana. □ (estens) fare la ~ to weave in and out.

gineceo m. (Archeol,Bot) gynoecium.

ginecologia f. (Med) gynaecology.

ginecologico (pl. -ci) a. (Med) gynaecologic, gynaecological.

ginecologo m. (f. -a; pl. -gi) (Med) gynaecologist.

ginecomastia f. (Med) gynaecomastia.

ginepraio m. 1 juniper thicket. 2 (fig) (situazione intricata) quagmire. □ (fig) cacciarsi in un ~ to get oneself into a fix.

ginepro m. (Bot) juniper: bacca di ~ juniper berry.

ginestra f. (Bot) broom.

ginestrella f. (Bot) dyer's broom, dyer's green weed.

ginestreto m. broom thicket.

ginestrino m. (Bot) five-finger.

ginestrone m. (Bot) furze, gorse.

Ginevra[1] n.pr.f. (Geog) Geneva: lago di ~ Lake Geneva.

Ginevra[2] n.pr.f. (Lett) Guinevere.

ginevrino I a. Genevan, Geneva (attr.). II m. (f. -a) Genevan.

ginger m.inv. ginger, ginger ale, (Am) ginger pop.

gingillarsi (mi gingìllo) v.pron. 1 (giocherellare) to play around, to toy: il bambino si gingillava con delle palline colorate the baby was playing around (o was toying) with coloured balls. 2 (fig) (perdere tempo) to idle, to loiter, to loaf, to hang about: ha passato tutta la mattina a ~ senza combinare nulla he spent the whole morning hanging about without doing anything.

gingillo m. 1 (ninnolo) knick-knack, trinket, trifle. 2 (balocco) toy. 3 (ciondolo) pendant, bauble, charm.

ginkgo /'dʒiŋgo/ m.inv. (Bot) ginkgo.

ginnare (**ginno**) v.t. (Tess) to gin, to remove (sth.) with a gin.

ginnasiale I a. (in Italia, Germania) gymnasial, (GB) grammar school (attr.), (US) high- school (attr.). II m./f. grammar school pupil, (Am) high-school student.

ginnasio m. 1 (Scol) (in Italia, Germania) gymnasium, (GB) grammar school, (US) high-school. 2 (Stor.gr) gymnasium.

ginnasta m./f. gymnast (anche Stor.gr).

ginnastica f. 1 (attività fisica) exercise: fare ~ to do exercise, to do some exercise, to exercise; ogni mattina faccio un po' di ~ every morning I do a few exercises; andrò a piedi per fare un po' di ~ I'll walk to get a little exercise. 2 (disciplina) gymnastics (costr.sing.), physical training, physical culture; (materia scolastica) gym, physical education, PE. 3 (fig) exercise, training: il calcolo a memoria è una ~ per la mente doing mathematics in your head is good mental exercise. □ ~ a corpo libero keep-fit exercises (without equipment); ~ aerobica aerobics (costr.sing.), aerobic exercise; ~ artistica artistic gymnastics (costr.sing.); ~ attrezzistica apparatus work; ~ correttiva remedial gymnastics (costr.sing.), corrective exercises (pl.); fare ~ to do exercises, to do physical exercise, to exercise, to work out; ~ isometrica isometric exercise; ~ medica remedial gymnastics (costr.sing.); ~ ortopedica remedial gymnastics (costr.sing.); ~ passiva passive gymnastics (costr.sing.); ~ per gestanti pre-natal exercise; ~ ritmica rhythmic gymnastics (costr.sing.); ~ svedese Swedish gymnastics (costr.sing.), Swedish exercises (pl.), Swedish drill; ~ terapeutica remedial gymnastics (costr.sing.).

ginnastico (pl. -ci) a. (rar) gymnastic, (colloq) gym (attr.): esercizio ~ gymnastic exercise.

ginnatrice f. (Tess) gin, cotton gin.

ginnatura f. (Tess) ginning.

ginnico (pl. -ci) a. gymnastic: saggio ~ gymnastic display; gara ginnica gymnastic competition.

ginocchia → ginocchio.

ginocchiata f. 1 (colpo dato col ginocchio) blow with the knee. 2 (colpo preso sul ginocchio) blow on the knee. □ dare una ~ a qcu. to knee so.

ginocchiello m. 1 (Equit) (protezione dei ginocchi dei cavalli) knee pad. 2 (Mil,ant) (di armatura) knee piece. 3 (Macell) pork leg. 4 (sui pantaloni) baggy knee. 5 (Tecn) knee-piece.

ginocchiera f. 1 (elastica) knee band; (im-

---

bottita) knee pad, knee guard (anche Sport). 2 (Mil,ant) (di armatura) knee piece. 3 (Equit) knee pad.

ginocchio (pl. i ginòcchi, le ginòcchia; the latter form is used in the collective sense) m. 1 (Anat) knee: piegare un ~ to bend one's knee. 2 (Sart) (dei pantaloni) knee, trouser knee. 3 (Mecc) knee joint. 4 (Mar) (parte del remo) loom. □ al ~ knee-length (attr.): gonna al ~ knee-length skirt; in ~: 1 on one's knees: pregare in ~ to pray on one's knees; in ~! down on your knees!; 2 (fig) (prostrato, sofferente) on its knees: la regione è in ~ per il mal tempo the bad weather has brought the region to its knees; mettere qcu. in ~ to bring so. to his knees; mettersi in ~ to kneel, to kneel down, to go down on one's knees; stare in ~ to kneel, to be kneeling; prendere sulle ginocchia qcu. to take so. on one's knee, to take so. on one's knees, to take so. on one's lap; (Med) ~ valgo genu valgum, knock-knees; (Med) ~ varo genu varum, bowlegs.

ginocchioni avv. (in ginocchio) on one's knees, kneeling, kneeling down: gettarsi ~ davanti a qcu. to fall on one's knees before so.; stare ~ to kneel.

ginseng m.inv. (Bot) ginseng.

Giobbe n.pr.m. (Bibl) Job.

giocare (**gioco, giòchi**) I v.i. (aus. avere) 1 to play: i bambini giocavano in giardino the children were playing in the garden; ~ a tennis to play tennis; ~ da difensore to play defender, to play as defender. 2 (rif. a lotterie, giochi di carte e sim.) to play: sai ~ a carte? can you play cards? 3 (avere il vizio del gioco) to gamble, to be a gambler. 4 (in borsa) to speculate, to speculate on the Stock-Exchange, to play the market, to play the stock market. 5 (Sport) to play: la Roma gioca contro il Napoli Rome is playing Naples. 6 (giocherellare) to fiddle, to play, to toy: ~ con i bottoni della giacca to toy with the buttons of one's jacket. 7 (fig) (avere peso) to count, to be important, to play a part: in queste cose gioca molto la fortuna in these things luck counts a lot. II v.t. 1 (rif. a partita) to play. 2 (rif. a carta da gioco) to play: ~ un asso to play an ace. 3 (nel gioco del lotto) to bet on: ~ un ambo to bet on a double. 4 (puntare) to bet, to stake: ~ cinque dollari su una carta to stake five dollars on a card. 5 (fig) (mettere a repentaglio) to risk, to jeopardize: ~ la propria vita to risk one's life. 6 (ingannare) to fool, to take (so.) in, to outwit: sono stato giocato I've been had, I've been fooled, I've been taken in. III v.pron. giocarsi 1 (perdere al gioco) to gamble away, to lose (by gambling): si è giocato una fortuna he has gambled away a fortune. 2 (fig) (mettere in pericolo) to risk, to jeopardize. 3 (perdere per leggerezza) to lose, to throw away: con i suoi continui ritardi si giocherà il posto if he continues to come late he will lose his job. 4 (beffarsi) to make fun (di of): si è giocato di noi he made fun of us. □ ~ a biliardo to play billiards; ~ a calcio to play football, (Am) to play soccer; ~ a guardie e ladri to play cops and robbers; ~ a nascondino to play hide-and-seek; ~ a palla to play ball; ~ a pallone to play football; ~ a rincorrersi to play tag, to play chasing; ~ a soldi to play for money; giocarsi qcs. ai dadi to dice for sth.; ~ al dottore to play doctors and nurses; ~ al gatto e al topo to play cat and mouse; (Econ) ~ al rialzo (in borsa) to bull, to be bullish; (Econ) ~ al ribasso (in borsa) to bear, to be bearish; ~ alla guerra to play soldiers; ~ alle bocce to play bowls; ~ alle corse to

---

bet on horses; ~ con qcu.: 1 (averlo come avversario) to play against so.; 2 (averlo come compagno) to play with so.; ~ d'anticipo: 1 (Sport) (nel tennis) to strike the ball on the rebound; 2 (fig) to forestall; ~ d'astuzia to rely on one's wits, to resort to cunning; ~ d'azzardo to gamble; ~ duro to play rough, to play it rough; ~ forte (puntando grosse somme) to play for high stakes; (Econ) ~ in borsa to speculate, to speculate on the Stock-Exchange, to play the market, to play the stock market; ~ in difesa to defend, (Br) to play in defence, (Am) to play defence, to play on defense; giocarsi l'anima to bet one's shirt, to put everything at stake; ~ sporco to play dirty; ~ sulle parole to play on words, to pun; ~ sull'equivoco to equivocate; (fig) ~ un tiro a qcu. to play a trick on so.

Giocasta n.pr.f. (Mitol) Jocasta, Jocaste.

giocata f. 1 (partita) game: fare una ~ a biliardo to play a game of billiards. 2 (puntata) stake: raddoppiare la ~ to double the stake, to double the stakes. 3 (nel gioco del lotto) bet.

giocatore m. (f. -trice) 1 player: è un bravo ~ di tennis he is a good tennis player. 2 (nel gioco d'azzardo) gambler: un ~ accanito an avid gambler. □ ~ d'azzardo gambler; ~ di biliardo billiard player; (Econ) ~ di borsa speculator; (Sport) ~ di calcio football player, footballer, (Am) soccer player; ~ di carte card player; (Sport) ~ di golf golf player, golfer; ~ di scacchi chess player.

giocattolo m. 1 toy, plaything. 2 (fig) plaything: essere un ~ nelle mani di qcu. to be a plaything in so.'s hands. □ ~ meccanico mechanical toy.

giocherellare (**giocherèllo**; aus. avere) v.i. to toy, to fiddle (con with): ~ con la catena dell'orologio to fiddle with one's watch chain.

giocherellone m. 1 (f. -a) (rif. a persona) playful person; (estens) (che ama gli scherzi) joker. 2 (rif. ad animale) playful animal.

giocheria f. toy store.

giochetto m. 1 (passatempo) pastime. 2 (fig) (lavoro di poco impegno) child's play: questa traduzione è un ~ per lui this translation is child's play for him. 3 (fig) (tranello) trick: mi ha fatto un ~ he played a trick on me.

gioco (pl. -chi) m. 1 game: i giochi dei bambini children's games; il ~ delle carte cards, the game of cards. 2 (il giocare in genere) play; (passatempo) pastime. 3 (giocattolo) toy. 4 (gioco d'azzardo) gambling: avere il vizio del ~ to be addicted to gambling. 5 (partita) game. 6 (combinazione delle carte di un giocatore) hand. 7 (posta) stake, stakes pl.: raddoppiare il ~ to double the stakes. 8 (fig) (contrasto, effetto) play: giochi d'acqua special effects with water. 9 (fig) (scherzo) joke, fun: fare qcs. per ~ to do sth. in fun, to do sth. jokingly. 10 (fig) (beffa, tiro) trick, practical joke: un brutto ~ a nasty trick. 11 (Sport) (nel tennis) game. 12 (Mecc) (corsa morta) play; (spazio tra due superfici) clearance. □ (fig) a che ~ giochiamo? what are you playing at?, what do you think you are doing?, what is your game?; (Mecc) ~ assiale end play, end float; da ~ gaming; (fig) è un ~ da bambini (o è un ~ da ragazzi) it's child's play, (colloq) it's a piece of cake; ~ da tavolo table game; giochi d'acqua waterworks; ~ d'azzardo gambling; (singolo gioco) game of chance; ~ degli scacchi chess, game of chess; ~ dei dadi dice, game of dice; il ~ dei muscoli the movement of the muscles; ~ dei *quattro cantoni* puss in the corner, puss wants a corner, pussy wants a corner; ~ *del calcio* football, (*Am*) soccer; ~ *della dama* draughts, game of draughts, (*Am*) checkers; *il ~ delle bocce* bowls, the game of bowls; (*Sociol*) ~ *delle parti* role playing; ~ *delle pulci* tiddlywinks (*costr.sing.*); ~ *delle tre tavolette* three-card monte; ~ *dell'oca* game similar to snakes and ladders; ~ *di abilità* game of skill; (*Econ*) ~ *di borsa* speculation, stock-jobbing; ~ *di bussolotti*: 1 (*gioco di prestigio*) conjuring trick; 2 (*fig*) (*inganno*) sleight-of-hand; *giochi di equilibrio*: 1 balancing acts, acrobatics; 2 (*tenendo oggetti in equilibrio*) juggling, juggling tricks; (*Sport*) ~ *di gambe* footwork; ~ *di mano* magic trick, conjuring trick, sleight of hand; ~ *di parole* pun, play on words; ~ *di pazienza* game of patience; (*fig*) ~ *di potere* power game; ~ *di prestigio* conjuring trick, magic trick: *fare giochi di prestigio* to conjure tricks, to perform tricks; ~ *di società* parlour game, party game; (*con tabellone*) board game; ~ *di squadra* teamwork; (*Sport*) ~ *di testa* (*nel calcio*) header; ~ *didattico* educational game; ~ *elettronico* computer game, electronic game; ~ *enigmistico* puzzle; (*fig*) *fare il* ~ *di qcu.* to play so.'s game; *in* ~ at stake: *essere in* ~ to be at stake; (*fig*) *entrare in* ~ to come into play; ~ *infantile* children's game; (*Sport*) *giochi invernali* winter games; (*Stor.gr*) *giochi istmici* Isthmian Games; (*Mecc*) ~ *laterale* side play, side clearance; (*Sport*) ~ *leale* fair play (*anche estens*); (*Sport*) ~ *manovrato* tactical play; (*fig*) *mettere in* ~: 1 (*fare agire*) to call into play, to call upon, to bring into action: *mise in* ~ *tutte le sue risorse* he called upon all his resources; 2 (*rischiare*) to risk, to stake: *mettere in* ~ *il proprio onore* to stake one's honour; (*fig*) *il* ~ *non vale la candela* (*Br*) the game's not worth the candle, (*Am*) it's not worth the effort; (*Sport*) *giochi olimpici* Olympic Games; *per* ~ for fun: *lo facevo solo per* ~ I was doing it just for fun; ~ *pesante* rough play; (*fig*) *prendersi* ~ *di qcu.* to make fun of so., to poke fun at so.; *giochi proibiti* (*erotici*) forbidden games, dirty games; *il* ~ *si fa duro* the game gets tough (*anche fig*); *stare al* ~ *di qcu.* to play along with so. *Prov.*: ~ *di mano, ~ di villano* hand play, churls' play.

giocoforza ☐ *essere* ~: 1 (*inevitabile*) to have to, to be compelled to (*costr.pers.*), to be obliged to (*costr.pers.*): *gli fu* ~ *accettare* he had to accept; 2 (*necessario*) to be necessary: *era* ~ *svegliarlo* it was necessary to wake him.

giocoliere *m.* 1 juggler. 2 (*fig*) wizard, artist.

giocondamente *avv.* cheerfully, merrily, joyfully.

giocondità *f.* gaiety, cheerfulness, mirth, joy.

giocondo *a.* cheerful, merry, joyful, joyous.

giocosità *f.* jocosity, playfulness.

giocoso *a.* 1 jocose, playful, jesting. 2 (*Mus,Lett*) comic, burlesque: *opera giocosa* comic opera; *poesia giocosa* burlesque poetry.

Gioele *n.pr.m.* (*Bibl*) Joel.

giogaia¹ *f.* mountain range: *la* ~ *appenninica* the Apennine range.

giogaia² *f.* (*Zool*) dewlap.

giogo (*pl.* **-ghi**) *m.* 1 yoke (*anche fig*): *languire sotto il* ~ *straniero* to languish under the yoke of the foreigner; (*fig*) *passare sotto il* ~ to pass under the yoke. 2 (*della bilancia*) beam. 3 (*sommità di monte*) top, summit;

(*valico montano*) pass, col. ☐ (*fig*) ~ *maritale* marriage yoke.

gioia¹ *f.* 1 joy, delight, gladness: *provare* ~ to feel joy, to be delighted; *le gioie della maternità* the joys of motherhood; ~ *silenziosa* silent joy; *una* ~ *temperata* restrained joy. 2 (*rif. a persona*) joy, darling, delight: *questo ragazzo è la* ~ *della famiglia* this boy is the joy of the family. ☐ *con* ~ joyfully, with pleasure, gladly: *con mia grande* ~ to my great joy, to my delight; *di* ~: 1 of joy, joyful: *grida di* ~ cries of joy; 2 (*dalla gioia*) with joy, for joy: *piangere di* ~ to weep for joy; *raggiante di* ~ radiant with joy, beaming with joy; ~ *di vivere* joy of living, joie de vivre; *gioie e dolori* joys and sorrows; ~ *mia!* my love!

gioia² *f.* 1 (*pietra preziosa*) jewel, gem, precious stone. 2 *pl.* (*gioielli*) jewellery (*costr.sing.*), jewels: *l'astuccio delle gioie* the jewel case.

gioielleria *f.* 1 (*negozio*) jeweller's, jeweller's shop, (*Am*) jewelry store. 2 (*gioielli*) jewellery, (*Am*) jewelry. 3 (*arte*) jeweller's craft.

gioielliere *m.* (*f.* **-a**) jeweller, (*Am*) jeweler.

gioiello *m.* 1 jewel, piece of jewellery, (*Am*) piece of jewelry: *i gioielli* jewels, jewellery, (*Am*) jewelry. 2 (*fig*) (*persona stimata*) jewel: *un* ~ *di cameriera* a jewel of a maid. ☐ *i gioielli della corona* the Crown jewels; *gioielli falsi* false jewels, imitation jewellery.

gioioso *a.* joyful, merry: *il dono fu accolto con grida gioiose* the gift was welcomed with joyful cries.

gioire (*gioìsco, gioìsci*; *aus.* avere) *v.i.* 1 to rejoice (*per* over, at). 2 (*godere*) to delight, to be delighted, to take delight (*di* in): ~ *della notizia* to rejoice at the news.

Giona *n.pr.m.* (*Bibl*) Jonah.

Giordania *n.pr.f.* (*Geog*) Jordan.

giordano I *a.* Jordanian. II *m.* (*f.* **-a**) Jordanian.

Giordano *n.pr.m.* (*Geog*) Jordan.

Giorgio *n.pr.m.* George.

giornalaccio *m.* rag.

giornalaio *m.* (*f.* **-a**) newsagent, (*Br*) news-vendor, (*Am*) newsdealer. 2 (*edicola*) newsagent's, newsstand, (*Br*) paper shop.

giornale *m.* 1 (*Giorn*) newspaper, paper; (*di un solo foglio*) news sheet: *scrivere per un* ~ to write for a newspaper. 2 (*Giorn*) (*rivista*) magazine, journal, periodical; (*scientifica*) journal. 3 (*estens*) (*sede*) newspaper office. 4 (*diario*) diary, daily, daily record: ~ *di viaggio* travel diary. 5 (*Comm*) journal, daybook. 6 (*Mar*) log, logbook. 7 (*Aer*) air log. 8 *pl.* (*la stampa*) the press (*costr.sing.*) ☐ (*Giorn*) ~ *a diffusione nazionale* national newspaper; (*Giorn*) ~ *a fumetti* comic-strip magazine; ~ *aziendale* house organ; ~ *clandestino* underground newspaper; (*Giorn*) ~ *del mattino* morning paper, morning newspaper; (*Giorn*) ~ *della sera* evening paper; (*Mar*) ~ *di bordo* log, logbook, ship's log; (*Scol*) ~ *di classe* class record book, class register; (*Giorn*) ~ *di moda* fashion magazine; (*Giorn*) ~ *di partito* party organ, party newspaper; (*Giorn*) ~ *di strada* free newspaper; (*Giorn*) ~ *finanziario* financial paper; (*Giorn*) ~ *illustrato* illustrated magazine; ~ *indipendente* independent newspaper; ~ *letterario* literary magazine; ~ *murale* wall newspaper; (*Rad*) ~ *radio* news, radio news (*costr.sing.*), news bulletin, newscast; (*Giorn*) ~ *settimanale* weekly, weekly paper.

giornaletto *m.* 1 (*a fumetti*) comic. 2 (*giornale per bambini*) children's paper.

giornaliero I *a.* 1 daily, everyday: *lavoro* ~

daily work. 2 (*di un giorno*) daily, day (*attr.*): *biglietto* ~ day ticket. 3 (*variabile*) variable, changeable: *umore* ~ changeable mood. II *m.* (*f.* **-a**) day labourer: ~ *agricolo* farm day labourer; (*impiegato*) jobbing clerk.

giornalino *m.* 1 (*a fumetti*) comic. 2 (*giornale per bambini*) children's paper.

giornalismo *m.* 1 journalism: *dedicarsi al* ~ to take up journalism. 2 (*insieme di giornalisti*) press. ☐ ~ *radiofonico* radio journalism.

giornalista *m./f.* 1 journalist, newspaper-man (*f.* -woman), newsman (*f.* -woman), pressman (*f.* -woman). 2 (*cronista*) reporter. ☐ ~ *indipendente* freelance, freelance journalist.

giornalistico (*pl.* **-ci**) *a.* journalistic; (*di giornale*) newspaper (*attr.*), news (*attr.*).

giornalmastro *m.* (*Comm*) master ledger.

giornalmente *avv.* daily, every day.

giornante *f.* (*ant*) daily help, charwoman.

giornata *f.* 1 (*giorno*) day: *una* ~ *d'inverno* a winter's day; *che bella* ~*!* what a lovely day!; *buona* ~*!* have a nice day!, have a good day!; *tutta la* ~ all day, the whole day. 2 (*giornata lavorativa*) work day, working day; (*lavoro di un giorno*) day's work. 3 (*paga*) day's pay. 4 (*cammino di un giorno*) day's distance: *il paese dista una* ~ (*di cammino*) the village is a day's distance away. 5 (*festa, ricorrenza*) day: *la* ~ *della mamma* Mother's Day. ☐ *a* ~ daily, by the day: *prendere una donna a* ~ to employ a daily woman; *lavorare a* ~ to work by the day; *lavoratore a* ~ day-labourer; *vivere alla* ~ to live from hand to mouth, to live from day to day; ~ *antifumo* no smoking day; (*Biol*) ~ *calorica* caloric day, daily calorie consumption; (*fig*) *una* ~ *campale* a very hard day, a momentous day; ~ *commemorativa* day of commemoration; ~ *contro il fumo* no smoking day; *di* ~: 1 (*fresco*) fresh, today's, (*rif. a uova*) new-laid; 2 (*di turno*) on duty, duty (*attr.*): *il medico di* ~ the doctor on duty; (*Mil*) *ufficiale di* ~ duty officer; (*Mil*) *essere di* ~ to be on duty; *una* ~ *di marcia* a day's march; ~ *di riposo* free day, day of rest, day off; ~ *festiva* holiday; *in* ~ today, by the end of today: *finirò il lavoro in* ~ I shall finish the work today; ~ *lavorativa*: 1 workday, working day: ~ *lavorativa di otto ore* eight-hour working day; 2 (*Ind*) (*rif. alla produzione*) man-day; (*fig*) ~ *nera* unlucky day; *una* ~ *no* an off-day.

giorno *m.* 1 day: *tutto il* ~ (*o tutto il santo* ~) all day long; *da quel* ~ since that day; *non lo vedo da quel* ~ I haven't seen him since. 2 *pl.* (*periodo di tempo*) days, time *sing.*, times: *i giorni spensierati della scuola* carefree school-days. 3 (*ore di luce*) daylight, daytime: *in pieno* ~ in broad daylight. ☐ *a giorni*: 1 (*fra pochi giorni*) in a few days, in a few days' time; 2 (*a intervalli*) sometimes: *a giorni è triste e a giorni è allegro* sometimes he is sad and other times he is happy; (*Comm*) *a sessanta giorni vista* sixty days after sight; *ai giorni nostri* nowadays; *dalle origini ai giorni nostri* from the beginning to the present day; *al* ~ a day, per day: *guadagna 100 euro al* ~ he earns 100 euros a day; *due voli al* ~ two daily flights; *al* ~ *d'oggi* today, nowadays, these days; *che* ~ *è oggi?*: 1 (*rif. al mese*) what's the date? what's the date today?; 2 (*rif. alla settimana*) what day is it? what day of the week is it?; *è* ~ *chiaro* it's broad daylight; *giorni consecutivi* consecutive days; *tre giorni consecutivi* three days running, three straight days; *ha i giorni contati* his days are numbered;

(eufem) giorni critici crucial days, period; *da un ~ all'altro*: 1 *(improvvisamente)* suddenly, overnight; 2 *(in qualsiasi momento)* at any moment, any day now; *il ~ dei morti* All Souls' Day; *del ~* of the day, day's: *i fatti del ~* the day's events; *l'uomo del ~* the man of the moment; *la notizia del ~* the news of the day; *il ~ del giudizio* (o *il ~ del giudizio universale*) the day of judgement, judgement day; *(US,Canad) ~ del ringraziamento* Thanksgiving, Thanksgiving Day; *il ~ del Signore* the Lord's Day; *giorni della canicola* dog days; *i giorni della merla* the last three days of January (considered the coldest days of the year); *(Rel.ebr) ~ dell'espiazione* Day of Atonement; *di ~* day, by day, daytime, in the daytime; *~ di arrivo* day of arrival; *un ~ di digiuno* a fast day; *~ di emissione* day of issue; *prendere un ~ di ferie* to take a day off; *(Rel.catt) giorni di grasso* days on which meat may be eaten; *di ~ in ~* from day to day, every day; *(Rel.catt) ~ di magro* maigre day; *~ di mercato* market day; *il ~ di Natale* Christmas Day; *~ di paga* pay day; *~ di riposo* day off; *~ di scadenza* expiry date; *un ~ di sole* a fine day, a sunny day; *~ di vacanza*: 1 holiday; 2 *(giorno libero)* day off: *due giorni di vacanza* two days off; *dare un ~ di vacanza a qcu.* to give so. a day off; *il ~ dopo* the next day, the day after; *è ~* it's morning; *è ancora ~* it's still light; *~ e notte* night and day; *(Stor.rom) giorni fasti* Fasti; *a ~ fatto* in broad daylight; *~ feriale* weekday, working day; *~ festivo* holiday, feast day; *in quel ~* that day, on that day; *~ lavorativo* workday, working day, business day, operative day; *~ libero (dal lavoro)* day off; *~ lunare* lunar day; *(Stor.rom) giorni nefasti* dies nefasti; *un ~ o l'altro ti verrò a trovare* one of these days I'll come and see you; *~ per ~* day by day, each day; *per giorni interi* for whole days, for days on end; *per un ~* for a day: *presidente per un ~* president for a day; *il ~ precedente* (o *il ~ prima*) the day before, the previous day; *un ~ sì e uno no* every second day, every other day; *si fa ~* it's morning, day is breaking; *si è fatto ~* it's getting light, *(Am)* it's become light, it's gotten light, it's gotten light out; *(Astr) ~ sidereo* sidereal day; *~ solare* solar day; *un ~*: 1 *(una volta, nel futuro)* some day, one of these days: *un ~ ti spiegherò* some day I'll explain it to you; 2 *(nel passato)* one day; *un ~ vale l'altro* one day is as good as the next. *Prov.: non tutti i giorni è domenica* win some, lose some; you can't win them all.

Giosafat *n.pr.m. (Bibl)* Jehoshaphat.

giostra *f.* 1 *(Mediev)* joust; *(torneo)* tournament, jousts *pl.* (*nelle fiere*) merry-go-round, *(spec. Br)* roundabout, *(Am)* carousel. 3 *(fig)* whirligig. □ *andare in ~* to go on the roundabout, to go on the merry-go-round.

giostraio *m.* (*f. -a*) roundabout attendant, merry-go-round operator.

giostrare *(giòstro)* **I** *v.i.* (*aus.* **avere**) 1 *(Mediev)* to joust *(anche estens)*. 2 *(fig) (destreggiarsi)* to manage. **II** *v.pron.* **giostrarsi** *(destreggiarsi)* to manage.

giostratore *m. (Mediev)* jouster.

Giosuè *n.pr.m. (Bibl)* Joshua.

giottesco *(pl. -chi) a. (alla maniera di Giotto)* Giottesque.

giov. *giovedì* Thur., Thurs. (Thursday).

giovamento *m.* benefit, advantage. □ *essere di ~* to be useful; *non essere di ~* to be useless, to be of no avail.

giovane I *a.* 1 young: *è più ~ di quanto pensassi* he is younger than I thought. 2 *(gio-*

vanile) youthful, young: *avere un aspetto ~* to have a youthful appearance. 3 *(nato da poco tempo)* young: *una piantina ~* a young plant. 4 *(non stagionato)* fresh, new: *vino ~* new wine. 5 *(di età minore)* younger, junior: *Plinio il ~* Pliny the younger; *è più ~ di me di tre anni* he is three years younger than me, *(Am)* he is my junior by three years, *(Am)* he is three years my junior. **II** *m./f.* 1 young man (*f.* young woman), youth (*f.* girl): *ha sposato un ~ del suo paese* she married a young man from her village. 2 *(aiutante)* assistant, boy (*f.* girl): *il ~ di studio* the office boy; *~ di bottega* shop boy. 3 *pl.* young people, youth: *i giovani e i vecchi* the young and the old. □ *da ~* as a young man; *quando ero ~* when I was young, in my youth; *~ di anni* young (in years); *~ di spirito* young in spirit, young at heart; *in ~ età* young; *(fig) le giovani leve del lavoro* those reaching working age. *Prov.: si è giovani una volta sola* you're only young once.

giovanetta *f.* (*ant*) girl, *(colloq)* lass.

giovanetto *m.* (*ant*) boy, *(colloq)* lad.

giovanile *a.* 1 *(della giovinezza)* juvenile, of youth: *opere giovanili* juvenile works, early works; *gli errori giovanili* juvenile errors; *gli anni giovanili* the years of youth. 2 *(da giovane)* youthful, young: *entusiasmi giovanili* youthful enthusiasms. 3 *(di aspetto)* youthful, young-looking.

giovanilismo *m.* habit of wanting to appear youthful no matter what.

giovanilista *m./f.* a person trying to appear younger.

giovanilistico *(pl. -ci) a.* attempting to appear young no matter what.

Giovanna *n.pr.f.* Joan, Joanna, Johanna, Jean, Jane. □ *(Stor) ~ d'Arco* Joan of Arc.

giovanneo *a.* 1 of St. John. 2 *(di papa Giovanni)* of Pope John XXIII.

Giovanni *n.pr.m.* John *(anche Bibl)*. □ *(Bibl) san ~ Apostolo* St. John the Apostle; *(Bibl) ~ Battista* John the Baptist; *(Bibl) ~ Evangelista* John the Evangelist; *(Bibl) ~ il Battista* John the Baptist; *(Stor.brit) ~ Senza Terra* John Lackland.

giovanotto *m.* 1 young man, youth. 2 *(colloq) (scapolo)* bachelor.

giovare *(giòvo)* **I** *v.i.* (*aus.* **avere/essere**) 1 *(essere utile)* to be useful, to be of use, to help, to be a help, to be of avail: *~ agli amici* to be a help to one's friends; *a nulla gli è giovato il mio aiuto* my help was of no avail to him. 2 *(fare bene)* to do good, to be good (*a* for): *il cambiamento d'aria gli gioverà* the change of air will do him good. **II** *v.i.impers.* (*aus.* **essere/avere**) to be useful, to be of use, to do good, to be worth-while: *a nulla giova piangere* it's no use crying. **III** *v.pron.* **giovarsi** to take advantage (*di* of): *giovarsi di un'occasione favorevole* to take advantage of a favourable opportunity.

Giove *n.pr.m.* 1 *(Mitol)* Jove, Jupiter. 2 *(Astr)* Jupiter. □ *(Mitol,poet) ~ Ottimo Massimo* Jupiter Optimus Maximus; *(ant) per ~!* by Jove!; *(Mitol,poet) ~ pluvio* Jupiter Pluvius; *(Mitol,poet) ~ tonante* Jove the Thunderer.

giovedì *m.* Thursday. □ *~ di ~* on Thursday; *~ grasso* Thursday before Lent; *il ~*: 1 on Thursday; 2 *(ogni giovedì)* on a Thursday; 3 *(un certo giovedì)* one Thursday; *~ prossimo* next Thursday, Thursday next; *~ santo* Holy Thursday, Maundy Thursday; *~ scorso* last Thursday; *~ sera* Thursday evening.

Giovenale *n.pr.m. (Stor)* Juvenal.

giovenca *f. (Zool)* heifer.

giovenco *(pl. -chi) m. (Zool)* bullock, steer.

gioventù *f.* 1 youth: *ha avuto una ~ triste* he had a sad youth. 2 *(i giovani)* youth, young people *pl.*, the young *(costr.pl.)*. □ *~ bruciata* wasted youth; *in ~* in one's youth, when young; *per la ~* for the young, for young people. *Prov.: se ~ sapesse, se vecchiaia potesse* youth is wasted on the young.

giovevole *a.* 1 advantageous, profitable, beneficial. 2 *(per la salute)* beneficial, good: *questi esercizi sono giovevoli alla salute* these exercises are good for the health.

gioviale *a.* jovial, jolly, genial, good-humoured, hearty: *carattere ~* jovial temperament.

giovialità *f.* joviality, jollity, geniality, good-humour, heartiness.

giovialmente *avv.* jovially, genially, good-humouredly, heartily.

giovialone *m.* (*f. -a*) jolly fellow.

giovinastro *m.* (*f. -a*) hooligan, *(Am)* hoodlum.

giovincello *m.* (*f. -a*) *(scherz)* lad, stripling.

giovine *a./m./f. (lett)* → **giovane**. □ *(Stor) ~ Italia* Young Italy.

giovinetta *f.* (*ant,lett*) girl, *(colloq)* lass.

giovinetto *m.* (*ant,lett*) boy, *(colloq)* lad.

giovinezza *f.* youth: *durante la ~ è vissuto all'estero* in his youth he lived abroad; *prima ~* early youth; *(scherz) seconda ~* second childhood.

GIP *(Dir) giudice per le indagini preliminari* (investigating magistrate).

gipeto *m. (Ornit)* lammergeyer.

gippone *m. (Aut,colloq)* large jeep.

gipsoteca *f.* plaster casts gallery.

girabacchino *m. (Mecc)* brace.

girabile *a. (Econ)* endorsable, negotiable.

giracapo *m.inv. (rar,colloq)* 1 *(capogiro)* dizziness, giddiness. 2 *(fig) (fastidio)* annoyance, vexation.

giradischi *m.inv.* record player.

giradito *m.inv. (Med)* whitlow.

giraffa *f.* 1 *(Zool)* giraffe *(anche fig)*. 2 *(Cin, TV)* boom. □ *(Cin,TV) ~ del microfono* microphone boom, sound boom.

giraffista *m./f. (Cin,TV)* boom operator.

girale *m. (Arch)* plant volute.

giramaschio *m.inv. (Mecc)* tap wrench.

giramento *m. (rar)* turning. □ *(colloq, eufem) ~ di scatole* pain in the neck; *~ di testa* fit of diziness, fit of giddiness, dizzy spell: *ho avuto un improvviso ~ di testa* I had a sudden fit of dizziness, I suddenly felt dizzy; *soffre di giramenti di testa* he suffers from dizzy spells.

giramondo *m./f.inv.* 1 *(vagabondo)* tramp, vagrant, rolling stone. 2 *(turista)* globe-trotter.

giranastri *m.inv.* cassette player.

girandola *f.* 1 *(fuoco d'artificio)* Catherine-wheel. 2 *(giocattolo)* toy windmill. 3 *(banderuola)* weathercock *(anche fig)*. 4 *(fig) (vortice)* whirl: *una ~ di avvenimenti* a whirlwind of events.

girandolare *(giràndolo; aus.* **avere**) *v.i. (girellare)* to wander (about), to saunter, to ramble, to stroll about.

girandolone *m.* (*f. -a*) rambler, wanderer.

girandoloni □ *andare ~* to go wandering about, to go strolling about.

girante[1] *m./f. (Econ)* endorser.

girante[2] *f. (Mecc)* rotor, impeller.

girare *(gìro)* **I** *v.t.* 1 to turn: *~ la chiave nella serratura* to turn the key in the lock. 2 *(volgere)* to turn: *~ gli occhi* to turn one's eyes. 3 *(andare attorno)* to go round, to go around; *(a piedi)* to walk round; *(con veicolo)* to drive round; *(con imbarcazione)* to round: *~ un capo* to round a cape. 4 *(rif. a cosa: cir-*

condare) to go around, to run around, to encircle, to wind around: *la strada gira il lago* the road runs round the lake. **5** (*mescolare*) to stir: ~ *il riso* to stir the rice. **6** (*avvolgere con corde e sim.*) to wind, to tie: ~ *una cordicella intorno ad un pacco* to tie a string around a package. **7** (*fig*) (*scansare*) to get round, to get over, to avoid: ~ *una difficoltà* to get round a difficulty. **8** (*percorrere, per turismo*) to tour, to travel around: *ho girato tutta l'Italia* I have toured the whole of Italy. **9** (*percorrere a piedi*) to walk round, to go round: *abbiamo girato tutti i musei di Parigi* we went round all the museums in Paris. **10** (*andare da un posto all'altro*) to go around: *ho girato molti negozi per trovare un bel regalo* I went around a lot of shops to find a nice present. **11** (*fig*) (*disporre le parole in ordine diverso*) to turn, to change the order of: ~ *la frase* to turn the phrase. **12** (*trasferire*) to pass on: ~ *una domanda a un altro ufficio* to pass on a query to another office. **13** (*Econ*) to endorse. **14** (*Cin,TV*) to shoot, to take: ~ *un film* to make a film, to shoot a film **II** *v.i.* (*aus.* **avere/essere**) **1** to go around, to turn round: *la terra gira intorno al sole* the earth goes round the sun. **2** (*su se stessi*) to spin, to revolve; (*turbinare*) to whirl. **3** (*rif. a uccelli, aerei e sim.*) to circle. **4** (*andare in giro*) to go around; (*con veicolo*) to drive around; (*a cavallo*) to ride around. **5** (*girellare*) to wander, to ramble, to stroll about: *mi piace ~ per le vie della città* I like to wander about the streets of the city (*o* to wander around town). **6** (*rif. a denaro: circolare*) to be in circulation, to circulate. **7** (*fig*) (*diffondersi*) to circulate, to go around: *girano brutte notizie sul suo conto* nasty rumours are going around about him. **8** (*cambiare direzione*) to turn: *il sentiero gira a destra* the path turns to the right; ~ *all'angolo* to turn the corner; *il vento gira* the wind is shifting; (*estens*) *la fortuna sta girando* our luck is on the turn. **9** (*Mot*) to run, to be running. **10** (*aus.* **essere**) (*colloq*) (*venire in mente*) to come over, to feel like (*costr.pers.*): *se mi gira, parto domani* if I feel like it, I shall leave tomorrow; *che cosa ti gira?* what's come over you? **III** *v.pron.* **girarsi 1** (*voltarsi*) to turn: *si girò a salutarla* he turned to greet her. **2** (*voltarsi completamente*) to turn round. **3** (*rigirarsi*) to toss and turn: *passò tutta la notte a girarsi nel letto* he spent the whole night tossing and turning in bed. ☐ (*colloq*) ~ ~ (*pressapoco*) more or less; ~ *a vuoto*: **1** (*Mot*) to idle; **2** (*fig*) to turn idly; ~ *al largo da* to give a wide berth to; (*Mot*) ~ *al minimo* to idle; ~ *alla larga* to give a wide berth; (*fig, colloq*) ~ *come una trottola*: **1** to whirl about; **2** (*essere affaccendato*) to rush about, to spin like a top, (*scherz*) to buzz around; *girala come vuoi*, *la cosa non cambia* no matter how you look at it, it doesn't change; (*fig*) *gira e rigira*: **1** (*comunque si guardi la cosa*) whichever way you look at it; **2** (*alla fin fine*) when all is said and done; *girarsi e rigirarsi nel letto* to toss and turn in bed; (*volg*) **fare ~ i coglioni** *a qcu.* to piss so. off; **fare ~ la testa** *a qcu.*: **1** (*causare vertigini*) to make so. dizzy; *mi gira la testa* my head is spinning, my head is swimming; **2** (*rif. a vino e sim.*) to go to so.'s head; **3** (*fig*) (*fare innamorare*) to turn so.'s head; (*volg,fig*) **fare ~ le palle** *a qcu.* to piss so. about; (*colloq,fig*) **fare ~ le scatole** *a qcu.* (*Br*) to get so.'s goat, (*Am*) to get on so.'s nerves; (*fig*) **girarsi i pollici** to twiddle one's thumbs; (*fig*) ~ *il discorso* to change the subject; ~ *il mondo* to travel the world, to travel all over the world; (*fig*) **fare ~ il mondo** to

make the world go round; ~ *in tondo* to go round and round, to move round; (*fig*) ~ *intorno a un problema* to keep going round a problem; ~ *la pagina* to turn the page; ~ *la schiena a qcu.* to turn one's back on so. (*anche fig*); ~ *l'angolo* to round the corner, to turn the corner; *girato l'angolo* around the corner; ~ *le spalle* (*distrarsi*) to turn one's back; (*fig*) *girare le spalle a qcu.* to turn one's back on so.; (*fig*) ~ *pagina* to turn over a new leaf; (*Cin*) *si gira!* camera!; *silenzio, si gira!* silence, shoot!; ~ *sui talloni* to turn on one's heel.

girarrosto *m.* spit, roasting jack: *cuocere al ~* to cook on the spit.

girasole *m.* (*Bot*) sunflower.

girata *f.* **1** (*il girare*) turn, turning; (*l'avvolgere*) turn: *legare con tre girate di fune* to tie with three turns of the rope. **2** (*rar*) (*passeggiata: a piedi*) walk, stroll, turn; (*con veicolo*) drive: *ho fatto una ~ con la macchina* I went for a drive in the car. **3** (*nei giochi: giro di carte*) deal. **4** (*Econ*) endorsement. **5** (*fig, colloq*) (*rimprovero*) telling-off, dressing-down: *dare una ~ a qcu.* to give so. a telling-off. ☐ **dare una ~ all'arrosto** to turn the roast; **dare due girate di chiave** to give the key two turns; (*Econ*) ~ **in bianco** blank endorsement.

giratario *m.* (*f.* **-a**) (*Econ*) endorsee.

girato *a.* (*Econ*) endorsed: *assegno ~* endorsed cheque.

giratubi *m.inv.* (*Mecc*) pipe wrench.

giravite *m.inv.* screwdriver.

giravolta *f.* **1** (*giro su se stesso*) turn, twirl. **2** (*curva*) twist, turn, bend. **3** (*fig*) (*mutamento improvviso*) shift, change, about-face. ☐ **fare giravolte** to spin around, to twirl around.

girella I *f.* (*carrucola*) pulley. **II** *m.inv.* (*persona incostante*) weathercock.

girellare (*girèllo*) (*aus.* **avere**) *v.i.* to stroll about, to saunter about, to lounge about.

girello *m.* **1** (*per bambini*) walker, baby walker. **2** (*dischetto*) small disc; (*rotella*) small wheel; (*cerchietto*) small ring. **3** (*Macell*) round. **4** (*Bot*) (*del carciofo*) heart.

girellone *m.* (*f.* **-a**) wanderer, stroller.

giretto *m.* (*piccola passeggiata*) short walk, stroll, (*in automobile*) drive; (*in bicicletta*) ride.

girevole *a.* turning, revolving: *palcoscenico ~* revolving stage; *porta ~* revolving door.

girfalco, girifalco (*pl.* **-chi**) *m.* (*Ornit*) gyrfalcon, gerfalcon.

girigogolo *m.* **1** flourish. **2** (*fig*) rigmarole.

giri/min *giri al minuto* r.p.m. (revolutions per minute).

girino *m.* (*Zool*) tadpole.

giri/sec *giri al secondo* r.p.s. (revolutions per second).

giro *m.* **1** turn, twist: *dare un ~ alla manovella* to give the handle a turn, to turn the handle. **2** (*movimento circolare, rotazione*) turn, rotation: *i giri dell'elica* the rotations of the propeller, the turns of the propeller. **3** (*deviazione*) detour: *fece un lungo ~ per evitare di incontrarlo* he made a long detour to avoid meeting him. **4** (*giro della pista*) lap: *il corridore ha distaccato il suo avversario di mezzo ~* the runner is a half lap (*o* half a lap) ahead of his opponent; *mancano due giri alla fine* two laps to go. **5** (*curva*) curve, turn, bend: *la ferrovia fa un lungo ~ intorno alla collina* the railway (*o* the railway line) makes a wide curve around the hill. **6** (*itinerario, percorso abituale*) round (*spec.pl.*): *il postino ha iniziato il suo ~* the postman has begun his rounds. **7** (*viaggio*) trip; (*gita*) ex-

cursion, tour: *fare un ~ della Scozia* to go on a tour of Scotland. **8** (*passeggiata: a piedi*) walk, stroll: *fare un ~ nel parco* to go for a walk in the park, to go for a stroll in the park. **9** (*in automobile*) drive: *fare un ~ in macchina* to go for a ride **10** (*in bicicletta, a cavallo, in moto*) ride: *fare un ~ in bicicletta* to go for a ride **11** (*viaggio di artisti, sportivi e sim.*) tour: *la compagnia teatrale ha fatto un ~ per l'Italia* the theatrical company made a tour of Italy, the theatrical company toured Italy. **12** (*rar*) (*circolo*) circle, ring: *sedersi in ~* to sit in a circle. **13** (*fig*) (*periodo di tempo*) period, space, course, time: *tutto si è svolto nel ~ di poche ore* everything happened in the space of a few hours. **14** (*fig*) (*traffico illecito*) ring: ~ *di prostituzione* prostitution ring; ~ *di scommesse clandestine* illegal gambling ring **15** (*turno*) turn: *è il tuo ~ adesso* it's your turn now. **16** (*circolazione: rif. a moneta*) circulation: *le monete da cinquecento lire non si vedevano più in ~* five hundred lire coins were no longer in circulation. **17** (*Mot,Mecc*) revolution: *il motore fa duemila giri al minuto* the engine does two thousand revolutions per minute, the engine does two thousand r.p.m. **18** (*Econ*) transfer. **19** (*nel lavoro a maglia*) row. ☐ ~ **bancario** bank clearing; (*Comm,Econ*) ~ **d'affari** turnover, volume of business; (*fig*) **essere del ~** to be in the club, to be in the clique; **fare il ~ del mondo** to travel around the world; (*fig*) **il ~ della droga** the world of drugs; (*Aer*) **fare il ~ della morte** to loop the loop; (*fig*) ~ **di boa** turning point; (*Econ*) ~ **di capitali** capital turnover; **dare un ~ di chiave** to give the key one turn; **dare due giri di chiave alla porta** to double-lock the door; **dare tre giri di chiave alla porta** to triple-lock the door; *ho chiuso la porta con quattro giri di chiave* I locked the door with four turns of the key; (*Sport*) ~ **di Francia** Tour de France; ~ **di parole** circumlocution; (*Post*) **a stretto ~ di posta** by return of post, (*Am*) by return mail; **fare un ~ di telefonate** (*Br*) to ring around, (*Am*) to call round; **fare un ~ di valzer** to dance a waltz; ~ **di visite** round of visits, (*rif. a medico*) rounds; (*fig*) ~ **di vite** (*provvedimento restrittivo*) tightening up, clamping down, turn of the screw; (*Sport*) ~ **d'Italia** Tour of Italy; (*Sport*) ~ **d'onore** (*Br*) lap of honour, (*Am*) lap of honor; (*fig*) **fare un ~ d'orizzonte** to make a general survey; (*Pol*) ~ **elettorale** election campaign tour; **fare il ~**: **1** (*andare attorno*) to go round: **fare il ~ del campo** to go round the field; **2** (*andare da uno all'altro*) to make the rounds, to circulate: *la notizia fece il ~ della comitiva* the news made the rounds of the group; **3** (*visitare*) to go round, to make a tour of, to visit: **fare il ~ dei monumenti** to make a tour of the monuments; **fare un ~ su se stesso** to spin round; **in ~** around: **portare in ~** to take around, (*in veicolo*) to drive around; *lasciare qcs. in ~* to leave sth lying around; **andare in ~** to go about, to walk around: *va in ~ vestito come uno straccione* he goes about dressed like a tramp; *andare a dire in ~ che* to put it around that; *chiedere in ~* to ask around; **essere in ~**: **1** (*essere fuori*) to be away, to be out: **essere in ~ per affari** to be out on business; **2** (*circolare*) to be around, to be somewhere: *non c'è nessuno in ~* there is nobody around; *c'è in ~ la voce che presto si sposerà* there is a rumour going round that he is getting married soon; *mettere in ~ delle voci* to spread rumours; **prendere in ~ qcu.**: **1** to pull so.'s leg, to tease so.; **2** (*ingannare*) to kid so., to fool so.; (*Sart*) ~ **manica** arm hole; *su di giri*: 1 (*Mot*) revved up: *andare su di giri* to rev up; 2 (*fig*) (*euforico*) elated, intoxicated: *essere su di giri* to be elated; ~ *turistico* tour, tourist trip, sightseeing tour.

girobussola *f.* gyroscopic compass, gyrocompass.

girocollo I *m.* 1 (*Abbigl*) round-necked pullover, crew-neck pullover. 2 (*collana*) necklace II *a.inv.* round-neck.

giroconto *m.* (*Econ*) transfer entry, giro.

Girolamo *n.pr.m.* Jerome.

Gironda *n.pr.f.* (*Geog*) Gironde.

girondino *m.* (*f.* **-a**) (*Stor*) Girondist.

girondolare (**giròndolo**) *v.i.* (*rar*) (*girellare*) to wander (about), to saunter, to ramble, to stroll about.

girone *m.* 1 (*nell'inferno dantesco*) circle. 2 (*Sport*) round. ~ (*Sport*) ~ *di andata* first round; (*Sport*) ~ *di ritorno* second round.

gironzolare (**girònzolo**) *aus.* **avere**) *v.i.* 1 (*andare in giro*) to stroll about, to saunter about, to wander about, to kick about, to kick around: ~ *per la città* to wander about the city. 2 (*girare intorno*) to hang around: *smetti di gironzolarmi intorno* stop hanging around me.

giropilota *m.* (*Mar*) automatic pilot, gyropilot.

giroplano *m.* (*Aer*) gyroplane.

giroscopico (*pl.* **-ci**) *a.* gyroscopic, gyro (*attr.*).

giroscopio *m.* gyroscope.

girostabilizzatore *m.* (*Mar*) gyrostabilizer.

girostato *m.* gyrostat.

girotondo *m.* ring-a-ring-a-roses: *fare il* ~ to play ring-a-ring o'roses.

girotta *f.* vane, weather-vane, weathercock.

girovagare (**giròvago, giròvaghi**) *aus.* **avere**) *v.i.* to wander, to roam about: ~ *per le strade* to wander the streets.

girovago I *a.* wandering, itinerant, strolling: *attore* ~ itinerant actor, strolling player. II *m.* (*f.* **-a**; *pl.* **-ghi**) wanderer, tramp, vagrant.

girovita *m.inv.* waist measurement.

gita *f.* trip, excursion: *una* ~ *al mare* a trip to the seaside; *fare una* ~ (*o andare in* ~) to go for a trip, to go on a trip, to make an excursion. □ ~ *in automobile* car trip, car ride; ~ *in barca* boat excursion, boat trip; ~ *organizzata* guided tour; ~ *scolastica* school outing, school trip; ~ *turistica* sight-seeing trip.

gitano I *m.* (*f.* **-a**) Spanish gypsy. II *a.* gypsy: *danze gitane* gypsy dances.

gitante *m./f.* excursionist, tripper: *una comitiva di gitanti* a group of excursionists.

gittata *f.* (*Arm*) range.

giù *avv.* 1 down: *cadere* ~ to fall down; *tira* ~ *la valigia* get the suitcase down; *ti butto* ~ *le chiavi* I'll throw the keys down to you. 2 (*al piano di sotto*) down, downstairs: *noi ti aspettiamo* ~ we'll wait downstairs for you; *vieni* ~ *un momento* come down (*o come downstairs*) for a minute. 3 (*sotto*) below, underneath: *da* ~ *non si vede niente* from below you can't see anything. 4 (*rafforzativo*) and down came, then there was, *traduzione spesso idiomatica*: *e* ~ *botte da orbi* then there was a hail of blows; *e* ~ *parolacce* then he came out with a torrent of curse words. 5 (*negli ordini: via*) down, off: ~ *le mani!* hands off!, take your hands off!; ~ *il cappello!* hats off! 6 (*negli ordini: scendi*) come down, get down: ~ *dal muro!* get down from the wall! 7 (*negli ordini: al cane*) down! 8 (*Mil*) (*negli ordini: a terra*) down!, take cover! □ ~ (*colloq*) ~ all the way down, right down, way down: *ci narrò la storia della famiglia dal capostipite* ~ ~ *fino*

agli ultimi eredi he told us the family history from the founder all the way down to the last heirs, he told us the family history from the founder right down to the last heirs; ~ *da* down: ~ *dalla collina* down the hill; *da... in* ~: 1 (*al di sotto*) from... down: *dal ginocchio in* ~ from the knee down (*o downwards*); 2 (*fig*) and under: *non sono ammessi i ragazzi dai sedici anni in* ~ children of sixteen and under are not admitted; *essere* ~ *di corda* to be in low spirits, to be depressed, (*colloq*) to feel blue, to be blue; *essere* ~ *di forma* to be out of shape, to be unfit; ~ *di lì*: 1 down there; 2 (*all'incirca*) or so, or thereabouts, about, round about (*anche fig*): *avrà sessant'anni o* ~ *di lì* he must be sixty or thereabouts, he must be round sixty; *essere* ~ *di morale* to be in low spirits, to be depressed, (*colloq*) to feel blue, to be blue; *in* ~: 1 (*stato in luogo*) down; 2 (*verso il basso*) down, downward, downwards: *guardare in* ~ to look down; 3 (*in basso*) low: *il bottone è attaccato troppo in* ~ the button is too low; *là* ~ down there; ~ *per* down: ~ *per le scale* down the stairs; *più in* ~: 1 (*più in basso*) further down, lower down: *attacca il quadro un po' più in* ~ hang the painting a little lower; 2 (*più avanti*) further down, further on; *su e* ~ up and down; (*avanti e indietro*) to and fro; *su per* ~ about, more or less, roughly, approximately.

giu. *giugno* Jun. (June).

giubba *f.* 1 (*giacca*) jacket. 2 (*Mil*) tunic, jacket. □ (*Canad*) *Giubbe Rosse* Royal Canadian Mounted Police.

giubbetto *m.* jacket; (*da donna*) bodice.

giubbone *m.* heavy jacket, coat.

giubbotto *m.* jacket; (*bomber*) bomber jacket: ~ *di pelle* leather jacket. □ ~ *antiproiettile* bullet-proof vest; (*Mar*) ~ *di salvataggio* life jacket.

giubilante *a.* jubilant, exultant, overjoyed.

giubilare[1] (**giùbilo**) I *v.i.* (*aus.* **avere**) to rejoice, to exult, to be jubilant. II *v.t.* 1 (*mettere in pensione*) to pension off. 2 (*scherz*) (*dimettere da una carica*) to sack, to fire.

giubilare[2] *a.* (*del giubileo*) jubilee (*attr.*), jubilean: *anno* ~ jubilee year.

giubilazione *f.* 1 (*lett,rar*) jubilation. 2 (*collocazione a riposo*) pensioning off.

giubileo *m.* (*Rel*) jubilee (*anche estens*): ~ *sacerdotale* priest's jubilee; *anno del* ~ Jubilee Year.

giubilo *m.* jubilation, rejoicing, exultation: *grida di* ~ cries of jubilation. □ *con* ~ joyfully, with joy, with jubilation: *accolse con* ~ *la bella notizia* he became jubilant at the good news.

giuda *m.inv.* Judas, traitor.

Giuda *n.pr.m.* (*Bibl*) Judas, Jude.

giudaico (*pl.* **-ci**) *a.* Judaic: *la legge giudaica* Judaic law.

giudaismo *m.* Judaism.

Giudea *n.pr.f.* (*Geog*) Judea, Judaea.

giudeo I *a.* 1 (*della Giudea*) Judean, Judaean. 2 (*ebreo*) Jewish. II *m.* (*f.* **-a**) 1 (*abitante della Giudea*) Judean, Judaean. 2 (*estens*) (*ebreo*) Jew (*f.* **-ess**).

giudicabile I *a.* triable. II *m./f.* (*Dir*) defendant.

giudicante *a.* 1 (*che giudica*) judging. 2 (*formato da giudici*) of judges: *collegio* ~ panel of judges; *tribunale* ~ court trying the case.

giudicare (**giùdico, giùdichi**) I *v.t.* 1 to judge: *non mi* ~ *troppo severamente* don't judge me too severely. 2 (*Dir*) (*esaminare*) to try, to judge: *una causa* to try a case. 3 (*Dir*) (*dichiarare*) to find: ~ *qcu. colpevole* to find so. guilty; ~ *qcu. innocente* to find so. inno-

cent. 4 (*ritenere, reputare*) to judge, to deem, to consider: *tutti lo giudicano un galantuomo* everyone considers him a gentleman. II *v.i.* (*aus.* **avere**) 1 (*dare un giudizio*) to judge (*di qcs.* sth.). 2 (*decidere, discernere*) to judge, to decide: *giudica tu chi è il migliore* you decide who is the best. □ *a* ~ *da* judging by: *a* ~ *dalle sue parole, si direbbe sincero* judging by what he says, one would say he is sincere; ~ *bene* qcu. to think well of so.; ~ *dalla prima impressione* to go by first impressions; ~ *dalle apparenze* to judge by appearances; ~ *dall'esito* to judge from results; ~ *qcu. idoneo a qcs.* to pass so. for sth., to qualify so. for sth., to declare so. fit to do sth.; ~ *male* qcu. 1 to think ill of so.; 2 (*sbagliare nel giudizio*) to misjudge so.

giudicato *m.* (*Dir*) (*cosa giudicata*) res judicata, decided question. 2 (*sentenza definitiva*) decision; (*civile*) judgement; (*penale*) sentence: *passare in* ~ to become definitive, to become final.

giudice *m.* 1 (*Dir*) judge (*anche fig*): *il* ~ *Samuel White* (*Br*) Honourable Mr Justice White, (*Am*) the Honorable Samuel White; ~ *equanime* impartial judge. 2 (*Bibl*) Judge. □ (*Dir*) ~ *a latere* associate judge; *essere buon* ~ to be a good judge; (*Dir*) ~ *conciliatore* Justice of the Peace; (*Dir*) ~ *costituzionale* justice in the Italian constitutional court; (*Dir*) ~ *d'appello* justice of appeal; (*Sport*) ~ *d'arrivo* finish line judge; (*Dir*) ~ *del lavoro* judge of a labour court; (*Dir*) ~ *delegato al fallimento* referee in bankruptcy, banktrupcy judge; (*Sport*) ~ *di classifica* place judge; (*Sport*) ~ *di gara* umpire; (*Sport*) ~ *di linea* linesman; (*Dir*) ~ *di pace* Justice of the Peace; (*Dir*) ~ *di prima istanza* (o ~ *di primo grado*) judge of first instance; ~ *distrettuale* district judge; (*Dir*) ~ *inquirente* examining judge; (*Dir*) ~ *istruttore* 1 investigating magistrate; 2 (*per accertare le cause di un decesso*) coroner; (*Dir*) ~ *non togato* lay judge; (*Dir*) ~ *popolare* juror, juryman; *il* ~ *supremo* (*Dio*) the Supreme Judge; (*Dir*) ~ *tutelare* tutelary judge; (*Dir*) ~ *unico* judge sitting alone.

Giudici *m.pl.* (*Bibl*) Judges.

Giuditta *n.pr.f.* Judith (*anche Bibl*).

giudiziale *a.* judicial, judiciary, legal: *potere* ~ legal power.

giudiziario *a.* judiciary, judicial, legal: *carriera giudiziaria* legal career; *ordinamento* ~ legal system; *procedimento* ~ judicial proceedings *pl.*

giudizio *m.* 1 judgement: *un* ~ *giusto* a fair judgement; ~ *sereno* objective judgement. 2 (*parere*) opinion: *dare un* ~ *su qcs.* to give an (*o* to give one's) opinion on sth.; ~ *obiettivo* objective opinion. 3 (*giudizio critico*) appraisal, critical opinion, criticism: *i giudizi sul nuovo romanzo non sono concordi* the critical opinions of the new novel are not in agreement. 4 (*discernimento, ragione*) discretion, wisdom, reason: *l'età del* ~ the age of reason; *uomo di* ~ man of wisdom, wise man. 5 (*senno, buon senso*) sense, common sense: *certi ragazzi hanno poco* ~ some young people don't have much sense; *avere* ~ to be sensible. 6 (*Dir*) (*sentenza*) judgement, sentence, decision: *emettere un* ~ *di assoluzione* to pronounce a decision of acquittal. 7 (*Dir*) (*processo*) trial, proceedings *pl.*, suit: *in attesa di* ~ awaiting trial. 8 (*verdetto*) verdict, decision, judgement: *la commissione lo ha dichiarato vincitore a* ~ *unanime* the commission declared him the winner by unanimous decision. 9 (*Filos*) judgement. □ *a suo* ~ in his opinion; (*Dir*) ~

d'appello decision on appeal; **dare un** ~ *su qcs.* to give one's opinion on sth., to give an opinion on sth.; *(Dir)* ~ **di delibazione** judgement giving a foreign sentence legal effect; *(Mediev)* ~ **di Dio** ordeal; *(Lett)* *il* ~ **di Paride** Paris' Judgement; *(Dir)* ~ **di seconda istanza** judgement on appeal; ~ **di valore** value judgement; *(Dir)* ~ **direttissimo** summary trial; *(Filos)* ~ **esplicativo** explicative judgement; **mettere** ~ *(ravvedersi)* to become sensible, to turn over a new leaf: *far mettere ~ a qcu.* to make so. turn over a new leaf; *(Dir)* ~ **senza appello** final sentence; *(Bibl)* ~ **universale** Last Judgement, Judgement Day, Doomsday.

giudiziosamente *avv.* sensibly, judiciously.

giudizioso *a.* sensible, judicious: *una ragazza giudiziosa* a sensible girl.

giuggiola *f.* 1 *(Bot)* jujube. 2 *(fig)* *(inezia)* trifle.

giuggiolo *m.* *(Bot)* jujube, jujube tree.

giuggiolone *m.* *(f.* **-a**) simpleton, fool.

giugno *m.* June. □ *a* ~ in June; *di* ~ of June, in June; *in* ~ in June.

giugolo *m.* *(Anat)* jugulum.

giugulare I *a.* *(Anat)* jugular. **II** *f.* *(Anat)* jugular vein.

giugulo *m.* *(Anat)* jugulum.

giulebbare (**giulèbbo**) **I** *v.t.* *(rar)* *(sciroppare)* to cook in syrup. **II** *v.pron.* **giulebbarsi** *(rar,colloq,scherz)* *(sopportare)* to put up with, to have to put up with.

giulebbe *m.* *(Alim,rar)* julep.

Giulia *n.pr.f.* Julia.

Giuliana *n.pr.f.* Juliana.

giuliano *a.* *(di Giulio Cesare)* Julian: *calendario* ~ Julian calendar.

Giuliano *n.pr.m.* Julian.

Giulie *n.pr.f.pl.* *(Geog)* *(Alpi Giulie)* Julian Alps *pl.*

Giulietta *n.pr.f.* Juliet. □ *(Lett)* ~ *e Romeo* Romeo and Juliet.

Giulio *n.pr.m.* Julius. □ *(Stor)* ~ *Cesare* Julius Caesar.

giulivamente *avv.* joyously, joyfully, gaily, blithely.

giulivo *a.* joyful, merry, cheerful, blithe.

giullare *m.* 1 *(Mediev)* *(cantastorie)* minstrel; *(giocoliere)* juggler; *(buffone di corte)* jester, buffoon. 2 *(spreg,estens)* *(buffone)* clown.

giullaresco *(pl.* **-chi**) *a.* 1 *(Mediev)* troubadour *(attr.)*, minstrel *(attr.)*: *letteratura giullaresca* troubadour literature. 2 *(spreg,estens)* *(buffonesco)* clownish.

giumella *f.* *(region)* two handfuls *pl.*

giumenta *f.* 1 *(cavalla da sella)* mare. 2 *(bestia da soma)* (female) pack animal; *(asina)* she ass.

giumento *m.* *(bestia da soma)* pack animal; *(asino)* donkey, ass.

giunca *f.* *(Mar)* junk.

giuncaia *f.* bed of rushes.

giuncata *f.* *(Alim)* junket, curds and whey.

giuncheto *m.* bed of rushes.

giunchiglia *f.* *(Bot)* jonquil.

giunco *(pl.* **-chi**) *m.* *(Bot)* rush. □ *di* ~ rush *(attr.)*: *stuoia di* ~ rush mat.

giungere *(pres.ind.* **giùngo**, **giùngi**; *p.rem.* **giùnsi**; *p.p.* **giùnto**) **I** *v.i.* *(aus.* **essere**) 1 *(arrivare)* to arrive *(a* at, in), to reach (sth.), to get (to), to get as far as (sth.): *la delegazione giungerà all'aeroporto alle venti* the delegation will arrive at the airport at eight p.m.; *sono giunto al capitolo terzo* I have got as far as chapter three, I am up to chapter three. 2 *(estendersi)* to stretch, to spread: *la pineta giunge fino al mare* the pine wood stretches

down to the sea, the pine wood goes right down to the sea. 3 *(raggiungere)* to reach: ~ *a tarda età* to reach old age, to reach an old age. 4 *(fig)* to go so far as, to come to the point: *a tanto è giunta la sua sfacciataggine?* has his impudence come to this point? **II** *v.t.* to join, to clasp: *giunse le mani in atto di preghiera* he joined his hands in prayer. □ *(Chim,Fis)* ~ *a saturazione* to reach saturation point; *(fig)* *essere giunto a saturazione* to have reached the point of saturation; ~ *al punto che* to go as far as, to come to the point that; ~ *alla conclusione che* to come to the conclusion that; *è giunta l'ora di...* it's time to...; *è giunta la sua ora* his *(o* her) time has come; ~ *nuovo* to be news, to be new: *questa notizia mi giunge nuova* that's news to me.

giungla *f.* jungle *(anche fig).* □ *(fig)* ~ *di asfalto* asphalt jungle.

Giunone *n.pr.f.* *(Mitol)* Juno.

giunonico *(pl.* **-ci**) *a.* Junoesque *(anche estens)*: *bellezza giunonica* Junoesque beauty.

giunsi → **giungere**.

giunta[1] *f.* 1 *(aggiunta)* addition. 2 *(rif. ad abiti)* added piece, extra piece, insert: *fare una* ~ *al vestito* to let an extra piece into the dress. 3 *(merce in sovrappiù)* surplus, extra. 4 *(Mar)* butt. □ *per* ~ in addition, into the bargain, what's more, to cap it all: *ti ho aiutato e per* ~ *mi rimproveri* I helped you and then you go and reproach me.

giunta[2] *f.* 1 council, committee, board. 2 *(Pol,Mil)* junta. □ ~ *comunale* town council, municipal council; ~ *militare* military junta; ~ *municipale* town council, municipal council; ~ *provinciale* provincial council; ~ *regionale* regional council.

giuntare (**giùnto**) *v.t.* 1 *(unire, aggiustare)* to join, to connect. 2 *(Cin)* to splice. 3 *(Sart)* to sew together.

giuntatore *m.* *(f.* **-trice**) *(operaio)* joiner, jointer.

giuntatrice *f.* 1 *(Cin)* splicer. 2 *(Fal)* *(macchina)* jointer.

giuntista *m./f.* *(Tel)* cable joiner.

giunto[1] → **giungere** *a.* joined, clasped: *pregare a mani giunte* to pray with one's hands joined.

giunto[2] *m.* *(Mecc)* joint; *(di accoppiamento)* coupling; *(punto di giunzione)* junction. □ ~ *a gomito* elbow joint; ~ *a snodo* knuckle joint; ~ *articolato* universal joint; ~ *cardanico* universal joint, cardan joint; ~ *di dilatazione* expansion joint; ~ *elastico* flexible coupling; ~ *idraulico* (o ~ *idrodinamico*) hydrodynamic coupling, hydraulic coupling, fluid flywheel; ~ *sferico* ball joint.

giunzione *f.* *(Mecc)* *(giunto)* joint, coupling, connection. □ *(Fal)* ~ *a cerniera* hinged joint.

giuocare → **giocare** *e der.*

giuoco → **gioco** *e der.*

Giura *n.pr.m.* *(Geog)* Jura.

giuramento *m.* oath *(anche Mil)*: *falso* ~ perjury. □ *(fig)* ~ *da marinaio* dicer's oath; *(Stor)* ~ *della pallacorda* oath of the Tennis Court; ~ *di fedeltà* oath of allegiance; ~ *di Ippocrate* Hippocratic oath; *fare un* ~ to take an oath, to swear; *(fig)* *fare* ~ *(fare proposito)* to swear: *ho fatto* ~ *di non rivederlo mai più* I have sworn never to see him again;

(Dir) *sotto* ~ under oath, on oath.

giurare (**giùro**) **I** *v.i.* *(aus.* **avere**) 1 to swear, to take an oath *(davanti a* to, before). 2 *(iperb)* *(assicurare)* to swear, to assure: *ti giuro che non sono stato io* I swear that it wasn't me, I assure you that it wasn't me; *potrei* ~ *di averlo visto* I could swear that I saw him; *non potrei giurarlo* I couldn't swear to it. **II** *v.t.* to swear, to vow: ~ *amore eterno* to vow eternal love. □ *giurarla a qcu.* to swear to get even with so.; ~ *davanti a Dio* to swear before God, to swear to God; *(Dir)* ~ *di dire la verità, tutta la verità e nient'altro che la verità* to swear to tell the truth, the whole truth, and nothing but the truth; ~ *e spergiurare* to swear black and blue, swear by all that's holy; ~ *fedeltà a qcu.* to pledge one's loyalty to so., to swear to be true to so., to swear to be faithful to so.; ~ *il falso* to commit perjury; ~ *sul capo di qcu.* to swear by so.'s life; ~ *sul proprio onore* (o ~ *sull'onore*) to swear on one's honour, *(Am)* to swear on one's honor; ~ *sulla Bibbia* to swear on the Bible; ~ *sulla testa di qcu.* to swear in the name of so.; ~ *vendetta* to swear vengeance, to swear revenge.

giurassico *(pl.* **-ci**) *a./m.* *(Geol)* Jurassic.

giurato I *a.* *(Dir)* sworn *(anche estens)*: *deposizione giurata* sworn testimony; *perito* ~ sworn expert; *è mio nemico* ~ he's my sworn enemy. **II** *m.* *(f.* **-a**) *(Dir)* juror, juryman *(f.* -woman), member of the jury: *i giurati* the jury; *lista dei giurati* panel.

giureconsulto *m.* jurisconsult.

giurì *m.* *(Dir)* *(giuria)* jury. □ ~ *d'onore* court of honour.

giuria *f.* 1 *(Dir)* jury. 2 *(commissione di concorso)* jury, panel of judges, judges *pl.* *(anche Sport).*

giuridicamente *avv.* juridically.

giuridicità *f.* juridical nature.

giuridico *(pl.* **-ci**) *a.* 1 legal, juridical: *ordinamento* ~ legal system. 2 *(della giurisprudenza)* law *(attr.)*, legal: *studi giuridici* legal studies, law studies. □ *stato* ~ *di un impiegato* legal status of an employee.

giurisdizionale *a.* jurisdictional: *competenza* ~ jurisdictional competence.

giurisdizione *f.* jurisdiction *(anche Dir).* □ ~ *amministrativa* administrative jurisdiction; ~ *civile* civil jurisdiction; ~ *d'appello* appellate jurisdiction; ~ *ecclesiastica* ecclesiastical jurisdiction; ~ *extraterritoriale* extraterritorial jurisdiction; ~ *militare* military jurisdiction; ~ *penale* criminal jurisdiction; *essere sotto la* ~ *di* to come under the jurisdiction of; ~ *volontaria* voluntary jurisdiction.

giurisperito *m.* *(f.* **-a**) jurisprudent, jurisconsult.

giurisprudenza *f.* 1 jurisprudence, law: ~ *civile* civil jurisprudence; *studiare* ~ to study law. 2 *(decisioni emesse dagli organi giurisdizionali)* case law. 3 *(organi giurisdizionali)* judiciary.

giurisprudenziale *a.* jurisprudential.

giurista *m./f.* jurist.

Giuseppe *n.pr.m.* Joseph.

Giuseppina *n.pr.f.* Josephine.

giuseppinismo, **giuseppismo** *m.* *(Stor)* Josephinism, Josephism.

giusnaturalismo *m.* *(Filos)* doctrine of natural law.

giusquiamo *m.* *(Bot)* henbane, black henbane.

giusta *prep.* *(burocr)* according to, in conformity with.

giustacuore *m.* *(Abbigl,ant)* just-au-corps, justicoat.

giustamente *avv.* 1 (*a ragione*) rightly, correctly: *hai detto ~ che* you rightly said that. 2 (*esattamente*) correctly, rightly, properly. 3 (*secondo giustizia*) fairly, justly: *giudicare ~* to judge fairly.

giustapporre (*pres.ind.* **giustappóngo**, **giustappóni**; *p.rem.* **giustappósi**; *p.p.* **giustappósto**) *v.t.* to juxtapose.

giustapposizione *f.* juxtaposition (*anche Ling*).

giustapposto → **giustapporre** *a.* juxtaposed.

giustezza *f.* 1 correctness, exactness. 2 (*Tip*) measure: *~ di riga* line measure.

giustificabile *a.* justifiable.

giustificare (**giustìfico**, **giustìfichi**) I *v.t.* 1 (*rendere giusto*) to justify: *il fine giustifica i mezzi* the end justifies the means. 2 (*scusare, scagionare*) to justify, to excuse, to exculpate: *niente può ~ il tuo comportamento* nothing can excuse your behaviour. 3 (*Scol*) to justify, to excuse: *~ un'assenza* to justify an absence, to excuse an absence. 4 (*documentare*) to account for. 5 (*Rel*) (*perdonare*) to redeem, to forgive. 6 (*Tip*) to justify. II *v.pron.* **giustificarsi** 1 to justify oneself. 2 (*scusarsi*) to excuse oneself.

giustificativo I *a.* justifying, justificatory: *documento ~* justificatory document, supporting document, voucher. II *m.* voucher, receipt.

giustificato *a.* 1 justified: *spese giustificate* justified expenses; *la tua sfiducia è giustificata* your distrust is justified. 2 (*Scol*) excused, justified: *assenza giustificata* excused absence, justified absence. 3 (*Rel*) redeemed, forgiven. 4 (*Tip*) justified.

giustificazione *f.* 1 justification; (*scusa*) excuse: *come ~ addusse un'indisposizione* illness was his excuse. 2 (*documento*) voucher, justification: *presentare le giustificazioni di una spesa* to present the expense vouchers. 3 (*Scol*) excuse. 4 (*Tip*) justification.

giustinianeo *a.* Justinian: *codice ~* Justinian code.

Giustiniano *n.pr.m.* (*Stor*) Justinian.

giustizia *f.* 1 justice: *chiedere ~* to demand justice; *ottenere ~* to obtain justice; *secondo ~* according to justice. 2 (*equità*) fairness, impartiality, equity: *giudicare con ~* to judge with impartiality, to judge impartially. 3 (*autorità*) law, justice: *consegnare qcu. alla ~* to hand so. over, to turn so. in to the law, to bring so. to justice; *amministrare la ~* to administer the law, to administer justice; *assicurare alla ~* to bring to justice; *ricorrere alla ~* to turn to the law. □ *la ~ divina* Divine Justice; *fare ~:* 1 to do justice; 2 (*giustiziare*) to execute, to put to death; *fare ~ di qcu.* (*trattarlo secondo il merito*) to give so. what he deserves; *farsi ~ da sé* to take the law into one's own hands; *non c'è ~ a questo mondo* there's no justice in this world; *per ~* out of fairness, in justice; *~ sociale* social justice; *fare ~ sommaria* to carry out summary proceedings.

giustizialismo *m.* justicialism; (*estens*) political control over the justice system.

giustizialista *a./m./f.* justicialist.

giustiziare (**giustìzio**, **giustìzi**) *v.t.* to execute, to put to death: *i condannati furono giustiziati all'alba* the condemned men were executed at dawn.

giustiziato I *a.* executed. II *m.* (*f.* **-a**) executed man (*f.* executed woman).

giustiziere *m.* 1 (*carnefice, boia*) executioner, hangman. 2 (*vendicatore*) avenger.

giusto I *a.* 1 (*corretto*) right: *la risposta giusta* the right answer. 2 (*di sentenza, punizione*) just. 3 (*equo, imparziale*) fair: *giudice ~* fair judge, *un prezzo ~* a fair price. 4 (*legittimo*) rightful, legitimate, lawful: *un ~ desiderio* a legitimate desire; *giuste rivendicazioni* rightful claims, lawful claims. 5 (*rispondente al vero*) correct, exact, accurate, right: *una giusta osservazione* a correct observation; *hai detto una cosa molto giusta* what you said is quite right. 6 (*adatto, conveniente*) right, suitable: *aspettare il momento ~* to wait for the right moment. 7 (*proporzionato*) fair: *una paga giusta* a fair wage. 8 (*preciso, esatto*) right, correct, exact: *il conto è ~* the bill is right; *peso ~* exact weight. 9 (*esclam.*) (*è vero*) right, that's right, correct, true: *~, non ci avevo pensato* you're right (*o* it's true) I hadn't thought of it. II *avv.* 1 (*esattamente*) correctly, precisely, justly: *hai risposto ~* you answered correctly, your answer is right. 2 (*proprio, per l'appunto*) just, precisely: *cercavo ~ te* you're just the one I was looking for, you're the very one I was looking for; *l'ho incontrato ~ ieri* I met him just yesterday (*o* only yesterday). 3 (*appena*) just, barely: *~ in tempo* just in time; *ho fatto ~ in tempo a salutarlo* I just had time to say good-bye to him. III *m.* 1 (*f.* **-a**) (*uomo giusto*) just man, righteous man, upright man: *i giusti* the just (*costr.pl.*), the righteous (*costr.pl.*), the upright (*costr.pl.*). 2 (*ciò che è giusto*) right, what is right: *operare il ~* to do right. 3 (*ciò che è dovuto*) one's due, justice: *pretendere il ~* to claim one's due. □ (*Dir*) *giusta causa* true and just cause; *la minestra è giusta di sale* the soup has just enough salt in it; *il ~ mezzo* the happy medium; *essere nel ~* to be right, to be in the right; *non è ~ trattarlo così* it's not fair (*o* it's not right) to treat him like that; *per essere giusti* (*a dire il vero*) to tell the truth; (*fig*) *dare il ~ peso a qcs.* to give full weight to sth.; *è più che ~* it's only fair; *fatte le giuste proporzioni* relatively speaking; *quel che è ~ è ~* what's right is right, fair is fair; *siamo giusti!* let's be fair!

G.L. (*Stor.it*) Giustizia e Libertà (Justice and Freedom).

glabro *a.* 1 hairless, glabrous: *volto ~* hairless face. 2 (*estens*) smooth.

glacé /gla'se/ *a.inv.* 1 (*Gastron*) glacé, sugared. 2 (*Ind*) glacé.

glacette /gla'sɛt/ *f.inv.* glacette, wine keeper.

glaciale *a.* 1 glacial (*anche Geol,Chim*): *oceano ~* arctic ocean, antarctic ocean; *periodo ~* glacial period. 2 (*freddissimo*) icy, freezing, glacial: *tirava un vento ~* an icy wind was blowing. 3 (*fig*) icy, chilly, glacial, cold: *accoglienza ~* cold reception; *silenzio ~* frozen silence.

glacialità *f.* (*fig*) iciness, chillness.

glaciazione *f.* (*Geol*) glaciation.

glaciologia *f.* glaciology.

glaciologo *m.* (*f.* **-a**; *pl.* **-gi**) glaciologist.

gladiatore *m.* (*Stor.rom*) gladiator.

gladiatorio *a.* (*Stor.rom*) gladiatorial.

gladio *m.* (*Stor.rom*) gladius.

gladiolo, **gladìolo** *m.* (*Bot*) gladiolus, sword lily.

glagolitico (*pl.* **-ci**) *a.* (*Ling*) Glagolitic, Glagolithic: *alfabeto ~* Glagolitic alphabet.

glande *m.* (*Anat*) glans.

glandola *f.* (*Anat*) gland.

glandolare *a.* (*Anat*) glandular.

Glarona *n.pr.m.* (*Geog*) Glarus.

glassa *f.* 1 (*Gastron*) glaze. 2 (*Dolc*) icing, frosting.

glassare (**glàsso**) *v.t.* 1 (*Gastron*) to glaze. 2 (*Dolc*) to frost, to ice; (*con cioccolato*) to chocolate-coat, to frost with chocolate icing.

glassato *a.* 1 (*Dolc*) glacé, iced, frosted. 2 (*Gastron*) (*rif. a carne*) glazed. 3 (*rif. a pelle*) glacé.

glassatura *f.* (*Dolc*) frosting, icing; (*con cioccolato*) chocolate coating.

glauco (*pl.* **-chi**) *a.* (*lett*) blue-green, glaucous.

glaucoma *m.* (*Med*) glaucoma.

gleba *f.* (*lett*) (*zolla di terra*) clod; (*campo*) glebe.

glena, glene *f.* (*Anat*) glenoid cavity.

glenoidale *a.* (*Anat*) glenoid, glenoidal.

glenoide *f.* (*Anat*) glenoid cavity.

gli[1] *art.m.pl.* → **il**.

gli[2] *pron.* 1 (*rif. a persona*) him, to him, for him. 2 (*rif. a cosa*) it, to it, for it. 3 (*colloq*) (*loro*) them, to them, for them.

glicemia /gli-/ *f.* (*Med*) glycemia, glycaemia.

glicemico /gli-/ (*pl.* **-ci**) *a.* (*Med*) glycemic, glycaemic.

glicerico /gli-/ (*pl.* **-ci**) *a.* (*Chim*) glyceric.

gliceride /gli-/ *m.* (*Chim*) glyceride.

glicerina /gli-/ *f.* (*Chim*) glycerin, glycerine, glycerol.

glicerofosfato /gli-/ *m.* (*Chim*) glycerophosphate.

glicine /gli-/ *m.* (*Bot*) wisteria, wistaria.

glicocolla /gli-/ *f.* (*Chim*) glycine.

glicogeno /gli-/ *m.* (*Chim,Biol*) glycogen.

glicol /gli-/ *m.* (*Chim*) glycol.

glicolico /gli-/ (*pl.* **-ci**) *a.* (*Chim*) glycolic: *acido ~* glycolic acid.

glicosuria /gli-/ *f.* (*Med*) glycosuria.

gliela *pron.* (*fusion of* gli + la) → **gli**[2].

gliele *pron.* (*fusion of* gli + le) → **gli**[2].

glieli *pron.* (*fusion of* gli + li) → **gli**[2].

glielo *pron.* (*fusion of* gli + lo) → **gli**[2].

gliene *pron.* (*fusion of* gli + ne) → **gli**[2].

glifo /gli-/ *m.* 1 (*Arch*) glyph. 2 (*Ferr*) link block, link: *~ della distribuzione* motion link.

glissando /gli-/ *m./avv.* (*Mus*) glissando.

glittica /gli-/ *f.* glyptics (*costr.sing.*).

glittico /gli-/ (*pl.* **-ci**) *a.* glyptic.

glittografia /gli-/ *f.* glyptography.

glittografico /gli-/ (*pl.* **-ci**) *a.* glyptographic.

glittografo /gli-/ *m.* (*f.* **-a**) glyptographer.

glittoteca /gli-/ *f.* 1 (*luogo*) glyptograph museum. 2 (*raccolta*) glyptic collection, glyptograph collection.

globale *a.* overall, comprehensive, all-inclusive, global, total: *importo ~* total amount; *visione ~* overall view, global view; *economia ~* global economy; *villaggio ~* global village; (*Pedag*) *metodo ~* global method.

globalismo *m.* 1 globalism. 2 (*Pedag*) global method.

globalista *a.* globalist.

globalità *f.* totality, entirety: *nella sua ~* in its entirety.

globalizzare (**globalìzzo**) *v.t.* to globalize (*anche Econ*).

globalizzazione *f.* globalization, globalism (*anche Econ*).

globalmente *avv.* overall.

globe-trotter /ˌglɔb'trɔtter/ *m./f.inv.* globe-trotter.

globicefalo *m.* (*Zool*) black whale, pilot whale.

globigerina *f.* (*Zool*) globigerina.

globo *m.* 1 globe, ball, sphere: *un ~ di cristallo* a crystal globe. 2 (*terra, mondo*) globe, earth: *in ogni parte del ~* all over the globe, all over the world. □ *~ celeste* celestial globe; (*Anat*) *~ oculare* eyeball; *~ terracqueo* (*o ~ terrestre*) globe, terrestrial globe, terraqueous globe.

globoide m. (Bot,Geom) globoid.

globosità f. globosity.

globoso a. globular, spherical.

globulare a. 1 (a forma di globo) globular. 2 (Med) red corpuscle (attr.).

globulina f. (Biol) globulin.

globulo m. 1 globule. 2 (Fisiol) corpuscle: globuli bianchi white corpuscles, white blood cells; globuli rossi red corpuscles, red blood cells.

globuloso a. globulous.

gloglottare (gloglòtto; aus. avere) v.i. 1 (rif. a tacchino) to gobble. 2 (gorgogliare) to gurgle.

gloglottio m. 1 (rif. a tacchino) gobble, gobbling. 2 (gorgoglio) gurgle, gurgling.

glomerulo m. 1 (Bot) glomerule. 2 (Anat) glomerulus.

gloria[1] f. 1 glory: coprirsi di ~ to be covered with glory; ~ a Dio nel più alto dei cieli glory be to God on high, glory be to God in the highest. 2 (vanto) pride, glory: essere la ~ della famiglia to be the pride of the family, to be the pride and joy of the family. 3 (azione gloriosa) glory, splendour: le glorie dell'impero romano the glories of the Roman Empire. 4 (beatitudine) glory, heavenly bliss. 5 (Art) glory. □ la ~ di Dio the glory of God: a maggior ~ di Dio to the greater glory of God; ~ immortale immortal glory, immortal fame; ~ militare military glory.

gloria[2] m.inv. (Rel) Gloria.

gloriarsi (mi glòrio, ti glòri) v.pron. 1 (compiacersi) to glory (di in), to be proud (of). 2 (vantarsi) to boast (of): ~ dei propri successi to boast of one's own successes.

gloriette /glɔ'rjɛt/ f.inv. (Arch) gloriette.

glorificare (glorìfico, glorìfichi) I v.t. to exalt, to honour, to glorify: ~ un eroe to exalt a hero, to honour a hero; ~ Dio to glorify God. II v.pron. **glorificarsi** to boast (of).

glorificatore m. (f. -trice) glorifier.

glorificazione f. glorification, glorifying: la ~ degli eletti the glorification of the elect.

gloriosamente avv. gloriously.

glorioso a. 1 glorious, illustrious: stirpe gloriosa illustrious descent, illustrious parentage; una gloriosa spedizione a glorious expedition; di gloriosa memoria illustrious. 2 (Teol) glorified: essere ~ in cielo to be glorified in heaven. 3 (colloq) (soddisfatto) triumphant, exultant. □ **andare** ~ di qcs. (o essere ~ di qcs.) to glory in sth., (vantarsene) to boast about sth.

glossa f. gloss, annotation, note, explanatory note: ~ marginale marginal note.

glossare (glòsso) v.t. to gloss, to annotate, to comment upon.

glossario m. glossary.

glossatore m. (f. -trice) glossarist, commentator.

glossema m. (Ling) glosseme.

glossematica f. (Ling) glossematics (costr.sing.).

glossina f. (Entom) glossina.

glossite f. (Med) glossitis.

glossofaringeo a. (Anat) glossopharyngeal.

glossografia f. (Filol) glossography.

glossografico (pl. -ci) a. (Filol) glossographical.

glossografo m. (Filol) glossographer.

glossolalia f. (Psic,Rel) glossolalia.

glottale a. (Fon) glottal: occlusiva ~ glottal stop.

glottide f. (Anat) glottis.

glottocronologia f. (Ling) glottochronology.

glottodidattica f. language teaching.

glottologia f. linguistics (costr.sing.), glottology, glossology.

glottologico (pl. -ci) a. linguistic.

glottologo m. (f. -a; pl. -gi) linguist.

gloxinia f. (Bot) gloxinia.

glucide m. (Chim) glucide.

glucomannano m. (Chim) glucomannan.

glucoside m. (Chim) glycoside.

glucosio m. (Chim) glucose.

glu glu I onom. 1 (rif. a liquidi) glug glug. 2 (rif. a tacchini) gobble gobble. II m.inv. 1 (rif. a liquidi) gurgling. 2 (rif. a tacchini) gobble, gobbling.

gluma f. (Bot) glume.

glumetta f. (Bot) glumella, inner glume, palea.

glutammato m. (Chim) glutamate. □ (Chim) ~ di sodio monosodium glutamate, MSG.

glutammico (pl. -ci) a. (Chim) glutamic, glutaminic: acido ~ glutamic acid.

glutammina f. (Chim) glutamine.

gluteo I m. (Anat) gluteus: i glutei buttocks pl. II a. (Anat) gluteal.

glutinato a. gluten (attr.), glutenous: pasta glutinata gluten pasta.

glutine m. gluten.

glutinosità f. glutinosity.

glutinoso a. 1 gluten (attr.), glutinous. 2 (estens) (colloso) sticky, glutinous.

gnatologia f. (Med) gnathology.

gneis, gneiss /'gnɛjs/ m.inv. (Geol) gneiss.

GNL gas naturale liquefatto LNG (liquefied natural gas).

gnocco (pl. -chi) m. 1 spec.pl. (Gastron) kind of dumplings usually of potato and flour. 2 (grumo) lump, clot. 3 (region) (bernoccolo) bump, lump. 4 (fig) (uomo goffo) simpleton, blockhead.

gnome f. (lett) gnome.

gnomico (pl. -ci) I a. gnomic: poesia gnomica gnomic poetry. II m. gnomic, gnomic poet.

gnomone m. gnome.

gnomone m. gnomon.

gnorri □ **fare lo ~**: 1 (fingere di non sapere) to feign ignorance; 2 (fingere di non capire) to pretend not to understand.

gnoseologia f. (Filos) gnosiology.

gnoseologico (pl. -ci) a. (Filos) gnosiological.

gnosi f. (Teol) gnosis.

gnosticismo m. (Rel) gnosticism.

gnostico I a. gnostic, Gnostic II m. (f. -a; pl. -ci) Gnostic.

gnu m. (Zool) gnu, wildebeest.

goal /gɔl/ m.inv. (Sport) goal: fare un ~ to score a goal.

gobba f. 1 hump, hunch, hunchback, humpback. 2 (di cammello o dromedario) hump, hunch. 3 (protuberanza) bump, lump, swelling. 4 (irregolarità del terreno) bump, hump: le gobbe della strada the bumps in the road. □ **avere la ~** to be humpbacked, to be hunchbacked; naso con la ~ hooked nose.

gobbo[1] I a. 1 hunchbacked, humpbacked: è ~ dalla nascita he was born hunchbacked, he was born a hunchback. 2 (con le spalle curve) round-shouldered, stooped, hunched up: non stare ~ don't sit all hunched up; camminare ~ to walk with a stoop. 3 (rif. a cosa: curvo, convesso) curved, bent, convex. II m. (f. -a) hunchback, humpback.

gobbo[2] m. (Cin,TV) teleprompter.

gobelin /gɔ'blɛ̃/ m.inv. Gobelin.

goccetto m. droplet.

goccia (pl. -ce) f. 1 drop (anche estens): bere fino all'ultima ~ to drink to the last drop, to drink down to the last drop; versami una ~ di vino pour me out a drop of wine. 2 (goccia che cade) drip. 3 (di pioggia) raindrop, drop of rain: cade già qualche ~ a few drops of rain are already falling. 4 (ornamento di lampadari, orecchini) pendant, drop: un lampadario a gocce di cristallo a chandelier with crystal pendants. 5 pl. (Arch) guttae, drops. □ **a ~** (a forma di goccia) drop (attr.), pendant: orecchino a ~ drop earring; ~ a ~: 1 drop by drop; 2 (fig) (a poco a poco) little by little; avere la ~ al naso to have a dripping nose, to have a runny nose; (fig) è la ~ che fa traboccare il vaso it's the last straw (that breaks the camel's back); essere come una ~ nel mare to be (like) a drop in the ocean, to be (like) a drop in the bucket; una ~ d'acqua a drop of water; (fig) assomigliarsi come due gocce d'acqua to be alike as two peas, to be alike as two peas in a pod; una ~ di rugiada a dewdrop; una ~ di sangue a drop of blood; una ~ di sudore a bead of sweat. Prov.: la ~ scava la pietra slow and steady wins the race.

gocciare (góccio, gócci) I v.i. (rar) (aus. essere/avere) 1 to drip, to trickle. 2 (rif. a naso) to drip, to run. II v.t. (rar) to drip, to drop.

goccino m. droplet.

goccio m. drop, (colloq) spot: un ~ di vino a drop of wine.

gocciola f. 1 (goccia) drop (anche estens). 2 (pendente di orecchino, lampadari) drop, pendant.

gocciolamento m. dripping, trickling.

gocciolante a. dripping, running: mani gocciolanti di acqua dripping hands.

gocciolare (gócciolo) I v.i. (aus. essere/avere) 1 to drip, to trickle: l'acqua gocciola dal rubinetto the water drips from the tap. 2 (rif. a naso) to drip, to run: gli gocciolava il naso per il freddo his nose was dripping from the cold, his nose was running from the cold. II v.t. to drip, to drop: la candela gocciolava cera the candle was dripping wax.

gocciolatoio m. (Edil) dripstone, drip moulding.

gocciolina f. droplet.

gocciolio m. dripping, trickling.

gocciolone m. large drop.

godere (pres.ind. gòdo; p.rem. godètti/godéi; fut. godrò; p.p. godùto) I v.i. (aus. avere) 1 to be delighted (at, by, with), to delight (in), to be glad, to rejoice (at, over): godeva dei successi dell'amico he was delighted at his friend's success; godo di saperti in buona salute I'm glad to hear that you are in good health; sembra che tu goda a tormentarlo you seem to enjoy tormenting him, you seem to delight in tormenting him. 2 (condurre vita spensierata) to enjoy oneself, to enjoy life, to have a good time: da giovani bisogna ~ one must enjoy life when one is young. 3 (possedere, avere) to enjoy (sth.), to benefit (from): ~ di buona salute to enjoy good health; ~ di un privilegio to enjoy a privilege; ~ della fiducia di qcu. to enjoy so.'s confidence, to have so.'s trust. 4 (provare l'orgasmo) to have an orgasm, to have one's climax. II v.t. 1 (gustare) to enjoy, to delight in, to take pleasure in: ~ il fresco della sera to enjoy the fresh evening air. 2 (possedere) to enjoy, to benefit from: ~ un'ottima rendita to enjoy an excellent income. 3 (avere) to have: l'albergo gode una bella vista sul lago the hotel has a beautiful view over the lake. III v.pron. **godersi** 1 to enjoy:

godersi uno spettacolo to enjoy a show; *voglio godermi i miei nipotini tutto il giorno* I want to enjoy having my grandchildren with me all day long. **2** (*iron*) (*sopportare*) to put up with, to make the best of: *lo ha voluto sposare? e ora se lo goda* she wanted to marry him, didn't she? now she must put up with him. □ ~ *buon nome* to have a good reputation; ~ *buona fama* to be thought highly of, to be held in high repute, to have a good reputation; ~ *del male altrui* to take pleasure in other people's misfortunes; *godersela* (*spassarsela*) to have a good time, to enjoy oneself; *godersi i soldi* to enjoy one's money; ~ *il favore di qcu.* to stand high in so.'s opinion. ~ *i favori di una donna* to enjoy a woman's favours; *godersi la vita* to get the most out of life, to enjoy life; ~ *ottima salute* to be in excellent health, to enjoy excellent health, to be in the best of health.

godereccio *a.* **1** (*dedito ai godimenti*) pleasure-loving: *gente godereccia* pleasure-loving people. **2** (*che dà piacere*) enjoyable, pleasant.

godet /go'dɛ/ *m.inv.* (*Sart*) flare. □ *gonna a ~* flared skirt.

godezia *m.* (*Bot*) godetia.

godibile *a.* enjoyable.

godimento *m.* **1** enjoyment, pleasure, delight: *trarre ~ da qcs.* to take pleasure in sth., to get pleasure out of sth. **2** (*Dir*) enjoyment, possession: ~ *di un diritto* enjoyment of a right. **3** (*Dir*) (*usufrutto*) usufruct. □ ~ *estetico* aesthetic pleasure; (*Dir*) ~ *pieno* full enjoyment, full possession.

godrò → **godere**.

goduria *f.* (*scherz*) pleasure, luxury.

goethiano /gœ-/ *a.* Goethian, Goethe's, of Goethe.

goffaggine *f.* **1** (*l'essere goffo*) awkwardness, clumsiness; ~ *di movimenti* awkwardness (of movement), awkward way of moving. **2** (*atto goffo*) clumsy action. **3** (*parole goffe*) awkward remark, blunder.

goffamente *avv.* awkwardly, clumsily.

goffo *a.* **1** (*impacciato*) awkward, clumsy: *con un ~ movimento fece cadere il bicchiere* with a clumsy movement he knocked the glass over; ~ *come un orso* as clumsy as a bear. **2** (*senza eleganza, malfatto*) badly-made, clumsily made: *un abito ~* a badly-made dress.

goffrare (**gòffro**) *v.t.* (*Tecn*) to emboss.

goffrato *a.* (*Tecn,Tess*) embossed: *tessuto ~* embossed fabric.

goffratrice *f.* (*Tecn*) embosser, embossing machine.

goffratura *f.* (*Tecn*) embossing.

Goffredo *n.pr.m.* Geoffrey, Godfrey.

gogna *f.* pillory: *condannare alla ~* to condemn to the pillory. □ (*fig*) *mettere qcu. alla ~* to pillory so.

goi *m./f.inv.* goi.

go-kart /go'kart/ *m.inv.* kart, go-kart.

gol *m.inv.* (*Sport*) goal: *fare un ~* to score a goal.

gola *f.* **1** (*Anat*) throat: *avere la ~ secca* (*o avere la ~ arsa*) to have a dry throat. **2** (*collo*) throat, neck. **3** (*golosità*) greed, greediness; (*vizio capitale*) gluttony. **4** (*fumaiolo*) stack; (*di camino*) flue. **5** (*scolo di acquaio e sim.*) drain, drainpipe. **6** (*Geog*) (*valle stretta e profonda*) gorge. **7** (*Arch*) (*modanatura*) moulding, cyma. **8** (*Mar*) throat. **9** (*Mecc*) groove; (*scarico*) relief. □ *a ~ spiegata* at the top of one's voice; *ridere a ~ spiegata* to roar with laughter; *fare ~* to tempt, to make one's mouth water (*anche fig*); *prendere qcu. per la ~* to take so. by the throat; (*fig*) *essere*

preso per la ~ to be forced to do sth.; (*fig*) *gli uomini si prendono per la ~* the way to a man's heart is through his stomach; (*Giorn*) ~ *profonda* (*informatore*) informer, (*colloq*) nark, (*colloq*) stool pigeon.

Golan *n.pr.m.* (*Geog*) Golan: *alture del ~* Golan Heights.

golden gol *m.inv.* (*Sport*) golden goal rule.

golden share /'golden,ʃɛr/ *f.inv.* (*Econ*) golden share.

goleador *m.inv.* (*Sport*) striker.

goletta[1] *f.* **1** (*Sart*) embroidered collar, lace collar. **2** (*Mil,ant*) (*di armatura*) gorget, throatpiece.

goletta[2] *f.* (*Mar*) schooner: ~ *a due alberi* two-masted schooner.

golf[1] *m.inv.* (*Sport*) golf: *campo da ~* golf course; *giocatore di ~* golfer.

golf[2] *m.inv.* (*Abbigl*) pullover, jersey, sweater, (*Br*) jumper; (*aperto davanti*) cardigan.

golfare *m.* (*Mar*) ringbolt.

golfista *m./f.* (*Sport*) golfer.

golfistico (*pl.* **-ci**) *a.* (*Sport*) golf (*attr.*), golfing: *associazione golfistica* golf club.

golfo *m.* (*Geog*) gulf. □ (*Geog*) ~ *Arabico* Arabian Gulf; (*Geog*) ~ *del Bengala* Bay of Bengal; (*Geog*) ~ *del Messico* Gulf of Mexico; (*Geog*) ~ *di Botnia* Gulf of Bothnia; (*Geog*) ~ *di Finlandia* Gulf of Finland; (*Geog*) ~ *di Guascogna* Bay of Biscay; (*Geog*) ~ *di Guinea* Gulf of Guinea; (*Geog*) ~ *di Oman* gulf of Oman; (*Geog*) ~ *di Sorrento* bay of Sorrento, Sorrento bay; (*Teat,Mus*) ~ *mistico* orchestra pit; (*Geog*) ~ *Persico* Persian Gulf.

Golgota *n.pr.m.* (*Bibl*) Golgotha.

Golia *n.pr.m.* (*Bibl*) Goliath.

goliardia *f.* **1** (*i goliardi*) university students *pl.*, student body. **2** (*spirito goliardico*) university spirit.

goliardico (*pl.* **-ci**) *a.* student (*attr.*), student's: *canti goliardici* student songs; *berretto ~* student's cap.

goliardo *m.* **1** (*studente universitario*) student, university student. **2** (*Mediev*) goliard.

gollismo *m.* (*Pol*) Gaullism.

gollista *a./m./f.* (*Pol*) Gaullist.

golosità *f.* **1** (*l'essere goloso*) greediness; (*ghiottoneria*) gluttony. **2** (*leccornia*) titbit, dainty, delicacy, (*Am*) tidbit.

goloso I *a.* **1** greedy, voracious: *essere ~ di qcs.* to be fond of sth. **2** (*ghiotto*) gluttonous. II *m.* (*f.* **-a**) glutton, gourmand. □ *essere ~ di dolci* to have a sweet tooth.

golpe[1] *f.* (*Agr*) smut, mildew.

golpe[2] *m.inv.* (*Pol*) coup, putsch.

golpista I *a.* coup (*attr.*). II *m./f.* coup leader.

gomena *f.* (*Mar*) cable, hawser.

gomitata *f.* **1** (*colpo di gomito*) blow with the elbow, push with the elbow. **2** (*urto al gomito*) bump (on one's elbow). □ *farsi strada a gomitate:* **1** to elbow one's way forward; **2** (*fig*) to elbow one's way ahead; *dare una ~ a qcu.* to elbow so.; *ho dato una ~ contro il muro* I banged my elbow against the wall, I bumped my elbow against the wall.

gomitiera *m.* (*Sport*) elbow guard.

gomito *m.* **1** (*Anat*) elbow (*anche estens*): *appoggiare i gomiti sul tavolo* to lean one's elbows on the table, to rest one's elbows on the table; *una giacca con i gomiti logori* a jacket with frayed elbows, a jacket frayed at the elbows. **2** (*curva brusca*) sharp bend, sharp turn: *il fiume fa un ~* the river makes a sharp turn. **3** (*Mecc*) (*raccordo di tubazioni*) elbow; (*di albero*) crank, trow. □ ~ *a ~* side by side; *i due ragazzi sedevano ~ a ~* the two boys were sitting side by side; (*Med*) ~

del tennista tennis elbow; *avere i gomiti fuori* to be out at the elbows.

gomitolo *m.* ball: *un ~ di lana* a ball of wool; *fare un ~ di qcs.* to roll sth. up into a ball.

gomma *f.* **1** rubber: *una palla di ~* a rubber ball. **2** (*Chim*) (*sostanza resinosa*) gum. **3** (*per cancellare*) rubber, (*Am*) eraser. **4** (*Aut*) (*pneumatico*) tyre, (*Am*) tire: *montare una ~* to put a tyre on. **5** (*Med*) gumma. □ (*Aut, colloq*) *avere una ~ a terra* to have a flat tyre, (*colloq*) to have a flat; ~ *americana* chewing-gum; (*Bot,Chim*) ~ *arabica* gum arabic; ~ *da inchiostro* ink rubber, (*Am*) ink eraser; ~ *da masticare* chewing-gum; ~ *da matita* pencil rubber; *di ~* rubber (*attr.*), made of rubber; *articoli di ~* rubber articles; *stivali di ~* rubber boots, (*Br*) Wellingtons, Wellington boots; (*Ind*) ~ *di amido* (*destrina*) dextrin; (*Ind,Chim*) ~ *rigenerata* reclaimed rubber; (*Ind,Chim*) ~ *sintetica* synthetic rubber; (*Ind*) ~ *vulcanizzata* vulcanized rubber.

gommage /gom'maʒ/ *m.inv.* (*Cosmet*) gommage.

gommagutta *f.* (*Chim,Farm*) gamboge.

gommalacca *f.* **1** (*resina*) lac. **2** (*Ind*) shellac.

gommapiuma *f.* foam rubber: *materasso di ~* foam rubber mattress.

gommare (**gómmo**) *v.t.* **1** (*coprire di gomma*) to rubberize: ~ *un tessuto* to rubberize a fabric. **2** (*coprire di colla*) to gum: ~ *la carta* to gum paper. **3** (*dotare di pneumatici*) to tyre.

gommato *a.* **1** (*coperto di gomma*) rubberized: *tessuto ~* rubberized fabric. **2** (*coperto di colla*) gummed: *carta gommata* gummed paper. **3** (*dotato di pneumatici*) tyred, with tyre, with tyres.

gommatura *f.* **1** gumming, rubberizing. **2** (*Aut*) tyres.

gommifero *a.* (*Bot*) gummiferous.

gommificio *m.* (*Ind*) rubber factory.

gommina *m.* (*Cosmet*) gel, hair gel.

gommino *m.* **1** (*guarnizione di gomma*) rubber washer. **2** (*tappo di medicinali, profumi e sim.*) rubber top, rubber cap.

gommista I *m./f.* **1** tyre repairer. **2** (*venditore*) tyre dealer. II *m.* (*officina*) tyre repair shop, (*Am*) tyre repair shop.

gommone *m.* (*Mar*) (*canotto*) rubber dinghy.

gommoresina *f.* (*Chim*) gum resin.

gommosi *f.* (*Bot*) gummosis.

gommosità *f.* **1** gumminess. **2** (*contenuto di gomma*) rubber content.

gommoso *a.* gummy, rubbery.

Gomorra *n.pr.f.* (*Bibl*) Gomorrah.

gonade *f.* (*Anat*) gonad.

gonadotropina *f.* (*Biol*) gonadotropin, gonadotrophin.

gonartrite *f.* (*Med*) gonarthritis.

gondola *f.* **1** gondola: *andare in ~* to go for a ride in a gondola. **2** (*Aer*) nacelle: ~ *passeggeri* passenger nacelle.

gondoliere *m.* gondolier.

Gondwana *m.* (*Geol*) Gondwanaland, Gondwana.

gonfalone *m.* **1** (*Mediev*) gonfalon. **2** (*per le processioni*) banner, standard.

gonfaloniere *m.* **1** (*Mediev*) gonfalonier. **2** (*ant*) (*chi porta il gonfalone*) standard-bearer, gonfalonier.

gonfiabile I *a.* inflatable. II *m.* (*castello per bambini*) bouncy castle.

gonfiare (**gónfio, gónfi**) I *v.t.* **1** (*con aria*) to inflate, to blow up: ~ *un palloncino* to blow up a balloon. **2** (*con la pompa*) to pump up, to inflate: ~ *un pneumatico* to pump up a tyre, to inflate a tyre. **3** (*rif. al vento*) to swell, to fill: *il vento gonfiava le vele* the wind filled the sails. **4** (*ingrossare: rif. a oggetti*) to swell, to swell up, to swell out, to puff, to puff out, to puff up, to make (sth.) bulge: *questo portafoglio ti gonfia la tasca* this wallet makes your pocket bulge. **5** (*dilatare: rif. a cibi, bevande*) to make (sth.) swell, to swell, to swell up, to puff, to puff out, to bloat: *i liquidi gonfiano lo stomaco* liquids make one's stomach swell. **6** (*rif. a fiumi e sim.*) to swell: *le piogge hanno gonfiato il torrente* the rains have swollen the stream. **7** (*fig*) (*esagerare*) to exaggerate, to puff up, to blow up, to magnify: *hanno gonfiato i fatti e ne è venuto fuori uno scandalo* they exaggerated the facts and made a scandal out of it. **II** *v.pron.* **gonfiarsi 1** to swell, to swell up, to swell out, to become swollen: *gli si è gonfiato un occhio* his eye has swollen, his eye has swollen up. **2** (*rif. a fiumi e sim.*) to rise, to become swollen, to be swollen, to swell: *in primavera i torrenti si gonfiano* the streams are swollen in spring. **3** (*dilatarsi*) to swell. □ *gli occhi gli si gonfiarono di lacrime* his eyes filled with tears; *~ qcu.* **di pugni** to beat so. up; *~ la faccia di schiaffi a qcu.* to give so. a sound slapping; (*fig*) *~ i prezzi* to inflate prices; *~ il torace* to puff out one's chest, to swell out one's chest; *~ le guance* to puff out one's cheeks, to blow out one's cheeks.

gonfiato *a.* **1** swollen, blown up, inflated; (*con la pompa*) pumped up; (*rif. a corsi d'acqua*) risen (*posposto*), swollen. **2** (*fig*) (*esagerato*) exaggerated, puffed up.

gonfiatoio *m.* pump, inflater.

gonfiatura *f.* **1** (*atto*) swelling, swelling up, blowing up, blowing out; (*effetto*) inflation. **2** (*fig*) (*montatura, esagerazione*) exaggeration, puffing up. □ (*fig*) *~ pubblicitaria* publicity stunt, boost.

gonfiezza *f.* **1** swelling. **2** (*fig*) (*ampollosità*) pomposity, bombast. □ (*fig*) *~ di stile* bombast.

gonfio *a.* **1** swollen, inflated; (*gonfiato con la pompa*) pumped up. **2** (*enfiato*) swollen, puffy: *avere le caviglie gonfie* to have swollen ankles. **3** (*rif. allo stomaco*) full, bloated: *sentirsi lo stomaco ~* to feel bloated. **4** (*rif. a fiumi e sim.*) swollen. **5** (*fig*) (*tronfio*) full of oneself, puffed up. **6** (*fig*) (*ampolloso*) bombastic. □ (*Mar,fig*) **a gonfie vele** full sails (*attr.*), in full sail; *andare a gonfie vele*: 1 to sail with a favourable wind; 2 (*fig*) to go well, to thrive, to go off without a hitch, to be prosperous, to be successful, to have the wind in one's sails: *gli affari vanno a gonfie vele* business is booming; *aveva gli occhi gonfi di pianto* his eyes were swollen from crying; *un portafoglio ~ di soldi* a wallet bulging with money; *aveva il cuore ~ di tristezza* his heart was heavy with sadness.

gonfiore *m.* swelling: *ho un ~ sotto l'occhio* I've got a swelling under my eye.

gong *m.inv.* gong: *un colpo di ~* a stroke of a gong; *suonare il ~* to strike the gong.

gongolante *a.* overjoyed, rejoicing.

gongolare (**góngolo**; *aus.* **avere**) *v.i.* to rejoice, to be overjoyed. □ *~ di gioia* to be overjoyed.

gongorismo *m.* (*Lett*) gongorism.

gonidio *m.* (*Bot*) gonidium.

goniometria *f.* goniometry.

goniometrico (*pl.* **-ci**) *a.* goniometric.

goniometro *m.* goniometer.

gonna *f.* (*Abbigl*) skirt: *~ al ginocchio* knee-length skirt. □ (*Abbigl*) *~ a balze* flounced skirt; (*Abbigl*) *~ a campana*

bell-shaped skirt, bell-flared skirt; (*Abbigl*) *~ a godet* flared skirt; (*Abbigl*) *~ a pareo* wraparound skirt; (*Abbigl*) *~ a pieghe* pleated skirt; (*Abbigl*) *~ a portafoglio* wraparound skirt, wrap-over skirt; (*Abbigl*) *~ a tubo* tube skirt; (*Abbigl*) *~ diritta* straight skirt; (*Abbigl*) *~ midi* midiskirt; (*Abbigl*) *~ pantalone* divided skirt, pantskirt; (*Abbigl*) *~ plissettata* pleated skirt; (*Abbigl*) *~ svasata* flared skirt.

gonnella *f.* **1** (*gonna*) skirt. **2** (*fig*) (*donna*) woman, (*colloq*) skirt: *in questa casa comandano le gonnelle* in this house the women wear the trousers.

gonnellino *m.* (*Abbigl*) short skirt. □ (*Abbigl*) *~ scozzese* kilt.

gonococco (*pl.* **-chi**) *m.* (*Biol*) gonococcus.

gonorrea *f.* (*Med*) gonorrhea.

gonorroico (*pl.* **-ci**) *a.* gonorrheal.

gonzo **I** *a.* foolish, silly. **II** *m.* (*f.* **-a**) simpleton, fool.

gora *f.* **1** (*canale murato*) irrigation canal, channel. **2** (*canale di mulino*) millcourse, millrace; (*bottaccio*) millpond. **3** (*lett*) (*acqua stagnante*) marsh, swamp.

gorbia *f.* (*puntale*) ferrule.

gordiano *a.* Gordian: *tagliare il nodo ~* to cut the Gordian knot.

gorgheggiamento *m.* trilling.

gorgheggiare (**gorghéggio**, **gorghéggi**) **I** *v.i.* (*aus.* **avere**) **1** (*rif. a cantanti*) to trill. **2** (*estens*) (*rif. a uccelli*) to warble. **II** *v.t.* to trill.

gorgheggiatore *m.* **1** (*f.* **-trice**) triller. **2** (*rif. a uccelli*) warbler.

gorgheggio[1] *m.* **1** (*nel canto*) trill, trilling. **2** (*rif. a uccelli*) warble, warbling: *i gorgheggi dell'usignolo* the nightingale's warbling.

gorgheggio[2] *m.* continuous trilling.

gorgia (*pl.* **-ge**) *f.* **1** (*lett*) (*gola*) throat. **2** (*Fon*) guttural pronunciation.

gorgiera *f.* **1** (*Mil,ant*) (*parte dell'armatura*) gorget, throat piece. **2** (*nella scherma*) bib, neck guard. **3** (*Abbigl,ant*) (*collare di pizzo increspato*) ruff, frilled collar.

gorgo (*pl.* **-ghi**) *m.* **1** whirlpool, vortex: *i gorghi del fiume* the whirlpools of the river. **2** (*fig*) vortex, maelstrom, whirlpool.

gorgogliare (**gorgóglio**, **gorgógli**; *aus.* **avere**) *v.i.* **1** to gurgle; (*rif. a liquido che bolle*) to bubble. **2** (*rif. agli intestini*) to rumble.

gorgoglio[1] *m.* **1** gurgling, bubbling. **2** (*rif. agli intestini*) rumbling.

gorgoglio[2] *m.* **1** gurgling, continuous gurgling, continuous bubbling. **2** (*rif. agli intestini*) rumbling.

gorgoglione *m.* (*Entom*) aphis.

gorgone *f.* gorgon.

Gorgone, **Gorgòne** *n.pr.f.* (*Mitol*) Gorgon.

gorgonia *f.* (*Zool*) gorgonia.

gorgonzola *m.inv.* (*Alim*) gorgonzola.

gorilla *m./f.inv.* **1** (*Zool*) gorilla. **2** (*fig*) (*guardia del corpo*) bodyguard, (*sl*) muscle man.

gospel *m.inv.* (*Mus*) **1** (*musica*) gospel music. **2** (*canzone*) gospel song.

gota *f.* (*lett*) (*guancia*) cheek.

Gotha *m.* **1** Gotha. **2** (*estens*) (*cerchia ristretta*) elite, aristocracy.

gotico (*pl.* **-ci**) **I** *a.* (*Stor,Art*) Gothic. **II** *m.* (*Ling,Art,Tip*) Gothic: *il ~ francese* French Gothic. □ (*Art*) *~ fiammeggiante* flamboyant Gothic; (*Art*) *~ fiorito* flamboyant Gothic; (*Art,Tip*) *stile ~* Gothic style; (*Tip*) *~ tedesco* German type, Fraktur.

goto **I** *m.* (*Stor*) Goth. **II** *a.* Gothic.

gotta *f.* (*Med*) gout: *avere la ~* to suffer from gout.

Gottardo *n.pr.m.* Gothard. □ (*Geog*) *San ~* St. Gothard.

gottare (**gòtto**) *v.t.* (*Mar*) to bail out.

gottazza *f.* (*Mar*) bailer, bailing scoop.

gotto *m.* (*region*) **1** (*bicchiere con manico*) mug; (*contenuto*) mug, mugful. **2** (*bicchiere*) glass; (*contenuto*) glass, glassful.

gottoso **I** *a.* **1** (*di gotta*) gout (*attr.*), of gout, gouty: *attacco ~* attack of gout. **2** (*affetto da gotta*) gouty. **II** *m.* (*f.* **-a**) man (*f.* woman) with gout, gouty person.

governabile *a.* governable (*anche Pol*).

governabilità *f.* governability (*anche Pol*).

governale *f.* (*Arm*) (*di bomba, missile*) vane.

governante **I** *m./f.* (*chi è a capo del governo*) ruler, governer. **II** *f.* **1** housekeeper. **2** (*di bambini*) nurse, governess.

governare (**govèrno**) **I** *v.t.* **1** to govern, to rule: *~ un paese* to govern a country. **2** (*dirigere*) to manage, to run. **3** (*rif. ad animali*) to tend: *~ il bestiame* to tend the cattle. **4** (*rif. a cavalli*) to groom; (*dare da mangiare*) to feed: *~ i polli* to feed the chickens. **5** (*Agr*) (*rif. a terreni*) to manure, to fertilize. **6** (*pilotare, guidare*) to steer: *~ una nave* to steer a ship. **7** (*Aer*) to control. **8** (*fig*) (*dominare*) to rule, to dominate: *non lasciarsi ~ dalle passioni* not to allow oneself to be ruled by one's passions. **II** *v.i.* (*aus.* **avere**) (*Mar*) to answer the helm: *la nave non governa più* the ship no longer answers the helm. **III** *v.pron.* **governarsi 1** to govern oneself, to rule oneself: *il popolo si governa da sé* the people govern themselves. **2** (*fig*) (*dominarsi*) to control oneself, to govern oneself. **3** (*fig*) (*regolarsi*) to behave.

governativo *a.* **1** (*del governo*) government (*attr.*), governmental: *decreto ~* government decree. **2** (*che appoggia il governo*) pro-government: *giornale ~* pro-government newspaper.

governatorato *m.* (*carica*) governorship; (*territorio*) governorate.

governatore *m.* (*f.* **-trice**) (*Pol,Stor*) governor (*anche estens*). □ *~ della Banca d'Italia* governor of the Bank of Italy.

governatoriale *a.* governor (*attr.*), of a governor, gubernatorial.

governatura *f.* **1** (*rif. ad animali*) tending, feeding: *la ~ del bestiame* the tending of cattle. **2** (*rif. a cavalli*) grooming. **3** (*Agr*) (*rif. a terreni*) manuring, fertilizing.

governo *m.* **1** (*Pol*) government; (*l'insieme dei ministri*) government, cabinet: *il ~ sta discutendo la proposta* the government is discussing the proposal, the government are discussing the proposal: *essere al ~* to be in government; *costituire il ~* to form the government. **2** (*direzione*) management, running. **3** (*rif. ad animali*) tending, feeding; (*rif. a cavalli*) grooming. **4** (*Agr*) (*rif. a terreni*) manuring, fertilizing. **5** (*guida, pilotaggio*) steering; (*Aer*) control. □ (*Pol*) *~ ad interim* ad interim government; (*Pol*) *~ assoluto* absolute government; (*Giorn*) *~ balneare* transitional government; (*Pol*) *~ bicolore* (o *~ bipartito*) two-party government; (*Pol*) *~ centrale* central government; *~ della casa* housekeeping; (*Pol*) *~ democratico* democratic government; (*Pol*) *~ di coalizione* coalition government; (*Pol*) *~ di destra* right-wing government; (*Pol*) *~ di maggioranza* (*insieme dei ministri*) minority government, (*potere*) majority rule; (*Pol*) *~ di minoranza* (*insieme dei ministri*) minority government, (*potere*) minority rule; (*Pol*) *~ di sinistra* left-wing government; (*Pol*) *~ di transizione* stop-gap government; (*Pol*) *~ dimissionario* outgoing government; (*Pol*) *~ dispotico* despotic rule; (*Stor*) *~ fantasma* phantom government (*anche Pol,estens*); (*Stor*) *~ fantoccio* puppet government (*anche Pol,* *est)*; (*Pol*) ~ *federale* federal government; ~ *interinale* caretaker government; ~ *ladro!* thieving government!; (*Pol*) ~ *monarchico* monarchical government; (*Pol*) ~ *monocolore* single-party government, one-party government; (*Pol*) ~ *ombra* shadow cabinet; (*Pol*) ~ *provvisorio* provisional government, caretaker government; (*Pol*) ~ *tecnico* government of technicians.

gozzo[1] *m.* **1** (*Ornit*) crop. **2** (*Med*) goitre. **3** (*pop*) (*gola*) throat; (*stomaco*) stomach, belly. □ (*fig*) *quell'insulto mi è rimasto sul ~* that insult still rankles; (*fig*) *gli sta proprio sul ~* he really can't stand him.

gozzo[2] *m.* (*Mar*) small fishing boat.

gozzoviglia *f.* revelry, debauch.

gozzovigliare (**gozzovìglio, gozzovìgli;** *aus.* **avere**) *v.i.* to revel, to carouse.

gozzuto *a.* **1** (*Zool*) throaty. **2** (*rif. a persona*) goitrous, goitred.

GP 1 (*Sport*) *Gran Premio* GP (Grand Prix). **2** *Giunta Provinciale* (Provincial Council).

GPL *gas di petrolio liquefatto* LPG (liquefied petroleum gas).

GPRS *servizio globale di radiotrasmissione a pacchetto* GPRS (Global Packet Radio Service).

GPS *sistema di posizionamento globale* GPS (Global Positioning System).

GQ *Guinea Equatoriale* GQ (Equatorial Guinea).

GR 1 *Giornale Radio* (Radio News). **2** *Grecia* GR (Greece).

Graal *n.pr.m.* (*Lett*) Grail, Holy Grail.

grabber *m.inv.* (*Inform*) grabber.

gracchiamento *m.* croaking.

gracchiare (**gràcchio, gràcchi;** *aus.* **avere**) *v.i.* to croak (*anche estens*).

gracchio[1] *m.* croak, croaking.

gracchio[2] *m.* (*Ornit*) chough.

gracidamento *m.* croak, croaking.

gracidare (**gràcido;** *aus.* **avere**) *v.i.* to croak (*anche fig*).

gracidio *m.* croaking.

gracile *a.* **1** (*delicato*) delicate, weak, frail: *una ~ fanciulla* a delicate girl. **2** (*sottile, magro*) thin, slender: *braccia gracili* thin arms; *il ~ gambo di un fiore* the thin stem of a flower. **3** (*fig*) (*inconsistente*) weak, lacking in consistency: *la trama del racconto è piuttosto ~* the plot of the story is somewhat lacking in consistency.

gracilità *f.* **1** slenderness, frailness, frailty. **2** (*rif. a cosa*) thinness, slenderness. **3** (*fig*) (*inconsistenza*) weakness.

gradassata *f.* **1** (*rar*) (*azione*) bravado. **2** (*discorso*) boasting, bragging.

gradasso *m.* braggart, boaster: *fare il ~* to brag, to boast.

gradatamente *avv.* gradually, by degrees.

gradazione *f.* **1** (*passaggio graduale*) gradation: ~ *di colori* colour gradation. **2** (*sfumatura*) shade: *tre diverse gradazioni di rosso* three different shades of red; ~ *di colore* colour shade, (*Am*) color shade. **3** (*Ret,Fot,TV*) gradation. **4** (*Enol*) (*gradazione alcolica*) alcoholic strength, alcoholic content.

gradevole *a.* pleasant, agreeable, nice: *odore ~* pleasant smell; *di aspetto ~* nice-looking.

gradevolezza *f.* pleasantness, agreeableness.

gradevolmente *avv.* pleasantly, agreeably.

gradiente *m.* (*Mat,Meteor*) gradient. □ (*Meteor*) ~ *barico* pressure gradient; (*Meteor*) ~ *barometrico* barometric gradient; ~ *geotermico* geothermal gradient; (*Meteor*) ~ *termico* thermal gradient.

gradimento *m.* **1** pleasure, satisfaction,

liking: *esprimere il proprio ~* to express one's satisfaction. **2** (*burocr*) (*accettazione, approvazione*) approval. □ *essere di ~* to be to so.'s liking; *riuscire di ~* to be to so.'s liking; *trovare qcs. di proprio ~* to find sth. to one's liking.

gradina *f.* (*Scult*) gradine.

gradinamento *m.* (*Alp*) step cutting.

gradinare[1] (**gradìno**) *v.t.* (*lavorare con la gradina*) to chisel.

gradinare[2] (**gradìno**) *v.t.* (*Alp*) to cut steps.

gradinata *f.* **1** (*Arch*) steps *pl.*: flight of steps: *la ~ della chiesa* the church steps. **2** (*ordine di posti: negli stadi e sim.*) tier of seats, terraces, (*Am*) bleachers *pl.* □ *la ~ di piazza di Spagna* the Spanish Steps (*pl.*).

gradinatura *f.* (*Scult*) chiselling (with a gradine).

gradino *m.* **1** step: *attenzione al ~!* mind the step!; *fare due gradini alla volta* to take two steps at a time. **2** (*piolo*) rung. **3** (*fig*) (*grado*) step: *salire un ~ nella considerazione di qcu.* to go up in so.'s esteem, to go up a step in so.'s esteem. **4** (*in una gerarchia*) step, rung, stage: *il primo ~ della carriera è il più difficile* the first step in one's career is the most difficult. **5** (*Alp*) foothold, step. □ *a gradini* tiered.

gradire (**gradìsco, gradìsci**) **I** *v.t.* **1** to appreciate, to enjoy, to like: *l'ammalato gradisce la compagnia degli amici* the patient enjoys the company of his friends. **2** (*accettare*) to accept: *voglia ~ il nostro dono* will you please accept our gift. **3** (*epist*) to accept, generalmente non si traduce: *vogliate ~ i nostri più distinti saluti* (please accept) our kindest regards. **4** (*desiderare*) to like: *gradirei che venissi anche tu* I would like you to come too; *gradirei un bicchiere di acqua* I would like a glass of water; *gradite una tazza di tè?* would you like a cup of tea? **5** (*vedere volentieri*) to welcome: *non lo gradivano in casa loro* he was not welcome in their house. **II** *v.i.* (*aus.* **avere/essere**) to like it: *ho gradito molto!* I liked it a lot! □ *per ~* just to oblige, only to oblige: *vuoi un cognac? - solo un pochino, tanto per ~* would you like some cognac? - a little, just to oblige.

gradito *a.* **1** agreeable, appreciated, welcome (*attr.*): *dono ~* welcome gift. **2** (*piacevole, gradevole*) pleasant, agreeable: *gradita compagnia* pleasant company. □ (*epist*) *la Vostra gradita lettera del 20 luglio* your kind letter of July 20th.

grado[1] *m.* **1** (*stadio*) degree, level: ~ *di istruzione* educational level; ~ *di civiltà* degree of civilization; ~ *di sensibilità* degree of sensitivity. **2** (*posto di una gerarchia*) step, rank, rung: *i gradi della carriera* the ranks of the profession, the steps of the profession. **3** (*condizione sociale, rango*) rank (*anche Mil*): *privare del ~* to demote, to deprive of a rank; (*Mil*) *perdere i gradi* (*essere degradato*) to be demoted, to lose one's rank; *essere superiore di ~ a qcu.* to be above so. in rank. **4** (*Enol*) (*alcolico*) percent alcohol: *quanti gradi fa questa birra? Cinque gradi* what percent alcohol does this beer have? Five percent. **5** (*Mat,Fis,Mus,Alp*) degree: *un angolo di novanta gradi* a ninety degree angle; *il termometro segnava trentasette gradi* the thermometer read thirty-seven degrees; *ascensione di terzo ~* a third degree climb. □ *a gradi* by step, step by step, gradually: *procedere a gradi* to proceed by steps; *a ~ a ~* step by step; *al massimo ~* to the highest degree; (*Geom*) ~ *centesimale* centesimal degree; (*Fis*) ~ *centigrado* degree centigrade; (*Gramm*) ~ *comparativo* compar-

ative degree; (*Gramm*) ~ *dell'aggettivo* degree of an adjective; ~ *di acidità* degree of acidity; (*Mil*) ~ *di capitano* rank of captain; (*Mat*) ~ *di un'equazione* degree of an equation; ~ *di inquinamento* degree of pollution; ~ *di invalidità* degree of incapacity, degree of invalidity; (*Geog*) ~ *di latitudine* degree of latitude; (*Geog*) ~ *di longitudine* degree of longitude; ~ *di maturazione* stage of ripening, stage of maturity; (*Dir*) ~ *di parentela* degree of kinship; (*Chim*) ~ *di saturazione* degree of saturation; (*Fis*) ~ *di umidità* degree of humidity; (*Chim*) *gradi francesi* French degrees; *essere in ~ di fare qcs.* to be able to do sth., to be in a position to do sth.; *mettere in ~* to enable; *per gradi* by degree, step by step; (*Gramm*) ~ *superlativo* superlative degree.

grado[2] □ *di buon ~* (*volentieri*) willingly, gladly; *acconsentire di buon ~* to consent willingly, to agree willingly.

gradone *m.* terrace (*anche Agr*).

graduabile *a.* that can be graduated, that may be graded.

graduale I *a.* **1** gradual: *aumento ~* gradual increase. **2** (*graduato*) graded: *esercizi graduali* graded exercises. **II** *m.* (*Lit*) gradual.

gradualismo *m.* gradualism.

gradualista *m./f.* gradualist.

gradualistico (*pl.* -**ci**) *a.* gradualistic.

gradualità *f.* graduality, gradualness: ~ *delle riforme* gradualness of the reforms.

gradualmente *avv.* gradually, by degrees: *aumentare ~ la dose* to increase the dose gradually.

graduare (**gràduo**) *v.t.* **1** to grade, to scale, to dose: ~ *le dosi di una medicina* to grade the dosage of a medicine. **2** (*riportare una graduazione*) to graduate: ~ *uno strumento* to graduate an instrument. **3** (*Mil*) (*conferire un grado*) to confer rank upon, to confer a rank on.

graduato I *a.* **1** graded: *esercizi graduati secondo la difficoltà* exercises graded according to difficulty. **2** (*provvisto dei segni dei gradi*) graduated: *termometro ~* graduated thermometer. **II** *m.* (*Mil*) (*anche graduato di truppa*) non-commissioned officer, N.C.O.

graduatoria *f.* **1** classification, classification list: *entrare in ~* to enter the classification list. **2** (*elenco*) list: *essere il primo della ~* to be the first on the list, to be at the top of the list.

graduazione *f.* **1** (*il graduare*) grading: ~ *delle difficoltà* grading of difficulties. **2** (*suddivisione secondo una graduatoria*) classification. **3** (*rif. a strumenti*) graduation. □ ~ *centigrada* centigrade scale.

grafema *m.* (*Ling*) grapheme.

grafematica *f.* (*Ling*) graphemics (*costr.sing.*).

graffa *f.* **1** (*Tip*) brace. **2** (*Mecc*) belt fastener.

graffare (**gràffo**) *v.t.* **1** (*unire con graffette*) to staple, to clip. **2** (*Edil*) to cramp. **3** (*Mecc*) to seam.

graffatrice *f.* **1** stapler. **2** (*Mecc*) seamer.

graffatura *f.* **1** stapling. **2** (*Mecc*) seaming.

graffetta *f.* **1** (*punto metallico*) staple. **2** (*fermaglio*) clip.

graffiante *a.* (*fig*) (*pungente, mordace*) scathing, biting: *satira ~* biting satire.

graffiare (**gràffio, gràffi**) **I** *v.t.* **1** to scratch: *il gatto gli graffiò le mani* the cat scratched his hands. **2** (*fig*) (*offendere con parole*) to bite. **II** *v.pron.* **graffiarsi 1** to scratch oneself, to get scratched. **2** (*sbucciarsi*) to skin, to scrape: *graffiarsi un ginocchio* to skin one's knee, to scrape one's knee. **III** *v.r.recipr.*

scratch each other.

graffiata f. scratch.

graffiatura f. scratch: *ha avuto un incidente di macchina ma se l'è cavata con poche graffiature* he had a car accident but he came out of it with only a few scratches.

graffietto m. **1** little scratch. **2** (*attrezzo per falegnami e argentieri*) marking gauge.

graffio m. scratch: *fare un ~ a qcu.* to scratch so.

graffire (**graffisco, graffisci**) v.t. to make a graffito design.

graffitaro m. (f. **-a**) graffiti artist, graffitist, writer.

graffitista m./f. graffiti artist, graffitist, writer.

graffito m. graffito (*anche Art*): *i graffiti di Pompei* the graffiti of Pompeii.

grafia f. **1** spelling: *l'esatta ~ di una parola* the exact spelling of a word. **2** (*calligrafia, scrittura*) writing, handwriting: *una ~ illeggibile* illegible handwriting.

grafica f. **1** (*arte grafica*) graphic art. **2** (*produzione artistica*) graphics (*costr.sing.*). ☐ (*Inform*) *~ ad alta risoluzione* high-resolution graphics; (*Inform*) *~ al computer* computer graphics; *~ finanziaria* business graphics; (*Inform*) *~ interattiva* interactive graphics; (*Inform*) *~ tridimensionale* 3D graphics; *~ vettoriale* vector graphics.

graficamente avv. graphically.

grafico (*pl.* **-ci**) **I** a. **1** graphic, spelling (*attr.*): *le varianti grafiche di una parola* the spelling variants of a word; *segni grafici* graphic signs. **2** (*che consiste in un disegno, di un diagramma*) graphic: *rappresentazione grafica* graphic representation. **II** m. **1** (*diagramma*) graph, diagram, chart. **2** (f. **-a**) (*disegnatore*) draughtsman (f. draughtswoman), graphic designer. **3** (f. **-a**) (*operaio*) printer. ☐ *~ cartesiano* line chart.

grafitare (**grafito**) v.t. (*Tecn*) to graphitize, to graphite.

grafitizzazione f. (*Geol*) graphitization.

grafite f. (*Min*) graphite.

grafo m. (*Mat*) graph.

grafologia f. graphology.

grafologico (*pl.* **-ci**) a. graphological, handwriting (*attr.*): *esame ~* handwriting examination.

grafologo m. (f. **-a**; *pl.* **-gi**) graphologist.

grafomane m./f. incurable scribbler.

grafomania f. mania for writing, graphomania.

grafometro m. (*Topogr,ant*) graphometer.

grafospasmo m. (*Med*) graphospasm, writer's cramp.

gragnola f. (*scarica*) hail, shower, flood, torrent: *una ~ di colpi* a hail of blows; *una ~ di insulti* a torrent of abuse.

Graie pr.f.pl. (*Geog*) Graian Alps.

Gral n.pr.m. (*Lett*) Grail, Holy Grail.

gramaglia f. **1** (*lett*) (*abito da lutto*) mourning, mourning dress. **2** spec.pl. (*rar*) (*drappo da lutto*) pall. ☐ (*lett*) *essere in gramaglie* to be in mourning.

gramigna f. **1** (*Bot*) Bermuda grass, scutch. **2** (*estens*) (*erba cattiva*) weed (*anche fig*). ☐ (*Bot*) *~ dei medici* couch grass.

graminacee f.pl. (*Bot*) Gramineae.

grammatica f. **1** (*Ling*) grammar: *la ~ inglese* English grammar. **2** (*libro*) grammar, grammar book: *una ~ per le scuole* a school grammar book. ☐ (*Ling*) *~ della dipendenza* dependency grammar; (*Ling*) *~ descrittiva* descriptive grammar; (*Ling*) *~ evolutiva* evolutionary grammar; (*Ling*) *~ generativa* generative grammar; (*Ling*) *~ generativa trasformazionale* transformational

generative grammar; (*Ling*) *~ normativa* normative grammar; (*Ling*) *~ trasformazionale* transformational grammar; (*Ling*) *~ universale* universal grammar.

grammaticale a. grammatical, grammar (*attr.*): *errore ~* grammatical error, grammar mistake; *regola ~* grammar rule.

grammaticalmente avv. grammatically.

grammatico m. (f. **-a**; *pl.* **-ci**) **1** grammarian. **2** (*estens,spreg*) pedant.

grammatologia f. (*Ling*) grammatology.

grammatura f. (*Cart,Tess*) weight in grams, grams per square meter.

grammo m. **1** gram, (*spec. Br*)gramme. **2** (*fig*) (*quantità minima*) ounce, grain. ☐ (*Chim*) *~ equivalente* gram equivalent; (*Fis*) *~ massa* gram mass; (*Fis*) *~ peso* gram weight.

grammo-atomo (*pl.* **gràmmi-àtomo**) m. (*Fis*) gramatom.

grammofonico (*pl.* **-ci**) a. gramophone (*attr.*).

grammofono m. (*ant*) record player, gramophone.

grammo-molecola (*pl.* **gràmmo-molècole**) f. (*Chim*) mole, gram molecule.

gram-negativo a. (*Biol*) gram-negative.

gramo a. **1** (*triste*) sad: *vita grama* sad life. **2** (*lett*) (*misero*) wretched, miserable.

gramola f. **1** (*Tess,Tecn*) brake. **2** (*attrezzo per pastai*) kneading machine.

gramolare (**gràmolo**) v.t. **1** (*Tess,Tecn*) to brake. **2** (*lavorare la pasta*) to knead.

gramolata f. crushed-ice drink.

gramolatura f. **1** (*Tess,Tecn*) braking. **2** (*lavorazione della pasta*) kneading.

Grampiani n.pr.m.pl. (*Geog*) Grampians, Grampian Mountains: *Monti ~* Grampians, Grampian Mountains.

gram-positivo a. (*Biol*) gram-positive.

gran → **grande**.

grana[1] **I** f. **1** grain. **II** m.inv. (*formaggio*) Parmesan, Parmesan cheese. ☐ *~ fine* fine grain; *di ~ fine* fine-grained; *~ grossa* coarse grain; *di ~ grossa* coarse-grained.

grana[2] f. (*colloq*) (*seccatura*) hassle: *un sacco di grane* a lot of headaches.

grana[3] f. (*gerg*) (*soldi*) dough, (*Br*) lolly: *star male a ~* to be broke; *essere pieno di ~* to be well-heeled.

granadiglia f. (*Bot*) granadilla.

granagliare (**granàglio**) v.t. (*Oref*) to granulate.

granaglie f.pl. **1** (*Agr*) cereal sing., corn sing., grain sing.: *commercio delle ~* corn trade. **2** (*Oref*) granulated gold sing., granulated silver sing.

granaio m. **1** (*locale*) barn, granary; (*solaio*) loft. **2** (*fig*) granary: *la Sicilia è il ~ d'Italia* Sicily is the granary of Italy.

granaiolo a. (*Ornit*) grain eating.

granario a. grain (*attr.*), corn (*attr.*), cereal (*attr.*): *mercato ~* corn market.

granata[1] f. (*region*) (*scopa di saggina*) broom, besom broom.

granata[2] **I** f. **1** (*Bot,Alim*) (*melagrana*) pomegranate. **2** (*Min*) garnet. **II** m. **1** (*colore*) garnet red. **2** (*Sport*) (*giocatore*) Torino F.C. player. **III** m./f. (*Sport*) (*tifoso*) Torino (F.C.) fan. **III** a.inv. **1** garnet red. **2** (*Sport*) Torino F.C. (*attr.*).

granata[3] f. (*Arm*) **1** (*bomba a mano*) hand-grenade. **2** (*proiettile di artiglieria*) shell.

granatiere m. **1** (*Mil*) grenadier. **2** (*fig,scherz*) (*persona alta e robusta*) giant.

granatiglio m. (*anche legno granatiglio*) granadilla, granadilla wood.

granatina f. **1** (*sciroppo di melagrane*)

pomegranate syrup. **2** (*region*) (*bevanda con ghiaccio tritato*) crushed-ice drink.

granato m. (*Min*) garnet.

Gran Bretagna n.pr.f. (*Geog*) Great Britain.

grancancelliere m. (*Stor*) High Chancellor.

grancassa f. (*Mus*) bass drum.

grancevola f. (*Zool*) spiny spider crab.

granché **I** pron.indef. (*sempre in frasi negative*) nothing special: *questo quadro non è un ~* this picture is nothing special, this picture is nothing to write home about; *come pittore non è un ~* he is not much of a painter. **II** avv. very much: *non mi intendo ~ di sport* I don't know very much about sport.

granchio m. **1** (*Zool*) crab. **2** (*fig*) (*errore grossolano*) mistake, blunder: *prendere un ~* to make a blunder. **3** (*Fal*) (*sul banco*) clamp; (*del martello*) claw. **4** (*pop*) (*crampo*) cramp.

granciporro m. (*Zool*) edible crab.

grandangolare, **grandangolo** m. (*Fot*) wide-angle lens.

grande (*compar.* **più grande/maggiore**, *sup.* **grandissimo/massimo**; *before words beginning with a vowel sound* grande *may be shortened to* grand'; *before words beginning with a consonant sound, except* s + *consonant* z, gn, ps *and* x, *it may be shortened to* gran) **I** a. **1** large, big, great: *una ~ casa si erge sulla collina* a large house stands on the hill; *avere un ~ ingegno* to have a great mind. **2** (*alto*) high, tall, great: *un gran monte* a high mountain. **3** (*profondo*) deep, great: *un ~ abisso* a deep abyss. **4** (*largo, esteso*) wide, broad: *una ~ strada divide il villaggio* there is a wide road running through the village; *quanto è ~ questo appezzamento di terreno?* how big is this plot of land? **5** (*ampio*) large, big, spacious: *le camere sono grandi e luminose* the rooms are bright and spacious; *una ~ finestra* a large window. **6** (*rif. a persona: grosso*) big: *un uomo ~* a big man. **7** (*alto*) tall: *è diventato più ~ di suo padre* he has grown taller than his father. **8** (*adulto*) grown up, (*colloq*) big: *abbiamo tre figli grandi* we have three grown-up children; *quando sarò ~ viaggerò molto* when I am big, I will travel a lot; *when I grow up, I will travel a lot*. **9** (*vecchio*) old: *mia sorella è più ~ di me* my sister is older than me. **10** (*lungo*) long: *ho fatto un gran viaggio* I went for a long trip. **11** (*numeroso*) great, large, big: *un ~ esercito* a large army; *c'era una gran folla* there was a big crowd. **12** (*forte*) strong, hard, great: *un gran pugno* a hard punch; *tira un gran vento* a strong wind is blowing. **13** (*rif. a sentimenti: intenso*) great, strong: *una gran collera* great anger; *ho un gran desiderio di rivederlo* I have a great desire to see him again. **14** (*rif. a suoni, rumori*) loud, (*colloq*) mighty: *cacciò un ~ urlo* he let out a loud yell, he let out a loud mighty yell. **15** (*grave, serio*) great, considerable, serious: *ho incontrato grandi difficoltà nel tradurre questo libro* I had great difficulty in translating this book. **16** (*importante*) great: *una ~ scoperta* a great discovery; *un ~ aiuto* a great help; *un ~ poeta* a great poet. **17** (*sontuoso, solenne*) grand: *un gran ballo* a grand ball. **18** (*generoso*) big: *ha un gran cuore* he has a great heart, he has a big heart. **19** (*illustre*) great, distinguished, illustrious: *il più ~ chirurgo dei nostri giorni* the greatest surgeon of our time; *proviene da una ~ famiglia* he comes from an illustrious family; *fu un ~ condottiero* he was a great leader. **20** (*di condizioni sociali elevate*) great, big: *un gran signore* a great gentleman; *un ~ industriale* a big business man. **21** (*in titoli di dignità o di carica*) Grand, High: *gran cancelliere* High Chancellor; *grand'ammiraglio* Grand Admiral. **22** (*epiteto di regnanti e sim.*) Great (*posposto*): *la ~ Caterina* Catherine the Great. **23** (*con funzione rafforzativa*) great, big, hard, thorough, real: *essere grandi amici* to be close friends, to be good friends; *sei un gran chiacchierone* you're a great talker; *un gran farabutto* a real crook; *un gran bugiardo* a big liar; *non sono un gran pittore* I'm not much of a painter; *una gran brutta faccenda* a very ugly matter, a very nasty matter. **24** (*solo davanti agli aggettivi*) very, extremely, really: *una gran bella donna* a very beautiful woman; *un gran brav'uomo* a really good man. **II** *m./f.* **1** (*adulto*) grown-up. **2** (*personaggio illustre*) great person. **3** (*persona influente*) influential person, powerful person, big person, (*colloq*) big. **4** *pl.* the great: *seguire l'esempio dei grandi* to follow the example of the great. **III** *m.* (*nobile spagnolo*) grandee. □ *a ~ distanza* long-distance (*attr.*), long-range (*attr.*); *a grandi linee* in outline, in broad outline, sketched out (*anche fig*): *disegnare a grandi linee* to outline, to sketch out; *a gran di passi* with very long strides: *camminare a grandi passi* to stride, (*fig*) *l'inverno si avvicina a grandi passi* winter is coming on apace; *a ~ richiesta* by popular demand; *a grandi tratti* in outline: *disegnare a grandi tratti* to draw in outline, to outline, to sketch, to sketch out; *a gran voce* in a loud voice (*anche fig*); *al gran completo* in full force, at full strength: *la banda era presente al gran completo* the band turned out in full force; (*colloq*) *alla ~* in a big way: *fare le cose alla ~* to do things in a big way; (*Stor*) *Grande alleanza* Grand Alliance; (*Mar*) *~ ammiraglio* Admiral of the Fleet, (*Am*) Fleet Admiral; (*Geog*) *Grandi Antille* Greater Antilles; *se ne dice un gran bene* he is very well spoken of; (*Mar*) *~ cabotaggio* offshore coasting, offshore navigation; *~ caloria* large calorie; *~ capo*: **1** (*indiano*) head-chief; **2** (*scherz*) big boss, big cheese; (*Astr*) *Gran Carro* (*Br*) Plough, (*Am*) Big Dipper; *gran cerimoniere* Grand Master of Ceremonies; (*colloq*) *gran che*: **1** (*sempre in frasi negative*) nothing special: *questo quadro non è un gran che* this picture is nothing special; **2** very much: *non mi intendo gran che di sport* I don't know very much about sport; *con gran danno di* at the expense of, at the cost of, with great detriment to: *ha fatto questa sciocchezza con gran danno della sua reputazione* this piece of foolishness has done his reputation great harm; (*Arald*) *Gran cordone* Grand Cordon; *gran cosa* great matter, great thing, a lot, much, (*colloq*) big deal, great shakes: *non è gran cosa* it's no great matter, it's nothing much, it's no big deal, it's no great shakes; *grandi cose* great things: *tutti attendono da lui grandi cose* everybody expects great things from him; (*Stor,Econ*) *la Grande crisi* the Great Depression; *Gran Croce* Grand Cross; *da ~ farò l'attore* when I'm grown up, I'll be an actor; *avere un gran daffare* to have a great deal to do; *darsi un gran daffare per ottenere qcs.* to go to a great deal of trouble to obtain sth.; *gran dama* great lady, fine lady: (*fig*) *fare la gran dama* to act the fine lady; *darsi arie di gran dama* to give oneself airs; (*Stor,Econ*) *la Grande depressione* the Great Depression; *di gran classe* of very high quality (*posposto*), first-class, first-rate; *di gran conto* of high standing, of much account, of great impor-

tance: *persona di gran conto* very important person, (*colloq*) V.I.P.; *di grandi dimensioni* large-sized (*attr.*); *di ~ interesse* very interesting, of great interest; *di gran lunga*: **1** (*davanti a un comparativo*) far, much: *è di gran lunga migliore di me* he is far better than me, he is much better than me; **2** (*davanti a un superlativo*) by far: *è di gran lunga il miglior studente* he's by far the best student; *è di gran lunga la più carina* she is by far the prettiest; (*fig*) *di gran lustro* of great renown, glorious; *di grandi pretese* pretentious, demanding: *non è un sito di grandi pretese* it's an unpretentious site; *una donna di grandi pretese* a demanding woman; (*Stor*) *i grandi di Spagna* the Spanish grandees; (*esclam.*) *gran Dio!* good Lord!, good God!, my God!; *con mia ~ disperazione* to my utter despair; (*Comm*) *~ distribuzione* large-scale retail trade; *~ e grosso* hefty, heavily-built; (*Giorn*) *~ elettore* elector, grand elector, a person who controls a large number of votes; *il ~ esodo* mass migration, mass departure; *fare il ~* to act big; (*colloq*) *farsi ~* (*crescere*) to grow up; *Grande Fratello* Big Brother; (*Equit*) *gran galoppo* full gallop; *il gran giorno* the great day; (*Stor*) *la ~ guerra* the Great War; *in ~* on a large scale: *riprodurre in ~* to reproduce on a large scale; (*Comm*) *commerciare in ~* to do business on a large scale; (*fig*) *fare le cose in ~* to do things in a big way; (*Giorn,Sport*) *in ~ spolvero* (*in condizioni brillanti*) (*Br*) in fine fettle, (*Br,colloq*) on song, (*Am*) in peak form; *in ~ stile* in great style, in grand style; *~ industria* big industries (*pl.*), (*colloq*) big business; *~ industriale* big industrialist; (*Stor*) *Grande Inquisitore* Grand Inquisitor; *~ invalido* seriously disabled person; (*Stor*) *Gran Khan* Great Khan; (*Anat*) *grandi labbra* labia majora; (*Geog*) *Grandi Laghi* Great Lakes; (*Mar*) *gran lasco* broad reach; *andare al gran lasco* to sail free; *un gran lavoratore* a hard worker; *Gran maestro della massoneria* Grand Master of the Lodge; *grandi magazzini* department store (*sing.*); (*Mil*) *grandi manovre* army manoeuvres, large-scale manoeuvres; (*fig*) *gran mondo* high society; *la Grande Muraglia Cinese* the Great Wall of China; *un gran numero di* a large number of, a great many, a lot of; *in gran numero* in great numbers; *vennero in gran numero* a lot of them came; *grandi opere pubbliche* large public works; *Grande Oriente* Grand Lodge; *si fece un gran parlare* there was a great deal of talk about it, there was a lot of talk about it; *gran parte di* most of; *in gran parte* largely, to a great extent, to a considerable degree; (*fig*) *fare il ~ passo*: **1** to take the plunge, to take the big step; **2** (*sposarsi*) to take the plunge, to get married; *per grandi e piccini* for young and old (alike), for adults and children (alike), for people of all ages, for all agegroups; (*Geog*) *le grandi pianure* the Great Plains; (*Sport*) *Gran premio* Grand Prix: *Gran Premio di Formula 1* Formula-1 Grand Prix; (*Geog*) *Gran san Bernardo* Great St. Bernard, Great St. Bernard Pass; *un ~ successo*: **1** (*rif. a canzoni e sim.*) a great success, a hit; **2** (*rif. a teatro, spettacolo e sim.*) a smash hit, a box-office hit; (*Bibl*) *la Grande Tribolazione* the Great Tribulation; (*Anat*) *~ trocantere* greater trochanter; (*Mil,Mar.mil*) *grand'ufficiale* great officer; *un grand'uomo* (*dotato di capacità eccezionali*) a great man; *gran volta*: **1** (*Aer*) loop, looping; **2** (*Ginn*) giant circle.

grandeggiare (**grandéggio, grandéggi**;

aus. **avere**) *v.i.* **1** (*sovrastare*) to tower (*su above, over*): *il castello grandeggia sulle case del paese* the castle towers above the houses of the village; (*con senso minaccioso*) to loom, to loom up. **2** (*fig*) to stand out (*above, among*), to tower (*above*): *Omero grandeggia su tutti i poeti* Homer stands out above all poets. **3** (*darsi arie da gran signore*) to put on airs, to show off.

grandemente *avv.* **1** (*molto*) greatly, very much, highly: *ammirare ~ qcu.* to admire so. very much. **2** (*profondamente*) deeply.

grandezza *f.* **1** (*l'essere grande*) greatness, bigness. **2** (*ampiezza*) largeness. **3** (*estensione*) extent, range. **4** (*mole*) bulk. **5** (*larghezza*) width; (*ampiezza*) breadth. **6** (*profondità*) depth. **7** (*altezza*) height. **8** (*dimensione, misura*) size. **9** (*Abbigl*) (*taglia*) size: *abiti di tutte le grandezze* dresses of all sizes. **10** (*formato*) size, format. **11** (*fig*) (*importanza, valore*) greatness: *la ~ di Roma* the greatness of Rome. **12** (*fig*) quantity. **13** (*Astr*) magnitude: *stella di prima ~* star of the first magnitude. **14** *pl.* (*fig*) (*ostentazione di lusso*) lavishness *sing.*, love *sing.* of display: *le sue grandezze finiranno col rovinarlo* his lavishness will be his ruin. □ (*fig*) *~ d'animo* greatness of soul, loftiness of soul; *~ naturale* life-size: *un ritratto a ~ naturale* a life-size portrait; (*Mat*) *grandezze omogenee* homogeneous quantities; *Sua Grandezza* His Highness, His Lordship; (*Fis*) *~ vettoriale* vector quantity.

grandguignolesco /-gi-/ (*pl.* **-schi**) *a.* Grand Guignol (*attr.*).

grandiloquenza *f.* (*lett*) grandiloquence.

grandinare (**gràndina**) **I** *v.i.impers.* (*aus.* **essere/avere**) to hail: *comincia a ~* it's beginning to hail. **II** *v.i.* (*aus.* **essere/avere**) to hail, to hail down, to shower, to shower down, to rain (thick and fast): *grandinavano sassi* stones were hailing down; *le bombe grandinavano sulla città* a hail of bombs was falling on the city.

grandinata *f.* **1** (*Meteor*) hailstorm. **2** (*fig*) hail, shower: *una ~ di sassi* a hail of stones, a shower of stones. **3** (*fig*) (*rif. a insulti e sim.*) torrent, hail: *una ~ di insulti* a torrent of abuse.

grandine *f.* **1** (*Meteor*) hail. **2** (*fig*) hail, shower, torrent: *una ~ di proiettili* a hail of shells; *una ~ di insulti* a torrent of abuse.

grandinifugo (*pl.* **-ghi**) *a.* anti-hail: *razzo ~* anti-hail rocket.

grandiosamente *avv.* grandly, magnificently, grandiosely.

grandiosità *f.* **1** grandiosity, magnificence. **2** (*ostentazione di grandezza*) ostentation, lavishness.

grandioso *a.* **1** grandiose, grand, magnificent: *il monumento è ~* it's a grand monument; *uno spettacolo ~* a grand spectacle; *progetti grandiosi* grandiose projects. **2** (*rif. a persona*) lavish: *un uomo eccessivamente ~* an over-lavish man. **3** (*colloq*) (*fantastico*) tremendous, terrific. □ *gli piace fare il ~* he likes to act big.

granduca (*pl.* **-chi**) *m.* grand duke.

granducale *a.* grand-ducal.

granducato *m.* **1** (*territorio*) Grand Duchy. **2** (*titolo*) title of Grand Duke.

granduchessa *f.* grand duchess.

grandula *f.* (*Ornit*) sandgrouse.

granello *m.* **1** grain, speck: *granelli di sabbia* grains of sand. **2** (*fig*) (*quantità minima*) grain, atom, ounce: *non ha un ~ di buonsenso* he hasn't got an ounce of common sense. **3** (*chicco di cereali*) grain: *un ~ di riso* a grain of rice. **4** (*rar*) (*seme di frutto*) pip,

seed: *i granelli della pera* pear pips.
granelloso *a.* **1** granular, granulous. **2** *(ruvido)* rough.
granfia *f.* claw, talon.
granicolo *a.* *(Agr)* grain *(attr.)*, wheat *(attr.)*: *colture granicole* wheat crops.
granicoltura *f.* *(Agr)* wheat growing.
granifero *a.* *(Agr)* wheat-producing.
graniglia *f.* grit *(anche Edil).*
granire[1] **(granìsco, granìsci)** *v.t.* **1** *(ridurre in grani)* to granulate. **2** *(Met,Vetr,Tip) (sottoporre a granitura)* to granulate, to grain.
granire[2] **(granìsco, granìsci;** *aus.* **essere)** *v.i.* **1** *(fare i chicchi)* to form grains, to seed. **2** *(fig) (formarsi)* to form.
granita *f.* slush, crushed-ice drink.
granitico *(pl.* **-ci)** *a.* granite, granitic *(anche fig)*: *rocce granitiche* granite rocks; *fede granitica* granitic faith, faith of granite.
granito *m.* *(Min)* granite.
granitura *m.* **1** *(Agr)* seeding. **2** *(Met,Vetr,Tip)* graining.
granivoro *a.* *(Ornit)* granivorous.
grano *m.* **1** *(Bot)* wheat, *(Br)* corn. **2** *(chicco di cereali)* grain: *un ~ di miglio* a grain of millet. **3** *(granello)* grain: *un ~ di sabbia* a grain of sand. **4** *(perlina)* bead: *~ del rosario* rosary bead. **5** *(fig) (quantità minima)* grain, atom, ounce: *non ha un ~ di buonsenso* he hasn't got an ounce of common sense. **6** *(unità di peso)* grain. **7** *pl.* *(cereali)* grain *sing.*, corn *sing.*: *commercio dei grani* corn trade. □ *di ~* of corn, of grain: *spiga di ~* ear of corn; *(Alim) ~ di pepe* peppercorn; *(fig) con un ~ di sale* with a pinch of salt; *(Bot, Alim) ~ duro* durum wheat; *in grani:* 1 in grains; 2 *(di caffè)* in beans; *(Bot,Alim) ~ saraceno* buck wheat; *(Bot,Alim) ~ tenero* common wheat.
granoso[1] *a.* grain-producing, corn producing.
granoso[2] *a.* *(gerg) (ricco)* loaded.
granoturco, granturco *(pl.* **-chi)** *m.* **1** *(Bot)* Indian corn, maize, *(Am)* corn. **2** *(Alim) (in pannocchia)* corn on the cob; *(in scatola)* sweet corn. □ *(Bot,Alim) ~ dolce* sugar maize, sweet corn; *(Bot,Alim) ~ tenero* soft maize, soft corn.
granturismo *f.inv.* *(Aut)* Gran Turismo, GT.
granulare[1] *a.* **1** granular. **2** *(Farm)* granulated.
granulare[2] **(grànulo)** *v.t.* to granulate.
granulato **I** *a.* granulated. **II** *m.* *(Farm)* pellets *pl.*
granulazione *f.* granulation.
granulo *m.* **1** *(granello)* granule. **2** *(Bot)* grain. **3** *(Farm)* pellet.
granuloma *m.* *(Med)* granuloma.
granulomatoso *a.* *(Med)* granulomatous.
granulometria *f.* *(Tecn)* granulometry.
granulosità *f.* granulosity.
granuloso *a.* granulose, granulous.
grappa[1] *f.* **1** *(Edil)* cramp. **2** *(Tip)* brace.
grappa[2] *f.* *(liquore)* grappa, eau-de-vie.
grappino[1] *m.* *(Mar)* grapnel.
grappino[2] *m.* *(bicchierino di grappa)* tot of grappa, tot of eau-de-vie.
grappolo *m.* **1** bunch, cluster: *un ~ d'uva* a bunch of grapes. **2** *(infiorescenza)* cluster. **3** *(estens)* cluster, swarm: *un ~ di api* a swarm of bees. □ *a grappoli* in bunches.
graptoliti *m./f.pl.* *(Paleont)* graptolites.
graspo *m.* *(region)* *(raspo)* grape-stalk.
grassaggio *m.* *(Mecc)* greasing.
grassatore *m.* *(ant)* robber, highwayman.
grassazione *f.* *(ant)* robbery, hold-up.
grassella *f.* *(Zool)* patella.
grassello *m.* **1** *(Alim) (pezzetto di grasso)* piece of fat, lump of fat. **2** *(Edil) (calce spenta)* slaked lime.
grassetto **I** *m.* *(Tip)* bold face, bold type. **II** *a.* *(Tip)* bold. □ *(Tip) in ~* in bold, in bold print, in bold type.
grassezza *f.* **1** fatness, stoutness. **2** *(contenuto di grasso)* fattiness. **3** *(untuosità)* greasiness. **4** *(Agr)* richness.
grasso **I** *a.* **1** fat, stout: *una donna grassa* a fat woman. **2** *(Alim)* fatty, rich: *carne grassa* fatty meat; *formaggio ~* fatty cheese, rich cheese; *cibi grassi* rich foods. **3** *(unto, untuoso)* greasy, oily: *capelli grassi* greasy hair. **4** *(Chim)* fatty, fat: *acido ~* fatty acid; *serie grassa* fat series. **5** *(Agr)* rich: *terreno ~* rich land. **6** *(fig) (ricco, abbondante)* abundant, fat, prosperous: *annata grassa* prosperous year; *guadagni grassi* fat profits. **7** *(fig) (licenzioso, piccante)* licentious, bawdy: *barzellette grasse* bawdy jokes. **II** *m.* **1** *(Alim)* fat, grease: *~ di maiale* pork fat. **2** *(adipe)* fat. **3** *(sostanza untuosa)* grease: *una macchia di ~* a grease stain. **4** *(Mecc) (lubrificante)* grease. **5** *pl.* *(Chim)* fat *sing.* □ *grassi alimentari* food fats; *~ animale* animal fat; *(fig) ~ come un porco* as fat as a pig; *(fig) ~ come un tordo* as fat as a goose; *~ di balena* blubber; *~ per scarpe* dubbin; *(fig) una grassa risata* a hearty laugh, a guffaw; *(Alim) senza grassi* fat-free; *~ vegetale* vegetable fat.
grassoccio *a.* plump, chubby: *un bambino ~* a plump baby.
grassone *m.* *(f.* **-a)** fat person, *(colloq)* fatty.
grassottello *a.* chubby, round.
grassume *m.* **1** fat, grease. **2** *(oleosità)* greasiness.
grata *f.* grid, grating, grate, grille: *la ~ della finestra* the window grating; *~ del confessionale* confessional grille. □ *(Edil) ~ apribile* moveable grate; *(Edil) ~ fissa* fixed grate, stationary grate.
gratella *f.* **1** grid, grating. **2** *(graticola)* grill. □ *in ~* grilled: *bistecche in gratella* grilled steaks.
graticcia *(pl.* **-ce)** *f.* *(Teat)* flies *pl.*, rigging loft.
graticciare **(graticcio, graticci)** *v.t.* *(coprire con graticci)* to trellis; *(circondare con graticci)* to fence with hurdles.
graticciata *f.* trellis-work; *(recinto)* fence.
graticciato *m.* mat, fruit drying mat, rack, fruit drying rack.
graticcio *m.* **1** hurdle, trellis; *(di legno)* wooden hurdle, wodden trellis; *(di canne, di vimini)* wickerwork trellis. **2** *(per seccare la frutta)* mat, rack. **3** *(Ind,Tess)* lattice.
graticola *f.* **1** *(per arrostire)* grill, gridiron: *cuocere sulla ~* to grill. **2** *(strumento di supplizio)* gridiron. **3** *(Pitt)* graticule.
graticolare **(graticolo)** *v.t.* *(Pitt)* to graticulate.
graticolato **I** *a.* **1** *(provvisto di grata)* with a grille, with a grating. **2** *(fatto a grata)* grille-shaped. **II** *m.* **1** grating. **2** *(per piante rampicanti)* trellis.
gratifica *f.* *(compenso straordinario)* bonus: *concedere una ~* to give a bonus. □ *~ annuale* annual bonus; *~ natalizia* Christmas bonus.
gratificante *a.* gratifying, rewarding: *un lavoro non ~* an unrewarding job.
gratificare **(gratìfico, gratifichi)** *v.t.* **1** to gratify, to reward. **2** *(concedere una gratifica)* to give a bonus to. □ *(iron,fig) ~ qcu. di ingiurie* to insult so. without cause.
gratificazione *f.* **1** *(compenso straordinario)* bonus. **2** *(fig)* satisfaction, reward.
gratin /gra'tɛ̃/ *m.inv.* gratin. □ *(Gastron) al ~ au gratin.*
gratinare **(gratino)** *v.t.* to cook au gratin.
gratinato *a.* *(Gastron)* au gratin, gratinéed: *pomodori gratinati* tomatoes au gratin, gratinéed tomatoes.
gratis **I** *a.inv.* free, free of charge, gratis: *l'ingresso è ~* admission is free. **II** *avv.* for nothing, without pay, free, free of charge: *lavorare ~* to work without pay, to work for nothing. □ *(scherz) ~ et amore Dei* for love, for a song.
gratitudine *f.* gratitude, gratefulness: *mostrare ~ nei confronti di qcu.* to show one's gratitude to so.
grato *a.* **1** *(riconoscente)* grateful, thankful, obliged: *ti sono ~ del tuo aiuto* I'm grateful for your help; *accettare con animo ~* to accept gratefully. **2** *(gradito)* welcome: *un dono ~* a welcome gift. **3** *(gradevole)* agreable, pleasant: *un ~ profumo* a pleasant perfume.
grattacapo *m.* worry, problem, trouble, *(colloq)* headache: *avere dei grattacapi* to have problems. □ *dare un ~ a qcu.* to give so. sth. to worry about.
grattacielo *m.* *(Edil)* skyscraper.
gratta e vinci *m.* scratch card.
grattare **(gràtto)** **I** *v.t.* **1** to scratch: *grattarsi la schiena* to scratch one's back. **2** *(estens) (raschiare)* to scrape. **3** *(cancellare)* to scratch out, to erase. **4** *(colloq) (grattugiare)* to grate: *~ il formaggio* to grate cheese. **5** *(fig, pop) (rubare)* to pinch, to whip, to swipe, to rip off **II** *v.i.* *(aus.* **avere)** **1** *(colloq) (stridere)* to be scratchy, to be scratching. **2** *(Aut,Mecc)* to clash, to grind. **III** *v.pron.* **grattarsi** to scratch oneself; *(contro qcs.)* to rub oneself. □ *(scherz) ~ il violino* to scrape the fiddle, to scrape on the fiddle; *(colloq,fig) grattarsi la pancia* *(stare in ozio)* to twiddle one's thumbs, to laze around; *grattarsi la testa:* 1 to scratch one's head; 2 *(in segno di preoccupazione)* to bite one's nails; *(Aut) ~ le marce* to clash gears, to grate gears; *~ via* to scrape off: *~ via la ruggine da una superficie* to scrape the rust off a surface.
grattata *f.* scratching; *(raschiata)* scraping. □ *darsi una ~* to scratch oneself; *(Aut, Mecc) fare una ~* to clash, to grate the gears, to grind the gears.
grattatoio *m.* *(per gatti)* scratching post.
grattatura *f.* **1** *(il grattare)* scratching, *(il raschiare)* scraping. **2** *(segno)* scratch, scrape.
grattino *m.* **1** *(arnese degli incisori)* scraper *(anche Scult)*. **2** *(per cancellare)* eraser.
grattugia *(pl.* **-gie)** *f.* grater.
grattugiare **(grattùgio, grattùgi)** *v.t.* to grate.
grattugiato *a.* grated: *formaggio ~* grated cheese; *pane ~* bread crumbs.
gratuità *f.* gratuitousness *(anche fig)*.
gratuitamente *avv.* **1** free, free of charge, without payment. **2** *(fig) (senza fondamento)* groundlessly, gratuitously: *asserire qcs. ~* to make a groundless assertion.
gratuito *a.* **1** free, free of charge, gratuitous: *l'ingresso al teatro è ~* admission to the theatre is free; *campione ~* free sample. **2** *(fig) (infondato)* unfounded, gratuitous, groundless, uncalled for: *accuse gratuite* unfounded accusations, groundless accusations; *asserzione gratuita* uncalled for remark.
gravabile *a.* *(Econ,rar)* taxable: *redditi gravabili* taxable income. **2** *(rif. a ipoteche)* mortgageable: *beni gravabili* mortgageable property.
gravame *m.* **1** *(peso)* burden, weight *(spec. fig)*: *il ~ di un lavoro* the burden of a job. **2**

(*Econ*) encumbrance, imposition; (*imposta*) tax; (*ipoteca*) mortgage. **3** (*Dir*) appeal. □ ~ *fiscale* tax burden.

gravare (**gràvo**) **I** *v.t.* **1** to burden, to weigh down, to load: ~ *le proprie spalle di un peso* to load a weight upon one's shoulders. **2** (*fig*) to burden, to heap (sth.) upon: ~ *gli alunni di compiti* to burden the pupils with work. **3** (*Econ*) to impose (sth.) on, to tax: ~ *il commercio di imposte* to tax trade, to impose taxes on trade. **II** *v.i.* (*aus.* **avere**) **1** (*fare peso*) to weigh, to rest (*su* on): *l'arco grava su due colonne* the arch rests on two pillars, the arch is supported by two pillars. **2** (*fig*) to fall on, to rest with, to lie on, to lie heavily on, to be burdened with: *tutta la responsabilità grava su di lui* all the responsibility falls on him; *le spese gravano tutte sopra di me* I'm burdened with all the expenses. **III** *v.pron.* **gravarsi** to burden oneself (*anche fig*). □ ~ *di imposte* to tax; ~ *di ipoteca* to mortgage.

gravato *a.* (*Econ*) burdened (*di* with), encumbered (by). □ ~ *da imposta* subject to tax; ~ *di ipoteca* mortgaged.

grave I *a.* **1** (*pesante*) heavy, weighty: *un* ~ *fardello* a heavy burden. **2** (*grande*) great, heavy, serious: *questa è una* ~ *responsabilità* this is a heavy responsibility. **3** (*cattivo*) serious, bad, grave: *la situazione politica è* ~ the political situation is serious, the political situation is grave. **4** (*duro*) hard, heavy: *una* ~ *fatica* a hard task. **5** (*doloroso*) heavy, grievous: *subire gravi perdite* to suffer heavy losses. **6** (*severo*) severe, harsh: *prendere un* ~ *provvedimento* to take severe measures, to take severe action. **7** (*appesantito*) heavy: *sentirsi la testa* ~ to feel heavy-headed. **8** (*rif. a malattia e sim.*) serious, dangerous: *lesioni gravi* serious injuries. **9** (*rif. a malato*) seriously ill: *il paziente è* ~ the patient is seriously ill. **10** (*Fis*) heavy. **11** (*Mus*) low, low-pitched, grave, deep: *suono* ~ low-pitched sound; *nota* ~ low note. **II** *m.* (*Fis*) mass, body. □ ~ *di anni* burdened with years, well-on in years; *un* ~ *errore* a big mistake; ~ *lutto* deep mourning.

gravemente *avv.* **1** (*seriamente*) seriously: *essere* ~ *ammalato* to be seriously ill. **2** (*solennemente*) gravely, solemnly.

graveolente *a.* (*lett*) evil-smelling, foul-smelling.

graveolenza *f.* (*lett*) foul smell.

gravezza *f.* (*rar*) (*pesantezza*) weight, heaviness (*anche fig*): *la* ~ *di un fardello* the heaviness of a burden.

gravidanza *f.* (*Fisiol*) pregnancy: *è al terzo mese di* ~ she is three months pregnant. □ (*Med*) ~ *ad alto rischio* high-risk pregnancy; (*Med*) ~ *ectopica* ectopic pregnancy; (*Med*) ~ *extrauterina* extrauterine pregnancy; (*Med*) ~ *gemellare* twin pregnancy, bigeminal pregnancy; (*Psic*) ~ *isterica* phantom pregnancy (*anche Veter*).

gravidico (*pl.* **-ci**) *a.* pregnancy (*attr.*), of pregnancy.

gravido *a.* **1** pregnant. **2** (*fig*) pregnant, laden (with), full (of), fraught (with): ~ *di conseguenze* fraught with consequences. □ *nubi gravide di pioggia* clouds heavy with rain.

gravimetria *f.* (*Chim, Fis*) gravimetry.

gravimetrico (*pl.* **-ci**) *a.* (*Chim, Fis*) gravimetric, gravimetrical.

gravimetro *m.* (*Chim, Fis*) gravimeter.

gravina[1] *f.* (*piccone a zappa*) mattock.

gravina[2] *f.* (*Geol*) gorge.

gravità *f.* **1** gravity, seriousness: *la* ~ *di una colpa* the seriousness of a fault; *la* ~ *della situazione* the gravity of the situation. **2** (*so-*

lennità, austerità) gravity, solemnity, austerity: *con* ~ gravely, solemnly. **3** (*durezza*) severity, harshness: ~ *di un provvedimento* harshness of a measure. **4** (*Fis*) gravity: *legge di* ~ law of gravity; *assenza di* ~ weightlessness, zero gravity.

gravitare (**gràvito**) *aus.* **avere** *v.i.* (*Fis*) to gravitate (*anche fig*): *i pianeti gravitano intorno al sole* the planets gravitate around the sun; *i giovani sembrano* ~ *verso la città* young people seem to gravitate towards the city.

gravitazionale *a.* (*Fis*) gravitational: *campo* ~ gravitational field.

gravitazione *f.* (*Fis*) gravitation.

gravitino *m.* (*Fis*) gravitino.

gravosamente *avv.* heavily, painfully, grievously.

gravosità *f.* **1** heaviness, oppressiveness. **2** (*l'essere duro*) harshness: ~ *di un'imposta* harshness of a tax.

gravoso *a.* **1** (*duro*) heavy, hard, onerous, oppressive: *condizioni gravose* hard conditions; *imposte gravose* oppressive taxes, heavy taxes. **2** (*faticoso, difficile*) hard, difficult: *compito* ~ difficult task; *lavoro* ~ hard work.

grazia *f.* **1** gracefulness, charm: *la* ~ *di una fanciulla* the charm of a girl. **2** (*compostezza di modi*) grace, gracefulness: *muoversi con* ~ to move with grace, to move gracefully. **3** (*rif. a stile o forma*) grace. **4** (*perdono, amnistia*) pardon: *concedere la* ~ *a qcu.* to grant so. pardon. **5** (*benevolenza*) grace, favour: *trovare* ~ *presso qcu.* to find favour with so., to get into so.'s good graces. **6** (*concessione generosa*) grace, favour: *chiedere una* ~ *a qcu.* to ask a favour of so., to ask so. a favour. **7** (*clemenza*) mercy, leniency: *chiedere* ~ *per qcu.* to ask for leniency on so.'s behalf. **8** (*miracolo*) grace: *Dio gli ha fatto la* ~ *di guarirlo* he has been cured by the grace of God. **9** (*Dir*) grace, mercy. **10** (*Teol*) grace. **11** *pl.* (*atteggiamento seducente*) charms: *nessuno può resistere alle sue grazie* nobody can resist her charms; *concedere le proprie grazie a qcu.* (*diventarne l'amante*) to grant so. one's favours. □ (*Teol*) ~ *attuale* actual grace; ~ *celeste* heavenly grace; (*Teol*) ~ *concomitante* concomitant grace, co-operating grace; *di* ~ (*per favore*) kindly, please; (*Teol*) ~ *efficace* Efficacious Grace; *fare* ~ *di qcs. a qcu.*: **1** (*dispensarlo*) to dispense so. from sth.; **2** (*risparmiargliela*) to spare so. sth.: *ti faccio* ~ *dei particolari* I'll spare you the details; *fare* ~ *della vita a qcu.* to spare so.'s life; *essere* **in** ~ *di Dio* to be in a state of grace; (*Rel.catt*) *morire in* ~ *di Dio* to die in the grace of God, to die in a state of grace; *essere* **nelle** *grazie di qcu.* to be in so.'s favour, to be in favour with so.; *entrare nelle buone grazie di qcu.* to get into so.'s good graces; (*fig*) **per** ~ *di Dio* thank goodness, thank God; (*fig*) **per** ~ *ricevuta* for favours received; *senza* ~ graceless, inelegant; *stile senza* ~ clumsy style, ungraceful style; *Sua Grazia* Her Grace, His Grace.

Grazia *n.pr.f.* **1** Grace. **2** *spec.pl.* Grace: *le tre Grazie* the three Grace.

graziare (**gràzio, gràzi**) *v.t.* to pardon, to reprieve: ~ *un condannato* to pardon a convict.

graziato I *a.* pardoned. **II** *m.* (*f.* **-a**) pardoned person.

grazie I *intz.* **1** thanks, thank you: ~ *per aver chiamato* thanks for calling; *dire* ~ *a qcu.* to thank so., to say thank you to so.; *dì* ~ *alla signora* say thank you to the lady. **2** (*iron*) (*certo*) no wonder, naturally: *si permette*

certi lussi! - ~, *suo padre è ricchissimo* he can afford luxuries! - no wonder, his father is fabulously rich! **II** *m.* thanks: *un* ~ *di cuore* heartfelt thanks. □ ~ *a* thanks to: *ottenne il posto* ~ *alle sue capacità* he got the job thanks to his ability; ~ *a Dio* thank God; ~ *al cielo* thank heaven, thank heavens, thank goodness; ~ *mille* thanks a lot; *molte* ~ thank you very much, many thanks; *no,* ~ no, thanks; *sì,* ~ yes, please; ~ *tante* thank you so much, (*iron*) thanks, thanks for nothing.

graziosamente *avv.* **1** (*con grazia*) gracefully: *inchinarsi* ~ to bow gracefully. **2** (*lett*) (*cortesemente, con benevolenza*) graciously, kindly: *accogliere* ~ *qcu.* to welcome so. graciously.

graziosità *f.* gracefulness.

grazioso *a.* **1** (*carino*) pretty, cute: *una graziosa casetta* a pretty cottage, a pretty little house. **2** (*fatto con grazia*) graceful, charming: *sorriso* ~ charming smile. **3** (*piacevole*) nice, pleasant, agreeable. **4** (*rif. a sovrani, a principi*) gracious: *la nostra graziosa regina* our gracious queen.

greca *f.* (*ornamento*) Greek key design, Greek fret design.

grecale I *m.* north-east wind. **II** *a.* north-east (*attr.*): *vento* ~ noth-east wind.

grecheggiare (**grechéggio, grechéggi**; *aus.* **avere**) *v.i.* to Hellenize.

Grecia *n.pr.f.* (*Geog*) Greece.

grecismo *m.* (*Ling*) Grecism, Graecism, Hellenism.

grecista *m./f.* Hellenist.

grecità *f.* (*Lett*) Hellenism, Grecism, Graecism.

grecizzare (**grecìzzo**) **I** *v.t.* to Hellenize, to Grecize, to Graecize: ~ *un paese* to Hellenize a country. **II** *v.i.* (*aus.* **avere**) (*imitare i greci*) to Hellenize.

greco (*pl.* **-ci**) **I** *a.* Greek: *il mondo* ~ classical civilization, Greek civilization. **II** *m.* **1** (*f.* **-a**) (*abitante*) Greek. **2** (*lingua*) Greek. **3** (*vento di nord-est*) north-east wind. □ (*Ling*) ~ *antico* ancient Greek; (*Ling*) ~ *moderno* modern Greek.

greco-ortodosso *a.* (*Rel*) Greek Orthodox.

greco-romano *a.* Graeco-Roman, Greco-Roman: *lotta greco-romana* Greco-Roman wrestling, Graeco-Roman wrestling.

green /grin/ *m.inv.* (*Sport*) (*nel golf*) green.

green shoe /grin'ʃu/ *f.inv.* (*Econ*) green shoe.

gregario I *m.* **1** (*Mil*) (*soldato semplice*) private. **2** (*estens*) (*membro*) member, follower (*anche Pol*). **3** (*Sport*) team mate, support rider. **II** *a.* **1** (*Zool, Bot*) gregarious. **2** (*fig*) herd: *istinto* ~ herd instinct.

gregarismo *m.* gregariousness, herd instinct (*anche fig*).

gregge (*pl.* **le gréggi/le grégge** /*rar* **i gréggi**) *m.* **1** flock. **2** ~ *di pecore* a flock of sheep. **2** (*fig*) (*moltitudine*) crowd, host, herd. **3** (*fig*) (*rif. a fedeli*) flock.

greggio I *a.* **1** (*non lavorato*) raw: *seta greggia* raw silk. **2** (*fig*) (*rozzo, grossolano*) coarse, crude. **II** *m.* **1** (*Ind*) (*prodotto non lavorato*) raw product, crude product. **2** (*petrolio greggio*) crude, crude oil.

gregoriano *a.* Gregorian: *calendario* ~ Gregorian calendar; *canto* ~ Gregorian chant.

Gregorio *n.pr.m.* Gregory.

grembiulata *f.* apronful: *una* ~ *di castagne* an apronful of chestnuts.

grembiule *m.* **1** apron; (*con pettorina*) pinafore. **2** (*camice*) overall, smock. **3** (*protezione per macchine*) apron. □ ~ *da commessa* shop coat, overall; ~ *da scuola* school smock.

grembiulino m. pinafore: *il ~ di scuola* the school pinafore, the school smock.

grembo m. **1** lap: *tenere un bambino in ~* to hold a child on one's lap. **2** (*ventre materno*) womb: *portare in ~* (o *portare nel ~*) *un bambino* to carry a child, to carry a child in one's womb. **3** (*fig*) (*interno*) bosom: *tornare in ~ alla famiglia* to return to the bosom of one's family.

gremire (**gremìsco, gremìsci**) **I** *v.t.* to fill up, to crowd into, to pack into: *la folla gremiva la piazza* the crowd packed into the square. **II** *v.pron.* **gremirsi** to become crowded with: *le strade si gremirono di gente* the streets became crowded with people.

gremito a. **1** (*affollato*) crowded (*di* with), packed (with): *la sala era gremita* the room was crowded. **2** (*pieno*) full (*di* of), filled (with), crammed (with).

Grenada n.pr.f. (*Geog*) Grenada.

greppia f. **1** (*rastrelliera*) rack, hay rack. **2** (*estens*) (*mangiatoia*) manger.

gres m.inv. (*Ceram*) grès, stoneware.

greto m. shore, gravelly shore: *~ del fiume* shore of a river.

gretola f. **1** (*stecca di gabbia*) bar. **2** (*ant*) (*scheggia*) splinter, chip.

grettamente avv. **1** (*avaramente*) meanly, stingily. **2** (*fig*) (*in modo meschino*) meanly, pettily.

grettezza f. **1** (*avarizia*) meanness, stinginess, miserliness. **2** (*fig*) (*meschinità*) pettiness, narrow-mindedness. □ *~ d'animo* smallness of mind.

gretto a. **1** (*avaro*) mean, stingy, miserly: *una persona gretta* a mean person. **2** (*fig*) (*meschino*) narrow, narrow-minded, petty, limited: *animo ~* narrow mind; *idee grette* limited ideas.

greve a. **1** (*pesante*) heavy: *un'aria ~* heavy air, oppressive air. **2** (*volgare*) coarse, crude.

grezzo a. **1** (*di materiale*) raw. **2** (*rif. a minerale*) crude. **3** (*non lavorato*) rough: *diamante ~* rough diamond, uncut diamond. **4** (*fig*) (*rozzo, grossolano*) coarse, crude.

grida[1] f. (*Stor*) (*ordine, editto*) proclamation, edict.

grida[2] → **grido**.

gridare (**grìdo**) **I** *v.i.* (*aus.* **avere**) **1** to shout, to cry, to cry out: *si mise a ~ per richiamare l'attenzione dei passanti* he started shouting to attract the attention of the passers-by. **2** (*per sgridare*) to yell. **3** (*strillare, per paura*) to scream. **4** (*parlare a voce alta*) to shout: *non ~, non sono sordo* don't shout, I'm not deaf. **II** *v.t.* **1** to shout, to yell, to bawl, to call out: *gli gridò un insulto* he shouted an insult at him, he yelled an insult at him. **2** (*invocare*) to call for, to shout for: *~ aiuto* to call for help. □ *~ a gran voce* to shout loudly, to cry out; *~ a squarciagola* to shout at the top of one's voice, to shout at the top of one's lungs, to scream out, to scream at the top of one's voice; (*fig*) *~ qcs. ai quattro venti* to shout sth. from the rooftops; *~ al miracolo* to make a great clamour over sth., to hail sth. as a miracle; *~ allo scandalo* to cry scandal; *~ come un ossesso* (o *~ come un satanasso*) to yell like a madman, to shout like a madman, to shout like one who is possessed; *~ con quanto fiato si ha in corpo* (o *~ con quanta voce si ha in corpo*) to shout at the top of one's voice, to yell one's lungs out, to shout to high heavens, to scream at the top of one's lungs; *~ dietro* to hurl after, to shout after: *mi ha gridato dietro un insulto* he shouted an insult after me; *~ vendetta*: **1** to cry out for vengeance, to cry out to Heaven

for vengeance: *soprusi che gridano vendetta* outrages which cry out for vengeance; **2** (*scherz*) to be an eyesore, to be outrageous: *un abito che grida vendetta* an outrageous dress; *~ vittoria* to exult.

gridio m. shouting, screaming, calling, calling out.

grido (pl. **i grìdi**, **le grìda**; *the plural in* -a *is used in the case of human cries referred to collectively*) m. **1** shout, cry, yell: *emettere un ~* to give a yell, to utter a cry; *cacciare un ~* to give a shout, to let out a cry, to utter a yell. **2** (*strillo*) scream. **3** (*fig*) (*invocazione*) cry, lament: *il ~ dei popoli oppressi* the lament of the oppressed peoples. **4** (*rif. ad animali*) cry, call; (*strillo*) screech, scream. □ *a grida di popolo* by public acclamation; *dare un ~* to give a shout, to let out a cry, to utter a yell; *di ~*: **1** (*famoso, noto*) famous, well-known, renowned, celebrated: *un medico di ~* a well-known doctor; *uno scrittore di ~* a well-known writer; **2** (*rif. alla moda*) fashionable: *una sarta di ~* a fashionable dressmaker; *~ di aiuto* cry for help; *~ di allarme* alarm; *~ di dolore* cry of pain; *~ di esultanza* a cry of exultation; *~ di gioia* cry of joy; *~ di guerra* war cry; *~ di rabbia* shout of rage, cry of rage; *~ di richiamo*: **1** shout, hail; **2** (*al cane*) call to heel; **3** (*Caccia*) decoy call.

grifagno a. **1** (*rapace*) predatory, rapacious: *l'aquila grifagna* the predatory eagle. **2** (*fig*) (*minaccioso*) fierce, threatening.

griffa f. **1** (*Mecc*) claw, clutch, jaw; (*innesto a denti*) dog clutch, jaw clutch. **2** (*Cin*) claw. **3** (*chiodo per scarpe sportive*) spike. **4** (*gancio dei pattini*) clamp.

griffato a. designer (*attr.*): *un vestito ~* a designer dress.

griffe /grif/ f.inv. **1** designer name, designer label. **2** (*creatore*) designer.

griffone m. (*cane*) griffon.

grifo m. (*lett*) **1** (*Zool*) snout. **2** (*spreg*) (*faccia*) mug, ugly mug. **3** (*Ornit*) griffon vulture. **4** (*Mitol,Arald*) griffin, griffon, gryphon. **5** (*cane*) griffon.

grifone m. **1** (*Ornit*) griffon vulture. **2** (*Mitol, Arald*) griffin, griffon, gryphon. **3** (*cane*) griffon.

grigiastro a. greyish, dirty grey.

grigio **I** a. **1** grey, (*Am*) gray: *occhi grigi* grey eyes. **2** (*rif. a persona: brizzolato*) grey, grey-haired, grizzled: *a quarant'anni è già ~* at the age of forty he is already grey-haired; *un uomo dai capelli grigi* a grey-haired man. **3** (*fig*) (*monotono, scialbo*) dull, drab, dreary, grey: *vita grigia* drab life. **4** (*triste*) sad, gloomy. **5** (*di cielo*) overcast, grey; (*di tempo*) cloudy. **II** m. grey, (*Am*) gray: *vestire in ~* to dress in grey. □ *~ acciaio* steel-grey; *~ antracite* anthracite-grey; *~ ardesia* slate-grey; *~ argento* silver-grey; *~ cenere* ash grey; *~ chiaro* pale grey, light grey; *~ ferro* iron-grey; *~ metallizzato* metallic grey; *~ perla* pearl-grey; *~ piombo* gunmetal grey; *~ scuro* dark grey; *~ topo* mouse-coloured, (*Am*) mouse-colored; *~ tortora* dove-grey; *~ verde* grey-green.

grigione m. (*Zool*) grison.

Grigioni n.pr.m.pl. (*Geog*) Grisons, Graubünden.

grigiore m. **1** greyness, (*Am*) grayness: *il ~ del cielo* the greyness of the sky. **2** (*fig*) dullness, drabness, dreariness, greyness: *il ~ della sua vita* the dreariness of his life; *il ~ di una personalità* the dreariness of a personality.

grigioverde I a. grey-green, greenish-grey, greyish-green: *divisa ~* grey-green uniform.

II m. **1** (*colore*) grey-green. **2** (*stoffa*) grey-green cloth. **3** (*estens*) (*divisa*) uniform.

griglia f. **1** grating, grid, grill, grille. **2** (*per sabbia e sim.*) riddle, screen, sieve. **3** (*per arrostire*) grill, grid, grid-iron, (*Am*) broiler. **4** (*grata del focolare*) grate. **5** (*inferriata*) grille, grating. **6** (*cancellata*) railings pl. **7** (*fig*) (*schema*) scheme. **8** (*region*) (*persiana, saracinesca*) shutter. **9** (*Rad*) grid. **10** (*Met*) grate. **11** (*Min*) grizzly. **12** (*Elettron*) gate, grid. □ (*Gastron*) *alla ~* grilled, (*Am*) broiled: *pesce alla ~* grilled fish, (*Am*) broiled fish; (*Aut*) *~ del radiatore* radiator grille; (*Sport*) *~ di partenza* starting grid; *~ di protezione*: **1** (*Mecc*) protective guard, protective grille; **2** (*Elettron*) shield grid.

grigliare (**grìglio, grìgli**) *v.t.* to grill, (*Am*) to broil.

grigliata f. **1** (*Gastron*) mixed grill. **2** (*all'aperto: ritrovo*) barbecue. □ (*Gastron*) *~ mista* mixed grill.

grill /gril/ m.inv. **1** (*graticola*) grill, grid, grid-iron, (*Am*) broiler. **2** (*estens*) (*carne arrostita ai ferri*) grilled meat, mixed grill. **3** (*ristorante*) grillroom. **4** (*autogrill*) motorway restaurant.

grilletto m. (*Arm*) trigger: *premere il ~* to pull the trigger. □ (*fig*) *avere il ~ facile* to be trigger-happy.

grillo m. **1** (*Entom*) cricket. **2** (*fig*) (*capriccio*) whim, fancy: *essere pieno di grilli* to be full of fancies. □ (*Entom*) *grilli canterini* chirping crickets; (*Entom*) *~ del focolare* domestic cricket, hearth cricket; (*fig*) *~ parlante* talking cricket; (*fig*) *avere dei grilli per la testa* to be full of strange ideas; (*fig*) *gli è venuto il ~ di partire* he has taken it into his head to leave.

grillotalpa (pl. **le grillotàlpe, i grillitàlpa**) f./m. (*Entom*) mole cricket.

grimaldello m. picklock.

grinder /'grajnder/ m./f.inv. (*Mar*) grinder.

grinfia f. **1** (*pop*) (*artiglio*) claw. **2** (*fig*) clutch: *cadere nelle grinfie di qcu.* to fall into so.'s clutches.

grinta f. **1** (*risolutezza*) grit, fighting spirit, determination. **2** (*faccia truce*) scowl, sulky expression. **3** (*Sport*) pluck, grit. □ *avere ~* to have grit; *hai una ~ da far paura* the expression on your face would frighten anybody.

grintoso a. gritty, determined.

grinza f. **1** (*ruga*) wrinkle: *una fronte piena di grinze* a wrinkled forehead. **2** (*rif. ad abiti*) crease, pucker. □ *non fare una ~*: **1** (*rif. ad abito: stare a pennello*) to fit perfectly; **2** (*fig*) (*filare perfettamente*) to be perfect: *il suo ragionamento non fa una ~* there is not a flaw in his argument, his reasoning is flawless.

grinzosità f. **1** (*l'essere grinzoso*) wrinkledness. **2** (*estens*) (*spiegazzatura*) crease.

grinzoso a. **1** wrinkled: *fronte grinzosa* wrinkled brow. **2** (*estens*) (*spiegazzato*) creased, puckered, crumpled.

grip m.inv. (*Aut*) grip, traction.

grippaggio m. (*Mecc*) seizing, seizure.

grippare (**grìppo**) **I** *v.i.* (*aus.* **avere**) to seize: *il motore ha grippato* the engine has seized. **II** *v.pron.* **gripparsi** to seize, to seize up.

grippia f. (*Mar*) buoy rope.

grippiale m. (*Mar*) cable buoy, anchor buoy.

grisaglia, grisaille /gri'zaj/ f. (*Tess,Pitt*) grisaille.

grisantemo m. (*pop*) (*crisantemo*) chrysanthemum.

grisella f. (*Mar*) ratline.

grisou /gri'zu/ m.inv. (*Minier*) firedamp.

grissinificio m. breadstick bakery.

grissino _m._ (_Alim_) breadstick.

grisù _m._ (_Minier_) firedamp.

grisumetro _m._ (_Minier_) firedamp detector.

grivna _f._ hryvnia.

groenlandese I _a._ Greenland (_attr._), Greenlandic. **II** _m./f._ Greenlander.

Groenlandia _n.pr.f._ (_Geog_) Greenland.

grog _m._ hot grog.

grolla _f._ (_coppa di legno_) wooden goblet (with a lid).

groma _f._ (_Stor.rom_) groma, surveyor's cross.

gromma _f._ **1** (_incrostazione delle botti_) tartar, argol. **2** (_nei condotti d'acqua_) fur, scale. **3** (_estens_) (_nelle pipe_) sediment. **4** (_estens_) encrustation.

grommare (_grómmo_; _aus._ _avere_) _v.i._ to become encrusted; (_rif. a botti_) to become coated with tartar.

grommato, **grommoso** _a._ **1** (_di botti_) covered with tartar. **2** (_di condotti d'acqua_) furred up, encrusted with scale. **3** (_estens_) encrusted.

gronda _f._ **1** eaves _pl._ **2** (_estens_) overhang. □ (_Mod_) _cappello a ~_ hat with a sloping brim.

grondaia _f._ **1** gutter. **2** (_gronda_) eaves _pl._

grondante _a._ dripping: _essere ~ di sudore_ to be dripping with sweat, to be all in a sweat.

grondare (_gróndo_) **I** _v.i._ (_aus._ **essere/avere**) **1** (_colare_) to pour: _il sudore gli grondava dalla fronte_ sweat was pouring down his face. **2** (_stillare_) to drip. **3** (_essere bagnato fradicio_) to be dripping wet, to be soaking wet: _ho gli abiti che grondano_ my clothes are soaking wet. **II** _v.t._ (_stillare_) to drip (with): _i suoi abiti grondavano acqua_ his clothes were dripping with water. □ (_fig_) _~ lacrime_ to shed tears; (_fig_) _~ sangue_ to bleed, to pour blood, to ooze blood, to ooze with blood, to be streaming with blood.

grondone _m._ gutter.

grongo (_pl._ **-ghi**) _m._ (_Itt_) conger eel.

groppa _f._ **1** back, rump: _la ~ del mulo_ the mule's rump. **2** (_colloq_) (_schiena_) back, shoulders _pl._: _portare in ~ un bambino_ to carry a child on one's shoulders. □ _in ~_ on the back: _salire in ~ al cavallo_ to get up on the horse's back, to mount the horse; _sulla ~_ on the back; (_fig_) _restare sulla ~_ (_rif. ad articoli rimasti invenduti_) to remain on one's hands, to be left over.

groppata _f._ buck (of a horse).

groppiera _f._ (_finimento del cavallo_) crupper strap.

groppo _m._ **1** (_groviglio_) tangle, knot: _un ~ di filo_ a tangle of thread. **2** (_Meteor_) squall. □ (_fig_) _avere un ~ alla gola_ to have a lump in one's throat.

groppone _m._ **1** (_scherz_) (_schiena_) shoulders _pl._, back. **2** (_Ornit_) rump.

gros-grain /ˌgrɔˈgrɛn/ _m.inv._ **1** (_Tess_) grosgrain, grogram. **2** (_nastro_) petersham.

grossa _f._ **1** (_Comm_) (_dodici dozzine_) gross. **2** (_in bachicoltura_) third sleep period of silkworms.

grossezza _f._ **1** largeness, bigness; (_altezza_) highness; (_volume_) size: _la ~ di un masso_ the size of a boulder. **2** (_diametro_) width; (_spessore_) thickness: _la ~ di un bastone_ the thickness of a stick. **3** (_rif. a filo e sim._) thickness, coarseness: _corde di uguale ~_ ropes of equal thickness.

grossista _m./f._ (_Comm_) wholesaler.

grosso I _a._ **1** big, large: _una grossa pietra_ a large stone. **2** (_di grande diametro, spesso_) thick: _un ~ bastone_ a thick stick. **3** (_rif. a filo, corda e sim._) thick, coarse. **4** (_di grana grossa_) coarse: _sale ~_ coarse salt. **5** (_esteso_) large, big: _un ~ borgo montano_ a large

mountain village. **6** (_largo_) wide: _un ~ fiume bagna la pianura_ a wide river flows through the plain. **7** (_rif. a corporatura_) big: _un uomo ~_ a big man. **8** (_numeroso_) large, big: _un ~ esercito_ a large army. **9** (_elevato_) large, high: _un ~ stipendio_ a high salary. **10** (_cospicuo_) large, considerable, substantial: _ha avuto in eredità un ~ patrimonio_ he inherited a considerable fortune, he inherited a substantial fortune. **11** (_importante_) big, great: _un ~ complesso industriale_ a big industry; _una grossa scoperta_ a great discovery; _un ~ possidente terriero_ a big landowner. **12** (_forte_) heavy, hard: _gli diede un ~ pugno_ he gave him a heavy blow. **13** (_violento_) big, great, heavy: _un ~ temporale si è abbattuto sulla città_ a heavy storm broke over the city. **14** (_rif. ad acque: agitato_) rough: _mare ~_ rough sea. **15** (_in piena_) swollen, in flood: _il fiume è ~_ the river is swollen. **16** (_grave, serio_) bad, serious, great: _un ~ errore_ a bad mistake, a serious mistake; _un ~ rischio_ a big risk. **17** (_rif. ad arma: pesante, di grosso calibro_) heavy, large calibre. **II** _avv._ heavily, thickly: _una penna che scrive ~_ a pen which writes thickly. **III** _m._ **1** (_la parte più rilevante_) greater part, main part, most: _il ~ del lavoro è ancora da fare_ the greater part of the work still remains to be done; _il ~ degli studenti_ most of the students. **2** (_Mil_) main body: _il ~ dell'esercito_ the main body of the army. **3** (_Numism_) gross. □ _un ~ affare_ a big deal; (_Mil_) _la grossa_ **Berta** Big Bertha; (_fig_) _~ come un elefante_ as big as an elephant; (_fig_) _~ come una casa_ as big as a barn door; _di ~_ very, quite: _sbagliarsi di ~_ to be quite wrong, to make a big mistake; (_fig_) _essere ~ di cervello_ to be thick; (_Aut,Mot_) _automobili di grossa_ **cilindrata** high-powered cars; _biglietti di ~ taglio_ high-denomination notes, big notes, (_Am_) large bills; (_fig_) _farla grossa_ to do sth. very silly, to make a big blunder; (_fig_) _farne di grosse_ to cause trouble, to make trouble; _~ modo_ (_all'incirca_) roughly, at a rough guess; _questa è grossa!_ that is too much!, that's a tall one!, (_Br_) that takes the biscuit!, (_Am_) that takes the cake!

grossolanamente _avv._ roughly, coarsely: _sbagliarsi ~_ to make a big mistake, to make a bad mistake.

grossolanità _f._ **1** (_rif. a persone_) coarseness, rudeness. **2** (_rif. a cose_) roughness, coarseness. **3** (_linguaggio_) course language, vulgar language: _dire ~_ to use coarse language, to use vulgar language.

grossolano _a._ **1** rough, coarse, crude: _un lavoro ~_ rough work, a badly-finished piece of work. **2** (_dozzinale, scadente_) shoddy, cheap: _panno ~_ shoddy cloth. **3** (_fig_) coarse, rude, vulgar: _una persona grossolana_ a coarse person; _linguaggio ~_ coarse language.

grotta _f._ cave, grotto: _le grotte di Postumia_ the caves of Postumia. □ (_Geog_) _la Grotta_ **azzurra** the Blue Grotto.

grottesca _f._ (_Pitt_) grotesque.

grottescamente _avv._ grotesquely.

grottesco (_pl._ **-chi**) **I** _a._ grotesque (_anche Pitt_): _figure grottesche_ grotesque figures. **II** _m._ grotesque (_anche Pitt,Teat_).

groupware /ˈgruːpwer/ _m.inv._ (_Inform_) groupware.

groviera _m./f.inv._ (_Alim_) Gruyère, Gruyère cheese.

groviglio _m._ **1** tangle: _un ~ di filo_ a tangle of thread. **2** (_massa confusa_) tangled mass, confused heap, entanglement: _un ~ di rami_ a tangled mass of branches. **3** (_fig_) (_confusione_) confusion, muddle, mess: _un ~ di idee_ a

tangle of ideas, a hodgepodge of ideas, a maze of ideas.

gru¹ _f._ (_Ornit_) crane.

gru² **I** _f._ (_Mecc_) crane. **II** _a._ crane (_attr._): _carro ~_ wrecker crane. □ _~ a braccio_ jib crane; _~ a braccio girevole_ slewing crane, jib crane; _~ a braccio mobile_ luffing jib crane; _~ a torre_ tower crane; _~ da carico_ loading crane; _~ di sollevamento_ derrick crane; _~ galleggiante_ floating crane; _~ girevole_ rotary crane; _~ per imbarcazioni_ boat davit.

gruccia (_pl._ **-ce**) _f._ **1** (_strumento ortopedico_) crutch: _camminare con le grucce_ to walk on crutches. **2** (_per appendere abiti_) coat hanger. **3** (_posatoio per uccelli_) perch.

gruccione _m._ (_Ornit_) bee eater.

grufolare (_grùfolo_; _aus._ **avere**) _v.i._ **1** to root, to grub: _~ nel trogolo_ to root in the trough. **2** (_fig_) (_mangiare avidamente_) to gobble. **II** _v.pron._ **grufolarsi** (_rotolarsi nel sudiciume_) to wallow in filth (_anche fig_).

grugnire (_grugnìsco_, _grugnìsci_) **I** _v.i._ (_aus._ **avere**) **1** to grunt. **2** (_estens_) (_brontolare_) to grunt, to mutter. **II** _v.t._ (_brontolare_) to grunt, to mutter: _~ parole incomprensibili_ to mutter unintelligibly.

grugnito _m._ **1** grunt. **2** (_estens_) (_borbottio_) grunt: _rispose con un ~_ he replied with a grunt, he grunted a reply.

grugno _m._ **1** (_muso del maiale_) snout. **2** (_spreg_) (_viso_) face, ugly face, mug, ugly mug. □ (_fig,colloq_) _fare il ~_ (_mostrare stizza_) to scowl; (_fig,colloq_) _tenere il ~ a qcu._ (_tenere il broncio_) to scowl at so.

gruista _m./f._ crane operator, craneman.

grullaggine _f._ silliness, foolishness.

grulleria _f._ (_rar_) (_azione sciocca_) foolish action, silly action; (_parole sciocche_) nonsense: _hai detto un mucchio di grullerie_ you have talked a lot of nonsense. □ (_rar_) _fare una ~_ to do sth. silly.

grullo I _a._ silly, foolish. **II** _m._ (_f._ **-a**) fool, blockhead. □ _fare il ~_ to play the fool.

gruma _f._ **1** (_incrostazione delle botti_) tartar, argol. **2** (_nei condotti d'acqua_) fur, scale. **3** (_estens_) (_nelle pipe_) sediment. **4** (_estens_) encrustation.

grumereccio _m._ (_Agr_) (_anche fieno grumereccio_) late hay.

grumo _m._ **1** clot: _~ di sangue_ blood clot. **2** (_di cibo_) lump: _la crema pasticcera è piena di grumi_ the custard is full of lumps, the custard is lumpy.

grumolo _m._ (_Bot_) heart, core: _il ~ dell'insalata_ the heart of the lettuce.

grumoso _a._ **1** lumpy: _crema grumosa_ lumpy custard. **2** (_di latte_) curdled.

grunge /grʌndʒ/ _a./m./f.inv._ grunge.

gruppettaro _m._ (_f._ **-a**) (_gerg_) member of a small political grouping.

gruppetto _m._ **1** small group. **2** (_Mus_) turn.

gruppo _m._ **1** group: _un ~ di ragazzi_ a group of boys; _un ~ di case_ a group of houses. **2** (_di alberi_) cluster, clump. **3** (_Art,Fot_) group: _un ~ marmoreo_ a marble group; _questo ~ è ben riuscito_ this group has come out well. **4** (_Mil, Parl_) group: _il ~ democristiano_ the Christian-Democrat group. **5** (_Sport_) pack, field. **6** (_Econ_) group, syndicate, trust. **7** (_Mecc_) group, unit, assembly: _~ motore_ power unit. **8** (_Biol,Chim,Mat_) group: _~ sanguigno_ blood group. **9** (_Mus_) (_complesso_) group, band: _~ rock_ rock band. **10** (_Mus_) (_complesso di appoggiature_) division. **11** (_Gramm_) phrase: _~ verbale_ verb phrase; _~ nominale_ noun phrase. □ _a gruppi_ in groups; (_Sociol_) _~ a rischio_ high-risk group; (_Econ_) _~ bancario_ banking group; (_Chim_) _~ carbossile_ carboxyl group; (_Sociol_) _~ dei pari_ peer group; (_Aut_) _~

del differenziale differential unit; ~ *demografico* population group; *di* ~ team (*attr.*), group (*attr.*); (*Comm*) ~ *di acquisto* takeover group; ~ *di appartenenza* membership group; (*Inform*) ~ *di continuità* UPS (uninterruptable power supply); (*Econ*) ~ *di controllo* control group; ~ *di discussione* (*su Internet*) discussion group, newsgroup; ~ *di esperti* team of experts; ~ *di età* age group; ~ *di interesse*: 1 interest group; 2 (*su Internet*) newsgroup; ~ *di interesse specifico* special interest group; (*Parl*) ~ *di lavoro* team, work group; (*Parl*) ~ *di maggioranza* majority group; (*Parl*) ~ *di minoranza* minority group; (*Econ,Pol*) ~ *di pressione* lobby; ~ *di studio* study group; ~ *di utenti* user group; ~ *editoriale* associated publishers, publishing group, editorial group; (*El*) ~ *elettrogeno* generator, generating set; (*Sociol*) ~ *etnico* ethnic group; ~ *fonetico* phonetic group; *in* ~ in a group, group (*attr.*); *in gruppi di tre* in groups of three; ~ *industriale* industrial group; (*Geog*) ~ *montuoso* mountain chain; (*Mot*) ~ *motore* engine assembly, power unit; ~ *pacifista* pacifist group; ~ *parlamentare* parliamentary group; ~ *serrato* tight bunch; ~ *sportivo* sports team; ~ *termico* thermoelectric generating set; ~ *terroristico* terrorist group.

gruppuscolo *m.* (*Pol,spreg*) small political grouping.

gruviera *m./f.inv.* (*Alim*) Gruyère, Gruyère cheese.

gruzzolo *m.* savings *pl.*, nest-egg: *ha radunato un bel* ~ he has put aside a nice little nest-egg.

GSM *sistema mondiale per la comunicazione con telefonia mobile* GSM (Global System for Mobile communication).

GT 1 *giudice tutelare* (tutelary judge). **2** (*Aut*) *Gran Turismo* GT (Gran Turismo).

G.U. *Gazzetta Ufficiale* (Official Gazette).

guada *f.* (*Bot*) dyer's rocket.

guadabile *a.* fordable.

guadagnare (**guadàgno**) **I** *v.t.* **1** to earn: *quanto guadagni?* how much do you make?; ~ *2000 euro al mese* to earn 2,000 euros a month. **2** (*assol.*) (*guadagnare molto*) to make a lot of money: *un commerciante che guadagna* a business man who makes a lot of money. **3** (*ottenere*) to earn, to win, to gain (*anche fig*): ~ *una medaglia* to win a medal. **4** (*trarre vantaggio*) to gain, to get: *che cosa ci guadagno io in quest'affare?* what do I get out of this deal? **5** (*iron*) (*buscarsi*) to get, to catch: *guadagnarsi un raffreddore* to get a cold, to catch a cold. **6** (*fig*) (*raggiungere*) to reach, to gain, to get to: ~ *la porta* to reach the door, to get to the door. **II** *v.i.* (*aus. avere*) **1** (*avere un aspetto migliore*) to look better: *con le gonne lunghe ci guadagna* when she wears longer skirts she looks better. **2** (*aumentare*) to rise: *il dollaro ha guadagnato rispetto allo yen* the dollar has risen against the yen. □ ~ *bene* to earn well, to make good money; *non c'è niente da* ~ there's nothing to be gained; *guadagnarsi da vivere* to earn one's living, to earn a living; *si guadagna da vivere insegnando pianoforte* he earns his living by teaching the piano, he teaches the piano for a living; ~ *discretamente* to make a decent living; (*fig*) *guadagnarsi il favore di qcu.* to gain so.'s favour, to gain so.'s approval; (*fig*) *guadagnarsi il pane* to make one's living, to earn one's daily bread; (*fig*) *guadagnarsi il pane col sudore della fronte* to earn one's living by the sweat of one's brow; *guadagnarsi il paradiso* to earn one's place in heaven; (*fig*) *guada-*

gnarsi l'animo di qcu. to win so.'s favour, to gain so.'s favour; (*Mil*) *guadagnarsi le spalline* to win one's epaulettes, to earn one's epaulettes, to earn one's stripes; ~ *male* to earn little; ~ *tempo*: 1 (*risparmiarlo*) to save time; 2 (*ottenere una dilazione*) to obtain an extension; 3 (*tirare le cose in lungo*) to play for time; ~ *terreno*: 1 (*Mil*) to gain ground (*anche fig*); 2 (*Sport*) to gain: *il corridore guadagnava terreno* the runner was gaining; ~ *velocità* to gain speed.

guadagno *m.* **1** earnings *pl.*, profit (*anche Comm*): ~ *mensile* monthly earning; *non pensa che al* ~ all he thinks of is making a profit; *realizzare un* ~ to make a profit; ~ *effettivo* real profit, actual profit. **2** (*vantaggio*) gain, advantage, benefit: *da questo cambiamento di orario non ho ricevuto alcun* ~ I have gained no advantage from this change of timetable. **3** (*iron*) reward: *ecco il* ~ *che ho avuto a fidarmi di lui* this is the reward I get for trusting him, this is what I get for trusting him. **4** *pl.* (*risparmi*) savings. **5** (*Acus,Rad*) gain. □ *guadagni facili* easy money; *fare* ~ to earn, to make a profit; (*fig*) *ha fatto davvero un bel* ~ *a sposare quell'uomo* a nice match she made when she married that man; (*Econ,Comm*) ~ *lordo* gross profit; (*Econ,Comm*) ~ *netto* net profit.

Guadalupa *n.pr.f.* (*Geog*) Guadeloupe.

guadare (**guàdo**) *v.t.* to ford, to wade.

guadino *m.* (*Pesc*) landing net.

guado¹ *m.* ford: *passare a* ~ to ford, to wade.

guado² *m.* (*Bot*) pastel, woad.

guaglione *m.* (*f.* **-a**) (*region*) (*ragazzo*) boy.

guai *intz.* woe betide, Heaven help: ~ *a te se esci con questa pioggia* woe betide if you go out in this rain, Heaven help you if you go out in this rain. □ ~ *a te se...* you'll be sorry if...; ~ *ai vinti!* woe to the vanquished!, vae victis!

guaiaco (*pl.* **-chi**) *m.* (*Bot*) guaiacum, lignum vitae.

guaiacolo *m.* (*Chim*) guaiacol.

guaime *m.* (*Agr*) rowen, fog.

guaina, guaìna *f.* **1** (*fodero*) sheath: *la* ~ *del pugnale* the sheath of the dagger. **2** (*custodia*) case. **3** (*estens*) (*busto*) corset, girdle. **4** (*estens*) (*abito aderente*) sheath dress. **5** (*Sart*) (*orlo in cui si passa un cordoncino*) slot (for cord ribbon). **6** (*Anat,Bot,Nucl*) sheath. **7** (*Mecc,El*) sheathing. □ (*Bot*) ~ *fogliare* leaf sheath; (*El*) ~ *isolante* bush.

guaio *m.* **1** (*disgrazia*) trouble, misfortune: *mi è capitato un grosso* ~ I have had a great misfortune; *essere nei guai* to be in trouble. **2** (*danno*) damage: *combinare un* ~ to do some damage; *cacciarsi nei guai* to get into trouble; *andare in cerca di guai* to be looking for trouble. **3** (*rif. a bambini*) mischief: *quel bambino combina sempre guai* that child is always (getting) up to mischief, that child is always getting into trouble. **4** (*inconveniente*) trouble, snag: *il* ~ *è che non ricordo il suo indirizzo* the trouble is that I don't remember his address, the snag is that I don't remember his address; *andare in cerca di guai* to go looking for trouble; *è un bel* ~ it's a real fix, it's a real problem. □ *che* ~ *hai combinato?* what have you been up to?; *mettere qcu. nei guai* to get so. into trouble; *mettersi nei guai* to get into trouble.

guaiolare (**guàiolo**; *aus.* **avere**) *v.i.* to whimper, to whine.

guaire (**guàisco, guaìsci**; *aus.* **avere**) *v.i.* **1** to yelp, to whine, to howl. **2** (*spreg*) (*piagnucolare*) to whine.

guaito *m.* **1** yelp, whine, howl. **2** (*spreg*) (*la-*

mento) whine.

gualdrappa *f.* **1** (*di palafreno antico*) caparison. **2** (*coperta da sella*) saddlecloth.

Gualtiero *n.pr.m.* Walter.

guanaco (*pl.* **-chi**) *m.* (*Zool*) guanaco.

guancia (*pl.* **-ce**) *f.* **1** cheek: *guance rosse* rosy cheeks; (*fig*) *porgere l'altra* ~ to turn the other cheek. **2** (*Macell*) cheek, chap, half of a head: ~ *di maiale* pig's jowl. □ ~ *a* ~ cheek to cheek: *ballare* ~ *a* ~ to dance cheek to cheek; (*Arm*) ~ *del fucile* cheekpiece.

guancialata *f.* (*rar*) (*colpo di guanciale*) blow with a pillow.

guanciale *m.* **1** pillow. **2** (*cuscino*) cushion. **3** (*region*) (*lardo*) lard (from the pig's jowl).

guancialetto *m.* (*Sart*) (*imbottitura*) pad, padding.

guaniera *f.* guano deposit.

guano *m.* guano.

guantaio *m.* (*f.* **-a**) glover, glove maker; (*chi vende*) glover, glove seller.

guanteria *f.* glove factory.

guantiera *f.* **1** (*scatola per guanti*) glove box. **2** (*vassoio*) tray.

guanto *m.* **1** glove: *infilarsi i guanti* to put on one's gloves. **2** (*estens,gerg*) (*preservativo*) rubber, condom. □ (*rar*) *guanti a manopola* mittens; (*Med,Chir*) *guanti chirurgici* surgical gloves; ~ *da bagno* washing glove; (*Sport*) ~ *da baseball* glove; (*per ricevitori e prima base*) mitt; (*Sport*) ~ *da pugilato* boxing glove; *guanti di camoscio* suede gloves; (*Cosmet*) ~ *di crine* massage glove; (*Mil,ant*) *guanti di ferro* (*delle armature antiche*) gauntlets; *guanti di gomma* rubber gloves; ~ *di paraffina* paraffin test, paraffin glove test; *guanti di pelle* leather gloves.

guantone *m.* (*Sport*) **1** (*per baseball*) glove; (*per ricevitore e prima base*) mitt. **2** (*per il pugilato*) boxing glove.

guappo I *m.* (*region*) **1** (*camorrista*) member of the Camorra. **2** (*estens*) bully, ruffian **II** *a.* (*region*) **1** (*sfrontato*) cheeky, cocky. **2** (*pacchiano*) loud, garish.

guardabarriere *m./f.inv.* (*Ferr*) level-crossing keeper, level-crossing attendant.

guardaboschi *m./f.inv.* forester.

guardabuoi *m.* (*Ornit*) cattle egret.

guardacaccia *m./f.inv.* gamekeeper, game warden.

guardacorpo *m.inv.* (*Mar*) lifeline.

guardacoste *m.inv.* (*Mar*) **1** (*corpo militare, soldato*) coastguard. **2** (*nave*) coastguard vessel.

guardafili *m./f.inv.* linesman (*f.* -woman).

guardalinee *m./f.inv.* **1** (*Ferr*) trackwalker. **2** (*Sport*) linesman (*f.* -woman).

guardamacchine *m./f.inv.* (*Br*) car park attendant, (*Am*) parking lot attendant.

guardamano *m.inv.* **1** (*della sciabola e sim.*) guard; (*del fucile*) trigger guard. **2** (*guanto per operai*) glove, protective glove. **3** (*Mar,rar*) handrail.

guardaparco *m./f.inv.* forester.

guardapesca *m./f.inv.* water bailiff.

guardaporto *m.* (*Mar*) guard ship.

guardaportone *m.inv.* (*rar*) doorman, doorkeeper.

guardare (**guàrdo**) **I** *v.t.* **1** to look at: *ci fermammo a* ~ *le vetrine* we stopped to look at the shop-windows. **2** (*scrutare*) to look at, to eye: *mi guardarono sospettosi* they eyed me suspiciously. **3** (*stare a vedere*) to watch, to look at: ~ *il treno che passa* to watch the passing train. **4** (*seguire*) to watch: ~ *la televisione* to watch television; ~ *un film* to watch a film. **5** (*considerare*) to look at, to consider: *guardate la questione dal nostro punto di vista* look at the matter from our point of view; *ma guarda un po' cosa mi doveva capitare!* well, look what has happened to me! **6** (*esaminare*) to look over, to look through, to examine: ~ *i compiti degli alunni* to look over the pupils' work. **7** (*custodire, vigilare*) to mind, to look after, to take care of, to watch (over): ~ *le pecore* to mind the sheep, to watch over the sheep; *quando è fuori ha una baby-sitter che le guarda il bambino* when she is out a baby-sitter looks after her child. **8** (*sorvegliare*) to guard: *le sentinelle guardavano il ponte* the sentries were guarding the bridge. **II** *v.i.* (*aus.* avere) **1** to look: ~ *dalla finestra* to look out of the window. **2** (*andare a vedere*) to see, to go and see: *guarda se è tornato* see (*o* go and see) if he's back. **3** (*dare un'occhiata*) to have a look, to take a look: *guarda in giardino* have a look in the garden. **4** (*osservare con attenzione*) to see, to look and see, to have a look and see: *guarda se il conto è esatto* look and see if the bill is correct. **5** (*badare, fare attenzione*) to take care, to mind: *guarda di non cadere* mind you don't fall. **6** (*dare importanza*) to only care (*a* about), to only be interested (in): *io guardo solo al risultato* all I'm interested in is the result, the result is all I care about. **7** (*curarsi, badare*) to mind: ~ *ai fatti propri* to mind one's own business. **8** (*cercare, sforzarsi*) to try: *guarderò di accontentarlo* I'll try to satisfy him. **9** (*pensare*) to look: *tutti guardavano a lui come a un esempio da seguire* everybody looked up to him as an example to be followed. **10** (*affacciarsi*) to look out: *la finestra guarda sul lago* the window looks out on the lake. **11** (*essere orientato*) to face: *il locale guarda a settentrione* the room faces north. **III** *v.pron.* **guardarsi 1** to look at oneself: *guardarsi allo specchio* to look at oneself in the mirror. **2** (*fare attenzione*) to beware (*da* of): *guardatevi dalle cattive compagnie* beware of bad company. **3** (*evitare*) to avoid (sth.), to take care not to: *si guardò bene dall'ammettere la sua colpa* he took great care not to admit his fault, he was very careful not to admit his fault. **4** (*astenersi*) to abstain (*da* from): *guardarsi dal bere* to abstain from drinking. **IV** *v.r.recipr.* **guardarsi** to look at each other: *si guardarono a lungo negli occhi* they looked into each other's eyes for a long time. □ ~ *qcs.* *a bocca aperta* to gaze at sth. openmouthed; ~ *qcu.* *a vista* to keep close watch over so.; (*fig*) *guardarsi alle spalle*: **1** to protect one's rear; **2** (*al passato*) to look back; *andare a* ~ to go and have a look, to go and see; *guarda caso* as luck would have it (*anche iron*); *guarda che roba!* just look at that!; ~ *qcu.* *con insistenza* to stare at so., to gaze at so.; ~ *con la coda dell'occhio* to look out of the corner of one's eye, to give a sideways glance, to give a sideways look; ~ *da un'altra parte* to look away (*anche fig*); (*fig*) ~ *qcu.* *dall'alto in basso* to look down on so.; ~ *qcu.* *di sbieco*: **1** (*Br*) to look sideling at so., (*Am*) to look sideways at so.; **2** (*fig*) (*con malanimo*) to look askance at so.; ~ *di sfuggita* to glance at; ~ *di sott'occhio qcu.* to steal a look at so.; ~ *di traverso*: **1** to give a sidelong glance; **2** (*fig*) to glare at, to give a nasty look, (*colloq*) to look daggers at; *farsi* ~ to attract attention; ~ *fisso qcu.* to gaze at so., to stare at so.; ~ *fuori dalla finestra* to look out of the window; ~ *in alto* to look up, to look upwards; ~ *qcu. in cagnesco* to scowl at so., (*colloq*) to look daggers at so.; ~ *in faccia qcs.* to face up to sth.: ~ *in faccia il pericolo* to face up to danger; ~ *in faccia la morte* to look death

in the face, to look death straight in the face; ~ *in faccia qcu.* to look so. in the face, to look so. straight in the face, to look so. in the eye, to look at so. straight in the eye; (*fig*) *non* ~ *in faccia nessuno* not to be afraid of anybody, not to care about anybody, to go ahead regardless of everyone; (*dire quello che si pensa*) to speak one's mind; *guardarsi in faccia*: **1** to look each other in the face, to look closely at each other; **2** (*con sorpresa*) to look at each other in surprise; ~ *in giro* to look about, to look around; ~ *in viso qcu.* to look so. in the face, to look so. straight in the face, to look so. in the eye, to look at so. straight in the eye; (*fig*) *non* ~ *in viso nessuno* not to be afraid of anybody, not to care about anybody, to go ahead regardless of everyone; *guardarsi in viso*: **1** to look each other in the face, to look closely at each other; **2** (*con sorpresa*) to look at each other in surprise; ~ *indietro* to look back; *guardarsi intorno* to look around; ~ *la televisione* to watch television; (*fig*) ~ *le spalle a qcu.* (*proteggere*) to cover so.; (*fig*) *guardarsi le spalle* (*stare attento*) to watch one's back; ~ *le vetrine* to go window-shopping, to window-shop; ~ *male* (*con ostilità*) to glare at, (*colloq*) to look daggers at; ~ *qcu. negli occhi* to look so. in the eyes, to look so. straight in the eyes; (*fig*) ~ *per il sottile* to split hairs, to be too particular, to be fussy; *senza* ~ *a spese* regardless of expense; *stare a* ~ to look on (*anche fig*); (*fig*) ~ *storto qcu.* to glower at so., to give so. a nasty look, to give so. a dirty look; *guarda un po'* well well, look here, hey look; *ma guarda un po'!* fancy that! (*anche iron*).

guardaroba **I** *m.inv.* **1** (*Arred*) (*armadio*) wardrobe; (*di locale pubblico*) cloakroom, (*Am*) checkroom. **2** (*estens*) (*insieme di abiti*) wardrobe. **II** *a.* wardrobe (*attr.*).

guardarobiere *m.* (*f.* -a) **1** (*persona di servizio*) servant in charge of linen; (*donna, ragazza*) linen maid. **2** (*nei locali pubblici*) cloakroom attendant, (*Am*) checkroom attendant. **3** (*Teat*) wardrobe keeper, wardrobe attendant.

guardasala *m./f.inv.* **1** (*in un museo*) museum attendant. **2** (*Ferr*) waiting-room attendant.

guardascambi *m./f.inv.* (*Ferr*) pointsman (*f.* -woman), switchman (*f.* -woman).

guardasigilli *m.inv.* (*Stor*) keeper of the seals.

guardaspalle *m./f.inv.* bodyguard.

guardata *f.* look, glance: *darò una* ~ *a questo libro* I will take a look (*o* I will take a glance) at this book.

guardato □ *essere* ~ *a vista* to be kept under surveillance.

guardavia *m.inv.* (*Strad,rar*) guardrail.

guardia *f.* **1** (*custodia, vigilanza*) guard, watch: *tenere qcu. sotto buona* ~ to keep a close watch over so. **2** (*rif. a militari*) guard; (*rif. a custodi, medici di ospedali*) duty. **3** (*complesso di soldati addetti alla guardia*) guard, watch; (*rif. a custodi*) keepers *pl.*, watchmen *pl.*; (*negli ospedali*) personnel on duty, on-duty shift. **4** (*soldato di sentinella*) sentry, guard, sentinel; (*custode*) watchman, custodian, keeper; (*negli ospedali: inserviente di guardia*) attendant on duty. **5** (*corpo di milizia*) guards *pl.*, guard: *la* ~ *a cavallo* the horseguards; *Guardia Nazionale* National Guard. **6** (*singolo militare*) guardsman. **7** (*guardia di pubblica sicurezza*) policeman, police officer, (*Am*) patrolman: ~ *in borghese* plain-clothes policeman, (*Am*) plain-clothesman. **8** (*Sport*) (*nella scherma*)

guard; (*nel pugilato*) guard, cover. **9** (*di fiume*) safety high-water mark. **10** (*Legat*) flyleaf. **11** (*parte dell'elsa*) guard. **12** (*parte del morso del cavallo*) cheek piece. □ (*Sport*) ~ *alta* high on guard; (*Sport*) ~ *bassa* low on guard; ~ *campestre*: **1** (*corpo*) land wardens (*pl.*), (*Am*) rangers (*pl.*); **2** (*singolo*) land warden, (*Am*) ranger; ~ *carceraria* warder, prison guard, gaoler; (*Stor*) ~ *civica* municipal police (*costr.pl.*); ~ *confinaria* border guard, frontier guard; ~ *costiera* coastguard; ~ *del corpo*: **1** (*corpo*) guards (*pl.*); (*del sovrano inglese*) Life Guards (*pl.*); **2** (*singolo*) bodyguard; (*del sovrano inglese*) Life Guardsman; *di* ~ on duty: *soldato di* ~ soldier on duty (*o* on guard duty); *medico di* ~ doctor on duty; *essere di* ~: **1** to be on duty; **2** (*fare la sentinella*) to keep watch; ~ *di finanza*: **1** (*corpo*) tax police, finance ministry's police; **2** (*singolo*) excise officer, customs officer, revenue officer; (*lungo le coste*) coastguard; ~ *di pubblica sicurezza*: **1** (*corpo*) police force, police (*costr.pl.*); **2** (*singolo*) policeman, police officer, (*Am*) patrolman; ~ *doganale*: **1** (*corpo*) customs service; **2** (*singolo*) customs officer; ~ *d'onore* guard of honour, honour guard; *giocare a guardie e ladri* to play cops and robbers; *fare la* ~: **1** (*sorvegliare*) to guard, to watch, to watch over, to keep watch over: *fare la* ~ *a qcu.* to guard so.; **2** (*badare*) to watch out for, to watch over; ~ *forestale*: **1** (*corpo*) Forestry Service; **2** (*singolo*) forester, (*Am*) ranger; ~ *giurata* security guard; *in* ~!: **1** (*Sport*) on guard!; **2** (*fig*) look out!, be careful!; *stare in* ~ to watch out, to be on one's guard; *tenersi in* ~ to keep on one's guard; ~ *medica* emergency medical service; (*fig*) *mettere qcu. in* ~ *contro qcs.* to warn so. about sth.; ~ *municipale*: **1** (*corpo*) city police force, town police force; **2** (*singolo*) policeman, (*Am*) patrolman; ~ *nobile* Guard of Nobles; ~ *notturna* night-watchman; (*Pol*) *guardie Rosse* Red Guards; ~ *svizzera*: **1** (*corpo*) Swiss Guards, Switzers; **2** (*singolo soldato*) Swiss guard.

guardiamarina *m.inv.* (*Mar.mil*) midshipman, (*Am*) ensign.

guardianato *m.* guardianship.

guardiano *m.* **1** (*f.* -a) keeper, guardian, watchman (*f.* -woman); (*di stabilimento o villa*) caretaker; (*di palazzo pubblico*) custodian, (*Am*) janitor; (*carceriere*) warder. **2** (*Rel*) guardian. □ ~ *del faro* lighthouse keeper; ~ *di pecore* shepherd; ~ *notturno* night-watchman.

guardina *f.* (*ant*) lock-up: *essere in* ~ to be in jail.

guardinfante *m.* (*Mod,ant*) farthingale.

guardingamente *avv.* (*rar*) cautiously, warily, guardedly.

guardingo (*pl.* -ghi) *a.* cautious, wary.

guardiola *f.* **1** porter's lodge. **2** (*Mediev*) (*nelle fortificazioni*) look-out tower, bartizan.

guardone *m.* (*colloq*) peeping Tom.

guardrail /,gard'rejl/ *m.inv.* (*Strad*) crash barrier, (*Am*) guardrail.

guarentigia *f.* (*Dir,Pol*) guarantee, security: *guarentigie costituzionali* constitutional guarantees.

guaribile *a.* curable, healable: *il ferito è* ~ *in dieci giorni* the wounded man will take ten days to recover.

guarigione *f.* recovery: *augurare a qcu. una pronta* ~ to wish so. a speedy recovery. □ ~ *miracolosa* miraculous recovery; ~ *spontanea* spontaneous recovery.

guarire (**guarìsco, guarìsci**) **I** *v.t.* **1** to cure, to heal, to restore sth. to health: ~ *una malattia* to cure an illness; ~ *qcu. da una polmonite* to cure so. of pneumonia. **2** (*fig*) to cure: ~ *qcu. da un vizio* to cure so. of a bad habit. **II** *v.i.* (*aus.* **essere**) **1** (*rif. a malato*) to recover, to be cured, to be healed: ~ *da una ferita* to recover from a wound; *è guarita completamente* she's fully recovered. **2** (*rif. a ferita*) to heal, to heal up. **3** (*fig*) to be cured of, to give up: ~ *dal vizio del fumo* to be cured of the smoking habit. ☐ *guarisci presto* get well soon.

guaritore *m.* (*f.* **-trice**) healer.

guarnigione *f.* (*Mil*) garrison: *essere di* ~ to be on garrison duty.

guarnire (**guarnìsco, guarnìsci**) *v.t.* **1** (*ornare*) to decorate, to ornament, to deck, to bedeck. **2** (*Sart,Mod*) (*rif. ad abiti e sim.*) to trim: ~ *un abito di merletti* to trim a dress with lace. **3** (*Gastron*) to garnish (*di, con* with). **4** (*Mil*) to garrison: ~ *una fortezza di soldati* to garrison a fort (with troops). **5** (*Mar*) to rig, to rig up. **6** (*Mecc*) to pack.

guarnito *a.* **1** (*ornato*) decorated, ornamented, adorned. **2** (*Sart,Mod*) (*rif. ad abiti e sim.*) trimmed: *un cappellino* ~ *di piume* a feather-trimmed cap. **3** (*Gastron*) garnished. ☐ (*colloq,fig*) *essere ben* ~ (*avere molti soldi*) to be well-heeled, to be well to do, to be well off.

guarnizione *f.* **1** trimming, decoration. **2** (*Sart,Mod*) (*rif. ad abiti e sim.*) trimming: *un vestito con guarnizioni di velluto* a dress with velvet trimmings; ~ *del cappello* hat trimming. **3** (*Gastron*) garnish. **4** (*Tecn*) gasket, packing. ☐ (*Mecc*) ~ *ad anello* rubber ring; (*Mecc*) ~ *di cuoio* leather packing; (*Mecc*) ~ *di gomma* rubber ring; (*Sart,Mod*) ~ *di pelliccia* fur trimming; (*Idr*) ~ *di rubinetto* washer; (*Mecc*) ~ *di sughero* cork packing gasket; (*Tecn*) ~ *isolante* insulating gasket.

Guascogna *n.pr.f.* (*Geog*) Gascony.

guasconata *f.* gasconade.

guascone **I** *a.* **1** (*della Guascogna*) Gascon. **2** (*fig*) (*fanfarone*) gascon. **II** *m.* (*f.* **-a**) **1** (*della Guascogna*) Gascon. **2** (*fig*) (*fanfarone*) braggart.

guastafeste *m./f.inv.* spoil-sport, killjoy, wet blanket, party-pooper.

guastamestieri *m./f.inv.* **1** bungler, botcher. **2** (*concorrente disonesto*) unfair competitor, cut-price trader.

guastare (**guàsto**) **I** *v.t.* **1** (*rovinare, danneggiare*) to spoil, to damage, to ruin: *le violenti piogge hanno guastato le strade* the heavy rains damaged the roads; *il gelo ha guastato il raccolto* the frost has ruined the harvest; *i troppi dolci guastano i denti* too many sweets ruin the teeth. **2** (*rif. a meccanismi*) to break, to damage: ~ *un orologio* to break a watch. **3** (*rif. a commestibili: fare andare a male*) to spoil, to make (sth.) go bad: *il caldo guasta i cibi* heat makes food go bad. **4** (*fig*) (*danneggiare*) to spoil, to ruin, to wreck: *il suo intervento guastò le trattative* his interference wrecked the negotiations. **5** (*fig*) (*corrompere*) to ruin: *le cattive compagnie lo hanno guastato* he has been ruined by bad company. **6** (*viziare*) to spoil. **7** (*disfare*) to undo, to unpick, to take (sth.) to pieces **II** *v.i.* (*aus.* **avere**) to do harm, to hurt (*anche scherz*): *un po' di orgoglio non guasta mai* a little pride never does any harm; *uno stipendio più alto non guasterebbe* a higher salary wouldn't hurt. **III** *v.pron.* **guastarsi 1** (*rif. a meccanismi*) to break, to break down: *si è guastato il mio orologio* my watch is broken. **2** (*rif. a commestibili*) to spoil, to go bad, to go off: *con questo caldo la carne si*

è guastata this heat has made the meat go bad. **3** (*fig*) (*corrompersi*) to be spoiled, to be ruined. **4** (*fig*) (*rompere il buon accordo*) to fall out, to quarrel: *guastarsi con un amico* to fall out with a friend. **5** (*rif. al tempo*) to change for the worse: *il tempo si sta guastando* the weather is changing for the worse. ☐ (*fig*) ~ *i sogni di qcu.* to take away so.'s illusions; (*fig*) *guastarsi il sangue* (*arrabbiarsi*) to lose one's temper; ~ *la festa*: **1** to spoil the party; **2** (*fig*) to spoil the fun; *guastarsi la salute* to ruin one's health; (*fig*) *guastarsi la vita* to worry; *guastarsi l'appetito* to spoil one's appetite; *guastarsi lo stomaco* to ruin one's stomach; (*fig*) ~ *un'amicizia* to break up a friendship.

guastatore *m.* (*Mil*) sapper.

guasto[1] *a.* **1** (*rif. a meccanismi*) broken, broken down, out of order (*posposto*), not working (*posposto*): *orologio* ~ broken watch; *la macchina è guasta* the car has broken down. **2** (*rif. a cibi*) bad, off, rotten, spoiled: *un uovo* ~ a bad egg, an addled egg; *pesce* ~ rotten fish. **3** (*rif. a denti*) decayed. **4** (*fig*) (*malato*) addled; (*corrotto*) depraved; (*viziato*) spoilt: *avere il cervello* ~ to have an addled brain.

guasto[2] *m.* **1** (*Mecc,El*) breakdown, failure, malfunction, fault: ~ *al motore* engine failure; *riparare un* ~ to repair a breakdown; ~ *meccanico* mechanical fault; ~ *elettrico* electrical fault. **2** (*danno*) damage: *i guasti della grandine* damage caused by the hail. **3** (*fig*) (*marcio, corruzione*) corruption, something rotten: *c'è del* ~ *nella nostra società* there's something rotten in our society. **4** (*fig*) (*dissapore*) disagreement.

guatare (**guàto**) *v.t.* (*lett*) (*guardare con sospetto*) to eye suspiciously; (*di traverso*) to look askance at.

Guatemala *n.pr.m.* (*Geog*) Guatemala.

guatemalteco I *a.* Guatemalan. **II** *m.* (*f.* **-a**; *pl.* **-chi**) Guatemalan.

guazza *f.* dew.

guazzabuglio *m.* **1** mixture, medley, concoction: *un* ~ *di ingredienti* a concoction of ingredients. **2** (*fig*) muddle, jumble, hodgepodge, (*colloq*) mix-up: *un* ~ *di idee* a jumble of ideas.

guazzare (**guàzzo**; *aus.* **avere**) *v.i.* to wallow, to splash about: ~ *nell'acqua* to wallow in the water, to splash about in the water. ☐ (*fig*) ~ *nel fango* to wallow in mud.

guazzetto *m.* (*Gastron*) stew. ☐ (*Gastron*) *agnello in* ~ stewed lamb, lamb stew.

guazzo *m.* **1** (*gran bagnato per terra*) pool, puddle. **2** (*Pitt*) gouache: *pittura a* ~ gouache painting.

guelfismo *m.* (*Stor*) Guelph faction, Guelph ideology.

guelfo *a./m.* (*Stor*) Guelph: *partito* ~ Guelph faction.

guêpière /ge'pjεr/ *f.inv.* girdle, corset.

guercio I *a.* **1** (*strabico*) squinting, cross-eyed: *essere* ~ to be cross-eyed, to have a squint. **2** (*cieco da un occhio*) blind in one eye, one-eyed. **II** *m.* (*f.* **-a**) **1** (*persona cieca da un occhio*) one-eyed person. **2** (*persona strabica*) squinter, cross-eyed person. ☐ *essere* ~ *da un occhio*: **1** (*essere cieco da un occhio*) to be blind in one eye; **2** (*essere strabico*) to be cross-eyed, to have a squint.

guerra *f.* **1** war (*anche Mil*): *è scoppiata la* ~ war has broken out; *in caso di* ~ in the event of war. **2** (*tecnica di guerra*) warfare: *l'arte della* ~ the art of war, warfare. **3** (*fig*) (*ostilità*) feud, strife, discord: *una* ~ *tra suocera e nuora* a feud between mother-in-law and daugh-

ter-in-law. ☐ *andare in* ~ to go to war; ~ *aperta* open war (*anche fig*); ~ *atomica* atomic war, atomic warfare; ~ *batteriologica* bacteriological warfare; ~ *biologica* biological warfare; ~ *calda* hot war; ~ *chimica* chemical warfare; ~ *civile* civil war; (*Econ,Comm*) ~ *commerciale* trade war; *da* ~ war (*attr.*), military: *aeroplani da* ~ military aircraft, war planes; (*Stor*) ~ *dei Cent'anni* Hundred Years' War; (*Stor*) ~ *dei contadini* the Peasants' War; ~ *dei nervi* war of nerves; (*Econ, Comm*) ~ *dei prezzi* price war; (*Stor*) ~ *dei sei giorni* Six-Day War; (*Stor*) *la* ~ *dei Trent'anni* the Thirty Years' War; *la* ~ *del Medio Oriente* the Middle East war; (*Stor*) *la* ~ *delle Due Rose* the Wars of the Roses; ~ *dello spazio* space war; (*Stor*) ~ *dell'oppio* Opium War; *di* ~ (*attr.*): *vedova di* ~ war-widow; (*Mil*) ~ *di conquista* war of conquest; (*Stor*) *la* ~ *di Crimea* the Crimean War; (*Stor*) ~ *di devoluzione* War of Devolution; ~ *di indipendenza* war of independence; ~ *di liberazione* war of liberation; (*Mil*) ~ *di logoramento* war of attrition; (*Mil*) ~ *di posizione* trench warfare, sitzkrieg; (*Stor*) *le guerre di religione* the Wars of Religion; (*Stor*) ~ *di secessione* War of Secession; ~ *di sterminio* war of extermination; ~ *di successione* war of succession; (*Mil*) ~ *di trincea* trench warfare; (*Stor*) *la* ~ *di Troia* the Trojan War; (*Mil*) ~ *di usura* war of attrition; (*Mil*) ~ *difensiva* defensive war; (*Comm,Pol*) ~ *doganale* tariff war; ~ *elettronica* electronic warfare; *fare* ~ to wage war, to make war; *fare la* ~: **1** to wage war, to make war; (*fig*) *fare la* ~ *a qcs.* to wage war against sth., to wage war on sth., to battle against sth., to fight against sth.; **2** (*parteciparvi*) to fight in the war; *ha fatto la prima* ~ *mondiale* he fought in the First World War; (*Stor*) *Guerra Fredda* Cold War; (*Mil*) ~ *guerreggiata* (*combattuta apertamente*) shooting war, hot war; ~ *in* ~ at war; *in* ~ *e in pace* in war and peace; (*fig*) ~ *intestina* internecine war; ~ *lampo* blitzkrieg; ~ *mondiale* world war: *la Prima* ~ *mondiale* the First World War, WWI; (*Mil*) ~ *navale* naval warfare, war at sea; ~ *nucleare* nuclear warfare; ~ *per procura* war by proxy; (*Stor*) *le guerre puniche* the Punic Wars; (*Stor*) ~ *santa* holy war; (*fig*) ~ *sorda* silent war; ~ *spaziale* space war; *guerre stellari* star wars; (*Mil*) ~ *terrestre* war on land, land war.

guerrafondaio I *a.* (*spreg*) warmongering. **II** *m.* (*f.* **-a**) (*spreg*) warmonger.

guerreggiante I *a.* belligerent, fighting. **II** *m./f.* belligerent.

guerreggiare (**guerréggio, guerréggi**; *aus.* **avere**) **I** *v.i.* to wage war (*con* on, against), to fight (*against*): ~ *con le popolazioni vicine* to fight against the neighbouring peoples. **II** *v.r.recipr.* **guerreggiarsi** to make war on each other, to fight against each other.

guerresco (*pl.* **-chi**) *a.* **1** (*di guerra*) war (*attr.*): *canti guerreschi* war songs. **2** (*bellicoso*) warlike, bellicose: *animo* ~ warlike disposition.

guerriero I *m.* warrior. **II** *a.* warlike, bellicose: *un popolo* ~ a warlike people.

guerriglia *f.* guerilla warfare, guerrilla warfare. ☐ ~ *urbana* urban guerrilla.

guerrigliero *m.* (*f.* **-a**) guerilla, guerrilla.

guest house /ˌgεs'taws/ *f.inv.* guest house.

guest star /ˌgεs'star/ *f.inv.* (*Cin,TV*) guest star, special guest.

gufaggine *f.* misanthropy.

gufare (**gùfo**) **I** *v.i.* (*aus.* **avere**) **1** to hoot. **2** (*gerg*) to bring bad luck. **II** *v.t.* (*gerg*) to bring bad luck.

gufo m. 1 (*Ornit*) owl. 2 (*fig*) (*persona poco socievole*) unsociable person, misanthrope. □ (*Ornit*) ~ **reale** eagle owl; (*Ornit*) ~ **selvatico** tawny owl.

guglia f. 1 (*Arch*) spire. 2 (*Geol*) aiguille, pinnacle.

gugliata f. needleful of thread.

Guglielmina n.pr.f. Wilhelmina.

Guglielmo n.pr.m. William. □ (*Stor.brit*) ~ **il Conquistatore** William the Conqueror.

Guiana n.pr.f. (*Geog*) Guiana.

guida I f. 1 guide (*anche fig*): ~ **alpina** alpine guide; ~ **turistica** tourist guide, tour guide; *la stella polare fu la sua* ~ the Pole star was his guide; ~ **escursionistica** tourist guide. 2 (*libro*) guide, guide book: ~ *di Roma* guide book of Rome, guide to Rome; ~ *allo studio della filosofia* guide to the study of philosophy. 3 (*comando*) guidance, leadership, direction: *studiare sotto la* ~ *di un maestro* to study under a master, to study under the direction of a master. 4 (*direzione*) management, direction, conduct: *la* ~ *degli affari* the conduct of the business. 5 (*capo*) leader. 6 (*di veicoli*) driving, drive: *lezioni di* ~ driving lessons; ~ *pericolosa* dangerous driving. 7 (*pilota*) driver. 8 (*Aut*) (*comandi*) controls pl.; (*sterzo*) steering. 9 (*tappeto*) stair carpet, runner. 10 (*scanalatura*) runners pl., slide. II a. 1 leading, guiding, guide (*attr.*): *nazione* ~ leading nation. 2 (*rif. alla guida di veicoli*) driving. □ (*Aut*) ~ **a destra** right-hand drive; (*Mecc*) ~ **a distanza** remote control; (*Aut*) ~ **a sinistra** left-hand drive; ~ **ai programmi TV** TV guide; (*Aut*) *essere alla* ~ to be at the wheel, to be driving; ~ **autorizzata** official guide; ~ **degli alberghi** hotel guide; (*colloq*) ~ **del telefono** telephone book, telephone directory; (*Mecc*) ~ **di scorrimento** slide guide; *fare da* ~ *a qcu.* to guide so., to act as so.'s guide; ~ **imprudente** careless driving; (*Inform*) ~ **in linea** online help; ~ **in stato di ebbrezza** drunk driving, drunken driving, driving under the influence of alcohol, (*Am,colloq*) DWI; ~ **operistica** opera handbook; ~ **scout** scoutmaster; ~ **senza patente** driving without a licence; ~ **spirituale** spiritual guide, spiritual mentor; ~ **sportiva** fast, careless driving; ~ **turistica** sightseeing guide, tourist guide.

guidare (*guìdo*) I v.t. 1 to guide, to lead: ~ *i soldati all'assalto* to lead the soldiers into the attack; *guidare un esercito* to lead an army. 2 (*fig*) (*mostrare*) to guide, to lead, to show so. the way. 3 (*fig*) (*dirigere*) to manage, to run, to direct: ~ *un'azienda* to manage a business. 4 (*estens*) (*essere in testa*) to head. 5 (*rif. a veicoli*) to drive: ~ *l'automobile* to drive a car. 6 (*rif. a moto e sim.*) to ride. 7 (*rif. ad aerei*) to fly, to pilot. 8 (*rif. a navi*) to steer, to pilot. II v.i. (*aus.* **avere**) (*guidare l'automobile*) to drive: *non so* ~ I don't know how to drive; ~ *male* to drive badly, to be a bad driver; ~ *con sicurezza* to drive with skill, to drive skilfully. □ ~ *la carrozza* to drive the carriage; ~ *un cieco* to lead a blind man, to guide a blind man; (*fig*) ~ *come un pazzo* to drive like a madman; ~ *i passi di qcu.* to guide so.'s steps; (*fig*) ~ *la mano di qcu.* to guide so.'s hand; (*fig*) *lasciarsi* ~ *come un bambino* to allow oneself to be led like a child; ~ *le danze* to lead the dances.

guidato → **guidare** a. guided, led, man-

aged: *visita guidata* guided tour, conducted tour.

guidatore m. (f. -**trice**) driver. □ (*spreg, fig*) ~ **della domenica** sunday driver.

guiderdone m. (*Lett*) reward, (*poet*) guerdon.

Guido n.pr.m. Guy.

guidone m. (*Mil*) guidon, pennant; (*Mar*) burgee.

guidoslitta f. bob-sleigh, bob-sled.

guidrigildo m. (*Mediev*) wergild.

Guienna n.pr.f. (*Geog.stor*) Guienne, Guyenne.

guiggia (pl. -**ge**) f. 1 (*Mil,ant*) (*per lo scudo*) armstrap. 2 (*Calz,ant*) sandle strap.

Guinea n.pr.f. (*Geog*) Guinea. □ (*Geog*) ~ **Equatoriale** Equatorial Guinea.

Guinea-Bissau n.pr.f. (*Geog*) Guinea-Bissau.

guineano I a. Guinean. II m. (f. -**a**) Guinean.

guinness /'ginnes/ □ ~ **dei primati** Guinness Book of Records, Guinness Book of World Records: *entrare nel* ~ *dei primati* to enter the Guinness Book of Records.

guinzaglio m. 1 leash, lead: *mettere il* ~ *al cane* to put the dog on a leash. 2 (*per bambini*) leading strings pl., leading reins pl. □ *tenere il cane al* ~ to keep the dog on a leash; (*fig,spreg*) *tenere al* ~ *qcu.* to keep a tight rein on so.

guisa f. (*lett*) (*maniera*) way, manner: *mi rispose in questa* ~ he answered me in this way, he answered me like this. □ **a ~ di** (o **in** ~ **di**) like, in the manner of: *in tal* ~ in such a way.

guitto I m. 1 (*attore girovago*) strolling player. 2 (*spreg*) (*attore da strapazzo*) ham, ham actor. II a. 1 poor, destitute. 2 (*gretto*) mean, petty.

guizzante a. flashing, darting.

guizzare (*guìzzo*; *aus.* **essere**) v.i. 1 (*rif. a pesci*) to dart. 2 (*rif. a serpenti*) to wriggle, to slither. 3 (*rif. a lampi*) to flash, to flicker. 4 (*rif. a fiamme*) to flicker, to quiver. 5 (*fig*) (*rif. a persone: balzare*) to jump, to leap, to spring: *guizzò in piedi e fuggì* he leaped to his feet and fled.

guizzo m. 1 (*rif. a pesci*) dart. 2 (*rif. a serpenti*) wriggle, slither. 3 (*rif. a lampi*) flash, flicker. 4 (*rif. a fiamme*) flicker, quiver. 5 (*fig*) (*rif. a persone*) jump, leap, spring. □ (*fig*) *dare un* ~ (*rif. a persona*) to leap.

gulag m.inv. (*Stor*) gulag.

gulasch /'gulaʃ/ m.inv. (*Gastron*) goulash.

GUP (*Dir*) *giudice dell'udienza preliminare* (judge of preliminary hearing).

guru m.inv. 1 guru. 2 (*estens*) (*padre spirituale*) spiritual teacher, guru; (*capo*) leader, guide.

guscio m. 1 shell: ~ *di chiocciola* snail's shell. 2 (*Bot*) (*di frutti o semi*) shell: ~ *della castagna* chestnut shell. 3 (*Bot*) (*di legumi*) pod. 4 (*Bot*) (*di cereali*) husk. 5 (*Tecn*) shell, housing. 6 (*Arch*) cove. □ (*fig*) *uscire dal* ~: 1 (*viaggiare*) to leave the nest; 2 (*cambiare abitudini*) to come out of one's shell; ~ **di noce**: 1 (*Bot*) nutshell; 2 (*fig*) (*barchetta*) cockleshell; ~ **d'uovo** eggshell.

gustare (*gùsto*) I v.t. 1 to enjoy, to relish, to savour, (*Am*) to savor: *hanno gustato la mia cenetta* they enjoyed my dinner. 2 (*assaggiare*) to taste: *gusta un po' di questo vino*

taste a drop of this wine; *con questo raffreddore non riesco a* ~ *nulla* I can't taste anything with this cold. 3 (*fig*) (*godere*) to enjoy, to appreciate: ~ *la musica* to appreciate music. II v.i. (*aus.* **essere**) (*colloq*) (*piacere*) to like (*costr.pers.*), to please (*costr.impers.*) (*anche fig*): *ti gusta questo liquore?* do you like this liqueur?

gustativo a. taste (*attr.*), gustatory, gustative: *organi gustativi* gustatory organs; *papille gustative* taste buds.

gustatore m. (f. -**trice**) (*intenditore*) connoisseur, good judge.

gustatorio a. gustatory.

Gustavo n.pr.m. Gustavus.

gusto m. 1 taste, palate: *avere il* ~ *fine* to have a delicate palate; *senso del* ~ sense of taste. 2 (*sapore*) taste, flavour, (*Am*) flavor: *questo vino ha un* ~ *troppo forte* this wine has too strong a flavour; *avere un* ~ *dolce* to taste sweet. 3 (*rif. a cioccolato*) flavour, (*Am*) flavor: *al* ~ *di limone* lemon flavoured, (*Am*) lemon-flavored. 4 (*piacere del mangiare*) enjoyment, relish: *mangiare con* ~ to eat with relish. 5 (*piacere*) enjoyment, pleasure: *trovare* ~ *in qcs.* to take pleasure in sth., to enjoy sth.; ~ *per l'avventura* love of adventure. 6 (*voglia, desiderio*) taste, fancy, liking: *mi è venuto il* ~ *di viaggiare* I've developed a taste for travelling. 7 (*preferenza*) taste: *ognuno ha i suoi gusti* each to his own taste. 8 (*gradimento*) taste, liking: *è di tuo* ~ *questa cravatta?* is this tie to your liking? 9 (*senso, valore estetico*) taste, good taste: *quella donna non ha* ~ that woman has no taste; *un soprammobile di* ~ *squisito* an ornament in perfect taste. □ *che gusti* **barbari***!* what barbarous tastes!; *hai certi gusti!* what a peculiar taste you have!; *che* ~*!* what taste!; *che* ~ *ci trovi a stuzzicarlo?* what pleasure do you get out of teasing him?; *con* ~ tastefully, with taste, in good taste; **di** ~: 1 (*di cuore*) heartily: *ridere di* ~ to laugh heartily; 2 (*volentieri*) willingly, gladly; *essere di gusti* **difficili** to be hard to please; ~ **estetico** aesthetic taste; **in quattro** *deliziosi gusti* in four delicious flavours, (*Am*) in four delicious flavors; *provarci un* ~ **matto** to take a great delight in it; *prenderci* ~ to take to, to take a liking to, to acquire a taste for; *prendere* ~ *nel fare qcs.* to have the pleasure of doing sth.; *senza* ~ tastelessly, in bad taste. *Prov.*: *tutti i gusti sono gusti* (o *dei gusti non si discute*) there's no accounting for taste.

gustosamente avv. with relish, with gusto.

gustosità f. 1 tastiness. 2 (*fig*) (*piacevolezza*) delightfulness, pleasantness.

gustoso a. 1 tasty, savoury, (*Am*) savory: *un piatto* ~ a tasty dish. 2 (*fig*) (*divertente*) amusing, delightful: *una scenetta gustosa* an amusing little scene.

guttaperca f. (*Chim*) gutta-percha.

gutturale I a. guttural (*anche Ling*). II f. (*Ling*) guttural consonant.

gutturalismo m. gutturalism.

gutturalizzazione f. (*Ling*) gutturalization.

gutturalmente avv. gutturally.

gutturnio m. (*Enol*) red wine made of Barbera and Bonarda grapes.

GUY *Guyana* GUY (Guyana).

Guyana n.pr.f. (*Geog*) Guyana.

H

h[1], **H**[1] /'akka/ *f./m.* (*lettera dell'alfabeto*) h, H: *un'h an h*; *due h* two h's; *bomba H* H bomb; *un'h maiuscola* a capital H; *un'h minuscola* a small h; (*Tel*) *h come hotel* H for Harry, (*Am*) H as in Hour; (*Biol*) *vitamina H* Vitamin H. □ (*Fon*) *h aspirata* aspirate H; (*Fon*) *h muta* silent H.

h[2] *ora* H, hr (hour).

H[2] *Ungheria* H (Hungary).

ha[1] *ettaro* ha (hectare).

ha[2] → **avere**[1].

Habacuc /'abakuk/ *n.pr.m.* (*Bibl*) Habakkuk.

habitat /'abitat/ *m.inv.* (*Biol*) habitat (*anche estens*).

habitué /abi'twe/ *m.inv.* habitué, (*colloq*) regular.

habitus /'abitus/ *m.inv.* **1** (*Biol,Med*) habit. **2** (*comportamento*) behaviour, (*Am*) behavior.

HACCP (*Alim*) *Hazard Analysis and Control of Critical Points* HACCP (*analisi del rischio e controllo dei punti critici*).

hacker /'aker/ *m./f./a.inv.* (*Inform*) hacker.

hackeraggio /ake'r-/ *m.* (*Inform*) hacker attack.

hahnio *m.* (*Chim*) hahnium.

hai → **avere**[1].

Haiti /a'iti/ *n.pr.f.* (*Geog*) Haiti.

haitiano /ai-/ **I** *a.* Haitian, Haiti (*attr.*). **II** *m.* (*f.* **-a**) Haitian.

halibut /'alibut/ *m.inv.* (*Itt*) halibut, butt.

hall /hɔːl/ *f.inv.* lobby, entrance hall. □ ~ *di albergo* hotel lobby.

hamburger /am'burger/ *m.inv.* (*Alim*) hamburger, (*colloq*) burger.

handicap /'ɛndikap, 'andikap/ *m.inv.* **1** (*Med*) handicap, disability: ~ *mentale* mental handicap: *portatore di* ~ physically handicapped person, disabled person; *essere portatore di* ~ to be physically handicapped, to be disabled. **2** (*fig*) disadvantage, handicap. **3** (*Sport,Equit*) handicap.

handicappare /ɛndi-, andi-/ (**handicàppo** /ɛndi-, andi-/) *v.t.* (*Equit*) to handicap (*anche fig*).

handicappato /ɛndi-, andi-/ **I** *a.* **1** (*Med*) disabled, challenged: ~ *fisico* physically disabled; ~ *psichico* mentally disabled, mentally challenged. **2** (*Equit*) handicapped. **3** (*fig*) at a disadvantage, handicapped. **II** *m.* (*f.* **-a**) (*Med*) disabled person: *gli handicappati* the disabled; ~ *fisico* physically disabled person; ~ *psichico* mentally disabled person.

hangar /'angar/ *m.inv.* (*Aer*) hangar.

hanno → **avere**[1].

Hannover /an'nover/ *n.pr.f.* (*Geog*) Hannover.

happening /'ɛppening/ *m.inv.* **1** (*Art*) happening. **2** (*estens*) happening.

happy hour /'ɛppi'awar/ *a./m.inv.* happy hour.

harakiri /ara'kiri/ *m.inv.* hara-kiri. □ *fare* ~ to commit hara-kiri.

hard-core /'ard'kɔr/ *a.inv.* hard-core: *film* ~ hard-core movie.

hard discount store /'ard,diskawnt'stor/ *m.inv.* hard discount store.

hard disk /,ard'disk/ *m.inv.* (*Inform*) hard disk.

hard rock /,ard'rɔk/ *m.inv.* (*Mus*) hard rock.

hardware /'ardwer/ *m.inv.* (*Inform*) hardware.

Hare Krishna /'are'kriʃna/ *m./f.inv.* (*Rel*) (*devoto*) Hare Krishna.

harem /'arem/ *m.inv.* harem.

hashish /'aʃiʃ, a'ʃiʃ/ *m.inv.* hashish, hasheesh.

haute couture /,otku'tyr/ *f.* high fashion.

hawaiano /ava-, awa-/ **I** *a.* Hawaiian. **II** *m.* **1** (*f.* **-a**) Hawaiian. **2** (*lingua*) Hawaiian.

Hawaii /a'waj/ *n.pr.f.pl.* (*Geog*) Hawaii: *Isole* ~ Hawaii Islands.

hazard /'addzard/ *m.inv.* (*Aut*) hazard lights *pl.*, hazards *pl.*

HCA *Honduras* HCA (Honduras).

HDL (*Biol*) *lipoproteina ad alta densità* HDL (High Density Lipoprotein).

head-hunter /,ɛd'anter/ *m./f.inv.* (*cacciatore di teste*) head-hunter.

heavy metal /'ɛvi'metal/ *m.inv.* (*Mus*) heavy metal.

hedge fund /'ɛdʒ,fawnd/ *m.inv.* (*Econ*) hedge fund.

hegeliano /ege-/ **I** *a.* (*Filos*) Hegelian. **II** *m.* (*f.* **-a**) Hegelian.

hegelismo /ege-/ *m.* (*Filos*) Hegelianism.

helicobacter /eliko'bakter/ *m.* (*Biol*) helicobacter pylori.

helicobacter pylori /eliko'bakterpi'lɔri/ *m.* (*Biol*) helicobacter pylori.

help /ɛlp/ *m.inv.* (*Inform*) help function, help.

Helsinki /'ɛlsinki/ *n.pr.f.* (*Geog*) Helsinki.

henné /en-/ *m.inv.* **1** (*Bot*) henna. **2** (*Cosmet*) (*tintura*) henna: *fare l'*~ to dye one's hair with henna.

herpes /'ɛrpes/ *m.inv.* (*Med*) herpes. □ (*Med*) ~ *genitale* genital herpes; (*Med*) ~ *labiale* herpes labialis, (*colloq*) cold sore, fever blister; (*Med*) ~ *simplex* herpes simplex; (*Med*) ~ *zoster* (herpes) zoster, (*colloq*) shingles (*costr.sing.*).

hertz /ɛrts/ *m.inv.* (*Fis*) hertz.

hertziano /ɛrts-/ *a.* (*Fis*) hertzian: *onda hertziana* hertzian wave.

hezbollah /ɛstbol'la/ *m.inv.* hezbollah, hizbollah.

hi-fi /,aj'faj/ *m.inv.* (*impianto stereo*) hi-fi, hi-fi system, hi-fi chain.

high-tech /,aj'tɛk/ *a./m.inv.* high-tech.

Himalaya /ima-/ *n.pr.m.* (*Geog*) Himalaya, Himalayas.

himalayano /ima-/ *a.* Himalayan, Himalaya (*attr.*): *catena himalayana* Himalaya Mountains.

hindi /'indi/ **I** *a.* (*Ling*) Hindi (*attr.*). **II** *m.* Hindi.

hinterland /'in-/ *m.inv.* hinterland, interior.

hip-hop /i'pɔp/ *m.inv.* (*Mus*) hip hop.

hippy /'ippi/ *m./f.inv.* hippie, hippy.

hitleriano /it-/ **I** *a.* (*Stor*) Hitlerian. **II** *m.* (*f.* **-a**) Hitlerite, Hitlerian.

hitlerismo /it-/ *m.* (*Stor*) Hitlerism.

hit-parade /,itpa'rejd/ *f.inv.* top hits *pl.*, (*Br*) charts *pl.*; (*fino alla decima posizione*) top ten; (*fino alla quarantesima posizione*) top fourty.

HIV /,akka,i'vu/ *m.inv.* (*Med*) (*virus dell'immunodeficienza umana*) HIV (Human Immuno-deficiency Virus). □ (*Med*) ~ *positivo* HIV-positive.

HKJ *Giordania* HKJ (Jordan).

ho → **avere**[1].

hobbista /ɔb'bi-/ *m./f.* hobbyist, person with hobbies.

hobbistica /ɔb'bi-/ *f.* hobbies *pl.*

hobby /'ɔbbi/ *m.inv.* hobby.

hockeista /ɔke-/ *m.* (*Sport*) hockey player.

hockeistico /ɔke-/ (*pl.* **-ci**) *a.* (*Sport*) hockey (*attr.*).

hockey /'ɔkej/ *m.* (*Sport*) hockey. □ (*Sport*) ~ *su ghiaccio* ice hockey; (*Sport*) ~ *su pista* field hockey; (*Sport*) ~ *su prato* field hockey.

holding /'olding/ *f.inv.* (*Econ*) holding company.

hollywoodiano /ollivu'd-/ *a.* Hollywood (*attr.*), from Hollywood (*posposto*), out of Hollywood (*posposto*).

home /om/ □ (*Inform*) *tasto* ~ home key.

home banking /,om'bɛnking/ *m.inv.* (*Econ*) home banking.

home computer /,omkom'pjuter/ *m.inv.* (*Inform*) home computer, (*Am*) personal computer, PC.

home entertainment /,omenter'teinment/ *m.inv.* home entertainment.

homeless /'omlɛs/ *a./m./f.inv.* homeless.

home page /,om'pejdʒ/ *f.inv.* (*Inform*) home page.

home theater /,om'tiater/ *a./m.inv.* (*Cin,TV*) home theatre.

home theatre /,om'tiater/ *a./m.inv.* (*Cin,TV*) home theatre.

home video /,om'video/ *m.inv.* (*Cin,TV*) home video.

Honduras /on-/ *n.pr.m.* (*Geog*) Honduras.

honduregno /on-/ **I** *a.* Honduran, Honduranean. **II** *m.* (*f.* **-a**) Honduran.

Hong Kong /'ɔŋ'kɔŋ/ *n.pr.f.* (*Geog*) Hong Kong.

hooligan /'uligan/ *m./f.inv.* hooligan (*anche estens*).

hopi /'ɔpi/ *a./m./f.inv.* Hopi.

hop là *intz.* ups-a-daisy!

Hormuz /'ɔrmuts/ *n.pr.m.* (*Geog*) Hormuz, Ormuz: *stretto di* ~ Strait of Hormuz.

horror /'ɔrror/ **I** *a.inv.* horror, scary: *film* ~ horror film, (*Am*) horror movie. **II** *m.inv.* **1** horror literature. **2** (*Cin*) horror films *pl.*, (*Am*) horror movies *pl.*

host /ɔst/ *m.inv.* (*Inform*) host computer.

hostess /'ɔstes/ *f.inv.* **1** (*Aer*) air hostess, stewardess, flight attendant. **2** (*di fiere e congressi*) hostess. □ (*Aer*) ~ *di terra* ground hostess.

hot dog /'ɔt'dɔg/ *m.inv.* (*Alim*) hot dog, (*Am*) wiener.

hotel /o'tɛl/ *m.inv.* hotel.

hot line /ɔt'lain/ *f.inv.* (*Tel*) **1** (*linea privilegiata*) hotline. **2** (*linea telefonica per messaggi erotici*) sex hotline.

house music /,aws'mjusik/ *f.inv.* (*Mus*) house music.

house organ /,aws'ɔrgan/ *m.inv.* (*giornale aziendale*) house organ.

hovercraft /'overkraft/ *m.inv.* (*Mar*) hovercraft.

HR *Croazia* HR (Croatia).

HTML (*Inform*) *linguaggio di marcatura universale* HTML (HyperText Markup Language).

http (*Inform*) *applicazione per il trasferimento di ipertesti* http (HyperText Transfer Protocol).

hub /ab/ *m.inv.* **1** (*Aer*) hub, hub airport. **2** (*Inform*) hub.

humour /'jumor/ *m.inv.* humour, (*Am*) humor.

humus /'umus/ *m.inv.* **1** (*Agr*) humus, organic soil. **2** (*fig*) fertile ground.

hurrà, hurrah /ur'ra/ *intz.* hurrah!, hoorray!, hurray!

husky /'aski/ *m.inv.* **1** (*Zool*) husky. **2** (*Abbigl*) husky.

hydrobob /ˌidro'bɔb/ *m.inv.* (*Sport,rar*) hydrospeed.

hydrospeed /ˌidros'pid/ *m.inv.* (*Sport*) hydrospeed.

I

i¹, I f./m. (lettera dell'alfabeto) i, I: *due i* two i's; *doppia i* double i; *una i minuscola* a small i; *una i maiuscola* a capital I; (Tel) *i come Imola* I for Isaac, (Am) I as in Idaho. □ *i greca* y; *i lunga* j.

i² → **il**.

i³ (Mat) *unità immaginaria* i (imaginary unit).

I *Italia* I (Italy). **2** (Fis) *intensità di corrente elettrica* I (current). **3** (Fis) *momento di inerzia* I (moment of inertia).

I. (Geog) *isola* I. (island, isle).

IA (Inform) *intelligenza artificiale* AI (artificial intelligence).

Iacopo n.pr.m. James.

IACP *istituto autonomo per le case popolari* (Institute for low-rent housing).

Iadi n.pr.f.pl. (Astr) Hyades.

Iafet n.pr.m. (Bibl) Japheth.

iafetico a. (Bibl,Ling) Japhetic.

iafetide m./f. (Bibl) Japhethite, Japhetite.

ialino a. hyaline.

ialite f. (Min) hyalite.

ialurgia f. (Ind) glass manufacture, glass work.

iamatologia f. Japanology, Japanese studies pl.

iamatologo m. (f. **-a**; pl. **-gi**) Japanologist.

iarda f. yard.

IATA (Aer) *Associazione internazionale per il trasporto aereo* IATA (International Air Transport Association).

iato m. (Fon,Anat) hiatus (anche fig).

iatrogeno a. (Med) iatrogenic.

iattanza f. arrogance, haughtiness.

iattura f. misfortune, calamity, ill luck, bad luck.

IAU (Astr) *Unione astronomica internazionale* IAU (International Astronomical Union).

IBAN *coordinate bancarie internazionali* IBAN (International Bank Account Number).

Iberia n.pr.f. (Geog.stor) Iberia.

iberico (pl. **-ci**) a. Iberian: *penisola iberica* Iberian Peninsula.

iberista m./f. scholar of Iberian languages and literatures.

iberistica f. Iberian studies pl.

ibernante a. (Zool,Bot) hibernating.

ibernare (**ibèrno**) **I** v.i. (aus. **avere**) (Zool, Bot) to hibernate. **II** v.t. to freeze.

ibernazione f. (Zool,Bot,Chir) hibernation.

ibero m. (Stor) Iberian.

ibid. *ibidem* ibid., ib. (ibidem, in the same place).

ibidem avv. ibidem, in the same place.

ibis m. (Ornit) ibis: *~ sacro* sacred ibis.

ibisco (pl. **-chi**) m. (Bot) hibiscus.

ibridare (**ibrido**) v.t. (Zool,Bot) to hybridize.

ibridatore m. (f. **-trice**) (Zool,Bot) hybridizer.

ibridazione f. (Zool,Bot) hybridization.

ibridismo m. **1** (Zool,Bot) hybridization, hybridity. **2** (fig) hybridism.

ibrido I a. (Zool,Bot) hybrid (anche fig): *razza ibrida* hybrid race. **II** m. (Zool,Bot,Ling) hybrid (anche fig). □ (Bot) *~ d'innesto* chimera.

IC (Ferr) *Intercity* IC (Intercity).

ICAO (Aer) *Organizzazione internazionale dell'aviazione civile* ICAO (International Civil Aviation Organization).

icario a. (lett) Icarian.

Icaro n.pr.m. (Mitol) Icarus.

icastica f. representative art.

icasticità f. (incisività) vividness.

icastico (pl. **-ci**) a. **1** representative, figurative: *arte icastica* representative art, representational art. **2** (incisivo) vivid.

ICE (Comm) *Istituto nazionale per il commercio estero* (Italian institute for the promotion of foreign trade).

iceberg /'ajsberg/ m.inv. iceberg: (fig) *la punta dell'~* the tip of the iceberg.

ICEPS (Econ) *Istituto per la cooperazione economica con i paesi in via di sviluppo* (Institute for the promotion of economic cooperation with developing countries).

ICI (Econ) *Imposta Comunale sugli Immobili* (Local council property tax).

ICIAP (Econ) *Imposta Comunale Imprese Arti e Professioni* (Local council business and trades tax).

icneumone m. (Zool) ichneumon.

icneumonide m. (Entom) ichneumon fly.

icnografia f. ichnography, ground plan.

icnografico (pl. **-ci**) a. ichnographic, ichnographical, ground (attr.): *pianta icnografica* ichnographic plan, ground plan.

icnologia f. (Paleont) ichnology.

icona f. **1** (Art) icon. **2** (Inform) icon. □ (Inform) *~ generica* generic icon.

iconico a. iconic.

iconoclasta I m. (Stor) iconoclast (anche fig). **II** a. (Stor) iconoclastic (anche fig).

iconoclastia f. (Stor) iconoclasm (anche fig).

iconoclastico (pl. **-ci**) a. (Stor) iconoclastic (anche fig).

iconografia f. iconography.

iconografico (pl. **-ci**) a. iconographic, iconographical: *centro ~* picture library.

iconografo m. (f. **-a**) iconographer.

iconolatra I m./f. iconolater. **II** a. of iconolatry (posposto), iconolatry (attr.).

iconolatria f. iconolatry.

iconologia f. iconology.

iconologico (pl. **-ci**) a. iconological.

iconologista m./f. iconologist.

iconoscopio m. (TV,Tecn) iconoscope.

iconostasi f. (Archeol) iconostas, iconostasis.

icore, icore m. (Mitol) ichor.

icosaedro m. (Geom) icosahedron.

ics m./f.inv. X, letter X: (fig) *gambe a ~* knock knees.

ictus m.inv. (Metr,Mus,Med) ictus. □ (Med) *~ cerebrale* apoplexy, stroke.

id. *idem* id. (idem, the same).

Ida n.pr.m. (Mitol) Ida.

idalgo (pl. **-ghi**) m. (Stor) hidalgo.

Iddio n.pr.m. God.

idea f. **1** idea: *l'~ del bene* the idea of good; *avere un'~* to have an idea; *avere un'~ chiara di qcs.* to have a clear idea of sth.; *non ho ~ di ciò che farò stasera* I have no idea what I will do this evening; *non hai ~ di come era bello* you can't imagine how beautiful it was; *farsi un'~ di qcs.* to get an idea of sth.

2 (impressione) sense, impression; (presentimento) feeling, fancy: *ho ~ che accetterà* I have a feeling (o a sense) that he will accept. **3** (prospettiva) idea, prospect, thought: *l'~ di rivederlo mi fece piacere* I was pleased at the thought (o idea) of seeing him again. **4** (pensiero) thought, idea: *non ho seguito l'ordine delle tue idee* I didn't follow your train of thought. **5** (trovata) idea, inspiration: *l'~ è stata sua* it was his idea; *le è venuta un'~ brillante* she had a brillant idea. **6** (opinione) mind, opinion, view, views: *siamo tutti della tua stessa ~* we all share your opinion, we all hold the same view, we are all of the same mind; *cambiare ~* to change one's mind. **7** pl. (convinzioni) convictions, ideas: *idee liberali* liberal ideas; *avere il coraggio delle proprie idee* to have the courage of one's convictions. **8** (ideale) ideal: *morire per un'~* to die for an ideal, to die for a cause. **9** (scopo, fine) aim, purpose. **10** (Filos) idea. □ *che ~!* what an idea!; *dare l'~* to seem, to be, to look like, to give the impression of being: *vista da lontano, la villa dà l'~ di un castello* seen from a distance the villa looks like a castle; *essere dell'~ che...* to think that...; *idee di destra* right-wing ideas, rightist ideas; *~ di fondo* underlying idea; *idee di sinistra* left-wing ideas, leftist ideas; *~ direttrice* guiding principle; *farsi un'~ esatta di qcs.* to get a clear idea of sth.; *~ fissa* obsession, idée fixe, fixed idea, fixation; *dare un'~ generale* to give a general idea; *idee politiche* political convictions; *un'~:* 1 (un po') a little, a hint, a scrap, a bit, a touch: *un'~ di sale* a hint of salt, a touch of salt; *un'~ più in alto* a tiny bit higher; 2 (rif. a liquidi) a drop.

ideabile a. conceivable, imaginable.

ideale I a. ideal: *bellezza ~* ideal beauty; *la donna ~* the ideal woman. **II** m. **1** (Filos) the ideal: *la sfera dell'~* the realm of the ideal. **2** (estens) ideal, idea: *questo è il suo ~ di donna* this is his idea of what a woman should be; *l'~ sarebbe che tutti avessero un lavoro piacevole* the ideal would be for everyone to have an enjoyable job. □ *un uomo senza ideali* a man without ideals.

idealismo m. idealism (anche Filos,Art).

idealista I m./f. idealist (anche Filos). **II** a. idealistic (anche Filos).

idealistico (pl. **-ci**) a. idealistic (anche Filos).

idealità f. **1** ideality. **2** (ideale) ideals pl., ideal, idealism.

idealizzare (**idealizzo**) v.t. to idealize: *~ la donna* to idealize women.

idealizzazione f. idealization.

idealmente avv. ideally.

ideare (**idèo**) v.t. **1** to think out, to think up, to conceive: *~ uno scherzo* to think up a joke. **2** (inventare) to invent, to devise. **3** (progettare) to plan: *~ un viaggio* to plan a trip.

ideatore m. (f. **-trice**) **1** (inventore) inventor (f. -tress). **2** (autore) author.

ideazione f. **1** (invenzione) invention. **2** (progetto) plan, planning. **3** (Psic) ideation.

idem I pron. (la stessa cosa) ditto, idem, the same. **II** avv. (colloq) ditto, also, too, so: *io sono stato sciocco e tu ~* I was (being) silly and so were you, I was (being) silly and the

same goes for you.
identicità f. identity.
identico (pl. **-ci**) a. identical, the same: i due gemelli sono identici the twins are identical.
□ copia identica all'originale identical copy; la stessa identica persona the very same person.
identificabile a. identifiable.
identificare (**identìfico, identìfichi**) I v.t. 1 to identify: ~ il colpevole to identify the culprit; ~ le cause di un fenomeno to identify the causes of a phenomenon. 2 (determinare) to determine. II v.pron. **identificarsi** 1 to identify (con with). 2 (essere identico) to be identical, to be the same. □ (Teat) identificarsi con un personaggio to identify with a character, to get into a character.
identificativo I a. identification. II m. identification code: codice ~ identification code.
identificatore m. (Inform) identifier.
identificazione f. identification (anche Inform). □ (Tel) ~ del chiamante (o ~ del numero chiamante) (Br) CLI, calling line identification, (Am) caller ID.
identikit m.inv. 1 identikit: fare un ~ to make an identikit. 2 (fig) profile, description.
identità f. 1 identity (anche Mat): stabilire l'~ di una persona to establish a person's identity. 2 (l'essere identico) identicalness, identity: l'~ di due firme the identicalness of two signatures. □ ~ nazionale national identity.
identitario a. (Pol,Sociol) identity-making.
ideocrazia f. ideocracy.
ideografia f. ideography.
ideografico (pl. **-ci**) a. ideographic, ideographical.
ideogramma m. (Ling,Statist) ideogram.
ideologia f. (Pol,Filos) ideology.
ideologicamente avv. ideologically.
ideologico (pl. **-ci**) a. ideological.
ideologismo m. 1 ideology. 2 (estens) tendency to solve political problems ideologically.
ideologizzare (**ideologìzzo**) v.t. to ideologize.
ideologizzazione f. ideologization.
ideologo m. (f. **-a**; pl. **-gi**) ideologist (anche Filos).
idi f./m.pl. ides. □ (Stor.rom) le ~ di marzo the Ides of March.
idilliaco (pl. **-ci**) a. idyllic (anche Lett): poesia idilliaca idyllic poetry.
idillicamente avv. idyllically.
idillico (pl. **-ci**) a. (Lett,fig) idyllic: poesia idillica idyllic poetry.
idillio m. 1 (Lett) idyll. 2 (fig) (relazione amorosa) romance, idyll: un ~ tra adolescenti a teenage romance. 3 (fig) (vita serena) idyllic life, quiet life.
idioelettrico (pl. **-ci**) a. (El) idioelectric.
idiofono m. (Mus) idiophone.
idioglossia f. (Med) idioglossia.
idioletto m. (Ling) idiolect.
idioma m. (lett) language, idiom: l'~ toscano the Tuscan idiom.
idiomatico (pl. **-ci**) a. idiomatic, idiomatical: frase idiomatica idiomatic expression, idiom.
idiomorfo a. (Min) idiomorphic.
idiopatia f. (Med) idiopathy.
idiopatico (pl. **-ci**) a. (Med) idiopathic.
idiosincrasia f. 1 (Med) idiosyncrasy. 2 (estens) aversion (per for, to): ha un'~ per la matematica he has an aversion for mathematics.
idiosincratico (pl. **-ci**) a. 1 (Med) idiosyncratic. 2 (fig) averse.
idiota I m./f. idiot (anche Med): è un perfetto

~ he is an absolute idiot; ~ integrale complete idiot. II a. idiotic, foolish, stupid: una risposta ~ a stupid answer.
idiotamente avv. idiotically.
idiotipo m. (Biol) idiotype.
idiotismo[1] m. (Med) idiocy.
idiotismo[2] m. (Ling) idiom.
idiozia f. 1 idiocy (anche Med). 2 (azione stupida) idiocy: è stata un'~ accettare it was idiotic to accept. 3 (discorso stupido) nonsense: non dire idiozie don't talk nonsense.
idolatra I m./f. idolater (f. -tress) (anche fig). II a. (idolatrico) idolatrous, of idols (posposto): culto ~ worship of idols.
idolatrare (**idolàtro**) v.t. 1 to worship: ~ una statua to worship a statue. 2 (fig) to idolize: i giovani idolatrano il nuovo astro del cinema young people idolize the new film star.
idolatria f. idolatry (anche fig).
idolatrico (pl. **-ci**) a. 1 idolatrous, of idols (posposto): culto ~ worship of idols, idol worship. 2 (fig) idolatrous.
idoleggiare (**idoléggio, idoléggi**) v.t. (lett) to idolize, to make an idol of, to make a god of: ~ una donna to idolize a woman.
idolo m. idol (anche fig): il culto degli idoli idol worship; ~ infranto fallen idol.
idoneamente avv. suitably.
idoneità f. 1 fitness. 2 (l'essere adatto) suitability, suitableness. 3 (burocr) capability, ability. □ ~ al lavoro fitness for work, able-bodiedness; ~ al servizio militare fitness for military service; ~ professionale professional ability.
idoneo a. 1 fit: essere ~ a fare qcs. to be fit to do sth., to be able to do sth.: essere ~ al servizio militare to be fit for military service; ~ al lavoro fit for work; non ~ al lavoro unfit for work; dichiarare qcu. ~ a qcs. to declare so. fit for sth. 2 (qualificato) qualified: ~ all'insegnamento qualified to teach. 3 (estens) (adatto) suitable, fit. □ ~ alla navigazione: 1 (Mar) seaworthy; 2 (Aer) airworthy.
idra f. (Zool) hydra.
Idra n.pr.f. (Mitol) Hydra.
idracido m. (Chim) hydracid.
idragogo a. (Farm) hydragogue.
idrante m. 1 hydrant. 2 (tubo) fire-hose. 3 (autobotte) fire engine.
idratante I a. 1 (Chim) hydrating. 2 (Cosmet) moisturizing: crema ~ moisturizing cream. II m. (Cosmet) moisturizer.
idratare (**idràto**) v.t. 1 (Chim) to hydrate. 2 (Cosmet) to moisturize.
idratasi f. (Biol) hydrase.
idratato a. 1 (Chim) hydrous. 2 (Cosmet) moisturized.
idratazione f. 1 (Chim) hydration. 2 (Cosmet) moisture. □ (Tecn) ~ del cemento cement hydration.
idrato I m. (Chim) hydrate: ~ di calcio calcium hydrate. II a. (Chim) hydrated, hydrous.
idraulica f. (Fis) hydraulics (costr.sing.). □ ~ fluviale river hydraulics (costr.sing.).
idraulico (pl. **-ci**) I a. 1 (Fis,Mecc) hydraulic: freno ~ hydraulic brake; ingegnere ~ hydraulic engineer. 2 (Idr) pumbing (attr.): impianto ~ plumbing, plumbing system. II m. (operaio) plumber.
idrazina f. (Chim) hydrazine.
idrazone m. (Chim) hydrazone.
idremia f. (Med) hydraemia.
idria f. (Archeol) hydria.
idrico (pl. **-ci**) a. water (attr.): approvvigionamento ~ water supply; impianto ~ waterworks.
idrobiologia f. hydrobiology.

idrobiologico (pl. **-ci**) a. hydrobiological.
idrobiologo m. (f. **-a**; pl. **-gi**) hydrobiologist.
idrocarburo m. (Chim) hydrocarbon. □ (Chim) ~ aciclico acyclic hydrocarbon; (Chim) ~ alifatico aliphatic hydrocarbon; (Chim) ~ aromatico aromatic hydrocarbon; (Chim) ~ ciclico cyclic hydrocarbon; (Chim) ~ insaturo unsaturated hydrocarbon; (Chim) ~ paraffinico paraffin hydrocarbon; (Chim) ~ saturo saturated hydrocarbon.
idrocefalia f. (Med) hydrocephalus.
idrocefalico I a. (Med) hydrocephalic. II m. (f. **-a**; pl. **-ci**) (Med) hydrocephalic.
idrocefalo m. (Med) hydrocephalus.
idrocele m. (Med) hydrocele.
idrochinone m. (Chim) hydroquinone, hydroquinol.
idrocoltura f. (Agr) hydroponics (costr. sing.).
idrocoria f. (Bot) hydrochoria.
idrocoro a. (Bot) hydrochoric: pianta idrocora hydrochore.
idrocortisone m. (Farm) hydrocortisone.
idrodinamica f. (Fis) hydrodynamics (costr.sing.).
idrodinamico (pl. **-ci**) a. 1 (Fis) hydrodynamic, hydrodynamical. 2 (Mar) streamlined.
idroelettrico a. (pl. **-ci**) hydroelectric: centrale idroelettrica hydroelectric generating station, (Am) hydroelectric power plant; impianto ~ hydro-electric complex.
idroestrattore m. (Tecn) hydroextractor.
idrofilia f. 1 (Bot) hydrophily. 2 (Chim) hydrophilicity.
idrofilo[1] a. 1 (Tecn) hydrophile, hydrophilic, absorbent. 2 (Bot) hydrophilous.
idrofilo[2] m. (Entom) scavenger beetle.
idrofita f. (Bot) hydrophyte, water-plant.
idrofobia f. 1 (Med,Veter) hydrophobia, rabies. 2 (Chim) hydrophobia.
idrofobo a. 1 (Med,Veter) hydrophobic, rabid: cane ~ rabid dog, mad dog. 2 (Chim) hydrophobic. 3 (fig) (furioso) furious, raging: a quelle parole diventò ~ at those words he got furious.
idrofonico (pl. **-ci**) a. (Mar) of a hydrophone (posposto), hydrophone (attr.).
idrofono m. (Mar) hydrophone.
idroforo a. (Tecn) water (carrying), water supply (attr.): impianto ~ water supply system.
idrofugo (pl. **-ghi**) a. waterproof.
idrogenare (**idrògeno**) v.t. (Chim) to hydrogenate.
idrogenasi f. (Biol) hydrogenase.
idrogenazione f. (Chim) hydrogenation.
idrogenione m. (Chim,Fis) hydrogen ion.
idrogeno m. (Chim) hydrogen. □ (Chim) ~ fosforato phosphine, hydrogen phosphide; (Chim) ~ leggero light hydrogen; (Chim) ~ liquido liquid hydrogen; (Chim) ~ pesante heavy hydrogen, deuterium; (Chim) ~ solfato sulphuretted hydrogen, hydrogen sulphide.
idrogeologia f. (Geol) hydrogeology.
idrogeologico (pl. **-ci**) a. (Geol) hydrogeologic, hydrogeological.
idrogetto m. water jet, water-jet propeller.
idrografia f. hydrography.
idrografico (pl. **-ci**) a. hydrographic.
idrografo m. (f. **-a**) hydrographer.
idroguida f. (Aut) hydraulically assisted steering.
idrolisi f. (Chim) hydrolysis. □ (Chim) ~ acida acid hydrolysis; (Chim) ~ alcalina alkaline hydrolysis; (Chim) ~ enzimatica enzymatic hydrolysis.

idrolitico (*pl.* **-ci**) *a.* (*Chim*) hydrolytic.

idrolizzare (**idrolìzzo**) *v.t.* (*Chim*) to hydrolize.

idrologia *f.* (*Idr*) hydrology.

idrologico (*pl.* **-ci**) *a.* (*Idr*) hydrologic, hydrological.

idrologo *m.* (*f.* **-a**; *pl.* **-gi**) (*Idr*) hydrologist.

idromante *m./f.* (*Occult*) hydromancer.

idromanzia *f.* (*Occult*) hydromancy.

idromassaggio *m.* **1** hydromassage. **2** (*estens*) (*vasca*) Jacuzzi. □ *vasca per ~* Jacuzzi.

idromeccanica *f.* (*Fis*) hydromechanics (*costr.sing.*).

idromeccanico *a.* (*pl.* **-ci**) (*Fis*) hydromechanical.

idromele *m.* hydromel.

idrometra *m.* (*Entom*) marsh treader.

idrometria *f.* (*Idr*) hydrometry.

idrometrico (*pl.* **-ci**) *a.* (*Idr*) hydrometrical.

idrometro *m.* (*Idr,Tecn*) water gauge, depth scale.

idrope, idrope *f.* (*Med*) hydrops, dropsy.

idropico I *a.* (*Med*) hydropic, dropsical. **II** *m.* (*f.* **-a**; *pl.* **-ci**) (*Med*) sufferer from dropsy.

idropinoterapia *f.* (*Med*) mineral-water treatment.

idropisia *f.* (*Med*) dropsy, hydrops *pl.*

idropittura *f.* water paint, (*Br*) water colour, (*Am*) water color.

idroplano *m.* (*Mar*) **1** hydroplane. **2** (*aliscafo*) hydrofoil.

idropneumatico (*pl.* **-ci**) *a.* (*Mecc*) hydropneumatic.

idroponica *f.* (*Agr*) hydroponics (*costr. sing.*).

idroponico *a.* (*Agr*) hydroponic.

idrorepellente *a.* (*Tecn*) water-repellent.

idroscalo *m.* (*Aer*) seaplane base, seaplane station, water airport.

idroscì *m.* (*Sport*) water skiing.

idrosciatore *m.* (*f.* **-trice**) (*Sport*) water skier.

idrosciistico (*pl.* **-ci**) *a.* (*Sport*) water ski (*attr.*).

idroscivolante *m.* (*Mar*) **1** hydroplane. **2** (*aliscafo*) hydrofoil.

idroscopio *m.* (*Mar,Tecn*) hydroscope.

idrosfera *f.* (*Geog*) hydrosphere.

idrosolfito *m.* (*Chim*) hydrosulphite, (*Am*) hydrosulfite.

idrosolubile *a.* (*Chim*) water soluble.

idrosolubilità *f.* (*Chim*) solubility in water.

idrossido *m.* (*Chim*) hydroxide: *~ d'alluminio* aluminium hydroxide.

idrostatica *f.* (*Fis*) hydrostatics (*costr.sing.*).

idrostatico (*pl.* **-ci**) *a.* (*Fis*) hydrostatic, hydrostatical.

idroterapeutico (*pl.* **-ci**) *a.* (*Med*) hydrotherapeutic.

idroterapia *f.* (*Med*) hydrotherapy, hydrotherapeutics (*costr.sing.*).

idroterapico (*pl.* **-ci**) *a.* (*Med*) hydrotherapeutic.

idrotermale *a.* hydrothermal: *sorgenti idrotermali* hydrothermal springs.

idrotorace *m.* (*Med*) hydrothorax.

idrotropismo *m.* (*Biol*) hydrotropism.

idrovia *f.* (*Mar*) waterway.

idrovolante *m.* (*Aer*) seaplane: (*a galleggianti*) flying boat.

idrovora *f.* (*Idr*) dewatering pump.

idrovoro *a.* dewatering, water-scooping, pumping, draining.

idrozoi *m.pl.* (*Zool*) hydrozoans, Hydrozoa.

idruro *m.* (*Chim*) hydride.

IDS *Iniziativa di difesa strategica* SDI (Strategic Defense Initiative).

Iehova, Iehovah *n.pr.m.* (*Rel*) Jehovah.

iella *f.* (*colloq*) bad luck, jinx: *avere ~* to have bad luck, to be jinxed; *portare ~* to bring bad luck, to jinx.

iellato *a.* (*colloq*) unlucky, jinxed: *essere ~* to be unlucky.

iena *f.* (*Zool*) hyena, hyaena (*anche fig*). □ (*Zool*) *~ macchiata* spotted hyena; (*Zool*) *~ ridens* laughing hyena; (*Zool*) *~ striata* striped hyena.

ieraticamente *avv.* **1** hieratically. **2** (*estens*) (*solennemente*) solemnly.

ieraticità *f.* solemnity, stateliness: *~ dei gesti* stateliness of gestures.

ieratico (*pl.* **-ci**) *a.* **1** (*sacerdotale*) hieratic, hieratical. **2** (*estens*) solemn, stately: *atteggiamento ~* solemn bearing.

ieri I *avv.* **1** yesterday: *sono arrivato ~* I arrived yesterday. **2** (*estens*) (*qualche tempo fa*) yesterday, a short time ago, recently: *fino a ~ era uno sconosciuto* until recently he was (an) unknown, (up) until yesterday he was a nobody. **II** *m.* yesterday (*anche estens*). □ *da ~*: 1 since yesterday; 2 (*a partire da ieri*) as from yesterday, from yesterday; *da ~ a oggi* in the last twenty-four hours, overnight; *di ~* yesterday's: *il giornale di ~* yesterday's paper; *~ era venerdì* yesterday was Fryday; *~ era il dieci marzo* yesterday was the tenth of March; *~ l'altro* the day before yesterday; *~ mattina* yesterday morning; *~ notte* last night; *~ pomeriggio* yesterday afternoon; *~ sera* yesterday evening, last night.

ierocratico (*pl.* **-ci**) *a.* hierocratic.

ierocrazia *f.* hierocracy.

ierofante *m.* (*Stor.gr*) hierophant.

ietografo *m.* (*Meteor*) hyetograph.

iettare (**iètto**) *v.t.* (*region*) to hoodoo, to jinx.

iettato *a.* (*region*) unlucky, unfortunate, jinxed.

iettatore *m.* (*f.* **-trice**) (*region*) jinx, hoodoo.

iettatura *f.* (*region*) **1** (*influsso malefico*) evil eye, jinx. **2** (*estens*) (*sfortuna*) bad luck, ill luck, jinx.

Ifigenia *n.pr.f.* (*Mitol*) Iphigenia. □ (*Lett*) *~ in Aulide* Iphigenia in Aulis; (*Lett*) *~ in Tauride* Iphigenia in Tauris.

Ig (*Med*) *immunoglobulina* Ig (immunoglobulin).

IGE (*Econ,ant*) *imposta generale sull'entrata* (turnover tax).

igiene *f.* **1** hygiene, health, sanitation. **2** (*pulizia*) hygiene, cleanliness. **3** (*scienza*) hygiene, hygienics (*costr.sing.*). □ *~ alimentare* food hygiene; *~ ambientale* sanitary waste disposal; *norme d'~* health regulations, sanitary regulations; *~ del corpo* personal hygiene; *~ del lavoro* occupational hygiene, industrial hygiene; *~ della bocca* oral hygiene; *~ dentale* dental hygiene; *~ intima* personal hygiene; *~ mentale* mental health; *~ orale* dental care, oral hygiene; *~ personale* personal hygiene; *~ pubblica* public health.

igienicamente *avv.* hygienically.

igienico (*pl.* **-ci**) *a.* **1** (*che riguarda l'igiene*) hygienic, sanitary, health (*attr.*): *prescrizioni igieniche* hygienic regulations, sanitary regulations. **2** (*estens*) (*sano*) healthy: *un sistema ~ di vita* a healthy way of life. **3** (*colloq*) (*opportuno*) advisable, prudent.

igienico-sanitario *a.* sanitary.

igienista *m./f.* **1** hygienist. **2** (*Dent*) dental hygienist. **3** (*maniaco dell'igiene*) health fanatic.

igienizzare (**igienìzzo**) *v.t.* **1** to sanitize. **2** (*a vapore*) to steam clean. **3** (*a secco*) to deep clean.

igienizzato □ *toilette igienizzata automaticamente* self-cleaning toilet, self-

flushing toilet, self-sanitizing toilet.

igienizzazione *f.* **1** sanitization. **2** (*a vapore*) steam cleaning. **3** (*a secco*) deep cleaning.

iglò, iglù *m.inv.* igloo.

igloo /'iglu/ *m.inv.* igloo.

IGM (*Mil*) *Istituto Geografico Militare* (Military survey office).

igname *m.* (*Bot*) yam.

ignaro *a.* unaware, unknowing, ignorant: *è ~ dei pericoli che corre* he's unaware of the risks he's running. □ *~ della vita* (*inesperto*) inexperienced; *è ~ dell'accaduto* he doesn't know what has happened; *~ di tutto* knowing nothing, in the dark, completely in the dark.

ignavia *f.* (*lett*) indolence, sloth.

ignavo I *a.* (*lett*) indolent, slothful, sluggish. **II** *m.* (*f.* **-a**) (*lett*) indolent person, slothful person.

Ignazio *n.pr.m.* Ignatius. □ *~ di Loyola* Ignatius Loyola.

igneo *a.* (*lett*) igneous (*anche Geol*): *rocce ignee* igneous rocks.

ignifero *a.* (*lett,rar*) igniferous.

ignifugare (**ignìfugo, ignìfughi**) *v.t.* (*Tecn*) to fire-proof.

ignifugazione *f.* (*Tecn*) fireproofing.

ignifugo (*pl.* **-ghi**) *a.* (*Tecn*) fireproof, flameproof.

ignitron, ignitrone *m.* (*Fis*) ignitron.

ignizione *f.* (*Chim*) ignition.

ignobile *a.* ignoble, base, mean, low, despicable: *un essere ~* a despicable creature.

ignobilmente *avv.* ignobly, basely.

ignobiltà *f.* baseness, lowness.

ignominia *f.* **1** (*infamia, vergogna*) ignominy, disgrace, shame: *cadere nell'~* to fall into ignominy, to fall into disgrace; *commettere un'~* to do something ignominious, to behave disgracefully. **2** (*azione disonorante*) ignominy, disgraceful action, dishonourable action: *coprirsi di ~* to bring dishonour to oneself. **3** (*rif. a persona*) disgrace, shame: *essere l'~ della famiglia* to be a disgrace to one's family. **4** (*scherz*) (*oggetto brutto*) outrage, horror, monstrosity: *questo monumento è un'~* this monument is an outrage.

ignominiosamente *avv.* ignominiously.

ignominioso *a.* ignominious, shameful, disgraceful, infamous: *un gesto ~* an ignominious gesture.

ignorantaggine *f.* crass ignorance.

ignorante I *a.* **1** (*che non sa*) ignorant (*di of*), knowing nothing (*di* about). **2** (*inesperto, incompetente*) ignorant (*di, in* of), unacquainted (*di, in* with): *~ di grammatica* ignorant of grammar, knowing no grammar; *sono ~ di musica moderna* I know nothing about modern music. **3** (*ignaro*) ignorant, unaware, unknowing. **4** (*incolto*) ignorant, uneducated, illiterate, unlearned: *un contadino ~* an ignorant peasant, an illiterate peasant. **5** (*colloq*) (*villano*) rude, boorish, churlish. **II** *m.* **1** ignorant person, ignoramus. **2** (*colloq*) (*persona villana*) jerk, moron, jackass: *quanto sei ~!* you're such a moron!

ignoranza *f.* **1** (*mancanza di conoscenza*) ignorance, lack of knowledge: *confesso la mia ~ in questo campo* I must confess my ignorance on this subject. **2** (*mancanza di istruzione*) ignorance, illiteracy: *vivere nell'~* to live in ignorance. **3** (*colloq*) boorishness. □ *~ crassa* crass ignorance; *per ignoranza* out of ignorance.

ignorare (**ignòro**) **I** *v.t.* **1** (*non conoscere*) not to know: *ignoriamo le cause* we don't know the reasons; *ignoro chi abbia spedito* *la lettera* I don't know who sent the letter. **2** (*trascurare, non considerare*) to ignore, to overlook, to pass over: *non si possono ~ certi fatti* certain matters cannot be ignored; *ignorò la mia domanda* he ignored my question. **II** *v.r.recipr.* **ignorarsi** to ignore each other. □ *non puoi ~ che...* you must be aware that..., you must know that...

ignorato *a.* (*trascurato*) neglected, ignored.

ignoto I *a.* (*sconosciuto*) unknown: *opera di autore ~* work by an unknown author, anonymous work. **II** *m.* **1** unknown: *il terrore dell'~* the terror of the unknown. **2** (*f.* **-a**) (*persona sconosciuta*) unknown person, person unknown: *il furto è stato commesso dai soliti ignoti* the theft was committed as usual by unknown persons. □ (*Dir*) *denuncia contro ignoti* criminal complaint against unidentified persons.

ignudo I *a.* (*lett*) (*nudo*) nude, naked; *mezzo ~* half naked; (*estens*) *il ferro ~* the naked sword. **II** *m.* (*f.* **-a**) naked person: (*Rel*) *vestire gli ignudi* to clothe the naked.

IGP (*Alim*) *indicazione geografica protetta* PGI (Protected Geographical Indication).

igrofilo *a.* (*Bot*) hygrophilous.

igrografo *m.* (*Meteor*) hygrograph.

igrometria *f.* (*Meteor*) hygrometry.

igrometrico (*pl.* **-ci**) *a.* (*Meteor*) hygrometric.

igrometro *m.* (*Meteor,Tecn*) hygrometer.

igroscopia *f.* (*Meteor*) hygroscopy.

igroscopicità *f.* (*Fis*) hygroscopicity.

igroscopico (*pl.* **-ci**) *a.* (*Fis*) hygroscopic, hygroscopical.

igroscopio *m.* (*Fis,Tecn*) hygroscope.

igrostato *m.* (*Tecn*) hygrostat, humidistat.

iguana *f.* (*Zool*) iguana.

iguanodonte *m.* (*Paleont*) iguanodon.

ih *int.* **1** (*di stupore*) oh!, ah! **2** (*di disgusto*) ugh! **3** (*di stizza, noia*) oh! **4** (*per incitare i cavalli*) yep!

ikebana *m.* (*Art*) ikebana.

il (*pl.* **i**; *used before all masculine nouns beginning with a consonant, except* gn, pn, ps, s + *consonant* x, z) *art.m.* the.

IL *Israele* IL (Israel).

ilare *a.* cheerful: *mi venne incontro tutto ~* he came towards me looking very cheerful.

Ilaria *n.pr.f.* Hillary.

Ilario *n.pr.m.* Hilary.

ilarità *f.* cheerfulness, mirth, hilarity: *la sua risposta destò l'~ del pubblico* his reply aroused the audience's hilarity.

ileale *a.* (*Anat*) ileal.

ileo *m.* **1** (*Anat*) (*osso*) ilium. **2** (*Anat*) (*segmento dell'intestino tenue*) ileum. **3** (*Med*) (*occlusione intestinale*) ileus.

ileocecale *a.* (*Anat*) ileocaecal, (*Am*) ileocecal.

ileostomia *f.* (*Chir*) ileostomy.

iliaco[1] (*pl.* **-ci**) *a.* (*lett*) (*di Ilio*) Ilian, of Ilium (*posposto*).

iliaco[2] (*pl.* **-ci**) *a.* (*Anat*) iliac.

Iliade *n.pr.f.* (*Lett*) Iliad.

ilio *m.* (*Anat*) ilium.

Ilio *n.pr.f.* (*Geog.stor*) Ilium.

illanguidimento *m.* **1** (*il rendere languido*) weakening, enfeeblement. **2** (*il diventare languido*) becoming weak, becoming feeble, languishing.

illanguidire (**illanguidìsco, illanguidìsci**) **I** *v.t.* to weaken, to enfeeble: *la malattia ha illanguidito le sue energie* the illness has weakened (*o* drained) his energy. **II** *v.i.* (*aus.* **essere**) to become weak, to become feeble. **III** *v.pron.* **illanguidirsi** to become weak, to become feeble.

illativo *a.* **1** (*lett*) inferential, illative: *ragionamento ~* inferential reasoning. **2** (*Ling*) illative.

illazione *f.* **1** inference, illation: *un'~ arbitraria* an arbitrary inference. **2** (*insinuazione*) conjecture. □ *per ~* by inference.

illecitamente *avv.* illicitly.

illecito I *a.* illicit, illegal, unlawful (*anche Dir*): *guadagni illeciti* unlawful earnings, illicit gains. **II** *m.* (*Dir*) offence. □ (*Dir*) ~ *civile* civil offence, tort; (*Dir*) ~ *penale* criminal offence, crime.

illegale *a.* illegal, unlawful: *ricorrere a mezzi illegali* to resort to unlawful means.

illegalismo *m.* (*Pol*) illegality, illegitimacy.

illegalità *f.* **1** illegality, unlawfulness: *l'~ di un'azione* the unlawfulness of an action. **2** (*atto illegale*) illegality, illegal act, unlawful act: *commettere un'~* to commit an illegal act, to do something illegal, to break the law.

illegalmente *avv.* illegally, unlawfully.

illeggiadrire (**illeggiadrìsco, illeggiadrìsci**) **I** *v.t.* to beautify, to make more graceful, to make more charming. **II** *v.i.* (*aus.* **essere**) to become beautiful, to become more beautiful. **III** *v.pron.* **illeggiadrirsi** to become beautiful, to become more beautiful.

illeggibile *a.* **1** illegible, undecipherable: *firma ~* illegible signature. **2** (*fig*) (*rif. a opera letteraria, autore*) unreadable: *un autore ~* an unreadable author.

illeggibilità *f.* **1** illegibility. **2** (*fig*) (*rif. a opera letteraria, autore*) unreadability, unreadableness.

illegittimità *f.* **1** illegitimacy, unlawfulness: *l'~ di un atto* the unlawfulness of an act. **2** (*rif. a figli*) illegitimacy.

illegittimo I *a.* **1** illegitimate, unlawful, illegal: *sovrano ~* unlawful sovereign, unlawful ruler. **2** (*rif. a figli*) illegitimate. **3** (*estens*) illegitimate: *una deduzione illegittima* an illegitimate inference. **II** *m.* (*f.* **-a**) (*figlio illegittimo*) illegitimate child.

illeso *a.* **1** unhurt, uninjured, unharmed: *il guidatore è rimasto ~* the driver was uninjured. **2** (*fig*) intact, unsullied: *serbare ~ l'onore* to keep one's honor intact, to preserve one's honour unsullied.

illetterato I *a.* **1** (*analfabeta*) illiterate. **2** (*estens*) (*incolto*) unlettered, uncultured. **II** *m.* (*f.* **-a**) **1** (*analfabeta*) illiterate. **2** (*persona incolta*) unlettered person, uneducated person.

illibatezza *f.* **1** (*rif. a donna: verginità*) virginity, purity, chastity. **2** (*integrità, purezza*) integrity, purity.

illibato *a.* **1** (*rif. a donna: vergine*) virgin, pure, chaste. **2** (*integro, puro*) pure, blameless, uncorrupted: *condurre una vita illibata* to lead a blameless life.

illiberale *a.* illiberal: *legge ~* illiberal law.

illiberalità *f.* illiberality: *l'~ di un governo* the illiberality of a government.

illibertà *f.* (*lett*) lack of freedom.

illiceità *f.* (*Dir*) illicitness, unlawfulness.

illimitatamente *avv.* unlimitedly, without limit.

illimitatezza *f.* unlimitedness.

illimitato *a.* unlimited, boundless: *spazio ~* boundless space; *fiducia illimitata* boundless faith.

Illiria *n.pr.f.* (*Geog.stor*) Illyria.

illirico (*pl.* **-ci**) *a.* Illyrian.

illividire (**illividìsco, illividìsci**) **I** *v.t.* to make livid, to make blue. **II** *v.i.* (*aus.* **essere**) to become livid, to turn blue. **III** *v.pron.* **illividirsi** to become livid, to turn blue.

ill.mo *illustrissimo* (most distinguished).

illocutivo, illocutorio *a.* (*Ling*) illocution-

ary.

illogicamente *avv.* illogically.

illogicità *f.* illogicality.

illogico (*pl.* **-ci**) *a.* illogical: *ragionamento ~* illogical reasoning, unsound reasoning.

illudere (*pres.ind.* **illùdo**; *p.rem.* **illùsi**; *p.p.* **illùso**) **I** *v.t.* **1** (*ingannare*) to delude, to deceive, to take in, (*colloq*) to fool: *lasciarsi ~ dalle apparenze* to let oneself be deceived by appearances. **2** (*fare sperare*) to beguile, to trick with false hopes: ~ *qcu. con promesse* to beguile so. with promises. **II** *v.pron.* **illudersi** (*sperare*) to hope (against hope), to be under the illusion, to cherish the fond hope: *s'illude di riuscire* he is under the illusion that he will succeed. □ *non c'è da illudersi* it is no use our fooling ourselves, it is no use our kidding ourselves; *mi sono illuso sul suo conto* I was mistaken about him, I was wrong about him.

illuminabile *a.* illuminable.

illuminamento *m.* **1** illumination. **2** (*Fis*) illuminance, illumination.

illuminante *a.* **1** illuminating: *gas ~* illuminating gas, coal gas. **2** (*fig*) illuminating, enlightening.

illuminare (**illùmino**) **I** *v.t.* **1** to illuminate, to light: *il salone era illuminato da cento candele* the hall was lit (*o* illuminated) by a hundred candles. **2** (*con riflettori*) to floodlight, to illuminate. **3** (*rischiarare*) to light up: *il sole illuminava la stanza* the sun lit up the room. **4** (*fig*) (*rendere radioso*) to light up, to illuminate: *un sorriso le illuminava il volto* a smile lit up her face. **5** (*fig*) (*rif. a mente e sim.*) to illuminate, to enlighten. **II** *v.pron.* **illuminarsi 1** to light up, to be lit up, to light up, to be illuminated: *improvvisamente si illuminò una finestra* a window suddenly lit up. **2** (*diventare radioso*) to light up, to brighten, to brighten up: *a queste parole il suo volto si illuminò* his face brightened (*o* lit up) at these words. □ ~ *a festa* to illuminate; ~ *a giorno* to light up as though it were day, to light brightly, to create the effect of daylight; to floodlight; *illuminarsi di gioia* to become radiant with joy, to light up with joy.

illuminato *a.* **1** illuminated, lit (*posposto*): *una parete illuminata dal sole* a wall lit by the sun. **2** (*rischiarato*) lit up. **3** (*dotato d'impianti d'illuminazione*) lit, illuminated: *piazza ben illuminata* well-lit square. **4** (*fig, Pol*) enlightened: *mente illuminata* enlightened mind; *dispotismo ~* enlightened despotism. □ ~ *a giorno* brightly lit, floodlit.

illuminatore *m.* (*Tecn*) illuminator.

illuminazione *f.* **1** (*impianto di illuminazione*) lighting. **2** (*luminaria*) illuminations *pl.* **3** (*fig*) (*intuizione*) illumination, (flash of) inspiration, insight: *ebbe un'improvvisa ~* he had a sudden inspiration. **4** (*dotazione di fari e sim.*) lighting, lights *pl.*: *l'~ di un aeroporto* airport lighting. □ ~ *a gas* gas lighting; ~ *al neon* neon lighting, strip lighting; (*Aut*) ~ *del quadro* dashboard illumination, instrument panel lighting; ~ *delle scale* stair lighting; *l'~ di un monumento* the floodlighting of a monument; ~ *diurna* daylight; (*Teol*) ~ *divina* divine inspiration, divine illumination; ~ *esterna* outdoor illumination; ~ *fluorescente* fluorescent lighting; ~ *indiretta* indirect lighting; ~ *interna* indoor lighting; ~ *notturna* night lighting; ~ *solare* sunlight; ~ *stradale* street lighting.

illuminismo *m.* (*Stor*) Enlightenment.

illuminista I *m./f.* (*Stor*) follower of the Enlightenment. **II** *a.* Enlightenment (*attr.*), of Enlightenment (*posposto*), enlightened: *idee* *illuministe* enlightened ideas.

illuministico (*pl.* **-ci**) *a.* Enlightenment (*attr.*), of Enlightenment (*posposto*), enlightened: *idee illuministe* enlightened ideas.

illuminometro *m.* (*Tecn*) illuminometer.

illuminotecnica *f.* (*Tecn*) lighting engineering.

illuminotecnico (*pl.* **-ci**) **I** *a.* (*Tecn*) lighting-engineering (*attr.*). **II** *m.* (*Tecn*) lighting engineer.

illusi → **illudere**.

illusione *f.* **1** illusion: ~ *ottica* optical illusion; ~ *dei sensi* sensory illusion. **2** (*falsa speranza*) illusion, false hope, fond hope: *farsi delle illusioni* to cherish fond hopes, to cherish false hopes, to be under an illusion *non farsi illusioni su qcs.* to have no illusions about sth.; *non mi faccio illusioni* I have no illusion.

illusionismo *m.* **1** conjuring: *spettacolo di* ~ conjuring show, conjuring act. **2** (*Art,Teat*) illusionism.

illusionista *m./f.* (*prestigiatore*) conjurer, conjuror, magician, illusionist.

illusionistico (*pl.* **-ci**) *a.* **1** conjuring, magic: *gioco* ~ magic trick. **2** (*Art,Teat*) illusionistic: *effetto* ~ illusionistic effects.

illuso → **illudere I** *a.* deluded, deceived, (*colloq*) fooled. **II** *m.* (*f.* **-a**) **1** (*sognatore*) dreamer, cherisher of fond hopes: *è un povero* ~ he's a dreamer. **2** (*sciocco*) fool: *è un povero* ~ he's a poor fool.

illusorietà *f.* illusoriness, illusiveness, deceptiveness.

illusorio *a.* illusory, illusive, deceptive, vain, fond: *speranze illusorie* vain hopes, fond hopes; *felicità illusoria* illusory happiness.

illustrare (**illùstro**) *v.t.* **1** to illustrate: ~ *un'opera con disegni* to illustrate a work with drawings. **2** (*spiegare*) to illustrate, to explain: ~ *una teoria con esempi* to illustrate a theory by (means of) examples.

illustrativo *a.* explanatory, illustrative: *note illustrative* explanatory notes.

illustrato *a.* illustrated, pictorial: *il libro è riccamente* ~ the book is fully illustrated; *giornale* ~ illustrated magazine.

illustratore *m.* (*f.* **-trice**) illustrator.

illustrazione *f.* **1** (*l'illustrare*) illustration: *l'* ~ *di un volume* the illustration of a volume. **2** (*figura*) illustration, picture: *un volume pieno di illustrazioni* a book full of illustrations. **3** (*spiegazione*) illustration, explanation: *l'* ~ *di una teoria* the illustration of a theory. ☐ (*Edit*) *illustrazioni fuori testo* plates.

illustre *a.* **1** illustrious, famous, renowned: *un* ~ *scienziato* a famous scientist. **2** (*di riguardo*) distinguished, eminent: *l'* ~ *ospite* the illustrious guest. **3** (*nobile*) illustrious, noble: *stirpe* ~ illustrious lineage. **4** (*iron, scherz*) notorius: *un* ~ *imbroglione* a notorious rogue. **5** (*ant*) (*appellativo nelle lettere*) most illustrious. ☐ (*iron*) *un* ~ *sconosciuto*: **1** (*estraneo*) a perfect stranger; **2** (*persona priva di notorietà*) a nobody.

illustrissimo *a.* **1** most illustrious. **2** (*epist*) (*negli indirizzi*) *non si traduce*: ~ *Signor Lorenzo Rossi* Mr. Lorenzo Rossi; Esq. (*posposto al nome*): ~ *Signor Lorenzo Rossi* Lorenzo Rossi, Esq.

ilmenite *f.* (*Min*) ilmenite.

ilo *m.* **1** (*Bot*) hilum. **2** (*Anat*) hilus.

ILO *organizzazione internazionale del lavoro* ILO (International Labour Organization).

ILOR (*Stor,Econ*) *imposta locale sui redditi* (local income tax).

ilota *m./f.* (*Stor.gr*) Helot.

ilozoismo *m.* (*Filos*) hylozoism.

ilozoista *m./f.* (*Filos*) hylozoist.

imago *f.inv.* **1** (*lett*) image. **2** (*Psic*) imago.

imam, imano *m.* (*Rel.islam*) imam.

imbacuccare (**imbacùcco, imbacùcchi**) **I** *v.t.* to wrap up: *lo imbacuccò in un cappotto* he wrapped him up in a coat. **II** *v.pron.* **imbacuccarsi** to wrap up, to wrap oneself up, to muffle oneself up.

imbaldanzire (**imbaldanzìsco, imbaldanzìsci**) **I** *v.t.* to embolden, to make bold. **II** *v.i.* (*aus.* **essere**) to become bold, to grow bold. **III** *v.pron.* **imbaldanzirsi** to become bold, grow bold.

imballaggio *m.* **1** (*l'imballare*) packing: *l'* ~ *di un oggetto fragile* the packing of a fragile object. **2** (*l'avvolgere*) wrapping. **3** (*il raccogliere in balle*) baling: ~ *del cotone* cotton baling. **4** (*involucro*) packing, package, pack: ~ *resistente* strong packing. ☐ ~ *a perdere* non returnable packing; ~ *a rendere* returnable packing, package to be returned; *da* ~ packing, wrapping: *tela da* ~ packcloth, bagging, burlap, sackcloth; *spese di* ~ cost of packing; ~ *in casse* packing in crates, crating; (*Comm*) ~ *incluso* packing included; ~ *sotto vuoto* vacuum pack.

imballare[1] (**imbàllo**) *v.t.* **1** to pack, to package. **2** (*in casse*) to crate. **3** (*raccogliere in balle*) to bale: ~ *la lana* to bale wool.

imballare[2] (**imbàllo**) **I** *v.t.* (*Mot*) to race: ~ *il motore* to race the engine. **II** *v.pron.* **imballarsi 1** (*Mot*) to race. **2** (*Sport,gerg*) to tense up, to choke.

imballato *a.* **1** packed: *merce imballata male* poorly-packed goods. **2** (*in casse*) crated. **3** (*in balle*) baled: *cotone* ~ baled cotton. ☐ *non* ~: **1** not packed; **2** (*in avvolto in balle*) unbaled.

imballatore *m.* (*f.* **-trice**) (*operaio*) packer.

imballatrice *f.* **1** (*macchina*) packing machine. **2** (*per balle*) baling machine, baler.

imballatura[1] *f.* → **imballaggio**.

imballatura[2] *f.* (*Mot*) racing.

imballo *m.* (*imballaggio*) packing: ~ *a rendere* packing to be returned.

imbalsamare (**imbàlsamo**) *v.t.* **1** to embalm: ~ *un cadavere* to embalm a body. **2** (*impagliare*) to stuff: ~ *un animale* to stuff an animal.

imbalsamato *a.* **1** embalmed. **2** (*impagliato*) stuffed: *uccello* ~ stuffed bird.

imbalsamatore *m.* (*f.* **-trice**) **1** embalmer. **2** (*impagliatore*) taxidermist.

imbalsamazione *f.* **1** (*l'imbalsamare*) embalming. **2** (*l'impagliare*) taxidermy, stuffing.

imbambolarsi (**mi imbàmbolo, ti imbàmboli**) *v.pron.* to look blank, to get astounded, to get bewildered.

imbambolato *a.* **1** astounded, bewildered, astonished. **2** (*rif. agli occhi*) blank, glassy. ☐ *restò* ~ *a guardare la scena* he watched the scene in astonishment.

imbandieramento *m.* decking with flags.

imbandierare (**imbandièro**) *v.t.* to deck with flags, to hang with flags: ~ *la città per la festa* to deck the city with flags for the feast. ☐ (*Mar*) ~ *la nave* to dress ship.

imbandierato *a.* decorated with flags (*posposto*), bedecked with flags (*posposto*), beflagged: *finestre imbandierate* windows hung with flags.

imbandigione *f.* **1** (*lett*) (*l'imbandire*) preparation (of the table for a banquet). **2** (*rar*) (*vivande imbandite*) array (of food), spread.

imbandire (**imbandìsco, imbandìsci**) *v.t.*

1 to prepare, to lay (for a banquet), to spread, to set. **2** (*rif. a cibi*) to prepare. ☐ (*lett*) ~ *la mensa* to set the table, to lay the table.

imbandito *a.* sumptuously laid, laid, set, prepared (for a feast): *una tavola ben imbandita* a sumptuously laid table, a table set for a feast.

imbarazzante *a.* embarrassing, awkward: *una domanda* ~ an embarrassing question.

imbarazzare (**imbaràzzo**) **I** *v.t.* **1** (*mettere in imbarazzo*) to embarrass, to make (so.) uncomfortable, to make (so.) ill at ease: *la presenza della ragazza lo imbarazzava* the girl's presence embarrassed him. **2** (*confondere*) to bewilder, to puzzle, to perplex: *la domanda lo imbarazzò* the question puzzled him. **3** (*impedire*) to hamper, to encumber, to hinder: *la gonna stretta le imbarazzava il passo* her tight skirt hindered her when she walked. **II** *v.pron.* **imbarazzarsi** to be embarrassed. ☐ ~ *lo stomaco* to upset the stomach, to load the stomach, to lie to heavy on the stomach, to be heavy on the stomach.

imbarazzato *a.* **1** embarrassed, uncomfortable, awkward, ill at ease: *sentirsi* ~ to feel embarrassed, to feel awkward. **2** (*impacciato*) self-conscious. **3** (*confuso, perplesso*) bewildered, puzzled. **4** (*rif. a stomaco*) upset.

imbarazzo *m.* **1** embarrassment, awkwardness: *cercava di nascondere il suo* ~ he tried to hide his embarrassment. **2** (*impaccio*) self-consciousness. **3** (*perplessità*) bewilderment, confusion. **4** (*disturbo*) hindrance, trouble: *la folla accorsa dava più* ~ *che aiuto* the crowd which gathered was more of a hindrance than a help. **5** (*difficoltà*) difficulty, embarrassment, trouble: *trovarsi in imbarazzi finanziari* to be in financial difficulties. ☐ *essere d'* ~ *a qcu.* to be a hindrance to so., to be a nuisance to so., to get in so.'s way; *togliere d'* ~ *qcu.* to get so. out of a fix, to get so. out of a difficulty; *non avere che l'* ~ *della scelta* to be able to pick and choose, to be able to take one's pick; ~ *di stomaco* stomach upset; *essere in* ~ to be embarrassed; *mettere in* ~ *qcu.* to embarrass so., to put so. in an awkward situation; *lasciare qcu. in* ~ to leave so. in a fix; *essere in grande* ~: **1** to be in serious difficulty; **2** (*di fronte a una scelta difficile*) to be at a loss, to be in a quandary.

imbarbarimento *m.* barbarization, decline, corruption: *l'* ~ *dei costumi* the decline of morals.

imbarbarire (**imbarbarìsco, imbarbarìsci**) **I** *v.t.* **1** to barbarize: ~ *un popolo* to barbarize a people. **2** (*rif. a lingua*) to corrupt. **II** *v.i.* (*aus.* **essere**) to become barbarous, to become corrupt. **III** *v.pron.* **imbarbarirsi 1** to become barbarous. **2** (*rif. a lingua*) to become corrupt. **3** (*fig*) to decline, to decay.

imbarcadero *m.* (*Mar*) landing stage, jetty, wharf.

imbarcamento *m.* (*Fal*) warping.

imbarcare (**imbàrco, imbàrchi**) **I** *v.t.* **1** (*Mar*) to board, to take on board, to take aboard: ~ *i passeggeri* to board (the) passengers, to take (the) passengers on board. **2** (*Aer*) to board: ~ *i passeggeri sull'aereo* to board (the) passengers onto the aircraft. **3** (*contenere*) to carry, to hold: *la nave può* ~ *novecento passeggeri* the ship can carry nine hundred passengers. **4** (*fig*) to involve, to implicate (*in* in), to get (into): *lo hanno imbarcato in un affare sbagliato* they got him involved in a risky affair. **II** *v.pron.* **imbarcarsi 1** (*Mar*) to embark, to board: *s'imbarcò per l'America* he embarked for America; *mi im-*

barcherò sulla prima nave in partenza I'm going to take the first ship sailing. **2** (*Aer*) to board. **3** (*arruolarsi*) to sign on, to go to sea: *imbarcarsi come mozzo* to sign on as cabin boy. **4** (*scherz*) (*rif. a veicoli*) to pile: *ci siamo imbarcati tutti sulla sua vecchia macchina* we all piled into his old car. **5** (*fig*) (*mettersi*) to embark (*in* on), to engage (in): *imbarcarsi in un'impresa* to embark on an enterprise. **6** (*Fal*) to warp. □ (*Mar*) ~ *acqua*: **1** to take on water; **2** (*rif. a scafo*) to leak; *imbarcarsi clandestinamente* to stow away; (*Mar*) ~ *un colpo di mare* to take on water.

imbarcata *f.* (*Aer*) terminal nosedive. □ (*colloq,fig*)*prendersi un'~ per qcu.* (*innamorarsi*) to fall for so.

imbarcato *a.* (*Fal*) warped.

imbarcatoio *m.* (*Mar*) landing stage, jetty, wharf.

imbarcatura *f.* (*Fal*) warping.

imbarcazione *f.* (*Mar*) boat, craft: *imbarcazioni di ogni genere* all kinds of craft. □ (*Mar*) ~ *a motore* motor boat; (*Mar*) ~ *a vela* sailing boat, (*Am*) sailboat; (*Mar*) ~ *da competizione* racing boat; (*Mar*) ~ *da diporto* yacht, pleasure craft, pleasure boat; (*Mar*) ~ *di salvataggio* lifeboat; (*Mar*) ~ *fuoribordo* outboard motorboat; (*Mar*) ~ *leggera* skiff.

imbarco (*pl.* -**chi**) *m.* **1** (*Mar*) (*rif. a passeggeri*) boarding, embarkation. **2** (*Mar*) (*rif. a merci*) embarkation, shipment, loading: *data d'~* date of shipment. **3** (*Mar*) (*arruolamento*) signing on: *ottenere un ~ come mozzo* to sign on as cabin boy. **4** (*Mar*) (*banchina*) landing stage. **5** (*Aer*) boarding: *cancello d'~* boarding gate. □ ~ *clandestino* stowing away; (*Aer*) ~ *immediato* now boarding.

imbardare (*imbàrdo*) **I** *v.i.* (*aus.* **avere**) (*Aer*) to yaw. **II** *v.pron.* **imbardarsi** (*Aer*) to yaw.

imbardata *f.* (*Aer*) yaw.

imbarilare (*imbarìlo*) *v.t.* to barrel, to pack (sth.) in barrels, to store (sth.) in barrels: ~ *il pesce salato* to pack salted fish in barrels.

imbastardimento *m.* **1** bastardization, mongrelization, degeneration. **2** (*fig*) degeneration, corruption: *l'~ della lingua* the corruption of the language.

imbastardire (**imbastardìsco, imbastardìsci**) **I** *v.t.* **1** to bastardize, to mongrelize: ~ *una razza canina* to bastardize a breed of dogs. **2** (*fig*) to corrupt, to debase. **II** *v.i.* (*aus.* **essere**) **1** to become bastardized. **2** (*fig*) to degenerate, to become corrupted. **III** *v.pron.* **imbastardirsi 1** to become bastardized. **2** (*fig*) to degenerate, to become corrupted.

imbastire (**imbastìsco, imbastìsci**) *v.t.* **1** (*Sart*) to tack, to baste. **2** (*fig*) (*abbozzare*) to outline, to draft, to sketch out: ~ *un discorso* to draft a speech. **3** (*fig*) (*inventare*) to invent; (*improvvisare*) to improvise. **4** (*Tecn*) to tack.

imbastitura *f.* **1** (*Sart*) tacking, basting: *fare un'~* to tack, to baste. **2** (*fig*) (*abbozzo*) outline, draft. **3** (*Mecc*) tacking.

imbattersi (**mi imbàtto**) *v.pron.* **1** to meet (*in* qcu. so.), to meet up (*in* with), to fall in (*in* with), to run (*in* into), to come (*in* across): ~ *in un conoscente* to run into an acquaintance. **2** (*rif. a cose*) to come (*in* across), to run up (*in* against), to meet (*in* with): ~ *in una difficoltà* to run up against a difficulty. **3** (*avere per caso*) to happen (*in* on), to run up (*in* against), to come up (*in* against): *si è imbattuto in un insegnante severo* he has come up against a strict teacher. □ ~ *bene* to fare well, to be lucky; ~ *male* to fare poorly, to be unlucky.

imbattibile *a.* unbeatable, invincible.

imbattibilità *f.* invincibility.

imbattuto *a.* unbeaten, undefeated.

imbavagliare (**imbavàglio, imbavàgli**) *v.t.* **1** to gag. **2** (*fig*) to gag, to silence: ~ *la stampa* to silence the press.

imbeccare (**imbécco, imbécchi**) *v.t.* **1** to feed: *la rondine imbecca i piccoli* the swallow feeds its young. **2** (*fig*) (*suggerire*) to prompt, to tell: ~ *qcu. su ciò che deve dire* to tell so. what he should say.

imbeccata *f.* **1** beakful. **2** (*fig*) prompt, prompting: *dare l'~ a qcu.* to prompt so. as to what to say, to put the words into so.'s mouth.

imbeccatoio *m.* feeding dish, feeding tray.

imbecillaggine *f.* (*rar*) → **imbecillità**.

imbecille **I** *a.* **1** imbecile, stupid. **2** (*Med*) imbecile. **II** *m./f.* **1** imbecile, fool, idiot: *non fare l'~* don't play the fool, don't be stupid. **2** (*Med*) imbecile.

imbecillità *f.* **1** imbecility, stupidity. **2** (*azione stupida*) stupid thing (to do); (*discorso stupido*) stupid thing (to say), nonsense, rubbish, foolish talk: *non dire* ~ don't talk nonsense, don't talk nonsense rubbish. **3** (*Med*) imbecility.

imbelle *a.* **1** (*lett*) unwarlike: *popolo* ~ unwarlike people. **2** (*estens*) (*vile*) faint-hearted, cowardly.

imbellettare (**imbellétto**) **I** *v.t.* **1** to make up, (*spreg*) to paint. **2** (*fig*) (*abbellire*) to embellish. **II** *v.pron.* **imbellettarsi** to make up, to make oneself up, (*spreg*) to paint one's face.

imbellettatura *f.* **1** making up. **2** (*belletto*) make-up. **3** (*fig*) embellishment.

imbellire (**imbellìsco, imbellìsci**) **I** *v.t.* to make beautiful, to make more beautiful, to make lovely, to make more lovely: *la nuova pettinatura ti imbellisce* your new hairstyle makes you look beautiful. **II** *v.i.* (*aus.* **essere**) to become beautiful, to become more beautiful, to grow lovely, to grow pretty. **III** *v.pron.* **imbellirsi** to become beautiful, to become more beautiful, to grow lovely, to grow pretty.

imberbe *a.* **1** beardless: *un giovanetto* ~ a beardless youth. **2** (*estens*) (*molto giovane*) callow, young, inexperienced.

imberrettato *a.* wearing a cap (*posposto*), wearing a hat (*posposto*).

imbestialire (**imbestialìsco, imbestialìsci**) **I** *v.i.* (*aus.* **essere**) to become enraged, to become furious, to fly into a rage, to fly into a temper. **II** *v.pron.* **imbestialirsi** to become enraged, to become furious, to fly into a rage, to fly into a temper: *la sua testardaggine mi fa* ~ his obstinacy makes me furious.

imbevere (**imbévo**) **I** *v.t.* (*inzuppare*) to soak, to steep (*di* in): ~ *una spugna d'acqua* to soak a sponge in water. **II** *v.pron.* **imbeversi 1** to absorb, to soak up (*di qcs.* sth.). **2** (*fig*) to become imbued (*di* with), to imbibe (*di* qcs. sth.).

imbevibile *a.* undrinkable.

imbevuto → **imbevere** *a.* **1** soaked, steeped (*di* in). **2** (*fig*) imbued (*di* with), steeped (*di* in): *una società imbevuta di pregiudizi* a society imbued with prejudices.

imbiaccare (**imbiàcco, imbiàcchi**) *v.t.* (*Tecn*) (*coprire di biacca*) to paint with white lead, to cover with ceruse.

imbiaccatura *f.* (*Tecn*) white leading, cerusing.

imbiancamento *m.* **1** (*l'imbiancare*) whitening. **2** (*Tess*) bleaching. **3** (*Edil*) (*di muri*) whitewashing.

imbiancare (**imbiànco, imbiànchi**) **I** *v.t.* **1** (*rendere bianco*) to whiten: *la neve imbianca i colli* the snow whitens the hills. **2** (*tin-*

teggiare) to paint. **3** (*Edil*) (*a calce*) to whitewash: ~ *la facciata di un edificio* to whitewash the front of a building. **4** (*Tess*) (*candeggiare*) to bleach. **II** *v.i.* (*aus.* **essere**) **1** to become white, to turn white. **2** (*rischiararsi*) to light up, to brighten up. **III** *v.pron.* **imbiancarsi 1** to become white, to turn white. **2** (*rischiararsi*) to light up, to brighten up.

imbiancato *a.* **1** whitened, white, whited. **2** (*tinteggiato*) painted. **3** (*Edil*) whitewashed. **4** (*Tess*) bleached.

imbiancatore *m.* (*Tess*) **1** (*f.* -**trice**) (*operaio*) bleacher. **2** (*macchina*) bleaching engine.

imbiancatura *f.* **1** (*tinteggiatura*) painting. **2** (*Edil*) whitewashing. **3** (*Tess*) bleaching.

imbianchimento *m.* **1** (*Ind*) bleaching, decolourization: ~ *della carta* bleaching of paper. **2** (*Agr*) blanching.

imbianchino *m.* **1** painter, house painter, whitewasher. **2** (*spreg*) (*pittore scadente*) bad painter, dauber.

imbianchire (**imbianchìsco, imbianchìsci**) **I** *v.t.* **1** (*rendere bianco*) to whiten, to make white. **2** (*Ind*) to bleach. **3** (*Alim*) (*rif. a carne e verdura*) to blanch. **II** *v.i.* (*aus.* **essere**) **1** (*impallidire*) to turn pale. **2** (*incanutire*) to become white, to turn white.

imbibire (**imbibìsco, imbibìsci**) *v.t.* **1** (*Fis*) to imbibe. **2** (*estens*) (*inzuppare*) to soak, to steep (*di* in). **II** *v.pron.* **imbibirsi** to absorb, to soak up (*di qcs.* sth.).

imbibizione *f.* (*Fis*) imbibition.

imbiettare (**imbiétto**) *v.t.* (*Mecc*) to key, to wedge up, to wedge in.

imbiondire (**imbiondìsco, imbiondìsci**) **I** *v.t.* **1** (*rif. a capelli*) to turn blond, to lighten. **2** (*estens*) to make golden, to turn golden, to turn yellow: *il sole imbiondiva le messi* the sun turned the crops golden. **3** (*Gastron*) to lightly brown. **II** *v.i.* (*aus.* **essere**) **1** (*rif. a capelli*) to turn fair, to turn fairer, to grow blond, to grow blonder. **2** (*estens*) to become golden, to turn golden, to turn yellow: *le spighe già imbiondiscono* the ears are already turning golden. **III** *v.pron.* **imbiondirsi 1** (*rif. a capelli*) to turn fair, to turn fairer, to grow blond, to grow blonder. **2** (*estens*) to become golden, to turn golden, to turn yellow.

imbizzarrire (**imbizzarrìsco, imbizzarrìsci**) **I** *v.i.* (*aus.* **essere**) **1** (*rif. a cavallo*) to become agitated, to become over-excited. **2** (*fig*) (*rif. a persona*) to get worked up, to fly into a rage, to get mad. **II** *v.pron.* **imbizzarrirsi 1** (*rif. a cavallo*) to become agitated, to become over-excited. **2** (*fig*) (*rif. a persona*) to get worked up, to fly into a rage, to get mad.

imbizzire (**imbizzìsco, imbizzìsci**; *aus.* **essere**) *v.i.* **1** (*region*) (*stizzirsi*) to lose one's temper, to get angry. **2** (*rif. a cavallo: imbizzarrirsi*) to become restive, to become over-excited.

imboccare (**imbócco, imbócchi**) **I** *v.t.* **1** to feed: ~ *un bambino* to feed a baby. **2** (*fig*) (*suggerire*) to put the words into the mouth of, to prompt. **3** (*portare alla bocca*) to put to one's mouth: ~ *la tromba* to put the trumpet to one's mouth. **4** (*entrare*) to enter, to turn into, to turn down: ~ *una strada* to turn down a street. **5** (*con veicolo*) to drive into, to turn into, to enter; (*rif. a nave*) to sail into, to enter. **II** *v.i.* (*aus.* **avere**) **1** (*Mecc*) (*adattarsi, incastrarsi*) to fit (into). **2** (*rar*) (*sfociare: rif. a strade*) to lead, to open, to run (into); (*rif. a fiumi*) to flow (into). □ (*fig*) ~ *la via del successo* to discover the road to success, to discover the path to success.

imboccatura *f.* **1** (*entrata, ingresso*) en-

trance, access, mouth, way in: *l'~ dell'autostrada* the entrance to the motorway; *l'~ della galleria* the mouth of the tunnel. **2** (*apertura, orifizio*) mouth, opening: *l'~ della bottiglia* the mouth of the bottle. **3** (*del morso del cavallo*) mouthpiece. **4** (*Mus*) mouthpiece, embouchure. □ *l'~ del porto* the entrance to the port, the harbour-mouth; *l'~ della valle* the valley entrance, the valley mouth.

imbocco (*pl.* **-chi**) *m.* entrance, access, mouth. □ *l'~ dell'autostrada* (*Br*) the entrance (ramp) to the motorway, (*Am*) the entrance (ramp) to the highway.

imbolsire (**imbolsìsco, imbolsìsci**; *aus.* **essere**) *v.i.* **1** (*rif. a cavallo*) to become broken-winded. **2** (*fig*) (*diventare fiacco*) to grow weak. **3** (*fig*) (*ingrassare*) to grow fat.

imbonimento *m.* **1** (*discorso dell'imbonitore*) sales talk, (salesman's) patter, barking. **2** (*fig*) puff.

imbonire (**imbonìsco, imbonìsci**) *v.t.* **1** (*rif. a imbonitore*) to persuade (to buy), to talk into buying: *~ il pubblico* to persuade the public to buy. **2** (*fig*) to puff.

imbonitore *m.* (*f.* **-trice**) **1** barker. **2** (*fig*) tout, puffer.

imborghesimento *m.* bourgeoisification, getting into middle-class ways.

imborghesire (**imborghesìsco, imborghesìsci**) **I** *v.t.* to make bourgeois, to turn into a bourgeois, to make middle class. **II** *v.i.* (*aus.* **essere**) to become bourgeois, to become middle-class. **III** *v.pron.* **imborghesirsi** to become bourgeois, to become middle-class.

imboscamento *m.* **1** (*il nascondersi nel bosco*) hiding in a wood. **2** (*il sottrarsi al servizio militare*) evading military service. **3** (*rif. a merci*) cornering.

imboscare (**imbòsco, imbòschi**) **I** *v.t.* **1** (*rar*) (*nascondere nel bosco*) to hide in a wood. **2** (*estens*) (*nascondere, occultare*) to hide. **3** (*sottrarre al servizio militare*) to help (so.) to evade military service. **4** (*rif. a merci*) to corner. **II** *v.pron.* **imboscarsi 1** (*rar*) (*nascondersi nel bosco*) to hide in a wood. **2** (*sottrarsi al servizio militare*) to evade military service. **3** (*farsi assegnare a servizi poco pericolosi*) to shirk, to get a cushy job. **4** (*scherz*) (*rif. a coppietta*) to have a tumble in the hay.

imboscata *f.* ambush: *cadere in un'~* to fall into an ambush; *tendere un'~ a qcu.* to ambush so., to set up an ambush for so.

imboscato *m.* **1** (*Mil,gerg*) draft dodger. **2** (*scansafatiche*) shirker.

imboschimento *m.* (*Forest*) afforestation, forestation.

imboschire (**imboschìsco, imboschìsci**) **I** *v.t.* (*Forest*) to afforest. **II** *v.i.* (*aus.* **essere**) to turn into a forest, to become wooded, to become covered with trees. **III** *v.pron.* **imboschirsi** to turn into a forest, to become wooded, to become covered with trees.

imbottare (**imbòtto**) *v.t.* to put into casks, to put into barrels, to cask, to barrel.

imbottatura *f.* barrelling, casking.

imbotte *f.* (*Arch*) intrados.

imbottigliamento *m.* **1** bottling: *~ del vino* bottling of wine. **2** (*Mil*) encirclement, cutting off. **3** (*rif. al traffico*) traffic jam, bottleneck.

imbottigliare (**imbottìglio, imbottìgli**) *v.t.* **1** to bottle: *~ il vino* to bottle the wine. **2** (*Mil*) to bottle up, to encircle: *~ il nemico* to encircle the enemy, to bottle up the enemy. **3** (*rif. a veicoli*) to hold up, to block. **II** *v.pron.* **imbottigliarsi** (*rif. a veicoli*) to be caught in a traffic jam, to be stuck in the traffic, to be

held up in the traffic.

imbottigliato *a.* **1** bottled, in bottles (*posposto*): *vino ~* bottled wine. **2** (*rif. a veicoli*) caught in a traffic jam (*posposto*), held up in a traffic jam (*posposto*), stuck in a traffic jam (*posposto*).

imbottigliatore *m.* (*f.* **-trice**) (*operaio*) bottler.

imbottigliatrice *f.* (*Tecn*) bottling machine.

imbottire (**imbottìsco, imbottìsci**) **I** *v.t.* **1** to stuff, to fill: *~ un materasso* to stuff a mattress. **2** (*trapuntare*) to quilt: *~ una coperta* to quilt a blanket. **3** (*Sart*) to pad, to wad: *~ le spalle di una giacca* to pad the shoulders of a jacket. **4** (*riempire con pietanza*) to fill. **5** (*fig*) to fill, to stuff, to pack: *gli hanno imbottito la testa di sciocchezze* they filled his head with nonsense. **II** *v.pron.* **imbottirsi 1** (*vestirsi pesantemente*) to wrap up warmly. **2** (*riempirsi eccessivamente*) to stuff oneself: *imbottirsi di caramelle* to stuff oneself with sweets. □ *imbottirsi di medicine* to dose oneself up.

imbottita *f.* quilt.

imbottito *a.* **1** stuffed, padded, filled; (*trapuntato*) quilted. **2** (*Sart*) padded, wadded. **3** (*riempito con pietanze*) filled: *panino ~* filled roll, sandwich. **4** (*fig*) (*rif. a persona: vestito pesantemente*) muffled, muffled up, wrapped, wrapped up.

imbottitura *f.* **1** (*l'imbottire, il materiale*) stuffing, padding, filling. **2** (*Sart*) padding, wadding: *l'~ della giacca* the jacket padding. **3** (*protezione*) pad.

imbozzimare (**imbòzzimo**) *v.t.* (*Tess*) to size, to cover with size.

imbozzimatura *f.* (*Tess*) sizing.

imbraca *f.* **1** (*finimento del cavallo*) breeching, breeching strap. **2** (*braca, cinghia di sicurezza*) sling.

imbracare (**imbràco, imbràchi**) *v.t.* to sling, to harness.

imbracatura *f.* **1** (*l'imbracare*) slinging. **2** (*funi con cui si imbraca*) sling, harness. □ *~ del paracadute* parachute harness.

imbracciare (**imbràccio, imbràcci**) *v.t.* **1** to put on one's arm. **2** (*rif. ad arma da fuoco*) to shoulder, to raise: *~ il fucile* to shoulder one's gun, to shoulder one's rifle.

imbracciatura *f.* **1** shouldering. **2** (*parte per imbracciare: di scudo*) strap; (*di fucile*) sling.

imbragare *e der.* → **imbracare** *e der.*

imbranato **I** *a.* (*colloq*) clumsy, wimpish, awkard. **II** *m.* (*colloq*) muff, wimp.

imbrancare (**imbrànco, imbrànchi**) **I** *v.t.* to herd (*anche estens*). **II** *v.pron.* **imbrancarsi** (*fig*) (*rif. a persone*) to gang up, to herd.

imbrattacarte *m./f.inv.* (*spreg*) scribbler.

imbrattamuri *m./f.* **1** (*spreg*) dauber, bad painter. **2** (*chi imbratta i muri*) graffitist.

imbrattare (**imbràtto**) **I** *v.t.* **1** to soil, to dirty, to smear; (*macchiare*) to stain: *hai imbrattato l'abito di gelato* you have stained your dress with ice cream. **2** (*con liquidi*) to stain, to spot: *~ la pagina d'inchiostro* to spot (*o* blot) the page with ink. **II** *v.pron.* **imbrattarsi 1** to dirty oneself, to get dirty: *imbrattarsi di fango* to dirty oneself with mud, to get muddy. **2** (*macchiarsi*) to stain oneself. □ *~i muri di scritte oscene* to scrawl obscenities on the walls; (*fig*) *~ la carta* to scribble; (*fig*) *imbrattarsi le mani di sangue* to stain one's hands with blood.

imbrattatele *m./f.inv.* (*spreg*) dauber, bad painter.

imbrattatura *f.* **1** (*l'imbrattare*) soiling, dirtying, smearing. **2** (*macchie, segni*) stains *pl.*, marks *pl.*, dirty marks *pl.*, spots *pl.*

imbratto *m.* **1** (*dipinto scadente*) daub, bad painting. **2** (*scritto scadente*) scribble. **3** (*broda per maiali*) pig's wash, pigswill.

imbrecciare (**imbréccio, imbrécci**) *v.t.* (*Strad*) to gravel, to cover with gravel.

imbrecciatura *f.* (*Strad*) gravelling.

imbriaco (*pl.* **-ci**) *a.* (*region*) (*ubriaco*) drunk, (*colloq*) high.

imbrifero □ *bacino ~* basin, catchment basin.

imbrigliamento *m.* **1** (*rif. a cavallo*) bridling. **2** (*fig*) checking.

imbrigliare (**imbrìglio, imbrìgli**) *v.t.* **1** (*mettere le briglie*) to bridle: *~ un cavallo* to bridle a horse. **2** (*fig*) (*tenere a freno*) to bridle, to check, to curb, to hold in: *~ le passioni* to curb one's passions. **3** (*Tecn*) (*rif. a terreno*) to consolidate, to make compact. **4** (*Idr*) to dike, to build an embankment for: *~ un torrente* to dike a stream.

imbrigliatura *f.* **1** (*l'imbrigliare*) harnessing, bridling. **2** (*fig*) checking. **3** (*briglie*) harness, bridle. **4** (*Tecn*) (*rif. a terreno*) consolidation. **5** (*Idr*) diking, enclosing with an embankment. **6** (*Mar*) frap.

imbrillantinare (**imbrillantìno**) **I** *v.t.* to put brilliantine on. **II** *v.pron.* **imbrillantinarsi** to put brilliantine on (one's hair).

imbroccare (**imbròcco, imbròcchi**) *v.t.* **1** (*colpire nel segno*) to hit, to strike: *~ il bersaglio* to hit the target, to score a bull's eye. **2** (*fig*) (*azzeccare, indovinare*) to guess correctly, to get right: *non ha imbroccato neanche una risposta* he didn't get one answer right. □ *~ la strada giusta* to hit upon the right way; *non ne imbrocca una* he never gets anything right, he never gets it right.

imbrodare (**imbròdo**) *v.t.* to stain, to spill soup on, to dirty.

imbrogliare (**imbròglio, imbrògli**) **I** *v.t.* **1** (*truffare*) to cheat, to swindle, to take in, to dupe: *non è uomo che si possa facilmente ~* he is not a man to be taken in easily. **2** (*ingarbugliare*) to tangle, to entangle: *~ i fili* to entangle the wires. **3** (*complicare*) to muddle, to mess up, to mix up, to confuse, to embroil: *~ un affare* to confuse a matter. **4** (*confondere*) to confuse, to mix up: *~ le idee a qcu.* to confuse so.'s ideas, to mix so. up. **II** *v.pron.* **imbrogliarsi 1** to get tangled: *la lana si è imbrogliata* the wool has got tangled up, the wool has got into a tangle. **2** (*complicarsi*) to become complicated, to become involved, to become intricate. **3** (*confondersi*) to get confused, to get mixed up, to get into a muddle: *mi sono imbrogliato con tutte quelle cifre* I was confused by all those figures. □ *farsi ~* to get swindled; *gli si è imbrogliata la lingua* he was tongue-tied; (*fig*) *~ la matassa* to muddle things, to make things more muddled; (*fig*) *~ le carte* to muddy the waters; (*Mar*) *~ le vele* to clew up sails.

imbrogliata *f.* swindle, fraud: *prendere un'~* to get swindled, to be cheated.

imbrogliato *a.* **1** (*ingarbugliato*) tangled, entangled. **2** (*fig*) (*complicato*) intricate, complicated: *una faccenda imbrogliata* an intricate matter.

imbroglio *m.* **1** (*raggiro, truffa*) cheat, swindle, trick, fraud: *la sua proposta nasconde un ~* there is some trick behind his proposal; *cadere nell'~* to be taken in; *ottenere un posto con imbrogli* to get a position by fraud. **2** (*groviglio*) tangle: *un ~ di fili* a tangle of wires. **3** (*faccenda imbrogliata*) mess, mix-up, (*colloq*) fix: *ci siamo cacciati in un bell'~* we have got into a nice mess. **4** (*Mar*) brail.

imbroglione I *m.* (*f.* **-a**) cheat, swindler, trickster. II *a.* dishonest, crooked: *un amministratore ~* a dishonest administrator.

imbronciarsi (**mi imbróncio, ti imbrònci**) *v.pron.* 1 (*fare il broncio*) to sulk, to get the sulks, to become sulky. 2 (*rif. al cielo*) to cloud over, to grow overcast, to grow dark.

imbronciato *a.* 1 sulky, pouting: *essere ~* to sulk, to pout, to have the sulks; *viso ~* pouting face, sulky look. 2 (*rif. al cielo*) overcast, cloudy, dark.

imbrunire[1] (**imbrunìsco, imbrunìsci**; *aus.* **essere**) I *v.i.* to grow dark, to get dark, to darken, to get brown: *l'orizzonte già imbruniva* the horizon was already growing dark. II *v.i.impers.* to get dark: *comincia a ~* it is getting dark, it is beginning to get dark.

imbrunire[2] *m.* nightfall, dusk. □ *all'~* (*sull'~*) at dusk, at nightfall.

imbruttire (**imbruttìsco, imbruttìsci**) I *v.t.* to make ugly, to uglify. II *v.i.* (*aus.* **essere**) to become ugly, to grow ugly.

imbucare (**imbùco, imbùchi**) I *v.t.* 1 to post, (*Am*) to mail: *hai imbucato la lettera?* have you posted the letter?, (*Am*) did you mail the letter? 2 (*mandare in buca: nel golf*) to hole; (*nel biliardo*) to pocket. 3 (*assol.*) (*mettere nella buca delle lettere*) to post a letter: *sono uscito per ~* I went out to post a letter. II *v.pron.* **imbucarsi** 1 (*nascondersi*) to hide. 2 (*gerg*) (*intrufolarsi*) to gatecrash: *imbucarsi a una festa* to gatecrash a party.

imbucato I *a.* posted. II *m.* (*gerg*) gatecrasher.

imbudellare (**imbudèllo**) *v.t.* (*Alim*) to make into sausages, to make sausages of.

imbufalire (**imbufalìsco, imbufalìsci**) I *v.i.* (*aus.* **essere**) (*colloq*) to fly into a rage, to get mad. II *v.pron.* **imbufalirsi** (*colloq*) to fly into a rage, to get mad. □ *fare ~ qcu.* to drive so. mad.

imbufalito *a.* (*colloq*) furious, mad (*con* at, with).

imbullettare (**imbullétto**) *v.t.* 1 to tack. 2 (*Calz*) to hobnail.

imbullonare (**imbullóno**) *v.t.* to bolt.

imburrare (**imbùrro**) *v.t.* (*Alim*) to butter, to spread with butter: *~ una fetta di pane* to butter a slice of bread. □ *~ la teglia* to grease the baking tin.

imbussolare (**imbùssolo**) *v.t.* to put (sth.) into a (ballot) box.

imbustare (**imbùsto**) *v.t.* to put into an envelope.

imbutiforme *a.* funnel-shaped.

imbutire (**imbutìsco, imbutìsci**) *v.t.* (*Tecn*) to deep-draw.

imbutitrice *f.* (*Tecn*) deep-drawing press.

imbuto *m.* 1 funnel. 2 (*fig,estens*) bottleneck: *formare un ~* to narrow to a bottleneck. □ *a ~* funnel-shaped; (*fig*) *mangiare con l'~* to wolf down.

IME *Istituto Monetario Europeo* EMI (European Monetary Institute).

imene *m.* 1 (*Anat*) hymen. 2 (*lett*) (*nozze*) nuptials *pl.*

imeneo *m.* (*lett*) 1 (*canto nuziale*) hymeneal. 2 *pl.* (*nozze*) nuptials.

imenio *m.* (*Bot*) hymenium.

imenotteri *m.pl.* (*Entom*) Hymenoptera.

imitabile *a.* imitable.

imitare (**ìmito**) *v.t.* 1 to imitate: *i bambini imitano i grandi* children imitate adults; *~ il verso di un animale* to imitate the sound of an animal. 2 (*scimmiottare*) to ape: *~ i gesti del maestro* to ape the teacher's gestures. 3 (*riprodurre*) to imitate, to reproduce, to copy: *~ un quadro* to reproduce a painting. 4 (*fare l'imitazione*) to impersonate, to imi-

tate, (*colloq*) to do: *il mio amico imita bene Jerry Lewis* my friend can do a good Jerry Lewis. 5 (*assomigliare*) to look like, to be like, to be similar to, to imitate: *questa stoffa imita la seta* this material looks like silk. □ *un modello da ~* an example to follow; *~ la firma* di qcu. to forge so.'s signature; *~ l'esempio di qcu.* to follow so.'s example; *~ lo stile di uno scrittore* to copy a writer's style, to imitate a writer's style.

imitativo *a.* imitative.

imitatore *m.* (*f.* **-trice**) 1 imitator. 2 (*artista*) impressionist.

imitazione *f.* 1 (*l'imitare*) imitation. 2 (*caricatura*) impression, impersonation: *fare l'~ di Jerry Lewis* to do an impression of Jerry Lewis. 3 (*emulazione*) emulation, imitation: *l'~ dei grandi* emulation of the great. 4 (*riproduzione*) imitation, reproduction: *l'~ della natura nell'arte* the imitation of Nature in art; *un'~ di un gioiello antico* an imitation of an antique jewel; *un'~ scadente* a bad imitation. □ (*Rel*) *~ di Cristo* Imitation of Christ; *~ pedissequa* slavish imitation.

Immacolata *n.pr.f.* (*Rel.catt*) 1 (*Madonna*) Blessed Virgin, Mary Immaculate. 2 (*festività*) Immaculate Conception: *la festa dell'~* the feast of the Immaculate Conception.

immacolato *a.* spotless, immaculate.

immagazzinamento *m.* 1 storage, warehousing. 2 (*Inform*) storage: *~ dati* data storage.

immagazzinare (**immagazzìno**) *v.t.* 1 to store, to warehouse: *~ merci* to store goods. 2 (*fig*) to store. 3 (*Inform*) to store.

immaginabile *a.* 1 imaginable, conceivable. 2 (*iperb*) possible: *provare con tutti i mezzi immaginabili* to try all possible means. □ *non ~* inconceivable, unbelievable.

immaginare (**immàgino**) I *v.t.* 1 to imagine, to fancy, to picture: *è facile ~ la sua gioia* you can easily imagine his joy, you can easily imagine how happy he was; *non riesco a ~ che sia capace di simili azioni* I can't imagine his being capable of such actions, I can't imagine him being capable of such actions. 2 (*pensare, supporre*) to think, to imagine, to suppose: *l'appartamento è più grande di quanto avessi immaginato* the flat is larger than I thought; *me lo immagino!* I can just imagine (it)!; *chi l'avrebbe immaginato!* who would ever have thought it!; *immagino di sì* I suppose so, I imagine so. 3 (*intuire, prevedere*) to guess: *il ritardo era tale che immaginai fosse successo qualcosa* there was such a delay that I guessed something had happened. II *v.pron.* **immaginarsi** 1 to imagine, to fancy, to picture: *me lo immaginavo più basso* I imagined him (to be) shorter. 2 (*vedersi*) to picture oneself, to see oneself: *immaginarsi al posto di un altro* to picture oneself in so. else's place. 3 (*credere*) to think. □ *c'era da immaginarselo* it was only to be expected; *è l'uomo più generoso che si possa ~* he is the most generous man you could imagine; *immaginati!*: 1 (*come negazione*) not at all, not in the least, not a bit of it, of course not: *sei seccato? - Immaginati!* are you annoyed? - Not at all; 2 (*come risposta ad un ringraziamento*) don't mention it, not at all, (*Am*) you're welcome: *ti ringrazio molto - Immaginati!* thank you very much - Don't mention it; *vi lascio ~ la mia sorpresa!* (you can just) imagine my surprise!; *non puoi ~ quanto mi dispiaccia* you can't imagine (o believe) how sorry I am; *ma si immagini!* don't men-

tion it, not at all, (*Am*) you're welcome.

immaginario I *a.* imaginary (*anche Mat*): *personaggio ~* imaginary character; *i suoi timori sono soltanto immaginari* his fears are only imaginary. II *m.* imagination: *~ collettivo* collective imagination.

immaginativa *f.* imagination, imaginativeness: *non avere ~* to have no imagination, to be unimaginative. □ *ricco di ~* imaginative.

immaginativo *a.* of imagination (*posposto*), imaginative: *facoltà immaginativa* faculty of imagination; *scrittore ~* imaginative writer.

immaginazione *f.* 1 imagination, fancy: *ricca* lively imagination; *avere ~* to be imaginative, to have imagination; *non avere ~* to be unimaginative, to have no imagination; *non lasciare niente all'~* to leave nothing to imagination. 2 (*invenzione, cosa inventata*) figment of the imagination, imagination, fancy: *questa è una tua ~* this is a figment of your imagination. 3 (*Filos*) imagination.

immagine *f.* 1 image: *vide la sua ~ nello specchio* he saw his image in the mirror. 2 (*figura*) figure, picture: *disegnare l'~ di un gatto* to draw the figure of a cat. 3 (*ritratto*) picture, portrait: *alla parete era appesa l'~ di una fanciulla* the picture of a girl hung on the wall. 4 (*rappresentazione*) picture: *dare un'~ distorta di qcs.* to give a false picture of sth. 5 (*statua*) statue, image: *~ in marmo* marble statue. 6 (*rif. a persona: ritratto*) image, likeness, exact likeness: *quel ragazzo è l'~ di suo padre* that boy is the image of his father. 7 (*rappresentazione mentale*) picture, mental picture, image: *serbare nel cuore l'~ di una persona amata* to keep in one's heart the image of a loved one. 8 (*simbolo*) image, symbol, picture: *il sonno è l'~ della morte* sleep is the symbol of death. 9 (*espressione di un concetto*) image, simile, figure: *un'~ ardita* a bold image. 10 (*Inform*) image. 11 (*Ott,Fot*) image. 12 (*Cin,TV*) picture, image. □ *a ~ di* (*a modello di*) in the image of, like, after; (*Bibl*) *Dio creò l'uomo a sua ~ e somiglianza* God created Man in His own image and likeness; *~ aziendale* corporate image; *~ contrastata* high-contrast image; *~ del prodotto* product image; *essere l'~ della salute* to be a picture of health; (*TV*) *immagini di repertorio* library pictures; (*TV*) *~ distorta* distorted image; *immagini forti* graphic images; (*Ott*) *~ invertita* upside-down image, inverted image; *~ miracolosa* miraculous image; (*Fot,Cin*) *~ nitida* high definition picture, sharp picture; *immagini poetiche* poetic imagery (*costr.sing.*); (*Fis*) *~ reale* real image; (*Fis*) *~ riflessa* reflected image; *~ sacra* sacred image; (*Fot,TV*) *~ sfocata* blurred picture; *~ speculare* mirror image; (*Acus*) *~ stereo* stereo image; (*Fot*) *~ stereoscopica* stereoscopic image; (*Fis*) *~ virtuale* virtual image; *~ votiva* votive image.

immaginetta *f.* (*santino*) holy picture.

immaginifico (*pl.* **-ci**) *a.* imaginative. □ *L'Immaginifico* the poet Gabriele D'Annunzio.

immaginismo *m.* (*Lett*) tendency to use overly rich imagery.

immaginoso *a.* 1 (*dotato di immaginazione*) imaginative: *scrittore ~* imaginative writer. 2 (*ricco di immagini*) imaginative, rich in images: *stile ~* style rich in images.

immalinconire (**immalinconìsco, immalinconìsci**) I *v.t.* to make melancholy, to make sad: *questi pensieri m'immalinconiscono* these thoughts make me melancholy.

II *v.i.* (*aus.* **essere**) to grow melancholy, to become melancholy. **III** *v.pron.* **immalinconirsi** to grow melancholy, to become melancholy.

immancabile *a.* **1** unfailing, without fail, inevitable: *ci sarà l'~ discorso di apertura* there will be the inevitable opening speech. **2** (*rif. a persona*) constant, ever-present: *lo seguiva l'~ segretario* he was followed by his ever-present secretary.

immancabilmente *avv.* unfailingly, without fail, inevitably.

immane *a.* **1** (*lett*) (*enorme*) huge, enormous. **2** (*fig*) (*terribile*) terrible, fearful, dreadful: *un'~ sciagura* a terrible disaster.

immanente *a.* (*Filos*) immanent: *causa ~* immanent cause.

immanentismo *m.* (*Filos*) immanentism.

immanentista *m./f.* (*Filos*) immanentist.

immanentistico (*pl.* **-ci**) *a.* (*Filos*) immanentist, immanentistic.

immanenza *f.* (*Filos*) immanence.

immangiabile *a.* inedible.

immanicato *a.* (*colloq*) well-connected.

immanità *f.* (*lett*) **1** (*l'essere enorme*) enormity, enormousness. **2** (*l'essere terribile*) dreadfulness, frightfulness.

immantinente *avv.* (*lett*) (*subito*) immediately, at once.

immateriale *a.* **1** immaterial, incorporal, incorporeal: *sostanza ~* immaterial substance. **2** (*fig*) (*spirituale*) spiritual, airy, ethereal.

immaterialismo *m.* (*Filos*) immaterialism.

immaterialità *f.* immateriality: *l'~ dell'anima* the immateriality of the soul.

immatricolare (**immatrìcolo**) **I** *v.t.* (*burocr, Aut*) to register, to license. **II** *v.pron.* **immatricolarsi** (*Univ*) to matriculate, to enrol.

immatricolazione *f.* **1** (*burocr, Aut*) registration. **2** (*Univ*) matriculation, enrolment.

immaturamente *avv.* prematurely, untimely, before one's time: *l'attore ~ scomparso* the actor who came to an untimely end, the actor who died an early death.

immaturità *f.* **1** unripeness, immaturity. **2** (*fig*) immaturity: *~ intellettuale* intellectual immaturity.

immaturo I *a.* **1** unripe, immature: *frutto ~* unripe fruit. **2** (*rif. a persona*) immature: *un giovane ~* an immature young fellow. **3** (*fig*) (*rif. a cosa: prematuro*) premature, untimely: *morte immatura* untimely end. **4** (*Med*) immature. **II** *m.* (*Med*) immature baby: *reparto immaturi* specialist unit for premature babies.

immedesimare (**immedésimo**) **I** *v.t.* to combine, to merge. **II** *v.pron.* **immedesimarsi** to identify oneself (*in* with): *immedesimarsi nella parte* to identify oneself with the part, to live one's part. □ *immedesimarsi in una situazione* to put oneself in a situation, to place oneself in a situation.

immedesimazione *f.* (*l'immedesimarsi*) identification, sympathy.

immediatamente *avv.* immediately, at once, instantly. □ *~ dopo* immediately afterwards, straight after; *~ prima* right before.

immediatezza *f.* **1** (*subitaneità*) immediateness. **2** (*spontaneità*) immediacy, spontaneity. **3** (*prontezza*) immediacy (*anche Filos*).

immediato *a.* **1** immediate: *avere effetto ~* to take immediate effect. **2** (*spontaneo*) spontaneous: *stile ~* spontaneous style. □ *nelle immediate vicinanze* in the immediate vicinity, in the immediate proximity.

immemorabile *a.* immemorial: *da tempo ~* from time immemorial.

immemore *a.* forgetful, unmindful, oblivious: *~ di un'antica amicizia* forgetful of an old friendship; *~ dei propri doveri* forgetful of one's duties.

immensamente *avv.* **1** (*smisuratamente*) immensely, enormously: *un lago ~ grande* an immensely large lake. **2** (*moltissimo*) immensely, infinitely, enormously, tremendously: *ti sono ~ riconoscente* I am immensely grateful to you.

immensità *f.* **1** immensity, vastness: *l'~ dell'universo* the vastness of the universe. **2** (*grande quantità*) infinite number, enormous number, mass: *ha fatto un'~ di spropositi* he made an enormous number of mistakes.

immenso *a.* **1** (*smisurato*) immense, vast, boundless: *l'~ mare* the boundless sea; *un salone ~ accoglieva gli ospiti* the guests were received in an immense hall. **2** (*molto numeroso*) immense, enormous, huge: *una folla immensa* a huge crowd.

immergere (*pres.ind.* **immèrgo**, **immèrgi**; *p.rem.* **immèrsi**; *p.p.* **immèrso**) **I** *v.t.* **1** to dip, to immerse, to plunge: *~ il pennino nell'inchiostro* to dip the nib in the ink. **2** (*lasciare immerso*) to soak: *i panni nell'acqua* to soak the washing. **3** (*lett*) (*far penetrare*) to plunge, to drive, to sink. **II** *v.pron.* **immergersi 1** to plunge, to submerge. **2** (*tuffarsi*) to dive: *immergersi nel fiume* to dive into the river. **3** (*rif. a sottomarini ecc.*) to submerge. **4** (*Sport*) to dive. **5** (*fig*) (*dedicarsi completamente*) to be immersed, to be absorbed, to immerse oneself (*in* in): *immergersi nel lavoro* to be absorbed in one's work. **6** (*fig*) (*addentrarsi, scomparire*) to disappear (*in* into), to be swallowed up (*in* by): *immergersi nella notte* to disappear into the night.

immeritatamente *avv.* **1** (*senza merito*) undeservingly, undeservedly: *essere lodato ~* to be undeservingly praised. **2** (*ingiustamente*) unjustly, wrongly: *essere punito ~* to be unjustly punished, to be wrongly punished.

immeritato *a.* **1** (*non meritato*) undeserved, unmerited: *lodi immeritate* undeserved praise. **2** (*ingiusto*) unjust: *castigo ~* unjust punishment.

immeritevole *a.* undeserving.

immersi → **immergere**.

immersione *f.* **1** immersion, dipping, plunging. **2** (*rif. a sottomarini*) submerging, diving: *l'~ di un sommergibile* the submerging of a submarine. **3** (*Sport,Tecn*) dive, diving. **4** (*Mar*) (*pescaggio*) draught, draft. **5** (*Astr,Ott*) immersion. □ (*Sport*) *fare ~* to dive, to go diving; (*Sport*) *~ in apnea* diving without breathing apparatus; (*Sport*) *~ in profondità* deep-sea diving; (*Scol*) *~ totale* full immersion.

immerso → **immergere** *a.* **1** immersed. **2** (*rif. a sottomarini*) submerged, submersed. **3** (*fig*) plunged, immersed, submersed: *la stanza era immersa nell'oscurità* the room was (immersed) in darkness. **4** (*fig*) (*intento*) immersed, absorbed: *~ nei propri pensieri* absorbed in one's thoughts; *~ nella lettura* immersed in reading.

immesso → **immettere**.

immettere (*pres.ind.* **immétto**; *p.rem.* **immìsi**; *p.p.* **immésso**) **I** *v.t.* **1** to let, to admit. **2** (*rif. a liquidi*) to run: *~ acqua in un tubo* to run water into a pipe. **3** (*introdurre soffiando*) to blow. **4** (*fig*) to bring, to let, to introduce: *~ nuove forze in un partito* to introduce new forces into a party. **5** (*Inform*) to enter, to input. **6** (*Dir*) to put (so.) in possession: *~ qcu. nel possesso di un bene* to put so. in posses-

sion of property. **II** *v.i.* (*aus.* **avere**) to lead: *il corridoio immette nella hall* the corridor leads to the hall. **III** *v.pron.* **immettersi 1** to enter, to get into. **2** (*rif. a strade*) to lead (*in* to). **3** (*rif. a corsi d'acqua*) to flow (*in* into). □ (*Econ*) *~ in circolazione* to issue, to introduce into circulation, to put into circulation; (*Comm*) *~ sul mercato* to put on the market.

immigrante I *a.* immigrating. **II** *m./f.* immigrant.

immigrare (**immìgro**; *aus.* **essere**) *v.i.* to immigrate.

immigrato I *a.* immigrant. **II** *m.* (*f.* **-a**) immigrant.

immigratorio *a.* immigrant, immigration (*attr.*).

immigrazione *f.* **1** immigration. **2** (*gli immigrati*) immigration, immigrants *pl.* □ *~ clandestina* illegal immigration; *paese d'~* immigration country; *~ interna* internal immigration, inmigration.

imminente *a.* **1** (*prossimo*) imminent, not far off. **2** (*minaccioso*) imminent, impending, threatening: *pericolo ~* impending danger. □ *il libro è di ~ pubblicazione* publication of the book is forthcoming.

imminenza *f.* **1** imminence, nearness. **2** (*minaccia*) imminence: *l'~ del pericolo* the imminence of danger. □ *nell'~ delle feste* with the approach of the holidays, with the holidays coming up.

immischiare (**immìschio**, **immìschi**) **I** *v.t.* to involve, to mix up, to draw: *non voglio ~ i miei parenti in questo affare* I don't want to involve my relatives in this matter. **II** *v.pron.* **immischiarsi** to meddle (*in* with), to interfere (*in* with, in), to get involved (*in* in), to get mixed up (*in* in): *non immischiarti in ciò che non ti riguarda* don't interfere in other people's business.

immiscibile *a.* (*Chim*) immiscible.

immiscibilità *f.* (*Chim*) immiscibility.

immiserimento *m.* impoverishment.

immiserire (**immiserìsco**, **immiserìsci**) **I** *v.t.* to impoverish (*anche fig*). **II** *v.i.* (*aus.* **essere**) **1** to become poor. **2** (*fig*) to grow weak. **III** *v.pron.* **immiserirsi 1** to become poor. **2** (*fig*) to grow weak.

immisi → **immettere**.

immissario *m.* tributary: *l'~ del lago* the tributary of the lake. □ *~ sotterraneo* underground affluent.

immissione *f.* **1** letting in, admission: *~ dell'acqua in un serbatoio* letting of water into a tank. **2** (*sbocco*) inlet: *canale di ~* inlet channel. **3** (*fig*) introduction, bringing. **4** (*Inform*) entry, input: *~ dei dati* data entry. □ (*Tecn*) *~ dell'aria* air intake; (*Econ*) *~ di capitali* infusion of capital; (*burocr*) *~ in ruolo* inclusion in the list of permanent staff; (*Dir*) *~ nel possesso* putting in possession.

immobile I *a.* still, motionless, immobile: *stare ~* to keep still, to stand still, to be motionless, to remain stock-still, not to move a muscle. **II** *m.* (*Dir*) (*immovable*) property.

immobiliare I *a.* (*Dir*) estate (*attr.*), (*Am*) real-estate (*attr.*), property (*attr.*): *mercato ~* property market, (*Am*) real estate market. **II** *f.* (*società immobiliare*) property company, (*Am*) real estate company.

immobiliarista *m./f.* estate agent, (*Am*) real estate agent, realtor.

immobilismo *m.* (*Pol*) ultra-conservatism, inactivity: *~ economico* economic inactivity.

immobilista *m./f.* (*Pol*) ultra-conservative person.

immobilistico (*pl.* **-ci**) *a.* (*Pol*) ultra-conservative: *linea politica immobilistica* ultra-conservative policy.

immobilità *f.* stillness, motionlessness, immobility: *~ politica* political immobility. □ *l'ingessatura mi costringe a un'~ assoluta* the plaster cast forces me to keep absolutely still; *ha l'~ di una statua* he is as motionless as a statue.

immobilizzare (**immobìlizzo**) *v.t.* **1** to immobilize: *~ una gamba* to immobilize a leg. **2** (*fissare*) to secure, to tie up. **3** (*paralizzare*) to paralyze, to block: *lo sciopero ha immobilizzato il paese* the strike has paralyzed the country. **4** (*Econ*) to immobilize, to lock up, to tie up: *~ capitali* to lock up capital. □ *l'ingessatura lo ha immobilizzato a letto* the plaster confined him to his bed, (*colloq*) the plaster laid him up in bed.

immobilizzato *a.* **1** immobilized. **2** (*Econ*) tied up, locked up, immobilized. □ *essere ~ a letto* to be confined to bed, (*colloq*) to be laid up in bed; *essere ~ su una sedia a rotelle* to be wheel-chair bound.

immobilizzatore *m.* (*Aut*) immobilizer.

immobilizzazione *f.* **1** immobilization. **2** (*Econ*) immobilization, locking up. **3** *pl.* (*Econ*) fixed assets. □ (*Econ*) *immobilizzazioni finanziarie* fixed assets.

immobilizzo *m.* (*Econ*) locking up, tying up.

immoderatamente *avv.* immoderately, to excess.

immoderatezza *f.* immoderateness, immoderation.

immoderato *a.* immoderate, excessive: *essere ~ nel bere* to be immoderate in drinking; *essere ~ nel mangiare* to overeat.

immodestamente *avv.* immodestly.

immodestia *f.* immodesty.

immodesto *a.* immodest.

immodificabile *a.* unmodifiable.

immolare (**immòlo**) I *v.t.* **1** to sacrifice, to immolate: *~ un bue a una divinità* to sacrifice an ox to a deity. **2** (*fig*) to sacrifice, to give: *~ la vita per la patria* to give one's life for one's country. II *v.pron.* **immolarsi** to sacrifice oneself, to immolate oneself.

immolazione *f.* immolation.

immondezza *f.* **1** dirtiness, filthiness, foulness (*anche fig*). **2** (*spazzatura*) rubbish, garbage, (*Am*) trash.

immondezzaio *m.* **1** (*mucchio di sporcizia*) rubbish heap, rubbish dump, (*Am*) garbage dump. **2** (*fossa*) rubbish pit; (*letamaio*) dunghill, manure heap. **3** (*ambiente sudicio*) pigsty: *questa stanza è un ~!* this room is a pigsty! **4** (*fig*) (*ambiente turpe*) gutter, sink, place of filth, den: *un ~ di vizi* a sink of vices.

immondizia *f.* **1** (*sporcizia*) dirt, filth. **2** *spec.pl.* (*spazzatura*) rubbish, (*Am*) garbage, trash.

immondo *a.* **1** dirty, filthy, foul (*anche fig*). **2** (*Rel*) unclean: *animali immondi* unclean animals.

immorale *a.* immoral: *atti immorali* immoral acts; *persona ~* immoral person.

immoralismo *m.* (*Filos*) immoralism.

immoralista *m./f.* (*Filos*) immoralist.

immoralità *f.* immorality.

immoralmente *avv.* immorally.

immortalare (**immortàlo**) I *v.t.* to immortalize. II *v.pron.* **immortalarsi** to gain everlasting fame.

immortalato *a.* immortalized: *~ in un romanzo* immortalized in a novel.

immortale I *a.* **1** immortal. **2** (*estens*) (*imperituro*) immortal, everlasting: *fama ~* everlasting fame. II *m./f.* immortal.

immortalità *f.* **1** immortality: *l'~ dell'ani-*

---

ma the immortality of the soul. **2** (*estens*) immortality, enduring fame: *conquistare l'~ con le proprie opere* to win enduring fame by one's works.

immotivato *a.* unjustified, groundless.

immoto *a.* (*lett*) immobile, motionless, still.

immucidire (**immucidìsco, immucidìsci**; *aus.* **essere**) *v.i.* (*rar*) to grow musty, to go mouldy.

immune *a.* **1** free, immune (*da* from): *nessuno è ~ da difetti* no one is free from fault, no one is faultless. **2** (*Med*) immune: *~ dal contagio* immune from contagion.

immunità *f.* **1** (*Pol,Med*) immunity. □ *~ diplomatica* diplomatic immunity; *~ ecclesiastica* ecclesiastical immunity; *~ da imposte* tax exemption; *~ parlamentare* parliamentary immunity.

immunitario *a.* (*Med*) immune: *sistema ~* immune system.

immunizzante *a.* (*Med*) immunizing: *siero ~* immunizing serum.

immunizzare (**immunìzzo**) I *v.t.* **1** (*Med*) to immunize. **2** (*fig*) to make immune, to protect. II *v.pron.* **immunizzarsi 1** (*Med*) to become immune, to be immunized. **2** (*fig*) to make oneself immune, to protect oneself.

immunizzazione *f.* (*Med*) immunization.

immunodeficienza *f.* (*Med*) immunodeficiency.

immunofluorescente *a.* (*Med*) immunofluorescent.

immunofluorescenza *f.* (*Med*) immunofluorescence.

immunogenetica *f.* (*Biol*) immunogenetics (*costr.sing.*).

immunogenico *a.* (*Biol*) immunogenic.

immunogeno I *a.* (*Med*) immunogenic, antigenic. II *m.* (*Med*) immunogen.

immunoglobulina *f.* (*Med*) immunoglobulin.

immunologia *f.* (*Med*) immunology.

immunologico (*pl.* **-ci**) *a.* (*Med*) immunologic, immunological.

immunologo *m.* (*f.* **-a**; *pl.* **-gi**) (*Med*) immunologist.

immunopatologia *f.* (*Med*) immunopathology.

immunoprofilassi *f.* (*Med*) immunoprophylaxis.

immunoreazione *f.* (*Biol*) immune reaction.

immunosoppressione *f.* (*Med*) immunosuppression.

immunosoppressivo *a.* (*Med*) immunosuppressive.

immunosoppressore I *a.* (*Med*) immunosuppressive. II *m.* (*Med*) immunosuppressive.

immunostimolante I *a.* (*Med*) immunostimulant. II *m.* (*Med*) immunostimulant.

immunoterapia *f.* (*Med*) immunotherapy.

immunsiero *m.* (*Med*) immune serum.

immusonirsi (**mi immusonìsco, ti immusonìsci**) *v.pron.* to sulk, to pout.

immusonito *a.* sulky, pouting.

immutabile *a.* **1** immutable, unchangeable: *destino ~* immutable destiny. **2** (*forte, costante*) unswerving, constant, firm: *volontà ~* unswerving will.

immutabilità *f.* **1** immutability, unchangeability. **2** (*forza, costanza*) constancy, firmness: *l'~ di una decisione* the firmness of a decision.

immutabilmente *avv.* immutably.

immutato *a.* **1** unchanged, the same (as before): *l'ordine è rimasto ~* the order is unchanged, the order is the same as ever. **2** (*costante*) unswerving, unfailing.

---

imo I *a.* (*lett*) lowest, deepest, bottom (*attr.*), bottommost. II *m.* (*lett*) bottom, depths *pl.*, lowest part.

imoscapo *m.* (*Arch*) lower scape, lower shaft.

impaccare (**impàcco, impàcchi**) *v.t.* **1** to pack, to make a parcel of: *~ i libri* to pack books. **2** (*avvolgere*) to wrap up.

impacchettare (**impacchétto**) *v.t.* **1** to package, to make into a package, to make a package of: *~ le sigarette* to package cigarettes. **2** (*avvolgere*) to wrap, to wrap up: *un regalo* to wrap up a gift, to wrap a present.

impacchettatore *m.* (*Ind*) packer, packager.

impacchettatrice *f.* (*Ind*) packer, packaging machine.

impacciare (**impàccio, impàcci**) *v.t.* **1** (*impedire*) to hinder, to encumber, to hamper: *il cappotto mi impaccia nei movimenti* the coat hampers my movements, the coat hinders my movement(s). **2** (*ostacolare, disturbare*) to trouble, to bother, to hinder: *invece di aiutarmi mi impaccia* instead of helping me he hinders me. **3** (*fig*) to embarass.

impacciato *a.* **1** (*imbarazzato*) embarrassed, self-conscious, ill at ease, uncomfortable. **2** (*goffo, maldestro*) awkward, clumsy. **3** (*impedito*) hindered, hampered: *avere i movimenti impacciati* to be hampered in one's movements, to be hindered in one's movements.

impaccio *m.* **1** (*imbarazzo*) embarrassment, self-consciousness, awkwardness. **2** (*cosa che impaccia*) encumbrance. **3** (*fig*) (*ostacolo, intralcio*) hindrance; (*fastidio*) trouble, bother. □ *con ~* awkwardly; *essere d'~ a qcu.* to get in so.'s way, to be in so.'s way, to hinder so.: *questi abiti mi sono d'~* these clothes get in my way.

impacco (*pl.* **-chi**) *m.* compress (*anche Med*). □ *~ caldo* hot compress; *~ umido* wet compress.

impadronirsi (**mi impadronìsco, ti impadronìsci**) *v.pron.* **1** (*occupare, impossessarsi*) to take possession (*di* of), to get hold (*di* of), to seize (*di qcs.* sth.): *il nemico s'impadronì della città* the enemy seized the town; *~ del potere* to seize power. **2** (*fig*) (*rif. a sentimenti*) to take hold (*di* of), to be seized (*di* by), to be carried away (*costr.pers.*) (*di* by), to seize: *la passione s'impadronì di lui* passion seized him, passion took hold of him, he was carried away by passion. **3** (*fig*) (*imparare a fondo*) to master (*di qcs.* sth.): *~ di una lingua* to master a language. **4** (*appropriarsi indebitamente*) to misappropriate (*di qcs.* sth.), to embezzle (*di qcs.* sth.): *s'impadronì dei fondi della compagnia* he embezzled the company's funds. **5** (*rubare*) to steal (*di qcs.* sth.): *il ladro s'impadronì dei gioielli* the thief stole the jewels. **6** (*rif. a oggetto: afferrare, prendere*) to grab (*di qcs.* sth.), to seize (*di qcs.* sth.): *s'impadronì della mia valigia e me la portò in camera* he seized my suitcase and carried it up to my room.

impagabile *a.* **1** invaluable, priceless: *mi ha reso un servigio* ~ he did me an invaluable service. **2** (*estens*) (*impareggiabile*) priceless: *una scenetta ~* a priceless scene.

impaginare (**impàgino**) *v.t.* (*Tip*) to page up, to make up (into pages), to lay out in pages.

impaginato I *a.* (*Tip*) paged. II *m.* (*Tip*) page proof: *correggere l'~* to correct the page proof.

impaginatore *m.* (*f.* **-trice**) (*Tip*) maker-up.

impaginazione *f.* (*Tip*) **1** (*l'impaginare*) making-up, page make-up. **2** (*disposizione* *grafica*) layout.

impagliare (impàglio, impàgli) *v.t.* **1** (*rivestire di paglia*) to cover with straw: ~ *un fiasco* to cover a flask with straw. **2** (*rif. ad animali*) to stuff: ~ *uccelli* to stuff birds. **3** (*per imballaggio*) to pack in straw: ~ *oggetti fragili* to pack fragile objects in straw. ☐ ~*una sedia*: **1** (*con paglia di Vienna*) to make a cane seat; **2** (*con paglia rustica*) to make a rush seat.

impagliato *a.* **1** covered with straw (*posposto*), straw-covered. **2** (*rif. a sedie*) rush-covered; (*con paglia di Vienna*) cane (*attr.*). **3** (*rif. ad animali*) stuffed: *uccello* ~ stuffed bird.

impagliatore *m.* (*f.* -**trice**) **1** (*di sedie*) chair mender. **2** (*di animali*) stuffer, taxidermist.

impagliatura *f.* **1** covering with straw. **2** (*riparazione di sedie*) chair mending, rush seating. **3** (*il rivestimento*) straw cover. **4** (*rivestimento di sedie: con paglia di Vienna*) cane seating; (*con paglia rustica*) rush seating. **5** (*rif. ad animali*) stuffing.

impala *m.* (*Zool*) impala.

impalamento *m.* (*supplizio*) impalement.

impalare (impàlo) **I** *v.t.* **1** (*come supplizio*) to impale. **2** (*Agr*) to stake, to prop up: ~ *le viti* to stake vines. **II** *v.pron.* **impalarsi** to stand stock-still.

impalatura *f.* (*Agr*) staking.

impalcare (impàlco, impàlchi) *v.t.* (*Edil*) to lay the floor joists of, to floor.

impalcatura *f.* **1** (*Edil*) (*ponteggio*) scaffolding, scaffold: *montare un* ~ to put up scaffolding; *smontare un* ~ to take down scaffolding. **2** (*Edil*) (*struttura portante*) framework (of beams), beams, *pl.* timbers *pl.* **3** (*fig*) framework, structure: *l'* ~ *dello stato* the framework of the state. **4** (*Forest*) ramification.

impallidire (impallidìsco, impallidìsci) *aus.* **essere**) *v.i.* **1** to pale, to turn pale, to blanch: ~ *per la paura* to turn pale with fright, to blanch. **2** (*sbiadire, offuscarsi*) to pale, to grow dim: *le stelle impallidivano* the stars grew dim. **3** (*fig*) to fade, to fade away, to die away: *la sua fama impallidì* his fame died away.

impallidito *a.* pale, wan, white.

impallinamento *m.* riddling with shot.

impallinare (impallìno) *v.t.* **1** to hit with shot, to riddle with shot: ~ *la selvaggina* to hit game with shot. **2** (*fig*) to shoot down.

impallinatura *f.* hitting with shot, riddling with shot.

impalmare (impàlmo) *v.t.* (*lett,scherz*) to marry: ~ *una fanciulla* to marry a girl.

impalpabile *a.* **1** impalpable. **2** (*fig*) intangible.

impalpabilità *f.* **1** impalpability. **2** (*fig*) intangibility.

impalpabilmente *avv.* impalpably.

impaludare (impalùdo) **I** *v.t.* to make swampy. **II** *v.pron.* **impaludarsi 1** to become swampy, to turn swampy, to turn into a swamp, to turn to marshland. **2** (*impantanarsi*) to get bogged down (*in* in).

impanare[1] (impàno) *v.t.* (*Gastron*) to bread, to crumb, to coat with bread crumbs, to cover with bread crumbs: ~ *le cotolette* to cover the chops with bread crumbs.

impanare[2] (impàno) *v.t.* (*Mecc*) to thread.

impanato *a.* (*Gastron*) breaded, breadcrumbed: *carne impanata* bread-crumbed meat.

impanatura[1] *f.* (*Gastron*) breading, crumbing, bread-crumbing.

impanatura[2] *f.* (*Mecc*) thread.

impanazione *f.* (*Rel*) impanation.

impaniare (impànio, impàni) **I** *v.t.* **1** (*Caccia*) to lime, to birdlime, to snare. **2** (*fig, rar*) (*intrappolare*) to entangle, to get into, to involve, to mix up: *lo impaniarono in un affare sbagliato* they got him into a nasty affair. **II** *v.pron.* **impaniarsi** (*fig,rar*) to get involved, to get mixed up (*in* in), to get oneself (*into*), to be entangled, to be drawn: *impaniarsi in una situazione senza uscita* to get involved in a hopeless situation.

impaniato *a.* **1** limed. **2** (*fig,rar*) caught, caught up, involved, mixed up: *rimase* ~ *in un affare losco* he got mixed up in a shady affair.

impannare (impànno) *v.t.* to cover with cloth, to fasten paper over: ~ *una finestra* to fasten paper over a window.

impannata *f.* **1** cloth covering. **2** (*estens*) (*infisso*) window frame.

impantanare (impantàno) **I** *v.t.* (*ridurre a pantano*) to turn into a swamp, to make swampy. **II** *v.pron.* **impantanarsi 1** (*affondare in un pantano*) to get stuck in the mud, to get bogged down in the mud, to sink (in the mud): *l'auto si è impantanata* the car has got (o *Am* gotten) bogged down in the mud. **2** (*fig*) (*rif. a pratiche e sim.*) to get bogged down, to be held up, to get held up: *la pratica si è impantanata* the case has been held up, (*Am*) the case has gotten bogged down.

impaperarsi (mi impàpero) *v.pron.* (*colloq*) to falter, to stumble, to trip up.

impapocchiare *tr.* (*region*) **1** (*abbindolare*) to cheat. **2** (*pasticciare*) to bungle, to botch, to botch up.

impappinarsi (mi impappìno) *v.pron.* to falter, to stumble: *s'impappinò nel rispondere* he faltered in his answer.

imparabile *a.* (*Sport*) unstoppable.

imparagonabile *a.* incomparable.

imparare (impàro) *v.t.* **1** to learn: ~ *a camminare* to learn to walk, to learn how to walk; ~ *una lingua straniera* to learn a foreign language. **2** (*imparare a memoria*) to learn (by heart), to memorize: ~ *una poesia* to learn a poem by heart. **3** (*fig*) to learn: *abbiamo tutti qualcosa da* ~ *da lui* we all have something to learn from him. ☐ ~ *a proprie spese* to learn the hard way; ~ *a vivere* to learn how to live, to learn how to behave; *nella vita c'è sempre da* ~ live and learn; *così impari a dire bugie!* that will teach you not to tell lies!; *da chi hai imparato l'educazione?* where did you get your manners from?; *avere molto da* ~ to have much to learn. *Prov.: impara l'arte e mettila da parte* learn a trade, it will stand you in good stead; he who learns a trade, hath a purchase made.

imparaticcio *m.* **1** (*nozioni mal assimilate*) half-baked knowledge. **2** (*lavoro di principiante*) beginner's work.

impareggiabile *a.* incomparable, unparalleled, peerless: *bellezza* ~ incomparable beauty, peerless beauty.

impareggiabilmente *avv.* incomparably, peerlessly.

imparentare (imparènto) **I** *v.t.* to relate (so.) through marriage. **II** *v.pron.* **imparentarsi 1** to become related (*con* to). **2** (*per matrimonio*) to marry (into): *imparentarsi con una famiglia ricca* to marry into a wealthy family.

imparentato *a.* related (*con* to).

impari *a.inv.* **1** unequal, uneven: *una lotta* ~ an unequal struggle. **2** (*inferiore: per quali-tà*) unequal (*a* to), inferior (*a* to), unfit (*a* for): *essere* ~ *al proprio compito* to be unequal to one's task, not to be up to one's task. **3** (*Mat*) (*dispari*) odd. **4** (*Anat*) unpaired, azygous.

imparidigitato *a.* (*Zool*) imparidigitate.

imparipennato *a.* (*Bot*) imparipinnate.

imparisillabo **I** *a.* (*Metr,Gramm*) imparisyllabic. **II** *m.* (*Gramm*) imparisyllabic noun.

imparità *f.* inequality, unevenness, imparity.

imparruccare (imparrùcco, imparrùcchi) **I** *v.t.* to put a wig on (so.). **II** *v.pron.* **imparruccarsi** to put on a wig.

imparruccato *a.* **1** wigged, with one's wig on (*posposto*): *le dame imparruccate* the ladies with their wigs on. **2** (*fig*) pompous.

impartire (impartìsco, impartìsci) *v.t.* to give: ~ *un ordine* to give an order; ~ *lezioni private* to give private lessons; ~ *la benedizione* to bless, to impart one's benediction, to impart one's blessing, to give one's benediction, to give one's blessing.

imparziale *a.* **1** impartial, unbiased: *un giudice* ~ an impartial judge. **2** (*giusto*) fair: *decisione* ~ fair decision; *in modo* ~ fairly, impartially.

imparzialità *f.* impartiality, fairness. ☐ *con* ~ fairly, impartially.

imparzialmente *avv.* impartially, fairly.

impasse /ɛ̃'pas/ *f.inv.* **1** impasse, deadlock. **2** (*rif. al bridge*) finesse.

impassibile *a.* impassible, impassive, unmoved: *ascoltò* ~ he listened unmoved; *restare* ~ to remain unmoved.

impassibilità *f.* impassibility, impassiveness.

impassibilmente *avv.* impassively, impassibly.

impastare (impàsto) **I** *v.t.* **1** to knead, to work into dough: ~ *il pane* to knead bread dough; ~ *la farina con l'acqua* to work flour and water into dough. **2** (*lavorare*) to mix: ~ *la malta* to mix mortar. **3** (*rif. a colori*) to mix. **II** *v.pron.* **impastarsi 1** (*mescolarsi*) to mix, to blend. **2** (*colloq*) (*schiantarsi*) to crash: *si è impastato contro un muro* his car crashed into a wall.

impastato *a.* **1** kneaded; (*mescolato*) mixed. **2** (*fig*) (*misto*) mixed, mingled: *una timidezza impastata di arroganza* shyness mingled with arrogance. **3** (*fig*) (*rif. a persona: permeato*) full (*di* of), riddled (with): *essere* ~ *di pregiudizi* to be riddled with prejudice. ☐ (*colloq*) *essere* ~ *di sonno* to be a sleepyhead; *occhi impastati di sonno* eyes heavy with sleep.

impastatrice *f.* **1** (*Alim*) (*macchina*) kneading machine. **2** (*Edil*) mixer. ☐ (*Alim*) ~ *elettrica* electric dough machine; (*Edil*) ~ *per calcestruzzo e malta* concrete mixer; (*Alim*) ~ *per pane* bread kneading machine.

impastatura *f.* **1** (*Alim*) kneading. **2** (*Edil*) mixing.

impasticcarsi (mi impastìcco, ti impastìcchi) *v.pron.* (*colloq*) **1** (*assumere droga*) to take drugs, to drug oneself. **2** (*estens*) (*fare largo uso di farmaci*) to live on pills, to pop pills.

impasticcato **I** *a.* (*colloq*) **1** (*drogato*) high, drugged. **2** (*estens*) (*di farmaci*) pill popping. **II** *m.* (*f.* -**a**) (*colloq*) pill head, pill popper.

impasticciare (impastìccio, impastìcci) *v.t.* **1** to mix. **2** (*fig*) (*abborracciare*) to botch, to bungle, to make a mess of: ~ *un lavoro* to make a mess of a job. **3** (*fig*) (*ingarbugliare*) to muddle, to muddle up: ~ *un discorso* to muddle a speech.

impasto *m.* **1** mixture: *aggiungere all'* ~ *del prezzemolo tritato* add chopped parsley to the mixture. **2** (*per il pane*) dough. **3** (*amalgama*) mix, mixture. **4** (*fig*) (*mescolanza*) mixture, medley, blend.

impastocchiare (**impastòcchio, impastòcchi**) *v.t.* (*rar*) **1** to make up: ~ *qualche scusa per discolparsi* to make up some excuse to justify oneself. **2** (*imbrogliare*) to cheat.

impastoiare (**impastóio, impastói**) *v.t.* **1** (*mettere le pastoie*) to fetter, to hobble. **2** (*inceppare, intralciare*) to hamper, to hinder (*anche fig*).

impataccare (**impatàcco, impatàcchi**) I *v.t.* (*colloq*) to stain, to spot, to smear, to spatter. **II** *v.pron.* **impataccarsi** (*colloq*) to spatter oneself, to spot onc's clothes.

impattare[1] (**impàtto**) I *v.i.* (*aus.* **avere**) **1** (*chiudere il gioco alla pari*) to be even, to draw. **2** (*rif. al gioco*) to be a draw. **II** *v.t.* to draw. □ (*colloq*) *impattarla con qcu.* to be even with so.

impattare[2] (**impàtto**; *aus.* **avere**) *v.i.* **1** (*urtare*) to impact (*contro* sth.). **2** (*fig*) (*avere un impatto*) to impact (*su* on).

impatto *m.* **1** impact (*anche Arm*): *punto d'*~ point of impact. **2** (*fig*) impact: *l'*~ *economico di un provvedimento* the economic impact of a measure. □ ~ *ambientale* environmental impact; ~ *ecologico* ecological impact.

impaurire (**impaurìsco, impaurìsci**) I *v.t.* to frighten, to scare: ~ *qcu. con minacce* to frighten so. with threats. **II** *v.i.* (*aus.* **essere**) to be frightened, to get frightened, to be scared (*per, a* by). **III** *v.pron.* **impaurirsi** to be frightened, to get frightened, to be scared (*per, a* by): *si impaurisce per ogni piccolo rumore* she is frightened by every little noise.

impaurito *a.* frightened, scared.

impavesare (**impavéso**) *v.t.* (*Mar*) **1** to dress (with flags). **2** (*munire di impavesata*) to bulwark.

impavesata *f.* (*Mar*) bulwark.

impavidamente *avv.* bravely.

impavido *a.* fearless, undaunted: *rimanere impavidi davanti al pericolo* to be fearless in the face of danger, to be undaunted by danger.

impaziente *a.* **1** impatient: *mostrarsi ~ con qcu.* to be impatient with so. **2** (*fortemente desideroso*) impatient, anxious, eager: *sono ~ di partire* I am anxious to leave.

impazientemente *avv.* **1** impatiently. **2** (*ansiosamente*) anxiously, eagerly.

impazienza *f.* **1** impatience. **2** (*ansietà*) impatience, anxiety, eagerness. □ *con ~* impatiently; *un gesto d'*~ a gesture of impatience, an impatient move; *dare segni d'*~ to show signs of impatience.

impazzare (**impàzzo**; *aus.* **essere**) *v.i.* **1** (*rif. a persone*) to run wild, to revel. **2** (*rif. a festa e sim.*) to be in full swing: *il carnevale impazza* carnival is in full swing. **3** (*Gastron*) to curdle, to separate.

impazzata □ *all'*~: **1** (*selvaggiamente*) wildly: *colpiva l'avversario all'*~ he struck out wildly at his opponent; **2** (*rif. a corse e sim.*) at breakneck speed: *correre all'*~ to run at breakneck speed.

impazzimento *m.* **1** (*fastidio, seccatura*) trouble, bother, trying task. **2** (*l'impazzire*) going mad.

impazzire (**impazzìsco, impazzìsci**; *aus.* **essere**) *v.i.* **1** to go mad, to go crazy, to go insane, to lose one's wits: ~ *per il dolore* to go mad with grief. **2** (*estens*) to rack one's brains, to nearly go mad: *sono impazzito per trovare una soluzione* I nearly went mad try-

ing to find a solution. **3** (*Mar*) (*rif. alla bussola*) to go wild, to run wild, to spin. **4** (*rif. ad apparecchiature*) to go haywire. **5** (*Gastron*) to curdle, to separate. □ (*fig*) *fare ~* to drive crazy, to drive mad, to drive nuts: *oggi i ragazzi mi hanno fatto ~* the children have been driving me mad today; ~ *per una donna* to be head over heels in love with a woman, to be madly in love with a woman; (*colloq*) *sei impazzito?* are you mad?, are you crazy?, are you nuts?

impeccabile *a.* impeccable, flawless, faultless: *contegno ~* impeccable behaviour.

impeccabilità *f.* faultlessness, impeccability: ~ *di stile* faultlessness of style.

impeccabilmente *avv.* impeccably, faultlessly, flawlessly.

impeciare (**impécio, impéci**) *v.t.* to tar, to smear with tar, to smear with pitch, to coat with tar, to coat with pitch.

impeciato *a.* tarred, pitchy.

impeciatura *f.* **1** (*operazione*) tarring, coating with tar, coating with pitch. **2** (*pece*) tar, coat of tar.

impedenza *f.* (*El*) impedance.

impedimento *m.* **1** impediment, hindrance, obstacle: *superare un ~* to overcome an obstacle. **2** (*Dir.can*) impediment. **3** *pl.* (*Mil*) impedimenta. □ *essere di ~* to be an obstacle, to be a hindrance; (*Dir.can*) ~ *dirimente* diriment impediment; (*Dir.can*) ~ *impediente* impedient impediment; (*Dir.can*) ~ *legale* legal impediment; (*Dir.can*) ~ *matrimoniale* impediment to marriage.

impedire (**impedìsco, impedìsci**) *v.t.* **1** to prevent (*di* from), to keep (*di* from), to stop: *il rumore m'impedisce di lavorare* the noise prevents me from working, the noise keeps me from working; *chi t'impedisce di andartene?* who is stopping you (from) leaving?, who is preventing you from going?; ~ *una disgrazia* to prevent an accident. **2** (*frapporsi*) to block, to obstruct, to shut off, to shut out, to cut off: *le case impediscono la vista del mare* the houses block the view of the sea, the houses shut out the view of the sea. **3** (*impacciare*) to hinder, to hamper, to impede: *era impedito dalla pesante armatura* he was hindered by his heavy armour. □ ~ *a qcu. di entrare* to keep so. out.

impedito I *a.* **1** hampered. **2** (*chiuso da un ostacolo*) blocked, obstructed, barred. **3** (*colloq*) clumsy, awkward. **II** *m.* (*colloq*) clumsy person, awkward person.

impegnare (**impégno**) I *v.t.* **1** (*vincolare*) to constrain, to bind, to commit: *il contratto ci impegna a rispettare la sua volontà* the contract constrains us to respect his will. **2** (*dare in pegno*) to pawn, to pledge: ~ *un orologio* to pawn a watch. **3** (*tenere occupato*) to keep busy, to take, to take up: *il lavoro mi impegna quattro ore al giorno* the job keeps me busy for four hours a day; *il lavoro mi impegnerà per una settimana* the job will take me a week. **4** (*prenotare*) to book, to reserve, to take: ~ *una stanza* to book a room. **5** (*obbligare*) to oblige: *la sua posizione lo impegna a un alto tenore di vita* his position obliges him to keep up a high standard of living. **6** (*Econ*) to commit, to lock up: ~ *capitali* to commit capital. **7** (*Sport*) to keep under pressure: ~ *l'avversario* to keep one's opponent under pressure. **8** (*Mil*) (*impiegare*) to employ, to bring into action: *il nemico impegnò tutte le sue forze in quell'attacco* the enemy employed all his forces in that attack. **9** (*Mil*) (*tenere occupato il nemico*) to engage: ~ *una divisione nemica* to engage an enemy division. **II** *v.pron.* **impegnarsi 1** to

engage, to engage oneself, to commit oneself, to pledge oneself, to undertake, to take it upon oneself: *mi sono impegnato a finire presto il lavoro* I have undertaken to finish the job quickly. **2** (*dedicarsi*) to devote oneself, to engage oneself, to give oneself up, to give oneself over: *impegnarsi nello studio* to devote oneself to one's studies. **3** (*cacciarsi*) to become involved (*in* in), to engage (oneself) (*in* in), to get oneself (*in* into), to let oneself in for: *impegnarsi in un'impresa rischiosa* to let oneself in for a risky venture. **4** (*Mil*) (*iniziare la lotta*) to engage: *impegnarsi con il nemico* to engage the enemy. □ *impegnarsi a fondo* to do one's best, to strive with all one's might; *una risposta che non impegna* a non-committal answer; *un abito che non impegna* a day to evening outfit, an elegant but comfortable outfit, a business-casual outfit; ~ *un ballo* to keep a dance, to reserve a dance.

impegnativa *f.* (*Med,burocr*) doctor's referral.

impegnativo *a.* **1** (*che obbliga*) binding (*anche Comm*). **2** (*che richiede impegno*) demanding, exacting, telling: *lavoro ~* demanding task. **3** (*formale*) formal: *una cena impegnativa* a formal dinner.

impegnato *a.* **1** pawned: *oggetti impegnati* pawned objects, objects in pawn. **2** (*fig*) committed: *un intellettuale ~* a committed intellectual. **3** (*occupato*) busy, engaged: *domani sarò ~ tutto il giorno* tomorrow I'll be busy all day. **4** (*trattenuto da impegni*) taken up. **5** (*prenotato*) booked, reserved, taken: *questa stanza è già impegnata* this room is already booked, this room is already taken. **6** (*sentimentalmente non libero*) in a relationship (*posposto*), dating so. (*posposto*), seeing so. (*posposto*), (*colloq*) taken. □ (*Pol*) *non ~* non engaged.

impegno *m.* **1** (*obbligo, incombenza*) engagement, commitment: *prendere un ~* to make an engagement; *oggi ho molti impegni* I have many engagements today; *ho già preso un ~* I have a previous engagement. **2** (*zelo, assiduità*) diligence, enthusiasm, zeal, eagerness, pains *pl.*: *mostrare poco ~* to show little enthusiasm. **3** (*rif. a intellettuali*) commitment. **4** (*Pol,Sociol*) engagement. **5** (*Fisiol*) (*durante il parto*) engagement. □ ~ *civico* civil commitment; *con ~* hard, with care, diligently: *fa i suoi compiti con molto ~* he does his homework very carefully, he does his homework with great care; *lavorare con ~* to work hard; *mettere molto ~ in qcs.* to do sth. with a will; *mettersi d'*~ to do it to the best of one's abilities; ~ *scritto* written undertaking; *senza ~*: **1** (*usato come avverbio*) without obligation, without any obligation: *senza ~ da parte del cliente* without obligation on the customer's part; **2** (*usato come aggettivo*) not binding.

impegolare (**impégolo**) I *v.t.* (*impeciare*) to tar, to pitch, to smear with pitch. **II** *v.pron.* **impegolarsi** (*fig*) to get involved, to get mixed up: *non t'*~ *in questa faccenda* don't get involved in this matter.

impelagarsi (**mi impèlago, ti impèlaghi**) *v.pron.* to get involved, to get mixed up (*in* in).

impellente *a.* impelling, impellent, urgent, pressing: *motivi impellenti* impelling motives; *bisogno ~* pressing need.

impellenza *f.* urgency.

impellicciare (**impellìccio, impellìcci**) *v.t.* (*vestire di pelliccia*) to dress in fur.

impellicciato *a.* fur-clad.

impenetrabile *a.* **1** impenetrable: *foresta ~* impenetrable forest. **2** (*fig*) impenetrable, inscrutable: *segreto* ~ impenetrable secret, deep secret; *uomo* ~ inscrutable man. □ ~ **all'aria** airtight.

impenetrabilità *f.* impenetrability (*anche fig*): *l'~ del suo carattere* the impenetrability of his character, the closed-off nature of his personality.

impenitente *a.* 1 (*che non si pente*) impenitent, unrepentant. 2 (*ostinato*) obstinate, confirmed, inveterate: *scapolo* ~ confirmed bachelor.

impenitenza *f.* impenitence.

impennacchiare (**impennàcchio, impennàcchi**) I *v.t.* to deck out with plumes. II *v.pron.* **impennacchiarsi** (*scherz*) to be decked out.

impennaggio *m.* (*Aer*) empennage, assembly of the tail (of an aircraft).

impennare (**impénno**) I *v.t.* (*Aer*) to nose up, to pull up, to zoom. II *v.pron.* **impennarsi** 1 (*rif. a cavalli e sim.*) to rear, to rear up. 2 (*fig*) (*aumentare, rif. a prezzi e sim.*) to soar, to shoot up. 3 (*fig*) (*risentirsi*) to flare up, to bridle up. 4 (*Aer*) to nose up, to pull up, to zoom. □ (*colloq*) ~*la moto* to do a wheelie.

impennata *f.* 1 (*rif. a cavalli e sim.*) rearing, rearing up, prance. 2 (*colloq*) (*rif. a moto, bicicletta*) wheelie: *fare un'*~ to do a wheelie, to pop a wheelie. 3 (*fig*) (*collera improvvisa*) flaring up, bridling, outburst. 4 (*Econ*) upswing; (*rif. a prezzi e sim.*) run-up: *un'~ dei prezzi* a run-up in prices. 5 (*Aer*) nose-up, pull-up, zoom.

impensabile *a.* 1 unthinkable, inconceivable: *l'infinito è* ~ the infinite is inconceivable. 2 (*impossibile*) unthinkable, impossible.

impensatamente *avv.* 1 (*senza pensarci*) without thinking, thoughtlessly, unthinkingly. 2 (*inaspettatamente*) suddenly, unexpectedly.

impensato *a.* 1 unthought of. 2 (*inaspettato*) unforeseen, unexpected: *una soluzione impensata* an unforeseen solution.

impensierire (**impensierìsco, impensierìsci**) I *v.t.* to worry: *il suo ritardo mi impensierisce* his lateness worries me. II *v.pron.* **impensierirsi** (*preoccuparsi*) to be worried (*per* by), to be troubled (*per* by), to worry, to get worried.

impensierito *a.* worried (*per* by).

impepare (**impépo**) *v.t.* 1 to pepper. 2 (*fig*) to spice: ~ *un discorso di arguzie* to spice a speech with witticisms.

imperante *a.* 1 (*dominante*) ruling: *la dinastia* ~ the ruling dynasty. 2 (*fig*) prevailing, ruling, reigning: *il gusto* ~ *nel dopoguerra* the prevailing taste in the post-war period.

imperare (**impèro**; *aus. avere*) *v.i.* 1 to rule (*su qcs.* sth., over sth.), to reign (*su* over): *Cleopatra imperava sull'Egitto* Cleopatra ruled Egypt, Cleopatra reigned over Egypt. 2 (*essere imperatore*) to be emperor: *quando imperava Diocleziano* when Diocletian was Emperor, under Diocletian, under Diocletian's rule. 3 (*fig*) to rule, to reign, to reign supreme, to prevail: *qui impera la violenza* violence rules here, here violence reigns supreme.

imperativale *a.* (*Gramm*) imperatival.

imperatività *f.* (*Dir*) imperativeness.

imperativo I *m.* 1 (*Gramm, Filos*) imperative. 2 (*obbligo*) imperative: ~ *sociale* social imperative. II *a.* 1 (*Gramm*) imperative, imperatival. 2 (*di comando*) commanding, imperative: *parlare con tono* ~ to speak in a commanding tone. □ (*Filos*) ~ *categorico* categorical imperative.

imperatore *m.* emperor: *l'*~ *del Giappone*

the Emperor of Japan.

imperatorio *a.* (*rar*) imperial, imperatorial: *gesto* ~ imperial gesture; *insegne imperatorie* imperial insignia.

imperatrice *f.* empress.

impercettibile *a.* imperceptible: *rumore* ~ imperceptible noise.

impercettibilità *f.* imperceptibility, imperceptibleness.

impercettibilmente *avv.* imperceptibly.

impercorribile *a.* impassable.

imperdibile *a.* not to be missed: *il suo ultimo film è* ~ his latest film is a must see, his latest film is not to be missed.

imperdonabile *a.* unforgivable, unpardonable: *una colpa* ~ an unforgivable fault; *errore* ~ unpardonable error.

imperdonabilità *f.* unforgivableness.

imperfettamente *avv.* imperfectly.

imperfettivo *a.* (*Gramm*) imperfective.

imperfetto I *a.* 1 faulty, imperfect, defective. 2 (*Gramm*) imperfect. II *m.* (*Gramm*) imperfect. □ (*Gramm*) *all'*~ in the imperfect; (*Gramm*) ~ *indicativo* imperfect indicative.

imperfezione *f.* 1 imperfection, imperfectness: *l'~ della natura umana* the imperfection of human nature. 2 (*difetto*) imperfection, defect, flaw, fault. □ *senza imperfezioni* flawless.

imperforabile *a.* unpierceable.

imperiale[1] I *a.* imperial: *famiglia* ~ imperial family. II *m.* (*Stor*) Imperial.

imperiale[2] *m.* (*ant*) (*di torpedone*) imperial, top (of coach).

imperialismo *m.* (*Pol*) imperialism.

imperialista I *a.* imperialist, imperialistic (*anche Pol*). II *m./f.* imperialist (*anche Pol*).

imperialistico (*pl.* -ci) *a.* (*Pol*) imperialist, imperialistic.

imperiese I *a.* from Imperia (*posposto*), of Imperia (*posposto*). II *m./f.* (*originario*) native of Imperia; (*abitante*) inhabitant of Imperia.

imperiosamente *avv.* 1 imperiously. 2 (*fig*) (*urgentemente*) urgently.

imperiosità *f.* 1 imperiousness. 2 (*impellenza*) imperiousness, urgency.

imperioso *a.* 1 imperious, commanding: *modi imperiosi* imperious ways. 2 (*fig*) (*impellente*) pressing, urgent: ~ *bisogno* pressing need.

imperituro *a.* (*lett*) imperishable, everlasting, undying: *fama imperitura* everlasting fame, undying fame.

imperizia *f.* unskilfulness, inexperience.

imperlare (**impèrlo**) I *v.t.* 1 to adorn with pearls, to decorate with pearls. 2 (*fig*) to bead, to pearl: *il sudore gli imperlava la fronte* his forehead was beaded with sweat, his forehead was covered with beads of sweat. II *v.pron.* **imperlarsi** to be beaded: *imperlarsi di sudore* to be beaded with sweat.

imperlato □ ~ *di sudore* beaded with sweat.

impermalire (**impermalìsco, impermalìsci**) I *v.t.* to annoy, to put out, to irritate. II *v.pron.* **impermalirsi** to be annoyed (*per* by), to get annoyed (*per* by), to be put out (*per* by): *impermalirsi per un'inezia* to be put out by a mere trifle.

impermeabile I *a.* 1 impermeable, impervious: *terreno* ~ impermeable soil, impervious soil. 2 (*rif. a tessuti*) waterproof; (*impermeabile alla pioggia*) rainproof. 3 (*fig*) impervious: *essere* ~ *alle critiche* to be impervious to criticism. II *m.* (*Abbigl*) raincoat, mackintosh, waterproof, (*colloq*) mack. □ ~ *all'aria* airtight.

impermeabilità *f.* impermeability, imperviousness: ~ *del terreno* impermeability of

the soil.

impermeabilizzante I *a.* (*Tecn*) waterproofing. II *m.* (*Tecn*) waterproofer, waterproofing.

impermeabilizzare (**impermeabilìzzo**) *v.t.* to waterproof: ~ *un tessuto* to waterproof a material.

impermeabilizzazione *f.* (*Tecn*) waterproofing.

impermutabile *a.* unexchangeable.

imperniare (**impèrnio, impèrni**) I *v.t.* 1 to pivot, to hinge. 2 (*fig*) (*basare, fondare*) to base, to found: *la sua difesa era imperniata sull'infermità mentale* his defence was based on an insanity plea. II *v.pron.* **imperniarsi** 1 to pivot, to hinge. 2 (*fig*) (*basarsi*) to be based (*su* on), to hinge (on).

imperniatura *f.* pivoting, hinging.

impero I *m.* 1 empire (*anche fig*): *un* ~ *industriale* an industrial empire. 2 (*fig*) (*autorità*) rule, command, sway: *esercitava il suo* ~ *su tutti i membri della famiglia* he held sway over all the members of the family. II *a.* Empire (*attr.*): *stile* ~ Empire style. □ (*Stor*) ~ *austroungarico* Austro-Hungarian Empire; ~ *bizantino* Byzantine Empire; (*Stor*) ~ *britannico* British Empire; *Imperi Centrali* Central Powers; (*Stor*) ~ *coloniale* colonial empire; *Impero del Sol Levante* Empire of the Rising Sun; (*Stor*) *Impero di Trebisonda* Empire of Trebizond; (*Stor*) *Impero d'Oriente* Eastern Empire; *durante l'*~ *di Diocleziano* when Diocletian was Emperor, under Diocletian, under Diocletian's rule; (*Stor*) *Impero Latino d'Oriente* Latin Empire of Constantinople; ~ *napoleonico* Napoleonic Empire; ~ *ottomano* Ottoman Empire; ~ *romano* Roman Empire; (*Stor*) ~ *romano d'Occidente* Western Roman Empire; (*Stor*) ~ *romano d'Oriente* Eastern Roman Empire; *sotto l'*~ *di Diocleziano* when Diocletian was Emperor, under Diocletian, under Diocletian's rule.

imperscrutabile *a.* inscrutable: *l'*~ *volontà degli dei* the inscrutable will of the gods.

imperscrutabilità *f.* inscrutability.

impersonale *a.* 1 impersonal: *uno stile* ~ an impersonal style. 2 (*non diretto a qcu. in particolare*) general, impersonal: *osservazioni impersonali* general remarks. 3 (*Gramm*) impersonal: *verbo* ~ impersonal verb.

impersonalità *f.* impersonality.

impersonalmente *avv.* impersonally.

impersonare (**impersóno**) I *v.t.* 1 (*simboleggiare*) to personify, to embody, to symbolize: *Venere impersona la bellezza* Venus symbolizes beauty. 2 (*Teat*) (*interpretare*) to play, to act, to act the part of, to impersonate. II *v.pron.* **impersonarsi** (*personificare*) to personify, to be the personification of: *in lui si impersona la bontà* he is goodness itself, he is the personification of goodness.

imperterrito *a.* 1 undaunted, unflinching: *continuare* ~ *per la propria strada* to go coolly on one's way, to go on one's way undaunted. 2 (*indifferente*) imperturbable, cool, impassive.

impertinente I *a.* 1 impertinent, saucy, (*colloq*) cheeky: *una risposta* ~ an impertinent answer. II *m./f.* impertinent person, (*colloq*) cheeky fellow.

impertinenza *f.* 1 impertinence, sauciness, (*Br,colloq*) cheek, (*Am,colloq*) nerve. 2 (*atto o detto impertinente*) impertinence: *ne ho abbastanza delle tue impertinenze* I've had enough of your impertinence.

imperturbabile *a.* imperturbable, impassive: *rimanere* ~ not to be put out, to be cool, calm and collected.

imperturbabilità *f.* imperturbability.

imperturbabilmente *avv.* imperturbably.

imperturbato *a.* unmoved, unshaken.

imperversare (**impervèrso**; *aus.* **avere**) *v.i.* **1** (*infierire*) to rage (*contro* against), to storm (*contro* at), to rail (*contro* at), to rave (*contro* at, against). **2** (*fig*) to rage: *la tempesta imperversa da parecchie ore* the storm has been raging for hours. **3** (*fig*) (*andare di moda*) to be all the rage.

impervietà *f.* impracticability.

impervio *a.* impracticable, inaccessible, impassable: *un sentiero* ~ an impassable path.

impetigine *f.* (*Med*) impetigo. □ (*Med*) ~ *erpetiforme* impetigo herpetiformis.

impetiginoso *a.* (*Med*) impetiginous.

impeto *m.* **1** force, violence: *l'* ~ *del vento* the force of the wind. **2** (*assalto*) assault, onslaught, impact: *la guarnigione sostenne l'* ~ *degli assalitori* the garrison withstood the attackers' onslaught. **3** (*fig*) (*accesso*) outburst, fit: *un* ~ *di collera* an outburst of rage, a fit of rage. **4** (*fig*) (*foga*) enthusiasm, heat. **5** (*fig*) (*slancio*) impetus, impulse, driving force, fire: ~ *lirico* lyrical fire. □ *con* ~: 1 (*impetuosamente*) impetuously; 2 (*con forza*) violently; *agire d'* ~ to act impetuously.

impetrare (**impètro**) *v.t.* (*lett*) **1** (*ottenere supplicando*) to impetrate: ~ *misericordia* to impetrate mercy. **2** (*domandare supplicando*) to implore, to beg for, to pray for, to entreat, to beseech: *impetrò la grazia* he begged for pardon.

impettito *a.* stiff, erect, straight: *camminare* ~ to strut.

impetuosamente *avv.* impetuously.

impetuosità *f.* impetuosity, impetuousness: *l'* ~ *è la sua rovina* his impetuosity is his downfall.

impetuoso *a.* **1** impetuous, furious, raging: *soffiava un vento* ~ a raging wind was blowing, a furious wind was blowing. **2** (*fig*) impetuous, impulsive: *ha un carattere* ~ *e ribelle* he has an impulsive, rebellious nature.

impiallacciare (**impiallàccio**, **impiallàcci**) *v.t.* (*Fal*) to veneer.

impiallacciato *a.* (*Fal*) veneered: *mobili impiallacciati in mogano* mahogany-veneered furniture.

impiallacciatore *m.* (*Fal*) (*operaio*) veneerer.

impiallacciatura *f.* (*Fal*) **1** (*atto*) veneering. **2** (*effetto*) veneer: *rovinare l'* ~ *del tavolo* to ruin the veneer of the table.

impiantare (**impiànto**) *v.t.* **1** (*Tecn*) to install, to set up: ~ *una centrale elettrica* to install a power plant, to install an electric plant. **2** (*estens*) (*fondare*) to set up, to establish, to found, to start: ~ *un'azienda* to establish a concern. **3** (*fig*) to set out, to state, to formulate: ~ *una discussione* to formulate a discussion. **4** (*Chir*) to implant.

impiantista *m.* (*Tecn*) **1** plant engineer. **2** (*installatore*) installer.

impiantistica *f.* (*Tecn*) plant engineering.

impiantistico *a.* (*Tecn*) plant engineering.

impiantito *m.* (*Edil*) floor, flooring.

impianto *m.* **1** (*installazione*) installation. **2** (*l'impiantare*) establishment, setting up, foundation: *l'* ~ *di una società* the establishment of a company. **3** (*complesso di attrezzature*) plant, installation, equipment, system. **4** (*fig*) (*struttura*) structure, framework: *un'opera di* ~ *scientifico* a work with a scientific structure. **5** (*Chir*) implant, implantation. □ ~ *antincendio* fire extinguisher

system, sprinkler system; ~ *delle caldaie* boiler system, heat pump; (*Acus*) ~ *di amplificazione* amplifying system; ~ *di climatizzazione* air-conditioning unit; ~ *di condizionamento d'aria* air-conditioning system; ~ *di depurazione* purification plant; ~ *di depurazione dell'aria* air purifying plant; ~ *di distillazione* distillation plant; ~ *di incenerimento* incinerator; ~ *d'illuminazione* lighting installation; (*Agr*) ~ *di irrigazione* irrigation plant, irrigation system; ~ *di raffreddamento* cooling system, cooling plant; ~ *di ricerca* research plant; ~ *di riciclaggio* recycling plant; (*Nucl*) ~ *di rigenerazione* reprocessing facility; (*Sport*) ~ *di risalita* skilift, ski tow; ~ *di riscaldamento* heating plant, heating system; (*Idr*) ~ *di sbarramento* barrage, weir; ~ *di sollevamento* hoisting apparatus, lifting apparatus; ~ *di ventilazione* ventilation system; ~ *elettrico*: 1 wiring, electrical system; (*Aut*) electrical equipment; ~ *frigorifero* cooling plant, refrigeration plant; ~ *hi-fi* hi-fi, hi-fi system, hi-fi chain; (*Idr*) ~ *idraulico* plumbing, plumbing system; (*Idr*) ~ *idrico* waterworks; ~ *idroelettrico* hydro-electric complex; ~ *idroforo* water supply system; (*Idr*) ~ *igienico-sanitario* sanitary fixtures (*pl.*); *impianti igienico sanitari* sanitary fixtures; (*Aut*) ~ *lavafari* headlight washer; ~ *pilota* pilot plant; ~ *semaforico* traffic-light system; ~ *solare* solar installation; ~ *sperimentale* test plant; *impianti sportivi* sporting facilities; ~ *stereo* stereo system; ~ *telefonico* telephone system.

impiantologia *f.* **1** (*Dent*) implantology. **2** (*rif. a capelli*) hair grafting.

impiastrare (**impiàstro**) **I** *v.t.* **1** (*imbrattare*) to smear, to soil, to dirty. **2** (*rif. a pittore*) to daub: ~ *la tela* to daub paint on the canvas. **3** (*imbellettare eccessivamente*) to smear, to plaster (with make-up). **II** *v.pron.* **impiastrarsi** to smear oneself, to smear, to dirty oneself, to dirty, to soil oneself, to soil (*di* with).

impiastricciare (**impiastrìccio**, **impiastricci**) *v.t.* **1** (*spreg*) (*imbrattare*) to smear, to dirty, to mess up: *attento a non* ~ *il libro* be careful not to dirty the book. **2** (*imbellettare eccessivamente*) to smear, to plaster (with make-up): *non t'* ~ *il viso* don't plaster your face with make-up.

impiastro *m.* **1** (*cataplasma*) poultice: ~ *di semi di lino* linseed poultice. **2** (*colloq*) (*seccatore*) bore, nuisance, wet blanket. □ ~ *senapato* mustard plaster, mustard poultice.

impiccagione *f.* hanging.

impiccare (**impìcco**, **impìcchi**) **I** *v.t.* **1** to hang. **2** (*fig*) to choke, to strangle: *questo colletto m'impicca* this collar is choking me. **II** *v.pron.* **impiccarsi** to hang oneself: *s'impiccò a un albero* he hanged himself on (*o* from) a tree. □ *impiccati!* go hang yourself!

impiccato I *a.* hanged: *morire* ~ *sulla forca* to be hanged, to die on the gallows; (*estens*) *sentirsi* ~ (*avere il colletto troppo stretto*) to feel choked. **II** *m.* **1** (*f.* **-a**) hanged man (*f.* woman). **2** (*gioco*) hangman.

impicciare (**impìccio**, **impìcci**) **I** *v.t.* **1** (*rif. a cose*: *ingombrare*) to encumber, to be in the way, to clutter, to clutter up: *tutti questi libri m'impicciano il tavolo* all these books are cluttering up the table. **2** (*ostacolare*) to block, to obstruct, to bar. **3** (*rif. a persona*) to be in the way, to get in the way, to hamper. **II** *v.pron.* **impicciarsi** to meddle (*di* with, in), to interfere (*di* in): *non impicciarti dei fatti che non ti riguardano* don't interfere in other people's business, mind your own business.

impiccio *m.* **1** clutter, litter, encumbrance: *sgombra il tavolo da tutti questi impicci* clear all this litter off the table. **2** (*ostacolo*) hindrance, impediment: *essere d'* ~ to be in the way; *essere più d'* ~ *che di aiuto* to be more of a hindrance than a help. **3** (*seccatura*) trouble, bother. **4** (*situazione intricata*) trouble, (*colloq*) fix, (*colloq*) mess: *essere in un* ~ to be in a fix, to be in trouble.

impicciolire (**impicciolìsco**, **impicciolìsci**) *v.t.* (*rar*) → **impiccolire**.

impiccione *m.* (*f.* **-a**) busybody, meddler.

impiccolire (**impiccolìsco**, **impiccolìsci**) **I** *v.t.* (*rar*) **1** to make smaller, to reduce, to diminish. **2** (*far sembrare più piccolo*) to make appear smaller, to look smaller: *questa lente impiccolisce gli oggetti* this lens makes objects appear smaller. **II** *v.i.* (*aus.* **essere**) (*rar*) to get smaller, to grow smaller, to diminish, to decrease. **III** *v.pron.* **impiccolirsi** (*rar*) to get smaller, to grow smaller, to diminish, to decrease: *aumentando la distanza l'isola s'impiccoliva* the island grew smaller as we drew away.

impidocchiare (**impidòcchio**, **impidòcchi**) **I** *v.t.* to infest with lice, to make lousy. **II** *v.pron.* **impidocchiarsi** to become lousy, to become infested with lice.

impiegabile *a.* employable, usable.

impiegare (**impiègo**, **impièghi**) **I** *v.t.* **1** to use, to make use of, to employ: *impiega un po' più di cervello* use your head a bit more. **2** (*assumere*) to employ, to engage: *ha impiegato i figli nella sua azienda* he has employed his sons in his firm. **3** (*spendere*) to spend, to make use of: ~ *male il proprio denaro* to spend one's money unwisely, to make poor use of one's money. **4** (*investire*) to invest. **5** (*rif. a tempo: spendere*) to spend, to employ, to make use of: ~ *bene il proprio tempo* to spend one's time well, to make good use of one's time. **6** (*metterci*) to take (*costr.pers. o impers.*): *ho impiegato venti minuti fino alla stazione* I took twenty minutes to get to the station, it took me twenty minutes to get to the station. **II** *v.pron.* **impiegarsi** to be employed, to get a job, to get employment, to get work (*in* in).

impiegatizio *a.* clerical, white-collar: *categoria impiegatizia* clerical class, white-collar workers.

impiegato *m.* **1** (*f.* **-a**) employee, clerk, white-collar worker, clerical worker, office worker. **2** *pl.* staff (*costr.sing. o pl.*), personnel (*costr.sing. o pl.*). □ ~ *aggiunto* assistant; ~ *comunale* municipal employee; *impiegati d'amministrazione* administrative staff (*costr.sing. o pl.*), administrative clerks; ~ *delle poste* post office employee, post office clerk; ~ *di banca* bank clerk, bank employee; ~ *di concetto* staff employee; ~ *d'ordine* junior clerk, line employee; *essere* ~ *di una società* to be on the staff of a company, to work for a company; *fare l'* ~ to have an office job; ~ *fisso* permanent employee, member of the permanent staff; ~ *statale* civil servant; *impiegata tuttofare* clerical worker.

impiego (*pl.* **-ghi**) *m.* **1** (*uso*) use, employment: *l'* ~ *di una macchina* the use of a machine; *un grande* ~ *di manodopera* large-scale employment of labour. **2** (*occupazione*) employment: *il problema del pieno* ~ the problem of full employment. **3** (*posto*) employment, job, post, position, situation: *aspirare a un* ~ to be after a job; *avere un buon* ~ *in un'impresa privata* to have a good position in a private company; *ottenere un* ~ to get a job, to get a post; *perdere l'* ~ to lose one's job. **4** (*Econ*) (*investimento*) investment: ~ *di capitale* investment of capital. □ *un ~ a tempo parziale* a part-time job; *~ fisso* permanent job; *~ stabile* regular employment, fixed employment; *avere un ~ statale* to be in the Civil Service.

impietosire (**impietosìsco, impietosìsci**) I *v.t.* to move, to move to pity. II *v.pron.* **impietosirsi** to be moved, to be moved to pity.

impietoso *a.* pitiless.

impietrire (**impietrìsco, impietrìsci**) I *v.t.* to petrify (*anche fig*). II *v.i.* (*aus.* **essere**) to petrify, to become petrified (*anche fig*). III *v.pron.* **impietrirsi** to petrify, to become petrified (*anche fig*).

impigliare (**impìglio, impìgli**) I *v.t.* to entangle (*in* in), to catch (*in* at). II *v.pron.* **impigliarsi** to get entangled (*in* in), to be caught up (*in* in) (*anche fig*).

impignorabile *a.* (*Dir*) undistrainable.

impigrire (**impigrìsco, impigrìsci**) I *v.t.* to make lazy: *l'inattività impigrisce* inactivity makes one lazy. II *v.pron.* **impigrirsi** to grow lazy, to grow sluggish.

impilabile *a.* stacking: *sedie impilabili* stacking chairs.

impilare *v.t.* to stack, to stack up, to pile, to pile up.

impillaccherare (**impillàcchero**) I *v.t.* (*region*) to splash with mud. II *v.pron.* **impillaccherarsi** (*region*) to splash with mud, to get splashed with mud.

impinguamento *m.* fattening.

impinguare (**impìnguo**) I *v.t.* 1 to fatten, to make fat: *~ il pollame* to fatten the poultry. 2 (*fig*) (*arricchire*) to fill, to fill out: *~ le casse dello stato* to fill the state coffers. II *v.pron.* **impinguarsi** 1 to fatten, to fatten out, to get fat. 2 (*fig*) (*arricchirsi*) to get rich, (*spreg*) to get fat.

impinzare (**impìnzo**) I *v.t.* to stuff, to cram, to fill (up) (*di* with). II *v.pron.* **impinzarsi** to stuff oneself, to cram oneself, to fill oneself, to fill up: *impinzarsi di dolci* to stuff oneself with sweets.

impiombare (**impiómbo**) *v.t.* 1 (*rivestire di piombo*) to lead, to cover with lead, to coat with lead. 2 (*riempire di piombo*) to fill with lead, to stop with lead; (*rif. a denti*) to fill. 3 (*sigillare con piombo*) to seal, to seal with lead: *~ un carro ferroviario* to seal a railway wagon. 4 (*Mar*) to splice.

impiombatura *f.* 1 (*il rivestire di piombo*) covering with lead; (*il sigillare con piombo*) sealing. 2 (*rivestimento*) lead covering, leading. 3 (*sigillo*) lead seal, seal. 4 (*Dent*) filling. 5 (*Mar*) splice: *~ corta* short splice.

impiparsi (**mi impìpo**) *v.pron.* (*pop*) not to give a damn, not to care a damn, not to care a jot (*di* about, for): *se ne impipa dei miei rimproveri* he doesn't give a damn about my rebukes; *me ne impipo* I couldn't care less.

impiumare (**impiùmo**) I *v.t.* to feather. II *v.pron.* **impiumarsi** (*rif. a uccelli*) to become fledged, to grow feathers.

implacabile *a.* 1 implacable: *odio ~* implacable hatred; *nemico ~* implacable foe. 2 (*inesorabile*) relentless, unrelenting.

implacabilità *f.* 1 implacability. 2 (*inesorabilità*) inexorability, relentlessness.

implacabilmente *avv.* implacably.

implantologia *f.* 1 (*Dent*) implantology. 2 (*rif. a capelli*) hair grafting.

implantologo *m.* (*f.* **-a**; *pl.* **-gi**) (*Dent*) implantologist.

implementare (**impleménto**) *v.t.* (*Tecn, Inform*) to implement.

implementazione *f.* (*Tecn,Inform*) implementation.

implicare (**ìmplico, ìmplichi**) I *v.t.* 1 (*coin-*

volgere) to involve, to implicate (*in* in): *lo hanno implicato nella truffa* they involved him in the fraud. 2 (*comportare*) to involve, to imply, to entail: *i miei studi implicano grandi sacrifici* my studies entail great sacrifice; (*Mat*) *A implica B* A entails B. II *v.pron.* **implicarsi** to become involved, to become implicated, to get involved, to get implicated, to get mixed up: *si è implicato in una faccenda poco pulita* he has become involved in a somewhat shady affair.

implicazione *f.* 1 involvement (*in* in). 2 (*rapporto, connessione*) implication: *le implicazioni sociali di un avvenimento* the political implications of an event.

implicitamente *avv.* implicitly.

implicito *a.* 1 implicit, implied; (*tacito*) tacit: *assenso ~* implicit consent, tacit consent. 2 (*Mat*) implicit: *funzione implicita* implicit function.

implodere (*pres.ind.* **implòdo**; *p.rem.* **implòsi**; *p.p.* **implòso**; *aus.* **essere**) *v.i.* (*Fis*) to implode.

implorante *a.* imploring, beseeching: *occhi imploranti* imploring eyes.

implorare (**implòro**) *v.t.* to entreat, to implore, to beseech, to plead: *~ qcs. da qcu.* to entreat sth. of so., to beseech so. for sth., to plead so. for sth.; *il condannato implorò il Presidente affinché gli concedesse la grazia* the condemned man implored the President for mercy. □ *~ il perdono* to beg for forgiveness.

implorazione *f.* 1 (*l'implorare*) imploring. 2 (*preghiera*) entreaty, supplication.

implosione *f.* (*Fis,Ling*) implosion.

implosiva *f.* (*Ling*) (*consonante implosiva*) implosive.

implosivo *a.* (*Ling*) implosive.

implume *a.* unfledged, featherless: *uccellini implumi* unfledged birds.

impluvio *m.* (*Archeol*) impluvium. □ (*Geol*) *linea di ~* thalweg, talweg.

impoetico (*pl.* **-ci**) *a.* unpoetic, unpoetical.

impoliticità *f.* 1 impolicy. 2 (*imprudenza*) impolicy, inexpediency.

impolitico (*pl.* **-ci**) *a.* 1 impolitic. 2 (*estens*) (*imprudente*) ill-advised, impolitic, inexpedient.

impollinare (**impòllino**) *v.t.* (*Bot*) to pollinate: *~ un fiore* to pollinate a flower.

impollinatore I *m.* pollinator. II *a.* pollinating.

impollinazione *f.* (*Bot*) pollination. □ (*Bot*) *~ anemofila* anemophilous pollination; (*Bot*) *~ entomofila* entomophilous pollination.

impolpare (**impólpo**) I *v.t.* 1 (*fare ingrassare*) to fatten. 2 (*fig, scherz*) to stuff, to pad (out), to fill (*di* with): *ha impolpato l'articolo di citazioni* he padded out the article with quotations. II *v.pron.* **impolparsi** (*ingrassare*) to gain weight, to put on weight.

impoltronire (**impoltronìsco, impoltronìsci**) I *v.t.* to make lazy, to make indolent, to make slack. II *v.i.* (*aus.* **essere**) to become lazy, to become indolent, to grow sluggish, to get sluggish. III *v.pron.* **impoltronirsi** to become lazy, to become indolent, to grow sluggish, to get sluggish.

impolverare (**impólvero**) I *v.t.* to cover with dust, to make dusty. II *v.pron.* **impolverarsi** to get dusty, to become covered with dust, to be covered with dust: *mi sono impolverata dalla testa ai piedi* I'm covered with dust from head to foot, I'm dusty all over.

impolverato *a.* dusty.

impolveratrice *f.* (*Agr*) duster.

impomatare (**impomàto**) I *v.t.* 1 to put

ointment on, to dress with liniment. 2 (*scherz*) (*ungere di brillantina*) to put brilliantine on, to smear brilliantine on, to pomade. 3 (*ant*) (*rif. a baffi*) to wax. II *v.pron.* **impomatarsi** (*scherz*) (*ungersi di brillantina*) to put brilliantine on one's hair.

impomatato *a.* 1 pomaded, covered with brilliantine (*posposto*), shining with brilliantine (*posposto*). 2 (*da elegantone*) dandified.

imponderabile I *a.* imponderable (*anche fig*): *fattori imponderabili* imponderable factors. II *m.* imponderable (*anche fig*).

imponderabilità *f.* 1 (*Fis*) imponderability. 2 (*Astron*) (*nei voli spaziali*) weightlessness. 3 (*fig*) imponderability.

imponderabilmente *avv.* imponderably.

imponente *a.* imposing, impressive: *l'edificio ha un aspetto ~* the building has an imposing appearance; *un uomo ~* an imposing man.

imponenza *f.* imposingness, impressiveness.

imponibile I *a.* 1 (*Econ*) taxable, rateable: *reddito ~* taxable income. 2 (*che può essere imposto*) imposable, enforceable. II *m.* (*Econ*) taxable income.

imponibilità *f.* (*Econ*) taxability.

impopolare *a.* unpopular: *provvedimento ~* unpopular measure.

impopolarità *f.* unpopularity: *l'~ di una legge* the unpopularity of a law.

impoppare (**impóppo**; *aus.* **essere**) *v.i.* (*Mar*) to go down the stern.

imporcare (**impòrco, impòrchi**) *v.t.* (*Agr*) to ridge.

imporporare (**impórporo**) I *v.t.* 1 to turn red, to paint red, to turn crimson. 2 (*per timidezza, pudore e sim.*) to turn scarlet, to redden: *la timidezza le imporporava le gote* shyness made her cheeks turn scarlet. II *v.pron.* **imporporarsi** 1 to grow red, to go red, to redden. 2 (*arrossire*) to blush.

imporre (*pres.ind.* **impóngo, impóni**; *p.rem.* **impósi**; *p.p.* **impósto**) *v.t.* 1 to impose: *~ qcs. a qcu.* to impose sth. on so.; *~ la restituzione dei beni* to impose the restitution of the goods. 2 (*costringere*) to force, to oblige, to make: *la sua salute gli impone una vita tranquilla* his health forces him to lead a quiet life. 3 (*far valere*) to enforce, to impose: *~ la propria volontà* to enforce one's will, to make one's will felt. 4 (*ingiungere*) to order, to lay down: *~ il silenzio* to order silence. 5 (*infliggere*) to impose, to inflict: *~ un castigo* to inflict a punishment. 6 (*comportare*) to entail, to involve: *il matrimonio impone sacrifici* marriage entails sacrifices. 7 (*dare*) to give, (*lett*) to impose: *~ un nome al bambino* to give the baby a name. II *v.pron.* **imporsi** 1 to make oneself: *imporsi di fare qcs.* to make oneself do sth.; *me lo sono imposto* I made myself do it. 2 (*farsi valere*) to assert oneself, to assert one's authority, to prevail (*a* over): *s'impose ai propri dipendenti* he asserted his authority over his employees. 3 (*eccellere*) to stand out (*su* from, among), to surpass (*su qcu.* so.), to outclass (*su qcu.* so.): *si impose su tutti i pretendenti* he stood out among all the suitors. 4 (*attirare l'attenzione*) to attract attention, to make an impression, to be striking: *s'impone con la sua bellezza* her beauty attracts attention, her beauty is striking. 5 (*essere necessario*) to be necessary, to become inevitable: *s'impose una revisione del processo* a rehearing of the trial became necessary. 6 (*fig*) (*affermarsi, incontrare favore*) to establish oneself, to become popular, to become widespread, to become the rage, to go down well: *è una* *moda che si è imposta da poco tempo* it's a fashion which has become popular only recently. □ *imporsi all'attenzione* to attract attention; *imporsi all'attenzione di qcu.* to come to so.'s attention; ~ *la propria opinione su qcu.* to impose one's opinion on so.; ~ *la propria presenza a qcu.* to impose one's presence on so.; ~ *le mani su qcu.* to lay one's hands on so., to put one's hands on so.; (*Lit*) ~ *le mani sul capo* to lay on hands; ~ *tasse* to levy taxes, to impose taxes; ~ *tributi* to levy taxes, to impose taxes.

importabile *a.* importable: *merci importabili* importable goods.

importante I *a.* **1** important. **2** (*rif. ad abiti*) formal. **II** *m.* important thing, main thing: *l'~ è che tu superi l'esame* the important thing is that you pass the exam, the important thing is for you to pass the exam.

importanza *f.* importance, consequence, significance: *l'~ di un avvenimento* the importance of an event; *acquistare ~* to become important; *perdere ~* to lose importance; *di grande ~* very important, of great moment, of great importance; *di nessuna ~* unimportant, of no importance; *di poca ~* of slight importance. □ *avere ~* to be of consequence, to be important: *non ha ~* (*non importa*) it doesn't matter; *che ~ ha?* what does it matter?; *dare ~ a qcs.* to attach importance to sth.; *dare ~ a qcu.* to mind so., to take so. seriously; *darsi ~* to make oneself out to be important; *senza ~* unimportant.

importare (**impòrto**) **I** *v.i.* (*aus.* **essere**) to matter, to care (*costr. pers.*): *ciò che più m'importa è la salute* health is what matters most to me, health is what I care most about. **II** *v.i. impers.* (*aus.* **essere**) **1** to matter, to be important, to care (*costr. pers.*): *m'importa molto della sua felicità* I care very much about his happiness, his happiness matters a great deal to me, his happiness is of great concern to me. **2** (*essere necessario*) to be necessary, to need (*costr. pers.*), to have to (*costr. pers.*), to trouble (*costr. pers.*): *non importa che tu venga tutti i giorni* you needn't come every day, you don't need to come every day, it isn't necessary for you to come every day. **3** (*colloq*) (*interessare*) to care (*costr. pers.*), to matter: *che me ne importa delle tue beghe?* what do I care about your troubles?, what do your troubles matter to me? **III** *v.t.* **1** (*Comm*) to import: ~ *grano* to import corn. **2** (*Inform*) to import: ~ *dati* to import data. □ *ciò che più importa* the most important thing; (*pop*) *non m'importa un fico* (o *non m'importa un fico secco*) I don't care a fig, I don't give a damn; *non importa* it doesn't matter; (*colloq*) *non m'importa un accidente* I don't give a damn, I don't care a damn; (*pop*) *non me ne importa un cavolo!* I don't give a hoot about it!, I couldn't care less!

importatore I *m.* (*f.* **-trice**) (*Comm*) importer. **II** *a.* (*Comm*) importing: *paese ~* importing country, importer.

importazione *f.* **1** (*Comm*) import, importation: *si occupa d'~ ed esportazione* he is in the import-export business. **2** *pl.* (*beni importati*) imports: *quest'anno le importazioni superano le esportazioni* this year imports exceed exports. **3** (*fig*) (*introduzione*) introduction, importation: *l'~ di una nuova moda* the introduction of a new fashion. **4** (*Inform*) import: *importazione di dati* data import. □ (*Econ*) ~ *di capitali* bringing in of capital, importation of capital.

import-export I *m.* (*Comm*) import-export. **II** *a.* (*Comm*) import-export (*attr.*): *ditta ~* import-export house.

importo *m.* **1** amount, sum, total: *l'~ delle spese* the total of expenses, total expenses. **2** (*prezzo*) price, charge: *l'~ è indicato in dollari* the price is given in dollars. □ ~ *approssimativo* rough figure, rough amount; ~ *complessivo* total amount, sum total; ~ *eccedente* surplus; ~ *lordo* gross amount; ~ *mancante* deficit; ~ *mensile* monthly amount; ~ *netto* net amount; *per un ~ di 100 euro* in the amount of 100 euros.

importunare (**importùno**) *v.t.* to trouble, to bother, to importune: *mi importuna con continue richieste di denaro* he is always bothering me for money.

importunità *f.* importunity.

importuno I *a.* **1** (*fastidioso, che dà noia*) troublesome, tiresome, bothersome, annoying, irksome: *domande importune* tiresome questions; *essere ~* (*dare noia*) to be a nuisance; *vento ~* bothersome wind. **2** (*rif. a persona: che insiste nel chiedere*) importunate. **II** *m.* (*f.* **-a**) importuner.

imposi → **imporre**

impositivo *a.* (*Econ*) tax (*attr.*), taxation (*attr.*): *autonomia impositiva* taxation power.

imposizione *f.* **1** (*l'imporre*) imposition, enforcement: *l'~ di un obbligo* the imposition of an obligation. **2** (*ordine*) order, command: *sono stufo delle tue imposizioni* I am fed up with your orders. **3** (*Econ*) taxation, imposition, levying: ~ *diretta* direct taxation; ~ *indiretta* indirect taxation; ~ *di tributi* (o ~ *di tasse*) levying of taxes. □ (*Econ*) ~ *alla fonte* taxation at the source; ~ *del nome* giving of a name; (*Rel,Lit*) ~ *delle mani* laying on of hands, imposition.

impossessamento *m.* (*Dir*) appropriation.

impossessarsi (**mi impossèsso**) *v.pron.* **1** to take possession (*di* of), to seize (*di qcs.* di), to appropriate (*di qcs.* sth.): *si impossessarono di tutti i suoi beni* they seized all his goods; *i rivoltosi s'impossessarono di due guardie* the rioters seized two guards. **2** (*fig*) (*soggiogare*) to gain a hold (*di* over), to take hold (*di* of), to get in one's grip (*di qcu.* so.): *il vizio si impossessò di lui* vice got him in its grip. □ ~ *di una lingua* to master a language.

impossibile I *a.* **1** impossible: *è tecnicamente ~* it is technically impossible; *un ragazzo ~* an impossible boy; *una situazione ~* an impossible situation. **2** (*assurdo*) impossible, absurd, ridiculous: *un ragionamento ~* a ridiculous way of reasoning. **3** (*colloq*) (*insopportabile*) impossible, unbearable: *un bambino ~* an impossible child. **II** *m.* (the) impossible: *chiedere l'~* to ask the impossible. □ *fare l'~* to do all one can, to do one's best, to do one's utmost.

impossibilità *f.* impossibility: *essere nell'~ di fare qcs.* to be unable to do sth.; *trovarsi nell'~ di fare qcs.* to be unable to do sth.; *mettere qcu. nell'~ di fare qcs.* to make it impossible for so. to do sth., to stop so. doing sth.

impossibilitare (**impossibilito**) *v.t.* **1** (*rendere impossibile*) to make impossible, to prevent: ~ *la fuga* to make flight impossible, to prevent flight. **2** (*mettere nell'impossibilità*) to make it impossible, to prevent: ~ *qcu. a fuggire* to make it impossible for so. to escape, to prevent so. from escaping.

impossibilitato *a.* unable. □ *essere ~* to be unable, to be impossible (*costr. impers.*): *sono ~ a raggiungerti* it is impossible for me to join you, I am unable to join you, I cannot join you.

imposta[1] *f.* **1** (*di finestra*) shutter: *aprire le*

imposte to open the shutters. **2** (*Arch*) impost; (*di arco, volta*) springer.

imposta[2] *f.* (*Econ*) tax, levy, duty. □ (*Econ*) ~ *addizionale* additional tax, surtax; (*Econ*) ~ *cedolare* coupon tax, tax on dividends; (*Econ*) ~ *complementare progressiva* progressive (supplementary) income tax; (*Econ*) ~ *complementare sul reddito* income surtax; (*Econ*) *imposte comunali* rates, council taxes; (*Econ*) ~ *di bollo* stamp duty; (*Econ*) ~ *di famiglia* rates (*pl.*), local tax; (*Econ*) ~ *di registro* stamp duty, stamp tax; (*Econ*) ~ *di soggiorno* visitors' tax; (*Econ*) ~ *di successione* estate duty, estate tax, death tax, inheritance tax; (*Econ*) ~ *diretta* direct tax; (*Econ*) ~ *doganale* customs (*pl.*), duty; (*Econ*) *imposte e contributi* rates and taxes; (*Econ*) ~ *erariale* state tax, public tax, revenue tax; (*Econ*) ~ *fondiaria* land tax; (*Econ*) ~ *generale sull'entrata* turnover tax; (*Econ*) ~ *immobiliare* (*Br*) property tax, (*Am*) real estate tax; (*Econ*) ~ *indiretta* indirect tax; (*Econ*) ~ *patrimoniale* capital levy; (*Econ*) ~ *progressiva* graduated tax, progressive tax; (*Econ*) ~ *regionale* tax imposed by a region; (*Econ*) ~ *societaria* company (profits) tax, (*Am*) corporate tax; (*Econ*) ~ *straordinaria* tax imposed for special purposes; (*Econ*) ~ *sui consumi* excise tax, excise duty; (*Econ*) ~ *sui fabbricati* buildings tax, (*Am*) real estate tax; (*Econ*) ~ *sui generi di lusso* luxury tax; (*Econ*) ~ *sui profitti* profits tax; (*Econ*) ~ *sui terreni* land tax; (*Econ*) ~ *sul giro d'affari* turnover tax; (*Stor*) ~ *sul macinato* tax on meal, tax on flour, grist tax; (*Econ*) ~ *sul patrimonio* capital levy; (*Econ*) ~ *sul reddito* income tax; ~ *sul reddito delle persone fisiche* personal income tax; ~ *sul reddito delle persone giuridiche* tax on the income of corporate bodies; ~ *sul reddito dei fabbricati* tax on revenue from buildings; (*Econ*) ~ *sul valore aggiunto* value-added tax, added-value tax; (*Econ*) ~ *sulle donazioni* gift duty; (*Econ*) ~ *sulle società* company (profits) tax, (*Am*) corporate tax.

impostare[1] (**impòsto**) *v.t.* **1** to formulate, to work out, to frame, to structure, to define: ~ *un discorso* to structure a speech, to outline a speech. **2** (*progettare*) to plan, to work out: ~ *un lavoro* to plan a piece of work. **3** (*Edil*) (*sistemare la base di una struttura*) to lay, to build, to put in position, to set in position: ~ *un muro* to build a wall. **4** (*Mar*) to lay down. □ ~ *la voce* to place the voice, to support the voice in a sustained legato.

impostare[2] (**impòsto**) *v.t.* (*imbucare*) to post, (*Am*) to mail: ~ *una lettera* to post a letter, (*Am*) to mail a letter.

impostato *a.* (*rif. a voce*) placed, supported.

impostazione[1] *f.* **1** approach, setting out, statement, definition, outlining: *l'~ del problema* the statement of the problem, the approach to the problem; ~ *pubblicitaria* advertising line. **2** (*formulazione*) formulation. **3** (*strutturazione*) structuring. **4** (*preparazione di base*) style: *quella ballerina ha un'ottima ~* that dancer has an excellent style. **5** (*Edil*) laying, setting in position. □ ~ *della voce* placement of the voice.

impostazione[2] *f.* (*Post*) posting, (*Am*) mailing.

imposto *a.* fixed, forced: *prezzo ~* fixed price, *matrimonio ~* forced marriage.

impostore *m.* (*f.* **-a**) impostor.

impostura *f.* imposture, deception.

impotente I *a.* **1** helpless, powerless: *i medici sono impotenti di fronte a questa malattia* the doctors are powerless to deal with the disease; *sentirsi ~ di fronte a qcs.* to feel helpless in front of sth.; *una rabbia ~* helpless rage. **2** (*inefficace*) ineffectual, ineffective, impotent: *leggi impotenti* ineffectual laws. **3** (*Med*) impotent. **II** *m.* (*Med*) impotent man.

impotenza *f.* **1** powerlessness, helplessness, impotence: (*fig*) *ridurre all'~ qcu.* to make so. powerless. **2** (*Med*) impotence, impotency.

impoverimento *m.* impoverishment (*anche fig*): *~ del terreno* impoverishment of soil. □ (*Med*) *~ del sangue* thinning of the blood.

impoverire (**impoverìsco, impoverìsci**) **I** *v.t.* **1** to impoverish (*anche fig*): *~ le casse dello stato* to impoverish the Treasury; *~ un terreno* to impoverish land. **2** (*Fis,Chim*) to deplete. **II** *v.pron.* **impoverirsi** to grow poor, to become poor (*anche fig*).

impraticabile *a.* **1** (*Strad*) impassable, impracticable. **2** (*rif. a terreni e sim.*) inaccessible. **3** (*rif. a campi da gioco*) unfit for play, unplayable. **4** (*inattuabile*) unfeasible, impractical.

impraticabilità *f.* **1** (*Strad*) impracticability, impassability. **2** (*rif. a terreni e sim.*) inaccessibility. **3** (*rif. a campi da gioco*) unfitness for play: *sospendere la partita per ~ del campo* to call off a game because the pitch (*o* the field) is unplayable. **4** (*inattuabilità*) impracticability, impracticality.

impratichire (**impratichìsco, impratichìsci**) **I** *v.t.* to train, to exercise, to drill: *~ qcu. in un mestiere* to train so. in a trade. **II** *v.pron.* **impratichirsi** to practise (*in qcs.* sth.), to get practise (*in* in), to get training (*in* in), to make oneself familiar (*in* with).

imprecare (**imprèco, imprèchi**) *aus.* **avere**) *v.i.* to curse (*contro qcs.* sth.), to swear: *~ contro la sorte* to curse fate.

imprecativo *a.* cursing, imprecatory.

imprecazione *f.* curse, oath, swear word, imprecation: *scagliare imprecazioni a qcu.* to hurl curses at so., to curse so.

imprecisabile *a.* indeterminable, indefinite, indefinable: *un numero ~ di persone* an indefinite number of people.

imprecisato *a.* undetermined, indeterminate, indefinite.

imprecisione *f.* **1** inaccuracy, imprecision: *~ nella scelta delle parole* inaccuracy in the choice of words. **2** (*inesattezza*) inaccuracy: *ci sono delle imprecisioni nel calcolo* there are some inaccuracies in the calculation, there are some miscalculations.

impreciso *a.* **1** (*indeterminato*) imprecise, indeterminate: *un numero ~ di persone* an indeterminate number of people. **2** (*inesatto*) inaccurate: *calcolo ~* inaccurate calculation, miscalculation.

impregiudicato *a.* **1** (*Dir*) undecided, unjudged, open. **2** (*estens*) open, undecided: *la questione è rimasta impregiudicata* the matter is still open.

impregnare (**imprégno**) **I** *v.t.* **1** (*inzuppare*) to soak, to saturate (*di* with, in). **2** (*fig*) to imbue, to permeate. **3** (*Tecn*) to impregnate: *~ un corpo con una sostanza fluida* to impregnate a body with a fluid. **4** (*Veter*) to impregnate. **II** *v.pron.* **impregnarsi** **1** to become impregnated (*di* with), to become soaked (*di* with). **2** (*puzzare*) to smell (*di* of): *la giacca si era impregnata di odore di cavolfiore* my jacket smelled strongly of caulyflower. **3** (*fig*) to be imbued (*di* with).

impregnato *a.* **1** (*inzuppato*) soaked, imbued, impregnated (*di* with). **2** (*fig*) permeated, filled (*di* with). □ *~ di sudore*

sweat-soaked.

imprendibile *a.* **1** uncatchable. **2** (*Sport*) (*tiro*) unstoppable. **3** (*inespugnabile*) impregnable, unconquerable, unassailable: *una fortezza ~* an impregnable fortress.

imprenditore *m.* (*f.* **-trice**) entrepreneur. □ *~ agricolo* (independent) farmer; *~ di trasporti* carrier, forwarding agent; *~ edile* building contractor.

imprenditoria *f.* **1** (*attività*) entrepreneurial activity. **2** (*categoria*) entrepreneurs *pl.*

imprenditoriale *a.* entrepreneurial.

imprenditorialità *f.* **1** entrepreneurship. **2** (*collett.*) entrepreneurs *pl.*

impreparato *a.* **1** unprepared. **2** (*incompetente*) incompetent. **3** (*rif. a lavoratori*) unskilled, untrained.

impreparazione *f.* **1** unpreparedness, lack of preparation. **2** (*incompetenza*) incompetence. **3** (*rif. a lavoratori*) lack of training, lack of skill.

impresa *f.* **1** (*azienda*) company, business, concern, enterprise, undertaking. **2** (*iniziativa*) undertaking, enterprise: *abbandonare un'~* to abandon an enterprise, to abandon an undertaking. **3** (*azione ardimentosa*) exploit, deed, feat: *~ eroica* heroic exploit, deed of prowess, heroic deed; *una grande ~* (*azione eroica*) a great achievement. □ *~ a scopo di lucro* profit-making concern; *~ agricola* farm; *~ autotrasporti* trucking contractor, trucking firm; *~ collettiva* collective; *~ commerciale* (commercial) concern, business enterprise; *~ creditrice* creditor firm; *~ debitrice* debtor firm; *~ di catering* catering company; *~ di costruzioni* building contractor, building firm, builders (*pl.*); *~ di partecipazione* joint venture; *~ di pompe funebri* (firm of) undertakers, undertaking business, (*Am*) funeral parlor, funeral home; *~ di trasporti* forwarding agency; *~ di utilità pubblica* public utility concern; (*fig*) *è un'~* (*è molto difficile*) it's quite a job, it's a real performance; *~ edile* building firm, construction company, builders (*pl.*), constructors (*pl.*); *~ edilizia* building contractors; *~ familiare* family business, family concern; *~ fortunata* successful undertaking; *mettersi in un'~* to go into sth., to undertake sth.; *~ nazionalizzata* nationalized concern; *~ ortofloricola* horticultural enterprise; *~ parastatale* state-controlled business; *~ primaria* leading concern; *~ privata* 1 private undertaking, private enterprise; 2 (*Agr*) private farm; *~ pubblica* state enterprise, public enterprise.

impresario *m.* (*f.* **-a**) **1** (*Teat*) impresario, theatre manager, manager, (*Am*) producer. **2** (*imprenditore*) entrepreneur. □ *~ di pompe funebri* funeral director.

imprescindibile *a.* not to be ignored (*posposto*), not to be set aside (*posposto*), inexorable, unavoidable, necessary, absolutely necessary: *doveri imprescindibili* unavoidable duties; *una necessità ~* an inexorable necessity.

imprescrittibile *a.* (*Dir*) indefeasible, imprescriptible.

imprescrittibilità *f.* (*Dir*) indefeasibility, imprescriptibility.

impresentabile *a.* unpresentable.

impressi → **imprimere**.

impressionabile *a.* **1** (*suscettibile*) impressionable, susceptible, sensitive. **2** (*che si spaventa facilmente*) easily frightened. **3** (*Fot,Cin*) sensitive.

impressionabilità *f.* **1** impressionability, susceptibility. **2** (*Fot,Cin*) sensitivity.

impressionante *a.* **1** impressive, striking:

visione ~ impressive scene. **2** (*che spaventa*) frightening. **3** (*che turba*) upsetting, shocking.

impressionare (**impressióno**) **I** *v.t.* **1** (*fare impressione*) to make an impression on, to strike, to impress: *mi ha impressionato la crudezza delle sue parole* I was struck by the harshness of his words; *mi ha bene impressionato* he made a good impression on me. **2** (*spaventare*) to frighten, to scare. **3** (*turbare*) to upset, to shock, to affect. **4** (*scuotere*) to shake: *~ l'opinione pubblica* to shake public opinion, to shock public opinion. **5** (*Fot,Cin*) to expose. **II** *v.pron.* **impressionarsi** **1** (*rimanere colpito*) to be struck, to be impressed. **2** (*spaventarsi*) to be frightened, to be scared. **3** (*turbarsi*) to be upset, to be shocked: *mi ha impressionato molto la notizia* I was very upset to hear the news, the news greatly (*o* deeply) affected me. **4** (*Fot*) to be exposed. □ *~ favorevolmente qcu.* to impress so., to make a good impression on so.

impressionato *a.* **1** struck, impressed: *bene ~* impressed, favourably impressed; *male ~* unfavourably impressed. **2** (*spaventato*) frightened, scared. **3** (*turbato*) upset, shocked, affected. **4** (*scosso*) shaken. **5** (*Fot, Cin*) exposed: *pellicola impressionata* exposed film.

impressione *f.* **1** (*sensazione astratta*) impression, feeling: *che ~ ti ha fatto?* how did he strike you?; *fare una buona ~ a qcu.* to make a good impression on so.; *fare una cattiva ~ a qcu.* to make a bad impression on so.; *la mia prima ~ è stata buona* my first impression was favourable; *ricevere un'~* to have an impression. **2** (*turbamento*) impression, upset, emotion: *l'annuncio della disfatta ha procurato una grande ~* the news of the defeat caused great emotion. **3** (*sensazione fisica*) sensation: *~ di caldo* sensation of heat. **4** (*l'imprimere*) impression, imprint, mark: *l'~ del sigillo sulla ceralacca* the impression of the seal on the wax. **5** (*Tip*) (*stampa*) printing; (*modo di essere impresso*) impression. □ *avere l'~* to be under the impression, to have a feeling: *ho l'~ che sia meglio andare via* I have a feeling that it would be better to leave; *ho l'~ di essere spiato* I feel like I am being watched; *dare l'~ che...* to give the impression that...; *fare ~*: 1 to impress: *la notizia ha fatto molta ~* the news made a great impression; 2 (*spaventare*) to frighten; 3 (*turbare*) to upset, to affect: *il sangue mi fa ~* blood upsets me.

impressionismo *m.* (*Art,Lett,Mus*) impressionism, Impressionism.

impressionista **I** *m./f.* (*Art,Lett,Mus*) impressionist, Impressionist. **II** *a.* (*Art,Lett,Mus*) impressionist, Impressionist.

impressionistico (*pl.* **-ci**) *a.* (*Art,Lett,Mus*) impressionist, impressionistic.

impresso → **imprimere** *a.* impressed, imprinted, stamped (*anche fig*): *le tue parole sono impresse nella mia mente* your words are impressed on my mind; (*fig*) *mi è rimasto ~* I can still remember it. □ (*fig*) *~ nella memoria* stuck in one's memory, burned on one's memory.

impressore *m.* (*Tip,ant*) printer.

imprestare (**imprèsto**) *v.t.* (*colloq*) to lend, to loan: *~ una cosa a qcu.* to lend so. a book.

imprevedibile *a.* **1** unforeseeable, unpredictable: *caso ~* unforeseeable event. **2** (*rif. a persona*) unpredictable.

imprevedibilità *f.* **1** unforeseeability. **2** (*rif. a persona*) impredictability.

imprevidente **I** *a.* improvident. **II** *m./f.* improvident person.

imprevidentemente *avv.* improvidently.

imprevidenza *f.* improvidence, lack of foresight.

imprevisto I *a.* unforeseen, unexpected: *un avvenimento ~* an unexpected event. II *m.* unforeseen event, unexpected occurrence, setback, hitch: *un piccolo ~* a slight hitch.

impreziosire (**impreziosìsco, impreziosìsci**) *v.t.* 1 to make precious, to make more precious: *~ un diadema di gemme* to make a tiara precious with jewels, to increase the value of a tiara by adding precious jewels. 2 *(fig)* to embellish: *~ il proprio stile* to embellish one's style.

imprigionamento *m.* imprisonment.

imprigionare (**imprigióno**) *v.t.* 1 to imprison, to put in prison: *il ladro fu imprigionato* the thief was put in prison. 2 *(ingabbiare)* to cage, to put in a cage, to confine: *~ un uccello* to put a bird in a cage, to keep a bird in a cage. 3 *(fig) (intrappolare)* to trap, to block.

imprigionato *a.* 1 imprisoned. 2 *(fig) (intrappolato)* trapped, blocked.

imprimatur *m.inv.* *(Dir.can)* imprimatur *(anche fig)*.

imprimé /ɛpri'me/ I *a.inv.* *(Tess)* printed, print *(attr.)*. II *m.inv.* *(Tess)* printed material, printed fabric.

imprimere *(pres.ind.* **imprìmo**; *p.rem.* **imprèssi**; *p.p.* **imprèsso**) I *v.t.* 1 to impress, to imprint, to stamp, to mark: *~ un sigillo su una lettera* to stamp a seal on a letter, to impress a seal on a letter. 2 *(a fuoco)* to brand: *~ un marchio* to to brand. 3 *(fig)* to impress, to engrave, to imprint, to stamp: *~ qcs. nel cuore di qcu.* to engrave sth. in so.'s heart. 4 *(dare, trasmettere)* to give, to impart, to convey: *~ una spinta a un corpo* to give a body a push. II *v.pron.* **imprimersi** to be impressed *(anche fig)*: *le sue parole si sono impresse nella mia mente* his words are impressed on my mind. □ *~ un carattere* to stamp with a character, to give a character; *~ un movimento a qcs.* to set sth. in motion; *~ velocità a qcs.* to speed sth. up.

imprimitura *f.* *(Pitt)* priming.

imprinting *m.inv.* *(Biol)* imprinting.

improbabile *a.* improbable, unlikely.

improbabilità *f.* improbability, unlikelihood.

improbità *f.* *(Lett)* dishonesty, improbity.

improbo *a.* 1 *(Lett)* dishonest; *(malvagio)* wicked. 2 *(fig) (faticoso)* hard: *un lavoro ~* hard work.

improcrastinabile *a.* undelayable, urgent.

improcrastinabilità *f.* inability to be postponed, impossibility to delay (sth.), urgency.

improduttività *f.* 1 unproductiveness. 2 *(rif. a terreno)* infertility.

improduttivo *a.* 1 unproductive. 2 *(rif. a terreno)* infertile. 3 *(Econ)* idle: *capitale ~* idle capital.

impromptu /ɛprɔ̃'pty/ *m.inv.* *(Mus)* impromptu.

impronta[1] I *m.* 1 mark, impression, print, imprint, sign: *l'~ di un sigillo* the impression of a seal. 2 *(orma)* print, imprint, mark: *ha lasciato l'~ dei suoi passi sulla sabbia* he left his footprints on the sand; *il bambino ha lasciato le impronte sullo specchio* the child left his fingerprints on the mirror; *cancellare un'~* to wipe out a mark, to erase a mark. 3 *(fig) (contrassegno)* mark, hallmark, sign, stamp: *l'~ del genio* the hallmark of genius; *lasciare un'~* to leave a mark; *(fig) dare la*

propria ~ a qcs. to put one's stamp on sth., to leave one's mark on sth. 4 *(Dent)* dental impression. □ *~ digitale* fingerprint.

impronta[2] □ *all'~* at once, at sight: *tradurre all'~* to translate at sight; *traduzione all'~* unseen.

improntare (**impróntо**) I *v.t.* 1 to give a particular expression: *~ il viso al dolore* to put on a sorrowful expression. 2 *(imprimere)* to impress, to imprint, to mark: *~ la ceralacca col sigillo* to impress the seal on the wax. 3 *(Numism)* to coin, to stamp, to mint. II *v.pron.* **improntarsi** to be marked *(di* with), to become marked *(di* with), to take on a look *(di* of): *il suo volto si improntò di paura* his face took on a look of fear.

improntato *a.* marked *(a* by), characterized *(a* by), full *(a* of): *uno sguardo ~ di tristezza* a look full of sadness, *il loro rapporto è ~ alla massima trasparenza* their relationship is marked by the utmost candour.

improntitudine *f.* impertinence, effrontery, impudence.

impronunciabile *a.* unpronounceable.

improperio *m.* 1 insult. 2 *pl.* abuse *(costr. sing.)*: *coprire qcu. di improperi* to abuse so., to insult so.

improponibile *a.* 1 that cannot be proposed *(posposto)*. 2 *(Dir)* inadmissible.

improponibilità *f.* inadmissibility *(anche Dir)*.

impropriamente *avv.* improperly, inappropriately, incorrectly, wrongly: *una parola usata ~* a misused word, a wrongly-used word.

improprietà *f.* impropriety, incorrectness, inaccuracy. □ *~ di linguaggio* incorrect usage.

improprio *a.* 1 improper, inappropriate, incorrect, wrong: *un modo di dire ~* improper expression, incorrect expression; *in senso ~* improperly. 2 *(Ling,Mat)* improper: *dittongo ~* improper diphthong; *frazione impropria* improper fraction.

improrogabile *a.* that cannot be delayed *(posposto)*, that cannot be extended *(posposto)*, that cannot be postponed *(posposto)*, that cannot be put off *(posposto)*, definite.

improrogabilità *f.* inalterability.

improrogabilmente *avv.* without any prostponement, definitely.

improvvidenza *f.* *(lett)* improvidence.

improvvido *a.* *(lett)* improvident.

improvvisamente *avv.* suddenly, all at once, all of a sudden, unexpectedly.

improvvisare (**improvvìso**) I *v.t.* 1 to improvise, to ad-lib: *~ un discorso* to ad-lib a speech, to improvise a speech; *l'attore sta improvvisando* the actor is improvising. 2 *(allestire lì per lì)* to improvise, to rustle up: *ha improvvisato un'ottima cenetta* she rustled up an excellent supper. II *v.i.* *(aus.* **avere**) to improvise, to extemporize: *~ alla chitarra* to improvise on the guitar. III *v.pron.* **improvvisarsi** to play, to act as, to turn oneself into: *mi sono improvvisato cuoco* I acted as cook.

improvvisata *f.* 1 *(sorpresa)* surprise. 2 *(visita)* surprise visit: *fare un'~ a qcu.* to pay so. a surprise visit.

improvvisato *a.* improvised, extempore, makeshift: *discorso ~* improvised speech; *una cena improvvisata* a makeshift dinner.

improvvisatore *m.* *(f.* **-trice**) *(poeta, compositore)* improvisator, improviser.

improvvisazione *f.* improvisation.

improvviso I *a.* 1 sudden: *partenza improvvisa* sudden departure. 2 *(inaspettato,*

inatteso) unexpected. II *m.* *(Mus)* impromptu. □ *all'~* (o *d'~*) suddenly, all of a sudden.

imprudente I *a.* 1 imprudent, incautious. 2 *(avventato)* rash: *una decisione ~* a rash decision. II *m./f.* imprudent person.

imprudentemente *avv.* imprudently.

imprudenza *f.* 1 imprudence: *commettere un'~* to act imprudently. 2 *(sventatezza)* rashness, heedlessness.

impubblicabile *a.* unpublishable, unprintable.

impubere *a.* *(lett)* not having reached puberty *(posposto)*.

impudente I *a.* impudent, *(colloq)* cheeky. II *m./f.* impudent person. □ *che ~!* *(Br)* what a cheek!, *(Am)* what a nerve!

impudentemente *avv.* impudently.

impudenza *f.* impudence, insolence, *(Br, colloq)* cheek, *(Am,colloq)* nerve: *avere l'~ di fare qcs.* to have the impudence to do sth., *(Br,colloq)* to have the cheek to do sth., *(Am, colloq)* to have the nerve to do sth.; *che ~!* *(Br)* what a cheek!, *(Am)* what nerve!

impudicamente *avv.* immodestly, indecently, improperly.

impudicizia *f.* immodesty, indecency, impropriety.

impudico *(pl.* **-chi**) *a.* 1 *(rif. a persona)* immodest, shameless, lewd. 2 *(rif. a cosa)* immodest, improper, indecent: *gesti impudichi* indecent gestures.

impugnabile *a.* *(Dir)* impugnable, contestable: *il testamento non è ~* the will is not impugnable.

impugnabilità *f.* *(Dir)* impugnability, contestability.

impugnare[1] (**impùgno**) *v.t.* 1 *(afferrare)* to grasp, to seize, to grip: *~ un bastone* to grasp a stick, to seize a stick. 2 *(tenere in mano)* to hold, to grip: *non sa neppure ~ la racchetta* he doesn't even know how to hold the racket. □ *(fig) ~ le armi* to take up arms; *~ una spada* to hold a sword.

impugnare[2] (**impùgno**) *v.t.* 1 *(contestare)* to contest, to question: *la sua dichiarazione non può essere impugnata* his declaration cannot be questioned. 2 *(Dir)* to contest, to impugn: *~ una sentenza* to contest a sentence; *~ un testamento* to contest a will.

impugnatura *f.* 1 *(manico)* handle; *(di spada e sim.)* hilt; *(di coltello)* haft, handle; *(di pistola)* butt, helve; *(di arnese)* handgrip. 2 *(modo di impugnare)* grip, grasp: *l'~ della racchetta* the racquet grip.

impugnazione *f.* *(Dir)* impugnment *(di* of), contestation *(di* of), appeal *(di* against): *~ di una sentenza* appeal against a sentence.

impulsione *f.* *(Mecc)* impulsion.

impulsivamente *avv.* impulsively.

impulsività *f.* impulsiveness.

impulsivo I *a.* 1 impulsive, rash: *un uomo ~* an impulsive man. 2 *(Fis)* impulsive. II *m.* impulsive person.

impulso *m.* 1 *(spinta)* impulse, thrust, drive. 2 *(fig) (spinta irrazionale)* impulse, urge: *seguire i propri impulsi* to act on impulse. 3 *(fig) (istinto)* instinct: *il mio primo ~ è stato di andare a controllare* my first instinct was to go and check. 4 *(fig) (incremento)* boost, impulse: *l'industria ha ricevuto un notevole ~* industry has been given a substantial boost. 5 *(Psic)* drive. 6 *(Fis,Med,El, Fisiol)* pulse. □ *agire ~* to act on impulse; *dare ~ a qcs.* to boost sth.: *dare ~ all'economia* to boost the economy; *~ di comando* control pulse; *~ sessuale* sex drive.

impune *a.* *(lett)* unpunished.

impunemente *avv.* with impunity. □

non credere di poterlo **fare** *~!* don't think you can get away with it!

impunìbile *a.* unpunishable *(anche Dir)*: *reato ~* unpunishable crime.

impunibilità *f. (Dir)* unpunishability, unpunishableness.

impunità *f. (Dir)* impunity: *concedere l'~ to* grant impunity.

impunìto *a.* unpunished: *il suo delitto non rimarrà ~* his crime will not go unpunished.

impuntarsi (**mi impùnto**) *v.pron.* **1** *(ostinarsi)* to cling *(su* to), to stick obstinately *(su* to), to make a point *(su* of): *~ su un'idea* to stick obstinately to an idea; *quando si impunta non riesce a ragionare* when he gets something into his head, he cannot see reason. **2** *(rif. a cavalli e sim.)* to jib.

impuntìre (**impuntìsco, impuntìsci**) *v.t.* to stitch, to quilt: *~ un materasso* to stitch a mattress.

impuntùra *f. (Sart)* **1** *(cucitura)* stitching, quilting. **2** *(punto)* quilting.

impunturàre (**impuntùro**) *v.t. (Sart)* to stitch.

impunturàto *a. (Sart)* stitched.

impupàrsi (**mi impùpo**) *v.pron. (Entom)* to pupate.

impuramente *avv.* impurely.

impurèzza *f. (Chim,Min)* impurity.

impurità *f.* **1** impurity: *le ~ della pelle* skin impurities. **2** *(Chim)* impurity. **3** *(Rel,Etnol)* uncleanliness.

impùro *a.* **1** impure, foul: *acqua impura* impure water. **2** *(estens)* impure: *lingua impura* impure language, polluted language; *pelle impura* skin with imperfections, poor complexion. **3** *(fig) (impudico)* impure, unchaste, foul: *pensieri impuri* impure thoughts. **4** *(Rel,Etnol) (immondo)* unclean.

imputàbile *a.* **1** imputable, attributable, due: *l'incidente è ~ all'imperizia del conducente* the accident is due to the driver's inexperience. **2** *(responsabile)* responsible *(di* for). **3** *(Dir)* chargeable *(di* with), indictable *(di* of): *~ di reato* indictable of a crime.

imputabilità *f.* **1** imputability. **2** *(Dir)* chargeableness, liability.

imputàre (**imputo**) *v.t.* **1** to impute, to attribute, to ascribe: *~ al caso la causa di una sciagura* to attribute an accident to chance. **2** *(Dir)* to charge *(di* with), to accuse *(di* of). **3** *(Comm)* to charge.

imputàto **I** *a. (Dir)* charged, accused. **II** *m.* *(f.* **-a**) *(Dir)* (the) accused, (the) defendant.

imputazione *f.* **1** *(Dir)* charge, imputation, accusation: *l'~ era di omicidio premeditato* the charge was premeditated murder. **2** *(Comm)* allocation.

imputrescìbile *a.* rotproof.

imputridìmento *m.* putrefaction.

imputridìre (**imprutridìsco, imputridìsci**) *aus.* essere) *v.i.* to putrefy, to rot, to decompose: *i cadaveri imputridivano sul campo di battaglia* the bodies were rotting on the battlefield, the bodies were decomposing on the battlefield.

imputridìto *a.* rotten, putrid.

impuzzolentìre (**impuzzolentìsco, impuzzolentìsci**) *v.t. (rar)* to stink out, to smell out.

IMQ *Istituto del marchio di qualità* (Italian Quality Mark Institute).

in *prep.* (when followed by the definite article it contracts to **nel** [in+il], **nello** [in+lo], **nell'** [in+l'], **nella** [in+la], **nei** [in+i], **negli** [in+gli], **nelle** [in+le]; *in poetry also* **ne'** *instead of* nei) **1** *(stato in luogo)* in: *abito ~ Italia* I live in Italy; *vivere ~ campagna* to live in the country. **2** *(stato in luogo: nel cor-*

so di) on, during: *~ viaggio* on a trip. **3** *(stato in luogo: rif. a opere d'arte)* in: *nella Bibbia* in the Bible. **4** *(stato in luogo: sopra, su)* on: *col cappello ~ testa* with one's hat on one's head; *~ tavola* on the table. **5** *(moto a luogo)* to: *vado ~ chiesa* I am going to church; *sono andato ~ Svizzera* I went to Switzerland; *cadere ~ terra* to fall to the ground, to fall on *(o* to) the ground. **6** *(moto a luogo: dentro)* into: *andò ~ cucina* she went into the kitchen, she went to the kitchen. **7** *(moto a luogo: rif. a casa)* indoors, in: *entrare ~ casa* to go indoors, to go in. **8** *(moto a luogo: su, sopra)* into, in: *prendere il bambino ~ braccio* to take the baby in one's arms. **9** *(moto per luogo)* in, round, through, about: *passeggiare ~ giardino* to take a walk round the garden; *viaggiare ~ Europa* to travel through Europe, to travel in Europe. **10** *(trasformazione, mutamento)* into, to: *convertire ~ oro* to change into gold; *mutarsi ~ pietra* to turn (in)to stone. **11** *(tempo determinato)* in: *nel 1815* in 1815; *~ gioventù* in one's youth; *~ primavera* in the spring. **12** *(con le parti del giorno)* in: *nella mattinata* in the morning; *nella notte* at night, in the night. **13** *(rif. a giorni)* on: *~ quel giorno* that day, on that day. **14** *(durata del tempo: entro)* in, within: *~ un anno* in a year; *~ un attimo* in a moment. **15** *(nel corso di, durante)* during: *lo farò ~ settimana* I will do it during the week, I will do it by the end of the week. **16** *(modo e maniera)* in, spesso si traduce con un avverbio: *vivere ~ pace* to live in peace, to live peacefully; *ascoltare ~ silenzio* to listen in silence; *parlare ~ tedesco* to speak German, to speak in German. **17** *(rif. al modo di vestire)* in, wearing, with... on: *una ragazza ~ abito da sera* a girl in an evening gown, a girl wearing an evening gown. **18** *(circostanza, occasione)* in: *morì ~ un incidente automobilistico* he died in a car accident. **19** *(seguito dall'infinito sostantivato: nel momento che)* on, upon: *nel pronunciare queste parole* upon saying these words, as he said these words. **20** *(mentre)* as, while, when: *nel tornare a casa* as I was going home. **21** *(limitazione)* at, in: *sei molto debole ~ matematica* you are very weak in *(o* at) mathematics. **22** *(rif. a voti)* for: *ricevere voti alti ~ condotta* to get high marks *(o* grades) in conduct. **23** *(con specificazione di materia)* in, talvolta si traduce con un sostantivo composto: *dottore ~ legge* law graduate. **24** *(rif. a mezzo di trasporto)* by: *viaggiare ~ treno* to travel by train. **25** *(partizione, divisione)* in: *tagliare ~ quattro* to cut in four, to cut into four. **26** *(quantità)* of: *siamo ~ tre* there are three of us; *eravamo ~ molti* there were a lot of us. **27** *(materia)* of, in, spesso si traduce con un aggettivo: *una statua ~ marmo* a marble statue. **28** *(fine, scopo)* as, on, in, to: *dare qcs. ~ dono* to give sth. as a gift; *correre ~ aiuto di qcu.* to rush to so.'s aid; *spendere i soldi ~ cose inutili* to spend money on useless things. **29** *(qualità)* in, about, of: *non trovo nulla di interessante ~ ciò* I don't find anything interesting in that; *~ quella donna mi piace la sincerità* what I like about that woman is her sincerity. **30** *(sposata)* si traduce con l'aggettivo née e invertendo l'ordine dei cognomi: *Maria Rossi ~ Bianchi* Maria Bianchi née Rossi.

inàbile *a.* **1** unable, incapable. **2** *(fisicamente)* unfit: *è ~ a svolgere un lavoro faticoso* he is unfit for heavy work. **3** *(per infortunio)* disabled. **4** *(Mil)* unfit. ☐ *~ al lavoro* unable to work, unfit for work; *(Mil) ~ al servizio militare* unfit for military service.

inabilità *f.* **1** inability, incapacity. **2** *(fisica)* unfitness. **3** *(per infortunio)* disability, disablement. **4** *(Mil)* unfitness. ☐ *~ al lavoro*: 1 inability to work, unfitness for work; 2 *(per infortunio)* disability; *~ permanente* permanent disability.

inabilitànte *a.* disabling.

inabilitàre (**inabìlito**) *v.t.* **1** to disable *(a* from, for), to make unfit *(a* for), to incapacitate *(a* for): *la malattia lo inabilitò al lavoro* his illness made him unfit for work, his illness made him unable to work. **2** *(Dir)* to disable, to disqualify, to incapacitate.

inabilitàto **I** *a. (Dir)* disabled, disqualified, incapacitated. **II** *m.* *(f.* **-a**) *(Dir)* disqualified person, incapacitated person.

inabilitazione *f.* **1** unfitness, disability, incapacity. **2** *(Dir)* disqualification, incapacitation, disability.

inabissamento *m.* sinking *(anche fig).*

inabissàre (**inabìsso**) **I** *v.t.* to sink. **II** *v.pron.* **inabissarsi** to sink, to be swallowed up *(anche fig)*: *l'aereo precipitò in mare e si inabissò* the aeroplane crashed into the sea and sank.

inabitàbile *a.* uninhabitable.

inabitabilità *f.* uninhabitableness.

inabitàto *a.* uninhabited: *un luogo ~* an uninhabited place.

inabrogàbile *a. (Dir)* not repealable.

inaccessìbile *a.* **1** inaccessible, beyond reach *(posposto)*: *valichi inaccessibili* inaccessible passes. **2** *(fig)* inaccessible *(a* to); *(difficilmente accostabile)* unapproachable. **3** *(fig) (incomprensibile)* incomprehensible *(a* to), beyond the reach *(di* of) *(posposto)*, beyond the grasp *(di* of) *(posposto)*: *un'opera ~ al comune lettore* a work beyond the grasp of the common reader. **4** *(fig) (molto costoso)* prohibitive, unaffordable.

inaccessibilità *f.* **1** inaccessibility: *l'~ di un luogo* the inaccessibility of a place. **2** *(fig)* unapproachableness, inaccessibility. **3** *(incomprensibilità)* incomprehensibility.

inaccessibilmente *avv.* inaccessibly.

inaccettàbile *a.* unacceptable.

inaccettabilità *f.* **1** unacceptableness: *l'~ di una proposta* the unacceptableness of a proposal. **2** *(Dir)* inadmissibility.

inaccordàbile *a.* **1** *(che non si può concedere)* ungrantable. **2** *(Mus)* untunable.

inaccostàbile *a.* unapproachable, inaccessible *(anche fig)*: *una persona ~* an unapproachable person.

inacerbìre (**inacerbìsco, inacerbìsci**) **I** *v.t.* *(inasprire)* to embitter, to exacerbate. **II** *v.pron.* **inacerbirsi** *(inasprirsi)* to become exacerbated.

inacetìre (**inacetìsco, inacetìsci**) **I** *v.i. (aus.* essere) to turn to vinegar: *il vino inacetisce facilmente* wine easily turns to vinegar. **II** *v.t.* to turn to vinegar, to make sour.

inacidimento *m.* **1** acidification, souring. **2** *(fig) (il divenire astioso)* embitterment, souring.

inacidìre (**inacidìsco, inacidìsci**) **I** *v.t.* **1** to turn sour, to sour: *il caldo ha inacidito il latte* the heat has turned the milk sour. **2** *(fig) (inasprire)* to embitter, to sour: *la vita l'ha inacidita* life embittered her. **3** *(Chim) (acidificare)* to acidify. **II** *v.i.* *(aus.* essere) **1** to turn sour, to turn acid: *la salsa è inacidita* the sauce has turned sour. **2** *(fig) (inasprirsi)* to become embittered, to be soured. **III** *v.pron.* **inacidirsi** **1** to turn sour, to turn acid. **2** *(fig) (inasprirsi)* to become embittered, to be soured.

inacidìto *a.* **1** sour: *latte ~* sour milk. **2** *(fig)* sour, soured, embittered.

inacutire (inacutìsco, inacutìsci) I *v.t.* (*rar*) to sharpen, to heighten: ~ *un dolore* to heighten grief. **II** *v.pron.* **inacutirsi** to heighten, to sharpen, to become sharper.

inadattabile *a.* inadaptable, unadaptable.

inadattabilità *f.* inadaptability, unadaptability.

inadatto *a.* **1** unsuitable (*a* for), unfit (*a* for), unsuited (*a* to): *parole inadatte* unsuitable words. **2** (*incapace*) unable, incapable, unfit: *un uomo ~ a comandare* a man unable to command. **3** (*inopportuno*) inappropriate, unsuitable.

inadeguatamente *avv.* inadequately.

inadeguatezza *f.* inadequacy, insufficiency.

inadeguato *a.* **1** inadequate (*a* to). **2** (*insufficiente*) insufficient: *disporre di mezzi inadeguati* to have insufficient means at one's disposal. **3** (*inopportuno*) inappropriate, unsuitable.

INADEL *Istituto nazionale per l'assistenza ai dipendenti degli enti locali* (National institute for welfare of employees of local organisations).

inadempibile *a.* that cannot be fulfilled (*posposto*), unfulfillable: *dovere ~* obligation that cannot be fulfilled.

inadempiente I *a.* defaulting. **II** *m./f.* **1** defaulter, defaulting party. **2** (*debitore*) debtor. □ **essere ~** *a un contratto* to fail to comply with a contract, to fail to fulfil a contract.

inadempienza *f.* non-fulfilment, non-performance, default, non-compliance. □ (*Dir*) ~ *contrattuale* breach of contract; *in caso di ~* in the event of a default.

inadempimento *m.* non-fulfilment, non-performance, default, breach: ~ *della clausola di un trattato* non-fulfilment (*o* breach) of the clause of an agreement; ~ *contrattuale* breach of contract.

inadempiuto *a.* unfulfilled.

inadoperabile *a.* useless, unserviceable, unusable, no use (*posposto*): *questo ombrello è ormai ~* this umbrella is of no use any more.

inafferrabile *a.* **1** elusive, uncatchable: *il ladro era ~* the thief was elusive. **2** (*fig*) incomprehensible, difficult to grasp.

inafferrabilità *f.* elusiveness.

inaffidabile *a.* unreliable.

inaffidabilità *f.* unreliability, unreliableness.

inaffondabile *a.* unsinkable.

inagibile *a.* **1** unfit for use (*posposto*). **2** (*Strad*) not practicable, impracticable. **3** (*Edil*) unfit for use (*posposto*), condemned: *dichiarare ~* to condemn.

inagibilità *f.* unfitness for use, state of being condemned (*anche Edil*): *dichiarare l'~ di un edificio* to condemn a building. **2** (*Strad*) impracticability.

INAIL (*Assic*) *Istituto nazionale per l'assicurazione contro gli infortuni sul lavoro* (National institute for insurance against industrial injuries).

inalante *a.* (*Med*) inhalant.

inalare (inàlo) *v.t.* to inhale (*anche Med*): ~ *un gas tossico* to inhale a toxic gas.

inalatore *m.* (*Med*) inhaler, inhalator. □ ~ *d'ossigeno*: **1** (*Med*) oxygen breathing apparatus, oxygen set; **2** (*Aer*) oxygen respirator.

inalatorio I *a.* inhalant, inhaling: *apparecchio ~* inhaler. **II** *m.* (*Med*) (*gabinetto per inalazioni*) inhalation room.

inalazione *f.* (*Med*) inhalation: ~ *secca* dry inhalation; *fare le inalazioni* to make inhalations.

inalberare (inàlbero) I *v.t.* to hoist, to raise.

II *v.pron.* **inalberarsi 1** (*rif. a cavallo: impennarsi*) to rear, to rear up. **2** (*fig*) to take offense, to take umbrage, to lose one's temper, to get angry.

inalienabile *a.* (*Dir*) inalienable: *diritti inalienabili* inalienable rights; *la libertà è un bene ~* liberty is an inalienable blessing.

inalienabilità *f.* (*Dir*) inalienability: *clausola d'~* inalienability clause.

inalterabile *a.* **1** unalterable, unchangeable. **2** (*rif. a colori*) fast, permanent. **3** (*rif. a stoffe: irrestringibile*) unshrinkable, nonshrink. **4** (*immutabile*) immutable, unchanging, constant, undying: *sentimento ~* unchanging sentiment, constant sentiment.

inalterabilità *f.* **1** unalterability, permanence. **2** (*rif. a colori*) fastness. **3** (*immutabilità*) constancy, immutability, unchangeability.

inalterabilmente *avv.* unalterably.

inalterato *a.* **1** unaltered, unchanged. **2** (*invariato*) unchanged, unvarying.

inalveare (inàlveo) *v.t.* (*Idr*) to canalize, to channel, to divert into a river bed.

inalveazione *f.* (*Idr*) canalization, channelling.

INAM (*Stor.it*) *Istituto nazionale per l'assicurazione contro le malattie* (National health insurance agency).

inamidare (inàmido) *v.t.* to starch.

inamidato *a.* **1** starched (*anche Tess*): *colletto ~* starched collar. **2** (*fig,scherz*) (*rigido*) stiff, starchy: *sembrare ~* to be stiff, to be as stiff as a poker, to be as stiff as a ramrod.

inamidatura *f.* starching (*anche Tess*).

inammissibile *a.* inadmissible (*anche Dir*): *pretesa ~* inadmissible claim.

inammissibilità *f.* inadmissibility (*anche Dir*).

inamovibile *a.* **1** (*rif. a persona: che non può essere deposto*) irremovable, not subject to dismissal (*posposto*), who cannot be dismissed (*posposto*): *impiegato ~* employee who cannot be dismissed. **2** (*rif. a cose*) immovable, unmovable.

inamovibilità *f.* irremovability: ~ *di un magistrato* irremovability of a magistrate.

inane *a.* (*lett*) vain, useless: *sforzo ~* vain effort.

inanellare (inanèllo) *v.t.* **1** to curl: ~ *le chiome* to curl hair. **2** (*ornare di anelli*) to cover with rings. **3** (*Ornit*) to ring. **4** (*fig*) (*raccogliere in serie*) to chalk up: ~ *una serie di successi* to chalk up one success after another.

inanellato *a.* **1** curled, curly: *chiome inanellate* curled hair. **2** (*pieno di anelli*) covered with rings (*posposto*). **3** (*Ornit*) ringed.

inanimato *a.* **1** inanimate: *esseri inanimati* inanimate beings. **2** (*privo di vita*) lifeless, dead: *corpo ~* lifeless body, dead body.

inanità *f.* (*lett*) inanity, vanity, uselessness.

inanizione *f.* (*Med*) inanition.

inappagabile *a.* insatiable, that cannot be satisfied (*posposto*): *desiderio ~* insatiable desire.

inappagato *a.* **1** unsatisfied. **2** (*insoddisfatto*) dissatisfied.

inappellabile *a.* **1** (*definitivo*) final, definite, irrevocable: *la mia decisione è ~* my decision is final. **2** (*Dir*) final, against which there is no appeal (*posposto*): *sentenza ~* sentence against which there is no appeal.

inappellabilità *f.* **1** finality, definiteness, irrevocableness. **2** (*Dir*) irrevocability, state of being beyond appeal.

inappetente □ *essere ~* to lack appetite.

inappetenza *f.* inappetence, lack of appetite.

inapplicabile *a.* inapplicable (*a* to).

inapplicabilità *f.* inapplicability.

inapplicato *a.* unapplied.

inapprezzabile *a.* **1** (*inestimabile*) inestimable, invaluable, priceless. **2** (*di minimo valore*) negligible, inappreciable.

inappropriato *a.* **1** inappropriate. **2** (*sconveniente*) inappropriate, improper.

inappuntabile *a.* irreproachable, faultless, impeccable: *vestito ~* impeccable dress; *un contegno ~* an irreproachable conduct.

inarcamento *m.* **1** bending, curving, arching. **2** (*Mar*) hogging.

inarcare (inàrco, inàrchi) I *v.t.* to bend, to curve, to arch: *il gatto inarca la schiena* the cat arches its back. **II** *v.pron.* **inarcarsi** to bend, to bow, to be bent, to become bent, to arch. □ ~ *le sopracciglia* to raise one's eyebrows.

inarcatura *f.* bending, curving, arching.

inargentare (inargènto) I *v.t.* **1** to silver, to silver-plate. **2** (*fig,lett*) to silver, to turn (*to*) silver: *la luna inargentava il mare* the moon turned the sea to silver. **II** *v.pron.* **inargentarsi** to become silvery, to turn silvery, to silver.

inargentato *a.* **1** silver-plated, silvered. **2** (*fig*) silver, silvered, silvery. **3** (*fig*) (*rif. a capelli*) silvery, silvery grey, silvered.

inaridimento *m.* **1** (*l'inaridire*) drying up; (*l'inaridirsi*) drying up, withering. **2** (*rif. ad acque*) running dry. **3** (*fig*) hardening, dulling; (*rif. a estro e sim.*) exhaustion, running dry.

inaridire (inaridìsco, inaridìsci) I *v.t.* **1** to dry (up), to parch: *la siccità ha inaridito le campagne* the drought has parched the countryside. **2** (*rif. a piante*) to wither. **3** (*fig*) to harden, to drain of feeling; (*rif. alla mente, allo spirito*) to dull. **II** *v.i.* (*aus. essere*) **1** (*diventare arido*) to dry up, to become dry. **2** (*rif. a fiumi*) to run dry. **3** (*rif. a piante*) to wither. **4** (*fig*) to harden, to be drained of feeling. **5** (*fig*) (*rif. alla mente, allo spirito*) to become dull. **6** (*fig*) (*rif. a estro e sim.*) to run dry. **III** *v.pron.* **inaridirsi 1** (*diventare arido*) to dry up, to become dry. **2** (*rif. a fiumi*) to run dry. **3** (*rif. a piante*) to wither. **4** (*fig*) to harden, to be drained of feeling; (*rif. alla mente, allo spirito*) to become dull; (*rif. a estro e sim.*) to run dry: *la sua fantasia si è inaridita* his imagination has run dry.

inaridito *a.* **1** dried up, parched, run dry (*posposto*): *una sorgente inaridita* a spring that has run dry. **2** (*rif. a piante*) (*fig*) dulled, hardened: *cuore ~ dal dolore* heart hardened by grief.

inarrestabile *a.* inexorable, relentless: *l'~ corso degli eventi* the inexorable course of events.

inarrivabile *a.* **1** unattainable, inaccessible, unreachable: *un luogo ~* an unreachable place, an inaccessible place. **2** (*inavvicinabile*) unapproachable. **3** (*fig*) (*inimitabile*) incomparable, unequalled, unparalleled, matchless.

inarticolato *a.* inarticulate: *grida inarticolate* inarticulate cries.

inascoltato *a.* unheard, unheeded: *le mie raccomandazioni sono rimaste inascoltate* my advice went unheeded.

inasinire (inasinìsco, inasinìsci) *aus.* **essere**) *v.i.* (*rar*) (*diventare ignorante*) to become dull, to grow stupid.

inaspettatamente *avv.* unexpectedly.

inaspettato *a.* unexpected, unforeseen: *fortuna inaspettata* unexpected luck; *ospite ~* unexpected guest.

inasprimento *m.* **1** exacerbation (*anche fig*): *l'~ di una malattia* the exacerbation of an illness. **2** (*peggioramento*) worsening: *un ~ nei rapporti tra due paesi* a worsening of relations between two countries. **3** (*aumento*) increase, rise: *~ fiscale* tax increase; (*Dir*) *~ della pena* increase in sentence. **4** (*irrigidimento*) tightening. **5** (*fig*) (*indurimento*) embitterment, hardening.

inasprire (**inasprisco, inasprisci**) **I** *v.t.* **1** to sharpen, to exacerbate, to aggravate: *~ l'odio* to sharpen hatred. **2** (*aumentare*) to increase: *~ una pena* to increase a sentence. **3** (*irrigidirre*) to tighten: *~ i controlli alle frontiere* to tighten border controls. **4** (*indurire*) to harden. **5** (*esasperare*) to embitter, to sour. **II** *v.i.* (*aus.* **essere**) to turn bitter, to turn sour, to go sour. **III** *v.pron.* **inasprirsi 1** to turn bitter, to turn sour, to go sour: *il vino si è inasprito* the wine has turned sour. **2** (*aumentare*) to increase: *il freddo si è inasprito* it's getting colder. **3** (*esasperarsi*) to become embittered, to worsen.

inastare (**inàsto**) *v.t.* **1** to fix: *~ la baionetta* to fix bayonets. **2** (*rif. a bandiera*) to hoist.

inastato *a.* **1** fixed. **2** (*rif. a bandiera*) hoisted.

inattaccabile *a.* **1** unassailable, impregnable: *una cittadella ~* an impregnable fortress. **2** (*fig*) irreproachable, irreprehensible, beyond criticism (*posposto*): *reputazione ~* irreproachable reputation. **3** (*fig*) (*resistente*) proof (*anche Tecn*): *~ dagli acidi* acid-proof; *~ dalle tarme* moth-proof.

inattaccabilità *f.* **1** impregnability, unassailableness. **2** (*fig*) irreprehensibility, irreproachability. **3** (*fig*) (*resistenza*) resistance, proof (*anche Tecn*).

inattendibile *a.* unreliable, untrustworthy: *teste ~* unreliable witness.

inattendibilità *f.* unreliability, untrustworthiness.

inatteso *a.* unexpected: *ospite ~* unexpected guest.

inattivare (**inattivo**) *v.t.* (*Chim*) to inactivate.

inattivazione *f.* (*Chim*) inactivation.

inattività *f.* **1** inactivity: *l'~ nuoce alla salute* inactivity is bad for one's health. **2** (*estens*) (*mancanza di lavoro*) idleness: *dopo un periodo d'~ si riprese il lavoro* after a period of idleness, work began again. **3** (*Geol*) inactivity: *~ di un vulcano* inactivity of a volcano. **4** (*Chim*) dormancy, inactivity.

inattivo *a.* **1** inactive. **2** (*inoperoso*) idle, inactive: *la fabbrica è inattiva da più di un mese* the factory has been idle for over a month, the factory has been at a standstill for over a month. **3** (*Geol*) (*rif. a vulcano*) dormant, inactive. **4** (*Econ*) (*rif. a mercato*) flat, slack. **5** (*Chim*) inactive. **6** (*Mecc*) standing. **7** (*Inform*) inactive: *finestra inattiva* inactive window.

inattuabile *a.* impracticable, unfeasible: *programma ~* unfeasible programme.

inattuabilità *f.* unfeasibility, impracticability: *~ di un progetto* impracticability of a scheme.

inattuale *a.* old-fashioned, outdated, behind the times (*posposto*), out-of-date.

inattualità *f.* outdatedness.

inaudita altera parte *avv.* (*Dir*) without hearing the other party.

inaudito *a.* unheard-of, unprecedented: *ferocia inaudita* unheard-of ferocity. ☐ *è ~!* ridiculous!, impossible!

inaugurale *a.* inaugural: *discorso ~* inaugural speech, opening speech.

inaugurare (**inàuguro**) *v.t.* **1** to inaugurate, to open, to open officially: *hanno inaugurato la nuova scuola* they have inaugurated the

new school; *~ una mostra* to open a show; *~ un'esposizione* to open an exhibition. **2** (*rif. a monumenti e sim.: scoprire*) to unveil. **3** (*fig*) (*iniziare*) to begin, to start, to usher in: *~ un nuovo modo di vivere* to begin a new way of life. **4** (*colloq*) (*usare per la prima volta*) to christen. ☐ (*Teat*) *~ la stagione* to open the season; (*Univ*) *l'anno accademico* to celebrate the beginning of the academic year.

inauguratore *m.* (*f.* **-trice**) inaugurator.

inaugurazione *f.* **1** inauguration, opening (*anche Univ*). **2** (*rif. a monumenti e sim.*) unveiling.

inauspicato *a.* **1** (*lett*) (*iniziato sotto auspici avversi*) inauspicious. **2** (*non auspicato*) undesired, unwelcome.

inautentico (*pl.* **-ci**) *a.* inautentic.

inavvedutamente *avv.* inadvertently, carelessly.

inavvedutezza *f.* inadvertence, carelessness.

inavveduto *a.* inadvertent, careless.

inavvertenza *f.* inadvertence, carelessness. ☐ *avere l'~ di fare qcs.* to be careless enough to do sth.; *per ~* inadvertently.

inavvertibile *a.* undetectable.

inavvertitamente *avv.* inadvertently, unintentionally.

inavvertito *a.* unobserved, unnoticed: *il suo gesto passò ~* his gesture went unnoticed.

inavvicinabile *a.* **1** unapproachable, inaccessible. **2** (*fig*) (*rif. a persona*) unapproachable. **3** (*fig*) (*molto costoso*) prohibitive, unaffordable.

inazione *f.* inaction, inactivity, idleness: *la malattia lo ha costretto all'~* the illness forced him to be inactive.

inca (*pl.* **incas**) **I** *a.* (*Stor*) Inca, Incaic, Incan. **II** *m./f.* (*Stor*) Inca.

incacchiarsi (**mi incàcchio, ti incàcchi**) *v.pron.* (*pop*) to get narked, (*Br*) to get one's knickers in a twist, (*Am*) to get uptight, to get worked up.

incadaverire (**incadaverìsco, incadaverìsci**; *aus.* **essere**) *v.i.* **1** to take on a corpse-like appearance, to take on a cadaverous appearance. **2** (*fig*) to putrefy, to rot.

incagliamento *m.* (*Mar*) running aground, stranding.

incagliare (**incàglio, incàgli**) **I** *v.t.* (*rar*) (*intralciare*) to hamper, to hinder, to hold up: *il suo atteggiamento incaglia le trattative* his attitude hampers the negotiations. **II** *v.pron.* **incagliarsi 1** (*Mar*) to run aground: *la nave si è incagliata sugli scogli* the ship is aground on the rocks, the ship has run aground on the rocks. **2** (*fig*) to come to a standstill, to get stuck.

incaglio *m.* **1** (*Mar*) grounding, running aground. **2** (*ostacolo*) obstacle, hindrance, check.

incaico *a.* (*Stor*) Inca, Incaic, Incan.

incalcinare (**incalcìno**) *v.t.* **1** (*Edil*) to limewash. **2** (*Agr*) to lime.

incalcinatura *f.* **1** (*Edil*) limewashing. **2** (*Agr*) liming.

incalcolabile *a.* incalculable, inestimable, countless: *una quantità ~* a countless number; *i danni sono incalcolabili* the damage is incalculable.

incallimento *m.* **1** (*atto*) hardening (*anche fig*). **2** (*effetto*) callosity.

incallire (**incallìsco, incallìsci**) **I** *v.t.* **1** to harden, to make callous, to make hard. **2** (*fig*) le disgrazie lo hanno incallito misfortunes have hardened him. **II** *v.i.* (*aus.* **essere**) to harden, to become callous, to be-

come hardened. **III** *v.pron.* **incallirsi 1** to harden, to become callous, to become hardened. **2** (*fig*) to become hardened, to grow inveterate: *incallirsi nel vizio* to become a hardened sinner.

incallito *a.* **1** callous, calloused, hard, hardened, horny: *mani incallite* horny hands. **2** (*fig*) (*accanito*) inveterate: *un fumatore ~* an inveterate smoker. **3** (*fig*) (*impenitente*) hardened: *un criminale ~* a hardened criminal. **4** (*fig*) (*insensibile*) hard, callous: *cuore ~* hard heart.

incalorimento *m.* (*colloq*) irritation.

incalorire (**incalorìsco, incalorìsci**) **I** *v.t.* to inflame, to heat. **II** *v.pron.* **incalorirsi** (*accalorarsi*) to get excited, to get heated, to get worked-up.

incalzante *a.* **1** pressing, insistent, urgent: *domande incalzanti* pressing questions. **2** (*imminente*) imminent, pressing: *pericolo ~* imminent danger.

incalzare (**incàlzo**) **I** *v.t.* **1** to chase closely, to pursue closely, to be (hard) on the heels of: *i cani incalzavano la volpe* the dogs were (hard) on the fox's heels. **2** (*fig*) to press, to urge. **II** *v.i.* (*aus.* **avere**) **1** (*urgere*) to be pressing, to press: *il tempo incalza* time presses. **2** (*essere imminente*) to be imminent: *il pericolo incalza* danger is imminent. **3** (*susseguirsi rapidamente*) to follow each other closely, to follow each other swiftly, to follow hard on each other's heels: *gli avvenimenti incalzano* events follow one another swiftly. **4** (*rif. a nemico*) to thread: *il nemico incalza* the enemy is threading. ☐ *~ qcu. con delle domande* to ply so. with questions.

incamerabile *a.* (*Dir*) liable to confiscation (*posposto*), confiscable.

incameramento *m.* (*Dir*) confiscation.

incamerare (**incàmero**) *v.t.* **1** (*Dir*) to confiscate. **2** (*appropriarsi di*) to appropriate.

incamiciare (**incamìcio, incamìci**) *v.t.* **1** (*Tecn*) to cover, to coat, to line, to plaster: (*Edil*) *~ un muro* to plaster a wall. **2** (*Mecc*) to line. **3** (*Mar*) (*rif. a vele*) to cover.

incamiciatura *f.* **1** (*Tecn*) (*atto*) covering, coating, lining, plastering; (*effetto*) coat, cover, lining. **2** (*Mecc*) lining.

incamminare (**incammìno**) **I** *v.t.* **1** (*avviare*) to send off, to start off, to put on one's way. **2** (*fig*) to start, to start up, to get going. **3** (*fig,rar*) (*rif. ad arti, professioni e sim.*) to train, to teach, to start off: *~ qcu. in un'arte* to teach so. an art. **II** *v.pron.* **incamminarsi 1** to set out, to set off, to make (*verso* for): *ci incamminammo verso casa* we set off for home. **2** (*fig*) (*avviarsi*) to head, to make (*verso* for): *si è incamminato verso il successo* he is heading for success.

incanaglirsi (**mi incanaglìsco, ti incanaglìsci**) *v.pron.* to sink low, to mix with bad company, to become rascally, to become disreputable.

incanalamento *m.* **1** canalization, channelling, (*Am*) chaneling: *~ delle acque di un fiume* canalization of the waters of a river. **2** (*fig*) direction, channelling: *~ del traffico* traffic direction.

incanalare (**incanàlo**) **I** *v.t.* **1** to canalize, to channel: *~ le acque di una palude* to canalize the water of a swamp. **2** (*fig*) (*dirigere*) to direct, to guide, to channel. **II** *v.pron.* **incanalarsi 1** to flow, to run, to be channeled: *le acque s'incanalarono nel nuovo alveo* the waters flowed into the new channel. **2** (*fig*) (*dirigersi insieme*) to converge (*verso* on), to run together (*verso* towards), to stream together (*verso* towards), to flow together (*verso* towards): *le automo-*

bili si incanalarono verso l'autostrada the cars converged on the motorway.
incanalatura *f.* **1** (*l'incanalare*) canalization, channelling, (*Am*) channeling. **2** (*canale*) canal, channel.
incancellabile *a.* **1** indelible, ineffaceable, permanent: *macchie incancellabili* permanent stains. **2** (*fig*) indelible; (*indimenticabile*) unforgettable. **3** (*fig*) (*imperdonabile*) unforgivable, unpardonable: *onta* ~ unpardonable affront.
incancherire (**incancherìsco, incancherìsci**; *aus.* **essere**) *v.i.* to become cancerous.
incancrenire (**incancrenìsco, incancrenìsci**; *aus.* **essere**) **I** *v.i.* to become gangrenous. **II** *v.pron.* **incancrenirsi 1** to become gangrenous: *la ferita si è incancrenita* the wound has become gangrenous. **2** (*fig*) to become inveterate, to become critical.
incandescente *a.* **1** incandescent, white-hot, glowing: *metallo* ~ white-hot metal. **2** (*fig*) heated, burning, fiery: *la discussione si fece* ~ the argument grew heated.
incandescenza *f.* incandescence, white heat.
incannaggio *m.* (*Tess*) winding, spooling.
incannare (**incànno**) *v.t.* (*Tess*) to wind, to spool.
incannatoio *m.* (*Tess,Tecn*) winder, spooler.
incannatore *m.* (*f.* **-trice**) (*Tess*) winder, spooler.
incannatura *f.* (*Tess*) winding, spooling.
incannicciatura *f.* (*Edil*) lathwork, lathing.
incannucciare (**incannùccio, incannùcci**) *v.t.* **1** (*circondare con cannucce*) to fence with canes. **2** (*Agr,Giard*) to stake, to support with canes: ~ *i fiori* to stake flowers.
incannucciata *f.* **1** trellis, trellis-work. **2** (*Edil*) lathwork, lathing.
incannucciato *m.* (*Archeol*) wattle and daub.
incannucciatura *f.* **1** (*di mobili*) caning. **2** (*Edil*) lathing.
incantamento *m.* enchantment, magic spell.
incantare (**incànto**) **I** *v.t.* **1** to enchant, to cast a spell on, to bewitch. **2** (*fig*) (*ammaliare*) to bewitch, to charm: *i suoi modi gentili incantano tutti* her winning ways charm everyone. **II** *v.pron.* **incantarsi 1** to be enchanted, to be bewitched, to fall under a spell: *a quella vista si incantò* he was enchanted by the sight. **2** (*rimanere intontito*) to seem spellbound, to stand in a daze, to be in a daze: *sbrigati, ti sei incantato?* hurry up, are you in a daze? **3** (*perdersi nei propri pensieri*) to go off in a daydream, to go off in a reverie, to go off in a trance. **4** (*rif. a meccanismi: incepparsi*) to stop, to get stuck, to jam: *mi si è incantato l'orologio* my watch has stopped.
incantato *a.* **1** enchanted, magic: *castello* ~ enchanted castle. **2** (*trasognato, ammirato*) entranced, spellbound, charmed. **3** (*intontito*) dazed, in a daze (*posposto*), staring: *rimanere* ~ to stand staring, to stand in a daze.
incantatore **I** *m.* (*f.* **-trice**) **1** sorcerer (*f.* -ress), wizard (*f.* witch), enchanter (*f.* -tress), charmer: *un* ~ *di serpenti* a snake charmer. **2** (*fig*) (*persona affascinante*) charmer. **II** *a.* bewitching, enchanting, fascinating: *occhi incantatori* bewitching eyes.
incantesimo *m.* spell, charm, enchantment: *fare un* ~ *a qcu.* to cast a spell on so.; *liberare qcu. da un* ~ to free so. from a spell; *rompere l'* ~ to lift the spell, to break the spell.

incantevole *a.* enchanting, delightful, charming, bewitching: *una ragazza* ~ a delightful girl.
incantevolmente *avv.* enchantingly, entrancingly.
incanto[1] *m.* **1** (*incantesimo*) spell, charm, enchantment. **2** (*fig*) (*fascino*) spell, enchantment, magic, charm: *l'* ~ *delle sue parole mi rapì* I was carried away by the magic of his words. **3** (*fig*) (*persona, cosa incantevole*) dream: *quella bambina è un* ~ that girl is a dream; *la sua casa è un* ~ his house is a dream. □ *canta che è un* ~ she sings wonderfully, she sings beautifully; *come per* ~ as if by magic; *questo vestito ti sta d'* ~ this dress is divine on you.
incanto[2] *m.* (*Dir*) auction. □ (*Dir*) *acquistare all'* ~ to buy at an auction; *mettere all'* ~ to put up for auction; *vendere all'* ~ to sell by auction.
incanutimento *m.* greying, (*Am*) graying.
incanutire (**incanutìsco, incanutìsci**) **I** *v.i.* (*aus.* **essere**) to go white, to turn grey, (*Am*) to turn gray: *è incanutito precocemente* he has gone prematurely grey. **II** *v.t.* to cause to turn grey, to cause to turn white, (*Am*) to cause to turn gray: *le preoccupazioni lo hanno incanutito* all his worries made him go grey, all his worries turned his hair white.
incanutito *a.* grey, (*Am*) gray, grey-haired, (*Am*) gray-haired.
incapace **I** *a.* **1** incapable, unable: *è* ~ *di mentire* he is incapable of lying. **2** (*inetto*) incapable, incompetent, poor, ineffective: *un allievo* ~ a poor student; *un funzionario* ~ an incompetent official. **3** (*Dir*) incapable, disqualified. **II** *m./f.* **1** (*inetto*) bungler, failure. **2** (*Dir*) incapable, incapable person. □ ~ *di guidare* unable to drive; (*Dir*) ~ *di intendere e di volere* not in full possession of one's faculties, non compos mentis.
incapacità *f.* **1** inability, incapability, incapacity. **2** (*inettitudine*) incapability, incompetence, inefficiency. **3** (*Dir*) incapacity, incompetence. □ (*Dir*) ~ *assoluta* absolute incapacity; ~ *di guidare* inability to drive; (*Dir*) ~ *di intendere e di volere* incapability, fact of not being in full possession of one's faculties; ~ *fisica* physical incapacity; (*Dir*) ~ *totale* total incapacity.
incaparbire (**incaparbìsco, incaparbìsci**; *aus.* **essere**) **I** *v.i.* to become obstinate, to get pigheaded, to get stubborn. **II** *v.pron.* **incaparbirsi** to become obstinate, to get pigheaded, to get stubborn: *incaparbirsi a fare qcs.* to be stubborn about doing sth.
incaponimento *m.* stubborness, pigheadedness.
incaponirsi (**mi incaponìsco, ti incaponìsci**) *v.pron.* to be stubborn, to be pigheaded, to get obstinate, to get into one's head: ~ *in un'idea* to get an idea firmly into one's head.
incappare (**incàppo**; *aus.* **essere**) *v.i.* (*incontrare*) to run up (*in* against), to run (*in* into), (*colloq*) to bump (*in* into), to fall (*in* in): ~ *in un ostacolo* to run up against an obstacle.
incappottare (**incappòtto**) **I** *v.t.* to wrap up (in an overcoat). **II** *v.pron.* **incappottarsi** to put on an overcoat, to wrap oneself up (in an overcoat).
incappottato *a.* wrapped up (well), bundled up (in an overcoat): *tutto* ~ all wrapped up in his overcoat.
incappucciare (**incappùccio, incappùcci**) **I** *v.t.* **1** to cover with a hood, to put a hood on. **2** (*fig*) to cap, to cover. **II** *v.pron.* **incappucciarsi 1** to put on one's hood. **2** (*fig*) to be covered, to be clad, to be mantled, to be-

come snow-capped: *i monti s'incappucciarono di neve* the mountains were capped with snow.
incappucciato **I** *a.* **1** hooded. **2** (*fig*) capped: ~ *di neve* snow-capped. **II** *m.* **1** (*f.* **-a**) person wearing a hood, person wearing a cowl. **2** *pl.* (*membri del Ku-Klux-Klan*) Ku Klux Klanners, (Ku Klux) Klan members.
incaprettamento *m.* **1** (*di agnelli o capretti*) tying up by the legs. **2** (*pratica mafiosa*) type of Mafia killing in which the victim is tied up with arms and legs behind him and a rope around his neck, so as he tires, he eventually strangles himself.
incaprettare (**incaprétto**) *v.t.* **1** (*rif. ad agnelli o capretti*) to tie up by the legs. **2** (*nella pratica mafiosa*) to murder by tying so. up in such a way that he eventually strangles himself.
incapricciarsi (**mi incaprìccio, ti incaprìcci**) *v.pron.* to become infatuated (*di* with), to fall in love (*di* with), to go crazy (*di* over): *si è incapricciato di una ballerina* became infatuated with a dancer.
incapsulamento *m.* **1** capsulation, encapsulation. **2** (*Dent*) crowning.
incapsulare (**incàpsulo**) *v.t.* **1** to capsule, to encapsule. **2** (*Dent*) to crown. **3** (*rif. a bottiglie e sim.*) to capsule, to cap.
incarceramento *m.* incarceration (*anche Med*).
incarcerare (**incàrcero**) *v.t.* **1** to imprison, to incarcerate: *i ribelli furono incarcerati* the rebels were imprisoned. **2** (*fig*) (*rinchiudere*) to confine, to restrict.
incarcerazione *f.* incarceration, imprisonment.
incardinare (**incàrdino**) **I** *v.t.* **1** to hinge, to put on hinges. **2** (*fig*) to found, to base. **II** *v.pron.* **incardinarsi** (*fig*) to hinge (*su* on), to revolve (*su* around).
incaricare (**incàrico, incàrichi**) **I** *v.t.* **1** to charge, to trust to, to entrust to: ~ *qcu. di fare qcs.* to charge so. to do sth., to entrust sth. to so., to entrust so. with sth. **2** (*ordinare*) to instruct, to tell: *mi incaricò di fare alcune spese* she told me to do some shopping. **II** *v.pron.* **incaricarsi** to take upon oneself (*di qcs.* sth.), to take charge (*di* over), to see (*di* to), to attend (*di* to): *mi incarico io di questa faccenda* I will see to this matter (myself).
incaricato **I** *a.* in charge (*di* of) (*posposto*), entrusted (*di* with), charged (*di* with), responsible (*di* for): *la persona incaricata* the person in charge. **II** *m.* (*f.* **-a**) **1** person in charge. **2** (*funzionario*) official, officer. **3** (*Scol*) teacher with a temporary appointment. □ (*Dipl*) ~ *d'affari* chargé d'affaires, business agent.
incarico (*pl.* **-chi**) *m.* **1** task, assignment, job, charge: *ha l'* ~ *di sorvegliare i ragazzi* she has the job of looking after the children, she is in charge of the children; *assumere un* ~ to accept an assignment; *affidare un* ~ *a qcu.* to entrust so. with sth., to entrust sth. to so. **2** (*carica*) assignment, office: ~ *pubblico* public office. **3** (*Scol*) appointment. □ *avere l'* ~ *di formare il nuovo governo* to be charged with forming the new government; ~ *di insegnamento* temporary teaching appointment; *per* ~ *di:* **1** on behalf of; **2** (*per ordine di*) by order of; ~ *temporaneo* temporary post.
incarnare (**incàrno**) **I** *v.t.* **1** (*rappresentare*) to incarnate, to embody: ~ *un'idea* to embody an idea. **2** (*fig*) (*rif. ad attori: impersonare*) to impersonate, to play (the part of): ~ *un personaggio* to embody a character. **II** *v.pron.* **incarnarsi 1** (*personificarsi*) to be

embodied, to be personified. **2** (*Teol*) to become incarnate, to be incarnate, to be made flesh.

incarnato[1] *a.* **1** (*personificato*) personified, incarnate: *è la bontà incarnata* he is goodness personified, he is goodness itself. **2** (*Teol*) incarnate, made flesh (*posposto*): *il Verbo ~* the Word Incarnate, the Word made Flesh.

incarnato[2] **I** *m.* (*carnagione*) complexion, colour. **II** *a.* (*colore*) rosy, flesh pink.

incarnazione *f.* **1** embodiment, incarnation: *~ di un ideale* incarnation of an ideal. **2** (*Teol*) Incarnation.

incarnire (**incarnìsco, incarnìsci**) **I** *v.i.* (*aus.* **essere**) (*rif. a unghia*) to grow in, to grow into the flesh. **II** *v.pron.* **incarnirsi** (*rif. a unghia*) to grow in, to grow into the flesh.

incarnito *a.* ingrown: *unghia incarnita* ingrown nail.

incarognire (**incarognìsco, incarognìsci**) **I** *v.i.* (*aus.* **essere**) to grow wicked, to grow evil. **II** *v.pron.* **incarognirsi** to grow wicked, to grow evil.

incartamento *m.* dossier, file, papers *pl.*, documents *pl.*

incartapecorire (**incartapecorìsco, incartapecorìsci**) **I** *v.i.* (*aus.* **essere**) to wrinkle, to shrivel. **II** *v.pron.* **incartapecorirsi** **1** to wrinkle, to shrivel. **2** (*fig*) (*inaridirsi*) to wither away.

incartapecorito *a.* **1** wrinkled, shrivelled: *pelle incartapecorita* wrinkled skin. **2** (*fig*) (*inaridito*) shrivelled up.

incartare (**incàrto**) **I** *v.t.* to wrap, to wrap up: *~ un oggetto* to wrap up an object. **II** *v.pron.* **incartarsi** **1** (*nel gioco delle carte*) to be left holding useless cards. **2** (*colloq*) (*confondersi*) to get confused. **3** (*colloq*) (*mettersi nei pasticci*) to get into a muddle.

incartata *f.* wrapping. □ *dare un'~ a qcs.* to wrap sth., to wrap sth. up.

incarto *m.* **1** (*azione*) wrapping. **2** (*involucro*) wrapper.

incartocciare (**incartòccio, incartòcci**) *v.t.* to put in a paper bag, to put in a paper cornet.

incartonare (**incartóno**) *v.t.* **1** to carton. **2** (*Legat*) to bind (in hard covers).

incasellare (**incasèllo**) *v.t.* **1** to pigeonhole, to put into boxes: *~ la posta* to put the mail into the letter-boxes. **2** (*fig*) to pigeon-hole: *tutto ciò che ha appreso è incasellato nella sua mente* everything he has learnt is pigeon-holed in his mind.

incasinare (**incasìno**) **I** *v.t.* (*pop*) to make a mess of, (*volg*) to make a balls-up of. **II** *v.pron.* **incasinarsi 1** (*rif. a persone*) to foul up, (*Am*) to flub it (up). **2** (*rif. a cose*) to become a mess.

incasinato *a.* (*colloq*) **1** messy, messed-up. **2** (*molto impegnato*) very busy.

incassabile *a.* **1** (*Comm,Econ*) cashable, collectible, receivable. **2** (*rif. a elettrodomestici*) that can be built in (*posposto*).

incassare (**incàsso**) **I** *v.t.* **1** (*riscuotere*) to collect, to cash: *ha incassato una cifra considerevole* he collected a considerable sum; *~ un assegno* to cash a cheque, (*Am*) to cash a check. **2** (*sistemare in casse*) to pack, to pack in cases, to box: *~ la merce* to box the merchandise, to pack the merchandise. **3** (*rif. a elettrodomestici*) to build in, to build into: *~ il frigorifero* to build in the refrigerator. **4** (*sistemare in gabbie da imballaggio*) to crate. **5** (*Oref*) (*incastonare*) to set, to mount: *~ una gemma* to set a gem. **6** (*fig*) (*sopportare*) to take. **7** (*Sport*) to take, to stand up to: *~ colpi* to take punishment. **8**

(*Ling*) to embed. **II** *v.pron.* **incassarsi 1** (*rif. a fiume*) to push through. **2** (*rif. a strada*) to wedge through.

incassato *a.* **1** (*rif. a elettrodomestico*) built in. **2** (*riscosso*) cashed. **3** (*Oref*) (*incastonato*) mounted, set. **4** (*inscatolato*) packed, boxed: *merce incassata* boxed merchandise. **5** (*fig*) (*stretto*) set, confined, enclosed: *una strada incassata tra ripidi pendii* a road set between steep slopes. **6** (*fig*) (*rif. a fiumi*) embanked. **7** (*Ling*) nested.

incassatore *m.* (*f.* **-trice**) **1** packer, boxer. **2** (*Sport*) boxer who can take a lot of punishment, boxer who can stand up to a lot of punishment.

incassatura *f.* **1** (*l'incassare*) packing, boxing. **2** (*cavità*) hollow, cavity, recess. **3** (*Edil*) chase, recess. **4** (*Oref*) (*incastonatura*) setting, mount, mounting. **5** (*Tip*) casing. **6** (*Ling*) embedding.

incasso *m.* **1** (*l'incassare*) collection, cashing, encashment. **2** (*entrata*) takings *pl.*, receipts *pl.*, proceeds *pl.*: *~ giornaliero* daily takings; *~ settimanale* weekly takings; *gli incassi di un film* the (box-office) receipts from a film. **2** (*Econ*) collection (of a bill). □ *a ~* (o *da ~*) built in: *elettrodomestici a ~* built-in appliances.

incastellamento *m.* (*ant*) battlements *pl.*

incastellato *a.* fortified (with battlements).

incastellatura *f.* **1** (*impalcatura*) scaffolding: *~ metallica* metal scaffolding. **2** (*Mecc*) (*alloggiamento*) casing, housing.

incastonare (**incastóno**) *v.t.* (*Oref*) to set, to mount: *~ una gemma* to set a gem.

incastonatore *m.* (*f.* **-trice**) (*Oref*) mounter, setter.

incastonatura *f.* (*Oref*) setting, mounting: *un'~ di platino* a platinum setting.

incastrare (**incàstro**) **I** *v.t.* **1** to fit, to fix, to embed, to drive. **2** (*fig*) (*imprigionare*) to catch, to trap, to sandwich: *~ qcu. tra due macchine* to sandwich so. between two cars. **3** (*colloq*) (*fare apparire colpevole*) to set up, to frame, to trap: *lo hanno incastrato* he has been framed. **4** (*colloq*) (*impegolare*) to involve, to mix up. **5** (*in carpenteria*) to mortise. **II** *v.i.* (*aus.* **avere**) to fit, to fit in. **III** *v.pron.* **incastrarsi 1** (*ingranare*) to lock together, to lost together. **2** (*rimanere incastrato*) to get jammed, to get stuck. □ (*Fal*) *~ a coda di rondine* to dovetail; (*Fal*) *~ a linguetta* to tongue; (*Fal*) *~ a maschio e femmina* to tongue and groove.

incastrato *a.* **1** (*bloccato*) stuck, jammed. **2** (*ingranato*) fitted.

incastratura *f.* **1** (*l'incastrare*) fitting, embedding. **2** (*incastro*) joint. **3** (*cavità*) hollow, cavity, groove.

incastro *m.* **1** hollow, recess, slot, groove. **2** (*Edil*) joint. **3** (*Fal*) gain, dap joint. □ (*Fal,Mecc*) *~ a coda di rondine* dovetail joint, dovetailing; (*Fal*) *~ a dente* cogging; (*Fal*) *~ a maschio e femmina* tongue and groove joint.

incatenamento *m.* chaining.

incatenare (**incaténo**) **I** *v.t.* **1** to chain up: *~ un cane* to chain up a dog. **2** (*rif. a persone*) to put in chains, to put in irons, to put in fetters, to chain, to fetter: *~ un prigioniero* to put a prisoner in chains; *~ i polsi di qcu.* to chain so.'s wrists. **3** (*fig*) to tie: *questo lavoro mi incatena alla scrivania* this job keeps me tied to my desk. **4** (*Edil*) to strengthen with tie rods, to strengthen with beams. **II** *v.pron.* **incatenarsi 1** to chain oneself. **2** (*fig*) (*collegarsi*) to be linked to each other.

incatenatura *f.* (*Edil*) (reinforcement with) tie rods.

incatramare (**incatràmo**) **I** *v.t.* **1** (*Strad, Tecn*) to tar. **2** (*Mar*) to pay. **II** *v.pron.* **incatramarsi** (*coprirsi di catrame*) to be covered with tar, to be dirtied with tar.

incatramato *a.* (*Tecn*) tarred: *corda incatramata* tarred rope.

incatramatura *f.* (*Tecn*) tarring.

incattivire (**incattivìsco, incattivìsci**) **I** *v.t.* **1** to make (so.) evil, to make (so.) wicked. **2** (*irritare*) to irritate, to annoy. **II** *v.i.* (*aus.* **essere**) **1** to become wicked, to turn nasty. **2** (*andare in collera*) to grow ill-tempered, to grow cross. **3** (*rif. a bambini*) to get naughty. **III** *v.pron.* **incattivirsi 1** to become wicked, to turn nasty. **2** (*andare in collera*) to grow ill-tempered, to grow cross. **3** (*rif. a bambini*) to get naughty.

incautamente *avv.* incautiously, imprudently.

incauto *a.* incautious, imprudent: *comportamento ~* imprudent behaviour.

incavallatura *f.* (*Edil*) (*capriata*) truss.

incavare (**incàvo**) *v.t.* **1** to hollow out, to scoop out: *~ un tronco d'albero* to hollow out a tree trunk. **2** (*Mecc*) (*al tornio*) to bore, to hollow out.

incavato *a.* **1** hollow, hollowed out: *tronco ~* hollow trunk. **2** (*fig*) (*infossato*) hollow: *guance incavate* hollow cheeks. **3** (*fig*) (*rif. a occhi*) deep-set; (*per malattia, vecchiaia ecc.*) sunken.

incavatura *f.* **1** hollowing out, scooping out. **2** (*cavità*) hollow, recess: *l'~ del muro* the hollow in the wall. **3** (*solco*) groove.

incavigliare (**incavìglio, incavìgli**) *v.t.* **1** (*Mecc*) to peg, to fasten with pegs. **2** (*Fal*) to dowel.

incavigliatura *f.* (*Fal*) dowelling.

incavo, incavo *m.* **1** hollow, cavity: *aprire un ~ in qcs.* to make a hollow in sth., to hollow sth. out. **2** (*scanalatura*) groove. **3** (*Mecc*) notch. **4** (*Anat*) socket. □ (*Sart*) *~ della manica* armhole, sleeve opening; *~ tra i seni* cleavage.

incavolarsi (**mi incàvolo**) *v.pron.* (*Br,colloq*) to get narked, (*Am,colloq*) to get pissed (off). □ (*colloq*) *~ con qcu.* to get mad with so.; (*Am,colloq*) *fare incavolare qcu.* to tick so. off.

incavolato *a.* (*colloq*) nettled, livid. □ (*colloq*) *essere ~ con qcu.* to be angry with so.

incavolatura *f.* (*colloq*) fit of temper, fit of anger.

incazzarsi (**mi incàzzo**) *v.pron.* (*volg*) to get pissed off. □ (*volg*) *fare incazzare qcu.* to piss so. off.

incazzato *a.* (*volg*) pissed off.

incazzatura *f.* (*volg*) rage, temper: *prendersi un'~* to get really pissed off.

incazzoso *a.* (*volg*) (*Br*) narky, (*Am*) bitchy, ill tempered.

incedere[1] (**incèdo**; *aus.* **avere**) *v.i.* (*lett*) to advance, to proceed: *incedeva con passo lento e solenne* he advanced with slow and solemn steps.

incedere[2] *m.* (*lett*) gait.

incellofanare (**incellòfano**) *v.t.* (*Tecn*) to wrap in cellophane.

incendiare (**incèndio**) **I** *v.t.* **1** to set fire to, to set (sth.) on fire, to burn: *~ una casa* to set a house on fire. **2** (*fig*) to inflame, to fire: *~ gli animi* to fire people up. **II** *v.pron.* **incendiarsi 1** to catch fire, to burst into flames. **2** (*fig*) to flare up, to flame up, to blaze up.

incendiario **I** *a.* **1** incendiary: *proiettile ~* incendiary shell. **2** (*fig*) inflammatory. **II** *n.* (*f.* **-a**) incendiary, arsonist.

incendio *m.* fire: *spegnere un ~* to put out a fire, to extinguish a fire. ☐ (*Dir*) *~ doloso* arson.

incenerimento *m.* **1** incineration (*anche Ind*). **2** (*Chim*) ashing, calcination.

incenerire (**incenerìsco, incenerìsci**) **I** *v.t.* **1** to reduce to ashes, to burn down: *l'incendio incenerì il granaio* the fire burned down the barn. **2** (*fig*) (*annientare*) to crush, to wither, to annihilate: *il suo sguardo m'incenerì* his look crushed me, he withered me with a glance. **3** (*Tecn*) to incinerate. **4** (*Chim*) to ash, to calcine. **II** *v.pron.* **incenerirsi** to burn down, to be burnt, to be burnt to ashes.

inceneritore *m.* (*Tecn*) incinerator.

incensamento *m.* **1** (*Lit*) censing, incensation. **2** (*fig*) (*adulazione*) adulation, flattery.

incensare (**incènso**) *v.t.* **1** to cense: *~ l'altare* to cense the altar. **2** (*adulare*) to flatter, to adulate.

incensata *f.* **1** censing, incensation. **2** (*fig*) flattery, adulation.

incensatore *m.* (*f.* **-trice**) (*adulatore*) flatterer, adulator, fawner.

incensiere *m.* censer, thurible.

incenso *m.* **1** incense: *bastoncino di ~* stick of incense. **2** (*Bibl*) frankincense: *oro, ~ e mirra* gold, frankincense and myrrh. **3** (*fig, lett*) (*adulazione*) flattery, adulation.

incensurabile *a.* irreproachable, above criticism (*posposto*), beyond reproach (*posposto*): *il suo comportamento è ~* his conduct is beyond reproach.

incensurabilità *f.* irreproachableness, irreproachability.

incensurato *a.* **1** blameless, above criticism (*posposto*), irreproachable, uncensured. **2** (*Dir*) with a clean record (*posposto*), having a clean record (*posposto*): *l'imputato è ~ the* defendant has a clean record.

incentivare (**incentivo**) *v.t.* to boost, to provide incentives for, to offer incentives to: *~ la produzione* to boost production.

incentivazione *f.* **1** incentive, stimulation: *~ delle esportazioni* export stimulation. **2** (*promozione*) promotion: *~ delle vendite* sales promotion. **3** (*rif. a dipendenti*) bonus: *programma d'~* bonus scheme.

incentivo *m.* **1** (*stimolo*) incentive, spur, incitement: *l'~ del guadagno* the spur of profit. **2** (*Comm,Econ*) incentive. ☐ *essere d'~ a qcs.* to be an incitement to sth., to be an incentive to sth.; *~ di vendita* sales incentive; *incentivi per la rottamazione* government's incentive to trade in old for new; *~ salariale* wage incentive.

incentrare (**incèntro**) **I** *v.t.* to centre, (*Am*) to center. **II** *v.pron.* **incentrarsi** to centre, (*Am*) to center: *il romanzo s'incentra sulla figura del capofamiglia* the novel centres on the figure of the head of the family.

incentro *m.* (*Geom*) incentre.

inceppamento *m.* **1** blocking. **2** (*Arm*) jamming. **3** (*Mecc*) jamming, sticking.

inceppare (**incèppo**) **I** *v.t.* **1** to obstruct, to hinder, to hamper, to interfere with: *~ un'attività* to interfere with an activity. **2** (*Mecc*) to jam. **3** (*Mar*) to foul (the anchor) on its crown. **II** *v.pron.* **incepparsi 1** (*Mecc*) to jam, to stick, to be blocked: *il congegno si è inceppato* the mechanism has jammed. **2** (*Arm*) to jam. **3** (*Mar*) (*rif. all'ancora*) to foul. **4** (*fig*) (*nel parlare*) to flounder, to stammer.

inceppato *a.* **1** (*Mecc*) jammed. **2** (*Mar*) crown fouled.

incerare (**incéro**) *v.t.* to wax: *~ un pavimento* to wax a floor.

incerata *f.* **1** (*tela*) oilcloth, tarpaulin. **2** (*Mar*) (*impermeabile*) oilskins *pl.*

incerato *a.* waxed, wax (*attr.*): *carta incerata* waxed paper; *tela incerata* oilcloth.

inceratura *f.* waxing.

incernierare (**incerniéro**) *v.t.* to hinge.

incerottare (**inceròtto**) *v.t.* (*Br*) to put on a plaster, (*Am*) to put on a bandaid.

incerottato *a.* (*Br*) having a plaster (*posposto*), (*Am*) having a bandaid (*posposto*): *avere una mano incerottata* to have a plaster on one's hand, to have a bandaid on one's hand.

incertezza *f.* **1** uncertainty, unreliability: *l'~ delle notizie* the uncertainty of the news. **2** (*instabilità*) uncertainty, instability: *l'~ della situazione economica* the instability of the economic situation. **3** (*mancanza di decisione*) uncertainty, hesitation: *dopo molte incertezze* after much hesitation. ☐ *lasciare nell'~ qcu.* to leave so. in doubt; *restare nell'~* to be uncertain, to be doubtful.

incerto I *a.* **1** (*dubbioso: rif. a persone*) doubtful, dubious, uncertain. **2** (*rif. a prove e sim.*) circumstantial, unproven: *indizi incerti* circumstantial evidence. **3** (*indeciso*) undecided, uncertain: *è ancora ~ sulla scelta della facoltà* he is still undecided about (*o* as to) which faculty to choose; *è incerta la sua adesione* his support is uncertain. **4** (*malsicuro*) hesitant, faltering, unsteady: *i primi incerti passi di un bambino* a baby's first faltering steps. **5** (*imprevedibile*) uncertain, unpredictable, unforeseeable: *l'esito della malattia è ~* the outcome of the illness is uncertain. **6** (*rif. a tempo*) unsettled; (*variabile*) changeable. **7** (*rif. a luce*) dim, poor. **II** *m.* **1** uncertain, what is uncertain: *lasciare il certo per l'~* to give up what is certain for what is uncertain. **2** (*fig*) (*accidente imprevisto*) uncertainty, risk: *sono gli incerti del mestiere* they are the risks of the profession, they are the occupational hazards, they are the hazards of the profession. **3** *pl.* (*introiti secondari*) perquisites, (*colloq*) perks.

incespicare (**incéspico, incéspichi**; *aus.* **avere**) *v.i.* **1** to stumble, to trip, to trip up (*in* over, against): *~ in un gradino* to trip over a step. **2** (*fig*) (*nel parlare*) to stumble (*in* over).

incessante *a.* incessant, never-ending, non-stop, unceasing, constant: *pioggia ~* incessant rain; *un'~ preoccupazione* a constant worry.

incessantemente *avv.* incessantly.

incesto *m.* incest: *commettere un ~* to commit incest.

incestuosamente *avv.* incestuously.

incestuoso *a.* incestuous.

incetta *f.* buying up, cornering, forestalling. ☐ *fare ~ di* to corner, to make a corner in, to buy up.

incettare (**incètto**) *v.t.* to buy up, to corner, to make a corner in, to forestall.

incettatore *m.* (*f.* **-trice**) cornerer, buyer-up.

inchiavardare (**inchiavàrdo**) *v.t.* (*Tecn*) to bolt.

inchiesta *f.* **1** inquiry, investigation, survey: *~ statistica* statistical survey. **2** (*Dir*) investigation, inquiry: *aprire un'~* to open an inquiry. **3** (*Giorn*) report: *un'~ sull'India* a report on India. ☐ *fare un'~* to hold an inquiry, to conduct an investigation; (*Dir*) *~ giudiziaria* judicial inquiry; *~ parlamentare* parliamentary inquiry; *~ per campione* sample survey; *~ sociale* social survey.

inchinare (**inchìno**) **I** *v.t.* **1** to bow, to duck, to bend, to bend down: *~ il capo* to bow one's head. **2** (*abbassare*) to lower: *~ gli occhi* to lower one's eyes, to look down. **II** *v.pron.* **in-**

chinarsi 1 to bow (down) (*a, davanti a* to), to stoop (*a, davanti a* before), to bow (*a, davanti a* before). **2** (*rif. a donna*) to curtsey (*davanti a* before). **3** (*fig*) to yield, to give in, to bow: *inchinarsi al proprio destino* to yield to one's fate.

inchino *m.* **1** bow: *un profondo ~* a deep bow. **2** (*di donna*) curtsey: *un profondo ~* a deep curtsey, a low curtsey. ☐ *fare un ~:* 1 to bow, to take a bow; 2 (*rif. a donna*) to curtsey.

inchiodare (**inchiòdo**) **I** *v.t.* **1** to nail: *~ un quadro alla parete* to nail a picture to the wall. **2** (*chiudere con chiodi*) to nail up, to nail down: *~ un uscio* to nail up a door. **3** (*fig*) (*incolpare*) to nail: *le prove li hanno inchiodati* the evidence nailed them. **4** (*fig*) (*legare*) to tie, to bind, to hold: *~ qcu. alle sue responsabilità* to hold so. to his responsibilities. **5** (*fig*) (*immobilizzare*) to nail, to immobilize, to pin, to pin down: *l'avversario lo inchiodò con un diretto* his opponent nailed him with a straight punch. **6** (*fig*) (*obbligare a rimanere*) to confine: *la malattia lo ha inchiodato a letto* his illness has confined him to his bed. **II** *v.pron.* **inchiodarsi** (*colloq*) (*fermarsi di colpo*) to stop dead.

inchiodatrice *f.* (*Tecn*) box-nailing machine.

inchiodatura *f.* (*Tecn*) **1** nailing, nailing down, nailing up: *l'~ di una cassa* the nailing down of a crate. **2** (*complesso di chiodi*) nailing, nails *pl.*

inchiostrare (**inchiòstro**) *v.t.* (*Tip*) to ink: *~ i rulli* to ink the rollers.

inchiostratore *m.* (*Tip*) **1** (*f.* **-trice**) (*operaio*) inker. **2** (*rullo inchiostratore*) inker, ink roller.

inchiostratura, inchiostrazione *f.* (*Tip*) inking.

inchiostro *m.* **1** ink: *scrivere con l'~* to write in ink; *l'~ è fresco* the ink is wet. **2** (*Tip*) ink, printer's ink, printing ink. ☐ (*Tip*) *~ copiativo* copying ink; *~ di china* Indian ink, (*Am*) India ink, Chinese ink, (*Am*) China ink; (*Tip*) *~ di soia* soya ink, (*Am*) soy ink; (*Inform*) *~ elettronico* electronic ink, E-ink; *~ indelebile* indelible ink; *~ otticamente variabile* optically variable ink; (*Tip*) *~ per stampa* printing ink, printer's ink; *~ simpatico* invisible ink, (*Am*) sympathetic ink.

inciampare (**inciàmpo**; *aus.* **avere/essere**) *v.i.* **1** to stumble, to trip, to trip up (*in* over, against): *~ in una sedia* to stumble over a chair. **2** (*fig*) (*imbattersi*) to run (*in* into, across), (*colloq*) to bump (*in* into): *~ in un seccatore* to run into a bore. ☐ *fare ~ qcu.* to trip so., to trip so. up.

inciampo *m.* obstacle, hindrance (*anche fig*). ☐ *essere d'~ a qcu.* to get in so.'s way, to be in so.'s way; *senza inciampi* without a hitch.

incidentale *a.* **1** (*casuale*) accidental, casual. **2** (*secondario*) incidental. **3** (*Gramm*) parenthetic, parenthetical: *proposizione ~* parenthetical clause. **4** (*Dir*) interlocutory: *appello ~* interlocutory appeal.

incidentalmente *avv.* **1** (*casualmente*) accidentally, by chance. **2** (*secondariamente*) incidentally. **3** (*per inciso*) by the way, incidentally.

incidentato *a.* (*burocr*) damaged: *vettura incidentata* damaged car.

incidente[1] *a.* **1** (*Fis,Ott*) incident: *raggio ~* incident ray. **2** (*Geom*) of incidence (*posposto*).

incidente[2] *m.* **1** (*disgrazia*) accident: *è successo un ~* there has been an accident. **2** (*scontro*) crash: *~ automobilistico* car crash, car accident. **3** (*contrattempo*) incident, contretemps, mishap. **4** (*disputa*) argument, dispute: *sollevare un ~* (o *creare un ~*) to cause an argument. **5** (*episodio*) incident: *considero chiuso l'~* I consider the situation closed, I consider the the episode to be over (with); *l'~ non ha avuto seguito* the incident went no further. **6** (*Dir*) objection, intervention. □ *~ aereo* plane crash; *~ automobilistico* motor accident, car accident; *~ di frontiera* border incident; *~ di percorso* hitch, snag; *~ diplomatico* diplomatic incident; *incidenti domestici* accidents in the home; *~ ferroviario* train accident, railway accident; *~ mortale* fatal accident; *~ nucleare* nuclear incident; (*Dir*) *~ probatorio* collection of evidence which can only be given at this stage, before a criminal proceeding; *~ stradale* traffic accident; *~ sul lavoro* industrial injury, labour accident.

incidenza *f.* **1** (*Fis*) incidence: *angolo d'~* angle of incidence. **2** (*fig*) incidence, influence: *l'~ di una tassa sul bilancio* the incidence of a tax on the budget; *l'~ di una malattia sulla popolazione* the incidence of a disease on the population.

incidere[1] (*pres.ind.* **incido**; *p.rem.* **incisi**; *p.p.* **inciso**) **I** *v.t.* **1** to cut into: *~ il tronco di un albero* to cut into a tree trunk. **2** (*intagliare*) to cut, to carve: *~ un nome sulla parete* to carve a name on the wall. **3** (*Art*) to engrave; (*all'acquaforte*) to etch. **4** (*fig*) (*fissare*) to engrave (*in* upon), to impress (*in* upon), to fix (*in* in): *~ un volto nella memoria* to fix so.'s face in one's memory. **5** (*Acus*) (*registrare un suono*) to record, to make a recording of; (*su nastro*) to record, to tape-record: *~ un discorso* to record a speech. **6** (*rif. ad alberi: per ricavarne resina ecc.*) to tap. **7** (*Chir*) to incise, to lance: *~ un ascesso* to lance an abscess, to drain an abscess. **II** *v.pron.* **incidersi** (*fissarsi*) to be engraved (*in* upon), to be impressed (*in* upon), to become fixed (*in* upon): *le sue parole si incisero nella mia mente* his words were engraved upon my mind. □ (*Art*) *~ all'acquaforte* to etch; (*Acus,Mus*) *~ un disco* to make a record, to record, to cut a record.

incidere[2] (*pres.ind.* **incido**; *p.rem.* **incisi**; *p.p.* **inciso**; *aus.* **avere**) *v.i.* **1** (*gravare*) to weigh (*su* on, upon), to bear (*su* on, upon): *questa spesa inciderà molto sul nostro bilancio* this expense will weigh heavily upon our budget. **2** (*influire*) to affect (*su qcs.* sth.), to influence (*su qcs.* sth.): *l'ambiente incide sulla formazione del carattere* environment affects character formation, environment influences character formation.

incile *m.* (*Idr*) (*imbocco*) inlet.

incinerare (*incinero*) *v.t.* **1** (*cremare*) to cremate. **2** (*ridurre in cenere*) to burn to ashes, to incinerate.

inceneratore *m.* (*per rifiuti*) incinerator.

incinerazione *f.* **1** (*cremazione*) cremation. **2** (*incenerimento*) incineration.

incinta *a.* pregnant, expecting, (*colloq*) in the family way (*posposto*): *è ~ di tre mesi* she is three months pregnant; *essere ~ di due gemelli* to be expecting twins; *mettere ~* to get pregnant, (*colloq*) to get into trouble; *rimanere ~* to get pregnant. □ (*scherz*) *la mamma dei cretini è sempre ~* ther is one sucker born every minute.

incipiente *a.* **1** incipient, beginning, early: *maternità ~* early pregnancy. **2** (*rif. a malattia*) in the early stages (*posposto*), incipient: *un ~ raffreddore* a cold in its early stages.

incipriare (*incìprio*, **incìpri**) **I** *v.t.* to powder: *~ il viso* to powder one's face. **II** *v.pron.*

incipriarsi to (put on) powder: *incipriarsi il naso* to powder one's nose.

incirca □ *all'~* roughly, more or less, very nearly.

incirconciso *a.* uncircumcised.

incisi → **incidere**.

incisione *f.* **1** (*atto*) cutting, incision, carving. **2** (*effetto*) cut, incision, carving: *un'~ profonda* a deep cut; *fare un'~* to make a cut. **3** (*Art*) engraving, etching. **4** (*Acus*) (*registrazione*) recording; (*su nastro*) taping, recording, tape-recording. **5** (*Chir*) incision, lancing. □ (*Tip*) *~ all'acquaforte* etching; (*Acus,Mus*) *~ di un disco* making of a record, recording; (*Acus*) *~ pirata* pirate tape; *~ rupestre* rock carving; (*Acus*) *~ su disco* recording; *~ su legno*: **1** (*atto*) wood engraving; **2** (*effetto*) woodcut; *~ su rame* copper engraving, copperplate engraving.

incisività *f.* incisiveness, sharpness: *l'~ delle sue parole* the incisiveness of his words.

incisivo **I** *a.* incisive, sharp (*anche fig*): *stile ~* incisive style. **II** *m.* (*Anat*) (*dente incisivo*) incisor.

inciso **I** *a.* engraved. **II** *m.* (*Gramm*) parenthesis. □ *per ~* by the way, incidentally.

incisore *m.* **1** (*Art*) engraver. **2** (*Tip*) engraver, copperplate engraver. □ (*Art*) *~ all'acquaforte* etcher; (*Art*) *~ su rame* copperplate engraver.

incisorio *a.* **1** (*Art*) of engraving (*posposto*): *arte incisoria* art of engraving. **2** (*Tip*) engraving, etching: *tecnica incisoria* engraving technique. **3** (*Chir*) incisory.

incistamento *m.* (*Med,Biol*) encystment.

incistarsi (*mi incìsto*) *v.pron.* (*Med,Biol*) to encyst.

incisura *f.* (*Anat*) incusure.

incitamento *m.* **1** incitement, encouragement, instigation: *~ alla ribellione* instigation to rebellion. **2** (*stimolo*) incitement, spur, stimulus, incentive. **3** (*Dir*) incitement, instigation: *~ a delinquere* incitement to crime, instigation to commit a crime. □ *di ~* rousing: *discorso di ~* rousing speech.

incitare (*incìto/incìto*) *v.t.* **1** (*stimolare*) to encourage, to incite, to urge, to urge on, to spur, to spur on: *~ qcu. al bene* to urge so. to do good. **2** (*istigare*) to instigate, to stir up: *~ qcu. al male* to instigate so. to do evil, to instigate so. to do wrong. □ *~ alla rivolta* to incite a riot; *~ alla violenza* to incite violence.

incitatore **I** *a.* spurring. **II** *m.* inciter, rabble rouser, agitator.

inciuccarsi (**mi inciùcco**, **ti inciùcchi**) *v.pron.* (*colloq*) to get plastered.

inciuchire (**inciuchìsco**, **inciuchìsci**; *aus.* **essere**) *v.i.* (*rar*) to grow stupid, to become a fool.

inciucio *m.* (*Giorn*) scam, scheme, corrupt business deal.

incivile **I** *a.* **1** uncivilized, barbarous, barbaric: *popoli incivili* uncivilized peoples; *provvedimenti incivili* barbarous measures. **2** (*villano*) rough, boorish, gross: *modi incivili* rough ways. **3** (*scortese*) uncivil, impolite, rude. **II** *m./f.* rude person.

incivilimento *m.* civilization.

incivilire (**incivilìsco**, **incivilìsci**) **I** *v.t.* **1** to civilize: *~ popoli primitivi* to civilize primitive peoples. **2** (*dirozzare, ingentilire*) to refine, to civilize. **II** *v.pron.* **incivilirsi** **1** to become civilized. **2** (*dirozzarsi, ingentilirsi*) to become refined, to become gentrified.

inciviltà *f.* **1** barbarism, lack of civilization. **2** (*maleducazione*) rudeness, incivility.

inclassificabile *a.* **1** unclassifiable. **2** (*pessimo*) disgraceful, unspeakable, dreadful: *la tua condotta è stata ~* your behaviour was disgraceful. **3** (*Scol*) ungradeable, not worthy of being graded (*posposto*): *un compito ~* homework (that is) too poorly done to merit grading.

inclemente *a.* **1** harsh, severe. **2** (*crudele*) cruel, merciless: *un tiranno ~* a cruel tyrant. **3** (*fig*) (*rif. a clima*) inclement, severe, harsh.

inclemenza *f.* **1** mercilessness, pitilessness. **2** (*rif. a clima*) inclemency, severity, harshness.

inclinabile *a.* reclining, tilting: *piano ~* tilting plane.

inclinamento *m.* inclining.

inclinare (**inclìno**) **I** *v.t.* **1** to tilt, to tip, to incline: *inclinò la bottiglia per vuotarla* he tilted the bottle to empty it. **2** (*fig*) (*rendere incline*) to dispose, to incline, to bend: *~ l'animo di qcu. alla clemenza* to dispose so.'s heart to mercy. **II** *v.i.* (*aus.* avere) (*propendere*) to be inclined, to tend: *inclino a credere alle tue parole* I am inclined to believe what you say. **III** *v.pron.* **inclinarsi** to tilt, to bend (over), to slant, to lean: *gli alberi si erano inclinati* the trees (were) bent over.

inclinato *a.* **1** slanted, tilting, inclined: (*Fis, Tecn*) *piano ~* inclined plane. **2** (*fig,rar*) (*propenso, disposto*) inclined, disposed: *avere l'animo ~ a fare qcs.* to be inclined to do sth.

inclinazione *f.* **1** inclination, tilt: *l'~ della torre* the inclination of the tower. **2** (*pendenza*) slope, slant: (*Edil*) *l'~ di un tetto* the slope of a roof. **3** (*fig*) (*attitudine*) bent: *un'~ per la pittura* a bent for painting. **4** (*fig*) (*simpatia*) liking, fondness. **5** (*fig*) (*propensione*) inclination, bias: *seguire le proprie inclinazioni* to follow one's own inclinations. **6** (*Geom*) inclination, angle of inclination. **7** (*Fis*) dip, inclination: *~ magnetica* magnetic dip. □ (*Strad*) *~ di una strada* road gradient.

incline *a.* inclined (*a* to), disposed (*a* to), prone (*a* to): *~ alla bontà* inclined to goodness; *~ all'ira* prone to anger, inclined to anger. □ *essere poco ~ a fare qcs.* not to be very keen on doing sth.

inclinometro *m.* (*Tecn*) inclinometer.

inclito *a.* (*lett*) illustrious, famous, glorious.

includere (*pres.ind.* **inclùdo**; *p.rem.* **inclùsi**; *p.p.* **inclùso**) *v.t.* **1** (*comprendere*) to include, to comprise: *~ un nome in una lista* to include a name in a list. **2** (*accludere*) to enclose, to attach: *~ qcs. in una lettera* to enclose sth. in a letter.

inclusi → **includere**.

inclusione *f.* inclusion (*anche Mat*): *l'~ di parole straniere in un dizionario* the inclusion of foreign words in a dictionary.

inclusivo *a.* inclusive.

incluso → **includere** **I** *a.* **1** (*compreso*) including, inclusive of, included: *rimarrò in città fino a martedì ~* I will stay in town through Tuesday; *incluse le spese* expenses included; *spese di imballaggio e spedizione incluse* including postage and packing. **2** (*accluso*) enclosed, attached: *qui ~* (herewith) enclosed. □ *prezzo tutto ~* all-included price.

incoagulabile *a.* (*rar*) incoagulable, uncoagulable.

incoagulabilità *f.* (*rar*) non-coagulability.

incoativo *a.* (*Gramm*) inchoative: *verbo ~* inchoative verb.

incoccare (**incòcco, incòcchi**) *v.t.* to notch, to nock: *~ la freccia alla corda dell'arco* to nock the arrow to the bowstring.

incocciare (**incòccio, incòcci**) **I** *v.t.* **1**

incocciatura (*colloq, region*) (*imbattersi*) to run into. **2** (*Mar*) to hook on, to grapple, to reeve. **II** *v.pron.* **incocciarsi** (*colloq*) (*ostinarsi*) to persist (*in* in), to stick stubbornly (to). □ ~ **bene** to be lucky; ~ **male** to be unlucky.

incocciatura *f.* (*colloq, region*) **1** (*ostinazione*) stubbornness, doggedness. **2** (*arrabbiatura*) rage, temper.

incoercibile *a.* **1** irrepressible, incoercible: *vitalità* ~ irrepressible vitality. **2** (*Chim, Fis*) incoercible, incompressible.

incoercibilità *f.* **1** irrepressibility, incoercibility. **2** (*Chim, Fis*) incompressibility.

incoerente *a.* **1** incoherent, loose: *le sabbie sono rocce incoerenti* sand is loose rock. **2** (*fig*) (*slegato, sconnesso*) disconnected, disjointed, incoherent: *un discorso* ~ an incoherent speech. **3** (*fig*) (*incongruente*) inconsistent, incongruous.

incoerenza *f.* **1** (*rif. a terreno, materiali*) incoherence, looseness. **2** (*fig*) (*illogicità*) inconsistency, incongruity. **3** (*fig*) (*mancanza di uniformità*) incoherence, looseness, disjointedness.

incogliere (*pres.ind.* **incòlgo, incògli**; *p.rem.* **incòlsi**; *p.p.* **incòlto**; *aus.* **essere**) *v.i.* (*lett*) (*capitare*) to befall, to happen. □ *mal gliene incolse* no good came of it.

incognita *f.* **1** (*Mat*) unknown, unknown quantity, unknown value. **2** (*estens*) (*fatto imprevedibile*) uncertainty; (*rif. a persone*) puzzle, (*colloq*) dark horse: *quell'uomo è proprio un'* ~ that man is a bit of a dark horse; *l'avvenire è pieno di incognite* no one can tell what the future has in store.

incognito **I** *a.* unknown. **II** *m.* incognito: *mantenere l'* ~ to preserve one's incognito. □ *in* ~ incognito: *viaggiare in* ~ to travel incognito, to go incognito; *essere in* ~ to be incognito.

incollaggio, incollamento *m.* (*Tecn*) sticking, glueing, gumming, pasting.

incollare (**incòllo**) **I** *v.t.* **1** to stick, to glue, to paste, to gum: ~ *un foglio alla parete* to stick a sheet of paper on the wall. **2** (*chiudere incollando*) to stick down, to glue up. **3** (*unire con colla*) to stick together, to paste together, to glue together. **4** (*cospargere di colla*) to cover with glue, to glue over, to paste over. **5** (*fig*) to glue: *il bimbo incollò il viso contro la finestra* the child glued his face to the window. **6** (*Cart, Tess*) to size. **II** *v.pron.* **incollarsi 1** to stick, to stick together, to get stuck: *i due fogli si sono incollati* the two pages have stuck together. **2** (*fig*) to stick, to cling: *il vestito mi s'incollava addosso* my dress was sticking to me; *incollarsi a qcu.* to stick like glue to so. □ (*Inform*) **incolla** (*comando*) paste; *copia e incolla* copy and paste.

incollatore *m.* (*f.* **-trice**) (*operaio*) sizer.

incollatrice *f.* (*Tecn*) (*macchina*) glueing machine.

incollatura[1] *f.* **1** (*Tecn*) sticking, glueing, pasting. **2** (*Cart, Tess*) sizing.

incollatura[2] *f.* (*Equit*) neck: *vincere di una* ~ to win by a neck.

incollerire (**incollerìsco, incollerìsci**) **I** *v.i.* (*aus.* **essere**) to get angry, to become angry, to lose one's temper, to fly into a rage. **II** *v.pron.* **incollerirsi** to get angry, to become angry, to lose one's temper, to fly into a rage: *incollerirsi per qcs.* to get angry about sth.

incollerito *a.* angry, enraged, cross.

incolmabile *a.* **1** that cannot be filled (*posposto*): *lasciare un vuoto* ~ to leave a gap that cannot be filled. **2** (*estens*) (*irrimediabile*) irremediable. **3** (*Sport*) unassailable: *un distacco* ~ an unassailable lead.

incolonnamento *m.* **1** (*rif. a veicoli*) tailback, nose to tail traffic. **2** (*rif. a numeri e sim.*) drawing up in, putting into columns. **3** (*Inform*) tabulation. **4** (*rif. a persone*) formation of columns, drawing up of columns. **5** (*Tip*) printing in columns.

incolonnare (**incolónno**) **I** *v.t.* **1** (*rif. a numeri e sim.*) to set out in columns, to draw up in columns, to put into columns, to divide into columns: ~ *cifre* to divide figures (off) into columns. **2** (*Inform*) to tabulate. **3** (*rif. a persone*) to line up. **4** (*Tip*) to print in columns. **II** *v.pron.* **incolonnarsi 1** (*disporsi in colonna*) to form columns: *incolonnarsi a destra* to form a column on the right. **2** (*mettersi in fila*) to get into line, to queue up: *i veicoli si sono incolonnati lungo la strada* cars were strung out along the road.

incolonnato *a.* **1** in a column (*posposto*). **2** (*in fila*) in a line (*posposto*): *veicoli incolonnati sulla strada* bumper to bumper traffic. **3** (*Edit*) (*rif. a testo*) columnar, columned.

incolore *a.* **1** colourless, (*Am*) colorless: *liquido* ~ colourless liquid. **2** (*fig*) colourless, (*Am*) colorless, dull, dreary: *stile* ~ colourless style; *vita* ~ dull life, dreary life.

incolpabile *a.* indictable, chargeable.

incolpare (**incólpo**) **I** *v.t.* **1** to blame (*di* for), to accuse (*di* of), to charge (*di* with): *non si devono* ~ *gli altri dei propri sbagli* we must not blame others for our own mistakes. **2** (*Dir*) to accuse (*di* of), to charge (*di* with). **3** (*fig*) to blame, to lay the blame on (*di* for): ~ *il destino di qcs.* to blame fate for sth. **II** *v.pron.* **incolparsi** to take the blame (*di* of), to accuse oneself (*di* of): *per salvarci s'incolpò lui dell'incidente* to save us he took the blame for the accident. **III** *v.r.recipr.* **incolparsi** to accuse each other, to blame each other.

incolpevole *a.* inculpable, guiltless.

incolpevolezza *f.* innocence, guiltlessness.

incoltivabile *a.* uncultivable, untillable.

incolto[1] *a.* **1** uncultivated, untilled: *terreno* ~ uncultivated land, untilled land; *rimanere* ~ to lie untilled. **2** (*fig*) (*trascurato, non curato*) untidy, unkempt: *un giardino* ~ an unkept garden. **3** (*fig*) (*privo di cultura*) uneducated, uncultured, uncultivated. **4** (*fig*) (*rozzo*) rough, coarse.

incolto[2] → **incogliere**.

incolume *a.* unhurt, unharmed, uninjured, unscathed: *è uscito* ~ *dall'incidente* he came out of the accident unscathed.

incolumità *f.* **1** safety: *garantire l'* ~ *di qcu.* to guarantee so.'s safety; *si teme per la sua* ~ there is concern for his safety. **2** (*fig*) security: *l'* ~ *delle istituzioni dello stato* the security of state institutions. □ (*Dir*) *l'* ~ *pubblica* public safety.

incombente *a.* **1** imminent, impending: *pericolo* ~ imminent danger. **2** (*che minaccia*) threatening, looming up: *essere* ~ to threaten, to loom up.

incombenza *f.* task, duty: *ricevere un'* ~ to be given a task.

incombere (*pres.ind.* **incómbo**; *p.rem.* **incombéi/incombètti**; *no past participle and compound tenses*) *v.i.* **1** to hang (*su* over), to threaten: *un temporale incombeva* a storm was threatening. **2** (*spettare*) to be incumbent (*a* on, upon), to be up (*a* to), to be so.'s job.

incombustibile *a.* incombustible.

incombustibilità *f.* incombustibility.

incombusto *a.* unburnt.

incominciare (**incomìncio, incomìnci**) **I** *v.t.* to begin, to commence: ~ *una*

lettera to start a letter: ~ *a fare qcs.* to begin doing sth., to start doing sth., to begin to do sth., to start to do sth.; *incomincio ad avere fame* I begin feeling hungry, I'm getting hungry; *incomincia a piovere* it's beginning to rain; *incomincia a diventare freddo* it's getting cold, it's growing cold. **II** *v.i.* **1** (*aus.* **essere**) (*avere inizio*) to begin, to start: *è incominciata l'estate* summer has begun; *dopo il primo incrocio incomincia il nuovo quartiere* the new district begins after the first crossing. **2** (*aus.* **avere**) (*dare inizio*) to begin, to start, to commence. □ ~ *da capo* to start again; *tanto per* ~ to begin with.

incommensurabile *a.* **1** immeasurable, incalculable. **2** (*Mat*) incommensurable.

incommensurabilità *f.* **1** immeasurability. **2** (*Mat*) incommensurability.

incommestibile *a.* inedible, non edible.

incommutabile *a.* (*Dir*) incommutable, final: *pena* ~ incommutable sentence.

incommutabilità *f.* (*Dir*) incommutability.

incomodare (**incòmodo**) **I** *v.t.* to inconvenience, to trouble, to bother, to be a trouble, to be a nuisance: *non m'incomoda affatto* it is no trouble at all; *scusate se vi abbiamo incomodato* we are sorry if we've troubled you. **II** *v.pron.* **incomodarsi 1** (*prendersi incomodo*) to trouble, to bother, to go to trouble: *La prego, non s'incomodi per causa mia* please don't go to any trouble on my account. **2** (*iron*) to put oneself out: *non t'* ~, *so fare da solo* don't put yourself out, I can do it myself.

incomodo[1] *a.* **1** uncomfortable: *viaggio* ~ uncomfortable journey. **2** (*inopportuno*) inconvenient.

incomodo[2] *m.* **1** inconvenience, nuisance, bother, annoyance: *scusate l'* ~ sorry to have troubled you, sorry to trouble you. **2** *pl.* (*acciacchi*) ailments, complaints, infirmities. □ *essere d'* ~ *a qcu.* to be a nuisance to so.; *levare l'* ~ to take one's leave.

incomparabile *a.* **1** (*rif. a cose*) incomparable, peerless, matchless, unequalled: *grazia* ~ incomparable grace. **2** (*rif. a persone*) exceptional, unequalled.

incomparabilità *f.* incomparability.

incomparabilmente *avv.* incomparably, supremely, matchlessly.

incompatibile *a.* **1** incompatible, inconsistent, irreconcilable. **2** (*Dir, Chim, Inform*) incompatible.

incompatibilità *f.* **1** incompatibility, inconsistency: ~ *di opinioni* incompatibility of opinions. **2** (*Dir, Med, Chim, Inform*) incompatibility: *l'* ~ *di due cariche pubbliche* the incompatibility of two public offices. □ ~ *di carattere* incompatibility of character; ~ *di funzioni* incompatibility of duties.

incompatibilmente *avv.* incompatibly.

incompetente **I** *a.* **1** incompetent, not competent, unqualified. **2** (*spreg*) (*inetto*) incompetent, incapable: *un medico* ~ an incompetent doctor. **3** (*Dir*) incompetent, not competent: *tribunale* ~ incompetent court. **II** *m./f.* incompetent, incompetent person.

incompetenza *f.* **1** incompetence: ~ *in materia di politica* incompetence as regards politics: *dichiarare la propria* ~ to say that one is not qualified, to say that one is not competent, to say that one is not able. **2** (*Dir*) incompetence, incompetency, lack of jurisdiction. □ (*Dir*) ~ *del giudice* incompetency of a judge.

Incompiuta □ (*Mus*) *l'* ~ the Unfinished Symphony.

incompiutezza *f.* incompleteness, unfinished state: *l'* ~ *di un lavoro* the incompleteness of a piece of work.

incompiuto *a.* unfinished, uncompleted, incomplete: *l'edificio rimase* ~ the building was left unfinished.

incompletezza *f.* incompleteness.

incompleto *a.* incomplete, not complete: *collezione incompleta* incomplete collection.

incomprensibile *a.* **1** unintelligible, incomprehensible: *parole incomprensibili* unintelligible words; *idee incomprensibili* incomprehensible ideas. **2** (*rif. a persona: strano*) hard to understand, unfathomable, incomprehensible. **3** (*illeggibile*) illegible.

incomprensibilità *f.* **1** incomprehensibility. **2** (*rif. a persone*) strangeness, oddness, peculiarity.

incomprensibilmente *avv.* incomprehensibly, unintelligibly.

incomprensione *f.* incomprehension, lack of understanding: ~ *tra marito e moglie* incomprehension between husband and wife.

incompreso I *a.* **1** (*non compreso*) not understood: *teorie incomprese* theories which are not understood. **2** (*compreso male*) misunderstood, unappreciated: *genio* ~ misunderstood genius (*anche iron*). II *m.* (*f.* **-a**) misunderstood, misunderstood person.

incompressibile *a.* (*Fis*) incompressible.

incompressibilità *f.* (*Fis*) incompressibility.

incomprimibile *a.* **1** irrepressible. **2** (*Fis*) uncompressible.

incomputabile *a.* incalculable, incomputable.

incomunicabile *a.* **1** incommunicable. **2** (*fig*) inexpressible, indescribable, incommunicable: *sentimento* ~ inexpressible sentiment.

incomunicabilità *f.* incommunicability (*anche estens*).

inconcepibile *a.* **1** inconceivable, unthinkable: *idee inconcepibili* unthinkable ideas. **2** (*straordinario, assurdo*) unthinkable, inconceivable, incredible: *un comportamento* ~ incredible behaviour.

inconcepibilità *f.* inconceivability.

inconciliabile *a.* incompatible, irreconcilable.

inconciliabilità *f.* incompatibility, irreconcilability: *l'* ~ *di due teorie* the incompatibility of two theories.

inconcludente I *a.* **1** inconclusive: *una discussione* ~ an inconclusive discussion. **2** (*vano*) vain, unsuccessful, inconclusive: *sforzi inconcludenti* vain efforts. **3** (*rif. a persona*) ineffectual, inconclusive, inefficient, feckless. II *m./f.* ineffectual person.

inconcludenza *f.* **1** inconclusiveness. **2** (*inutilità*) inconclusiveness, vainness, uselessness. **3** (*rif. a persona*) ineffectiveness.

incondizionatamente *avv.* unconditionally.

incondizionato *a.* **1** (*senza condizioni*) unconditional, unconditioned: *resa incondizionata* unconditional surrender. **2** (*pieno, intero*) complete, unconditional, unreserved, absolute: *fiducia incondizionata* complete faith. **3** (*Dir*) unconditional. **4** (*Fisiol*) unconditioned: *riflesso* ~ unconditioned reflex.

inconfessabile *a.* unavowable, unmentionable, that cannot be confessed (*posposto*): *pensiero* ~ thought unmentionable.

inconfessato *a.* unconfessed, secret, unavowed: *errori inconfessati* hidden errors.

inconfesso *a.* (*rar*) pleading not guilty: *colpevole* ~ offender pleading not guilty.

inconfondibile *a.* unmistakable: *fisionomia* ~ unmistakable features.

inconfutabile *a.* irrefutable, incontrovertible, indisputable: *argomenti inconfutabili* irrefutable arguments.

inconfutabilità *f.* indisputability.

inconfutabilmente *avv.* indisputably, incontrovertibly.

inconfutato *a.* undisputed.

incongelabile *a.* (*Fis*) unfreezable, nonfreezing.

incongruente *a.* **1** incongruous, inconsistent, incongruent, self-contradictory: *atti incongruenti* inconsistent behaviour. **2** (*Chim*) incongruent.

incongruenza *f.* incongruity, inconsistency, contradiction, self-contradiction.

incongruo *a.* incongruous, disproportionate: *un compenso* ~ a disproportionate recompense.

inconoscibile I *a.* unknowable (*anche Filos*). II *m.* (*Filos*) unknowable.

inconquistabile *a.* unconquerable.

inconquistato *a.* unconquered.

inconsapevole *a.* **1** unconscious, unwitting. **2** (*ignaro*) ignorant, unaware (*pred.*): *essere* ~ *di qcs.* to be unaware of sth.

inconsapevolezza *f.* **1** unconsciousness, unwittingness. **2** (*l'essere ignaro*) ignorance, unawareness.

inconsapevolmente *avv.* unconsciously, unwittingly.

inconsciamente *avv.* unconsciously.

inconscio I *a.* **1** unconscious, unwitting: *impulso* ~ unconscious impulse. **2** (*rif. a persona*) unconscious, unaware (*pred.*): *essere* ~ *del pericolo* to be unaware of danger. II *m.* (*Psic*) unconscious: ~ *collettivo* collective unconscious.

inconseguente *a.* inconsistent, inconsequent.

inconseguenza *f.* inconsequence, inconsistency: *l'* ~ *del suo ragionamento* the inconsistency of his reasoning.

inconsiderabile *a.* negligible, inconsiderable: *incremento* ~ negligible increase.

inconsideratamente *avv.* thoughtlessly, inconsiderately.

inconsideratezza *f.* **1** thoughtlessness, heedlessness. **2** (*avventatezza*) rashness.

inconsiderato *a.* **1** thoughtless, heedless. **2** (*avventato*) rash.

inconsistente *a.* **1** insubstantial, flimsy, lacking in consistency (*posposto*): *stoffa* ~ flimsy material; *prove inconsistenti* insubstantial evidence, flimsy evidence. **2** (*fig*) (*privo di fondamento*) unfounded, unsound, groundless, insubstantial: *ragionamento* ~ groundless argument. **3** (*fig*) (*povero di concetti*) empty, shallow.

inconsistenza *f.* **1** insubstantiality, flimsiness, lack of consistency. **2** (*fig*) (*infondatezza*) groundlessness, insubstantiality, lack of foundation: *l'* ~ *di un'accusa* the groundlessness of an accusation. **3** (*fig*) (*povertà di concetti*) emptiness, shallowness.

inconsolabile *a.* inconsolable: *era* ~ *per la morte del marito* she was inconsolable over her husband's death.

inconsolabilmente *avv.* inconsolably.

inconsueto *a.* unusual.

inconsultamente *avv.* rashly, heedlessly.

inconsulto *a.* rash, heedless.

incontaminabile *a.* incontaminable.

incontaminato *a.* **1** uncontaminated, unpolluted. **2** (*fig*) unblemished, spotless, uncontaminated: *reputazione incontaminata* unblemished reputation, spotless reputation.

incontenibile *a.* **1** unrestrainable, uncheckable, unstoppable: *l'* ~ *assalto del nemico* the unstoppable assault of the enemy. **2** (*che non si può reprimere*) irrepressible, unrestrainable: *un* ~ *desiderio di vivere* an irrepressible desire to live.

incontentabile *a.* **1** exacting, hard to please, demanding: *un cliente* ~ an exacting customer. **2** (*rif. a desideri e sim.: insaziabile*) insatiable, unsatisfiable: *l'* ~ *sete di sapere* insatiable thirst for knowledge. □ *è* ~ there's no satisfying him, there's no pleasing him.

incontentabilità *f.* **1** exactingness, hardness to please. **2** (*rif. a desideri e sim.: insaziabilità*) insatiability.

incontestabile *a.* incontestable, indisputable, unquestionable: *verità* ~ indisputable truth.

incontestabilità *f.* incontestability, indisputability: *l'* ~ *dei diritti del popolo* the incontestability of the people's rights.

incontestabilmente *avv.* indisputably, incontestably.

incontestato *a.* undisputed, unquestioned: *verità incontestata* undisputed truth.

incontinente I *a.* **1** incontinent, unrestrained, immoderate. **2** (*Med*) incontinent. II *m./f.* **1** incontinent person. **2** (*Med*) person suffering from incontinence.

incontinenza *f.* **1** incontinence, lack of restraint, intemperance. **2** (*Med*) incontinence: ~ *fecale* incontinence of the faeces.

incontrare (**incóntro**) I *v.t.* **1** to meet (*anche fig*): *ho incontrato tuo padre* I met your father; *incontrai il suo sguardo* I met his look, I met his eyes. **2** (*incontrare per caso*) to meet, to meet up with, to encounter, (*colloq*) to run into, (*colloq*) to bump into, (*colloq*) to come across, (*colloq*) to run across. **3** (*trovare*) to find, to meet with: ~ *favore* to meet with approval. **4** (*imbattersi: rif. a cose*) to meet with, to come up against, to run into: ~ *ostacoli* to come up against obstacles. **5** (*imbattersi: rif. a difficoltà*) to meet with difficulties, to run up against difficulties. **6** (*Sport*) to meet, to encounter, to play: *domenica scorsa la nazionale italiana ha incontrato la squadra inglese* last Sunday Italy played England. **7** (*rif. al pugilato*) to meet, to fight. II *v.i.* (*aus. essere*) to be popular, to be successful, to be a success, to be well-liked: *questo prodotto incontra molto* this product is very popular, this product sells well. III *v.pron.* **incontrarsi 1** to meet (*con qcu. so.*), to meet up (*con* with): *sabato s'incontrerà con il suo amico* he is meeting his friend on Saturday. **2** (*fig*) to meet: *i loro occhi s'incontrarono* their eyes met. **3** (*Mat*) to meet: *le due rette si incontrano* the two lines meet. **4** (*coincidere, andare d'accordo*) to agree, to think alike, to correspond: *le loro idee s'incontrano perfettamente* their ideas correspond perfectly, they are in total agreement. **5** (*Sport*) to meet, to play, to encounter; (*rif. al pugilato*) to meet, to fight. IV *v.r.recipr.* **incontrarsi** (*trovarsi per caso*) to meet, to meet each other, to come across each other, to run across each other, (*colloq*) to run into each other, (*colloq*) to bump into each other. □ ~ *il favore di qcu.* to find favour with so.; *non* ~ *più il favore di qcu.* to be out of favour with so.; ~ *il gusto di qcu.* to suit so.'s taste; ~ *il gusto dei clienti* to appeal to the customers; ~ *la morte* to meet one's death; *non ci siamo già incontrati prima?* haven't we met before?

incontrario □ *all'*~: **1** the opposite way; **2** (*a rovescio*) inside out; **3** (*sottosopra*) upside down; 4 (*col dietro davanti*) back to front, the other way around.

incontrastabile *a.* 1 irresistible. 2 (*ineluttabile*) inevitable, unavoidable. 3 (*inoppugnabile*) incontestable, indisputable: *argomento* ~ indisputable argument.

incontrastato *a.* undisputed, uncontested.

incontrista *m./f.* (*Sport*) (*nel calcio*) tackler.

incontro[1] *m.* 1 meeting: *avere un* ~ to have a meeting. 2 (*casuale, ostile*) encounter. 3 (*convegno*) meeting: *l'* ~ *dei capi di stato* the meeting of the Heads of State. 4 (*Sport*) match. 5 (*rif. a strade*) junction. 6 (*Mat*) point of intersection: *l'* ~ *di due rette* the point of intersection of two lines. □ (*Pol*) ~ *al vertice* summit meeting, summit; (*Sport*) ~ *amichevole* friendly match; ~ *casuale* chance encounter, chance meeting; (*Sport*) ~ *di andata* first leg; (*Sport*) ~ *di calcio* football match, soccer match; (*Sport*) ~ *di primo turno* first round tie; (*Sport*) ~ *di pugilato* boxing match, (*Am*) fight; (*Sport*) ~ *di ritorno* return match; *farsi* ~ *a qcu.* to go forward to greet so.; (*Sport*) ~ *fuori casa* away match; ~ *segreto* secret meeting; ~ *tra amici* social gathering.

incontro[2] *avv.* toward, towards: *ci corse* ~ he ran towards us, he ran to meet us. □ ~ *a* toward, towards, to, up to: *il bimbo corse* ~ *alla madre* the child ran to his mother; *andare* ~ *a qcu.*: 1 to meet so., to go and meet so., to go to meet so.; 2 (*fig*) (*favorire*) to meet so. half-way, to help so., to help so. out; *andare* ~ *a qcs.*: 1 (*avvicinarsi*) to go towards sth., to go to sth., to near sth., to draw sth.: *andiamo* ~ *all'estate* we are nearing summer, summer is getting near, summer is drawing near, summer is coming; 2 (*fig*) (*esporsi*) to run into sth., to run up against sth., to head for sth., to expose oneself to sth., to leave oneself open to sth.: *andare* ~ *a guai* to expose oneself to trouble; *andare* ~ *a dispiaceri* to be heading for trouble; *andare* ~ *a spese* to run into expenses; 3 (*fig*) (*cercare di soddisfare*) to try to satisfy: *andare* ~ *ai desideri di qcu.* to try to satisfy so.'s wishes, to try to meet so.'s wishes; *venire* ~ *a qcu.*: 1 to come towards so.; 2 (*attenderlo all'arrivo*) to meet: *ti verrò* ~ *alla stazione* I'll meet you at the station; 3 (*fig*) to meet halfway: *cercherò di venirti* ~ *sul prezzo* I'll meet you halfway on the price; *venirsi* ~ to meet half way.

incontrollabile *a.* 1 (*non verificabile*) unascertainable. 2 (*irreprimibile*) out of control, unrestrainable, uncontrollable: *essere* ~ to be out of control (*posposto*); *risata* ~ unrestrained burst of laughter.

incontrollabilmente *avv.* incontrollably, uncontrollably.

incontrollato *a.* 1 (*non verificato*) unascertained. 2 (*sfrenato*) unrestrained, uncontrolled, unchecked.

incontroverso *a.* uncontroversial.

incontrovertibile *a.* incontrovertible, indisputable.

incontrovertibilità *f.* incontrovertibility, indisputability.

inconveniente *m.* 1 difficulty, inconvenience: *è sorto un grave* ~ a serious difficulty has come up. 2 (*ostacolo*) obstacle. 3 (*svantaggio*) disadvantage, drawback, handicap: *la tua proposta presenta gravi inconvenienti* there are serious drawbacks to your proposal. 4 (*guasto*) hitch, mishap.

inconvertibile *a.* (*Econ*) inconvertible, non-convertible.

inconvertibilità *f.* (*Econ*) inconvertibility.

incoordinazione *f.* uncoordination (*anche* Med).

incoraggiamento *m.* 1 encouragement. 2 (*concr*) (*parole incoraggianti*) encouragement, encouraging words *pl.*, heartening words *pl.* □ *essere di incoraggiamento per qcu.* to be an encouragement to so.

incoraggiante *a.* encouraging, heartening.

incoraggiare (**incoràggio, incoràggi**) *v.t.* 1 to encourage, to hearten, to give courage to. 2 (*favorire*) to promote, to encourage, to boost: ~ *la produzione* to boost production.

incordare (**incòrdo**) *v.t.* to string: ~ *un violino* to string a violin.

incordatura *f.* 1 (*l'incordare*) stringing: ~ *di una racchetta da tennis* stringing of a tennis racquet. 2 (*insieme delle corde*) strings *pl.*: *l'* ~ *dell'arpa* the harpstrings. 3 (*Med*) stiffening.

incornare (**incòrno**) *v.t.* 1 (*infilare con le corna*) to gore: *il toro incornò il torero* the bull gored the bullfighter. 2 (*colpire con le corna*) to toss, to butt.

incornata *f.* 1 (*infilzata, ferita*) goring. 2 (*colpo*) toss, butt.

incorniciare (**incornìcio, incornìci**) *v.t.* to frame (*anche fig*): ~ *una fotografia* to frame a photograph; *i riccioli le incorniciavano il viso* locks framed her face.

incorniciato *a.* framed (*anche fig*).

incorniciatura *f.* 1 framing: *l'* ~ *di un ritratto* the framing of a portrait. 2 (*cornice*) frame.

incoronare (**incoróno**) I *v.t.* 1 to crown (*anche estens*): ~ *qcu. imperatore* to crown so. emperor; ~ *qcu. poeta* to crown so. poet; ~ *qcu. di alloro* to crown so. with laurel. 2 (*fig*) (*fare corona, cingere*) to encircle, to enclose, to ring: *alte montagne incoronano la città* the city is ringed by lofty mountains. II *v.pron.* **incoronarsi** to crown oneself.

incoronata *f.* 1 (*appellativo della Madonna*) Blessed Virgin Mary Crowned. 2 (*Lit*) (*festa*) (feast of the) Coronation of the Blessed Virgin Mary.

incoronato *a.* crowned (*anche fig*): *poeta* ~ crowned poet. □ ~ *d'alloro* crowned with laurel, wreathed with laurel (*anche fig*).

incoronazione *f.* 1 crowning, coronation. 2 (*cerimonia*) coronation.

incorporabile *a.* incorporable.

incorporale *a.* (*Dir*) incorporeal.

incorporante *a.* (*Ling*) polysynthetic.

incorporare (**incòrporo**) I *v.t.* 1 (*mescolare*) to mix, to blend. 2 (*girando*) to stir: (*Gastron*) ~ *bene le uova nell'impasto* to stir the eggs well into the mixture. 3 (*fig*) (*rif. a cose: unire in un organismo più vasto*) to incorporate, to embody: *le nuove clausole sono state incorporate nel contratto* the new clauses were incorporated in(to) the contract. 4 (*fig*) (*annettere*) to annex, to incorporate: *lo stato ha incorporato i nuovi territori* the State has annexed the new territories. II *v.pron.* **incorporarsi** 1 to become mixed, to blend, to mix: *la farina si è incorporata con l'acqua* the flour has blended with the water. 2 (*rif. a paesi*) to join. □ (*Econ*) ~ *una società* to take over a company, to merge with a company, to annex a company.

incorporato *a.* 1 (*annesso*) annexed. 2 (*Tecn*) built-in: *esposimetro* ~ built-in exposure meter.

incorporazione *f.* 1 incorporation (*anche fig*). 2 (*Comm*) takeover, merger: *incorporazione di società* corporate merger. 3 (*annessione*) annexation: ~ *di un territorio* annexation of a territory.

incorporeità *f.* incorporeity, immateriali-

ty.

incorporeo *a.* incorporeal, immaterial.

incorreggibile *a.* 1 incorrigible, incurable: *difetto* ~ incorrigible defect. 2 (*rif. a persona: inveterato*) incorrigible, inveterate, hardened: *bevitore* ~ hardened drinker. 3 (*rif. a compiti, lavori scolastici*) uncorrectable, impossible to correct.

incorreggibilità *f.* 1 incorrigibility, incurableness. 2 (*rif. a persone*) incorrigibility, inveterateness.

incorrere (*pres.ind.* **incórro**; *p.rem.* **incórsi**; *p.p.* **incórso**; *aus.* **essere**) *v.i.* 1 to incur (*in qcs.* sth.), to meet (*in* with), to run (*in* into), to bring upon oneself, *spesso non si traduce:* ~ *in un pericolo* to run into danger, to get into danger; ~ *in una pena* to incur a penalty; *nell'ira di qcu.* to incur so.'s wrath; ~ *nel disprezzo di qcu.* to incur so.'s contempt. 2 (*rif. a errori e sim.*) to fall (*in* into): ~ *in un errore* to fall into error, to make a mistake.

incorrotto *a.* 1 incorrupt, incorrupted. 2 (*fig*) (*incontaminato*) untainted, unblemished. 3 (*fig*) (*rif. a persona: retto*) upright, honest, incorrupt: *giudice* ~ honest judge.

incorruttibile *a.* incorruptible: *un magistrato* ~ an incorruptible magistrate.

incorruttibilità *f.* incorruptibility.

incorsi → **incorrere**.

incorso → **incorrere**.

incosciente I *a.* 1 unconscious: *il malato è ancora* ~ the patient is still unconscious. 2 (*fig*) (*sconsiderato*) irresponsible, reckless: *un ragazzo* ~ an irresponsible boy. II *m./f.* irresponsible person: *sei un* ~! you're irresponsible!, you're rash!, you're thoughtless!, you're crazy!

incoscientemente *avv.* 1 unconsciously. 2 (*sconsideratamente*) recklessly, heedlessly.

incoscienza *f.* 1 unconsciousness. 2 (*sconsideratezza*) irresponsibility, recklessness, foolhardiness, headlessness, thoughtlessness. □ *è un'* ~ it is sheer madness, it is sheer foolhardiness, it's crazy, it's totally thoughtless, it's completely crazy.

incostante *a.* 1 (*instabile, mutevole*) changeable, variable, unsteady, unsettled: *temperatura* ~ variable temperature. 2 (*volubile*) inconstant, changeable, fickle: *umore* ~ changeable mood.

incostanza *f.* 1 (*instabilità, mutevolezza*) changeability, variability, mutability: *l'* ~ *dei venti* the variability of the winds. 2 (*volubilità*) inconstancy, changeability, fickleness: ~ *di sentimenti* fickleness of feelings.

incostituzionale *a.* (*Dir*) unconstitutional.

incostituzionalità *f.* (*Dir*) unconstitutionality.

incravattare (**incravàtto**) *v.t.* to put a tie on.

incravattato *a.* wearing a tie (*posposto*).

incredibile *a.* incredible, unbelievable, implausible: *una notizia* ~ incredible news. □ *questa storia ha dell'incredibile* there is something implausible about this story; *incredibile ma vero* believe it or not.

incredibilità *f.* incredibility.

incredibilmente *avv.* incredibly, unbelievably.

incredulità *f.* 1 incredulity, disbelief, doubt. 2 (*miscredenza*) unbelief, lack of faith. □ *con* ~ in disbelief.

incredulo I *a.* 1 incredulous, disbelieving, suspicious, dubious: *atteggiamento* ~ incredulous attitude. 2 (*miscredente*) unbelieving. II *m.* (*f.* **-a**) unbeliever.

incrementale *a.* (*Mat*) incremental.

incrementare (**increménto**) *v.t.* 1 (*aumen-*

tare) to increase: ~ *le proprie entrate* to increase one's income. **2** (*fare prosperare*) to foster, to promote: ~ *il commercio* to promote trade. **3** (*Mat,Inform*) to increment.

incremento *m.* **1** increase, growth, rise: ~ *del capitale* increase of capital; ~ *demografico* population growth, population increase. **2** (*Mat,Inform*) increment. □ ~ *annuo* yearly increase; *dare* ~ *a qcs.* to boost sth., to develop sth.; ~ *della domanda* increase in demand; ~ *della produttività* rise in productivity; ~ *di valore* increase in value.

increscere (*pres.ind.* **incrésco, incrésci**; *p.rem.* **incrébbi**; *p.p.* **incresciùto**; *aus.* **essere**) *v.i.* (*lett*) (*rincrescere*) to regret, to feel sorry.

increscióso *a.* **1** regrettable, unfortunate: *incidente* ~ regrettable incident. **2** (*molesto, sgradito*) unpleasant, disagreeable, annoying: *lavoro* ~ disagreeable work.

increspamento *m.* **1** (*rif. ad acqua:* l'*increspare*) rippling, ruffling. **2** (*rif. a capelli: atto*) frizzing; (*effetto*) frizziness. **3** (*rif. a stoffa e sim.: atto*) gathering, puckering; (*effetto*) gathering, gathers *pl.*

increspare (**incréspo**) **I** *v.t.* **1** (*rif. ad acqua*) to ripple, to ruffle. **2** (*rif. a capelli*) to frizz. **3** (*rif. alla pelle*) to wrinkle: ~ *la fronte* to wrinkle one's brow. **4** (*rif. a stoffa e sim.*) to gather, to pleat. **5** (*Cart*) to crêpe. **II** *v.pron.* **incresparsi 1** (*rif. ad acqua*) to ripple. **2** (*rif. a capelli*) to go frizzy. **3** (*rif. alla pelle*) to wrinkle, to wrinkle up. □ ~ *la bocca* to curl one's lip.

increspato *a.* **1** (*rif. ad acqua*) rippled, ruffled. **2** (*rif. a capelli*) frizzy. **3** (*rif. alla pelle*) wrinkled. **4** (*rif. a stoffa e sim.*) gathered. **5** (*Cart*) crêpe (*attr.*), craped.

increspatura *f.* **1** (*rif. ad acqua:* l'*increspare*) rippling, ruffling; (*la superficie increspata*) ripples *pl.* **2** (*rif. a capelli: atto*) frizzing; (*effetto*) frizziness. **3** (*rif. a stoffa e sim.: atto*) gathering, puckering; (*effetto*) gathering, gathers *pl.*

incretinimento *m.* stultification, mental decay.

incretinire (**incretinìsco, incretinìsci**) *v.t.* to make stupid, to make silly, to stultify. **II** *v.i.* (*aus.* **essere**) to become stupid, to grow stupid, (*colloq*) to go barmy. **III** *v.pron.* **incretinirsi** to become stupid, to grow stupid, (*colloq*) to go barmy.

increto *m.* (*Fisiol*) incretion.

incriminabile *a.* (*Dir*) indictable, liable to prosecution (*posposto*).

incriminante *a.* (*Dir*) incriminating, incriminatory: *documenti incriminanti* incriminating documents.

incriminare (**incrìmino**) *v.t.* (*Dir*) to charge, to indict, to incriminate: ~ *qcu. per falsa testimonianza* to charge so. with perjury, to indict so. for perjury.

incriminazione *f.* (*Dir*) incrimination, indictment, charge.

incrinare (**incrìno**) **I** *v.t.* **1** to crack. **2** (*fig*) (*intaccare*) to damage, to injure, to hurt: *l'episodio ha incrinato la sua reputazione* the episode has damaged his reputation. **II** *v.pron.* **incrinarsi 1** to crack: *il vaso si è incrinato* the vase cracked. **2** (*fig*) (*intaccarsi*) to break up, to deteriorate, (*colloq*) to crack up.

incrinato *a.* cracked, flawed.

incrinatura *f.* **1** (*crepatura*) crack: *il bicchiere aveva varie incrinature* the glass had several cracks in it. **2** (*difetto di lavorazione*) flaw. **3** (*fig*) rift, flaw. **4** (*Med*) infraction, greenstick fracture.

incriticabile *a.* (*rar*) uncensurable, irreproachable, beyond criticism (*posposto*):

comportamento ~ irreproachable behaviour.

incrociare (**incrócio, incróci**) **I** *v.t.* **1** to cross: ~ *le gambe* to cross one's legs. **2** (*tagliare, attraversare*) to cut across, to cross: ~ *la rotta di una nave* to cut across the route of a ship, to cross the bows of a ship. **3** (*incontrare*) to meet, to encounter: ~ *qcu. al mercato* to meet so. at the market. **4** (*Zootecn, Bot*) to cross, to crossbreed. **II** *v.i.* (*aus.* **avere**) (*Mar,Aer*) to cruise. **III** *v.r.recipr.* **incrociarsi 1** (*intersecarsi*) to intersect, to cross, to cross each other: *le due strade s'incrociano prima della città* the two roads intersect before the town. **2** (*incontrarsi*) to cross: *le nostre lettere si sono incrociate* our letters crossed. **3** (*incontrarsi: rif. a persone*) to meet. **4** (*ibridarsi*) to cross, to crossbreed, to hybridize. **5** (*fig*) to be exchanged, to fly (back and forth): *fra gli amici s'incrociavano le battute* witty remarks flew back and forth among the friends. **6** (*Geom*) to intersect. □ (*fig, lett*) ~ *i ferri* (*combattere*) to cross swords; (*Mil*) ~ *il fuoco* to cross fire; ~ *le braccia:* 1 to cross one's arms, to fold one's arms; 2 (*fig*) (*scioperare*) to down tools, to stop work; ~ *le dita* (*per scaramanzia*) to keep one's fingers crossed; (*fig*) ~ *le spade con qcu.* to cross swords with so.

incrociato *a.* **1** (*disposto a croce*) crossed, cross (*attr.*): *due linee incrociate* two crossed lines. **2** (*Zootecn,Bot*) cross (*attr.*), crossbred, crossed. **3** (*Abbigl*) crossover.

incrociatore *m.* (*Mar.mil*) cruiser. □ (*Mar.mil*) ~ *corazzato* armoured cruiser; (*Mar.mil*) ~ *da battaglia* battle-cruiser; (*Mar.mil*) ~ *leggero* light cruiser; (*Mar.mil*) ~ *pesante* heavy cruiser.

incrocio *m.* **1** (*Strad*) (*urbano*) crossing, T-junction; (*fuori città*) crossroads (*costr.sing. o pl.*). **2** (*Ferr*) crossing; (*di binari*) crossover. **3** (*l'incrociare*) crossing. **4** (*punto d'incrocio*) crossing, crossing point, cross: *l'~ di due travi* the crossing of two beams. **5** (*fig*) combination, mixture. **6** (*Zootecn,Bot*) cross, crossbreed. □ ~ *a T* T-junction; *all'~* at the crossroads; (*Strad*) ~ *autostradale* highway intersection; (*Strad*) ~ *pericoloso* dangerous crossing; (*Strad*) ~ *stradale* crossroads (*costr.sing. o pl.*), intersection, road intersection.

incrodarsi (**mi incròdo**) *v.pron.* (*Alp*) to get stuck halfway up, to get stuck halfway down.

incrollabile *a.* **1** indestructible, firm: *costruzione* ~ indestructible construction. **2** (*fig*) (*fermo, irremovibile*) firm, unshakable, steady: *fede* ~ unshakable faith.

incrostamento *m.* **1** encrustation, incrustation. **2** (*concrezione*) concretion.

incrostare (**incròsto**) **I** *v.t.* **1** to encrust, to cake, to crust over: *l'acqua ha incrostato i condotti* the water has encrusted the pipes. **2** (*Oref*) to encrust. **II** *v.pron.* **incrostarsi 1** (*ricoprirsi di sedimenti*) to cake, become encrusted; (*rif. a caldaie*) to scale. **2** (*Mar*) to foul, to become fouled.

incrostato *a.* **1** crusted, caked, scaly. **2** (*Oref*) encrusted: *tiara incrostata di gioielli* jewel-encrusted tiara.

incrostazione *f.* **1** deposit. **2** (*Oref*) encrustation. **3** (*Mar*) fouling, encrustation. □ *calcarea* calcareous deposit; *incrostazioni del motore* engine deposits; ~ *di tartaro* tartar, tartar deposit.

incrudelire (**incrudelìsco, incrudelìsci**) **I** *v.i.* **1** (*aus.* **essere**) (*diventare crudele*) to become cruel, to become pitiless, to grow more cruel. **2** (*aus.* **avere**) (*fig*) (*infierire*) to be pitiless, to be cruel (*contro* to), to be hard

(on). **II** *v.pron.* **incrudelirsi** (*diventare crudele*) to become cruel, to grow cruel.

incrudimento *m.* (*Met*) work-hardening.

incrudire (**incrudìsco, incrudìsci**) **I** *v.i.* (*aus.* **essere**) **1** (*rif. a tempo, stagioni*) to become harsh, to become severe, to grow inclement, to turn inclement: *l'inverno incrudisce sempre più* winter is getting more and more severe. **2** (*rif. a persone: incrudelire*) to become cruel, to grow harsh. **3** (*Met*) to become work-hardened. **II** *v.t.* (*inasprire*) to embitter, to sharpen, to aggravate: ~ *l'odio di qcu.* to worsen so.'s hatred. **III** *v.pron.* **incrudirsi** to worsen.

incruento *a.* bloodless: *rivoluzione incruenta* bloodless revolution.

incruscare (**incrùsco, incrùschi**) *v.t.* to cover with bran.

incubare (**incùbo/ìncubo**) *v.t.* (*Med, Zootecn*) to incubate.

incubatrice *f.* **1** (*Med*) incubator. **2** (*Zootecn*) breeder.

incubazione *f.* **1** (*Med*) incubation; (*periodo*) incubation period. **2** (*Zootecn*) incubation. □ *avere quindici giorni di* ~ to take fifteen days to incubate; *essere in* ~ to be in incubation.

incubo *m.* **1** nightmare: *avere un* ~ to have a nightmare. **2** (*fig*) (*angoscia*) nightmare, obsession, constant worry: *l'*~ *degli esami* the nightmare of exams. □ *una vicenda da* ~ a nightmare experience.

incudine *f.* **1** anvil. **2** (*Anat*) anvil, incus. □ (*fig*) *essere tra l'*~ *e il martello* to be between the devil and the deep blue sea, to be between a rock and a hard place.

inculare (**inculo**) *v.t.* (*volg*) **1** to bugger. **2** (*fig*) (*fregare*) to screw.

inculata *f.* (*volg*) **1** act of buggery. **2** (*fig*) (*fregatura*) rip-off, swindle; (*volg,fig*) *prendersi una bella* ~ to really get screwed.

inculcare (**inculco, inculchi**) *v.t.* to inculcate, to instil (*a into*): ~ *a qcu. il senso del dovere* to instil a sense of duty into so.

incultura *f.* lack of culture.

incunabolo, incunabulo *m.* incunabulum: *incunaboli preziosi* precious incunabula.

incuneare (**incùneo**) **I** *v.t.* to wedge, to wedge in. **II** *v.pron.* **incunearsi** to wedge oneself in (*anche fig*).

incupire (**incupìsco, incupìsci**) **I** *v.t.* **1** to darken, to make dark: *queste tende incupiscono l'ambiente* these curtains make the room dark. **2** (*fig*) to darken. **II** *v.i.* (*aus.* **essere**) **1** to darken, to grow dark, to become dark, to get dark. **2** (*annuvolarsi*) to cloud over. **III** *v.pron.* **incupirsi 1** (*diventare scuro*) to darken, to grow dark, to become dark, to get dark. **2** (*annuvolarsi*) to cloud over: *il cielo s'incupisce* the sky is growing dark, the sky is clouding over. **3** (*fig*) (*diventare di cattivo umore*) to become gloomy, to become surly. **4** (*fig*) (*oscurarsi in volto*) to scowl, to frown.

incurabile *a.* **1** incurable: *una malattia incurabile* an incurable disease. **2** (*fig*) incurable: *vizio* ~ incurable habit. **3** (*fig*) (*rif. a persone: incorreggibile*) incurable, inveterate, hardened, confirmed: *fumatore* ~ inveterate smoker. **II** *m./f.* incurable: *ospedale degli incurabili* home for incurables, hospital for incurables.

incurabilità *f.* incurability, incurableness.

incurabilmente *avv.* incurably.

incurante *a.* **1** (*sprezzante*) heedless, careless, negligent (*di* of): ~ *del proprio dovere* negligent of one's duty. **2** (*indifferente*) indifferent (*di* to).

incuria f. negligence, neglect, carelessness: *l'edificio va in rovina per l'~ delle autorità* the building is falling down through the negligence of the authorities. ☐ ~ *nel vestire* slovenliness, scruffiness.

incuriosire (**incuriosìsco, incuriosìsci**) I v.t. to make curious, to arouse curiosity in, to arouse interest in, to interest. II v.pron. **incuriosirsi** to become curious, to get curious, to become interested.

incuriosito a. curious, inquisitive.

incursione f. 1 (Mil) raid, incursion, foray. 2 (estens) raid: ~ *piratesca* pirate raid. 3 (fig) foray, invasion. ☐ (Mil) ~ *aerea* air raid, (Am) (air) strike; *fare un'~* to raid, to make a raid.

incursore I a. incursive. II m. (Mil) raider, commando.

incurvamento m. 1 bending, curving; (rif. a lamiera) bulging. 2 (effetto) bend, curve, curvature; (della lamiera) bulge.

incurvare (**incùrvo**) I v.t. to bend, to bend over, to curve, to arch: ~ *un ramo* to bend a branch. II v.pron. **incurvarsi** 1 (diventare curvo) to bend, to curve, to bow, to stoop, to hunch over: *l'albero s'incurvava sotto il peso dei frutti* the tree was bending under the weight of the fruit, the tree bowed down under the weight of the fruit; *con gli anni si è incurvato* with age he has become hunched over. 2 (rif. a lamiera) to bulge. 3 (rif. a legno) to warp. 4 (descrivere una curva) to curve: *la strada s'incurva dopo il bivio* the road curves after the crossing. ☐ ~ *la schiena*: 1 to bend one's back; 2 (fig) to stoop, to bow.

incurvato a. curved, bent, bowed, hunched: *spalle incurvate* round shoulders, hunched shoulders.

incurvatura f. 1 bending, curving; (rif. a lamiera) bulging. 2 (effetto) bend, curve, incurvation, curvature; (della lamiera) bulge.

incussi → incutere.

incusso → incutere.

incustodito a. unguarded, unattended: *vettura incustodita* unattended car; *parcheggio incustodito* unattended parking lot, unguarded car park.

incutere (pres.ind. **incùto**; p.rem. **incùssi**; p.p. **incùsso**) v.t. to command, to strike. ☐ ~ *paura a qcu.* to arouse fear in so.; ~ *rispetto* to command respect; ~ *terrore a qcu.* to strike terror into so.

IND India, Unione Indiana IND (India).

indaco I m. indigo, indigo blue. II a.inv. indigo, indigo blue.

indaffarato a. busy, hectic.

indagare (**indàgo, indàghi**) I v.t. to investigate, to enquire into, to look into: ~ *i misteri della natura* to investigate the mysteries of nature. II v.i. (aus. **avere**) to enquire (su into), to investigate (su qcs. sth.), to make investigations (su about), to make enquiries (su about).

indagato I a. under investigation (posposto). II m. (f. **-a**) person under investigation.

indagatore I m. (f. **-trice**) investigator, enquirer. II a. enquiring, investigating: *sguardo ~* enquiring look, searching look.

indagine f. 1 investigation, enquiry, inquiry: *condurre un'~* to hold an enquiry. 2 spec.pl. (Dir) (investigazione) investigations pl., enquiries pl.: *le indagini si sono concluse con l'arresto del colpevole* the investigations led to the arrest of the culprit. 3 (ricerca, studio) research, survey. ☐ ~ *campionaria* sample survey; ~ *campione* sample investigation; ~ *demografica* population survey; ~ *demoscopica* Gallup poll, opinion

poll; ~ *di mercato* market research, marketing research; ~ *esplorativa* preliminary inquiry; ~ *filologica* philological research; ~ *linguistica* linguistic research; ~ *peritale* skilled investigation; (Statist) ~ *pilota* pilot survey; ~ *preliminare sui costi* network analysis; ~ *storica* historical research; ~ *telefonica* telephone research.

indantrene m. (Chim) indanthrene: *colori all'~* indanthrene dyes.

indebitamente avv. 1 unduly. 2 (illecitamente) unlawfully. 3 (immeritatamente) undeservedly.

indebitamento m. (Econ) 1 (l'essere indebitato) indebtedness, debt. 2 (l'indebitarsi) borrowing.

indebitare (**indébito**) I v.t. (Econ) to get into debt, to plunge into debt, to go into debt. II v.pron. **indebitarsi** (Econ) (contrarre debiti) to get into debt, to run up debts. ☐ *indebitarsi con qcu.* to get into debt with so.; *indebitarsi fin sopra i capelli* (o *indebitarsi fino al collo*) to get up to one's neck in debt.

indebitato a. 1 indebted: *essere ~ con qcu.* to be indebted to so. 2 (Econ) in debt (posposto), with debt (posposto). ☐ *essere ~ fino al collo* to be debt-ridden, to be deep in debt, to be up to one's ears in debt.

indebito I a. 1 (non dovuto) undue, not due (posposto): *prestazione indebita* undue service. 2 (illecito) unlawful, illicit, illegal: *mezzi indebiti* unlawful means. 3 (immeritato) undeserved: *lodi indebite* undeserved praise. 4 (inopportuno) undue, unsuitable: *giungere ad ora indebita* to arrive at an unsuitable (o unreasonable) hour. II m. (Dir) undue payment.

indebolimento m. 1 weakening, enfeeblement. 2 (debolezza) weakness, feebleness; (rif. a persona) weakness, debility. 3 (fig) (infiacchimento) weakening, failing: ~ *della memoria* failing of the memory. 4 (Fon) weakening. 5 (Fot) reduction.

indebolire (**indebolìsco, indebolìsci**) I v.t. to weaken (anche fig): *le forti perdite hanno indebolito il nemico* the heavy losses have weakened the enemy; *i vizi indeboliscono la volontà* vice weakens one's will power, vice undermines one's will power. II v.pron. **indebolirsi** 1 to weaken, to grow weak: *il malato s'indebolisce sempre di più* the patient is getting weaker and weaker. 2 (rif. alla memoria, vista e sim.) to fail, to be impaired: *gli si sta indebolendo la vista* his sight is failing. 3 (rif. a suoni, colori) to fade.

indebolito a. 1 weakened. 2 (rif. alla memoria, vista e sim.) failing.

indecente a. 1 indecent, improper: *parole indecenti* indecent language, foul language; *sei ~ con questo costume da bagno* that bathing suit is indecent; (estens) *un prezzo ~* an outrageous price; (estens) *sono arrivati a un'ora ~* they arrived unforgiveably late, they arrived terribly late. 2 (indecoroso) untidy, shabby: *casa ~* untidy house.

indecentemente avv. indecently.

indecenza f. 1 (mancanza di pudore) indecency, immodesty. 2 (vergogna) disgrace, shame, outrage: *è proprio un'~!* it's a disgrace!, it's outrageous! 3 (mancanza di decoro) untidiness, shabbiness.

indecifrabile a. 1 indecipherable, illegible: *scrittura ~* illegible writing. 2 (fig) unintelligible; (rif. a persona) inscrutable.

indecisione f. indecision, hesitation, irresoluteness, indecisiveness.

indeciso a. 1 undecided, irresolute, uncertain: *essere ~ su qcs.* to be undecided about sth. 2 (non risolto, instabile) undecided, un-

settled: *lasciare ~ qcs.* to leave sth. unsettled; *la stagione è ancora indecisa* the weather is still unsettled. 3 (fig) (indefinito) vague, indistinct, blurred: *contorni indecisi* blurred outlines. I m. (f. **-a**) undecided person; (rif. a elettore) undecided voter. ☐ *essere ~ se...* to be undecided whether...; *essere ~ tra due cose* to hesitate between two things.

indeclinabile a. (Gramm) indeclinable: *parola ~* indeclinable word.

indecomponibile a. (Mat,Chim) indecomposable.

indecorosamente avv. 1 indecorously. 2 (indecentemente) indecently.

indecoroso a. 1 indecorous, unseemly, unbecoming. 2 (non dignitoso) undignified.

indefessamente avv. indefatigably, tirelessly.

indefesso a. indefatigable, tireless, untiring: *lavoratore ~* indefatigable worker.

indefettibile a. unfailing, indefectible.

indefettibilità f. indefectibility.

indefinibile a. 1 indefinable, undefinable. 2 (eufem) (inqualificabile) unspeakable: *comportamento ~* unspeakable behaviour.

indefinibilità f. indefinability, undefinability.

indefinibilmente avv. indefinably, undefinably.

indefinitamente avv. indefinitely.

indefinitezza f. indefiniteness, vagueness: ~ *di un'idea* vagueness of an idea.

indefinito I a. 1 (indeterminato) indefinite, unspecified, indeterminate: *rinviare a tempo ~* to postpone indefinitely, to postpone to an unspecified date. 2 (impreciso) indefinite, indistinct, vague, imprecise. 3 (non risolto) unsettled, indeterminate: *questione indefinita* unsettled question. 4 (Dir) (non giudicato) sub judice. 5 (Gramm,Mat) indefinite. II m. (Filos) indefinite.

indeformabile a. non-deformable, inalterable.

indeformabilità f. non-deformability, inalterability.

indegnamente avv. unworthily, undeservedly.

indegnità f. 1 unworthiness (anche Dir). 2 (atto indegno) base action, contemptible action, unworthy deed: *è stata un'~ trattarlo così* he did not deserve to be treated like that, it was unforgiveable to treat him like that.

indegno a. 1 unworthy, undeserving: ~ *a ricoprire una carica* unworthy to hold an appointment; *è cosa indegna di te* it is unworthy of you. 2 (vergognoso) shameful. 3 (turpe) unworthy, contemptible: *una persona indegna* a contemptible person. 4 (Dir) unworthy, disqualified, debarred: ~ *a succedere* unworthy to inherit, disqualified from inheriting, debarred from inheriting.

indeiscente a. (Bot) indehiscent.

indeiscenza f. (Bot) indehiscence.

indelebile a. 1 indelible: *inchiostro ~* indelible ink. 2 (rif. a colori e sim.) fast; (rif. a rossetti) kiss-proof, smudge-proof. 3 (fig) indelible, lasting: *ricordo ~* lasting memory, unforgettable memory.

indelebilmente avv. indelibly.

indelicatamente avv. indiscreetly, tactlessly.

indelicatezza f. 1 (l'essere indelicato) tactlessness, indelicacy. 2 (atto indelicato) tactlessness, indelicate action, coarse action: *è stata un'~ da parte mia fargli una domanda del genere* it was tactlessness on my part to ask such a question.

indelicato a. tactless, indiscreet, indelicate.

indemagliabile *a.* (*Tess*) non-run, run-proof: *calze indemagliabili* non-run stockings.

indemaniare (**indemànio, indemàni**) *v.t.* (*Dir*) to incorporate into State property, to escheat.

indemoniato I *a.* **1** possessed, possessed by the devil, demoniac; (*scherz*) *un bambino ~* a little devil. **2** (*fig*) (*iroso*) frenzied, furious, frantic. **II** *m.* (*f. -a*) **1** demoniac: *l'~ fu bruciato sul rogo* the demoniac was burnt at the stake. **2** (*fig*) (*energumeno*) maniac, one possessed: *gridava come un ~* he was shouting like one possessed, he was shouting like a mad-man.

indenne *a.* **1** (*incolume*) unharmed, uninjured, unhurt, unscathed: *è uscito ~ dall'incidente* he came out of the accident unscathed. **2** (*che non ha subito danni*) undamaged.

indennità *f.* (*Dir*) **1** allowance, benefit: *~ di residenza* residence allowance. **2** (*risarcimento di danni*) indemnity, damages *pl.*, compensatory damages *pl.*, compensation. □ (*Dir*) *~ accessorie* fringe benefits; (*Dir*) *~ di alloggio* housing allowance, accommodation allowance; (*Dir*) *~ di anzianità* long-service allowance; *~ di anzianità di servizio* severance payment; (*Dir*) *~ di buonuscita* compensation for loss of office; (*Dir*) *~ di contingenza* living allowance, cost of living allowance, cost-of-living bonus; (*Dir*) *~ di disoccupazione* unemployment benefit; (*Dir*) *~ di fine rapporto* severance pay; (*Dir*) *~ di guerra* war indemnity; (*Dir*) *~ di lavoro straordinario* overtime pay; (*Dir*) *~ di rischio* danger money; (*Dir*) *~ di trasferta* travelling allowance, travel pay, subsistence allowance; (*Dir*) *~ di turno* shift premium, shift differential; (*Dir*) *~ di viaggio* travel allowance; (*Dir*) *~ parlamentare* parliamentary emoluments; (*Dir*) *~ per i figli* (*a carico*) family allowance.

indennizzabile *a.* compensable, eligible for compensation (*posposto*), eligible for indemnification (*posposto*): *danno ~* compensable damage.

indennizzare (**indennìzzo**) *v.t.* to compensate, to indemnify.

indennizzo *m.* **1** (*risarcimento di danni*) indemnification, indemnity. **2** (*somma di risarcimento*) compensatory damages *pl.*, damages *pl.*, indemnity, compensation: *ricevere un indennizzo* to receive compensation; *richiesta di ~* claim for compensation, claim for damages; *a titolo di ~* in compensation.

indentro, in dentro I *avv.* (*nella parte più interna*) in, inside: *pancia ~!* hold your stomach in! **II** *a.* (*rif. a occhi*) deep-set. □ *all'~* (*verso l'interno*) inwards: *la porta si apre all'~* the door opens inwards; *più ~* further in.

inderogabile *a.* **1** (*rif. a norme e sim.*) mandatory, intransgressable. **2** (*rif. a impegni*) binding, unbreakable.

inderogabilmente *avv.* unavoidably.

indescrivibile *a.* indescribable: *bellezza ~* indescribable beauty; *essere ~* to be beyond description.

indescrivibilità *f.* indescribability.

indescrivibilmente *avv.* indescribably.

indesiderabile *a.* undesirable, unwelcome: *ospite ~* undesirable guest, unwelcome guest.

indesiderabilità *f.* undesirability.

indesiderato *a.* **1** (*rif. a persone*) undesirable, unwelcome. **2** (*rif. a cose: contrario ai desideri*) undesired, unwanted, unwelcome: *visita indesiderata* unwelcome visit.

indeterminabile *a.* indeterminable: *quantità ~* indeterminable quantity.

indeterminabilità *f.* indeterminability.

indeterminatamente *avv.* indeterminately, indefinitely.

indeterminatezza *f.* **1** indeterminateness, indefiniteness, vagueness: *l'~ di un'affermazione* the vagueness of a statement. **2** (*mancanza di determinazone*) irresolution, indecision.

indeterminativo *a.* (*Gramm*) indefinite.

indeterminato *a.* **1** indefinite, indeterminate, unspecified. **2** (*vago*) indeterminate, vague: *risposta indeterminata* vague reply. **3** (*Mat*) indeterminate.

indeterminazione *f.* **1** indeterminateness, vagueness, indefiniteness: *~ di concetti* vagueness of concepts. **2** (*irresolutezza*) irresoluteness, uncertainty. **3** (*Mat*) indeterminacy.

indeterminismo *m.* (*Filos*) indeterminism.

indeterministico (*pl. -ci*) *a.* (*Filos*) indeterministic.

indetto → **indire**.

indi *avv.* (*lett*) **1** (*temporale: dopo*) then, afterwards. **2** (*moto da luogo*) from there, (*lett*) thence.

India *n.pr.f.* (*Geog*) India. □ (*Geog.stor*) *Indie occidentali* West Indies; (*Geog.stor*) *Indie olandesi* Dutch East Indies; (*Geog.stor*) *Indie orientali* East Indies.

indianista *m./f.* Indianist, Indologist.

indianistica *f.* Indology, Indian studies *pl.*

indianistico (*pl. -ci*) *a.* Indological.

indiano I *a.* (*dell'India*) Indian: *arte indiana* Indian art. **2** (*dell'America*) American Indian, Native American. **II** *m.* (*f. -a*) **1** (*abitante dell'India*) Indian. **2** (*indigeno d'America*) American Indian, Native American. □ (*fig*) *fare l'~* to feign ignorance.

indiavolato *a.* **1** (*molto vivace*) wild, unruly, very lively, (high-)spirited. **2** (*insopportabile*) dreadful, terrible, unbearable: *chiasso ~* terrible noise, (*colloq*) awful row. **3** (*trascinante*) frenzied, stirring: *musica indiavolata* stirring music; *ritmo ~* frenzied rhythm.

indicabile *a.* advisable.

indicare (**ìndico, ìndichi**) *v.t.* **1** (*mostrare*) to show, to indicate: *indicami dove abiti* show me where you live. **2** (*col dito*) to point to, to point at. **3** (*rif. a strumenti*) to show, to indicate, to register, to read: *il barometro indica bel tempo* the barometer shows fine weather. **4** (*rif. a segnali*) to show, to mark, to indicate: *il segnale indica un crocevia* the sign shows that there is a crossroad. **5** (*fare conoscere*) to state, to indicate: *~ il motivo di qcs.* to state the reason for sth. **6** (*significare*) to mean, to signify. **7** (*consigliare*) to suggest, to advise. **8** (*denotare*) to denote, to show, to betoken: *il tuo rifiuto indica il tuo disinteresse* your refusal denotes your lack of interest. □ *~ col dito* to point out; *~ la strada a qcu.* to tell so. the way, to give so. directions.

indicativamente *avv.* approximately.

indicativo I *a.* **1** (*sintomatico*) indicative, revealing: *il suo atteggiamento è ~* his attitude is revealing. **2** (*approssimativo*) approximate: *prezzo ~* approximate price. **3** (*che indica*) indicating, showing, pointing, pointing to: *un segnale ~ della direzione* a sign pointing the way, a sign indicating the direction. **4** (*Gramm*) indicative. **II** *m.* **1** (*Gramm*) indicative: *~ presente* present indicative. **2** (*Tel*) dialling code, (*Am*) area code. □ (*Gramm*) *all'~* in the indicative; (*Tel*) *~ del paese* country code; (*Tel*) *~ della località* city code; (*Tel*) *~ interurbano* code,

area code for long distance calls.

indicato *a.* **1** (*appropriato, opportuno*) suitable, fit, right: *questo libro non è ~ per i ragazzi* this book is not suitable for children, this book is not fit for children; *l'uomo ~ per un incarico* the right man for a job. **2** (*consigliabile*) advisable. **3** (*adatto, efficace*) efficacious, good, advisable, suitable (*per, a, contro* for): *un farmaco ~ contro il mal di testa* a pharmaceutical drug advisable for the treatment of headaches.

indicatore I *m.* **1** indicator, gauge, pointer; (*lancetta*) pointer; (*quadrante*) dial. **2** (*Econ*) (*indice*) indicator. **3** (*rif. a titoli di libri, giornali e sim.*) guide, guide book, directory, index. **4** (*Chim*) indicator. **5** (*Inform*) flag. **II** *a.* sign (*attr.*), pointing, showing, indicating. □ (*Inform*) *~ a led* LED display; *~ del livello dell'acqua* water gauge, water level gauge; (*Aut*) *~ del livello dell'olio* oil gauge, oil level indicator; *~ della direzione del vento* wind direction indicator, wind-sock; *~ della pressione* pressure gauge; (*Aut*) *~ di arresto* stop lamp, stop light; (*Tel*) *~ di conteggio* (*contascatti*) telephone meter; (*Aut*) *~ di direzione* blinker, indicator, (*Am*) turn signal; (*El*) *~ di fase* phase indicator; (*Inform*) *~ di fine file* end-of-file mark; (*Aut*) *~ di pressione del pneumatico* tyre pressure indicator, tyre pressure gauge; (*Aer*) *~ di rotta* flight path recorder, track indicator, track guide; (*Aut*) *~ di velocità* speedometer, tachometer; *~ economico* economic indicator; *~ stradale* signpost, traffic sign, road sign.

indicazione *f.* **1** (*dato, notizia*) information: *indicazioni sbagliate* wrong information. **2** (*cenno*) clue, hint; (*consiglio*) suggestion, advice, piece of advice. **3** (*l'indicare*) indication, pointing, pointing out, pointing to. **4** (*direzione*) direction: *chiedere indicazioni* (*stradali*) to ask for directions. **5** (*istruzione per l'uso*) direction, instruction for use: *seguire le indicazioni allegate* follow the enclosed instructions. **6** (*Med*) indication. **7** (*Inform*) display. □ *~ a distanza* telemetering; *salvo indicazioni contrarie* unless otherwise specified; *~ del contenuto* description of contents; *~ del prezzo* price tag; (*Mus*) *indicazione del tempo* time signature; (*Inform*) *~ di profondità* depth queuing; *su ~ di qcu.* on so.'s recommendation.

indice I *m.* **1** (*Anat*) forefinger, index finger, first finger. **2** (*rif. a strumenti di misura*) indicator, needle, index; (*lancetta*) hand, pointer. **3** (*fig*) sign, indication, index: *parlare a voce alta è ~ di maleducazione* shouting is a sign of bad manners. **4** (*Edit*) (*nei libri*) index, contents, table of contents. **5** (*Mat*) index. **6** (*Statist,Econ*) index: *~ delle azioni* share index. **II** *a.* index: *numero ~* index number. □ *~ a schede* card index; *~ alfabetico* alphabetical index; (*Edit*) *~ analitico* analytical index; (*Rad,TV*) *~ d'ascolto* audience ratings; *~ dei prezzi al consumo* consumer price index; *~ dei prezzi all'ingrosso* wholesale price index; *~ dei prezzi al dettaglio* retail price index; (*Statist*) *~ del costo della vita* cost-of-living index; (*Statist*) *~ della mortalità* mortality rate; *~ di aumento* growth rate; (*Statist*) *~ di benessere* index of economic well-being; (*Statist*) *~ di disoccupazione* unemployment rate; (*Tecn*) *~ di durezza* degree of hardness; (*Statist*) *~ di efficienza* efficiency ratio; *~ di esposizione* exposure index; (*Ling*) *~ di frequenza* word-frequency index; (*Rad,TV*) *~ di gradimento* popularity ratings; *~ di indebitamento* debt ratio; (*Statist*) *~ di popolamento* population index;

~ *di produttività* productivity index; (*Statist*) ~ *di prosperità* index of economic well-being; (*Ott*) ~ *di rifrazione* index of refraction, refraction index, refractive index; (*Econ*) ~ **Dow Jones** Down Jones index; (*Edit*) ~ **generale** general index; (*Econ*) ~ **MIBTEL** MIBTEL index; (*Econ*) ~ **MIB30** MIB30 index; (*Econ*) ~ **Nasdaq** Nasdaqdex; (*Edit, Bibliot*) ~ **per autore** (o ~ **per autori**) author index; (*Edit,Bibliot*) ~ **per materie** subject index; (*Statist*) ~ **ponderato** weighted index.

Indice m. (*Rel.catt*) Index. □ *essere messo all'~*: 1 (*Rel.catt*) to be placed on the Index; 2 (*fig*) to be black-listed, to be banned.

indicibile a. unspeakable, indescribable, inexpressible, unutterable: *una felicità* ~ indescribable happiness; *una confusione* ~ indescribable confusion.

indicibilmente avv. indescribably, inexpressibly, ineffably.

indicizzare (**indicìzzo**) v.t. 1 (*Econ*) to index, to index-link. 2 (*Inform*) to index.

indicizzato a. (*Econ*) 1 indexed, index-linked, index-tied. 2 (*rif. a titoli*) floating-rate (*attr.*).

indicizzazione f. 1 (*Econ*) indexation, index-linking: ~ *dei salari* wage indexation. 2 (*Inform*) indexing.

indietreggiare (**indietréggio, indietréggi**; *aus.* essere/avere) v.i. 1 (*farsi indietro*) to retreat, to withdraw, to draw back: ~ *di fronte al pericolo* to retreat in the face of danger. 2 (*ritrarsi camminando all'indietro*) to step back, to step backwards, to take a step backwards, to back: *indietreggiò di pochi passi* he took a few steps backwards, he stepped back a little. 3 (*Mil*) to fall back. □ *non* ~ *davanti a niente* to stop at nothing.

indietro I avv. 1 (*stato*) behind, back: *tenersi* ~ to keep behind. 2 (*moto*) backward, backwards, back: *due passi* ~ two steps backwards. 3 (*nel tempo*) behind: (*scherz*) *sei rimasto un po'* ~! you're (a little) behind the times!, you're out of the loop! 4 (*in restituzione*) back: *rimandare* ~ *qcs.* to send sth. back; *chiedere* ~ *qcs.* to ask for sth. back. 5 (*Mar*) astern. II *intz.* keep back!, stand back!, move back!, get back! □ (*Mar*) ~ *a tutta forza!* full speed astern!; *all'*~ (*a ritroso*) backward, backwards: *camminare all'*~ (o *andare all'*~) to go backwards, to walk backwards, to back; *cadere all'*~ to fall over backwards; *andare* ~ (*rif. a orologi*) to be slow, to lose time: *il mio orologio va* ~ my watch is slow; *dare* ~ to give back, to return; *essere* ~: 1 (*in ritardo*) to be behind, to be in arrears: *essere* ~ *con il lavoro* to be behind with one's work; *essere* ~ *coi pagamenti* to be in arrears with one's payments; 2 (*rif. a orologi*) to be slow, to lose time; 3 (*fig*) (*capire poco*) to be slow-witted, to be backward: *per essere un bambino di cinque anni è molto* ~ he is very backward for a child of five; 4 (*fig*) (*essere debole*) to be poor, to be weak: *è* ~ *in latino* he is weak in Latin; *lasciare* ~ *qcs.* (*tralasciarla*) to pass over sth., to omit sth.; *lasciare* ~ *qcu.* to leave so. lagging, to leave so. behind; *mettere l'orologio* ~ *di due ore* to put one's watch back two hours; (*Mar*) ~ *tutta* go hard astern.

indifendibile a. indefensible, untenable (*anche fig*).

indifeso a. 1 undefended: *lasciare la città indifesa* to leave the town undefended. 2 (*fig*) (*inerme*) defenceless, helpless: *fanciullo* ~ defenceless boy.

indifferente I a. 1 all the same (*posposto*), indifferent: *per me è* ~ it's all the same to me, it makes no difference to me. 2 (*che non in-*

teressa) unimportant, of no importance (*posposto*): *quella ragazza mi è* ~ that girl is of no importance, that girl means nothing to me; *parlare di cose indifferenti* to speak of unimportant things, to make small talk. 3 (*insensibile*) indifferent (*a* to), uninterested (*a* in): *è* ~ *all'arte* he is indifferent to art. II m./f. indifferent. □ *fare l'*~ to feign indifference, to pretend not to care; *mi lascia* ~ it leaves me cold; *non* ~ considerable, large: *una somma non* ~ a large sum.

indifferentemente avv. without distinction, indifferently: *assumiamo* ~ *uomini e donne* we employ men and women without distinction.

indifferentismo m. (*Pol,Filos*) indifferentism.

indifferenza f. indifference, unconcern, lack of interest, apathy. □ *nell'*~ **generale** amidst total indifference, in the general apathy.

indifferenziato a. undifferentiated.

indifferibile a. that cannot be deferred (*posposto*), that cannot be put off (*posposto*).

indigeno I a. native, indigenous, aboriginal: *popolazione indigena* indigenous population, native population. II m. (f. -**a**) native.

indigente I a. poor, needy, poverty-stricken, indigent, destitute. II m./f. needy person, pauper.

indigenza f. 1 poverty, indigence: *cadere nell'*~ to be reduced to poverty; *lasciare qcu. nell'*~ to leave so. destitute. 2 (*lett*) (*penuria*) lack, need.

indigeribile a. indigestible.

indigeribilità f. indigestibility.

indigestione f. (*Med*) indigestion. □ *fare* ~ *di qcs.*: 1 to get indigestion from sth.; 2 (*fig*) (*saturarsene*) to have a surfeit of sth., to have more than enough of sth.; *ho fatto* ~ *di romanzi gialli* I have read too many detective stories.

indigesto a. 1 indigestible. 2 (*fig*) (*rif. a persona*) unbearable, intolerable; (*rif. a cosa: noioso*) boring, tiresome: *una conferenza indigesta* a very boring lecture.

indignare (**indìgno**) I v.t. to make indignant, to fill with indignation: *la sua proposta mi indigna* his proposal makes me indignant. II v.pron. **indignarsi** to be indignant, to get angry, to take umbrage, to get indignant, to be filled with indignation: *mi sono molto indignato per il tuo comportamento* I was very indignant at your behaviour, I was angry about your behaviour.

indignazione f. indignation: *la proposta suscitò l'*~ *di tutti* the proposal aroused everyone's indignation, the proposal made everyone indignant.

indigofera f. (*Bot*) indigo-plant.

indilazionabile a. that cannot be postponed (*posposto*), that cannot be put off (*posposto*).

indimenticabile a. unforgettable.

indimostrabile a. indemonstrable, undemostrable, impossible to prove (*posposto*).

indimostrabilità f. indemonstrability.

indimostrato a. unproved, unproven.

indio[1] I a. Indian, South American Indian: *artigianato* ~ Indian handicrafts. II m. (f. -**a**; pl. **indi/indios**) Indian, South American Indian.

indio[2] m. (*Chim*) indium.

indipendente I a. 1 independent (*da* of) (*anche Mat*): *rendersi* ~ *dalla famiglia* to make oneself independent of one's family; *uno stato* ~ an independent state, a free state; *giornale* ~ independent newspaper. 2 (*rif. a persona: autosufficiente*) self-sufficient,

self-reliant. 3 (*rif. a professionista*) freelance; (*rif. a lavoratore autonomo*) self-employed. 4 (*non interdipendente*) unrelated, not connected: *i due fatti sono del tutto indipendenti* the two facts are quite unrelated. 5 (*non comunicante*) unattached, detached: *una casa* ~ a detached house. II m./f. (*Pol*) independent. □ *per circostanze indipendenti dalla nostra volontà* due to circumstances beyond our control.

indipendentemente avv. 1 independent (*da* of), independently (*da* of). 2 (*prescindendo*) apart (*da* from), aside (*da* from).

indipendentismo m. (*Pol*) political movement supporting the independence of a country or region.

indipendentista I m./f. (*Pol*) supporter of independence. II a. (*Pol*) for independence (*posposto*), independence (*attr.*): *movimento* ~ independence movement, independence party.

indipendentistico (*pl.* -**ci**) a. (*Pol*) for independence (*posposto*), independence (*attr.*).

indipendenza f. independence, freedom: *conquistare l'*~ to win independence, to achieve independence; *guerra di indipendenza* war of independence; ~ *di opinioni* freedom of thought; *l'*~ *di un fatto da un altro* one fact is unrelated to the other, one fact is independent of the other.

indire (*pres.ind.* **indìco, indìci**; *p.rem.* **indìssi**; *p.p.* **indétto**) v.t. 1 to call: ~ *un'assemblea* to call a meeting; ~ *uno sciopero* to call a strike; ~ *una gara d'appalto* to call for tenders, to invite tenders. 2 (*rif. a elezioni*) to hold: ~ *le elezioni* to hold elections, to call for election. 3 (*bandire*) to announce, to proclaim: ~ *una crociata* to proclaim a crusade. 4 (*rif. a concorsi e sim.*) to announce, to publish.

indirettamente avv. indirectly.

indiretto a. indirect: *conseguenza indiretta* indirect result.

indirizzare (**indirìzzo**) I v.t. 1 to direct, to turn, to bend, to steer: ~ *i passi verso casa* to direct one's steps homewards. 2 (*avviare*) to start, to start off, to encourage (so.) to take up: ~ *qcu. ad un mestiere* to start so. in a trade. 3 (*far istruire, avviare*) to have (so.) taught (*a* in), to have (so.) trained (*a* in): ~ *qcu. a un'arte* to have so. taught, to have so. trained in an art. 4 (*fig*) (*rivolgere*) to turn, to direct: ~ *il pensiero a qcs.* to turn one's thoughts to sth. 5 (*rif. a parola, a discorso*) to address: ~ *una preghiera a Dio* to address a prayer to God. 6 (*fig*) (*destinare*) to direct, to dedicate: ~ *i propri sforzi alla realizzazione di un'impresa* to direct one's energies towards the realization of an undertaking. 7 (*fig*) (*mandare*) to send, to direct (*da* to): *l'ho indirizzato dal mio medico* I sent him to my doctor. 8 (*rif. a lettere: spedire*) to send, (*Am*) to mail: *mi ha indirizzato un biglietto* he sent me a note. II v.pron. **indirizzarsi** (*rivolgersi*) to turn, to go, to apply (*a* to): *indirizzarsi a un avvocato* to go to a lawyer.

indirizzario m. 1 mailing list, list of addresses. 2 (*rubrica*) address book.

indirizzo m. 1 address: *com'è il tuo* ~? what's your address? 2 (*tendenza*) trend, tendency: *gli indirizzi della narrativa moderna* the trends in modern narrative writing; ~ *politico* political tendency, political trend. 3 (*discorso*) address, speech. 4 (*avviamento*) start: *dare un buon* ~ *agli affari* to get one's business off to a good start. 5 (*Scol, Univ*) specialization in history. 6 (*Inform*) address. □ *all'*~ *di qcu.* (*verso*) at so., to so., aimed at so.: *al mio* ~: 1 to my address, to to me, meant for me; (*Inform*) ~ **assoluto** absolute address; ~ **commerciale** business address; *indirizzo del destinatario* delivery address; ~ *del mittente* return address, sender's address; (*Inform*) ~ **di memoria** memory location; (*Inform*) ~ **di posta elettronica** e-mail address; (*Inform*) ~ **dinamico** dynamic address; (*Inform*) ~ **e-mail** e-mail address; (*Inform*) **indiretto** indirect address; (*Inform*) ~ **IP** IP address; (*Inform*) ~ **relativo** relative address; (*Inform*) ~ **statico** static address; (*Inform*) ~ **web** web address.

indiscernibile *a.* indiscernible, indistinguishable.

indiscernibilità *f.* indiscernibility.

indisciplina *f.* lack of discipline, want of discipline, indiscipline, unruliness: *l'~ di una scolaresca* the unruliness of a class.

indisciplinabile *a.* intractable, rebellious, undisciplinable: *un carattere ~* a rebellious character.

indisciplinatamente *avv.* without discipline.

indisciplinatezza *f.* lack of discipline, indiscipline, unruliness.

indisciplinato *a.* undisciplined (*anche estens*): *truppe indisciplinate* undisciplined troops; *ingegno ~* undisciplined mind, disorderly mind; *uno scolaro ~* an undisciplined pupil, a badly-behaved pupil.

indiscretamente *avv.* indiscreetly.

indiscreto *a.* 1 (*senza tatto*) indiscreet, tactless, inconsiderate: *una domanda indiscreta* a tactless question. 2 (*invadente*) intrusive, pushing. □ *non per essere ~, ma...* if it's not indiscreet of me....

indiscrezione *f.* 1 indiscretion, tactlessness, lack of discretion, lack of tact. 2 (*invadenza*) intrusiveness. 3 (*atto o parola indiscreta*) indiscretion. 4 (*rivelazione di un segreto*) indiscretion, leak: *un'~ della stampa* a press leak.

indiscriminabile *a.* not discriminable.

indiscriminatamente *avv.* indiscriminately.

indiscriminato *a.* indiscriminate, wholesale: *fare uso ~ di qcs.* to use sth. indiscriminately.

indiscusso *a.* unquestioned, incontrovertible: *verità indiscussa* self-evident truth.

indiscutibile *a.* unquestionable, indisputable.

indiscutibilmente *avv.* indisputably, unquestionably, without dispute.

indispensabile I *a.* indispensable, essential: *la tua presenza è ~* your presence is indispensable; *rendersi ~* to make oneself indispensable; *è – che tu vada da lui* it's essential that you go to him. II *m.* necessities *pl.*, essentials *pl.*, bare necessities *pl.*, basic necessities *pl.*, indispensable: *l'~ per il viaggio* the bare necessities for the trip. □ ~ *esperienza di qualche anno* (*nelle richieste di lavoro*) previous experience required.

indispensabilità *f.* indispensableness, indispensability.

indispettire (**indispettìsco, indispettìsci**) I *v.t.* to irritate, to annoy, (*colloq*) to get on (so.'s) nerves. II *v.i.* (*aus.* **essere**) to become irritated, to get annoyed, to get angry. III *v.pron.* **indispettirsi** to become irritated, to get annoyed, to get angry.

indispettito *a.* annoyed, irritated.

indisponente *a.* irritating, annoying, off-putting: *parole indisponenti* irritating words.

indisponibile *a.* 1 (*rif. a cosa*) non-available. 2 (*rif. a persona*) incompliant.

indisponibilità *f.* indisposition, unwill-

ingness.

indisporre (*pres.ind.* **indispóngo, indispóni**; *p.rem.* **indispósi**; *p.p.* **indispósto**) *v.t.* 1 to put off, to make a bad impression on: *le tue parole lo hanno indisposto* your words made an unfavourable impression on him. 2 (*assol.*) (*irritare, infastidire*) to be off-putting, to make a bad impression: *un contegno che indispone* off-putting behaviour.

indisposizione *f.* indisposition, ailment, slight illness: *una lieve ~ lo teneva a letto* a slight indisposition forced him to stay in bed.

indisposto → **indisporre** *a.* unwell, indisposed.

indissolubile *a.* indissoluble: *matrimonio ~* indissoluble marriage.

indissolubilità *f.* indissolubility.

indissolubilmente *avv.* indissolubly.

indistinguibile *a.* indistinguishable.

indistintamente *avv.* 1 (*senza far distinzione*) without distinction, without exception, indiscriminately. 2 (*in modo vago*) vaguely, confusedly, indistinctly.

indistinto *a.* 1 indistinct. 2 (*vago, indeterminato*) indistinct, vague, confused, faint, dim: *forma indistinta* indistinct shape; *avere un ricordo ~* to have a faint recollection.

indistruttibile *a.* indestructible (*anche fig*).

indistruttibilità *f.* indestructibility (*anche fig*): *l'~ della materia* the indestructibility of matter.

indistruttibilmente *avv.* indestructibly.

indisturbato *a.* undisturbed.

indivia *f.* (*Bot,Alim*) endive. □ (*Bot,Alim*) ~ **belga** endive, Belgian endive.

individuabile *a.* identifiable, recognizable.

individuale *a.* 1 (*di un individuo*) individual: *qualità individuali* individual qualities. 2 (*per un individuo*) individual, single: *lezioni individuali* private lessons, one-to-one lessons. 3 (*Sport*) single, individual: *prova individuale* single events, singles.

individualismo *m.* individualism (*anche Filos*).

individualista I *m./f.* individualist (*anche Filos*). II *a.* individualist (*anche Filos*).

individualistico (*pl.* **-ci**) *a.* individualistic, individualist (*anche Filos*).

individualità *f.* individuality: *l'~ di uno stile* the individuality of a style.

individualizzare (**individualìzzo**) *v.t.* to individualize, to tailor.

individualizzazione *f.* individualization.

individualmente *avv.* individually.

individuare (**individuo**) I *v.t.* 1 (*caratterizzare*) to individualize, to characterize. 2 (*determinare*) to determine, to locate: ~ *la posizione di un luogo* to locate a place. 3 (*riconoscere*) to single out, to pick out, to recognize: ~ *una persona tra la folla* to single a person out in the crowd. 4 (*scoprire*) to discover, to find, to find out: ~ *le cause di un guasto* to discover the causes of a breakdown. II *v.pron.* **individuarsi** (*prendere forma compiuta*) to take shape, to develop: *si va individuando una nuova società* a new society is taking shape.

individuazione *f.* 1 individuation, singling out, spotting, detection. 2 (*scoperta*) discovery, finding: *l'~ del colpevole* the discovery of the guilty man. 3 (*determinazione*) determination, location: *l'~ di un obiettivo* the determination of an objective. 4 (*Psic, Filos*) individuation. □ (*Inform*) ~ **degli errori** error detection.

individuo *m.* 1 individual; (*uomo*) man. 2 (*spreg*) individual, fellow, character, (*Am*)

guy: *un losco ~* a shady character. 3 (*Statist*) subject: *uno studio su cinquanta individui* a study of fifty subjects.

indivisibile *a.* 1 indivisible (*anche Mat*). 2 (*Dir*) indivisible, that cannot be partitioned (*posposto*); (*in possesso di più individui*) joint, jointly owned: *proprietà ~* jointly owned property.

indivisibilità *f.* indivisibility (*anche Dir, Mat*).

indiviso *a.* 1 undivided, joint: (*Dir*) *eredità indivisa* undivided succession; *proprietà indivisa* joint ownership. 2 (*Bot*) excurrent.

indiziare (**indìzio, indìzi**) *v.t.* (*Dir*) to put under investigation.

indiziario *a.* (*Dir*) circumstantial, presumptive: *prova indiziaria* circumstantial evidence.

indiziato I *a.* (*Dir*) suspected, under investigation (*posposto*). II *m.* (*f.* **-a**) (*Dir*) suspect. □ ~ **di reato** suspected of a crime.

indizio *m.* 1 (*traccia*) clue. 2 (*segno*) sign, indication, mark: *non c'è ~ di miglioramento* there is no sign of improvement. 3 (*Dir*) (circumstantial) evidence: *l'accusato ha tutti gli indizi contro di lui* all the evidence points to the guilt of the accused; *contro di lui ci sono solo indizi* against him there is only circumstancial evidence, there is only circumstancial evidence against him; *non avere indizi* to have nothing to go by, to have nothing to go on, to have no clues.

indizione *f.* 1 calling. 2 (*Stor*) (cycle of) indiction.

Indo *n.pr.f.* (*Geog*) Indus.

indoario I *a.* (*Ling*) Indo-Aryan. II *m.* (*Ling*) Indo-Aryan.

indocile *a.* 1 (*rif. a persona*) unruly, recalcitrant, intractable: *alunni indocili* unruly pupils. 2 (*rif. ad animali*) restive, unmanageable, untamed: *cavallo ~* restive horse.

indocilità *f.* 1 (*rif. a persona*) unruliness, indocility, intractability. 2 (*rif. ad animali*) restiveness.

Indocina *n.pr.f.* (*Geog*) Indochina.

indocinese I *a.* Indochinese. II *m.* (*lingua*) Indochinese. III *m./f.* (*abitante*) Indochinese.

indoeuropeista *m./f.* (*Ling*) Indo-Europeanist.

indoeuropeistica *f.* (*Ling*) Indo-European linguistics (*costr.sing.*).

indoeuropeo I *a.* (*Ling*) Indo-European. II *m.* 1 (*Ling*) Indo-European. 2 (*f.* **-a**) (*in antropologia*) Indo-European.

indoiranico (*pl.* **-ci**) I *a.* (*Ling*) Indo-Iranian. II *m.* (*Ling*) Indo-Iranian.

indole *f.* 1 nature, temperament, disposition, character. 2 (*fig*) characteristics *pl.*, traits *pl.*: *l'~ di un popolo* the characteristics of a people. □ *essere d'~ buona* to be good-natured, to be easy-going; *essere d'~ cattiva* to be ill-tempered; *essere portato per ~ a qcs.* to have a bent for sth., to have a gift for sth.

indolente *a.* 1 (*apatico*) indolent, lazy, slothful: *uno scolaro ~* a lazy pupil. 2 (*Med, rar*) indolent.

indolenza *f.* 1 indolence, laziness, sluggishness. 2 (*Med,rar*) indolence.

indolenzimento *m.* ache, aching, soreness, numbness: *~ delle gambe* aching of the legs, soreness of the legs.

indolenzire (**indolenzìsco, indolenzìsci**) I *v.t.* to make ache, to make sore, to make numb: *scrivere tanto mi ha indolenzito la mano* all this writing has made my hand ache. II *v.i.* (*aus.* **essere**) to begin to ache, to become painful. III *v.pron.* **indolenzirsi** to begin to ache, to become painful.

indolenzito *a.* aching, sore, numb: *ho le braccia indolenzite* my arms ache. □ *essere tutto indolenzito* to ache all over.

indolo *m.* (*Chim*) indol.

indologia *f.* Indology.

indolore, **indoloro** *a.* painless: *operazione ~* painless operation.

indomabile *a.* **1** untameable. **2** (*rif. a cavalli*) that cannot be broken (*posposto*). **3** (*fig*) indomitable, unyielding: *volontà ~* indomitable will. **4** (*fig*) (*rif. a incendio*) uncontrollable.

indomani (*always used with the definite article*) *m.* the following day, the next day, the day after: *decise di tornare l'~* he decided to come back the next day; *all'~ della sua partenza* the day after his departure.

indomato *a.* **1** (*lett*) untamed, wild, savage: *belva indomata* wild beast. **2** (*fig,lett*) violent, savage: *odio ~* violent hatred, savage hatred.

indomito *a.* **1** (*lett*) untamed. **2** (*fig*) (*indomabile*) indomitable, resolute, unyielding: *con ~ coraggio* with resolute courage.

Indonesia *n.pr.f.* (*Geog*) Indonesia.

indonesiano **I** *a.* Indonesian. **II** *m.* (*f.* **-a**) Indonesian.

indoor /in'dɔr/ *a.inv.* (*Sport*) indoor.

indoramento *m.* gilding.

indorare (**indòro**) **I** *v.t.* **1** to gild (*anche fig*): *~ una cornice* to gild a picture frame. **2** (*Gastron*) to dip in egg yolk and fry. **3** (*fig,poet*) to touch with gold, to gild: *il sole indorava i monti* the sun touched the mountains with gold. **II** *v.pron.* **indorarsi** to turn golden, to become golden. □ (*fig*) *~ la pillola* to sweeten the pill.

indoratore *m.* (*f.* **-trice**) gilder.

indoratura *f.* **1** (*atto*) gilding. **2** (*effetto*) gilt, gilding.

indossabile *a.* wearable.

indossare (**indòsso**) *v.t.* **1** to put on: *~ la giacca* to put on one's jacket. **2** (*avere indosso*) to wear, to have on: *indossava una gonna verde* she had a green skirt on, she was wearing a green skirt. **3** (*rif. a indossatrice*) to model. □ (*fig*) *~ il grigioverde*: 1 (*essere nell'esercito*) to be in the army; 2 (*arruolarsi*) to join the army; *~ la toga*: 1 (*diventare magistrato*) to become a judge, to don the judge's gown; 2 (*diventare avvocato*) to become a lawyer; *~ la tonaca*: 1 (*farsi frate*) to take the habit, to take the cowl; 2 (*farsi suora*) to take the veil; 3 (*farsi prete*) to enter the priesthood; *~ l'uniforme*: 1 to wear a uniform, to be in uniform; 2 (*estens*) to become a soldier, to enlist, to join the forces.

indossatore *m.* **1** (*f.* **-trice**) model, mannequin. **2** (*Arred*) valet.

indossatrice *f.* fashion model, mannequin. □ *fare l'~* to model, to be a model.

indosso *avv.* (*addosso*) on: *porta sempre ~ molti gioielli* she always has on a lot of jewels, she always wears a lot of jewels. □ *avere ~* to have on, to wear: *ha ~ un vestito nuovo* she has a new dress on, she is wearing a new dress.

Indostan *n.pr.m.* (*Geog*) Hindustan.

indostano **I** *a.* Hindustani, Hindustani. **II** *m.* **1** (*lingua*) Hindustani, Hindustani. **2** (*f.* **-a**) (*abitante*) Hindu.

indotto **I** *a.* **1** (*Fis,Chim,Psic,Econ*) induced: *delirio ~* induced delirium. **2** (*El*) induced, induction (*attr.*): *corrente indotta* induced current. **II** *m.* **1** (*El*) armature, (*Am*) rotor. **2** (*Econ*) allied industries *pl.*, allied activities *pl.*, linked industries *pl.*, linked activities *pl.*: *l'~ Fiat* activities linked to Fiat.

indottrinamento *m.* indoctrination.

indottrinare (**indottrìno**) *v.t.* to indoctrinate.

indovinabile *a.* guessable.

indovinare (**indovìno**) *v.t.* **1** to guess: *~ i pensieri di qcu.* to guess so.'s thoughts; *indovina chi ho incontrato oggi!* guess who I met today!; *cercare di ~ qcs.* to take a guess at sth. **2** (*prevedere*) to tell, to foretell, to divine: *~ il futuro* to tell the future. **3** (*immaginare*) to imagine, to think, to guess: *questa non l'avrei indovinata* I should never have guessed (*o* thought) it. **4** (*azzeccare, trovare*) to hit the mark, to hit the nail on the head. □ *chi indovina è bravo* it's anyone's guess; (*scherz*) *è come ~ i numeri al lotto* it's all a question of luck, it's mere guesswork; *indovinala grillo!* heaven only knows!; *~ dovinarla* to hit the nail on the head; *non indovinarne una* to be consistently unsuccessful; *non ne indovini una!* you never get it right!

indovinato *a.* **1** (*ben riuscito*) successful, inspired: *un lavoro ~* successful work; *un pranzo ~* an excellent dinner, a successful dinner. **2** (*ben scelto*) well chosen, just the right thing; (*rif. a vestiti e sim.*) becoming, flattering: *un'acconciatura indovinata* a becoming hairstyle.

indovinello *m.* **1** riddle, puzzle, conundrum: *risolvere indovinelli* to solve puzzles; *fare un ~ a qcu.* to ask so. a riddle. **2** (*fig*) (*enigma*) riddle, puzzle.

indovino **I** *m.* (*f.* **-a**) fortune teller, soothsayer; (*iron*) *non sono mica un ~* I am not a fortune-teller. **II** *a.* (*lett*) prophetic, foreseeing, presaging.

indù **I** *a.* Hindu: *tempio ~* Hindu temple. **II** *m./f.* Hindu.

indubbiamente *avv.* undoubtedly, certainly, unquestionably.

indubbio *a.* certain, undoubted, indubitable: *un'opera di ~ valore* a work of undoubted value.

indubitabile *a.* indubitable, unquestionable: *realtà ~* indubitable fact.

indubitabilità *f.* undoubtedness.

indubitato *a.* undoubted.

inducente *a.* **1** (*Fis*) inductive, inducing, induced, induction (*attr.*): *corrente ~* induction current. **2** (*rar*) (*che induce*) conducive, inducing.

induco → **indurre**.

indugiare (**indùgio**, **indùgi**) **I** *v.i.* (*aus.* **avere**) **1** to take one's time (*a* over), to take a long time (*a* over), to linger (*a* over): *indugiai a scrivere la lettera* I took my time (in) writing the letter. **2** (*dilungarsi*) to dwell (*su* on), to spend too much time (*su* on): *indugiò troppo sull'argomento* he dwelled too long on the subject. **II** *v.pron.* **indugiarsi** to linger. □ *senza ~* without delay, at once.

indugio *m.* delay, hesitation: *dopo molti indugi mi decisi a partire* after much delay I decided to leave. □ *senza indugi* without delay.

induismo *m.* (*Rel*) Hinduism.

induista *m./f.* (*Rel*) Hindu.

induistico (*pl.* **-ci**) *a.* (*Rel*) Hindu.

indulgente *a.* **1** indulgent (*con, verso* with), lenient (*con, verso* towards): *essere ~ con i figli* to be an indulgent parent. **2** (*rif. a cose: mite*) mild, light, lenient: *sentenza ~* light sentence. □ *~ con se stesso* self-indulgent; *essere troppo ~* to be overindulgent.

indulgenza *f.* **1** indulgence, leniency: *usare ~ con qcu.* to treat so. with indulgence. **2** (*Rel.catt*) indulgence: *~ plenaria* plenary in-

dulgence.

indulgere (*pres.ind.* **indùlgo**, **indùlgi**; *p.rem.* **indùlsi**, **indulgésti**; *p.p.* **indùlto**; *aus.* **avere**) *v.i.* **1** (*essere accondiscendente*) to indulge (*a* in). **2** (*estens*) to overindulge: *~ al vizio del fumo* to be a heavy smoker.

indulsi → **indulgere**.

indulto *m.* **1** (*Dir*) pardon. **2** (*Rel.catt*) indult.

indumento *m.* **1** garment, piece of clothing. **2** *pl.* clothes: *indumenti usati* second-hand clothes, old clothes. □ *indumenti intimi*: 1 underwear (*costr.sing.*), underclothes; 2 (*per donna*) lingerie (*costr. sing.*); *indumenti per bambini* children's clothing (*costr.sing.*), children's wear (*costr. sing.*).

indurente **I** *a.* hardening. **II** *m.* hardener.

indurimento *m.* **1** hardening. **2** (*fig*) hardening. **3** (*Med*) induration.

indurire (**indurìsco**, **indurìsci**) **I** *v.t.* **1** to harden, to make hard: *la siccità ha indurito la terra* the drought has hardened the soil. **2** (*fig*) to harden, to toughen, to toughen up: *le sofferenze hanno indurito il suo animo* his sufferings have hardened his heart. **II** *v.i.* (*aus.* **essere**) to harden, to grow hard. **III** *v.pron.* **indurirsi** to harden, to grow hard (*anche fig*).

indurito *a.* hard, hardened (*anche fig*): *animo ~* hard heart.

indurre (*pres.ind.* **indùco**, **indùci**; *fut.* **indurrò**; *p.rem.* **indùssi**; *p.p.* **indótto**) **I** *v.t.* **1** to induce, to persuade: *ho indotto il mio amico a partire con me* I persuaded my friend to leave with me. **2** (*persuadere al male*) to lead: *~ in tentazione* to lead into temptation; (*Rel*) *non ci indurre in tentazione* don't lead us into temptation. **3** (*Filos*) to induce, to infer. **4** (*Fis*) to induce. **II** *v.pron.* **indursi** to make up one's mind, to decide, to resolve. □ (*Fis*) *~ il parto* to induce labour; *~ qcu. in errore*: 1 to mislead so.; 2 (*fig*) to lead so. astray; (*Farm*) *può ~ sonnolenza* may cause drowsiness.

indusio *m.* (*Biol,Bot*) indusium.

indussi → **indurre**.

industria *f.* **1** industry. **2** (*impresa*) industrial concern, industrial enterprise, factory. **3** (*imprese di un settore*) industry: *~ dell'abbigliamento* clothing industry. **4** (*lett*) (*operosità*) industry, diligence, hard work. □ *~ a tecnologia avanzata* high-technology industry; *~ aeronautica* aviation industry; *~ alberghiera* hotel industry; *~ alimentare* food industry; *~ automobilistica* motor industry, car industry, (*Am*) automobile industry; *~ bellica* armament industry; *~ cartaria* paper industry; *~ casearia* cheese industry; *~ chimica* chemical industry; *~ cinematografica* motion-picture industry, film industry, (*Am*) movie industry; *~ conserviera* tinning industry, canning industry; *~ dei giocattoli* toy trade; *~ dei servizi* service industry; *~ del crimine* criminal activity; *~ del freddo* refrigeration industry; *~ del tempo libero* leisure industry; *~ della birra* brewing, brewing trade; *~ della carta* paper industry; *~ della ceramica* ceramics industry, pottery industry, ceramics (*costr.sing.*), pottery; *~ della plastica* plastics industry; *~ della seta* silk manufacture; *~ dell'abbigliamento* clothing trade; *~ delle calzature* shoe industry, footwear industry; *~ delle telecomunicazioni* telecommunications industry; *~ dello spettacolo* show business, (*Am,colloq*) showbiz; *~ di base* basic industry; *~ di trasformazione* processing industry; *~ dolciaria* confectionery industry, confectionery, confectionery trade; *~ e commercio* industry and commerce; *~ editoriale* publishing,

publishing trade; ~ *elettronica* electronics industry; ~ *esportatrice* export industry; ~ *farmaceutica* drug industry, pharmaceutical industry; ~ *lattiero-casearia* dairy industry; ~ *leggera* light industry; ~ *locale* local industry; ~ *manifatturiera* manufacturing, manufacturing industry; ~ *meccanica* mechanical engineering; ~ *metallurgica* metal-working industry, metallurgical industry; ~ *mineraria* mining, mining industry; ~ *nascente* infant industry; ~ *nazionalizzata* nationalized industry; ~ *pesante* heavy industry; ~ *petrolchimica* petrochemical industry; ~ *petrolifera* oil industry; ~ *privata* private industry; ~ *serica* silk manufacture, silk industry; ~ *siderurgica* iron and steel industry; ~ *tessile* textile industry; ~ *turistica* tourist industry.

industrial design /in'dastrjal,de'sajɲ/ *m.* industrial design.

industriale I *a.* industrial: *rivoluzione* ~ Industrial Revolution; *scuola* ~ industrial school, trade school. **II** *m./f.* industrialist, manufacturer: *grande* ~ big industrialist; *piccolo* ~ small-scale manufacturer, small businessman.

industrialismo *m.* industrialism.

industrializzare (**industrializzo**) **I** *v.t.* industrialize. **II** *v.pron.* **industrializzarsi** to become industrialized.

industrializzato *a.* industrialized, industrial.

industrializzazione *f.* industrialization. ☐ *paesi di nuova* ~ newly-industrialized countries.

industriarsi (**mi indùstrio, ti indùstri**) *v.pron.* to do one's best, to do all one can, to try, to try hard, to strive: ~ *per trovare un lavoro* to do all one can to find a job.

industriosamente *avv.* industriously.

industriosità *f.* industriousness.

industrioso *a.* industrious, hard-working.

induttanza *f.* (*El*) inductance. ☐ (*El*) ~ *mutua* mutual inductance; (*El*) ~ *propria* self-inductance.

induttività *f.* (*Fis*) inductivity.

induttivo *a.* (*Filos,Fis*) inductive: *metodo* ~ inductive method.

induttore I *m.* (*El*) inductor. **II** *a.* (*Biol,El*) inductive. ☐ (*El*) ~ *a nucleo magnetico* iron-core inductor.

induzione *f.* (*Filos,El,Biol*) induction. ☐ (*El*) ~ *elettrostatica* electrostatic induction; (*El*) ~ *magnetica* magnetic induction; *argomentare per* ~ to argue by induction, to make inferences.

inebetire (**inebetisco, inebetisci**) **I** *v.t.* **1** (*incretinire*) to make stupid, to dull. **2** (*stordire*) to stun, to daze: *il colpo lo ha inebetito* the blow stunned him. **II** *v.i.* (*aus.* **essere**) to become stupid, to grow dull-witted. **III** *v.pron.* **inebetirsi** to become stupid, to grow dull-witted.

inebetito *a.* **1** (*intontito: rif. a persona*) dazed, dulled. **2** (*imbambolato: rif. a cose*) blank, dull: *sguardo* ~ blank look. **3** (*rincretinito*) stupid, dull-witted, idiotic.

inebriamento *m.* intoxication, inebriation.

inebriante *a.* **1** intoxicating, heady: *liquore* ~ intoxicating liquor. **2** (*fig*) (*esaltante*) stirring, heady: *musica* ~ stirring music.

inebriare (**inèbrio, inèbri**) **I** *v.t.* to intoxicate, to inebriate (*anche fig*). **II** *v.pron.* **inebriarsi 1** (*diventare ebbro*) to become intoxicated, to get drunk. **2** (*fig*) (*esaltarsi*) to become intoxicated, to rejoice, to delight: *inebriarsi di gioia* to become intoxicated with joy; *inebriarsi alle parole di qcu.* to delight in so.'s words, to rejoice at so.'s words.

ineccepibile *a.* unexceptionable, irreproachable.

ineccepibilità *f.* unexceptionableness, irreproachability.

ineccepibilmente *avv.* exemplarily.

inedia *f.* starvation, inanition. ☐ *morire di* ~ to starve, to starve to death.

inedificabile *a.* that cannot be built on.

inedito I *a.* **1** (*rif. a scritti*) unpublished: *opera inedita* unpublished work. **2** (*rif. ad autori*) whose works are unpublished. **3** (*fig*) new, unparalleled: *una storia inedita* a new story. **II** *m.* (*Edit*) unpublished work.

ineducabile *a.* ineducable.

ineducatamente *avv.* impolitely.

ineducato *a.* **1** (*maleducato*) impolite, ill-mannered. **2** (*rozzo*) uncultivated, unpolished.

ineducazione *f.* **1** (*mancanza di educazione*) unlearnedness. **2** (*maleducazione*) rudeness, impoliteness.

ineffabile *a.* **1** ineffable, unutterable. **2** (*colloq,scherz*) (*impareggiabile*) incomparable, peerless, unique.

ineffabilità *f.* ineffability.

ineffettuabile *a.* unrealizable, unfeasible, impracticable.

ineffettuabilità *f.* unrealizability, infeasibility, impracticability.

inefficace *a.* **1** inefficacious, ineffective, ineffectual: *medicina* ~ ineffective medicine. **2** (*fig*) (*debole, fiacco*) ineffective, weak, feeble: *stile* ~ ineffective style.

inefficacia *f.* ineffectiveness, ineffectualness, inefficacy.

inefficiente *a.* inefficient, unproductive: *personale* ~ inefficient personnel.

inefficienza *f.* inefficiency.

ineguagliabile *a.* without equal, matchless, unequalled.

ineguaglianza *f.* **1** (*disparità*) inequality, disparity: ~ *sociale* social injustice, social inequality. **2** (*mancanza di uniformità*) unevenness, irregularity: *le ineguaglianze del terreno* the unevenness of the ground, the roughness of the ground.

ineguagliato *a.* unequalled, (*Am*) unequaled, unmatched.

ineguale *a.* **1** (*disuguale*) unequal: *trattamento* ~ unequal treatment. **2** (*non uniforme*) uneven, irregular, unequal. **3** (*incostante*) inconstant, changeable, changing.

inelasticità *f.* (*Econ*) (*anelasticità*) inelasticity.

inelastico (*pl.* **-ci**) *a.* (*Econ*) inelastic.

inelegante *a.* **1** inelegant. **2** (*sgraziato*) ungraceful, clumsy.

ineleganza *f.* inelegance, lack of elegance.

ineleggibile *a.* ineligible, not eligible.

ineleggibilità *f.* ineligibility.

ineludibile *a.* unavoidable, unescapable.

ineluttabile *a.* ineluctable, unavoidable, inevitable: *destino* ~ inevitable fate.

ineluttabilità *f.* ineluctability, unavoidability, inevitability.

ineluttabilmente *avv.* ineluctably.

inemendabile *a.* incorrigible.

inenarrabile *a.* unspeakable: ~ *sofferenza* unspeakable suffering.

inequivocabile *a.* unequivocal, unmistakable: *in modo* ~ unequivocally.

inequivocabilità *f.* unequivocalness, unequivocality.

inequivocabilmente *avv.* unequivocally.

inerente *a.* inherent (*a* in), concerning (*a* qcs. sth.), applicable (*a* to): *incartamenti inerenti a un'inchiesta* files concerning an inquiry.

inerenza *f.* inherence, inherency.

inerme *a.* **1** (*disarmato*) unarmed. **2** (*indifeso*) defenceless, helpless (*anche fig*): *popolo* ~ defenceless population.

inerpicarsi (**mi inérpico, ti inérpichi**) *v.pron.* **1** to climb (*su, per qcs.* sth., up sth.), to clamber (up), to scale (sth.): *ci inerpicammo per la montagna* we climbed the mountain. **2** (*rif. a strade e sim.*) to climb.

inerte *a.* **1** (*immobile*) motionless, still. **2** (*pigro*) indolent, sluggish, slothful. **3** (*Chim, Fis*) inert: *gas inerti* inert gases.

inerzia *f.* **1** (*inattività*) inactivity, idleness, sluggishness: ~ *spirituale* spiritual idleness. **2** (*Fis*) inertia.

inerziale *a.* (*Fis*) inertial: *massa* ~ inertial mass.

inesattezza *f.* **1** (*l'essere inesatto*) inexactness, inexactitude, imprecision. **2** (*errore*) inaccuracy. ☐ ~ *di calcolo* inaccurate calculation, wrong calculation.

inesatto[1] *a.* **1** (*impreciso*) inexact, inaccurate, imprecise. **2** (*erroneo*) incorrect, mistaken, erroneous.

inesatto[2] *a.* (*non riscosso*) uncollected, unpaid, outstanding.

inesaudibile *a.* that cannot be granted: *il tuo desiderio è* ~ your wish cannot be granted.

inesaudito *a.* ungranted, not granted, unfulfilled: *un desiderio* ~ unfulfilled wish.

inesauribile *a.* **1** inexhaustible (*anche fig*): *fantasia* ~ inexhaustible imagination. **2** (*infinito*) infinite, endless: *pazienza* ~ endless patience.

inesauribilità *f.* **1** inexhaustibility, inexhaustibleness (*anche fig*). **2** (*fig*) (*l'essere infinito*) endlessness.

inesausto *a.* unexhausted.

ineseguibile *a.* **1** that cannot be performed (*o executed*): *ordine* ~ order that can't be executed. **2** (*irrealizzabile*) unrealizable, impracticable: *progetto* ~ impracticable plan. **3** (*rif. a opera teatrale*) that cannot be performed.

ineseguito *a.* **1** not executed, not carried out.

inesigibile *a.* (*Comm*) **1** uncollectable. **2** (*rif. a crediti e sim.*) irrecoverable, bad.

inesigibilità *f.* (*Comm*) unrecoverability.

inesistente *a.* **1** non-existent, (*lett*) inexistent: *colpa* ~ non-existent offence. **2** (*immaginario*) imaginary, unreal: *malattia* ~ imaginary illness. **3** (*rif. a consistenza, qualità*) absent, zero.

inesistenza *f.* non-existence, (*lett*) inexistence.

inesitato *a.* (*Post*) undelivered.

inesorabile *a.* inexorable, implacable, relentless: *destino* ~ inexorable destiny.

inesorabilità *f.* inexorableness, inexorability, relentlessness, implacability.

inesorabilmente *avv.* inexorably, relentlessly.

inesperienza *f.* inexperience, lack of experience, naïvety, naivety: ~ *del mondo* lack of worldly experience, naïvety, naivety.

inesperto *a.* **1** inexpert (*di* in), inexperienced (*di* in), untrained (*in* in): *mano inesperta* untrained hand. **2** (*ignaro*) inexpert, unskilled, (*colloq*) no good: ~ *di cucina* no good at cooking. **3** (*ingenuo*) inexperienced, naive, ingenuous: *una ragazza inesperta* an inexperienced girl.

inespiabile *a.* inexpiable, unatonable.

inespiato *a.* unexpiated, unatoned.

inesplicabile *a.* inexplicable, unaccountable.

inesplicabilità *f.* inexplicability, inexplicableness, unaccountableness.

inesplicabilmente *avv.* inexplicably, un-accountably.

inesplicato *a.* unexplained.

inesplorabile *a.* 1 that cannot be explored. 2 (*fig*) unfathomable, impenetrable, inscrutable: *misteri inesplorabili* unfathomable mysteries.

inesplorato *a.* unexplored.

inesploso *a.* unexploded, live: *una bomba inesplosa* an unexploded bomb.

inespressività *f.* 1 inexpressiveness, blankness. 2 (*inefficacia*) dullness, flatness.

inespressivo *a.* 1 inexpressive, expressionless, blank: *occhi inespressivi* inexpressive eyes, blank gaze. 2 (*inefficace, scialbo*) dull, flat.

inespresso *a.* 1 unexpressed. 2 (*fig*) unspoken, tacit, hidden.

inesprimibile *a.* 1 inexpressible: *sentimenti inesprimibili* inexpressible feelings. 2 (*indicibile*) unspeakable, inexpressible: *dolore* ~ inexpressible grief. 3 (*vago*) vague, indefinite.

inespugnabile *a.* 1 impregnable, inexpugnable: *fortezza* ~ impregnable fortress. 2 (*fig,scherz*) (*rif. a persona*) who cannot be conquered, who cannot be won: *una ragazza* ~ a girl who cannot be conquered (*o* seduced). 3 (*fig*) (*incorruttibile*) incorruptible.

inespugnabilità *f.* 1 impregnability, inexpugnability. 2 (*fig*) (*incorruttibilità*) incorruptibility.

inespugnato *a.* unconquered.

inessenziale *a.* unessential.

inestensibile *a.* inextensible: *materiale* ~ inextensible material.

inestetismo *m.* blemish, imperfection. ☐ *gli inestetismi della cellulite* aesthetic imperfections caused by cellulite.

inestimabile *a.* inestimable, invaluable, priceless.

inestimabilmente *avv.* inestimably.

inestinguibile *a.* 1 inextinguishable, that cannot be extinguished (*posposto*): *incendio* ~ fire that can't be extinguished. 2 (*fig*) (*perenne*) unquenchable, undying, eternal.

inestirpabile *a.* ineradicable (*anche fig*): *male* ~ ineradicable evil.

inestricabile *a.* inextricable (*anche fig*).

inestricabilmente *avv.* inextricably (*anche fig*).

inettitudine *f.* ineptitude, ineptness, inadequacy.

inetto I *a.* 1 (*incapace*) inept, good-for-nothing. 2 (*inadatto*) unsuited, unfit. 3 (*incompetente*) incapable. II *m.* (*f.* **-a**) incompetent.

inevaso *a.* 1 (*Comm*) outstanding. 2 (*rif. a lettera*) unanswered.

inevitabile I *a.* inevitable, unavoidable, inescapable. II *m.* inevitable: *rassegnarsi all'* ~ to resign oneself to the inevitable.

inevitabilità *f.* inevitability.

inevitabilmente *avv.* inevitably, unavoidably.

inezia *f.* trifle, mere nothing: *cento euro di vincita: un'* ~! you won hundred euros? that's a mere trifle!; you won hundred euros? that's nothing!; *costare un'* ~ to cost virtually nothing; (*estens*) *l'esame è stato per lui un'* ~ the examination was child's play to him. ☐ *comprare qcs. per un'* ~ to get sth. for a song; *adombrarsi per un'* ~ to get angry over nothing.

infagottare (**infagòtto**) I *v.t.* 1 (*coprire per difendere dal freddo*) to wrap up, to wrap up well, to wrap up warmly, to bundle up: ~ *un bambino* to wrap a child up well. 2 (*rif. a vestiti*) to make look bulky, to make look

awkward, to make bulge: *questo cappotto ti infagotta* this coat makes you look bulky. II *v.pron.* **infagottarsi** 1 to wrap up, to wrap oneself up, to bundle oneself up. 2 (*vestirsi senza eleganza*) to dress badly.

infallibile *a.* 1 infallible, unerring: *nessuno è* ~ nobody is infallible; *una mira* ~ an unerring aim. 2 (*sicuro*) sure, infallible, unfailing: *rimedio* ~ unfailing cure. 3 (*Teol*) infallible.

infallibilità *f.* infallibility (*anche Teol*).

infallibilmente *avv.* infallibly, unfailingly.

infalsificabile *a.* (*rar*) that cannot be forged, unforgeable.

infamante *a.* defamatory, slanderous: *un pettegolezzo* ~ slanderous gossip.

infamare (**infàmo**) I *v.t.* to disgrace, to defame. II *v.pron.* **infamarsi** to disgrace oneself. ☐ ~ *qcu.* **con calunnie** to slander so.

infamatorio *a.* defamatory, slanderous: *discorso* ~ slanderous speech.

infame I *a.* 1 infamous, disgraceful: *individuo* ~ infamous person; ~ *menzogna* infamous lie, wicked lie. 2 (*colloq*) (*pessimo*) awful, abominable, vile, dreadful: *che tempo* ~! what vile weather! II *m./f.* villain, wicked person.

infamia *f.* 1 infamy, disgrace, shame: *coprirsi d'* ~ to cover oneself with shame. 2 (*azione infame*) infamy, infamous act, disgraceful act, shameful act. 3 (*calunnia*) slander, calumny. 4 (*cosa pessima*) disgrace, abomination: *questo spettacolo è un'* ~ this show is a disgrace (*o* is dreadful). ☐ ~ *senza* ~ *e senza lode* without praise or blame.

infanatichire (**infanatichìsco, infanatichìsci**) I *v.i.* (*aus.* essere) to become a fanatic, to become obsessive. II *v.pron.* **infanatichirsi** to become a fanatic, to become obsessive.

infangare (**infàngo, infànghi**) I *v.t.* 1 to muddy, to make muddy, to cover with mud. 2 (*fig*) (*disonorare*) to disgrace, to besmirch, to throw mud at, to sling mud at, to cast aspersions on: ~ *la memoria di qcu.* to cast aspersions on so.'s memory. II *v.pron.* **infangarsi** 1 to muddy, to become muddy, to get spattered with mud. 2 (*fig*) to dishonour oneself, (*Am*) to dishonor oneself, to disgrace oneself.

infangato *a.* muddy, dirty with mud, spattered with mud.

infanta *f.* (*Stor*) infanta.

infante[1] I *m./f.* (*bambino*) infant, baby, (*lett*) babe (in arms). II *a.* (*lett*) infant, baby (*attr.*), new born.

infante[2] *m.* (*Stor*) infante.

infanticida *m./f.* infanticide.

infanticidio *m.* infanticide.

infantile *a.* 1 childlike, infantile, child's, of a child (*posposto*), of a baby (*posposto*): *ingenuità* ~ childlike naivety. 2 (*dedicato all'infanzia*) children's, juvenile, infants': *letteratura* ~ children's books. 3 (*puerile*) childish, infantile: *atteggiamento* ~ childish attitude.

infantilismo *m.* infantilism (*anche Med*).

infantilmente *avv.* childishly, in an infantile way.

infanzia *f.* 1 childhood, infancy: *un'* ~ *felice* a happy childhood; *prima* ~ early childhood. 2 (*collett.*) children *pl.*, infants *pl.*: *educazione dell'* ~ children's upbringing. 3 (*fig*) (*primordi*) infancy, beginnings *pl.*, early stages *pl.*: *l'* ~ *dell'umanità* the dawn of mankind, the beginnings of mankind, the origins of mankind. ☐ ~ *abbandonata* abandoned children; *dall'* ~ since childhood: *lo conosco dall'infanzia* I have known him ever since he was a child.

infarcire (**infarcìsco, infarcìsci**) *v.t.* 1 (*Gastron*) to stuff, to fill: ~ *un pollo* to stuff a chicken. 2 (*fig*) to cram, to stuff: ~ *un saggio di citazioni* to cram an essay with quotations; ~ *la mente di nozioni inutili* to stuff one's head with useless facts.

infarinare (**infarìno**) I *v.t.* 1 to flour, to cover with flour. 2 (*Alim*) (*rivoltare nella farina*) to flour, to dip in flour: ~ *il pesce* to dip fish in flour. 3 (*fig*) (*imbiancare*) to whiten. II *v.pron.* **infarinarsi** (*imbrattarsi di farina*) to cover oneself with flour.

infarinatura *f.* 1 flouring, dusting with flour, coating with flour. 2 (*Alim*) (*il rivoltare nella farina*) dipping in flour. 3 (*fig*) smattering: *avere un'* ~ *di qcs.* to have only a smattering of sth., to have a basic knowledge of sth.

infarto *m.* (*Med*) infarct, infarction, heart attack: *avere un* ~ to have a heart attack; (*iperb*) *mi ha fatto venire un* ~ he nearly gave me a heart attack, I nearly had a fit. ☐ (*Med*) ~ *miocardico* myocardial infarction.

infartuato *m.* (*f.* **-a**) (*Med*) heart attack patient.

infastidire (**infastidìsco, infastidìsci**) I *v.t.* to annoy, to bother, to irritate, to worry, to be a nuisance: ~ *qcu. con le proprie lamentele* to bother so. with one's complaints; *questa emicrania mi infastidisce da due giorni* this headache has been bothering me for two days. II *v.pron.* **infastidirsi** (*irritarsi*) to become annoyed, to get irritated: *si infastidisce per un nonnulla* he gets annoyed at the slightest little thing.

infaticabile *a.* tireless, untiring, indefatigable: *lavoratore* ~ tireless worker.

infaticabilità *f.* tirelessness, indefatigability.

infaticabilmente *avv.* tirelessly, indefatigably.

infatti I *congz.* 1 indeed, really, actually, as a matter of fact. 2 (*iron*) but: *ha detto che sarebbe venuto,* ~ *non si è visto* he said he would come but in fact he didn't show up. II *avv.* (*come risposta: esattamente*) exactly, that's right.

infatuare (**infàtuo**) I *v.t.* (*rar*) to infatuate, to arouse enthusiasm in. II *v.pron.* **infatuarsi** to become infatuated (*di* with), to get infatuated (*di* with), to fancy (*di qcu.* so.), to have a crush (*di* on), (*colloq*) to fall (*di* for): *si è infatuato di un'attrice* he has become infatuated with an actress.

infatuato *a.* infatuated (*di* with), madly in love (*di* with). ☐ *essere* ~ *di sé* to be full of oneself, to be infatuated with oneself.

infatuazione *f.* infatuation (*per* with), passing fancy (*per* for): *avere un'* ~ *per qcu.* to have a crush on so., to be infatuated with so.; *avere un'* ~ *per qcs.* to have an infatuation with sth., to be mad about sth.; ~ *passeggera* passing infatuation.

infausto *a.* 1 unhappy, unlucky: *giorno* ~ unhappy day. 2 (*che annuncia disgrazia*) inauspicious, unfavourable, unpropitious: *presagi infausti* unfavourable omens. 3 (*malaugurato*) ill-omened. 4 (*Med*) unfavourable: *prognosi infausta* unfavourable prognosis.

infecondità *f.* 1 infertility, infecundity. 2 (*rif. a terreni*) infertility, unproductiveness, barrenness. 3 (*fig*) unproductiveness.

infecondo *a.* 1 infertile, infecund: *donna infeconda* infertile woman; (*Fisiol*) *giorni infecondi* infertile days. 2 (*rif. a terreni*) infertile, unproductive, unfruitful, barren. 3 (*fig*) unproductive, infertile.

infedele I *a.* 1 unfaithful, faithless, untrue;

(*falso*) false: *amico* ~ false friend. **2** (*rif. a coniugi*) unfaithful. **3** (*non conforme all'originale*) unfaithful, inaccurate, inexact: *traduzione* ~ inexact translation; *storico* ~ inaccurate historian. **4** (*Stor,Rel*) infidel. **II** *m./f.* (*Stor,Rel*) infidel.

infedelmente *avv.* unfaithfully.

infedeltà *f.* **1** unfaithfulness, faithlessness. **2** (*rif. a coniugi*) infidelity, unfaithfulness. **3** (*non conformità all'originale*) unfaithfulness, inaccuracy: *la traduzione presenta molte* ~ the translation contains many inaccuracies.

infelice **I** *a.* **1** unhappy; (*sventurato*) wretched, unlucky. **2** (*negativo*) unfortunate, unsuccessful: *esito* ~ unsuccessful outcome. **3** (*inopportuno*) unfortunate, untimely, inappropriate, misplaced: *osservazione* ~ unfortunate remark. **4** (*mal riuscito*) bad, poor: *una traduzione* ~ a bad translation. **II** *m./f.* **1** unhappy person. **2** (*sventurato*) wretch, poor wretch, poor thing.

infelicemente *avv.* unhappily, unfortunately, unsuccessfully.

infelicità *f.* **1** unhappiness. **2** (*sventura*) wretchedness. **3** (*insuccesso*) failure: *l'* ~ *di un matrimonio* the failure of a marriage. **4** (*inopportunità*) inappropriateness, inopportuneness.

infeltrimento *m.* felting.

infeltrire (**infeltrisco, infeltrisci**) **I** *v.t.* to felt. **II** *v.i.* (*aus.* **essere**) to felt, to mat. **III** *v.pron.* **infeltrirsi** to felt, to mat.

inferenza *f.* (*Filos*) inference.

inferi *m.pl.* **1** (*Mitol*) (*divinità e abitanti dell'oltretomba*) infernal gods. **2** (*oltretomba*) (the) underworld *sing.*: *la discesa agli* ~ the descent into the underworld.

inferiore (*compar. di* **basso**) **I** *a.* **1** lower, bottom: *la parte* ~ *della colonna* the lower part of the column, the bottom part of the column; *il corso* ~ *di un fiume* the lower course of a river. **2** (*rif. a statura*) lower: *la sua statura è* ~ *alla media* his height is below average. **3** (*rif. a temperatura, misura e sim.*) lower, less, lesser. **4** (*rif. a numeri*) under, below: *un numero* ~ *a cento* a number below a hundred. **5** (*rif. a durata*) shorter. **6** (*rif. a dimensioni, taglia*) smaller. **7** (*minore di rango*) lower, inferior: *gli strati inferiori della popolazione* the lower classes; *sentirsi* ~ to feel inferior. **8** (*in una gerarchia*) lower, lower ranking. **9** (*meno pregiato*) inferior: *merce di qualità* ~ inferior merchandise. **10** (*da meno*) unequal, (*colloq*) not up (*a* to): *è* ~ *al proprio compito* he is not up (*o* he is unequal) to his task; *essere* ~ *alla propria fama* to fail to live up to one's reputation. **11** (*più debole*) lesser, weaker, worse: *essere* ~ *a un concorrente* to be worse than a competitor, not to come up to a competitor. **II** *m./f.* inferior, subordinate. □ *non sono* ~ *a nessuno* I am as good as the next man; *essere* ~ *alle aspettative* not to meet expectations.

inferiorità *f.* inferiority.

inferiormente *avv.* at the bottom.

inferire (*pres.ind.* **inferisco, inferisci**; *p.rem.* **infersi/inferii**; *p.p.* **inferto/inferito**) *v.t.* **1** (*arrecare*) to inflict: ~ *perdite al nemico* to inflict losses on the enemy. **2** (*assestare*) to deal, to give, to deliver: ~ *un colpo a qcu.* to deal so. a blow. **3** (*dedurre*) to infer, to deduce: *da questo si inferisce facilmente che è colpevole* it is easy to infer from this that he is guilty. **4** (*Mar*) (*fissare*) to reeve, to fasten.

infermeria *f.* **1** infirmary. **2** (*Mar*) sick bay.

infermiera *f.* (*hospital*) nurse. □ ~ *caposala* nursing sister, matron; ~ *diplomata* (*Br*) State Registered Nurse, (*Br,colloq*)

S.R.N., (*Am*) a registered nurse (*Am,colloq*) R.N.; ~ *professionale* (*Br*) State Enrolled Nurse, (*Am*) licensed non-specializing nurse; ~ *specializzata* specialized nurse.

infermiere *m.* male nurse. □ ~ *professionale* (*Br*) State Enrolled Nurse, (*Am*) licensed non-specializing nurse.

infermieristica *f.* nursing.

infermieristico (*pl.* **-ci**) *a.* nursing, nurse (*attr.*).

infermità *f.* infirmity, illness, sickness: *una grave* ~ *lo costringe a letto* a serious illness has confined him to his bed. □ ~ *mentale* insanity.

infermo **I** *a.* **1** ill (*posposto*), sick. **2** (*fisicamente debole*) infirm. **3** (*costretto a letto*) bedridden. **II** *m.* **1** (*f.* **-a**) invalid, sick person. **2** *pl.* the sick: *visitare gli infermi* to visit the sick. □ ~ *di mente* mentally ill, insane.

infernale *a.* **1** infernal, of hell (*posposto*): *regioni infernali* infernal regions. **2** (*fig*) (*terribile*) dreadful, terrible, awful, hellish, infernal: *passare una giornata* ~ to have a dreadful (*o* a hell of a) day; *chiasso* ~ infernal noise. **3** (*fig*) (*diabolico*) diabolical, hellish, devilish. **4** (*fig*) (*faticoso*) wearisome, hard: *lavoro* ~ hard work, toil, grind.

inferno *m.* **1** (*Rel*) hell. **2** (*fig*) (*qcs. di insopportabile*) hell, inferno: *questo ufficio è un* ~ this office is hell. **3** (*Lett*) (*parte della Divina Commedia*) Inferno, Hell. □ *all'*~! damn!, damn it!, blast!, blast it!; *andare all'*~ to go to hell: (*colloq*) *va all'*~ go to hell; (*fig*) *d'*~: **1** infernal: *un baccano d'*~ an infernal row, a hell of a row; **2** (*faticoso*) terrible, dreadful: *una giornata d'*~ a hell of a day.

inferocire (**inferocisco, inferocisci**) **I** *v.t.* to make fierce, to make ferocious. **II** *v.i.* (*aus.* **essere/avere**) **1** (*aus.* **essere**) (*divenire feroce*) to grow fierce, to grow ferocious. **2** (*aus.* **avere**) (*infierire*) to act cruelly (*su* towards), to be fierce (*su* to). **III** *v.pron.* **inferocirsi 1** to become fierce. **2** (*fig*) to get furious.

inferocito *a.* angry, enraged (*anche fig*).

inferriata *f.* **1** iron bars *pl.*, grating, grille. **2** (*cancellata*) railings *pl.*

infersi → **inferire**.

infertilità *f.* infertility.

inferto → **inferire**.

infervoramento *m.* fervour, (*Am*) fervor, enthusiasm.

infervorare (**infervoro/infervóro**) **I** *v.t.* to rouse, to work up, to fire, to arouse enthusiasm in: ~ *alla lotta* to rouse to the fight. **II** *v.pron.* **infervorarsi** to be carried away, to get excited, to get worked up, to be aroused. □ *infervorarsi nel lavoro* to get wrapped up in one's work; *infervorarsi nella discussione* to be carried away by a discussion, to be carried away by an argument.

infervorato *a.* excited, enthusiastic.

infestamento *m.* infestation.

infestante *a.* infesting.

infestare (**infesto**) *v.t.* **1** to infest (*anche fig*). **2** (*rif. a fantasmi*) to haunt. **3** (*Med*) to infest.

infestato *a.* infested (*anche Med*). □ *infestato dai fantasmi* haunted; ~ *dalle erbacce* infested with weeds, weed-infested, overgrown with weeds.

infettare (**infetto**) **I** *v.t.* **1** (*Med*) (*rendere infetto, contagiare*) to infect: ~ *una ferita* to infect a wound. **2** (*estens*) (*contaminare*) to pollute, to contaminate: ~ *l'aria* to pollute the air. **II** *v.pron.* **infettarsi** to become infected.

infettivo *a.* (*Med*) **1** (*che infetta*) infectious, catching: *malattia infettiva* infectious disease. **2** (*che concerne l'infezione*) infective:

processo ~ infective process.

infettivologia *f.* (*Med*) infectivology.

infetto *a.* **1** (*Med*) infected: *soggetto* ~ infected person; ~ *da BSE* infected with BSE, BSE-infected. **2** (*estens*) (*inquinato*) polluted, contaminated, tainted: *acqua infetta* polluted water. **3** (*fig*) (*corrotto*) corrupt.

infeudamento *m.* (*Stor*) enfeoffment, infeudation.

infeudare (**infeudo**) **I** *v.t.* (*Stor*) to enfeoff. **II** *v.pron.* **infeudarsi** (*Stor*) to become the vassal (*a* of).

infezione *f.* (*Med*) infection (*anche estens*). □ (*Med*) *avere un'* ~ *alla gamba* to have an infected leg; (*Med*) ~ *batterica* bacterial infection; (*Med*) ~ *da funghi* fungal infection; (*Med*) *fare* ~ to become infected; (*Med*) ~ *per contatto* infection by contact; (*Med*) ~ *virale* virus infection.

infiacchimento *m.* enfeeblement, weakening.

infiacchire (**infiacchisco, infiacchisci**) **I** *v.t.* to weaken, to enfeeble, to enervate. **II** *v.i.* (*aus.* **essere**) to weaken, to become weak, to lose one's vigour. **III** *v.pron.* **infiacchirsi** to weaken, to become weak, to lose one's vigour.

infialare (**infialo**) *v.t.* to put into a phial, to put into a vial.

infialettare (**infialetto**) *v.t.* to put into a phial, to put into a vial.

infiammabile **I** *a.* **1** inflammable, flammable: *gas* ~ inflammable gas; *facilmente* ~ highly flammable; *merci infiammabili* inflammables. **2** (*fig*) (*facile all'ira*) quick tempered, irascible, inflammable. **II** *m.* inflammable. □ *non* ~ non-inflammable.

infiammabilità *f.* inflammability.

infiammare (**infiammo**) **I** *v.t.* **1** to kindle, to ignite, to set on fire, to set fire to: ~ *un gas* to ignite a gas. **2** (*fig*) to inflame, to fire, to rouse, to kindle: ~ *la folla* to fire the crowd. **3** (*fig*) (*colorare di rosso*) to redden, to flush. **4** (*fig*) (*far arrossire*) to redden, to flush: *la vergogna le infiammò le gote* shame reddened her cheeks. **5** (*Med*) to inflame. **II** *v.pron.* **infiammarsi 1** to catch fire, to burst into flames, to flare up. **2** (*Med*) to become inflamed. **3** (*fig*) to be fired, to be roused, to burn with enthusiasm, to be inflamed. **4** (*fig*) (*arrossire*) to turn red, to blush, to flush.

infiammato *a.* **1** (*Med*) inflamed. **2** (*rosso*) flaming, red. **3** (*fig*) (*che brucia*) inflamed, burning.

infiammatorio *a.* (*Med*) inflammatory: *processo* ~ process of inflammation.

infiammazione *f.* (*Med*) inflammation.

infiascare (**infiasco, infiaschi**) *v.t.* to put into flasks.

infiascatura *f.* putting into flasks.

infibulamento *m.* (*Chir*) pinning.

infibulare (**infibulo**) *v.t.* (*Etnol*) to infibulate.

infibulazione *f.* (*Etnol*) infibulation.

infibulo *m.* (*Med*) pin.

inficiare (**inficio, infici**) *v.t.* **1** (*Dir*) (*infirmare*) to invalidate, to impugn. **2** (*estens*) (*viziare, compromettere*) to invalidate, to discredit.

infidamente *avv.* treacherously, faithlessly.

infido, infido *a.* treacherous, unreliable, untrustworthy. □ ~ *come una serpe* as treacherous as a snake.

infierire (**infierisco, infierisci**; *aus.* **avere**) *v.i.* **1** to treat with ferocity (*su, contro qcu.* so.), to act ferociously, to act cruelly (*su, contro* towards): *il nemico infierì sui vinti* the enemy treated the vanquished with ferocity. **2** (*fig*) to rage, to be rampant, to run rampant: *l'epidemia infieriva sulla città* the epidemic was rampant in the city.

infiggere (*pres.ind.* **infìggo**, **infìggi**; *p.rem.* **infìssi**; *p.p.* **infìsso**) **I** *v.t.* **1** to drive, to thrust, to plunge: *gli infisse la spada nel petto* he drove the sword into his breast. **2** (*fig*) (*far penetrare*) to sink, to engrave. **II** *v.pron.* **infìggersi 1** to penetrate, to sink, to sink deeply, to go deep: *gli si è infitta una spina nel dito* a thorn stabbed into his finger. **2** (*fig*) (*fissarsi*) to sink, to sink deep, to become rooted, to become stamped: *infiggersi nella mente* to sink into one's mind.

infilaaghi *m.inv.* needle threader.

infilanastri *m.inv.* (*Sart*) bodkin.

infilaperle *m.inv.* strong thread (for stringing pearls).

infilare (**infilo**) **I** *v.t.* **1** to thread: ~ *l'ago* (o ~ *il filo nell'ago*) to thread the needle. **2** (*rif. a perle e sim.*) to thread, to string. **3** (*introdurre, mettere*) to put, to insert, to slip: *infilò la chiave nella toppa* he put the key in the lock. **4** (*rif. a custodie, rivestimenti e sim.*) to put on, to slip on: ~ *un ditale* to put a thimble on. **5** (*conficcare*) to plunge, to stick: ~ *la forchetta nell'arrosto* to stick one's fork into the roast. **6** (*in uno spiedo*) to spit, to skewer. **7** (*indossare*) to put on, to slip on: ~ *le scarpe* to put one's shoes on. **8** (*imboccare*) to take, to go down, to turn into, to come into: ~ *una via* to turn into a street. **9** (*fig*) (*imbroccare*) to succeed in, to get (sth.) right, to do (sth.) right: *non ne infila una* he never gets it right. **10** (*colloq*) (*fare*) to make, to do, to pile up; (*dire*) to say; (*avere*) to have, to strike, to run into: *abbiamo infilato due settimane di bel tempo* we had a fortnight's good weather, I struck a fortnight's good weather. **11** (*Mil*) (*colpire d'infilata*) to enfilade, to rake. **II** *v.pron.* **infilarsi 1** to thread one's way, to make one's way. **2** (*scivolando*) to slip, to glide: *infilarsi nel letto* to slip into bed, to get into bed. **3** (*mischiarsi, confondersi*) to mingle: *infilarsi tra la folla* to thread one's way through the crowd, to mingle with the crowd. □ *infilarsi* **i guanti** to put on one's gloves; *infilarsi* **i pantaloni** to put on one's trousers, to pull on one's trousers; *infilarsi* **la camicia nei pantaloni** to tuck one's shirt into one's trousers; (*fig*) ~ **la porta** to go through the door, to make off, to sneak away; *infilarsi* **le calze** (*Br*) to put on one's stockings, to pull on one's stockings, (*Am*) to put on one's socks; *infilarsi* **le mani in tasca** to thrust one's hands in one's pockets; (*fig*) ~ **l'uscio** to go through the door, to make off, to sneak away; *infilarsi* **sotto le coperte** to snuggle down under the blankets; *infilarsi* **un anello** al dito to slip a ring on one's finger, to put a ring on one's finger.

infilata *f.* (*serie*) string, row, series: *un'*~ *di perle* a string of pearls. □ *d'*~ (*consecutivamente*) one after the other, in a row, running: *dare quattro esami d'*~ to take four examinations in a row, to take four examinations one after the other; (*Mil*) *battere d'*~ to enfilade, to rake; (*Mil*) *colpire d'*~ to enfilade, to rake.

infilatura *f.* threading.

infiltrare (**infiltro**) **I** *v.t.* to infiltrate. **II** *v.pron.* **infiltrarsi 1** to filter, to infiltrate, to penetrate: *i gas tossici s'infiltrarono attraverso le fessure* the noxious gases filtered through the cracks. **2** (*fig*) (*insinuarsi*) to penetrate, to infiltrate: *infiltrarsi in un'organizzazione* to penetrate an organization.

infiltrato *m.* **1** (*f.* **-a**) (*spia*) plant, infiltrator: *un* ~ *della polizia* a police spy. **2** (*Med*) infiltrate.

infiltrazione *f.* **1** infiltration, filtering, penetration, seepage. **2** (*fig*) (*di spie e sim.*) infiltration, penetration. **3** (*Med*) infiltration.

infilzare (**infilzo**) **I** *v.t.* **1** (*infilare*) to thread, to string: ~ *i fichi secchi* to string dried figs. **2** (*trafiggere*) to pierce, to run through: *lo infilzò con la spada* he ran him through with his sword. **3** (*in uno spiedo*) to spit, to skewer. **4** (*conficcare*) to stick, to plunge: ~ *la forchetta nell'arrosto* to stick one's fork into the roast. **5** (*dire, fare*) to tell, to string together, to say one after another, to tell one after another: ~ *bugie* to tell a string of lies; ~ *errori* to make a string of errors. **II** *v.pron.* **infilzarsi** to be pierced, to be impaled, to be run through, to transfix oneself. **III** *v.t.recipr.* **infilzarsi** to pierce each other, to stab each other, to run each other through.

infilzata *f.* **1** string, row, series. **2** (*fig*) (*serie*) string, series: *un'*~ *di sciocchezze* a string of silly words. □ *un'*~ *di bugie* a pack of lies.

infimo (*sup. di* **basso**) *a.* **1** (*lett*) lowest. **2** (*fig*) (*minor grado*) low, lowest, mean, meanest: *le classi infime* the lowest classes. **3** (*fig*) (*di nessun valore*) worthless, poorest, worst: *merce d'infima qualità* worthless goods, shoddy goods.

infine *avv.* **1** (*alla fine*) at last, in the end, lastly, eventually, finally: ~ *ammise la sua colpevolezza* in the end he admitted his guilt. **2** (*in conclusione*) well, in short, to sum up: ~, *che cosa pretendi da me?* in short, what do you expect from me?

infingardaggine *f.* laziness, idleness, sluggishness, sloth.

infingardire (**infingardìsco**, **infingardìsci**) **I** *v.t.* to make lazy, to make idle. **II** *v.i.* (*aus.* **essere**) to become lazy, to grow sluggish. **III** *v.pron.* **infingardirsi** to become lazy, to grow sluggish.

infingardo **I** *a.* lazy, idle, slothful, sluggish. **II** *m.* (*f.* **-a**) idler, sluggard.

infinità *f.* **1** infinity, infinitude. **2** (*estens*) (*enormità*) enormous quantity, tremendous number, vast number: *un'*~ *di errori* a tremendous number of mistakes. □ *un'*~ *di gente* thousands (*pl.*) of people, swarms (*pl.*) of people, masses (*pl.*) of people.

infinitamente *avv.* **1** infinitely. **2** (*estens*) (*moltissimo*) extremely, enormously, (*colloq*) awfully. **3** (*estens*) (*profondamente*) deeply.

infinitesimale *a.* infinitesimal (*anche Mat*): *calcolo* ~ infinitesimal calculus.

infinitesimo I *a.* (*Mat*) infinitesimal. **II** *m.* **1** small fraction, minute quantity. **2** (*Mat*) infinitesimal.

infinitezza *f.* infinitude, infiniteness.

infinitivo *a.* (*Gramm*) infinitive: *proposizione infinitiva* infinitive clause.

infinito I *a.* **1** infinite, endless, never ending: *tempo* ~ infinite time. **2** (*innumerevole*) countless, innumerable, infinite: *infinite volte* countless times, on innumerable occasions. **3** (*immenso*) boundless, infinite: *l'infinita distesa delle acque* the boundless expanse of water. **4** (*Gramm*) infinitive. **II** *m.* **1** (the) infinite, infinity, endlessness. **2** (*estens*) (*immensità*) boundlessness. **3** (*Mat,Fot*) infinity. **4** (*Gramm*) (*modo infinito*) infinitive. □ *all'*~: **1** without end, endlessly; **2** (*estens*) (*per sempre*) forever; **3** (*estens*) (*infinite volte*) countless times; **4** (*Gramm*) in the infinitive.

infinocchiare (**infinòcchio**, **infinòcchi**) *v.t.* (*colloq*) to take (so.) in.

infioccare (**infiòcco**, **infiòcchi**) *v.t.* to decorate with bows, to decorate with tassels.

infiochire (**infiochìsco**, **infiochìsci**) **I** *v.t.* to

muffle. **II** *v.i.* (*aus.* **essere**) to fade, to weaken.

infiorare (**infióro**) *v.t.* **1** (*ornare con fiori*) to decorate with flowers, to deck with flowers: ~ *un altare* to decorate an altar with flowers. **2** (*cospargere di fiori*) to strew with flowers. **3** (*fig*) (*abbellire*) to embellish, to adorn, to decorate. **4** (*fig,iron*) to fill, to stud, to cram, to pack: *questa traduzione è infiorata di errori* this translation is packed with mistakes (*o* is full of mistakes).

infiorescenza *f.* (*Bot*) inflorescence.

infirmare (**infirmo**) *v.t.* (*Dir,lett*) to invalidate.

infischiarsi (**mi infischio**, **ti infischi**) *v.pron.* (*colloq*) not to give a damn, not to care a rap (*di* about, for): *me ne infischio* I don't give a damn; *me ne infischio di lui* I couldn't care less about him.

infissi → **infiggere**.

infisso → **infiggere I** *a.* fixed. **II** *m.* **1** (*Edil*) fixture. **2** (*Edil*) (*rif. a porte, finestre*) frame, casing. **3** (*Ling*) infix.

infistolire (**infistolìsco**, **infistolìsci**) **I** *v.i.* (*aus.* **essere**) (*Med*) to become fistulous. **II** *v.pron.* **infistolirsi** (*Med*) to become fistulous.

infittire (**infittìsco**, **infittìsci**) **I** *v.t.* **1** to thicken. **2** (*rendere più frequente*) to make more frequent. **II** *v.i.* (*aus.* **essere**) to thicken, to grow thick, to become dense. **III** *v.pron.* **infittirsi 1** to thicken, to grow thick, to become dense. **2** (*rif. a nebbia*) to thicken. **3** (*fig*) to thicken: *il mistero s'infittisce* the plot thickens.

inflaccidire (**inflaccidìsco**, **inflaccidìsci**) **I** *v.i.* (*aus.* **essere**) to become flabby. **II** *v.pron.* **inflaccidirsi** to become flabby.

inflaccidito *a.* flabby.

inflattivo *a.* (*Econ*) inflationary.

inflazionare (**inflazióno**) *v.t.* **1** (*Econ*) to inflate. **2** (*fig*) (*diffondere troppo*) to overuse.

inflazionato *a.* **1** inflated: *moneta inflazionata* inflated currency. **2** (*fig*) (*troppo diffuso*) overused, too common, overly widespread. **3** (*fig*) (*troppo ripetuto*) hackneyed.

inflazione *f.* **1** (*Econ*) inflation: *combattere l'*~ to combat inflation; *frenare l'*~ to bring inflation under control, to curb inflation. **2** (*fig*) (*invasione*) flood, invasion, surfeit. □ (*Econ*) ~ *da costi* cost inflation, cost-push inflation; (*Econ*) ~ *da domanda* demand-pull inflation; (*Econ*) ~ *da salari* wage inflation, wage-push inflation; (*Econ*) ~ *galoppante* runaway inflation, galloping inflation; (*Econ*) ~ *latente* creeping inflation; (*Econ*) ~ *monetaria* monetary inflation; (*Econ*) ~ *strisciante* creeping inflation.

inflazionismo *m.* (*Econ*) inflationism.

inflazionista *m./f.* inflationist.

inflazionistico (*pl.* **-ci**) *a.* (*Econ*) inflationary: *pressione inflazionistica* inflationary pressure; *tendenza inflazionistica* inflationary trend.

inflessibile *a.* **1** inflexible, unbending. **2** (*irremovibile*) unshakable, unyielding.

inflessibilità *f.* **1** inflexibility, unyielding. **2** (*rigidità*) rigidity.

inflessibilmente *avv.* inflexibly.

inflessione *f.* **1** inflection, modulation: ~ *dialettale* regional inflection. **2** (*Mat,Acus*) inflection.

infliggere (*pres.ind.* **inflìggo**, **inflìggi**; *p.rem.* **inflìssi**; *p.p.* **inflìtto**) *v.t.* **1** to inflict, to impose (*a* on): ~ *una punizione a qcu.* to inflict a punishment on so.; *infliggere una pena* to impose a penalty. **2** (*fare subire*) to do, to cause, to inflict: ~ *un danno a qcu.* to cause harm to so., to do so. harm. **3** (*rif. a perdite, a sconfitte*) to inflict. **4** (*fig*) (*imporre*) to impose, to lay (*a* on): ~ *un onere a qcu.* to pose a task on so.

inflissi → **infliggere**.

inflitto → **infliggere**.

influente a. influential: *una persona ~* an influential person.

influenza f. **1** influence: *l'~ del clima sulla flora* the influence of climate on flora; *avere (o esercitare) una buona ~ su qcu.* to have a good influence on so.; *subire l'~ di qcu.* to be under so.'s influence. **2** (*Med*) influenza, (*colloq*) flu: *avere l'~* to have the flu; *prendere l'~* to catch the flu; *si è preso una brutta ~* he caught a bad case of flu. □ (*Med*) *~ asiatica* Asian flu; *~ reciproca* interaction.

influenzabile a. **1** influenceable, easily influenced. **2** (*impressionabile*) impressionable.

influenzale a. influenza (*attr.*), of influenza (*posposto*), (*pop*) flu (*attr.*): *epidemia ~* flu epidemic.

influenzare (**influènzo**) **I** v.t. to influence: *si lascia facilmente ~ dagli altri* he is easily influenced (by others). **II** v.pron. **influenzarsi** (*Med,colloq*) (*prendere l'influenza*) to catch influenza. **III** v.r.recipr. **influenzarsi** to influence each other.

influenzato a. (*ammalato di influenza*) suffering from influenza: *è a letto ~* he is in bed with the flu.

influire (**influìsco, influìsci**; *aus.* **avere**) v.i. to influence, to affect (*su qcs.* sth.): *il suo atteggiamento ha influito sulla mia decisione* his attitude influenced my decision.

influsso m. influence: *la madre ha molto ~ su di lui* his mother has a great deal of influence on him. □ *sotto l'~ di* under the influence of.

info f.inv. (*colloq*) (*informazioni*) info.

infocare e der. → **infuocare** e der.

infoderare (**infòdero**) v.t. to sheathe: *~ la spada* to sheathe one's sword.

infognarsi (**mi infógno**) v.pron. (*colloq*) **1** (*impantanarsi, invischiarsi*) to get bogged down, to become steeped (*in* in). **2** (*inguaiarsi*) to get into trouble, to get into a fix, (*colloq*) to be in the soup.

infoiato a. (*pop*) horny.

infoibare (**infòibo**) v.t. to throw into a ditch.

infoltire (**infoltìsco, infoltìsci**) **I** v.i. (*aus.* **essere**) to thicken, to become thicker, to get thicker. **II** v.t. to thicken, make thicker.

infondatezza f. groundlessness.

infondato a. groundless, unfounded: *accusa infondata* groundless accusation.

infondere (*pres.ind.* **infóndo**; *p.rem.* **infùsi**; *p.p.* **infùso**) v.t. to instil, to infuse, to imbue: *~ coraggio in qcu.* to infuse courage into so., to instil courage into so.

inforcare (**infórco, infórchi**) v.t. **1** to fork, to pitch, to pitchfork: *~ il fieno* to fork hay. **2** (*mettersi a cavalcioni*) to get on, to get astride: *~ la moto* to get on one's motorcycle. **3** (*Sport*) (*nello sci*) to catch the gate with one's ski. □ *~ gli occhiali* to put one's glasses on.

inforcata f. forkful.

inforcatura f. **1** (*l'inforcare*) forking. **2** (*biforcazione*) fork: *l'~ di un ramo* the fork of a branch. **3** (*Anat*) crotch.

informale **I** a. **1** (*Art*) non-figurative, non representational: *pittura ~* non-figurative painting. **2** (*non ufficiale*) informal: *colloqui informali* informal talks. **II** m./f. (*Art*) non-representational.

informalità f. informality.

informante m./f. (*Ling*) informant.

informare (**informo**) **I** v.t. **1** to inform, to tell, to acquaint: *~ qcu. di qcs.* to inform so. of sth. **2** (*plasmare*) to form, to mould, to

shape (*anche fig*). **II** v.pron. **informarsi 1** to enquire, to make enquiries, to get information (*di* about): *si è informato sulla tua salute* he has enquired about (*o* has asked after) your health. **2** (*uniformarsi*) to adapt oneself (*a* to), to fit in (*a* with): *informarsi al gusto della maggioranza* to fit in with the tastes of the majority.

informatica f. (*Inform*) computer science, computing. □ (*Tel*) *~ mobile* mobile computing.

informatico **I** a. (*Inform*) computer (*attr.*), information (*attr.*). **II** m. (f. **-a**; pl. **-ci**) computer scientist, information scientist.

informativa f. (*burocr*) informative report.

informativo a. informative, informational, informatory: *un articolo ~* an informative article; *a titolo ~* for information, for information only.

informatizzare (**informatìzzo**) v.t. (*Inform*) to computerize.

informatizzazione f. (*Inform*) computerization.

informato a. **1** informed (*di* about), well-informed (*di* about), (*colloq*) well up (*di* in): *male ~* misinformed, ill-informed. **2** (*fig*) (*improntato*) characterized, marked (*a* by): *un'opera informata a una sorprendente originalità* a work characterized by surprising originality. □ *tenere ~ qcu. su* (*o di*) *qcs.* to keep so. informed of sth., to keep so. up-to-date about sth.

informatore **I** m. **1** (f. **-trice**) informer, informant: *~ della polizia* police informer, (*colloq*) stool pigeon. **2** (*Ling*) informant. **II** a. **1** formative. **2** (*rif. a principi e sim.*) guiding. □ *~ medico scientifico* pharmaceutical representative.

informazione f. **1** piece of information: *un'~ preziosa* a valuable piece of information; *domandare delle informazioni* to seek information, to ask for information. **2** (*Mil*) intelligence. **3** (*Giorn*) reporting: (*settore*) media: *controllare l'~* to control the media. **4** (*Inform*) information. □ *da informazioni avute* from information received; *informazioni commerciali* credit status information, commercial intelligence, (*Am*) business report, (*Am*) credit report; *informazioni confidenziali* confidential information, (*Dir*) *~di garanzia* warning that one is under investigation; *agenzia d'~ giornalistica* press agency; *informazioni militari* military intelligence; *per tua ~* for your information; *prendere informazioni su* to find out about; *informazioni riservate* confidential information, confidential report.

informe a. formless, shapeless: *una massa ~* a shapeless mass.

informicolamento m. tingling, pins and needles.

informicolarsi (**mi informìcolo**) v.pron. to tingle, to have pins and needles: *mi si è informicolato il piede* I have pins and needles in my foot.

infornaciare (**infornàcio, infornàci**) v.t. to put into a furnace, to put into a kiln.

infornare (**infórno**) v.t. **1** to put in the oven: *~ il pane* to put the bread in(to) the oven, to put the bread in to bake. **2** (*assol.*) (*cuocere nel forno*) to bake.

infornata f. batch (*anche fig*): *un'~ di nuovi impiegati* a batch of new employees.

infortunarsi (**mi infortùno**) v.pron. to be injured (*o* hurt), to get injured (*o* hurt): *~ sul lavoro* to be injured at work.

infortunato **I** a. injured, hurt (in an accident): *rimanere ~* to be hurt, to be injured. **II** m. (f. **-a**) injured person, casualty.

infortunio m. accident: *~ automobilistico* car accident. □ (*Sport*) *ritirarsi per ~* to retire injured; *~ sul lavoro* industrial accident, accident at work.

infortunistica f. study of industrial accidents, industrial accident research.

infortunistico (pl. **-ci**) a. industrial-accident (*attr.*), of industrial accidents (*posposto*), concerning industrial accidents (*posposto*): *legislazione infortunistica* industrial injury legislation.

infoscare (**infósco, infóschi**) **I** v.t. (*rar*) to darken, to make sth. dark. **II** v.i. (*aus.* **essere**) to grow dark, to become dark, to darken. **III** v.pron. **infoscarsi** to grow dark, to become dark, to darken.

infossamento m. hollow, depression, pit.

infossare (**infòsso**) **I** v.t. to put in a pit, to put in a hollow. **II** v.pron. **infossarsi 1** (*incavarsi*) to become hollow, to become sunken. **2** (*affondare nel terreno*) to sink.

infossato a. **1** (*rif. a guance*) hollow. **2** (*rif. a occhi: per natura*) deep-set; (*per malattia, vecchiaia ecc.*) sunken, hollow.

infotainment /info'tejnment/ m.inv. (*TV*) infotainment.

infra □ *vedi ~* see below.

infradiciamento m. **1** soaking, drenching. **2** (*deterioramento*) rotting, decay.

infradiciare (**infràdicio, infràdici**) **I** v.t. **1** (*bagnare completamente*) to soak, to drench. **2** (*rendere marcio*) to rot. **II** v.i. (*aus.* **essere**) **1** (*bagnarsi completamente*) to get soaked, to get drenched. **2** (*marcire*) to rot, to go rotten, to go bad. **III** v.pron. **infradiciarsi 1** (*bagnarsi completamente*) to get soaked, to get drenched. **2** (*marcire*) to rot, to go rotten, to go bad.

infradiciato a. (*bagnato completamente*) drenched, soaked, wet through.

infradito m./f.inv. (*Calz*) flip-flops pl., (*Am*) thongs pl.

inframmettente a. interfering, meddling.

inframmettenza f. interference, meddling, intrusion.

inframmettere (*pres.ind.* **inframmétto**; *p.rem.* **inframmìsi**; *p.p.* **inframmésso**) **I** v.t. to interpose. **II** v.pron. **inframmettersi** to interfere, to meddle.

inframmezzare (**inframmèzzo**) v.t. to interpose, to put between.

infrancesare (**infrancéso**) **I** v.t. (*lett*) to Frenchify: *~ la lingua* to Frenchify one's speech. **II** v.pron. **infrancesarsi** (*lett*) to become Frenchified, to take on French ways.

infrancesato a. (*lett*) Frenchified.

infrangere (*pres.ind.* **infràngo, infràngi**; *p.rem.* **infrànsi**; *p.p.* **infrànto**) **I** v.t. **1** to break, to shatter, to smash. **2** (*fig*) to break, to break down, to shatter, to crush: *~ la resistenza di qcu.* to break down so.'s resistance. **3** (*fig*) (*trasgredire*) to break, to go against: *~ la legge* to break the law; *~ una promessa* to break a promise; *~ una regola* to break a rule. **II** v.pron. **infrangersi 1** to break, to smash: *il vaso si infranse* the vase broke. **2** (*rif. a navi*) to be wrecked; (*rif. a onde*) to break, to dash. **3** (*fig*) (*rompersi*) to be shattered.

infrangibile a. unbreakable.

infrangibilità f. infrangibility.

infransi → **infrangere**.

infranto → **infrangere** a. broken, shattered (*anche fig*): *cuore ~* broken heart; *ideali infranti* shattered ideals.

infrarosso **I** a. (*Fis*) infra-red: *raggi infrarossi* infra-red rays. **II** m. (*Fis*) infra-red.

infrascare (**infràsco, infràschi**) **I** v.t. **1** (*puntellare*) to prop up with branches. **2** (*coprire*) to cover with (leafy) branches. **II**

v.pron. **infrascarsi** (*nascondersi fra le frasche*) to hide among the (leafy) branches.

infrascritto *a.* (*burocr*) undermentioned, undernoted.

infrasettimanale *a.* midweek (*attr.*), (falling) during the week (*posposto*): *vacanza ~* holiday falling during the week, midweek holiday.

infrasonoro *a.* (*Acus*) infrasonic.

infrastruttura *f.* infrastructure, facilities *pl.*

infrastrutturale *a.* infrastructural.

infrasuono *m.* (*Acus*) infrasound.

infrattare (**infràtto**) **I** *v.t.* (*colloq*) (*nascondere*) to hide. **II** *v.pron.* **infrattarsi** (*colloq*) (*per amoreggiare*) to have a roll in the hay.

infrazione *f.* breach, violation, infraction, offence: *commetterre un'~* to commit an offence; *~ al codice della strada* traffic offence, driving infraction. □ (*Sport*) *commettere un'~ di passi* (*nel basket*) to walk.

infreddarsi (**mi infréddo**) *v.pron.* to catch cold, to catch a cold.

infreddato *a.* (*rar*) (*raffreddato*) with a cold: *sono ~* I have a cold.

infreddatura *f.* cold: *prendersi un'~* to catch cold, to catch a cold.

infreddolire (**infreddolìsco, infreddolìsci**) **I** *v.i.* (*aus.* essere) to get cold, to feel chilled. **II** *v.pron.* **infreddolirsi** to get cold, to feel chilled.

infreddolito *a.* cold: *essere ~* to be cold, to feel cold.

infrenabile *a.* unrestrainable, uncontrollable.

infrequente *a.* infrequent, uncommon.

infrequenza *f.* infrequency.

infrollimento *m.* **1** (*rif. a selvaggina*) hanging. **2** (*fig*) (*indebolimento*) weakening, becoming slack.

infrollire (**infrollìsco, infrollìsci**) **I** *v.i.* (*aus.* essere) **1** (*rif. a selvaggina*) to become tender. **2** (*fig*) (*indebolire*) to weaken, to slacken, to become feeble. **II** *v.pron.* **infrollirsi** **1** (*rif. a selvaggina*) to become tender. **2** (*fig*) (*indebolirsi*) to weaken, to slacken, to become feeble.

infruttescenza *f.* (*Bot*) infructescence.

infruttifero *a.* **1** unfruitful, fruitless. **2** (*Econ*) bearing no interest (*posposto*), yielding no profit (*posposto*), non-profit bearing, idle, lying idle: *capitale ~* idle capital.

infruttuosamente *avv.* fruitlessly, unfruitfully.

infruttuosità *f.* unfruitfulness (*anche fig*).

infruttuoso *a.* **1** unfruitful, infertile. **2** (*fig*) (*vano*) fruitless, vain, useless: *sforzi infruttuosi* vain efforts. **3** (*Econ*) bearing no interest (*posposto*), yielding no interest (*posposto*), non-profit bearing, idle, lying idle.

infula *f.* (*Stor.rom,Lit*) infula.

infundibolo, infundibulo *m.* (*Anat*) infundibulum.

infundibuliforme *a.* (*Anat*) infundibular.

infungibile *a.* (*Dir*) non-fungible.

infungibilità *f.* (*Dir*) non-fungibility.

infuocare (**infuòco, infuòchi**) **I** *v.t.* **1** (*arroventare*) to make red hot: *~ il metallo* to make metal red hot. **2** (*fare arrossire*) to flush. **3** (*fig*) (*infiammare*) to enflame, to kindle. **II** *v.pron.* **infuocarsi** **1** (*divenire rovente*) to become red hot, to turn red hot. **2** (*fig*) (*infervorarsi*) to get heated, to get worked up, to grow heated, to grow worked up. **3** (*fig*) (*arrossire*) to flush.

infuocato *a.* **1** red hot. **2** (*estens*) (*caldissimo*) burning, red hot, scorching: *sabbia infuocata* red hot sand. **3** (*estens*) (*imporporato*) flushed, burning: *guance infuocate* burning cheeks. **4** (*fig*) (*acceso*) heated, overheat-

ed, fiery: *discussione infuocata* heated discussion; *discorso ~* fiery speech.

infuori □ *all'~* outwards, out; *all'~ di* (*eccetto*) except, with the exception of, but: *all'~ di me* except me.

infurbirsi (**mi infurbìsco, ti infurbìsci**) *v.pron.* to become shrewd, to become cunning.

infuriare (**infùrio, infùri**) **I** *v.i.* **1** (*aus.* avere) (*imperversare*) to rage: *la tempesta infuriò per tutta la notte* the storm raged all night. **2** (*aus.* essere) (*diventare furioso*) to get angry, to lose one's temper, to fly into a rage. **II** *v.pron.* **infuriarsi** (*diventare furioso*) to get angry, to lose one's temper, to fly into a rage.

infuriato *a.* **1** enraged, furious. **2** (*rif. a mare*) raging.

infusi → infondere.

infusibile *a.* infusible, not fusible.

infusibilità *f.* infusibility.

infusione *f.* infusion. □ *essere in ~* to steep, to infuse; *lasciare il tè in ~* to let the tea steep.

infuso I *a.* infused. **II** *m.* infusion. □ *un ~di camomilla* camomile tea; *~di erbe* herb tea, herbal tea.

infusori *m.pl.* (*Zool*) infusorians.

ing. *ingegnere* eng. (engineer).

ingabbiare (**ingàbbio, ingàbbi**) *v.t.* **1** (*mettere in gabbia*) to cage, to put in a cage. **2** (*Tecn*) (*in gabbia da imballaggio*) to crate. **3** (*fig*) (*rinchiudere*) to shut (so.) in, to hem (so.) in, to cage, to coop up. □ (*Edil*) *~ un edificio* to erect a framework of a building.

ingabbiatura *f.* (*Edil*) framework.

ingaggiare (**ingàggio, ingàggi**) *v.t.* **1** (*Sport*) to sign on. **2** (*assumere alle proprie dipendenze*) to engage, to employ, to take on, to hire: *~ operai* to take on workmen. **3** (*Mil*) to enlist, to enrol, to recruit. **4** (*Mar*) to sign on, to enlist. **5** (*rif. a lotta e sim.: iniziare*) to engage, to join: *~ battaglia* to join battle.

ingaggiatore *m.* (*f.* -trice) recruiter.

ingaggio *m.* **1** (*Sport*) signing on; (*premio d'ingaggio*) transfer fee, signing on fee, (*Am*) bonus. **2** (*Sport*) (*nell'hockey*) face-off. **3** (*assunzione*) engagement, hiring. **4** (*Mil*) enlistment, enrolment, recruitment. **5** (*Mar*) signing on, enlistment.

ingagliardire (**ingagliardìsco, ingagliardìsci**) **I** *v.t.* to invigorate, to strengthen. **II** *v.i.* (*aus.* essere) **1** to become vigorous, to become strong, to be strengthened. **2** (*acquistare animo*) to pluck up courage. **III** *v.pron.* **ingagliardirsi** **1** to become vigorous, to become strong, to be strengthened. **2** (*acquistare animo*) to pluck up courage.

ingannabile *a.* deceivable, easily cheated: *una persona difficilmente ~* a person who is hard to deceive, a person who is not taken in easily.

ingannare (**ingànno**) **I** *v.t.* **1** to deceive: *se la memoria non m'inganna* if my memory doesn't deceive me, if my memory serves me right; *~ il nemico con un falso attacco* to deceive the enemy by a false attack. **2** (*rif. a cose: essere ingannevole*) to be deceptive: *l'apparenza inganna* appearances can be deceptive. **3** (*imbrogliare*) to cheat, to swindle. **4** (*tradire*) to betray, to deceive; (*rif. a coniugi*) to be unfaithful to: *~ la propria moglie* to be unfaithful to one's wife. **5** (*eludere*) to elude, to evade, to dodge: *~ la sorveglianza* to evade supervision. **II** *v.pron.* **ingannarsi** to be mistaken, to be wrong: *mi ero ingannato sul tuo conto* I was mistaken about you. □ *~ il tempo* to while away the

time, to kill time; *~ la fame* to still the pangs of hunger; *~ la noia* to alleviate boredom; *lasciarsi ~ dalle apparenze* to be taken in by appearances; *~ l'attesa* to while away the time.

ingannatore I *m.* (*f.* -trice) **1** deceiver. **2** (*imbroglione*) cheat, swindler, con-man (*f.* con-woman). **II** *a.* deceptive, deceitful, misleading: *apparenza ingannatrice* deceptive appearance.

ingannevole *a.* **1** deceptive, deceitful, misleading. **2** (*illusorio*) illusory, deceptive: *speranze ingannevoli* illusory hopes.

inganno *m.* **1** deceit, deception. **2** (*azione insidiosa*) trick: *un vile ~* a low trick. **3** (*imbroglio*) swindle, cheat, fraud. **4** (*illusione*) illusion: *l'~ dei sensi* sensory illusion; (*poet*) *gli amorosi inganni* the illusions of love. □ *con l'~* under false pretences; *cadere in ~* to be deceived, to be mistaken; *trarre in ~ qcu.* to mislead so.

ingarbugliamento *m.* entanglement, muddle, confusion.

ingarbugliare (**ingarbùglio, ingarbùgli**) **I** *v.t.* **1** (*arruffare*) to tangle, to entangle: *~ la matassa* to tangle the skein. **2** (*fig*) (*confondere*) to confuse, to mix up, to muddle. **II** *v.pron.* **ingarbugliarsi** **1** (*imbrogliarsi*) to become entangled, to get tangled up: *le corde si sono ingarbugliate* the ropes got entangled. **2** (*fig*) (*complicarsi*) to become confused, to become complicated, to get involved.

ingarbugliato *a.* **1** tangled. **2** (*fig*) involved; (*complicato*) complicated: *una faccenda ingarbugliata* a complicated affair. **3** (*fig*) (*confuso*) confused, muddled.

ingegnarsi (**mi ingégno**) *v.pron.* to do one's best, to strive, to try, to try hard. □ *~ alla meglio* to get by as best one can; *~ per vivere* to live by one's wits.

ingegnere *m.* (graduate) engineer. □ *~ aeronautico* aeronautical engineer; *~ automobilistico* automotive engineer; *~ capo* chief engineer; *~ civile* civil engineer; *~ edile* construction engineer; *~ elettronico* electronics engineer; *~ genetico* genetic engineer; *~ idraulico* hydraulic engineer; *~ informatico* computer engineer, information engineer; *~ meccanico* mechanical engineer; *~ minerario* mining engineer; *~ navale* marine engineer, naval architect, naval constructor; *~ nucleare* nuclear engineer; *~ progettista* project engineer.

ingegneria *f.* **1** engineering. **2** (*Univ*) (*facoltà*) Engineering. □ *~ aeronautica* aircraft engineering, aeronautical engineering; *~ aerospaziale* aerospace engineering; *~ ambientale* environmental engineering; *~ chimica* chemical engineering; *~ civile* civil engineering; (*Inform*) *~ del software* software engineering; *~ elettronica* electronic engineering; *~ elettrotecnica* electrotechnical engineering; *~ genetica* genetic engineering; *~ idraulica* hydraulic engineering; *laurea in ~* engineering degree; *~ industriale* industrial engineering; *~ meccanica* mechanical engineering; *~ navale* marine engineering; *~ nucleare* nuclear engineering; *~ strutturale* structural engineering; *~ umana* human engineering.

ingegnerizzare (**ingegnerìzzo**) *v.t.* (*Ind*) to engineer.

ingegnerizzazione *f.* (*Ind*) production engineering.

ingegno *m.* **1** intelligence, mind, wits *pl.*, wit, brains *pl.* **2** (*fig*) (*persona dotata di ingegno*) mind, brain, genius: *i grandi ingegni di una nazione* the great minds of a nation.

ingegnosamente *avv.* ingeniously, cleverly.

ingegnosità *f.* ingeniousness, cleverness.

ingegnoso *a.* ingenious, clever: *una persona ingegnosa* a clever person; *invenzione ingegnosa* ingenious invention.

ingelivo *a.* (*Edil*) frost-proof, frost-resistant.

ingelosire (**ingelosìsco, ingelosìsci**) I *v.t.* to make jealous: ~ *qcu.* to make so. jealous. II *v.i.* (*aus.* **essere**) to become jealous. III *v.pron.* **ingelosirsi** to become jealous (*di* of).

ingemmare (**ingèmmo**) *v.t.* (*Oref*) to gem, to stud with gems, to adorn with gems, to deck with gems: ~ *una corona* to stud a crown with gems.

ingenerare (**ingènero**) I *v.t.* to produce, to cause, to generate, to create: ~ *confusione* to cause confusion, to create confusion; ~ *odio* to generate hatred. II *v.pron.* **ingenerarsi** to originate, to be caused.

ingenerosamente *avv.* ungenerously.

ingenerosità *f.* lack of generosity.

ingeneroso *a.* ungenerous.

ingenito *a.* (*lett*) innate, inborn (*in* in).

ingente *a.* considerable, huge, large-scale, enormous, immense: *danno* ~ large-scale damage.

ingentilimento *m.* refinement, polishing.

ingentilire (**ingentilìsco, ingentilìsci**) I *v.t.* to refine, to polish: ~ *i costumi* to refine customs. II *v.pron.* **ingentilirsi** to become refined, to become more refined, to acquire polish.

ingenua *f.* (*Teat*) ingénue.

ingenuamente *avv.* ingenuously, naïvely.

ingenuità *f.* 1 ingenuousness, naïvety, candour, artlessness. 2 (*azione*) naive thing: *hai detto proprio un'*~ that was a naive thing to say.

ingenuo I *a.* ingenuous, naïve, innocent, artless: *una domanda ingenua* a naïve question. II *m.* (*f.* **-a**) naïve person, ingenuous person. □ *fare l'*~ to feign innocence.

ingerenza *f.* interference, meddling. □ ~ *umanitaria* humanitarian interference.

ingerire (**ingerìsco, ingerìsci**) I *v.t.* to swallow: ~ *cibo* to swallow food. II *v.pron.* **ingerirsi** to interfere, to meddle.

ingessare (**ingèsso**) *v.t.* 1 (*Med*) to put in plaster, to put in a plaster cast: ~ *una gamba* to put a leg in plaster. 2 (*murare con gesso*) to plaster, to plaster up; (*spalmare con gesso*) to plaster.

ingessato *a.* 1 in plaster, in a cast: *avere una gamba ingessata* to have one's leg in a cast, to have one's leg in plaster. 2 (*fig*) (*impacciato, poco disinvolto*) awkward, ungainly, clumsy.

ingessatura *f.* 1 (*Med*) (*l'ingessare*) putting in plaster, plastering. 2 (*gesso*) plaster, plaster cast.

ingestione *f.* swallowing: ~ *di cibo* swallowing of food.

inghiaiare (**inghiàio, inghiài**) *v.t.* 1 to cover with gravel, to gravel. 2 (*Ferr,Strad*) to ballast.

inghiaiatura *f.* 1 (*operazione*) gravelling; (*Ferr,Strad*) ballasting. 2 (*ghiaia*) gravel; (*Ferr,Strad*) ballast.

Inghilterra *n.pr.f.* (*Geog*) 1 England. 2 (*estens*) Great Britain.

inghiottimento *m.* swallowing (*anche fig*).

inghiottire (**inghiottìsco/inghiótto, inghiottìsci/inghiótti**) *v.t.* to swallow, to swallow up (*anche fig*): *la nave fu inghiottita dalle onde* the ship was swallowed up by the waves. □ (*fig*) ~*un rospo* to bite the bullet, (*Am*) to swallow a bitter pill.

inghippo *m.* (*region*) 1 trick, catch. 2 (*intoppo*) hitch: *tutto è filato senza inghippi* everything has gone off without a hitch.

inghirlandare (**inghirlàndo**) *v.t.* to wreathe, to garland.

ingiallire (**ingiallìsco, ingiallìsci**) I *v.t.* to yellow, to make yellow, to turn yellow: *l'autunno ingiallisce le foglie* autumn turns the leaves yellow. II *v.i.* (*aus.* **essere**) to yellow, to turn yellow. III *v.pron.* **ingiallirsi** to yellow, to turn yellow.

ingiallito *a.* yellowed, turned yellow. □ *denti ingialliti dal tabacco* tobacco stained teeth.

ingigantimento *m.* 1 magnifying. 2 (*fig*) (*esagerazione*) exaggeration, overstatement.

ingigantire (**ingigantìsco, ingigantìsci**) I *v.t.* 1 to enlarge, to magnify. 2 (*fig*) (*esagerare*) to enlarge, to magnify, to blow out of proportion. II *v.i.* (*aus.* **essere**) to become gigantic, to become enormous.

inginocchiamento *m.* kneeling, kneeling down.

inginocchiarsi (**mi inginòcchio, ti inginòcchi**) *v.pron.* to kneel, to kneel down, to go down on one's knees: *s'inginocchiò per pregare* he knelt down and prayed.

inginocchiato *a.* kneeling, on one's knees (*posposto*).

inginocchiatoio *m.* prie-dieu.

ingioiellare (**ingioièllo**) *v.t.* to bejewel, to set with jewels, to stud with jewels, to adorn with jewels.

ingioiellato *a.* 1 (*rif. a oggetto*) jewelled, studded with jewels. 2 (*rif. a persona*) bejewelled, decked with jewels.

ingiù *avv.* down, downwards. □ *all'*~ down, downwards; *dall'*~ from the bottom, from the bottom upwards.

ingiudicato *a.* (*Dir*) sub judice.

ingiungere (*pres.ind.* **ingiùngo, ingiùngi**; *p.rem.* **ingiùnsi**; *p.p.* **ingiùnto**) *v.t.* to enjoin, to order, to command: ~ *a qcu. di tacere* to order so. to be silent, to enjoin silence on so.

ingiunsi → **ingiungere**.

ingiuntivo *a.* commanding, enjoining (*anche Dir*).

ingiunto → **ingiungere**.

ingiunzione *f.* injunction (*anche Dir*). □ ~*di pagamento* order to pay, precept.

ingiuria *f.* 1 insult, abuse: *coprire qcu. di ingiurie* to cover so. with insults, to cover so. with abuse, to hurl insults at so. 2 (*estens*) (*torto*) wrong: *fare* ~ *a qcu.* to wrong so. 3 (*fig,lett*) (*danno*) damage, ravages *pl.*: *le ingiurie del tempo* the ravages of time, weathering. 4 (*Dir*) slander, wrong. □ ~*grave* serious offence.

ingiuriare (**ingiùrio, ingiùri**) I *v.t.* to insult, to abuse. II *v.r.recipr.* **ingiuriarsi** to insult each other, to hurl insults at each other.

ingiurioso *a.* insulting, abusive, injurious.

ingiustamente *avv.* unjustly, wrongly.

ingiustificabile *a.* unjustifiable.

ingiustificato *a.* 1 unjustified: *assenza ingiustificata* unjustified absence, unexplained absence. 2 (*non legittimo*) unwarranted, groundless: *pretesa ingiustificata* groundless claim.

ingiustizia *f.* 1 injustice, unfairness: *l'*~ *di una disposizione* the injustice of an order. 2 (*atto ingiusto*) injustice: *commettere un'*~ *contro qcu.* to do so. an injustice.

ingiusto I *a.* unjust: *giudice* ~ unjust judge. 2 (*parziale*) unfair. 3 (*non meritato*) unjust, undeserved: *punizione ingiusta* unjust punishment. II *m.* injustice, wrong: *non distingue il giusto dall'*~ he makes no dis-

tinction between justice and injustice, he can't tell right from wrong.

inglese I *a.* 1 English. 2 (*estens*) (*britannico*) British: *un cittadino* ~ a British subject. II *m.* (*lingua*) English. III *m./f.* 1 (*abitante*) Englishman (*f.* -woman). 2 *pl.* (*popolo*) the English, the British; (*rif. a gruppo determinato*) English people: *tutti gli inglesi che io conosco* all the English people I know. □ (*scherz*) *andarsene all'*~ to take French leave; (*Ling*) ~*medio* Middle English.

inglobamento *m.* incorporation.

inglobare (**inglòbo**) *v.t.* to incorporate, to absorb, to englobe.

ingloriosamente *avv.* ingloriously.

inglorioso *a.* 1 inglorious, obscure: *vita ingloriosa* obscure life. 2 (*biasimevole*) inglorious, ignominious, shameful: *fuga ingloriosa* ignominious flight.

ingluvie *f.inv.* (*Ornit*) ingluvies, jowl.

ingobbire (**ingobbìsco, ingobbìsci**) I *v.i.* (*aus.* **essere**) to become bent, to become hunched. II *v.pron.* **ingobbirsi** to become bent, to become hunched.

ingobbito *a.* bent, hunched, hunchbacked.

ingoffire (**ingoffìsco, ingoffìsci**) I *v.t.* (*rendere goffo*) to make (so.) look awkward, to make (so.) look clumsy: *questa giacca ti ingoffa* this jacket makes you look clumsy. II *v.i.* (*aus.* **essere**) to become awkward, to become clumsy.

ingoiare (**ingóio, ingói**) *v.t.* 1 (*inghiottire*) to gulp, to gulp down, to swallow, to swallow down. 2 (*fig*) to swallow, to swallow up: *il mare ingoiò la barca* the sea swallowed up the boat. □ (*fig*) ~*le lacrime* to hold back one's tears; (*fig*) ~*un boccone amaro* (o ~ *un rospo*) to bite the bullet, (*Am*) to swallow a bitter pill.

ingolfamento *m.* (*Mot*) flooding: ~ *del carburatore* flooding of the carburetor.

ingolfare (**ingólfo**) I *v.t.* (*Mot*) to flood: ~ *il motore* to flood the engine. II *v.pron.* **ingolfarsi** 1 (*Mot*) to get flooded. 2 (*rif. al mare: formare un golfo*) to form a gulf. 3 (*fig*) (*impegnarsi*) to involve oneself, to get oneself, to plunge (*in* into). 4 (*fig*) (*immergersi*) to immerse oneself, to become engrossed (*in* in). □ (*fig*) *ingolfarsi nei debiti* to get deeply into debt.

ingollare (**ingóllo**) *v.t.* 1 (*mangiare avidamente*) to swallow greedily. 2 (*inghiottire in fretta*) to gulp, to gulp down. 3 (*fig*) (*sopportare*) to swallow, to swallow up.

ingolosire (**ingolosìsco, ingolosìsci**) I *v.t.* 1 (*rar*) to make one's mouth water: *questa torta mi ingolosisce* this cake makes my mouth water. 2 (*fig*) (*invogliare*) to entice. II *v.i.* (*aus.* **essere**) 1 to become greedy, to get greedy. 2 (*rar,fig*) (*incapricciarsi*) to take a fancy (*di* to). III *v.pron.* **ingolosirsi** 1 to become greedy, to get greedy. 2 (*rar,fig*) (*incapricciarsi*) to take a fancy (*di* to).

ingombrante *a.* cumbersome, bulky: *merce* ~ bulky goods.

ingombrare (**ingómbro**) *v.t.* 1 to encumber, to clutter, to clutter up, to block, to obstruct: *un'automobile ingombrava il passaggio* a car was blocking (*o* was in) the way. 2 (*impedire*) to hinder, to impede, to hamper.

ingombro[1] *a.* (*pieno*) cluttered, cluttered up, littered (*di* with): *un tavolo* ~ *di libri* a table cluttered with books.

ingombro[2] *m.* obstacle, encumbrance, hindrance, clutter: *di poco* ~ space-saving. □ *essere d'*~: 1 to be in the way; 2 (*fig*) (*di ostacolo*) to be a hindrance, to hinder; *diminimo* ~ compact, taking up little room.

ingommare (**ingómmo**) *v.t.* 1 (*incollare*)

to gum, to stick. **2** (*spalmare di gomma*) to gum.

ingommatura *f.* gumming, sticking.

ingordamente *avv.* greedily.

ingordigia *f.* **1** greed, greediness, gluttony. **2** (*cupidigia*) greed: ~ *di denaro* greed for money.

ingordo *a.* **1** greedy. **2** (*fig*) (*avido*) eager, greedy (*di* for).

ingorgare (**ingórgo, ingórghi**) **I** *v.t.* to clog, to choke, to block, to block up. **II** *v.pron.* **ingorgarsi 1** to choke, to be blocked. **2** (*rif. al traffico*) to be blocked, to be jammed.

ingorgo (*pl.* **ghi**) *m.* **1** blockage, obstruction. **2** (*Med*) engorgement. **3** (*estens*) (*rif. al traffico*) jam, traffic jam, block: ~ *stradale* traffic jam.

ingovernabile *a.* (*Pol*) ungovernable.

ingovernabilità *f.* (*Pol*) ungovernability.

ingozzare (**ingózzo**) **I** *v.t.* **1** (*inghiottire*) to swallow, to gobble: *i polli ingozzano ogni genere di cibo* chickens gobble all kinds of food. **2** (*rimpinzare*) to stuff, to fatten, to fatten up: ~ *le oche* to fatten (up) geese; *non* ~ *il bambino con troppi dolci* don't stuff the child with too many cakes. **II** *v.pron.* **ingozzarsi** to cram oneself (*di* with). □ *ingozzarsi come un maiale* to make a pig of oneself.

ingracilire (**ingracilìsco, ingracilìsci**; *aus.* **essere**) *v.i.* to become frail, to weaken.

ingranaggio *m.* **1** (*Mecc*) gear, cog. **2** *pl.* gears, gearing (*costr.sing.*). **3** (*fig*) (*meccanismi*) mechanism, works *pl.*, clockwork: *gli ingranaggi della politica* the mechanism of politics. □ (*Mecc*) ~ *conico* bevel gear, conical gear; (*Mecc*) ~ *del cambio di velocità* gear of a gearbox; (*Mecc*) ~ *planetario* planetary gear.

ingranamento *m.* (*Mecc*) mesh engagement.

ingranare (**ingràno**) **I** *v.i.* (*aus.* **avere**) **1** (*Mecc,Aut*) to engage, to mesh, to go into gear: *le ruote non hanno ingranato* the wheels have not engaged; *questa macchina ha la terza che non ingrana* this car will not go into third gear. **2** (*fig,colloq*) to fit in, to get along, to get on, to get on well: *non ingrana con i colleghi* he doesn't fit in (*o* he doesn't get on) with his colleagues. **II** *v.t.* **1** to engage, to pitch, to mesh. **2** (*Aut*) to engage, to gear, to put into gear: ~ *la marcia* to engage the gears, (*colloq*) to put into gear.

ingrandimento *m.* **1** (*l'ampliamento*) enlargement, extension: ~ *di una stanza* enlargement of a room. **2** (*Ott*) magnification. **3** (*Fot*) enlargement. □ (*Fot*) ~ *fotografico* enlargement.

ingrandire (**ingrandìsco, ingrandìsci**) *v.t.* **1** to enlarge: ~ *un'ala del palazzo* to enlarge a wing of the building. **2** (*espandere*) to expand, to extend. **3** (*fig*) (*esagerare*) to magnify, to exaggerate. **4** (*Ott*) to magnify. **5** (*Fot*) to enlarge. **II** *v.i.* (*aus.* **essere**) (*aumentare*) to increase, to grow. **III** *v.pron.* **ingrandirsi 1** to become larger, to get bigger. **2** (*crescere, aumentare*) to grow, to increase: *questa industria si è molto ingrandita* this industry has substantially increased. **3** (*espandersi*) to expand, to spread. □ (*Inform*) *ingrandisci* (*comando*) maximize.

ingranditore **I** *m.* **1** (*f.* **-trice**) enlarger. **2** (*Fot*) enlarger. **II** *a.* enlarging, magnifying.

ingrassaggio *m.* (*Mecc*) greasing, lubrication.

ingrassamento *m.* **1** (*l'ingrassare*) fattening, fattening up, making fat. **2** (*l'ingrassarsi*) getting fat, fattening. **3** (*Agr*) (*concimazione*) manuring, fattening.

al pascolo fattening on pasture; (*Zootecn*) ~ *del pollame* fattening of poultry.

ingrassare (**ingràsso**) **I** *v.t.* **1** to be fattening, to make fat, to fatten: *i dolci ingrassano* cakes are fattening. **2** (*estens*) (*fare apparire grasso*) to make (so.) look fat, to make so. look heavier: *quel vestito ti ingrassa* that dress makes you look heavier. **3** (*Zootecn*) to fatten, to fatten up: ~ *i capponi* to fatten capons. **4** (*Mecc*) (*lubrificare*) to oil, to lubricate. **5** (*Agr*) (*concimare*) to manure, to fatten. **II** *v.i.* (*aus.* **essere**) **1** to get fat, to put on weight, to gain weight: *questa ragazza ingrassa ogni giorno di più* this girl is getting fatter every day. **2** (*rif. ad animali*) to fatten up. **3** (*arricchirsi*) to get rich, to fatten, to thrive (*con, su* on). **III** *v.pron.* **ingrassarsi 1** to get fat, to put on weight. **2** (*rif. ad animali*) to fatten up. **3** (*arricchirsi*) to get rich, to fatten, to thrive (*con, su* on): *si è ingrassato con i profitti di guerra* he got rich on the spoils of war. □ (*rar,fig*) *andare a ~ i cavoli* (*morire*) to go and push up daisies, to go and feed the worms.

ingrassatore *m.* **1** (*f.* **-trice**) (*operaio*) greaser, oiler; (*lubrificatore*) lubricator. **2** (*Mecc*) (*apparecchio*) lubricator.

ingrasso *m.* **1** (*Zootecn*) (*rif. ad animali*) fattening: *bestiame da ~* cattle for fattening. **2** (*Agr*) (*concimazione*) manuring, fertilizing. □ *mettere all' ~* to fatten.

ingraticciare (**ingratìccio, ingratìcci**) *v.t.* to fence (with trellis-work), to trellis.

ingraticciata *f.* trellis, trellis-work.

ingraticolare (**ingratìcolo**) *v.t.* to close with a grating, to put a grating round, to put a grating across.

ingratitudine *f.* ingratitude, ungratefulness.

ingrato **I** *a.* **1** ungrateful, unthankful: *essere ~ con* (*o verso*) *qcu.* to be ungrateful to so. **2** (*spiacevole*) thankless, unrewarding: *lavoro ~* thankless task. **II** *m.* (*f.* **-a**) ungrateful person.

ingravidare (**ingràvido**) **I** *v.t.* to make pregnant, to get pregnant. **II** *v.i.* (*aus.* **essere**) to become pregnant, to get pregnant.

ingraziare (**ingràzio, ingràzi**) *v.t.* to ingratiate oneself with, to win the favour of, (*colloq*) to get on so.'s good side: *ingraziarsi il principale* to get on the boss's good side.

ingrediente *m.* ingredient.

ingressivo *a.* (*Ling*) ingressive.

ingresso *m.* **1** entrance, entry: *fare il proprio ~* to make one's entrance. **2** (*porta*) entrance, door. **3** (*locale d'ingresso*) hall, entrance hall. **4** (*facoltà di entrare*) admission, admittance: *l'~ è libero* admission is free; ~ *libero* admission free. **5** (*prezzo pagato per l'ingresso*) entrance fee, entrance-money, admission; (*biglietto d'ingresso*) ticket. **6** (*Inform*) input. □ ~ *continuato* continuous hours (*pl.*); ~ *di servizio* service entrance, tradesmen's entrance; ~ *laterale* side door; ~ *posteriore* back door; ~ *principale* main entrance; (*Inform*) ~ *uscita* input/output.

ingrigire (**ingrigìsco, ingrigìsci**; *aus.* **essere**) *v.i.* to grey, to grow grey, (*Am*) to gray, to grow gray.

ingrommare (**ingrómmo**) **I** *v.t.* to form a crust on. **II** *v.pron.* **ingrommarsi** to encrust.

ingrossamento *m.* **1** (*l'ingrossare, l'ingrossarsi*) swelling, thickening, increasing. **2** (*rigonfiamento*) swelling. **3** (*accrescimento*) increase, growth.

ingrossare (**ingròsso**) **I** *v.t.* **1** (*aumentare: di volume*) to augment, to increase. **2** (*aumentare: di livello, di numero*) to swell, to enlarge: *le piogge hanno ingrossato il fiume*

the rain has enlarged the river; ~ *le file dell'esercito* to swell the army ranks; *andare a ~ le file dei disoccupati* to join the ranks of the unemployed. **3** (*fare apparire grosso*) to make (so.) look fat, to make (so.) look heavy: *questo vestito ti ingrossa* this dress makes you look fat (*o* heavy). **II** *v.i.* (*aus.* **essere**) **1** (*aumentare: di volume*) to augment, to grow bigger, to get bigger, to increase; (*di livello*) to swell: *il credito ingrossa* the credit is growing. **2** (*rif. a parti del corpo*) to swell. **3** (*rif. a persone*) to get fat, to put on weight. **III** *v.pron.* **ingrossarsi 1** (*aumentare: di volume*) to augment, to grow bigger, to get bigger, to increase; (*di livello*) to swell. **2** (*rif. a parti del corpo*) to swell: *il fegato si è ingrossato* the liver has swollen. **3** (*rif. a persone*) to get fat, to put on weight. **4** (*rif. al mare*) to get rough. □ *il fiato mi si ingrossa* I lose my breath, I get out of breath.

ingrosso □ *all' ~*: **1** (*Comm*) wholesale: *comprare all' ~* to buy wholesale; *commercio all' ~* wholesale trade; **2** (*all'incirca*) roughly, about, approximately.

ingrugnato *a.* (*colloq*) sulky, pouting.

ingrullire (**ingrullìsco, ingrullìsci**) **I** *v.t.* (*region,colloq*) (*rendere grullo*) to make silly. **II** *v.i.* (*aus.* **essere**) (*region,colloq*) to grow silly. **III** *v.pron.* **ingrullirsi** (*region,colloq*) to grow silly.

inguaiare (**inguàio, inguài**) **I** *v.t.* to get (so.) into trouble, to get (so.) into difficulties. **II** *v.pron.* **inguaiarsi** to get (oneself) into trouble, to get (oneself) into difficulties. □ *essere inguaiato fino ai capelli* to be up to one's neck in trouble; (*colloq*) ~ *una ragazza* to get a girl into trouble.

inguainare (**inguaìno/inguàino**) *v.t.* to sheathe.

ingualcibile *a.* (*Tess*) wrinkle-proof, crease-proof, non-crease, crease-resistant: *tessuto ~* crease-resistant fabric.

ingualdrappare (**ingualdràppo**) *v.t.* to harness.

inguantare (**inguànto**) **I** *v.t.* to put gloves on, to glove. **II** *v.pron.* **inguantarsi** to put on one's gloves.

inguantato *a.* gloved: *mano inguantata* gloved hand.

inguardabile *a.* (*bruttissimo*) appalling, unbareable to watch: *un film ~* an appalling film, a film unbareable to watch.

inguaribile *a.* **1** incurable, terminal. **2** (*fig*) (*incorreggibile*) incurable, incorrigible: *un bugiardo ~* an incorrigible liar.

inguinale *a.* (*Anat*) inguinal.

inguine *m.* (*Anat*) groin. □ *all' ~* in the groin.

ingurgitare (**ingùrgito**) *v.t.* to gulp, to gulp down, to swallow, to swallow down.

inibire (**inibìsco, inibìsci**) **I** *v.t.* **1** (*impedire*) to inhibit, to hinder, to restrain. **2** (*Psic,Biol*) to inhibit. **II** *v.pron.* **inibirsi 1** to restrain oneself. **2** (*Psic*) to be inhibited.

inibito I *a.* (*Psic*) inhibited. **II** *m.* (*f.* **-a**) (*Psic*) inhibited person.

inibitore I *m.* (*Chim*) inhibitor. **II** *a.* inhibitory (*anche Psic*).

inibitorio *a.* inhibitory (*anche Psic*).

inibizione *f.* **1** prohibition, restraint. **2** (*Biol, Psic*) inhibition. □ (*Psic*) ~ *proattiva* proactive inhibition; (*Psic*) ~ *retroattiva* retroactive inhibition.

inidoneità *f.* unsuitability, unfitness (*a* for).

inidoneo *a.* unsuitable, unfit (for).

iniettare (**iniètto**) *v.t.* to inject. □ *iniettarsi di sangue* to become bloodshot: *le si erano iniettati gli occhi di sangue* her eyes became bloodshot; ~ *endovena* to make an intravenous injection, to inject intravenously.

iniettato *a.* injected. □ *occhi iniettati di sangue* bloodshot eyes.

iniettore *m.* (*Mecc,Mot*) injector.

iniezione *f.* **1** (*Med*) injection, (*colloq*) shot: *iniezioni di penicillina* penicillin injections. **2** (*Mot*) injection: *motore a ~ diretta* direct-injection engine. □ (*fig*) *~di capitale* capital injection; (*Med*) *~endovenosa* intravenous injection; (*Med*) *~ intramuscolare* intramuscular injection.

inimicare (inimìco, inimìchi) I *v.t.* to make hostile, to alienate, to estrange. **II** *v.pron.* **inimicarsi** to fall out: *inimicarsi qcu.* (o *con qcu.*) to fall out with so.

inimicizia *f.* enmity, hostility, antagonism. □ *avere ~ per qcu.* to be hostile to so.

inimitabile *a.* inimitable, matchless, peerless.

inimmaginabile *a.* unimaginable.

ininfiammabile *a.* uninflammable.

ininfluente *a.* irrelevant, uninfluential.

inintelligibile *a.* **1** unintelligible, obscure: *spiegazione ~* unintelligible explanation. **2** (*che non si riesce a intendere*) inaudible: *parole inintelligibili* inaudible words. **3** (*indecifrabile*) illegible, indecipherable: *scrittura ~* illegible writing.

inintelligibilità *f.* **1** unintelligibility. **2** (*indecifrabilità*) illegibility.

inintermediari *avv.* (*Comm*) no agents.

ininterrottamente *avv.* non-stop, uninterruptedly, unceasingly: *piove ~ da due giorni* it has been raining non-stop for two days.

ininterrotto *a.* **1** uninterrupted. **2** (*continuo*) unbroken, non-stop.

iniquamente *avv.* iniquitously, inequitably.

iniquità *f.* **1** iniquity, injustice, unfairness: *~ di una legge* injustice of a law. **2** (*azione iniqua*) iniquity, wicked action.

iniquo *a.* unjust, unfair, iniquitous, inequitable: *sentenza iniqua* unjust sentence.

iniziale I *a.* **1** initial, opening, beginning, starting: *fase ~* opening phase. **2** (*Ling*) initial: *la s ~* the initial s. **II** *f.* **1** initial letter, initial, first letter. **2** (*monogramma*) monogram; (*lettera iniziale di nome o cognome*) initial.

inizializzare (inizialìzzo) *v.t.* (*Inform*) to initialize: *~ un dischetto* to initialize a floppy disk.

inizializzazione *f.* (*Inform*) initialization.

inizialmente *avv.* initially, at the beginning, at the start.

iniziare (inìzio, inìzi) I *v.t.* **1** to begin, to start: *~ gli studi* to start one's studies; *~ un lavoro* to start a job. **2** (*avviare*) to open, to start: *~ le trattative* to open negotiations, to start negotiations. **3** (*rif. a riti religiosi e sim.*) to initiate (*anche estens*): *~ qcu. agli studi classici* to initiate so. into classical studies. **II** *v.i.* (*aus. essere*) **1** to begin, to start, to commence: *inizia a nevicare* it's beginning to snow. **2** (*rif. a stagione*) to come in, to set in, to begin. **II** *v.pron.* **iniziarsi 1** to begin, to start, to commence. **2** (*rif. a stagione*) to come in, to set in, to begin. □ *~un viaggio* to set out on a journey.

iniziatico (*pl.* **-ci**) *a.* initiatory, initiation (*attr.*): *rito ~* initiation rite.

iniziativa *f.* **1** initiative, enterprise: *avere ~* to have initiative, to be enterprising. **2** (*concr*) (*azione intrapresa*) enterprise, undertaking. □ *~ civica* community action, grass roots action; *~ di difesa strategica* Strategic Defense Initiative; *di propria ~* on one's own initiative; *per ~ di* on the initiative of; (*Pol*)

~ popolare referendum; *prendere l'~* to take the initiative; (*Econ*) *~ privata* private enterprise.

iniziato I *a.* (*Rel*) initiated (*a into*) (*anche estens*). **II** *m.* (*f.* **-a**) (*Rel*) initiate, initiated person (*anche estens*).

iniziatore *m.* (*f.* **-trice**) **1** (*promotore*) promoter. **2** (*lett*) (*chi inizia a un culto, una disciplina*) initiator.

iniziazione *f.* initiation (*anche estens*): *~ ai misteri* initiation into the mysteries.

inizio *m.* **1** beginning, start, opening: *l'~ dell'anno scolastico* the beginning of the school year; *l'~ delle ostilità* the opening of hostilities; *l'~ della poesia* the beginning of the poem. **2** *pl.* beginning *sing.*, early days. □ *avere ~* to start, to begin, to commence; *fin dall'~* from the very beginning, from the start, right from the start; *dare ~ a qcs.*: **1** to begin sth.; **2** (*intraprendere*) to start sth. off, to get sth. going; *l'~ della fine* the beginning of the end.

inlay card /'inlej'kard/ *f.inv.* inlay card.

in loco *avv.* in situ, on the spot.

innacquare (innàcquo) → **annacquare.**

innaffiamento *m.* watering.

innaffiare (innàffio, innàffi) *v.t.* **1** to water: *~ i fiori* to water the flowers. **2** (*rif. a strade*) to sprinkle.

innaffiatoio *m.* (*annaffiatoio*) watering-can.

innaffiatrice *f.* (*Strad*) waterer, sprinkler, road sprinkler, road watering vehicle.

innaffiatura *f.* **1** (*Giard*) watering. **2** (*Strad*) sprinkling.

innalzamento *m.* **1** raising, elevation (*anche fig*): *~ a una carica* raising to an higher position, raising to an higher office. **2** (*costruzione*) erection, raising.

innalzare (innàlzo) I *v.t.* **1** to raise, to lift, to lift up (*anche fig*): *~ gli occhi al cielo* to raise (*o* to lift up) one's eyes to heaven. **2** (*erigere*) to put up, to set up, to erect, to raise: *~ un monumento* to erect a monument, to put up a monument. **3** (*far salire*) to raise, to send up: *~ la temperatura* to raise the temperature. **4** (*rif. a voce*) to raise. **5** (*rif. al livello di un fluido*) to raise, to raise the level of, to make higher. **6** (*fig*) (*elevare a una carica*) to raise, to elevate: *~ al trono* to raise to the throne. **7** (*fig*) (*nobilitare*) to elevate, to raise. **II** *v.pron.* **innalzarsi 1** to rise, to stand: *la statua si innalza nella piazza* the statue stands in the square. **2** (*fig*) (*elevarsi socialmente*) to rise. □ *~ agli altari*: **1** to canonize; **2** (*fig*) (*rendere onore*) to canonize, to raise to great honour; (*Rel.catt*) *innalzare agli onori degli altari* to raise to the altars, to sanctify, to exalt; *~ la bandiera* to run up the flag, to raise the flag, to hoist the flag; *~una preghiera* to raise a prayer.

innamoramento *m.* falling in love, (*lett*) enamourment.

innamorare (innamóro) I *v.t.* (*rar*) **1** to cause to fall in love, to make fall in love, (*lett*) to enamour. **2** (*estens*) (*incantare*) to delight, to enchant, to charm, to beguile, to fascinate. **II** *v.pron.* **innamorarsi 1** to fall in love (*di* with). **2** (*entusiasmarsi*) to fall in love (*di* with), to enthuse (*di* over), to be enthusiastic (*di* about), to become enthusiastic (*di* about): *innamorarsi di un gioiello* to fall in love with a jewel. **III** *v.recipr.* **innamorarsi** to fall in love: *ci siamo innamorati a prima vista* we fell in love at first sight. □ *fare ~ qcu.* to make so. fall in love.

innamorato I *a.* **1** in love (*di* with). **2** (*appassionato*) very fond (*di* of), enthusiastic (*di* about), (*colloq*) crazy (*di* about): *è inna-*

morato della caccia he is very fond of hunting, he loves hunting, he adores hunting. **II** *m.* (*f.* **-a**) lover, sweetheart, boyfriend (*f.* girlfriend). □ *~ cotto* (*o ~perso*) head over heels in love.

innanzi I *avv.* **1** (*stato*) in front, ahead. **2** (*moto*) forward: *fare un passo ~* to take a step forward. **II** *prep.* (*lett*) (*prima*) before: *l'alba* before dawn. **III** *a.inv.* before (*posposto*), previous: *l'anno ~* the year before, the previous year; *alcuni anni ~* several years before. □ *~a*: **1** (*rif. a luogo*) in front of: *~ al cinema* in front of the cinema; **2** (*alla presenza di*) in the presence of, before: *~ all'imperatore* in the emperor's presence; *fu portato ~ al giudice* he was brought before the judge; *essere ~ con gli anni* (*o ~ negli anni*) to be getting on (in years); *essere ~ con il lavoro* to be ahead (*o* to be ahead of schedule) with one's work; *farsi ~* to come forward; *~ tempo* prematurely, before one's time; *~tutto* first of all, in the first place.

innanzitutto *avv.* in the first place, first of all.

innario *m.* hymnal, hymn book.

innastare (innàsto) *v.t.* to hoist, to fix (at the top of a pole): *~ la baionetta* to fix one's bayonet.

innatismo *m.* (*Filos*) innatism.

innato *a.* innate, inborn: *idee innate* innate ideas.

innaturale *a.* unnatural.

innavigabile *a.* unnavigable: *corso d'acqua ~* unnavigable waterway.

innavigabilità *f.* unnavigability.

innegabile *a.* undeniable: *progressi innegabili* undeniable progress.

innegabilità *f.* undeniability.

innegabilmente *avv.* undeniably.

inneggiamento *m.* **1** (*rar*) (*l'inneggiare*) singing of hymns. **2** (*l'esaltare*) extolling, praising. **3** *pl.* (*lodi*) praise (*costr.sing.*), praises.

inneggiante *a.* extolling, praising.

inneggiare (innéggio, innéggi; *aus.* **avere)** *v.i.* **1** (*cantare inni*) to sing hymns (*a* to), to hymn (so.). **2** (*fig*) (*esaltare*) to extol (*a qcu.* so.), to praise (*a qcs.* so.), to sing the praises (*a* of).

innervare (innèrvo) *v.t.* (*Anat*) to innervate.

innervato *a.* (*Anat*) innervated. □ (*Anat*) *non ~* nerveless.

innervazione *f.* (*Anat*) innervation.

innervosire (innervosìsco, innervosìsci) I *v.t.* to get on so.'s nerves, to make (so.) nervy. **II** *v.pron.* **innervosirsi** to become nervous, to get nervous, to get on edge.

innescamento *m.* **1** (*Pesc*) baiting. **2** (*rif. a ordigni esplosivi e sim.*) priming.

innescare (innésco, innéschi) I *v.t.* **1** to bait: *~ un amo* to bait a hook. **2** (*rif. a ordigni esplosivi e sim.*) to prime. **3** (*fig*) (*suscitare*) to trigger off. **II** *v.pron.* **innescarsi** to begin, to be triggered off.

innescato *a.* **1** (*Pesc*) baited. **2** (*di armi*) primed.

innesco (*pl.* **-chi**) *m.* **1** (*parte della spoletta*) primer. **2** (*El*) (*di arco o scintilla*) striking. **3** (*fig*) trigger.

innestare (innèsto) I *v.t.* **1** (*Agr,Chir*) to graft. **2** (*Med*) (*inoculare*) to inoculate. **3** (*Mecc*) to engage. **4** (*El*) (*rif. a spina*) to plug: *~ una spina nella presa di corrente* to put a plug in the socket, to plug in. **II** *v.pron.* **innestarsi** to be inserted (*in* into), to be grafted (*on* to). □ (*Aut*) *~la frizione* to let in the clutch, to engage the clutch; (*Mecc*) *~la marcia* to engage a gear, to put the car into gear, to go into gear.

innestatoio m. (Agr) grafting knife.
innestatura f. (Agr) **1** grafting, graftage. **2** (punto d'innesto) graft.
innesto m. **1** (Agr) grafting, graft, graftage. **2** (Agr) (punto d'innesto) graft; (soggetto) graft, scion. **3** (Chir) graft. **4** (Med) (inoculazione) inoculation. **5** (Mecc) clutch, coupling. **6** (El) connection; (per mezzo di spina) plugging in; (spina) plug. □ (Mecc) ~ a baionetta bayonet coupling, bayonet joint, bayonet holder, bayonet cap, bayonet fitting; (Mecc) ~ a denti dog clutch, coupling clutch; (Mecc) ~ a frizione friction clutch; (Agr) ~ a intarsio notch grafting; (Agr) ~ a linguetta tongue grafting; (Agr) ~ a occhio budding; (Agr) ~ a spacco wedge grafting, cleft grafting.
innevamento m. (Meteor) **1** snowing. **2** (quantità di neve caduta) snowfall. **3** (condizioni della neve) snow conditions pl. □ ~ artificiale covering with artificial snow.
innevare (innévo) **I** v.t. to cover with snow. **II** v.pron. **innevarsi** to get covered with snow.
innevato a. covered with snow, snow-clad.
inno m. hymn (anche fig): ~ alla bellezza hymn to beauty. □ (Mus) Inno alla gioia Ode to joy; ~ europeo European anthem; ~ nazionale national anthem.
innocente I a. **1** innocent, guiltless. **2** (Dir) not guilty: dichiararsi ~ to plead not guilty; dichiarare ~ qcu. to find so. innocent, to find so. not guilty. **3** (privo di malizia) innocent: un bacio ~ an innocent kiss. **II** m./f. innocent person: hanno condannato un ~ they condemned an innocent person. □ fare l'~ to play the innocent, to put on an innocent air.
innocentemente avv. innocently.
innocentino □ (iron) nonfare l'~ don't play dumb.
innocentismo m. upholding an accused person's innocence.
innocentista m./f. upholder of an accused person's innocence.
innocenza f. **1** innocence: provare l'~ di qcu. to prove so.'s innocence. **2** (purezza d'animo) innocence, purity. □ con tutta ~ in all innocence.
Innocenzo n.pr.m. Innocent.
innocuità f. harmlessness, innocuity.
innocuo a. innocuous, harmless: pianta innocua innocuous plant; una persona innocua a harmless person.
innodia f. hymnody.
innografia f. **1** hymnography. **2** (produzione di inni) hymnody, hymn writing.
innologia f. hymnology, hymnody.
innominabile a. unmentionable, unnameable.
innominato a. unnamed. □ (Lett) l'Innominato the Unnamed.
innovare (innòvo) v.t. **1** to introduce innovations into, to make changes in, to change: ~ l'arredamento di una stanza to make changes in the decoration of a room. **2** (assol.) (operare cambiamenti) to make changes, to make innovations, to innovate.
innovatore I m. (f. -trice) innovator. **II** a. innovative, innovatory.
innovazione f. innovation, change: fare un'~ to make a change.
innumerevole a. innumerable, countless, numberless.
inoccultabile a. unconcealable.
inoculabile a. inoculable.
inoculare (inòculo) v.t. (Med) to inoculate (anche fig): ~ il germe della gelosia to plant the seeds of jealousy.
inoculazione f. (Med) inoculation.
inodore, inodoro a. odourless, inodorous:

essere ~ to be odourless, to have no smell.
inoffensivo a. inoffensive, innocuous, harmless.
inoltrare (inóltro) **I** v.t. **1** (avviare) to send, to forward, to transmit: ~ una lettera to forward a letter; ~ merci to forward goods, to ship goods. **2** (presentare) to submit, to present: ~ una petizione to submit a petition. **3** (trasmettere) to further, to pass on, to send on, to transmit: ~ una domanda al competente ufficio to pass an application on to the office concerned. **4** (Inform,Tel) to forward: ~ un messaggio to forward a message. **II** v.pron. **inoltrarsi 1** (addentrarsi) to advance, to penetrate, to go forward: inoltrarsi nella foresta to penetrate (into) the forest. **2** (fig) (avanzare) to go ahead (in with), to proceed (in with), to bury oneself (in in): inoltrarsi nella lettura di un libro to bury oneself in the reading of a book.
inoltrato a. advanced, well on: fino a notte inoltrata far into the night; a stagione inoltrata late in the season, well into the season.
inoltre congz. **1** (in più) besides, also, as well. **2** (per di più) moreover, further, furthermore, (colloq) what's more.
inoltro m. **1** forwarding, sending, sending on. **2** (rif. a merci) shipment, reshipment. **3** (il presentare) submission, presentation. **4** (il trasmettere) transmittal, passing on, sending on.
inondare (inóndo) v.t. **1** to flood (anche fig): ~ un paese to flood a village; le merci estere inondano il mercato foreign goods are flooding the market; le lacrime le inondavano il viso tears poured down her cheeks. **2** (fig) to fill: ~ di gioia to fill with joy.
inondato a. **1** flooded: terreni inondati flooded land. **2** (fig) (rif. a sentimenti) filled (di with). □ volto ~ di lacrime face filled with tears, facc bathed in tears.
inondazione f. **1** (atto) flooding: l'~ dei campi the flooding of the fields. **2** (effetto) flood. □ (Comm) ~ del mercato (da parte di un prodotto) flooding of the market.
inoperabile a. (Chir) inoperable.
inoperante a. inoperative.
inoperosamente avv. idly.
inoperosità f. **1** idleness, inactivity. **2** (inerzia) sluggishness. **3** (rif. a macchinari e sim.) outage.
inoperoso a. **1** inactive, idle, at a standstill (posposto). **2** (ozioso) idle, slack, sluggish, lazy. **3** (rif. a macchine e sim.) idle, at a standstill (posposto). **4** (rif. a denaro e sim.) idle: capitale ~ idle capital.
inopia f. (lett) poverty, sestitution.
inopinabile a. unthinkable, unimaginable.
inopinatamente avv. unexpectedly.
inopinato a. **1** (imprevedibile) unforeseeable, unpredictable. **2** (improvviso) unexpected, sudden.
inopportunamente avv. inopportunely, inconveniently.
inopportunità f. inopportuneness, untimeliness, inconvenience.
inopportuno a. **1** inopportune, out of place, inconvenient: domanda inopportuna question which is out of place. **2** (intempestivo) untimely, inappropriate, at the wrong moment.
inoppugnabile a. **1** incontrovertible, incontestable: fatti inoppugnabili indisputable facts. **2** (Dir) indisputable, incontrovertible.
inoppugnabilità f. **1** incontrovertibility: l'~ delle prove the incontrovertibility of the evidence. **2** (Dir) indisputability.
inorganicamente avv. inorganically.

inorganicità f. inorganic nature (anche Chim).
inorganico (pl. -ci) a. inorganic (anche Chim): chimica inorganica inorganic chemistry.
inorgoglire (inorgoglìsco, inorgoglìsci) **I** v.t. to make proud. **II** v.i. (aus. essere) to become proud (di of), to pride oneself (di on). **III** v.pron. inorgoglirsi to become proud (di of), to pride oneself (di on).
inorridire (inorridìsco, inorridìsci) **I** v.t. to horrify, to strike so. with horror, to fill so. with horror. **II** v.i. (aus. essere) to be horrified: a quelle parole inorridì he was horrified by those words. □ fare ~ to horrify.
inorridito a. horrified.
inosina, inosite f. (Chim) inosine.
inospitale a. inhospitable: regione ~ inhospitable region.
inospitalità f. inhospitality.
inosservabile a. (che non si può rispettare) that cannot be observed, that cannot be kept: patto ~ pact that cannot be kept.
inosservante m./f. non-observer, lawbreaker.
inosservanza f. non-observance (di of), non-compliance (di with), failure to comply (di with).
inosservatamente avv. unobservedly.
inosservato a. **1** unobserved, unnoticed: passare ~ to pass unnoticed, to go unnoticed, to go unobserved. **2** (non rispettato) not observed, not kept: legge inosservata law which is not kept.
inossidabile a. **1** (Chim) inoxidizable. **2** (Met) stainless, rust-proof: acciaio ~ stainless steel. **3** (fig,scherz) hardy.
inox a.inv. (Met) stainless steel (attr.), made of stainless steel (posposto).
INPS Istituto nazionale della previdenza sociale (National Social Insurance Agency).
input m.inv. (Inform) input (anche estens).
inquadramento m. **1** (incorniciamento) framing. **2** (Mil,Pol,burocr) organization. **3** (estens) (il mettere in relazione) setting (against a background): l'~ di un poeta nel suo tempo setting a poet in his times.
inquadrare (inquàdro) v.t. **1** (incorniciare) to frame: ~ un ritratto to frame a portrait. **2** (estens) (mettere in relazione) to set against a background, to see against a background: ~ un artista nel proprio tempo to see (o to set) an artist against the background of his times. **3** (fig,colloq) (capire) to understand: non riesco a inquadrarlo I don't understand him, I don't understand what makes him tick; ormai l'ho inquadrato I've got his number, I've got his measure. **4** (Mil,Pol, burocr) to form into cadres, to organize. **5** (Fot,Cin) to frame (in the viewfinder).
inquadrato a. (colloq) square, by the book, (Am,colloq) hospital corners (attr.).
inquadratura f. (Fot,Cin) framing, frame.
inqualificabile a. unspeakable, disgraceful, contemptible: azione ~ disgraceful action.
inquartata f. (Sport) (nella scherma) quart, quarte.
inquietamente avv. anxiously.
inquietante a. **1** (preoccupante) worrying, alarming. **2** (che turba) disquieting, disturbing: bellezza ~ disquieting beauty.
inquietare (inquièto) **I** v.t. to worry, to alarm, to disquiet. **II** v.pron. inquietarsi **1** (adirarsi) to become angry, to get angry, to lose one's temper, to be irritated: ti inquieti con troppa facilità you are too short-tempered. **2** (preoccuparsi) to worry (per about,

over), to be worried (by). □ *fare ~ qcu.* to upset so., to annoy so., to worry so., to trouble so., to get so. worked up.

inquieto *a.* 1 (*agitato*) restless: *spirito ~* restless spirit. 2 (*preoccupato*) worried (*per* about, by). 3 (*arrabbiato*) angry, annoyed, cross.

inquietudine *f.* 1 restlessness. 2 (*preoccupazione*) worry, apprehension: *la notizia destò grande ~* the news aroused great apprehension.

inquilinato *m.* tenants *pl.*, lodgers *pl.*

inquilino *m.* 1 (*f.* **-a**) tenant, lodger. 2 (*Zool*) inquiline.

inquinamento *m.* pollution. □ *~acustico* noise pollution; *~ ambientale* environmental pollution; *~ atmosferico* air pollution, atmospheric pollution; *~da petrolio* oil pollution; *~da rumore* noise pollution; *~da sostanze radioattive* nuclear contamination; *~del mare* marine pollution; *~del suolo* soil contamination; *~ dell'ambiente* environmental pollution; *~ dell'aria* air pollution, atmospheric pollution; *~ delle acque* water contamination, water pollution, water poisoning; *~ delle acque fluviali* river pollution; *~ delle coste* coastal pollution; *~ elettromagnetico* electromagnetic pollution; *~ idrico* water contamination, water pollution, water poisoning; *~ industriale* industrial pollution; *~luminoso* light pollution; *~marino* marine pollution; *~ sonoro* noise pollution.

inquinante I *a.* polluting, contaminating. II *m.* pollutant. □ *~ chimico* chemical pollutant; *~ organico* organic pollutant: *~ organico persistente* persistent organic pollutant.

inquinare (**inquìno**) *v.t.* to pollute: *~ l'acqua* to pollute the water.

inquinato *a.* polluted.

inquinatore *m.* (*f.* **-trice**) polluter.

inquirente I *a.* investigating, examining, enquiring, of enquiry (*posposto*): *giudice ~* examining judge; *commissione ~* board of enquiry. II *m.* enquirer.

inquisire (**inquisìsco, inquisìsci**) I *v.t.* 1 (*Dir*) to investigate. 2 (*fig*) to delve into, to pry into, to search into. II *v.i.* (*aus.* **avere**) to investigate (*su qcs.* sth.).

inquisitivo *a.* enquiring.

inquisito I *a.* (*Dir*) under investigation. II *m.* (*f.* **-a**) (*Dir*) person under investigation.

inquisitore I *m.* 1 (*f.* **-trice**) investigator, enquirer, inquisitor. 2 (*Stor*) Inquisitor. II *a.* 1 (*Dir*) investigating, enquiring. 2 (*estens*) (*che cerca di scoprire*) inquiring, searching; (*in modo maligno*) prying, inquisitive: *sguardo ~* prying look, searching look.

inquisitorio *a.* (*Dir,Stor*) inquisitorial (*anche estens*): *processo ~* inquisitorial trial.

inquisizione *f.* 1 (*Stor*) Inquisition. 2 (*estens*) (*indagine*) inquisition.

insabbiamento *m.* 1 (*Tecn*) covering with sand; (*rif. a porto e sim.*) silting, silting up. 2 (*fig*) shelving, pigeon-holing: *~ di una pratica* pigeon-holing of a case.

insabbiare (**insàbbio, insàbbi**) I *v.t.* 1 to cover with sand. 2 (*seppellire nella sabbia*) to bury in sand. 3 (*fig*) to shelve. II *v.pron.* **insabbiarsi** 1 to be covered with sand. 2 (*rif. a porto e sim.*) to silt up. 3 (*fig*) to be shelved: *la pratica si è insabbiata* the case has been buried.

insaccare (**insàcco, insàcchi**) I *v.t.* 1 to put in a sack, to put in a bag, to bag, to sack: *~ la farina* to bag flour. 2 (*fig*) (*stipare*) to pack. 3 (*imbacuccare*) to bundle up. II *v.pron.* **insaccarsi** 1 (*stiparsi*) to pack. 2 (*vestirsi gof-*

famente) to dress badly. □ (*fig*) *~il collo* to draw one's head in, to draw one's head back; *~la carne* to make sausages; (*fig*) *~la testa* to draw one's head in, to draw one's head back.

insaccata *f.* 1 shaking down (of a sack or bag). 2 (*estens*) (*colpo*) jolt.

insaccato I *a.* 1 bagged, in sacks (*posposto*), packed in sacks (*posposto*), in bags (*posposto*): *grano ~* bagged wheat. 2 (*fig*) (*infagottato*) bundled up. 3 (*fig*) (*stipato*) packed. II *m.pl.* (*Alim*) (*carne insaccata*) sausages.

insaccatore *m.* (*f.* **-trice**) 1 packer. 2 (*chi insacca carni*) sausage maker.

insaccatrice *f.* (*macchina*) bagging machine, bag packer. □ (*Tecn*) *~ per salami* sausage filler.

insaccatura *f.* 1 packing, packing into bags, filling, filling of sacks. 2 (*rif. a salumi*) sausage making, salami making.

insacchettamento *m.* putting into bags.

insacchettare (**insacchétto**) *v.t.* to pack in bags, to put in bags.

insalata *f.* 1 (*Bot,Alim*) salad: *condire l'~* to dress the salad. 2 (*fig*) (*mescolanza confusa*) muddle, mixture, (*Br*) hotchpotch, (*Am*) hodgepodge. □ (*Gastron*) *~di gamberetti* shrimp salad; (*Gastron*) *~ di pollo* chicken salad; (*Gastron*) *~di pomodori* tomato salad; (*Gastron*) *~ mista* mixed salad; (*Gastron*) *~ russa* Russian salad; (*Bot,Alim*) *~verde* green salad.

insalatiera *f.* salad bowl.

insaldare (**insàldo**) *v.t.* (*inamidare*) to starch.

insalivare (**insalìvo**) *v.t.* (*Fisiol*) to insalivate.

insalivazione *f.* (*Fisiol*) insalivation.

insalubre, insalubre *a.* unhealthy.

insalubrità *f.* unhealthiness.

insalutato *a.* (*lett*) ungreeted. □ (*scherz*) *andarsene ~ospite* to slip off, to go off without saying good-bye, to take French leave.

insanabile *a.* 1 incurable, unhealable. 2 (*fig*) (*irrimediabile*) irremediable, unhealable. 3 (*fig*) (*implacabile*) implacable: *odio ~* implacable hatred.

insanabilità *f.* 1 incurability. 2 (*fig*) (*irreparabilità*) irremediability.

insanguinare (**insànguino**) I *v.t.* to stain with blood, to cover in blood: *~ il fazzoletto* to stain (*o* to spot *o* to spatter) one's handkerchief with blood. II *v.pron.* **insanguinarsi** 1 to become blood-stained. 2 (*fig*) (*commettere un delitto*) to stain oneself with (so.'s) blood. □ *la guerra sta insanguinando il paese* the war is bringing bloodshed to the country.

insanguinato *a.* blood-stained; bloody: *coltello ~* bloody knife; *mani insanguinate* blood-stained hands.

insania *f.* (*lett*) insanity, madness, folly.

insanire (**insanìsco, insanìsci**; *aus.* **essere**) *v.i.* (*lett*) to go mad, to go out of one's mind, to become insane.

insano *a.* insane, mad, (*colloq*) crazy: *una passione insana* an insane passion.

insaponare (**insapóno**) *v.t.* 1 to soap: *insaponarsi le mani* to soap one's hands. 2 (*coprire con schiuma*) to lather: *insaponarsi il viso prima di radersi* to lather one's face before shaving.

insaponata *f.* soaping, quick soaping.

insaponatrice *f.* (*Tess*) soaping machine.

insaponatura *f.* 1 soaping. 2 (*con schiuma*) lathering.

insapore *a.* tasteless, flavourless, bland.

insaporire (**insaporìsco, insaporìsci**) I *v.t.* to make tasty, to flavour, (*Am*) to flavor: *~*

con sale e pepe to flavour with salt and pepper, to salt and pepper. II *v.pron.* **insaporirsi** to become tasty.

insaputa □ *all'~di* unknown to, without the knowledge of: *partì all'~ dei genitori* he left without his parents' knowledge; *a tua ~* unknown to you, without your knowing it, without your knowledge; *all'~ di tutti* without anybody knowing.

insaturabile *a.* (*Chim*) unsaturable.

insaturazione *f.* (*Chim*) unsaturation.

insaturo *a.* (*Chim*) unsaturated.

insaziabile *a.* 1 insatiable: *appetito ~* insatiable appetite. 2 (*rif. a sete*) unquenchable. 3 (*fig*) (*implacabile*) insatiable, unquenchable, greedy: *avidità ~* insatiable greed; *desiderio ~* insatiable desire.

insaziabilità *f.* insatiability (*anche fig*).

insaziabilmente *avv.* insatiably.

inscatolamento *m.* tinning, (*Am*) canning.

inscatolare (**inscàtolo**) *v.t.* to tin, (*Am*) to can.

inscatolatrice *f.* (*macchina*) tinning machine, (*Am*) canning machine.

inscenare (**inscèno**) *v.t.* 1 (*Teat*) to stage, to put on: *~ un dramma* to stage a play. 2 (*fig*) (*organizzare*) to organize, to prepare: *~ una dimostrazione* to organize a demonstration.

inscindibile *a.* 1 (*che non si può scindere*) indissoluble, unbreakable: *legame ~* unbreakable bond. 2 (*che non si può separare*) inseparable, unbreakable.

inscindibilità *f.* 1 indissolubility. 2 (*inseparabilità*) inseparableness.

inscindibilmente *avv.* inseparably.

inscrissi → **inscrivere**.

inscrittibile *a.* (*Geom*) inscribable.

inscritto → **inscrivere** *a.* (*Geom*) inscribed: *poligono ~* inscribed polygon.

inscrivere (*pres.ind.* **inscrìvo**; *p.rem.* **inscrìssi**; *p.p.* **inscritto**) *v.t.* (*Geom*) to inscribe.

inscrivibile *a.* (*Geom*) inscribable.

inscrizione *f.* inscription, inscribing (*anche Geom*).

inscusabile *a.* inexcusable.

insecchire (**insecchìsco, insecchìsci**; *aus.* **essere**) *v.i.* 1 to dry up, to become dry. 2 (*dimagrire*) to grow thin, to get thin.

insediamento *m.* 1 installation: *~ in una carica* installation in office. 2 (*Geog*) settlement: *~ rurale* rural settlement. □ *~ industriale* industrial settlement.

insediare (**insèdio**) I *v.t.* to install: *~ nuovi ministri* to install new ministers. II *v.pron.* **insediarsi** to take office, to enter upon office, to take over, to be installed, to install oneself.

insegna *f.* 1 (*contrassegno*) sign, mark, badge, emblem. 2 (*contrassegno*) insignia: *insegne episcopali* episcopal insignia. 3 (*stemma*) arms *pl.*, bearings *pl.*, emblem, charge: *il giglio è l'~ di Firenze* the lily is the emblem of Florence. 4 (*bandiera*) ensign, banner, standard, flag. 5 *pl.* (*bandiera*) colours *pl.* 6 (*scritta*) sign: *l'~ di un albergo* a hotel sign. □ *~al neon* neon sign; *all'~ di* under the banner of; *~luminosa* sign, luminous sign; *insegne onorifiche* decorations, insignia, badges of honour; *~ pubblicitaria* advertising sign, bill-board, advertisement, (*Br*) hoarding; *militare sotto le insegne di qcu.* to fight on so.'s side, to fight under so.'s banner, to fight for so.: (*fig*) *militare sotto le insegne di un partito* to support a party, to support the cause of a party.

insegnabile *a.* teachable.

insegnamento *m.* 1 (*Scol,Univ*) teaching: *l'~ della matematica* the teaching of mathematics. 2 (*Scol,Univ*) (*professione dell'inse-*

gnante) teaching: *voglio dedicarmi all'~* I want to take up teaching. **3** (*precetto*) teaching, precept: *gli insegnamenti paterni* one's father's teachings. **4** (*Scol,Univ*) (*lezione*) lesson (*anche estens*): *servire d'~ a qcu.* to be a lesson to so. ☐ *~ elementare* primary school teaching; *~ extrascolastico* education outside school, after-school education; *~ pratico* practical teaching; *~ privato* private tuition, tutoring; *~ teorico* theoretical teaching; *~ universitario* higher education teaching, university teaching.
insegnante I *m./f.* **1** teacher, school teacher. **2** (*maestro*) schoolmaster (*f.* -mistress). II *a.* teaching. ☐ *~di disegno* drawing teacher, art teacher; *~di religione* religion teacher, RI, religious instruction teacher; *~ di ruolo* teacher on the permanent staff; *~ di scuola elementare* primary school teacher; *~ di scuola media* junior high school teacher, secondary school teacher; *~ di sostegno* support teacher, auxiliary teacher; *~ elementare* primary school teacher; *~ medio* junior high school teacher, secondary school teacher; *~ precario* teacher on a short-term contract; *~privato* private teacher, tutor; *~universitario* university lecturer.
insegnare (**insegno**) I *v.t.* **1** to teach: *~ l'inglese a qcu.* to teach so. English; *~ una poesia a qcu.* to teach so. a poem. **2** (*mostrare, indicare*) to show, to point out: *~ la strada a qcu.* to show so. the way. **3** (*fig*) (*mostrare, dare insegnamenti*) to teach, to show: *la storia insegna che...* history teaches us that... II *v.i.* (*aus. avere*) **1** to teach: *~ a leggere a qcu.* to teach so. to read, to teach so. reading. **2** (*esercitare la professione d'insegnante*) to teach, to be a teacher: *~ al liceo* to teach in high school, to be a secondary schoolteacher. ☐ *chi ti ha insegnato l'educazione?* where did you learn your manners?
inseguimento *m.* pursuit, chase.
inseguire (**inséguo**) *v.t.* **1** to pursue, to chase: *~ un ladro* to pursue a thief. **2** (*fig*) (*vagheggiare*) to pursue, to cherish: *~ un sogno* to pursue a dream, to cherish a dream.
inseguitore *m.* (*f.* **-trice**) **1** pursuer, chaser. **2** (*Sport*) pursuer.
insellare (**insèllo**) *v.t.* (*Mar*) to sag.
insellatura *f.* **1** (*rif. ad animali*) hollow of the back. **2** (*Mar*) sheer.
inselvatichire (**inselvatichìsco, inselvatichìsci**) I *v.t.* to make wild (*anche fig*). II *v.i.* (*aus. essere*). III *v.pron.* **inselvatichirsi** to grow wild, to run wild (*anche fig*).
inseminare (**insémino**) *v.t.* (*Biol*) to inseminate.
inseminazione *f.* (*Med*) insemination. ☐ (*Med*) *~ artificiale* artificial insemination.
insenatura *f.* inlet, creek, cove, small bay.
insensatamente *avv.* senselessly, foolishly.
insensatezza *f.* **1** (*l'essere insensato*) senselessness, foolishness. **2** (*azione o parola insensata*) absurdity, nonsense: *non dire insensatezze* don't talk nonsense.
insensato I *a.* foolish, senseless, absurd: *un uomo ~* a foolish man; *idee insensate* senseless ideas; *parole insensate* nonsense. II *m.* (*f.* **-a**) fool, senseless person, foolish person: *parlare da ~* to talk like a fool, (*colloq*) to talk rubbish.
insensibile I *a.* **1** insensitive (*a* to): *~ al freddo* insensitive to cold. **2** (*indifferente*) indifferent (*a* to), unconcerned (*a* by, about), unmoved (*a* by): *~ ai rimproveri* indifferent to reproach. **3** (*privo di sentimenti*) unfeeling. **4** (*impercettibile*) slight, imperceptible. II *m./f.* insensitive person.

insensibilità *f.* **1** insensitiveness, insensitivity: *~ al dolore* insensitivity to pain. **2** (*indifferenza*) indifference, insensibility, lack of concern. **3** (*mancanza di sentimento*) hard-heartedness, lack of feeling. **4** (*impercettibilità*) slightness, imperceptibility.
insensibilmente *avv.* (*very*) slightly, imperceptibly.
inseparabile *a.* inseparable (*anche Gramm*): *concetti inseparabili* inseparable concepts; *amici inseparabili* inseparable friends.
inseparabilità *f.* inseparability.
inseparabilmente *avv.* inseparably.
insepolto *a.* unburied, yet unburied: *cadaveri insepolti* unburied bodies, bodies not yet buried.
insequestrabile *a.* (*Dir*) not subject to sequestration.
inserimento *m.* **1** insertion, fitting: *l'~ di un tubo nell'altro* the fitting of one tube into another. **2** (*fig*) (*inclusione*) inclusion, including. **3** (*fig*) (*integrazione*) integration. **4** (*El,Tel*) insertion; (*a innesto*) plugging in. **5** (*rif. a bambino alla scuola materna*) adjustment period for a child entering preschool where the mother must be present. **4** (*fig*) (*allettamento*) lure, enticement. ☐ (*Elettron*) *~ a caldo* hot plugging; (*Inform*) *~di dati* data entry.
inserire (**inserìsco, inserìsci**) I *v.t.* **1** (*introdurre*) to put, to introduce, to insert, to fit: *~ la chiave nella serratura* to put the key in the lock; *~ una scheda nello schedario* to insert a card in the index; *~ una clausola in un contratto* to insert (*o* to put) a clause into a contract; *~ un nome in una lista* to put a name on a list, to include a name in a list. **2** (*Giorn*) (*pubblicare*) to publish, to insert. **3** (*El,Tel*) to connect: *~ in parallelo* to connect in parallel, to shunt. **4** (*El*) (*mediante innesto*) to plug, to plug in; (*in circuito*) to join up, to put (sth.) in circuit. II *v.pron.* **inserirsi** **1** to enter, to get in. **2** (*integrarsi*) to integrate. ☐ (*Inform*) *~dati* to enter data.
inserito *a.* (*El*) **1** on, switched on. **2** (*rif. a una spina*) plugged in.
inserto *m.* **1** file, dossier. **2** (*fascicolo in giornali e sim.*) insert, supplement. **3** (*Abbigl*) insert. **4** (*Cin*) insert, (*colloq*) cut-in. ☐ (*Tip*) *~centrale* centre-fold.
inservibile *a.* unserviceable, useless, of no use (*posposto*).
inserviente *m./f.* **1** servant, attendant. **2** (*in un ufficio*) errand-boy (*f.* -girl), (*Am*) janitor.
inserzione *f.* **1** (*l'introdurre*) insertion, putting, fitting. **2** (*l'aggiungere*) adding, inserting. **3** (*Giorn*) insertion; (*annuncio*) announcement; (*pubblicità*) advertisement, (*colloq*) ad: *fare un'~ sul giornale* to put an advertisement in the paper. **4** (*Anat,Bot*) insertion. **5** (*El,Tel*) connection.
inserzionista I *m./f.* (*Giorn*) advertiser. II *a.* (*Giorn*) advertising: *ditte inserzioniste* advertising firms, advertisers.
inserzionistico (*pl.* **-ci**) *a.* newspaper (*attr.*), (newspaper) advertising: *pubblicità inserzionistica* newspaper advertising.
insettario *m.* insectarium, insectary.
insetticida I *a.* (*Chim*) insecticide (*attr.*), insecticidal, insect (*attr.*): *polvere ~* insect-powder. II *m.* (*Chim*) insecticide, insect-killer, pesticide. ☐ *~ spray* insect spray.
insettifugo (*pl.* **-ghi**) I *a.* insect-repellent. II *m.* insect repellent.
insettivori *m.pl.* (*Zool*) insectivores.
insettivoro *a.* insectivorous, insect-eating: *pianta insettivora* insectivorous plant.
insetto *m.* insect, (*Am*) bug. ☐ *insetto infestante* pest; *insetti nocivi* pests; (*Entom*)

insetto perfetto imago.
insicurezza *f.* **1** insecurity, instability. **2** (*incertezza*) uncertainty, unsureness.
insicuro *a.* **1** insecure, unstable. **2** (*incerto*) uncertain, unsure.
insidia *f.* **1** (*inganno*) trick, deception, deceit. **2** (*tranello*) snare: *tendere un'~ a qcu.* to set so. a trap, to lay a trap for so. **3** (*estens*) (*pericolo nascosto*) peril, (insidious) danger: *le insidie del mare* the perils of the sea. **4** (*fig*) (*allettamento*) lure, enticement.
insidiare (**insìdio, insìdi**) I *v.t.* to lay snares for, to lay traps for, to lie in wait for. II *v.i.* (*aus.* **avere**) **1** to attempt, to make an attempt (*a* on): *~ la vita di una persona* to make an attempt on so.'s life. **2** (*screditare*) to detract (*a* from). ☐ *~l'onore di qcu.* to undermine so.'s honour; *~una donna* to try to seduce a woman.
insidiosamente *avv.* insidiously.
insidioso *a.* **1** insidious, deceitful, cunning: *trappola insidiosa* cunning trap. **2** (*capzioso*) captious, tricky, insidious: *domanda insidiosa* tricky question, loaded question. **3** (*rif. a malattie*) insidious.
insieme I *avv.* **1** together: *i due volumi si vendono ~* the two volumes are sold together; *lavoriamo ~* we work together. **2** (*contemporaneamente*) at the same time: *terminare ~* to finish at the same time; *il film è istruttivo e ~ divertente* the film is instructive and at the same time entertaining. II *intz.* all together!, all together now! III *m.* **1** (*complesso*) whole: *giudicare dall'~* to judge as a whole. **2** (*Teat*) ensemble, cast, whole cast. **3** (*Abbigl*) (*completo*) outfit, ensemble. **4** (*servizio, assortimento*) set. **5** (*armonia, accordo*) harmony. **6** (*rif. a opera d'arte*) unity, composition; (*rif. a quadro, libro, edificio ecc.*) composition. **7** (*Mat*) set. ☐ *~ a: 1* (*contemporaneamente*) at the same time as; *2* (*in compagnia*) with, together with, along with; (*Mat*) *~chiuso* closed set; (*Mat*) *~complementare* complement; *~ con* with, together with, along with: *sono uscita ~ con mia madre* I went out with my mother; *d'~* overall, general: *visione d'~* overview, overall picture; (*Mat*) *~di Cantor* Cantor ternary set; (*Inform*) *~ di caratteri* character set; (*Mat*) *insiemi disgiunti* disjoint sets; (*Mat*) *~ limitato* bounded set; (*Mat*) *~limitato inferiormente* lower-bounded set; (*Mat*) *~limitato superiormente* upper-bounded set; *non sa mettere ~ due parole* he cannot express himself; *mettersi ~: 1* to get together, to join forces, to join up; *2* (*per un rapporto sentimentale*) to pair off; *nell'~* on the whole, as a whole; (*Mat*) *~ordinato* ordered set; *stare ~: 1* (*rif. a persone*) to be together; *2* (*rif. a coppia*) to be together; *3* (*rif. ad un gruppo di persone*) to keep together; *4* (*fig*) (*abbinarsi*) to go (well) together, to match: *due colori che non stanno bene ~* two colours which don't go well together, two colors that match; (*fig*)*tenere ~* to keep together, to hold together; *tutti ~* (*o tutti quanti ~*): 1 all together; *2* (*contemporaneamente*) all... at the same time, together: *parlavano tutti ~* they were all talking at the same time; *tutto ~: 1* (*in una volta*) in one go: *lo ha bevuto tutto ~* he drank it down in one go; *2* (*senza dividere*) as a unit; *tutto l'~* the whole lot, the whole thing: *è tutto l'~ che non va* the whole thing is wrong; (*Mat*) *insiemi uguali* equal sets; (*Mat*) *~vuoto* empty set, null set.
insiemistica *f.* (*Mat*) theory of sets, set theory.
insiemistico (*pl.* **-ci**) *a.* (*Mat*) set (*attr.*).
insigne *a.* **1** (*illustre*) distinguished, illus-

trious, eminent: *un ~ scienziato* a distinguished scientist. **2** (*famoso*) famous, renowned.

insignificante *a.* **1** (*senza significato*) meaningless: *parole insignificanti* meaningless words. **2** (*fig*) (*senza importanza, banale*) insignificant: *una perdita ~* an insignificant loss; *una persona ~* an insignificant person. **3** (*fig*) (*di nessun valore*) negligible, trifling: *errore ~* trifling error.

insignificanza *f.* insignificancy.

insignire (**insignisco, insignisci**) *v.t.* **1** (*rif. a onorificenze*) to decorate, to confer, to award: *~ qcu. di qcs.* to decorate so. with sth., to confer sth. on so., to award sth. to so. **2** (*di un titolo nobiliare*) to make: *~ qcu. del titolo di duca* to make so. a duke.

insilaggio, **insilamento** *m.* (*Agr*) ensilage.

insilare (**insilo**) *v.t.* (*Agr*) to ensile, to silo.

insilatrice *f.* (*Agr*) ensilage blower.

insincerità *f.* insincerity.

insincero *a.* insincere.

insindacabile *a.* unquestionable, indisputable, uncensurable: *l'operato della commissione è ~* the work of the committee is uncensurable.

insindacabilità *f.* unquestionableness, uncensurability.

insinuante *a.* **1** (*allusivo*) insinuating, insinuative, suggestive: *una domanda ~* insinuating question. **2** (*suadente, mellifluo*) ingratiating, saccharine: *voce ~* saccharine voice.

insinuare (**insinuo**) **I** *v.t.* **1** (*fare penetrare*) to slip, to insert, to slide, (*lett*) to insinuate: *~ la mano in una fessura* to slip one's hand into a crack. **2** (*fig*) (*immettere, instillare*) to instil, to insinuate: *~ un sospetto in qcu.* to instil suspicion into so.'s mind. **3** (*fig*) (*far credere*) to insinuate, to hint at: *che cosa stai insinuando?* what are you insinuating?, what are you hinting at? **II** *v.pron.* **insinuarsi 1** (*penetrare, infiltrarsi*) to penetrate, to creep. **2** (*rif. a liquidi*) to seep, to trickle, to filter: *l'acqua si era insinuata attraverso le fessure* the water had trickled through the cracks. **3** (*rif. a persona: inserirsi*) to slip, to slide: *insinuarsi tra la folla* to slip through the crowd. **4** (*furtivamente*) to creep, to sneak. **5** (*fig*) (*penetrare subdolamente*) to insinuate oneself, to creep: *insinuarsi nel cuore di qcu.* to insinuate oneself into so.'s affections; *il dubbio si insinuava nella sua mente* doubt crept into his mind.

insinuazione *f.* **1** insinuation. **2** (*allusione subdola*) insinuation, hint: *fare un'~ su qcs.* to make an insinuation about sth. □ (*Dir*) *~di un credito* proof of a debt in bankruptcy.

insipidezza *f.* **1** insipidity, tastelessness. **2** (*fig*) (*banalità*) dullness, insipidity, flatness.

insipido *a.* **1** (*non sufficientemente salato*) insipid, not salted enough. **2** (*senza gusto*) tasteless, insipid: *pietanza insipida* tasteless dish. **3** (*fig*) (*scialbo*) dull, insipid: *un racconto ~* a dull story.

insipiente *a.* **1** (*ignorante*) ignorant. **2** (*sciocco*) silly, foolish.

insipienza *f.* **1** (*ignoranza*) ignorance. **2** (*stoltezza*) silliness, foolishness.

insistente *a.* **1** (*petulante*) insistent, persistent, nagging: *richieste insistenti* insistent requests. **2** (*molesto*) annoying. **3** (*persistente, incessante*) incessant, unceasing, persistent: *febbre ~* persistent fever; *pioggia ~* incessant rain.

insistentemente *avv.* insistently, persistently.

insistenza *f.* **1** insistence. **2** (*continuità, durata ininterrotta*) persistence. □ *con ~* insistently.

insistere (*pres.ind.* **insisto**; *p.rem.* **insistéi/insistètti**; *p.p.* **insistito**; *aus.* **avere**) *v.i.* **1** to urge, to press, to insist: *~ presso qcu. perché faccia qcs.* to urge so. to do sth.; *insisto per essere ricevuto* I insist on being seen. **2** (*perseverare, persistere*) to persist, to persevere (*in, su* in): *~ nei propri propositi* to persist in one's aims. **3** (*ripetere*) to insist (*su* on): *ha insistito molto su questo punto* he insisted considerably on this point. **4** (*Geom*) to be subtended (*su* by). □ *~a dire che* to persist in saying that, to keep saying that; *~nel fare qcs.*: 1 to insist on doing sth.; 2 (*seguitare a fare qcs.*) to keep on doing sth.; *ti prego di non ~* please don't insist; *non voglio ~* I won't insist, I don't want to insist, I don't want to be insistent.

insito *a.* **1** (*innato*) innate, inborn (*in* in). **2** (*inerente*) inherent.

insoddisfacente *a.* unfulfilling, unsatisfactory.

insoddisfatto *a.* **1** unsatisfied (*di* with). **2** (*rif. a speranze e sim.*) unfulfilled.

insoddisfazione *f.* dissatisfaction.

insofferente *a.* intolerant, impatient (*di* of): *un carattere ~* an impatient disposition; *essere ~ di qcs.* to be unable to bear sth.

insofferenza *f.* intolerance, impatience: *~ di ogni costrizione* intolerance of restraint.

insoffribile *a.* (*rar*) unbearable, intolerable.

insolazione *f.* **1** (*esposizione ai raggi solari*) insolation (*anche Meteor.,Geol*). **2** (*Med*) sunstroke: *prendere un'~* to get sunstroke.

insolente I *a.* insolent, (*colloq*) cheeky, saucy. **II** *m./f.* insolent person, (*Br,colloq*) cheeky fellow.

insolentemente *avv.* insolently.

insolentire (**insolentisco, insolentisci**) **I** *v.i.* (*aus.* **essere/avere**) **1** (*aus.* **essere**) (*diventare insolente*) to become insolent. **2** (*aus.* **avere**) (*comportarsi insolentemente*) to be insolent, to be rude (*contro* to), to treat (so.) insolently. **II** *v.t.* to abuse, to insult.

insolenza *f.* **1** insolence, (*colloq*) cheek, cheekiness, (*colloq*) sauce. **2** (*parole insolenti*) insolent remark, rude remark.

insolitamente *avv.* unusually.

insolito *a.* **1** unusual: *avvenimento ~* unusual event. **2** (*strano*) strange, odd, peculiar.

insolubile *a.* **1** insoluble, unsolvable: *enigma ~* unsolvable riddle. **2** (*Chim*) insoluble.

insolubilità *f.* insolubility (*anche Chim*).

insoluto *a.* **1** unsolved, unsettled, unresolved: *problema ~* unsolved problem. **2** (*Comm*) unpaid, outstanding: *effetto ~* outstanding bill. **3** (*Chim*) undissolved.

insolvente *a.* (*Dir*) insolvent: *debitore ~* insolvent, insolvent debtor.

insolvenza *f.* (*Dir*) insolvency.

insolvibile *a.* (*Dir*) insolvent, bad: *debitore ~* insolvent, insolvent debtor.

insolvibilità *f.* (*Dir*) insolvency.

insomma I *avv.* **1** (*in conclusione*) in conclusion. **2** (*dunque*) well, then: *è chiaro ~?* is it clear, then? **3** (*in breve*) in short, in a word: *~, la questione è ancora insoluta* in short, the question is still unsettled. **II** *intz.* **1** (*allora*) well, well then. **2** (*infine*) for goodness' sake, for heaven's sake: *~, finiscila!* for heaven's sake, stop it!

insommergibile *a.* unsinkable.

insondabile *a.* unfathomable (*anche fig*).

insonne *a.* sleepless: *notti insonni* sleepless nights.

insonnia *f.* (*Med*) insomnia, sleeplessness: *soffrire d'~* to suffer from insomnia.

insonnolito *a.* sleepy, drowsy, half asleep (*pred.*).

insonorizzante I *a.* (*Acus*) sound-proof. **II** *m.* (*Acus*) sound-proof material.

insonorizzare (**insonorizzo**) *v.t.* (*Acus*) to sound-proof.

insonorizzato *a.* (*Acus*) sound-proof, sound- proofed.

insonorizzazione *f.* (*Acus*) sound-proofing, sound-insulation.

insopportabile *a.* unbearable, intolerable: *dolore ~* unbearable pain.

insopportabilità *f.* unbearableness, intolerableness.

insopportabilmente *avv.* unbearably.

insopprimibile *a.* insuppressible, unrestrainable.

insordire (**insordisco, insordisci**; *aus.* **essere**) *v.i.* (*rar*) to become deaf, to go deaf.

insorgente *a.* early, initial, arising: *complicazioni insorgenti* initial complications.

insorgenza *f.* onset, beginning.

insorgere (*pres.ind.* **insorgo, insorgi**; *p.rem.* **insorsi**; *p.rem.* **insorto**; *aus.* **essere**) *v.i.* **1** (*ribellarsi*) to rise, to rise up, to rebel, to revolt: *il paese insorse contro il nemico* the country rose up against the enemy. **2** (*manifestarsi improvvisamente*) to come up, to crop up, to turn up, to arise, to occur: *sono insorte varie difficoltà* various difficulties arose.

insormontabile *a.* unsurmountable, insuperable.

insormontabilità *f.* insurmountability.

insorsi → **insorgere**.

insorto I *a.* (*ribelle*) insurgent, rebel (*attr.*), rebellious: *popolazioni insorte* insurgent peoples. **II** *m.* (*f.* **-a**) insurgent, rebel.

insospettabile *a.* **1** beyond suspicion (*posposto*), above suspicion (*posposto*). **2** (*imprevedibile*) unsuspected, unexpected.

insospettabilità *f.* being above suspicion.

insospettato *a.* **1** unsuspected, not suspected. **2** (*imprevedibile*) unsuspected, unexpected.

insospettire (**insospettisco, insospettisci**) **I** *v.t.* to make suspicious, to arouse so.'s suspicions, to alert: *la sua reticenza insospettì il giudice* his reticence made the judge suspicious. **II** *v.i.* (*aus.* **essere**) to become suspicious, to get suspicious. **III** *v.pron.* **insospettirsi** to become suspicious, to get suspicious.

insostenibile *a.* **1** unsustainable, untenable: *la nostra posizione è ~* our position is untenable. **2** (*rif. a oneri e sim.*) that cannot be met: *spese insostenibili* expenses that cannot be met. **3** (*fig*) (*che non si può difendere*) untenable: *teoria ~* untenable theory. **4** (*insopportabile*) unbearable, unendurable: *angoscia ~* unbearable anguish.

insostenibilità *f.* **1** untenability. **2** (*intollerabilità*) unbearableness.

insostituibile *a.* irreplaceable: *un collaboratore ~* an irreplaceable assistant; *nessuno è ~* no one is indispensable.

insostituibilità *f.* irreplaceability.

insozzare (**insozzo**) **I** *v.t.* (*sporcare*) to dirty, to soil, to stain: *~ il pavimento* to dirty the floor. **2** (*fig*) (*macchiare*) to sully, to disgrace. **II** *v.pron.* **insozzarsi 1** (*sporcarsi*) to get dirty: *insozzarsi le mani* to get one's hands dirty. **2** (*fig*) (*macchiarsi*) to degrade oneself, to debase oneself.

insperabile *a.* **1** beyond expectation (*posposto*), beyond expectations (*posposto*). **2** (*insperato*) unhoped-for: *un esito ~* an unhoped-for result.

insperabilmente, **insperatamente** *avv.* unexpectedly.

insperato a. unhoped-for, unexpected, unlooked-for: *fortuna insperata* unexpected luck.

inspessimento m. thickening.

inspessire (inspessìsco, inspessìsci) I v.t. to thicken. **II** v.pron. **inspessirsi** to thicken, to become thicker.

inspiegabile a. inexplicable, unaccountable.

inspiegabilmente avv. inexplicably, unaccountably.

inspiegato a. unexplained.

inspirare (inspìro) v.t. to breathe in, to inhale: ~ *l'aria* to inhale air; ~ *ed espirare* to inhale and exhale, to inspire and expire, to breathe in and out.

inspiratori m.pl. (Anat) inspiratory muscles.

inspiratorio a. inspiratory: *fase inspiratoria* inspiratory phase.

inspirazione f. breathing in, inhalation, inspiration.

instabile a. **1** unstable, unsettled: *situazione* ~ unstable situation. **2** (malfermo) unstable, unsteady, wobbly. **3** (mutevole) variable, changeable, unstable: *fortuna* ~ changeable luck, uncertain luck. **4** (incostante: rif. a persona) unstable, inconstant, fickle. **5** (Meteor,Ling,Fis) unstable: *equilibrio* ~ unstable equilibrium, unstable balance.

instabilità f. **1** instability, unstableness, unsteadiness; (mutevolezza) variability, changeability, instability; (incostanza) inconstancy, fickleness, instability. **2** (Fis, Meteor) instability.

instabilmente avv. unstably, unsteadily.

installare (instàllo) I v.t. **1** (insediare) to install: *è stato installato nella sua carica* he has been installed in his post. **2** (sistemare in un alloggio) to settle, to install: ~ *un ospite in un albergo* to settle a guest in a hotel. **3** (collocare e montare) to install, to set up: ~ *un frigorifero* to install a refrigerator. **4** (Inform) to install: ~ *un programma* to install a program. **II** v.pron. **installarsi 1** (alloggiare) to settle, to settle in, to settle down, to install oneself. **2** (rif. a cariche) to install oneself (in office). □ ~ *l'impianto del gas* to install the gas; ~ *l'impianto elettrico in una casa* to wire a house.

installatore m. (f. **-trice**) (operaio) installer, fitter.

installazione f. (Tecn) **1** installation (anche Inform): *l'~ del telefono* the installation of the telephone. **2** (impianto) installation, plant: ~ *termica* heating plant, heating system. □ (Inform) ~ *automatica* automatic installation; (Inform) ~ *guidata* guided installation; ~ *radar* radar installation.

instancabile a. **1** tireless, indefatigable, untiring: *operaio* ~ indefatigable worker. **2** (estens) (incessante) unremitting, incessant.

instancabilità f. tirelessness, indefatigability.

instancabilmente avv. tirelessly, indefatigably.

instaurare (instàuro) I v.t. **1** to institute, to establish, to set up: ~ *la repubblica* to set up the republic. **2** (fig) (introdurre) to introduce, to bring in: ~ *nuovi gusti* to introduce new tastes. **II** v.pron. **instaurarsi** to start, to begin.

instauratore m. (f. **-trice**) establisher, founder.

instaurazione f. **1** institution, establishment, setting up. **2** (fig) (introduzione) introduction.

insterilire → isterilire.

instillare (instìllo) v.t. to instil (anche fig).

instillazione f. **1** (Med) instillation. **2** (fig,

poet) instilling.

instituire → istituire.

instradare (instràdo) I v.t. **1** to route, to direct, to set on the road. **2** (inoltrare) to send on, to forward. **3** (rif. a merci) to dispatch. **4** (fig) (avviare) to set on the way, to start, to start off. **5** (dare corso) to start (sth.) on its way. **II** v.pron. **instradarsi** to get started, to be on one's way.

instradatore m. (Inform) router.

instupidire → istupidire.

insù I avv. up, upwards. **II** a. upward. □ *all'*~ up, upwards: *guardare all'*~ to look up; *ragazzi da dieci anni* ~ boys of ten and up, boys of ten and over.

insubordinato a. **1** insubordinate. **2** (estens) (indisciplinato) unruly, undisciplined, insubordinate.

insubordinazione f. **1** insubordination (anche Mil). **2** (atto di insubordinazione) act of insubordination (anche Mil).

insuccesso m. failure, (colloq) flop: *l'~ dell'impresa* the failure of the undertaking.

insudiciare (insùdicio, insùdici) I v.t. **1** (sporcare) to dirty, to soil; (macchiare) to stain. **2** (fig) (macchiare) to defile, to besmirch: ~ *l'onore di qcu.* to besmirch so.'s honour. **II** v.pron. **insudiciarsi 1** to get dirty, to get oneself dirty, to dirty oneself. **2** (fig) (macchiarsi) to defile oneself.

insufficiente a. **1** insufficient, scanty: *i viveri erano insufficienti* provisions were insufficient; *razione* ~ scant ration. **2** (inadeguato) inadequate, insufficient: *spiegazione* ~ inadequate explanation. **3** (Scol) below standard, unsatisfactory; (rif. a voti) low, failing.

insufficientemente avv. insufficiently.

insufficienza f. **1** (scarsità) insufficiency, shortage, scarcity, deficiency, scantiness: ~ *delle aule scolastiche* shortage of classrooms. **2** (inadeguatezza) inadequacy, insufficiency: ~ *di mezzi* inadequacy of means. **3** (Scol) (voto insufficiente) below average grade, D: *ha preso un'~ in matematica* he got a D in maths. **4** (Med) insufficiency. □ (Med) ~ *cardiaca* cardiac insufficiency; (Med) ~ *coronarica* coronary insufficiency; (Dir) ~ *di prove* insufficient evidence (costr.sing.), lack of evidence; (Med) ~ *epatica* hepatic insufficiency; (Med) ~ *respiratoria* respiratory insufficiency.

insufflare (insùfflo) v.t. **1** (soffiare dentro) to insufflate, to blow into. **2** (soffiare sopra) to insufflate, to blow on. **3** (Med) to insufflate. **4** (fig) (ispirare) to inspire.

insufflatore m. (Med) insufflator.

insufflazione f. insufflation (anche Med).

insulare a. insular, island (attr.): *clima* ~ insular climate.

insularità f. insularity.

insulina f. (Chim) insulin.

insulinico (pl. **-ci**) a. (Chim) insulin (attr.): *terapia insulinica* insulin therapy.

insulinismo m. (Med) insuline intolerance.

insulinoterapia f. (Med) insulin treatment.

insulsaggine f. **1** (rif. a cose) flatness, dullness, silliness. **2** (rif. a persone) insipidity, dullness. **3** (cosa insulsa) inanity, nonsense.

insulsamente avv. insipidly, inanely.

insulso a. **1** (rif. a cose) flat, dull: *una barzelletta insulsa* a flat joke, a wet joke. **2** (sciocco) inane, silly: *discorsi insulsi* inane remarks, nonsense. **3** (rif. a persone) insipid, dull.

insultante a. insulting: *parole insultanti* insulting words.

insultare (insùlto) v.t. to insult, to abuse, to

affront: ~ *un superiore* to insult a superior; ~ *la memoria di qcu.* to insult so.'s memory.

insulto m. **1** (ingiuria) insult, affront, abuse: *mi lanciò un* ~ *atroce* he hurled (o flung) a terrible insult at me. **2** (Med) insult. □ *l'~ del tempo* the ravages of time.

insuperabile a. **1** (insormontabile) insuperable, insurmountable: *difficoltà insuperabili* insurmountable difficulties. **2** (ineguagliabile) unsurpassable, unequalled, insuperable. **3** (che non si può oltrepassare) impassable, insuperable: *un'~ catena di montagne* an impassable mountain range.

insuperabilità f. insuperability, insurmountability.

insuperato a. **1** unsurpassed. **2** (fig) unsurpassed, matchless: *gloria insuperata* matchless glory.

insuperbire (insuperbìsco, insuperbìsci) I v.t. to make proud, to make haughty: *tante lodi lo hanno insuperbito* all that praise has made him haughty. **II** v.i. (aus. **essere**) to grow proud, to get proud, to become haughty (di about, over). **III** v.pron. **insuperbirsi** to grow proud, to get proud, to become haughty (di about, over).

insurrezionale a. insurrectionary, insurrectional, of revolt (posposto): *tentativo* ~ attempted revolt.

insurrezione f. insurrection, rising, uprising, revolt: ~ *armata* armed rising.

insussistente a. **1** (inesistente) non-existent, inexistent: *pericolo* ~ non-existent danger. **2** (infondato) groundless, baseless, unfounded: *sospetti insussistenti* groundless suspicions.

insussistenza f. **1** non-existence, inexistence: *l'~ di un fatto* the inexistence of a fact. **2** (infondatezza) groundlessness, baselessness, lack of foundation: *l'~ di un'accusa* the baselessness of an accusation.

int. (Tel) interno extn (extension).

intabaccare (intabàcco, intabàcchi) v.t. to stain with tobacco, to soil with tobacco.

intabarrare (intabàrro) I v.t. **1** to wrap in a cloak. **2** (imbacuccare) to wrap up, to muffle up. **II** v.pron. **intabarrarsi 1** to wrap oneself in one's cloak. **2** (imbacuccarsi) to wrap up, to wrap oneself up, to muffle up, to muffle oneself up.

intaccabile a. **1** (che può essere alterato) corrodible (da by), susceptible (da to): *metallo* ~ *dalla ruggine* metal corrodible by rust. **2** (fig) (che può essere leso) damageable, that may be harmed.

intaccare (intàcco, intàcchi) I v.t. **1** to notch, to make notches in: ~ *il legno* to make notches in wood. **2** (corrodere, alterare) to corrode, to eat into, to eat away: *la ruggine intacca il metallo* rust corrodes metal. **3** (rif. a malattie: colpire) to affect, to damage. **4** (ridurre, sottrarre una parte) to break into, to cut into, to eat into, to dip into, to draw on: ~ *i risparmi* to dip on one's savings. **5** (fig) (pregiudicare) to damage, to injure, to impair: ~ *la fama di qcu.* to damage so.'s reputation. **6** (fig) (sciupare) to spoil. **II** v.i. (aus. **avere**) (incepparsi nel parlare) to stutter, to stammer.

intaccatura f. **1** (tacca) notch, nick, indentation, dent. **2** (Fal) notch; (fatta con un'accetta) kerf.

intacco (pl. **-chi**) m. **1** notch, nick. **2** (ammaccatura) dent.

intagliare (intàglio, intàgli) v.t. **1** (incidere) to carve, to cut: ~ *il legno* to carve wood. **2** (rif. a metallo, pietre) to engrave, to incise. **3** (nel ricamo) to cut out.

intagliato a. **1** (inciso: rif. a legno e sim.)

carved, cut. **2** (*rif. a metallo, pietra*) engraved, incised, chiselled.

intagliatore *m.(f.* **-trice**) **1** (*rif. a legno e sim.*) carver, cutter. **2** (*rif. a pietra*) stone cutter, cutter, inciser, chiseller. **3** (*rif. a metallo*) (metal) engraver, inciser. ☐ ~ *di pietre preziose* gem cutter; ~*in legno* wood carver.

intaglio *m.* **1** (*rif. a legno e sim.*) carving, cutting. **2** (*rif. a metallo, pietra*) engraving, incision. **3** (*tacca*) notch, nick.

intanarsi (**mi intàno**) *v.pron.* (*rar*) **1** (*rif. ad animali: rintanarsi*) to hide in one's den, to hide in one's hole, to hide in one's burrow, to lair. **2** (*rif. a persone*) to hide, to hide away, to conceal oneself.

intangibile *a.* **1** intangible, untouchable. **2** (*fig*) (*inviolabile*) inviolable: *diritti intangibili* inviolable rights.

intangibilità *f.* **1** untouchability, intangibility. **2** (*fig*) (*inviolabilità*) inviolability.

intanto *avv.* **1** meantime, meanwhile, in the meantime, in the meanwhile: *preparati, io ~ finisco questa lettera* you get ready, in the meantime I'll finish this letter. **2** (*colloq*) (*invece*) while, but, whereas: *io lavoro e voi ~ vi divertite* I work while you amuse yourselves. **3** (*resta il fatto che*) the fact remains that, anyway: *dica ciò che vuole, ~ ho vinto io* he can say what he likes, but the fact remains that I won. ☐ ~ *che* while: ~ *che mangi, io faccio una telefonata* while you're eating I'll make a phone call; *e ~* in the meantime: *e ~ tutto va male* and in the meantime everything is going wrong.

intarlare (**intàrlo**) **I** *v.i.* (*aus.* **essere**) to be worm-eaten, to become worm-eaten. **II** *v.pron.* **intarlarsi** to be worm-eaten, to become worm-eaten.

intarlato *a.* worm-eaten.

intarlatura *f.* worm-hole.

intarsiare (**intàrsio, intàrsi**) *v.t.* (*Tecn,Fal*) to inlay: ~ *una cassapanca di madreperla* to inlay a chest with mother-of-pearl.

intarsiato *a.* (*Tecn,Fal*) inlaid: *tavolino ~ di avorio* table inlaid with ivory, ivory inlaid table.

intarsiatore *m.* (*f.* **-trice**) inlayer.

intarsio *m.* **1** (*Fal*) (*arte*) inlaying, marquetry. **2** (*Fal*) (*opera intarsiata*) inlaid work, inlay, marquetry: *lavori di ~* inlaid work. **3** (*Dent,Tess*) inlay.

intasamento *m.* stopping, stopping up, stoppage, clogging, block, blockage, obstruction: ~ *del traffico* traffic jam, traffic block.

intasare (**intàso**) **I** *v.t.* **1** to stop up, to block, to clog, to obstruct, to choke, to choke up: ~ *un tubo* to clog a pipe. **2** (*Strad*) to obstruct, to jam, to block. **II** *v.pron.* **intasarsi** to become obstructed, to become stopped, to become clogged, to be blocked, to be choked.

intasato *a.* **1** (*Strad*) congested, jammed. **2** (*rif. a naso*) stuffed.

intasatura *f.* stopping, stoppage, clogging, block, blockage, obstruction.

intascare (**intàsco, intàschi**) *v.t.* **1** to pocket, to put in one's pocket: ~ *la ricompensa* to pocket the reward. **2** (*Mar*) to roll up; (*rif. a bandiera*) to furl.

intatto *a.* **1** (*intero, non manomesso*) intact, whole, entire, complete: *sigillo ~* intact seal, unbroken seal. **2** (*illeso*) intact, uninjured, undamaged. **3** (*incontaminato*) unsullied, unblemished: *onore ~* unsullied honour. **4** (*rar*) (*rif. a donna: vergine*) virginal. **5** (*non toccato*) untouched.

intavolare (**intàvolo**) *v.t.* to start, to begin, to enter into, to initiate: ~ *trattative* to enter into negotiations.

intavolato *m.* **1** (*assito*) partition. **2** (*Edil*) (*pavimento di tavole*) plank floor. **3** (*Edil*) (*parete ricoperta di tavole*) wainscot, panelled wall.

intavolatura *f.* (*Mus*) tablature.

integerrimo (*sup. di* **integro**) *a.* absolutely honest, absolutely upright.

integrabile *a.* integrable (*anche Mat*).

integrafo *m.* (*Mat*) integraph.

integrale I *a.* **1** integral, total, complete, entire: *rinnovamento ~* complete renewal. **2** (*non ridotto*) unabridged, uncut: (*Edit*) *edizione ~* unabridged edition. **3** (*Mat*) integral: *calcolo ~* integral calculus. **4** (*Alim*) wholemeal (*attr.*). **II** *m.* (*Mat*) integral.

integralismo *m.* **1** (*Pol*) integralism. **2** (*Rel*) fundamentalism.

integralista I *m./f.* **1** (*Pol*) integralist. **2** (*Rel*) fundamentalist. **II** *a.* **1** (*Pol*) integralist. **2** (*Rel*) fundamentalist.

integralistico *a.* **1** (*Pol*) integralist. **2** (*Rel*) fundamentalist.

integralmente *avv.* integrally, entirely, totally, in full.

integrante *a.* integral, integrant, integrating: *parte ~* integral part.

integrare (*integro*) **I** *v.t.* **1** to integrate, to complete: ~ *la teoria con la pratica* to integrate theory with practice. **2** (*rif. a personale e sim.*) to bring up to strength, to supplement. **3** (*Mat,Sociol*) to integrate. **II** *v.pron.* **integrarsi** (*inserirsi*) to integrate.

integrativo *a.* supplementary, integrative, integrating: *pensione integrativa* supplementary pension.

integrato *a.* integrated.

integratore *m.* integrator (*anche Mat*). ☐ ~*alimentare* dietary supplement; ~*glucidico* glucose supplement; ~ *proteico* protein supplement.

integrazione *f.* **1** integration, completion. **2** (*Mat,Econ,Psic*) integration. **3** (*Sociol*) integration. ☐ (*Econ*) ~*orizzontale* horizontal integration; (*Pol*) ~ *razziale* racial integration; (*Fis*) ~ *su larga scala* large scale integration; (*Econ*) ~ *verticale* vertical integration.

integrazionismo *m.* (*Pol*) integrationism.

integrazionista I *m./f.* racial integrationist, integrationist. **II** *a.* racial integration (*attr.*), for racial integration.

integrazionistico (*pl.* **-ci**) *a.* racial integration (*attr.*), for racial integration (*posposto*): *movimento ~* movement for racial integration.

integrità *f.* **1** (*totalità*) entirety, integrity, completeness, wholeness: *la faccenda va considerata nella sua ~* the matter must be considered in its entirety, the matter must be considered as a whole. **2** (*fig*) (*rettitudine*) integrity, uprightness, honesty.

integro (*sup.* **integèrrimo**) *a.* **1** (*intero*) integral, complete, whole. **2** (*fig*) (*onesto*) upright, strictly honest.

intelaiare (**intelàio, intelài**) *v.t.* **1** (*mettere sul telaio*) to mount on a frame, to stretch on a frame, to frame: ~ *la stoffa per un ricamo* to stretch fabric on a frame for embroidery. **2** (*Tess*) to mount on a loom, to stretch on a loom. **3** (*Tecn*) to assemble, to set up.

intelaiatura *f.* **1** frame. **2** (*fig*) (*struttura*) framework, structure. **3** (*Edil*) frame, framework, fabric. **4** (*Fal*) framework; (*di finestra o porta a vetri*) sash, frame. **5** (*l'intelaiare*) framing. ☐ ~ *dell'ombrello* umbrella frame; ~ *di sostegno*: 1 (*Mar*) cradle; 2 (*Aer*) outrigger; ~ *in legno* timber frame.

intelare *v.t.* (*Sart*) to back.

intellettivo *a.* intellective, intellectual: *po-*

tere ~ intellective power.

intelletto *m.* **1** intellect, mind (*anche estens*): *comprendere con l'~* to understand with one's mind; *è uno dei migliori intelletti del nostro secolo* he is one of the best minds of our century. **2** (*Teol*) intelligence.

intellettuale I *a.* **1** intellectual: *facoltà ~* intellectual faculty. **2** (*rif. a persona*) intellectual, (*colloq,iron*) highbrow, (*Am,iron*) egg-headed. **II** *m./f.* intellectual, (*colloq,iron*) highbrow, (*Am,iron*) egghead. ☐ ~*organico* organic intellectual

intellettualismo *m.* intellectualism (*anche Filos*).

intellettualista *m./f.* intellectualist (*anche Filos*).

intellettualistico (*pl.* **-ci**) *a.* intellectualistic.

intellettualità *f.* **1** intellectuality, intellectualism. **2** (*gli intellettuali*) intellectuals *pl.*, brains *pl.*

intellettualizzare (**intellettualìzzo**) *v.t.* to intellectualize.

intellettualizzazione *f.* intellectualization.

intellettualmente *avv.* intellectually.

intellettualoide I *m./f.* would-be intellectual. **II** *a.* pseudo-intellectual.

intellezione *f.* (*Filos*) intellection.

intelligente *a.* **1** intelligent: *l'uomo è un essere ~* man is an intelligent being. **2** (*sagace, perspicace*) intelligent, bright, clever, (*colloq*) smart: *un ragazzo svogliato, ma ~* a lazy but bright boy.

intelligentemente *avv.* intelligently, cleverly.

intelligenza *f.* **1** intelligence. **2** (*abilità*) cleverness. **3** (*sagacia, perspicacia*) shrewdness, sagacity. **4** (*uomo intelligente*) intellect, brain, mind. **5** (*lett*) (*comprensione*) understanding, comprehension. **6** (*rar*) (*accordo, intesa*) intelligence: ~ *con il nemico* intelligence with the enemy. ☐ (*Inform*) ~ *artificiale* artificial intelligence.

intellighenzia *f.* intelligentsia.

intelligibile I *a.* intelligible, comprehensible, understandable: *teoria ~* intelligible theory. **II** *m.* (*Filos*) intelligible.

intelligibilità *f.* intelligibility, comprehensibility, understandability.

INTELSAT *Consorzio internazionale per le telecomunicazioni via satellite* INTELSAT (International Telecommunications Satellite Consortium).

intemerata *f.* (*ant*) **1** scolding, lecture, rebuke: *fare un'~ a qcu.* to give so. a lecture. **2** (*discorso lungo e noioso*) rigmarole.

intemerato *a.* (*ant*) unblemished, blameless: *vita intemerata* blameless life.

intemperante *a.* intemperate, immoderate: *un uomo ~* an intemperate man; *linguaggio ~* immoderate language. ☐ *essere ~ nel mangiare* to overeat, to be a glutton.

intemperanza *f.* intemperance, excess. ☐ ~ *nel bere* drinking to excess; ~ *nel mangiare* overeating.

intemperie *f.pl.* bad weather (*costr.sing.*), inclement weather (*costr.sing.*): *le ~ hanno provocato molti danni* the bad weather has caused great damage.

intempestivamente *avv.* **1** inopportunely, unseasonably, untimely. **2** (*inopportunamente*) inappropriately, unsuitably.

intempestività *f.* **1** untimeliness, unseasonableness: *l'~ di un provvedimento* the untimeliness of a measure, the untimeliness of an action. **2** (*l'essere inopportuno*) inappropriateness, unsuitableness, awkwardness: *l'~ di una domanda* the awkwardness of a question.

intempestivo a. 1 untimely, unseasonable: *proposta intempestiva* untimely proposal. 2 (*inopportuno*) inappropriate, unsuitable, awkward: *reazione intempestiva* unsuitable reaction.

intendente m./f. intendant. □ ~ *di finanza* provincial finance officer, provincial revenue officer.

intendenza f. intendancy (*anche Stor*). □ ~ *di finanza* Revenue Office, Finance Office.

intendere (*pres.ind.* **intèndo**; *p.rem.* **intési**; *p.p.* **intéso**) I *v.t.* 1 (*capire*) to understand, (*colloq*) to get it into one's head: *la vuoi ~, sì o no?* will you get it into your head or not? 2 (*voler significare*) to mean: *intendevo tutt'altro* I meant something else. 3 (*sentire, udire*) to hear: *hai inteso l'ultima?* have you heard the latest? 4 (*interpretare*) to interpret, to understand. 5 (*dar retta*) to listen to, to heed: *non intende consigli* he won't heed advice, he won't listen to advice, he won't take advice. 6 (*pensare*) to think, to see, to look at: *io non la intendo come te* I see things differently, I look at things differently, I don't agree with you, I don't share your point of view. 7 (*avere intenzione*) to intend, to mean: *non intendevo farti male* I didn't mean to hurt you. 8 (*volere*) to mean, to wish, to want: *che cosa intendi dire?* what do you mean? 9 (*esigere*) to insist, to mean: *intendo essere ubbidito* I will be obeyed, I mean to be obeyed. II *v.r.recipr.* **intendersi** 1 (*accordarsi*) to reach an agreement, to reach an understanding, to come to an agreement, to come to an understanding, to come to terms, to agree: *intendersi sulle condizioni di pagamento* to agree on (o as to) the terms of payment. 2 (*rif. ad accordi illeciti*) to have an understanding, to have an agreement. 3 (*capirsi*) to understand each other: *vedo che cominciamo a intenderci* I see we're beginning to understand each other. 4 (*andare d'accordo*) to get on, to get along: *s'intendono a meraviglia* they get on splendidly. III *v.pron.* **intendersi** (*essere competente*) to be a good judge (*di* of), to be a connoisseur (*di* of), to be an expert (*di* on): *s'intende di musica* he is an expert on music. □ *intendimi bene* look here, hear me out; *dare a ~ qcs. a qcu.* to let so. believe sth.; *darla a ~ a qcu.* to lead so. to believe, to get so. to swallow; *fare ~ qcs. a qcu.* to give so. to understand sth., to let so. see sth.; *farsi ~* to make oneself understood; *intendersela con qcu.*: 1 (*avere una relazione amorosa*) to have an affair with so.; 2 (*spreg*) (*rif. a intese segrete o illecite*) to have an understanding with so.; *intendiamoci!* mind you!, let this be quite clear!; (*colloq*) *intesi!* agreed!, fine!, O.K.!; *lasciare ~* to hint (*qcs.* at sth.); *non ~ ragione* to refuse to listen to reason: *non intende ragione* he refuses to listen to reason, he won't listen to reason; *s'intende!* of course!, naturally!, certainly!; *s'intende che* it goes without saying that, of course: *s'intende che verrai* it goes without saying that you'll be coming, of course you'll be coming.

intendimento m. 1 (*intenzione*) intention. 2 (*intelligenza*) intelligence, understanding.

intenditore m. (*f.* **-trice**) connoisseur (*di* of), good judge (*di* of), expert (*di* on): ~ *di vini* connoisseur of wines, wine connoisseur.

intenerimento m. 1 softening. 2 (*fig*) (*compassione*) emotion, compassion, sympathy.

intenerire (**intenerìsco, intenerìsci**) I *v.t.* 1 to soften, to make tender. 2 (*rif. a carne*) to

tenderize. 3 (*fig*) (*muovere a pietà*) to move, to move to pity, to touch, to touch the heart of. II *v.pron.* **intenerirsi** 1 to become tender, to become soft, to soften. 2 (*fig*) (*commuoversi*) to be moved, to be touched (*a* by): *s'intenerì alle sue lacrime* he was moved by her tears.

intensamente avv. intensely.

intensificare (**intensìfico, intensìfichi**) I *v.t.* 1 to intensify. 2 (*aumentare*) to increase, to step up: ~ *la produzione* to step up production. 3 (*rendere più frequente*) to make more frequent. II *v.pron.* **intensificarsi** 1 (*divenire più intenso*) to intensify, to become more intense. 2 (*aumentare*) to increase, to be stepped up: *il lavoro si è intensificato* work has increased. 3 (*divenire più frequente*) to become more frequent: *gli attacchi si sono intensificati* the attacks have become more frequent.

intensificazione f. 1 intensification (*di* of). 2 (*aumento*) increase (*di* in).

intensità f. 1 intensity, strength: *l'~ del desiderio* the intensity of desire. 2 (*rif. a colori*) intensity, brightness, depth. 3 (*Fis,Statist*) intensity. □ *con ~* intensely, strongly; *desiderare qcs. con ~* to long for sth.; (*Fis*) ~ *di campo* field intensity, field strength; (*Fis*) ~ *di suono* sound intensity; (*Fis*) ~ *luminosa* luminous intensity, candle power.

intensivamente avv. intensively.

intensivo a. intensive (*anche Agr,Ling*).

intenso a. 1 (*forte*) intense, strong: *freddo ~* intense cold; *profumo ~* strong perfume. 2 (*violento*) intense, violent, acute: *dolore ~* intense pain, acute pain. 3 (*penetrante*) intense, searching: *sguardo ~* intense look, searching look. 4 (*rif. a colori*) intense, strong; (*cupo*) deep.

intentabile a. (*Dir*) that may be proceeded upon, that may be taken to court.

intentare (**intènto**) *v.t.* (*Dir*) to bring, to start. □ (*Dir*) ~ *un'azione* to bring an action, to start proceedings; (*Dir*) ~ *un processo contro qcu.* to bring an action against so., to institute proceedings against so.; (*Dir*) ~ *una causa contro qcu.* to bring an action against so., to institute proceedings against so.

intentato a. unattempted, untried. □ *non lasciare nulla di ~* to leave no stone unturned, to try everything.

intento[1] a. 1 intent (*a* on, upon), absorbed (*a* on), concentrating (*a* on): *essere ~ ad ascoltare* to be absorbed in listening. 2 (*occupato*) busy: *essere ~ a scrivere* to be busy writing.

intento[2] m. 1 (*scopo*) purpose, aim, goal: *raggiungere un ~* to achieve a purpose. 2 (*tentativo*) attempt: *morì nell'~ di salvarlo* he died in the attempt to rescue him. 3 (*intenzione*) intention, intent: *con l'~ di nuocere* with the intention of doing harm.

intenzionale a. 1 intentional, deliberate. 2 (*Dir*) wilful.

intenzionalità f. 1 deliberateness. 2 (*Dir*) wilfulness. 3 (*Filos*) intentionality.

intenzionalmente avv. intentionally, deliberately, on purpose.

intenzionato a. intending, inclined; (*nei composti*) -intentioned: *bene ~* well-intentioned; *male ~* ill-disposed, ill-intentioned. □ *essere ~ a fare qcs.* to intend to do sth.

intenzione f. 1 intention: *ho l'~ di passare le vacanze in montagna* I intend to spend my holidays in the mountains, it is my intention to spend my holidays in the mountains. 2 (*fine*) intention: *avere buone intenzioni* to have good intentions; *avere cattive intenzio-*

ni to have evil intentions. 3 (*finalità*) aim, purpose, end. 4 (*Dir*) intent, purpose. □ *con ~* intentionally, on purpose, deliberately; (*Dir*) ~ *criminosa* (o ~ *delittuosa*) malicious intent; *essere ~ di qcu.* to be so.'s intention, to intend: *è mia ~ aiutarlo* I mean to help him, I intend to help him; (*Dir*) ~ *fraudolenta* fraudulent intention; *non era nelle mie intenzioni offenderti* I did not mean to offend you; (*Dir*) ~ *omicida* intent to kill; *senza ~* unintentionally.

interagente a. interactive.

interagire (**interagìsco, interagìsci**; *aus.* avere) *v.i.* to interact.

interalleato a. inter-allied: *patto ~* inter-allied pact.

interamente avv. entirely, wholly, completely, quite.

interarme a.inv. (*Mil*) interservice (*attr.*).

interasse m. (*Aut*) axle base, wheel base.

interatomico (*pl.* **-ci**) a. (*Fis*) interatomic.

interattivamente avv. interactively.

interattività f. interactivity (*anche Inform*).

interattivo a. interactive (*anche Inform*): *terminale ~* interactive terminal; *televisione interattiva* interactive television; *programma ~* interactive program; *grafica interattiva* interactive graphics.

interaziendale a. between firms (*posposto*), inter-company (*attr.*): *accordo ~* agreement between firms.

interazione f. interaction (*anche Fis*).

interbancario m. (*Econ*) interbank (*attr.*): *prestiti interbancarii* interbank loans.

interbase I m./f. (*Sport*) (*giocatore*) short stop. II f. (*Sport*) (*posizione*) short stop.

interbellico (*pl.* **-ci**) a. interwar (*attr.*).

interblocco a. (*Tecn*) interblock.

intercalare[1] I a. intercalary, intercalated: *mese ~* intercalary month. II m. (*parola ripetuta*) pet phrase, pet word, stock phrase.

intercalare[2] (**intercàlo**) *v.t.* 1 to intercalate, to insert, to interpolate: ~ *al testo tavole sinottiche* to insert synoptic tables into the text. 2 (*fig*) to insert, to slip, to put (*a* in).

intercalato a. intercalated.

intercalazione f. insertion, interpolation, intercalation.

intercambiabile a. interchangeable (*anche Mecc*).

intercambiabilità f. interchangeability (*anche Mecc*).

intercapedine f. 1 (*Edil*) space, air space, hollow space, interspace. 2 (*Mar*) cofferdam.

intercedere (*pres.ind.* **intercèdo**; *p.rem.* **intercedéi/intercedètti**; *p.p.* **intercedùto** /*lett* **intercèsso**; *aus.* avere) *v.i.* to intercede, to plead: ~ *in favore di qcu. presso il tribunale* to go before the court on so.'s behalf, to plead with the court on so.'s behalf, to intercede for so. before the court.

intercellulare a. (*Biol*) intercellular.

intercessione f. intercession: *per ~ di qcu.* through so.'s intercession.

intercessore m. (*f.* **interceditrìce**) intercessor.

intercettamento m. 1 interception (*anche Mil*). 2 (*Tel*) tapping, wire-tapping, (*colloq*) bugging. 3 (*Sport*) tackling, interception.

intercettare (**intercètto**) *v.t.* 1 to intercept: *il nemico ha intercettato i rifornimenti* the enemy has intercepted the supplies. 2 (*Tel*) to tap, to intercept. □ (*Sport*) ~ *il pallone* to intercept the ball; (*Idr*) ~ *una tubazione* to shut off a pipeline.

intercettatore I m. (*f.* **-trice**) interceptor (*anche Aer.mil*). II a. interceptive, intercepting: (*Aer.mil*) *caccia ~* interceptor. □ (*colloq*) ~ *telefonico* tapping device, bug.

intercettazione *f.* **1** interception (*anche Mil*): *l'~ di un messaggio* the interception of a message. **2** (*Tel*) tapping, wire-tapping, (*colloq*) bugging. **3** (*Sport*) tackling, interception. ☐ *~ ambientale* room surveillance, (*colloq*) room bugging; (*Inform*) *~ degli errori* error trapping.

intercettore *m.* (*Aer*) interceptor.

intercity /inter'siti/ *m.inv.* (*Ferr*) inter-city.

interclassismo *m.* (*Sociol*) political theory or practice promoting or incorporating the collaboration between social classes.

interclassista **I** *m./f.* (*Sociol*) advocate of collaboration between social classes. **II** *a.* (*Sociol*) advocating collaboration between social classes.

interclassistico (*pl.* **-ci**) *a.* (*Sociol*) interclass (*attr.*), supporting the interclass movement (*posposto*).

intercolunnio *m.* (*Arch*) intercolumnation, intercolumniation.

intercomunale *a.* intercity (*attr.*), intermunicipal.

intercomunicante *a.* communicating, intercommunicating: *stanze intercomunicanti* (inter)communicating rooms.

interconfederale *a.* **1** between confederations. **2** (*rif. a sindacato*) inter-union: *patto ~ inter-union* agreement.

interconfessionale *a.* (*Rel*) interconfessional, interdenominational.

interconfessionalismo *m.* (*Rel*) interdenominationalism.

interconnessione *f.* interconnection (*anche El*).

interconnesso *a.* interconnected (*anche El*).

interconnettere (*pres.ind.* **interconnètto**; *p.rem.* **interconnettéi**; *p.p.* **interconnèsso/ interconnésso**) **I** *v.t.* to interconnect (*anche El*). **II** *v.pron.* **interconnettersi** (*Inform*) to interconnect.

interconsonantico (*pl.* **-ci**) *a.* (*Ling*) interconsonantal.

intercontinentale *a.* intercontinental.

intercooler /inter'kuler/ *m.inv.* (*Aut*) intercooler.

intercorrente *a.* **1** intervening. **2** (*Med*) intercurrent.

intercorrentizio *a.* (*Pol*) between political groups.

intercorrere (*pres.ind.* **intercórro**; *p.rem.* **intercórsi**; *p.p.* **intercórso**; *aus.* **essere**) *v.i.* **1** (*rif. a tempo*) to elapse, to pass, to intervene (*tra* between): *diversi anni intercorsero tra i due avvenimenti* several years elapsed (*o* passed) between the two events; *negli anni che intercorsero* in the intervening years, in the years between. **2** (*rif. a cose*) to lie (*tra* between), to be (*tra* between): *tra i due giardini intercorre una siepe* there is a hedge between the two gardens. **3** (*distare*) to be apart: *fra i pilastri intercorrono sei metri* the pillars are six metres apart. **4** (*esserci*) to be, to exist: *tra le due ditte sono sempre intercorsi buoni rapporti* there have always been good relations between the two firms.

intercostale *a.* (*Anat*) intercostal: *dolore ~ intercostal* pain, (*colloq*) stitch in one's side.

intercultura *f.* cross-culture.

interculturale *a.* cross-cultural.

interdentale *a.* **1** (*Dent*) interdental: *filo ~ dental* floss. **2** (*Ling*) interdental.

interdetto[1] → **interdire** **I** *a.* **1** (*proibito*) forbidden, prohibited. **2** (*sbalordito*) dumbfounded, speechless. **3** (*sconcertato*) disconcerted, nonplussed. **4** (*Dir*) interdicted, debarred, disqualified (*da* from). **II** *m.* (*f.* **-a**) (*Dir*) interdicted person, debarred person,

---

interdict.

interdetto[2] *m.* (*Dir.can,Dir.rom*) interdict: *lanciare l'~ contro una città* to lay a town under an interdict.

interdigitale *a.* (*Anat*) interdigital.

interdipendente *a.* interdependent.

interdipendenza *f.* interdependence.

interdire (*pres.ind.* **interdìco**, **interdìci**; *p.rem.* **interdìssi**; *p.p.* **interdétto**) *v.t.* **1** (*proibire*) to forbid, to interdict: *~ a qcu. di fare qcs.* to forbid so. to do sth. **2** (*Dir*) to disqualify, to interdict, to disqualify, to interdict: *~ a qcu. di fare qcs.* to disqualify so. from doing sth., to interdict sth. to so. **3** (*Dir.can,Mil*) to interdict. **4** (*Mar*) to blockade: *~ un porto* to blockade a port; (*per ragioni sanitarie*) to close a port. ☐ (*Dir*) *~ dai pubblici uffici* to ban from holding public offices; (*Dir*) *fare ~ qcu.* to have so. disqualified.

interdisciplinare *a.* interdisciplinary.

interdisciplinarità *f.* interdisciplinarity.

interdistrettuale *a.* (*Tel*) between telephone areas.

interdizione *f.* **1** (*divieto*) prohibition, interdict, interdiction. **2** (*Dir*) disqualification, restraint, interdiction, debarment: *~ giudiziale* judicial restraint, interdiction. ☐ (*Dir*) *~ da una professione* debarment from a profession; (*Dir*) *~ dai pubblici uffici* disqualification from holding public office.

interessamento *m.* **1** interest (*per* in): *non ha alcun ~ per lo studio* he has no interest in study(ing). **2** (*sollecitudine*) concern, interest. **3** (*partecipazione a un dolore*) sympathy. **4** (*intervento*) good word, intervention: *ha avuto il posto grazie all'~ di un parente* he got the job through (*o* thanks to) a good word (put in) by a relative.

interessante *a.* **1** interesting: *un film molto ~ a* very interesting film. **2** (*affascinante*) interesting, attractive.

interessare (**interèsso**) **I** *v.t.* **1** to interest: *un libro che mi ha interessato molto* a book which greatly interested me. **2** (*riguardare*) to affect, to concern, to involve: *l'aumento interesserà tutti gli statali* the increase will affect all government employees. **3** (*essere nell'interesse*) to be in the interest of, to concern: *la difesa della libertà interessa tutti* the defence of freedom concerns everyone. **4** (*stare a cuore*) to matter to, to be of concern to, to be concerned about (*costr.pers.*): *la sua sorte interessa tutti* we are all concerned about his fate. **5** (*far prendere interesse*) to interest, to arouse interest in: *bisogna ~ i giovani alla lettura* we must interest young people in reading. **6** (*Comm*) (*cointeressare*) to give a share, to give an interest to, to share with: *~ qcu. agli utili* to share profits with so. **7** (*far intervenire*) to get interested (*a* in), to draw attention (*a* to): *ho interessato il ministro al tuo caso* I have got the Minister interested in your case. **II** *v.i.* (*aus.* **essere**) **1** (*importare*) to interest (*a* qcu. so.), to be of interest (*to* so.): *non m'interessano le tue chiacchiere* your gossip does not interest me. **2** (*riguardare*) to concern (*a qcu.* so.). **3** (*essere nell'interesse*) to be in the interest (*a* of). **4** (*stare a cuore*) to matter (*a* to), to care about (*costr.pers.*): *so che questo ragazzo t'interessa molto* I know that this boy matters to you, I know that you care about this boy very much. **III** *v.pron.* **interessarsi** **1** to be interested (*a* in), to take an interest (*a* in): *s'interessava molto al mio racconto* he was very interested in my story. **2** (*prendersi cura*) to take care (*di* of), to care (*di* for), to see (*di* to): *il governo si interesserà alla sorte degli alluvionati* the government will take care of

---

the flood victims. **3** (*adoperarsi*) to take up (*a qcs.* sth.), to go (*a* into), to interest oneself (*a* in), to busy oneself (*a* with): *si è interessato personalmente della tua pratica* he has taken a personal interest in your case. **4** (*attendere, occuparsi*) to have an interest, to be interested (*di, a* in): *interessarsi di numismatica* to have an interest in coin collecting, to be interested in coin collecting. **5** (*impicciarsi*) to interfere (*di* in); (*in frasi negative*) to mind (sth.): *non interessarti dei fatti miei* don't interfere in my affairs, (*colloq*) mind your own business.

interessato **I** *a.* **1** interested (*a* in), concerned (*a* with, about). **2** (*mosso da interesse*) interested, selfish. **3** (*Comm*) having an interest in, having a share in: *essere ~ in un'azienda* to have an interest in a business. **II** *m.* (*f.* **-a**) (*burocr*) interested party, party concerned, person concerned: *tutti gli interessati* all those concerned; *a tutti gli interessati* to whom it may concern.

interesse *m.* **1** interest (*per* in): *avere ~ per qcs.* to have an interest in sth.; *ha un grande ~ per le scienze* he has a great interest in science. **2** (*sollecitudine*) interest, concern: *dimostra molto ~ per i bambini* he takes a great interest in children. **3** (*utilità, vantaggio*) interest, advantage: *lo dico nel tuo ~* I am saying it in your own interest; *agire contro i propri interessi* to act against one's own interests. **4** (*tornaconto, guadagno*) profit, advantage, money: *fa tutto per ~* he does everything for profit, he does everything for money; *litigare per motivi d'~* to quarrel over money; *non ho nessun ~ a tacere* I have nothing to gain from keeping silent. **5** *pl.* (*affari*) interests, affairs: *badare agli interessi di qcu.* to look after so.'s interests. **6** (*attrattiva*) interest: *ho letto un articolo di grande ~* I read an article of great interest. **7** (*Econ*) interest. ☐ (*Econ*) *prestare denaro a ~* to lend money at interest; *prendere denaro a ~* to borrow money at interest; (*Econ*) *interessi accumulati* interest due; *~ acquisito* vested interest; (*Econ*) *interessi arretrati* arrears of interest, back interest (*costr.sing.*); *~ bancario* bank interest; (*Econ*) *~ composto* compound interest; (*Econ*) *con ~* interest-bearing; (*Econ*) *interessi consolidati* consolidated interest (*costr.sing.*); *~ creditore* credit interest; (*Econ*) *~ debitore* debit interest; (*Econ*) *~ del tre per cento* three per cent interest; (*Econ*) *dare il 10% di ~* to bear an interest of ten percent, to carry an interest of ten percent; *interessi di famiglia* family business (*costr.sing.*), family affairs; *interessi di mora* interest (*costr.sing.*) on delayed payment; (*Econ*) *~ fisso* fixed interest, fixed rate of interest; (*Econ*) *~ legale* legal interest; (*Econ*) *interessi maturati* accrued interest (*costr.sing.*); *d'~ mondiale* of world-wide interest; *agire nell'~ di qcu.* to act in so.'s interest, to act on so.'s behalf; *essere nell'~ di qcu.* to be to so.'s advantage, to be in so.'s interest: *non è nel mio ~* I've nothing to gain from it, I've nothing to get out of it, there's nothing in it for me; *nell'~ del paese* in the country's best interest, in the interest of the country; *nell'~ di tutti* in the interest of everyone, in everyone's best interest; (*Econ*) *~ passivo* debt interest; *agire per ~ personale* to act out of personal interest; (*Econ*) *senza ~* interest-free.

interessenza *f.* (*Comm*) **1** profit-sharing, share, share of the profits. **2** (*nelle vendite*) percentage on sales.

interetnico (*pl.* **-ci**) *a.* inter-ethnic, between ethnic communities (*posposto*): *confine ~ in-*

ter-ethnic border.

intereuropeo *a.* inter-European.

interezza *f.* **1** entirety, wholeness. **2** (*completezza*) completeness.

interfaccia (*pl.* **-ce**) *f.* (*Inform*) interface. □ (*Inform*) ~ *a icone* icon interface; (*Inform*) ~ *grafica* graphics interface; (*Inform*) ~ *parallela* parallel interface; (*Inform*) ~ *seriale* serial interface; (*Inform*) ~ *utente* user interface.

interfacciabile *a.* (*Inform*) that can be interfaced, interfaceable.

interfacciare (**interfàccio**) *v.t.* (*Inform*) to interface.

interfacoltà **I** *f.* (*Univ*) student council. **II** *a.* (*Univ*) from more than one faculty (*posposto*), concerning more than one faculty (*posposto*).

interfase *f.* (*Biol*) interphase.

interfederale *a.* **1** between federations (*posposto*). **2** (*rif. a federazioni sindacali*) interunion (*attr.*), between unions (*posposto*), between trade-unions (*posposto*).

interferenza *f.* **1** (*Tecn,Ling*) interference. **2** (*fig*) interference, meddling (*in in*, with). □ (*Acus*) ~ *da eco* echo talker; (*Elettron*) ~ *di eterodina* heterodyne whistle; (*TV*) ~ *di immagine* image interference; (*Rad*) ~ *nella ricezione* interference; (*Rad*) *senza interferenze* interference-free, noise-free.

interferenziale *a.* (*Fis*) interferential.

interferire (**interferìsco, interferìsci**; *aus.* **avere**) *v.i.* **1** (*Tecn*) to interfere with, to interfere in. **2** (*fig*) (*intervenire*) to interfere (*in* in, with), to meddle (*in* in, with): ~ *negli affari altrui* to interfere in other people's business.

interferometria *f.* (*Ott*) interferometry.

interferometro *m.* (*Ott*) interferometer.

interferon, interferone *m.* (*Biol*) interferon.

interfogliare (**interfòglio, interfògli**) *v.t.* (*Legat*) to slipsheet, to interleave.

interfogliatura *f.* (*Legat*) interleaving.

interfoglio *m.* (*Legat*) slipsheet, interleaf.

interfoliare (**interfòlio, interfòli**) *v.t.* (*Legat*) to slipsheet, to interleave.

interfono *m.inv.* (*Tel*) interphone, (*colloq*) intercom.

interforze *a.inv.* (*Mil*) interservice (*attr.*).

intergalattico (*pl.* **-ci**) *a.* intergalactic.

interglaciale *a.* (*Geol*) interglacial.

intergovernativo *a.* (*Gramm*) intergovernmental.

interiettivo *a.* (*Gramm*) interjectional.

interiezione *f.* (*Gramm*) interjection.

interim *m.* **1** (*tempo*) interim, interval. **2** (*incarico*) interim office. □ *ad ~* interim, ad interim: *ministro ad ~* Minister ad interim.

interinale *a.* (*provvisorio*) interim (*attr.*), ad interim (*posposto*), temporary, acting: *amministratore ~* acting administrator; *lavoro ~* temporary work; *agenzia di lavoro ~* temporary agency, (*colloq*) temp agency.

interinato *m.* **1** interim, temporary period of office. **2** (*ufficio di un interino*) temporary office, office ad interim.

interino *m.* **1** substitute. **2** (*rif. a medico*) locum, locum tenens.

interiora *f.pl.* **1** (*di animali*) entrails. **2** (*scherz*) (*di persone*) bowels, (*scherz*) innards.

interiore **I** *a.* **1** (*interno*) inside, inner, internal, interior. **2** (*fig*) (*spirituale*) inner, inward, interior: *vita ~* inner life, spiritual life. **II** *m.* inside, interior.

interiorità *f.* **1** interiority. **2** (*vita interiore*) spiritual life, spirituality, inner nature.

interiorizzare (**interiorìzzo**) *v.t.* to interiorize.

interiorizzazione *f.* interiorization.

interiormente *avv.* **1** internally, inside. **2** (*fig*) (*nell'intimo*) inwardly.

interista **I** *m.* (*giocatore*) Inter F.C. player. **II** *m./f.* (*tifoso*) Inter (F.C.) fan. **III** *a.* Inter F.C. (*attr.*).

interlinea *f.* **1** (*Tip*) (*spazio tra due righe*) line spacing, space between lines, spacing. **2** (*Tip*) (*lamina metallica*) lead. **3** (*Edit*) leading.

interlineare[1] *a.* interlinear, between the lines (*posposto*): *spazio ~* interlinear space; *nota ~* interlinear annotation.

interlineare[2] (**interlìneo**) *v.t.* (*Tip*) **1** (*spaziare le righe di un dattiloscritto*) to space. **2** (*scrivere fra riga e riga*) to interline.

interlineatura *f.* (*Tip*) **1** (*rif. a dattiloscritto*) spacing. **2** (*tra riga e riga*) interlineation.

interlingua *f.* (*Ling*) interlingua.

interlinguistica *f.* (*Ling*) interlinguistics (*costr.sing.*).

interlinguistico (*pl.* **-ci**) *a.* (*Ling*) interlinguistic.

interlocutore *m.* (*f.* **-trice**) interlocutor, person one is talking to.

interlocutorio *a.* interlocutory (*anche Dir*).

interloquire (**interloquìsco, interloquìsci**; *aus.* **avere**) *v.i.* **1** (*intervenire*) to join in a conversation, to have one's say, to put in a word or two. **2** (*interrompendo un discorso*) to interrupt, (*colloq*) to butt in, to chime in: *interloquisce sempre a sproposito* he is always butting in with silly remarks. **3** (*Dir,ant*) to issue an interlocutory sentence.

interludio *m.* (*Mus*) interlude (*anche estens*).

interlunio *m.* (*Astr*) (*novilunio*) interlunation, interlunar period.

intermascellare *a.* (*Anat*) intermaxillary.

intermediario **I** *a.* intermediary. **II** *m.* (*f.* **-a**) **1** intermediary, go-between. **2** (*fra contendenti*) mediator. **3** (*Comm,Econ*) intermediary, broker. □ (*Econ*) ~ *di borsa* floor broker; (*Econ*) ~ *di cambio* foreign exchange broker; *fare da ~*: **1** to act as a go-between; **2** (*fra contendenti*) to mediate.

intermediazione *f.* (*Comm,Econ*) intermediation, mediation, brokerage. □ (*Econ*) ~ *finanziaria* financial brokerage.

intermedio **I** *a.* **1** intermediate, intervening: *periodo di tempo ~* intermediate stage; (*Geog*) *punti intermedi* intermediate points. **2** (*Chim*) intermediate. **II** *m.* (*Chim*) intermediate.

intermezzo *m.* **1** (*Mus,Lett*) intermezzo. **2** (*Teat*) (*intervallo teatrale*) interval.

interminabile *a.* interminable, endless, never-ending: *un lavoro ~* an endless job.

interministeriale *a.* interministerial.

intermittente *a.* intermittent (*anche El*).

intermittenza *f.* intermittence. □ *a ~* intermittent; (*Med*) ~ *del polso* intermittence of the pulse.

intermodale *a.* intermodal.

intermodulazione *f.* (*Tel*) intermodulation.

intermolecolare *a.* (*Chim,Fis*) intermolecular.

internalizzare (**internalìzzo**) *v.t.* internalize.

internalizzazione *f.* internalization. □ (*Econ,Sociol*) ~ *dei costi* (o ~ *dei costi esterni*) cost internalization.

internamente *avv.* **1** internally, inside. **2** (*fig*) (*nel proprio intimo*) inwardly, innerly: *soffrire ~* to suffer inwardly.

internamento *m.* **1** (*Med*) commitment (to a mental home). **2** (*Dir*) internment.

internare (**intèrno**) **I** *v.t.* **1** (*Med*) to commit (to a mental home). **2** (*Dir*) to intern. **II** *v.pron.*

internarsi **1** (*addentrarsi*) to penetrate. **2** (*allontanarsi dalla costa*) to go inland. **3** (*rar,fig*) to go deeply (*in* into), to examine

thoroughly (*in qcs.* sth.).

internato[1] **I** *a.* **1** (*Med*) committed (to a mental home). **2** (*Dir*) interned. **II** *m.* (*f.* **-a**) inmate (of a mental home). **2** (*Dir*) internee.

internato[2] *m.* **1** (*Scol*) boarding school. **2** (*Univ,Med*) internship, period as a house officer.

internauta *m./f.* (*Inform*) internet surfer, net surfer, web surfer, navigator, internet navigator.

internazionale **I** *a.* international: *conferenza ~* international conference; (*Sport*) *incontro ~* international match; *uno scrittore di fama ~* an internationally renowned writer. **II** *f.* **1** (*movimento*) International (Working Men's Association). **2** (*inno*) Internationale, Internationale.

internazionalismo *m.* (*Pol,Econ*) internationalism.

internazionalista *m./f.* (*Pol,Econ*) internationalist.

internazionalistico (*pl.* **-ci**) *a.* (*Pol,Econ*) internationalist, internationalistic.

internazionalità *f.* internationality.

internazionalizzare (**internazionalìzzo**) *v.t.* to internationalize.

internazionalizzazione *f.* internationalization. □ ~ *di un conflitto* internationalization of a conflict.

Internet *m.inv.* (*Inform*) Internet. □ *su ~* on the Internet.

Internet café *m.inv.* Internet café.

internettiano *a.* (*Inform*) Internet (*attr.*).

internista *m./f.* (*Med*) internist, specialist in internal medicine.

interno (*compar.* **più intèrno/interiòre**, *sup.* **ìntimo**) **I** *a.* **1** inside, inner, interior, internal: *porta interna* inner door; *medicina interna* internal medicine. **2** (*rif. a stati*) internal, home (*attr.*), domestic: *una questione di sicurezza interna* a question of internal security; *il mercato ~* the home market. **3** (*fig*) (*che concerne l'animo*) inner, inward: *dolore ~* inner sorrow. **4** (*Geog*) inland: *mari interni* inland seas. **5** (*Scol*) boarding. **II** *m.* **1** inside, interior: *l'~ di una casa* the interior of a house. **2** (*fodera*) lining: *cappotto con ~ di pelliccia* coat with a fur lining, fur-lined coat. **3** (*numero della porta di un appartamento*) (*Br*) flat, flat number, (*Am*) apartment, apartment number. **4** (*Pitt*) interior: *un bravo pittore di interni* a good painter of interiors. **5** (*Fot,Cin*) interior, indoor shot, studio shot: *girare gli interni* to shoot the interiors. **6** (*Tel*) extension, extension number. **7** (*Scol*) boarder. **8** (*Univ*) intern, interne. **9** (*Sport*) inside forward. □ *all'~*: **1** (*dentro*) inside, on the inside; **2** (*al chiuso*) indoor, indoors; **3** (*nel territorio nazionale*) home, at home: *all'~ e all'estero* home and abroad, at home and abroad; *all'~ di* on the inside of, inside; (*colloq*) *l'~ cosce* the inner thighs (*pl.*); *dall'~* from the inside; *più ~* innermost; (*Tel*) ~ *telefonico* extension.

internodio *m.* (*Bot*) internode.

internunziatura *f.* (*Rel.catt*) internuncioship.

internunzio *m.* (*Rel.catt*) internuncio.

intero **I** *a.* **1** whole, entire: *una pagnotta intera* a whole loaf; *gli ho restituito l'intera somma* I paid him back the entire amount; *l'intera verità* the whole truth. **2** (*intatto*) intact, unbroken. **3** (*rif. a tempo*) whole, entire, full: *un'ora intera* a full hour, a whole hour. **4** (*rif. a spazio*) whole, entire: *ho visitato l'~ paese* I visited the whole country. **5** (*non ridotto*) full: *biglietto ~* full fare. **6** (*Mat*) whole: *numeri interi* integers, whole numbers. **II** *m.* **1** whole: *le parti che costituiscono* *l'*~ the parts which make up the whole. **2** (*Mat*) integer, whole number. ☐ *l'intera* **giornata** the whole day; *per* ~ in full, fully, entirely: *ti ho raccontato l'accaduto per* ~ I have given you a full account of the event.

interoceanico (*pl.* **-ci**) *a.* interoceanic.

interosseo *a.* (*Anat*) interosseous.

interparietale *a.* (*Anat*) interparietal.

interparlamentare *a.* (*Pol*) interparliamentary: *unione* ~ interparliamentary union.

interparticellare *a.* (*Fis*) interparticle.

interpartitico (*pl.* **-ci**) *a.* (*Pol*) interparty (*attr.*): *accordo* ~ interparty agreement.

interpellante *a./f.* (*Pol*) interpellation.

interpellanza *f.* (*Pol*) interpellation: *presentare un'* ~ *alla Camera* to make an interpellation in the Chamber.

interpellare (**interpèllo**) *v.t.* **1** (*chiedere consiglio*) to consult: ~ *un avvocato* to consult a solicitor. **2** (*Pol*) to interpellate: ~ *il governo* to interpellate the Government.

interpersonale *a.* interpersonal: *comunicazione* ~ interpersonal communication.

interplanetario *a.* interplanetary, between planets: *viaggi interplanetari* interplanetary travel.

Interpol I *Polizia internazionale* Interpol (International police). **II** *f.* Interpol.

interpolare (**intèrpolo**) *v.t.* (*Filol,Mat*) to interpolate.

interpolato *a.* (*Filol,Mat*) interpolated.

interpolatore *m.* (*f.* **-trice**) interpolater.

interpolazione *f.* (*Filol,Mat*) interpolation.

interporre (*pres.ind.* **interpóngo, interpóni**; *p.rem.* **interpósi**; *p.p.* **interpósto**) I *v.t.* to interpose: ~ *ostacoli* to interpose obstacles, to place obstacles in the way, to set obstacles in the way. **II** *v.pron.* **interporsi** **1** (*porsi nel mezzo*) to come between, to interpose oneself. **2** (*intervenire*) to intervene. **3** (*fare da mediatore*) to mediate.

interporto *m.* terminal.

interposizione *f.* **1** interposition. **2** (*mediazione*) mediation, intervention.

interposto → **interporre** *a.* interposed, intervening. ☐ *per interposta persona* by means of a third party.

interpretabile *a.* interpretable, that can be interpreted.

interpretare (**intèrpreto**) *v.t.* **1** to interpret, to explain: ~ *un passo* to interpret a passage. **2** (*attribuire un significato*) to interpret: *come* ~ *il suo gesto?* how should his gesture be interpreted?; ~ *un sogno* to interpret a dream. **3** (*farsi interprete*) to interpret, to give voice to: ~ *i desideri di qcu.* to interpret so.'s wishes. **4** (*Teat,Cin,Mus*) to play, to interpret. ☐ ~ *male le parole di qcu.* to misinterpret so.'s words.

interpretariato *m.* interpreting: *scuola di* ~ school for interpreters.

interpretativo *a.* **1** interpretive, interpretative, explanatory. **2** (*rif. ad attore*) acting: *capacità interpretativa* acting ability.

interpretazione *f.* **1** interpretation: ~ *estensiva della legge* broad interpretation of the law. **2** (*traduzione*) interpretation. **3** (*Teat, Cin*) acting, interpretation, performance. **4** (*Mus*) rendering, interpretation. ☐ ~ *consecutiva* consecutive interpretation; ~ *critica* critical rendering; ~ *dei sogni* interpretation of dreams; ~ *della Bibbia* interpretation of the Bible; ~ *della legge* interpretation of the law; ~ *evolutiva* evolutionary interpretation; ~ *personale* personal interpretation; ~ *simultanea* simultaneous interpretation.

interprete *m./f.* **1** interpreter. **2** (*Teat,Cin*) actor, performer. **3** (*Mus*) interpreter, perform-

er. ☐ ~ *consecutivo* consecutive interpreter; ~ *di conferenza* conference interpreter; *fare da* ~ to act as interpreter; (*fig*) *farsi* ~ *di qcs. presso qcu.* to express sth. to so.; *farsi* ~ *dei sentimenti di qcu.* to express so.'s feelings, to voice so.'s feelings, to speak for so.; ~ *parlamentare* parliamentary interpreter; ~ *simultaneo* simultaneous interpreter.

interprofessionale *a.* interprofessional.

interprovinciale *a.* interprovincial.

interpungere (*pres.ind.* **interpùngo, interpùngi**; *p.rem.* **interpùnsi**; *p.p.* **interpùnto**) *v.t.* to punctuate.

interpunzione *f.* (*Gramm*) punctuation: *segni di* ~ punctuation marks.

interramento *m.* **1** burying, interment. **2** (*rif. a seme*) sowing. **3** (*il colmare di terra*) filling in, filling up (with earth). **4** (*il ricoprire di terra*) covering (with earth).

interrare (**intèrro**) I *v.t.* **1** to bury, to inter: *il cane ha interrato un osso* the dog has buried a bone. **2** (*rif. a seme*) to sow, to plant. **3** (*sistemare sotto terra: rif. a cavi e sim.*) to lay underground. **4** (*coprire di terra*) to cover with earth. **II** *v.pron.* **interrarsi 1** to fill up (with earth). **2** (*rif. a porti e sim.*) to silt up, to get silted up, to become silted up.

interrato I *a.* **1** (*colmato di terra*) filled in. **2** (*rif. a bacino e sim.*) silted up. **3** (*coperto di terra*) covered with earth. **4** (*sistemato nel terreno*) buried, interred. **5** (*Mil*) entrenched, dug in: *batteria interrata* dug-in battery. **6** (*sotto terra*) underground: *cavo interrato* underground cable. **II** *m.* (*piano interrato*) basement.

interraziale, interrazziale *a.* interracial, interrace (*attr.*).

interregionale *a.* interregional.

interregno *m.* interregnum.

interrelazione *f.* interrelation, interrelationship.

interrogante *m./f.* **1** questioner, interrogator. **2** (*Parl*) interpellant.

interrogare (**intèrrogo, intèrroghi**) I *v.t.* **1** to question, to interrogate, to examine: ~ *qcu. intorno a qcs.* to question so. about sth.; *sono stato interrogato in latino* I was questioned in Latin, I was examined in Latin. **2** (*fig*) (*esaminare*) to look into, to search, to examine: ~ *il proprio cuore* to search one's heart. **3** (*consultare*) to consult: ~ *l'oracolo* to consult the oracle. **4** (*Dir*) to interrogate, to question; (*rif. a testimoni*) to examine, to cross-examine. **II** *v.pron.* **interrogarsi** to wonder (*su* about).

interrogativa *f.* (*Gramm*) interrogative sentence.

interrogativamente *avv.* questioningly, interrogatively.

interrogativo I *a.* **1** questioning, enquiring, interrogative: *mi guardò con occhi interrogativi* he gave me a questioning look. **2** (*Gramm*) interrogative. **II** *m.* **1** (*domanda*) question: *la scienza pone sempre nuovi interrogativi* science is always asking new questions. **2** (*fig*) (*cosa misteriosa, ignota*) mystery; (*persona incomprensibile*) enigma.

interrogatorio I *a.* interrogatory, interrogative, questioning: *tono* ~ interrogatory tone; *espressione interrogatoria* questioning expression. **II** *m.* **1** interrogation, questioning, close questioning. **2** (*Dir*) interrogation, questioning; (*rif. a testimoni*) examination: *subire un* ~ to be questioned. ☐ (*Dir*) ~ *di terzo grado* third degree.

interrogazione *f.* **1** interrogation, questioning. **2** (*domanda*) question, query. **3** (*Scol*) oral examination, oral test. **4** (*Dir*) in-

terrogation, questioning; (*rif. a testimoni*) examination, cross-examination. **5** (*Inform*) query.

interrompere (*pres.ind.* **interrómpo**; *p.rem.* **interrùppi**; *p.p.* **interrótto**) I *v.t.* **1** to interrupt, to break off, to break up, to break: ~ *la conversazione* to interrupt the conversation, to break off the conversation; ~ *il viaggio* to break one's journey. **2** (*rif. a elettricità, ad acqua ecc.*) to cut off, to disconnect. **3** (*sospendere*) to suspend, to stop, to break off, to leave off: ~ *il lavoro* to stop work. **II** *v.pron.* **interrompersi 1** to stop, to break off, to interrupt oneself: *interrompersi nel racconto* to break off one's story. **2** (*rif. a cose*) to be disconnected, to be cut off, to be interrupted: *la corrente si è interrotta* the current has been cut off. **3** (*essere interrotto*) to be discontinued, to be stopped, to stop. ☐ (*Tel*) ~ *una comunicazione telefonica* to cut off a phone call.

interrotto → **interrompere** *a.* **1** interrupted, broken, discontinued: *con voce interrotta* in a broken voice. **2** (*rif. a strada*) blocked; (*per lavori*) up (*posposto*). **3** (*impedito, troncato*) cut, cut off, broken off: *comunicazione interrotta* call that is cut off.

interruppi → **interrompere**.

interruttore *m.* (*El*) switch. ☐ (*El*) ~ *a levetta* tumbler switch; (*El*) ~ *a mercurio* mercury switch; (*El*) ~ *a pedale* pedal switch, foot switch; (*El*) ~ *a pulsante* push-button switch, press switch; (*El*) ~ *automatico* automatic cut-out, automatic breaker; (*El*) ~ *di accensione* ignition switch.

interruzione *f.* **1** (*l'interrompere*) interruption, interrupting. **2** (*l'interrompersi*) breaking off, stopping. **3** (*sospensione*) break, stop, stoppage, cut. **4** (*pausa*) pause. **5** (*il venire meno, mancanza*) interruption, suspension. **6** (*nel funzionamento*) breakdown; (*El*) black-out. ☐ (*Med*) ~ *della gravidanza* : 1 (*spontanea*) miscarriage; 2 (*procurata*) abortion: ~ *volontaria della gravidanza* voluntary termination of pregnancy; (*Sport*) ~ *di gioco* suspension of the game, suspension of play; (*Inform*) ~ *di pagina* page break; *senza* ~ uninterruptedly, without a break.

interscambiabile *a.* interchangeable.

interscambio *m.* **1** (*Econ*) exchange. **2** (*Strad*) intersection. **3** (*scambio di informazioni ecc.*) exchange: ~ *culturale* cultural exchange.

intersecare (**intèrseco, intèrsechi**) I *v.t.* to intersect (*anche Geom*). **II** *v.r.recipr.* **intersecarsi 1** to intersect, to cross, to cut across each other. **2** (*Geom*) to intersect.

intersessuale *a.* (*Biol*) intersexual.

intersessualità *f.* (*Biol*) intersexuality.

intersettoriale *a.* intersectorial.

intersezione *f.* **1** (*Mat*) intersection. **2** (*incrocio*) junction, intersection.

intersiderale *a.* intersideral.

INTERSIND *Sindacato delle aziende a partecipazione statale* (Union of industries in which the state has a share or investment interest).

intersindacale *a.* interunion (*attr.*), between trade unions (*posposto*).

interspinale *a.* (*Anat*) interspinal.

interstellare *a.* (*Astr*) interstellar.

interstiziale *a.* interstitial (*anche Anat*): *spazio* ~ interstitial space; *cellule interstiziali* interstitial cells.

interstizio *m.* **1** interstice, narrow space, space. **2** (*fessura*) crack.

interstrutturale *a.* interstructural.

intertempo *m.* (*Sport*) half time.

intertesto *m.* intertext.

intertestualità *f.* intertextuality.

intertrigine *f.* (*Med*) intertrigo.

intertropicale *a.* (*Geog*) intertropical.

interurbana *f.* (*Tel*) (*Br*) trunk call, (*Am*) long-distance call.

interurbano *a.* **1** interurban, between towns (*posposto*). **2** (*Tel*) trunk (*attr.*), long-distance (*attr.*): *rete interurbana* (*Br*) trunk network, (*Am*) long-distance network.

intervallare (**intervàllo**) *v.t.* to space, to space out, to alternate.

intervallo *m.* **1** (*rif. a spazio*) space, gap, distance. **2** (*rif. a tempo*) interval, break: *a intervalli regolari* at regular intervals. **3** (*pausa*) pause, break; (*nelle aziende*) break; (*in Inghilterra*) tea break; (*negli Stati Uniti*) coffee break: *fare un ~* to take a break. **4** (*Teat*) (*a teatro*) interval, (*Am*) intermission. **5** (*Scol*) break. **6** (*Mat,Mus*) interval: *un ~ di un tono* a whole-tone interval. **7** (*Tip*) space. □ (*Mus*) ~ *aumentato* augmented interval; (*Elettron*) ~ *di frequenza* frequency interval; (*Mus*) ~ *diminuito* diminished interval; *intervalli lucidi* lucid intervals; *a intervalli ravvicinati* in quick succession; *a intervalli regolari* at regular intervals.

interveniente *m./f.* (*Dir*) intervener, intervenor.

intervenire (*pres.ind.* **intervèngo, interviè-ni**; *p.rem.* **intervénni**; *p.p.* **intervenùto**; *aus.* **essere**) *v.i.* **1** (*intromettersi*) to intervene, to interfere, to meddle: ~ *in una discussione* to intervene in a dispute. **2** (*partecipare*) to take part, to participate (*a in*). **3** (*assistere*) to attend (*a qcs.* sth.), to be present (*a qcs.* at): ~ *a un ricevimento* to attend a reception. **4** (*rif. a polizia e sim.*) to take action, to step in. **5** (*parlare in un dibattito, convegno ecc.*) to talk, to take the floor. **6** (*Pol*) to intervene. **7** (*Chir*) to operate. □ *fare ~ la polizia* to bring the police on the scene, to involve the police; ~ *in favore di qcu.* to take so.'s side, to stand up for so.; *intervenite numerosi!* we hope that a large number of you will come!

interventismo *m.* (*Pol,Econ*) interventionism.

interventista I *m./f.* (*Pol,Econ*) interventionist. II *a.* (*Pol,Econ*) of intervention (*posposto*), interventionist (*attr.*).

interventistico (*pl.* **-ci**) *a.* (*Pol,Econ*) of intervention (*posposto*), interventionist (*attr.*).

intervento *m.* **1** intervention, interposition: *l'~ della polizia nei disordini* police intervention in the disorders; *chiedere l'~ della polizia* to call in the police. **2** (*cambiamento*) change. **3** (*intrusione*) interference. **4** (*partecipazione*) participation; (*presenza*) presence, attendance: *con l'~ di* in the presence of. **5** (*Pol,Econ,Sport*) intervention. **6** (*Chir*) operation: ~ *chirurgico* surgical operation. □ ~ *a favore di qcu.* intervention on so.'s behalf; (*Pol*) ~ *armato* armed intervention; (*Chir*) ~ *chirurgico* operation, surgical operation, (*Am*) surgery: ~ *chirurgico esplorativo* an exploratory surgical operation; (*Chir*) ~ *di bypass* bypass operation; (*Pol*) *non ~* non-intervention: *politica del non ~* policy of non-intervention; ~ *statale* state intervention; *interventi strutturali* structural changes.

intervenuto I *a.* present, attending. II *m.* (*f.* **-a**) person present: *gli intervenuti* those present.

intervertebrale *a.* (*Anat*) intervertebral, spinal.

intervista *f.* interview: *concedere un'~* to grant an interview, to give an interview. □ ~ *d'assunzione* employment interview.

intervistare (**intervìsto**) *v.t.* to interview.

intervistato *m.* (*f.* **-a**) **1** interviewee. **2** (*per un'indagine di opinione*) pollee.

intervistatore *m.* (*f.* **-trice**) **1** interviewer. **2** (*per un'indagine di opinione*) poller, pollster.

intervocalico (*pl.* **-ci**) *a.* (*Ling*) intervocal, intervocalic.

interzonale *a.* interzone (*attr.*), interzonal.

intesa *f.* **1** understanding, mutual understanding, agreement: ~ *segreta* secret understanding. **2** (*patto*) agreement, pact, accord. **3** (*Pol*) entente. **4** (*Sport*) team-play, team-work. **5** (*Econ*) agreement, combine. □ (*Stor*) ~ *cordiale* Entente Cordiale; *venire a un'~* to come to an agreement, to reach an agreement, to make an agreement; ~ *verbale* gentlemen's agreement, verbal agreement, spoken agreement.

intesi → **intendere**.

inteso → **intendere** I *a.* **1** (*volto a un fine*) intended, meant, aimed: *politica intesa a migliorare le condizioni di vita* policy intended to improve the standard of living, policy aimed at improving the standard of living. **2** (*compreso*) understood: *resta ~ che* (*o è ~ che*) it's understood that; *restiamo intesi così* let's leave it at that. II *intz.* (*d'accordo*) agreed!, (*colloq*) right!, all right!, O.K.!

intessere (*pres.ind.* **intèsso**; *p.rem.* **intesséi**; *p.p.* **intessùto**) *v.t.* **1** to interweave. **2** (*fig*) (*ordire*) to weave, to plot, to hatch: ~ *una congiura* to hatch a plot, to lay a plot. □ ~ *le lodi di qcu.* to sing so.'s praises.

intessuto → **intessere** *a.* woven, interwoven: *una veste intessuta d'oro* a dress interwoven with gold; (*fig*) *un discorso ~ di bugie* a tissue of lies.

intestabile *a.* (*Dir*) that can be made out (*a to*).

intestardirsi (**mi intestardìsco, ti intestardìsci**) *v.pron.* to be stubborn (*su* about), to get (sth.) into one's head.

intestare (**intèsto**) I *v.t.* **1** to write one's name on, to write one's name at the top of: ~ *il foglio* to write one's name at the top of the page. **2** (*Dir*) (*mettere a nome di qcu.*) to put in the name of, to register in the name of: *ha intestato l'appartamento alla moglie* he registered the apartment in his wife's name. **3** (*Edil*) to join end-to-end. II *v.pron.* **intestarsi** (*incaponirsi*) to take it into one's head, to be stubborn. □ ~ *un assegno* to make out a cheque (*a* to); ~ *un conto a qcu.* to open an account in so.'s name.

intestatario *m.* (*f.* **-a**) (*Dir*) **1** holder: ~ *di un conto* holder of an account. **2** (*rif. a titoli*) registered holder. **3** (*proprietario*) owner.

intestato[1] *a.* **1** headed. **2** (*Econ,Dir*) registered: *titolo di credito ~* registered instrument of credit. □ (*Dir*) ~ *a qcu.* in so.'s name.

intestato[2] *a.* (*Dir*) intestate.

intestatura *f.* (*Edil*) butt.

intestazione *f.* **1** registration. **2** (*dicitura, titolo*) heading; (*rif. a lettere*) letterhead. **3** (*Giorn*) headline; (*a caratteri grandi*) banner headline. **4** (*Inform*) header: ~ *del file* file header.

intestinale *a.* (*Anat*) intestinal.

intestino[1] *a.* civil, domestic, intestine: *lotte intestine* civil strife.

intestino[2] *m.* (*Anat*) intestine. □ (*Anat*) ~ *cieco* caecum; (*Anat*) ~ *crasso* large intestine; (*colloq*) ~ *pigro* sluggish bowels; (*Anat*) ~ *tenue* small intestine.

intiepidire (**intiepidìsco, intiepidìsci**) I *v.t.* **1** (*aumentando il calore*) to warm. **2** (*diminuendo il calore*) to cool. **3** (*fig*) to damp, to dampen, to cool: ~ *l'entusiasmo di qcu.* to

cool so.'s enthusiasm, to damp so.'s enthusiasm. II *v.i.* (*aus.* **essere**) **1** (*scaldare*) to warm, to warm up. **2** (*raffreddare*) to cool, to cool down. III *v.pron.* **intiepidirsi 1** (*scaldarsi*) to warm, to warm up. **2** (*raffreddarsi*) to cool, to cool down (*anche fig*).

intima *f.* (*Anat*) intima.

intimamente *avv.* **1** (*profondamente*) intimately, through and through: *conoscere ~ una persona* to know a person through and through. **2** (*strettamente*) closely: *i due avvenimenti sono ~ connessi* the two events are closely related. **3** (*nell'intimo*) deeply, inwardly: *era ~ compiaciuta* she was inwardly pleased; *essere ~ commosso* to be deeply moved. **4** (*confidenzialmente*) intimately, confidentially.

intimare (**intìmo/intimo**) *v.t.* **1** to summon: ~ *la resa al nemico* to summon the enemy to surrender. **2** (*ordinare*) to order, to command, to enjoin: *gli intimò di troncare ogni discussione* he ordered him to stop arguing. **3** (*Dir*) to notify, to summon, to summons: ~ *il pagamento a qcu.* to summon so. to pay. □ (*Dir*) ~ *la comparizione in giudizio* to serve a summons on so.; ~ *l'alt a qcu.* to order so. to stop; ~ *lo stop a un automobilista* to signal to a motorist to stop, to order a motorist to stop.

intimazione *f.* **1** summons. **2** (*ordine*) order, command, injunction. **3** (*Dir*) notice, summons, injunction: ~ *di pagamento* injunction to pay.

intimidatorio *a.* threatening, intimidatory: *tono ~* threatening tone.

intimidazione *f.* **1** intimidation. **2** (*atto di minaccia*) threat.

intimidire (**intimidìsco, intimidìsci**) I *v.t.* **1** to make timid, to make shy. **2** (*intimorire*) to intimidate, to threaten. II *v.i.* (*aus.* **essere**) **1** to become shy, to become timid. **2** (*spaventarsi*) to be frightened. III *v.pron.* **intimidirsi 1** to become shy, to become timid. **2** (*spaventarsi*) to be frightened.

intimidito *a.* **1** shy, timid. **2** (*impaurito*) frightened, intimidated.

intimismo *m.* (*Art*) intimism.

intimista I *a.* (*Art*) intimist. II *m./f.* (*Art*) intimist.

intimistico *a.* (*Art*) intimist.

intimità *f.* **1** intimacy: ~ *di rapporti* intimacy of relations, intimate relations. **2** (*familiarità*) familiarity. **3** (*rif. ad ambienti*) cosiness, intimate atmosphere. **4** (*lontananza da indiscrezioni di estranei*) privacy: *nell'~ della propria camera* in the privacy of one's own room; *non voglio disturbare la vostra ~* I don't want to break in on your privacy. □ *avere ~ con qcu.* to be on familiar terms with so., to be on intimate terms with so.; *essere in ~ con qcu.* to be on familiar terms with so., to be on intimate terms with so.; *nell'~*: **1** among friends; **2** (*nella vita privata*) in one's private life.

intimo I *a.* **1** (*il più interno*) innermost, inmost. **2** (*profondo*) intimate, inner, inmost, deepest: *intima ispirazione* inner inspiration; *sentimenti intimi* intimate feelings. **3** (*strettamente congiunto*) close, tight: *intima coesione* close cohesion. **4** (*rif. a legami tra persone*) close, intimate: *intima amicizia* close friendship; *essere ~ di qcu.* to be familiar with so., to be on intimate terms with so. **5** (*rif. ad ambienti*) cosy, intimate; (*lontano da indiscrezioni di estranei*) private. **6** (*rif. a parti intime del corpo*) private: *parti intime* private parts. **7** (*personale*) personal: *pulizia intima* personal cleanliness. II *m.* **1** (*la parte più riposta*) bottom, depths *pl.*, heart, heart of hearts: *nell'~ del cuore* in one's heart of hearts. **2** (*f.* **-a**) (*amico stretto*) intimate, close friend; (*parente stretto*) near relation. **3** (*biancheria intima*) underwear, underclothes *pl.*; (*per donna*) lingerie.

intimorimento *m.* **1** (*l'intimorire*) frightening. **2** (*l'intimorirsi*) becoming frightened.

intimorire (**intimorìsco, intimorìsci**) **I** *v.t.* to frighten. **II** *v.pron.* **intimorirsi** to become frightened, to get afraid.

intimorito *a.* frightened, afraid (*pred.*).

intingere (*pres.ind.* **intìngo, intìngi**; *p.rem.* **intìnsi**; *p.p.* **intìnto**) *v.t.* to dip: ~ *la penna nell'inchiostro* to dip one's pen in the ink. ☐ (*fig*) ~ *la penna nel fiele* to dip one's pen in gall.

intingolo *m.* **1** (*salsa*) sauce; (*a base di sugo di carne*) gravy. **2** (*pietanza saporita*) tasty dish.

intinsi → **intingere**.

intinto → **intingere**.

intirizzimento *m.* **1** (*atto*) numbing, benumbing. **2** (*effetto*) numbness, benumbment.

intirizzire (**intirizzìsco, intirizzìsci**) **I** *v.t.* to numb, to make stiff (with cold). **II** *v.i.* (*aus.* **essere**) to grow numb. **III** *v.pron.* **intirizzirsi** **1** to grow numb. **2** (*estens*) (*patire il freddo*) to be frozen, to be freezing.

intirizzito *a.* numb, benumbed.

intisichire (**intisichìsco, intisichìsci**) **I** *v.i.* (*aus.* **essere**) (*rar*) **1** to become consumptive. **2** (*rif. a piante*) to wilt. **II** *v.t.* (*rar*) to make so. consumptive.

intitolare (**intìtolo**) **I** *v.t.* **1** to entitle, to give a title to. **2** (*dedicare*) to call (*a* after), to name (*a* after): *hanno intitolato la strada a Garibaldi* they named the street after Garibaldi. **3** (*rif. a chiese*) to dedicate: *hanno intitolato la chiesa a San Francesco* they dedicated the church to St. Francis. **II** *v.pron.* **intitolarsi 1** to be entitled. **2** (*avere per nome*) to be called: *il quadro s'intitola "La primavera"* the painting is called "Spring". **3** (*prendere nome*) to take one's name, to get one's name: *l'antologia s'intitola da un verso di Dante* the anthology takes its name from one of Dante's verses. ☐ *come si intitola il romanzo?* what is the title of the novel?

intitolazione *f.* **1** entitling. **2** (*titolo*) title, heading. **3** (*dedica*) dedication.

intoccabile **I** *a.* untouchable. **II** *m./f.* untouchable.

intollerabile *a.* intolerable, unbearable: *sete* ~ unbearable thirst.

intollerabilità *f.* intolerability.

intollerabilmente *avv.* intolerably.

intollerante **I** *a.* intolerant (*anche Med*): *carattere* ~ intolerant character; (*rar*) *essere* ~ *di ogni rimprovero* to be intolerant of reproach. **II** *m./f.* intolerant person. ☐ (*Med*) ~ *al lattosio* lactose intolerant.

intolleranza *f.* intolerance (*anche Med*). ☐ (*Med*) ~ *a un farmaco* intolerance to a drug; (*Med*) ~ *al lattosio* lactose intolerance; (*Med*) ~ *alimentare* food intolerance.

intonacare (**intònaco, intònachi**) *v.t.* (*Edil*) to plaster. ☐ (*Edil*) ~ *a spruzzo* to spray with plaster.

intonacatore *m.* (*f.* **-trice**) (*operaio*) plasterer.

intonacatrice *f.* (*Edil*) (*attrezzo*) plaster sprayer.

intonacatura *f.* (*Edil*) **1** plastering: ~ *a spruzzo* gun plastering. **2** (*intonaco*) plaster, plasterwork.

intonaco (*pl.* **-ci/-chi**) *m.* (*Edil*) plaster: *to-*

gliere l'~ to strip the plaster off. ☐ (*Edil*) ~ *sgretolato* chipped plaster.

intonare (**intòno**) **I** *v.t.* **1** to strike up, to lead off into: ~ *una canzone* to strike up a song. **2** (*accordare*) to tune: ~ *il pianoforte* to tune the piano. **3** (*rif. a più strumenti insieme*) to tune up. **4** (*rif. a voce: educarla*) to train (so.) to sing in tune; (*renderla intonata*) to put in tune. **5** (*fig*) (*armonizzare*) to match, to harmonize: ~ *i colori* to match colours. **II** *v.pron.* **intonarsi** (*armonizzarsi*) to match (*a qcs.* sth.), to fit (*a qcs.* sth.), to harmonize (*a* in), to tone (*a* in), to be in tune (*a* with), to be in harmony (*a* with): *il discorso non s'intonava all'occasione* the speech didn't fit the occasion. ☐ ~ *le lodi di qcu.* to sing so.'s praises.

intonato *a.* **1** (*rif. a persona*) able to sing in tune (*posposto*): *essere* ~ to have good intonation, to have a good sense of pitch, to be in tune. **2** (*rif. a voce*) melodious, tuneful. **3** (*accordato*) in tune (*posposto*), tuned, pitched (*posposto*); (*rif. a più strumenti insieme*) tuned up. **4** (*fig*) (*armonizzato*) matching, harmonizing, in harmony (*posposto*): *colori perfettamente intonati* perfectly matching colours. **5** (*fig*) (*adatto*) suitable, appropriate: *il suo abito non era ~ all'occasione* her dress wasn't appropriate for the occasion, her dress did not suit the occasion.

intonazione *f.* **1** intonation. **2** (*note d'avvio*) tone, pitch: *dare l'~ ai violini* to give a pitch to the violins. **3** (*tono*) tone, pitch: *l'~ era troppo bassa* that pitch was too low. **4** (*estens*) (*inflessione*) tone, intonation: ~ *sarcastica* sarcastic tone. **5** (*fig*) (*armonia*) harmony, matching: ~ *di colori* harmony of colours. **6** (*Ling*) intonation.

intonso *a.* **1** (*rif. a libro*) uncut. **2** (*lett*) (*non raso*) unshaven; (*rif. ad animali*) unshorn. **3** (*estens*) (*intatto*) intact, whole.

intontimento *m.* daze.

intontire (**intontìsco, intontìsci**) **I** *v.t.* **1** to daze, to make befuddled, to make groggy: *quella medicina mi ha intontito* that medicine befuddled me, that medicine made me groggy and incoherent. **2** (*rif. a bevande alcoliche*) to befuddle. **II** *v.i.* (*aus.* **essere**) to be dazed, to be stunned. **III** *v.pron.* **intontirsi** to be dazed, to be stunned.

intontito *a.* **1** dazed, stunned. **2** (*da bevande alcoliche*) befuddled.

intoppo *m.* **1** (*ostacolo*) obstacle, hindrance. **2** (*fig*) (*difficoltà*) difficulty, hindrance, stumbling block, impediment.

intorbidamento *m.* clouding (*anche fig*).

intorbidare (**intórbido**) **I** *v.t.* **1** to make turbid, to muddy. **2** (*fig*) (*offuscare*) to cloud, to confuse, to muddle: ~ *il cervello* to muddle the brain, to cloud the brain. **3** (*fig*) (*rif. alla vista*) to dim, to darken. **4** (*fig*) (*turbare*) to disturb, to trouble. **II** *v.i.* (*aus.* **essere**) **1** to become turbid, to become muddy. **2** (*fig*) (*offuscarsi*) to be confused, to be muddled, to cloud. **3** (*fig*) (*rif. alla vista*) to dim, to grow dim, to darken. **III** *v.pron.* **intorbidarsi 1** to become turbid, to become muddy. **2** (*fig*) (*offuscarsi*) to be confused, to be muddled, to cloud. **3** (*fig*) (*rif. alla vista*) to dim, to darken. ☐ (*fig*) ~ *le acque* to stir up trouble, to muddy the waters.

intorbidire (**intorbidìsco, intorbidìsci**) **I** *v.t.* (*intorbidare*) to make turbid, to muddy. **II** *v.i.* (*aus.* **essere**) to become turbid, to become muddy. **III** *v.pron.* **intorbidirsi** to become turbid, to become muddy.

intorno **I** *avv.* **1** round, around: *guardarsi* ~ to look round, to look around. **2** (*in giro*) round, around, about, round about. **II** *a.inv.*

(*colloq*) surrounding, nearby (*posposto*), around (*posposto*), round (*posposto*): *il paesaggio* ~ the surrounding countryside. **III** *m.* (*Mat*) neighbourhood, (*Am*) neighborhood. ☐ ~ *a*: **1** round, around: *girava ~ all'edificio* he walked round the building; **2** (*argomento*) about, on, dealing with: *un saggio ~ al romanticismo* an essay about romanticism, an essay on romanticism; **3** (*approssimazione*) (round) about, around, roughly: *morì ~ al millenovecento* he died in about nineteen-hundred; **4** (*colloq*) (*presso, con*) on, at, with: *darsi da fare ~ a una macchina* to work away at a machine; *all'*~ around, all around, on all sides; *d'*~ around, round, (round) about: *quelli che stavano ~ lo guardarono* those who were standing around looked at him; *là* ~ round there; *qua* ~ around here; *avere qcu. sempre* ~ to have so. around all the time; (*colloq*) *stare* ~ *a qcu.* to stick to so., to hang around so.

intorpidimento *m.* **1** numbness, torpor: ~ *degli arti* numbness of the limbs. **2** (*fig*) (*offuscamento*) dullness, torpor, numbness.

intorpidire (**intorpidìsco, intorpidìsci**) **I** *v.t.* **1** to numb, to make torpid. **2** (*fig*) (*offuscare*) to dull, to make sluggish: *l'inattività intorpidisce la mente* inactivity dulls the mind. **II** *v.i.* (*aus.* **essere**) **1** to become torpid, to grow numb. **2** (*fig*) to become sluggish. **III** *v.pron.* **intorpidirsi 1** to become torpid, to grow numb. **2** (*fig*) (*offuscarsi*) to become sluggish.

intorpidito *a.* **1** torpid, numb, benumbed. **2** (*fig*) (*offuscato*) dull, dulled, torpid, sluggish.

intortare (**intórto**) *v.t.* (*colloq*) to soft soap (so.), to butter (so.) up.

intossicare (**intòssico, intòssichi**) **I** *v.t.* to poison (*anche fig*). **II** *v.pron.* **intossicarsi** to be poisoned (*con* by).

intossicato **I** *a.* poisoned (*anche fig*). **II** *m.* (*f.* **-a**) poisoned person.

intossicazione *f.* intoxication, poisoning. ☐ ~ *alimentare* food poisoning; ~ *da gas venefici* gas poisoning; ~ *del sangue* blood poisoning.

intracellulare *a.* (*Biol*) intracellular.

intracomunitario *a.* (*rif. all'UE*) intra-Community (*attr.*): *commercio* ~ intra-Community trade.

intracranico (*pl.* **-ci**) *a.* (*Anat*) intracranial.

intradermico (*pl.* **-ci**) *a.* (*Anat*) intradermic, intradermal.

intradermoreazione *f.* (*Med*) intradermal reaction.

intradosso *m.* **1** (*Arch*) intrados. **2** (*Edil*) (*rif. a porte, finestre*) inner surface of a (door or window) frame.

intraducibile *a.* **1** untranslatable. **2** (*inesprimibile*) inexpressible, indescribable.

intraducibilità *f.* untranslatableness.

intraferro *m.* (*El*) gap.

intralciare (**intràlcio, intràlci**) **I** *v.t.* **1** to block, to obstruct, to hold up, to hamper: ~ *il traffico* to hold up the traffic. **2** (*fig*) (*ostacolare*) to hinder, to hold up, to get in the way of, to hamper: ~ *le operazioni* to hold up operations. **II** *v.pron.* **intralciarsi 1** (*rar*) (*complicarsi*) to become involved, to get complicated: *la questione s'intralcia ogni giorno di più* the matter becomes more complicated every day. **III** *v.r.recipr.* **intralciarsi** (*ostacolarsi*) to get in each other's way. ☐ ~ *il passaggio* to block so.'s way, to stand in so.'s way.

intralcio *m.* **1** hindrance, obstruction. **2** (*ostacolo*) hindrance, obstacle. ☐ *essere d'*~ to be in the way.

intralicciatura *f.* (*El*) bracing, lattice, latticework.

intrallazzare (**intrallàzzo**; *aus.* **avere**) *v.i.* to wheel and deal, to scheme.

intrallazzatore *m.* (*f.* **-trice**) schemer, wheeler and dealer.

intrallazzo *m.* wheeling and dealing, intrigue. □ *fare intrallazzi* to wheel and deal.

intramezzare (**intramèzzo**) *v.t.* to alternate, to interpose: ~ *il lavoro con qualche minuto di sosta* to alternate work with a few minutes' rest.

intramolecolare *a.* (*Chim, Fis*) intramolecular.

intramontabile *a.* eternal, everlasting, undying.

intramuscolare I *a.* (*Med*) intramuscular. II *f.* (*Med*) (*iniezione*) intramuscular injection.

Intranet *f.inv.* (*Inform*) intranet.

intransigente *a.* uncompromising, intransigent, strict.

intransigenza *f.* intransigence, strictness.

intransitabile *a.* (*Strad*) impassable: *strada ~* impassable road.

intransitabilità *f.* (*Strad*) impassability.

intransitivamente *avv.* (*Gramm*) intransitively: *verbo usato ~* verb used intransitively.

intransitività *f.* (*Gramm*) intransitiveness.

intransitivo I *a.* (*Gramm*) intransitive. II *m.* (*Gramm*) intransitive verb, intransitive.

intraoculare *a.* (*Anat*) intraocular.

intraosseo *a.* (*Anat*) intra-osseous.

intrappolare (**intràppolo**) *v.t.* to trap, to entrap, to snare, to ensnare (*anche fig*).

intrappolato *a.* trapped, entrapped (*anche fig*): *rimanere ~ nell'ascensore* to be trapped in a lift.

intraprendente *a.* enterprising; (*ardito*) bold: *un innamorato ~* a bold lover.

intraprendenza *f.* 1 enterprise, initiative. 2 (*audacia*) boldness.

intraprendere (*pres.ind.* **intraprèndo**; *p.rem.* **intraprési**; *p.p.* **intrapréso**) *v.t.* 1 to undertake, to engage in, to embark on, to take on, to venture on, to begin: ~ *un lavoro* to undertake a job. 2 (*dedicarsi a*) to go in for, to take up: ~ *una carriera* to take up a career; ~ *gli studi* to take up one's studies, to begin one's studies. □ ~ *un viaggio* to set out on a journey.

intrapresi → **intraprendere**.

intrapreso → **intraprendere**.

intrasferibile *a.* (*Econ*) non-transferable, non-negotiable: *assegno ~* non-transferable cheque.

intrasferibilità *f.* non-transferability.

intrasportabile *a.* not transportable: *un malato ~* a patient who can't be moved.

intratellurico (*pl.* **-ci**) *a.* (*Geol*) intratelluric.

intratoracico (*pl.* **-ci**) *a.* (*Anat*) intrathoracic.

intrattabile *a.* intractable, unmanageable, refractory, (*colloq*) impossible.

intrattabilità *f.* intractability.

intrattenere (*pres.ind.* **intrattèngo, intrattièni**; *p.rem.* **intratténni**; *p.p.* **intrattenùto**) I *v.t.* 1 to entertain, to amuse: ~ *qcu. col racconto delle proprie avventure* to entertain so. with the account of one's adventures. 2 (*parlare*) to engage in conversation, to converse with, to make conversation with: ~ *qcu. su un argomento* to engage so. in conversation on a subject. II *v.pron.* **intrattenersi** 1 to stop, to linger: *intrattenersi a parlare con qcu.* to stop to talk to so., to linger to talk

to so. 2 (*indugiare su un argomento*) to dwell (*su* on, upon), to linger (*su* over).

intrattenimento *m.* entertainment.

intrattenitore *m.* (*f.* **-trice**) entertainer.

intrauterino *a.* (*Anat*) intrauterine.

intravascolare *a.* (*Anat*) intravascular.

intravedere (*pres.ind.* **intravédo**; *p.rem.* **intravìdi**; *p.p.* **intravìsto**) *v.t.* 1 (*vedere indistintamente*) to glimpse, to catch sight of, to catch a glimpse of, to spot: *l'ho intravisto tra la folla* I caught sight of him in the crowd. 2 (*fig*) (*intuire*) to see, to perceive (by intuition), to sense.

intravenoso *a.* (*Med*) intravenous.

intrecciamento *m.* interlacement.

intrecciare (**intréccio, intrécci**) I *v.t.* 1 to intertwine, to interlace, to twist. 2 (*rif. a capelli, a nastri*) to plait, to braid. 3 (*allacciare*) to weave together, to put together, to link, to join up (*anche fig*): ~ *le fila di un racconto* to weave together the threads of a story. 4 (*collegare strettamente*) to twist, to intertwine, to interlace. 5 (*rif. a dita, a mani*) to clasp: *intrecciò le dita* he clasped his hands. II *v.r.recipr.* **intrecciarsi** 1 to interlace, to intertwine, to be interwoven, to be braided, to twist. 2 (*fig*) (*mischiarsi*) to mingle, to intermingle, to intersect. □ ~ *le danze* to dance.

intrecciato *a.* 1 intertwined, interlaced, twisted, woven, interwoven. 2 (*rif. a nastri, a capelli*) braided, plaited. 3 (*rif. a dita*) interlaced. 4 (*arruffato, confuso*) confused, muddled.

intrecciatura *f.* 1 weaving. 2 (*rif. a capelli*) plaiting, braiding.

intreccio *m.* 1 interlacement, plait, plaiting, braid, braiding: *un ~ di fili* an interlacement of threads. 2 (*fig*) (*trama*) plot, story: *un libro povero d'~* a book with a very thin plot.

intrepidamente *avv.* intrepidly, fearlessly.

intrepidezza *f.* intrepidity, fearlessness, bravery.

intrepido *a.* intrepid, fearless, brave.

intricare (**intrìco, intrìchi**) I *v.t.* 1 to tangle, to entangle. 2 (*rif. a capelli*) to tousle, to dishevel, to ruffle, to ruffle up. 3 (*fig*) (*complicare*) to confuse, to entangle, to muddle, to muddle up: ~ *una faccenda* to confuse a matter. II *v.pron.* **intricarsi** 1 to become tangled, to become entangled, to get into a tangle. 2 (*fig*) (*complicarsi*) to become complicated, to get involved.

intricato *a.* 1 tangled, tangled up, entangled: *una matassa di lana intricata* a tangled skein of wool. 2 (*fig*) (*complicato*) intricate, complicated, involved, confused.

intrico (*pl.* **-chi**) *m.* 1 tangle, network: *l'~ della vegetazione* the tangle of vegetation. 2 (*fig*) (*situazione difficile*) predicament, difficulty.

intridere (*pres.ind.* **intrìdo**; *p.rem.* **intrìsi**; *p.p.* **intrìso**) *v.t.* 1 (*imbevere*) to soak. 2 (*rif. a farina: impastare*) to knead: ~ *la farina per fare la pasta* to knead flour to make dough.

intrigante I *a.* 1 (*rif. a persona: trafficone*) scheming, artful, (*ficcanaso*) prying, interfering, meddling. 2 (*coinvolgente*) intriguing, interesting: *un libro ~* an intriguing book. II *m./f.* intriguer, schemer, meddler.

intrigare (**intrìgo, intrìghi**) I *v.t.* to intrigue, to charm. II *v.i.* (*aus.* **avere**) to intrigue, to manoeuvre, to scheme. III *v.pron.* **intrigarsi** (*intromettersi*) to interfere (*di* with), to meddle (*in*), to get involved, (*colloq*) to poke one's nose (into), (*colloq*) to stick one's nose (into): *non intrigarti negli affari altrui* don't poke your nose into other people's business.

intrigo (*pl.* **-ghi**) *m.* 1 intrigue, plot: *ordire intrighi* to lay plots, to hatch plots. 2 (*situazione confusa*) confused situation, involved situation, difficult knotty matter. 3 (*Lett*) intrigue: *commedia d'~* comedy of intrigue. □ *~ amoroso* love-affair, intrigue; *intrighi di corte* court intrigues.

intrinsecamente *avv.* intrinsically.

intrinseco (*pl.* **-ci** /*ant* **-chi**) I *a.* 1 intrinsic, essential, inherent: *qualità intrinseca* intrinsic quality; *valore ~* intrinsic value. 2 (*intimo*) intimate, close: *amicizia intrinseca* close friendship. II *m.* (*sostanza*) essence, heart, core: *guardare all'~ delle cose* to care for the essence of things.

intrinsichezza *f.* (*rar*) intimacy.

intrippare (**intrìppo**) I *v.t.* (*colloq*) to fascinate, to grab, to grab so.'s interest, to grab so.'s attention. II *v.pron.* **intripparsi** (*colloq*) to be crazy (*per* about), to be mad (*per* about).

intrippato *a.* (*colloq*) crazy, mad (*per* about).

intrisi → **intridere**.

intriso → **intridere** *a.* 1 soaked, soaking, dripping, drenched. 2 (*bagnato*) wet (*di* with), soaked (*di* in): *mani intrise di sangue* blood-soaked hands.

intristire (**intristìsco, intristìsci**; *aus.* **essere**) *v.i.* 1 (*rif. a persone*) to languish, to droop, to pine. 2 (*rif. a piante*) to wilt, to wither.

intristito *a.* 1 (*rif. a persone*) in decline (*posposto*), languishing, wasting. 2 (*rif. a piante*) withered, wilted.

introdotto → **introdurre** *a.* 1 (*esperto*) well-acquainted (*in* with), with a good knowledge (*in* of), well up (*in* on). 2 (*fig*) (*con conoscenze*) well-known, with many contacts (*posposto*), well-connected: *essere bene ~ nell'ambiente giornalistico* to be well-known in journalistic circles.

introducibile *a.* introducibile.

introduco → **introdurre**.

introdurre (*pres.ind.* **introdùco, introdùci**; *p.rem.* **introdùssi**; *p.p.* **introdótto**) I *v.t.* 1 to put, to insert, to introduce: ~ *la chiave nella toppa* to put the key in the keyhole. 2 (*fare entrare*) to show, to usher, to let in: *lo introdusse dal direttore* he showed him into the manager's office. 3 (*diffondere*) to introduce, to bring in: ~ *un nuovo uso* to bring in a new custom. 4 (*fig*) (*iniziare a uno studio*) to introduce (*a, in* to): ~ *qcu. alla matematica* to introduce so. to mathematics. 5 (*inserire*) to introduce: ~ *una descrizione in un racconto* to introduce a description into a story. 6 (*Comm*) (*importare*) to import. 7 (*Gramm*) to introduce: *questa congiunzione introduce una proposizione temporale* this conjunction introduces a time clause. II *v.pron.* **introdursi** 1 (*rif. a persone: penetrare*) to enter (*in qcs.* sth.), to get (in, into); (*entrare furtivamente*) to steal, to creep, to slip: *s'introdusse nottetempo nel giardino* he stole into the garden in the dead of night. 2 (*con la forza*) to break, to force one's way (*in* in). 3 (*diffondersi*) to be introduced, to become popular (*in* in): *questa moda s'introdusse in Italia nell'ottocento* this style became popular in Italy in the nineteenth century. □ ~ *di contrabbando* to smuggle in; (*Comm*) ~ *sul mercato* to put on the market.

introdussi → **introdurre**.

introduttivo *a.* introductory: *capitolo ~* introductory chapter.

introduttore *m.* (*f.* **-trice**) introducer.

introduzione *f.* 1 introduction (*anche Edit*): *l'~ di una nuova moda* the introduction of a new fashion; *l'~ di un libro* the introduction to a book; *~ alla fisica* introduction to physics. **2** (*Inform*) input, entry: *~ dei dati* data input.

introflessione *f.* (*Anat*) introflection.

introflesso *a.* introflexed.

introflettersi (**mi introflètto**) *v.pron.* to introflex, to bend inward.

introiezione *f.* (*Psic*) introjection.

introitare (**intròito**) *v.t.* (*burocr*) to collect, to cash.

introito *m.* **1** (*incasso*) collection, encashment. **2** (*provento*) proceeds *pl.*, receipts *pl.*, takings *pl.*, returns *pl.* **3** (*entrata*) income, revenue. **4** (*Lit*) introit.

intromettersi (*pres.ind.* **mi intromètto**; *p.rem.* **mi intromìsi**; *p.p.* **intromésso**) *v.pron.* **1** (*immischiarsi*) to interfere, to meddle, (*colloq*) to butt in: *non intrometterti nei nostri discorsi* don't butt in when we're talking. **2** (*interporsi*) to come between, to intervene: *~ tra due litiganti* to come between two quarrelers.

intromissione *f.* (*ingerenza*) interference, intrusion, meddling.

intronare (**intròno**) *v.t.* **1** to deafen: *le vostre grida mi hanno intronato* your shouts have deafened me. **2** (*intontire*) to stun, to daze.

intronizzare (**intronìzzo**) *v.t.* to enthrone.

intronizzazione *f.* enthronement.

introrso *a.* introrse.

introspettivamente *avv.* introspectively.

introspettivo *a.* introspective.

introspezione *f.* (*Filos,Psic*) introspection.

introvabile *a.* not to be found, unfindable: *il libro è ~* the book cannot be found, the book is not to be found.

introversione *f.* (*Psic*) introversion.

introverso → **introvertere I** *a.* introvert, introverted, introversive. **II** *m.* (*f.* **-a**) introvert.

introvertere (*pres.ind.* **introvèrto**; *p.p.* **introvèrso**; *no past tense*) **I** *v.t.* to introvert. **II** *v.pron.* **introvertersi** to become introverted.

introvertire (**introvertìsco, introvertìsci**) **I** *v.t.* (*rar*) to introvert. **II** *v.pron.* **introvertirsi** (*rar*) to become introverted.

introvertito I *a.* (*Psic,rar*) introvert, introverted, introversive. **II** *m.* (*f.* **-a**) (*Psic,rar*) introvert.

intrufolare (**intrùfolo**) **I** *v.t.* (*colloq*) to slip, to slide, to thrust. **II** *v.pron.* **intrufolarsi** (*colloq*) to slip in, to slide, to sneak: *s'intrufolò tra la folla* he slipped in among the crowd.

intrugliare (**intrùglio, intrùgli**) **I** *v.t.* (*colloq*) to mix, to concoct. **II** *v.pron.* **intrugliarsi** (*colloq*) (*invischiarsi*) to get involved, to get mixed up.

intruglio *m.* **1** (*rif. a liquidi*) brew, slop. **2** (*fig*) (*rif. a scritti, discorsi*) jumble, mix-up, mess, muddle. **3** (*fig*) (*imbroglio*) intrigue, shady business.

intruppamento *m.* **1** (*l'intruppare*) joining up, gathering. **2** (*gruppo di persone*) band, crowd, troop.

intrupparsi (**mi intrùppo**) *v.pron.* **1** to join the troop. **2** (*spreg*) (*imbrancarsi*) to fall in, to associate, to herd in (*con* with).

intruppato *a.* (*colloq*) (*inquadrato*) institutionalized.

intrusione *f.* intrusion (*anche Geol*).

intrusivo *a.* (*Geol*) intrusive: *rocce intrusive* intrusive rocks.

intruso *m.* (*f.* **-a**) intruder.

intubare (**intùbo**) *v.t.* (*Med*) to intubate.

intubazione *f.* (*Med*) intubation.

intubettare (**intubétto**) *v.t.* to put into tubes.

intubettatrice *f.* tube-filling machine.

intuibile *a.* intuitable: *facilmente ~* easy to guess.

intuibilità *f.* capacity of being known by intuition.

intuire (**intuìsco, intuìsci**) *v.t.* to know intuitively, to sense, to guess (at), to intuit.

intuitivamente *avv.* intuitively, by intuition.

intuitivismo *m.* (*Filos*) intuitionism.

intuitività *f.* intuitiveness.

intuitivo *a.* intuitive: *conoscenza intuitiva* intuitive knowledge; *verità intuitiva* intuitive truth.

intuito *m.* **1** intuition: *capire per ~* to know by intuition. **2** (*perspicacia*) insight.

intuizione *f.* **1** intuition, insight: *l'~ del male* the intuition of evil. **2** (*presentimento*) presentiment, foreboding: *ebbe l'~ del pericolo* he had a presentiment of danger.

intuizionismo *m.* (*Filos,Mat*) intuitionism.

intuizionista *m./f.* (*Filos,Mat*) intuitionist.

intumescente *a.* (*Med*) intumescent.

intumescenza *f.* (*Med*) intumescence.

intumidire (**intumidìsco, intumidìsci**; *aus.* **essere**) *v.i.* to become tumid.

inturbantato *a.* wearing a turban.

inturgidimento *m.* swelling, swelling up, turgescence.

inturgidire (**inturgidìsco, inturgidìsci**) *v.i.* (*aus.* **essere**) to swell, to swell up, to become turgid. **II** *v.pron.* **inturgidirsi** to swell, to swell up, to become turgid.

inula *f.* (*Bot*) inula.

inulina *f.* (*Chim*) inulin.

inumanamente *avv.* inhumanely.

inumanità *f.* **1** inhumanity. **2** (*atto inumano*) inhumanity, act of inhumanity.

inumano *a.* inhuman, inhumane: *ambiente ~* inhuman environment.

inumare (**inùmo**) *v.t.* to inhume, to bury.

inumazione *f.* inhumation, burial.

inumidimento *m.* dampening, moistening.

inumidire (**inumidìsco, inumidìsci**) **I** *v.t.* to dampen, to moisten: *s'inumidì le labbra* he moistened his lips. **II** *v.pron.* **inumidirsi** to become damp, to become wet, to grow moist.

inurbamento *m.* urbanization, urban drift.

inurbanamente *avv.* uncivilly, rudely, impolitely.

inurbanità *f.* incivility, rudeness, impoliteness.

inurbano *a.* uncivil, rude, impolite: *modi inurbani* uncivil manners.

inurbarsi (**mi inùrbo**) *v.pron.* **1** (*trasferirsi in città*) to move to the town, to move into urban areas. **2** (*fig*) (*incivilire*) to become refined, to acquire polish.

inusitato *a.* unusual, uncommon.

inutile *a.* **1** useless, no use (*posposto*), no good (*posposto*): *discorsi inutili* useless talk; *è ~ che tu insista* it's no use your insisting. **2** (*superfluo*) pointless, unnecessary, superfluous. **3** (*rif. a persona: improduttivo*) useless, ineffectual. □ *~dire che... needless to say that..., it goes without saying that...; è ~, non ci riuscirò mai* it's no good, I'll never succeed. *Prov.: è ~ piangere sul latte versato* it's no use crying over spilt milk.

inutilità *f.* **1** uselessness. **2** (*l'essere vano*) futility. **3** (*l'essere superfluo*) pointlessness. **4** (*rif. a persone*) uselessness, ineffectualness.

inutilizzabile *a.* useless, unserviceable, no use (*posposto*), of no use (*posposto*).

inutilizzato *a.* unused.

inutilmente *avv.* uselessly.

invadente I *a.* intrusive, interfering, pushing. **II** *m./f.* intruder, (*colloq*) nosey parker, (*colloq*) busybody.

invadenza *f.* intrusiveness.

invadere (*pres.ind.* **invàdo**; *p.rem.* **invàsi**; *p.p.* **invàso**) *v.t.* **1** to invade: *gli eserciti invasero il paese* the armies invaded the land. **2** (*entrare in folla*) to rush, to burst, to swarm into, to swarm onto: *i tifosi invasero il campo* the fans swarmed onto the playing field. **3** (*inondare*) to flood. **4** (*funestare*) to overrun: *le cavallette invasero la regione* the locusts overran the region. **5** (*fig*) (*diffondersi*) to invade, to spread throughout. **6** (*fig*) (*rif. a tenebre*) to invade, to engulf, to fill. **7** (*fig*) (*rif. a mode, vizi, abitudini*) to invade, to lay hold of. **8** (*sconfinare*) to invade, to encroach upon, to trespass upon: *~ il campo di qcu.* to invade so.'s field, to encroach (*o* trespass) upon so.'s territory. □ (*Comm*) *~il mercato* to flood the market, to invade the market; (*Strad*) *~la corsia opposta* to cross over into the oncoming traffic lane.

invaghirsi (**mi invaghìsco, ti invaghìsci**) *v.pron.* **1** to become infatuated (*di* with): *si era invaghito di una compagna di scuola* he became infatuated with a school friend. **2** (*incapricciarsi*) to take a fancy (*di* to), to be attracted (*di* by), to become fond (*di* of): *mi sono invaghito di questa casetta* I have taken a fancy to this house.

invaginarsi (**mi invagìno**) *v.pron.* (*Med*) to invaginate.

invaginazione *f.* (*Med*) invagination.

invalere (*pres.ind.* **invàle, invàlgono**; *p.rem.* **invàlse, invàlsero**; *p.p.* **invàlso**; *aus.* **essere**; *generally used only in the 3rd person singular and plural and in the past participle*) *v.i.* to become established, to take root.

invalicabile *a.* impassable, insurmountable, insuperable.

invalicabilità *f.* impracticability.

invalidabile *a.* (*Dir*) that can be invalidated.

invalidamento *m.* **1** invalidation, invalidating. **2** (*annullamento*) nullification, annulment.

invalidante *a.* (*Dir*) invalidating.

invalidare (**invàlido**) *v.t.* **1** (*Dir*) to invalidate: *~ una prova* to invalidate evidence. **2** (*dichiarare nullo*) to annul, to make null and void.

invalidità *f.* **1** (*Med*) disablement, disability; (*invalidità cronica*) invalidism, infirmity, chronic infirmity. **2** (*Dir*) invalidity. □ *~ al lavoro* inability to work; *~ assoluta* total disability; *~ parziale* partial disability; *~ permanente* permanent disability; *~ totale* total disability.

invalido I *a.* **1** (*Med*) (*per mutilazione o ferita*) invalid, disabled: *ha il padre ~* he has an invalid father. **2** (*Med*) (*per malattia*) invalid, infirm. **3** (*Dir*) invalid, void, null and void: *testamento ~* invalid will. **II** *m.* (*f.* **-a**) **1** invalid, disabled person. **2** (*Mil*) disabled serviceman, invalid soldier. □ *~di guerra* disabled serviceman.

invalsi → **invalere**.

invalso *a.* widespread.

invano *avv.* in vain, vainly, to no purpose, to no end, uselessly.

invariabile *a.* **1** invariable: *leggi invariabili* invariable laws. **2** (*costante*) steady, constant. **3** (*Gramm*) indeclinable, uninflected: *sostantivo ~* indeclinable noun.

invariabilità *f.* invariability, constancy, steadiness.

invariabilmente *avv.* invariably.

invariante *a.* (*Mat,Fis*) invariant.

invarianza *f.* (*Fis*) invariance.

invariato *a.* unchanged.

invasamento *m.* obsession, excitement.

invasare[1] (**invàso**) *v.t.* 1 to fill, to lay hold of, to grip, to overcome: *essere invasato dall'ira* to be filled (*o* to be seething) with rage. 2 (*rif. al demonio*) to possess.

invasare[2] (**invàso**) *v.t.* 1 (*rif. a piante*) to pot, to put in a pot. 2 (*rif. a bacini*) to fill, to flood. 3 (*Mar*) to put on a cradle, to cradle.

invasato I *a.* 1 possessed: *essere ~ dal demonio* to be possessed by a demon. 2 (*fortemente turbato*) like one possessed, like a madman, in a fury, in a frenzy: *si agitava come un ~* he flung himself about like a madman. II *m.* (*f.* **-a**) 1 possessed. 2 (*fanatico*) fanatic.

invasatura *f.* 1 (*il mettere in vaso*) putting into a vase, putting into a pot; (*rif. a piante*) potting. 2 (*Mar*) cradle.

invasi → **invadere**.

invasione *f.* 1 invasion: *un' ~ nemica* an enemy invasion. 2 (*l'entrare in folla*) storming, swarming. 3 (*inondazione*) flooding. 4 (*fig*) (*diffusione*) invasion, spread. 5 (*Med*) invasion. ☐ (*Stor*) *invasioni barbariche* barbarian invasions; (*Sport*) *~di campo* invasion of the field, invasion of the playing field.

invasivo *a.* (*Med,Biol*) invasive.

invaso[1] *m.* 1 (*Giard*) potting. 2 (*Idr*) (*capacità di un serbatoio*) storage; (*afflusso dell'acqua in un serbatoio*) filling. 3 (*Mar*) cradle.

invaso[2] → **invadere**.

invasore I *m.* invader. II *a.* invading.

invecchiamento *m.* 1 ageing, (*Am*) aging (*anche Tecn*): *prova di ~* ageing test. 2 (*fig*) (*il passare di moda*) going out of date, dating: *l'~ di una moda* the dating of a style. 3 (*Enol*) ageing, (*Am*) aging, maturing. ☐ (*Statist*) *~ della popolazione* ageing of the population.

invecchiare (**invècchio, invècchi**) I *v.i.* (*aus.* **essere**) 1 to age, to grow old. 2 (*assumere l'aspetto di vecchio*) to age, to look older. 3 (*fig*) (*passare di moda*) to age, to go out of date, to date: *un libro che non invecchierà mai* a book which will always be read, a book which will always be up-to-date. 4 (*Alim,Enol*) to age, to mature. II *v.t.* 1 to age. 2 (*fare apparire vecchio*) to age, to make look older: *questa acconciatura ti invecchia* this hair style makes you look older, this hair style ages you. 3 (*Alim,Enol*) to mature: *~ artificialmente i vini* to age wine artificially.

invecchiato *a.* 1 aged, older-looking: *sembra ~ di dieci anni* he looks ten years older. 2 (*fig*) (*superato*) out-of-date, old-fashioned, obsolete: *un vocabolario ormai ~* an out-of-date dictionary. ☐ (*Enol*) *~in botte* aged in the cask; (*Enol*) *~in bottiglia* aged in the bottle.

invece *avv.* 1 but, instead: *speravo di trovare un posto e ~ il treno era affollato* I hoped to find a seat but the train was crowded. 2 (*anzi*) on the contrary. 3 (*mentre*) whereas, while. ☐ *~che* instead of: *~ che a scuola è andato a giocare* instead of going to school he has gone off to play; *~di* instead of: *~ di Maria è venuta sua sorella* Mary's sister came instead of her; *~ di lei* instead of her, in her place, in her stead.

inveire (**invèisco, invèisci**; *aus.* **avere**) *v.i.* to inveigh (*contro* against), to rail (*contro* against, at): *inveiva contro il governo* he railed against the government. ☐ *~contro il destino* to curse one's fate.

invelenire (**invelenìsco, invelenìsci**) I *v.t.* to envenom, to embitter. II *v.i.* (*aus.* **essere**)

to become embittered. III *v.pron.* **invelenirsi** to become embittered.

invelenito *a.* embittered, envenomed.

invendibile *a.* unsalable, unsaleable: *merce ~* unsaleable merchandise.

invendicato *a.* unavenged, unrevenged.

invenduto I *a.* unsold. II *m.* unsold goods *pl.*

inventare (**invènto**) *v.t.* 1 to invent. 2 (*escogitare*) to invent, to think up, to devise: *~ un nuovo gioco* to think up a new game. 3 (*pensare o dire cose non vere*) to make up, to invent, to fabricate: *si è inventato tutto* he made it all up. ☐ *~ qcs. di sana pianta* to make sth. up (from start to finish); *inventarne di tutti i colori* to get up to all sorts of tricks, to come up with all sorts of tricks; *inventarne una ogni giorno* to be always coming up with sth. new.

inventariare (**inventàrio, inventàri**) *v.t.* to inventory, to make an inventory of.

inventario *m.* 1 inventory. 2 (*Comm*) stock-taking. ☐ *~fallimentare* bankruptcy inventory; *fare l'~*: 1 to draw up an inventory, to take an inventory, to make an inventory; 2 (*Comm*) to take stock.

inventato *a.* 1 (*creato con la fantasia*) fictitious, invented: *personaggio ~* fictitious character. 2 (*falso*) made up, fabricated.

inventiva *f.* inventiveness, creativity: *ricco d'~* inventive, imaginative.

inventivo *a.* inventive, creative: *capacità inventiva* inventiveness, creativity.

inventore *m.* (*f.* **-trice**) inventor (*f.* -tress).

invenzione *f.* 1 invention: *l'~ del telegrafo senza fili* the invention of the wireless; *un'interessante ~* an interesting invention. 2 (*menzogna*) lie, falsehood, story: *questa è proprio un'~* this is a downright lie. 3 (*Mus, Ret*) invention. 4 (*Dir*) finding. ☐ *~brevettata* patented invention.

inverarsi (**mi invéro**) *v.pron.* (*Filos*) to become real.

inverdire (**inverdìsco, inverdìsci**) I *v.i.* (*aus.* **essere**) to turn green, to become green, to green. II *v.pron.* **inverdirsi** to turn green, to become green, to green.

inverecondia *f.* shamelessness, immodesty.

inverecondo *a.* 1 shameless, immodest. 2 (*sfacciato*) unashamed, impudent.

invergare (**invérgo, invérghi**) *v.t.* (*Tess*) to lease.

invergatura *f.* (*Tess*) lease.

inverificabile *a.* unverifiable.

inverminire (**inverminìsco, inverminìsci**) I *v.i.* (*aus.* **essere**) to become infested with worms, to grow worm-ridden. II *v.pron.* **inverminirsi** to become infested with worms, to grow worm-ridden.

invernale *a.* 1 winter (*attr.*): *i mesi invernali* the winter months; *sport invernali* winter sports. 2 (*simile all'inverno*) wintry.

invernamento *m.* (*in apicoltura*) wintering.

invernata *f.* winter, wintertime.

invernengo (*pl.* **-ghi**) *a.* (*Agr,region*) winter (*attr.*).

inverniciare *e der.* → **verniciare** *e der.*

inverno *m.* winter. ☐ *d'~*: 1 (*in inverno*) in winter; 2 (*invernale*) winter (*attr.*), winter's.

invero *avv.* (*lett*) indeed, really, truly, (*lett*) in truth.

inverosimiglianza *f.* unlikelihood, improbability.

inverosimile *a.* improbable, unlikely. ☐ *questa storia ha dell'~* this story sounds unlikely.

inverosimilmente *avv.* improbably.

inversamente *avv.* inversely. ☐ (*Mat*) *essere ~ proporzionale a* to be in inverse proportion to, to be inversely proportional to.

inversione *f.* 1 reversal, inverting, inversion. 2 (*Aut*) (*rif. a marcia*) reversal, reversing. 3 (*Chim,Mat,Ret*) inversion. 4 (*Fot*) reversal. ☐ (*Mar*) *~della rotta* reversal of course, turnabout; (*Fot*) *~dell'immagine* reversal of the image; (*Med*) *~ dell'utero* inversion of the uterus; (*El*) *~ di fase* phase inversion; (*Aut*) *~di marcia* reversing, reverse; *~di tendenza* reversal of trend, turnabout, turnround.

inversivo *a.* (*Ling*) inversive.

inverso I *a.* 1 inverse, inverted, reverse; (*contrario*) opposite, contrary: *in senso ~* in the opposite direction. 2 (*region,colloq*) (*di cattivo umore*) moody. 3 (*Mat*) inverse, inverted: *funzione inversa* inverse function. II *m.* (the) opposite, (the) reverse, (the) contrary.

inversore *m.* (*Mecc*) reverser.

invertasi *f.* (*Chim,Biol*) invertase, sucrase, saccharase.

invertebrato I *m.* (*Zool*) invertebrate. II *a.* 1 (*Zool*) invertebrate. 2 (*fig*) (*privo di personalità*) spineless, weak-kneed.

invertibile *a.* reversible, invertible.

invertire (*pres.ind.* **invèrto**; *p.rem.* **invertìi**) I *v.t.* 1 to invert, to reverse. 2 (*rif. a una collocazione*) to reverse, to reverse the order of, to change, to change in order, to change in position: *~ l'ordine* to reverse the order. 3 (*fig*) (*rovesciare*) to reverse, to upset. 4 (*Chim, Mat*) to invert. II *v.pron.* **invertirsi** to be reversed. ☐ (*Aut*) *~la marcia* to reverse; *~ la rotta*: 1 (*Mar*) to come about, to bring (a ship) about, to reverse course, to put about; 2 (*fig*) (*deviare*) to make an about turn, to make a U-turn; *~ le parti* to exchange roles (*anche fig*).

invertito I *a.* 1 reverse, inverted: *ordine ~* reverse order. 2 (*Chim*) invert, inverted: *zucchero ~* invert sugar, inverted sugar. II *m.* (*f.* **-a**) (*spreg*) (*omosessuale*) invert.

invertitore *m.* 1 (*Mot*) reverse gear. 2 (*El*) reverser, reversing switch, inverter. 3 (*Inform*) inverter.

investibile *a.* (*Econ*) investible, investable.

investigabile *a.* investigable.

investigare (**invèstigo, invèstighi**) I *v.t.* to investigate, to examine, to look into, to inquire into. II *v.i.* (*aus.* **avere**) 1 to make investigations (*su* as to, about), to inquire (*su* into), to investigate (*su qcs.* sth.): *la polizia sta investigando* the police are investigating. 2 (*fare ricerche*) to do research (*su* into).

investigativo *a.* investigating, investigative, inquiry (*attr.*): *ufficio ~* investigating office.

investigatore I *m.* (*f.* **-trice**) 1 investigator, enquirer, researcher. 2 (*detective*) dectective: *~ privato* private detective. II *a.* investigating, investigatory, of inquiry.

investigazione *f.* investigation, examination, inquiry: *~ giudiziaria* judicial inquiry.

investimento *m.* 1 (*Econ*) investment. 2 (*Aut*) (*scontro tra auto e pedone*) knocking down, running down; (*con veicolo che passa sopra il corpo*) running over. ☐ (*Econ*) *~all'estero* overseas investment, foreign investment; (*Econ*) *~azionario* share investment, investment in stocks; (*Econ*) *~di capitale* capital investment, investment, investment of capital; (*Econ*) *~ di denaro* investment; (*Econ*) *~ di portafoglio* portfolio investment; (*Econ*) *~diretto* direct investment;

(*Econ*) ~ *in beni rifugio* non-monetary investment.

investire (**invèsto**) **I** *v.t.* **1** (*concedere: rif. a cariche e sim.*) to invest (*di* with): ~ *qcu. di un potere* to invest so. with a power. **2** (*ant*) (*rif. a feudi*) to enfeoff: ~ *qcu. di un feudo* to invest so. with a fief, to enfeoff so. **3** (*incaricare*) to entrust, to assign, to charge: ~ *qcu. di una questione* to entrust so. with a matter, to entrust a matter to so. **4** (*Econ*) to invest. **5** (*rif. a veicoli: scontrarsi con persone*) to knock down, to run down: *l'autobus ha investito tre persone* the bus knocked three people down. **6** (*rif. a veicoli: che passa sopra il corpo*) to run over. **7** (*fig*) (*rif. a persone: assalire*) to attack, to assail: *lo investì con un diluvio di parolacce* he attacked him with a torrent of abuse. **8** (*Mil*) to invest, to lay siege to. **II** *v.pron.* **investirsi 1** to be fully conscious (*di* of): *investirsi della propria autorità* to be fully conscious of one's authority. **2** (*immedesimarsi*) to identify oneself (*di* with), to live (*di qcs.* sth.): *investirsi di una parte* to live a part. □ (*Econ*) ~ *in azioni* to invest in shares; (*fig*) ~ *nel mattone* to invest in property, (*Am*) to invest in real estate.

investito I *a.* (*Econ*) invested. **II** *m.* (*f.* **-a**) victim of a running over.

investitore *m.* (*f.* **-trice**) investor: ~ *istituzionale* institutional investor.

investitura *f.* investiture.

inveterato *a.* **1** (*rif. a vizi e sim.*) inveterate, deep-rooted, ingrained: *un'abitudine inveterata* an inveterate habit. **2** (*rif. a persone*) incurable, confirmed: *scapolo* ~ confirmed bachelor.

invetriare (**invétrio, invétri**) *v.t.* (*Ceram*) to glaze.

invetriata *f.* (*Edil*) **1** (*finestra*) glass window. **2** (*porta*) glass door.

invetriato *a.* (*Ceram*) glazed.

invetriatura *f.* (*Ceram*) glaze, glazing.

invettiva *f.* invective.

inviabile *a.* mailable.

inviare (**invìo, invìi**) *v.t.* **1** (*rif. a cose*) to send, to dispatch, to forward, to ship: ~ *una lettera* to send a letter, to post a letter. **2** (*inoltrare*) to forward; (*alla redazione di un giornale e sim.*) to send in. **3** (*rif. a persone*) to send, to dispatch: ~ *un corriere* to send a messenger. **4** (*trasmettere*) to send, to transmit. □ (*Inform*) ~ *in attachment* to send in attachment; (*Inform*) ~ *per posta elettronica* to send by e-mail, to e-mail; ~ *via fax* to fax.

inviato *m.* (*f.* **-a**) **1** (*Giorn*) correspondent. **2** (*Dipl*) envoy. □ (*Giorn*) ~ *speciale* special correspondent: *dal nostro* ~ *speciale* from our special correspondent.

invidia *f.* envy: *crepare d'~* to be dying of envy; *essere roso dall'~* to be eaten up by envy. □ *da fare* ~ enviable; *è tutta ~* it's just envy.

invidiabile *a.* **1** enviable, to be envied. **2** (*eccellente*) excellent, splendid: *gode di una salute* ~ he enjoys excellent health, he enjoys the best of health.

invidiare (**invìdio, invìdi**) *v.t.* to envy: *invidio la tua casa* I envy you your house. □ *non avere nulla da* ~ *a qcu.* to have nothing to envy in so., to be in no way inferior to so.; *non* ~ *qcs. a qcu.* not to begrudge so. sth., not to envy so. sth.

invidioso *a.* envious: *sono invidiosi di te* they are envious of you, they envy you.

invigliacchire (**invigliacchìsco, invigliacchìsci**) **I** *v.i.* (*aus.* **essere**) to become a coward. **II** *v.pron.* **invigliacchirsi** to become a coward.

invigorimento *m.* strengthening, invigoration.

invigorire (**invigorìsco, invigorìsci**) **I** *v.t.* to invigorate, to strengthen (*anche fig*). **II** *v.i.* (*aus.* **essere**) to gain strength, to be strengthened, to be invigorated. **III** *v.pron.* **invigorirsi** to gain strength, to be strengthened, to be invigorated.

invilire (**invilìsco, invilìsci**) **I** *v.t.* (*rar*) **1** (*rendere vile*) to debase. **2** (*scoraggiare*) to cause to lose heart. **3** (*rif. a valore, a prezzo: sminuire*) to cheapen, to depreciate, to lower. **II** *v.i.* (*aus.* **essere**) (*rar*) **1** (*divenire vile*) to become cowardly, to become faint-hearted, to lose heart. **2** (*perdere stima*) to be lowered, to be degraded. **III** *v.pron.* **invilirsi** (*rar*) **1** (*divenire vile*) to become cowardly, to become faint-hearted, to lose heart. **2** (*perdere stima*) to be lowered, to be degraded.

inviluppamento *m.* **1** (*l'inviluppare*) wrapping, wrapping up, enveloping. **2** (*l'invilupparsi*) wrapping oneself up. **3** (*viluppo*) tangle.

inviluppare (**invilùppo**) **I** *v.t.* to wrap, to wrap up, to envelop. **II** *v.pron.* **invilupparsi 1** to wrap oneself up, to envelop oneself. **2** (*fig*) to become entangled, to become involved, to get mixed up: *invilupparsi in una situazione difficile* to get involved in a difficult situation.

inviluppo *m.* **1** (*ciò che inviluppa*) wrapper, wrapping, cover, covering. **2** (*intrico*) tangle. **3** (*Mat*) envelope.

INVIM (*Econ*) *Imposta comunale sull'incremento di valore degli immobili* (Communal tax on increases of real estate value).

invincibile *a.* **1** invincible, unbeatable: *esercito* ~ invincible army. **2** (*fig*) invincible, unswerving: *fede* ~ unswerving faith. □ (*Stor*) *l'Invincibile armata* the Invincible Armada.

invincibilità *f.* invincibility.

invincibilmente *avv.* invincibly.

invio *m.* **1** sending, dispatch, dispatching: ~ *di denaro* sending of money. **2** (*per posta*) posting, mailing; (*alla redazione di un giornale e sim.*) sending in. **3** (*rif. a merci*) delivery, shipment. **4** (*singola spedizione*) shipment, consignment, delivery. **5** (*Metr*) envoi, envoy. **6** (*Inform*) enter: *tasto d'~* enter key, return key.

inviolabile *a.* inviolable.

inviolabilità *f.* inviolability.

inviolato *a.* inviolate, inviolated.

inviperire (**inviperìsco, inviperìsci**; *aus.* **essere**) **I** *v.i.* to become furious. **II** *v.pron.* **inviperirsi** to become furious.

inviperito *a.* furious, enraged.

invischiare (**invìschio, invìschi**) *v.t.* **1** to lime. **2** (*fig*) (*coinvolgere*) to involve, to mix up, to get: ~ *qcu. in una faccenda poco pulita* to get so. into (a) shady business. **II** *v.pron.* **invischiarsi 1** to be caught, to be snared. **2** (*fig*) (*essere coinvolto*) to become involved, to get mixed up.

inviscidire (**inviscidìsco, inviscidìsci**; *aus.* **essere**) *v.i.* (*rar*) to become slimy, to become viscous.

invisibile *a.* invisible. □ (*scherz*) *si è fatto* ~ he has disappeared from circulation, he has vanished.

invisibilità *f.* invisibility.

inviso *a.* **1** disliked (*a* by), hated (*a* by). **2** (*malvisto*) unpopular (*a* with).

invitante *a.* inviting, pleasant, attractive.

invitare (**invìto**) **I** *v.t.* **1** to invite (*a, in* to), to ask (*a, in* to): ~ *qcu. a pranzo* to invite so. to dinner. **2** (*pregare di intervenire*) to invite. **3** (*pregare, chiedere*) to ask, to request, to in-

vite: *lo invitò a salire sul palco* he requested him to come up on to the platform. **4** (*ingiungere*) to enjoin. **5** (*esortare*) to invite, to urge, to encourage. **6** (*fig*) (*invogliare*) to invite, to induce, to tempt, to entice. **7** (*assol.*) (*nelle carte: chiamare*) to call (*a* for). **II** *v.pron.* **invitarsi** to invite oneself, to come unasked, to come uninvited. □ ~ *a ballare una ragazza* to ask a girl for a dance, to ask a girl to dance; ~ *qcu. a casa propria* to invite so. in, to ask so. in; ~ *a nozze qcu.*: **1** to invite so. to one's wedding; **2** (*fig*) (*fare una proposta allettante*) to make an attractive proposal to so., to propose sth. that you know will delight so.; *La invito ad andarsene* kindly leave, please leave; *farsi* ~ to get oneself invited.

invitato *m.* (*f.* **-a**) guest.

invito *m.* **1** invitation: ~ *a pranzo* invitation to dinner. **2** (*concr*) (*cartoncino d'invito*) invitation, invitation card. **3** (*esortazione*) exhortation, urging. **4** (*fig*) (*allettamento*) lure, call, invitation, inducement. **5** (*Sport*) (*nella scherma, nel pugilato*) invitation. **6** (*nel gioco delle carte: posta*) stake, stakes *pl.* □ (*fig*) ~ *a nozze* music to one's ears, meat and drink (to so.); *solo su* ~ by invitation only.

invitto *a.* (*lett*) **1** (*mai sconfitto*) undefeated. **2** (*invincibile*) invincible. **3** (*indomito*) indomitable, unswerving.

invocare (**invòco, invòchi**) *v.t.* **1** to invoke, to call upon: ~ *un santo* to invoke a saint. **2** (*chiedere*) to call for, to ask for, to cry for, to cry out for: ~ *aiuto* to call for help. **3** (*appellarsi*) to invoke, to appeal to, to call on, to call upon: ~ *la legge a difesa dei propri diritti* to invoke the law in defence of one's rights. □ ~ *la testimonianza di qcu.* to call on so. to give evidence.

invocativo *a.* (*lett*) invocatory.

invocatore **I** *m.* (*f.* **-trice**) invoker. **II** *a.* invoking, entreating, calling.

invocazione *f.* **1** invocation, appeal. **2** (*grido*) cry, shout: *invocazioni di aiuto* cries for help.

invogliare (**invòglio, invògli**) **I** *v.t.* to tempt, to attract, to invite, to make (so.) want: ~ *a comprare* to tempt to buy; *questo sole invoglia a uscire* this sunshine makes one want to go out. **II** *v.pron.* **invogliarsi** (*incapricciarsi*) to take a fancy (*di* to).

invogliato *a.* eager, desirous (*a* for), attracted (by): *essere* ~ *a qcs.* to be eager for sth., to long for sth.

involare (**invólo**) **I** *v.t.* (*lett*) to steal, to snatch. **II** *v.i.* (*aus.* **avere**) (*prendere il volo*) to take off. **III** *v.pron.* **involarsi** (*sparire*) to vanish, to take flight, to fly away.

involgarire (**involgarìsco, involgarìsci**) **I** *v.t.* to make vulgar. **II** *v.i.* (*aus.* **essere**) to become vulgar. **III** *v.pron.* **involgarirsi** to become vulgar.

involgere (*pres.ind.* **invòlgo, invòlgi**; *p.rem.* **invòlsi**; *p.p.* **invòlto**) *v.t.* (*avvolgere*) to wrap, to wrap up: ~ *un regalo in un foglio di carta* to wrap a gift in a sheet of paper.

involo *m.* (*Aer*) take off.

involontariamente *avv.* involuntarily, unintentionally.

involontario *a.* involuntary, unintentional.

involsi → **involgere**.

involtare (**invòlto**) **I** *v.t.* (*colloq*) to wrap, to wrap up, to envelop. **II** *v.pron.* **involtarsi** (*colloq*) (*avvolgersi*) to wrap oneself, to wrap oneself up.

involtino *m.* (*Gastron*) roulade: *involtini di manzo* roulades of beef. □ (*Gastron*) ~ *primavera* spring roll.

involto[1] *m.* **1** package, parcel. **2** (*fagotto*) bundle.

involto[2] → **involgere, involvere**.

involucro *m.* 1 cover, covering, wrapper, envelope. 2 (*custodia*) case. 3 (*Tecn*) envelope: ~ *di piombo* lead envelope. ☐ ~ *di protezione* (o ~*protettivo*) housing, casing, protective cover.

involutivo *a.* (*Psic*) involutional, involution (*attr.*): *fase involutiva* involutional phase.

involuto → **involvere** *a.* 1 involved, involute. 2 (*Bot*) involute.

involuzione *f.* 1 (*regresso*) regression, involution. 2 (*l'essere intricato*) complexity, intricacy, involution. 3 (*Biol,Med*) involution. ☐ ~ (*Med*) ~*senile* senile involution.

invulnerabile *a.* invulnerable (*anche fig*).

invulnerabilità *f.* invulnerability (*anche fig*).

inzaccherare (**inzàcchero**) I *v.t.* to splash with mud, to spatter with mud. II *v.pron.* **inzaccherarsi** to get muddy, to get spattered with mud.

inzaccherato *a.* muddy, mud-splashed.

inzeppare[1] (**inzéppo**) *v.t.* to wedge.

inzeppare[2] (**inzéppo**) I *v.t.* (*riempire*) to stuff, to cram, to fill (sth.) to bursting: ~ *lo stomaco di cibo* to cram one's stomach with food; ~ *un saggio di citazioni* to cram an essay with quotations. II *v.pron.* **inzepparsi** to stuff oneself, to gorge oneself.

inzigare (**inzìgo, inzìghi**) *v.t.* (*colloq*) 1 (*stuzzicare*) to tease, to annoy. 2 (*istigare*) to stir up, to incite.

inzolfare (**inzólfo**) *v.t.* to sulphur.

inzolfatoio *m.* sulphurator, (*Am*) sulfurator.

inzolfatura *f.* sulphuration, (*Am*) sulfuration.

inzotichire (**inzotichìsco, inzotichìsci**) I *v.i.* (*aus.* **essere**) to become uncouth, to grow boorish. II *v.pron.* **inzotichirsi** to become uncouth, to grow boorish.

inzuccarsi (**mi inzùcco, ti inzùcchi**) *v.pron.* (*colloq,rar*) (*intestardirsi*) to get it into one's head, to get it through one's skull.

inzuccherare (**inzùcchero**) *v.t.* 1 to sugar: ~ *il caffè* to sugar coffee. 2 (*cospargere di zucchero*) to sprinkle with sugar, to sugar.

inzuccherato *a.* 1 sugared. 2 (*cosparso di zucchero*) sprinkled with sugar.

inzuppamento *m.* drench, soakage.

inzuppare (**inzùppo**) I *v.t.* 1 (*intingere*) to dip, to dunk: ~ *i biscotti nel latte* to dip biscuits in milk. 2 (*infradiciare*) to drench, to soak. II *v.pron.* **inzupparsi** 1 to become soaked. 2 (*infradiciarsi*) to be soaked, to get wet through, to get wet to the skin, to get drenched, to get soaking wet.

inzuppato *a.* (*bagnato*) drenched, wet, soaking, soaked, dripping (*di* with).

io I *pron.pers.sogg.* 1 (*atono: usually omitted when it precedes the verb*) I: *vorrei andarmene* I should like to go away; ~ *sottoscritto* I the undersigned. 2 (*tonico*) I, (*esclam.*) (*colloq*) me: ~ *e la mia amica abbiamo cenato insieme* my friend and I had supper together; *sono stato ~ a volerlo* it was I who wanted it; *chi mi chiama? Sono ~* who's calling me? - It's me; *anch'~* I too, also I, (*colloq*) me too. II *m.* (*Filos,Psic*) ego. ☐ (*Filos*) ~ *assoluto* absolute ego; (*Filos*) **non** ~ non-ego; (*colloq*) ~*per me* as far as I'm concerned, speaking for myself; *non sonopiù* ~ I am no longer what I used to be, I am no longer myself.

I/O (*Inform*) ingresso/uscita, input/output I/O (input/output).

iod *m.inv.* yod.

iodato I *m.* (*Chim*) iodate. II *a.* (*Chim*) iodated, iodated: *sale* ~ iodized salt.

iodico (*pl.* **-ci**) *a.* (*Chim*) iodic: *acido* ~ iodic acid.

iodidrato *m.* (*Chim*) iodhydrate.

iodio *m.* (*Chim*) iodine.

iodismo *m.* (*Med*) iodism, iodine poisoning.

iodoformio *m.* (*Chim*) iodoform.

iodoterapia *f.* (*Med*) iodotherapy.

iodurare (**iodùro**) *v.t.* (*Chim*) iodinate.

iodurazione *f.* (*Chim*) iodination.

ioduro *m.* (*Chim*) iodide.

iole *f.* (*Mar*) 1 (*nelle navi mercantili*) jolly bat, yawl. 2 (*imbarcazione sportiva*) gig.

ione *m.* (*Fis*) ion.

Ionia *n.pr.f.* (*Geog.stor*) Ionia.

ionico[1] (*pl.* **-ci**) I *a.* (*Stor.gr*) Ionic, Ionian: *colonna ionica* Ionic column. II *m.* 1 (*Stor.gr*) (*dialetto*) Ionic. 2 (*Metr*) (*metro ionico*) ionic.

ionico[2] (*pl.* **-ci**) *a.* (*Geog*) (*del mar Ionio*) Ionian.

ionico[3] (*pl.* **-ci**) *a.* (*Chim,Fis*) ionic.

ionio *m.* (*Fis*) ionium.

Ionio *n.pr.m.* (*Geog*) (*mar Ionio*) Ionian Sea.

ionizzante *a.* (*Fis*) ionizing: *radiazione* ~ ionizing radiation.

ionizzare (**ionìzzo**) *v.t.* (*Fis*) to ionize.

ionizzato *a.* (*Fis*) ionized: *gas* ~ ionized gas.

ionizzatore *m.* (*Fis*) ionizer.

ionizzazione *f.* (*Fis*) ionization.

ionoforesi *f.* (*Med*) iontophoresis.

ionometro *m.* (*Chim*) ionometer.

ionosfera *f.* ionosphere.

ionosferico (*pl.* **-ci**) *a.* ionospheric.

ionoterapia *f.* (*Med*) ion therapy, iontophoresis.

iosa ☐ *a* ~ (*in gran quantità*) galore.

iota *m./f.inv.* iota, letter j.

iotacismo *m.* (*Filol*) iotacism.

ipallage *f.* (*Ret*) hypallage.

ipecacuana *f.* (*Bot*) ipecacuanha, ipecac.

iperacidità *f.* (*Med*) hyperacidity.

iperacusia *f.* (*Med*) hyperacusia, hyperacusis.

iperacuto *a.* hyperacute.

iperalimentazione *f.* hyperalimentation, overfeeding.

iperattività *f.* hyperactivity.

iperattivo *a.* hyperactive.

iperazotemia *f.* (*Med*) hyperazotemia.

iperbarico (*pl.* **-ci**) *a.* (*Fis*) hyperbaric: (*Med*) *camera iperbarica* hyperbaric chamber.

iperbato *m.* (*Ret*) hyperbaton.

iperbole *f.* (*Ret*) 1 hyperbole. 2 (*estens*) (*esagerazione*) exaggeration, overstatement. 3 (*Mat*) hyperbola.

iperbolico (*pl.* **-ci**) *a.* 1 (*Ret*) hyperbolic, hyperbolical. 2 (*estens*) (*esagerato*) exaggerated, overstated, excessive. 3 (*Mat*) hyperbolic, hyperbolical: *seno* ~ hyperbolic sine.

iperboloide *m.* (*Mat*) hyperboloid.

iperboreo *a.* (*poet*) hyperborean.

ipercalorico (*pl.* **-ci**) *a.* high calorie (*attr.*), rich in calories (*posposto*), high in calories (*posposto*).

ipercatalettico *a.* (*Metr*) hypercatalectic.

ipercinesi, ipercinesia *f.* (*Med*) hypercinesia, hyperkinesia.

ipercloridria *f.* (*Med*) hyperchlorhydria.

ipercloruria *f.* (*Med*) hyperchloruria.

ipercolesterolemia *f.* (*Med*) hypercholesterolemia.

ipercorrettismo *m.* (*Ling*) hypercorrection.

ipercorretto *a.* (*Ling*) hypercorrect, overcorrect.

ipercritica *f.* hypercriticism.

ipercriticismo *m.* tendency to hypercriticism.

ipercritico (*pl.* **-ci**) *a.* hypercritic, hypercritical.

ipercromia *f.* (*Med*) hyperchromia.

iperdulia *f.* (*Teol*) hyperdulia.

ipereccitabile *a.* overexcitable.

ipereccitabilità *f.* overexcitability.

iperemesi *f.* (*Med*) hyperemesis.

iperemia *f.* (*Med*) hyperemia, hyperaemia.

iperestesia *f.* (*Med*) hyperesthesia, hyperaesthesia.

iperfocale *a.* (*Fot*) hyperfocal.

iperfunzionante *a.* (*Med*) hyperfunctioning.

iperfunzione *f.* (*Med*) hyperfunction.

iperglicemia /-gli-/ *f.* (*Med*) hyperglycemia.

iperglicemico /-gli-/ (*pl.* **-ci**) *a.* (*Med*) hyperglycaemic.

iperglobulia *f.* (*Med*) hyperglobulinemia.

iperico (*pl.* **-ci**) *m.* (*Bot*) St John's wort, hypericum.

iperinflazione *f.* (*Econ*) hyperinflation.

Iperione *n.pr.m.* (*Mitol*) Hyperion.

ipermedia *f.* (*Inform*) hypermedia.

ipermercato *m.* hypermarket.

ipermetria *f.* (*Med,Metr*) hypermetry.

ipermetro *a.* (*Metr*) hypermetric, hypermetrical.

ipermetrope I *a.* (*Med*) hypermetropic, hypermetropical, hyperopic, (*colloq*) far-sighted. II *m./f.* (*Med*) hypermetrope, hyperope.

ipermetropia *f.* (*Med*) hypermetropia, hyperopia, (*colloq*) far-sightedness.

ipernova *f.* (*Astr*) hypernova.

ipernutrizione *f.* hypernutrition, overfeeding.

iperone *m.* (*Fis*) hyperon.

iperpiressia *f.* (*Med*) hyperpyrexia.

iperplasia *f.* (*Biol*) hyperplasia.

iperproteico (*pl.* **-ci**) *a.* high-protein (*attr.*).

iperprotettività *f.* overprotectiveness.

iperprotettivo *a.* overprotective.

ipersensibile *a.* 1 hypersensitive. 2 (*eccessivamente suscettibile*) oversensitive, touchy.

ipersensibilità *f.* 1 hypersensibility. 2 (*eccessiva suscettibilità*) oversensitivity.

ipersonico (*pl.* **-ci**) *a.* (*Fis*) (*supersonico*) supersonic, hypersonic.

ipersostentatore *m.* (*Aer*) flap, wing flap.

iperspazio *m.* hyperspace (*anche Mat*).

iperstatico (*pl.* **-ci**) *a.* (*Edil*) statically indeterminable.

iperstenia *f.* (*Med*) hypersthenia.

ipersurrenalismo *m.* (*Med*) hypersuprarenalism.

ipertensione *f.* (*Med*) hypertension, high blood pressure: *soffrire di* ~: to have high blood pressure. ☐ (*Med*) ~*arteriosa* arterial hypertension; (*Med*) ~*essenziale* essential hypertension.

ipertensivo I *a.* (*Farm*) hypertensive. II *m.* (*Farm*) hypertensive drug.

ipertermia *f.* (*Med*) hyperthermia.

iperteso I *a.* (*Med*) hypertensive. II *m.* (*f.* **-a**) (*Med*) hypertensive.

ipertesto *m.* (*Inform*) hypertext.

ipertestuale *a.* (*Inform*) hypertextual: *collegamento* ~ hyperlink.

ipertiroideo I *a.* (*Med*) hyperthyroid. II *m.* (*f.* **-a**) (*Med*) sufferer from hyperthyroidism.

ipertiroidismo *m.* (*Med*) hyperthyroidism.

ipertonia *f.* (*Med*) hypertonia.

ipertonico (*pl.* **-ci**) *a.* (*Chim*) hypertonic.

ipertricosi *f.* (*Med*) hypertrichosis.

ipertrofia *f.* (*Biol*) hypertrophy.

ipertrofico I *a.* (*pl.* **-ci**) 1 (*Biol*) hypertrophic. 2 (*fig*) overgrown, overdeveloped.

iperurbanismo *m.* (*Ling*) hyperurbanism.

iperuricemia *f.* (*Med*) hyperuricemia.

iperventilazione *f.* (*Med*) hyperventilation.

ipervitaminico (*pl.* **-ci**) *a.* vitamin-rich, hypervitaminic.

ipervitaminosi *f.* (*Med*) hypervitaminosis.

ipnologia *f.* hypnology.

ipnologo *m.* (*f.* **-a**; *pl.* **-gi**) hypnologist.

ipnopedia *f.* **1** (*insegnamento*) hypnopaedia, sleep teaching. **2** (*apprendimento*) sleep learning.

ipnosi *f.* hypnosis.

ipnoterapia *f.* (*Psic*) hypnotherapy.

ipnotico (*pl.* **-ci**) **I** *a.* hypnotic (*anche fig*). **II** *m.* (*Farm*) hypnotic.

ipnotismo *m.* hypnotism.

ipnotizzare (**ipnotìzzo**) *v.t.* to hypnotize (*anche fig*).

ipnotizzatore *m.* (*f.* **-trice**) hypnotist, hypnotizer.

ipoacusia *f.* (*Med*) hypacusis, hypoacusis.

ipoalimentazione *f.* hypoalimentation.

ipoallergenico (*pl.* **-ci**) *a.* (*Cosmet*) hypoallergenic.

ipoazotide *f.* (*Chim*) nitrogen tetroxide.

ipocalorico (*pl.* **-ci**) *a.* low in calories (*posposto*), low-calorie (*attr.*).

ipocausto *m.* (*Archeol*) hypocaust.

ipocentro *m.* (*Geol*) focus, hypocentre.

ipocinesi, ipocinesia *f.* (*Med*) hypokinesis, hypocinesis, hypocinesia.

ipocinetico (*pl.* **-ci**) *a.* (*Med*) hypokinetic.

ipocloridria *f.* (*Med*) hypochlorhydria.

ipoclorito *m.* (*Chim*) hypochlorite: ~ *di sodio* sodim hypochlorite.

ipocloroso ☐ (*Chim*)*acido* ~ hypochlorous acid.

ipocondria *f.* (*Psic*) hypochondria, hypochondriasis.

ipocondriaco **I** *a.* (*Psic*) hypochondriac, hypochondriacal. **II** *m.* (*f.* **-a**; *pl.* **-ci**) (*Psic*) hypochondriac.

ipocondrio *m.* (*Anat*) hypochondrium.

ipocoristico **I** *a.* (*Ling*) hypocoristic. **II** *m.* (*Ling*) hypochorism, pet name.

ipocrisia *f.* hypocrisy.

ipocrita **I** *m./f.* hypocrite. **II** *a.* hypocritical.

ipocritamente *avv.* hypocritically.

ipoderma *m.* (*Anat*) hypoderm, hypodermis.

ipodermico (*pl.* **-ci**) *a.* (*Med*) hypodermic: *iniezione ipodermica* hypodermic injection.

ipodermoclisi *f.* (*Med*) hypodermoclysis.

ipofisario *a.* (*Anat*) hypophysial, hypophyseal.

ipofisi *f.* (*Anat*) hypophysis.

ipofosfato *m.* (*Chim*) hypophosphate.

ipofosfito *m.* (*Chim*) hypophosphite.

ipofosforico (*pl.* **-ci**) *a.* (*Chim*) hypophosphoric.

ipofosforoso *a.* (*Chim*) hypophosphorous.

ipogastrico (*pl.* **-ci**) *a.* (*Anat*) hypogastric.

ipogastrio *m.* (*Anat*) hypogastrium.

ipogeo **I** *m.* (*Archeol*) hypogeum. **II** *a.* (*Archeol*) hypogeous, hypogeal.

ipogino *a.* (*Bot*) hypogynous.

ipoglicemia /-gli-/ *f.* (*Med*) hypoglycemia.

ipoglicemico /-gli-/ (*pl.* **-ci**) *a.* (*Med*) hypoglycemic.

ipoglobulia *f.* (*Med*) hypoglobulia.

ipoglosso *m.* (*Anat*) hypoglossal nerve.

ipoglottide *f.* (*Anat*) hypoglottis.

ipomea *f.* (*Bot*) ipomea, ipomoea, morning glory.

ipometrope **I** *a.* (*Med*) myopic, (*colloq*) short-sighted. **II** *m./f.* (*Med*) myope, (*colloq*) short-sighted person.

ipometropia *f.* (*Med*) myopia.

iponitrito *m.* (*Chim*) hyponitrite.

iponutrizione *f.* hyponutrition, underfeeding.

ipoplasia *f.* (*Biol*) hypoplasia.

iposecrezione *f.* (*Med*) hyposecretion.

iposodico (*pl.* **-ci**) *a.* low-salt (*attr.*).

iposolfito *m.* (*Chim*) hyposulphite, (*Am*) hyposulfite.

ipostasi *f.* (*Filos,Teol,Med*) hypostasis.

ipostatico (*pl.* **-ci**) *a.* (*Filos,Teol,Med*) hypostatic.

ipotalamico (*pl.* **-ci**) *a.* (*Anat*) hypothalamic.

ipotalamo *m.* (*Anat*) hypothalamus.

ipotassi *f.* (*Gramm*) hypotaxis.

ipoteca *f.* (*Dir*) mortgage: *accendere un'~ su un fondo* to raise a mortgage on a property; *estinguere un'~* to redeem a mortgage.

ipotecabile *a.* (*Dir*) mortgageable.

ipotecare (**ipotèco**, **ipotèchi**) *v.t.* (*Dir*) to mortgage. ☐ (*fig*) ~*il futuro* to count one's chickens before they are hatched.

ipotecario *a.* (*Dir*) mortgage: *mutuo* ~ (*o prestito* ~) mortgage loan.

ipotecato *a.* (*Dir*) mortgaged.

ipotensione *f.* (*Med*) hypotension, (*colloq*) low blood pressure.

ipotensivo **I** *a.* (*Farm*) hypotensive. **II** *m.* (*Farm*) hypotensive drug.

ipotenusa *f.* (*Geom*) hypotenuse.

ipotermia *f.* (*Med*) hypothermia.

ipotesi *f.* **1** (*supposizione*) hypothesis, assumption, supposition, conjecture: *nella migliore delle* ~ at best, should all go well. **2** (*Mat,Filos*) hypothesis. ☐ *nell'~che* if, in case; *nell'~ che tutto vada male* worse case scenario; *se per* ~ if by chance, if for example; *ammettiamo per* ~ *che* supposing that, suppose, let us suppose that, let us assume that; (*Ling*) ~ *Sapir-Whorf* Sapir-Whorf hypothesis.

ipoteso **I** *a.* (*Med*) hypotensive. **II** *m.* (*f.* **-a**) (*Med*) hypotensive.

ipoteticamente *avv.* hypothetically.

ipotetico (*pl.* **-ci**) *a.* hypothetical.

ipotiposi *f.* (*Ret*) hypotyposis.

ipotiroideo **I** *a.* (*Med*) hypothyroid. **II** *m.* (*f.* **-a**) (*Med*) sufferer from hyperthyroidism.

ipotiroidismo *m.* (*Med*) hypothyroidism.

ipotizzabile *a.* presumable, supposable.

ipotonia *f.* (*Med*) hypotonia, hypotonicity.

ipotonico (*pl.* **-ci**) *a.* (*Med*) hypotonic.

ipotrofia *f.* (*Med,Bot*) hypotrophy.

ipovedente **I** *a.* visually handicapped. **II** *m./f.* visually handicapped person.

ipovitaminosi *f.* (*Med*) hypovitaminosis.

ippica *f.* (*Sport*) horse racing. ☐ (*fig,scherz*) *datti all'* ~! go in for something else!, take up knitting!

ippico (*pl.* **-ci**) *a.* (*Sport*) horse (*attr.*), of horses (*posposto*), relating to horses (*posposto*): *concorso* ~ horse show; *gara ippica* horserace.

ippocampo *m.* (*Itt*) sea horse.

ippocastano *m.* (*Bot*) horse chestnut, horse chestnut tree.

Ippocrate *n.pr.m.* (*Stor*) Hippocrates: *giuramento di* ~ Hippocratic oath.

ippocratico (*pl.* **-ci**) *a.* (*Stor*) Hippocratic.

ippodromo *m.* **1** racecourse, race-track. **2** (*Archeol*) hippodrome.

ippoglosso *m.* (*Itt*) halibut.

ippogrifo *m.* (*Mitol*) hippogriff, hippogryph.

Ippolito *n.pr.m.* Hippolytus.

ippopotamo *m.* (*Zool*) hippopotamus, hippo.

ippoterapia *f.* (*Med*) horse therapy.

ippotrainato *a.* (*Mil,ant*) horse-drawn,

drawn by horses (*posposto*), drawn by mules (*posposto*).

iprite *f.* (*Chim*) yperite, mustard gas.

ipsilon *m./f.inv.* **1** (*nell'alfabeto greco*) ypsilon, upsilon, letter y. **2** (*nell'alfabeto latino*) Y, letter Y. ☐ *a* ~ Y-shaped.

ipso facto *avv.* immediately, at once.

ipsometria *f.* (*Geog*) hypsometry.

ipsometrico (*pl.* **-ci**) *a.* (*Geog*) hypsometric, hypsometrical.

ipsometro *m.* hypsometer.

IR *Iran* IR (Iran).

ira *f.* **1** wrath, anger, (*lett*) ire: *accendersi d'*~ to fly into a rage. **2** (*sdegno*) wrath. **3** (*fig*) (*rif. a venti e sim.*) fury, rage, anger: *l'~ del mare* the fury of the sea. **4** (*Teol*) ire. ☐ (*colloq*) *costare l'~di Dio* to cost a fortune; (*colloq*) *fare un'~ di Dio* to raise the roof, to raise Cain; (*colloq*) *dire l'~ di Dio di qcu.* to tear so. apart; *successe l'~ di Dio* all hell broke loose.

IRA (*Pol*) *Esercito della repubblica irlandese* IRA (Irish Republican Army).

iracheno **I** *a.* Iraqi, Iraki. **II** *m.* (*f.* **-a**) Iraqi, Iraki.

iracoidei, iracoidi *m.pl.* (*Zool*) hyracoids.

iracondia *f.* irascibility.

iracondo *a.* irascible, quick-tempered, hot-tempered.

Irak *n.pr.m.* (*Geog*) Iraq.

irakeno **I** *a.* Iraqi, Iraki. **II** *m.* (*f.* **-a**) Iraqi, Iraki.

Iran *n.pr.m.* (*Geog*) Iran.

iraniano **I** *a.* Iranian. **II** *m.* (*f.* **-a**) Iranian.

iranico (*pl.* **-ci**) **I** *a.* (*Stor*) Iranian. **II** *m.* **1** (*lingua*) Iranian. **2** (*f.* **-a**) (*abitante*) Iranian.

iranista *m./f.* specialist in Iranian studies.

iranistica *f.* Iranian studies *pl.*

IRAP (*Econ*) *Imposta Regionale sulle Attività Produttive* (Regional income tax).

Iraq *n.pr.m.* (*Geog*) Iraq.

irascibile *a.* irascible, quick-tempered, short tempered.

irascibilità *f.* irascibility, hot temper, quick temper.

iratamente *avv.* angrily.

irato *a.* angry, furious: *parole irate* angry words.

irbis *m.* (*Zool*) irbis, snow leopard.

Irene *n.pr.f.* Irene.

irenico (*pl.* **-ci**) *a.* (*lett*) irenic, irenical.

irenismo *m.* (*Teol*) irenics (*costr.sing.*).

ireos *m.* (*Bot*) iris.

IRI (*Stor*) *Istituto per la ricostruzione industriale* IRI (Institute for Industrial Reconstruction).

iridacee *f.pl.* (*Bot*) iridaceae.

iridare (**ìrido**) *v.t.* **1** (*tingere con i colori dell'iride*) to paint (sth.) the colours of the rainbow. **2** (*conferire iridescenza*) to make iridescent.

iridato **I** *a.* rainbow, rainbow-coloured, rainbow-hued. **II** *m.* (*f.* **-a**) (*Sport*) world champion.

iride *f.* **1** (*arcobaleno*) rainbow, (*lett*) iris: *i sette colori dell'*~ the seven colours of the rainbow. **2** (*Anat*) iris. **3** (*Bot*) (*giaggiolo*) iris.

Iride *n.pr.f.* (*Mitol*) Iris.

iridescente *a.* iridescent.

iridescenza *f.* iridescence.

iridio *m.* (*Chim*) iridium.

iridologia *f.* (*Med*) iridology.

iridologo *m.* (*f.* **-a**; *pl.* **-gi**) (*Med*) iridologist.

iris *f.* (*Bot*) iris.

irite *f.* (*Med*) iritis.

IRL *Irlanda* IRL (Ireland).

Irlanda *n.pr.f.* (*Geog*) **1** Ireland. **2** (*estens*) (*Repubblica d'Irlanda*) Eire. ☐ (*Pol*) ~*del Nord* Northern Ireland.

irlandese I *a.* Irish. II *m./f.* 1 (*abitante*) Irishman (*f.* -woman). 2 *pl.* (*popolo*) the Irish; (*rif. a gruppo determinato*) Irish people: *tutti gli irlandesi che io conosco* all the Irish people I know. III *m.* (*lingua*) Irish.

irochese I *a.* Iroquois. II *m./f.* 1 (*abitante*) Iroquoian. 2 *pl.* Iroquois. III *m.* (*lingua*) Iroquois.

ironia *f.* irony. □ *con* ~ ironically; *fare dell'* ~ to be ironical, to be ironic; *per* ~ ironically; (*Filos*) ~ *socratica* Socratic irony.

ironicamente *avv.* ironically.

ironico (*pl.* -ci) *a.* ironic, ironical: *sguardo* ~ ironic look.

ironizzare (**ironìzzo**) I *v.t.* (*rar*) (*beffare*) to be ironical about, to ironize, to mock, to ridicule. II *v.i.* (*aus.* avere) to ironize, to be ironical.

irosamente *avv.* angrily.

iroso *a.* 1 angry. 2 (*incline all'ira*) irascible, hot-tempered.

IRPEF (*Econ*) *Imposta sul reddito delle persone fisiche* (personal income tax).

IRPEG (*Econ*) *Imposta sul reddito delle persone giuridiche* (corporate income tax).

IRQ *Iraq* IRQ (Iraq, Irak).

irradiamento *m.* 1 (*atto*) irradiation. 2 (*il prendere direzioni diverse*) radiation. 3 (*Fis*) radiation, irradiation.

irradiare (**irràdio, irràdi**) I *v.t.* 1 to irradiate, to shine upon: *il sole irradia la terra* the sun irradiates the earth. 2 (*estens*) (*diffondere*) to radiate, to spread, to give off, to give out: ~ *calore* to radiate heat. 3 (*fig*) (*illuminare*) to light up: *la gioia irradiava il suo volto* his face lit up with joy, his face shone with joy, his face beamed with joy. 4 (*Med*) to irradiate. II *v.i.* (*aus.* avere) to radiate (*anche fig*). III *v.pron.* **irradiarsi** 1 (*divergere*) to radiate. 2 (*fig*) (*propagarsi*) to spread.

irradiazione *f.* 1 radiation, irradiation: ~ *di calore* radiation of heat. 2 (*diffusione*) radiation, spreading, spreading out. 3 (*energia irradiata*) radiation. 4 (*Med*) (*in patologia*) radiation, irradiation.

irraggiamento *m.* radiation, irradiation.

irraggiare (**irràggio, irràggi**) *v.t./i./pron.* → **irradiare.**

irraggiungibile *a.* 1 unreachable, beyond one's reach, inaccessible. 2 (*in corsa*) uncatchable, that cannot be caught up with. 3 (*fig*) (*irrealizzabile*) unattainable, unreachable: *una meta* ~ an unattainable goal.

irraggiungibilità *f.* inaccessibility.

irragionevole *a.* 1 (*non dotato di ragione*) irrational. 2 (*rif. a persona: che non vuole usare la ragione*) unreasonable. 3 (*non conforme a ragione*) irrational, unreasonable, senseless: *discorso* ~ irrational talk. 4 (*esagerato*) unreasonable, absurd, inordinate, exorbitant.

irragionevolezza *f.* 1 (*rif. a cose*) irrationality, unreasonableness, senselessness. 2 (*rif. a persone*) unreasonableness, irrationality. 3 (*esagerazione*) unreasonableness, absurdity.

irragionevolmente *avv.* unreasonably.

irrancidimento *m.* act of going rancid.

irrancidire (**irrancidìsco, irrancidìsci**; *aus.* essere) *v.i.* to go rancid, to turn rancid.

irrancidito *a.* rancid.

irrazionale I *a.* irrational (*anche Mat*). II *m.* irrational: *l'* ~ *nell'arte* the irrational in art.

irrazionalismo *m.* (*Filos*) irrationalism.

irrazionalista I *a.* (*Filos*) irrationalist. II *m./f.* (*Filos*) irrationalist.

irrazionalistico (*pl.* -ci) *a.* (*Filos*) irrationalistic.

irrazionalità *f.* irrationality.

irrazionalmente *avv.* irrationally.

irreale *a.* 1 unreal. 2 (*fantastico*) imaginary, dream (*attr.*), fantastic: *vivere in un mondo* ~ to live in a dream world.

irrealistico (*pl.* -ci) *a.* unrealistic.

irrealizzabile *a.* unrealizable, unfeasible.

irrealizzabilità *f.* impracticability, impracticableness.

irrealizzato *a.* unfulfilled.

irrealtà *f.* unreality.

irreconciliabile *a.* irreconcilable.

irrecuperabile *a.* 1 irrecoverable, irretrievable. 2 (*fig*) (*senza speranza*) hopeless, beyond reclaim.

irrecuperabilità *f.* irrecoverableness.

irrecuperabilmente *avv.* irrecoverably, irretrievably.

irrecusabile *a.* 1 unrefusable, irrecusable. 2 (*irrefutabile*) irrefutable. 3 (*Dir*) unimpeachable.

irredentismo *m.* (*Pol*) irredentism.

irredentista I *m./f.* (*Pol*) irredentist. II *a.* (*Pol*) irredentist.

irredentistico (*pl.* -ci) *a.* (*Pol*) irredentist.

irredento *a.* unredeemed.

irredimibile *a.* irredeemable (*anche Econ, Dir*).

irrefrenabile *a.* uncontrollable, unrestrainable: *movimento* ~ uncontrollable movement.

irrefrenabilmente *avv.* uncontrollably, irrepressibly.

irrefutabile *a.* irrefutable, indisputable.

irrefutabilità *f.* irrefutability, indisputability.

irrefutabilmente *avv.* irrefutably.

irreggimentare (**irreggiménto**) *v.t.* (*Mil*) to regiment (*anche fig*).

irreggimentazione *f.* (*Mil*) regimentation (*anche fig*).

irregolare I *a.* 1 irregular: *lineamenti irregolari* irregular facial features; (*Gramm*) *nomi irregolari* irregular nouns; (*Mil*) *formazione* ~ irregular troops, irregulars. 2 (*non uniforme*) irregular, erratic, uneven: *terreno* ~ uneven ground; *passo* ~ irregular step. 3 (*in contrasto con le norme stabilite*) irregular: *condotta* ~ irregular conduct. 4 (*Dir*) (*illecito*) illegal, unlawful, illicit: *unione* ~ unlawful union. 5 (*Sport*) foul, not according to the rules (*posposto*), irregular. II *m.* (*Mil*) irregular.

irregolarità *f.* 1 (*l'essere irregolare*) irregularity. 2 (*cosa, azione irregolare*) irregularity. 3 (*reato*) offence. 4 (*peculato*) embezzlement, misappropriation: ~ *amministrativa* embezzlement of public funds. 5 (*mancanza di uniformità*) irregularity, unevenness, erraticism. 6 (*l'essere in contrasto con le norme stabilite*) irregularity. 7 (*Dir*) (*illiceità*) illegality, unlawfulness. 8 (*Sport*) foul, fouling, breach of rules.

irregolarmente *avv.* irregularly.

irreligione *f.* irreligion.

irreligiosamente *avv.* irreligiously.

irreligiosità *f.* irreligiousness.

irreligioso *a.* irreligious.

irremovibile *a.* inflexible, unshakable, unyielding: *decisione* ~ unshakable decision.

irremovibilità *f.* unshakableness, inflexibility.

irremovibilmente *avv.* unshakably, firmly.

irreparabile I *a.* 1 irreparable: *danno* ~ irreparable damage. 2 (*inevitabile*) inevitable. II *m.* (the) irreparable.

irreparabilità *f.* 1 irreparableness. 2 (*inevitabilità*) inevitable.

irreparabilmente *avv.* 1 irreparably. 2 (*inevitabilmente*) inevitably.

irreperibile *a.* impossible to find, nowhere to be found: *rendersi* ~ to disappear (into thin air), (*colloq,scherz*) to make oneself scarce.

irreperibilità *f.* impossibility of finding.

irreprensibile *a.* 1 irreproachable, irreprehensible. 2 (*inappuntabile*) impeccable, flawless.

irreprensibilità *f.* 1 irreproachableness, irreprehensibility. 2 (*inappuntabilità*) flawlessness.

irreprensibilmente *avv.* 1 irreproachably. 2 (*in modo inappuntabile*) faultlessly, impeccably.

irreprimibile *a.* irrepressible.

irrepugnabile *a.* (*Dir*) incontrovertible, irrefutable: *prove irrepugnabili* irrefutable evidence.

irrequietezza *f.* restlessness, uneasiness, fretfulness, fidgeting.

irrequieto *a.* restless, uneasy, fretful, fidgety: *una scolaresca irrequieta* a restless class.

irrequietudine *f.* restlessness.

irresistibile *a.* irresistible: *esercitare un fascino* ~ to have irresistible charm.

irresistibilmente *avv.* irresistibly.

irresolubile *a.* 1 insoluble, indissoluble. 2 (*fig*) insoluble, unsolvable: *problema* ~ unsolvable problem.

irresolutamente *avv.* irresolutely.

irresolutezza *f.* irresolution, indecision, uncertainty.

irresoluto *a.* irresolute, undecided, uncertain.

irrespirabile *a.* 1 impossible to breathe, unbreathable. 2 (*che sa di chiuso*) stuffy. 3 (*afoso*) stifling. 4 (*fig*) stifling, oppressive.

irresponsabile I *a.* 1 irresponsible. 2 (*Dir*) non-accountable. II *m./f.* irresponsible person: *sei un* ~! you are irresponsible!

irresponsabilità *f.* 1 irresponsibility. 2 (*Dir*) non-accountability.

irresponsabilmente *avv.* irresponsibly.

irrestringibile *a.* unshrinkable.

irretimento *m.* ensnaring.

irretire (**irretìsco, irretìsci**) *v.t.* 1 to net, to catch with a net. 2 (*fig*) (*raggirare*) to lure, to trap, to snare, to ensnare.

irretroattivo *a.* (*Dir*) non-retroactive, not-retroactive.

irreversibile *a.* (*Med,Biol,Chim*) irreversible.

irreversibilità *f.* (*Med,Biol,Chim*) irreversibility. □ (*Econ*) ~ *della pensione* non-transferability of a pension.

irreversibilmente *avv.* irreversibly.

irrevocabile *a.* irrevocable.

irrevocabilità *f.* irrevocability.

irrevocabilmente *avv.* irrevocably.

irrevocato *a.* unrevoked.

irricevibile *a.* (*Dir*) inadmissible.

irriconoscente *a.* ungrateful, unthankful.

irriconoscibile *a.* unrecognizable.

irriconoscibilità *f.* unrecognizableness.

irriconoscibilmente *avv.* unrecognizably.

irridere (*pres.ind.* **irrìdo**; *p.rem.* **irrìsi**; *p.p.* **irrìso**) *v.t.* (*lett*) to scorn, to mock, to deride.

irriducibile I *a.* 1 irreducible, inflexible, unshakable: *volontà* ~ unshakable will. 2 (*Mat,Med*) irreducible. 3 (*fig*) (*fermamente convinto*) diehard, hard-line: *un terrorista* ~ a diehard terrorist. II *m./f.* hard-liner, diehard: *gli irriducibili* the hard-liners.

irriducibilità *f.* 1 irreducibility, unshakableness. 2 (*Mat,Med*) irreducibility.

irriferibile *a.* unrepeatable.

irriflessione *f.* thoughtlessness, heedlessness.

irriflessivo *a.* thoughtless, heedless, unreflecting.

irrigabile *a.* irrigable.

irrigare (**irrìgo, irrìghi**) *v.t.* **1** (*Agr*) to irrigate: ~ *i campi* to irrigate the fields. **2** (*rif. a corsi d'acqua: bagnare*) to flow through, to flow across. **3** (*Med*) to irrigate. □ (*Agr*) ~ *a pioggia* to spray.

irrigatore **I** *m.* (*Agr,Med*) irrigator. **II** *a.* (*Agr, Med*) irrigation (*attr.*), irrigational: *canale* ~ irrigation canal. □ (*Giard*) ~ *da giardino* lawn sprinkler; (*Agr*) ~ *rotativo* revolving sprayer, circular sprayer; (*Med*) ~ *vaginale* vaginal irrigator.

irrigatorio *a.* (*Agr*) irrigational, irrigation (*attr.*).

irrigazione *f.* (*Med,Agr*) irrigation. □ (*Agr*) ~ *a pioggia* sprinkler irrigation, spray irrigation; (*Agr*) ~ *antibrina* frost protection irrigation; (*Agr*) ~ *per aspersione* sprinkler irrigation, spray irrigation; (*Agr*) ~ *per sommersione* irrigation by flooding.

irrigidimento *m.* **1** stiffening. **2** (*rif. a clima, stagione e sim.: atto*) turning colder; (*effetto*) increasing cold. **3** (*fig*) (*ostinazione*) persistence, obstinacy.

irrigidire (**irrigidìsco, irrigidìsci**) **I** *v.t.* **1** to stiffen, to make stiff: *il freddo mi ha irrigidito le gambe* the cold has stiffened my legs (*o* has made my legs stiff). **2** (*rif. a clima, stagione e sim.*) to make colder, to turn harsher. **II** *v.i.* (*aus. essere*) to become rigid, to become stiff, to stiffen: ~ *dal freddo* to become stiff from the cold. **III** *v.pron.* **irrigidirsi 1** to become rigid, to become stiff, to stiffen. **2** (*rif. a clima, stagione e sim.*) to become colder, to turn colder, to grow harsher, to grow sharper, to grow more severe. **3** (*fig*) (*ostinarsi*) to stick obstinately (*in, su* to), to be stubborn (*in, su* about), to stand (*in, su* by). □ *irrigidirsi sull'attenti* to stand stifly at attention, to stand stifly to attention.

irrigidito *a.* **1** stiff, stiffened. **2** (*fig*) (*ostinato*) stubborn.

irriguardoso *a.* disrespectful, irreverent.

irriguo *a.* **1** irrigated, well-irrigated, well-watered: *zone irrigue* well-irrigated areas; *coltura irrigua* irrigated cultivation. **2** (*che riguarda l'irrigazione*) irrigation (*attr.*); (*rif. a fiume e sim.*) irriguous.

irrilevante *a.* insignificant, slight, negligible, unimportant: *i danni sono irrilevanti* the damage is slight.

irrilevanza *f.* insignificance, irrelevance.

irrimediabile *a.* irreparable, irretrievable, irremediable: *un errore* ~ an irreparable mistake.

irrimediabilmente *avv.* irremediably.

irrintracciabile *a.* untraceable.

irrinunciabile *a.* **1** which cannot be renounced. **2** (*Dir*) inalienable: *diritti irrinunciabili* inalienable rights.

irripetibile *a.* **1** unrepeatable. **2** (*unico*) unique.

irripetibilità *f.* uniqueness.

irriproducibile *a.* unreproducible, irreproducible.

irrisi → **irridere**.

irrisione *f.* (*scherno*) derision, mockery, sneering.

irriso → **irridere**.

irrisolto *a.* unsolved, unresolved.

irrisolutezza *f.* irresolution, indecision, uncertainty.

irrisoluto *a.* irresolute, undecided, uncertain.

irrisolvibile *a.* unsolvable.

irrisorio *a.* **1** derisive, scornful, mocking: *sguardo* ~ derisive look. **2** (*di scarso valore,*

minimo) ridiculous, trifling, trivial, insignificant: *danno* ~ insignificant damage; *a prezzi irrisori* at ridiculously low prices.

irrispettosamente *avv.* disrespectfully.

irrispettoso *a.* disrespectful.

irritabile *a.* **1** irritable, easily annoyed. **2** (*Med*) (*sensibile*) irritable, abnormally sensitive.

irritabilità *f.* **1** irritability. **2** (*Med*) irritability, undue sensitivity.

irritante **I** *a.* **1** irritating, annoying, provoking. **2** (*Med*) irritant. **II** *m.* (*Med*) irritant.

irritare (**ìrrito**) **I** *v.t.* **1** to irritate, to provoke, to nettle: *le tue sciocche osservazioni mi irritano* your silly comments irritate me. **2** (*Med*) (*produrre un'infiammazione*) to irritate, to inflame: *il fumo irrita gli occhi* smoke irritates the eyes. **II** *v.pron.* **irritarsi 1** to become irritated, to get irritated, to get angry. **2** (*Med*) to become irritated. □ *~ i nervi di qcu.* to get on so.'s nerves.

irritato *a.* **1** irritated, impatient (*con, contro* with). **2** (*Med*) (*infiammato*) inflamed, irritated; (*rif. alla gola*) sore.

irritazione *f.* **1** irritation, vexation, annoyance. **2** (*Med*) (*infiammazione*) inflammation, irritation; (*rif. alla gola*) soreness.

irrituale *a.* (*Dir*) irregular.

irriverente *a.* irreverent.

irriverentemente *avv.* irreverently.

irriverenza *f.* irreverence.

irrobustimento *m.* strengthening.

irrobustire (**irrobustìsco, irrobustìsci**) **I** *v.t.* to strengthen. **II** *v.pron.* **irrobustirsi** to become stronger, to grow stronger, to strengthen oneself.

irrogare (**irrògo, irròghi**) *v.t.* (*Dir*) to inflict, to impose.

irrogazione *f.* (*Dir*) infliction.

irrompere (*pres.ind.* **irrómpo**; *p.rem.* **irrùppi**; *no past participle and compound tenses*) *v.i.* **1** to burst, to break (*in* in, into): ~ *in una stanza* to burst into a room. **2** (*fluire, riversarsi*) to pour, to stream: *le acque irrompevano nei campi* the water poured into the fields; *gli studenti irruppero nell'aula* the students streamed into the hall. **3** (*fig*) (*entrare con forza*) to break out.

irrorare (**irròro**) *v.t.* **1** to wet, to bathe: *le lacrime le irroravano il volto* tears bathed her cheeks. **2** (*spruzzare, aspergere*) to spray, to sprinkle. **3** (*Biol*) to supply.

irroratore *m.* (*Giard*) (*apparecchio*) sprinkler, sprinkler system.

irroratrice *f.* (*Agr*) (*macchina*) sprayer, spraying machine. □ (*Agr*) ~ *a motore* motor sprayer; (*Agr*) ~ *a zaino* knapsack sprayer; (*Agr*) ~ *portatile* piston sprayer.

irrorazione *f.* **1** (*Agr*) spraying, sprinkling. **2** (*Biol,Fisiol*) supply: ~ *sanguigna* supply of blood.

irruente *a.* **1** impetuous, vehement: *temperamento* ~ impetuous temperament. **2** (*lett*) (*irrompente*) bursting, rushing: *acque irruenti* rushing waters, streaming waters.

irruenza *f.* **1** (*impeto*) rush, impetus. **2** (*fig*) (*l'essere impetuoso*) impetuosity, vehemence. □ *con* ~ impetuously.

irruppi → **irrompere**.

irruvidimento *m.* roughening.

irruvidire (**irruvidìsco, irruvidìsci**) **I** *v.t.* to roughen, to make rough. **II** *v.i.* (*aus. essere*) to roughen, to become rough. **III** *v.pron.* **irruvidirsi 1** to roughen, to become rough. **2** (*fig*) (*inasprirsi*) to become rough, to grow coarse.

irruvidito *a.* **1** rough: *pelle irruvidita* rough skin. **2** (*fig*) (*inasprito*) rough, coarse.

irruzione *f.* **1** irruption, bursting in, break-

ing in, rush: *l'~ delle acque* the rush of the waters. **2** (*invasione*) invasion, storming. □ *fare* ~ to break in(to), to burst in(to).

irsuto *a.* hairy, shaggy, hirsute.

irto *a.* **1** bristly, shaggy. **2** (*rif. a oggetti aguzzi*) spiked, bristling (*di* with): *spiaggia irta di scogli* beach filled (*o* bristling) with jagged rocks. **3** (*fig*) (*pieno*) fraught, bristling, filled, thick (*di* with): ~ *di difficoltà* fraught with difficulties.

IS *Islanda* IS (Iceland).

Isabella *n.pr.f.* Isabella, Isabel.

Isacco *n.pr.m.* (*Bibl*) Isaac.

isagoge *f.* (*lett*) isagoge.

isagogico (*pl.* **-ci**) *a.* (*lett*) isagogic, isagogical.

Isaia *n.pr.m.* (*Bibl*) Isaiah.

isatina *f.* (*Chim*) isatin.

isba, isbà *f.* isba, izba.

Iscariota *n.pr.m.* (*Bibl*) Iscariot.

ischeletrire (**ischeletrìsco, ischeletrìsci**) **I** *v.t.* to reduce to a skeleton. **II** *v.i.* (*aus. essere*) to be reduced to a skeleton. **III** *v.pron.* **ischeletrirsi** to be reduced to a skeleton.

ischemia *f.* (*Med*) ischemia, ischaemia.

ischemico (*pl.* **-ci**) *a.* (*Med*) ischemic, ischaemic.

ischialgia *f.* (*Med*) ischialgia.

ischiatico (*pl.* **-ci**) *a.* (*Anat*) ischiatic.

ischio *m.* (*Anat*) ischium.

iscritto[1] □ *per* ~ in writing: (*colloq*) *mettere qcs. per* ~ to put sth. in writing, to write sth. down; *rispondere per* ~ to reply in writing.

iscritto[2] → **iscrivere** **I** *a.* enrolled, registered. **II** *m.* (*f.* **-a**) **1** person enrolled, person registered. **2** (*rif. a circoli, partiti e sim.*) member: ~ *al sindacato* union member. **3** (*rif. a gare, concorsi e sim.*) entrant, competitor. □ *essere ~ a un partito* to be a party member; *essere ~ al collocamento* to be registered as unemployed; ~ *all'albo* registered.

iscrivere (*pres.ind.* **iscrìvo**; *p.rem.* **iscrìssi**; *p.p.* **iscrìtto**) **I** *v.t.* **1** to register, to enter. **2** (*far ammettere*) to enrol, to enroll: ~ *i figli in una scuola* to enroll one's children in a school. **3** (*rif. a gare, concorsi e sim.*) to enter (*a* for). **4** (*Univ,Scol*) to enrol, to enroll, to register (*a* in): *mi sono iscritto alla facoltà di chimica* I enrolled in the chemistry faculty. □ (*Dir*) *~ a ruolo una causa* to enter a case (for trial); *iscriversi una gara* to enter a competition; *iscriversi al collocamento* to register oneself as unemployed; *~ all'ordine del giorno* to put on the agenda; (*Econ*) *~ in bilancio* to budget; (*Dir*) *iscrivere qcu. nel registro degli indagati* to enter so.'s name in the register of suspected persons.

iscrizione *f.* **1** enrolment, registration (*a* in), membership. **2** (*di gare, concorsi e sim.*) entry. **3** (*registrazione*) entering, registration: ~ *del prestito* registration of the loan. **4** (*scritta incisa*) inscription: ~ *funeraria* inscription on a tombstone. **5** (*Univ*) registration; (*immatricolazione*) matriculation. □ ~ *ipotecaria* registration of a mortgage; ~ *sepolcrale* sepulcral inscription.

ISDN (*Tel*) *Rete digitale integrata nei servizi* ISDN (Integrated Services Digital Network).

ISEF (*Univ*) *Istituto superiore di educazione*

fisica (College of physical education).

isernino I *a.* form Isernia, of Isernia. II *m.* (*f.* **-a**) (*originario*) native of Isernia; (*abitante*) inhabitant of Isernia.

isiaco *a.* (*Mitol*) Isiac.

Iside *n.pr.f.* (*Mitol*) Isis.

Islam *m.* (*Rel.islam*) Islam.

islamico (*pl.* **-ci**) I *a.* (*Rel.islam*) Islamic, Muslim. II *m.* (*f.* **-a**) (*Rel.islam*) Muslim.

islamismo *m.* (*Rel.islam*) **1** (*religione islamica*) Islamism. **2** (*civiltà islamica*) Islam.

islamista *m./f.* (*studioso*) Islamist.

islamistica *f.* Islamic studies *pl.*

islamita *m./f.* (*Rel,rar*) (*seguace dell'islamismo*) Islamite.

islamizzazione *f.* Islamization.

Islanda *n.pr.f.* (*Geog*) Iceland.

islandese I *a.* Icelandic. II *m.* (*lingua*) Icelandic. III *m./f.* (*abitante*) Icelander.

Ismaele *n.pr.m.* (*Bibl*) Ishmael.

ismaelita I *a.* (*arabo*) Ishmaelitish, Ishmaelitic. II *m./f.* Ishmaelite.

ISO *Organizzazione internazionale per la standardizzazione* ISO (International Standards Organization).

isoalino □ (*Geog*) *linea isoalina* isohaline.

isobara *f.* (*Geog*) isobar.

isobarico (*pl.* **-ci**) *a.* (*Fis,Geog*) isobaric.

isobaro *a.* (*Fis*) isobaric.

isobata *f.* (*Geog*) isobath.

isobutano *m.* (*Chim*) isobutane.

isocianato *m.* (*Chim*) isocyanate.

isocianico (*pl.* **-ci**) *a.* (*Chim*) isocyanic.

isoclina *f.* (*Geog*) isoclinal, isoclinal line, isoclinic, isoclinic line.

isoclinale *a.* (*Geog*) isoclinal.

isocora *f.* (*Fis*) isochore.

isocromatico (*pl.* **-ci**) *a.* (*Ott*) isochromatic.

isocronismo *m.* (*Fis*) isochronism.

isocrono *a.* (*Fis*) isochronous.

isodinamico (*pl.* **-ci**) *a.* (*Fis*) isodynamic.

isodinamismo *m.* (*Fisiol*) isodynamic law.

isoelettrico □ (*El*) *punto* ~ isoelectric point.

isogamete *m.* (*Biol*) isogamete.

isogamia *f.* (*Biol*) isogamy.

isoglossa *f.* (*Ling*) isogloss.

isogona *f.* (*Geog*) isogonic, isogonic line, isogonal.

isogonale, isogono *a.* (*Geog,Mat*) isogonic, isogonal.

isoieta *f.* isohyet.

isoipsa *f.* contour line, level line.

isola *f.* **1** island, (*lett,poet*) isle. **2** (*isolato*) block. **3** (*Strad*) island, safety island, pedestrian island. **4** (*fig*) (*area*) island: ~ *linguistica* linguistic island. **5** (*Anat*) island, islet. □ (*Geog*) *Isole britanniche* British Isles; ~*corallina* coral island; (*Lett*) *L'~del tesoro* Treasure Island; (*Geog*) *Isole della Sonda* Sunda Islands; *un'~deserta* a desert island; (*Geog*) *Isola di Pasqua* Easter Island; (*Geog*) ~*di sant'Elena* St. Helena, the Island of St. Helena; (*Geog*) *isole egee* Aegean Islands; (*Geog*) *Isole Falkland* Falkland Islands; (*Geog*) *Isole Figi* Fiji Islands; (*Geog*) *Isole Frisone* Frisian Islands; (*Strad*) ~*pedonale* traffic-free zone, pedestrians-only zone, pedestrian precinct; (*Geog*) *Isole Sottovento* Leeward Islands; (*Strad*) ~*spartitraffico* traffic island; ~*vulcanica* volcanic island.

isolabile *a.* isolable, isolatable.

isolamento *m.* **1** isolation (*anche Pol*). **2** (*solitudine*) loneliness. **3** (*rif. a malati*) isolation. **4** (*rif. a detenuti*) solitary confinement. **5** (*Fis*) insulation. □ ~*acustico* : 1 (*Acus*)

soundproofing; 2 (*Edil*) deadening; ~*termico* thermal insulation.

isolano I *a.* island (*attr.*), insular. II *m.* (*f.* **-a**) islander.

isolante I *a.* (*Fis*) insulating, insulation (*attr.*): *materiale* ~ insulating material. II *m.* **1** (*Fis*) insulator. **2** (*Chim*) insulating material. □ (*Acus*) ~*acustico* soundproofing material, acoustic insulation; ~ *termico* insulating material, thermic insulation.

isolare (*isolo*) I *v.t.* **1** (*separare*) to isolate, to separate, to detach. **2** (*fig*) (*privare di amicizie, appoggi e sim.*) to isolate, to cut off. **3** (*Pol,Chim*) to isolate. **4** (*Fis*) to insulate. II *v.pron.* **isolarsi 1** to cut oneself off, to keep to oneself, to withdraw, to live apart. **2** (*Pol*) to become isolationist. □ ~*acusticamente* to sound-proof.

isolatamente *avv.* **1** separately. **2** (*da solo*) on one's own.

isolato[1] I *a.* **1** (*appartato*) isolated, set-apart: *un luogo* ~ an isolated place, an out-of-the-way place; *cima isolata* isolated peak. **2** (*tagliato fuori*) cut off, stranded. **3** (*singolo*) isolated, unique: *caso* ~ isolated case. **4** (*Fis*) insulated. **5** (*Acus*) sound-proofed. II *m.* (*f.* **-a**) **1** outsider. **2** (*Sport,rar*) independent, free-lance.

isolato[2] *m.* (*Strad*) block.

isolatore *m.* (*El*) insulator.

isolazione *f.* (*Svizz.it*) (*isolamento termico, acustico*) insulation.

isolazionismo *m.* (*Pol*) isolationism.

isolazionista I *m./f.* (*Pol*) isolationist. II *a.* (*Pol*) isolationist.

isolazionistico (*pl.* **-ci**) *a.* (*Pol*) isolationist.

isoletta *f.* islet, small island.

isolotto *m.* ait, holm.

isomeria *f.* (*Chim*) isomerism.

isomerico (*pl.* **-ci**) *a.* (*Chim*) isomeric.

isomerizzazione *f.* (*Chim*) isomerization.

isomero I *m.* (*Chim*) isomer. II *a.* (*Chim*) isomeric.

isometria *f.* (*Mat*) isometry.

isometrico (*pl.* **-ci**) *a.* isometric, isometrical (*anche Mat*).

isomorfico (*pl.* **-ci**) *a.* (*Mat,Chim*) isomorphic, isomorphous.

isomorfismo *m.* (*Mat,Chim*) isomorphism.

isomorfo *a.* (*Mat,Chim*) isomorphic, isomorphous.

isonomia *f.* isonomy.

isopodi *m.pl.* (*Zool*) isopods.

isoquanto *m.* (*Econ*) isoproduct.

isoscele *a.* (*Geom*) isosceles: *triangolo* ~ isosceles triangle.

isostasi, isostasia *f.* (*Geol*) isostasy, isostacy.

isostatico (*pl.* **-ci**) *a.* (*Mecc*) isostatic.

isoterma I *a.* (*Geog,Fis*) isotherm, isothermal. II *f.* (*Geog,Fis*) isotherm, isothermal line.

isotermico (*pl.* **-ci**) *a.* (*Fis*) isothermic.

isotonia *f.* (*Chim*) isotonicity.

isotonico (*pl.* **-ci**) *a.* (*Chim*) isotonic.

isotopia *f.* (*Chim*) isotopy.

isotopico (*pl.* **-ci**) *a.* (*Chim*) isotopic, isotope (*attr.*).

isotopo *m.* (*Chim*) isotope. □ (*Chim*) ~ *radioattivo* radioisotope.

isotropia *f.* (*Fis*) isotropy.

isotropo *a.* (*Fis*) isotropic, isotropous.

Isotta *n.pr.f.* Iseult, Isolde.

ispanico (*pl.* **-ci**) *a.* Hispanic.

ispanismo *m.* (*Ling*) Hispanism, Hispanicism.

ispanista *m./f.* Hispanist.

ispanistica *f.* Spanish studies.

ispanizzare (**ispanizzo**) *v.t.* to Hispanicize.

ispanizzazione *f.* Hispanicization.

ispano *a.* **1** Hispanic. **2** (*nelle parole composte*) Hispano (*attr.*), Hispanic (*attr.*).

ispano-americano I *a.* Hispano-American, Hispanic-American, Spanish-American. II *m.* (*f.* **-a**) Latin American.

ispanofono I *a.* spanish-speaking. II *m.* (*f.* **-a**) Spanish speaking person.

ispessimento *m.* thickening.

ispessire (**ispessisco, ispessisci**) I *v.t.* to thicken. II *v.pron.* **ispessirsi** to thicken, to become thicker.

ispettivo *a.* inspective, inspecting, inspectional.

ispettorato *m.* **1** (*carica*) inspectorship, inspectorate. **2** (*ente*) inspectorate, bureau of inspection, board of inspection. **3** (*sede*) inspectorate. □ ~*del lavoro* Department of Labour; ~ *provinciale del lavoro* District Department of Labour.

ispettore *m.* (*f.* **-trice**) inspector, overseer, supervisor, (*burocr*) surveyor: ~ *di polizia* police inspector. □ ~*capo* chief inspector; ~*delle finanze* revenue inspector; (*Comm*) ~ *delle vendite* sales supervisor; ~ *di dogana* customs inspector; ~*di reparto* floor-walker, shop-walker; (*Comm*) ~*di zona* field manager, field supervisor; ~ *scolastico* school inspector.

ispezionare (**ispeziono**) *v.t.* **1** to inspect: ~ *una scuola* to inspect a school. **2** (*esaminare*) to inspect, to examine, to investigate. **3** (*controllare*) to inspect, to check. **4** (*perlustrare*) to inspect, to scout, to reconnoitre, to patrol. □ ~ *i bagagli* to inspect the baggage.

ispezione *f.* **1** inspection. **2** (*esame*) inspection, examination, investigation. **3** (*controllo*) inspection, check, check-up. □ ~*corporale* body search; (*Mil*) *d'* ~ duty, orderly: *capitano d'* ~ orderly captain, duty captain; ~ *dei bagagli* baggage inspection; (*Comm*) ~*dei libri* audit, auditing; *fare un'* ~ to carry out an inspection, to hold an inspection; ~*scolastica* school inspection.

ISPI (*Scol*) *Istituto per gli studi di politica internazionale* (Institute for studies in international politics).

ispidezza *f.* **1** bristliness, shagginess. **2** (*fig*) (*scontrosità*) intractability, roughness.

ispido *a.* **1** bristly, shaggy: *capelli ispidi* bristly hair. **2** (*fig*) (*scontroso*) bristly, intractable.

ispirare (**ispiro**) I *v.t.* **1** (*suscitare*) to inspire, to arouse: ~ *fiducia a qcu.* to inspire confidence in so., to inspire so. with confidence, to inspire feelings of trust in so.; ~ *un sentimento di invidia* to arouse a feeling of envy. **2** (*eccitare la fantasia*) to inspire, to fire: *i poeti sono ispirati dalle muse* poets are inspired by the Muses. **3** (*suggerire, dettare*) to inspire, to prompt, to suggest, to dictate. II *v.pron.* **ispirarsi** to be inspired (*a* by). □ *mi ispira!* it inspires me!, I like it!, (*colloq*) it moves me!; ~*orrore* to horrify, to fill with horror, to strike with horror.

ispirato *a.* **1** inspired: *un poeta* ~ an inspired poet. **2** (*estens*) (*estasiato*) rapturous, enraptured, ecstatic: *sorriso* ~ rapturous smile. **3** (*improntato*) full (*a* of), inspired (*a* by), marked (*a* by): *discorso* ~ *a sentimenti di amicizia* speech inspired by friendly sentiments.

ispiratore I *m.* (*f.* **-trice**) inspirer. II *a.* inspiring: *parole ispiratrici di nobili sentimenti* words inspiring noble sentiments, words arousing noble sentiments.

ispirazione *f.* **1** inspiration: ~ *poetica* poetic inspiration; *attingere ~ dalla natura* to draw one's inspiration from nature. **2** (*consiglio, suggerimento*) dictate, suggestion, prompting: *le ispirazioni del cuore* the promptings of one's heart. **3** (*idea felice*) good idea, happy thought, (*colloq*) inspiration: *mi è venuta l'~ di andare da lui* I had the good idea of going to see him. **4** (*tendenza, indirizzo*) tendency, leaning: *d'~ socialista* tending (*o* leaning) towards Socialism.
Israele *n.pr.m.* (*Geog*) Israel.
israeliano I *a.* Israeli. **II** *m.* (*f.* **-a**) Israeli.
israelita I *m./f.* (*ebreo*) Jew (*f.* Jewess), (*lett*) Israelite. **II** *a.* Jewish, (*lett*) Israelite.
israelitico (*pl.* **-ci**) *a.* Jewish, (*lett*) Israelite.
ISS *Istituto superiore di sanità* (National health institute).
issa *intz.* heave ho!, heave away!
issare (**isso**) **I** *v.t.* **1** to hoist, to heave (*anche Mar*): *il bagaglio fu issato sul tetto della macchina* the luggage was heaved onto the car roof. **2** (*rif. a bandiera*) to hoist. **II** *v.pron.* **issarsi** to pull oneself up, to hoist oneself.
issopo *m.* (*Bot*) hyssop.
istallare *e der.* → **installare** *e der.*
istamina *f.* (*Biol*) histamine.
istaminico (*pl.* **-ci**) *a.* (*Biol*) histaminic.
Istanbul *n.pr.f.* (*Geog*) Istanbul.
istantanea *f.* (*Fot*) snapshot, (*colloq*) snap.
istantaneamente *avv.* instantaneously.
istantaneità *f.* **1** instantaneousness. **2** (*immediatezza*) immediacy, instancy.
istantaneo *a.* instantaneous: *la morte fu istantanea* death was instantaneous.
istante *m.* **1** instant, moment: *in quel preciso ~* in that very instant. **2** (*breve spazio di tempo*) minute, moment: *sarò assente solo pochi istanti* I'll only be gone for a few minutes; *il rumore durò un ~* the noise lasted an instant. □ *all'~*: 1 (*nel momento*) at the moment; 2 (*immediatamente*) immediately, instantly, on the instant; (*colloq*) *in un ~* in an instant, in a sec, in a jiffy.
istanza *f.* **1** (*petizione, richiesta*) petition, instance, application: *presentare un'~* to make a petition; *respingere un'~* to reject an application. **2** (*insistenza*) insistency, urgency, earnest solicitation: *cedere alle istanze di qcu.* to yield to so.'s entreaties. □ (*Dir*) ~ *di fallimento* (*o* ~ *fallimentare*) petition of bankruptcy.
ISTAT *Istituto centrale di statistica* (Italian national statistical institute).
istaurare *e der.* → **instaurare** *e der.*
isterectomia *f.* (*Chir*) hysterectomy.
isteresi *f.* (*Fis*) hysteresis.
isteria *f.* (*Psic*) hysteria.
istericamente *avv.* (*Psic*) hysterically (*anche estens*).
isterico (*pl.* **-ci**) **I** *a.* (*Psic*) hysterical (*anche estens*): *crisi isterica* hysterical attack, hysterical outbreak; *avere un attacco ~* to have a hysteric attack, to have an attack of hysterics. **II** *m.* (*f.* **-a**) (*Psic*) hysteric (*anche estens*).
isterilimento *m.* **1** impoverishment. **2** (*fig*) drying up.
isterilire (**isterilisco, isterilisci**) **I** *v.t.* **1** to make barren, to sterilize. **2** (*fig*) (*impoverire*) to dry up, to wither, to devitalize. **II** *v.pron.* **isterilirsi 1** to become barren, to become sterile. **2** (*fig*) (*impoverirsi*) to dry up, to become unproductive, to lose vitality.
isterilito *a.* barren, unfruitful, unproductive (*anche fig*).
isterismo *m.* (*Psic*) **1** hysteria. **2** (*attacco isterico*) hysterics (*costr.sing.*). □ ~ *collettivo* mass hysteria.
isterografia *f.* (*Med*) uterography.

isteroide *a.* (*Med*) hysteroid.
isteroscopia *f.* (*Med*) hysteroscopy.
isteroscopio *m.* hysteroscope.
isterotomia *f.* (*Chir*) hysterotomy.
istidina *f.* (*Chim*) histidine.
istigare (**istigo/istigo, istighi/istighi**) *v.t.* to instigate, to incite, to stir up: ~ *qcu. a fare del male* to incite so. to do wrong.
istigatore I *m.* (*f.* **-trice**) instigator. **II** *a.* instigating, of incitement.
istigazione *f.* instigation, incitement. □ (*Dir*) ~ *a delinquere* incitement to crime, instigation to commit a crime; (*Dir*) ~ *al razzismo* incitement to racial hatred; (*Dir*) ~ *al suicidio* incitement to commit suicide; (*Dir*) ~ *alla prostituzione* procuring; (*Dir*) ~ *all'odio razziale* incitement to racial hatred.
istillare (**istillo**) *v.t.* to instil (*anche fig*).
istillazione *f.* **1** (*Med*) instillation. **2** (*fig, poet*) instilling.
istintivamente *avv.* instinctively, by instinct.
istintività *f.* instinctivity.
istintivo *a.* instinctive, spontaneous: *una reazione istintiva* an instinctive reaction.
istinto *m.* instinct (*anche estens*): ~ *degli affari* business instinct, business sense. □ ~ *di aggressività* aggressive instinct; ~ *di conservazione* instinct of self-preservation; ~ *di gregge* herd instinct; ~ *di morte* death instinct; ~ *di vita* life instinct; ~ *gregario* herd instinct; ~ *materno* maternal instinct; *per ~* instinctively, by instinct; ~ *sessuale* sexual instinct; ~ *sociale* social instinct.
istintuale *a.* instinctual, of the instinct (*posposto*), of the instincts (*posposto*).
istiocita *m.* (*Biol*) histiocyte.
istituire (**istituisco, istituisci**) *v.t.* **1** (*fondare*) to found, to institute, to set up, to establish: ~ *una scuola* to found a school. **2** (*introdurre*) to introduce, to bring in. **3** (*porre, stabilire*) to make, to establish: ~ *un confronto* to make a comparison, to compare. □ (*Dir*) ~ *qcu. erede* to establish so. as one's heir, to institute so.; ~ *un premio* to found an award; ~ *una borsa di studio* to found a scholarship.
istitutivo *a.* institutive.
istituto *m.* **1** institute; (*ente*) institution, foundation. **2** (*ospizio*) home, asylum. **3** (*Scol*) institute; (*scuola*) school: *il capo dell'~* the head of the school, the headmaster. **4** (*Univ*) institute, college. **5** (*Dir*) institution: *l'~ della famiglia* the institution of the family. □ ~ *bancario* bank; ~ *di bellezza* beauty parlour; ~ *di carità* charitable institution; ~ *di credito* credit institution, bank; ~ *di credito agrario* (*o* ~ *di credito fondiario*) agricultural credit bank; ~ *di emissione* issuing house, issuing bank; ~ *di istruzione* educational institution; ~ *di pena* penitentiary; ~ *di ricerche* research institute; ~ *di statistica* statistical institute; ~ *geriatrico* geriatric institution, nursing home; ~ *giuridico* legal institution; (*Scol*) ~ *magistrale* normal school, teachers' training school; *Istituto Monetario Europeo* European Monetary Institute; ~ *oceanografico* oceanographic institute; ~ *per ciechi* home for the blind; ~ *per sordomuti* deaf and dumb home; (*Univ*) ~ *superiore di agraria* agricultural college; (*Scol*) ~ *tecnico* vocational school, technical school; (*Scol*) ~ *tecnico commerciale* business school, business college, commercial school, commercial college.
istitutore *m.* (*f.* **-trice**) **1** founder, establisher. **2** (*nei collegi*) tutor, assistant housemaster, (*Am*) proctor.

istitutrice *f.* (*governante*) tutoress, governess.
istituzionale *a.* **1** institutional. **2** (*rif. a disciplina di studio*) elementary, basic: *corso ~* basic course.
istituzionalismo *m.* (*Econ*) institutionalism, institutional economics (*costr.sing. o pl.*).
istituzionalista *m./f.* institutionalist.
istituzionalizzare (**istituzionalizzo**) *v.t.* to institutionalize, to make into an institution. □ ~ *una consuetudine* to institutionalize a habit.
istituzionalizzazione *f.* institutionalization.
istituzione *f.* **1** (*l'istituire*) founding, institution, establishment: ~ *di un ordine* founding of an order; ~ *di un'unione doganale* institution of a customs union. **2** (*Sociol, Pol*) institution: *l'~ del matrimonio* the institution of marriage. **3** (*Dir*) (*istituto giuridico*) legal institution. **4** *pl.* (*principi fondamentali*) institutes.
istmico (*pl.* **-ci**) *a.* (*Geog, Anat*) Isthmian.
istmo *m.* (*Geog, Anat*) isthmus. □ (*Geog*) ~ *di Corinto* Isthmus of Corinth; (*Geog*) ~ *di Panama* Isthmus of Panama.
istogenesi *f.* (*Biol*) histogenesis.
istogramma *m.* (*Statist*) histogram.
istologia *f.* (*Biol*) histology.
istologico (*pl.* **-ci**) *a.* (*Biol*) histologic, histological.
istologo *m.* (*f.* **-a**; *pl.* **-gi**) (*Biol*) histologist.
istone *m.* (*Biol*) histone.
istopatologia *f.* (*Med*) histopathology, pathologic histology.
istoriare (**istorio, istori**) *v.t.* **1** to decorate with historical scenes, to decorate with legendary scenes. **2** (*illustrare*) to illustrate.
istoriato *a.* historiated.
istradamento *m.* routing (*anche Post*).
istradare (**istrado**) **I** *v.t.* **1** to route, to direct, to set on the road. **2** (*inoltrare*) to send on, to forward. **3** (*rif. a merci*) to dispatch. **4** (*fig*) (*avviare*) to set on the way, to start, to start off. **5** (*dare corso*) to start (sth.) on its way. **II** *v.pron.* **istradarsi** to get started, to be on one's way.
istradato → **istradare** *a.* on the road (*anche fig*).
Istria *n.pr.f.* (*Geog*) Istria.
istriano I *a.* Istrian. **II** *m.* (*f.* **-a**) Istrian.
istrice *m./f.* **1** (*Zool*) porcupine. **2** (*fig*) (*persona scontrosa e irritabile*) touchy person, cantankerous person.
istrione *m.* **1** (*Stor. rom*) (*attore*) histrion. **2** (*f.* **-a**) (*fig*) (*che si comporta in modo teatrale*) histrionic person. **3** (*f.* **-a**) (*fig, spreg*) (*attore mediocre*) ham.
istrionesco (*pl.* **-chi**) *a.* (*spreg*) histrionic, theatrical, stagy, stagey.
istrionico (*pl.* **-ci**) *a.* (*spreg*) histrionic, theatrical, stagy, stagey.
istruire (**istruisco, istruisci**) **I** *v.t.* **1** to teach, to instruct: ~ *qcu. in qcs.* to instruct so. in sth. **2** (*informare*) to instruct, to give instructions to, to give directions to, to inform: ~ *qcu. sul modo di comportarsi* to instruct so. how to behave. **3** (*addestrare*) to train: ~ *le reclute* to train the recruits. **4** (*Dir*) to prepare, to collect the evidence for: ~ *un processo* to collect the evidence for a case, to prepare a case (for trial). **II** *v.pron.* **istruirsi 1** (*formarsi una cultura*) to educate oneself, to improve one's education. **2** (*informarsi*) to learn, to find out, to get information (*su* about). □ ~ *qcu. a puntino* to prompt so., to prepare so.; (*Dir*) ~ *un'inchiesta* to start an investigation, to open an enquiry.
istruito *a.* **1** cultured, educated. **2** (*dotto*)

learned.

istruttivo *a.* instructive, educational, informative: *film* ~ educational film; *una conversazione istruttiva* an instructive talk.

istruttore I *m.* (*f.* **-trice**) **1** instructor (*f.* -tress): ~ *di sci* ski instructor; ~ *di volo* flight instructor. **2** (*Mil*) instructor, drill sergeant. II *a.* **1** (*Dir*) investigating, examining: *giudice* ~ investigating magistrate. **2** (*Mil*) instructing, drill (*attr.*): *ufficiale* ~ instructing officer.

istruttoria *f.* (*Dir*) investigation, preliminary investigation, inquiry, inquest, examination.

istruttorio *a.* (*Dir*) preliminary, investigating, of inquiry: *fase istruttoria* preliminary stage.

istruzione *f.* **1** education, instruction: ~ *obbligatoria* compulsory education. **2** (*addestramento*) training: ~ *militare* military training. **3** (*cultura*) culture, knowledge, learning, education. **4** *spec.pl.* (*direttive*) instruction, direction, order: *dare istruzioni a qcu.* to give so. instructions; *attenersi alle istruzioni* to follow instructions. **5** *pl.* (*norme per l'uso*) instructions, directions. **6** (*prescrizione*) instruction, order: *le istruzioni del medico* doctor's orders. **7** (*Inform*) instruction. □ (*Scol*) ~ *di base* basic education; (*Inform*) ~ *di chiamata* call instruction; (*Inform*) ~ *di controllo* control statement; (*Inform*) ~ *di salto* branch instruction, jump instruction; (*Scol*) ~ *elementare* primary school education, (*Am*) elementary school education; (*Inform*) ~ *macchina* machine instruction; (*Inform*) ~ *macro* macro instruction; (*Pedag*) ~ *magistrale* teacher training; *istruzioni per il funzionamento* operating instructions; *istruzioni per l'uso* instructions for use; ~ *prescolastica* preschool education; ~ *privata* private education; ~ *professionale* vocational training; (*Scol*) ~ *pubblica* state education; (*Scol*) ~ *secondaria* secondary education; (*Scol*) ~ *superiore* further education, higher education; ~ *tecnica* technical instruction, technical training; (*Univ*) ~ *universitaria* university education.

istupidimento *m.* daze, stupor.

istupidire (**istupidìsco, istupidìsci**) I *v.t.* **1** to make stupid, to dull. **2** (*intontire*) to daze, to befuddle: *tutto questo rumore mi ha istupidito* all this noise has befuddled me. II *v.i.* (*aus.* **essere**) **1** to become stupid, to grow dull, to grow dull-witted. **2** (*intontirsi*) to become dazed, to become stupefied. III *v.pron.* **istupidirsi** **1** to become stupid, to grow dull,

to grow dull-witted. **2** (*intontirsi*) to become dazed, to become stupefied.

istupidito *a.* dazed, silly.

ISVEIMER *Istituto per lo sviluppo economico dell'Italia meridionale* (Institute for the economic development of Southern Italy).

Itaca *n.pr.f.* (*Geog*) Ithaca.

ITALCABLE (*Stor*) *Servizi cablografici radiotelegrafici e radioelettrici* (Italian cable company).

Italia *n.pr.f.* (*Geog*) Italy. □ (*Geog*) ~ *centrale* Central Italy; (*Geog*) ~ *meridionale* Southern Italy; (*Geog*) ~ *settentrionale* Northern Italy.

italianamente *avv.* like an Italian, in an Italian way.

italianismo *m.* (*Ling*) Italianism.

italianista *m./f.* Italianist.

italianistica *f.* Italian studies *pl.*

italianità *f.* Italianity, Italian character, Italian sentiment.

italianizzare (**italianìzzo**) I *v.t.* to Italianize. II *v.pron.* **italianizzarsi** to Italianize.

italianizzato *a.* Italianized.

italiano I *a.* Italian: *il popolo* ~ the Italian people. II *m.* **1** (*lingua*) Italian. **2** (*f.* **-a**) (*abitante*) Italian. □ ~ *all'italiana* Italian-style, Italian, in Italian fashion.

italico (*pl.* **-ci**) *a.* (*Stor*) Italic.

italiota I *a.* italiot. II *m./f.* italiot.

italo *a.* (*poet*) (*italico*) Italic.

italoamericano I *a.* Italo-American. II *m.* (*f.* **-a**) Italo-American.

italofilo I *a.* Italophile. II *m.* (*f.* **-a**) Italophile.

italofono I *a.* Italian-speaking. II *m.* (*f.* **-a**) Italian speaker.

ITC (*Scol*) *Istituto tecnico commerciale* (Technical and commercial institute).

iter *m.* (*burocr*) passage, course: *l'~ parlamentare di una legge* the passage of a law through Parliament.

iterabile *a.* repeatable.

iterare (**ìtero**) *v.t.* to iterate, to repeat.

iterativo *a.* iterative (*anche Gramm*).

iterazione *f.* **1** (*ripetizione*) repetition, iteration, reiteration. **2** (*Ling,Mat*) iteration.

itinerante I *a.* wandering, itinerant: *predicatori itineranti* itinerant preachers. II *m./f.* wanderer, itinerant.

itinerario *m.* **1** (*percorso*) itinerary, route; (*percorso nelle vie di una città*) route, way. **2** (*guida*) guide book, road book, itinerary: ~ *illustrato* illustrated guide book. **3** (*Sport*) (*nelle gare su strada*) route.

ITIS (*Scol*) *Istituto tecnico industriale statale* (State industrial and technical institute).

itterbio *m.* (*Chim*) ytterbium.

itterico (*pl.* **-ci**) I *a.* (*Med*) icteric, jaundiced. II *m.* (*f.* **-a**) (*Med*) icteric, person with jaundice.

itterizia *f.* (*Med*) jaundice.

ittero[1] *m.* (*Med*) jaundice.

ittero[2] *m.* (*Ornit*) American oriole.

ittico (*pl.* **-ci**) *a.* fish (*attr.*), fishing: *mercato* ~ fish market; *industria ittica* fishing industry.

ittiocolla *f.* (*colla di pesce*) fish glue, isinglass.

ittiofago I *a.* ichtyophagous. II *m.* (*f.* **-a**; *pl.* **-gi**) ichtyphagist.

ittiolo *m.* (*Farm*) ichthyol.

ittiologia *f.* ichthyology.

ittiologico (*pl.* **-ci**) *a.* ichthyological.

ittiologo *m.* (*f.* **-a**; *pl.* **-gi**) ichthyologist.

ittiosauro *m.* (*Paleont*) ichthyosaur, ichthyosaurus.

ittiosi *f.* (*Med*) ichtyosis.

ittita I *a.* (*Stor*) Hittite. II *m./f.* (*Stor*) Hittite.

ittrio *m.* (*Chim*) yttrium.

iucca *f.* (*Bot*) yuca, yucca.

IUD (*Med*) *dispositivo anticoncezionale intrauterino* IUD (intrauterine device).

iugero *m.* (*antica unità di misura*) juger.

Iugoslavia *n.pr.f.* (*Geog*) Yugoslavia.

iugoslavo I *a.* Yugoslav, Yugoslavian, Jugoslav, Jugoslavian. II *m.* (*f.* **-a**) Yugoslav, Yugoslavian, Jugoslav, Jugoslavian: *gli Iugoslavi* the Yugoslavs.

iugulare I *a.* (*Anat*) jugular. II *f.* (*Anat*) jugular, jugular vein.

iugulatorio *a.* (*lett*) (*oppressivo*) oppressive.

iussivo *a.* (*Ling*) jussive.

iuta *f.* (*Bot,Tess*) jute.

iutiero *a.* jute (*attr.*): *industria iutiera* jute industry.

iutificio *m.* jute factory.

iva *f.* (*Bot*) bugle.

IVA (*Econ*) *imposta sul valore aggiunto* VAT (value added tax, added-value tax). □ (*Comm*) ~ *esclusa* not including VAT, excluding VAT, exclusive of VAT; (*Comm*) ~ *inclusa* including VAT.

ivi *avv.* **1** (*lett,burocr*) (*lì*) there, therein. **2** (*nelle citazioni*) ibidem, ibid.

ivoriano I *a.* Ivorian, Ivoirian. II *m.* (*f.* **-a**) Ivorian, Ivoirian.

izba *f.* isba, izba.

J

j¹, **J**¹ /dʒɛj/ *f./m.* (*lettera dell'alfabeto*) j, J: *una j maiuscola* a capital J; *una j minuscola* a small j; (*Tel*) *j come jolly* J for Jack, (*Am*) J as in Juliet.

j² (*Mat*) *unità immaginaria* j (imaginary unit).

J² *Giappone* J (Japan).

JA *Giamaica* JA (Jamaica).

jabot /ʒa'bo/ *m.inv.* (*Abbigl*) jabot, ruffles *pl.*

jacaranda /jaka'randa/ *f.inv.* (*Bot*) jacaranda.

j'accuse /ʒak'kys/ *m.inv.* j'accuse.

jack /dʒɛk/ *m.inv.* **1** (*El,Mar*) jack. **2** (*nelle carte: fante*) jack, knave.

jackpot /ˌdʒɛk'pɔt/ *m.inv.* (*vincita*) jackpot (cash prize).

Jacopo *n.pr.m.* **1** Jacob. **2** (*Stor*) Jacobus.

jacquard /ʒa'kar/ **I** *m.inv.* (*Tess,Mecc*) Jacquard. **II** *a.* (*Tess*) Jacquard: *punto* ~ Jacquard stitch.

jainismo *m.* (*Rel*) Jainism.

jais /ʒɛ/ *m.inv.* (*Min,Oref*) jet: *una collana di* ~ a jet necklace.

Jalta *n.pr.f.* (*Geog*) Yalta: (*Stor*) *conferenza di* ~ Yalta conference.

jamming /'dʒɛmmiŋ/ *m.inv.* (*Rad*) jamming.

jam session /'dʒɛm'sɛʃʃon/ *f.inv.* (*Mus*) jam session.

jarovizzazione *f.* (*Biol*) vernalization.

Java /'dʒava/ *m.inv.* (*Inform*) Java.

jazz /dʒɛts/ **I** *m.* (*Mus*) jazz. **II** *a.* jazz (*attr.*): *musica* ~ jazz. □ (*Mus*) ~*caldo* hot jazz; (*Mus*) ~*freddo* cool jazz; (*Mus*) ~*libero* free jazz.

jazz band /ˌdʒɛts'bɛnd/ *f.inv.* (*Mus*) jazz band.

jazzista /dʒɛt'tsista/ *m.* jazzman, jazz player, jazz musician: *è un* ~ he plays jazz, he's a jazz player.

jazzistico /dʒɛt'tsistiko/ (*pl.* **-ci**) *a.* jazz (*attr.*).

jeans /dʒins/ *m.inv.* **1** (*Tess*) denim, jean. **2** *pl.* (*Abbigl*) jeans; (*di colore blu*) blue jeans.

jeanseria /dʒinse'ria/ *f.* (*colloq*) jeans shop, (*Am*) jean barn.

jeep /dʒip/ *f.inv.* (*Aut*) jeep.

jersey /'dʒɛrsi/ *m.inv.* (*Tess*) jersey.

jet /dʒɛt/ *m.inv.* (*Aer*) jet (aircraft), jet (plane). □ *viaggiare in* ~ to travel by jet plane.

jetlag /ˌdʒɛt'lɛg/ *m.inv.* jet lag.

jet liner /ˌdʒɛt'lajner/ *m.inv.* (*Aer*) jetliner.

jet-set /dʒɛt'sɛt/ *m.inv.* jet set.

jewel box /'dʒuel'bɔks/ *m.inv.* (*cofanetto per CD*) jewel box.

jiddisch /'iddiʃ/ *a./m.inv.* (*Ling*) Yiddish.

jihad /dʒi'had/ *f./m.inv.* jihad, jehad.

jingle /'dʒiŋgol/ *m.inv.* (*Mus*) (*per pubblicità*) jingle.

job /dʒɔb/ *m.inv.* **1** (*attività, impiego*) employment; (*mansione*) job. **2** (*Inform*) job.

jobber /'dʒɔbber/ *m.inv.* (*Econ*) stockjobber.

job sharing /ˌdʒɔb'ʃeriŋ/ *m.inv.* **1** (*impiego*) job share. **2** (*azione*) job sharing.

jockey /'dʒɔkej/ *m.inv.* (*fantino*) jockey.

jodel /'jodel/ *m.inv.* (*Mus*) yodel.

jogging /'dʒɔggiŋ/ *m.inv.* jogging. □ *fare* ~ to jog.

jogurt *m.inv.* (*Alim*) yoghurt, yogurt, yoghourt.

joint-venture /'dʒɔjnt'vɛntʃar/ *f.inv.* (*Econ*) joint venture.

jojoba /ˌdʒɔ'dʒɔba/ *f.* (*Bot*) jojoba: *olio di* ~ jojoba (oil).

Jolanda *n.pr.f.* Yolande, Yolanda.

jolly /'dʒɔlli/ *m.inv.* **1** (*nelle carte*) joker. **2** (*fig*) (*tuttofare*) jack-of-all-trades, all-rounder.

joule /'dʒawl/ *m.inv.* (*Fis*) joule.

joystick /'dʒɔjstik/ *m.inv.* (*Inform*) joystick.

jr. *junior* jr., jnr (junior).

judo /'dʒudo/ *m.inv.* (*Sport*) judo.

judoista /dʒudo'ista/ *m./f.* (*Sport*) judoka.

judoka /dʒu'dɔka/ *m./f.inv.* (*Sport*) judoka.

Jugoslavia *n.pr.f.* (*Geog*) Yugoslavia.

jugoslavo **I** *a.* Yugoslav, Yugoslavian, Jugoslav, Jugoslavian. **II** *m.* (*f.* **-a**) Yugoslav, Yugoslavian, Jugoslav, Jugoslavian: *gli Jugoslavi* the Yugoslavs.

jujitsu /dʒu'dʒitsu/ *m.* (*Sport*) jujitsu, jiujitsu.

jukebox /dʒu'bɔks/ *m.inv.* jukebox (*anche Inform*).

jumbo /'dʒumbo, 'dʒambo/ *m.inv.* (*Aer*) jumbo.

jumbo jet /'dʒumbo'dʒɛt, 'dʒambo'dʒɛt/ *m.inv.* (*Aer*) jumbo jet.

jumper /'dʒamper/ *m.inv.* (*El,Inform*) jumper.

jumping /'dʒampiŋ/ *m.inv.* jumping.

junior (*pl.* **juniòres**) *a.* junior (*anche Sport*): *campionato juniores* junior championship, (*Am*) Little League.

junk bond /'dʒank'bɔnd/ *m.inv.* (*Econ*) junk bond.

junk e-mail /'dʒankˌi'meil/ *f.inv.* junk mail.

junk food /'dʒank'fud/ *m.* (*Alim*) junk food.

junk mail /'dʒank'meil/ *f.inv.* junk mail.

just in time /'dʒastin'tajm/ *a.inv.* (*di produzione*) just-in-time.

juta *f.* (*Bot,Tess*) jute.

juventino **I** *m.* **1** (*giocatore*) Juventus F.C. player. **2** (*f.* **-a**) (*tifoso*) Juventus (F.C.) fan. **II** *a.* Juventus F.C. (*attr.*).

K

k, K[1] /'kappa/ *f./m.* (*lettera dell'alfabeto*) k, K: *due k* two k's, two Ks; *una k maiuscola* a capital K; *una k minuscola* a small k; (*Tel*) *k come Kursaal* K for King, (*Am*) K as in King; (*Biol*) *vitamina K* vitamin K.

K[2] **1** *Cambogia* K (Cambodia, Kampuchea). **2** *carato* K (carat).

kabuki *m.inv.* (*Teat*) kabuki.

kafkiano *a.* **1** (*Lett*) Kafkaesque. **2** (*estens*) Kafkaesque, hallucinating, upsetting, nightmarish.

kaiser /'kaizɛr/ *m.inv.* (*Stor*) Kaiser, (*rar*) kaiser.

kajal /ka'dʒal/ *m.inv.* (*Cosmet*) kohl.

kaki[1] **I** *a.inv.* (*colore*) khaki. **II** *m.inv.* (*colore*) khaki.

kaki[2] *m.inv.* (*Bot*) Japanese persimmon, kaki.

kalashnikov /ka'laʃnikof/ *m.inv.* (*Arm*) Kalashnikov.

kamikaze /kami'kaddze/ **I** *m.inv.* kamikaze, suicide pilot. **II** *a.inv.* kamikaze (*attr.*) (*anche estens*).

kantiano I *a.* (*Filos*) Kantian, Kant's: *la filosofia kantiana* Kant's philosophy. **II** *m.* (*f.* **-a**) Kantian.

kantismo *m.* (*Filos*) Kantianism, Kantism.

kaone *m.* (*Fis*) kaon, K-meson.

kapok *m.* kapok, silk cotton.

kappaò *m.inv.* (*colloq*) knockout, kayo.

karakiri *m.inv.* hara-kiri, hari-kari, seppuku.

karakul *m.inv.* (*Zool*) karakul, caracul.

karaoke *m.inv.* (*Mus*) karaoke.

karate, karatè *m.* (*Sport*) karate.

karateka *m./f.inv.* (*Sport*) karateka.

karma, karman *m.inv.* (*Rel*) karma.

kart *m.inv.* (*Sport*) go-kart, go-cart.

karting, kartismo *m.* (*Sport*) karting, go-karting, kart racing.

kartista *m./f.* (*Sport*) kart racer.

kartodromo *m.* (*Sport*) go-kart track, go kart track.

KAS *Kazakistan* KAS (Kazakhstan).

kasher /ka'ʃer/ *a.* (*Rel.ebr*) kosher.

kashmir *m.* (*Tess*) cashmere.

Kashmir /'kaʃmir/ *n.pr.m.* (*Geog*) Kashmir, Cashmere.

kasko □ (*Assic*)*polizza ~* comprehensive insurance.

katana *f.inv.* katana.

kayak /ka'jak/ *m.inv.* kayak, kaiak (*anche Sport*).

kayakista /ˌkaja-/ *m./f.* (*Sport*) kayaker.

Kazakistan *n.pr.m.* (*Geog*) Kazakhstan, Kazakstan.

kazako I *a.* Kazakh, (*rar*) Kazak. **II** *m.* **1** (*f.* **-a**) (*abitante*) Kazakh, Kazak. **2** (*lingua*) Kazakh, Kazak.

kazoo /kad'dzu/ *m.inv.* (*Mus*) kazoo.

kebab *m.inv.* (*Gastron*) kebab.

kedivè *m.inv.* (*Stor*) khedive.

kefiah /ke'fja/ *f.inv.* keffiyeh, (*Am*) kaffiyeh.

kefir *m.inv.* kefir, (*rar*) kephir.

kelvin *m.inv.* (*Fis*) Kelvin: *scala ~* Kelvin scale.

kenaf *m.inv.* (*Bot*) kenaf.

kendo *m.* (*Sport*) kendo.

keniano I *a.* Kenyan. **II** *m.* (*f.* **-a**) Kenyan.

keniota I *a.* Kenyan. **II** *m./f.* Kenyan.

Kenya *n.pr.m.* (*Geog*) Kenya.

képi /ke'pi/ *m.inv.* kepi.

kepleriano *a.* Keplerian.

Keplero *n.pr.m.* (*Stor*) Kepler: (*Fis*) *leggi di ~* Kepler's laws.

kermes *m.inv.* **1** (*Zool*) kermes. **2** (*colorante*) kermes. **3** (*cremisi*) purplish-red.

kermesse /ker'mes/ *f.inv.* **1** (*festa del patrono, sagra*) kermes. **2** (*estens*) (*grande spettacolo*) extravaganza, gala, gala performance; (*grande raduno sociale*) social gathering, social event; (*sportiva*) gala.

kerosene *m.* (*Chim*) kerosene, kerosine.

ketch /ketʃ/ *m.inv.* (*Mar*) ketch.

ketchup /'ketʃap/ *m.inv.* (*Gastron*) ketchup, catsup.

Kevlar /'kevlar/ *m.inv.* (*Chim*) Kevlar.

keynesiano /kejn-/ **I** *a.* (*Econ*) Keynesian. **II** *m.* (*Econ*) Keynesian.

keyword /'kiword/ *f.inv.* (*Inform*) keyword, key word.

KGB (*Stor*) *Servizio di spionaggio sovietico* KGB (secret police of the former Soviet Union).

KGZ *Kirghizistan* KGZ (Kyrgyzstan).

khan /kan/ *m.inv.* (*Stor*) (*titolo ereditario in mongolia*) khan (with capital K when added to a name): (*Stor*) *Gengis Khan* Genghis Khan.

Khartum *n.pr.f.* (*Geog*) Khartoum.

khmer /kmɛr/ **I** *a.inv.* (*Stor*) Khmer. **II** *m./f.inv.* (*Stor*) Khmer. □ (*Stor*) *~ rossi* Khmer Rouge.

khomeinismo /ko-/ *m.* Khomeinism (*anche estens*).

khomeinista /ko-/ *m./f.* **1** supporter of Khomeinism. **2** (*estens*) (*intransigente*) intransigent.

kibbutz /kib'buts/ *m.inv.* kibbutz.

kick boxing /ˌkik'bɔksiŋ/ *m.* (*Sport*) kick boxing.

kick off /'kikɔf/ *m.inv.* (*Sport*) (*nel football americano e nel rugby*) kickoff.

Kilimangiaro *n.pr.m.* (*Geog*) Kilimanjaro.

killer I *m.inv.* (*sicario*) hired assassin, killer, (*colloq*) hitman. **II** *a.inv.* killer (*attr.*): *coccodrillo ~* killer crocodile; *droga ~* droga killer; *cellula ~* killer cell.

kiloampere /ˌkiloam'pɛr/ *m.inv.* (*Fis*) kiloampere.

kilobyte /ˌkilo'bajt/ *m.inv.* (*Inform*) kilobyte.

kilocaloria *f.* (*Fis*) kilocalorie.

kilociclo *m.* (*Fis*) kilocycle.

kilogrammetro *m.* (*Fis*) (*Br*) kilogrammetre, (*Am*) kilogrammeter.

kilogrammo *m.* kilogram, kilogramme. □ (*Chim*) *~ equivalente* kilogram equivalent (weight).

kilohertz /ˌkilo'erts/ *m.inv.* (*Fis*) kilohertz.

kilolitro *m.* kilolitre, (*Am*) kiloliter.

kilometro *m.* kilometre, (*Am*) kilometer: *andare a cento kilometri l'ora* (*o all'ora*) to do a hundred kilometres (*o Am* kilometers) an hour. □ *~ lanciato* flying kilometre, (*Am*) flying kilometer.

kilovolt *m.inv.* (*El*) kilovolt.

kilowatt /'kilovat/ *m.inv.* (*El*) kilowatt.

kilowattora /ˌkilovat'tora/ *m.inv.* (*El*) kilowatt-hour.

kilt *m.inv.* (*Abbigl*) kilt.

kimberlite *f.* (*Geol*) kimberlite.

kimono *m.* (*Abbigl*) kimono. □ *manica a ~* kimono sleeve.

kinderheim /'kinderajm/ *m.inv.* kindergarten.

Kippur *m.inv.* (*Rel.ebr*) Yom Kippur, Days of Atonement.

kirghiso I *a.* Kirghiz, Kyrgyz. **II** *m.* **1** (*lingua*) Kirghiz, Kyrgyz. **2** (*f.* **-a**) (*abitante*) Kirghiz, Kyrgyz.

Kiribati *n.pr.m.* (*Geog*) Kiribati.

kirsch /kirʃ/ *m.inv.* (*acquavite*) kirsch.

kit *m.inv.* kit (*anche Med*): *~ per il cucito* sewing kit; *~ di pronto soccorso* first-aid kit. □ (*Tel*) *~ viva voce* speakerphone.

kitsch /kitʃ/ **I** *m.inv.* kitsch. **II** *a.inv.* kitschy.

kivi, kiwi[1] *m.inv.* (*Ornit*) kiwi.

kiwi[2] *m.inv.* (*Bot*) **1** (*pianta*) kiwi. **2** (*Alim*) (*frutto*) kiwi fruit, kiwi.

Kleenex /'klineks/ *m.inv.* kleenex, facial tissue.

kleksografia *f.* (Rorschach) ink blot test.

klystron /'klajstron/ *m.inv.* (*El*) klystron.

km *kilometro* km (kilometre).

km² *kilometro quadrato* km², sq. km (square kilometre).

km/h *kilometri all'ora* km/h, kmph (kilometres per hour).

km/s *kilometri al secondo* km/s, kmps (kilometres per second).

knock down /ˌnɔk'dawn/ *m.inv.* (*Sport*) knockdown.

knockout /ˌnɔk'awt/ *m.inv.* (*Sport*) knockout: *~ tecnico* technical knockout.

know-how /ˌnow'aw/ *m.inv.* know-how.

k.o. (*Sport*) *knockout* ko (knockout). □ (*colloq*) *essere ~* (*esausto*) to be tired out, (*Am*) to be out of it; *mettere qcu. ~* to knock so. out, (*colloq*) to KO so. (*anche fig*); *vincere per ~* to win by a knockout.

koala *m.inv.* (*Zool*) koala (bear).

kohl /kɔl/ *m.inv.* (*Cosmet*) kohl.

koinè *f.* **1** (*Stor.gr*) Koine. **2** (*estens*) koine.

kolchoz /'kɔlkos/ *m.inv.* (*Stor*) kolkhoz, kolkoz.

kolchoziano /kolko'zjano/ **I** *a.* (*Stor*) kolkhoz (*attr.*). **II** *m./f.* kolkhoznik.

kolossal /ko'lɔssal, ˈkɔlossal/ **I** *m.inv.* (*Cin,TV*) mammoth production, blockbuster. **II** *a.inv.* (*di gran successo*) blockbusting, mammoth.

konjak *m.inv.* (*Bot*) konjak.

kore *f.inv.* (*Archeol*) kore.

kosher /ko'ʃer/ *a.* (*Rel.ebr*) kosher.

kosovaro I *a.* Kosovan, Kosovar. **II** *m.* (*f.* **-a**) Kosovan, Kosovar.

Kosovo, Kossovo *n.pr.m.* (*Geog*) Kosovo.

krapfen /'krafen/ *m.inv.* (*Dolc*) doughnut, (*Am*) donut.

Krishna /'kriʃna/ *n.pr.m.* Krishna.

kristiania *m.inv.* (*Sport*) christie, christy.

krypton /'kripton/ *m.* (*Chim*) krypton.

kulak /ku'lak/ *m.inv.* (*Stor*) kulak.

kung fu /ˌkuŋ'fu/ *m.inv.* (*Sport*) kung fu.

kurciatovio *m.* (*Chim*) kurchatovium, rutherfordium.

kurdo I *a.* (*Geog*) Kurdish. **II** *m.* (*f.* **-a**) (*abitante*) Kurd.

kuwaitiano /kuwaj'tjano, kuwej'tjano/ **I** *a.* Kuwaiti. **II** *m.* (*f.* **-a**) Kuwaiti.

K-way /ˌkej'wej, ki'wej/ *m./f.inv.* (*Abbigl*) pocket wind jacket, pocket rain jacket.

Kyrie /'kirje/, **Kyrie eleison** /'kirje'lɛjzon/ *m.inv.* (*Lit*) Kyrie, Kyrie eleison.

I[1], **L**[1] /ˈɛlle/ f./m. (*lettera dell'alfabeto*) l, L: *due l* two l's, two ls; *doppia l* double l; *una l maiuscola* a capital L; *una l minuscola* a small l; (*Tel*) *l come Livorno* L for Lucy, (*Am*) L as in Love. □ *a L* L-shaped: *una stanza a L* an L-shaped room.

I[2] **1** *lunghezza* l. (length). **2** *lira* l. (lira).

L[2] **1** *Lussemburgo* L (Luxembourg). **2** (*Fis*) *coefficiente di autoinduzione* L (self-inductance). **3** *lago* L. (lake). **4** (*Abbigl*) *large* L (large).

la[1] (*pl.* **le**: *before feminine nouns beginning with a vowel the article* **la** *becomes* **l'**) *art.f.* **1** the: ~ *casa* the house. **2** (*con valore distributivo*) a, an: *lavora tre giorni ~ settimana* he works three days a week. **3** (*con valore temporale*) on, during, in: ~ *domenica dormiamo fino a tardi* we sleep till late in the morning on Sundays; ~ *notte lavoriamo fino a tardi* we work till late in the night. **4** (*con valore partitivo*) some, any: *vuoi l'acqua?* would you like some water?

la[2] *pron.pers.f.* (*before words beginning with a vowel* **la** *often becomes* **l'**) **1** (*compl. oggetto: rif. a persona*) her: ~ *vedo* I see her; *l'ho avvertita* I warned her. **2** (*compl. oggetto: forma di cortesia; usually spelled with a capital first letter*) you: *non vorrei disturbarLa* I do not want to disturb you. **3** (*compl. oggetto: rif. a cosa o animale*) it: *ecco ~ lettera: prendila* there's the letter - take it. **4** (*compl. oggetto: con valore indeterminato*) this, that, it, *spesso non si traduce: me ~ pagherai* you'll pay for that, you'll pay for it; *non dovete prendervela* you must not take it to heart; *smettila* stop it.

la[3] *m.inv.* (*Mus*) A, lah, (*Am*) la. □ (*Mus*) ~ *bemolle* A flat; *dare il* ~: 1 (*Mus*) to give the A: *dare il* ~ *all'orchestra* to give the orchestra the A; 2 (*fig*) to set the tone (*a qcs. for sth.*); (*Mus*) ~*diesis* A sharp; (*Mus*) ~*maggiore* A major; (*Mus*) ~*minore* A minor.

là *avv.* **1** there: *si trovava ~ per caso* he happened to be there; *andrò ~ domani* I'll go there tomorrow. **2** (*pleonastico: in unione con quello*) there, *talvolta non si traduce*: *quella casa ~* that house there, that house over there; *preferisco quei libri ~* I prefer those books there; *dammi quello ~* give me that one, give me that one there. □ (*colloq*) ~ ~ now, now then, come now, come: ~ ~, *piano con le insinuazioni* now then, careful with your insinuations; *al di ~* beyond, on the other side: *al di ~ del fiume* on the other side of the river, beyond the river; *al di ~ dei monti* on the other side of the mountains, beyond the mountains; (*fig*) *al di ~ del bene e del male* beyond good and evil, beyond the sphere of good and evil; *cose di ~da venire* things to come; ~ *dentro* in there; *di* ~: 1 (*moto a luogo*) from there; 2 (*moto a luogo, stato in luogo*) over there: *chi c'è di ~?* who's that over there?; 3 (*là dentro*) in there, inside; 4 (*nell'altra stanza*) in the other room; 5 (*da quella parte*) that way; ~*dietro* back there; ~*dove*: 1 (*lett*) (*usato come avverbio*) where, in which; 2 (*ant,lett*) (*usato come congiunzione*) while, whereas; ~*fuori* out there; *farsi in* ~ to step to one side; (*fig*)

quest'anno gli esami andranno molto in ~ this year the exams will end very late; *essere in* ~ *con gli anni* to be getting on, to be getting on in years; *andare troppo in* ~ (*spingersi eccessivamente*) to go too far; (*fig*) *essere più di* ~ *che di qua* to be more dead than alive; *il malato era più di* ~ *che di qua* the patient was more dead than alive; ~*sopra* up there; ~*sotto* under there, down there, there below; ~*vicino* near there.

labaro *m.* **1** banner, standard. **2** (*Stor.rom*) labarum. **3** (*fig*) banner.

labbro (*pl.* **i labbri, le labbra**; *when used in the concrete sense the plural is in* **-a**; *when used figuratively the plural is in* **-i**) *m.* **1** lip: *labbra sottili* thin lips. **2** *pl.* (*estens*) (*bocca*) mouth *sing.*, lips: *accostare il cibo alle labbra* to raise one's food to one's lips. **3** *pl.* (*Anat*) (*della vulva*) labia, lips: *grandi labbra* labia majora; *piccole labbra* labia minora. **4** (*margine rilevato*) edge, lip: *i labbri di una ferita* the edges of a wound. **5** (*orlo*) rim, brim, edge, border. □ *labbra carnose* fleshy lips, full lips; (*fig*) *labbra di corallo* coral lips; ~ *inferiore* lower lip, underlip; (*Med*) ~ *leporino* cleft lip, (*spreg*) harelip; *labbra screpolate* chapped lips; ~*sporgente* protuberant lip, protruding lip, lip that sticks out; ~*superiore* upper lip.

labdacismo *m.* (*Med*) lambdacism.

labello *m.* (*Bot*) labellum.

labiale **I** *a.* (*Med,Fon*) labial, lip (*attr.*). **II** *f.* (*Fon*) labial, labial consonant.

labializzare (**labialżzo**) **I** *v.t.* (*Fon*) to labialize. **II** *v.pron.* **labializzarsi** (*Fon*) to become labialized.

labializzazione *f.* (*Fon*) labialization.

labiate *f.pl.* (*Bot*) labiates.

labiato *a.* **1** (*Bot*) labiate, ringent. **2** (*Fon*) labialized.

labile *a.* **1** (*rif. alla memoria: debole*) weak, poor. **2** (*Tecn*) unstable, unsteady: *equilibrio* ~ unstable equilibrium. **3** (*Psic*) emotionally unstable, labile. **4** (*lett*) (*caduco*) frail, perishable. **5** (*lett*) (*fugace*) fleeting, ephemeral, transient.

labilità *f.* **1** (*rif. alla memoria: debolezza*) weakness. **2** instability, unsteadiness (*anche Psic*). **3** (*lett*) (*caducità*) frailness, perishableness. **4** (*lett*) (*fugacità*) fleetingness, transitoriness.

labiodentale **I** *a.* (*Fon*) labiodental. **II** *f.* (*Fon*) labiodental, labiodental consonant.

labiolettura *f.* lip-reading.

labionasale **I** *a.* (*Fon*) labionasal. **II** *f.* (*Fon*) labionasal, labionasal consonant.

labiovelare **I** *a.* (*Fon*) labiovelar. **II** *f.* (*Fon*) labiovelar, labiovelar consonant.

labirintico (*pl.* **-ci**) *a.* **1** (*rif. a labirinto*) labyrinthine, labyrinthian. **2** (*fig*) involved, intricate, labyrinthine, labyrinthian. **3** (*Anat*) labyrinthine.

labirintiforme *a.* (*a forma di labirinto*) labyrinthiform.

labirintite *f.* (*Med*) labyrinthitis.

labirinto *m.* **1** (*Mitol*) Labyrinth. **2** (*estens*) (*intreccio confuso*) labyrinth, maze. **3** (*Anat*) labyrinth. **4** (*in un giardino*) maze. **5** (*in enigmistica*) maze. **6** (*Itt*) labyrinthine breathing organ. □ ~*di specchi* (*nei luna*

park) mirror maze; (*fig*) *cacciarsi in un* ~ (*Br*) to get into a muddle, (*Am*) to get oneself into a (fine) mess.

laborantina *f.* (*Svizz.it*) laboratory assistant, laboratory worker, laboratory technician.

laboratorio *m.* **1** laboratory, (*colloq*) lab. **2** (*officina*) workshop; (*locale per lavori manuali*) workshop, workroom. **3** (*Fot*) dark room. □ (*colloq*)*da* ~ laboratory (*attr.*), lab (*attr.*): *animali da* ~ laboratory animals, lab animals; (*colloq*) *di* ~ laboratory (*attr.*), lab (*attr.*): *analisi di* ~ laboratory analysis; *tecnico di* ~ laboratory assistant, laboratory technician, lab tech; ~*di analisi cliniche* clinical laboratory; ~*di chimica* chemistry laboratory, chemical laboratory; ~*di diagnosi* diagnostic laboratory; ~*di ricerca* research laboratory; ~*di sartoria* tailor's workshop; ~*linguistico* language lab, language laboratory; ~ *odontoiatrico* dental laboratory; ~ *orbitante* space laboratory; ~*spaziale* space laboratory; ~*sperimentale* test laboratory, testing laboratory.

laboratorista *m./f.* laboratory assistant, laboratory technician, lab tech.

laboriosamente *avv.* laboriously.

laboriosità *f.* **1** (*operosità*) industriousness, laboriousness. **2** (*difficoltà*) laboriousness, arduousness.

laborioso *a.* **1** (*attivo*) industrious, laborious, hard-working. **2** (*difficile*) laborious, arduous, difficult: *parto* ~ difficult delivery. **3** (*pieno di lavoro*) busy, heavy: *giornata laboriosa* busy day.

labradorite *f.* (*Min*) labradorite.

labro *m.* (*Itt*) wrasse.

laburismo *m.* (*Pol*) labourism.

laburista **I** *m./f.* (*seguace*) Labourist, Labourite. **II** *a.* Labour (*attr.*): *deputati laburisti* Labour Members of Parliament; *partito* ~ Labour Party.

laburistico (*pl.* **-ci**) *a.* (*rar*) Labour (*attr.*).

laburno *m.* (*Bot*) laburnum.

lacca *f.* **1** lacquer. **2** (*solo per mobili*) French polish. **3** (*estens*) (*oggetto decorato*) lacquer, lacquer ware. **4** (*sostanza ricavata da insetti emitteri*) lac. **5** (*Cosmet*) (*per capelli*) (*Br*) hair lacquer, hair spray, (*Am*) hair spray. □ ~*del Giappone* Japanese lacquer; ~*ecologica* ozone-friendly hair spray; (*Cosmet*) ~ *per le unghie* nail polish; (*Cosmet*) ~*spray* hairspray.

laccamuffa *f.* (*Chim*) litmus.

laccare (**làcco, làcchi**) *v.t.* **1** (*verniciare con lacca*) to lacquer, to varnish. **2** (*verniciare con lacca del Giappone*) to japan. **3** (*rif. a mobili*) to French polish. **4** (*smaltare*) to enamel. **5** (*di unghie*) to varnish: *laccarsi le unghie* (*Br*) to varnish one's nails, to polish one's nails, to put on nail polish, (*Am*) to paint one's nails, to polish one's nails.

laccato *a.* **1** (*verniciato con lacca*) lacquered, varnished; (*con lacca del Giappone*) japanned. **2** (*di unghie*) varnished, painted, polished. **3** (*smaltato*) enamelled.

laccatore (*-trice*) lacquerer.

laccatura *f.* lacquering, varnishing; (*rif. a mobili*) varnishing.

lacchè *m.* **1** (*ant*) lackey, flunkey, footman. **2** (*fig,spreg*) lackey, flunkey, toady.

laccio m. 1 lace. 2 (*Caccia*) snare; (*lasso*) lasso. 3 (*rar*) noose, slip knot, slipknot. 4 (*fig*) (*insidia*) trap, snare. 5 (*Abbigl*) lace, tie. 6 (*Calz*) lace, shoelace, (*Am*) shoestring. □ (*fig*) *avere il ~al collo* to have a noose around one's neck; *mettere il ~ al collo di qcu.* to put a noose round so.'s neck; (*Med*) *~emostatico* tourniquet; (*fig*) *cadere nel ~* to fall into the trap; *prendere al ~* 1 to trap, to snare (*anche fig*); 2 (*con il lasso*) to lasso.

lacciolo m. (*Caccia*) snare, small snare.

laccolite m./f. (*Geol*) laccolith.

lacedemone I a. (*lett*) Lacedaemonian. II m./f. (*lett*) Lacedaemonian.

lacerabile a. lacerable, that can be torn.

laceramento m. 1 (*il lacerare*) lacerating, tearing, ripping, rending. 2 (*strappo, squarcio*) tear, rip, rent, laceration. 3 (*Pol*) (*divisione*) split. 4 (*Med*) laceration, wound, lacerated wound. 5 (*fig*) (*strazio*) distress, overwhelming sorrow.

lacerante a. 1 (*straziante, penetrante*) piercing, shrill, ear-splitting: *grido ~* shrill cry. 2 (*che tormenta*) lacerating, agonizing, harrowing, painful: *rimorsi laceranti* agonizing remorse *sing*.

lacerare (**làcero**) I v.t. 1 (*strappare*) to tear, to tear to pieces, to rip, to lacerate. 2 (*fig*) (*tormentare, straziare*) to rend, to tear, to lacerate: *essere lacerato dal sospetto* to be torn by suspicion; *rimorsi che laceravano l'anima* soul-destroying remorse. II v.pron. **lacerarsi** 1 to tear, to rip, to come apart. 2 (*fig*) to be rent, to be torn. □ *che lacera gli orecchi* ear-splitting (*attr.*).

lacerazione f. 1 (*il lacerare*) lacerating, tearing, ripping, rending. 2 (*strappo, squarcio*) tear, rip, rent, laceration. 3 (*Pol*) (*divisione*) split. 4 (*Med*) laceration, wound, lacerated wound. 5 (*fig*) (*strazio*) distress, overwhelming sorrow. □ (*Med*) *~muscolare* torn muscle.

lacero a. 1 (*stracciato*) torn, ripped, rent. 2 (*cencioso*) ragged, tattered, tatty, in rags (*posposto*): *un mendicante tutto ~* a ragged beggar. 3 (*Med*) lacerated: *ferita lacera* lacerated wound.

lacero-contuso a. (*Med*) lacerated and contused: *ferita lacero-contusa* lacerated and contused wound.

lacerto m. 1 (*Anat*) lacertus; biceps. 2 (*fig, lett*) fragment. □ (*Anat*) *~fibroso* lacertus fibrosus.

laconicamente avv. laconically, concisely.

laconicità f. laconism, laconicism, conciseness.

laconico (*pl.* **-ci**) a. (*conciso*) laconic, concise.

lacrima f. 1 tear: *asciugarsi le lacrime* to dry one's tears. 2 (*estens*) (*goccia*) drop. 3 (*oggetto a forma di lacrima*) teardrop. □ *avere le lacrime agli occhi* to have tears in one's eyes; *le sono venute le lacrime agli occhi* tears rose to her eyes; *far venire le lacrime agli occhi a qcu.* to bring tears to so.'s eyes; *parlava con le lacrime agli occhi* he spoke with tears in his eyes; *lacrime amare* bitter tears: *piangere lacrime amare* to shed bitter tears; (*fig*) *nonavere più lacrime* to be past crying; (*fig*) *lacrime calde* scalding tears; *lacrimecocenti* scalding tears; (*fig*) *lacrime di coccodrillo* crocodile tears; (*Bot*) *lacrime di Giobbe* Job's tears; *lacrime di gioia* tears of joy; *commuoversi fino alle lacrime* to be moved to tears; *ridere fino alle lacrime* to laugh one's head off, to laugh until the tears come into one's eyes; *in lacrime* in tears, tearful: *sciogliersi in lacrime* to melt into tears; *scoppiare in lacrime* to burst

into tears; (*fig*) *avere le lacrime in tasca* to be always on the brink of tears, to cry easily.

lacrimale a. (*Anat*) lachrymal, tear (*attr.*).

lacrimare (**làcrimo**; *aus.* **avere**) v.i. 1 to water: *mi lacrimano gli occhi* my eyes are watering. 2 (*piangere*) to cry, to weep, to shed tears. 3 (*rar*) (*stillare*) to ooze, to run.

lacrimato a. (*lett*) (*compianto*) lamented, mourned.

lacrimatoio m. 1 (*Archeol*) lachrymatory, tear bottle. 2 (*Anat,Zool*) lachrymal sac.

lacrimazione f. 1 (*secrezione lacrimale*) lachrymation, lacrimation, weeping; (*causata da irritazione e sim.*) watering. 2 (*Bot, rar*) oozing.

lacrimevole a. 1 (*che induce alla pietà*) pitiful, pathetic, heartrending: (*colloq*) *una commedia ~* a tear-jerker. 2 (*lett*) (*piangente*) tearful: *voce ~* tearful voice. 3 (*lett*) (*triste*) sad, dismal: *un caso ~* a sad case.

lacrimogeno I a. tear (*attr.*), lachrymatory: *gas ~* tear gas. II m. (*Chim*) tear gas, lachrymator, lacrimator.

lacrimosamente avv. 1 (*in lacrime*) tearfully, in tears. 2 (*in modo da suscitare lacrime*) movingly.

lacrimoso a. 1 (*pieno di lacrime*) tearful, tear-filled: *occhi lacrimosi* tear-filled eyes. 2 (*commovente*) pathetic, that moves one to tears: *una storia lacrimosa* a story that moves one to tears. 3 (*piangente*) weeping (*anche Bot*). 4 (*piagnucoloso*) whimpering, whining.

lacuale a. (*rar*) lake (*attr.*), lacustrine: *porto ~* lake harbour.

lacuna f. 1 gap, blank, (*lett*) lacuna: *colmare una ~* to fill a gap. 2 (*fig*) (*mancanza*) gap, blank, hole: *~ culturale* gap in one's knowledge. 3 (*Biol*) lacuna. □ (*colloq*) *della memoria* lapse of memory, blank; *~di mercato* gap in the market.

lacunare m. (*Arch*) lacunar.

lacunosità f. incompleteness.

lacunoso a. gappy, sketchy, full of gaps, full of blanks: *manoscritto ~* manuscript which is full of blanks.

lacustre a. lake (*attr.*), lacustrine: *piante lacustri* lacustrine plants; (*Etnol*) *abitazioni lacustri* lake dwellings.

laddove I avv. (*lett*) where, in which. II congz. (*ant,lett*) whereas.

ladino I a. (*relativo alla Ladinia*) Ladin. II m. 1 (*gruppo di dialetti neolatini*) Ladin. 2 (*lingua degli ebrei spagnoli*) Ladino. 3 (*f.* **-a**) (*abitante*) Ladin.

ladra f. 1 thief, woman thief. 2 (*region,rar*) (*tasca interna*) inside pocket.

ladreria f. robbery.

ladresco (*pl.* **-chi**) a. thieving, thievish.

ladro I m. (*f.* **-a**) 1 thief, robber. 2 (*scassinatore*) burglar; house breaker: *gli sono entrati i ladri in casa* he was burgled. 3 (*borsaiolo*) pickpocket. 4 (*estens*) (*persona disonesta, esosa*) thief. II a. 1 thieving, dishonest: *servo ~* thieving servant. 2 (*scherz*) (*rif. a occhi*) roguish. □ *al ~!* stop thief!; (*fig*) *andare vestitocome un ~* to be dressed like a tramp; (*colloq*) *da ladri* wretched, foul, (*colloq*) awful: *tempaccio da ladri* foul weather, awful weather; *~di automobili* car thief; *~di bambini* kidnapper, (*colloq*) baby snatcher; *~di bestiame* (*Am*) rustler, (*fig*) *~ di cuori* lady-killer; *~ di galline* chicken thief; *~ di professione* professional thief; *~ in guanti gialli* gentleman thief; *~ matricolato* out-and-out thief. *Prov.*: *ci vuole un ~ per prendere un ~* set a thief to catch a thief; it takes a thief to catch a thief.

ladrocinio m. theft, robbery.

ladrone m. 1 robber, thief. 2 (*brigante*) highwayman, bandit.

ladroneccio m. 1 (*rar,lett*) (*furto*) robbery, theft. 2 (*serie continuata di furti*) series of thefts, thefts *pl*.

ladroneria f. robbery, thievery.

ladronesco (*pl.* **-chi**) a. (*lett*) theving, dishonest.

ladruncolo m. (*f.* **-a**) 1 petty thief, pilferer. 2 (*giovane ladro*) boy thief, young thief.

lady /'ledi/ f.inv. (*donna di alto rango*) lady.

Laerte n.pr.m. (*Mitol*) Laertes.

lager /'lager/ m.inv. concentration camp.

laggiù avv. 1 down there: *guarda ~* look down there. 2 (*di là*) there. 3 (*a sud*) down, down south: *~ in Africa faceva molto caldo* down in Africa it was very hot. □ *da ~* (o *di ~*) from down there.

laghetto m. pool, pond; (*di montagna*) tarn.

laghista m.spec.pl. (*Lett*) Lake poet.

lagna f. 1 (*colloq*) (*piagnisteo*) whine, whining, (*colloq*) moan, (*colloq*) moaning: *smettila con questa ~* stop your whining. 2 (*colloq*) (*discorso o persona noiosa*) drag, bore.

lagnanza f. complaint: *avere motivi di ~* to have grounds for complaint; *presentare le proprie lagnanze* to complain, to lodge complaints, to make complaints.

lagnarsi (**mi làgno**) v.pron. 1 (*emettere lamenti*) to moan, to groan: *il paziente si lagna* the patient is moaning. 2 (*lamentarsi*) to complain, to grumble: *~ di un forte mal di testa* to complain of a bad headache; *~ per il servizio* to complain about the service. 3 (*dolersi, rammaricarsi*) to complain (*di* about): *il maestro si è lagnato di un alunno* the teacher complained about a pupil; *non posso lagnarmi* I can't complain.

lagnoso a. 1 complaining, grumbling. 2 (*region,colloq*) (*noioso*) boring. □ (*colloq*) *quanto sei ~!* you're such a whiner!

lago (*pl.* **-ghi**) m. 1 lake. 2 (*iperb*) (*grande quantità di liquido*) pool, sea: *~ di sangue* pool of blood; *ha lasciato giù un ~ in bagno* he has flooded the whole bathroom. □ *~ alpino* alpine lake; *~ aperto* open lake, lake with an outlet; *~ artificiale* artificial lake, reservoir, (*delimitato da una diga*) dam; *~ carsico* karst lake; *~ costiero* coastal lake; *~ craterico* crater lake; (*Geog*) *~ dei Quattro Cantoni* Lake of the Four Forest Cantons; (*Geog*) *~ di Como* Lake Como; (*Geog*) *~ di Costanza* Lake Constance; (*Geog*) *~ di Garda* Lake Garda; (*Geog*) *~ di Ginevra* Lake Geneva; (*fig*) *~ di sangue* pool of blood; (*Geog*) *~ di Zurigo* Lake Zurich; *~ glaciale* glacial lake; (*Geog*) *~ Lemano* Lake Geneva; (*Geog*) *~ Maggiore* Lake Maggiore; *~ salato* salt lake; *~ vulcanico* volcanic lake.

lagopo, lagopode m. (*Ornit*) willow grouse, (*Am*) willow ptarmigan.

lagotrice, lagotriche f. (*Zool*) woolly monkey.

lagotto m. (*Zool*) lagotto romagnolo dog.

laguna f. lagoon.

lagunare a. lagoonal, lagoon (*attr.*): *fauna ~* lagoonal fauna.

lai m.pl. (*poet*) (*lamenti*) lamentations.

L'Aia n.pr.f. (*Geog*) The Hague.

laicale a. lay (*attr.*), laic, laical: *stato ~* lay state.

laicato m. 1 (*condizione di chi è laico*) lay state. 2 (*collett.*) laity.

laicismo m. laicism.

laicista m./f. supporter of laicism.

laicistico (*pl.* **-ci**) a. lay (*attr.*), laical, non-confessional.

laicità f. lay state, laicality.

laicizzare (**laicizzo**) v.t. 1 (*rif. a scuole e*

sim.) to laicize, to secularize. **2** (*rif. a perso-ne*) to reduce so. to the lay state.

laicizzazione *f.* **1** (*rif. a scuole e sim.*) laicization, secularization. **2** (*rif. a persone*) reduction to the lay state.

laico (*pl.* **-ci**) **I** *m.* **1** (*f.* **-a**) layman (*f.* -woman), laic. **2** (*frate laico*) lay brother. **3** (*f.* **-a**) (*sostenitore del laicismo*) supporter of laicism. **II** *a.* **1** (*non ecclesiastico*) lay (*attr.*), laic, laical: *apostolato* ~ lay apostolate. **2** (*non confessionale*) non-denominational, secular, non-confessional: *scuola laica* non-denominational school, secular school.

laidezza *f.* **1** (*lett*) (*sporcizia*) filth, filthiness, foulness. **2** (*fig,lett*) (*oscenità*) obscenity. **3** (*fig,lett*) (*disonestà*) dishonesty.

laido *a.* **1** (*lett*) (*sporco*) filthy, foul. **2** (*fig,lett*) (*osceno*) obscene, indecent, foul. **3** (*libidinoso*) lecherous.

laidume *m.* **1** (*lett*) (*sporcizia*) filth, filthiness, dirt, dirtiness. **2** (*fig,lett*) (*corruzione*) corruption, depravity.

lallazione *f.* **1** (*Pedag,Med*) lallation. **2** (*Med*) lallation, lambdacism.

lama [1] *f.* **1** blade: *una* ~ *tagliente* a sharp blade. **2** (*spada*) sword, (*lett*) blade. **3** (*fig*) (*spadaccino*) swordsman, (*lett,ant*) blade. **4** (*Sport*) (*rif. al bastone per hockey su ghiaccio, lama di pattino*) blade. □ ~*a doppio taglio* double-edged blade; ~ *del coltello* knife blade; ~*del rasoio* razor blade; ~*della sega* saw blade; (*Mar*) ~ *di deriva* centre board; ~*di falce* scythe blade; (*Mecc*) ~*rotante* rotary blade.

lama [2] *m.* (*Zool*) llama.

lama [3] *f.* (*terreno paludoso*) swamp, marshy ground.

lama [4] *m.inv.* (*Rel*) lama.

lamaismo *m.* (*Rel*) Lamaism.

lamare (**làmo**) *v.t.* **1** (*Fal*) to plane, to plane off, to smooth. **2** (*Mecc*) to spot-face.

lamasseria *f.* (*Rel*) lamasery.

lamatura *f.* **1** (*Fal*) planing, smoothing. **2** (*Mecc*) spot-facing.

lambda [1] *m./f.* (*lettera dell'alfabeto greco*) lambda.

lambda [2] *m.inv.* (*Anat*) lambda.

lambdacismo *m.* (*Med*) lambdacism.

lambert *m.inv.* (*Fis*) lambert.

lambiccamento *m.* **1** (*fig*) pondering, racking one's brain. **2** (*ant*) distilling.

lambiccare (**lambicco, lambicchi**) **I** *v.t.* (*ant*) to distil, (*Am*) to distill. **II** *v.pron.* **lambiccarsi** to rack one's brains, to cudgel one's brains. □ *lambiccarsii cervello* to rack one's brains.

lambiccato *a.* **1** (*fig*) (*affettato*) affected, stilted, artificial: *stile* ~ affected style. **2** (*ant*) (*distillato*) distilled.

lambicco (*pl.* **-chi**) *m.* (*ant*) alembic.

lambire (**lambisco, lambisci**) *v.t.* **1** (*leccare*) to lick, to lap. **2** (*fig*) (*rif. ad acqua*) to lap; (*rif. a fiamme*) to lick: *le fiamme lambivano già la casa* the flames were already licking the house.

lamblia *f.* (*Biol*) giardia, giardia lamblia.

lambliasi *f.* (*Med*) giardiasis.

lambrecchini *m.pl.* lambrequins (*anche Arch*).

lambretta *f.* Lambretta.

lambrì ,**lambris** *m.inv.* (*Arch*) dado.

lambrusco (*pl.* **-chi**) *m.* (*Enol*) Lambrusco (kind of red wine).

lamé **I** *m.inv.* (*Tess*) lamé: *un abito di* ~ a lamé dress. **II** *a.inv.* (*Tess*) lamé (*attr.*).

lamella *f.* **1** (*lamina*) thin plate, thin sheet, thin layer. **2** (*membrana*) membrane, film. **3** (*Zool,Bot,Anat*) lamella.

lamellare *a.* **1** lamellate, lamellar. **2** (*Min*,

Met) foliated, layered. **3** (*Fal*) laminate.

lamellibranchi *m.pl.* (*Zool*) bivalves, lamellibranchs.

lamentanza *f.* (*lett*) (*lagnanza*) complaint, plaint.

lamentare (**laménto**) **I** *v.t.* **1** (*rar*) (*compiangere*) to mourn, to mourn over, (*lett*) to lament, (*lett*) to bewail: ~ *la perdita di un amico* to mourn the loss of a friend. **2** (*deplorare*) *traduzione idiomatica*: *nell'incidente si lamentano tre morti* there were three deaths in the accident. **II** *v.pron.* **lamentarsi** **1** to complain (*di qcs. con qcu.* of/about sth. to so.): *si lamentava di un forte mal di testa* he complained of a bad headache; *si lamenta perché nessuno gli dà retta* he complains that nobody takes care about him. **2** (*lagnarsi*) to complain, to grumble. □ *lamentarsi con qcu.delle proprie disgrazie* to tell so. all one's troubles; *come va? -Non mi lamento* how are things? - I can't complain.

lamentazione *f.* (*rar*) lamentation.

Lamentazioni *f.pl.* (*Bibl*) Lamentations. □ (*Bibl*) ~ *di Geremia* Lamentations of Jeremiah.

lamentela *f.* complaint, complaining.

lamentevole *a.* **1** (*lamentoso*) mournful, plaintive, complaining: *voce* ~ plaintive voice. **2** (*degno di compassione*) lamentable, pitiful.

lamentìo *m.* **1** (*lamento persistente*) wailing. **2** (*coro di lamenti*) lamentations *pl.*

lamento *m.* **1** lament, lamentation, wail, moan, groan. **2** (*il lamentarsi prolungato*) wailing, lamentation, moaning, groaning; (*soffocato*) whining. **3** (*rimostranza*) complaint. □ ~*funebre* funeral lament, dirge.

lamentoso *a.* mournful, plaintive, doleful: *voce lamentosa* plaintive voice.

lametta *f.* (*del rasoio di sicurezza*) blade, razor blade.

lamiera *f.* plate, sheet. □ ~*da carrozzeria* body sheet, (*Am*) chassis sheet; *di* ~ sheet (*attr.*), metal (*attr.*); ~*di acciaio* sheet steel; ~ *di ferro* sheet iron; ~ *ondulata* corrugated iron, corrugated sheet iron; ~*stagnata* tinplate.

lamierino *m.* lamination, sheet. □ ~*di acciaio* sheet steel.

lamina *f.* **1** (*lastra*) thin layer, thin sheet, thin plate, lamina. **2** (*foglio*) leaf, foil: ~ *d'oro* gold leaf; *lamina di platino* platinum foil. **3** (*Sport*) (*di sci*) edge. **4** (*Bot,Anat,Geol*) lamina: ~ *di foglia* lamina. □ (*Tecn*) ~*di contatto* brush plate; ~*di metallo* metal foil; ~*di vetro* glass sheet; (*El*) ~*magnetica* magnetic shell; (*Anat*) ~*vertebrale* lamina, vertebral lamina.

laminare [1] *a.* **1** laminar, laminated. **2** (*Fis*) laminar.

laminare [2] (**làmino**) *v.t.* **1** to laminate. **2** (*Met*) to roll. □ (*Met*) ~*a caldo* to hot-roll; (*Met*) ~*a freddo* to cold-roll.

laminaria *f.* (*Bot*) oar weed, kelp.

laminato [1] *a.* (*Tess*) lamé (*attr.*): *tessuto* ~ lamé cloth. **II** *m.* (*Tess*) lamé.

laminato [2] *a.* **1** laminated. **2** (*Met*) rolled: *ferro* ~ rolled iron. **II** *m.* (*Met*) rolled section. □ ~*di legno* laminated wood; ~*plastico* laminated plastic.

laminatoio *m.* (*Met*) (*macchina, officina*) rolling mill. □ ~ *a freddo* cold-rolling mill; ~*multiplo* multiroller plant; ~*per barre* bar rolling mill; ~*per lamiere* plate rolling mill; ~*per profilati* section rolling mill.

laminatura *f.* **1** lamination. **2** (*Met*) rolling (mill process).

laminazione *f.* (*Met*) rolling (mill process).

lamio *m.* (*Bot*) dead-nettle.

lampada *f.* **1** lamp. **2** (*colloq*) (*abbronzante*) sun lamp; (*lettino*) (*Br*) sunbed, (*Am*) tanning bed. □ ~*a fluorescenza* fluorescent lamp; ~*a gas* gas lamp; ~*a incandescenza* incandescent lamp; ~*a morsetto* clamp lamp; ~*a petrolio* oil lamp; ~ *a raggi infrarossi* infra-red lamp; ~*a raggi ultravioletti* : 1 ultraviolet lamp; 2 (*per abbronzatura*) sun lamp; (*ant*) ~*a spirito* spirit lamp; ~ *a stelo* (*Br*) standard lamp, (*Am*) floor lamp; ~*abbronzante* sunlamp; ~ *ad acetilene* acetylene lamp; ~ *ad arco* arc lamp; ~*al magnesio* magnesium lamp; ~*al neon* neon tube, neon lamp; ~*al quarzo* quartz lamp; ~ *alogena* halogen lamp; (*Chir*) ~*asciatica* operating light, surgical lamp; ~*da minatore* (o ~*da miniera*) miner's lamp; ~ *da scrittoio* desk lamp; ~*da tavolo* table lamp, reading lamp, desk lamp; ~ *di Aladino* Aladdin's lamp; (*Ferr*) ~ *di segnalazione* signal lamp; ~ *di sicurezza* Davy lamp, safety lamp; (*colloq*) *fare la* ~: 1 (*facciale*) to use a sun lamp; 2 (*lettino*) (*Br*) to lie on a sunbed, (*Am*) to use a tanning bed; ~ *fluorescente* fluorescent lamp; ~*portatile* droplight; (*Chir*) ~*scialitica* scialytic lamp; ~ *smerigliata* frosted lamp; (*Bibl,fig*) *mettere la* ~*sotto il moggio* to hide one's light under a bushel; ~*votiva* votive lamp.

lampadario *m.* chandelier.

lampadina *f.* bulb, light bulb; lamp, incandescent lamp. □ ~ *con innesto a vite* screw base bulb; ~ *da 100 watt* 100-watt bulb; ~*tascabile* pocket torch, pocket flashlight.

lampante *a.* (*evidente*) clear, crystal clear, evident, obvious: *prove lampanti* clear evidence.

lampara *f.* (*Pesc*) fishing lamp.

lampeggiamento *m.* **1** (*Meteor*) lightning. **2** (*Aut*) flashing; (*intermittente*) blinking, winking.

lampeggiare (**lampéggio, lampéggi**) **I** *v.i.* (*aus.* avere) **1** to flash, to gleam, to sparkle: *la spada lampeggiava al sole* the sword flashed in the sun. **2** (*fig*) to flash, to sparkle, to dart: *l'ira lampeggiava nei suoi occhi* his eyes flashed with, his eyes darted anger. **3** (*Aut*) to wink, to blink, (*di automobilista*) to flash one's headlights. **4** (*Inform*) to blink. **II** *v.i.impers.* (*aus.* avere/essere) to lighten, to flash lightning.

lampeggiatore *m.* **1** (*Aut*) indicator, direction indicator; (*per emergenza*) blinker. **2** (*Fot*) flashgun, flashlight. □ (*Aut*) ~ *di emergenza* (*Br*) warning flasher, hazard warning flasher, (*Am*) hazard light, emergency blinker.

lampeggio [1] *m.* flash, flashing (*anche Aut*).

lampeggio [2] *m.* lightning.

lampionaio *m.* (*ant*) lamplighter.

lampioncino *m.* (*alla veneziana*) Chinese lantern, paper lantern.

lampione *m.* **1** street lamp, street-light; (*il palo*) lamp post, lamppost. **2** (*da carrozza*) carriage lamp.

lampista *m.* (*ant*) lampman.

lampisteria *f.* (*ant*) lamp room.

lampo **I** *m.* **1** (*Meteor*) (*il fenomeno*) lightning: *ho paura dei lampi* I'm afraid of lightning. **2** (*Meteor*) (*un singolo lampo*) flash of lightning: *un* ~ *illuminò la stanza* a flash of lightning lit up the room. **3** (*bagliore*) flash, beam. **4** (*fig*) (*intuizione improvvisa*) flash, gleam. **5** (*fig*) (*tempo brevissimo*) flash, wink, instant. **6** (*Fot*) flash, flash unit, flash-light. **II** *f.* (*Abbigl*) (*cerniera lampo*) (*Br, Canad*) zip, zip fastener, (*Am*) zipper: *aprire la* ~ to undo one's zip; *chiudere la* ~ to do up one's zip. **III** *a.inv.* **1** (*rapido, velocissimo*) lightning, flash (*attr.*): *sciopero ~* lightning strike. **2** (*rif. a treni, telegrammi e sim.*) express: *telegramma ~* express telegram. □ (*Fot*) *~al magnesio* magnesium flash; (*fig*) *passare come un ~* to flash by, to whizz by; *veloce come un ~* as quick as lightning, lightning-fast; (*Meteor*) *lampi di calore* heat lightning; (*fig*) *i suoi occhi mandarono un ~ di collera* his eyes flashed with anger; (*fig*) *un ~di genio* a flash of genius, a stroke of genius: *avere un ~ di genio* to have a stroke of genius, to have a brainwave, (*Am*) to have a brainstorm; (*colloq*) *in un ~* quick as a flash, in a flash, like a shot.

lampone *m.* (*Bot*) raspberry.

lampreda *f.* (*Itt*) lamprey.

LAN (*Inform*) *rete locale* LAN (local area network).

lana *f.* **1** (*Tess*) wool. **2** (*colloq*) (*laniccio*) fluff; (*ciuffi di polvere sotto i mobili*) dust and fluff, (*Am*) dust bunnies. □ (*Tess*) *~ bouclé* bouclé wool; (*Tess*) *~cardata* carded wool; (*Met*) *~d'acciaio* steel wool; (*Tess*) *~ d'angora* angora, angora wool; *di ~* wool (*attr.*), woollen: *un cappotto di ~* a woollen coat, (*Am*) a wool overcoat; *tessuto di ~* wool fabric; *i guanti sono di ~* my gloves are of wool; (*fig*) *far questioni di ~caprina* to split hairs; *~di legno* wood wool; (*Tess*) *~di pecora* sheep's wool; *~di vetro* glass wool, fibreglass; (*Tess*) *~greggia* raw wool; (*Tess*) *~merino* merino wool; (*Tess*) *~mista* wool mix; (*Tess*) *~pettinata*: 1 combed wool; 2 (*il tessuto*) worsted; (*Tess*) *~vergine* virgin wool.

lanario *m.* (*Ornit*) lanner.

lanca *f.* (*Geog*) oxbow, oxbow lake, old branch of a river enclosing stagnant water.

lanceolato *a.* lanceolate (*anche Bot*).

lancetta *f.* **1** hand, pointer. **2** (*Orol*) hand. **3** (*di bussola*) needle. **4** (*Chir,ant*) lancet. **5** (*Bot*) wild tulip. □ (*Orol*) *~dei minuti* minute hand; (*Orol*) *~dei secondi* (*Br*) second hand, (*Am*) sweep hand; (*Orol*) *~ delle ore* hour hand.

lancia[1] (*pl.* **-ce**) *f.* **1** lance: *colpo di ~* lance thrust; (*asta, picca*) spear. **2** (*Pesc*) lance, harpoon, fishing spear. **3** (*di estintori e sim.*) nozzle. **4** (*Stor*) (*soldato armato di lancia*) lance, lancer. □ *mettere la ~in resta* : 1 to lay one's lance at rest, to couch one's lance; 2 (*fig*) to prepare for battle; *partire con la ~ in resta* to prepare for battle.

lancia[2] (*pl.* **-ce**) *f.* (*Mar*) launch. □ (*Mar*) *~a motore* motor launch; (*Mar*) *~di salvataggio* lifeboat.

lanciabile *a.* that can be thrown.

lanciabombe *m.inv.* (*Arm*) trench mortar. **2** (*Mar.mil*) depth-charge thrower. **3** (*Aer*) bomb-thrower.

lanciafiamme *m.inv.* flame-thrower.

lanciagranate *m.inv.* **1** (*Arm*) trench mortar. **2** (*Mar.mil*) depth-charge thrower. **3** (*Aer*) bomb-thrower.

lanciamento *m.* (*Svizz.it*) **1** (*lancio pubblicitario*) build-up, boost. **2** (*per film*) trailer.

lanciamissili **I** *a.inv.* rocket launching, missile launching. **II** *m.inv.* rocket launcher, missile launcher.

lanciarazzi *m.inv.* **1** rocket launcher. **2** (*per segnalazione*) rocket gun.

lanciare (**làncio, lànci**) *v t.* **1** to throw, to fling: *~ un sasso contro qcs.* to throw a stone at so., to fling a stone at so., to launch a stone at so. **2** (*con violenza*) to hurl, to fling. **3** (*verso l'alto*) to toss: *~ in aria una moneta* to toss a coin. **4** (*fig*) to hurl, to fling, to launch: *~ uno sguardo a qcs.* to throw so. a

look. **5** (*fig*) (*far partire con impeto: rif. a cani*) to loose, to release; (*rif. a cavalli*) to set off, to start off: *~ un cavallo al galoppo* to set a horse off at a gallop. **6** (*fig*) (*rif. a veicoli*) to start up, to set off, to set off at full speed. **7** (*fig*) (*diffondere*) to spread, to launch: *~ un'idea* to launch an idea; *~ un articolo* to launch a product. **8** (*Mil*) to launch, to fire: *~ un razzo* to launch a rocket. **9** (*Mil*) (*sganciare*) to drop, to release, to discharge: *~ bombe* to drop bombs. **10** (*Sport*) to throw: *~ il giavellotto* to throw the javelinl; *~ il peso* to put the shot. **11** (*Sport*) (*nel baseball*) to pitch. **12** (*Inform*) to launch: *~ un programma* to launch a programme. **13** (*emettere*) to emit, to put out. **II** *v.pron.* **lanciarsi 1** to throw oneself (*contro, su* on, upon, at), to fling oneself, to hurl oneself, to dash: *lanciarsi fuori della porta* to dash out of the door, to fling oneself out of the door. **2** (*rif. ad animali*) to pounce on: *lanciarsi sulla preda* to pounce on one's prey. **3** (*fig*) to launch (*in* on), to embark (*in* on): *lanciarsi in un'impresa* to embark on an enterprise. **4** (*fig*) (*con veicolo*) to race off, to speed off: *lanciarsi a tutta velocità* to race madly off. **5** (*dall'alto*) to jump, to drop, to throw oneself down; (*col paracadute*) to bail out, to parachute. □ (*Sport*) *~a rete* (*nel calcio*) to set up a goal; (*fig*) *~accuse contro qcu.* to fling accusations at so.; *lanciarsi all'inseguimento* to set off in pursuit, to dash off in pursuit; (*Aut*) *~il motore* to speed up the engine; *~in alto la palla* to throw the ball into the air; *~in aria* to throw (sth.) into the air: *~ in aria una moneta* to toss a coin; (*Sport*) *~ la volata* (*nel ciclismo*) to start sprinting; (*Sport*) *~un compagno* (*nel calcio*) to pass the ball to a teammate in a favourable position, from which he can develop the action; *~un grido* to shout, to let out a cry; (*Econ*) *~un prestito* to float a loan; (*fig*) *~un siluro* to fire a torpedo, to torpedo; (*Aer, Mar*) *~ un SOS* to issue a distress signal; *~ un urlo* to let out a cry; *~una moda* to set a fashion; (*fig*) *~una proposta* to throw out a suggestion, to make a proposal; *~una sfida a qcu.* to issue a challenge to so.; to challenge so.; *~un'occhiata a qcu.* to give so. a look.

lanciasagola *m.inv.* (*Mar*) line-throwing gun.

lanciasiluri *m.inv.* (*Mar.mil*) torpedo tube.

lanciato *a.* **1** (*rif. a veicolo*) speeding along, racing along, going at full speed, off. **2** (*fig*) (*infervorato*) off, (*colloq*) rolling: *quando è ~ nessuno lo ferma più* once he's off there's no stopping him. **3** (*Sport*) flying: *kilometro ~* flying kilometre.

lanciatore *m.* (*f.* **-trice**) **1** thrower, hurler, flinger, launcher. **2** (*Sport*) thrower; (*nel baseball*) pitcher. □ (*Sport*) *~del disco* discus thrower; (*Sport*) *~del giavellotto* javelin thrower; (*Sport*) *~ del martello* hammer thrower; (*Sport*) *~del peso* shot-putter.

lanciere *m.* **1** (*soldato*) lancer. **2** *pl.* (*danza*) lancers (*costr.sing.*).

Lancillotto *n.pr.m.* (*Lett*) Lancelot.

lancinante *a.* shooting, stabbing, piercing.

lancio *m.* **1** (*il lanciare*) throwing, flinging, hurling, launching. **2** (*tiro*) throw, fling, toss, cast. **3** (*salto dall'alto*) jump, drop. **4** (*fig*) (*lancio pubblicitario*) launching. **5** (*Mil*) launching, firing; (*sganciamento*) dropping, release: *~ di bombe* dropping of bombs. **6** (*con paracadute*) drop, parachuting (*anche Mil*): *~ con apertura ritardata* delayed drop. **7** (*Aer,Astron*) launch, launching: *~ di un satellite* launching of a satellite; (*rif. a razzi*)

launch, launching, blastoff, lift-off. **8** (*Sport*) (*il lanciare*) throwing, pitching; (*tiro*) throw, pitch; (*nel calcio*) shot at goal. □ *~ del bouquet* bouquet throw; (*Sport*) *~ del disco* discus throw, discus throwing, throwing of the discus; (*Sport*) *~ del giavellotto* javelin throw, javelin throwing; (*Sport*) *~del martello* hammer throw, hammer throwing; (*Sport*) *~ del peso* shotput, shotputting; (*Inform*) *~ iniziale* bootstrap; (*Astron*) *~ nello spazio* space shot; *~ pubblicitario* build-up, boost.

landa *f.* moor, moorland, heath.

landau /lan'do/ *m.inv.* landau.

landò *m.inv.* landau.

laneria *f.spec.pl.* woollens *pl.*, woollen goods *pl.*

lanetta *f.* **1** (*leggero tessuto di lana*) lightweight wool. **2** (*cascame di lana*) wool waste. **3** (*tessuto misto*) mixed wool.

langravio *m.* (*Stor*) landgrave.

languidamente *avv.* languidly.

languidezza *f.* **1** languor, faintness. **2** (*fig*) (*fiacchezza*) feebleness, weakness: *~ di stile* feebleness of style. **3** (*svenevolezza*) simpering, languishing, languishing look, (*colloq*) sheep's eyes *pl.* □ (*rar*) *~di stomaco* pangs of hunger.

languido *a.* **1** (*sentimentale*) languishing, simpering: *occhi languidi* (*per amore*) languishing eyes. **2** (*fiacco*) weak, languid, faint. **3** (*fig*) (*debole, fioco*) pale, faint, weak, dim: *luce languida* faint light.

languire (**languìsco/lànguo, languìsci/ làngui**; *aus.* **avere**) *v.i.* **1** to languish: *~ malato nel letto* to languish sick in bed. **2** (*rif. a piante*) to droop, to wither. **3** (*venir meno*) to faint, to be faint, to grow weak, to languish: *~ dalla fame* to be faint from hunger, to faint with hunger. **4** (*fig*) (*struggersi, patire*) to pine, to pine away, to languish: *~ d'amore* to pine with love, to pine for love; *~ in carcere* to languish in prison. **5** (*fig*) (*rif. a luce, indebolirsi*) to weaken, to fade, to die, to die down, to dim: *la luce languisce* the light is dimming, the light is fading. **6** (*fig*) (*non prosperare, scemare*) to flag, to languish, to be slack, to be slow: *le arti languono* art languishes; *la conversazione langue* conversation is flagging.

languore *m.* **1** languor, faintness, weakness. **2** (*atteggiamento, espressione languida*) languor: *sguardo pieno di ~* look filled with languor, languishing look. **3** *pl.* (*smancerie*) simpering *sing.*, languishing *sing.*, languishing looks. □ *~di stomaco* pangs of hunger.

languorino □ *avere un certo ~* to be a little hungry; *sentirsi un certo ~* to get hungry, (*colloq*) to get a case of the munchies, to get the munchies.

laniccio *m.* fluff, lint.

laniere *m.* wool manufacturer, woollen manufacturer.

laniero *a.* wool (*attr.*), woollen: *industria laniera* wool industry.

lanificio *m.* wool mill, wool factory.

lanina *f.* (*Tess*) mixed wool.

lanista *m.* (*Stor.rom*) lanista, owner and trainer of gladiators.

lanolina *f.* (*Chim*) lanolin, lanoline, wool fat: *~ idrata* hydrous wool fat.

lanosità *f.* woolliness.

lanoso *a.* woolly (*anche estens*): *capelli lanosi* woolly hair.

lantana *f.* (*Bot*) wayfaring tree.

lantanide **I** *m.* (*Chim*) lanthanide. **II** *a.* (*Chim*) lanthanide (*attr.*).

lantanio *m.* (*Chim*) lanthanum.

lanterna *f.* **1** lantern. **2** (*parte più alta del* *faro*) lantern, light. **3** (*estens*) (*faro*) lighthouse. **4** (*fanale portuale*) harbour light, (*Am*) harbor light. **5** (*fanale all'estremità del molo*) pier light, pierhead light. **6** (*Arch*) lantern. **7** (*Edil*) (*lucernario*) skylight. **8** (*Cin*) (*parte del diascopio*) lamphouse; (*estens*) (*diascopio*) slide projector. **9** (*Mar*) heel. □ ~ *cieca* police lantern, bull's eye lantern, dark lantern; ~ *cinese* Chinese lantern; (*Zool*) ~ *di Aristotele* Aristotle's lantern; (*Teat*) ~ *di palcoscenico* stage light; (*Cin*) ~ *magica* magic lantern; ~ *veneziana* Chinese lantern.

lanternino *m.* (*Strad*) warning light. □ (*fig*) *cercare qcu.* (*o qcs.*) *col* ~ to look high and low for so. (*o sth.*), (*colloq*) to search with a fine toothcomb; (*colloq*) *cercarsele col* ~ (*andare in cerca di guai*) to be asking for trouble.

lanternone *m.* (*Rel.catt*) big lantern hung on a pole in procession.

lanugine *f.* down (*anche Bot*).

lanuginoso *a.* downy (*anche Bot*).

lanuto *a.* woolly, lanate.

lanzarda *f.* (*Itt*) Spanish mackerel.

lanzardo *m.* (*Itt*) Spanish mackerel.

lanzichenecco (*pl.* **-chi**) *m.* (*Stor*) landsknecht, lansquenet.

LAO *Laos* LAO (Laos).

Laocoonte *n.pr.m.* (*Mitol*) Laocoön, Laocoon.

Laos *n.pr.m.* (*Geog*) Laos.

laotiano **I** *a.* Laotian, Laos (*attr.*). **II** *m.* (*f.* **-a**) Laotian.

lapalissiano *a.* (*ovvio, evidente*) obvious, self-evident.

laparoscopia *f.* (*Med*) laparoscopy.

laparoscopio *m.* (*Med*) laparoscope.

laparotomia *f.* (*Chir*) laparotomy.

lapdance /lap'dɛnz/ *f.inv.* lap dancing.

lapidare (**làpido**) *v.t.* **1** (*gettare pietre*) to stone; (*uccidere a sassate*) to stone to death, to lapidate. **2** (*fig*) (*criticare aspramente*) to criticize sth. violently, to demolish, (*colloq*) to pull sth. to pieces. **3** (*Tecn,Ind*) to lap.

lapidaria *f.* **1** (*arte dell'incisione delle iscrizioni*) art of inscription. **2** (*epigrafia*) epigraphy. **3** (*arte di molare pietre preziose*) lapidary art.

lapidario **I** *a.* **1** lapidary, lapidarian. **2** (*fig*) pithy, lapidary: *stile* ~ lapidary style. **II** *m.* **1** (*f.* **-a**) (*incisore di lapidi*) stone cutter, stone engraver. **2** (*f.* **-a**) (*chi lavora e faccetta gemme e diamanti*) lapidary. **3** (*ant*) (*libro medievale*) lapidary.

lapidatore *m.* (*f.* **-trice**) stoner.

lapidazione *f.* stoning, lapidation.

lapide *f.* **1** (*lastra tombale*) tombstone, headstone, gravestone. **2** (*lastra commemorativa*) memorial stone; (*su muri e sim.*) memorial tablet, memorial slab. □ ~ *commemorativa* commemorative plaque, commemorative tablet, memorial plaque, memorial tablet.

lapillo *m.* (*Geol*) lapillus.

lapin /la'pɛ̃/ *m.inv.* (*Pell,Abbigl*) cony.

lapis *m.inv.* pencil. □ ~ *copiativo* copying pencil; (*rar*) ~ *emostatico* styptic pencil.

lapislazzuli *m.* (*Min*) lapis lazuli.

lappa *f.* (*Bot*) burdock.

lappare[1] (**làppo**) **I** *v.i.* (*aus.* **avere**) to lap, to lap up. **II** *v.t.* to lap, to lap up.

lappare[2] (**làppo**) *v.t.* (*Tecn,Ind*) to polish, to burnish, (*Am*) to lap.

lappatore *m.* (*Tecn*) worker specialized in the polishing process.

lappatrice *f.* (*Mecc,Tecn*) lapping machine.

lappatura *f.* (*Tecn,Ind*) lapping.

lappola *f.* (*Bot*) cocklebur.

---

lappone, **lappone** **I** *a.* Sami, Lappish, Lappic, (*spreg*) Lapp (*attr.*). **II** *m./f.* (*abitante*) Laplander, Sami, (*spreg*) Lapp: *i lapponi* the Sami people. **III** *m.* (*lingua*) Sami, Sami language.

Lapponia *n.pr.f.* (*Geog*) Lapland.

lapsus *m.inv.* lapse, slip, lapsus. □ ~ *calami* slip of the pen, lapsus calami; (*Psic*) ~ *freudiano* Freudian slip; ~ *linguae* slip of the tongue, lapsus linguae; ~ *memoriae* lapse of memory, slip of memory.

laptop *m.inv.* (*Inform*) laptop.

LAR *Libia* LAR (Libya).

lardaceo *a.* lardaceous, lardlike, (*colloq*) fatty.

lardatoio *m.* (*Gastron,region*) larding needle.

lardellare (**lardèllo**) *v.t.* **1** (*Gastron*) to lard. **2** (*fig,scherz*) to lard, to pepper, to cram: ~ *di errori una pagina* to pepper a page with errors.

lardellatura *f.* **1** (*Gastron*) larding. **2** (*fig,rar*) larding, peppering, cramming.

lardello *m.* (*Gastron*) lardoon.

lardo *m.* **1** bacon fat. **2** (*region*) (*strutto*) lard. **3** (*colloq*) (*ciccia*) fat.

lardoso *a.* fat, fatty.

lare *m.* **1** *spec.pl.* (*Mitol*) lar, household god. **2** *pl.* (*famiglie*) lares, home *sing.*: (*fig,scherz*) *tornare ai patri lari* to return home.

largamente *avv.* **1** widely, broadly. **2** (*diffusamente*) fully, at length, in full detail: *parlare ~ di qcs.* to speak at length of sth., to speak at length about sth. **3** (*in larga misura*) generously, liberally, abundantly: *ricompensare qcu.* ~ to reward so. generously.

largare (**làrgo, làrghi**; *aus.* **avere**) *v.i.* (*Mar*) to put out, to get sth. under way, to push off.

large /lardʒ/ *f.inv.* (*Abbigl*) (*taglia*) large.

largheggiare (**larghéggio, larghéggi**; *aus.* **avere**) *v.i.* to be generous, to be open-handed, to give freely, to lavish: ~ *col denaro* to be generous with one's money. □ ~ *nelle mance* to be a generous tipper.

larghetto **I** *a./avv.* (*Mus*) larghetto. **II** *m.* (*Mus*) larghetto.

larghezza *f.* **1** width, breadth: ~ *di una strada* width of a road; ~ *dei fianchi* width of the hips. **2** (*fig*) (*liberalità*) liberality, generosity. **3** (*fig*) (*abbondanza*) abundance, plenty. **4** (*fig*) (*apertura mentale*) broad-mindedness, breadth of mind. □ *che* ~ *ha?* how wide is it?, what's the width?; *calcolare con* ~ to allow something extra; *donare con* ~ to give generously; (*Sart*) ~ *della vita* waist girth, waist measurement; *misurare quattro metri di* ~ to be four metres wide, to be four metres in breadth, to be four metres in width; (*Tip*) ~ *di colonna* column width; (*fig*) ~ *di idee* broad-mindedness, breadth of mind; (*fig*) *avere* ~ *di mezzi* to have ample resources, to have plentiful means; ~ *di torace* chest measurement (*anche Sart*); ~ *di un foro* (*diametro*) width of a hole; (*fig*) ~ *di vedute* broad-mindedness; *in* ~ in width, in breadth.

largo **I** *a.* (*pl.* **-ghi**) **1** wide, broad: *questa stoffa è larga un metro* this cloth is a metre wide; *quanto è larga la camera?* how wide is the bedroom? **2** (*di spalle*) broad. **3** (*Abbigl*) (*comodo*) ample, wide, roomy: *un vestito* ~ a roomy suit; *una gonna larga* (*ampia*) a full skirt. **4** (*Abbigl*) (*troppo ampio*) loose. **5** (*fig*) (*generoso*) generous, liberal, open-handed. **6** (*fig*) (*abbondante, copioso*) abundant, plentiful, ample: *larga messe* abundant harvest. **7** (*fig*) (*grande*) big, great: *fare larghe concessioni* to make big concessions. **8** (*Fon*) (*aperto*) broad, open: *pronuncia larga* broad pronunciation. **II** *avv.* (*Mus*) largo. **III** *m.* (*pl.* **-ghi**) **1** (*larghezza*) width,

---

breadth. **2** (*mare aperto*) open sea. **3** (*Strad*) (*piccola piazza*) square, small square. **4** (*Mus*) largo. □ (*Edit*) *a larga diffusione* with a high circulation, widely-circulated (*attr.*); *a larga maggioranza* by a large majority; (*fig*) *a ~ raggio* (*di vasta portata*) with a wide range, wide-ranging, far-reaching: *azione a ~ raggio* wide-ranging action; *a larghi tratti* in outline: *disegnare a grandi tratti* to draw in outline, to outline, to sketch, to sketch out; *disegno a larghi tratti* sketchy drawing; ~ *ai giovani!* give the young people a chance!; *al* ~: **1** (*Mar*) offshore: *tenersi al* ~ to stand offshore; *al* ~ *di* off, offshore; *stare al* ~ *della costa* to lie off the coast; **2** (*fig*) to steer clear, to keep clear, to keep out of the way: *gira al* ~ *da me!* steer clear of me!; (*fig*) *alla larga!*: **1** (*rif. a persone*) get away!, keep away!, keep your distance!: *stare alla larga da qcu.* to keep clear of so., to give so. a wide berth; **2** (*rif. a cose*) take it away!, keep it away!; (*Abbigl*) *andare* ~ to be loose: *questa maglia mi va larga* this T-shirt is loose on me; (*Tel*) *larga banda* broad band; *con larga maggioranza* by a large majority; *essere larga di fianchi* to have big hips, to have broad hips, to have wide hips; (*fig*) ~ *di manica* indulgent; *un insegnante* ~ *di manica* a lenient teacher; *fare* ~ to make room, to make way: *fate* ~*!* make room!, make way!; *farsi* ~ *tra la folla* to push through the crowd, to make one's way through the crowd; *farsi* ~ *a forza di gomiti* to elbow one's way (*anche fig*); (*fig*) *farsi* ~ *nella vita* to get on in life; *in larga misura* to a great extent, very much; *per il* ~ breadthwise, (*Br*) broadways on; *larghi poteri* wide powers; *prendere il* ~: **1** (*Mar*) to put out to sea; **2** (*fig*) (*fuggire*) to make off, to slip away, to make oneself scarce; (*fig*) *prenderla larga* to approach a matter in a roundabout way; *stare* ~: **1** (*di vestiti e sim.: essere comodi*) to be roomy; **2** (*di vestiti e sim.: essere troppo ampio*) to be loose, to hang (on so.); **3** (*in un posto: stare comodi*) to have plenty of room; (*fig*) *su larga scala* on a large scale, large-scale. *Prov.*: *larga la foglia e stretta la via, dite la vostra che ho detto la mia* and that's the end of my story.

lariano *a.* of lake Como.

larice *m.* (*Bot*) larch. □ *di* ~ (*o in* ~) larch (*attr.*), of larch.

lariceto *m.* larch wood.

laringale *a.* (*Anat,Fon*) laryngeal.

laringe *f.* (*Anat*) larynx.

laringectomia *f.* (*Chir*) laryngectomy.

laringeo, **laringeo** *a.* (*Anat*) laryngeal.

laringismo *m.* (*Med*) laryngismus, laryngospasm.

laringite *f.* (*Med*) laryngitis.

laringofaringite *f.* (*Med*) inflammation of the laryngopharynx.

laringoiatra *m./f.* laryngologist.

laringologia *f.* laryngology.

laringologo *m.* (*f.* **-a**; *pl.* **-gi**) laryngologist.

laringopatia *f.* (*Med*) laryngopathy.

laringoscopia *f.* (*Med*) laryngoscopy.

laringoscopico (*pl.* **-ci**) *a.* (*Med*) laryngoscopic.

laringoscopio *m.* (*Med*) laryngoscope.

laringospasmo *m.* (*Med*) laryngospasm.

laringotomia *f.* (*Chir*) laryngotomy.

Lario *n.pr.m.* (*Geog*) Lake Como, Lake of Como.

larva *f.* **1** (*Zool*) larva: ~ *di formica* ant larva. **2** (*fig*) shadow, semblance, mere semblance, apology: *una* ~ *d'uomo* mere semblance of a man; *essere ridotto a una* ~ to have become a skeleton, to be skin and bones; *diventare* *la ~ di se stesso* to become a shadow of one's former self. **3** (*fig,lett*) (*vana apparenza*) vain appearance, outward show.

larvale *a.* (*Zool*) larval.

larvatamente *avv.* (*lett*) disguisedly, in a veiled way, in a hidden way.

larvato *a.* (*lett*) masked, hidden, disguised (*anche fig*): *larvate minacce* veiled threats.

lasagne *f.pl.* **1** (*Alim*) lasagne (thin flat sheets of fresh dried pasta) (*costr.sing.*). **2** (*Gastron*) lasagne (*costr.sing.*), lasagna (*costr.sing.*). □ (*Gastron*) *~ verdi* lasagne made with spinach.

lascare (*làsco, làschi*) *v.t.* (*Mar*) to slacken, to loosen.

lasciapassare *m.inv.* pass, permit, laissez-passer, laisser-passer.

lasciare (*làscio, làsci*) **I** *v.t.* **1** (*abbandonare*) to leave, to desert, to give up, (*colloq*) to quit: *~ la carriera militare* to give up a military career; *ha lasciato l'antico padrone* he left his old master; *ho lasciato New York ieri mattina* I left New York yesterday morning. **2** (*dimettersi*) to resign (from). **3** (*lasciare in eredità*) to leave, to bequeath: *lasciò i suoi beni al convento* he left his property to the convent. **4** (*lasciare dietro di sé: rif. a tracce, a segni*) to leave, to leave behind: *il ladro lasciò le sue impronte digitali* the thief left his fingerprints. **5** (*non prendere con sé*) to leave, to leave behind: *ho lasciato l'ombrello in ufficio* I left my umbrella at the office. **6** (*cedere vendendo, concedere*) to leave, to let so. have, to give: *me l'ha lasciato per poche sterline* he let me have it for a few pounds. **7** (*liberare, lasciar andare*) to release, to free, to set free, to let sth. go: *~ la presa* to give up. **8** (*lasciar cadere*) to drop. **9** (*accompagnare in macchina*) to drop: *lasciami alla stazione* drop me at the station, please. **10** (*lasciare da parte, serbare*) to keep, to leave, to leave aside, to put aside. **11** (*consegnare*) to leave: *~ in custodia qcs. a qcu.* to leave sth. in so.'s care, to entrust sth. to so.; *hanno lasciato una lettera per te* a letter has been left for you; *a chi posso ~ le chiavi?* who can I leave the keys with? **12** (*fare, permettere*) to let: *lascia pure che parta* let him leave; *il vetro lascia passare la luce* glass lets light through. **II** *v.i.* (*aus. avere*) (*permettere*) to let, to allow: *~ che qcu. si sfoghi* to let so. vent his feelings; *lascia che io ti dica questo* let me tell you this.; *lasciati baciare* let me kiss you. **III** *v.pron.* **lasciarsi 1** to let oneself, to allow oneself, to be: *lasciarsi convincere* to let oneself be persuaded; *non mi lascio ingannare* I won't be taken in. **2** (*separarsi: rif. a conoscenti*) to leave each other, to say goodbye to each other, to part: *abbiamo pranzato insieme, poi ci siamo lasciati* we dined together and then parted. **3** (*separarsi: rif. a fidanzati*) to leave each other, to part, (*colloq*) to split up: *si sono lasciati dopo un anno di fidanzamento* they split up after being engaged for a year. □ *~a desiderare* to leave much to be desired: *il tuo lavoro lascia molto a desiderare* your work leaves much to be desired; *~a metà* to leave (sth.) unfinished, to leave (sth.) half-done; *~ la luceaccesa* to leave the light on; *~ andare* : 1 (*non trattenere*) to let go: *lasciami andare, ho fretta* let me go, I'm in a hurry; 2 (*lasciare libero*) to let go, to release, to allow to leave: *dopo un breve interrogatorio, il commissario lo lasciò andare* after brief questioning, the inspector let him go; 3 (*non punire*) to let off: *lascialo andare per questa volta* let him off this once; 4 (*non insistere*) to drop, to forget: *lascia anda-*

re, non vale la pena litigare per così poco let's drop the matter, it's not worth quarrelling over such a trifle; *lascia andare!* never mind! never mind all that!, drop it!, forget it!; 5 (*colloq,rar*) (*dare, assestare*) to give, to let have: *gli lasciò andare un pugno* he gave him a punch; *lasciarsi andare* : 1 (*abbandonarsi*) to sink, to drop: *lasciarsi andare sul divano* to sink on to the sofa; 2 (*fig*) (*rilassarsi*) to let oneself go, to let one's hair down, to relax: *cerca di lasciarti andare!* try to relax!; 3 (*fig*) (*trascurarsi*) to let oneself go, to neglect oneself: *in questi ultimi tempi, si è lasciata andare* lately she has been letting herself go; *~aperto* to leave open; (*fig*) *~correre* : 1 (*non mettere freni a*) to let (sth.) ride: *mentre ascolti la musica lascia correre la fantasia* while listening to music, let your imagination run wild; 2 (*non intervenire*) to let things take their course, to let things go, to let things go their own way; 3 (*sorvolare*) to close an eye to sth., to turn a blind eye to sth.; *~credere* : *~ credere qcs. a qcu.* to let so. believe sth.; *~da parte* : 1 (*conservare*) to set aside: *ti ho lasciato da parte un po' di torta* I set aside some cake for you; 2 (*fig*) (*non considerare*) to forget, to neglect: *lasciamo da parte la questione dei soldi* let's forget about the money problem (for now); *~ entrare qcu.* to let so. in; *lasciarfare* (*non preoccuparsi*) to let things be, to let things alone, not to worry: *lascia fare a me* leave it to me; *lasciar fare qcu.*: 1 (*non ostacolarlo*) to leave so. alone, to let so. alone, to let so. go his own way; 2 (*lasciare nelle mani di qcu.*) to leave a matter to so., to leave a matter in so.'s hands; (*fig*) *~ il mondo* : 1 (*morire*) to pass away, to depart this life; 2 (*segregarsi*) to retire from the world, to withdraw from the world; *lasciail tempo che trova* it makes no difference, (*Br*) it leaves things as they were; *vi lasciòimmaginare la mia sorpresa!* you can just imagine my surprise!; *~ una rigain bianco* to leave a line blank; *~ qcu. in imbarazzo* to leave so. in a fix; *~in pace* to leave in peace, to leave alone; *lasciami in pace!* leave me alone!; *~ intendere* to hint (at), (*Br*) to give to understand; *~la scuola* to give up school;*lasciarci* to lose: *lasciarci una gamba* to lose a leg; (*fig*) *lasciarci la pelle* to lose one's life; *ci ha lasciato la vita* it cost him his life; *~lì* : 1 to leave (sth.) there; 2 (*avanzare*) to leave; *~libero qcu.* to set so. free; *~ qcu.nell'imbarazzo* to leave so. in a fix; *~ogni speranza* to give up: *lasciate ogni speranza* abandon all hope; *~partire un colpo* : 1 to deal a blow; 2 (*rif. a colpo di fucile*) to fire a shot; *~passare* : 1 (*rif. a tempo*) to let go by; 2 (*rif. a persone*) to let in, to admit; 3 (*lasciare attraversare*) to let through; *~ perdere* : 1 (*abbandonare*) to give up: *come va la sua carriera di attore? - Ha lasciato perdere* how is going his carrer as an actor? - He has given it up; 2 (*non parlarne, non pensarci*) to forget, to drop: *lasciamo perde-re!* let's forget about it!, let's call the whole thing off!; *lascia perdere!* never mind!, drop it!, forget it!; 3 (*con un complemento diretto*) let (so.) alone: *lascialo perdere!* let him alone!; 4 (*non prendersela*) to take it easy: *lascia perdere!* take it easy!, forget about it!; *~perplesso qcu.* to puzzle so., to perplex so.; *~scritto* to leave a note; (*colloq*) *un vino che si lascia bere* a wine that goes down well; *si lascia mangiare* it goes down well; *~solo qcu.* to leave so. alone; *~stare* : 1 (*non toccare*) to leave alone, to keep one's hands off: *lascia stare i miei libri* leave my books alone; (*fig*) *di musica non se ne intende, ma*

come pittore bisogna lasciarlo stare he doesn't know anything about music, but when it comes to painting you can't touch him; 2 (*fig*) (*non occuparsi*) to leave (it), not to mind, not to bother, not to worry: *lascia stare, faccio io* leave it, I'll do it; don't bother, I'll do it; 3 (*fig*) (*non infastidire*) to leave be, to leave alone, not to bother: *lascia stare il gatto* leave the cat alone; *lascialo stare!* let him alone!; 4 (*desistere*) to give up; (*fig*) *~sul terreno* to leave behind, to abandon; *bisogna ~tempo al tempo* time is a great healer; *~tutto come sta* to leave everything as it is; *~un messaggio* to leave a message (for so.), to leave (so.) a massage (*anche Tel*); *~ uscire qcu.* to let so. out; *~vivere qcu.* (*non importunarlo*) to leave so. in peace, to leave so. alone, to let so. alone, to leave so. be. *Prov.*: *chi lascia la strada vecchia per la nuova, sa quello che perde ma non sa quello che trova* better the devil you know than the devil you don't know.

lasciata □ *Prov.*: *ogni ~è persa* opportunity never knocks twice, opportunity only knocks once.

lascito *m.* (*Dir*) legacy, bequest.

lascivamente *avv.* lasciviously, lustfully.

lascivia *f.* lasciviousness, lust, wantonness.

lascivo *a.* lascivious, lustful, wanton.

lasco (*pl.* **-chi**) **I** *a.* slack, loose (*anche Mar, Mecc*): *cavo ~* slack rope, loose rope. **II** *m.* **1** (*di cavo*) slack. **2** (*Mar*) (*andatura*) beam reach: *gran ~* broad reach; *andare al gran ~* to sail free.

laser **I** *m.inv.* (*Fis*) laser. **II** *a.inv.* (*Fis*) laser (*attr.*): *raggi ~* laser radiation. □ *~a eccimeri* excimer laser; *~a olmio* holmium laser.

laserchirurgia *f.* (*Chir,Med*) laser surgery.

laserfoto *f.* laser photo.

laserterapia *f.* (*Med*) laser therapy.

lassa *f.* (*Metr*) laisse.

lassativo **I** *a.* (*Farm*) laxative. **II** *m.* (*Farm*) laxative.

lassezza *f.* (*lett*) (*stanchezza*) lassitude, lethargy.

lassismo *m.* laxity (*anche Rel*): *~ morale* moral laxity.

lassista **I** *a.* lax, laxist. **II** *m./f.* laxist.

lassità *f.* (*Med*) laxity.

lasso[1] □ *~di tempo* interval, space of time, lapse of time.

lasso[2] *a.* (*allentato*) lax, loose (*anche Med*).

lassù *avv.* **1** up there: *~ in cima* up there, on top; *vado ~* I'm going up there. **2** (*in cielo*) up above: *da ~* from above. **3** (*al nord*) up, up north.

Lastex *m.* (*Tess*) lastex, Lastex.

lastra *f.* **1** slab: *~ di marmo* marble slab. **2** (*estens*) (*lapide*) tombstone, headstone, gravestone. **3** (*metallica*) plate. **4** (*di vetro*) pane, sheet, sheet of glass. **5** (*di ghiaccio*) sheet. **6** (*Fot,Tip*) plate. **7** (*radiografia*) radiograph, X-ray. □ *~di ardesia* slate, slate tile; *~ di ghiaccio* ice slab, sheet of ice; (*colloq*) *farsifare le lastre* to have an X-ray taken; (*Fot*) *~fotografica* plate, slide; (*Tip*) *~stereotipa* stereotype.

lastratura *f.* (*Aut,Tecn*) steel bodywork.

lastricamento *m.* paving.

lastricare (*làstrico, làstrichi*) *v.t.* to pave, to flag: *~ una strada* to pave a road.

lastricato **I** *a.* paved, flagged. **II** *m.* paving.

lastricatore *m.* paver.

lastricatura *f.* **1** paving, flagging. **2** (*lastricato*) paving.

lastrico (*pl.* **-chi/ -ci**) *m.* paving, pavement, flagging. □ (*fig*) *abbandonare qcu.sul ~* to abandon so. in dire want; *gettare qcu.*

~ to reduce so. to poverty; *ridursi sul ~* to become down and out, (*Br*) to be on one's uppers.

lastrone *m.* **1** (*grossa lastra*) slab, large slab, sheet. **2** (*Alp*) wall of rock.

lat 1 *latino* L, Lat. (Latin). **2** (*Geog*) *latitudine* 1, lat. (latitude).

latebra, latebra *f.* **1** (*lett*) secret place. **2** (*fig*) (*profondità segreta*) innermost recess.

latente *a.* latent (*anche Med*), hidden: *intenzioni latenti* hidden intentions; (*Fis*) *calore ~* latent heat.

latenza *f.* latency (*anche Med,Psic,Inform*).

laterale I *a.* **1** side (*attr.*), lateral: *ingresso ~* side entrance; *una via ~* a side street. **2** (*Mat, Fon,Bot,Anat*) lateral. **3** (*Chim*) side (*attr.*): *reazione ~* side reaction. **II** *m.pl.* (*Sport*) right and left half-backs. **III** *f.* (*Fon*) lateral, lateral consonant.

lateralità *f.* (*Fisiol*) laterality.

lateralmente *avv.* sideways, laterally.

lateranense *a.* Lateran (*attr.*): *concilio ~* Lateran Council; (*Stor*) *patti lateranensi* Lateran Pacts.

Laterano *n.pr.m.* Lateran.

laterite *f.* (*Geol*) laterite.

laterizio I *a.* (*Edil*) brick (*attr.*): *materiale ~* bricks. **II** *m.spec.pl.* (*Edil*) brick: *~ forato* hollow tile, hollow clay tile, perforated brick; *fabbrica di laterizi* brickyard, brickworks.

latice *m.* (*Bot,Ind*) latex.

laticifero I *a.* (*Bot*) laticiferous. **II** *m.* (*Bot*) laticifer.

laticlavio *m.* (*Stor.rom*) laticlave.

latifoglio *a.* (*Bot*) broad-leaved, broad-leaf (*attr.*): *albero ~* broad-leaved plant.

latifondista *m./f.* **1** large landowner. **2** (*Stor*) latifundista.

latifondo *m.* **1** large estate, large landed estate. **2** (*Stor*) latifundium.

latineggiante *a.* Latinizing, Latinate.

latineggiare (**latinéggio, latinéggi**; *aus.* *avere*) *v.i.* to Latinize, to use Latinisms.

latinismo *m.* (*Ling*) Latinism.

latinista *m./f.* Latinist.

latinità *f.* **1** (*ciò che è latino*) Latinity. **2** Latin culture.

latinizzare (**latinìzzo**) *v.t.* to Latinize.

latinizzazione *f.* **1** Latinization. **2** (*concr*) (*forma latinizzata*) Latin form, Latinized form.

latin lover *m.inv.* latin lover.

latino I *a.* **1** Latin. **2** (*estens,Mus*) Latin: *i popoli latini* the Latin races; *temperamento ~* Latin temperament, Mediterranean temperament. **3** (*estens*) (*latinoamericano*) Latin, Latin-American; *pop* ~ Latin pop. **II** *m.* **1** (*lingua*) Latin. **2** (*f.* **-a**) (*abitante*) Latin. □ (*Ling*) *~ classico* classical Latin; (*Ling*) *~ maccheronico* dog Latin, macaronic Latin.

latino-americano I *a.* Latin American. **II** *m.* (*f.* **-a**) Latin American.

latinorum *m.inv.* (*scherz,colloq*) mumbo jumbo.

latitante I *a.* in hiding: *rendersi ~* to go into hiding, to become a fugitive. **II** *m./f.* **1** fugitive, fugitive from justice. **2** (*fig*) (*Br*) person who tries to shuffle out of a task, (*Am*) person who avoids commitment.

latitanza *f.* **1** being in hiding, being at large. **2** (*fig*) (*assenza*) absence. □ (*colloq*) *darsi alla ~* to go into hiding, to be on the run.

latitare (**làtito**; *aus.* *avere*) *v.i.* **1** (*rar,lett*) to hide, to abscond. **2** (*fig*) (*non assolvere i propri doveri*) to be absent, to wriggle out of one's duty.

latitudinale *a.* (*Geog*) latitudinal.

latitudine *f.* latitude (*anche Geog*): *alle nostre latitudini* in our latitudes. □ (*Geol*) *~*

geocentrica geocentric latitude; (*Geog*) *~ nord* northern latitude; (*fig*) *sotto tutte le latitudini* everywhere, all over the earth; (*Geog*) *~ sud* southern latitude.

lato[1] *m.* **1** (*rif. a persona: fianco*) side. **2** (*rif. a cosa: parte*) side, part; (*estremità*) end. **3** (*fig*) (*aspetto*) side, aspect: *vedere il ~ cattivo delle cose* to look on the dark side of things; *il ~ buono delle cose* the bright side of things. **4** (*fig*) (*punto di vista*) point of view, viewpoint. **5** (*Geom*) side. □ (*Sport*) *mandare a ~* (*nel calcio*) to kick out, to pass out wide; *a ~ di* (*vicino*) next to: *stare a ~ di qcu.* to be beside so., to be at so.'s side (*anche fig*); *~ anteriore* (*di stoffe*) right side; (*Post*) *~ aperto per ispezione postale* (*scritta sulle buste*) may be opened for postal inspection; *da ogni ~* from all sides, on all sides; *da un ~*: 1 (*provenienza*) from one side; 2 (*in una parte*) on one side: *il vestito ti pende da un ~* your skirt is hanging on one side; *da un ~...dall'altro* on the one hand... on the other, on the one hand... on the other hand; (*Aut*) *dal ~ del passeggero* on the passenger side; (*fig*) *dal ~ del sentimento* as far as feelings go: *prendere qcu. dal ~ del sentimento* to prey on so.'s feelings; *dal ~ destro*: 1 (*stato in luogo*) on the right; 2 (*moto a luogo*) from the right; (*fig*) *~ debole* weak point, weak side; (*Comm*) *~ dell'avere* credit side; *di due lati* two-sided; *farsi di ~* to stand aside, to make room, to make way (*anche fig*); *in ogni ~* from all sides, on all sides; *~ inferiore* bottom; *~ opposto*: 1 opposite side (*anche Geom*); *sul ~ opposto della strada* on the opposite side of the street; 2 (*retro*) reverse side; *per un ~* in one way, from a certain point of view.

lato[2] *a.* **1** (*lett*) (*largo*) broad, wide. **2** (*fig*) broad: *in senso ~* in a broad sense.

latomia *f.spec.pl.* (*Stor.rom*) quarry.

Latona *n.pr.f.* (*Mitol*) Latona.

latore *m.* (*f.* **-trice**) bearer: *il ~ della presente* the bearer of this letter.

latrare (**làtro**; *aus.* *avere*) *v.i.* **1** to bark; (*ululare*) to howl. **2** (*fig*) to howl, to cry out.

latrato *m.* barking.

latria *f.* (*Rel.catt*) latria.

latrina *f.* (*rar*) lavatory; (*in luoghi di abitazione collettiva*) latrine. □ *~ pubblica* (*Br*) public lavatory, (*Am*) public toilet.

latrocinio *m.* theft, robbery.

latta *f.* **1** (*lamiera*) tin, tin plate. **2** (*recipiente*) (*Br*) tin, can, (*Am*) can: *una ~ di benzina* a can of petrol. □ *di ~* tin (*attr.*).

lattaia *f.* milk woman, milk-woman.

lattaio *m.* milkman.

lattame *m.* (*Chim*) lactam.

lattante I *a.* **1** breast-fed. **2** (*rif. ad animali*) sucking. **II** *m./f.* **1** suckling, baby, infant. **2** (*rif. ad animali*) suckling.

Lattanzio *n.pr.m.* (*Stor*) Lactantius.

lattario *m.* (*Bot*) saffron milk cap.

lattasi *f.* (*Chim*) lactase.

lattato *m.* (*Chim*) lactate.

lattazione *f.* lactation (*anche Biol*).

latte *m.* (*Alim*) milk: *un bicchiere di ~* a glass of milk. □ (*Alim*) *~ a lunga conservazione* UHT milk; (*Alim*) *~ acido* sour milk; (*Alim*) *~ ad alta digeribilità* easily digestible milk; *al ~* milk (*attr.*), with milk, milky; (*fig*) *avere ancora il ~ alla bocca* to be green, to be still wet behind the ears; (*Dolc*) *~ alla portoghese* crème caramel; (*fig*) *far venire il ~ alle ginocchia* to bore, to be a nuisance; (*Alim*) *~ cagliato* curdled milk; (*Alim*) *~ condensato* condensed milk; (*Alim*) *~ crudo* raw milk; *dare il ~ a un bambino* to nurse a baby, to feed a baby; (*Alim*) *~delattosato* lactose-free

milk; (*Cosmet*) *~detergente* cleansing milk; *di ~* milk (*attr.*): *sapere ancora di ~*, *puzzare ancora di ~* to be still wet behind the ears; (*Alim*) *~di asina* ass's milk; (*Alim*) *~di avena* oat milk; (*Chim*) *~ di calce* milk of lime; (*Alim*) *~di capra* goat's milk; (*Alim*) *~di cocco* coconut milk; (*Alim*) *~ di gallina* (*bevanda*) eggnog without alcoholic beverage; (*Farm*) *~ di magnesia* milk of magnesia; (*Alim*) *~di mandorle* almond milk; (*Alim*) *~ di mucca* cow's milk; (*Alim*) *~ di pecora* sheep's milk; (*Zool*) *~di pesce* milt, fish semen; (*Alim*) *~ di riso* rice milk; (*Alim*) *~ di soia* soya milk; (*scherz,fig*) *~di vecchia* wine; (*Alim*) *~ e miele*: 1 milk with honey; 2 (*region*) (*panna montata*) whipped cream; (*Alim*) *~ evaporato* evaporated milk; (*Alim*) *~ fresco* fresh milk; (*Alim*) *~ HD* easily digestible milk; (*Alim*) *~ in bottiglia* bottled milk; (*Alim*) *~in polvere* powdered milk, dry milk, milk powder; (*Alim*) *~in scatola* (*Br*) tinned milk, (*Am*) canned milk; (*Alim*) *~ intero* whole milk, full-cream milk; (*Alim*) *~macchiato* milk with a dash of coffee; (*Alim*) *~ magro* skim milk, skimmed milk, lowfat milk; *~ materno* mother's milk; (*Alim*) *~ omogeneizzato* homogenized milk; (*Alim*) *~ parzialmente scremato* semi-skimmed milk; (*Alim*) *~pastorizzato* pasteurized milk; (*Alim*) *~ scremato* (*Br*) skimmed milk, (*Am*) skim milk.

lattemiele I *m.inv.* (*region*) (*panna montata*) whipped cream. **II** *a.inv.* (*fig*) benevolent, well-disposed. □ (*fig*) *essere tutto ~* to be all sweetness and light.

latteo *a.* **1** (*di latte*) milk (*attr.*), milky: *secrezione lattea* milky secretion; *dieta lattea* milk diet. **2** (*simile al latte*) milky, milk-like.

latteria *f.* **1** (*negozio*) dairy, (*Br*) milkbar. **2** (*stabilimento*) dairy. **3** (*fig,scherz*) woman with large breasts.

lattescente *a.* milky, milk-like, lactescent.

lattescenza *f.* milkiness, lactescence.

lattice *m.* (*Bot,Ind*) latex.

latticello *m.* buttermilk.

latticinio, latticino *m.spec.pl.* dairy product.

lattico (*pl.* **-ci**) *a.* (*Chim*) lactic: *acido ~* lactic acid; *fermentazione lattica* lactic fermentation.

lattiera *f.* milk-jug.

lattiero *a.* dairy (*attr.*), milk (*attr.*). □ *~ caseario* dairy (*attr.*).

lattifero *a.* **1** (*che produce latte*) milk (*attr.*), milch (*attr.*): *vacca lattifera* milch cow, (*Am*) milk cow. **2** (*Anat*) (*che conduce il latte*) lactiferous, milk (*attr.*): *dotto ~* lactiferous duct, milk duct.

lattiginoso *a.* **1** milky. **2** (*Bot*) lactiferous, lactescent.

lattime *m.* (*Med,pop*) milk crust.

lattina *f.* (*barattolo*) (*Br*) tin, (*Am*) can: *~ di birra* (*Br*) tin of beer, (*Am*) can of beer.

lattivendolo *m.* (*f.* **-a**) (*rar*) milkman.

lattobacillo *m.* (*Biol*) lactobacillus.

lattodensimetro *m.* lactometer, lactodensimeter.

lattogenetico, lattogeno *a.* lactogenic.

lattone[1] *m.* **1** (*rar*) (*maialino di latte*) sucking pig, suckling pig. **2** (*rar*) (*vitello di latte*) sucking calf, suckling calf.

lattone[2] *m.* (*Chim*) lactone.

lattoniere *m.* (*stagnaio*) tinsmith, tinman.

lattonzo, lattonzolo *m.* **1** (*animale poppante*) suckling pig. **2** (*maialino di latte*) suckling pig.

lattosio *m.* (*Chim*) lactose.

lattuga *f.* **1** (*Bot,Alim*) lettuce. **2** (*Abbigl,ant*) (*collare*) ruff, fraise. □ (*Bot,Alim*) *~cap-*

puccina cabbage lettuce; (*Bot,Alim*) ~*romana* cos, (*Am*) romaine; (*Bot,Alim*) ~*selvatica* lettuce.

lattughina *f.* (*Bot*) lamb's lettuce.

lauda *f.* (*lett*) laud.

laudano *m.* (*Farm*) laudanum.

laudativo *a.* (*lett*) laudatory, of praise: *parole laudative* words of praise.

Laura *n.pr.f.* Laura.

lauracee *f.pl.* (*Bot*) laurel family (*costr.sing.*), Laurel family (*costr.sing.*).

Laurasia *f.* (*Geol*) Laurasia.

laurea *f.* (*Univ*) degree: *conferire la* ~ to confer a degree. ☐ ~*ad honorem* honorary degree, degree honoris causa; ~*breve* three-year degree; ~ *honoris causa* honorary degree, degree honoris causa; ~ *in filosofia* degree in philosophy; ~ *in ingegneria* engineering degree; *prendere la* ~ to get one's degree, to obtain one's degree, to graduate: *prendere la* ~ *in medicina* to graduate in medicine, to get one's degree in medicine.

laureando I *m.* (*f.* -*a*) (*Univ*) final year student, final year undergraduate, (*Am*) senior. II *a.* (*Univ*) final year, (*Am*) senior.

laureare (**làureo**) I *v.t.* to confer a degree on, to graduate. II *v.pron.* **laurearsi** to graduate, to obtain a degree, to get a degree: *laurearsi in filosofia* to graduate in philosophy, to get a philosophy degree; *laurearsi in lettere* to take an Arts degree. ☐ *laurearsi a pieni voti* (*Br*) to graduate first class, to get a first class degree, (*Am*) to graduate with a high average; (*Sport*) *laurearsi campione* to be crowned, to be awarded (a title); (*Univ*) *laurearsi col massimo dei voti* (*Br*) to graduate first class, to get a first class degree, (*Am*) to graduate with a high average; (*Univ*) *laurearsi con lode* to graduate summa cum laude, to graduate with the highest honours, (*Am*) to graduate with honors.

laureato I *a.* 1 graduate (*attr.*), graduated, having a degree: *essere* ~ *in medicina* to have a degree in medicine. 2 (*coronato d'alloro*) laureate, crowned with laurel: *poeta* ~ poet laureate, laureate. II *m.* (*f.* -*a*) graduate: ~ *in legge* law graduate. ☐ ~*in lettere* Bachelor of Arts.

Laurenziana *n.pr.f.* Laurentian Library (in Florence).

laurenziano I *a.* 1 Laurentian: *codice* ~ Laurentian codex. 2 (*del fiume San Lorenzo*) Laurentian: *bacino* ~ Laurentian basin. 3 (*Geol*) Laurentian. II *m.* (*Geol*) Laurentian, Laurentian episode.

laurenzio *m.* (*Chim*) lawrencium.

lauro *m.* 1 (*Bot,lett*) laurel, bay. 2 (*fig,lett*) laurels *pl.*, laurel: *il* ~ *della vittoria* the laurels of victory. 3 (*lett*) (*titolo olimpico*) Olympic title.

lauroceraso *m.* (*Bot*) cherry laurel.

lautamente *avv.* (*abbondantemente*) generously, handsomely, lavishly, abundantly: *ricompensare* ~ *qcu.* to reward so. handsomely.

lauto *a.* 1 (*abbondante*) lavish, abundant, rich, generous: ~ *trattamento* generous treatment; *lauta cena* lavish dinner. 2 (*iperb*) large, high: ~ *stipendio* high salary; *lauti guadagni* large profits. ☐ ~*compenso* generous reward; *una lautamancia* a handsome tip, a hefty tip, handsome reward, generous reward; *lautamensa* bountiful meal.

lava *f.* (*Geol*) lava: *colata di* ~ lava flow, stream of lava.

lavaauto *m./f.inv.* car wash.

lavabiancheria *f.inv.* washing machine. ☐ ~*a caricamento frontale* front loading washing machine.

lavabile *a.* washable: ~ *in lavatrice* machine-washable; *seta* ~ washable silk.

lavabilità *f.* washability.

lavabo *m.* 1 (*lavandino*) washbasin, washbowl. 2 (*Lit*) lavabo.

lavabottiglie I *m.inv.* bottle washer, bottle-washing machine. II *a.* bottle-washing, bottle (*attr.*).

lavacristallo *m.* (*Aut*) (*Br*) windscreen washer, (*Am*) windshield wiper.

lavacro *m.* 1 (*lett*) washing, bathing. 2 (*fig*) (*purificazione*) purification, cleansing. 3 (*fig*) (*fonte battesimale*) baptismal font. ☐ (*lett,fig*) ~ *di sangue* (*martirio*) bloodbath, martyrdom.

lavadita *m.inv.* finger bowl.

lavafari *m.inv.* (*Aut*) (*Br*) headlamp washer, (*Am*) headlight wiper.

lavafrutta *m.inv.* bowl, bowl for washing fruit.

lavaggio *m.* 1 washing. 2 (*autolavaggio*) car washing. 3 (*Minier,Met*) washing. 4 (*Mot*) scavenge, scavenging. 5 (*Ind,Fot*) wash. 6 (*Med*) (*lavanda*) lavage. 7 (*Chim*) (*rif. a gas*) scrubbing. ☐ ~*a mano* hand wash; ~*a secco* dry-cleaning; (*fig*) ~ *del cervello* brainwashing; (*Tess*) ~*della lana* scouring of wool; (*Med*) ~*gastrico* gastric lavage; ~ *in lavatrice* machine wash.

lavagna *f.* 1 (*Min*) slate. 2 (*nelle scuole*) blackboard: *chiamare un alunno alla* ~ to call a pupil to the blackboard. 3 (*colore*) slate grey. ☐ ~*bianca* whiteboard; (*Scol*) ~ *di panno* flannel board, feltboard, cloth board; ~ *luminosa* overhead projector; ~ *magnetica* magnetic board.

lavamacchine *m./f.inv.* car wash.

lavamano *m.inv.* washstand.

lavanda[1] *f.* 1 wash, washing. 2 (*Med*) lavage. ☐ (*Lit*) ~*dei piedi* washing of the feet; (*Med*) ~ *gastrica* gastric lavage, stomach pumping; (*Med,Farm*) ~ *oculare* eyewash; (*Med,Farm*) ~*vaginale* douche.

lavanda[2] *f.* (*Bot*) lavender. ☐ *alla* ~ lavender (*attr.*).

lavandaia *f.* 1 (*ant*) laundress, washerwoman, washwoman. 2 (*fig,spreg*) (*donna sboccata*) fishwife.

lavanderia *f.* 1 (*negozio*) laundry: *il mio abito migliore è in* ~ my best suit is at the cleaners. 2 (*con apparecchi automatici per uso dei clienti*) launderette, laundrette, (*Am*) Laundromat. 3 (*in casa*) laundry. ☐ ~*a gettone* coin-operated launderette, coin-operated laundrette, (*Am*) Laundromat; ~*a secco* dry-cleaner's, cleaners.

lavandino *m.* 1 (*per la pulizia personale*) washbasin, washbowl. 2 (*lavello*) sink. ☐ ~*della cucina* kitchen sink; (*fig,scherz*) *essere un* ~ to pig, to be a pig.

lavapiatti I *m./f.inv.* (*chi lava i piatti*) dishwasher, (*colloq*) washer-up. II *f.inv.* (*colloq*) (*macchina*) dishwasher, dishwashing machine.

lavare (**làvo**) I *v.t.* 1 to wash: ~ *l'automobile* to wash the car; ~ *le mani* (o *lavarsi le mani*) to wash one's hands. 2 (*rif. a panni*) to wash, to launder: ~ *i panni* to wash the clothes, to do one's washing, to do one's laundry. 3 (*rif. a stoviglie*) to wash up: ~ *i piatti* to wash up, to do the washing up, to do the dishes. 4 (*rif. a finestre*) to clean. 5 (*fig*) (*purificare*) to cleanse, to purify: ~ *l'anima dai peccati* to cleanse one's soul from sin. 6 (*Mot*) to scavenge. 7 (*Minier,Met,Fot*) to wash. II *v.pron.* **lavarsi** 1 to wash, to wash oneself, to have a wash. 2 (*mani e viso*) to wash one's face and hands, (*Am*) to wash up. ☐ ~*a mano* to hand-wash; ~*a secco* to dry-clean; *lavarsi*

come i gatti (*Br*) to give oneself a cat's lick, (*Am*) to give oneself a sponge bath; *lavarsi i denti* to brush one's teeth; ~*i piatti* to wash the dishes, (*Br*) to do the washing-up, (*Am*) to do the dishes; ~*il pavimento* to mop the floor, to wipe a floor clean; ~*in lavatrice* to machine-wash; (*fig*) ~ *la testa all'asino* to try the impossible; to bang one's head against a brick wall; (*fig*) *lavarsene le mani* to wash one's hands of sth.; (*fig*) ~*l'onta nel sangue* to wipe out an offence with blood; (*fig*) ~*un'offesa nel sangue* to wipe out an offence with blood; ~*via* to wash out. *Prov.*: *chi lava il capo all'asino perde il ranno e il sapone* there's no making a blackamoor white.

lavarello *m.* (*Itt*) lavaret, whitefish.

lavasciuga *f.inv.* washer-dryer.

lavasecco *m./f.inv.* 1 (*lavanderia*) dry cleaner's, cleaner's. 2 (*macchina*) dry cleaning machine, dry-cleaning machine. ☐ ~ *a gettone* coin-operated dry cleaning machine.

lavastoviglie I *m./f.inv.* (*chi lava i piatti*) dishwasher, (*colloq*) washer-up. II *f.inv.* (*colloq*) (*macchina*) dishwasher, dishwashing machine.

lavata *f.* wash, washing. ☐ (*fig*) *dare una ~di capo a qcu.* to give so. a dressing down, to give so. a telling off, to tell so. off; *ricevere una ~ di capo* to be told off.

lavatergifaro, **lavatergifari** *m.inv.* (*Aut*) headlight washer, headlight wiper.

lavativo *m.* 1 (*pop*) (*clistere*) enema, (*ant, lett*) clyster. 2 (*f.* -*a*) (*fig,colloq*) (*scansafatiche*) shirker, slacker, idler, (*Am*) slacker.

lavato *a.* 1 washed. 2 (*pulito*) clean, cleaned.

lavatoio *m.* 1 wash house, public wash house. 2 (*vasca*) washing trough, washtub. 3 (*l'asse*) washboard.

lavatore *m.* 1 (*f.* -*trice*) (*chi lava*) washer. 2 (*apparecchio per la depurazione*) scrubber.

lavatrice *f.* 1 (*macchina*) washing-machine, (*Am*) washer, washing-machine. 2 (*Minier*) washer. 3 (*Tess*) (*per lana*) scouring machine. ☐ ~ *automatica* automatic washing machine.

lavatura *f.* 1 (*lavaggio*) washing. 2 (*acqua di risciacquo*) dirty water; (*acqua dei piatti lavati*) dishwater, (*colloq*) slops *pl.* ☐ ~*a secco* dry cleaning; (*fig,spreg*) ~ *di fiaschi* (*vino annacquato*) watered-down wine; (*fig, spreg*) ~*di piatti* (*bevanda leggera*) dishwater, (*Br*) slops (*pl.*).

lavavetri I *m./f.inv.* 1 (*addetto alla pulizia dei vetri*) window washer, window cleaner. 2 (*rif. ad automobili*) car window washer. 3 (*colloq*) (*che staziona ai semafori*) squeegee man. II *m.inv.* (*attrezzo*) squeegee.

lavello *m.* (*acquaio*) sink; (*lavandino*) washbasin.

lavico (*pl.* -*ci*) *a.* lava (*attr.*), lavic, lavatic: *corrente lavica* flow of lava, lava stream.

lavina *f.* (*Geol,rar*) avalanche; (*frana*) landslide, landslip.

lavorabile *a.* 1 workable. 2 (*Agr*) arable, cultivable. 3 (*Ind*) soft, workable, malleable.

lavorabilità *f.* (*rar,Ind*) workability, malleability.

lavoracchiare (**lavoràcchio**, **lavoràcchi**) *aus.* **avere** *v.i.* 1 (*lavorare poco*) to do little work. 2 (*di tanto in tanto*) to work now and again.

lavorante *m./f.* 1 worker, workman (*f.* -woman); (*spec. per lavori manuali*) hand. 2 (*per lavori faticosi*) labourer.

lavorare (**lavóro**) I *v.i.* (*aus.* **avere**) 1) to work (*a* on): ~ *alla costruzione di un edificio* to work on the construction of a building; ~ *cinque giorni alla settimana* to work a five-day week. **2** (*con fatica*) to labour, to toil, to drudge. **3** (*fare un certo tipo di lavoro*) to do, *oppure si traduce col verbo appropriato*: ~ *d'ago* to do needlework, to do sewing, to sew; ~ *a maglia* to knit, to do knitting; ~ *a sbalzo* to emboss. **4** (*rif. a macchine: funzionare*) to work, to operate, to be working, to be running. **5** (*rif. ad aziende, negozi e sim.: avere molto lavoro*) to do good business, to have a lot of customers, to have a lot of clients. **6** (*agire di nascosto, subdolamente*) to work: *lavorava ai nostri danni* he was working against us. **7** (*recitare*) to act, to play. **II** *v.t.* **1** to work. **2** (*rif. a materie prime*) to process. **3** (*elaborare, perfezionare*) to perfect, to polish, to finish off. **4** (*coltivare*) to till, to cultivate. **5** (*fig*) (*circuire*) to get round, (*Am*) to get around, to work on, to work upon. **6** (*fig,gerg*) (*picchiare*) to beat up, (*Am*) to beat upon. □ (*Met*) ~ *a caldo* to hot-work; ~ *a cottimo* to do piecework; ~ *a domicilio* to work from home; (*Met*) ~ *a freddo* to cold-work; ~ *a giornata* to work by the day; (*Ind*) ~ *a macchina* to machine; ~ *a maglia* to knit, to do knitting; ~ *a mano* to do handwork, to work by hand; ~ *qcu. ai fianchi*: 1 (*Sport*) to punch so. continuously in the side to weaken him; 2 (*fig*) to undermine so.; ~*come segretaria* to be a secretary, to work as a secretary; (*fig*) ~ *come un dannato* to slave, to work like a slave; (*fig*) ~ *come un matto* to work like hell; (*colloq*) ~ *come un negro* to work like a slave; ~ *da falegname* to be a carpenter; ~*d'ago* to sew, to do needlework; (*fig*) ~ *d'astuzia* to play cleverly; ~ *di bastone* to hit, to beat; ~ *di fantasia*: 1 to use one's imagination; (*inventare*) to create with imagination; 2 (*fantasticare*) to daydream, to indulge in fancies; 3 (*esagerare*) to tell tall stories, to exaggerate; (*fig,region*) ~ *di fino* to act cunningly; (*fig*) ~ *di forbici* (*censurare*) to censor, to blue-pencil, to cut out; ~*di gomiti* to elbow one's way (*anche fig*); ~ *di scalpello* to sculpt; ~ *di spalle* (*farsi largo con qualsiasi mezzo*) to shoulder one's way (to); *fare ~*: 1 (*impiegare*) to employ; 2 (*dare da fare*) to keep on the go, to keep busy; ~ *in nero* to work in the black economy, to work off the books; ~ *in proprio* to work on one's own, to be self-employed; (*fig*) ~*intorno a qcs.* to work at sth., to work on sth.; ~ *la pasta* to knead dough; (*fig*) *lavorarsi qcu.*: 1 (*convincere*) to work on so.; 2 (*picchiare*) to work so. over; ~ *per qcu.* to work for so.; (*fig*) ~ *per la gloria* to work for love, to work for a song; ~ *presso una società* to work for a firm; ~ *sodo* to work hard, to put one's shoulder to the wheel; (*fig*) ~ *sott'acqua* to work in an underhanded way; ~*troppo* to overwork. *Prov.: chi non lavora, non mangia* no work, no pay.

lavorata *f.* work, stint: *dare una prima ~ a qcs.* to rough sth. out.

lavorativo *a.* **1** (*di tempo dedicato al lavoro*) working: *ore lavorative* working hours. **2** (*occupazionale*) employment (*attr.*). **3** (*rar*) (*rif. a terreno*) arable.

lavorato *a.* **1** worked. **2** (*sottoposto a processo industriale*) processed; (*a macchina*) machined. **3** (*rif. a metallo*) wrought. **4** (*rif. a pietra, a legno*) carved. **5** (*rif. a pellame*) tooled. **6** (*eseguito*) made, manufactured, wrought: ~ *in oro* made of gold, wrought in gold. **7** (*intarsiato*) inlaid. **8** (*rif. a terreno: coltivato*) tilled, cultivated. **9** (*rif. a prodotto industriale: finito*) finished. □ ~ *a mano* handmade: *un maglione ~ a mano* a

hand-knitted sweater.

lavoratore I *m.* (*f.* -**trice**) **1** worker, employee. **2** (*operaio*) workman (*f.* -woman), worker. **3** (*spec. di lavoro manuale*) hand. **4** (*chi fa un lavoro faticoso*) labourer. **II** *a.* working: *classe lavoratrice* working class. □ ~ *a giornata* day-labourer; ~*a tempo determinato* temporary worker, temporary employee; ~*a tempo indeterminato* permanent employee, permanent worker; ~*a tempo pieno* full-time employee, full-time worker; ~ *agricolo* farm worker, farm hand, (*ant*) agricultural labourer; ~*atipico* employee under a non-standard contract, freelance employee; ~ *autonomo* self-employed person; ~ *dell'industria* industrial worker, industrial employee; ~ *dipendente* employee; ~ *edile* builder's labourer; ~ *manuale* manual worker; ~*migrante* migrant worker; ~*occasionale* jobber, casual worker; ~ *part time* part-time worker, part-time employee; ~ *pendolare* commuter; ~ *portuale* dock worker, docker; ~ *qualificato* skilled workman; ~*sindacalizzato* unionized employee, unionized worker; ~ *specializzato* skilled worker, specialized worker; ~ *stagionale* seasonal worker; ~*straniero* foreign worker; ~*subordinato* employee.

lavoratrice *f.* female worker, worker: ~ *domestica* domestic worker, home help, domestic helper.

lavorazione *f.* **1** work, working, manufacture. **2** (*rif. a materie prime*) processing. **3** (*produzione*) production, making: ~ *di un film* production of a film. **4** (*modo*) workmanship, work: *una ~ perfetta* perfect workmanship. **5** (*Agr*) tilling, cultivation. □ (*Met*) ~*a caldo* hot-working; ~*a catena* (*Br*) belt production, line production, (*Am*) assembly line production; (*Met*) ~ *a freddo* cold-working; ~ *a macchina* machining; ~ *a mano* handwork; ~ *alimentare* food processing; ~ *dei metalli* metalworking; *in ~ being produced*, being made: *essere in ~* to be in process; ~*in serie* mass-production; ~*su commessa*: 1 jobbing; 2 (*Tip*) job-printing.

lavoretto *m.* **1** (*lavoro di poca importanza*) easy job. **2** (*lavoro occasionale*) odd job. **3** (*eufem,colloq*) (*attività losca*) job.

lavoricchiare (**lavorìcchio, lavorìcchi,** *aus.* **avere**) *v.i.* **1** (*lavorare svogliatamente*) to work half-heartedly, to work slackly. **2** (*lavorare occasionalmente*) to work now and again, to do odd jobs.

lavorio *m.* **1** (*lavoro intenso, movimentato*) intense activity. **2** (*fig*) (*maneggi*) intrigue, plotting; (*sobillazione*) stirring up.

lavoro *m.* **1** work. **2** (*lavoro faticoso*) labours *pl.*, labour, toil: *i frutti del proprio ~* the fruits of one's labours. **3** (*attività applicata*) work: *mettersi al ~* to start work, to get to work. **4** (*attività*) activity, job, task: *un ~ ingrato* a thankless task, a thankless job; ~ *sedentario* sedentary work. **5** (*occupazione retribuita*) work, employment, post, (*colloq*) job: *cercare ~* to look for work, to look for a job; ~ *gravoso* hard work. **6** (*opera*) work, piece of work, job: *un bel ~* a fine job, a fine piece of work; *gli ultimi lavori del pittore* the painter's latest works. **7** (*luogo*) work: *andare al ~* to go to work. **8** (*insieme di lavoratori*) labour, workers *pl.* **9** (*azione degli agenti naturali*) action: *il ~ dei venti* the action of the wind. **10** (*iron,colloq*) (*pasticcio*) mess: *che bel ~!* what a mess!; *hai combinato un bel ~!* you've made a fine mess of things!, (*colloq*) now you've done it! **11** (*Fis*) work. **12** (*Inform*) job. **13** *spec.pl.* (*serie di at-*

tività) business: *lavori parlamentari* parliamentary business. □ ~ *a cottimo* piecework; ~ *a domicilio* work at home; (*Comm*) *a ~ finito* on completion of work; ~ *a giornata* work by the day; ~ *a maglia* knitting; ~ *a orario pieno* full-time job, full-time work; ~ *a orario ridotto*: 1 part-time job, part-time employment; 2 (*in un ufficio*) office hours (*pl.*); (*Met*) ~ *a sbalzo* embossed work; ~ *a squadre* teamwork; ~ *a tavolino* desk work; ~ *a tempo pieno* full-time job, full-time work; ~ *a tempo ridotto*: 1 part-time job, part-time employment; 2 (*in un ufficio*) office hours (*pl.*); *al* ~ at work; ~ *artigianale* (o ~ *artigiano*) handicraft, handiwork; ~ *artistico* art work; ~ *autonomo* self-employment; (*fig*) ~*certosino* work requiring tremendous patience; ~ *collettivo* team work, team effort; ~ *continuativo* non-stop work; *da* ~ work (*attr.*), working: *stanza da* ~ workroom; (*fig*) ~*da cani* nasty job; *dare* ~ *a qcu.* to give so. a job, to give so. work; ~ *dei campi* agricultural work, farm work; *lavori di bonifica* reclamation works; *lavori di casa* housework (*costr.sing.*); ~ *di concetto* responsible work, brainwork; ~ *di cucito* sewing, needlework; ~*di fabbrica* factory work; ~*di falegnameria* (*prodotto*) article; ~ *di gruppo* teamwork, group work; ~ *di intarsio* inlaid work; (*fig*) ~ *di lima* polishing, refining, finishing off; *lavori di manutenzione*: 1 maintenance work (*costr.sing.*); 2 (*Mecc*) servicing (*costr.sing.*); ~ *di pazienza* job requiring patience; *lavori di restauro* restoration work (*costr.sing.*), repairs; ~*di ricerca* research; *lavori di ristrutturazione* renovations, renovation work (*costr.sing.*); *lavori di scavo* excavation work (*costr.sing.*); ~ *di segreteria* secretarial work; *lavori domestici* housework (*costr.sing.*); ~ *d'ufficio* office work, paper work, clerical work; ~*fatto a mano* handwork; ~*femminile* woman's work; ~ *festivo* work done during a holiday; ~*fisso* regular job; *lavori forzati* (*Br*) penal servitude (*costr.sing.*), hard labour (*costr.sing.*), (*Am*) hard labor (*costr. sing.*); ~ *in affitto* temporary work; ~ *in appalto* contract work; *lavori in corso*: 1 work in progress; 2 (*Strad*) (*segnalazione stradale*) men at work, (*Br*) roadworks ahead, (*Am*) roadworks ahead; ~ *in legno* woodwork; *lavori in muratura* masonry (*costr.sing.*); ~ *in serie* mass production; ~*in subappalto* sub-contract work; ~*in turni* shift work; ~*intellettuale* brainwork; ~ *interinale* temporary work; *agenzia di ~ interinale* temporary agency, (*colloq*) temp agency; ~ *manuale* handiwork, manual work, manual labour, (*Am*) manual labor; *mettersi al ~* to start work, to get to work, to set to work, (*Am*) to get down to work; ~ *minorile* children's work; ~ *nero* unregistered job; ~ *notturno* nightwork; ~ *occasionale* odd job; ~ *organizzato* organized work; ~ *part-time* part-time job; ~ *pesante* hard work, heavy work; *lavori preliminari* preparatory work (*costr.sing.*); *lavori pubblici* public works; ~ *qualificato* skilled labour, (*Am*) skilled labor; ~*retribuito* paid work, paid job; *lavori saltuari* odd jobs: *fare lavori saltuari* to job; ~ *sedentario* ➝ *sedentario*; ~ *senza* ~ unemployed, jobless; ~ *senza prospettive* dead-end job; ~ *servile* servile work; (*Inform*) ~*simultaneo* time-sharing; ~ *socialmente utile* community service; ~ *specializzato* skilled labour, (*Am*) skilled labor; ~*stagionale* seasonal work; *lavori stradali* (*Br*) roadworks, (*Am*) roadwork (*costr.sing.*); ~*straordinario* overtime; ~*subordinato* subordinate work, (*Am*) pink-collar job; *sul* ~ at work; ~ *teatrale* play; ~ *temporaneo* temporary work, temporary job; *avere troppo* ~ *da fare* to be overworked; (*Fis*) ~ *utile* capacity, (*rendimento*) output; (*Fis*) ~ *virtuale* virtual work. *Prov.*: *il* ~ *nobilita l'uomo* work ennobles man.

lay-out /'lej'awt/ *m.inv.* layout (*anche Inform*).

laziale I *a.* 1 of Latium, Latian. 2 (*Sport*) Lazio F.C. (*attr.*). II *m./f.* 1 (*abitante del Lazio*) inhabitant of Latium. 2 (*Sport*) (*tifoso*) Lazio supporter. III *m.* (*Sport*) (*giocatore*) Lazio player.

Lazio *n.pr.m.* (*Geog*) Latium.

lazo /'laddzo/ *m.inv.* lasso.

lazzaretto *m.* lazaretto, lazaret, lazarette.

Lazzaro *n.pr.m.* Lazarus.

lazzaronata *f.* devilry.

lazzarone *m.* 1 (*mascalzone*) ruffian, scoundrel. 2 (*colloq*) (*scansafatiche*) slacker, good-for-nothing. 3 (*Stor*) lazzarone.

lazzeruolo *m.* (*Bot*) azarole.

lazzo *m.* joke, jest, quip.

lb, **lb.** *libbra* lb (pound).

LB *Liberia* LB (Liberia).

L/C *lettera di credito* L/C, l/c, lc (letter of credit).

l.c., **l.cit.** *luogo citato* loc.cit., in loc.cit., l.c. (in the place cited, loco citato).

LCD *visualizzatore a cristalli liquidi* LCD (liquid crystal display).

LDL (*Biol*) *lipoproteina a bassa densità* LDL (low density lipoprotein).

le [1] *art.f.pl. di* la[1].

le [2] (*used enclitically with the infinitive, participles, gerund, imperative and ecco*) I *pron.pers.f.sing.* (*a lei*) (to) her: ~ *ho detto di essere puntuale* I told her to be punctual, I told her to come on time; *portale questi fiori* take her these flowers, take these flowers to her. II *pron.pers.m./f.sing.* (*in formule di cortesia*) (to) you: ~ *è piaciuto il film?* did you like the film?; *voglio esserle utile* I want to help you, I want to be of help to you. III *pron.pers.f.pl.* (*complemento oggetto*) them *pl.*: ~ *ho viste ieri* I saw them yesterday; *chiamale* call them. □ ~ *pensa tutte* (o ~ *studia tutte*) he is up to every kind of trick.

leader /'lider/ I *m./f.inv.* leader (*anche Pol, Sport*). II *a.inv.* leading: *un'industria* ~ *nel mercato delle telecomunicazioni* a leading company in the telecommunications market.

leadership /'lidersjip/ *f.inv.* leadership.

leale *a.* 1 (*sincero*) sincere, honest: *amico* ~ sincere friend. 2 (*onesto*) fair: *avversario* ~ fair competitor; *poco* ~ unfair. 3 (*fedele*) loyal (*con* to), faithful (*con* to).

lealismo *m.* (*Pol*) loyalism.

lealista I *a.* (*Pol*) loyal, loyalist. II *m./f.* (*Pol*) loyalist.

lealmente *avv.* 1 (*sinceramente*) sincerely. 2 (*onestamente*) fairly. 3 (*fedelmente*) loyally, faithfully.

lealtà *f.* 1 (*sincerità*) sincerity. 2 (*onestà*) fairness; (*in senso sportivo*) fair play. 3 (*fedeltà*) loyalty (*nei confronti di* to), faithfulness.

Leandro *n.pr.m.* (*Mitol*) Leander.

leardo *a.* (*grigio spec. di manto di cavalli*) grey.

leasing /'lizing/ *m.inv.* (*Econ*) leasing agreement, lease. □ ~ *finanziario* financial leasing, financial lease; ~ *immobiliare* real-estate leasing.

lebbra *f.* 1 (*Med*) leprosy. 2 (*fig*) moral corruption, evil.

lebbrosario *m.* leper colony, leper hospital, leprosarium.

lebbroso I *a.* leprous. II *m.* (*f.* **-a**) leper

(*anche fig*). □ *fuggire qcu. come un* ~ to avoid so. as if he were a leper.

lecaculo *m./f.inv.* (*volg,spreg*) arse-licker, (*Am*) ass-licker.

lecca lecca *m.inv.* (*Dolc*) lollipop.

leccapiedi *m./f.inv.* (*spreg*) bootlicker.

leccarda *f.* drip pan.

leccare (**lécco, lécchi**) I *v.t.* 1 to lick, (*spec. di animali*) to lap: ~ *il gelato* to lick one's ice cream; ~ *il piatto* to lick the plate clean. 2 (*fig,spreg*) (*adulare*) to flatter, (*colloq*) to butter up, to toady to, to fawn on. 3 (*fig*) (*rif. a opere, a scritti: curare eccessivamente*) to polish, to polish excessively. 4 (*rar,lett*) (*toccare leggermente*) to lick, to brush. II *v.pron.* **leccarsi** to spruce oneself, (*spreg*) to primp.

□ (*fig*) *leccarsi i baffi* to lick one's lips, to smack one's lips, to lick one's chops; (*fig*) ~ *i piedi a qcu.* to lick so.'s boots; (*fig,pop*) ~ *il culo a qcu.* to brown nose so., to kiss up to so., (*Am*) to kiss so.'s ass; (*fig*) *leccarsi le dita* to lick one's lips, to smack one's lips, to lick one's chops: *un intingolo da leccarsi le dita* a delicious sauce, a mouth-watering sauce; *è roba da leccarsi le dita* it's enough to make one's mouth water; (*fig*) *leccarsi le ferite* to lick one's wounds.

leccata *f.* lick, licking (*anche fig*). □ *dare una* ~ *a qcs.* to lick sth., to give sth. a lick.

leccato *a.* 1 (*eccessivamente rifinito*) over-polished, overelaborate. 2 (*fig*) (*affettato*) affected. 3 (*fig,iron*) (*dall'aspetto curato*) primped.

lecceto *m.* ilex grove.

lecchino *m.* (*colloq,spreg*) (*adulatore*) bootlicker.

leccio *m.* (*Bot*) holm oak, ilex.

leccornia, **leccórnia** *f.* delicacy, dainty, titbit.

lecitina *f.* (*Chim*) lecithin. □ ~ *di soia* soy lecithin.

lecito I *a.* 1 (*permesso*) right, permitted, allowed. 2 (*Dir*) lawful, licit: *atti leciti* lawful acts. 3 (*ammissibile*) permissible, allowable, acceptable. II *m.* right; (*ciò che è ammesso*) what is allowed, what is permitted.

□ *il* ~ *e l'illecito* right and wrong; *che stai facendo, se è* ~? what are you doing, if I may ask?; *pensa che tutto le sia* ~ she thinks she can do what she likes.

lectio /'lektsjo/ *f.inv.* lection.

lectio brevis /'lektsjo/ *f.inv.* half-holiday.

LED *m.inv.* (*Elettron*) 1 LED (light-emitting diode). 2 (*indicatore*) LED indicator.

Leda *n.pr.f.* (*Mitol*) Leda.

ledere (*pres.ind.* **lèdo**; *p.rem.* **lési**; *p.p.* **léso**) *v.t.* 1 (*danneggiare*) to damage, to injure, to impair (*anche Med*): ~ *la reputazione di qcu.* to damage so.'s reputation; ~ *un organo vitale* to damage a vital organ. 2 (*offendere*) to damage, to prejudice, to be prejudicial to, to be detrimental to: ~ *gli interessi di qcu.* to damage so.'s interests, to be prejudicial to so.'s interests.

lega [1] *f.* 1 (*accordo tra stati*) league: *formare una* ~ to form a league. 2 (*Sport*) federation, league. 3 (*associazione*) league, association, society. 4 (*combriccola*) gang. □ (*Stor*) ~ *anseatica* Hanseatic League; ~ *araba* Arab League; ~ *dei consumatori* consumers' association; (*Stor.gr*) ~ *delio-attica* Delian league; (*Stor*) ~ *delle nazioni* League of Nations; (*colloq*) *fare* ~ *con qcu.* to be in league with so., to be in with so.; *fare* ~ *contro qcu.* to be in league against so.; ~ *metallica* metal alloy, metallic alloy; (*Pol*) *Lega Nord* Northern League (political movement calling for decentralisation and further autonomy at regional level); (*Stor*) ~ *santa*

Holy League.

lega [2] *f.* (*Met*) alloy. □ (*Met*) ~ *antifrizione* Babbitt metal; (*Met*) ~ *d'alluminio* aluminium alloy; (*Met*) ~ *di stagno* pewter; (*Met*) ~ *eutettica* eutectic, eutectic alloy; (*Met*) *fare* ~ to alloy; (*Met*) ~ *leggera* light alloy; (*Met*) ~ *tipografica* type metal; (*Met*) ~ *ultraleggera* ultralight alloy.

lega [3] *f.* (*unità di misura*) league. □ (*Mar*) ~ *marina* nautical league.

legaccio *m.* string, tape, lace. □ *legacci delle scarpe* (*Br*) shoelaces, shoestrings, (*Am*) shoestrings.

legale I *a.* 1 (*della legge*) legal, law (*attr.*): *mezzo* ~ legal means; *studi legali* law studies. 2 (*legittimo*) lawful: *rendere* ~ to legalize. 3 (*giudiziario*) judicial, forensic: *medicina* ~ forensic medicine. II *m.* (*avvocato*) lawyer, (*Am*) attorney; (*giurisperito*) solicitor, legal adviser: *consultarsi con un* ~ to take legal advice.

legalismo *m.* legalism.

legalista *m./f.* legalist.

legalistico (*pl.* **-ci**) *a.* legalistic.

legalità *f.* legality, lawfulness: ~ *di un atto* legality of a deed. □ *rimanere nella* ~ to keep within the law.

legalitario *a.* law-abiding, legal, that keeps to legal means, that keeps constitutional means.

legalizzare (**legalìzzo**) *v.t.* 1 (*autenticare*) to authenticate, (*Br*) to notarise, to notarize. 2 (*regolarizzare*) to legalize, to regularize. □ ~ *un atto* to certify a deed; ~ *le droghe* to legalize drugs; ~ *una firma* to authenticate a signature, to certify a signature, to legalize a signature.

legalizzazione *f.* 1 (*autenticazione*) authentication, notarization. 2 (*regolarizzazione*) legalization, regularization. □ ~ *della droga* drug legalization, drug decriminalization.

legalmente *avv.* legally. □ ~ *perseguibile* actionable; ~ *riconosciuto* legally recognized; ~ *valido* valid, legal.

legal thriller /,legal'triller/ *m.inv.* (*Cin,Edit*) legal thriller.

legame *m.* 1 (*vincolo*) tie, ties *pl.*, bond, bonds *pl.*: *il* ~ *del matrimonio* the bonds of marriage. 2 (*relazione amorosa*) liaison, love affair. 3 (*fig*) (*nesso logico*) link, connection, connexion: *non c'è alcun* ~ *tra questi fatti* there is no connexion between these events. 4 (*Chim*) bond, link. □ ~ *affettivo* attachment; (*Chim*) ~ *chimico* (*valenza*) chemical bond; (*Chim*) ~ *covalente* covalent bond; ~ *di amicizia* the bonds of friendship; *legami di parentela* family ties; (*Chim*) ~ *etilenico* ethylenic linkage; *legami familiari* family ties; (*Chim*) ~ *molecolare* molecular bond.

legamento *m.* 1 (*il legare*) tying, tying up, binding. 2 (*unione, connessione*) link, connection, connexion. 3 (*legaccio*) string, tape, tie. 4 (*Ling*) liaison. 5 (*Anat*) ligament: *rottura dei legamenti* rupture of the ligaments. 6 (*Mus*) ligature, slur.

legante I *a.* (*Ind*) binding: *materia* ~ binding material. II *m.* 1 (*Ind*) binder, binding material, glue, cement. 2 (*Met*) alloying element. 3 (*Gastron*) (*addensante*) thickener. □ ~ *idraulico* hydraulic cement.

legare [1] (**légo, léghi**) I *v.t.* 1 to tie, to tie up, to bind; (*con un pacco*) (*Br*) to tie up a parcel, (*Am*) to tie up a package; ~ *i capelli con un nastro* to tie one's hair with a ribbon. 2 (*fermare con funi e sim.*) to fasten, to tie (up): ~ *la barca alla riva* to fasten the boat to the bank. 3 (*fig*) (*unire*) to bind, to bind together, to link, to unite, to join: *li lega una sincera amicizia* they are bound by a sincere friendship. 4 (*fig*) (*connettere*) to connect, to link up: ~ *le parti di un discorso* to link up the parts of a speech. 5 (*fig*) (*attrarre, avvincere*) to hold, to bind. 6 (*Legat,Edil,Chim*) to bind: ~ *un libro in mezza pelle* to bind a book in quarter leather. 7 (*Oref*) to mount, to set: ~ *a giorno* to mount à jour; ~ *a giorno una pietra* to mount a stone à jour. 8 (*Gastron*) to thicken. 9 (*socializzare*) to mix well, (*colloq*) to be a good mixer. II *v.i.* (*aus.* **avere**) 1 (*fare lega, unirsi*) to unite. 2 (*fig*) (*andare d'accordo*) to get on, to get on well, to mix. 3 (*fig*) (*rif. a cose: stare bene*) to go well, to mix. 4 (*fig*) (*avere connessione*) to be connected, to be linked, to connect, to fit in: *i due episodi non legano con il resto del racconto* the two episodes don't fit in, the two episodes have no connection with the rest of the story. 5 (*Met*) to alloy. 6 (*Bot*) (*allegare*) to set. III *v.pron.* **legarsi** 1 to bind oneself, to tie oneself. 2 (*fig*) (*stringere lega*) to join in (*con* with), to strike up a friendship (*con* with), (*colloq*) to get on (*con* with). 3 (*fig*) (*impegnarsi*) to bind oneself: *legarsi con promesse* to bind oneself by promises, to promise, to make promises. □ (*fig*) *se l'è legata al dito* he bears a grudge; ~ *con una fune* to rope, to tie with a rope; *legarsi i capelli* to tie one's hair; ~ *il cane alla catena* to chain up the dog; ~ *il proprio nome a un'impresa* to link one's name with an undertaking; ~ *in fascio* to tie in a bundle; (*fig*) *legarsi in matrimonio* to get married; (*fig*) ~ *la lingua a qcu.* to tie up so.'s tongue; (*fig*) ~ *l'asino dove vuole il padrone* to obey without question, to obey orders blindly, to do as one is told; ~ *le campane* to silence the bells; ~ *le mani a qcu.* to tie up so.'s tongue; ~ *stretto* (*a*), to lash (on, to).

legare[2] (**légo, léghi**) *v.t.* (*Dir*) to bequeath, to will.

legata *f.* tying, tying up, quick fastening. □ *dare una ~ a un pacco* to tie up a parcel roughly, to tie up a parcel quickly.

legatario *m.* (*f.* **-a**) (*Dir*) legatee.

legatizio *a.* of a legate, legate's, legatine.

legato[1] *a.* 1 united, linked, connected, bound. 2 (*affezionato*) attached, close. 3 (*impacciato*) stiff, awkward: *essere ~ nei movimenti* to be stiff in one's movements. 4 (*rif. a stile e sim.*) stilted, stiff, cramped. 5 (*rilegato*) bound. II *m.* (*Mus*) legato. □ (*fig*) *sono ~ mani e piedi* my hands are tied.

legato[2] *m.* 1 (*ambasciatore del papa*) legate: ~ *a latere* legate a latere. 2 (*Stor.rom*) legate, delegate, envoy; (*ambasciatore*) ambassador.

legato[3] *m.* 1 (*Dir*) legacy, bequest: *fare un ~ a un nipote* to leave a legacy to a nephew, to make a bequest to a nephew. 2 (*Dir*) (*di beni immobili*) devise.

legatore *m.* (*f.* **-trice**) bookbinder.

legatoria *f.* 1 (*laboratorio*) bookbinding establishment, bookbindery. 2 (*arte*) bookbinding.

legatrice *f.* binder.

legatura *f.* 1 (*il legare*) tying, binding, fastening. 2 (*nodo*) fastening, binding. 3 (*Legat*) (*atto*) bookbinding; (*modo*) binding: ~ *cartonata* stiff paper binding. 4 (*Oref*) mounting, setting. 5 (*Chir*) (*allacciatura*) ligature: ~ *di un'arteria* ligature of an artery. 6 (*Mus*) ligature, slur. □ (*Oref*) ~ *a giorno* mount à jour; (*Legat*) ~ *a spirale* spiral binding; (*Legat*) ~ *cartonata* hard binding; (*Legat*) ~ *in brochure* (o ~ *in brossura*) brochure binding; (*Legat*) ~ *in oro* gold binding; (*Legat*) ~ *in pelle* leather binding.

legazione *f.* 1 (*Pol,Stor*) legation. 2 (*estens*) (*sede della legazione*) legation. 3 (*estens*) (*personale*) legation, staff of a legation.

legenda *f.* 1 (*spiegazione*) key, legend. 2 (*didascalia*) caption.

legge *f.* 1 law: *obbedire alla ~* to obey the law; *applicare la ~* to enforce the law; *uomo di ~* man of law. 2 (*norma giuridica*) law: *promulgare una ~* to issue a law, to promulgate a law. 3 (*in discussione al Parlamento*) bill: *presentare una ~* to introduce a bill; *discutere una ~* to debate a bill; *votare una ~* to pass a bill. 4 (*votata dal Parlamento*) act: *abrogare una ~* to repeal a law. 5 (*Univ,Rel*) law: *studiare ~* to study law. 6 (*ordine, imposizione*) command, order, law: *i tuoi desideri sono ~ per me* your slightest wish is my command. 7 (*norma, regola*) rule: *le leggi della buona educazione* the rules of good manners; *conoscere le leggi del gioco* to know the rules of the game. □ ~ *agraria* agricultural law, agrarian law; ~ *antidoping* anti-doping law; ~ *biogenetica* biogenetic law; ~ *consuetudinaria* unwritten law, common law, customary law; ~ *cornice* outline law; *leggi costituzionali* constitutional laws; (*Statist*) ~ *dei grandi numeri* law of large numbers; ~ *del più forte* club law; ~ *del taglione* lex talionis, law of talion, law of retaliation (*anche fig*); (*Dir*) ~ *delega* enabling act; (*Econ*) ~ *della domanda e dell'offerta* law of supply and demand; (*fig*) ~ *della giungla* law of the jungle; *le leggi della prospettiva* the rules of perspective, the laws of perspective; (*Stor*) *Legge delle guarentigie* Law of Guarantees; (*Fis*) ~ *di gravità* law of gravity; (*Econ*) ~ *di Gresham* Gresham's Law; (*Biol*) *leggi di Mendel* Mendel's laws; (*Fis*) *leggi di Newton* Newton's laws; ~ *di probabilità* probability law; ~ *divina* Divine Law; *la ~ è uguale per tutti* everybody is equal before the law; ~ *eccezionale* special law; *leggi economiche* economic laws; ~ *elettorale* electoral law, election law; ~ *fallimentare* bankruptcy law; ~ *finanziaria* financial act, finance act; ~ *giudaica* Judaic law; ~ *marziale* martial law; ~ *morale* moral law; (*Rel*) *la ~ mosaica* the Mosaic Law; ~ *naturale* natural law; ~ *non scritta* unwritten law, common law, customary law; ~ *parlamentare* act of parliament; ~ *penale* penal code; ~ *per* by law; ~ *ponte* bridge law; ~ *positiva* positive law; ~ *quadro* outline law; (*Stor*) *leggi razziali* racial laws; ~ *retroattiva* retroactive law; ~ *scritta* written law, Statutory Law; ~ *statutaria* statutory law, statute law; ~ *stralcio* transitional law; ~ *sulla parità dei sessi* sex-equality law; ~ *sulla privacy* data protection act; ~ *tampone* stopgap law; ~ *vigente* law in force. *Prov.: fatta la ~, trovato l'inganno* every law has a loophole, the law was made to be broken; *la ~ non ammette ignoranza* ignorance of the law is no excuse.

leggenda *f.* 1 legend: ~ *eroica* heroic legend; ~ *agiografica* hagiographic legend. 2 (*fig*) (*cosa inventata*) story, tale. 3 (*didascalia*) caption. 4 (*iscrizione*) legend. 5 (*Numism*) legend, inscription. 6 (*in cartografia*) legend. □ ~ *metropolitana* urban legend; (*fig*) *entrare nella ~* to become a legend.

leggendariamente *avv.* legendarily.

leggendario[1] *a.* 1 legendary, of legend: *mondo ~* legendary world. 2 (*fig*) (*meraviglioso*) wonderful, marvellous: *di leggendaria bellezza* of wonderful beauty.

leggendario[2] *m.* (*raccolta di leggende*) legendry.

leggere (*pres.ind.* **lèggo, lèggi**; *p.rem.* **lèssi**; *p.p.* **lètto**) I *v.t.* 1 to read (*anche estens*): ~ *un*

libro to read a book; ~ *una poesia a qcu.* to read so. a poem; *gli si leggeva negli occhi la felicità* his happiness could be read in his eyes. 2 (*lett*) to interpret, to read. 3 (*Inform*) to read. II *v.i.* (*aus.* **avere**) to read: *imparare a ~* to learn to read, to learn reading; *hai letto di quello scontro ferroviario?* have you read about that train crash? □ ~ *da cima a fondo*: 1 to read through, to read right through; 2 (*rif. a libro*) to read from cover to cover; *farsi ~ qcs.* to have sth. read to one; (*fig*) ~ *fra le righe* to read between the lines; ~ *il pensiero a qcu.* to read so.'s thoughts, to read so.'s mind; (*fig*) ~ *qcs. in faccia a qcu.* to see sth. written all over so.'s face, to see sth. at a glance: *gli si legge in faccia che è un bugiardo* you can see at a glance that he is a liar; *gli si leggeva in faccia la delusione* his disappointment was written all over his face; (*fig*) *ti si legge in fronte che hai mentito* you lied, it is written all over your face; (*fig*) *glielo si leggeva in viso* his face was a giveaway; ~ *l'ora* to tell (the) time; (*rar*) ~ *la fortuna a qcu.* to read so.'s fortune, to tell so.'s fortune; ~ *la mano a qcu.* to read so.'s palm, to read so.'s hand; ~ *la musica* to read music; ~ *la sentenza* to read the sentence; (*colloq*) *lasciarsi ~* (*rif. a libro e sim.*) to be readable; ~ *le carte* to read the cards; ~ *le labbra* to read so.'s lips, to lip-read; *leggi…* read…; ~ *male* to misread; ~ *nel cuore di qcu.* to see into so.'s heart, to read so.'s innermost thoughts, to read so.'s heart; (*fig*) ~ *nel libro del destino* (*il futuro*) to read the future; ~ *nel pensiero a qcu.* to read (so.'s) thoughts; ~ *nella mente di qcu.* to read so.'s mind; ~ *nell'animo di qcu.* to read so.'s thoughts; *si legge che* it is said that: *si legge in Virgilio che…* Virgil says that…

leggerezza *f.* 1 lightness: *la ~ di una piuma* the lightness of a feather. 2 (*agilità*) nimbleness, lightness, agility. 3 (*scioltezza, facilità*) ease, smoothness, lightness: ~ *di stile* smoothness of style. 4 (*fig*) (*volubilità*) inconstancy, fickleness. 5 (*fig*) (*tendenza a civettare*) flirtatiousness. 6 (*fig*) (*sconsideratezza*) thoughtlessness, heedlessness. 7 (*fig*) (*atto sconsiderato*) piece of thoughtlessness, thoughtless action: *commettere una ~* to act irresponsibly, to act thoughtlessly. □ (*fig*) *con ~* lightly, thoughtlessly: *agire con ~* to act irresponsibly, to act thoughtlessly; ~ *d'animo* lightness; (*Pitt*) ~ *di tocco* lightness of touch.

leggermente *avv.* 1 (*con dolcezza*) gently, lightly: *premere ~* to press gently. 2 (*gradatamente, appena*) slightly: *la strada s'incurva ~* the road bends slightly. 3 (*poco*) slightly: ~ *ferito* slightly injured. 4 (*agilmente*) nimbly, lightly, agilely. 5 (*in modo sconsiderato*) thoughtlessly, lightly, frivolously.

leggero *a.* 1 light: *cassa leggera* light case; *un'imbarcazione leggera* a light craft. 2 (*agile, svelto*) nimble, light, agile: *passi leggeri* light steps. 3 (*facilmente digeribile*) light, digestible. 4 (*poco alcolico*) light: *un vino ~* a light wine. 5 (*lungo, non denso*) weak, thin: *un brodo ~* (*Br*) a weak broth, a thin broth, (*Am*) light broth, watery broth; *tè ~* weak tea. 6 (*fig*) (*facilmente sopportabile*) slight, mild: *un ~ mal di testa* a slight headache. 7 (*fig*) (*poco importante*) slight, trivial: *una leggera mancanza* a slight fault. 8 (*fig*) (*non pericoloso*) mild, light, slight: *una leggera indisposizione* a slight ailment. 9 (*fig*) (*piccolo*) slight: *una leggera differenza* a slight difference. 10 (*fig*) (*debole*) light, gentle: *un tocco ~* a light touch. 11 (*fig*) (*appena percepibile*) slight, faint: *un ~ rumore* a faint noise. **12** (*fig*) (*sconsiderato*) thoughtless, heedless. **13** (*fig*) (*incostante*) inconstant, fickle. **14** (*fig*) (*incline alla civetteria*) flirtatious. **15** (*spreg*) (*rif. a donna: facile*) fast, loose. **16** (*fig*) (*non severo*) mild, easy, light: *punizione leggera* mild punishment, light punishment. **17** (*Tecn,Mil,Sport*) light: *atletica leggera* athletics, track and field sports. ☐ (*fig*) *alla leggera* thoughtlessly, lightly: *prendere tutto alla leggera* to take everything lightly; ~ *come una piuma* light as a feather, as light as a feather; *tenersi ~ nel mangiare* to eat little, to eat lightly.

leggerone m. (f. **-a**) (*rar,colloq*) irresponsible person, thoughtless person, (*colloq*) scatter-brain.

leggiadramente *avv.* prettily, gracefully.

leggiadrìa f. loveliness, prettiness, elegance: ~ *di stile* elegance of style.

leggiadro a. **1** pretty, lovely, fair, comely: *fanciulla leggiadra* lovely girl. **2** (*rif. a movimenti*) graceful.

leggibile a. **1** (*rif. a scrittura*) legible, readable: *essere poco* ~ to be hard to read. **2** (*rif. a opere di lettura*) readable, worth reading.

leggibilità f. **1** (*rif. a scrittura*) legibility, readability. **2** (*rif. a opere di lettura*) readableness, readableness.

leggicchiare (**leggìcchio**) *v.t.* **1** (*leggere con scarso impegno*) to skim through, to read sth. in a cursory fashion. **2** (*leggere stentatamente*) to read sth. with difficulty.

leggina f. (*Parl,Dir*) bylaw.

leggio m. **1** bookrest, bookstand. **2** (*per musica*) music stand, music rest. **3** (*in chiesa*) lectern.

leggiucchiare (**leggiùcchio**) *v.t.* **1** (*leggere con scarso impegno*) to skim through, to read sth. in a cursory fashion. **2** (*leggere stentatamente*) to read sth. with difficulty.

leghìsta m./f. (*Pol*) supporter of a political league (especially of the Lega Nord).

legiferare (**legìfero**; *aus. avere*) *v.i.* **1** to legislate, to make laws. **2** (*fig,scherz*) to lay down the law.

legionario I a. legionary. II m. **1** (*Stor.rom*) legionary. **2** (*Stor*) legionary, legionnaire.

legione f. **1** (*Stor.rom*) legion. **2** (*corpo di soldati volontari*) legion. **3** (*fig*) (*moltitudine*) legion, multitude, host. ☐ *Legione d'onore* Legion of Honour; *Legione straniera* Foreign Legion; (*francese*) French Foreign Legion.

legionellosi f. (*Med*) (*morbo del legionario*) Legionnaire's disease.

legislative f.pl. (*elezioni legislative*) parliamentary elections.

legislativo a. legislative, lawmaking: *potere* ~ legislative power, (*concr*) legislature.

legislatore m. (*Dir*) (f. *rar* **-trice**) legislator, lawmaker, lawgiver.

legislatura f. **1** (*persone elette*) legislature. **2** (*attività di emanare leggi*) legislation. **3** (*durata della carica*) term.

legislazione f. **1** (*formazione delle leggi*) legislation, law-making. **2** (*complesso di leggi*) legislation, laws pl., law. ☐ ~ *agraria* agrarian law; ~ *commerciale* commercial legislation; ~ *del lavoro* labour laws, labour legislation; ~ *doganale* customs regulations; ~ *infortunistica* industrial injury legislation; ~ *sociale* welfare legislation; ~ *societaria* company law.

legista m. (*giurista*) jurist, legist.

legittima f. (*Dir*) legitim, jus relictae (portion of estate which a testator cannot dispose of freely).

legittimamente *avv.* legitimately.

legittimare (**legìttimo**) *v.t.* **1** (*Dir*) to legiti-

mate, to legitimize. **2** (*giustificare*) to justify, to excuse.

legittimario m. (*Dir*) forced heir, heir at law.

legittimazione f. legitimization. ☐ (*Dir*) ~ *dei figli naturali* legitimization of a child.

legittimismo m. (*Pol*) legitimism.

legittimista I m./f. (*Pol*) legitimist. II a. (*Pol*) legitimist.

legittimìstico (*pl.* **-ci**) a. (*Pol*) legitimist.

legittimità f. (*Dir,Pol*) legitimacy.

legìttimo a. **1** (*conforme alle leggi*) lawful, legal, legitimate: *sovrano* ~ lawful sovereign; *matrimonio* ~ lawful wedlock; *figlio* ~ legitimate child; *restituire qcs. al* ~ *proprietario* to return sth. to its lawful owner, to return sth. to its rightful owner. **2** (*fig*) (*giusto, lecito*) proper, right, legitimate: *uso* ~ *di un vocabolo* correct use of a word; *desiderio* ~ legitimate wish. **3** (*fig*) (*fondato*) legitimate, justifiable: *dubbi legittimi* justifiable doubts. ☐ (*Dir*) *legittima difesa* self-defence: *ha ucciso per legittima difesa* he killed in self-defence; (*Dir*) *legittima suspicione* presumed bias.

legna f. wood, firewood. ☐ (*fig*) *mettere* ~ *al fuoco* to add fuel to the flames; ~ *da ardere* firewood; *fare la* ~ to gather firewood; ~ *secca* dry wood.

legnaia f. (*capanna*) woodshed.

legnaiolo m. **1** (*rar*) (*taglialegna*) woodcutter, (*Am*) lumberjack. **2** (*ant*) (*falegname*) carpenter.

legname m. **1** wood. **2** (*già segato o spaccato*) timber, (*Am*) lumber. ☐ ~ *da costruzione* timber, (*Am*) lumber; ~ *in tronchi* logs (*pl.*); ~ *industriale* timber, industrial timber; ~ *per carpenteria* timber, (*Am*) lumber; ~ *stagionato* seasoned timber; ~ *non stagionato* green timber, (*Am*) green lumber.

legnare (**légno**) *v.t.* **1** (*colloq*) (*picchiare*) to wallop. **2** (*colloq*) (*bastonare*) to cudgel. **3** (*colloq*) (*con le mani*) to clout. **4** (*Sport,colloq*) (*sconfiggere*) to wallop.

legnata f. **1** (*colloq*) blow (with a stick or cudgel), thrashing. **2** (*colloq,fig*) (*batosta*) thrashing (*anche Sport*).

legno m. **1** wood: ~ *silicizzato* silicified wood; ~ *tarlato* worm-eaten wood; ~ *evaporato* evaporated wood. **2** (*pezzo di legno*) piece of wood. **3** (*bastone*) stick, cane; (*randello*) cudgel. **4** (*ant,poet*) (*nave*) ship, vessel. **5** (*Sport*) (*nel golf*) wood. **6** *pl.* (*Mus*) woodwinds, woodwind instruments. ☐ ~ *artificiale* artificial wood; ~ *compensato* plywood; *di* ~ wooden, of wood, wood (*attr.*); ~ *di ciliegio* cherry wood; ~ *di quercia* oak, oak wood; ~ *di rosa* rosewood; ~ *dolce* softwood; ~ *duro* hardwood; ~ *fresco* green wood, fresh wood; ~ *impiallacciato* veneered wood; *in* ~ wooden, of wood, wood (*attr.*); ~ *massiccio* solid wood; ~ *stagionato* seasoned wood; ~ *stratificato* layered wood.

legnosità f. **1** woodiness, woodenness. **2** (*fig*) (*rigidezza*) stiffness.

legnoso a. **1** woody, wooden, ligneous. **2** (*fig*) (*duro come il legno*) hard; (*fibroso*) tough: *carne legnosa* tough meat. **3** (*fig*) (*rigido*) stiff.

lego m.inv. Lego, building block.

leguleio m. (*spreg,rar*) pettifogger.

legume m. **1** (*Bot*) (*baccello*) pod, legume. **2** *pl.* legumes, pulses. **3** *pl.* (*estens*) (*ortaggi*) vegetables: *minestra di legumi* vegetable soup.

legumiera f. vegetable dish.

leguminosa f. (*Bot*) leguminous plant, legume plant.

lei I *pron.pers.f.* **1** (*soggetto*) she: ~ *non ne*

vuole sapere she won't hear of it; *l'ha detto ~ stessa* she said it herself. **2** (*la stessa*) herself: *non sembra più* ~ she doesn't seem herself any more. **3** (*complemento oggetto*) her: *preferisco* ~ I prefer her. **4** (*con preposizioni*) her: *con* ~ with her. II *pron.pers.m./f.* (*forma di cortesia*) you: ~ (o *Lei*) *è molto gentile, signora* you are very kind, madam; *questa lettera è per* ~, *signore* this letter is for you, sir. III *f.inv.* (*amata*) girlfriend, beloved. ☐ *dare del* ~ *a qcu.* to speak to so. using the polite form; (*lett,burocr*) *di* ~ her: *la di ~ madre* her mother; (*iron*) *può* ~ she's got a lot of pull.

leibniziano I m. (f. **-a**) (*Filos*) Leibnizian. II a. (*Filos*) Leibnizian.

Lèida n.pr.f. (*Geog*) Leyden, Leiden.

leishmania /lɛjʃ-/ f. (*Zool*) leishmania.

leishmaniosi /lɛjʃ-/ f. (*Med*) leishmaniasis.

leitmotiv /'lajtmotif, lajtmo'tif/ m.inv. (*Mus*) leitmotiv, leitmotif (*anche estens*).

Lem, LEM (*modulo per l'escursione lunare*) LEM, lunar excursion module.

Lemano n.pr.m. (*Geog*) Leman, Lake Leman.

lembo m. **1** (*Abbigl*) (*angolo*) edge. **2** (*Abbigl*) (*orlo*) hem: *il* ~ *della gonna* the hem of the skirt. **3** (*striscia*) strip: *un* ~ *di stoffa* a strip of material. **4** (*parte terminale*) tip, end: *l'estremo* ~ *della penisola* the tip of the peninsula, the far end of the peninsula. **5** (*margine*) edge, margin, rim: *i lembi di una ferita* the edges of a wound. **6** (*Bot*) (*lamina*) lamina, blade, limb. ☐ (*Chir*) ~ *cutaneo* skin graft; *un* ~ *di terra* a strip of land.

lemma m. **1** headword, entry word, main entry, main entry word. **2** (*Filos,Mat*) lemma.

lemmario m. word list, list of entry words.

lemmatizzare (**lemmatìzzo**) *v.t.* to list (a word) in a dictionary.

lemmatizzazione f. listing in a dictionary.

lemme lemme *avv.* (*colloq*) very slowly, in one's own good time, coolly.

lemming /'lɛmming/ m.inv. (*Zool*) lemming.

lemna f. (*Bot*) duckweed.

lemniscata f. (*Mat*) lemniscata, lemniscate.

lemure[1] m. (*Zool*) lemur.

lemure[2] m.spec.pl. (*Mitol,lett*) lemures pl.

lemuridi m.pl. (*Zool*) lemurs.

lena f. **1** (*vigore, forza*) vigour, energy, strength: *riprendere* ~ to get one's strength back. **2** (*forza di volontà*) will-power, heart. **3** (*lett*) (*respiro*) breath.

lendine m./f. nit.

lendinoso a. **1** nitty. **2** (*estens*) (*pidocchioso*) lousy.

lene a. **1** (*lett*) (*lieve, soave*) mild, gentle, soft; (*leggero*) light. **2** (*Fon*) lenis.

lenimento m. soothing, relief, alleviation (*anche fig*): *non c'è* ~ *alle sue sofferenze* there is no alleviation of his sufferings.

Leningrado n.pr.f. (*Geog.stor*) Leningrad.

leninismo m. (*Pol,Stor*) Leninism.

leninista I a. (*Pol,Stor*) Leninist. II m./f. (*Pol, Stor*) Leninist.

lenire (**lenìsco, lenìsci**) *v.t.* (*lett*) to soothe, to relieve, to soften, to alleviate: ~ *il dolore a* (o *di*) *qcu.* to relieve so.'s pain.

lenitivo I a. (*Farm*) soothing, pain-killing, lenitive: *pomata lenitiva* soothing ointment. II m. (*Farm*) pain-killer, lenitive.

lenocìnio m. **1** (*Dir*) panderism, procuring. **2** (*fig*) enticement, allurement.

lenone m. **1** (f. **-a**) (*Dir*) procurer, pimp, pander. **2** (*Stor.rom*) slave-trader.

lentamente *avv.* slowly.

lente f. **1** (*Ott,Fot,Geol,Anat*) lens. **2** (*lente d'ingrandimento*) magnifying lens, magnifying glass. **3** (*Bot*) lentil. **4** (*Orol*) pendulum. **5** *pl.* (*occhiali*) glasses, spectacles: *portare le lenti* to wear glasses. ☐ (*Ott*) *lenti a contatto* contact lenses; (*Ott*) *lentia contatto cosmetiche* tinted lenses, coloured lenses; (*Ott*) *lenti a contatto monouso* throwaway contact lenses; (*Ott*) *lentia contatto morbide* soft contact lenses; (*Ott*) *lenti a contatto rigide* hard contact lenses; (*Ott*) *~a fuoco regolabile* zoom lens; (*Fot*) *~addizionale* supplementary lens; (*Ott*) *~ antiriflesso* anti-glare lens, reflection-free lens; (*Ott*) *lenti azzurrate* blue-tinted lenses; (*Ott*) *~ biconvessa* biconvex lens; (*Ott*) *~bifocale* bifocal lens; *lenti bifocali* bifocals, bifocal lenses; (*Ott*) *~concava* concave lens; (*Ott*) *~convergente* converging lens; (*Ott*) *~convessa* convex lens; (*Anat*) *~cristallina* crystalline lens, eye lens; (*Ott*) *lenti degli occhiali* spectacle lenses; *~ d'ingrandimento* magnifying lens, magnifying glass; (*Ott*) *~ divergente* diverging lens; (*Ott*) *~ multifocale* multifocal lens, multifocal; (*Ott*) *~progressiva* progressive optical lens; (*Ott*) *~ varifocale* multifocal lens, multifocal.

lentezza *f.* **1** slowness. **2** (*indolenza*) tardiness. **3** (*fig*) (*scarsa comprensione*) dullness. ☐ *con ~* slowly; *~esasperante* exasperating slowness.

lenticchia *f.* (*Bot,Alim*) lentil. ☐ (*Bot*) *~ d'acqua* duckweed.

lenticolare *a.* lenticular, lentiform (*anche Bot,Anat*).

lentiggine *f.* freckle.

lentigginoso *a.* freckled.

lentisco (*pl.* **-chi**) *m.* (*Bot*) mastic tree, lentisk.

lentissimo I *a.* **1** very slow. II *avv.* **1** very slowly. **2** (*Mus*) lentissimo, very slowly.

lento I *a.* **1** slow: *~ come una lumaca* as slow as a snail; *morte lenta* slow death. **2** (*che dura a lungo*) lengthy, slow, long, long drawn out: *una faccenda lenta* a lengthy business. **3** (*fiacco*) slack, slow. **4** (*che opera adagio*) slow, slow-working: *un veleno ~ a* slow-working poison. **5** (*non teso, non fermo*) loose: *fune lenta* slack rope. **6** (*non stretto*) loose, loose-fitting: *una fasciatura lenta* a loose bandage; *una giacca lenta* a loose jacket. **7** (*dolce*) gentle, gradual: *un ~ pendio* a gentle slope. **8** (*fig*) (*indolente*) sluggish, indolent, idle. **9** (*fig*) (*tardo*) dull, slow-witted. II *avv.* **1** slowly. **2** (*Mus*) lento, slowly. III *m.* **1** (*Mus*) lento. **2** (*ballo lento*) slow dance. ☐ (*colloq*) *essere ~ a capire* to be slow-witted, to be slow on the uptake.

lenza *f.* **1** fishing line. **2** (*Agr*) cultivation terrace. **3** (*fig,region*) old fox, wily old fox: (*colloq*) *è una ~* he's an old fox.

lenzuolo (*pl.* **i lenzuòli**, **le lenzuòla**; *the form in -a is used only in a collective sense*) *m.* **1** sheet. **2** (*fig,rar*) (*strato*) blanket, layer: *~ di neve* blanket of snow. ☐ *~ a due teli* sheet made with two lengths of cloth; *~ a una piazza* single sheet, single bed sheet; *~ con angoli* fitted sheet, contour sheet; *~ da bagno* bath towel, bath sheet; *~di sopra* topsheet; *~ di sotto* (*Br*) undersheet, (*Am*) bottom sheet; *~funebre* shroud.

leonardesco (*pl.* **-chi**) I *a.* Leonardesque, of Leonardo, after Leonardo. II *m.* Leonardesque painter.

Leonardo *n.pr.m.* Leonard.

leoncino *m.* (*Zool*) young lion, lion cub.

leone *m.* (*Zool*) lion (*anche fig*): (*fig*) *sentirsi un ~* to feel as strong as a lion. ☐ (*fig*) *battersi come un ~* to fight like a lion; *coraggioso come un ~* lion-hearted, lionhearted; *~ di San Marco* Saint Mark's winged

lion; (*Cin*) *il ~d'oro* the Gold Lion; (*Zool*) *~ marino* sea lion; (*Mitol*) *~ nemeo* Nemean lion; (*Arald*) *~passante* lion passant.

Leone[1] *n.pr.m.* (*Astr*) Leo, Lion. II *m./f.inv.* (*persona nata sotto il segno del Leone*) Leo: *essere del ~* to be a Leo.

Leone[2] *n.pr.m.* Leon, Leo (*anche Stor*).

leonessa *f.* (*Zool*) lioness.

Leonida *n.pr.m.* (*Stor*) Leonidas.

leonino[1] *a.* **1** (*di leone*) lion's, lion (*attr.*), leonine: *pelle leonina* lion-skin. **2** (*estens*) leonine, lion-like: *chioma leonina* leonine mane. **3** (*fig*) lion's, of a lion: *coraggio ~* courage of a lion.

leonino[2] *a.* (*relativo a personaggi di nome Leone*) Leonine.

leonino[3] *a.* (*lett*) leonine: *verso ~* leonine verse.

Leonora *n.pr.f.* Eleanor, Leonora.

leontopodio *m.* (*Bot*) edelweiss.

leopardato *a.* leopard-skin (*attr.*).

leopardo *m.* **1** (*Zool*) leopard (*f.* -dess). **2** (*pelliccia*) leopard, leopard skin. ☐ (*Zool*) *~delle nevi* snow leopard; (*Arald*) *~in maestà* leopard.

Leopoldo *n.pr.m.* Leopold.

lepade *f.* (*Zool*) goose barnacle.

Lepanto *n.pr.f.* (*Geog*) Lepanto.

lepidezza *f.* **1** wit. **2** (*concr*) (*facezia*) witticism.

lepidio *m.* (*Bot*) lepidium.

lepido *a.* (*lett*) (*arguto*) witty.

lepidotteri *m.pl.* (*Entom*) lepidopterans.

lepisma *f.* (*Entom*) silverfish.

Lepontine *n.pr.f.pl.* (*Geog*) Lepontine Alps.

leporino *a.* hare (*attr.*), leporine: (*Med*) *labbro ~* hare lip.

lepre *f.* **1** (*Zool*) hare; (*maschio*) buck hare, jack hare; (*femmina*) doe, doe hare. **2** (*carne*) hare. **3** (*Sport*) pacemaker. ☐ (*Gastron*) *~arrosto* roast hare; (*fig*) *correre come una ~* to run like a hare, (*Br*) to hare, (*Am*) to run like the devil; (*Zool*) *~europea* brown hare; (*Gastron*) *~in salmì* jugged hare; *~meccanica* (*nei cinodromi*) hare (used in greyhound racing).

leprotto *m.* (*Zool*) leveret, young hare.

leptone *m.* (*Fis*) lepton.

leptoquark *m.inv.* (*Fis*) leptoquark.

lercio *a.* filthy, foul (*anche fig*).

lerciume *m.* filth (*anche fig*).

Lesbia *n.pr.f.* (*Lett*) Lesbia.

lesbica *n.pr.f.* Lesbian.

lesbico (*pl.* **-ci**) *a.* **1** (*di Lesbo*) Lesbian. **2** (*relativo a lesbismo*) Lesbian: *poesia lesbica* Lesbian ode; *amore ~* lesbianism.

lesbio I *a.* (*lett*) (*dell'isola di Lesbo*) Lesbian. II *m.* (*f.* -a) (*nativo di Lesbo*) Lesbian.

lesbismo *m.* lesbianism.

Lesbo *n.pr.f.* (*Geog*) Lesbos.

lesena *f.* (*Arch*) pilaster strip.

lesi → ledere.

lesina *f.* **1** (*Calz*) awl. **2** (*fig*) (*taccagneria*) stinginess, niggardliness, miserliness.

lesinare (**lésino/lèsino**) I *v.t.* to skimp, to be stingy with. II *v.i.* (*aus.* **avere**) to skimp (*su* on): *~ sul cibo* to skimp on food. ☐ *~ il centesimo* to count pennies, to count every penny; *~sul prezzo* to haggle over the price.

lesionare (**lesióno**) I *v.t.* to damage. II *v.pron.* **lesionarsi** to be damaged.

lesione *f.* **1** (*il ledere*) damaging, harming. **2** (*danno*) damage, harm, injury. **3** (*offesa*) injury, offence: *all'onore* offence against so.'s honour. **4** (*Med*) lesion, wound. ☐ (*Dir*) *~colposa* culpable injury; (*Med,Dir*) *lesioni gravi* serious injuries; (*Med*) *lesioni interne* internal injuries; (*Med*) *~invalidante* debilitating injury, debilitating illness; (*Dir*)

~personale bodily harm, personal injury.

lesività *f.* harmfulness.

lesivo *a.* offending, damaging, detrimental, prejudicial: *~ agli interessi di qcu.* prejudicial to so.'s interests.

leso →ledere *a.* **1** (*danneggiato*) damaged, harmed. **2** (*ferito*) injured, wounded. **3** (*fig*) injured, damaged, prejudiced. **4** (*Dir*) injured, aggrieved. ☐ (*Dir*) *lesa maestà* lese majesty; *delitto di lesa maestà* lese-majesty crime.

Lesotho *n.pr.m.* (*Geog*) Lesotho.

lessare (**lésso**) *v.t.* (*Gastron*) to boil.

lessata, lessatura *f.* (*Gastron*) boil, boiling. ☐ *dare una ~ a qcs.* to boil sth. a little.

lessema *m.* (*Ling*) lexeme.

lessicale *a.* (*Ling*) lexical.

lessico (*pl.* **-ci**) *m.* **1** (*dizionario*) lexicon, dictionary. **2** (*complesso dei vocaboli di una lingua o una speciale parte di essa*) lexicon, vocabulary: *il ~ inglese* the lexicon of the English language.

lessicografia *f.* lexicography.

lessicografico (*pl.* **-ci**) *a.* lexicographic.

lessicografo *m.* (*f.* -a) lexicographer.

lessicologia *f.* lexicology.

lessicologico (*pl.* **-ci**) *a.* lexicological.

lessicologo *m.* (*f.* -a; *pl.* -gi) lexicologist.

lesso → lessare I *a.* **1** boiled: *patate lesse* boiled potatoes. **2** (*fig,scherz*) (*imbambolato*) blank. II *m.* (*Gastron*) boiled meat; (*manzo*) boiled beef. ☐ *a ~* boiled: *cuocere a ~* to boil; (*Gastron*) *~ di manzo* boiled beef; (*Gastron*) *~di pollo* boiled chicken.

lestamente *avv.* **1** quickly. **2** (*agilmente*) nimbly. **3** (*frettolosamente*) hastily.

lestezza *f.* **1** (*velocità*) quickness, swiftness, speed. **2** (*prontezza*) promptness, readiness.

lesto I *a.* **1** (*svelto*) quick, fast, swift: *essere ~ a mangiare* to be a quick eater. **2** (*agile*) nimble, agile. **3** (*sbrigativo*) hasty, hurried: *decisione lesta* hasty decision, quickly-taken decision. II *avv.* quickly, fast. ☐ *andare ~* to speed; *~ di mano*: 1 (*per rubare*) light-fingered; 2 (*per picchiare*) free with one's fists; *~d'ingegno* quick on the uptake.

lestofante *m.* swindler, cheat.

letale *a.* **1** (*mortale*) lethal, deadly: *veleno ~* lethal poison. **2** (*di morte*) death (*attr.*), of death, dying.

letalità *f.* lethality.

letamaio *m.* **1** (*mucchio*) dungheap, dunghill, manure heap. **2** (*estens*) (*luogo sudicio*) pigsty, (*Am*) pigpen.

letamazione *f.* manuring, dunging.

letame *m.* **1** (*Agr*) manure, dung: *spargere il ~* to spread manure; *interrare il ~* to turn under manure, to plough under manure. **2** (*fig*) dirt, filth. ☐ *~ artificiale* artificial manure; *~bovino* cow dung, cow manure.

letargia *f.* **1** (*Med*) lethargy. **2** (*fig,rar*) sluggish indifference, lethargy; (*apatia*) apathy.

letargico (*pl.* **-ci**) *a.* **1** (*Med*) lethargic: *sonno ~* lethargic sleep. **2** (*rif. ad animale: ibernante*) hibernating; (*estivante*) aestivating, (*Am*) estivating. **3** (*fig*) sluggish, dull, drowsy.

letargo (*pl.* **-ghi**) *m.* **1** (*Zool*) (*invernale*) hibernation; (*estivo*) aestivation, (*Am*) estivation. **2** (*Med*) lethargy; (*torpore*) torpor. **3** (*fig*) (*inerzia*) lethargy, apathy; (*torpore*) torpor. ☐ *andare in ~*: 1 (*Zool*) to hibernate; 2 (*fig,scherz*) to fall into a deep sleep; (*Zool*) *~estivo* aestivation, (*Am*) estivation; *essere in ~*: 1 (*Zool*) (*in estate*) to be in aestivation, (*Am*) to be in estivation; (*in inverno*) to be in hibernation; 2 (*Med*) to be in a state of lethargy; (*Zool*) *~invernale* hibernation.

Lete, Letè *n.pr.m.* (*Mitol*) Lethe.

leteo *a.* **1** (*che si riferisce al fiume Lete*) Lethean. **2** (*fig,lett*) causing oblivion.

letizia *f.* joy, gladness, delight.

Letizia *n.pr.f.* Letitia, Lettice.

letta *f.* (*occhiata*) glance, glance through, quick look, quick read. □ (*rar*) *dare una ~ al giornale* to give a quick look at the newspaper, to have a quick look at the newspaper.

lettera *f.* **1** (*segno alfabetico*) letter: *le lettere dell'alfabeto* the letters of the alphabet; *parola formata da sei lettere* six-letter word. **2** (*comunicazione scritta*) letter: *scrivere una ~* to write a letter. **3** (*Bibl,lett*) epistle: *~ di S. Paolo ai Corinti* St. Paul's Epistle to the Corinthians. **4** (*fig*) (*senso letterale*) letter: *attenersi alla ~ della legge* to keep to the letter of the law. **5** *pl.* (*letteratura*) literature *sing.*, letters; (*studi umanistici*) Arts, humanities: (*Univ*) *facoltà di lettere* Faculty of Arts; *uno studente di lettere* an Arts student. □ *lettere a esponente* superscripts; *~ accompagnatoria* (*Br*) covering letter, (*Am*) cover letter; (*Giorn*) *~al direttore* letter to the editor; *alla ~* literally, to the letter: *eseguire un ordine alla ~* to obey an order to the letter; *prendere qcu.* (o *qcs.*) *alla ~* to take so. (o sth.) literally; *~anonima*: **1** anonymous letter; **2** (*di minacce*) crank letter; (*Univ*) *lettere antiche* classical studies; *~aperta* open letter; (*Post*) *~assicurata* insured letter; *lettere calunniatrici* slanderous letters; *~circolare* circular letter; (*Dir*) *~ citatoria* subpoena, summons; *lettere classiche* classical studies; *~commerciale* business letter; *da lettere* letter (*attr.*), writing: *carta da lettere* writing paper; *~ d'affari* business letter; *~ d'amore* love letter; *~dedicatoria* dedicatory epistle; *~delatoria* informing letter; *~di accettazione* letter of acceptance; *~ di accompagnamento* (o *~di accompagno*) (*Br*) covering letter, (*Am*) cover letter; *~di accreditamento* (o *~di accredito*) credit advice; *~di addio* farewell letter; (*scritta da donna a fidanzato*) Dear John letter, Dear John; *~ di assunzione* letter of appointment; *~di avviso* advice note, letter of advice; *~di cambio* letter of exchange; *~ di condoglianze* letter of condolence, (*Am*) sympathy letter; (*Comm*) *~ di conferma* letter of confirmation; (*Econ*) *~di credito* letter of credit; *~ di dimissioni* letter of resignation; *~di disdetta* letter of cancellation; *~ di encomio* letter of commendation; *~di garanzia* letter of indemnity; *~ di licenziamento* dismissal notice, (*Am,colloq*) pink slip; *~di pegno* letter of lien, lien letter; *~di presentazione* letter of introduction; *~ di raccomandazione* letter of recommendation; *~ di ringraziamento* letter of thanks, (*colloq*) thank-you letter; *~ di sollecito* reminder; (*a un debitore*) dunning letter; (*Comm*) *~ di trasporto aereo* air way bill; (*Comm*) *~di vettura* way-bill, bill of freight; *~ di vettura aerea* air way-bill; *una ~diffamatoria* a defamatory letter; (*Rel*) *~ dimissoria* dimissory letter; (*Comm*) *~ d'intenti* letter of intent; (*Tip*) *lettere discendenti* descending letters; *lettere esecutorie* executorial letters; (*Post*) *~espresso* express letter, (*Am*) special delivery letter; (*Post*) *~giacente* dead letter; *in tutte lettere* in full; *~iniziale* initial, initial letter; *~ maiuscola*: **1** block letter, capital letter; **2** (*Tip*) uppercase letter; *~ minatoria* threatening letter, (*colloq*) poison-pen letter, crank letter, hate mail; *~ minuscola*: **1** small letter; **2** (*Tip*) lower-case letter; (*Univ*) *lettere moderne* arts; (*fig*) *rimanere ~morta* to remain a dead letter; (*Rel*) *~ pastorale* pastoral letter, pastoral; *per ~* by letter: *rispondere per ~* to reply by letter; *~ per posta aerea* airmail letter; *~ per posta pneumatica* letter by pneumatic dispatch; *~ prestampata* form letter; (*Post*) *~raccomandata* registered letter; *~ respinta* letter returned to sender; *~ riservata* confidential letter; *~ smarrita* letter which has gone astray; (*Post*) *~ tassata* postage-due letter; *lettere trasferibili* (*trasferelli*) transfers.

letterale *a.* literal, word for word: *senso ~* literal meaning.

letteralmente *avv.* literally (*anche fig*): *tradurre ~* to translate literally, to translate word for word; *sono ~ sfinito* I am literally worn out.

letterariamente *avv.* literarily.

letterario *a.* **1** (*rif. alla letteratura*) literary, of literature: *opere letterarie* literary works. **2** (*rif. ai letterati*) literary, of letters, learned. **3** (*rif. a parole, espressioni*) literary, (*spreg*) bookish.

letterato *m.* (*f.* **-a**) scholar, man of letters, literate: *più che un poeta è un ~* he is a scholar rather than a poet.

letteratura *f.* literature: *la ~ inglese* English literature; *la ~dantesca* the literature on Dante. □ *~ amena* light literature, light reading; *~ comparata* comparative literature; *~di consumo* entertainment literature; *~ di evasione* escapist literature; *~ grigia* grey literature; *~ per l'infanzia* children's books, children's literature; *~poetica* poetry; *~poliziesca* crime fiction; *~ romantica* romantic writing.

lettiera *f.* **1** (*giaciglio per animali*) litter, bedding. **2** (*sabbietta per gatti*) litter. **3** (*fusto del letto*) bedstead.

lettiga *f.* **1** (*barella*) stretcher, (*ant*) litter; (*munita di ruote*) trolley, (*Am*) gurney. **2** (*ant*) (*portantina*) litter.

lettighiere *m.* **1** stretcher bearer, (*ant*) litter carrier. **2** (*ant*) (*portatore di portantina*) litter bearer.

lettino *m.* **1** (*letto per bambini*) cot, (*Am*) crib. **2** (*negli ambulatori*) examination table, (*Br*) examination couch. □ *~ a castello* bunk bed; *~abbronzante* (*Br*) sunbed, (*Am*) tanning bed; *~ clinico* examination table, examination couch; *~pieghevole* instant bed; *~solare* (*Br*) sunbed, (*Am*) tanning bed.

lettisternio *m.* (*Stor.rom*) lectisternium.

letto[1] **I** *m.* **1** bed: *~ sfatto* unmade bed. **2** (*Med*) examination couch. **3** (*fig*) (*matrimonio*) marriage: *figlio di primo ~* child by one's first marriage, child from one's first marriage. **4** (*cosa su cui si pone un'altra*) bed, layer (*anche Gastron*): *un ~ di foglie per le fragole* a layer of leaves for the strawberries. **5** (*lettiera per il bestiame*) litter, bedding. **6** (*alveo*) river bed, bed: *il ~ del fiume* the river bed. **7** (*Geol*) bed, layer. **8** (*Tecn,Agr, Anat*) bed. □ *essere a ~*: **1** (*coricato*) to be in bed; **2** (*malato*) to be confined to bed, to be ill; (*Arred*) *~a baldacchino* four-poster, four-poster bed; (*Arred*) *~ a canguro* (*Br*) truckle bed, (*Am*) trundle bed; (*Arred*) *~a castello* bunk bed; (*Arred*) *~ a colonne* four poster, four poster bed; (*Arred*) *~ a due piazze* double bed; (*Arred*) *~a padiglione* canopy bed, four-poster; (*Arred*) *~ a rotelle* bed on wheels; (*Arred*) *~ a scomparsa* wall bed, folding bed, (*Am*) Murphy bed; (*Arred*) *~ a soppalco* mezzanine bed, loft bed; (*Arred*) *~ a un posto* single bed; (*Arred*) *~a una piazza* single bed; *~ a una piazza e mezzo* (o *~ a una piazza e mezza*) large single bed, queen-size bed; *andare a ~* to go to bed, (*Am,colloq*) to hit the sack, to sack out; *è ora di andare a ~* it's bedtime; *andare a ~ con so.* to go to bed with so., to sleep with so.; (*fig*) *andare a ~ con le galline* (o *andare a ~ come le galline*) to go to bed early; (*fig*) *andare a ~ con i polli* (o *andare a ~ all'ora dei polli*) to go to bed at sundown, to go to bed at sunset; (*Agr*) *~ caldo* hotbed; *~ coniugale* conjugal bed, marital bed; *~da campo* camp bed, (*Am*) cot; (*Met*) *~di colata* pig bed (for casting iron); *~di dolore* sick bed; *~di fiori* flowerbed; *~ di fortuna* shakedown, makeshift bed; *~ morte* deathbed; *~di paglia* straw bed; (*Edil*) *~ di posa* bed; (*Mitol*) *~ di Procuste* bed of Procrustes; (*fig*) *essere in un ~di rose* to be in clover, to be in a bed of roses; (*Agr*) *~ di semina* seed bed; (*fig*) *essere in un ~di spine* to be on tenterhooks; (*Arred*) *~ estraibile* trundle bed, (*rar*) hideaway bed, pull-out bed; *fare il ~* to make the bed; (*Arred*) *letti gemelli* twin beds; (*Arred*) *~ matrimoniale* double bed; *mettere a ~ un bambino* to put a child to bed; *mettersi a ~*: **1** (*per dormire*) to go to bed; **2** (*infilarsi dentro*) to get into bed; **3** (*per malattia*) to take to one's bed; *~ per gli ospiti* spare bed, guest bed; (*Arred*) *~ ribaltabile* wall bed, folding bed, (*Am*) Murphy bed; (*Arred*) *~singolo* single bed; (*Anat*) *~ungueale* nail bed.

letto[2] → **leggere**. □ *~e approvato* read and approved.

lettone, lettone I *a.* Latvian, Lettish. **II** *m./f.* (*abitante*) Latvian, Lett. **III** *m.* (*lingua*) Latvian, Lettish.

Lettonia *n.pr.f.* (*Geog*) Latvia.

lettorato *m.* **1** (*Univ*) lectorship, (*Am*) assistantship. **2** (*Rel.catt*) lectorate, lectorship.

lettore *m.* **1** (*f.* **-trice**) reader: *~ di libri gialli* reader of detective stories. **2** (*f.* **-trice**) (*Univ*) lecturer, (*Am*) assistant: *~ di tedesco* lecturer in German. **3** (*f.* **-trice**) (*Rel.catt*) lector. **4** *pl.* (*il pubblico*) the reading public (*costr.sing.* o *pl.*) **5** (*f.* **-trice**) (*Edit*) reader. **6** (*Tecn*) reader. **7** (*Inform*) drive. □ (*Tecn*) *~CD* CD player: *~ CD portatile* portable CD player; (*Inform*) *~di banda magnetica* magnetic tape reader; *~ di bozze* proofreader, proof-reader (*anche Edit*); (*Inform*) *~di caratteri* character reader; (*Inform*) *~di codice a barre* bar code reader; (*Elettron*) *~ di compact disc* CD player; (*Inform,ant*) *~ di schede* card reader; *~ di schede perforate* punch card reader; (*Elettron*) *~DVD* DVD player; (*Inform*) *~ottico* optical reader, optical scanner, optical character recognition machine; (*Tecn*) *~per microfilm* microreader.

lettura *f.* **1** reading: *dedicare molte ore alla ~* to spend a lot of time reading, to do a lot of reading; *di facile ~* easy to read; *essere di piacevole ~* to make pleasant reading. **2** (*materiale letto*) reading, reading matter: *letture amene* light reading, light literature. **3** (*recitazione*) recitation, reading: *~ di versi* poetry reading. **4** (*lezione, conferenza*) lecture. **5** (*rif. a strumenti di misura*) reading: *~ diretta* direct reading. **6** (*fig*) (*interpretazione*) reading, interpretation. **7** (*Filol*) reading, interpretation: *~ controversa* controversial reading. **8** (*Parl*) reading: *la ~ di un disegno di legge* the reading of a bill. **9** (*Inform*) recognition, reading. □ (*Tecn*) *a ~ diretta* direct-reading; (*Inform*) *~ a scansione* scanning; (*burocr*) *dare ~ di qcs.* to read sth., to read sth. out; (*Bibliot*) *dare in ~* to lend out; *~del pensiero* thought-reading; *~delle bozze* proof-reading; *~ di un contatore* meter reading, meter inspection; *~estensiva* skimming; (*Bibliot*) *essere in ~* to be out, to be lent out, to be out on loan: *il libro è in ~* the book is out; (*Elettron*) ~ *ottica* optical character reading, optical reading; ~ *rapida* skimming.

letturista *m.* meter reader. □ ~ *del gas* gasman.

leucemia *f.* (*Med*) leukaemia, (*Am*) leukemia.

leucemico (*pl.* **-ci**) **I** *a.* (*Med*) leukaemic, (*Am*) leukemic. **II** *m.* (*f.* **-a**) (*Med*) leukaemia patient, (*Am*) leukemia patient, person suffering from leukaemia, (*Am*) person suffering from leukemia.

leucisco *m.* (*Itt*) dace.

leucite *f.* (*Min*) leucite.

leucoblasto *m.* (*Biol*) leucoblast, leukoblast.

leucocita *m.* (*Biol*) leucocyte, leukocyte.

leucocitosi *f.* (*Med*) leucocytosis, leukocytosis.

leucodermia *f.* (*Med*) leucoderma, leukoderma.

leucoma *m.* (*Med*) leukoma, leucoma.

leucoplasto *m.* (*Bot*) leucoplast, leucoplastid.

leucorrea *f.* (*Med*) leucorrhoea, (*Am*) leukorrhea.

leucosi *f.* (*Veter*) leukosis, leucosis.

leva[1] *f.* **1** lever (*anche fig*): *le leve del potere* the levers of power. **2** (*fig*) (*stimolo*) lever, incentive, stimulus. **3** (*Fis*) lever. **4** (*Mecc*) lever; (*palanchino*) crowbar. **5** (*Dent*) elevator, dental elevator. □ (*Aut*) ~ *a braccio* steering arm; (*Mecc*) ~ *a mano* hand lever; ~ *a pedale* foot control lever; (*Mecc*) ~*articolata* toggle lever; (*Aut*) ~ *del cambio* gear lever, (*Am*) gearshift; ~ *del freno* brake lever; (*fig*) *le leve del potere politico* the levers of political power; ~ *della frizione* clutch lever; (*Ferr*) ~*dello scambio* switch lever; (*Mot*) ~ *di avviamento* starting lever; ~ *di comando*: 1 control lever; 2 (*fig*) reins; 3 (*Aer*) control stick, (*colloq*) joystick; (*Mecc*) ~*di disinnesto* release lever; ~ *di manovra* operating lever; (*Fis*) ~*di primo genere* first class lever; (*Fis*) ~*di secondo genere* second class lever; *fare* ~ to lever, to prise; (*fig*) *fare* ~ *su qcs.*: 1 to appeal to sth.; 2 (*sfruttarla*) to work on sth.; (*Econ*) ~*finanziaria* leverage.

leva[2] *f.* **1** (*Mil*) (*chiamata alle armi*) conscription, levy, call-up, (*Am*) draft, drafting: *chiamare alla* ~ to call up, to conscript, (*Am*) to draft. **2** (*Mil*) (*contingente di uomini*) conscripts *pl.*, (*Am*) draft. **3** (*classe di leva*) class. **4** (*fig*) recruits *pl.*, new blood: *nuove leve* new recruits. □ *essere di* ~ to be due for call-up, to be liable for national service; (*Mil, Stor*) ~ *forzata* conscription, call-up, (*Am*) draft.

levabile *a.* removable.

levacapsule *m.inv.* crown-cork opener.

levafogli *m.inv.* (*Tip*) page remover.

levanoccioli *m.inv.* fruit stoner.

levante I *a.* rising: *il sole* ~ the rising sun. **II** *m.* **1** (*oriente*) east: *dirigersi verso* ~ to go east. **2** (*estens*) (*vento di levante*) east wind; (*nel Mediterraneo*) levanter. **3** (*insieme di paesi posti a oriente dell'Italia*) Near East, (*lett*) Levant. □ *a* ~ eastwards, towards the east; *diretto a* ~ eastbound; *da* ~ easterly; *verso* ~ east, eastwards; *andare verso* ~ to go east, to go eastwards.

levantino I *a.* **1** Levantine. **2** (*fig*) (*astuto, privo di scrupoli*) unscrupulous. **II** *m.* (*f.* **-a**) Levantine.

levare[1] (**lèvo**) **I** *v.t.* **1** (*alzare, sollevare*) to raise, to lift, to lift up: ~ *gli occhi al cielo* to raise one's eyes to Heaven. **2** (*togliere*) to take away: *leva quella sedia* take that chair away. **3** (*togliere dal di sopra di*) to take off:

leva dal tavolo tutti questi libri take all these books off the table. **4** (*togliere dal di dentro*) to take out: *leva l'arrosto dal forno* take the roast out of the oven. **5** (*rif. a indumenti: togliere*) to take off, to remove: *levarsi la giacca* to take off one's jacket. **6** (*rif. a scarpe: togliere*) to take off, (*buttandole*) to kick off. **7** (*estrarre*) to take out, to pull out, to remove, to extract: ~ *un chiodo dal muro* to take a nail out of the wall; ~ *un dente* to extract a tooth, to pull a tooth; *farsi levare un dente* to have a tooth out. **8** (*rif. a persone: condurre via*) to take away: ~ *qcu. dal collegio* to take so. away from a boarding school. **9** (*detrarre*) to subtract, to take (away, off). **10** (*liberare*) to free, to get: ~ *qcu. dagli impicci* to get so. out of trouble. **11** (*abolire*) to abolish, to remove: ~ *una tassa* to abolish a tax. **12** (*far cessare*) to close, to end, to bring to an end: ~ *la seduta* to close the session. **13** (*fig*) (*elevare*) to raise, to send up, to lift: ~ *una preghiera a Dio* to raise a prayer to God. **14** (*fig*) (*appagare, soddisfare*) to satisfy: *levarsi un capriccio* (o *levarsi una voglia*) to satisfy a whim. **15** (*Caccia*) to flush, to raise, to put up. **II** *v.pron.* **levarsi 1** (*alzarsi: in piedi*) to get up, to stand up, to rise, to rise to one's feet. **2** (*alzarsi: dal letto*) to get up. **3** (*innalzarsi*) to rise, to arise; (*rif. ad aeroplani*) to take off. **4** (*fig*) (*ribellarsi*) to rise, to rise up, to stand up: *levarsi in difesa di qcu.* to rise up in so.'s support. **5** (*lievitare*) to rise. **6** (*rif. a vento*) to rise, to blow up, to get up: *il vento si è levato* the wind is rising. **7** (*Astr*) (*sorgere*) to rise, to come up: *il sole si leva alle sei* the sun rises at six. □ ~ *qcu. alle stelle* to praise so. to the skies; ~ *alte grida* to call out loudly, to shout, to give loud shouts; (*fig*) *levarsi qcu. dai piedi* to get rid of so.; *levati dai piedi!* get out of here!, (*colloq*) scram!, (*Am,colloq*) beat it!; *levarsi qcu. dal cuore* to put so. out of one's mind; *levarsi qcu. dalla mente* to forget so.; *levarsi qcs. dalla mente* to get sth. off one's mind, to get sth. out of one's mind, to forget sth.; *levatelo dalla mente* (*non ci sperare*) you can forget it; ~ *qcs. dalla testa a qcu.* to get sth. out of so.'s head: *levatelo dalla testa!* get it out of your head!, forget it!; *levarsi qcs. dalla testa* to get sth. out of one's head; ~*di bocca*: 1 to worm out, to get out: *non gli si leva una parola di bocca* you cannot get a word out of him; 2 (*prevenire nel dire*) to take the words out of so.'s mouth, to take the words right out of so.'s mouth: *me lo hai levato di bocca* you have taken the words out of my mouth; ~ *qcs. di mano a qcu.* to take sth. out of so.'s hands; ~*di mezzo*: 1 (*rif. a cosa: portarla via*) to take sth. out of the way, to get sth. out of the way, to remove sth.; 2 (*rif. a cosa: sbarazzarsene*) to get rid of sth.; 3 (*rif. a persona: allontanarla*) to get rid of so.; (*eufem*) (*ucciderlo*) to bump so. off, to do so. in; *levati di mezzo!* get out of here!, (*colloq*) scram!, (*Am,colloq*) beat it!; *levarsi di torno qcu.* to get rid of so.: *levati di torno!* (*colloq*) clear off!, scram!, go away!, get out of here!; *levarsi uno d'intorno* (*liberarsene*) to get rid of so.; (*colloq*) *levati d'intorno!* (*vattene*) clear off!, scram!, go away!, get out of here!; *levarsi gli anni* to lie about one's age; ~ *il bollore* to come to the boil; (*Mil*) ~*il campo* to strike camp; (*fig*) ~*il capo* to put on airs, to raise one's head; (*fig*) ~ *il disturbo* to take one's leave; ~*il fiato a qcu.* to take one's breath away, to leave one breathless (*anche fig*); (*fig*) *levarsi il gusto di qcs.* to satisfy one's desire for sth.; (*fig*) *levarsi il pane di bocca per qcu.* to make sac-

rifices for so., to give so. the shirt off one's back; *levarsi in armi* to rise (up) in arms; *levarsi in volo*: 1 to take wing, to take flight; 2 (*rif. ad aeroplano*) to take off; *levarsi la fame* to satisfy one's hunger (*anche fig*); *non avere di che levarsi la fame* to have nothing with which to satisfy one's hunger; *levarsi la maschera* to take off one's mask, to drop one's mask (*anche fig*); ~ *la pelle a qcu.* to skin so., to flay so. alive; *levarsi la sete* to quench one's thirst; ~*l'ancora* to weigh anchor (*anche fig*); ~*l'assedio* to raise the siege; *levami le mani di dosso* get your hands off me; ~ *le tende*: 1 to move camp, to strike camp; 2 (*fig*) to pack up and go; (*Dir*) ~*protesto* to lodge a protest; (*colloq*) *levarsi un peso dallo stomaco* to get something off one's chest; (*fig*) *levarsi un sassolino dalla scarpa* to settle a score; *levami una curiosità* out of curiosity, just out of curiosity; ~ *una macchia* to remove a spot.

levare[2] *m.* **1** (*Astr*) rise, rising: *il* ~ *del sole* sunrise. **2** (*Mus*) upbeat. □ (*Mus*) *in* ~ on the upbeat.

levata *f.* **1** (*il sorgere*) rising, rise. **2** (*il levarsi dal letto*) getting up, (*lett*) rising. **3** (*Post*) collection, postal collection. **4** (*rif. a merci*) wholesale purchase. **5** (*Agr*) germination, sprouting. **6** (*Mil*) reveille, wake-up call. □ (*fig*) *fare una ~ di scudi contro qcu.* to rise against so., to rebel against so.

levataccia (*pl.* **-ce**) *f.* very early rising. □ *fare una* ~ to get up at an ungodly hour, to get up very early.

levato *a.* **1** (*eccettuato*) except for, apart from, aside from: ~ *quello, è interessante* apart from that, it's interesting. **2** (*in piedi, senza andare a letto*) up (*poposto*), awake (*pred.*).

levatrice *f.* midwife.

levatura *f.* **1** (*grado di intelligenza*) intelligence, mental capacity. **2** (*grado di importanza*) prominence, prominency: *un uomo di straordinaria* ~ a prominent man.

leveraggio *m.* (*Mecc*) compound lever.

Levi *n.pr.m.* Levi.

leviatano *m.* (*Bibl,Filos*) Leviathan, leviathan.

levigare (**lèvigo, lèvighi**) *v.t.* **1** to smooth, to dress, to polish: ~ *il marmo* to polish marble. **2** (*per mezzo di abrasivi*) to grind down, to rub down. **3** (*con carta vetrata*) to sandpaper.

levigatezza *f.* **1** smoothness. **2** (*fig*) smoothness, polish.

levigato *a.* **1** (*naturalmente liscio*) smooth: *una parete di roccia levigata* a wall of smooth rock. **2** (*sottoposto a levigazione*) smoothed, dressed. **3** (*fig*) (*curato*) smooth, polished.

levigatore *m.* polisher.

levigatrice *f.* lapping machine.

levigatura, levigazione *f.* **1** (*il levigare*) smoothing, dressing, polishing. **2** (*lisciatura*) smoothness, polish. **3** (*per mezzo di abrasivi*) grinding down, rubbing down. **4** (*con carta vetrata*) sandpapering. **5** (*Geol*) smoothing, polishing.

levirato *a.* (*Etnol*) levirate.

levistico *m.* (*Bot*) lovage.

levita *m.* (*Bibl*) Levite.

levità *f.* (*lett*) (*leggerezza*) lightness, levity.

levitare (**lèvito**) *aus.* **avere** *v.i.* to levitate (*anche Occult*).

levitazione *f.* levitation (*anche Occult*).

levitico (*pl.* **-ci**) *a.* (*Bibl*) Levitical.

Levitico *m.* (*Bibl*) Leviticus.

levogiro *a.* (*Fis,Chim*) laevorotatory, (*Am*) levorotatory.

levriere, levriero m. (Zool) greyhound. ☐ (fig) correre come un ~ to run very fast, to run like a hare.

levulosio m. (Chim) laevulose, (Am) levulose.

lezione f. 1 lesson (anche fig). 2 (Scol) lesson, class: la ~ di geografia the geography class, the geography lesson. 3 (Univ) lecture: assistere a una ~ to attend a lesson. 4 (compito a casa) homework: hai studiato la ~? have you done your homework? 5 (fig) (esempio) lesson, example, paragon: la sua vita è stata una ~ di bontà his life was a paragon of goodness. 6 (fig) (salutare ammaestramento) lesson: questo ti serva di ~ let this be a lesson to you; non accetto lezioni da nessuno nobody tells me what to do. 7 (Filol,Lit) lection, reading. ☐ andare a ~ da qcu. to take lessons from so., to go to so. for lessons; oggi non c'è ~ there's no school today; mi è servito da ~ it was a lesson to me; dare lezioni to give lessons; mi è servito di ~ it was a lesson to me; ~ di ballo dancing lesson; ~ di ginnastica gym, gym class; lezioni di guida driving lessons; ~ di musica music lesson; ~ di nuoto swimming lesson; ~ di recupero extra lesson; fare ~: 1 (Scol) to take a class; 2 (Univ) to deliver a lecture, to give a lecture, to hold a lesson, to hold a class; ~ frontale frontal lecture; prendere lezioni to take lessons; lezioni private private lessons.

leziosaggine f. affectation.

leziosamente avv. affectedly.

leziosità f. affectedness.

lezioso a. 1 (smorfioso) mawkish, simpering. 2 (fatto o detto con affettazione) affected: modi leziosi affected ways.

lezzo m. 1 (fetore) stink, stench. 2 (sudiciume) filth (anche fig).

LF (Fis) bassa frequenza LF (low frequency).

li I pron.pers.m.pl. (complemento oggetto) them: ~ hai visti? have you seen them? II art.det.m.pl. in inglese non si traduce: Milano, ~ 15 maggio 2001 Milan, 15 May 2001, Milan, 15th May 2001.

lì I there: ero ~ da due giorni I had been there for two days. 2 (pleonastico in unione con quello) there, a volte non si traduce: dammi quel libro ~ give me that book, give me that book there; vorrei quello ~ I would like that one, I would like that one there. 3 (rafforzativo) just, there, spesso non si traduce: fermo ~! stop!; guarda ~ come s'è ridotto just look what a state he's in. ☐ ~ accanto next to it, beside it; da ~ from there; ~ dentro in there; di ~: 1 (moto da luogo) from there: di ~ a casa mia ci saranno cento metri it's about a hundred metres from there to my house; 2 (rif. a tempo: di lì a...) later, after (posposto): di ~ a un mese a month later; di ~ a qualche giorno a few days later; di ~ a poco before long, soon afterwards; eccola ~ there she is; essere ~: 1 (essere alle solite) to be always the same old story: siamo sempre ~, non fate che litigare it's always the same old story - you do nothing but quarrel; 2 (mancarci poco) to be near to it, to be close to it, to be nearly, to be almost: se non è mezzanotte, siamo ~ midnight cant't be far off, it must be nearly midnight; essere ~ per to be on the point of, to be on the verge of, to be about to: eravamo ~ per andarcene we were about to leave, we were just about to leave, we were on the point of leaving; ~ fuori out there; ~ per ~: 1 (sul momento) then and there, on the spur of the moment: ~ per ~ non seppi cosa rispondergli I did not know how to answer him on the spur of the

moment; 2 (dapprima) at first; ~ sopra up there, on there; su di ~ up there; ~ vicino near there, close by.

liana f. (Bot) liana, liane.

libagione f. libation (anche scherz).

libanese I a. Lebanese. II m./f. Lebanese.

Libano n.pr.m. (Geog) (the) Lebanon.

libare (**libo**) v.t. 1 (compiere un'offerta sacrificale) to offer up, to offer up a libation to. 2 (lett) (sorbire a fior di labbra) to sip, to taste.

libatorio a. libatory.

libbra f. 1 pound. 2 (Stor) libra. ☐ a ~ by the pound; di una ~ pound, one-pound (attr.); di tre ~ three-pound (attr.); ~ inglese pound, English pound; ~ troy troy pound.

libecciata f. (Meteor) southwester, southwesterly gale.

libeccio m. (Meteor) south-west wind, libeccio.

libellista m./f. libeller, libellist, defamer.

libello m. libel.

libellula f. 1 (Entom) dragonfly. 2 (fig) butterfly: danzare come una ~ to dance like a butterfly.

liberaldemocratico (pl. -ci) I a. Liberal Democratic. II m. (f. -a) Liberal Democratic.

liberale I a. 1 (generoso) liberal, generous, open-handed: dono ~ generous gift. 2 (che rispetta la libertà altrui) liberal. 3 (Pol) Liberal: partito ~ Liberal Party. 4 (ant,lett) liberal: arti liberali liberal arts. 5 (Teol) liberal. II m./f. 1 liberal. 2 (Pol) Liberal. 3 (Teol) liberal.

liberaleggiante a. liberalistic, tending towards Liberalism.

liberalismo m. (Econ,Pol) liberalism. ☐ ~ economico free trade, laissez-faire.

liberalistico (pl. -ci) a. liberalist, liberalistic, liberal.

liberalità f. 1 generosity, liberality. 2 (atto concreto) act of generosity, liberality. 3 (Dir) gift, donation.

liberalizzare (**liberalizzo**) v.t. 1 (Econ) to liberalize, to deregulate. 2 (rendere più libero) to liberalize, to free.

liberalizzazione f. 1 (maggiore libertà) liberalization. 2 (Econ) liberalization, deregulation. ☐ (Comm) ~ degli scambi liberalization of trade; (Econ) ~ delle tariffe aeree deregulation of air fares.

liberalmente avv. generously, liberally, freely.

liberaloide a. (spreg) would-be Liberal.

liberalsocialismo m. Liberal Socialism.

liberalsocialista I m./f. Liberal Socialist. II a. Liberal Socialist.

liberamente avv. freely: parla pure ~ speak freely.

liberare (**libero**) I v.t. 1 to free, to set free, to liberate (anche fig): ~ uno schiavo to free a slave; ~ qcu. da un timore to free so. from a fear; ~ qcu. dalla schiavitù to free so. from slavery. 2 (lasciare libero) to leave free, to leave vacant, to leave empty; (rif. ad appartamento e sim.) to vacate. 3 (rilasciare: dal carcere e sim.) to release, to free: ~ un prigioniero to release a prisoner. 4 (pagando un riscatto) to ransom. 5 (sottrarre) to deliver, to save, to rescue, to free: ~ la città dal contagio to save the city from the plague. 6 (sciogliere) to release, to free, to loosen, to let off: ~ i prigionieri dalle catene to free the prisoners from their chains; ~ il cane dal guinzaglio to let the dog off the leash. 7 (fig) (esimere) to release, to free, to set free, to exempt: ~ qcu. da una promessa to release so. from a promise. 8 (riscattare) to free, to redeem: ~ da ipoteche to free from mortgage. 9 (Tecn) (disinnestare) to release, to

trip. 10 (Chim) to liberate. 11 (Mar) to free: ~ l'ancora to free the anchor. II v.pron. **liberarsi** 1 to free oneself (da from), to make oneself free (da of), to get free (da of). 2 (sciogliersi) to release oneself, to loose oneself; (con la forza) to break free. 3 (disfarsi) to get rid (di of), to rid oneself (di of). 4 (levarsi di torno) to get rid (di of). 5 (fig) (esimersi) to free oneself (da from), to get out (da of). ☐ (Econ) ~ capitali to free capital; (fig) liberarsi dal giogo straniero to shake off the foreign yoke; (Econ) ~ le azioni to pay up shares; (Med) ~ l'intestino to evacuate the bowels.

liberatore I m. (f. -trice) liberator, (lett) deliverer. II a. of liberation, liberating: esercito ~ army of liberation.

liberatoria f. (Dir) acquittance.

liberatorio a. 1 (che libera da ansie, preoccupazioni) liberating, of relief (posposto): pianto ~ tears of relief. 2 (Dir,Econ) redeeming, releasing: pagamento ~ releasing payment; potere ~ redeeming power, debt-paying power.

liberazione f. 1 liberation, freeing, release, ridding. 2 (fig) (sollievo) relief. 3 (da un assedio e sim.) relief. 4 (rif. a persona) freeing, release: ~ di uno schiavo freeing of a slave; ~ anticipata early release. 5 (Econ) paying up: ~ di azioni paying up of shares. 6 (Chim, Fis) liberation. 7 (sgombero di appartamento e sim.) vacation. ☐ (Econ) ~ bancaria bank release; (Dir) ~ sulla parola parole, release on parole.

libercolo m. (spreg) worthless book.

Liberia n.pr.f. (Geog) Liberia.

liberiano I a. Liberian. II m. (f. -a) Liberian.

liberismo m. (Econ) 1 (dottrina) laissez-faire, laisser-faire, liberalism. 2 (attività) free trade, free enterprise.

liberissimo m. (colloq) you're your own master, (Am) you're the boss: ~ di farlo you are free to do it; vuoi andartene?, ~! do you want to go away?, you're your own master!; (Am) do you want to go away?, you're the boss!

liberista I m./f. 1 (Econ) liberalist, supporter of laissez-faire. 2 (Sport) (nello sci) downhill skier; (nel nuoto) freestyle swimmer. II a. (Econ) laissez-faire (attr.).

libero I a. 1 free: uomo ~ free man; libera stampa free press; università libera free university; sei ~ di pensare come vuoi you are free to think whatever you please, you are free to think as you please; sentiti libero feel free; ~ da pregiudizi free from prejudice; ingresso ~ free entry; avere le mani libere to have one's hands free. 2 (stato civile: non sposato) free, unmarried, single. 3 (Dir) (libero di circolare) free. 4 (rif. ad animale: non legato) loose, on the loose, free, running free: lasciare ~ il cane to let the dog run free. 5 (ardito, impudente) free, loose, unrestrained: essere troppo ~ nel parlare to be too free in one's talk, to be too loose in one's talk. 6 (rif. a tempo) free, leisure (attr.): avere molto tempo ~ to have a lot of leisure time, to have a lot of spare time. 7 (sgombro) clear, open: lasciare ~ il passaggio to keep the passageway clear. 8 (non occupato) free, vacant: è ~ questo posto? is this seat free? 9 (rif. ad appartamento: sfitto) vacant. 10 (Dir) (esente) free, exempt: ~ da ipoteche free from mortgage, mortgage-free. 11 (Econ) free: mercato ~ free market. II m. 1 (f. -a) (Stor.rom) freeman (f. -woman). 2 (Sport) (nel calcio: tiratore libero) sweeper. ☐ amore ~ free love; (Filos,Teol) ~ arbitrio free will; (Psic) liberaassociazione free association; ~ *cittadino* free citizen; (*colloq*) *essere ~ come l'aria* to be as free as a bird, to be as free as the wind; (*Econ*) *libera concorrenza* free competition; (*fig*) *dare ~ corso all'immaginazione* to give one's imagination free play; *lasciare ~ corso alla fantasia* to give one's imagination free rein; ~ *da imposte* tax-free, duty-free; (*Dir*) *da ipoteca* unencumbered, free from encumbrances; ~ *da preoccupazioni* free from worries; (*Univ*) ~ *docente* qualified lecturer; *libera docenza* university teaching qualification, qualification as a university lecturer, qualification as a university teacher; *ottenere la libera docenza* to qualify for university teaching; (*Econ*) *libera impresa* free enterprise; *libera iniziativa* free enterprise; *lasciare ~*: 1 (*liberare*) to free, to set free; 2 (*sgomberare*) to clear; *non essere ~*: 1 (*essere indaffarato*) to be engaged, to be busy; 2 (*rif. a posti e sim.*) to be taken; ~ *pensatore* freethinker; *libera professione* self-employment, freelance work, independent profession; ~ *professionista* self-employed (person), freelance professional; (*Econ*) ~ *scambio* free trade; (*fig*) ~ *sfogo* free play: *dare ~ sfogo alla fantasia* to give free play to one's imagination; (*Mil*) *essere in libera uscita* to be off duty, to be out on a pass.

liberoscambismo *m.* (*Econ*) free trade.

liberoscambista I *a.* (*Econ*) free trade. II *m./f.* (*Econ*) free trader.

libertà *f.* 1 freedom, liberty: *privare qcu. della ~* to deprive so. of his liberty; *chiedo la ~ di decidere* I ask for the liberty to decide. 2 (*l'essere libero da impegni*) freedom, free time: *il lavoro non mi lascia un attimo di ~* my work doesn't leave me a minute's free time. 3 (*licenza, impudenza*) liberty: *prendersi la ~ di fare qcs.* to take the liberty of doing sth. 4 (*licenziosità*) broadness, looseness: ~ *di costumi* looseness of conduct. □ *avere la ~* to be free; *discorrere con ~* to speak freely; (*Dir*) ~ *condizionata* probation; ~ *contrattuale* freedom of contract; ~ *dal bisogno* freedom from want; ~ *d'azione* freedom of action; ~ *dei mari* freedom of the seas; ~ *di associazione* freedom of association; ~ *di circolazione* freedom of movement; ~ *di concorrenza* free competition; ~ *di coscienza* freedom of conscience; ~ *di credo* freedom of creed; ~ *di culto* freedom of worship; ~ *di espressione* freedom of expression; ~ *di impresa* freedom of enterprise; ~ *di informazione* freedom of information; (*fig*) *avere ~ di manovra* to have freedom of manoeuvre, to have freedom of movement; ~ *di movimenti* freedom of movement; ~ *di opinione* freedom of opinion; ~ *di parola* freedom of speech; ~ *di pensiero* freedom of thought; ~ *di riunione* freedom of assembly; ~ *di scelta* freedom of choice; ~ *di stampa* freedom of the press; *essere in ~*: 1 to be at liberty, to be free; 2 (*essere a proprio agio*) to be comfortable, to be at ease; *in tutta ~* freely; *mettere in ~* to free, to set free, to liberate, to release, (*licenziare*) to dismiss; *mettersi in ~* (*indossare gli abiti di casa*) to put on casual clothes, to dress comfortably; ~ *personale* individual freedom, personal freedom; ~ *politica* political freedom, political liberty; *prendersi delle ~ con qcu.* to take liberties with so.; *prendersi la ~ di fare qcs.* to take the liberty of doing sth.; (*Dir*) ~ *provvisoria* (*senza cauzione*) release pending trial, (*su cauzione*) release on bail; ~ *religiosa* freedom of religion, religious freedom; ~ *sessuale* sexual freedom; (*US,Dir*) ~ *su cauzione* bail; (*Dir*)

~ *vigilata* probation; *essere in ~ vigilata* to be on probation.

libertario I *a.* (*lett*) anarchistic. II *m.* (*f.* -a) (*lett*) libertarian; (*estens*) anarchist.

libertarismo *m.* (*lett*) libertarianism; (*estens*) anarchism.

liberticida I *a.* liberticidal. II *m./f.* liberticide, destroyer of liberty.

liberticidio *m.* liberticide.

libertinaggio *m.* (*lett*) libertinage, libertinism.

libertinismo *m.* (*Stor*) libertinism.

libertino I *a.* 1 (*lett*) licentious, dissolute. 2 (*Stor*) libertine. II *m.* 1 (*lett*) libertine, profligate, rake. 2 (*Stor*) libertine.

liberto *m.* (*f.* -a) (*Dir.rom*) freedman (*f.* -woman).

liberty *m.* (*stile liberty*) Modern Style, Art Nouveau.

Libia *n.pr.f.* (*Geog*) Libya.

libico (*pl.* -ci) I *a.* Libyan. II *m.* 1 (*f.* -a) (*abitante*) Libyan. 2 (*lingua*) Libyan.

libidico (*pl.* -ci) *a.* (*Psic*) libidinal, of the libido.

libidine *f.* 1 lustfulness, lecherousness. 2 (*fig*) (*brama sregolata*) lust: ~ *di potere* lust for power.

libidinoso *a.* lustful, libidinous, lecherous, lascivious.

libido *f.inv.* (*Psic*) libido.

libra *f.* 1 pound. 2 (*Stor*) libra.

Libra *n.pr.f.* (*Astr,lett*) Libra, Balance.

libraio *m.* 1 bookseller. 2 (*bottega*) (*Br,Aus*) bookshop, (*Am*) bookstore.

librario *a.* book (*attr.*), of books: *commercio ~* book trade.

librarsi (*mi libro*) *v.pron.* to hover. □ ~ *in aria* to hover in the air; ~ *in volo* to soar.

librazione *f.* (*Astr*) libration.

libreria *f.* 1 (*negozio*) (*Br,Aus*) bookshop, (*Am*) bookstore. 2 (*Arred*) (*mobile*) bookcase. 3 (*stanza in cui sono raccolti i libri*) library. 4 (*raccolta di libri*) library. 5 (*Inform*) library. □ ~ *antiquaria* antiquarian bookshop; ~ *editrice* publisher(s) and bookseller(s).

libresco (*pl.* -chi) *a.* (*spreg*) book (*attr.*), bookish: *cultura libresca* book learning.

librettino *m.* booklet.

librettista *m./f.* librettist.

libretto *m.* 1 booklet, small book. 2 (*taccuino di appunti*) notebook. 3 (*documento di riconoscimento*) identification card. 4 (*Mus*) libretto. 5 (*Econ*) passbook, bankbook. 6 (*Filat*) book of stamps. □ ~ *al portatore* bearer passbook; ~ *degli assegni* chequebook, (*Am*) checkbook; (*Scol*) ~ *delle giustificazioni* book of absence notes; (*Aut*) ~ *di circolazione* (*Br*) registration book, (*Br, colloq*) logbook, (*Am*) vehile registration; ~ *di conto corrente* (*Br*) passbook, (*Am*) checkbook; ~ *di deposito* deposit book; ~ *di istruzioni* instruction book, handbook, (*Am*) manual, instruction booklet; ~ *di lavoro* employment card; ~ *di risparmio* savings book, (*Am*) passbook; ~ *di risparmio postale* post office savings book; (*Mil*) ~ *personale* service record; (*Stor*) ~ *rosso* Little Red Book; ~ *sanitario* document given by a local health board authorizing a person to do a job which is strictly connected with foodstuffs; ~ *universitario* student's record book.

libro *m.* 1 book: *aprire un ~* to open a book. 2 (*parte di un'opera letteraria*) book: *il sesto ~ dell'Eneide* the sixth book of the Aeneid. 3 (*registro*) book, register. 4 (*Bot*) liber. □ *a ~* folding, hinged: *porta a ~* bi-folding door; (*Edit*) ~ *animato* pop-up book; (*fig*) *essere un ~ aperto* to be an open book, one can read him like a book; (*Dipl*) ~ *bianco* white

paper, white book; (*Comm*) *libri contabili* account books, ledgers; (*Rel.catt*) ~ *da messa* missal; (*Comm*) ~ *dei conti* account book, accounting book; (*Rel.catt*) ~ *dei morti* Book of the Dead; (*Bibl*) ~ *dei Salmi* Book of Psalms; ~ *dei verbali* minute book; (*fig*) *il* ~ *del destino* the book of destiny, the book of fate: ~ *nel libro del destino* (*il futuro*) to read the future; ~ *delle firme* guest book, visitors' book; ~ *delle ordinazioni* order book; (*Bibl*) ~ *dell'Esodo* the book of Exodus; (*Mar,Aer*) ~ *di bordo* logbook, log; (*Comm*) ~ *di cassa* daybook, cashbook; ~ *di consultazione* reference book; ~ *di cucina* (*Br*) cookery book, cookbook, (*Am*) cookbook; ~ *di fiabe* storybook; ~ *di grande successo* bestseller; ~ *di lettura*: 1 reader, reading book; 2 (*per insegnare a leggere*) primer; ~ *di memorie* book of memoirs, memoirs; (*Rel.catt*) ~ *di preghiera* prayer book; *libri di scuola* schoolbooks, textbooks; (*Scol*) ~ *di testo* textbook, course book; (*Rel.catt*) ~ *d'ore* Book of Hours; (*fig*) ~ *d'oro* roll of honour, (*colloq*) bluebook; ~ *elettronico* electronic book, e-book; (*Comm*) ~ *fatture* invoice book; ~ *fondiario* property register, land register, register of real properties; (*Edit*) ~ *giallo* detective story, thriller; (*Edit*) ~ *gioco* game book, children's game book; (*Comm*) ~ *giornale* daybook; (*Edit*) ~ *illustrato* illustrated book, picture book; (*Rel.catt*) *libri liturgici* liturgical books; (*Comm*) ~ *mastro* ledger; (*Comm*) *mettere a ~* (*registrare*) to book, to enter, to post; (*fig*) ~ *nero* black list: *segnare qcu. nel ~ nero* to put so. on the black list, to blacklist so.; (*Comm*) *libri obbligatori* statutory books; (*Comm*) ~ *paga* payroll; (*Edit*) *libri per l'infanzia* children's books; *libri proibiti* banned books; (*Edit*) ~ *rilegato* hardcover edition; *i libri sacri* the sacred books; (*Bibl*) *libri sapienziali* books of wisdom, wisdom writings; ~ *scolastico* schoolbook, textbook; *libri sibillini* Sibylline books; (*Comm*) *libri sociali* statutory books; (*Edit*) ~ *strenna* coffee table book; *stare sempre sui libri* (*studiare molto*) to pore over one's books; (*Edit*) ~ *tascabile* paperback; (*Comm*) *tenere i libri* to keep the accounts, to do the accounting; ~ *usato* second-hand book.

licantropia *f.* lycanthropy (*anche Med*).

licantropo *m.* werewolf, (*lett*) lycanthrope (*anche Med*).

licaone *m.* 1 (*Zool*) African wild dog, African hunting dog. 2 (*Mitol*) Lycaon.

licciaiola *f.* (*Mecc*) saw set.

liccio *m.* (*Tess*) heddle, heald.

liceale I *a.* upper school (*attr.*), secondary school (*attr.*), (*Am*) high school (*attr.*). II *m./f.* (*studente*) boy (*f.* -girl) attending upper school, boy (*f.* -girl) secondary school, (*Am*) highschooler.

liceità *f.* lawfulness.

licenza *f.* 1 (*permesso*) permission, leave: *chiedere ~ di parlare* to ask permission to speak; *concedere una ~* to grant a licence; (*autorizzare*) to licence. 2 (*libertà*) liberty: *prendersi la ~ di fare qcs.* to take the liberty of doing sth.; *si prende troppe licenze* he takes too many liberties. 3 (*dissolutezza*) licentiousness, licence. 4 (*patente*) licence, authorization, permission; (*documento*) licence, permit. 5 (*concessione di un brevetto*) licence, (*Am*) license. 6 (*Scol*) (*esame*) school-leaving examination. 7 (*Scol*) (*attestato*) certificate, diploma. 8 (*Mil,burocr*) leave, furlough: *andare in ~* to go on leave, to go on furlough. 9 (*permesso di allontanarsi dal lavoro*) leave: *essere in ~* to be on leave. **10** (*Mil*) (*foglio di licenza*) pass. **11** (*Metr*) (*commiato*) envoi, envoy. □ *con ~ parlando* if you'll excuse my saying so; *con Vostra ~* (*permesso*) by your leave; *~ di caccia* (*Br*) hunting licence, (*Am*) hunting permit; (*Mil*) *~ di convalescenza* sick leave; *~ di duplicazione* site license; *~ di esercizio* trading licence, trade licence; *~ di esportazione* export licence; *~ di fabbricazione* manufacturing licence; *~ di importazione* import licence, import permit; *~ di pesca* fishing licence, fishing permit; *~ edilizia* building permit; (*Scol*) *~ elementare* primary school certificate; *~ esclusiva* exclusive licence; *~ matrimoniale* marriage licence; (*Scol*) *~ media* Italian school certificate obtainable at the age of fourteen; *~ per malattia* sick leave; *~ per porto d'armi* gun licence; *~ poetica* poetic licence, artistic licence; (*Mil*) *~ premio* special leave.

licenziabile *a.* dismissible.

licenziamento *m.* dismissal, discharge, (*Br,colloq*) sacking, (*Am,colloq*) firing: *lettera di ~* letter of dismissal. □ *~ collettivo* collective dismissal; *~ immotivato* wrongful discharge, wrongful dismissal; *~ in tronco* dismissal without notice, (*Br,colloq*) sacking on the spot, (*Am,colloq*) firing (on the spot); *~ per giusta causa* dismissal for just cause; *~ senza preavviso* discharge without notice, dismissal without notice.

licenziare (**licènzio, licènzi**) **I** *v.t.* **1** to dismiss, to discharge, (*colloq*) to sack, (*colloq*) to fire: *~ la domestica* (*Br*) to dismiss the maid, (*Am*) to fire the maid. **2** (*Scol*) to award a school-leaving certificate to, to give a diploma to, (*Am*) to graduate. **3** (*Mil*) to discharge. **II** *v.pron.* **licenziarsi 1** (*lett*) (*accomiatarsi*) to leave, to take leave. **2** (*rassegnare le dimissioni*) to resign, to quit. **3** (*Scol*) to obtain one's certificate, to obtain one's diploma, (*Am*) to graduate (from high school). □ *~ in tronco* to dismiss so. without notice, to discharge without notice, to sack on the spot; (*Edit*) *~ le bozze di stampa* to pass proofs, to give the OK to print; *~ senza preavviso* to discharge without notice, (*colloq*) to sack on the spot.

licenziatario *m.* (*f.* **-a**) licensee.

licenziato I *a.* **1** discharged, dismissed, (*colloq*) sacked, fired. **2** (*Scol*) certificated, (*Am*) graduated. **II** *m.* (*f.* **-a**) (*Scol*) holder of a certificate, (*Am*) high school graduate.

licenziosità *f.* licentiousness.

licenzioso *a.* licentious, dissolute, loose: *versi licenziosi* licentious verses.

liceo *m.* Italian secondary school; grammar school, (*Am*) high school. □ *~ artistico* art school; *~ classico* secondary school specializing in classical studies; *~ linguistico* modern language school; *~ scientifico* secondary school specializing in scientific studies.

lichene *m.* (*Bot*) lichen. □ (*Bot*) *~ delle renne* reindeer moss; (*Bot*) *~ d'Islanda* Iceland moss.

lichenoso *a.* lichenous.

Licia *n.pr.f.* (*Geog.stor*) Lycia.

licio I *a.* (*Geog.stor*) Lycian. **II** *m.* (*f.* **-a**) (*Stor*) Lycian. **III** *m.* (*Ling,Stor*) Lycian.

licitare (**lìcito**; *aus.* **avere**) *v.i.* **1** to take part at an auction. **2** (*offrire un prezzo*) to bid. **3** (*nel bridge*) to bid.

licitazione *f.* **1** (*offerta ad asta pubblica*) auction bid, bidding. **2** (*vendita all'asta*) auction sale. **3** (*nel bridge*) bid, bidding. □ (*Dir*) *~ privata* private tender, private tendering.

licnide *f.* (*Bot*) lychnis.

licopodio *m.* (*Bot*) lycopodium, club moss.

Licurgo *n.pr.m.* (*Stor*) Lycurgus.

Lidia *n.pr.f.* Lydia (*anche Geog.stor*).

lido *m.* **1** (*spiaggia sabbiosa*) beach, shore. **2** (*poet*) (*regione, paese*) region, country, (*poet*) shore: *partire per altri lidi* to leave for faraway countries; *tornare ai patri lidi* to return to one's native shores. □ *~ di Venezia* Lido of Venice.

Liechtenstein /'lɪktənstaɪn/ *n.pr.m.* (*Geog*) Liechtenstein.

Lied /lid/ (*pl.* **Lieder**) *m.inv.* (*Mus*) lied.

Liegi *n.pr.f.* (*Geog*) Liège.

lieto *a.* **1** happy, glad: *fu ~ di vedermi* he was happy to see me. **2** (*allegro*) cheerful, merry. **3** (*che è causa di letizia*) happy, glad, joyous, good: *una lieta notizia* good news. □ *essere ~ di qcs.* to be glad about sth., to be happy about sth.; *~ di conoscerla* delighted to meet you, pleased to meet you, how do you do?; (*colloq*) *~ evento* happy event; *~ fine* happy ending; *un'avventura a ~ fine* an adventure with a happy ending; *molto ~* (*nelle presentazioni*) nice to meet you, how do you do?

lieve *a.* **1** light: *un ~ peso* a light burden. **2** (*agevole*) easy, gentle: *una ~ salita* a gentle slope. **3** (*poco importante*) slight: *un ~ danno* slight damage; *una ~ differenza* a slight difference. **4** (*debole*) light, gentle: *una ~ brezza* a light breeze. **5** (*appena percepibile*) faint, soft: *un ~ rumore* a faint noise.

lievemente *avv.* **1** lightly, slightly. **2** (*delicatamente*) lightly, delicately, gently, softly: *accarezzare ~ qcu.* to caress so. lightly, to caress so. gently.

lievità *f.* **1** (*leggerezza*) lightness. **2** (*tenuità*) faintness, tenuousness. **3** (*scarsa intensità*) faintness, softness, gentleness. **4** (*scarsa importanza*) slightness.

lievitare (**lièvito**) **I** *v.i.* (*aus.* **essere**) **1** to rise: *il pane sta lievitando* the bread is rising. **2** (*fig*) (*aumentare*) to grow, to work, to gain strength, to gain force. **3** (*fig*) (*rif. a prezzi e sim.*) to rise, to go up. **II** *v.t.* to leaven, to make sth. rise: *~ la pasta* to leaven dough. □ *fare ~ la pasta* to let dough rise.

lievitatura *f.* **1** (*il lievitare*) leavening; (*effetto*) rising. **2** (*fig*) (*rif. a prezzi e sim.*) rise.

lievitazione *f.* **1** (*il lievitare*) leavening; (*effetto*) rising. **2** (*fig*) (*rif. a prezzi e sim.*) rise.

lievito *m.* **1** (*Biol*) yeast. **2** (*Alim*) yeast; (*lievito naturale*) leaven; (*lievito chimico in polvere*) baking powder. **3** (*fig*) spark, (*lett*) leaven, yeast, ferment. □ (*Alim*) *~ di birra* brewer's yeast.

lifo *m.inv.* (*Comm*) LIFO (last in first out).

lift *m.inv.* **1** (*addetto all'ascensore*) lift man, lift boy. **2** (*Sport*) (*nel tennis*) topspin.

liftare (**lìfto**) *v.t.* (*Sport*) (*nel tennis*) to hit with topspin.

lifting **I** *m.inv.* (*Chir,colloq*) (*del viso*) facelift; (*del seno*) breast lift, (*scherz*) breast job: *farsi il ~ al viso* (*o farsi fare il ~ al viso*) to have on's face lifted.

light /laɪt/ *a.inv.* **1** (*Alim*) (*con pochi grassi*) low-fat (*attr.*), reduced-fat (*attr.*): *yogurt ~* low-fat yogurt, reduced fat yogurt. **2** (*di sigarette*) low tar (*attr.*).

ligio *a.* **1** (*fedele*) faithful, loyal. **2** (*osservante*) observant (*di of*). □ *~ al dovere* faithful to one's duty; *~ al regolamento* observant of the rules: *essere ~ al regolamento* to go by the book.

lignaggio *m.* (*lett*) lineage, descent: *di alto ~* of high descent.

ligneo *a.* wood (*attr.*), wooden: *statua lignea* wooden statue.

lignificare (**lignìfico, lignìfichi**) **I** *v.t.* (*Bot*) to lignify, to turn sth. into wood. **II** *v.pron.*

lignificarsi (*Bot*) to become wood, to become woody, to lignify.

lignificazione *f.* (*Bot*) lignification.

lignina *f.* (*Chim*) lignin.

lignite *f.* lignite, brown coal, wood coal.

ligroina *f.* (*Ind*) ligroin.

ligure I *a.* Ligurian. **II** *m./f.* Ligurian.

Liguria *n.pr.f.* (*Geog*) Liguria.

ligustro *m.* (*Bot*) privet.

liliacee *f.pl.* (*Bot*) (*piante liliacee*) lilies.

liliale *a.* (*lett*) lily-white, pure.

lilla I *m.inv.* lilac. **II** *a.inv.* lilac.

lillà *m.* (*Bot*) lilac.

Lilla *n.pr.f.* (*Geog*) Lille.

lillipuziano I *a.* lilliputian, Lilliputian. **II** *m.* (*f.* **-a**) lilliputian, Lilliputian.

lima *f.* file. □ *~ bastarda* rough file; *~ da legno* rasp; (*Cosmet*) *~ di cartone* emery board; *~ dolce* smooth file; (*Cosmet*) *~ per unghie* nail file; *~ piatta* flat file; *~ quadra* square file; *~ sorda*: **1** (*fig*) (*pensiero angoscioso*) gnawing worry; **2** (*fig*) (*persona subdola*) sly fellow; *~ tonda* rattail file, round file; *~ triangolare* three-square file, triangular file.

limaccia (*pl.* **-ce**) *f.* (*Zool*) slug.

limaccioso *a.* **1** (*fangoso*) slimy, muddy, miry. **2** (*paludoso*) swampy.

Limacidi *m.pl.* (*Zool*) Limacidae, Limacidae family (*costr.sing.*).

limacologia *f.* branch of zoology that studies slugs.

limanda *f.* (*Itt*) dab.

limantria *f.* (*Entom*) nun moth.

limare (**lìmo**) *v.t.* **1** to file, to rasp. **2** (*fig*) (*rif. a scritti*) to polish, to perfect.

limatrice *f.* (*macchina*) shaper, shaping machine, planing machine.

limatura *f.* **1** filing, filing down, shaping. **2** (*materiale limato*) filings *pl.*

limbo[1] *m.inv.* **1** (*Teol*) Limbo. **2** (*fig*) (*stato di incertezza*) limbo.

limbo[2] *m.inv.* (*ballo*) limbo, limbo dance: *ballare il ~* to limbo dance.

lime /laɪm/ *m.inv.* (*Bot*) lime.

limetta[1] *f.* (*da unghie*) nail file.

limetta[2] *f.* **1** (*Bot*) (*pianta*) lime. **2** (*Bot*) (*frutto*) lime.

limicolo *a.* (*Zool*) limicolous, mud-dwelling.

limiere *m.* (*Zool,ant*) (*bracco*) bloodhound.

liminare *a.* (*lett*) liminal.

limine *m.* (*lett*) (*soglia*) limen: (*Rel*) *visita ai sacri limini* visit ad limina.

limitabile *a.* limitable.

limitante *a.* limiting.

limitare[1] (**lìmito**) **I** *v.t.* **1** to limit: *~ il numero dei concorrenti* to limit the number of competitors; *~ il potere di qcu.* to limit so.'s power. **2** (*circoscrivere*) to surround, to bound, to mark the bounds of: *~ il giardino con un muro* to surround the garden with a wall. **3** (*assegnare un limite*) to limit, to restrict: *~ la zona di caccia* to limit hunting to a certain area. **4** (*determinare*) to fix, to establish, to determine. **5** (*ridurre*) to restrict: *gli alberi limitavano la visuale* the trees restricted our vision. **6** (*razionare*) to ration. **7** (*fare da confine*) to bound, to demarcate, to mark off: *un fiume limita a nord la regione* a river bounds the region to the north. **II** *v.pron.* **limitarsi** to limit oneself: *limitarsi nel fumare* to limit one's smoking, to cut down one's smoking; *si è limitato a dire la sua opinione* he confined himself to merely expressing his opinion. □ *~ il commercio* to restrict trade; *~ la velocità* to reduce speed; *~ le spese* to cut down expenses; *~ l'inflazione* to curb inflation; *non sa limitarsi* he

knows no limits.
limitare[2] *m.* (*soglia*) threshold (*anche fig*).
limitatamente *avv.* **1** (*entro certi limiti*) within certain limits, within certain bounds, to a limited degree. **2** (*nei limiti di*) as far as, as regards: *~ alle mie possibilità* as far as I can; *~ alla questione della salute* as regards health.
limitatezza *f.* narrowness.
limitativo *a.* **1** limiting, limitative. **2** (*restrittivo*) restrictive: *clausole limitative* restrictive clauses.
limitato *a.* **1** limited, restricted: *spazio ~* limited space. **2** (*circoscritto*) bounded. **3** (*ristretto, scarso*) limited, scanty, scarce: *mezzi limitati* limited means. **4** (*mediocre*) limited, mediocre.
limitatore *m.* (*Mecc,El*) limiter. ☐ (*El*) *~ di corrente* current limiter; (*Mecc*) *~ di corsa* stroke-arresting device; (*El*) *~ di tensione* voltage limiter; (*Aut*) *~ di velocità* speed limiting device.
limitazione *f.* **1** limitation. **2** (*restrizione*) restriction. **3** (*limite*) limit: *porre delle limitazioni* to set limits. ☐ *~ degli armamenti* arms control; *~ delle nascite* birth control; (*Dir*) *~ di responsabilità* limitation of liability; (*Strad*) *~ di velocità* speed limit; *senza limitazioni* without limitation, without limits.
limite I *m.* **1** (*confine*) bound, boundary, limit, (*lett,ant*) confine (*anche fig*): *i limiti di un podere* the bounds of a farm. **2** (*livello massimo*) limit, line: *~ estremo* extreme limit. **3** (*grado, punto estremo*) limit, maximum, peak, (*colloq*) high: *~ massimo* maximum, utmost limit. **4** (*termine che non si può o non si deve superare*) limit: *oltrepassare i limiti di velocità* to exceed the speed limit; (*estens*) *conoscere i propri limiti* to know one's limitations. **5** (*Sport*) boundary, bound: *fuori ~* out of bounds. **6** (*Mat*) limit. **II** *a.inv.* (*fig*) (*estremo*) borderline: *caso ~* borderline case. ☐ *al ~* at worst; (*fig*) *non avere limiti* to know no limits; *ogni cosa ha un ~* there's a limit to everything; *~ del bosco* forest boundary, edge of the wood; (*~ della vegetazione arborea* tree line, (*Am*) timberline; *~ di carico* load limit; (*Fis*) *~ di compressione* compression limit; (*Fis*) *~ di elasticità* elastic limit; *limiti d'età* 1 age limit; *non ci sono limiti di età* there are no age limits; 2 (*per pensionamento*) retirement age: *pensionamento per limiti di età* retirement on account of age; (*Econ*) *~ di fido* (*fido massimo*) credit limit, credit ceiling; *~ di guardia* safety level (*anche fig*); *~ di peso* weight limit; *~ di rottura* breaking point (*anche Edil*); *~ di sicurezza* safety limit; *~ di tempo*: 1 time limit; 2 (*data di scadenza*) deadline; *limiti di tolleranza* degree of tolerance; *~ di velocità* speed limit, maximum speed; *~ inferiore* lower limit, lower bound; *~ massimo* maximum, utmost limit; *mettere un ~ a qcs.* to set a limit to sth., to limit sth.; *restare nei limiti* to keep within bounds; *nei limiti del possibile* as much as possible, as far as possible, within the bounds of possibility; *nei limiti della legge* within the law; *senza limiti* unlimited, limitless, boundless: *la sua avidità è senza limiti* there is no limit to his greed.
limitrofo *a.* neighbouring: *paesi limitrofi* neighbouring countries.
limnologia *f.* (*Biol*) limnology.
limnologo *m.* (*f.* **-a**; *pl.* **-gi**) (*Biol*) limnologist.
limo *m.* **1** (*fango*) slime, mud, mire. **2** (*Geol*) silt.

limocino *m.* Italian alcoholic drink made of lemon peel macerated in alcohol.
limonaia *f.* (*serra*) lemon house.
limonare (**limóno**; *aus.* **avere**) *v.i.* (*colloq, region*) to pet, (*ant*) to neck, to spoon.
limonata *f.* **1** lemonade: *~ al selz* fizzy lemonade. **2** (*spremuta*) (*Br*) lemon squash, (*Am*) freshly squeezed lemon juice.
limoncello *m.* Italian alcoholic drink made of lemon peel macerated in alcohol.
limoncina *f.* (*Bot*) lemon verbena.
limone *m.* **1** (*Bot*) (*pianta*) lemon tree. **2** (*Bot*) (*frutto*) lemon. **3** (*colore: giallo limone*) lemon, lemon yellow. ☐ (*fig*) *~ spremuto* person who has been exploited, person who has been used.
limoneto *m.* (*Agr*) lemon orchard.
limonicoltore *m.* (*f.* **-trice**) (*Agr*) lemon grower.
limonicoltura *f.* (*Agr*) lemon growing.
limonite *f.* (*Min*) limonite.
limosità *f.* sliminess.
limoso *a.* slimy, muddy.
limousine /limu'zin/ *f.inv.* (*Aut*) limousine.
limpidamente *avv.* clearly, limpidly.
limpidezza *f.* clearness, limpidity (*anche fig*).
limpido *a.* **1** limpid, clear, crystal clear: *acqua limpida* limpid water; *cielo ~* clear sky. **2** (*fig*) (*di facile comprensione*) clear, pellucid. **3** (*fig*) (*sereno*) serene, clear. **4** (*fig*) (*lucido*) lucid: *mente limpida* lucid mind. **5** (*fig*) (*puro*) pure. **6** (*Ott*) transparent.
linacee *f.pl.* (*Bot*) Linaceae, flax family (*costr.sing.*).
linaiolo *m.* **1** (*chi lavora il lino*) flax dresser. **2** (*chi vende il lino*) linen trader.
linaria *f.* (*Bot*) toadflax.
lince *f.* (*Zool*) lynx.
linceo[1] *a.* **1** (*rar*) (*di lince*) lynx (*attr.*), lyncean. **2** (*fig*) (*acuto*) lynx (*attr.*), lyncean, acute, keen: *occhi lincei* lynx eyes.
linceo[2] *m.* (*membro dell'Accademia dei Lincei*) member of the Accademia dei Lincei, member of the Academy of the Lynxes.
linciaggio *m.* **1** (*esecuzione sommaria*) lynching. **2** (*fig*) persecution, destruction: *~ morale* character assassination.
linciare (**lìncio, lìnci**) *v.t.* to lynch.
linciatore *m.* (*f.* **-trice**) lyncher.
lindamente *avv.* neatly, cleanly, tidily.
lindo *a.* **1** spick-and-span, neat and clean. **2** (*accurato, ben vestito*) neat, spruce, tidy.
linea *f.* **1** line (*anche fig*): *tracciare una ~* to draw a line; *le linee della mano* the lines on the hand; *una ~ sottile fra la felicità e l'infelicità* a thin line between happiness and misery. **2** (*contorno*) line, outline, contour: *purezza di linee* purity of line. **3** (*contorno: rif. a figura umana*) line; (*rif. al viso*) feature. **4** (*snellezza*) figure, slim figure: *perdere la ~* to lose one's figure; *conservare la ~* (*Br*) to keep one's figure, (*Am*) to stay in shape. **5** (*Abbigl*) (*foggia*) line; (*taglio*) cut: *la ~ classica di un abito* the classic cut of a dress. **6** (*limite*) line, bound, boundary, border: *~ di demarcazione* line of demarcation, borderline. **7** (*direzione, politica*) line, direction: *bisogna decidere che ~ seguire a riguardo* we must decide what line to take on this. **8** (*percorso, tragitto*) line, route: *la ~ Roma-Milano* the Rome-Milan line. **9** (*servizio di comunicazione*) line, service: *linee marittime* shipping lines. **10** (*ordine di successione nella parentela*) line. **11** (*Mil*) line: *le linee nemiche* the enemy lines. **12** (*El,Tel,Tip*) line. **13** (*serie di prodotti*) line: *una nuova ~ di cosmetici* a new cosmetic line. **14** (*Mat*) line. **15**

(*Tel*) (*segno dell'alfabeto Morse*) dash. ☐ (*El*) *~ ad alta tensione* high-tension line; *~ aerea*: 1 airline; 2 (*El,Tel,Ferr*) overhead line; *~ aerodinamica* streamline; (*Tel,Inform*) *~ analogica* analogue line; *~ ascendente* ancestry; (*Topogr*) *~ batimetrica* bathymetric line; *~ calda* hot line (*anche Pol*); *~ circolare* (*rif. a tram e sim.*) circle line; (*Aer*) *~ commerciale* commercial airline; (*Tel*) *~ commutata* commutated line, switched line; (*Strad*) *~ continua* solid line; (*Geom*) *~ curva* curved line; (*Aut*) *dalla ~ filante* streamlined; (*Tel*) *~ dedicata* dedicated line; (*fig*) *~ del partito* party line; *~ della vita* (*sulla palma della mano*) life line; *~ dell'orizzonte* horizon line, skyline; *di ~*: 1 regular, scheduled; 2 (*Mil,Mar.mil*) of the line: *un vascello di ~* a ship of the line, a line of battle ship; (*El*) *~ di alimentazione* feeder line, mains, supply line; (*Sport*) *~ di arrivo* finish line, finishing line; (*Mil*) *~ di arroccamento* line of communications; (*Mil*) *linee di attestamento* staging posts; (*Sport*) *~ di battuta* service line; *~ di carico* load line; *~ di circonvallazione* (*di mezzi di trasporto*) ring road line; (*Mil*) *~ di combattimento*: 1 fighting line, front lines *pl.*; 2 (*fig*) strategy; *~ di comunicazione* line of communication (*anche fig*); *~ di condotta* line of conduct; *~ di confine* boundary line, borderline; *~ di demarcazione* line of demarcation; *~ di difesa* line of defence (*anche Mil*); *~ di displuvio*: 1 (*Edil*) (*di un tetto*) ridge, crest; 2 (*Geog, Geol*) watershed, (*Am*) divide; *avere qualche ~ di febbre* to have a slight temperature; (*Inform*) *~ di flusso* flow line; (*Sport*) *~ di fondo*: 1 (*nel calcio*) goal line; 2 (*nel tennis, basket*) baseline; (*El*) *~ di forza* line of force; *~ di frontiera* border line; (*Mil*) *~ di fuoco* firing line; (*Mar*) *~ di galleggiamento* water line; *~ di giunzione* seam; (*Mar*) *~ di immersione* waterline; (*Geog,Geol*) *~ di impluvio* thalweg, talweg; *~ di lavorazione* production line; (*Mar*) *~ di massima immersione* Plimsoll line, Plimsoll mark; (*Sport*) *~ di metà campo* halfway line; (*Strad*) *~ di mezzeria* centre line; (*Am*) center line; *~ di mira*: 1 line of aim, line of sight; 2 (*Topogr*) line of collimation; (*Ind*) *~ di montaggio* assembly line; *~ di navigazione* shipping line, steamship company; (*Sport*) *~ di partenza* starting line; (*Sport*) *~ di porta* goal line; (*Mar*) *~ di rotta* course; (*Statist*) *~ di tendenza* trend line; *~ di tiro* line of fire (*anche Mil*); (*Tel, Inform*) *~ digitale* digital line; (*Tel*) *~ diretta* direct line; *discendere in ~ diretta da qcu.* to be directly descended from so., to be the direct descendant of so.; *~ direttrice* (o *~ direttiva*) guideline; (*Strad*) *~ doppia continua* double solid line; (*Pol*) *~ dura* hard line, tough line: *fautore della ~ dura* hard liner; *~ ferroviaria* railway line, (*Am*) railroad line; (*Stor*) *~ gotica* Gothic line; *~ guida* guideline; *essere in ~*: 1 to be in line; 2 (*fig*) (*attenersi alle direttive*) to toe the line; *essere in ~ con qcs.* to be in line with sth.; 3 (*fig*) (*fare il proprio dovere*) to do one's duty; 4 (*Tel, Inform*) to be on line, to be on-line; *non essere in ~* to be off-line; (*Tel*) *mettere in ~* to put through, to connect; (*Tel*) *restare in ~* to hold the line; *in ~ d'aria* as the crow flies; *in ~ di massima*: 1 (*di regola*) generally (speaking), broadly speaking, as a rule; 2 (*nel complesso*) on the whole; *in ~ di principio* as a rule, in theory; (*Tel*) *~ interurbana* long-distance line, (*Am*) toll line; (*Geog*) *~ isoalina* isohaline; (*Sport*) *~ laterale*: 1 (*spec. nel tennis*) sideline; 2 (*nel calcio, rugby*) touchline; (*Mil*) *~ magistrale* magistral (line); *~ ma-*

schile (*nella parentela*) male line; ~ *materna* (*nella parentela*) female line; (*Sport*) (*nel calcio*) ~ *mediana* halfway line; (*Pol*) ~ *morbida* soft line; *fautore della* ~ *morbida* soft liner; *adottare la* ~ *morbida con qcu.* to take a soft line on so.; *abito dalla* ~ *morbida* loose-fitting dress; (*Tel*) ~ *occupata* engaged line, (*Am*) busy line; *segnale di* ~ *occupata* busy signal, engaged signal; (*Ferr*) ~ *principale* trunk, trunk line, main line; ~ *punteggiata* dotted line; ~ *retta*: 1 straight line: *in* ~ *retta* in a straight line, straight; *avanzare in* ~ *retta* to go straight ahead; 2 (*nella parentela*) direct line; (*Ferr*) ~ *secondaria* branch line; *su tutta la* ~ all along the line (*anche fig*); (*Ferr*) ~ *suburbana* suburban line; ~ *telefonica* line, telephone line; ~ *tranviaria* tram line, (*Am*) streetcar line; ~ *tratteggiata*: 1 dashed line, dotted line; 2 (*Strad*) broken line.

lineamenti *m.pl.* 1 (*fattezze*) features: *avere* ~ *regolari* to have regular features; ~ *duri* sharp features; ~ *marcati* marked features. 2 (*fig*) (*elementi essenziali*) main features, distinctive marks, outlines.

lineare *a.* 1 linear, line (*attr.*): *disegno* ~ line-drawing. 2 (*fig*) steadfast, stedfast, firm, straightforward: *condotta* ~ steadfast conduct. 3 (*Mat*) linear: *sistema* ~ linear system.

linearismo *m.* (*Pitt*) linear style.

linearità *f.* 1 (*Mat,Fis,TV*) linearity. 2 (*fig*) steadfastness; (*coerenza*) consistency.

lineetta *f.* 1 dash. 2 (*trattino: in parole composte*) hyphen; (*per introdurre un discorso diretto*) dash.

lineria *f.* linen, linen goods *pl.*

linfa *f.* 1 (*Anat*) lymph. 2 (*Bot*) sap. 3 (*fig*) sap, nourishment, food, blood. □ (*fig*) ~ *vitale* life blood.

linfadenite *f.* (*Med*) lymphadenitis.

linfadenoma *m.* (*Med*) lymphadenoma, Hodgkin's disease.

linfangite *f.* (*Med*) lymphangitis. □ (*Veter*) ~ *epizootica* epizootic lymphangitis.

linfatico (*pl.* -ci) *a.* (*Anat,Med*) lymphatic: *costituzione linfatica* lymphatic constitution.

linfatismo *m.* (*Med*) lymphatism.

linfocita, linfocito *m.* (*Anat*) lymphocyte.

linfocitosi *f.* (*Med*) lymphocytosis.

linfodrenaggio *m.* (*Med*) lymphatic drainage.

linfoghiandola *f.* (*Anat*) lymph node, (*colloq*) lymph gland.

linfografia *f.* (*Med*) lymphangiography, lymphography.

linfogranuloma *m.* (*Med*) lymphogranuloma. □ (*Med*) ~ *venereo* lymphogranuloma venereum.

linfoma *m.* (*Med*) lymphoma.

linfonodo *m.* (*Anat*) lymph node, (*colloq*) lymph gland.

linfopenia *f.* (*Med*) lymphopenia.

linfosarcoma *m.* (*Med*) lymphosarcoma.

lingerie /lenʒe'ri/ *f.inv.* lingerie.

lingotto *m.* 1 ingot, bar: ~ *di ferro* iron ingot. 2 (*di metallo prezioso*) bullion, bar: ~ *d'oro* gold bullion. 3 (*Tip*) reglet.

lingua *f.* 1 (*Anat*) tongue: *fai vedere la* ~ let me see your tongue, (*colloq*) stick your tongue out, put your tongue out. 2 (*idioma, linguaggio*) language, tongue: *la* ~ *francese* the French language, French; *la* ~ *di Dante* the language of Dante; ~ *madre* mother tongue. 3 (*striscia*) tongue, strip. 4 (*fig*) country: *gente di ogni* ~ people from many countries, people from all over the world. 5 *pl.* (*lingue straniere*) languages, foreign languages: *essere portato per le lingue* to have

a natural bent for languages. □ *tenere la* ~ *a freno* to hold one's tongue; (*Med*) ~ *a lampone* strawberry tongue; (*Gastron*) ~ *affumicata* smoked tongue; (*Ling*) *lingue agglutinanti* agglutinative languages; (*Ling*) *lingue analitiche* analytical languages; ~ *artificiale* artificial language; ~ *biforcuta* forked tongue (*anche fig*); (*fig*) *avere la* ~ *biforcuta* to be false; (*Ling*) *lingue caucasiche* Caucasian languages; (*Ling*) *lingue centum* centum languages; (*fig,colloq*) *che* ~!: 1 (*che pettegolo*) (*Br*) what a gossip!, (*Am*) what a loudmouth!; 2 (*che chiacchierone*) what a chatterbox!; (*fig*) *avere una* ~ *che taglia come le forbici* to have a very sharp tongue; (*Ling*) *lingue classiche* classical languages; ~ *comune* everyday speech; *con la* ~ *di fuori* puffing and panting (*anche fig*); ~ *corrente* everyday speech; *di* ~ *tedesca* German-speaking: *cittadini di* ~ *francese* French-speaking citizens; (*Ling*) ~ *di arrivo* target language; (*Bot*) ~ *di bue* oxtongue; (*estens*) ~ *di fuoco* tongue of flame; (*Dolc*) *lingue di gatto* finger biscuits, langue de chat; ~ *di lavoro* business language; ~ *di Menelik* party trumpet; (*Ling*) ~ *di partenza* source language; (*Geog*) ~ *di terra* tongue of land; (*fig*) ~ *di vipera* venomous tongue; (*Gastron*) ~ *di vitello* calf's tongue; *parlare due lingue diverse* to speak two different languages (*anche fig*); (*Ling*) ~ *d'oc* langue d'oc; (*Ling*) ~ *d'oïl* langue d'oïl; ~ *franca*: 1 lingua franca; 2 (*Stor,Ling,rar*) Frankish; (*Geol*) ~ *glaciale* ice tongue; *avere la* ~ *impastata* to have a furred tongue; ~ *internazionale* international language; (*Ling*) *lingue isolanti* isolating languages; ~ *letteraria* literary language; (*fig,colloq*) *avere la* ~ *lunga* to have a loose tongue, to be loose-tongued; *che* ~ *lunga!*: 1 (*che chiacchierone*) what a loudmouth, what a blabbermouth, what a chatterbox!; 2 (*che pettegolo*) what a gossip!; (*fig*) *metterci la* ~ (*interferire*) to interfere, to have one's say (on sth.); ~ *mista* mixed language; *lingue monosillabiche* monosyllabic languages; ~ *mordace* sharp tongue; ~ *morta* dead language; ~ *nazionale* national tongue; (*Ling*) *lingue neolatine* Neo-Romance languages, Neo-Latin languages; (*Med*) ~ *nera* black tongue; (*Ling*) *lingue orientali* oriental languages; *in* ~ *originale* in the original language; ~ *parlata* spoken language; *avere la* ~ *patinata* to have a furred tongue; *in* ~ *povera* in plain words; (*Ling*) *lingue satem* satem languages; *avere la* ~ *sciolta* to have a glib tongue, to have a ready tongue; ~ *scritta* written language; (*Ling*) *lingue sintetiche* synthetic languages (*anche Inform*); ~ *sporca* coated tongue, furred tongue; ~ *straniera* foreign language; (*fig*) ~ *tagliente* sharp tongue; *tenere la* ~ *a posto* to hold one's tongue; ~ *ufficiale* official language; ~ *veicolare* vehicular language; ~ *viva* living language; ~ *volgare* vulgar tongue. *Prov.: la* ~ *batte dove il dente duole* the tongue ever turns to the aching tooth.

linguaccia (*pl.* -ce) *f.* 1 (*malalingua*) gossip, vicious gossip. 2 (*fig*) (*persona maldicente*) slanderer, backbiter. □ *fare le linguacce a qcu.* to stick out one's tongue at so.

linguacciuto I *a.* 1 (*maldicente*) slanderous, backbiting. 2 (*pettegolo*) gossipy. II *m.* (*f.* -a) 1 (*persona maldicente*) slanderer, backbiter. 2 (*persona pettegola*) gossip.

Linguadoca *n.pr.f.* (*Geog*) Languedoc.

linguaggio *m.* 1 language, speech, faculty of speech: *il* ~ *è proprio dell'uomo* language is exclusive to Man. 2 (*lingua*) language,

tongue. 3 (*modo di comunicare*) language: *il* ~ *dei muti* deaf-and-dumb language. 4 (*modo di esprimersi*) language, talk, speech: ~ *volgare* vulgar language. 5 (*gergo, linguaggio tecnico*) jargon, slang, (*colloq*) lingo. 6 (*stile*) language: *il* ~ *di Dante* the language of Dante. 7 (*Inform*) language. □ ~ *a livello inferiore* low level language; (*Inform*) ~ *ad alto livello* high level language; ~ *burocratico* bureaucratic language, (*colloq*) officialese; ~ *commerciale* commercial jargon; ~ *corporeo* body language; ~ *corrente* everyday speech, everyday language; ~ *da caserma* barrack-room language; ~ *degli animali* animal language; *il* ~ *dei fiori* the language of flowers; ~ *del corpo* body language; (*Inform*) ~ *di assemblaggio* assembly language; (*Inform*) ~ *di marcatura* markup language; (*Inform*) ~ *di programmazione* program language, programming language; (*Inform*) ~ *di sistema* system language; (*Psic*) ~ *egocentrico* egocentric language; ~ *erudito* learned language; ~ *familiare* colloquial speech; ~ *figurato* figurative language; ~ *forense* forensic language; ~ *giuridico* legal terminology; ~ *infantile* baby talk; (*Inform*) ~ *macchina* computer language, machine language; ~ *marinaresco* sailor's slang, sailing jargon; *linguaggi multimediali* multimedia languages; (*Inform*) ~ *oggetto* object language; (*Inform*) ~ *orientato al problema* problem-oriented language; ~ *poetico* poetic language, poetical language; ~ *ricercato* affected speech; ~ *settoriale* jargon, slang, (*colloq*) lingo; ~ *simbolico* symbolic language (*anche Inform*); ~ *tecnico* technical terminology.

linguale *a.* (*Anat,Fon*) lingual: *suono* ~ lingual sound.

linguamadre *f.* mother tongue.

linguatulidi *m.pl.* (*Zool*) pentastomida.

linguella *f.* 1 (*Filat*) hinge, stamp-hinge. 2 (*Abbigl*) (*di guanti*) fourchette.

linguetta *f.* 1 (*nelle buste: chiudenda*) flap. 2 (*di imballaggi: lattine*) ring-pull, (*Am*) pull-tab; (*pellicola*) tear tape. 3 (*Calz,Sart, Fal*) tongue. 4 (*Mus*) (*ancia*) reed, tongue. 5 (*Mecc*) tongue.

linguista *m./f.* linguist.

linguistica *f.* linguistics (*costr.sing.*). □ ~ *applicata* applied linguistics; ~ *computazionale* computational linguistics; ~ *funzionale* functional linguistics; ~ *trasformazionale* transformational linguistics, transformationalism.

linguistico (*pl.* -ci) *a.* linguistic, language (*attr.*): *area linguistica* linguistic area; *studi linguistici* linguistic studies, linguistic science.

lingula *f.* (*Anat*) lingula.

liniero *a.* (*Tess*) linen (*attr.*), flax (*attr.*).

linificio *m.* linen mill, flax mill.

linimento *m.* (*Farm*) liniment: ~ *canforato* camphor liniment.

linite □ (*Med*) ~ *plastica* linitis plastica.

link *m.inv.* (*Inform*) link.

linkare (**linko**) *v.t.* (*Inform*) to link.

linneano *a.* Linnaean.

Linneo *n.pr.m.* (*Stor*) Linnaeus.

lino *m.* 1 (*Bot*) flax. 2 (*fibra tessile*) flax. 3 (*tessuto*) linen. □ ~ *di* ~ linen (*attr.*): *biancheria di* ~ linen, household linen; *filo di* ~ linen; ~ *greggio* raw flax.

linoleico (*Chim*) *acido* ~ linolenic acid.

linoleina *f.* (*Chim*) linolein.

linoleista *m./f.* linoleum layer.

linoleum *m.* (*Ind*) linoleum, (*colloq*) lino: *pavimento di* ~ linoleum, linoleum floor covering.

linosa *f.* (*Bot*) linseed, flaxseed.

linotipia *f.* (*Tip*) **1** (*Tip*) (*procedimento*) linotyping. **2** (*locale, ditta*) linotype shop.

linotipista *m./f.* (*Tip*) linotype, linotypist.

linotype /lino'tajp/ *f.inv.* (*Tip*) linotype.

linseme *m.* linseed.

liocorno *m.* (*Mitol*) unicorn.

liofilizzare (**liofilìzzo**) *v.t.* to freeze-dry, (*Tecn*) to lyophilize.

liofilizzato I *a.* freeze-dried, (*Tecn*) lyophilized. **II** *m.* freeze-dried product, (*Tecn*) lyophilized product.

liofilizzatore *m.* freeze dryer.

liofilizzazione *f.* freeze-drying, (*Tecn*) lyophilization.

liofilo *a.* (*Chim*) lyophilic.

liofobo *a.* (*Chim*) lyophobic.

lionato *a.* (*lett*) tawny.

Lione *n.pr.f.* (*Geog*) Lyons, Lyon.

Lionello *n.pr.m.* Lionel.

Lipari *n.pr.f.pl.* (*Geog*) (*Isole Lipari*) Lipari Islands, Aeolian Islands.

liparite *f.* (*Geol*) rhyolite, liparite.

lipasi *f.* (*Biol*) lipase.

lipemia *f.* (*Med*) lipaemia.

lipide *m.spec.pl.* (*Biol*) lipid, lipide.

lipidico (*pl.* **-ci**) *a.* (*Biol*) lipidic.

lipizzano *m.* (*Zool*) Lippizaner, Lipizzaner.

lipoide *m.* (*Biol*) lipoid.

lipolisi *f.* (*Fisiol*) lipolysis.

lipoma *m.* (*Med*) lipoma.

lipomatosi *f.* (*Med*) lipomatosis.

lipoproteina *f.* (*Biol*) lipoprotein.

liposarcoma *m.* (*Med*) liposarcoma.

liposolubile *a.* (*Chim*) lipid soluble, fat soluble.

liposoma *m.* (*Med,Biol*) liposome.

liposuzione *f.* (*Chir*) liposuction.

lippa *f.* (*gioco*) tipcat.

Lipsia *n.pr.f.* (*Geog*) Leipzig.

liquame *m.* sewage.

liquazione *f.* (*Met*) liquation.

liquefare (**liquefàccio/liquefò**/*rar* **lìquefo**, **liquefài**, **liquefà**/*rar* **lìquefa**, **liquefacciàmo**, **liquefàte**, **liquefànno**/*rar* **lìquefano**; *p.rem.* **liquefèci**; *p.p.* **liquefàtto**) **I** *v.t.* **1** to liquefy: ~ *un gas* to liquefy a gas. **2** (*fondere*) to melt: ~ *la cera* to melt wax. **II** *v.pron.* **liquefarsi 1** to liquefy. **2** (*fondersi*) to melt: *il ghiaccio si liquefà al calore* ice melts when heated. **3** (*fig*) (*disperdersi*) to melt away, to be dissipated: *il suo capitale si è liquefatto in poco tempo* his capital was soon dissipated. **4** (*iperb*) (*sciogliersi in sudore*) to melt.

liquefatto *a.* **1** (*sciolto*) liquefied. **2** (*fuso*) melted.

liquefazione *f.* **1** liquefaction. **2** (*fusione, scioglimento*) melting. □ ~ *del carbone* coal liquefaction; ~*del gas* gas liquefaction.

liquerizia *f.* (*pop*) **1** (*Bot*) liquorice, (*Am*) licorice. **2** (*droga polverizzata*) liquorice powder, (*Am*) licorice powder. **3** (*Dolc*) (*bastoncino*) stick of liquorice, (*caramella*) (*Br*) liquorice sweet, (*Am*) licorice candy, licorice.

liquida *f.* (*Fon*) liquid, liquid consonant.

liquidabile *a.* **1** liquid (*attr.*), that may be liquidated. **2** (*fig*) that may be disposed of, that may be got rid of.

liquidare (**lìquido**) *v.t.* **1** to liquidate, to settle. **2** (*rif. a persone*) to pay off, to pay severance pay to. **3** (*rif. a conti*) to liquidate, to settle, to pay up. **4** (*rif. ad aziende*) to wind up, to liquidate. **5** (*assol.*) (*Comm*) (*mettere in liquidazione*) to put into liquidation, to wind up. **6** (*svendere*) to sell off, to clear, to sell off. **7** (*concludere, risolvere: rif. ad affari*) to settle, to close. **8** (*concludere, risolvere: rif. a controversie e sim.*) to settle. **9** (*allon-*

tanare: rif. a persone) to dismiss, to abandon. **10** (*fig*) (*sbarazzarsi*) to get rid of, to dispose of. **11** (*fig*) (*uccidere*) to kill, to eliminate, to liquidate, (*colloq*) to knock off, to bump off. **12** (*fig*) (*licenziare*) to dismiss, (*Br, colloq*) to sack. □ ~ *gli avversari* (*battere nettamente*) to slaughter contenders, to thrash contenders, (*Am*) to trounce the opposition; ~ *un assegno* to clear a cheque; ~ *un debito* to pay up a debt, to settle a debt, to clear a debt, to pay off a debt; ~ *un fallimento* to liquidate a bankruptcy; ~ *un sinistro* to adjust a claim, to pay off damages; ~ *una pensione* to pay out a pension.

liquidatore *m.* (*f.* **-trice**) **1** (*Dir*) liquidator. **2** (*Assic*) adjuster. □ (*Assic*) ~ *d'avaria* average adjuster; ~ *di società* (*per fallimento*) official receiver in bankruptcy.

liquidazione *f.* **1** (*pagamento*) severance pay, liquidation, settlement. **2** (*rif. a conti*) settlement, paying up. **3** (*rif. ad aziende*) winding-up, liquidation: *andare in* ~ to go into liquidation, to wind up. **4** (*svendita*) sale, clearance sale: *merci in* ~ sale goods. **5** (*rif. ad affari*) settlement. **6** (*computo*) settlement, reckoning. **7** (*Dir*) winding-up, liquidation. **8** (*somma liquidata a un dipendente*) severance pay. **9** (*fig*) ridding, disposal. □ (*Comm*) ~ *a saldo* settlement in full; ~ *della pensione* lump-sum payment into pension; ~ *delle spese* payment of expenses; ~ *di conti* settlement of accounts; ~ *di fine stagione* end-of-season sale; (*Assic*) ~ *di sinistro* payment of damages; ~ *di un debito* settlement of a debt, liquidation of a debt; ~ *di un'eredità* winding-up of a deceased's estate; (*fig, colloq*) ~ *d'oro* golden handshakes; ~ *giudiziaria* winding-up by Court; *in* ~ on sale; ~ *totale* clearance sale, complete closure.

liquidità *f.* **1** (*stato liquido*) liquid state, liquidity, liquidness. **2** (*Econ*) liquidity: ~ *monetaria* monetary liquidity, liquidity.

liquido I *a.* **1** liquid (*anche Fis*): *colla liquida* liquid glue. **2** (*acquoso*) watery. **3** (*fig,poet*) clear, pure, liquid. **4** (*Fon*) liquid. **5** (*Econ*) liquid, ready, available: *denaro* ~ ready money, ready cash. **II** *m.* **1** liquid, fluid (*anche Fis*). **2** (*Econ*) (*denaro in contanti*) liquid money, ready money, (*colloq*) cash. □ (*Fisiol*) ~ *amniotico* amniotic fluid; (*Ind*) ~ *di governo* poaching liquid; (*Fisiol*) ~ *organico* water, body fluid; ~ *per freni* brake fluid; (*Mecc,Aut*) ~ *refrigerante* coolant; (*Fisiol*) ~ *spermatico* spermatic fluid.

liquigas *m.* bottled gas, liquefied petroleum gas.

liquirizia *f.* **1** (*Bot*) liquorice, (*Am*) licorice. **2** (*droga polverizzata*) liquorice powder, (*Am*) licorice powder. **3** (*Dolc*) (*bastoncino*) stick of liquorice, (*caramella*) (*Br*) liquorice sweet, (*Am*) licorice candy, licorice.

liquor *m.inv.* (*Fisiol*) cerebrospinal fluid.

liquore *m.* **1** (*bevanda alcolica*) liquor, liqueur. **2** (*lett*) (*sostanza liquida*) liquid. **3** *pl.* liquor (*costr.sing.*), spirits, alcoholic drinks, (*colloq*) alcohol (*costr.sing.*) □ ~ *di erbe* chartreuse.

liquoreria *f.* **1** (*bar*) pub, bar. **2** (*distilleria*) distillery. **3** (*spaccio*) liquor shop, (*Am*) liquor store.

liquorista *m.* **1** (*fabbricante*) distiller. **2** (*venditore*) dealer in spirits.

liquoristico (*pl.* **-ci**) *a.* liquor (*attr.*), spirits (*attr.*), of liquor, in liquor.

liquoroso *a.* liqueur-like.

lira[1] *f.* **1** (*unità monetaria*) lira. **2** (*estens*) (*denaro*) money. □ ~ *egiziana* Egyptian pound; ~ *israeliana* Israeli pound; ~ *italiana* Italian lira; ~ *sterlina* pound sterling; ~

turca Turkish lira, Turkish pound; (*fig, colloq*) *non avere una* ~ to be penniless, to be broke; *non valere una* ~ (*Am*) not to be worth a penny, (*Am*) not to be worth a cent.

lira[2] *f.* **1** (*Mus*) lyre. **2** (*fig,Lett*) (*poesia lirica*) lyric poetry. **3** (*Ornit*) (*anche uccello lira*) lyrebird.

Lira *n.pr.f.* (*Astr*) Lyra.

lirica *f.* **1** lyric poetry: *la* ~ *greca* Greek lyric poetry. **2** (*componimento*) lyric, lyric poem. **3** (*Mus*) (*breve composizione*) lyric; (*musica lirica*) opera: *teatro di* ~ opera house.

liricamente *avv.* lyrically.

liricità *f.* (*lett,Mus*) lyricism.

lirico (*pl.* **-ci**) **I** *a.* **1** lyric, lyrical (*anche estens*): *poesia lirica* lyric poetry. **2** (*Mus*) opera (*attr.*), operatic: *cantante* ~ opera singer. **II** *m.* lyric poet.

liriodendro *m.* (*Bot*) tulip tree.

lirismo *m.* lyricism.

Lisa *n.pr.f.* Lisa.

Lisandro *n.pr.m.* (*Stor*) Lysander.

Lisbona *n.pr.f.* (*Geog*) Lisbon.

lisca *f.* **1** (*di pesce*) fishbone, bone; (*spina dorsale*) backbone, backbone of a fish. **2** (*colloq*) (*difetto di pronuncia*) lisp: *avere la* ~ to speak with a lisp, to lisp. □ *a* ~ *di pesce*: 1 (*di piastrelle ecc.*) herringbone (*attr.*); 2 (*di parcheggio*) diagonal (*attr.*): *parcheggio a* ~ *di pesce* diagonal parking; ~ *di pesce* fish bone, bone.

liscia (*pl.* **-ce**) *f.* (*Pell*) sleeker.

lisciamento *m.* **1** (*il lisciare*) smoothing, stroking. **2** (*fig*) (*adulazione*) flattery, fawning.

lisciare (**lìscio, lìsci**) **I** *v.t.* **1** to smooth. **2** (*levigare*) to polish. **3** (*accarezzare*) to smooth, to stroke. **4** (*fig*) (*rifinire con cura minuziosa*) to polish, to refine. **5** (*fig*) (*adulare*) to flatter, to fawn. **II** *v.pron.* **lisciarsi 1** (*ravviarsi, sistemarsi*) to spruce oneself up, (*colloq*) to doll oneself up. **2** (*imbellettarsi*) to make up. □ *lisciarsi la barba* to stroke one's beard; *lisciarsi i capelli* (*pettinarsi con cura*) to smooth one's hair down; (*fig*) ~ *la coda a qcu.* to fawn over so.; (*Sport*) ~ *il pallone* to mishit the ball; (*fig*) ~ *il pelo a qcu.*: 1 (*bastonarlo*) to beat so.; 2 (*adularlo*) to fawn on so., to flatter so., to butter so. up.

lisciata *f.* **1** smoothing, stroke. **2** (*fig*) flattery. □ *darsi una* ~ *ai capelli* to slick down one's hair.

lisciatoio *m.* slicker, smoothing tool (*anche Archeol*).

lisciatura *f.* **1** smoothing; (*per moto rotativo*) honing. **2** (*fig,rar*) (*adulazione*) flattery.

liscio I *a.* **1** smooth, glossy: ~ *come uno specchio* as smooth as glass; *pelle liscia* smooth skin. **2** (*diritto*) straight: *capelli lisci* straight hair, sleek hair. **3** (*levigato*) polished. **4** (*senza fregi e ornamenti*) plain, simple: *vestito* ~ plain dress. **5** (*fig*) (*semplice, facile*) smooth, easy, simple. **6** (*rif. a bevande*) straight, neat; (*rif. ad acqua: non gassata*) still, without gas (*posposto*). **7** (*Anat*) smooth, unstriated: *muscolo* ~ smooth muscle. **8** (*rif. a pneumatici: consumato*) smooth, worn. **II** *m.* **1** (*ballo*) ballroom dance. **2** (*Sport*) mishit: *fare un* ~ to mishit the ball. □ (*fig*) *andare* ~ to go smoothly, to be plain sailing; (*fig*) ~ *come l'olio* smoothly: *tutto è andato* ~ *come l'olio* everything went off smoothly; *il mare è* ~ *come l'olio* the sea is like a millpond, the sea is glassy calm; (*fig*) ~ *come uno specchio* as smooth as a glass.

lisciva (*pop*), **liscivia** *f.* (*Chim*) lye. □ ~ *caustica* (o ~ *dei saponi*) caustic lye.

lisciviare (**liscìvio**) *v.t.* (*Chim*) to leach, (*ant*) to lixiviate.

lisciviatura *f.* (*Cart*) digesting, boiling: ~ *degli stracci* boiling of rags.

lisciviazione *f.* **1** (*Chim*) leaching, (*ant*) lixiviation. **2** (*Geol*) leaching.

liscoso *a.* bony.

lisergico □ (*Chim*) *acido* ~ lysergic acid.

liseuse /li'zœz/ *f.inv.* (*Abbigl*) bed jacket.

lisi *f.* (*Med,Biol*) lysis.

Lisippo *n.pr.m.* (*Stor*) Lysippus.

liso *a.* worn, worn out, threadbare: *una giacca lisa ai gomiti* a jacket worn at the elbows.

lisoformio *m.* (*Farm*) lysoform.

lisolo *m.* (*Chim,Farm*) lysol.

lisozima *m.* (*Biol*) lysozyme.

Lisp, LISP *m.inv.* (*Inform*) (*elaborazione a liste*) LISP, list processing.

lissa *f.* (*Med,Veter*) lyssa.

lista *f.* **1** (*striscia*) strip, band: *una ~ di carta* a strip of paper. **2** (*riga, segno tracciato*) stripe, band. **3** (*elenco*) list, (*Am*) schedule: ~ *delle merci* list of goods; ~ *del bucato* laundry list. **4** (*registro, albo*) roll, register. **5** (*Pol*) list, party list, (*Am*) slate: *candidato della* ~ *democratica* candidate on the Democrats' list; ~ *dei candidati* candidates list, (*Am*) slate of candidates, candidates' list. □ (*Pol,colloq*) ~ *civetta* stalking horses; ~ *civile* civil list; ~ *d'attesa* waiting list (*anche Aer*); ~ *degli assenti* list of absentees; ~ *dei candidati* list of candidates; ~ *dei giurati* panel; ~ *dei nomi* list of names; ~ *dei prezzi* price list; ~ *dei vini* wine list; ~ *della spesa* shopping list; (*Inform*) ~ *delle opzioni* menu; ~ *delle vivande* menu, bill of fare; ~ *di leva* draft list, conscription list; ~ *di nozze* wedding list, wedding gift list, (*Am*) bridal registry; (*Pol*) ~ *di partito* party list; (*Stor.rom*) ~ *di proscrizione* proscription list, list of proscribed persons; (*Pol*) ~ *elettorale*: 1 (*degli elettori*) electoral roll, register of voters; 2 (*dei candidati*) list of candidates; *fare una* ~ to draw up a list, to make a list; *mettere in* ~ to put on the list; (*fig*) ~ *nera* black list: *essere nella* ~ *nera di qcu.* to be on so.'s black list; *mettere sulla* ~ *nera* to blacklist; ~ *nozze* wedding list, wedding gift list, (*Am*) bridal registry; (*Pol*) ~ *unica* single list of candidates (for two or more parties).

listare (**listo**) *v.t.* to stripe; (*bordare*) to edge, to border: ~ *a lutto* to edge in black for mourning.

listato I *a.* striped; (*bordato*) edged, bordered: *busta listata a lutto* black-edged envelope for mourning. **II** *m.* (*Inform*) listing, printout.

listello *m.* **1** (*Fal,Arch*) ledge. **2** (*Edil*) (*per tegole*) batten. **3** (*Arch*) (*modanatura*) list, listel fillet; (*di colonna*) cincture.

listino *m.* list. □ ~ *dei cambi* exchange list; *di* ~ list (*attr.*); ~ *di borsa* Stock-Exchange list, stock list; ~ *prezzi* price list; ~ *valori* share list.

Lit. *Lire italiane* (Italian lire).

litania *f.* **1** (*Lit*) litany. **2** (*fig*) (*sequela*) string, series, litany, rigmarole. **3** (*fig*) (*lamentela, lagna*) complaint, whining: *piantala con questa* ~*!* stop this whining! □ *una ~ di ingiurie* a torrent of abuse.

litantrace *m.* bituminous coal.

litargirio *m.* (*Chim*) lead monoxide, litharge.

lite *f.* **1** (*contrasto*) quarrel, wrangle, argument: *attaccare ~ con qcu.* to pick a fight with so., to start a quarrel with so. **2** (*Dir*) lawsuit, suit, action: ~ *civile* civil action. □ *essere in ~ con qcu.* to be quarrelling with so.; (*Dir*) ~ *pendente* pending action, pending suit.

litiasi *f.* (*Med*) lithiasis.

litico[1] (*pl.* **-ci**) *a.* (*di pietra*) lithic, stone (*attr.*): *monumenti litici* stone monuments.

litico[2] (*pl.* **-ci**) *a.* (*Biol*) lytic.

litico[3] (*pl.* **-ci**) *a.* (*Chim*) (*relativo al litio*) lithic.

litigante I *a.* (*Dir*) litigant: *le due parti litiganti* the two parties litigant. **II** *m./f.* **1** quarreller, wrangler. **2** (*Dir*) litigant, party to a suit. □ *Prov.: fra i due litiganti il terzo gode* two dogs fight for a bone and a third runs away with it, the onlooker gets the best of a fight.

litigare (**litigo, litighi**; *aus.* **avere**) **I** *v.i.* **1** to quarrel, to fight, to argue, to wrangle: *litiga con tutti* he fights with everybody. **2** (*Dir*) to litigate. **II** *v.r.recipr.* **litigarsi** to contend for, to dispute, to fight for, to fight over, to wrangle over: *litigarsi il posto in autobus* to fight for a seat on the bus, to fight over a seat on the bus.

litigata *f.* quarrel, argument, row, noisy quarrel: *fare una ~* to quarrel.

litighino *m.* (*f.* **-a**) quarrelsome person, (*colloq*) fire-eater.

litighio *m.* quarrelling, wrangling.

litigio *m.* quarrel, wrangle, argument: *comporre un ~* to settle a dispute.

litigiosità *f.* (*rar*) quarrelsomeness, contentiousness.

litigioso *a.* **1** quarrelsome, contentious. **2** (*Dir*) litigious, disputable at law: *diritti litigiosi* litigious rights.

litio *m.* (*Chim*) lithium.

litioso *a.* **1** lithic, lithium (*attr.*). **2** (*rif. ad acque minerali*) lithia (*attr.*): *acqua litiosa* lithia water.

litisconsorte *m.* **1** (*Dir*) co-litigant, co-party. **2** (*Dir*) (*l'attore*) coplaintiff. **3** (*Dir*) (*il convenuto*) codefendant.

litisconsorzio *m.* (*Dir*) joinder of parties.

litispendenza *f.* (*Dir*) simultaneous pendency of two identical suits.

litoclasi *f.* (*Geol*) lithoclase.

litogenesi *f.* (*Geol*) lithogenesis.

litografare (**litografo**) *v.t.* (*Tip*) to lithograph.

litografia *f.* **1** (*Tip*) (*procedimento*) lithography, lithographic printing. **2** (*Tip*) (*copia*) lithograph, lithographic print. **3** (*Tip*) (*stabilimento*) lithographic printing works, lithographer's.

litografico (*pl.* **-ci**) *a.* (*Tip*) lithographic.

litografo *m.* (*Tip*) lithographer.

litolisi *f.* (*Med*) litholysis.

litologia *f.* (*Geol,Med*) lithology.

litologo (*pl.* **-gi**) *m.* (*Geol,Med*) lithologist.

litorale I *a.* coastal, littoral, coast (*attr.*). **II** *m.* coast, coastline, littoral, shore: *il ~ atlantico* the Atlantic coast.

litoranea *f.* (*Strad*) coast road.

litoraneo *a.* coastal, littoral, coast (*attr.*), shore (*attr.*): *città litoranea* coastal town.

litosfera *f.* (*Geol*) lithosphere.

litostratigrafia *f.* (*Geol*) lithostratigraphy.

litostroto *m.* (*Archeol*) (*mosaico pavimentale*) tessellated pavement.

litote *f.* (*Ret*) litotes.

litoteca *f.* collection of minerals.

litotomia *f.* (*Chir*) lithotomy.

litotripsia *f.* (*Chir*) lithotripsy.

litotritore *m.* (*Chir*) lithotriter.

litro *m.* **1** litre. **2** (*recipiente*) litre bottle, litre measure. □ *a litri* in litres, by the litre.

littore *m.* (*Stor.rom*) lictor.

littoriale I *a.* (*Stor.it*) fascist, Fascist, fascistic. **II** *m.pl.* (*Stor.it*) (*ludi littoriali*) Fascist games.

littorina *f.* (*Ferr,ant*) diesel railcar, Diesel railcar.

littorio I *a.* **1** (*Stor.rom*) of the Roman lictors: *fascio ~* fasces of the Roman lictors. **2** (*estens*) (*fascista*) Fascist, fascist. **II** *m.* (*estens*) (*fascismo*) Fascism: *Gioventù del Littorio* Fascist youth organization.

Lituania *n.pr.f.* (*Geog*) Lithuania.

lituano I *a.* Lithuanian. **II** *m.* **1** (*f.* **-a**) (*abitante*) Lithuanian. **2** (*lingua*) Lithuanian.

lituo *m.* (*Stor.rom*) lituus.

liturgia *f.* **1** (*Rel*) liturgy. **2** (*fig*) ceremony, ritual.

liturgico (*pl.* **-ci**) *a.* (*Rel*) liturgic, liturgical.

liturgista *m.* liturgist.

liutaio *m.* **1** (*fabbricante di liuti*) lute maker, lutist. **2** (*fabbricante di strumenti a corda*) maker of stringed instruments. **3** (*estens*) (*violinaio*) maker of violins.

liuteria *f.* **1** (*arte*) making of stringed instruments. **2** (*laboratorio*) workshop of a stringed instrument maker.

liutista *m./f.* lute player, lutist.

liuto *m.* (*Mus*) lute.

live /lajv/ *m./a.inv.* (*dal vivo*) live.

livella *f.* level. □ (*Tecn*) ~ *a bolla* (o ~ *a bolla d'aria*) spirit level.

livellamento *m.* levelling (*anche fig*). □ (*Comm*) ~ *dei prezzi* levelling of prices, (*Am*) levelling-off of prices; (*Econ*) ~ *dei redditi* levelling of income.

livellare[1] (**livello**) **I** *v.t.* **1** (*spianare, spec. di terreno*) to level, to flatten, to even out. **2** (*pareggiare*) to level, to make equal, to equal, to even out. **3** (*uniformare*) to equalize, to even, to level, to level off: ~ *le condizioni sociali* to level social conditions. **II** *v.pron.* **livellarsi 1** to even. **2** (*fig*) (*equilibrarsi*) to even, to even out, to level, to level out, to balance, to balance out.

livellare[2] *a.* (*Dir,Stor*) emphyteutic.

livellatore I *m.* (*f.* **-trice**) leveller (*anche fig*). **II** *a.* levelling.

livellatrice *f.* (*Strad*) grader.

livellazione *f.* (*Topogr*) levelling.

livello[1] *m.* **1** level: ~ *dell'acqua* level of the water, water level. **2** (*fig*) level, standard: ~ *culturale* cultural level; ~ *d'istruzione* standard of education; *giocare a tennis a ~ professionistico* to play tennis at the professional level. **3** (*fig*) (*aspetto*) level. **4** (*Tecn*) (*tubo di livello*) water glass, water gauge. **5** (*Topogr*) level. □ *a ~*: 1 (*alla stessa altezza*) at the same level; 2 (*all'altezza della strada*) at ground level, ground level (*attr.*); (*Topogr*) ~ *a cannocchiale* surveyor's level, dumpy level; *a ~ teorico* in theory; *essere al ~ di* (o *trovarsi al ~ di*) *qcu.* to be on a level with so.; (*Econ*) ~ *dei prezzi* price level; ~ *del mare* sea level: *mille metri sopra il ~ del mare* one thousand metres above sea level; *sotto il ~ del mare* below sea level; ~ *del rumore* noise level; ~ *del suono* sound level; (*Aut,Mecc*) ~ *dell'olio* oil level; ~ *di guardia*: 1 safety level; danger level; 2 (*fig*) safety limit, danger point: *il fiume è sopra il ~ di guardia* the river is above the high-water mark, the river level is dangerously high; ~ *di miniera* level; ~ *di sicurezza* safety level; ~ *di vita* standard of living; ~ *freatico* ground water level, ground-water level; ~ *massimo*: 1 maximum level, peak, highest point: (*Acus*) ~ *massimo di rumore* noise peak; 2 (*Econ*) ceiling; ~ *minimo*: 1 minimum level, lowest level; 2 (*Econ*) floor, lowest limit; ~ *occupazionale* level of employment, employment level; ~ *salariale* wage level, level of wages: ~ *minimo salariale* minimum wage level; *sotto il ~ normale* not up to standard, below standard.

livello[2] *m.* (*Dir,Stor*) emphyteusis.

lividezza f. lividness, ghastly pallor.

livido I a. 1 livid, bluish; (per percosse) bruised, black and blue. 2 (estens) grey, wan, colourless: luce livida wan light. II m. bruise. □ ~ di collera white with rage, livid with rage; ~ di invidia green with envy; farsi un ~ sul braccio to bruise one's arm.

lividura f. bruise.

Livio n.pr.m. Livy: (Stor) le opere di ~ Livy's works.

livore m. spite, malice.

livornese I a. 1 Leghorn, of Leghorn. 2 (Gastron) (alla livornese) livornese. II m./f. (originario) native of Leghorn; (abitante) inhabitant of Leghorn.

Livorno n.pr.f. (Geog) Leghorn, (Am) Livorno.

livrea f. 1 (Abbigl,Stor) livery. 2 (Zool) coat, colouring; (di uccelli) plumage. □ in ~ liveried: cocchiere in ~ liveried coachman.

lizza f. (Stor,Mil) lists pl. □ essere in ~ per un posto di lavoro to be a candidate for a job; (fig) scendere in ~, entrare in ~ to enter the arena, to enter the lists.

l.m. (Geog) livello del mare SL (sea level).

lo[1] (pl. gli; used before masculine nouns beginning with z or s + the consonants gn, ps, pn, x and before words beginning with a vowel, but in the latter case normally becomes l'; the form lo is sometimes used before the semiconsonant i; the plural form gli is used with the apostrophe only before i) art.m. the: ~ scolaro the pupil; l'albero the tree; gli scolari the pupils.

lo[2] (used with the apostrophe only before a vowel) pron.pers.m. 1 (oggetto: maschile) him: l'hai visto? did you see him? 2 (oggetto: neutro) (neutro) it!, talvolta non si traduce: non ~ fare don't do it; non ~ so I don't know. 3 (tale, tali) non si traduce: sii gentile, anche se altri non ~ sono be nice even if others are not.

lobare a. 1 (Anat,Med) lobar, lobe (attr.): polmonite ~ lobar pneumonia. 2 (costituito da lobi) lobe (attr.), lobate.

lobato a. 1 (Biol,Med) lobar, lobe (attr.). 2 (Zool,Bot,Ornit) lobate.

lobbia f. (rar m.) homburg, homburg hat.

lobbismo m. lobbyism.

lobbista m./f. lobbyist.

lobbistico a. lobby (attr.).

lobby f.inv. lobby.

lobectomia f. (Chir) lobectomy.

lobelia f. (Bot) lobelia.

lobo m. (Anat,Biol,Arch,Fis) lobe. □ (Anat) lobi cerebrali lobes of the cerebellum; (Anat) ~ dell'orecchio earlobe; (Anat) ~ occipitale occipital lobe.

lobotomia f. (Chir) lobotomy, leucotomy.

lobulare, lobulato a. (Anat,Biol) lobulate, lobulated: struttura ~ lobulated structure.

lobulo m. (Anat,Biol) lobule, small lobe.

locale[1] a. local (anche Med): usanze locali local customs; anestesia ~ local anaesthesia.

locale[2] m. 1 (ambiente) room, premises pl: locali uso ufficio office premises. 2 (pubblico esercizio: ristorante) restaurant; (caffe) café; (bar) bar; (locale notturno) nightclub. □ (Mar) ~ caldaie stokehold, boiler room; ~ da ballo ballroom, dance hall; ~ di divertimento place of entertainment, place of amusement; ~ di servizio duty room; (Mar) ~ macchine engine room; ~ notturno nightclub.

località f. 1 locality, place, spot: ~ montana mountain locality. 2 (di villeggiatura) resort: ~ marittima seaside resort; ~ turistica resort. □ ~ di cura spa, health resort; in ~ Carmiano at Carmiano.

localizzabile a. 1 (accertabile) locatable. 2 (che si può circoscrivere) localizable.

localizzare (localizzo) I v.t. 1 (determinare una posizione) to locate: ~ una nave to locate a ship; ~ il bersaglio to locate the target. 2 (circoscrivere, limitare) to localize: ~ l'incendio to localize the fire. II v.pron. **localizzarsi** to be localized, to localize.

localizzatore I m. localizer, locator. II a. locating, localizing. □ (Aer) ~ di atterraggio localizer; (Acus) ~ di suono sound locator; (Aer) ~ radio radio locator.

localizzazione f. 1 location, locating; (rif. a navi, aerei e sim.) location, position finding. 2 (delimitazione) localization, localizing: ~ di un'epidemia localization of an epidemic. 3 (Psic,Med,Fis,Inform) localization. □ (Mil) ~ di un bersaglio spotting of a target, location of a target; ~ di un guasto location of a breakdown, tracing of a breakdown, trouble-shooting.

localmente avv. locally.

locanda f. inn.

locandiere m. (f. -a) innkeeper.

locandina f. bill, (ant) playbill.

locare (loco, lochi) v.t. to let, to rent, to lease: ~ un appartamento to let a flat. □ (ant) si loca to let, (Am) for rent.

locatario m. (f. -a) (Dir) 1 (inquilino) renter, tenant. 2 (rif. a beni produttivi) lessee, lease holder.

locativo[1] I a. (Gramm) locative. II m. (Gramm) (caso locativo) locative.

locativo[2] a. (Dir,Econ) rent (attr.), rental: valore ~ rental value.

locatore m. (f. -trice) (Dir) 1 lessor. 2 (rif. a beni produttivi) lessor, landlord.

locazione f. 1 (l'affittare) letting, renting; (rif. a beni produttivi) leasing, letting. 2 (affitto) rent, rental; (rif. a beni produttivi) lease, tenancy. 3 (Dir) (contratto) lease. □ ~ a vita tenancy for life, life tenancy; ~ di impianti plant hire; dare qcs. in ~: 1 to rent sth.; 2 (rif. a beni produttivi) to let sth., to lease sth.

loc. cit. luogo citato loc.cit., in loc.cit., l.c. (in the place cited, loco citato).

lockiano a. (Filos) Locke's: la filosofia lockiana Locke's philosophy.

loco (pl. -chi) m. (ant,poet) place. □ in ~ (sul posto) in situ (anche Med); in alto ~ at the top, high-up, in high places.

locomotiva f. (Ferr) locomotive, engine, rail engine. □ ~ a carbone coal-fired locomotive, coal-fired engine; ~ a scartamento ridotto narrow-gauge locomotive; ~ a vapore steam locomotive; ~ di manovra shunting locomotive, shunting engine; ~ di miniera mine locomotive; ~ Diesel diesel engine; ~ elettrica electric engine; (fig) fare da ~ to be a driving force.

locomotore I m. (Ferr) locomotive, engine, electric locomotive, electric engine. II a. locomotor, locomotory, locomotive (anche Anat): apparato ~ locomotor system.

locomotorio a. (Anat) locomotor, locomotory, locomotive.

locomotorista m. (Ferr) engine driver, (Am) engineer.

locomotrice f. (Ferr) locomotive, electric locomotive.

locomozione f. locomotion (anche Fisiol): mezzi di ~ means of transport.

loculo m. 1 burial cell, burial niche. 2 (Bot,Biol,Anat) locule, loculus.

locusta f. 1 (Entom) locust. 2 (fig) (persona avida) greedy person; (persona molesta) pest. □ (fig) come le locuste (rif. a persone avide o moleste) like a swarm of locusts;

(Zool) ~ di mare lobster.

locustone m. (Entom) wart-biter.

locuzione f. 1 (Gramm) phrase, locution. 2 (frase idiomatica) idiom, idiomatic expression. □ (Gramm) ~ aggettivale adjectival phrase; (Gramm) ~ avverbiale adverbal phrase; (Gramm) ~ congiuntiva conjunctive phrase; (Gramm) ~ iterativa iterative phrase; (Gramm) ~ prepositiva prepositional phrase.

lodabile a. praiseworthy, commendable.

lodare (lòdo) I v.t. 1 to praise, to commend: ~ qcu. per la sua modestia to praise so. for his modesty; ~ il comportamento di qcu. to praise so.'s behaviour, to praise so. for his behaviour. 2 (celebrare) to praise, to glorify, (lett) to extol, (lett) to laud: ~ il Signore to praise the Lord. II v.pron. **lodarsi** to boast, to brag. □ (Lit) sia lodato Gesù Cristo! - sempre sia lodato blessed be the name of the Lord! - now and for ever; (estens) sia lodato il cielo! thank heaven! Prov.: chi si loda s'imbroda self-praise is no recommendation.

lodativo a. laudatory, laudative, (lett) eulogistic: discorso ~ laudatory speech.

lodatore m. (f. -trice) praiser, (lett) lauder.

lode f. 1 praise, commendation: ~ meritata deserved praise. 2 (gloria) praise, glory, (lett) laud: sia ~ a Dio God be praised, praise be to God. 3 (Univ) first class honours pl., summa cum laude: passare gli esami con ~ to gain first class honours. □ a ~ del vero to tell the truth; a ~ di to the credit of; tornare a ~ di qcu. to be to so.'s credit; dire qcs. a ~ di qcu. to say sth. to so.'s credit; sia ~ a Dio! glory be to God!; fare le lodi di qcu. to praise so.; in ~ di qcu. in praise of so.; ~ sperticata excessive praise.

loden m.inv. 1 (panno di lana) loden (cloth). 2 (Abbigl) (cappotto) loden coat. □ di ~ loden (attr.).

lodevole a. praiseworthy, commendable.

lodevolmente avv. commendably, praiseworthily, (lett) laudably.

lodo m. (Dir) arbitration award.

lodolaio m. (Ornit) hobby.

loess /lœs/ m.inv. (Min) loess.

loffa, loffia f. (colloq) wind.

loffio a. 1 (region) (floscio) flabby. 2 (colloq) (fiacco) flabby, weak; (insulso) silly.

lofio m. (Itt) angler, anglerfish.

loft m.inv. (Edil) loft.

log. (Mat) logaritmo log. (logarithm).

logaritmico (pl. -ci) a. (Mat) logarithmic.

logaritmo m. (Mat) logarithm, (colloq) log.

loggia (pl. -ge) f. 1 (Arch) loggia; balcony, (Am) porch. 2 (nella massoneria: luogo di adunanza) lodge: ~ massonica Masonic lodge. 3 (estens) (gli appartenenti a una società massonica) Freemasonry. 4 (Bot) (loculo) locule, loculus. 5 (Anat) cavity, space: ~ prevertebrale prevertebral space.

loggiato m. (Arch) open gallery.

loggione m. 1 (Teat) gallery, (scherz) gods pl. 2 (estens) (spettatori del loggione) gallery.

loggionista m./f. (Teat) spectator in the gallery.

logica f. 1 (Filos) logic: ~ formale formal logic. 2 (Filos) (trattato) logic. 3 (ragionamento) logic, way of thinking: ha una ~ tutta sua he has a peculiar way of thinking; la ~ dei fatti the logic of events; dimostrare qcs. con ~ serrata to demonstrate sth. with inexorable logic.

logicamente avv. 1 logically. 2 (ovviamente) transparently.

logicismo m. (Filos) logicism.

logicista m./f. logicist.

logicità f. logicality, logicalness.

logico (pl. -ci) I a. 1 logical. 2 (razionale)

sensible, reasonable: *la cosa più logica sarebbe aspettare* the obvious thing would be to wait. **3** (*Inform*) logic, logical: *circuito ~* logic circuit. **II** *m.* logician. □ *è ~ che* it stands to reason that, it is only natural that, of course.

log-in /ˈlɔːɡin/ *m.inv.* (*Inform*) login.

logistica *f.* (*Mil*) logistics (*anche estens*) (*costr.sing. o pl.*).

logistico (*pl.* **-ci**) *a.* (*Mil*) logistic, supply (*attr.*) (*anche estens*): *servizi logistici* supply and transport, supplies and communications.

loglio *m.* (*Bot*) darnel. □ (*Bot*) *~perenne* rye-grass.

logo *m.inv.* **1** (*Comm*) (*in pubblicità*) logo, logotype. **2** (*Edit*) logotype.

logografia *f.* (*Stor.gr,Ling*) logography.

logografo *m.* (*Stor.gr*) logographer.

logogramma *m.* (*Ling*) logogram, logograph.

logogrifo, logogrifo *m.* logogriph.

logomachia *f.* (*lett*) logomachy.

log-on /ˈlɔːɡɔn/ *m.inv.* (*Inform*) logon.

logopatia *f.* (*Med*) logopathy, (*colloq*) speech disorder.

logopedia *f.* speech therapy.

logopedico *a.* speech (*attr.*).

logopedista *m./f.* speech therapist.

logoplegia *f.* (*Med*) logoplegia.

logoramento *m.* **1** wear and tear, wear, wearing, wearing out. **2** (*fig*) wearing out: *~ delle forze* wearing out of one's strength. **3** (*Tecn*) (*usura*) wear. **4** (*Mil*) wearing down.

logorante *a.* wearing, exhausting (*anche fig*).

logorare (**lógoro**) **I** *v.t.* **1** to wear, to wear out. **2** (*rif. a vestiario*) to wear out. **3** (*rif. all'animo*) to wear down, to wear out, to tell on: *i dispiaceri lo hanno logorato* his troubles have told on him. **4** (*rif. al corpo*) to wear out, to take it out of: *la malattia lo ha logorato* his illness has taken its toll. **5** (*rif. a forza*) to waste, to use up. **II** *v.pron.* **logorarsi 1** to wear out, to wear down. **2** (*fig*) to wear oneself out: *logorarsi nello studio* to wear oneself out studying, to wear oneself out with study. **3** (*rif. ai sensi e sim.*) to ruin, to spoil, to impair: *logorarsi la vista* to ruin one's eyesight. □ *~ la resistenza di qcu.* to beat down so.'s resistance, to wear down so.'s resistance.

logorio *m.* **1** wear and tear, strain. **2** (*fig*) strain, wearing: *il ~ della vita moderna* the strain of modern life. **3** (*Tecn*) wear, wearing out.

logoro *a.* **1** worn, worn out, worn down. **2** (*rif. a stoffe*) worn out, threadbare, shabby. **3** (*fig*) worn, worn out, wasted, spoiled: *salute logora* wasted health. **4** (*esaurito*) run out.

logorrea *f.* **1** (*Psic*) logorrhea. **2** (*fig*) (*loquacità eccessiva*) verboseness, verbosity.

logorroico (*pl.* **-ci**) *a.* **1** (*Psic*) logorrheic. **2** (*fig,scherz*) (*loquace*) verbose.

logos *m.* (*Filos,Teol*) logos.

logoterapeuta *m./f.* speech therapist.

logotipo *m.* **1** (*Edit*) logotype. **2** (*Comm*) (*in pubblicità*) logo, logotype.

log-out /ˈlɔːɡaut/ *m.inv.* (*Inform*) logout.

Loira *n.pr.f.* (*Geog*) Loire.

Loki *n.pr.m.* (*Mitol.nord*) Loki.

lolita *f.* Lolita, nymphet, nymphette.

lolla *f.* (*Bot*) chaff, husk.

lollardi *m.pl.* (*Stor*) Lollards.

lombaggine *f.* (*Med*) lumbago.

Lombardia *n.pr.f.* (*Geog*) Lombardy.

lombardo I *a.* Lombard, Lombardic: (*Stor*) *lega lombarda* Lombard League. **II** *m.* (*f.* **-a**) Lombard.

lombare I *a.* (*Anat*) lumbar. **II** *f.* (*Med*) (*iniezione lombare*) lumbar injection.

lombata *f.* (*Macell*) loin. □ (*Macell*) *~ di bue arrosto* roast sirloin of beef; (*Macell*) *~ di vitello* loin of veal.

lombo *m.* **1** (*Anat,Macell*) loin. **2** (*scherz,lett*) (*stirpe*) line, stock. **3** *pl.* (*fianchi*) hips.

lombosacrale *a.* (*Anat*) lumbosacral: *plesso ~* lumbosacral plexus.

lombricali *m.pl.* (*Anat*) lumbricales, lumbrical muscles.

lombricicoltore *m.* earthworm breeder.

lombricicoltura *f.* earthworm cultivation, earthworm breeding.

lombrico (*pl.* **-chi**) *m.* (*Zool*) earthworm.

lombricoltura *f.* earthworm cultivation, earthworm breeding.

lomento *m.* (*Bot*) loment, lomentum.

londinese I *a.* London (*attr.*). **II** *m./f.* Londoner.

Londra *n.pr.f.* (*Geog*) London.

long (*Geog*) longitudine long. (longitude).

longa manus (*pl.* **longae manus**) *f.inv.* long arm.

longanime *a.* (*lett*) forbearing, tolerant, (*rar*) longanimous.

longanimità *f.* (*lett*) forbearance, patience, (*rar*) longanimity.

longarina *f.* **1** (*Ferr*) sleeper, (*Am*) tie. **2** (*Edil*) iron girder.

longarone *m.* (*Aer*) (*di fusoliera*) longeron.

long drink *m.inv.* long drink.

longevità *f.* longevity.

longevo *a.* long-lived, longevous: *è una famiglia di longevi* in his family they all live to a ripe old age.

longherina *f.* **1** (*Ferr*) sleeper, (*Am*) tie. **2** (*Edil*) iron girder.

longherone *m.* (*Aer*) (*di fusoliera*) longeron. □ (*Aut*) *~ del telaio* side member; (*Aer*) *~ dell'ala* spar.

longilineo *a.* **1** (*Anat*) long-limbed. **2** (*estens*) (*slanciato*) slender, slim.

longitudinale *a.* **1** (*disposto nel senso della lunghezza*) longitudinal, lengthwise: *taglio ~* lengthwise cut. **2** (*Geog*) longitudinal.

longitudinalmente *avv.* longitudinally, lengthwise.

longitudine *f.* (*Geog,Astr*) longitude. □ *~ celeste* celestial longitude; *a trenta gradi di ~* thirty degrees longitude; *~ est* longitude east; *~ in gradi* longitude in arc; *~ terrestre* earth longitude.

longobardo I *a.* Lombard, Longobard: *invasione longobarda* Longobard invasion. **II** *m.* **1** (*f.* **-a**) Lombard, Longobard. **2** (*lingua*) Longobard.

long play /ˈlɔːŋpleɪ/ **I** *a.inv.* (*colloq,Mus*) long-playing. **II** *m.inv.* (*colloq,Mus*) long-playing record, LP.

long playing /ˈlɔːŋpleɪŋ/ **I** *a.inv.* (*Mus*) long-playing. **II** *m.inv.* (*Mus*) long-playing record, LP.

lontanamente *avv.* **1** distantly, remotely: *~ imparentato* distantly related. **2** (*appena, vagamente*) vaguely, slightly. □ *non immaginare neanche ~ una cosa* to have not the faintest idea of sth., to have no idea of sth.; *non avere neanche ~ l'intenzione* not to have the slightest intention.

lontananza *f.* **1** distance: *scorgere qcu. in ~* to see so. in the distance. **2** (*assenza*) absence. **3** (*fig*) (*separazione*) separation.

lontano I *a.* **1** (*nello spazio*) far-off, far away, distant: *un paese ~* a far-off land. **2** (*di difficile accesso*) remote. **3** (*rif. al cammino da percorrere: in frasi affermative*) a long way, a long way off: *il paese è molto ~* the village is a long way off. **4** (*rif. al cammino*

da percorrere: in frasi negative e interrogative) far, far off, far away: *non è molto ~ da qui* it's not very far from here; *quant'è lontana la chiesa?* how far away is the church? **5** (*rif. al cammino da percorrere: specificando la distanza*) away, off, *talvolta non si traduce*: *è ~ un miglio* it is a mile away; *l'albergo è ~ cento metri dalla posta* the hotel is a hundred metres from the post office. **6** (*nel tempo*) far-off, remote, distant: *in tempi lontani* in far-off times, long ago. **7** (*nel tempo: rif. soltanto al passato*) early: *ricordi lontani* early memories. **8** (*assente*) absent, far-off: *gli amici lontani* absent friends. **9** (*rif. a parentela*) distant, remote. **10** (*fig*) far, away: *era ~ dalle mie intenzioni* it was far from my intentions; *tenersi ~ dalle tentazioni* to keep away from temptation; *sono ben ~ dal credere che...* I certainly don't believe that... **11** (*fig*) (*vago*) vague, remote, slight: *una lontana idea* a vague idea; *non avere neppure una lontana idea* not to have the slightest idea, not to have the foggiest idea. **II** *avv.* **1** far away, far off, a long way off: *vivere ~* to live a long way off. **2** (*dal centro*) far out: *abitare ~ dal centro* to live far out. **3** (*specificando la distanza*) away, off: *~ un metro* one metre away. □ *alla lontana*: 1 (*vagamente*) vaguely, slightly: *accennare qcs. alla lontana* to mention sth. vaguely; 2 (*di parente*) distant: *parente alla lontana* distant relation; 3 (*molto indirettamente*) indirectly, in a roundabout way: *prenderla alla lontana* to approach indirectly, to approach a matter in a roundabout way; *andare ~*: 1 to go far away; 2 (*fig*) to go far: *ha molto talento, sono sicuro che andrà ~* he is very talented and I am sure he will go far; *da* far from, far away from, a long way from; *da ~* from a distance, from far off: *da ~ ci vedo poco* I can't see very well from a distance; *seguire qcu. da ~* to follow so. at a distance; *da ~ mi era sembrata più bella* from far off she seemed more beautiful; *venire da ~* to come from far off; (*fig*) *essere lontani da un accordo* to be far from an agreement; *~ dai pasti* between meals; *in un ~ futuro* in the far-distant future; *sedere lontani l'uno dall'altro* to sit far apart; *in un ~ passato* a long time ago; *più ~* farther, further, (*fig*) further; (*fig*) *stare ~ da qcu.* to keep clear of so.; *tenere ~ qcu. da qcs.* to keep so. away from sth.; *tenere ~ qcu.* to keep so. at a distance, to hold so. off; *è troppo ~ per andare a piedi* it is too far to walk; (*fig*) *~ un miglio* miles away; *l'odore si sente ~ un miglio* you can smell it a mile away. *Prov.*: *~ dagli occhi ~ dal cuore* (o *lontan dagli occhi, lontan dal cuore*) out of sight, out of mind.

lontra *f.* **1** (*Zool*) otter. **2** (*pelliccia*) otter fur.

lonza[1] *f.* (*ant*) (*animale feroce*) leopard.

lonza[2] *f.* **1** (*Gastron*) (*tipo di salume*) pork sausage. **2** (*Macell*) (*lombata*) loin.

look /luk/ *m.inv.* look.

loop /lup/ *m.inv.* (*Inform,Elettron*) loop.

looping /ˈlupiŋ/ *m.inv.* (*Aer*) looping the loop, loop.

loppa *f.* **1** (*pula*) chaff, husk. **2** (*fig*) (*cosa di poco valore*) rubbish. **3** (*Met*) slag, dross.

loppio, loppo *m.* (*Bot*) maple.

loquace *a.* **1** talkative, (*lett*) loquacious. **2** (*fig*) (*significativo*) eloquent, significant: *un'occhiata ~* an eloquent look.

loquacemente *avv.* loquaciously, talkatively.

loquacità *f.* loquacity, loquaciousness, talkativeness.

loquela *f.* (*lett*) (*modo di parlare*) manner of

speech, way of talking; (*pronuncia*) accent.
lord *m.inv.* **1** (*titolo aristocratico britannico*) lord. **2** (*estens*) (*persona che fa sfoggio di eleganza*) lord, gentleman.
lordare (**lórdo**) **I** *v.t.* **1** to dirty, to soil, to filthy, (*lett*) to sully. **2** (*macchiare*) to stain. **3** (*fig*) (*rif. a onore e sim.*) to spoil, (*lett*) to sully. **II** *v.pron.* **lordarsi** to dirty oneself, to soil oneself (*anche fig*).
lordo *a.* **1** (*sudicio*) dirty, filthy, soiled. **2** (*imbrattato*) stained, spattered, besmirched: ~ *di fango* mud-spattered; ~ *d'inchiostro* ink-stained; (*lett*) *mani lorde di sangue* blood-stained hands. **3** (*fig*) (*impuro*) filthy, dirty, besmirched: *coscienza lorda* bad conscience, guilty conscience. **4** (*rif. a peso, guadagno e sim.*) gross: *peso ~* gross weight. □ (*Econ*) *al ~ delle imposte* inclusive of tax.
lordosi *f.* (*Med*) lordosis.
lordotico (*pl.* -**ci**) *a.* (*Med*) lordotic.
lordume *m.* **1** filth, dirt. **2** (*fig*) filth, sink.
lordura *f.* **1** (*sporco*) dirtiness, filthiness, foulness. **2** (*fig*) baseness, vileness, filth. **3** (*persona lorda*) vile person, filthy person; (*collett.,spreg*) scum.
Lorena *n.pr.f.* (*Geog*) Lorraine.
lorenese **I** *a.* Lorraine (*attr.*), of Lorraine. **II** *m./f.* Lorrainer.
Lorenzo *n.pr.m.* Lawrence. □ (*Stor.it*) ~ *il Magnifico* Lorenzo the Magnificent.
lori *m.* (*Zool*) loris. □ (*Zool*) ~ *gracile* slender loris.
lorica *f.* (*Stor.rom,Zool*) lorica.
loricati *m.pl.* (*Zool*) Loricata.
loro I *pron.pers.m./f.pl.* **1** (*oggetto o preceduti da preposizione*) them: *ho visto ~, non voi* I saw them not you; *sono uscito con ~* I went out with them. **2** (*recipr.*) themselves: *bisticciano fra di ~* they quarrel among themselves. **3** (*soggetto: in sostituzione di essi, esse*) they: *l'hanno detto ~* they said it. **4** (*dopo i verbi parere, sembrare*) themselves: *non sembrano più ~* they don't seem themselves any more. **5** (*dopo il verbo essere*) they; (*familiarmente*) them: *se foste in ~* if you were them. **6** (*forma di cortesia: solitamente con L maiuscola*) you: *come ~ desiderano* as you wish. **7** (*nelle comparazioni*) they, them: *facciamo come ~ let's* do as they do; *ammiro voi quanto ~* I admire you as much as them. **II** *a.poss.* **1** (*di essi, di esse*) their: *la ~ famiglia* their family; *con i ~ libri* with their books. **2** (*preceduto da aggettivi numerali, pron. indefiniti e dimostrativi*) of theirs: *due ~ amici* two friends of theirs; *alcuni ~ colleghi* some colleagues of theirs; *questi ~ pensieri* these thoughts of theirs. **3** (*proprietà, possesso*) theirs (*posposto*): *la penna è ~* the pen is theirs. **4** (*forma di riguardo*) your: *le ~ maestà* Your Majesties. **III** *pron.poss.m./f.* **1** theirs: *il nostro giardino è più grande del ~* our garden is bigger than theirs. **2** *pl.* theirs: questi *sono i vostri libri, quelli i ~* these are your books, those are theirs. **3** (*nelle espressioni ellittiche*) their: *sto dalla ~* (*parte*) I am on their side. **4** (*forma di cortesia*) yours. **IV** *m.* **1** (*averi, beni*) their own, their own property, what is theirs, their means, their income. **2** *pl.* (*familiari*) their relatives, their family (*costr.sing.*); (*seguaci*) their supporters, their followers. □ *lo faranno da ~* they will do it by themselves; ~ *due* the two of them, those two, both.
losanga *f.* **1** lozenge, diamond. **2** (*Arald, Geom*) lozenge.
Losanna *n.pr.f.* (*Geog*) Lausanne.
losco (*pl.* -**chi**) *a.* **1** (*bieco*) sinister, surly,

grim: *sguardo ~* sinister look. **2** (*disonesto, sospetto*) shady, (*colloq*) fishy: *affari loschi* shady dealings. □ *un ~ figuro* a suspicious character, (*colloq*) a shady customer.
löss /lɔss/ *m.inv.* (*Min*) loes.
lossodromia, lossodromìa *f.* (*Geom, Geog*) rhumb line, loxodrome.
lossodromico (*pl.* -**ci**) *a.* (*Geom,Geog*) loxodromic, (*rar*) loxodromical.
loto[1] *m.* (*Bot*) lotus (*anche Mitol*).
loto[2] *m.* (*lett*) (*fango*) slough.
Lotofagi *n.pr.m.pl.* (*Mitol*) Lotus Eaters, Lotophagi.
lotta *f.* **1** fight, struggle (*anche fig*): *impegnarsi in una ~* to engage in a struggle; ~ *per il potere* struggle for power. **2** (*campagna organizzata*) campaign: ~ *contro l'analfabetismo* campaign against illiteracy. **3** (*battaglia*) battle, combat. **4** (*Sport*) wrestling. □ ~ *a oltranza* fight to the bitter end; ~ *all'evasione fiscale* fight against tax evasion; ~ *armata* armed struggle; ~ *clandestina* underground struggle; ~ *contro il rumore* noise control; ~ *contro la criminalità* fight against crime; ~ *contro la droga* fight against drug consumption; ~ *contro l'inquinamento* pollution control; ~ *corpo a corpo* hand-to-hand combat; *lotte del lavoro* labour conflicts; (*Stor*) ~ *delle investiture* Investiture contest; ~ *di classe* class struggle, class conflict, (*Pol,Stor*) class war(fare); ~ *elettorale* electoral campaign, electoral battle; *fare la ~* to wrestle; (*Sport*) ~ *giapponese* Japanese wrestling; (*Sport*) ~ *greco-romana* Graeco-Roman wrestling; (*fig*) *essere in ~ con qcu.* to be in conflict with so., to be on bad terms with so.; *lotte intestine* civil strife; (*Sport*) ~ *libera* all-in wrestling; ~ *per il potere* struggle for power; ~ *per la sopravvivenza* struggle for survival; (*Stor*) ~ *per le investiture* War of Investitures; ~ *per l'esistenza* struggle for life; ~ *per l'indipendenza* struggle for independence; (*fig*) ~ *persa* losing battle; (*fig*) ~ *senza quartiere* fight without quarter, all-out battle; *lotte sindacali* union struggles.
lottare (**lòtto**; *aus. avere*) *v.i.* **1** to fight, to struggle: ~ *contro i nemici* to fight the enemies, ~ *con i nemici* to fight with the enemies, to fight against the enemies; ~ *contro le onde* to battle against the waves. **2** (*per diritti, cause e sim.*) to campaign, to fight: ~ *per i propri diritti* to fight for one's rights; ~ *per una buona causa* to fight for a good cause, to fight in a good cause. **3** (*fig*) to battle (*contro against, with*): ~ *contro la miseria* to fight against poverty; ~ *contro la morte* to battle with death. **4** (*Sport*) to wrestle. □ ~ *col sonno* to fight off sleep; ~ *con se stesso* to struggle with oneself.
lottatore *m.* (*f.* -**trice**) **1** fighter, struggler (*anche fig*). **2** (*Sport*) wrestler.
lotteria *f.* **1** (*gioco a premi*) lottery; (*collegata a corse di cavalli*) sweepstake, (*Am*) sweepstakes: *giocare alla ~* to buy a lottery ticket. **2** (*fig*) (*vicenda il cui esito è legato al caso*) lottery. □ ~ *di beneficenza* charity lottery; ~ *istantanea* scratch-card lottery.
lottizzare (**lottìzzo**) *v.t.* to divide (sth.) into lots, to lot.
lottizzazione *f.* **1** lotting, division into lots. **2** (*area lottizzata*) land divided into lots, allotments *pl.* **3** (*Pol,spreg*) patronage.
lotto *m.* **1** (*gioco*) Italian national lottery: *giocare al ~* to play the lottery. **2** (*appezzamento di terreno*) lot, allotment; (*per scopo edilizio*) lot, site: *dividere in lotti* to divide into lots, to parcel off. **3** (*Comm*) lot, batch, parcel. □ *a lotti* in lots; (*Econ*) ~ *di con-*

trattazione round lot, even lot, trading lot.
lozione *f.* lotion. □ ~ *dopobarba* aftershave lotion; ~ *per capelli* hair lotion; ~ *prebarba* pre-shave lotion.
LP *m.inv.* (*Mus,colloq*) (*disco*) LP, long-playing record.
LS *Lesotho* LS (Lesotho).
LSD *dietilammide dell'acido lisergico* LSD (lysergic acid diethylamide).
LT *Lituania* LT (Lithuania).
Ltd. (*Econ*) *responsabilità limitata* ltd., Ltd. (limited liability), (*Am*) Inc. (incorporated).
Lubecca *n.pr.f.* (*Geog*) Lübeck.
Lubiana *n.pr.f.* (*Geog*) Ljubljana.
lubricità *f.* (*rar,lett*) (*indecenza, oscenità*) lewdness, lubricity.
lubrico, lubrico (*pl.* -**ci**) *a.* (*rar,lett*) (*indecente, osceno*) lewd, lubricious, lubricous: *discorsi lubrici* lewd talk.
lubrificante I *a.* lubricant, lubricating. **II** *m.* lubricant; (*viscoso*) grease; (*liquido*) oil.
lubrificare (**lubrìfico, lubrìfichi**) *v.t.* (*Tecn*) to lubricate; (*con grasso*) to grease.
lubrificatore *a.* lubricant, lubricating: *apparecchio ~* lubricating machine, lubricator.
lubrificazione *f.* lubrication; (*con grasso*) greasing. □ (*Mecc*) ~ *forzata* forced lubrication; (*Mecc*) ~ *in bagno d'olio* oil bath lubrication.
Luca *n.pr.m.* Luke (*anche Bibl*).
lucchetto *m.* padlock, lock. □ *mettere il ~ a qcs.* to padlock sth.; (*fig*) *mettere il ~ alla bocca di qcu.* to seal so.'s lips.
luccicante *a.* sparkling, glittering.
luccicare (**lùccico, lùcchi**; *aus.* avere) *v.i.* **1** to sparkle, to glitter, to twinkle: *gli occhi le luccicavano per la gioia* her eyes sparkled with joy. **2** (*rif. alle stelle*) to twinkle.
luccichio *m.* glitter, glittering, sparkle, twinkling.
luccicone *m.spec.pl.* tear, large tear, teardrop.
luccio *m.* (*Itt*) pike.
lucciola *f.* **1** (*Entom*) firefly, glow worm, (*Am*) lightning bug. **2** (*Cin,Teat*) (*maschera*) usherette. **3** (*eufem*) (*prostituta*) streetwalker. □ (*fig*) *prendere lucciole per lanterne* to get the wrong end of the stick; (*fig*) *mostrare lucciole per lanterne* to take so. in, to throw dust in so.'s eyes.
luce *f.* **1** light (*anche Fis*). **2** (*lucentezza, splendore*) glitter, brightness, gleam: *aveva una strana ~ negli occhi* there was a strange gleam in his eyes. **3** (*rif. a pietre preziose*) brilliance. **4** (*luce del sole*) light, sunlight, daylight: *lasciare entrare la ~* to let in the light. **5** (*estens*) (*luce artificiale*) light: *alla ~ delle torce* by torchlight; *alla ~ della lampada* by lamplight. **6** (*fig*) light: *la ~ della fede* the light of faith. **7** (*finestra, vetrina*) window: *negozio a due luci* two-window shop. **8** (*Edil*) span. **9** (*poet*) (*vista*) sight. **10** (*fig,poet*) (*Dio*) Light. **11** *pl.* (*occhi*) eyes. □ ~ *a gas* gas light; *a luci rosse*: 1 (*pornografico: di quartiere, locali*) red-light (*attr.*); 2 (*di film*) hard-core (*attr.*); (*Aut*) *luci abbaglianti* (*Br*) headlights, (*Am*) high beam headlights; ~ *ad arco* arc light; (*Arch*) ~ *dell'arco* span of the arch; ~ *al neon* neon light, neon lighting; *alla ~ dei fatti* in the light of the facts, in light of the facts; (*Aut*) *luci anabbaglianti* (*Br*) dipped headlights, (*Am*) low beam headlights; ~ *artificiale* artificial light; (*Fis*) ~ *bianca* white light; ~ *crepuscolare* twilight; ~ *cruda* naked light, harsh light; *dare ~ a una stanza* to let some light into a room; *dare alla ~* (*un figlio*) to give birth; ~ *degli occhi* sight, eyesight; (*fig*) ~ *dei miei occhi!* light of my life!, light of my eyes!; ~ *del giorno* daylight; (*fig*) *agire alla ~*

del giorno to act publicly, to act openly; (*Aut*) *~del quadro* instrument panel light; (*fig*) *alla ~del sole* (*apertamente*) openly, for all to see, publicly: *agire alla luce del ~* to do sth. openly; *le luci della ribalta*: 1 (*Teat*) the footlights; 2 (*fig*) the limelight; *alla ~ delle fiaccole* by torchlight; *~delle stelle* starlight; (*Aut*) *luci di arresto* brake lights; (*Aut*) *~ di cortesia* courtesy lamp; (*Aut*) *luci di direzione* direction lights, indicators; *luci di emergenza*: 1 (*Aut*) hazard warning lights; 2 emergency lights; (*Aut*) *~di ingombro* clearance light; (*Aut*) *luci di posizione* sidelight; (*Am*) parking lights; (*Aut*) *~di retromarcia* reversing light, (*Am*) backup light; (*Teat*) *luci di scena* stage lights, stage lighting; (*Fis*) *~di sincrotrone* synchrotron light; (*Aut*) *~ di targa* (*Br*) number-plate light, (*Am*) license plate light; *~ diffusa* diffused lighting, indirect light; *~ diretta* direct light; *~ elettrica* electric light; *~ falsa* bad light (*anche fig*); *fare ~* to light, to light up; (*fig*) *fare ~ su qcs.*: 1 (*chiarire*) to throw light on sth., to shed light on sth., to cast light on sth.; 2 (*risolvere*) to clear sth. up; (*Aut*) *luci fendinebbia* fog lights; *~ fissa* fixed light; (*Fis*) *~ fredda* cold light; *~ indiretta* indirect light, indirect lighting; *~ intermittente* intermittent light; *~ lunare* moonlight; *mettere in ~ qcs.* to emphisize sth., to stress sth.; *mettersi in ~* to make oneself noticed, to come to the fore; (*Fis*) *~nera* black light; (*Fot*) *prendere ~* to be exposed, to be exposed to the light; *prendere ~ da qcs.* to be lit by sth.; *brillare di ~propria* to shine in one's own light (*anche fig*); *luci psichedeliche* psychedelic lights; *brillare di ~ riflessa* to glitter with reflected light; *~rossa* (*di semaforo*) stoplight; *venire alla ~*: 1 (*nascere*) to be born; 2 (*essere pubblicato*) to be issued, to be published, to come out; 3 (*fig*) (*manifestarsi*) to come to light, to see the light of day; *~visibile* visible light.
lucente *a.* shining, bright, brilliant: *metallo ~* shining metal; *occhi lucenti* bright eyes.
lucentezza *f.* 1 brightness, brilliance, lustre, gloss. 2 (*rif. a cosa lucidata*) shine, polish. 3 (*rif. a stoffe*) sheen, gloss.
lucerna *f.* 1 oil lamp. 2 (*colloq,scherz*) (*cappello: dei preti*) biretta; (*dei carabinieri*) cocked hat. 3 (*Itt*) (*uranoscopo*) stargazer. □ (*Bibl,fig*) *mettere la ~ sotto il moggio* to hide one's light under a bushel.
Lucerna *n.pr.f.* (*Geog*) Lucerne.
lucernario *m.* (*Edil*) skylight.
lucertola *f.* 1 (*Zool*) lizard. 2 (*pelle*) lizard skin, lizard.
lucherino *m.* (*Ornit*) siskin, aberdevine.
Lucia *n.pr.f.* Lucy.
Luciano *n.pr.m.* (*Stor*) Lucian (*anche Stor,lett*).
lucidalabbra *m.inv.* (*Cosmet*) lip gloss.
lucidamente *avv.* lucidly.
lucidare (*lùcido*) *v.t.* 1 to polish, to shine. 2 (*rif. a pavimenti*) to polish; (*con cera*) to wax. 3 (*riprodurre un disegno su carta trasparente*) to trace.
lucidatoio *m.* (*Tecn*) tracing table.
lucidatore *m.* (*f.* **-trice**) polisher.
lucidatrice *f.* polisher; (*per pavimenti*) floor polisher.
lucidatura *f.* 1 polishing. 2 (*rif. a pavimenti*) polishing; (*con cera*) waxing, wax finishing, wax polishing. 3 (*nei disegni*) tracing.
lucidezza *f.* (*rar,ant*) shine, brightness, sheen: *perdere la ~* to lose one's shine, to become dulled; (*rif. a pelo di animali*) gloss, glossiness.
lucidista *m./f.* tracer.
lucidità *f.* lucidity, clearness; *~ di pensiero* clearness of thought, clear-headedness; *momenti di ~* lucid intervals; *conservare la*

(*propria*) *~ fino alla morte* to have one's mental faculties until death, to remain lucid until death; *giudicare con ~* to judge clear-sightedly.
lucido I *a.* 1 shining, bright, glossy: *avere gli occhi lucidi* to have shining eyes, to have bright eyes. 2 (*lucidato*) polished: *scarpe lucide* shining shoes, well-polished shoes. 3 (*rif. a pelo di animali*) glossy. 4 (*rif. al viso*) shiny: *avere il naso ~* to have a shiny nose. 5 (*fig*) (*chiaro*) lucid, clear: *una lucida esposizione dei fatti* a clear statement of the facts; *mente lucida* lucid mind. **II** *m.* 1 (*lucentezza*) shine, brightness, lustre, gloss; (*rif. a cosa: lucidata*) polish. 2 (*sostanza*) polish; (*per scarpe*) polish, shoe polish, shoe cream, cream shoe polish. 3 (*disegno*) tracing. 4 (*per proiettore*) transparency. □ *~ come uno specchio* shining, bright: *tenere la casa lucida come uno specchio* to keep one's house spick and span; *dare il ~ a un mobile* to polish a piece of furniture; *dare il ~ alle scarpe* to polish one's shoes, to give one's shoes a polish; (*fig*) *essere ~* to be clear-headed, to be lucid.
luciferino *a.* satanic, devilish.
Lucifero *n.pr.m.* (*Bibl,Astr,ant*) Lucifer.
lucignolo *m.* wick.
lucilia *f.* (*Entom*) greenbottle fly, greenbottle.
Lucio *n.pr.m.* (*Stor*) Lucius.
lucioperca (*pl.* **le luciopèrche**) *f./m.* (*Itt*) zander.
lucrabile *a.* that can be gained.
lucrare (*lùcro*) *v.t.* 1 (*guadagnare*) to make, to earn, to gain. 2 (*rif. a beni spirituali*) to gain, to win. 3 (*speculare*) to profit, to take advantage.
lucrativo *a.* lucrative, profitable.
Lucrezia *n.pr.f.* (*Stor.rom*) Lucretia.
Lucrezio *n.pr.m.* (*Stor*) Lucretius.
lucro *m.* profit, gain, (*ant,scherz*) lucre: *trarre ~ da qcs.* to make money out of sth. □ (*Econ*) *~ cessante* lost profit, profit loss; *per ~* for money, for profit.
lucroso *a.* lucrative, profitable.
luculliano *a.* Lucullan, Lucullian, sumptuous, lavish: *pranzo ~* sumptuous dinner.
Lucullo *n.pr.m.* (*Stor.rom*) Lucullus.
lucumone *m.* (*Stor*) lucumo.
luddismo *m.* (*Stor*) Luddism, Ludditism.
luddista *m./f.* (*Stor*) Luddite.
ludibrio *m.* 1 mockery, scorn. 2 (*oggetto di scherno*) laughing stock, butt, mockery: *esporre al pubblico ~* to expose to public ridicule. □ *mettere in ~* to hold up to ridicule, to mock.
ludico *a.* 1 (*relativo al gioco*) play (*attr.*), playing. 2 (*giocoso*) playful.
ludo *m.* (*Stor.rom*) game. □ *ludi scenici* theatrical performances, plays; *ludi secolari* secular games.
ludologo (*pl.* **-gi**) *m.* play therapist.
ludoteca *f.* 1 (*per bambini*) toy library. 2 (*per adulti*) pubs or bars where board games are at customers' disposal.
ludoterapia *f.* (*Med,Psic*) play therapy.
lue *f.* (*Med*) lues, syphilis.
luetico (*pl.* **-ci**) **I** *a.* (*Med*) syphilitic. **II** *m.* (*f.* **-a**) (*Med*) syphilitic.
luffa *f.* (*Bot*) loofah (*anche estens*).
luganega, luganiga *f.inv.* (*Gastron*) Italian thin (pork) sausage.
lugarino *m.* (*Ornit*) siskin, aberdevine.
lugliatico (*pl.* **-ci**) *a.* (*Agr*) that ripens in July.
luglienga *f.* (*Agr*) grape that ripens in July.
luglio *m.* July: *ai primi di ~* at the beginning of July. □ *di ~* (*o in ~*) in July, July (*attr.*).

lugubre *a.* 1 mournful, gloomy, (*lett*) lugubrious: *spettacolo ~* mournful sight. 2 (*deprimente*) dismal.
lugubremente *avv.* mournfully, dismally.
lui *pron.pers.m.* 1 (*con preposizione o complemento oggetto*) him: *dallo a ~* personalmente give it to him personally; *l'ha fatto per ~* he did it for him; *cercano proprio ~* they are looking for him; *ho incontrato ~* I met him. 2 (*soggetto*) he: *nemmeno ~ lo sa* even he doesn't know; *l'ha detto ~* he said it, (*enfat*) he said it himself; (*esclam.*) him: *è ~!* it's him! 3 (*nelle comparazioni*) he, him: *è alta più di ~* she is taller than him, she is taller than he is. 4 (*dopo i verbi parere, sembrare*) himself: *non sembra più ~* he doesn't seem himself any more. 5 (*dopo il verbo essere*) he, (*colloq*) him: *se io fossi ~* if I were he, if I were him. □ (*burocr*) *il di ~ figlio* his son; (*iron*) *~può* he's got a lot of pull.
lui *m.* (*Ornit*) leaf warbler. □ (*Ornit*) *~ grosso* willow warbler, willow wren; (*Ornit*) *~ piccolo* chiffchaff.
luigi *m.inv.* (*Numism*) louis, louis d'or.
Luigi *n.pr.m.* Lewis, Louis.
Luisa *n.pr.f.* Louise, Louisa.
lumaca *f.* 1 (*Zool*) slug. 2 (*colloq*) (*chiocciola*) snail. 3 (*fig*) (*persona molto lenta*) snail, slowcoach, (*Am*) slowpoke, (*ant*) sluggard. □ (*Mat*) *~ di Pascal* limaçon.
lumachella *f.* (*Min*) lumachel, lumachella, fire marble.
lumacone *m.* 1 (*Zool*) slug. 2 (*f.* **-a**) (*fig*) (*persona lenta*) snail, (*Br*) slowcoach, (*Am*) slowpoke.
lumaio *m.* (*ant*) 1 (*fabbricante*) lamp maker. 2 (*riparatore*) lamp repairer. 3 (*venditore*) lamp seller.
lume *m.* 1 light. 2 (*lampada*) lamp. 3 (*chiarore*) light, faint light, pale light: *a ~ di candela* by candlelight; *il ~ delle stelle* the pale light of the stars, starlight. 4 (*fig,lett*) (*luminare*) great man, great figure, luminary, leading light: *i lumi della scienza* the great figures of science. 5 (*fig,lett*) (*ammaestramento, consiglio*) enlightenment, advice: *chiedere ~ a qcu.* to ask so. for advice, to seek so.'s advice; *perdere il ~ della ragione* to lose one's temper, to be beside oneself. 6 (*Anat*) lume. □ (*fig*) *a ~ di naso* by rule of thumb; *~ a gas* gas-light; *~ a petrolio* petroleum lamp; (*ant*) *fare ~* to light, to light so.'s way: *fammi ~ per le scale* light me down the stairs.
lumeggiamento *m.* 1 (*fig,rar*) (*chiarimento*) throwing light on. 2 (*Pitt,rar*) highlighting.
lumeggiare (*lumèggio, lumèggi*) *v.t.* 1 (*Pitt*) to highlight. 2 (*in cartografia*) to shade. 3 (*fig*) (*dare rilievo*) to highlight, to bring out. 4 (*fig*) (*chiarire*) to throw light on.
lumen *m.* (*Fis*) lumen.
lumen Christi *m.inv.* (*Rel.catt*) Paschal candle.
lumicino *m.* small light: (*fig*) *essere ridotto al ~* to be at death's door; (*fig*) *cercare qcs. col ~* to hunt for sth. high and low.
lumiera *f.* (*region*) (*lampadario*) chandelier.
luminal *m.* (*Farm*) luminal.
luminanza *f.* (*Ott*) luminance.
luminare *m.* luminary: *un ~ dell'astronomia* a luminary in astronomy.
luminaria *f.* 1 (*illuminazione pubblica per feste*) illuminations *pl.* 2 (*quantità di lumi accesi*) lights *pl.*, sea of lights.
luminescente *a.* (*Fis*) luminescent.
luminescenza *f.* (*Fis*) luminescence: *~ catodica* cathode luminescence; *lampada a ~* glow lamp.

luminismo m. (*Pitt*) luminarism.

luminista m./f. (*pittore luminista*) luminarist.

luministica f. (*Teat*) art of stage lighting.

lumino m. 1 small oil lamp. 2 (*funebre*) grave lamp. ☐ ~ *a olio* oil lamp, small oil lamp; ~ *da notte* night light.

luminosamente avv. 1 luminously, brightly. 2 (*fig*) clearly.

luminosità f. 1 luminosity, brightness, luminousness, brilliance: *la ~ del cielo* the brightness of the sky. 2 (*Fot*) F-number. 3 (*Fis,Astr*) luminosity. 4 (*TV*) brightness, brilliance: *controllo della ~* brightness control, brilliance control.

luminoso a. 1 bright, shining, luminous: *una stella luminosa* a shining star. 2 (*pieno di luce*) bright, well-lit, luminous: *un ambiente ~* a bright room. 3 (*fig*) (*smagliante, radioso*) radiant, dazzling: *sguardo ~* radiant look; *sorriso ~* dazzling smile. 4 (*fig*) (*evidente, chiaro*) clear, obvious: *una verità luminosa* an obvious truth. 5 (*fig*) (*insigne*) shining: *un ~ esempio di bontà* a shining example of goodness. 6 (*Fis*) luminous, light (*attr.*), of light: *raggio ~* luminous ray, light-ray.

luna f. 1 (*Astr*) moon. 2 (*Astr,estens*) (*satellite naturale di qualsiasi pianeta*) moon. 3 (*lunazione*) lunation, moon; (*mese*) month, lunar month. 4 (*fig*) (*luogo fuori dalla realtà*) world of one's own, clouds *pl.*: *vivere nella ~* to live in a world of one's own, to live in the clouds. 5 (*fig*) (*malumore*) moodiness, bad mood, bad temper: *oggi ha la ~* (o *oggi ha la ~ di traverso*) today he is in a bad mood, (*colloq*) today he got out of bed on the wrong side. ☐ (*Astr*) ~ *calante* waning moon, moon on the wane; (*Astr*) ~ *crescente* crescent, waxing moon; (*scherz*) *vieni dalla ~?* are you from another world?, are you from Mars?; (*fig*) ~ *di miele* honeymoon; (*Astr*) ~ *falcata* crescent moon; (*fig*) *mostrare la ~ nel pozzo* to make so. believe that the moon is made of green cheese; (*fig*) *essere nella ~* to have one's head in the clouds, to be absent-minded; (*Astr*) ~ *nuova* new moon; (*Astr*) ~ *piena* full moon: *con la ~ piena* at full moon; (*fig*) *faccia di ~ piena* face like a full moon; *senza ~* moonless; *scendere sulla ~* to land on the moon, to make a moon landing.

luna park m.inv. fair, fun-fair, amusement park, (*Am*) carnival.

lunare a. lunar, moon (*attr.*), of the moon: *mese ~* lunar month; *sonda ~* moon probe; *i crateri lunari* the moon craters.

lunaria f. 1 (*Bot*) (*felce dei pascoli alpini*) moonwort. 2 (*Bot*) (*pianta erbacea ornamentale*) honesty.

lunario m. almanac: (*fig*) *sbarcare il ~* to scrape through, to scrape a living, to manage to make both ends meet, to keep the wolf from the door.

lunarista m./f. compiler of almanacs.

lunatico (*pl.* -**ci**) a. moody, temperamental; (*litigioso*) cantankerous: *essere ~* to be moody, to have continual ups and downs.

lunato a. crescent-shaped.

lunazione f. (*Astr*) lunation, lunar month.

lunedì m. Monday. ☐ *di ~* on Monday: *aperto di ~* (*Br*) open on Mondays, (*Am*) open Monday; ~ *di Pasqua* Easter Monday; *il ~* on Monday: *aperto il ~* (*Br*) open on Mondays, (*Am*) open Monday; *ogni ~* on Mondays, (*Am*) Monday; ~ *pomeriggio* Monday afternoon; ~ *prossimo* next Monday; ~ *scorso* last Monday; *un ~* one Monday.

lunetta f. 1 (*Arch*) lunette; (*finestra*) fanlight. 2 (*Pitt*) lunette. 3 (*Orol*) bezel. 4 (*Lit*) lunette. 5 (*Tecn*) (*pezzo del tornio*) steady

---

rest. 6 (*Sport*) (*nel basket*) semicircle.

lunga f. (*Mus,Fon*) long.

lungaggine f. 1 slowness; (*ritardo*) delay. 2 (*rar*) (*prolissità*) prolixity. ☐ *lungaggini burocratiche* bureaucratic delays, (*colloq*) red tape.

lungagnata f. 1 (*colloq*) (*discorso*) rigmarole. 2 (*estens,colloq*) (*faccenda che va per le lunghe*) long-drawn-out affair.

lungamente avv. for a long time, long.

lunghezza f. 1 length (*anche Geom,Sport, Fon*): *la ~ di una trave* the length of a beam; *vincere per una ~* to win by a length; *che ~ ha?* how long is it? 2 (*dei capelli*) hair shafts: *sulle lunghezze* in the hair shafts, within the hair shafts. ☐ *la trave misura tre metri di ~* the beam is three metres in length, the beam is three metres long; (*Tip*) ~ *di colonna* column length; (*Fis*) ~ *d'onda* wavelength; (*fig*) *essere sulla stessa lunghezza d'~* to be on the same wavelength, to be tuned in; (*Ott*) ~ *focale* focal length; (*Mar*) ~ *fuoritutto* overall length; *la trave misura tre metri in ~* the beam is three metres in length, the beam is three metres long; ~ *media* average length; *di media ~* of average length; *percorrere la via per tutta la sua ~* to go all the way down the street; ~ *totale* overall length, total length; ~ *utile* working length.

lunghino m. (*Svizz.it,Alim*) white roll.

lungi avv. (*lett*) far, far off, far away: *la casa era poco ~* the house was not very far away. ☐ ~ *da* far from far away from: ~ *da me questo sospetto!* far be it from me to suspect such a thing!; *sono ~ dal pensare una cosa simile* I wouldn't dream of thinking such a thing; *ero ~ dal pensare che...* I little thought that...; *sono ben ~ dal credere che...* I am certainly not going to believe that...

lungimirante a. far-sighted.

lungimiranza f. far-sightedness.

lungo¹ (*pl.* -**ghi**) I a. 1 long (*anche Metr,Fon*): *questa fune è lunga tre metri* this rope is three metres long; *portare i capelli lunghi* to have long hair; *il film era molto ~* the film was very long. 2 (*lungo e molesto*) long-drawn-out, lengthy: *una lunga guerra* a long-drawn-out war. 3 (*alto di statura*) tall, (*colloq*) long. 4 (*colloq*) (*lento*) slow; *è ~ nel mangiare* he's slow at eating; *quanto sei ~!* how slow you are!; *essere ~ a venire* to take a long time, to take a long time coming; *sei troppo ~ a vestirti* you take too long to dress, you take too long dressing. 5 (*colloq*) (*prolisso*) long-winded. 6 (*Abbigl*) long, full-length. 7 (*che arriva lontano*) long, far-reaching: *tiro ~* long shot. 8 (*diluito*) weak, watery, (*Am*) thin: *caffè ~* weak coffee. II m. 1 length. 2 (*Sport*) (*nella pallacanestro*) lenght. ☐ *a ~:* 1 (*per molto tempo*) for a long time, long, for long; 2 (*per esteso*) at length: *spiegare a ~ qcs.* to explain sth. at length; *a ~ andare* in the long run; (*Alim*) *a lunga conservazione* with a long shelf life; *latte a lunga conservazione* milk with a long shelf life, long shelf life milk; *a ~ raggio* long-range (*attr.*); *una faccenda lunga a risolversi* a long- drawn-out business, a lengthy business; *a lunga scadenza*: 1 long-term, long, long-dated; 2 (*Alim*) with a long shelf-life: *prodotti a lunga scadenza* products with a long shelf-life; 3 (*fig*) long-term: *un progetto a lunga scadenza* a long-term plan; *a ~ termine* long-term (*attr.*), long, long-dated); *alla lunga* in the long run; *per lung'anni* for many years; *non lo vedo da due lunghi anni* I haven't seen him for two whole years; (*colloq*) ~ *come la fame* very long, interminable; (*fig*) ~ *come la quaresima*: 1 (*nel tempo*) never-ending, slow as molasses; 2 (*lento*) as slow

---

as a snail; ~ *come una pertica* as tall as a lamp post; (*Mar*) *di ~ corso* sea-going, deep-sea (*attr.*); *amicizia di lunga data* long-standing friendship; *di lunga durata*: 1 long-lived, long-lasting; 2 (*rif. a stoffe e sim.: resistenza*) well-wearing, with plenty of wear in it; *una lampadina a lunga durata* a long-life bulb; (*Arm*) *cannone di lunga portata* long-range cannon; ~ *disteso* full length, flat: *cadere ~ disteso* to fall headlong, to fall flat, to fall flat on one's face; *giaceva ~ disteso* he was lying full length; (*colloq*) *farla lunga* to rabbit on, to rub (sth.) in; *in ~ e in largo*: 1 far and wide, everywhere, all over, throughout: *girare in paese in ~ e in largo* to travel all over a country; 2 (*fig*) (*nei dettagli*) in full detail, in every detail, thoroughly: *conoscere qcs. in ~ e in largo* to know sth. thoroughly; *essere la lunga mano di qcu.* to act for so. else, to do so. else's nasty work; (*Stor*) *la lunga marcia* the long march (*anche fig*); *nel ~ periodo* in the long term; *per il ~* lengthways, lengthways on, lengthwise: *segare un asse per il ~* to saw a plank lengthways; *per le lunghe* for a long time: *andare per le lunghe* to drag on, to take ages; *tirare qcs. per le lunghe* to spin sth. out, to draw sth. out; *più a ~* longer, more: *non aspetterò più a ~* I shan't wait any longer; *avere lunga vita* to have a long life: *lunga vita al re!* long live the King!

lungo² prep. 1 along, by, by the side of, beside: ~ *la riva* along the bank; *camminare ~ il muro* to walk beside the wall; ~ *la costa* along the coast, coastwise. 2 (*verso il basso*) down: *le lacrime le scendevano ~ le guance* tears were dribbling down her cheeks. 3 (*durante*) during; (*per l'intera durata*) throughout: ~ *il viaggio* during the journey; ~ *tutto il secolo sedicesimo* throughout the sixteenth century.

lungocosta I avv. coastal: *navigare ~* to coast. II a. coastal, littoral, coast (*attr.*), shore (*attr.*): *crociera ~* coastal cruise; *strada ~* coast road. III m. shoreline.

lungodegente m./f. (*Med*) long-term patient.

lungodegenza f. (*Med*) long-term hospitalization, long hospitalization.

lungofiume m. riverside, (*artificiale*) embankment.

lungolago (*pl.* -**ghi**) m. 1 (*territorio adiacente al lago*) lakeside. 2 (*passeggiata*) promenade.

lungomare m. 1 (*territorio adiacente al mare*) seafront, waterfront. 2 (*passeggiata a mare*) promenade.

lungometraggio m. (*Cin*) feature, feature film, full-length film.

lungotevere m. Tiber embankment.

lunotto m. (*Aut*) rear window. ☐ (*Aut*) ~ *termico* heated rear window.

lunula f. 1 lunette, crescent-shaped object. 2 (*Geom*) lune, lunule. 3 (*Anat*) lunula, lunule, (*pop*) half-moon.

luogo (*pl.* -**ghi**) m. 1 place, spot, locality: *un ~ umido* a damp place; *un ~ ameno* a pleasant spot. 2 (*determinato dall'azione che vi avviene*) scene, site: ~ *del delitto* scene of the crime. 3 (*rar,lett*) (*posto, spazio*) room: *c'è ~ per tutti* there is room for everyone. 4 (*punto*) place, spot: *il quadro è stato restaurato in più luoghi* the picture has been restored in several places. 5 (*punto: rif. a parti del corpo*) part, place. 6 (*edificio, parte di edificio*) place: ~ *di divertimento* place of amusement. 7 (*passo di uno scritto*) passage. 8 (*Geom*) locus. ☐ ~ *aperto al pubblico* public place; *avere ~* to take place, to occur: *l'incontro avrà ~ domani* the meeting will take place tomorrow; ~ *co-*

mune commonplace, cliché, platitude: *un discorso pieno di luoghi comuni* (*Br*) a speech full of commonplaces, (*Am*) a speech full of clichés; *da un ~ all'altro* from one place to another; *dare ~*: 1 (*cedere il posto*) to give place (*a* to), to make way; 2 (*dar motivo*) to give rise (*a* to), to cause (sth.), (*condurre a*) to lead (to); *del ~* local: *autorità del ~* local authorities; *essere del ~* to be a local, to be a native: *non sono del ~* I'm a stranger here, I don't live here; *~ dell'appuntamento* meeting-place, rendezvous; (*Teat*) *~ dell'azione* place of action; *~ dell'incidente* scene of the accident, place where the accident took place; (*Gramm*)*di ~* of place: *avverbio di ~* adverb of place; *~di approdo* landing place; *~di battaglia* battlefield; *luoghi di culto* places of worship; (*eufem*) *~di decenza* toilet; *di destinazione* destination, place of destination; *~ di emissione* place of issue; *~ di nascita* place of birth, birthplace; *~di partenza* place of departure; *~di pena* (*carcere*) prison, (*Am*) penitentiary; *~ di perdizione* place of perdition, place of ill-fame; *~di raduno* meeting place; *~ di residenza* residence, place of residence, dwelling place; *~di villeggiatura* holiday resort; *~ d'incontro* meeting point, meeting place; *luoghi d'interesse turistico* sights; *~ d'origine* place of origin; *fare ~ a qcu.*: 1 (*fare posto*) to make room for so.; 2 (*fare passare*) to make way for so., to let so. pass: *fate ~!* make way!; (*ant*)*farsi ~*: 1 to make one's way; 2 (*a forza*) to push one's way; *in ~di*: 1 (*invece di*) instead of; 2 (*rif. a persona*) in the place of, instead of, in the stead of; (*ant*) *vengo in ~ di mio padre* I am here in my father's stead, I am here in place of my father; *in ogni ~* everywhere; *in questo ~* in this place, here; *nel ~ citato* in the place cited; (*Dir*)*non ~ a procedere* non-suit, no case: *dichiarare un non ~ a procedere* to dismiss a case, to quash an indictment; *~pubblico* public place; *~sacro*: 1 sacred place; 2 (*destinato al culto*) place of worship; *Luoghi Santi* Holy Places; *sul ~* on the spot; *tenere il ~ di qcu.* (*farne le veci*) to act for so., to take so.'s place.

luogotenente *m.* 1 (*chi sostituisce temporaneamente*) lieutenant, deputy, vice, representative. 2 (*Mil*) lieutenant.

luogotenenza *f.* lieutenancy (*anche Mil*).

lupa *f.* 1 she-wolf, she wolf. 2 (*fig,lett*) meretrix. 3 (*Agr*) (*carie dell'ulivo*) dry rot. □ (*Art*) *la ~capitolina* the she-wolf who suckled Romulus and Remus, the Capitoline she wolf.

lupacchiotto *m.* (*cucciolo*) wolf cub; (*giovane lupo*) young wolf.

lupanare *m.* (*lett*) lupanar, brothel.

lupara *f.* 1 (*cartuccia*) buckshot. 2 (*fucile*) (*Br*) sawn-off shotgun, (*Am*) sawed-off shotgun. □ (*estens*) *~ bianca* kidnapping and killing of a person performed by the Mafia.

luparia *f.* (*Bot*) wolfsbane.

Lupercali *m.pl.* (*Stor.rom*) (*anche feste lupercali*) Lupercalia.

lupetto *m.* 1 wolf cub; (*cucciolo di cane lupo*) Alsatian pup, German shepherd pup. 2 (*boy scout*) Cub Scout, (*ant*) Wolf Cub. 3 (*Abbigl*) mock turtleneck.

lupinaio *m.* (*f. -a*) lupin seller.

lupinella *f.* (*Bot*) sainfoin.

lupino[1] *m.* 1 (*Bot*) lupin, (*Am*) lupine. 2 (*region*) (*tipo di mitile*) tiny clam.

lupino[2] *a.* of a wolf, wolf's, wolfish, lupine.

lupinosi *f.* (*Veter*) lupinosis.

lupo *m.* 1 (*f. -a*) (*Zool*) wolf. 2 (*pelliccia*) wolf skin, wolf. 3 (*Tess*) willow. □ *al ~!* wolf! wolf!; (*fig*) *gridare al ~* to cry wolf; *mangiare come un ~* to eat like a horse; (*fig*)

da lupi foul: *tempo da lupi* foul weather; *~ delle praterie* (*coyote*) coyote, prairie wolf; (*fig*) *~di mare* (*vecchio marinaio*) old salt, sea dog; (*fig*) *un ~in veste di agnello* a wolf in sheep's clothing; *~ mannaro* werewolf, lycantrope; (*fig*) *un ~travestito da agnellino* a wolf in sheep's clothing. *Prov.: il ~ perde il pelo, ma non il vizio* the leopard doesn't change its spots; *~ non mangia ~* dog doesn't eat dog.

luppolo *m.* (*Bot*) hop.

lupus[1] *m.inv.* (*Med*) lupus. □ (*Med*) *~eritematoso* lupus erythematosus; (*Med*) *~volgare* lupus vulgaris.

lupus[2] □ *~in fabula* speak of the devil, and he's sure to appear.

luridezza *f.* filth, dirt.

lurido *a.* 1 filthy. 2 (*fig*) (*spregevole*) foul, dirty.

luridume *m.* 1 (*sporco*) filth, filthiness. 2 (*fig*) (*squallore*) squalor, sordidness. 3 (*cose sporche*) filth, dirt, filthy mess. 4 (*fig*) (*reietti*) dregs *pl.*

lurker /'lurker/ *m.inv.* (*Inform*) lurker.

luscengola *f.* (*Zool*) three-toed skink.

lusco (*pl. -chi*) *a.* 1 (*ant,lett*) (*bieco*) sinister, dark. 2 (*fig*) (*di dubbia onestà*) shady. □ *tra il ~ e il brusco*: 1 (*al crepuscolo*) at dusk; 2 (*scherz,fig*) *se lo becco tra il ~ e il brusco* if I get my hands on him.

lusiade I *a.* (*lett*) Lusitanian. II *m./f.* (*lett*) Lusitanian.

lusinga *f.* 1 (*allettamento*) allurement, enticement. 2 (*adulazione*) flattery: *cedere alle lusinghe di qcu.* to be won over by so.'s flattery. 3 (*lett*) (*illusione*) illusion, false hope, delusion.

lusingare (**lusìngo, lusìnghi**) I *v.t.* 1 (*allettare*) to allure, to entice: *~ qcu. con delle promesse* to entice so. with promises. 2 (*fare piacere*) to be gratified, to be flattered: *mi lusinga molto la sua stima* I am very flattered by his esteem. 3 (*adulare*) to flatter: *~ la vanità di qcu.* to flatter so.'s vanity. 4 (*illudere*) to deceive, to delude. II *v.pron.* **lusingarsi** 1 to flatter oneself. 2 (*rar,lett*) (*illudersi*) to entertain illusions, to entertain false hopes, to delude oneself. 3 (*ant*) (*in frasi di cortesia: sperare*) to hope, to trust: *mi lusingo di averti giovato* I hope that I have helped you.

lusingatore I *m.* (*f. -trice*) flatterer, wheedler. II *a.* flattering.

lusinghiero *a.* 1 (*che lusinga*) flattering. 2 (*che soddisfa l'amor proprio*) flattering, gratifying, satisfying: *complimenti lusinghieri* gratifying compliments.

Lusitania *n.pr.f.* (*Geog.stor*) Lusitania.

lusitano I *a.* Lusitanian. II *m.* (*f. -a*) Lusitanian.

lussare (**lùsso**) *v.t.* (*Med*) to dislocate, to luxate: *lussarsi una spalla* to dislocate one's shoulder.

lussazione *f.* (*Med*) dislocation, luxation: *~ congenita dell'anca* congenital dislocation of the hip.

lussemburghese I *a.* Luxembourgian, (*rar*) Luxemburgian. II *m./f.* Luxembourger.

Lussemburgo *n.pr.m.* (*Geog*) Luxembourg.

lusso *m.* 1 sumptuousness, luxury, pomp: *~ orientale* oriental pomp; *vivere nel ~* to live in luxury, to live in the lap of luxury; (*estens*) *concedersi il ~ di fare qcs.* to allow oneself the luxury of doing sth. 2 (*fig*) (*abbondanza*) wealth, abundance: *raccontare qcs. con gran ~ di particolari* to tell sth. with a wealth of detail. 3 (*spesa eccessiva*) luxury, extravagance: *sono lussi che non possiamo permetterci* we cannot afford luxuries like

these. □ (*fig,colloq*) *mi è andata di ~* I was very lucky; *di ~* luxury, de luxe, deluxe: *un albergo di ~* a de luxe hotel, a luxury hotel.

lussuosamente *avv.* luxuriously.

lussuoso *a.* luxurious, grand, sumptuous.

lussureggiante *a.* luxuriant, lush.

lussureggiare (**lussuréggio, lussuréggi**) *aus.* **avere**) *v.i.* to luxuriate, to be luxuriant, to be lush.

lussuria *f.* lust (*anche Teol*).

lussuriosamente *avv.* lustfully.

lussurioso *a.* lustful.

lustrale *a.* 1 (*lett*) (*che accade ogni cinque anni*) lustral, (*colloq*) five-year. 2 (*Lit*) lustral, purifying: *acqua ~* holy water; *acque lustrali* lustral waters.

lustrare (**lùstro**) *v.t.* 1 to polish, (*rif. spec. a metallo*) to burnish: *~ i mobili* to polish the furniture. 2 (*a cera*) to wax. □ (*fig*)*lustrarsi gli occhi con qcs.* to get an eyeful of sth.; (*fig*) *~gli stivali a qcu.* (*adularlo*) to lick so.'s boots; (*fig*) *lustrarsi la vista con qcs.* to get an eyeful of sth.; (*fig*) *~ le scarpe a qcu.* to clean so.'s shoes, to shine so.'s shoes, to polish so.'s shoes; (*colloq*) *non essere degno di ~ le scarpe a qcu.* not to be worthy to tie so.'s shoelaces.

lustrascarpe *m./f.inv.* (*ant*) shoeblack, (*Am*) bootblack.

lustrata *f.* quick shine, polish: *dare una ~ a qcs.* to give sth. a quick shine.

lustratura *f.* 1 (*il lustrare*) polishing, shining. 2 (*Tess*) (*spec. rif. a seta*) lustring.

lustrino *m.* (*Abbigl*) sequin, spangle.

lustro[1] *a.* 1 (*lucido*) shining, bright: *~ come uno specchio* as bright as a mirror. 2 (*di occhi: per le lacrime*) dewy, bright, moist; (*per la febbre*) watery. 3 (*lucidato*) polished. 4 (*rif. alla pelle*) shiny. 5 (*rif. al pelo di animali*) glossy. II *m.* 1 (*lucentezza*) shine, polish, gloss, lustre, brilliance. 2 (*fig*) (*prestigio*) lustre, prestige, fame. □ (*fig*) *dare ~ alla propria città* to bring honour to one's city.

lustro[2] *m.* 1 (*spazio di cinque anni*) period of five years, lustrum. 2 (*Stor.rom*) lustrum.

luteina *f.* (*Biol*) lutein.

luteinico *a.* (*Biol*) luteal: *ormone ~* luteal hormone.

luteo *a.* (*giallo*) yellow, golden yellow, (*lett*) luteous.

luteranesimo, luteranismo *m.* (*Rel*) Lutheranism.

luterano I *a.* Lutheran: *la chiesa luterana* the Lutheran Church. II *m.* (*f. -a*) Lutheran.

Lutero *n.pr.m.* (*Stor*) Luther.

lutezio *m.* (*Chim*) lutetium.

luto *m.* (*Ceram*) lute.

lutoterapia *f.* (*Med*) fangotherapy.

lutreola *f.* (*Zool*) mink.

lutto *m.* 1 mourning (*anche Psic*). 2 (*perdita, morte*) bereavement, loss: *la guerra causa solo lutti e dolore* war brings nothing but bereavement and sorrow; *partecipare al ~ di qcu.* to share so.'s grief. 3 (*segno esteriore di cordoglio*) mourning: *portare il ~* to wear mourning; *vestito a ~* dressed in mourning; *smettere il ~* to come out of mourning. □ *da ~* mourning; *un ~ in famiglia* a death in family; *essere in ~ per qcu.* to be in mourning for so.; *~ nazionale* national mourning; *~ stretto* deep mourning.

luttuosamente *avv.* mournfully, sorrowfully.

luttuoso *a.* sorrowful, mournful, doleful.

lux *m.* (*Fis*) lux.

luxmetro *m.* (*Fis*) luxmeter.

LV *Lettonia* LV (Latvia).

lyddite *f.* (*Chim*) lyddite.

M

m[1], **M**[1] /'emme/ *f./m.* (*lettera dell'alfabeto*) m, M: *due m* two m's; *una m maiuscola* a capital M; *una m minuscola* a small m; (*Tel*) *m come Milano* M for Mary, (*Am*) M as in Mike.

m[2] (*Fis*) *massa* m (mass).

M[2] **1** *mille* M (one thousand). **2** *Malta* M (Malta). **3** (*Abbigl*) (*rif. a taglia*) *media* M (medium). **4** (*in cartografia*) *monte* Mt. (Mount). **5** (*Fis*) *numero di Mach* M (Mach number).

ma **I** *congz.* **1** but: *lo pensavo anch'io*, ~ *mi sbagliavo* I thought so too, but I was wrong; *strano* ~ *vero* strange but true. **2** (*preceduto da una negazione: spesso non tradotto*) but: *non è rosso* ~ *verde* it's not red, it's green; *non voglio una biro* ~ *una matita!* I don't want a pen, I want a pencil! **3** (*avversativo*) but, (and) yet, still, though, nevertheless: *queste rose sono molto belle*, ~ *non profumano* these roses are very beautiful, but they have no scent; *è ricchissimo*, ~ *porta sempre vestiti vecchi* he's very rich, yet he always wears old clothes. **4** (*rafforzativo, spesso seguito da aggettivi*) really, so: *è una donna brutta*, ~ *tanto brutta* she's an ugly woman, really very; she's an ugly woman, oh so ugly; *è stato bello*, ~ *bello davvero* it was lovely, absolutely lovely. **5** (*comunque*) but, however, nevertheless: *grazie dell'invito*, ~ *non verrò alla festa* thank you for the invitation, but I won't come to the party. **6** (*in frasi esclamative*) why, but, for Heaven's sake: ~ *smettila con questo chiacchierio!* for Heaven's sake stop that chattering! **7** (*all'inizio di frase: spesso non si traduce*) but, well, well then, and now: ~ *perché?* (but) why?; ~ *passiamo a un altro argomento!* well then, let's turn to another topic!; ~ *chi ti credi di essere?* who do you think you are?; ~ *è vero?* is it true?; ~ *che dici?* what are you saying?; ~ (*anzi, addirittura*) why, indeed, in fact: *un uomo intelligente?* ~ *è un genio!* is he intelligent? why, he's a genius! **9** (*invece, solo che*) but, only that: *l'avrei comprato*, ~ *non avevo abbastanza soldi* I would have bought it, but (o only that) I hadn't enough money. **10** (*con valore correlativo*) but: *non solo...* ~ *anche...* not only..., but also... **II** *intz.* (*chissà*) goodness knows!, heaven knows!, who knows?, I don't know: *che sarà successo?* - ~! what can have happened? - Goodness knows! **III** *m.inv.* but, objection: *non c'è* ~ *che tenga* no buts, no buts about it; *non ci sono né se né* ~! no ifs and buts! □ (*iron*) ~ *bravo!* that's a clever boy!; ~ *certo!* yes, sure!, certainly!; ~ *che hai?* what's the matter with you?; ~ *che bugiardo!* what a liar!; ~ *come?* what!; ~ *cosa vuoi?* what do you want?; ~ *davvero?* really?; ~ *ecco che* arriva *suo padre e la salva* but here comes her father to the rescue; ~ *insomma!* for goodness' sake!, for Heaven's sake!; ~ *no!*: 1 no!, not at all!, of course not!, certainly!, you don't say so!, no, really?; ~ *non mi dire!* you don't say!; (*colloq*) ~ *però* but, yet; ~ *quando!* but when?; ~ *quando mai!* be off with you!, but who would ever!; ~ *se lo sanno tutti!* it's common knowledge!;

everyone knows!; ~ *sì!* (yes) of course!; ~ *sì che ti amo* of course I love you; ~ *sì che lo conosci!* you do know him!; ~ *tuttavia* but yet, and yet, yet; ~ *va!* go on!; ~ *va là!* come off it!, get away!, you never say!, a likely story!

MA *Marocco* MA (Morocco).

macabro **I** *a.* macabre, gruesome, grisly: *una scena macabra* a gruesome scene. **II** *m.* the macabre: *avere il gusto del* ~ to have morbid tastes.

macaco (*pl.* **-chi**) *m.* **1** (*Zool*) macaque. **2** (*fig*) (*uomo rozzo e sciocco*) fool, simpleton.

macadam *m.* (*Strad*) macadam. □ (*Strad*) ~ *a penetrazione* penetration macadam; (*Strad*) ~ *all'asfalto* asphalt macadam.

macadamizzare (**macadamìzzo**) *v.t.* (*Strad*) to macadamize.

macao *m.* (*Zool*) (*ara*) macaw.

macaone *m.* (*Entom*) swallow tail butterfly, swallow tail.

macarena *f.* (*danza*) macarena.

Maccabei *m.pl.* (*Bibl*) Maccabees.

maccabeo *m.* (*colloq*) dolt, fool, booby.

maccarello *m.* (*Itt*) (*scombro*) mackerel, Atlantic mackerel.

maccartismo *m.* (*Pol,Stor*) McCarthyism.

maccartista *m./f.* (*Pol,Stor*) McCarthyist.

macché *intz.* not at all!, not a bit of it!, not in the least!, of course not!, (*colloq*) not on your life!: *hai studiato?* - ~! have you studied? - Not at all!

maccheronata *f.* (*errore grossolano*) blunder.

maccheronea *f.* (*Lett*) macaronic composition.

maccheroni *m.pl.* (*Alim*) macaroni (*costr. sing.*): *questi* ~ *sono buoni* this macaroni is good.

maccheronico (*pl.* **-ci**) *a.* **1** (*Lett*) macaronic: *poesia maccheronica* macaronic poetry. **2** (*estens*) (*di lingua storpiata*) macaronic, mispronounced, miswritten.

macchia[1] *f.* **1** spot, stain, blot: *la tovaglia è piena di macchie di vino* the tablecloth is covered with wine stains; *fare una* ~ *su qcs.* to make a dirty mark on sth., to leave a dirty mark on sth., to stain sth.; *togliere una* ~ to remove a stain, to remove a spot. **2** (*sulla pelle*) blotch, blemish. **3** (*Med*) macula, spot; (*sul pelo di animali*) patch. **4** (*Zool*) spot; (*macchia a forma di occhio*) ocellus; (*della coda del pavone*) eye; (*bianca: sulla testa di animali*) blaze: *macchie di leopardo* leopard's spots. **5** (*fig*) (*disonore*) blemish, blot, stain, spot. **6** (*Pitt*) sketch. □ *a macchie* spotted, with spots (on), mottled; (*Elettron*) ~ *catodica* cathode spot; (*Med*) ~ *cieca* macula lutea, blind spot; ~ *di grasso* grease mark; (*Fot,Cin*) ~ *di luce* hot-spot; ~ *d'inchiostro* blot, ink blot, ink-spot, ink-stain; ~ *di petrolio* oil slick; (*Fis*) ~ *di riflessione* flare-spot; ~ *di ruggine* (*sui vestiti*) iron-mould, rust stain; ~ *di sangue* blood-stain; ~ *di umidità*: 1 damp patch; 2 (*sulla carta*) fox mark; ~ *di vernice* blot of paint; ~ *d'olio*: 1 oil stain; 2 (*sull'acqua*) oil slick; (*fig*) *espandersi a* ~ *d'olio* to spread rapidly, to spread in all directions, to spread like wildfire; (*Elettron*) ~ *ionica* ion spot; (*Anat*) ~ *lutea* macula lutea;

(*Astr*) ~ *rossa* Red Spot; *senza* ~ stainless, spotless, flawless (*anche fig*); *avere una reputazione senza* ~ to be without a blot on one's reputation, to have an unblemished reputation, to have an unsullied reputation; (*scherz*) *senza* ~ *e senza paura* without fear or blame; (*Astr*) *macchie solari* sunspots; (*Astr*) ~ *stellare* starspot.

macchia[2] *f.* **1** (*boscaglia*) underbrush, bush, scrub, thicket. **2** (*Bot,Geog*) (*nella zona mediterranea*) maquis, garrigue; (*nei deserti nordamericani*) chaparral. **3** (*Pol*) Maquis. □ *alla* ~ (*clandestinamente*) clandestinely, underground: *stampare alla* ~ to print clandestinely; (*fig*) *darsi alla* ~: 1 (*darsi al brigantaggio*) to take to the bush; 2 (*Pol*) to join the resistance movement, to join the Maquis; 3 (*rendersi irreperibile*) to go into hiding; (*Bot,Geog*) ~ *mediterranea* maquis, garrigue; (*fig*) *stare alla* ~ (*o vivere alla* ~): 1 to be on the run, to be a fugitive, to be a runaway; 2 (*rif. a bandito*) to be an outlaw; 3 (*Pol*) to be one of the partisans, to be one of the Maquis.

macchiabile *a.* stainable, that can be easily stained.

macchiaiolo[1] *m.* **1** (*Pitt*) Macchiaioli, Florentine impressionist painter. **2** *pl.* Macchiaioli.

macchiaiolo[2] *a.* (*Zool*) (*che nasce o vive nella macchia*) wild.

macchiare (**màcchio, màcchi**) **I** *v.t.* **1** to stain, to spot, to blot; (*di vino*) to stain with wine; (*di fango*) to spatter, to bespatter with mud; (*di unto*) to smear; (*di inchiostro*) to blot with ink, to smudge with ink; (*di vernice*) to blot with paint, to blot with varnish, to smudge with paint. **2** (*assol.*) (*lasciare macchie*) to stain, to spot; (*rif. a liquidi*) to blot: *questa penna macchia!* this pen blots! **3** (*aggiungere latte a una bevanda*) to put a dash of milk in (sth.): ~ *il caffè* to pour a dash of milk in the coffee. **4** (*fig*) to stain, to spot, to sully, to blemish: ~ *l'onore di qcu.* to sully so.'s reputation. **5** (*Pitt*) to sketch. **II** *v.pron.* **macchiarsi** **1** to spot oneself, to get stains on oneself, to get dirty, to dirty oneself. **2** (*fig*) to soil oneself (*di* with), to sully oneself (*di* with), to stain oneself (*di* with). □ (*fig*) *macchiarsi di una colpa* to stain oneself with a crime; to commit a crime; (*fig*) *macchiarsi di un delitto* to stain oneself with a crime; (*fig*) *macchiarsi d'infamia* to cover oneself with shame; *non macchia* doesn't stain.

macchiato **I** *a.* **1** spotted, stained, blotched, blotchy, smudged. **2** (*di sangue*) blood-stained; (*di unto*) grease smeared; (*di vino*) wine stained; (*di inchiostro*) ink blotted; (*di fango*) mud-bespattered. **3** (*Zool*) (*chiazzato*) dappled; (*macchiato di bianco*) bald. **4** (*di carta*) foxed. **5** (*di caffè*) with a dash of milk; (*di latte*) with a dash of coffee. **II** *m.* (*Pitt*) (*tecnica pittorica*) sketch technique. □ *d'inchiostro* inky.

macchietta *f.* **1** (*piccola macchia*) speck, speckle, fleck, little spot. **2** (*vignetta caricaturale*) caricature. **3** (*fig*) (*persona buffa*) character, real character, odd person, eccentric person: *sei una vera* ~! you're a real character! **4** (*Teat*) (*personaggio caricaturale*) character actor (*f.* actress).

macchiettare (**macchiétto**) *v.t.* to speckle, to dapple, to fleck.

macchiettato *a.* **1** speckled, dappled, flecked. **2** (*Bot,Zool*) (*maculato*) spotted, speckled, dappled.

macchiettista *m./f.* **1** (*chi disegna caricature*) caricaturist. **2** (*Teat*) character actor (*f.* actress).

macchiettistico (*pl.* **-ci, -che**) *a.* caricatural.

macchina *f.* **1** (*automobile*) (*Br*) car, motorcar, (*Am*) car, automobile: *salire in* ~ to get into the car; *parcheggiare la* ~ to park one's car. **2** (*congegno*) machine: ~ *elettrica* electric machine. **3** (*trasformatrice di energia*) engine: ~ *a vapore* steam engine. **4** (*fig*) (*meccanismo*) mechanism, machinery: *la* ~ *elettorale* the electoral machinery. **5** (*fig*) (*struttura*) framework, structure: *la* ~ *dello stato* the structure of the state. **6** (*macchina per scrivere*) typewriter. **7** (*fig*) (*rif. a persona: automa*) robot, automaton, machine. **8** (*colloq*) (*computer*) computer. □ *a* ~ by machine, machine (*attr.*): *fatto a* ~ machine-made (*attr.*); *battere a* ~ (*o scrivere a* ~) to type; (*Tecn*) ~ *a trasferta* transfer machine; (*Tecn*) ~ *a vapore* steam machine; ~ *agricola* agricultural machine, farm machine; *andare in* ~: **1** to drive: *andare in* ~ *a Milano* to drive to Milan; **2** (*Tip*) to go to press: *al momento di andare in* ~ going to press, as we go to press; (*El*) ~ *asincrona* asynchronous machine; ~ *bellica* war machine; ~ *calcolatrice* calculating machine, calculator; (*Tip*) ~ *cianografica* blueprint machine; (*fig*) *fare qcs. come una* ~ to do sth. mechanically; (*Tip*) ~ *compositrice* typesetting machine, composing machine; ~*contabile* bookkeeping machine; ~ *cucitrice*: **1** (*Tip,Legat*) stitcher; **2** (*Cart*) stapler; (*Med*) ~ *cuore-polmone* heart-lung machine; (*Aut*) ~ *da corsa* racing car, (*Am*) race car; ~ *da cucire* sewing machine; (*Stor*) ~*da guerra* engine of war; (*Cin*) ~*da presa* motion-picture camera, (*Am*) movie camera; ~ *da scrivere* typewriter; (*Tip*) ~*da stampa* printing press; (*Mecc*) ~*da taglio* cutting machine; ~*da ufficio* office machine; (*Aut*) ~*decappottabile* convertible, open car; ~*del caffè* (*distributore automatico*) coffee dispenser, coffee machine; ~*del tempo* time machine; ~*della verità* lie detector; ~*di seconda mano* second-hand car; ~ *elettrica*: **1** (*Tecn*) electric machine; **2** (*Aut*) electric car; (*Mecc*) ~*finitrice* finishing machine; (*Fot*) ~*fotografica* camera; ~ *fotografica da studio* studio camera; ~ *fotografica tascabile* pocket camera; ~ *fotografica digitale* digital camera; (*Mecc*) ~ *fresatrice* milling machine; (*Mecc*) ~ *idraulica* hydraulic machine; (*Tip*) *essere in* ~ to be in the press; *fare* ~ *indietro*: **1** (*Mar*) to reverse: ~ *indietro!* astern!, back her!; **2** (*fig*) to go back on a decision, to change one's mind; ~ *infernale* infernal machine (*anche fig*); ~*per cucire* sewing machine; (*ant*) ~*per fatturare* invoicing machine; ~*per la pasta* dough maker; ~*per maglieria* knitting machine, knitter; (*Mecc*) ~ *perforatrice* perforating machine; (*Tip*) ~ *piana* flat bed machine, flat bed press; (*Legat*) ~ *piega-fogli* paper-folding machine, folding machine; (*Tecn*) ~*rifilatrice* trimming machine; (*Tip*) ~ *rotativa* cylinder printing press, rotary printing press; (*Ind*) ~*selezionatrice* sorting machine, grading machine, grader; (*Mecc*) ~ *sfibratrice* beater; ~ *stampa-indirizzi* addressing machine, addressograph; (*Teat*) ~

teatrale theatrical machinery; ~*telescrivente* teletypewriter, teleprinter, telex; (*Aut*) ~ *usata* second-hand car; ~*utensile* machine tool.

macchinale *a.* mechanical.

macchinalmente *avv.* mechanically.

macchinare (**màcchino**) *v.t.* **1** to plot, to scheme: ~ *la rovina di qcu.* to plot so.'s ruin. **2** (*assol.*) (*ordire, cospirare*) to conspire, to plot, to hatch plots. □ ~*congiure* to conspire, to hatch plots.

macchinario *m.* machinery, machines *pl.* □ ~*agricolo* farm machinery; (*Teat*) ~*teatrale* stage machinery.

macchinata *f.* (*colloq*) (*carico di lavatrice*) load: *fare una* ~ to do a load; *una* ~ *di capi colorati* a load of coloureds.

macchinatore I *m.* (*f.* **-trice**) (*lett*) plotter, schemer. **II** *a.* (*lett*) plotting, scheming.

macchinazione *f.* plot, intrigue, trick, machination.

macchinetta *f.* **1** (*piccola macchina*) small machine, little machine. **2** (*piccola auto*) small car, little car. **3** (*colloq*) (*caffettiera*) coffe maker. **4** (*colloq*) (*accendisigari*) cigar-lighter, lighter. **5** (*colloq*) (*per tagliare i capelli*) electric razor. **6** (*Dent,colloq*) (*apparecchio ortodontico*) brace, (*Am*) braces *pl.* □ (*colloq*) *parlare come una* ~ to speak very fast, to rattle away, to talk a mile a minute; ~*del caffè*: **1** (*distributore automatico*) coffee dispenser; **2** (*caffettiera*) coffee-maker; ~*mangiasoldi* slot machine.

macchinina *f.* (*modellino*) miniature car, toy car: *giocare alle macchinine* to play with miniature cars, to play with toy cars.

macchinismo *m.* (*Filos*) (*meccanicismo*) mechanism.

macchinista *m.* **1** (*Ferr*) engine driver, (*Am*) engineer. **2** (*Mar*) engineer. **3** (*Teat,TV*) stagehand. **4** (*Ind*) machinist, machine operator. □ ~*capo* chief engineer.

macchinosamente *avv.* complicatedly, involvedly.

macchinosità *f.* complexity, intricacy.

macchinoso *a.* complicated, unnecessarily complicated, complex, intricate, involved.

macchiolina *f.* speck, speckle, fleck.

macedone I *m./f.* (*abitante*) Macedonian. **II** *m.(lingua)* Macedonian. **III** *a.* Macedonian.

macedonia *f.* (*Gastron*) fruit salad.

Macedonia *n.pr.f.* (*Geog*) Macedonia.

macedonico *a.* Macedonian.

macellabile *a.* fit for slaughtering.

macellaio *m.* **1** butcher, slaughterer. **2** (*venditore*) butcher: *andare dal* ~ to go to the butcher's. **3** (*fig,spreg*) (*rif. a chirurgo*) butcher.

macellare (**macèllo**) *v.t.* to slaughter, to butcher (*anche fig*).

macellatore *m.* (*f.* **-trice**) butcher, slaughterer (*anche fig*).

macellazione *f.* slaughtering, butchering.

macelleria *f.* (*negozio*) butcher's, butcher's shop. □ ~*equina* horsemeat butcher's.

macello *m.* **1** (*mattatoio*) slaughterhouse, (*ant*) shambles (*costr.sing.*). **2** (*macellazione*) butchering, slaughtering. **3** (*fig*) (*strage*) slaughter, massacre, butchery. **4** (*colloq, scherz*) (*caos*) shambles (*costr.sing.*), mess: *che* ~! what a mess! **5** (*colloq,scherz*) (*disastro*) catastrophe, disaster: *l'esame è stato un* ~ the exam was a catastrophe. **6** (*rar, region*) (*macelleria*) butcher's, butcher's shop.

macerabile *a.* **1** that can be soaked, that can be steeped, that can be macerated. **2** (*Tess*)

that can be retted. **3** (*Pell*) that can be bated.

macerabilità *f.* **1** capacity to be soaked, capacity to be steeped, capacity to be macerated. **2** (*Tess*) capacity to be retted. **3** (*Pell*) capacity to be bated.

maceramento *m.* **1** steeping, maceration. **2** (*Tess*) retting. **3** (*Pell*) bating. **4** (*fig*) (*mortificazione*) mortification.

macerante *a.* **1** (*Pell*) bating. **2** (*fig*) mortifying, consuming. □ (*Pell*) ~*alla crusca* drench; (*Pell*) ~ *batterico* bacterial bate; (*Pell*) ~ *sintetico* synthetic bate; (*Pell*) ~ *vegetale* vegetable bate.

macerare (**màcero**) **I** *v.t.* **1** to soak, to steep, to macerate. **2** (*Tess*) to ret. **3** (*Pell*) to bate. **4** (*fig*) (*mortificare*) to mortify: ~ *il corpo* to mortify the flesh. **II** *v.pron.* **macerarsi 1** to soak, to steep, to macerate. **2** (*Tess*) to ret. **3** (*Pell*) to bate. **4** (*fig*) (*mortificarsi*) to waste away, to wear oneself out: *macerarsi con i digiuni* to waste away by fasting.

maceratoio *m.* (*Tess*) rettery.

maceratore I *m.* **1** (*Tess*) (*addetto alla macerazione*) maceration operator. **2** (*Tess*) (*macchina*) macerator, steeper. **II** *a.* (*fig*) macerating.

macerazione *f.* **1** steeping, maceration. **2** (*Tess*) retting. **3** (*Pell*) bating. **4** (*fig*) (*mortificazione*) mortification. □ (*Pell*) ~*alla crusca* drenching; (*Enol*) ~*carbonica* carbonic maceration; (*Pell*) ~ *con escrementi* dung bating.

macerie *f.pl.* ruins, debris (*costr.sing.*), rubble (*costr.sing.*), wreckage (*costr.sing.*): *essere ridotto a un cumulo di* ~ to be reduced to a pile of rubble, to be reduced to a heap of debris.

macero I *m.* **1** (*macerazione*) steeping, maceration. **2** (*Tess*) retting; (*maceratoio*) rettery: *mettere al* ~ to ret. **3** (*Cart*) maceration; (*impianto*) pulping plant: *mandare al* ~ to send for pulping, to pulp, to scrap. **II** *a.* **1** (*macerato*) steeped, soaked, macerated. **2** (*Tess*) retted. **3** (*Pell*) bated. **4** (*fig*) (*spossato, pesto*) wearied out, beaten. □ *lasciare a* ~ to steep.

Mach /mak, max/ *n.inv.* Mach: *l'aereo volava a* ~ *1* the aircraft was flying at Mach 1; (*Aer*) *numero di* ~ Mach number.

machete /ma'tʃete/ *m.inv.* machete.

machiavelliano *a.* Machiavellian.

machiavellico (*pl.* **-ci**) *a.* **1** Machiavellian. **2** (*fig,spreg*) Machiavellian, cunning, scheming.

machiavellismo *m.* **1** Machiavellianism. **2** (*estens*) political opportunism, lack of morality in political affairs.

machiavellista *m./f.* **1** (*studioso*) student of Machiavelli. **2** (*spreg,estens*) Machiavellian.

machismo /ma'tʃizmo/ *m.* machismo.

machmetro /'makmetro/ *m.* (*Aer*) Machmeter, Mach indicator.

macho /'matʃo/ **I** *m.inv.* macho man, he-man. **II** *a.inv.* macho: *moda* ~ macho fashion.

macigno *m.* **1** (*sasso grande*) boulder, rock. **2** (*Geol*) sandstone, calcareous sandstone. **3** (*fig*) (*persona pesante*) bore. □ (*fig*) *duro come un* ~ as hard as granite; *pesa come un* ~ it weighs a ton; *pesante come un* ~ as heavy as granite.

macilento *a.* emaciated, gaunt.

macilenza *f.* (*estrema magrezza*) emaciation, gauntness.

macina *f.* **1** (*mola*) millstone, grindstone. **2** (*macchina*) grinder. **3** (*fig,lett*) (*oppressione*) burden, strain. **4** (*macinazione*) grinding, milling.

macinabile *a.* that can be ground, millable,

that can be milled.

macinacaffè *m.inv.* coffee-grinder, coffee mill.

macinacolori *m.inv.* muller, mullerstone.

macinapepe *m.inv.* pepper grinder, pepper mill.

macinare (**màcino**) I *v.t.* **1** (*ridurre in farina: di cereali*) to mill, to grind. **2** (*estens*) (*ridurre in polvere: di caffè*) to grind. **3** (*rif. a carne*) to mince. **4** (*fig*) (*elaborare*) to process. **5** (*fig*) (*sperperare*) to squander, to waste, to use up. II *v.pron.* **macinarsi** (*fig*) (*logorarsi*) to wear oneself out. □ (*fig*) ~ *chilometri* to eat up the miles, to clock up kilometres; (*fig*) ~*parole* to jabber.

macinata *f.* **1** (*il macinare*) grinding, milling. **2** (*quantità macinata*) a pin of: *una ~ di pepe* a pin of pepper.

macinato I *m.* **1** meal, grist; (*farina*) flour. **2** (*colloq*) (*carne macinata*) (*Br*) mincemeat, minced meat, mince, (*Am*) ground meat. II *a.* **1** ground (*attr.*), milled (*attr.*): *pepe ~* ground black pepper. **2** (*rif. a carne*) minced. □ ~*grosso* coarse ground; *pepe ~ grosso* coarse ground pepper.

macinatoio (*pl.* -**oi**) *m.* **1** mill. **2** (*per olive*) oil press, olive press. **3** (*per minerali*) edge mill.

macinatore I *a.* grinding, milling. II *m.* grinder, miller.

macinatura, **macinazione** *f.* **1** grinding, milling. **2** (*rif. a colori*) grinding, mullering.

macinino *m.* **1** (*per il caffè*) coffee grinder, coffee mill. **2** (*per il pepe*) pepper-grinder, pepper mill. **3** (*scherz*) (*auto vecchia*) jalopy.

macinio *m.* continuous grinding, continuous milling.

macis *m./f.* (*Bot*) mace: *olio di ~* mace oil.

maciste *m.* (*scherz*) (*uomo imponente*) colossus, Hercules, hulk.

maciulla (*Tess*) (*gramola*) scutch, scutcher, scutching machine, batting machine.

maciullare (**maciùllo**) *v.t.* **1** (*stritolare*) to crush, to mangle. **2** (*Tess*) to brake, to scutch: ~ *la canapa* to brake hemp.

maciullatura (*Tess*) scutching, braking.

macò I *a.inv.* (*Tess*) (*makò*) maco (*attr.*). II *m.* (*Tess*) (*makò*) maco; Egyptian cotton.

macola *f.* (*Anat,Biol*) macula.

macramè *m.* (*Tess*) macramé.

macro *f.* (*Inform*) macro, macro instruction, macroinstruction.

macrobiotica *f.* macrobiotics (*costr.sing.*).

macrobiotico (*pl.* -**ci**) *a.* macrobiotic: *dieta macrobiotica* macrobiotic diet; *ristorante ~* macrobiotic restaurant.

macrocefalia *f.* (*Med*) macrocephaly.

macrocefalo I *a.* (*Med*) macrocephalous, macrocephalic. II *m.* (*f.* -**a**) (*Med*) macrocephalus.

macrocita *m.* (*Biol*) macrocyte.

macroclima *m.* (*Meteor*) macroclimate.

macrocosmo *m.* macrocosm.

macroeconomia *f.* (*Econ*) macroeconomics (*costr.sing.*).

macroeconomico (*pl.* -**ci**) *a.* (*Econ*) macroeconomic.

macroevoluzione *f.* macroevolution.

macrofago (*pl.* -**gi**) *m.* (*Biol*) macrophage.

macrofisica *f.* (*Fis*) macrophysics (*costr. sing.*).

macrofotografia *f.* (*Fot*) macrophotography.

macrofunzione *f.* macrofunction.

macroglobulina *f.* (*Biol*) macroglobulin.

macroglossa *f.* (*Entom*) hawk moth, humming-bird moth.

macroglossia *f.* (*Med*) macroglossia.

macroistruzione *f.* (*Inform*) macro, macro

instruction, macroinstruction.

macrolinguistica *f.* (*Ling*) macrolinguistics (*costr.sing.*).

macromelia *f.* (*Med*) macromelia.

macrometeorologia *f.* macrometeorology.

macromolecola *f.* (*Chim*) macromolecule.

macromolecolare *a.* (*Chim*) macromolecular.

macropodo *m.* (*Itt*) paradise fish.

macropsia (*Med,Psic*) macropsia.

macroregione *f.* (*Pol*) super-region.

macroscelide *m.* (*Zool*) elephant shrew.

macroscopicamente *avv.* macroscopically.

macroscopico (*pl.* -**ci**) *a.* **1** macroscopic. **2** (*fig*) (*grossolano*) glaring, gross: *errore ~* glaring error, gross blunder, (*colloq*) howler.

macrosisma *m.* (*Geol*) megaseism, macroseism.

macrosismico *a.* (*Geol*) megaseismic, macroseismic.

macrosistema *m.* macrosystem.

macrosociologia *f.* macrosociology.

macrosomia *f.* (*Med*) macrosomia.

macrospora *f.* (*Bot*) macrospore, megaspore.

macrosporangio *m.* (*Bot*) macrosporangium, megasporangium.

macrostruttura *f.* macrostructure.

macula *f.* (*Anat,Biol*) macula: ~ *lutea* macula lutea.

maculare I *a.* **1** (*Anat*) macular. **2** (*Astr*) (*relativo alle macchie solari*) sunspot (*attr.*). II *v.t.* (*rar,lett*) to bruise, to stain, to tarnish.

maculato *a.* spotted, speckled, dappled: (*Zool*) *mantello ~* speckled coat.

macumba *f.* (*Etnol*) macumba.

Madagascar *n.pr.m.* (*Geog*) Madagascar.

madama *f.* **1** (*ant*) (*signora*) Madame. **2** (*scherz*) madam, lady, (*Am,colloq*) ma'am: *darsi arie da ~* to play the fine lady, to put on airs. **3** (*gerg*) (*polizia*) fuzz *pl.*, pigs *pl.*, cops *pl.*

madamigella *f.* **1** (*ant*) (*signorina*) Mademoiselle. **2** (*scherz*) mademoiselle, miss.

madapolam *m.* (*Tess*) madapollam.

Maddalena *n.pr.f.* Magdalen, Magdalene, Madeleine.

made in Italy /'mejdin'itali/ *m.* Italian products *pl.*

madeleine /ma'dlɛn/ *f.inv.* (*Dolc*) madeleine.

madera *m.* (*Enol*) Madeira, Madeira wine.

Madera *n.pr.f.* (*Geog*) Madeira.

madia *f.* (*Arred*) **1** (*credenza*) kitchen cupboard. **2** (*mobile per impastare il pane*) kneading trough, (*Am*) dough tray.

madido *a.* **1** (*umido*) moist, damp. **2** (*bagnato*) wet, soaked, drenched. □ ~*di sudore* soaked in sweat, bathed in sweat.

madiere *m.* (*Mar*) floor; (*rif. a nave di legno*) floor timber; (*rif. a nave di ferro*) floor plate. □ (*Mar*)*per ~* aburton, athwartship.

madismo *m.* (*Rel*) (*mahdismo*) Mahdism.

madonna I *intz.* heavens!, (*good*) Lord!, goodness! II *f.* (*ant*) (*appellativo*) madonna, lady. □ (*colloq*)*avere le madonne* to be in a mood, to be in a bad mood; (*colloq*)*della ~* (*posposto ai nomi ha funzione intensiva*) terribly, awfully (*seguito da aggettivo*): *fa un caldo della ~!* it's terribly hot!, (*colloq*) it's sweltering!

Madonna *f.* **1** (*Rel.catt*) Our Lady, Madonna, the Virgin Mary. **2** (*Art*) (*effigie*) Madonna. □ *la ~addolorata* Our Lady of Sorrows; (*Art*) ~*con bambino* Virgin and Child, Madonna and Child; *la ~di Lourdes* Our Lady of Lourdes; (*colloq*) ~*mia!* good Lord!, my goodness!, holy Moses!, (*Am*) holy cow!;

(*Art*) ~*nera* Black Madonna; (*colloq*) ~*santa!* good Lord!, my goodness!, holy Moses!, (*Am*) holy cow!

madonnaro *m.* **1** (*Art*) pavement artist. **2** (*nelle processioni*) one who bears the statue of the Virgin during religious processions. **3** (*venditore*) seller of holy pictures, especially of the Virgin.

madonnina *f.* **1** (*Art*) (*small*) madonna. **2** (*medaglietta*) medal of Our Lady. **3** (*estens*) (*di Milano*) statue of the Virgin on the top of Milan's Duomo: *all'ombra della ~* in Milan; *la città della ~* Milan. □ (*colloq*) ~*infilzata* (*santerellina*) prude, (*colloq*) goody-goody: *sembra una ~ infilzata* she looks as if butter wouldn't melt in her mouth.

madornale *a.* enormous, huge, gross: *errore ~* huge mistake, gross blunder, (*colloq*) howler, (*Am,colloq*) blooper.

madras *m.* (*Tess*) madras.

Madras *n.pr.f.* (*Geog*) Madras.

madre I *f.* **1** mother: *diventare ~* to give birth to a child; *ha preso dalla ~* he took after his mother; *futura ~* mother-to-be; *~ di tre figli* mother of three (children). **2** (*rif. ad animali*) dam, mother. **3** (*rif. a religioso*) Mother. **4** (*fig*) (*origine*) mother, source: *la ~ di tutti i mali* the mother of all evils. **5** (*fig*) (*causa*) cause, mother: *la ~ di tutte le disgrazie* the cause of all misfortunes. **6** (*dell'aceto*) vinegar mother, mother (of vinegar). **7** (*Comm*) (*matrice*) counterfoil, stump: *registro a ~ e figlia* counterfoil register. **8** (*Tip*) matrix. II *a.* **1** mother (*attr.*): (*Rel*) *casa ~* mother-house. **2** (*fig*) (*principale*) fundamental, basic, chief: *idea ~* fundamental idea. □ ~ *adottiva* adoptive mother; (*Rel.catt*) ~*badessa* Mother Abbess; ~*biologica* biological mother; ~*coraggio* mother courage; (*Rel.catt*) *la ~di Dio* the Mother of God; *di ~ in figlia* from mother to daughter; (*Rel.catt*) ~*dolorosa* Our Lady of Sorrows; *fare da ~ a qcu.* to mother so., to be like a mother to so.; (*Med*) ~ *in affitto* surrogate mother; ~ *lavoratrice* working mother; ~ *natura* Mother Nature; ~ *naturale* natural mother; ~*nonna* mother old enough to be a grandmother, mother-cum-grandmother; ~ *nubile* unmarried mother; *senza ~* motherless; ~*snaturata* degenerate mother, heartless mother; ~*spirituale* : **1** spiritual mother; **2** (*madrina*) godmother; (*Rel.catt*) ~*superiora* Mother Superior; *Madre Teresa di Calcutta* Mother Teresa; ~*terra* mother earth.

madrelingua I *f.* (*lingua*) mother tongue: *insegnante di ~* native language teacher, mother-tongue teacher. II *f./m.inv.* (*parlante*) native speaker. □ *è ~ inglese* she's a native speaker of English.

madre-nonna (*pl.* **madri-nonne**) *f.* mother old enough to be a grandmother, mother-cum-grandmother.

madrepatria *f.* motherland, fatherland, native country, mother country, homeland.

madreperla *f.* mother-of-pearl, nacre: *color ~* pearl colour, (*Am*) pearl color. □ ~ *artificiale* imitation mother-of-pearl; ~ *naturale* natural mother-of-pearl.

madreperlaceo *a.* mother-of-pearl (*attr.*), pearly, nacreous.

madrepora *f.* (*Zool*) madrepore.

madreporico (*pl.* -**ci**) *a.* (*Zool*) madreporic, madreporian, madrepore (*attr.*).

madreselva *f.* (*Bot*) honeysuckle.

madrevite *f.* (*Mecc*) **1** female screw. **2** (*nelle macchine utensili*) die: ~ *per bulloni* bolt die.

Madrid *n.pr.f.* (*Geog*) Madrid.

madrigale *m.* (*Lett,Mus*) madrigal.

madrigaleggiare (**madrigaléggio, madrigaléggi**; *aus.* **avere**) *v.i.* **1** (*scrivere madrigali*) to compose madrigals, to write madrigals. **2** (*cantare madrigali*) to sing madrigals.

madrigalesco (*pl.* **-chi**) *a.* **1** madrigalian, of madrigals (*posposto*), madrigal (*attr.*). **2** (*fig*) (*galante*) madrigalian, gallant.

madrigalista *m.* madrigalist, composer of madrigals.

madrigalistico (*pl.* **-ci**) *a.* madrigalian, madrigal (*attr.*).

madrileno I *a.* of Madrid, Madrilenian. **II** *m.* (*f.* **-a**) (*originario*) Madrileño, native of Madrid; (*abitante*) inhabitant of Madrid, Madrilenian.

madrina *f.* **1** godmother, sponsor. **2** (*estens*) (*durante una cerimonia*) sponsor, patroness. **3** (*estens*) (*rif. al varo di una nave*) sponsor, lady who launches a ship. □ (*Rel*) ~ *di battesimo* godmother; (*Rel*) ~ *di cresima* sponsor at Confirmation; (*Stor*) ~ *di guerra* woman who wrote to soldiers in wartime to offer comfort; *fare da ~a qcu.* to act as godmother to so., to be so.'s godmother.

madrinato *m.* (*assistenza volontaria ai bisognosi*) voluntary assistance, charity.

maestà *f.* **1** (*imponenza*) majesty, grandeur, stateliness, magnificence. **2** (*titolo*) Majesty. **3** (*Art*) Majesty. □ *Loro Maestà* Their Majesties, (*formula di cortesia*) Your Majesties; *Sua Maestà*: **1** (*re*) His Majesty; **2** (*regina*) Her Majesty; *Sua MaestàCattolica* His Catholic Majesty; *Sua Maestàil Re* His Majesty the King; *Sua Maestà la Regina* Her Majesty the Queen; *Vostra Maestà* Your Majesty.

maestosamente *avv.* majestically.

maestosità *f.* majesty, grandeur, stateliness, magnificence.

maestoso *a.* **1** majestic, stately, imposing, magnificent: *l'aspetto ~ di un edificio* the imposing appearance of a building. **2** (*Mus*) maestoso.

maestra *f.* **1** teacher, schoolteacher, schoolmistress: *buon giorno ~!* good morning teacher! **2** (*donna particolarmente abile in un'attività*) expert, mistress. **3** (*fig*) (*guida, esempio*) teacher, guide: *l'esperienza è ~ di vita* experience is life's teacher. □ (*Mar*) *di ~* main (*attr.*); ~ *di asilo* nursery-school teacher, kindergarten teacher; ~ *di cucito* sewing teacher; ~ *di pianoforte* piano teacher; ~ *elementare* primary schoolteacher, (*Am*) elementary school teacher; ~ *giardiniera* nursery teacher.

maestrale *m.* **1** (*Meteor*) (*vento*) north-west wind, mistral. **2** (*direzione*) north-west.

maestranze *f.pl.* workers, workmen, hands: *le ~ di un cantiere navale* the shipyard workmen. □ (*Mar.mil*) ~ *di bordo* ship hands; ~ *portuali* dockers, (*Am*) longshoremen; ~ *specializzate* skilled workers, skilled labour, (*Am*) skilled labor.

maestria *f.* **1** mastery, skill, dexterity. **2** (*accortezza*) astuteness, adroitness, shrewdness, cunning.

maestro¹ I *m.* **1** (*f.* **-a**) master. **2** (*f.* **-a**) (*insegnante*) teacher; (*di attività sportive*) instructor. **3** (*f.* **-a**) (*di scuola elementare*) master, schoolteacher, schoolmaster, primary school teacher. **4** (*f.* **-a**) (*fig*) (*guida*) master, teacher: *grande ~* old master. **5** (*f.* **-a**) (*persona particolarmente abile in un'attività*) master, expert. **6** (*rif. a musicisti professionisti*) maestro, master, professional musician; (*come titolo*) Maestro. **7** (*direttore d'orchestra*) conductor; (*come titolo*) Maestro. **8** (*operaio specializzato*) master: ~ *fale-*

gname master carpenter. **9** (*titolo*) Master. **10** (*Art*) master: *i grandi maestri del cinquecento* the old masters of the sixteenth century. **II** *a.* **1** (*principale*) main: *porta maestra* main gateway, main gate; *via ~* main street; *strada ~* main road, (*Am*) highway; *vela maestra* mainsail. **2** (*magistrale*) masterly, brilliant, masterful, skilful: *un colpo ~* a masterstroke. □ (*Stor*) *maestri cantori* mastersingers, meister singers; (*Mus*) ~ *concertatore* (*direttore d'orchestra*) conductor; *da ~*: **1** (*magistrale*) masterly, brilliant: *un tiro da ~* a masterly shot; *un colpo da ~* a masterstroke; *un lavoro da ~* a masterly work; **2** (*magistralmente*) skilfully, in a masterly way; (*Sport*) ~ *d'armi* fencing master; ~ *d'ascia*: **1** (*Fal*) (*chief*) carpenter; **2** (*Mar*) shipwright; ~ *del coro*: **1** (*Mus*) choir master; **2** (*Teat*) chorus master; ~ *di ballo* dancing teacher, dancing master; ~ *di camera* chamberlain, (*Br*) gentleman of the bed-chamber; ~ *di canto* voice teacher, singing teacher; (*Mus*) ~ *di cappella* chapel master, choirmaster; ~ *di casa* house-steward; ~ *di cerimonie* master of ceremonies; ~ *di musica* music master; ~ *di nuoto* swimming instructor; (*Stor*) ~ *di palazzo* major-domo; ~ *di scherma* fencing master; ~ *di sci* ski instructor, skiing instructor; *farla da ~* to play the teacher, to pose as a great expert; (*Bibl*) *il Maestro* the Master; ~ *muratore* master mason; (*Teat,Mus*) ~ *sostituto* choirmaster, assistant conductor; ~ *venerabile* Worshipful Master.

maestro² *m.* **1** (*Meteor*) (*vento maestrale*) north-west wind, mistral. **2** (*direzione*) north-west.

mafia *f.* **1** Mafia, Maffia (*anche fig*): *la ~ albanese* the Albanian Mafia. **2** (*region,estens*) (*arroganza*) arrogance, bullying. □ ~ *cinese* Chinese Mafia, (*the*) Triad.

mafiosità *f.* **1** condition of mafioso. **2** (*comportamento*) mafia-style behaviour.

mafioso I *a.* **1** of the Mafia (*posposto*), mafia-style (*attr.*), Mafia (*attr.*). **2** (*estens*) (*arrogante*) arrogant, overbearing. **II** *m.* (*f.* **-a**) **1** Mafioso, member of the Mafia. **2** (*colloq, scherz*) (*elegantone*) dandy.

maga *f.* **1** sorceress. **2** (*ammaliatrice*) enchantress, spellbinder. **3** (*donna molto abile a fare qcs.*) mistress, expert, artist: *in cucina è una ~* she is a gourmet cook. □ (*Lett*) *la ~ Circe* Circe the Sorceress.

magagna *f.* **1** flaw, imperfection, defect, blemish. **2** (*fig*) (*difetto*) defect, fault, imperfection: *dopo il matrimonio, ha scoperto tutte le sue magagne* after their marriage, she found out all his faults. **3** (*guaio*) catch, snag: *l'offerta non mi convince: ci deve essere sotto qualche ~!*; this offer sounds strange to me: there must be a catch in it! **4** (*malanno*) infirmity, ailment.

magari I *intz.* (*volentieri*) of course!, I should say so!, I'd love to!, (*colloq*) and how!: *ti piacerebbe andare a Londra? - ~!* would you like to go to London? - Of course! (*o* I should say so! *o Am* You bet!). **II** *congz.* **1** (*valore desiderativo*) if only, how I wish: *~ tu non fossi partito!* I wish you had not left; *~ mi sposasse!* if only he would marry me!; *~ fosse vero!* if only it were true!, how I wish it were true! **2** (*anche se*) even if: *lo farò, dovessi ~ aspettare due anni!* I'll do it, even if I have to wait for two years! **III** *avv.* **1** (*forse*) maybe, perhaps: *~ non vuole venire* perhaps he doesn't want to come; *~ una sera usciamo a mangiare qualcosa insieme!* maybe we can go out to eat something together one evening! **2** (*perfino*) even: *po-*

trebbe ~ sentirsi offeso he could even feel offended. **3** (*per caso*) what if?: *e se ~ è venuto qui mentre eravamo fuori?* what if he came here while we were out? □ *~un'altra volta* some other time perhaps.

magazzeno *m.* (*region*) (*stanza*) store, storeroom. **2** (*edificio*) warehouse, storehouse, depot. **3** (*per macchinari e merci*) shed. **4** (*insieme delle merci*) stores *pl.*, stocks *pl.* **5** (*negozio*) (department) store, shop.

magazzinaggio *m.* **1** storage. **2** (*prezzo*) storage charges *pl.*: (*Comm*) *diritti di ~* warehouse dues, storage charges.

magazziniere *m.* **1** (*f.* **-a**) storekeeper, warehouse keeper. **2** (*Mil*) storekeeper, stores keeper.

magazzino *m.* **1** (*stanza*) store, storeroom. **2** (*edificio*) warehouse, storehouse, depot. **3** (*per macchinari e merci*) shed. **4** (*insieme delle merci*) stores *pl.*, stocks *pl.*: *rifornire il ~* to replenish the stocks. **5** (*negozio*) (department) store, shop. **6** (*Giorn,Fot,Tip*) magazine. **7** (*Mil*) depot. □ *magazzinia catena* chain stores; *magazzini all'ingrosso* wholesale stores; ~ *di deposito* depository, depot, storehouse; ~ *di frutta* fruit store, fruit warehouse, fruit shed; ~ *di transito* transit store; ~ *doganale* bonded warehouse; (*Ind*) ~ *frigorifero* cold store, cold room; *magazzini generali* bonded warehouses; *in ~* in stock, in store; *mettere in ~* to store, to put in(to) store; *avere in ~* to have on hand, to have in stock; (*Ferr*) ~ *merci* goods shed; (*Mil*) *magazzini militari* military depots, military stores; (*Mar*) ~ *per viveri* victualling yard; ~ *portuale* dock warehouse.

Magellano *n.pr.m.* (*Stor*) Magellan.

magenta I *a.* magenta (*attr.*). **II** *m.* (*colore*) magenta.

maggengo (*pl.* **-ghi**) *a.* (*Agr*) May (*attr.*).

maggese I *m.* (*Agr*) **1** fallowing: *tenere un campo a ~* to leave land fallow. **2** (*terreno*) fallow ground, fallow land. **II** *a.* (*rar*) (*maggio*) of May, May (*attr.*): *fieno ~* May hay, first crop hay. □ (*Agr*) ~ *intero* fallow period of one year.

maggio *m.* **1** May: *il due* (*di*) ~ the second of May, May the second. **2** (*fig*) bloom, prime: *nel ~ della vita* in the prime of life, in the springtime of life. □ *di ~* of May, in May, May (*attr.*): *il mese di ~* the month of May; *i primi di ~* the first days of May; *la prima settimana di ~* the first week of August; *in ~* in May.

maggiociondolo *m.* (*Bot*) laburnum.

maggiolata *f.* (*Mus*) May song.

maggiolino¹ I *a.* (*Arred*) inlaid, in the style of Maggiolini (*posposto*). **II** *m.* (*Arred*) inlaid piece of furniture (made by Maggiolini).

maggiolino² *m.* **1** (*Entom*) cockchafer. **2** (*Aut,colloq*) beetle.

maggiorana *f.* (*Bot*) marjoram, sweet marjoram.

maggioranza *f.* **1** (*la maggior parte*) majority, most, the greater number, the greater part: *la ~ delle donne* most women; *nella ~ dei casi* in most cases; *la ~ degli abitanti* the greater part of the inhabitants. **2** (*Dir,Pol*) majority: *stretta ~* narrow majority, bare majority. □ *a ~* by a majority; *a larga ~* by a large majority; (*Pol*) *essere eletto a ~* to be elected by a majority; *l'Austria è un paese a ~ cattolica* Austria is a predominantly Catholic country; *a ~ di voti* by a majority of votes; ~ *assoluta* absolute majority, overall majority; *avere la ~* to have a majority; *di ~* majority (*attr.*): (*Pol*) *governo di ~* majority government; *partito di ~* majority party;

premio di ~ majority premium; (*Pol*) ~*governativa* government majority;*in* ~ mostly, mainly: *i miei libri sono in* ~ *romanzi gialli* most of my books are thrillers; *essere in* ~ to be in the majority; (*Pol*) ~*parlamentare* parliamentary majority; (*Pol*) ~ *precostituita* pre-established majority; (*Pol*) ~*qualificata* qualified majority; (*Pol*) ~ *relativa* relative majority; (*Pol*) ~ *schiacciante* overwhelming majority, landslide, (*Br*) landslip; (*Pol*) *prendere una decisione a* ~*semplice* to take a decision by a simple majority; ~*silenziosa* silent majority.

maggiorare (**maggióro**) *v.t.* to increase, to raise, to put up, to mark up: ~ *i prezzi del 20%* to raise prices by 20%, to put up prices by 20%. □ (*Assic*) ~*il premio* to load the premium.

maggiorascato *m.* (*Dir,Stor*) majorat.

maggiorasco (*pl.* **-chi**) *m.* (*Dir,Stor*) majorat.

maggiorata *f.* (*colloq*) buxom woman, large-breasted woman.

maggiorato *a.* increased, raised, put up, marked up.

maggiorazione *f.* 1 increase, raising, rise. 2 (*di prezzi*) mark-up. 3 (*sovrapprezzo*) additional charge, surcharge.

maggiordomo *m.* butler, house steward, (*ant*) major-domo.

maggiore I *a.compar.* 1 greater; (*più grosso*) bigger, larger; (*più alto*) higher, taller; (*più ampio*) wider; (*più lungo*) longer: *il danno è stato* ~ *di quanto si prevedesse* the damage was greater than expected; *una somma* ~ a bigger amount, a larger amount; *un prezzo* ~ a higher price; *occorre* ~ *spazio* we need a wider space; *una distanza* ~ a longer distance. 2 (*rif. all'età*) older (*rif. a membri di una stessa famiglia*) elder: *è* ~ *di me di due anni* he is two years older than I (am). 3 (*ulteriore*) more, further: *dare* ~ *rilievo a qcs.* to give more emphasis to sth.; *per maggiori informazioni* for further information. 4 (*più importante*) major, more important: *le opere maggiori di Pascoli* Pascoli's major works. 5 (*maggiorenne*) of age (*posposto*): *raggiungere la* ~ *età* to come of age. 6 (*superiore in ordine gerarchico*) senior, chief. 7 (*Mil*) major: *sergente* ~ sergeant major. 8 (*Mus*) major: *terza* ~ major third; *do diesis* ~ C sharp major; *accordo* ~ major chord. 9 (*Mat*) greater (*di* than): ~ *o uguale a* greater than or equal to. II *a.sup.* 1 the greatest, (*il più grosso*) the biggest, the largest; (*il più alto*) the highest, the tallest; (*il più ampio*) the widest; (*il più lungo*) the longest: *con la* ~ *diligenza possibile* with the greatest possible care; *la Pianura Padana è la* ~ *d'Italia* the plain of the Po is the largest in Italy; *acquistare al prezzo* ~ to buy at the highest price; *il* ~ *offerente* the highest bidder; *la* ~ *superficie* the widest surface, the largest surface; *il* ~ *fiume europeo* the longest European river. 2 (*rif. all'età: fra molti*) the oldest; (*rif. a membri di una stessa famiglia*) the eldest: *il* ~ *dei miei nipoti* my eldest grandchild, the eldest of my grandchildren. 3 (*rif. all'età: fra due*) elder, older: *il* ~ *dei due* the older of the two. 4 (*il più importante*) the most important, the leading, the greatest, (*Am*) major: *i maggiori poeti del Trecento* the most important fourteenth-century poets. 5 (*principale*) main, chief, high, (*Am*) major: *la piazza* ~ *del paese* the main square of the town; *i maggiori azionisti dell'azienda* the main shareholders of the company; *altare* ~ high altar. 6 (*rif. a opere di scrittori, artisti e sim.*) chief, greatest, most important: *il Manzoni* ~ Manzoni's

most important work(s). III *m./f.* 1 (*più anziano d'età: fra molti*) the oldest; (*rif. a membri di una stessa famiglia*) the eldest. 2 (*più anziano d'età: fra due*) the older; (*rif. a membri di una stessa famiglia*) the elder. 3 (*persona di grado superiore*) senior, superior. 4 (*Mil*) major: ~ *generale* major general; ~ *medico* surgeon major. 5 *pl.* (*avi*) ancestors, forefathers. □ *andare per la* ~ (*essere in voga*) to be (very) popular, (*colloq*) to be in; *a maggiordiritto* all the more reason; ~*età* age, full age, majority, legal age: *raggiungere la maggiore* ~ to come of age; *il maggior numero* the majority; *il maggior numero possibile* as many as possible, the most possible; *la maggior parte* most, the majority: *la maggior parte degli alunni* most pupils; *per la maggior parte* mostly, mainly, for the most part; *la maggior parte del tempo* most of one's time; *a maggior ragione* all the more reason, even more, even more so; *per maggior sicurezza* for safety's sake, to be on the safe side.

Maggiore *m./f.* (*appellativo*) Elder: *Catone* ~ Cato the Elder.

maggiorenne I *a.* of age, of full age: *diventare* ~ to come of age; *essere* ~ to be of age. II *m./f.* person of age, major, adult: *una ragazza* ~ a girl over eighteen. □ (*colloq*) *essere* ~ *e vaccinato* to be old enough to manage one's own life, to be old enough to make one's own decisions.

maggiorente *m.* notable, important person, influential person.

maggiorità *f.* (*Mil*) (*rif. a reggimento*) regimental office, staff office; (*rif. a battaglione*) orderly room.

maggioritario *a.* majority (*attr.*): (*Pol*) *sistema* ~ majority system, first-past-the post system.

maggiormente *avv.* 1 mainly, chiefly, mostly, most: *le ditte italiane esportano* ~ *in Europa* Italian firms export mainly to Europe. 2 (*di più*) more, to a greater extent: *dovresti impegnarti* ~ *sul lavoro* you should concentrate more on your job. 3 (*con valore superlativo: più di tutto*) most; *ciò che mi preoccupa* ~ *è che tu stia bene*; what I'm most (*o* chiefly) interested in, is your health. 4 (*tanto più*) all the more. 5 (*a maggior ragione*) much more, even more.

magia *f.* 1 magic. 2 (*incantesimo*) spell, charm: *fare una* ~ to cast a spell. 3 (*stregoneria*) witchcraft. 4 (*fig*) (*fascino*) magic, enchantment, charm: *la* ~ *di una musica soave* the enchantment of a melodious piece of music. □ ~*bianca* natural magic, white magic;*come per* ~ as if by magic, like magic; ~*naturale* natural magic, white magic; ~*nera* black magic;*per* ~ by magic.

magiaro I *a.* Magyar. II *m.* 1 (*f.* -a) (*abitante*) Magyar. 2 (*lingua*) Magyar.

magico (*pl.* -ci) *a.* 1 magic, magical: *formula magica* magic formula; *parole magiche* magic words; *cerchio* ~ magic circle. 2 (*fig*) (*prodigioso, straordinario*) magic, extraordinary: *lanterna magica* magic lantern. 3 (*fig*) (*che incanta*) magical, enchanting, charming, bewitching.

magio *m.spec.pl.* Magus: (*Bibl*) *i re Magi* the three kings, the three Wise Men.

magione *f.* (*lett*) abode, dwelling, mansion (*anche scherz*).

magistero *m.* 1 (*Univ,Scol*) teaching: *facoltà di* ~ faculty of Education; *esercitare il* ~ to teach. 2 (*insegnamento*) teaching, teachings *pl.*: *il* ~ *della vita* life's teachings, the school of life. 3 (*fig*) (*maestria*) mastery, skill, ability, command. 4 (*carica, ufficio religioso o*

cavalleresco) Mastership: *gran* ~ Grand Mastership. 5 (*Chim,ant*) magistery.

magistrale I *a.* 1 (*Univ,Scol*) teachers', teacher (*attr.*), teaching, magistral: *istituto* ~ normal school, teachers' training school. 2 (*da maestro*) magisterial, magistral; (*iron*) professorial: *parlare con tono* ~ to speak in a professorial tone. 3 (*fatto con maestria*) masterly, skilful, excellent: *opera* ~ masterly work. 4 (*Mil*) magistral: *linea* ~ magistral (line). 5 (*Farm*) magistral. II *f.pl.* (*Scol,ant*) training school *sing.* for teachers, teacher training school *sing.*: *fare le magistrali* to attend the training school for teachers.

magistralmente *avv.* skilfully, in a masterly manner, with masterly skill, masterfully.

magistrato *m.* 1 (*Dir*) (*giudice*) judge, magistrate, justice of peace, justice of the peace: *diventare* ~ to be appointed judge; *i magistrati* the Bench. 2 (*Dir*) (*pubblico ministero*) public prosecutor (*Am*) state's attorney, D.A., district attorney. 3 (*funzionario*) magistrate, official, public official, authority. □ (*US,Dir*) ~ *della corte d'appello* judge of the court of appeals; (*US,Dir*) ~*della corte suprema* supreme court justice; (*Stor*) ~*delle acque* water magistracy; (*Dir*) ~*di carriera* stipendiary magistrate; (*Dir*) ~*inquirente* investigating magistrate.

magistratura *f.* 1 (*Dir*) (*carica*) magistrature, magistracy: *esercitare la* ~ to be a member of the magistrature, to be a magistrate, to be a judge. 2 (*insieme dei magistrati*) the Bench, the magistracy: *entrare nella* (*o in*) ~ to become a member of the Bench. 3 (*autorità giudiziarie*) the judiciary, the judicature; (*collegio giudicante*) court. 4 (*collegio giudicante*) court. 5 (*la legge*) the law. □ (*Dir*) ~*amministrativa* administrative court, auditing court, tax court; (*Dir*) ~*contabile* administrative court, auditing court, tax court; (*Dir*) ~*del lavoro* Labour Court; (*Dir*) ~*giudicante* Court; (*Dir*) ~*ordinaria* court of law, ordinary magistrature, judiciary; (*Dir*) ~*tributaria* administrative court, auditing court, tax court.

maglia *f.* 1 (*nel lavoro ai ferri: punto*) stitch: *accavallare una* ~ to pass over a stitch; *perdere una* ~ to drop a stitch; *diminuire le maglie* to reduce stitches, *aumentare le maglie* to increase stitches; *aumentare di una* ~ to add a stitch; *riprendere una* ~ to pick up a stitch. 2 (*lavoro a maglia: a rete*) mesh; (*ai ferri*) knitting, knitted work; (*all'uncinetto*) crochet, crochet work. 3 (*tessuto*) jersey, tricot, knitted fabric. 4 (*Abbigl*) (*maglieria*) knitwear. 5 (*Abbigl*) (*canottiera*) vest, (*Am*) undershirt. 6 (*Abbigl*) (*maglietta con le maniche corte*) T-shirt, tee-shirt. 7 (*Abbigl*) (*maglione leggero*) pullover, jumper, light sweater; light jersey; (*aperto*) cardigan; (*chiuso*) jersey. 8 (*anello di catena*) link. 9 (*spazio tra nodo e nodo di una rete*) mesh: *i pesci sono scappati attraverso le maglie* the fish escaped through the meshes; *rete a maglie grosse* large-mesh net, wide-mesh; *rete a maglie fitte* close-mesh net. 10 (*fig*) net, trap, web, toils: *cadere nelle maglie di una congiura* to fall into the web of a conspiracy. 11 (*Sport*) shirt; (*nel ciclismo*) jersey. 12 (*Stor*) (*di armatura*) mail; (*cotta di maglia*) coat of mail. 13 (*Tel,El*) grid. □ ~ *alta* (*nel lavoro a uncinetto*) treble crochet; (*Sport*) ~*azzurra* : 1 (*indumento*) blue shirt: *indossare la* ~ *azzurra* to be a member of the Italian national team; 2 (*estens*) (*giocatore*) member of the Italian national team; ~*bassa* (*nel lavoro a uncinetto*) double crochet; *calze*~di ~ knitted stockings;

magliaia

una gonna di ~ a knit skirt; *indumenti di* ~ knitwear; ~ *diritta* (*nel lavoro a maglia*) plain stitch; ~ *doppia*: 1 (*nel lavoro a maglia*) double knit, double stitch; 2 (*tessuto*) fleece; *fare la* ~ to knit, to do knitting; ~ *gettata* (*nel lavoro a maglia*) looped stitch; (*Sport*) ~ *gialla*: 1 (*indumento*) yellow jersey; 2 (*estens*) (*ciclista*) point-score leader in the Tour de France; (*Sport*) ~ *iridata*: 1 (*indumento*) striped jersey; 2 (*estens*) (*ciclista*) world cycling champion; ~ *larga* (*nel lavoro a maglia*) loose stitch; *a maglie larghe* loose-knit (*attr.*), loose-knitted; ~ *lenta* (*nel lavoro a maglia*) loose stitch; ~ *nera*: 1 (*Sport*) (*indumento*) black jersey; 2 (*persona*) competitor ranked last in a classification; 3 (*estens*) (*fanalino di coda*) person bringing up the rear, slowcoach, slowpoke; *a* ~ *rasata* plain-knitted; (*Sport*) ~ *rosa*: 1 (*indumento*) pink jersey; 2 (*estens*) (*ciclista*) point-score leader in the Tour of Italy; ~ *rovescia* (*nel lavoro a maglia*) purl stitch, inverted stitch; ~ *stretta* (*nel lavoro a maglia*) fine stitch; *a maglie strette* fine-knit; (*fig*)*tra le maglie della legge* through a loophole; ~ *tubolare* (*nel lavoro a maglia*) girdle, roll-on.

magliaia *f.* knitter.

magliaio *m.* 1 (*maglierista*) knitter. 2 (*venditore*) knitwear dealer.

magliaro *m.* 1 travelling cloth salesman. 2 (*estens*) (*truffatore*) swindler, trickster.

maglieria *f.* 1 (*fabbrica*) knitwear factory, knitwear mill, (*Br*) hosiery mill. 2 (*negozio*) knitwear shop, (*Br*) hosier's shop. 3 (*tessuti o indumenti di maglia*) knitwear, woollens *pl.*, knitted goods *pl.* □ ~ *intima* knitted underwear, (*Br*) hosiery.

maglierista *m./f.* knitter.

maglietta *f.* 1 (*Abbigl*) T-shirt; *una* ~ *con le maniche corte* a short-sleeved T-shirt; ~ *a girocollo* crew-neck T-shirt. 2 (*Abbigl*) (*canottiera*) vest, (*Am*) undershirt. 3 (*del fucile*) sling swivel. 4 (*anello metallico*) ring. 5 (*gancio per appendere i quadri*) picture hook. 6 (*nei vestiti: asola a cordoncino*) loop, eye.

maglificio *m.* knitwear factory.

maglina *f.* (*Tess*) jersey: *una gonna di* ~ a jersey skirt.

maglio *m.* 1 mallet. 2 (*Met*) (*macchina*) power hammer. 3 (*Sport*) (*nella pallamaglio*) mallet, mall. □ (*Met*) ~ *a caduta libera* drop hammer; (*Mecc*) ~ *a comando meccanico* power hammer; (*Mecc*) ~ *a molla* spring hammer; (*Mecc*) ~ *a vapore* steam hammer; (*Tecn*) ~ *ad aria compressa* compressed-air hammer; (*Mecc*) ~ *pneumatico* pneumatic hammer.

magliolo *m.* (*Agr*) shoot (of a vine).

maglione *m.* (*Abbigl*) sweater, pullover, (*Br*) jumper, thick jumper: ~ *da sci* ski sweater. □ (*Abbigl*) ~ *a collo alto* polo-neck sweater, polo neck, (*Am*) turtleneck (sweater).

magma *m.* 1 (*Geol,Chim*) magma. 2 (*fig*) (*massa confusa*) jumble, medley, confused mass. □ (*Geol*) ~ *aggressivo* aggressive magma; (*Geol*) ~ *basaltico* basaltic magma; (*Farm*) ~ *di magnesia* milk of magnesia, magnesia magma; (*Geol*) ~ *primario* 1 parental magma; 2 (*che ha origine sotto la crosta terrestre*) primary magma; (*Geol*) ~ *residuale* rest magma.

magmatico (*pl.* -**ci**) *a.* 1 (*Geol*) magmatic, magma (*attr.*): *roccia magmatica* magmatic rock. 2 (*fig*) jumbled, confused, chaotic: *allo stato* ~ in a confused state, in a chaotic state.

magmatismo *m.* (*Geol*) magmatism.

Magna Carta *f.* (*Stor.brit*) Magna Carta.

magnaccia *m.* (*gerg*) pimp.

Magna Grecia *f.* (*Geog.stor*) Magna Graecia.

magnalio *m.* (*Met*) magnalium.

magnanimamente *avv.* magnanimously.

magnanimità *f.* magnanimity, generosity, loftiness of spirit, nobility of spirit.

magnanimo *a.* magnanimous, generous, high-minded, noble, noble-minded.

magnano *m.* (*region*) (*fabbro*) smith, locksmith.

magnate *m.* 1 (*grande industriale*) magnate, tycoon, baron: *un* ~ *dell'industria petrolifera* an oil magnate. 2 (*Stor*) (*in Ungheria e Polonia*) magnate. 3 (*Mediev*) nobleman.

magnatizio *a.* magnate (*attr.*).

magnesia *f.* (*Chim*) magnesia. □ (*Farm, Chim*) ~ *alba* magnesia alba; (*Chim*) ~ *calcinata* calcined magnesia, light magnesia; (*Farm*) ~ *effervescente* magnesium citrate; (*Farm*) ~ *nera* manganese dioxide, black magnesia.

magnesiaco, magnesico *a.* (*Chim*) magnesic.

magnesio *m.* (*Chim*) magnesium.

magnesite *f.* (*Min*) magnesite.

magnete *m.* 1 (*Fis*) magnet. 2 (*Mot*) magneto. □ (*Fis*) ~ *a ferro di cavallo* horseshoe magnet; ~ *artificiale* artificial magnet; (*Mot*) ~ *di accensione* ignition magneto; (*Mot*) ~ *di avviamento* booster magneto, starting magneto; (*Fis*) ~ *di campo* field magnet; (*El*) ~ *induttore* exciter magnet; ~ *naturale* natural magnet.

magneticamente *avv.* magnetically.

magnetico (*pl.* -**ci**) *a.* 1 (*Fis*) magnetic: *forza magnetica* magnetic force; *nastro* ~ magnetic tape. 2 (*fig*) magnetic, alluring, fascinating: *sguardo* ~ magnetic look.

magnetismo *m.* 1 (*Fis*) magnetism, magnetization. 2 (*fig*) magnetism, alluring. □ (*Fis*) ~ *animale* animal magnetism; (*Fis*) ~ *blu* blue magnetism; (*Fis*) ~ *nucleare* nuclear magnetism; (*Fis*) ~ *residuo* remnant magnetism, residual magnetism; (*Fis*) ~ *rosso* red magnetism; (*Fis*) ~ *terrestre* terrestrial magnetism, geomagnetism.

magnetite *f.* (*Min*) magnetite, lodestone.

magnetizzabile *a.* (*Fis*) magnetizable.

magnetizzare (**magnetizzo**) *v.t.* 1 (*Fis*) to magnetize. 2 (*fig*) to mesmerize.

magnetizzatore *m.* 1 (*Fis*) magnetizing apparatus. 2 (*f.* -**trice**) (*ipnotizzatore*) hypnotist, mesmerist.

magnetizzazione *f.* (*Fis*) magnetization: ~ *residua* residual magnetization.

magnetochimica *f.* (*Fis*) magnetochemistry.

magnetochimico (*pl.* -**ci**) *f.* (*Fis*) magnetochemical.

magnetodinamica *f.* (*Fis*) magnetodynamics.

magnetodinamico (*pl.* -**ci**) *a.* (*Fis*) magnetodynamic.

magnetofonico (*pl.* -**ci**) *a.* (*Acus,ant*) 1 (*del magnetofono*) magnetophone (*attr.*). 2 (*registrato con magnetofono*) tape-recorded: *registrazione magnetofonica* tape recording.

magnetofono *m.* (*Acus,ant*) magnetophone, tape recorder. □ ~ *a filo* wire recorder; ~ *a nastro* tape recorder.

magnetoidrodinamica *f.* (*Fis*) magnetohydrodynamics (MHD) (*costr.sing.*).

magnetometria *f.* (*Fis*) magnetometry.

magnetometrico (*pl.* -**ci**) *a.* (*Fis*) magnetometric.

magnetometro *m.* (*Fis*) magnetometer.

magnetomotore *a.* (*Fis*) magnetomotive:

forza magnetomotrice magnetomotive force.

magnetone *m.* (*Fis*) magneton.

magnetoottica *f.* (*Fis*) magnetooptics, magneto-optics (*costr.sing.*).

magnetoottico *a.* (*Fis*) magnetooptical, magneto-optical, magneto-optic, magnetooptic.

magnetopausa *f.* (*Astr*) magnetopause.

magnetosfera *f.* (*Fis*) magnetosphere.

magnetosferico (*pl.* -**ci**) *a.* (*Fis*) magnetospheric.

magnetostatica *f.* (*Fis*) magnetostatics (*costr.sing.*).

magnetostatico (*pl.* -**ci**) *a.* (*Fis*) magnetostatic.

magnetostrizione *f.* (*Fis*) magnetostriction.

magnetoterapia *f.* (*Med*) magnetotherapy.

magnetoterapico (*pl.* -**ci**) *a.* (*Med*) magnetotherapeutic.

magnetron *m.* (*Fis*) magnetron. □ (*Elettron*) ~ *a sole nascente* rising-sun magnetron; (*Elettron*) ~ *accordabile* tunable magnetron; (*Elettron*) ~ *completo* packaged magnetron; (*Elettron*) ~ *multicavità* multicavity magnetron; (*Elettron*) ~ *sintonizzabile* tunable magnetron.

magnificamente *avv.* magnificently: *un edificio ristrutturato* ~ a magnificenlty restored building; *sto* ~*!* I'm in splendid form!

magnificare (**magnìfico, magnìfichi**) **I** *v.t.* 1 (*esaltare con lodi*) to exalt, to magnify, to glorify: ~ *il Signore* to glorify God, to praise God. 2 (*esagerare*) to vaunt, to boast of, to exalt. **II** *v.pron.* **magnificarsi** (*vantarsi*) to boast, to praise oneself.

magnificat *m.* (*Lit*) Magnificat.

magnificatore *m.* (*f.* -**trice**) (*esaltatore*) praiser, extoller, magnifier.

magnificazione *f.* 1 extolment, exaltation, magnification. 2 (*Tecn*) (*ingrandimento*) magnification.

magnificenza *f.* 1 magnificence, grandeur, grandiosity, majesty. 2 (*sontuosità*) sumptuousness, (*Br*) splendour, (*Am*) splendor. 3 (*generosità*) generosity, munificence, magnanimity. 4 (*rar*) magnificent thing, splendid thing, marvel, beauty, delight. 5 *pl.* (*rar*) (*bellezze*) beauties, splendours, marvels.

magnifico (*pl.* -**ci**/*ant* -**chi**) *a.* 1 (*bellissimo*) marvellous, wonderful, splendid, magnificent, excellent, gorgeous: *abbiamo trascorso una serata magnifica* we spent a wonderful evening. 2 (*di spettacolo*) grand. 3 (*di tempo*) glorious. 4 (*grandioso*) magnificent, grand, grandiose, majestic: *una villa magnifica* a magnificent villa. 5 (*sontuoso*) sumptuous, brilliant, splendid. 6 (*rar*) (*generoso*) generous, munificent. 7 (*ant*) (*rif. a principi, magistrati e sim.*) magnificent: *Lorenzo il Magnifico* Lorenzo the Magnificent. □ *fare il* ~ 1 (*spendere*) to give lavishly, to spend lavishly; 2 (*ostentare grandezza*) to make a great show, to give oneself airs of greatness; (*Univ*) *Magnifico* **Rettore** Rector of the University.

magniloquente *a.* 1 magniloquent, grandiloquent. 2 (*spreg*) pompous, bombastic.

magniloquenza *f.* 1 magniloquence, grandiloquence. 2 (*spreg*) pompousness, bombastic.

magnitudine *f.* 1 (*Astr*) magnitude. 2 (*Geol, rar*) (*magnitudo*) magnitude. □ (*Astr*) ~ *apparente* apparent magnitude; (*Astr*) ~ *assoluta* absolute magnitude; (*Astr*) ~ *fotografica* photographic magnitude; (*Astr*) ~ *Q* Q magnitude; (*Astr*) ~ *R* R magnitude; (*Astr*) ~ *visuale* visual magnitude.

magnitudo f. (Geol) magnitude.

magno a. (lett) (grande) great.

Magno m. (Stor) (appellativo) the Great: Alessandro ~ Alexander the Great; Carlo ~ Charlemagne.

magnolia f. (Bot) magnolia.

magnum f. (Enol) magnum.

mago (pl. **-ghi**) m. 1 (f. **-a**) magician, sorcerer; (nelle fiabe) wizard. 2 (f. **-a**) (guaritore) healer; (spreg) quack. 3 (f. **-a**) (fig) (persona molto abile in una scienza) magician, genius, wizard: è un ~ in matematica he is a wizard at maths. 4 (f. **-a**) (illusionista) illusionist, conjurer. 5 (f. **-a**) (indovino) fortune-teller. 6 (Stor) (sacerdote) magus. □ ~libero (gioco) tag; (Lett) ~Merlino Merlin, Merlin the Magician.

magona f. 1 (ant) (ferriera) iron foundry, ironworks pl. 2 (estens) (industria siderurgica) iron industry.

magone m. 1 (nodo alla gola) lump in one's throat: avere il ~ to have a lump in one's throat; far venire il ~ a qcu. to bring a lump to so.'s throat, to bring so. to tears, to get so. down. 2 (ventriglio di pollo) gizzard.

Magonza n.pr.f. (Geog) Mainz.

magra f. 1 low water. 2 (fig) (difficoltà economiche) hard times pl., lean times pl.: tempi di ~ hard times, difficult times. 3 (colloq) (figuraccia) sorry figure, poor figure: fare una ~ to cut a poor figure, to cut a sorry figure. □ esserein ~: 1 (rif. a fiumi) to be low, to be down; 2 (fig) to be low on money, to be going through a hard time.

magramente avv. thinly, scantily, meagrely.

Magreb n.pr.m. (Geog) Maghreb, Maghrib.

magrebino I a. Maghrebi, Maghribi. II m./f. (abitante) Maghrebi, Maghribi.

magrezza f. 1 thinness, leanness; (snellezza) slimness, slenderness; (eccessiva magrezza) skinniness. 2 (fig) (scarsezza) shortage, scarcity, poorness. 3 (rif. a fiumi) lowness, low level. 4 (del terreno: sterilità) poorness, aridity.

magro I a. 1 thin, lean; (snello) slim, slender; (scarno) skinny: diventare ~ to become thin, to slim, to get thin. 2 (Alim) (di carne) lean; (che contiene pochi grassi) low-fat (attr.), fatless: carne magra lean meat; latte ~ skim milk, skimmed milk, lowfat milk. 3 (fig) (scarso) scant, scanty, meagre, poor: un ~ raccolto a poor harvest; magri guadagni scant earnings, meagre earnings. 4 (fig) (misero) poor, bad, scant: hai fatto una magra figura you cut a poor figure; una magra consolazione a scant consolation, a cold comfort, a small consolation. 5 (meschino) poor, flimsy, lame, paltry: una magra scusa a flimsy excuse, a lame excuse. 6 (rif. a fiumi) low: acque magre low waters. 7 (Agr) infertile, poor, barren: terra magra barren soil, poor soil. II m. 1 (parte magra) lean, lean part: il ~ del prosciutto the lean part of the ham. 2 (di carne) lean meat. □ ~come un'acciuga (o ~come un chiodo o ~come un grissino o ~come una scopa) as thin as a lath, as thin as a rake; ~da far paura dreadfully thin, terribly thin; mangiaredi ~ to abstain from eating meat; minestra di ~ vegetable soup; pranzo di ~ meal without meat.

magrolino a. thin, skinny: un uomo piuttosto basso e ~ a rather short and thin man.

magrone m. 1 (suino) store pig, fattening hog. 2 (Edil) lean concrete, oversite concrete.

mah intz. 1 (non lo so) goodness knows!, who knows!, heaven knows!, (colloq) no idea!, search me!: quando torna tuo figlio?

- ~! Chi lo sa! when is your son coming back? - Heaven knows!; che fai stasera? - ~, non so! what are you doing tonight? - Who knows! 2 (per esprimere rassegnazione) well!: ~, forse è meglio lasciar perdere! well, maybe it would be better to forget it!

maharaja /mara'dʒa/, **maharajah** /maa 'radʒa/ m.inv. (titolo dei sovrani indiani) maharaja, maharajah.

maharani /maa'rani/ f.inv. (titolo delle spose dei maharajah) maharani, maharanee.

mahdismo m. (Rel) Mahdism.

mahdista m./f. (Rel) Mahdist.

mai avv. 1 (nessuna volta) never: questo non accadrà ~ this will never happen; ~ sentito! never heard of it! 2 (in presenza di altra negazione: talvolta) ever: senza averci ~ pensato without ever thinking about it. 3 (in frasi interrogative e ipotetiche: qualche volta) ever: hai ~ visto Parigi? have you ever seen Paris?; chi l'avrebbe ~ detto? who would (ever) have believed it?; se ~ lo incontrerò, glielo dirò if I ever meet him, I will tell him. 4 (in frasi comparative) ever: più che ~ more than ever. □ che cosa ~? whatever?, what on earth?, what in the world?; chi ~? whoever?, who on earth?: chi ~ può essere stato? who on earth could it have been?; ~ come adesso è importante che restiamo insieme (o ~come ora è importante che restiamo insieme) it has never been so important that we remain together, more than ever it is important that we now remain together; ~dire ~ never say never; non si può ~ dire you can never tell, you never can tell; ~e poi ~ never ever, absolutely not, on no account, not on your life;non sia ~ may it never happen, let that never be, God forbid!; non sia ~ detto che... never let it be said that..., God forbid that...; ~più never again, never more; non lo farò ~ più I'll never do it again; ora o ~ più now or never;più bellache ~ more beautiful than ever.

maia f. (Zool) spider crab.

Maia n.pr.f. (Mitol) Maia.

maialata f. (colloq) 1 (azione riprovevole) dirty trick. 2 (comportamento osceno) piggish behaviour, indescent behaviour. 3 (oscenità) obscenity, smut.

maialatura f. (Macell) preparation and dressing of pork.

maiale m. 1 (Zool) pig, swine, (Am) hog; (femmina) sow. 2 (Macell) (carne) pork: braciola di ~ pork chop. 3 (fig) (grassone, ingordo) pig: mangiare come un ~ to eat like a pig, to make a pig of oneself; essere grasso come un ~ to be as fat as a pig. 4 (fig) (persona licenziosa) swine, dirty old man, lecher. 5 (fig) (essere abietto) swine, pig. 6 (fig) (persona sporca) swine, dirty man, dirty boy, (Am) slob, pig. 7 (Mar.mil) (manned) limpet mine.

maialesco (pl. **-chi**) a. (fig) piggish, swinish.

maialino m. 1 piglet. 2 (fig) (rif. a bambini) dirty little thing, (colloq) piggy. □ ~da latte suckling-pig.

maidico (pl. **-ci**) a. (del mais) maize (attr.).

maidicolo a. maize (attr.).

maidismo m. (Med,rar) pellagra.

maiestatico (pl. **-ci**) a. royal, of majesty (posposto), regal: plurale ~ royal we.

maieutica f. (Filos) maieutics (costr.sing.).

maieutico (pl. **-ci**) a. (Filos) maieutic.

mailbox /'mejlbɔks/ f.inv. (Inform) mailbox.

mailing /'meiling/ m. (Comm) mailing. □ (Inform) ~list mailing list.

mainframe /ˌmejn'frejm/ m.inv. (Inform) mainframe.

maiolica f. (Ceram) majolica.

maiolicaio m. (f. **-a**) (Ceram) 1 (fabbricante) maker of majolica ware. 2 (venditore) seller of majolica ware.

maiolicato I a. tiled with majolica, majolica (attr.). II m. majolica-tiled wall.

maionese f. (Gastron) mayonnaise.

Maiorca n.pr.f. (Geog) Majorca.

maiorchino I a. Majorcan. II m./f. Majorcan.

mais m. (Bot,Alim) maize, Indian corn, (Am) corn. □ di ~ corn (attr.): olio di ~ corn oil.

maiscoltore m. (f. **-trice**) (Agr) maize grower, maize farmer.

maiscoltura f. (Agr) growing of maize.

maître /mɛtr/ m.inv. 1 head-waiter, maître d'hotel. 2 (maggiordomo) butler, house steward.

maîtresse /me'trɛs/ f.inv. 1 madam, woman who manages a brothel, female brothelkeeper.

maiuscola f. capital letter, block letter.

maiuscoletto m. (Tip) small capital, small cap. □ in ~ in small capitals, in small caps.

maiuscolo I a. 1 capital: lettera maiuscola capital letter; scrivere in lettere maiuscole to write in capital letters. 2 (Tip) upper-case (attr.). 3 (fig) (enorme) enormous, huge. II m. 1 capital letters, caps: scrivere (in) ~ to write in capitals, (a mano) to write in block letters. 2 (Tip) upper case.

maizena f. (Alim) maize starch, corn starch.

majorette /maʒo'rɛt/ f.inv. majorette.

MAK Macedonia MAK (Macedonia).

maki m.inv. (Zool) lemur.

makò I a.inv. (Tess) maco (attr.): cotone ~ maco cotton, fine Egyptian cotton. II m. (Tess) maco; Egyptian cotton.

MAL Malaysia MAL (Malaysia).

mala f. (colloq) 1 (malavita) gangsterism, life of crime. 2 (collett.) underworld, gangsters pl., (colloq) crooks pl., (Am,colloq) hoods pl.

malacarne f. 1 (rar) (carne cattiva) poor-quality meat. 2 (fig) rogue, villain.

malacca f. Malacca, Malacca cane.

Malacca n.pr.f. (Geog) Malacca.

malaccetto a. unwelcome.

malaccio avv. (colloq) badly. □ come stai? -Non c'è ~ how are you? - Not bad (o Not too bad).

malaccortamente avv. incautiously, rashly, imprudently.

malaccortezza f. rashness, imprudence.

malaccorto a. incautious, rash, imprudent, ill-advised.

Malachia n.pr.m. (Bibl) Malachi.

malachite f. (Min) malachite.

malacia f. 1 (Med) malacia. 2 (desiderio morboso di cibi piccanti) malacia.

malacologia f. (Zool) malacology.

malacologo m. (f. **-a**; pl. **-gi**) (Zool) malacologist.

malacreanza (pl. **malecreànze**) f. impoliteness, bad manners pl., lack of manners.

malafede f. 1 (slealtà) bad faith, disloyalty. 2 (Dir) mala fides. □ in ~: 1 in bad faith: essere in ~ to be in bad faith; agire in ~ to act in bad faith; 2 (Dir) mala fide, with intent to deceive.

malafemmina f. (region) prostitute, woman of ill repute.

malaffare □ casadi ~ house of ill repute; donna di ~ woman of ill repute; gente di ~ disreputable people.

malaga I m. (Enol) Malaga, Malaga wine. II f. (varietà di uva) Malaga grape.

Malaga n.pr.f. (Geog) Malaga.

malagevole a. 1 hard, difficult. 2 (scomo-

do) inconvenient, uncomfortable. **3** *(faticoso)* hard, arduous, exacting, tiring.

malagrazia *f.* bad grace, ill grace, bad manners *pl.*, rudeness: *trattare qcu. con ~* to be rude to so.

malalingua *(pl.* **malelìngue)** *f.* gossip, malicious gossip, backbiter, evil tongue.

malamente *avv.* **1** *(sgarbatamente)* badly, in a bad manner, rudely: *trattare qcu. ~* to treat so. rudely. **2** *(miseramente)* poorly, wretchedly.

malandato *a.* **1** *(rif. alla salute)* in poor health, poorly, *(colloq)* in bad shape. **2** *(rif. a edificio)* run down. **3** *(rif. a condizioni finanziarie)* badly off, *(colloq)* hard up. **4** *(sciatto)* shabby, sloppy, *(colloq)* down and out: *~ nel vestire* shabbily dressed.

malandrinaggio *m.* *(ant)* *(brigantaggio)* highway robbery, brigandage, brigandry.

malandrinata *f.* *(scherz)* **1** *(azione disonesta)* dishonest trick. **2** *(comportamento da furfante)* dishonest behaviour, crooked behaviour.

malandrinesco *(pl.* **-chi)** *a.* **1** *(ant)* brigand's, of highway robbery *(posposto)*. **2** *(estens)* ruffianly, rascally.

malandrino I *m.* **1** *(ant)* bandit, brigand, highwayman, robber, highway robber. **2** *(furfante)* scoundrel, ruffian, rogue, villain. **3** *(scherz)* rascal, rogue. **II** *a.* **1** *(disonesto)* dishonest, crooked: *gente malandrina* ruffians *pl.*, *(colloq)* bunch of crooks. **2** *(scherz)* *(birichino)* roguish, mischievous: *occhi malandrini* mischievous eyes. **3** *(scherz,ant)* *(rif. al tempo atmosferico: cattivo)* bad, raw, fickle.

malanimo *m.* ill-will, malevolence, malice. □ *con ~* malevolently: *agire con ~ nei confonti di qcu.* to act malevolently towards so.; *di ~* unwillingly, reluctantly, with bad grace, with a bad grace: *fare qcs. di ~* to do sth. unwillingly; *senza ~* without malice.

malanno *m.* **1** *(acciacco)* ailment, illness, sickness, affliction: *prendersi un ~* to catch an illness, to catch one's death. **2** *(rar)* *(disgrazia)* misfortune, ill luck, mishap: *augurare un ~ a qcu.* to wish so. a mishap. **3** *(rar)* *(persona molesta e noiosa)* bore, pest.

malaparata *f.* evil plight, dangerous situation, danger: *(colloq)* *vista la ~* having seen the danger, considering how things were going.

malapena □ *a ~ (a stento)* hardly, scarcely, with difficulty, barely; *riesco a ~ a vederti* I can only just see you, I can hardly see you.

malare *a.* *(Anat)* malar.

malaria *f.* *(Med)* malaria, malarial fever.

malarico I *a.* *(Med)* malarial: *zona malarica* malarial region; *febbre malarica* malarial fever. **II** *m.* *(f.* **-a;** *pl.* **-ci)** *(Med)* person who has malaria, malarial patient.

malariologia *f.* *(Med)* malariology.

malarioterapia *f.* *(Med)* malariotherapy.

malasanità *f.* malpractice of the national health system.

malasorte *f.* bad luck, ill luck: *lagnarsi della propria ~* to complain about one's own bad luck; *essere perseguitato dalla ~* to be plagued by bad luck. □ *per ~* unluckily.

malassorbimento *m.* *(Med)* malabsorption.

malaticcio *a.* sickly, ailing, feeble, week, unhealthy.

malato I *a.* **1** ill, sick: *essere gravemente ~* to be seriously ill. **2** *(rif. a parte del corpo)* diseased, injured: *avere una gamba malata* to have an injured leg. **3** *(di piante)* diseased: *questo albero è ~* this tree is diseased. **4** *(fig)*

unsound, sick, unhealthy, diseased: *società malata* sick society. **5** *(morboso)* morbid, unsound: *fantasia malata* morbid imagination. **II** *m.* *(f.* **-a)** **1** patient, sick person. **2** *(invalido)* invalid. **3** *(entusiasta)* maniac: *è un ~ di videogame* he's a videogame maniac. **III** *pl.* *(collett.)* the sick: *visitare i malati* to visit the sick. □ *~d'amore* lovesick;*darsi ~*: 1 to say one is sick; 2 *(Mil)* to go sick, to report sick; *essere ~ di qcs.*: 1 to suffer from sth., to have... trouble: *sono ~ di fegato* I have liver trouble, I suffer from liver trouble; 2 *(fig)* to suffer from sth.: *è malata di gelosia* she suffers from jealousy; *un ~ di cuore* a person with a bad heart; *è ~ di cuore* he suffers from heart trouble; *~ di mente*: 1 *(usato come aggettivo)* mentally ill, insane, of unsound mind; 2 *(usato come nome)* mental patient; *(ant)* *~ di petto* consumptive; *un ~ grave* a seriously ill person; *~ immaginario* hypochondriac; *~ mentale*: 1 *(usato come aggettivo)* mentally ill, insane, of unsound mind; 2 *(usato come nome)* mental patient; *~ terminale* terminally ill patient, terminal patient; *i malati terminali* the terminally-ill.

malattia *f.* **1** *(stato di malessere)* illness, sickness: *~ grave* serious illness; *prendere una ~ (o contrarre una ~)* to get an illness, to contract an illness; *diagnosticare una ~* to diagnose an illness. **2** *(specifica)* disease: *il morbillo è una ~* measles is a disease; *~ cardiaca* heart disease; *soffrire di una ~* to be affected by a disease, to suffer from a disease; *curare una ~* to treat a disease; *trasmettere una ~* to transmit a disease; *covare una ~* to be getting sick, to become sick. **3** *(spec. permanente)* condition: *una ~ del cuore* a heart condition. **4** *(di piante)* disease. **5** *(fig)* *(male spirituale)* malady, disease, sickness, spiritual sickness: *la superbia è una ~ dell'animo* pride is a spiritual malady. **6** *(colloq)* *(essenza dal lavoro per malattia)* sick leave: *mettersi in ~* to take sick leave. □ *(Med)* *~a trasmissione sessuale* sexually transmitted disease, STD; *(Med)* *~ concomitante* accompanying disease, secondary illness, ancilliary disease; *(Med)* *~congenita* congenital disease; *(Med)* *~ contagiosa* contagious disease; *(Med)* *~ cronica* chronic disease; *(Med)* *~da carenza* deficiency disease; *malattie da civilizzazione* civilization diseases; *(Med)* *~da virus* virus infection, viral illness; *(Med)* *~degenerativa* degenerative disease; *~ degli occhi* eye complaint; *(Med)* *~ dei cassoni* caisson disease, decompression sickness; *~dei dirigenti* manager's disease; *(colloq)* *~del bacio* kissing disease; *~ del lavoro* occupational disease; *(Med)* *~del legionario* legionnaire's disease; *~ del manager* manager's disease; *(fig)* *~ del secolo* mal du siècle; *(Med)* *~ del sistema nervoso* nervous system illness; *(Med)* *~ del sonno* sleeping sickness; *(Med)* *~ della pelle* skin disorder; *~ delle piante* plant disease; *(Med)* *~ di Alzheimer* Alzheimer's disease; *(Med)* *~di Creutzfeldt-Jacob* Creutzfeldt-Jacob disease; *(Med)* *~ di Hodgkin* Hodgkin's disease; *(Med)* *~di Parkinson* Parkinson's disease; *(fig,scherz)* *~diplomatica* (socially) convenient indisposition; *(Med)* *~epatica* liver disease; *(Med)* *~ereditaria* hereditary disease; *farne una ~ (soffrirne moltissimo)* to make oneself ill over sth.; *(Med)* *~immunitaria* immune complex disorder, immune complex disease; *(Med)* *una ~incurabile* an incurable disease; *(Med)* *~infantile* childhood illness; *(Med)* *~infettiva* infectious disease; *~mentale*: 1 mental disorder, mental illness; 2 *(Dir)* mental infir-

mity; *(colloq)mettersi in ~* to take sick leave, to report sick; *~ mortale* fatal illness; *(Med)* *~polmonare* lung disease; *(Med)* *~ professionale* occupational disease; *(Med)* *~psicosomatica* psychosomatic illness; *(Med)* *~senile* geriatric disorder, disease of the elderly, senility; *(Med)* *malattie sessualmente trasmissibili* sexually transmitted diseases; *(Med)* *~sistemica* systemic disease; *(Med)* *~ venerea* venereal disease.

malauguratamente *avv.* unfortunately, unluckily, by ill chance.

malaugurato *a.* **1** *(sfortunato)* unlucky, unhappy, unfortunate. **2** *(di cattivo asupicio)* ill-fated, inauspicious: *un incontro ~* an unfortunate meeting. □ *nella malaugurata ipotesi che ...* if by some unfortunate chance...

malaugurio *m.* ill-omen, bad luck. □ *uccello del ~*: 1 bird of ill omen; 2 *(iettatore)* Jonah, *(Am)* jinx; *di ~* sinister, ominous; *essere di ~* to bring bad luck, to be a jinx.

malavita *f.* **1** gangsterism, life of crime. **2** *(collett.)* underworld, gangsters *pl.*, *(colloq)* crooks *pl.*, *(Am,colloq)* hoods *pl.* □ *darsi alla ~* to become a gangster, to embark on a life of crime; *~ organizzata* organised crime, organized crime.

malavitoso I *m.* gangster, criminal. **II** *a.* criminal, underworld *(attr.)*.

malavoglia *(pl.* **malevòglie)** *f.* reluctance, unwillingness, ill-will. □ *di ~* unwillingly, reluctantly, against one's will: *fare qcs. di ~* to do sth. reluctantly, to do sth. unwillingly; *lavorare di ~* to work unwillingly.

malavvedutamente *avv.* incautiously, rashly, imprudently.

malavveduto *a.* *(malaccorto)* incautious, rash, imprudent, unwise.

malavventuratamente *avv.* *(lett)* unfortunately, unluckily, by ill chance.

malavventurato *a.* *(lett)* unlucky, unhappy, unfortunate.

malavvezzo *a.* **1** *(abituato male)* spoiled, over-indulged. **2** *(maleducato)* ill-bred, ill-mannered, rude.

Malawi *n.pr.m.* *(Geog)* Malawi.

Malaysia *n.pr.f.* *(Geog)* Malaysia.

malaysiano I *m.* *(f.* **-a)** Malaysian. **II** *a.* Malaysian.

malbianco *m.* *(Agr)* powdery mildew.

malcaduco *(pl.* **-chi)** *m.* *(Med,pop)* *(epilessia)* falling sickness.

malcapitato I *a.* unfortunate, unlucky: *il ~ alunno* the unfortunate pupil. **II** *m.* *(f.* **-a)** victim, unlucky person.

malcauto *a.* rash, unwary, unwise.

malcelato *a.* ill-concealed: *ascoltò la notizia con ~ scetticismo* he received the news with ill-concealed scepticism; *malcelata antipatia* ill-concealed dislike.

malcerto *a.* *(rar)* uncertain.

malconcio *a.* **1** *(rif. a persona)* in bad shape *(posposto)*, in a sorry state *(posposto)*, in bad condition *(posposto)*, in a plighted state *(posposto)*: *è uscito piuttosto ~ da quell'incidente* he was in a rather bad way after that accident. **2** *(rif. a persona: malmenato)* beaten, battered. **3** *(rif. a persona: in cattiva salute)* in a bad state *(posposto)*, run down. **4** *(finanziariamente)* hard up. **5** *(rif. a cosa)* in a bad state *(posposto)*, in bad repair *(posposto)*, damaged. **6** *(rif. a cosa: consumata dall'uso)* battered, worn-out: *le tue scarpe sono proprio malconce!* your shoes are really worn-out!

malconsigliato *a.* *(imprudente)* ill-advised, imprudent.

malcontento I *a.* dissatisfied, discontented, not satisfied, not content (*di* with): *è una persona sempre malcontenta* he is never satisfied. **II** *m.* **1** (*insoddisfazione*) discontent, dissatisfaction: *suscitare il ~* to arouse discontent; *essere oggetto di ~* to be cause for dissatisfaction; *il ~ già serpeggiava tra il popolo* discontent was already rife among the people. **2** (*f.* **-a**) (*rar*) (*persona*) malcontent.

malcorrisposto *a.* unrequited, not returned: *affetto ~* unrequited affection.

malcostume *m.* **1** immorality, immoral behaviour. **2** (*Dir*) malpractice: *~ politico* political malpractice.

maldestramente *avv.* awkwardly, clumsily.

maldestro *a.* (*impacciato*) awkward, clumsy (*anche fig*): *una mossa maldestra* a clumsy move; *un tentativo ~* an awkward attempt; *essere ~* to be clumsy, (*Br,colloq*) to be all fingers and thumbs, (*Am*) to be all thumbs.

maldicente **I** *a.* backbiting, (*diffamatore*) slanderous, (*pettegolo*) gossipy. **II** *m./f.* backbiter, (*diffamatore*) slanderer; (*pettegolo*) gossip.

maldicenza *f.* **1** backbiting, (*diffamazione*) slander, (*il pettegolare*) gossiping. **2** (*pettegolezzo calunnioso*) vicious gossip, slander.

maldisposto *a.* ill-disposed, hostile (*verso* towards).

Maldive *n.pr.f.pl.* (*Geog*) Maldives, Maldive Islands.

male I *avv.* (*compar.* **pèggio**, *sup.* **malìssimo/ pessimaménte**) **1** badly: *ti sei comportato ~* you behaved badly; *Anna cucina molto ~* Anna cooks very badly; *parlare ~ una lingua straniera* to speak a foreign language badly; *trattare ~ qcu.* to treat so. badly. **2** (*in modo sbagliato, imperfetto*) badly, wrong, wrongly, not properly, poorly, not well: *il verso è stato ~ interpretato* the verse was not properly understood; *la mia televisione funziona ~* my television isn't working properly. **3** (*con valore di negazione*) not, not very well, ill, badly, bad: *questo atteggiamento mal si addice a un insegnante* this behaviour ill becomes a teacher. **4** (*con valore di aggettivo*) bad: *questo posto non è per niente ~!* this place isn't bad at all; *mica ~ quella ragazza!* that girl isn't bad-looking at all! **5** (*esclam.*) that's bad!, that's too bad!: *non hai fatto i compiti?- ~!* you didn't do your homework? - That's bad! **II** *m.* **1** evil, wrong, bad: *non saper distinguere il bene dal ~* not to know right from wrong, not to know good from evil; *l'avarizia è la radice di ogni ~* avarice is the root of all evil. **2** (*danno, svantaggio*) bad, bad thing, harm, hurt, damage, trouble, woe: *spesso da un ~ nasce un bene* good often comes from bad. **3** (*disgrazia*) misfortune, harm, ill-luck, ill. **4** (*guaio*) trouble: *raccontare i propri mali* to tell one's troubles; *il ~ è che...* the trouble is that... **5** (*dolore fisico*) pain, hurt, ...ache. **6** (*malattia*) illness, sickness, disease: *soffrire di un ~* to suffer from a disease, to have a disease; *il suo ~ non gli dà tregua* his illness gives him no peace. **7** (*danno*) damage; (*torto*) harm: *fare più ~ che bene* to do more harm than good; *non c'è nulla di ~* there's no harm in it. **8** (*peccato*) sin, evil: *fuggire il ~* to flee from sin. ☐ (*fig*) *non farebbe ~ a una mosca* he wouldn't hurt a fly; *mal accetto* unwelcome; *~ alla schiena* backache; *andare a ~* to spoil, to go off, to go bad: *il latte è andato a ~* the milk is spoiled, the milk has gone off; *avere ~* to have a pain: *ho ~ a un piede* I have a pain in my foot; *ho ~ a un ginocchio* my knee hurts; (*fig*) *aversela a ~*

per qcs. (*o aversene a ~ per qcs.*) to take offence at sth., to get annoyed at sth., to take sth. amiss, to take sth. badly; (*Med,ant*) *mal caduco* falling sickness, epilepsy; *mal capitato*: **1** (*usato come aggettivo*) unfortunate, unlucky; **2** (*usato come nome*) victim, unlucky person; *mal celato* ill-concealed; *che ~ c'è?* what harm is there (in it)?, what's wrong with it?; *per ~ che vada* at worst, in the worst case, (*Br*) if the worst comes to the worst, (*Am*) if worse comes to worst; *mal corrisposto* unrequited, not returned; (*fig*) *mal d'Africa* nostalgia for Africa; *mal d'amore* love-sickness; *mal d'aria* air-sickness; *avere il mal d'aria* to be airsick; *mal d'auto* car-sickness; *avere il mal d'auto* to be carsick; (*Veter*) *mal del verme* (*o mal del verme farcino*) farcy; (*Med,region*) *mal della lupa* bulimia, boulimia; *mal di cuore* heart disease, heart trouble; *mal di denti* toothache; *avere mal di fegato* to have liver trouble, to have a liver complaint; (*fig*) *farsi venire il mal di fegato per qcs.* to get all worked up about sth.; *avere il mal di gola* to have a sore throat; *di ~ in peggio* from bad to worse; *mal di mare* sea-sickness: *avere il mal di mare* to be seasick; *mal di montagna* mountain sickness; *mal di pancia* stomach-ache, (*infant*) tummy-ache; *mal di schiena* backache; *mal di stomaco* heartburn; *mal di testa* headache; *avere mal di testa* to have a headache; *mal disposto*: **1** badly-arranged, poorly arranged; **2** (*fig*) ill-disposed, hostile: *essere mal disposto verso qcu.* to be ill-disposed towards so.; *avere il mal d'orecchi* to have an earache; *mal equipaggiato* ill-equipped; *~ ereditario* hereditary disease; *fare ~*: **1** (*dolere*) to hurt, to be painful, to ache: *il dente mi fa ~* my tooth aches; *dove ti fa ~?* where does it hurt?; **2** (*nuocere*) to be bad (*a* for): *mangiare troppo fa ~* overeating is bad for you; *questo cibo ti fa ~* this food is bad for you; *troppo alcol fa ~ al fegato* too much alcohol is bad for your liver; **3** (*agire male*) to be wrong, to do wrong: *fare ~ a fare qcs.* to be wrong in doing sth.; *hai fatto ~ a non venire* you were wrong not to come; **4** (*dispiacere*) to hurt, to upset: *mi ha fatto molto ~ sentirti parlare così* I was very hurt to hear you talk like that; **5** (*causare dolore, danneggiare*) to hurt; *fare del ~ a qcu.* to hurt so., to harm so., to do so. wrong; *farsi ~* to hurt oneself, to get hurt; *farsi ~ a un piede* to hurt one's foot, to injure one's foot; *mal fatto*: **1** (*rif. a persona: sgraziato*) ungainly, awkward; (*sproporzionato*) ill-proportioned, misshapen; **2** (*rif. a cosa: imperfetto*) badly made, badly done, botched; **3** (*rif. a cosa: riprovevole*) bad, ill, evil; **4** (*rif. a un vestito*) badly fitting; (*Med*) *~ francese* syphilis; *mal garbo* (*scortesia*) bad grace, rudeness: *mi rispose con mal garbo* he answered me rudely; (*fig*) *essere ~ in arnese*: **1** (*rif. a vestiti*) to be shabbily dressed, to be poorly dressed; **2** (*rif. alla salute*) to be in poor health, to be in bad health; **3** (*rif. alle condizioni economiche*) to be in financial straits; (*ant*) *mal gliene incolga!* woe to him!; *~ inguaribile* incurable disease; *~ intenzionato*: **1** (*usato come aggettivo*) ill-disposed, ill-intentioned; **2** (*usato come nome*) ill-intentioned person; *mal messo*: **1** (*rif. a persona: trasandato*) shabby, badly-dressed, shabbily-dressed, untidy, run-down; (*in cattive condizioni economiche*) badly-off, hard up; **2** (*rif. ad abitazione: arredata male*) badly-furnished; (*in cattivo stato*) in bad condition (*posposto*), run-down, untidy; *scegliere*

il ~ minore choose the lesser of the two evils; *non ~* not so bad, not bad; *non c'è ~* not bad, not too bad, not so bad; *non sarà ~ telefonarle* it wouldn't be a bad idea to phone her; *non troppo ~* rather well; *mal pagato* poorly paid; *mal preparato* badly prepared, unprepared: *essere mal preparato in una materia* to be unprepared in a subject; *mal ridotto*: **1** (*rif. a persone*) in a bad way, in a sorry plight; **2** (*rif. a cose*) in a bad state; *mal riposto* ill-founded, misplaced; *mal riuscito* unsuccessfull, that didn't turn out well (*posposto*): *un esperimento mal riuscito* an unsuccessful experiment, an experiment that didn't turn out well; (*ant*) *mal sottile* consumption; *stare ~*: **1** (*essere malato*) to be unwell, to be ill, to be sick; **2** (*non adattarsi*) not to fit, not to fit well, not to suit: *quel vestito ti sta ~* that dress doesn't fit you, that dress doesn't suit you; **3** (*essere sconveniente*) to look bad; *mal tenuto*: **1** badly kept; **2** (*disordinato*) untidy, unkept; *mal tinto*: **1** badly coloured, badly dyed; **2** (*di cavallo*) dun; *mal tolto* ill-gotten gains *pl.*, extorted goods *pl.*; (*colloq,region*) *mi è venuto ~* (*quando l'ho sentito ecc.*) it made me ill, it sent me into a shock; *mal vestito*: **1** poorly dressed, shabbily dressed; **2** (*senza gusto*) badly dressed. *Prov.*: *non tutto il ~ vien per nuocere* every cloud has a silver lining; *mal comune mezzo gaudio* a trouble shared is a trouble halved; misery loves company; *a mali estremi, estremi rimedi* critical situations call for drastic measures; desperate cases call for desperate remedies; *~ non fare, paura non avere* do no evil, feel no evil; *un ~ tira l'altro* misfortunes never come singly; *chi ha fatto il ~ faccia la penitenza* you made your bed and now you must lie in it.

maledettamente *avv.* (*colloq*) terribly, awfully.

maledetto I *a.* **1** cursed, damned: *sia ~ chi mi è nemico* cursed be he who is my enemy; *sia ~ il giorno in cui ti ho incontrato!* cursed be the day I met you! **2** (*colloq*) (*orribile*) horrible, awful: *che tempo ~!* what horrible weather! **3** (*colloq*) (*in espressioni di fastidio*) damned, wretched, beastly, cursed, (*volg*) bloody: *dov'è quella chiave maledetta?* where's that damned key?; *non ho ancora finito questo ~ lavoro* I haven't finished this wretched job yet. **II** *m.* **1** (*f.* **-a**) (*persona odiata*) damned person, bloody person. **2** *spec.pl.* (*rar*) (*i dannati*) damned soul. ☐ (*pop*) *~ bastardo!* bloody bastard!; *che tu sia ~!* curse you!, a curse upon you!, damn you!

maledico → **maledire**.

maledire (*pres.ind.* **maledìco, maledìci**; *impf.ind.* **maledicévo** /*pop* **maledìvo**; *p.rem.* **maledìssi** /*pop* **maledìi**; *imperat.* **maledìci**; *p.p.* **maledétto**) *v.t.* **1** to curse, to damn. **2** (*imprecare, deprecare*) to curse. **3** (*Rel*) to anathematize.

maledissi → **maledire**.

maledizione I *f.* **1** curse, malediction: *la ~ di Dio è su questa casa* God's curse is on this house. **2** (*imprecazione*) curse, oath. **3** (*fig*) (*rovina*) curse, disaster, ruin, calamity: *questa siccità è stata una ~ per le campagne* this drought has been a disaster for the countryside; *i cattivi compagni sono una ~ per lui* bad company will be the ruin of him. **II** *intz.* damn!, damn it!, blast!, blast it!, curse!, curse it!

maleducatamente *avv.* rudely, impolitely.

maleducato I *a.* ill-mannered, ill-bred, rude, impolite. **II** *m.* (*f.* **-a**) ill-bred person, ill-mannered person.

maleducazione *f.* bad manners *pl.*, ill-breeding, rudeness, impoliteness. □ *è ~ mangiare con la bocca aperta* it's bad manners to eat with your mouth open.

malefatta (*pl.* **malefàtte**) *f.spec.pl.* misdeed, wrongdoing, mischief: *sei l'unico responsabile delle tue malefatte* you are the only person responsible for your misdeeds.

maleficamente *avv.* wickedly, malignantly.

maleficio *m.* witchcraft, sorcery, spell.

malefico (*pl.* **-ci**) *a.* 1 evil, malefic, maleficent, baleful: *influenza malefica* malefic influence, baleful influence. 2 (*dannoso*) harmful, bad, unholesome: *clima ~* unholesome climate. 3 (*in astrologia*) malefic: *pianeti malefici* malefic planets.

maleico □ (*Chim*)*acido ~* maleic acid.

maleodorante *a.* evil-smelling, smelly, stinking, malodorous.

malerba *f.* weed. □ (*fig*) *crescerecome la ~* to shoot up. Prov.: *la ~ non muore mai* bad weed never dies.

malese I *a.* Malay, Malayan; (*dell'arcipelago malese*) Malaysian. II *m./f.* (*abitante*) Malay, Malayan; (*dell'arcipelago malese*) Malaysian. III *m.* (*lingua*) Malay, Malayan.

Malesia *n.pr.f.* (*Geog*) Malaya.

malessere *m.* 1 discomfort, indisposition, illness: *provare un ~ generale* to feel a general discomfort; *essere colto da ~* to feel suddenly sick, to be taken ill. 2 (*fig*) (*inquietudine*) uneasiness, malaise, disquiet: *provare un senso di ~* to feel ill at ease.

malestro *m.* mischief, harm, damage.

malevolenza *f.* ill-will, malevolence, malice, spite: *agire con ~* to act with malice, to act out of spite.

malevolmente *avv.* malevolently, maliciously, out of spite.

malevolo *a.* malevolent, malicious, spiteful. *intenzione malevola* malicious intention.

malfamato *a.* ill-famed, of ill repute (*posposto*), with a bad reputation (*posposto*), disreputable: *un locale ~* a place of ill repute.

malfare (*used only in the infinitive and in the past participle* **malfatto**; *aus* **avere**) *v.i.* (*lett*) to do evil, to do wrong, to make mischief.

malfatto I *a.* 1 (*rif. a persona: sgraziato*) ungainly, awkward; (*sproporzionato*) ill-proportioned, misshapen. 2 (*rif. a cosa: imperfetto*) badly made, badly done, botched. 3 (*rif. a cosa: riprovevole*) bad, ill, evil. 4 (*rif. a un vestito*) badly fitting. II *m.* 1 (*rar*) (*misfatto*) misdeed: *rimediare al ~* to make amends for a misdeed. 2 *pl.* (*Gastron*) malfatti (gnocchi made with spinach) (*costr.sing.*).

malfattore (*f.* **-trice**) *m.* 1 evil-doer, wrong-doer. 2 (*criminale*) criminal.

malfermo *a.* 1 shaky, unsteady, wobbly: *sedia malferma* wobbly chair; *passi malfermi* shaky steps, uncertain steps; *voce malferma* shaky voice; *~ sulle gambe* unsteady on its feet. 2 (*cagionevole*) poor, delicate, frail: *salute malferma* poor health. 3 (*fig*) shaky, unsteady: *un proposito ~* an unsteady purpose.

malfidato I *a.* suspicious, distrustful. II *m.* suspicious person, distrustful person.

malfido *a.* 1 (*che non merita fiducia*) untrustworthy, unreliable. 2 (*infido*) sly, deceptive.

malfondato *a.* ill-founded, ill-grounded: *speranze malfondate* ill-founded hopes.

malformato *a.* 1 ill-formed, misshapen. 2 (*Biol,Med*) malformed.

malformazione *f.* malformation (*anche*

Med): *~ congenita* congenital defect, birth defect.

malfrancese *m.* (*ant*) (*sifilide*) syphilis.

malfunzione *f.* malfunction.

malga *f.* 1 malga (alpine summer house). 2 (*estens*) (*pascolo*) alpine summer pasture.

malgarbo *m.* (*rar*) 1 rudeness, impoliteness. 2 (*sgarbo*) slight, insult.

malgascio I *a.* Madagascan, from Madagascar. II *m.* 1 (*f.* **-a**) (*abitante*) Madagascan, Malagasy. 2 (*lingua*) Malagasy.

malgovernabile *a.* 1 (*Pol*) ungovernable. 2 (*non controllabile*) not controllable, uncontrollable, unruly.

malgoverno *m.* 1 mismanagement, maladministration. 2 (*Pol*) bad government, misgovernment.

malgrado I *prep.* in spite of, despite, notwithstanding: *è voluta uscire ~ il cattivo tempo* she wanted to go out in spite of the bad weather, despite (*o* notwithstanding) the bad weather she wanted to go out. II *congz.* though, even though, although: *mi salutò ~ avessimo litigato* he greeted me although we had had a quarrel. □ *~che* though, although; *~ciò* in spite of this, nevertheless, nonetheless;*mio ~* against my will, in spite of myself;*nostro ~* against our will;*suo ~* against his will, against her will; *~tutto* in spite of everything.

Mali *n.pr.m.* (*Geog*) Mali.

malia *f.* 1 spell, charm, enchantment. 2 (*fig*) (*fascino*) charm, fascination, enchantment: *uno sguardo pieno di ~* a bewitching look, a charming look.

maliarda *f.* 1 (*donna seducente*) charmer, enchantress: *è una vera ~* she's a real charmer. 2 (*lett,rar*) witchcraft, sorceress.

maliardo *a.* bewitching, charming: *un sorriso ~* a bewitching smile.

malico □ (*Chim*)*acido ~* malic acid.

malignamente *avv.* maliciously, malignantly.

malignare (**malìgno**; *aus.* **avere**) *v.i.* to speak ill (*su* of), to malign (*su qcu.* so.).

malignità *f.* 1 malice, malevolence, ill-will, (*rar*) malignity. 2 (*insinuazione maligna*) malignant comment, malicious remark. 3 (*atto maligno*) malicious action, nasty thing, (*rar*) malignity. 4 (*Med*) malignancy. □ *con ~* maliciously, with ill-will.

maligno I *a.* 1 (*di cose*) malicious, malignant, nasty, malign, spiteful: *commenti maligni* malicious comments, nasty remarks. 2 (*di persona*) malignant, malign, evil-minded, malevolent: *spirito ~* malignant spirit, malign spirit. 3 (*Med*) malignant: *tumore ~* malignant tumour, cancerous tumour. 4 (*lett, rar*) (*avverso, sfavorevole*) adverse, unfavourable. 5 (*lett,rar*) (*di clima*) unhealthy. II *m.* (*f.* **-a**) malicious person, evil-minded person. □ *il ~* the Evil One, the devil.

malinconia I *f.* 1 melancholy, low spirits *pl.*, sadness, gloom, (*colloq*) the blues *pl.*: *scacciare la ~* to chase one's gloom away; *fare venire la ~ a qcu.* to make so. melancholy, to make so. sad, to give so. the blues; *lasciarsi prendere dalla ~* to get the blues. 2 (*Psic*) melancholia. 3 (*pensiero malinconico*) gloomy thought, sad thoughts: *bando alle malinconie!* forget these gloomy thoughts!

malinconicamente *avv.* in a melancholy way, in low spirits, gloomily.

malinconico (*pl.* **-ci**) *a.* 1 (*rif. a persona*) melancholy, sad, depressed, in low spirits (*posposto*), wistful. 2 (*rif. a cose*) melancholy, dismal, gloomy, sad, depressing. 3 (*Psic*) melancholic. 4 (*ant*) (*rif. a tempera-*

mento) melancholy.

malinconioso *a.* (*lett*) 1 (*rif. a persona: malinconico*) melancholy, sad, depressed, in low spirits (*posposto*), wistful. 2 (*rif. a cose: malinconico*) melancholy, dismal, gloomy, sad, depressing.

malincuore □ *a ~* reluctantly, unwillingly, against one's will, with a heavy heart: *se ne sono andati a ~* they went away reluctantly.

malinformato *a.* misinformed, ill-informed, badly informed.

malintenzionato I *a.* ill-intentioned, ill-disposed: *essere ~ nei riguardi di qcu.* to be ill-intentioned towards so. II *m.* (*f.* **-a**) ill-intentioned person.

malinteso I *a.* misunderstood; mistaken, misinterpreted. II *m.* misunderstanding: *dev'esserci stato un ~* there must have been a misunderstanding; *chiarire un ~* to clear up a misunderstanding; *onde* (*o per*) *evitare malintesi* in order to avoid any misunderstanding, to avoid misunderstandings.

malioso *a.* (*lett,rar*) bewitching, enchanting, charming, fascinating: *occhi maliosi* bewitching eyes.

malizia *f.* 1 malice, naughtiness: *un sorriso pieno di ~* a smile full of malice. 2 (*sottile astuzia*) astuteness, artfulness, cunning, craftiness: *fare qcs. con ~* to do sth. with craftiness. 3 (*malvagità*) malice, malevolence. 4 (*estens*) (*espediente*) trick, cunning device. □ *con ~* with malice, maliciously, craftily;*per ~* out of malice;*privo di ~* (*o senza ~*) guileless, artless.

maliziosamente *avv.* 1 maliciously. 2 (*in modo gaio e birichino*) mischievously. 3 (*con sottile astuzia*) cunningly, artfully.

maliziosità *f.* maliciousness.

malizioso *a.* 1 malicious, naughty: *domanda maliziosa* malicious question. 2 (*gaio e birichino*) mischievous, roguish, naughty. 3 (*sottilmente astuto*) cunning, crafty, artful.

mallardo *m.* (*Ornit*) (*germano reale*) mallard, wild duck.

malleabile *a.* 1 (*Met*) malleable. 2 (*fig*) malleable, pliable, easily influenced.

malleabilità *f.* 1 (*Met*) malleability. 2 (*fig*) malleability, pliability.

malleolare *a.* (*Anat*) malleolar.

malleolo *m.* (*Anat*) malleolus.

mallevadore (*f.* **-drice**) *m.* 1 (*Dir*) guarantor, surety, bondsman: *essere ~ di qcu.* to stand surety for so., to go bail for so. 2 (*estens*) (*garante*) guarantor.

malleveria *f.* 1 (*Dir*) surety, security: *ottenere ~* to obtain security; *prestare ~ a qcu.* (*o dare ~ a qcu.*) to stand surety for so. 2 (*garanzia*) guarantee, guaranty. 3 (*cauzione*) bail.

mallo *m.* (*Bot*) hull, husk.

mallofagi *m.pl.* (*Entom*) biting lice.

malloppo *m.* 1 (*refurtiva*) loot, swag, booty: *restituire il ~* to give back the loot. 2 (*region*) (*fagotto*) bundle. 3 (*fig*) (*peso, ansietà*) weight, worry. 4 (*Aer*) trail rope.

malmaritata *f.* (*rar*) unhappily-married woman.

malmenare (**malméno**) *v.t.* 1 to beat up, (*colloq*) to rough up, to mistreat, to ill-treat. 2 (*fig*) (*strapazzare*) to ill-use, to mishandle, to ill-treat, to misuse. □ (*fig*) *~uno strumento* to play an instrument atrociously.

malmesso *a.* 1 (*rif. a persona: trasandato*) shabby, badly-dressed, shabbily-dressed, untidy, run-down; (*in cattive condizioni economiche*) badly-off, hard up. 2 (*rif. ad abitazione: arredata male*) badly-furnished; (*in cattivo stato*) in bad condition (*posposto*), run-down, untidy.

malnato *a.* (*lett*) **1** (*screanzato*) ill-bred, unmannerly: *ragazzacci malnati* ill-bred louts. **2** (*sfortunato*) unlucky, unfortunate, wretched.

malnoto *a.* little known, badly known, poorly known.

malnutrito *a.* malnourished, ill-fed.

malnutrizione *f.* malnutrition.

malo *a.* (*lett*) bad, evil, wicked, ill. □ *mal costume*: **1** immorality, immoral behaviour; **2** (*Dir*) malpractice; *mala fede*: **1** (*slealtà*) bad faith, disloyalty: *in mala fede* in bad faith; **2** (*Dir*) mala fides; (*region*) *mala femmina* woman of ill repute; *mala grazia* ill grace, bad manners (*pl.*), rudeness: *trattare qcu. con mala grazia* to be rude to so.; *fare qcs. di mala grazia* to do sth. with bad grace; *mala lingua* gossip, malicious gossip, backbiter, evil tongue; *in ~ modo* in a bad way, badly, rudely, roughly: *trattare qcu. in ~ modo* to treat so. badly, to treat so. rudely, to treat so. roughly; *rispondere a qcu. in malo ~ to* answer so. rudely; *mala parata* evil plight, dangerous situation, danger: (*colloq*) *vista la mala parata* having seen the danger; *mala parola* bitter word; *ridurre qcu. a mal partito* to get so. with his back against the wall; *ridursi a mal partito* (o *trovarsi a mal partito*) to have one's back to the wall, to be in a tight corner; *mala sorte* ill luck, bad luck; *lagnarsi della propria mala sorte* to complain about so.'s bad luck; *essere perseguitato dalla mala sorte* to be plagued by bad luck; *per mala sorte* (*sfortunatamente*) unluckily; *di mala voglia* unwillingly, reluctantly, against one's will; *fare qcs. di mala voglia* to do sth. reluctantly, to do sth. unwillingly; *lavorare di mala voglia* to work unwillingly.

malocchio *m.* evil eye, jiinx, (*Am*) hex: *gettare il ~ su qcu.* to cast the evil eye on so.; *avere il ~ to* have been given the evil eye. □ *vedere di ~ qcs.* to look askance at sth., to look askant at sth.; *vedere di ~ qcu.* to have a poor opinion of so., to disapprove of so.

malora *f.* ruin. □ *alla ~!* to the devil!, to hell!; *andare in ~* to go to the dogs; *la casa va in ~* the house is falling to pieces, the house is going to rack and ruin; *va' in ~!* go to the devil!, go to hell!, damn you!; *mandare in ~ qcu.* (*rovinarlo*) to bring so. to ruin, to ruin sth., to wreck sth.; (*colloq*) **della ~** damned, cursed: *fa un caldo della ~!* it's damned hot!; *abbassa quella televisione della ~!* turn down that damned television!

malore *m.* **1** illness. **2** (*svenimento*) fainting spell. □ *essere colto da ~*: **1** to be suddenly taken ill; **2** (*svenire*) to faint.

malpagato *a.* poorly paid: *un lavoro ~ a* poorly paid job.

malparlante **I** *a.* (*rar*) speaking badly (*posposto*), speaking incorrectly (*posposto*). **II** *m./f.* (*rar*) person who speaks incorrectly.

malpartito □ *a ~* in dire straits, in a tight spot: *ridurre qcu. a ~* to get so. with his back against the wall; *ridursi a ~* (o *trovarsi a ~*) to have one's back to the wall, to be in a tight corner.

malpensante *m./f.* nasty-minded person, mean-minded person.

malpreparato *a.* badly prepared, unprepared: *essere ~ in una materia* to be unprepared in a subject.

malproprio *a.* **1** (*non adatto*) unsuitable. **2** (*rar*) inappropriate, incorrect.

malridotto *a.* **1** (*rif. a persona*) in bad shape (*posposto*), in a sorry state (*posposto*), in bad condition (*posposto*), in a plighted state

(*posposto*): *è uscito piuttosto ~ da quell'incidente* he was in a rather bad way after that accident. **2** (*rif. a persona: malmenato*) battered. **3** (*rif. a persona: in cattiva salute*) in a bad state (*posposto*), run down. **4** (*finanziariamente*) hard up. **5** (*rif. a cosa*) in a bad state (*posposto*), in bad repair (*posposto*) damaged. **6** (*rif. a cosa: consumata dall'uso*) battered, worn-out: *le tue scarpe sono proprio malridotte* your shoes are really worn-out.

malriuscito *a.* unsuccessfull, that didn't turn out well (*posposto*): *un esperimento ~* an unsuccessful experiment, an experiment that didn't turn out well.

malsano *a.* **1** (*insalubre*) unhealthy, unwholesome: *clima ~* unhealthy climate. **2** (*malaticcio*) sickly, unhealthy. **3** (*fig*) sick, morbid: *fantasia malsana* morbid imagination, sick imagination.

malservito *a.* **1** ill-served. **2** (*rif. a linee di comunicazione*) badly run, lacking infrastructure: *una zona malservita* a badly run area, an area with bad public transport connections.

malsicuro *a.* **1** (*vacillante*) unsteady, uncertain, faltering, shaky: *una scala malsicura* an unsteady ladder; *passo ~* faltering step. **2** (*pericoloso*) dangerous, risky, unsafe: *territorio ~* dangerous territory. **3** (*fig*) (*inattendibile*) unreliable, untrustworthy: *testimonianza malsicura* unreliable evidence. **4** (*fig*) (*esitante*) hesitant, uncertain, unsure: *un uomo ~* a hesitant man.

malsoddisfatto *a.* dissatisfied (*di* with).

malta *f.* (*Edil*) mortar. □ (*Edil*) *~ asciutta* dry mortar; (*Strad*) *~ asfaltica* asphaltic mortar; (*Edil*) *~ di calce* lime mortar; (*Edil*) *~ di cemento* cement mortar, grout; (*Edil*) *~ fresca* green mortar; (*Edil*) *~ grassa* fat mortar; (*Edil*) *~ idraulica* hydraulic mortar; (*Edil*) *~ liquida* grout, larry; (*Edil*) *~ per intonaco* plaster; (*Edil*) *~ refrattaria* refractory mortar.

Malta *n.pr.f.* (*Geog*) Malta: *cavalieri di ~* Knights of Malta; *croce di ~* Maltese cross.

maltagliati *m.pl.* (*Gastron*) maltagliati (fresh pasta cut into irregular shapes) (*costr.sing.*).

maltasi *f.* (*Biol*) maltase.

maltempo *m.* bad weather: *a causa del ~* due to bad weather; *per il ~* because of the weather.

maltenuto *a.* **1** badly kept. **2** (*disordinato*) untidy, unkept.

malteria *f.* (*Ind*) malthouse, malt house.

maltese **I** *a.* Maltese. **II** *m./f.* (*abitante*) Maltese: *i maltesi* the Maltese. **III** *m.* (*dialetto*) Maltese: *parlare ~* to speak Maltese.

maltina *f.* (*Biol*) maltine.

maltinto *a.* **1** badly coloured, badly dyed. **2** (*di cavallo*) dun.

malto *m.* malt. □ *di ~* malt (*attr.*): *whisky di ~* malt whisky; *~ di frumento* wheat malt; *~ di mais* corn malt; *~ d'orzo* barley malt.

maltollerante *a.* (*rar*) impatient, intolerant.

maltolto *m.* ill-gotten gains *pl.*, extorted goods *pl.*: *restituire il ~* to give back the ill-gotten gains.

maltosio *m.* (*Chim*) maltose.

maltrattamento *m.* mistreatment, ill-treatment, abuse: *subire maltrattamenti* to be mistreated. **2** (*Dir*) *~ di animali* mistreatment of animals, cruelty to animals; (*Dir*) *~ di minori* mistreatment of minors, child abuse; (*Dir*) *maltrattamenti in famiglia* cruelty to a member of the family, mistreatment of a member of the family.

maltrattare (**maltràtto**) *v.t.* **1** to ill-treat, to

ill-use, to mistreat, to abuse: *~ i prigionieri* to mistreat prisoners; *~ i bambini* to abuse children. **2** (*rif. a cose*) to misuse. □ (*fig*) *~ un autore* to misinterpret an author; (*fig*) *~ una lingua* to murder a language.

maltusianismo *m.* (*Econ*) Malthusianism.

maltusiano **I** *a.* (*Econ*) Malthusian. **II** *m.* (*f. -a*) (*Econ*) Malthusian.

malumore *m.* **1** bad mood. **2** (*irritabilità*) bad temper. **3** (*tristezza*) low spirits *pl.* **4** (*fermento di ribellione*) discontent, unrest, dissatisfaction: *sta crescendo il ~* discontent is growing. □ *essere di ~*: **1** to be in a bad mood; **2** (*essere irritabile*) to be in a bad temper; *mettere qcu. di ~* to put so. in a bad mood.

malva **I** *f.* (*Bot*) mallow, common mallow. **II** *m.* (*colore*) mauve. **III** *a.* mauve (*attr.*).

malvacee *f.pl.* (*Bot*) mallows, common mallows, mallow family (*costr.sing.*).

malvaceo *a.* malvaceous.

malvagiamente *avv.* wickedly.

malvagio **I** *a.* **1** wicked, evil, evil-minded, nasty: *avere un animo ~* to be evil-minded; *avere un'aria malvagia* to look evil; *un'azione malvagia* a wicked deed. **2** (*colloq*) (*inclemente*) inclement, bad, awful: *tempo ~* inclement weather, bad weather. **3** (*scherz*) bad: *questo libro non è ~* this book isn't bad; *non è un'idea malvagia!* that's not a bad idea! **II** *m.* (*f. -a*) wicked man, wicked person: *i malvagi* the wicked.

malvagità *f.* **1** wickedness, evilness, malice: *fare qcs. per ~* to do sth. out of malice. **2** (*azione malvagia*) evil deed, wicked action, wicked thing to do.

malvarosa *f.* (*Bot*) (*malvone*) hollyhock.

malvasia *f.* **1** (*uva*) Malvasia. **2** (*Enol*) (*vino*) malmsey.

malversare (**malvèrso**) *v.t.* **1** (*Dir*) to embezzle. **2** (*estens*) to misappropriate.

malversatore *m.* (*f. -trice*) (*Dir*) embezzler.

malversazione *f.* (*Dir*) embezzlement: *~ di denaro pubblico* embezzlement of public money.

malvestito *a.* **1** poorly dressed, shabbily dressed. **2** (*senza gusto*) badly dressed.

malvissuto *a.* (*rar,lett*) who has lived an evil life (*posposto*), dissolute, loose living.

malvisto *a.* disliked (*da* by), unpopular (*da* with): *essere ~ da tutti* to be disliked by everyone, to be out of favour with everyone.

malvivente *m./f.* criminal, delinquent, gangster, (*colloq*) crook.

malvivenza *f.* (*collett.*) underworld, gangsters *pl.*, (*colloq*) crooks *pl.*, (*Am,colloq*) hoods *pl.*

malvolentieri *avv.* unwillingly, reluctantly, against one's will: *fare qcs. ~* to do sth. reluctantly.

malvolere[1] (*only the infinitive, the past participle* **malvolùto** *and the present participle* **malvolènte** *are in use*) *v.t.* to dislike: *essere malvoluto da tutti* to be disliked by everyone, to be out of favour with everyone. □ *farsi ~ da qcu.* to earn so.'s dislike; *prendere qcu. a ~* to take a dislike to so.

malvolere[2] *m.* **1** (*cattiva disposizione d'animo*) ill-will, malevolence. **2** (*cattiva volontà*) unwillingness.

malvone *m.* (*Bot*) hollyhock.

mamba *m.* (*Zool*) mamba: *~ verde* green mamba.

mambo *m.* (*danza*) mambo.

mamelucco (*pl.* **-chi**) *m.* **1** (*Stor*) (*mammalucco*) Mamluk, Mameluke, Mameluk. **2** (*f. -a*) (*fig*) (*sciocco*) fool, dolt, simpleton, (*colloq*) nitwit.

mamertino *a.* Mamertine: *carcere ~* Mamertine Prison.

mamma *f.* **1** (*Br*) mummy, mum, (*Am*) mom, mommy, mama, mamma: *la ~ e il papà* mummy and daddy, (*Am*) mom and dad; *mia ~* my mother. **2** (*estens*) mother: *è una ~ per gli orfanelli* she is a mother to the orphans. ☐ (*scherz*) *come ~ l'ha fatto* (*nudo*) as mother nature made him, in his birthday suit, stark naked; *~ mia !* good heavens!, good gracious!, oh dear!, my goodness!

mammà *f.* (*dial*) (*usato spec. senza articolo*) (*Br*) mummy, mum, (*Am*) mom, mommy, mama, mamma.

mammalogia *f.* (*Zool*) mammalogy.

mammalogo *m.* (*f.* **-a**; *pl.* **-gi**) (*Zool*) mammalogist.

mammalucco (*pl.* **-chi**) *m.* **1** (*Stor*) Mamluk, Mameluke, Mameluk. **2** (*f.* **-a**) (*fig*) (*sciocco*) fool, dolt, simpleton, (*colloq*) nitwit.

mammana *f.* **1** (*levatrice*) midwife. **2** (*per aborti clandestini*) backstreet abortionist. **3** (*rar*) (*ruffiana*) procuress.

mammario *a.* (*Anat*) mammary: *ghiandola mammaria* mammary gland.

mammasantissima *m.* (*gerg*) Mafia boss.

mammella *f.* **1** (*Anat*) mamma, breast. **2** (*Zool*) mamma, udder.

mammellonare *a.* (*Geol*) mammillary.

mammellonato *a.* mamillated, mammillated.

mammellone *m.* (*Geol*) mamelon.

mammifero **I** *m.* (*Zool*) mammal. **II** *a.* (*Zool*) mammalian: *animale ~* mammal.

mammillare *a.* (*Anat*) mamillary, mammillary: *corpo ~* mamillary body.

mammismo *m.* **1** (*iperprotezione dei figli*) momism. **2** (*dipendenza*) excessive dependance on the mother.

mammo *m.* (*scherz*) father-cum-mother.

mammografia *f.* (*Radiol*) mammography.

mammografico *a.* (*Radiol*) mammographic.

mammogramma *m.* (*Radiol*) mammogram.

mammola *f.* **1** (*Bot*) sweet violet. **2** (*fig, scherz*) shrinking violet.

mammologia *f.* (*Med*) mammology.

Mammona *m.lf.* (*Bibl*) Mammon (*anche fig*).

mammone *m.* (*colloq*) mother's boy, mother's darling.

mammoplastica *f.* (*Chir*) mammaplasty, mammoplasty.

mammut *m.* (*Paleont*) mammoth.

mana *m.inv.* (*Etnol*) (*forza soprannaturale*) mana.

management /'manadʒment, ma 'nadʒement/ *m.* **1** management. **2** (*estens*) (*insieme dei dirigenti*) managers.

manager *m./f.inv.* manager.

manageriale *a.* (*di manager*) managerial: *capacità manageriali* managerial skills.

managerialità *f.* managerial ability.

Managua *n.pr.f.* (*Geog*) Managua.

manaiuola *f.* (*piccola scure*) hatchet.

manale *m.* half glove.

Manasse *n.pr.m.* (*Bibl*) Manasseh.

manata *f.* **1** slap: *dare una ~ sulla spalla a qcu.* to give so. a slap on the back. **2** (*manciata*) handful.

manato *f.* (*Zool*) Caribbean manatee, West Indian manatee.

manca *f.* left hand. ☐ *a ~* left, to the left, on the left, on the left hand side: *a destra e a ~* (*o a dritta e a ~*) right and left.

mancamento *m.* **1** (*svenimento*) faint, fainting spell, swoon: *avere un ~* to faint, to swoon. **2** (*rar*) (*difetto, colpa*) defect, fault,

imperfection.

mancante **I** *a.* **1** missing, lacking, wanting: *le parti mancanti* the missing parts; *l'anello ~* the missing link. **2** (*incompleto*) defective (*di* in, of): *un manoscritto ~* a defective manuscript. **3** (*disperso*) missing, absent, unaccounted for: *risultare ~* to go missing. **4** (*privo*) lacking (*di* in), wanting (*di* in), in need (of); (*povero*) poor (*di* in), short (*di* of). **II** *m.lf.* **1** (*assente*) absent person. **2** (*disperso*) missing person.

mancanza *f.* **1** lack, want: *per ~ di tempo* for lack of time; *~ di coraggio* lack of courage. **2** (*scarsità*) shortage, scarcity: *~ di lavoro* shortage of jobs; *~ di acqua* shortage of water. **3** (*interruzione*) failure, breakdown: (*El*) *~ di corrente* power failure. **4** (*assenza*) absence: *durante la tua ~* during your absence; *sentire la ~ di qcu.* (*o di qcs.*) to miss so. (*o* sth.); *ho sentito la tua ~* I missed you. **5** (*errore, fallo*) fault, shortcoming, failing, mistake; (*piccolo*) slip: *una ~ imperdonabile* an unforgivable mistake; *supplire alle proprie mancanze* to make up for so.'s shortcomings. **6** (*rif. a persona morta*) loss. ☐ *~di alloggi* housing shortage; *~di carattere* lack of character; *~ di cibo* lack of food; (*Econ*) *~di copertura* absence of consideration, no funds, insufficient funds; (*Econ*) *~di credito* credit stringency; *~di denaro* shortage of money, lack of money; *~di educazione* bad manners, rudeness, ill-breeding; *per ~di fiducia* for lack of trust; *~di rispetto* lack of respect, disrespectfulness; *~di tatto* tactlessness; (*Dir*) *~di testimoni* absence of witnesses; (*Mil*) *~di volontà* lack of will, weakness of purpose; (*Mil*) *~disciplinare* disciplinary offence;*in ~d'altro* failing all else; *in ~di* : **1** for want of, failing: *in ~ di meglio* for want of anything better, as there is nothing better; **2** (*rif. a persona*) in the absence of;*per ~di* for want of, for lack of; (*Dir*) *per ~ di prove* for lack of evidence.

mancare (**mànco, mànchi**) **I** *v.i.* (*aus.* **essere/avere**) **1** (*aus.* **essere**) (*non essere sufficiente*) to lack (*di qcs.* sth.), to be lacking (*di* in), to be wanting (*di* in), to be short (*di* of): *~ di buon senso* to lack common sense; *è il tempo che ci manca* time is short, we haven't enough time, there isn't enough time; *mi manca il coraggio di farlo* I haven't the courage to do it, I lack the courage to do it; *non gli manca nulla* he lacks (for) nothing. **2** (*aus.* **essere**) (*non esserci*) to be missing, not to be there: *manca l'inchiostro nella penna* there is no ink in the pen, this pen needs ink; *manca la data* there is no date, the date is missing; *manca il vino* there's no wine. **3** (*aus.* **essere**) (*venir meno*) to fail: *si è sentita ~ le forze ed è svenuta* she felt her strength failing and she fainted; *~ al proprio dovere* not to do one's duty, to fail in the fulfilment of one's duty; *mi mancano le parole* words fail me. **4** (*aus.* **essere**) (*essere assente*) to be absent, to be missing: *chi manca?* who's missing?; *~ alla lezione* to be absent from class. **5** (*in frasi negative*) to miss: *ti prego di non ~ alla festa* please don't miss my party, please don't fail to come to my party. **6** (*essere lontano*) to be away, to live away: *manca da questa città da due anni* he has been away from this town for two years, he has not been living in this town for two years. **7** (*aus.* **essere**) (*sentire la mancanza*) to miss (*costr.pers.*): *ci manca molto* we miss him very much; *quanto mi sei mancato!* I've missed you so much! **8** (*aus.* **essere**) (*rif. a spazio, a tempo*) to be left, to be left to go, to be (still): *mancano dieci giorni a Na-*

tale it's ten days to Christmas, ten days left (to go) to Christmas; *mancano due chilometri all'arrivo* (there are) two kilometres to go, another two kilometres, still two kilometres; *manca poco alla fine dello spettacolo* it's not long now to (*o* till) the end of the show; *quanto manca al tuo compleanno?* how long is it until your birthday?; *manca un giro alla fine* one lap to go. **9** (*nelle indicazioni dell'ora*) it's...: *mancano dieci minuti alle tre* it's ten to three; *manca poco alle cinque* it's nearly five o' clock. **10** (*aus.* **avere**) (*essere privo*) to lack, to want, not to have (*di qcs.* sth.), to be lacking (*di* in): *manca di intelligenza* he lacks intelligence; *gli mancano i denti* he has no teeth. **11** (*essere sprovvisto*) to need (sth.), to be short (of): *mi manca un vestito da sera* I need an evening dress. **12** (*richiedere come completamento*) to be needed: *mancano ancora cinquanta euro per completare la somma* fifty euros are still needed to make up the sum. **13** (*aus.* **avere**) (*non mantenere, tradire*) to break, to fail to keep: *~ alla parola* (*data*), to break one's word. **14** (*aus.* **avere**) (*commettere un errore*) to go wrong, to do wrong, to make a mistake. **15** (*aus.* **avere**) (*trascurare, omettere*) to fail, to forget: *salutami la tua famiglia - Non mancherò* say hello to your family for me - I won't fail to (*o* I shan't fail to). **16** (*aus.* **essere**) (*lett*) (*morire*) to die, to pass away: *venire a ~* to die. **II** *v.t.* **1** (*fallire, sbagliare*) to miss: *l'attaccante ha mancato il gol* the forward missed the goal; *~ il colpo* to miss the mark; *~ il bersaglio* to miss the mark. **2** (*perdere*) to miss: *~ una buona occasione* to miss a good chance. **3** (*non incontrare*) to miss: *hai visto Paolo? - No, l'ho mancato per un pelo* have you seen Paolo? - No, I missed him by a hair's breadth. ☐ *~a un appuntamento* : **1** to miss an appointment; **2** (*fig,Sport*) (*deludere*) to disappoint; *~al dovere* to fail in one's duty; *~all'appello* to be absent; (*region,colloq*) *ma che ti manca?* what's wrong?, what's got you down?;*ci mancherebbe altro !* that would be the last straw!, that would be the limit!, that would crown it all!; *~di carattere* to have a weak character, to have no backbone; (*fig*) *~di equilibrio* to lack all sense of restraint; *~di rispetto a qcu.* to be disrespectful to so.; *mi è mancato il fiato* I got out of breath; *sentirsi ~ il fiato*: **1** to be out of breath, to be breathless; **2** (*fig*) (*per lo stupore*) to be speechless, to be breathless; *è mancato il gas* the gas was cut off; *fare ~ il pane a qcu.* to let so. go hungry; (*fig*) *sentirsi ~ il terreno sotto i piedi* to feel lost, to have the rug pulled from under one's feet; *è mancata la corrente* there was a power failure, there was a power cut; *gli manca solo la parola* (*rif. ad animali*) he only lacks words, the only thing he can't do is speak, he can all but talk; *sentirsi ~ la terra sotto i piedi* to feel lost, to have the rug pulled from under one's feet; *mi sono sentito ~ la terra sotto i piedi* my heart sank; *mi mancava la voce* I couldn't speak; *mi manca l'aria* I feel I am suffocating; *sentirsi ~ l'aria* to gasp for breath; *mi manca molto* : **1** (*sento molto la sua mancanza*) I miss him a lot; **2** (*ho bisogno ancora di molto tempo*) it will take me a long time;*non farsi ~ nulla* to want for nothing; *non mancanulla* we have got everything, nothing is missing; *manca poco* it's not long; *manca poco alle vacanze di Natale* it's not long to the Christmas holidays; *poco mancò che non affogasse* he almost drowned, he nearly drowned; *se non è morto poco ci manca* he is on his last legs; *c'è mancato poco* that was close, that was a close shave; *mi sento ~* I feel faint; *ci mancava solo questa!* this is all we needed!; *(fig,colloq) c'è mancato un pelo* that was a narrow escape, that was a close shave; *(scherz) gli manca un venerdì* he has a screw loose; *(fig,colloq) gli manca una rotella* he has a screw loose; *venire a ~*: 1 (*venire meno*) to faint; 2 (*morire*) to die, to pass away; 3 (*rimanere senza*) to run out (of sth.) (*costr.pers.*): *è venuto a ~ il sale* we ran out of salt.

mancato *a.* 1 missed: *un'occasione mancata* a missed opportunity. 2 (*fallito*) unsuccessful, vain: *tentativo ~* unsuccessful attempt; *tiro ~* miss. 3 (*non avvenuto*) non-: *~ arrivo* non-arrival; *in caso di ~ recapito rispedire al mittente* in case of non-delivery please return to sender; *mancata consegna* non-delivery. 4 (*inadempiuto*) unkept, broken: *una promessa mancata* an unkept promise, a broken promise. 5 (*rif. a persona*) unfulfilled, frustrated, manqué: *un artista ~* an artist manqué; *quella donna è un'attrice mancata!* that woman should have been an actress! ◻ (*Dir*) *mancata accettazione* nonacceptance; (*Dir*) *mancata comparizione* default, non-appearance; *mancata esecuzione* non-performance; *~ imbarco* non-shipment; *~ pagamento* non-payment, failure to pay; *in caso di ~ pagamento* in default of payment, failing payment;

mancese I *a.* Manchu (*attr.*), Manchurian. II *m./f.* (*abitante*) Manchu, Manchurian. III *m.* (*lingua*) Manchu, Manchurian.

manche /manʃ/ *f.inv.* 1 (*nei giochi di carte*) hand. 2 (*Sport*) (*nello sci*) run.

manchette /man'ʃet/ *f.inv.* 1 (*Giorn*) box, boxed advertisement, boxed article. 2 (*Edit*) book band, book wrapper. 3 (*Sport*) (*nella lotta*) wrist hold.

manchevole *a.* 1 (*difettoso*) faulty, defective: *una regia ~* a faulty direction. 2 (*insufficiente*) deficient, inadequate.

manchevolezza *f.* 1 faultiness, defectiveness. 2 (*difetto*) defect, shortcoming, shortcomings *pl.*, fault.

mancia (*pl.* **-ce**) *f.* tip, reward, gratuity: *dare la ~ al cameriere* to give the waiter a tip, to tip the waiter; *lasciare la ~* to leave a tip; *gli ho lasciato due euro di ~* I tipped him two euros. ◻ *~ competente* suitable reward, adequate reward.

manciata *f.* handful: *una ~ di caramelle* a handful of sweets. ◻ *a manciate* in handfuls, in plenty.

mancina *f.* (*rar*) 1 (*mano sinistra*) left hand: *scrivere con la ~* to write with one's left hand. 2 (*parte sinistra*) left side, left. ◻ *a ~* to the left, on the left, on the left side.

mancinella *f.* (*Bot*) manchineel.

mancinismo *m.* left-handedness.

mancino I *a.* 1 left-handed. 2 (*fig*) (*sleale*) treacherous, (*colloq*) dirty: *tiro ~* dirty trick, lousy trick. II *m.* (*f.* **-a**) left-handed person, left-hander, (*colloq*) lefty.

manciù I *a.* Manchu (*attr.*), Manchurian. II *m./f.* (*abitante*) Manchu, Manchurian. III *m.* (*lingua*) Manchu, Manchurian.

Manciuria *n.pr.f.* (*Geog*) Manchuria.

manco¹ *avv.* (*colloq*) (*nemmeno*) not even: *non ce n'è ~ uno* there is not even one. ◻ *~ a dirlo* needless to say; *~ a farlo apposta*: 1 (*rif. a situazione positiva*) it couldn't have happened at a better time, it couldn't have been more appropriate, it couldn't have been better, it couldn't have been more timely; 2 (*rif. a situazione negativa*) as luck would

have it, wouldn't you know, wouldn't you know it; *~ per idea!* I wouldn't even dream of it!, not in the least!; *~ per sogno!* not on your life!, not a bit of it!, not in the least!

manco² (*pl.* **-chi**) *a.* (*rar*) (*sinistro*) left, left-hand.

mancolista *f.* list of pieces lacking in a collection (*anche Filat*).

mancorrente *m.* (*corrimano*) handrail.

mandaico *a.* (*Ling,Rel*) Mandaean, Mandean.

mandamentale *a.* (*Dir*) district (*attr.*): *carcere ~* district prison.

mandamento *m.* (*Dir*) district, administrative district.

mandante *m.* 1 (*Dir*) (*nel contratto di mandato*) principal, mandator, mandant. 2 (*Dir*) (*di un reato*) instigator, principal. 3 (*Econ*) principal.

mandarancio *m.* (*Bot,Alim*) clementine.

mandare (**màndo**) I *v.t.* 1 to send: *~ una cartolina a qcu.* to send so. a postcard; *~ un'e-mail a qcu.* to send an e-mail to so., to e-mail so. 2 (*per posta*) to mail, (*via nave*) to ship. 3 (*far andare in giro*) to send about, to send off: *la madre lo manda sempre in ordine e ben vestito* his mother always sends him off neat and well dressed. 4 (*emettere: rif. a suono*) to give, to utter, to let out: *~ un grido* to give a cry, to let out a cry. 5 (*emettere: rif. a luce, odori*) to give off, to send out, to emit; *~ un profondo sospiro* to sigh deeply. 6 (*trasmettere*) to send, to transmit: *~ segnali di fumo* to send smoke signals. 7 (*destinare: di personale*) to send, to assign, to post: *l'hanno mandata in una filiale di Milano* they posted her to a branch in Milan. 8 (*gettare*) to send, to cast, to throw: *è stato mandato in prigione* he was cast into prison. 9 (*colloq*) (*lasciare andare*) to let go, to allow to go: *i nostri genitori non ci mandano al cinema perchè è troppo tardi* our parents don't let us go to the cinema because it's too late. 10 (*dispensare*) to send, to give: *Dio vi mandi tanta felicità* may God send you great happiness. II *v.r.recipr.* **mandarsi** to send each other: *mandarsi lettere d'amore* to send each other love letters. ◻ (*pop*) *~ a cagare qcu.* (*Br*) to tell so. to bugger, to sod so., (*Am*) to tell so. to take a hike, to tell so. to buzz off, to tell so. to get a life; *~ a chiamare qcu.* to send for so., to summon so.: *a chiamare il medico* to send for the doctor; *ti manderò a ~ al momento opportuno* I'll send for you when the time is ripe; *~ a compimento qcs.* to carry sth. out; *~ a dire qcs. a qcu.* to send so. a message, to send word to so.; *la mamma mi manda a dire di tornare a casa* mummy says you're to come home; (*colloq*) *non mandarle a dire a qcu.* to give so. a piece of one's mind, to tell so. sth. to his face; *non è uno che ti manda a dire le cose* he will tell you in no uncertain terms; *~ a effetto qcs.* to carry sth. out; *~ a fondo*: 1 to sink; 2 (*fig*) to cause to fail, to wreck; *~ a memoria qcs.* to learn sth. by heart; (*fig*) *~ a monte*: 1 (*fare fallire*) to cause to fail, to upset, to wreck, to bring to nothing: *~ a monte un piano* to wreck a plan; *~ a monte il fidanzamento* to make an engagement fall through; 2 (*disdire*) to cancel, to call off, to break off: *~ a monte una partita* to call off a match; *~ a morte qcu.*: 1 to send so. to his (*o* her) death; 2 (*condannare a morte*) to put so. to death, to sentence so. to death; *~ a picco*: 1 (*Mar*) to scuttle, to sink; 2 (*fig*) (*mandare in rovina*) to scupper; *~ a prendere qcs.* to send for sth.; *~ a prendere qcu.* to send for so.; (*colloq*) *~ qcu. a quel paese* to tell so. to go

to hell; *~ a rotoli* to upset, to wreck, to bring to nothing, to call off, to break off; *~ a spasso qcu.*: 1 to send so. out for a walk; 2 (*colloq*) (*toglierselo dai piedi*) to get rid of so., to give so. their marching orders; 3 (*scherz*) (*licenziarlo*) to sack so., to fire so.; (*fig*) *~ a vuoto* to cause to fail; *~ qcu. al diavolo* to tell so. to go to hell; *~ al macello* to lead to the slaughter, to send to the slaughter (*anche fig*); *~ qcu. all'altro mondo* to send so. to the next world, to kill so.; *~ all'aria* to upset, to wreck, to bring to nothing, to call off, to break off; (*fig*) *~ qcu. all'inferno* to tell so. to go to hell; *~ avanti*: 1 to send ahead, to send on ahead: *~ avanti i bambini* to send the children ahead; (*fig*) *mandare ~ un lavoro* to get on with a job; 2 (*fig*) (*gestire*) to keep going, to run: *~ avanti la casa* to keep the home going; (*fig*) *~ avanti la baracca* to keep going somehow or other, to keep things going, to keep the ball rolling; (*fig*) *~ avanti la barca* to keep the ship afloat; (*fig*) *~ qcu. da Erode a Pilato* to send so. from pillar to post; *~ dentro qcu.*: 1 to send so. in: *manda dentro i bambini!* send the children in!; 2 (*fig*) (*in prigione*) to send so. to gaol; (*fig*) *~ due righe a qcu.* to drop so. a line; (*fig*) *~ fiamme* (*lampeggiare*) to flash, to blaze: *i suoi occhi mandavano fiamme* his eyes blazed; *~ fuori*: 1 (*emettere*) to send forth, to send out; 2 (*cacciare*) to turn out, to throw out; *~ qcu. fuori strada* to force so.off the road; *~ giù*: 1 to send down; 2 (*inghiottire*) to swallow, to swallow up; 3 (*fig*) (*credere*) to swallow: *questa è proprio dura da ~ giù!* this is really hard to swallow!; 3 (*fig*) (*sopportare*) to stand: *non riesco a ~ giù suo figlio* I can't stand his son; (*fig*) *~ qcu. in bestia* to enrage so., to infuriate so., to make so. angry, to get so.'s back up; (*fig*) *~ in fumo*: 1 (*rovinare*) to send up in smoke, to bring to nothing: *~ in fumo un progetto* to send a plan up in smoke; 2 (*rendere vano, deludere*) to dash: *~ in fumo le speranze di qcu.* to dash so.'s hopes; 3 (*sperperare*) to squander, to fritter away: *~ in fumo un patrimonio* to squander a fortune; *~ qcs. in mille pezzi* to smash sth. into pieces, to break sth. into pieces, to smash sth. to smithereens; (*Rad*) *~ in onda* to broadcast; *~ qcs. in pezzi* to smash sth., to smash sth. into pieces, to break sth. into pieces, to smash sth. to smithereens; *mandare in mille pezzi* to smash to bits, to smash to pieces; (*Dir*) *~ in prescrizione* to make statute-barred; *~ in rovina* to ruin, to bring to ruin, to let go to rack and ruin; (*Tip*) *~ in stampa*: 1 to send to press, to get (sth.) into print; 2 (*rif. a giornale*) to put to bed; *~ qcu. in vacanza* (*Br*) to give so. a holiday, to send so. off for a holiday, (*Am*) to give so. a vacation, to send so. off on vacation; (*fig*) *~ il cervello in vacanza* to give one's brain a rest, to turn the switch off; *~ indietro*: 1 (*rispedire*) to send back; 2 (*un nastro*) to rewind; *~ cattivo odore* to smell bad; (*fig*) *~ qcu. su tutte le furie* to enrage so., to infuriate so.; *~ un bacio a qcu.* to blow so. a kiss, to send so. a kiss; *~ un telegramma a qcu.* to send so. a telegram, to send so. a wire; *~ via*: 1 to send off, to send away; 2 (*cacciare*) to turn out, to throw out; 3 (*fig*) (*licenziare*) to fire, to sack.

mandarinato *m.* (*Stor*) mandarinate.

mandarinesco (*pl.* **-chi**) *a.* mandarin (*attr.*).

mandarino¹ *m.* 1 (*Stor*) mandarin. 2 (*lingua*) Mandarin: *cinese ~* Mandarin Chinese.

mandarino² *m.* 1 (*Bot*) (*albero*) mandarin. 2 (*Bot,Alim*) (*frutto*) mandarin orange, mandarine, tangerine.

mandata *f.* 1 (*quantità di merce inviata in una sola volta*) lot, batch: *ho ricevuto la merce in due mandate* I received the merchandise in two lots. 2 (*spedizione*) consignment, shipment. 3 (*rif. a serratura*) turn (of the key): *chiudere a doppia ~* to double-lock; *dare una ~* to turn the key once.

mandatario I *m.* (*f.* **-a**) 1 (*Dir,Econ*) mandatory, agent, mandate holder. 2 (*Stor*) mandatary, mandatory. II *a.* mandatary (*attr.*). □ (*Econ*) *~generale* universal agent, general agent; (*Econ*) *~speciale* special agent, particular agent.

mandato I *m.* 1 (*Dir*) warrant, writ, summons; (*ordine scritto*) order, written order, mandate: *emettere un ~* to issue a warrant. 2 (*incarico*) mandate, commission, task, (*commerciale*) agency: *eseguire un ~* to carry out a commission; *rinnovare il ~ a qcu.* to renew so.'s term of office; *durata del ~* term of office; *estinzione del ~* termination of agency; *revoca del ~* revocation of agency. 3 (*Pol*) mandate: *~ elettorale* electoral mandate; *~ parlamentare* Parliamentary mandate. 4 (*Econ*) order (for payment), mandate, warrant: *~ di pagamento* order for payment; *~ di incasso* cash warrant. II *a.* sent: *~ dal cielo* sent from Heaven, Heaven-sent, God-sent. □ (*Dir*) *~di arresto* arrest warrant, warrant of arrest; (*Dir*) *~di cattura* warrant for arrest, warrant of arrest; (*Dir*) *~di comparizione* summons, summons to appear; (*Comm*) *~di consegna* warrant for delivery; (*Dir*) *~di esecuzione capitale* death warrant; (*Dir*) *~di estradizione* warrant of extradition; (*Dir*) *~di perquisizione* search warrant; (*Dir*) *~di rappresentanza* agency, contract of agency; (*Dir*) *~di riscossione* collection order; (*Dir*) *~di sequestro* distress warrant, writ of sequestration; (*Econ*) *~d'incasso* collection order, money order, cash warrant; (*Dir*) *~esecutivo* executive order; (*Dir*) *~ esecuzione* execution writ; (*Pol*) *~esplorativo* mandate to form the government; (*Dir*) *~estinto* expired warrant; (*Dir,Stor*) *~internazionale* international mandate; *~postale* postal order.

mandelico □ (*Chim*)*acido ~* mandelic acid.

mandeo *a.* (*Ling,Rel*) Mandaean, Mandean.

mandibola *f.* (*Anat*) mandible, lower jaw.

mandibolare *a.* (*Anat*) mandibular: *angolo ~* mandibular angle.

mandola *f.* (*Mus*) mandola.

mandolinata *f.* (*Mus*) mandolin work, mandolin composition.

mandolinista *m./f.* (*Mus*) mandolinist, mandolin player.

mandolino *m.* (*Mus*) mandolin.

mandoloncello *m.* (*Mus*) mandoloncello.

mandorla *f.* 1 (*Bot*) almond: *dolce di mandorle* almond cake; *mandorle dolci* sweet almonds; *mandorle amare* bitter almonds. 2 (*estens*) (*seme di altri frutti*) kernel. 3 (*Art, Pitt*) mandorla. □ *a ~* almond (*attr.*), almond-shaped (*attr.*): *occhi a ~* almond shaped eyes, slanting eyes; *con gli occhi a ~* almond-eyed (*attr.*), slant-eyed (*attr.*);*di ~* almond (*attr.*): *latte di ~* almond milk; (*Alim*) *mandorle salate* salted almonds; (*Alim*) *mandorle sgusciate* shelled almonds.

mandorlato I *a.* with almonds (*posposto*), almond (*attr.*): *cioccolato ~* chocolate with almonds. II *m.* (*Dolc*) almond cake.

mandorlo *m.* (*Bot*) almond, almond tree.

mandragola ,**mandragora** *f.* (*Bot*) mandrake, mandragora.

mandria *f.* 1 herd, (*in movimento*) drove:

una ~ di buoi a herd of cattle. 2 (*spreg*) (*rif. a persone: branco*) herd, gang, crowd, (*colloq*) bunch: *una ~ di mascalzoni* a gang of rascals.

mandriano *m.* herdsman, (*Am*) cowboy, (*Aus*) stockman.

mandrillo *m.* 1 (*Zool*) mandrill. 2 (*fig,scherz*) (*uomo libidinoso*) lecher, goat.

mandrinare (**mandrìno**) *v.t.* (*Tecn*) to expand.

mandrinatura *f.* (*Tecn*) expanding.

mandrino *m.* 1 (*Mecc*) spindle, (*Am*) arbor. 2 (*Mecc*) (*allargatubi*) expander, tube expander, mandrel. 3 (*Mecc*) (*portapunta*) chuck. 4 (*Med*) stylet. □ (*Mecc*) *~a tre griffe* three-jaw chuck; (*Mecc*) *~autocentrante* self-centering chuck, universal chuck; (*Mecc*) *~di sicurezza* safety chuck; (*Mecc*) *~portafresa* milling spindle; (*Mecc*) *~portapezzo* chuck, jaw chuck.

mandritta □ *a ~* (*a destra*) to the right, on the right; *voltare a ~* to turn right, to turn to the right.

mandritto *m.* 1 (*Sport*) (*nella scherma*) blow from right to left. 2 (*rar*) (*colpo dato con la mano*) cuff, slap.

manducare (**mànduco, mànduchi**) *v.t.* (*ant,scherz*) (*mangiare*) to eat, to manducate.

mane *f.* (*lett*) (*mattina*) morn. □ (*lett*)*~a sera* from morn to eve, all the day long.

maneggevole *a.* 1 handy, manageable, easy to handle (*posposto*): *un'arma ~* a handy weapon, a weapon easy to handle; *poco ~* awkward. 2 (*fig,rar*) (*arrendevole*) tractable, compliant, accommodating.

maneggevolezza *f.* 1 handiness, manageability, ease of handling. 2 (*rif. a persone*) tractability.

maneggiabile *a.* 1 handy, manageable, easy to handle (*posposto*). 2 (*fig,rar*) (*arrendevole*) tractable, compliant, accommodating.

maneggiamento *m.* (*intrigo*) plot, intrigue.

maneggiare (**manéggio, manéggi**) *v.t.* 1 (*lavorare con le mani*) to mould, to work, to fashion: *~ la creta* to mould clay. 2 (*tenere o muovere fra le mani*) to handle, to finger: *~ con cautela* handle with care. 3 (*adoperare con abilità*) to use, to handle, to wield: *~ la spada* to wield the sword. 4 (*estens*) (*padroneggiare*) to master: *~ una lingua* to master a language. 5 (*amministrare*) to manage, to administer: *~ il denaro* to manage money.

maneggiatore *m.* (*f.* **-trice**) handler, wielder, manager.

maneggio [1] *m.* 1 (*Equit*) manège; (*il luogo di addestramento del cavallo*) riding ground; (*scuola*) riding school. 2 (*l'adoperare*) handling, wielding, use: *il ~ delle armi* the use of arms, arms drill. 3 (*fig*) (*amministrazione*) management, handling: *il ~ del denaro* the management of money. 4 (*governo, direzione*) government, direction, handling: *il ~ dello stato* government of the state. 5 (*azione segreta*) plot, manoeuvre; (*intrigo*) intrigue, scheming.

maneggio [2] *m.* (*armeggio*) bustling, fussing about, fiddling.

maneggione *m.* (*f.* **-a**) (*spreg*) wangler, wirepuller, intriguer, schemer, busybody.

manesco (*pl.* **-chi**) *a.* rough, free with one's fists (*posposto*), free with one's hands (*posposto*), pugnacious.

manetta *f.* 1 (*Mecc*) lever, hand lever, handle: *~ del gas* throttle lever. 2 *pl.* handcuffs. □ (*colloq,fig*)*a ~* at full speed, at full throttle; *andare a ~* to floor it;*con le manette (ai polsi*) handcuffed;*in manette* handcuffed; *mettere le manette a qcu.:* 1 to handcuff so.,

to put the handcuffs on so.; 2 (*fig*) to shackle so., to oppress so.

manforte □ *dare ~a qcu.* to back so. up, to support so., to help so., to come to so.'s aid.

Manfredi ,Manfredo *n.pr.m.* Manfred.

manfrina *f.* 1 (*ballo*) Piedmontese traditional dance. 2 (*fig*) (*storia noiosa*) act, wheedling: *è sempre la solita ~!* it is always the same old story!; *non fare la ~!* stop going on and on about it!

manganare (**màngano**) *v.t.* (*Tess*) to mangle.

manganato *m.* (*Chim*) manganate. □ (*Chim*) *~di bario* barium manganate; (*Chim*) *~di potassio* potassium manganate.

manganatore *n.* (*Tess*) mangler.

manganatura *f.* (*Tess*) mangling.

manganellare (**manganèllo**) *v.t.* to club, to cudgel, to bludgeon.

manganellata *f.* blow with a club. □ *prendere qcu. a manganellate* to beat so. with a club.

manganello *m.* club, cudgel, truncheon.

manganese *m.* (*Chim*) manganese. □ (*Chim*) *~acetato* manganese acetate.

manganico *a.* (*Chim*) manganic: *acido ~* manganic acid.

manganina *f.* (*Met*) manganin.

manganite *f.* (*Min*) manganite.

mangano *m.* 1 (*Tess*) mangle. 2 (*grosso apparecchio da stiro*) mangle. 3 (*Mil,Stor*) mangonel.

mangereccio *a.* edible, eatable: *funghi mangerecci* edible mushrooms.

mangeria *f.* bribery, illicit gain, (*colloq*) graft.

mangiabambini *m./f.inv.* 1 bogey, bogeyman, child-eating ogre. 2 (*fig*) soft-hearted ogre.

mangiabile *a.* edible, eatable: *com'è la torta? - ~!* What's the cake like? - Eatable!

mangiacarte *m.inv.* (*spreg*) pettifogger, shyster.

mangiacristiani *m./f.inv.* bully, blusterer.

mangiadischi *m.inv.* (*ant*) portable record-player.

mangia-e-bevi *m.inv.* (*Dolc*) ice cream with fruit and liqueur.

mangiafagioli *m./f.inv.* (*spreg*) bean-eater.

mangiafumo *m.inv.* (*candela mangiafumo*) air-purifying candle.

mangiamoccoli *m./f.inv.* (*spreg*) religiose person, religionist, bigot.

mangianastri *m.inv.* (*ant*) portable cassette player.

mangiapane *m.inv.* loafer, idler, sponger. □ *~a tradimento* (*o ~a ufo*) sponger, scrounger.

mangiapatate *m./f.inv.* 1 potato-eater. 2 (*fig*) (*fannullone*) worthless person, idler.

mangiapolenta *m.inv.* 1 polenta eater. 2 (*spreg*) (*polentone*) person from northern Italy (especially from Veneto, Lombardy or Piedmont).

mangiapreti *m.inv.* rabid anticlerical.

mangiare [1] (**màngio, màngi**) *v.t.* 1 to eat: *che cosa stai mangiando?* what are you eating?; *questa pietanza si mangia fredda* this dish is eaten cold; *~ cinese* to eat Chinese (food). 2 (*fare un pasto: pranzare*) to have lunch; (*cenare*) to have dinner; *si mangia!* lunch is ready!, to table!; *noi mangiamo alle otto* we have dinner at eight; *che cosa si mangia a cena?* what's for dinner? 3 (*voracemente*) to gobble, to gobble up, to gorge, to stuff oneself. 4 (*completamente*) to eat up, to get through: *ha mangiato tutta la torta* he has got through the whole cake, he ate the whole cake. **5** (*scherz*) (*rif. ad animali: pungere*) to eat, to sting, to bite: *le zanzare mi stanno mangiando vivo* the mosquitoes are eating me alive. **6** (*rif. ad animali: rosicchiare*) to eat into, to gnaw. **7** (*corrodere, consumare*) to eat away, to eat into, to corrode: *la ruggine mangia il ferro* rust corrodes iron. **8** (*fig*) (*dissipare*) to squander, to waste: *le ha mangiato tutti i soldi* he squandered all her money. **9** (*fig*) (*guadagnare illecitamente*) to get fat (*su* on), to get rich (*su* on). **10** (*rif. agli scacchi, alla dama e sim.*) to take, to capture: *~ un pezzo* to take a piece; *~ una pedina* to take a man, (*Am*) to huff a man. **11** (*nel gioco delle carte*) to beat. □ *~ a prezzo fisso* to eat for a fixed price (menu); *~ a quattro ganasce* to eat like a horse, to wolf down; *~ a quattro palmenti* to devour one's food, to wolf one's food down, to eat greedily, to gorge oneself; *~ a sazietà* to eat one's fill; (*colloq*) *~ a sbafo* to sponge a meal off so.; *~ al ristorante* to eat out; *~ alla carta* to eat à la carte; (*fig*) *~ alla greppia dello Stato* to have a government job; (*fig*) *~ alle spalle di qcu.* to sponge off so., to live off so., to live at the expense of so.; *~ bene* to eat well, to have a good meal; (*fig*) *~ come un lupo* to eat like a horse; *~ come un uccellino* to nibble at one's food, to eat like a bird; *~ con appetito* to tuck in, to eat heartily; *~ qcu.* (o *qcs.*) *con gli occhi* to devour so. (*or* sth.) with one's eyes; *~ con gusto* to eat with relish; *~ qcs. con le mani* to eat sth. with one's fingers; (*fig*) *~ con l'imbuto* to feed so.; *dare ~ a qcu.* to feed so.; (*Bibl*) *dare da ~ agli affamati* to feed the hungry; *hai dato da ~ al gatto?* did you feed the cat?; (*fig*) *~ qcu. di baci* to smother so. with kisses, to cover so. with kisses; *~ di magro* not to eat meat, to abstain from eating meat; *fare da ~* to do the cooking, to cook; (*fig*) *~ fino a scoppiare* (*Br*) to eat fit to burst, (*Am*) to eat until you're ready to pop; *~ fino alla nausea* to eat oneself sick; *~ qcs. freddo* to eat sth. cold; *~ fuori* to eat out; (*fig*) *mangiarsi il fegato* to fret, to fret and fume, to eat one's heart out; *mangiarsi il fegato dalla rabbia* to be seething with anger; (*fig*) *~ il fieno in erba* (o *~ il grano in erba*) to reap before one has sown; (*fig*) *~ il pane a tradimento* (o *~ il pane a ufo*) to live at others' expense, to sponge off so., to live off so.; *~ in bianco* to eat plain food, to eat unseasoned food; (*fig*) *~ la foglia* to smell a rat, to sniff a rat, to take a hint; (*fig*) *~ la polvere:* 1 to breathe in dust; 2 (*essere superati*) to eat so.'s dust; *far ~ la polvere a qcu.* to make so. eat dust; (*colloq*) *mangiarsi l'anima* to eat one's heart out; (*fig*) *mangiarsi le mani per qcs.* to feel like kicking oneself over sth., to kick oneself over sth.; (*fig*) *mangiarsi le parole* (*non pronunciarle bene*) to chew one's words; (*fig*) *mangiarsi lo stipendio* to spend one's salary, to squander one's salary; *~ male* to eat badly, to have a poor meal; (*scherz*) *non ti mangia mica!* he won't eat you!; *~ per quattro* to overeat, to gorge oneself with food; *~ per tre* to overeat, to gorge oneself with food; *~ scondito* to eat food unseasoned, to eat food plain; *~ svogliatamente* to pick at one's food; *~ troppo* to overeat; *mangialo tutto!* eat it up!; *~ un boccone* to eat a bite; *mangiarsi una fortuna al gioco* to gamble away a fortune; (*fig*) *mangiarsi una sillaba* to clip a syllable, not to pronounce a syllable; (*fig*) *mangiarsi le unghie* to bite one's nails, to chew one's nails; (*fig*) *mangiarsi vivo qcu.* to eat so. alive, to bite so.'s head off; *lo mangerei vivo!* I could kill him! *Prov.: si mangia per vivere,*

non si vive per ~ you should eat to live, not live to eat; *o mangiar questa minestra o saltar questa finestra* take it or leave it, like it or lump it.

mangiare² *m.* **1** eating: *~ e bere* eating and drinking. **2** (*cibo*) food. **3** (*pasto*) meal, (*pranzo*) lunch, (*cena*) supper, dinner: *è pronto da ~?* is the meal ready? **4** (*rif. ad animali*) food, fodder. **5** (*cucina*) cooking: *qui il ~ è ottimo* the cooking is excellent here.

mangiarino *m.* (*colloq*) delicacy.

mangiasoldi *m./f.inv.* sponger, parasite.

mangiata *f.* (*colloq*) hearty meal, square meal; (*scorpacciata*) good feed. □ (*colloq*) *farsi una gran ~* to have one's fill, to have a good tuck in, to have a good hearty meal, to have a feast; *farsi una bella ~ di pesce* to eat a good plate of fish, to have a good fish meal.

mangiatoia *f.* **1** manger, trough, fodder trough. **2** (*fig,scherz*) table, board. **3** (*fig*) (*fonte di guadagno*) shady source of income.

mangiatore *m.* (*f.* **-trice**) eater: *essere un buon ~* (o *essere un gran ~*) to be a hearty eater. □ *~ di fuoco* fire eater; *~ di spade* sword swallower; (*fig*) *mangiatrice di uomini* man-eater, vamp.

mangiatoria *f.* (*rar*) bribery, illicit gain, (*colloq*) graft.

mangiauomini *f.inv.* (*scherz*) (*seduttrice*) man-eater, vamp.

mangime *m.* **1** (*foraggio*) fodder, feed. **2** (*per polli*) chicken feed, chickenfeed, poultry feed. **3** (*beccime*) bird seed, birdseed. □ *~ bilanciato* balanced feed; *mangimi complementari* supplementary feed; *~ completo* complete feed, all-mash, all-mash feed; *~ concentrato* concentrated feed.

mangione *m.* (*f.* **-a**) **1** (*colloq*) big eater, hearty eater. **2** (*fig*) (*scroccone*) sponger.

mangiucchiare (**mangiùcchio, mangiùcchi**) *v.t.* to nibble, to pick (*qcs.* at sth.).

mango (*pl.* **-ghi**) *m.* (*Bot,Alim*) mango.

mangosta *f.* (*Zool*) (*mangusta*) mongoose.

mangostano *m.* (*Bot*) mangosteen.

mangrova, mangrovia *f.* (*Bot*) mangrove.

mangusta *f.* (*Zool*) mongoose. □ (*Zool*) *~ icneumone* ichneumon, Egyptian mangoose.

mani *m.pl.* (*Stor.rom*) manes.

mania *f.* **1** (*Psic*) mania. **2** (*fissazione*) obsession, fixation, mania: *~ fissa* fixation; *ha la ~ delle scarpe* she has a mania for shoes; *mia madre ha la ~ dell'ordine* my mother is fanatical about tidiness. **3** (*interesse passeggero*) fad: *ora gli è venuta la ~ dei cappelli* now he has this fad for hats. **4** (*abitudine*) habit: *ha ancora la brutta ~ di fumare a letto* he still has the bad habit of smoking in bed. □ *manie di grandezza* delusions of grandeur; (*Psic*) *~ di persecuzione* persecution mania; (*Psic*) *~ suicida* suicidal mania.

maniacale *a.* (*Psic*) maniacal. **2** (*estens*) obsessive.

maniaco **I** *a.* **1** (*Psic*) maniac, maniacal. **2** (*estens*) (*rif. a persona: fissato*) obsessed (*di* by, with), mad (*di* about, on), (*colloq*) crazy (*di* about): *è ~ dell'ordine* he is obsessed with tidiness. **II** *m.* (*f.* **-a**; *pl.* **-ci**) **1** (*Psic*) maniac: *~ sessuale* sex maniac. **2** (*estens*) maniac, obsessed person: *è una maniaca della pulizia* she is obsessed with cleanliness.

maniaco-depressivo *a.* (*Psic*) manic-depressive.

manica *f.* **1** sleeve: *tirare qcu. per la ~* to pluck so.'s sleeve. **2** (*fig,spreg*) (*gruppo di persone*) bunch, gang, (*colloq*) pack: *una ~ di ladri* a gang of thieves. **3** (*fig*) (*grande quantità*) a lot of: *prendersi una ~ di botte* to get

a hiding, to get a threshing. **4** (*Tecn*) (*tubo flessibile per acqua o aria*) hose, sleeve. **5** (*Met*) (*di altoforno*) downtake; (*di pompa*) suction hose. □ (*Abbigl*) *~ a chimono* kimono sleeve; (*Abbigl*) *~ a giro* fitted sleeve, tailored sleeve; (*Abbigl*) *~ a palloncino* puff sleeve; (*Abbigl*) *~ a pipistrello* dolman sleeve; (*Abbigl*) *~ a raglan* raglan sleeve; (*Abbigl*) *~ a sbuffo* puff sleeve; (*Tecn*) *~ a vento* wind sock, wind sleeve, wind cone; (*Idr*) *~ antincendio* fire hose; (*Abbigl*) *~ corta* short sleeve; *una maglietta con le maniche corte* a short-sleeved T-shirt; (*Aer*) *~ d'aria* air sock, air sleeve; *in maniche di camicia* in one's shirtsleeves; (*fig*) *di ~ larga* indulgent, lenient; (*fig*) *essere di ~ stretta* to be strict, to be severe; (*Abbigl*) *~ lunga* long sleeve; *un vestito con le maniche lunghe* a long-sleeved dress; (*fig*) *essere nelle maniche di qcu.* to be in so.'s good graces, to be in so.'s good books, to be in with so.; (*Idr*) *~ per acqua* hose; (*Abbigl*) *senza maniche* sleeveless; *un vestito senza maniche* a sleeveless dress; (*Abbigl*) *maniche tre-quarti* three-quarter length sleeves.

Manica *n.pr.f.* (*Geog*) the (English) Channel: *tunnel della ~* Channel Tunnel, Chunnel, Eurotunnel.

manicaretto *m.* delicacy, choice dish, dainty.

manicheismo *m.* (*Filos*) Manichaeism, Manicheism.

manicheo **I** *a.* (*Filos*) Manichean, Manichaean. **II** *m.* (*f.* **-a**) (*Filos*) Manichean, Manichaean, Manichee.

manichetta *f.* **1** (*manica corta*) short sleeve. **2** (*soprammanica*) sleevelet, oversleeve. **3** (*Tecn*) hose: *~ antincendio* fire hose; *~ da palombaro* diver's air hose.

manichino *m.* **1** (*da negozio*) mannequin, dummy: *~ per vetrina* shop window dummy. **2** (*Sart*) tailor's dummy, dressmaker's dummy. **3** (*Art*) mannequin. **4** (*modello anatomico*) manikin, mannikin. □ *~ per prove* test dummy; *essere un ~:* 1 (*essere molto elegante*) (*Br*) to look very smart, to be very smart, (*Am*) to be chic; *sembrare un ~* (*Br*) to look very smart, to be very smart, (*Am*) to be chic; 2 (*essere rigido*) to be stiff.

manico (*pl.* **-ci**) *m.* **1** handle: *~ dell'ombrello* umbrella handle. **2** (*impugnatura di martello, coltello e sim.*) handle, shaft: *un coltello col ~ d'oro* a gold-handled knife. **3** (*impugnatura di borsa e sim.*) grip. **4** (*Mus*) neck. **5** (*volg*) (*membro virile*) shaft, (*Am*) rod. □ *~ di scopa:* 1 broomstick; 2 (*fig*) (*persona molto magra*) beanpole; *prendere qcs. per il ~* to take sth. by the handle.

manicomiale *a.* **1** (*di manicomio*) mental hospital (*attr.*). **2** (*fig*) (*pazzesco*) crazy, mad.

manicomio *m.* **1** lunatic asylum, mental hospital, mental home, psychiatric hospital: *rinchiudere qcu. in ~* to commit so. to a psychiatric hospital. **2** (*colloq,scherz*) (*luogo pieno di confusione*) madhouse, bedlam. □ *~ criminale* asylum for the criminally insane, criminal lunatic asylum, psychiatric prison; (*colloq*) *è roba da ~!* that's crazy!, it's incredible!; *quello lì è da ~!* he's a mad man!; *~ giudiziario* criminal lunatic asylum, psychiatric prison.

manicotto *m.* **1** (*Abbigl*) muff. **2** (*Mecc*) sleeve, coupling. □ (*Mecc*) *~ a forcella* yoke; (*Aut*) *~ del radiatore* radiator hose; (*Mecc*) *~ di accoppiamento* coupling box, box coupling; (*Mecc*) *~ di raccordo* union sleeve; (*Aut*) *~ di riscaldamento* heating muff; (*Mecc*) *~ riduttore* reducing pipe joint, reducing socket.

manicure /mani'kyr, mani'kure/ I *f.inv.* (*operazione*) manicure: *farsi fare la ~* to have a manicure, (*colloq*) to have one's nails done; *set da ~* manicure set. II *f./m.inv.* (*chi esegue la manicure*) manicurist. □ *~alla francese* French manicure.

maniera *f.* 1 way, manner, fashion: *~ di parlare* way of speaking; *è questa la ~ di parlare?* is that the way to speak?; *non è questa la ~ di comportarsi* that's no way to behave!; *è una ~ come un'altra di guadagnarsi da vivere!* it's as good a way as any of earning a living!; *alla propria ~* (in) one's own way. 2 (*modo di comportarsi, condotta*) way (of behaviour), manner: *hai certe maniere!* what strange ways you have! 3 (*Art*) (*stile*) style; (*spreg*) mannerism. 4 (*usanza*) manner, way, custom, usage. 5 (*seguito da aggettivo*) *spesso tradotto in inglese con un avverbio*: *in ~ gentile* kindly; *in ~ sgarbata* unpolitely, roughly; *rispondimi in ~ chiara!* answer me clearly! 6 *pl.* (*creanza*) manners: *le buone maniere* good manners; *che maniere!* what manners!; *belle maniere!* what manners!; *con le buone maniere* with good manners; *con le cattive maniere* unpleasantly, roughly, with bad manners. □ *alla ~ spagnola* Spanish-style; *alla ~di* (*nello stile di*) in the manner of, in the style of, after the fashion of, after; *maniere delicate* dainty ways; *di ~* mannered, affected: *uno scrittore di ~* an affected writer; *di cattive maniere* ill-mannered; *di buone maniere* good-mannered; (*fig*) *usare le maniere forti con qcu.* to get tough with so.; *in ~che* (*o in ~da*) so that..., in order that...; *in ogni ~*: 1 (*comunque*) anyhow, in any case, at any rate; 2 (*a qualunque costo*) at any cost; *in qualche ~* somehow, in some way or other; *in quale ~?* how?, in what way?; *in questa ~* thus, in this way; *in una ~o nell'altra* somehow or other, by some means or other, (*colloq*) by hook or by crook.

manierato *a.* 1 (*ricercato, affettato*) affected, unnatural, artificial. 2 (*Art*) mannered.

manierismo *m.* (*Art,Lett*) mannerism.

manierista I *m./f.* (*Art,Lett*) mannerist. II *a.* (*Art,Lett*) manneristic, mannerist.

manieristico (*pl.* -**ci**) *a.* (*Art,Lett*) manneristic, mannerist.

maniero *m.* 1 (*Mediev*) manor-house. 2 (*castello*) castle, country house.

manieroso *a.* affected, ceremonious.

manifattura I *f.* 1 manufacture, manufacturing: *~ della seta* silk manufacture; *~ nazionale* domestic manufacture; *costo di ~* cost of manufacture. 2 (*fattura*) workmanship: *~ artigianale* craftsmanship. 3 (*stabilimento*) factory, manufactory. 4 (*articolo*) manufactured article, manufacture; (*rif. a vestiti*) ready-made clothes *pl.*, ready-to-wear clothing: *manifatture per uomo* men's ready-made clothing, men's-wear. □ *di ~ inglese* made in England.

manifatturiere *m.* 1 (*proprietario di manifattura*) factory owner. 2 (*lavoratore*) factory worker.

manifatturiero *a.* manufacturing, factory (*attr.*): *industria manifatturiera* manufacturing industry.

manifestabile *a.* expressible, revealable.

manifestamente *avv.* manifestly, clearly, obviously.

manifestante *m./f.* demonstrator.

manifestare (**manifèsto**) I *v.t.* 1 (*mostrare*) to show, to display, to manifest: *~ la propria gioia* to show one' s joy. 2 (*esprimere*) to express, to evince: *~ la propria insoddisfazione* to express one's dissatisfaction. 3 (*ri-*

velare) to reveal, to disclose: *~ un sentimento* to reveal a feeling. II *v.i.* (*aus. avere*) to demonstrate, to take part in a demonstration: *~ contro i licenziamenti* to demonstrate against dismissals. III *v.pron.* **manifestarsi** 1 to show oneself, to reveal oneself, to appear: *la malattia si è manifestata dopo due mesi* the disease appeared after two months. 2 (*rivelare le proprie capacità*) to prove (oneself): *manifestarsi incapace* to prove incapable.

manifestazione *f.* 1 display, show, manifestation, demonstration: *~ di gioia* display of joy, show of joy; *una ~ di affetto* a display of affection, a demonstration of affection; *~ di interesse* demonstration of interest. 2 (*sintomo, indizio*) sign, symptom, manifestation, emergence, token: *le manifestazioni della malattia* the symptoms of the disease. 3 (*dimostrazione pubblica*) demonstration, protest, (*colloq*) demo: *~ di protesta* protest demonstration; *partecipare a una ~* to take part in a demonstration, to join a demonstration. 4 (*spettacolo pubblico*) display, show, entertainment, meeting, event: *~ pirotecnica* firework display; *una ~ culturale* cultural event. □ *~antiglobalizzazione* anti-globalization protest; *~di piazza* street demonstration; *~di protesta* protest march; *~musicale* music festival; *~sindacale* union action; *~sportiva* sports meeting, sports event; *~studentesca* student demonstration; *~vietata* unlawful demonstration.

manifestino *m.* leaflet: *~ pubblicitario* handout, advertising leaflet.

manifesto [1] I *a.* 1 (*palese*) evident, clear, apparent, quite apparent, plain, manifest: *un segno ~* an evident sign; *rendere ~ qcs.* to make sth. clear; *una verità manifesta* a plain truth. 2 (*noto*) known, generally known, well-known: *è ~ che...* it is generally known that... 3 (*Psic,Med*) manifest. II *avv.* (*lett,rar*) manifestly, clearly, obviously.

manifesto [2] *m.* 1 bill, (*avviso*) notice, (*affisso*) poster, placard, (*Am*) billboard: *attaccare manifesti* to post posters, to put up posters. 2 (*programma politico*) manifesto: (*Stor*) *~ del partito comunista* Communist Manifesto; *~ letterario* literary manifest. 3 (*programma culturale*) programme, (*Am*) program: *~ della stagione musicale* programme for the musical season. 4 (*Comm,Aer,Mar*) manifest: *~ di carico* (ship's) manifest; *~ di partenza* sailing card. □ *~elettorale* election poster; (*Art,Lett*) *~futurista* futurist manifesto; *~pubblicitario* advertising poster, advertisement.

maniglia *f.* 1 handle, (*a pomello*) knob: *la ~ del cassetto* the drawer handle; *~ della porta* door handle, doorknob. 2 (*sostegno per passeggeri sui veicoli*) strap, handhold, handgrip. 3 (*Ginn*) (*della cavallina*) pommel: *cavallo con maniglie* pommel horse. 4 (*Mar*) (*moschettone*) shackle. □ (*colloq*) *maniglie dell'amore* love handles; (*Mil*) *~ dell'otturatore* operating handle.

maniglione □ *~antipanico* crash bar, crash bar handle, panic bar.

manigoldo *m.* (*f.* -**a**) scoundrel, rascal, rogue.

Manila *n.pr.f.* (*Geog*) Manila.

manilla [1] *f.* (*Tess*) manila, manila hemp, manilla.

manilla [2] *m.inv.* (*tipo di sigari*) Manila, Manila cigar, Manilla.

manina *f.* 1 (*piccola mano*) small hand, little hand. 2 (*Inform*) (*puntatore*) grabber hand. 3 (*Tip*) index mark, hand. 4 (*grattaschiena*) backscratcher. 5 (*Bot*) clavaria.

manioca *f.* (*Bot*) cassava, manioc.

manipolabile *a.* that can be manipulated, able to be manipulated.

manipolare [1] (**manìpolo**) *v.t.* 1 (*lavorare con le mani*) to work (with hands), to manipulate, to handle; (*impastare*) to knead: *~ creta* to work clay with hands. 2 (*fig*) (*condizionare*) to manipulate, to handle: *~ l'opinione pubblica in proprio favore* to manipulate the public opinion in one's favour; *~ i consumatori* to manipulate consumers. 3 (*fig*) (*contraffare un prodotto alimentare*) to adulterate: *~ l'olio di oliva* to adulterate olive oil. 4 (*fig*) (*falsificare*) to manipulate, to fiddle, to doctor, to rig: *~ le notizie* to manipulate the news; *~ i dati* to manipulate data; *~ i conti* to doctor the accounts; *~ le elezioni* to rig the elections. 5 (*fig*) (*rielaborare con secondi fini*) to piece (sth.) together, to put (sth.) together, to throw (sth.) together, to prepare, to concoct. 6 (*Med*) to manipulate. 7 (*Mus*) manipulate. 8 (*fig,rar*) (*ordire, macchinare*) to plot, to plan, to hatch, to brew: *~ una truffa* to plan a swindle. □ (*Med,Biol*) *~ qcs.geneticamente* to manipulate sth. genetically.

manipolare [2] I *a.* (*Stor.rom*) manipular. II *m.* (*Stor.rom*) manipular.

manipolatore *m.* 1 (*f.* -**trice**) manipulator; (*adulteratore*) adulterator: *~ di vini* adulterator of wines. 2 (*f.* -**trice**) (*fig*) plotter, schemer, manoeuvrer, hatcher. 3 (*Elettron*) keyer. 4 (*Tecn*) manipulator: *~ di sostanze radioattive* manipulator of radioactive substances.

manipolazione I *f.* 1 (*il lavorare con le mani*) manipulation, handling; (*l'impastare*) kneading. 2 (*fig*) (*condizionamento*) manipulation, handling: *~ del mercato* market manipulation. 3 (*fig*) (*contraffazione*) adulteration. 4 (*fig*) (*falsificazione*) manipulation, falsification. 5 (*fig*) (*rielaborazione con secondi fini*) hotchpotch, patchwork, concoct. 6 (*Med*) manipulation. 7 (*Mus*) manipulation. 8 (*El*) keying. 9 *pl.* (*intrighi, imbrogli*) plots, plotting (*costr.sing.*), schemes. □ *~elettorale* vote rigging; (*Biol*) *~genetica* genetic manipulation.

manipolo *m.* 1 (*piccolo gruppo*) handful: *un ~ di soldati* a handful of soldiers. 2 (*Stor.rom,Lit*) maniple.

maniscalco (*pl.* -**chi**) *m.* 1 farrier, blacksmith. 2 (*Stor*) (*governatore della scuderia regia*) marshal.

manismo *m.* (*Etnol*) manism.

manista *m./f.* (*colloq*) (*in pubblicità*) hand model.

manitù I *m.* (*Etnol*) manitou. II *n.pr.m.* (*Stor, Rel*) Manitou.

manna *f.* 1 (*Bibl*) manna. 2 (*fig*) (*bene inaspettato*) godsend, blessing (from heaven), manna: *è una vera ~* it's a godsend; *tanta ~* it's a godsend. 3 (*fig*) (*cibo buono*) food for the gods, dainty dish, treat; (*bevanda buona*) nectar. □ (*Rel.catt*) *la ~celeste* the Eucharist; (*fig*) *aspettare la ~dal cielo* to wait for sth. to turn up, to wait for sth. to fall into one's lap; *cadere come la ~ dal cielo* to fall like manna from heaven.

mannaggia *intz.* (*region,colloq*) damn!, blast!, hang it! □ *~a te !* damn you!; *~la miseria !* damn!, damn it!, curse it!

mannaia *f.* 1 (*grossa scure*) axe, chopper, (*Am*) ax. 2 (*scure del boia*) executioner's axe, (*Am*) executioner's ax. 3 (*estens*) (*della ghigliottina*) blade of the guillotine; (*ghigliottina*) guillotine. 4 (*Macell*) cleaver, meat axe. 5 (*fig*) (*pericolo*) imminent danger.

mannella *f.* bundle.

mannello *m.* bundle.

mannequin /man'kɛn/ f.inv. (indossatrice) model, fashion model.

mannite f. (Chim, Farm) mannite.

mannitolo f. (Chim) mannitol.

mano f. **1** hand: lavarsi le mani to wash one's hands; ~ destra right hand; ~ sinistra left hand; farsi male a una ~ to hurt one's hand; avere qcs. in ~ to have sth. in one's hand. **2** (fig) (stile, impronta) hand, style, mark, touch: la ~ del maestro the touch of the master; avere la ~ leggera to have a light touch, to have a light hand; avere la ~ pesante to be rough, to be heavy-handed. **3** (fig) (potere) hands pl., hand, control: l'isola è in ~ al nemico the island is in enemy hands; avere in ~ la situazione to have the situation under control; cadere nelle mani di qcu. to fall into so.'s hands. **4** (strato di vernice e sim.) coat, coating: dare una ~ di vernice to give a coat of paint; ~ di colore coat of paint. **5** (nei giochi di carte: giro) hand, deal: una ~ fortunata a lucky hand; fare un'altra ~ to play another hand. **6** (nei giochi di carte: vantaggio di giocare per primo) lead: chi è di ~? whose lead is it?; essere di ~ to lead, to have the lead. **7** (direzione) side, direction, hand. **8** (scrittura) handwriting: la lettera è di sua ~ the letter is in his own (hand)writing. □ a ~: 1 (complemento di mezzo) by hand: portare qcs. a ~ to carry sth. by hand; consegnare qcs. a ~ to deliver sth. by hand; 2 (con le mani) hand (attr.): fatto a ~ hand-made; cucito a ~ hand-sewn; scritto a ~ handwritten; lavoro a ~ hand-work; lavare a ~ to hand-wash; a ~ a ~ che as, while; a ~ armata armed, by force of arms: rapina a ~ armata holdup, armed robbery; disegnare a ~ libera to draw free-hand; disegno a ~ libera free-hand drawing; a mani nude bare-handed, with one's bare hands; tenere le mani a posto to keep one's hands off, to keep one's hands to oneself; a man salva (liberamente) freely; a mani vuote empty-handed; mettere le mani addosso a qcu.: 1 to lay hands on so.; 2 (afferrare) to seize so.; 3 (percuotere) to beat so.; 4 (molestare) to touch so. up, to molest; alla ~: 1 (rif. a cosa: vicino, pronto) at hand, ready (to hand): passaporti alla ~! have your passports ready!; 2 (rif. a persona: affabile) easy to get along with, easy-going; (fig) mettere ~ alla borsa to fork out, to cough up; (fig) mettere le mani avanti (cautelarsi) to keep on the safe side, to safeguard oneself, to take precautions, to cover oneself, to play it safe; fare man bassa: 1 (vincere tutto) to make a clean sweep; 2 (rubare) to pilfer, to plunder, to loot; (fig) avere le mani bucate to be a spendthrift, to spend money like water; (fig) toccare qcs. con ~ to see sth. with one's own eyes; (fig) aiutarsi con le mani e con i piedi to use every means available; (fig) stare con le mani in ~ not to lift a finger, to twiddle one's thumbs; dare la ~ a qcu.: 1 to give so. one's hand: dammi la ~ give me your hand; 2 (stringerla) to shake hands with so.; (fig) dare una ~ a qcu.: 1 to lend so. a hand, to lend so. a helping hand; 2 (in modo continuo) to help so. out; mia figlia mi dà una ~ nel negozio my daughter helps me out in the shop; darsi la ~: 1 (prendersi per mano) to take each other by the hand; 2 (stringerla) to shake hands; (iron) possono darsi la ~ they're exactly the same, they're each as bad as the other, they are two of a kind; dare una ~ di bianco a qcs. to whitewash sth.; (fig) avere le mani di burro to be butter-fingered, to be a butter-fingers; la ~ di Dio: 1 (fig) God's hand; 2 (rif. a un bene) a godsend; 3 (rif. a un castigo) a

judgement, the hand of God; essere nelle mani di Dio to be in God's hands; (fig) mani di fata dexterous hands, light fingers; di ~ in ~ from hand to hand; (colloq) avere le mani di pastafrolla (o avere le mani di ricotta) to be butter-fingered, to be a butter-fingers; fare la ~ a qcs. to get one's hand in at sth.; (colloq) farsi le mani (la manicure) to do one's nails; (colloq) farsi fare le mani (la manicure) to have one's nails done, to have a manicure; (rar) avere la ~ felice to be skilful, to be able; ~ ferma: 1 steady hand: con ~ ferma with a steady hand; 2 (fig) firm hand; governare con ~ ferma to rule with a firm hand; governare con ~ ferrea to rule with a rod of iron; la ~ finale: 1 (a carte) the last hand; 2 (di vernice) the last coat; dare man forte a qcu. to support so., to back so. up; mani in alto! hands up!; (fig) avere le mani in pasta to have a finger in the pie; (fig) starsene con le mani in tasca to stand with one's hands in one's pockets; (fig) avere le mani legate to have one's hands tied; (fig) avere le mani libere to have one's hands free, to have no obligation, to have no tie; (fig) avere le mani lunghe: 1 (rubare) to be light-fingered; 2 (essere molto potente) to be long-armed, to have a long reach; 3 (essere troppo intraprendente) to try to touch (so.): quel ragazzo le ha mani lunghe that boy can't keep his hands to himself; man ~ little by little, (colloq) bit by bit; man ~ che (mentre) while, as; mettere ~ a qcs.: 1 (incominciare) to set one's hand to sth., to begin sth.; 2 (afferrare) seize sth.: mettere ~ al coltello to seize one's knife, to draw (out) one's knife; mettere ~ alla spada to clap one's hand to one's sword, to draw one's sword; (fig) mettere ~ al portafoglio (sborsare denaro) to shell out money, to loosen one's purse strings, to fork out; (fig) mettere tutto in ~ a un avvocato to leave everything in a lawyer's hands; mettere le mani su qcu. (o qcs.) to get one's hands on so. (o sth.), to lay one' hands on so. (o sth.); (fig) mettersi nelle mani di qcu. to put oneself in so.'s hands; (fig) fare la ~ morta to have wandering hands, to paw; (fig) mettersi le mani nei capelli to tear one's hair, to tear one's hair out; (fig) cogliere qcu. con le mani nel sacco to catch so. red-handed; ~ nella ~ hand in hand: camminare ~ nella ~ to walk hand in hand; (Stor) ~ nera Black Hand; avere le mani occupate to have one's hands busy; per ~ di by the hand of; (fig) avere qcs. per le mani to have sth. in hand; ha per le mani un buon affare (o gli è capitato per le mani un buon affare) she has got a good deal in hand; prendere in mano qcs.: 1 to take sth. in one's hand; 2 (fig) to take charge of sth.: prendere in ~ la situazione to take the situation in hand, to take control of the situation; (fig) prendere la ~: 1 (rif. a persona, sottrarsi al controllo) to get out of control, to get carried away, to get out of hand; farsi prendere la mano to lose control of the situation; (fig) farsi prendere la ~ da qcu. (o lasciarsi prendere la ~ da qcu.) to let so. get out of hand, to lose control over so.; 2 (Equit) to get out of control; prendere la ~ a qcu. to take so. by the hand; (fig) prendere la ~ a qcs. to become good at sth., to become skilful at sth., (Am) to become skillful at sth.; prendere la ~ di qcu. to take so. by the hand; prendere per ~ to take by the hand; prendersi la ~ to take each other by the hand; (Zool) ~ prensile prehensile hand; avere le mani pulite: 1 to have clean hands; 2 (fig) to have clean hands, to be honest; (Stor.it) (operazione) mani pulite

Mani Pulite, "clean hands" (judicial inquiry set up to investigate political involvement in the awarding of public contracts); sotto ~ underhand, secretly, on the sly; avere le mani sporche: 1 to have dirty hands; 2 (fig) to have dirty hands, to be guilty; mettersi una ~ sul cuore to put one's hand on one's heart; (fig) mettere la ~ sul fuoco to stake one's life on sth.; avrei messo la ~ sul fuoco I would have sworn to it, I would have staked my life on it, I would have been willing to bet on it; mettersi una ~ sulla coscienza to put one's hand on one's heart, to tell the truth; tenere ~ a qcu. (essere complice) to aid and abet so., to be hand in glove with so.; tenere ~ a qcs. to aid and abet in sth.; tenere la ~ (procedere sul lato consentito) to keep to the right side (of the road); tenersi per ~ to be holding hands; con ~ tremante with a shaky hand; (fig) venire alle mani con qcu. to come to blows with so. Prov.: mani fredde, cuore caldo cold hands, warm heart; una ~ lava l'altra (e tutt'e due lavano il viso) you scratch my back and I'll scratch yours.

manodopera f. **1** labour, workers pl., man-power, (Am) labor: eccesso di ~ excess man-power, excess labour, (Am) excess labor; scarsezza di ~ lack of labour, manpower shortage, (Am) lack of labor; cercasi ~ hands wanted; essere a corto di ~ (rif. ad azienda) to be underhanded, to be undermanned. **2** (costo del lavoro umano) labour, cost of labour, (Am) labor, cost of labor. □ ~ a basso costo cheap labour, (Am) cheap labor; ~ avventizia casual labour, temporary workers (pl.), (Am) casual labor; ~ eccedente redundant labour, (Am) redundant labor; ~ femminile female labour, (Am) female labor; ~ fissa regular workers (pl.), regular employees (pl.); ~ migrante migrant labour, (Am) migrant labor; ~ non qualificata unskilled labour, (Am) unskilled labor; ~ non specializzata unskilled labour, (Am) unskilled labor; ~ occasionale casual labour, casual workers (pl.), (Am) casual labor; ~ organizzata organized labour, (Am) organized labor; ~ qualificata skilled workers (pl.), skilled labour, (Am) skilled labor; ~ salariata hired workers (pl.), hired labour, salaried personnel, (Am) hired labor; ~ stagionale seasonal labour, (Am) seasonal labor; ~ straniera foreign manpower; ~ temporanea casual labour, temporary workers (pl.), (Am) casual labor.

manomesso → **manomettere** a. **1** illegally opened, tampered with: corrispondenza manomessa correspondence that is illegally opened; una serratura manomessa a lock which has been tampered with. **2** (Dir.rom) (rif. a schiavo liberato) manumitted, freed.

manometrico (pl. -ci) a. (Fis) manometric.

manometro m. (Fis) manometer, gauge, pressure gauge. □ (Tecn) ~ a mercurio mercury gauge; (Tecn) ~ campione master gauge; (Aer,Mot) ~ del carburante fuel pressure gauge; (Tecn,Mot) ~ dell'aria pressure gauge; (Mot) ~ dell'olio oil pressure gauge; (Tecn) ~ differenziale differential pressure gauge; (Aut) ~ per pneumatici tyre gauge.

manomettere (pres.ind. **manométto**; p.rem. **manomìsi**; p.p. **manomésso**) v.t. **1** to tamper with, to break illegally: i sigilli della lettera furono manomessi the seals on the letter were broken; hanno manomesso il pacco the parcel has been tampered with. **2** (fig) (violare) to violate, to infringe: ~ un diritto to violate a right. **3** (Dir.rom) (liberare uno schiavo) to manumit, to free.

manomissione f. **1** tampering, illegal

opening, breaking. **2** (*fig*) (*violazione*) violation, infringement. **3** (*Dir.rom*) (*liberazione di uno schiavo*) manumission.

manomorta *f.* **1** (*Dir*) mortmain, dead hand. **2** (*beni inalienabili*) property in mortmain, mortmain property.

manona *f.* (*grossa mano*) big hand, huge hand.

manonera *f.* (*Stor*) Black Hand.

manopola *f.* **1** (*maniglia*) knob. **2** (*di apparecchio radio e sim.*) knob. **3** (*per attaccarsi*) hand-grip, ball-grip. **4** (*del manubrio*) handlebar grip. **5** (*guanto: muffola*) mitten. **6** (*Sart*) (*risvolto*) cuff. **7** (*nelle armature*) gauntlet. □ (*Rad*) *~ del volume* volume knob; (*Tecn*) *~ di comando* control knob; (*Rad*) *~di sintonia* tuning knob.

manoscritto **I** *m.* manuscript: *~ miniato* illuminated manuscript; *~ originale* original manuscript. **II** *a.* handwritten, in manuscript (*posposto*): *un articolo ~* a handwritten article.

manovalanza *f.* **1** (*manovali*) labourers *pl.*, manual labourers *pl.*, unskilled workers *pl.*, (*Am*) laborers. **2** (*opera di manovali*) manual labour, unskilled labour, (*Am*) manual labor, unskilled labor. **3** (*fig*) people who carry out orders.

manovale *m.* unskilled worker, labourer, manual labourer, (*Am*) laborer.

manovella *f.* (*Mecc*) crank: *girare la ~* to turn the crank. □ (*Cin*) *dare il primo giro di ~* to start shooting; (*Mecc*) *~di accoppiamento* coupling crank; (*Aut*) *~di avviamento* cranking handle, starting handle.

manovellismo *m.* (*Mecc*) crank gear, crank mechanism.

manovra *f.* **1** (*Mil*) (*Br*) manoeuvre, (*Am*) maneuver, drill: *grandi manovre* army manoeuvres, large-scale manoeuvres; *manovre aeree* air manoeuvres; *zona di ~* manoeuvring area. **2** (*Aut*) (*Br*) manoeuvre, (*Am*) maneuver: *fare ~* (*Br*) to manoeuvre, (*Am*) to maneuver. **3** (*Ferr*) (*di smistamento*) shunting; (*di composizione o scomposizione*) marshalling: *fare ~* to shunt; *stazione di ~* marshalling yard; *treno in ~* train being shunted. **4** (*fig*) (*azione*) move, movement, (*Br*) manoeuvre, (*Am*) maneuver: *una ~ falsa* a false move, a false movement; *avere libertà di ~* to have freedom of movement; *margine di ~* margin for movement. **5** (*fig*) (*provvedimento*) (*Br*) manoeuvre, manouvring, measure, (*Am*) maneuver: *~ fiscale* fiscal measure; *~ di bilancio* budgetary manoeuvring. **6** (*fig*) (*stratagemma*) scheme, trick, ploy, (*Br*) manoeuvre, sharp practice, (*Am*) maneuver: *una ~ politica* a political ploy, a political maneuver. **7** *pl.* (*fig*) (*intrighi*) schemes, plots, (*Br*) manoeuvres, (*Am*) maneuvers: *manovre delittuose* criminal schemes. **8** *pl.* (*Mar*) (*cavi*) rigging (*costr.sing.*), cordage (*costr.sing.*): *manovre dormienti* standing rigging; *manovre correnti* running rigging. □ (*Ferr*) *~a spinta* pushing off; (*Mil*) *~accerchiante* outflanking movement, pincer movement; (*Ind*) *~ centralizzata* central control; (*Ferr*) *~degli scambi* throwing over the points, (*Am*) operation of switches; (*Mar*) *~di ancoraggio* anchoring; (*Econ*) *manovredi borsa* manipulations on the stock exchange; (*Pol*) *manovre di corridoio* lobbying; (*Aut*) *~di sorpasso* (*Br*) overtaking manoeuvre, (*Am*) passing maneuver; (*Pol*) *~elettorale* (*Br*) vote-catching manoeuvre, (*Am*) vote-catching maneuver; (*Econ*) *~monetaria* monetary measure; (*Mil*) *~strategica* (*Br*) strategic manoeuvre,

(*Am*) strategic maneuver; (*Mil*) *~tattica* (*Br*) tactical manoeuvre, (*Am*) tactical maneuver.

manovrabile *a.* **1** (*Br*) manoeuvrable, (*Am*) maneuverable, controllable (*anche fig*). **2** (*maneggevole*) manageable, handy.

manovrabilità *f.* **1** manoeuvrability, controllability. **2** (*maneggevolezza*) manageability, ease of handling.

manovrare (**manòvro**) **I** *v.t.* **1** (*fare funzionare*) (*Br*) to manoeuvre, (*Am*) to maneuver, to operate, to drive: *~ un congegno* to operate a device. **2** (*Mil*) (*Br*) to manoeuvre, (*Am*) to maneuver. **3** (*fig*) (*gestire*) to manage, (*Br*) to manoeuvre, (*Am*) to maneuver, to conduct: *sa ~ bene i suoi affari* he manages his affairs well. **4** (*fig*) (*influenzare*) to manoeuvre, to manipulate, to rig: (*Econ*) *~ il mercato* to rig the market; *è un uomo che si lascia ~* (*Br*) he is an easily manoeuvrable man, (*Am*) he is an easily maneuverable man. **II** *v.i.* (*aus.* **avere**) **1** (*fare manovra*) to manoeuvre. **2** (*fig*) (*tramare*) to scheme, to plot.

manovratore *m.* (*f.* **-trice**) **1** operator, (*di macchine*) driver, operator, (*Am*) machinist. **2** (*conducente: di tram e sim.*) driver, (*Am*) motorman. **3** (*Ferr*) shunter; (*rif. a scambi*) signalman, shunter, switchman. **4** (*fig*) tactician, manoeuvrer.

manrovescio *m.* **1** (*ceffone*) backhand stroke, backhand blow, backhander: *dare un ~ a qcu.* to give so. a slap, to slap so. backhanded. **2** (*Sport*) (*nella scherma*) backhanded blow, backhanded stroke.

mansarda *f.* **1** (*abitazione*) mansard, attic. **2** (*tetto*) mansard, mansard roof.

mansardato *a.* **1** (*costruito a mansarda*) mansard (*attr.*), mansarded: *piano ~* mansard floor. **2** (*fornito di mansarda*) with a mansard (*posposto*): *attico ~* attic with a mansard.

mansione *f.spec.pl.* duty, task, job, function, office: *svolgere le proprie mansioni* to perform one's duty. □ *mansionidirettive* executive duties; *impiegato con mansioni direttive* executive; *mansioni dirigenziali* managerial duties; *mansioni impiegatizie* clerical duties.

mansueto *a.* **1** (*rif. ad animali*) tame, docile, meek, mild: *rendere ~* to tame. **2** (*rif. a persona*) gentle, quiet, meek, mild: *~ come un agnello* as gentle as a lamb, lamb-like, as meek as a lamb; *occhi mansueti* gentle eyes.

mansuetudine *f.* **1** (*rif. a persona*) mildness, docility, gentleness, meekness. **2** (*rif. ad animali*) tameness, docility, gentleness.

manta *f.* (*Itt*) manta (ray), devil fish.

manteca *f.* (*rar*) **1** (*pomata*) pomade. **2** (*impasto*) thick mixture, paste.

mantecare (**mantèco, mantèchi**) *v.t.* (*Gastron*) to cream.

mantecato *m.* (*Dolc*) soft ice-cream.

mantella *f.* (*Abbigl*) **1** (*mantello*) cloak, mantle; (*femminile*) cape. **2** (*militare*) cape.

mantellata ¹ *f.* (*Idr*) retaining wall, mattress.

mantellata ² *f.* (*Rel.catt*) (*suora*) Mantellate, Dominican tertiary nun.

mantelletto *m.* **1** mantelet, mantlet, short cloak. **2** (*Mil,ant*) mantelet.

mantellina *f.* (*Abbigl*) **1** cape: *~ di pelliccia* fur cape. **2** (*soprabito militare*) cape.

mantello *m.* **1** (*Abbigl*) cloak, mantle: *un ~ con cappuccio* a hooded cloak. **2** (*Abbigl*) (*cappotto*) coat, overcoat; (*militare*) greatcoat. **3** (*Abbigl*) (*soprabito femminile*) coat, wrap, manteau. **4** (*estens*) (*coltre*) mantle, blanket: *un ~ verde ricopriva la valle* a green mantle covered the valley; *un ~ di neve* a blanket of snow. **5** (*fig*) (*finzione*) appearance, guise, cloak. **6** (*Geol*) (*della crosta ter-*

restre) mantle. **7** (*Zool*) coat, fur; (*del cavallo*) coat; (*di molluschi*) mantle, pallium. **8** (*Mot,Mecc*) skirt. **9** (*Met*) shell: *~ del forno* furnace shell. **10** (*Fis*) blanket. □ (*Abbigl*) *~a ruota* full-cut mantle, circular cape; (*Mot,Mecc*) *~dello stantuffo* piston skirt; (*Zool*) *~estivo* summer coat; (*Zool*) *~invernale* winter coat (*anche Zool*).

mantenere (*pres.ind.* **mantèngo, mantièni**; *p.rem.* **mantènni**; *p.p.* **mantenùto**) **I** *v.t.* **1** (*conservare*) to maintain, to keep, to preserve: *~ la disciplina* to keep discipline; *~ l'equilibrio* to keep one's balance; *~ la calma* to keep calm. **2** (*provvedere al sostentamento*) to support, to maintain: *deve ~ moglie e cinque figli* he has a wife and five children to support; *~ un'amante* to maintain a mistress, to support a mistress. **3** (*difendere*) to hold, to defend, to maintain: (*Mil*) *~ la posizione* to hold one's position. **4** (*persistere*) to maintain, to uphold, to hold by, to stick to: *~ la propria opinione* to maintain one's opinion. **5** (*tener fede*) to keep, to abide by: *~ la parola data* to keep one's word, to be true to one's word; *~ il giuramento* to keep one's oath, to keep one's vow; *~ una promessa* to keep a promise. **II** *v.pron.* **mantenersi 1** (*conservarsi*) to keep: *si mantiene giovane* he keeps young; *mantenersi in forma* to keep fit, to keep in good health; *il mare si mantiene calmo* the sea is keeping calm. **2** (*provvedere al proprio sostentamento*) to earn one's living: *mi mantengo facendo l'insegnante* I earn my living as a teacher; *mantenersi agli studi* to pay for one's studies. □ *mantenersibene* to look well (for one's age), to be in good shape; *~i rapporti con qcu.* to keep up relations with so., to stay in touch with so.; *~il passo* (o *~il ritmo*) to keep up the pace; *~in ordine* to keep in order; *~la calma* to keep calm, (*colloq*) to chill out; *~la pace* to preserve the peace; *~l'anonimato* to preserve one's anonymity, to remain anonymous; *~ l'ordine* to maintain order; *~ un segreto* to keep a secret; *~vivo il ricordo di qcu.* to keep one's memories of so. alive; *~ vive le antiche tradizioni* to keep old traditions alive, to keep up with old traditions).

mantenimento *m.* **1** (*conservazione*) maintenance, upkeep. **2** (*sostentamento*) support, maintenance: *provvedere al ~ della propria famiglia* to provide for one's family, to provide for the support of one's family. **3** (*difesa*) maintenance, keeping, defence, preserving: *la polizia è addetta al ~ dell'ordine* the police are responsible for the maintenance of law and order. **4** (*manutenzione*) maintenance, upkeep, care. **5** (*Dir*) (*alimenti: rif. a coniuge separato*) alimony. □ *della pace* peacekeeping; *~ dell'ordine pubblico* keeping order.

mantenuta *f.* (*spreg*) mistress, kept woman.

mantenuto → **mentenere** **I** *a.* **1** kept, maintained. **2** (*economicamente*) supported. **II** *m.* (*spreg*) gigolo, kept man.

mantica *f.* (*Stor,Rel*) (art of) divination.

mantice *m.* **1** bellows (*costr.sing. o pl.*): *azionare il ~* to blow the bellows. **2** (*Aut*) hood; (*nelle carrozze*) bellows top. **3** (*Ferr*) vestibule. □ *a ~* folding, accordion (*attr.*); (*fig*) *soffiarecome un ~* to pant, to puff and pant.

mantide *f.* (*Entom*) mantis, mantid. □ (*Entom*) *~religiosa* praying mantis.

mantiglia *f.* (*Abbigl*) mantilla.

mantissa *f.* (*Mat*) mantissa.

manto *m.* **1** mantle, cloak: *~ d'ermellino* ermine mantle; *~ di porpora* purple mantle; *~ regale* royal mantle. **2** (*Strad*) surface, blanket: *~ stradale* road surface. **3** (*fig*) (*strato* *uniforme*) mantle, blanket: ~ *di neve* blanket of snow. **4** (*fig*) (*finzione*) appearance, guise, cloak: *sotto il ~ della carità spesso si cela l'egoismo* charity is often a cloak for selfishness. **5** (*Zool*) (*mantello*) coat, fur; (*del cavallo*) coat; (*di molluschi*) mantle, pallium. □ (*Strad*) ~ *bitumato* bitumen surface; (*Edil*) ~ *del tetto* roof decking; (*Strad*) ~ *di asfalto* asphalt surface; (*Strad*) ~ *di usura* wearing course.

Mantova *n.pr.f.* (*Geog*) Mantua.

mantovana *f.* **1** (*Arred*) pelmet. **2** (*Arch*) gable-board, barge board.

mantovano I *a.* Mantuan, of Mantua (*posposto*). **II** *m.* (*f.* **-a**) (*abitante*) Mantuan.

mantra *m.inv.* mantra.

manuale I *a.* manual: *lavoro* ~ handiwork, manual work, manual labour. **II** *m.* **1** manual, handbook, textbook: ~ *di filosofia* philosophy handbook; ~ *di vendita* sales manual; ~ *di economia* handbook on economics. **2** (*Mus*) (*tastiera di organo*) manual. □ *da* ~ textbook (*attr.*): *un caso da* ~ a textbook case; ~ *delle istruzioni* instruction manual; ~ *di conversazione* conversation handbook, conversation manual; ~ *di manutenzione* service manual, service handbook.

manualista *m.* **1** writer of handbooks. **2** (*spreg*) compiler.

manualistica *f.* manuals *pl.*, handbooks *pl.*

manualistico (*pl.* **-ci**) *a.* **1** (*di manuale*) manual (*attr.*), manual-like. **2** (*spreg*) (*nozionistico*) superficial, sketchy, textbookish.

manualità *f.* manual skill, dexterity.

manualizzare (**manualizzo**) *v.t.* to render manual.

manualmente *avv.* manually, by hand, with one's hands.

manubrio *m.* **1** (*manico, maniglia*) handle. **2** (*nei veicoli*) handlebars *pl.*, handlebar: ~ *della bicicletta* (bicycle) handlebars. **3** (*Ginn*) dumb-bell. **4** (*Zool,Anat*) manubrium. □ (*Anat*) ~ *sternale* manubrium of sternum.

manufatto I *a.* handmade: *prodotto* ~ handmade product. **II** *m.* **1** (*prodotto confezionato a mano*) handmade article. **2** (*prodotto industriale*) manufactured article, manufacture. **3** (*estens,Edil*) minor construction.

manutengolo *m./f.* **1** accomplice, aider and abetter. **2** (*mezzano*) go-between, procurer.

manutentore *m.* **1** (*f.* **-trice**) maintenance man. **2** (*ditta*) maintenance firm.

manutenzione *f.* **1** maintenance, upkeep, repair: *personale addetto alla* ~ maintenance staff; *avere la* ~ to be responsible for the maintenance; *tecnico della* ~ maintenance engineer. **2** (*di macchinari*) servicing, service: *eseguire la* ~ *di qcs.* to service sth. □ *di* ~ maintenance (*attr.*): *contratto di* ~ maintenance contract; *costi di* ~ maintenance costs, upkeep; *di facile* ~ easily maintained; *riparazioni di piccola* ~ small repairs; ~ *ordinaria* routine maintenance, ordinary repairs; *fermo per* ~ off for maintenance; ~ *preventiva* preventive maintenance; ~ *stradale* road maintenance; ~ *straordinaria* special maintenance.

manzo *m.* **1** steer, bullock. **2** (*Macell*) (*carne*) beef. □ (*Gastron*) ~ *arrosto* roast beef; (*Gastron*) ~ *brasato* braised beef; *di* ~ beef (*attr.*): *carne di* ~ beef; *lesso di* ~ boiled beef; *bistecca di* ~ beefsteak.

manzoniano I *a.* of Manzoni (*posposto*). **II** *m.* (*f.* **-a**) imitator of Manzoni, follower of Manzoni.

maoismo *m.* (*Pol*) Maoism.

maoista I *a.* (*Pol*) Maoist. **II** *m./f.* (*Pol*) Maoist.

maoistico (*pl.* **-ci**) *a.* (*Pol*) Maoist.

maomettano I *a.* (*Rel.islam*) Muhammadan, Mohammedan. **II** *m.* (*f.* **-a**) (*Rel.islam*) Muhammadan, Mohammedan.

maomettismo *m.* (*Rel.islam*) Muhammadanism, Mohammedanism.

Maometto *n.pr.m.* (*Stor,Rel.islam*) Mohammed, Muhammad, Mahomet.

maona *f.* (*Mar*) (*chiatta*) barge, lighter.

maori, maori *I* *m./f.inv.* (*Etnol*) Maori. **II** *m.* (*Etnol*) (*lingua*) Maori. **III** *a.inv.* (*Etnol*) Maori (*attr.*).

mappa *f.* **1** (*Geog*) map, chart: ~ *topografica* topographical map; ~ *della città* city map. **2** (*Inform*) map. **3** (*fig*) (*rappresentazione schematica*) map, picture: *la* ~ *del terrorismo* map of terrorism; ~ *conoscitiva* cognitive map. **4** (*Tecn*) (*di chiave*) web, bit. **5** (*Mat*) mapping, function. □ ~ *catastale* cadastral map; (*Biol*) ~ *del genoma* genome map; ~ *del tesoro* treasure map; (*Astr*) ~ *lunare* moon map; (*Dir*) ~ *particellare* cadastral map.

mappaluna *f.* (*Astr,colloq*) moon map.

mappamondo *m.* **1** (*planisfero*) map of the world, world map. **2** (*globo*) globe. □ ~ *celeste* celestial globe.

mappare (**màppo**) *v.t.* (*Biol,Geog*) to map, to map (sth.) out.

mappatura *f.* (*Inform*) mapping. □ (*Inform*) ~ *di composizione* texture mapping; (*Biol*) ~ *genetica* genetic mapping.

mappazza *f.* (*colloq*) heavy food, food that is difficult to digest.

mappetta *f.* (*Svizz.it*) plastic folder.

maquillage /maki'jaʒ/ *m.inv.* (*trucco, arte del trucco*) make-up, maquillage.

mar. 1 *martedì* Tues., Tue. (Tuesday). **2** *marzo* Mar. (March).

Mar. (*Mil*) *maresciallo* (marshal).

marabù *m.* (*Ornit*) marabou.

marabutto *m.* (*santone, mausoleo*) marabout.

maracas *f.pl.* (*Mus*) maracas.

marachella *f.* prank, trick, roguery, scrape.

maragià *m.* (*maharaja*) maharaja, maharajah.

maramaldeggiare (**maramaldéggio**; *aus.* **avere**) *v.i.* to be cruel to the defenceless.

maramaldo *m.* person who attacks the defenceless, bully. □ **fare il** ~ to be cruel to the defenceless.

marameo *intz.* (*colloq,scherz*) fiddledeedee! □ *fare* ~ *a qcu.* (*Br*) to cock a snook at so., (*Am*) to thumb one's nose at so.

marangone *m.* (*Ornit*) cormorant.

marasca *f.* (*Bot*) marasca, morello.

maraschino *m.* (*liquore*) Maraschino (liqueur).

marasco (*pl.* **-chi**) *m.* (*Bot*) marasca cherry tree, morello tree.

marasma *m.* **1** (*Med*) marasmus. **2** (*fig*) (*decadenza*) decay, decline. **3** (*fig*) (*grande confusione*) chaos.

marasso *m.* (*Zool*) adder.

maratona *f.* **1** (*Sport*) marathon. **2** (*fig*) marathon: *una* ~ *diplomatica* a diplomatic marathon. □ ~ *di ballo* dance marathon; ~ *di marcia* walking marathon.

Maratona *n.pr.f.* (*Geog.stor*) Marathon.

maratoneta *m./f.* (*Sport*) marathon runner, long-distance runner, marathoner.

marc' *intz.* (*marsc'*) (*Mil*) march!

marca¹ *f.* **1** (*marchio*) trade mark: *imprimere una* ~ *su un oggetto* to put a mark on an object, to mark an object. **2** (*di prodotto*) brand, make: *questa è la migliore* ~ *di tè* this is the best brand of tea; *articolo di* ~ (*Br*) branded product, (*Am*) brand name product;

di che ~ *è il tuo orologio?* what make is your watch? **3** (*ditta produttrice*) firm, company, trade name. **4** (*segno*) mark. **5** (*bollo*) stamp. **6** (*scontrino, contromarca*) check, token, tally. **7** (*fig*) (*carattere, genere*) nature, character: *un episodio di* ~ *nazista* an event of Nazi character. **8** (*Ling*) marker. □ ~ *assicurativa* (welfare) insurance stamp; ~ *da bollo* tax stamp, revenue stamp; *di* ~: **1** (*di qualità*) good quality (*attr.*), high quality (*attr.*), choice (*attr.*); **2** (*firmato*) designer (*attr.*): *una borsa di* ~ a designer handbag; (*Mar*) ~ *di bordo libero* freeboard marking; ~ *di controllo* check; ~ *tipografica* imprint, printer's mark.

marca² *f.* (*Stor*) march, borderland.

marcamento *m.* (*Sport*) marking, covering.

marcantonio *m.* (*scherz*) big hefty fellow, strapping guy.

Marcantonio *n.pr.m.* (*Stor*) Mark Antony.

marcapezzi *m./f.inv.* (*marcatore*) marker.

marcapiano *m.* (*Edil*) string course.

marcare (**màrco, màrchi**) *v.t.* **1** (*contrassegnare*) to mark, to stamp: ~ *le posate* to mark the cutlery. **2** (*segnare, registrare*) to keep note of, to make a note of, to score up: ~ *i punti* to score up the points, to chalk up the points, to keep score. **3** (*accentuare, rafforzare*) to accentuate, to sharpen. **4** (*Sport*) (*un avversario*) to cover, to mark: ~ *stretto* to mark closely. **5** (*Sport*) (*un gol*) to score. **6** (*Chim,Biol*) to label. □ (*Sport*) ~ *a uomo* to mark one on one, to play man-to-man; (*Sport*) ~ *a zona* to mark an area, to cover an area; (*Mil*) ~ *visita* to report sick.

marcasite, marcassite *f.* (*Min*) marcasite.

marcatamente *avv.* sharply, prominently: *in ambito* ~ *tecnico* in a prominently technical domain.

marcatempo *m.inv.* **1** (*orologio*) timeclock, time recorder. **2** (*impiegato*) timekeeper, employee on the timeclock.

marcato *a.* **1** marked, stamped. **2** (*accentuato*) marked, sharp, prominent: *lineamenti marcati* marked features; *parlare con un accento* ~ to speak in a thick accent. **3** (*delimitato*) clear-cut. **4** (*Chim*) labelled. **5** (*Mus*) marcato. **6** (*Ling*) marked: *non* ~ unmarked.

marcatore *m.* **1** (*f.* **-trice**) (*Ind*) marker. **2** (*f.* **-trice**) (*Sport*) (*chi marca l'avversario*) marker. **3** (*f.* **-trice**) (*Sport*) (*chi segna un gol*) scorer (of a goal). **4** (*Chim*) labeller. **5** (*Med, Biol,Ling*) marker. □ (*Biol*) ~ *genetico* genetic marker; (*Chim*) ~ *per affinità* affinity label.

marcatura *f.* **1** marking. **2** (*Sport*) (*di avversario*) marking, defence. **3** (*Sport*) (*segnatura di punti*) scoring, goalscoring; (*gol*) goal, point, score. **4** (*Chim*) labeling. **5** (*Zool*) marking. □ (*Sport*) ~ *a uomo* one-on-one defence, man-to-man marking; (*Sport*) ~ *a zona* zone defence, zone marking; (*Chim*) ~ *per affinità* affinity labeling.

Marcella *n.pr.f.* Marcella.

Marcello *n.pr.m.* **1** Marcel. **2** (*Stor*) Marcellus.

marcescente *a.* (*lett*) rotting, decaying.

marcescenza *f.* (*lett*) rottenness, decay.

marcescibile *a.* (*lett*) perishable.

march /marʃ/ *intz.* (*marsc'*) (*Mil*) march!

Marche *n.pr.f.pl.* (*Geog*) Marches.

marchesa *f.* marchioness; (*in Italia*) marchesa; (*in Francia*) marquise.

marchesato *m.* marquisate, marquessate.

marchese *m.* marquis, marquess; (*in Italia*) marchese; (*in Francia*) marquis.

Marchesi *n.pr.f.pl.* (*Geog*) Marquesas Islands.

marchesina *f.* daughter of a marquis.

marchesino *m.* son of a marquis.

marchetta *f.* 1 (*marca assicurativa*) welfare insurance stamp. 2 (*gettone per le prostitute*) prostitute's token. 3 (*pop,estens*) (*donna che si prostituisce*) prostitute, streetwalker; (*omosessuale che si prostituisce*) male prostitute, (*Br*) rent boy. □ (*pop*)*fare marchette* to be a prostitute, to turn tricks.

marchiano *a.* gross, glaring: *errore* ~ blunder.

marchiare (**màrchio, màrchi**) *v.t.* 1 to mark. 2 (*bollare: a timbro*) to stamp, to seal. 3 (*a fuoco*) to brand: ~ *i capi di bestiame* to brand cattle. 4 (*fig*) to brand, to stamp, to mark: ~ *qcu. come traditore* to brand so. as a traitor. □ ~*a fuoco* to brand.

marchiatura *f.* marking. □ ~*a fuoco* branding.

marchigiano I *a.* of the Marches (*posposto*), from the Marches (*posposto*). II *m.* (*f.* -**a**) (*originario*) native of the Marches; (*abitante*) inhabitant of the Marches.

marchingegno *m.* 1 device, contrivance. 2 (*fig*) clever device (of plan), expedient, ruse.

marchio *m.* 1 (*Comm*) brand, trade mark, brand name. 2 (*segno impresso*) mark; (*bollo*) stamp. 3 (*incisione su metalli preziosi*) hallmark, sterling mark, plate mark. 4 (*strumento con cui si imprime il segno*) marker. 5 (*segno impresso con il ferro rovente*) brand. 6 (*estens*) (*strumento per marchiare a fuoco*) branding iron, brand. 7 (*fig*) (*traccia indelebile*) mark, brand, label; (*in senso negativo*) stigma. □ ~*a fuoco* brand; ~*commerciale* brand; ~ *comunitario* EU trade mark; ~*depositato* registered trade mark; ~ *di autenticità* hallmark; ~ *di fabbrica* trade-mark; ~*di garanzia* guarantee mark, hallmark; ~ *di immatricolazione* registration mark; (*Mediev,fig*)~*di infamia* mark of infamy, brand of infamy; ~*di origine* mark of origin, certification mark; (*Arm*)~*di prova* proof mark; ~*di qualità* stamp of quality, seal of quality; ~*di servizio* service mark; (*Numism*)~*di zecca* mint mark; ~*registrato* registered trademark.

marchionale *a.* (*lett*) of a marquis (*posposto*).

marcia[1] (*pl.* -**ce**) *f.* 1 march (*anche Mil*): *essere in* ~ to be on the march; *tre giorni di* ~ three day march. 2 (*funzionamento*) running, going, working: *mettere in* ~ *un'industria* to set an industry in motion. 3 (*Aut*) gear, speed: *mettere una* ~ (o *innestare una* ~) to engage a gear, to put the car into gear, to go into gear; *disinnestare una* ~ to throw out of gear, to go out of gear; *un'auto a sei marce* a six-speed car. 4 (*Sport*) heel-and-toe walk. 5 (*manifestazione*) march: ~ *della pace* peace march. 6 (*Mus*) march. □ ~*avanti*: 1 forward movement, forward running; 2 (*Aut*) forward speed, forward gear; (*Aut*) ~ *bassa* low gear; ~*del silenzio* silent march; ~*di protesta* protest march; (*Mil*) ~*forzata* forced march; (*Mus*) ~*funebre* death march, funeral march; (*fig*) *sembrare una* ~*funebre* to be very gloomy; *esserein* ~ to be on the march; (*fig*) *avere una* ~*in più* to be a cut above, to be a cut above the rest; (*Aut*) ~*indietro* reverse, reverse gear; *andare a* ~ *indietro* to go into reverse; *fare* ~ *indietro*: 1 (*Aut*) to back up, to reverse; 2 (*Aut*) (*per uscire*) to back out; 3 (*fig*) (*ritirarsi*) to back out, to withdraw; 4 (*fig*) (*rimangiarsi la parola*) to go back on what one has said; (*Aut*) ~*inferiore* lower gear; *innestare una* ~ *inferiore* to downshift, to change to a lower gear; (*Aut*) *avere la* ~*ingranata* to be in gear;*mettere in* ~ to start;*mettersi in* ~: 1 to start off, to

set off; 2 (*a passo di marcia*) to march off; (*Mus*) ~*militare* military march; (*Mus*) ~*nuziale* wedding march; (*Pol*) ~*per i diritti civili* civil rights march; (*Aut*) *marce sincronizzate* synchromesh; *fare* ~*su* to march on; (*Stor.it*) ~*su Roma* March on Rome; ~*superiore* high gear; *passare a una* ~ *superiore* to shift into a high gear, to shift up, to upshift, to change to a higher gear; (*Mus*) ~*trionfale* triumphal march.

marcia[2] *f.* (*pop*) (*pus*) matter, pus.

marciano *a.* St. Mark's: *biblioteca marciana* St. Mark's Library.

Marciano *n.pr.m.* (*Stor*) Marcianus.

marciapiede *m.* 1 pavement, (*Am*) sidewalk. 2 (*Ferr*) platform. 3 (*Mar,ant*) foot-rope.

marciare (**màrcio, màrci**; *aus.* **avere**) *v.i.* 1 to march (*anche Mil*): *l'esercito marciò sul nemico* the army marched on the enemy. 2 (*andare*) to march, to walk, to drive, to travel: *marciavano verso il municipio* they were going towards the city hall; *il treno marcia a cento chilometri all'ora* the train travels at a hundred kilometres per hour. 3 (*colloq*) (*funzionare*) to run, to work: *la mia macchina marcia che è una meraviglia* my car runs beautifully. 4 (*Sport*) to walk. 5 (*fig,scherz*) (*rigare diritto*) to behave, to toe the line. □ (*fig*) ~*con i tempi* to keep up with the times; (*fig*)*fare* ~ *qcu.* to make so. work, to make so. behave; (*Mil*) ~*in colonna* to march in a column; (*Mil*) ~*in testa* to lead the march.

marciatore *m.* (*f.* -**trice**) 1 marcher: ~ *per la pace* peace marcher. 2 (*Sport*) walker.

marcio I *a.* 1 rotten, bad, gone bad, spoiled, decayed: *frutta marcia* rotten fruit, bad fruit; *legno* ~ rotten wood; *uova marce* bad eggs, rotten eggs. 2 (*colloq*) (*purulento*) festering, infected. 3 (*fig*) (*corrotto*) rotten, corrupt, depraved: *società marcia* corrupt society. 4 (*fig, colloq*) (*con valore intensivo: posposto a un nome*) totally, to (*o* in) the highest degree (*posposto*): *avere torto* ~ to be totally wrong, to be wrong in the highest degree; *essere stufo* ~ to be fed up; *essere ubriaco* ~ to be blind drunk. II *m.* 1 (*parte marcia*) rotten part, bad part: *togliere il* ~ to remove the bad part. 2 (*fig*) (*corruzione*) corruption, depravity, rottenness: *deve esserci del* ~ *in questa faccenda* there must be something fishy in this business. □ *puzzaredi* ~ to smell rotten; *sapere di* ~ to taste rotten; (*lett*) *a suo* ~*dispetto* to spite him; (*fig*) *essere* ~*fino al midollo* to be rotten to the core, to be bad to the bone.

marcire (**marcìsco, marcìsci**; *aus.* **essere**) *v.i.* 1 (*andare a male*) to go bad, to go off, to rot, to decay, to spoil: *le uova sono marcite* the eggs are rotten, the eggs have gone bad. 2 (*guastarsi per l'umidità*) to rot: *il legno marcisce in fretta* wood rots quickly. 3 (*rif. a parti del corpo*) to fester, to suppurate. 4 (*fig*) to waste away, to rot, to pine away: ~ *nell'ozio* to waste away in idleness; *essere lasciato a* ~ *in prigione* to be left to rot in prison.

marcita *f.* (*Agr*) water meadow.

marcito *a.* rotten, bad, gone bad, spoiled, decayed.

marcitoio *m.* (*Cart*) (*impianto*) pulping plant.

marciume *m.* 1 (*insieme di cose marce*) rot, rottenness. 2 (*parte marcia*) bad part, rotten part. 3 (*fig*) corruption, rottenness, depravity. 4 (*Bot*) rot. □ (*Bot*) ~*nobile* noble rot; (*Bot*) ~*rosso* wet rot.

marco (*pl.* -**chi**) *m.* (*Numism,Econ*) mark. □ (*Stor,Numism*) ~*oro* gold mark; (*Numism,Econ*) ~*tedesco* Deutsche mark, German mark.

Marco *n.pr.m.* 1 Mark (*anche Bibl*). 2 (*Stor*) Marcus. □ (*Stor.rom*) ~*Aurelio* Marcus Aurelius.

marcofilia *f.* (*Filat*) revenue-stamp collecting.

marconigrafia *f.* (*Tel,ant*) wireless telegraphy.

marconigramma *m.* (*Tel,ant*) marconigram, radiotelegram.

marconista *m.* (*Tel,ant*) radio operator, wireless operator.

marconiterapia *f.* (*Med*) diathermy.

marcorella *f.* (*Bot*) annual mercury.

Mardocheo *n.pr.m.* (*Bibl*) Mordecai.

mare *m.* 1 sea: ~ *calmo* calm sea; *il fondo del* ~ the bottom of the sea; *in balia del* ~ at the mercy of the sea. 2 (*luogo di villeggiatura*) seaside, sea: *andare al* ~ to go to the seaside. 3 (*fig*) (*grande quantità*) sea, flood, crowds *pl.*: *un* ~ *di dubbi* a sea of doubts; *un* ~ *di luce* a flood of light; *un* ~ *di gente* crowds of people. 4 (*fig*) (*grande estensione*) sea, ocean: *un* ~ *di papaveri* a sea of poppies. 5 (*Astr*) mare, sea: ~ *lunare* lunar sea. 6 (*Meteor*) (*stato del mare*) sea, sea state: ~ *quattro* sea four. □ *buttare qcs.a* ~: 1 to throw sth. overboard; 2 (*fig*) (*disfarsene*) to throw sth. out, to throw sth. overboard; (*Geog*) *mareAdriatico* Adriatic Sea; ~*agitato*: 1 rough sea, heavy sea; 2 (*Mar,Meteor*) very rough sea; (*Mar*) ~*aperto* open sea, high seas; *in* ~ *aperto* offshore; (*Geog*) ~*Artico* Arctic Ocean; (*Geog*) *marBaltico* Baltic Sea; (*Geog*) *marCaraibico* (o *marCaribico*) Caribbean, Caribbean sea; (*Geog*) *marCaspio* Caspian Sea; (*Geog*) ~ *chiuso* inland sea, closed sea, landlocked sea; (*Mar*) ~*corto* choppy sea; (*Geog*) *mardei Caraibi* Caribbean Sea; (*Geog*) *mardei Coralli* Coral Sea; (*Geog*) *mardei Sargassi* Sargasso Sea; (*Geog*) *mardel Giappone* Japan Sea; (*Geog*) *maredel Nord* North Sea; (*Geog*) *mardella Cina* China Sea; (*fig*) *essere in un* ~*di guai* to be in great difficulties; (*Mar*) ~*di poppa* following sea, stern sea; (*Mar*) ~ *di prua* head sea; (*Geog*) *mardi Tasmania* Tasman Sea; (*Mar*) ~*di traverso* sea abeam, abeam sea, athwart sea; (*Geog*) *mared'Irlanda* Irish sea; (*fig*) *promettere marie monti* to promise wonders, to promise the moon; (*Geog*) ~ *Egeo* Aegean Sea; (*Geog*) *marGlaciale Artico* Arctic Ocean; ~*grosso*: 1 very rough sea, rough sea; 2 (*Mar, Meteor*) very high sea; *in* ~ at sea; ~*in burrasca* stormy sea; (*Mar*) ~*increspato* choppy sea; ~*interno* inland sea; (*Geog*) *marIonio* (o *marJonio*) Ionian Sea; (*Dir*) ~*libero* high sea, open sea; (*Geog*) *mar ligure* Ligurian Sea; (*Mar*) ~ *lungo* swell, long sea, hollow sea; ~*magno* (o ~ *magnum*): 1 (*grande quantità*) a great quantity (di of), a mass (di of), a sea (di of); 2 (*ammasso caotico*) confusion, bedlam, chaos, mess; (*Geog*) *marMediterraneo* Mediterrean Sea;*mettere in* ~ *una nave* to set a vessel afloat, to launch a vessel;*mettersi in* ~ to take to the sea; (*Mar,Meteor*) ~*molto agitato* high sea; (*Mar,Meteor*) ~*molto grosso* precipitous sea; (*Mar,Meteor*) ~*molto mosso* rough sea; (*Geog*) *mar Morto* Dead Sea; (*Mar,Meteor*) ~*mosso* moderate sea; (*Geog*) *marNero* Black Sea;*per* ~ by sea: *andare per* ~ to go by sea;*per* ~ *e per terra*: 1 by land and by sea; 2 (*fig*) high and low: *cercare per* ~ *e per terra* to look high and low, to look everywhere; *cercare qcu. per* ~ *e per terra* to search high and low for so.; (*Mar*) ~*piatto* smooth sea; (*Mar,Meteor*) ~*poco mosso* slight sea, calm sea; (*Mar*)*prendere il* ~: 1 (*di persone*) to go to sea; 2 (*di imbarcazioni*) to set sail, to put out to sea; (*Mar,Meteor*) ~ *quasi calmo* smooth sea; (*Geog*) *mar Rosso* Red Sea; *sul* ~: 1 at sea; 2 (*a galla*) afloat (*pred.*); (*Mar,Meteor*) ~ *tempestoso* confused sea; (*Mar*) *tenere il* ~ to be seaworthy; (*Dir*) ~ *territoriale* territorial waters, marine belt; (*Geog*) *mar Tirreno* Tyrrenian Sea; *verso il* ~ seawards.

marea *f.* 1 (*Geog*) tide: *alta* ~ high tide; *bassa* ~ low tide, *onda di* ~ tidal wave. 2 (*estens*) (*massa liquida*) sea: ~ *di fango* sea of mud. 3 (*fig*) (*grande quantità*) flood, sea, crowds *pl.*: *una* ~ *di gente* a sea of people, crowds of people. □ (*Med*) ~ *acida* acid tide; ~ *di quadratura* neap tide; ~ *discendente* ebb (tide); ~ *diurna* daily tide; ~ *equinoziale* equinoctial tide; ~ *fluviale* river tide; (*colloq*) *grandi* ~ spring tides; ~ *lunare* lunar tide; ~ *montante*: 1 flood, flood tide; 2 (*fig*) mounting tide, rising tide; ~ *nera* marine oil pollution, oil slick; ~ *sizigiale* spring tide; (*Geol*) ~ *terrestre* earth tide.

mareggiare (**maréggio, maréggi;** *aus.* **avere**) *v.i.* 1 (*lett*) to surge, to swell, to toss, to heave. 2 (*ondeggiare*) to fluctuate, to undulate.

mareggiata *f.* stormy sea; (*burrasca*) sea-storm.

mareggio *m.* swell, swelling, surging.

maremma *f.* (*Geog*) swampy coastland, maremma. □ (*Geog*) ~ *toscana* Tuscan Maremma.

Maremma *n.pr.f.* (*Geog*) Tuscan Maremma.

maremmano *I a.* of the Maremma (*posposto*). **II** *m.* 1 (*f.* **-a**) (*originario*) native of the Maremma; (*abitante*) inhabitant of the Maremma. 2 (*Zool*) Maremma sheepdog.

maremoto *m.* (*Geog*) sea-quake, submarine earthquake.

marena *f.* (*Bot,Alim*) (*amarena*) sour cherry.

marengo (*pl.* **-ghi**) *m.* (*Numism,Stor*) marengo.

mareografo *m.* (*Tecn*) marigraph, tide gauge.

mareogramma *m.* (*Mar*) marigram.

marescialla *f.* wife of a marshal, marshal's wife.

maresciallato *m.* (*Mil*) marshalship.

maresciallo *m.* 1 (*Mil*) (*in Italia*) warrant officer; (*in Francia, Germania*) marshal; (*in Gran Bretagna*) field marshal. 2 (*Stor*) marshal. □ (*Mil,ant*) ~ *d'alloggio* quartermaster; ~ *dei carabinieri* sergeant in the carabinieri; ~ *dell'aria* Air Marshal, air marshal, (*US*) General of the Air Force; ~ *delle forze armate* warrant officer in the armed forces; ~ *di campo* field marshal; (*Stor*) ~ *di corte* court marshal; ~ *di fanteria* infantry warrant officer; (*Stor.it*) ~ *d'Italia* marshal; (*Stor*) ~ *Tito* Marshall Tito.

maretta *f.* 1 choppy sea, short sea. 2 (*fig*) (*tensione*) tension, friction. □ (*fig*) *c'è* ~ *oggi in ufficio* today it looks as if there's a storm brewing in the office.

marezzare (**marézzo**) *v.t.* 1 (*Tess*) to water. 2 (*Cart*) to marble. 3 (*rif. a legno e sim.*) to vein. 4 (*rif. a vetri*) to wave.

marezzato *a.* 1 (*Tess*) watered, moiré. 2 (*Cart*) marbled. 3 (*rif. a legno e sim.*) veined. 4 (*rif. a vetri*) waved.

marezzatura *f.* 1 (*Tess*) (*atto*) watering; (*effetto*) moiré, moiré effect. 2 (*Cart*) marbling. 3 (*rif. a legno e sim.*) veining. 4 (*sul vetro*) wave.

marezzo *m.* 1 (*striatura del marmo*) marbling. 2 (*rif. a legno e sim.*) veining. 3 (*Tess*) moiré, watering. 4 (*sul vetro*) wave.

margarina *f.* (*Alim*) margarine, (*Br,colloq*) marge.

margherita *f.* 1 (*Bot*) daisy: *un mazzo di margherite* a bunch of daisies. 2 (*di stampante*) daisy wheel. 3 (*Gastron*) (*pizza margherita*) plain cheese pizza, cheese pizza. 4 (*Pol,Stor.it*) symbol of coalition of left-wing parties. □ (*Bot*) ~ *dei prati* ox-eye daisy; (*Bot*) ~ *gialla* marigold.

Margherita *n.pr.f.* Margaret.

marginale *a.* 1 marginal, fringe (*attr.*): *zona* ~ fringe area; *nota* ~ marginal note, marginalia note. 2 (*fig*) (*secondario*) secondary, fringe (*attr.*), marginal: *attività* ~ marginal activity; *figura* ~ second-rate person, second-rater; *tema* ~ side issue. 3 (*Econ*) marginal: *analisi* ~ marginal analysis; *aliquota* ~ marginal rate; *costo* ~ marginal cost. 4 (*Sociol*) (*ai margini della società*) marginal, fringe (*attr.*): *gruppo* ~ fringe group; *condurre un'esistenza* ~ to lead a marginal life.

marginalità *f.* 1 marginality. 2 (*Sociol*) (*emarginazione*) marginalization, alienation.

marginalizzare (**marginalìzzo**) *v.t.* to marginalize.

marginalmente *avv.* 1 marginally. 2 (*fig*) (*incidentalmente*) incidentally, secondarily.

marginare (**màrgino**) *v.t.* 1 to border, to edge. 2 (*lasciare il margine*) to leave a margin on, to leave a margin down. 3 (*Tip*) to margin, to set the margin.

marginatore *m.* 1 (*Tip*) margin stop, marginal stop. 2 (*Fot*) easel.

marginatura *f.* (*Tip*) 1 (*disporre i margini*) margining, edging; ~ *delle pagine* marking margins. 2 (*margine*) margin, edge, border. 3 (*insieme dei regoli*) furniture; (*spazio*) margins *pl.*: ~ *in acciaio* steel furniture.

margine *m.* 1 margin, edge, border, brink: *il* ~ *del fosso* the edge of the ditch; *il* ~ *della strada* the side of the road. 2 (*fig*) (*spazio disponibile per qcs.*) margin: ~ *di azione* margin of action, sphere of action; ~ *di tempo* margin of time; *con largo* ~ by a wide margin. 3 (*Tip*) (*spazio bianco*) margin: *fare rientrare il* ~ to indent. 4 (*Tip*) (*regoli*) furniture: *margini in metallo* metal furniture. 5 (*Econ,Comm*) margin. □ *nota a* ~ marginal note; *osservazioni a* ~ marginal observations; (*Sport*) *ai margini del campo* on the sidelines; (*fig*) *ai margini della società* on the fringe of society; (*Tip*) ~ *al piede* tail, foot margin; (*Econ*) ~ *di contribuzione* profit contribution, contribution margin; (*Econ*) ~ *di copertura* margin, cover margin; (*Econ*) ~ *di credito* margin of credit; (*Tip*) ~ *di cucitura* binding margin, binding space; ~ *di errore* margin of error, margin for error; (*Rad,Tel*) ~ *di evanescenza* fading margin; (*Econ*) ~ *di fluttuazione nei cambi* fluctuation margin in exchange rates; ~ *di fluttuazione delle monete* fluctuation bands (of currencies); ~ *di garanzia* safety margin; ~ *di guadagno* profit margin, markup; (*Econ*) ~ *di interesse* margin of interest; (*Econ*) ~ *di interesse bancario* spread; (*fig*) ~ *di potere* margin of power; (*Econ*) ~ *di produttività* marginal productivity; (*Econ*) ~ *di profitto* mark-up; (*Econ*) ~ *di rendimento* marginal productivity; ~ *di sicurezza* margin of safety, safety margin; (*Tip*) ~ *di testa* head margin, top margin; ~ *di tolleranza* tolerance; (*Econ*) ~ *di utile* profit margin, margin of profit; (*Tip*) ~ *esterno della pagina* fore edge margin, outer margin, front margin; *in* ~: 1 in the margin; 2 (*secondariamente*) secondarily, collaterally; (*Tip*) ~ *interno* inner margin, back margin; (*Econ*) ~ *operativo* operating margin; ~ *sul prezzo* margin, mark-up.

margotta *f.* (*Bot*) layering. □ (*Bot*) ~ *ae-*

rea air layering.

margottare (**margòtto**) *v.t.* (*Bot*) to layer.

margraviato *m.* (*Stor*) margraviate.

margravio *m.* (*f.* **-a**) (*Stor*) margrave (*f.* margravine).

Maria *n.pr.f.* Mary, Marie, Maria. □ (*Stor.brit*) ~ *la Sanguinaria* Bloody Mary; (*Bibl*) ~ *Maddalena* Mary Magdalene; (*pop*) ~ *santissima!* good heavens!; (*Stor.brit*) ~ *Stuarda* Mary Queen of Scots, (*prima di salire al trono*) Mary Stuart; (*Rel*) ~ *vergine* Virgin Mary; (*pop*) ~ *vergine!* good heavens!

Marianna *n.pr.f.* Marian, Marianne.

Marianne *n.pr.f.pl.* (*Geog*) Mariana Islands.

mariano *a.* of Mary, Marian: *anno* ~ year of Mary.

marijuana /mariˈwana/ *f.* marijuana, marihuana, (*colloq*) pot.

marina *I f.* 1 navy: *arruolarsi in* ~ to join the Navy; *prestare servizio in* ~ to serve in the Navy. 2 (*litorale*) shore, seashore; (*costa*) coast, coast-line. 3 (*Pitt*) seascape, marine landscape: *pittore di marine* marine painter. **II** *m.* (*Mar*) marina. □ *di* ~ naval; *ufficiale di* ~ naval officer; *la* ~ *inglese* the British Navy, the Royal Navy; ~ *mercantile* merchant navy, mercantile marine, (*Am*) merchant marine; (*Mil*) ~ *militare* navy.

marinaio *m.* 1 sailor, seaman, (*lett*) mariner: *fare il* ~ to go to sea. 2 (*fig*) (*esperto uomo di mare*) seaman, (*colloq*) sea-dog, (*colloq*) old salt. 3 *pl.* (*l'equipaggio*) crew (*costr.sing. o pl.*), hands. □ (*scherz*) ~ *d'acqua dolce* land-lubber; ~ *scelto* able seaman; ~ *semplice* ordinary seaman.

marinara *f.* (*Abbigl*) 1 (*abito*) sailor-suit. 2 (*cappello*) sailor-hat.

marinare (**marìno**) *v.t.* (*Gastron*) to marinate, to pickle. □ (*colloq*) ~ *la scuola* to play truant, (*Br*) to skive, (*Am*) to play hooky.

marinaresco (*pl.* **-chi**) *a.* sailor (*attr.*), sailor's: *gergo* ~ sailor's jargon.

marinaretto *m.* 1 (*marinaio giovane*) young sailor. 2 (*ragazzo vestito alla marinara*) child dressed in a sailor suit.

marinaro *a.* 1 (*di mare*) sea (*attr.*), seafaring: *popolo* ~ seafaring people; *città marinara* seaside town; (*Stor.it*) *repubbliche marinare* maritime republics. 2 (*dei marinai*) sailor (*attr.*), sailor's. □ *alla marinara*: 1 (*Abbigl*) sailor (*attr.*), in sailor-fashion: *vestito alla* ~ (*da uomo*), sailor suit; 2 (*Gastron*) *marinara* (*posposto*): *cozze alla* ~ mussels marinara; 3 (*rif. a nuoto*) sidestroke: *nuotare alla* ~ to swim sidestroke.

marinata *f.* (*Gastron*) marinade.

marinato *a.* (*Gastron*) marinated, pickled: *anguille marinate* pickled eels, marinated eels.

marinatura *f.* (*Gastron*) marinating, pickling.

marineria *f.* (*marina*) navy, marine.

marinismo *m.* (*Lett*) Marinism.

marinista *m./f.* (*Lett*) Marinist.

marinistico *a.* (*Lett*) of Marinism (*posposto*).

marino *a.* 1 sea (*attr.*), marine (*attr.*): *mostro* ~ sea monster; *flora marina* marine flora; *cavalluccio* ~ sea horse. 2 (*rar*) nautical, sea (*attr.*), maritime: *carta marina* nautical chart.

Mario *n.pr.m.* 1 Mario. 2 (*Stor*) Marius.

marioleria *f.* 1 roguery. 2 (*azione*) roguery, knavish trick; (*truffa*) swindle, cheat; (*da ragazzi*) prank.

mariolo *m.* (*f.* **-a**) 1 (*furfante*) rascal, rogue, scoundrel; (*truffatore*) swindler, (*colloq*) crook; (*ladruncolo*) petty thief, pilferer. 2 (*scherz*) (*monello*) rascal, scamp, urchin.

mariologia f. (Teol) Mariology.
mariologico (pl. -ci) a. (Teol) mariological.
marionetta f. 1 string puppet, marionette. 2 (fig) (persona senza carattere) puppet: essere una ~ nelle mani di qcu. to be a puppet in so.'s hands. □ camminarecome una ~ to walk like a puppet; muoversi come una ~ to move like a puppet; fare la ~ to act the fool, to play the fool.
marionettista m./f. marionette player, puppet player.
marionettistico a. marionette (attr.), puppet (attr.): spettacolo ~ puppet show.
marista m./f. (Rel.catt) Marist.
maritabile a. (rar) (da marito) marriageable, fit for marriage, suitable for marriage.
maritale a. 1 husband's, husbandly, marital: potestà ~ marital authority. 2 (estens) (coniugale, matrimoniale) conjugal: giogo ~ marriage yoke.
maritalmente avv. as husband and wife, maritally: vivere ~ to live as husband and wife.
maritare (marìto) I v.t. 1 to give (so.) in marriage, to marry (so.) off. 2 (fig,Agr) to mate, to train. 3 (fig) (mescolare) to mix: ~ l'acqua al vino to mix water with wine. II v.pron. **maritarsi** to get married, to marry. □ maritarsibene to make a good match; maritarsipresto to get married young.
maritata f. married woman.
marito m. 1 husband: prendere ~ to get married; perdere il ~ to lose one's husband; cercare ~ to be looking for a husband; non trovare ~ to be unable to find a husband. 2 (Agr) prop, vine prop. □ avere ~ to be married; da ~ marriageable: donna in età da ~ marriageable girl; ~e moglie husband and wife.
maritozzo m. (Dolc) sweet bun with currants.
marittimo I a. maritime, sea (attr.), marine (attr.): clima ~ marine climate, maritime climate; commercio ~ shipping business, sea trade; guerra marittima sea war. II m. sailor, seaman.
marker m.inv. 1 (evidenziatore) highlighter, marker. 2 (Med,Biol) marker.
market m.inv. market, supermarket.
marketing m. marketing: ricerca di ~ marketing research. □ ~di canale channel marketing; ~di prodotto product marketing; ~diretto direct marketing; ~manager marketing manager.
marmaglia f. 1 mob, rabble, riff-raff. 2 (moltitudine di ragazzi) crowd, herd.
marmellata f. 1 jam: ~ di fragola strawberry jam; un vasetto di ~ a jar of jam. 2 (di agrumi) marmalade: ~ di arance orange marmalade.
marmetta f. (Edil) marble tile.
marmettaio f. (Edil) marble tile maker.
marmifero a. 1 (ricco di marmo) marble (attr.), marble-rich, abounding in marble (posposto): cava marmifera marble quarry; zona marmifera marble-rich area. 2 (rif. all'estrazione del marmo) marble (attr.), marble-extracting: società marmifera marble-extracting company.
marmista m. 1 (chi lavora il marmo) marble-worker. 2 (chi scolpisce il marmo) marble-carver. 3 (chi taglia il marmo) marble-cutter.
marmitta f. 1 (Mot) (Br) silencer, (Am) muffler. 2 (pentola) marmite, pot. □ (Aut, colloq) ~bucata (Br) broken silencer, (Am) broken muffler, rattling muffler; (Aut) ~catalitica catalytic converter, catalyst; (Mil) ~ da campo field cooking pot; (Geol) ~dei giganti pothole, giant's kettle.

marmittone m. (Mil) raw recruit, (Am) rookie.
marmo m. 1 marble: un blocco di ~ a block of marble; scolpire nel ~ to carve into marble. 2 (scultura) marble, marble statue. 3 (lastra) marble slab. □ ~cipollino cipolin; durocome il ~ as hard as stone, as hard as granite; di ~: 1 marble (attr.): cava di ~ marble quarry; 2 (fig) (duro, insensibile) marble (attr.), stony, hard: faccia di ~ stony face; 3 (freddo) icy, frozen, cold, marble (attr.): diventare un pezzo di ~ to turn into a block of ice; ~di Carrara Carrara marble; ~finto imitation marble; una statuain ~ a marble statue; ~pario Parian marble.
marmocchio m. (f. -a) (colloq) kid, (spreg) brat.
marmoreo a. 1 marble (attr.): statua marmorea marble statue. 2 (fig) (simile al marmo) marmoreal, marble (attr.), rock-like.
marmorizzare (marmorìzzo) v.t. to marble, (Am) to marbleize.
marmorizzato a. marbled, (Am) marbleized: carta marmorizzata marbled paper.
marmotta f. 1 (Zool) marmot. 2 (Pell,Abbigl) marmot fur. 3 (fig) (poltrone) lazybones, loafer, idler; (dormiglione) sleepyhead. 4 (Ferr) (segnale di scambio) shunting sign. □ (Zool) ~americana woodchuck, ground hog; (Zool) ~comune Alpine marmot; (Zool) ~delle Alpi Alpine marmot.
marna f. (Geol) marl. □ (Geol) ~argillosa clay marl.
Marna n.pr.f. (Geog) Marne.
marnare (màrno) v.t. (Agr) to marl, to fertilize with marl.
marnatura f. (Agr) marling.
marniera f. (Geol) marl pit.
marnoso a. marly: terreno ~ marly soil.
maro m. (Bot) cat thyme.
marò m. (gerg,Mar.mil) ordinary seaman.
marocchinare (marocchìno) v.t. (Pell) to tan into morocco leather.
marocchino 1 I a. Moroccan. II m. (f. -a) Moroccan.
marocchino 2 m. 1 (Pell) morocco (leather): scarpe di ~ morocco shoes. 2 (caffè macchiato e guarnito con cacao) espresso coffee with milk and cocoa.
Marocco n.pr.m. (Geog) Morocco.
maronita I m./f. (Rel) Maronite. II a. (Rel) Maronite (attr.): chiesa ~ Maronite church.
maroso m. billow, breaker, surge.
marpione m. (colloq) lecher, goat.
marquise /mar'kiz/ f.inv. 1 (Oref) marquise (ring). 2 (poltroncina) marquise, marquise chair. 3 (tenda) marquee. 4 (Dolc) marquise.
marra f. 1 (Agr) mattock; (per le erbe) hoe. 2 (Edil) hoe. 3 (Mar) fluke, anchor arm.
marrancio m. (Macell) butcher's cleaver, butcher's knife.
marrano m. 1 (Stor) convert (from Judaism or Mohammedanism). 2 (estens) (uomo spregevole) traitor, renegade. 3 (estens) (zotico) boor, uncouth man, churl: (scherz) vile ~ cad, rotter.
marranzano m. (Mus,region) Jew's harp.
marronata f. 1 (Dolc) chestnut jam. 2 (fig, pop) (errore grossolano) blunder.
marroncino a. brownish.
marrone 1 I m. 1 (Bot,Alim) (castagna) chestnut. 2 (Bot) (castano) chestnut, chestnut tree, sweet chestnut, Spanish chestnut. 3 (colore castano) chestnut-brown; (marrone rossiccio) maroon. 4 (volg) (testicolo) ball, bollock. 5 (grosso errore) blunder, (colloq) howler, (Am,colloq) boob. II a. brown; (castano) chestnut, chestnut-brown; (marrone rossiccio) maroon.

marrone 2 m. 1 (guida di montagna) mountain guide. 2 (Zool) (animale che guida un branco) leader.
marron glacé /-gla'se/ m.inv. (Dolc) marron glacé.
marrubio m. (Bot) (white) horehound. □ (Bot) ~nero black horehound.
marruca m. (Bot) (biancospino) Christ's thorn.
marsala m. (Enol) Marsala, Marsala wine.
marsalato a. (Enol) maderized: vino ~ maderized wine.
marsc' ,marsch /marʃ/ intz. (Mil) march!: avanti ~! forward march!
Marshall /'marʃall/ n.pr.f. (Geog) (isole) Marshall Islands.
Marsiglia n.pr.f. (Geog) Marseilles.
marsigliese I a. (di Marsiglia) Marseillais, of Marseilles (posposto). II m./f. (abitante) Marseillais. III f. (inno francese) Marseillaise.
marsina f. (Abbigl) tailcoat, (colloq) tails pl.
marsovino m. (Zool) porpoise.
marsupiale a./m. (Zool) marsupial.
marsupio m. 1 (Zool) marsupium. 2 (borsa) (Br) bumbag, (Am) waist pack, fanny pack, fanny bag. 3 (per portare i bambini) baby sling, papoose.
mart. martedì Tues., Tue. (Tuesday).
Marta n.pr.f. Martha.
martagone m. (Bot) martagon lily, Turk's cap lily.
Marte n.pr.m. (Mitol,Astr) Mars.
martedì m. Tuesday. □ di ~ on Tuesday, (ogni martedì) on a Tuesday, of a Tuesday; (un certo martedì) one Tuesday; ~grasso Shrove Tuesday, (Br) Pancake Day, (Am) Mardi Gras; il ~ on Tuesday, (ogni martedì) on a Tuesday, of a Tuesday; (un certo martedì) one Tuesday; ~ mattina Tuesday morning; ~prossimo next Tuesday, Tuesday next; questo ~ next Tuesday; ~scorso last Tuesday; ~sera Tuesday evening.
martellamento m. 1 (il martellare) hammering, pounding. 2 (fig) (serie incalzante) pounding, thumping, beating. 3 (fig) (rif. a fuoco d'artiglieria) pounding, bombardment. 4 (fig) (pulsazioni del cuore) throbbing.
martellante a. 1 hammering, pounding, thumping, beating. 2 (fig) (insistente) running, continuous, incessant, pounding: pubblicità ~ incessant advertising. 3 (fig) (rif. a dolori e sim.) throbbing: dolore ~ throbbing pain.
martellare (martèllo) I v.t. 1 to hammer. 2 (battere, colpire) to hammer, to pound, to thump. 3 (fig) (incalzare) to bombard, to fire: ~ qcu. di domande to fire questions at so., to bombard so. with questions. 4 (rif. a fuoco d'artiglieria) to pound. II v.i. (aus. avere) 1 to hammer. 2 (pulsare) to throb: le tempie gli martellavano his temples were throbbing. 3 (rif. al cuore) to beat fast, to hammer, (colloq) to thump: il cuore gli martellava in petto his heart was thumping in his breast. □ (Met) ~a freddo to cold-hammer; (Met) ~a penna to peen.
martellata f. 1 hammer blow. 2 (fig) (duro colpo) heavy blow. □ darsi una ~ sul dito to hit one's finger with a hammer.
martellato a. 1 hammered (anche Met): ferro ~ hammered iron, wrought iron. 2 (Mus) martellato, martelé. □ (Met) ~a freddo cold-hammered; (Met) ~a penna peened.
martellatore m. 1 (operaio) hammerer. 2 (fig) (pugile) slugger.
martellatura f. hammering (anche Pell).
martelletto m. 1 (piccolo martello) small

hammer. 2 (*di presidente d'assemblea e sim.*) gavel. **3** (*di pianoforte*) hammer. **4** (*di macchina per scrivere*) type bar. **5** (*Med*) percussion hammer.

martellina *f.* **1** (*Edil*) bushhammer. **2** (*per rifinire pietre sbozzate*) hack hammer, facing hammer. **3** (*di scultori e scalpellini*) marteline, double-pointed hammer.

martellinare (**martellino**) *v.t.* (*Edil*) to bushhammer.

martellinatura *f.* (*Edil*) bushhammering.

martellio *m.* continuous hammering.

martellista *m./f.* **1** (*Sport*) hammer thrower. **2** (*Minier*) rock-drill operator.

martello *m.* **1** hammer: *battere con il ~ to* hammer; *colpo di ~* hammer blow; *lavorare qcs. a ~* to hammer sth. **2** (*Sport*) hammer: *lancio del ~* hammer throwing, hammer throw. **3** (*Anat,Chir*) malleus, hammer: *dito a ~* hammertoe. **4** (*di presidente d'assemblea e banditore d'asta*) gavel. **5** (*Mil,ant*) martel-de-fer. ☐ *suonare le campane a ~ to* toll the bells; *~ a penna tonda* ball-peen hammer; (*Mus*) *~ da accordatore* tuning-hammer; *~ da carpentiere* claw hammer; *~ da cesello* chasing hammer, enchasing hammer; *~ da fabbro* sledge hammer, smith's hammer; *~ da lattoniere* tinsmith's hammer; *~ da maniscalco* shoeing hammer; *~ da muratore* bricklayer's hammer; *~ da roccia* piton hammer; *~ da scultore* marteline; *~ da tappezziere* tack hammer; (*Tecn*) *dell'orologio* striker, hour hammer; *~ di gomma* rubber mallet; *~ di legno* mallet; (*Med*) *~ percussore* percussion hammer; (*Minier*) *~ perforatore* hammer drill; *~ pneumatico* jack hammer, pneumatic hammer.

martinetto *m.* (*Mecc*) jack: *alzare qcs. con il ~* to jack sth., to jack sth. up. ☐ (*Mecc*) *~ a vite* screw jack, jackscrew; (*Mecc*) *~ idraulico* hydraulic jack, railroad jack; (*Edil*) *~ piatto* flat jack.

martingala *f.* **1** (*Abbigl*) half belt. **2** (*rif. a cavalli*) martingale. **3** (*nei giochi d'azzardo*) martingale.

Martinica *n.pr.f.* (*Geog*) Martinique.

martinicca *f.* (*tipo di freno*) wagon brake, wagon lock.

martino *m.* **1** (*Ornit*) common myna. **2** (*Itt, region*) angler fish, frog fish.

Martino *n.pr.m.* Martin.

martin pescatore *m.* (*Ornit*) kingfisher.

martire *m./f.* **1** martyr: *i martiri cristiani* the Christian martyrs. **2** (*fig,scherz*) martyr, victim: *atteggiarsi a ~ to* play the martyr.

martirio *m.* **1** martyrdom: *subire il ~ to* suffer martyrdom; *sottoporre qcu. al ~* to martyr so.; *la palma del ~* the palm of martyrdom. **2** (*fig*) (*sofferenza*) agony, torture, torment.

martirizzare (**martirizzo**) *v.t.* **1** to martyr, to martyrize. **2** (*fig*) to torture, to torment.

martirologio *m.* **1** (*Rel.catt*) (*libro*) martyrology. **2** (*estens*) (*insieme dei martiri*) martyrs *pl.*

martora *f.* **1** (*Zool*) pine marten. **2** (*pelliccia*) marten.

martoriare (**martòrio, martòri**) *v.t.* **1** (*tormentare*) to torment, to torture. **2** (*ant*) (*martirizzare*) to martyr, to martyrize. **II** *v.pron.* **martoriarsi** to torment oneself, to torture oneself.

marxiano *a.* of Marx (*posposto*), Marx's: *gli scritti marxiani* Marx's writings.

marxismo *m.* (*Pol*) Marxism.

marxismo-leninismo *m.* (*Pol*) Marxism-Leninism.

marxista I *m./f.* (*Pol*) Marxist. **II** *a.* (*Pol*) Marxist.

marxista-leninista I *m./f.* (*Pol*) Marxist-Leninist. **II** *a.* (*Pol*) Marxist-Leninist.

marxistico (*pl.* **-ci**) *a.* Marxist: *ideologia marxistica* Marxist ideology.

marza *f.* (*Bot*) graft.

marzaiola *f.* (*Ornit*) garganey.

marzaiolo *a.* March (*attr.*), of March (*posposto*): *limoni marzaioli* March lemons.

marzapane *m.* (*Dolc*) marzipan, (*ant*) marchpane.

marziale *a.* **1** martial. **2** (*Chim,Farm*) ferruginous, containing iron.

Marziale *n.pr.m.* (*Stor,Lett*) Martial.

marzialità *f.* (*bellicosità*) warlikeness, bellicosity.

marziano I *a.* **1** (*Astr*) (*del pianeta Marte*) Martian. **2** (*estens*) strange, odd, weird. **II** *m.* (*f.* **-a**) **1** (*supposto abitante di Marte*) Martian. **2** (*estens*) extraterrestrial, (*persona strana*) oddball.

marzo *m.* March: *il mese di ~* March, the month of March. ☐ *in ~* in March; *arrivò una domenica di ~* he arrived one Sunday in March; *in ~* in March; *~ pazzerello* March many weathers, capricious March.

marzolino I *a.* March (*attr.*), of March (*posposto*): *vento ~* March wind. **II** *m.* (*Alim*) (*tipo di pecorino*) marzolino cheese.

mas *m.inv.* (*Mar.mil*) motor torpedo-boat, (*pop*) M.T.B., (*pop*) E-boat.

MAS (*Mar,Stor*) *motoscafo antisommergibile* MTB (motor torpedo boat).

mascalzonata *f.* rascally trick, nasty trick.

mascalzone *m.* (*f.* **-a**) scoundrel, rascal, rogue.

mascara *m.* (*Cosmet*) mascara.

mascarpone *m.* (*Alim*) mascarpone (mild creamy cheese).

mascella *f.* **1** (*Anat*) jaw, jaw bone: (*scherz*) *far lavorare le mascelle* to eat, to munch. **2** (*nei frantoi*) jaw: *~ del frantoio* crushing jaw. **3** (*Mecc*) jaw, shoe, cheek. ☐ (*Anat*) *~ inferiore* lower jaw, mandible; (*Anat*) *~ superiore* upper jaw, maxilla.

mascellare I *a.* (*Anat*) maxillary, jaw (*attr.*): *osso ~* jaw bone, maxilla, maxillary bone. **II** *m.* jaw bone, maxilla, maxillary bone.

maschera *f.* **1** mask: *portare la ~ to* wear a mask; *gettare la ~ to* throw off one's mask, to whip off one's mask; *strappare la ~ a qcu.* to unmask so. **2** (*travestimento*) disguise: *in ~* masked, disguised, in disguise. **3** (*per andare a un ballo ecc.*) fancy dress: *ballo in ~* masked ball, costume ball; *mettersi in ~ to* wear a costume, to masquerade. **4** (*persona mascherata*) masquerader, masker. **5** (*fig*) (*finzione*) mask, guise, cloak. **6** (*espressione del viso*) features *pl.*, face, expression. **7** (*Lett*) mask. **8** (*Med*) (*aspetto*) facies. **9** (*Teat*) (*personaggio del teatro popolare*) stock character. **10** (*Teat,Cin*) (*assistente*) usher (*f.* usherette). **11** (*Cosmet*) mask, pack. **12** (*Inform*) mask; (*modello*) template, form. ☐ (*Cosmet*) *~ all'argilla* mudpack; *~ antigas* gas mask; (*Minier*) *~ antipolvere* aspirator; (*Sport*) *~ da scherma* fencing mask; *la ~ di Arlecchino* Harlequin's mask; (*Cosmet*) *~ di bellezza* face pack; (*Cosmet*) *~ di fango* mud pack; (*Stor*) *~ di ferro* iron mask; (*Mecc*) *~ di foratura* drill jig; *~ di protezione*: 1 faceplate; 2 (*Sport*) faceguard; (*fig*) *una ~ di sangue* a mask of blood; (*Cosmet*) *~ facciale* face pack; *~ funebre* death mask; (*colloq,fig*) *giù la ~!* drop your mask!; (*Med*) *~ per anestesia* mask for anaesthesia; (*Med*) *~ per ossigeno* oxygen mask; *~ per saldatore* welder's helmet, face shield helmet; (*Cosmet*) *~ purificante* purifying mask; (*fig*) *sotto la ~ dell'amicizia* under the mask of friendship;

~ subacquea underwater mask, diving mask.

mascheramento *m.* **1** masking, disguise. **2** (*fig*) (*dissimulazione*) hiding, masking, concealment. **3** (*Mil*) masking, camouflage. **4** (*TV*) blanking, (*Am*) blackout. **5** (*acustico*) masking.

mascherare (**màschero**) **I** *v.t.* **1** to mask, to put a mask on. **2** (*travestire*) to disguise. **3** (*coprire, nascondere*) to hide, to conceal. **4** (*fig*) (*dissimulare*) to disguise, to mask, to hide. **5** (*Mil*) to camouflage. **6** (*Tecn*) (*schermare*) to screen, to shade. **7** (*Fot*) to mask. **II** *v.pron.* **mascherarsi 1** to wear a mask, to put on a mask, to masquerade. **2** (*travestirsi*) to disguise oneself. **3** (*per una festa, un ballo ecc.*) to wear a costume (for a masqued ball), to dress in costume, to masquerade: *mascherarsi da zingaro* to masquerade as a gipsy.

mascherata *f.* masquerade (*anche fig*).

mascherato *a.* **1** masked: *ballo ~* masked ball. **2** (*travestito*) disguised (*da qcu.* as so.). **3** (*rif. a un ballo ecc.*) in costume (*posposto*). **4** (*nascosto*) hidden, concealed. **5** (*Mil*) camouflaged. **6** (*con il viso coperto*) masked.

mascheratura *f.* **1** masking, masquerade. **2** (*travestimento*) disguise. **3** (*Inform,Fot*) masking.

mascherina *f.* **1** (*piccola maschera*) little mask, small mask. **2** (*mezza maschera*) domino, half mask. **3** (*ragazza mascherata*) masquerader, girl in a costume. **4** (*bambino mascherato*) child in a costume. **5** (*Zool*) mask: *un gatto nero con una ~ bianca* a black cat with a white mask. **6** (*Calz*) toe cap. **7** (*Aut*) grille, grill. ☐ *~ antismog* smog mask; (*Chir*) *~ asettica* surgical mask; (*Aut*) *~ copriradiatore* ornamental radiator cap; (*Tecn*) *~ di verniciatura* coating jig, painting jig, painting template; (*Inform*) *~ per la tastiera* keyboard template.

mascherone *m.* **1** (*spreg*) grotesque mask. **2** (*Arch*) mask, mascaron.

maschetta *f.spec.pl.* (*Mar*) cheek (of block).

maschiaccio *m.* **1** wild boy, rough boy. **2** (*scherz*) (*rif. a ragazza*) tomboy, hoyden.

maschiare (**màschio, màschi**) *v.t.* (*Tecn*) to tap.

maschiatore *m.* (*f.* **-trice**) (*Tecn*) tapper.

maschiatrice *f.* (*Tecn*) tapping maschine.

maschiatura *f.* (*Tecn*) tapping.

maschietta *f.* **1** boyish girl. **2** (*Stor*) (*donna che sfidava le convenzioni*) flapper. ☐ *capelli alla ~* bobbed hair (*costr.sing.*).

maschiettare (**maschiétto**) *v.t.* (*Tecn*) to fit with hinges.

maschiettatura *f.* (*Tecn*) fitting with hinges.

maschietto *m.* **1** (*neonato*) baby boy. **2** (*bambino*) little boy. **3** (*Tecn*) (*cardine*) hinge, pin hinge, T hinge, pintle.

maschile I *a.* **1** male, masculine, man's: *voce ~* male voice, man's voice, male voice. **2** (*per uomini*) men's, man's: *abbigliamento ~* menswear. **3** (*per ragazzi*) boys': *collegio ~* boys' boarding school. **4** (*detto di donna*) mannish, masculine: *una donna con una voce ~* a woman with a masculine voice. **5** (*Gramm*) masculine. **II** *m.* (*Gramm*) masculine: *al ~* in the masculine.

maschilismo *m.* male chauvinism, chauvinism.

maschilista I *m.* male chauvinist, chauvinist. **II** *a.* male chauvinis, chauvinist.

maschilistico *a.* chauvinistic, male chauvinistic, masculinist.

maschio [1] *m.* **1** (*ragazzo*) boy, male. **2** (*uomo*) man, male. **3** (*bambino*) boy: *ha due (figli) maschi* he has two boys, he has two sons. 4 (*Zool*) male; (*di bovino, elefante, balena*) bull; (*di volatile*) cock; (*di asino*) jack; (*di cervo, lepre, coniglio, antilope*) buck: *il ~ dell'antilope* the male buck. 5 (*Mecc*) male; (*per filettare le viti*) tap, screw tap. II *a.* 1 male: *erede ~* male heir. 2 (*virile*) virile, manly, masculine. 3 (*Zool*) (*invariato, posposto al nome*) male; (*di bovino, elefante, balena*) bull; (*di volatile*) cock; (*di asino*) jack; (*di cervo, lepre, coniglio, antilope*) buck: *un elefante ~* a male elephant; *un gatto ~* a tomcat. 4 (*Bot*) male: *fiore ~* male flower. □ (*Mecc*) ~*creatore* master tap; ~*e femmina* : 1 male and female, man and woman: (*Bibl*) *e li creò ~ e femmina* male and female he created them; 2 (*Tecn,Mecc*) male and female, tongue-and-groove: *incastro a ~ e femmina* tongue-and-groove joint; 3 (*El*) male-female.

maschio² *m.* (*Mediev*) (*torre principale*) donjon, keep.

mascolinità *f.* 1 masculinity, mannishness. 2 (*Statist*) sex ratio.

mascolinizzare (**mascolinìzzo**) I *v.t.* to masculinize. II *v.pron.* **mascolinizzarsi** to become masculine, to take on male characteristics.

mascolinizzazione *f.* masculinization.

mascolino *a.* 1 (*da uomo*) masculine, man's, male, manlike: *atteggiamenti mascolini* male attitudes. 2 (*rif. a donna*) mannish, (*spreg*) butch.

mascone *m.* (*Mar*) loof, bow.

mascotte /mas'kɔt/ *f.inv.* mascot.

maser *m.inv.* (*Fis*) maser. □ (*Fis*) ~*a gas* gas maser; (*Fis*) ~*a idrogeno* hydrogen maser; (*Fis*) ~*a raggi infrarossi* infrared maser.

masnada f. 1 (*spreg*) (*schiera*) band, gang, set: *una ~ di ladri* a gang of thieves. 2 (*scherz*) bunch, tribe.

masnadiere ,**masnadiero** *m.* 1 (*ladrone*) highwayman, bandit, brigand. 2 (*persona disonesta*) scoundrel, ruffian.

maso *m.* (*region*) farm holding, farmstead. □ (*region*) ~*chiuso* family holding, hereditary farm.

masochismo *m.* (*Psic*) masochism.

masochista *m./f.* (*Psic*) masochist.

masochistico (*pl.* -**ci**) *a.* (*Psic*) masochistic.

masonite *f.* (*Edil*) Masonite.

massa I *f.* 1 mass: *una ~ di fango* a mass of mud. 2 (*grande quantità*) heap, lot, lots, mass, load: *una ~ di libri* lots of books, a heap of books; *una ~ di errori* lots of mistakes. 3 (*folla*) mass, crowd, multitude, host. 4 *pl.* (*popolazione*) masses: *le masse operaie* the labouring masses. 5 (*spreg*) (*masnada*) gang, bunch: *~ di delinquenti* gang of delinquents. 6 (*Sociol*) mass: *cultura di ~* mass culture; *mezzi di comunicazione di ~* mass media. 7 (*Fis*) mass. 8 (*Pitt*) mass: *~ di luce* mass of light. 9 (*Dir*) (*fondi*) assets *pl.*: *~ attiva* liquid assets; *~ fallimentare* bankruptcy assets. 10 (*El*) (*terra*) earth, (*Am*) ground. 11 (*Mus*) section: *~ corale* choral section. 12 (*Mil*) military stores, military supplies; (*truppe*) force. II *a.inv.* (*posposto*) mass: *grammo ~* mass gram; *kilogrammo ~* kilogram mass. □ (*El*)*a ~* (*Br*) earthed, (*Am*) grounded; *non a ~* (*Br*) unearthed, (*Am*) ungrounded; *mettere a ~* (*Br*) to earth, (*Am*) to ground; (*Nucl*) ~*atomica* atomic mass; (*Anat*) ~*cerebrale* brain, cerebral mass; (*Nucl*) ~*critica* critical mass; ~*d'acqua* body of water; ~*d'aria* air mass; (*Dir*) ~*dei debiti* total liability; *fare ~* (*affollarsi*) to crowd, to mass; (*Dir*) ~*fiduciaria* fiduciary assets; (*Fis*) ~*gravitazionale* gravitational

mass; *in ~*: 1 en masse, mass (*attr.*): *adunata in ~* mass meeting; 2 (*in blocco*) in a body, all together, as a whole: *accorrere in ~* to rush altogether, to rush all together; 3 (*Comm*) by bulk, in bulk: *comprare in ~* to buy in bulk; (*Fis*) ~*inerziale* inertial mass; ~ *informe* blob; (*Fis,El*) ~*isolante* insulating mass; *masse lavoratrici* working masses; (*Fis*) ~ *magnetica* magnetic mass; (*Fis*) ~ *molecolare* molecular mass; (*Econ*) ~*monetaria* money stock, money supply.

massacrante *a.* (*estenuante*) exhausting, extremely wearing: *un lavoro ~* an exhausting job.

massacrare (**massàcro**) *v.t.* 1 to massacre, to slaughter, to butcher: *gli ostaggi furono massacrati* the hostages were massacred. 2 (*iperb*) (*picchiare*) to beat up, (*colloq*) to slaughter. 3 (*fig*) (*rovinare*) to ruin, to spoil, to murder: *~ un vestito* to ruin a dress. 4 (*fig*) (*logorare*) to exhaust, to wear out, to kill: *la lezione di oggi mi ha massacrato* today's lecture has worn me out.

massacratore I *m.*(*f.* -**trice**) slaughterer, butcher. II *a.* slaughtering, murderous, butchering.

massacro *m.* 1 massacre, slaughter, butchery. 2 (*fig*) (*scempio*) havoc. 3 (*fig*) (*cosa mal fatta*) disgrace, mess, disaster.

massaggiare (**massàggio, massàggi**) *v.t.* to massage.

massaggiatore *m.* 1 (*f.* -**trice**) masseur (*f.* masseuse): ~ *estetico* beauty masseur; ~ *sportivo* sports masseur. 2 (*apparecchio*) massager.

massaggio *m.* massage: *fare un ~ a qcu.* to give so. a massage; *farsi fare un ~* to have a massage; *~ a vibrazione* vibration massage. □ ~*alla schiena* back massage, backrub; (*Cosmet*) ~*anticellulite* anti-cellulite massage; ~*antistress* anti-stress massage; (*Med*) ~*cardiaco* cardiac massage; (*Cosmet*) ~*dimagrante* slimming massage; (*Cosmet*) ~ *facciale* facial massage; ~*podalico* foot massage; ~*rilassante* relaxing massage; ~ *zonale* zonal massage.

massaia *f.* housewife.

massaio ,**massaro** *m.* 1 (*capo di azienda agricola*) bailiff, steward. 2 (*agricoltore*) farmer.

massellare (**massèllo**) *v.t.* (*Met*) to cast into pigs.

massellato *a.* (*Fal*) (*rif. a porta*) edge-glued.

massellatura *f.* (*Met*) pig breaking.

massello *m.* 1 (*Met*) pig. 2 (*Edil*) block, cut stone. 3 (*Bot*) (*durame*) duramen, heartwood. 4 (*Fal*) (*legno massiccio*) solid wood: *di ~* solid (*attr.*); *mobili in ~ di noce* solid walnut furniture.

Massenzio *n.pr.m.* (*Stor*) Maxentius.

masseria *f.* farm.

masserizie *f.pl.* 1 furniture and fittings, household goods. 2 (*da cucina*) kitchen utensils.

massese I *a.* (*Geog*) of Massa Carrara, from Massa Carrara. II *m./f.* (*Geog*) (*originario*) native of Massa Carrara; (*abitante*) inhabitant of Massa Carrara.

massetere *m.* (*Anat*) masseter.

massicciamente *avv.* massively.

massicciare (**massìccio**) *v.t.* (*Strad,Ferr*) to ballast.

massicciata *f.* 1 (*Strad*) roadbed. 2 (*Ferr*) ballast.

massicciatore *m.* (*f.* -**trice**) (*Strad*) roadbed builder.

massiccio I *a.* 1 solid, massive, massy: *oro ~* solid gold; *legno ~* solid wood. 2 (*tozzo, Tecn*)

pesante) massive, bulky: *un edificio ~* a massive building. 3 (*rif. a corporatura*) massive, stout, (*colloq*) hefty, big-boned. 4 (*intenso, abbondante*) enormous, massive: *uno sforzo ~* an enormous effort; *dosi massicce* massive doses. 5 (*fig*) (*grossolano*) glaring, gross. II *m.* (*Geog*) massif. □ (*Geog*) *Massicciocentrale* Massif Central; ~*montuoso* massif.

massico (*pl.* -**ci**) *a.* (*Fis*) mass (*attr.*): *coefficiente ~ di assorbimento* mass absorption coefficient.

massificare (**massìfico, massìfichi**) *v.t.* (*Sociol*) to standardize.

massificato *a.* (*Sociol*) standardized.

massificazione *f.* (*Sociol*) standardization.

massima *f.* 1 (*sentenza*) maxim, saying. 2 (*principio*) principle, maxim; (*precetto*) precept; (*norma*) rule, norm: *~ giuridica* juridical norm. 3 (*Meteor*) maximum temperature, highest temperature, peak temperature. □ *di ~* preliminary, general, informal, provisional, draft (*attr.*): *accordo di ~* preliminary agreement, provisional agreement; (*rar*)*in ~*: 1 (*di regola*) generally speaking, broadly speaking, as a rule; 2 (*nel complesso*) on the whole.

massimale I *a.* maximal, maximum: *tasso di sconto ~* maximum discount rate. II *m.* 1 (*Econ*) (*somma massima*) maximum, limit, ceiling, top: *~ di reddito* income limit; *~ di retribuzione* wage ceiling. 2 (*Assic*) maximum sum insurable: *~ di rischio* limit of liability, maximum coverage; *assicurarsi per un ~ di centomila euro* to insure oneself up to a limit of one hundred thousand euros.

massimalismo *m.* (*Pol*) maximalism.

massimalista *m./f.* (*Pol*) maximalist.

massimalistico (*pl.* -**ci**) *a.* (*Pol*) maximalist (*attr.*).

massimamente *avv.* 1 (*principalmente*) chiefly, especially. 2 (*soprattutto*) above all. 3 (*rar*) (*per la maggior parte*) mostly; (*moltissimo*) to the highest degree.

massimare (**màssimo**) *v.t.* (*Mat*) to maximize.

massimario *m.* 1 (*raccolta di massime*) book of sayings. 2 (*Dir*) collection of maxims.

Massimiliano *n.pr.m.* Maximilian.

massiminimo *m.* (*Econ*) maximin: *strategia del ~* maximin strategy.

massimizzare (**massimìzzo**) *v.t.* (*Econ, Mat*) to maximize: *~ il profitto* to maximize profit.

massimizzazione *f.* (*Econ,Mat*) maximization: *~ delle vendite* sales maximization.

massimo (*sup.* di **grande**) I *a.* 1 maximum, greatest, largest: *con la massima cura* with the greatest care. 2 (*il più alto*) the highest, top (*attr.*), peak (*attr.*): *il livello ~ di un fiume* the highest level of a river. 3 (*il più lungo*) the longest: *la distanza massima* the longest distance. 4 (*il migliore*) the best, the ultimate; (*il peggiore*) the worst: *il ~ risultato* the best result. 5 (*l'estremo*) the utmost, the ultimate: *della massima importanza* of the utmost importance. II *m.* 1 most, utmost, maximum, top, peak, best: *questo è il ~ che posso fare* this is the most I can do; *trarre il ~ da qcs.* to make the most of sth.; *un ~ di 500 persone* a maximum of 500 people. 2 (*meglio*) tops, last word, (*non plus ultra*) ultimate, ne plus ultra: *come collega è il ~* as a colleague he is the tops, as a colleague he is the best. 3 (*limite*) limit, end: *sono al ~ della sopportazione* I am at the end of my patience. 4 (*massimo vantaggio*) best: *trarre il ~ da qcs.* to make the best of sth. 5 (*Mat, Tecn*) maximum. 6 (*Sport*) (*peso massimo*) heavyweight. □ *al* ~: 1 (*tutt'al più*), at (the) most; 2 (*moltissimo*) very much; 3 (*al più tardi*) at the latest, at the longest: *giovedì al* ~ Thursday at the latest; *due giorni al* ~ two days at the longest; 4 (*a tutta velocità*) at full speed; 5 (*al limite*) to the limit; 6 (*nella condizione migliore*) at one's best: *al* ~ *delle sue capacità* at his best; (*Mat*) ~*comun divisore* greatest common divisor, highest common factor; *col* ~*dei voti* (*Br*) with full marks, with top marks, (*Am*) with top grades; (*Dir*) *il* ~*della pena* the maximum penalty, the maximum sentence; *il* ~*della velocità* the top speed; *il* ~*esponente di qcs.* the leading figure in sth.; (*Geol*) ~*glaciale* glacial maximum; *in massimaparte* for the most part, mostly, largely; *non è proprio il* ~ it's not all that it should be; *massimapriorità* top priority; *trarre il* ~*profitto da qcs.* to benefit highly from sth.; *il* ~ *storico* the all-time peak (*anche Econ*); *essere al* ~ *storico* to be at a record high; (*Econ,colloq*) *l'eurosui massimi* the Euro at peak value; *Olivetti sui massimi* Olivetti holdings at peak value; *con la massimaurgenza* with the utmost haste; *massimavalutazione dell'usato* top prices for second hand goods.

Massimo *n.pr.m.* Maximus (*anche Stor*).

massivo *a.* massive.

mass media /mas'medja, mas'midja/ *m.pl.* mass media.

massmediale *a.* media (*attr.*).

massmediatico (*pl.* -**ci**) *a.* of a realting to mass media.

massmediologo *m.* (*f.* -**a**; *pl.* -**gi**) media expert.

masso *m.* 1 boulder, rock. 2 (*fig*) (*cosa massiccia*) bulk. □ (*Geol*) ~*erratico* erratic, erratic boulder; (*Geol*) ~*glaciale* glacial boulder.

massofisioterapia *f.* (*Med*) massage and physiotherapy.

massofisioterapico *a.* (*Med*) massage and physiotherapy (*attr.*).

massofisioterapista *m./f.* (*Med*) masseur and physiotherapist.

massone *m.* Freemason, Mason.

massoneria *f.* 1 Freemasonry, Masonry. 2 (*fig*) freemasonry.

massonico (*pl.* -**ci**) *a.* Masonic, Freemason (*attr.*): *loggia massonica* Masonic lodge.

massoterapia *f.* (*Med*) massage therapy, massotherapy.

massoterapico (*pl.* -**ci**) *a.* (*Med*) massotherapeutical.

massoterapista *m./f.* (*Med*) massage therapist, massotherapist.

mastalgia *f.* (*Med*) mastalgia.

mastcellula *f.* (*Biol*) mast cell.

mastectomia *f.* (*Chir*) mastectomy, mammectomy.

mastello *m.* tub, vet: ~ *per il bucato* wash tub.

master *m.inv.* 1 (*Univ*) (*corso di perfezionamento dopo la laurea*) master's course. 2 (*Univ*) (*titolo*) master's degree, master's. 3 (*Sport*) master championship, master's tournament. 4 (*Tecn*) (*originale*) master, master copy.

masterizzabile *a.* (*Inform*) writable, recordable: *un CD* ~ a writable CD, a CD-R.

masterizzare (**masterìzzo**) *v.t.* (*Elettron, Inform*) to write, to master, to burn: ~ *un CD* to write a CD, to burn a CD.

masterizzatore *m.* (*Elettron,Inform*) mastering device, CD writer. □ ~*per CD* CD burner, CD recorder; ~*per DVD* DVD burner, DVD recorder.

masterizzazione *f.* (*Elettron,Inform*) mas-

tering, (*colloq*) burning.

masticabile *a.* chewable.

masticare (**màstico, màstichi**) *v.t.* 1 to chew: ~ *gomma americana* to chew gum; ~ *tabacco* to chew tobacco. 2 (*rumorosamente*) to crunch, to munch. 3 (*fig*) (*borbottare*) to mutter, to mumble: ~ *le parole* (*tra i denti*) to mutter, to mumble. 4 (*colloq*) (*parlare un po' una lingua*) to have a smattering of: ~ *un po' d'inglese* to have a smattering of English, to know some English. □ (*fig*) ~*amaro* (*reprimere una forte stizza*) to nurse one's resentment, to seethe; ~*bene* to chew up; ~*dellescuse* to mutter excuses.

masticatore *m.* (*Anat*) masticatory, chewing: *muscoli masticatori* masticatory muscles.

masticatorio *a.* (*Anat*) masticatory, chewing: *apparato* ~ masticatory apparatus.

masticatura *f.* what has been chewed.

masticazione *f.* 1 (*Fisiol*) mastication, chewing. 2 (*Tecn*) mastication.

mastice *m.* 1 mastic, rubber solution, (*Am*) rubber cement. 2 (*da vasaio*) lute. 3 (*per tubazioni, vetri e sim.*) putty. 4 (*Bot*) mastic. □ ~*da vetrai* glazing compound; ~*di asfalto* asphaltic mastic; ~*di sigillatura* sealing compound; ~*metallico* iron cement.

mastino *m.* 1 (*Zool*) mastiff. 2 (*fig*) (*persona burbera*) bear. □ (*Zool*) ~*napoletano* Neapolitan mastiff.

mastio *n.* (*Mediev,region*) (*torre principale*) donjon, keep.

mastite *f.* (*Med*) mastitis.

mastocarcinoma *m.* (*Med*) mastocarcinoma, carcinoma of the breast.

mastodonte *m.* 1 (*Paleont*) mastodon. 2 (*fig*) (*persona*) elephant, hulking oaf.

mastodontico (*pl.* -**ci**) *a.* colossal, gigantic, enormous.

mastoide *f.* (*Anat*) mastoid.

mastoidectomia *f.* (*Chir*) mastoidectomy.

mastoideo *a.* (*Anat*) mastoid (*attr.*), mastoidal.

mastoidite *f.* (*Med*) mastoiditis.

mastra *f.* (*Mar*) 1 coaming. 2 (*di albero*) mast partner, mast hole. □ (*Mar*) ~*di boccaporto* hatch coaming.

mastro *m.* 1 (*operaio o artigiano specializzato*) master: ~ *falegname* master carpenter; *capo* ~ master chief. 2 (*Comm*) (*libro mastro*) ledger. 3 (*region*) (*titolo di rispetto*) Master. □ (*Mar*) ~*d'ascia* shipwright, boat builder.

mastruca ,mastrucca *f.* sheepskin jacket, goatskin jacket.

masturbare (**mastùrbo**) I *v.t.* to masturbate. II *v.pron.* **masturbarsi** to masturbate.

masturbatorio *a.* masturbatory.

masturbazione *f.* masturbation. □ (*fig*) ~*mentale* mental masturbation.

masurio *m.* (*Chim,ant*) masurium.

masut *m.* (*Chim*) mazut, mazout.

matador *m.inv.* matador.

matafione *m.* (*Mar*) reef point, rope band.

matassa *f.* 1 hank, skein: *una* ~ *di spago* a hank of cord; *una* ~ *di lana* a skein of wool. 2 (*fig*) (*situazione intricata*) tangle, muddle: (*fig*) *dipanare una* ~ to unravel a difficulty. 3 (*El*) coil, winding.

match /metʃ/ *m.inv.* match.

mate ,matè *m.* 1 (*Bot*) (*pianta*) maté, yerba maté. 2 (*bevanda*) maté, maté tea.

matelassé *a.inv.* (*Tess*) matelassé.

matematica *f.* mathematics (*costr.sing.*), (*Br, colloq*) maths (*costr.sing.*), (*Am*) math. □ (*Mat*) ~*applicata* applied mathematics; (*Mat*) ~*attuariale* actuarial mathematics; *un insegnantedi* ~ a maths teacher; ~*elementare* elementary maths; (*Mat*) ~*finanziaria*

financial mathematics; *la* ~*non è un'opinione* maths is an exact science, facts are facts, two and two is four; (*iron*) *se la* ~ *non è un'opinione...* if two and two doesn't make four...; (*Mat*) ~*pura* pure mathematics; (*Mat*) ~*superiore* higher mathematics.

matematicamente *avv.* 1 mathematically. 2 (*con certezza*) absolutely, definitely, mathematically. □ *è* ~*impossibile* it's absolutely impossible, it's a mathematical impossibility.

matematico I *a.* 1 mathematical: *certezza matematica* mathematical certainty; *sapere qcs. con certezza matematica* to know sth. for certain; *precisione matematica* mathematical precision; *calcolo* ~ mathematical calculus. 2 (*estens*) mathematical, incontrovertible, certain. II *m.* (*f.* -**a**; *pl.* -**ci**) mathematician.

materassaio *m.* (*f.* -**a**) mattress maker.

materassino *m.* 1 mattress. 2 (*Sport,Ginn*) mat. □ ~*gonfiabile* inflatable mattress, (*Br*) airbed, (*Am*) air mattress.

materasso *m.* 1 mattress: *rifare un* ~ to retease a mattress; *rivoltare un* ~ to turn over a mattress. 2 (*Sport,colloq*) (*nella boxe*) sparring partner. □ ~*a molle* spring mattress; ~*ad acqua* water bed; ~*di crine* horsehair mattress; ~ *di gommapiuma* foam rubber mattress; ~*di lana* wool mattress; ~*ortopedico* orthopedic mattress.

materia *f.* 1 matter, substance, stuff. 2 (*sostanza*) substance. 3 (*materiale*) material. 4 (*argomento*) subject, subject matter, theme, topic, matter: *entrare in* ~ to broach a subject, to go into a subject; ~ *di discussione* topic for dicussion. 5 (*disciplina, campo di attività*) subject, field: *la biologia è la mia* ~ *preferita* biology is my favourite subject; *non rientra nella mia* ~ it falls outside my field. 6 (*occasione, motivo*) grounds *pl.*, cause, reason: *offrire* ~ *a chiacchiere* to give grounds for gossip. 7 (*Filos,Fis*) matter. 8 (*Anat*) substance, matter: ~ *cerebrale* cerebral substance. 9 (*Fisiol*) matter: *materie fecali* faecal matter 10 (*colloq*) (*pus*) matter, pus. □ ~*colorante* dye, dyestuff; (*Scol, Univ*) ~*complementare* minor subject, subsidiary subject; ~*d'esame* examination subject; (*Rel*) ~*di fede* tenet; ~*di insegnamento* subject, subject taught; ~*di riflessione* matter for thought, food for thought; (*Scol,Univ*) ~*di scelta* elective, elective subject; ~*di studio* subject, subject of study; (*Scol,Univ*) ~*fondamentale* basic subject; ~*greggia* raw material; (*Anat*) ~*grigia* grey matter (*anche fig*); *in* ~ about the subject, on the subject, in the subject, on the matter; *non so nulla in* ~ I know nothing about the subject, I know nothing of the subject; *il mio capo è un'autorità in* ~ my boss is an authority on that; *in* ~*di* : 1 (*sull'argomento*) on, in... matters: *in* ~ *di etologia è un vero esperto* he is a real expert on ethology; 2 (*per quanto riguarda*) as to, as regards, about, as far as (*sth.*) is concerned: *in* ~ *di moda sono davvero impreparata* as far as fashion is concerned I'm hopeless; (*Dir*) *in* ~*di legge* in point of law; (*Chim*) ~*inorganica* inorganic substance; (*Scol,Univ*) ~*obbligatoria* compulsory subject; *le materie obbligatorie* the core curriculum; (*Chim*) ~*organica* organic substance; (*Ind*) *materieplastiche* plastics; *materieprime* raw materials; *materiescientifiche* science subjects; (*Univ*) *materie umanistiche* arts.

materiale I *a.* 1 (*che riguarda la materia*) material: *struttura* ~ material structure. 2 (*concreto*) material, physical: *danno* ~ material damage; *aiuto spirituale e* ~ spiritual and material aid; *beni materiali* material goods, worldly goods; *lavoro* ~ manual work; *benessere* ~ material comfort; *il mondo* ~ the physical world. **3** (*reale, effettivo*) *traduzione idiomatica: sono nell'impossibilità* ~ *di aiutarti* I simply cannot help you; *non ho il tempo* ~ *di farlo* I just haven't the time to do it. **4** (*rozzo, grossolano*) coarse, crude, rough, rude: *è un uomo piuttosto* ~ he is a rather rough man; *un abito di fattura* ~ a dress of coarse fabric. **II** *m.* **1** material, stuff: *raccogliere* ~ *per una tesi* to collect material for a thesis. **2** (*attrezzatura*) equipment, supplies *pl.*, materials *pl.*: ~ *scolastico* school equipment. □ ~ *agricolo* farm equipment; (*Geol*) ~ *alluvionale* alluvium; (*Fis*) ~ *attivo* active material; (*Nucl*) ~ *autorizzato* licensed material; (*Mil*) ~ *bellico* munitions, war material, military hardware; (*Edil*) ~ *cementizio* cementitious material; (*Med*) ~ *chirurgico* surgical material; (*Ind*) ~ *composito* composite, composite material; *materiali contaminanti* polluting matter, polluting waste matter; (*Edil*) *materiali da costruzione* building materials; ~ *da disegno* art materials; ~ *da imballaggio* wrapping material, packing material; ~ *da leggere* literature, reading material; ~ *d'archivio* records, archive material; ~ *di consultazione* reference material; ~ *di copertura* roofing material; ~ *di insegnamento* teaching aids; (*Ind*) ~ *di recupero* salvage; (*Edil*) ~ *di riempimento* back-filling; (*Tecn*) *materiali di risulta* debris; ~ *di rivestimento* lining; ~ *di scarto* scrap, waste; ~ *di sterro* cut, excavated material, diggings; (*Scol,Univ*) ~ *didattico* educational material, teaching material; *materiali edilizi* building materials; ~ *ferroviario* rolling stock; ~ *fissile* fissile material; ~ *fonoassorbente* acoustic insulation, soundproofing material; (*Biol*) ~ *genetico* genetic material; ~ *grezzo* raw material, stock; ~ *illustrativo* illustrative material; (*Fis*) ~ *impoverito* depleted material; (*Chim*) ~ *in sospensione* suspended matter; (*Geol*) ~ *incoerente* loose material; ~ *infiammabile* flammable material; ~ *informativo* literature; ~ *isolante* insulating material; *materiali non contaminanti* non-polluting matter, non-polluting waste matter; ~ *promozionale* promotional material; ~ *pubblicitario* advertising material; (*Fis*) ~ *radioattivo* radioactive material; (*Geol*) ~ *residuale* residual material; (*Ferr*) ~ *rotabile* rolling stock; (*fig*) ~ *umano* manpower.

materialismo *m.* materialism (*anche Filos*): ~ *dialettico* dialectic materialism; ~ *storico* historical materialism.

materialista *m./f.* materialist (*anche Filos*).

materialisticamente *avv.* materialistically.

materialistico (*pl.* -**ci**) *a.* materialistic (*anche Filos*): *società materialistica* materialistic society.

materialità *f.* **1** materiality. **2** (*fig*) (*grossolanità*) grossness, roughness; (*sensualità*) sensuality.

materializzare (**materializzo**) **I** *v.t.* to materialize. **II** *v.pron.* **materializzarsi 1** (*apparire*) to materialize, to appear out of nowhere (*anche Occult*). **2** (*concretizzarsi*) to materialize, to take shape.

materializzazione *f.* materialization (*anche Occult*).

materialmente *avv.* **1** materially, physically. **2** (*grossolanamente*) coarsely, roughly. **3** (*effettivamente*) really, actually, simply, quite, *spesso non si traduce:* è ~ *impossibile*

it's quite impossible. **4** (*dal punto di vista finanziario*) financially.

materialone *m.* (*f.* -**a**) (*persona grossolana*) rough person, lout, oaf.

materico (*pl.* -**ci**) *a.* **1** (*che riguarda la materia*) of matter (*posposto*). **2** (*Art*) (*rif. a pennellata*) highly tactile.

maternamente *avv.* maternally.

maternità *f.* **1** motherhood, maternity: *le gioie della* ~ the joys of motherhood. **2** (*periodo di assenza dal lavoro*) maternity leave: *essere in* ~ to be on maternity leave; *entrare in* ~ to enter maternity leave; *mettersi in* ~ to take maternity leave. **3** (*ospedale*) maternity hospital; (*reparto ospedaliero*) maternity ward. **4** (*Art*) (*Madonna con Bambino*) mother and child. **5** (*burocr*) mother's name. □ ~ *naturale* natural motherhood; ~ *sostitutiva* (o ~ *surrogata*) surrogate motherhood.

materno *a.* **1** (*di madre*) mother's, mother (*attr.*), motherly: *amore* ~ mother love; *cure materne* motherly care; *lingua materna* mother language, native language, mother tongue. **2** (*da parte di madre*) maternal, on the mother's side (*posposto*): *nonno* ~ maternal grandfather, grandfather on the mother's side.

Matilde *n.pr.f.* Matilda, Mathilda, Maud.

matinée /mati'ne/ *f.inv.* (*Teat*) afternoon performance, matinee, matinée.

matita *f.* **1** pencil: *disegnare a* ~ to draw in pencil; *scrivere a* ~ to write with a pencil, to pencil; *temperare una* ~ to sharpen a pencil. **2** (*pastello*) crayon, pastel. **3** (*Farm,Cosmet*) pencil. □ ~ *a mina dura* hard pencil; ~ *a punta morbida* soft pencil; ~ *automatica* retractable pencil; ~ *colorata* (*Br*) coloured pencil, (*Am*) colored pencil; ~ *copiativa* indelible pencil; ~ *da disegno* drawing pencil; ~ *di grafite* lead pencil; (*Inform*) ~ *di lettura* wand reader, scanner; (*Med*) ~ *emostatica* styptic pencil; ~ *morbida* soft pencil; ~ *nera* lead pencil; (*Cosmet*) ~ *per gli occhi* eye pencil; (*Cosmet*) ~ *per il contorno labbra* lipliner; (*Cosmet*) ~ *per le sopracciglia* eyebrow pencil.

matraccio *m.* (*Chim*) round-bottomed flask.

matriarca *f.* matriarch.

matriarcale *a.* matriarchal: *società* ~ matriarchal society.

matriarcato *m.* matriarchy, matriarchate.

matricale *f.* (*Bot*) **1** (*Chrysanthemum parthenium*) feverfew. **2** (*Stachys sylvatica*) hedge woundwort.

matricaria *f.* (*Bot*) **1** matricaria. **2** (*colloq*) (*camomilla*) chamomile.

matrice *f.* **1** (*Tip*) matrix, mould; (*per ciclostile*) stencil. **2** (*di blocchetto: modulo, madre*) counterfoil, stub; (*talloncino*) talon. **3** (*fig*) (*derivazione, origine*) origin, matrix, root: ~ *culturale* cultural origin, cultural matrix; *un attentato di* ~ *politica* a politically motivated attack. **4** (*Mecc*) (*stampo inferiore*) bottom die, matrix die. **5** (*Mat,Inform*) matrix, array. **6** (*Biol*) matrix. **7** (*Geol*) matrix, groundmass: ~ *di una roccia* rock matrix. **8** (*Met*) matrix. □ (*Inform*) ~ *a diodi* diode matrix; (*Mat*) ~ *antisimmetrica* antisymmetric matrix, skew-symmetric matrix; (*Anat*) *dell'unghia* nail matrix; ~ *di assegno* memo field of a cheque, (*Br*) cheque stub, (*Am*) check stub; (*Inform*) ~ *di punti* dot matrix; (*Tip*) ~ *per caratteri da stampa* type mould; (*Mecc*) ~ *per piega* forming die; (*Mecc*) ~ *per trafila* die, die plate; (*Mat*) ~ *simmetrica* symmetric matrix.

matriciale *a.* (*Mecc,Mat*) matrix (*attr.*): *cal-*

colo ~ matrix calculation.

matricida I *m./f.* matricide. **II** *a.* matricidal: *furia* ~ matricidal fury.

matricidio *m.* matricide.

matricina *f.* (*Agr*) sapling.

matricino □ (*Agr*) *albero* ~ sapling.

matricola *f.* **1** (*Univ*) (*studente del primo anno*) freshman, first-year student: *essere una* ~ to be in one's freshman year. **2** (*estens*) new entrant, (*colloq*) rookie. **3** (*registro*) register, roll, list (of members), matricula. **4** (*numero*) registration number, matriculation number, (*Am*) serial number. **5** (*Mil*) regimental roll, muster roll.

matricolare *a.* matriculation (*attr.*).

matricolato *a.* (*scherz,spreg*) **1** (*abilissimo*) out-and-out, downright, arrant. **2** (*riconosciuto da tutti*) notorious: *ladro* ~ notorious thief.

matrigna *f.* stepmother (*anche fig*): *la* ~ *cattiva* the wicked stepmother.

matrilineare *a.* (*Etnol*) matrilineal.

matrilinearità *f.* (*Etnol*) matrilineal descent.

matrilocalità *f.* (*Etnol*) matrilocality.

matrimoniabile *a.* marriageable, of marriageable age (*posposto*).

matrimoniale *a.* matrimonial, marriage (*attr.*), married, conjugal: *vita* ~ married life; *letto* ~ double bed.

matrimonialista *m./f.* (*Dir*) lawyer specialized in marriage law.

matrimonio *m.* **1** marriage, matrimony, (*lett*) wedlock: ~ *felice* happy marriage; *contrarre* ~ *con qcu.* to get married to so., to marry so.; *dare qcu. in* ~ to give so. in marriage, to marry so., to marry so. off; *unire in* ~ to marry, to join in wedlock; *fare un buon* ~ to make a good match. **2** (*durata*) marriage, married life: *dopo quattro anni di* ~ after four years of marriage. **3** (*rito nuziale*) wedding, marriage: *celebrare un* ~ to celebrate a marriage; *un* ~ *sfarzoso* an extravagant wedding. □ ~ *civile* civil marriage, civil wedding, civil ceremony, wedding in city hall; (*Dir.can*) ~ *clandestino* clandestine marriage; ~ *combinato* arranged marriage; ~ *consumato* consummated marriage; ~ *non consumato* unconsummated marriage; ~ *d'amore* marriage for love; *di* ~ marriage (*attr.*): *contratto di* ~ marriage settlement; *certificato di* ~ marriage certificate; ~ *di convenienza* marriage of convenience; ~ *di interesse* marriage for money; (*fig*) ~ *in bianco* unconsummated marriage; ~ *misto* mixed marriage, intermarriage; (*Dir*) ~ *morganatico* morganatic marriage; ~ *nullo* annulled marriage, invalid marriage; ~ *per procura* marriage by proxy; (*Dir*) ~ *rato e consumato* marriage celebrated and consummated; ~ *religioso* church wedding; (*colloq*) ~ *riparatore* shotgun wedding.

matrioska *f.* matryoshka, Russian hollow wooden doll.

matrizzare (**matrizzo**; *aus.* avere) *v.i.* (*rar*) to take after one's mother.

matrona *f.* **1** matron: *una* ~ *romana* a Roman matron. **2** (*fig,scherz*) (*donna imponente*) matronly woman.

matronale *a.* matronly, matronal, matron-like: *incedere* ~ matronly gait.

matroneo *m.* (*Arch*) women's gallery.

matronimia *f.* metronymy.

matronimico (*pl.* -**ci**) **I** *m.* matronymic, metronymic. **II** *a.* matronymic.

matta *f.* (*nelle carte*) joker.

mattacchione *m.* (*f.* -**a**) **1** wag, practical joker, lively spark. **2** (*buontempone*) jolly fellow.

mattafione m. (Mar) reef point, rope band.
mattana f. (colloq) fit of temper, moody temper, whimsical mood, tantrum.
mattanza f. 1 (Pesc) tunny massacre, tuna massacre. 2 (estens) massacre, slaughter.
mattare v.i. (negli scacchi) to checkmate.
mattarello m. (region) rolling pin.
mattata f. (scherz,rar) mad thing to do, foolish action, madcap act.
mattatoio m. slaughterhouse, shambles.
mattatore m. (f. **-trice**) 1 slaughterer, butcher. 2 (fig,Teat,TV) showman, scene stealer, limelight stealer.
mattazione f. slaughtering.
Matteo n.pr.m. Matthew (anche Bibl).
matterello m. rolling pin.
Mattia n.pr.m. Mathias, Matthias.
mattina f. 1 morning, (lett,poet) morn: una bella ~ di maggio a fine May morning; domani ~ tomorrow morning; giovedì ~ Thursday morning; ieri ~ yesterday morning; l'altra ~ the other morning. 2 (mattinata) morning: ho perso tutta la ~ I wasted the whole morning. □ dalla ~alla sera from morning till night;di ~ in the morning; alle 8 di ~ at 8 o'clock in the morning;di ~presto early in the morning; la ~dopo the morning after, the next morning;farsi ~ to dawn;ogni ~ every morning, each morning; la ~presto early in the morning;questa ~ this morning; la ~tardi late in the morning;tutte le mattine every morning, each morning.
mattinale m. (rapporto scritto) official morning report (presented by the province leaders to the head of state and prime minister).
mattinata f. 1 morning. 2 (Mus) aubade, dawn song. □ in ~ in the morning, before noon: ti telefono in ~ I'll call you during the morning; in tarda ~ late in the morning;nella ~ in the morning, before noon;tutta la ~ the whole of the morning, all morning long.
mattiniero I a. early-rising, up early (posposto): oggi sei ~ you're up early this morning; persona mattiniera early riser, (colloq) early bird. II m. (f. **-a**) early riser, (colloq) early bird.
mattino m. morning (anche estens): le ore del ~ the morning hours. □ del ~ morning (attr.): (Giorn) edizione del ~ morning edition; (fig)il ~della vita (la fanciullezza) the morning of life. Prov.: il ~ ha l'oro in bocca the early bird catches the worm.
matto¹ I a. 1 (pazzo) mad, crazy, insane: diventare ~ to go mad, (Am) to go bananas, to go nuts; c'è da diventare matti it is enough to drive one crazy; far diventare ~ qcu. to drive so. out of his wits, to drive so. mad. 2 (estens) (bizzarro) eccentric, odd, mad, (colloq) crazy, nuts. 3 (fig) (rif. a persona: eccitato) mad, wild, beside oneself, (colloq) crazy: era ~ dalla gioia he was wild with joy, he was beside himself with joy. 4 (colloq) (grande, enorme) great, extreme, enormous, traduzione spesso idiomatica: ci prova un gusto ~ he gets a kick out of it; volere un bene ~ a qcu. to be crazy about so., to be nuts over so., to be nuts about so.; ne ho una voglia ~ I'm longing for it, I'm dying for it. 5 (fig) (falso) false, imitation, costume, artificial: gioielli matti costume jewelry; fungo ~ non-edible mushroom. 6 (colloq) (rif. ad arti inferiori) lame, (colloq) game: una gamba matta a lame leg. 7 (Tecn) (opaco) mat, matt, dull: oro ~ dead gold, dull gold. II m. (f. **-a**) 1 madman (f. -woman), lunatic, insane person: urlare come un ~ to shout like a madman. 2 (estens) (persona bizzarra) eccentric, wild person, (Am,colloq) oddball. □ (fig)

andare ~per to be wild about, to be mad about, to be crazy about; va ~ per il calcio he is crazy about football;come un ~ like crazy: correre come un ~ to run like crazy; urlare come un ~ to shout like a madman; lavorare come un ~ to work like a dog; divertirsi come un ~ to enjoy (oneself) like crazy; ridere come un ~ to roll about laughing, to laugh like mad; mi piaceda matti andare al cinema I'm crazy about going to the cinema; è roba da matti it's just incredible, it's sheer madness; essere ~da legare to be raving mad, to be as mad as a March hare, to be as mad as a hatter;fossi ~! do you think I'm crazy?; are you joking?, (Am) are you kidding?;non sono mica ~! I'm not that crazy!;sei ~? (Br) are you crazy?, are you mad?, are you off your head?, (Am) are you nuts?
matto² m. (scacco matto) checkmate.
mattoide I a. crazy. II m./f. madcap.
mattonaia f. brickyard, brickfield.
mattonaio m. brickmaker.
mattonare (**mattóno**) v.t. (Edil) to pave sth.with bricks, to floor sth.with bricks.
mattonata f. 1 blow with a brick: prendersi una ~ sulla testa to get a blow with a brick on the head. 2 (fig) (cosa noiosa) bore, drag.
mattonato I a. (Edil) paved with bricks, floored with bricks. II m. (Edil) brick pavement, brick floor. □ (Edil) ~a spiga herringbone bond, herringbone brickwork.
mattone I m. 1 (Edil) brick. 2 (fig) (rif. a cosa) bore, drag: quel libro è un ~! that book is a drag! 3 (fig) (rif. a persona) bore: sei un ~! you are a bore! II a.inv. brick: rosso ~ brick red. □ (Edil) ~angolare angle brick; (Edil) ~basico basic brick; (Edil) ~cavo hollow brick; (Edil) ~cotto baked brick; (Edil) ~crudo air-dried brick, green brick; (Edil) ~da pavimentazione paving brick; (Edil) ~di argilla clay brick; (Edil) ~di cemento cement brick; (Edil) ~di copertura coping brick; (Edil) ~di gesso malm brick; (Edil) ~forato hollow clay tile, perforated brick, air brick; (Edil) ~forte hard-burned brick; (Edil) ~pieno solid brick; (Edil) ~pressato pressed brick; (Edil) ~refrattario firebrick; (Edil) ~smaltato glazed brick, enamelled brick; (fig) avere un ~sullo stomaco to have a brick in one's stomache.
mattonella f. 1 (Edil) tile, paving tile. 2 (Strad) block. 3 (gelato) ice brick. 4 (sponda del biliardo) cushion. □ (Edil)a mattonelle tiled; parete a mattonelle tiled wall; (Edil) ~da pavimentazione paving tile; (Edil) ~da rivestimento wall tile; ~di carbone briquette, coal brick; ~di torba peat briquette; ~refrigerante ice pack.
mattoniera f. brick-moulding machine.
mattonificio m. brick-field, brick factory.
mattutino I a. morning (attr.): visita mattutina morning visit. II m. 1 (Lit) matins (costr.sing. o pl.). 2 (campana) morning bell.
matura f. (Scol,colloq) (maturità) school-leaving examination, final examination, matriculation exam.
maturando m. (f. **-a**) (Scol) candidate for high school-leaving examination.
maturare (**matùro**) I v.i. (aus. **essere**) 1 to ripen, to grow ripe, to mature: i fichi maturano in estate figs ripen in summer; ~ al sole to grow ripe under the sun. 2 (stagionare) to mature: il vino matura wine matures; lasciare ~ il vino to let wine mature. 3 (fig) to mature, to come to maturity: le donne maturano prima degli uomini women mature before men; l'anno all'estero lo ha fatto ~ the year he spent abroad has made him more mature. 4 (fig) (delinearsi) to take shape, to come to

maturity: lasciare ~ un'idea to let an idea take shape. 5 (Econ) (rif. a interessi e sim.) to mature, to accrue; (giungere a scadenza) to fall due, to become due: gli interessi maturano ogni anno interests accrue every year. 6 (Med) to maturate, to come to a head. II v.t. 1 to ripen: il sole matura il grano the sun ripens the corn. 2 (fig) (raggiungere gradualmente) to reach gradually, to complete: ~ una decisione to reach a decision gradually; ~ vent'anni di servizio to complete twenty years of work, to work up twenty years of employment. 3 (perfezionare) to perfect, to work out: ~ un piano to perfect a plan, to work out a plan. 4 (Scol) (dichiarare maturo) to pass (at school-leaving examination). 5 (accumulare) to accrue: ~ giorni di ferie to accrue vacation days. III v.pron. **maturarsi** to ripen, to become ripe, to mature, to come to maturity.
maturato a. ripened.
maturazione f. 1 ripening, maturing (anche fig): giungere a ~ to ripen, to become ripe. 2 (fig) (elaborazione) maturing, perfection, working out: la ~ di un piano the working out of a plan. 3 (fig) (compimento) maturation, fulfilment. 4 (Econ) (rif. a interessi e sim.) maturity, accrual; (scadenza) expiry, expiration. 5 (Med) maturation: portare a ~ to bring to a head.
maturità f. 1 (Scol) (esame) school-leaving examination, final examination, matriculation exam. 2 (fig) maturity: un romanzo della ~ a novel of his maturity; gli anni della ~ the years of maturity. 3 (di frutto) maturity, ripeness: giungere alla ~ to reach maturity. □ (Scol) ~classica school-leaving examination in a liceo classico; (Scol) ~scientifica school-leaving examination in a liceo scientifico; (Fisiol) ~sessuale sexual maturity.
maturo a. 1 (di frutto) ripe, mature: uva matura ripe grapes. 2 (stagionato) seasoned, matured; (rif. a vino) mellow. 3 (pronto) ripe: i tempi sono maturi time is ripe. 4 (fig) (adulto) mature, (di mezza età) middle-aged: una donna matura a mature woman, a middle-aged woman. 5 (fig) (saggio) mature: una ragazza matura a mature girl; giudizio ~ mature judgement; dopo matura riflessione after mature reflection, after due consideration. 6 (Scol) having passed one's school-leaving examination (posposto). 7 (Econ) (rif. a interessi e sim.) mature, accrued; (che ha raggiunto la scadenza) due.
matusa m. (gerg) (vecchio) (Br) old fogey, (Am) old fogy.
matusalemme m. (colloq,scherz) decrepit old man, fossil.
Matusalemme n.pr.m. (Bibl) Mathuselah, Methuselah. □ (colloq) essere vecchiocome ~ (o avere gli annidi ~) to be as old as the hills, to be as old as Mathuselah.
Mauritania n.pr.f. (Geog) Mauritania.
mauritano I a. Mauritanian. II m. (f. **-a**) Mauritanian.
Mauritius /mau'ritsjus/ n.pr.f.pl. (Geog) Mauritius.
Maurizio I n.pr.m. Maurice. II n.pr.f.pl. (Geog) Mauritius.
mausoleo m. mausoleum.
max. massimo max. (maximum).
maxicalcolatore m. (Inform,colloq) mainframe.
maxicappotto m. (Abbigl) maxicoat.
maxigonna f. (Abbigl) maxiskirt, maxi.
maxillo-facciale a. (Med) maxillo-facial.
maxiprocesso m. long term trial, mammoth trial, big trial.
maxischermo m. widescreen television.

maxwell /'makswel/ *m.* (*Fis*) maxwell. ☐ (*Fis*) *il diavoletto di Maxwell* the demon of Maxwell, Maxwell's demon; *equazioni di Maxwell* Maxwell field equations; *legge di Maxwell* Maxwell's law.

maya I *a.* Mayan. II *m./f.* (*abitante*) Maya; Mayan: *i Maya* the Maya, Mayans, the Mayas. III *m.* (*lingua*) Maya, Mayan.

mazurca, mazurka *f.* (*Mus*) mazurka.

mazut *m.* (*Chim*) (*masut*) mazut, mazout.

mazza *f.* **1** cudgel, bludgeon, club: *colpire qcu. con una* ~ to hit so. with a cudgel. **2** (*arma*) mace. **3** (*bastone di comando*) mace, baton. **4** (*Sport*) (*nel baseball, cricket*) bat; (*nell'hockey*) stick. **5** (*Mecc*) (*pesante martello*) maul, sledgehammer; (*di legno*) mallet. **6** (*bastone da passeggio*) walking stick, cane. **7** (*Mus*) drumstick. **8** (*rar*) (*insegna del mazziere*) baton. ☐ (*Mecc*) ~ *battente* ram, tup; (*Sport*) ~ *da baseball* baseball bat; (*Sport*) ~ *da cricket* cricket bat; (*Sport,colloq*) ~ *da golf* golf club; (*Sport*) ~ *da hockey* hockey stick; (*Mil,ant*) ~ *d'arme* iron mace, battle mace; (*Mil,ant*) ~ *di ferro* iron mace, battle mace; (*Bot*) ~ *di palude* reed-mace; (*Bot*) ~ *di tamburo* parasol mushroom; (*Bot*) ~ *d'oro* yellow loosestrife; (*Mil,ant*) ~ *ferrata* mace; (*Mil,ant*) ~ *snodata* chain mace; (*volg*) *non capire una* ~ not to understand a shit; (*volg*) *non sapeva una* ~ he didn't know shit (about it).

mazzacavallo *m.* **1** (*Agr*) well sweep. **2** (*battipalo*) pile driver.

mazzafrusto *m.* (*ant,Mil*) chain mace.

mazzapicchio *m.* **1** (*martello di legno*) cooper's mallet. **2** (*Macell*) poleaxe, butcher's axe.

mazzaranga *f.* (*Strad*) tamper.

mazzata *f.* **1** (*colpo: con bastone*) blow, heavy blow; (*con clava*) blow with a club; (*con martello*) sledgehammer blow. **2** (*fig*) (*danno, grave dolore*) blow, heavy blow, shock, dreadful shock: *la notizia è stata una* ~ *per lui* the news came to him as a shock.

mazzeranga *f.* (*Strad*) tamper.

mazzetta[1] *f.* **1** (*colloq*) (*denaro per corrompere qcu.*) kickback, bribe. **2** (*plico di banconote*) bundle of notes, wad of notes. **3** (*campioni di stoffa*) bunch of samples.

mazzetta[2] *f.* (*Alp*) rock-climbing hammer.

mazziere *m.* **1** (*nei giochi di carte*) dealer. **2** (*ant,Mil*) mace bearer.

mazzo *m.* **1** bunch, bundle: *un* ~ *di chiavi* a bunch of keys; *un* ~ *di fiori* a bunch of flowers. **2** (*nel gioco delle carte*) (*Br*) pack, (*Am*) deck: *mazzo di carte* (*Br*) pack of cards, (*Am*) deck of cards; *alzare il* ~ to cut the cards; *fare il* ~ to shuffle the cards; *a chi tocca il* ~? whose turn is it to shuffle?, whose turn is it to deal? **3** (*colloq*) (*gruppo*) set, bunch: *mettere tutti in un* ~ to lump good and bad together, to lump everything together. ☐ *a mazzi* in bunches, in bundles; (*pop*) *farsi il* ~ to work one's ass off, to work like mad.

mazzolare (**mazzuòlo** /*pop* **mazzòlo**) *v.t.* (*rar*) **1** (*battere con la mazzuola*) to club. **2** (*uccidere con la mazzuola*) to club to death.

mazzolata *f.* (*rar*) **1** blow with a mallet, hit with a mallet. **2** (*fig*) (*batosta*) blow, shock.

mazzolino *m.* (*di fiori*) nosegay, posy. ☐ ~ *di fiori* nosegay, posy, small bunch of flowers; (*da appuntare al vestito*) corsage.

mazzuola *f.* mallet.

mazzuolo *m.* **1** mallet. **2** (*da scalpellino*) stonemason's hammer. **3** (*Sport*) head (of a golf club). **4** (*Mus*) (*per la grancassa*) drumstick. ☐ (*Fal*) ~ *di legno* wooden mallet, carpenter's mallet.

Mb, MB (*Inform*) megabyte MB, Mbyte

(megabyte).

Mc (*Fis*) *megaciclo* Mc, MC (megacycle).

MC *Principato di Monaco* MC (Monaco).

m.c. *mese corrente* (current month, this month); (*con la data*) inst. (instant).

m.c.d. (*Mat*) *minimo comune denominatore* l.c.d. (lowest common denominator, least common denominator).

M.C.D. (*Mat*) *massimo comun divisore* G.C.D., g.c.d. (greatest common divisor); h.c.f. (highest common factor).

m.c.m. (*Mat*) *minimo comune multiplo* L.C.M., l.c.m. (lowest common multiple, least common multiple).

me *pron.pers.* **1** (*oggetto*) me: *chiami* ~? are you calling me? **2** (*preceduto da preposizione*) me: *è stato duro per* ~ it was hard for me; *si è scordato di* ~ he has forgotten about me; *stai parlando con* ~? are you talking with me? **3** (*soggetto: in espressioni esclamative*) me: *misero* ~! poor me! **4** (*in forme comparative*) I, (*colloq*) me: *sei bravo quanto* ~ you are as good as I (am); *ne sanno quanto* ~ they know as much as I do. **5** (*complemento di termine*) me: ~ *lo hai già detto* you have already told me; *a* ~ *non importa* it doesn't matter to me; *lascia fare a* ~ leave it to me. **6** (*pleonastico*) *generalmente non si traduce*: *ti piace questa maglietta? Me ne sono comprate due!* do you like this T-shirt? I bought two of them!; *dov'è il budino? - Me lo sono mangiato io!* where's the pudding? - I ate it! ☐ *da* ~: **1** (*da solo*) myself, by myself, alone, all alone; *ho imparato l'inglese da* ~ I learned English by myself; **2** (*a casa mia: stato in luogo*) at my place; (*moto a luogo*) to my place; *fra* ~ *e* ~ to myself; *pensavo fra* ~ *e* ~ I thought to myself; ~ *medesimo* myself, I myself; *per* ~: **1** for me: *il regalo è per* ~ the present is for me; **2** (*secondo me*) in my opinion, I think (that); **3** (*per quanto mi riguarda*) as far as I'm concerned, for my part, as for me; *secondo* ~ in my opinion, I think (that); ~ *stesso* myself.

mea culpa *m.* **1** (*Lit,Rel*) mea culpa. **2** (*fig*) mea culpa, breast-beating: *recitare* (*fare*) *il* ~ to repent one's fault, to beat one's breast.

meandro I *m.* **1** (*Geog*) meander. **2** (*labirinto*) maze, labyrinth. **3** (*motivo ornamentale*) meander. **4** *pl.* (*fig*) meander, meandering (*costr.sing.*), intricacy (*costr.sing.*), twists and turns: *i meandri della mente* the twists and turns of the mind.

Meandro *n.pr.m.* (*Geog*) Meander.

meato *m.* (*Anat*) meatus. ☐ (*Anat*) ~ *uditivo esterno* external auditory meatus; (*Anat*) ~ *uditivo interno* internal auditory meatus.

MEC (*Stor*) *Mercato comune europeo* ECM (European Common Market).

mecca *f.* (*fig*) mecca: *Parigi è la* ~ *degli artisti* Paris is the artists' mecca.

Mecca *n.pr.f.* (*Geog*) Mecca.

meccanica *f.* **1** mechanics (*costr.sing. o pl.*) (*anche Fis*). **2** (*meccanismo*) mechanism: *la* ~ *di un orologio* the mechanism of a watch. **3** (*fig*) mechanics *pl.*, mechanism, sequence: *la* ~ *degli avvenimenti* the sequence of events. **4** (*Fisiol*) process: *la* ~ *della digestione* the digestive process. ☐ (*Fis*) ~ *applicata* applied mechanics; (*Astr*) ~ *celeste* celestial mechanics; (*Fis*) ~ *degli aeriformi* pneumatics; (*Fis*) ~ *dei fluidi* fluid mechanics, mechanics of fluids; (*Fis*) ~ *dei gas* gas mechanics; (*Fis*) ~ *dei liquidi* hydromechanics; (*Fis*) ~ *dei solidi* mechanics of solids; (*Geol*) ~ *delle rocce* rock mechanics; ~ *di precisione* precision engineering; (*Fis*) ~ *ondulatoria* wave mechanics; (*Fis*) ~ *quantistica* quantum mechanics; (*Fis*) ~ *razionale* abstract

mechanics, theoretical mechanics, pure mechanics; (*Fis*) ~ *statistica* statistical mechanics.

meccanicamente *avv.* **1** (*con mezzi meccanici*) mechanically: *apparecchiatura azionata* ~ mechanically operated apparatus. **2** (*fig*) mechanically, automatically: *ripetere qcs.* ~ to repeat sth. mechanically.

meccanicismo *m.* (*Filos*) mechanism.

meccanicista *m./f.* (*Filos*) mechanist.

meccanicistico (*pl.* -**ci**) *a.* (*Filos*) mechanistic.

meccanicità *f.* mechanicalness.

meccanico (*pl.* -**ci**) I *a.* **1** (*relativo alla meccanica*) mechanical: *guasto* ~ mechanical fault. **2** (*eseguito con l'aiuto di macchine*) mechanical, machine (*attr.*): *mungitura meccanica* machine milking, mechanical milking; *stampa meccanica* power press. **3** (*fig*) mechanical, automatic: *gesto* ~ mechanical gesture. **4** (*rif. a metodo contraccettivo: non chimico*) mechanical. II *m.* mechanic, mechanician: *portare l'auto dal* ~ to take the car to the garage. ☐ ~ *aggiustatore* fitter; (*ant*) ~ *dentista* dental mechanic; ~ *montatore* fitter.

meccanismo *m.* **1** (*Tecn*) mechanism, works *pl.* **2** (*congegno*) mechanism, gear, device. **3** (*funzionamento*) working, mechanics (*costr.sing. o pl.*). **4** (*fig*) mechanism, process, machinery. **5** (*Psic*) mechanism: ~ *di difesa* defence mechanism. ☐ (*Mecc*) ~ *a cremagliera* rackwork; (*Tecn*) ~ *d'arresto automatico* automatic stop motion; (*Econ*) *il* ~ *dei prezzi* the price mechanism; (*Mar*) ~ *del timone* steering gear; (*Inform*) ~ *di accesso* access mechanism; (*Inform*) ~ *di allarme* warning device; (*Mot*) ~ *di comando* driving gear, control gear, control drive; (*Psic*) ~ *di compensazione* compensation; (*Mecc*) ~ *di disinnesto* throw-out; (*Aer*) ~ *di espulsione* ejection handle; (*Econ*) ~ *di mercato* market mechanism; (*Chim*) ~ *di reazione* reaction mechanism; (*Econ*) ~ *di regolazione dei cambi* exchange mechanism; (*Aer*) ~ *di sgancio* releasing mechanism; ~ *di sparo* gunlock; (*Aut*) ~ *di sterzo* steering gear; *meccanismi mentali* thought processes.

meccanizzare (**meccanìzzo**) I *v.t.* to mechanize (*anche fig*): ~ *il lavoro dei campi* to mechanize farm work. II *v.pron.* **meccanizzarsi** to become mechanized (*anche fig*).

meccanizzato *a.* **1** mechanized (*anche fig*). **2** (*motorizzato*) motorized: (*Mil*) *truppe meccanizzate* motorized troops.

meccanizzazione *f.* mechanization: ~ *agricola* agricultural mechanization, farm mechanization.

meccano *m.* (*giocattolo*) meccano.

meccanografia *f.* (*Inform,ant*) automatic data processing.

meccanografico (*pl.* -**ci**) *a.* (*Inform,ant*) data processing (*attr.*), punched card (*attr.*): *centro* ~ data processing centre; *addetto* ~ punched card reader.

meccanoterapia *f.* (*Med*) mechanotherapy.

meccatronica *f.* electromechanics.

meccatronico (*pl.* -**ci**) *a.* electromechanical.

mecenate *m.* (*fig*) patron, Maecenas.

Mecenate *n.pr.m.* (*Stor*) Maecenas.

mecenatismo *m.* patronage.

meche, mèche *f.pl.inv.* streak: *farsi le* ~ to have one's hair streaked.

mechitarista *m.* (*Rel*) Mekhitarist, Mechitarist.

Meclemburgo *n.pr.m.* (*Geog*) Mecklenburg.

meco *pron. (ant, lett) (con me)* with me.

meconio *m.* 1 *(oppio)* meconium, opium. 2 *(Fisiol)* meconium.

meda *f. (Mar)* beacon.

medaglia *f.* 1 medal: *conferire una ~* to award a medal; *l'altra faccia della ~* the other side of the coin *(anche fig).* 2 *(rif. a persona: decorato)* medallist. 3 *(distintivo)* badge, token. □ *~al merito* medal for merit, medal for gallantry, *(Br)* George Medal; *~al valor militare* campaign medal; *~al valore* award for bravery; *~al valore civile (Br)* George medal, medal for gallantry; *~ alla memoria* memorial medal; *~commemorativa* commemorative medal; *(Sport) ~ d'argento* : 1 silver medal, silver; 2 *(estens) (persona)* silver medallist; *(Sport) ~di bronzo* : 1 bronze medal, bronze; 2 *(estens) (persona)* bronze medallist; *(Sport) ~d'oro* : 1 gold medal, gold; 2 *(estens) (persona)* gold medallist; *(Sport) ~olimpica* Olympic medal. *Prov.: ogni ~ ha il suo rovescio* there are two sides to every coin, there are two sides to everything.

medagliere *m.* 1 collection of medals. 2 *(mobile)* medal showcase. 3 *(Sport)* number of metals won.

medaglietta *f.* 1 *(piccola medaglia)* small medal, medalet, medallet. 2 *(con immagine sacra)* religious medal: *una ~ con l'immagine di San Pietro* a St. Peter medal. 3 *(dei parlamentari)* deputy's badge, MP's badge. 4 *(dei cani)* dog tag, dog identification tag.

medaglione *m.* 1 large medal, medallion. 2 *(gioiello)* locket, medallion. 3 *(Arch)* medallion. 4 *(Gastron)* medallion: *medaglioni di vitello* medallions of veal.

medaglista *m./f.* 1 *(collezionista)* collector of medals, medalist, *(Am)* medalist. 2 *(artista)* medallist, *(Am)* medalist.

medaglistica *f.* 1 *(arte)* medal design. 2 *(scienza)* study of medals. 3 *(ant) (numismatica)* numismatics *(costr.sing.).*

Medea *n.pr.f. (Mitol,Lett)* Medea.

medesimamente *avv. (rar)* 1 *(allo stesso modo)* likewise, in the same way. 2 *(contemporaneamente)* at the same time.

medesimo I *a.* 1 *(identico)* same, identical: *abitiamo al ~ piano* we live on the same floor. 2 *(uguale)* same, like: *sono della medesima statura* they are the same height. 3 *(con pronomi personali)* self: *verrò io ~* I shall come myself. 4 *(in persona)* itself, personified: *tua madre è la bontà medesima* your mother is kindness itself. II *avv. (proprio)* very, just, itself: *oggi ~* this very day, just today. III *pron. (f. -a)* 1 *(la stessa persona)* same, same person: *è il ~ che ho incontrato ieri* he is the same person I met yesterday. 2 *(la stessa cosa)* same: *costo dell'elettrodomestico e installazione del ~* cost of the appliance and installation of the same.

media [1] *f.* 1 *(valore medio)* average: *fare una ~ approssimativa* to strike a rough average; *fare una ~ tra alcune cifre* to average a series of figures; *più ricco della ~* richer than the average; *inferiore alla ~* below average; *superiore alla ~* above average. 2 *(Mat)* mean. 3 *(Scol) (voto medio)* average marks, average: *avere una ~ alta* to have good average marks. 4 *pl. (Scol) (scuola media)* (first three years of a) secondary school *sing.*, *(Am)* junior high school *sing.*, middle school *sing.* 5 *(Rad) (media frequenza)* medium frequency. 6 *(Abbigl) (taglia media)* medium, medium size. □ *(Statist) ~annua* annual average; *(Statist) ~approssimativa* approximative average; *(Mat) ~aritmetica* arithmetic mean; *(Mat) ~armonica* harmonic mean; *(Statist) ~*

campionaria sample mean; *(Statist) ~corretta* modified mean; *fare una ~ di qcs.* to average sth.: *abbiamo fatto una ~ di cento chilometri all'ora* we averaged a hundred kilometres an hour; *~geometrica* geometric mean; *(Meteor) ~giornaliera* daily mean; *in ~* on an average, on the average; *ci vogliono in ~ tre anni* it takes an average of three years; *in ~ lavora quaranta ore la settimana* on an average week he works forty hours; *(Statist) ~mobile* moving average; *~nazionale* national average; *esserenella ~* to be average; *~oraria* average per hour, hourly average; *(Statist) ~ponderata* weighted average; *(Statist,Mat) ~quadratica* root-mean square; *(Statist) ~semplice* simple average; *sopra la ~* above the average; *sotto la ~* below the average.

media [2] /'medja, 'midja/ *m.pl.* mass media: *i nuovi ~* the new media.

Media *n.pr.f. (Geog.stor)* Media.

mediale *a. (Anat)* medial.

mediamente *avv.* 1 quite: *~ soddisfatto* quite satisfied. 2 *(in media)* on average, on the average, on an average: *il parcheggio costa ~ due euro all'ora* car parking is on average two euros per hour. 3 *(circa)* about.

mediana *f.* 1 *(Geom)* median, median line. 2 *(Statist)* median. 3 *(Sport)* halfway line, centre line, halfback line.

medianicità *f. (Occult)* mediumistic nature.

medianico *(pl. -ci) a. (Occult)* mediumistic.

medianismo *m. (Occult)* mediumistic phenomena.

medianità *f. (Occult)* medium powers.

mediano I *a.* 1 median, medial, middle *(attr.).* 2 *(medio)* mean, average: *valore ~* mean value; *punto ~* middle point. 3 *(Med)* median, medial: *nervo ~* median nerve. 4 *(Ling)* medial: *vocale mediana* medial vowel. II *m. (Sport)* half-back; *(nel rugby)* back, half: *centro ~* centre-half. □ *(Sport) ~destro* right-half; *(Sport) ~di apertura* stand-off half; *(Sport) (nel rugby) ~di mischia* scrumhalf; *(Sport) ~di spinta* midfielder.

mediante [1] *f. (Mus)* mediant.

mediante [2] *prep.* 1 *(per mezzo di: rif. a cosa)* through, by, by means of: *collegarsi in rete ~ il cellulare* to connect to the net through the mobile phone. 2 *(rif. a persona)* through; *(con l'aiuto di)* with the help of.

mediare **(mèdio, mèdi)** I *v.i. (aus. avere) (fare da mediatore)* to mediate, to act as mediator *(tra, in, between).* II *v.t.* 1 *(risolvere con una mediazione)* to mediate: *~ un accordo* to mediate an agreement. 2 *(Filos)* to supply an intermediary between. 3 *(Mat,Fis)* to find the mean of, to average.

mediastinico *(pl. -ci) a. (Anat)* mediastinal.

mediastino ,**mediastino** *m. (Anat)* mediastinum.

mediatamente *avv.* indirectly.

mediateca *(pl. -che) f.* video and tape library, multi-media library, media library.

mediatico *(pl. -ci) a.* mass media *(attr.),* of the mass media *(posposto): potere mediatico* mass media power, power of the mass media.

mediato *a.* indirect, mediate.

mediatore *m.* 1 *(f. -trice)* mediator, intermediary: *~ di pace* peace mediator; *fare da ~* to act as mediator, to mediate. 2 *(f. -trice) (Econ,Comm) (sensale)* broker, middleman, liason, *(colloq)* go-between. 3 *(Biol)* mediator: *~ chimico* chemical mediator. 4 *(f. -trice) (Rel)* intercessor: *~ divino* devine intercessor. II *a.* mediating. □ *~culturale* cultural mediator; *(Econ) ~di borsa* stockbroker; *(Comm) ~di noleggi marittimi* ship bro-

ker, chartering agent; *(Comm) ~immobiliare* estate agent.

mediazione *f.* 1 mediation: *fare opera di ~* to act as a mediator, to mediate, to act as a liaison, to be a liaison. 2 *(Comm)* brokerage; *(compenso)* brokerage, commission, broker's commission: *diritti di ~* brokerage fees.

medica *f. (Bot) (erba medica)* lucerne, *(Am)* alfalfa.

medicabile *a.* treatable, that can be treated *(posposto),* healable, that can be healed *(posposto): ferita ~* wound that can be treated.

medicale *a.* medical.

medicalizzare *v.tr.* medicalize.

medicamento *m.* 1 medicament, medicine. 2 *(rar) (il medicare)* treatment.

medicamentoso *a.* medicinal: *erbe medicamentose* medicinal herbs.

medicare **(mèdico, mèdichi)** I *v.t.* 1 to treat, to cure; *(rif. a ferita)* to dress: *~ una ferita* to dress a wound. 2 *(trattare)* to treat: *~ i campi* to treat the fields. 3 *(lett,fig)* to heal, to cure. II *v.pron.* **medicarsi** 1 to treat oneself, to cure oneself. 2 *(rif. a ferite)* to dress one's wounds.

medicastro *m. (spreg)* quack, charlatan.

medicazione *f.* 1 treatment, cure. 2 *(di ferite)* dressing.

mediceo *a.* Medicean, Medici *(attr.): (Arch) cappelle medicee* Medici chapels.

medicina *f.* 1 *(professione di medico)* medicine, medical profession. 2 *(Univ)* medicine: *studiare ~* to study medicine; *dottore in ~* doctor of medicine; *facoltà di ~* faculty of medicine; *laurea in ~* degree in medicine, medical degree; *studente di ~* medical student. 3 *(medicinale)* medicine, remedy, *(Am)* drug: *prendere la ~* to take one's medicine; *prescrivere una ~* to prescribe a medicine. 4 *(fig) (rimedio)* remedy, cure, medicine, healer: *il tempo è la miglior ~* time is the best healer. □ *~aeronautica* aviation medicine; *~aerospaziale* aerospace medicine; *~ alternativa* alternative medicine; *~assicurativa* insurance medicine; *~classica* classical medicine; *~del lavoro* occupational medicine; *~di base* community medicine; *~ generale* general medicine, general practice; *~interna* internal medicine; *~legale* forensic medicine; *~nucleare* nuclear medicine; *~omeopatica* homeopathic medicine; *~organica* organic medicine; *~preventiva* preventive medicine; *~sociale* social medicine; *~spaziale* space medicine; *~sperimentale* experimental medicine; *~sportiva* sports medicine; *~tropicale* tropical medicine; *~ufficiale* classical medicine; *~veterinaria* veterinary medicine.

medicinale I *a.* medicinal, healing, curative: *prodotti medicinali* medicinal preparations; *liquore ~* medicinal liqueur; *pianta ~* drug plant, medicinal plant. II *m.* 1 medicine, remedy, *(Am)* drug. 2 *pl.* medication *(costr.sing.).* □ *~da banco* over-the counter medicine, *(Am)* over-the counter drug, non-prescription drug; *medicinali scaduti* out-of-date medicines.

medico *(pl. -ci)* I *m.* 1 doctor, physician: *andare dal ~* to see a doctor; *essere in cura da un ~* to be under a doctor's care, to be treated by a doctor. 2 *(fig) (chi presta cure)* doctor; *(rif. a cosa: rimedio)* healer, cure. II *a.* 1 medical: *congresso ~* medical congress; *consulto ~* medical consultation; *visita medica* medical examination. 2 *(curativo)* healing, curative: *proprietà mediche* healing properties. □ *~aziendale* company doctor; *~chirurgo* surgeon; *(ant) ~condotto* (local) medical officer, town doctor; ~ *convenzionato* National Health Service doctor, physician practising in the National Health Service; ~ *curante* doctor in charge (of a case); ~ *della mutua*: 1 National Health doctor; 2 (*estens,spreg*) quack doctor; ~ *dentista* dental surgeon; ~ *di base* general practitioner; (*Mar*) ~ *di bordo* ship's surgeon; ~ *di campagna* country doctor; ~ *di corte* court physician; ~ *di famiglia* family doctor, family practitioner; ~ *di fiducia*: 1 doctor of one's choice; 2 (*di famiglia*) family doctor, family practitioner; ~ *di guardia* doctor on duty, doctor on call; ~ *di reparto* ward physician; ~ *di turno* doctor on duty, doctor on call; (*ant*) ~ *empirico* empiric, quack doctor; ~ *fiscale* doctor verifying that a person on sick leave is actually sick; ~ *generico* general practitioner, GP; ~ *internista* physician, internist; ~ *legale* police doctor, (*Am*) medical examiner, coroner; ~ *libero professionista* physician in a private practice; ~ *militare* medical officer; ~ *obiettore* doctor who refuses to perform abortions; ~ *ospedaliero* hospital practitioner, hospital doctor; ~ *provinciale* district medical officer, provincial medical officer; ~ *specializzato in chirurgia* consultant in surgery; ~ *sportivo* sports doctor, sports physician.

medico-sociale *a*. medical and social (*attr.*): *assistente* ~ medical social worker.

medico-specialistico *a*. specialist medical (*attr.*).

medicuccio *m*. quack.

medieuropeo *a*. Central European.

medievale *a*. 1 medieval, mediaeval, of the Middle Ages (*posposto*): *storia* ~ medieval history. 2 (*fig,spreg*) (*arretrato*) medieval, backward.

medievalismo *m*. medievalism, mediaevalism.

medievalista *m./f.* medievalist, mediaevalist.

medievalistica *f.* medieval studies *pl.*, mediaeval studies *pl.*

medievalistico *a*. pertaining to medieval studies (*posposto*).

medio I *a*. 1 (*di mezzo*) middle, medium, mid-: *il ceto* ~ the middle classes. 2 (*rif. a livello, difficoltà*) intermediate. 3 (*ottenuto facendo la media*) average: *temperatura media* average temperature. 4 (*conforme alla media*) average, medium. 5 (*mediocre*) average, middling, fair, mediocre: *di media intelligenza* of average intelligence; *qualità media* middling quality. 6 (*Mat*) mean: *valore* ~ mean value. 7 (*Fon*) middle: *consonante media* middle consonant. II *m*. 1 (*parte di mezzo*) middle. 2 (*dito medio*) middle finger. 3 (*Sport*) (*nella boxe*) middleweight. 4 (*Ling, Gramm*) middle: *attivo*, ~ *e passivo* active, middle and passive. 5 *pl.* (*Mat*) mean terms: *i medi e gli estremi* the mean and the extreme terms. □ *media borghesia* middle class; *di media corporatura* of medium build; (*Stor*) *Medio Evo* Middle Ages; *di media grandezza* midsize, medium-sized; *media impresa* medium-sized enterprise; *media industria* medium-sized industry; *di media misura* medium-sized; (*Geog*) *il Medio Oriente* the Near East, the Middle East, (*Am*) Mid-East; *del Medio Oriente* middle eastern; *nel* ~ *periodo* in the medium term; *di media portata* medium-range (*attr.*); *a media scadenza*: 1 medium, medium-dated; 2 (*Econ*) medium, medium-dated, medium-term (*attr.*); *media stagione* shoulder season, shoulder; *di media taglia*: 1 (*rif. alla corporatura*) of medium size, of medium build; 2

(*rif. alla statura*) of average height; *a ~ termine* medium-term (*attr.*), medium, medium-dated.

mediocre I *a*. 1 mediocre, middling, ordinary, average, unexceptional, commonplace, plain: *un libro* ~ an unexceptional book, a mediocre book. 2 (*scadente*) of poor quality (*posposto*), poor-quality (*attr.*), second-rate (*attr.*), substandard, shabby, common: *merce* ~ poor-quality goods; *un ristorante* ~ a second-rate restaurant. 3 (*lett,rar*) (*medio*) medium, middle, average, middling. II *m./f.* (*persona che non eccelle*) mediocre person.

mediocredito *m*. (*Econ*) 1 medium-term credit. 2 (*istituto*) medium-term credit institution.

mediocremente *avv.* 1 moderately, ordinarily. 2 (*poco, modestamente*) poorly, scarcely. 3 (*piuttosto male*) rather badly, not very well: *parlare una lingua* ~ to speak a language rather badly.

mediocrità *f.* 1 mediocrity, second-rateness: *il trionfo della* ~ the triumph of mediocrity. 2 (*persona*) mediocrity.

medioeuropeo *a*. Central European.

medioevale *a*. 1 medieval, mediaeval, of the Middle Ages (*posposto*). 2 (*fig,spreg*) (*arretrato*) medieval, backward.

medioevo *m*. Middle Ages *pl.*: *alto* ~ Dark Ages, early Middle Ages; *basso* ~ late Middle Ages.

mediolatino I *a*. (*Ling*) written in medieval Latin (*posposto*). II *m*. (*Ling*) (*latino medievale*) medieval Latin, Middle Latin.

medioleggero *m*. (*Sport*) welterweight: *peso* ~ welterweight class, (*atleta*) welterweight.

mediomassimo *m*. (*Sport*) light heavyweight.

mediometraggio *m*. (*Cin*) short feature.

mediopassivo *m*. (*Ling*) mediopassive, medio-passive.

medioriental e *a*. Middle East (*attr.*), Middle Eastern: *stato* ~ Middle East State; *la questione* ~ the Middle East question, the Middle Eastern question.

medioteca *f.* video and tape library, multi-media library, media library.

meditabondo *a*. thoughtful, meditating, pensive.

meditare (**mèdito**) I *v.t.* 1 to ponder, to meditate: ~ *una scelta* to ponder a choice; ~ *a fondo qcs.* to think sth. over carefully. 2 (*progettare*) to plan, to think out, to plot: ~ *la fuga* to plan an escape; ~ *un omicidio* to plot a murder; ~ *vendetta* to plan revenge. 3 (*avere in mente*) to intend, to think of, to meditate: *sto meditando di andare all'estero per un po'* I'm thinking of going abroad for some time. II *v.i.* (*aus.* **avere**) to meditate (*su* on), to ponder (*su* over), to muse (*su* on, over), to brood (*su* on, over): ~ *sulle proprie disgrazie* to brood over one's misfortunes; ~ *a lungo* to ponder at length.

meditatamente *avv.* 1 meditatively. 2 (*apposta*) on purpose, deliberately. 3 (*dopo aver riflettuto*) after careful consideration.

meditativo *a*. 1 (*disposto alla meditazione*) meditative, reflective, pensive. 2 (*contemplativo*) contemplative.

meditato *a*. meditated, thought-out, thought over, considered: *una proposta ben meditata* a well thought-out proposal; *una decisione ben meditata* a carefully-considered decision.

meditazione *f.* 1 meditation: *essere immerso nella* ~ to be deep in meditation. 2 (*riflessione attenta*) (deep) reflection, con-

sideration, meditation: *una scelta che esige un periodo di* ~ a choice which requires a period of reflection. 3 (*Rel*) (*pratica ascetica*) meditation, contemplation. 4 (*Rel.prot*) (*lettura quotidiana della Bibbia*) quiet time. 5 *pl.* (*Lett*) meditations. □ ~ *buddista* Buddhist meditation; ~ *tantrica* tantric meditation; ~ *trascendentale* transcendental meditation.

mediterraneità *f.* quality or state of being characteristically Mediterranean.

mediterraneo *a*. Mediterranean: *clima* ~ Mediterranean climate; *dieta mediterranea* Mediterranean diet.

Mediterraneo *n.pr.m.* (*Geog*) Mediterranean (Sea). □ *del* ~ Mediterranean.

medium *m./f.inv.* (*Occult*) medium.

medley *m.inv.* (*Mus*) medley.

medusa *f.* (*Zool*) jellyfish, medusa.

Medusa *n.pr.f.* (*Mitol*) Medusa.

meduseo *a*. (*lett*) 1 (*di Medusa*) Medusa (*attr.*). 2 (*fig*) (*che ammalia*) charming: *sorriso* ~ charming smile. 3 (*fig*) (*che spaventa*) frightening.

meeting /'mitiŋ(g)/ *m.inv.* 1 (*incontro*) meeting. 2 (*Sport*) meet.

mefisto *m*. (*ant*) (*cappello di lana*) (three-pointed) woolen cap for skiers.

Mefistofele *n.pr.m.* (*Lett*) Mephistopheles.

mefistofelico (*pl.* **-ci**) *a*. 1 Mephistophelean, Mephistophelian. 2 (*estens*) (*beffardo, maligno*) sardonic, malignant, malefic.

mefite *f.* 1 (*lett*) (*odore sgradevole*) mephitis. 2 (*Zool*) (*moffetta*) skunk.

mefitico (*pl.* **-ci**) *a*. 1 pestilential, mephitic: *aria mefitica* pestilential air. 2 (*fig*) (*corrotto*) corrupted.

megabyte /-'bajt/ *m.inv.* (*Inform*) megabyte.

megaciclo *m*. (*Rad*) megacycle.

megaconcerto *m*. megaconcert.

megafonista *m./f.* megaphone speaker, (*Br*) one who speaks with a loudhailer, (*Am*) one who speaks with a bullhorn.

megafono *m*. megaphone, (*Br*) loudhailer, (*Am*) bullhorn.

megagalattico (*pl.* **-ci**) *a*. (*scherz*) 1 (*bellissimo, grandioso*) mega, super, fabulous, fantastic: *un appartamento* ~ a fabulous flat. 2 (*di rango elevato, importantissimo*) mega-, top-level (*attr.*).

megahertz *m*. (*Rad*) megahertz.

megalite *m*. (*Archeol*) megalith.

megalitico (*pl.* **-ci**) *a*. (*Archeol*) megalithic: *tomba megalitica* megalithic tomb.

megaloblasto *m*. (*Biol*) megaloblast.

megalocefalia *f.* (*Med*) megalocephalia, megalocephaly.

megalocefalo I *a*. (*Med*) megalocephalic, megacephalous. II *m*. (*Med*) megacephalous.

megalomane I *a*. megalomaniac, megalomaniacal, megalomanic. II *m./f.* megalomaniac.

megalomania *f.* megalomania.

megalopoli *f.* megalopolis.

megaohm *m*. (*El*) megaohm.

megastore /-'stɔr/ *m.inv.* megastore, superstore.

megastruttura *f.* (*Arch*) megastructure.

megateneo *m*. party school, enormous university with a reputation as a party school.

megaton, megatone *m*. (*Nucl*) megaton.

megattera *f.* (*Zool*) humpback whale.

megavolt *m*. (*El*) megavolt.

megawatt /-'vat/ *m.inv.* (*El*) megawatt.

megera *f.* (*fig*) vixen, shrew, hag, harridan.

Megera *n.pr.f.* (*Mitol*) Megaera.

meglio (*compar. di* **bene, buono**) I *avv.* 1 better: *questa macchina va* ~ this car is running better; *scrivi un po'* ~ write a bit better, write more clearly; *sentirsi* ~ to feel better. **2** (*più facilmente*) easier, better: *con questo nuovo metodo imparo* ~ with this new method I learn easier. **3** (*di più*) better, more: *è pagato ~ di me* he is better paid, he is paid more than I am. **4** (*piuttosto*) rather, better, (*colloq*) sooner: ~ *la morte che la schiavitù* better death than slavery, death rather than slavery. **5** (*più comodo*) more comfortable: *stavo ~ sul divano!* I was more comfortable on the sofa! **6** (*con senso superlativo*) best, *si traduce spesso con il superlativo dell'aggettivo che segue*: *è quello che lavora ~* he is the one who works best; *i quadri ~ riusciti* the best painted pictures; *i ragazzi ~ educati* the politest boys, the most polite boys. **II** *a.inv.* **1** (*migliore*) better: *il mio lavoro è ~ del tuo* my work is better than yours. **2** (*preferibile*) better, preferable: *è ~ rimandare tutto a domani* it is better to put everything off until tomorrow; *è ~ non parlarne* it's best not to talk about it; *sarebbe ~ che tu partissi oggi* you had better leave today, it would be better if you left today. **III** *m.* (*la cosa migliore*) the best, the best thing: *ognuno desidera il ~ per se stesso* everyone wants the best for himself; *questo è il ~ che possiamo fare* this is the best we can do. □ *al* ~ at best; *sfruttare qcs. al* ~ to make the best of sth. *χalla* ~: **1** as best one can; **2** (*miseramente*) somehow or other; *vivere alla* ~ to scrape along, to manage (somehow or other); *andare* ~: **1** (*procedere meglio*) to get better, to go better, to be (doing) better; **2** (*rif. alla salute*) to be better, to feel better; (*fig*)*avere la* ~ to come off better; *avere la* ~ *su qcu.* to have the advantage over so.; ~ *che niente* better than nothing; *faicome ~credi* do as you think best; *vorrei qualcosadi* ~ I wanted something better, I was hoping for something better; *non chiedo di* ~ I couldn't ask for more, I couldn't ask for anything more;*fare del proprio* ~ to do one's best, to one's utmost; *faresti* ~ *ad andartene* you had better leave; *il ~possibile* as well as possible, as best (as) one can, the best one can, to the best of one's ability;*o* ~ (*ovvero*) or rather;*per ~dire* or rather, or indeed;*per il* ~ (*nel modo migliore*) for the best, in the best way;*sempre* ~ better and better: *le cose vanno sempre* ~ things are going better and better;*tanto* ~ so much the better: *tanto ~ per lui* so much the better for him; *ti va* ~ *oggi pomeriggio?* (*preferisci*) would this afternoon suit you better? *Prov.*: ~ *tardi che mai* better late than never; ~ *soli che male accompagnati* better alone than in poor company; ~ *un uovo oggi che una gallina domani* a bird in the hand is worth two in the bush; ~ *poco che niente* a little is better than none, a little is better than nothing, half a loaf is better than no bread, half a loaf is better than none; ~ *troppo che troppo poco* better too much than not enough; *il* ~ *è nemico del bene* let well (enough) alone; ~ *prevenire che curare* better safe than sorry, prevention is better than cure, an ounce of prevention is worth a pound of cure.

mehari *m.inv.* (*Zool*) mehari.

meharista *m.* (*Mil,Stor*) meharist.

meiosi *f.* (*Biol*) meiosis.

meiotico *a.* (*Biol*) meiotic.

meitnerio *m.* (*Chim*) meitnerium.

mela *f.* (*Bot,Alim*) apple: *sbucciare una* ~ to peel an apple. □ (*Gastron*) ~*al forno* baked apple; (*Bot,Alim*) ~*cotogna* quince; (*Gastron*) ~*cotta* stewed apple;*di mele* apple (*attr.*): *albero di mele* apple tree; *strudel di mele*

---

apple strudel; *la ~di Newton* Newton's apple; ~*marcia* : **1** rotten apple; **2** (*fig*) bad egg; (*Bot,Alim*) ~*renetta* rennet; (*Bot*) ~*selvatica* crab apple. *Prov.*: *una ~ al giorno leva il medico di torno* an apple a day keeps the doctor away.

melagrana *f.* (*Bot,Alim*) pomegranate.

melamina *f.* (*Chim*) melamine.

melaminico (*pl.* **-ci**) *a.* (*Chim*) melamine: *resina melaminica* melamine resin.

melammina *f.* (*Chim*) melamine.

melamminico (*pl.* **-ci**) *a.* (*Chim*) melamine: *resina melamminica* melamine resin.

melampiro *m.* (*Bot*) common cow-wheat.

melanconia *e der.* → **malinconia** *e der.*.

Melanesia *n.pr.f.* (*Geog*) Melanesia.

melanesiano I *a.* Melanesian. **II** *m.* **1** (*f.* **-a**) (*abitante*) Melanesian. **2** (*lingua*) Melanesian.

melange ,**mélange** /me'lāʒ/ *m.inv.* **1** mixture, melange. **2** (*colore*) melange. **3** (*filato*) multicoloured yarn: *tessuto* ~ melange fabric. **4** (*caffè con panna montata*) coffee with whipped cream.

melangola *f.* (*Bot*) sour orange, Seville orange.

melangolo *m.* (*Bot*) sour orange, Seville orange.

Melania *n.pr.f.* Melanie.

melanina *f.* (*Biol*) melanin.

melanismo *m.* (*Bot*) melanism.

melanite *f.* (*Min*) melanite.

melanodermia *f.* (*Med*) melanoderma.

melanoma *m.* (*Med*) melanoma.

melanosi *f.* (*Med*) melanosis.

Melantone *n.pr.m.* (*Stor,Filos*) Melanchthon.

melanzana *f.* (*Bot,Alim*) (*Br*) aubergine, (*Am*) eggplant: *color* ~ aubergine colour. □ (*Gastron*) *melanzanealla griglia* grilled aubergines; (*Gastron*) *melanzane alla parmigiana* aubergine parmesan, aubergine parmigiana.

melarancia (*pl.* **-ce**) *f.* (*Bot,Alim*) sweet orange.

melarancio *m.* (*Bot*) sweet orange tree.

melario I *m.* (*in apicoltura*) honeycomb. **II** *a.* honey (*attr.*): *borsa melaria* honey bag.

melarosa *f.* (*Bot*) (*albero e frutto*) rose apple.

melassa *f.* (*Alim*) molasses (*costr.sing.*), (*Br*) treacle, (*Br*) golden syrup.

melata *f.* honeydew.

melato *a.* **1** sweetened with honey (*posposto*), honeyed. **2** (*fig*) (*mellifluo*) honeyed; (*lusinghiero*) flattering.

melatonina *f.* (*Farm*) melatonin.

melba □ *pesca* ~ peach melba.

Melchiorre *n.pr.m.* Melchior.

Melchisedec ,**Melchisedec** *n.pr.m.* (*Bibl*) Melchizedek, Melchisedec.

melchita I *a.* (*Rel*) Melchite (*attr.*), Melkite (*attr.*). **II** *m./f.* (*Rel*) Melchite, Melkite.

Meleagro *n.pr.m.* (*Mitol,Lett*) Meleager.

melensaggine *f.* (*rar*) **1** dullness, doltishness. **2** (*cosa melensa*) nonsense, silly thing.

melenso *a.* **1** dull, doltish, (*colloq*) dopey; (*stolido*) stolid. **2** (*sdolcinato*) soppy, mawkish: *parole melense* soppy words.

meleto *m.* (*Agr*) apple orchard.

melica [1] *f.* (*Lett*) melic, melic poetry.

melica [2] *f.* (*Bot*) (*mais*) maize, Indian corn.

melico (*pl.* **-ci**) *a.* (*Lett*) melic.

meliloto *m.* (*Bot*) sweet clover.

melina □ (*Sport,gerg*)*fare* ~ to use time wasting tactics.

melinite *f.* (*Min*) melinite.

melisma *m.* (*Mus*) melisma.

melissa *f.* (*Bot*) lemon balm, melissa.

mellifero *a.* melliferous, honey (*attr.*): *api*

---

mellifere honey bees.

mellificare (**mellifico, mellifichi**; *aus.* **avere**) *v.i.* to make honey.

mellificazione *f.* honey making.

mellifluamente *avv.* mellifluously.

mellifluità *f.* mellifluousness.

mellifluo *a.* (*fig*) mellifluous, unctuous, (*colloq*) sugary.

mellite *f.* (*Min*) mellite.

mellito □ (*Med*)*diabete* ~ diabetes mellitus.

mellivora *f.* (*Zool*) ratel.

mellotron *m.inv.* (*Mus*) mellotron.

melma *f.* **1** slime, mud, mire. **2** (*fig*) dirt, filth.

melmosità *f.* sliminess, muddiness.

melmoso *a.* slimy, muddy, miry.

melo *m.* (*Bot*) apple tree. □ (*Bot*) ~*cotogno* quince, quince tree; (*Bot*) ~*selvatico* crab tree, crab apple tree.

melodia *f.* **1** (*Mus*) melody, tune. **2** (*aria*) melody, tune, air: *una ~ popolare* a folk tune. **3** (*fig*) (*musica armoniosa*) melody, melodiousness, tunefulness, musicality.

melodica ,**melodika** *f.* (*Mus*) melodica.

melodico (*pl.* **-ci**) *a.* **1** (*Mus*) melodic. **2** (*estens*) melodious, melodic, tuneful.

melodiosamente *avv.* melodiously.

melodioso *a.* **1** melodious, tuneful. **2** (*estens*) (*dolce*) melodious, sweet-sounding, musical.

melodista *m./f.* (*Mus*) melodist.

melodramma *m.* **1** opera, music drama, melodrama. **2** (*fig*) melodrama. □ *da* ~ melodrama (*attr.*), melodramatic: *una situazione da* ~ a melodramatic situation.

melodrammaticamente *avv.* melodramatically, in a melodramatic way.

melodrammatico (*pl.* **-ci**) *a.* **1** operatic, melodramatic. **2** (*fig*) melodramatic; (*teatrale*) theatrical: *tono* ~ melodramatic tone.

melofobo I *m.* music hater. **II** *a.* music-hating (*attr.*).

melograna *f.* (*Bot,Alim*) pomegranate.

melograno *m.* (*Bot*) pomegranate, pomegranate tree.

melolonta *m.* (*Entom*) cockchafer.

melomane *m./f.* melomaniac.

melomania *f.* melomania.

melonaio *m.* (*Agr*) melon field.

melone *m.* **1** (*Bot,Alim*) (*frutto: a polpa arancione*) cantaloupe; (*a polpa biancoverdastra*) melon, honeydew melon. **2** (*Bot*) (*pianta*) melon, melon tree. □ (*Bot,Alim*) ~*bianco* melon, honeydew melon; (*Bot, Alim*) ~*cantalupo* cantaloupe; (*Bot,Alim*) *d'acqua* water melon; (*Bot,Alim*) ~*d'inverno* winter melon; (*Bot,Alim*) ~*retato* musk melon.

melopea *f.* (*Mus*) melopoeia, slow melody.

melopsittaco *m.* (*Ornit*) budgerigar.

melos *m.* (*lett*) melody, poetic song.

Melpomene *n.pr.f.* (*Mitol*) Melpomene.

membra → **membro**.

membrana *f.* **1** (*Anat,Biol*) membrane. **2** (*Mecc*) diaphragm; (*lamina sottile*) membrane, film. □ (*Biol*) ~*alare* patagium; (*Biol*) ~*cellulare* cell membrane; (*Biol*) ~*citoplasmatica* cytoplasmic membrane; (*Acus*) ~*conica* cone diaphragm; (*Biol*) ~*elastica* elastic membrane; (*Biol*) ~*fetale* fetal membrane; (*Zool*) ~*interdigitale* web, palama; (*Zool*) ~*nittitante* nictitating membrane; (*Biol*) ~*nucleare* nuclear membrane; (*Anat*) ~*oculare* eye sheath; (*Anat*) ~*timpanica* tympanic membrane.

membranaceo *a.* **1** (*Anat,Biol*) membranous, membranaceous, membrane (*attr.*). **2** (*di pergamena*) parchment (*attr.*): *codice* ~

parchment codex.

membraniforme *a.* membranous.

membranofono *a.* (*Mus*) membranophone.

membranoso *a.* 1 membraneous. 2 (*dotato di membrane*) webbed.

membratura *f.* 1 (*Anat*) frame, limbs *pl.* 2 (*Arch*) frame, framework.

membro (*pl.* **i mèmbri, le mèmbra**: *the form* **-a** *is only used collectively*) *m.* 1 (*elemento*) member: *i membri del parlamento* the Members of Parliament; *essere ~ di un club* to be a member of a club; *diventare ~ di un'associazione* to join an association; *paesi membri* member countries; *il ~ più anziano* the senior member. 2 (*Anat*) (*pl.* **-a**) limb: *le membra inferiori* the lower limbs; *le membra superiori* the upper limbs. 3 (*Anat*) (*pene*) member: ~ *virile* male member. 4 (*Mat*) member: *il primo ~ di un'equazione* the left-hand member of an equation; *il secondo ~ di un'equazione* the right-hand member of an equation. 5 (*Gramm*) member: *i membri di una frase* the members of a sentence. 6 (*Arch*) member. □ ~ *a vita* life-member; ~ *associato* associate member; ~ *del congresso* member of Congress, Congressman; ~ *del consiglio d'amministrazione*: 1 (*di società*) director, company director, member of the board of directors; 2 (*di ente*) trustee; ~ *del governo* member of the government; ~ *del personale* staff member, staffer; (*Dir*) *membri della giuria* members of the jury, jurymen; ~ *dell'equipaggio* hand, crewman; ~ *di commissione* commissioner; ~ *di diritto* member by right; ~ *di pieno diritto* fully-fledged member; ~ *di partito* party member; ~ *elettivo* elective member; ~ *fondatore* foundation member, founder; *non* ~ non member; *aperto ai non membri* open to non members; ~ *onorario* honorary member; ~ *ordinario* ordinary member.

membruto *a.* (*rar*) strong-limbed, sturdy-limbed.

memento 1 (*Lit,Stor*) memento. 2 (*fig, scherz*) (*ammonizione*) warning.

memorabile *a.* 1 memorable, worth remembering (*posposto*), unforgettable: *avvenimento ~* memorable event; *una giornata ~* an unforgettable day. 2 (*eccezionale*) extraordinary, exceptional.

memorabilmente *avv.* memorably, unforgettably.

memorando *a.* (*lett*) to be remembered (*posposto*), that must be remembered (*posposto*).

memorandum *m.* 1 (*promemoria*) memorandum, memo. 2 (*Dir*) memorandum: ~ *diplomatico* diplomatic memorandum; ~ *politico* diplomatic memorandum. 3 (*libretto di appunti*) memorandum book, note book.

memore *a.* (*lett*) 1 mindful (*di* of). 2 (*grato*) grateful (*di* for).

memoria I *f.* 1 memory: *avere buona ~* to have a good memory; *un'immagine scolpita nella ~* an image imprinted in memory; *cancellare qcs. dalla ~* to erase sth. from one' memory; *cercare nella ~* to search one's memory; *fidarsi della propria ~* to trust one's memory, to rely on one's memory; *perdere la ~* to lose one's memory; *ritornare alla ~* to return to one's mind; *riacquistare la ~* to recover one's memory; *richiamare alla ~* to call to mind, to recollect; *rinfrescare la ~ a qcu.* to refresh so.'s memory. 2 (*ricordo*) memory, recollection, remembrance: *serbare una buona ~ di qcu.* to have a pleasant memory of so.; *avere una vaga ~*

di qcs. to have a faint recollection of sth.; *tenere viva la ~ di qcu.* to keep so.'s memory alive. 3 (*oggetto conservato per ricordo*) souvenir, keepsake, memento; (*di famiglia*) heirloom. 4 (*annotazione*) note, memo. 5 (*Dir*) memorial. 6 (*Inform*) memory, storage, store. 7 (*Tel*) memory. 8 *pl.* (*Lett*) memoirs: *libro di memorie* memoirs, book of memoirs. □ ~ *by heart*: *imparare a ~* to learn by heart; *sapere a ~* to know by heart; (*Inform*) ~ *a bolle* bubble memory; ~ *a breve termine* short-term memory; (*Inform*) ~ *a disco magnetico* magnetic disk store; *a ~ d'uomo* within living memory, within the memory of man; ~ *a lungo termine* long-term memory; (*Inform*) ~ *a nastro magnetico* magnetic tape storage; (*Inform*) ~ *a nuclei magnetici* magnetic core store; (*Inform*) ~ *ad accesso casuale* Random Access Memory, RAM; *alla ~ di* in memory of; ~ *artificiale* artificial memory; (*Inform*) ~ *ausiliaria* additional store; (*Inform*) ~ *breve* short-term memory; (*Inform*) ~ *cache* cache memory; (*Inform*) ~ *centrale* main storage; ~ *collettiva* collective memory, folk memory; (*fig*) *avere la ~ corta* to have a short memory; (*fig*) *avere una ~ da elefante* to have the memory of an elephant; ~ *debole* bad memory, poor memory; (*Inform*) ~ *dei dati* data storage; ~ *di ferro* tenacious memory, excellent memory, retentive memory; (*Inform*) ~ *di lavoro* working store, working memory; (*Inform*) ~ *di massa* mass memory; (*Inform*) ~ *di programma* program store; (*Inform*) ~ *di sola lettura* Read-Only Memory, ROM; (*Inform*) ~ *esterna* external memory, storage; ~ *fotografica* photographic memory; *in ~ di* in memory of; (*Inform*) ~ *interna* internal memory; (*Inform*) ~ *locale* local memory; (*Inform*) ~ *modificabile* erasable storage; (*Inform*) ~ *nascosta* cache memory; *se la ~ non mi tradisce...* if memory doesn't fail me...; (*Inform*) ~ *non permanente* volatile memory; (*Inform*) ~ *permanente* permanent store; (*Inform*) ~ *principale* primary store, main store; (*Inform*) ~ *removibile* removable storage; (*Inform*) ~ *secondaria* secondary storage; ~ *semantica* semantic memory; *essere senza ~* to have a bad memory, to have no memory; ~ *storica* historical memory, folk memory; (*Inform*) ~ *superiore* upper memory; (*Inform*) ~ *tampone* buffer; ~ *uditiva* aural memory; (*Inform*) ~ *virtuale* virtual memory; ~ *visiva* visual memory; (*Inform*) ~ *volatile* volatile memory.

memoriale *m.* 1 (*libro*) memoirs *pl.* 2 (*raccolta di documenti storici*) record. 3 (*supplica*) memorial, petition. 4 (*monumento*) memorial.

memorialista *m./f.* (*Lett*) memorialist (*anche Stor*).

memorizzabile *a.* 1 memorizable. 2 (*Inform*) storable.

memorizzare (**memorìzzo**) *v.t.* 1 (*imparare a memoria*) to learn by heart: ~ *un numero telefonico* to learn a telephone number by heart. 2 (*Inform*) to store, to memorize, to save: ~ *dati* to store data.

memorizzazione *f.* 1 learning by heart, memorization. 2 (*Inform*) storage.

mena *f.* intrigue, plot, scheming, manoeuvre: *sventare le mene di qcu.* to foil so.'s plot.

menabò *m.* (*Tip*) 1 (*di impaginazione*) layout. 2 (*di stampa*) dummy.

menabrida *f.* (*Mecc*) catch plate.

menade *f.* (*Lett*) maenad.

menadito □ ~ *a* ~ perfectly, at one's fingertips: *conosco la lezione a* ~ I know the lesson perfectly, I know the lesson back-

wards, I have the lesson at my fingertips.

ménage /me'naʒ/ *m.* 1 (*vita in comune*) life in common, family life. 2 (*andamento quotidiano*) everyday life. □ ~ *à trois* ménage à trois.

menagramo *m.* (*colloq*) Jonah, jinx.

Menandro *n.pr.m.* (*Stor,Lett*) Menander.

menarca *m.* (*Fisiol*) menarche.

menare (**méno**) I *v.t.* 1 (*region*) (*picchiare*) to beat, to batter. 2 (*lett*) (*portare*) to lead, to take, to bring, to guide. 3 (*lett*) (*rif. a strade*) *condurre*) to lead, to go. 4 (*lett*) (*trascinare*) to drag. 5 (*rif. a modo di vivere*) to lead, to live. 6 (*agitare*) to shake, to wave; (*rif. alla coda del cane*) to wag: ~ *la coda* to wag one's tail. 7 (*colloq*) (*assestare*) to deal, to deliver, to give: *gli ha menato un sonoro ceffone* she gave him a resounding slap; ~ *calci a qcu.* to kick so.; ~ *un pugno* lo land a punch. II *v.r.recipr.* **menarsi** (*colloq*) (*picchiarsi*) to come to blows, to fight: *menarsi di santa ragione* to beat the living daylights out of each other. □ (*fig*) ~ *il can per l'aia* to beat about the bush; (*pop,region*) ~ *il torrone* to bug so.; ~ *le mani* to be free with one's fists, to come to blows, to fight; (*pop*) *menarla a qcu.* (*infastidire pesantemente*) to stress so. out, to bust so.'s chops, to break so.'s balls; ; (*volg*) *non menarmela!* don't break my balls!; (*pop*) *e lui se la mena* he is uptight, something is eating him; (*fig*) ~ *qcu. per il naso* to lead so. by the nose; (*fig*) ~ *qcs. per le lunghe* to drag sth. out; (*fig*) ~ *vanto di qcs.* to boast of sth., to brag about one's wealth.

menarola *f.* (*Fal,region*) brace.

menata *f.* (*colloq*) 1 (*cosa noiosa*) bore, drag: *che ~!* what a bore! 2 (*fastidio*) pain in the neck, nuisance. 3 (*tiritera*) rigmarole, yawn: *sempre le solite menate!* always the same yawns!, always the same old story! 4 (*lamentela pesante*) sob story, guilt trip: *fare una ~* give so. a sob story, to read so. the riot act, to give so. a guilt trip, to lay a guilt trip on so.; *gli ha fatto una ~ perché non si è ricordato del suo compleanno* she read him the riot act for not remembering her birthday, (*colloq*) she laid a guilt trip on him because he didn't remember her birthday. 5 (*region*) (*botte*) sound beating, good thrashing.

menda *f.* (*lett*) (*difetto*) defect, flaw.

mendace *a.* (*lett*) 1 lying, false, mendacious: *parole mendaci* false words. 2 (*fallace*) misleading.

mendacemente *avv.* falsely, mendaciously.

mendacità *f.* (*lett*) untruthfulness, mendacity, falsity.

mendelevio *m.* (*Chim*) mendelevium.

mendeliano *a.* (*Biol*) Mendelian, Mendel's: *leggi mendeliane* Mendelian laws, Mendel's laws.

mendelismo *m.* (*Biol*) Mendelism.

mendicante I *m./f.* 1 beggar. 2 (*Rel.catt*) mendicant. II *a.* 1 begging, mendicant. 2 (*Rel.catt*) mendicant: *ordine ~* mendicant order.

mendicare (**méndico, méndichi**) I *v.t.* 1 to beg for (*anche fig*): ~ *un po' di pane* to beg for a crust of bread; (*fig*) ~ *un lavoro* to beg for a job. 2 (*rif. a lodi e sim.*) to be after, (*colloq*) to fish for: ~ *complimenti* to fish for compliments. 3 (*rif. a pretesti e sim.*) to seek, to look for: ~ *scuse* to look for excuses. II *v.i.* (*aus.* **avere**) to beg.

mendicità *f.* indigence, destitution, beggary, mendicancy, mendicity.

mendico (*pl.* **-chi**) I *m.* (*lett*) beggar, mendicant. II a. (lett) mendicant.

menefreghismo m. (colloq) couldn't-care-less attitude, so-what attitude.

menefreghista I m./f. (colloq) person who could not care less: è un ~ he couldn't care less, he doesn't give a damn. II a. (colloq) indifferent, couldn't-care-less (attr.), so-what (attr.): atteggiamento menefreghista couldn't-care-less attitude, so-what attitude.

meneghino I a. (colloq) Milanese. II m. (colloq) 1 (f. -a) (abitante) Milanese. 2 (dialetto) Milanese dialect.

Menelao n.pr.m. (Lett) Menelaus.

menestrello m. (Mediev) minstrel.

Menfi n.pr.f. (Geog.stor) Memphis.

menhir m. (Archeol) menhir.

meninge f. 1 (Anat) meninx. 2 pl. (colloq, scherz) brains: spremersi le meningi to cudgel one's brains, to rack one's brains.

meningeo a. (Anat) meningeal.

meningite f. (Med) meningitis, brain fever.

meningocele m. (Anat) meningocele.

meningococco (pl. -chi) m. (Med) meningococcus.

menippeo a. (Lett) Menippean: satira menippea Menippean satire.

Menippo n.pr.m. (Stor,Lett) Menippus.

menisco (pl. -chi) m. 1 (Anat) meniscus: lacerazione del ~ rupture of meniscus. 2 (Ott) meniscus lens. 3 (Mecc) meniscus. □ (Ott) ~convergente positive meniscus lens; (Ott) ~divergente negative meniscus lens; (Anat) ~laterale lateral meniscus; (Anat) ~mediale medial meniscus.

meno (compar. di **poco**) I avv. 1 less: dovresti mangiare ~ you should eat less. 2 (in frasi comparative) not as, not so, less: tu sei ~ alto di me you are not as tall as I am, you are not so tall as I am. 3 (in frasi superlative) the least; (fra due cose) the less: la soluzione ~ pericolosa the least dangerous solution; tra i due regali questo è quello ~ caro of the two presents this is the less expensive. 4 (Mat) minus: 10 ~ 3 è uguale a 7 10 minus 3 is 7. 5 (rif. a temperatura: sotto zero) minus, below zero: ~ cinque five below zero, minus five degrees. 6 (rif. all'ora) to: sono le sei ~ dieci it is ten to six. 7 (Scol) minus: sei ~ six minus. 8 (in espressioni correlative) the less... the less: ~ studi, ~ impari the less you study, the less you learn; ~ parli, meglio è the less you speak, the better it is; ~ siamo, meglio è the fewer we are, the better it is; ~ se ne parla, meglio è the less said the better. 9 (no) or not: ti avvertirò se lei viene o ~ I'll let you know whether she is coming or not. II a.inv. 1 (in frasi comparative: con nomi singolari) less, not so much, not as much: ha ~ forza di me he is not as strong as I am; ha ~ denaro di me he has less money than I have. 2 (in frasi comparative: con sostantivi plurali) fewer, not so many, not as many: ha fatto ~ errori di te he made fewer errors than you did; ho ~ amici di lui (Br) I haven't got so many friends as he has, (Am) I have fewer friends than he (does); non ~ di venti ragazzi no fewer that twenty boys, at least twenty boys. 3 (in frasi superlative relative: con nomi singolari) the least. 4 (in frasi superlative relative: con nomi plurali) the fewest. III prep. (tranne) except, except for, but, but for, apart from: sono tutti d'accordo ~ lui they all agree except him; tutti i giorni ~ la domenica every day except Sunday. IV m.inv. 1 the least: è il ~ che gli possa capitare it's the least that can happen to him. 2 (Mat) minus, minus sign. 3 pl. (minoranza) minority (costr.sing.), fewest. □ a ~che unless: verrò

a ~ che non piova I shall come unless it's raining, (Am) I'll come unless it rains;alla ~ peggio as best as one can, as well as possible, as best one may; ci siamo sistemati alla ~ peggio we've settled down as well as possible; cavarsela alla ~ peggio to muddle through; vale venti euro oanche ~ it is worth twenty euros or even less; il suo comportamento è stato menche cortese his behaviour was not very polite at all, (Am) his behaviour was far less than corteous; in men che non si dica in next to no time, in two shakes, in no time, before you could say Jack Robinson; ~che mai less than ever; ora ~ che mai (now) less than ever; (iperb) ~che niente a mere nothing;di ~: 1 less, not so much: parla (di) ~ talk less, don't talk so much; 2 (rif. a numero) fewer: due di ~ two fewer;essere da ~ di qcu. (inferiore) to be inferior to so.: Paolo è bravo, ma Marco non è da ~ Paolo is clever, but Marco is not inferior; Paolo is clever, but Marco is no less so;fare a ~ di qcs.: 1 (privarsi) to go without sth., to do without sth.; non poter fare a ~ di qcs. not to be able to do without sth., not to be able to manage without sth.; non posso fare a ~ di ridere quando ci ripenso I can't help laughing when I think back on it; 2 (rinunciare) to give sth. up: non posso fare a ~ di fumare I can't give up smoking; 3 (astenersi) to refrain from sth., to stop (doing) sth. 4 (evitare) to avoid sth.: puoi fare a meno di venire you needn't come; potevi fare a ~ di dirglielo you needn't have told him;farei volentieri a ~ di andare I'd be very glad not to have to go; non poter fare a ~ di fare qcs. to be unable to help doing sth.;il ~possibile as little as possible, the least possible;in ~: 1 (rif. a tempo) in less, in less time; 2 (in minor numero) less: ho avuto dieci euro in ~ I got ten euros less;in menche non si dica in no time, in less than no time, in a twinkling, in a jiffy; ~male !: 1 just as well!, good thing!; 2 (grazie a Dio) thank heavens!, thank goodness!, thank God!: meno ~ che se n'è andato thank goodness he's gone; 3 (almeno) at least: mi hanno rubato il portafogli: meno ~ che non c'erano tanti soldi dentro! someone stole my wallet: at least there wasn't much money in it!;men che ~ even less, let alone;né più né ~che ... just as if...: né più né ~ che se fossimo separati! just as if we were separated!;non ~di no fewer than, no less than, at least, as good: l'appartamento deve avere non ~ di tre stanze the flat must have at least three rooms; questo articolo non si trovaper ~ a un prezzo minore) you won't be able to find this item for less;per lo ~ at least: potresti per lo ~ telefonare you could phone at least, you could at least phone;venire ~: 1 (mancare) to fail, to lose: mi è venuto ~ il suo aiuto I have lost the benefit of his help, I can no longer count on his help; 2 (svenire) to faint, to pass out: venire ~ per la fame to faint from hunger;venire ~ a qcs.: 1 to fail to keep sth., to fail to observe sth., not to fulfil: venire ~ agli impegni not to fulfil one's obligations; venire ~ a un obbligo to fail to fulfil an obligation, not to do one's duty; 2 (violare) to break: venire ~ alla parola data to break one's word; 3 (deludere) to fall short (a of): venire ~ alle attese to fall short of expectations.

Meno n.pr.m. (Geog) Main.

menologio m. menology.

menomamente avv. (rar) (minimamente) not in the least, not at all, not the least bit.

menomare (mènomo) I v.t. 1 (danneggiare: rif. al corpo) to maim, to impair. 2 (rif. a

persone) to disable. 3 (rif. a cose) to damage. 4 (rar) (diminuire) to lessen, to diminish, to disparage, to belittle: ~ i meriti di qcu. to disparage so.'s merits, to belittle so.'s merits. II v.pron. **menomarsi** (rar) to dwindle, to be reduced, to diminish.

menomato I a. 1 (di arti) maimed, impaired: udito ~ impaired hearing. 2 (di persona) disabled: rimanere ~ dopo un incidente d'auto to be disabled after a car accident. 3 (rar) (diminuito) lessened, diminished, disparaged, belittled. II m. (f. -a) disabled person. □ ~fisico physically handicapped; ~psichico mentally handicapped.

menomazione f. 1 (danno: rif. agli arti) impairment. 2 (di persona) disability, disablement. 3 (rar) (diminuzione) lessening, diminution, disparagement.

menopausa f. (Fisiol) menopause: le donne in ~ menopausal women.

menorragia f. (Med) menorrhagia.

menorrea f. (Fisiol) menorrhoea.

menostasi f. (Fisiol) menostasis, menostasia.

mensa f. 1 (locale per pasti collettivi) refectory; (nelle università) refectory, (Am) cafeteria; (nelle fabbriche) canteen, (Am) cafeteria, dining hall; (sulle navi, nelle caserme) mess. 2 (ant) (pasto) meal, lunch, dinner: ~ frugale a poor meal; lauta ~ a bountiful meal; al levar delle mense at the end of the meal. 3 (tavola imbandita) table: essere a ~ to be at table; imbandire la ~ to lay the table. 4 (Rel) altar. 5 (Dir.can) revenue, income: ~ vescovile bishop's revenue. □ ~aziendale canteen, (Am) cafeteria; ~comunale town soup-kitchen; (Rel) ~eucaristica Holy Communion, Eucharist; ~uffi-ciali officers' mess; ~universitaria university canteen.

menscevico (pl. -chi) I a. (Stor) Menshevist. II m. (Stor) Menshevik.

mensile I a. monthly: abbonamento ~ (di treno) monthly ticket, (spec. Am) monthly pass; (di riviste) monthly subscription; rate mensili monthly instalments. II m. 1 (stipendio mensile) monthly pay, monthly salary. 2 (l'ammontare) month's pay, month's salary. 3 (Giorn) monthly, monthly magazine, monthly periodical.

mensilità f. 1 (retribuzione mensile) monthly salary, monthly payment: tredicesima ~ Christmas bonus. 2 (rata mensile) monthly instalment. 3 (periodicità mensile) monthly character, monthly nature.

mensilmente avv. 1 monthly, every month. 2 (una volta al mese) once a month, on a monthly basis.

mensola f. 1 (Arred) shelf, corbel. 2 (Arch) bracket, console. 3 (di caminetto) mantelpiece.

menta f. 1 (Bot) mint. 2 (Dolc) (caramella) peppermint, mint. 3 (bibita) mint drink; (sciroppo) mint syrup. □ alla ~ mint (attr.), minty, (Br) mint-flavoured, (Am) mint-flavored: tè alla ~ mint tea; (Bot) ~piperita peppermint; ~selvatica water mint; (Bot) ~verde spearmint.

mentale 1 a. 1 mental: malattia ~ mental illness; calcolo ~ mental arithmetic, mental calculation; disturbo ~ mental disorder; infermità ~ insanity. 2 (silenzioso) silent: calcolo ~ silent calculation; lettura ~ silent reading.

mentale 2 a. (rar) (del mento) mental, of the chin (posposto): nervo ~ mental nerve.

mentalità f. mentality, outlook, frame of mind: ~ borghese middle-class outlook. □ ~ aperta open-mindedness; ~ chiusa close-mindedness; ~ *infantile* childish mentality; ~ *retrograda* old-fashioned outlook; ~ *ristretta* narrow-mindedness; *avere una ~ ristretta* to be narrow-minded.

mentalmente *avv.* **1** mentally: ~ *ritardato* mentally retarded. **2** (*silenziosamente*) mentally, silently, to oneself: *leggere* ~ to read silently.

mentastro *m.* (*Bot*) water mint.

mente *f.* **1** mind: ~ *aperta* open mind; *la ~ umana* the human mind; *essere malato di ~* to be mentally ill, to be of unsound mind; ~ *elastica* lively mind. **2** (*memoria*) mind, head, memory: *richiamare alla ~ qcs.* to call sth. to mind, to recollect sth.; *passare di ~* to forget (*costr.pers.*), to slip one's memory, to slip one's mind; *tenere a ~ qcs.* to bear sth. in mind, to keep sth. in mind. **3** (*persona*) mind, intellect, brain: *essere una grande ~* to have a great mind. **4** (*testa*) head: *mettersi in ~ qcs.* to take sth. into one's head; *mettersi in ~ di fare qcs.* to take it into one's head to do sth.; *mettitelo bene in ~!* get it into your head! **5** (*attenzione*) attention, mind: *volgere la ~ a qcs.* to turn one's attention to sth. □ *a ~:* **1** (*a memoria*) by heart: *imparare a ~* to learn by heart; **2** (*mentalmente*) mentally, in one's head: *calcolare a ~* to calculate mentally; *a ~ fredda* coldly, with cold determination (*posposto*), in cold blood (*posposto*), calmly, in the light of day (*posposto*): *agire a ~ fredda* to act in cold blood; *considerare qcs. a ~ fredda* to consider sth. calmly; *a ~ fresca* with a clear mind; *a ~ leggera* light-heartedly; *a ~ lucida* with a clear mind; *avere la ~ altrove* to have one's mind on sth. else; ~ *analitica* analytical mind; *avere in ~ qcs.* to have sth. in mind; *avere in ~ di fare qcs.* to be thinking of doing sth., to have a mind to do sth., to intend to do sth.; ~ *chiara* luminous mind; (*fig*) *essere ancora nella ~ di Dio* to be in the future, to be still to come; *fare ~ locale* to concentrate, to try and remember: *non so dove ho messo il biglietto del treno: devo fare ~ locale* I don't know where I put the train ticket: I have to remember where I left it; I don't know where I put the train ticket: I have to think about it; (*fig*) *mettersi in ~ di fare qcs.* to get it into one's head to do sth.; ~ *sana in corpo sano* a sound mind in a sound body; *venire in ~ a qcu.* to occur to so., to cross so.'s mind: *come gli è venuto in ~?* how did it occur to him?; *mi è venuta in ~ un'idea* an idea flashed into my mind, an idea struck me; *non mi è venuto in ~ di chiamarti* I didn't think of calling you; *far venire in ~ qcs. a qcu.* to remind so. of sth.

mentecatto I *m.* (*f.* **-a**) **1** (*pazzo*) madman, lunatic. **2** (*persona stupida*) fool, idiot, half-wit. **II** *a.* **1** (*pazzo*) mad, insane. **2** (*stupido*) stupid, foolish, idiotic.

mentina *f.* peppermint, mint.

mentire (**mènto/mentìsco, mènti/mentìsci**; *aus.* **avere**) *v.i.* **1** to lie: ~ *a qcu.* to lie to so., to tell so. a lie; *tu menti!* you are lying!; *non ~!* don't tell stories!, don't lie!; *non sa ~* he is unable to tell lies, he is incapable of lying. **2** (*fig*) (*ingannare*) to be deceitful: *se le apparenze non mentono, direi che hai ragione* unless appearances deceive me, I would say you're right. □ ~ *a se stesso* to deceive oneself; (*scherz*) ~ *per la gola* to lie in one's throat, to lie in one's teeth; ~ *sapendo di* ~ to tell a deliberate lie; ~ *spudoratamente* to lie shamelessly.

mentitamente *avv.* (*rar*) deceivingly.

mentito *a.* false, sham: *mentita modestia* false modesty. □ *sotto mentite spoglie*

under false pretences, under a false name.

mentitore I *m.* (*f.* **-trice**) liar. **II** *a.* lying, false.

mento *m.* chin. □ ~ *aguzzo* sharp chin, pointed chin; ~ *in fuori* protruding chin; ~ *pronunciato* protruding chin; ~ *sfuggente* weak chin, receding chin.

mentolato *a.* (*Chim,Farm*) mentholated.

mentolo *m.* (*Chim*) menthol.

Mentone *n.pr.f.* (*Geog*) Menton.

mentoniera *f.* (*Mus*) chin rest.

mentore *m.* (*lett*) mentor.

mentoring *m.* mentoring, mentorship.

mentre *congz.* **1** while, as, whilst, when, on my way: *l'ho incontrato ~ uscivo* I met him as I was going out, I ran into him on my way out; ~ *stavo guardando la televisione è arrivato Paolo* while I was watching television Paolo arrived; *è arrivato proprio ~ stavo uscendo* he arrived just when I was going out, he had just arrived when I was leaving. **2** (*invece*) whereas, while, whilst: *io amo il mare,* ~ *lui ama la montagna* I like the seaside whereas he likes the mountains. **3** (*finché*) while, as long as: *fallo ~ sei ancora in tempo* do it while you are still in time. □ *in quel ~* **1** at that (very) moment, just then; **2** (*nel frattempo*) in the meanwhile, in the meantime; *nel ~ che* while, whilst, as, when.

menù, menu /me'nu/ *m.* **1** (*lista*) menu, bill of fare. **2** (*insieme di vivande*) menu. **3** (*Inform,Tel*) menu. □ (*Inform*) ~ *a cascata* cascading menu; (*Inform*) ~ *a comparsa* pop-up menu; ~ *a prezzo fisso* fixed menu, fixed price menu; (*Inform*) ~ *a scomparsa* cascading menu; (*Inform*) ~ *a tendina* drop down menu, pull-down menu; ~ *del giorno* today's menu, menu of the day, (*Am*) specials; ~ *turistico* touristic menu, tourist menu.

menzionabile *a.* mentionable.

menzionare (**menzióno**) *v.t.* to mention, to make mention of, to name, to refer to.

menzionato *a.* mentioned, referred to (*posposto*): *le opere menzionate* the works referred to. □ *il già* ~ the aforementioned; *sopra* ~ above mentioned, mentioned above (*posposto*); *sotto* ~ below-mentioned, mentioned below (*posposto*).

menzione *f.* mention: (*burocr*) *di cui si trova* ~ which is mentioned; *degno di* ~ worthy of note (*posposto*), noteworthy, worth mentioning. □ *fare* ~ *di qcs.* to mention sth.; ~ *onorevole* honourable mention, (*Am*) honorable mention; ~ *speciale* special mention.

menzogna *f.* lie, falsehood: *tessuto di menzogne* tissue of lies; *vivere nella* ~ to live a lie.

menzognero *a.* **1** (*rif. a persona*) lying, untruthful, (*lett*) mendacious. **2** (*rif. a cosa*) untrue, false.

mer. *mercoledì* Wed. (Wednesday).

meraviglia *f.* **1** wonder, amazement, astonishment: *dire meraviglia di qcu.* to praise so. to the skies; *raccontare meraviglie* to tell of wonderful things. **2** (*unita a un senso di timore*) awe, wonderment. **3** (*cosa o persona meravigliosa*) wonder, marvel, (*di solito si traduce con l'aggettivo appropriato*): *una ~ di ragazza* a wonderful girl; *era una ~* it was a marvel. **4** (*opera meravigliosa*) wonder: *le meraviglie del creato* the wonders of creation. □ *a ~* (*perfettamente*), wonderfully (well), beautifully, (*colloq*) to a T: *le cose vanno a ~* things are getting on wonderfully; *questo abito ti sta a ~* this dress suits you to a T; *che ~!* how wonderful! *che ~ di orologio* what a wonderful watch; *che ~ sarebbe se...* how wonderful it would be if...; *che è una ~*

(*perfettamente*) wonderfully, wonderfully well, beautifully: *funziona che è una ~* it works wonderfully; *suona che è una ~* she plays beautifully; *con ~* in amazement, in astonishment; *con sua grande ~* to his great astonishment, to his great surprise; *fare meraviglie* to work wonders: *crede di aver fatto chissà che meraviglie* he thinks he has done something wonderful; *farsi ~ di qcu.* to be amazed at so.; *farsi ~ di qcs.* to be amazed at sth.; *nessuna ~ che...* it's no wonder..., it's no wonder that...

meravigliare (**meravìglio, meravìgli**) **I** *v.t.* to surprise (greatly), to amaze, to astonish, to astound: *le tue parole mi hanno meravigliato* your words surprised me; *la tua paura mi meraviglia* your fear surprises me. **II** *v.i.* (*aus.* **essere**) to cause surprise: *la cosa non deve* ~ it shouldn't surprise you. **III** *v.pron.* **meravigliarsi** to be surprised (*di* at, by), to be amazed (*di* at, by), to wonder (*di* at), to marvel (*di* at): *mi meraviglio di te* I'm surprised at you; *mi meraviglio del tuo comportamento* I'm surprised at your behaviour; *non mi meraviglierei se...* I wouldn't be surprised if... □ *non c'è da meravigliarsi* no wonder.

meravigliato *a.* surprised, astonished, amazed: *un'espressione meravigliata* an astonished look.

meravigliosamente *avv.* **1** wonderfully, marvellously. **2** (*straordinariamente*) extraordinarily.

meraviglioso I *a.* **1** wonderful, marvellous, splendid: *un paesaggio* ~ a wonderful landscape; *una gita meravigliosa* a splendid trip. **2** (*sorprendente*) surprising, amazing, astonishing. **II** *m.* **1** (the) supernatural. **2** (*ciò che suscita stupore*) wonder, marvel.

merc. *mercoledì* Wed. (Wednesday).

mercante *m.* (*f.* **-essa**) **1** merchant, trader, dealer. **2** (*bottegaio*) shopkeeper, tradesman, trader, retailer. □ ~ *d'arte* art dealer; ~ *di cavalli* horse dealer; ~ *di schiavi* slave dealer, slave trader, slaver; ~ *di stoffa* clothier, cloth merchant; ~ *di vini* wine merchant; ~ *in fiera* (*gioco di carte*) auction bridge.

mercanteggiamento *m.* bargaining, haggling.

mercanteggiare (**mercantéggio, mercantéggi**) **I** *v.i.* (*aus.* **avere**) **1** (*contrattare*) to bargain, to haggle (*su* over): ~ *sul prezzo* to bargain over the price. **2** (*speculare*) to speculate. **3** (*lett*) (*commerciare*) to deal, to trade: ~ *in vini* to deal in wines. **II** *v.t.* to traffic in (sth.), to sell: ~ *voti* to traffic in votes.

mercantesco (*pl.* **-chi**) *a.* trader's, (*spreg*) mercenary: *mentalità mercantesca* mercenary outlook.

mercantile I *a.* **1** (*relativo al commercio*) mercantile, merchant (*attr.*), commercial, trading: *diritto* ~ mercantile law; *città* ~ merchant city. **2** (*Mar*) mercantile, merchant (*attr.*): *flotta* ~ merchant fleet; *marina* ~ merchant navy, mercantile marine, (*Am*) merchant marine. **II** *m.* (*Mar*) merchant ship, merchantman, merchant vessel.

mercantilismo *m.* (*Econ,Pol*) mercantilism.

mercantilista I *m./f.* (*Econ,Pol*) mercantilist. **II** *a.* (*Econ,Pol*) mercantilist, mercantilistic.

mercantilistico (*pl.* **-ci**) *a.* (*Econ,Pol*) mercantilist, mercantilistic.

mercanzia *f.* **1** (*merce*) merchandise, goods *pl.*, wares *pl.*, commodities *pl.*: (*fig*) *far valere la propria* ~ to put oneself over, to sell oneself; (*fig*) *sapere vendere la propria* ~ to make the most of oneself. **2** (*colloq,spreg*) (*roba*) stuff, trash.

mercaptano m. (Chim) mercaptan.

mercatino m. 1 (mercato rionale) weekly market, street market. 2 (mercato delle pulci) flea market. 3 (Econ) unlisted market, unlisted securities market, over-the-counter market.

mercato m. 1 market: ~ rionale district market, local market. 2 (luogo) market place: andare al ~ to go to the market place. 3 (fig) (luogo rumoroso) bedlam: sembra di essere al ~! what a bedlam!, what a confusion! 4 (Econ) market, stock-market: il ~ dei diamanti the diamond market; trovare un ~ per un prodotto to find a market for a product; lanciare sul ~ un prodotto to throw a product on the market. 5 (trattazione, affare) bargain, (colloq) deal: fare ~ del proprio corpo to prostitute oneself. □ (Econ) ~a pronti spot market; (Econ) ~al rialzo sellers' market, bull market; (Econ) ~al ribasso buyers' market, bear market; ~ tendente al ribasso sagging market; ~all'aperto open-air market; ~all'ingrosso wholesale market; (Econ) ~aperto open market; (Econ) ~attivo brisk market; ~ automobilistico car market; (Econ) ~ azionario stock-market, equity market; (Econ) ~borsistico stock exchange market; (Econ) ~chiuso closed market; (Stor) ~comune europeo European Common Market; (Econ) ~concorrenziale competitive market; (Econ) ~coperto covered market, indoor market; (Econ) ~debole slack market, dull market; (Econ) ~dei cambi foreign exchange market; ~dei fiori flower market; (Econ) ~ dei titoli securities market, stock market; ~ dei titoli a reddito fisso bond market; ~del bestiame cattle market; (Econ) ~ del lavoro labour market; ~del pesce fish market; (Econ) ~delle divise foreign exchange market; (Econ) ~delle erbe vegetable market; (Econ) ~delle euroazioni Euroequity market; (Econ) ~delle eurodivise Eurocurrency market; (Econ) ~delle materie prime raw material market; ~delle pulci flea market; ~ dell'usato second-hand market, (Am) fleamarket; (Econ) ~depresso flat market;di ~ market (attr.), marketing: leggi di ~ market laws; tendenza di ~ market trend; prezzo di ~ market price; accordo di ~ marketing agreement; ricerca di ~ marketing research; ~di consumo consumer market; (Econ) ~di prova test market; (Econ) ~estero foreign market, overseas market; (Econ) ~favorevole buoyant market, favourable market; (Econ) ~fermo firm market; (Econ) ~fiacco slack market, dull market; (Econ) ~finanziario financial market; ~grigio grey market; ~immobiliare property market, (Am) real estate market; (Econ) ~ internazionale world market; (Econ) ~ interno domestic market, home market; ~ittico fish market; (Econ) ~libero free market; ~ marginale fringe market; (Econ) ~monetario money market; ~nero black market: comprare qcs. al ~ nero to buy sth. on the black market; (Econ) ~obbligazionario bond market; (Econ) ~off shore off shore market; ~ortofrutticolo fruit and vegatable market; ~petrolifero oil market; (Econ) ~ ristretto over-the-counter market, unlisted market; (Econ) ~sostenuto steady market; (Econ) ~ stabile stable market, steady market; (Econ) ~stagnante stagnant market; esseresul ~ to be on the market; (Econ) ~tranquillo quiet market; (Econ) ~ufficiale official market; (Econ) ~unico single market; (Econ) ~valutario foreign exchange market.

merce f. goods pl., merchandise, commodities pl., wares pl.: ritirare la ~ to collect the goods; spedire la ~ to send the goods; esportare della ~ to export goods. □ (Comm) ~ a collettame groupage goods (pl.); ~al dettaglio retail goods (pl.); (Comm) ~alla rinfusa bulk goods (pl.); (Comm) ~all'ingrosso wholesale goods (pl.); (colloq,fig) ~che scotta hot goods (pl.); (fig) non è ~comune it is a rare thing, it is a rare quality; (Comm) merci confezionate packaged goods (pl.); ~deperibile perishable goods (pl.), soft goods (pl.); (Comm) ~d'esportazione export goods (pl.), goods (pl.) for export, exports (pl.); ~di contrabbando smuggled goods (pl.); ~di prima scelta choice goods (pl.); ~di qualità scadente thirds (pl.); ~di qualità sopraffina superfines (pl.); ~di scarto : 1 (inferiore) shoddy goods (pl.), inferior goods (pl.); 2 (danneggiata) damaged goods (pl.), spoiled goods (pl.); 3 (scarti di magazzino) rejects (pl.); ~di seconda scelta second choice goods (pl.); (Comm) ~ di transito transit goods (pl.); ~di valore valuable goods (pl.); (Comm) mercidifettose faulty goods (pl.); (Comm) ~d'importazione imported goods (pl.), imports (pl.); (Comm) ~esposta goods (pl.) on display; (Comm) mercigiacenti unsold goods (pl.); ~in deposito goods (pl.) in consignment; (Comm) ~in giacenza goods (pl.) in store, goods (pl.) in stock; ~in magazzino goods (pl.) in stock, goods (pl.) on hand; ~in vendita goods (pl.) on offer; ~in vetrina goods (pl.) on display; ~in viaggio goods (pl.) on track, goods (pl.) in transport; mercinon vendute stock (costr.sing.) undisposed of, unsold goods (pl.); (fig) è una ~ rara it's a rare commodity; ~resa returned goods (pl.); ~rubata stolen goods (pl.); mercisdoganata duty paid goods (pl.); merci non sdoganate uncleared goods (pl.); (Comm) ~semigrezza semi-manufactured goods (pl.), unfinished goods (pl.), semi-finished goods (pl.); (Comm) ~semilavorata semi-manufactured goods (pl.), unfinished goods (pl.), semi-finished goods (pl.); (Comm) ~ vendutasottocosto loss leaders (pl.); ~viaggiante goods (pl.) on track, goods (pl.) in transport.

mercé I f. (lett) 1 (pietà) mercy, pity. 2 (grazia) grace, favour: chiedere ~ to beg for mercy; implorare ~ to cry for mercy. II prep. (ant, lett) thanks to: ~ il vostro aiuto thanks to your help. □ esserealla ~di qcu. to be at so.'s mercy; rimettersi alla ~ di qcu. to throw oneself at so.'s mercy; essere abbandonato alla ~ di qcu. to be left to the mercy of so.

mercede f. (lett) 1 (compenso) payment, wage. 2 (ricompensa) reward, recompense.

mercenario I a. mercenary (anche fig): esercito ~ mercenary army; amore ~ prostitution; scrittore ~ hack writer. II m. 1 (Stor) mercenary, mercenary soldier. 2 (fig,spreg) mercenary, hireling.

merceologia f. commodity economics (costr.sing.).

merceologico (pl. -ci) a. product (attr.), commodity (attr.): analisi merceologica product analysis.

merceria f. 1 (negozio) haberdashery, haberdasher's shop. 2 pl. (articoli) haberdashery (costr.sing.).

mercerizzare (**mercerìzzo**) v.t. (Tess) to mercerize: macchina per ~ mercerizing machine.

mercerizzato a. (Tess) mercerized.

mercerizzazione f. (Tess) mercerization.

merchandising /mertʃan'dajziŋg/ m. (Econ) merchandising.

merciaio m. (f. -a) haberdasher. □ (ant) ~ambulante pedlar, hawker.

mercificare (**mercìfico**, **mercìfichi**) v.t. to commodify, to commercialize.

mercificazione f. commodification, commercialization.

mercimonio m. (rar) illicit trade, trafficking.

mercoledì m. Wednesday. □ (Rel) ~delle ceneri Ash Wednesday;di ~ on Wednesday: aperto di ~ (Br) open on Wednesdays, (Am) open Wednesday;il ~ on Wednesday: aperto il ~ (Br) open on Wednesdays, (Am) open Wednesday; ~mattina Wednesday morning;ogni ~ on Wednesdays, (Am) Wednesday; ~pomeriggio Wednesday afternoon; ~prossimo next Wednesday;questo ~ next Wednesday; ~scorso last Wednesday; ~sera Wednesday night;un ~ one Wednesday.

mercuriale [1] a. (Farm) mercurial.

mercuriale [2] f. (Comm) market report, market list.

mercuriale [3] f. (Bot) annual mercury.

mercurialismo m. (Med) mercurialism, mercury poisoning.

mercuriano a. (Astr) Mercurian.

mercurico a. (Chim) mercuric, mercury (attr.): acetato ~ mercuric acetate.

mercurio m. (Chim) mercury, (ant) quicksilver: bromuro di ~ mercuric bromide; cloruro di ~ mercuric chloride; fulminato di ~ mercury fulminate. □ a ~ mercury (attr.): (Tecn) manometro a ~ mercury manometer; (El) interruttore a ~ mercury switch.

Mercurio n.pr.m. (Mitol,Astr) Mercury.

mercurocromo m. (Farm) Mercurochrome.

mercuroso a. (Chim) mercurous: acetato ~ mercurous acetate.

merda I f. (volg) 1 shit: trattare qcu. come un pezzo di ~ to treat so. like a piece of shit, to shit on so.; faccia di ~ shit face; fare una figura di ~ to behave like a real prick, to act like a real prick. 2 (fig) (rif. a cosa) crap. 3 (fig) (rif. a persona) bastard, shit-ass: sei una ~ you are a shit; mi tratti come una ~ you treat me like dirt, you treat me like shit. 4 (fig) (situazione difficile) shit: essere nella ~ fino al collo to be in deep shit, to be up shit creek (without a paddle). II intz. (volg) shit!: ~! ho perso le chiavi! shit! I lost my keys! □ (volg)di ~ shitty: è stata una giornata di ~ it has been a shitty day; che tempo di ~! what shitty weather!

merdaccia f. (volg) (rif. a persona) shit, shitass: sentirsi una ~ to feel a poor shit.

merdaio m. (volg) 1 shit-heap. 2 (fig) (ambiente sozzo) shithouse, sink, cesspool.

merdoso a. (volg) 1 shitty. 2 (fig,spreg) shitty, filthy, disgusting.

merenda f. tea, snack, afternoon snack: l'ora della ~ tea-time. □ fare ~ to take a snack, to have a snack: i bambini stanno facendo ~ the children are having a snack.

merendina f. (prodotto dolciario) snack cake.

meretrice f. (lett) prostitute, harlot.

meretricio I m. (lett) prostitution. II a. (lett) meretricious.

mergo (pl. -ghi) m. (Ornit) merganser.

meridiana I f. (orologio solare) sundial. II a. (Astr) meridian: altezza ~ meridian altitude; osservazione ~ meridian observation.

meridiano I a. 1 (di mezzogiorno) midday (attr.), noon (attr.), noonday (attr.), meridian: calore ~ midday heat. 2 (Geom,Geog) meridian: cerchio ~ meridian circle. II m. 1 (Geog, Astr) meridian. 2 pl. (in agopuntura) meridians. □ (Geog) ~astronomico celestial meridian; (Geog) ~celeste celestial meridian;

meridionale *(Geog)* ~ *fondamentale* first meridian, prime meridian, Greenwich meridian; *(Geog)* ~ *magnetico* magnetic meridian; *(Geog)* ~ *terrestre* terrestrial meridian; *(Geog)* ~ *zero* zero meridian, first meridian, prime meridian, Greenwich meridian.

meridionale I *a.* southern, south *(attr.)*, southerly, meridional: *Africa* ~ Southern Africa; *venti meridionali* south winds. II *m./f.* 1 southerner. 2 *(italiano meridionale)* Southern Italian.

meridionalismo *m.* 1 *(Ling)* South Italian idiom, South Italian expression. 2 *(impegno nei confronti dell'Italia meridionale)* concern for the problems of Southern Italy.

meridionalista *m./f.* expert on problems of Southern Italy.

meridionalistico *(pl.* **-ci)** *a.* 1 *(del meridione)* southern, meridional. 2 *(del meridionalismo)* concerning the culture and problems of Southern Italy.

meridionalizzare (**meridionalìzzo**) I *v.t.* to southernize. II *v.pron.* **meridionalizzarsi** to become southernized.

meridionalizzazione *f.* southernization.

meridione *m.* 1 south. 2 *(Italia meridionale)* Southern Italy. □ *essere a* ~ *di* to be south of; *verso il* ~: 1 *(usato come aggettivo)* southward; 2 *(usato come avverbio)* southwards, south.

meriggiare (**merìggio;** *aus.* avere) *v.i.* *(lett)* to rest at noon (in the shade).

meriggio *m.* *(lett)* midday, noon, noontide.

meringa *f.* *(Dolc)* meringue.

meringata *f.* *(Dolc)* meringue cake, meringue topped cake, meringue pie.

merino I *m.* 1 *(razza)* Merino. 2 *(Tess)* merino. II *a.inv.* merino *(attr.)*: *pecore* ~ merino sheep; *lana* ~ merino wool.

meristema *m.* *(Bot)* meristem. □ *(Bot)* ~ *apicale* apical meristem; *(Bot)* ~ *primario* primary meristem; *(Bot)* ~ *radicale* root meristem; *(Bot)* ~ *secondario* secondary meristem.

meristematico *(pl.* **-ci)** *a.* *(Bot)* meristematic.

meritare (**mèrito**) I *v.t.* 1 to deserve, to merit, to be deserving of: ~ *la fiducia di qcu.* to deserve so.'s trust; *ha avuto ciò che si meritava* he got what he deserved. 2 *(essere degno)* to be worthy of *(anche assol.)*: *quel film merita* that film is worth seeing; *non merita it's* not worth the trouble. 3 *(procurare)* to procure, to earn: *l'avvenimento gli ha meritato molta fama* the event earned him great reputation. II *v.i.* *(aus.* avere) *(valere la pena)* *(costruzione impersonale)* to be worth (while), to be useful, to be of use: *non merita che se ne parli* it's not worth talking about. □ *che merita di essere letto* worth reading, worthwhile reading; *che non merita attenzione* unworthy of attention; *non merita conto* it's not worth while; ~ *di meglio* to deserve better than this; ~ *fede:* 1 to be reliable, to be trustworthy; 2 *(essere credibile)* to be credible; *hai avuto quello che ti meritavi* you got your just deserts; *se l'è meritato:* 1 he deserves it; 2 *(iron)* *(gli sta bene)* it serves him right, he deserved it.

meritatamente *avv.* 1 *(giustamente)* rightly, deservedly, justly. 2 *(secondo il merito)* according to one's merit.

meritevole *a.* 1 deserving *(di qcs.* sth., of sth.), worthy *(di* of): *azione* ~ *di lode* praiseworthy action, action deserving praise. 2 *(degno di lode)* meritorious, praiseworthy: *alunni meritevoli* meritorious students. □ ~ *di biasimo* blameworthy; ~ *di credito* creditworthy.

merito *m.* 1 *(pregio)* merit, credit, worth: *il tuo maggior* ~ *è l'onestà* your greatest merit is your honesty; *di nessun* ~ worthless, of no merit; *meriti e difetti* merits and faults; *prendersi il* ~ *di qcs.* to take the credit for sth.; *andare a* ~ *di qcu.* to be to so.'s credit; *dare a qcu.* ~ *di qcs.* (o *rendere* ~ *a qcu. di qcs.* o *riconoscere a qcu. il* ~ *di qcs.)* to give so. credit for sth.; *tornare a* ~ *di qcu.* to be to so.'s credit. 2 *(servizio)* service: *i suoi meriti verso il proprio paese* his services to his country. 3 *(aspetto sostanziale)* merits *pl.*, substance: *entrare nel* ~ *di una questione* to enter into the merits of a question, to go into a question, to come to the heart of the matter. 4 *(ricompensa)* merit, reward: *Dio te ne renda* ~ may God reward you! 5 *(valore)* credit, honour. □ *a suo* ~ *bisogna dire che...* to his credit it must be said that...; *dare a qcu. il* ~ *di* to give so. credit for; *è* ~ *mio* it's thanks to me; *non so niente in* ~ I know nothing about it; *in* ~ *a* as to, as regards, regarding, with respect to, with regard to; *per* ~ *di qcu.* through so., thanks to so.; *non certo per* ~ *mio!* no thanks to me!; *secondo il* ~ according to merit; *va a tuo* ~ *che...* it is to your merit that...

meritocratico *(pl.* **-ci)** *a.* meritocratic.

meritocrazia *f.* meritocracy.

meritorio *a.* meritorious, well-deserving.

merla *f.* *(Ornit)* hen blackbird.

merlano, merlango *m.* *(Itt)* whiting.

merlare (**mèrlo**) *v.t.* *(ornare di merli)* to embattle, to crenellate, *(Am)* to crenelate.

merlato *a.* 1 embattled, battlemented, crenellated, *(Am)* crenelated. 2 *(Arald)* embattled.

merlatura *f.* battlement, crenellation, *(Am)* crenelation.

merlettaia *f.* *(artigiana)* lace maker, lace worker.

merlettare (**merlétto**) *v.t.* to trim (sth.) with lace, to adorn (sth.) with lace, to lace.

merlettatura *f.* 1 *(guarnizione)* lace, lace trimming. 2 *(il merlettare)* trimming with lace.

merletto *m.* *(nel ricamo)* lace. □ ~ *a tombolo* pillow lace, bobbin lace; ~ *ad ago* needle lace; ~ *all'uncinetto* crochet lace.

merlino *m.* *(Mar)* marline, spun yarn.

Merlino *m.* *(Lett)* Merlin: *mago* ~ Merlin, Merlin the Magician.

merlo¹ *m.* *(f.* **-a)** 1 *(Ornit)* blackbird. 2 *(fig)* fool, simpleton, ass: *che* ~ *che sei!* what a simpleton you are! □ *(Ornit)* ~ *acquaiolo* dipper.

merlo² *m.* *(Arch)* merlon. □ *(Arch)* ~ *ghibellino* swallowtail; *(Arch)* ~ *guelfo* flat-top merlon.

merlone *m.* *(Mil)* merlon.

merlotto *m.* 1 *(giovane merlo)* young blackbird. 2 *(fig)* *(persona sciocca)* fool, simpleton, ass. 3 *(Arald)* martlet.

merluzzo *m.* *(Itt)* cod: *olio di fegato di* ~ cod-liver oil.

mero *a.* *(lett)* mere, sheer: *è stata una mera combinazione* it was a mere coincidence.

meroblastico *a.* *(Biol)* meroblastic.

meroitico *a.* *(Archeol)* meroitic.

merope *m.* *(Ornit)* *(gruccione)* bee-eater.

merovingico *(pl.* **-ci)** *a.* *(Stor)* Merovingian.

Merovingio I *n.pr.m.* *(Stor)* Merovingians *pl.* II *a.* *(Stor)* Merovingian.

mesata *f.* 1 *(salario di un mese)* month's pay, month's wages. 2 *(region)* *(circa un mese)* about a month.

mescal *m.* mescal.

mescalina *f.* *(Chim)* mescaline.

mescere *(pres.ind.* **mésco, mésci;** *p.rem.* **mescéi;** *p.p.* **mesciùto)** *v.t.* 1 to pour, to pour out: ~ *il vino* to pour the wine. 2 *(lett)* *(mescolare)* to mix.

meschinamente *avv.* *(grettamente)* meanly, pettily, scantily, shabbily, poorly.

meschinità *f.* 1 *(grettezza)* meanness. 2 *(limitatezza)* narrow-mindedness, pettiness. 3 *(azione meschina)* mean action. 4 *(discorso meschino)* mean words. 5 *(scarsezza)* scantiness, shabbiness, poorness.

meschino I *a.* 1 *(gretto)* mean; *(limitato)* narrow-minded, petty: *sei stato davvero* ~ you have been really mean. 2 *(scarso)* scanty, poor: *un'offerta meschina* a poor offer. 3 *(lett)* *(misero)* wretched, poor. II *m.* *(f.* **-a)** 1 mean person, petty person, small-minded person. 2 *(persona misera)* wretch, poor wretch, poor fellow.

mescita *f.* 1 *(il mescere)* pouring, pouring out: *banco di* ~ bar. 2 *(region)* *(osteria)* tavern, public house.

mescitore *m.* *(f.* **-trice)** barman *(f.* barmaid).

mesciuto → **mescere.**

mescola *f.* *(Chim)* mix.

mescolamento *m.* mixing, mingling.

mescolanza *f.* 1 mixture, blend, mix, mixing, blending. 2 *(fig)* *(accozzaglia)* mixture, medley, hotchpotch, *(Am)* hodgepodge: *una* ~ *di stili diversi* a mixture of different styles.

mescolare (**méscolo**) I *v.t.* 1 to mix, to blend, to mingle: ~ *il vino con l'acqua* to mix wine with water; ~ *tutti gli ingredienti* to blend all the ingredients together. 2 *(rimestare)* to stir: ~ *il sugo* to stir the sauce; ~ *il caffè* to stir the coffee. 3 *(rif. a insalata)* to toss. 4 *(rif. a colori)* to merge. 5 *(rif. a carte da gioco)* to shuffle: ~ *le carte* to shuffle cards. 6 *(mettere in disordine)* to shuffle, to jumble up. 7 *(fig)* *(accostare)* to mix, to mix up; *(combinare)* to combine. 8 *(fig)* *(confondere)* to mix, to mix up, to mingle. II *v.pron.* **mescolarsi** 1 to mix, to blend. 2 *(finire insieme in modo disordinato)* to get mixed up, to get jumbled up: *i miei e i tuoi calzini si sono mescolati di nuovo!* my socks and yours got mixed up again! 3 *(unirsi, confondersi)* to mix, to mingle, to mingle up *(a, fra* with): *mescolarsi tra la folla* to get mixed up with the crowd, to mingle with the crowd.

mescolata *f.* 1 mix, mixing. 2 *(rif. a carte da gioco)* shuffle, shuffling (of the playing cards): *dare una* ~ *alle carte* to give the cards a shuffle. 3 *(rimestata)* stir, stirring: *dare una* ~ *alla minestra* to give the soup a stir. 4 *(rif. a insalata)* toss.

mescolatore I *m.* *(f.* **-trice)** mixer. II *a.* mixing.

mescolatura *f.* mixing, blending.

mescolio *m.* *(mescolamento continuo)* mixing, mingling.

mese *m.* 1 month: *nel* ~ *di Giugno* In June; *un* ~ *di ferie* a month's holiday. 2 *(paga)* month's pay, month's wages; *(stipendio)* month's salary. 3 *(canone d'affitto)* month's rent. □ *al* ~ per month, a month; *(Astr)* ~ *anomalistico* anomalistic month; *(Astr)* ~ *civile* calendar month; *(Comm)* ~ *contrattuale* contract month; *del* ~ *corrente:* 1 of this month *(posposto)*; 2 *(Comm)* instant *(posposto)*: *il giorno 10 del* ~ *corrente* on the 10th instant; *non la vedo da mesi* I haven't seen her for months; *di due mesi* *(rif. a neonato)* two months old *(attr.)*; *due mesi di affitto* two months' rent; *è al terzo* ~ *di gravidanza* she is in her third month, she is three-months pregnant, she is three months gone; *di* ~ *in* ~ from month to month, month after month, month by month; (*Astr*) *~dra-conico* nodical month; *il ~entrante* next month, the coming month; *un ~fa* a month ago; *~lunare* lunar month; *~mariano* marian month;*ogni* ~ every month, monthly; *una volta ogni sei mesi* once every six months*per mesi* for months; *per mesi e mesi* for months and months;*per tutto il* ~ all month, for the whole month; *il ~prossimo* next month; *il ~scorso* last month; *un ~sì e uno no* every other month; (*Astr*) *~siderale* sidereal month; (*Astr*) *~solare* solar month; *tra un* ~ in a month's time; (*Astr*) *~tropico* tropical month;*tutti i mesi* every month, monthly.

mesencefalico (*pl.* **-ci**) *a.* (*Anat*) mesencephalic.

mesencefalo *m.* (*Anat*) mesencephalon.

mesenchima *m.* (*Biol*) mesenchyme.

mesenchimale *a.* (*Biol*) mesenchymal.

mesentere *m.* (*Anat*) mesentery.

mesenterico (*pl.* **-ci**) *a.* (*Anat*) mesenteric.

mesenterite *f.* (*Med*) mesenteritis.

mesetto *m.* about a month, a month or thereabouts: *ci vorrà un* ~ it'll take about a month.

Mesia *f.* (*Geog.stor*) Moesia, Mesia.

mesmerico (*pl.* **-ci**) *a.* (*Med,Psic*) mesmeric.

mesmerismo *m.* (*Med,Psic*) mesmerism.

mesmerizzare (**mesmerìzzo**) *v.t.* (*Med, Psic*) to mesmerize.

mesocarpio ,mesocarpo *m.* (*Bot*) mesocarp.

mesocefalia *f.* (*Anat*) mesocephaly.

mesocefalo *m.* (*Anat*) mesocephaly.

mesocolon *m.* (*Anat*) mesocolon.

mesoderma *m.* (*Biol*) mesoderm, mesoblast.

mesofita *f.* (*Bot*) mesophyte.

mesolitico (*pl.* **-ci**) **I** *a.* Mesolithic. **II** *m.* the Mesolithic period, Middle Stone Age.

mesomeria *f.* (*Chim*) mesomerism, resonance.

mesomero **I** *a.* (*Chim*) mesomeric. **II** *m.* (*Biol*) mesomere.

mesone *m.* (*Fis*) meson. □ (*Fis*) *~omega* omega meson; (*Fis*) *~ro* rho meson.

mesonico (*pl.* **-ci**) *a.* (*Fis*) mesonic: *raggio x* ~ mesonic x-ray.

Mesopotamia *n.pr.f.* (*Geog.stor*) Mesopotamia.

mesopotamico (*pl.* **-ci**) *a.* (*Geog.stor*) Mesopotamian.

mesosfera *f.* (*Meteor*) mesosphere.

mesotelio *m.* (*Anat*) mesothelium.

mesoterapia *f.* (*Med*) mesotherapy.

mesotorio *m.* (*Chim*) mesothorium.

mesotrone *m.* (*Fis*) mesotron.

mesozoi *m.pl.* (*Zool*) Mesozoa.

mesozoico (*pl.* **-ci**) **I** *a.* (*Geol*) Mesozoic. **II** *m.* (*Geol*) Mesozoic Era.

messa [1] *f.* (*Lit*) Mass: *assistere alla* ~ to hear Mass; *celebrare la* ~ to say Mass, to celebrate Mass; *servire* ~ to serve Mass; *ascoltare la* ~ to listen to the Mass. □ *andare a* ~ to go to Mass; *~bassa* Low Mass; *~ cantata* sung Mass; (*Mus*) *~da requiem* Requiem Mass; *~di mezzanotte* Midnight Mass; *~di Natale* Christmas Day Mass; (*Mus*) *~di requiem* Requiem Mass; *~di trigesima* trental; *~grande* High Mass; *~in suffragio di qcu.* Mass offered for so., Mass offered for the soul of so.; *~nera* black Mass; (*Lit*) *~piana* (*non cantata*) low Mass; *~prima* early Mass; *~solenne* High Mass; *~vespertina* evening Mass.

messa [2] *f.* **1** (*il mettere*) putting, placing, setting, laying. **2** (*nel gioco: puntata*) stake.

□ (*Giard*) *~a dimora* (*di una pianta*) bedding out, bedding out of a plant; *~a fuoco* : 1 (*Fot*) focus, focusing: ~ *a fuoco automatica* automatic focusing, autofocusing; ~ *a fuoco all'infinito* infinity focusing; 2 (*fig*) focus, focusing: ~ *a fuoco di un problema* getting a problem into focus, focusing of a problem; *~a punto* : 1 (*Mecc*) setting up, adjustment; 2 (*Mot*) tuning, tune-up; 3 (*di registrazioni*) line-up; 4 (*Inform*) (*di programma*) debugging; (*miglioramento delle prestazioni*) enhancement; 5 (*fig*) restatement, definition, clarification; (*El*) *~a terra* earthing, earthing connection, grounding; (*Pol*) *~al bando delle armi nucleari* ban on nuclear weapons; ~ *in atto* realization, execution; *~in azione* : 1 (*avviamento*) switching on, starting, start up; 2 (*fig*) putting into action, putting into operation: *la* ~ *in azione di un piano* the putting into action of a plan; (*Mar*) *~in cantiere* laying down; (*Econ*) *~in circolazione* issue; (*Tip*) *~in macchina* lock up, imposing, imposition; (*Mot*) *~in marcia* putting into gear, starting up; *~in moto* : 1 starting, starting up; 2 (*Aut*) ignition; (*Rad,TV*) *~in onda* airing, broadcasting; *~in opera* : 1 installation, setting up; 2 (*Edil*) laying; (*Astron*) *~in orbita* launching into orbit; *~in palio* setting as a prize; *~in piega* : 1 (*azione*) styling, styling of hair, set, blow styling; 2 (*pettinatura*) hair-set: *farsi la messa in* ~ to have one's hair set; *farsi fare la* ~ *in piega* to have one's hair set; *~in scena* : 1 (*Teat*) staging, mise-en-scène; 2 (*fig*) pretence, (*collog*) act: *è tutta una* ~ *in scena* it's all a put on show; (*Tecn*) *~in sicurezza* safety measures *pl.*: *in sicurezza di emergenza* emergency safety measures *pl.*; (*Dir*) *~in vigore* enforcement.

messaggeria *f.* **1** *spec.pl.* (*Comm,Edit*) book and magazine distributor. **2** (*Comm*) (*distribuzione*) distribution, delivery service: ~ *postale* postal delivery service. □ (*Tel*) *~vocale* voice mail.

messaggero **I** *m.* (*f.* **-a**) **1** messenger; (*latore*) bearer: ~ *di pace* messenger of peace. **2** (*fig*) herald, forerunner, harbinger. **3** (*Post*) postal official. **II** *a.* (*lett*) announcing, herald (*attr.*).

messaggino *m.* (*Tel,colloq*) short message, message, SMS message: *mandami un* ~ *quando esci dal lavoro* send me a short message when you leave work.

messaggio *m.* **1** message (*anche fig*): ~ *telegrafico* telegraphic message; *inviare un* ~ to send a message; *scrivere un* ~ to write a message; (*fig*) *il* ~ *del libro* the message of the book. **2** (*discorso*) address: *il* ~ *del presidente alla nazione* the President's address to the country. **3** (*Inform,Tel*) message. □ ~ *cifrato* coded message; (*Tel*) *~di accensione* initial message; (*Inform*) *~di cancellazione* cancel message; (*Inform*) *~di errore* error message; (*Inform*) *~di posta elettronica* e-mail; *~in bottiglia* message in a bottle (*anche fig*); (*Tel*) *~iniziale di accensione* initial message; (*Inform*) *~istantanei* instant messages;*lasciare un* ~ to leave a message (for so.), to leave (so.) a massage (*anche Tel*); (*Cin,TV*) *~pubblicitario* commercial; *~registrato* taped message; *~segreto* secret message; *~subliminale* subliminal message; *~telefonico* telephone message; ~ *vocale* voice message.

messaggistica *f.* (*Tel,Elettron*) messaging: *client di* ~ messaging client. □ (*Tel, Elettron*) *~vocale* vocal messaging.

messale *m.* (*Lit*) missal, Mass book.

Messalina *n.pr.f.* (*Stor*) Messalina.

messe *f.* **1** (*raccolto*) crop, harvest: *un'ab-*

bondante ~ a good crop. **2** *spec.pl.* (*insieme dei cereali*) corn, wheat: *le messi ondeggianti* the rippling wheat. **3** (*mietitura*) reaping, harvesting: *il tempo della* ~ harvest time. **4** (*fig*) crop, harvest: *raccogliere una* ~ *di elogi* to reap praise.

messere *m.* (*ant*) **1** (*seguito da nome proprio*) master. **2** (*seguito da nome comune*) my lord (the). **3** (*vocativo*) Sir, my Lord.

messia *m.* **1** (*Bibl*) Messiah. **2** (*fig*) (*salvatore*) saviour, messiah: *aspettare qcu. come il* ~ to await so.'s coming eagerly.

messianicità *f.* Messianic character, messiahship.

messianico (*pl.* **-ci**) *a.* Messianic: *ebreo* ~ Messianic Hebrew.

messianismo *m.* Messianism (*anche fig*).

messicano **I** *a.* Mexican, of Mexico (*posposto*). **II** *m.* **1** (*f.* **-a**) (*abitante*) Mexican, (*Am*) Mexicano. **2** (*Gastron*) stuffed veal, stuffed pork.

Messico *n.pr.m.* (*Geog*) Mexico.

messicolo *a.* (*Bot*) of a plant growing in corn-grounds.

messinscena *f.* **1** staging, mise-en-scène: *la* ~ *di una commedia* the staging of a play. **2** (*fig*) pretence, sham, (*colloq*) act: *è tutta una* ~ it's all an act, it's all a put on, it's all a show.

messo [1] → **mettere** □ *~bene* (*in buone condizioni finanziarie*) well-off; *come sei* ~*?* how are you?, how's life?, how is your work going?; *come sei* ~ *a soldi?* what about money?, what's your money situation?; ~ *male* : 1 (*in cattive condizioni finanziarie*) badly-off, hard up; 2 (*in cattive condizioni di salute*) low, in poor shape.

messo [2] *m.* **1** (*messaggero*) messenger. **2** (*nei pubblici uffici*) envoy, agent, messenger, (*di tribunale*) usher: ~ *comunale* town council envoy.

mestamente *avv.* sadly, mournfully, dismally.

mestare (**mésto**) *v.t.* (*rar*) **1** (*rimescolare*) to stir: ~ *la minestra* to stir the soup. **2** (*assol.*) (*intrigare, brigare*) to intrigue, to plot; (*interferire negli affari altrui*) to meddle. □ *~nel torbido* to fish in troubled waters.

mestatoio *m.* **1** stirrer, mixer; (*per agitare*) shaker. **2** (*cucchiaio*) stirring spoon.

mestatore *m.* (*f.* **-trice**) **1** (*chi mesta*) stirrer. **2** (*fig*) (*intrallazzatore*) intriguer, plotter.

mestica *f.* (*Pitt*) priming, primer.

mesticanza *f.* (*region*) mixed salad.

mesticare (**mèstico, mèstichi**) *v.t.* (*Pitt*) **1** (*mescolare i colori*) to mix paint, to blend paint. **2** (*applicare la mestica*) to prime.

mesticatore *m.* (*f.* **-trice**) (*Pitt*) paint seller, painter dealer.

mesticheria *f.* (*region*) paint shop.

mestichino *m.* (*Pitt*) palette knife.

mestierante *m./f.* hireling.

mestiere *m.* **1** trade; (*arte manuale*) craft: *esercitare un* ~ to carry on a trade; *conoscere il proprio* ~ to know one's trade. **2** (*impiego*) job, occupation; (*professione*) profession; (*lavoro*) work, (*colloq*) job: *che ~ fa?* what's his job?, what's his occupation?, what does he do for a living?; *cambiare* ~ to change one's job, to change one's work, to change one's profession; *imparare il* ~ to learn the ropes, to learn the business. **3** (*spreg*) business, mere job: *ha fatto del ministero religioso un* ~ he has reduced ministry to a mere job. **4** (*pratica*) experience, skill, specialized knowledge, inside knowledge: *per questo lavoro ci vuole* ~ to do this job you need skill. **5** *pl.* (*region*) (*faccende di casa*) housework (*costr.sing.*), house chores: *fare i mestieri* to do the housework. □ (*colloq*) essere

del ~ (*essere competente*) to be an expert, to know what one is about, to know one's job; *le persone del ~* people in the business; *uno del ~* an expert, a professional; *~ del muratore* bricklayer's trade, bricklaying; *di ~*: 1 by profession (*posposto*), by trade (*posposto*): *fare l'avvocato di ~* to be a lawyer by profession; *faccio il pianista di ~* I am a professional pianist; 2 (*spreg*) (*privo di genialità*) uninspired, mediocre: *un'opera di ~* an uninspired work; 3 (*fig*) (*abitudinario*) professional, real, habitual: *è una pettegola di ~* she is a professional gossip; *~ di falegname* carpenter's trade, carpentry; (*scherz*) *è il mio ~* I'm an old hand at it; (*scherz*) *non è il mio ~* it's not my line of work, it's not my forte, it's not my strength, (*colloq*) it's not my bag; (*fig*) *fare bene il proprio ~* to be good at one's job; *pensa a fare il tuo ~!* mind your own business!; (*eufem*) *fare il ~* to be on the game; (*eufem*) *il ~ più antico del mondo* the oldest profession in the world; *fare tutti i mestieri* (*arrabattarsi*) to be a jack-of-all-trades.

mestizia *f.* sadness, melancholy, dismalness.

mesto *a.* sad, dismal, melancholy.

mestola *f.* 1 (*mestolo*) ladle, dipper. 2 (*cazzuola*) trowel. 3 *pl.* (*scherz*) (*mani larghe e grosse*) ham-like hands.

mestolame *m.* spoons and ladles *pl.*

mestolata *f.* 1 (*quantità*) ladleful. 2 (*colpo*) blow with a ladle.

mestolo *m.* 1 ladle, dipper. 2 (*region*) (*cucchiaio di legno*) wooden ladle. □ *~ bucato* skimmer, strainer; *~ di legno* wooden ladle; *~ forato* skimmer, strainer; (*fig*) *avere il ~ in mano* (*comandare*) to be the boss.

mestolone *m.* (*Ornit*) shoveler-duck, shoveller-duck.

mestruale *a.* (*Fisiol*) menstrual.

mestruazione *f.* (*Fisiol*) menstruation, (*colloq*) period: *ho le mestruazioni* I have my period; *mi sono arrivate le mestruazioni* my period came, I got my period.

mestruo *m.* (*Fisiol*) menstruation, (*colloq*) period.

metà *f.* 1 half: *la ~ di dodici è sei* half of twelve is six; *ha mangiato ~ della bistecca* he ate half the steak; *almeno la ~ dei miei libri* at least half of the books I have. 2 (*parte centrale: in senso temporale*) middle, mid: *verso la ~ del mese* towards the middle of the month; *a ~ maggio* in mid May. 3 (*fig,scherz*) (*consorte*) other half, better half: *la mia dolce ~* my better half. □ *a ~*: 1 (*per metà*) half, by half: *vuotare la bottiglia a ~* to half empty the bottle; 2 (*nel mezzo: in espressioni di tempo*) middle, in the middle: *a ~ di agosto* in the middle of August, in mid-August; *a ~ degli anni '80* in the mid-1980s; 2 (*nel mezzo: in espressioni di luogo*) in the middle, down the middle: *spaccare qcs. a ~* to cut sth. down the middle; 3 (*in due parti uguali*) in half: *dividere qcs. a ~* to devide sth. in half, to devide sth. in(to) two halves; 4 (*non terminato*) half-done: *lasciare qcs. a ~* to leave sth. unfinished, to leave sth. half-done; *fare le cose a ~* to do things by halves; 5 (*a metà strada*) halfway: *fermarsi a ~ di un viaggio* to stop halfway through a journey; *sono a ~ del lavoro* I'm halfway through the job; *a ~ pagina* halfway down the page; *a ~ pomeriggio* mid-afternoon; *a ~ prezzo* (at) half price; *vendere a ~ prezzo* to sell at half price; *a ~ settimana* halfway through the week, by midweek, at midweek: *siamo già a ~ settimana* we are already midweek; *finirò il lavoro entro ~ settimana* I'll finish the work by midweek; *a ~ strada* half-

way, midway; *siamo a ~ strada* we are halfway there; *incontrarsi a ~ strada* to meet midway, to meet halfway; (*fig*) *avere qcs. a ~ con qcu.* to share sth. equally with so.; (*Sport*) *~ campo* half; *linea di ~ campo* halfway line; *tu hai la ~ dei miei anni* you're half my age; *~ delle volte* half of the time; *~ e ~* half and half; (*colloq*) *fare a ~*: 1 (*spartire ugualmente*), to share equally, to go fifty-fifty, to go halves (*con with*); 2 (*dividere*) to halve, to share; *la sua casa è la ~ della mia* his house is only half as big as mine; *per ~* half (*attr.*): *è finito per ~* it is half-finished; *è per ~ americana e per ~ australiana* she is half American and half Australian.

meta[1] *f.* 1 destination: *raggiungere la ~* to get to one's destination, to reach one's destination; *la ~ del viaggio* the destination of the voyage, the voyage destination, the journey's end. 2 (*fig*) (*scopo*) aim, goal, end: *proporsi una ~ nella vita* to give one's life a purpose; *prefiggersi una ~* to set oneself a goal; *raggiungere la ~ prefissa* to reach one's set goal. 3 (*Sport*) (*traguardo*) goal; (*nel rugby*) try: *andare in ~* (o *segnare una ~*) to score a try. 4 (*Archeol*) meta. □ *senza ~*: 1 (*usato come aggettivo*) aimless, purposeless: *un viaggio senza ~* an aimless voyage; 2 (*usato come avverbio*) aimlessly, purposelessly: *vagare senza ~* to wander about aimlessly.

meta[2] *f.* 1 (*mucchio di paglia*) pile of straw, (*mucchio di fieno*) haystack. 2 (*escremento di grosso animale*) dung, turd; (*di vacca*) cowpatty, cowpat; (*di cavallo*) horse-apple.

meta[3] *m.inv.* (*Chim,colloq*) (*metaldeide*) metaldehyde.

metabasi *f.* (*Ret*) metabasis.

metabolicamente *avv.* (*Fisiol*) metabolically.

metabolico (*pl.* **-ci**) *a.* (*Fisiol*) metabolic: *processo ~* metabolic process; *squilibrio ~* metabolic disequilibrium.

metabolismo *m.* (*Fisiol*) metabolism. □ *~ basale* basal metabolism, basal metabolic rate; *~ energetico* energy metabolism.

metabolita, metabolito *m.* (*Biol*) metabolite. □ (*Biol*) *~ primario* primary metabolite; (*Biol*) *~ secondario* secondary metabolite.

metabolizzare (**metabolizzo**) *v.t.* 1 (*Fisiol*) to metabolize: *~ i cibi* to metabolize food. 2 (*fig*) (*assimilare*) to assimilate: *~ un cambiamento* to assimilate a change.

metacarpo *m.* (*Anat*) metacarpus.

metacentro *m.* (*Mar*) (*Br*) metacentre, (*Am*) metacenter.

metacrilato *m.* (*Chim*) methacrylate.

metacrilico (*pl.* **-ci**) *a.* (*Chim*) methacrylic: *acido ~* methacrylic acid.

metadone *m.* (*Farm*) methadone.

metaemoglobina *f.* (*Med*) methaemoglobin, (*Am*) methemoglobin.

metafase *f.* (*Biol*) metaphase.

metafisi *f.* (*Anat*) metaphysis.

metafisica *f.* (*Filos*) metaphysics (*costr. sing.*).

metafisicamente *avv.* (*Filos*) metaphysically.

metafisico (*pl.* **-ci**) **I** *a.* 1 (*Filos,Lett,Pitt*) metaphysical: *un problema ~* a metaphysical problem; *poeta ~* metaphysical poet; *pittura metafisica* metaphysical painting. 2 (*fig, spreg*) (*astruso*) abstruse, abstract. **II** *m.* 1 (*Filos*) metaphysician. 2 (*lett*) (*poeta*) metaphysical, metaphysical poet. 3 (*Pitt*) metaphysical painter.

metafonesi, metafonia *f.* (*Ling*) metaphony, umlaut.

metafora *f.* (*Ret*) metaphor: (*fig*) *parlare per metafore* to speak metaphorically, to be allusive.

metaforeggiare (**metaforeggio**; *aus.* **avere**) *v.i.* (*rar*) to speak metaphorically, to use metaphors.

metaforicamente *avv.* metaphorically.

metaforico (*pl.* **-ci**) *a.* metaphoric, metaphorical: *in senso ~* in a metaphorical sense.

metagalassia *f.* (*Astr*) metagalaxy.

metagenesi *f.* (*Biol*) metagenesis.

metagenetico *a.* (*Biol*) metagenetic.

metaldeide *f.* (*Chim*) metaldehyde.

metadetector, metal detector *m.inv.* metal detector.

metalinguaggio *m.* (*Ling,Filos*) metalanguage.

metalinguistica *f.* (*Ling*) metalinguistics (*costr.sing.*).

metalinguistico *a.* (*Ling*) metalinguistic.

metallaro **I** *m.* (*appassionato di musica heavy metal*) heavy metal freak. **II** *a.* heavy metal (*attr.*).

metallescente *a.* metallic.

metallico (*pl.* **-ci**) *a.* 1 metallic, metal (*attr.*): *recipiente ~* metal recipient; *lega metallica* metal alloy, metallic alloy. 2 (*estens*) metallic: *voce metallica* metallic voice, harsh voice.

metallifero *a.* metalliferous.

metallina *f.* (*Met*) matte.

metallismo *m.* (*Econ*) metallism.

metallizzare (**metallizzo**) *v.t.* 1 to metallize. 2 (*verniciare*) to spray with metallic paint.

metallizzato *a.* 1 metallized: *lastra metallizzata* metallized plate. 2 (*contenente metalli*) metallic: *vernice metallizzata* metallic paint; *grigio metallizzato* metallic grey.

metallizzazione *f.* metallization, metallizing. □ *~ a spruzzo* metal spraying; *~ sotto vuoto* vacuum metallizing.

metallo *m.* 1 metal. 2 (*lett,rar*) (*rif. a voce e sim.: timbro*) metallic timbre. □ (*Chim*) *~ alcalino* alkali metal; (*Chim*) *~ alcalino-terroso* alkaline earth metal; (*Met*) *~ antifrizione* babbitt metal, antifriction metal; (*Met*) *~ base* parent metal, base metal; (*Met*) *~ bianco* white metal; *di ~* metal (*attr.*): *scatola di ~* metal box; (*Met*) *~ fogliato* metal foil; (*Met*) *~ grezzo* raw metal; (*Met*) *~ laminato* sheet metal; (*Met*) *~ leggero* light metal; (*Met*) *~ nobile* noble metal; (*Chim*) *non ~* non metal; (*Met*) *~ non ferroso* non-ferrous metal; (*Met*) *~ pesante* heavy metal; (*Met*) *~ placcato* clad metal; (*Met*) *~ poroso* foam metal; (*Met*) *~ prezioso* precious metal, noble metal; (*Met*) *~ strutturale* structural metal; (*Met*) *~ terroso* earth metal; (*Met*) *~ vile* base metal.

metallochimica *f.* chemistry of metals.

metallografia *f.* metallography (*anche Tip*).

metallografico (*pl.* **-ci**) *a.* metallographic, metallographical.

metallografo *m.* metallographer.

metalloide *m.* (*Chim*) metalloid.

metallurgia *f.* metallurgy.

metallurgico (*pl.* **-ci**) **I** *a.* metallurgic, metallurgical: *industria metallurgica* metallurgical industry. **II** *m.* metal worker.

metallurgista *m./f.* metallurgist.

metalmeccanico (*pl.* **-ci**) **I** *a.* metal and mechanical (*attr.*), engineering: *industrie metalmeccaniche* engineering industries. **II** *m.* metal and mechanical worker, metalworker, steelworker, engineering worker: *sciopero dei metalmeccanici* metal and mechanical workers' strike.

metameria *f.* (*Zool,Chim*) metamerism, metameric segmentation.

metamerico *a.* (*Zool,Chim*) metameric.

metamero *m.* **1** (*Zool*) metamere, body segment. **2** (*Chim*) metamer.

metamorfico (*pl.* **-ci**) *a.* (*Biol,Geol*) metamorphic.

metamorfismo *m.* (*Geol*) metamorphism.

metamorfosare (**metamòrfoso**) **I** *v.t.* to metamorphose. **II** *v.pron.* **metamorfosarsi** to metamorphose, to undergo metamorphosis.

metamorfosi *f.* **1** metamorphosis: *subire una* ~ to metamorphose, to undergo metamorphosis. **2** (*fig*) metamorphosis, change, radical change: *subire un'improvvisa e radicale* ~ to undergo a sudden and radical change. □ (*Biol*) ~*completa* complete metamorphosis; (*Biol*) ~*incompleta* incomplete metamorphosis.

metanico *a.* methane (*attr.*).

metaniera *f.* methane tanker.

metanifero *a.* methane-producing (*attr.*).

metanizzare (**metanìzzo**) *v.t.* **1** (*fornire di metano*) to supply (sth.) with methane. **2** (*convertire a metano*) to convert to methane.

metanizzazione *f.* **1** supply with methane. **2** (*rif. ad autoveicoli*) conversion to methane.

metano *m.* methane: *riscaldamento a* ~ methane gas heating; *gas* ~ methane gas.

metanodotto *m.* methane pipeline.

metanolo *m.* (*Chim*) methanol: *intossicazione da* ~ methanol poisoning.

metaplasia *f.* (*Biol*) metaplasia.

metaplasma *m.* (*Biol*) metaplasm, metaplastic substance.

metaplasmo *m.* (*Ling,Gramm*) metaplasm.

metapopolazione *f.* (*Zool*) metapopulation.

metapsichica *f.* (*Psic*) metapsychics (*costr. sing.*).

metapsichico (*pl.* **-ci**) *a.* (*Psic*) metapsychic, metapsychical.

metapsichista *m./f.* (*Psic*) metapsychist.

metapsicologia *f.* (*Psic*) metapsychology.

metasemia *f.* (*Ling*) change of meaning.

metastasi *f.* (*Med*) metastasis.

metastatico (*pl.* **-ci**) *a.* (*Med*) metastatic: *tumore* ~ metastatic tumor.

metastatizzare (**metastatìzzo**; *aus.* **avere**) *v.i.* (*Med*) to metastasize.

metatarsale *a.* (*Anat*) metatarsal.

metatarso *m.* (*Anat*) metatarsus.

metatesi *f.* (*Ling*) ablaut, metathesis: ~ *qualitativa* qualitative ablaut; ~ *quantitativa* quantitative ablaut.

metazoo *m.spec.pl.* (*Zool*) metazoon.

meteco (*pl.* **-ci**) *m.* (*Stor.gr*) metic.

metemoglobina *f.* (*Med*) methaemoglobin, (*Am*) methemoglobin,.

metempsicosi *f.* (*Filos*) metempsychosis.

meteo I *m.* weather forecast, weather report. **II** *a.inv.* weather (*attr.*): *bollettino* ~ weather report, weather forecast. □ (*Mar*) ~*marina* marine forecast, (*Br*) shipping forecast.

meteora *f.* **1** (*Astr*) meteor. **2** (*fig*) meteor, shooting star. □ (*fig*) *passarecome una* ~ to flash past, to shoot past.

meteorico [1] (*pl.* **-ci**) *a.* **1** (*Geog*) meteoric: *acqua meteorica* meteoric water. **2** (*Astr*) meteor (*attr.*): *sciame* ~ meteor shower, meteor stream.

meteorico [2] (*pl.* **-ci**) *a.* (*Med*) (*affetto da meteorismo*) affected by meteorism (*posposto*).

meteorismo *m.* (*Med*) meteorism.

meteorite *m./f.* (*Astr*) meteorite. □ (*Astr*) ~*ferrea* iron meteorite; (*Geol*) ~*lapidea* stony meteorite.

meteoritico (*pl.* **-ci**) *a.* meteoritic (*attr.*), me-

teoritic: *cratere* ~ meteoric crater, meteorite crater.

meteorografia *f.* (*Meteor*) meteorography.

meteorografo *m.* (*Meteor*) meteorograph.

meteorogramma *m.* (*Meteor*) meteorogram.

meteorologia *f.* (*Meteor*) meteorology. □ (*Meteor*) ~*dinamica* dynamic meteorology.

meteorologico (*pl.* **-ci**) *a.* (*Meteor*) meteorological, weather (*attr.*): *stazione meteorologica* weather station; *previsioni meteorologiche* weather forecast; *bollettino* ~ weather bulletin.

meteorologo *m.* (*f.* **-a**; *pl.* **-gi**) (*Meteor*) meteorologist.

meteoropatia *f.* (*Med*) meteoropathy.

meteoropatico I *a.* (*Med*) meteoropathic. **II** *m.* (*f.* **-a**; *pl.* **-ci**) (*Med*) person suffering from meteoropathy.

meticcio I *m.* (*f.* **-a**) **1** person of mixed race. **2** (*nero e bianco*) mulatto. **3** (*nell'America latina*) mestizo (*f.* mestiza). **4** (*spreg*) half-caste, half-breed. **5** (*Zool*) hybrid, cross; (*di cane*) mongrel. **II** *a.* of mixed race (*posposto*). **2** (*Zool*) hybrid, crossbred. **3** (*estens*) (*misto*) mixed.

meticolosamente *avv.* meticulously.

meticolosità *f.* **1** meticulousness. **2** (*pignoleria*) fastidiousness.

meticoloso *a.* **1** meticulous. **2** (*pignolo*) particular, fastidious. **3** (*scrupoloso, minuzioso*) scrupulous, rigorous, thorough, painstaking: *un esame* ~ a thorough examination, a scrupulous examination.

metilammina *f.* (*Chim*) methylamine.

metilarancio *m.* (*Chim*) methyl orange.

metilare (**metìlo**) *v.t.* (*Chim*) to methylate.

metilato *a.* (*Chim*) methylated: *alcol* ~ methylated spirit.

metilazione *f.* (*Chim*) methylation.

metilcellulosa *f.* (*Chim*) methyl cellulose.

metile *m.* (*Chim*) methyl.

metilene *m.* (*Chim*) methylene: *blu di* ~ methylene blue.

metilico (*pl.* **-ci**) *a.* (*Chim*) methylic, methyl (*attr.*): *alcol* ~ methyl alcohol, methanol.

metilpropano *m.* (*Chim*) methylpropane.

metionina *m.* (*Chim*) methionine.

metodica *f.* **1** methodology (*anche Pedag*). **2** (*estens*) (*metodologia*) method, methodology.

metodicamente *avv.* **1** methodically, with method. **2** (*sistematicamente*) methodically, systematically.

metodicità *f.* methodicalness, method; (*regolarità*) regularity: *studiare con* ~ to study with regularity, to study methodically, to study systematically.

metodico I *a.* **1** (*abitudinario*) methodical: *una persona metodica* a methodical person. **2** (*sistematico*) methodical, methodic, systematic: *studio* ~ systematic study. **II** *m.* (*f.* **-a**; *pl.* **-ci**) methodical person.

metodismo *m.* (*Rel*) Methodism.

metodista *m./f.* (*Rel*) Methodist.

metodistico (*pl.* **-ci**) *a.* (*Rel*) Methodist, Methodistic, Methodistical.

metodizzare (**metodìzzo**) *v.t.* to methodize.

metodo *m.* **1** method, system: ~ *di lavoro* working method, working procedure; *seguire un* ~ *preciso* to follow a precise method. **2** (*Pedag*) method, system (of teaching): ~ *globale* global method; ~ *di insegnamento* teaching method. **3** (*estens*) (*modo di agire*) behaviour, (*Am*) bahavior; (*maniera*) way: *che metodi sono questi?* this is no way to behave; *metodi sbrigativi* brisk ways. **4** (*manuale*) manual, handbook, tutor, primer,

method: ~ *per pianoforte* piano tutor. □ ~ *analitico* analytic method; ~*anticoncezionale* contraceptive method, method of birth control;*avere* ~ to be methodical; *non avere* ~ to lack method; ~*comparativo* comparative method;*con* ~ methodically, systematically; ~*deduttivo* deductive method; (*Mat, Statist*) ~*dei minimi quadrati* least squares method, least squares; (*Statist*) ~*del campione* sample method; (*Comm*) ~*della partita doppia* double-entry system; (*Statist*) ~*delle osservazioni istantanee* work sampling; (*Inform*) ~*di accesso* access method; (*Econ*) ~*di ammortamento* depreciation method; (*Pedag*) ~*di apprendimento globale* complete learning method; ~*di classificazione* filing system; (*Statist*) ~*di massima verosimiglianza* maximum likehood method; (*Ind*) ~*di montaggio* assembly method; (*Comm*) ~*di negoziazione* transaction system; (*Mat,Fis*) ~*di sostituzione* substitution method; (*Assic*) ~*di valutazione dei danni* measure of damage; ~*didattico* teaching method; (*Ling*) ~*diretto* direct method; ~*induttivo* inductive method; (*Pedag*) ~*intuitivo* intuitive method; (*Med*) ~*ippocratico* Hippocrates method; *metodi naturali* (*di contraccezione*) natural methods (of birth control); (*Pedag*) ~*pratico* practical method; (*Econ*) ~*scalare* daily-balance interest calculation; ~*scientifico* scientific method; *senza* ~ without method; (*Pedag*) ~*sillabico* syllabic method; ~*sintetico* synthetic method; ~*socratico* Socratic method; (*Psic*) ~ *soggettivo* subjective method; ~*sperimentale* experimental method.

metodologia *f.* **1** methodology. **2** (*estens*) (*metodo*) method.

metodologicamente *avv.* methodologically.

metodologico (*pl.* **-ci**) *a.* methodological.

metodologo *m.* (*f.* **-a**; *pl.* **-gi**) methodologist.

metonimia ,**metonimia** *f.* (*Ret*) metonymy.

metonimico (*pl.* **-ci**) *a.* (*Ret*) metonymic, metonymical.

metonomasia *f.* (*Ling*) metonomasy.

metopa ,**metope** *f.* (*Archeol*) metope.

metraggio *m.* **1** (*estensione in metri*) length in metres,. **2** (*misurazione in metri*) measurement in metres. **3** (*Cin*) footage, film length. □ *a* ~ by the metre, by length: *merce a* ~ goods sold in metres.

metralgia *f.* (*Med*) metralgia.

metratura *f.* **1** (*lunghezza in metri*) length (in metres): *la* ~ *è sufficiente solo per un abito* the length is sufficient only for a dress. **2** (*area in metri*) width (in square metres). **3** (*misurazione in metri*) measurement (in metres): *appartamenti di varie metrature* flats of various measurements, flats of various dimensions, flats of various square metres.

metrica *f.* **1** (*Metr*) metrics (*costr.sing. o pl.*), prosody, metrical system: *la* ~ *classica* classical metrics. **2** (*insieme dei metri usati*) prosody, metres *pl.* **3** (*Mat*) metric. □ (*Metr*) ~*accentuativa* accentual prosody; (*Metr*) ~ *quantitativa* quantitative prosody.

metricamente *avv.* (*Metr*) metrically, according to the rules of metrics.

metricista *m./f.* (*Metr*) metricist.

metrico (*pl.* **-ci**) *a.* **1** metric, metrical: *sistema* ~ *decimale* decimal system, metric system, decimal metric system. **2** (*Metr*) metrical: *schema* ~ metrical pattern, rhyme scheme.

metrite *f.* (*Med*) metritis.

metro [1] *m.* **1** metre, (*Am*) meter: *sono alto un*

~ *e settanta* I'm one metre seventy tall; *un serpente lungo due metri* a two-metre long snake. **2** (*strumento per misurare: a nastro*) tape-measure; (*ad asta*) ruler, rule. **3** (*fig*) (*criterio*) yardstick, standard criterion: *non si può giudicare tutti con lo stesso* ~ you can't judge everyone by the same yardstick; ~ *di giudizio* criterion. □ *a metri* by the metre, (*Am*) by meter, by the meter; *vendere qcs. a metri* to sell sth. by the metre; *al* ~ by the metre, (*Am*) by the meter: *questa stoffa costa dieci euro al* ~ this cloth costs ten euros by the metre; ~ *articolato* folding ruler; (*Fis*) ~ *campione* standard metre, (*Am*) standard meter; ~ *cubo* cubic metre, (*Am*) cubic meter; (*fig*) *di valutazione* yardstick; ~ *lineare* linear metre, (*Am*) linear meter; ~ *pieghevole* folding rule; ~ *quadrato* square metre, (*Am*) square meter; ~ *snodato* folding rule; ~ *tascabile* pocket rule.

metro[2] *m.* **1** (*Metr*) metre, (*Am*) meter, metrical structure: ~ *dattilico* dactylic metre. **2** (*lett*) poetry, verse. **3** (*fig*) tone.

metro[3] *f.inv.* (*metropolitana*) underground, underground railway, (*Br*) tube, (*Am*) subway.

metrò *m.inv.* (*metropolitana*) underground, underground railway, (*Br*) tube, (*Am*) subway.

metrologia *f.* (*Fis*) metrology.

metrologico *a.* (*Fis*) metrological.

metronomo *m.* (*Mus*) metronome.

metronotte *m./f.inv.* night-watchman (*f.* night-watchwoman).

metropoli *f.* metropolis: ~ *industriale* industrial metropolis.

metropolita **I** *m.* (*Rel*) metropolitan. **II** *a.inv.* (*Rel*) metropolitan: *arcivescovo* ~ metropolitan archbishop.

metropolitana *f.* underground, underground railway, (*Br*) tube, (*Am*) subway: *fermata della* ~ underground stop, (*Br*) tube stop, (*Am*) subway stop; *viaggiare in* ~ to travel by underground; *l'ho incontrato in* ~ I met him in the underground, (*Am*) I met him in the subway; *prendere la* ~ to take the underground. □ ~ *di superficie* (o ~ *leggera*), light railway.

metropolitano **I** *a.* **1** (*di metropoli*) metropolitan, urban (*anche Rel*): *traffico* ~ metropolitan traffic; *leggenda metropolitana* urban legend. **2** (*Rel*) metropolitan: *diocesi metropolitana* metropolitan diocese. **3** (*della madrepatria*) national: *truppe metropolitane* national troops. **II** *m.* (*rar*) (*vigile urbano*) city policeman.

metrorragia *f.* (*Med*) metrorrhagia.

metrotram *m.inv.* metrotram, tram or train connecting the city with surrounding areas.

mettere (*pres.ind.* **métto**; *p.rem.* **misi**; *p.p.* **mésso**) **I** *v.t.* **1** (*collocare*) to put, to place, to set, to lay: *mettilo là* put it there. **2** (*in posizione verticale*) to put: *ho messo il fiasco sul tavolo* I put the bottle on the table. **3** (*in posizione orizzontale*) to lay, to lay down, to put: ~ *un libro sulla scrivania* to lay a book on the desk. **4** (*seduto*) to sit, to put: *metti il bambino sulla seggiola* sit the child on the chair. **5** (*infilare*) to put: ~ *la mano in tasca* to put one's hand in one's pocket. **6** (*gettare*) to put: *hai messo il sale nella minestra?* have you put the salt in the soup? **7** (*versare*) to pour, to pour out, to put: ~ *un po' d'acqua nel vino* to pour some water into the wine. **8** (*deporre*) to put, to place, to deposit: ~ *i bagagli nel ripostiglio* to put the luggage in the store-room. **9** (*indossare*) to put on, to slip on: ~ *gli occhiali* to put one's glasses on. **10** (*applicare: incollando*) to stick (*su* on), to

put (*su* on): ~ *il francobollo su una lettera* to stick a stamp on a letter. **11** (*applicare: cucendo*) to sew, to put: *ti ho messo una toppa alla manica* I have sewn a patch on your sleeve. **12** (*rif. a trucco, colori e sim.*) to put on, to apply: ~ *il rossetto* to put on lipstick. **13** (*appendere*) to hang, to put: *ho messo il quadro alla parete del salotto* I have hung the picture on the drawing-room wall. **14** (*fig*) (*causare*) to cause, to make: ~ *fame* to cause hunger; *il sale mette sete* salt makes one thirsty; ~ *allegria a qcu.* to make so. merry; *l'idea di rivederlo mi mette ansia* the idea of seeing him again makes me nervous. **15** (*rif. a persone: mandare*) to send, to put: ~ *i figli in collegio* to send one's children to boarding school. **16** (*rif. a denaro: depositare*) to put, to deposit: *ho messo mille euro in banca* I have put a thousand euros in the bank. **17** (*puntare*) to bet, to stake, to wager, to put: *ho messo cinque euro sul ventisette* I have bet five euros on number twenty-seven. **18** (*imporre*) to put, to impose, to levy: ~ *una nuova tassa* to levy a new tax. **19** (*rif. a denti*) to cut: ~ *i denti da latte* to cut milk teeth. **20** (*rif. a piante: fare germogliare*) to put forth, to put out: ~ *fiori* to put forth flowers. **21** (*colloq*) (*installare*) to put in, to install; (*rif. a conduttore e sim.*) to put in, to lay: *ti hanno messo il telefono?* have they put in the telephone? **22** (*coltivare*) to plant: ~ *a grano un terreno* to plant a field with corn. **23** (*rendere*) to turn: ~ *in versi* to turn into verse. **II** *v.i.* (*aus. avere*) **1** (*dare, guardare: rif. a finestre e sim.*) to give, to look (*su* in onto), to lead (*in* into): *la porta mette nel giardino* the door gives onto the garden. **2** (*supporre*) to suppose: *mettiamo che io vada via* (let us) suppose that I go away, supposing I go away. **III** *v.pron.* **mettersi** **1** (*collocarsi*) to put oneself, to place oneself, to set oneself. **2** (*sedersi*) to sit down, to seat oneself: *mettersi accanto a qcu.* to sit down beside so.; *mettiti qui vicino a me* sit down here near me; *mettersi a tavola* to sit down at the table. **3** (*sdraiarsi*) to lie down. **4** (*estens*) (*venirsi a trovare*) to get oneself: *mi sono messo in una situazione imbarazzante* I got myself into an awkward position. **5** (*assumere un andamento*) to take a turn: *le cose si mettono bene* things are taking a turn for the better, things are taking a turn for the good. **6** (*vestirsi*) to put on: *mettersi in abito da sera* to put on an evening dress. **7** (*infilarsi*) to slip on. **8** (*avviarsi*) to take: *mettersi per una strada* to take a road. **9** (*iniziare*) to begin, to start, to set to, to set about: *mettersi a lavorare* to set to work; *si è messo a piovere* it has started to rain. □ *mettersi a fare qcs.*: **1** (*cominciare*) to start doing sth.: *mettersi a fare i compiti* to start doing homework; **2** (*rif. a professioni, mestieri*) to start doing sth., to take up sth.: *si mise a fare il calzolaio* he started working as a shoemaker; *mettersi a fare l'insegnante* to become a teacher; ~ *qcs. addosso* to put sth. on; (*fig*) ~ *gli occhi addosso a una ragazza* to cast one's eyes on a girl, to take a fancy to a girl; *mettersi qcs. addosso* (*vestirsi*) to put sth. on; ~ *avanti l'orologio* to put the watch ahead, to put the watch forward; *si mette bene* things are improving, things are looking good, things are looking up; *come la mettiamo?* what are we going to do about it?; *mettersi con qcu.*: **1** (*associarsi*) to join forces with so., to become so.'s partner; **2** (*rif. a rapporti sentimentali*) to go with so., to go out with so., (*Am*) to date so.; **3** (*convivere, coabitare*) to live with so.; ~ *dentro* ... *soldi da parte* to put money aside; ~ *dentro*

to put in; (*colloq*) ~ *dentro qcu.* (*in prigione*) to put so. in jail; ~ *fuori*: **1** (*scacciare*) to put out, to drive out, to throw out; **2** (*sborsare*) to pay out, to lay out, to spend; **3** (*esporre, rif. a bandiera e sim.*) to hang out, to put out; ~ *giù*: **1** (*deporre*) to lay down, to put down; **2** (*il telefono*) to hang up, to replace; ~ *giù la cornetta* to hang up the receiver; **3** (*scrivere*) to write down: ~ *giù qualche idea* to write down some ideas; (*colloq*) *metterla giù dura* to take sth. hard, to make sth. harder than it is, to make a mountain out of a mole hill; *si è fatto solo un graffio ma l'ha messa giù dura come se si fosse rotto la gamba* she only got a scratch but she took it (*o* she acted) as though she had broken her leg; ~ *insieme*: **1** to put together, to pool: ~ *insieme gli sforzi* to pool efforts; **2** (*raccogliere*) to collect, to get together, to gather; **3** (*accumulare*) to amass, to pile up, to accumulate, to put together: ~ *insieme una fortuna* to accumulate a fortune, to make a fortune; **4** (*colloq*) (*organizzare, allestire*) to organize, to get up; **5** (*Mecc*) (*montare*) to assemble, to put together, to fit together; **6** (*formulare*) to write down, to jot down: ~ *insieme due righe* to jot down two words; *mettersi insieme a qcu.* (*avere un rapporto sentimentale*) to go out with so., (*Am*) to date so.; (*fig*) ~ *la pulce nell'orecchio a qcu.* to arouse so.'s suspicions, to sow doubts in so.'s mind, to drop so. a hint; *mettersi male* to take a bad turn, to take a turn for the worse; *la faccenda si mette male* the matter is going badly; *qui si mette male: meglio andarsene!* the situation is taking a turn for the worse: we'd better go away!; *il tempo si mette male* the weather is getting worse; *metterci*: **1** (*impiegare, dedicare*) to devote, to take, to give: *ci mise molta cura* he took a lot of care, he took a lot of care, he gave it a lot of care; **2** (*rif. a tempo*) to take (*costr.pers. o impers.*): *ci ho messo tre quarti d'ora per venire fin qui* I took three quarters of an hour to come here, it took me three quarters of an hour to come here; *mettercisi*: **1** (*mettersi in mezzo*) to intervene; **2** (*fig*) (*mettersi d'impegno*) to get down to it; ~ *sotto*: **1** to put underneath; **2** (*fig*) (*sopraffare*) to get the upper hand of, to get the better of, to overcome, to subdue; **3** (*rif. a bestie, mettere al lavoro*) to set to work, to put to work; **4** (*investire*) to run over, to run down, to hit: *un'auto l'ha messo sotto* a car ran over him; (*fig*) *mettersi sotto* (*sgobbare*) to get down to it; ~ *su*: **1** (*fondare*) to set up, to establish; ~ *su casa* to set up house; ~ *su famiglia* to marry; **2** (*colloq*) (*organizzare*) to organize, to set up; **3** (*aprire, avviare*) to set up: ~ *su negozio* to set up shop, to open a shop; ~ *su un ufficio* to open an office, to open up an office; **4** (*colloq*) (*mettere sul fornello*) to put on, put to boil: ~ *su l'acqua per la pasta* to put on water for the pasta, to put to boil water for the pasta; **5** (*colloq*) (*una canzone, un film: al cinema*) to run, (*a casa*) to play: *metti su Arma Letale!* put Lethal Weapon in the recorder!, play Lethal Weapon!; **6** (*colloq*) (*rif. a persone, aizzare*) to turn against: *lo hai messo su contro di me* you have turned him against me; **7** (*rif. a peso*) to put on: *ho messo su peso* I put on weight; (*fig*) *mettercela tutta* to do one's best, to try hard; ~ *via* (*riporre*) to put away.

mettibocca *m./f.inv.* (*colloq*) busybody.

mettifoglio *m.inv.* (*Tip*) (*operaio, macchina*) feeder.

mettimale *m./f.inv.* (*colloq*) troublemaker.

mettitutto *m.inv.* (*Arred,rar*) cupboard.

meublé /mœ'ble/ **I** *m.inv.* (*rif. ad albergo*)

bed and breakfast. **II** *a.inv. (rif. ad albergo)* without board *(posposto)*.

MEX *Messico* MEX (Mexico).

mezereo *m.* (Bot) mezereon.

mezza *f.* **1** half-hour: *è suonata la ~ the* half-hour has struck. **2** *(mezzogiorno e mezzo)* half past twelve, twelve thirty: *il pranzo è alla ~ lunch is at half past twelve.* **3** *(nell'indicare l'ora)* half past *(preposto)*, thirty *(posposto): sono le nove e ~ it's half* past nine, it's nine-thirty.

mezzacalzetta *(pl.* **mezzecalzétte**) *f.* *(colloq)* half-pint, squint, lightweight.

mezzacartuccia *(pl.* **mezzecartùcce**) *f.* *(colloq)* half-pint, squint, lightweight.

mezzadria *f.* (Dir) sharecropping, share-farming, métayage. □ *condurre un podere a ~ to share crop, to hold land as a sharecropper.*

mezzadrile *a.* sharecropping, métayage *(attr.)*, métayer *(attr.)*.

mezzadro *m.* (f. **-a**) sharecropper, share-farmer, métayer.

mezzala *(pl.* **mezzàli**) *f.* (Sport) inside forward. □ (Sport) *~ destra* inside right; (Sport) *~ sinistra* inside left.

mezzalana *(pl.* **mezzelàne**) *f.* (Tess) linsey-woolsey.

mezzaluna *(pl.* **mezzelùne**) *f.* **1** half-moon, crescent moon. **2** *(arnese da cucina)* chopping knife, crescent-shaped chopping knife, mincing knife, crescent-shaped mincing knife. **3** (Stor) *(emblema dell'islamismo)* Crescent: *~ rossa* Red Crescent. **4** *(Mil)* demilune. □ *a ~:* **1** crescent-shaped; **2** (Bot,Zool) semi-lunar.

mezzamanica *(pl.* **mezzemàniche**) *f.* **1** *(di protezione)* oversleeve. **2** *(manica corta)* short sleeve. **3** *(fig,spreg)* *(impiegato)* pen-pusher.

mezzana *f.* **1** *(ruffiana)* procuress, bawd. **2** (Mar) *(albero)* mizen, mizzen, mizzenmast. **3** (Mar) *(vela)* mizen, mizzen, mizzensail, crossjack, mizzen course.

mezzanave *(pl.* **mezzenàvi**) *f.* (Mar) beam. □ *a ~* on the beam; *avere il vento a ~ to* have the wind on the beam.

mezzanella *f.* (Mar) **1** *(vela di strallo)* mizzen staysail. **2** *(albero di mezzana)* jigger mast, mizzenmast.

mezzanino *m.* (Edil) mezzanine, mezzanine floor, mezzanine level, entresol.

mezzano **I** *a.* middling, medium, average *(attr.)*, middle: *statura mezzana* medium height. **II** *m.* **1** *(mediatore)* mediator, intercessor. **2** *(ruffiano)* pimp, procurer, *(ant)* pander. **3** *(sensale)* go-between, broker.

mezzanotte *(pl.* **mezzenòtti**) *f.* **1** midnight: *il sole di ~ the midnight sun; allo scoccare della ~ on the stroke of midnight.* **2** *(nord)* north. □ *a ~* at midnight; *~ e mezza* (o *~ e mezzo)* half past twelve; *~ e un quarto* a quarter past twelve; *~ in punto* midnight sharp, twelve o'clock sharp, exactly twelve o' clock.

mezzaquaresima *(pl.* **mezzequarésime**) *f.* (Rel) mid-Lent.

mezzasega *(pl.* **mezzeséghe**) *m./f.* (volg) *(persona debole o incapace)* half-pint, squirt, (Am) pipsqeak.

mezzatacca *(pl.* **mezzetàcche**) *f.* *(colloq)* *(persona bassa)* half-pint, squint. □ *di ~ (mediocre)* mediocre, middling: *uomo di ~ man of little worth.*

mezzatela *(pl.* **mezzetéle**) *f.* (Tess) mixed linen, cotton and linen cloth.

mezzatinta *(pl.* **mezzetìnte**) *f.* **1** half-tone, half-shade, half-tint. **2** *(fig)* *(effetto attenuato)* undertone. **3** *(Tip)* halftone. **4** *(tipo di in-*

cisione) mezzotint.

mezzena *f.* (Macell) side of beef.

mezzeria *f.* **1** middle. **2** (Strad) centre line, (Am) center line: *linea di ~ centre line, (Am)* center line.

mezzo[1] **I** *a.* **1** half, half a: *~ panino* half a roll; *~ metro* half a metre; *mezz'ora* half an hour. **2** *(medio)* middle *(attr.)*, medium *(attr.)*, middling: *di mezza età* middle-aged; *crisi di mezza età* mid-life crisis. **3** *(colloq)* *(vago)* vague, *(colloq)* kind of. **4** *(colloq)* *(lontanamente)* distant: *siamo mezzi parenti* we are distant relatives, we are distantly related. **5** *(colloq)* *(debole)* faint, slight: *una mezza speranza* a faint hope. **6** *(iperb)* half, nearly all: *lo sa ormai mezza città* half the town knows about it by now. **II** *avv.* half *(attr.)*. **III** *m.* **1** half. **2** *(parte centrale)* middle, centre, midst, mean: *nel ~ della sala* in the middle of the hall; *il giusto ~* the golden mean. **3** *(dopo un numerale)* half: *due chili e ~ two* and a half kilos; *un chilo e ~* a kilo and a half. **4** *(nell'indicare l'ora)* half past *(preposto)*, thirty *(posposto): sono le nove e ~ it's half* past nine, it's nine-thirty. □ *~ addormentato* half asleep; (Sport) *mezz'ala* inside forward: *mezz'ala destra* inside right; *mezz'ala sinistra* inside left; *mezza altezza* mid-air; *andarci di ~:* **1** *(subire un danno)* to lose by it, to suffer for it; **2** *(essere responsabile)* to be answerable, to be held responsible; *andare di ~:* **1** to get involved; **2** *(subire le conseguenze)* to suffer the consequences; *~ aperto* half open; *a mezz'aria* mid-air *(attr.)*, in mid air *(posposto): rimanere sosopeso a mezz'aria* to remain suspended in mid air; *(fig)* *parole a mezz'aria* unsaid words, hints; *a mezz'asta* at half-mast; *a mezza bocca:* **1** *(non chiaramente)* hinting: *dire qcs. a mezza bocca* to hint at sth.; **2** *(fig)* *(con reticenza)* reluctantly, reticently: *lo ha ammesso a mezza bocca* he admitted it reluctantly; *~ busto:* **1** *(Scult)* bust; **2** *(ritratto)* head and shoulders portrait; **3** *(colloq,TV)* *(giornalista, annunciatore)* talking head; *(colloq,fig)* *mezza calzetta* (o *mezza cartuccia):* **1** *(persona bassa)* little shrimp, half-pint, squint, lightweight, (Br) midget, (Am) smurf; **2** *(persona da poco)* person of no account; *(Mus)* *~ contralto:* **1** *(usato come nome maschile: registro di voce)* mezzo-contralto; **2** *(usato come nome femminile: cantante)* mezzo-contralto; *(Numism,Econ)* *mezza corona:* **1** *(moneta divisionale)* half crown; **2** *(valore)* half a crown; *a mezza costa* cut into a mountainside, cut into a hillside, across a mountainside, across a hillside; *la via procede a mezza costa* the road is cut into the hillside; *~ cotto* half cooked; *~ cristallo* medium crystal; *esserci di ~* to be involved; *c'è di ~ il presidente* the president is involved; *di mezza montagna* medium altitude *(attr.)*; *(Art)* *mezza figura* half-length; *~ forte:* **1** *(Mus)* mezzo forte; **2** *(cassaforte)* safe; *a mezza gamba:* **1** halfway down the leg, halfway up the leg; **2** *(rif. a gonna)* calf-length; *lavorare mezza giornata* to work half-time, to be on half-time, to work part time; *a mezza giornata* by the half-day; *essere impiegato a mezza giornata* to be employed part time; *~ giro* half turn; *(Mus)* *~ guanto* mitten, mitt; *(fig)* *avere una mezza idea di fare qcs.* to have half a mind to do sth.; *in ~:* **1** *(stato in luogo)* in the middle; **2** *(moto a luogo)* into the middle; *in ~ a:* **1** *(stato in luogo)* in the middle of: *fermarsi in ~ alla strada* to stop in the middle of the street; **2** *(moto a luogo)* into the middle of; **3** *(fra due cose o persone)* between; **4** *(fra molti: stato in luogo)* in the

midst of, in the middle of, among, amid, amidst: *si nascose in ~ alla folla* he hid among the crowd; **5** *(fra molti: moto a luogo)* into the midst of, into the middle of, among, amid, amidst; *(fig)* *in ~ a una strada* *(privo di mezzi)* down-and-out: *lasciare qcu. in ~ a una strada* to leave so. high and dry, to leave so. out on the street; *mettere qcu. in ~ alla strada* *(sfrattare)* to turn so. out on the street; *in ~ ai piedi* in one's way: *è sempre in ~ ai piedi* he is always in my way; *avere una mezza intenzione di fare qcs.* to have half a mind to do sth.; *(Tess)* *mezza lana* linsey-woolsey; *~ litro* one-half litre measure, half-litre measure, half-litre bottle; *mezza luce* half light; *mezza luna:* **1** half-moon, crescent, crescent moon; **2** *(arnese da cucina)* crescent-shaped chopping knife, chopping knife, crescent-shaped mincing knife, mincing knife; **3** *(Stor)* *(emblema dell'islamismo)* Crescent; **4** *(Mil)* demilune; *~ lutto* half-mourning; *(Agr)* *~ maggese* fallow period of six months; *(Abbigl)* *mezza manica:* **1** short sleeve; **2** *(soprammaniche)* sleevelet, oversleeve; **3** *(estens, spreg)* *(impiegato)* pen pusher; *~ matto* half mad, half crazy; *(fig)* *mettere qcu. in ~ (comprometterlo)* to involve so., to get so. mixed up in sth.; *mettersi di ~:* **1** *(interporsi)* to intervene; **2** *(fra due cose o persone)* to come between; **3** *(intromettersi)* to interfere; *(colloq)* *mezza mineral e* a half-litre bottle of mineral water; *mezze misure* half-measures: *non conosce le mezze misure* he doesn't use half-measures; *(fig)* *~ mondo* half the world, almost everyone: *dire qcs. a ~ mondo* to tell sth. to half the world; *conoscere ~ mondo* to know almost everybody, to know half the world; *lo sa ~ mondo* everybody knows it; *c'era ~ mondo* there were loads of people; *~ morto:* **1** half dead; **2** *(fig)* *(stanchissimo)* worn out, exhausted; *ne va di ~ la tua reputazione* your reputation is at stake, your reputation is on the line; *~ nudo* half naked; *(Art)* *mezz'ombra* half-shade, penumbra; *mezz'ora* half an hour, half-hour: *arriverò fra mezz'ora* I'll be there in half an hour; *la mezz'ora che abbiamo passato insieme* the half-hour we spent together; *mezz'oretta* about half an hour, nearly half an hour; *a mezza paga* on half-pay; *una mezza parola* a hint, half a word; *esprimersi con mezze parole* to hint at sth.; *(fig)* *non dire mezza parola* not to open one's mouth, to stay mum; *(Legat)* *mezzapelle* half-leather binding, half-binding: *volume in mezza pelle* volume in half-binding; *mezza pensione* half board; *~ pieno* half full; *mezzaporzione* half-portion; *(Rel)* *mezza quaresima* mid-Lent; *(Scult)* *~ rilievo* mezzo-relievo, half-relief; *~ sangue:* **1** *(spreg)* *(meticcio)* half-caste, half-breed; **2** *(di cavallo)* half-breed; *(colloq,volg)* *essere una mezza sega* *(valere poco)* to be a pipsqueak, to be a squirt; *~ servizio* part-time domestic service: *domestica a mezzo servizio* part-time maid; *part-time (posposto): lavorare a ~ servizio* to work part-time; *(Mus)* *~ soprano:* **1** *(usato come nome maschile: registro di voce)* mezzo-soprano; **2** *(usato come nome femminile: cantante)* mezzo-soprano; *avere una mezza speranza di riuscire* to have a fair chance of succeeding, to have half a chance of doing sth.; *la mezza stagione* the in-between season: *abiti di mezza stagione* lightweight clothing, mid-season clothing; *(colloq)* *mezza tacca (persona di bassa statura)* half-pint, squint; *(Legat)* *mezza tela* half-cloth: *rilegatura a mezza tela* half binding, half-cloth binding; *rilegare a* *mezza tela* to bind in half-cloth; *parlare senza mezzitermini* not to mince one's words; (*Tip*) *~titolo* half title, bastard title; *mezza vacanza* half-holiday; *una mezzaverità* a half truth; *a mezzavia* half way, half way there; *a mezzavoce* in a low voice; *~vuoto* half empty.

mezzo ² I *m.* **1** means (*costr.sing. o pl.*), medium, equipment: *con mezzi leciti o illeciti* by fair or foul means; *il fine giustifica i mezzi* the goal justifies the means. **2** (*modo*) way: *tentare ogni ~* to try all means, to try all ways. **3** (*Biol*) (*ambiente*) environment, habitat. **4** (*Fis*) medium. **5** *pl.* (*mezzi di trasporto*) means of transport, transport (*costr.sing.*): *prendere i mezzi pubblici* to travel by public transportation. **6** *pl.* (*disponibilità finanziarie*) means, money (*costr.sing.*), funds: *ha molti mezzi* he is a man of means, he has a lot of money; *sprovvisto di mezzi* destitute, penniless, broke. ☐ *a ~* (*ca ~di*): 1 by, by means of, through; 2 (*rif. a spedizioni e sim.*) by, through; *a ~ posta* by post; (*Econ*) *mezzi amministrati* total deposits, managed capital; (*Mil*) *~anfibio* amphibious craft; *~articolato* (*Br*) articulated lorry, (*Am*) road-train, trailer truck; *mezziaudiovisivi* audio-visual equipment; (*Mil*) *~corazzato* armoured vehicle, (*Am*) armored vehicle; (*Mil*) *~da sbarco* landing craft; (*Mil*) *~d'assalto* assault craft; *mezzidi comunicazione* means of communication, media: *mezzi di comunicazione di massa* mass media; (*Med*) *~di contrasto* contrast medium; *mezzidi fortuna* makeshifts; *con mezzi di fortuna*: 1 in a an improvised way, in a makeshift way; 2 (*rif. a viaggio*) by any means available; (*Comm*) *~di pagamento* means of payment; *mezzidi produzione* means of production; *mezzidi risalita* lifts; (*Econ*) *~di scambio* medium of exchange; *mezzidi sostentamento* sustenance (*costr.sing.*), means of sustenance; *mezzidi superficie* surface means of transport; (*Econ*) *mezzidi terzi* borrowed capital (*sing.*); *mezzidi trasporto* means of transport; *mezzi di trasporto pubblici* public transport, (*Am*) public transportation *per ~di* : 1 (*rif. a persona*) by, (*attraverso*) through: *ho mandato il pacco per ~ di un parente* I sent the parcel by a relative; 2 (*rif. a cosa*) by, by means of, through: *abbiamo comunicato per ~ della radio* we communicated by radio; *mezzipesanti* heavy lorries; (*Econ*) *mezzipropri* shareholders' equities; *~pubblicitario* advertising medium; *mezzatariffa* : 1 half tariff, half rate; 2 (*nei trasporti pubblici*) half fare.

mezzo ³ *a.* **1** (*troppo maturo*) overripe. **2** (*fig*) (*di persona: corrotto*) morally corrupt, rotten.

mezzobusto (*pl.* **mezzibùsti**) *m./f.inv.* **1** (*Scult*) bust. **2** (*ritratto*) head and shoulders portrait: *dipingere qcs. a ~* to paint a head and shoulders portrait of so. **3** (*colloq,TV*) (*giornalista, annunciatore*) talking head. ☐ *a ~* half-length; *ritratto a ~* half-length portrait.

mezzocontralto (*pl.* **mezzicontràlti**) I *m.* (*Mus*) (*registro di voce*) mezzo-contralto. II *f.* (*Mus*) (*cantante*) mezzo-contralto.

mezzodì *m.* noon, midday, (*ore dodici*) twelve o'clock.

mezzofondista *m./f.* (*Sport*) middle-distance runner, middle-distance racer.

mezzofondo *m.* (*Sport*) middle-distance race: *gara di ~* middle-distance race.

mezzogiorno *m.* **1** noon, midday. **2** (*ore dodici*) twelve o'clock: *è appena suonato ~*

twelve o'clock has just struck. **3** (*sud*) south: *una stanza posta a ~* a room looking south, a south facing room. **4** (*Italia meridionale*) Southern Italy, the South of Italy. ☐ *a ~*: 1 (*alle dodici circa*) at noon, at midday, at twelve, at twelve o'clock; 2 (*a sud*) south (*attr.*), in the south; 3 (*verso sud*) to the south, southwards, towards the south; *~e mezza* (o *~e mezzo*), half past twelve; *~e un quarto* a quarter past twelve; *~in punto* twelve o'clock sharp, exactly twelve o' clock.

mezzoguanto (*pl.* **mezziguànti**) *m.* (*Abbigl*) mitten, mitt.

mezzomarinaro *m.* (*Mar*) boat hook.

mezzorilievo (*pl.* **mezzirilièvi**) *m.* (*Scult*) mezzo-relievo, half-relief.

mezzosangue *m./f.inv.* **1** (*meticcio*) half-caste, half-breed. **2** (*di cavallo*) half-breed.

mezzoservizio *m.* part-time domestic service. ☐ *a ~* part-time (*attr.*): *domestica a ~* part-time maid.

mezzosoprano (*pl.* **mezzisopràni**) I *m.* (*Mus*) (*registro di voce*) mezzo-soprano. II *f.* (*Mus*) (*cantante*) mezzo-soprano.

mezzotondo *m.inv.* (*Scult*) tondo.

mezzuccio *m.* (*spreg*) petty subterfuge, low trick, mean stratagem.

mf (*Mus*) *mezzo-forte* mf (mezzo-forte).

MF **1** (*Fis*) *media frequenza* MF, mf (medium frequency). **2** (*Rad*) *modulazione di frequenza* FM (frequency modulation).

MH *Isole Marshall* MH (Marshall Islands).

mi ¹ *pron.pers.* **1** (*me: compl. oggetto*) me: *~ vedi?* do you see me?; *non guardarmi così* don't look at me like that; *chiamami più tardi* call me later. **2** (*a me: compl. di termine*) (to) me, (for) me: *~ dai la matita?* will you give me the pencil?; *dimmi la verità* tell me the truth; *~ hanno comprato un CD* they bought me a CD, they bought a CD for me; *vai a prendermi il latte* go and buy me some milk. **3** (*riflessivo*) myself, *spesso non si traduce*: *~ lavo* I wash myself; *~ devo pettinare* I must comb my hair; *~ sono completamente dimenticata!* I completely forgot! **4** (*pleonastico*) *generalmente non si traduce*: *stammi bene!* keep well!; *~ mangerò una bistecca* I'll eat a steak.

mi ² *m.* (*Mus*) E, mi: *chiave di ~* key of E. ☐ (*Mus*) *~bemolle* E flat; (*Mus*) *~maggiore* E major; (*Mus*) *~minore* E minor; (*Mus*) *~minore* E minor.

mi ³ *m./f.* (*lettera dell'alfabeto greco*) mu.

miagolamento *m.* **1** miaowing, mewing. **2** (*di gatto in amore*) caterwauling.

miagolare (**miàgolo**) *aus.* **avere**) *v.i.* **1** to miaow, to mew, (*Am*) to meow. **2** (*di gatto in amore*) to caterwaul. **3** (*fig*) (*lamentarsi*) to mewl, to whine, to yowl. **4** (*fig*) (*cantare con voce stridula*) to wail, to squeak.

miagolata *f.* **1** miaowing, mewing. **2** (*di gatto in amore*) caterwauling.

miagolio *m.* **1** miaowing, mewing. **2** (*di gatto in amore*) caterwauling.

mialgia *f.* (*Med*) myalgia.

miao I *onom.* miaow, mew, (*Am*) meow. II *m.inv.* **1** (*miagolio*) miaowing, mewing. **2** (*di gatto in amore*) caterwauling. ☐ *fare ~* to miaow, to mew, (*Am*) to meow.

miasma (*pl.* **-i**) *m.* **1** miasma. **2** (*estens*) (*fetore*) stench, stink.

miasmatico *a.* miasmal, miasmatic, miasmic: *febbre miasmatica* miasmatic fever.

miastenia *f.* (*Med*) myasthenia.

miastenico *a.* (*Med*) myasthenic.

miatonia *f.* (*Med*) myatonia, myatony.

MIB (*Econ*) *Milano Indice Borsa* MIB (Milan Stock Exchange index).

MIBTEL (*Econ*) *Milano Indice Borsa Telematico* MIBTEL (Milan Stock Exchange telematic index).

mica ¹ *avv.* **1** (*colloq*) (*con una negazione*) at all, certainly, in the least: *non sono stato ~ io* it certainly wasn't me; *non sono ~ stupida!* I'm not in the least stupid! **2** (*senza negazione*) not: *sono cose vere, ~ storie* this is fact, not fiction; *~ me l'ha detto!* but he didn't tell me!; *ti è piaciuto il film? - Mica tanto* did you enjoy the film? - Not much, really. **3** (*in frasi interrogative*) by chance, *spesso si traduce con una frase idiomatica*: *hai ~ visto le mie scarpe nuove?* have you seen my new shoes by chance?; *non ci sarai ~ andato?* you didn't go, did you?; *non sarai ~ stato tu?* it wasn't you, was it? ☐ *~male* not bad, not bad at all: *~ male questo vino* this wine's not bad at all.

mica ² *f.* (*Min*) mica.

micaceo *a.* (*Min*) micaceous.

micalizzato *a.* mica (*attr.*): *blu micalizzato* mica blue.

micascisto *m.* (*Geol*) mica schist.

miccia (*pl.* **-ce**) *f.* fuse; (*a combustione rapida*) quick match. ☐ *~a tempo* time fuse; (*fig*) *dare fuocoalla ~* to spark off a row; *~detonante* detonating fuse; *~di accensione* igniting fuse; *~di sicurezza* safety fuse.

micelio *m.* (*Bot*) mycelium.

micella *f.* (*Chim*) micelle.

Micene *n.pr.f.* (*Geog.stor*) Mycenae.

miceneo I *a.* Mycenaean. II *m.* **1** (*f.* **-a**) (*abitante*) Mycenaean. **2** (*lingua*) Mycenaean.

micete ¹ *m.* (*Bot*) fungus.

micete ² *m.* (*Zool*) black howler monkey.

Michea *n.pr.m.* (*Bibl*) Micah.

michelaccio *m.* (*colloq*) loafer, lounger, idler. ☐ (*colloq*)*fare il ~* to idle away one's time, to loaf around.

Michelangelo *n.pr.m.* (*Stor*) Michelangelo.

michelangiolesco (*pl.* **-chi**) *a.* **1** of Michelangelo (*posposto*), Michelangelo's. **2** (*della scuola di Michelangelo*) after Michelangelo, in the style of Michelangelo.

Michele *n.pr.m.* Michael.

micheletto *m.* (*Stor,Mil*) (*soldato spagnolo*) Spanish soldier.

michetta *f.* (*Alim,region*) (*panino*) roll.

micidiale *a.* **1** deadly, mortal, lethal, fatal: *veleno ~* deadly poison; *un colpo ~* a mortal stroke. **2** (*fig*) (*incredibile, terribile*) deadly, killing, incredible, terrible. **3** (*fig*) (*insopportabile*) unbearable, boring: *un lavoro ~* a killing job; *oggi fa un caldo ~* it's terribly hot today, it's deadly hot today; *ha una forza ~* he has an incredible strength.

micino *m.* (*f.* **-a**) (*colloq*) kitten, kitty-cat, kitty, pussy-cat.

micio *m.* (*f.* **-a**) (*colloq*) cat, kitty-cat, kitty, pussy-cat.

micione *m.* (*colloq*) **1** (*f.* **-a**) (*grosso gatto*) big cat, big pussy-cat. **2** (*detto di una donna a un uomo*) tiger.

micobatterio *m.* (*Biol*) mycobacterium.

micologia *f.* (*Bot*) mycology.

micologico (*pl.* **-ci**) *a.* (*Biol*) mycological.

micologo *m.* (*f.* **-a**; *pl.* **-gi**) (*Biol*) mycologist.

micorriza *f.* (*Bot*) mycorrhiza.

micosi *f.* (*Med,Biol*) mycosis.

micotico (*pl.* **-ci**) *a.* (*Med*) mycotic.

micragna *f.* (*region*) **1** (*povertà*) poverty. **2** (*tirchieria*) stinginess, meanness.

micragnoso *a.* (*region*) **1** (*povero*) poor, pennyless. **2** (*tirchio*) stingy, mean.

microambiente *m.* microenvironment.

microampere *m.inv.* (*El*) microampere.

microamperometro *m.* (*Tecn*) microammeter.

microanalisi *f.* (*Chim*) microanalysis.
microanalitico *a.* (*Chim*) microanalytic.
microbar *m.inv.* (*Fis*) microbar.
microbicida I *a.* (*Farm*) microbicidal. II *m.* (*Farm*) microbicide.
microbico (*pl.* **-ci**) *a.* (*Biol*) microbial, microbic.
microbilancia (*pl.* **-ce**) *f.* microbalance.
microbio *m.* (*Biol*) microbe.
microbiologia *f.* (*Biol*) microbiology.
microbiologico (*pl.* **-ci**) *a.* (*Biol*) microbiological.
microbiologo *m.* (*f.* **-a**; *pl.* **-gi**) (*Biol*) microbiologist.
microbo *m.* 1 (*Biol*) microbe. 2 (*fig,spreg*) louse, worm.
microcalcolatore *m.* (*Inform*) microcomputer.
microcamera *f.* (*Fot*) microcamera.
microcefalia *f.* (*Med*) microcephalia, microcephaly.
microcefalico (*pl.* **-ci**) *a.* (*Med*) microcephalic, microcephalous.
microcefalo I *a.* (*Med*) microcephalous, microcephalic. II *m.* 1 (*Med*) microcephalic. 2 (*spreg*) idiot.
microchimica *f.* (*Chim*) microchemistry.
microchip *m.* (*Elettron*) microchip.
microchirurgia *f.* (*Chir*) microsurgery.
microcircuito *m.* (*Elettron*) microcircuit. □ (*Elettron*) ~ *ibrido* hybrid microcircuit; (*Elettron*) ~ *integrato* chip; (*Elettron*) ~ *multichip* multichip microcircuit; (*Elettron*) ~ *su ceramica* ceramic-based microcircuit.
microcitemia *f.* (*Med*) microcythemia.
microcito *m.* (*Biol*) microcyte. □ (*Biol*) ~ *a palla* spherocyte.
microclima *m.* (*Geog*) microclimate.
microclimatico (*pl.* **-ci**) *a.* (*Geog*) microclimatic.
microclimatologia *f.* (*Geog*) microclimatology.
micrococco (*pl.* **-ci**) *m.* (*Biol*) micrococcus.
microcomponente *m.* (*Tecn*) miniaturized component.
microcomputer /-'pjuter/ *m.inv.* (*Inform*) microcomputer.
microcosmico (*pl.* **-ci**) *a.* microcosmic, microcosmical.
microcosmo *m.* microcosm, microcosmos.
microcriminalità *f.* petty crime, petty criminality.
microcristallino *a.* (*Min*) microcrystalline.
microcurie /-ku'ri/ *m.inv.* (*Fis*) microcurie.
microdelinquenza *f.* petty crime, petty criminality.
microdischetto *m.* (*Inform*) microfloppy.
microeconomia *f.* (*Econ*) microeconomics (*costr.sing.*).
microeconomico (*pl.* **-ci**) *a.* (*Econ*) microeconomic.
microelaboratore *m.* (*Inform*) microcomputer.
microelemento *m.* (*Chim,Biol*) microelement.
microelettronica *f.* (*Elettron*) microelectronics (*costr.sing.*).
microelettronico (*pl.* **-ci**) *a.* (*Elettron*) microelectronic.
microfago (*pl.* **-gi**) *m.* (*Biol*) microphage.
microfarad *m.* (*El*) microfarad.
microfauna *f.* (*Biol*) microfauna.
microfibra *f.* (*Tess*) microfibre, (*Am*) microfiber.
microfiche /-'fiʃ/ *f.inv.* (*Inform*) microfiche.
microfilamento *m.* (*Biol*) microfilament.
microfilm *m.* (*Fot,Cin*) microfilm: *archivio*

su ~ microfilm file; *lettore di* ~ microfilm viewer.
microfilmare (**microfilmo**) *v.t.* to microfilm, to make a microfilm of.
microfilmato *a.* microfilmed: *testo* ~ microtext.
microfilmatrice *f.* microfilmer.
microfilmatura *f.* microfilming.
microfinanza *f.* microfinance.
microfisica *f.* (*Fis*) microphysics (*costr. sing.*).
microflora *f.* (*Biol*) microflora.
microfonare (**microfòno**) *v.t.* to amplify with a microphone, (*colloq*) to mike, to mic.
microfonico (*pl.* **-ci**) *a.* microphonic.
microfonista *m.* sound technician.
microfono *m.* 1 microphone, (*colloq*) mike, mic: *parlare al* ~ to speak over the microphone, to speak into a microphone; *piazzare un* ~ to plant a microphone. 2 (*del telefono*) headset microphone. □ ~ *a cardioide* cardioid microphone; ~ *a clip* clip-on microphone; ~ *a colonna* stand microphone, gooseneck microphone; ~ *a condensatore* condenser microphone; ~ *a nastro* ribbon microphone; ~ *da bavero* lapel microphone; ~ *da collo* lavaliere, lavaliere microphone; ~ *direzionale* unidirectional microphone; ~ *omnidirezionale* omnidirectional microphone, saltshaker; ~ *senza filo* cordless mike, cordless mic; ~ *spia* bug.
microfossile *m.* (*Geol*) microfossil.
microfotografia *f.* (*Fot*) 1 microphotography. 2 (*fotografia eseguita con microscopio*) photomicrography. □ (*Fot*) ~ *elettronica* electronic photomicrography.
microfotografico *a.* (*Fot*) microphotographic.
microftalmia, microftalmo *m.* (*Med*) microphthalmia, microphthalmus.
microfunzione *f.* microfunction.
microfusione *f.* (*Met*) microfusion.
micrografia *f.* micrography.
micrografico *a.* micrographic.
microgrammo *m.* microgram.
microinformatica *f.* (*Inform*) microcomputing.
microinfusore *m.* (*Med*) micropipette.
microinterruttore *m.* (*El*) microswitch.
microinvasivo *a.* (*Chir*) microinvasive: *chirurgia microinvasiva* micro-invasive surgery, keyhole surgery.
microistruzione *f.* (*Inform*) microinstruction.
microlettore *m.* (*Elettron*) microreader, microfilm reader.
microlingua *f.* (*Ling*) micro-language.
microlinguistica *f.* (*Ling*) microlinguistics (*costr.sing.*).
microlitro *m.* microlitre, (*Am*) microliter.
micromeccanica *f.* (*Mecc*) micromechanics (*costr.sing. o pl.*).
micromelia *f.* (*Med*) micromelia.
micrometeorologia *f.* (*Meteor*) micrometeorology.
micrometria *f.* micrometry.
micrometrico (*pl.* **-ci**) *a.* micrometric, micrometrical.
micrometro *m.* 1 (*Tecn*) (*strumento*) micrometer, micrometer caliper, micrometer gauge. □ (*Ott*) ~ *anulare* ring micrometer; (*Mecc*) ~ *di profondità* depth micrometer.
micrometro *m.* (*unità di misura*) micrometre, (*Am*) micron.
micromicete *m.* (*Biol*) micromycete.
micromillimetro *m.* millimicron, micromillimetre, (*Am*) micromillimeter.
microminiaturizzare (**microminiaturizzo**) *v.t.* (*El*) to microminiaturize, to sub-

miniaturize.
microminiaturizzazione *f.* (*El*) microminiaturization.
micromotore *m.* 1 small motor. 2 (*veicolo*) small motor vehicle. 3 (*ciclomotore*) moped.
micromotorista *m./f.* small motor rider, moped rider.
micron *m.inv.* micron.
Micronesia *f.* (*Geog*) Micronesia.
Micronesiano I *a.* Micronesian. II *m.* (*f.* **-a**) Micronesian.
micronido *m.* small crèche, small nursery, small day care.
micronucleo *m.* (*Biol*) micronucleus.
microohm *m.* (*El*) microhm.
microonda *f.* (*Fis*) microwave. □ *forno a microonde* microwave oven; *terapia a microonde* microwave therapy.
microonde *m.* (*colloq*) (*forno a microonde*) microwave: *cucinabile al* ~ microwaveable, microwavable; *cuocere al* ~ to microwave, (*Am,colloq*) to nuke.
microorganismo *m.* (*Biol*) microorganism.
micropaleontologia *f.* micropaleontology.
micropile /mikro'pail/ *m.* (*Tess*) microfleece.
micropilo *m.* (*Zool*) micropyle.
microprocessore *m.* (*Inform*) microprocessor.
microprogramma *m.* (*Inform*) microprogram.
microprogrammazione *f.* (*Inform*) microprogramming.
micropsia *f.* (*Med*) micropsia.
microregistratore *m.* micro cassette recorder.
microrganismo *m.* (*Biol*) microorganism. □ (*Biol*) ~ *opportunista* opportunistic microorganism; (*Biol*) ~ *patogeno* pathogenic microorganism.
microscheda *f.* microfiche.
microscopia *f.* microscopy. □ ~ *chimica* chemical microscopy; ~ *elettronica* electron microscopy.
microscopico (*pl.* **-ci**) *a.* 1 microscopic, microscopical: *analisi microscopica* microscopic analysis. 2 (*fig*) (*piccolissimo*) microscopic, microscopical, extremely small, tiny, minute.
microscopio *m.* (*Ott*) microscope: *osservare al* ~ (o *guardare al* ~) to examine under the microscope; *visibile al* ~ visible under the microscope. □ ~ *a raggi infrarossi* infrared microscope; ~ *a raggi ultravioletti* ultraviolet microscope; ~ *a raggi X* x-ray microscope; ~ *a riflessione* reflecting microscope; ~ *binoculare* stereoscopic microscope, binocular microscope; ~ *composito* compound microscope; (*Med*) ~ *confocale* confocal microscopy; ~ *elettronico* electron microscope; ~ *ottico* optical microscope; ~ *per dissezione* dissecting microscope; ~ *polarizzatore* polarizing microscope; ~ *spettroscopico* spectromicroscope.
microscopista *m./f.* microscopist.
microsecondo *m.* microsecond.
microsisma, microsismo *m.* (*Geol*) microseism.
microsismografo *m.* (*Tecn*) microseismograph.
microsistema *m.* microsystem.
microsociologia *f.* (*Sociol*) microsociology.
microsociologico *a.* (*Sociol*) microsociological.
microsociologo *m.* (*f.* **-a**; *pl.* **-gi**) (*Sociol*) microsociologist.

microsolco (*pl.* **-chi**) *m.* **1** (*di disco*) microgroove. **2** (*estens*) (*disco microsolco*) microgroove record; (*a 33 giri*) long-playing record, (*colloq*) LP; (*a 45 giri*) extended-play record, (*colloq*) EP.

microsomia *f.* (*Med*) microsomia.

microsonda *f.* (*Elettron*) microprobe. □ (*Elettron*) **-elettronica** electron microprobe.

microspia *f.* bug, bugging device: *piazzare una ~* to plant a bugging device.

microspora *f.* (*Biol*) microspore.

microsporangio *m.* (*Biol*) microsporangium.

microstruttura *f.* microstructure.

microtelefono *m.* (*cornetta*) handset, receiver.

microtermo *a.* microthermal.

microtomo *m.* (*Tecn*) microtome.

microtrauma *m.* (*Med*) microtrauma.

microtrone *m.* (*Fis*) microtron.

microvolt *m.* (*El*) microvolt.

Mida *n.pr.m.* (*Mitol*) Midas: *le orecchie di ~* Midas' ears; *l'oro di ~* Midas gold.

midi **I** *f.inv.* (*Abbigl*) (*gonna*) midiskirt. **II** *a.inv.* (*di gonna*) midi (*attr.*), mid-calf length (*attr.*).

MIDI (*Mus,Tecn*) *interfaccia digitale per strumenti musicali* MIDI (Musical Instrument Digital Interface).

midolla [1] *f.* (*mollica*) crumb.

midolla [2] → midollo.

midollare **I** *a.* (*Anat,Bot*) medullar, medullary. **II** *m.* (*Anat,Bot*) (*sostanza midollare*) medulla.

midollino *m.* rush.

midollo (*pl.* **le midòlla**) **I** *m.* **1** (*Anat*) medulla, marrow. **2** (*Bot*) medulla, pith. **3** (*fig*) (*parte interna*) pith, pith and marrow, core, kernel: *fino al ~* to the marrow, to the bone, to the skin; *bagnarsi fino al ~* to get wet through, to get wet to the skin. □ (*Anat*) *~ allungato* medulla oblongata; (*Anat*) *-osseo* medulla ossium, bone marrow; (*Anat*) *-spinale* spinal cord, spinal marrow, medulla spinalis.

midrange /mid'rɛjndʒ/ *m.inv.* (*Rad*) midrange loudspeaker.

midriasi *f.* (*Med*) mydriasis.

midriatico *a.* (*Med*) mydriatic.

mie ,miei → mio.

miele *m.* **1** honey. **2** (*fig*) (*dolcezza*) sweetness, honey: *essere tutto ~* to be all kindness, to be as sweet as sugar. **3** (*color miele*) honey colour, (*Am*) honey color. □ *~ al* ~ made with honey; *dolcecome il* ~ as sweet as honey, sweet as honey; (*fig*)*di* ~ honied, sweet; *parole di* ~ sweet words; *luna di* ~ honeymoon; *-di acacia* acacia honey; *-di castagno* chestnut honey; *-selvatico* wild honey; *esseretutto* ~ to be as sweet as pie; *-vergine* virgin honey. *Prov. non si può avere il miele senza mosche* you can't have honey without flies.

mielina *f.* (*Anat*) myelin.

mielinico (*pl.* **-ci**) *a.* (*Anat*) myelinic.

mielite *f.* (*Med*) myelitis.

mieloide *a.* (*Anat*) myeloid.

mieloma *m.* (*Med*) myeloma.

mielopatia *f.* (*Med*) myelopathy.

mielosi *f.* (*Med*) myelosis.

mieloso *a.* **1** honey-tasting, sugary. **2** (*fig*) (*sdolcinato*) sugary, honeyed: *parole mielose* honeyed words.

mietere (*pres.ind.* **mièto**; *p.rem.* **mietéi/mietètti**)) *v.t.* **1** to reap, to harvest: *~ il grano to* harvest wheat. **2** (*fig*) (*ricavare frutto*) to reap, to harvest, to win:. **3** (*fig,poet*) (*uccidere*) to cut down, to mow down: *la morte miete gli umili e i grandi* death cuts down great

and small alike; *la carestia ha mietuto molte vittime* the famine took a heavy toll of lives. □ (*fig*) *-allori* to reap laurels.

mietilega ,mietilegatrice *f.* (*Agr*) reaper-binder.

mietitore *m.* (*Agr*) reaper, harvester.

mietitrebbia ,mietitrebbiatrice *f.* (*Agr*) combine harvester.

mietitrice *f.* (*Agr*) (*macchina*) reaper, harvester, reaping machine.

mietitura *f.* (*Agr*) **1** reaping, mowing, harvesting. **2** (*estens*) (*periodo*) harvest time. **3** (*estens*) (*messe*) harvest, crop.

miglia → miglio[1].

migliaccio *m.* (*Gastron*) **1** (*sanguinaccio*) black pudding, blood pudding. **2** (*castagnaccio*) chestnut cake.

migliaio (*pl.* **le migliàia**) *m.* **1** thousand. **2** (*circa mille*) about a thousand, some thousand, nearly a thousand: *un ~ di persone* about a thousand people. **3** *pl.* (*iperb*) thousands, millions, (*colloq*) loads, (*colloq*) lots: *c'erano migliaia di oggetti in giro* there were loads of things lying around; *centinaia di migliaia* hundreds of thousands. □ *a migliaia* by the thousand, in thousands; *migliaiæ migliaia* thousands and thousands.

migliarino *m.* **1** (*Bot*) common gromwell. **2** (*Ornit*) (*migliarino di palude*) reed bunting.

miglio [1] (*pl.* **le miglia**) *m.* **1** mile: *lontano un ~ a mile away*; (*fig*) *si vede lontano un ~ che adesso è felice* you can see a mile off he is happy now. **2** (*Strad*) (*pietra miliare*) milestone, milepost. □ *50 migliaall'ora* 50 miles per hour; *la città è a un -di strada* the town is a mile off, the town is a mile away; *~ geografico* geographical mile, statute mile; (*Mar*) *~ marino* : **1** (*internazionale*) nautical mile; **2** (*britannico*) sea mile; (*Mar*) *-nautico* sea mile*:per miglia* for miles; *~ romano* Roman mile.

miglio [2] *m.* (*Bot*) millet.

migliorabile *a.* improvable, that can be improved (*posposto*).

miglioramento *m.* **1** improvement, betterment: *~ delle condizioni di lavoro* improvement of working conditions; *non c'è alcun ~* there is no improvement at all; *ci sono segni di ~* there are signs of improvement; *~ graduale* progressive improvement. **2** (*aumento*) increase: *~ dei salari* wage increase, (*Br*) wage rise. **3** (*opera di miglioramento*) improvement: *questa casa ha evidentemente bisogno di miglioramenti* this house definitely needs improvements.

migliorare (**miglióro**) **I** *v.t.* **1** to improve, to better, to enhance, to make better, to ameliorate: *~ la propria posizione economica* to improve one's economic position; *~ la qualità di un servizio* to improve the quality of a service, to upgrade a service; *la ginnastica migliora la postura* exercise enhances posture. **2** (*aumentare*) to increase, to raise: *~ gli stipendi* to increase wages, to raise wages; *~ la produzione* to improve production. **II** *v.i.* (*aus.* **essere/avere**) to improve, to become better, to get better: *sei davvero migliorato* you have really improved; *come sta Pietro? - Sta migliorando* How's Peter? - He's getting better; *il tuo tedesco sta migliorando velocemente* your German is improving fast; *le previsioni dicono che domani il tempo migliorerà* the weather forecast says tomorrow the weather will improve. **III** *v.pron.* **migliorarsi** to improve oneself, to better oneself: *devi cercare di migliorarti, anche se è difficile* you have to try to better yourself, even if it is difficult. □ (*Sport*) *~ il tempo* to better one's time, to improve

one's time; (*Sport*) *~ unrecord di tre secondi* to lop three seconds off the record, to beat the record by three seconds.

migliorativo *a.* **1** ameliorative. **2** (*Med*) curative, remedial.

migliore (*compar. di* **buono**) **I** *a.compar.* better: *oggi hai un aspetto ~* you look better today; *nessuno è ~ di lui come insegnante* no one is a better teacher than he; *aspettare un'occasione ~* to wait for a better occasion; *è in condizioni finanziarie migliori delle mie* he is better off than I am; (*fig*) *aspettare giorni migliori* to be waiting for better days. **II** *a.sup.* best: *è il ~ impiegato della nostra azienda* he is the best employee in our company; *siamo i migliori amici del mondo* we are the best of friends; (*Sport*) *realizzare il tempo ~* to make the best time, to achieve the best time. **III** *m./f.* **1** the best (person): *vinca il ~* may the best man win; *sei uno dei migliori* you're one of the best. **2** (*tra due persone*) the better: *il ~ dei due* the better between the two. □ *passarea migliorvita* to pass to a better life; *i miglioriauguri* best wishes; *con i migliori auguri* wishing you all the best;*con le miglioriüntenzioni* with the best of intentions; (*Comm*) *delle migliorimarche* of the best brands;*nel -dei casi* in the best of cases, if all goes well;*nel migliormodo possibile* in the best possible way;*nella -delle ipotesi* at best, should all go well. *Prov.: la miglior vendetta è il perdono* the noblest vengeance is to forgive; *la miglior difesa è l'attacco* attack is the best form of defence.

miglioria *f.* **1** improvement, betterment: *opere di ~* improvements; *apportare delle migliorie* to make improvements. **2** (*bonifica*) reclamation.

migliorismo *m.* (*Filos*) meliorism.

migliorista (*pl.* **-i**) **I** *m./f.* (*Pol,Stor.it*) meliorist. **II** *a.* (*Pol*) melioristic.

mignatta *f.* **1** (*Zool*) leech; (*sanguisuga*) bloodsucker. **2** (*fig*) (*persona noiosa*) limpet, clinging person. **3** (*fig,spreg*) (*usuraio*) bloodsucker, leech. **4** (*Mar,Mil*) limpet mine. □ (*fig*) *stare alle costolecome una ~* to stick like a leech.

mignattaio *m.* (*Ornit*) glossy ibis.

mignattino *m.* (*Ornit*) black tern.

mignola *f.* (*Agr*) olive blossom.

mignolo *m.* **1** (*della mano*) little finger, pinkie, pinky. **2** (*del piede*) little toe, baby toe, pinkie toe.

mignon /mi'ɲɔn/ *a.inv.* (*piccolissimo*) tiny, miniature.

mignotta *f.* (*region,volg*) (*prostituta*) slut, tart: (*volg*) *figlio di una* ~ son of a bitch, bastard.

migrante *a.* **1** migrant (*anche Zool*): *lavoratore ~* migrant worker. **2** (*Med*) floating, wandering: *rene ~* floating kidney, wandering kidney.

migrare (**mìgro**) *aus.* **essere**) *v.i.* (*rif. ad animali*) to migrate: *~ verso sud* to migrate south, to migrate southwards.

migratore **I** *a.* migrant, migratory: *uccelli migratori* migratory birds, migrants *pl.* **II** *a.* (*f.* **-trice**) migrant.

migratorio *a.* migrant, migratory, migration (*attr.*): *movimento ~* migration movement, migratory movement; *ondata migratoria* migration wave.

migrazione *f.* **1** (*Geog,Zool*) migration: *migrazioni di popoli* migrations of peoples. **2** (*Tecn,Econ*) migration. □ (*Chim*) *-dell'argento* silver migration; (*Chim*) *-di legame* bond migration; (*Chim,Fis*) *-elettrolitica* electrolytic migration; *-interna* internal migration; (*Chim*) ~ *ionica* ion migration; (*Zool*) ~ *stagionale* seasonal migration.

mikado *m.inv.* mikado.

milanese I *a.* Milanese. **II** *m./f.* (*abitante*) Milanese: *i milanesi* the Milanese. **III** *m.* 1 (*dialetto*) Milanese dialect. 2 (*hinterland di Milano*) hinterland of Milan. **IV** *f.* (*Gastron*) Wiener schnitzel, breaded veal cutlet.

milanista I *m./f.* 1 (*giocatore*) Milan F.C. player. 2 (*tifoso*) Milan (F.C.) fan. **II** *a.* Milan F.C. (*attr.*).

Milano *n.pr.f.* (*Geog*) Milan.

Mileto *n.pr.f.* (*Geog.stor*) Miletus.

miliardario I *a.* 1 multimillionaire, (*Am*) billionaire. 2 (*che vale miliardi*) worth millions (*posposto*): *un contratto* ~ a contract which is worth millions. **II** *m.* (*f.* **-a**) multimillionaire, (*Am*) billionaire: *sposare un* ~ to marry a multimillionaire.

miliardo *m.* 1 (*Br*) milliard, (*Am*) billion. 2 (*iperb*) million, thousands, (*colloq,iperb*) an awful lot (of): *ti ho telefonato un* ~ *di volte* I phoned you a million times.

miliare[1] *a.* mile (*attr.*): *pietra* ~ milestone.

miliare[2] *a.* (*Med*) miliary (*attr.*): *tubercolosi* ~ miliary tuberculosis; *febbre* ~ miliary fever.

milionario I *a.* millionaire: *un manager* ~ a millionaire manager. **II** *m.* (*f.* **-a**) millionaire (*f.* -ress): *come sposare un* ~ how to marry a millionaire.

milione *m.* 1 million: *un* ~ *di copie* a million copies; *un* ~ *e seicentomila* one million six hundred thousand. 2 (*iperb*) millions, thousands, (*colloq*) an awful lot (of): *c'era un* ~ *di persone* there were millions of people; there were thousands of people. □ (*fig*) *fare milioni a palate* to make money hand over fist, to rake in millions; *milioni di milioni* trillions; (*iperb*) *un* ~ *di volte* hundreds of times, countless times, umpteen times; *milioni e milioni* millions and millions.

milionesimo I *a.* millionth: *la milionesima parte* the millionth part. **II** *m.* millionth.

militante I *a.* militant, active: *la chiesa* ~ the Militant Church; *sindacalista* ~ militant trade unionist. **II** *m./f.* militant, activist: (*Pol*) *un* ~ *della sinistra* an activist of the left-wing party.

militanza *f.* militancy, political activism.

militare[1] **I** *a.* military: *carriera* ~ military career; *disciplina* ~ military discipline; *vita* ~ military life; *zona* ~ military zone; *tribunale* ~ military court. **II** *m.* 1 soldier, military man. 2 (*collett.*) armed forces, soldiers: *civili e militari* civilians and soldiers. □ *alla* ~ in military fashion, like a soldier, military (*attr.*); ~ *di carriera* career soldier; ~ *di leva* young man doing his national service, draftee, conscript; ~ *di truppa* rank, private; *fare il* ~ to do military service; *abbiamo fatto il* ~ *insieme* we served together; ~ *in servizio permanente* regular soldier.

militare[2] **I** *a.* (**milito**; *aus.* avere) *v.i.* 1 (*fare il soldato*) to be a soldier, to serve in the army. 2 (*fig*) (*supportare attivamente*) to support, to militate, to be an active supporter: ~ *in un partito* to support a party, to militate in a party. 3 (*Sport*) to play: ~ *nella squadra locale* to play in the local team.

militaresco (*pl.* **-chi**) *a.* 1 (*da soldato*) soldierly, soldier-like (*attr.*). 2 (*fig*) (*rigido, autoritario*) military, army (*attr.*): *disciplina militaresca* military discipline.

militarismo *m.* militarism.

militarista (*pl.* **-i**) **I** *a.* militarist, militaristic. **II** *m./f.* militarist.

militaristico (*pl.* **-ci**) *a.* militarist, militaristic.

---

militarizzare (**militarizzo**) **I** *v.t.* to militarize: ~ *un'area* to militarize an area. **II** *v.pron.* **militarizzarsi** to become militarized.

militarizzazione *f.* militarization.

militarmente *avv.* 1 militarily: *salutare* ~ to give the militar salute. 2 (*fig*) militarily, strictly: *educare* ~ *i propri figli* to bring up one's children strictly.

militassolto *a.* who has completed his national service (*posposto*).

milite *m.* soldier, militiaman. □ ~ *ignoto* Unknown Soldier.

militesente I *a.* exempt from military service (*posposto*): (*negli annunci di lavoro*) *cercasi giovane laureato* ~ wanted young graduate exempt from military service. **II** *m.* person who is exempt from military service.

milizia I *f.* 1 military life, military profession, soldiering: *darsi alla* ~ to devote oneself to military life. 2 (*speciale corpo armato*) militia; (*esercito*) army. 3 *pl.* (*forze armate*) armed forces, troops. 4 *pl.* (*poet*) (*schiera*) host *sing.*: *le milizie celesti* the Heavenly Host. □ ~ *aerea* air force; (*Stor*) *milizie ausiliarie* auxiliary troops; ~ *civica* militia, civic guard; ~ *confinaria* frontier militia; ~ *ferroviaria* railway militia; *milizie mercenarie* mercenary troops; ~ *nazionale* national guard, home reserve; *milizie regolari* regular army, standing army; ~ *stradale* highway militia; ~ *terrestre* army; ~ *territoriale* territorial army, Home Guard.

miliziano *m.* militiaman.

millantare (**millanto**) **I** *v.t.* to brag about, to brag of, to boast about, to boast of: ~ *le proprie avventure* to boast of one's adventures. **II** *v.pron.* **millantarsi** to boast, to brag.

millantato *a.* boasted, vaunted. □ (*Dir*) ~ *credito* false pretences, fraudulent representation.

millantatore I *m.* (*f.* **-trice**) boaster, braggart, swaggerer. **II** *a.* boastful, bragging.

millanteria *f.* boasting, bragging, swaggering.

mille I *a.* 1 a thousand, one thousand: ~ *luci* a thousand lights. 2 (*circa mille*) a thousand, about a thousand: *ci saranno state* ~ *persone* there must have been about a thousand people. 3 (*iperb*) (*molti, parecchi*) hundreds *pl.*, thousands *pl.*: *te l'ho detto* ~ *volte* I've told you a thousand times, I've told you and told you and told you, I told you thousands of times, I've told you time and again; ~ *volte no!* a thousand times no! **II** *m.* 1 (*numero*) one thousand, a thousand: ~ *e trecento* one thousand three hundred; *avere una probabilità su* ~ to have a chance in a thousand; *contare fino a* ~ to count up to one thousand. 2 (*anno mille*) year one thousand: *nel* ~ in the year one thousand. 3 (*secolo undicesimo*) eleventh century. 4 *pl.* (*Sport*) (*distanza di mille metri*) one thousand: *correre i* ~ to run the one thousand. 5 *pl.* (*Stor.it*) (*di Garibaldi*) the Thousand (soldiers of Garibaldi's expedition). □ *a* ~ *a* ~ in thousands, by the thousand; *mi sembrano* ~ *anni* it seems ages; *mi par mill'anni che non ti vedo* it's been ages since I've seen you; (*Lett*) *le* ~ *e una notte* the Thousand and One Nights, Arabian Nights: *un'atmosfera da* ~ *e una notte* an atmosphere out of the Arabian Nights, an Arabian Nights' atmosphere; *tentare* ~ *espedienti* to try a thousand ways and means, to try every trick in the book; ~ *grazie* thank you very much, a thousand thanks; (*fig*) *essere lontano* ~ *miglia* to be miles away; *siamo lontani* ~ *miglia* we are miles apart, we are poles apart, we are worlds apart; *eravamo lontani* ~ *miglia dal*

---

pensare che... we were far from thinking that...; (*fig*) *avere* ~ *pensieri per la testa* to have a thousand and one things on one's mind; *per* ~ out of a thousand, per thousand: *tre per* ~ three out of a thousand; (*fig*) *avere* ~ *ragioni* to be absolutely right, to have a good many reasons; (*fig*) *ti faccio* ~ *scuse* I'm terribly sorry, I'm very sorry.

millefiori *m.* 1 (*liquore*) liqueur (made from flower essences). 2 (*Vetr*) millefiori.

millefoglie *m.inv.* 1 (*Dolc*) millefeuille, (*Am*) napoleon. 2 (*Bot*) yarrow.

millefoglio *m.* (*Bot*) yarrow.

millenario I *a.* 1 (*che ha mille anni*) millenary, millenarian (*anche Rel*): *pianta millenaria* millenary plant. 2 (*fig*) (*molto vecchio*) age-old, ancient. 3 (*che ricorre ogni mille anni*) millenary. **II** *m.* millenary, millennium: *il* ~ *della fondazione di Roma* the millennium of the founding of Rome.

millenarismo *m.* (*Rel,Stor*) millenarianism.

millenarista (*pl.* **-i**) **I** *m.* (*Rel,Stor*) millenarianist. **II** *a.* (*Rel,Stor*) millenarian.

millenaristico *a.* (*Rel,Stor*) millenarian.

millenne *a.* (*rar*) millenary, millenarian.

millennio *m.* millennium (*anche Bibl*): *il terzo* ~ the third millennium. □ *per millenni* for thousands of years.

millepiedi *m.inv.* (*Zool*) millipede, millepede.

millerighe *m.* (*Tess*) thin-striped cloth, ribbed piqué.

millesimato *a.* 1 (*Enol*) carrying the year (*posposto*); bearing the date of production (*posposto*), vintage (*attr.*). 2 (*estens*) carrying the year (*posposto*); bearing the date of production (*posposto*).

millesimo I *a.* thousandth: *te lo ripeto per la millesima volta* I'm telling you for the thousandth time. **II** *m.* 1 thousandth: *un* ~ *di secondo* a thousandth of a second. 2 (*millesima parte*) thousandth, thousandth part. 3 (*anno, data*) year, date. 4 (*in condominio*) share.

milleusi *a.inv.* multi-purpose (*attr.*): *crema* ~ multi-purpose cream.

milliampere *m.inv.* (*El*) milliampere.

millibar *m.inv.* (*Fis*) millibar.

millicurie /-ku'ri/ *m.inv.* (*Fis*) millicurie.

milligrammo *m.* milligram, milligramme.

millilitro *m.* millilitre, (*Am*) milliliter.

millimetrare (**millimetro**) *v.t.* to divide (sth.) into millimetres, to mark (sth.) off in millimetres.

millimetrato *a.* divided into millimetres (*posposto*).

millimetrico (*pl.* **-ci**) *a.* 1 millimetric. 2 (*diviso in millimetri*) divided into millimetres (*posposto*). 3 (*estens*) (*misurabile in millimetri*) millimetric, measurable in millimetres (*posposto*), very short. 4 (*fig*) (*estremamente preciso*) very precise, pinpoint.

millimetro *m.* millimetre, (*Am*) millimeter.

millimicron *m.* millimicron.

millisecondo *m.* millisecond.

millivolt *m.* (*El*) millivolt.

Milo *n.pr.f.* Melos, Milos.

milonite *f.* (*Min*) mylonite.

milord *m.inv.* 1 lord, milord. 2 (*fig*) dandy, very elegant man.

milordo *m.* (*Zool*) western whip snake.

milza *f.* (*Anat*) spleen.

milzadella *f.* (*Bot*) spotted dead-nettle.

Milziade *n.pr.m.* (*Stor*) Miltiades.

mimare (**mimo**) *v.t.* to mime: ~ *una scena* to mime a scene.

mimesi, mimesi *f.* (*Filos*) mimesis.

mimeticamente *avv.* mimetically.

mimetico (*pl.* **-ci**) *a.* 1 (*imitativo*) mimetic,

imitative: *facoltà mimetica* imitative faculty. **2** (*Zool,Min*) mimetic, mimetical, mimic: *colorazione mimetica* mimic coloration. **3** (*che mimetizza*) camouflage (*attr.*): *vernice mimetica* camouflage paint; (*Mil*) *tuta mimetica* camouflage (combat) uniform.

mimetismo *m.* **1** (*Zool*) mimicry. **2** (*mimetizzazione*) camouflage: (*Mil*) ~ *bellico* military camouflage. **3** (*fig*) camouflage.

mimetizzare (**mimetìzzo**) **I** *v.t.* (*Mil*) to camouflage: ~ *un accampamento* to camouflage a camp. **II** *v.pron.* **mimetizzarsi 1** (*Mil*) to camouflage oneself. **2** (*Zool*) to mimic. **3** (*fig*) to camouflage oneself, to change one's views and allegiance to suit one's interests, to be a time-server, to be an opportunist, to dissemble.

mimetizzazione *f.* **1** (*Mil*) camouflage. **2** (*Zool*) mimicry.

mimica *f.* **1** (*Teat*) mime. **2** (*estens*) (*gesticolazione*) gesticulation, gestures *pl.* □ ~ *corporea* body gestures, bodylanguage; ~ *facciale* facial expressions.

mimico (*pl.* **-ci**) *a.* **1** mimic, of mime (*posposto*): *arte mimica* mime, art of mime. **2** (*ricco di mimica*) mimetic, mimic: *linguaggio* ~ sign language, dumb show.

Mimmo *n.pr.m. dim. di* Domenico.

mimo *m.* **1** (*f.* **-a**) (*attore*) mime. **2** (*estens*) (*spettacolo mimico*) mime, dumb show. **3** (*Ornit*) mockingbird. **4** (*Biol*) mimic.

mimodramma (*pl.* **-i**) *m.* **1** (*Teat,Mus*) pantomime with music. **2** (*Psic*) dramatherapy.

mimografo *m.* (*Stor,Lett*) mimographer.

mimosa *f.* (*Bot*) mimosa.

min. 1 *minuto* min., m (minute). **2** *minimo* min. (minimum).

mina [1] *f.* **1** (*Mil*) mine: *armare una* ~ to arm a mine, to make a mine live; *fare brillare una* ~ (*o fare saltare una* ~) to explode a mine, to blow up a mine; *mettere delle mine* to lay mines, to place mines, to mine; *disinnescare una* ~ to defuse a mine. **2** (*di matita*) lead, pencil lead. □ (*Mil*) ~*a contatto* contact mine; (*Mil*) ~*anticarro* anti-tank mine; (*Mil*) ~*antipersona* anti-personnel mines; (*Mil*) ~ *antiuomo* anti-personnel mine; ~*di grafite* graphite, graphite lead; ~*di ricambio* (*per matita*) refill; (*Mil*) ~*galleggiante* floating mine; (*Mil*) ~*magnetica* limpet mine; (*Mil*) ~*subacquea* torpedo mine, submarine mine; (*Mil*) ~*terrestre* land mine; ~*vagante* : 1 (*Mil*) drifting mine; 2 (*fig*) loose cannon, powder-keg.

mina [2] *f.* (*Stor.gr*) mina.

minaccia (*pl.* **-ce**) *f.* **1** threat, menace: *proferire minacce* to utter threats; *gesto di* ~ menacing gesture; ~ *di morte* threat of death; *ottenere qcs. con le minacce* to obtain sth. by using threats; *una lettera di* ~ a threatening letter; *parole di* ~ threatening words. **2** (*fig*) (*pericolo*) threat, menace, danger, risk: *una* ~ *per la salute* a threat to one's health, danger for one's health; ~ *per la pace* menace to peace; *c'è* ~ *di inondazione* there's danger of flooding; *rappresentare una* ~ *per qcu.* (*o essere una* ~ *per qcu.*) to be a threat to so. □ (*Med*) ~*di aborto* threatened abortion; (*fig*) ~*di fallimento* threat of bankruptcy;*sotto la* ~ *di un coltello* at knifepoint; *tenere qcu. sotto la* ~ *di un coltello* to keep so. at knifepoint; *tenere qcu. sotto la* ~ *di una pistola* to keep so. at gunpoint.

minacciare (**minàccio, minàcci**) *v.t.* **1** to threaten, to menace (*anche fig*): ~ *qcu. di morte* to threaten so. with death; ~ *vendetta* to threaten revenge; ~ *guerra* to threaten war; ~ *di dimettersi* to threaten to resign; ~ *uno*

scandalo to threaten to create a scandal. **2** (*fig*) (*far presentire*) to threaten, to look like: *il cielo minaccia tempesta* the sky is threatening, it looks as if there's a storm brewing up; *le nubi minacciano pioggia* it looks like rain; *minaccia di piovere* it looks like rain. **3** (*fig,lett*) to loom over. □ ~ *qcu.col dito* to point one's finger threateningly at so., to shake one's finger at so.; (*Dir*) ~*un testimone* to intimidate a witness.

minacciato *a.* **1** threatened (*di* with, by), menaced, under threat. **2** (*in pericolo*) in jeopardy.

minacciosamente *avv.* threateningly, menacingly: *guardare qcu.* ~ to look at so. threateningly.

minaccioso *a.* **1** threatening, menacing: *sguardo* ~ threatening look; *parole minacciose* threatening words. **2** (*fig*) (*potenzialmente dannoso*) threatening, menacing, ominous: *un silenzio* ~ an ominous silence. **3** (*fig*) (*che incute paura*) threatening, looming, grim, dismal: *un'ombra minacciosa* a looming shadow.

minare (**mìno**) *v.t.* **1** to mine: ~ *un campo* to mine a field. **2** (*fig*) (*insidiare, danneggiare*) to undermine, to damage, to sap: ~ *la reputazione di qcu.* to undermine so.'s reputation; ~ *le basi della democrazia* to undermine the foundations of democracy.

minareto *m.* (*Arch*) minaret.

minato *a.* **1** mined. **2** (*di salute*) undermined.

minatore *m.* **1** (*f.* **-trice**) miner: *elmetto da* ~ miner's helmet; *martello da* ~ miner's hammer. **2** (*macchina da scavo*) miner. □ ~*a cottimo* butty; (*Tecn*) ~*continuo* continuous miner; ~*di carbone* coal miner, pitman, (*Br*) collier.

minatorio *a.* threatening, menacing: *lettera minatoria* threatening letter, (*colloq*) poison-pen letter, crank letter, hate mail.

minbar *m.inv.* (*Rel.islam*) Minbar.

minchia I *f.* (*volg,region*) prick, dick. **II** *intz.* (*volg,region*) **1** (*per esprimere ira*) fuck it!, shit!: ~!, *che hai fatto?* fuck it! what did you do? **2** (*per esprimere stupore*) shit!, damn!: ~!, *che bella macchina!* damn!, what a beautiful car!

minchiata *f.* (*volg,region*) crap, bullshit, cock: *non dire minchiate* don't talk bullshit!

minchionaggine *f.* (*volg*) **1** crap, shit. **2** (*comportamento*) crap, shit, shitty behaviour.

minchionare (**minchióno**) *v.t.* (*volg*) **1** (*canzonare*) to screw with, to make fun of, to make a fool of, to mock. **2** (*imbrogliare*) to screw, to screw (so.) over, to take (so.) in, to cheat, to swindle, (*colloq*) to do (so.) in.

minchione *m.* (*f.* **-a**) (*volg*) prick, dickhead, (*Br*) arsehole, (*Am*) asshole. □ *rimanere come un* ~ to be screwed;*fare il* ~ to play the fool, to play dumb.

minchioneria *f.* (*volg*) **1** crap, shit. **2** (*sproposito*) blunder, mistake. **3** *pl.* (*idee balorde*) foolishness (*costr.sing.*), nonsense (*costr.sing.*).

minerale I *a.* mineral: *colori minerali* mineral colours; *acqua* ~ mineral water; *sali minerali* mineral salts. **II** *m.* (*Min*) mineral; (*da cui si può estrarre metallo*) ore. **III** *f.* (*colloq*) (*bottiglia di acqua minerale*) bottle of mineral water: *mezza* ~ a half-litre bottle of mineral water. □ (*Min*) ~*d'argento* silver ore; (*Min*) ~*di ferro* iron ore; (*Min*) ~*di piombo* lead ore; (*Min*) ~*di rame* copper ore; (*Min*) ~*di stagno* tin ore; (*Min*) ~*di uranio* uranium ore; (*Min*) ~*di zolfo* sulphur ore; (*Min*) ~*leggero* light mineral; (*Min*) ~*pesante* heavy

mineral; (*Min*) ~*povero* low-grade ore, lean ore.

mineralista *m./f.* (*Min*) (*studioso*) mineralogist, mineralist.

mineralizzare (**mineralìzzo**) **I** *v.t.* to mineralize. **II** *v.pron.* **mineralizzarsi** to mineralize, to become mineralized.

mineralizzatore I *m.* (*Chim,Fis*) mineralizer. **II** *a.* (*Chim,Fis*) mineralizing.

mineralizzazione *f.* (*Chim,Fis*) mineralization.

mineralogia *f.* (*Min*) mineralogy.

mineralogico (*pl.* **-ci**) *a.* (*Min*) mineralogical.

mineralogista *m./f.* (*Min*) mineralogist.

mineralogramma *m.* (*Med*) mineralogram.

mineralometria *f.* (*Med*) mineralometry.

minerario *a.* **1** (*Minier*) (*rif. a miniere*) mining (*attr.*): *ingegnere* ~ mining engineer; *industria mineraria* mining industry. **2** (*Min*) (*rif. a minerali*) mineral, ore (*attr.*): *giacimento* ~ ore body, mineral deposit; *riserva mineraria* ore reserve,mineral reserve.

minerva [1] *f.* (*Med*) Minerva plaster jacket (type of neck collar).

minerva [2] *m.pl.* (*fiammiferi*) safety matches.

Minerva *n.pr.f.* (*Mitol*) Minerva.

minestra *f.* **1** soup: *scodellare la* ~ to dish up the soup, to ladle out the soup; *un piatto di* ~ a bowl of soup. **2** (*estens*) (*primo piatto*) first course. □ (*fig*) *trovare la* ~*bell'e scodellata* to find one's work already done for one; (*Gastron*) ~*di lenticchie* lentil soup; (*Gastron*) ~*di riso* rice soup; (*Gastron*) ~*di verdura* (o ~*di verdure*) vegetable soup; (*Gastron*) ~*d'orzo* barley soup; (*Gastron*) ~*in brodo* (*con pastina*) noodle soup, pasta in clear broth; (*Gastron*) ~*maritata* rich meat broth typical of Naples; (*fig*) ~*riscaldata* old hat, rehash.

minestrina *f.* (*Gastron*) noodle soup, pasta in clear broth, thin soup.

minestrone *m.* **1** (*Gastron*) minestrone, vegetable soup. **2** (*fig*) (*miscuglio*) mixture, mix-up, jumble, (*Br*) hotchpotch, (*Am*) hodgepodge: *che* ~! what a mix-up!

mingere (**mìngo**) *aus.* avere) *v.i.* to micturate, to urinate.

mingherlino *a.* **1** thin, slim, lean, slender, skinny, gracile, puny: *un ragazzo* ~ a skinny boy. **2** (*fig*) (*debole*) weak, feeble, flimsy.

mini I *f.inv.* (*Abbigl*) miniskirt, mini. **II** *a.inv.* **1** (*Abbigl*) mini (*attr.*): *un cappotto* ~ a mini coat. **2** (*estens*) (*minuto*) tiny, (*piccolo*) small, (*breve*) short: *un* ~ *corso di marketing* a short marketing course; *una* ~ *banca dati* a small database.

miniabito *m.* (*Abbigl*) minidress, mini.

miniappartamento *m.* (*Br*) very small flat, flatlet, (*Am*) efficiency apartment.

miniare (**mìnio, mìni**) *v.t.* **1** to illuminate, to miniate: ~ *un manoscritto* to illuminate a manuscript. **2** (*fig*) (*dipingere*) to paint with great finesse, to paint to perfection. **3** (*fig*) (*scrivere*) to describe minutely, to describe in detail, to write to perfection.

miniato *a.* **1** illuminated, miniated. **2** (*fig*) finely drawn, highly detailed, beautifully finished.

miniatore *m.* (*f.* **-trice**) **1** miniaturist; (*di manoscritti*) illuminator. **2** (*fig*) (*perfezionista*) perfectionist.

miniatura *f.* **1** (*arte*) miniature. **2** (*arte dell'illustrazione miniata*) illumination, miniating. **3** (*lavoro miniato*) illumination, miniature. **4** (*Inform*) thumbnail. **5** (*fig*) miniature. □ *in* ~: 1 in miniature (*posposto*), miniature (*attr.*): *modello in* ~ miniature model; 2 (*fig*) (*piccolissimo*) miniature (*attr.*), small-scale version; 3 (*rif. a persone*) tiny, minute, small, midget, on a small scale (*posposto*): *un uomo in ~ a* tiny man.

miniaturista *m./f.* illuminator, miniaturist.

miniaturistico *a.* of a miniature (*posposto*), miniature (*attr.*).

miniaturizzare (**miniaturìzzo**) *v.t.* (*Elettron*) to miniaturize.

miniaturizzato *a.* (*Elettron*) miniaturized.

miniaturizzazione *f.* miniaturization.

minibar *m.inv.* minibar: *carrello ~* refreshment trolley.

minibasket *m.* (*Sport*) minibasketball, minibasket.

minibus *m.inv.* minibus.

minicalcolatore *m.* (*Inform*) minicomputer.

minicar *f.inv.* (*Aut*) minicar, microcar.

minicassetta *f.* minicassette.

mini-CD *m.inv.* mini CD.

minicomputer *m.* (*Inform*) minicomputer.

minidisco (*pl.* **-chi**) *m.* (*Inform*) minidisc, minifloppy.

minielaboratore *m.* (*Inform*) minicomputer.

miniera *f.* 1 mine: *lavorare in ~* to work in the mines, to work down the mines, to work at the pit; *scendere in ~* to go down the pit. 2 (*fig*) (*fonte abbondante*) mine: *una ~ di informazioni* a mine of information; *una ~ di idee* a mine of ideas. □ *~ a cielo aperto* open-cut mine, opencast mine, strip mine, pit; *~ a pozzo* drift mine; *~ d'argento* silver mine; *~ di carbone* coal mine, coal-pit, colliery; *~ di diamanti* diamond mine; *~ di ferro* iron mine; *~ di rame* copper mine; *~ di sale* salt mine; *~ d'oro* gold mine (*anche fig*); *~ in sotterraneo* underground mine.

minifurgone *m.* small delivery van.

minigolf *m.* (*gioco*) miniature golf, minigolf.

minigonna *f.* (*Abbigl*) miniskirt.

minima *f.* 1 (*Mus*) (*Br*) minim, (*Am*) half-note. 2 (*Meteor*) minimum temperature. 3 (*colloq*) (*pressione minima*) minimum blood pressure: *ho ottanta di ~ e centoventi di massima* my blood pressure ranges between a minimum of eighty and a maximum of a hundred and twenty. 4 (*colloq*) (*pensione minima*) guaranteed minimum pension, G.M.P.

minimale I *a.* minimal, minimum. II *m.* minimum.

minimalismo *m.* 1 (*Pol*) minimalism. 2 (*Art*) minimalism, minimal art.

minimalista I *a.* (*Pol,Art*) minimalist. II *m./f.* (*Pol,Art*) minimalist.

minimalistico (*pl.* **-ci**) *a.* (*Pol,Art*) minimalist.

minimamente *avv.* (*dopo una negazione*) not in the least, not at all, not the least bit: *non ci credo ~* I don't believe it at all; *non sono ~ interessata a questa faccenda* I'm not the least bit interested in this matter; *non ci penso ~* I won't give it a moment's thought; *non gli assomiglia ~* he doesn't look the least like him; *non influisce ~ sul risultato* it hasn't the least effect on the result.

minimarket *m.inv.* minimarket.

minimassimo *m.* (*Mat*) minimax.

minimizzare (**minimìzzo**) *v.t.* 1 to minimize: *~ la portata della crisi* to minimize the magnitude of the crisis; (*Econ*) *~ le perdite* to minimize losses. 2 (*fare apparire meno importante*) to minimize, to play down, to shrug off: *~ uno scandalo* to play down a scandal. 3 (*Inform*) to minimize.

minimizzazione *f.* minimization: (*Econ*) *~*

dei costi cost minimization; *~ dell'onere tributario* tax avoidance, tax dodging.

minimo (*sup. di* **piccolo**) I *a.* 1 (*the*) minimum, (the) least, (the) slightest, (the) smallest: *tariffa minima* minimum charge, lowest charge; *senza il ~ sforzo* without the slightest effort, without the least effort; *non ho il ~ dubbio* I haven't the slightest doubt, I haven't the least doubt; *non ne ho la minima idea* I haven't the slightest idea; *punteggio ~* minimum score. 2 (*piccolissimo*) very small, slight: *una differenza minima* a very small difference, a slight difference; *una quantità minima* a very small quantity. 3 (*bassissimo*) very low: *un prezzo ~* a very low price; *con una spesa minima* very inexpensively, very cheaply, at low cost; *le possibilità sono minime* the chances are slim. 4 (*il più basso*) (the) lowest, (the) minimum, bottom (*attr.*): *temperatura minima* lowest temperature. II *m.* 1 (the) least, minimum: *è il ~ che si possa dire* that's the least you can say; *questo è proprio il ~ che possiate fare* this is really the least you can do; *ridurre al ~* to reduce to a minimum. 2 (*un po'*) a bit, some: *bisogna avere un ~ di pazienza!* you must have some patience!; *un ~ di buon senso* a bit of common sense; *un ~ di fortuna* a bit of good luck. 3 (*il grado più basso*) minimum: *il ~ della pena* the minimum sentence; *mettere il gas al ~* to set the gas to the minimum. 4 (*Mot*) idling speed: *regolare il ~* to adjust idling speed; *tenere il motore al ~* to idle the motor; *il motore non tiene il ~* the motor keeps stalling. □ *al ~* at least, at the least: *mi ci vuole un'ora al ~* it takes me an hour at least, it takes me at least an hour; *ridurre qcs. al ~* to reduce sth. to a minimum (*o* to the) minimum; *come ~* at least: *avrà come ~ quarant'anni* he will be at least forty; (*Mat*) *~ comun denominatore* lowest common denominator, least common denominator; (*Mat*) *~ comune multiplo* lowest common multiple, least common multiple; (*Econ*) *~ di contrattazione* minimum lot trading; (*Econ*) *~ di paga* minimum wage, wage floor; *~ di velocità* bottom speed, minimum speed, lowest speed; *non ne ho la benché minima idea* I have no idea whatsoever, I haven't the faintest idea; (*Econ*) *~ imponibile* minimum taxable income; *non ha la minima importanza* it doesn't matter in the least; *il ~ indispensabile* the bare minimum; *fare il ~ indispensabile* to do the minimum; *il ~ necessario* the minimum necessary; *raccontare qcs. nei minimi particolari* to describe sth. down to the smallest details; (*Econ,estens*) *~ storico* all-time low; (*Econ, colloq*) *l'euro sui minimi* the Euro at low value; *Olivetti sui minimi* Olivetti holdings at low value; *ridurre ai minimi termini*: 1 (*Mat*) to reduce to the lowest terms, to reduce to the smallest terms; 2 (*fig*) to reduce to the simplest terms; *~ vitale* subsistence.

minimosca *m.inv.* (*Sport*) (*nel pugilato*) light flyweight.

minimum tax *f.inv.* (*Dir*) minimum salary a person may declare within a certain profession as established by the government.

minio *m.* (*Chim*) minium, red lead. □ *pittura al ~* red lead paint.

minipillola *f.* (*Med*) mini-pill.

miniserie *f.inv.* miniseries.

ministeriale I *a.* 1 ministerial: *circolare ~* ministerial memorandum, departmental memorandum. 2 (*estens*) (*governativo*) ministerial, governmental, cabinet (*attr.*): *decreto ~* ministerial decree; *crisi ~* cabinet crisis. II *m.* ministerial civil servant, ministry official.

ministero *m.* 1 (*dicastero*) Ministry, Office, Board, (*US*) Department. 2 (*carica di ministro*) ministry. 3 (*edificio*) ministry. 4 (*ufficio, funzione*) office, function; (*Rel*) ministry: *l'esercizio del proprio ~* the exercise of one's functions; *il sacro ~* the sacred ministry; *~ sacerdotale* sacred ministry, priesthood. 5 (*Stor*) (*governo*) ministry, government; (*gabinetto*) cabinet: *sotto il ~ di Giolitti* during Giolitti's ministry; *formare un nuovo ~* to form a new cabinet. 6 (*fig*) (*missione*) mission. □ *~ degli affari esteri* Ministry of Foreign Affairs, (*GB*) Foreign Office, (*US*) Department of State; *~ degli affari regionali* Ministry of regional affairs; *~ degli esteri* Ministry of Foreign Affairs, (*GB*) Foreign Office, (*US*) Department of State; *~ degli interni* Ministry of the Interior, (*GB*) Home Office, (*US*) Department of the Interior, *~ del commercio con l'estero* Ministry of foreign trade; *~ del lavoro e delle politiche sociali* Ministry of Labour and Social Security, (*GB*) Ministry of Labour, (*US*) Department of Labor; *~ del tesoro, del bilancio e della programmazione economica* Ministry of the Treasury, (*GB*) Treasury, (*US*) Treasury, Department of the Treasury; *~ del welfare* Ministry of Labour and Social Security, (*GB*) Ministry of Labour, (*US*) Department of Labor; *~ della difesa* (*GB*) Ministry of Defence, (*US*) Department of Defense; *~ della giustizia* Ministry of Justice, (*GB*) Lord Chancellor's Department, (*US*) Department of Justice; (*Stor*) *~ della guerra* Ministry of War, (*GB*) War Office; (*Stor*) *~ della marina* Navy Ministry, Admiralty, (*US*) Department of the Navy; (*Stor*) *~ della marina mercantile* Ministry of the Merchant Marine; *~ della pubblica istruzione* Ministry of Education, University and Scientific Research; *~ della sanità* Ministry of Health, (*Br*) Department of Health, (*US*) Education and Welfare; (*Stor*) *~ dell'aeronautica* Air Ministry, (*US*) Department of the Air Force; *~ dell'agricoltura e delle foreste* Ministry of Agriculture and Forestry, (*GB*) Ministry of Agriculture, Fisheries and Food, (*US*) Department of Agriculture; *~ dell'ambiente e tutela del territorio* (*GB*) Department of the Environment, (*US*) Ministry of the Environment; (*Stor*) *~ delle colonie* Colonial Office; *~ delle comunicazioni* Ministry of Communications; *~ delle finanze* Ministry of Finance, (*GB*) Exchequer, (*US*) Treasury, Department of the Treasury; *~ delle infrastrutture e dei trasporti* Ministry of Public Transport, (*US*) Department of Transportation; *~ delle pari opportunità* Ministry of Equal Opportunities; (*Stor*) *~ delle partecipazioni statali* Ministry of State Economic Participation; *~ delle politiche agricole e forestali* Ministry of Agriculture and Forestry, (*US*) Department of Agriculture; *~ delle poste e telecomunicazioni* Ministry of Communications; *~ dell'economia e delle finanze* Ministry of Finance, (*GB*) Exchequer, (*US*) Treasury, Department of the Treasury; *~ dell'industria, del commercio e dell'artigianato* Ministry of Industry and Commerce, (*GB*) Board of Trade, (*US*) Department of Commerce; *~ dell'innovazione e delle tecnologie* Ministry of Innovation and Technology; *~ dell'interno* Ministry of the Interior, (*GB*) Home Office, (*US*) Department of the Interior; *~ dell'istruzione, università e ricerca scientifica* Ministry of Public Education, University and Scientific Research; *~ dell'università e della ricerca scientifica* Ministry of Public Education,

University and Scientific Research; ~ *di grazia e giustizia* Ministry of Justice, (*GB*) Lord Chancellor's Department, (*US*) Department of Justice; *-per i beni e delle attività culturali* Ministry of cultural heritage and environmental conservation; *-per i rapporti con il parlamento* Ministry of parliamentary relations; *-per le politiche comunitarie* Ministry of European policy; ~ *riforme istituzionali e devoluzione* Ministry of institutional reforms and devolution.

ministra *f.* (*Pol*) minister.

ministrante *m.* (*Lit*) altar server.

ministro *m.* 1 (*f.* **-a**) (*Pol*) minister, (*GB*) Secretary, Secretary of State, (*US*) Secretary: *primo* ~ prime minister, premier; *consiglio dei ministri* Cabinet, council of ministers; *signor* ~ (*GB*) Minister, (*US*) Mr Secretary. 2 (*capo di comunità religiosa*) minister; (*protestante*) minister, clergyman, pastor; (*cattolico*) priest; (*superiore di un ordine religioso*) minister, minister general: ~ *di culto* minister (of religion). 3 (*fig,rar*) (*divulgatore*) minister, propagator. ☐ *-ad interim* acting minister; *-degli affari esteri* Minister of Foreign Affairs, (*GB*) Foreign Secretary, (*US*) Secretary of State; *-degli esteri* Minister of Foreign Affairs, (*GB*) Foreign Secretary, (*US*) Secretary of State; *-degli interni* Minister of the Interior, (*GB*) Home Secretary, (*US*) Secretary of the Interior; ~ *dei beni culturali* Cultural Assets Minister; *-dei trasporti* Minister of Public Transport, (*GB*) Secretary of State for Transport, (*US*) Secretary of Transportation; *-del lavoro e della previdenza sociale* Minister of Labour and Social Security, (*GB*) Minister of Labour, (*US*) Secretary of Labor; *-del tesoro* Minister of the Treasury, (*GB*) Chancellor of the Exchequer, (*US*) Secretary of the Treasury; *-del welfare* Minister of Labour and Social Security, (*GB*) Minister of Labour, (*US*) Secretary of Labor; *-della difesa* Minister of Defence, (*GB*) Secretary of state for Defense, (*US*) Defense Secretary; ~ *della giustizia* Minister of Justice, (*GB*) Lord (High) Chancellor, (*US*) Attorney General; (*Stor*) *-della guerra* Minister of War, (*GB*) Secretary (of State) for War; (*Stor*) *-della marina* Navy Minister, (*GB*) First Lord of the Admiralty, (*US*) Secretary of the Navy; ~ *della pianificazione economica* Minister of Economic Planning; *-della protezione civile* Civil Defence Minister; *-della pubblica istruzione* Minister for Education; *-della sanità* Minister of Health, (*GB*) Secretary of Health and Human Services, (*US*) Secretary of Health, Education and Welfare; ~ *dell'agricoltura e delle foreste* Minister of Agriculture and Forestry, (*GB*) Minister of Agriculture, Fisheries and Food, (*US*) Secretary of Agriculture; *-delle finanze* Minister of Finance, (*GB*) Chancellor of the Exchequer, (*US*) Secretary of the Treasury; *-delle poste e telecomunicazioni* Postmaster General; *-dell'interno* Minister of the Interior, (*GB*) Home Secretary, (*US*) Secretary of the Interior; *-di grazia e giustizia* Minister of Justice, (*GB*) Lord (High) Chancellor, (*US*) Attorney General; *Ministro guardasigilli* Minister for Justice; (*Dipl*) *-plenipotenziario* Minister plenipotentiary; *-senza portafoglio* Minister without portfolio.

minivan *m.inv.* (*Aut*) minivan.

Minnie /'minni/ *n.pr.f.* (*personaggio di Walt Disney*) Minnie Mouse.

minoico (*pl.* **-ci**) *a.* (*Archeol*) Minoan: *civiltà minoica* Minoan civilization.

minoranza *f.* 1 minority: *essere in* ~ to be

in the minority, to be a minority; *gli esponenti della* ~ the members of the minority. 2 (*gruppo di minoranza*) minority: ~ *religiosa* religious minority; ~ *etnica* ethinc minority; ~ *linguistica* linguistic minority; *i diritti delle minoranze* the rights of minority groups. ☐ *di* ~ minority (*attr.*): *governo di* ~ minority government; *azionisti di* ~ minority shareholders; *-parlamentare* parliamentary minority.

minorasco (*pl.* **-chi**) *m.* (*Dir*) right of a younger son to inheritance.

minorato I *a.* (*spreg*) disabled, handicapped: *bambini minorati* handicapped children. II *m.* (*f.* **-a**) (*spreg*) disabled person. ☐ (*spreg*) *-del linguaggio* speech impaired person; (*spreg*) *-dell'udito* hearing impaired; (*spreg*) *-fisico* physically disabled person, handicapped person; (*spreg*) *-psichico* mentally handicapped person, mentally disabled person, mentally impaired person.

minorazione *f.* 1 (*diminuzione*) diminution, lessening, reduction: ~ *dei prezzi* reduction in prices. 2 (*l'essere minorato*) disablement. 3 (*menomazione*) disablement, disability, handicap: *soffre di una* ~ *fisica* he has a physical handicap.

Minorca *n.pr.f.* (*Geog*) Minorca.

minore (*compar. di* **piccolo**) I *a.compar.* 1 (*più piccolo, più poco*) less (*attr.*), lesser, smaller: *in misura* ~ to a lesser extent; ~ *del previsto* less than expected; *con uno sforzo* ~ with less effort. 2 (*Mat*) less (*attr.*): *cinque è* ~ *di sette* five is less than seven; *A è* ~ *o uguale a B* A is less than or equal to B. 3 (*più breve*) shorter, less: *in un tempo* ~ in less time, in a shorter time. 4 (*più basso*) lower: *una cifra* ~ a lower figure, a lower price. 5 (*più lento*) slower: *una velocità* ~ a slower speed. 6 (*più giovane*) younger: *è* ~ *di te di un anno* he is a year younger than you; *vietato ai minori di quattordici anni* forbidden to children under fourteen years of age. 7 (*rar*) (*minorenne*) under age, minor: *sua figlia è ancora* ~ his daughter is still under age. 8 (*inferiore*) lower, lesser, inferior: *grado* ~ lower rank. 9 (*meno importante*) minor, lesser, less important: *i poeti minori* the minor poets; *il Manzoni* ~ Manzoni's minor works; *arti minori* minor arts; *astri minori* minor stars. 10 (*Mus*) minor: *terza* ~ minor third; *do diesis* ~ C sharp minor; *accordo* ~ minor chord. 11 (*appellativo*) the Younger: *Catone Minore* Cato the Younger. II *a.sup.* 1 (*il più piccolo, il minore*) (*fra due*) (the) lesser, (the) smaller; (*fra più di due*) (the) least, (the) smallest: *il* ~ *fra due mali* the lesser of two evils; *il* ~ *quantità minore* the smallest quantity. 2 (*il più breve: fra due*) (the) shorter; (*fra più di due*) (the) shortest: *la distanza* ~ the shortest distance. 3 (*il più basso: fra due*) (the) lower; (*fra più di due*) (the) lowest: *vendere al minor prezzo* to sell at the lowest price. 4 (*il più lento: fra due*) (the) slower; (*fra più di due*) (the) slowest: *la* ~ *velocità possibile* the slowest speed possible. 5 (*il più giovane: fra due*) (the) younger, (the) junior; (*fra più di due*) (the) youngest: *il* ~ *dei quattro fratelli* the youngest of the four brothers. 6 (*il meno importante*) (the) minor, (the) the less important. III *m./f.* 1 (*fra due*) younger brother (*f.* sister); (*fra più di due*) youngest brother (*f.* sister). 2 (*minorenne*) child, minor, person under age: *abbandono di* ~ child abandonment; *abuso di* ~ child abuse; *tribunale dei minori* juvenile court. ☐ *scegliere il -dei mali* choose the lesser of the two evils; (*Dir*) *-età* minority; *essere in* ~ *età* to be under

age, (*Dir*) to be an infant; *uscire dalla* ~ *età* to come of age; *la minorparte* the minority.

minorenne I *a.* under age, under full age, minor, juvenile: *essere* ~ to be under age, to be a minor. II *m./f.* minor, juvenile, person who is under age: (*Dir*) *corruzione di* ~ corruption of a minor.

minorile *a.* (*Dir*) juvenile: *delinquenza -* juvenile delinquency; *carcere* ~ juvenile prison.

minorita *m.* (*Rel.catt*) Friar Minor, Minorite.

minorità *f.* minority (*anche Dir*): *uscire dalla* ~ to come of age, to become legally of age.

minoritario *a.* of the minority (*posposto*), minority (*attr.*): *partito* ~ minority party.

Minosse *n.pr.m.* (*Mitol*) Minos.

Minotauro *n.pr.m.* (*Mitol*) Minotaur.

minuendo *m.* (*Mat*) minuend.

minuetto *m.* (*Mus*) minuet.

minugia (*pl.* **le minùgia/le minùgie**) *f.* 1 (*budello*) gut. 2 (*per strumenti musicali*) catgut. 3 *pl.* (*interiora*) entrails, guts, intestines. 4 (*Med*) urethral catheter.

minuscola *f.* 1 small letter. 2 (*Tip*) lower-case letter.

minuscolo I *a.* 1 small, lower-case (*attr.*): *scrivere in lettere minuscole* to write in small letters. 2 (*Tip*) lower-case (*attr.*), small print (*attr.*). 3 (*Paleogr*) minuscule. 4 (*estens*) (*piccolissimo*) tiny, minute: *un nasino* ~ a tiny little nose. II *m.* 1 small letters: *scrivere in* ~ to write in small letters. 2 (*Tip*) lower-case, small print.

minus habens *m./f.inv.* (*eufem*) mentally retarded, mentally deficient.

minusvalenza *f.* (*Econ*) capital loss. ☐ (*Econ*) *-da cessione cespiti* capital loss arising from disposal; (*Econ*) *-iscritta* recorded capital loss.

minuta *f.* rough copy, draft: *stendere la* ~ to make a draft; (*Comm*) *stendere la* ~ *di un contratto* to make the draft of a contract, to draft a contract.

minutaggio *m.* duration in minutes, minute count.

minutaglia *f.* 1 (*cianfrusaglie*) odds and ends *pl.*, bits and pieces *pl.*: *butta via tutta questa* ~! throw away all these odds and ends! 2 (*fig*) small details *pl.*: *badare alle minutaglie* to care for small details. 3 (*Alim*) (*pesciolini per frittura*) small fish for frying.

minutamente *avv.* 1 (*a pezzettini*) minutely, into little pieces: *tritare* ~ *la cipolla* finely chop the onion. 2 (*minuziosamente*) in great detail, meticulously: *descrivere qcs.* ~ to describe sth. in great detail.

minutante *m.* 1 drafter, minute writer, draftsman. 2 (*Comm*) (*dettagliante*) retailer.

minuteria *f.* 1 (*ninnoli*) trinkets *pl.*, gewgaws *pl.*, baubles *pl.* 2 (*Mecc*) (*dell'orologio*) motion work.

minutezza *f.* 1 minuteness, smallness. 2 (*rar*) (*minuzia*) minor detail, trifle.

minutino [1] *a.* (*gracile*) thin, slim, lean, slender, skinny, gracile, puny: *un bambino* ~ a frail child.

minutino [2] *m.* (*momentino*) half a second: *aspetta un* ~! just wait for half a second!

minuto [1] *m.* 1 minute: *mancano dieci minuti alle otto* it is ten to eight, it is ten minutes to eight; *sono le quattro e dieci minuti* it's ten minutes past four; *è questione di pochi minuti* it's a matter of a few minutes; *mezzo* ~ half a minute; *essere in ritardo di dieci minuti* to be ten minutes late; *abito a venti minuti da qui* I live twenty minutes from here; (*fig*) *contare i minuti* to count the minutes. 2 (*iperb*) (*momento*) minute, moment, instant: *è un affare di due minuti* it won't take a minute, it won't take a moment, it will only take a minute (or so); (fig) non avere un ~ di pace not to have a moment's peace; hai un ~? have you got a minute?, do you have a minute? □ è a cinque minuti di strada it's a five minutes walk; a cinque minuti di macchina five minutes by car; (fig) riesco a scrivere dieci parole al ~ I can write ten words a minute; (fig) arrivare al ~ to arrive on the dot; (fig) avere i minuti contati: 1 (andare di fretta) to have no time to lose, to have no time to spare; 2 (essere prossimo a morire) to be near one's end; da un ~ all'altro any minute: dovrebbe arrivare da un ~ all'altro she should be here any minute; di ~ in ~ any moment now; un ~ di raccoglimento a moment's silence; minuti di recupero: 1 extra time; 2 (Sport) injury time; un ~ di silenzio one minute silence; (fig) qualche ~ dopo a few minutes later; in un ~ in a minute, in a second, in a very short time; (fig) non c'è un ~ da perdere there isn't even a minute to lose; ogni venti minuti every twenty minutes; (Mat) ~ primo minute; (fig) qualche ~ prima a few minutes earlier; ~ secondo second; tra pochi minuti in a few minutes, in a few minutes' time; tra un ~ in a minute.

minuto[2] a. 1 minute, small, tiny: pezzi minuti small pieces; bestiame ~ small cattle. 2 (sottile) fine, thin: una pioggia minuta fine rain, drizzle. 3 (delicato) delicate, fine: lineamenti minuti delicate features. 4 (gracile) slight, slender, frail. 5 (particolareggiato) minute, detailed, circumstantial: un ~ resoconto a detailed account. 6 (rif. a condizione sociale) common, lower-class: gente minuta common people. □ (Comm) al ~ retail (attr.): commercio al ~ retailing, retail trade, retail business; comprare al ~ to buy at retail (prices), to buy retail; vendita al ~ retail, retail sale.

minuzia f. 1 (inezia) minutia (pl. minutiae), trifle, minor detail, petty detail: perdersi in minuzie to get bogged down in (o with) minutiae, to get bogged down in the details. 2 (minuziosità) meticulousness, meticulous care: con ~ di particolari with great attention to detail.

minuziosaggine f. 1 (pedanteria) pettiness, minuteness, meticulousness, fastidiousness, (colloq) nit-picking. 2 (cavillo) cavil, quibble.

minuziosamente avv. 1 minutely, meticulously, in great detail: descrivere qcs. ~ to describe sth. in great detail. 2 (con pignoleria) fastidiously.

minuziosità f. 1 meticulousness, minuteness. 2 (pignoleria) fastidiousness, fussiness.

minuzioso a. 1 (rif. a persona: scrupoloso) meticulous, scrupulous, precise, fastidious. 2 (rif. a cose) minute, meticulous, (extremely) detailed, very careful: esame ~ very careful examination.

minuzzolo m. 1 (pezzettino) scrap, bit, morsel: un ~ di pane a scrap of bread. 2 (f. -a) (rar) (bambino minuto) minute child, small boy.

minzione f. (Fisiol) emiction, micturation, urination.

mio I a.poss. 1 my: il ~ cane my dog; molti miei amici many of my friends, many friends of mine; in vece mia in my place; fallo per amor ~! do it for my sake!; il ~ migliore amico my best friend; cara mia my dear, my dear girl; sta a casa mia he is staying with me, he is staying at my house. 2 (mio proprio) my own: l'ho visto con i miei occhi I saw it with my own eyes; vivo per

conto ~ I live on my own; vorrei metterci qcs. di ~ I'd like to add so. of my own. 3 (preceduto da aggettivi numerali, pronomi indefiniti e dimostrativi) of mine: due miei amici two friends of mine; alcuni miei colleghi some colleagues of mine, some of my colleagues; questi miei pensieri these thoughts of mine. 4 (posposto) mine: questa penna è mia this pen is mine. 5 (nelle espressioni ellittiche) my, seguito dal sostantivo appropriato: voglio dire anch'io la mia (opinione) I want to have my say too; loro stanno dalla mia (parte) they are on my side; anche io ho avuto le mie I had my share too; hai ricevuto la mia del 5 Aprile? have you received my letter of 5th April? II pron.poss. mine: questa casa è più grande della mia this house is bigger than mine. III m. 1 (averi) means (costr.sing. o pl.), property (of my own), my resources pl., what I have: vivo del ~ I have independent means, I have means of my own, I live on my income; mi contento del ~ I am satisfied with what I have; ci ho rimesso del ~ I lost my own money. 2 (ciò che mi spetta di diritto) what is mine, what is due to me. 3 pl. (genitori) my parents, (colloq) my folks: passerò il Natale coi miei I'll spend Christmas with my parents. 4 pl. (parenti) my family (costr.sing. o pl.), my relatives: passerò le vacanze con i miei I will spend the holidays with my family. 5 pl. (sostenitori) my supporters, my followers.

miocardia f. (Med) miocardia.

miocardico (pl. -ci) a. (Anat) myocardial: (Med) infarto ~ myocardial infarction.

miocardio m. (Anat) myocardium.

miocardite f. (Med) myocarditis. □ (Med) ~ batterica bacterial myocarditis; (Med) ~ virale virus myocarditis.

miocene m. (Geol) Miocene.

miocenico (pl. -ci) a. (Geol) Miocene (attr.).

mioglobina f. (Biol) myoglobin.

miologia f. (Anat) myology, myologia.

mioma m. (Med) myoma.

miopatia f. (Med) myopathy, myopathia. □ (Med) ~ alcolica alcoholic myopathy; (Med) ~ oculare ocular myopathy.

miope I a. 1 (Med) myopic, short-sighted, near-sighted. 2 (fig) short-sighted, narrow. II m./f. 1 (Med) myope, short-sighted person, near-sighted person. 2 (fig) short-sighted person, near-sighted person.

miopia f. (Med) myopia, short-sightedness (anche fig). □ (Med) ~ progressiva progressive myopia.

miosi f. (Med) miosis, myosis.

miosina f. (Chim) myosin.

miosite f. (Med) myositis.

miosotide f. (Bot) myosotis, water forget-me-not.

miotico (pl. -ci) a. (Med,Farm) miotic, myotic.

miotonia f. (Med) myotonia.

MIPS, mips (Inform) milioni di istruzioni al secondo MIPS (Millions Instructions Per Second).

mira f. 1 aim: alzare la ~ to raise one's aim; abbassare la ~ to lower one's aim; spostare la ~ to adjust one's aim; avere una buona ~ to be a good shot; avere una cattiva ~ to be a poor shot; avere una ~ infallibile to be a crack shot. 2 (bersaglio) target, butt. 3 (fig) (fine, scopo) aim, goal, target, object: ha una sola ~: fare soldi he has only one aim: to make money; avere mire troppo elevate to aim too high; avere delle mire su qcu. to have designs on so. 4 (congegno di mira) sight, gunsight: ~ anteriore foresight; ~ posteriore backsight; tacca di ~ rear sight, bar sight,

(Am) hindsight. □ (Topogr) ~ a scopo target rod; (fig) avere di ~ qcs. to aim at sth., to set one's sights on sth.; mire espansionistiche expansionist aims; prendere la ~ to take aim; (fig) prendere di ~ qcu. to pick on so.; tenere qcu. sotto ~ to have so. in one's sights.

mirabella f. (Bot,Alim) mirabelle.

mirabile a. admirable, wonderful, marvellous: ~ a dirsi wonderful to say.

mirabilia f.pl. wonders: dire ~ di qcu. to speak wonders of so.; promettere ~ to promise the moon.

mirabilmente avv. admirably, wonderfully.

mirabolante a. (scherz) (strabiliante) amazing, astonishing.

miracolare (miràcolo) v.t. 1 (fare un miracolo) to perform a miracle on. 2 (guarire) to heal (so.) through a miracle. 3 (salvare) to save (so.) with a miracle.

miracolato I a. 1 (guarito) miraculously healed. 2 (salvato) miraculously saved. 3 (che ha avuto molta fortuna) incredibly fortunate, unbelievably lucky. II m. (f. -a) 1 (guarito) miraculously healed person. 2 (salvato) miraculously saved person. 3 (che ha avuto molta fortuna) incredibly fortunate person, unbelievably lucky person.

miracolismo m. (Pol) utopianism.

miracolista m./f. (Pol) utopian.

miracolistico a. (Pol) utopian.

miracolo m. 1 miracle, wonder: (Bibl) compiere un ~ to perform a miracle; il ~ dei pani e dei pesci the miracle of the loaves and fishes; soltanto un ~ può guarirlo nothing short of a miracle can heal him. 2 (estens) (meraviglia) miracle, wonder: i miracoli della scienza the wonders of science, the miracles of science. 3 (esclam.) what a miracle! what a wonder!: ti sei tagliato i capelli: ~! you've had your hair cut: what a miracle! 4 (Teat, Mediev) miracle play. □ è un ~ che... it's a miracle (that)..., it's a wonder (that)...; ~ economico economic miracle; fare miracoli: 1 to perform miracles, to work miracles; 2 (fig) to work wonders: questa medicina fa miracoli this medicine works wonders; per ~: 1 by a miracle: è stato salvato per ~ he was saved by a miracle; per ~ non sono stato investito it was a miracle (that) I wasn't run over; 2 (per pochissimo tempo) in the nick of time: ho preso il treno per ~ I caught the train in the nick of time.

miracolosamente avv. miraculously, by a miracle.

miracoloso I a. 1 miraculous, miracle (attr.) (anche fig): medicina miracolosa miraculous drug, miracle drug. 2 (estens) (incredibile) miraculous, extraordinary, astonishing. 3 (che opera miracoli) miraculous, that works miracles (posposto): immagine miracolosa miraculous image. II m. miraculous nature, wonderful quality. □ ha del ~ there is something miraculous about it.

miraggio m. mirage (anche fig): avere un ~ to see a mirage; (fig) il ~ dell'oro the mirage of gold.

miraglio m. (Mar) top mark (on a buoy).

mirare (mìro) I v.i. (aus. avere) 1 to aim (a at), to sight (a qcs. sth.): ~ al cuore to aim at the heart; ~ al bersaglio to aim at the target. 2 (fig) (tendere) to aim (a at), to tend (a towards): mira a sposarlo she aims at marrying him. 3 (prendere la mira) to take aim. II v.t. (lett) to gaze, to look at, to stare at. III v.pron. **mirarsi** (rar) to look at oneself, to admire oneself: mirarsi allo specchio to look at oneself in the mirror. □ (fig) ~ a ottenere qcs. to aim at getting sth.; (fig) non mira ad *altro che* ... he has no other object than...; *(fig)* ~*in alto* to aim high; *(fig)* ~ *troppo in alto* to aim too high, to set one's sights too high.

mirato *a.* (*con un preciso obiettivo*) aimed at (*posposto*), targeted: *una pubblicità mirata agli adolescenti* an advertisement aimed at teenagers; *sforzo* ~ targeted effort.

miratore *m.* (*f.* **-trice**) shooter, gunsman.

miriade *f.* myriad, a thousand, a multitude (*anche estens*): *una* ~ *di stelle* a myriad stars, a multitude of stars. □ *a miriadi* in great numbers, by the thousand.

miriagrammo *m.* myriagram, myriagramme.

miriametro *m.* myriametre, (*Am*) myriameter.

miriapode *m.* (*Zool*) myriopod, myriapod: *i miriapodi* myriapoda.

mirica ,**mirice** *f.* (*Bot*) myrica.

mirifico *a.* (*lett*) marvellous.

mirino *m.* **1** sight. **2** (*Fot,Ott*) viewfinder, viewer. □ (*Fot*) ~*a pozzetto* waist-level finder; (*Ott*) ~*a traguardo* direct viewfinder; (*Ott*) ~*a visione diretta* direct vision finder; (*fig*) *essere nel* ~ *di qcu.* to be in so.'s sight; (*Fot*) ~*reflex* reflex sight; (*Fot*) ~*telescopico* telescopic view finder.

miristica *f.* (*Bot*) nutmeg tree.

mirliton *m.inv.* (*Mus*) mirliton.

mirmecofago (*pl.* **-gi**) **I** *m.* (*Zool*) (*formichiere*) ant-eater. **II** *a.* (*Zool*) myrmecophagous, ant-eating.

mirmecofilo *a.* (*Biol*) myrmecophilous.

mirmecologia *f.* (*Zool*) myrmecolgy, scientific study of ants.

mirmidone , **mirmidone** *m./f.* (*Stor.gr*) Myrmidon.

mirmillone *m.* (*Stor.rom*) mirmillon.

miro *a.* (*lett,rar*) wonderful.

Mirone *n.pr.m.* (*Stor*) Myron.

mirra *f.* (*Bot*) myrrh.

mirtacee *f.pl.* (*Bot*) mirtaceae.

mirteto *m.* myrtle grove.

mirtillo *m.* **1** (*Bot*) (*arbusto*) bilberry, (*Am*) blueberry, blueberry bush. **2** (*Bot,Alim*) (*frutto*) bilberry, whortleberry, (*Am*) blueberry. □ (*Bot,Alim*) ~*americano* blueberry; *di mirtilli* bilberry (*attr.*), (*Am*) blueberry (*attr.*): *marmellata di mirtilli* bilberry jam, (*Am*) blueberry jam; *succo di mirtilli* bilberry juice, (*Am*) blueberry juice; *grappa di mirtilli* bilberry liqueur, (*Am*) blueberry liqueur; (*Bot,Alim*) ~*rosso* cranberry.

mirto *m.* (*Bot*) myrtle.

misandria *f.* misandry.

misantropia *f.* misanthropy.

misantropico (*pl.* **-ci**) *a.* misanthropic, misanthropical.

misantropo **I** *m.* (*f.* **-a**) misanthrope, misanthropist. **II** *a.* misanthropic, misanthropical.

miscanto *m.* (*Bot*) miscanthus.

miscela *f.* **1** (*Alim*) (*rif. al caffè, tabacco e sim.*) blend: ~ *di caffè* coffee blend; ~ *in chicchi* blend of coffee beans. **2** (*Alim*) (*per alimentari*) mix: ~ *per torte* cake mix. **3** (*Mot*) (*di aria e benzina*) mixture: ~ *carburante* fuel mixture. **4** (*Mot*) (*di olio e benzina*) fuel mixture. **5** (*fig*) mixture, mix, cocktail: *una* ~ *di gusti* a mixture of tastes. □ (*Mot*) ~*anticongelante* antifreeze; (*Alim*) ~*arabica* (*di caffè*) arabica; (*Mot*) ~*combustibile* fuel mixture; (*Mot*) ~ *di benzine* gasoline pool; ~ *esplosiva*: 1 explosive mixture; 2 (*fig*) lethal cocktail; ~*frigorifera* freezing mixture; (*Mot*) ~*grassa* rich mixture; (*Mot*) ~ *normale* normal mixture, (*Am*) regular gas; (*Mot*) ~*povera* lean mixture, weak mix-

ture; (*Mot*) ~*ricca* rich mixture.

miscelabile *a.* that can be (easily) mixed (*posposto*), able to be mixed (*posposto*).

miscelare (**miscèlo**) *v.t.* **1** to mix: ~ *gli ingredienti* to mix the ingredients. **2** (*rif. a caffè, tabacco e sim.*) to blend.

miscelatore **I** *m.* **1** (*f.* **-trice**) (*operaio*) mixer. **2** (*Idr*) (*rubinetto miscelatore*) (*Br*) mixer tap, (*Am*) mixer faucet. **3** (*macchina*) mixer, mixing machine; (*rif. a caffè, tabacco e sim.*) blender. **4** (*Rad*) mixer. **II** *a.* mixing; (*rif. a caffè, tabacco e sim.*) blending: *macchina miscelatrice* mixing machine. □ (*Elettron*) ~*a cristallo* crystal mixer; (*Elettron*) ~*a diodo* diode mixer; (*Acus*) ~*del suono* audio mixer.

miscelatura ,**miscelazione** *f.* **1** mixing. **2** (*rif. a caffè, tabacco e sim.*) blending.

miscellanea *f.* **1** (*mescolanza*) mixture, medley, miscellany. **2** (*insieme di scritti*) miscellany, anthology, collection.

miscellaneo *a.* miscellaneous.

mischia *f.* **1** fray, scuffle, tussle: *nel furore della* ~ in the heat of the fray; *rimanere fuori dalla* ~ to keep out of the fray (*anche fig*); *entrare nella* ~ to enter the fray (*anche fig*). **2** (*fig*) (*rissa*) brawl, fight. **3** (*Sport*) (*nel rugby*) scrum, scrummage. **4** (*Tess*) mixing, blending. □ ~*generale* free-for-all.

mischiare (**mischio, mìschi**) **I** *v.t.* **1** to mix, to blend, to mingle: ~ *l'acqua con il vino* to mix water with wine. **2** (*fig*) (*accostare*) to mix, to combine. **3** (*mettere in disordine*) to shuffle, to scramble up. **II** *v.pron.* **mischiarsi** **1** to mix, to blend, to mingle, to intermingle. **2** (*estens*) (*confondersi*) to mix, to mingle: *mischiarsi alla folla* to mix with the crowd. □ ~*le carte* to shuffle, to shuffle the cards, to give the cards a shuffle.

mischiata *f.* **1** quick mix. **2** (*di carte da gioco*) quick shuffle. □ *dare una* ~*alle carte* to shuffle the cards.

miscibile *a.* **1** mixable, that can be mixed (*posposto*). **2** (*Chim*) miscible.

miscibilità *f.* **1** mixability. **2** (*Chim*) miscibility.

misconoscente **I** *m./f.* ingrate, ungrateful person. **II** *a.* ungrateful.

misconoscere (*pres.ind.* **misconósco**, *tu* **misconósci**; *p.rem.* **misconóbbi**; *p.p.* **misconosciùto**) *v.t.* **1** to disregard, discount, to refuse to recognize, to refuse to acknowledge: ~ *l'utilità di un consiglio* to disregard the value of advice. **2** (*non apprezzare*) to ignore, to underestimate: ~ *i meriti di qcu.* to ignore so.'s merits. □ ~*i benefici ricevuti* to be ungrateful.

misconosciuto → **misconoscere** *a.* disregarded, unacknowledged, ignored, underestimated.

miscredente **I** *m./f.* **1** (*chi non crede*) non believer, non-religious person, unreligious person. **2** (*chi accetta solo in parte le verità della fede*) misbeliever, miscreant. **II** *a.* (*non religioso*) unbelieving, non-religious, unreligious.

miscredenza *f.* (*mancanza di fede*) lack of faith, irreligiousness.

miscuglio *m.* **1** mixture, jumble, medley, (*Br*) hotchpotch, (*Am*) hodgepodge: *un* ~ *di razze* a medley of races, a hodgepodge of races. **2** (*Chim*) mixture, mix; (*dosato*) blend.

mise /miz/ *fr.inv.* **1** (*modo di vestire*) way of dressing, outfit, get-up. **2** (*abito*) dress, clothing.

miserabile **I** *a.* **1** (*che suscita pietà*) wretched, pitiful, unhappy, miserable: *una vita* ~ a wretched life. **2** (*spreg*) (*rif. a persona: disprezzabile*) despicable, vile, wretch-

ed, (*colloq*) no-good: *un* ~ *ricattatore* a despicable blackmailer. **3** (*spreg*) (*rif. a cosa: disprezzabile*) miserable, shabby, low, shameful: *un'azione* ~ a miserable action, a shameful action. **4** (*di scarso valore*) miserable, worthless, (*spreg*) paltry: *una paga* ~ a paltry wage. **II** *m./f.* **1** (*povero*) wretch, poor wretch, miserable person, wretched person. **2** (*spreg*) wretch, scoundrel.

miserabilità *f.* (*rar*) **1** wretchedness, misery. **2** (*spreg*) wretchedness, shabbiness, miserableness.

miserabilmente *avv.* miserably, wretchedly.

miseramente *avv.* **1** (*in modo disgraziato*) miserably, pitifully, wretchedly: *il suo piano è fallito* ~ his plan failed miserably. **2** (*nella miseria*) poorly, meanly, wretchedly: *vivere* ~ to live poorly. **3** (*meschinamente*) miserably, meagrely, scantily: *agire* ~ to act miserably.

miserando *a.* pitiful, pitiable, miserable, wretched, unhappy: *fare una fine miseranda* to come to a pitiful end.

miserere *m.* (*Rel,Mus*) miserere: (*fig*) *cantare il* ~ *a qcu.* to write so. off, to hold out no hopes for so.; (*fig*) *essere al* ~ to be on one's last legs.

miserevole *a.* wretched, pitiful, miserable.

miseria **I** *f.* **1** (*povertà estrema*) poverty, indigence: *vivere nella più squallida* ~ to live in dire poverty; *cadere in* ~ to fall into poverty, to become poor; *ridursi in* ~ to be reduced to poverty; *piangere* ~ to complain of one's lot, to cry poverty, to complain that one is hard up. **2** (*squallore, meschinità*) misery, wretchedness, dreariness, meanness: *confessare le proprie miserie* to confess one's miseries. **3** *spec.pl.* (*infelicità*) misery, misfortune, trouble, unhappiness, distress: *le miserie della vita* the troubles of life. **4** (*somma esigua*) pittance, paltry sum, peanuts *pl.*: *guadagnare una* ~ to earn a pittance; *una* ~ *di stipendio* a pittance; *costare una* ~ to cost very little, to be very cheap, to be dirt cheap. **5** (*penuria*) shortage, scarcity: ~ *d'acqua* water shortage. **6** (*inezia*) pittance, trifle, nothing, mere nothing. **7** (*Bot*) spiderwort. □ *che* ~*questo dramma!* what a terrible play!; ~*nera* dire want, dire poverty; (*colloq*)*per la* ~*!*: 1 (*sorpresa*) good heavens!; 2 (*indignazione*) for heaven's sake!, for crying out loud!; 3 (*per una cifra esigua*) *per la* ~ *di due euro* for the paltry sum of two euros, for a mere two euros; *vendere qcs. per una* ~ to sell sth. for a song; *comprare qcs. per una* ~ to buy sth. for a song.

misericorde *a.* (*lett*) merciful.

misericordia **I** *f.* **1** mercy, mercifulness: *avere* ~ *di qcu.* to have mercy upon so., to have mercy on so.; *Dio, abbi* ~ *di noi!* Lord have mercy on us!; *affidarsi alla* ~ *di qcu.* to throw oneself on so.'s mercy; *gridare* ~ to cry for mercy; (*Rel*) *opere di* ~ works of mercy. **2** (*compassione*) pity, compassion: *provare* ~ to feel pity. **3** (*ant*) (*pugnale*) misericord. **II** *intz.* my goodness!, (good) heavens!, goodness gracious!, good grief! □ *senza* ~: 1 (*usato come aggettivo*) merciless, pitiless; 2 (*usato come aggettivo: spietato*) ruthless, relentless; 3 (*usato come avverbio*) mercilessly, pitilessly, ruthlessly.

misericordiosamente *avv.* mercifully, pitifully.

misericordioso *a.* merciful, pitiful.

miserino *a.* poor, scanty.

misero *a.* **1** (*povero: rif. a persone*) poor, poverty-stricken, wretched: *un* ~ *uomo* a poor man. **2** (*povero: rif. a cose*) poor, wretched, shabby: *una misera casa* a poor house. **3** (*infelice*) miserable, sad, unfortunate: *una misera sorte* a sad fate. **4** (*insufficiente, scarso*) miserable, poor, paltry, sorry, scanty: *un ~ pranzo* a poor meal; *un ~ stipendio* a paltry income, a miserable income. **5** (*meschino*) miserable, poor, sorry, mean, pitiful: *una misera scusa* a poor excuse, a sorry excuse, a lame excuse. **6** (*rif. ad abiti: stretto*) tight, skimpy. □ *una misera consolazione* small comfort; *fare una misera figura* to cut a poor figure; *~ me!* poor me!

miserrimo *a.* extremely poor, extremely wretched, extremely miserable.

misfatto *m.* misdeed; (*delitto*) crime: *compiere un ~* to commit a crime.

misi → **mettere**.

misirizzi *m.inv.* (*giocattolo*) tumbler, roly-poly, wobbly man.

misogamia *f.* misogamy.

misoginia *f.* misogyny, misogynism.

misogino I *a.* misogynous, misogynic. **II** *m.* misogynist.

misoneismo *m.* misoneism.

misoneista I *m./f.* misoneist. **II** *a.* misoneistic.

misoneistico *a.* misoneistic.

miss *f.inv.* (*di concorso di bellezza*) miss: *~ mondo* Miss World.

missaggio *m.* (*Cin,TV*) (*mixaggio*) mixing.

missare (**mìsso**) *v.t.* (*Cin,TV*) (*mixare*) to mix.

missile *m.* (*Mil*) missile: *lanciare un ~* to launch a missile. □ (*Mil*) *~ a corto raggio* short-range missile; (*Mil*) *~ a due stadi* two-stage missile; (*Mil*) *~ a lunga gittata* long-range missile; (*Mil*) *~ a media gittata* (o *~ a medio raggio*) medium-range missile; (*Mil*) *~ a razzo* rocket missile; (*Mil*) *~ a testata multipla* multiple-warhead missile; (*Mil*) *~ a testata nucleare* nuclear-warhead missile; (*Mil*) *~ acqua-acqua* ship-to-ship missile; (*Mil*) *~ aerodinamico* aerodynamic missile; (*Mil*) *~ antiaereo* anti-aircraft missile; (*Mil*) *~ antibalistico* antiballistic missile; (*Mil*) *~ antimissile* antimissile missile; (*Mil*) *~ aria-acqua* air-to-water missile; (*Mil*) *~ aria-aria* air-to-air missile; (*Mil*) *~ aria-spazio* air-to-space missile; (*Mil*) *~ aria-terra* air-to-ground missile; (*Mil*) *~ balistico* ballistic missile; (*Mil*) *~ comandato* guided missile; (*fig,iperb*) *veloce come un ~* fast as a missile; (*fig*) *quella macchina va come un ~* that car is as fast as a missile, that car is as fast as a bullet; (*Mil*) *~ da crociera* cruise missile; (*Mil*) *~ intercontinentale* intercontinental missile, intercontinental ballistic missile; (*Mil*) *~ monostadio* single-stage missile; (*Mil*) *~ multistadio* multistage missile; (*Mil*) *~ polistadio* multi-stage missile; (*Mil*) *~ radiocomandato* radio-controlled missile; *~ sonda* sounding rocket; *~ tattico* tactical missile; (*Mil*) *~ teleguidato* guided missile; (*Mil*) *~ termoguidato* heat-seeking missile; (*Mil*) *~ terra-aria* ground-to-air missile; (*Mil*) *~ terra-terra* surface-to-surface missile; (*Mil*) *~ vettore* carrier missile.

missilistica *f.* rocketry, missilery.

missilistico (*pl.* **-ci**) *a.* missile (*attr.*): (*Mil*) *base missilistica* missile base.

missino I *a.* **1** (*Pol,Stor.it*) of the M.S.I Party (*posposto*). **2** (*estens*) Neofascist (*attr.*). **II** *m.* (*f.* -a) **1** (*Pol,Stor.it*) member of the M.S.I. party. **2** (*estens*) Neofascist.

missiologia *f.* (*Teol*) missiology.

missionario I *m.* (*f.* -a) **1** (*Rel*) missionary. **2** (*fig*) (*apostolo*) missionary, envoy, apostle: *~ di pace* envoy of peace. **II** *a.* missionary

(*attr.*): *suore missionarie* missionary sisters; *giornata missionaria* missionary day; (*fig*) *spirito ~* missionary spirit.

missione *f.* **1** (*Rel*) mission: *andare in ~ in Africa* to go on a mission to Africa; *l'ospedale della ~* the mission hospital. **2** (*Mil*) mission, raid: *~ punitiva* punitive raid. **3** (*burocr*) (*trasferta*) secondment: *in ~* on secondment; *indennità di ~* travel allowance. **4** (*estens*) (*compito*) mission, duty, task: *portare a compimento una ~* to fulfil a mission, to carry out a mission; *considera il suo lavoro una ~* he considers his job as a mission; *affidare una ~ a qcu.* to entrust so. with a mission, to give so. a task. **5** (*estens*) (*membri della missione*) mission, delegation: *fare parte di una ~* to belong to a delegation. □ (*Dipl*) *~ accreditata* accredited mission; (*Rel*) *~ apostolica* apostolic mission; *~ commerciale* trade mission; *~ compiuta* mission accomplished (*anche scherz*); *~ di guerra* war mission; *~ di pace* peace mission; *~ diplomatica* diplomatic mission; (*Rel*) *~ divina* divine mission; *~ segreta* secret assignment, secret mission; *in ~ speciale* on a special mission; *~ suicida* suicide mission; *~ ufficiale* official mission.

missiva *f.* (*lett,scherz*) missive, letter, message.

mistagogia *f.* (*Stor.gr*) mystagogy.

mistagogico *a.* (*Stor.gr*) mystagogyc.

mistagogo (*pl.* **-ghi**) *m.* (*Stor.gr*) mystagogue.

mister *m.inv.* **1** (*di concorso di bellezza*) male winner of a contest, mister: *~ mondo* Mister World, Mr World. **2** (*Sport*) (*nel calcio: allenatore*) coach, trainer. □ *~ muscolo* Mr Muscle, mister muscle, muscleman.

misterico (*pl.* **-ci**) *a.* (*Rel*) mystery (*attr.*): *rito ~* mystery rite.

misteriosamente *avv.* mysteriously.

misteriosità *f.* mysteriousness.

misterioso *a.* **1** mysterious: *un evento ~* a mysterious event. **2** (*enigmatico*) inscrutable, enigmatical, mysterious: *una persona misteriosa* an enigmatic person. **3** (*sospetto*) mysterious, suspicious: *un delitto ~* a mysterious crime. **4** (*segreto*) secret, covert: *un ~ spasimante* a secret admirer. □ *avere del ~* to have a touch of mystery; *fare il ~* to behave mysteriously, to be enigmatic.

mistero I *m.* **1** mystery: *circondarsi di ~* to act mysteriously; *il suo passato è avvolto nel ~* his past is shrouded in mystery. **2** (*estens*) (*segreto, enigma*) mystery, secret, puzzle, enigma: *svelare un ~* to disclose a secret; *chiarire un ~* to clear up the mystery, to solve a mystery; *per me è un ~* it is a mystery to me, it is a puzzle to me; *è fidanzata? - Mistero!* does she have a boyfriend? - Who knows? **3** (*Teol*) mystery: *i misteri dell'animo umano* the mysteries of the human soul. **4** (*Teat,Mediev*) mystery (play). **5** *pl.* (*Rel, Stor.gr*) mysteries: *misteri dionisiaci* Dionysiac mysteries; *misteri eleusini* Eleusinian mysteries; *misteri orfici* Orphic mysteries; *misteri isiaci* Isiac mysteries. □ (*Rel.catt*) *i misteri dolorosi* the Sorrowful Mysteries (of the Rosary); *fare ~ di qcs.* to make a mystery of sth.; *non fare ~ di qcs.* to make no secret of sth.; (*Rel.catt*) *i misteri gaudiosi* the Joyful Mysteries; *non è un ~ per nessuno* it's no secret; (*colloq*) *quanti misteri!* how mysterious you are!, (*Am*) my! aren't we mysterious!

mistica *f.* **1** mysticism, mystical theology. **2** (*rif. a ideologia*) dogma, beliefs *pl.* **3** (*letteratura*) mystical literature. □ (*Rel.catt*)

~ vivanda consecrated Host.

misticamente *avv.* mystically.

misticheggiante *a.* **1** tending to misticism (*posposto*): *atteggiamento ~* attitude tending to misticism. **2** (*fig*) esoteric, cryptic.

misticismo *m.* mysticism.

misticità *f.* mystical nature.

mistico I *a.* **1** (*Rel*) mystic, mystical: (*Teol*) *il corpo ~ di Cristo* the Mystical Body of Christ; *estasi mistica* mystical ecstasy. **2** (*fig*) (*profondamente spirituale*) mystic, mystical, pure, spiritual: *amore ~* spiritual love. **3** (*fig*) (*totale*) total, blind: *fiducia mistica* blind faith. **II** *m.* (*f.* -a; *pl.* -ci) mystic.

mistificante *a.* mystifying, distorting, deceiving, misleading.

mistificare (**mistìfico, mistìfichi**) *v.t.* **1** to mystify, to hoax, to falsify, to distort: *~ la realtà* to mystify reality. **2** (*ingannare*) to deceive.

mistificatore *m.* (*f.* **-trice**) mystifier, mystificator, deceiver, hoaxer.

mistificazione *f.* **1** mystification. **2** (*imbroglio*) deception, hoax, falsification, misreading.

mistilingue *a.* mixed language (*attr.*), multilingual: *una popolazione ~* a mixed language population, a multilingual population.

mistione *f.* (*lett*) (*mescolanza*) mixture, medley.

misto I *a.* **1** mixed, blended, mingled: *matrimonio ~* mixed marriage, intermarriage. **2** (*Scol*) (*rif. a classi*) mixed, for boys and girls (*posposto*), of boys and girls (*posposto*): *classe mista* mixed class, class of boys and girls. **3** (*Scol*) (*rif. a scuole*) coeducational, (*colloq*) coed: *scuola mista* coeducational school. **II** *m.* **1** mixture, assortment: *parla in un ~ di italiano e spagnolo* he speaks in a mixture of Italian and Spanish; *un ~ di verdure* an assortment of vegetables, a vegetable medley. **2** (*Tess*) blend: *~ lana* wool blend; *~ seta* silk blend. □ *~ a* (o *~ con*) mixed with: *pioggia mista a grandine* rain mixed with hail, sleet.

mistrà *m.* (*liquore*) anisette.

mistral *m.* (*Meteor*) mistral.

mistura *f.* **1** (*mescolanza*) mixture. **2** (*spreg*) (*bevanda sgradevole*) brew, vile brew, disgusting mixture, concoction.

misura *f.* **1** (*dimensione*) measurement: *unità di ~* unit of measurement. **2** (*estens*) measure: *l'uomo è la ~ di tutte le cose* man is the measure of all things. **3** (*taglia*) size: *che ~ porti?* what size do you take?; *abiti di tutte le misure* clothes of all sizes. **4** *spec.pl.* (*fig*) (*provvedimento*) step, measure: *prendere delle misure* to take steps; *misure di sicurezza* safety measures, precautionary measures. **5** (*fig*) (*moderazione*) moderation, restraint: *non conosce ~* he lacks moderation, he has no restraint, (*colloq*) he doesn't know when to quit, he knows no limits; *la loro crudeltà non conosce ~* their cruelty knows no limits. **6** (*fig*) (*limite*) limit, bounds *pl.*: *superare ogni ~* to exceed all limits, to exceed all bounds, to go too far; *passare la ~* to go too far, to overstep the mark. **7** (*fig*) (*proporzione*) measure, extent, degree: *in uguale ~* in equal measure, to the same extent. **8** (*Sport*) (*nella scherma*) measure, (limit of) distance; (*nella boxe*) reach. **9** (*Mus*) (*battuta*) beat, measure. □ *a ~ di bambino* child-friendly; *a ~ d'uomo* built for people, on a human scale: *una città a ~ d'uomo* a town planned on a human scale; *a ~ fissa* fixed-size (*attr.*); *misure antismog* anti-smog measures; (*Mus*) *~ binaria* double time; (*Dir*) *misure cautelari* precautionary measures; (*fig*)*con* ~ (*con moderazione*) within limits, within measure; *misure correttive* corrective measures; *della ~ di 5 metri* measuring 5 meters; (*Sport*) *vincere di* ~ to win by a narrow margin, to win by a hair's breadth, to scrape home; *~di altezza* measurement of height, height; *~di capacità* measure of capacity, capacity measure, capacity; ~ *di capacità per liquidi* liquid measure; *misure di emergenza* emergency measures; *~di larghezza* measure of width, width; *~di lunghezza* linear measure, measurement of length, length; *~di superficie* square measure; *~di volume* measure of capacity; *~disciplinare* disciplinary measure; (*fig*) *la ~è colma* that's the last straw, that's the limit, the measure is full to the brim; *misure economiche* economic measures; *in ~ minore* to a lesser extent; *in ~preoccupante* alarmingly; ~ *lineare* linear measure, measurement of length, length; (*Sport*) *~lunga* out of distance; *nella ~delle mie possibilità* to the best of my ability, to the extent of my ability, to the extent of my abilites, as much as I can; *nella ~in cui* as much as, to the extent that, insofar that, inasmuch as, insofar as: *ti aiuterò nella* ~ *in cui mi è possibile* I'm going to help you as much as I can; *~normale* standard measure; *misure precauzionali* precautionary measures; *prendere le misure di qcu.* to take so.'s measurements; *prendere le misure di qcs.* to measure sth.; *~preventiva* preventive measure; *misure profilattiche* preventive measures; *misure promozionali* development measures, promotion measures; *~restrittiva* restrictive measure; *misure sanitarie* health measures; *senza* ~ without measure, measureless, without limit, measurelessly: *spendere senza* ~ to spend without limit, to spend without limits; *su* ~: 1 made to measure (*posposto*), custom-made (*attr.*): *fare un vestito su* ~ to make a dress to measure; 2 (*apposta*) on purpose: *sembra fatto su* ~ *per loro* it seems it was done on purpose for them; *misure tampone* stopgap measures; (*Mus*) ~ *ternaria* triple time; (*Abbigl*) *~unica* one size, one size fits all.

misurabile *a.* measurable, that can be measured (*posposto*).

misurabilità *f.* measurability.

misurare (**misùro**) **I** *v.t.* 1 to measure, to measure out, to measure off: ~ *una distanza* to measure a distance; ~ *qcs. a occhio* to measure with one's eye, to give a rough estimate of sth., to measure sth. at a glance; ~ *la temperatura a qcu.* to take so.'s temperature. 2 (*rif. a terreno e sim.*) to survey: ~ *un campo* to survey a field. 3 (*Tecn*) (*con strumenti di precisione*) to measure, to gauge, (*Am*) to gage. 4 (*pesare*) to weigh. 5 (*provare: indossando*) to try on; (*facendo indossare*) to fit (so.) for: *la sarta mi ha misurato il vestito* the dressmaker fitted me for my dress. 6 (*percorrere*) to pace: ~ *una stanza* to pace (up and down) a room. 7 (*fig*) (*valutare*) to estimate, to measure, to weigh up, to calculate, to judge: ~ *le difficoltà di un'impresa* to estimate the difficulties of an undertaking. 8 (*fig*) (*contenere*) to limit, to keep down, to keep within limits, to keep within bounds, to ration: ~ *le spese* to keep expenses down. 9 (*fig*) (*ponderare*) to measure, to weigh: ~ *le parole* to weigh one's words. 10 (*fig*) (*paragonare*) to compare, to measure, to set: *misurerò questi pantaloni con quelli che ho a casa* I'll compare the measurements of these trousers with those I have at home. **II** *v.i.* (*aus.* **avere**) to measure: *la stan-*

za misura quattro metri quadrati the room measures four square metres. **III** *v.pron.* **misurarsi** 1 (*rif. a indumenti: provare*) to try on. 2 (*fig*) (*contenersi*) to limit onself, to restrain onself: *misurarsi nel mangiare* to ration onself in eating. 3 (*fig*) (*competere*) to measure oneself, to try one's strength (*con* against), to compete (*con* with), to contend (*con* with): *misurarsi in una gara* to compete in a race; *misurarsi con qcu.* (*cimentarsi*) to cross swords with so. 4 (*fig*) (*affrontare*) to tackle (*con qcs.* sth.). □ ~ *la stanza a grandi passi* to stride up and down the room; *~il pane a qcu.*: 1 to keep so. short of bread; 2 (*estens*) to keep so. short of food; (*scherz,fig*) *~il pavimento* (*cadere lungo disteso*) to measure one's length, to fall flat on one's face; *~la febbre a qcu.* to take so.'s temperature; *misurarsi la febbre* to take one's temperature; ~ *le proprie forze* to measure one's strength, to try one's strength; (*scherz,fig*) *~le scale* (*ruzzolare giù*) to fall headlong down the stairs, to tumble down the stairs.

misuratamente *avv.* with measure, measuredly, moderately.

misuratezza *f.* (*moderazione*) moderation.

misurato *a.* 1 (*moderato*) moderate; (*prudente*) cautious: *un uomo* ~ a moderate man. 2 (*limitato*) limited: ~ *nel mangiare* limited in eating, careful in eating. 3 (*ponderato*) measured, considered: *parole misurate* measured words. 4 (*stabilito attentamente*) measured, carefully established: *un intervento* ~ a carefully planned intervention. □ *essere ~nel parlare* to weigh one's words, to measure one's words, to speak thoughtfully.

misuratore *m.* 1 (*f.* **-trice**) measurer, gauger, (*Am*) gager. 2 (*f.* **-trice**) (*di terreni*) surveyor: ~ *di terreno* land surveyor. 3 (*Tecn*) (*strumento*) meter, gauge, (*Am*) gage. □ ~ *di frequenza* frequency gauge, frequency meter; ~ *di livello* : 1 (*Idr*) hydrostat; 2 (*Topogr*) hypsometer; (*Idr*) *~di portata* displacement meter; (*Tecn*) *~di precipitazione* precipitation gauge; (*Tecn*) *~di pressione* pressure gauge; (*Tecn*) *~di profondità* depthometer; (*Tecn*) ~ *di radiazioni* radiation gauge; (*Tecn*) *~di umidità* hygrometer.

misurino *m.* measure.

misurazione *f.* 1 measuring, measurement: ~ *del tempo* time measurement, timing. 2 (*rif. a terreni*) surveying. 3 (*Tecn*) (*con strumenti di precisione*) gauging, (*Am*) gaging. □ (*Med*) *~della pressione* measuring of blood pressure.

mite *a.* 1 mild, gentle, meek: ~ *come un agnello* as meek as a lamb; *indole* ~ meek disposition. 2 (*dettato da mitezza*) mild, light, lenient: *una sentenza* ~ a light sentence. 3 (*temperato*) mild, temperate: *un inverno* ~ a mild winter. 4 (*moderato*) moderate, reasonable: *prezzo* ~ moderate price. □ *venire a più miticonsigli* to see reason, to come to terms with sth.

mitezza *f.* 1 (*rif. a persone*) mildness, gentleness, meekness. 2 (*rif. a cose*) mildness, leniency, lightness: *la ~ di una pena* the lightness of a sentence. 3 (*rif. a tempo, clima*) mildness, temperateness.

miticamente *avv.* mythically.

miticità *f.* mythic nature, mythic quality.

miticizzare (**miticìzzo**) *v.t.* (*rar*) (*mitizzare*) to mythicize, to turn into a myth.

miticizzazione *f.* (*rar*) mythicizing, mythicization.

mitico (*pl.* **-ci**) *a.* 1 mythical, mythic: *eroe* ~ mythical hero; *personaggio* ~ mythical

character. 2 (*fig*) (*utopistico*) mythical, mythic, utopian, ideal: *la mitica età dell'oro* the mythical golden age; *un mondo* ~ an utopian world. 3 (*colloq*) (*meraviglioso*) wonderful, terrific, great, magic: *vieni anche tu alla festa? - Mitico!* are you coming to the party as well? - Wonderful! 4 (*colloq*) (*leggendario*) legendary, wonderful, marvelous: *di sopra fa caldo, ma c'è il* ~ *ventilatore* upstairs it's hot but we have a wonderful fan.

mitigabile *a.* mitigable, that can be mitigated (*posposto*), that can be relieved (*posposto*).

mitigare (**mìtigo, mìtighi**) **I** *v.t.* 1 to mitigate, to lessen, to lighten: ~ *una pena* to mitigate a sentence. 2 (*lenire*) to relieve, to alleviate: ~ *il dolore* to relieve pain. 3 (*di passioni*) to soothe, to appease: ~ *l'ira di qcu.* to soothe so.'s anger. 4 (*ridurre*) to lower, to reduce, to descrease: ~ *i prezzi* to lower prices. **II** *v.pron.* **mitigarsi** 1 (*moderarsi*) to abate, to subside, to lessen. 2 (*calmarsi*) to calm down, to calm. 3 (*rif. al tempo*) to become milder.

mitigazione *f.* 1 mitigation. 2 (*di dolore*) relief, alleviation. 3 (*di passioni*) appeasement.

mitilicoltura *f.* (*Pesc*) mussel farming.

mitilo *m.* (*Zool*) mytilus, mussel.

mitizzare (**mitìzzo**) **I** *v.t.* to mythicize, to turn into a myth, to turn into a legend: ~ *un attore* to turn an actor into a myth; ~ *il proprio passato* to turn one's past into a legend. **II** *v.i.* (*aus.* **avere**) (*creare miti*) to create myths.

mitizzazione *f.* mythicizing, mythicization.

mito *m.* 1 myth: *i miti degli dei* the myths of the gods; *fare crollare un* ~ to destroy a myth, to explode a myth. 2 (*fig*) (*topos*) myth, commonplace: *il* ~ *dello humour inglese* the commonplace of British humour. 3 (*fig*) (*convincimento illusorio*) myth, fallacy, delusion, utopia: *sfatare un* ~ to dispel a myth; *inseguire il* ~ *della ricchezza* to pursue the delusion of riches. 4 (*colloq,scherz*) (*persona con qualità straordinarie*) great person, living legend: *sei un* ~*!* you're great!, you're a living legend!; *l'uomo, il* ~ the man, the myth.

mitocondriale *a.* (*Biol*) mitochondrial.

mitocondrio *m.* (*Biol*) mitochondrion.

mitografia *f.* mythography.

mitografo *m.* mythographer.

mitologema *f.* (*Stor,Rel*) mythologem.

mitologia *f.* mythology (*anche estens*). □ *~celtica* Celtic mythology; *~classica* classical mythology; *~greca* Greek mythology; *~nordica* : 1 Nordic mythology; 2 (*norrena*) Norse mythology.

mitologico (*pl.* **-ci**) *a.* 1 mythologic, mythological: *figura mitologica* mythological figure. 2 (*fig*) (*fantastico*) mythological, imaginary, fictitious.

mitologista *m./f.* mythologist.

mitologo *m.* (*f.* **-a**; *pl.* **-gi**) mythologist.

mitomane **I** *m./f.* (*Psic*) mythomaniac, mythomane. **II** *a.* (*Psic*) mythomaniacal.

mitomania *f.* (*Psic*) mythomania.

mitosi *f.* (*Biol*) mitosis.

mitotico (*pl.* **-ci**) *a.* (*Biol*) mitotic.

mitra [1] *f.* 1 (*Lit,Stor.gr*) mitre, (*Am*) miter. 2 (*copertura di canna fumaria*) chimney cap.

mitra [2] *m.inv.* (*Mil*) submachine gun, (*colloq*) tommy-gun.

mitraglia *f.* 1 (*fuoco di mitragliatrice*) machine gun fire. 2 (*mitragliatrice*) machine gun. 3 (*Mil,ant*) (*munizione*) grapeshot.

mitragliamento *m.* 1 machine-gunning. 2

(*il fuoco*) machine-gun fire. 3 (*Fot*) machine-gun shooting. 4 (*fig*) (*martellamento*) hammering, pounding, volley: *un ~ di domande* a volley of questions.

mitragliare (**mitràglio, mitràgli**) *v.t.* 1 to machine-gun. 2 (*fig*) (*martellare*) to hammer, to bombard, to volley, to pound: *~ qcu. di domande* to bombard so. with questions.

mitragliata *f.* 1 machine-gunning, burst of machine-gun fire. 2 (*Mil,ant*) volley of grapeshot.

mitragliatore I *a.* sub-machine (*attr.*), light machine (*attr.*): *fucile ~* light machine-gun, sub-machine gun; *pistola mitragliatrice* machine pistol, light submachine-gun, sub-machine-gun. **II** *m.* (*Mil*) 1 (*soldato*) machine-gunner. 2 (*fucile*) light machine-gun.

mitragliatrice *f.* (*Mil*) machine-gun: (*fig*) *sembrare una ~* (*nel parlare*) to rattle away, to jabber. □ (*Mil*) *~ automatica* automatic machine-gun; (*Mil*) *~ fissa* fixed gun; (*Mil*) *~ leggera* light machine gun; (*Mil*) *~ pesante* heavy machine gun.

mitragliera *f.* (*Mil*) machine-gun, heavy machine-gun: *~ multipla* multiple machine gun.

mitragliere *m.* (*Mil*) machine-gunner.

mitraglietta *f.* machine pistol.

mitraismo *m.* (*Rel,Stor*) Mithraism.

mitrale *a.* (*Anat,Biol*) mitral: *valvola ~* mitral valve.

mitralico *a.* (*Anat*) mitral.

mitrare (**mìtro**) *v.t.* (*Rel*) to mitre, (*Am*) to miter, to bestow a mitre on, (*Am*) to bestow a miter on.

mitrato I *a.* mitred. **II** *m.* (*prelato della chiesa*) prelate, bishop.

Mitridate *n.pr.m.* (*Stor*) Mithridates.

mitridatico (*pl.* **-ci**) *a.* 1 (*Stor.rom*) Mithridatic. 2 (*Med*) (*del mitridatismo*) mithridatic.

mitridatismo *m.* (*Med*) mithridatism.

mitridatizzare (**mitridatìzzo**) **I** *v.t.* (*Med*) to mithridatize. **II** *v.pron.* **mitridatizzarsi** (*Med*) to mithridatize oneself (*contro* against).

mitridatizzazione *f.* (*Med*) mithridatization.

mitt. *mittente* (sender).

Mitteleuropa *n.pr.f.* (*Geog*) Central Europe, Mitteleuropa.

mitteleuropeo *a.* Central European, Mitteleuropean.

mittente *m./f.* 1 (*Post*) sender: *indicare il ~* indicate the sender's name; *da restituire al ~* return to sender. 2 (*Post*) (*indicazione sulla corrispondenza*) sender: *~ Maria Rossi* sender Maria Rossi. 3 (*chi spedisce merce*) consignor, consigner.

mix *m.inv.* mix: *un ~ di ingredienti* a mix of ingredients.

mixage /mik'saƷ/ *m.* (*Cin,TV*) (*mixaggio*) mixing.

mixaggio *m.* (*Cin,TV*) mixing: *apparecchio per il ~* mixer; *tavolo di ~* mixing table; *tecnico del ~* mixer.

mixare (**mìxo**) *v.t.* (*Cin,TV*) to mix.

mixedema *m.* (*Med*) myxedema.

mixer *m.inv.* 1 (*recipiente*) mixer, cocktail shaker. 2 (*parte del frullatore*) mixer, food mixer, blender. 3 (*Cin,TV*) (*apparecchio, tecnico*) mixer, sound mixer.

mixomicete *m.* (*Bot*) myxomycete.

mks (*Fis*) *metro-kilogrammo-secondo* mks (metre-kilogramme-second).

MLD *movimento di liberazione della donna* WLM (Women's Liberation Movement).

MM 1 (*Mar,Mil*) *Marina Militare* (Italian Navy). 2 *Metropolitana Milanese* (Milan Underground). 3 (*burocr*) *mese* MM (month).

mnemonica *f.* mnemonics (*costr.sing.*), mnemotechny.

mnemonicamente *avv.* mnemonically: *studiare ~* to study mnemonically.

mnemonico (*pl.* **-ci**) *a.* 1 mnemonic, mnemonical: *esercizio ~* mnemonic exercise. 2 (*spreg*) (*meccanico*) mechanical, rote: *apprendimento ~* rote learning, learning by rote.

mnemonismo *m.* (*Pedag*) excessive stress given to rote learning.

Mnemosine, Mnemosine *n.pr.f.* (*Mitol*) Mnemosyne.

mnemotecnica *f.* mnemonics (*costr.sing.*), mnemotechny.

mnemotecnico (*pl.* **-ci**) *a.* mnemonic, mnemotechnic, mnemotechnical: *artificio ~* mnemonic device.

mnesico *a.* (*Psic*) mnemic.

MNG *Mongolia* MNG (Mongolia).

mo, mo'[1] *avv.* (*region*) (*adesso*) now.

mo'[2] □ *a ~ di* by way of, as, like: *a ~ di esempio* by way of example; *a ~ di mantello* like a cloak.

M.O. *Medio Oriente* ME (Middle East).

moabita *m./f.* Moabite.

moabitico (*pl.* **-ci**) *a.* (*Stor*) Moabitic, Moabite. **II** *m.* (*Stor*) (*lingua*) Moabite, Moabitic.

mobbing *m.* 1 (*Biol*) mobbing. 2 (*nell'ambiente di lavoro*) (*Br*) bullying, (*Am*) mobbing.

mobile[1] *a.* 1 mobile, moving: *bersaglio ~* moving target. 2 (*che si può muovere*) movable, mobile: *una parete ~* a movable wall; *la mascella inferiore è ~* the lower jaw is mobile. 3 (*Med*) floating, mobile: *rene ~* floating kidney, wandering kidney, movable kidney. 4 (*Dir*) movable: *beni mobili* chattels, movables, personal property. 5 (*fig*) (*incostante*) changeable, fickle, inconstant: *volontà ~* fickle will. **II** *m.* (*Dir*) (*bene mobile*) personal property, movable. **III** *f.* (*squadra mobile*) flying squad.

mobile[2] *m.* 1 (*Arred*) piece of furniture: *un bel ~ di noce* a fine piece of furniture in walnut. 2 *pl.* furniture (*costr.sing.*): *i mobili di casa* the household furniture; *mobili di antiquariato* antique furniture; *mobili da ufficio* office furniture. 3 (*Astr,ant*) mobile: *primo ~* primum mobile. □ (*Arred*) *~ bar* bar; (*Arred*) *mobili componibili* sectional furniture (*costr.sing.*), unit furniture (*costr.sing.*); (*Arred*) *mobili da incasso* built-in furniture (*costr.sing.*), fitted furniture (*costr.sing.*); (*Arred*) *mobili d'epoca* period furniture (*costr.sing.*); (*Arred*) *mobili di acciaio* steel furniture (*costr.sing.*); (*Arred*) *mobili e infissi* furniture and fixtures; (*Arred*) *mobili e infissi* furnishings; (*Arred*) *mobili imbottiti* upholstered furniture (*costr.sing.*); (*Arred*) *mobili in stile* reproduction furniture (*costr.sing.*); (*Arred*) *mobili intarsiati* inlaid furniture (*costr.sing.*).

mobiletto *m.* (*Arred*) cabinet.

mobilia *f.* (*mobili*) furniture.

mobiliare[1] *a.* (*Dir,Econ*) movable, personal: *capitale ~* movable goods, movables, personal property; *mercato ~* movable goods market.

mobiliare[2] (**mobìlio, mobìli**) *v.t.* to furnish.

mobiliato *a.* furnished: *vivere in una camera mobiliata* to live in a furnished room.

mobiliere *m.* 1 (*fabbricante*) furniture manufacturer. 2 (*venditore*) furniture seller.

mobilificio *m.* furniture factory.

mobilio *m.* (*mobili*) furniture.

mobilità *f.* 1 mobility, movability: *~ del personale* staff mobility, staff turnover; *~*

della manodopera labour mobility, (*Am*) labor mobility. 2 (*Fisiol*) mobility: *~ articolare* joint mobility. 3 (*Fis*) mobility: *coefficiente di ~* mobility coefficient; *~ ionica* ionic mobility. 4 (*fig*) (*mutevolezza*) changeableness, mutability, fickleness, inconstancy. □ *~ occupazionale* occupational mobility; *~ sociale* social mobility.

mobilitare (**mobìlito**) **I** *v.t.* 1 (*Mil,Econ*) to mobilize: *~ le truppe* to mobilize troops; *~ il proprio capitale* to mobilize one's capital. 2 (*fig*) (*chiamare a raccolta*) to mobilize, to gather, to call up: *~ tutta la città* to mobilize the whole city. **II** *v.pron.* **mobilitarsi** to mobilize, to rally (*in favore di* round).

mobilitazione *f.* mobilization (*anche fig*): (*Mil*) *~ generale* general mobilization; (*fig*) *la ~ dell'opinione pubblica* the mobilization of public opinion.

mobilizzare (**mobilìzzo**) *v.t.* 1 (*Med,Mil*) to mobilize. 2 (*rar*) (*mobilitare*) to mobilize.

MOC *Mozambico* MOC (Mozambique).

moca I *f.* (*caffettiera*) moka coffee maker, mocha coffee maker: *fare il caffè con la ~* to prepare coffee with a moka coffee maker. **II** *m.inv.* (*bevanda*) mocha, mocha coffee, moka coffee.

mocassino *m.* (*Calz*) moccasin.

moccicare (**móccico, móccichi**; *aus.* **avere**) *v.i.* 1 (*colare moccio*) to run: *il naso ti moccica* your nose is running. 2 (*piagnucolare*) to snivel, to snotter, to whine.

moccichino *m.* 1 (*region*) (*fazzoletto*) hankie, hanky. 2 (*f. -a*) (*moccioso*) snotty child.

moccio *m.* 1 (*muco*) mucus of the nose, snot. 2 (*materia viscosa*) slime.

moccioso I *m.* (*f. -a*) (*fig,spreg*) young whipper-snapper. **II** *a.* (*rif. al naso*) snotty. 2 (*rif. a persona*) snotty-nosed, snot-nosed.

moccolo *m.* 1 candle end. 2 (*scolatura di cera*) candle drippings *pl.* 3 (*estens*) (*candela*) candle, small candle: (*fig*) *reggere il ~* to play gooseberry, (*Am*) to be a third wheel. 4 (*colloq*) (*bestemmia*) oath, swear word: *tirare un ~* to swear, to curse. 5 (*colloq*) (*moccio*) snot.

mocio *m.* (*colloq*) mop.

moda *f.* 1 fashion, style: *andare di ~* to be fashionable, to be the fashion, (*Am*) to be in style; *quest'anno vanno di ~ le scarpe col tacco* this year high-heeled shoes are the fashion, (*Am*) this year high-heeled shoes are in style; *seguire la ~* to follow the dictates of fashion; *passare di ~* to go out of fashion, (*Am*) to go out of style, to go out; *lanciare una ~* to set a fashion, to set a trend; *tornare di ~* to come back into fashion, (*Am*) to be (come) back in style. 2 (*costume passeggero*) custom, usage, fad, trend, craze: *tra i giovani c'è la ~ dell'aperitivo serale* among young people there is the custom of the evening appetizer; *è solo una ~ passeggera* it's only a passing craze. 3 (*rif. ad abbigliamento*) fashion, fashions *pl.*: *la ~ parigina* Paris fashion, the Paris fashions; *~ autunnale* autumn fashions; *~ primaverile* spring fashions. 4 (*industria della moda*) fashion industry: *lavorare nella ~* to work in the fashion industry. 5 *pl.* (*rar*) (*articoli di abbigliamento*) fashion shop.: *negozio di mode* fashion shop, dress shop. 6 (*Statist*) mode. □ *alla ~* fashionable, in style, in fashion, trendy, up to date, in, popular: *una signora alla ~* a fashionable woman; *un ristorante alla ~* a trendy restaurant; *alla ~ di* after the manner of, after the custom of; *di ~* fashionable, in style, in fashion, trendy, up to date, in, popular; *essere di ~* (o *andare di ~*) to be the big thing, to be the thing, to be the rage, to be in, to be hip; *quest'anno è di gran ~ lo sci acquatico* water-skiing is (all) the rage this year; *~ giovane* teenage fashion, young fashion; *~ pronta* ready-to-wear clothes *(pl.)*.

modaiolo I *a.* trendy. II *m.* (*f.* **-a**) trendy person.

modale *a.* 1 *(Gramm)* modal: *verbi modali* modal verbs. 2 *(Gramm)* *(rif. ad avverbi)* of manner *(posposto)*: *avverbio ~* adverb of manner. 3 *(Mus,Filos,Dir)* modal.

modalità *f.* 1 way, manner, form: *~ di esecuzione* way of execution. 2 *(Dir,burocr)* formality, procedure, terms *pl.*, conditions *pl.*: *nelle ~ previste dalla legge* (*o secondo le ~ previste dalla legge*) in accordance with the procedure laid down by the law; *(Comm) ~ di pagamento* terms of payment, conditions of payment. 3 *(Inform)* mode: *~ di visualizzazione* display mode. 4 *(Ling,Mus)* mode, modality. □ *~di esecuzione* procedures: *le ~ di esecuzione di un censimento* how to carry out a census; *~d'uso* instructions for use; *(Inform) ~provvisoria* temporary mode, safe mode.

modanare (**mòdano**) *v.t.* *(Tecn)* to mould, *(Am)* to mold.

modanato *a.* *(Tecn)* moulded, *(Am)* molded.

modanatore *m.* (*f.* **-trice**) *(Tecn)* moulder, *(Am)* molder.

modanatura *f.* *(Tecn)* moulding, *(Am)* molding.

modano *m.* 1 *(Tecn)* *(modello per modanature)* template, model, pattern, mould, *(Am)* mold. 2 *(cilindro per formare le maglie delle reti)* netting needle. 3 *(trina su fondo a rete)* filet.

modella *f.* 1 model: *fare da ~ a un pittore* to be a painter's model, to pose for a painter. 2 *(indossatrice)* model, fashion model, mannequin: *fare la ~* to work as a model, to model.

modellabile *a.* that can be modelled, that can be fashioned, *(Br)* mouldable, *(Am)* moldable.

modellamento *m.* modelling, shaping, *(Br)* procedure of moulding, moulding, *(Am)* molding.

modellare (**modèllo**) I *v.t.* 1 to model, to shape, to mould, *(Am)* to mold: *~ l'argilla* to model clay; *un abito che modella il corpo* a close-fitting dress, a form-fitting dress. 2 *(fig)* to model, to mould, *(Am)* to mold. II *v.pron.* **modellarsi** to model oneself (*su* on, upon, after), to take (so.) as a model.

modellato *m.* 1 shaped, modelled, moulded: *avere un fisico ben ~* to have a well-shaped figure. 2 *(Scult,Pitt)* modelling, *(Am)* modeling.

modellatore I *m.* (*f.* **-trice**) modeller, *(Am)* modeler. 2 *(bustino)* body shaping girdle. II *a.* modelling, *(Am)* modeling.

modellatura , **modellazione** *f.* modelling, moulding, *(Am)* molding.

modellino *m.* miniature, model: *un ~ di aereo* a model aircraft, a miniature aircraft.

modellismo *m.* 1 model making. 2 *(aeromodellismo)* model aircraft construction.

modellista *m./f.* 1 *(Sart)* model maker, model designer. 2 *(Tecn)* pattern maker. 3 *(chi idea piccoli modelli di veicoli, macchine e sim.)* designer of models, model designer, model maker.

modellistica *f.* design and construction of models.

modellistico *(pl.* **-ci)** *a.* model *(attr.)*, of models *(posposto)*.

modello I *m.* 1 model, pattern, design: *co-*

piare un ~ to follow a pattern. 2 *(Sart)* *(cartamodello)* paper pattern, pattern; *(figurino)* fashion sketch. 3 *(vestito)* model, original, original creation: *questo vestito è un ~* this dress is an original creation; *sfilata di modelli* fashion parade. 4 *(fig)* *(esempio)* model, example, pattern, paragon: *seguire il ~ dei classici* to take classical writers as one's model; *un ~ di impiegato* a model employee; *un ~ di virtù* a paragon of virtue; *prendere qcu. a ~* to take so. as a model, to imitate so.; *citare qcu. come ~* to cite so. as an example; *proporsi qcu. come ~* to take so. as one's model, to model oneself on so.; *un ~ da imitare* an example to follow. 5 *(riproduzione in scala ridotta)* model, scale model: *~ in grandezza naturale* life-size model; *~ in cera* wax model. 6 *(tipo)* model, type, fashion, shape: *un'automobile ultimo ~* a new model car; *scarpe di tutti i modelli* all types of shoes. 7 *(facsimile)* sample, specimen: *compilare seguendo il ~* to fill in following the sample. 8 *(f.* **-a**) *(indossatore)* model, fashion model. 9 *(f.* **-a**) *(chi posa per artista)* model, artist's model. 10 *(Tecn,Econ)* model: *~ economico* economic model; *~ matematico* mathematical model; *~ econometrico* econometric model. 11 *(burocr)* *(modulo per pratiche, dichiarazione dei redditi)* form: *~ 730* form 730; *~ unico* revenue form, revenue declaration. 12 *(Met)* pattern, mould, *(Am)* mold. 13 *(Inform)* template. II *a.inv.* model *(attr.)*, perfect, exemplary: *scuola ~* model school; *uno studente ~* an exemplary student. □ *(Statist) ~a effetto costante* constant-effect model; *(Fis) ~atomico* atom model; *~brevettato* patent, patented design, patent model, patented model; *~comportamentale* role model, behaviour model, *(Am)* behavior model; *~da esposizione* showroom model; *(Met) ~da fonderia* working pattern; *~ depositato* registered pattern; *(Statist) ~di misure ripetute* repeated measurements model; *~di nave* : 1 model of a ship; 2 *(modellino)* model ship; *(Statist) ~di prove binomiali* binomial trials model; *(Aut) ~di serie* current model, standard model; *~di simulazione* simulation model; *(Dir) ~di utilità* utility model; *(Ind) ~dimostrativo* mock-up; *(Abbigl) ~esclusivo* exclusive model, one-off; *(Aut) ~fuori serie* special model, custom-built model; *~in cera* wax pattern; *~in gesso* plaster cast; *~in scala* scale model; *(Inform) ~linguistico* linguistic model; *(Dir) ~ornamentale* decorative design, ornamental design; *(Ind) ~pilota* pilot model; *(Met) modellisciolti* loose patterns; *(Aut) ~sportivo* sport model; *(Statist) ~stocastico* stochastic model.

modem *m.* *(Elettron,Inform)* modem. □ *(Elettron) ~a collegamento diretto* direct-connect modem; *(Elettron) ~a sola risposta* answer-only modem; *(Elettron) ~answer/originate* answer/originate modem; *(Elettron) ~ callback* callback modem; *(Elettron) ~di rete* network modem; *(Elettron) ~esterno* external modem; *(Elettron) ~fax* fax modem; *(Elettron) ~integrato* integral modem; *(Elettron) ~interno* internal modem; *(Elettron) ~telefonico* telephone modem.

Modena *n.pr.f.* *(Geog)* Modena.

modenese I *a.* Modenese, from Modena *(posposto)*, of Modena *(posposto)*. II *m./f.* Modenese. III *m.* Modenese dialect.

moderabile *a.* that can be moderated, able to be moderated.

moderare (**mòdero**) I *v.t.* 1 *(dominare)* to control, to restrain, to curb: *~ le passioni* to

control one's passions. 2 *(attenuare)* to moderate, to mitigate, to temper: *~ i termini* to moderate one's language, to weigh one's words. 3 *(diminuire)* to reduce, to lessen, to moderate: *~ la velocità* to reduce speed, to slow down. 4 *(contenere)* to reduce, to cut down, to limit, to moderate: *~ le spese* to reduce expenses, to cut down expenses, to cut down on expenses. 5 *(rif. a dibattiti e sim.)* to lead. II *v.pron.* **moderarsi** to control oneself, to control, to limit oneself, to limit: *moderarsi nel bere* to limit one's drinking, to cut down one's drinking; *moderarsi nel fumo* to cut down one's smoking.

moderatamente *avv.* 1 moderately, temperately: *un'estate ~ calda* a moderatly hot summer, a mildly hot summer. 2 *(con moderazione)* moderately, with moderation, in moderation.

moderatezza *f.* moderation, temperance.

moderatismo *m.* *(Pol)* moderatism.

moderato I *a.* 1 *(rif. a persone: equilibrato)* moderate, temperate, self-controlled: *un uomo ~ nel mangiare* a man moderate in eating; *essere ~ nel bere* to be moderate in drinking; *è una persona moderata* he's a self-controlled person, he's a moderate person. 2 *(rif. a cose: contenuto)* moderate, reasonable, bland, slight: *prezzi moderati* moderate prices, reasonable prices; *un ~ ottimismo* a bland optimism; *un ~ aumento della temperatura media* a slight increase in average temperature. 3 *(Pol)* moderate, middle-of-the-road: *tendenze moderate* moderate tendencies. 4 *(Mus)* moderato: *allegro ~* allegro moderato. 5 *(rif. a gruppi di discussione su internet)* moderated: *lista di discussione moderata* moderated discussion list. II *m.* (*f.* **-a**) *(Pol)* moderate.

moderatore I *m.* 1 (*f.* **-trice**) *(rif. a dibattiti)* moderator, chairman (*f.* -woman); *(TV,Rad)* anchorman (*f.* -woman). 2 (*f.* **-trice**) *(rif. a gruppi di discussione su internet)* moderator. 3 (*f.* **-trice**) *(rif. gruppi di lavoro)* team leader. 4 *(Fis)* moderator: *reattore a ~ organico* organic-moderated reactor. 5 *(Rel)* moderator. II *a.* moderating. □ *fare da ~ in qcs.*(*o fare il ~ in qcs.*) to moderate over sth.

moderazione *f.* 1 moderation, temperance. 2 *(limitazione)* limitation, restriction, restraint: *~ dei prezzi* price limitation. □ *con ~* in moderation, moderately: *bere con ~* to drink in moderation; *avere ~in qcs.* to be moderate in doing sth., to be moderate in sth.; *senza ~* without moderation, immoderately: *mangiare senza ~* to eat immoderately.

modernamente *avv.* 1 in a modern way, in a modern manner, modernly, after the fashion of modern times: *una casa arredata ~* a modernly furnished house. 2 *(in tempi moderni)* in modern times.

modernariato *m.* 1 *(collezionismo)* modern antique collecting. 2 *(oggetti)* modern antique collection, modern antiques *pl.*: *oggetti di ~* modern antiques.

modernismo *m.* 1 modernism. 2 *(Rel.catt)* Modernism.

modernista I *m./f.* modernist *(anche Rel.catt)*. II *a.* modernist, modernistic *(anche Rel.catt)*.

modernistico *(pl.* **-ci)** *a.* modernist, modernistic *(anche Rel.catt)*.

modernità *f.* modernity.

modernizzare (**modernìzzo**) I *v.t.* to modernize, to update: *~ la ferrovia* to modernize the railways. II *v.pron.* **modernizzarsi** to bring oneself up-to-date, to modernize.

modernizzazione *f.* modernization.

moderno I *a.* **1** modern: *la poesia moderna* modern poetry; *la vita moderna* modern life. **2** (*al passo con i tempi*) modern, up-to-date, today's, recent: *i moderni mezzi di comunicazione* modern means of communication, today's means of communication. **II** *m.* **1** modern: *i moderni* the moderns. **2** (*ciò che è moderno*) what is modern, modern things *pl.*: *non amare il* ~ to dislike modern things.

modestamente *avv.* **1** (*in modo sobrio*) modestly, simply: *vivere* ~ to live modestly. **2** (*per ostentare falsa modestia, spesso come inciso*) I don't want to boast (but)..., not to blow my own trumpet (but)..., not to blow my own horn (but)...: ~ *io sono il migliore* not to blow my own trumpet, but I'm the best.

modestia *f.* **1** modesty, humility, unpretentiousness: *falsa* ~ false modesty, mock modesty; (*iron*) *non pecca certo di* ~! she knows how to blow her own trumpet!; *non voglio peccare di* ~ I don't want to brag. **2** (*pudore*) modesty, bashfulness, shyness: *arrossire per* ~ to blush out of modesty. **3** (*mediocrità*) modesty, mediocrity. **4** (*limitatezza*) poorness, mediocrity. □ ~ *a parte...* I don't want to boast (but)..., though I say it myself..., if I must say so myself..., if I do say so myself...; *senza* ~ immodest, without modesty (*posposto*).

modesto *a.* **1** modest, unassuming, unpretentious, humble: *atteggiamento* ~ unassuming air; *una casa modesta* an unpretentious house. **2** (*non agiato*) poor, humble, modest: *condizioni economiche modeste* poor economic conditions, modest economic conditions. **3** (*pudico*) modest, bashful, shy: *una ragazza modesta* a bashful girl. **4** (*scarso*) scant, scanty, poor, small, slight: *un* ~ *compenso* a small reward; *un* ~ *miglioramento* a slight improvement. **5** (*mediocre*) modest, poor, mediocre: *avere delle modeste aspirazioni* to have modest ambitions. **6** (*modico*) moderate, reasonable, modest. □ *fare il* ~ to affect modesty, to feign modesty; *secondo il mio* ~ *parere* in my humble opinion; *troppo* ~! you are too modest!

modicità *f.* moderateness, reasonableness, lowness.

modico (*pl.* **-ci**) *a.* moderate, reasonable, low: *prezzi modici* moderate prices, low prices, reasonable prices; *a prezzi modici* cheap, cheaply. □ *per la modica cifra di...* for the modest sum of...; *con modica spesa* at reasonable cost.

modifica *f.* **1** alteration, modification, change, adjustment: *apportare una* ~ *a qcs.* to make a change in sth., to change sth., to alter sth.; *subire diverse modifiche* to undergo several changes; *soggetto a modifiche* subject to alterations. **2** (*Dir*) (*di legge*) amendment.

modificabile *a.* **1** alterable, modifiable. **2** (*emendabile*) amendable.

modificabilità *f.* alterableness, modifiability.

modificare (**modìfico, modìfichi**) **I** *v.t.* **1** to alter, to change, to modify: ~ *i termini di un contratto* to change the terms of a contract. **2** (*emendare*) to amend: ~ *un progetto di legge* to amend a bill. **3** (*Ling*) to modify. **II** *v.pron.* **modificarsi** to change, to alter: *la situazione si modifica velocemente* the situation changes rapidly.

modificativo *a.* modifying, modificative.

modificatore I *m.* (*f.* **-trice**) modifier (*anche* Ling). **II** *a.* modifying, modificative, modificatory.

modificazione *f.* (*cambiamento*) altera-

tion, modification, change, adjustment.

modio *m.* (*Stor.rom*) modius.

modista *f.* milliner.

modisteria *f.* **1** (*arte*) millinery. **2** (*negozio*) milliner's shop.

modo *m.* **1** way, manner: ~ *di vivere* way of life; ~ *di camminare* way of walking; *mi piace il suo* ~ *di parlare* I like the way he speaks; *è un* ~ *come un altro di guadagnarsi da vivere* it's a way like any other of earning a living. **2** (*seguito da aggettivo*) *spesso tradotto con un avverbio*: *in* ~ *elegante* elegantly; *in* ~ *gentile* kindly. **3** (*procedimento, metodo*) way, method: ~ *di lavorare* way of working, working method. **4** (*espediente*) way, means (*costr.sing. o pl.*): *trovare il* ~ *di arricchirsi* to find a way of getting rich. **5** (*occasione*) opportunity, chance: *non ho avuto* ~ *di parlargli* I didn't have a chance to speak to him; *trovare il* ~ *di fare qcs.* to manage to do sth. **6** *pl.* (*comportamento*) manners: *modi cortesi* good manners; *modi gentili* kind ways. **7** (*abitudine, usanza*) way, manner, custom: *salutarsi al* ~ *degli indigeni* to greet after the manner of the natives. **8** (*foggia, guisa*) style, fashion, way: *vestire al* ~ *dei contadini* to wear peasant-style clothes. **9** (*misura*) measure; (*limite*) limit: *oltre* ~ beyond measure. **10** (*Gramm*) mood: ~ *congiuntivo* subjunctive mood, subjunctive; ~ *imperativo* imperative mood, imperative. **11** (*Filos*) mode. **12** (*Mus*) mode: ~ *maggiore* major mode, ~ *minore* minor mode. □ *a* ~: 1 (*rif. a persone: per bene*) nice, polite, well-bred: *essere una persona a* ~ to be a well-bred person; 2 (*con garbo*) well, properly, nicely, carefully: *fare le cose a* ~ to do things properly; 3 (*secondo il volere di qcu.*) *a* ~ *suo* (*secondo la sua volontà*) as he wishes, his own way, in his own way; *lascialo fare a* ~ *suo* let him do as he wishes, let him have his own way; *facciamo a* ~ *mio!* let's do as I say!, let's do as I want!, let's do it my way!; *ad ogni* ~ (*comunque sia*) anyhow, anyway, at any rate, in any event, in any case; *al* ~ *di* like, after the fashion of, in the style of; *avere* ~ *di fare qcs.* to be able to do sth., to have the chance of doing sth.; *c'è e* ~ there is a right and a wrong way of doing everything; *dare* ~ *a qcu. di fare qcs.* to allow so. to do sth., to enable so. to do sth., to give so. a chance to do sth., to give so. a chance of doing sth., to give so. an opportunity to do sth.; (*Gramm*) *di* ~: 1 modal; 2 (*rif. ad avverbi*) of manner; *avverbio di* ~ adverb of manner; ~ *di agire* way of acting, behaviour, (*Am*) behavior; *di* ~ *che*: 1 (*affinché*) so that; 2 (*e così*) and so, so: *sono arrivato tardi di* ~ *che tutti i posti erano già occupati* I arrived late and so all the seats were already taken; ~ *di dire* phrase, idiom, expression: *un* ~ *di dire inglese* an English idiom; *un* ~ *di dire dialettale* a dialectal expression; *per* ~ *di dire* so to speak, so to say, as it were; ~ *di fare* behaviour, (*Am*) behavior, manners *pl.*; ~ *di procedere* way of going about things; (*Econ,Filos*) ~ *di produzione asiatico* Asiatic mode of production; ~ *di produzione capitalistico* capitalist mode of production; ~ *di produzione schiavistico* slave mode of production; ~ *di trattare* way of treating: *non mi piace il suo* ~ *di trattare la gente* I don't like the way he treats people, I don't like his way of treating people; ~ *di vedere* point of view: *a mio* ~ *di vedere* in my opinion, to my mind, as I see things; (*Mus*) ~ *dorico* Dorian mode; (*Mus*) ~ *eolio* Aeolian mode; *fare in* ~ *che* to see that: *fai in* ~ *che Franco venga con te* see that Franco comes

with you; *devi fare in* ~ *che sia qui entro le otto* you must get him to be here by eight; *fare in* ~ *di fare qcs.* to try to do sth.; (*Mus*) ~ *frigio* Phrygian mode; *in che* ~? how?, in what way?: *in che* ~ *posso aiutarti?* how can I help you?; *in* ~ *che* (o *in* ~ *da*) so as to, so that, in order to, to; *in ogni* ~ (*comunque sia*) anyhow, anyway, at any rate, in any event, in any case; *in* ~ *particolare* especially, particularly; *in tutti i modi*: 1 in every way; 2 (*comunque sia*) anyway, anyhow, at any rate; 3 (*in ogni caso*) in any event, in any case; *in un* ~ *o nell'altro* somehow, somehow or other, one way or another; (*Mus*) ~ *ionico* Ionian mode; (*Mus*) ~ *lidio* Lydian mode; (*Mus*) ~ *locrio* Locrian mode; (*Mus*) ~ *misolidio* Mixolydian mode; *nel* ~ *migliore* in the best possible way, as best as one can; *non c'è* ~ *di cavarsela* there's no way of getting out of it; *questo non è il* ~ *di fare* that's no way to behave; *modi signorili* refined manners.

modulabile *a.* that can be modulated, able to be modulated.

modulare¹ (**mòdulo**) *v.t.* **1** to modulate: ~ *il tono di voce* to modulate one's tone of voice. **2** (*Mus*) to modulate. **3** (*Elettron*) to modulate. **4** (*rar*) (*formulare*) to formulate.

modulare² *a.* **1** modular: *progettazione* ~ modular design; *sistema* ~ modular system; (*Inform*) *programmazione* ~ modular programming; *struttura* ~ modular structure. **2** (*di modulo stampato*) of a form (*posposto*).

modulario *m.* **1** (*raccolta*) set of forms, forms. **2** (*blocco*) block of forms.

modularità *f.* modularity (*anche* Inform).

modulatore I *m.* (*Fis,El*) modulator. **II** *a.* (*Fis,El*) modulating, modulation (*attr.*): *tubo* ~ modulating tube; (*Ott*) *cristallo* ~ modulator crystal. □ (*Fis*) ~ *di ampiezza* amplitude modulator; (*El*) ~ *di fase* phase modulator; (*El*) ~ *di frequenza* frequency modulator; (*El*) ~ *di luce* light modulator; (*Elettron*) ~ *ottico* optical modulator.

modulazione *f.* (*Fis,Mus*) modulation. □ (*Elettron*) ~ *angolare* angle modulation; (*Tel*) ~ *degli impulsi* pulse modulation; (*Elettron*) ~ *della luce* light modulation; (*Elettron*) ~ *di ampiezza* amplitude modulation; (*Elettron*) ~ *di corrente* current modulation; (*Elettron*) ~ *di frequenza* frequency modulation, FM; (*Elettron*) ~ *di griglia* grid modulation; (*Elettron*) ~ *di velocità* velocity modulation; (*Elettron*) ~ *digitale* digital modulation; (*Tel*) ~ *incrociata* crossed modulation.

modulistica *f.* (*moduli*) forms *pl.*, set of forms.

modulo *m.* **1** form: *compilare un* ~ (*Br*) to fill up a form, to fill in a form, (*Am*) to fill out a form; ~ *prestampato* preprinted form. **2** (*formulario, modello*) standard, exemplar, model, sample: ~ *di contratto* standard contract. **3** (*Astron,Inform,Tecn*) module: ~ *di comando* command module. **4** (*Mat,Fis*) (*coefficiente*) modulus: ~ *di continuità* modulus of continuity. **5** (*fig*) (*norma*) rule, canon, norm: *secondo il* ~ *classico* according to the classical rule; *moduli di comportamento* norms of behaviour. **6** (*Arch,Art*) module. **7** (*Numism*) diameter. □ (*Inform*) ~ *assemblabile* assembly unit; (*Assic*) ~ *blu* signed statement taken roadside by both parties in a car accident agreeing to the settlement of damages without the intervention of the insurance companies involved; (*Inform*) ~ *dati* data module; (*Inform*) ~ *di caricamento* load module; (*Inform*) ~ *di controllo* control module; ~ *di domanda* application form; (*Fis, Mecc*) ~ *di elasticità* coefficient of elasticity, modulus of elasticity; ~ *di iscrizione* enrolment form, registration form, application form; ~*di versamento* paying-in slip, (*Am*) deposit slip; ~ *di versamento postale* transfer form; (*Inform*) ~*elettronico* electronic form; ~*in bianco* blank form; (*Inform*) ~*interattivo* interactive form; (*Astron*) ~*lunare* lunar module; ~*per telegramma* telegram form; ~*scolastico* school module.

modus operandi *m.* modus operandi.

modus vivendi *m.* modus vivendi, way of living.

mofeta *f.* (*Geol*) mofette.

moffetta *f.* (*Zool*) striped skunk.

Mogadiscio *n.pr.* (*Geog*) Mogadishu.

mogano I *m.* 1 (*albero*) mahogany (tree). 2 (*legno*) mahogany (wood). II *a.inv.* 1 mahogany (*attr.*). 2 (*rif. a capelli*) dark red. □ *di* ~ (o*in* ~) mahogany (*attr.*).

moggio (*pl.* le **mòggia**) *m.* 1 (*Stor*) (*antica misura*) modius. 2 (*fig,lett*) (*grande quantità*) plenty, heap. □ (*Bibl*) *mettere la fiaccola sotto il* ~ to hide one's candle under a bushel.

mogio *a.* downcast, dejected, downhearted, discouraged, crestfallen. □ ~ ~ dejected, depressed, down, downhearted.

moglie *f.* wife: *la* ~ *del sindaco* the mayor's wife; *cercare* ~ to seek a wife. □ *avere* ~ *e figli* to have a wife and family, to have wife and children; *esserecome la* ~*di Cesare* (*al di sopra di ogni sospetto*) to be like Caesar's wife, to be beyond reproach, to be above reproach;*dare in* ~ to give in marriage, to marry off;*prendere* ~ to get married; *prendere una donna in* ~ to take a woman as a wife; *senza* ~ wifeless, unmarried. *Prov.*: *tra* ~ *e marito non mettere il dito* never interfere between husband and wife; ~ *e buoi dei paesi tuoi* (*Br*) better wed over the mixen than over the moor, (*Am*) better to wed a neighbor than a foreigner.

mogliettina *f.* wifey, wifie.

mogol *m.* (*Stor*) Mogul: *gran* ~ Great Mogul.

mohair /mo'ɛr/ *m.* (*Tess*) mohair.

mohicano /moj'kano/ I *a.* Mohican. II *m.* (*f. -a*) Mohican: (*Lett*) *l'ultimo dei mohicani* the last of the Mohicans.

moietta *f.* (*Tecn*) metal strip, hot-rolled strip, metal band.

moina *f.* 1 (*smanceria, lusinga*) simpering, affectation, wheedling, cajolery, coaxing. 2 *pl.* affected ways, mincing ways. □ *fare le moine a qcu.* to coax so., to cajole so.

moire /mwar/ *f./m.* (*Tess*) moire.

moiré /mwa're/ *a.inv.* moiré.

Moire *f.pl.* (*Mitol*) Moirai.

moka I *f.* (*macchina*) moka coffee maker, mocha coffee maker. II *m.inv.* (*bevanda*) mocha, mocha coffee, moka coffee.

MOL *Moldavia* MOL (Moldova).

mola [1] *f.* 1 (*Mecc*) (*pietra*) (grinding) wheel, grindstone. 2 (*Mecc*) (*macchina*) grinder. 3 (*ant,region*) (*macina da mulino*) millstone, grindstone. □ (*Mecc*) ~*a disco* disk grinding wheel, disk grinder; (*Mecc*) ~*a tazza* cup grinding wheel; (*Mecc*) ~*abrasiva* lapping wheel; ~*arenaria* wet grinding mill; (*Oref*) ~*da gioielliere* lap; ~*per affilare* grindstone, grindstone.

mola [2] *f.* (*Itt*) ocean sunfish.

mola [3] *f.* (*Med*) mole. □ (*Med*) ~*idatidea* hydatid mole, vesicular mole.

molale *a.* (*Chim*) molal.

molare [1] (**mòlo**) *v.t.* 1 (*Tecn*) to grind, to disk off: ~ *il vetro* to grind glass. 2 (*affilare*) to whet.

molare [2] I *a.* 1 (*della mola*) mill (*attr.*): *pietra* ~ grindstone, millstone. 2 (*Anat*) (*rif. a dente*) molar. II *m.* (*Anat*) (*dente*) molar, molar

tooth.

molare [3] *a.* (*Chim,Fis*) molar: *soluzione* ~ molar solution; *volume* ~ molar volume.

molarità *f.* (*Chim*) molarity.

molassa *f.* (*Geol*) molasse.

molato *a.* 1 (*Tecn*) ground. 2 (*rif. a vetro*) polished.

molatrice *f.* (*Tecn*) (*macchina*) grinder. □ (*Tecn*) ~*elettrica* electric grinder; (*Tecn*) ~*oscillante* swing-frame grinder; (*Tecn*) ~*per sbavatura* snag grinder; (*Tecn*) ~*pneumatica* air grinder; (*Tecn*) ~*portatile* portable grinder.

molatura *f.* 1 (*atto*) grinding. 2 (*effetto*) finish. □ (*Mecc*) ~*a disco* disk grinding; (*Tecn*) ~*a smusso* bevelling.

molazza *f.* 1 (*Met*) muller, pan mill. 2 (*Edil*) mixing machine.

molazzatore *m.* (*f. -trice*) (*Met*) muller operator.

molazzatura *f.* (*Met*) mulling.

molcere (*pres.ind.* **mólce**; *impf.ind.* **molcévo**; *p.rem.* **mólse**; *pres.cong.* **mólca, mólcano**; *impf.cong.* **molcéssi**; *ger.* **molcèndo**) *v.t.* (*lett*) (*placare*) to soothe, to comfort, to assuage.

Moldava *n.pr.f.* (*Geog*) Vltava river.

Moldavia *n.pr.f.* (*Geog*) Moldova, Moldavia.

moldavo I *a.* Moldavian. II *m.* 1 (*f. -a*) (*abitante*) Moldavian. 2 (*lingua*) Moldavian.

mole [1] *f.* 1 (*Arch*) massive structure. 2 (*estens*) (*rif. al corpo umano*) bulk, bulkiness, weight, size: *un uomo di una* ~ *enorme* a man of huge bulk. 3 (*grandezza*) size, proportions *pl.*, dimensions *pl.*, volume, mass, bulk: *la* ~ *di un libro* the size of a book, the volume of a book; *di gran* ~ bulky, massive, voluminous, huge. 4 (*fig*) (*quantità*) amount, volume, entity, extent: *una grossa* ~ *di lavoro* a big amount of work, a big volume of work. □ *MoleAdriana* Adrian Mole; *MoleAntonelliana* mole antonelliana (in Turin); *la cittàdella* ~ Turin; *all'ombra della* ~ in Turin.

mole [2] *f.* (*Chim*) mole.

molecola *f.* 1 (*Chim*) molecule: ~ *attivata* activated molecule; *una* ~ *di ossigeno* an oxygen molecule. 2 (*estens*) (*particella*) (very small) particle. □ (*Biol*) ~*inorganica* inorganic molecule; (*Chim*) ~*libera* free molecule; (*Fis*) ~*nucleare* nuclear molecule; (*Biol*) ~*organica* organic molecule.

molecolare *a.* (*Chim*) molecular: *biologia* ~ molecular biology; *peso* ~ molecular weight.

molestamente *avv.* annoyingly, vexingly.

molestare (**molèsto**) *v.t.* 1 to annoy, to bother, to vex, to molest, to harass: ~ *una donna* to harass a woman, to molest a woman. 2 (*tormentare, stuzzicare*) to tease, to pester: ~ *gli animali* to tease animals. 3 (*disturbare*) to disturb, to interfere with: ~ *il riposo altrui* to disturb other people's sleep.

molestatore *m.* (*f. -trice*) molester, annoyer, vexer, disturber.

molestia *f.* 1 (*fastidio*) annoyance, worry, trouble, bother: *recare* ~ *a qcu.* to bother so., to trouble so. 2 (*azione molesta*) nuisance, molestation: *subire molestie di ogni tipo* to suffer all kinds of molestation. 3 (*irritazione*) teasing, pestering. □ (*Dir*) *molestie sessuali*: 1 sexual harassment; 2 (*di minore*) child molestation.

molesto *a.* troublesome, annoying, bothersome, vexatious, irritating, nasty, harassing: *rumore* ~ irritating noise; *un vicino* ~ an annoying neighbour.

moletta *f.* 1 (*Tess*) roller. 2 (*Minier*) hanging sheave.

molibdato *m.* (*Chim*) molybdate.

molibdenite *f.* (*Min*) molybdenite.

molibdeno *m.* (*Chim*) molybdenum.

molibdico *a.* (*Chim*) molybdic.

molinello *m.* (*Mar*) windlass.

molinismo *m.* (*Teol*) Molinism.

molinista *m./f.* (*Teol*) Molinist.

molino *m.* (*mulino*) mill.

molisano I *a.* from Molise, of Molise. II *m.* 1 (*f. -a*) (*originario*) native of Molise; (*abitante*) inhabitant of Molise. 2 (*dialetto*) dialect of Molise.

molitore *m.* (*Ind,Alim*) 1 (*f. -trice*) (*addetto alla molitura*) miller. 2 (*macchina*) mill.

molitorio (*Ind,Alim*) *a.* milling (*attr.*): *industria molitoria* milling industry.

molitura (*Ind,Alim*) *f.* milling.

molla I *f.* 1 spring. 2 (*di materasso*) box-spring: *materasso a molle* (inner) spring mattress. 3 (*fig*) (*impulso, spinta*) mainspring, incentive, springs *pl.* 4 *pl.* (*utensile da cucina*) tongs: *molle per il ghiaccio* ice tongs. 5 *pl.* (*per la brace*) firetongs. □ *a* ~ spring (*attr.*): *bilancia a* ~ spring balance, spring scale; *un meccanismo a* ~ a spring mechanism; *orologio a* ~ spring clock; (*Mecc*) ~ *a balestra* laminated spring, leaf spring; (*Mecc*) ~*a disco* disk spring; (*Tecn*) ~ *a spirale* coil spring, spiral spring; *saltare come una* ~ to jump like a spring; (*Tecn*) ~*di carica* feed spring; (*Tecn*) ~*di compressione* compression spring; (*Tecn*) ~*di torsione* torsion spring; (*Tecn*) ~ *di trazione* traction spring; (*Mecc*) ~ *idraulica* back check; (*Mecc*) ~*pneumatica* air spring; (*fig*)*prendere qcs.con le* molle to tread carefully with so., to watch one's step with so.; *un argomento da prendere con le molle* a tricky question, a delicate question; *prendere qcu. con le molle* to handle so. with kid gloves.

mollaccione *m.* (*colloq*) lazybones, slowcoach, slowpoke.

mollare (**mòllo**) I *v.t.* 1 (*lasciare andare*) to let (sth.) go, to slacken: ~ *la presa* to slacken one's hold, to let go. 2 (*colloq*) (*liberare*) to release, to free: ~ *un ostaggio* to free a hostage. 3 (*Mar*) to let go, to cast off: ~ *gli ormeggi* to let go the moorings. 4 (*colloq*) (*assestare*) to give, to deal, to land: ~ *uno schiaffo a qcu.* to give so. a slap, to slap so. 5 (*colloq*) (*lasciare*) to quit, to leave, to give up: ~ *il lavoro* to quit one's job; ~ *la scuola* to leave school; *ho mollato tutto e sono andato a vivere in montagna* I packed it all in and went to live in the mountains. 6 (*colloq*) (*interrompere una relazione*) to jilt, to drop: *ha mollato il suo ragazzo* she jilted her boyfriend. II *v.i.* (*aus. avere*) 1 (*colloq*) (*cedere*) to give in, to give up: *non ne potevo più e ho mollato* I was fed up and I gave in; *non ~!* don't give in! 2 (*colloq*) (*smettere*) to stop, to give up: *quando comincia a raccontare dei suoi viaggi non molla più* once he starts talking about his voyages he never stops. III *v.r.recipr.* **mollarsi** (*colloq*) (*lasciarsi*) to split up, to jilt (each other), to ditch, to drop each other: *si sono mollati dopo tre anni* after three years together they jilted each other. □ ~*la presa* to let go, to loose one's hold; (*Mar*) ~*l'ancora* to let go the anchor; (*scherz*) *molla!'osso!* give it back!, put it down! give it to me!;*molla!* let go of it!

molle I *a.* 1 soft, tender, yielding: *parti molli* tender parts; ~ *come la cera* as soft as wax; (*Anat*) *tessuto* ~ soft tissue. 2 (*floscio*) flabby, slack; (*flaccido*) limp: *sentire le gambe molli* to feel one's legs limp, to be weak at (*o* in) the knees. 3 (*fig*) (*fiacco, debole*) weak, feeble: *carattere* ~ weak character. 4 (*fig*) (*rilassato*) slack, loose. 5 (*fig,poet*) (*lieve, dolce*) soft, gentle: *un ~ pendio* a gentle slope. **6** (*rar*) (*bagnato*) (soaking) wet. **7** (*Fon*) (*palatalizzato*) soft, lenis. **II** *m.* **1** soft part. **2** (*del corpo*) fleshy part. **3** (*terreno morbido*) soft ground; (*terreno umido, bagnato*) wet ground.

molleggiamento *m.* **1** springing. **2** (*delle anche*) swaying, (*colloq,scherz*) wiggle. **3** (*Aut*) suspension, springing system.

molleggiare (**molléggio, molléggi**) **I** *v.i.* (*aus.* **avere**) to be springy, to be resilient, to be elastic: *la poltrona molleggia poco* the armchair is not very springy, the armchair is not well sprung. **II** *v.t.* to spring, to fit (sth.) with springs: *~ un divano* to fit a sofa with springs. **III** *v.pron.* **molleggiarsi 1** to move with a springy step. **2** (*sulle anche*) to sway, (*colloq,scherz*) to wiggle (one's hips). **3** (*Ginn, Sport*) to bend, to flex.

molleggiato *a.* **1** sprung: *un divano ben ~* a well-sprung sofa. **2** (*fig*) (*sciolto, elastico*) springy, elastic: *passo ~* springy step.

molleggio *m.* **1** (*nell'arredamento*) springs *pl.*, springing. **2** (*elasticità*) springiness. **3** (*Sport,Ginn*) knee-bend. **4** (*Aut*) suspension, springing; (*sistema di molleggio*) springing system. □ (*Aut*) *~dolce* soft spring suspension; (*Aut,Mecc*) *~idraulico telescopico* plunger springing.

mollemente *avv.* **1** languidly: *sdraiarsi ~ sul letto* to stretch out languidly on the bed. **2** (*senza asperità*) softly.

molletta I *f.* **1** (*per la biancheria*) clothes peg, clothes pin. **2** (*per i capelli*) hair clip, hairgrip, hair pin, (*Am*) bobbypin, bobby pin. **3** *pl.* (*per zucchero e sim.*) tongs: *mollette per il ghiaccio* ice tongs. **4** (*colloq*) (*coltello a scatto*) flick knife, jackknife.

mollettiera *f.* (*Mil,Alp*) puttee.

mollettone *m.* **1** (*Tess*) thick flannel. **2** (*per asse da stiro*) ironing board cover. **3** (*per capelli*) hair clip.

mollezza I *f.* **1** softness. **2** (*debolezza*) weakness, feebleness, softness: *~ d'animo* weakness of character. **3** (*fig*) (*rilassatezza*) laxness, laxity, looseness. **4** *pl.* (*lusso e comodità*) pleasure *sing.*, luxury *sing.*, comfort *sing.*: *vivere nelle mollezze* to live in luxury, to live in the lap of luxury.

mollica ,mollìca *f.* **1** soft part (of bread). **2** *pl.* (*briciole*) crumbs.

molliccio I *a.* **1** wettish, moist, dampish, softish. **2** (*floscio*) limp. **3** (*fig*) (*fiacco*) weak, flabby, (*colloq*) weak-kneed. **II** *m.* (*terreno bagnato*) wet ground, soggy ground.

mollo *a.* **1** (*region*) (*imbevuto*) soaked, drenched, dripping wet. □ *metterea ~* to soak, to steep, to put to soak, to put in soak, to let (sth.) soak; *tenere a ~* to keep soaking; *tenere i piedi a ~* to bathe one's feet.

molluschicoltore *m.* (*f.* **-trice**) mollusc farmer, (*Am*) mollusk farmer.

molluschicoltura *f.* mollusc farming, (*Am*) mollusk farming.

mollusco (*pl.* **-chi**) *m.* **1** (*Zool*) mollusc, (*Am*) mollusk, (*pop*) shellfish. **2** (*fig,spreg*) jellyfish, spineless person, wimp. **3** (*Med*) molluscum: *~ contagioso* molluscum contagiosum.

molo *m.* (*Mar*) **1** pier, jetty, dock. **2** (*estens*) (*banchina*) wharf. □ (*Mar*) *~di carico* loading pier, laoding dock.

moloc *m.* (*Zool*) moloch.

Moloc *n.pr.m.* (*Mitol*) Moloch, Molech. (*anche fig*).

molosso *m.* (*Zool*) Molossian, Molossian dog.

molotov *f.inv.* Molotov cocktail: *bomba ~* (*o bottiglia ~*) Molotov cocktail.

molteplice *a.* **1** many-sided, manifold: *struttura ~* many-sided structure. **2** (*numeroso*) manifold, many, numerous, various: *molteplici possibilità* numerous chances.

molteplicità *f.* **1** multiplicity, variety: *per una ~ di ragioni* for a variety of reasons. **2** (*Mat,Fis*) multiplicity: *~ elettronica* electron multiplicity.

moltiplica *f.* **1** (*Mecc*) gear ratio. **2** (*rif. a biciclette*) sprocket wheel, gearwheel. **3** (*colloq*) (*moltiplicazione*) multiplication.

moltiplicabile *a.* multipliable, multiplicable.

moltiplicabilità *f.* (*rar*) multiplicability.

moltiplicando *m.* (*Mat*) multiplicand.

moltiplicare (**moltìplico, moltìplichi**) **I** *v.t.* **1** (*Mat,Mecc*) to multiply: *tre moltiplicato per quattro fa dodici* three multiplied by four is twelve, three times four is twelve. **2** (*estens*) to increase, to multiply, to redouble: *~ le entrate* to increase income; *~ gli sforzi* to redouble one's efforts. **II** *v.pron.* **moltiplicarsi 1** (*riprodursi*) to multiply, to breed: *gli insetti si moltiplicano con rapidità* insects multiply rapidly. **2** (*aumentare*) to increase: *i casi di malattia si moltiplicano rapidamente* cases of illness increase rapidly.

moltiplicativo *a.* multiplicative (*anche Mat*).

moltiplicatore I *m.* (*Mat,Mecc,Econ*) multiplier. **II** *a.* (*Mecc*) multiplying, multiplier (*attr.*). □ (*Elettron*) *~analogico* analog multiplier; (*Econ*) *~degli investimenti* investment multiplier; (*Econ*) *~del credito* credit multiplier; (*Mil*) *~di forza* force multiplier; (*Rad*) *~di frequenza* frequency multiplier; (*Inform*) *~di impulsi* rate multiplier; (*El*) *~di tensione* voltage multiplier; (*Mecc*) *~di velocità* overdrive; (*Elettron*) *~digitale* digital multiplier; (*Fis*) *~elettronico* electron multiplier; (*Elettron*) *~logaritmico* logarithmic multiplier.

moltiplicazione *f.* **1** (*Mat*) multiplication: *eseguire una ~* to multiply; *segno di ~* multiplication sign. **2** (*estens*) multiplication, increase, redoubling: *~ degli sforzi* redoubling of one's efforts. **3** (*Biol*) propagation, multiplication: *~ sessuale* sexual propagation. □ (*Bot*) *~asessuale* vegetative propagation, asexual propagation; (*Bibl*) *~dei pani e dei pesci* the miracle of the loaves and fishes; (*Biol*) *~generativa* generative propagation; (*Biol*) *~per talea* propagation by cuttings; (*Bot*) *~vegetativa* vegetative propagation.

moltitudine *f.* **1** (*gran numero*) multitude, host, great number: *una ~ di farfalle* a multitude of butterflies. **2** (*folla*) (great) crowd, multitude, throng.

molto I *a.* **1** (*in frasi affermative*) a lot of, lots of, a great deal of, a good deal of, a great quantity of, a large quantity of: *è caduta molta pioggia* there has been a lot of rain; *ha molti amici* she has got a lot of friends. **2** (*in frasi negative e interrogative*) much, a lot of: *non c'è ~ latte* there isn't much milk. **3** *pl.* (*in frasi negative e interrogative*) many, a lot of: *non hanno molti parenti* they haven't got many relatives, (*Am*) they don't have many relatives. **4** (*in gran numero: in frasi affermative*) a lot of, lots of, a large number of, plenty of, a good many, a great many: *ha letto molti libri* he has read many books. **5** (*intenso, forte*) great, intense, *di solito si traduce con un avverbio*: *faceva ~ freddo* it was very cold, it was chilly cold, it was terribly cold; *devi fare molta attenzione* you must be very careful. **6** (*grande*) great, a lot of: *la tua visita mi ha fatto ~ piacere* your visit has

given me great pleasure. **7** (*troppo, abbondante*) a lot, quite a lot: *quattro euro al metro sono molti* four euros a metre is a lot. **II** *avv.* **1** (*quantità: in frasi interrogative e negative*) much, very much, that much, all that much, a lot: *a lui non piace ~ viaggiare* he doesn't like travelling very much; *mangia ~?* does she eat a lot?; *non mi importa ~ di quello che fai* I don't care that much about what you do. **2** (*quantità in frasi affermative*) much, very much, a great deal, a good deal, a lot: *mi piace ~* I like it very much; *parla ~* she talks a lot; *mi importa ~ di lui* I care a lot about him; *lavorare ~* to work hard; *studiare ~* to study a lot, to study hard. **3** (*davanti ad aggettivi o avverbi di grado positivo*) very, most: *una donna ~ bella* a very beautiful woman; *uno scrittore ~ intelligente* a most intelligent writer; *sono andato a letto ~ tardi* I went to bed very late; *sei stato ~ gentile* you have been very kind. **4** (*con aggettivi comparativi*) much, far, by far, a great deal, a good deal, (*colloq*) a lot: *tuo fratello è ~ migliore di te* your brother is far better than you, your brother is much better than you; *~ più velocemente* much faster. **5** (*intensità*) very: *scrive ~ bene* he writes very well. **6** (*seguito da participio passato*) very much, much, greatly, very well, well, widely, highly: *è ~ apprezzato* he is highly esteemed, he is very well regarded; *sono rimasto ~ colpito* I was greatly struck; *è ~ cambiata* she is much changed. **7** (*a lungo: in frasi affermative*) a long time: *ho aspettato ~* I waited a long time. **8** (*a lungo: in frasi negative e interrogative*) long: *non ci metto ~ per andare a casa* it doesn't take me long to get home. **9** (*spesso*) often, a great deal, a good deal, (*colloq*) a lot: *esce ~* he goes out often, he goes out a lot. **10** (*rif. a prezzo: caro*) dear, (*colloq*) a lot: *l'hai pagato ~?* did you pay much for it?, was it expensive? **III** *pron.* **1** (*in frasi affermative*) a lot, lots, a great deal, a good deal, plenty: *ho ~ da studiare* I have a lot to study. **2** (*in frasi negative e interrogative*) much, (*colloq*) a lot: *non ho ~ da fare* I haven't (got) much to do, (*Am*) I don't have much to do; *non ci vuole ~ a capire che sei innamorata* it does't take much to see that you're in love. **3** (*tempo*) long, long time: *ci vuole ~* it takes long, it takes a long time; *non ci vuole ~* it doesn't take long. **4** (*rif. a distanza: in frasi negative e interrogative*) a long way; (*in frasi negative e interrogative*) far: *c'è ~ da qui al mare?* is it far to the sea? **5** *pl.* (*in frasi affermative*) a great many, a good many, many, (*colloq*) a lot of, (*colloq*) lots of: *molti di noi* many of us; *sono in molti* there are a lot of them. **6** *pl.* (*in frasi negative e interrogative*) many, a lot of; (*molta gente*) many people, a lot of people. □ *moltialtri* many others; *~avanti* a long way ahead, far ahead; *~bene* very well; *gli voglio ~ bene* I love him very much, I love him dearly; *da ~:* **1** (*rif. a tempo*) for a long time: *non lo vedo da ~* I haven't seen him for a long time; **2** (*rif. a tempo: in frasi interrogative e negative*) long: *sei qui da ~?* have you been here long?; *non ha ~ da vivere* he doesn't have long to live; *è ~* it's been a long time, it's a long time; *è ~ che ti cerco* I have been looking for you for a long time; *è già ~ se ...* it is quite an achievement if...; *fra non ~* shortly, in a short time, soon, before long; *~lieto* (*nelle presentazioni*) nice to meet you, how do you do?; *~meno* much less; *né ~ né poco* (*affatto*) at all; *per ~* (*oper ~tempo*) for a long time; *~prima* a long time before, long before; (*Bibl*) *moltisono i chiamati , ma pochi* *gli eletti* many are called but few are chosen; ~ *tempo*: 1 a long time, plenty of time, a lot of time, (*lett*) long: *da ~ tempo* for a long time; *per ~ tempo* for a long time; 2 (*in frasi negative e interrogative*) long, much time: *ci vuole ~ tempo?* will it take long?; *non ci vuole ~ tempo* it doesn't take long.

Molucche *n.pr.f.pl.* (*Geog*) Moluccas *pl.*

momentaneamente *avv.* 1 (*al momento: rif. al presente*) at the moment, just now, right now; (*Tel*) *sono ~ assente. Per favore lasciate un messaggio* I am not here at the moment. Please leave a message. 2 (*al momento: rif. al passato*) at that moment, then: *il capo era ~ assente* the boss was not in at that moment. 3 (*temporaneamente*) at the moment, temporarily: *la macchinetta del caffè è ~ fuori servizio* the coffee machine is not working at the moment.

momentaneo *a.* 1 (*brevissimo*) momentary, brief, short-lived: *una gioia momentanea* a short-lived joy; *una disattenzione momentanea* a moment's carelessness. 2 (*temporaneo*) temporary, provisional: *una sistemazione momentanea* a provisional accomodation. 3 (*passeggero*) momentary, passing, temporary: *indisposizione momentanea* passing indisposition.

momentino *m.* (*colloq*) minute, second, sec, (*Br*) tick: *aspetta un ~* wait a second.

momento *m.* 1 moment, instant, minute, second: *ha avuto un ~ di esitazione* he hesitated for a moment; *è giunto il ~* time is ripe; *mi sono innamorato di lei dal primo ~ che l'ho vista* I fell in love with her the moment I saw her, *aspettare il ~ giusto* to wait for the right moment. 2 (*periodo*) time, moment: *abbiamo passato dei momenti felici insieme* we have spent some happy times together. 3 (*occasione*) opportunity, chance, moment: *cogliere il ~ favorevole* to seize a favourable opportunity; *non è questo il ~* this is not the right moment. 4 (*situazione*) moment, situation: *mi trovo in un ~ difficile* this is a difficult moment for me; *nel ~ del bisogno* in the hour of need. 5 (*un po'*) a moment, a little: *abbiate un ~ di pazienza!* just have a moment's patience!, just have a little patience! 6 (*Mus*) moment: *momenti musicali* musical moments. 7 (*Fis*) moment, momentum: *~ angolare* angular momentum. 8 (*lett*) (*gravità, importanza*) moment, importance, weight.

□ *a momenti*: 1 (*tra poco tempo*) in a moment, any minute now, very shortly, in a short time, soon, in a few minutes: *giungerà a momenti* he will be here in a few minutes; 2 (*quasi, per poco*) nearly, almost: *a momenti finivo sotto una macchina* I was nearly run over by a car; 3 (*a periodi*) at times; *a momenti piange, a momenti ride* sometimes she cries, other times she laughs; *al ~* at the moment, at the time being, for the time being, now, at present: *non abbiamo bisogno di niente al ~* we don't need anything at the moment; *al ~ giusto* at the right time; *al ~ di* just as, on the point of, about to: *al ~ di partire abbiamo ricevuto la notizia* we heard the news just as we were leaving; *al ~ dei fatti* at the time of the events, at that time; (*Mecc*) *~ cinetico* kinetic momentum; *~ cruciale* crucial moment; *il ~ culminante* the climax; *da quel ~* from that moment on, since then; *da quel ~ in poi* henceforth, from then onwards, from that time on; *da un ~ all'altro*: 1 at any moment, any minute now; 2 (*all'improvviso*) suddenly, all of a sudden; *cambia opinione da un ~ all'altro* he changes his mind from one moment to the next; *dal ~ che*: 1 since, from the moment (that); 2 (*non*

appena) as soon as; 3 (*poiché*) since, as; *del ~*: 1 (*attuale*) current, present; 2 (*momentaneo*) momentary, passing, of the first moment; 3 (*di moda*) fashionable, in fashion; 4 (*di successo*) of the moment, popular: *è l'attore del ~* he is the actor of the moment; *il ~ della verità* the moment of truth; *in un ~ di debolezza* in a moment's weakness; (*colloq*) *di ~ in ~* at any moment, any minute now: *lo aspettiamo di ~ in ~* we expect him at any moment; (*lett*) *di (gran) ~* of a great importance, of a great moment; (*Fis*) *~ di inerzia* moment of inertia; (*Fis*) *~ di una forza* moment of a force; *un ~ dopo* a moment later, a minute later, the next moment; *è il ~ di agire* now is the time to act; *quando è il ~* when the right time comes; (*Elettron*) *~ elettrico* electric moment; (*Fis*) *~ flettente* bending moment; *fra un ~* in a minute, in a very short time; *in qualsiasi ~* at any time; *in questo ~* at the moment, right now, just now; *in un ~* in a moment, (*colloq*) in no time, (*colloq*) in a flash; *in un ~ di debolezza* in a moment of weakness; *non ho mai un ~ libero* I never have a free moment; *~ magico* magic moment, magical moment; (*Fis*) *~ magnetico* magnetic moment; *nel ~ del pericolo* in the hour of danger, at the time of danger, in the moment of danger; *non è il ~ di scherzare* it's no time to joke; (*Fis*) *~ nucleare* nuclear moment; *ogni ~* (*continuamente*) continually, always; (*Ott*) *~ ottico* optical moment; *per il ~*: 1 for the time being, for the present, as for now, for the moment; 2 (*fino ad ora*) up to now: *non abbiamo ricevuto niente per il ~* we haven't received anything up to now; *il ~ propizio* the right moment, the suitable moment; (*Mecc*) *~ statico* static moment; *sul ~*: 1 (*immediatamente*) immediately, right away; 2 (*lì per lì*) at first, there and then: *sul ~ non seppi rispondere* I couldn't answer there and then; *decidere sul ~* to decide on the spur of the moment; *essere sul ~ di fare qcs.* to be about to do sth.: *ero sul ~ di fare il bagno quando...* I was about to have a bath when...; (*Fis*) *~ torcente* torque; *un ~!* just a minute!, just a moment!

monaca *f.* 1 (*Rel*) nun: *farsi ~* to become a nun; *~ di clausura* cloistered nun. 2 (*Ornit*) white merganser, smew, white nun.

monacale *a.* 1 (*Rel*) monastic, (*lett*) monachal: *abito ~* monastic habit. 2 (*Rel*) (*da monaco*) monk's; (*da monaca*) nun's: *velo ~* nun's veil. 3 (*fig*) (*austero*) monastic, austere: *vita ~* monastic life, austere life.

monacando *m.* (*f.* **-a**) novice.

monacare (**mònaco**, **mònachi**) I *v.t.* (*rar*) to put (so.) into a convent. II *v.pron.* **monacarsi** (*di monaca*) to become a nun, (*di monaco*) to become a monk.

monacato *m.* 1 (*Rel*) monastic life, monastic condition. 2 (*collett.*) monks and nuns. *pl.*

monacazione *f.* (*Rel*) 1 (*rif. a monaci*) taking the habit. 2 (*rif. a monache*) taking the veil. 3 (*cerimonia*) taking of (monastic) vows.

monacense I *a.* (*di Monaco di Baviera*) of Munich. II *m./f.* (*originario di Monaco di Baviera*) native of Munich; (*abitante di Monaco di Baviera*) inhabitant of Munich.

monachella *f.* 1 (*Ornit*) black-eared wheatear. 2 (*Entom*) (*mantide religiosa*) praying mantis. 3 (*fig,iron*) (*ragazza timida e modesta*) prim girl, prude, innocent: *non fare la ~!* don't play the innocent!

monachese *a.* (*di Monaco di Baviera*) of Munich.

monachesimo *m.* monasticism.

monachina *f.* 1 (*Rel*) (*monaca giovane*) young nun. 2 (*Zool*) (*avocetta*) pied avocet.

monaco (*pl.* **-ci**) *m.* 1 (*Rel*) monk: *farsi ~* to become a monk. 2 (*Zool*) (*foca monaca*) monk seal. 3 (*Arch*) king post, queen post.

□ (*Rel.catt*) *~ benedettino* Benedictine, black monk; *~ buddista* buddhist monk; (*Rel.catt*) *~ cistercense* Cistercian, white monk; (*Rel.catt*) *~ cluniacense* Cluniac.

Monaco *n.pr.f.* (*Geog*) 1 Monaco: *principato di ~* Principality of Monaco. 2 (*Monaco di Baviera*) Munich.

monade *f.* (*Filos*) monad.

monadico (*pl.* **-ci**) *a.* (*Filos*) monadical.

monadismo *m.* (*Filos*) monadism.

monadologia *f.* (*Filos*) monadology.

monarca (*pl.* **-chi**) *m.* monarch.

monarchia *f.* monarchy: *abolire la ~* to abolish the monarchy; *restaurare la ~* to restore the monarchy. □ (*Pol*) *~ assoluta* absolute monarchy; (*Pol*) *~ costituzionale* constitutional monarchy; (*Pol*) *~ ereditaria* hereditary monarchy; *~ illuminata* enlightened monarchy; (*Pol*) *~ parlamentare* parliamentary monarchy.

monarchicamente *avv.* monarchically.

monarchico I *a.* 1 monarchic, monarchical: *governo ~* monarchical government. 2 (*fautore della monarchia*) monarchist, royalist. II *m.* (*f.* **-a**; *pl.* **-ci**) monarchist, royalist.

monastero *m.* (*Rel*) 1 monastery. 2 (*per monache*) convent, nunnery.

monastico (*pl.* **-ci**) *a.* (*Rel*) monastic: *vita monastica* monastic life; *ordine ~* monastic order; *regola monastica* monastic rule.

monatto *m.* (*Stor*) remover of corpses during a plague.

Moncenisio *n.pr.m.* (*Geog*) Mont Cenis.

moncherino *m.* stump.

moncoI *a.* 1 (*privo di un braccio*) with only one arm, one-armed: *essere ~ di un braccio* to have only one arm, to be one-armed; *una mano monca di due dita* a hand without two fingers. 2 (*fig*) (*incompleto*) incomplete, defective. II *m.* (*f.* **-a**; *pl.* **-chi**) maimed person, mutilated person.

moncone *m.* 1 stump. 2 (*fig*) fragment. □ (*Med*) *~ di amputazione* amputation stump, stump.

monda *f.* (*Agr*) (*nelle risaie*) paddy weeding.

mondabile *a.* (*rar*) cleanable, that can be cleaned.

mondana *f.* (*eufem*) prostitute.

mondanamente *avv.* in a worldly manner.

mondanità *f.* 1 worldliness. 2 (*estens*) (*vita mondana*) society life, wordly pleasures *pl.*: *amare il lusso e la ~* to love luxury and society life, to love luxury and wordly pleasures. 3 (*estens*) (*persone del bel mondo*) high society, jet set, cream, elite: *alla festa era presente tutta la ~ della città* the cream of the city was present at the party, all the city's elite were present at the party.

mondano *a.* 1 (*terreno*) worldly, earthly: *beni mondani* worldly goods; *piaceri mondani* earthly pleasures. 2 (*della società elegante*) worldly, society (*attr.*), social, fashionable: *vita mondana* society life; *cronaca mondana* gossip column, society column, society news, gossip news. 3 (*rif. a persona: frivolo*) worldly, frivolous.

mondare (**móndo**) I *v.t.* 1 (*ripulire*) to clean, to wash: *~ la verdura* to clean vegetables, to wash the vegetables. 2 (*dalle erbacce*) to weed: *~ un campo* to weed a field. 3 (*fig*) (*purificare*) to cleanse, to purify. 4 (*region,lett*) (*sbucciare*) to peel; (*togliere il guscio*) to shell, to husk, to hull; (*togliere il* *filo*) to string. **II** *v.pron.* **mondarsi** *(fig,lett)* *(purificarsi)* to purify oneself. □ *(Agr)* *il riso* to weed the rice fields.

mondariso *m./f.inv.* *(Agr)* rice weeder.

mondatore **I** *m.* *(f.* **-trice)** *(Agr)* cleaner, weeder. **II** *a.* *(Agr)* cleaning, weeding.

mondatrice *f.* **1** *(Agr)* cleaner. **2** *(macchina per mondare il cotone)* peeling machine, *(Am)* cotton gin.

mondatura *f.* **1** *(lo sbucciare)* peeling, husking, hulling. **2** *(Agr)* *(pulitura)* cleaning, cleansing; *(da erbacce)* weeding. **3** *(buccia)* husks *pl.*, peel; *(scorie)* dross.

mondezza [1] *f.* **1** cleanliness, cleanness. **2** *(fig)* *(purezza)* purity, cleanness.

mondezza [2] *f.* *(dial)* *(sporcizia)* rubbish, garbage.

mondezzaio *m.* **1** *(mucchio di sporcizia)* rubbish heap, rubbish dump, *(Am)* garbage dump. **2** *(fossa)* rubbish pit; *(letamaio)* dunghill, manure heap. **3** *(ambiente sudicio)* pigsty: *questa stanza è un ~!* this room is a pigsty! **4** *(fig)* *(ambiente turpe)* gutter, sink, place of filth, den: *un ~ di vizi* a sink of vices.

mondiale **I** *a.* **1** world *(attr.)*: *esposizione ~* world exhibition; *anteprima ~* world preview. **2** *(diffuso in tutto il mondo)* worldwide, global: *avvenimento di importanza ~* event of world-wide importance; *fama ~* world-wide fame. **3** *(fig)* *(eccezionale)* fantastic, wonderful, gorgeous: *una trovata ~* a fantastic invention. **II** *m.pl.* *(Sport)* world championship *sing.*: *i mondiali di calcio* the football world cup.

mondialismo *m.* globalism.

mondializzare (**mondializzo**) *v.t.* to globalize.

mondializzazione *f.* globalization.

mondialmente *avv.* worldwide: *~ conosciuto* known worldwide.

mondiglia *f.* **1** refuse; *(scorie)* dross. **2** *(Agr)* *(pula)* chaff.

mondina *f.* **1** *(Agr,ant)* *(mondariso)* rice weeder. **2** *(region)* *(castagna lessa)* (peeled) boiled chestnut.

mondo [1] *m.* **1** world: *ha girato tutto il ~* he has travelled all over the world. **2** *(vita)* world, life: *avere esperienza del ~* to know the ways of the world; *i giovani non conoscono il ~* young people don't know anything about life. **3** *(umanità)* world, humanity, mankind, people: *agli occhi del ~* in the eyes of the world. **4** *(ambiente sociale)* world, circles: *vivere nel ~ degli artisti* to live in the artists' world; *il ~ del cinema* the screen world, the film world, filmdom; *il ~ degli affari* the world of business, the business world; *il ~ dell'editoria* the world of publishing, the publishing world; *il ~ delle lettere* the literary world. **5** *(regno)* world, kingdom: *il ~ animale* the animal kingdom; *il ~ vegetale* the vegetable kingdom. **6** *(complesso di un ordine sociale)* world: *il ~ cristiano* the Christian world. **7** *(complesso di fenomeni)* world: *il ~ interiore* the interior world, the inner world. **8** *(gioco infantile)* hopscotch. □ *al ~* in the world: *nessuno al ~* nobody in the world; *essere al ~* to be alive; *quando era ancora al ~* when he was still alive, when he was still with us; *mettere al ~ un figlio* to bring a child into the world, to give birth to a child; *venire al ~* to come into the world, to be born; *(fig)* *imparare a stare al ~* to learn the ways of the world; *tornare al ~* to come to life again; *andare per il ~* to roam the world, to go around the world; *(colloq)* *~boia!* rotten world, damn!, dammit!; *(colloq)* *~ cane !* blast!, damn!, hell!; *(colloq)* *da che ~ è ~:* **1** *(da sempre)*

from time immemorial; **2** *(fino a prova contraria)* unless proved to the contrary; *~dei sogni* dream world; *la donna più belladel ~* the most beautiful woman in the world; *il ~ della finanza* the financial world; *vivere nel ~della luna* to have one's head in the clouds, to live in the clouds; *essere ancora nel ~ della luna* not be born yet; *~ della malavita* underworld; *(fig)* *il ~delle favole* the land of make-believe; *(Filos)* *~delle idee* world of ideas; *~ dello spettacolo* show business, show biz; *di ~:* **1** *(ricco di esperienza)* of the world *(posposto)*, experienced, wordly-wise: *un uomo di ~* a man of the world, a wordly-wise man; **2** *(che fa vita mondana)* society *(attr.)*: *donna di ~* society woman; *~esteriore* external world, outside world; *~fisico* physical world; *il ~greco* classical civilization, Greek civilization; *il ~civile* the civilized world; *(ant)* *~ladro!* rotten world, damn!, dammit! oh hell!; *(fig)lasciare il ~:* **1** *(morire)* to pass away, to depart this life; **2** *(segregarsi)* to retire from the world, to withdraw from the world; *~ occidentale* Western World, West; *~ orientale* Eastern World, East; *(eufem)* *non essere più di questo ~* to have passed away; *il ~romano:* **1** Roman civilization; **2** *(l'impero romano)* the Roman Empire; *il ~sensibile* the physical world, the material world; *~sotterraneo* underworld; *~sublunare* the Earth;*tutto il ~:* **1** the whole world, all the world: *in tutto il ~* all over the world, the world over; *un uomo famoso in tutto il ~* a man famous the world over; **2** *(tutti)* everybody, everyone, the whole world: *tutto il ~ lo ha acclamato* he has been acclaimed by the whole world; *parlare male di tutto il ~* to speak ill of everyone;*un ~:* **1** *(una grande quantità)* a world of, a host of, lots of; **2** *(usato come avverbio)* a lot, immensely, enormously: *divertirsi un ~* to have a wonderful time, to enjoy oneself immensely; *ma in che ~vivi ?* *(Br)* do you live in a cloud cuckoo land?, were you born yesterday?, *(Am)* what world are you living in?, you're living in a dream world? *Prov.: tutto il ~ è paese* people are the same the whole world over, it's the same the whole world over; *il ~ è fatto a scale, chi le scende e chi le sale* life is all ups and downs; the world is a ladder for some to go up and some down, the world is like a game, sometimes you win, sometimes you lose; *il ~ è bello perché è vario* variety is the spice of life; *il ~ è di chi se lo piglia* the world is my oyster; *il ~ non è stato fatto in un giorno* Rome wasn't built in a day.

mondo [2] *a.* **1** *(pulito)* clean, cleaned. **2** *(region,lett)* *(sbucciato)* peeled, *(sgusciato)* husked, shelled. **3** *(fig,lett)* *(puro)* pure, spotless; *(esente)* free *(da* from): *essere ~ dal peccato* to be free from sin.

mondovisione *f.* *(TV)* worldwide telecast: *trasmettere in ~* to transmit worldwide, to broadcast worldwide.

monegasco **I** *a.* Monegasque, Monacan. **II** *m.* *(f.* **-a;** *pl.* **-chi)** Monegasque, Monacan.

monel *m.* *(Met)* monel.

monelleria *f.* *(azione)* prank, piece of mischief, mischievous trick.

monellesco *a.* mischievious, prankish, roguish.

monello *m.* *(f.* **-a)** **1** *(ragazzo di strada)* street urchin. **2** *(briccone)* rascal, rogue, imp, scamp, mischievous boy *(f.* girl).

monema *m.* *(Ling)* moneme.

moneta *f.* **1** coin, piece: *~ d'argento* silver coin. **2** *(valuta)* currency: *~ unica europea* European single currency. **3** *(denaro)* mon-

ey: *battere ~* to mint money, to coin money. **4** *(spiccioli)* (small) change: *hai ~?* have you got any change? **5** *pl.* *(monetazione)* coinage *(costr.sing.):* *le monete romane* Roman coinage. □ *(Econ)* *~a corso forzoso* inconvertible money; *(US)* fiat money; *(Econ)* *~a corso legale* legal currency, legal tender; *(Numism)* *~ adulterata* adulterated coin; *(Econ)* *~aurea* gold currency; *(Numism)* *~bimetallica* bimetallic coin; *(Numism)* *~brateata* bracteate; *(Econ)* *~calda* *(capitali vaganti)* hot money; *(Econ)* *~cartacea* paper money; *(Econ)* *~circolante* currency; *(Econ)* *~comune* common currency; *(Numism,Econ)* *~coniata* coined money; *(Econ)* *~contante* ready money, cash; *(fig)* *prendere qcs. per ~ contante* not to question sth.; *(Numism)* *~contromarcata* countermarked coin; *(Econ)* *~corrente* current money, currency; *(Econ)* *~creditizia* substitute money; *(Econ)* *~debole* weak currency, soft currency, weak money; *(Econ)* *~di conto* money of account; *(Numism)* *~di imitazione* imitative coin; *~di rame* copper coin, copper; *(Econ)* *~di scambio:* **1** *(Econ)* trading currency; **2** *(fig)* bargaining chip; *(Numism,Econ)* *~divisionale* (o *~divisionaria*) divisional coin; *~d'oro* gold coin; *(Econ)* *~elastica* elastic currency; *(Econ)* *~ elettronica* e-cash; *(Econ)* *~estera* foreign money, foreign currency; *~falsa* counterfeit coin; *(Econ)* *~fiduciaria* token coin, fiduciary coin; *(Econ)* *~forte* hard currency; *(Econ)* *~fuori corso* coin no longer in circulation; *in ~* in coins: *dare il resto in ~* to give the change in coins; *(Econ)* *~in euro* Euro coin; *(Numism)* *~incusa* incuse coin; *(Econ)* *~inelastica* inelastic currency; *(Econ)* *~legale* legal currency, legal tender; *~metallica* metal coin, specie; *(Econ)* *~ nazionale* national currency; *(Numism)* *~ossidionale* obsidional coin; *~scritturale* bank money; *~sonante* hard cash, ready cash: *pagare in ~ sonante* to pay in hard cash; *(Econ)* *~spicciola* small money, small change; *(Numism)* *~suberata* plated coin; *(Econ)* *~svalutata* devaluated currency; *(Econ)* *~svilita* debased coin; *(Numism)* *~tosata* clipped coin; *(Econ)* *~unica* single currency; *(Numism)* *~utensile* tool currency; *(Econ)* *~verde* green money; *(Econ)* *~vile* base coin.

monetabile *a.* **1** *(Met)* coinable. **2** *(estens)* *(che si può valutare in denaro)* assessable.

monetaggio *m.* *(Econ)* **1** mintage. **2** *(costo)* minting cost, brassage.

monetale *a.* coin *(attr.):* *circolazione ~* coin circulation.

monetare (**monéto**) *v.t.* *(battere moneta)* to mint, to coin: *~ l'oro* to coin gold.

monetario *a.* monetary: *sistema ~* monetary system; *mercato ~* money market; *unità monetaria* monetary unit.

monetarismo *m.* *(Econ)* monetarism.

monetarista *m./f.* *(Econ)* monetarist.

monetaristico *(pl.* **-ci)** *a.* *(Econ)* monetarist *(attr.).*

monetarizzare (**monetarizzo**) *v.t.* *(Econ)* to monetize.

monetarizzato *a.* *(Econ)* monetized.

monetarizzazione *f.* *(Econ)* monetization.

monetato *a.* *(Econ)* coined: *oro ~* coined gold; *carta monetata* paper money. □ *non ~* uncoined.

monetazione *f.* **1** minting, coining, mintage. **2** *(insieme di monete)* coinage.

monetica *f.* electronic banking.

monetiere *m.* **1** coin cabinet. **2** *(Stor)* *(persona che lavora in una zecca)* moneyer.

monetina *f.* small coin, penny, cent: *lanciare la ~* to toss a coin.

monetizzabile *a.* able to be assigned a price: *la salute non è ~* you can't put a price on health.

monetizzare (**monetìzzo**) *v.t.* **1** (*valutare in termini di denaro*) to value, to assess: *~ un danno* to assess a damage. **2** (*Econ*) (*trasformare in denaro*) to convert sth. into cash, to monetize.

monetizzazione *f.* **1** (*valutazione in termini di denaro*) assessment, valuation. **2** (*Econ*) (*conversione in denaro*) monetization, conversion into liquidity.

Monferrato *m.* (*Geog*) Monferrato.

monferrina *f.* Piedmontese traditional dance.

monferrino **I** *a.* of Monferrato, from Monferrato. **II** *m.* (*f.* **-a**) (*originario*) native of Monferrato; (*abitante*) inhabitant of Monferrato.

mongolfiera *f.* (*Aer*) hot-air balloon, fire balloon, montgolfier. □ *andare in ~* to go ballooning.

Mongolia *n.pr.f.* (*Geog*) Mongolia. □ (*Geog*) *~ esterna* Outer Mongolia; (*Geog*) *~ interna* Inner Mongolia.

mongolico (*pl.* **-ci**) *a.* Mongolian, Mongol (*attr.*), Mongolic.

mongolismo *m.* (*Med,ant*) Mongolism, mongolian idiocy.

mongolo I *a.* **1** (*Geog*) Mongol (*attr.*), Mongolian, Mongolic. **2** (*spreg,ant*) mongol, mongoloid. **II** *m.* **1** (*f.* **-a**) (*abitante*) Mongol, Mongolian. **2** (*lingua*) Mongolic, Mongolian, Mongol. **3** (*f.* **-a**) (*spreg,ant*) mongol, mongoloid.

mongoloide I *a.* **1** (*Geog*) Mongoloid: *razza ~* Mongoloid race. **2** (*Med,ant*) (*affetto da sindrome di Down*) mongoloid. **II** *m./f.* **1** (*Geog*) Mongoloid. **2** (*Med,ant*) (*persona affetta da sindrome di Down*) mongoloid. **3** (*spreg,ant*) mongol, mongoloid.

Monica *n.pr.f.* Monica, Monique.

monile *m.* **1** (*collana*) necklace. **2** (*gioiello*) jewel.

monismo *m.* (*Filos*) monism.

monista *m./f.* (*Filos*) monist.

monistico (*pl.* **-ci**) *a.* (*Filos*) monistic.

monito *m.* warning: *rivolgere un ~ a qcu.* to issue a warning to so.; *che ti serva di ~* let this be a warning to you.

monitor *m.inv.* (*TV,Inform*) monitor, screen.

monitoraggio *m.* **1** monitoring. **2** (*estens*) (*controllo sistematico*) monitoring, systematic check, examination: *~ dei prezzi* prices monitoring. □ (*Med*) *~ cardiaco* cardiac monitoring; (*Med*) *~ fetale* fetal monitoring; (*Med*) *~ permanente* permanent monitoring.

monitorare (**monìtoro**) *v.t.* to monitor: *~ l'inquinamento dell'aria* to monitor air pollution.

monitore *m.* (*f.* **-trice**) trainer.

monitore[1] *m.* (*educatore*) monitor, guide, adviser, advisor.

monitore[2] *m.* **1** (*Mar.mil*) monitor. **2** (*Minier*) monitor (nozzle).

monitorio I *a.* monitory, warning: *lettera monitoria* warning letter, letter of warning. **II** *m.* (*Dir.can*) (*lettera monitoria*) monitory.

monitorizzare (**monitorìzzo**) *v.t.* **1** (*sottoporre a monitoraggio*) to monitor. **2** (*dotare di monitor*) to equip with a monitor.

monna *f.* (*ant*) madonna, lady.

monoalbero *a.inv.* (*Mot*) single-camshaft, single-shaft.

monoasse *a.inv.* **1** (*Aut,Ferr*) single-axle. **2** (*Ott,Biol*) uniaxial.

monoatomico (*pl.* **-ci**) *a.* (*Fis,Chim*) monatomic: *gas ~* monoatomic gas.

monoaurale *a.* **1** (*Fis,Acus*) monophonic,

monaural. **2** (*che riguarda un solo orecchio*) monaural: *cuffia ~* monaural headphones *pl.*

monobasico (*pl.* **-ci**) *a.* (*Chim*) monobasic.

monoblocco I *a.inv.* monobloc (*attr.*): *motore ~* monobloc engine. **II** (*pl.* **-chi**) *m.* **1** (*Mot*) cylinder block, monobloc. **2** (*Arred*) (*per cucina*) built-in kitchen unit; (*per bagno*) built-in bathroom unit.

monocamera I *f.* (*rar*) (*monolocale*) (*Br*) one-room(ed) flat, (*Am*) studio. **II** *a.inv.* one-room (*attr.*), one-roomed.

monocamerale *a.* (*Pol*) unicameral: *sistema ~* unicameral system.

monocameralismo *m.* (*Pol*) unicameralism.

monocellulare *a.* (*Biol*) monocellular.

monocilindrico (*pl.* **-ci**) *a.* (*Mecc*) single-cylinder (*attr.*), one-cylinder (*attr.*): *motore ~* single-cylinder engine.

monocita, monocito *m.* (*Biol*) monocyte.

monoclinale I *f.* (*Geol*) monocline. **II** *a.* (*Geol*) monoclinal.

monoclino *a.* **1** (*Min*) monoclinic. **2** (*Bot*) monoclinous.

monoclonale *a.* (*Biol*) monoclonal: *anticorpi monoclonali* monoclonal antibodies.

monocolo[1] *m.* **1** (*lente*) monocle, eyeglass. **2** (*piccolo cannocchiale*) monocular.

monocolo[2] **I** *m.* (*f.* **-a**) (*persona con un solo occhio*) one-eyed person. **II** *a.* (*che ha un solo occhio*) one-eyed (*attr.*), monocular.

monocolore I *a.inv.* **1** monochrome, (*Br*) of a single colour (*posposto*), (*Am*) of a single color (*posposto*). **2** (*Pol*) single-party (*attr.*), one-party (*attr.*): *governo ~* single-party government, one-party government. **II** *m.* (*Pol*) (*governo monocolore*) one-party government.

monocoltura *f.* (*Agr*) monoculture, single-crop system, single-crop farming.

monocomando I *m.inv.* (*Aer*) single-control plane. **II** *a.inv.* (*Aer,Tecn*) single-control (*attr.*).

monocorde *a.* (*lett*) (*monotono*) monotonous, monotone.

monocordo *m.* (*Mus*) monochord.

monocotiledone I *m.* (*Bot*) monocotyledon. **II** *a.* (*Bot*) monocotyledonous.

monocromatico (*pl.* **-ci**) *a.* (*Pitt,Ott,Med*) monochrome (*attr.*), monochromatic.

monocromatismo *m.* **1** monochromatism. **2** (*Med*) (*acromatopsia*) monochromatism, monochromasy.

monocromatizzare (**monocromatìzzo**) *v.t.* (*Fis*) to monochromatize.

monocromia *f.* (*Pitt*) monochromy.

monocromo, monocromo *a.* (*Pitt*) monochrome (*attr.*), monochromatic, monochromic.

monoculare *a.* monocular.

monodia *f.* (*Mus*) monody.

monodico (*pl.* **-ci**) *a.* (*Mus*) monodic, monodical.

monodisco *a.inv.* (*Mecc*) single-plate (*attr.*): *frizione ~* single-plate friction.

monodose *f.* (*Farm*) single dose: *collirio ~* single dose eyedrops.

monofacciale *a.* (*Numism*) uniface.

monofase *a.inv.* (*El,Fis*) single-phase (*attr.*), one-phase (*attr.*): *corrente ~* single-phase current; *circuito ~* single-phase circuit.

monofisismo *m.* (*Rel*) Monophysitism, Monophysism.

monofisita I *m.* (*Rel*) Monophysite. **II** *a.* (*Rel*) Monophysitic.

monofisitico (*pl.* **-ci**) *a.* (*Rel*) Monophysitic, Monophysitical.

monofonia *f.* monophonic sound.

monofonico (*pl.* **-ci**) *a.* monophonic.

monofora *f.* (*Arch*) single-lancet window.

monoftalmia *f.* (*Med*) cyclopia, synophthalmia.

monoftalmo *a.* (*Med*) monophthalmic.

monogamia *f.* monogamy (*anche Zool*).

monogamico (*pl.* **-ci**) *a.* monogamous, monogamic (*anche Zool*).

monogamo I *a.* monogamous, monogamic. **II** *m.* (*f.* **-a**) monogamist.

monogenesi *f.* (*Biol*) monogenesis, monogeny.

monogenetico (*pl.* **-ci**) *a.* (*Biol*) monogenetic: *origine monogenetica delle razze umane* monogenetic origin of human races.

monogenico (*pl.* **-ci**) *a.* (*Biol*) monogenic.

monogenismo *m.* (*Biol*) monogenism.

monogenitore *m.* single parent.

monogonia *f.* (*Biol*) monogony.

monografia *f.* monograph, treatise, essay.

monografico (*pl.* **-ci**) *a.* monographic, monographical: *studio ~* monographic study.

monogramma *m.* monogram.

monogrammatico (*pl.* **-ci**) *a.* monogrammatic.

monoicismo *m.* (*Biol,Bot*) monoecism.

monoico (*pl.* **-ci**) *a.* (*Biol,Bot*) monoecious.

monokini *m.inv.* (*Abbigl*) monokini, (*Am*) bathing suit bottoms.

monolama *a.inv.* (*Mecc*) single-blade (*attr.*): *rifilatrice ~* single-blade trimmer.

monolingue *a.* **1** (*redatto in un'unica lingua*) monolingual: *dizionario ~* monolingual dictionary. **2** (*che parla una sola lingua*) monoglot, monolingual: *una persona ~* a monoglot.

monolinguismo *m.* monolingualism.

monolite *m.* **1** (*monolito*) monolith. **2** (*Alp*) jagged rock, needle of rock.

monolitico (*pl.* **-ci**) *a.* monolithic (*anche fig*).

monolito *m.* **1** monolith. **2** (*Alp*) jagged rock, needle of rock.

monolocale *m.* one-room flat, one-roomed flat, bedsit, bed-sitting room, (*Am*) studio.

monologare (**monòlogo, monòloghi**; *aus.* **avere**) *v.i.* **1** (*recitare un monologo*) to give a monologue, to perform a monologue. **2** (*rar*) (*parlare tra sé e sé*) to talk to oneself.

monologo (*pl.* **-ghi**) *m.* (*Teat*) monologue, soliloquy (*anche estens*). □ (*Lett*) *~ interiore* interior monologue.

monomandatario I *m.* (*f.* **-a**) (*Comm*) (*agente*) one-firm agent, sole agent. **II** *a.* (*Comm*) one-firm (*attr.*).

monomane *m./f.* (*Psic*) (*monomaniaco*) monomaniac.

monomania *f.* (*Psic*) monomania.

monomaniacale *a.* monomaniac, monomaniacal.

monomaniaco I *a.* (*Psic*) monomaniacal, monomaniac. **II** *m.* (*f.* **-a**; *pl.* **-ci**) (*Psic*) monomaniac.

monomero *m.* (*Chim*) monomer.

monometallismo *m.* (*Econ*) monometallism.

monomiale *a.* (*Mat*) monomial.

monomio *m.* (*Mat*) monomial.

monomolecolare *a.* (*Chim*) monomolecular, unimolecular.

monomotore I *a.* (*Aer*) single-engine (*attr.*). **II** *m.* (*Aer*) single-engine plane.

mononucleato *a.* (*Biol*) mononuclear, mononucleate. **II** *m.* (*Biol*) mononuclear leukocyte.

mononucleosi *f.* (*Med*) mononucleosis.

monoovulare *a.* (*Biol*) (*monovulare*) monovular, single-ovum (*attr.*).

monoparentale *a.* single-parent (*attr.*): *famiglia* ~ single-parent family.

monopartitico (*pl.* **-ci**) *a.* (*Pol*) one-party (*attr.*).

monopartitismo *m.* (*Pol*) one-party system.

monopattino *m.* push scooter.

monopetal *a.* (*Bot*) monopetalous.

monopetto I *m.inv.* (*Abbigl*) single-breasted suit. II *a.inv.* (*Abbigl*) single-breasted: *giacca* ~ single-breasted jacket.

monopezzo I *m.inv.* (*Abbigl*) one-piece bathing suit. II *a.inv.* (*Abbigl*) one-piece (*attr.*).

monopiede *m.* (*Fot*) unipod.

monoplano *m.* (*Aer*) monoplane.

monoplegia *f.* (*Med*) monoplegia.

monopolare *a.* (*Fis*) unipolar, monopolar.

monopoli *m.* (*gioco*) monopoly.

monopolio *m.* 1 (*Econ*) monopoly, exclusive rights *pl.*: *avere il* ~ *di qcs.* to have the monopoly over sth., to have the monopoly of sth.; *generi di* ~ goods subject to monopoly; *in regime di* ~ under a monopoly system; *detenere un* ~ to exercise a monopoly, to hold a monopoly; *concedere un* ~ to grant a monopoly. 2 (*Econ*) (*impresa monopolistica*) monopoly, trust, cartel: ~ *industriale* industrial trust, industrial monopoly. 3 (*fig*) (*proprietà esclusiva*) monopoly, exclusive possession, privilege. □ (*Econ*) ~*bilaterale* bilateral monopoly; (*Econ*) ~*commerciale* trading monopoly, trade monopoly; ~ *di fabbricazione* monopoly on manufacture; (*Econ*) ~*di stato* state monopoly, government-owned monopoly; (*Econ*) ~*di vendita* sellers' monopoly; (*Econ*) ~*fiscale* fiscal monopoly; (*Econ*) ~*imperfetto* near-monopoly; (*Econ*) ~*legale* legal monopoly; ~ *naturale* natural monopoly, (*Econ*) ~*perfetto* perfect monopoly, absolute monopoly.

monopolista *m./f.* monopolist.

monopolistico (*pl.* **-ci**) *a.* monopolistic, monopoly (*attr.*): *regime* ~ monopoly system.

monopolizzare (**monopolìzzo**) *v.t.* 1 to monopolize: ~ *il mercato* to monopolize the market. 2 (*fig*) to monopolize, (*colloq*) to hog: ~ *l'attenzione di qcu.* to monopolize so.'s attention; ~ *il telecomando* to monopolize the TV remote control.

monopolizzatore I *m.* (*f.* **-trice**) monopolizer (*anche fig*). II *a.* monopolizing.

monopolizzazione *f.* monopolization (*anche fig*).

monopolo *m.* (*Fis*) monopole: ~ *elettrico* electric monopole; ~ *magnetico* magnetic monopole.

monoporzione I *f.* single portion. II *a.inv.* single portion (*attr.*).

monoposto I *a.inv.* single-seater (*attr.*). II *m./f.inv.* (*Aut,Aer*) single-seater.

monoprogrammazione *f.* (*Inform*) monoprogramming.

monoptero *a.* (*Arch*) monopteral.

monorchidia ,**monorchidismo** *m.* (*Med*) monorchia, monorchidism.

monoreattore I *m.* (*Aer*) single-jet, single-jet plane. II *a.* single-jet (*attr.*).

monoreddito *a.inv.* one-income (*attr.*), single-income (*attr.*), with a single income (*posposto*): *famiglie* ~ one-income families.

monorimo *a.* (*lett*) monorhyme, monorhymed.

monorotaia I *a.* (*Ferr*) monorail. II *f.* (*Ferr*) monorail.

monosaccaride *m.* (*Chim*) monosaccharide.

monoscafo *m.* (*Mar*) monohull.

monoscì *m.* (*Sport*) monoski.

monoscocca I *a.inv.* (*Aut*) monocoque (*attr.*). II *f.* (*Aut*) monocoque.

monoscopio *m.* (*TV*) (*Br*) test card, (*Am*) test pattern.

monosemia *f.* (*Ling*) monosemy.

monosemico (*pl.* **-ci**) *a.* (*Ling*) monosemic.

monosillabico (*pl.* **-ci**) *a.* monosyllabic, of one syllable (*posposto*): *parola monosillabica* word of one syllable.

monosillabo I *m.* monosyllable: *rispondere a monosillabi* to answer in monosyllables. II *a.* monosyllabic, of one syllable (*posposto*).

monospermia *f.* (*Biol*) monospermy.

monospermo *a.* (*Biol*) monospermic.

monossido *m.* (*Chim*) monoxide. □ (*Chim*) ~ *di carbonio* carbon monoxide, white damp; (*Chim*) ~*di zolfo* sulfur monoxide.

monostabile *a.* (*Elettron*) monostable: *circuito* ~ monostable circuit.

monostadio *a.inv.* (*Mil*) single-stage (*attr.*): *missile* ~ single-stage missile.

monoteismo *m.* (*Rel*) monotheism.

monoteista I *a.* (*Rel*) monotheistic, monotheist (*attr.*), monotheistical. II *m./f.* (*Rel*) monotheist.

monoteistico (*pl.* **-ci**) *a.* (*Rel*) monotheistic, monotheistical.

monotelismo *m.* (*Rel*) Monotheletism, Monothelitism.

monotematico (*pl.* **-ci**) *a.* 1 (*Mus*) monothematic. 2 (*fig*) monothematic, having a single theme (*posposto*), that deals with a single theme (*posposto*).

monotipia *f.* (*Tip*) monotype (process), monotype composing system.

monotipista *m./f.* (*Tip*) (*operaio*) monotype operator.

monotipo *m.* (*Tip*) monotype.

monotonia *f.* monotony, tediousness, humdrum, routine: *la* ~ *della quotidianità* the humdrum of everyday life.

monotono [1] *a.* monotonous, humdrum, tedious, dull, boring: *condurre una vita monotona* to lead a humdrum life; *come sei* ~*!* how boring you are!

monotono [2] *a.* (*Mat*) monotone: *funzione monotona* monotone function.

monotremo *m.* (*Zool*) monotreme: *ordine dei monotremi* monotremata.

monottongazione *f.* (*Ling*) monophthongization.

monottongo (*pl.* **-ghi**) *m.* (*Ling*) monophthong.

monotype /ˈtaɪp/ *f.inv.* (*Tip*) monotype.

monouso *a.inv.* disposable, throwaway (*attr.*), one-way, (*colloq*) one-trip: *siringa* ~ disposable syringe; *lenti a contatto* ~ throwaway contact lens.

monovalente *a.* 1 (*Chim*) monovalent, univalent. 2 (*Farm*) monovalent: *siero* ~ monovalent serum.

monovolume *m./f.* (*Aut*) MPV, minivan.

monovulare *a.* (*Biol*) monovular, single-ovum (*attr.*).

monozigote *a.* (*Biol*) monozygotic, monozygous.

monozigotico (*pl.* **-ci**) *a.* (*Biol*) monozygotic, monozygous.

mons. (*Rel.catt*) *monsignore* Msgr, Mgr (Monsignor).

monsignore *m.* (*Rel.catt*) Monsignor.

monsone *m.* (*Meteor*) monsoon: *stagione dei monsoni* monsoon season.

monsonico (*pl.* **-ci**) *a.* monsoon (*attr.*), monsoonal: *clima* ~ monsoon climate; *piogge monsoniche* monsoon rains.

monta *f.* 1 (*Zootecn*) mounting, covering, leap, service: *animale da* ~ stud animal; *toro da* ~ seed bull, breeder, breeding bull. 2 (*Zootecn,estens*) (*luogo*) stud: *stazione di* ~ breeding farm, (*per cavalli*) stud farm. 3 (*Equit*) riding, mount. 4 (*Equit,estens*) (*fantino*) jockey. 5 (*Edil*) (*di arco*) rise.

montacarichi *m.* 1 (*Br*) goods lift, goods hoist, (*Am*) freight elevator, service elevator. 2 (*Minier*) elevator hoist. □ (*Edil*) ~*da cantiere* hoisting tower; (*Mecc*) ~*idraulico* hydraulic elevator.

montaggio *m.* 1 assembly, assembling: *istruzioni per il* ~ assembly instructions. 2 (*Cin*) editing, cutting and editing, montage: *apparecchiatura di* ~ editing system; *eseguire il* ~ *di qcs.* to edit sth. 3 (*Tip*) mounting. 4 (*Edil*) erection. □ (*Cin*) ~*del visivo* picture cutting; (*Ind*) *catenadi* ~ assembly line; *linea di* ~ assembly line; (*Cin*) ~*elettronico* electronic editing, videotape editing; (*Cin*) ~ *musiche* music editing; (*Cin*) ~*parallelo* parallel editing, parallel cutting; (*Cin*) ~*sonoro* tape edit.

montaggista *m./f.* (*Tip*) typesetter.

montagna *f.* 1 mountain: *catena di montagne* mountain range; *la cima della* ~ the top of the mountain; *scalare una* ~ to climb a mountain. 2 (*paese, zona montuosa*) mountains *pl.*: *andare in* ~ to go to the mountains; *vivere in* ~ to live in the mountains; *passare l'estate in* ~ to spend the summer in the mountains. 3 (*fig*) (*grande quantità*) mountain, heap, pile, lots *pl.*,stack: *una* ~ *di lettere* a mountain of letters. □ ~ *ariadi* ~ mountain air; *sport di* ~ mountain sport;*giù per la* ~ down the mountainside; (*fig*) *la* ~*partorisce il topolino* the mountain laboured and brought forth a mouse; (*Geog*) *Montagne rocciose* Rocky Mountains; *montagnerusse* (*Br*) switchback, (*Am*) roller coaster; *andare sulle montagne russe* to ride the roller coaster. *Prov.*: *se la* ~ *non va a Maometto, Maometto andrà alla* ~ if the mountain won't come to Mohammed, Mohammed must go to the mountain.

montagnardo *m.* (*Stor*) Montagnard, Mountaineer.

montagnetta *f.* small mountain, knoll, mound, hummock, hillock, small hill.

montagnoso *a.* mountainous, mountain (*attr.*): *regione montagnosa* mountainous region.

montanaro I *a.* mountain (*attr.*), of the mountains (*posposto*): *popolazioni montanare* mountain dwellers. II *m.* (*f.* **-a**) mountain dweller, mountaineer.

montanello *m.* (*Ornit*) linnet.

montanino *a.* mountain (*attr.*).

montanismo *m.* (*Rel*) Montanism.

montanista I *m./f.* (*Rel*) Montanist. II *a.* (*Rel*) Montanist (*attr.*).

montanistico *a.* (*Rel*) Montanist (*attr.*), Montanistic.

montano *a.* 1 mountain (*attr.*), montane, alpine: *paesaggio* ~ mountain landscape; *flora montana* montane flora.

montante I *a.* mounting, rising. II *m.* 1 (*Edil*) (*elemento verticale*) upright, (*pilastro*) post, standard, stanchion, (*di infisso di porta*) jamb: ~ *della finestra* window post; ~ *della porta* (door) jamb. 2 (*Mecc*) (*colonna*) column, pillar. 3 (*Aer*) strut: ~ *interalare* interplane strut. 4 (*Sport*) (*nella boxe*) uppercut. 5 (*Sport*) (*nel calcio*: *palo della porta*) goal post. 6 (*Mat*) amount, total amount. 7 (*Econ*) amount; (*compenso integrativo*) deficiency payment; (*capitale e interesse*) principal and interest. □ (*Arch*) ~*a trave* post-and-lintel; (*Econ*) ~ *compensativo* compensatory amount; ~ *compensativo di accesso* accession compensatory amount; (*Aut*) ~ *dello sportello* door post; (*Edil*) ~ *di scala a chiocciola* newel post.

montare (**mónto**) **I** *v.t.* **1** (*salire*) to go up, to climb, to ascend: ~ *le scale* to go up the stairs, to ascend the stairs. **2** (*mettere insieme*) to assemble, to set up: ~ *un letto* to set up a bed; ~ *una macchina* to assemble a machine. **3** (*salire sulla cavalcatura*) to mount, to get on, to get onto: ~ *un cavallo* to mount a horse, to get on a horse. **4** (*cavalcare*) to ride. **5** (*Alim*) to whip, to beat, to beat up: ~ *la panna* to whip cream. **6** (*fig*) (*esagerare*) to exaggerate, to blow up: *l'importanza di questo avvenimento è stata montata dalla stampa* the importance of this event has been exaggerated by the press. **7** (*Zootecn*) (*coprire*) to mount, to cover, to service. **8** (*incastonare*) to mount, to set: ~ *uno zaffiro in oro* to mount a sapphire in gold. **9** (*Cin*) to edit, to cut. **10** (*fig*) (*aizzare*) to stir up. **11** (*munire di cornice*) to mount, to frame: ~ *una fotografia* to mount a photograph. **II** *v.i.* (*aus.* **essere**) **1** to climb (*su* onto), to get up (*su* on, onto), to mount (*su qcs.* sth.): ~ *sulla sedia* to get (up) on the chair; ~ *a cavallo* to get on to one's horse, to mount one's horse. **2** (*prendere posto: su un veicolo scoperto*) to get (*in* on): ~ *in bicicletta* to get on a bicycle. **3** (*prendere posto: su un veicolo coperto*) to get (*in, su* in, into): ~ *in auto* to get into a car; ~ *su un treno* to get in a train, to get on a train. **4** (*cavalcare*) to ride: ~ *a cavallo* to mount a horse; *saper* ~ to ride well. **5** (*crescere di livello*) to rise, to mount: *la marea monta* the tide is rising. **6** (*fig*) to mount, to rise, to rush, to go, to get: *il sangue gli è montato alla testa* blood rose to his head; *il vino mi è montato alla testa* the wine has gone to my head. **7** (*Gastron*) to rise. **8** (*prendere servizio*) to go on duty. **III** *v.pron.* **montarsi** (*insuperbirsi*) to become swollen-headed, to grow excited, to get excited. □ (*Gastron*) ~ *gli albumi a neve* to beat the egg whites until stiff, to beat the egg whites until foamy; (*fig*) ~ *alla testa* to go to one's head; *il sangue mi monta alla* ~ I'm beginning to see red; (*Mil*) ~ *di picchetto* to go on picket duty; (*Cin*) ~ *il set* to fix the set; (*Cin*) ~ *il sonoro* building the tracks; (*fig*) ~ *in bestia* to fly into passion, to fly into a rage; (*fig*) ~ *in cattedra* to pontificate, to mount the pulpit; (*fig*) ~ *in collera* to get angry, to fly into a rage, to lose one's temper; ~ *in sella* to mount (one's horse); (*Mil*) ~ *la guardia* to mount the guard; (*Mil*) ~ *la sentinella* to go on sentry duty; *far* ~ *la stizza a qcu.* to make so. lose their temper, to make so. angry, to send so. into a rage; *mi monta la stizza* I'm losing my temper, I'm getting cross, I'm getting angry; (*fig*) ~ *la testa a qcu.* to make so. a bighead; *montarsi la testa* to become swollen-headed, to be puffed up, to let it go to one's head, to become bigheaded; (*fig*) ~ *su tutte le furie* to get angry, to fly into a rage, to lose one's temper; (*Edil*) ~ *un ponteggio* to put up scaffolding.

montascale *m.inv.* stairlift.

montata *f.* (*rar*) (*salita*) mounting, climbing. □ (*Fisiol*) ~ *lattea* commencement of lactation, lactation onset.

montato I *a.* (*pieno di boria*) swollen-headed, full of oneself (*posposto*): *è un tipo un po'* ~ he is a little bit full of himself. **II** *m.* (*f.* **-a**) bighead, arrogant person.

montatoio *m.* **1** step, footboard. **2** (*Aut*) running-board. **3** (*per montare a cavallo*) mounting block, horse block.

montatore I *m.* (*f.* **-trice**) **1** (*Cin*) film editor, editor. **2** (*Mecc*) assembler; (*installatore*) fitter. **3** (*Mar,Aer.mil*) fitter. **II** *a.* mounting, assembling.

montatura *f.* **1** (*incorniciatura*) mounting, framing; (*cornice, telaio*) mount, frame. **2** (*per occhiali*) frame, frames, rim, rims: *occhiali senza* ~ rimless glasses. **3** (*incastonatura*) mounting, setting. **4** (*fig*) (*esagerazione*) exaggeration, distortion: ~ *giornalistica* press exaggeration, press distortion, media exaggeration, press campaign; *è tutta una* ~ *pubblicitaria* it's all a publicity stunt. **5** (*montaggio*) assembly, assembling. □ ~ *a giorno* rimless frames (*pl.*).

montavivande *m.inv.* service lift, dumb waiter.

monte *m.* **1** mountain. **2** (*davanti a nome*) Mount, Mt.: *il* ~ *Everest* Mount Everest. **3** (*fig*) (*grande quantità*) mountain, heap, pile: *un* ~ *di debiti* a mountain of debts. **4** (*nel gioco delle carte*) talon; (*carte scartate*) discards *pl.*, discarded cards *pl.* **5** (*in chiromanzia*) mount. **6** (*ente pubblico che esercita funzioni bancarie*) bank. **7** (*gruppo di valori contabili*) pool, fund. □ *a* ~: **1** upriver, upstream: *una località a* ~ *di Firenze* a place upriver from Florence; **2** (*fig*) at the source: *le cause vanno ricercate a* ~ causes have to be searched at the source; (*fig*) *andare a* ~ (*fallire*) to fail, to come to nothing; (*Geog*) *Monte Bianco* Mont Blanc; (*Bibl*) ~ *degli Olivi* Mount Olive; ~ *dei pegni* pawnshop, pawnbroker's; ~ *di pietà* pawnshop, pawnbroker's; *portare qcs. al* ~ *di pietà* to pawn sth.; (*Anat*) ~ *di Venere* mons veneris; (*Geog*) *Monti Grampiani* Grampians, Grampian Mountains; ~ *ore* total of hours; *per monti e per valli* up hill and down dale; ~ *premi* prize money, (*colloq*) jackpot; (*Geog*) *Monte Rosa* Mount Rosa, Mt. Rosa.

montebianco *m.* (*Dolc*) dessert made with chestnuts and whipped cream.

Montecarlo *n.pr.m.* (*Geog*) Monte Carlo.

Montecchi □ (*Lett*) ~ *e Capuleti* Montagues and Capulets.

montecitorio *m.* (*Pol*) (*camera dei deputati*) Italian chamber of deputees.

montenegrino I *a.* Montenegrin. **II** *m.* (*f.* **-a**) Montenegrin.

Montenegro *n.pr.m.* (*Geog*) Montenegro.

montepremi *m.inv.* prize money, (*colloq*) jackpot.

montgomery /mon'gɔmeri/ *m.inv.* (*Abbigl*) duffle coat, duffel coat.

monticazione *f.* migration to summer pasture.

montonata *f.* (*Equit*) buck, bucking, buck-jump.

montone *m.* **1** (*ariete*) ram, tup. **2** (*Macell*) mutton. **3** (*Pell*) sheepskin. **4** (*Pell,estens*) (*giacca*) sheepskin coat, sheepskin jacket.

montuosità *f.* **1** (*l'essere montuoso*) mountainousness, mountainous character, hilliness. **2** *pl.* (*complesso dei rilievi*) mountains, hills.

montuoso *a.* mountainous, mountain (*attr.*): *rilievo* ~ mountainous relief.

monumentale *a.* **1** monumental: *iscrizione* ~ monumental inscription. **2** (*estens*) (*grandioso*) monumental, imposing, grand.

monumentalità *f.* monumentality, impressiveness, grandeur, augustness.

monumento *m.* monument (*anche fig*): *erigere un* ~ *a qcu.* to erect a monument to so.; *visitare i monumenti di una città* to (go to) see the sights of a town, to go sightseeing. □ ~ *ai caduti* war memorial; ~ *commemorativo* memorial monument; ~ *equestre*

equestrian monument; ~ *funerario* sepulchral monument; ~ *nazionale* national monument; ~ *sepolcrale* sepulchral monument.

mops *m.inv.* (*Zool*) pug, pug dog.

moquette /mo'kɛt/ *f.inv.* **1** (*tessuto*) moquette. **2** (*Arred*) (*pavimento rivestito*) fitted carpet, (*Am*) wall-to-wall carpeting.

mora[1] *f.* (*Bot,Alim*) (*del gelso*) mulberry; (*del rovo*) blackberry: *raccogliere more* to blackberry, to gather blackberries, to pick blackberries; *marmellata di more* blackberry jam.

mora[2] *f.* (*Dir*) **1** (*inadempienza*) default: ~ *del debitore* debtor's default. **2** (*ritardo*) delay, negligent delay: ~ *nella consegna* delay in delivery. **3** (*entità dell'onere*) arrears *pl.*: *pagare una* ~ to pay interest on arrears. **4** (*dilazione*) extension, respite: *ottenere una* ~ *di due mesi* to obtain an extension of two months; *concedere una* ~ to grant a respite. □ *cadere in* ~ to fall into arrears; *essere in* ~ *con il pagamento* to be in default with payment, to be in arrears with payment; *mettere in* ~ *qcu.* to bring a default action against so.

mora[3] *f.* (*donna scura*) brunette.

moracee *f.* (*Biol*) Moraceae, mulberry family.

morale I *a.* **1** moral (*anche Filos*): *libertà* ~ moral freedom; *senso* ~ moral sense; *aiuto* ~ moral support. **2** (*giusto, retto*) moral, virtuous: *una vita* ~ a moral life, a virtuous life. **II** *f.* **1** morality, morals *pl.*: ~ *accomodante* lax morals; ~ *pubblica* public morals. **2** (*Filos*) (*etica*) morals *pl.*, ethics *pl.* **3** (*insegnamento*) moral, lesson: *la* ~ *della predica* the moral of the sermon; *trarre la* ~ *da qcs.* to draw a moral from sth. **4** (*colloq*) (*conclusione*) bottom line: ~, *non siamo partiti* bottom line is, we didn't leave. **III** *m.* morale: *il* ~ *dei soldati era basso* the soldiers' morale was low; *avere il* ~ *basso* to be downhearted, (*colloq*) to feel blue, to be down; *risollevare il* ~ *a qcu.* to boost so.'s morale. □ *la* ~ *della favola* the moral of the story; (*estens*) ~ *della favola, non abbiamo comprato niente* bottom line is, we didn't buy anything; *fare la* ~ *a qcu. su qcs.* to lecture so. about sth.; *essere giù di* ~ to be downhearted, (*colloq*) to feel blue, to be down, to be in low spirits; (*colloq*) *su col* ~ keep your spirits up!; *essere su di* ~ to feel cheerful, to be in high spirits.

moraleggiante *a.* moralizing, preachy: *un libro* ~ a moralizing book.

moraleggiare (**moraléggio, moraléggi**) (*aus.* **avere**) *v.i.* to moralize, to preach.

moralismo *m.* **1** moralism: *falso* ~ false moralism. **2** (*spreg*) moralism, moralizing, prudery.

moralista I *m./f.* **1** moralist. **2** (*estens*) prude, puritan. **II** *a.* moralistic, moralist (*attr.*).

moralistico (*pl.* **-ci**) *a.* moralistic, moralist (*attr.*).

moralità I *f.* **1** morality: *una donna di dubbia* ~ a woman of questionable morality. **2** (*morale*) morals *pl.*, ethics *pl.* **3** (*Teat,Mediev*) morality (play).

moralizzare (**moralìzzo**) *v.t.* (*rendere morali*) to moralize, to reform: ~ *i costumi* to reform customs.

moralizzatore I *m.* (*f.* **-trice**) moralizer. **II** *a.* moralizing.

moralizzazione *f.* moralization.

moralmente *avv.* **1** (*dal punto di vista morale*) morally, from the moral point of view, ethically: ~ *irreprensibile* morally incontestable, morally faultless; *comportarsi* ~ to behave ethically, to behave according to moral canons. **2** (*dal punto di vista psicolo-*

gico) morally, psychologically: ~ *distrutto* psychologically exhausted.

morato *a.* mulberry (*attr.*).

moratoria *f.* **1** (*Dir*) moratorium, deferment, postponement: *concedere una ~* to grant a moratorium; *estendere una ~* to extend a moratorium. **2** (*estens*) (*dilazione*) deferment, postponement: *una ~ nei combattimenti* a suspension of fighting.

moratorio *m.* (*Dir*) **1** (*sospensivo*) moratory: *provvedimento ~* moratory measure. **2** (*arretrato*) in arrears (*posposto*), overdue, delayed: *interessi moratori* overdue interests.

Moravia *n.pr.f.* (*Geog*) Moravia.

moravo ,moravo I *a.* Moravian. II *m.* (*f.* **-a**) Moravian.

morbidamente *avv.* softly.

morbidezza *f.* **1** softness: *la ~ di una stoffa* the softness of a material. **2** (*fig*) (*dolcezza*) sweetness, softness, gentleness. **3** (*Art*) mellowness, softness. **4** *pl.* luxury (*costr.sing.*), comforts.

morbidiccio *a.* softish, somewhat soft.

morbido I *a.* **1** soft: *letto ~* soft bed. **2** (*liscio*) smooth: *pelle morbida* smooth skin. **3** (*Tess*), brushed: *lana morbida* brushed wool. **4** (*fig*) (*delicato*) soft, delicate, gentle: *lineamenti morbidi* gentle features. **5** (*rif. ad abiti e sim.*) loose-fitting, flowing: *un abito dalla linea morbida* a loose-fitting dress. **6** (*Art*) mellow, soft. **7** (*fig*) (*arrendevole*) soft, meek, docile, compliant. II *m.* soft place: *dormire sul ~* to sleep on something soft, to sleep comfortably. ☐ *~al tatto* soft to the touch.

morbilità *f.* (*Statist*) morbidity, sick rate: *coefficiente di ~* morbidity rate.

morbilliforme *a.* (*Med*) morbilliform, resembling measles (*posposto*): *eruzione cutanea ~* morbilliform rash.

morbillo *m.* (*Med*) measles (*costr.sing. o pl.*): *avere il ~* to have measles.

morbo *m.* **1** (*Med*) (*malattia epidemica*) infectious disease, epidemic: *un ~ contagioso* a contagious epidemic; *un ~ che si propaga velocemente* an infectious disease which spreads fast. **2** (*fig*) (*piaga*) curse, scourge, disease, epidemic. ☐ (*Med*) ~ *blu* blue disease; (*Med*) ~ *celiaco* coeliac disease, (*Am*) celiac disease; (*Med*) ~ *celtico* French pox, syphilis; (*Med*) ~*dei legionari* legionnaire's disease; (*Med,colloq*) ~*della mucca pazza* mad cow disease; (*Med*) ~*di Addison* Addison's disease; (*Med*) ~ *di Alzheimer* Alzheimer's disease; (*Med*) ~ *di Basedow* Basedow's disease; (*Med*) ~ *di Creutzfeldt-Jacob* Creutzfeldt-Jacob disease; (*Med*) ~ *di Hodgkin* Hodgkin's disease; (*Med*) ~ *di Paget* Paget's disease; (*Med*) ~*di Parkinson* Parkinson's disease; (*Med*) ~*di Pott* Pott's disease; (*Med*) ~*gallico* French pox, syphilis; (*Med*) ~*maidico* pellagra.

morbosamente *avv.* morbidly.

morbosità *f.* morbidness, morbidity: (*Statist*) *quoziente di ~* morbidity rate.

morboso *a.* **1** morbid (*anche fig*), unhealthy, pathological: *gelosia morbosa* morbid jealousy. **2** (*Med*) (*relativo a morbo*) morbid, disease (*attr.*), sick: *sintomi morbosi* morbid symptoms, disease symptoms.

morchella *f.* (*Bot*) morel.

morchia *f.* **1** marc (of olives). **2** (*Mecc*) dirt, (*di olio lubrificante*) sludge, engine sludge. **3** (*estens*) (*residuo grasso*) oily deposit, greasy deposit, dregs *pl.* **4** (*estens*) (*gruma della pipa*) dottle.

mordacchia *f.* **1** (*museruola*) muzzle. **2** (*strumento di tortura*) gag-bit. ☐ (*fig*)*mettere la ~ a qcu.* to gag so.

mordace *a.* **1** biting, cutting, sharp, pungent, caustic, mordacious, mordant: *lingua ~* sharp tongue; *satira ~* caustic satire. **2** (*rar*) (*che morde*) biting, snapping: *cane ~* snapping dog.

mordacemente *avv.* bitingly, cuttingly, sharply, pungently, caustically.

mordacità *f.* mordacity, mordaciousness, sharpness, mordancy.

mordente I *a.* **1** biting, piercing: *freddo ~* biting cold. **2** (*fig*) (*mordace*) biting, cutting, sharp, pungent, caustic. II *m.* **1** (*Chim,Tecn*) (*sostanza per fissare*) mordant: *rosso ~* mordant rouge; *colorante a ~* mordant dye. **2** (*fig*) (*spirito aggressivo*) bite, drive, push: *privo di ~* weak, lacking bite; *la protesta ha perso ~* the protest has lost its edge. **3** (*Mus*) mordent.

mordenzare (**mordènzo**) *v.t.* (*Tecn,Chim*) to etch.

mordenzatura *f.* (*Tess,Chim*) mordanting.

mordere (*pres.ind.* **mòrdo**; *p.rem.* **mòrsi**; *p.p.* **mòrso**) *v.t.* **1** to bite: *il cane lo ha morso* the dog bit him; *mi ha morso l'orecchio* he bit my ear. **2** (*colloq*) (*pungere*) to bite. **3** (*addentare*) to bite into, to bite at: *morse la mela con avidità* he bit hungrily into the apple. **4** (*fare presa su*) to grip: ~ *l'asfalto* to grip the road. **5** (*fig*) (*intaccare, corrodere*) to bite into, to eat into, to corrode. **6** (*colloq*) (*rif. a insetti: pungere*) to bite, to sting: *essere morso dalle zanzare* to be bitten by mosquitoes. **7** (*fig*) (*tormentare*) to gnaw at, to get at, to prick: *il rimorso mi morde la coscienza* remorse is gnawing at my conscience. ☐ (*fig*) ~*il freno* to champ at the bit; *mordersi la lingua* to bite one's tongue (*anche fig*); (*fig*) ~*la polvere* to bite the dust; ~*la strada* : **1** (*rif. a pneumatico*) to hold the road, to grip the road; **2** (*rif. a ciclista*) to sprint; (*fig*) *ti ha morsola tarantola ?* (*Br*) what's biting you?, what's got into you?, (*Am*) what's eating you?, what's gotten into you?; *essere morso da una tarantola* (*rif. a persona scatenata*) to behave wildly, to be over-excited; (*fig*) *mordersile dita* : **1** (*per la rabbia*) to be raging; **2** (*per pentimento*) to kick oneself; *mordersile labbra* to bite one's lips; (*fig*) *mordersile mani per qcs.* to feel like kicking oneself over sth., to kick oneself over sth.

mordicchiare (**mordìcchio, mordìcchi**) *v.t.* to nibble at, to gnaw at, to chew. ☐ *mordicchiarsile labbra* to bite one's lips; *mordicchiarsile unghie* to chew one's nails, to bite one's nails.

mordigallina *f.* (*Bot*) (*anagallide*) scarlet pimpernel.

mordorè *a.* (*Pell*) russet.

Morea *n.pr.f.* (*Geog.stor*) Morea.

moreccio *m.* (*Bot,region*) penny bun, cep.

morella *f.* (*Bot*) black nightshade.

morello I *a.* blackish. II *m.* (*cavallo*) black horse, dark horse.

more maiorum *avv.* as the forefathers did, according to the customs of the forefathers.

morena *f.* (*Geol*) moraine. ☐ (*Geol*) ~*di fondo* ground moraine; (*Geol*) ~*di spinta* push moraine; (*Geol*) ~*frontale* terminal moraine; (*Geol*) ~*glaciale* glacial moraine; (*Geol*) ~*laterale* lateral moraine; (*Geol*) ~*mediana* medial moraine; (*Geol*) ~*terminale* end moraine, terminal moraine; (*Geol*) ~*tettonica* tectonic moraine.

morenico (*pl.* **-ci**) *a.* (*Geol*) morainic, morainal, moraine (*attr.*): *cordone ~* moraine bar.

morente I *a.* **1** dying, moribund. **2** (*fig*) dying, fading, sinking: *il sole ~* the sinking sun, the fading sun. II *m./f.* dying person, dying

man (*f.* woman).

moresco (*pl.* **-chi**) *a.* Moorish, Moresque, Moresco: *architettura moresca* Moorish architecture.

more solito *avv.* as usual.

moretta *f.* **1** (*brunetta*) brunette. **2** (*Ornit*) tufted duck.

moretto *m.* **1** (*ragazzo nero*) black boy (*f.* black girl). **2** (*ragazzo bruno*) dark-haired boy (*f.* brunette). **3** (*ragazzo di colorito scuro*) dark-skinned boy (*f.* dark-skinned girl).

more uxorio *avv.* as man and wife: *convivere ~* to live as man and wife.

morfema *m.* (*Ling*) morpheme.

Morfeo *n.pr.m.* (*Mitol*) Morpheus: (*fig*) *essere tra le braccia di ~* to be in the arms of Morpheus.

morfina *f.* (*Farm*) morphine.

morfinismo *m.* (*Med*) morphinism, morphine addiction.

morfinomane I *m./f.* morphinist, morphinomaniac, morphiomaniac, morphine addict. II *a.* morphine addicted.

morfinomania *f.* morphinomania, morphiomania, morphine addiction, morphinism.

morfofonema *m.* (*Ling*) morphophoneme.

morfofonematica , morfofonologia *f.* (*Ling*) morphophonemics (*costr.sing.*).

morfogenesi *f.* (*Biol*) morphogenesis.

morfogenetico (*pl.* **-ci**) *a.* (*Biol*) morphgenetic, morphogenic.

morfologia *f.* (*Gramm,Biol,Geol*) morphology. ☐ (*Biol*) ~*animale* animal morphology; (*Geog*) ~ *costiera* coastal landform; (*Geog*) ~*del terreno* landform; (*Geol*) ~*fluviale* river morphology; (*Astr*) ~*lunare* selenomorphology; ~*sociale* social morphology; (*Biol*) ~*vegetale* vegetable morphology.

morfologicamente *avv.* morphologically.

morfologico (*pl.* **-ci**) *a.* morphologic, morphological.

morfonema *m.* (*Ling*) (*morfofonema*) morphophoneme.

morfonologia *f.* (*Ling*) (*morfofonematica*) morphophonemics (*costr.sing.*).

morfosintassi *f.* (*Ling*) morphosyntax.

morfosintattico *a.* (*Ling*) morphosyntactic.

Morgana *n.pr.f.* (*Lett*) (*nei poemi medievali*) Morgan le Fay; (*nelle fiabe*) Morgana.

morganaticamente *avv.* morganatically.

morganatico (*pl.* **-ci**) *a.* (*Dir*) morganatic: *matrimonio ~* morganatic marriage; *moglie morganatica* morganatic wife.

moria *f.* **1** (*rif. a persone*) mortality (caused by plague). **2** (*rif. a bestiame*) murrain, death, plague; (*rif. a pollame*) fowl pest, fowl plague. **3** (*Bot*) blight, rot, damping off. ☐ ~*delle foreste* damage to forests, forest decline, death of forests; ~*di alberi* tree death; ~*di pesci* fish death.

moribondo I *a.* dying, at death's door (*posposto*), moribund. II *m.* (*f.* **-a**) dying person, dying man (*f.* dying woman): *assistere i moribondi* to assist the dying.

morigeratamente *avv.* soberly, temperately, moderately.

morigeratezza *f.* moderation, temperance, sobriety.

morigerato *a.* moderate, temperate, sober, sober-minded, restrained.

morigiana *f.* (*Zool*) Eurasian wigeon.

moriglione *m.* (*Ornit*) common pochard.

morione *m.* **1** (*Mil,ant*) morion. **2** (*Min*) morion.

morire (*pres.ind.* **muòio, muòri, muòre, moriàmo, morìte, muòiono**; *p.rem.* **morìi;**

fut. **morirò/morrò**; *pres.cong.* **muòia, mo-riàmo, moriàte, muòiano**; *p.pres.* **morènte**; *p.p.* **mòrto**; *ger.* **morèndo) I** *v.i.* (*aus.* **essere) 1** (*rif. a persone*) to die, to pass away: *mia madre è morta quando avevo cinque anni* my mother died when I was five; *credevo di ~* I thought I was going to die, I thought I'd die; *~ di cancro* to die of cancer; *~ per la libertà* to die for freedom. **2** (*rif. ad animali*) to die: *sono stato davvero male quando è morto il mio cane* I felt terrible when my dog died. **3** (*rif. a piante*) to die. **4** (*avere fine, finire*) to end, to come to an end. **5** (*rif. a tempo*) to draw to a close, to come to an end: *l'anno è vicino a ~* the year is drawing to a (*o* to its) close. **6** (*terminare*) to end, to go only as far as: *il viottolo moriva nella boscaglia* the path ended in the bushes. **7** (*sfociare*) to flow (*in* into), to end (*in* into): *il fiume muore nel lago* the river flows into the lake. **8** (*affievolirsi: rif. a luce, suoni*) to die away: *un'usanza che sta morendo* a custom which is dying away, a dying custom. **9** (*iperb*) to be half dead, to be nearly dead, to almost die: *~ dal caldo* to be nearly dead from the heat. **10** (*fig*) (*scomparire, spegnersi*) to fade, to die, to die out, to disappear, to vanish. **II** *v.t.* (*lett*) to die: *~ una bella morte* to die well, to make a good end. **III** *v.pron.* **morirsi** (*rar,poet*) (*morire*) to die, to pass away. □ (*fig*) *~ al mondo* to renounce the world; *~ alla nascita* to die at birth; *~ ammazzato* to be killed, to be murdered; (*volg,region*) *va a morì ammazzato!* drop dead!, go to hell!; *~ annegato* to drown; *~ asfissiato* to die of asphyxia; *~ assiderato* to die of frostbite; *~ avvelenato* to die of poisoning, to be poisoned; *~ carbonizzato* to be burnt to death, to burn to death; *che io possa ~ se non è vero* may I drop dead if it isn't true, strike me dead if it isn't true; (*fig,iperb*) *~ come le mosche* to die off like flies, to drop like flies; *~ come un cane* to die like a dog; *~ cristianamente* to die a Christian death; (*fig*) *da ~* terribly, dreadfully: *ho una sete da ~* I am terribly thirsty, I'm dying for a drink; *stanco da ~* dog tired, dead tired; *essere annoiato da ~* to be bored to death; *fa un freddo da ~* it's bitterly cold, it's freezing cold; *fa un caldo da ~* it's dreadfully hot!; *mi piace da ~* I simply love him; *una donna bella da ~* an incredibly beautiful woman, a ravishing beautiful woman; *ti voglio bene da ~* I love you to death; *~ da eroe* to die like a hero; (*fig*) *~ dal desiderio di fare qcs.* to be dying to do sth.; (*fig*) *~ dal ridere* to die of laughter, to almost die laughing, to die laughing; (*colloq*) *c'è da ~ dal ridere* it'll make you die of laughter, it'll have you in stitches; (*fig*) *~ dal sonno* to be asleep on one's feet; (*fig*) *~ dalla curiosità* to be dying with curiosity; (*iperb*) *~ dalla paura* to be scared to death, to almost die of fright, to be scared out of one's wits; (*fig*) *~ dalla rabbia* to die of anger; (*fig*) *~ dalla voglia di fare qcs.* to be dying to do sth.; *muoio dalla voglia di rivederti* I'm dying to see you again; *~ dalla voglia di qcs.* to be longing for sth., to be dying for sth.; *~ di crepacuore* to die of a broken heart; *~ di dolore* to die of grief; *~ di fame*: 1 to starve to death, to die of starvation, to die of hunger; 2 (*iperb*) (*avere molta fame*) to be starving; 3 (*fig*) (*essere in miseria*) to be in great want, to be unable to keep body and soul together; *~ di freddo*: 1 to freeze to death; 2 (*iperb*) (*avere molto freddo*) to be freezing to death; *~ di inedia* to starve, to starve to death; (*fig*) *~ di invidia* to die of envy; *~ di malattia* to die of an illness; *~ di morte naturale* to die of natural causes;

~ di morte violenta to die a violent death; (*colloq*) *~ di noia* to be bored to death, to be bored stiff; *~ di parto* to die in childbirth; *far ~ qcu. di paura* to frighten so. to death; (*fig*) *~ di rabbia* to die of anger; *~ di sete*: 1 to die of thirst; 2 (*iperb*) to be terribly thirsty, to be dying of thirst; *~ di stenti* to die from privation, to die from hardship; *~ di vecchiaia* to die of old age; *~ di veleno* to be poisoned, to die by poisoning; (*fig*) *~ di vergogna* to die of shame, to be mortified; (*fig*) *~ dietro a qcu.* to be dying for so.; *~ dissanguato* to bleed to death; *dovessi ~* even if it kills me, should it kill me; (*fig*) *mi fai ~!*: 1 (*di dolore, fatica*) you'll be the death of me!; 2 (*dal ridere*) you're killing me!, you kill me!; *fare ~*: 1 (*una persona*) to kill; 2 (*una pianta*) to kill off; *~ giovane* to die young; *~ impiccato* to be hanged, to die on the gallows; (*fig*) *~ in bellezza* to make a good end, to die well; (*Rel.catt*) *~ in grazia di Dio* to die in the grace of God, to die in a state of grace; *~ in guerra* to die in battle, to die on the battlefield; *~ in miseria* to die in poverty; (*fig*) *lasciare ~ il discorso* to let the subject drop, to let the conversation drop; *lasciarsi ~* to let oneself die; *lasciarsi ~ di fame* to starve oneself to death; *~ nel fiore degli anni* to die in the prime of life; *~ nel proprio letto* to die in one's bed; *~ nel sonno* to die in one's sleep; (*iron,fig*) *non è mai morto nessuno per fare qcs.* nobody ever died of doing sth.; (*fig*) *~ per qcu.* to die for so., to pine for so.: *~ per una donna* to die for a woman; *~ per cause naturali* to die of natural causes; *potessi ~ se non è vero* may I drop down dead if it isn't true, strike me dead if it isn't true; *~ prematuramente* to die before one's time; (*colloq, fig*) *peggio di così si muore* it couldn't be worse; (*colloq,fig*) *meglio di così si ~* it couldn't be better; (*colloq,fig*) *più stupido di così si ~!* nobody could be more stupid than that!, (*Am*) that's the dumbest thing I ever heard!; (*fig*) *chi non muore si rivede!* fancy meeting you (here)!, look who's here!; *~ soffocato* to choke to death, to suffocate; *~ strangolato* to be strangled to death; *~ suicida* to commit suicide; *~ sul campo* to die on the battlefield; (*fig*) *~ sul nascere* to die on the vine; *~ sul rogo* to be burnt at the stake; (*fig*) *~ sulla breccia* to die in harness; (*fig*) *la parola gli morì sulle labbra* the word died on his lips; *~ una mala morte* to come to a bad end; (*fig*) *voglio ~!* I want to die! *Prov.*: *muor giovane colui che al cielo è caro* those whom the gods love die young; *chi muore giace e chi vive si dà pace* let the dead bury the dead, let the dead bury their own dead.

morituro I *a.* (*lett*) **1** (*che sta per morire*) about to die. **2** (*destinato a morire*) doomed (to die). **II** *m.* (*lett*) (*f.* **-a**) **1** person who is about to die. **2** (*destinato a morire*) doomed person.

mormone *m./f.* (*Rel*) Mormon.

mormonico (*pl.* **-ci**) *a.* (*Rel*) Mormon (*attr.*).

mormonismo *m.* (*Rel*) Mormonism.

mormora *f.* (*Itt*) striped bream.

mormorare (**mórmoro**) **I** *v.i.* (*aus.* **avere**) **1** (*rif. ad acqua*) to murmur, to babble. **2** (*rif. a vento, foglie e sim.*) to murmur, to whisper. **3** (*rif. a persone*) to murmur, to mutter, to mumble: *~ fra sé e sé* to mutter to oneself, to mumble to oneself. **4** (*brontolare*) to grumble (*contro* at, over, about), to murmur (*contro* against, at): *il pubblico cominciò a ~* the audience began to grumble. **5** (*fare della maldicenza*) to backbite, to gossip, to speak ill. **II** *v.t.* **1** to murmur, to mutter, to mumble:

~ qcs. tra i denti to mutter so. between one's teeth. **2** (*bisbigliare*) to murmur, to whisper. □ *si mormora molto sul tuo conto* there is a lot of talk about you.

mormoratore I *m.* (*f.* **-trice**) **1** (*brontolone*) grumbler, complainer. **2** (*maldicente*) backbiter, gossip. **II** *a.* grumbling, complaining, blackbiting, gossiping.

mormorazione *f.* **1** murmur, murmuring, mutter, muttering, mumbling. **2** (*maldicenza*) malicious gossip, backbiting. **3** (*espressione di malcontento*) grumbling, murmuring, complaining.

mormorio *m.* **1** (*rif. ad acqua*) murmur, babbling. **2** (*rif. a vento, foglie e sim.*) murmuring, whispering. **3** (*rif. a persone*) murmuring, murmurs *pl.* **4** (*brontolio*) grumbling, muttering.

moro[1] **I** *a.* **1** (*nero*) black, (*ant,spreg*) Negro, coloured, (*Am*) colored. **2** (*di capelli scuri*) dark, dark-haired. **3** (*di carnagione scura*) dark, dark-complexioned, dark-skinned. **4** (*Stor*) Moorish. **II** *m.* (*f.* **-a**) **1** (*Stor*) Moor. **2** (*nero*) black (person), (*ant,spreg*) Negro. **3** (*persona di capelli scuri*) dark person, dark-haired person; (*f.* brunette). **4** (*persona di carnagione scura*) dark person, dark-complexioned person, dark-skinned person. □ (*Lett*) *il ~ di Venezia* the Moor of Venice.

moro[2] *m.* (*Bot*) mulberry.

morosità *f.* (*Dir*) arrearage, delinquency, state of default, delay in payment: *debitori in ~* debtors in arrears; *essere sfrattato per ~* to be evicted for non-payment of rent.

moroso[1] **I** *a.* (*Dir*) defaulting, in default (*posposto*), tardy, in arrears (*posposto*): *debitore ~* debtor in default, debtor in arrears. **II** *m.* (*f.* **-a**) (*Dir*) defaulter, person in arrears, over-due debtor.

moroso[2] *m.* (*f.* **-a**) (*region*) (*innamorato*) boyfriend (*f.* girlfriend), sweetheart.

morra *f.* (*gioco*) morra, mora.

morsa *f.* **1** (*Tecn*) vice, (*Am*) vise. **2** (*fig*) vice-like grip, grip: *stringere in una ~* to hold in a vicelike grip; *la ~ dell'inverno* the grip of winter. **3** (*Edil*) toothing. □ (*Tecn*) *~ a catena* chain vise; (*Tecn*) *~ a cerniera* leg vice; (*Tecn*) *~ a gambo* leg vice; (*Tecn*) *~ da banco* bench vice, standing vice; (*Tecn*) *~ girevole* swivel vice; (*Tecn*) *~ parallela* parallel vice, parallel-jawed vice, parallel bench vice; (*Tecn*) *~ per tubi* pipe vice.

Morse *a.inv.* Morse (*attr.*): *alfabeto ~* Morse alphabet; *codice ~* Morse code.

morsettiera *f.* (*El*) terminal board, terminal box.

morsetto *m.* **1** (*Mecc*) (*sul banco*) vice; (*per tenere insieme*) clamp, holdfast. **2** (*El*) terminal, clip, clamp: *~ della batteria* battery terminal, battery clip. **3** (*Sport*) (*stringinaso*) nose peg, (*Am*) nose plug. □ (*Tecn*) *~ da falegname* screw clamp, carpenter's clamp; (*El*) *~ di alimentazione* feed clamp; (*El*) *~ di attacco* connecting terminal; (*El*) *~ di carica di una batteria* charging clip; (*El*) *~ negativo* negative terminal; (*Tecn*) *~ per tubi* tube clamp, tube clip; (*El*) *~ positivo* positive terminal.

morsi → **mordere**.

morsicare (**mòrsico, mòrsichi**) *v.t.* **1** (*dare piccoli morsi*) to nibble at, to gnaw at. **2** (*mordere*) to bite. **3** (*rif. a insetti*) to bite, to sting.

morsicatura *f.* bite: *~ di insetto* insect bite.

morsicchiare (**morsìcchio, morsìcchi**) *v.t.* to nibble at, to gnaw at.

morsicchiatura *f.* nibble, nibbling.

morso[1] *m.* **1** (*atto del mordere*) bite: *dare*

un ~ a qcu. to bite so.; *dare un ~ a una mela* to bite an apple, to bite into an apple; *staccare con un ~* to bite off. **2** (*ferita, puntura*) bite, sting: *il ~ di un cane* a dogbite; *il ~ di un serpente* a snakebite. **3** (*boccone*) morsel, bit, bite, mouthful, scrap: *un ~ di pane* a morsel of bread; *dammene un ~!* let me have a bite! **4** (*fig*) pangs *pl.*, pang, sting: *il ~ della gelosia* the pangs of jealousy; *i morsi della fame* the pangs of hunger. **5** (*parte della briglia*) bit (*anche fig*): *allentare il ~* to slacken the bit; *stringere il ~* to tighten the bit; *mettere il ~ a qcu.* to curb so., to subdue so. **6** (*parte della tenaglia*) jaws *pl.* **7** (*sapore pungente*) sharp flavour, hot taste: *il ~ del pepe* the hot taste of pepper. □ *mangiare a morsi* to eat greedily, to gulp, to gulp down, to take bites out of sth.; (*Bot*) *~di rana* frogbit.

morso 2 → **mordere**.

morsura *f.* (*Tecn*) etching.

morta *f.* (*Geog*) **1** (*alveo abbandonato*) dried-up river bed. **2** (*parte di fiume*) mortlake, oxbow lake.

mortadella *f.* (*Gastron*) bologna (sausage), (*Am*) baloney, boloney.

mortaio *m.* **1** mortar. **2** (*Mil*) mortar. **3** (*di bussola*) bowl.

mortaista *m.* (*Mil*) mortarman.

mortale I *a.* **1** (*che provoca la morte*) mortal, deadly, lethal, fatal: *ferita ~* mortal wound, fatal wound, lethal wound; *un colpo ~* a mortal blow; *trappola ~* deadly trap; (*Teol*) *peccato ~* deadly sin, mortal sin. **2** (*caduco*) transient, transitory, fleeting, passing: *un corpo ~* a transient body; *cose mortali* transitory things. **3** (*della morte*) deathly, death-like, deadly, mortal: *pallore ~* deadly pallor, death like pallor. **4** (*fig*) (*rif. a odio, offese*) mortal, deadly: *odio ~* deadly hatred, mortal hatred; *una noia ~* deadly boredom, a deadly dull, a dreadful bore. II *m./f.* mortal: *noi poveri mortali* we poor mortals.

mortalità *f.* **1** mortality. **2** (*Statist*) mortality, mortalityrate, death rate: *tasso di ~* death rate, mortality rate. □ *~antenatale* antenatal mortality; *~infantile* infant mortality; *~neonatale* neonatal mortality; (*burocr*) *~scolastica* school abandon.

mortalmente *avv.* **1** mortally, to death (*posposto*), fatally: *è stato ferito ~* he was mortally injured. **2** (*iperb*) mortally, dreadfully, bitterly, to death (*posposto*): *mi annoio ~* I am dreadfully bored, I am bored to death.

mortaretto *m.* firecracker, cracker, firework.

mortasa *f.* (*Fal*) mortise. □ (*Fal*) *~passante* slip mortise; *~ non passante* blind mortise.

mortasare (**mortàso**) *v.t.* (*Fal*) to mortise, to slot.

mortasatrice *f.* (*Fal*) mortiser, mortising machine, slotting machine. □ (*Fal*) *~a catena* chain (and chisel) mortiser; (*Fal*) *~ per ingranaggi* gear slotting machine.

morte *f.* **1** death: *una ~improvvisa* a sudden death; *condannare a ~* to condemn to death; *affrontare la ~* to face death; *andare incontro a sicura ~* to face certain death. **2** (*fig*) death, ruin, end: *la ~ di un sogno* the death of a dream, the end of a dream. **3** (*Dir*) decease, death: *~ presunta* presumed death, presumptive death. **4** (*Gastron,colloq*) best way of cooking: *è la ~ sua* it's the best way of cooking it. □ *a ~*: **1** mortally, to death: *ferire a ~* to wound mortally; **2** (*fig*) intensely, fiercely: *odiare a ~ qcu.* to hate so. intensely, to loathe so.; *avercela a ~ con qcu.* to hate so., to have it in for so.; **3** (*fig*) (*terri-*

bilmente) to death, terribly: *annoiare a ~ qcu.* to bore so. to death; **4** (*esclam.*) death to: *a ~ i tiranni!* death to tyrants!; *~accidentale* accidental death; *~al tiranno !* death to the tyrant!; *~al suo padre* on the death of his father; (*Med*) *~apparente* apparent death, mors putativa; *~bianca* : **1** (*per assideramento*) death from exposure, death by freezing; **2** (*sul posto di lavoro*) death caused by an industrial accident, on-the-job fatality; **3** (*in culla*) cot death, (*Am*) crib death; *~biologica* biologic death; (*Med*) *~cerebrale* brain death; (*Dir*) *~civile* civil death, loss of civil rights; (*Med*) *~clinica* clinical death; *dare la ~a qcu.* to kill so., to put so. to death; *darsi la ~* (*uccidersi*) to commit suicide, to kill oneself; (*fig*) *a ogni ~ di papa* once in a blue moon; *~dolce* gentle death; (*fig*) *fare la ~ del topo* to be caught like a rat in a trap; *fare una bella ~* to make a good end; *fare una brutta ~* to die badly; (*fig*) *vedere la ~in faccia* to come face to face with death, to stare death in the face; (*fig*) *sembrare la ~in vacanza* to look like death warmed up, to look like death warmed over; (*Med*) *~istantanea* istantaneous death; (*Med*) *~locale* local death; *sarai la mia ~!* you will be the death of me!, you're going to be the death of me!; *~naturale* natural death; (*fig*) *avere la ~nel cuore* to be sick at heart, to be heavy-hearted; *~nera* black death; *finché ~non ci separi* till death us do part, till death do us part; *~per annegamento* death by drowning; *~per assfissia* death by asphyxiation; *~per assideramento* death from frostbite; *~per avvelenamento* death by poisoning; *~prematura* premature death, untimely death; *cercare la ~sul campo* to seek death in battle; *~violenta* violent death. *Prov.*: *~ non guarda in faccia nessuno* all must die, time waits for noone; *~ tua, vita mia* it's either you or me; *non si sa di che ~ si deve morire* no one knows what the future holds.

mortella *f.* (*Bot*) myrtle. □ (*Bot*) *~bianca* white myrtle; (*Bot*) *~nera* black myrtle.

morticino *m.* (*rar*) (*bambino morto*) dead child, dead baby.

mortifero *a.* (*lett*) **1** (*mortale*) mortal, lethal, deadly: *veleno ~* lethal poison. **2** (*fig*) (*dannoso*) mortal, ruinous.

mortificante *a.* mortifying, humiliating: *un'esperienza ~* a mortifying experience.

mortificare (**mortifico, mortifichi**) I *v.t.* **1** (*umiliare*) to mortify, to humiliate, to humble. **2** (*Rel*) to mortify: *~ la carne* to mortify the flesh. II *v.pron.* **mortificarsi** **1** to be mortified, to feel mortified. **2** (*Rel*) to mortify oneself. □ *~il corpo* to deny the body, to deny the flesh.

mortificato *a.* **1** (*umiliato*) mortified, humiliated. **2** (*dispiaciuto*) very sorry, full of remorse (*posposto*), regretful: *sono davvero ~* I am really very sorry.

mortificatore I *m.* (*f.* -**trice**) mortifier. II *a.* mortifying, humiliating.

mortificazione *f.* **1** mortification, humiliation: *che ~!* what humiliation!; *ricevere una ~* to be mortified, to feel mortified. **2** (*Rel*) mortification: *la ~ del corpo* the mortification of the body.

morto I *a.* **1** dead (*anche fig*): *corpo ~* dead weight; *cadere ~* to drop dead; *volere qcu. ~* to wish so. dead. **2** (*fig*) (*senza attività*) dead, lifeless: *una città morta* a dead town; *la stagione morta* the dead season, the slack season. **3** (*fig*) (*smorto*) dead, dull: *un colore ~* a dull colour. **4** (*fig*) (*inerte*) dead, still: *natura morta* still life; *acqua morta* dead wa-

ter, stagnant water; *braccio ~* paralyzed arm. **5** (*fig*) (*non utilizzabile*) idle, inactive, unemployed, useless. II *m.* **1** (*f.* -**a**) dead person. **2** (*f.* -**a**) (*Dir*) deceased. **3** (*f.* -**a**) (*cadavere*) corpse, dead body. **4** (*nei giochi di carte*) dummy: *giocare con il ~* to play with a dummy. **5** *pl.* dead: *i morti e i feriti* the dead and the wounded. □ *suonare a ~* to toll; *pare un ~che cammina* he looks like a walking ghost; *dare qcu. per ~* to give so. up for dead, to consider so. dead; *~di fame* : **1** person who has starved to death; **2** (*estens*) (*persona poverissima*) down-and-out; **3** (*estens*) (*persona miserabile*) nobody, wretched creature, good-for-nothing; *essere ~di paura* to be scared to death, to be frightened to death; *essere ~di sonno* to be dead tired; *essere ~ e sepolto* to be dead and buried (*anche fig*); *~ e sotterrato* : **1** dead and buried; **2** (*fig*) (*superato*) obsolete, over and done with; *fare il ~*: **1** to play dead, to pretend to be dead; **2** (*galleggiare sull'acqua*) to do the dead-man's float, to float on one's back; (*colloq*) *morta lì* (*la conversazione, la cosa*) ended there, died there; (*fig*) *essere più ~che vivo* to be more dead than alive; *un ~resuscitato* : **1** (*guarito da grave malattia*) a person who has been at death's door; **2** (*che si presenta dopo lungo tempo*) a long-lost friend; *~stecchito* as dead as a door nail, stone-dead, (*Br*) as dead as a mutton; *morti viventi* zombies, living dead. *Prov.*: *~ un papa se ne fa un altro* the king is dead, long live the king!, there are plenty more of other fish in the sea.

mortorio *m.* funeral, burial: *questa festa è un ~!* this party is like a funeral!, this party is dead dull!

mortuario *a.* mortuary (*attr.*), death (*attr.*): *cappella mortuaria* mortuary chapel.

morula *f.* (*Biol*) morula, embryotic sphere.

morva *f.* (*Veter*) glanders (*costr.sing. o pl.*).

morvoso *a.* (*Veter*) glanderous.

MOS *semiconduttore metallo-ossido* MOS (Metal-Oxide Semiconductor).

Mosa *n.prf.* (*Geog*) Meuse.

mosaicista *m./f.* mosaicist, mosaic worker.

mosaico 1 (*pl.* -**ci**) *m.* **1** mosaic. **2** (*fig*) mosaic, medley, patchwork, hotchpotch: *un ~ di razze* a medley of races. **3** (*Bot*) mosaic: *~ del tabacco* tobacco mosaic. **4** (*Biol*) mosaic. □ *a ~* mosaic (*attr.*): *pavimento a ~* mosaic floor; *struttura a ~* mosaic structure; (*Biol*) *~ cromosomiale* chromosomal mosaic; (*Bot*) *~fogliare* leaf mosaic; (*Biol*) *~genetico* genetic mosaic.

mosaico 2 (*pl.* -**ci**) *a.* (*Rel.ebr*) (*di Mosè*) Mosaic, Mosaical: *legge mosaica* Mosaic Law.

mosaismo *m.* (*Rel.ebr*) Mosaism.

mosca I *f.* **1** (*Entom*) fly: *uno sciame di mosche* a swarm of flies; *acchiappare le mosche* to catch flies. **2** (*fig*) (*persona fastidiosa*) pest: *sei più fastidioso di una ~* you are a pest, you are a pain in the neck. **3** (*neo finto*) beauty spot, beauty mark, patch. **4** (*pizzetto*) goatee, imperial. **5** (*Pesc,Sport*) fly: *amo con la ~* fly hook. **6** (*chicco di caffè*) coffee bean: *sambuca con la ~* sambuca with a coffee bean. II *m.* (*Sport*) (*peso mosca*) flyweight. □ (*fig*) *fare saltare a qcu. la ~ al naso* to make so. lose his temper; *gli è saltata ~ al naso* he flew off the handle; *se gli salta la ~ al naso* if he loses his temper; (*fig*) *una ~bianca* a rare bird, a rara avis; (*Entom*) *~carnaria* flesh fly; (*Entom*) *~cavallina* horsefly; *giocare a ~cieca* to play blind-man's-buff; (*Entom*) *~comune* house fly; (*Entom*) *~della frutta* fruitfly; (*Entom*) *~domestica* house fly; (*Entom*) *~olearia* olive fly; (*Pesc*) *~secca* dry fly; (*Pesc*) *~sommersa* sunk fly, wet fly; (*Entom*) ~ *tse-tse* tsetse, tsetse-fly; (*fig*) *fare di una* ~ *un elefante* to make a mountain out of a molehill.

Mosca *n.pr.f.* (*Geog*) Moscow.

moscacieca *f.* blind-man's-buff: *giocare a* ~ to play blind-man's-buff.

moscaio *m.* 1 (*sciame*) swarm of flies. 2 (*luogo*) place full of flies.

moscaiola *f.* 1 (*mobiletto*) meat safe. 2 (*rete*) meat cover, fly net. 3 (*trappola*) flytrap.

moscardino *m.* 1 (*Zool*) (*roditore*) dormouse, hazel mouse. 2 (*Zool*) (*mollusco*) eledone. 3 (*fig,rar*) (*bellimbusto*) dandy, fop.

moscardo *m.* (*Ornit*) 1 (*sparviero*) sparrowhawk. 2 (*region*) (*falco cuculo*) red-footed falcon.

moscatello I *a.* 1 (*Enol*) muscatel (*attr.*). 2 (*rif. a frutti*) musk (*attr.*). II *m.* (*Enol*) muscatel.

moscato¹ I *m.* 1 (*Agr*) muscat vine, muscatel vine. 2 (*Enol*) muscatel, muscat (wine). II *a.* 1 (*rif. a frutti*) musk (*attr.*): *pere moscate* musk pears. 2 (*Enol*) muscatel (*attr.*), muscat (*attr.*).

moscato² *a.* (*Zool*) dappled: *cavallo moscato* dappled horse.

moscatura *f.* (*Zool*) dapple.

moscerino *m.* 1 (*Entom*) midge, gnat: *mi è entrato un* ~ *nell'occhio* a midge flew into my eye. 2 (*fig,scherz*) midget, shrimp, (*colloq*) shortie. □ (*Entom*) ~ *del vino* common fruit fly; (*Entom*) ~ *dell'aceto* common fruit fly; (*Entom*) ~ *della frutta* fruit fly.

moschea *f.* (*Rel.islam*) mosque.

moschettata *f.* musket shot.

moschettato *a.* (*rif. a cavallo*) dappled; (*punteggiato*) speckled.

moschettatura *f.* dappling, speckling.

moschetteria *f.* musketry.

moschettiera □ *alla* ~ mousquetaire (*attr.*): *guanti alla* ~ mousquetaire gloves; *cappello alla* ~ plumed hat.

moschettiere *m.* (*Mil,ant*) musketeer.

moschetto *m.* musket.

moschettone¹ *m.* 1 spring catch, spring clip. 2 (*Alp*) snaplink, snap hook, karabiner, krab. 3 (*Mil*) musketoon.

moschettone² *m.* (*Ornit*) black-tailed godwit.

moschicida I *a.* fly-killing. II *m.* fly killer, insecticide.

moschino *m.* (*moscerino*) midge, gnat.

moscio *a.* 1 (*floscio*) flabby, flaccid. 2 (*fig*) (*fiacco*) lifeless, slack, sluggish, (*colloq*) wishy-washy. 3 (*fig*) (*abbattuto*) down, low: *mi sento un po'* ~ *oggi* I feel a bit down today. 4 (*rif. a erre*) French: *parlare con la erre moscia* to speak with a French r.

mosco (*pl.* **-chi**) *m.* (*Zool*) musk deer.

moscone *m.* 1 (*Entom*) bluebottle, blowfly. 2 (*fig,ant*) (*corteggiatore*) suitor, beau, gallant, wooer. 3 (*Mar*) (*imbarcazione*) twin-hull pleasure boat. 4 (*Giorn,rar*) announcement. □ (*Entom*) ~ *della carne* blowfly; (*Entom*) ~ *d'oro* rose beetle, goldsmith beetle.

Moscova *n.pr.f.* (*Geog*) Moscova.

Moscovia *n.pr.f.* (*Geog.stor*) Muscovy.

moscovita I *a.* Muscovite. II *m./f.* Muscovite.

Mosè *n.pr.m.* (*Bibl*) Moses.

mosquito /mos'kito/ *m.inv.* 1 (*Entom*) mosquito. 2 (*Aer,Mecc*) mosquito.

mossa I *f.* 1 movement, move: *una ~ brusca* a brusque movement, a sharp movement; *fare una* ~ to make a move; *tenere d'occhio le mosse di qcu.* to keep an eye on so.'s movements. 2 (*gesto*) gesture: *imitare le mosse di qcu.* to imitate so.'s gestures. 3

(*fig*) (*azione*) move, step, action: *è stata una* ~ *intelligente* (*Br*) it was a clever move, (*Am*) it was a smart move; *bella ~!* nice one! 4 (*Equit*) (*luogo di partenza*) starting post; (*cancello*) starting gate. 5 (*estens*) (*principio*) start, beginning. 6 (*Mil*) movement, move, manoeuvre. 7 (*nel gioco della dama, degli scacchi e sim.*) move: *la prima ~ spetta al nero* black moves first. 8 (*scherz*) (*movimento dei fianchi*) wiggle: *fare la* ~ to wiggle, to give a wiggle, to give a sway. □ (*fig, region*) *darsi una* ~ to hurry up, to get going: *datti una ~!* get a move on!; ~ *di apertura* opening gambit; (*Sport*) ~ *di karate* karate move, karate chop; *fare una ~ falsa* to make a false move; *la ~ iniziale*: 1 the beginning; 2 (*nel gioco degli scacchi*) the opening; *non fare una* ~ to make no move, to do nothing; *prendere le mosse*: 1 (*fig*) (*iniziare*) to begin, to start, to get going; 2 (*fig*) (*avere origine*) to arise; 3 (*fig*) to start; ~ *strategica* strategic move (*anche fig*); *essere sulle mosse*: 1 (*Equit*) to be under starter's orders, to be ready to start; 2 (*fig*) to be about to do sth.

mossi → **muovere**.

mossiere *m.* (*Equit*) starter.

mosso → **muovere** I *a.* 1 rough, troubled: *mare ~* rough sea. 2 (*rivoltato: rif. a terreno*) ploughed, ploughed up: *terreno ~* ploughed land. 3 (*rif. a capelli*) wavy. 4 (*fig*) (*ispirato*) stirred, driven: *da compassione* stirred by pity; ~ *dal desiderio* driven by desire. 5 (*Fot*) blurred: *un'immagine mossa* a blurred image. 6 (*veloce*) quick, fast: *un ritmo ~* a quick rhythm. 7 (*Mus*) mosso: *allegro ~* allegro mosso. II *avv.* (*Mus*) mosso.

mostaccio *m.* 1 (*lett,spreg*) (*brutta faccia*) ugly face, mug. 2 (*pop*) (*baffo*) moustache.

mostacciolo *m.* (*Dolc*) rich fruit-cake with boiled must or honey.

mostarda *f.* (*Gastron*) 1 (*conserva di frutta candita*) mostarda, sweet fruit pickles *pl.* 2 (*estens,colloq*) (*senape*) mustard.

mostardiera *f.* mustard pot.

mosto *m.* (*Alim,Enol*) must. □ ~ *concentrato* concentrated must; ~ *cotto* boiled must; ~ *del malto* wort; ~ *di mele* apple must; ~ *d'uva* grape must.

mostoso *a.* full of must, that yields much must.

mostra *f.* 1 show, display (*anche fig*). 2 (*esposizione*) exhibition, display, show: *organizzare una* ~ to organize an exhibition; *allestire una* ~ to mount an exhibition. 3 (*Abbigl*) (*risvolto*) facing. 4 (*quadrante dell'orologio*) dial, face. 5 (*Comm,rar*) (*campione*) sample; (*di stoffa*) pattern, sample. 6 (*rar*) (*vetrina*) window; (*ad armadio*) showcase. □ ~ *campionaria* trade fair; ~ *canina* dog show; ~ *d'arte* art exhibition; ~ *d'arte cinematografica* film festival; ~ *del cinema* film festival; ~ *dell'artigianato* handicraft exhibition; ~ *di bestiame* cattle show; *fare ~ di qcs.*: 1 (*mettere in mostra*) to show so. off: *fare ~ di cultura* to show off one's learning; *fare bella ~ di sé* to make a fine showing; 2 (*fingere*) to pretend sth.: *ha fatto ~ di andarsene* he pretended to leave; *far ~ di sapere tutto* to pretend to know everything; ~ *fotografica* photo exhibition, photographic exhibition; *in ~* on show, on parade, on display; *essere in ~* to be on view, to be on display, to be on show; *mettere in ~* to show, to display, to exhibit; *mettersi in ~* to show off, to put on a show, to attract attention; ~ *itinerante* travelling exhibition; ~ *mercato* fair; ~ *permanente* permanent exhibition.

mostra-mercato (*pl.* **móstre-mercàto**) *f.* fair.

mostrare (**móstro**) I *v.t.* 1 to show, to display, to exhibit, to let (sth.) see: ~ *i documenti* to show one's papers; ~ *il biglietto* to show one's ticket; *mostrami il tuo anello di fidanzamento* let me see your engagement ring. 2 (*indicare*) to show, to point out: ~ *la strada a qcu.* to show so. the way. 3 (*spiegare*) to show, to explain, to teach: *mostrami come si fa* show me how to do it. 4 (*dimostrare*) to show, to demonstrate, to prove: ~ *coraggio* to show courage; ~ *indifferenza* to show indifference; ~ *la colpevolezza di qcu.* to prove so. guilty; *questo mostra la sua malafede* this proves his bad faith. 5 (*ostentare*) to show off, to display: ~ *le gambe* to show off one's legs. 6 (*fingere*) to pretend, to feign: *mostrò di non conoscermi* he pretended not to know me; ~ *una certa sorpresa* to feign to be somewhat surprised. II *v.pron.* **mostrarsi** 1 (*sembrare*) to seem, to seem to be, to appear, to appear to be, to look: *si è mostrato felice del nostro regalo* he seemed pleased with our present. 2 (*dimostrarsi*) to show oneself, to show oneself to be, to prove oneself, to prove oneself to be: *mostrarsi degno* to prove oneself worthy; *mostrarsi affettuoso verso qcu.* to show affection for so. 3 (*apparire*) to appear, to show oneself: *mostrarsi in pubblico* to appear in public. 4 (*agire*) to act: *mostrarsi freddo con qcu.* to act coldly towards so. □ ~ *a dito qcu.* to point at so., to point so. out, to point at so., to point a finger at so.; *mostrarsi all'altezza della situazione* to be up to the situation; *mostrarsi disponibile* to show oneself willing; ~ *disprezzo per qcs.* to disdain sth.; ~ *disprezzo per qcu.* to look down on so.; ~ *gratitudine nei confronti di qcu.* to show one's gratitude to so.; (*fig*) ~ *i denti* to show one's teeth; ~ *i muscoli* to flex one's muscles; ~ *i pugni a qcu.* to shake one's fists at so.; ~ *incertezza* to hesitate; ~ *interesse per qcs.* to show interest for sth., to be interested in sth.; ~ *interesse per qcu.* to be interested in so.; ~ *la corda*: 1 (*essere logoro*) to be threadbare; 2 (*fig*) to wear thin: *questo discorso mostra la corda* this argument has worn thin; ~ *la lingua al dottore* to show the doctor one's tongue; (*fig*) ~ *la lingua a qcu.* to put out one's tongue at so., to stick out one's tongue at so.; (*fig*) ~ *la porta a qcu.* to show so. the door, to show so. the way out; (*scherz*) ~ *le calcagna* to show a clean pair of heels; ~ *le gambe* to display one's legs; *mostrarsi ostile a qcu.* to show hostility to so.; ~ *segni di qcs.* to show signs of sth.; *mostrarsi superiore a qcu.* to rise above so.

mostravento *m.inv.* (*Mar*) wind vane.

mostriciattolo *m.* (*spreg*) 1 little monster. 2 (*rif. a bambino*) brat.

mostrina *f.* (*Mil*) collar badge, tab, insignia.

mostro *m.* 1 monster: ~ *marino* sea monster. 2 (*fig*) (*persona bruttissima*) horrible person, monster: *vuoi dire che quel ~ si è sposato?* you say that monster got married? 3 (*fig*) (*persona crudele*) hideous person, monster. 4 (*scherz*) (*fenomeno*) monster, prodigy, phenomenon: *un ~ di virtù* a prodigy of virtue. 5 (*estens*) (*mostruosità*) monstrosity, monster, eyesore. 6 (*Biol*) monster, freak. □ (*fig*) ~ *di intelligenza* intellectual prodigy; (*fig*) ~ *sacro* living legend, giant.

mostruosamente *avv.* monstrously: ~ *intelligente* monstrously clever.

mostruosità *f.* 1 monstrosity, monstrousness, horror. 2 (*azione degna di un mostro*) enormity, monstrous offence. 3 (*malvagità*) monstrous wickedness. 4 (*Biol*) monstrosity.

mostruoso *a.* 1 monstrous: *un essere ~* a

monstrous being. 2 (*fig*) monstrous, horrible, hideous: *un delitto* ~ a hideous crime. 3 (*fig*) (*enorme*) monstrous, huge, enormous: (*scherz*) *avere un naso* ~ to have an enormous nose. 4 (*fig*) (*straordinario*) prodigious, extraordinary: *un'intelligenza mostruosa* an extraordinary intelligence.

mota *f.* (*region*) (*fango*) mud, mire.

motel *m.* motel, (*Am*) motor lodge.

motilità *f.* (*Fisiol,Biol*) motility. ☐ ~ (*Fisiol*) *-intestinale* intestinal motility; (*Biol*) *-strisciante* gliding motility.

motivare (**motìvo**) *v.t.* 1 (*precisare il motivo*) to adduce reasons for, to state reasons for, to justify: ~ *una decisione* to adduce reasons for a choice, to justify a choice; ~ *una sentenza* to justify a decree. 2 (*rif. a persona*) to motivate, to provide (so.) with an incentive: ~ *gli studenti* to motivate students. 3 (*causare*) to cause, to motivate: *il suo insulto ha motivato la rissa* his insult caused the brawl.

motivato *a.* 1 motivated: *essere poco* ~ to lack motivation. 2 (*giustificato*) justifiable.

motivazionale *a.* (*Psic*) motivational, motive (*attr.*): *ricerca* ~ motivational research.

motivazione *f.* 1 (*spiegazione*) explanation, justification, reasons pl., statement of reasons: *fornire una* ~ *valida* to provide a valid explanation. 2 (*ragione*) reason, motive: *per motivazioni religiose* for religious reasons; *motivazioni profonde* deep-seated motives. 3 (*incentivazione*) motivation, involvment: *la* ~ *degli studenti è importante* the students' motivation is important. 4 (*Dir*) grounds pl., opinion, justification: *la* ~ *di una sentenza* the grounds of a judgement. 5 (*Psic*) motivation. 6 (*Ling*) (*rapporto che lega significante e significato*) motivation.

motivetto *m.* ditty, catchy tune: *canticchiare un* ~ to sing a ditty; *strimpellare un* ~ *al pianoforte* to pick out a tune on the piano.

motivo *m.* 1 (*causa*) reason, cause, grounds pl.: *avere buoni motivi per credere qcs.* to have good grounds for believing sth.; *non hai* ~ *di lamentarti* you have no reason of complaining; *il* ~ *per cui qcu. fa qcs.* the reason why so. does sth. 2 (*tema*) motif, motive, theme (*anche Mus*). 3 (*Mus*) (*melodia*) tune: *canticchiare un* ~ to hum a tune. 4 (*ornamento*) motif: ~ *ornamentale* ornamental motif. 5 (*Art*) motif, pattern: *motivi geometrici* geometrical patterns. 6 (*movente*) motive. ☐ *a* ~ *di* (*a causa di*) owing to, because of, on account of; *avere* ~ *di lamentarsi* to have reason to complain, to have grounds for complaint; *c'è* ~ *di fare qcs.* there is cause for doing sth.; *non c'è* ~ *di fare qcs.* there is no cause for doing sth.; *~ conduttore* : 1 motif, dominant idea, theme: *il* ~ *conduttore del film* the theme of the film; 2 (*Mus*) leitmotiv, leading motif; (*rif. a film e sim.*) musical theme; *dare* ~*a lagnanze* to give grounds for complaint, to give rise to complaint; *dare* ~ *di* to give reason to, to give reason for: *dare* ~ *di sospettare* to cause suspicion; *dare* ~ *di preoccupazione* to cause worry, to be a source of worry; *~ di contrasto* quarrel, reason for quarrel; *essere ~ di disagio per qcu.* to be cause for embarrassment to so.; *per motivi di famiglia* due to family commitments; *è per noi ~ di gioia* it gives us great joy; *un* ~ *di più per farlo* all the more reason why it should be done; *per motivi di salute* on medical grounds; *per motivi di servizio* on business; *per motivi di sicurezza* for safety reasons, for security reasons; *è per me ~ di soddisfazione* it gives me great satisfaction; (*Mus*) *~ di successo*

popular song, popular tune, (*colloq*) hit; (*Art*) *motivi fitomorfici* phytomorphic motifs; *per quale* ~? why?, for what reason?; *per questo* ~ for this reason, because of this, this is why; *se per un* ~*qualsiasi non riesci a venire* if you can't come for any reason; *per motivi personali* for personal reasons; *~ricorrente* recurring pattern; *senza* ~ (*o senza alcun* ~) without cause, without reason, for no reason: *ridere senza* ~ to laugh for no reason; *senza* ~ *apparente* for no apparent reason; *non è un* ~ *sufficiente* it is not a good enough reason.

moto[1] *m.* 1 (*Fis,Mecc*) motion, movement; (*per i fluidi*) flow: *il* ~ *del ghiacciaio* the glacier flow. 2 (*esercizio fisico*) exercise: *fare un po' di* ~ to take some exercise; *ho bisogno di* ~ I need some exercise. 3 (*gesto, atto*) movement, gesture: *un* ~ *di stizza* a gesture of irritation. 4 (*tumulto, agitazione*) rising, rebellion, revolt: (*Stor*) *moti insurrezionali* rebel movements; *moti rivoluzionari* revolutionary uprisings. 5 (*fig*) (*sentimento*) emotion, impulse, feeling, outburst, fit: *un* ~ *d'affetto* a sudden feeling of affection. 6 (*Mus*) motion. ☐ (*Gramm*) *~a luogo* movement to a place; *~accelerato* accelerated motion; (*Fis*) *~alternativo* reciprocating motion; (*Fis*) *~armonico* harmonic motion, simple harmonic motion; *~ascendente* ascending motion (*anche Mus*); (*Fis*): *~ascensionale* upward motion; (*Fis*) *~assoluto* absolute motion; (*Gramm*) *~attraverso luogo* movement through a place; (*Fis*) *~browniano* Brownian movement, Brownian motion; (*Fis*) *~circolare* circular motion; (*Mus*) *con* ~ con moto; (*Fis*) *~curvilineo* curvilinear motion; (*Gramm*) *~da luogo* movement from a place; (*Mus*) *~discendente* descending motion; (*Mecc*) *~epicicloidale* epicyclic movement; *essere in* ~: 1 (*rif. a macchina*) to be running, to be in operation; 2 (*rif. a veicoli*) to be in motion, to be moving; 3 (*rif. a persone*) to be on the move, to be moving; *mettere in* ~: 1 to set in motion; 2 (*Mot*) to start, to start up; 3 (*fig*) to start; *mettersi in* ~: 1 to bustle, to get busy, to get going; 2 (*colloq*) (*incamminarsi*) to set out, to get moving, to get going; (*Mus*) *~obliquo* oblique motion; (*Fis*) *~ondoso* wave motion, undulatory motion; (*Mar*) ~ *ondoso di calma* swell; (*Mar,Meteor*) ~ *ondoso in aumento* increasing sea motion; (*Fis*) *~orbitale* orbital motion; (*Mus*) *~parallelo* parallel motion; (*Fis*) *~perduto* lost motion; (*Fis*) *~periodico* periodic motion; *~perpetuo* : 1 (*Fis*) perpetual motion; 2 (*Mus*) moto perpetuo; (*Mecc*) ~ *relativo* relative motion; *~rettilineo* rectilinear motion; (*Fis*) *~rotatorio* rotary motion; (*Fis*) *~uniforme* uniform motion.

moto[2] *f.inv.* (*motocicletta*) motorbike: *sono venuto in* ~ I came by motorbike. ☐ *~da corsa* racer; *~da cross* trail bike; *~d'acqua* water scooter.

motoaratrice *f.* (*Agr*) (*macchina*) motor plough, tractor plough, (*Am*) motor plow.

motoaratura *f.* (*Agr*) motor ploughing, mechanical ploughing.

motobarca *f.* (*Mar*) motorboat, powerboat.

motocampestre I *a.* cross-country. II *f.* motocross, cross-country motorcycle race.

motocannoniera *f.* (*Mar.mil*) motor gunboat.

motocarrello *m.* power trolley, power truck.

motocarriola *f.* power barrow.

motocarrista *m.* three-wheeler driver.

motocarro *m.* tricar, three-wheeler.

motocicletta *f.* motorcycle, (*colloq*) motor-

bike: *andare in* ~ to motorbike, to motorcycle. ☐ *~con sidecar* motorcycle with sidecar.

motociclismo *m.* (*Sport*) motorcycle racing, motorcycling.

motociclista *m./f.* motorcyclist.

motociclistico (*pl.* **-ci**) *a.* motorcycling, motorcycle (*attr.*): *gara motociclistica* motorcycle race.

motociclo *m.* motorcycle, (*colloq*) motorbike; (*motorino*) moped.

motocisterna *f.* (*Mar*) motor tanker.

motocolonna *f.* (*Mil*) motorized column.

motocoltivatore *m.* (*Agr*) rotary plough, rotary cultivator, (*Am*) rototiller.

motocompressore *m.* (*Mot*) motor-driven compressor, engine compressor.

motocorazzato *a.* (*Mil*) armoured (and mechanized): *reparti motocorazzati* armoured units.

motocross *m.inv.* (*Sport*) cross-country motorcycle racing.

motocrossista *m./f.* (*Sport*) cross-country motorcycle racer.

motodromo *m.* speedway, motordrome.

motoelica *f.* motor propeller, engine-driven propeller.

motofalciatrice *f.* (*Agr*) power mower, mowing machine.

motofurgone *m.* three-wheeled delivery van.

motolancia (*pl.* **-ce**) *f.* (*Mar*) motor launch.

motoleggera *f.* lightweight motorcycle.

motomezzo *m.* (*rar*) motor vehicle.

motonautica *f.* (*Mar*) motorboating: *salone della* ~ motor-boat show. ☐ (*Sport*) ~ *agonistica* speedboat racing; (*Sport*) *~d'altura* off-shore.

motonautico (*pl.* **-ci**) *a.* motorboat (*attr.*), speedboat (*attr.*): *competizioni motonautiche* motorboat racing.

motonave *f.* (*Mar*) motorship.

motopeschereccio *m.* (*Mar*) motor trawler, power trawler.

motopompa *f.* motor pump.

motopropulsore *a.* (*Mecc*) power (*attr.*): *gruppo* ~ power unit.

motoraduno *m.* motorcycle rally.

motorcaravan *m./f.inv.* (*autocaravan*) camper, motor caravan, (*Am*) motor home.

motore I *m.* 1 motor, engine: *avviare un* ~ to start an engine; *spegnere un* ~ to stop an engine; *accendere il* ~ to switch on the engine, to start the engine; *fermare il* ~ to switch off the engine, to stop the engine. 2 (*veicolo a motore*) motor vehicle. 3 (*fig*) (*movente*) drive, driving force, mover, motive: *essere il* ~ *di qcs.* to be the driving force behind sth. 4 (*region*) (*motocicletta*) motorbike. II *a.* 1 motor (*attr.*), motive, propellent, driving, power (*attr.*): *ruota motrice* driving wheel, crawler wheel. 2 (*Tecn*) driving (*attr.*), power (*attr.*): *albero* ~ driving shaft. 3 (*Anat, Biol*) motor (*attr.*): *muscoli motori* motor muscles; *nervo* ~ motor nerve. ☐ *a* ~ motor (*attr.*), power (*attr.*), engine-driven, motored; *a un* ~ one-engined; (*Mot*) *~a benzina* petrol engine, (*Am*) gasoline motor, gasoline engine; (*Mot*) *~a combustione* combustion engine; ~ *a combustione interna* internal combustion engine; (*Mot*) *~a commutatore* commutator motor; (*Mot*) *~a compressione variabile* variable compression motor; (*Mot*) *~a disco* disk engine; (*Mot*) *~a due tempi* two-stroke engine; (*Mot*) *~a gas* gas engine; (*Mot*) *~a iniezione* injection engine; (*Mot*) ~ *a nafta* Diesel engine, oil engine; (*Mot*) *~a orologeria* driving clock; (*Mot*) *~a pistoni rotanti* cat-and-mouse engine; (*Mot*) *~a* *quattro cilindri* four-cylinder engine; (*Mot*) ~ *a quattro tempi* four-stroke engine; (*Aer*) ~ *a razzo* rocket engine; (*Aer*) ~ *a reazione* jet engine, reaction engine; (*Mot*) ~ *a rotore eccentrico* eccentric rotor engine; (*Mot*) ~ *a scoppio* explosion engine; (*Mot*) ~ *a turbina* turbine engine; (*Mot*) ~ *a turbogetto* turbo-jet engine; (*Mot*) ~ *ad aria compressa* compressed-air motor; (*Mot*) ~ *asincrono* asynchronous motor; ~ *ausiliario*: 1 (*Mot*) auxiliary engine; 2 (*Ferr*) (*per salite a forte pendenza*) booster engine; 3 (*Mecc*) (*di macchinario*) donkey engine, auxiliary motor; 4 (*Aer*) sustainer, rocket engine; (*Cin*) ~, *ciac si gira!* ready now, roll camera, action!; (*Mot*) ~ *di avviamento* (motor) starter; (*Mot*) ~ *di giro* replacement engine, exchange engine; (*Inform*) ~ *di ricerca* search engine; (*Mot*) ~ *di riserva* spare engine; (*Mot*) ~ *di rotazione* replacement engine, exchange engine; (*Mot*) ~ *Diesel* Diesel engine; (*El*) ~ *differenziale* differential motor; (*Mot*) ~ *elettrico* electric motor, electromotor; (*Mar*) ~ *entrobordo* inboard engine; (*Fis*) ~ *eolico* wind engine; (*Mar*) ~ *fuoribordo* outboard engine; (*Mot*) ~ *idraulico* hydraulic engine; (*El*) ~ *lineare* linear motor; (*Mot*) ~ *monoblocco* monobloc engine; (*Mot*) ~ *monocilindrico* single-cylinder engine; (*Fis*) ~ *nucleare* nuclear engine; (*Mot*) ~ *posteriore* rear engine; (*Mot*) ~ *quadro* quad engine; (*El*) ~ *sincrono* synchronous motor; (*Mot*) ~ *stellare* radial engine; (*El*) ~ *trifase* three-phase motor; (*Aut,Mot*) ~ *turbo* turbo engine, turbocharged engine.

motoretta *f.* motor scooter.

motorino *m.* motor scooter, scooter, moped, motor bike. □ (*Mot*) ~ *di avviamento* starter, engine starter.

motorio *a.* motor (*attr.*), motory (*anche* *Fisiol*): *nervo* ~ motor nerve; *funzione motoria* motor function.

motorismo *m.* (*Sport*) motor sports *pl.*

motorista *m.* engineer, motor mechanic.

motoristica *f.* mechanical engineering.

motoristico (*pl.* -**ci**) *a.* motor (*attr.*), motor-sports (*attr.*): *gare motoristiche* motor (sports) races.

motorizzare (**motorìzzo**) **I** *v.t.* **1** (*dotare di motore*) to motorize, to power. **2** (*dotare di veicoli a motore*) to motorize. **II** *v.pron.* **motorizzarsi** (*colloq*) **1** (*munirsi di macchina*) to get a car. **2** (*munirsi di motocicletta*) to get a motorcycle.

motorizzato *a.* motorized: *truppe motorizzate* motorized troops. □ (*colloq*) *essere* ~: 1 (*avere la macchina*) to have a car; 2 (*avere la motocicletta*) to have a motorcycle.

motorizzazione *f.* **1** motorization. **2** (*ispettorato della motorizzazione*) traffic control authority.

motorsailer /ˌmɔtɔrˈsejlər/ *m.inv.* (*Mar*) motorsailer, motor sailer.

motoscafo *m.* (*Mar*) motorboat, powerboat. □ (*Mar*) ~ *da competizione* speedboat; (*Mar*) ~ *da crociera* cruiser; (*Mar*) ~ *da diporto* pleasure motorboat.

motoscooter /-ˈskuter/ *m.inv.* motorscooter.

motosega *f.* (*Mecc*) chain saw.

motosilurante *f.* (*Mar.mil*) motor torpedo boat, mosquito boat, PT boat.

motoslitta *f.* **1** snowmobile, skimobile. **2** (*gatto delle nevi*) snowcat, snowmobile, ski-mobile.

mototorpediniera *f.* (*Mar*) motor torpedo boat.

mototrazione *f.* motor traction.

motovedetta *f.* (*Mar*) motor patrol boat. □ ~ *della guardia di finanza* revenue pa-

---

trol boat.

motoveicolo *m.* motor vehicle.

motoveliero *m.* (*Mar,rar*) motorsailer, motor sailer.

motovelodromo *m.* stadium for motorcycle and cycle racing.

motovettura *f.* (*Aut*) **1** three-wheeled motor vehicle, three-wheeler. **2** (*autoveicolo leggero*) light motor vehicle.

motozappa *f.* (*Agr*) motor hoe.

motozattera *f.* **1** (*mezzo da sbarco*) landing craft. **2** (*mezzo da trasporto*) motor craft.

motrice *f.* **1** (*Ferr*) (*locomotiva*) engine, locomotive. **2** (*Aut*) tractor. □ (*Ferr*) ~ *a vapore* steam engine; (*Ferr*) ~ *diesel* diesel engine; (*Aut*) ~ *e rimorchio* tractor and trailer.

motricità *f.* motility.

motteggiare (**mottéggio, mottéggi**) **I** *v.t.* (*lett*) (*canzonare*) to mock, to make fun of, to chaff, to tease, to banter. **II** *v.i.* (*lett*) (*aus.* **avere**) to joke, to jest, to crack jokes, to make quips, to make witty remarks.

motteggiatore I *m.* (*f.* -**trice**) (*lett*) mocker, teaser, scoffer. **II** *a.* (*lett*) mocking.

motteggio *m.* (*lett*) banter, joke, jest.

mottettista *m./f.* **1** (*Lett*) motet composer. **2** (*Mus*) rhyme composer.

mottettistico *a.* (*Lett,Mus*) motet (*attr.*).

mottetto *m.* **1** (*Mus*) motet. **2** (*Lett*) rhyme, verse.

motto *m.* **1** (*sentenza*) motto, maxim: ~ *popolare* popular motto, popular maxim. **2** (*facezia*) witticism, witty remark, quip. **3** (*lett*) (*parola*) word: *senza far* ~ without a word, without saying a word. **4** (*Arald,Mil*) motto. □ ~ *di spirito* witticism, witty remark; ~ *pubblicitario* advertising slogan, slogan, catchword.

motuleso I *a.* (*Med*) disabled. **II** *m.* (*f.* -**a**) (*Med*) disabled person.

motuproprio *m.inv.* motu proprio, on one's own initiative.

mouliné *m.* (*Tess*) twist-yarn cloth: *cotone* ~ twisted cotton.

mountain bike /ˈmɔntənˈbajk/ *f.inv.* mountain bike.

mouse /mawz/ *m.inv.* (*Inform*) mouse. □ (*Inform*) ~ *con rotella* wheel mouse, wheel-mouse; (*Inform*) ~ *ottico* optical mouse; (*Inform*) ~ *senza filo* cordless mouse.

mousse /mus/ *f.inv.* (*Gastron,Dolc*) mousse.

movente *m.* **1** (*Dir*) motive: *il* ~ *di un omicidio* the motive of a murder. **2** (*estens*) motive, reason, cause (*anche Econ*): *il* ~ *di una contestazione* the cause of a dispute; *moventi economici* economic motives. **3** (*Mecc*) driver. □ (*Econ*) ~ *precauzionale* precautionary motive; (*Econ*) ~ *speculativo* speculative motive; (*Econ*) ~ *transattivo* transactions motive.

movenza *f.* **1** carriage, movement, movements *pl.*: *movenze aggraziate* graceful movements. **2** (*rif. a opera d'arte*) attitude.

movibile *a.* movable.

movimentare (**movimènto**) *v.t.* **1** to enliven, to animate, to liven up, to revive, to stimulate: ~ *una festa* to liven up a party. **2** (*Econ*) (*effettuare operazioni*) to operate, to operate upon, to move: ~ *un conto* to operate upon an account; ~ *il portafoglio* to shuffle one's securities portfolio. **3** (*spostare*) to handle, to move. □ (*Econ*) ~ *il mercato* to enliven the market.

movimentato *a.* **1** lively, animated, full of life (*posposto*). **2** (*pieno di movimento*) busy, crowded: *una serata movimentata* a lively evening; *una strada movimentata* a busy street. **3** (*ricco di eventi*) eventful, agitated: *vita movimentata* eventful life.

---

movimentazione *f.* (*Comm*) handling, transport, movement: ~ *delle merci* handling of goods.

movimento *m.* **1** movement, motion: *essere in* ~ to be in motion, to be moving; ~ *lento* slow movement; *il* ~ *della terra attorno al sole* the movement of the earth around the sun; *libertà di* ~ freedom of movement (*anche fig*). **2** (*mossa*) movement, move: *un* ~ *delle braccia* a movement of the arms; *fare un* ~ *con la mano* to move one's hand; *un* ~ *brusco* a sudden movement; *fare un* ~ *falso* to make a false move. **3** (*ginnastica*) exercise: *ho bisogno di fare un po' di* ~ I need to do some exercise. **4** (*Comm*) (*spostamento*) movement, transfer, handling: *movimenti di magazzino* stock movements; ~ *di merci* transfer of goods, handling of goods, freight traffic, goods traffic. **5** (*fig*) (*animazione*) activity, animation, bustle, hustle and bustle. **6** (*fig*) (*traffico*) traffic, movement: ~ *ferroviario* rail traffic; ~ *stradale* road traffic. **7** (*corrente,organismo*) movement: ~ *nazionalista* nationalist movement; ~ *femminista* women's movement. **8** (*Mus*) tempo, movement: *primo* ~ first movement. **9** (*Mecc*) (*corsa*) movement, action; (*trazione*) traction, drive; (*meccanismo*) mechanism, movement: *il* ~ *di un orologio* the movement of a watch; *invertire il* ~ to reverse. **10** (*Econ*) movement, flow, trend: ~ *di capitali* movement of capital, capital flow; *movimenti monetari* monetary flows; ~ *di denaro* money turnover, money movement. **11** (*Mil*) movement, evolution: ~ *di truppe* troops movement. **12** (*Art,Lett*) movement. **13** (*lett,fig*) (*moto*) motion, impulse. □ ~ *a orologeria*: 1 (*Tecn*) clockwork; 2 (*Mecc*) (*motore a orologeria*) driving clock; ~ *a scatto* trigger-action; (*Econ*) ~ *al rialzo* upward trend; (*Econ*) ~ *al ribasso* downward trend; (*Pol*) ~ *clandestino* underground movement; (*Econ*) *movimenti congiunturali* cyclical fluctuations; (*Stor*) ~ *contadino* peasant movement; (*Econ*) ~ *degli affari* turnover; ~ *dei consumatori* consumer movement; ~ *dei diritti civili* civil rights movement; ~ *del corpo* body motion; *leggere il* ~ *delle labbra* to lip-read; ~ *demografico* population shift, population movement; (*Econ*) ~ *di borsa* stock exchange turnover; ~ *di contestazione* protest movement; (*Econ*) ~ *di fondi* movement of funds; ~ *di liberazione della donna* Women's Liberation, Women's Lib, Fem Lib; ~ *di manodopera* labour turnover; (*Geol*) ~ *di massa* mass movement; ~ *di opinione* opinion trend; ~ *di opposizione* opposition movement; ~ *di protesta* protest movement; ~ *dei viaggiatori* passenger traffic, flow of travellers; (*Art*) ~ *espressionista* expressionist movement; ~ *federalista europeo* European Federalist Movement; ~ *femminista* women's movement, feminist movement; ~ *giovanile* youth movement; (*Fisiol*) ~ *involontario* involuntary movement; *mettere in* ~: 1 to set in motion, to start up, to start; 2 (*fig*) to set off, to rouse to action; *mettersi in* ~: 1 to get moving, to start moving; 2 (*colloq*) (*incamminarsi*) to start, to set out, to get moving; ~ *muscolare* muscular movement; ~ *ondulatorio*: 1 undulatory movement; 2 (*Fis*) wave motion; ~ *operaio* labour movement, workers' movement; ~ *pacifista* peace movement, pacifist movement, anti-war movement; ~ *per i diritti dell'uomo* human rights movement; ~ *per la vita* pro-life movement; (*Fisiol*) ~ *peristaltico* peristaltic movement; ~ *rotatorio* rotatory motion, rotating motion; *senza* ~: 1 motionless; 2 (*fig*) lifeless; *~sindacale* trade-union movement; (*Pol,Stor.it*) *Movimento Sociale Italiano* Italian Social Movement; *~studentesco* student movement, student protest movement; *~terrorista* terrorist movement; (*Fisiol*) *~volontario* voluntary movement.

moviola *f.* (*Cin,TV*) editing machine, moviola. □ (*Cin*) *~a tavolo* flatbed moviola; *rivedere un immagine alla* ~ to see an image again in slow motion; (*Cin*) *~verticale* upright moviola.

moxibustione *f.* moxibustion.

mozambicano I *a.* Mozambican. II *m.* (*f.* -a) Mozambican.

Mozambico *n.pr.m.* (*Geog*) Mozambique.

mozarabico *a.* (*Stor*) Mozarabic: *liturgia mozarabica* Mozarabic liturgy.

mozarabo I *m.* (*Stor*) Mozarab. II *a.* (*Stor*) Mozarabic.

mozartiano I *a.* (*Mus*) Mozartian, Mozartean, of Mozart (*posposto*). II *m.* (*Mus*) Mozart esteemer, Mozart follower.

mozione *f.* (*Parl*) motion: *presentare una* ~ to propose a motion, to bring forward a motion; *approvare una* ~ to pass a motion; *respingere una* ~ to reject a motion; *appoggiare una* ~ to carry a motion, to support a motion; *la* ~ *è stata approvata unanimamente* the motion was carried unanimously. □ *~di fiducia* motion of confidence; *~di sfiducia* motion of no-confidence; *~d'ordine* point of order; *~parlamentare* parliamentary motion.

mozzafiato *a.* breathtaking, staggering: *un abito* ~ a breathtaking dress; *una bellezza* ~ a staggering beauty.

mozzare (**mózzo**) *v.t.* 1 to cut off, to chop off: ~ *il capo a qcu.* to chop off so.'s head, to behead so. 2 (*tagliare la coda*) to dock: ~ *la coda a un cane* to dock a dog's tail. 3 (*fig*) to cut sth. short, to break off: ~ *la parola in bocca a qcu.* (o ~ *la parola in gola a qcu.*) to cut so. short. □ *~il fiato* to take one's breath away; *una salita che mozza il fiato* a climb that takes one's breath away; (*fig*) *da* ~ *il fiato* breathtaking; *era bella da* ~ *il fiato* her beauty took my breath away; (*fig*) *~il respiro* to take one's breath away.

mozzarella *f.* (*Alim*) mozzarella. □ (*Alim*) *~di bufala* buffalo mozzarella, mozzarella made from buffalo milk; (*Gastron*) *~in carrozza* mozzarella fried in a light batter and bread.

mozzatura *f.* 1 (*il mozzare*) cutting off, chopping off. 2 (*di coda*) docking. 3 (*parte mozzata*) part cut off, end.

mozzetta *f.* (*Rel.catt*) mozzetta, mozzetta. □ (*Rel.catt*) *~rossa* red mozzetta; (*Rel.catt*) *~viola* violet mozzetta.

mozzicone *m.* stump, stub, butt, end. □ *~di matita* pencil stub, pencil stump; *~di sigaretta* cigarette end, cigarette butt; (*colloq*) fag end.

mozzo [1] *a.* 1 cut off; (*mutilato*) mutilated: *un orecchio* ~ a cut off ear. 2 (*rif. alla coda*) docked. 3 (*fig*) (*interrotto*) broken: *frase mozza* broken sentence.

mozzo [2] *m.* 1 (*Mar*) ship boy. 2 (*ant*) (*servo*) boy, lad. □ (*Mar*) *~di cabina* cabin boy; (*Mar*) *~di coperta* deck boy, halfman; *~di stalla* stable-boy, groom.

mozzo [3] *m.* (*Mecc*) hub; (*di un'elica*) boss. □ (*Mecc*) *~a ruota libera* freewheel hub; (*Mecc*) *~della ruota* wheel hub; *~dell'elica* : 1 (*Aer*) propeller hub, screw-propeller hub; 2 (*Mar*) screw boss.

MPI *Ministero della pubblica istruzione* (Ministry of public Education).

MS *Maurizio MS* (Mauritius).

ms. (*Filol*) *manoscritto* ms (manuscript).

m/s *metri al secondo* m/s (metres per second).

MSI (*Pol,Stor.it*) *Movimento Sociale Italiano* (Italian Social Movement).

mucca *f.* (*Zool*) cow. □ *~da latte* milk cow, milker, dairy cow; *~gravida* cow in calf, pregnant cow; (*colloq*) *~pazza* : 1 mad cow; 2 (*malattia*) mad cow disease.

mucchietto *m.* small heap.

mucchio *m.* 1 heap, pile, mass: *un* ~ *di carte* a heap of papers; *un* ~ *di vestiti* a pile of clothes. 2 (*fig*) (*grande quantità*) mass, lot, heap: *un* ~ *di gente* a lot of people; *un* ~ *di bugie* a pack of lies. □ *a mucchi* in plenty, galore; (*colloq*) *avere un ~di soldi* to have a lot of money, to be rolling in money, to be loaded; *guadagnare un* ~ *di soldi* to gain a lot of money; *costerà un ~ di soldi* it will cost an arm and a leg; (*fig*) *mettere tutti in un* ~ to treat everyone in the same way.

mucico *a.* (*Chim*) mucic: *acido* ~ mucic acid.

mucido I *a.* (*rar*) musty, mouldy. II *m.* (*rar*) mould, mustiness.

mucillaggine *f.* (*Bot*) mucilage.

mucillagginoso *a.* (*Bot*) mucilaginous.

mucillagine *f.* (*Bot*) mucilage.

mucillaginoso *a.* (*Bot*) mucilaginous.

muco (*pl.* **-chi**) *m.* (*Biol,Med*) mucus. □ (*Fisiol*) *~cervicale* cervical mucus.

mucopus *m.* (*Med*) mucopus.

mucosa *f.* (*Anat*) mucosa, mucous membrane.

mucosità *f.* (*Med*) 1 mucosity. 2 (*muco*) mucus.

mucoso *a.* 1 (*Anat*) (*relativo al muco*) mucous. 2 (*simile a muco*) mucous, muculent.

mucoviscidosi *f.* (*Med*) mucoviscidosis.

mucronato *a.* (*Anat,Bot*) mucronate.

mucrone *m.* (*Anat,Biol*) mucro.

muda *f.* (*Zool*) moult, moulting. □ (*Zool*) *fare la* ~ to moult.

muezzin *m.* (*Rel.islam*) muezzin.

muffa *f.* mould, (*Am*) mold, mildew: *odore di* ~ mouldy smell; *coperto di* ~ mouldy, (*Am*) moldy, mildewy; *sapere di* ~ to taste mouldy. □ *fare la* ~: 1 to go mouldy, to mildew; 2 (*fig*) (*stare nell'ozio*) to idle; *~grigia* botrytis.

muffire (**muffisco, muffisci**; *aus.* **essere**) *v.i.* 1 to go mouldy, to go musty, to mildew. 2 (*fig*) to go to seed, to run to seed. 3 (*fig*) (*rif. a cose*) to lie idle.

muffito *a.* mouldy, (*Am*) moldy, musty.

muffola *f.* 1 (*guanto*) mitten. 2 (*El*) box: ~ *di derivazione* dividing box, junction box. 3 (*Tecn*) muffle: *forno a* ~ muffle kin.

muffosità *f.* mouldiness, (*Am*) moldiness, mustiness.

muffoso *a.* mouldy, (*Am*) moldy, musty, mildewed.

muflone *m.* (*Zool*) mouflon, moufflon.

muftì *m.* (*Rel.islam*) mufti.

mugghiare (**mugghio, mugghi**; *aus.* **avere**) *v.i.* 1 (*muggire*) to moo, to low, to bellow. 2 (*fig*) to hawl, to bellow, to roar. 3 (*fig*) (*di vento*) to hawl, to wail; (*di mare*) to roar; (*di tuono*) to rumble, to thunder.

mugghio *m.* (*rif. a mare, vento e sim.*) roar, howl.

muggine *m.* (*Itt*) (*cefalo*) mullet.

muggire (**muggisco, muggisci, muggisce/ mugge**; *aus.* **avere**) *v.i.* 1 to moo, to low, to bellow. 2 (*fig*) (*di vento*) to hawl, to wail; (*di mare*) to roar; (*di tuono*) to rumble, to thunder.

muggito *m.* 1 moo, low. 2 (*fig*) (*rif. a mare, vento e sim.*) roar, howl.

mughetto *m.* 1 (*Bot*) lily of the valley. 2 (*Med*) thrush.

mugic *m.* (*Stor*) mujik, moujik, muzhik.

mugnaia *f.* 1 (*woman*) miller. 2 (*moglie di mugnaio*) miller's wife. 3 (*Zool*) (*mugnaiaccio*) great black-backed gull. □ (*Gastron*) *alla* ~ meunière, à la meunière: *sogliola alla* ~ *sole* meunière.

mugnaio *m.* miller.

mugo (*pl.* **-ghi**) □ (*Bot*)*pino* ~ mugo pine, mugho pine, mountain pine, dwarf mountain pine.

mugolamento *m.* whimpering, whining.

mugolare (**mùgolo**) I *v.i.* (*aus.* **avere**) 1 (*spec. di animali*) to whimper, to whine, to yelp. 2 (*estens*) (*lamentarsi, gemere*) to moan, to groan, (*colloq*) to grizzle: ~ *per il dolore* to moan in pain; *~di piacere* to moan with pleasure, to moan in pleasure. II *v.t.* (*borbottare*) to mutter, to mumble.

mugolio *m.* 1 whimpering, whining. 2 (*lamento*) moaning, groaning. 3 (*borbottio*) muttering, mumbling.

mugolio *m.* dwarf pine needle oil.

mugugnare (**mugùgno**; *aus.* **avere**) *v.i.* (*region*) (*borbottare*) to mutter, to grumble, to mumble.

mugugno *m.* (*region*) muttering, grumbling, mumbling.

mujaheddin /mudʒae'din/ *m.inv.* (*Pol,Rel. islam*) mujaheddin, mujahedeen, mujahideen.

mula *f.* (*Zool*) she-mule.

mulaggine *f.* mulishness, stubbornness.

mulattiera *f.* mule track, muletrack.

mulattiere *m.* muleteer, mule driver.

mulattiero *a.* mule (*attr.*): *sentiero* ~ mule path.

mulatto I *m.* (*f.* -a) mulatto (*f.* -tress). II *a.* mulatto.

muletto *m.* 1 (*carrello elevatore*) forklift truck. 2 (*Aut*) spare car.

muliebre *a.* woman's, feminine, womanly: *bellezza* ~ feminine beauty; *lavori muliebri* woman's work, women's work; *statua* ~ statue of a woman.

mulinare (**mulìno**) I *v.t.* 1 (*far roteare*) to twirl, to whirl, to swirl: ~ *un bastone* to twirl a stick. 2 (*rif. al vento*) to whirl, to blow, to spin. 3 (*fig*) (*architettare*) to contrive, to plot, to scheme. II *v.i.* (*aus.* **avere**) 1 to whirl, to spin, to spin round and round: *le foglie mulinavano al vento* the leaves whirled in the wind. 2 (*fig*) (*rif. a pensieri: agitarsi insistentemente*) to seethe, to hum, to race. 3 (*fig*) (*fantasticare*) to daydream, to be lost in reverie, to give free play to one's fancy, to brood (*su qcs.* on sth., over sth.).

mulinello *m.* 1 (*vortice*) eddy, whirl; (*di vento*) whirlwind; (*di acqua*) whirlpool. 2 (*ventilatore a elica*) ventilating fan. 3 (*Sport*) (*nella scherma*) moulinet. 4 (*Pesc*) fishing reel. 5 (*Aer*) (*manovra acrobatica*) wing roll, snaproll. 6 (*Mar*) windlass; (*di catena*) swivel. 7 (*giocattolo*) windmill. □ (*Tecn*) ~ *idrometrico* current meter.

mulino *m.* mill: *ruota del* ~ millwheel; *macina del* ~ millstone. □ (*Mecc*) *~a dischi* attrition mill; (*Mecc*) *~a martelli* hammer mill; *~a palmenti* : 1 (*Mecc*) buhrstone mill; 2 (*Alim*) burr mill; (*Alim*) *~a secco* dry mill; (*Mecc*) *~a tubo* tube mill; *~a vapore* steam mill; *~a vento* windmill; (*fig*) *combattere contro i* ~ *a vento* to tilt at windmills; (*fig*) *essere un* ~ *a vento* to be a weather cock; (*fig*) *parlare come un* ~ *a vento* to talk non-stop; *~ad acqua* water mill; (*Alim*) *~da grano* flour mill; (*Geol*) *~glaciale* glacier mill, moulin; (*Alim*) *~per cereali* gristmill. Prov.:

chi va al ~ si infarina he that toucheth (*o* touches) pitch shall be defiled; *il ~ non macina senz'acqua* nothing comes from nothing; you have to spend money to make money; you get out of something what you put into it.

mulo *m.* (*f.* **-a**) **1** (*Zool*) mule: *a dorso di ~* on a mule, on the back of a mule; *scalciare come un ~* to kick like a mule. **2** (*fig*) (*persona cocciuta*) mule, stubborn person. ☐ *essere testardo come un ~* to be as stubborn as a mule; *lavorare come un ~* to work like a horse; *~ da basto* sumpter mule, pack mule; (*fig*) *fare il ~* to be mulish, to be obstinate; (*Mil*) *~ meccanico* mechanical mule, army mule.

multa *f.* **1** fine, (*Am*) ticket: *prendere una ~* to be fined, to get a ticket; *infliggere una ~ a qcu.* to fine so.; *pagare una ~* to pay a fine. **2** (*Dir*) (*pena pecuniaria*) penalty: *~ a carico dei ritardatari* late penalty; *~ penitenziale* penalty for breach of contract. ☐ *~ per divieto di sosta* parking ticket; *~ per eccesso di velocità* speeding fine, speeding ticket.

multare (**mùlto**) *v.t.* to fine: *~ qcu. di dieci euro* to fine so. ten euros; *essere multato* to be fined, to get a ticket.

multicanale *a.inv.* (*TV*) multichannel (*attr.*): *televisore ~* multichannel TV; *comunicazione ~* multichannel communication; *sistema telefonico ~* multichannel telephone system.

multicellulare *a.* (*Biol*) multicellular.

multicolore *a.* multicolour, multicoloured, many-coloured, (*Am*) multicolor.

multiculturale *a.* multicultural.

multiculturalismo *m.* multiculturalism.

multidimensionale *a.* multidimensional.

multidimensionalità *f.* multidimensionality.

multidirezionale *a.* multidirectional.

multidisciplinare *a.* (*Scol*) multidisciplinary: *programma ~* multidisciplinary programme.

multielaborazione *f.* (*Inform*) multiprocessing.

multietnico (*pl.* **-ci**) *a.* multi-ethnic: *società multietnica* multi-ethnic society.

multifattoriale *a.* **1** (*Econ*) multifactor: *produttività ~* multifactor productivity. **2** (*Med*) multifactorial: *malattie multifattoriali* multifactorial diseases.

multifocale *a.* (*Ott*) multifocal: *lente ~* multifocal lens, multifocal.

multiforme *a.* multiform, variform, versatile, manifold: *talento ~* manifold skill.

multifunzionale *a.* (*Inform*) multifunction (*attr.*), multifunctional: *computer ~* multifunctional computer.

multifunzionalità *f.* multifunctionality.

multifunzione *a.inv.* (*Inform*) multifunction (*attr.*), multifunctional.

multigrade /mʌlti'greɪd/ *a.inv.* multigrade: *olio ~* multigrade motor oil.

multilaterale *a.* **1** multilateral, many-sided. **2** (*Econ,Pol*) multilateral: *accordo ~* multilateral agreement; *compensazione ~* multilateral clearing.

multilateralismo *m.* (*Econ,Pol*) multilateralism.

multilateralità *f.* (*Econ,Pol*) multilateralism.

multilineare *a.* (*Mat*) multilinear: *forma ~* multilinear form.

multilingue *a.* multilingual: *glossario ~* multilingual glossary.

multilinguismo *m.* multilingualism.

multimedia I *m.inv.* multimedia. II *a.inv.* multimedia (*attr.*).

multimediale *a.* multimedia (*attr.*): *linguaggi multimediali* multimedia languages.

multimetro *m.* (*El*) multimeter.

multimiliardario I *a.* multibillionaire (*attr.*). II *m.* (*f.* **-a**) multibillionaire.

multimilionario I *a.* multimillionaire (*attr.*). II *m.* (*f.* **-a**) multimillionaire.

multimodale *a.* multimodal: *trasporto ~* multimodal transportation.

multinazionale I *a.* multinational. II *f.* multinational corporation, multinational company, multinational: *una ~ americana* an American multinational.

multipara *f.* (*Biol*) multipara.

multiparo *a.* (*Biol*) multiparous.

multipartitismo *m.* (*Pol*) multipartitism.

multipiano *a.inv.* multi-storey (*attr.*).

multiplano *m.* (*Aer*) multiplane.

multiplex *m.* (*Tel*) multiplex.

multiplexer *m.inv.* (*Elettron,Tel*) multiplexer.

multiplo I *a.* multiple: *gravidanza multipla* multiple pregnancy; (*Bot*) *frutto ~* multiple fruit. II *m.* (*Mat*) multiple: *sei è ~ di tre* six is a multiple of three; *minimo comune ~* lowest common multiple, least common multiple.

multipolare *a.* **1** (*Fis,El*) multipolar: *macchina elettrica ~* multipolar machine. **2** (*fig*) (*che ha più centri*) many-centred, multi-centred.

multipolarità *f.* **1** (*Fis,El*) multipolarity. **2** (*fig*) multi-centredness.

multipolo *a.inv.* (*Fis*) multipole (*attr.*). II *m.* (*Fis*) multipole: *~ elettrico* electric multipole; *~ magnetico* magnetic multipole.

multiprocessore *m.* (*Inform*) multiprocessor.

multiproprietà *f.* (*Dir*) time-sharing housing: *avere una casa in ~* to time-share a house.

multiprogrammazione *f.* (*Inform*) multiprogramming.

multirazziale *a.* multiracial: *società ~* multiracial society.

multisala I *m./f.* (*Cin*) cineplex, multiplex cinema, multiple screen movie house, multi-screen complex. II *a.* multiplex (*attr.*): *cinema ~* multiplex cinema.

multiscafo *m.inv.* (*Mar*) multihull.

multischermo *a.inv.* multiscreen.

multisecolare *a.* centuries-old.

multistadio *a.inv.* (*Mil*) multistage: *missile ~* multistage missile.

multistrato I *a.inv.* (*Tecn*) multilayer (*attr.*). II *m.pl.* (*pannello*) multiplex.

multitasking *m.* (*Inform*) multitasking.

multiterminale *a.* (*Inform*) multiterminal.

multiuso *a.inv.* multipurpose, all-purpose (*attr.*), designed for several purposes (*posposto*): *coltellino ~* multipurpose knife, all purpose knife.

multiutente *a.* (*Inform*) multiuser (*attr.*).

multiutenza *f.* (*Inform*) multi-use, multi-access.

multivisione *f.* (*Cin*) multivision.

multivitaminico (*pl.* **-ci**) *a.* multivitaminic.

mummia *f.* **1** mummy. **2** (*fig*) (*persona vecchia e rinsecchita*) mummy, (*colloq*) old bag of bones. **3** (*fig*) (*persona retriva*) old fogey, fossil.

mummificare (**mummìfico, mummìfichi**) I *v.t.* to mummify. II *v.pron.* **mummificarsi 1** to mummify, to become mummified. **2** (*fig*) (*fossilizzarsi*) to fossilize.

mummificazione *f.* **1** mummification. **2** (*Biol*) mummy disease.

mungere (*pres.ind.* **mùngo, mùngi**; *p.rem.* **mùnsi**; *p.p.* **mùnto**) *v.t.* **1** to milk: *~ una vacca* to milk a cow. **2** (*fig*) (*spillare*) to bleed, to squeeze, to milk: *~ quattrini a qcu.* to squeeze money out of so.

mungitoio *m.* **1** (*luogo*) milking shed, milking parlour. **2** (*recipiente*) milking pail.

mungitore *m.* (*f.* **-trice**) milker, (*f.* milkmaid).

mungitrice *f.* (*macchina*) milking machine, milker.

mungitura *f.* **1** milking: *fare la ~* to milk, to do the milking. **2** (*latte munto*) quantity of milk, milk yield. ☐ *~ a mano* hand milking; *~ meccanica* machine milking.

mungo *m.* (*Zool*) Indian mongoose.

municipale *a.* **1** town (*attr.*), municipal, city (*attr.*): *giunta ~* town council, municipal council; *amministrazione ~* local government administration. **2** (*spreg*) provincial, parochial, local.

municipalismo *m.* **1** municipalism. **2** (*spreg*) parochialism.

municipalità *f.* municipality.

municipalizzare (**municipalìzzo**) *v.t.* to municipalize.

municipalizzato *a.* municipal, city-owned, city-controlled, municipalized, taken over by the municipality: *azienda municipalizzata* municipal company, city-owned company.

municipalizzazione *f.* municipalization.

municipio *m.* **1** (*ente*) municipality, town council, city council. **2** (*edificio*) town hall. **3** (*Stor.rom*) municipium.

munificamente *avv.* munificently.

munificente *a.* (*lett*) munificent, bountiful, generous.

munificenza *f.* **1** munificence, liberality, bounty. **2** (*regalo*) munificient gift.

munifico (*pl.* **-ci**) *a.* (*lett*) munificent, bountiful, generous: *una munifica elargizione* a generous donation.

munire (**munìsco, munìsci**) I *v.t.* **1** (*dotare*) to provide (*di* with), to fit, to fit out (*di* with), to equip (*di* with): *~ un'auto della ruota di scorta* to equip a car with a spare wheel; *~ di denaro* to provide with money. **2** (*lett*) (*fortificare*) to fortify, to strengthen: *~ una città di mura* to fortify a town with walls. II *v.pron.* **munirsi 1** to provide oneself (*di* with), to supply oneself (*di* with), to furnish oneself (*di* with): *munirsi di provviste* to furnish oneself with provisions, to stock up; *munirsi di pazienza* to arm oneself with patience. **2** (*premunirsi*) to guard, to protect oneself (*di* with), to equip oneself (*di* with): *munirsi di abiti pesanti contro il freddo* to protect oneself with warm clothing against the cold.

munito *a.* **1** provided (*di* with), supplied (*di* with), furnished (*di* with), fitted, fitted out (*di* with), equipped (*di* with). **2** (*lett*) (*fortificato*) fortified, strenghtened. ☐ *essere ~ di biglietto* to have a ticket; *essere ~ di licenza* to be licensed; *~ di santa pazienza* possessing the virtue of patience, very patient.

munizionamento *m.* **1** (*Mil*) munitioning. **2** (*munizioni*) munitions pl., ammunition: *~ navale* naval munitions.

munizioni *f.pl.* munitions, ammunition (*costr.sing.*): *esaurire le ~* to run out of ammunition; *rifornire di ~* to supply with ammunition. ☐ *~ aeree* air force munitions; (*Mil*) *~ complete* complete round (*sing.*), complete rounds; *~ da caccia*: **1** (*cartucce*) cartridges; **2** (*pallini*) shots; **3** (*polvere*) gunpowder (*costr.sing.*); *~ navali* naval munitions.

munsi → **mungere**.

muoio → **morire**[1].

muovere (*pres.ind.* **muòvo, muòvi**, **muoviàmo, muovéte, muòvono**; *impf.ind.* **muovévo**; *p.rem.* **mòssi**; *fut.* **muoverò**; *pres.cong.* **muòva, muoviàmo, muoviàte,**

muòvano; *impf.cong.* **muovéssi**; *p.p.* **mòsso**; *ger.* **muovèndo**) **I** *v.t.* **1** to move: ~ *le braccia* to move one's arms. **2** (*agitare*) to move, to stir: *il vento muove le foglie* the wind stirs the leaves. **3** (*fare muovere*) to move, to drive, to turn: *il vapore muove la locomotiva* the steam drives the engine; *l'acqua muove la ruota del mulino* the water moves the mill wheel, the water turns the mill wheel. **4** (*sollevare: rif. a dubbi, questioni e sim.*) to raise, to bring up, to make: (*Dir*) ~ *un'obiezione* to raise an objection, to make an objection, to object. **5** (*fig*) (*suscitare*) to rouse, to arouse, to stir up, to move, to cause: *il riso* to cause laughter; ~ *il pianto in qcu.* to make so. cry, to move so. to tears. **6** (*lett*) (*indurre*) to move, to induce, to drive: *la fame lo mosse a rubare* hunger drove him to steal. **II** *v.i.* (*aus.* **essere/avere**) **1** to move, to go, to advance: *le truppe nemiche muovono verso la capitale* the enemy troops are advancing on the capital. **2** (*fig*) (*prendere le mosse*) to start, to move off: ~ *da posizioni opposte* to start from opposite positions. **3** (*nei giochi di società*) to move: *chi muove per primo?* who moves first?; *a chi tocca ~?* whose move is it?; *tocca a te a ~* it's your turn to move, it's your move. **III** *v.pron.* **muoversi 1** to move, to move about, to stir: *il malato non poteva muoversi* the sick man was unable to move; *nessuno si muova!* nobody move!, stand still everybody! **2** (*mettersi in moto*) to move off, to start, to get going: *la carrozza finalmente si mosse* the carriage finally moved off. **3** (*mettersi in cammino*) to set out. **4** (*essere in moto*) to move, to turn: *la terra si muove intorno al sole* the earth moves round the sun, the earth turns round the sun. **5** (*fig*) to make a move, to take action: *nessuno si mosse in suo aiuto* nobody made a move to help him. **6** (*colloq*) (*sbrigarsi*) to hurry up, to get a move on: *muoviti!* hurry up!, (*colloq*) get a move on!; *ti muovi?* are you coming? ☐ (*fig*) ~ *qcua compassione* to move so.; ~ *qcua pietà* to move so. to pity, to arouse so.'s pity; ~*a sdegno* to make indignant, to arouse the anger of, to harness resentment, to harness people's resentment; (*Econ*) ~*al rialzo* to edge upwards; (*Econ*) ~*al ribasso* to edge downwards; (*Dir*) ~*causa a qcu.* to sue so.; (*fig*) ~ *cielo e terra* to move heaven and earth, to leave no stone unturned; (*fig*) ~*delle critiche a qcu.* to criticize so.; ~*guerra a* to wage war against, to wage war upon; (*Mil*) ~*il campo* to break camp; ~*il fuoco* to poke the fire; (*lett*) ~*incontro a qcu.* to go towards so., to move towards so., to head for so., to make for so.; ~ *la coda* (*scodinzolare*) to wag one's tail; (*Econ*) ~*la posizione* to gear one's securities portfolio; (*fig,pop*) **muovi le chiappe** ! (*Br*) move your arse!, (*Am,volg*) move your ass!; (*colloq*) ~*le gambe* (*sgranchirle*) to stretch one's legs; (*ant*) ~*lite* to bring an action, to sue; (*fig*) ~*mari e monti* to move heaven and earth; (*fig)non* ~*un dito* not to lift a finger, not to make a move; (*fig*) ~*rimproveri a qcu.* to reproach so., to scold so., to rebuke so.; ~*un passo* to take a step (*anche fig*); ~ *i primi passi* to begin toddling, to start walking, to take one's first steps; ~*una pedina* : **1** (*nella dama*) to move a man, to move a piece; **2** (*negli scacchi*) to move a pawn; **3** (*fig*) to make a move; ~*un'accusa contro qcu.*: **1** (*Dir*) to bring a charge against so., to accuse so.; **2** (*rif. a personaggio pubblico*) to impeach so. *Prov.*: *non si muove foglia che Dio non voglia* not a leaf stirs but God wills it.

mura [1] *f.* (*Mar*) tack: ~ *di fiocco* jib tack; *angolo di* ~ tack of sail.

mura [2] → **muro**.

muraglia *f.* **1** wall. **2** (*fig*) (*barriera*) wall, barrier: *una* ~ *di odio* a wall of hatred. **3** (*dello zoccolo del cavallo*) wall.

muraglione *m.* **1** retaining wall, massive wall. **2** (*rif. a fiumi e sim.*) embankment.

muraiola *f.* (*Bot*) wall pellitory.

murale [1] *a.* wall (*attr.*), mural: *manifesto* ~ wall poster; *pittura* ~ mural, wall painting; *giornale* ~ wall newspaper.

murale [2] (*pl.* **-s**) *m.spec.pl.* (*Art*) mural, wall painting.

murare (**mùro**) **I** *v.t.* **1** (*chiudere con un muro*) to wall, to wall up, to brick up: ~ *una porta* to wall up a door. **2** (*fissare nel muro*) to build (sth.) into a wall, to embed (sth.) in a wall, to immure (sth.) in a wall. **3** (*occultare*) to wall up, to wall up, to immure: ~ *un tesoro* to wall up a treasure. **4** (*Sport*) (*nella pallavolo*) to block. **5** (*assol.*) (*Edil*) (*costruire muri*) to erect walls, to build walls. **II** *v.pron.* **murarsi** to shut oneself up, to shut oneself away, to seclude oneself: *murarsi in casa* to shut oneself up at home. ☐ (*Edil*) ~*a secco* to dry-wall, to build a dry wall; ~ *qcu.vivo* to immure so., to wall up so. alive.

murario *a.* building (*attr.*): *opera muraria* building work.

murata *f.* (*Mar*) ship's side, bulwarks *pl.* ☐ (*Mar*) ~*di dritta* starboard side; (*Mar*) ~*di sopravento* weather side; (*Mar*) ~*di sottovento* lee side.

muratore *m.* **1** mason, bricklayer: *fare il* ~ to be a bricklayer; *maestro* ~ master mason. **2** (*Zool*) (*picchio muratore*) nathatch, wood nathatch.

muratura *f.* **1** (*il murare*) walling. **2** (*Edil*) (*lavoro murario*) masonry, brickwork: *lavoro di* ~ masonry, brickwork. ☐ (*Edil*) ~*a opera incerta* rubble work; (*Edil*) ~*a secco* dry masonry; (*Edil*) ~*di getto* cast masonry; (*Edil*) ~*di pietra* stonework, stone masonry; (*Edil*) ~*di sostegno* bulkhead; (*Edil*) ~*in calcestruzzo* concrete walls, concrete masonry; (*Edil*) ~*in mattoni armata* reinforced brickwork; (*Edil*) ~*refrattaria* firebrick masonry.

murena *f.* (*Itt*) moray eel.

muretto *m.* **1** fence, low wall. **2** (*parapetto*) parapet, curb.

muriatico ☐ (*Chim*)*acido* ~ muriatic acid.

muricciolo *m.* low wall.

murice *m.* (*Zool*) murex.

muridi *m.pl.* (*Zool*) muridae.

murmure *m.* **1** (*poet*) murmur. **2** (*Med*) murmur: ~ *vescicolare* vesicular murmur.

muro (*pl.* **i mùri, le mùra**; *the plural in* **-a** *is used only in a collective sense*) **I** *m.* **1** wall: *battere la testa contro il* ~ to bang one's head against the wall; ~ *cieco* blind wall. **2** (*fig*) (*barriera*) wall, barrier: *un* ~ *di indifferenza* a wall of indifference. **3** (*Equit*) wall. **4** *pl.* (*complesso di opere murarie*) walls: *le mura della città* the town walls. **5** *pl.* (*mura di cinta*) boundary walls, enclosure walls. ☐ *a* ~ wall (*attr.*): *orologio a* ~ wall clock; *un telefono a* ~ a wall-mounted telephone; *armadio a* ~ built-in wardrobe, a wall cupboard; (*Edil*) ~*a scarpa* scarp wall; (*Edil*) ~*a secco* dry wall; (*Edil*) ~*a ventola* partition wall; (*fig*) *finire al* ~ to be shot; (*Archeol*) *muraciclopiche* cyclopean walls; ~*del pianto* (*a Gerusalemme*) Wailing Wall; (*Aer*) ~*del suono* sound barrier; *superare il* ~ *del suono* to break the sound barrier; (*Stor*) *il* ~ *di Berlino* the Berlin Wall; ~*di cinta* enclosure wall, boundary wall, fencing wall; ~*di con-*

fine boundary wall, party wall; ~*di contenimento* toe wall; (*fig*) ~*di gomma* rubber wall; (*Edil*) ~*di mattoni* brick wall; (*fig*) ~*di nebbia* wall of fog; (*fig*) *un* ~*di silenzio* a wall of silence; (*Edil*) ~*di sostegno* retaining wall; (*Edil*) ~*di tramezzo* partition wall; (*Edil*) ~*divisorio* partition, partition wall; (*fig*) *chiudersi fra le mura domestiche* to shut oneself up at home; ~*esterno* outer wall; (*Sport*)*fare* ~ (*nella pallavolo*) to block; (*Edil*) ~*maestro* main wall;*mettere qcu.al* ~: **1** to drive so. to the wall; **2** (*fig*) (*fucilare*) to shoot so.; *muriperimetrali* (*o mura perimetrali*) outer walls, exterior walls; (*Edil*) ~*portante* bearing wall, load bearing wall; (*Edil*) ~ *non portante* non-bearing wall. *Prov.*: *anche i muri hanno orecchi* walls have ears too.

musa *f.* **1** (*Mitol*) muse: *le nove muse* the nine muses. **2** (*persona ispiratrice*) muse, inspiration. **3** (*ispirazione poetica*) muse, inspiration, poetical genius; (*poesia*) poetry. **4** (*lett,rar*) (*poeta*) poet. ☐ *le musecanore* the Singing Muses; *essere la ~ispiratrice di qcu.* to be so.'s inspiration.

Musa *f.* (*Mitol*) Muse.

musata *f.* (*rar*) **1** (*colpo dato col muso*) blow (with the snout). **2** (*colpo ricevuto sul muso*) bump on the nose.

muscari *m.* (*Bot*) muscari.

muscarina *f.* (*Chim*) muscarine.

muschiato *a.* **1** (*che ha odore di muschio*) musky: *profumo* ~ musky perfume. **2** (*Zool*) musk (*attr.*): *topo* ~ muskrat; *bue* ~ musk-ox.

muschio [1] *m.* (*Biol,Farm,Cosmet*) musk.

muschio [2] *m.* (*Bot*) (*musco*) moss: *ricoperto di* ~ mossy, overgrown with moss, moss-grown. ☐ ~*d'Irlanda* Irish moss.

musco (*pl.* **-chi**) *m.* (*muschio*) musk.

muscolare *a.* muscular, muscle (*attr.*): *tessuto* ~ muscular tissue; *dolore* ~ muscular pain.

muscolatura *f.* musculature, muscolar system, muscles *pl.*

muscolo *m.* **1** (*Anat*) muscle: *flettere i muscoli* to flex one's muscles; *non muovere un* ~ not to move a muscle. **2** (*Macell*) lean meat, stewing steak. **3** (*Zool*) mussel. ☐ (*Anat*) ~*abduttore* abductor muscle; (*Anat*) *muscoli addominali* abdominal muscles; (*Anat*) ~*adduttore* adductor muscle; (*Anat*) *muscoli antagonisti* antagonistic muscles; (*Anat*) ~*brachiale* brachial muscle; (*Anat*) ~*cardiaco* cardiac muscle; (*Anat*) *muscolicompressori* compressor muscles, compressors; (*Anat*) ~*contrattile* contractile muscle; (*fig*) *muscold'acciaio* muscles of steel; (*Anat*) ~*depressore* depressor muscle; (*Anat*) ~*dilatatore* dilator; (*Anat*) ~*estrinseco* extrinsic muscle; (*Anat*) ~*femorale* femoral muscle, vastus intermedius; (*Anat*) ~*flessore* flexor muscle; (*Anat*) ~*iliaco* iliac muscle; (*Anat*) ~ *involontario* involuntary muscle; (*Anat*) *muscolilisci* smooth muscle, plain muscles; (*Anat*) ~*pellicciaio* cutaneous muscle; (*Anat*) *muscolipettorali* pectoral muscles, chest muscles; (*Anat*) ~*scaleno* scalenus; (*Anat*) *muscolistriati* striated muscles, striped muscles; (*fig*) *esseretutto muscoli e niente cervello* to be all brawn and no brain; (*Anat*) ~*volontario* voluntary muscle.

muscolosità *f.* muscularity, brawniness.

muscoloso *a.* **1** muscular: *braccia muscolose* muscular arms. **2** (*rif. a persona*) muscular, brawny, sinewy.

muscoso *a.* mossy.

muscovite *f.* (*Min*) muscovite.

museale *a.* museum (*attr.*).

musello *m.* muffle.

museo m. museum: custode di ~ museum keeper. □ ~ d'arte art museum; ~ di arte moderna museum of modern art; ~ della scienza science museum; ~ delle cere wax museum, waxworks (costr.sing. o pl.); ~ di storia naturale natural history museum; ~ etnografico ethnographic museum; ~ militare military museum; ~ navale naval museum; ~ storico history museum; ~ zoologico zoological museum.
museografia f. museography.
museografico a. museographic.
museologia f. museology.
museotecnica f. **1** museum technique. **2** (tecnologia museale) museum technology.
museruola f. muzzle. □ mettere la ~ al cane to muzzle the dog, to put a muzzle on the dog; (fig) mettere la ~ a qcu. to silence so., to muzzle so.
musetta f. nosebag, (Am) feedbag.
musette /my'zɛt/ f.inv. (Mus) (strumento, danza) musette.
musetto m. **1** (piccolo muso) little snout. **2** (fig) (visino) pretty little face.
musica f. **1** (arte) music: studiare ~ to study music; ascoltare la ~ to listen to music; un maestro di ~ a music teacher. **2** (componimento musicale) music, piece of music: ~ lenta slow music. **3** (fig) music, melody: la ~ della sua voce the melody of her voice. **4** (banda) band. **5** (iron) (rumore) din, racket. □ ~ a programma programme music; ~ antica early music; ~ barocca baroque music; ~ caraibica Caribbean music; ~ classica classical music; ~ concreta concrete music; ~ country country music; ~ da ballo dance music, ballroom music; ~ da camera chamber music; ~ da discoteca disco music; ~ da film film music; (Cin) ~ di fondo background music; (Teat) ~ di scena incidental music; ~ di sottofondo background music; ~ diffusa music, dodecaphonic music; ~ elettronica electronic music; ~ etnica ethnic music; fare ~ to play music; in ~ (set) to music; ~ latina latin music; ~ leggera pop music, light music; ~ lirica opera; ~ medievale Medieval music; mettere in ~ to set to music; ~ moderna modern music; (fig) questa è ~ per le mie orecchie! that's music to my ears!; ~ per organo organ music; ~ per pianoforte piano music; ~ polifonica polyphonic music; ~ pop pop music; ~ popolare folk music; ~ profana secular music; (iron) quando finirà questa ~? when is the story going to end?; ~ rock rock music; ~ romantica Romantic music; ~ sacra sacred music, church music; ~ seriale serial music; ~ sinfonica symphonic music; ~ soffusa background music; ~ stocastica stochastic music; ~ strumentale instrumental music; ~ vocale vocal music.
musicabile a. that can be set to music (posposto), fit to be set to music (posposto).
musicabilità f. suitableness for setting to music.
musical /'mjuzikol/ m.inv. musical.
musicale a. **1** musical, music (attr.): strumenti musicali musical instruments; scuola ~ music school. **2** (estens) musical, melodious: un verso ~ a musical verse; una voce ~ a melodious voice.
musicalità f. musicality, musicalness.
musicalmente avv. musically: molto preparato ~ musically very competent.
musicante I m./f. **1** (componente di una banda) bandsman (f. -woman), player, musician. **2** (colloq,spreg) second-rate musician. **II** a. playing.

musicare (mùsico, mùsichi) v.t. to set (sth.) to music: ~ un dramma to set a play to music.
musicassetta f. cassette, music cassette.
music-hall /,mjuzik'ol/ m.inv. music hall.
musichetta f. easy tune.
musicista m./f. **1** (compositore) musician, composer. **2** (suonatore) musician, performer, artist.
musico (pl. -ci) m. (lett) musician.
musicofilo m. (f. -a) musicophile, music lover.
musicografo m. musicographer.
musicologia f. (Mus) musicology.
musicologico (pl. -ci) a. (Mus) musicological.
musicologo m. (f. -a; pl. -gi) (Mus) musicologist.
musicomane m./f. fanatical music-lover, great music-lover.
musicomania f. (spec. scherz) musicomania.
musicoterapia f. (Psic) music therapy.
musicoterapista m./f. (Psic) music therapist, musical therapist.
musivo a. mosaic (attr.): lavoro ~ mosaic work; (Chim) oro ~ mosaic gold.
müsli /'myzli/ m.inv. (Alim) muesli, (Am) granola.
muso m. **1** muzzle, snout, nose: il ~ di un cane a dog's snout. **2** (colloq,spreg) (faccia) face, ugly face, nose: rompere il ~ a qcu. to smash so.'s face in; dare un pugno sul ~ a qcu. to give so. a punch on the nose, to punch so. in the nose. **3** (broncio) pout, sulky face, long face: fare il ~ to pout, to sulk, to pull a long face; tenere il ~ a qcu. to be sulky with so., to be cross with so.; mi tiene ancora il ~ he is still cross with me. **4** (Aut,Aer) nose. □ a ~ duro resolutely, bluntly; (fig) mettere il ~ fuori to put one's nose outside; (spreg) ~ giallo Nip, gook; (fig) dire qcs. sul ~ a qcu. to say sth. to so.'s face; ridere sul ~ a qcu. to laugh in so.'s face.
musone m. (f. -a) sulky person, surly person, sulker, moper.
musoneria f. sulkiness, surliness.
mussare (mùsso; aus. avere) v.i. (Enol) to sparkle.
mussola f. (Tess) muslin, mousseline: camicia di ~ muslin shirt. □ (Tess) ~ a disegni figured muslin; (Tess) ~ di lana all-wool muslin; (Tess) ~ di seta silk muslin; (Tess) ~ stampata printed muslin.
mussoliniano I a. (Stor.it) Mussolini's, of Mussolini (posposto). **II** m. (f. -a) (Stor.it) follower of Mussolini.
must /mast/ m.inv. must, must-have: diventare un ~ to become a must.
mustacchi m.pl. moustache sing., long whiskers.
mustang m.inv. (Zool) mustang.
mustela f. (Zool) marten.
mustelide m. (Zool) mustelid: i mustelidi the weasel family, the mustelids.
musulmano I a. Muslim, Moslem: religione musulmana Muslim religion. **II** m. (f. -a) Muslim, Moslem.
muta¹ f. **1** (cambio) change, changing: dare la ~ a qcu. to relieve so. **2** (travasatura) decantation, pouring off. **3** (Zool) (muda) moult, moulting; (rif. a serpenti) sloughing: fare la ~ to moult. **4** (Mil) relief, changing of the guard: dare la ~ to change the guard. **5** (serie) set, suit: una ~ di corde a set of ropes. **6** (tuta per immersioni subacquee) diving suit, wetsuit. □ ~ da sub diving suit, wetsuit; ~ della voce breaking of the voice.
muta² f. **1** (di cani) pack. **2** (di cavalli) team.

mutabile a. **1** changeable, mutable, that can be changed. **2** (fig,rar) (voluble) changeable, inconstant, fickle.
mutabilità f. **1** changeableness, mutability. **2** (fig,rar) (volubilità) changeableness, inconstancy, fickleness.
mutamento m. change, alteration, mutation, shift: un ~ di programma a change in the programme. □ mutamenti climatici climate changes; ~ di governo change of government; (Fon) ~ fonetico sound change; (Ling) ~ linguistico linguistic change; (Ling) ~ semantico semantic change.
mutande f.pl. (Abbigl) **1** (da uomo) pants, underpants, briefs. **2** (da donna) panties, knickers, briefs. □ (scherz) ~ ascellari granny pants; (fig) rimanere in ~ to be left without money, to be broke; (fig) lasciare qcu. in ~ to take the shirt off one's back; ~ lunghe drawers, underdrawers.
mutandine f.pl. (Abbigl) panties, pants, knickers: un paio di ~ a pair of panties. □ ~ igieniche period panties.
mutandoni m.pl. long drawers.
mutante m./f. (Biol) mutant.
mutare (mùto) I v.t. **1** to change, to alter: ~ parere to change one's mind; il dolore l'ha profondamente mutata sorrow has greatly changed her. **2** (trasformare) to turn (in into). **II** v.i. (aus. essere) **1** to change, to alter: la situazione è mutata the situation has changed. **2** (trasformarsi) to change, to be transformed. **III** v.pron. mutarsi **1** (cambiare) to change. **2** (trasformarsi) to turn (in in, into): mutarsi in pietra to turn (in)to stone. □ (fig) ~ casacca to be a turncoat, to change sides; ~ d'abito to change (one's clothes); ~ d'avviso to change one's opinion, to change one's mind; ~ il vino to decant wine; ~ in meglio to change for the better; ~ in peggio to change for the worse; (Ornit) ~ le penne to moult; (fig,ant) ~ mantello (cambiare opinione) to change one's mind; (Zool) ~ pelle (rif. a serpenti) to slough off one's skin; (fig) ~ registro to change one's tune; ~ specie to change appearance; il ragazzo sta mutando voce the boy's voice is breaking, the boy's voice is changing.
mutatore m. (El) mercury vapour rectifier.
mutazionale a. (Biol) mutational.
mutazione f. **1** change, alteration, mutation. **2** (Biol,Geol,Mus) mutation. □ (Biol) ~ amber amber mutation; (Biol) ~ cromosomica chromosomal mutation; (Ornit) ~ delle penne moult; (Biol) ~ genica gene mutation; (Biol) ~ naturale natural mutation; (Biol) ~ somatica somatic mutation; (Biol) ~ spontanea spontaneous mutation.
mutazionismo m. (Biol) mutationism.
mutazionista m./f. (Biol) mutationist.
mutevole a. **1** changeable, mutable, variable. **2** (fig) (volubile) inconstant, fickle.
mutevolezza f. **1** changeability, changeableness, mutability. **2** (fig) (volubilità) inconstancy, fickleness.
mutevolmente avv. changeably.
mutezza f. (rar) dumbness, muteness.
mutico a. (Bot) muticate, muticous.
mutilare (mùtilo) v.t. **1** to mutilate, to maim, to cripple, to cut off: ~ qcu. di un braccio to mutilate so.'s arm, to cut off so.'s arm; gli hanno mutilato un orecchio they cut off his ear. **2** (fig) to mutilate: ~ un discorso to mutilate a speech.
mutilato I m. (f. -a) **1** cripple, disabled person. **2** (di guerra) disabled ex-serviceman; (civile) person disabled in the war. **3** (del lavoro) disabled worker, disabled workman. **II** a. **1** mutilated, maimed, crippled, disa-

bled, handicapped. **2** (*di guerra, del lavoro*) disabled. **3** (*fig*) mutilated.

mutilazione *f.* mutilation, maiming, crippling; (*di una statua*) disfigurement, defacement: *subire una* ~ to be maimed. □ (*Dir*) ~*volontaria* self-mutilation.

mutilo *a.* (*lett*) mutilated.

mutismo *m.* **1** (*lo stare muto*) (stubborn) silence, muteness. **2** (*Med*) mutism, dumbness, muteness.

muto I *a.* **1** dumb, mute: ~ *dalla nascita* dumb from birth, born dumb. **2** (*senza parole*) speechless, dumb, silent: *è rimasto lì* ~ he stood there speechless. **3** (*rif. a cose*) silent, soundless: *film* ~ silent film. **4** (*non espresso*) mute, silent, voiceless, speechless: *muta ammirazione* silent admiration; *una muta preghiera* a voiceless prayer. **5** (*Ling*) mute, muted, silent: *vocale muta* silent vowel; *acca muta* silent aitch. **6** (*Edit*) (*di cartina ecc.*) blank. **II** *m.* **1** (*f.* **-a**) mute, dumb person: *il linguaggio dei muti* deaf-and-dumb language. **2** (*Cin*) silent cinema, (*Am*) silent movies *pl.* □ (*fig*) *essere* ~*come un pesce* to be tight-lipped; (*fig*) *essere* ~ *come una tomba* to be as silent as a grave; *fare il* ~ to play dumb.

mutolo I *a.* (*lett*) dumb. **II** *m.* (*f.* **-a**) (*lett*) dumb person.

mutria *f.* (*lett*) **1** (*viso accigliato*) sullen face, surly face. **2** (*viso superbo*) haughty expression.

mutua *f.* **1** (*colloq*) (*cassa mutua*) (*Br*) health insurance scheme, health insurance fund, (*Am*) medical insurance plan, health insurance plan: *pagare la* ~ to pay one's health insurance contribution. **2** (*società mutualistica*) mutual aid society, mutual aid association. □ (*ant*) ~*aziendale* workers' sickness fund; (*ant*) *mettersi in* ~ to ask for sick leave, (*Br,colloq*) to go sick, (*Am,colloq*) to go on sick leave, to call in sick.

mutuabile *a.* **1** (*Farm*) that can be prescribed (under the National Health Service). **2** (*Econ*) loanable, investible.

mutualismo *m.* (*Biol*) mutualism.

mutualista *m./f.* **1** (*colloq,ant*) panel doctor, doctor participating in a health insurance plan, (*Am*) HMO doctor. **2** (*Biol*) mutualist.

mutualistico (*pl.* **-ci**) *a.* **1** mutual: *assistenza mutualistica* mutual assistance. **2** (*Assic*) health insurance (*attr.*), national insurance (*attr.*): *assistenza mutualistica* health insurance assistance; *ente* ~ health insurance institute. **3** (*Biol*) mutual: *simbiosi mutualistica* mutualism.

mutualità *f.* mutual aid, mutual assistance, mutuality.

mutuante I *a.* (*Dir*) lending, loaning: *banca* ~ loaning bank. **II** *m./f.* (*Dir*) (money) lender.

mutuare (**mùtuo**) *v.t.* **1** (*prendere in prestito*) to borrow. **2** (*Dir,rar*) (*dare in mutuo*) to lend, to loan; (*ricevere in mutuo*) to borrow.

mutuato I *a.* **1** (*preso in prestito*) borrowed (*anche estens*). **2** (*Ling*) adopted from another language: *una parola mutuata dal francese* a word taken from French, a word borrowed from French. **3** (*rar*) (*dato in prestito*) lent, loaned. **II** *m.* (*f.* **-a**) (*colloq*) insured person (under a sickness insurance scheme), National Health patient.

mutuo[1] *a.* mutual, reciprocal: *assicurazione mutua* mutual insurance; ~ *soccorso* reciprocal aid; (*Dir*) ~ *consenso* mutual agreement, mutual assent.

mutuo[2] *m.* (*Econ,Dir*) loan: *contrarre un* ~ (*o accendere un* ~) to get a loan, to obtain a loan, (*rif. a mutuo ipotecario*) to take out a mortgage; *chiedere un* ~ to apply for a loan; *concedere un* ~ to loan, to grant a loan. □ (*Econ*) ~ *a breve termine* short-term loan; (*Econ*) ~ *a lungo termine* long-term loan; (*Econ*) ~*a tasso fisso* fixed-rate loan; (*Econ*) ~*a tasso variabile* floating-rate loan; (*Econ*) ~ *agevolato* concessional loan, soft loan; (*Econ*) ~ *allo scoperto* unsecured loan; (*Econ*) ~*bancario* bank loan; ~*casa* housing loan, home loan, mortgage; *dare a* ~ to loan, to lend; (*Econ*) ~ *garantito* secured loan, loan on security; ~ *non garantito* unsecured loan; (*Econ*) ~ *indicizzato* indexed loan; (*Econ*) ~*ipotecario* mortgage loan; ~*per la casa* housing loan, home loan, mortgage; (*Econ*) ~*senza interessi* interest-free loan.

MV *Maldive* MV (Maldives).

MW 1 *Malawi* MW (Malawi). **2** (*Rad*) *onde medie* MW (medium waves).

Myanmar *n.pr.m.* (*Geog*) Myanmar.

N

n, N[1] /'ɛnne/ *f./m.* (*lettera dell'alfabeto*) n, N: *due n* two n's; *doppia n* double n; *una n maiuscola* a capital N; *una n minuscola* a small n; (*Tel*) *n come Napoli* N for Nellie, (*Am*) N as in Nancy.

N[2] **1** *nord* N, n. (north). **2** *Norvegia* N (Norway).

n. 1 *nato* b., n. (born, natus). **2** *numero* No., no. (number). **3** (*Gramm*) *neutro* n. (neuter).

n° *numero* No., no. (number).

nababbo *m.* (*Stor*) nabob (*anche fig*). □ *vivere come un ~* to live in luxury, to live in the lap of luxury; *fare una vita da ~* to live off the fat of the land, to live on the fat of the land.

Nabucodonosor *n.pr.m.* (*Bibl*) Nebuchadnezzar, Nebuchadrezzar.

nacchera *f.* **1** *spec.pl.* (*Mus*) castanet. **2** (*Zool*) nacre.

nacqui → **nascere**[1].

nacrite *f.* (*Min*) nacrite.

Nadia *n.pr.f.* Nadine.

nadir *m.* (*Astr*) nadir.

nadirale *a.* nadiral, nadir (*attr.*).

nafta *f.* naphtha; (*per motori Diesel*) Diesel oil; (*per riscaldamento*) fuel oil. □ *a ~* oil-fired.

naftalina *f.* (*Chim*) naphthalene; (*in palline*) moth balls *pl.*: *mettere sotto ~* to put into moth balls. □ (*fig,scherz*) *tenere in ~* (o *tenere sotto ~*) to keep under lock and key.

naftenato *m.* (*Chim*) naphthenate.

naftene *m.* (*Chim*) naphthene.

naftolo *m.* (*Chim*) naphthol.

nahuatl I *m.inv.* Nahuatl. **II** *m./f.inv.* Nahuatl.

Nahum *n.pr.m.* (*Bibl*) Nahum.

naia[1] *f.* (*Zool*) cobra.

naia[2] *f.* (*Mil,gerg*) **1** (*servizio militare*) national service, service, military service, call-up, (*Am*) draft: *essere sotto la ~* to be doing one's National Service. **2** (*vita militare*) army life, military life.

naiade *f.* (*Mitol*) naiad.

naif I *a.inv.* naive (*anche fig*): *arte ~* naïve art. **II** *m./f.inv.* naive painter.

nailon *m.* (*Chim,Tess*) nylon (*anche estens*): *di ~* nylon (*attr.*), made of nylon.

NAM *Namibia* NAM (Namibia).

Namibia *n.pr.f.* (*Geog*) Namibia.

namibiano I *a.*Namibian. **II** *m.* (*f.* **-a**) Namibian.

nanchino *m.* (*Tess*) nankeen.

Nanchino *n.pr.f.* (*Geog*) Nanjing, Nanking.

Nando *n.pr.m. dim. di* Fernando, Ferdinando.

nandrolone *m.* (*Farm*) nandrolone.

nandù *m.inv.* (*Ornit*) rhea, nandu.

nanerottolo *m.* (*f.* **-a**) little person, dwarf, midget.

nanismo *m.* (*Med,Veter,Bot*) dwarfism, nanism.

nanna *f.* (*infant*) **1** (*il dormire*) bye-byes *pl.*, beddie-byes *pl.* **2** (*ninna nanna*) lullaby. □ *andare a ~* to go beddie-byes, (*Am*) to go night night;*fare la ~* to sleep;*mettere a ~* to put to bed.

Nanni *n.pr.m. dim. di* Giovanni.

nano I *a.* dwarf (*attr.*), dwarfish: (*Bot*) *arbusto ~* dwarf shrub. **II** *m.* **1** (*nelle favole*) dwarf. **2** (*f.* **-a**) (*Med*) dwarf. **3** (*f.* **-a**) (*estens*)

(*persona di piccola statura*) little person, dwarf, midget, (*colloq*) shortie, (*spreg*) shrimp. **4** (*f.* **-a**) (*fig*) (*persona mediocre*) pygmy.

nanocefalia *f.* (*Med*) microcephaly, microcephalism.

nanocefalo *a.* (*Med*) microcephalus, microcephalic.

nanocurie /nanɔky'ri/ *m.inv.* (*Fis*) nanocurie.

nanofarad *m.inv.* (*Fis,El*) nanofarad.

nanometro, **nanometro** *m.* (*Fis*) nanometer.

nanosecondo *m.* (*Fis*) nanosecond.

nanotecnologia *f.* (*Tecn*) nanotechnology.

naos *m.inv.* (*Archeol*) naos.

NAP (*Stor.it*) *Nuclei armati proletari* (Italian terrorist group).

napalm *m.* (*Chim*) napalm. □ *al ~* napalm (*attr.*): (*Arm*) *bomba al ~* napalm bomb.

napoleone *m.* **1** (*Numism*) napoleon. **2** (*bicchiere*) brandy glass.

Napoleone *n.pr.m.* (*Stor*) Napoleon.

napoleonico (*pl.* **-ci**) *a.* Napoleonic, of Napoleon (*posposto*), Napoleon's.

napoleonide *m./f.* member of Napoleon's family.

napoletana *f.* **1** (*caffettiera*) Neapolitan coffee maker. **2** (*Gastron*) (*pizza*) pizza with tomato sauce, mozzarella, and anchovies.

napoletano I *a.* Neapolitan. **II** *m.* **1** (*f.* **-a**) Neapolitan. **2** (*dialetto*) Neapolitan, Neapolitan dialect.

Napoli *n.pr.f.* (*Geog*) Naples.

nappa *f.* **1** tassel (*anche Sart*). **2** (*Pell*) nappa, nappa leather, soft leather. **3** (*pop,scherz*) (*grosso naso*) big nose, honker, (*Am*) schnozz.

nappare (**nàppo**) *v.t.* **1** (*Pell*) to chrome-tan. **2** (*ricoprire con salsa ecc.*) to spoon onto, to place a spoonful to.

nappina *f.* tassel (*anche Sart*).

nappista *m./f.* (*Stor*) member of the NAP.

NAR (*Stor.it*) *Nuclei armati rivoluzionari* (Italian terrorist group).

narceina *f.* (*Chim*) narceine.

narcisismo *m.* (*Psic*) narcissism.

narcisista *m./f.* (*Psic*) narcissist.

narcisistico (*pl.* **-ci**) *a.* (*Psic*) narcissistic.

narciso[1] *m.* (*Bot*) narcissus.

narciso[2] *m.* (*f.* **-a**) (*fig*) narcissist, vain person.

Narciso *n.pr.m.* (*Mitol*) Narcissus.

narco (*pl.* **-cos**) *m./f.spec.pl.* (*gerg*) drug trafficker, narco-trafficker.

narcoanalisi *f.* (*Med*) narcoanalysis.

narcodollaro *m.spec.pl.* (*gerg*) narcodollar.

narcolessia *f.* (*Med*) narcolepsy.

narcosi (*f.* (*Med*) narcosis.

narcotest *m.inv.* drug test.

narcotici I *a.* drug (*attr.*): *squadra ~* drug squad. **II** *f.* drug squad.

narcotico (*pl.* **-ci**) *I* *a.* (*Farm*) narcotic. **II** *m.* (*Farm*) narcotic, drug.

narcotina *f.* (*Chim*) narcotine.

narcotizzare (**narcotizzo**) *v.t.* to narcotize.

narcotizzazione *f.* narcotization.

narcotrafficante *m./f.* drug trafficker, narco-trafficker.

narcotraffico (*pl.* **-ci**) *m.* drug traffic, nar-

co-traffic.

nardo *m.* (*Bot*) nard, spikenard.

narghilè *m.inv.* narghile, hookah.

nari *f.pl.* (*lett*) nostrils.

narice *f.spec.pl.* nostril.

narrabile *a.* that can be narrated (*posposto*), that can be told (*posposto*).

narrare (**nàrro**) **I** *v.t.* to tell, to narrate, to relate. **II** *v.i.* (*aus. avere*) to tell (*di* about), to tell the story (*di* of).

narrativa *f.* **1** (*Lett*) (*genere*) fiction, narrative literature. **2** (*Dir*) narrative.

narrativo *a.* narrative.

narratologia *f.* (*Lett*) narratology.

narratologico (*pl.* **-ci**) *a.* (*Lett*) narratological.

narratologo *m.* (*f.* **-a**; *pl.* **-gi**) narratologist.

narratore *m.* (*f.* **-trice**) **1** narrator, teller, story-teller. **2** (*Lett*) (*scrittore*) novelist, novel writer, fiction writer, author. □ (*Lett*) *~ esterno* external narrator; (*Lett*) *~interno* internal narrator; (*Lett*) *~ onnisciente* omniscient narrator.

narrazione *f.* **1** (*il narrare*) narration, telling. **2** (*Lett*) (*racconto*) story, tale. **3** (*Dir*) narrative.

nartece *m.* (*Arch*) narthex.

narvalo *m.* (*Zool*) narwhal.

NAS *Nucleo Antisofisticazioni Sanità* (Office for the prevention of the adulteration of beverages and foodstuffs).

NASA (*US*) *Ente Nazionale Aeronautico e Spaziale* NASA (National Aeronautics and Space Administration).

nasale I *a.* nasal (*anche Fon*): *fosse nasali* nasal fossae; *suono ~* nasal sound. **II** *f.* (*Fon*) nasal, nasal sound. **III** *m.* (*Stor*) (*parte dell'elmo*) nosepiece.

nasalità *f.* (*Fon*) nasality.

nasalizzare (**nasalizzo**) *v.t.* to nasalize (*anche Fon*).

nasalizzazione *f.* (*Fon*) nasalization.

nasata *f.* **1** (*colpo dato col naso*) hit with the nose. **2** (*colpo al naso*) blow on the nose.

nascente *a.* **1** (*crescente*) growing; (*emergente*) emerging. **2** (*che sorge*) dawning, rising (*anche fig*): *il giorno ~* the dawning day; *il sole ~* the rising sun. **3** (*Chim*) nascent.

nascere[1] (*pres.ind.* **nàsco, nàsci**; *p.rem.* **nàcqui**; *p.p.* **nàto**; *aus.* **essere**) *v.i.* **1** to be born: *quando sei nato?* when were you born?; *sono nata il 13 luglio* I was born on July 13th. **2** (*rif. a ovipari*) to hatch. **3** (*rif. a piante: spuntare*) to come up, to spring up. **4** (*spuntare, crescere*) to grow, to begin to grow: *gli è nata la barba* his beard has begun growing. **5** (*rif. a denti*) to come through, to cut (*costr.pers.*): *gli sono nati i primi denti* he has cut his first teeth, he has got his first teeth, his first teeth have come through. **6** (*rif. a corsi d'acqua*) to rise, to have its source. **7** (*rif. ad astri: sorgere*) to rise; (*rif. al giorno*) to break, to dawn. **8** (*fig*) to start, to spring up, to begin: *nacque subito una lite* a fight started immediately; *questa ditta è nata cento anni fa* this firm started up a hundred years ago. **9** (*fig*) (*avere inizio*) to begin, to start. **10** (*fig*) (*derivare*) to arise (*da* from, out of), to be due (to), to come about (through), to spring (from): *tutto è nato da un malinte-*

so the whole thing was due to a misunderstanding. **11** (*fig*) (*venire alla mente*) to cross one's mind, to occur: *mi nacque un dubbio* a doubt crossed my mind. ☐ *~a termine* to be born at full term; *è nato loro un bambino* they have had a baby; *~ come funghi* to sprout like mushrooms, to spring up like mushrooms, to shoot up like mushrooms; *~ di sette mesi* to be born at seven months; *~ donna* to be born a woman; (*fig*) *fare ~*: **1** (*provocare*) to cause, to bring about; **2** (*destare*) to arouse, to awaken, to give rise to; (*scherz*) *non sono nato ieri* I wasn't born yesterday; *~ morto* to be still-born (*anche fig*); *è nato prima l'uovo o la gallina?* which came first, the chicken or the egg?, (*Br*) which came first, the hen or the egg?; *cantanti si nasce, non si diventa* singers are born, not made; *~ sotto una buona stella* to be born under a lucky star; (*fig,colloq*) *essere nato stanco* to be a lazybones, to be born tired; *~ uomo* to be born a man. *Prov.*: *si sa come si nasce, non si sa come si muore* we know how we are born, not how we will die.

nascere [2] *m.* **1** (*rif. al giorno*) dawn, daybreak; (*rif. ad astri*) rise: *al ~ del sole* at sunrise. **2** (*inizio*) beginning, start, outset. **3** (*nascita*) birth. ☐ *stroncare qcs. sul ~* to nip sth. in the bud.

nascita *f.* **1** birth. **2** (*rif. a piante*) coming up. **3** (*rif. ad astri: il sorgere*) rising, rise; (*rif. al giorno*) dawn, daybreak. **4** (*fig*) (*inizio*) beginning, outset, start. **5** (*fig*) (*stirpe*) birth, descent, origin. ☐ (*fin*) *dalla ~* from birth: *è sordo dalla ~* he is deaf from birth, he was born deaf; *la ~ del sole* sunrise, (*Am*) sun-up; *di ~* (*di origine*) by birth, of birth: *è francese di ~* he is French by birth, he is French-born.

nascituro **I** *a.* unborn, yet unborn. **II** *m.* (*f. -a*) baby, unborn baby.

nascondere (*pres.ind.* **nascóndo**; *p.rem.* **nascósi**; *p.p.* **nascósto**) **I** *v.t.* **1** to hide, to conceal. **2** (*sottrarre alla vista*) to hide, to hide from view, to cut out, to cut off: *il muro nascondeva la casa* the wall hid the house. **3** (*fig*) (*celare*) to hide (*da* from), to conceal: *~ qcs. a qcu.* to hide sth. from so.; *tu mi nascondi qualcosa* you're keeping something from me; *~ un sentimento di odio* to conceal a feeling of hate. **4** (*fig*) (*dissimulare*) to disguise. **5** (*fig*) (*mettere a tacere*) to hide, to hush up, to keep: *~ la verità a qcu.* to keep the truth from so. **II** *v.pron.* **nascondersi 1** to hide (*da* from), to hide oneself (*da* from), to be hidden: *si era nascosto dietro la porta* he had (*o* he was) hidden behind the door. **2** (*rif. a bambini*) *giocare a nascondino* to play hide-and-seek. ☐ *andare a nascondersi* to hide, to hide oneself; *avere qcs. da ~* to have sth. to hide; (*fig*) *nascondersi dietro un dito* to make a poor excuse; *~ qcs. in seno* to hide sth. in one's bosom; *non ti nascondo che...* I must say that..., I must admit that...

nascondiglio *m.* **1** hiding place. **2** (*rif. a fuorilegge*) hideout.

nascondino ☐ *giocare a ~* to play hide-and-seek.

nascosi → **nascondere**.

nascostamente *avv.* (*rar*) secretly, in secret, furtively, under the table.

nascosto *a.* **1** hidden, concealed; (*rif. a persona*) hidden, in hiding (*posposto*): *rimanere ~* to stay hidden, to remain in hiding. **2** (*fig*) (*non evidente*) hidden, concealed: *desideri nascosti* hidden desires. ☐ *di ~* secretly, in secret, furtively, under the table, on the side, on the sly; *di ~ a qcu.* (*o di ~ da qcu.*) behind so.'s back.

NASDAQ I (*US,Econ*) Associazione nazionale degli operatori in titoli a quotazioni automatizzate NASDAQ (National Association of Securities Dealers Automated Quotations). **II** *m.inv.* (*US,Econ*) Nasdaq, Nasdaq stock market.

nasello [1] *m.* (*Itt*) hake.

nasello [2] *m.* **1** (*Mecc*) nib. **2** (*ferro del saliscendi*) catch. **3** (*di occhiali*) nosepiece.

naso *m.* **1** nose: *soffiarsi il ~* to blow one's nose; (*colloq*) *ho il ~ tappato* my nose is blocked, my nose is stopped up; *parlare nel ~* to talk through the nose, to speak through the nose. **2** (*olfatto*) nose, sense of smell: *avere buon ~* to have a good nose, to have a keen sense of smell. **3** (*fig*) (*fiuto*) nose, flair: *avere buon ~ per gli affari* to have a good flair for business. **4** (*in profumeria*) perfume tester. **5** (*Enol*) nose. ☐ *a ~ direi che si tratta di un problema meccanico* my nose tells me it's a mechanical problem; *andare a ~* to follow one's nose; *~ a civetta* hooked nose, beaked nose; *~ a pallottola* snub nose, pug nose; *~ a patata* button nose; *~ adunco* hooked nose; *~ alla francese* retroussé nose, turned-up nose; *~ all'insù* turned-up nose, upturned nose, snub nose; *~ aquilino* hook nose, aquiline nose; *avere ~*: **1** to have a keen sense of smell; **2** (*fig*) to be a good judge; *~ camuso* snub nose; *avere il ~ chiuso* to have a stuffy nose, to have a blocked-up nose; *~ che cola* runny nose; *~ greco* Grecian nose; (*fig*) *mettere il ~ in qcs.* to stick one's nose into sth.; *mettere il ~ fuori di casa* to poke one's nose out of doors; (*fig*) *andare in giro col ~ per aria* to look upwards, to have one's head in the clouds; *~ schiacciato* flattened nose, flat nose; *mettere qcs. sotto il ~ a qcu.* to thrust sth. under so.'s nose; *l'autobus mi è passato sotto il ~* I just missed the bus, the bus passed under my nose.

nasofaringeo *a.* (*Anat*) nasopharyngeal.

nasone *m.* **1** big nose. **2** (*f. -a*) (*persona*) person with a big nose.

naspo *m.* (*Tess*) reel.

nassa *f.* (*Pesc*) fish trap; (*per aragoste*) lobster pot.

Nasso *n.pr.f.* (*Geog*) Naxos.

nastrare (*nàstro*) *v.t.* (*Tecn*) to tape.

nastratrice *f.* (*Tecn*) tape machine, taping machine.

nastratura *f.* (*Tecn*) taping.

nastriforme *a.* ribbon-like.

nastrino *m.* ribbon (*anche Mil*).

nastro *m.* **1** (*fascia*) band: *guarnire con un ~* to trim with a ribbon. **2** (*Tecn*) tape, band, strap, ribbon. **3** (*decorazione*) ribbon. **4** (*magnetico*) tape. ☐ *a ~* ribbon (*attr.*), ribbon-like, tape (*attr.*) (*anche Mecc*); *~ adesivo* adhesive tape; *~ azzurro*: **1** (*decorazione*) blue ribbon; **2** (*persona decorata*) wearer of a blue ribbon; *~ biadesivo* double-sided adhesive tape; (*Sport*) *~ del traguardo* finishing tape; *~ di cappello* hatband; (*Mat*) *~ di Möbius* Möbius strip; (*Tecn*) *~ di telescrivente* ticker tape; (*El*) *~ isolante* insulating tape, electric tape; (*Acus*) *~ magnetico* magnetic tape; (*Sart*) *~ metrico* tape measure; *~ per capelli* hair ribbon; *~ per macchina da scrivere* typewriter ribbon; (*Inform,ant*) *~ perforato* punched tape, perforated tape; (*Mecc*) *~ trasportatore* conveyor belt, belt conveyor, ribbon conveyor.

nastroteca *f.* tape library.

nasturzio *m.* (*Bot*) nasturtium.

nasuto *a.* **1** (*dal naso grosso*) big-nosed, large-nosed. **2** (*dal naso lungo*) long-nosed.

natabile *a.* navigable.

natale I *a.* native: *paese ~* native land. **II** *m.*

1 (*giorno della nascita*) birthday, day of birth. **2** (*ricorrenza della fondazione*) anniversary of founding: *il ~ di Roma* the anniversary of the founding of Rome. **3** *pl.* (*nascita*) birth *sing.*: *essere di alti natali* to be of high birth; *la città che diede i natali a Shelley* the city where Shelley was born.

Natale *m.* (*Rel*) Christmas, (*colloq*) Xmas: *festeggiare il ~* to celebrate Christmas; *Buon ~* Merry Christmas. ☐ *a ~*: **1** (*nel periodo*) at Christmas, at Christmas time, at Christmastime; **2** (*il giorno di Natale*) on Christmas Day. *Prov.*: *~ con i tuoi e Pasqua con chi vuoi* you should spend Christmas with your family, but you can choose with whom to spend Easter.

Natalia, **Natalina** *n.pr.f.* Natalie.

natalità *f.* birth rate, natality: *a bassa ~* with a low birth rate; *a forte ~* with a high birth rate.

natalizio I *a.* **1** (*di Natale*) Christmas (*attr.*): *feste natalizie* Christmas holidays. **2** (*della nascita*) birth (*attr.*), of birth (*posposto*), natal: (*rar*) *giorno ~* birthday. **II** *m.* (*rar*) (*compleanno*) birthday.

natante I *m.* (*Mar*) craft, boat. **II** *a.* floating, swimming.

natatoia *f.* (*Zool*) flipper, paddle.

natatorio *a.* swimming: *vescica natatoria* swimming bladder.

Natel *m.inv.* (*Svizz.it*) mobile phone.

natica *f.* (*Anat*) buttock.

natimortalità *f.* (*Statist*) perinatal death rate, stillbirth rate.

natio *a.* **1** (*nativo*) native, of birth (*posposto*), of one's birth (*posposto*), home (*attr.*): *il suo paese ~* his native land, his native country, the country of his birth. **2** (*originario*) native (*di*), born (*in*).

nativismo *m.* (*Filos*) nativism.

nativista *m./f.* (*Filos*) nativist.

nativistico (*pl. -ci*) *a.* (*Filos*) nativistic, nativist.

natività *f.* **1** (*Lit,Teat*) Nativity. **2** (*Art*) Nativity scene.

nativo I *a.* **1** native, mother (*attr.*), home (*attr.*), of one's birth (*posposto*): *il suo paese ~* his native country, the country of his birth, his native land; *lingua nativa* native language. **2** (*originario*) native (*di of*), born (*in*): *essere ~ di Roma* to have been born in Rome. **3** (*Min*) native: *ferro allo stato ~* iron in the native state. **II** *m.* (*f. -a*) native.

nato → **nascere** [1] **I** *a.* **1** born: *un bambino appena ~* a new-born baby. **2** (*rif. a donna sposata*) née: *Maria Bianchi nata Neri* Maria Bianchi née Neri. **3** (*posposto: con particolari attitudini*) born: *è uno scrittore ~* he is a born writer, he was born to be a writer. **II** *m.* **1** (*f. -a*) (*lett*) (*figlio*) child: *il primo ~* the first-born. **2** (*burocr*) person born (in a certain year): *i nati nel 1985* those born in 1985. ☐ (*fig*) *essere ~ con la camicia* (*o essere ~ di domenica*) (*essere fortunato*) to be born with a silver spoon in one's mouth; (*colloq*) *è il padre ~ e sputato* he is the spitting image of his father, (*Br*) he is the spit and image of his father; *~ morto* still-born, born dead; *è ~ per la musica* he is a born musician; *non è nata per fare l'insegnante* she isn't cut out to be a teacher; *~ vivo* born alive.

NATO Organizzazione del trattato nord-atlantico NATO (North Atlantic Treaty Organization).

natrice *f.* (*Zool*) grass snake.

natron *m.* (*Chim*) natron.

natta *f.* (*Med*) wen.

natura *f.* **1** nature: *i doni della* (*o di*) *~* nature's gifts. **2** (*indole*) nature, character, disposition: ~ *violenta* violent nature. **3** (*qualità*) nature: *la ~ del terreno* the nature of the land. **4** (*genere*) nature, type, kind: *questo è di tutt'altra ~* this is quite a different kind. **5** (*pop*) (*genitali*) genitals *pl.* ☐ (*Comm*) ~ *della merce* description of goods; *di ~* (*naturale*) natural; *pagare in ~* to pay in kind; ~ *matrigna* harsh nature; (*Pitt*) ~ *morta* still life; *per ~* naturally, by one's very nature: *è ambizioso per ~* he is naturally ambitious; ~ *umana* human nature.

naturale *a.* **1** natural: *scienze naturali* natural science. **2** (*secondo natura*) natural, of nature (*posposto*): *necessità naturali* natural needs. **3** (*che emula la natura*) natural, lifelike, true to life. **4** (*genuino*) natural, genuine, pure. **5** (*non finto*) real: *fiori naturali* real flowers; *questo non è il mio colore* (*di capelli*) ~ this is not my natural hair colour, this is not my real hair colour. **6** (*spontaneo*) natural: *posa* ~ natural pose; *sii* ~ be yourself. **7** (*schietto, non studiato*) natural, artless, unaffected. **8** (*prevedibile, ovvio*) natural, obvious, normal: *è ~ che i genitori amino i loro figli* it is natural for parents to love their children. **9** (*Dir*) (*illegittimo*) natural, illegitimate: *figlio ~* natural son. ☐ *al ~*: **1** (*a grandezza naturale*) life-size (*attr.*), actual size (*attr.*); **2** (*Alim*) au naturel, plain; *più piccolo del ~* smaller than life-size; *più grande del ~* larger than life-size; *mi viene ~* it comes naturally to me.

naturalezza *f.* **1** naturalness. **2** (*disinvoltura, spontaneità*) naturalness, spontaneity, casualness: *mancare di ~* to be unnatural, to be affected, to be stilted. ☐ *con ~* naturally, unaffectedly.

naturalismo *m.* naturalism.

naturalista I *m./f.* naturalist. II *a.* naturalistic.

naturalistico (*pl.* **-ci**) *a.* naturalistic.

naturalizzare (**naturalìzzo**) I *v.t.* to naturalize. II *v.pron.* **naturalizzarsi** to be naturalized, to become naturalized. **2** (*Biol*) to naturalize.

naturalizzato ☐ *è ~ inglese* he became a naturalized British subject.

naturalizzazione *f.* naturalization (*anche Biol*).

naturalmente *avv.* **1** (*certamente*) of course, naturally: *venite con noi? - ~!* are you coming with us? - Of course we are! **2** (*con naturalezza*) naturally. **3** (*per natura*) naturally, by nature: *è ~ incline all'ozio* he is naturally lazy.

naturamortista *m./f.* still-life painter.

nature /na'tyr/ *a.inv.* **1** (*semplice*) natural: *una bellezza ~* a natural beauty. **2** (*Alim*) au naturel, plain.

naturismo *m.* **1** (*nudismo*) naturism. **2** (*Med*) naturopathy. **3** (*Rel*) naturalism.

naturista I *m./f.* **1** (*Med*) naturopath. **2** (*Filos, Art*) naturist. **3** (*nudista*) naturist. **4** (*ambientalista*) environmentalist. II *a.* naturistic.

naturistico (*pl.* **-ci**) *a.* naturistic.

naturopata *m./f.* naturopath.

naturopatia *f.* naturopathy.

NAU *Nauru* NAU (Nauru).

naufragare (**nàufrago, nàufraghi**) *aus. essere/avere*) *v.i.* **1** (*rif. a nave*) to be wrecked; (*rif. a persone*) to be shipwrecked. **2** (*fig*) (*fallire*) to fail, to be ruined, to be wrecked.

naufragio *m.* **1** (*Mar*) shipwreck. **2** (*fig*) (*rovina*) wreck, wreckage, ruin, failure. ☐ *fare ~*: **1** (*di persona*) to be shipwrecked; (*di nave*) to be wrecked; **2** (*fig*) to fall through.

naufrago *m.* (*f.* **-a**; *pl.* **-ghi**) **1** shipwrecked person, survivor (of a shipwreck). **2** (*rifu-*

giatosi su un'isola) castaway.

Naum *n.pr.m.* (*Bibl*) Nahum.

naumachia *f.* (*Stor.rom*) naumachia.

Nauru *n.pr.m.* (*Geog*) Nauru.

nausea *f.* **1** nausea, sickness: *senso di ~* sick feeling, queasiness, nausea. **2** (*fig*) nausea, disgust, loathing. ☐ *avere la ~*: **1** to feel sick, to feel nauseous; **2** (*fig*) to feel sick; *dare la ~* (*o fare venire la ~*) *a qcu.*: **1** to make so. sick, to make so. feel sick, to disgust so., to nauseate so., to sicken so.; **2** (*fig*) to nauseate so., to sicken so.

nauseabondo *a.* nauseating, sickening: *odore ~* nauseating smell.

nauseante *a.* **1** nauseating, sickening: *odore ~* nauseating smell. **2** (*fig*) (*disgustoso*) nauseating, sickening, disgusting, revolting, repulsive.

nauseare (**nàuseo**) *v.t.* to nauseate, to sicken, to make (so.) sick, to make (so.) feel sick (*anche fig*): *il fumo mi nausea* smoking makes me feel sick, smoking makes me nauseous.

nauseato *a.* **1** nauseous, nauseated, sickened (*di by*), sick. **2** (*fig*) sick, disgusted, sickened.

Nausica *n.pr.f.* (*Mitol*) Nausicaä.

nauta *m.* (*lett*) mariner, pilot.

nautica *f.* **1** (*scienza*) navigation, art of navigation, nautical science. **2** (*attività*) boating, sailing. ☐ *~ da diporto* yachting.

nautico (*pl.* **-ci**) *a.* nautical: *carta nautica* nautical chart.

nautilo *m.* (*Zool*) nautilus.

nautofono *m.* (*Mar*) bell buoy.

navale *a.* **1** (*di mare*) naval, sea (*attr.*): *guerra ~* naval war, naval warfare, war at sea. **2** (*relativo alla marina*) naval, navy (*attr.*): *museo ~* naval museum.

navalismo *m.* navalism.

navalmeccanica *f.* (*Mar*) ship-engineering, shipbuilding.

navalmeccanico (*pl.* **-ci**) I *a.* (*Mar*) ship-engineering (*attr.*), shipbuilding (*attr.*). II *m.* (*Mar*) ship-engineering worker.

Navarra *n.pr.f.* (*Geog*) Navarre.

navata *f.* (*Arch*) (*centrale*) nave; (*laterale*) aisle: *a una ~* with one nave, aisleless; *a tre navate* with a nave and two aisles.

nave *f.* **1** (*Mar*) ship, vessel: *allestire una ~* to fit out a ship. **2** (*Ind,Tecn*) (*nell'industria casearia*) skimming tub, cream-separating tub. ☐ (*Mar*) ~ *a due ponti* double decker; (*Mar.mil*) ~ *a propulsione atomica* nuclear ship; (*Mar*) ~ *a vapore* steamship, steamer; (*Mar*) ~ *a vela* sailing ship, barque; (*Mar.mil*) ~ *ammiraglia* flagship; ~ *appoggio* depot ship, mother ship, tender (*anche Mar.mil*); (*Mar.mil*) ~ *ausiliaria* auxiliary ship; (*Mar.mil*) ~ *bersaglio* target ship; (*Mar*) ~ *cabotiera* coaster; (*Mar*) ~ *carboniera* coal ship, collier; (*Mar*) ~ *cisterna*: **1** (*per petrolio*) tanker; **2** (*per acqua*) water-supply ship; (*Mar.mil*) ~ *civetta* decoy, decoy ship; (*Mar, ant*) ~ *corsara* privateer; (*Mar*) ~ *costiera* coaster, coasting vessel; (*Mar.mil*) ~ *da battaglia* battleship; (*Mar*) ~ *da carico* freighter, cargo ship; (*Mar.mil*) ~ *da guerra* warship, man-of-war; (*Mar*) ~ *di piccolo cabotaggio* small coaster; (*Mar*) ~ *di linea* liner; (*Mar*) ~ *frigorifera* refrigerator ship; (*Mar*) ~ *gemella* sister ship; (*Mar*) ~ *mercantile* merchant ship; (*Mar*) ~ *oceanica* ocean-going ship; (*Mar*) ~ *officina* repair ship; (*Mar.mil*) ~ *ospedale* hospital ship; (*Mar*) ~ *passeggeri*: **1** passenger ship; **2** (*di linea*) liner, passenger liner; *andare per ~* to go by ship; (*Mar*) ~ *per il trasporto di asfalto* asphalt carrier; (*Mar*) ~ *pilota* pilot boat; (*Mar*) ~ *pirata* pirate ship, pirate; (*Mar*) ~ *portacontainer* container ship;

(*Mar*) ~ *posacavi* cable ship; (*Mar.mil*) ~ *posamine* minelayer; (*Mar.mil*) ~ *scorta* escort ship, convoy ship; (*Mar.mil*) ~ *scuola* training ship, school ship; (*Astron*) ~ *spaziale* spaceship, spacecraft.

navetta I *f.* **1** (*Ferr*) shuttle train. **2** (*autobus*) shuttle bus. **3** (*Oref*) navette. **4** (*Tess,Mecc*) shuttle. II *a.inv.* shuttle (*attr.*): *servizio ~* shuttle service. ☐ *fare la ~* to travel back and forward (*anche estens*); (*Parl,burocr*) ~ *parlamentare* passing of an approved bill from one house of the legislative branch to another; (*Astron*) ~ *spaziale* space shuttle.

navicella *f.* **1** (*Lit*) navicula, incense boat. **2** (*Aer*) (*rif. a dirigibile*) gondola; (*rif. a mongolfiera, pallone*) basket, car. **3** (*Chim*) boat. ☐ (*Astron*) ~ *spaziale* spacecraft.

navicolare *a.* (*Anat*) navicular.

navigabile *a.* **1** (*che può essere navigato*) navigable: *fiume ~* navigable river. **2** (*Mar*) (*idoneo alla navigazione*) seaworthy **3** (*Aer*) (*idoneo alla navigazione*) airworthy.

navigabilità *f.* **1** navigability. **2** (*Mar*) (*idoneità alla navigazione*) seaworthiness **3** (*Aer*) (*idoneità alla navigazione*) airworthiness.

navigante I *m./f.* **1** (*Mar*) sailor, seafarer. **2** (*Aut*) navigator. II *a.* **1** (*Mar*) sailing (*attr.*), seafaring (*attr.*). **2** (*Aer*) flight (*attr.*): *personale ~* flight crew.

navigare (**nàvigo, nàvighi**) I *v.i.* (*aus.* **avere**) **1** (*Mar*) to sail, to navigate: ~ *lungo il fiume* to sail down the river, to sail up the river. **2** (*Mar*) (*fare il navigante*) to sail (the seas), to be at sea: *naviga da vent'anni* he has been at sea for twenty years. **3** (*Aer*) to fly. **4** (*Inform*) to surf: ~ *su Internet* (o ~ *in Internet*) to surf the Internet, to surf the net. II *v.t.* to sail. ☐ *~ alla cappa* to lay to, to lie to; (*fig*) ~ *con il vento in poppa* to have the wind in one's sails, to have smooth sailing; (*fig*) ~ *contro corrente* to go against the stream; (*Mar*) ~ *di bolina* to sail close-hauled; (*fig*) ~ *in cattive acque* to be in dire straits, to be in deep water, (*colloq*) to be hard up; (*Mar*) ~ *lungocosta* to coast; (*fig*) ~ *secondo il vento* to go with the tide, to trim one's sails according to the way the wind blows; ~ *sulla scia di qcu.* to follow in the wake of so., (*fig*) to follow in so.'s footsteps.

navigato *a.* **1** (*Mar*) (*percorso da navi*) navigated. **2** (*fig*) experienced, worldly-wise (*anche spreg*).

navigatore I *m.* **1** (*f.* **-trice**) navigator, seafarer; (*marinaio*) sailor, seaman. **2** (*Aut*) navigator. **3** (*Inform*) navigator. II *a.* seafaring: *popolo ~* seafaring people. ☐ (*Inform,Tecn*) ~ *GPS* GPS navigator; (*Inform,Tecn*) ~ *satellitare* satellite navigator.

navigazione *f.* **1** (*Mar,Aer*) navigation. **2** (*viaggio per mare*) sea voyage; (*traversata*) crossing. **3** (*Inform*) navigation, surfing: *barra di ~* navigation bar; *tasti di ~* navigation keys. ☐ (*Mar*) ~ *a vapore* steam navigation; (*Mar*) ~ *a vela* sailing; (*Aer*) ~ *ad alta quota* flying at high altitude; (*Aer*) ~ *aerea* air navigation; (*Aer*) ~ *cieca* blind air navigation; (*Mar*) ~ *costiera* coastal navigation, cabotage; (*Mar*) ~ *da diporto* yachting, pleasure sailing; (*Mar*) ~ *d'altura* deep-sea sailing; (*Mar*) ~ *fluviale* inland navigation, river navigation; (*Mar*) ~ *in acque interne* inshore navigation; (*Mar*) ~ *in emersione* surface navigation; (*Mar*) ~ *in immersione* submerged running; (*Mar*) ~ *in solitario* solo navigation, single-handed navigation; (*Mar*) ~ *interna* inland navigation; (*Mar*) ~ *lacuale* lake navigation; (*Mar*) ~ *lungocosta*: **1** coastal navigation; **2** (*contrapposto a navi-*

gazione d'altura) inshore navigation; (*Mar*) ~ *marittima* maritime navigation; (*Astron*) ~ *spaziale* space navigation, space flight, space travel; (*Aer*) ~ *strumentale* instrumental navigation.

naviglio *m.* 1 (*canale navigabile*) canal, waterway. 2 (*Mar*) (*insieme delle navi*) shipping, ships *pl.*, fleet, craft (*costr.pl.*). 3 (*ant*) (*nave*) ship, vessel. □ (*Mar*) ~ *a motore* motorboats (*pl.*); (*Mar*) ~ *da carico* freighters (*pl.*); (*Mar*) ~ *da diporto* pleasure craft (*costr.pl.*); (*Mar.mil*) ~ *da guerra* fleet; (*Mar*) ~ *da pesca* fishing fleet; (*Mar*) ~ *fluviale* river craft (*costr.pl.*); (*Mar*) ~ *mercantile* merchant fleet, merchant marine; (*Mar*) ~ *peschereccio* fishing fleet.

navimodellismo *m.* 1 (*costruzione*) model-boat building, model-ship-building. 2 (*collezione*) model-boat collecting, model-ship-collecting.

navone *m.* (*Bot*) oil seed rape.

naz. *nazionale* nat. (national).

nazareno *a.* (*Bibl*) Nazarene (*attr.*), of Nazareth (*posposto*), from Nazareth (*posposto*): *Gesù* ~ Jesus of Nazareth, Jesus the Nazarene. □ *capelli alla nazarena* flowing locks.

Nazaret, **Nazareth** *n.pr.f.* (*Geog*) Nazareth.

nazifascismo *m.* (*Stor*) Nazi-Fascism (*anche estens*).

nazifascista I *m./f.* (*Stor*) Nazi-Fascist (*anche estens*). II *a.* (*Stor*) Nazi-Fascist (*attr.*) (*anche estens*).

nazificare (**nazìfico, nazìfichi**) *v.t.* to nazify.

nazionalcomunismo *m.* National Communism.

nazionalcomunista *m./f.* National Communist.

nazionalcomunistico (*pl.* **-ci**) *a.* National Communist (*attr.*).

nazionale I *a.* 1 national: *lingua* ~ national language, national tongue; *arte* ~ national art; *strada* ~ national highway. 2 (*Pol,Econ*) (*interno*) domestic, home (*attr.*), national: *prodotti nazionali* domestic products, home products; *voli nazionali* domestic flights. 3 (*esteso su tutto il territorio nazionale*) nation-wide. II *m./f.* (*Sport*) member of the national team. III *f.* (*Sport*) national team: ~ *di calcio* national football team, national soccer team.

nazionalismo *m.* nationalism.

nazionalista I *m./f.* nationalist. II *a.* nationalist, nationalistic.

nazionalistico (*pl.* **-ci**) *a.* nationalist, nationalistic.

nazionalità *f.* nationality: *sono di* ~ *britannica* I'm British, I'm of British nationality; *doppia* ~ dual nationality, dual citizenship.

nazionalizzare (**nazionalizzo**) *v.t.* to nationalize: ~ *un'azienda* to nationalize a company.

nazionalizzazione *f.* nationalization.

nazionalpopolare *a.* national-popular.

nazionalsocialismo *m.* (*Stor*) National Socialism (*anche estens*).

nazionalsocialista I *m./f.* (*Stor*) National Socialist (*anche estens*). II *a.* (*Stor*) National Socialist (*anche estens*).

nazionalsocialistico (*pl.* **-ci**) *a.* (*Stor*) National Socialist (*anche estens*).

nazione *f.* nation; (*paese*) country; (*stato*) state. □ *le Nazioni Unite* the United Nations.

naziskin *m./f.inv.* skinhead.

nazismo *m.* (*Stor*) Nazism, Naziism (*anche estens*).

nazista I *m./f.* (*Stor*) Nazi (*anche estens*). II *a.* (*Stor*) Nazi (*anche estens*).

nazistico (*pl.* **-ci**) *a.* (*Stor*) Nazi (*anche estens*).

nazzareno *a.* (*Bibl*) Nazarene (*attr.*), of Nazareth (*posposto*), from Nazareth (*posposto*): *Gesù* ~ Jesus of Nazareth, Jesus the Nazarene.

N.B. *nota bene* N.B. (nota bene, note well).

NCEU *Nuovo Catasto Edilizio Urbano* (City property registry office).

NCT *Nuovo Catasto Territoriale* (Land registry office).

N.D. *Nobil Donna* (noblewoman).

N.d.A. (*Edit*) *nota dell'autore* (author's note).

N.d.E. (*Edit*) *nota dell'editore* (publisher's note).

N.d.R. (*Edit*) *nota della redazione, nota del redattore* (editor's note).

'ndrangheta *f.* (*region*) Calabrian Mafia, Calabrian Maffia.

N.d.T. (*Edit*) *nota del traduttore* (translator's note).

né □ ~... ~: 1 (*dopo il verbo negativo in inglese*) either... or: *non posso bere* ~ *whisky* ~ *gin* I can't drink either whisky or gin; 2 (*dopo il verbo affermativo in inglese*) neither... nor: *non parla* ~ *l'italiano* ~ *l'inglese* he speaks neither Italian nor English; 3 (*con più di due termini*) ... or, neither... nor... nor: *non verrò* ~ *lunedì* ~ *martedì* ~ *mercoledì* I won't come on Monday, Tuesday, or Wednesday; ~ *l'uno* ~ *l'altro*: 1 (*nessuno dei due*) neither, neither of them (*costr.sing.*): *non conosco* ~ *l'uno* ~ *l'altro* I know neither of them; 2 (*con verbo negativo in inglese*) either (*costr.sing.*): *non conosco* ~ *l'uno* ~ *l'altro* I don't know either of them; *non* ... ~ (*negando due verbi*) neither... nor, not... not, not... or: *non piove* ~ *tira vento* it is neither rainy nor windy; *non lo giudico* ~ *lo condanno* I neither judge nor blame him, I don't judge him or blame him; ~ *più* ~ *meno* neither more nor less; ~ *punto* ~ *poco* (*niente affatto*) not at all; *senza* ... ~ without... or: *è partito senza mangiare* ~ *bere* he went off without eating or drinking.

ne¹ I *pron. /avv.* (*before a vowel* ne *often becomes* n'; *with the infinitive, the participle, the gerund, the imperative and* ecco *it is used enclitically*). II *pron.* 1 (*rif. a persona: di lui, su di lui*) of him, about him: *non* ~ *sei degno* you aren't worthy of him, you aren't good enough for him. 2 (*di lei, su di lei*) of her, about her: ~ *parlano molto* they talk about her a lot. 3 (*di loro, su di loro*) of them, about them: *perché non* ~ *parli mai?* why don't you ever talk about them? 4 (*rif. a cosa, spesso con significato neutro; rif. a frasi, concetti e sim.: di ciò, su ciò*) with it, of it, about it, *spesso non si traduce*: *grazie per il libro,* ~ *ho già letti parecchi capitoli* thanks for the book, I have already read several chapters (of it); *ho una nuova macchina, ma non* ~ *sono contento* I have a new car, but I'm not happy with it; *perché non me* ~ *parli?* why don't you talk to me about it? 5 (*da ciò*) from it, *spesso non si traduce*: *non saprei trarne altra conclusione* I don't know what other conclusion I could draw (from it). 6 (*con ciò*) with it: *eccoti il denaro: fanne ciò che vuoi* here is the money: do what you want with it. 7 (*con significato possessivo, rif. a persona: di lui*) his, of him; (*di lei*) her, of her: *te* ~ *mostro la foto* I will show you her photo, I will show you a photograph of her. 8 (*con significato possessivo: di loro*) their, of them: *sono stato ospite dei miei amici: te* ~ *descrivo la casa* I have been staying with my friends: I'll describe their house to you.

9 (*con significato possessivo, rif. a cose, concetti e sim.*) its; (*rif. a città*) her, its: *amo Firenze e* ~ *ammiro i monumenti* I love Florence and I admire its (*o* her) monuments. 10 (*con valore partitivo: in frasi positive e in frasi interrogative di offerta*) some, *spesso non si traduce*: *hai dei libri?* - *Sì,* ~ *ho* do you have any books? - Yes, I do. 11 (*in frasi negative e interrogative dubitative*) any, *spesso non si traduce*: *hai del pane?* - *No, non* ~ *ho* do you have any bread? - No, I don't. 12 (*col verbo affermativo*) none: *non* ~ *ho* I have none, I don't have any. 13 (*con un numero*) *non si traduce*: *hai figli?* - *Sì,* ~ *ho tre* do you have any children? - Yes, I have three. 14 (*pleonastico*) *non si traduce*: *di giornali simili non* ~ *leggo più* I don't read papers like that any more; *di vino non ce n'è più* there is no more wine. III *avv.* (*moto da luogo: di lì*) from there, *spesso non si traduce*: *me* ~ *vado* I'm going. □ ~ *ho bisogno* I need it; *non ce* ~ *sono più* there are no more, there aren't any more.

ne² *prep.* (*lett*) (*in*) in.

NE (*Geog*) *Nord-Est* NE (North-East).

neanche *avv./congz.* → **nemmeno**.

Neandertal, Neanderthal □ (*Paleont*) *uomo di* ~ Neandertal Man.

nebbia *f.* 1 (*densa*) fog: *la città era coperta di* ~ the city was blanketed by fog; *la* ~ *si dirada* the fog is lifting; *la* ~ *si dilegua* the fog is clearing, the fog is clearing away. 2 (*foschia*) mist, haze; (*mista a fumo*) smog. 3 (*fig*) (*offuscamento*) haze, fog, mist. 4 (*Bot*) gypsophila, baby's breath. 5 (*Agr*) powdery mildew, blight. 6 (*Med*) (*macchia corneale*) nebula. □ ~ *alta* high fog; ~ *bassa* ground fog; *c'è la* ~: 1 it's foggy; 2 (*foschia*) it's misty, there's a mist; *una* ~ *che si taglia col coltello* a very thick fog, a fog you can cut with a knife; *avere la* ~ *davanti agli occhi* to have blurred vision; ~ *fitta* thick fog; ~ *ghiacciata* freezing fog.

nebbiogeno I *a.* (*Tecn*) smoke-producing. II *m.* (*sostanza*) smoke-producing substance; (*apparecchio*) smoke discharger (*anche Mil*).

nebbiolo *m.* (*Enol*) kind of Piedmontese red wine.

nebbione *m.* thick fog, pea-souper.

nebbiosità *f.* fogginess, mistiness, haziness (*anche fig*).

nebbioso *a.* 1 foggy, misty, hazy. 2 (*fig*) (*confuso*) foggy, hazy.

nebulare *a.* (*Astr*) nebular.

nebulizzare (**nebulizzo**) *v.t.* to nebulize, to atomize.

nebulizzatore *m.* (*apparecchio*) atomizer, nebulizer.

nebulizzazione *f.* nebulization, atomization.

nebulosa *f.* (*Astr*) nebula. □ (*Astr*) ~ *anulare* ring nebula; (*Astr*) ~ *extragalattica* extragalactic nebula; (*Astr*) ~ *planetaria* planetary nebula; (*Astr*) ~ *solare* solar nebula; (*Astr*) ~ *stellare* stellar nebula.

nebulosità *f.* 1 nebulosity, cloudiness (*anche Meteor*). 2 (*fig*) haziness, fogginess.

nebuloso *a.* 1 (*nebbioso*) foggy, misty. 2 (*fig*) (*non chiaro*) foggy, hazy.

necessaire /neses'ser/ *m.inv.* kit, set. □ ~ *da cucito* sewing kit; ~ *da lavoro* work kit; ~ *da viaggio*: 1 (*da donna*) vanity case; 2 (*da uomo*) travel kit; ~ *per le mani* manicure set.

necessariamente *avv.* necessarily.

necessario I *a.* 1 necessary (*a* to, *per* for), required (by, for), needed (for): *gli strumenti necessari al chirurgo* the instruments necessary to (*o* needed by) a surgeon; *ritengo* ~

fare qcs. I think it necessary to do sth. **2** (*sufficiente*) enough, sufficient: *non c'è lo spazio* ~ there isn't enough space, there isn't the space. **3** (*Filos*) necessary. **II** *m.* **1** what is necessary, necessity. **2** (*equipaggiamento*) gear, material: *il ~ per il campeggio* camping gear; *il ~ per scrivere* writing materials. □ *è ~ far presto* we must hurry; *non è ~ che tu venga* you needn't come, you don't have to come; *ho tutto il ~* I have all I need, I've got everything I need.

necessità *f.* **1** necessity. **2** (*bisogno*) need (*di* of, for). **3** (*indigenza*) need, poverty, necessity. **4** (*forza superiore*) necessity (*anche Filos*): *piegarsi alla ~* to bow to necessity. □ *~ assoluta* absolute need, absolute necessity: *ho ~ assoluta di vederti* it is absolutely necessary for me to see you; *avere ~ di qcs.* to need sth.; *~ corporali* (*bisogni*) physical needs; *fare di ~ virtù* to make a virtue of necessity; *essere nella ~ di fare qcs.* to need to do sth.; *trovarsi nella ~ di fare qcs.* to be obliged to do sth., to be forced to do sth.; *per ~* out of necessity. *Prov.: la ~ aguzza l'ingegno* necessity is the mother of invention; *la ~ non conosce leggi* necessity knows no law.

necessitare (**necèssito**) **I** *v.t.* (*rendere necessario*) to require, to necessitate. **II** *v.i.* (*aus.* **avere**) to need (*di qcs.* sth.), to be in need (of): *~ di cure* to need treatment, to be in need of treatment. **III** *v.i.impers.* (*aus.* **avere**) to be necessary.

necessitato *a.* forced, obliged.

nefrolito *m.* (*Med*) nephrolith.

nefrologia *f.* (*Med*) nephrology.

nefrologico *a.* (*Med*) nephrological.

nefrologo *m.* (*f.* **-a**; *pl.* **-gi**) (*Med*) nephrologist.

nefropatia *f.* (*Med*) nephropathy.

nefropatico **I** *a.* (*Med*) nephritic patient (*attr.*). **II** *m.* (*f.* **-a**; *pl.* **-ci**) (*Med*) kidney patient.

nefroptosi *f.* (*Med*) nephrosclerosis.

nefrosclerosi, **nefrosclerosi** *f.* (*Med*) nephroptosis.

nefrosi *f.* (*Med*) nephrosis: *~ lipoidea* lipoid nephrosis.

nefrotossico *a.* (*Med*) nephrotoxic.

negabile *a.* deniable.

negare (**négo/nègo, néghi/nèghi**) **I** *v.t.* **1** to deny. **2** (*contestare, rifiutare*) to deny, to refuse: *~ un diritto* to refuse to recognize a right; *~ il permesso a qcu.* to refuse so. permission, to give so. permission; *non si può ~ che...* there is no denying that...; *~ di aver fatto qcs.* to deny doing sth. **II** *v.pron.* **negarsi** **1** (*privarsi*) to deprive oneself of. **2** (*sessualmente*) to refuse to have sex (*a* with). □ *negarsi al telefono* to refuse to come to the phone; *~ il consenso* to withold one's consent, to refuse one's consent; (*Parl*) *~ la fiducia al governo* to pass a vote of no confidence; *~ l'evidenza* (o *~ l'evidenza dei fatti*) to deny the evidence of the facts.

negativa *f.* **1** (*rar*) (*il negare*) denial, denying; (*rifiuto*) refusal: *stare sulla ~* (o *mantenersi sulla ~*) to persist in denying, to keep saying no. **2** (*Fot*) negative. **3** (*Gramm*) negative clause.

negativamente *avv.* negatively, in the negative: *rispondere ~* to say no, to give a negative answer, to answer in the negative.

negativismo *m.* (*Psic*) negativism.

negatività *f.* negativeness, negativity (*anche Fis*).

negativizzarsi (**mi negativìzzo**) *v.pron.* (*Med*) to become negative.

negativizzazione *f.* (*Med*) negativization.

negativo **I** *a.* **1** negative: *una risposta negativa* a negative answer, a no. **2** (*sfavorevo*

le) unfavourable, bad, negative: *critica negativa* unfavourable criticism; *esito ~* negative result. **3** (*Mat,Fis,Med,Gramm*) negative. **4** (*Econ*) (*in ribasso*) bearish. **II** *m.* (*Fot*) negative.

negato *a.* bad, hopeless, no good: *essere ~ per le lingue* to be bad at languages, to be no good at languages.

negatone *m.* (*Fis*) negatron, electron.

negatore **I** *m.* (*f.* **-trice**) denier. **II** *a.* negatory, denying.

negatoria *f.* (*Dir*) actio negatoria, action of quiet enjoyment.

negatorio □ (*Dir*)*azione negatoria* actio negatoria, action of quiet enjoyment.

negatoscopio *m.* (*Radiol*) negatoscope.

negatrone *m.* (*Fis*) negatron, electron.

negazione *f.* **1** denial, negation. **2** (*il contrario*) negation, contrary, opposite: *la ~ dell'onestà* the negation of honesty. **3** (*Gramm*) negative; (*particella negativa*) negative particle. **4** (*Psic*) denial.

negazionismo *m.* historical revisionism, Holocaust revisionism.

negazionista *m./f.* historical revisionist, Holocaust revisionist.

negazionistico *a.* historical revisionist (*attr.*), Holocaust revisionist (*attr.*), revisionistic.

neghittosità *f.* (*lett*) laziness, slothfulness, indolence.

neghittoso *a.* (*lett*) lazy, indolent, slothful.

negletto *a.* **1** (*trascurato*) neglected, uncared for. **2** (*derelitto, abbandonato*) foresaken. **3** (*sciatto*) untidy, slovenly.

negli → **in**.

négligé /negli'ʒe/ *m.inv.* (*Abbigl*) negligee.

negligente /-gli-/ **I** *a.* **1** negligent, careless, inattentive: *operaio ~* negligent worker. **2** (*sciatto*) untidy, slovenly. **II** *m./f.* negligent person.

negligentemente /-gli-/ *avv.* negligently.

negligenza /-gli-/ *f.* **1** negligence, carelessness, lack of attention. **2** (*azione*) careless action, oversight, negligence. **3** (*Dir*) negligence.

negoziabile *a.* negotiable (*anche Econ*).

negoziabilità *f.* negotiability (*anche Econ*).

negoziale *a.* (*Dir*) contractual.

negoziante *m./f.* **1** (*esercente*) shopkeeper. **2** (*commerciale*) dealer, trader, merchant. □ *~ al minuto* retailer; *~ all'ingrosso* wholesaler; *~ di frutta* fruit seller; *~ di vini* wine merchant.

negoziare (**negòzio, negòzi**) **I** *v.t.* **1** to negotiate (the price of) (*con* with; *su* for, about, on): *~ una partita di stoffe* to negotiate the price of a lot of cloth; *essere disposto a ~* to be ready to negotiate. **2** (*Econ*) (*rif. a titoli*) to transact, to negotiate; (*rif. a cambiali*) to negotiate. **3** (*Dipl*) to negotiate: *~ una tregua* to negotiate a truce. **II** *v.i.* (*aus.* **avere**) to deal, to trade (*in* in).

negoziato **I** *m.spec.pl.* negotiation (*anche Dir,Dipl*): *interrompere i negoziati* to interrupt negotiations; *riprendere i negoziati* to resume negotiations. **II** *a.* negotiated, transacted: *pace negoziata* negotiated peace. □ *negoziati commerciali* trade talks (*anche Pol*); *negoziati di pace* peace negotiations (*anche Pol*); *entrare in ~* to enter into negotiations; *essere in ~ con qcu.* to be negotiating with so.; (*Pol*) *negoziati sul disarmo* arms talks; *negoziati tariffari* tariff negotiations (*anche Pol*).

negoziatore *m.* (*f.* **-trice**) negotiator.

negoziazione *f.* negotiation: *negoziazioni tariffarie* tariff talks, tariff negotiations.

negozio *m.* **1** (*Comm*) shop, (*Am*) store: *apri-*

re un ~ to open a shop; *gestire un ~* to run a shop, to manage a shop; *~ sfornito* poorly stocked shop. **2** (*affare*) deal, business deal, transaction, business, piece of business: *concludere un ~* to wind up a deal. **3** (*colloq, scherz*) (*faccenda*) matter, business. **4** (*Dir*) transaction, legal transaction. □ *negozia catena* chain stores; *~ al minuto* retail shop; *~ all'ingrosso* wholesale store; *~ di abbigliamento* (*Br*) clothes shop, (*Am*) clothing store; *~ di alimentari* grocery store, grocer's shop, (*Br*) food shop, (*Am*) food store; *~ di antichità* antique shop; *~ di articoli sportivi* (*Br*) sports shop, (*Am*) sporting goods store; *~ di frutta* fruit shop, greengrocer's; *~ di generi alimentari* grocery store, grocer's shop, (*Br*) food shop, (*Am*) food store; *~ di giocattoli* toyshop, (*Am*) toy store; *~ di tessuti* draper's shop; (*Dir*) *~ giuridico* legal transaction.

negride *a.* Black African (*attr.*).

negriere *m.* (*Stor*) slave trader, slave dealer.

negriero **I** *a.* (*Stor*) slave (*attr.*): *nave negriera* slave-ship, blackbirder. **II** *m.* **1** (*Stor*) slave trader, slave dealer. **2** (*f.* **-a**) (*fig*) slave driver.

negrità *f.* (*Etnol*) negritude.

negrito *m.* (*Etnol*) Negrito.

negritudine *f.* (*Etnol*) negritude.

negro **I** *a.* (*Stor*) Negro, black (*anche spreg*): *razza negra* Negro race. **II** *m.* (*f.* **-a**) **1** (*Stor*) Negro (*f.* -ess), black (*anche spreg*). **2** (*scherz*) (*ghost writer*) ghost writer.

negroafricano *a.* (*Etnol*) African Negro.

negroamericano *a.* (*Etnol*) American Negro, Black American, Afro-American, African-American.

negroide **I** *a.* (*Etnol*) Negroid. **II** *m./f.* (*Etnol*) Negroid.

negromante *m./f.* (*Occult*) necromancer, sorcerer.

negromantico (*pl.* **-ci**) *a.* necromantic.

negromanzia *f.* necromancy, sorcery.

negus *m.inv.* (*Stor*) Negus.

neh *intz.* (*region,colloq*) → **nevvero**.

nei → **in**.

nel → **in**.

nella → **in**.

nelle → **in**.

nello → **in**.

nematelminti *m.pl.* (*Zool*) nemathelminths.

nematodi *m.pl.* (*Zool*) nematodes, Nematoda.

nembifero *a.* (*poet*) cloud-bearing.

nembo *m.* **1** (*Meteor*) nimbus. **2** (*fig,lett*) cloud, shower, hail: *nembi di polvere* clouds of dust.

nembostrato *m.* (*Meteor*) nimbostratus.

Nembrod *n.pr.m.* (*Bibl*) Nimrod.

nemeo *a.* (*Stor*) Nemean: *feste nemee* Nemean games; (*Mitol*) *leone ~* Nemean lion.

nemesi *f.* (*giustizia punitrice*) nemesis.

Nemesi *n.pr.f.* (*Mitol*) Nemesis.

nemico (*pl.* **-ci**) **I** *m.* **1** (*f.* **-a**) enemy: *farsi un ~* to make an enemy; *farsi dei nemici* to make enemies; (*Mil*) *passare al ~* to go over to the enemy, to go over to the other side. **2** (*f.* **-a**) (*avversario*) foe, adversary. **3** (*Rel*) (*diavolo*) Devil, Enemy. **II** *a.* **1** enemy (*attr.*), hostile: *l'esercito ~* the enemy forces. **2** (*fig*) (*avverso*) hostile, adverse: *sorte nemica* hostile fate. **3** (*fig*) (*che detesta*) opposed, averse (*di* to): *essere nemico dei cambiamenti* to be opposed to change, to be averse to change. **4** (*fig*) (*dannoso*) harmful, bad. □ *~ capitale* mortal enemy; (*fig*) *è ~ dell'acqua* : **1** (*non si lava mai*) he's afraid of water, he doesn't wash; **2** (*beve solo vino*) water is poison to him; *farsi ~ qcu.* to make an enemy of so.; *è mio ~ giurato* he's my sworn enemy; *~ interno* inner foe; *~ mortale* mortal foe, mortal enemy; *~ pubblico numero uno* public enemy number one. *Prov.: a ~ che fugge, ponti d'oro* lend a fleeing enemy a helping hand; *molti nemici molto onore* having many enemies means having accomplished much.

nemmeno I *avv.* not even: *non l'ho ~ visto* I did not even see him. II *congz.* not... either, nor: *~ io uscirò con questo tempo* I won't go out in this weather either; *tu non lo vuoi? ~ io* you don't want it? Nor do I (*o* I don't either). ☐ *~ a volere* not even if you try, not even if you want to: *se fai come ti ho detto, non puoi sbagliare ~ a volere* if you do as I've told you, you can't go wrong even if you try; (*colloq*) *~ per idea* I wouldn't think of it!, I wouldn't dream of it!, not on your life!; (*colloq*) *~ per sogno !* I wouldn't dream of it!, (*colloq*) not for all the tea in China!, no chance!, no way!; *~ uno* not a single one.

nemorale *a.* (*Bot*) nemoral.

nenia *f.* **1** dirge. **2** (*cantilena*) singsong. **3** (*fig*) (*discorso noioso*) rigmarole.

nenufaro, **nenufero** *m.* (*Bot*) nenuphar, yellow water lily.

neo *m.* **1** mole, naevus. **2** (*Cosmet*) beauty spot, patch. **3** (*fig*) (*piccolo difetto*) flaw, slight flaw, small defect.

neoassunto I *a.* newly-recruited. II *m.* (*f. -a*) new recruit.

neoavanguardia *f.* (*Art,Lett*) neo-avant-garde.

neobarocco *a./m.* (*Arch*) neobaroque.

neocapitalismo *m.* neocapitalism.

neocapitalista I *m./f.* neocapitalist. II *a.* neocapitalist, neocapitalistic.

neocapitalistico (*pl. -ci*) *a.* neocapitalist, neocapitalistic.

neoclassicismo *m.* (*Art,Lett*) neoclassicism.

neoclassicista *m./f.* (*Art,Lett*) neoclassicist.

neoclassico (*pl. -ci*) I *a.* (*Art,Econ*) neoclassic, neoclassical. II *m.* **1** (*stile*) neoclassicism, neoclassic style, neoclassical style. **2** (*artista*) neoclassicist.

neocolonialismo *m.* (*Pol*) neocolonialism.

neocolonialista I *m./f.* (*Pol*) neocolonialist. II *a.* (*Pol*) neocolonialist.

neocolonialistico (*pl. -ci*) *a.* (*Pol*) neocolonialist.

neocorporativismo *m.* (*Pol*) neo-corporatism.

neodarvinismo, **neodarwinismo** *m.* Neo-Darwinsm.

neodimio *m.* (*Chim*) neodymium.

neodiplomato I *a.* newly graduated. II *m.* (*f. -a*) new graduate.

neoebraico *a./m.* (*Ling*) modern Hebrew.

neoegiziano *a./m.* (*Ling*) new Egyptian.

neoeletto I *a.* newly elected. II *m.* (*f. -a*) newly elected person.

neoellenico I *a.* (*Ling*) modern Greek. II *m.* (*Ling*) modern Greek.

neofascismo *m.* (*Pol*) Neo-Fascism.

neofascista I *a.* Neo-Fascist. II *m./f.* Neo-Fascist.

neofascistico (*pl. -ci*) *a.* Neo-Fascist.

neofilia *f.* neophilia.

neofita, **neofito** *m./f.* **1** (*Rel*) neophyte. **2** (*fig*) neophyte, novice.

neoformazione *f.* **1** (*Ling*) neologism. **2** (*Med,Bot*) neoformation.

neogene, **neogene** *m.* (*Geol*) Neogene.

neogotico (*pl. -ci*) I *a.* (*Art*) Neo-Gothic, Gothic-Revival (*attr.*). II *m.* (*Art*) Gothic Re-

vival, Neo-Gothic.

neogreco *a./m.* (*Ling*) modern Greek.

neoguelfismo *m.* (*Stor*) Neo-Guelphism.

neoguelfo I *a.* (*Stor*) Neo-Guelphic. II *m.* (*Stor*) Neo-Guelph.

neoimperialismo *m.* (*Pol*) neo-imperialism (*anche estens*).

neoimperialista I *a.* (*Pol*) neo-imperialistic (*anche estens*). II *m./f.* (*Pol*) neo-imperialist (*anche estens*).

neoimperialistico (*pl. -ci*) *a.* (*Pol*) neo-imperialistic (*anche estens*).

neolatino *a.* Neo-Latin: *lingue neolatine* Neo-Romance languages, Neo-Latin languages.

neolaureato I *a.* newly graduated. II *m.* (*f. -a*) new graduate (from a university).

neoliberalismo, **neoliberismo** *m.* (*Econ*) neoliberalism.

neolinguista *m./f.* neolinguist.

neolinguistica *f.* area linguistics (*costr. sing.*), areal linguistics (*costr.sing.*), neolinguistic school.

neolitico (*pl. -ci*) I *a.* (*Geol*) neolithic. II *m.* (*Geol*) Neolithic Age.

neologico (*pl. -ci*) *a.* neologic, neological.

neologismo *m.* (*Ling*) neologism.

neomarxismo *m.* new Marxism.

neomarxista *m./f.* new Marxist.

neomicina *f.* (*Farm*) neomycin.

neon *m.inv.* **1** (*Chim*) neon. **2** (*lampada*) neon, neon lamp. ☐ *illuminazione al ~* neon lighting; *insegne al ~* neon signs.

neonatale *a.* neonatal: *mortalità ~* neonatal mortality.

neonato I *a.* new-born. II *m.* (*f. -a*) new-born baby, new-born child.

neonatologia *f.* (*Med*) neonatology, neonatal paediatrics *pl.*

neonatologo *m.* (*f. -a; pl. -gi*) (*Med*) neonatologist.

neonazismo *m.* (*Pol*) Neo-Nazism.

neonazista I *a.* (*Pol*) Neo-Nazi. II *m./f.* (*Pol*) Neo-Nazi.

neopaganesimo *m.* neopaganism.

neopatentato *m.* (*f. -a*) someone who has recently passed his driving license test.

neoplasia *m.* (*Med*) neoplasia.

neoplasma *m.* (*Med*) neoplasm.

neoplastico (*pl. -ci*) *a.* (*Med,Bot*) neoplastic.

neoplatonico I *a.* (*Filos*) neoplatonic. II *m.* (*f. -a; pl. -ci*) (*Filos*) neoplatonist.

neoplatonismo *m.* (*Filos*) neoplatonism.

neopositivismo *m.* (*Filos*) neopositivism, logical positivism.

neopositivista I *m./f.* (*Filos*) neopositivist. II *a.* (*Filos*) neopositivistic.

neopositivistico (*pl. -ci*) *a.* (*Filos*) neopositivistic.

neoprene *m.* (*Ind*) neoprene.

neorealismo *m.* (*Filos,Art,Cin*) neorealism.

neorealista I *m./f.* (*Filos,Art,Cin*) neorealist. II *a.* (*Filos,Art,Cin*) neorealistic.

neorealistico (*pl. -ci*) *a.* (*Filos,Art,Cin*) neo-realistic.

neostomia *f.* (*Chir*) neostomy.

neoterico (*pl. -ci*) I *a.* (*Lett*) neoteric. II *m.* (*Lett*) neoteric.

neotestamentario *a.* (*Bibl*) New Testament (*attr.*).

neoumanesimo *m.* (*Filos*) neo-humanism, new humanism.

neozelandese I *a.* New Zealand (*attr.*), of New Zealand (*posposto*). II *m./f.* New Zealander.

neozoico (*pl. -ci*) I *a.* (*Geol*) Neozoic. II *m.* (*Geol*) Neozoic, Neozoic period.

NEP *Nepal* NEP (Nepal).

nepa *f.* (*Entom*) water scorpion.

Nepal *n.pr.m.* (*Geog*) Nepal.

nepalese I *a.* Nepalese, of Nepal (*posposto*), Nepali. II *m./f.* (*abitante*) Nepalese, Nepali. III *m.* (*lingua*) Nepali.

nepente *f.* **1** (*Bot*) pitcher plant. **2** (*Stor.gr*) (*bevanda*) nepenthe.

neper *m.inv.* (*Fis*) Neper.

Nepote *n.pr.m.* (*Stor,Lett*) Nepos.

nepotismo *m.* (*Stor*) nepotism (*anche estens*).

nepotista *m./f.* nepotist.

nepotistico (*pl. -ci*) *a.* nepotistic, nepotistical, nepotic.

neppure *avv./congz.* → **nemmeno**.

nequizia *f.* (*lett*) wickedness.

nerastro *a.* blackish.

nerazzurro I *a.* **1** blue-black, bluish-black. **2** (*Sport*) Inter F.C. (*attr.*). II *m.* (*Sport*) **1** (*giocatore*) Inter F.C. player. **2** (*f. -a*) (*tifoso*) Inter fan, Inter F.C. fan.

nerbata *f.* **1** whiplash. **2** (*estens*) (*bastonata*) blow with a stick.

nerbo *m.* **1** whip, scourge, lash. **2** (*fig*) (*parte più forte*) core, backbone, heart. **3** (*fig*) (*forza*) strength, vigour. ☐ (*fig*) *senza ~* spineless, weak, ineffectual.

nerboruto *a.* **1** (*muscoloso*) muscular, vigorous. **2** (*robusto*) robust, strong: *gambe nerborute* strong legs.

nereggiare (**neréggio**, **neréggi**; *aus.* **avere**) *v.i.* (*lett*) **1** (*essere nero*) to be blackish, to be dark, to look dark. **2** (*diventare nero*) to turn black, to darken: *il cielo nereggiava di nuvole* the sky was black with clouds, the sky was turning black with clouds.

nereide *f.* (*Mitol*) Nereid.

Nereo *n.pr.m.* (*Mitol*) Nereus.

neretto *m.* **1** (*Tip*) bold face, bold type, bold-faced type. **2** (*Giorn*) article printed in bold face. ☐ (*Tip*) *in ~* in bold face, bold faced.

nero I *a.* **1** black. **2** (*scuro*) dark, black: *occhiali neri* dark glasses, sunglasses; *il cielo era ~ di nubi* the sky was dark with clouds, the sky was black with clouds. **3** (*rif. a persona, pelle*) black. **4** (*sudicio*) black, filthy, very dirty: *mani nere* black hands, sooty hands. **5** (*colloq*) (*abbronzato*) tanned. **6** (*rif. a vino: rosso*) red; (*rosso scuro*) dark red; (*rif. a birra*) dark. **7** (*fig*) (*scellerato*) black, wicked, evil: *un'anima nera* a black heart. **8** (*fig*) (*doloroso, triste*) black, dark, gloomy: *un periodo ~* a black period; *essere d'umore ~* to be in a black mood, to be in a bad mood. **9** (*estens*) (*fascista*) Fascist. II *m.* **1** black: *vestire di ~* to wear black, to be dressed in black. **2** (*persona di pelle nera*) black. **3** (*estens*) (*fascista*) Fascist. **4** (*estens*) (*clericale*) clerical. ☐ *~ animale* charcoal, bone black; *~ come il carbone* as black as ink, as black as soot, pitch black, coal black; *~ come l'ebano* ebony, as black as ebony; *~ come l'inchiostro* inky, as black as ink; *~ da scarpe* black shoe-polish; (*Chim*) *~ di platino* platinum-black; (*Zool*) *~ di seppia* ink, cuttlefish ink, sepia; *~ fumo* lampblack; *essere in ~* to be in the black; *lavorare in ~* to work off the books; *~ minerale* mineral coal; *mettere ~ su bianco* to put down in writing.

nerofumo *m.* lampblack.

nerognolo *a.* blackish.

Nerone *n.pr.m.* (*Stor*) Nero.

neroniano *a.* (*Stor*) Neronian (*anche fig*).

nerume *m.* **1** (*sporcizia*) grime, dirt. **2** (*estens*) (*cose nere*) black mass. **3** (*Bot*) sooty mould.

nervato *a.* ribbed, nerved.

nervatura *f.* **1** (*Anat*) nervous system. **2** (*Bot,*

Entom) nervation, venation. **3** (*Arch,Mecc*) rib. **4** (*Legat*) raised band. **5** (*Sart*) rib. □ (*Arch*) ~ *della volta* ribbing of the vault.

nervino *a*. nerve (*attr.*), nervine.

nervo *m*. **1** (*Anat*) nerve. **2** (*colloq*) (*tendine*) tendon, sinew. **3** (*Bot*) vein, nerve, rib. □ (*fig*) *avere i nervi a fior di pelle* to be a bundle of nerves; (*fig*) *avere i nervi a pezzi* to be on the verge of a nervous breakdown; (*fig*) *avere i nervi a posto* to have sound nerves; (*Anat*) ~ *acustico* auditory nerve, acoustic nerve; (*fig*) *avere i nervi* to be touchy, to be irritable, to be jumpy, to be on edge; (*fig*) *che nervi!* what a nuisance!; (*fig*) *nervi d'acciaio* nerves of steel; (*fig*) *dare ai nervi a qcu*. *dare sui nervi a qcu*.) to get on so.'s nerves; (*Anat*) ~ *facciale* facial nerve; (*fig*) *fare venire i nervi a qcu*. to get on so.'s nerves; (*Anat*) ~ *mediano* median nerve; (*Anat*) *nervi olfattivi* olfactory nerves; (*Anat*) ~ *ottico* optic nerve, optical nerve; (*Anat*) ~ *radiale* radial nerve; (*Anat*) ~ *sciatico* sciatic nerve; (*fig*) ~ *scoperto* raw nerve; (*fig*) *nervi scossi* shattered nerves, shaken nerves; (*Anat*) ~ *sensitivo* sensory nerve; (*Anat*) ~ *trigemino* trigeminal nerve, trigeminus; (*Anat*) ~ *trocleare* trochlear, trochlear nerve; (*Anat*) ~ *vago* vagus nerve.

nervosamente *avv*. irritably, edgily.

nervosismo *m*. **1** (*irritabilità*) edginess, irritability, touchiness. **2** (*agitazione*) uneasiness, restlessness.

nervosità *f*. (*lett*) **1** (*irritabilità*) edginess, irritability, touchiness. **2** (*agitazione*) uneasiness, restlessness. **3** (*fig*) (*incisività*) incisiveness, nervousness, vigour. □ ~ *di stile* nervous style.

nervoso I *a*. (*Anat*) nervous, nerve (*attr.*): *sistema* ~ nervous system; *esaurimento* ~ nervous breakdown. **2** (*irritabile*) irritable, short-tempered, highly-strung, excitable, (*colloq*) nervy. **3** (*agitato*) nervous, tense, nervy: *il caffè mi rende* ~ coffee makes me nervous. **4** (*muscoloso*) muscular, sinewy, vigorous: *gambe nervose* muscular legs. **5** (*fig*) (*vigoroso, conciso*) nervous, incisive, vigorous: *prosa nervosa* vigorous prose. **II** *m*. (*colloq*) irritability, bad temper, excitability. □ *avere il* ~ to be cross; *farsi prendere dal* ~ to get upset, to get cross; *mi fa venire il* ~ he gets on my nerves; *gli viene il* ~ he gets on edge, he gets cross.

nespola *f*. **1** (*Bot,Alim*) medlar. **2** (*rar,scherz*) (*botta secca*) punch, blow.

nespole *intz*. (*rar,colloq*) my goodness!, good heavens!

nespolo *m*. (*Bot*) medlar, medlar tree. □ (*Bot*) ~ *del Giappone* loquat, Japanese plum, Japanese medlar.

nesso *m*. **1** connection, link, nexus. **2** (*relazione*) relation, relationship. □ ~ *causale* causal relationship, relation of cause and effect; *senza* ~ unconnected, unrelated.

Nesso *n.pr.m.* (*Mitol*) Nessus.

nessuno I *a*. **1** no: *nessun uomo potrebbe farlo* no man could do it. **2** (*alcuno: in frasi interrogative*) any (*tra, di of*): *hai nessuna osservazione da fare?* do you have any comments? **3** (*in frasi negative*) any, no: *non ho avuto nessuna soddisfazione* I got no satisfaction, I didn't get any satisfaction. **4** (*dopo la negazione senza*) any: *senza nessun dubbio* without any doubt, without a doubt. **II** *pron*. **1** (*rif. a persone*) no one, nobody: ~ *vi ha creduto* no one believed you. **2** (*con un verbo negativo*) anyone, anybody, no one: *non ho visto* ~ I didn't see anyone, I saw no one; *non c'era quasi* ~ there was hardly anybody. **3** (*in frasi interrogative*) anyone;

(*con partitivi*) none, not one: ~ *di loro* none of them. **4** (*rif. a cose*) none, not... any: *hai qualche domanda?* - *No, nessuna* have you any questions? - No, none; *non ne voglio* ~ I don't want any. **5** (*qualcuno*) someone; (*in frasi interrogative e dopo la negazione senza*) anyone, anybody: *senza che* ~ *se ne accorgesse* without anyone noticing. **6** (*persona di poco valore*) nobody, nonentity: *io non sono* ~ I am nobody. □ *a nessun costo* at no cost; *nessun altro* no one else, nobody else; *in nessun caso* under no circumstances; *di nessun conto* of no importance, of no account: *è una cosa di nessun conto* it is a matter of no account; *nessuna cosa* nothing, not... anything; ~ *dei due*: **1** neither (of them): ~ *dei due fratelli è venuto* neither brother came, neither of the two brothers came; **2** (*con verbo negativo*) either (of them): *non ho visto* ~ *dei due* I haven't seen either of them; ~ *escluso* no one excepted, nobody excepted, no exceptions, bar none; *in* ~ *luogo*: **1** nowhere; **2** (*col verbo negativo o interrogativo*) anywhere; *in nessuna maniera*: **1** (*con nessun mezzo*) by no means, in no way; **2** (*a nessun patto*) on no account; *in nessun modo*: **1** (*con nessun mezzo*) by no means, in no way; **2** (*a nessun patto*) on no account; *per nessun motivo* for no reason, on no account; *da nessuna parte*: **1** (*col verbo affermativo*) nowhere: *non si trova da nessuna parte* it's nowhere to be found; **2** (*col verbo negativo o in frasi interrogative*) anywhere: *non vado da nessuna parte* I'm not going anywhere; *a nessun patto* on no account, under no circumstances, by no means; *in nessun posto*: **1** (*col verbo affermativo*) nowhere; **2** (*col verbo alla forma negativa*) anywhere; *per nessuna ragione al mondo* for no earthly reason, on no account. *Prov.*: ~ *nasce maestro* everyone has to learn, all trades must be learnt.

nestore *m*. (*Ornit*) kaka.

Nestore *n.pr.m.* (*Lett*) Nestor.

nestorianesimo, nestorianismo *m*. (*Rel*) Nestorianism.

nestoriano I *a*. (*Rel*) Nestorian. **II** *m*. (*f. -a*) (*Rel*) Nestorian.

net /nɛt/ *m.inv.* (*Sport*) let.

netiquette /neti'kɛt/ *f.inv.* (*Inform*) netiquette.

nettamente *avv*. **1** (*chiaramente*) clearly, distinctly: *si vede* ~ *la forma* you can clearly see the shape. **2** (*decisamente*) definitely, decidedly, markedly, much: *lavoro* ~ *meglio con voi* I work much better with you; *tu sei* ~ *più forte di me* you are much stronger than me.

nettapenne *m.inv.* (*ant*) pen wiper.

nettare[1] *m*. (*Mitol,Bot*) nectar (*anche estens, Alim*).

nettare[2] (**nétto**) *v.t.* **1** (*pulire*) to clean; (*asciugare, strofinare*) to wipe, to wipe up, to wipe off. **2** (*rar*) (*sbucciare*) to peel; (*sbaccellare*) to shell: ~ *i piselli* to shell peas.

nettezza *f*. **1** cleanness, cleanliness. **2** (*fig*) (*purezza*) purity, limpidness. **3** (*fig*) (*precisione*) precision, sharpness, terseness. □ ~ *urbana*: **1** streetcleaning, streetcleaning service; **2** (*raccolta delle immondizie*) (*Br*) rubbish collection, (*Am*) garbage collection.

netto I *a*. **1** (*lett,dial*) (*pulito*) clean: *casa netta* clean house. **2** (*nitido*) sharp, clear-cut, clean-cut: *il profilo* ~ *dei monti* the sharp outline of the mountains. **3** (*fig,lett*) (*puro*) pure, limpid. **4** (*fig*) (*chiaro*) clear, clear-cut, sharp: *un* ~ *successo* a clear success. **5** (*fig*) (*deciso*) definite, downright: *un* ~ *rifiuto* a flat refusal, downright refusal. **6** (*fig*) (*sicu-*

ro) sure, certain: *una vittoria netta* a sure victory. **7** (*Econ*) net: *stipendio* ~ net salary. **8** (*Comm*) (*rif. a peso*) net. **9** (*Fot*) sharp, clear. **II** *avv*. (*chiaramente*) clearly, distinctly, plainly. **III** *m*. (*Econ*) net, net amount. □ *al* ~ net: (*Econ,Comm*) *al* ~ *delle imposte* after tax; *di* ~ clean off: *essere in netta diminuzione* to be definitely on the decline; *una netta distinzione* a clear difference, a clear-cut difference, a clear-cut distinction, a sharp distinction; *avere la netta impressione che* to have the distinct impression that, to have the clear impression that; *un* ~ *miglioramento* a marked improvement; *compiere netti progressi* to make distinct progress, to make definite progress.

nettunio *m*. (*Chim*) neptunium.

nettunismo *m*. (*Geol*) Neptunism.

nettunista *a*. (*Geol*) Neptunist.

Nettuno *n.pr.m.* (*Mitol,Astr*) Neptune.

netturbino *m*. (*f. -a*) dustman, (*Am*) garbage man, trash man, sanitation worker.

network /'network/ *m.inv.* network (*anche TV, Comm*).

neuma *m*. (*Mus*) neum, neume.

neumatico (*pl. -ci*) *a*. (*Mus*) neumic.

neurale *a*. (*Anat*) neural.

neurassite *f*. (*Med*) neuraxitis.

neurastenia *f*. (*Psic,rar*) neurasthenia.

neurectomia *f*. (*Chir*) neurectomy.

neurina *f*. (*Biol*) neurine.

neurite *f*. (*Med*) neuritis.

neuritico (*pl. -ci*) *a*. (*Med*) neuritic.

neuro *f.inv.* (*colloq*) (*clinica neurologica*) neurological clinic: (*colloq*) *finire alla* ~ to end up in a nuthouse (*anche fig*).

neuroanatomia *f*. neuroanatomy.

neurobiologia *f*. neurobiology.

neurobiologico (*pl. -ci*) *a*. neurobiological.

neurobiologo *m*. (*f. -a; pl. -gi*) neurobiologist.

neuroblasto *m*. (*Biol*) neuroblast.

neurochimica *f*. neurochemistry.

neurochirurgia *f*. neurosurgery.

neurochirurgico (*pl. -ci*) *a*. neurosurgical.

neurochirurgo *m*. (*pl. -ghi/-gi*) *m*. neurosurgeon.

neurocito *m*. (*Anat*) neurocyte.

neurofisiologia *f*. neurophysiology.

neurofisiologico (*pl. -ci*) *a*. (*Biol*) neurophysiological.

neurofisiologo *m*. (*f. -a; pl. -gi*) neurophysiologist.

neurolettico (*pl. -ci*) **I** *a*. (*Farm*) neuroleptic. **II** *m*. (*Farm*) neuroleptic, neuroleptic drug.

neurolinguistica *f*. neurolinguistics (*costr.sing.*).

neurologia *f*. (*Med*) neurology.

neurologico (*pl. -ci*) *a*. (*Med*) **1** neurologic, neurological. **2** (*rif. a malattie nervose*) nerve (*attr.*), neuropathic: *clinica neurologica* clinic for nervous diseases.

neurologo *m*. (*f. -a; pl. -gi*) neurologist.

neuroma *m*. (*Med*) neuroma.

neuromuscolare *a*. (*Anat*) neuromuscular: *disturbi neuromuscolari* neuromuscular disorders.

neuronale *a*. (*Anat*) neuronal.

neurone *m*. (*Anat*) neuron, neurone. □ (*Med*) ~ *artificiale* artificial neuron.

neuropatia *f*. (*Med*) neuropathy.

neuropatico I *a*. (*Med*) neuropathic. **II** *m*. (*f. -a; pl. -ci*) (*Med*) neuropath.

neuropatologia *f*. (*Med*) neuropathology.

neuropatologo *m*. (*f. -a; pl. -gi*) (*Med*) neuropathologist.

neuropsichiatra *m./f.* (*Med*) neuropsichiatrist.

neuropsichiatria f. neuropsychiatry.

neuropsicologia f. neuropsychology.

neurosecernente a. (Biol) neurosecretory.

neurosi f. (Psic,Med) neurosis.

neurospasmo m. (Med) nervous spasm.

neurotico I a. (Psic,Med) neurotic (anche estens). II m. (f. -a; pl. -ci) (Psic,Med) neurotic person, neurotic (anche estens).

neurotomia f. (Chir) neurotomy.

neurotonico (pl. -ci) I a. (Farm) neurotonic. II m. (Farm) neurotonic.

neurotossico (pl. -ci) I a. (Farm) neurotoxic. II m. (Farm) neurotoxic, neurotoxic substance.

neurotossina f. (Biol) neurotoxin.

neurotrasmettitore m. (Biol) neurotransmitter.

neurotrasmissione f. (Fisiol) neurotransmission.

neurotrofico (pl. -ci) a. (Med,Biol) neurotrophic.

neurovegetativo a. (Anat) neurovegetative.

neutrale I a. neutral (anche Pol): stato ~ neutral state. II m./f. neutral. □ voglio essere ~ I don't want to take sides.

neutralismo m. (Pol) neutralism.

neutralista I m./f. (Pol) neutralist. II a. (Pol) neutralistic.

neutralistico (pl. -ci) a. (Pol) neutralistic.

neutralità f. neutrality (anche Pol,Chim,Fis). □ ~ armata armed neutrality; ~ disarmata unarmed neutrality.

neutralizzabile a. that can be neutralized (posposto).

neutralizzante I a. neutralizing. II m. (Chim) neutralizer, neutralizing agent.

neutralizzare (neutralizzo) I v.t. (Pol,Chim, Sport) to neutralize. II v.r.recipr. **neutralizzarsi** to neutralize each other, to cancel each other out.

neutralizzazione f. neutralization (anche Fis).

neutrino m. (Nucl) neutrino.

neutro I a. 1 (Pol,Chim,Fis,Fon,El) neutral. 2 (indefinibile) neutral: tinta neutra neutral shade. 3 (Gramm) neuter. II m. 1 (Gramm) (genere neutro) neuter, neuter gender; (sostantivo neutro) neuter, neuter noun. 2 (El) neutral wire, ground.

neutrofilia f. (Med,Biol) neutrophilia.

neutrofilo a. (Biol) neutrophil, neutrophile.

neutrone m. (Nucl) neutron.

neutronico (pl. -ci) a. (Nucl) neutron (attr.).

nevaio m. snow field.

nevato I a. 1 (lett) snow-clad: montagne nevate snow-clad mountains. 2 (rif. a vette) snowcapped. 3 (lett) (candido) snow-white. II m. firn, névé.

neve f. 1 snow: spalare la ~ to shovel snow, to shovel the snow away; coperto di ~ covered in snow. 2 (gerg) (cocaina) snow. □ (Gastron) montare gli albumi a ~ to beat the egg whites until stiff, to beat the egg whites until foamy; ~ artificiale artificial snow; ~ carbonica dry-ice; da ~ snow (attr.); di ~: 1 snow (attr.): pupazzo di ~ snowman; palla di ~ snowball; 2 (fig) (bianco) snowy, snow-white; ~ dura hard snow; ~ farinosa powdery snow; ~ fresca fresh snow; ~ ghiacciata icy snow, frozen snow; ~ molle soft snow; nevi perenni perpetual snows.

nevicare (névica; aus. **essere/avere**) v.i.impers. to snow: nevica it is snowing; nevica a larghe falde the snow is falling in large flakes.

nevicata f. snowfall: ~ abbondante heavy

snowfall.

nevischio m. sleet.

nevo m. (Med) naevus, (colloq) mole.

nevometro m. (Tecn) snow-gauge.

nevosità f. 1 snowiness. 2 (quantità di neve) snowfall.

nevoso a. 1 snow (attr.): precipitazione nevosa snowfall. 2 (coperto di neve) snow-covered, snowy; (rif. a vette) snowcapped, snow-topped.

nevralgia f. (Med) neuralgia. □ (Med) ~ del trigemino trigeminal neuralgia.

nevralgico (pl. -ci) a. (Med) neuralgic (anche fig).

nevrastenia f. (Psic) neurasthenia.

nevrastenico I a. 1 (Psic) neurasthenic. 2 (estens) (nervoso) irritable, edgy, (colloq) nervy. II m. (f. -a; pl. -ci) 1 (Psic) neurasthenic. 2 (estens) (persona nervosa) irritable person, crosspatch.

nevrite f. (Med) neuritis.

nevrosi f. (Psic,Med) neurosis. □ (Psic, Med) ~ cardiaca cardiac neurosis; (Psic,Med) ~ compulsiva compulsive neurosis; (Psic, Med) ~ gastrica gastric neurosis; (Psic,Med) ~ ossessiva obsessional neurosis; (Psic,Med) ~ sessuale sexual neurosis.

nevrotico I a. (Psic,Med) neurotic (anche estens). II m. (f. -a; pl. -ci) (Psic,Med) neurotic, neurotic person (anche estens).

nevrotizzare (nevrotizzo) I v.t. to make neurotic. II v.pron. **nevrotizzarsi** to become neurotic.

nevvero intz. (colloq) traduzione idiomatica: ti sei trovato bene, ~? you liked it, didn't you?; è arrivato, ~? he has arrived, hasn't he?; verranno, ~? they'll come, won't they?

new age /njuˈejdʒ/ I a.inv. New Age (attr.). II f.inv. New Age.

newco /njuˈkɔ/ f.inv. (Econ) newco.

new economy /njueˈkɔnomi/ f.inv. (Econ) new economy.

news /njuz/ f.inv. (TV,Giorn) news (costr.sing.).

news group /ˌnjuzˈgrup/ m.inv. (Inform) newsgroup.

newsletter /ˌnjuzˈletter/ f.inv. (Inform) newsletter.

newton /ˈnjuton/ m. (Fis) newton.

newtoniano /ˌnjutoˈnjano/ a. newtonian.

newyorkese /njujorˈkese/ I a. New York (attr.), of New York (posposto). II m./f. New Yorker.

NH Nobil Uomo (nobleman).

ni [1] avv./m. (scherz) neither yes nor no, yes and no.

ni [2] f./m.inv. (lettera dell'alfabeto greco) nu.

Niagara n.pr.m. (Geog) Niagara: cascate del ~ Niagara Falls.

Niassa n.pr.m. (Geog) Nyasa, Nyassa.

nibbio m. (Ornit) kite.

Nibelunghi, Nibelungi n.pr.m.pl. (Mitol. nord,Lett) Nibelungs, Nibelungen.

nibelungico (pl. -ci) a. (Mitol.nord,Lett) of the Nibelungs (posposto): ciclo ~ Nibelungenlied.

NIC Nicaragua NIC (Nicaragua).

Nicaragua n.pr.m. (Geog) Nicaragua.

nicaraguegno I a. Nicaraguan. II m. (f. -a) Nicaraguan.

nicaraguense I a. Nicaraguan. II m./f. Nicaraguan.

nicchia f. 1 niche (anche Alp). 2 (fig) niche; (occupazione tranquilla) suitable job, suitable place. □ (Econ,Comm) ~ di mercato market niche; ~ ecologica ecological niche.

nicchiare (nicchio, nicchi; aus. avere) v.i. to hesitate, (colloq) to shilly-shally.

Niccolò n.pr.m. Nicholas, Nicolas.

Nicea n.pr.f. (Geog.stor) Nicaea.

niceno a. Nicene, Nicaean: (Rel) credo ~ (o simbolo ~) Nicene Creed.

nichel m. (Chim) nickel.

nichelare (nichelo) v.t. (Ind) to nickel, to plate with nickel, to nickel-plate.

nichelato a. (Ind) nickel-plated.

nichelatura f. (Ind) nickel-plating, nickelling.

nichelcromo m. nickel-chromium.

nichelino m. (Stor,Numism) twenty-centesimi coin.

nichelio m. (Chim) nickel.

nichilismo m. (Filos) nihilism.

nichilista I m./f. (Filos) nihilist. II a. (Filos) nihilist, nihilistic.

nichilistico (pl. -ci) a. (Filos) nihilistic.

nickel m. (Chim) nickel.

nickname /nikˈnejm/ m.inv. nickname.

Nicobare n.pr.f.pl. (Geog) Nicobar Islands.

Nicodemo n.pr.m. (Bibl) Nicodemus.

Nicola n.pr.m. Nicholas, Nicolas.

Nicoletta n.pr.f. Nicole, Nicolette.

Nicolò n.pr.m. Nicholas, Nicolas.

nicotina f. (Chim) nicotine. □ a basso contenuto di ~ low-nicotine (attr.); senza ~ nicotine-free.

nicotinico (pl. -ci) a. (Chim) nicotinic.

nicotinismo m. (Med) nicotinism.

nictalope a. (Med) nyctalopic.

nictalopia f. (Med) nyctalopia, night blindness.

nictalopo a. (Med) nyctalopic.

nidiaceo □ (Ornit) uccello ~ nestling.

nidiata f. 1 clutch, brood, nestful: una ~ di rondini a nestful of swallows. 2 (estens) (piccoli di animale) litter. 3 (fig,scherz) (rif. a bambini) brood.

nidificare (nidifico, nidifichi; aus. **avere**) v.i. (Ornit) to nest, to build a nest.

nidificato a. (Inform) nested.

nidificazione f. (Ornit) nest building.

nido m. 1 nest: fare il ~ to nest, to build a nest; ~ di api bees' nest. 2 (rif. a uccelli rapaci) eyrie, aerie. 3 (estens) (casa) home, nest. 4 (fig,spreg) (covo) den, lair. 5 (estens) (asilo) crèche, nursery, day nursery, (Am) toddler's house. □ (fig) ~ d'amore love nest; ~ d'ape: 1 (Tess) honeycomb cloth: a ~ d'ape honeycombed, honeycomb (attr.); struttura a ~ d'ape honeycomb structure; 2 (Sart) smocking; (fig) ~ d'aquila (luogo appartato) eyrie; (Mil,Arm) ~ di mitragliatrice machine-gun nest; ~ di rondine: 1 swallow's nest; 2 (Gastron) bird's nest; ~ di serpi snake's nest (anche fig); ~ di vespe wasps' nest (anche fig); ~ di vipere vipers' nest (anche fig); ~ d'infanzia crèche, nursery, day nursery, (Am) toddler's house.

Nidwalden, Nidwaldo /-val-/ n.pr.m. (Geog) (cantone svizzero) Nidwalden.

niellare (nièllo) v.t. (Oref) to niello, to decorate with niello.

niellatura f. (Oref) niello-work.

niello m. (Oref) niello.

niente I pron.indef. 1 nothing, anything: non c'è più ~ da fare there's nothing more to be done; non ha paura di ~ he is not afraid of anything; ~ può fermarlo nothing can stop him. 2 (posposto al verbo) anything, nothing: non ho comprato ~ I didn't buy anything, I bought nothing. 3 (un'inezia) a mere nothing, nothing, next to nothing, trifle, nothing much: piange per ~ she cries for a mere nothing, she cries over a mere nothing; è ammalato, ma pare che non sia ~ he is ill, but it doesn't seem to be anything much. 4 (in frasi interrogative: qualcosa) anything: hai bisogno di ~? do you need anything?; hai ~ da dirmi? do you have anything to tell

me?; *hai ~ in contrario?* do you have any objections? **5** (*seguito da* di *e aggettivo*) nothing: *non c'è ~ di nuovo* there's nothing new. **II** *m.inv.* **1** nothing: *la cosa finì in ~* it all came to nothing. **2** (*con verbo negativo*) anything, nothing: *non sai ~* you don't know anything. **3** (*poca cosa*) nothing, mere nothing, smallest thing, slightest thing, trifle: *basta un ~ per farla arrabbiare* the slightest thing makes her angry. **4** (*rif. a tempo*) no time: *non ci metto ~ a farlo* I'll do it in no time. **5** (*un poco*) very little, almost nothing, next to nothing: *l'ho avuto per ~* I got it for next to nothing, I got it for a song. **6** (*Filos, rar*) (*nulla*) nothingness. **III** *a.* no, not any; ~ *lettere?* no letters?, any letters? **IV** *avv.* **1** nothing, anything: *non me ne importa ~ dei tuoi consigli* I care nothing for your advice; *non costa ~* it doesn't cost anything. **2** (*rafforzativo di non*: *affatto*) at all, in the least, in the slightest: *non è ~ vero* it's not true at all. **3** (*in espressioni ellittiche*) *viene tradotto a senso: tutti lo chiamavano ma lui ~* everybody was calling him, but he didn't answer. □ ~ *affatto* certainly not, not in the least, not at all, by no means: *hai fame? - ~ affatto* are you hungry? - Not at all; *nient'altro* nothing else; (*in frasi interrogative o negative*) anything else; *nient'altro che* nothing but, only, just, merely: *non era nient'altro che un raffreddore* it was nothing but a cold, it was only a cold; *non fa nient'altro che dormire* he does nothing but sleep; *come ~* with the greatest of ease; *spende come ~* he spends money like water; *come ~ fosse* as if nothing had happened; *da ~* trivial, slight: *un incidente da ~* a slight accident; *sono cose da ~* it's nothing; ~ *da fare* it's no use, it's no good, (*colloq*) nothing doing; *non aver ~ da perdere* to have nothing to lose; ~ *del genere* nothing of the kind; *grazie - Di ~* thank you - You're welcome, thank you - Don't mention it; ~ *di ~* nothing at all, nothing whatsoever, absolutely nothing: *non sai ~ di ~* you know nothing at all, you don't know a thing; *non c'è ~ di male se...* there's nothing wrong if...; *non c'è ~ di male a fare qcs.* there's nothing wrong in doing sth.; *non ci vedo ~ di male* there's no harm in it, I see no harm in it, I see nothing wrong; *non c'è ~ di meglio che* there is nothing better than; *sai ~ di nuovo?* have you heard any news?; ~ *di particolare* nothing special, nothing to speak of; ~ *di più* no more, nothing more; *è carino ma ~ di più* he's handsome but nothing special; *non fare ~ tutto il giorno* (*stare ozioso*) to idle about all day, to do nothing all day; *non fa ~* (*non importa*) never mind, it doesn't matter; *non ci posso fare ~* there's nothing I can do, I can't do anything about it; ~ *male* not bad at all, not half bad; ~ *meno*: **1** (*addirittura*) even, no less; **2** (*esclam.*) I say!, you don't say!, you don't say so!, really!; (*così tanto!*) as much as that!; ~ *meno che*: **1** (*rif. a cosa*) nothing less than; **2** (*rif. a persona*) none other than, no less than: *niente ~ che il ministro in persona* none other than the minister himself; *non metterci ~* not to take a second, not to take a minute; *non ci metto ~ a tornare indietro* it won't take me a minute to turn back; ~ *panico!* don't panic!; ~ *paura!* don't be afraid!; *per ~*: **1** (*affatto*) at all: *oggi non s'è visto per ~* today he hasn't shown up at all; **2** (*gratuitamente*) free, for nothing: *lavorare per ~* to work for nothing; **3** (*invano*) for nothing: *sei venuto qui per ~* you came for nothing; *per ~ al mondo* not for the world, not for anything in the world, on no account. *Prov.*: ~ *di*

nuovo sotto il sole nothing new under the sun, there's nothing new under the sun.

nientedimeno, nientemeno *avv.* **1** (*addirittura*) even, no less. **2** (*esclam.*) I say!, really!; (*così tanto!*) as much as that! □ ~ *che*: **1** (*rif. a cosa*) nothing less than; **2** (*rif. a persona*) no less than.

nientepopodimeno *avv.* (*scherz*) **1** (*addirittura*) even, no less. **2** (*esclam.*) I say!, you don't say so!, really!; (*così tanto!*) as much as that! □ ~ *che*: **1** (*rif. a cosa*) nothing less than; **2** (*rif. a persona*) no less than.

nietzschianesimo /nitʃa-/ *m.* (*Filos*) Nietzscheanism.

nietzschiano /nitʃa-/ I *a.* (*Filos*) Nietzschean. II *m.* (*f.* **-a**) (*Filos*) Nietzschean.

nife *m.* (*Geol,rar*) nife.

nigella *f.* (*Bot*) love in a mist.

Niger *n.pr.m.* (*Geog*) Niger.

Nigeria *n.pr.f.* (*Geog*) Nigeria.

nigeriano I *a.* Nigerian. II *m.* (*f.* **-a**) Nigerian.

night /'najt/ *m.inv.* night-club.

night-club /'najtklab/ *m.inv.* night-club.

nihilismo *e der.* → **nichilismo** *e der.*

Nike *n.pr.f.* (*Mitol,Art*) Nike.

Nilo *n.pr.m.* (*Geog*) Nile. □ (*Geog*) ~ *Azzurro* Blue Nile; (*Geog*) ~ *Bianco* White Nile.

nilota *m./f.* Nilote.

nilotico (*pl.* **-ci**) *a.* (*Geog*) Nilotic.

nimbo *m.* (*Meteor*) halo, nimbus.

ninfa *f.* **1** (*Mitol,Entom*) nymph (*anche fig*). **2** *spec.pl.* (*Anat*) nymphae *pl.* □ (*Mitol*) ~ *dei monti* mountain nymph; (*Mitol*) ~ *delle acque* water nymph; (*Mitol*) ~ *delle foreste* forest nymph; (*scherz*) ~ *Egeria* Egeria; (*Mitol*) *ninfe oceanine* Oceanids, Oceanides.

ninfale I *a.* (*lett*) nymphean, nymphal. II *m.* nymphal.

ninfea *f.* (*Bot*) water-lily, nymphaea.

ninfeo *m.* nymphaeum (*anche Archeol*).

ninfetta *f.* nymphet.

ninfomane I *f.* (*Psic*) nymphomaniac, (*pop*) nympho. II *a.* (*Psic*) nymphomaniac, nymphomaniacal.

ninfomania *f.* (*Psic*) nymphomania.

Ninive *n.pr.f.* (*Geog.stor*) Nineveh.

ninna *f.* (*infant*) bye-byes *pl.*, beddie-byes *pl.* □ *fare la ~* to sleep; ~ *nanna* lullaby, cradle-song.

ninnananna *f.* lullaby, cradle-song.

ninnare (**nìnno**) *v.t.* **1** to sing a lullaby to, to lull to sleep. **2** (*cullare*) to rock, to rock to sleep.

ninnolare (**nìnnolo**) I *v.t.* to amuse. II *v.pron.* **ninnolarsi** (*rar*) to idle one's time away, to fritter one's time away.

ninnolo *m.* **1** (*balocco*) toy, plaything. **2** (*gingillo*) knick-knack, trinket.

Nino *n.pr.m. dim. di* Giovanni, Antonio.

Niobe *n.pr.f.* (*Mitol*) Niobe.

niobio *m.* (*Chim*) niobium.

nipiologia *f.* (*Med*) neonatology, nepiology.

nipote *m./f.* **1** (*di zio*) nephew (*f.* niece). **2** (*di nonno*) grandchild, grandson (*f.* -daughter): *i nipoti* (*senza specificarne il sesso*) grandchildren. **3** *pl.* (*estens*) (*discendenti*) descendants, progeny (*costr.sing. o pl.*), posterity (*costr. sing.*).

nipplo *m.* (*Mecc*) nipple.

nipponico (*pl.* **-ci**) *a.* Japanese.

nipponismo *m.* (*Ling*) Japanese word, Japanese expression.

nirvana *m.* (*Filos*) nirvana (*anche fig*).

nirvanico (*pl.* **-ci**) *a.* (*Filos*) nirvanic.

nisba *avv.* (*region,pop*) nix.

nisseno I *a.* Caltanissetta (*attr.*), of Caltanissetta (*posposto*). II *m.* (*f.* **-a**) (*originario*)

native of Caltanissetta; (*abitante*) inhabitant of Caltanissetta.

nistagmo *m.* (*Med*) nystagmus.

nitidamente *avv.* clearly, sharply, distinctly.

nitidezza *f.* **1** clearness, brightness. **2** (*rif. a immagini e sim.*) sharpness, clearness. **3** (*rif. a suoni*) purity. **4** (*fig*) (*lucidità, chiarezza*) clearness, clarity, lucidity.

nitido *a.* **1** clear, bright, clean, shining: *cristallo ~* clear crystal. **2** (*rif. a immagini e sim.*) sharp, clear, distinct. **3** (*rif. a suoni*) pure. **4** (*fig*) clear, lucid; (*rif. a ricordi e sim.*) distinct, vivid.

nitore *m.* **1** (*pulizia*) cleanliness, brightness. **2** (*fig*) (*chiarezza*) clearness, lucidity.

nitrare (**nìtro**) *v.t.* (*Chim*) nitrate.

nitratare (**nitràto**) *v.t.* (*Agr*) to enrich with nitrates.

nitratazione *f.* (*Agr*) fertilization with nitrates.

nitrato *m.* (*Chim*) nitrate. □ (*Chim*) ~ *di ammonio* ammonium nitrate; ~ *d'argento*: **1** (*Chim,Min*) silver nitrate; **2** (*Farm*) silver nitrate, lunar caustic; (*Chim*) ~ *di potassio* potassium nitrate.

nitrazione *f.* (*Chim*) nitration.

nitrico *a.* (*Chim*) nitric: *acido ~* nitric acid.

nitrificare (**nitrìfico, nitrifìchi**) *v.t.* (*Biol*) to nitrify.

nitrificazione *f.* (*Biol*) nitrification.

nitrile *m.* (*Chim*) nitrile.

nitrire (**nitrìsco, nitrìsci**) *aus.* **avere**) *v.i.* to neigh, to whinny.

nitrito[1] *m.* **1** neigh, whinny: *emettere un ~* to neigh. **2** (*il nitrire*) neighing.

nitrito[2] *m.* (*Chim*) nitrite.

nitro I *m.* (*Min*) nitre, saltpetre. II *f.* (*Chim*) (*nitroglicerina*) nitroglycerin, nitroglycerine.

nitrobatterio *m.* (*Biol*) nitrobacterium.

nitrobenzene, nitrobenzolo *m.* (*Chim*) nitrobenzene.

nitrocellulosa *f.* (*Chim*) nitrocellulose.

nitroderivato *m.* (*Chim*) nitrocompound.

nitrofosfato *m.* (*Chim*) nitrophosphate.

nitrogeno *m.* (*Farm*) (*azoto*) nitrogen.

nitroglicerina /-gli-/ *f.* (*Chim*) nitroglycerin, nitroglycerine.

nitrosazione *f.* (*Chim*) nitrosation.

nitroso *a.* (*Chim*) nitrous: *acido ~* nitrous acid.

nitruro *m.* (*Chim*) nitride.

nittitante □ (*Zool*) *membrana ~* nictitating membrane.

niuno *a./pron.* (*lett*) → **nessuno**.

niveo *a.* (*lett*) snow-white, snowy.

nivometro *m.* (*Tecn*) snow-gauge.

nix *avv.* (*scherz*) nix.

Nizza *n.pr.f.* (*Geog*) Nice.

nizzardo I *a.* Nice (*attr.*), of Nice (*posposto*). II *m.* (*f.* **-a**) (*originario*) native of Nice; (*abitante*) inhabitant of Nice.

NL *Paesi Bassi* NL (Netherlands).

N.N. (*burocr*) **1** *nihil novi, nessuna novità* (nothing new). **2** (*di paternità ignota*) *nescio nomen* (name of father unknown): *figlio di ~* name of father unknown.

NNE (*Geog*) *nord-nord-est* NNE (north-north-east).

NNO (*Geog*) *nord-nord-ovest* NNW (north-north-west).

no I *avv.* **1** no: *ti è piaciuto lo spettacolo? - ~* did you like the show? - No, I didn't. **2** (*con valore ellittico o con un avverbio, nelle proposizioni disgiuntive*) not: *perché ~?* why not?; *sei contento? - Contento ~, ma neppure scontento* are you pleased? - Not pleased, but not displeased either; *hai finito il tuo la-*

voro o ~? have you finished your work or not?; *lo conosciamo? - Tu ~ ma io sì* do we know him? - You don't, but I do. **3** (*non è vero?*) right?, isn't that right?: *bevo troppo, ~?* I'm drinking too much, isn't that right?; *è lui, ~?* it's him, isn't it?; *verrai, ~?* you'll come, won't you? **II** *m.* **1** refusal: *un bel ~* a flat refusal. **2** (*voto contrario*) no, nay; (*con indicazione del numero*) against, no (*anche Parl,Pol*): *la proposta è stata accettata con dieci sì contro due* ~ the proposal was adopted with ten for and two against, the proposal was adopted with ten ayes and two nays. ☐ *un ~ categorico* a flat no; *~ davvero* no indeed; *~ di certo* certainly not; *~ e poi ~* no, no, definitely not; *fare di ~ con la testa* to shake one's head.

NO (*Geog*) *nord-ovest* NW (north-west).

no., No. *numero* n., No. (number).

Nobel *m.* **1** (*premio*) Nobel prize. **2** (*estens*) (*persona insignita*) Nobel prize winner: *il ~ per la pace* the Nobel Laureate for Peace.

nobelio *m.* (*Chim*) nobelium.

nobildonna *f.* noblewoman.

nobile I *a.* **1** noble: *famiglia ~* noble family. **2** (*fig*) noble, lofty: *animo ~* noble mind; *un gesto ~* a noble deed. **3** (*Chim,Met*) noble: *gas ~* noble gas. **II** *m./f.* noble, nobleman (*f.* -woman). ☐ *~ decaduto* impoverished noble.

nobilesco (*pl.* -**chi**) *a.* (*spreg*) noble, aristocratic: *alterigia nobilesca* aristocratic haughtiness.

nobiliare *a.* nobiliary, of nobility (*posposto*): *titolo ~* title of nobility.

nobilitare (**nobìlito**) **I** *v.t.* **1** (*rendere nobile*) to ennoble, to raise to the nobility. **2** (*fig*) to ennoble, to dignify: *il lavoro nobilita l'uomo* work ennobles man. **3** (*Tecn*) (*pannelli*) to surface with melamine paper. **II** *v.pron.* **nobilitarsi** to ennoble oneself.

nobilitazione *f.* ennobling, ennoblement.

nobilmente *avv.* nobly.

nobiltà *f.* **1** nobility: *~ di stirpe* nobility of birth; *attestato di ~* patent of nobility; *titolo di ~* title of nobility, title of rank. **2** (*l'insieme dei nobili*) nobility, nobles *pl.*, (*GB*) peerage. **3** (*fig*) (*distinzione, elevatezza*) nobility, nobleness, loftiness. ☐ *~ d'animo* noble-mindedness, high-mindedness; *~ terriera* landed nobility.

nobilume *m.* (*spreg*) lordlings *pl.*

nobiluomo *m.* nobleman.

nocca *f.* knuckle.

nocchiere, nocchiero *m.* (*lett*) helmsman, steersman.

nocchio *m.* (*Bot*) knot, node.

nocciola I *f.* (*Bot,Alim*) hazelnut. **II** *m.* (*colore*) light brown, hazel. **III** *a.inv.* light brown, hazel.

nocciolato *m.* (*Alim*) nut chocolate.

noccioleto *m.* hazel grove.

nocciolina *f.* **1** (*Bot,Alim*) peanut. **2** *pl.* (*piccola somma*) peanuts: *due milioni di dollari non sono noccioline!* two million dollars aren't peanuts! ☐ (*Bot,Alim*) *~ americana* peanut.

nocciolo *m.* **1** (*Bot*) stone, (*Am*) pit: *~ di ciliegia* cherry stone; *togliere il ~ a un frutto* to remove the stone from a fruit, (*Am*) to pit a fruit. **2** (*fig*) (*punto principale*) heart, core, point: *il ~ della questione* the heart of the matter; *venire al ~* to come to the point. **3** (*Nucl*) core. ☐ (*fig*) *il ~ del problema* the heart of the problem; (*Nucl*) *il ~ del reattore* reactor core; (*fig*) *il ~ duro del partito* the hard core of the party.

nocciolo *m.* **1** (*Bot*) hazel, hazelnut tree. **2** (*legno*) walnut.

noce I *m.* **1** (*Bot*) walnut, walnuttree. **2** (*legno*) walnut. **II** *f.* **1** (*Bot,Alim*) (*frutto del noce*) walnut. **2** (*Macell*) rumpsteak, best end of veal. ☐ (*Bot, Alim*) *~ americano* hickory; (*Bot, Alim*) *~ brasiliana* Brazil nut; *grosso come una ~* the size of a walnut; (*Anat,pop*) *~ del piede* ankle bone; (*Bot,Alim*) *~ di acagiù* cashew, cashew nut; *una ~ di burro* (*spec. indicato nelle ricette*) a pat of butter, a knob of butter; (*Bot,Alim*) *~ di cocco* coconut; (*Bot, Alim*) *~ di cola* kola nut, cola nut; (*Bot*) *~ moscata*: 1 (*pianta*) nutmeg tree; 2 (*Alim*) (*frutto*) nutmeg; (*Bot,Alim*) *~ pesca* (o *~ pesco*) nectarine; (*Alim*) *noci secche* dried walnuts; (*Bot*) *~ vomica* nux vomica.

nocella *f.* **1** (*Anat*) wrist bone. **2** (*parte del compasso*) pivot.

nocepesca *f.* (*Bot,Alim*) nectarine.

nocepesco *m.* (*Bot,Alim*) nectarine.

noceto *m.* walnut orchard.

nocino *m.* walnut liqueur.

nociuto → **nuocere**.

nocività *f.* harmfulness, noxiousness.

nocivo *a.* harmful (*a, per to*), noxious: *cibi nocivi* harmful food; *essere ~ a qcu.* to harm so.; *altamente ~* highly noxious. ☐ *~ alla salute* injurious to health, (*colloq*) bad for one, bad for one's health; *~ per l'ambiente* harmful for the environment.

nocqui → **nuocere**.

NOCS *nucleo operativo centrale di sicurezza* (Italian antiterrorist unit).

nocumento *m.* (*lett*) harm, injury; (*danno*) harm, damage: *essere di ~ a qcu.* to harm so., to do so. harm.

nodale *a.* **1** nodal: *punto ~* nodal point. **2** (*Astr*) nodal. **3** (*fig*) crucial, critical.

nodo *m.* **1** knot: *stringere un ~* to tighten a knot; *fare un ~* to make a knot, to tie a knot. **2** (*a cappio*) noose. **3** (*fig*) (*legame*) bond, tie, knot: *il ~ coniugale* the bond of matrimony. **4** (*fig*) (*groppo*) lump: *avere un ~ alla gola* to have a lump in one's throat. **5** (*fig*) (*difficoltà*) knot, nodus. **6** (*fig*) (*nocciolo*) heart, point: *il ~ della vicenda* the heart of the matter. **7** (*Tess,Mar*) knot. **8** (*Astr,Biol,Fis*) node. **9** (*Bot*) node; (*difetto del legname*) knot, gnarl. **10** (*Med*) (*nodosità*) node, nodosity. **11** (*Sport*) clinch. **12** (*crocchia di capelli*) bun, twist. **13** (*Inform*) node. ☐ *farsi un ~ al fazzoletto* to tie a knot in one's handkerchief (*anche estens*); (*Strad*) *~ autostradale* motorway intersection; (*Am*) highway intersection, freeway intersection; (*Mar*) *~ bandiera* single bend; *~ da marinaio* reef knot, sailor's knot; (*Arald*) *~ d'amore* love knot (*anche estens*); *~ della cravatta* knot of a tie: *fare il ~ alla cravatta* to knot one's tie; (*Mar*) *~ dell'ancora* anchor knot; (*Mar*) *~ di bozza* stopper knot; (*Mar*) *~ di vento* whirlwind; *~ doppio* double knot (*anche Mar*); (*Ferr*) *~ ferroviario* rail junction, railway junction; *~ gordiano* Gordian knot (*anche fig*): *tagliare il ~ gordiano* to cut the Gordian knot; (*Anat*) *~ linfatico* lymphatic node, lymph node; (*Mar*) *~ Margherita* sheep shank node; (*Mar*) *~ parlato* clove hitch; *~ parlato doppio* rolling hitch; (*Mar*) *~ Savoia* figure-of-eight knot, (*Am*) figure-eight knot; *~ scorrevole* (o *~ scorsoio*) slipknot, running knot; (*Mar*) *~ semplice* simple knot, overhand knot; (*Strad*) *~ stradale* road junction, intersection. *Prov.: tutti i nodi vengono al pettine* the day of reckoning will come, your sin will find you out, your sins will find you out.

nodosità *f.* **1** knottiness. **2** (*Bot,Med*) nodosity.

nodoso *a.* **1** knotted, knotty: *mani nodose* knotted hands. **2** (*Bot,Med*) nodose. **3** (*di le-gno*) knobby, burled.

nodulo *m.* **1** (*Med*) nodule, (*pop*) lump: *un ~ al seno* a breast nodule. **2** (*Geol*) nodule.

noduloso *a.* nodulose, nodulous.

Noè *n.pr.m.* (*Bibl*) Noah.

Noemi *n.pr.f.* Naomi.

noesi *f.* (*Filos*) noesis.

noetico (*pl.* -**ci**) *a.* (*Filos*) noetic.

no global I *m./f.inv.* **1** (*attivista*) antiglobalization activist. **2** (*manifestante*) antiglobalization protester. **II** *a.inv.* antiglobalization (*attr.*).

noi *pron.pers.* **1** (*soggetto*) we, (*colloq*) us: *~ non siamo potuti venire* we couldn't come; *chi è? - Siamo ~* who is it? - It's us. **2** (*oggetto*) us: *avete chiamato ~?* did you call us? **3** (*preceduto da preposizione*) us: *perché non venite con ~?* why don't you come with us? **4** (*plurale maiestatico*) we. **5** (*con valore impersonale*) we, one, you: *quando (~) affermiamo qualcosa, la dobbiamo provare* if one states something, one must prove it. ☐ *~ altri*: 1 (*soggetto*) we; 2 (*oggetto*) us; *da ~*: 1 (*a casa nostra, stato*) at our house, with us, at home; (*moto*) to our house, to us, home; 2 (*nel nostro paese*) in our town, in our country, where we come from, where we live; *~ medesimi* (o *~ stessi*) ourselves; *veniamo a ~* let's get down to us.

noia *f.* **1** boredom, ennui. **2** (*tedio*) tedium, tediousness, tiresomeness. **3** (*fastidio, seccatura*) bore. **4** (*persona, cosa noiosa*) bore; (*persona, cosa molesta*) nuisance. ☐ *avere a ~ qcu.* not to like so.; *avere delle noie con qcu.* to have trouble with so.; *che ~ quell'uomo!*: 1 (*che noioso*) what a bore that man is!; 2 (*che scocciatore*) what a nuisance that man is!; *dare ~ a qcu.* to bother so., to trouble so., (*colloq*) to bug so.; *~ mortale* deadly boredom, a deadly dull, a dreadful bore; *venire a ~* to be fed up (with), to be tired (of): *mi è venuto a ~* I'm fed up with it, I'm tired of it, I got tired of it; *questo lavoro mi è venuto a ~* I'm fed up with this job.

noialtri *pron.m.pl.* **1** (*soggetto*) we. **2** (*oggetto*) us.

noiosamente *avv.* **1** boringly, tediously. **2** (*fastidiosamente*) annoyingly.

noiosità *f.* **1** boredom, tediousness. **2** (*fastidio*) trouble, annoyance.

noioso I *a.* **1** boring, tedious, tiresome: *un libro ~* a boring book. **2** (*fastidioso*) troublesome, annoying, bothersome. **II** *m.* (*f.* -**a**) **1** bore. **2** (*seccatore*) nuisance.

noleggiante *m./f.* hirer; (*rif. a navi, aerei*) charterer.

noleggiare (**noléggio, noléggi**) *v.t.* **1** to hire, to rent (*da* from); (*rif. a navi, ad aerei*) to charter. **2** (*dare a noleggio*) to hire out, to rent out (*rif. a navi, ad aerei*) to charter. **3** (*Cin*) to distribute.

noleggiatore *m.* (*f.* -**trice**) **1** hirer; (*rif. a navi, ad aerei*) charterer. **2** (*Cin*) distributor. ☐ *~ di auto* car hire firm.

noleggio *m.* **1** hire; (*rif. a navi, ad aerei*) charter, chartering. **2** (*prezzo del noleggio*) hire, rental; (*rif. a navi, ad aerei*) charterage, charter fee, freightage. **3** (*Cin*) distribution. ☐ *dare a ~*: 1 to hire out, to rent out; 2 (*rif. a navi, ad aerei*) to charter; 3 (*Cin*) to distribute; *~ di videocassette* video rental; *prendere a ~* to hire, to rent; (*rif. a navi ad aerei*) to charter.

nolente *a.* (*lett*) unwilling: *volente o ~* willing or not, whether you want to or not, whether you like it or not.

nolo *m.* **1** (*prezzo del trasporto*) freight, freightage. **2** (*prezzo del noleggio*) hire, rental; (*rif. a navi, ad aerei*) charterage, charter fee. □ (*Comm*) ~ *a tempo* time freight; (*Comm*) ~ *assegnato* freight collect, freight forward; *dare a* ~ to hire out, to rent out; (*Comm*) ~ *di andata* outward freight; (*Comm*) ~ *di ritorno* return freight, homeward freight; *prendere a* ~ to hire, to rent.

nomade I *a.* nomad, nomadic (*anche fig*): *vita* ~ nomadic life. II *m./f.* 1 nomad. 2 (*fig*) (*senza domicilio fisso*) wanderer, drifter.

nomadismo *m.* nomadism.

nome *m.* 1 name: *dallo stesso* ~ of the same name. 2 (*nome e cognome*) name, full name: *indicare* ~ *e indirizzo* give full name and address. 3 (*nome di battesimo*) Christian name, first name. 4 (*cognome*) surname, family name. 5 (*soprannome*) nickname: *gli hanno affibbiato il* ~ *di pel di carota* they gave him the nickname carrots. 6 (*fig*) (*fama, reputazione*) name, reputation: *il suo* ~ *è incontaminato* his name is unsullied. 7 (*fig*) (*celebrità*) name, big name, celebrity. 8 (*Gramm*) noun, substantive: *nomi femminili* feminine nouns. □ *a* ~ *di qcu.*: 1 in so.'s name: *prenotare a* ~ *di X* to make a reservation in the name of X; 2 (*da parte di*) on so.'s behalf: *diglielo a* ~ *mio* tell him from me; (*Gramm*) ~ *astratto* abstract noun; *avere il* ~ *di* (o *avere per* ~) to be called; *che* ~ *ha?* what's his name?; *essere conosciuto col* ~ *di Tom* to be known by the name of Tom, to be known as Tom; (*Gramm*) ~ *collettivo* collective noun; ~ *commerciale* style of a firm, name of a firm; (*Gramm*) ~ *composto* compound noun; (*Gramm*) ~ *comune* common noun; ~ *da ragazza* maiden name; ~ *d'arte* stage name; (*Rel*) *nel* ~ *del Padre, del Figlio e dello Spirito Santo* in the name of the Father and of the Son and of the Holy Ghost; *di* ~ named, called: *un ragazzo di* ~ *Carlo* a boy called Charles, a boy named Charles; *conoscere qcu. di* ~ to know so. by name; ~ *di battaglia* pseudonym, nom-de-guerre; ~ *di battesimo* first name, (*Br*) Christian name; (*Inform*) ~ *di dominio* domain name; *di* ~ *e di fatto* in word and deed; ~ *di famiglia* surname, family name; ~ *di persona*: 1 name of a person; 2 (*Gramm*) personal noun; ~ *di strada* street name; ~ *e cognome* full name, first name and surname; ~ *falso* assumed name, false name; *fare il* ~ *di qcu.*: 1 (*nominare*) to mention so.'s name; 2 (*proporre*) to propose so., to nominate so.; *farsi un* ~ to make a name for oneself: *farsi un cattivo* ~ to get a bad name for oneself; (*Inform*) ~ *del file* filename; *in* ~ *del cielo* for heaven's sake; *in* ~ *di* in the name of: *in* ~ *della giustizia* in the name of justice; *in* ~ *della legge* in the name of the law; *in* ~ *di Dio*: 1 in God's name; 2 (*esclam.*) for God's sake!; *gli hanno messo* ~ *Giuseppe* they called him Joseph; *non fare nomi* not to mention any names; *chiamare per* ~ to call by name; *prendere* ~ *da qcu.* to be named after so.; (*Gramm*) ~ *proprio* proper noun; ~ *scientifico* Latin name, scientific name, scientific term; *senza* ~: 1 nameless; 2 (*fig*) (*inqualificabile*) unmentionable, unspeakable; *sotto il* ~ *di* under the name of; ~ *ufficiale* official name; ~ *volgare* common name, popular name.

nomea *f.* notoriety, reputation: *una brutta* ~ a bad reputation; *avere la* ~ *di ladro* to have the reputation of being a thief.

nomenclatore *m.* (*f.* **-trice**) nomenclator.

nomenclatura *f.* nomenclature.

nomenklatura *f.* 1 nomenklatura. 2 (*estens*) ruling class.

nomignolo *m.* 1 nickname: *dare un* ~ *a qcu.* to give so. a nickname. 2 (*affettuoso*) pet name.

nomina *f.* 1 appointment: *lettera di* ~ letter of appointment; *ottenere una* ~ *all'università* to obtain an appointment at a university, to be appointed at a university; *di prima* ~ newly appointed, in one's first post. 2 (*elezione*) election: ~ *a sindaco* election as mayor.

nominabile *a.* mentionable.

nominale *a.* 1 (*per nome*) by name (*posposto*): *scrutinio* ~ poll by name. 2 (*di nome, senza potere reale*) nominal, in neme (*posposto*), in neme only (*posposto*): *autorità* ~ nominal authority. 3 (*rif. al nome di persona*) nominal. 4 (*Gramm*) nominal, noun (*attr.*): *gruppo* ~ noun phrase. 5 (*Econ*) nominal: *valore* ~ nominal value, face value, par value; *salario* ~ nominal wage. 6 (*Ind,Tecn*) rated: *velocità* ~ rated speed.

nominalismo *m.* (*Filos*) nominalism.

nominalista *m./f.* (*Filos*) nominalist.

nominalistico (*pl.* **-ci**) *a.* (*Filos*) nominalistic.

nominalizzare (**nominalìzzo**) *v.t.* (*Ling*) nominalize.

nominalizzazione *f.* (*Ling*) nominalization.

nominalmente *avv.* nominally.

nominare (**nòmino**) *v.t.* 1 (*dare il nome*) to call, to name. 2 (*menzionare*) to mention: *mai sentito* ~ never heard of him, I don't know him from Adam. 3 (*designare*) to appoint, to nominate, to designate: ~ *qcu. direttore* to be appointed manager, to be appointed as manager; ~ *qcu. erede* to appoint so. as one's heir, to name so. as one's heir; ~ *un avvocato* to appoint a solicitor; ~ *una commissione* to appoint a commission, to appoint a committee; *essere nominato baronetto* to be created baronet. 4 (*eleggere*) to elect: *l'hanno nominato assessore comunale* he has been elected town councillor. □ (*Bibl*) *non* ~ *il nome di Dio invano* thou shalt not take the name of the Lord, thy God, in vain.

nominatamente *avv.* 1 (*per nome*) by name. 2 (*esplicitamente*) expressly.

nomination /nomi'neʃon/ *f.inv.* (*per premio ecc.*) nomination.

nominatività *f.* (*Econ*) registration.

nominativo I *a.* 1 nominal, name (*attr.*): *elenco* ~ nominal list, list of names. 2 (*Econ*) registered; *titolo* ~ registered security, inscribed stock, inscribed security. 3 (*Gramm*) nominative. II *m.* 1 (*Gramm*) nominative, nominative case. 2 (*burocr*) (*nome*) name.

nominato *a.* 1 (*noto*) well-known, renowned. 2 (*chiamato*) named. 3 (*designato, eletto*) appointed, elected.

nomogramma *m.* (*Mat*) nomogram, nomograph.

non *avv.* 1 (*seguito da un verbo*) not: ~ *posso venire* I can't come; *perché* ~ *rispondi?* why don't you answer? 2 (*rif. a sostantivo determinato: usato col verbo*) not; (*usato col sostantivo*) no: ~ *bevo vino* I don't drink wine, I drink no wine; ~ *c'è dubbio* there is no doubt, there isn't any doubt. 3 (*seguito da un aggettivo*) not, *spesso si sostituisce con un prefisso negativo*: ~ *dolce* not sweet; *oggetti* ~ *visibili* invisible objects; *uva* ~ *matura* unripe grapes. 4 (*seguito da altra negazione*) not: ~ *ho chiamato nessuno* I didn't call anyone; ~ *voglio niente* I don't want anything. 5 (*seguito da mai*) *non si traduce*: ~ *ci sono mai stato* I have never been there, I haven't ever been there. 6 (*seguito da nessuno o niente come soggetti della frase*) *non si traduce*: ~ *lo vuole nessuno* nobody wants it; ~ *è stato fatto niente* nothing has been done. 7

(*pleonastico*) *non si traduce*: *poco mancò che* ~ *cadessi* I nearly fell, I all but fell. 8 (*con valore di prefisso*) non (*attr.*), *oppure si traduce con un prefisso negativo*: ~ *credente* non-believer, unbeliever. □ ~*... affatto* not... at all: ~ *ci credo affatto* I don't believe it at all; ~ *ancora* not yet; ~ *appena* as soon as; (*Econ*) ~ *bancabile* unbankable; ~ *c'è di che* don't mention it, not at all; ~ *che* not that: ~ *che sia difficile, è solo un lavoro noioso* not that it's difficult, it's just a boring job; ~ *che sia cattivo* I'm not saying that he's bad; ~ *collaborazione* passive obstructionism, slow-down strike; ~ *di meno*: 1 (*ciò nonostante*) nevertheless, all the same, for all that, still, yet, even so.; 2 (*tuttavia*) however, but; *e* ~*...* as opposed to...; ~*... mai* never: *questo* ~ *accadrà mai* this will never happen; ~ *posso* ~ *pensarci* I can't help thinking about it.

nona *f.* 1 (*Mus*) (*accordo*) ninth chord; (*intervallo*) ninth. 2 (*Lit*) none.

nonagenario I *a.* nonagenarian, ninety-year-old. II *m.* (*f.* **-a**) nonagenarian, ninety-year-old.

nonagesimo *a.* (*lett*) ninetieth.

non aggressione *f.* (*Pol*) nonaggression: *patto di* ~ non-aggression pact.

non allineamento *f.* (*Pol*) nonalignment, non-alignment.

non allineato *a.* (*Pol*) non-aligned, nonaligned: *paese* ~ non-aligned country, nonaligned country.

non belligerante *a.* (*Pol*) non-belligerent.

non belligeranza *f.* (*Pol*) non-belligerency.

nonchalance /nõʃa'lãs/ *f.* nonchalance, casualness.

nonché *congz.* 1 (*e anche*) as well as, and also. 2 (*tanto meno*) let alone, still less.

nonconformismo *m.* nonconformism.

nonconformista I *a.* nonconformist. II *m./f.* nonconformist.

nonconformistico (*pl.* **-ci**) *a.* nonconformist.

noncredente *m./f.* non-believer, unbeliever.

noncurante *a.* careless, heedless, regardless (*di* of), indifferent (to): *essere* ~ *del pericolo* to be oblivious of danger, to be oblivious to danger.

noncuranza *f.* 1 carelessness, heedlessness, neglect (*di* of). 2 (*non osservanza*) disregard (*di* for), non-observance: ~ *delle norme stradali* non-observance of the traffic regulations. 3 (*ostentazione di disinvoltura*) nonchalance, casualness, indifference. □ *con* ~ with nonchalance.

non deambulante I *a.* disabled, unable to walk (*posposto*). II *m./f.* disabled person, person unable to walk.

nondimeno *congz.* 1 (*ciò nonostante*) nevertheless, all the same, for all that, still, yet, even so. 2 (*tuttavia*) however, but.

non docente *a.* non-teaching: *personale* ~ non-teaching personnel.

non emesso *a.* (*Filat*) non-issued.

non-essere *m.inv.* (*Filos*) nonbeing.

nonetto *m.* (*Mus*) nonet.

non food *s.* /'fud/ *m.inv.* non-food.

non fumatore *m.* nonsmoker: *scompartimento* (*per*) *non fumatori* nonsmoker, non-smoking compartment.

non intervento *m.* (*Pol*) nonintervention.

nonio *m.* (*Tecn,Fis*) nonius.

non-io *m.inv.* (*Filos*) nonego.

non luogo □ (*Dir*) ~ *a procedere* nonsuit.

non menzione *f.* (*Dir*) to be convicted

without it being registered on one's criminal record.
non-metallo *m.* (*Chim*) nonmetal.
nonna *f.* **1** grandmother, (*colloq*) gran, (*colloq*) granny, (*colloq*) grandma. **2** (*colloq*) (*persona anziana*) granny, old lady. □ ~ **materna** maternal grandmother; ~ *paterna* paternal grandmother.
nonnina *f.* granny, grandma.
nonnino *m.* grandad, grandpa.
nonnismo *m.* (*Mil,gerg*) bullying of recruits by senior soldiers, hazing.
nonno *m.* **1** grandfather, (*colloq*) grandad, (*colloq*) grandpa, (*Am,colloq*) gramp, (*Am, colloq*) gramps. **2** (*colloq*) (*persona anziana*) grandfather, old man. **3** *pl.* (*nonno e nonna*) grandparents. **4** *pl.* (*antenati*) forefathers, ancestors. **5** (*Mil,gerg*) senior soldier. □ ~ *materno* maternal grandfather; (*scherz*) sì, mio ~*! (o* sì, mio ~ *in carriola!*) my foot!; ~ *paterno* paternal grandfather.
nonnulla *m.inv.* trifle, mere nothing, slightest thing: *si arrabbia per un* ~ he gets angry at the slightest thing.
nono I *a.* **1** ninth: *il* ~ *posto* the ninth place. **2** (*rif. a papi, a regnanti*) the Ninth: *Pio* ~ Pious the Ninth. II *m.* **1** (*f.* -**a**) (*ordinale*) ninth. **2** (*frazionario*) ninth: *un* ~ *dell'eredità* a ninth of the inheritance.
nonostante I *prep.* in spite of, despite, for all, notwithstanding: *è partito* ~ *il tempo cattivo* he left in spite of the bad weather. II *congz.* though, although, even though, in spite of the fact that: *è uscito* ~ *fosse tardi* he went out even though it was late. □ ~ *che* even though, even if; ~ *ciò* even so, in spite of that; ~ *tutto* in spite of everything.
non plus ultra *m.inv.* last word, ultimate, ne plus ultra, highest degree, highest point: *il* ~ *dei computer palmari* the last word in palm tops.
non professionale *a.* non professional, amateur (*attr.*).
non profit *a.inv.* (*Dir*) nonprofit, non-profit-making: *associazione* ~ nonprofit association.
non proliferazione *f.* (*Pol*) nonproliferation: *trattato di* ~ nonproliferation treaty.
non ritorno □ *punto di* ~ point of no return.
nonsenso *m.* nonsense, absurdity: *è un* ~ it's nonsense.
non so che □ *un* ~ (o *un certo* ~) a je-ne-sais-quoi, a certain something.
non stiro *a.inv.* non-iron.
non stop *a.* nonstop: *volo* ~ nonstop flight; *programma* ~ nonstop performance.
non tessuto *m.* (*Tess*) nonwoven fabric.
nontiscordardimé *m.inv.* (*Bot*) forget-me-not.
non udente I *a.* deaf. II *m./f.* deaf person: *i non udenti* the deaf.
non vedente I *a.* blind. II *m./f.* blind person: *i non vedenti* the blind.
nonviolento, non violento I *a.* non violent. II *m.* (*f.* -**a**) advocate of non violence, non violent person.
nonviolenza, non violenza *f.* nonviolence.
noosfera *f.* (*Filos*) noosphere.
Nora *n.pr.f.* Nora, Norah.
noradrenalina *f.* (*Chim*) noradrenalin, no-radrenaline.
norcino *m.* **1** (*f.* -**a**) (*originario*) native of Norcia; (*abitante*) inhabitant of Norcia. **2** (*rar*) (*chi macella maiali*) pork butcher; (*chi castra maiali*) pig castrator.
nord I *m.* **1** north. **2** (*estens*) (*regione settentrionale*) north, northern: *il* ~ *della Gran*

Bretagna the north of Great Britain, northern Great Britain; *la Francia del* ~ northern France. II *a.* north, northern: *parete* ~ north wall. □ *andare a* ~ to go north, to go northwards; *la cucina è a* ~ the kitchen faces north, the kitchen faces due north; *a* ~ *di* north of, to the north of: *più a* ~ *di* farther north than; *venire da* ~ to come from the north; *del* ~ north, northtern, northerly: *vento del* ~ northerly wind, north wind; *America del* ~ North America; (*Fis*) ~ *magnetico* magnetic north; *verso* ~: **1** (*con valore aggettivale*) northward, northbound, due north; **2** (*con valore avverbiale*) northwards.
Nordafrica *n.pr.m.* (*Geog*) North Africa.
nordafricano I *a.* North African. II *m.* (*f.* -**a**) North African.
Nordamerica *n.pr.m.* (*Geog*) North America.
nordamericano I *a.* North American. II *m.* (*f.* -**a**) North American.
nordatlantico (*pl.* -**ci**) *a.* North Atlantic.
nordcoreano I *a.* North Korean. II *m.* (*f.* -**a**) North Korean.
nord-est *m.* (*Geog*) north-east. □ *a* ~ north-east; *di* ~ north-eastern, from the north-east.
nordeuropeo I *a.* North European. II *m.* (*f.* -**a**) North European.
nordico I *a.* **1** northern: *clima* ~ northern climate. **2** (*dell'Europa settentrionale*) North European. **3** (*di razza nordica*) Nordic. II *m.* (*f.* -**a**; *pl.* -**ci**) **1** northerner. **2** (*dell'Europa settentrionale*) North European. **3** (*di razza nordica*) Nordic.
nordista I *a.* (*Stor.am*) Federal, Unionist. II *m./f.* (*Stor.am*) Federal, Unionist.
nordoccidentale *a.* north-west (*attr.*), north-western.
nordorientale *a.* north-east (*attr.*), north-eastern.
nord-ovest *m.* (*Geog*) north-west. □ *a* ~ north-west; *di* ~ north-western, from the north-west.
nord-sud *a.* (*Pol*) North-South: *dialogo* ~ North-South dialogue; *divario* ~ North-South gap.
nordvietnamita I *a.* North-Vietnamese. II *m./f.* North-Vietnamese.
norepinefrina *f.* (*Chim*) norepinephrine, noradrenalin, noradrenaline.
noria *f.* scoop-wheel; (*per sollevare acqua*) water-wheel, noria.
Norimberga *n.pr.f.* (*Geog*) Nuremberg.
norma *f.* **1** (*regola*) rule, regulation: *trasgredire le norme* to break the rules. **2** (*precetto*) precept; (*prescrizione*) specification; (*disposizione*) regulation, provision; (*istruzione*) instruction, direction. **3** (*criterio*) norm, standard; (*principio*) principle. **4** (*uso, consuetudine*) practice, custom, usage. **5** (*Statist*) mode. **6** (*Filos,Mat,Min*) norm. **7** (*Dir*) rule, regulation. **8** (*Econ*) (*minimo di produzione*) norm. □ *un rubinetto a* ~ a tap (according) to specs, a standard tap; *a* ~ *di* according to, in accordance with, in conformity with: *a* ~ *di legge* in accordance with the law, according to the law, by law; *a* ~ *dell'articolo 10* as laid down in Article 10; *di* ~ usually, as a rule: *come di* ~ as usual; (*Strad,Dir*) *norme di circolazione* traffic regulations; *norme di lavoro* working regulations; (*Dir,burocr*) *norme di legge* legal regulations: *a* ~ *di legge* under the terms of the law, in accordance with the law, according to the law, by law; (*Mar*) *norme di navigazione* navigation regulations; *norme di polizia* police regulations; (*Ind*) ~ *di produzione* production standard; *norme di sicurezza*

safety regulations (*anche Ind,Edil*); (*Mil*) *norme disciplinari* disciplinary regulations (*anche estens*); *per tua* ~ *e regola* for your information and guidance, for your information; *norme edilizie* building regulations; ~ *fissa* standing rule (*anche Dir*); (*Dir*) ~ *giuridica* legal regulation; (*Dir*) *norme imperative* binding regulations; (*Ind*) ~ *ISO* ISO standard; *rimanere nella* ~ to be within the norm, to keep to the rules; (*Dir*) *norme per le pari opportunità* equal opportunities rules; *norme per l'uso* directions for use, instructions; (*Dir*) *norme procedurali* procedural rules, rules of procedure; (*Dir,burocr*) ~ *scritta* written regulation; (*Dir,burocr*) *norme vigenti* regulations in force.
Norma *n.pr.f.* Norma.
normale I *a.* **1** normal, usual, (*Am*) regular: *condurre una vita* ~ to lead a normal life; *mi dia una bottiglia* ~, *non una decorata* please give me a regular bottle, not a decorated one. **2** (*solito*) normal, ordinary, customary; *in condizioni normali* under normal conditions; *la situazione è tornata* ~ the situation is back to normal, the situation is back to normality. **3** (*comprensibile*) normal: *è una reazione* ~ it's a normal reaction. **4** (*nella media*) normal, average. **5** (*conforme alla norma*) normal, standard. **6** (*Geom*) normal, perpendicular, orthogonal. **7** (*Chim*) normal. **8** (*di benzina*) normal-grade. II *m.* norm: *fuori dal* ~ extraordinary; *superiore al* ~ more than average. III *f.* **1** (*Geom*) normal, perpendicular. **2** (*Sport*) normal route. **3** (*ant*) (*scuola normale*) teachers' training college (for elementary school teachers').
normalità *f.* normality, (*Am*) normalcy: *tornare alla* ~ to get back to normal, to get back to normality.
normalizzare (**normalìzzo**) I *v.t.* **1** to make normal, to bring back to normal, to normalize: ~ *gli scambi internazionali* to bring international trade back to normal. **2** (*Mat, Chim*) to normalize. **3** (*standardizzare*) to standardize. II *v.pron.* **normalizzarsi** to get back to normal.
normalizzazione *f.* **1** normalization. **2** (*standardizzazione*) standardization.
normalmente *avv.* **1** normally. **2** (*abitualmente*) usually, generally.
Normandia *n.pr.f.* (*Geog*) Normandy.
normanno I *a.* Norman (*anche Stor*). II *m.* (*f.* -**a**) Norman (*anche Stor*).
normativa *f.* (*Dir*) rules *pl.*, regulations *pl.*
normativo *a.* **1** (*che dà norme*) normative, prescriptive, establishing a norm: *grammatica normativa* normative grammar. **2** (*Dir*) (*che ha valore di legge*) regulative.
normografo *m.* (*Tecn*) stencil.
normoteso I *a.* (*Med*) normotensive. II *m.* (*f.* -**a**) (*Med*) normotensive person.
normotipo *m.* (*Med*) person with a normal build.
norna *f.* (*Mitol.nord*) Norn.
norreno *a.* (*Ling,Lett*) Norse.
norvegese I *a.* Norwegian. II *m.* (*lingua*) Norwegian. III *m./f.* (*abitante*) Norwegian.
Norvegia *n.pr.f.* (*Geog*) Norway.
nosocomio *m.* (*ospedale*) hospital.
nosofobia *f.* (*Psic*) nosophobia.
nosografia *f.* (*Med*) nosography.
nosografico (*pl.* -**ci**) *a.* (*Med*) nosographic, nosographical.
nosologia *f.* (*Med*) nosology.
nosologico (*pl.* -**ci**) *a.* (*Med*) nosological.
nossignora *avv.* no, Madam.
nossignore *avv.* **1** no, Sir. **2** (*enfat,iron*) not at all, certainly not.
nostalgia *f.* **1** nostalgia. **2** (*rif. al proprio*

paese, alla propria casa) homesickness: *sentire la ~ di casa* to be homesick. **3** (*estens*) (*rimpianto*) longing, yearning. ☐ *avere ~ di qcu.* to miss so., to long for so.

nostalgico (*pl.* **-ci**) **I** *a.* **1** nostalgic: *sentimento ~* nostalgic feeling. **2** (*rif. al proprio paese, alla propria casa*) homesick. **II** *m.* (*f.* **-a**) (*chi rimpiange un periodo, spec. politico*) someone who is nostalgic (for a particular period).

nostrale *a.* (*region*) (*nostrano*) homegrown, home-made.

nostrano *a.* **1** home (*attr.*), national, local: *usi nostrani* national customs. **2** (*prodotto nel nostro paese*) home-grown, home-made.

nostro I *a.poss.* **1** our: *la nostra casa* our house. **2** (*preceduto da aggettivi numerali, pronomi indefiniti e dimostrativi*) of ours: *una nostra amica* a friend of ours; *due nostri amici* two friends of ours; *alcuni nostri colleghi* some colleagues of ours, some of our colleagues; *questo ~ parente* this relative of ours. **3** (*enfat*) (*nostro proprio*) our own. **4** (*posposto*) ours: *questa penna è nostra* this pen is ours. **5** (*nelle espressioni ellittiche*) our *seguito dal sostantivo appropriato*: *il babbo sta sempre dalla nostra* (*parte*) Daddy is always on our side; *vogliamo dire la nostra* (*opinione*) we want to have our say. **II** *pron.poss.* ours: *voi avete le vostre preoccupazioni, noi le nostre* you have your worries, we have ours. **III** *m.* **1** (*averi*) ours, what is ours, our own. **2** (*beni materiali*) our possessions *pl.*, our property. **3** (*reddito*) our income, own income, our means *pl.*, our own means *pl.*; (*denaro*) our money. **4** *pl.* (*genitori*) our parents. **5** *pl.* (*parenti*) our relatives, (*colloq*) our folks. **6** *pl.* (*amici*) our friends. **7** *pl.* (*seguaci*) our supporters, our followers. **8** *pl.* (*soldati*) our men, our soldiers: *arrivano i nostri!* here come our men!; here come our side! **IV** *f.* (*Comm*) our letter. ☐ *sei dei nostri?* are you with us?

nostromo *m.* (*Mar*) boatswain, bosun.

nota *f.* **1** mark: *fare una ~ sul margine* to put a mark in the margin. **2** (*appunto*) note. **3** (*osservazione*) remark, note. **4** (*lista*) list. **5** (*conto*) bill: *la ~ della sarta* the dressmaker's bill. **6** (*giudizio*) comment. **7** (*Mus*) note: *tenere una ~* to hold a note. **8** (*fig*) (*tono*) note, tone: *dare una ~ di allegria* to give a note of gaiety. **9** (*Dipl*) note, diplomatic note: *scambio di note* exchange of notes, exchange of diplomatic notes. **10** (*Scol*) reprimand: *prendere una ~* to get a mark for bad behaviour. ☐ (*Edit*) ~ *a margine* marginal note, marginalia note; (*Edit*) *note a pie' di pagina* footnotes; ~ *caratteristica* (*tratto distintivo*) distinguishing feature, distinctive feature, distinguishing mark; (*burocr*) *note caratteristiche* report (*sing.*), evaluation (*sing.*); (*Edit*) ~ *del redattore* editor's note; (*Edit*) ~ *del traduttore* translator's note; (*Edit*) ~ *dell'autore* author's note; (*Comm, Econ*) ~ *di accredito* credit note; (*Comm, Econ*) ~ *di addebito* debit note; (*burocr, Scol*) ~ *di biasimo* bad mark, (*Am*) demerit, reprimand; (*Comm*) ~ *di cassa* cash note; (*Comm*) ~ *di conferma* confirmation note (*anche estens*); (*Comm*) ~ *di consegna* delivery slip, delivery docket; (*Comm, Econ*) ~ *di credito* credit note; (*Dipl*) ~ *diplomatica* diplomatic note; (*Mus*) ~ *dominante* dominant; (*fig*) *trovare la ~ giusta* to find the right tone; (*Mus*) ~ *grave* low note; (*Edit*) ~ *illustrativa* explanatory note (*anche estens*); (*Tip*) ~ *in calce* footnote; (*Edit*) ~ *introduttiva* introductory note; (*Mus*) *note legate* tied notes; (*Edit*) ~ *marginale* marginal note, marginalia note; (*rar*)

mettersi in ~ (*prenotarsi*) to put oneself down; *prendere ~ di qcs.*: **1** (*scrivere*) to note sth. down; **2** (*osservare*) to note sth.; ~ *spese* expense account; (*fig*) ~ *stonata* jarring note, false note.

notabene, **nota bene** *m.inv.* nota bene, N.B., please note.

notabile I *m.* notable. **II** *a.* (*lett*) notable, important, remarkable.

notabilità *f.* **1** notability. **2** (*notabile*) notable.

notaio *m.* notary, notary public. ☐ ~ *coadiutore* assistant notary.

notare (**nòto**) *v.t.* **1** (*annotare*) to note, to make a note of, to write down. **2** (*distinguere con un segno*) to mark. **3** (*fig*) (*accorgersi*) to notice: *non ho notato nulla di strano* I didn't notice anything odd. **4** (*fig*) (*vedere*) to see: *si nota la stanchezza in lui* you can see that he is tired; *non si nota* you can't see it. **5** (*fig*) (*osservare*) to note, to notice, to remark, to take notice of; (*sottolineare*) to stress, to note: *va notato che...* it is worth noting that... ☐ *essere notato* to be noticed; *fare ~ qcs. a qcu.* to point sth. out to so., to draw to so.'s attention to sth.; *farsi ~*: **1** (*distinguersi*) to distinguish oneself; **2** (*dare nell'occhio*) to make oneself conspicuous, to draw attention to oneself; *va fatto ~ che...* it should be noted that..., it should be borne in mind that...

notariato *m.* **1** (*titolo*) profession of notary public. **2** (*ufficio*) notaryship, office of notary public.

notarile *a.* notarial, notary's: *atto ~* notarial deed.

notazione *f.* **1** marking. **2** (*numerazione*) numbering. **3** (*annotazione*) annotation. **4** (*Mus*) notation. ☐ ~ *delle pagine* (*numerazione*) page numbering, paging; ~ *fonetica* phonetic symbols (*pl.*); (*Inform*) ~ *posizionale* positional notation.

notebook /'notbuk, not'buk/ *m.inv.* (*Inform*) notebook.

notes *m.inv.* notebook.

notevole *a.* **1** (*degno di nota*) notable, noteworthy, remarkable. **2** (*rilevante*) considerable, remarkable, (*colloq*) sizeable: *una somma ~* a considerable sum, a large sum. **3** (*di qualità*) outstanding, remarkable.

notevolmente *avv.* remarkably, notably: *le sue condizioni sono ~ migliorate* his condition has improved remarkably.

notifica *f.* **1** notification. **2** (*Dir*) notification; (*rif. a citazioni e sim.*) service. **3** (*dichiarazione*) declaration. ☐ (*Dir*) ~ *degli atti giudiziari* serving of legal papers; (*Dir*) ~ *di cessione* notification of transfer; (*Dir*) ~ *di comparire* summons to appear; (*Dir*) ~ *d'ufficio* official notification.

notificando *m.* (*f.* **-a**) (*Dir*) person to be notified.

notificare (**notìfico**, **notìfichi**) *v.t.* **1** (*Dir*) to notify: ~ *una sentenza* to notify a sentence. **2** (*Dir*) (*rif. a citazioni e sim.*) to serve. **3** (*rendere noto*) to notify, to give notice of. **4** (*dichiarare*) to declare, to report.

notificazione *f.* **1** notification. **2** (*Dir*) notification; (*rif. a citazioni e sim.*) service. **3** (*dichiarazione*) declaration. ☐ (*Dir*) ~ *degli atti giudiziari* serving of legal papers; (*Dir*) ~ *di cessione* notification of transfer; (*Dir*) ~ *di comparire* summons to appear; (*Dir*) ~ *d'ufficio* official notification.

notizia *f.spec.pl.* **1** news (*costr.sing.*): (*su on*) *è una buona ~* that's good news; *non abbiamo notizie di lui* we have no news of him; *una ~ sgradita* unpleasant news, bad news; ~ *tendenziosa* tendentious news. **2** (*Giorn*)

news item: *ultime notizie* latest news; *la ~ del giorno* the news of the day. **3** (*informazione*) information: *notizie ufficiose* unofficial information. **4** (*indicazione, dato*) information, data *pl.*: *notizie particolareggiate* detailed information; *notizie biografiche* biographical data. **5** (*in pubblicazioni scientifiche*) note. ☐ *avere ~ di qcs.* to be aware of sth., to know sth.: *fammi avere tue notizie* let me hear from you; (*Giorn*) *notizie dall'interno* home news, domestic news; *dare ~ di sé* to give news about oneself; (*Giorn*) ~ *di agenzia* wire story; (*Giorn*) ~ *di apertura* opening news; ~ *esplosiva* astonishing news, a bombshell; *diffondere notizie false* to spread false rumours; (*Giorn, TV*) *fare ~* to make the head lines, to be news, to make the news, to hit the headlines; ~ *semiufficiale* semi-official news; (*Giorn*) *una ~ sensazionale* a sensational piece of news (*anche estens*); *si ha ~ che* there is a report that, there is a rumour that; (*Giorn, Rad, TV*) *notizie sportive* sports news (*costr.sing.*); ~ *ufficiale* official announcement; ~ *ufficiosa* rumour.

notiziario *m.* **1** (*Giorn, Rad, TV*) news, news bulletin: ~ *sportivo* sports news. **2** (*bollettino*) bulletin, news-letter. **3** (*Cin*) news-reel.

noto I *a.* **1** known, well-known, famous: *un ~ romanziere* a well-known novelist; *ben ~* well-known, renowned. **2** (*famigerato*) notorious (*come as; per* for), ill-famed, infamous. **3** (*Mat*) known. **II** *m.* known. ☐ *com'è ~* as everybody knows; *è ~ che...* everybody knows that...; *è ~ per essere avaro* is known to be mean.

notoriamente *avv.* as everybody knows, (*spreg*) notoriously.

notorietà *f.* (*fama*) fame, renown, (*spreg*) notoriety, notoriousness.

notorio *a.* **1** well-known, generally-known, (*spreg*) notorious. **2** (*Dir*) attested: *atto ~* attested affidavit.

nottambulismo *m.* love of night life, habits *pl.* of a night-bird.

nottambulo *m.* (*f.* **-a**) night-bird, nighthawk, night-owl.

nottata *f.* night: *una ~ tempestosa* a stormy night; *passare una ~ insonne* to have a sleepless night.

nottataccia *f.* awful night.

notte *f.* **1** night: *è calata la ~* night has fallen; ~ *serena* clear night; *nella ~ tra lunedì e martedì* during Monday night, during the night of Monday to Tuesday; *una ~* one night. **2** (*nottata*) night: *una ~ di lavoro* a night's work. **3** (*buio*) night, dark, darkness. **4** (*ore notturne*) night, night-time: *durante la ~* in the night-time, during the night, at night. ☐ *costa 100 euro a ~* it costs 100 euros a night; *a ~ alta* in the dead of night, late in the night; (*Cin*) ~ *americana* day for night; ~ *brava* night on the tiles; *da ~* night (*attr.*); (*Stor*) *la ~ dei lunghi coltelli* the Night of the Long Knives; *nella ~ dei tempi* at the beginning of time, from time immemorial: *risalire alla ~ dei tempi* (o *perdersi nella ~ dei tempi*) to go back to the dawn of time, to be lost in the mists of time; *la ~ dell'Epifania* Twelfth Night; *di ~*: **1** (*durante la notte*) by night, at night, at night-time, during the night: *è successo di ~* it happened at night; *guidare di ~* to drive at night, to drive by night; *è meglio viaggiare di ~* it's best to drive at night; **2** (*rif. a orario*) in the morning: *sono le tre di ~* it's three o'clock in the morning; **3** (*della notte*) night (*attr.*): *turno di ~* nightshift; (*fig*) ~ *di inferno* dreadful night; *una ~ di luna* a moonlit night, a moonlight night; *la ~ di Natale* Christmas Eve; *la ~ di* *nozze* wedding night; (*Stor*) *la ~ di San Bartolomeo* the Saint Bartholomew's Day Massacre; *la ~ di san Silvestro* New Year's Eve; (*fig*) *~ di tregenda* witches' sabbath, Walpurgis Night; *la ~ dopo* the night after; *fare ~* (*fare tardi*) to get late; *si fa ~* night is falling; *fare di ~ giorno* to turn night into day; *a ~ fatta* after nightfall, after dark, when it is quite dark; *a ~ fonda* at dead of night; *era ~ fonda* it was dark, it was pitch-black, it was the dead of night; *~ in bianco* sleepless night: *passare una ~ in bianco* to have a sleepless night; *a ~ inoltrata* at dead of night, late at night; *fino a notte inoltrata* far into the night; *~ insonne* sleepless night: *passare una ~ insonne* to have a sleepless night; *nella ~* at night, in the night; (*Geog*) *~ polare* polar night; *la ~ precedente* (*o la ~ prima*) the night before; *questa ~*: 1 (*ieri notte*) last night; 2 (*tra oggi e domani*) tonight; *la ~ scorsa* last night; *la ~ seguente* the night after; (*per*) *tutta la ~* all night, all night long, for the whole night, through the night; *tutte le notti* nightly, every night. *Prov.*: *la ~ porta consiglio* night is the mother of counsel, let's sleep on it; *di ~ tutti i gatti sono bigi* all cats are grey in the dark.

nottetempo *avv.* at night, by night, during the night.

nottola *f.* 1 (*saliscendi*) latch. 2 (*Zool*) noctule.

nottolino *m.* 1 (*saliscendi*) latch. 2 (*Mecc*) pallet, pawl. ☐ (*Mecc*) *~ di arresto* ratchet, pawl.

nottua *f.* (*Entom*) noctuid.

notturna *f.* (*Sport*) evening match, evening game. ☐ *in ~* evening (*attr.*): *partita in ~* evening match, evening game.

notturno I *a.* nocturnal, night (*attr.*), of night (*posposto*), of the night (*posposto*): *silenzio ~* silence of the night; *servizio ~* night duty; *guardia notturna* night-watchman; *fiore ~* nocturnal flower; *animale ~* nocturnal animal. II *m.* 1 (*Lit*) nocturn. 2 (*Mus,Art*) nocturne.

notula *f.* (*conto*) bill.

noumeno *m.* (*Filos*) noumenon.

nouvelle cuisine /nu'velkwi'zin/ *f.inv.* nouvelle cuisine.

nov. *novembre* Nov. (November).

nova *f.* (*Astr*) nova.

novanta I *a.inv.* ninety: *~ pagine* ninety pages. II *m.inv.* ninety. ☐ *a ~ gradi* at right angles.

novantenne I *a.* ninety years old (*posposto*), ninety-year-old (*attr.*), of ninety (*posposto*). II *m./f.* ninety-year-old man (*f.* woman), man (*f.* woman) of ninety.

novantennio *m.* ninety years *pl.*

novantesimo I *a.* ninetieth. II *m.* 1 (*f.* -a) (*ordinale*) ninetieth. 2 (*frazionario*) ninetieth: *un ~* a ninetieth. ☐ *al ~ minuto*: 1 (*Sport*) during the last minute of a football match; 2 (*fig*) at the eleventh hour.

novantina *f.* about ninety, some ninety: *aver passato la ~* to be over ninety; *essere sulla ~* to be about ninety.

novatore I *m.* (*f.* -trice) (*lett*) innovator. II *a.* (*lett*) innovating, innovatory.

novazione *f.* (*Dir*) novation.

nove I *a.* nine: *ragazzino di ~ anni* nine-year-old, nine-year-old child, child of nine. II *m.* 1 (*numero*) nine. 2 (*nelle date*) ninth: *il ~ di maggio* the ninth of May. 3 (*rif. a tram, autobus*) number nine. III *f.pl.* nine, nine o'clock: *ci vediamo alle ~* I'll see you at nine; *sono le ~ e mezza* it's half past nine, it's nine-thirty. ☐ *eravamo in ~* there were nine of us; (*Lett*) *le ~ sorelle* the Muses.

novecentesco (*pl.* -chi) *a.* twentieth-century (*attr.*).

novecentesimo I *a.* nine-hundredth. II *m.* (*f.* -a) nine-hundredth.

novecentismo *m.* (*Art,Lett*) twentieth-century movements *pl.*

novecentista I *m./f.* 1 (*scrittore*) twentieth-century writer. 2 (*artista*) twentieth-century artist. 3 (*studioso*) twentieth-century specialist. II *a.* twentieth-century (*attr.*).

novecento I *a.* 1 nine hundred. 2 (*Art,Arred*) twentieth-century (*attr.*). II *m.* nine hundred. **Novecento** *m.* twentieth century.

novella *f.* 1 (*Lett*) story, short story, tale: *una raccolta di novelle* a book of short stories. 2 (*lett*) (*annuncio, notizia*) news (*costr.sing.*), tidings *pl.*

novellare (**novèllo**) *aus.* avere) *v.i.* (*lett*) to tell stories.

novellatore *m.* (*f.* -trice) (*lett*) story-teller.

novelletta *f.* 1 (*Lett*) short story. 2 (*Mus*) novelette.

novelliere *m.* 1 (*f.* -a) (*scrittore*) short story writer. 2 (*f.* -a) (*chi racconta novelle*) story-teller. 3 (*rar*) (*raccolta di novelle*) collection of short stories.

novellino I *a.* 1 (*inesperto*) inexperienced, newly-fledged, (*colloq*) green. 2 (*primaticcio*) new, early. II *m.* (*f.* -a) novice, beginner, (*colloq*) greenhorn, (*Am,colloq*) rookie.

novellista *m./f.* short story writer.

novellistica *f.* (*Lett*) 1 (*genere*) short story writing. 2 (*insieme di novelle*) short stories *pl.*

novellistico (*pl.* -ci) *a.* short story (*attr.*).

novello *a.* 1 (*rif. ad animali*) young: *pollo ~* young chicken, spring chicken. 2 (*rif. a piante*) early, spring (*attr.*), new: *patate novelle* new potatoes. 3 (*rif. a persone*) new, young, newly (*attr.*): *sposi novelli* newly-weds, newlyweds, newly-married couple. 4 (*lett*) (*secondo*) second, new: *un ~ Cellini* a second Cellini.

novembre *m.* November: *di ~* November, in November, of November.

novembrino *a.* of November (*posposto*), November (*attr.*).

novemila I *a.inv.* nine thousand. II *m.inv.* nine thousand.

novena *f.* (*Lit*) novena.

novenario *m.* (*Metr*) nine-syllable line.

novennale *a.* 1 (*che dura nove anni*) nine-year (*attr.*), lasting nine years. 2 (*che ricorre ogni nove anni*) coming every nine years.

novenne I *a.* (*rar*) nine years old (*posposto*), nine-year-old (*attr.*), of nine (*posposto*). II *m./ f.* (*rar*) nine-year-old, nine-year-old child, child of nine.

novennio *m.* nine-year period, nine years *pl.*

novero *m.* (*lett*) group, circle, list: *escludere qcu. dal ~ dei propri amici* to exclude so. from one's circle of friends.

novilunio *m.* (*Astr*) new moon.

novità *f.* 1 novelty, newness: *~ di concetti* newness of concepts. 2 (*cosa nuova*) novelty. 3 (*innovazione*) innovation, change: *desideroso di ~* wishing for a change. 4 *pl.* (*notizie*) news (*costr.sing.*): *ci sono ~?* is there any news? 5 *pl.* (*nuovi articoli di moda*) new fashions: *le ~ primaverili* the new spring fashions; *le ~ della moda* the latest fashion. ☐ *~ assoluta* absolute novelty; *la ~ è che...* the latest is that...; (*iron*) *è una ~?* so, what else is new?; (*Edit*) *~ editoriali* new books; *nessuna ~*: 1 no news; 2 (*burocr*) nothing to report; *non è una ~!* there is nothing new about that!

novizia *f.* (*Rel.catt*) novice.

noviziato *m.* 1 (*Rel.catt*) novitiate, noviciate. 2 (*estens*) (*tirocinio*) apprenticeship.

novizio *m.* (*f.* -a) 1 (*Rel.catt*) novice. 2 (*estens*) (*persona inesperta*) novice, beginner, apprentice.

novocaina *f.* (*Farm*) novocain.

nozionale *a.* notional.

nozione I *f.* 1 (*cognizione*) notion, knowledge: *nozioni scolastiche* school knowledge. 2 (*concetto*) notion, idea, concept: *avere l'esatta ~ di qcs.* to have an exact notion of sth.; *nozioni elementari* basic concepts; *~ generale* generic concept. 3 *pl.* (*elementi fondamentali*) notion *sing.*, some knowledge (*costr.sing.*), basic knowledge (*costr.sing.*), knowledge (*costr.sing.*), rudiments: *nozioni di inglese* some knowledge of English, knowledge of English. ☐ *non avere la ~ del tempo* to have no sense of time, to have no notion of time.

nozionismo *m.* (*spreg*) superficial factual knowledge.

nozionistico (*pl.* -ci) *a.* (*spreg*) based on merely factual knowledge.

nozze *f.pl.* 1 (*matrimonio*) wedding *sing.*, (*lett*) nuptials: *prime ~* first marriage. 2 (*cerimonia*) wedding *sing.*: *celebrare le ~* to celebrate a wedding. ☐ (*fig*) *andare a ~* to do sth. willingly: *andare a ~ con qcs.* to be more than willing to do sth.; (*fig*) *fare le ~ coi fichi secchi* to do things on a shoestring, to do sth. shabbily; *~ d'argento* silver wedding (*sing.*), silver wedding anniversary (*sing.*); (*Bibl*) *le ~ di Cana* the wedding feast (*sing.*) at Cana; *~ di diamante* diamond wedding (*sing.*), diamond wedding anniversary (*sing.*); *~ d'oro* golden wedding (*sing.*), golden wedding anniversary (*sing.*); *~ riparatrici* shotgun marriage (*sing.*), shotgun wedding (*sing.*). *Prov.*: *non si possono fare le ~ coi fichi secchi* you can't make a silk purse out of a sow's ear.

ns. (*Comm*) *nostro* (our, ours).

NT 1 (*Bibl*) *Nuovo Testamento* N.T. (New Testament). 2 (*Econ*) *non trasferibile* (account payee only).

NU 1 *Nazioni Unite* UN (United Nations). 2 *nettezza urbana* (municipal street cleaning and refuse disposal service). 3 *Nobil Uomo* (nobleman).

nuance /nu'ans/ *f.inv.* nuance, shade.

nube *f.* 1 cloud (*anche estens*): *ammasso di nubi* cloud bank; *sollevò una ~ di polvere* it raised a cloud of dust; *nubi gravide di pioggia* clouds heavy with rain. 2 (*fig*) (*ombra*) shadow, cloud. ☐ (*fig*) *avvolto in una ~ di mistero* cloaked in mystery, shrouded in mystery; (*fig*) *felicità senza nubi* unclouded happiness; (*Meteor*) *~ temporalesca* storm cloud; *~ tossica* toxic cloud.

Nubia *n.pr.f.* (*Geog*) Nubia.

nubiano I *a.* Nubian. II *m.* (*f.* -a) Nubian.

nubifragio *m.* (*Meteor*) cloudburst, downpour.

nubilato *f.* (*rar*) spinsterhood.

nubile I *a.* unmarried, single. II *f.* 1 unmarried woman, single woman. 2 (*burocr*) spinster.

nuca *f.* (*Anat*) nape, nape of the neck.

nucale *a.* (*Anat*) nuchal.

nuce ☐ *in ~*: 1 (*usato come aggettivo: sintetico*) concise; (*allo stato iniziale*) embryonal; 2 (*usato come avverbio*) in brief.

nucleare I *a.* (*Fis,Biol,Ling*) nuclear: *energia ~* nuclear energy, nuclear power. II *m.* 1 (*energia*) nuclear energy. 2 (*industria*) nuclear industry. 3 (*settore*) nuclear sector. ☐ (*Pol*) *non ~* non nuclear (*attr.*): *stati non nucleari* non nuclear states.

nuclearista I *m./f.* nuclearist, nuclear-power advocate. II *a.* nuclearist, advocating nuclear-power.

nuclearizzare (**nuclearìzzo**) I *v.t.* 1 (*dotare di armi nucleari*) to nuclearize. 2 (*dotare di energia nucleare*) to supply with nuclear power. II *v.pron.* **nuclearizzarsi** to adopt nuclear power.

nuclearizzazione *f.* nuclearization.

nucleasi *a.* (*Chim*) nuclease.

nucleato *a.* (*Biol*) nucleate.

nucleico (*pl.* -**ci**) *a.* (*Chim*) nucleic: *acido ~ nucleic acid.

nucleina *f.* (*Biol*) nuclein.

nucleo *m.* 1 (*parte centrale*) nucleus, core, centre: *il ~ della città* the centre of the city. 2 (*fig*) (*piccolo gruppo di persone*) unit, group, team; (*rif. a militari*) squad: *~ antincendi* fire squad. 3 (*Biol,Fis,Astr*) nucleus: *~ della cometa* nucleus of a comet. 4 (*Tecn*) core: *~ magnetico* magnet core. □ *~ antidroga* drugs unit, (*Am*) narcotics section; *~ antiterrorismo* antiterror unit; (*Fis*) *~ atomico* atomic nucleus; (*Biol*) *~ cellulare* cell nucleus; (*fig*) *~ duro* hard core; (*Chim*) *~ eterociclico* heterocyclic nucleus; *~ familiare* family; (*Fis*) *~ magnetico* magnetic core; *~ urbano* urban centre, (*Am*) city core.

nucleolo *m.* (*Biol*) nucleolus.

nucleone *m.* (*Fis*) nucleon.

nucleonica *f.* nucleonics (*costr.sing. o pl.*).

nucleotide *m.* (*Chim*) nucleotide.

nuclide *m.* (*Fis*) nuclide.

nude-look /'njud'luk/ *m.inv.* (*Abbigl*) see-through clothes *pl.*

nudismo *m.* nudism.

nudista I *m./f.* nudist. II *a.* nudist: *campo ~ nudist camp. □ *per nudisti* nudist (*attr.*).

nudità I *f.* 1 nakedness, nudity. 2 *pl.* (*parti nude del corpo*) nakedness *sing.* 3 (*estens*) (*l'essere spoglio*) bareness. 4 (*fig*) (*semplicità*) plainness.

nudo I *a.* 1 naked, nude, bare: *una donna nuda* a naked woman, a nude woman; *essere ~* to be naked, to be in the nude. 2 (*estens*) (*spoglio*) bare, naked: *una parete nuda* a bare wall. 3 (*privo*) devoid, bare: *~ di ornamenti* devoid of ornaments, unadorned. 4 (*rif. a spade e sim.*) unsheathed. 5 (*fig*) (*semplice, schietto*) plain, bare, straightforward: *una nuda cronaca dei fatti* a straightforward account of the facts. II *m.* (*Art*) nude. □ (*colloq,fig*) *~ come un verme* stark-naked, in one's birthday suit; *~ da capo a piedi* stark-naked, naked from head to toe; (*fig*) *~ e crudo*: 1 (*usato come aggettivo*) plain, bare, blunt, unvarnished: *la verità nuda e cruda* the naked truth, the unvarnished truth, (*Am*) the down-and-dirty truth; 2 (*usato come avverbio*) plainly; *~ integrale* full-frontal, full-frontal nude; (*fig*) *mettere a ~* to lay bare, to reveal; *dormire sulla nuda terra* to sleep on the bare ground; *tutto ~* with nothing on.

nugolo *m.* 1 cloud. 2 (*grande numero*) mass, swarm, crowd.

nulla I *pron.indef.* 1 nothing, anything: *non c'è più ~ da fare* there is nothing more to be done; *non ha paura di ~* he is not afraid of anything; *~ può fermarlo* nothing can stop him. 2 (*posposto al verbo*) anything, nothing: *non ho comprato ~* I didn't buy anything, I bought nothing. 3 (*un'inezia*) a mere nothing, nothing, next to nothing, trifle, nothing much: *piange per ~* she cries for a mere nothing; *è ammalato, ma pare che non sia ~* he is ill, but it doesn't seem to be anything much. 4 (*in frasi interrogative: qualcosa*) anything: *hai bisogno di ~?* do you

need anything?; *hai ~ da dirmi?* have you anything to tell me?; *hai ~ in contrario?* have you any objections? 5 (*seguito da di aggettivo*) nothing: *non c'è ~ di nuovo* there is nothing new. II *m.inv.* 1 nothing: *finire in ~* to come to nothing; *la cosa finì in ~* it all came to nothing. 2 (*con verbo negativo*) anything, nothing: *non sai ~* you don't know anything. 3 (*poca cosa*) nothing, mere nothing, smallest thing, slightest thing, trifle: *basta un ~ per farla arrabbiare* the slightest thing makes her angry. 4 (*rif. a tempo*) no time: *non ci metto ~ a farlo* I'll do it in no time. 5 (*un poco*) very little, almost nothing, next to nothing: *l'ho avuto per ~* I got it for next to nothing, I got it for a song. 6 (*Filos*) nothingness. III *avv.* 1 nothing, anything: *non me ne importa ~ dei tuoi consigli* I care nothing for your advice; *non costa ~* it doesn't cost anything. 2 (*in espressioni ellittiche*) *viene tradotto a senso*: *tutti lo chiamavano ma lui ~* everybody was calling him, but he didn't answer. □ *non avere ~ a che fare con qcs.* to have nothing to do with sth.; *null'altro* nothing else, (*in frasi interrogative o negative*) anything else; *null'altro che* nothing but, only, just, merely: *non era null'altro che un raffreddore* it was nothing but a cold, it was only a cold; *non fa null'altro che dormire* he does nothing but sleep; *come ~* with the greatest of ease; *spende come ~* he spends money like water; *come ~ fosse* as if nothing had happened; *da ~* trivial, slight: *un incidente da ~* a slight accident; *sono cose da ~* it's nothing; *non aver ~ da perdere* to have nothing to lose; *ho la coscienza tranquilla e non ho ~ da temere* my conscience is clear and I've nothing to fear, my conscience is clear and I've nothing to worry about; *creare qcs. dal ~* to create sth. from nothing, to create sth. out of nothing; *essere venuto dal ~* to be a self-made man; *grazie - Di ~* thank you - You're welcome, thank you - Don't mention it; *~ di ~* nothing at all, nothing whatsoever, absolutely nothing: *non sai ~ di ~* you know nothing at all, you don't know a thing; *non c'è ~ di male se...* there's nothing wrong if...; *non c'è ~ di male a fare qcs.* there's nothing wrong in doing sth.; *non ci vedo ~ di male* there's no harm in it, I see no harm in it, I see nothing wrong; *sai ~ di nuovo?* have you heard any news?; *non fare ~ tutto il giorno* (*stare ozioso*) to idle about all day, to do nothing all day; *non fa ~* (*non importa*) never mind, it doesn't matter; *non ci posso fare ~* there's nothing I can do, I can't do anything about it; *non metterci ~* not to take a second, not to take a minute; *non ci metto ~ a tornare indietro* it won't take me a minute to turn back; *~ osta*: 1 authorization, permission; 2 (*Rel.catt*) nihil obstat; *per ~*: 1 (*affatto*) at all: *oggi non s'è visto per ~* today he hasn't shown up at all; 2 (*gratuitamente*) free, for nothing: *lavorare per ~* to work for nothing; 3 (*invano*) for nothing: *sei venuto qui per ~* you came for nothing; *per ~ al mondo* not for the world, not for anything in the world, on no account. *Prov.*: *~ di nuovo sotto il sole* there's nothing new under the sun.

nullafacente I *a.* idle, lazy. II *m./f.* idler, idle person.

nullaosta *m.inv.* 1 authorization, permission: *dare il ~* to give permission. 2 (*Rel.catt*) nihil obstat.

nullatenente I *a.* 1 owning nothing. 2 (*Dir*) propertyless, without property (*posposto*). II *m./f.* person with no property (*anche Dir*).

nullatenenza *f.* (*Dir*) propertylessness.

nullificare (**nullìfico, nullìfichi**) I *v.t.* to nullify, to make void. II *v.pron.* **nullificarsi** to be nullified.

nullificazione *f.* nullification.

nullipara I *a.* (*Med*) nulliparous. II *f.* (*Med*) nullipara.

nullità *f.* 1 nonentity, nullity. 2 (*mancanza di valore*) worthlessness, insignificance. 3 (*persona, cosa di nessun valore*) nonentity, (*Am*) zero. 4 (*Dir*) nullity, invalidity. □ (*Dir*) *~ assoluta* absolute nullity; (*fig*) *è una ~ assoluta* he is a big nothing; (*Dir*) *~ del testamento* invalidity of a will.

nullo *a.* 1 null, empty, insignificant. 2 (*senza valore*) worthless, useless. 3 (*Dir*) null, void, null and void, invalid: *testamento ~* invalid will; *contratto ~* void contract; *dichiarare ~* to declare null and void; *rendere ~* to invalidate. 4 (*Sport*) drawn: *incontro ~* match that is drawn, draw, (*Am*) tie game.

number portability /'namberporta'biliti/ *f.inv.* (*Tel*) number portability.

nume *m.* 1 (*lett*) numen, deity. 2 (*fig,enfat*) (*persona da venerare*) idol. □ *santi numi!* my goodness!; (*fig*) *numi tutelari* tutelary deities.

numerabile *a.* 1 numerable, countable. 2 (*Gramm*) countable.

numerabilità *f.* 1 numerability. 2 (*Gramm*) countability.

numerale I *a.* numeral. II *m.* (*Gramm*) numeral.

numerare (**nùmero**) *v.t.* to number: *~ le pagine* to number the pages.

numerario I *a.* (*rar*) number (*attr.*), numerary. II *m.* (*Econ*) cash, ready money.

numerato *a.* numbered.

numeratore I *m.* 1 (*Mat*) numerator. 2 (*Tip*) (*macchina*) numbering machine. II *a.* numbering.

numerazione *f.* 1 numbering, numeration. 2 (*Mat*) numeration, notation: *~ romana* Roman notation; *~ decimale* decimal notation. □ *~ delle pagine* paging, page numbering; *~ stradale* street numbers (*pl.*).

Numeri *m.pl.* (*Bibl*) Numbers.

numericamente *avv.* numerically.

numerico (*pl.* -**ci**) *a.* numerical: *superiorità numerica* numerical superiority.

numerizzato *a.* (*Svizz.it*) numbered.

numero I *m.* 1 number (*anche Mat*). 2 (*cifra*) figure, digit, numeral: *numeri romani* Roman numerals. 3 (*numerosità*) numbers *pl.*: *confidare nel ~ degli alleati* to trust in the numbers of one's allies. 4 (*gruppo, quantità*) number, set, group: *un buon ~ di persone* a good number of people. 5 (*cifra che distingue cose, persone*) number: *abita al ~ dieci* he lives at number ten. 6 (*rif. a stanza*) room, room number: *sta al* (*o alla*) *~ venti* he is in room twenty. 7 (*Tel*) number, telephone number: *fare un ~* to dial a number; *il ~ è occupato* the number is engaged, (*Am*) the number is busy. 8 (*rif. a mezzi pubblici*: linea) number: *il ~ sette* (*rif. a tram*) the number seven tram; (*rif. ad autobus*) the number seven bus. 9 (*rif. a giornali e sim.*) number, issue. 10 (*puntata*) instalment. 11 (*esibizione*) number, item, turn: *un ~ di ballo* a dance number. 12 (*misura, taglia*) size: *che ~ di scarpe porti?* what size shoes do you wear? 13 (*fig,pop*) (*scenetta strana o ridicola*) scene, sight; (*persona strana o ridicola*) funny person, character. 14 *pl.* (*fig*) (*qualità, requisito*) requisites, qualities, necessary qualities: *ha tutti i numeri per riuscire* he has all the qualities it takes to succeed. 15 (*Gramm*) number. □ *numeri arabi* Arabic numerals; (*Giorn*) *~ arretrato* back issue; (*Fis*) ~ *atomico* atomic number; (*Astr*) ~ *aureo* golden number; (*fig*) *avere dei numeri* to be gifted; (*Inform*) ~ *binario* binary number; (*Gramm*) ~ *cardinale* cardinal number; (*Univ*) ~ *chiuso* numerus clausus, fixed maximun number, restricted entry; ~ *civico* street number; (*Mat*) ~ *complesso* complex number; (*Mat*) ~ *composto* compound number; (*fig*) *dare i numeri* to talk nonsense, (*Br*) to be off one's head, (*Am*) to be off one's rocker, to be out of one's mind; (*Mat*) ~ *decimale* decimal number; (*Mat*) ~ *decimale periodico* recurring decimal, repeating decimal; *erano otto di* ~ they were eight in number; *ne ho visti due di* ~ I saw two and not one more, I saw exactly two; (*Tel*) ~ *di abbonato* subscriber's number; (*Chim*) ~ *di Avogadro* Avogadro's constant, Avogadro's number; (*Tel*) ~ *di casa* house number; (*Comm*) ~ *di catalogo* catalogue number; (*Tel*) ~ *di cellulare* mobile phone number, cell phone number; ~ *di quattro cifre* four-figure number, four-digit number; (*Post*) ~ *di codice* (o ~ *di codice postale*) code, postal code, (*Am*) zip code; (*Comm*) ~ *di commissione* order number; *numeri di emergenza* emergency numbers; (*Ind*) ~ *di fabbricazione* serial number; ~ *di fax* fax number; (*Mecc*) ~ *di giri* number of revolutions; (*Aut*) ~ *di immatricolazione* registration number; (*Aer*) ~ *di Mach* Mach number; ~ *di matricola*: 1 registration number; 2 (*Univ*) student number; 3 (*Mot*) chassis number; 4 (*Arm*) serial number; 5 (*Mil*) number, service number; 6 (*TV*) serial number; (*Statist*) ~ *di occupati* employment rate; (*Chim*) ~ *di ossidazione* oxidation number; (*Chim*) ~ *di ottano* octane number, octane rating; (*Edit, Tip*) ~ *di pagina* page number; ~ *di registrazione* registration number; ~ *di serie* serial number; (*Aut*) ~ *di targa* number, registration number, (*Am*) license plate number, plate number: *prendere il numero di targa di qcu.* to write down so.'s plate number, to take down so.'s license plate number; (*Filat*) ~ *di tavola* table number; (*Aut*) ~ *di telaio* chassis number; ~ *di telefono* telephone number, phone number; ~ *di varietà* variety act; (*Inform*) ~ *di versione* version number; (*Inform*) ~ *di visitatori* number of hits; (*Mat*) ~ *dispari* odd number; (*Giorn,Edit*) ~ *doppio* double issue; ~ *d'ordìne* serial number; (*Comm*) ~ *dell'ordine* order number; *fare* ~ to swell the crowd: *è venuto soltanto per fare* ~ he just put in an appearance to complete the group; (*Mat*) ~ *frazionario* fractional number; (*Mat*) ~ *immaginario* imaginary number; (*Mat*) ~ *intero* integer, whole number; (*Mat*) ~ *irrazionale* irrational number; (*Dir*) ~ *legale* quorum: *raggiungere il* ~ *legale* to form a quorum; (*Mat*) ~ *negativo* negative number, minus number; *esserenel* ~ *dei più* to have passed on, to have joined the great majority; (*Mat*) ~ *pari* even number; (*Mat*) ~ *periodico* recurring decimal, repeating decimal; (*Gramm*) ~ *plurale* plural number; (*Mat*) ~ *positivo* positive number; (*Mat*) ~ *primo* prime number; ~ *progressivo* pro number, progressive number; (*Fis*) ~ *quantico* quantum number; (*Mat*) *numerireciproci* reciprocal numbers; (*Gramm*) ~ *singolare* singular number; (*Giorn*) ~ *speciale* (o ~ *straordinario*) special issue; (*Giorn*) ~ *unico* single number, single issue; (*fig*) ~ *uno* number one, first-rate, first-class; (*Tel*) ~ *verde* (*Br*) freefone, freephone, (*Am*) toll-free number, 800 number.

numerologia *f.* numerology.

numerosità *f.* numerousness, numerosity.

numeroso *a.* 1 (*seguito da un nome pl.*) bnumerous, many, in great numbers (*posposto*), a number of, a lot of: *numerosi errori* many mistakes, a number of mistakes; *intervenite numerosi!* we hope that a large number of you will come! 2 (*grande*) large, big: *una famiglia numerosa* a large family. ☐ *gli studenti sono* più *numerosi dell'anno scorso* there are more students than last year; *i contadini sono* sempre meno *numerosi* there are fewer and fewer farmers, the number of farmers is decreasing.

numida I *a.* Numidian. II *m./f.* Numidian.

Numidia *n.pr.f.* (*Geog.stor*) Numidia.

numidico (*pl.* **-ci**) *a.* Numidian.

numismatica *f.* numismatics (*costr.sing.*).

numismatico I *a.* numismatic, numismatical. II *m.* (*f.* **-a**; *pl.* **-ci**) numismatist.

nummolaria, **nummularia** *f.* (*Bot*) creeping Jennie, moneywort.

nummulite *f.* (*Paleont*) nummulite.

nummulitico ☐ (*Geol*) *periodo* ~ nummulitic period.

Numtel *m.inv.* (*Econ*) (*NUovo Mercato TE-Lematico*) Numtel, New Telematic Market.

nuncupativo ☐ (*Dir.rom*) *testamento* ~ nuncupative will.

nuncupazione *f.* (*Dir.rom*) nuncupation.

nunziatura *f.* (*Dir.can*) nunciature.

nunzio *m.* (*Dir.can*) nuncio. ☐ (*Rel.catt*) ~ *apostolico* (o ~ *pontificio*) Papal nuncio.

nuocere (*pres.ind.* **nuòccio/nòccio, nuòci, nuòce, nuociàmo/nociàmo, nuocéte/ nocéte, nuòcciono/nòcciono**; *impf.ind.* **nuocévo/nocévo**; *p.rem.* **nòcqui, nuocésti/nocésti, nòcque, nuocémmo/nocémmo, nuocéste/nocéste, nòcquero**; *fut.* **nuocerò/nocerò**; *pres.cong.* **nuòccia/nòccia, nuociàmo/ nociàmo, nuociàte/nociàte, nuòcciano/ nòcciano**; *impf.cong.* **nuocéssi/nocéssi**; *p.pres.* **nuocènte/nocènte**; *p.p.* **nuociùto/ nociùto**; *ger.* **nuocèndo/nocèndo**; *aus.* **avere**) *v.i.* to harm (*a qcu.* so.), to do harm (to so.), to injure (so.), to damage (so.): ~ *al prestigio di qcu.* to damage so.'s prestige. ☐ *il fumo nuocegravemente alla salute* smoking is hazardous to your health.

nuora *f.* daughter-in-law.

nuotare (**nuòto**; *aus.* **avere**) *v.i.* 1 to swim: *ha nuotato fino all'altra sponda* he swam to the other bank. 2 (*galleggiare*) to float; (*essere immerso in molto liquido*) to be swimming. 3 (*fig*) (*avere abbondanza*) to swim, to wallow, to roll. ☐ (*Sport*) ~ *a delfino* to dolphin, to do the dolphin; (*Sport*) ~ *a dorso* to do backstroke, to do the backstroke, to swim on one's back; (*Sport*) ~ *a farfalla* to do the butterfly, to do the butterfly-stroke; (*Sport*) ~ *a rana* to do the breast-stroke; *andare a* ~ to go swimming; ~ *bene* to be a good swimmer; ~ *come un pesce* to swim like a fish; (*colloq*) *ci nuoto* dentro (*mi va largo*) it hangs on me, it's baggy; (*Sport*) ~ *i 200 metri* to swim the 200 metres; (*fig*) ~ *nell'abbondanza* (o ~ *nell'oro*) to be rolling in money, to be rolling in wealth, to have money to burn, to wallow in luxury, (*sl*) to be rolling in dough; ~ *sott'acqua* to swim under water.

nuotata *f.* swim: *farsi una bella* ~ to have a good swim; *fare una lunga* ~ to go for a long swim; *fare una* ~ *di un'ora* to have an hour's swim.

nuotatore *m.* (*f.* **-trice**) swimmer (*anche Sport*).

nuoto *m.* (*Sport*) swimming. ☐ *a* ~ (*nuotando*) swimming: *salvarsi a* ~ to swim to

safety; *traversare a* ~ *un lago* to swim across a lake; *di* ~ swimming (*attr.*): *campione di* ~ swimming champion; (*Sport*) ~ *sincronizzato* synchronized swimming.

nuova *f.spec.pl.* (*notizia recente*) news: *buone nuove* good news. ☐ *Prov.*: *nessuna* ~, *buona* ~ no news is good news.

nuovamente *avv.* again.

nuovo I *a.* 1 new: *una casa nuova* a new house; *libri nuovi* new books; *queste scarpe sono ancora nuove* these shoes are still like new. 2 (*non conosciuto*) unknown, new: *un viso* ~ a new face, an unfamiliar face. 3 (*insolito*) new, unusual, different. 4 (*altro*) other, further, fresh, new: *ha avuto una nuova offerta di lavoro* he has had another job offer; *un* ~ *foglio* a fresh sheet. 5 (*rinnovato*) new, renewed, fresh: *con nuove energie* with renewed energy. 6 (*che è da poco in una determinata condizione*) new: *i nuovi arrivati* the new arrivals, the newcomers; *il* ~ *impiegato* the new employee. 7 (*ultimo*) new: *la nuova generazione* the new generation. 8 (*inesperto*) inexperienced, new, (*colloq*) green, (*Am*) rookie: *essere* ~ *del mestiere* to be new to the job; *essere* ~ *di un luogo* to be new to a place. 9 (*novello, secondo*) second, other: *è un* ~ *Einstein* he is another Einstein. 10 (*venuto dal nulla*) new, nouveau: ~ *ricco* nouveau riche. II *m.* (*cosa nuova*) new, novelty: *il vecchio e il* ~ the old and the new; *amante del* ~ lover of novelty; *c'è qualcosa di* ~? what's the news?, (*collog*) what's new? ☐ (*Geog*) *Nuova* Caledonia New Caledonia; *come* ~ as good as new; *con* nuova lena with renewed vigour; ~ *continente* New World; (*Geog*) *Nuova* Delhi New Delhi; *di* ~ (*nuovamente*) again, once again; *di* ~ *conio*: 1 (*Numism*) newly-coined, newly-minted: *moneta di* ~ *conio* newly-minted coin; 2 (*fig*) newly-coined: *vocabolo di* ~ *conio* newly-coined word, recent coinage; ~ *di fabbrica* brand-new; *di* ~ *genere* new, (*colloq*) ~ *di pacca* brand-new; (*region*) ~ *di trinca* brand-new; (*fig*) ~ *di zecca* brand-new; (*Geog*) *Nuove Ebridi* New Hebrides; *nuova economia* new economy; (*Econ*) *nuova emissione* new issue; ~ *fiammante* brand-new; (*Geog*) *Nuovo Galles del Sud* New South Wales; *nuova gestione*: 1 new management; 2 (*nei cartelli*) under new management; (*Geog*) *Nuova Guinea* New Guinea; (*Geog*) *Nuova Inghilterra* New England; (*Ind,Tecn*) *nuovi materiali* new materials; *i nuovi media* the new media; (*Econ*) ~ *mercato* new market; *il suo nome mi è* ~ I've never heard of him; *il suo nome non mi è* ~ I've already heard of him; (*fig*) *il* ~ *mondo* (*l'America*) the New World; *i nuovi poveri* the new poor; ~ *ricco* nouveau-riche, parvenu; (*Geog*) *Nuova Scozia* Nova Scotia; *le nuove tecnologie* new technologies; (*Bibl*) *Nuovo Testamento* New Testament; (*Geog*) *Nuova* Zelanda New Zealand.

nuraghe (*pl.inv.* o **-ghi**) *m.* (*Archeol*) nuraghe.

nuragico *a.* (*Archeol*) nuraghe.

nurse /nɜrs/ *f.inv.* 1 (*bambinaia*) nurse, nursemaid. 2 (*infermiera*) nurse.

nursery /'nɜrseri/ *f.inv.* nursery.

nutazione *f.* (*Astr,Med*) nutation.

nutria *f.* 1 (*Zool*) coypu, nutria. 2 (*pelliccia*) nutria.

nutrice *f.* wet-nurse.

nutriente *a.* 1 nourishing, nutritious, rich: *alimento* ~ nutritious food. 2 (*Cosmet*) nourishing.

nutrimento *m.* 1 food, nourishment, nutriment. 2 (*fig*) food, nourishment.

nutrire (**nùtro/nutrìsco, nùtri/nutrìsci**) I

v.t. **1** to nourish, to feed (*anche fig*): ~ *i propri figli* to feed one's children; ~ *la mente* to nourish one's mind. **2** (*fig*) (*coltivare*) to cherish, to nourish, to nurse, to feed: ~ *una speranza* to cherish a hope. **3** (*fig*) (*avere*) *spesso si traduce con l'aggettivo*: ~ *fiducia* to be confident; ~ *gratitudine* to be grateful. **4** (*fig*) (*serbare*) (*rif. a sentimenti e sim.*) to feel, to harbour: ~ *affetto per qcu.* to feel affection for so.; ~ *sospetti* to harbour suspicions. **5** (*assol.*) (*dare nutrimento*) to be nourishing, to be nutritious: *il latte nutre* milk is nutritious. **II** *v.pron.* **nutrirsi 1** to feed, to live (*di* on): *le pecore si nutrono di erba* sheep feed on grass. **2** (*fig*) (*alimentarsi*) to live (*di* on). **3** (*mangiare*) to eat: *non bisogna nutrirsi troppo* one shouldn't eat too much, one shouldn't overeat. □ (*fig*) ~ *un desiderio* to have a wish, to cherish a wish; (*fig*) ~ *odio per qcu.* to nurse hatred against so., to feel hate for so., to hate so., to bear hatred towards so.

nutriterapia *f.* (*Med*) nutritional healing.

nutritivo *a.* **1** nutritive, nutritional: *valore* ~ nutritive value, food value. **2** (*nutriente*) nourishing, nutritious: *cibo* ~ nourishing food.

nutrito *a.* **1** fed, nourished: *ben* ~ well-fed, well-nourished; *mal* ~ ill-fed, undernourished. **2** (*fig*) (*ampio*) large, substantial. □ *un* ~ *numero di* a goodly number of.

nutritore *m.* **1** (*f.* **-trice**) nourisher. **2** (*Zootecn*) feeder, feeding trough.

nutrizionale *a.* (*Med*) nutritional, nutritive: *valore* ~ nutritional value, nutritive value.

nutrizione *f.* **1** (*Biol*) nutrition. **2** (*estens*) (*atto del nutrire*) nourishing, feeding: ~ *dei neonati* infant feeding. **3** (*cibo*) food, nourishment, nutriment.

nutrizionista *m./f.* nutritionist, food scientist. □ ~ *zootecnico* animal nutritionist.

nuvola *f.* cloud (*anche estens*): *il cielo era coperto di nuvole* the sky was covered with clouds, the sky was overcast, the sky was cloudy; *una* ~ *di fumo* a cloud of smoke, a smoke-cloud; (*fig*) *vivere fra le nuvole* (o *avere la testa fra le nuvole*) to have one's head in the clouds. □ *senza nuvole* cloudless.

nuvolaglia *f.* bank of clouds, mass of clouds.

nuvoletta *f.* **1** small cloud. **2** (*rif. ai fumetti*) balloon.

nuvolo I *a.* (*region*) (*nuvoloso*) cloudy, overcast: *cielo molto* ~ overcast sky. **II** *m.* **1** cloudy weather. **2** (*fig*) (*grande quantità*) cloud, swarm.

nuvolosità *f.* cloudiness.

nuvoloso *a.* cloudy, overcast.

nuziale *a.* wedding (*attr.*), bridal, (*lett*) nuptial: *marcia* ~ wedding march; *anello* ~ wedding ring.

nuzialità *f.* (*Statist*) marriage rate, nuptiality.

nylon /ˈnajlon/ *m.* (*Chim, Tess*) nylon (*anche estens*): *di* ~ nylon, made of nylon.

NZ *Nuova Zelanda* NZ (New Zealand).

O

o¹, O¹ /ɔ/ *f./m.* (*lettera dell'alfabeto*) o, O: *due o* two o's; *doppia o* double o; *una o maiuscola* a capital O; *una o minuscola* a small o; (*Tel*) *o come Otranto* O for Oliver, (*Am*) O as in Oboe.

o² *congz.* **1** or: *hai capito o no?* did you understand or not? **2** (*altrimenti*) or else, otherwise. **3** (*ossia, vale a dire*) or, that is, that is to say. □ (*o*)... *o* either... or, ... or: *lo farò (o) oggi o domani* I'll do it either today or tomorrow; *o questo o quello* this or that, either this or that; *o subito o mai* now or never; *(o) l'uno o l'altro* either, either of them, either one of them; *puoi prendere o una o l'altra strada* you can take either road.

o³ *intz.* **1** oh!: *o santo cielo!* oh heavens!, oh Lord!; *o benedetto figliolo!* oh you wretched boy! **2** (*colloq*) (*insomma*) hey!, hey you there!, I say!, (*Am,colloq*) yo!: *o buon uomo!* (*Br*) hey, my good fellow!, (*Am*) hey, dude!, hey, man! **3** (*enfat*) oh, my, oh my, *a volte non si traduce*: *siate onesti, o figlioli* be honest my children.

O² *ovest* W (West).

oasi *f.* **1** oasis. **2** (*fig*) oasis, haven: *un'~ di pace* a haven of peace, a haven of rest. □ *~ecologica* wildlife sanctuary; (*Econ,estens*) *~fiscale* tax haven.

ob. (*Mus*) *oboe* ob. (oboe).

obbedire *e der.* → **ubbidire** *e der.*

obbiettare *e der.* → **obiettare** *e der.*

obbiettivo *e der.* → **obiettivo** *e der.*

obbligante *a.* **1** (*che vincola*) obliging, binding. **2** (*gentile*) obliging, agreeable, accommodating: *maniere obbliganti* obliging ways.

obbligare (**òbbligo, òbblighi**) **I** *v.t.* **1** (*vincolare*) to oblige, to compel, to bind: *lo stato obbliga i cittadini a rispettare la legge* the state obliges its citizens to respect the law; *~ per contratto* to bind by contract. **2** (*costringere*) to force, to oblige, to compel, to make: *~ qcu. a fare qcs.* to force so. to do sth.; *nessuno ti obbliga a restare* nobody is forcing you to remain; *la malattia lo ha obbligato a cambiare lavoro* sickness compelled him to change job. **3** (*spingere con insistenza*) to insist, to oblige, to push: *lo obbligammo a restare a pranzo* we insisted that he stayed for dinner, (*Br*) we insisted that he stayed to dinner. **II** *v.pron.* **obbligarsi 1** (*Br*) to oblige oneself, (*Am*) to force oneself: *mi sono praticamente obbligata ad andare in palestra due volte la settimana* I practically obliged myself to go to the gym twice a week, (*Am*) I practically forced myself to go to the gym twice a week. **2** (*impegnarsi*) to undertake, to engage oneself, (*Am*) to take it upon oneself: *obbligarsi a consegnare la merce entro una certa data* to undertake to deliver the goods by a certain date; *non voglio accettare il suo invito per non obbligarmi* I don't want to accept his invitation, because I don't want to be under an obligation towards him. **3** (*Dir*) (*vincolarsi*) to bind oneself: *obbligarsi per contratto* to be bound by contract. **4** (*Dir*) (*come mallevadore*) to stand surety, to co-sign (*per* for). □ *la malattia lo obbliga a letto* his illness makes him bedridden, his illness

confines him to his bed.

obbligatario *m.* (*f.* **-a**) (*Dir*) obligee.

obbligato I *a.* **1** (*costretto*) obliged, forced, constrained, compelled: *sentirsi ~ a fare qcs.* to feel obliged to do sth., to feel constrained to do sth.; *non siete obbligati a rispondere* you aren't obliged to answer, you don't have to answer; *non sei ~ a farlo* you don't have to do it. **2** (*imposto*) forced: *è stata una scelta obbligata* it was a forced choice. **3** (*vincolato*) bound: *~ per contratto* bound by contract. **4** (*legato da gratitudine*) obliged, indebted (*a, verso* to): *sentirsi ~ nei confronti di qcu.* to feel indebted to so., to feel indebted towards so., to feel obliged to so. **5** (*che non si può cambiare*) set, fixed: *schema ~* set pattern; *rime obbligate* set rhymes; *percorso ~* set course. **6** (*Mus*) obligato, obligato. **II** *m.* (*f.* **-a**) (*Dir*) obligor. □ *essere ~a letto* to be confined to bed, to be bedridden.

obbligatoriamente *avv.* compulsorily, mandatorily: *il lavoratore deve essere ~ assicurato* the employee must be insured compulsorily, (*Am*) the employee must be insured by law; *il comitato si riunisce ~ una volta l'anno* the committee meets on a compulsory basis once a year; (*Inform*) *tutti i campi devono essere ~ compilati* (*in un modulo interattivo*) all fields must be filled in, all fields are mandatory.

obbligatorietà *f.* compulsoriness, obligatoriness: *~ dell'istruzione primaria* compulsoriness of primary education.

obbligatorio *a.* **1** compulsory, obligatory, (*Am*) mandatory: *non è ~* it's not compulsory; *materia obbligatoria* compulsory subject; *assicurazione obbligatoria* compulsory insurance. **2** (*Dir*) obligatory, compulsory, mandatory: *norme obbligatorie* mandatory provisions. **3** (*Dir*) (*vincolante*) binding, legally binding.

obbligazionario *a.* (*Econ*) debenture (*attr.*): *capitale ~* debenture capital; *titoli obbligazionari* bonds, bond securities, debentures; *prestito ~* debenture loan; *debito ~* bonded debt.

obbligazione *f.* **1** (*Econ*) (*titolo obbligazionario*) bond, debenture. **2** (*Dir*) obligation; (*passività*) liability, indebtedness: *il rapporto di ~ termina alla cessazione del contratto* the obligation relationship terminates with the termination of the contract; *contrarre un'~* to contract an obligation, to undertake an obligation; *rendere esecutiva un'~* to enforce an obligation. **3** (*Dir*) (*documento*) obligation. **4** (*Filos*) obligation, moral constraint. □ (*Econ*) *obbligazioni a tasso convertibile* convertible rate bonds; (*Econ*) *~ a termine* term bond; (*Econ*) *~ al portatore* bearer bond; (*Dir*) *~ alternativa* alternative obligation; (*Econ*) *~ bancaria* bank bond; (*Dir*) *~ contrattuale* contractual obligation; (*Econ*) *~ convertibile* convertible bond, convertible debenture; (*Econ*) *obbligazioni dello stato* treasury bonds, government bonds; (*Dir*) *~ diretta* direct obligation; (*Econ*) *~ estera* foreign bond; (*Econ*) *~ fondiaria* mortgage bond; (*Dir*) *~ giuridica* legal obligation; (*Econ*) *~ indicizzata* floating rate

bond, indexed bond; (*Econ*) *~ indiretta* indirect obligation; (*Dir*) *~ ipotecaria* mortgage bond, mortgage debenture; (*Dir*) *obbligazioni naturali* moral obligations; (*Econ*) *obbligazioni negoziabili* negotiable bonds; (*Econ*) *~ nominativa* registered bond; (*Dir*) *obbligazioni pecuniarie* financial obligations; (*Econ*) *obbligazioni senza interessi* flat bonds; (*Dir*) *~ solidale* joint obligation.

obbligazionista *m./f.* (*Econ*) debenture holder, bondholder.

obbligo (*pl.* **-ghi**) *m.* **1** obligation: *ottemperare ai propri obblighi* to fulfil one's obligations; *sollevare qcu. da un ~* to release so. from an obligation; *sottrarsi ai propri obblighi* to fail to carry out one's obligations. **2** (*impegno, dovere*) duty: *i medici hanno l'~ di assistere i loro pazienti* doctors have the duty to assist their patients; *lo vede come un ~* he sees it as a duty. **3** (*legame di riconoscenza*) debt: *~ di gratitudine* debt of gratitude. **4** (*condizione*) condition, requirement: *gli ho prestato il libro con l'~ di restituirmelo entro una settimana* I lent him the book on condition that he gives it back within a week. **5** (*Dir*) obligation, debt, liability: *non rispettare i propri obblighi* not to meet one's liabilities. □ (*Dir*) *~ alimentare* obligation to support; *~ assicurativo* compulsory insurance; *avere l'~ di fare qcs.* (*Br*) to be obliged to do sth., to be bound to do sth., to be under an obligation to do sth., (*Am*) to be required to do sth.: *avevamo l'~ di rientrare entro le dieci* (*Br*) we were obliged to come back by ten o' clock, (*Am*) we were required to be back by ten o'clock, it was expected of us that we be back by ten o' clock; (*Dir*) *~ contrattuale* contractual obligation; *essere d'~* to be compulsory, to be obligatory: *è d'~ l'abito da sera* (*Br*) evening dress is obligatory, (*Am*) formal wear required, formal wear is required; *~ di assistenza* to assist; *~ di coscienza* moral obligation; (*Dir*) *~ di denuncia* duty to report (certain crimes); (*Univ, Scol*) *~ di frequenza* (*Br*) compulsory attendance, (*Am*) attendance required; (*Mil*) *obblighi di leva* compulsory military service, liability for military service, liability for national service, (*Am*) draft, mandatory military service; *~ di manutenzione* (*Br*) obligatory periodical maintenance, (*Am*) periodic maintenance required; *~ di residenza* enforced residence; *~ di ricetta medica* doctor's prescription required; (*Dir*) *~ di soggiorno* internal exile; (*Scol,burocr*) *~ formativo* compulsory training period; *essere in ~ con qcu.* (*Br*) to be much obliged to so., (*Am*) to be indebted to so.; *sentirsi in ~ di fare qcs.* to feel compelled to do sth., to feel obliged to do sth., to feel duty-bound to do sth.; *sentirsi in ~ verso qcu.* to feel indebted to so., to feel obliged to so.; (*Mil*) *obblighi militari* compulsory military service, (*Am*) draft; (*Scol,burocr*) *~ scolastico* compulsory schooling.

obbl.mo, obb.mo (*ant,epist*) *obbligatissimo* (your obedient servant).

obbrobrio *m.* **1** (*orrore, cosa brutta*) disgrace, awful thing, (*Am*) gross thing: *questo quadro è un ~* this picture is dreadful, this

picture is terrible, (*Am*) this picture is gross. **2** (*rif. a edifici e sim.*) eyesore, (*Br*) blot on the landscape, (*Am*) disgrace: *quelle case sono un* ~ (*Br*) those dwellings are a blot on the landscape, (*Am*) those houses are a disgrace. **3** (*disonore, vergogna*) infamy, dishonour, (*Am*) dishonor, disgrace, shame: *cadere nell'* ~ to fall into disgrace. **4** (*rif. a persona*) disgrace: *essere l'* ~ *della famiglia* to be the disgrace to one's family, to be the black sheep of the family. **5** (*atrocità*) atrocity, disgrace: *l'* ~ *dello sfruttamento del lavoro infantile* the disgrace of child labour exploitation.

obbrobriosamente *avv.* disgracefully, shamefully.

obbrobrioso *a.* **1** (*infamante*) disgraceful, shameful, dishonourable, (*Am*) dishonorable, ignominious: *condotta obbrobriosa* disgraceful conduct. **2** (*orribile*) disgraceful, dreadful, terrible, repulsive, monstrous, grotesque: *una statua obbrobriosa* a grotesque statue; *un delitto* ~ a dreadful crime. **3** (*rar,lett*) (*offensivo*) insulting, loathsome.

obelisco (*pl.* **-chi**) *m.* **1** (*Arch*) obelisk. **2** (*Tip*) (*obelo*) obelus, dagger, dagger sign, obelisk.

obelo *m.* (*Tip*) obelus, dagger, dagger sign, obelisk.

oberare (**òbero**) *v.t.* to overload, to overburden (*di* with): *l'insegnante ci ha oberati di compiti* the teacher has overloaded us with homework. □ ~ *qcu. di imposte* to overtax so.

oberato *a.* (*gravato, sovraccarico*) overloaded, swamped, overwhelmed (*di* with). □ *immobile* ~ *da ipoteche* heavily mortgaged estate; *essere* ~ *da forti tasse* to be burdened with heavy taxation; *essere* ~ *di debiti* to be burdened, to be weighed down with debts, to be overburdened with debts; *essere* ~ *di lavoro* to be weighted down by work, to be swamped with work.

obesità *f.* (*Med*) obesity.

obeso **I** *a.* (*Med*) obese. **II** *m.* (*f.* **-a**) obese person.

obice *m.* (*Arm*) howitzer.

obiettare (**obiètto**) *v.t.* **1** to object (to), to make an objection, to raise an objection, to take exception: *non avere nulla da* ~ to have nothing to object; *su questo non c'è nulla da* ~ no objections can be raised against this; *le madri trovano sempre qualcosa da* ~ mothers always find something to object to; *avete qualcosa da* ~? do you have any objections?; ~ *su una clausola di un contratto* to object to a clause in a contract. **2** (*osservare*) to remark, to observe: *obiettò che non era stato pagato* he remarked he had not been paid.

obiettivamente *avv.* **1** (*in base ai dati di fatto*) objectively: *il problema deve essere studiato* ~ the problem must be studied objectively. **2** (*senza parzialità*) fairly, impartially: *giudicare qcu.* ~ to judge so. impartially.

obiettività *f.* **1** objectiveness, objectivity: *l'* ~ *di un giudizio* the objectiveness of an opinion; *mancare di* ~ to lack objectivity. **2** (*imparzialità*) impartiality. □ *giudicare con* ~ to judge impartially, to judge objectively.

obiettivo **I** *a.* **1** objective: *giudizio* ~ objective opinion; *un quadro* ~ *della situazione* an objective picture of the situation. **2** (*imparziale*) objective, impartial: *un giudice* ~ an impartial judge; *mantenersi* ~ to remain objective. **3** (*libero da pregiudizi*) objective, balanced, unbiased, unprejudiced: *un reso-*

conto ~ an objective account, a balanced account. **4** (*giusto*) fair, objective: *valutazione obiettiva* fair estimate. **5** (*disinteressato*) objective, detached, unbiased: *un punto di vista* ~ an objective view, a detached view. **II** *m.* **1** (*Mil*) target, objective, objective point: *mancare l'* ~ to miss the target; *centrare l'* ~ to centre the target. **2** (*Ott,Fot*) lens: ~ *fotografico* photographic lens. **3** (*fig*) (*scopo*) goal, objective, aim, target, object, end, intention: *il suo* ~ *è vincere le elezioni* his goal is to win the election; ~ *finale* ultimate objective. **4** (*Econ,Comm*) target, objective, mission: ~ *aziendale* corporate mission; ~ *di profitto* profit objective. □ (*Fot*) ~ *a fuoco variabile* zoom lens; (*Fot*) ~ *a fuoco fisso* fixed-focus lens; (*Ott*) ~ *a occhio di pesce* fish-eye lens; (*Ott*) ~*acromatico* achromatic lens; (*Ott*) ~*anamorfico* anamorphic lens; (*Ott*) ~ *anastigmatico* anastigmatic lens, anastigmat; (*Ott*) ~ *bifocale* bifocal lens; (*Cin*) ~*cinematografico* movie camera lens; (*Ott*) ~*da cannocchiale* telescope lens; (*Ott*) ~*da microscopio* microscope lens; (*Fot*) ~*di grande lunghezza focale* long-focus lens; (*Fot*) ~ *di piccola lunghezza focale* short-focus lens; (*Econ*) ~ *di mercato* market objective; (*Ind,Econ*) ~ *di produzione* production target; (*Ott*) ~*doppio* double lens; (*Fot*) ~*fotografico* photographic lens; (*Ott*) ~ *grandangolare* wide-angle lens; (*Ott*) ~ *intercambiabile* interchangeable lens; (*Ott*) ~ *macro* macro lens; (*Mil*) ~*militare* military target; (*Mil*) ~ *mobile* moving target; (*Ott*) ~ *panoramico* panoramic lens, panorama lens; (*fig*) ~*sensibile* sensitive target; (*Mil*) ~ *terrestre* ground target; (*Fot*) ~ *zoom* zoom lens.

obiettore *m.* (*f.* **-trice**) **1** objector, protester, dissenter. **2** (*obiettore di coscienza*) conscientious objector, (*colloq*) conchy. □ ~ *di coscienza* conscientious objector, (*colloq*) conchy; ~*fiscale* person who refuses to pay taxes allocated to the military.

obiezione *f.* **1** objection (*anche Dir*): *fare un'* ~ (*o muovere un'* ~) to make an objection, to raise an objection. **2** (*estens*) (*rifiuto, confutazione*) refutation, rebuttal. □ (*nei processi*) ~ *accolta!* objection sustained!; ~ *di coscienza* conscientious objection; ~ *di principio* objection on principle; (*Dir*) ~*formale* formal objection; (*nei processi*) ~ *respinta!* objection denied!; (*Dir*) ~*sostanziale* substantial objection.

obitorio *m.* **1** morgue, mortuary: ~ *comunale* city morgue; (*iron*) *mandare qcu. all'* ~ to send so. to the mortuary, to send so. to the morgue, to send so. to kingdom come. **2** (*estens*) (*camera mortuaria di un ospedale*) mortuary, funeral home, funeral parlor.

oblato **I** *a.* (*Rel*) belonging to an order of Oblates: *laico* ~ lay oblate. **II** *m.* (*f.* **-a**) (*Rel*) oblate, Oblate, lay brother (*f.* lay sister).

oblatore *m.* (*f.* **-trice**) donor, giver.

oblazione *f.* **1** offering, oblation, donation: *fare oblazioni* to offer oblations, to make oblations. **2** (*Lit*) oblation. **3** (*Dir*) oblation, (*soluzione pecuniaria*) cash settlement (of a fine).

obliare (**oblìo, oblìi**) **I** *v.t.* (*poet*) to forget. **II** *v.pron.* **obliarsi** (*poet*) (*dimenticare se stesso*) to forget oneself.

oblio *m.* (*lett*) oblivion, forgetfulness: *cadere nell'* ~ to fall into oblivion, to sink into oblivion; *porre nell'* ~ to consign to oblivion; *sottrarre all'* ~ to remove from oblivion; *sepolto nell'* ~ buried into oblivion.

oblioso *a.* (*poet*) **1** (*che dimentica*) forgetful, oblivious. **2** (*che fa dimenticare*) bring-

ing oblivion, inducing forgetfulness, inducing oblivion.

obliquamente *avv.* **1** (*diagonalmente*) obliquely, slantwise, on a slant, aslant (*pred.*), diagonally, at an angle, at a tilt, slantingly: *tagliate la carta* ~ cut the paper slantwise; ~ *rispetto a qcs.* at an angle to sth. **2** (*di lato*) sideways: *camminare* ~ to walk sideways. **3** (*fig*) (*in modo ambiguo*) deviously, in an underhand way, deceitfully: *agire* ~ to act in an underhand way.

obliquangolo *a.* (*Geom*) oblique-angled.

obliquità *f.* **1** obliqueness, obliquity. **2** (*fig*) (*ambiguità*) slyness, deceitfulness, dishonesty. **3** (*Astr*) obliquity: ~ *dell'eclittica* obliquity of the ecliptic.

obliquo *a.* **1** (*Geom*) oblique: *una linea obliqua* an oblique line, *angolo* ~ oblique angle. **2** (*trasversale*) crossways, sideways. **3** (*di traverso*) sidelong: *un'occhiata obliqua* a sidelong glance. **4** (*inclinato*) slanting: *raggi obliqui* slanting rays. **5** (*fig*) (*sleale*) devious, sly, underhand. **6** (*Gramm*) oblique, indirect: *caso* ~ oblique case, indirect case. **7** (*Anat*) oblique: *muscolo* ~ oblique, oblique muscle.

obliterare (**oblìtero**) **I** *v.t.* **1** (*burocr*) (*timbrare, convalidare*) obliterate, to punch: ~ *una marca da bollo* to obliterate a revenue stamp; ~ *un biglietto* to punch a ticket. **2** (*Med*) (*occludere*) to occlude. **3** (*fig,ant*) (*dimenticare, cancellare*) to obliterate, to cancel, (*Am*) to leave behind, to forget. **4** (*lett*) (*rendere illeggibile*) to obliterate, to erase. **II** *v.pron.* **obliterarsi** (*Med*) (*occludersi*) to become obliterated, to become occluded.

obliteratore **I** *a.* cancelling, obliterating. **II** *m.* (*macchina obliteratrice*) obliterator.

obliteratrice *f.* obliterator.

obliterazione *f.* **1** (*burocr*) (*timbratura, convalida*) punching, (*Br*) obliteration, cancellation, clipping: *l'* ~ *del biglietto* the punching of a ticket. **2** (*Med*) (*occlusione*) occlusion; (*scomparsa di cavità anatomica*) obliteration: ~ *arteriosa* arterial occlusion. **3** (*cancellazione*) obliteration, erasure, cancellation.

oblò *m.* **1** (*Mar*) porthole, port, scuttle. **2** (*estens*) window: *l'* ~ *della lavatrice* the washing machine window.

oblungo (*pl.* **-ghi**) *a.* **1** oblong: *un melone* ~ an oblong melon. **2** (*Bot,Zool*) elongate.

obnubilamento *m.* **1** (*Med,Psic*) obnubilation, clouding, beclouding, dimming: *i sintomi sono vertigine e* ~ the symptoms are vertigo and obnubilation; *l'* ~ *della vista* the clouding of sight, the dimming of sight. **2** (*fig*) (*offuscamento, smarrimento, appannamento*) clouding, dimming: ~ *della ragione* clouding of reason, blurring of reason; ~ *dei valori morali* clouding of moral values, blurring of moral values; ~ *della memoria* clouding of memory. **3** (*estens*) (*rif. alla coscienza*) obnubilation. **4** (*lett*) (*annebbiamento*) clouding.

obnubilazione *f.* **1** (*Med,Psic*) obnubilation, clouding, beclouding, dimming. **2** (*estens*) (*rif. alla coscienza*) obnubilation.

oboe *m.* (*Mus*) **1** (*strumento*) oboe: *suonare l'* ~ to play the oboe. **2** (*musicista*) oboist, oboe player. □ (*Mus*) ~*basso* cor anglais, English horn; ~*da caccia* hunting oboe, (*Br*) oboe di caccia; (*Mus*) ~ *d'amore* love oboe, oboe d'amore; (*Mus*) ~ *degli Abruzzi* (*cennamella, ciaramella*) shawm, bagpipe, bagpipes (*costr.sing. o pl.*).

oboista *m./f.* oboist, oboe player.

obolo *m.* **1** (*piccola offerta*) offering, small offering, mite: *un* ~ *per i poveri* an offering for the poor. **2** (*Stor.gr*) obol, obolus. □ (*Bibl*) ~ *della vedova* widow's mite; (*Mediev*) ~ *di san Pietro* Peter's pence, Peter's almsfee.

obsolescenza *f.* obsolescence (*anche Econ, Comm,Tecn*): *l'~ dei macchinari* the obsolescence of the machinery; *l'~ degli apparati informatici* technological obsolescence. □ ~ *automatica* built-in obsolescence; ~ *programmata* planned obsolescence.

obsoleto *a.* **1** (*caduto in disuso*) obsolete, outdated, outmoded, out-of-date, dated: *terminologia obsoleta* outdated terminology; *parola obsoleta* obsolete word. **2** (*antiquato*) obsolete: *un impianto ~* an obsolete plant, *tecnologia obsoleta* obsolete technology.

Obwalden, **Obwaldo** /-val-/ *n.pr.m.* (*Geog*) (*cantone svizzero*) Obwalden.

oc □ (*Stor*) *lingua d'~* langue d'oc.

o.c. *opera citata* op.cit., o.c. (opere citato, in the work cited).

oca *f.* **1** (*Ornit*) goose; (*maschio*) gander; (*papero*) gosling. **2** (*fig*) (*donna sciocca*) goose, airhead, silly goose, fool: *comportarsi come un'~* to behave like a silly goose, *non fare l'~!* don't be such a goose!, don't be stupid! don't be an idiot! □ (*Gastron*) ~ *arrosto* roast goose; (*Zool*) ~ *canadese* grey-goose; (*Stor.rom*) *le oche capitoline* the Capitoline geese; (*fig*) *essere un'~giuliva* to be a silly goose, to behave like a fool, to be a airhead.

ocaggine *f.* **1** stupidity, foolishness, silliness: *è famosa per la sua ~* she's well-known for her silliness. **2** (*atto sciocco*) piece of folly; (*detto sciocco*) piece of nonsense: *non sopporto più le tue ocaggini!* I can't stand your nonsense any more!

ocarina *f.* (*Mus*) ocarina.

occasionale *a.* **1** occasional, chance (*attr.*), casual: *causa ~* occasional cause. **2** (*fortuito, accidentale*) chance (*attr.*), casual, fortuitous, incidental: *un incontro ~* a chance meeting, an unexpected meeting. **3** (*saltuario*) occasional, odd, episodic, temporay, chance (*attr.*): *lavoro ~* temporary job, odd job; *cliente ~* chance customer, occasional client. **4** (*di lavoratori*) jobbing: *lavoratore ~* jobbing worker, jobber, casual worker; *muratore ~* jobbing builder, casual builder.

occasionalismo *m.* (*Filos*) occasionalism.

occasionalmente *avv.* **1** (*raramente*) occasionally, now and then: ~ *viene a pranzo da noi* occasionally he comes to lunch; *andiamo al cinema solo ~* we go to the cinema just now and then. **2** (*per caso*) by chance, fortuitously: *l'ho scoperto ~* I discovered it by chance.

occasionare (**occasióno**) *v.t.* to occasion, to provoke, to give rise to, to cause: ~ *la guerra* to cause war, to provoke war.

occasione *f.* **1** chance, occasion, opportunity: *ho avuto l'~ di conoscerlo* I had occasion to meet him, I had the chance to meet him; *si è presentata l'~* the opportunity has arisen; ~ *sfumata* lost opportunity. **2** (*estens*) (*buon affare*) bargain, real bargain, good deal: *ho comprato una gonna: era un'~!* I bought a skirt: it was a real bargain! **3** (*causa, pretesto*) occasion, cause, motive: *essere ~ di qcs.* to give cause for sth. **4** (*circostanza, avvenimento*) circumstance, situation, occasion: *a seconda delle occasioni* depending the situation on, depending on circumstances. □ *all'~* (*all'occorrenza*) when necessary; *d'~*: **1** (*usato*) second-hand (*attr.*); **2** (*in liquidazione*) sale (*attr.*), bargain (*attr.*), (*Am*) clearance sale (*attr.*): *acquisto d'~* sale pur-

chase, bargain; **3** (*rif. a scritti e sim., per determinate circostanze*) occasional: *versi d'~* occasional verse; *un'~ d'oro* a golden opportunity; *aspettare l'~ giusta* (*Br*) to await the right moment, to await one's chance, (*Am*) to wait for the right time, to wait for the right chance; *in ~ di qcs.* on the occasion of sth., in the circumstance of sth., on sth.: *in ~ del mio compleanno* on my birthday, on the occasion of my birthday; *in ~ delle loro nozze* at their wedding; *ci siamo visti in diverse occasioni* we have met on several occasions; *un'~ mancata* a missed opportunity; *per l'~* for the occasion; *un'~ unica* the chance of a lifetime. *Prov.: l'~ fa l'uomo ladro* opportunity makes the thief.

occaso *m.* (*lett*) **1** (*tramonto*) sunset, setting; (*occidente*) west. **2** (*fig*) (*morte*) demise, death.

occhiacci □ *fare gli ~ a qcu.* to give so. an ugly look, to scowl at so., to frown on so., to look so.with a scowl.

occhiaia *f.* **1** *pl.* (*borse*) bags under the eyes, rings, dark shadows: *avere le occhiaie* to have bags under one's eyes; *occhiaie livide* livid bags under the eyes; *occhiaie profonde* deep bags under the eyes. **2** (*orbita*) eye socket, orbit.

occhialaio *m.* (*f.* -**a**) (*rar*) optician.

occhialetto *m.* **1** lorgnette. **2** (*rar*) (*monocolo*) monocle, eyeglass.

occhiali *m.pl.* glasses, spectacles, (*Br,colloq*) specs: *un paio di ~* a pair of specs, a pair of spectacles; *portare gli ~* to wear glasses; *mettersi gli ~* to put on one's glasses; *togliersi gli ~* to take off one's glasses. □ ~ *a specchio* mirrored glasses; ~ *a stringinaso* pince-nez, nose glasses; ~ *acustici* combined glasses and hearing aid; ~ *bifocali* bi-focals; ~ *correttivi* reading glasses; ~ *da miope* glasses for short-sightedness; ~ *da motociclista* goggles; ~ *da neve* snow goggles; ~ *da presbite* glasses for long-sightedness; ~ *da saldatore* welder's goggles; ~ *da sole* sunglasses, dark glasses, (*colloq*) shades; ~ *da vista* reading glasses; ~ *neri* dark glasses, sunglasses; ~ *polarizzanti* (o ~ *polarizzati*) polarized glasses; ~ *senza montatura* rimless glasses; ~ *subacquei* underwater goggles, swimming goggles.

occhialino *m.* **1** lorgnette. **2** (*rar*) (*monocolo*) monocle, eyeglass.

occhialuto **I** *a.* (*scherz*) (*Br*) spectacled (*attr.*), with glasses (*posposto*), wearing glasses (*posposto*), bespectacled (*attr.*), (*Am*) four-eyed (*attr.*). **II** *m.* (*f.* -**a**) (*scherz*) four-eyes.

occhiata[1] *f.* look, quick look, glimpse: ~ *languida* languid look; ~ *maliziosa* malicious look; *lanciare un'~ a qcu.* to give so. a look, to throw so. a look, to glance at so. □ ~ *assassina* irresistible look, fiery look; *dare un'~ a qcs.*: **1** to glance at sth., to cast an eye on sth. **2** (*colloq*) (*dare una scorsa*) to take a look at sth., to have a look at sth., to have a quick look at sth., to run over sth., to run through sth., (*Am*) to check sth. out; **3** (*badare*) to keep an eye on sth: *dai un'~ alla pentola* keep an eye on the pot; *dare un'~ in giro* to have a look around, to have a quick look around; *scambiarsi un'~ d'intesa* to exchange meaningful looks.

occhiata[2] *f.* (*Itt*) saddled bream.

occhiato *a.* ocellated (*anche Zool*).

occhiatura *f.* (*Alim*) (*di formaggio*) holes *pl.*

occhiazzurro, **occhiceruleo** *a.* (*poet*) blue-eyed (*attr.*).

occhieggiare (**occhiéggio**, **occhiéggi**) **I** *v.t.* **1** (*rif. a persona*) to eye up, to ogle, (*colloq*) to make eyes at: ~ *una ragazza* (*Br*)

to eye a girl, to eye up a girl, (*Am*) to ogle a girl. **2** (*rif. a cose*) to eye, to cast longing looks at: ~ *i dolci in vetrina* to cast hungry looks at the pastries in the shop window. **II** *v.i.* (*aus.* **avere**) to appear here and there (*tra in* among), to show (through), to peep (through): *migliaia di stelle occhieggiavano dal cielo coperto di nuvole* thousands of stars peeped through the clouded sky, thousands of stars winked through the clouded sky. **III** *v.r.recipr.* **occhieggiarsi** (*rar*) (*scambiarsi occhiate*) occhiate) to eye each other, to exchange glances.

occhiellatrice *f.* **1** eyelet punch; (*per vestiti*) buttonhole machine, buttonholer. **2** (*Tip*) paper drilling machine.

occhiellatura *f.* **1** buttonholing, eyeletting. **2** (*insieme di occhielli: di abiti*) buttonholes *pl.*; (*di tende, vele*) eyelets *pl.*

occhiello *m.* **1** (*Sart*) buttonhole; (*asola*) eyelet, ear, grommet; (*di amaca*) clew. **2** (*Mecc*) (*anello metallico*) eye: ~ *a vite* screw eye. **3** (*Giorn*) (*sottotitolo*) subheading, subhead, (*Am*) subtitle; (*mezzotitolo*) half-title, bastard title. **4** (*Tip*) (*titolo*) half-title; (*pagina*) half-title page. **5** (*Mar*) eyelet, lacing eye, lacing hole. **6** (*rar*) (*ferita*) hole. □ *aveva un garofano all'~* (*Br*) he wore a carnation in his buttonhole, (*Am*) he wore a carnation on his lapel; (*Sart*) *occhielli impunturati* stitched buttonholes; ~ *metallico* metal eyelet, grommet.

occhietto *m.* (*Tip*) (*titolo*) half-title; (*pagina*) half-title page. □ (*fig*) *fare l'~ a qcu.* (*ammiccare*) to wink at so.

occhio **I** *m.* **1** eye: *abbassare gli occhi* to lower one's eyes; *occhi sgranati* wide-open eyes; *avere gli occhi azzurri* to be blue-eyed, to have blue eyes. **2** (*estens*) (*vista, sguardo*) look, glance: *distogliere gli occhi* to look away; *cercare qcu. con gli occhi* to look round for so.; *mi è caduto l'~ su un errore* my eye fell on a mistake. **3** (*fig*) (*accortezza*) eye, good eye, skill: *ci vuole ~ per fare questi lavori* this kind of work requires skill. **4** (*apertura, buco*) eye, hole. **5** (*Bot*) (*gemma*) bud, eye, eyespot. **6** (*Arch*) eye, oculus. **7** (*Tip*) type-face, face. **8** (*Tecn*) eye: *l'~ del martello* the eye of the hammer. **II** *intz.* look out!, watch out!, be careful!, (*Br*) mind yourself!, (*Am*) heads up!: ~ *al portafoglio!* keep an eye on your wallet!, watch your wallet! □ *a ~* roughly, in a rough and ready way, in an approximate way: *calcolare la distanza a ~* to make a rough estimate of the distance; (*fig*)*a occhi chiusi* (*con estrema sicurezza*) with one's eyes shut, with complete confidence, blindfold; *a ~ e croce* roughly speaking, at a rough guess, approximately, roughly, more or less; *occhi a mandorla* almond-shaped eyes; *a ~ nudo* with the naked eye, to the naked eye; (*fig*) *mettere gli occhi addosso a qcu.* to set eyes on so., to have one's eye on so.: *ti ha messo gli occhi addosso* he's got his eye on you; *tenere gli occhi addosso a qcu.* to keep one's eyes fixed on so., to keep one's gaze fixed on so.; *a occhi aperti* with one's eyes open; (*fig*) *tenere gli occhi bene aperti* to keep one's eyes open, to keep one's eyes wide open; *a occhi asciutti* dry-eyed, (*fig*) *occhi assassini* irresistible eyes; *avere ~* to have a sure eye, to have a good eye; *a occhi bassi* with one's eyes lowered, with lowered eyes; *guardare qcu. con ~ bieco* to look at so. with disapproval, to look at so. obliquely; (*estens*) *occhi bovini* large prominent eyes, staring eyes, saucer eyes; *avere* *gli occhi* **cerchiati** to have rings around one's eyes, to have black rings around one's eyes; *occhi* **cisposi** rheumy eyes, bleary eyes; *~***clinico**: 1 skill in diagnosis, ability to diagnose at a glance; 2 (*estens*) expert eye, (*Br*) practised eye, (*Am*) practiced eye; (*estens*) *occhi* **da pesce lesso** fish eyes; (*fig*) *~ d'aquila* eagle eye; (*fig*) **dare** *nell' ~ a qcu.* to attract so.'s attention; *che dà nell'~* striking; *senza dare nell'~*: 1 without attracting undue attention, without attracting attention; 2 (*rif. a vestiti: colori*) without being flashy, without being loud; (*iperb*) **dare un** *~ per fare qcs.* to give anything to do sth.; *darei un ~ per averlo* I'd give anything to have it; *gli occhi del* **brodo** fat rings on broth, fat floating on the soup; (*Meteor*) *l'~* **del ciclone** the eye of the cyclone, the eye of the storm; (*fig*) *essere* **nell'** *~ del ciclone* to be in the line of fire; *gli occhi* **del formaggio** the holes in cheese; (*estens*) *agli occhi* **del mondo** in the eyes of the world; (*estens*) *gli occhi* **della mente** the mind's eye; (*Fot,Arch*) *~ di* **bue** bull's eye; (*Gastron*) *all'~ di* **bue** fried on one side only, (*Am*) sunny side up; (*fig*) *occhi di* **falco** hawk's eyes, keen eyes: *avere occhi di falco* to be hawk-eyed; (*fig*) *occhi di* **fuoco** flashing eyes, bright eyes; (*Min*) *~ di* **gatto** cat's-eye; (*estens*) *occhi di* **gatto** (*di persona*) cat's eyes, eyes like a cat; (*fig*) *~ di* **lince** eagle eye, sharp eye, lynx eye; (*Zool*) *~ di* **pavone** ocellus on a peacock's tail, eye on a peacock's tail; *~ di* **pernice**: 1 (*callo*) corn; 2 (*Bot*) pheasant's eye; (*Min*) *~ di* **tigre** tiger's eye; (*colloq,fig*) *fare l'~ di* **triglia** *a qcu.* to make sheep's eyes at so.; *~ di* **vetro** glass eye; (*fig*) *fare gli occhi* **dolci** *a qcu.* to make eyes at so., to make sheep's eyes at so.; (*fig*) *fare l' ~ a qcs.* to get used to sth., to get used to looking at sth.; (*fig*) *ha gli occhi* **fuori dalle orbite** (o *ha gli occhi* **fuori dalla testa**) his eyes are popping with rage, his eyes are bulging; *occhi* **gonfi** swollen eyes, puffy eyes; *avere gli occhi* **in fuori** to be pop-eyed; *occhi* **incavati**: 1 deep-set eyes; 2 (*per malattia, vecchiaia*) sunken eyes, hollow eyes; *occhi* **indiscreti** prying eyes; *occhi* **iniettati di sangue** bloodshot eyes; (*fig*) *ci ho* **lasciato** *gli occhi* I left my heart on it!; *occhi* **lustri** shining eyes; *~* **magico**: 1 (*Rad*) magic eye; 2 (*spioncino*) eyehole, peephole; *occhi* **mansueti** gentle eyes; *~* **nero** (*pesto*) black eye: *avere gli occhi neri* to have black eyes, to be black-eyed; (*fig*) *non aver più occhi* **per piangere** to have cried one's eyes out; *occhi* **pesti**: 1 (*per la stanchezza*) dark-ringed eyes; 2 (*per percosse*) black eyes; *~* **pollino** (*callo*) corn (between two toes); (*estens*) *occhi* **porcini** piggish eyes; *occhi* **rossi** red eyes; *avere qcs.* **sott'** *~*: 1 to have one's eye on sth.; 2 (*scherz*) *sotto il naso*) to have sth. under one's nose; *sotto* **gli occhi di qcu.** under so.'s very nose, under so.'s very eyes: *mettere qcs. sotto gli occhi di qcu.* to put sth. under so.'s nose; *~* **spento** dull eye; *~* **strabico** squint eye; *far* **tanto d' occhi** to make eyes, to goggle; (*fig*) *tenere d' ~ qcu.* (o *qcs.*) to keep an eye on so. (o sth.): *~ d'* **occhio** *l'orologio* to watch the time; *essere* **tutt' occhi** to be all eyes. *Prov.*: *l'~* **del padrone** *ingrassa il cavallo* a business thrives when the owner keeps his eye on it; *~* **per** *~, dente per dente* an eye for an eye; *l'~ è* **lo specchio dell'anima** the eye is the mirror of the soul; *~* **non vede, cuore non duole** what the eye doesn't see, the heart doesn't grieve over; what you don't know can't

hurt you; *anche l'~* **vuole la sua parte** looks also count.
occhiolino □ *fare l'~ a qcu.* to wink at so.; (*fig*) *fare l'~ a qcs.* to look longingly at sth., to eye sth.
occidentale I *a.* 1 western, Western, West (*attr.*), west, westerly: *le regioni occidentali* Western regions, the West; *l'Europa ~* Western Europe. 2 (*che viene da occidente*) westerly, west (*attr.*): *venti occidentali* westerly winds, west winds. 3 (*rif. a civiltà*) Western, western, of the West, Occidental, occidental. II *m./f.* Westerner, westerner, Occidental.
occidentalismo *m.* Occidentalism, Westernism (*anche Pol*).
occidentalista *m./f.* (*Pol*) Occidentalist, occidentalist, Westernist, westernist.
occidentalistico (*pl.* -ci) *a.* Occidentalist, occidentalist (*attr.*), westernist, Westernist (*attr.*).
occidentalizzare (**occidentalizzo**) I *v.t.* to westernize, to occidentalize. II *v.pron.* **occidentalizzarsi** to become westernized, to become occidentalized.
occidentalizzazione *f.* occidentalization, Occidentalization, westernization, Westernization.
occidente *m.* 1 (*Geog,Pol*) West, west: *il sole tramonta a ~* the sun sets in the west; *da oriente a ~* from east to west. 2 (*regioni occidentali*) West, Western part: *l'~ asiatico* the West of Asia, Western Asia. 3 (*paesi occidentali*) West, the West, Occident, the Occident. □ *a ~*: 1 (*stato in luogo*) in the west; 2 (*moto a luogo*) westwards: *essere volto a ~* to face west, to face westwards; *diretto a ~* westbound; *a ~ di* west of, to the west of: *la Spagna è a ~ dell'Italia* Spain is west of Italy; *verso ~*: 1 (*con valore aggettivale*) westward; 2 (*con valore avverbiale*) westwards, west: *navigare verso ~* to sail west.
occipitale *a.* (*Anat*) occipital: *osso ~* occipital bone.
occipite *m.* (*Anat*) occiput.
occitanico (*pl.* -ci) I *a.* Provençal, old Provençal, Occitan, Occitanian: *letteratura occitanica* Provençal literature. II *m.* (*lingua*) Provençal, Occitan, Occitanian.
occludere (*pres.ind.* **occlùdo**; *p.rem.* **occlùsi**; *p.p.* **occlùso**) *v.t.* 1 (*otturare*) to obstruct, to block, to stop up, to close, to plug: *i rifiuti hanno occluso le fognature* rubbish blocked the pipes. 2 (*Med*) to occlude, to obstruct: *~ un vaso sanguigno* to occlude a blood vessel.
occlusione *f.* 1 occlusion, obstruction, stoppage. 2 (*Med,Chim,Meteor,Fon*) occlusion. □ (*Med*) *~coronarica* coronary occlusion; (*Med*) *~ intestinale* ileus occlusion, intestinal occlusion.
occlusiva *f.* (*Fon*) stop, plosive, occlusive: *~ bilabiale* bilabial stop; *~ glottale* glottal stop.
occlusivo *a.* (*Fon*) plosive, occlusive.
occorrente I *a.* necessary, needed, requisite, required. II *m.* 1 what is necessary, everything necessary, (the) kit, necessary things *pl.*, requisites *pl.*: *l'~ per radersi* a shaving kit. 2 (*attrezzi e sim.*) necessary materials *pl.*, equipment needed: *l'~ per scrivere* the necessary writing materials; *ho con me tutto l'~* I have everything necessary, I have everything we need; *l'~ per il campeggio* the camping requisites, the camping needs.
occorrenza[1] *f.* 1 (*evenienza, caso*) eventuality, circumstance, event, contingency: *essere pronto per ogni ~* to be ready for all eventualities; *secondo le occorrenze* ac-

cording to circumstances, depending on circumstances. 2 (*bisogno, necessità*) need, requirement, necessity. □ *all'~* if necessary, in case of need; (*Econ*) *~ di cassa* need of cash.
occorrenza[2] *f.* 1 (*Ling,Statist*) occurrence. 2 (*Inform*) instance; (*dato trovato*) hit.
occorrere (*pres.ind.* **occórro**; *p.rem.* **occórsi**; *p.p.* **occórso**; *aus.* **essere**) I *v.i.* 1 to need (*costr.pers.*), to want, to be needed, (*Br*) to be required: *mi occorrono molti soldi* I need a lot of money; *non mi occorre altro* I don't want anything else; *per le trasfusioni occorre molto sangue* a lot of blood is needed for transfusions. 2 (*rif. a tempo*) to take (*costr.pers. o impers.*): *per arrivarci (mi) occorrono tre ore* it takes (me) three hours to get there, I take three hours to get there. 3 (*lett*) (*verificarsi, accadere*) to happen, to occur, to take place. II *v.i.impers.* 1 must (*costr.pers.*), to have to (*costr.pers.*), to be necessary (*costr.impers.*), to need: *occorre fare presto* we must hurry; *occorre che sia fatto al più presto possibile* this needs to be done as soon as possible. 2 (*in frasi negative*) to need (*costr.pers. o impers.*), to be necessary (*costr.impers.*), to have to (*costr.pers.*): *non occorre che anche tu sia presente* it isn't necessary for you to be there too, there's no need for you to be there too, you don't have to be there too, (*Br*) you needn't be there too; *non occorre* (*non è necessario*) it is not necessary, (*non c'è bisogno*) (you) don't need to. □ *occorrendo* in case of need.
occultabile *a.* concealable, that may be hidden: *arma ~* concealable weapon.
occultamente *avv.* 1 (*in segreto*) secretly, in secret: *aspirare ~ a qcs.* to aim secretly at sth. 2 (*misteriosamente*) mysteriously.
occultamento *m.* 1 (*il tenere nascosto, il tacere*) hiding, concealment: *~ della verità* concealment of truth. 2 (*Dir*) concealment. 3 (*insabbiamento*) cover-up, whitewash. 4 (*soppressione*) suppression: *~ di informazioni* suppression of information. □ (*Dir*) *~di cadavere* concealment of a corpse; (*Dir*) *~ di prove* concealment of a proofs.
occultare (**occùlto**) I *v.t.* 1 to conceal, to hide, to disguise. 2 (*Dir*) to conceal: *~ un delitto* to conceal a crime; *~ la refurtiva* to hide the stolen goods. 3 (*celare, tacere*) to keep (sth.) secret, to conceal. 4 (*tenere nascosto*) to keep hidden, to hide, to hide away, to conceal: *~ un cadavere* to conceal a corpse. 5 (*di sentimenti*) to mask, to hide. 6 (*insabbiare*) to cover up, to whitewash, to suppress: *la stampa vuole ~ lo scandalo* the press wants to cover up the scandal. 7 (*Astr*) to occult, to eclipse. II *v.pron.* **occultarsi** 1 to hide, to hide oneself, to conceal oneself. 2 (*in agguato*) to lurk, to skulk, to prowl. 3 (*Astr*) to occult. □ (*Dir*) *~ le prove* to conceal the proofs.
occultazione *f.* 1 concealment, hiding. 2 (*Astr*) occultation: *~ lunare* lunar occultation.
occultismo *m.* occultism: *pratiche di ~* (*Br*) occult practises, (*Am*) occult practices.
occultista *m./f.* occultist.
occultistico (*pl.* -ci) *a.* occult.
occulto I *a.* 1 occult: *scienze occulte* occult sciences, occultism, black arts. 2 (*nascosto*) occult, hidden, concealed: *un vizio ~* a hidden habit, a hidden defect; *ragioni occulte* hidden reasons. 3 (*segreto*) secret: *pensieri occulti* secret thoughts. II *m.* the occult: *il mondo dell'~* the world of the occult. □ *agire in ~* to act secretly.
occupante I *a.* occupying (*anche Mil*): *eser-

cito ~ occupying army. **II** *m./f.* **1** occupier, occupant: *la scuola è nelle mani degli occupanti* the school is in the hands of the occupiers. **2** (*di immobile*) sitting tenant; (*abusivo*) squatter. **3** (*Mil*) occupier. ☐ (*Dir*) ~ *per diritto speciale* special occupant; (*Dir*) ~ *unico* sole tenant.

occupare (òccupo) I *v.t.* **1** (*impossessarsi di*) to occupy, to take possession of. **2** (*coprire uno spazio*) to take, to take up, to occupy, to cover: *la libreria occupava tutta la parete* the bookcase took up the whole wall; ~ *troppo spazio* to take up too much room. **3** (*tenere uno spazio*) to fill, to fill up, to crowd: *una descrizione che occupa tre pagine intere* a description which fills up three whole pages. **4** (*rif. a tempo*) to spend, to pass: *occupa il tempo libero dedicandosi alla pittura* he spends his free time painting. **5** (*di posti a sedere*) to take, to occupy: ~ *il proprio posto* to take one's seat. **6** (*abitare*) to occupy, to inhabit: *la casa è occupata da una coppia di sposini* the house is inhabited by a newly-married couple. **7** (*dare lavoro*) to employ, to take on: *la fabbrica occupa cento operai* the factory employs a hundred workers. **8** (*tenere impegnato*) to give work to, to give a job to, to keep busy, to keep: *l'ho occupato a pulire l'argenteria* I've given him the job of cleaning the silver, I kept him busy cleaning the silver. **9** (*ricoprire una carica*) to hold, to occupy: *occupa questo posto da tre anni* he has held this job for three years; ~ *una carica* to fill an office, to hold an office. **10** (*fig*) (*assorbire*) to fill, to absorb, to occupy: *tristi pensieri occupavano la sua mente* his mind was filled with sad thoughts. **11** (*Mil*) (*conquistare*) to occupy; (*presidiare*) to hold, to occupy; (*con una guarnigione*) to garrison. **II** *v.pron.* **occuparsi 1** (*affaccendarsi*) to busy oneself, to occupy oneself (*di* with). **2** (*dedicarsi, assistere*) to be concerned, to be occupied, to deal, to occupy oneself (*di* with), to engage (in), to attend (to), to assist: *occuparsi di un cliente* (*Br*) to attend to a customer, (*Am*) to wait on a customer; *occuparsi dei propri genitori* to assist one's parents, to attend to one's parents, to take care of one's parents; *occuparsi di due cose contemporaneamente* (*Br*) to attend two matters at the same time, (*Am*) to take care of two things at the same time; *me ne occuperò io* I'll see about it. **3** (*avere come occupazione*) to deal (*di* in), to attend to sth., to do sth. as a job, to be in charge (of): *occuparsi di pubbliche relazioni* to be in charge of public relations; *di che cosa ti occupi?* what do you do?, what's your job? **4** (*interessarsi*) to take an interest (*di* in), to be interested (in), to be concerned (with), to devote oneself (to), to care (for): *occuparsi di politica* to be interested in politics; *non mi occupo di calcio* (*Br*) I don't care for football, (*Am*) I'm not into soccer. **5** (*prendersi cura*) to see (*di* to), to attend (to), to look after, to take care (of), (*Br*) to mind (so.): *occuparsi dei bambini* to look after the children, (*Br*) to mind the children; *mi occuperò io della faccenda* I'll see to it, I'll see to the matter. **6** (*impicciarsi*) to get involved, to get mixed up (*di* in). **7** (*impiegarsi*) to get a job, to find a job, to be employed, to be hired. ☐ ~ *abusivamente una casa* to squat in a house; *occupati dei fatti tuoi!* mind your own business!; ~ *per protesta* to sit in; ~ *un posto*: **1** (*di lavoro*) to fill a vacancy, to hold a position: ~ *un posto di rilievo* to rank high; **2** (*a sedere*) to take a place, to take up a place, to take a seat: *questo posto è occupato*

this seat is taken; ~ *il suolo pubblico* to occupy public property.

occupato I *a.* **1** (*rif. a posti a sedere*) taken: *questo posto è* ~ this seat is taken. **2** (*rif. a luoghi, stanze*) (*Br*) engaged, (*Am*) occupied, busy: *il bagno è occupato* (*Br*) the toilet is engaged, (*Am*) the toiled is occupied, the toilet is busy; *l'hotel è tutto* ~ the hotel is booked up, the hotel is full. **3** (*sottoposto a occupazione*) occupied: *università occupata* occupied university. **4** (*affaccendato*) busy, occupied, engaged, tied up: *essere* ~ *a fare qcs.* to be busy doing sth., to be busy with sth.; *sarò* ~ *per tutto il giorno* I'll be busy all day. **5** (*impiegato*) employed, working: *essere* ~ to be employed, to work; *è* ~ *in banca* he works in a bank, he is employed by a bank, he is working for a bank; *essere* ~ *a tempo pieno* to be in full-time employment; *essere* ~ *part time* to be in part-time employment. **6** (*Tel*) (*Br*) engaged, (*Am*) busy: *la linea è occupata* (*Br*) the line is engaged, (*Am*) the line is busy; *il telefono dà* ~ (*Br*) the phone is engaged, (*Am*) the phone is busy; *l'interno è* ~ the extension is busy. **II** *m.* (*impiegato*) employed, employed person: *gli occupati* the wage-earning population. ☐ *tenere occupata la mente con qcs.* to keep the mind occupied by sth.; *tenere* ~: **1** (*una persona*) to busy, to keep busy; **2** (*un posto a sedere*) to hold a seat (*per* for).

occupatore I *m.* (*f.* **-trice**) occupier (*anche Mil*). **II** *a.* occupying: *truppe occupatrici* occupying troops, occupation troops. ☐ ~ *di case* squatter.

occupazionale *a.* occupational, employment (*attr.*): *problemi occupazionali* employment problems.

occupazione *f.* **1** (*lavoro retribuito*) employment, work, job, occupation, trade: *cercare un'* ~ to look for work, to look for employment, to look for a job; *non avere un'* ~ to be unemployed, to be jobless. **2** (*Econ*) (*posti di lavoro*) employment: *aumentare l'* ~ to increase employment; *produrre* ~ to generate employment; *riduzione dell'* ~ decrease in employment; *trovare* ~ to find employment, to find a job. **3** (*di edifici, locali*) occupation, occupancy: *l'* ~ *di una fabbrica* the occupation of a factory. **4** (*attività*) occupation, activity: *tenersi impegnati con numerose occupazioni* to keep oneself busy with numerous activities. **5** (*Mil*) (*conquista*) occupation, conquest, seizure, invasion: *l'* ~ *tedesca della Polonia* the German invasion of Poland. **6** (*Dir*) occupancy, tenure. ☐ ~ *a tempo parziale* part-time employment, part-time job; ~ *a tempo pieno* full-time employment; ~ *a termine* temporary occupation, temporary job; (*Mil*) ~ *bellica* military occupation; ~ *dei minori* employment of minors; ~ *di case* squatting; (*Dir*) ~ *di suolo pubblico* occupancy of public area; ~ *fissa* regular job; ~ *giovanile* youth employment (*anche Statist*); ~ *in proprio* self-employment; *occupazioni quotidiane* daily activities; *senza* ~ unemployed, jobless.

Oceania *n.pr.f.* (*Geog*) Oceania.

oceanico (*pl.* **-ci**) *a.* **1** oceanic, ocean (*attr.*): *clima* ~ oceanic climate; *corrente oceanica* ocean current. **2** (*fig*) (*immenso*) vast, immense, huge, enormous: *una folla oceanica* an immense crowd.

oceanino *a.* (*poet*) ocean (*attr.*), of the ocean, oceanic.

oceano *m.* **1** (*Geog*) ocean. **2** (*fig*) huge quantity, expance, ocean, sea. ☐ (*Geog*) ~ *Antartico* Antarctic Ocean; (*Geog*) ~ *Artico* Arctic Ocean; (*Geog*) ~ *Atlantico* Atlantic

Ocean; ~ *circumpolare* circumpolar ocean; (*Geog*) ~ *Indiano* Indian Ocean; (*Geog*) ~ *Pacifico* Pacific Ocean.

Oceano *n.pr.m.* (*Mitol*) Oceanus.

oceanografia *f.* oceanography, oceanology, thalassography. ☐ ~ *biologica* marine biology; ~ *di estuario* estuarine oceanography; ~ *militare* military oceanography.

oceanografico (*pl.* **-ci**) *a.* oceanographic, oceanographical, thalassographical: *istituto* ~ oceanographic institute; *modello* ~ oceanographic model; *prospezione oceanografica* oceanographic survey.

oceanografo *m.* (*f.* **-a**) oceanographer, oceanologist.

ocellato *a.* (*Entom,Zool*) ocellated.

ocello *m.* **1** (*Zool*) (*piccolo occhio*) ocellus, simple eye. **2** (*Entom,Zool*) (*macchia a forma di occhio*) ocellus, eyespot: *gli ocelli sulle ali di una farfalla* the eyespots on the wings of a butterfly.

ocelot /os'lo, otʃe'lɔt/ *m.inv.* **1** (*Zool*) ocelot. **2** (*estens*) (*pelliccia*) ocelot, ocelot fur.

oclocratico (*pl.* **-ci**) *a.* (*Pol*) ochlocratic, ochlocratical.

oclocrazia *f.* (*Pol*) ochlocracy, mob rule.

OCR (*Inform*) *riconoscimento ottico di caratteri* OCR (Optical Character Recognition).

ocra I *f.* (*Min*) ochre, (*Am*) ocher. **II** *m.* (*colore*) ochre, (*Am*) ocher. **III** *a.inv.* ochre (*attr.*), ochreous. ☐ (*Min*) ~ *gialla* yellow ochre, Oxford ochre; ~ *gialla impura* yellow earth; ~ *rossa* red ochre, ruddle.

ocraceo *a.* ochreous, ochreish: *giallo* ~ ochreous yellow.

OCSE *Organizzazione per la cooperazione e lo sviluppo economico* OECD (Organization for Economic Co-operation and Development).

octopus *m.inv.* (*Zool*) octopus.

oculare I *a.* ocular, eye (*attr.*): *bulbo* ~ eyeball; *lente* ~ ocular lens. **II** *m.* (*Ott*) eyepiece, ocular lens, ocular.

oculatamente *avv.* **1** cautiously, prudently: *spendere il denaro* ~ to spend money cautiously. **2** (*accortamente*) shrewdly, wisely: *sfruttare* ~ *ogni situazione* to exploit shrewdly every situation.

oculatezza *f.* **1** caution, prudence: *scegliere con* ~ to choose with caution. **2** (*accortezza*) shrewdness, wisdom, discernment, insight. ☐ ~ *di giudizio* cautious judgement.

oculato *a.* **1** (*cauto*) cautious, prudent: *un cliente* ~ a cautious customer. **2** (*accorto*) shrewd, wise, discerning, watchful, openeyed: *un acquisto* ~ a shrewd purchase; *una scelta oculata* a wise choice.

oculista *m./f.* ophtalmologist, eye specialist, (*Am*) oculist.

oculistica *f.* ophthalmology.

oculistico (*pl.* **-ci**) *a.* ophtalmological, ophthalmologic, (*colloq*) eye- (*attr.*): *fare una visita oculistica* to have one's eyes examined.

odalisca *f.* odalisque.

ode *f.* (*Lett*) ode: *odi barbare* barbarian odes.

odeo, odeon *m.* (*Archeol*) odeum.

OdG (*Comm*) *ordine del giorno* (agenda). **2** (*Mil*) *ordine del giorno* (dispatches). **3** (*Pol*) *ordine del giorno* (order of the day).

odiabile *a.* (*rar*) hateful, loathsome, odious, detestable.

odiare (òdio, òdi) I *v.t.* **1** to hate, to loathe, to detest: *odio i lunedì* I hate Mondays; *lo odio!* I hate him!; *farsi* ~ *da tutti* to become hateful to everyone. **2** (*non amare*) to hate, to dislike: *odio le barbabietole* I hate beetroots. **3** (*non sopportare*) to hate, not to stand, to detest: *odio viaggiare in treno* I can't stand travelling by train, I hate travelling by train. **II** *v.pron.* **odiarsi** to hate onself, to detest oneself: *mi odio per ciò che ho fatto* I hate myself for what I 've done. **III** *v.r.recipr.* **odiarsi** to hate each other, to hate one another. □ (*colloq*) *~ a morte qcu.* to hate so.'s guts, to loathe so., to have a mortal hatred of so., to hate so. like poison; *quei due si odiano a morte* those two hate each other's guts.

odiernamente *avv.* (*rar*) nowadays, these days, this day and age, in this day and age.

odierno *a.* **1** (*di oggi*) today's (*attr.*): *la seduta odierna* today's meeting; *in data odierna* bearing today's date. **2** (*dell'epoca attuale*) today's (*attr.*), of today (*posposto*), present, existing, current: *le odierne condizioni sociali* the current social conditions. **3** (*moderno*) today's (*attr.*), present-day (*attr.*), modern: *la tecnologia odierna* modern technology.

Odino *n.pr.m.* (*Mitol.nord*) Odin.

odio *m.* **1** hate, hatred: *nutrire ~ verso qcu.* to hate so., to bear hatred towards so. **2** (*ripugnanza*) hatred, loathing, disgust, repugnance. **3** (*antipatia, insofferenza*) hate, dislike. □ *un rapporto ~amore* a love-hate relationship (*anche Psic*); (*Sociol*) *~ di classe* class hatred; *avere in ~ qcu.* to hate so.; *venire in ~ a qcu.* to make oneself hated by so.; *~mortale* deadly hatred, mortal hatred.

odiosamente *avv.* **1** hatefully, odiously, detestably. **2** (*con odio*) with hatred.

odiosità *f.* **1** hatefulness, odiousness, loathsomeness: *l'~ di un'insinuazione* the odiousness of an insinuation. **2** (*rar*) (*atto odioso*) odious action, hateful behaviour: *commettere un'~* to commit an odious action.

odioso *a.* **1** hateful, odious, loathsome: *un crimine ~* a hateful crime; *un compito ~* a hateful task. **2** (*antipatico*) unpleasant, hateful, obnoxious: *comportamento ~* obnoxious behaviour.

odissea *f.* (*fig*) (*serie di vicissitudini*) odyssey: *l'~ dei profughi* the refugees' odyssey.

Odissea *f.* (*Lett,Mitol*) Odyssey.

odo → **udire**.

Odoacre *n.pr.m.* (*Stor*) Odoacer, Odovacar.

odontalgia *f.* (*Med*) odontalgia, odontalgy.

odontalgico (*pl.* **-ci**) **I** *a.* (*Med*) odontalgic, odontalgical: *solo ad uso ~* for odontalgic use only. **II** *m.* (*Farm*) odontalgic.

odontoiatra *m./f.* (*Med*) odontologist, dentist, dental surgeon.

odontoiatria *f.* **1** (*Med*) dentistry, odontology. **2** (*Univ*) dental school: *fare ~* to attend dental school.

odontoiatrico (*pl.* **-ci**) *a.* (*Med*) dental, odontological: *cure odontoiatriche* dental treatment; *studio ~* dental institute; *clinica odontoiatrica* dental clinic.

odontologia *f.* (*Med*) dentistry, odontology.

odontologico (*pl.* **-ci**) *a.* (*Med*) dental, odontological.

odontometro *m.* (*Filat*) perforation gauge.

odontotecnica *f.* (*Dent*) orthodontics (*costr.sing.*).

odontotecnico I *m.* (*f.* **-a**; *pl.* **-ci**) (*Dent*) orthodontist. **II** *a.* (*Dent*) orthodontic.

odorare (**odóro**) **I** *v.i.* (*aus. avere*) **1** (*emanare odore*) to smell (*di* of), to have a scent (*di* of): *~ di aglio* to smell of garlic. **2** (*estens*) (*emanare un buon profumo*) to smell, to have a good smell, to smell sweet, to smell nice, (*Am*) to have a good savor: *odorare di menta* to smell of mint. **3** (*fig*) to smell, to smack: *questa faccenda odora di imbroglio* this business smacks of swindling, the

whole thing smells fishy to me. **II** *v.t.* **1** (*annusare*) to smell: *~ un fiore* to smell a flower. **2** (*fig*) (*intuire*) to sense, to smell, to smell out, to scent out, to scent. **3** (*rar*) (*profumare*) to scent, to perfume: *~ la biancheria con la lavanda* to scent the linen with lavender. □ *~ di buono* to smell good, to have a good smell; (*lett,fig*) *~il vento infido* to sense danger, to scent danger.

odorato *m.* smell, sense of smell: *non avere ~* to have a poor sense of smell.

odore *m.* **1** smell, odour, (*Am*) odor, (*colloq*) stink, (*Br,colloq*) pong: *~ di fritto* smell of fried food; *cattivo ~* smell; *prendere un ~* to acquire a smell, to get a smell; *riconoscere qcu. dall'~* to know so. by his smell; *sentire ~ di qcs.* to smell sth.; *buon ~* sweet smell, good smell, perfume. **2** (*estens*) (*profumo*) good smell, sweet smell, scent, perfume, fragrance, aroma. **3** (*fig*) (*sentore*) odour, smell, trace: *~ di guai* smell of trouble. **4** (*di animali*) scent, spoor. **5** *pl.* (*Alim*) (*erbe aromatiche*) herbs, aromatic herbs. □ *avere ~ di qcs.* to smell of sth.; *non avere ~* to have no smell; *sentire ~ di bruciato*: 1 to smell something burning; 2 (*fig*) (*fiutare un imbroglio*) to smell a rat; *~di chiuso* (*Br*) fug, fustiness, (*Am*) must: *c'è ~ di chiuso qui dentro* it's stuffy in here, the air is stale in here; (*fig*) *sentire ~ di imbroglio* to suspect trickery; *~ di muffa* fustiness: *c'è ~ di muffa* it smells mouldy; (*fig*) *fiutare ~ di polvere* (o *sentire ~ di polvere*) (*presentire una contesa*) to smell a fight; (*fig*) *essere in ~ di santità* (*Br*) to have the odour of sanctity, (*Am*) to have the odor of sanctity; *morire in ~ di santità* (*Br*) to die in the odour of sanctity, (*Am*) to die in the odor of sanctity.

odorifero *a.* **1** (*che emana odore*) odoriferous: *ghiandola odorifera* odoriferous gland. **2** (*lett*) (*profumato*) odorous, odoriferous, fragrant, sweet-smelling.

odorino *a.* **1** (*profumino*) pleasant smell. **2** (*eufem*) (*puzza*) stink, (*Br*) pong, (*Am*) rank, rankness.

odoroso *a.* (*che emana un buon odore*) sweet-smelling, fragrant, odorous: *vino ~* aromatic wine; *legno ~* sweet-smelling wood.

OECE (*Stor*) *Organizzazione europea per la cooperazione economica* OEEC (Organization for European Economic Co-operation).

Ofelia *n.pr.f.* (*Lett*) Ophelia.

off *a.inv.* **1** (*non in funzione*) off. **2** (*Teat*) (*alternativo*) alternative, off, experimental: *teatro ~* experimental theatre, street theatre.

offa *f.* **1** (*Stor.rom*) spelt cake. **2** (*estens,lett*) (*compenso*) sop: *dare l'~ a qcu.* (o *gettare l'~ a qcu.*) to give so. a sop, to throw so. a sop.

offendere (*pres.ind.* **offèndo**; *p.rem.* **offési**; *p.p.* **offéso**) **I** *v.t.* **1** (*ferire, urtare*) to offend, to insult, to hurt: *non volevo offenderlo* I didn't mean to hurt him; *~ la dignità di qcu.* to insult so.'s dignity; *~ qcu. nell'onore* to offend so.'s honour, (*Am*) to offend so.'s honor. **2** (*insultare*) to insult, to outrage, (*con bestemmie*) to blaspheme, to curse. **3** (*violare*) to break, to violate, to offend, to damage: *~ la giustizia* to break the law; *~ il pubblico pudore* to violate the public decency. **4** (*riuscire molesto*) to offend, to hurt: *~ la vista* to offend the eye. **5** (*ledere*) to injure, to damage, to hurt (*con un'arma*) to wound: *fortunatamente il proiettile non ha offeso gli organi vitali* fortunately the bullet didn't damage the vital organs. **II** *v.pron.* **offendersi** (*risentirsi*) to take offence (*per* at), (*Am*) to take offense (at), to be offended (by), to feel

slighted (by): *non è il caso di offendersi* there's no need to take offence, (*Am*) there's no need to take offense; *offendersi per un nonnulla* to be quick to take offence, to take offence at nothing; *non offenderti (se te lo dico), ma...* (*Br*) excuse my saying so, but...; (*Am*) don't get me wrong when I say... **III** *v.r.recipr.* **offendersi** to insult each other, to offend each other. □ *~ la sensibilità di qcu.* to offend so.'s sensibilities: *la campagna promozionale ha cercato di non offendere la sensibilità degli spettatori* the promotional campaign sought to avoid offending viewers' sensibilities.

offensiva *f.* **1** (*Mil*) offensive, onslaught, assault: *passare all'~* to go on to the offensive; *sferrare un'~* to launch an offensive. **2** (*estens*) (*azione energica*) campaign, drive, offensive. □ *~di pace* peace drive, peace campaign; *~propagandistica* propaganda offensive (*anche Pol*).

offensivo *a.* **1** offensive, insulting, outrageous, abusive: *parole offensive* insulting language, offensive words; *un'osservazione offensiva* an offensive remark; *essere ~* to be insulting. **2** (*Mil*) offensive, of offence (*posposto*), (*Am*) of offense (*posposto*): *armi offensive* offensive weapons, weapons of offence, (*Am*) weapons of offense; *guerra offensiva* offensive war, war of attack; *manovra offensiva* offensive manoeuvres.

offensore *m.* **1** (*f.* **offenditrice**) offender. **2** (*Mil*) (*aggressore*) aggressor, attacker.

offerente *m./f.* **1** (*Comm*) (*per un appalto*) tenderer; (*nelle aste*) bidder: *vendere qcs. al miglior ~* to sell sth. to the highest bidder. **2** (*donatore*) offerer, donor.

offerta *f.* **1** offer: *fare un'~* to make an offer; *accettare un'~* to accept an offer; *rifiutare un'~* to reject an offcr, to decline an offer; *un'~ sensazionale* a terrific offer. **2** (*concr*) (*donazione*) offering, donation: *dare un'~ a qcu.* to give so. an offering. **3** (*estens*) (*proposta*) offer, proposal. **4** (*Econ*) supply: *la domanda e l'~* demand and supply; *l'~ supera la domanda* supply exceeds demand. **5** (*Comm*) (*prezzo offerto*) offer, (*nelle aste*) bid; (*per un appalto*) tender. **6** (*Rel*) offering, oblation; (*colletta*) collection: *dare un'~* to give an offering; *raccogliere le offerte* to take the collection. **7** (*Rel,Stor*) (*sacrificio*) offering: *l'~ di un sacrificio* the offering of a sacrifice. □ (*Econ*) *~al pubblico* public issue; *~all'asta* offer, offer by tender, tender offer; *~campionata* sampled offer; (*Econ*) *~ condizionata* conditional offer; (*Econ*) *~costante* constant supply; *~di appalto* tender; *~ di denaro*: 1 offer of money; 2 (*dono*) money gift; *un'~ di dialogo*: 1 an offer to talk; 2 (*Pol*) an offer for talks; (*Comm*) *~di fornitura* offer of supplies; *~di impiego* job offer; (*Giorn*) *offerte di impiego* (*negli annunci*) help wanted, situations vacant; (*Comm*) *~di lancio* introductory offer; *~di lavoro* job offer; (*Giorn*) *offerte di lavoro* (*negli annunci*) help wanted, situations vacant; *~di manodopera* (*Br*) labour supply, (*Am*) labor supply; (*Econ*) *~di mercato* market supply; (*Pol*) *~ di pace* peace offering (*anche estens*); (*Comm*) *~di prova* trial offer; (*Econ*) *~ di vendita* offer for sale; (*Comm*) *~eccezionale* special offer; (*Rel.catt*) *~eucaristica* Eucharistic offering; (*Econ*)*fare un'~ più alta* to outbid; *~ ferma* firm offer; (*Comm*) *essere in ~* to be on offer, to be on sale, to be on special; *~in busta chiusa* sealed bid; (*Econ,Comm*) *~ limitata* limited supply; (*Comm*) *~ promozionale* bargain, deal, special offer, (*Am*) sale, special; (*Econ*)

~*pubblica di acquisto* takeover bid, offer to purchase, (*Am*) tender; (*Comm*) ~ *risparmio* saving offer; (*Comm*) ~*senza impegno* offer without engagement, unbinding offer; (*Comm*) ~ *speciale* bargain, deal, special offer, (*Am*) sale, special; (*Rel*) ~ *votiva* votive offering.

offerto → **offrire**.

offertorio *m.* (*Lit*) offertory.

offesa *f.* 1 (*danno morale*) offence, (*Am*) offense, affront; (*insult*) insult: *questa è un'~ al nostro onore* this is an insult to our honour; ~ *scottante* galling insult. 2 (*torto*) offence, (*Am*) offense, wrong, insult: *recare ~ a qcu.* to give offence to so., (*Am*) to give offense to so.; *subire un'~* to suffer a wrong, to be insulted. 3 (*Dir*) offence, (*Am*) offense (*a* against): ~ *a un capo di stato* offence against a head of state, (*Am*) offense against a head of state. 4 (*Mil*) attack, offensive. 5 (*rar*) (*danno fisico*) injury, hurt, wound. □ (*Dir*) ~ *al pubblico pudore* (o ~ *al pudore* o ~ *alla pubblica decenza*) (*Br*) offence against public decency, (*Am*) offense against public decency; *prenderla come un'~perso-nale* to take it as a personal affront; *senza ~* (*Br*) no offence meant, (*Am*) no offense meant, with no offense.

offesi → **offendere**.

offeso → **offendere** I *a.* 1 (*risentito*) offended, resentful, hurt: *ripondere con un tono* ~ to answer in a resentful tone. 2 (*ferito, lesionato*) wounded, injured, harmed, damaged: *una mano offesa* an injured hand. II *m.* (*f.* -**a**) offended party, offended person (*anche Dir*). □ *fare l'* ~ to act insulted, to huff, to snap; *sentirsi* ~ to feel offended.

officiante I *a.* (*Lit*) officiating, ministrant. II *m.* (*Lit*) officiant, ministrant.

officiare (**officio, offici**) I *v.i.* (*aus.* avere) (*Lit*) to officiate. II *v.t.* (*Lit*) to serve: *officiare una chiesa* to serve a church.

officina *f.* 1 shop, workshop. 2 (*per automobili*) garage, mechanic: *portare l'auto all'~* to take the car to the garage, to take the car to the mechanic. 3 (*estens*) workshop, study group: ~ *di giovani scrittori* workshop of young writers. □ ~ *assistenza clienti* maintenance workshop; ~ *autorizzata* authorized mechanic assistance; ~*convenzionata* garage with a convention; ~*da fabbro* smithy, smithery; ~*di montaggio* assembly shop, erecting shop; ~ *di produzione* production workshop; ~ *di riparazione* repair shop, maintenance shop; ~*grafica* graphic studio; ~ *meccanica* garage, mechanic's, machine shop; ~*tipografica* printing shop.

officinale *a.* 1 (*Bot*) medicinal: *pianta* ~ officinal herb, medicinal plant. 2 (*Farm*) officinal: *preparato* ~ officinal drug.

officiosità *f.* 1 (*lett*) (*premurosità*) courteousness, obligingness. 2 (*rar*) (*non ufficialità*) unofficial nature: *l'~ di una notizia* the unofficial nature of some news.

officioso *a.* 1 (*lett*) (*premuroso*) courteous, obliging. 2 (*rar*) (*non ufficiale*) unofficial, semi-official, off-the-record: *in via officiosa* off the record, unofficially.

off-limits *a.inv.* 1 off-limits: *zona* ~ off-limits area. 2 (*estens*) (*vietato, non permesso*) unacceptable, banned, banished, not allowed, forbidden.

off-line *a.inv.* (*Inform*) off-line: *navigatore* ~ off-line navigator; *memorizzazione* ~ off-line storage.

offrire (*pres.ind.* **òffro**; *p.rem.* **offrìi/offrsi**; *p.pres.* **offerènte**; *p.p.* **offèrto**) I *v.t.* 1 to offer: ~ *il proprio aiuto* to offer one's help; *posso offrirti una sigaretta?* may I offer you a cig-

arette?; ~ *un posto a qcu.* to offer so. a job; *avere qcs. da* ~ to have sth. to offer; *Milano offre molte possibilità di lavoro* Milan offers many job opportunities. 2 (*pagando*) to buy, to pay, to treat to, to stand: *ti offro un caffè* I'll buy you a cup of coffee, (*Br*) I'll stand you a cup of coffee; *se vinci la scommessa, ti offro una cena* if you win the bet, I'll buy you dinner (*o* I'll treat you to a dinner out); *offro io* (*Br*) it's my treat, I'll pay, (*Am*) it's on me, I'm paying; *offre io da bere* this round is on me; *offre la ditta* that's on the house. 3 (*rif. a feste e sim.*) to have, to give, to throw: ~ *un rinfresco* to have a cocktail party. 4 (*presentare*) to present, to afford, to offer: *la vetta offre un bel panorama* the peak affords a beautiful view. 5 (*regalare, donare*) to offer, to give, (*spec. Br*) to proffer: ~ *un mazzo di fiori a una ragazza* to give a girl a bunch of flowers (as a present); ~ *la propria amicizia* to proffer one's friendship; *ti offro un'altra possibilità* I'm giving you a second chance. 6 (*prospettare*) to offer, to propose. 7 (*presentare*) to offer, to present: ~ *una vasta gamma di attività* to present a wide range of activities. 8 (*dedicare, consacrare*) to offer up, to dedicate, to consecrate: ~ *la propria vita all'assistenza degli infermi* to dedicate one's life to aiding the sick. 9 (*Comm*) to offer; (*mettere in vendita*) to put (sth.) on sale; (*con annunci pubblicitari*) to sponsor; (*a un'asta*) to bid; (*a una gara*) to tender: *il prodotto è offerto a un prezzo conveniente* the product is on sale at a low price; *mi hanno offerto cinque milioni di euro per questo appartamento* I have been offered five million euros for this flat; *quanto mi offri per il telefonino?* how much will you offer me for my cell phone?, how much will you give me for my cell phone? 10 (*Rel*) to offer, to offer up: ~ *sacrifici agli dei* to offer sacrifices to the gods. II *v.pron.* **offrirsi** 1 (*mettersi a disposizione*) to offer, to offer oneself, (*come volontario*) to volunteer, to come forward: *mi sono offerto di aiutarlo* I offered to help him; *mi sono offerto per quel lavoro* I volunteered for that job. 2 (*apparire*) to appear (*a* to, before), to meet (sth.): *uno spettacolo terrificante si offrì ai nostri occhi* a terrifying scene met our eyes. 3 (*presentarsi*) to present oneself (*a* to), to come up, to come along, to occur, to arise: *mi si offre un'ottima occasione* an excellent opportunity has come up, an excellent opportunity has arisen. □ ~*i propri servigi* to offer one's services; ~ *il braccio* to offer one's arm; (*fig*) ~ *il fianco alle critiche* to expose oneself to criticism, to lay oneself open to criticism; ~ *qcs. in cambio* to offer sth. in exchange; (*Econ*) ~*in opzione* to offer on an option; ~ *la propria vita per* to give one's life for, to give up one's life for; ~ *le proprie scuse* to make one's apologies; ~ *lo spunto per qcs.* to give the idea for sth.; *offrirsi volontario* to volunteer.

off-shore I *a.inv.* 1 (*Sport*) offshore, powerboat (*attr.*): *campionato* ~ offshore championship; *gara* ~ powerboat race. 2 (*rif. a industria petrolchimica*) offshore: *perforazione* ~ offshore drilling; *piattaforma* ~ offshore platform. 3 (*Econ*) offshore: *attività bancaria* ~ offshore banking. II *m.* (*Sport*) powerboat racing.

offuscamento *m.* 1 darkening, dimming, obscuring, obfuscation: *l'~ del sole* the darkening of the sun. 2 (*della vista*) blurring. 3 (*della mente*) dulling, obfuscation, blurring.

offuscare (**offùsco, offùschi**) I *v.t.* 1 (*oscu-*

rare) to darken, to dim, to obscure: *una nube offuscava il cielo* a cloud darkened the sky. 2 (*intorbidire*) to cloud, to cloud over, to blur, to becloud, to befog: *le lacrime le offuscavano la vista* tears blurred her sight. 3 (*fig*) to dim, to obscure, to overshadow: *il tempo offusca la memoria* time dims the memory; ~ *la gloria di qcu.* to dim so.'s glory. II *v.pron.* **offuscarsi** 1 (*oscurarsi*) to grow dark, to darken, to dim: *il cielo si offuscò* the sky grew dark. 2 (*intorbidirsi*) to cloud over, to become blurred, to become confused, to dim, to grow dim: *la memoria si offusca con l'età* memory grows dim with age. 3 (*fig*) to be obscured, to become obscured, to become dimmed: *la sua fama si offuscò* his fame became obscured.

ofidi *m.pl.* (*Zool*) ophidians, Ophidia.

ofidismo *m.* (*Med*) ophidism.

ofite *f.* (*Min*) ophite.

oftalmia *f.* (*Med*) ophthalmia, ophthalmitis. □ (*Med*) ~ *da neve* (*Br*) snowblindedness, (*Am*) snow blindness.

oftalmico (*pl.* -**ci**) *a.* (*Med*) ophthalmic, eye (*attr.*): *nervo* ~ ophthalmic nerve; *ospedale* ~ eye hospital; *lente oftalmica* ophthalmic lens; *soluzione oftalmica* ophthalmic solution.

oftalmologia *f.* (*Med*) ophthalmology.

oftalmologico (*pl.* -**ci**) *a.* (*Med*) ophthalmological.

oftalmologo *m.* (*f.* -**a**; *pl.* -**gi**) (*Med*) ophthalmologist.

oftalmoscopia *f.* (*Med*) ophthalmoscopy.

oftalmoscopico *a.* (*Med*) ophthalmoscopic.

oftalmoscopio *m.* (*Med*) ophthalmoscope.

ogamico (*pl.* -**ci**) *a.* (*Ling*) ogham, ogam.

ogg. (*epist*) oggetto Re, Subject: ~: *domanda di trasferimento* Re: Application for Transfer.

oggettistica *f.* (*Br*) fancy goods *pl.*, (*Am*) collectibles *pl.*

oggettiva *f.* (*Gramm*) objective clause.

oggettivamente *avv.* objectively, in an objective manner: *giudicare qcs.* ~ to judge sth. objectively.

oggettivare (**oggettìvo**) I *v.t.* (*rendere oggettivo*) to objectify, to objectivize, to make (sth.) objective, to make (sth.) concrete. II *v.pron.* **oggettivarsi** to become concrete, to become objective, to take on concrete form, to materialize.

oggettivazione *f.* objectification, objectivation (*anche Filos*).

oggettivismo *m.* (*Filos*) objectivism.

oggettivista I *m./f.* (*Filos*) objectivist. II *a.* (*Filos*) objectivist, objectivistic.

oggettivistico (*pl.* -**ci**) *a.* (*Filos*) objectivist, objectivistic.

oggettività *f.* 1 (*obiettività*) objectivity, objectiveness; (*distacco*) detachment: *considerare qcs. con* ~ to consider sth. with objectivity. 2 (*natura di ciò che è oggettivo*) objectivity, objectiveness.

oggettivo *a.* 1 (*obiettivo*) objective; (*distaccato*) detached; (*imparziale*) impartial, fair, unprejudiced: *un giudizio* ~ an objective judgement, a detached judgement; *un metodo* ~ an objective method. 2 (*reale*) objective (*anche Filos*): *la realtà oggettiva* objective reality. 3 (*Gramm*) objective, object (*attr.*): *proposizione oggettiva* object clause.

oggetto *m.* 1 (*cosa*) object, thing; (*articolo*) article, item, product: *un* ~ *in legno* a wooden object; *un* ~ *di pessimo gusto* a kitsch object; *trattare qcu. come un* ~ to treat so. like an object. 2 (*cosa o persona cui è diretta un'azione*) subject, object, centre: *l'ospite è* *stato l'~ dell'attenzione generale* the guest was the object of everyone's attention. **3** (*fine, scopo*) object, purpose, aim: *l'~ di un'inchiesta* the purpose of an inquiry; (*rar*) *avere qcs. per ~* to have sth. as one's goal, to have sth. as one's purpose. **4** (*argomento*) subject, subject-matter, topic, theme: *l'~ della conversazione* the subject of conversation, the topic of conversation. **5** (*Gramm,Filos,Psic*) object. **6** (*Dir*) matter, object: *l'~ del reclamo* the matter of the complaint; *l'~ del contendere* the matter at issue; *l'~ del contratto* the object of the contract. **7** (*epist*) (*Br*) reference, (*Am*) subject, ~: *domanda di trasferimento* Re: Application for Transfer. □ *~artistico* art object, art piece; *~da collezione* collectable, (*Am*) collectible; *~ da esposizione* exhibit, exhibit piece; *~del desiderio* object of desire; *essere ~ di desiderio*: 1 to be sought after, to be wanted, to be longed for; 2 (*rif. a donna*) to be desired; *diventare ~di pettegolezzo in città* to become the talk of the town, to become the talk in town; *~ di prima necessità* essential article; *diventare ~ di scherno* (*Br*) to become a laughing stock, (*Am*) to become the butt of all jokes; *oggetti di valore* valuables; *~ di vestiario* clothing article, clothing item; (*Comm*) *gli articoli in ~* the above-mentioned items; *oggetti in ferro* ironware (*costr.sing.*); (*Gramm*) *~ interno* internal object; *oggetti preziosi* valuables, precious goods; *ufficio oggetti smarriti* lost and found office; (*Econ*) *~ sociale* business purpose; *~ d'uso personale* article for personal use; *oggetti vari* odds and ends, miscellaneous items; *~volante non identificato* unidentified flying object.

oggettuale *a.* object (*attr.*) (*anche Psic*).

oggi **I** *avv.* **1** today: *incominciamo ~* we're starting today. **2** (*nell'epoca attuale*) today, nowadays: *~ si ragiona in un altro modo* today people think differently. **II** *m.* today, the present. □ *~ a un mese* a month from today; *~ a quindici giorni* (*Br*) today fortnight, a fortnight today, (*Am*) two weeks from today; *~ a otto* today week, this day week, a week today, a week from today; (*Am*) a week from tomorrow; *~come* right now, today, at present, as things stand at present, at the moment, for the moment, at the present time, the way things are; *da ~ in poi* from now on, from today onwards; *a partire da ~* counting from today, as from today, starting today; *dall'~ al domani*: 1 from one day to the next; 2 (*improvvisamente*) suddenly, overnight: *ha cambiato idea dall'~ al domani* he changed his mind overnight; *di ~* today's, of today: *il giornale di ~* today's newspaper; *la gioventù di ~* today's youth; *~ è un anno che sono sposato* I've been married for a year today; *~ in edicola* (*spec. negli annunci pubblicitari*) out today; *per ~ basta* that's enough for today; *~pomeriggio* this afternoon; *quanti ne abbiamo ~?* what's the date today?, what is today?, what day is it today?; *quest'~* today; (*Teat*) *~riposo* no performance today; *~stesso* today, this very day; *a tutt'~* up to now, so far. Prov.: *~ a me, domani a te* my turn today, your turn tomorrow; I today, you tomorrow.

oggidì *avv.* nowadays, today, these days.

oggigiorno *avv.* nowadays, today, these days. □ *di ~* today's.

ogiva *f.* **1** (*Arch*) ogive, diagonal rib. **2** (*Aer*) nose cone. **3** (*Mil*) (*of a bomb, missile*) nose; (*testata*) warhead, head; (*of a projectile*) ogive. □ (*Mil*) *~atomica* nuclear warhead, atomic warhead; (*Mil*) *~ del razzo* rocket ogive; (*Mecc*) *~di elica* spinner; (*Mil*) *~nu-*

cleare nuclear warhead, atomic warhead.

ogivale *a.* **1** (*Arch*) ogival. **2** (*estens*) (*gotico*) Gothic: *architettura ~* (*o stile ~*) Gothic architecture.

OGM **I** (*Biol*) *organismo geneticamente modificato* GMO (genetically modified organism). **II** *m.* (*Biol*) GMO.

ogni *a.* **1** (*ciascuno*) every, each: *~ scolaro deve avere i suoi libri* every student must have his books, each student must have his books; *~ singolo dettaglio è importante* every single detail is important. **2** (*tutti*) all (*costr.pl.*): *~ uomo è mortale* all men are mortal. **3** (*qualsiasi*) any: *a ~ costo* at any price, at all costs; *in ~ caso* in any case. **4** (*in espressioni distributive di tempo*) every: *il tram passa ~ dieci minuti* the tram goes by every ten minutes; *~ due giorni* every second day; *~ tre mesi* every third month. **5** (*in espressioni distributive: su*) out of, in, every: *uno ~ cento* one out of a hundred, one in a hundred. **6** (*massimo*) every, all: *con ~ cura* with every possible attention; *ti auguro ~ felicità* I wish you all happiness, I wish you every happiness. □ *a ~ buon conto*: 1 (*in ogni caso*) in any case, at any rate, anyway; 2 (*per prudenza*) just in case, to be on the safe side, to make sure: *a ogni buon conto, è meglio avvisare la polizia* we had better alert the police, to be on the safe side; *a ~ costo* at all costs, at any price: *volere riuscire a ~ costo* to want to succeed at all costs; *a ~ modo* anyhow, anyway; *a ~ ora del giorno* at all hours of the day; *~ anno* every year; *di ~ classe e condizione* of all ranks and classes; *~ cosa* (*tutto*) everything: *ho dimenticato ~ cosa* I've forgotten everything; *più di ~ cosa* more than anything else: *ti amo più di ~ cosa* I love you more than anything (*o than anything else o than anything in the world*); *~ cosa che* whatever; *~ cosa a suo tempo* there is a time for everything; *~ cosa al suo posto* everything in its place; *persone di ~ genere* all kinds of people; *~ due giorni* every other day; *~ quattro giorni* very four days, every fourth day; *~ giorno* every day: *ti amo ~ giorno di più* I love you more every day; *la violenza cresce ogni giorno di più* violence is increasing every day; *me ne convinco ~ giorno di più* I'm more convinced every day; *di ~ giorno* everyday, daily: *la vita di ~ giorno* everyday life, daily life; (*fig*) *la sua casa è piena di ~grazia di Dio* his house is filled with all sorts of good things; *in ~ luogo* everywhere; *~ mese* every month; *in ~ occasione* on all occasions, in every situation; *~ occasione è buona per fare qcs.* every occasion is good for doing sth.; *~ occasione è buona per farsi propaganda* any chance is good to advertise oneself; *da ~ parte* from all sides; *~persona* everyone, everybody; *~ quanto ...?* (*o ~ quanto tempo ...?*) how often...?; *~santo giorno* eache and every day; *di ~ sorta* of all sorts, of all kinds; *ogni ~ di articoli* all kinds of articles; *~tanto*: 1 every so many, every few: *il fenomeno si ripete ~ tanti giorni* the phenomenon is repeated every few days; *~ tante settimane* every so many weeks; 2 (*saltuariamente*) sometimes, now and then, from time to time, every so often, every now and then; *ci vediamo ~ tanto* we see each other every so often; *~ tanti* (*o ~ tante*) every so many, every few; *d'~tempo* timeless; *in ~ tempo* in all ages; *~volta* (*che*) whenever, every time.

ogniqualvolta *congz.* whenever, every time (that), each and every time: *~ il presidente lo ritenga necessario* whenever the President considers it necessary.

Ognissanti *m.* (*Lit*) All Saints', All Saints' Day, All Hallows.

ognitempo *a.inv.* (*Aer*) all-weather: *atterraggio ~* all-weather landing.

ognora *avv.* (*lett*) always.

ognuno *pron.indef.* **1** everyone, everybody, each man: *~ ha i suoi difetti* everyone has his faults, everyone has his shortcomings. **2** (*tutti*) all: *~ ha i suoi problemi* we all have our problems. **3** (*seguito dal partitivo*) all of, each of, each one of: *~ di noi* each of us. □ Prov.: *~ per sé e Dio per tutti* every man for himself, the devil take the hindmost.

oh *intz.* **1** oh!: *~, quanto mi dispiace!* oh, I'm so sorry!; *~, povero me!* (*Br*) oh, dear!, (*Am*) oh, man! **2** (*di sorpresa*) oh!: *~ mio Dio!* oh, my God! **3** (*di disgusto*) ugh!, (*Am*) gross!, yuk! **4** (*di dolore*) ow!, ouch!

ohé, ohe *intz.* hey!, hey there!, (*Am,colloq*) yo!

ohi *intz.* **1** (*di dolore*) ow!, ouch! **2** (*di disappunto*) ah!, oh!, oh dear!, (*Am*) darn! **3** (*di meraviglia*) ah!, gosh!, (*Am*) oops!

ohibò *intz.* **1** (*di disapprovazione*) shame!, tut-tut! **2** (*di sorpresa*) ah!, gosh!

ohimè *intz.* oh dear!, (*ant*) alas!

ohm /ɔm/ *m.inv.* (*Fis*) ohm.

oibò *intz.* **1** (*di disapprovazione*) shame!, tut-tut! **2** (*di sorpresa*) ah!, gosh!

oidio *m.* (*Bot*) oidium.

oïl /oˈil/ □ (*Stor*) *lingua d'~* langue d'oïl.

OIL *Organizzazione internazionale del lavoro* ILO (International Labour Organization).

OK (*colloq*) *tutto bene* OK (okay, all correct).

okapi *m.inv.* (*Zool*) okapi.

okay /oˈkej/ **I** *intz.* okay!, OK! **II** *m.* okay, OK: *dare l'~ a qcs.* to OK sth., (*Am*) to give sth. the green light.

OL (*Rad*) *Onde Lunghe* LW (Long Waves).

ola *f.* (*Br*) Mexican wave, (*Am*) the wave: *fare la ~* to do the wave.

olà *intz.* hey!, ho!, hallo!, hello there!, (*Am*) yo!

OLAF *ufficio europeo per la lotta antifrode* OLAF (European Anti-Fraud Office).

olanda *f.* (*Tess*) holland.

Olanda *n.pr.f.* (*Geog*) Holland; (*Paesi Bassi*) the Netherlands.

olandese **I** *a.* Dutch. **II** *m./f.* (*abitante*) Dutchman (*f.* -woman): *gli olandesi* the Dutch. **III** *m.* **1** (*lingua*) Dutch: *parlare ~* to speak Dutch. **2** (*Alim*) (*formaggio*) Dutch cheese, Edam cheese. **IV** *f.* (*Cart*) hollander, beater, beating machine. □ (*Mus*) *l'~ volante* the Flying Dutchman.

old economy *f.* old economy.

olé *intz.* olé!

oleandro *m.* (*Bot*) oleander, (*pop*) rose-bay, rose-laurel.

oleario *a.* oil (*attr.*), of oil (*posposto*): *produzione olearia* oil production.

oleato [1] *a.* oiled, oily, oil (*attr.*): *carta oleata* oil-paper, graseproof paper; (*per lucidi*) tracing paper.

oleato [2] *m.* (*Chim*) oleate.

olecrano, olecrano *m.* (*Anat*) olecranon.

olefina *f.* (*Chim*) olefin, olefine.

oleico *a.* (*Chim*) oleic: *acido ~* oleic acid.

oleifero *a.* oil producing (*attr.*), oleiferous, oleaginous, oil (*attr.*): *semi oleiferi* oil seeds, oleiferous seeds; *pianta oleifera* oil-plant.

oleificio *m.* (*Ind*) oil mill.

oleina *f.* (*Chim*) olein.

oleodotto *m.* pipeline, oil pipeline, petroleum pipeline. □ *~ di superficie* surface pipeline.

oleografia *f.* **1** (*Tip*) (*processo*) oleography.

2 (*Tip*) (*quadro*) oleograph. **3** (*spreg*) (*opere di scarso valore*) unoriginal painting.

oleografico (*pl.* **-ci**) *a.* **1** (*Tip*) oleographic. **2** (*spreg*) (*non originale*) unoriginal, stereotyped: *quadro ~* unoriginal painting.

oleomargarina *f.* (*Chim*) oleomargarine.

oleoresina *f.* oleoresin.

oleosità *f.* oiliness, greasiness.

oleoso *a.* **1** oily: *sostanza oleosa* oily substance. **2** (*untuoso*) greasy. **3** (*oleifero*) oleiferous, oil-yielding, oil (*attr.*): *semi oleosi* oil seeds.

olezzante *a.* **1** (*lett*) (*profumato*) fragrant, sweet-smelling. **2** (*iron*) (*maleodorante*) smelling, evil-smelling, malodorous, stinking.

olezzare (**olézzo**; *aus.* **avere**) *v.i.* **1** (*lett*) (*profumare*) to smell sweet, to be fragrant. **2** (*iron*) (*puzzare*) to stink, to smell, to smell bad.

olezzo *m.* **1** (*lett*) (*profumo*) scent, fragrance, sweet smell. **2** (*iron*) (*cattivo odore*) stink, stench.

olfattivo *a.* olfactory, olfactive: *sensazioni olfattive* olfactory sensations; *sistema ~* olfactive system.

olfatto *m.* olfaction, smell, sense of smell: *avere un ~ fine* to have a developed sense of smell.

olfattorio *a.* olfactory.

Olga *n.pr.f.* Olga.

oliare (**òlio, òli**) *v.t.* **1** (*ungere con olio, lubrificare*) to oil, to grease: *~ lo stampo* grease the mould. **2** (*condire*) to dress (sth.) with oil. **3** (*fig*) (*corrompere*) to bribe, to oil the wheels of.

oliato *a.* **1** (*unto con olio, lubrificato*) oiled, greased, oily: *un motore ben ~* a well oiled engine. **2** (*condito con olio*) dressed with oil, oiled. **3** (*fig*) (*corrotto*) bribed. **4** (*Bot*) oleaginous.

oliatore *m.* **1** (*recipiente*) oil can, oiler. **2** (*Mecc*) (*dispositivo*) oil feeder.

oliera *f.* oil cruet.

olifante *m.* (*Mediev*) oliphant, ivory horn.

oligarca (*pl.* **-chi**) *m.* oligarch.

oligarchia *f.* oligarchy.

oligarchico *a.* oligarchic, oligarchical: *regime ~* oligarchical system (of government). **II** *m.* (*f.* **-a**; *pl.* **-ci**) oligarchist.

oligocene *m.* (*Geol*) Oligocene period.

oligodinamico (*pl.* **-ci**) *a.* (*Biol*) oligodynamic: *azione oligodinamica* oligodynamic action; *elementi oligodinamici* trace elements, microelements.

oligoelementi *m.pl.* (*Biol*) trace elements, microelements.

oligoemia *f.* (*Med*) (*Br*) oligaemia, (*Am*) oligemia.

oligofrenia *f.* (*Med*) oligophrenia.

oligominerale *a.* low mineralized: *acqua ~* low mineralized water.

oligopolio *m.* (*Econ*) oligopoly. □ (*Econ*) *~collusivo* collusive oligopoly; (*Econ*) *~imperfetto* imperfect oligopoly; (*Econ*) *~puro* perfect oligopoly.

oligopolista **I** *m./f.* (*Econ*) oligopolist. **II** *a.* (*Econ*) oligopolistic.

oligopolistico (*pl.* **-ci**) *a.* (*Econ*) oligopolistic.

oligopsonio *m.* (*Econ*) oligopsony.

oligopsonista *m./f.* (*Econ*) oligopsonist.

oligopsonistico (*pl.* **-ci**) *a.* (*Econ*) oligopsonistic.

oligospermia *f.* (*Med*) oligospermia.

oliguria *f.* (*Med*) oliguria.

Olimpia *n.pr.f.* Olympia (*anche Geog.stor*).

olimpiade *f.* **1** (*Stor.gr*) Olympic Games *pl.* **2** (*Stor.gr*) (*periodo compreso tra due olimpi-*

adi) Olympiad. **3** *pl.* (*Sport*) Olympic games, Olympics: *partecipare alle olimpiadi* to take part in the Olympics. □ (*Sport*) *olimpiadi della neve* (*o olimpiadi invernali*) Winter Olympics.

olimpicità *f.* Olympian calm, Olympian detachment, Olympianism.

olimpico (*pl.* **-ci**) *a.* **1** (*dell'Olimpo*) Olympic, Olympian. **2** (*fig*) Olympian: *calma olimpica* Olympian calm. **3** (*Sport*) Olympic: *giochi olimpici* Olympic games, Olympics; *campione ~* Olympic champion; *record ~* Olympic record.

olimpionico **I** *a.* Olympic. **II** *m.* (*f.* **-a**; *pl.* **-ci**) **1** (*atleta*) competitor in the Olympics. **2** (*campione*) Olympic champion.

olimpo *m.* (*fig*) (*ambiente scelto ed esclusivo*) elite: *è entrato nell'~ dei vincitori* he became one of the elite winners.

Olimpo *n.pr.m.* (*Geog,Mitol*) Olympus.

olio *m.* **1** oil (*anche Alim*): *~ sfuso* loose oil, oil sold by measure. **2** (*Pitt*) (*dipinto*) oil painting. □ (*Farm*) *~ canforato* camphor oil; (*Chim*) *~ combustibile* fuel oil; (*Alim*) *~ da cucina* cooking oil; (*Alim*) *~ da tavola* salad oil; (*Alim*) *~di arachidi* peanut oil, (*Br*) groundnut oil; (*Alim,Met,Pell*) *~ di balena* whale oil; (*Chim,Farm,Alim*) *~di cocco* coconut oil; (*Alim*) *~ di colza* rapeseed oil, colza oil; (*Farm*) *~ di eucalipto* eucalyptus oil; (*Med*) *~ di fegato di merluzzo* cod-liver oil; (*Alim*) *~di girasole* sunflower oil; (*fig,scherz*) *~ di gomito* elbow grease; (*Chim,Alim,Farm*) *~ di lino* linseed oil; (*Alim*) *~ di mais* corn oil; (*Cosmet*) *~ di mandorle* almond oil; (*Chim,Cosmet*) *~ di noci* walnut oil; (*Alim, Farm*) *~ di oliva* olive oil; (*Chim,Alim*) *~ di palma* palm oil; (*Chim*) *~di paraffina* paraffin oil, liquid paraffin; (*Farm*) *~di ricino* castor oil; (*Alim*) *~di semi* seed oil; *~ di semi di lino* linseed oil; *~ di semi di girasole* sunflower oil; *~ di semi di mais* corn oil; (*Ind, Alim*) *~ di soia* soy oil, soy bean oil, soya oil, soya bean oil; (*Chim*) *~ di vaselina* paraffin oil, (*Am*) white mineral oil, petroleum oil; (*Aut*) *~ esausto* waste oil, waste lubricating oil; (*Chim*) *~ essenziale* essential oil; *~ essenziale di rosa* rose oil, oil of rose; (*Ind*) *~ essiccativo* drying oil; (*Alim*) *~extravergine di oliva* extra virgin olive oil; (*Mecc*) *~lubrificante* lubricating oil, engine oil; (*Chim*) *~minerale* mineral oil; (*Alim*) *~per cucinare* cooking oil; (*Aut,Mecc*) *~ per macchine* machine oil; (*Mecc*) *~poco fluido* thick oil, viscous oil; (*Chim*) *~ raffinato* refined oil; (*Rel.catt*) *~ santo* **1** holy oil; **2** (*estrema unzione*) extreme unction: *dare l'~ santo a qcu.* to give so. extreme unction; (*Cosmet*) *~solare* suntan oil, sun oil; (*Gastron*) *sott'~* in oil: *funghi sott'~* mushrooms in oil; (*fig*) *buttare ~ sul fuoco* (*o gettare ~ sul fuoco*) to pour oil on the flames, to add fuel to the flames, to fan the flames; (*Alim,Ind,Farm*) *~ vegetale* vegetable oil; (*Alim*) *~vergine di oliva* virgin olive oil.

olismo *m.* (*Biol*) holism.

olistico (*pl.* **-ci**) *a.* **1** holistic: *medicina olistica* holistic medicine. **2** (*globale*) holistic, global, comprehensive: *interpretazione olistica* holistic interpretation.

oliva **I** *f.* (*Bot,Alim*) olive: *olive nere* black olives; *olive verdi* green olives. **II** *a.inv.* olive, olive-green. □ (*Alim*) *olive denocciolate* stoned olives; (*Gastron*) *olive farcite* stuffed olives; (*Alim*) *olive snocciolate* stoned olives.

olivastro **I** *a.* olive (*attr.*): *carnagione olivastra* olive complexion. **II** *m.* (*Bot*) wild olive, oleaster.

olivetano **I** *a.* (*Rel.catt*) Olivetan. **II** *m.* (*Rel.catt*) Olivetan, Olivetan monk.

oliveto *m.* olivegrove, oliveyard.

Olivia *n.pr.f.* Olive, Olivia.

olivicolo *a.* olive-growing (*attr.*), olive (*attr.*).

olivicoltore *m.* (*f.* **-trice**) olive grower.

olivicoltura *f.* olive growing.

Oliviero *n.pr.m.* Olivier, Oliver.

olivina *f.* (*Min*) olivine, peridot.

olivo *m.* **1** (*Bot*) olive tree. **2** (*legno*) olive wood. □ (*Rel.catt*) *~ benedetto* blessed palm.

olla *f.* **1** (*Archeol*) earthen jar, vase. **2** (*Archeol*) (*olla funeraria*) cinerary urn. **3** (*lett*) (*pentola di coccio*) cooking pot, earthenware pot.

olmeto *m.* elm-grove, elmwood.

olmio *m.* (*Chim*) holmium.

olmo *m.* **1** (*Bot*) elm. **2** (*legno*) elm wood.

olocausto *m.* **1** (*Rel*) holocaust, burnt offering. **2** (*estens*) (*massacro, genocidio*) holocaust: *olocausto nucleare* nuclear holocaust. □ (*fig*) *fare ~di sé* to sacrifice oneself; *in ~* as a sacrifice; (*fig*) *offrirsi in ~* to offer up one's life, to give one's life; (*Stor*) *l'Olocausto* the Holocaust.

olocene *m.* (*Geol*) Holocene period.

olocenico (*pl.* **-ci**) *a.* (*Geol*) Holocene (*attr.*).

olocristallino *a.* (*Min*) holocrystalline.

oloedrico (*pl.* **-ci**) *a.* (*Min*) holohedral.

Oloferne *n.pr.m.* (*Bibl*) Holofernes.

olofrastico (*pl.* **-ci**) *a.* (*Ling*) holophrastic.

olografia *f.* (*Ott*) holography.

olografico *a.* (*Ott*) holographic.

olografo *a.* (*Dir*) holograph, holographic, holographical: *testamento ~* holograph will.

ologramma *m.* (*Fis*) hologram.

olomittico *a.* (*pl.* **-ci**) (*Geol*) holomictic.

olona *f.* (*Tess*) sailcloth, canvas.

oloturia *f.* (*Zool*) holothurian.

OLP *Organizzazione per la liberazione della Palestina* PLO (Palestine Liberation Organization).

oltraggiare (**oltràggio, oltràggi**) *v.t.* **1** (*offendere*) to outrage, to offend. **2** (*insultare*) to outrage, to insult. **3** (*profanare*) to profane, to violate, to desecrate. **4** (*violare*) to outrage, to violate, to desecrate, to abuse.

oltraggiatore **I** *m.* (*f.* **-trice**) **1** (*chi offende*) offender, insulter. **2** (*violatore*) violator, abuser. **II** *a.* insulting, abusing, offensive.

oltraggio *m.* **1** (*affronto*) outrage, affront: *recare ~ a qcu.* to outrage so.; *subire un ~* to suffer an affront. **2** (*offesa, insulto*) offence, (*Am*) offense, insult. **3** (*violenza*) outrage (*a* against), violation (*of*), abuse. **4** (*lett*) (*danno*) injury, damage. **5** (*Dir*) offence, (*Am*) offense, outrage, slander. □ (*Dir*) *~ a pubblico ufficiale* insult to a public official; (*Dir*) *~al pudore* indecent exposure; (*Dir*) *~ alla corte* contempt of court; (*fig,poet*) *l'~del tempo* the ravages of time.

oltraggiosamente *avv.* outrageously, offensively.

oltraggioso *a.* **1** (*offensivo*) outrageous, offensive, insulting: *parole oltraggiose* offensive words. **2** (*che reca danno*) outrageous, injurious.

oltralpe, oltr'alpe **I** *avv.* beyond the Alps, on the other side of the Alps: *emigrare ~* to emigrate beyond the Alps; *vivere ~* to live north of the Alps. **II** *m.* beyond the Alps, transalpine: *paesi d'~* countries beyond the Alps, transalpine countries, tramontane countries.

oltramontano *a.* beyond the mountains (*posposto*), from beyond the mountains (*posposto*), ultramontane: *paesi oltramontani* countries beyond the mountains.

oltranza □ *a* ~ to the last, to the death, to the bitter end: *combattere a* ~ to fight to the bitter end; *sciopero a* ~ all-out strike, unlimited strike, strike for an indefinite period.

oltranzismo *m.* (*Pol*) hard-line policy, extremism.

oltranzista *m./f.* hard-liner, extremist: *un gruppo di oltranzisti* a group of extremists.

oltranzistico (*pl.* **-ci**) *a.* hard-line (*attr.*), extremist, ultra (*attr.*): *atteggiamento* ~ extremist attitude; *radicalismo* ~ ultra-radicalism.

oltre **I** *prep.* **1** (*rif. a spazio, al di là di*) beyond, on the other side of, over, across, past: ~ *le Alpi* beyond the Alps; *la stazione è* ~ *questo edificio* the station is beyond this building; ~ *la siepe* beyond the hedge; *andare* ~ *il confine* to go over the border. **2** (*rif. a tempo*) after, beyond, over; (*negativo*) no later: *cerca di arrivare non* ~ *le otto* try to be there no later than eight; *è all'estero da* ~ *un anno* he has been abroad for over a year. **3** (*più di*) more than, over, above: *ha un debito di* ~ *centomila euro* he has a debt of over a hundred thousand euros. **4** (*all'infuori, eccetto*) apart from, save, beyond, except: *che viene alla festa* ~ *a voi?* who's coming to the party apart from you? **II** *avv.* **1** (*rif. a luogo*) farther, further, past, beyond, ahead, farther on: *passare* ~ to go past; *camminare* ~ to walk farther; *non proseguire* ~! don't go any farther! **2** (*rif. a tempo*) longer, more; (*in frasi negative*) any more, no longer, any longer: *il film dura due ore e* ~ the film lasts two hours or more, the film lasts two hours or longer; *non posso attendere* ~ I can't wait any longer, I can no longer wait. □ ~ *a* : 1 (*in aggiunta*) in addition to, besides, as well as, other than: ~ *a essere ignorante è anche sciocca* besides being rude she is also stupid, as well as being rude she is also stupid; ~ *alla madre c'era anche la sorella* besides his mother, his sister was also there; his sister as well as his mother was there; ~ *a suonare il pianoforte, canta anche* besides playing the piano, he also sings; 2 (*all'infuori di*) except, apart from: ~ *a pochi intimi non c'era nessuno* no one was there except a few close friends, no one was present apart from a few close friends; ~ *a ciò* besides, besides this, besides that, moreover, as well as this, furthermore; *andare* ~ *qcs.* to go beyond sth.: *andare* ~ *le aspettative di qcu.* to go beyond so.'s expectations; (*fig*) *andare* ~ (*esagerare*) to exceed; (*fig*) *andare troppo* ~ to go too far; ~*che* as well as, besides: *oltre che maleducato è anche matto* besides being rude, he's also a crazy; he is crazy as well as rude; (*Stor*) ~ *cortina* beyond the Iron Curtain; ~ *il previsto* later than planned; (*fig*) *andare* ~ *il segno* (*esagerare*) to go beyond all bounds, to overstep the limit; (*lett*) ~ *misura* too much, too far; (*rar*) ~ *modo* extremely, exceedingly, greatly; *fin qui e non* ~ so far and no farther; *non* ~ *il 10 marzo* no later than March 10th; ~ *ogni credere* : 1 (*in caso negativo*) beyond belief; 2 (*in caso positivo*) beyond every expectation; ~ *ogni dire* unspeakably, inexpressibly, beyond all description; ~*ogni limite* (*Br*) beyond measure, (*Am*) way too far; ~ *ogni misura* too much, too far; ~ *ogni speranza* beyond all hope.

oltreché *congz.* as well as, besides: ~ *maleducato è anche matto* besides being rude, he's also crazy; he is crazy as well as rude.

oltrecortina **I** *avv.* (*Stor*) behind the Iron Curtain, beyond the Iron Curtain. **II** *a.inv.* (*Stor*) Iron Curtain (*attr.*): *i paesi oltrecortina* the Iron Curtain countries. **III** *m.* (*Stor*) Iron Curtain countries *pl.*

oltrefrontiera **I** *avv.* abroad, beyond the border, across the border: *andare* ~ to go across the border. **II** *a.inv.* foreign: *territori* ~ foreign countries. **III** *m.* foreign territories *pl.*, foreign countries *pl.*

oltremanica **I** *a.inv.* lying across the Channel, lying beyond the Channel. **II** *avv.* across the Channel (*posposto*), beyond the Channel (*posposto*). **III** *m.* British Isles *pl.*

oltremare *avv.* overseas, beyond the sea, over the sea: *emigrare* ~ to emigrate overseas. **II** *m.* **1** (*territorio*) overseas country. **2** (*pigmento*) ultramarine. □ *d'* ~ overseas, from overseas: *commercio d'* ~ overseas trade; *gente d'* ~ people from overseas; *paesi d'* ~ overseas countries.

oltremisura *avv.* too much, overmuch, excessively.

oltremodo *avv.* extremely, exceedingly, greatly, over (*attr.*): *annoiarsi* ~ to be exceedingly bored; *è un caso* ~ *interessante* it is an extremely interesting case; ~ *prudente* overcautious.

oltremondano *a.* of another world (*posposto*), beyond this world (*posposto*), ultramundane.

oltremontano *a.* (*rar*) beyond the mountains (*posposto*), from beyond the mountains (*posposto*), ultramontane: *paesi oltremontani* countries beyond the mountains.

oltreoceano **I** *avv.* overseas; (*oltre l'Atlantico*) across the Atlantic: *andare* ~ to go overseas. **II** *m.* overseas country.

oltrepassabile *a.* surpassable: *il limite è* ~ the limit is surpassable.

oltrepassare (**oltrepàsso**) *v.t.* **1** (*andare oltre*) to go beyond, to go past; (*a piedi*) to walk past: *per arrivare a scuola devi* ~ *la banca* to get to school you have to walk past the bank. **2** (*varcare*) to cross: ~ *la soglia* to cross the threshold. **3** (*superare*) to pass, to outstrip, to overtake: ~ *qcu. nella corsa* to pass so. in the race. **4** (*fig*) to exceed, to go beyond, to overstep, to pass: ~ *i limiti* to pass all bounds, to overstep the limit, to overstep the mark; ~ *i propri poteri* to exceed one's powers. **5** (*Mar*) (*doppiare*) to round, to double.

oltretomba *m.* hereafter, afterlife, next world, the next world. □ (*fig*) *sembrare tornato dall'* ~ to look as if one has come back from the grave, (*Am*) to look like the living dead; (*fig*) *con una voce d'* ~ in a hollow voice, in a gloomy voice.

oltretutto *avv.* moreover, on top of that, on top of which, what's more, besides: ~ *dopodomani devo partire* and what's more, I have to leave the day after tomorrow; *mi ha dato dei soldi e* ~ *si è anche scusato* he gave me some money and what's more he even apologized.

OM **1** *Oman* OM (Oman). **2** (*Rad*) *Onde Medie* MW (Medium Waves).

O.M. (*Pol*) *Ordinanza Ministeriale* (Ministerial Decree, Departmental Ordinance, Ministerial Order).

omaggiare (**omàggio, omàggi**) *v.t.* **1** to pay homage to, to pay honour to, (*Am*) to pay honor to: ~ *un ospite* to pay homage to one's guest. **2** (*regalare*) to present: ~ *qcu. di qcs.* to present so. with sth.

omaggio **I** *m.* **1** (*riconoscimento*) homage, tribute. **2** (*regalo*) gift, free gift, present, complimentary offer, (*colloq*) freebie; (*con l'acquisto di un altro prodotto*) giveaway: *offrire qcs. in* ~ *a qcu.* to present so. with sth.; *ricevere qcs. in* ~ to be presented with sth., to be given sth., to get sth. for free. **3** (*Mediev*) homage. **4** *spec.pl.* (*saluti, ossequi*) respects *pl.*, regards *pl.*, compliments *pl.*: *porgere i propri omaggi a qcu.* to pay one's respects to so.; *i miei omaggi!* my best regards!; *prestare* ~ *a qcu.* to pay so. one's respects; *rendere* ~ *a qcu.* to pay so. one's respects, to pay homage to so. **II** *a.inv.* complimentary, gift (*attr.*): *un biglietto* ~ a complimentary ticket, free ticket; *buono* ~ gift coupon, gift voucher, gift token, gift certificate. □ ~ *dell'autore* with the author's compliments; *fare atto di* ~ *a* to render homage to, to do homage to; ~ *floreale* floral homage, floral tribute; *in* ~: 1 (*come riconoscimento*) as a tribute (*a* to), (*Br*) in honour (*a* of), (*Am*) in honor (*a* of); 2 (*come regalo*) as a gift, free; 3 (*Comm*) complimentary, free: *copia in* ~ complimentary copy, free copy; *uno shampoo in* ~ free bottle of shampoo.

Oman *n.pr.m.* (*Geog*) Oman: *abitante dell'* ~ Omani; *golfo di* ~ gulf of Oman.

omaro *m.* (*Zool*) lobster.

omaso, omaso *m.* (*Zool*) omasum.

ombelicale *a.* (*Anat*) umbilical: *cordone* ~ umbilical cord.

ombelicato *a.* (*Bot,Zool*) umbilicate.

ombelico (*pl.* **-chi**) *m.* **1** (*Anat*) umbilicus, navel, (*colloq*) belly-button. **2** (*Zool*) umbilicus. **3** (*fig*) (*centro*) navel, central part: *l'* ~ *del mondo* (*Br*) the centre of the world, (*Am*) the center of the world. □ (*Bot*) ~ *di Venere* pennywort, navelwort.

ombra **I** *f.* **1** (*zona priva di sole*) shade: *all'* ~ *di un albero* in the shade of a tree; *rimanere all'* ~ to stay in the shade; *40° all'* ~ 40° in the shade; *un posto all'* ~ a shady place. **2** (*sagoma proiettata, figura indistinta*) shadow, silhouette: *c'era un'* ~ *dietro la tenda* there was a shadow (*o* there was a shadowy shape) behind the curtain. **3** (*oscurità, tenebre*) dark, shadows *pl.*, obscurity. **4** (*fig*) (*riparo*) protection, shelter, shield: *all'* ~ *della legge* under the protection of the law, shielded by the law, protected by the law; *vivere all'* ~ *di qcu.* to live in so.'s shadow. **5** (*fig*) (*clandestinità*) secret: *tramare nell'* ~ to plot secretly. **6** (*fig*) (*anonimato*) quiet, background, obscurity: *agire nell'* ~ to do things in the quiet; *rimanere nell'* ~ to stay in the background, to stay behind the scenes, to keep in the shade, to take a back seat; *ha scelto di vivere nell'* ~ she chose a life of obscurity; *lasciare qcu. nell'* ~ to leave so. in obscurity; *uscire dall'* ~ to come out in the open. **7** (*fig*) (*parvenza*) shadow, hint: *non c'è* ~ *di verità in ciò che ha detto finora* there's not a shadow of truth in what he has been saying so far. **8** (*fig*) (*velo, quantità minima*) shadow, hint, touch, trace: *c'era un'* ~ *di tristezza sul suo viso* there was a hint of sadness on her face; *l'* ~ *di un sorriso* the shadow of a smile; *l'* ~ *di un rimorso* a trace of remorse. **9** (*alone, macchia*) slight stain, mark: *è rimasta un'* ~ *sul mio abito nuovo* there is still a slight stain on my new dress. **10** (*Med,Radiol*) (*nelle radiografie*) shadow: *c'è un'* ~ *al polmone sinistro* there's a shadow on the left lung. **11** (*rif. a bevande: piccolisima quantità*) dash, drop, touch: *vorrei un caffè con un'* ~ *di latte* I'd like a coffee with a dash of milk, (*Am*) I'd like a coffee with a drop of milk. **12** (*Art*) shade, shadow: *luci e ombre* light and shade. **13** *pl.* (*anime*) shadows, departed souls: (*Mitol*) *il regno delle ombre* the shades. **II** *a.* shadow (*attr.*): *gabinetto* ~ shadow cabinet; *linea d'* ~ shadow line. □ (*Fis*) ~ *acustica* acoustic shadow; *ombre cinesi* shadows, Chinese shadows; *le ombre del passato* the shades of the past; (*fig*) *senza* ~ *di dubbio* without a shadow of doubt; *non c'è ~ di dubbio* there is not a shadow of a doubt; *(fig) senz'~ di sospetto* without the slightest suspicion; *(fig) non avere l'~ di un quattrino* not to have a penny to one's name; *(fig) essere l'~ di qcu.* to be so.'s shadow; *essere l'~ di se stesso* to be but the shadow of one's former self; *fare ~* to give shadow; *spostati, mi fai ~!* move over please, you're keeping the sun off me!; move over please, you're in my light!; *(fig) fare ~ a qcu.* to afford so. shade, to give so. shade, to shade so.; *completamente in ~* in full shade; *(fig) mettere in ~ qcu.* to put so. in the shade, to overshadow so.; *(fig) l'~ lunga di qcs. (minaccia)* the long shadow; *(fig) non vedere neanche l'~ di qcs.* (o *non vedere neppure l'~ di qcs.*) not to see the trace of sth.: *non abbiamo visto neppure l'ombra dei soldi che ci aveva promesso* we haven't seen a penny of the money he promised us, we haven't seen a trace of the money he promised us; *(Fis) ~ portata* projected shadow; *(Fis) ~propria* shade.

ombrare (**ómbro**) *v.t.* **1** (*fare ombra*) to shade, to shadow: *una visiera gli ombreggiava gli occhi* a visor shaded his eyes. **2** (*nel disegno*) to shade, to hatch. **3** (*Pitt*) to shade.

ombreggiamento *m.* (*nel disegno*) hatching.

ombreggiare (**ombréggio, ombréggi**) *v.t.* **1** (*fare ombra*) to shade, to shadow: *una visiera gli ombreggiava gli occhi* a visor shaded his eyes. **2** (*nel disegno*) to shade, to hatch. **3** (*Pitt*) to shade.

ombreggiato *a.* **1** shady, shaded, shadowy: *una strada ombreggiata* a shadowy street. **2** (*nel disegno*) shaded, hatched. **3** (*Pitt*) shaded.

ombreggiatura *f.* (*nel disegno*) hatching.

ombrella *f.* **1** (*Bot*) umbel, umbrella. **2** (*Zool*) (*di celenterati*) swimming-bell.

ombrellaio *m.* (*f.* **-a**) **1** (*fabbricante*) umbrella maker. **2** (*venditore*) umbrella seller. **3** (*chi ripara gli ombrelli*) umbrella repairer.

ombrellata *f.* blow with an umbrella.

ombrellifere *f.pl.* (*Bot*) umbellifers, Umbelliferae.

ombrellificio *m.* umbrella factory.

ombrelliforme *a.* (*Bot*) umbelliform.

ombrellino *m.* **1** small umbrella. **2** (*parasole*) parasol, sunshade.

ombrello *m.* **1** umbrella, (*Br,colloq*) brolly: *aprire l'~* to put up the umbrella; *chiudere l'~* to fold up the umbrella; *sotto l'~* under the umbrella. **2** (*oggetto a forma di ombrello*) umbrella (*anche fig*). □ (*Mil*) ~*atomico* atomic umbrella; ~*automatico* self-folding umbrella; ~*da donna* lady's umbrella; ~*da pioggia* rain umbrella; ~*da sole* parasol, sunshade; ~*da spiaggia* sunshade; ~*da uomo* man's umbrella; ~*di seta* silk umbrella; (*Mil*) ~*nucleare* nuclear umbrella; ~*pieghevole* folding umbrella.

ombrellone *m.* umbrella, sunshade, parasol. □ ~*da giardino* garden umbrella; ~*da spiaggia* beach umbrella, beach sunshade.

ombretto *m.* (*Cosmet*) eye shadow.

ombrina *f.* (*Itt*) umbra, umbrine, ombre.

ombrinale *m.* (*Mar*) scupper.

ombrofita *a.* (*Bot*) shade-loving, shade (*attr.*).

ombrosità *f.* **1** shadiness, shadowiness. **2** (*fig*) (*rif. a carattere di persona*) touchiness. **3** (*fig*) (*rif. a cavalli*) skittishness.

ombroso *a.* **1** shady, shadowy: *viale ~* shady walk. **2** (*fig*) (*rif. a carattere di persona*) touchy, quick to take offence, (*Am*) quick to take offense. **3** (*fig*) (*rif. a cavalli*) skittish.

ombudsman *m.inv.* (*Dir*) ombudsman.

omega, omega *m.* **1** (*ultima lettera dell'alfabeto greco*) omega. **2** (*fig*) (*fine*) omega.

omelette /om'let, ome'let/ *f.inv.* (*Gastron*) omelette, (*Am*) omelet: ~ *al formaggio* cheese omelette, (*Am*) cheese omelet.

omelia *f.* **1** (*Rel.catt*) homily, sermon. **2** (*fig*) (*predicozzo*) sermon.

omento *m.* (*Anat*) omentum: *grande ~* greater omentum; *piccolo ~* lesser omentum.

omeopata *m./f.* (*Med*) homeopath, homoeopath, homeopathist.

omeopatia *f.* (*Med*) homeopathy, homoeopathy.

omeopatico I *a.* (*Med*) homeopathic, homoeopathic: *rimedio ~* homeopathic remedy; *dosi omeopatiche* homeopathic doses. **II** *m.* (*f.* **-a**; *pl.* **ci**) (*Med*) homeopath, homoeopath.

omeostasi, omeostasi *f.* (*Biol*) homeostasis.

omerale I *a.* (*Anat*) humeral: *testa ~* humeral head. **II** *m.* (*Rel.catt*) humeral veil.

omerico (*pl.* **-ci**) *a.* **1** Homeric, of Homer (*posposto*), Homer's: *poemi omerici* Homeric poems; *eroe ~* Homeric hero. **2** (*fig*) (*enorme*) Homeric, of epic proportions (*posposto*), huge: *risata omerica* Homeric laughter; *appetito ~* huge appetite.

omero *m.* **1** (*Anat*) humerus. **2** (*lett*) (*spalla*) shoulder.

Omero *n.pr.m.* (*Stor,Lett*) Homer.

omertà *f.* **1** silence code, code of silence, rule of silence: *spezzare il muro dell'~* to break the code of silence. **2** (*estens*) (*tacita complicità*) tacit agreement, unspoken agreement.

omesso → **omettere** *a.* **1** (*tralasciato*) omitted, left out, skipped: *un particolare ~* an omitted detail. **2** (*non fatto*) omitted, neglected, failed: *reato di ~ intervento* crime of neglected assistance.

omettere (*pres.ind.* **ométto**; *p.rem.* **omìsi**; *p.p.* **omésso**) *v.t.* **1** (*tralasciare*) to omit, to leave out, not to insert, to skip: ~ *la data* to omit the date; ~ *un particolare* to leave out a detail; *omettendo qcs.* leaving out sth. **2** (*non fare*) to omit, to neglect, to fail: ~ *di fare qcs.* to neglect to do sth., to fail to do sth.

ometto *m.* **1** little fellow, small man, (*colloq*) pint-sized man. **2** (*rif. a bambino*) little man, little fellow: *sei diventato un ~!* you have grown up to be a little man! **3** (*Arch*) (*monaco*) kingpost, queenpost. **4** (*per segnalazione: mucchietto di sassi*) cairn. **5** (*region*) (*gruccia*) clothes hanger, hanger. **6** (*nel biliardo*) peg.

omicida I *m./f.* murderer (*f.* murderess), homicide, killer. **II** *a.* **1** (*che dà la morte*) murderous, homicidal, murder (*attr.*), killer (*attr.*): *l'arma ~* the murder weapon; *furia ~* homicidal rage; *un pazzo ~* a crazed killer. **2** (*da assassino*) murderous, homicidal, murder (*attr.*), killer (*attr.*): *sguardo ~* murderous look; *istinto ~* killer instinct.

omicidio *m.* murder, homicide: *commettere un ~* to commit murder; *accusare qcu. di ~* to charge so. with murder. □ (*Dir*) ~*aggravato* wilful murder attended by aggravating circumstances; (*Dir*) ~*bianco* on-the-job fatality; (*Dir*) ~*colposo* manslaughter, involuntary manslaughter, unintentional homicide; (*Dir.am*) ~*di primo grado* first-degree murder; ~*di secondo grado* second-degree murder; ~*di massa* mass murder; (*Dir*) ~*doloso* first-degree murder; (*Dir*) ~*intenzionale* intentional homicide, intentional

murder; (*Dir*) ~*involontario* manslaughter, involuntary manslaughter, unintentional homicide; (*Dir*) ~*per legittima difesa* murder in self-defence; (*Dir*) ~*pluriaggravato* murder having more than one aggravating circumstance; (*Dir*) ~*plurimo* multiple murder; ~*politico* political homicide; (*Dir*) ~*premeditato* premeditated murder, intentional murder, (*Am*) first-degree murder; (*Dir*) ~*preterintenzionale* manslaughter, involuntary manslaughter, homicide without malice aforethought, (*Am*) second-degree murder; ~*su commissione* contract killing; (*Dir*) ~*volontario* wilful murder, (*Am*) second-degree murder.

omicron *m./f.* (*lettera dell'alfabeto greco*) omicron.

ominide *m.* hominid.

omisi → **omettere**.

omissione *f.* **1** omission, leaving out: ~ *di informazioni* omission of information; *l'~ di una parola* the leaving out of a word, the omission of a word. **2** (*Dir*) omission, failure, default, neglect. **3** (*Rel*) omission: *peccato di ~* sin of omission. □ (*Dir*) ~*di atti d'ufficio* refusal to fulfil an official duty, neglect of an official duty, neglect of official duties; (*Dir*) ~*di denuncia* (o ~*di rapporto*) failure to report; (*Dir*) ~*di soccorso* failure to offer assistance; (*Dir*) ~*involontaria* involuntary omission; (*Dir*) ~ *volontaria* voluntary omission.

OMM *Organizzazione Meteorologica Mondiale* WMO (World Metereological Organization).

omnibus I *m.inv.* (*Stor*) horse bus, horse-drawn bus, (*Am*) horsecar. **II** *a.inv.* omnibus (*anche Dir*).

omofilia *f.* **1** (*Biol*) homophyly. **2** (*rar*) (*omosessualità*) homsexuality.

omofilo *a.* **1** (*Biol*) homophylic. **2** (*rar*) (*omosessuale*) homsexual, homophile.

omofobia *f.* homophobia.

omofonia *f.* (*Ling,Mus*) homophony.

omofonico (*pl.* **-ci**) *a.* (*Ling,Mus*) homophonic.

omofono I *m.* (*Ling*) homophone. **II** *a.* (*Ling, Mus*) homophonous, homophonic: *parole omofone* homophones.

omogamia *f.* (*Biol,Bot*) homogamy.

omogeneità *f.* **1** homogeneity, homogeneousness. **2** (*estens*) (*affinità*) uniformity: *l'~ di un gruppo* the uniformity of a group. **3** (*Mat*) homogeneity.

omogeneizzare (**omogeneìzzo**) *v.t.* **1** to homogenize. **2** (*fig*) (*uniformare*) to homogenize, to make (sth.) uniform.

omogeneizzato I *a.* **1** homogenized: *frutta omogeneizzata* homogenized fruit; *latte ~* homogenized milk. **2** (*fig*) (*uniforme*) evenly distributed, made uniform. **II** *m.* (*Alim*) baby food, homogenized product, homogenized food.

omogeneizzatore *m.* homogenizer.

omogeneizzazione *f.* homogenization.

omogeneo *a.* **1** homogeneous, smooth: *un impasto ~* a smooth mixture. **2** (*simile, affine*) homogeneous, uniform. **3** (*Mat*) homogeneous: *funzione omogenea* homogeneous function.

omografia *f.* (*Ling,Geom*) homography.

omografo I *a.* (*Ling*) homographic. **II** *m.* (*Ling*) homograph.

omologare (**omòlogo, omòloghi**) **I** *v.t.* **1** (*dichiarare conforme a una norma*) to approve, to homologate: ~ *un dispositivo di sicurezza* to approve a safety device; ~ *un veicolo* homologate a vehicle. **2** (*convalidare ufficialmente*) to approve, to validate: ~ *un* *documento* to validate a document. **3** (*ratificare*) to ratify, to sanction: ~ *un trattato di pace* to ratify a peace treaty. **4** (*fig*) (*rendere omogeneo*) to confirm, to corroborate, to standardize: ~ *i consumi* to standardize the consumer goods. **II** *v.pron.* **omologarsi** (*adeguarsi*) to conform (*a* to). □ (*Sport*) ~ *un primato* to ratify a record; (*Dir*) ~ *un testamento* to prove a will.

omologato *a.* **1** (*dichiarato conforme a una norma*) approved, homologated: *veicolo* ~ approved vehicle; *non* ~ (*rif. a casco*) not safety-tested. **2** (*convalidato ufficialmente*) approved, validated. **3** (*ratificato*) ratified. **4** (*fig*) (*uniformato*) uniformed, standardized.

omologazione *f.* **1** (*dichiarazione di conformità a una norma*) approval, homologation. **2** (*convalida ufficiale*) approval, approbation, validation. **3** (*ratifica*) ratification. **4** (*fig*) (*uniformazione*) uniformation, standardization. □ (*Dir*) ~ *di un testamento* probate of a will.

omologia *f.* homology (*anche Biol,Mat*): *gruppi di* ~ homology groups.

omologo **I** *a.* **1** homologous, homologic, homological (*anche Mat*). **2** (*Biol*) homologous: *organi omologhi* homologous organs. **II** *m.* **1** (*f.* -**a**; *pl.* -**ghi**) (*persona*) counterpart, opposite number, equivalent: *il ministro degli Esteri britannico e il suo* ~ *irlandese* the British Foreign Minister and his Irish counterpart. **2** (*Chim*) homologue.

omomorfia *f.* (*Biol*) homomorphism.

omomorfismo *m.* (*Mat*) homomorphism, homomorphy.

omone *m.* muscle man, hulk.

omonimia *f.* **1** homonymy: *un caso di* ~ a case of homonimy. **2** (*Ling*) homonymy.

omonimo *I a.* **1** having the same name, bearing the same name, homonymous: *due località omonime* two places of the same name, two places with the same name. **2** (*Ling*) homonymous. **II** *m.* **1** (*Ling,Bot,Zool*) homonym. **2** (*f.* -**a**) person of the same name.

omoplata *f.* (*Anat*) omoplate, (*colloq*) shoulder-blade, shoulder bone.

omosessuale **I** *a.* homosexual: *relazione* ~ homosexual relationship. **II** *m./f.* homosexual: *coppia di omosessuali* homosexual couple.

omosessualità *f.* homosexuality.

omosex **I** *a.inv.* homosexual: *relazione* ~ homosexual relationship. **II** *m./f.inv.* homosexual.

omosfera *m.* (*Meteor*) homosphere.

omoteleuto *m.* (*Ret*) homeoteleuton.

omotrapianto *m.* (*Chir*) homograft.

omozigosi *f.* (*Biol*) homozygosis.

omozigote **I** *a.* (*Biol*) homozygous: *gemelli omozigoti* homozigous twins twins. **II** *m.* (*Biol*) homozygote.

omozigotico (*pl.* -**ci**) *a.* (*Biol*) homozigous.

O.M.R. *Ordine al Merito della Repubblica* (Order of Merit of the Republic).

OMS *Organizzazione Mondiale della Sanità* WHO (World Health Organization).

omuncolo *m.* (*spreg*) (*uomo piccolo*) dwarf, shrimp, shorty.

on *a.inv.* (*acceso*) on.

On. *onorevole* MP (Member of Parliament).

onagro, **onagro** *m.* **1** (*Zool*) onager. **2** (*Mil, ant*) (*antica macchina da guerra*) onager.

onanismo *m.* onanism.

oncia (*pl.* -**ce**) *f.* **1** (*Stor*) (*unità di peso*) ounce. **2** (*Stor*) (*unità monetaria*) uncia. **3** (*fig*) (*quantità minima*) ounce, scrap, jot, bit: *non ha un'*~ *di buon senso* he doesn't have an ounce of common sense. □ (*fig*)*a once*

in dribs and drabs, a little at a time; ~*avoirdupois* avoirdupois ounce; ~ *fluida* fluid ounce; ~*troy* troy ounce.

onciale **I** *a.* (*Paleogr*) uncial: *scrittura* ~ uncial writing; *un manoscritto* ~ an uncial. **II** *f.* (*Paleogr*) uncial.

oncogenesi *f.* (*Med*) oncogenesis.

oncogeno *a.* (*Med*) oncogenic, oncogenous.

oncologia *f.* (*Med*) oncology.

oncologico (*pl.* -**ci**) *a.* (*Med*) oncological.

oncologo *m.* (*f.* -**a**; *pl.* -**gi**) (*Med*) oncologist.

onda *f.* **1** wave (*anche fig*): *sull'*~ *dell'entusiasmo* riding the wave of enthusiasm. **2** (*di capelli*) wave, ripple: *farsi le onde* to wave one's hair. **3** (*poet*) (*acqua*) waters *pl.*; (*mare*) waves *pl.*, sea: *solcare l'*~ to plough the waves. □ (*Fis*) ~ *acustica* sound wave; (*Gastron*) *risotto all'* ~ moist risotto; (*Mar*) ~ *anomala* freak wave; (*Rad*) *onde corte* short waves; (*Rad*) ~ *cortissima* ultra-short wave; (*Mar*) ~ *di marea* tidal wave; (*Mar*) ~*di maremoto* tsunami, tidal wave; (*Elettron*) ~ *di picco* peak wave; (*Mar*) ~*di sovrapposizione* peak wave; (*Fis*) ~ *d'urto* shock wave; (*Fis*) ~ *elettromagnetica* electromagnetic wave; (*Fis*) ~*hertziana* Hertzian wave; (*TV,Rad*) *essere in* ~ to be on the air; *andare in* ~ to go on the air, to be broadcast; *mandare in* ~ (o *mettere in* ~) to broadcast; (*Fis*) ~*longitudinale* longitudinal wave; (*Fis*) ~ *luminosa* light wave; ~ *lunga* : 1 (*Econ,Rad*) long wave: *onde lunghe* long waves; 2 (*Mar*) swell; 3 (*fig*) (*fenomeno che si protrae nel tempo*) ripple effect, enduring after-effects (*pl.*), long aftermath; (*Rad*) *onde medie* medium waves; ~*nera* oil slick; (*Fis*) ~*portante* carrier wave; (*Rad*) ~*radio* radio wave; (*Fis*) ~ *riflessa* reflected wave; (*Fis*) ~*sferica* spherical wave; (*Geol*) ~ *sismica* seismic wave; (*Fis*) ~ *sonora* sound wave; (*Fis*) ~ *termica* thermal wave; (*Fis*) ~*trasversale* transverse wave; (*Strad*) ~ *verde* synchronized traffic lights (*pl.*).

ondata *f.* **1** wave, large wave, billow. **2** (*fig*) wave, surge, tide; (*serie*) rash: *un'*~ *di entusiasmo* a wave of enthusiasm, a surge of enthusiasm. □ (*fig*)*a ondate* in waves; (*fig*) ~ *di caldo* heat wave; (*fig*) ~ *di criminalità* crime wave; (*fig*) ~*di freddo* cold wave, cold spell, spell of cold weather: *un'* ~ *di freddo intenso* a snap of bitter cold, a spell of bitter cold; (*fig*) ~ *di licenziamenti* wave of lay-offs; (*fig*) ~ *di maltempo* spell of bad weather; (*fig*) ~*di panico* wave of panic; (*fig*) ~ *di protesta* wave of protest; (*Econ*) ~ *di rialzi* wave of rising prices; (*Econ*) ~*di ribassi* wave of falling prices; (*fig*) ~ *di scioperi* series of strikes, wave of strikes; (*fig*) ~ *migratoria* migration wave; (*fig*) ~*terroristica* wave of terror.

onde **I** *avv.interr.* (*lett*) whence, where... from, from where: ~ *venite?* where do you come from? **II** *avv.rel.* (*lett*) **1** (*da cui: rif. a luogo*) where... from, from where, from which: *ritorno nella città* ~ *vengo* I'm returning to the city from which I came, I'm returning to the city I came from. **2** (*da cui: rif. a cosa*) by which: *i mali* ~ *egli è afflitto* the evils by which he is beset. **3** (*dalla qual cosa*) from which, wherefore, whence: ~ *si deduce che hai torto* from which one deduces that you are wrong. **4** (*con cui*) with which, by means of which: *ho ricevuto il denaro* ~ *vivere* I've received the money with which to live, I've received the money to live off. **5** (*per cui*) for what, for which: *qual è la ragione* ~ *sei venuto?* for what reason have you come?, why have you come?

6 (*di cui*) of which: *i libri* ~ *mi parlasti* the books of which you spoke to me, the books you told me about. **7** (*in modo da*) so as to. **III** *congz.* **1** (*affinché: con il cong.*) so that, in order that: *te l'ho detto* ~ *tu prendessi provvedimenti* I told you so that you could take steps. **2** (*affinché: con l'inf.*) to, in order to: *le scrivo questa lettera* ~ *avvertirla* I'm writing you this letter to warn you (*o* in order to warn you). **3** (*cosicché*) therefore, so, thus. □ (*ant,lett*) *averne ben* ~ to have good reason to: *mi sembri stanca - Ne ho ben* ~*!* you seem to be tired - I've good reason to be.

ondeggiamento *m.* **1** (*sull'acqua*) rocking, rolling. **2** (*fluttuazione*) waving, swaying, rippling. **3** (*di bandiere, veli e sim.*) fluttering. **4** (*di fiamma*) flickering. **5** (*rif. a grano, spighe*) waving, rippling. **6** (*fig*) (*indecisione*) wavering, hesitation, indecision. **7** (*Mus*) (*negli strumenti ad arco*) ondeggiamento, ondulé, swaying effect.

ondeggiante *a.* **1** (*sull'acqua*) rocking, rolling. **2** (*fluttuante*) waving, swaying, rippling. **3** (*rif. a folla, andatura*) swaying. **4** (*rif. a bandiere, veli e sim.*) fluttering. **5** (*rif. a fiamma*) flickering. **6** (*rif. a grano, spighe*) waving, rippling. **7** (*fig*) (*indeciso*) wavering, vacillating, hesitating, dithering.

ondeggiare (**ondéggio, ondéggi**) *aus.* **avere**) *v.i.* **1** (*sull'acqua*) to rock, to roll: *la barca ondeggiava sul fiume* the ship was rolling on the river. **2** (*muoversi come le onde, fluttuare*) to wave, to sway, to ripple: *il vento faceva ondeggiare i rami degli alberi* the branches on the trees were swaying in the wind. **3** (*rif. a folla*) to sway. **4** (*rif. a grano, spighe*) to undulate, to ripple. **5** (*fig*) (*barcollare, vacillare*) to sway: *camminare ondeggiando* to sway. **6** (*rif. a fiamma*) to flicker, to dance, to waver. **7** (*rif. a bandiere, veli e sim.*) to flutter: *le tende della cucina ondeggiavano per il vento* the curtains in the kitchen were fluttering because of the wind. **8** (*di capelli*) to blow: *i suoi capelli ondeggiavano al vento* her hair was blowing in the wind. **9** (*fig*) (*essere incerto*) to waver, to hesitate, to vacillate, to dither: ~ *tra il sì e il no* to dither between yes and no. **10** (*Aer*) to pitch.

onde martenot /'ondemarte'no/ *f.* (*Mus*) onde martenot.

ondina *f.* **1** (*Mitol.nord*) undine. **2** (*fig*) (*nuotatrice esperta*) female champion swimmer.

ondosità *f.* waviness.

ondoso *a.* **1** (*dell'onda*) wave (*attr.*): *moto* ~ wave motion, undulatory motion; *moto* ~ *in aumento* increasing sea state. **2** (*di mare, agitato*) rough. **3** (*lett*) (*ondulato*) wavy: *una chioma ondosa* wavy hair.

ondulante *a.* **1** swaying, rolling, waving, undulating, ambling: *andamento* ~ swaying trend; (*camminata*) ambling walk. **2** (*che rende ondoso*) waving: *lozione* ~ waving lotion.

ondulare (**óndulo/òndulo**) **I** *v.t.* **1** to wave, to undulate, to ripple. **2** (*rif. a capelli*) to wave. **3** (*Met,Cart*) to corrugate: ~ *una lamiera* to corrugate sheet metal. **II** *v.i.* (*aus.* **avere**) (*muoversi ondeggiando*) to sway, to ripple, to wave.

ondulato *a.* **1** wavy: *capelli ondulati* wavy hair. **2** (*fig*) (*rif. a terreno*) undulating, hilly. **3** (*Met,Cart*) corrugated: *lamiera ondulata* corrugated iron.

ondulatoria *a.* (*Fis*) wave (*attr.*), undulatory: *meccanica ondulatoria* wave mechanics; *ottica ondulatoria* wave optics; *movimento* ~ wave motion; *estinzione ondulatoria* undulatory extinction.

ondulazione *f.* **1** (*movimento ondulatorio*)

wave motion, waving. **2** (*di terreno*) undulation, rolling. **3** (*rif. a capelli: atto*) waving, (*effetto*) waviness. **4** (*Met,Cart*) corrugating. **5** (*El*) ripple. □ (*ant,Cosmet*) ~*permanente* : 1 (*atto*) permanent waving; 2 (*effetto*) permanent, permanent wave, perm.

onerare (**ònero**) *v.t.* to burden, to weigh down, to encumber, to load (*anche fig.*): ~ *qcu. di tasse* to burden so. with taxes, to overtax so.

onere *m.* **1** (*obbligo, responsabilità*) burden, responsibility, duty: *addossarsi un* ~ to shoulder a burden; *assumersi l'* ~ *delle spese* to take upon oneself the burden of expenses; *l'* ~ *della famiglia* the family burden. **2** (*Dir*) burden, onus: ~ *della prova* burden of proof. **3** *pl.* (*Econ*) (*spese*) expenses, charges; (*costi*) costs: *oneri obbligatori* compulsory charges, mandatory charges. **4** *pl.* (*Econ*) (*contributi*) charges, contributions. □ (*Econ*) *oneri bancari* bank charges; (*Econ*) *oneri contributivi* social charges, social security charges, social contributions, social security contributions; (*Econ*) *oneri deducibili* deductible expenses; (*Econ*) *oneri d'esercizio* operating expenses, overheads; (*Econ*) *oneri figurativi* notional burden (*sing.*); (*Econ*) *oneri finanziari* financial charges, financial expenses; (*Econ*) *oneri fiscali* taxes, tax burden (*sing.*); (*Econ*) *oneri fissi* fixed charges; ~*non dovuto* overcharge; (*Econ*) *oneri previdenziali* welfare contributions; (*Econ*) *oneri salariali* wage costs, labour costs; (*Econ*) *oneri sociali* social charges, social security charges, social contributions, social security contributions; (*Econ*) ~ *tributario* tax burden: *ridurre l'* ~ *tributario* to reduce the tax burden, to reduce taxation.

onerosamente *avv.* onerously, heavily.

onerosità *f.* onerousness, heaviness.

oneroso *a.* **1** (*pesante, gravoso*) onerous, burdensome, hard, heavy: *condizioni onerose* onerous terms, hard terms; *un impegno* ~ a burdensome commitment; *la pace onerosa imposta dagli Alleati* the onerous peace imposed by the Allies. **2** (*non gratuito*) against payment, for a consideration: *a titolo* ~ for value, by purchase, for a valuable consideration. **3** (*Dir*) onerous.

onestà *f.* **1** honesty, integrity, fairness: *una persona di grande* ~ a person of great honesty; ~ *di intenzioni* honesty of intentions; *per* ~ *nei confronti di* in fairness to. **2** (*rettitudine*) uprightness, morality: ~ *di costumi* upright ways. **3** (*ant*) (*rif. a costumi*) virtue, honesty, decency: *donna di dubbia* ~ woman of doubtful virtue. □ *in tutta* ~ in all honesty, in all fairness.

onestamente *avv.* **1** honestly: *vivere* ~ to lead an honest life; *lavorare* ~ to work honestly, to earn a honest living: *sono soldi guadagnati* ~ it's money honestly earned. **2** (*con rettitudine*) uprightly. **3** (*francamente*) honestly, frankly, sincerely: ~, *non lo so* honestly, I don't know; ~, *non so che cosa fare* to be honest, I don't know what I should do; to tell you the truth, I don't know what I should do; *ma tu*, ~, *ci credi?* come on, be honest, do you believe that?; ~, *non ti capisco* I truly don't understand you. **4** (*davvero*) straight up. **5** (*ant*) (*con decoro*) with decency: *comportarsi* ~ to behave with decency.

onesto I *a.* **1** (*integro*) honest, upright, fair: *stai tranquillo, sono persone oneste* don't worry, they're honest people; *condurre una vita onesta* to lead an honest life. **2** (*sincero, franco*) honest, fair, frank, straightforward: *sono sempre stato* ~ *con te* I've always been honest with you. **3** (*giusto, ragionevole*) rea-

sonable, fair, honest: *prezzi onesti* fair prices. **4** (*legittimo*) fair, honest, reasonable. **5** (*fedele*) honest, loyal, faithful. **6** (*ant*) (*casto*) honest, virtuous, chaste: *una donna onesta* a virtuous woman. **II** *m.* **1** (*f.* -**a**) (*persona*) honest person: *gli onesti* the honest. **2** (*onestà*) honesty, what is honest, what is just: *mi sono mantenuto entro i limiti dell'* ~ I kept within the boundaries of what is honest.

onice *f.* (*Min*) onyx.

onicofagia *f.* (*Med*) onychophagy, (*colloq*) nail biting.

onirico (*pl.* -**ci**) *a.* **1** oneiric: *visione onirica* oneiric vision; *attività onirica* oneiric activity. **2** (*irreale*) dreamlike, dream (*attr.*): *un'atmosfera onirica* a dreamlike atmosphere.

onirismo *m.* (*Med*) oneirism.

onirologia *f.* oneirology, study of dreams.

on line /ɔn'lajn/ *a.inv.* (*Inform*) on-line.

ONLUS *Organizzazione non lucrativa di utilità sociale* NPO (non-profit organization).

onnicomprensivo *a.* all-embracing, all-inclusive: *uno sguardo* ~ an all-embracing view.

onnipotente *a.* **1** (*rif. a divinità*) omnipotent, almighty, all-powerful. **2** (*rif. a uomini*) all-powerful. □ *l'Onnipotente* (*Dio*) Almighty, Almighty God.

onnipotenza *f.* omnipotence, almightiness.

onnipresente *a.* **1** (*rif. a Dio*) omnipresent, ubiquitous. **2** (*scherz*) (*rif. a persona*) ubiquitous, omnipresent, turning up everywhere: *quel tizio è* ~ that fellow turns up everywhere, that fellow is always around.

onnipresenza *f.* omnipresence, ubiquity.

onnisciente *a.* **1** (*rif. a Dio*) omniscient, all-knowing. **2** (*scherz*) (*rif. a persona*) all-knowing, omniscient.

onniscienza *f.* omniscience.

onniveggente *a.* all-seeing.

onniveggenza *f.* all-seeingness, all-embracing vision.

onnivoro I *a.* **1** (*Zool*) omnivorous. **2** (*estens*) (*vasto, che recepisce tutto*) omnivorous: *un lettore* ~ an omnivorous reader. **II** *m.* (*f.* -**a**) omnivore.

onomasiologia *f.* (*Ling*) onomasiology.

onomasiologico (*pl.* -**ci**) *a.* (*Ling*) onomasiological.

onomastica *f.* (*Ling*) onomastics (*costr. sing.*).

onomastico (*pl.* -**ci**) **I** *a.* (*Ling*) onomastic: *lessico* ~ onomasticon. **II** *m.* name day, saint's day.

onomatopea *f.* (*Ling*) onomatopoeia.

onomatopeico (*pl.* -**ci**) *a.* (*Ling*) onomatopoeic: *un suono* ~ an onomatopoeic sound; *parola onomatopeica* onomatopoetic word, imitative word, onomatope.

ononide *f.* (*Bot*) spiny restharrow.

onorabile *a.* **1** (*degno di essere onorato*) honourable, (*Am*) honorable, respectable. **2** (*rar*) (*che fa onore*) honourable, (*Am*) honorable, decent, proper.

onorabilità *f.* (*buona reputazione*) honour, (*Am*) honor, reputation, good name, respectability: *offendere l'* ~ *di qcu.* to offend so.'s honour, to besmirch so.'s honour.

onorabilmente *avv.* honourably, (*Am*) honorably.

onoranze *f.pl.* honours, (*Am*) honors, tribute *sing.*, public tribute *sing.*: *tributare solenni* ~ *a qcu.* to bestow solemn honours upon so., (*Am*) to bestow solemn honors upon so. □ ~*funebri* last honours, (*Am*) last honors.

onorare (**onóro**) **I** *v.t.* **1** to honour, (*Am*) to

honor: ~ *Dio* to honour God, (*Am*) to honor God. **2** (*fare onore*) to honour, (*Am*) to honor, to do (so.) credit: *questo scienziato onora la sua nazione* this scientist honours his country, this scientist is an honour to his country; *la tua sincerità ti onora* your sincerity does you credit. **3** (*adempiere*) to honour, (*Am*) to honor, to fulfil, (*Am*) to fulfill: ~ *i propri impegni* to fulfil one's obligations. **4** (*mantenere*) to honour, (*Am*) to honor, to keep: ~ *una promessa* to honour a promise, to keep a promise. **5** (*rispettare*) to respect: ~ *i propri impegni* to respect one's commitments. **6** (*pregiare, gratificare*) to honour, (*Am*) to honor: *la Sua presenza mi onora* you honour me with your presence, I'm honoured by your presence. **7** (*Comm*) to honour, (*Am*) to honor, to meet, to pay: ~ *una cambiale* to honour a bill; ~ *un assegno* to honour a cheque; ~ *la propria firma* to honour one's signature. **II** *v.pron.* **onorarsi 1** to be highly honoured, to feel highly honoured, (*Am*) to be highly honored, (*Am*) to feel highly honored, to be proud: *mi onoro di essere stato suo discepolo* I'm proud of having been his pupil. **2** (*epist*) (*pregiarsi*) to have the honour, (*Am*) to have the honor: *mi onoro di informarVi* I have the honour to inform you, it is my pleasure to inform you. □ (*Bibl*) *onora il padre e la madre* honour thy father and thy mother; ~*la memoria di qcu.* to honour so.'s memory.

onorario¹ *a.* **1** honorary, honorific: *membro* ~ honorary member; *cittadino* ~ honorary citizen; *titolo* ~ honorific; *presidente* ~ honorary chairman, honorary president; *professore* ~ honorary teacher. **2** (*non effettivo*) titular, honorary, nominal: *carica onoraria* titular office.

onorario² *m.* (*compenso*) fee, honorarium: *l'* ~ *del medico* the doctor's fee; *pagare l'* ~ *di un avvocato* to pay a lawyer's fee.

onoratamente *avv.* honourably, (*Am*) honorably.

onorato *a.* **1** (*felice*) honoured, (*Am*) honored: *sentirsi* ~ to feel honoured; *sono molto* ~ *di conoscerLa* I'm greatly honoured to meet you. **2** (*stimato*) esteemed. **3** (*privilegiato*) privileged. **4** (*onorevole*) honourable, (*Am*) honorable, respectable: *una professione onorata* an honoured profession, a respected profession. □ *è andato in pensione dopo trent'anni di* ~ *servizio* he retired after thirty years' honourable service; (*fig*) *l'onorata società*: 1 (*camorra*) the Camorra; 2 (*mafia*) the Mafia.

onore *m.* **1** (*buona reputazione, rispetto*) honour, (*Am*) honor, reputation, good name, esteem: *infangare l'* ~ *di qcu.* to besmirch so.'s honour, to besmirch so.'s good name; *perdere l'* ~ to lose one's honour; *l'* ~ *di qcu. è salvo* so.'s honour is saved, so.'s honour is intact. **2** (*senso dell'onore*) sense of honour, (*Am*) sense of honor. **3** (*atto di omaggio*) honour, (*Am*) honor, ceremony, homage, tribute: *l'ospite fu ricevuto con tutti gli onori* the guest was received with full honours; *lei mi fa troppo* ~! you're being too kind! **4** (*privilegio*) honour, (*Am*) honor, privilege: *avere l'* ~ *di fare qcs.* to have the honour to do sth., to have the privilege to do sth.; *è toccato a me l'* ~ *di presiedere la seduta* the honour of chairing the meeting has fallen to me; *a te l'* ~! the honour is yours, you choose, would you do the honours?; (*ant*) *con chi ho l'* ~ *di parlare?* to whom do I have the honour? (*o* the honour of speaking?). **5** (*vanto*) honour, (*Am*) honor, glory, credit: *essere l'* ~ *della propria famiglia* to be the honour of one's family; *tenere alto l'~ della nazione* to uphold the honour of one's country. **6** (*dignità, decoro*) honour, (*Am*) honor, dignity. **7** (*nelle carte*) honour, (*Am*) honor. **8** *pl.* (*onorificenze*) honours, (*Am*) honors: *rendere gli onori dovuti a qcu.* to render the honours due to so.; *elevare qcu. ai massimi onori* to raise so. to the highest honours. **9** (*ant*) (*castità di una donna*) honour, (*Am*) honor, chastity. □ ~ *al merito!* give praise where praise is due!, give credit to whom credit is due!; *uscirne con* ~ to come out honourably; *d'* ~ of honour, honourable, (*Am*) of honor, honorable; *uomo d'*~ honourable man, man of honour; *posto d'*~ placc of honour; (*Rel.catt*) *innalzare agli onori degli altari* to raise to the altars, to sanctify, to exalt; (*scherz*) *l'onor del mento* (*la barba*) the beard; *a onor del vero* to tell the truth; *salire agli onori della cronaca* (o *essere agli onori della stampa*) to get a write-up; *l'~ delle armi* the honours of war; *fare gli onori di casa* to do the honours, to do the honours of the house, to play host, to play hostess; *onori di guerra* honours of war; *l'~ e l'onere* (o *gli oneri e gli onori*) the honour and the burden; *avere gli oneri ma non gli onori* to have the burdens but not the honours; *fare* ~ *a*: 1 to honour, (*Am*) to honor, to pay homage to; 2 (*rendere degno di stima*) to be an honour to, (*Am*) to be an honor to, to be a credit to, to do honour to, (*Am*) to do honor to: *questa decisione ti fa* ~ this decision does you honour; *fare* ~ *alla propria nazione* to honour one's country, to be an honour to one's country, to be a credit to one's country; 3 (*gradire molto*) to do justice to: *ha fatto* ~ *al pranzo* he did justice to the meal; 4 (*Comm*) to honour, (*Am*) to honor: *fare* ~ *a una cambiale* to honour a bill; *fare* ~ *alla propria firma* to honour one's signature; *farsi* ~ to distinguish oneself, to live up to one's name; *onori funebri* funeral honours; *in* ~ *di qcu.* in so.'s honour; *onori militari* military honours; *essere sepolto con gli onori militari* to be buried with military honours; *quale* ~! what an honour!, what a privilege!; *sul proprio* ~ on one's honour, on one's word, on one's word of honour; *giurare sull'* ~ to swear on one's honour; *ne va dell'* ~ honour is at stake; (*Dir*) *Vostro Onore* Your Honour, (*Am*) Your Honor.

onorevole I *a.* 1 honourable, (*Am*) honorable: *un cittadino* ~ an honourable citizen. 2 (*estens*) (*rispettabile*) respectable; (*stimato*) esteemed; (*degno*) worthy: *il mio* ~ *collega* my esteemed colleague. 3 (*appellativo dei parlamentari*) Honourable, (*Am*) Honorable: *l'* ~ *ministro* the Honourable Minister. II *m./f.* (*Br*) Member of Parliament, MP, (*Am*) Congressman (*f.* -woman). □ *onorevoli deputati* (*nelle allocuzioni*) Honourable Members.

onorevolmente *avv.* honourably, (*Am*) honorably.

onorificenza *f.* 1 sign of honour, (*Am*) sign of honor, award, distinction: *onorificenze militari* military honours. 2 (*decorazione*) decoration: *insignire qcu. di una* ~ to confer a decoration upon so.

onorifico (*pl.* -ci) *a.* honorary, honorific, of honour (*posposto*), (*Am*) of honor (*posposto*): *titolo* ~ honorary title, courtesy title; *incarico puramente* ~ purely honorary office.

onta *f.* 1 (*disonore, vergogna*) shame, disgrace, dishonour, (*Am*) dishonor; (*umiliazione*) humiliation: *recare* ~ *a qcu.* to bring shame on so., to disgrace so., to shame so. 2 (*offesa*) insult, outrage, offence, (*Am*) offense: *lavare l'* ~ *nel sangue* to wipe out an

insult with blood, to wipe out an offence with blood; *vendicare l'* ~ *subita* to avenge the offence suffered. □ *a* ~ *di* despite, in defiance of, in spite of, notwithstanding: *a* ~ *della mia proibizione* in defiance of my prohibition, despite my prohibition.

ontaneta *f.* (*Bot*) alder wood.

ontaneto *m.* (*Bot*) alder wood.

ontano *m.* (*Bot*) alder.

ontogenesi *f.* (*Biol*) ontogenesis.

ontogenetico (*pl.* -ci) *a.* (*Biol*) ontogenetic.

ontologia *f.* (*Filos*) ontology.

ontologicamente *avv.* (*Filos*) ontologically.

ontologico (*pl.* -ci) *a.* (*Filos*) ontological.

ontologismo *m.* (*Filos*) ontologism.

ontologista I *m./f.* (*Filos*) ontologist. II *a.* (*Filos*) ontologic, ontological.

ONU *Organizzazione delle Nazioni Unite* UNO (United Nations Organization).

onusto *a.* (*lett*) laden, burdened, heavy (*di* with): ~ *d'anni* burdened with years. □ (*fig,lett*) ~ *di gloria* crowned with glory.

oocito *m.* (*Biol*) oocyte.

oogamia *f.* (*Biol*) oogamy.

oogenesi *f.* (*Biol*) oogenesis.

oolite *m.* (*Min*) 1 (*roccia*) oolite. 2 (*granulo*) oolith.

oolitico *a.* (*Min*) oolitic.

OO.PP. *Opere pubbliche* (Public Works).

op □ ~ *là* upsy daisy, oops-a-daisy, up you go.

op. 1 (*Mus*) opus op (opus). 2 (*Lett*) *opus* (opus, work).

OPA, opa *f.* (*Econ*) (*offerta pubblica di acquisto*) takeover bid, (*Am*) tender.

opacamento *m.* (*rar*) making opaque: ~ *del cristallino* rendering opaque of the eye lens.

opacità *f.* 1 opacity, opaqueness (*anche Fis*): *l'~ del vetro* the opacity of glass. 2 (*fig*) (*mancanza di vivacità*) dullness; (*ottusità*) dimness: ~ *di ingenio* intellectual dimness. 3 (*Med*) opacity; (*della cornea*) opacity, film.

opacizzante *m.* opacifier.

opacizzare (**opacizzo**) I *v.t.* 1 to opacify, to make opaque. 2 (*Med*) to render radiopaque: *il pasto di bario opacizza lo stomaco* a barium meal renders the stomach radiopaque. 3 (*estens*) (*ossidare*) to tarnish. 4 (*Tess*) to deluster. II *v.pron.* **opacizzarsi** 1 to opacify, to become opaque. 2 (*estens*) (*ossidarsi*) to tarnish.

opacizzazione *f.* making opaque: ~ *del cristallino* rendering opaque of the eye lens; ~ *delle vie biliari* rendering opaque of the bile ducts with a barium enema.

opaco (*pl.* -chi) *a.* 1 (*non trasparente*) opaque (*anche Fis*): *mezzo* ~ opaque medium; ~ *ai raggi X* opaque to X-rays, radiopaque; *schermo* ~ opaque screen. 2 (*che non riflette la luce*) opaque, dull: *metallo* ~ dull metal. 3 (*non lucido*) matt, mat, matte: *carta patinata opaca* mat paper; *colore* ~ matt colour. 4 (*di suono*) dull, muffled. 5 (*fig*) (*monotono*) dull.

opale *m./f.* (*Min*) opal. □ (*Min*) ~ *comune* common opal; (*Min*) ~ *di fuoco* fire-opal; (*Min*) ~ *nera* black opal; (*Min*) ~ *zonato* opal agate.

opalescente *a.* opalescent.

opalescenza *f.* opalescence.

opalina *f.* 1 (*Vetr*) opaline. 2 (*Cart*) (*cartoncino lucido*) opalescent paper. 3 (*Tess*) (*stoffa*) light cotton cloth.

opalino *a.* opaline, opal (*attr.*): *vetro* ~ opal glass, milk glass.

op.cit. *opera citata* op.cit., o.c. (*opere citato, in the work cited*).

OPEC *Organizzazione dei paesi esportato-*

ri di petrolio OPEC (Organization of Petroleum Exporting Countries).

ope legis *avv.* (*Dir*) by law, force of law, by statute.

open I *a.inv.* 1 (*Sport*) open: *torneo* ~ *di tennis* open tennis tournament. 2 (*rif. a biglietto aereo*) open. II *m.inv.* (*Sport*) open; (*campionato*) open championship; (*torneo*) open tournament.

open space /'ɒpenspeɪs/ *m.inv.* (*Arch*) open-plan room; (*ufficio*) open-plan office.

opera *f.* 1 (*azione*) work, action, deed: *opere buone* good works, good deeds; *questo disastro è* ~ *di teppisti* this disaster is the work of a group of thugs. 2 (*lavoro*) work, task: *continuare l'~ di qcu.* to carry on the work of so. 3 (*risultato: rif. a persone*) handiwork, work, achievement, performance; (*anche rif. a cose*) doing: *tutto questo disastro è ~ del temporale* this catastrophe is due to the storm's doing; *questa è certamente ~ tua!* this is surely your handiwork!, this is certainly your doing!; *il progresso è ~ dell'uomo* progress is the work of man. 4 (*intervento*) means, agency, help. 5 (*aiuto*) help, services *pl.*: (*ant*) *hai bisogno dell'~ mia?* do you need my help?; *valersi dell'~ di qcu.* to call on so.'s services, to avail oneself of so.'s services. 6 (*creazione artistica*) work: *le opere di Byron* Byron's works; *le opere complete di Shakespeare* the complete works of Shakespeare. 7 (*costruzione, edificio*) work: *opere di pubblica utilità* public works; *opere laterizie* brickwork; (*Mil*) *opere difensive* defensive works. 8 (*Mus*) work; (*nei titoli*) opus. 9 (*Mus*) (*genere lirico*) opera: *cantante d'~* opera singer; *andare all'*~ to go to the opera. 10 (*Mus*) (*teatro dell'opera*) opera, operahouse. 11 (*nome di istituti*) organization, association, institute, society. 12 (*ant*) (*fabbriceria*) Vestry Board, Board of Trustees: ~ *del Duomo* Cathedral Vestry Board. □ *a* ~ *di* (o *ad* ~ *di*): 1 (*compiuto da*) by, carried out by: *la scomposizione delle sostanze a opera di batteri* the breaking down of substances by bacteria; *la sconfitta delle legioni romane a opera di Pirro* the deafeat inflicted on the Roman legions by Pyrrhus; *a opera dell'uomo* man-made; *colonizzazione a ~ dei francesi* colonization by the French; 2 (*per mezzo di*) by means of; 3 (*causato, provocato da*) caused by; *all'* ~: 1 (*in azione*) in action; 2 (*al lavoro*) at work, on the job: *all'~!* to work!, get to work!, get down to work!; *mettersi all'*~ to set to work, to get down to work, to get down to the job; ~ *assistenziale*: 1 (*privata*) charity work, relief work; 2 (*pubblica*) public assistance service; *un'~ benefica* a good work, a good deed, an act of charity; (*Mus*) ~ *buffa* opera buffa, comic opera; *fare un'~ buona* to do a good deed; (*Lett,Edit*) *opere complete* complete works; ~ *d'arte*: 1 work of art; 2 (*capolavoro*) masterpiece; *è ~ delle miei mani* it is my own handiwork; *non fiori ma opere di bene* no flowers, please, but donations to charity; ~ *di bonifica* land reclamation, land reclamation work; ~ *di carità* act of charity, charitable action; (*Edit*) ~ *di consultazione* reference book; (*Edil*) ~ *di demolizione* demolition; (*Edit*) ~ *di divulgazione scientifica* popular scientific work; (*Edil*) *opere di finimento* finishings; (*Mil*) *opere di fortificazione* fortifications; (*Idr,Agr*) *opere di irrigazione* irrigation works; ~ *di miglioramento* improvement (*anche Edil*); ~ *di misericordia*: 1 (*Teol*) work of charity, act of mercy, work of mercy: *opere di misericordia corporali* corporal works of mercy; 2

(*scherz*) (*cosa gradita*) favour, (*Am*) favor, blessing, good deed; *fare ~ di persuasione presso qcu.* to try to persuade so.; (*Idr*) ~ *di sbarramento* dam, weir; (*Edit*) ~*divulgativa* popular work; (*Lett*) *opere giovanili* early works, youthful works, juvenilia, juvenile works; *mettere in* ~: 1 (*usare*) to use; 2 (*in funzione*) to set running, to set working; 3 (*installare*) to install, to set up; (*rif. a tubature*) to lay, to put in; (*Lett,Edit*) ~*inedita* unpublished work; (*Lett,Edit*) ~ *letteraria* literary work; (*Mus*) ~*lirica* opera; (*Mar*) ~*morta* upper works (*pl.*); (*Edil*) ~*muraria* masonry; *Opera nazionale maternità e infanzia* National Organization for Mother and Child Welfare; (*Lett,Edit*) ~ *omnia* complete works (*pl.*); *per ~ dello Spirito Santo* by the power of the Holy Spirit, by the workings of the Holy Spirit; ~*pia* charity, pious act; (*Lett*) ~ *poetica* work in verse; (*Mar*) *opere portuali*: 1 harbour works, (*Am*) harbor works; 2 (*infrastrutture*) harbour structures, (*Am*) harbor structures; (*Mus,Lett*) ~ *postuma* posthumous work; (*Mus*) ~*seria* opera seria, grand opera; (*Teat*) ~ *teatrale* play, drama; (*Mar*) ~ *viva* bottom.

operabile *a.* (*Chir*) operable: *il paziente è* ~ the patient is operable; *non essere più* ~ to be beyond surgery.

operabilità *f.* (*Chir*) operability.

operaio I *m.* (*f.* **-a**) 1 worker (*f.* female worker), workman (*f.* -woman), hand, labourer, (*Am*) laborer. 2 (*operatore, addetto a una macchina*) operator, operative, tender. II *a.* 1 (*degli operai*) working, worker (*attr.*), labour (*attr.*), (*Am*) labor (*attr.*), working class (*attr.*): *classe operaia* working class; *movimento* ~ labour movement, workers' movement, (*Am*) labor movement; *quartiere* ~ working-class area, working-class neighbourhood. 2 (*fra operai*) workers', workmen's: *associazioni operaie* workers' associations. 3 (*che lavora*) worker (*attr.*), working: *ape operaia* worker bee; *prete* ~ worker priest. ☐ ~ *a cottimo* pieceworker; ~ *a giornata* day labourer; ~ *agricolo* agricultural worker, farm worker, farmhand; *operai avventizi* casual workers, casual labour (*costr.sing.*), casuals, temporary workers; ~*di fabbrica* factory hand, factory worker; ~ *di industria* industrial worker; ~ *edile* construction worker; ~ *meccanico* mechanic, machine worker; ~ *metallurgico* metalworker; ~ *metalmeccanico* ironworker, steelworker; ~ *qualificato* skilled work (*costr.sing.*), second-grade skilled worker; ~ *non qualificato* unskilled worker, rank-and-file labour (*costr.sing.*); ~ *siderurgico* ironworker, steelworker; ~ *specializzato* specialized worker, skilled worker, skilled worker, first-grade skilled worker; ~*tessile* textile worker, mill worker.

operaismo *m.* (*Sociol*) (*Br*) labourism, (*Am*) unionism.

operaistico (*pl.* **-ci**) *a.* (*Br*) labourist, (*Am*) unionist.

operando *m.* (*Mat,Inform*) operand.

operante *a.* 1 (*che opera*) operating: *un'impresa* ~ *in vari paesi* a company operating in several countries; *un'organizzazione ancora* ~ *in Bosnia* an organization still operating in Bosnia. 2 (*che lavora*) working: *un critico d'arte* ~ *a Milano* an art critic working in Milan; *un medico* ~ *all'estero* a doctor working abroad. 3 (*valido*) operative, acting, effective; (*in vigore*) in force: *l'accordo è divenuto* ~ the agreement has become operative. 4 (*che funziona*) operating, working: *dispositivo* ~ *ad alta frequenza* de-

vice operating at high frequency.

operare (**òpero**) I *v.t.* 1 (*compiere, fare*) to do, to work, to perform: ~ *meraviglie* to work wonders; *l'amore opera miracoli* love works miracles. 2 (*produrre*) to produce, to work, to bring about, to carry out: ~ *un cambiamento* to produce a change, to bring about a change. 3 (*Chir*) to operate (on): ~ *qcu. di appendicite* to operate on so. for appendicitis; ~ *qcu. alla mano* to operate on so.'s hand; *è stato operato di calcoli ai reni* he was operated on for kidney stones, he had his kidney stones removed; *deve essere operato* he needs surgery. 4 (*Tess*) to figure; (*damascare*) to damask. II *v.i.* (*aus.* **avere**) 1 (*Chir*) to operate: *il chirurgo ha operato per tutto il giorno* the surgeon was in the operating theatre all day. 2 (*agire*) to act, to operate: ~ *nell'interesse di qcu.* to act in so.'s interest; *il veleno opera in fretta* poison works quickly; ~ *secondo coscienza* to act according to conscience; ~ *bene* to act well, to do right. 3 (*procedere*) to tackle, to go about, to do: *il mio modo di* ~ *è diverso* my way of going about things is different. 4 (*lavorare*) to work: ~ *come consulente* to work as a consultant; ~ *nel settore privato* to work in the private sector. 5 (*Mil*) to operate. III *v.pron.* **operarsi** 1 (*verificarsi*) to come about, to take place, to occur: *si è operato un processo di integrazione* a process of integration has taken place. 2 (*colloq*) (*sottoporsi a intervento*) to undergo an operation, to have an operation, to be operated on: *devo operarmi al ginocchio* I must undergo knee surgery. ☐ (*Chir*) ~ *a caldo* to operate in the acute stage; (*Chir*) ~ *a freddo* to operate between attacks; *farsi* ~ to undergo an operation, to undergo surgery, to have surgery: *farsi* ~ *alla mano* to have hand surgery, to have one's hand operated on; (*Econ*) ~ *in borsa* to be a stockbroker, to deal on the stock exchange, to operate on the stock exchange; ~ *una scelta* to make a choice.

operativamente *avv.* operatively.

operatività *f.* operativeness, effectiveness: *zona di* ~ effectiveness area.

operativo *a.* 1 operative, effective: *capacità operativa* operative skill. 2 (*burocr*) (*vigente*) operative, in effect, in force: *l'accordo è ancora* ~ the agreement is still in effect (*o* is still operative); *diventare* ~ to come into force, to come into effect. 3 (*che riguarda l'attuazione*) operational: *costi operativi* operational costs; *criteri operativi* operational criteria. 4 (*attivo*) operational: *i nuovi impianti saranno operativi solo tra qualche mese* the new plants will only be operational in a few months. 5 (*Mil*) operational, operating: *centro* ~ operating centre.

operato I *a.* 1 (*Chir*) operated (on), who has had surgery. 2 (*Tess*) figured, patterned; (*damascato*) damask: *seta operata* patterned silk. II *m.* 1 actions *pl.*, action, deeds *pl.*, behaviour, conduct: *dovremo rendere conto del nostro* ~ we will have to account for our behaviour. 2 (*f.* **-a**) (*Chir*) operated patient.

operatore I *m.* 1 (*f.* **-trice**) (*lavoratore*) operator, worker. 2 (*f.* **-trice**) (*Econ*) operator, dealer, agent, broker. 3 (*f.* **-trice**) (*Comm*) dealer, trader. 4 (*f.* **-trice**) (*Tel*) operator, telephone operator; (*f.* **-trice**) (*Cin,TV*) (*di cinepresa*) cameraman (*f.* -woman); (*di cabina*) projectionist. 6 (*Mat,Inform*) operator. 7 (*Biol,Fis*) operator. II *a.* (*rar*) operating, working. ☐ (*Mat,Inform*) ~ *aritmetico* arithmetic operator; (*Mat,Inform*) ~*booleano* Boolean operator; (*Cin*) ~*cinematografico* cameraman, film cameraman; (*Comm*) ~

commerciale dealer, trader; *gli operatori del settore* market participants; (*TV,Cin*) ~ *del suono* sound recordist; (*Econ*) ~*di borsa* stockbroker, floor dealer; ~ *di cambio*: 1 (*Fis*) field operator; 2 (*Econ*) exchange jobber, exchanger; (*Mat*) ~ *di Laplace* Laplace operator; (*Cin*) ~*di macchina* machine operator; ~*di sportello* bank clerk, teller; (*Tel*) ~ *di telefonia mobile* mobile phone operator; (*Mat*) ~*differenziale* differential operator; ~*ecologico* dustman, rubbish man, (*Am*) garbage collector; (*Econ,Comm*) ~ *economico* businessman, entrepreneur; (*Econ*) ~ *in titoli* dealer in securities, broker in securities; (*Mat*) ~*inverso* inverse operator; (*Mat*) ~*laplaciano* Laplace operator; (*Inform*) ~*logico* logical operator; (*Inform*) ~*relazionale* relational operator; (*Med*) ~*sanitario* health professional, health worker; (*Scol*) ~*scolastico* janitor, caretaker; ~ *sociale* social worker; ~ *socio-sanitario* social health worker; (*Tel*) ~ *telefonico* operator; (*TV*) ~ *televisivo* cameraman, tv cameraman; ~*turistico* tour operator; (*Mat*) ~*vettoriale* vector operator.

operatorio *a.* 1 (*Chir*) operating, surgical, operative: *sala operatoria* operating theatre; *tavolo* ~ operating table. 2 (*Mat*) operational.

operazionale *a.* (*Mat,Inform*) operational: *calcolo* ~ operational calculus.

operazione *f.* 1 operation: *operazioni di carico* loading operations, lading operations, loading. 2 (*Chir,Med*) surgery, operation: *eseguire un'* ~ to carry out surgery; *subire un'* ~ to undergo surgery, to have an operation; *una piccola* ~ minor surgery; *una grossa* ~ major surgery. 3 (*Mat,Inform*) operation: *le quattro operazioni fondamentali* the four arithmetical operations. 4 (*Mil*) operation. 5 (*Ind*) operation, process: *le operazioni per la fabbricazione del vetro* the glass making processes. 6 (*Econ,Comm*) transaction, operation, dealing. ☐ (*Econ*) ~ *a pronti* cash deal, spot deal; (*Econ*) ~*a termine* forward dealing; (*Econ*) ~*al rialzo* bull transaction; (*Econ*) ~*al ribasso* bear transaction; (*Mat*) ~*algebrica* algebraic operation; (*Mat*) ~ *aritmetica* arithmetical operation; (*Inform*) ~*automatica* unattended operation; (*Econ*) ~*bancaria* bank transaction; (*Mil*) ~ *bellica* military operation; (*Comm*) ~ *chiavi in mano* turnkey operation; (*Mil*) ~ *combinata* combined operation; (*Comm*) ~ *commerciale* business deal: *operazioni commerciali con l'estero* foreign dealings; (*Econ*) *operazioni con l'estero* foreign transactions, foreign operations; (*Inform*) ~*di aggiornamento* refresh; (*Econ*) ~ *di borsa* stock exchange transaction: *operazioni di borsa* trading (*costr.sing.*); (*Comm*) ~*di compravendita* purchase and sale dealing; (*Inform*) ~*di controllo* control operation; (*Econ*) *operazioni di credito* lending operations, borrowing operations: *operazioni di credito attivo* lending operations; *operazioni di credito passivo* borrowing operations; (*Econ*) ~*di fusione* merger deal; *operazioni di inventario*: 1 taking of an inventory; 2 (*Comm*) stock-taking; (*Comm*) *operazioni di pagamento* money transfers; (*di polizia*) police operation; *operazioni di recupero* rescue operations; (*Inform*) ~ *di ripristino* refresh, reset; *operazioni di salvataggio* rescue operations; (*Inform*) ~*di sistema* system operation; *operazioni di soccorso* relief operations; (*Inform*) ~*di trasferimento* transfer operation; (*Comm,burocr*) *operazioni doganali* customs operation (*costr.sing.*); (*Econ*) *operazioni finanziarie* financial transactions; (*Inform*) ~ *logica* logic operation; (*Inform*) ~ *macchina* low-level operation, computer operation; (*Inform*) ~ *manuale* manual operation; (*Mat*) ~ *matematica* mathematical operation; (*Mar.mil*) ~ *navale* naval manoeuvre, naval operation; (*Inform*) ~ *on-line* on-line operation; (*Inform*) ~ *parallela* parallel operation; (*Econ*) ~ *per contanti* cash deal, spot deal; (*Inform*) ~ *sequenziale* sequential operation; (*Inform*) ~ *seriale* serial operation; (*Mil*) *operazioni tattiche* tactical operations, tactical manoeuvres, (*Am*) tactical maneuvers.

opercolo *m.* 1 (*Anat,Bot*) operculum, lid. 2 (*Farm*) gelcap.

operetta *f.* 1 (*Mus*) operetta. 2 (*Lett*) short work. □ (*fig*) *da ~* light, frivolous: *un esercito da ~* a caricature of an army.

operettista *m./f.* (*Mus*) composer of operettas.

operettistico (*pl.* -ci) *a.* 1 operetta (*attr.*), of operettas. 2 (*fig*) light, frivolous.

operista *m./f.* composer of operas, opera composer.

operistico (*pl.* -ci) *a.* (*Mus*) opera (*attr.*), operatic: *musica operistica* opera music.

operone *m.* (*Biol*) operon.

operosamente *avv.* industriously, busily.

operosità *f.* industry, industriousness, laboriousness, activity, hard work, diligence. □ *l'~ delle formiche* the industry of ants.

operoso *a.* 1 (*attivo*) industrious, busy, hard-working, active: *un ingegno ~* an active mind. 2 (*pieno di lavoro*) busy: *una giornata operosa* a busy day.

opificio *m.* factory, mill, plant, works (*costr.sing.*).

opimo *a.* (*lett*) 1 (*fertile*) fertile, fruitful. 2 (*copioso*) rich, abundant.

opinabile I *a.* debatable, open to question (*posposto*), arguable: *la cosa è ~* it's debatable, it's a matter of opinion, it's open to question. II *m.* what is debatable, what is arguable.

opinabilità *f.* (*rar*) disputableness, openness to question.

opinare (*aus.* **avere**) *vt./i.* (*lett*) to think, to maintain.

opinione *f.* 1 (*idea*) opinion: *rimanere della propria ~* to stick to one's opinion; *avere un'~ in merito a qcs.* to hold an opinion about sth., to have an opinion about sth.; *non avere opinioni* to have no opinions; *farsi un'~* to form an opinion (*di, su* on). 2 (*convinzione*) opinion, view, conviction, idea, mind: *opinioni politiche* political views; *professare un'~* to profess a conviction, to hold a view; *cambiare ~* to change one's mind; *esprimere la propria ~* to express one's view, to speak one's mind; *non condivido la tua ~* I don't share your views, I don't agree with you; *essere di opinioni diverse* to hold different views, to hold a different opinion, to disagree; *secondo la mia ~* in my opinion. 3 (*considerazione*) opinion: *avere un'alta ~ di sé* (o *avere una grande ~ di sé*) to have a high opinion of oneself; *avere una cattiva ~ di qcu.* to have a bad opinion of so.; *avere una buona ~ di qcu.* to think highly of so. 4 (*parere*) opinion: *chiedere l'~ di un esperto* to ask an expert for his opinion, to ask for (an) expert opinion; ~ *sfavorevole* unfavourable opinion. □ ~ *comune* widespread opinion; *l'~ corrente* the current opinion; *un'~ diffusa* a commonly held view, a widely found view; *opinioni divergenti* differing opinions, divergent opinions; *l'~ dominante* the prevailing opinion; *è ~*

che people believe that; *essere dell'~ che* to be of the opinion that, to be of the mind that; *essere della stessa ~* to be of the same opinion, to have the same opinion, to agree; *sono della tua ~* I agree with you; ~ *pubblica* public opinion: *informare l'~ pubblica* to inform the public.

opinionista *m./f.* (*Giorn*) columnist.

oplà *intz.* upsy daisy!, oops-a-daisy!, up you go!

oplita, oplite *m.* (*Stor.gr*) hoplite.

opoponaco (*pl.* -ci) *m.* 1 (*Bot,Farm*) opopanax, opoponax. 2 (*gommaresina*) opopanax, opoponax.

opossum *m.inv.* 1 (*Zool*) opossum, (*Am, colloq*) possum. 2 (*pelliccia*) opossum fur.

opoterapia *f.* (*Med*) organotherapy, (*rar*) opotherapy.

oppiaceo *a.* (*Farm*) opiate, opiated, opium (*attr.*): *farmaco ~* opiate.

oppiare (**òppio, òppi**) *v.t.* 1 (*mescolare con oppio*) to mix with opium, to opiate. 2 (*drogare con oppio*) to opiate, to drug with opium. 3 (*fig*) (*stordire*) to opiate, to drug.

oppiato I *a.* (*Farm*) opiate, opiated. II *m.* (*Farm*) opiate.

oppio *m.* 1 opium: *fumatore d'~* opium smoker; *mangiatore d'~* opium eater. 2 (*fig*) opium, opiate: *la religione è l'~ dei popoli* religion is the opium of the people.

oppiomane I *a.* opium addicted. II *m./f.* opium addict.

oppiomania *f.* opiomania, opium addiction.

opponente I *a.* (*Anat*) opponent: *muscolo ~* opponent muscle. II *m.* 1 (*Dir*) opponent. 2 (*Anat*) opponens.

oppongo → **opporre**

opponibile *a.* 1 that can be opposed (*posposto*). 2 (*Anat*) opposable. 3 (*Dir*) exceptionable.

opporre (*pres.ind.* **oppóngo, oppóni**) *p.rem.* **opposi**; *p.p.* **oppòsto**) I *v.t.* 1 (*contrapporre*) to oppose, to put forward, to juxtapose, to raise: ~ *i fatti alle parole* to oppose facts to words; ~ *validi argomenti* to put forward valid arguments. 2 (*mettere contro*) to oppose: ~ *un esercito al nemico* to oppose the enemy with an army. 3 (*fig*) (*controbattere*) to counter, to refute; (*obiettare*) to object to: *non avere nulla da ~* to have nothing to object. II *v.pron.* **opporsi** 1 (*essere contrario*) to oppose (*a qcs.* sth.), to withstand, to be opposed (to), to set oneself against (sth.): *opporsi alla nomina di qcu.* to oppose so.'s nomination; *opporsi a una decisione* to be opposed to, to be against a decision; *opporsi con tutte le proprie forze* to oppose with all one's strength. 2 (*Dir*) to object (*a* to), to raise an objection (against): *mi oppongo!* I object!, objection!; *opporsi a una sentenza* to object to a sentence. □ *opporsi ai cambiamenti* to resist change; ~ *ostacoli* to set obstacles in the way; ~ *resistenza* (*a* to); *senza ~ resistenza* without offering any resistance; ~ *scarsa resistenza* to make little resistance; ~ *un rifiuto* to refuse, to give a refusal.

opportunamente *avv.* 1 (*al momento opportuno*) at the right moment, at the right time, opportunely. 2 (*in modo opportuno*) suitably, appropriately, duly, rightly. 3 (*in modo conveniente*) conveniently, expediently.

opportunismo *m.* opportunism, time-serving: *agire per ~* to act out of opportunism.

opportunista I *m./f.* opportunist, time-server. II *a.* opportunist, opportunistic.

opportunistico (*pl.* -ci) *a.* 1 opportunist, opportunistic, time-serving: *una politica opportunistica* time-serving policy. 2 (*Med*) opportunistic: *infezione opportunistica* opportunistic infection.

opportunità *f.* 1 (*occasione favorevole*) opportunity, chance, occasion: *avere l'~ di fare qcs.* to have an opportunity to do sth.; *dare a qcu. l'~ di fare qcs.* to give so. the chance to do sth., to give so. opportunity to do sth.; *cogliere un'~* to seize an opportunity, to grab a chance, to grab at an oppurtunity, to take advantage of the opportunity; *lasciarsi sfuggire un'~* to let an opportunity slip by. 2 (*l'essere conveniente*) opportuneness, timeliness, advisability, expediency: *sto valutando l'~ di investire in obbligazioni* I'm considering the advisability of investing in bonds, I'm considering the opportunity of investing in bonds. 3 (*sbocco*) opportunity, prospect, opening: ~ *di carriera* career opportunities, career prospects. 4 (*Dir*) *pl.* opportunities: *pari ~* equal opportunities.

opportuno *a.* 1 (*di momento*) due, right, appropriate, opportune: *arrivare al momento ~* to arrive at the right time, to arrive at the appropriate moment, to arrive when the time is ripe; *al momento ~ te lo dirò* I'll tell you in due course, I'll tell you at the appropriate moment; *in un momento quanto mai ~* at a most opportune moment; *scegliere il momento ~ per qcs.* to time sth. well. 2 (*adatto, idoneo*) appropriate, suitable, fit, fitting, right: *con i mezzi opportuni* with the appropriate means. 3 (*conveniente*) convenient, expedient, proper, appropriate: *vista la situazione, ho ritenuto ~ andarmene al più presto* considering the situation, I found it appropriate to leave as soon as possible; *mi sembrava poco ~ parlarne in quel momento* I thought it was inappropriate to talk about it then. 4 (*meglio*) better: *ho ritenuto ~ tacere* I thought it better to say nothing. 5 (*consigliabile*) advisable, prudent: *è ~ chiudere la porta a chiave* it's advisable to lock the door; *è ~ prendere una decisione* it's time to make a decision. 6 (*appropriato*) appropriate: *un'osservazione opportuna* an appropriate remark. 7 (*di visita*) timely, convenient: *un visitatore poco ~* a guest coming at an inconvenient time, an inconvenient guest, an unwelcome guest.

oppositivo *a.* oppositive, opposition (*attr.*).

oppositore *m.* (*f.* **-trice**) opponent, opposer: *un tenace ~ delle riforme* a tenacious opponent of reforms; *gli oppositori del regime* the opponents of the regime. □ ~ *della globalizzazione* anti-global protester.

opposizione *f.* 1 opposition, resistance: *incontrare una forte ~* to meet with strong opposition. 2 (*contrasto, contraddizione*) opposition, clash, conflict. 3 (*Pol*) opposition: ~ *extraparlamentare* extraparliamentary opposition; *essere all'~* to be in opposition, to be in the opposition; *passare all'~* to go into opposition, to go over to the opposition, to pass to the opposition, to pass over to the opposition. 4 (*Astr,Filos,Fon*) opposition: *essere in ~* to be in opposition. 5 (*Dir*) objection, exception, protest. □ ~ *di ~* of the opposition, opposition: *partito di ~* opposition party; *giornale di ~* opposition paper; (*Fis*) ~ *di fase* phase opposition; (*Dir*) ~ *di terzo* appeal by a third party; (*Dir*) *fare ~* to raise an objection, to take exception; *fare ~ a una proposta* to object to a proposal, to oppose a proposal; (*Ling,Fon*) ~ *multilaterale* multilateral opposition.

opposto → **opporre** I *a.* 1 (*posto di fronte*)

opposite, facing: *sono arrivato dalla parte opposta* I came from the opposite side. **2** (*contrario*) opposite, contrary: *muoversi in senso ~* to move in the opposite direction; *due poli opposti* two opposite poles; *essere ai poli opposti* to be poles apart, to be poles asunder. **3** (*fig*) (*contrastante*) opposite, contrary: *siamo su posizioni opposte* we have opposite views, we have completely different views. **4** (*Geom,Bot,Filos*) opposite: *lato ~* opposite side; *angolo ~ al vertice* vertically opposite angle. **II** *m.* opposite, contrary, reverse: *è l'~ di quello che volevo* it is the opposite of what I wanted; *l'esatto ~ di qcs.* the exact opposite of sth. □ *all'~* on the contrary; *tutto l'~* quite the reverse, quite the contrary.

oppressi → **opprimere**.

oppressione *f.* **1** oppression: *un senso di ~* a feeling of oppression. **2** (*giogo*) oppression, bondage.

oppressivo *a.* **1** oppressive, heavy-handed. **2** (*fig*) (*asfissiante*) oppressive, stifling.

oppresso → **opprimere I** *a.* **1** oppressed, weighed down, crushed: *si sente ~ dai suoi genitori* he feels oppressed by his parents. **2** (*estens*) (*afflitto*) overwhelmed, overpowered, crushed: *~ dal dolore* overwhelmed by sorrow, crushed by sorrow; *~ dalle preoccupazioni* weighted down by cares, weighted down by worries; *~ da un grosso peso* crushed by a heavy weight. **3** (*tiranneggiato*) oppressed, downtrodden. **II** *m.* (*f.* **-a**) oppressed person, victim of oppression: *gli oppressi hanno reagito ai soprusi* the oppressed have reacted against abuses.

oppressore I *m.* oppressor: *insorgere contro l'~* to rise against the oppressor. **II** *a.* oppressive.

opprimente *a.* **1** (*che opprime*) oppressive, overwhelming: *un dolore ~* overwhelming pain. **2** (*rif. a persona*) oppressive, tiresome, depressing: *una compagnia ~* a depressing company. **3** (*fig*) (*pesante*) oppressive, stifling, claustrophobic: *un luogo ~* a claustrophobic place; *un caldo ~* stifling heat, oppressive heat.

opprimere (*pres.ind.* **opprìmo**; *p.rem.* **opprèssi**; *p.p.* **opprèsso**) *v.t.* **1** (*tiranneggiare*) to oppress: *~ i propri sudditi* to oppress one's subjects. **2** (*gravare*) to burden, to overwhelm, to crush, to load, to load down, to weigh down: *~ il popolo con le tasse* to burden the people with taxes; *questo tipo di lavoro mi opprime* this kind of job oppresses me; *cibi che opprimono lo stomaco* food that weighs down on the stomach, food that lies heavy on the stomach. **3** (*affliggere*) to oppress, to depress: *~ qcu. coi propri problemi* to depress so. with one's troubles.

oppugnabile *a.* **1** (*confutabile*) contestable, debatable, refutable. **2** (*Dir*) appealable.

oppugnabilità *f.* **1** refutability, deniability. **2** (*Dir*) appealability.

oppugnare (**oppùgno**) *v.t.* (*confutare*) to confute, to refute, to impugn: *~ una teoria* to refute a theory.

oppugnatore *m.* (*f.* **-trice**) (*lett*) opponent, antagonist, opposer.

oppugnazione *f.* refutation, confutation.

oppure *congz.* **1** or: *vieni ~ no?* are you coming or not? **2** (*nelle alternative*) or, or rather, either... or, or alternatively: *vuoi un tè ~ un caffè?* do you want tea or coffee?; *vuoi andarci a piedi ~ con l'auto?* do you want to walk there or go by car?; *o io non mi so spiegare, ~ tu non hai capito niente!* either I can't explain myself, or you didn't understand anything! **3** (*altrimenti*) otherwise, or

else: *seguimi, ~ perderai la strada* follow me, otherwise you will lose your way.

optare (**òpto**; *aus.* **avere**) *v.i.* **1** to opt (*per* for), to choose: *alla fine ho optato per il cinema* in the end I chose to go to the cinema, in the end I opted for the cinema; *~ fra due soluzioni* to choose between two solutions. **2** (*Dir,Pol,Econ*) to opt (*per* for), to choose (sth.).

optimum *m.* **1** optimum, optimality, the best thing. **2** (*massimo livello*) peak: *un calciatore all'~ della forma* a soccer player in peak form, a soccer player at his best. **3** (*Econ*) optimum, highest level: *~ di produzione* production optimum.

optional /'ɔpʃonal/ *m.inv.* **1** optional extra: (*Aut*) *l'ABS è disponibile come ~* the ABS is available as an optional, the ABS is available as an extra. **2** (*estens,scherz*) option: *il sonno per me è un ~* sleeping is an option for me.

optoelettronica *f.* optoelectronics (*costr. sing.*).

optoelettronico (*pl.* **-ci**) *a.* optoelectronic.

optometria *f.* (*Med*) optometry.

optometrista *m./f.* optometrist, optician (specialized in vision care).

optometro *m.* (*Med*) optometer.

opulento *a.* (*lett*) **1** (*ricco*) opulent, rich, wealthy. **2** (*abbondante*) opulent, abundant, copious; (*di vegetazione*) luxuriant, lush. **3** (*lussuoso*) luxurious, lush, sumptuous. **4** (*di forme*) generous, full: *forme opulente* well-developed figure, full figure; *una donna opulenta* a buxom woman, (*iron*) a well-endowed woman. **5** (*fig*) (*eccessivamente adorno*) overelaborate.

opulenza *f.* (*lett*) **1** (*ricchezza*) opulence, riches, wealth. **2** (*abbondanza*) opulence, abundance, plenty; (*di vegetazione*) lushness. **3** (*lusso*) lushness, luxory, sumptuousness. **4** (*di forme*) fullness; (*di donna*) buxomness: *~ di forme* buxomness, fullness of figure. **5** (*fig*) (*eccessivo ornamento*) overelaboration.

opunzia *f.* (*Bot*) prickly pear, opuntia.

opuscolo *m.* (*Tip,Edit*) **1** booklet, opuscule. **2** (*scientifico, politico*) pamphlet. **3** (*religioso*) tract. **4** (*pubblicitario*) brochure, handout. □ *~ divulgativo* explanatory brochure; *~illustrato* illustrated brochure; *~informativo* prospectus.

OPV *offerta pubblica di vendita* (Offer For Sale).

opzionale *a.* optional: *materia ~* optional subject.

opzione *f.* **1** (*libera scelta*) option, choice: *esercitare un'~* to take up an option. **2** (*Econ, Dir,Pol*) option: *diritto di ~* right of option, option right; *contratto di ~* option contract; *premio di ~* option money. □ (*Econ*) *~call* call option; (*Econ*) *~di acquisto* call option; (*Econ*) *~ di vendita* put option, seller's option; (*Econ*) *~put* put option, seller's option; (*Econ*) *~ su contratti a termine* futures option; (*Econ*) *~ su indici* index option; (*Econ*) *~su valute* currency option; (*Pol*) *~zero* zero option.

ora¹ *f.* **1** (*unità di tempo, parte del giorno*) hour: *ho passeggiato per due ore* I walked for two hours; *le prime ore del giorno* the early hours of the day; *mezz'~* half an hour; *un viaggio di otto ore* an eight-hour trip. **2** (*nelle indicazioni temporali*) time: *che ore sono?* what time is it?, what's the time?; *che ~ fai?* what time is it by your watch?, (*Br, colloq*) what time do you make it?; *hai l'~?* do you have the time? **3** (*particolare istante del giorno*) time, hour: *a quest'~ lo spettacolo sarà finito* by this time the show will be

over. **4** (*momento*) time: *è ~ di agire* it is time to act; *è ~ di andare* it's time to go; *sarebbe proprio ~ che ti decidessi* it's high time you made up your mind; *è ~ di andare a letto* it's bedtime. **5** (*periodo di tempo*) time: *abbiamo passato insieme ore felici* we have had some good times together. **6** *pl.* (*orario*) hours, time *sing.*: *nelle ore di ufficio* in the business hours, in the office hours; *~ di apertura* opening time; *~ di chiusura* closing time. **7** (*ora lavorativa*) man-hour, working hour, hour of work. **8** (*Scol*) class, (*Am*) period: *un'~ di fisica* a physics period, a physics class. □ *a ore* by the hour: *pagare a ore* to pay by the hour; *all'~* per hour, an hour: *cento chilometri all'~* a hundred kilometres per hour (*o* kilometres an hour); *pagare dieci euro all'~* to pay ten euros an hour (*o* per hour); *nelle ore antimeridiane* in the morning, in the morning hours; (*Scol,colloq*) *un'~ buca*: **1** (*di professore*) an hour (between two lectures); **2** (*di studente*) a free period; *le ore calde* the hot hours of day; *~ canonica*: **1** (*pl.*) (*Rel.catt*) canonical hours; **2** (*fig*) (*momento adatto*) right time, suitable time; (*fig*) *ha le ore contate* (*è vicino a morire*) his days are numbered; *~d'aria* recreation; *d'~ innanzi* from now on, henceforth; *a ogni ~ del giorno* at all hours of the day; *è l'~del tè* it's teatime; *l'~del tramonto* sunset; *l'~della merenda* tea-time; *ore della notte* night-time (*costr.sing.*), night hours; *l'~della verità* the moment of truth; *~dell'Europa centrale* Central European Time, CET; *a un'~di auto* an hour's drive, an hour by car; *un'~di cammino* an hour's walk; *l'~ di cena* dinner time; (*Scol*) *~di conversazione* (*nelle scuole di lingue straniere*) conversation period; *~ di Greenwich* Greenwich time, Greenwich mean time, GMT; *di ~in ~* as the hours pass, hour by hour; *~ di lavoro* working hour; *un'~ di macchina* an hour's drive, an hour by car; *~di manodopera* man-hour; *un'~di nave* an hour by sea; *un'~ di orologio* a whole hour, an hour by the clock; *all'~ di pranzo* at lunch time; *~ di punta* (*o ore di punta*) peak time, rush hour; (*Inform*) *~ di sistema* system time, computer time; *un'~di straordinario* an hour of overtime; *un'~di volo* an hour's flight, an hour by plane; *ore diurne* daytime (*costr.sing.*), daylight hours; *un'~ e mezza* an hour and a half, one and a half hours; *era ~!* it's about time!; *~ esatta*: **1** right time, exact time: *è arrivato all'~ esatta* he came on the dot, he came dead on time; **2** (*Tel*) (*Br*) speaking clock, (*Am*) exact time; *l'~estrema* the last hour; *all'~fissata* at the given time; *fra mezz'~* in half an hour; *sarà qui fra due ore* he'll be here in two hours'time; *un'~intera* a full hour; *~ lavorativa* working hour; *~ legale* (*Br*) summertime, (*Am*) daylight saving time; *~ locale* local time, LT: *alle 13 ~ locale* at 1 p.m. local time; *~ media di Greenwich* Greenwich time, Greenwich mean time, GMT; *ore notturne* night-time (*costr.sing.*), night hours; *ore pasti* mealtime (*costr.sing.*): *telefonare ore pasti* please phone at mealtimes; *per ~* for now, for the time being, for the present, for the moment, (*colloq*) right now; *per ore e ore* for hours and hours, for hours on end; *fare le ore piccole* to stay up late, (*Am*) to be out until the wee hours; *nelle ore pomeridiane* in the afternoon, in the afternoon hours; *ore serali* evening hours; (*Astr*) *~ solare* solar time; *a tutte le ore* at all hours, day and night; *è venuta la sua ~* his time has come; *~ zero* zero hour.

ora² **I** *avv.* **1** (*adesso*) now: *~ non lo posso*

ricevere I can't see him now; *soltanto ~ capisco* only now do I understand. **2** (*attualmente*) now, nowadays, at the present time, at present, presently. **3** (*poco fa*) just, just now, just a while ago: *se n'è andato ~* (*Br*) he has just left, (*Am*) he just left. **4** (*fra poco*) shortly, in a moment, in a minute, any moment now, (*Am*) presently: *sta' tranquillo, ~ arriva* don't worry, he'll be here in a minute; *~ arrivo!* I'm coming!, I'll be right there!, (*colloq*) I'll be there in a jiffy! **5** (*nelle correlazioni*) now... now..., now... then..., sometimes... sometimes: *~ qua, ~ là* now here, now there. **II** *congz.* **1** (*in quel momento*) now: *~ accadde che...* now it happened that..., it just so happened that... **2** (*allora, dunque*) now: *~, supponiamo di dover intervistare il nostro capo* now, let's suppose we are going to interview our boss; *~, dovete sapere che...* now, you must know that... **3** (*avversativo*) now, now then, well, but: *tu pensi di aver ragione: ~ ti dimostro che hai torto* you think you're right: well I'm going to show you that you're wrong. □ *~ che* now, now that: *~ che ci penso hai ragione* now that I come to think of it, you're right; *~ come ~* (*per il momento*) just now, right now, at present, for the time being, for the moment, as things are, at the moment, (*Am*) for now; *d'~ in avanti* (o *d'~ in poi* o *d'~ innanzi*) from this moment on, from now on, henceforth; (*Dir*) *d'~ innanzi denominato X* (*nei contratti*) hereinafter referred to as X; *e ~?* what now?; *e ~ che si fa?* now what shall we do?; *~ e per sempre* (o *~ e sempre*) now and forever more, now and forever; *~ no* not now; *~ o mai più* now or never; *or ~* just now, a moment ago; *per ~* for now, for the present, for the time being; *~ più che mai* now more than ever; *~ sì che funziona!* now at last it's working, now it's finally working; *~ sì che capisco* now I understand.

oracolare *a.* oracular: *tono ~* oracular tone.

oracolo *m.* oracle (*anche fig*): *l'~ di Apollo a Delfi* Apollo's oracle at Delphi; *l'~ di Delfi* the Delphic Oracle; *consultare l'~* to consult the oracle; *parlare come un ~* to talk like an oracle.

orafo I *m.* (*f.* **-a**) goldsmith. II *a.* goldsmith's (*attr.*), of a goldsmith (*posposto*): *arte orafa* goldsmith's art, the art of the goldsmith, goldsmithing, gold work.

orale I *a.* **1** (*non scritto*) oral: *tradizione ~* oral tradition. **2** (*della bocca*) oral, mouth (*attr.*): *cavità ~* oral cavity; *igiene ~* dental care; *per via ~* orally. II *m.* (*Scol*) (*esame orale*) oral, oral examination: *domani ho l'~ di inglese* I've got my English oral exam tomorrow.

oralmente *avv.* orally, verbally, by word of mouth.

oramai *avv.* → ormai.

orango (*pl.* **-ghi**) *m.* (*Zool*) orang-utan, orangutang.

orangutan *m.inv.* (*Zool*) orang-utan, orangutang.

orare (**òro**; *aus.* **avere**) *v.i.* (*lett*) to pray.

orario I *m.* **1** hours *pl.*, time: *~ di apertura* business hours; *~ di ufficio* office hours, working hours. **2** (*prospetto, fascicolo*) timetable, schedule: *consultare l'~* to consult the timetable. II *a.* **1** hourly, hour (*attr.*): *tariffa oraria* hourly fee; (*Astr*) *angolo ~* hour angle. **2** (*rif. a velocità*) per hour: *velocità oraria* speed per hour. **3** (*del tempo*) time (*attr.*): (*Rad*) *segnale ~* time signal. □ *~ continuato*: **1** continuous working day, continuous working hours (*pl.*), (*Am*) standard working day; **2** (*scritto su cartelli*) open

all day; *~ degli arrivi* (*prospetto*) arrival schedule; (*Ferr*) *~ dei treni* train timetable, railway timetable; (*Aer*) *~ dei voli* flight schedule; *~ delle lezioni*: **1** (*Scol*) timetable, school timetable, class schedule; **2** (*Univ*) schedule of courses, class times (*pl.*), class timetable, class schedule; (*Aer*) *~ delle linee aeree* airline schedule, airline timetable; *~ delle partenze* (*prospetto*) departure schedule; *~ delle visite*: **1** (*in musei e sim.*) opening hours (*pl.*); **2** (*rif. a ospedali*) visiting hours (*pl.*); *~ di ambulatorio* (*Br*) surgery, (*Am*) office hours (*pl.*); *~ di apertura*: **1** opening time; **2** (*di uffici ecc.*) office hours (*pl.*); **3** (*di negozi*) business hours (*pl.*); **4** (*di musei ecc.*) visiting hours (*pl.*); *~ di arrivo* times (*pl.*) of arrival; *~ di banca* banking hours (*pl.*); *~ di cassa* cash hours; *~ di chiusura* closing time; *~ di lavoro* working hours (*pl.*); *~ di lavoro flessibile* flexible working hours (*pl.*), (*Br*) flexitime, (*Am*) flextime: *avere un ~ di lavoro flessibile* to have flexible working hours, (*Br*) to work flexitime; *~ di partenza* departure time; *~ di ricevimento*: **1** (*Med*) (*Br*) surgery, (*Am*) office hours (*pl.*); **2** (*Scol,Univ*) (*Br*) programme, (*Am*) (professor's) office hours (*pl.*); *~ di sportello* business hours (*pl.*); *~ d'ufficio* business hours (*pl.*), office hours (*pl.*); *~ estivo* summer schedule; *~ feriale* weekday timetable; (*Ferr*) *~ ferroviario* train timetable, railway timetable; *~ festivo* timetable for Sundays and holidays; *~ flessibile* flexible working hours (*pl.*), (*Br*) flexitime, (*Am*) flextime: *avere un ~ flessibile* to have flexible working hours, (*Br*) to work flexitime; *in ~*: **1** (*puntuale*) on time, punctual, (*colloq*) on the dot: *essere in ~* to be on time; *non essere in ~* not to be on time, to be behind time, to be late; **2** (*rif. a treni e sim.*) on schedule, on time: *partire in ~* to depart on schedule; *arrivare in ~* to arrive on time; *non essere in ~* to be late, to be overdue; *~ invernale* winter schedule; *~ dei negozi* business hours (*pl.*), shop hours (*pl.*); *non avere ~* not to have fixed hours; *~ normale* (*rif. a uffici*) straight time, office hours (*pl.*), regular office hours (*pl.*); *~ per il pubblico* hours (*pl.*) for the public; *~ ridotto* (*di lavoro*) short time, short hours (*pl.*): *fare un ~ ridotto* to work reduced hours; *essere in anticipo sull'~* to be early, to be ahead of schedule; *essere in ritardo sull'~* to be behind schedule; *~ visite*: **1** (*in musei e sim.*) opening hours (*pl.*); **2** (*rif. a ospedali*) visiting hours (*pl.*).

orata *f.* (*Itt*) sea bream, gilthead sea bream.

oratore *m.* (*f.* **-trice**) **1** speaker, public speaker, orator, public orator. **2** (*in una conferenza*) lecturer. □ (*Stor*) *~ sacro* preacher.

oratoria *f.* oratory, eloquence: *~ politica* political oratory.

oratoriale *a.* oratorio (*attr.*).

oratoriano I *a.* (*Rel*) Oratorian. II *m.* (*Rel*) Oratorian.

oratorio[1] *a.* **1** oratorical, orator's. **2** (*fig*) (*retorico*) oratorical: *tono ~* oratorical tone.

oratorio[2] *m.* **1** (*Arch*) oratory. **2** (*nome di congregazione*) Oratory: *~ di San Filippo Neri* Oratory of St. Philip Neri. **3** (*Mus*) oratorio. **4** (*Rel.catt*) (*per ragazzi*) parish youth club: *andare all'~* to attend parish youth club. □ (*Rel.catt*) *~ feriale* summer parish youth club; (*Rel.catt*) *~ festivo* Sunday parish youth club.

Orazi *n.pr.m.pl.* (*Stor.rom*) Horatii: *~ e Curiazi* Horatii and Curiatii.

oraziano *a.* (*Stor,Lett*) Horace's.

Orazio *n.pr.m.* (*Stor,Lett*) Horace.

orazione *f.* **1** (*preghiera*) prayer: *recitare un'~* to say a prayer. **2** (*discorso eloquente*) oration: *le orazioni di Cicerone* Cicero's orations. □ (*Rel*) *orazioni del mattino* morning prayers; (*Rel*) *orazioni della sera* evening prayers; (*Rel*) *~ domenicale* the Lord's Prayer; (*Rel*) *~ funebre* funeral oration.

orbace *m.* **1** (*Tess*) rough woollen cloth, Sardinian rough woollen cloth, coarse woollen fabric. **2** (*Stor*) (*uniforme fascista*) Fascist uniform, black Fascist uniform.

orbare (**òrbo**) *v.t.* (*lett*) to bereave: *la disgrazia la orbò del marito* misfortune bereaved her of her husband.

orbe *m.* (*lett*) **1** (*terra*) earth, orb, globe, world. **2** (*sfera*) orb, sphere. **3** (*cerchio*) orb, circle. □ (*Rel*) *l'~ cattolico* the Catholic world; *~ terracqueo* terraqueous globe, terrestrial globe.

orbene *congz.* (*dunque*) so, well, well then, now, now then.

orbettino *m.* (*Zool*) blindworm, slowworm.

orbicolare I *a.* (*Anat,Min,Bot*) orbicular. II *m.* (*Anat*) orbicularis.

orbita *f.* **1** (*traiettoria*) orbit, path: *~ parabolica* parabolic orbit. **2** (*Fis*) orbit. **3** (*Astr*) orbit. **4** (*Anat*) eye-socket, orbit. **5** (*fig*) (*ambito*) sphere, sphere of action, circle, orbit: *attrarre qcu. nella propria ~* to draw so. into one's circle (*o* into one's orbit); *~ di potere* sphere of power; *questo non rientra nella mia ~ di competenza* this is not within my orbit. **6** (*fig*) (*limite*) limits *pl.*: *mantenersi nella propria ~* to keep within one's limits. □ (*Astr*) *~ circolare* circular orbit; (*Fis*) *~ di un elettrone* electron orbit; (*Astron*) *~ di parcheggio* parking orbit; (*Astr*) *~ ellittica* elliptical orbit; (*Astr*) *~ equatoriale* equatorial orbit; (*fig*) *aveva gli occhi fuori dalle orbite* his eyes were popping out of their sockets; (*Astron*) *in ~* in orbit: *lanciare in ~* to send into orbit, to launch into orbit; *mettere in ~* to put into orbit; *entrare in ~* to go into orbit; (*colloq,scherz,fig*) *è entrato in ~* he's off, he's got going, (*Am*) he's out of it; (*Astr*) *~ lunare* lunar orbit; (*Astr*) *~ planetaria* planetary orbit; (*Astron*) *~ sincrona* synchronous orbit; (*Astr*) *~ solare* solar orbit; (*Astron*) *~ stazionaria* stationary orbit; (*Astr*) *~ terrestre* Earth orbit, terrestrial orbit.

orbitale I *a.* (*Astr,Fis*) orbital: *velocità ~* orbital velocity; *elettrone ~* orbital electron. **2** (*Anat*) orbital; *cavità ~* orbit. II *m.* (*Fis*) orbital: *~ atomico* atomic orbital.

orbitante *a.* orbiting, in orbit: *stazione ~* orbiting station.

orbitare (**òrbito**; *aus.* **avere**) *v.i.* **1** (*Astr*) to orbit (*attorno a, intorno a* around). **2** (*fig*) to orbit, to gravitate, to hover: *quella donna orbita intorno al suo fidanzato* that woman dotes on her boyfriend, that woman hovers around her boyfriend.

orbitario *a.* (*Anat*) orbital: *cavità orbitaria* eye-socket.

orbo I *a.* **1** (*cieco*) blind. **2** (*lett*) (*privo*) -less, bereft, bereaved, deprived (*di* of): *~ della madre* motherless. II *m.* (*f.* **-a**) blind person. □ *~ da un occhio* one-eyed, blind in one eye.

orca *f.* **1** (*Zool*) killer, killer whale, orca: *~ assassina* killer whale. **2** (*fig*) (*mostro favoloso*) sea monster, orc. **3** (*Mar,Stor*) hooker.

Orcadi *n.pr.f.pl.* (*Geog*) Orkney Islands, Orkneys.

orch. (*Mus*) orchestra orch. (orchestra).

orchessa *f.* ogress (*anche fig*).

orchestra *f.* **1** (*Mus*) (*di musica classica*) orchestra; (*di musica leggera*) band. **2** (*Teat*) (*fossa per musicisti*) orchestra, orchestra pit. **3** (*Archeol*) orchestra. **4** (*fig*) (*vociare indistinto*) noise, (*Br,Aus*) row. □ (*Mus*) ~ *da camera* chamber orchestra; (*Mus*) ~ *d'archi* string orchestra; (*Mus*) ~ *di jazz* jazz band; (*Mus*) ~ *filarmonica* philharmonic orchestra; (*Mus*) ~ *jazz* jazz band; (*Mus*) *per* ~ orchestral; (*Mus*) ~ *sinfonica* symphony orchestra; (*Mus*) ~ *stabile* permanent orchestra, resident orchestra.

orchestrale I *a.* (*Mus*) orchestral, of an orchestra (*posposto*), for an orchestra (*posposto*), orchestra (*attr.*): *corpo* ~ orchestral body. **II** *m./f.* (*Mus*) player (in an orchestra), member of an orchestra, orchestral musician; (*di musica leggera*) bandsman, member of a band.

orchestrare (**orchèstro**) *v.t.* **1** (*Mus*) to orchestrate, to arrange. **2** (*fig*) (*organizzare*) to orchestrate, to carefully arrange, to plot, to mastermind, to stage-manage: ~ *un piano* to orchestrate a plan.

orchestrazione *f.* **1** (*Mus*) orchestration, arrangement. **2** (*fig*) (*organizzazione*) orchestration.

orchestrina *f.* (*Mus*) small orchestra, band, danceband.

orchidacee *f.pl.* (*Bot*) orchidaceae, orchid family *sing.*, orchids.

orchidea *f.* (*Bot*) orchid, orchis: ~ *selvaggia* spider orchid.

orchite *f.* (*Med*) orchitis.

orciaio *m.* (*f.* **-a**) **1** (*fabbricante*) potter, jar-maker. **2** (*venditore*) jar-seller.

orcio (*pl.* **-ci**) *m.* **1** jar; (*per olio*) oil-jar; (*per acqua*) water-jar; (*per vino*) wine-jar. **2** (*estens*) (*quantità contenuta*) jarful.

orco (*pl.* **-chi**) *m.* **1** (*mostro delle favole*) ogre, bogeyman, bogey, troll, hobgoblin. **2** (*estens*) ogre, monster: *mi sembri un* ~ you look like a monster to me. **3** (*lett*) (*inferi*) Orcus. **4** (*Zool*) (*orco marino*) velvet scoter (*Am*) white-winged scoter.

Orco *n.pr.m.* (*Mitol*) Orcus.

orda *f.* **1** horde: *un'* ~ *di barbari* a horde of barbarians. **2** (*fig*) (*frotta*) horde, mass, swarm: *orde di turisti* hordes of tourists.

ordalia, **ordalia** *f.* (*Mediev*) ordeal.

ordigno *m.* **1** contrivance, device. **2** (*scherz*) (*strano arnese*) contraption, gadget, thing, machine. □ (*Arm,Mil*) ~ *di guerra* implement of war; (*scherz*) ~ *diabolico* infernal machine; (*Arm,Mil*) ~ *esplosivo* explosive device; (*scherz*) ~ *infernale* infernal machine.

ordinabile *a.* that may be ordered (*anche Comm*).

ordinale I *a.* (*Mat,Gramm*) ordinal. **II** *m.* **1** (*Mat*) ordinal number. **2** (*Gramm*) ordinal adjective.

ordinamento *m.* **1** (*disposizione ordinata*) arrangement, order, disposition. **2** (*regolamento*) regulations *pl.*, rules *pl.*, regulation, rule, code. **3** (*organizzazione, struttura*) order, system, organization, structure: ~ *politico* political order. **4** (*istituzione*) institution. **5** (*Inform*) sorting. □ (*Inform*) ~ *a blocchi* block sort; ~ *amministrativo* administrative system; (*Dir*) ~ *carcerario* prison system; (*Dir*) ~ *civile* civil regulations (*pl.*); (*Dir*) ~ *costituzionale* constitutional regulations (*pl.*); (*Econ,Dir*) ~ *del mercato* market regulations (*pl.*); (*Scol*) ~ *didattico* teaching system; ~*disciplinare* disciplinary code; (*Dir*) ~ *giudiziario* judiciary system, court system, legal system; (*Dir*) ~*giuridico* legal system; (*Mil,Dir*) ~ *militare* military regulations (*pl.*); (*Pol*) ~ *politico* political system; (*Dir*) ~ *professionale* professional

code system; (*Scol*) ~*scolastico* educational system; (*Dir*) ~ *sindacale* union regulations (*pl.*), union rules (*pl.*); (*Sociol*) ~ *sociale* social order; (*Dir*) ~*territoriale* land division, territorial system.

ordinando *m.* (*Rel.catt*) ordinand.

ordinante *m./f.* (*Comm*) placer of an order: ~ *di un'apertura di credito* opener of a credit.

ordinanza *f.* **1** (*Dir*) ordinance, order, decree, injunction: *emettere un'* ~ to issue an order, to issue a decree. **2** (*Dir*) (*mandato*) warrant, writ. **3** (*Mil*) (*attendente*) orderly. □ (*Mil*) *d'* ~ regulation, statuary: *uniforme d'* ~ regulation uniform, service uniform; *pistola d'* ~ service pistol, regulation revolver; (*Stor*) *ordinanze del re* royal decrees; (*Dir*) ~ *del tribunale* mandatory injunction, court order; (*Dir*) ~ *di amnistia* amnesty ordinance; (*Dir*) ~*di custodia cautelare* preventive detention order; (*Dir*) ~ *di procedura fallimentare* receiving order; (*Dir*) ~ *di sequestro* sequestration order; (*Mil*) *fuori* ~ non-regulation, unauthorized; (*Dir*) ~ *ministeriale* ministerial decree; (*Dir*) ~ *municipale* municipal ordinance; (*Stor*) *ordinanze reali* royal decrees; (*Dir*) ~ *restrittiva* restraining order.

ordinare (**órdino**) **I** *v.t.* **1** (*disporre*) to arrange, to put in order, to set in order: ~ *le schede* to put the cards in order; *tutti i file sono ordinati per data* all the files are ordered by date. **2** (*riordinare*) to tidy, to tidy up, to put in order: ~ *una stanza* to tidy up a room, to clean a room. **3** (*comandare*) to order, to command: ~ *a qcu. di fare qcs.* to order so. to do sth., to command so. to do sth.; ~ *a qcu. di uscire* to order so. out; *gli fu ordinato di tornare indietro* he was ordered to come back; *chi l'ha ordinato?* who gave orders for it? **4** (*decretare*) to decree, to ordain. **5** (*prescrivere*) to prescribe, to order: ~ *una cura* to prescribe a treatment; ~ *una cura a un paziente* to order (*o* to tell) a patient to follow a treatment. **6** (*fare un'ordinazione*) to order (*anche Comm*): ~ *un caffè* to order a cup of coffee; *volete* ~? (*al ristorante*) would you like to order?; ~ *una merce a una ditta* to order goods from a firm. **7** (*rif. a opere d'arte e sim.*) to commission. **8** (*Rel*) to ordain, to confer orders on: *fu ordinato prete* he was ordained priest. **9** (*Inform*) to sort. **II** *v.pron.* **ordinarsi 1** (*disporsi*) to draw up, to arrange oneself, to get into line, to fall into line. **2** (*Rel.catt*) to be ordained, to take Holy Orders. □ ~ *alfabeticamente* to put into alphabetical order, to place into alphabetical order; (*scherz,fig*) *non l'ha certo ordinato il medico* ! there's no call for it!; (*Dir*) ~ *il sequestro di qcs.* to order the attachment of sth.

ordinariamente *avv.* **1** (*di solito*) usually, ordinarily, in most cases, normally, commonly. **2** (*estens*) (*in modo grossolano*) coarsely.

ordinariato *m.* **1** (*Univ*) professorship, full professorship. **2** (*Scol*) teaching post on the regular staff. **3** (*Rel.catt*) ordinariate.

ordinarietà *f.* **1** (*consuetudine*) ordinariness. **2** (*normalità*) normality. **3** (*regolarità*) regularity. **4** (*mediocrità*) mediocrity, poor quality. **5** (*spreg*) (*rozzezza*) coarseness, uncouthness, roughness; (*volgarità*) vulgarity.

ordinario I *a.* **1** (*consueto*) ordinary, usual, customary, common, every day (*attr.*). **2** (*normale*) normal, average: *statura ordinaria* average height. **3** (*regolare*) regular: *socio* ~ regular member, ordinary member. **4** (*Scol*) (*di ruolo*) on the permanent staff

(*posposto*), permanent. **5** (*di bassa qualità*) common, coarse: *tessuto* ~ coarse cloth. **6** (*spreg*) (*rozzo*) coarse, ill-bred, rough; (*volgare*) vulgar, common. **II** *m.* **1** ordinary, usual: *fuori dell'* ~ out of the ordinary, unusual, extraordinary; (*ant*) *secondo l'* ~ according to habit, according to custom; *uscire dall'* ~ to be out of the ordinary, to go outside the bounds. **2** (*Univ*) professor, full professor. **3** (*Scol*) regular teacher, permanent teacher, teacher on the permanent staff. **4** (*Rel.catt*) Ordinary. □ *ordinaria amministrazione* routine business, routine matters (*pl.*), everyday matters (*pl.*), business as usual; *d'* ~ usually, ordinarily; (*Lit*) ~*della messa* Ordinary of the Mass.

ordinata[1] *f.* **1** putting in order, tidying up, tidy-up: *dare un'* ~ *alle proprie cose* to tidy up one's things, to set one's things in order. **2** (*ripulita*) clear-out, tidy-up.

ordinata[2] *f.* **1** (*Mat*) ordinate. **2** (*Mar*) frame. **3** (*Aer*) bulkhead. □ (*Mar*) ~*di forza* spar-frame; (*Mar*) ~ *di paratia* bulkhead frame; (*Mar*) ~ *maestra* main frame; (*Mar*) ~*rovescia* reverse frame.

ordinatamente *avv.* **1** tidily, in an orderly way. **2** (*metodicamente*) methodically.

ordinatario *m.* (*f.* **-a**) (*Econ*) payee, beneficiary.

ordinativo I *a.* regulative, regulating. **II** *m.* (*Comm*) (*ordinazione*) order: *annullare un* ~ to cancel an order; *confermare un* ~ to confirm an order. □ (*Comm*) ~*arretrato* back order; (*Comm*) ~*di acquisto* purchase order; (*Comm*) ~*di prova* trial order; (*Comm*) ~ *urgente* rush order.

ordinato *a.* **1** tidy, neat, orderly, in order, in good order: *tenere la casa ordinata* to keep one's house tidy, to keep one's house clean, to keep one's house in order. **2** (*secondo un criterio*) in order: ~ *alfabeticamente* in alphabetical order. **3** (*di persone*) neat, groomed, well-groomed. **4** (*richiesto*) ordered. **5** (*regolato*) orderly, regular: *vita ordinata* orderly life, regular life. **6** (*disciplinato*) disciplined, well-disciplined, orderly. **7** (*metodico*) methodical. **8** (*rif. a opere d'arte e sim.*) commissioned. **9** (*Mat*) ordered: *insieme* ~ ordered set; *coppia ordinata* ordered pair. **10** (*Rel*) ordained.

ordinatore I *m.* **1** (*f.* **-trice**) orderer (*anche Comm*). **2** (*f.* **-trice**) (*organizzatore*) organizer, regulator. **3** (*f.* **-trice**) (*addetto di biblioteca*) cataloguer, (*Am*) cataloger, cataloguist, (*Am*) catalogist. **4** (*Svizz.it*) (*computer*) computer. **II** *a.* regulative, regulating, organizing, ordering: *mente ordinatrice* organizing mind.

ordinazione *f.* **1** (*Comm*) order: *fare un'* ~ to put in an order, to place an order; *ricevere un'* ~ *di un articolo* to receive an order for an article; *annullare un'* ~ to cancel an order. **2** (*rif. a opere d'arte e sim.*) commission. **3** (*Med*) (*prescrizione*) prescription. **4** (*Rel*) ordination, consecration. □ (*Comm*) *ordinazioni in corso* outstanding orders, orders in hand; (*Comm*) *su* ~ to order, according to order: *lavorare su* ~ to work to order; *fatto su* ~ made to order, custom-made.

ordine I *m.* **1** (*comando*) order, command: *dare un* ~ *a qcu.* to give so. an order; *dare a qcu. l'* ~ *di fare qcs.* to give so. the order to do sth.; *è un* ~! that's an order!, and that's an order! **2** (*mandato*) warrant, writ: ~ *di cattura* warrant for arrest, arrest warrant. **3** (*successione*) order: *invertire l'* ~ to reverse the order; *l'* ~ *delle parole* the word order. **4** (*disciplina*) order, method. **5** (*compagine, sistema*) order, structure, framework: ~ *socia-*

le social order. **6** (*funzionamento regolare*) order, orderliness: *riportare l'~ in una scuola* to restore order in a school. **7** (*quiete pubblica*) order, public order, peace: *mantenere l'~ pubblico* to keep the peace, to keep the public peace; *ristabilire l'~* to restore order. **8** (*categoria*) class, category, order: *albergo di infimo ~* third-class hotel, third-rate hotel. **9** (*classe, ceto*) class, social class, rank, order. **10** (*carattere*) nature, kind: *problemi di ~ tecnico* problems of a technical nature. **11** (*associazione*) association, society: *~ dei medici* Medical Association. **12** (*comunità religiosa o confraternita cavalleresca*) order: (*Stor.brit*) *l'~ della Giarrettiera* the Order of the Garter; *~ dei templari* order of Knights Templars. **13** (*Teat*) (*fila*: *rif. a poltrone*) row; (*rif. a palchi*) tier, circle. **14** (*estens*) (*serie*) series, sequence. **15** (*Mil*) order, array, formation: *~ di battaglia* battle order, battle array; *~ di marcia* march order. **16** (*Rel.catt*) (*sacramento*) ordination, Orders *pl.*, Holy Orders *pl.* **17** (*Dir*) order, injunction. **18** (*Comm*) (*ordinativo*) order. **19** (*Arch,Zool,Bot,Inform*) order. **20** *pl.* (*Mil*) (*schiere*) ranks, formation *sing.* ☐ (*Mil*) *agli ordini!* yes, sir; yes sir yes sir; (*Mil*) *essere agli ordini di qcu.* to be under so.'s orders (*anche estens*); *sono ai suoi ordini* I'm at your service; *~al merito del lavoro* Order of Merit for Work; *in ~ alfabetico* in alphabetical order; (*Comm*)*all' ~* to order: *pagate all'~ di* payable to, payable to the order of; (*Arch*) *~ architettonico* architectonic order; (*Comm*) *ordini arretrati* outstanding orders, back orders; (*Arch*) *~attico* Attic order; *avere l'~ di fare qcs.* to be under orders to do sth. (*anche Mil*); (*Rel.catt*) *~ benedettino* Benedictine Order; *~categorico* explicit order; (*Mediev*) *ordini cavallereschi* orders of the knighthood, chivalrous orders, knightly orders; (*Comm*) *~collettivo* collective order; (*Arch*) *~ composito* composite order; *con ~* in order, in an orderly manner: *procedere con ~* to proceed methodically; (*Arch*) *~ corinzio* Corinthian order; *~ costituito* established order; *in ~ crescente* in ascending order; *in ~ cronologico* in chronological order; *in ~ decrescente* in descending order, in a decreasing order; *~degli avvocati* (*Br*) the Bar, Roll of Solicitors, (*Am*) the Bar Association; (*Univ*) *~ degli studi* schedule of university courses; *nell'~ del 10%* in the region of 10%, about 10%, approximately 10%; *~del giorno*: **1** (*di assemblea*) agenda, order of the day: *essere all'~ del giorno* to be on the agenda; *mettere all'~ del giorno* to put on the agenda; **2** (*Pol*) order of the day; **3** (*Mil*) orderly book, dispatches; (*fig*) *una questione all'~ del giorno* a matter of topical interest, a current matter, a matter in the news; (*fig*) *ormai i furti sono all'~ del giorno* (*usuale, comune*) thefts are now everyday occurences; *Ordine del Toson d'Oro* Order of the Golden Fleece; (*burocr,Dir*) *per ~ del tribunale* by order of the court; *è nell'~ delle cose* it's in the order of things, it's in the nature of things; (*Econ,Comm*) *~ di acquisto* purchase order; *mettersi in ~ di altezza* to line up by height; *per ~ di anzianità* in order of seniority; (*Dir*) *~ di arresto* warrant of arrest, warrant for arrest; (*Mil*) *~ di battaglia* battle array, battle order; (*Comm*) *~ di bonifico* credit transfer order, payment order; *~ di carcerazione* warrant for imprisonment; (*Mil*) *~ di combattimento* fighting formation, fighting order; (*Dir*) *~ di comparizione*: **1** summons; **2** (*rif. a testimoni*) subpoena; (*Comm*) *~ di consegna* delivery order; (*Dir*) *~ di espulsio-*

ne expulsion order; *~di fermo*: **1** (*Dir*) stop order; **2** (*Comm*) stop payment order; (*Fis*) *~ di grandezza* order of magnitude; *in ordine di grandezza* in order of size; *mettersi nell'~ di idee di fare qcs.* to take it into one's head to do sth., to come round to the idea of doing sth., to set one's mind to do sth.; (*Comm*) *~ di incasso* collection order; (*Comm*) *~ di lavorazione* work order; (*Comm*) *~di pagamento* order of payment, payment order; (*Sport*) *~ di partenza* starting order; *~ di precedenza* order of precedence; (*Econ,Comm*) *~ di riscossione* collection order; (*Comm*) *in ~ di scadenza* as they fall due; (*fig*) *~di scuderia* orders (*pl.*) from on high, orders (*pl.*) from above; (*Dir*) *~ di sequestro* writ of attachment, order of attachment, distress warrant; (*Econ*) *~di vendita* order to sell; (*Arch*) *~do-rico* Doric order; (*Econ*) *~economico mondiale* world economic order; (*Stor.rom*) *~ equestre* knightly order, equestrian order; *considerazioni d'~generale* considerations of a general nature; *~gerarchico* hierarchical order; *in ~*: **1** orderly, tidy, neat; **2** (*di persona*) neat, groomed, well-groomed; **3** (*secondo un criterio*) in order; (*Comm*) *in ~ a* with regard to; *in ~ di* in order of, in... order, according to: *in ~ d'età* according to age; (*Cin,TV*) *in ~ di apparizione* in order of appearance; (*Sport*) *in ~ di arrivo* in order of arrival; *in ~ di data* in date order; (*Mil*) *in ~ di marcia* in marching order; *in ~ di merito* in order of merit; *in ~ di tempo* in chronological order; (*Arch*) *~ionico* Ionic order; (*Rel*) *ordini maggiori* major orders; *mettere ~* (*in qcs.*) to tidy (sth.) up, to set (sth.) in order; *mettere in ~*: **1** to set in order, to put in order, to order; **2** (*rif. a stanza*) to tidy up, to put in order; *mettersi in ~* (*rif. alla propria persona*) to tidy up oneself; (*Rel*) *ordini minori* minor orders; (*Rel*) *~ monastico* monastic order; *~numerico* numerical order; *per ~ di*: **1** (*perché lo ha ordinato*) by order of, by command of, at the command of; **2** (*Comm*) by order of; *~ perentorio* incontrovertible order; *~permanente* standing order, permanent order; *~ permanente di pagamento* periodical payment order; *prendere ordini da qcu.* to take orders from so.; (*Rel.catt*)*prendere gli ordini* to take orders, to take holy orders; *~professionale* professional association; *in ~ progressivo di difficoltà* in progressive order of difficulty; (*Dir*) *~pubblico* peace, order, public order: *attentato all'~ pubblico* breach of the peace; *mantenimento dell'~ pubblico* keeping order; (*Rel*) *~ religioso* religious order; (*Rel.catt*) *ordini sacri* Holy Orders; (*Mil*) *in ~sparso* in open order; *su ~ di*: **1** (*perché lo ha ordinato*) by order of, by the command of, at the command of; **2** (*Comm*) by order of; (*burocr*) *per ~superiore* according to orders from above.

ordire (*ordìsco, ordìsci*) *v.t.* **1** (*Tess*) to warp. **2** (*fig*) (*tramare*) to plot, to plan, to scheme, to hatch: *~ una congiura* to hatch a plot. **3** (*fig*) (*abbozzare*) to draft, to contrive, to sketch, to outline. ☐ *~ inganni* to intrigue, to plot; *~ intrighi* to lay plots, to hatch plots.

ordito *m.* **1** (*Tess*) warp, web: *filo dell'~* warp thread. **2** (*fig*) (*intrico*) web, tangle: *un ~ di menzogne* a web of lies, a tissue of lies. **3** (*fig*) (*trama di un racconto*) plot, story-line.

orditoio *m.* (*Tess*) (*macchina*) warping machine, warping mill, warper.

orditore *m.* (*f.* **-trice**) **1** (*Tess*) (*operaio*) warper. **2** (*fig*) plotter, schemer, hatcher.

orditura *f.* **1** (*Tess*) (*ordire*) warping; (*l'ordito*) warp. **2** (*Edil*) roof framework. **3** (*fig*)

(*macchinazione*) plot, intrigue; (*trama*) plot, outline.

oreadi *f.pl.* (*Mitol*) Oreads.

orecchia (*pl.* **le orécchie, gli orécchi**) *f.* **1** (*pop*) (*orecchio*) ear. **2** (*piega all'angolo di una pagina*) dog ear. ☐ (*Zool*) *~ di mare* sea ear, ear shell.

orecchiabile *a.* catchy: *motivo ~* catchy tune.

orecchiante I *m./f.* **1** (*chi suona a orecchio*) person who plays by ear; (*chi canta a orecchio*) person who sings by ear. **2** (*estens*) (*chi parla per sentito dire*) person who speaks from hearsay. **3** (*chi ascolta discorsi altrui*) eavesdropper. II *a.* **1** (*che suona a orecchio*) able to play by ear; (*che canta a orecchio*) able to sing by ear. **2** (*estens*) (*che parla per sentito dire*) that speaks from hearsay, without knowing the subject. **3** (*che ascolta discorsi altrui*) eavesdropping.

orecchiare (*orécchio*) I *v.t.* **1** (*udire per caso*) to pick up by chance. **2** (*ripetere a orecchio*) to pick up: *~ una canzone* to pick up a song; *ho orecchiato un po' di spagnolo* I've picked up a bit of Spanish. II *v.i.* (*aus. avere*) (*rar*) (*origliare*) to eavesdrop.

orecchietta *f.* **1** (*piccolo orecchio*) small ear. **2** (*Anat*) auricle. **3** *pl.* (*Gastron*) orecchiette (pasta shells typical of Apulia) (*costr. sing.*). **4** (*Bot*) oyster mushroom.

orecchino *m.spec.pl.* ear-ring, earring: *un paio di orecchini* a pair of earrings. ☐ *~a clip* ear-clip, clip-on earring; *~ a goccia* drop earring; *~ a vite* screw earring; *~ ad anello* hoop, hooped earring; *~ pendente* eardrop, pendant earring.

orecchio (*pl.* **gli orécchi, le orécchie**) *m.* **1** (*Anat*) ear: *sussurrare all'~ di qcu.* to whisper in so.'s ear. **2** (*Anat*) (*padiglione*) auricle. **3** (*udito*) ear, hearing, sense of hearing. **4** (*fig*) (*sensibilità musicale*) ear, ear for music: *avere molto ~* to have a good ear (for music). **5** (*fig*) (*di pagina*) ear. **6** (*Agr*) (*rif. all'aratro*) mould-board. **7** (*Bot*) ear: *~ di Giuda* Jew's ear. ☐ *cantare a ~* to sing by ear; *orecchie a sventola* flapping ears, cauliflower ears, sticking-out ears; (*fig*) *giungere all'~ di qcu.* to reach so.'s ears, (*Br*) come to so.'s ears: *mi è giunto all'~* I have heard; *mi è venuto alle orecchie* it has reached my ears, it has come to my ears, I have heard; (*Mus*) *~assoluto* absolute pitch, perfect pitch; (*fig*) *non avere orecchi* not to pay attention, not to listen; *orecchie bucate* pierced ears; (*fig*) *fare orecchi da mercante* to turn a deaf ear; (*fig*) *orecchi d'asino* ass's ears, long ears: *avere le orecchie d'asino* to have ass's ears, to have long ears, to be long-eared; *avere le orecchie delicate* to have sensitive hearing; (*Mitol*) *le orecchie di Mida* Midas' ears; (*Anat*) *~esterno* external ear; (*fig*)*fare l'~ a qcs.* to get used to sth., to get used to hearing sth.; (*fig*) *essere di ~fine* to have sharp ears, to have good hearing; (*fig*) *avere gli orecchi foderati di prosciutto* to be as deaf as a bell; (*fig*) *orecchie indiscrete* eavesdroppers; (*Anat*) *~ interno* inner ear; (*fig*) *avere le orecchie lunghe*: **1** (*essere un ignorante*) to be a little backwards; **2** (*ascoltare i discorsi altrui*) to be nosy, to eavesdrop; (*Anat*) *~medio* middle ear; *avere un ~ musicale* to have a good ear (for music); *prendere qcu. per un ~*: **1** to take so. by the ear; **2** (*fig*) to rebuke, to jerk so. by the ear; (*Mus*) *~ relativo* relative pitch; *con le orecchie tese*: **1** with ears pricked up: *stare con le orecchie tese* to prick up one's ears, to strain one's ears; **2** (*rif. ad animali*) with cocked ears: *stare con le orecchie tese* to cock one's ears; (*fig*) *essere tutt' orecchi* to be all ears. *Prov.*: (*Bibl*) *chi ha orecchie per intendere, intenda* he that has ear to hear, let him hear; (*fig*) *chi ha orecchi per intendere, intenda!* he who has ears to hear let him hear!, a word to the wise!

orecchione *m.* **1** (*orecchio grande*) big ear. **2** *pl.* (*Med*) mumps (*costr.sing.*): *avere gli orecchioni* to have mumps. **3** (*region,spreg*) (*omosessuale*) queer, fag, faggot. **4** (*Zool*) long-eared bat. **5** (*Arm*) trunnion.

orecchiuto *a.* long-eared.

orefice I *m./f.* **1** (*gioielliere*) (*Br*) jeweller, (*Am*) jeweler. **2** (*orafo*) goldsmith. II *m.* (*rar, ant*) (*oreficeria*) (*Br*) jeweller's, jeweller's shop, (*Am*) jeweler's, jeweler's store.

oreficeria *f.* **1** (*arte*) goldsmithry, goldsmithery, goldsmith's art. **2** (*negozio*) (*Br*) jeweller's, jeweller's shop, (*Am*) jeweler's, jeweler's store, jewelry store. **3** (*insieme di oggetti preziosi*) jewels *pl.*, (*Br*) jewellery, (*Am*) jewelry.

Oreste *n.pr.m.* (*Mitol,Lett*) Orestes.

oretta *f.* less than an hour, about an hour, (*Br*) under an hour: *torno tra un'~* I'll be back in less than an hour (*o* in an hour or less).

orfanello *m.* (*f.* **-a**) little orphan.

orfano I *a.* **1** (*privo di genitori*) orphan (*attr.*), parentless; (*di madre*) motherless; (*di padre*) fatherless. **2** (*fig*) (*privo*) bereft. **3** (*Med,Farm*) orphan (*attr.*): *medicinali orfani* orphan drugs. II *m.* (*f.* **-a**) **1** (*di ambedue i genitori*) orphan; (*di madre*) motherless child; (*di padre*) fatherless child. □ *~ di guerra* war orphan; *restare ~* to be orphaned.

orfanotrofio *m.* orphanage, orphan asylum, children's home.

Orfeo *n.pr.m.* (*Mitol*) Orpheus.

orfico (*pl.* **-ci**) I *a.* **1** (*Stor.gr*) Orphic, Orphean: *iniziazione orfica* Orphic rites. **2** (*fig*) (*misterioso*) mysterious. II *m.* (*Stor.gr*) Orphic, Orphist.

orfismo *m.* (*Stor.gr*) Orphism.

org. (*Mus*) *organo* org. (organ).

organario *a.* organ: *arte organaria* organ art.

organdi *m.* (*Tess*) organdie.

organetto *m.* **1** (*Mus*) (*a manovella*) barrel organ. **2** (*Mus*) (*fisarmonica*) accordion. **3** (*Mus*) (*armonica a bocca*) mouth organ, harmonica. **4** (*Zool*) redpoll. □ (*Mus*) *~ di Barberia* barrel organ.

organicamente *avv.* organically.

organicismo *m.* (*Med,Filos*) organicism.

organicistico *a.* (*Med,Filos*) organicistic.

organicità *f.* organicity, organic unity, coherence.

organico (*pl.* **-ci**) I *a.* **1** (*Biol,Chim*) organic: *vita organica* organic life; *chimica organica* organic chemistry. **2** (*Med*) (*fisico*) physical: *un difetto ~* a physical defect, a physical disorder. **3** (*fig*) organic, organized, coherent: *in modo ~* in an organic way, in a coherent way. II *m.* (*personale*) personnel, staff: *l'~ di un'azienda* a company staff; *ampliare l'~* to increase the staff; *ridurre l'~* to reduce the staff.

organigramma *m.* (*burocr*) organization chart.

organino *m.* (*Mus*) barrel organ.

organismo *m.* **1** organism, living body. **2** (*corpo umano*) human body. **3** (*sistema organizzato*) organization, authority, structure, institution, (*Am*) agency. **4** (*fig*) (*ente con incarichi particolari*) body, organ. □ *~ amministrativo* administrative agency; *~ animale* animal organism; *dell'organismo*

bodily; *~ di controllo* supervisory body, board of control; *~ di vigilanza* supervisory body; *~ direttivo* governing body; *~ esecutivo* executive branch (of the state); *~ geneticamente modificato* genetically modified organism; (*Dir*) *~ internazionale* international body; *organismi istituzionali* institutional bodies; *~legislativo* legislative, legislative body; *~politico* political structure; *organismi sindacali* trade unions, worker's unions; *~ umano* human body; (*Biol*) *organismi unicellulari* unicellular organisms.

organista *m./f.* organist, organ player.

organistico (*pl.* **-ci**) *a.* organ (*attr.*): *musica organistica* organ music.

organizer /orga'najzer/ *m.inv.* organizer (*anche Inform*).

organizzare (*organìzzo*) I *v.t.* **1** to organize, to arrange, to schedule: *~ una gita* to organize an outing; *~ la propria vita* to organize one's life; *~ un incontro* to arrange a meeting. **2** (*strutturare*) to organize, to structure: *l'ufficio è organizzato in dipartimenti* the office is structured in departments. **3** (*allestire*) to mount, to stage: *~ una mostra* to mount an exhibition. **4** (*pianificare*) to organize, to plan. **5** (*ideare*) to organize, to contrive: *~ un piano* to organize a plan, to contrive a plan, to plot. **6** (*Biol*) to organize. II *v.pron.* **organizzarsi** to organize (*anche Biol*), to get organized. □ *~ la giornata* to organize one's day, to plan one's day; *~ le idee* to get one's ideas into order, (*colloq*) to get one's act together.

organizzativo *a.* organizational, of organization, organizing: *lavoro ~* work of organization; *fase organizzativa* organizing phase.

organizzato I *a.* **1** organized: *una persona ben organizzata* a well-organized person; *gruppo ~* organized group. **2** (*efficiente*) organized, efficient, orderly. **3** (*nel turismo*) package (*attr.*), organized: *vacanza organizzata* package holiday; *viaggio ~* package tour, organized tour. II *m.* (*f.* **-a**) member (of an organization).

organizzatore I *m.* (*f.* **-trice**) organizer. II *a.* organizing.

organizzazione *f.* **1** organization: *l'~ di uno stato* the organization of a state; *mancare di ~* to lack organization, to be disorganized; *cattiva ~* poor organization; *curare l'~ di qcs.* to be in charge of the organization of sth. **2** (*di una manifestazione*) organization, staging. **3** (*pianificazione*) organization, planning. **4** (*strutturazione*) organization, structure. **5** (*istituzione, ente*) organization, institution, agency. **6** (*Biol*) organization. □ *~ aziendale* business organization, company organization; *~ capillare* vast organization; *~ clandestina* illegal organization; *~ commerciale* trading organization, *~ criminale* (*o ~criminosa*) criminal organization; *Organizzazione degli Stati americani* Organization of American States; *~ dei consumatori* consumers' organization; (*Inform*) *~ dei dati* data organization; *Organizzazione dei paesi esportatori di petrolio* Organization of Petroleum Exporting Countries; *Organizzazione del Lavoro* Labour Organization; *~ del personale* staff organization; *Organizzazione delle Nazioni Unite* United Nations, United Nations Organization; *~ di categoria* trade organization; *~ di convegni* organization of conventions; (*Inform*) *~ di file* file organization; *~ di tipo mafioso* mafia type organization, mafia like organization; *~di viaggi* travel organization; *~economica* economic organization; *~ gerarchica* or-

ganization line; *~giovanile* youth organization; *~ internazionale* international organization, international agency; *~ mafiosa* mafia organization; *~ militare* military organization; *Organizzazione Mondiale della Sanità* World Health Organization; *Organizzazione per la Liberazione della Palestina* Palestine Liberation Organization; *~ politica* political organization; *~ segreta* secret organization; *~senza fini di lucro* non-profit organization; *~ sindacale* trade union, trade union organization, (*Br*) labour organization, (*Am*) labor union; *~ sociale* social organization; *~ statale* state organization; (*Scol,Univ*) *~ studentesca* student organization; *~territoriale* territorial organization; *~ terroristica* terroristic organization; *~umanitaria* humanitarian organization.

organo *m.* **1** (*Anat,Biol*) organ: *~ fonatorio* phonatory organ; *organi gustativi* gustatory organs. **2** (*Mus*) organ: *suonare l'~* to play the organ; *musica per ~* organ music. **3** (*parte di congegno*) part, unit, mechanism: *gli organi del motore* the parts of the engine. **4** (*persona, ente con incarichi particolari*) body, organ. **5** (*assemblea*) assembly: *~ deliberativo* deliberative assembly, deliberative body. **6** (*giornale, pubblicazione*) organ. □ (*Mus*) *~a canne* pipe organ; (*Mus*) *~a due tastiere* two-manual organ; *~ amministrativo* administrative agency; *~ ausiliario* auxiliary body; *~ collegiale* corporate body; *~ consultivo* advisory body, consultative body; (*Mus*) *~da chiesa* church organ; *~ decisionale* decision-making body; *~ del governo* organ of government, government body; *~ del partito* (*giornale*) party organ, party newspaper; (*Anat*) *organi della digestione* digestive organs; (*Anat*) *organi della fonazione* organs of speech; *~di controllo* supervisory body, board of control; *~ di gestione* governing body, management body; (*Giorn*) *~ di informazione* newspaper; (*Anat*) *~ di senso* sense organ; *~di vigilanza* supervisory body; *~direttivo* governing body; (*Mus*) *~ elettronico* electronic organ; *~esecutivo* executive branch (of the state); (*Anat*) *organi interni* internal organs; *organi istituzionali* institutional bodies, institutional organs; *~ legislativo* legislative, legislative body; *~ permanente* standing body; (*Anat*) *organi riproduttivi* reproductive organs; (*Anat*) *organi sessuali* sexual organs; *~ufficiale* official organ, official body; (*Anat*) *organi vitali* vital organs.

organogenesi *f.* (*Biol*) organogenesis.

organogeno *a.* (*Geol*) organogenic: *sedimenti organogeni* organogenic sediments.

organografia *f.* (*Biol*) organography.

organografico (*pl.* **-ci**) *a.* (*Biol*) organographic, organographical.

organogramma *m.* (*burocr*) organization chart.

organolettico (*pl.* **-ci**) *a.* organoleptic: *esame ~* organoleptic exam.

organologia *f.* (*Biol*) organology.

organologico (*pl.* **-ci**) *a.* (*Biol*) organologic, organological.

organometallico (*pl.* **-ci**) *a.* (*Chim*) organometallic.

organometallo *m.* (*Chim*) organometallic compound.

organoscopia *f.* (*Med*) organoscopy.

organoterapia *f.* (*Med*) organotherapy.

organza *f.* (*Tess*) organza, organdie.

organzino *m.* (*Tess*) **1** (*filo*) organzine. **2** (*tessuto*) organzine silk.

orgasmico (*pl.* **-ci**) *a.* orgasmic.

orgasmo *m.* **1** orgasm, climax: *avere un ~*

to have an orgasm; *raggiungere l'~* to reach orgasm, to orgasm, to achieve an orgasm. **2** *(fig,lett)* excitement, agitation, climax, frenzy: *essere in ~* to be in a flutter; *mettere qcu. in ~* to get so. worked up, to get so. excited, to fluster so. □ *~ clitorideo* clitoral orgasm; *~ vaginale* vaginal orgasm.

orgia *(pl. -ge) f.* **1** *(Stor.gr)* orgy: *orge bacchiche* orgies of Bacchus. **2** *(estens)* orgy: *fare un'~* to have an orgy. **3** *(fig) (baldoria)* orgy, feast, confusion. □ *(fig) un'~ di colori* a riot of colours, a profusion of colours; *(fig) un'~ di luce* a blaze of light.

orgiastico *(pl. -ci) a.* **1** *(Stor.gr)* orgiastic, orgiastical: *rito ~* orgiastic rite. **2** *(fig) (licenzioso)* orgiastic, wild, lewd.

orgoglio *m.* **1** *(fierezza)* pride. **2** *(dignità)* pride, self esteem: *ritrovare l'~* to regain one's self esteem. **3** *(arroganza, superbia)* pride, arrogance. **4** *(estens)* pride, glory, boast: *è l'~ della famiglia* he is the pride of the family, he is the pride and joy of the family; *è l'~ nazionale* he is the national glory, he is the national hero. □ *con ~* with pride, proudly; *~ omosessuale* gay pride; *~ smisurato* immoderate pride.

orgogliosamente *avv.* proudly.

orgoglioso *a.* **1** proud: *essere ~ di qcs.* to be proud of sth., to take great pride in sth. **2** *(altezzoso)* proud, arrogant, boastful, full of oneself: *è troppo ~ per ammetterlo* he is too proud to admit it, he has too much pride to admit it.

oricello *m. (Bot,Chim)* orchil.

orientabile *a.* **1** *(di antenna, specchio)* adjustable, steerable. **2** *(di lampada)* rotating, swivel *(attr.)*.

orientale I *a.* **1** *(Geog)* east *(attr.)*, eastern, easterly: *la costa ~* the east coast. **2** *(dell'Oriente)* eastern, Asian, oriental: *tappeto ~* oriental carpet; *lingue orientali* oriental languages. **II** *m./f.* Oriental, Easterner, Asian. □ *all'~* eastern-style.

orientaleggiante *a.* oriental in character, orientalizing.

orientalista *m./f.* orientalist.

orientamento *m.* **1** *(direzione, determinazione del luogo)* orientation, direction. **2** *(senso dell'orientamento)* sense of direction: *perdere l'~* to lose one's bearings *(anche fig)*. **3** *(posizionamento, di fascio di luce ecc.)* directing. **4** *(fig) (tendenza)* trend, inclination, tendency: *~ politico* political trend, political leanings, political tendencies. **5** *(fig) (posizione)* attitude, stance: *~ neutrale* neutral stance. **6** *(fig) (l'indirizzare)* orientation, directing, guidance: *l'~ spirituale della gioventù* the spiritual guidance of youth. **7** *(Inform,Fis,Mat)* orientation. **8** *(Sport)* orienteering. **9** *(Mar) (di vele)* trim, set. □ *(Pol) ~ a destra* rightism; *(Pol) ~ a sinistra* leftism; *(Inform) ~ orizzontale* landscape orientation; *~ professionale* careers guidance, careers advice, vocational guidance; *~ scolastico* vocational guidance; *(Inform) ~ verticale* portrait orientation.

orientare (oriènto) I *v.t.* **1** *(posizionare)* to direct, to turn, to point *(verso* towards): *~ un fascio luminoso* to direct a beam; *bisogna ~ il flash verso il pavimento* you must turn *(o* you must point) your flashlight towards the ground. **2** *(regolare)* to adjust. **3** *(indirizzare, guidare)* to orient, to direct, to turn, *(Br)* to orientate *(verso* towards). **4** *(Mat)* to orient. **5** *(Mar) (rif. a vele)* to trim: *~ le vele* to trim the sails. **II** *v.pron.* **orientarsi 1** *(capire la propria posizione, trovare la strada)* to take one's bearings, to get one's bearings, to orient oneself, to find one's way, *(colloq)* to fig-

ure out where one is going: *in un grosso aeroporto è difficile orientarsi* it's hard to find one's way around in an large airport, it's hard to pull one's way around in an large airport, it's hard not to get lost in a large airport. **2** *(di discussione)* to turn round *(su* to). **3** *(fig) (raccappezzarsi)* to take one's bearings, to get one's bearings, to find one's way, to get oneself back together. **4** *(dirigersi)* to move, to turn *(verso* towards). **5** *(fig) (indirizzarsi)* to take up, to be oriented *(to-wards)*, to opt *(for)*: *penso che mi orienterò verso gli studi scientifici* I think I'll take up scientific studies; *ho finito con l'orientarmi verso la sua proposta* I finally came round to his proposal, I finally opted for his proposal. **6** *(fig) (capire il funzionamento)* to orientate oneself, to find one's feet: *come orientarsi nel mondo dei computer* how to find one's feet in the world of computers. **7** *(tendere)* to tend *(verso* towards). □ *~ una carta geografica* to position a map, *(Br)* to orientate a map.

orientativamente *avv.* roughly, about, more or less; *(circa) (Am)* in the ballpark of.

orientativo *a.* indicative, guiding: *a scopo ~* as a guide, for guidance.

orientato *a.* **1** oriented, orientated. **2** *(volto)* facing, looking: *~ a nord* facing north, with a northern aspect. **3** *(posizionato)* directed, turned, pointed *(verso* towards). **4** *(indirizzato, guidato)* oriented, directed, turned, *(Br)* orientated *(verso* towards). **5** *(Geom) (di segmento, linea)* directed; *(di superficie, grafo)* oriented. □ *(Pol) ~ a destra* right-wing, rightist, with a right wing bias; *(Inform) ~ a file* file-oriented; *(Pol) ~ a sinistra* left-wing, leftist, with a left wing bias; *(Inform) ~ agli oggetti* object-oriented; *(Inform) ~ al problema* problem-oriented; *~ verso il basso* turned downwards; *(Econ) ~ verso il mercato* market-oriented; *~ verso l'alto* turned upwards.

oriente *m.* **1** *(est)* east, *(lett)* orient. **2** *(regioni orientali)* East, Eastern, Eastern part: *l'~ europeo* Eastern Europe. **3** *(paesi orientali)* East, the East, *(lett)* the Orient. **4** *(nella massoneria)* Orient: *Grande Oriente* Grand Lodge. **5** *(di perle)* orient, translucence. □ *a ~*: 1 *(stato in luogo)* in the east; 2 *(moto a luogo)* eastwards; *essere volto a ~* to face east, to face eastwards; *a ~ di* east of; *verso ~*: 1 *(con valore aggettivale)* eastward; 2 *(con valore avverbiale)* eastwards, east: *navigare verso ~* to sail east.

orienteering /ɔrjen'tiriŋ/ *m. (Sport)* orienteering.

orifiamma *f. (Stor)* oriflamme.

orificio, orifizio *m.* **1** *(apertura)* opening, hole. **2** *(Anat)* orifice: *~ anale* anal orifice. **3** *(Idr,Mecc) (imboccatura)* mouth.

origami *m.inv.* origami.

origano *m. (Bot,Alim)* oregano, origanum.

Origene, Origene *n.pr.m. (Stor,Filos)* Origen.

originale I *a.* **1** *(autentico)* original, authentic: *edizione ~* original edition. **2** *(con carattere proprio)* original, genuine: *stile ~* original style. **3** *(nuovo)* original, new, fresh, creative: *è un'idea molto originale* it's a very creative idea; *niente di ~* nothing new, nothing original. **4** *(strano, bizzarro)* eccentric, odd, bizarre. **II** *m.* **1** *(testo, oggetto)* original: *l'~ di un documento* the original (of a document). **2** *(opera d'arte)* original (work of art). **III** *m./f. (persona stravagante)* eccentric, odd person, *(colloq)* character, *(scherz)* oddball. □ *(TV) ~ televisivo* teleplay, television play.

originalità *f.* **1** *(autenticità)* originality, authenticity. **2** *(genuinità)* originality, genuineness: *l'~ del suo stile* the originality of his style. **3** *(novità)* originality, novelty, freshness, inventiveness: *mancare di ~* to lack in originality; *l'~ di un libro* the originality of a book. **4** *(bizzarria, stravaganza)* eccentricity, oddness, strangeness, extravagance, odd behaviour.

originalmente *avv.* **1** *(in modo originale)* originally, in an original way. **2** *(in modo strano)* oddly, strangely. **3** *(all'origine)* originally, in the beginning, initially.

originare (orìgino) I *v.t.* to originate, to bring about, to occasion, to give rise to, to cause: *~ una guerra* to cause a war. **II** *v.i.* *(aus. essere)* to arise, to originate, to spring, to take origin, to have origin: *il litigio originò da un motivo alquanto futile* the argument arose out of a rather futile cause.

originariamente *avv.* originally, in the beginning, initially.

originario *a.* **1** *(nativo)* that came (from), that originally came (from), indigenous, native: *un popolo ~ dell'Africa* a people that originally came from Africa; *sono ~ di Firenze* I'm of Florentine origin, I come from Florence, I was born in Florence; *questo frutto è originario dell'Australia* this fruit is native to Australia. **2** *(che ha dato origine)* of origin *(posposto)*, original: *paese ~* country of origin. **3** *(primitivo)* original, former, primitive: *il significato ~* the original meaning; *riportare un paese al suo ~ splendore* to restore a country to its original splendour; *vivere nello stato ~* to live in the primitive state.

origine *f.* **1** *(inizio)* origin, beginning: *l'~ del mondo* the beginning of the world. **2** *(causa)* cause, origin, source: *l'~ di una lite* the cause of a quarrel. **3** *(provenienza)* origin, root, provenance: *di dubbia ~* of doubtful provenance. **4** *pl. (nascita, stirpe)* origin *sing.*, descent *sing.*: *di nobili origini* of noble descent, of noble origin, blue-blooded, high-born; *di umili origini* of humble origin, low-born; *di origini modeste* of humble origin, of humble birth; *non sa nulla delle sue origini* he doesn't know anything about his ancestry. **5** *(punto di inizio)* starting point. **6** *(fonte)* source, origin *(anche fig)*: *l'~ di un fiume* the source of a river; *l'~ di tutti i suoi problemi* the source of all his problems. **7** *(Anat,Mat,Fis)* origin: *(Mat) ~ delle coordinate* origin of the coordinates. **8** *(Ling)* origin, derivation: *un termine di ~ latina* a term of Latin derivation. **9** *pl. (inizi)* origins: *le origini della civiltà* the origins of civilization. □ *all'~* originally, in the beginning, at the beginning; *avere ~ da* to arise from, to originate from; *dare ~ a qcs.*: 1 to originate sth.; 2 *(causare)* to give rise to sth., to cause sth., to bring sth. about; *l'Origine delle specie* the Origin of Species; *di ~*: 1 *(di provenienza)* of origin: *paese di ~* country of origin; 2 *(nativo)* native: *di ~ francese* of French origin, of French extraction; 3 *(Comm)* of origin: *certificato di ~* certificate of origin; *in ~* originally, initially, in the beginning; *prendere ~ da* to have one's origins in, to originate in.

origliare (orìglio, orìgli) *aus.* **avere** *v.i.* to eavesdrop, to overhear: *~ la conversazione di qcu.* to eavesdrop on so.'s conversation. □ *~ alla porta* to listen at keyholes, to eavesdrop.

orina *f. (rar)* urine.

orinale *m.* chamber pot, urinal.

orinare (orìno) I *v.i. (aus. avere)* to urinate.

II *v.t.* to pass water, to urinate: ~ *sangue* to pass blood in one's urine, to urinate blood.

orinatoio *m.* urinal.

Orione *n.pr.* (*Astr*) Orion, Hunter.

oritteropo *m.* (*Zool*) aardvark.

oriundo I *a.* of... extraction (*posposto*), of... origin (*posposto*), of... descent (*posposto*), native to (*posposto*): *è ~ italiano* he is of Italian extraction, he is of Italian descent. **II** *m.* (*f.* **-a**) person of... extraction, person of... origin, person of... descent, person native to: *è un ~ polacco* he is of Polish extraction, he is of Polish descent.

orizzontale I *a.* **1** horizontal, level: *in posizione ~* in a horizontal position, horizontal. **2** (*fig*) (*rif. a strutture situate al medesimo livello*) horizontal: *organizzazione ~* horizontal organization. **3** (*nei cruciverba*) across: *sei ~* six across. **II** *f.* **1** *spec.pl.* (*nei cruciverba*) across clues *pl.* **2** (*Sport,Ginn*) horizontal position.

orizzontalità *f.* horizontality, horizontal position.

orizzontalmente *avv.* horizontally, flat: *appoggiare qcs. ~* to put down sth. flat, to lay sth. flat.

orizzontare (**orizzónto**) **I** *v.t.* to orient, to orientate. **II** *v.pron.* **orizzontarsi 1** to orient oneself, to take one's bearings, to get one's bearings. **2** (*fig*) (*raccapezzarsi*) to take one's bearings, to get one's bearings, to find one's way, to get one's act together.

orizzonte *m.* **1** horizon: *scrutare l'~* to scan the horizon; *alto sull'~* high above the horizon. **2** (*paesaggio*) skyline, view. **3** (*fig*) (*quadro generale*) horizon, prospects: *l'~ politico* political horizon. **4** *spec.pl.* (*fig*) (*prospettiva futura*) horizon, prospect, vista: *gli orizzonti della scienza* the horizons of science; *allargare i propri orizzonti* to broaden one's horizons; *aprire nuovi orizzonti* to open up new horizons; *intravedere nuovi orizzonti* to glimpse new horizons. **5** (*Astr, Archeol,Geol*) horizon. □ *all'~* on the horizon (*anche fig*): *comparire all'~* to appear on the horizon; *scomparire all'~* to disappear below the horizon, to disappear over the horizon; (*Aer*) ~ *artificiale* artificial horizon; (*Astr*) ~ *astronomico* celestial horizon; (*fig*) *avere un ~ limitato* to be narrow-minded, to have a limited horizon.

Orlando *n.pr.m.* Roland. □ (*Lett*) ~ *Furioso* Orlando Furioso, Orlando Enraged.

orlare (**órlo**) *v.t.* **1** (*Sart*) to hem, to border, to trim. **2** (*estens*) (*bordare*) to edge, to border; (*per oggetti circolari*) to rim. □ ~ *a giorno* (*nel cucito*) to hemstitch.

orlato *a.* **1** (*Sart*) (*cucito*) hemmed, bordered, trimmed. **2** (*estens*) (*bordato*) edged, bordered; (*di oggetto circolare*) rimmed.

orlatore *m.* (*Sart*) **1** (*f.* **-trice**) (*operaio*) edger, hemmer. **2** (*macchina*) edger, hemmer.

orlatura *f.* **1** (*Sart*) (*l'orlare*) hemming, bordering, trimming. **2** (*Sart*) (*orlo*) hem. **3** (*estens*) (*bordo*) edge, border.

orlo *m.* **1** (*Sart*) hem: *fare un ~ al vestito* to turn up a hem on a dress, to hem a dress. **2** (*margine estremo*) edge, border: *l'~ di un burrone* the edge of a ravine. **3** (*rif. a recipiente*) rim, brim: *pieno fino all'~* full to the brim, full to the top; *riempire un vaso fino all'~* to fill a vase to the top. **4** (*spigolo*) edge, corner: *l'~ del tavolo* the edge of the table. **5** (*fig*) verge, brink: *essere sull'~ del fallimento* to be on the verge bankruptcy, to be on the brink of bankruptcy; *sull'~ dell'isteria* on the verge of hysteria; *essere sull'~ del baratro* to be on the brink of the precipice. □ ~ *a giorno* (*nel cucito*) hemstitch, hem-

stitch work.

orlon *m.* (*Tess*) orlon.

orma *f.* **1** (*di persone*) footprint, footmark: *lasciare delle orme sul terreno* to leave footprints on the ground. **2** (*di animali*) spoor, track: *le orme del lupo* the wolf's tracks. **3** (*fig*) (*impronta*) mark, trace: *imprimere la propria ~ su qcs.* to make one's mark on sth., to leave one's mark on sth. **4** *pl.* (*fig*) (*esempio*) example *sing.*, footsteps: *seguire le orme di qcu.* (o *calcare le orme di qcu.*) to follow in so.'s footsteps.

ormai *avv.* **1** now, by now, by this time, at this point: ~ *dovresti andartene* you should be leaving by now; ~ *ci è abituato* he's got used to it, he's got used to it by now; ~ *dovresti averlo intuito* you should have guessed it by now. **2** (*rif. al passato*) by then, by that time, by the time: ~ *era troppo tardi* it was too late by then. **3** (*già*) now, by now, already: *è un uomo ~ vecchio* he is old now; ~ *è giorno* it's already day; ~ *è un anno che non lo vedo* I haven't seen him for a year now. **4** (*quasi*) almost, nearly, almost... now, nearly... now: ~ *siamo arrivati* we're nearly there now.

ormeggiare (**orméggio, orméggi**) **I** *v.t.* (*Mar*) to moor, to berth. **II** *v.pron.* **ormeggiarsi** (*Mar*) to moor, to berth.

ormeggio *m.* (*Mar*) **1** (*azione*) mooring, berthing. **2** (*luogo di ormeggio*) berth, mooring. **3** *pl.* (*cavi e catene*) moorings: *mollare gli ormeggi* to let go the moorings, to cast off the moorings. □ (*Mar*) *essere all'~* to be moored; (*Mar*) ~ *all'inglese* side berthing; (*Mar*) ~ *di poppa* stern fast; (*Mar*) ~ *di prua* bow fast; (*Mar*) ~ *di terra* shore fast.

ormonale *a.* (*Fisiol,Med*) hormone (*attr.*), hormonal: *dosaggio ~* hormonal dosage; *terapia ~* hormone treatment.

ormone *m.* (*Fisiol*) hormone: *cura di ormoni* hormone treatment. □ (*Fisiol*) *ormoni androgeni* androgenic hormones, androgens; (*Fisiol*) *ormoni estrogeni* estrogenic hormones, oestrogenic hormones; (*Fisiol*) *ormoni ghiandolari* glandular hormones; (*Fisiol*) ~ *luteinico* luteal hormone; (*Fisiol*) *ormoni sessuali* sex hormones; (*Fisiol*) ~ *steroideo* steroidal hormone.

ormonico (*pl.* **-ci**) *a.* (*Fisiol,Med*) hormone (*attr.*), hormonal.

ormonoterapia *f.* (*Med*) hormonotherapy.

ornamentale *a.* **1** (*di motivo, disegno*) ornamental, decorative. **2** (*di pianta*) ornamental.

ornamentazione *f.* to ornament, to decorate.

ornamento *m.* **1** ornament, decoration: *ornamenti floreali* floral decorations. **2** (*oggetti per adornare*) ornament, trill, frills *pl.* **3** (*fig,lett*) (*qualità, virtù*) virtue, ornament. **4** (*Mus*) (*abbellimento*) ornament, grace note. □ *ornamenti dello stile* stylistic embellishments; *di ~ ornamental:* (*Giard*) *piante da ~ ornamental plants;* (*Archeol*) *ornamenti muliebri:* **1** finery (*costr.sing.*); **2** (*estens*) (*gioielli*) jewels; *ornamenti retorici* rhetorical embellishments.

ornare (**órno**) **I** *v.t.* **1** to decorate, to adorn, to ornament, to deck, to deck out, to do up: ~ *la casa di fiori* to decorate the house with flowers. **2** (*rif. ad abiti*) to trim: *un vestito ornato di pizzo* a dress trimmed with lace. **3** (*fig*) (*rif. a stile e sim.*) to embellish. **4** (*Arch*) to decorate. **II** *v.pron.* **ornarsi** to adorn oneself, to deck oneself, to deck oneself out: *ornarsi di gioielli* to adorn oneself with jewels, to deck oneself with jewels.

ornato[1] *a.* **1** (*adorno*) decorated, adorned,

trimmed, embellished, decked (*di* with). **2** (*fig*) (*elaborato*) ornate, flowery: *stile ~* flowery style.

ornato[2] *m.* **1** (*arte*) ornamentation, decoration: *insegnare ~* to teach decoration. **2** (*Arch*) (*motivo ornamentale*) ornament.

orneblenda *f.* (*Min*) hornblende.

ornello *m.* (*Bot*) flowering ash, flowering ash tree, manna-ash.

ornitologia *f.* ornithology.

ornitologico (*pl.* **-ci**) *a.* ornithological.

ornitologo *m.* (*f.* **-a**; *pl.* **-gi**) ornithologist.

ornitorinco (*pl.* **-chi**) *m.* (*Zool*) duck-billed platypus, duckbill, platypus, (*rar*) ornithorhynchus.

ornitosi *f.* (*Med*) ornithosis.

oro *m.* **1** gold (*anche Chim*): ~ *semplice* pure gold; ~ *estraibile* mineable gold. **2** (*fig*) (*denaro*) money, gold. **3** (*colore*) gold, (*Br*) golden colour, (*Am*) golden color: *giallo ~* yellow gold, golden yellow. **4** *pl.* (*gioielli d'oro*) (*Br*) gold jewellery (*costr.sing.*), (*Am*) gold jewelry (*costr.sing.*); (*oggetti d'oro*) gold objects. **5** *pl.* (*nelle carte da gioco*) diamonds. □ ~ *a diciottocarati* eighteen-carat gold; ~ *antico* old gold; ~ *battuto* beaten gold; ~ *bianco* white gold; ~ *colato* pure gold; (*fig*) *prendere qcs. per ~ colato* to take sth. as gospel, to accept sth. unquestioningly; ~ *coniato* coined gold; *d'~*: **1** gold: *bracciale d'~* gold bracelet; **2** (*estens*) (*di colore dorato*) golden, gold: *sabbia d'~* golden sand; **3** (*fig*) (*molto vantaggioso*) golden, wonderful: *un affare d'~* a wonderful bargain, a real bargain; *occasione d'~* golden opportunity; **4** (*fig*) (*eccezionale*) wonderful: *una persona d'~* a wonderful person, a sterling person; *una ragazza d'~* a girl worth her weight in gold; ~ *da conio* coin gold; (*Dent*) ~ *dentario* dental gold; ~ *di bassa lega* low-grade gold; (*Mitol*) *l'~ di Mida* Midas gold; ~ *di titolo* standard gold; ~ *fino* refined gold, fine gold; ~ *fogliato* gold leaf; ~ *giallo* yellow gold; *in ~* with gold, in gold, gold: *abito ricamato in ~* gold-embroidered dress; ~ *in barre* gold bullion, bar gold; ~ *in foglie* (o ~ *in lamine*) gold leaf, gold foil; ~ *in lingotti* gold bullion, gold ingots (*pl.*); ~ *in pepite* gold nuggets (*pl.*); ~ *in polvere* gold dust; ~ *in verghe* gold bullion; (*Bibl*) ~, *incenso e mirra* gold, frankincense and myrrh; ~ *libero* free gold; ~ *massiccio* solid gold; ~ *matto* dead gold, dull gold; ~ *monetario* monetary gold; ~ *monetato* coined gold; (*Chim*) ~ *musivo* mosai gold; ~ *nativo* native gold; (*fig*) ~ *nero* black gold; (*Met*) ~ *nordico* Nordic gold; (*fig*) *per tutto l'~ del mondo* for all the money in the world, (*scherz*) for all the tea in China; ~ *rosso* red gold; ~ *verde* green gold; ~ *zecchino* first-quality gold, fine gold, pure gold. *Prov.*: *non è tutto ~ ciò che luccica* all that glitters is not gold; *il mattino ha l'~ in bocca* the early bird catches the worm.

orofaringe *f.* (*Anat*) oropharynx.

orogenesi *f.* (*Geol*) orogeny, orogenesis.

orogenetico (*pl.* **-ci**) *a.* (*Geol*) orogenic, orogenetic.

orografia *f.* (*Geog*) orography.

orografico (*pl.* **-ci**) *a.* (*Geog*) orographic: *bacino ~* orographic basin; *sistema ~* mountain chain, mountain system, orographic system.

oroidrografia *f.* (*Geog*) orohydrography.

oroidrografico (*pl.* **-ci**) *a.* (*Geog*) orohydrographic.

orologeria *f.* (*Orol*) **1** watchmaking, clockmaking. **2** (*negozio*) watch maker's, watch maker's shop. □ *a ~* time, clock-work:

(*Arm*) *bomba a* ~ time bomb; *congegno a* ~ timer, timing device.

orologiaio *m.* (*f.* **-a**) (*Orol*) **1** (*fabbricante*) watch maker, clock maker. **2** (*riparatore*) watch repairer, clock repairer. **3** (*venditore*) watch seller, clock seller.

orologio *m.* (*Orol*) **1** (*da polso o da taschino*) watch: ~ *d'oro* gold watch. **2** (*da muro*) clock. □ ~ *a batteria* battery-powered watch; ~ *a carica automatica* self-winding watch; ~ *a carillon* chiming clock; ~ *a celle solari* solar watch; ~ *a cipolla* fob clock, pocket watch; ~ *a cristalli liquidi* liquid crystal display watch; ~ *a cronometro* stop watch, timer, timepiece, chronometer; ~ *a cucù* cuckoo clock; ~ *a meridiana* sundial; ~ *a pendolo* pendulum clock, grandfather clock; ~ *a polvere* hourglass; ~ *a ripetizione* repeater; ~ *a sabbia* sand glass, hour glass; ~ *a sveglia* alarm, alarm clock; ~ *ad acqua* water-clock; ~ *al quarzo* quartz watch; ~ *analogico*: 1 (*da polso*) analogue watch; 2 (*da parete*) analogue clock; ~ *astronomico* astronomical clock; ~ *atomico* atomical clock; ~ *automatico* automatic watch; *mettere l'~avanti di alcuni minuti* to put a watch ahead a few minutes, to set a watch forward a few minutes; *questo* ~ *va avanti* this clock is fast; (*Biol,fig*) ~ *biologico* biological clock; (*fig*) *andare come un* ~ (*rif. a meccanismo*) to run like clockwork; ~ *con data* (o ~ *con datario*) day-date watch; ~ *con suoneria* alarm clock; ~ *da donna* lady's watch; ~ *da muro* (o ~ *da parete*) clock, wall clock; ~ *da polso* wrist watch; ~ *da tasca* (o ~ *da taschino*) pocket watch; ~ *da tavolo* table clock; ~ *del campanile* church clock; (*Entom*) ~ *della morte* death-watch beetle; *ci sono voluti cinque minuti di* ~ it took us five minutes by the watch; *un'ora di* ~ a whole hour; ~ *di controllo* time clock; ~ *di precisione* precision watch; (*Inform*) ~ *di sistema* system clock; ~ *digitale* digital watch; ~ *elettrico* electric clock; (*fig*) *essere un* ~: 1 (*essere regolare*) to be always on the dot, to keep regular hours; 2 (*essere metodico*) to be methodical; 3 (*di congegno*) to run like clockwork; *che ora fa il tuo* ~? what time is it by your watch?; *il mio* ~ *fa le 5* it's five o'clock by my watch; *l'~ della cucina è fermo* the kitchen clock has stopped; (*fig*) *stare sempre con l'~ in mano* to be a stickler for punctuality; *mettere l'~ indietro di alcuni minuti* to put a watch back a few minutes, to set a watch backward a few minutes; *questo* ~ *sta indietro* this clock is slow; (*Biol*) ~ *molecolare* molecular clock; ~ *solare* sundial; ~ *subacqueo* waterproof watch; ~ *svizzero* Swiss watch; (*Inform*) ~ *temporizzatore* clock.

oroscopia *f.* horoscopy.

oroscopico *a.* horoscope (*attr.*).

oroscopo *m.* **1** horoscope: *fare l'* ~ *di qcu.* to cast an horoscope for so. **2** (*sulle riviste*) horoscope, stars *pl.*: *che cosa dice il tuo* ~ *oggi?* what does your horoscope say today?; *consultare l'* ~ to consult the stars, to consult one's horoscope, to examine one's horoscope; *leggere l'* ~ to read the stars, to read one's horoscope. **3** (*estens*) prediction, forecast. □ ~ *cinese* Chinese horoscope.

orpellare (**orpèllo**) *v.t.* **1** (*lett*) to cover with pinchbeck. **2** (*fig*) (*nascondere ciò che è sgradevole*) to tinsel, to disguise, to cover up.

orpellatura *f.* **1** (*lett*) (*azione*) covering with pinchbeck; (*effetto*) pinchbeck covering. **2** (*fig*) (*rif. a finzione: azione*) tinselling; (*effetto*) tinselry.

orpello *m.* **1** (*Met*) pinchbeck. **2** *spec.pl.* (*ornamento superfluo*) frills *pl.* **3** (*fig*) (*falsa apparenza*) tinsel, disguise.

orrendamente *avv.* horribly, terribly, dreadfully, grossly.

orrendo *a.* **1** (*che suscita orrore*) horrible, horrid, dreadful, atrocious, fearful: *una storia orrenda* a dreadful story; *un delitto* ~ a horrible crime. **2** (*ripugnante*) hideous, ghastly, appalling, awful, repulsive: *una donna orrenda* a ghastly woman. **3** (*di tempo atmosferico*) awful, dreadful, horrible, terrible: *il tempo è stato* ~ the weather has been awful.

orribile *a.* **1** (*spaventoso*) horrible, dreadful, awful, frightful, infamous, shocking, appalling: *un delitto* ~ a dreadful crime. **2** (*ripugnante*) horrible, disgusting, revolting, ghastly, hideous. **3** (*di tempo atmosferico*) horrible, terrible, awful, dreadful, nasty.

orribilmente *avv.* **1** horribly, dreadfully, awfully, frightfully. **2** (*in modo ripugnante*) disgustingly, revoltingly, hideously. **3** (*in modo pessimo*) terribly, awfully.

orridamente *avv.* horridly, dreadfully.

orridezza, orridità *f.* (*rar*) horridness, frightfulness.

orrido **I** *a.* **1** (*spaventoso*) horrid, horrifying, hideous, dreadful, horrible, awful. **2** (*sgradevole*) horrible, dreadful, awful. **II** *m.* **1** horridness, hideousness, horror: *avere il gusto dell'* ~ to have a taste for horror. **2** (*gola*) ravine, precipice, gorge.

orripilante *a.* **1** horrific, horrifying, dreadful: *una violenza* ~ a horrifying violence. **2** (*estens*) (*estremamente brutto, sgradevole*) horrendous, horrifying, extremely awful, horrible, monstrous: *una donna* ~ a horrifying woman.

orripilazione *f.* (*Fisiol*) horripilation.

orrore *m.* **1** horror: *essere colto da* ~ to be horror-struck. **2** (*ribrezzo*) disgust, repugnance, abhorrence. **3** (*terrore*) terror, dread. **4** (*cosa orribile*) horror, atrocity: *gli orrori della guerra* the horrors of war, the atrocities of war. □ *avere* ~ *per qcs.* to have a horror of sth., to loathe sth.: *ho* ~ *dei serpenti* I have a horror of snakes; *che* ~! how horrible!; *che* ~ *quel quadro* what a ghastly painting!; what a dreadful painting!; *dell'* ~ horror: *film dell'* ~ horror film; *mi fa* ~ *l'idea* I dread to think of it; ~ *sacro* awe.

orsa *f.* (*Zool*) she bear. □ (*Astr*) *Orsa maggiore* Great Bear, Ursa Major; (*Astr*) *Orsa minore* Little Bear, Ursa Minor.

orsacchiotto *m.* **1** bear cub, young bear. **2** (*giocattolo*) teddy bear.

orsetto *m.* **1** (*piccolo orso*) little bear. **2** (*cucciolo dell'orso*) bear cub, young bear. **3** (*pelliccia*) wildcat fur. **4** (*giocattolo*) teddy bear. □ (*Zool*) ~ *lavatore* raccoon.

orso *m.* **1** (*Zool*) bear. **2** (*fig*) (*persona scontrosa*) bear, gruff, surly person, grumpy person: *non fare l'~!* don't be such a bear! □ (*Zool*) ~ *bianco* white bear, polar bear; (*Zool*) ~ *bruno* brown bear; ~ *di peluche* teddy bear; (*Zool*) ~ *grigio* grizzly, grizzly bear; (*Zool*) ~ *marsupiale* marsupial bear; (*Zool*) ~ *polare* polar bear, white bear.

Orsola *n.pr.f.* Ursula.

orsolina *f.* (*Rel*) Ursuline.

orsù *intz.* come on!, come now!, now then!

ortaggio *m.* (*Bot,Alim*) vegetable: *gli ortaggi* greens, vegetables; *coltivare ortaggi* to grow vegetables; *piantare ortaggi* to plant vegetables. □ (*Alim*) *ortaggi di serra* glass-house vegetables; (*Alim*) *ortaggi freschi* fresh vegetables; (*Alim*) *ortaggi primaticci* early vegetables; (*Alim*) *ortaggi surge-*

lati deep-frozen vegetables.

ortaglia *f.* **1** vegetable garden, kitchen garden. **2** (*region*) (*ortaggio*) vegetable.

ortensia *f.* (*Bot*) hydrangea.

ortesi *f.* (*Med*) orthotics (*costr.sing.*).

ortica *f.* (*Bot*) nettle, stinging nettle. □ (*Bot*) ~ *bianca* white dead-nettle.

orticaio *m.* nettle bed.

orticaria *f.* (*Med*) urticaria, nettle rash: *le ciliegie mi fanno venire l'* ~ cherries bring me out in a nettle-rash.

orticello *m.* vegetable patch, small vegetable garden, small kitchen garden.

orticolo *a.* horticultural, garden (*attr.*): *azienda orticola* (*Br*) market garden, (*Am*) truck farm; *prodotti orticoli* (*Br*) market garden produce, (*Am*) truck.

orticoltore *m.* (*f.* **-trice**) **1** vegetable grower, horticulturist. **2** (*su vasta scala*) (*Br*) market gardener, (*Am*) truck farmer.

orticoltura *f.* **1** horticulture, vegetable growing. **2** (*su vasta scala*) (*Br*) market gardening, (*Am*) truck farming. □ ~ *biologica* biological vegetable growing, organic gardening.

orto *m.* vegetable garden, kitchen garden. □ ~ *botanico* botanical gardens; (*Bibl*) *l'* ~ *del Getsemani* the Garden of Gethsemane.

ortocentrico (*pl.* **-ci**) *a.* (*Geom*) orthocentric.

ortocentro *m.* (*Geom*) orthocentre.

ortoclasio *m.* (*Min*) orthoclase.

ortocromatico (*pl.* **-ci**) *a.* (*Biol,Fot*) orthochromatic.

ortocromatismo *m.* (*Biol,Fot*) orthochromatism.

ortodontia *f.* (*Med*) orthodontics (*costr.sing.*), orthodontia, dental orthopaedics (*costr.sing.*).

ortodontico (*pl.* **-ci**) *a.* (*Med*) orthodontic.

ortodontista *m./f.* (*Med*) orthodontist.

ortodonzia *f.* (*Med*) orthodontics (*costr. sing.*), orthodontia, dental orthopaedics (*costr.sing.*).

ortodossia *f.* **1** orthodoxy (*anche estens*): *ortodossia marxista* Marxist orthodoxy. **2** (*confessione delle chiese orientali*) Orthodoxy.

ortodosso **I** *a.* **1** (*Rel*) orthodox. **2** (*rif. alle chiese orientali*) Orthodox. **3** (*estens*) (*convenzionale*) orthodox, conventional: *le tue sono opinioni poco ortodosse* your opinions are unconventional, your opinions are rather unorthodox. **II** *m.* (*f.* **-a**) Orthodox: *gli ortodossi* the Orthodox.

ortodromia *f.* (*Geog*) orthodromy.

ortodromico (*pl.* **-ci**) *a.* (*Geog*) orthodromic: *linea ortodromica* orthodrome.

ortoepia *f.* (*Ling*) orthoepy.

ortofloricoltura *f.* horticulture, vegetable and flower growing.

ortofonia *f.* **1** (*Med*) speech therapy. **2** (*Ling*) orthoepy.

ortofonico (*pl.* **-ci**) *a.* **1** (*Med*) speech therapy (*attr.*). **2** (*Ling*) orthoepic.

ortofonista *m./f.* **1** (*Med*) speech therapist. **2** (*Ling*) orthoepist.

ortofrenico (*pl.* **-ci**) *a.* (*Psic*) orthopsychiatric.

ortofrenopedia *f.* (*Psic*) orthopsychiatry.

ortofrutticolo *a.* fruit and vegetable (*attr.*), produce (*attr.*), (*Br*) market-garden (*attr.*): *mercato* ~ fruit and vegetable market.

ortofrutticoltore *m.* (*f.* **-trice**) **1** fruit and vegetable grower, produce farmer. **2** (*su vasta scala*) (*Br*) market gardener, (*Am*) truck farmer.

ortofrutticoltura *f.* **1** fruit and vegetable growing, produce farming. **2** (*su vasta sca-*

la) (*Br*) market gardening, (*Am*) truck farming.

ortogenesi *f.* (*Biol*) orthogenesis.

ortogenetico (*pl.* **-ci**) *a.* (*Biol*) orthogenetic.

ortognatismo *m.* (*in antropologia*) orthognathism.

ortogonale *a.* (*Geom*) orthogonal: *rette ortogonali* orthogonal lines.

ortografia *f.* 1 (*modo di scrivere*) spelling: *sbagliare l'~ di una parola* to misspell a word. 2 (*regole*) spelling system, (*rar*) orthography. 3 (*studio*) spelling, (*rar*) orthography. ☐ ~ *errata* misspelling.

ortografico (*pl.* **-ci**) *a.* 1 spelling (*attr.*), orthographic: *errore* ~ spelling mistake. 2 (*di proiezione*) orthographic.

ortolano I *m.* 1 (*f.* **-a**) (*venditore*) vegetable seller, produce seller, (*Br*) greengrocer. 2 (*f.* **-a**) (*orticoltore*) (*Br*) market gardener, (*Am*) truck farmer. 3 (*Ornit*) ortolan. II *a.* (*rar*) garden (*attr.*).

ortomercato *m.* fruit and vegetable market, produce market.

ortopedia *f.* (*Med*) (*Br*) orthopaedics (*costr.sing.*), (*Am*) orthopedics (*costr.sing.*).

ortopedico (*pl.* **-ci**) I *a.* (*Med*) (*Br*) orthopaedic, (*Am*) orthopedic: *apparecchio* ~ orthopaedic appliance, orthopaedic device; *scarpe ortopediche* orthopaedic shoes. II *m.* (*f.* **-a**) (*Med*) (*Br*) orthopaedist, orthopaedic surgeon, (*Am*) orthopedist, orthopedic surgeon.

ortotteri *m.pl.* (*Entom*) orthoptera, orthopterans.

ortottica *f.* (*Med*) orthoptics (*costr.sing.*).

ortottico (*pl.* **-ci**) *a.* (*Med*) orthoptic.

ortottista *m./f.* (*Med*) orthoptist.

orvieto *m.* (*Enol*) white wine from Umbria.

orza *f.* (*Mar*) 1 (*cavo*) bowline, luff tackle, luff-rope. 2 (*lato sopravvento*) windward, weatherboard. ☐ (*Mar*) *andare all'*~ to luff, to haul to the wind, to haul windward.

orzaiolo *m.* (*Med*) sty, stye.

orzare (**òrzo**; *aus.* avere) *v.i.* (*Mar*) to luff, to haul to the wind, to haul winward.

orzata[1] *f.* (*Mar*) luff, luffing, luffing up.

orzata[2] *f.* (*bibita*) orgeat, barley water.

orzo *m.* (*Bot,Alim*) barley. ☐ ~ *da birra* brewer's barley; ~ *mondato* hulled barley; ~ *perlato* pearl barley.

OSA *Organizzazione degli stati americani* OAS (Organization of American States).

osanna I *m.* 1 (*Lit*) hosanna: *gridare* ~ to cry hosanna. 2 (*estens*) (*esultazione*) cheer: *levare un* ~ to cheer. II *intz.* hosanna!

osannare (**osànno**) I *v.i.* (*aus.* avere) 1 (*Rel*) to sing hosanna. 2 (*estens*) to acclaim, to applaud, to hail (*a qcu.* so.): *la folla osannò al vincitore* the crowd hailed the winner. II *v.t.* to acclaim: *uno scrittore osannato dalla critica* a writer acclaimed by the critics.

osare (**òso**) *v.t.* 1 to dare, to venture: ~ *fare qcs.* to dare to do sth., to dare to do sth.; *non osava avvicinarsi a me* he didn't dare (to) approach me; *non oso uscire* I don't dare go out!; *vorrei, ma non oso* I'd like to, but I don't dare; *non oso pensarci* I daren't think of it, I don't dare to think of it. 2 (*tentare*) to attempt, to dare, to risk: ~ *l'impossibile* to attempt the impossible. 3 (*azzardarsi*) to dare: *non* ~ *più rispondermi in quel modo!* never dare answer me like that again!; *non* ~ *toccarmi!* dont't you dare (to) touch me. ☐ *come osi?* how dare you?; *oserei dire* I venture to say, I dare say; ~ *il tutto per tutto* to risk everything, to throw caution to the wind, (*Am*) to put everything on the line, to place everything on the line, to make an

all-out attempt; *se posso* ~ if I may be so bold; *oso sperare che...* I trust (that)..., I hope (that)...

Oscar[1] *n.pr.m.* Oscar.

Oscar[2] *m.* 1 (*Cin*) (*premio*) Oscar: *candidato all'*~ nominated for an Oscar. 2 (*Cin*) (*attore o film premiato*) Oscar winner. 3 (*fig, scherz*) first prize, award.

oscenamente *avv.* obscenely, indecently.

oscenità *f.* 1 obscenity, lewdness. 2 (*atto osceno*) obscenity, indecency: *compiere un'*~ to commit an indecency; *dire* ~ to utter obscenities; *scrivere* ~ to write obscenities. 3 (*estens*) (*cosa di pessimo gusto*) obscenity, atrocity, trash, rubbish, monstrosity.

osceno *a.* 1 obscene, indecent, vulgar: *una proposta oscena* an indecent proposal. 2 (*di linguaggio*) obscene, filthy. 3 (*di barzelletta*) smutty. 4 (*di canzone*) bawdy. 5 (*Dir*) indecent: *atti osceni* indecent behaviour. 6 (*colloq*) (*di pessimo gusto*) obscene, horrible, ghastly, awful, montrous: *un cappello* ~ a horrible hat.

oscillante *a.* 1 oscillating, swinging. 2 (*estens*) (*rif. a carattere e sim.*) oscillating, variable: *umore* ~ variable mood. 3 (*Econ*) fluctuating, floating, varying: *prezzi oscillanti* fluctuating prices; *il tasso di interesse è* ~ the interest rate is floating. 4 (*fig*) (*tentennante*) wavering. 5 (*El*) oscillatory, oscillating: *circuito* ~ oscillatory circuit.

oscillare (**oscìllo**; *aus.* avere) *v.i.* 1 to oscillate, to swing, to sway: *la corda oscillava al vento* the rope was swinging in the wind. 2 (*estens*) to vary, to range, to fluctuate: *il prezzo oscilla tra i trenta e i quaranta euro* the price varies from thirty to forty euros; *il numero totale oscilla tra i 150 e i 600* the total number ranges from 150 to 600. 3 (*Econ*) to fluctuate, to vary, to float: *i prezzi oscillano* prices are fluctuating; ~ *liberamente* to float freely. 4 (*fig*) (*tentennare*) to waver: ~ *tra due possibilità* to waver between two options, to hesitate between two options. 5 (*Tecn*) to oscillate. ☐ *fare* ~ *qcs.* to swing sth.; (*Econ*) *fare* ~ *una divisa* to float a currency.

oscillatore *m.* (*Elettron,Fis*) oscillator. ☐ (*Elettron*) ~ *a cristallo* crystal oscillator; (*Elettron*) ~ *a ponte* bridge oscillator; (*Elettron*) ~ *a radiofrequenza* radio-frequency oscillator; (*Elettron*) ~ *a valvole* tube oscillator; (*Elettron*) ~ *bilanciato* balanced oscillator; (*Elettron*) ~ *piezoelettrico* crystal oscillator.

oscillatorio *a.* oscillatory, oscillating: *movimento* ~ oscillatory movement.

oscillazione *f.* 1 oscillation, swinging, swing, swaying. 2 (*estens*) (*variazione*) variation, fluctuation, oscillation: *oscillazioni di temperatura* variations in temperature; *oscillazioni nelle vendite* fluctuation in sales. 3 (*estens*) (*tentennamento*) wavering. 4 (*Econ*) fluctuation, variation, floating. 5 (*Fis, El*) oscillation. 6 (*Mecc*) vibration, oscillation. ☐ (*Fis*) ~ *armonica* harmonic oscillation; (*Econ*) *le oscillazioni dei cambi* fluctuations in the exchange rate, fluctuations of exchange, exchange fluctuations; (*Cin,Acus*) ~ *del suono* flutter; (*Econ*) ~ *delle quotazioni* price fluctuation; ~ *giornaliera delle quotazioni* daily fluctuation of prices, spread; (*Cin,TV*) ~ *dell'immagine* unsteady picture; (*Econ*) ~ *di mercato* market movement, market fluctuation; (*El*) ~ *elettrica* electrical oscillation; (*Fis*) ~ *libera* free oscillation; (*Elettron*) ~ *parassita* parasitic oscillation; (*Fis*) ~ *pendolare* pendular oscillation; (*Fis*) ~ *sostenuta* sustained oscillation; (*Econ*) ~ *stagionale* seasonal fluctuation; (*Econ*) ~

verso il basso (*di una valuta*) floating down; (*Econ*) ~ *verso l'alto* (*di valuta*) floating up.

oscillografo *m.* (*Fis,Elettron*) oscillograph. ☐ ~ *a raggi catodici* cathode ray oscillograph.

oscillogramma *m.* (*Fis*) oscillogram.

oscillometro *m.* (*Med,Mar*) oscillometer.

oscilloscopio *m.* (*Elettron*) oscilloscope. ☐ ~ *a raggi catodici* cathode ray oscilloscope.

osco I *a.* Oscan. II *m.* 1 (*f.* **-a**; *pl.* **-chi**) Oscan. 2 (*lingua*) Oscan.

osculatore *a.* (*Mat*) osculating.

osculazione *f.* (*Mat*) osculation.

oscurabile *a.* that may be obscured, that may be darkened.

oscuramente *avv.* 1 obscurely, darkly. 2 (*fig*) obscurely, mysteriously: *scrivere* ~ to write obscurely. 3 (*fig*) (*senza fama*) without glory: *vivere* ~ ingloriously.

oscuramento *m.* 1 darkening, obscuring, dimming, clouding, clouding over, overshadow. 2 (*fig*) (*obnubilamento*) clouding, blurring: ~ *delle facoltà intellettive* clouding of the mind. 3 (*rif. alla vista*) dimming: ~ *della vista* dimming of sight. 4 (*Mil*) (*per protezione antiaerea*) blackout.

oscurantismo *m.* obscurantism.

oscurantista I *m./f.* 1 obscurant, obscurantist. 2 (*fig,spreg*) (*persona retrograda*) obscurantist; (*persona non illuminata*) unenlightened person. II *a.* obscurantist.

oscurantistico (*pl.* **-ci**) *a.* obscurantist; (*non illuminato*) unenlightened.

oscurare (**oscùro**) I *v.t.* 1 to darken, to make dark, to blacken, to obscure, to dim, to cloud: *grosse nubi oscuravano il sole* large clouds obscured the sun; ~ *una stanza* to darken a room; ~ *la vista* to dim the sight. 2 (*fig*) (*rendere confuso*) to make obscure, to cloud, to obscure: *il vino gli oscurò la mente* wine clouded his mind. 3 (*fig*) (*offuscare*) to dim, to bedim, to darken, to overshadow: *un'ombra di tristezza oscurò il suo sorriso* a shadow of sadness darkened his smile. 4 (*fig*) (*rif. a gloria, meriti e sim.*) to overshadow, to eclipse: *la sua fama fu oscurata* his fame was eclipsed. 5 (*schermare*) to shade, to screen, to dim: ~ *una lampada* to screen a lamp. 6 (*superare in luminosità*) to outshine: *il sole oscura la luna* the sun outshines the moon. 7 (*Mil,TV*) to black out: ~ *un'emittente televisiva* to black out a television station. II *v.pron.* **oscurarsi** 1 to darken, to go dark, to grow dark, to get dark, to grow dim, to get dim, to cloud over: *il cielo si oscurò all'improvviso* the sky suddenly darkened, the sky suddenly clouded over. 2 (*fig*) (*intristirsi*) to darken, to cloud over, to become gloomy: *alle mie parole si oscurò in volto* at my words his face darkened. 3 (*fig*) (*rif. alla vista*) to grow dim. 4 (*fig*) (*rif. alla mente*) to cloud, to blur.

oscurazione *f.* (*rar*) clouding (*anche fig*).

oscurità *f.* 1 darkness, dark, dimness, obscurity, shadow: *nell'*~ in the dark, in the darkness; *l'*~ *delle tenebre* the darkness of the night; *approfittando dell'*~ under cover of darkness, under the cover of darkness. 2 (*fig*) (*inintelligibilità*) obscurity, opacity: *l'*~ *di un testo* the obscurity of a text. 3 (*mancanza di notorietà*) obscurity: *è sempre vissuto nell'*~ he has always lived in obscurity, he has always lived in the shadow.

oscuro I *a.* 1 dark, dim, gloomy, sombre, obscure: *casa oscura* dark house. 2 (*incomprensibile*) obscure, dark, mysterious: *un brano* ~ an obscure passage. 3 (*misterioso*) mysterious, sinister: *scomparve in circo-*

stanze oscure he disappeared in mysterious circumstances; *oscuri presagi* sinister omens. **4** (*incerto*) uncertain, dark: *un destino* ~ a dark destiny. **5** (*ignoto*) obscure, unknown: *poeta* ~ obscure poet, unknown poet. **6** (*umile*) obscure, humble, lowly: *di oscure origini* of humble origins. **7** (*inglorioso*) obscure: *morte oscura* obscure death. **II** *m.* (*rar*) (*oscurità*) dark, darkness. □ (*fig*) *essere all'* ~ *di qcs.* to be in the dark about sth.; *lasciare qcu. all'* ~ *di qcs.* (o *tenere qcu. all'* ~ *di qcs.*) to keep so. in the dark about sth.

osé /o'ze/ *a.inv.* saucy, risqué, spicy, audacious: *un film* ~ an audacious film, a saucy film; *un abbigliamento* ~ a risqué outfit.

Osea *n.pr.m.* (*Bibl*) Hosea.

Osiride *n.pr.m.* (*Mitol*) Osiris.

Oslo *n.pr.f.* (*Geog*) Oslo.

osmio *m.* (*Chim*) osmium.

osmolarità *f.* (*Chim,Biol*) osmolarity.

osmosi *f.* **1** (*Biol,Fis*) osmosis: *passare per* ~ to osmose. **2** (*fig*) (*interscambio*) osmosis, interchange, fusion: ~ *culturale* cultural interchange; *si produsse un'* ~ *tra le due civiltà* the two civilizations merged into one another.

osmotico (*pl.* **-ci**) *a.* (*Chim,Fis*) osmotic: *pressione osmotica* osmotic pressure.

osmunda *f.* (*Bot*) royal fern, royal osmund.

ospedale I *m.* hospital: *essere in* ~ to be in hospital, (*Am*) to be in the hospital; *è appena stato dimesso dall'* ~ he has just come out (*o* he has just been released *o* he has just come home) from hospital; *entrare all'* ~ to be hospitalized; *portare qcu. all'* ~ to take so. to hospital, (*Am*) to take so. to the hospital. **II** *a.inv.* hospital (*attr.*): *nave* ~ hospital ship. □ (*fig,scherz*) *essere un* ~ *ambulante* to be a hospital-case, to be full of aches and pains, to have always sth. that ails; *andare all'* ~: **1** (*da malato*) to go to hospital, (*Am*) to go to the hospital; **2** (*da visitatore*) to go to the hospital, to visit so. in the hospital; ~ *civile* civilian hospital; ~ *clinico* clinical hospital; (*Mil*) ~ *da campo* field hospital; ~ *degli innocenti* Foundling Hospital; *fare un anno di* ~ to spend a year in hospital, (*Am*) to spend a year in the hospital; ~ *diurno* day-hospital; ~ *geriatrico* geriatric hospital; ~ *maggiore* general hospital; (*Mil*) ~ *militare* military hospital; ~ *neurologico* hospital for nervous diseases; ~ *oftalmico* eye hospital, eye centre, (*Am*) eye center; ~ *ortopedico* orthopedic hospital, surgical hospital; ~ *pediatrico* children's hospital; ~ *privato* private hospital; ~ *psichiatrico* mental home, mental hospital, psychiatric hospital; ~ *specializzato* specialist hospital; ~ *universitario* university hospital.

ospedaliero I *a.* hospital (*attr.*): *cure ospedaliere* hospital treatment; *personale* ~ hospital staff. **II** *m.* **1** (*f.* **-a**) hospital worker. **2** (*Rel*) Hospitaller.

ospedalizzare (**ospedalizzo**) *v.t.* to admit to hospital, (*Am*) to admit to the hospital, to hospitalize.

ospedalizzazione *f.* admission to hospital, (*Am*) admission to the hospital, hospitalization.

ospitale *a.* **1** hospitable, welcoming: *è una padrona di casa molto* ~ she is a very hospitable host. **2** (*rif. a paese*) friendly, welcoming: *un paese* ~ a friendly country.

ospitalità *f.* **1** hospitality: *chiedere* ~ to ask for hospitality; *dare* ~ *a qcu.* to give so. hospitality; *offrire* ~ to offer hospitality; *trovare* ~ *presso qcu.* to be made welcome by so.; *il dovere dell'* ~ host's duty, the duty of hospi-

tality. **2** (*accoglienza*) welcome: *grazie per la vostra* ~ thank you for making us welcome, thank you for making us feel welcome; *approfittare dell'* ~ *di qcu.* to overstay so.'s welcome, (*Am,colloq*) to wear out one's welcome. **3** (*in un giornale*) acceptance.

ospitalmente *avv.* (*rar*) hospitably.

ospitante I *a.* **1** (*che ospita*) host (*attr.*): *paese* ~ host country. **2** (*Sport*) home (*attr.*). **II** *m./f.* (*chi ospita*) host (*f.* hostess). **III** *f.* (*Sport*) home team.

ospitare (**òspito**) *v.t.* **1** (*avere come ospite*) to have (so.) as a guest. **2** (*dare ospitalità*) to give hospitality to, to shelter. **3** (*dare il benvenuto*) to welcome. **4** (*alloggiare*) to lodge: (*colloq*) ~ *un amico per una notte* to put a friend up for a night; (*rif. ad albergo e sim.*) to accommodate. **5** (*fig*) (*accogliere*) to accept, to take, to hold: *il nuovo multisala può* ~ *fino a duemila persone* the new multiplex can hold up to two thousand people. **6** (*fig*) (*contenere*) to house, to contain: *la galleria ospita molti dei quadri più famosi di Kandinskij* the gallery hosts many of Kandinskij's most famous pictures. **7** (*fig*) (*di giornale*) to publish. □ (*Sport*) ~ *una squadra* to play a team at home, to host a team.

ospite I *m./f.* **1** (*chi ospita*) host (*f.* hostess). **2** (*persona ospitata*) guest, visitor: *avere ospiti* to have visitors, to have guests; *essere* ~ *in casa di qcu.* to be a guest in so.'s house. **3** (*Biol*) host. **II** *a.* **1** (*che ospita*) host (*attr.*): *paese* ~ host country. **2** (*che è ospitato*) visiting (*attr.*). **3** (*Sport*) (*che gioca fuori casa*) visiting, visitor (*attr.*). □ ~ *d'onore* guest of honour; ~ *indesiderabile* undesirable guest, unwelcome guest. *Prov.:* *l'* ~ *è come il pesce: dopo tre giorni puzza* the perfect guest doesn't outstay his welcome.

ospizio *m.* **1** hospice, charitable institution. **2** (*per vecchi*) old folks' home, old people's home, home for the aged. **3** (*per poveri*) almshouse, poorhouse. **4** (*ant*) (*albergo per passanti*) hospice, pilgrim hospice. □ (*ant*) ~ *di mendicità* poorhouse, almshouse; (*ant*) ~ *di pellegrini* pilgrims' hostel, pilgrims' hospice; ~ *per ciechi* home for the blind, blind asylum; ~ *per gli orfani* orphans asylum, children's home; (*ant*) ~ *per trovatelli* foundling hospital.

ossa → *osso*.

ossalato *m.* (*Chim*) oxalate.

ossalico (*pl.* **-ci**) *a.* (*Chim*) oxalic: *acido* ~ oxalic acid.

ossame *m.* (*lett*) bones *pl.*

ossario *m.* **1** ossuary, charnel house. **2** (*nel domino*) bone pile.

ossatura *f.* **1** (*costituzione scheletrica*) bone structure, frame: *una donna dall'* ~ *minuta* a small-boned woman. **2** (*scheletro*) skeleton. **3** (*Edil*) (*struttura portante*) frame, framing, framework, structure: *l'* ~ *rinforzata* braced framing. **4** (*fig*) (*orditura*) framework, structure, outlines *pl.*: *l'* ~ *di un romanzo* the outlines of a novel. **5** (*Mar*) frame, framework, structure, skeleton.

osseina *f.* (*Biol*) ossein, osseine.

osseo *a.* **1** bone (*attr.*), bony, osseous: *frattura ossea* bone fracture. **2** (*estens*) (*duro come un osso*) osseous, hard.

ossequente *a.* (*rar*) **1** respectful, obsequious, deferential. **2** (*obbediente*) obedient, compliant: *una figlia* ~ an obedient daughter. □ ~ *alla legge* law-abiding.

ossequiare (**ossèquio, ossèqui**) *v.t.* to pay one's respects to, to pay homage to.

ossequiente *a.* **1** respectful, obsequious, deferential. **2** (*obbediente*) obedient, compliant: *una figlia* ~ an obedient daughter. □ ~

~ *alla legge* law-abiding.

ossequio *m.* **1** respects *pl.*, homage: *rendere* ~ *a qcu.* to pay one's respects to so.; *atto di* ~ mark of respect, gesture of respect; *in atto di* ~ as a mark of respect, as a sign of respect. **2** *pl.* (*saluti deferenti*) respects, kind regards, regards: *porgere i propri ossequi a qcu.* to pay one's respects to so.; *i miei ossequi* my kindest regards, my respects. □ (*epist,ant*) *con ossequi* with kindest regards; *in* ~ a in deference to, out of respect for, in conformity to: (*Dir*) *in* ~ *alle leggi* in obedience to the law.

ossequiosamente *avv.* **1** (*con rispetto*) respectfully, deferentially, with ceremony. **2** (*servilmente*) obsequiously.

ossequiosità *f.* **1** (*rispetto*) respectfulness, deference. **2** (*atteggiamento servile*) obsequiousness.

ossequioso *a.* **1** (*rispettoso*) respectful; obsequious. **2** (*cerimonioso*) ceremonious: *un uomo* ~ a ceremonious man.

osservabile I *a.* **1** (*visibile*) noticeable, visible, observable, that can be observed (*posposto*): ~ *solo con la lente di ingrandimento* visible only with a magnifying glass; ~ *a occhio nudo* that can be observed with the naked eye. **2** (*che può essere rispettato*) observable: *un comandamento difficilmente* ~ a commandment hard to follow, a commandment hard to obey. **II** *f.* (*Fis*) observable.

osservante I *a.* **1** punctilious, observant, observing. **2** (*che segue le pratiche di culto*) practising: *un cattolico* ~ a practising catholic. **3** (*Rel.catt*) (*di frate*) Observant. **II** *m./f.* (*che segue le pratiche di culto*) practising; (*che va in chiesa*) regular church-goer. **III** *m.* (*Rel.catt*) (*frate*) Observant. □ *essere* ~ *di qcs.* to obey sth., to observe sth.: *essere* ~ *delle leggi* to be law-abiding.

osservanza *f.* **1** observance, compliance, adherence, conformity: ~ *delle leggi* observance of the law; ~ *delle regole* adherence to rules. **2** (*adempimento*) observance, fulfilment. **3** (*Rel*) observance: *di stretta* ~ of strict observance. □ (*epist,ant*) *con* ~ yours respectfully; (*Rel*) *le osservanze dell'ordine* the rules of the Order; *in* ~ a in conformity with, in compliance with: *in* ~ *delle leggi* in conformity with the law.

osservare (**ossèrvo**) *v.t.* **1** (*guardare*) to watch, to look at: ~ *qcu. con attenzione* to watch so. attentively; ~ *un quadro* to look at a painting; *qualcuno ti osserva* you are being watched; ~ *qcu. fare qcs.* (*tutta l'azione*) to watch so. do sth.; (*parte dell'azione*) to watch so. doing sth. **2** (*esaminare scientificamente*) to observe. **3** (*rilevare, notare*) to observe, to notice, to remark, to note: *ho osservato qualcosa di strano* I noticed something odd; *si può* ~ *una macchia nera nell'osso* a dark patch can be seen in the bone; *fare* ~ *qcs. a qcu.* to point sth. out to so., to draw so.'s attention to sth. **4** (*affermare*) to observe, to remark: *Sei in ritardo - osservò* You're late - he remarked. **5** (*obiettare*) to observe, to object to, to point out: *osservò che ormai era troppo tardi* he objected it was too late by then. **6** (*rispettare, seguire*) to respect, to follow, to observe, to comply with: ~ *una norma* to follow a rule; ~ *il codice della strada* to observe the highway code, to follow the highway code. **7** (*mantenere*) to keep, to maintain: ~ *un patto* to keep an agreement, to keep a bargain; ~ *un giuramento* to keep one's vow, to keep one's oath. **8** (*attenersi*) to keep (to), to follow: ~ *il digiuno* to fast, to keep the fast;

una dieta rigorosa to keep to a strict diet, to follow a strict diet. ☐ (*Rel.ebr*) *~ il sabato* to observe the Sabbath, to keep the Sabbath; *~ il silenzio* to observe silence; *~ la legge* to abide by the law; *~ le distanze*: 1 (*Aut*) to keep the correct distance; 2 (*fig*) (*mantenersi al proprio posto*) to keep one's place; *~ un minuto di silenzio* to observe a minute's silence.

osservatore I *a.* observing, attentive: *una mente osservatrice* an observing mind. **II** *m.* 1 (*f.* **-trice**) observer, watcher: *un ~ attento* a careful observer; *un ~ dell'ONU* an observator of the UN, a UN observer. 2 (*f.* **-trice**) (*spettatore*) looker-on, beholder, watcher. 3 (*f.* **-trice**) (*Mil*) spotter, observer. 4 (*Giorn*) (*nelle testate*) observer. ☐ *~ economico* economic observer; *~ esterno* outsider, outside observer; (*Mil*) *~ militare* military observer.

osservatorio *m.* 1 observatory. 2 (*Mil*) observation post, look-out. 3 (*Econ*) control, watch. ☐ *~ astronomico* astronomical observatory; (*Econ*) *~ dei prezzi* price control; *~ meteorologico* meteorological observatory, weather station; *~ sismico* seismic observatory.

osservazione *f.* 1 examination, study: *l' dei fenomeni sociali* the examination of social phenomena. 2 (*scientifica*) observation, observing: *osservazioni compiute col microscopio* observations made with a microscope; *l'~ di una reazione chimica* the observing of a chemical reaction. 3 (*considerazione*) remark (on), observation, comment: *fare un'~* to make a comment; *un'~ stupida* a stupid remark. 4 (*obiezione*) objection: *fare un'~* to make an objection, to raise an objection. 5 (*rimprovero*) reproach; (*critica*) criticism, piece of criticism, critical remark: *fare un'~ a qcu.* to make a remark to so., to criticize so. 6 *pl.* (*resoconto, spec. nei titoli*) account *sing.*, observations: *osservazioni sul corteggiamento negli animali* an account of courting among animals. ☐ *~ aerea* aerial observation; *~ astronomica* astronomical observation; (*Med*) *in ~* under observation: *essere tenuto in ~* to be kept under observation; *mettere qcu. in ~* to put so. under observation; (*Astr*) *~ meridiana* meridian observation; *~ partecipata* participant observation; *osservazioni scientifiche* scientific observations; *~ sottomarina* underwater observation; *~ terrestre* ground observation.

ossessionante *a.* haunting, obsessive: *un ritmo ~* a haunting rhythm.

ossessionare (**ossessiono**) *v.t.* 1 to obsess, to haunt. 2 (*fig*) (*esasperare*) to pester, to hound: *~ qcu. con continue telefonate* to pester so. with constant calls.

ossessionato *a.* 1 obsessed, haunted: *essere ~ da qcs.* to be obsessed with sth.; *~ dai ricordi* haunted by memories. 2 (*fig*) (*esasperato*) pestered, hounded.

ossessione *f.* 1 (*Psic*) obsession. 2 (*estens*) (*fissazione*) obsession, fixation: *ha l'~ dei ladri* he is obsessed with thieves; *è una vera ~!* it is a real obsession! 3 (*colloq*) (*ciò che provoca angoscia*) nightmare, agony: *questo rumore è un'~* this noise is a nightmare.

ossessivamente *avv.* obsessively.

ossessività *f.* obsessiveness.

ossessivo *a.* obsessive, obsessional (*anche Psic*): *nevrosi ossessiva* obsessional neurosis; *bisogno ~* obsessive need.

ossesso I *a.* possessed. **II** *m.* (*f.* **-a**) possessed person (*anche fig*). ☐ *gridare come un ~* to shout like a madman, to shout like

one who is possessed.

ossia *congz.* 1 that is, that is to say, i.e., namely, in other words, viz, to say: *la semantica, ~ lo studio dei significati* semantics, that is the study of meaning. 2 (*per meglio dire*) or rather.

ossiacetilenico (*pl.* **-ci**) *a.* (*Tecn*) oxyacetylene (*attr.*): *cannello ~* oxyacetylene blowpipe, oxyacetylene torch.

ossiacido *m.* (*Chim*) hydroxy acid.

Ossian *n.pr.m.* (*Lett*) Ossian.

ossianico (*pl.* **-ci**) *a.* (*Lett*) Ossianic: *repertorio ~* Ossianic repertoire.

ossicino *m.* ossicle (*anche Anat*): *gli ossicini dell'orecchio medio* the ossicles of the middle ear.

ossidabile *a.* oxidizable, liable to rust: *facilmente ~* which rusts easily.

ossidabilità *f.* oxidability.

ossidante I *a.* (*Chim*) oxidizing: *agente ~* oxidizing agent. **II** *m.* (*Chim*) oxidizer, oxidant.

ossidare (**òssido**) **I** *v.t.* (*Chim*) to oxidize. **II** *v.pron.* **ossidarsi** (*Chim*) to become oxidized, to oxidize.

ossidasi *f.* (*Biol,Chim*) oxidase.

ossidazione *f.* (*Chim*) oxidation, oxidization.

ossidionale *a.* 1 (*Mil*) obsidional, siege (*attr.*): *macchina ~* siege machine. 2 (*Numism*) obsidional.

ossido *m.* (*Chim*) oxide. ☐ (*Chim*) *~ di bario* barium oxide; (*Chim*) *~ di carbonio* carbon monoxide, carbonic oxide; (*Chim*) *~ di deuterio* deuterium oxide; (*Chim*) *~ di ferro* iron oxide; (*Chim*) *~ di magnesio* magnesium oxide; (*Chim*) *~ di rame* copper oxide; (*Chim*) *~ di zinco* zink oxide; (*Chim*) *~ di zolfo* sulphur oxide.

ossidoriduzione *f.* (*Chim*) oxidation-reduction: *reazione di ~* oxidation-reduction reaction, redox reaction.

ossidrico (*pl.* **-ci**) *a.* (*Chim*) oxyhydrogen (*attr.*): *cannello ~* oxyhydrogen blowpipe; *fiamma ossidrica* oxyhydrogen flame.

ossidrile *m.* (*Chim*) hydroxyl.

ossidrilico (*pl.* **-ci**) *a.* (*Chim*) hydroxylic.

ossiemoglobina *f.* (*Biol*) (*Br*) oxyhaemoglobin, (*Am*) oxyhemoglobin.

ossificare (**ossìfico, ossìfichi**) **I** *v.t.* (*Biol, Med*) to ossify. **II** *v.pron.* **ossificarsi** (*Biol,Med*) to ossify.

ossificazione *f.* (*Biol,Med*) ossification: *~ endocondrale* endochondral ossification.

ossigenare (**ossìgeno**) **I** *v.t.* 1 to oxygenate: *~ il sangue* to oxygenate the blood. 2 (*rif. a capelli*) to bleach (with hydrogen peroxide), to peroxide: *~ i capelli* to bleach one's hair. 3 (*fig*) (*rinvigorire*) to reinvigorate, to give fresh life to, to revive. **II** *v.pron.* **ossigenarsi** 1 (*rif. a capelli*) to bleach one's hair. 2 (*respirare aria buona*) to breathe fresh air: *sono andato in montagna per ossigenarmi un po'* I went to the mountains to breathe some fresh air.

ossigenato *a.* 1 (*ricco di ossigeno*) rich in oxygen: *aria ossigenata* air rich in oxygen. 2 (*rif. a capelli*) bleached, peroxided: (*rif. a persona*) with bleached hair, peroxide-blond. 3 (*Chim*) oxygenated: *acqua ossigenata* hydrogen peroxide.

ossigenazione *f.* 1 oxygenation. 2 (*rif. a capelli*) bleaching, peroxiding.

ossigeno *m.* (*Chim*) oxygen. ☐ (*Med*) *tenda a ~* oxygen tent; *~ atmosferico* atmospheric oxygen; *dare l'~ a qcu.* to give so. oxygen; (*fig*) *dare ~ all'economia* to give financial help to economy, to give a boost to the economy; (*Med*) *bombola di ~* oxygen

bottle; (*Chim*) *~ liquido* liquid oxygen.

ossigenoterapia *f.* (*Med*) oxygen therapy: *~ iperbarica* hyperbaric oxygenation.

ossimoro *m.* (*Ret*) oxymoron.

ossitono *a.* (*Metr*) oxytone: *parola ossitona* oxytone.

ossiuriasi *f.* (*Med*) oxyuriasis, (*colloq*) pinworm infection.

ossiuro *m.* (*Med*) oxyuris.

osso *m.* (*pl.* **gli òssi/le òssa**; *the plural in* **-a** *is only used in a collective sense*) 1 bone: *rompersi un ~* to break a bone; *avere le ossa piccole* to have small bones; *è così magro che gli si vedono le ossa* he's so thin you can see his bones. 2 (*materiale*) bone. 3 (*colloq*) (*nocciolo*) stone: *~ della ciliegia* cherry stone. 4 *pl.* (*membra*) bones: *le mie povere ossa hanno bisogno di riposo* my poor bones need a rest. 5 *pl.* (*resti mortali*) bones, remains. ☐ (*Ornit*) *~ a forchetta* wishbone; (*fig*) *essere ridotto all'~* to be on the rocks; (*Gastron*) *carne con l'~* meat on the bone; (*Gastron*) *con midollo* marrow bone; *d'~* bone, of bone: *bottoni d'~* bone buttons; (*Anat*) *le ossa del bacino* the pelvis; (*Anat*) *l'~ del collo* neck-bone; (*colloq*) *rompersi l'~ del collo* to break one's neck; (*fig*) *spendere l'~ del collo* to spend one's last penny; (*Anat*) *le ossa del cranio* the bones of the head, the skull; *~ di balena* whalebone; *~ di seppia* cuttlebone; (*fig*) *un ~ duro*: 1 (*rif. a problema o sim.*) a tough nut to crack, a hard nut to crack, a tough one; 2 (*rif. a persona*) a tough customer, a tough nut to crack; (*fig*) *farsi le ossa* (*fare esperienza*) to gain experience, to cut one's teeth; (*Anat*) *~ frontale* frontal bone; (*Anat*) *~ iliaco* iliac bone, ilium; (*Anat*) *~ mascellare* jaw bone, maxilla, maxillary bone; (*Anat*) *~ occipitale* occipital bone; (*Anat*) *~ parietale* parietal bone; (*Anat*) *~ pubico* pubic bone; (*Anat,Zool*) *~ quadrato* quadrate; (*fig*) *avere le ossa rotte* to be tired out, to be worn out, to be aching all over; (*Anat*) *~ sacro* sacrum; (*Gastron*) *senza ~* boneless, boned; (*Anat*) *~ spugnoso* spongy bone; (*Anat*) *ossa tarsali* tarsal bones.

ossobuco (*pl.* **ossibùchi**) *m.* (*Gastron*) shin of veal containing marrowbone.

ossuto *a.* bony, skinny: *mani ossute* bony hands.

ostacolare (**ostàcolo**) **I** *v.t.* 1 (*intralciare*) to obstruct, to impede; to hamper, to get in the way of: *~ il traffico* to obstruct the traffic. 2 (*impedire*) to thwart, to impede: *~ un matrimonio* to impede a marriage. 3 (*ostruire*) to block, to obstruct, to shut off, to cut off: *la vista* to block the view. 4 (*fig*) (*rendere difficile*) to hinder, to hamper, to handicap. 5 (*fig*) (*avversare, opporsi a*) to obstruct, to oppose: *~ la promozione di qcu.* to oppose so.'s promotion. 6 (*fig*) (*rif. a progetti*) to interfere with. **II** *v.r.recipr.* **ostacolarsi** to get in each other's way.

ostacolista I *m./f.* (*Sport*) (*in atletica*) hurdler. **II** *m.* (*Equit*) steeplechaser.

ostacolo *m.* 1 obstacle, stumbling block: *rimuovere un ~* to remove an obstacle; *superare un ~* to get over an obstacle. 2 (*fig*) (*difficoltà*) difficulty, problem: *incontrare ostacoli* to meet with difficulties, to run up against difficulties; *superare un ~* to overcome a difficulty. 3 (*fig*) (*impedimento*) obstacle, impediment, hindrance, drawback, setback. 4 (*Sport*) (*nell'atletica*) hurdle, obstacle, jump: *saltare un ~* to jump a hurdle. 5 (*Sport*) (*nel golf*) hazard: *~ d'acqua* water hazard. 6 (*Equit*) obstacle, barrier, fence: *saltare un ~* to jump an obstacle. ☐ (*Mil*) *~ anticarro* tank trap; (*fig*) *essere di ~ a qcu.* to stand in so.'s way, to be a bar to so., to be an obstacle to so., to hamper so.; *(fig)* ~ *rimovibile* surmountable obstacle.

ostaggio *m.* hostage: *prendere qcu. in ~* to take so. hostage; *tenere in ~* to hold as a hostage; *(per ottenere un riscatto)* to hold so. to ransom; *consegnare gli ostaggi* to hand over the hostages.

ostare (**òsto**; *compound tenses not in use*) *v.i.* *(rar)* to hinder *(a qcs. sth.)*, to prevent, to stand in the way of: *nulla osta alla sua partenza* nothing prevents his departure.

oste *m.* innkeeper.

osteggiare (**ostéggio, ostéggi**) *v.t.* to oppose, to be hostile to, to be opposed to, to be against: ~ *una proposta* to oppose a proposal.

osteite *f.* *(Med)* osteitis.

ostello *m.* 1 *(della gioventù)* hostel, youth hostel. 2 *(ant)* *(alloggio)* dwelling, abode.

Ostenda *n.pr.f.* *(Geog)* Ostend.

ostensibile *a.* *(burocr)* that can be shown *(posposto)*, that can be seen *(posposto)*: *prova non ~* a proof that cannot be shown.

ostensione *f.* *(lett)* ostension, display.

ostensorio *m.* *(Rel.catt)* monstrance, ostensory.

ostentamento *m.* ostentation, display, show.

ostentare (**ostènto**) *v.t.* 1 to make a show of, to flaunt, *(colloq)* to show off: ~ *le proprie ricchezze* to flaunt one's wealth, to show off one's wealth; ~ *la propria cultura* to show off one's culture. 2 *(vantare)* to boast of, to brag about: ~ *i propri meriti* to boast of one's merits. 3 *(simulare)* to feign, to pretend, to assume, to make a show of: ~ *interesse per qcs.* to pretend to be interested in sth.; ~ *indifferenza* to feign indifference.

ostentatamente *avv.* ostentatiously, with ostentation.

ostentatore I *m.* *(f.* **-trice***)* boaster, braggart, flaunter, *(colloq)* show-off. II *a.* ostentatious.

ostentazione *f.* 1 ostentation, display, show, *(colloq)* showing off: ~ *delle proprie ricchezze* ostentation of one's wealth, display of one's wealth. 2 *(il vantarsi)* boasting, bragging: ~ *del proprio coraggio* boasting of one's courage. 3 *(simulazione)* pretence, sham.

osteoalgia *f.* *(Med)* ostalgia.

osteoarticolare *a.* *(Anat)* osteoarticular: *dolore ~* osteoarticular pain.

osteoartrite *f.* *(Med)* osteoarthritis.

osteoartrosi *f.* *(Med)* osteoarthrosis.

osteoblasto *m.* *(Biol)* osteoblast.

osteogenesi *f.* *(Biol)* osteogenesis.

osteologia *f.* *(Med)* osteology.

osteologico *(pl.* **-ci***)* *a.* *(Med)* osteological.

osteologo *m.* *(f.* **-a***; pl.* **-gi***)* *(Med)* osteologist.

osteomalacia *f.* *(Med)* osteomalacia.

osteomielite *f.* *(Med)* osteomyelitis.

osteopata *m./f.* *(Med)* osteopath.

osteopatia *f.* *(Med)* osteopathy.

osteopatico *(pl.* **-ci***)* *a.* *(Med)* osteopathic.

osteopatologia *f.* *(Med)* osteopathology.

osteoporosi *f.* *(Med)* osteoporosis.

osteosarcoma *m.* *(Med)* osteosarcoma.

osteosclerosi *f.* *(Med)* osteosclerosis.

osteotomia *f.* *(Chir)* osteotomy.

osteria I *f.* 1 *(bettola)* tavern. 2 *(mescita)* wine shop, public house. 3 *(locanda)* inn. II *intz.* *(pop)* cripes!, darn!, woah!, *(Am)* jeepers!, shoot!, *(Br)* blimey!

osteriggio *m.* *(Mar)* skylight.

ostessa *f.* 1 innkeeper, hostess, landlady. 2 *(moglie dell'oste)* landlord's wife, innkeep-

er's wife.

ostetrica *f.* midwife, obstetrician.

ostetricia *f.* *(Med)* obstetrics *(costr.sing. o pl.)*, midwifery.

ostetrico *(pl.* **-ci***)* I *a.* obstetric, obstetrical. II *m.* obstetrician.

ostia I *f.* 1 *(Rel)* host, wafer. 2 *(cialda)* wafer *(anche Farm)*. 3 *(lett)* *(sacrificio)* sacrifice. II *intz.* *(pop)* Christ! □ *(Rel)* *l'Ostia consacrata* the Host, Jesus as an offering, the body of Christ.

ostico *(pl.* **-ci***)* *a.* 1 *(arduo)* hard, tough, difficult, harsh: *una materia ostica* a hard subject; *il tedesco è una lingua ostica* German is a difficult language; *un clima ~* a harsh climate. 2 *(lett)* *(ripugnante al gusto)* disagreeable, unpalatable.

ostile *a.* 1 *(avverso)* hostile, adverse, antagonistic, unfriendly: *ambiente ~* hostile surroundings. 2 *(di luogo)* hostile, unhospitable: *un luogo ~* a hostile place, an unhospitable place. 3 *(inclemente)* harsh, hostile: *una stagione ~* a harsh season. 4 *(lett)* *(del nemico)* hostile, enemy *(attr.)*: *l'esercito ~ era di fronte a noi* the enemy army was in front of us. □ ~ *al governo* against the government; *essere ~ a qcs.* to be opposed to sth., to be hostile to sth., to be against sth.

ostilità *f.* 1 hostility, enmity: *provare ~ nei confronti di qcu.* to feel hostility towards so.; *trattare qualcuno con ~* to treat so. with hostility; *vincere l'~ di qcu.* to overcome so.'s hostility. 2 *(estens)* *(avversione)* antagonism, opposition: *incontrare l'~ generale* to meet general opposition, to meet with general opposition. 3 *pl.* *(Mil)* hostilities: *aprire le ~* to open hostilities; *riprendere le ~* to resume hostilities, to reopen hostilities.

ostilmente *avv.* *(rar)* hostilely, with hostility.

ostinarsi (**mi ostìno**) *v.pron.* 1 to persist, to keep on: ~ *a fare qcs.* to persist in doing sth., to keep on doing sth.; ~ *in un proposito* to persist with a plan; ~ *nell'errore* to persist in error. 2 *(impuntarsi)* to be obstinate, to be stubborn: *non ostinarti, lascia perdere* don't be obstinate, just give up. 3 *(insistere)* to insist, to continue: *nonostante tutto si ostinava a negare* in spite of everything he continued to deny it.

ostinatamente *avv.* 1 obstinately, stubbornly. 2 *(in modo persistente)* persistently.

ostinatezza *f.* 1 *(caparbietà)* obstinacy, stubbornness. 2 *(perseveranza)* persistence, persistency, perseverance: ~ *nel male* persistence in wrongdoing.

ostinato I *a.* 1 *(rif. a persona)* obstinate, stubborn: ~ *come un mulo* as stubborn as a mule. 2 *(rif. a cosa)* obstinate, stubborn, persistent, relentless: *vento ~* persistent wind; *una pioggia ostinata* relentless rain. 3 *(fig)* *(insistente)* continuous, unceasing, persistent: *ha una tosse ostinata* he has a persistent cough. II *m.* *(f.* **-a***)* obstinate person, stubborn person.

ostinazione *f.* 1 *(caparbietà)* obstinacy, stubbornness. 2 *(perseveranza)* persistence, persistency, perseverance: ~ *nel male* persistence in wrongdoing.

ostpolitik *f.* *(Stor,Pol)* Ostpolitik.

ostracismo *m.* 1 *(Stor.gr)* ostracism. 2 *(estens)* *(esclusione)* ostracism, banishment: *essere colpito da ~* to be ostracized; *dare l'~ a qcu.* to ostracize so. □ *fare dell'~ to* boycott.

ostracizzare (**ostracìzzo**) *v.t.* 1 *(Stor.gr)* to ostracize. 2 *(estens)* *(escludere)* to ostracize, to banish, *(colloq)* to cold-shoulder.

ostrica *f.* *(Zool)* oyster. □ *(Zool)* ~ *perli-*

fera pearl oyster.

ostricaio *m.* 1 *(f.* **-a***)* *(venditore)* oyster seller. 2 *(allevamento)* oyster farm, oyster bed.

ostricoltore *m./f.* *(f.* **-trice***)* oyster farmer, oyster-man *(f.* -woman*)*.

ostricoltura *f.* oyster farming, oyster culture.

ostrogotico *(pl.* **-ci***)* *a.* Ostrogothic.

ostrogoto I *a.* 1 Ostrogothic. 2 *(fig)* *(barbaro)* barbarous, barbarian. II *m.* 1 *(f.* **-a***)* Ostrogoth. 2 *(f.* **-a***)* *(fig)* *(barbaro)* barbarian. 3 *(scherz)* *(lingua incomprensibile)* double-dutch, Greek.

ostruire (**ostruìsco, ostruìsci**) I *v.t.* 1 to obstruct, to clog, to clog up, to occlude, to stop, to stop up: ~ *un passaggio* to obstruct a passage. 2 *(sbarrare)* to block, to close, to close up: ~ *una via di accesso* to block an entrance. 3 *(Med)* to obstruct: ~ *le vie respiratorie* to obstruct the respiratory organs. II *v.pron.* **ostruirsi** to become obstructed, to get obstructed, to clog, to clog up, to get clogged, to get clogged up: *lo scarico si è ostruito* the drain got clogged up. □ ~ *il traffico* to block the traffic.

ostruito *a.* 1 obstructed, clogged, occluded. 2 *(sbarrato)* blocked, closed, closed up. 3 *(Med)* obstructed: *un'arteria ostruita* an obstructed artery.

ostruttivo *a.* obstructing, obstructive.

ostruzione *f.* 1 obstruction, clogging, clogging up, stopping, occlusion. 2 *(sbarramento)* blocking, blocking up, closing. 3 *(Med)* *(occlusione)* occlusion: ~ *intestinale* intestinal occlusion. 4 *(Sport)* *(fallo)* obstruction. 5 *(Mil)* barrage. □ *(fig)fare ~* to be obstructive.

ostruzionismo *m.* 1 *(Parl)* obstructionism, stonewalling, filibuster. 2 *(estens)* *(intralcio)* obstructionism, opposition. 3 *(Sport)* obstruction. □ *fare ~*: 1 *(Parl)* to use obstructive tactics, to filibuster, to stonewall; 2 *(fig)* *(intralciare)* to be obstructive.

ostruzionista I *m./f.* *(Parl)* obstructionist, filibusterer. II *a.* 1 *(Parl)* obstructionist: *tattica ~* obstructionist tactics. 2 *(estens)* *(che intralcia)* obstructive, filibustering.

ostruzionistico *(pl.* **-ci***)* *a.* 1 *(Parl)* obstructionist: *tattica ostruzionistica* obstructionist tactics. 2 *(estens)* obstructive, filibustering.

Osvaldo *n.pr.m.* Oswald.

otalgia *f.* *(Med)* otalgia.

otalgico *(pl.* **-ci***)* *a.* *(Med)* otalgic.

OTAN *Organizzazione del trattato del Nord Atlantico* NATO (North Atlantic Treaty Organization).

otarda *f.* *(Ornit)* great bustard.

otaria *f.* *(Zool)* sea lion, eared seal, otary.

Otello *n.pr.m.* *(Lett)* Othello.

otite *f.* *(Med)* otitis. □ *(Med)* ~ *esterna* otitis externa; *(Med)* ~ *interna* otitis interna.

otoiatra *m./f.* *(Med)* ear specialist, otologist.

otoiatria *f.* *(Med)* otology.

otopatia *f.* *(Med)* otopathy.

otorinolaringoiatra *m./f.* *(Med)* ear, nose and throat specialist, otolaryngologist, *(rar)* otorhinolaryngologist.

otorinolaringoiatria *f.* *(Med)* ear, nose and throat medicine, otolaryngology, *(rar)* otorhinolaryngology.

otorinolaringoiatrico *(pl.* **-ci***)* *a.* *(Med)* ear, nose and throat *(attr.)*; otolaryngological; *(rar)* otorhinolaryngological.

otosclerosi, otoscl erosi *f.* *(Med)* otosclerosis.

otoscopia *f.* *(Med)* otoscopy.

otoscopio *m.* *(Med)* otoscope, auriscope.

ototossicità *f.* *(Med)* ototoxicity.

ototossico *(pl.* **-ci***)* *a.* *(Med)* ototoxic.

otre *m.* leather bag, leather bottle, goatskin. ☐ (*Mus*) ~ *della zampogna* wind-bag; (*fig, lett*) ~ *di vento* wind-bag; *un* ~ *di vino* a wineskin.

ott. 1 *ottobre* Oct (October). 2 (*Mus*) *ottavino* ott. (piccolo).

ottacordo *m.* (*Mus*) octachord, (*colloq*) eight-stringed instrument.

ottaedrico (*pl.* -ci) *a.* (*Geom*) octahedral.

ottaedro *m.* (*Geom*) octahedron.

ottagonale *a.* (*Geom*) octagonal.

ottagono *m.* (*Geom*) octagon.

ottale *a.* (*Inform*) octal.

ottanico (*pl.* -ci) *a.* (*Chim*) octane (*attr.*).

ottano *m.* (*Chim*) octane: *numero di* ~ octane number, octane rating.

ottanta I *a.* eighty: *di ottant'anni* of eighty, eighty-year-old. II *m.* 1 (*numero*) eighty. 2 (*anno 1980*) nineteen eighty. 3 (*autobus*) number eighty.

ottante *m.* (*Mar,Geom,Astron*) octant.

ottantenne I *a.* eighty-year-old (*attr.*), eighty years old (*posposto*). II *m./f.* eighty-year-old man (*f.* woman).

ottantennio *m.* eighty years *pl.*, period of eighty years.

ottantesimo I *a.* eightieth. II *m.* 1 (*f.* -a) (*ordinale*) eightieth. 2 (*frazionario*) eightieth: *un* ~ an eightieth.

ottantina *f.* 1 about eighty, around eighty, some eighty: *un'* ~ *di persone* around eighty people. 2 (*rif. all'età*) about eighty, around eighty: *essere sull'* ~ to be about eighty; *avere superato l'* ~ to be over eighty, to be in one's eighties.

ottativo I *a.* (*Gramm*) optative: *modo* ~ optative mode. II *m.* (*Gramm*) optative mode.

ottava *f.* 1 (*Mus*) octave: *un'* ~ *sopra* one octave higher; *un'* ~ *sotto* an octave lower. 2 (*Lit*) octave. 3 (*Metr*) octave, ottava rima. 4 (*Econ*) (*settimana di borsa*) stock exchange week. 5 (*Sport*) (*scherma*) octave.

Ottavia *n.pr.f.* Octavia.

Ottaviano *n.pr.m.* (*Stor.rom*) Octavianus, Octavius.

ottavino *m.* (*Mus*) piccolo.

Ottavio *n.pr.m.* Octavius.

ottavo I *a.* 1 eighth: *l'ufficio è all'* ~ *piano* the office is on the eighth floor. 2 (*rif. a papi, a regnanti*) the Eighth: *Enrico* ~ Henry the Eighth. II *m.* 1 (*f.* -a) (*ordinale*) eighth: *il mio ragazzo è l'* ~ *della fila* my boyfriend is the eighth in the line. 2 (*frazionario*) eighth: *due ottavi* two eighths. ☐ (*Sport*) *ottavi di finale* round before the quarter-finals; (*Tip*) *in* ~ octavo, in octavo: *volume in* ~ octavo volume; (*scherz*) *l'ottava meraviglia del mondo* the eighth wonder of the world; (*Metr*) *ottava rima* octave, ottava rima.

ottemperanza *f.* (*burocr*) compliance, obedience. ☐ (*burocr*) *in* ~ *a* in compliance with: *in ottemperanza alle leggi* in compliance with laws, in accordance with the laws.

ottemperare (**ottèmpero**; *aus.* **avere**) *v.i.* 1 (*burocr*) to comply (*a* with), to observe, to obey: ~ *alle leggi* to comply with the law, to be law-abiding, to obey the law. 2 (*esaudire, sottomettersi*) to comply with, to fulfil, (*Am*) to fulfill: ~ *a un desiderio* to comply with a wish, to fulfil a wish.

ottenebramento *m.* 1 darkening, dimming, clouding over. 2 (*fig*) (*offuscamento*) obscuring, overshadowing. 3 (*fig*) (*rif. alla vista*) dimming. 4 (*fig*) (*rif. alla mente*) clouding, blurring.

ottenebrare (**ottènebro**) I *v.t.* 1 to darken, to dim, to obscure. 2 (*fig*) to cloud, to obscure, to overshadow: ~ *la mente di qcu.* to cloud so.'s mind. II *v.pron.* **ottenebrarsi** 1 to

darken, to grow dark, to grow dim: *il cielo si ottenebrò improvvisamente* the sky grew suddenly dark. 2 (*fig*) (*offuscarsi*) to become obscured, to be overshadowed. 3 (*fig*) (*rif. alla vista*) to grow dim, to dim, to fade. 4 (*fig*) (*rif. alla mente*) to cloud, to become cloudy.

ottenebrato *a.* 1 darkened, dimmed, obscured. 2 (*fig*) (*offuscato*) clouded, obscured, overshadowed. 3 (*fig*) (*rif. alla vista*) dimmed. 4 (*fig*) (*rif. alla mente*) clouded, clouded over.

ottenere (*pres.ind.* **ottèngo, ottièni**; *p.rem.* **ottènni**; *p.p.* **ottenùto**) *v.t.* 1 to obtain, to get: ~ *un permesso da qcu.* to obtain permission from so., to get permission from so.; *ha ottenuto di poter lavorare a casa* he has got permission to work at home, he gained permission to work at home; ~ *un buon risultato* to get a good result; ~ *una laurea* to get a degree; *se moltiplichi tre per due ottieni sei* if you multiply three by two you get six; ~ *delle informazioni* to get information; ~ *l'estradizione di qcu.* to obtain the extradition of so. 2 (*in una causa*) to win, to get: ~ *il diritto di voto* to win the right to vote, to get the vote; ~ *la custodia di un bambino* to get custody of a child, to win custody of a child. 3 (*ricevere*) to get, to receive, to have: *non ho ottenuto risposta* I got no reply. 4 (*ricavare*) to get, to obtain, to derive (*da* from): *dal petrolio si può* ~ *la benzina* from oil you can obtain petrol, you can derive petrol from oil. 5 (*guadagnare*) to get, to gain, to earn: *ha ottenuto molti soldi grazie a quel lavoro* thanks to that job he gained a lot of money. ☐ ~ *un appalto* to secure a contract; (*ant*) ~ *in sposa qcu.* to win so.'s hand; (*Parl*) ~ *la fiducia* to win a vote of confidence; ~ *un prestito* to obtain a loan; (*Dir, burocr*) ~ *una proroga* to get an extension; (*Comm*) ~ *uno sconto* to get a discount; *la commedia ottenne un gran successo* the play met with a great success, the play was a great success; ~ *la maggioranza dei voti* to win the majority of the votes.

ottengo → **ottenere**.

ottenibile *a.* 1 obtainable, gettable: *oggigiorno un diploma è facilmente* ~ nowadays a school-leaving certificate can be easily obtained. 2 (*realizzabile*) achievable. 3 (*raggiungibile*) attainable, reachable.

ottenimento *m.* 1 obtaining, getting, acquisition. 2 (*realizzazione*) achievement. 3 (*raggiungimento*) attainment.

ottenni → **ottenere**.

ottentotto I *a.* Hottentot. II *m.* 1 (*f.* -a) Hottentot. 2 (*f.* -a) (*fig,spreg*) (*persona rozza*) coarse person, boor, yokel, oaf. 3 (*lingua*) Hottentot.

ottenuto → **ottenere**.

ottetto *m.* (*Mus,Chim*) octet.

ottica *f.* 1 (*Fis,Tecn*) optics (*costr.sing.*). 2 (*complesso di lenti*) lenses *pl.*, set of lenses, optics, optical system. 3 (*fig*) (*punto di vista*) viewpoint, point of view, perspective: *in questa* ~ from this point of view. ☐ (*Ott*) ~ *a fibre* fiber optics; (*Fis*) ~ *dei cristalli* crystal optics; *di* ~ optics: *negozio di* ~ optics shop; (*Ott*) ~ *di precisione* high-precision optics; (*Fis*) ~ *elettronica* electron optics; (*Fis*) ~ *fisica* physical optics; (*Fis*) ~ *fisiologica* physiological optics; (*Fis*) ~ *geometrica* geometrical optics; (*fig*) *mettersi nell'* ~ *di fare qcs.* to get into the right frame of mind for doing sth.; *mettersi nell'* ~ *giusta* to put oneself in the right perspective; (*Fis*) ~ *ondulatoria* wave optics.

ottico (*pl.* -ci) I *a.* 1 optical: *strumento* ~

optical instrument. 2 (*della vista*) optic: *nervo* ~ optic nerve. II *m.* 1 (*f.* -a) optician. 2 (*negozio*) optician's. ☐ ~ *optometrista* optometrist, optician (specialized in vision care), dispensing optician.

ottimale *a.* optimal, optimum (*attr.*): *rendimento* ~ optimal results.

ottimalizzazione *f.* optimization.

ottimamente *avv.* very well, extremely well, brilliantly.

ottimate *m.* (*Stor.rom*) optimate.

ottimismo *m.* optimism (*anche Filos*): *affrontare la vita con* ~ to face life with optimism; *essere pieno di* ~ to be full of optimism.

ottimista I *m./f.* optimist. II *a.* optimistic.

ottimistico (*pl.* -ci) *a.* optimistic.

ottimizzare (**ottimìzzo**) *v.t.* to optimize: ~ *i propri sforzi* to optimize one's efforts.

ottimizzazione *f.* optimization: ~ *del lavoro* work optimization.

ottimo (*sup. di* **buono**) I *a.* 1 excellent, very good, extremely good: *ha un* ~ *carattere* he has a very good character (*o* a very good nature). 2 (*bravissimo*) very good, first-rate, top (*attr.*): *è un* ~ *allievo* he is a very good student. 3 (*di qualità*) choice (*attr.*), select: *un* ~ *vino* a choice wine. 4 (*gustosissimo*) excellent, delicious: *la cena è stata davvero ottima* the meal was really delicious. 5 (*Scol*) (*voto*) excellent, A. 6 (*esclam.*) great! II *m.* 1 best: *esigere l'* ~ to demand the best. 2 optimum (*anche Econ*). 3 (*Scol*) (*voto*) excellent, A. ☐ *un* ~ *affare* a very good deal, a great deal; *di ottima famiglia* from an excellent family; (*Econ,Comm*) ~ *di produzione* optimum production; *essere in ottima forma* to be on top form, to be in top shape; *essere in ottimi rapporti* to be on very good terms; *in* ~ *stato* in perfect condition; ~ *lavoro!* excellent job!, first-rate job!, good job!; *di ottima qualità* top-level, first-rate, quality; *godere di ottima salute* to enjoy excellent health, to be very healthy; *di* ~ *umore* in a very good mood; *essere promosso con ottimi voti* to pass with honours, (*Br*) to pass with excellent marks, (*Am*) to pass with excellent grades.

otto I *a.* eight: *di* ~ *anni* of eight, eight-year-old. II *m.* 1 (*cifra*) eight. 2 (*nelle date*) eighth: *l'* ~ *maggio* the eighth of May, May 8th. 3 (*autobus*) number eight. III *f.pl.* eight, eight o'clock: *sono le* ~ *e dieci* it's ten past eight; *sono le* ~ *e mezza* it's half past eight, it's eight-thirty. ☐ (*fig*) *dare gli* ~ *giorni a qcu.* to give so. a week's notice; *siamo in* ~ there are eight of us, we're a party of eight; ~ *per mille* portion of income taxes that may be designated for charitable organizations, or non-profit groups; ~ *volante* roller coaster, switchback.

ottobrata *f.* (*region*) 1 (*giorno di Ottobre*) bright October day. 2 (*scampagnata*) October trip, October outing.

ottobre *m.* October. ☐ *di* ~ in October, of October, October; *in* ~ in October.

ottobrino *a.* October (*attr.*), of October.

ottocentesco (*pl.* -chi) *a.* nineteenth-century (*attr.*), of the nineteenth century (*posposto*).

ottocentesimo I *a.* eight hundredth. II *m.* (*f.* -a) eight hundredth.

ottocentista *m./f.* 1 (*scrittore*) nineteenth-century writer. 2 (*artista*) nineteenth-century artist. 3 (*studioso*) nineteenth-century specialist, nineteenth-century expert. 4 (*Sport*) eight-hundred-metre runner.

ottocentistico (*pl.* -ci) *a.* nineteenth-century (*attr.*).

ottocento I *a.* 1 eight hundred. 2 (*ottocentesco*) nineteenth-century (*attr.*). II *m.* eight hundred.

Ottocento *m.* nineteenth century: *l'~* the nineteenth century.

ottomana *f.* (*Arred*) ottoman, ottoman seat.

ottomano I *a.* 1 (*Stor*) Ottoman: *impero ~* Ottoman Empire. 2 (*estens*) Turkish. 3 (*Tess*) ottoman, ottoman rib. II *m.* 1 (*f.* **-a**) (*Stor*) Ottoman. 2 (*f.* **-a**) (*estens*) (*turco*) Turk. 3 (*lingua*) Ottoman.

ottomila I *a.* eight thousand. II *m.* 1 eight thousand. 2 (*Alp*) eight thousand metre peak.

ottonario I *a.* (*Metr*) octosyllabic. II *m.* (*Metr*) octosyllable, octosyllabic line.

ottone *m.* 1 (*Met*) brass (*anche estens*): *ottoni speciali* special brasses; *color ~* brass, brass-coloured; *di color ~* brassy. 2 *pl.* (*oggetti di ottone*) brass objects: *lucidare gli ottoni* to polish brass ornaments. 3 *pl.* (*Mus*) brass (*costr.sing. o pl.*): *concerto per ottoni* brass concerto. □ *di ~* brass: *filo di ~* brass wire.

Ottone *n.pr.m.* (*Stor*) Otto, Otho.

ottoniano *a.* (*Stor*) Ottonian, Othonian.

ottosillabo I *a.* (*Metr*) octosyllabic. II *m.* (*Metr*) octosyllable, octosyllabic line.

ottotipo *m.* eye test card.

ottuagenario I *a.* eighty-year-old (*attr.*), eighty years old, octogenarian. II *m.* (*f.* **-a**) octogenarian.

ottundere (*pres.ind.* **ottùndo**; *p.rem.* **ottùsi**; *p.p.* **ottùso**) I *v.t.* (*lett*) to blunt, to dull (*anche fig*): *~ una lama* to blunt a sword; *~ la mente* to dull the mind. II *v.pron.* **ottundersi** to become blunt, to become dull.

ottundimento *m.* blunting, dulling (*anche fig*).

ottuplicare (**ottùplico, ottùplichi**) *v.t.* (*rar*) to octuple, to multiply by eight.

ottuplice *a.* (*rar*) octuple, eightfold.

ottuplo I *a.* (*rar*) octuple, eightfold. II *m.* (*rar*) octuple.

otturamento *m.* 1 stopping, stopping up, blocking, blocking up, clogging, clogging up. 2 (*occlusione*) occlusion.

otturare (**ottùro**) I *v.t.* 1 to stop, to stop up, to close, to close up, to plug, to obturate: *~ una falla* to stop a leak. 2 (*ostruire*) to block, to clog: *i rifiuti hanno otturato le fogne* the rubbish clogged the drains. 3 (*Dent*) to fill: *farsi ~ un dente* to have a tooth filled. II *v.pron.* **otturarsi** to become choked, to clog, to become stopped (up): *si è otturato il lavandino* the sink got clogged up.

otturato *a.* 1 stopped, stopped up, closed, closed up, plugged. 2 (*ostruito*) blocked, clogged. 3 (*Dent*) filled: *un dente ~* a filled tooth.

otturatore I *m.* 1 (*Fot,Cin*) shutter. 2 (*Arm*) breech block, breech bolt. II *a.* 1 obturating, shutting: *tappo ~* obturating plug. 2 (*Anat*) obturator (*attr.*): *muscolo ~* obturator muscle, obturator. □ (*Cin*) *~ a disco* disk shutter; (*Cin*) *~ a lamelle* blade shutter; (*Ott*) *~ a tendina* focal-plane shutter; (*Ott*) *~ ferroelettrico* ferroelectric shutter; (*Cin*) *~ rotante* rotating shutter.

otturazione *f.* 1 stopping, stopping up, closing, closing up, plugging. 2 (*chiusura*) obstruction, blocking. 3 (*Dent*) filling: *procedere all'~ di un dente* to fill a tooth; *mi è saltata l'~* my filling has come out, I've lost a filling.

ottusamente *avv.* obtusely, dully.

ottusangolo *a.* (*Geom*) obtuse.

ottusi → **ottundere**.

ottusità *f.* (*fig*) obtuseness, dullness, hardheadedness, (*colloq*) denseness.

ottuso → **ottundere** *a.* 1 (*rif. a persona*) obtuse, dull, slow-witted, (*colloq*) dense, (*colloq*) thick. 2 (*smussato*) blunt, dull. 3 (*di suono*) dull. 4 (*Geom*) obtuse: *angolo ~* obtuse angle.

OUA *Organizzazione per l'unità africana* OAU (Organization of African Unity).

out /awt/ I *a.inv.* (*fuori moda*) out, out of fashion, passé: *questa giacca ormai è ~!* this jacket is out of fashion (by now)! II *avv.* (*fuori moda*) out, out of fashion, passé. III *m.* (*Sport*) 1 (*tennis: spazio fuori dal campo di gioco*) out, out of court. 2 (*pugilato*) out, knocked out. 3 (*baseball: battitore eliminato*) out, down.

outdoor /awt'dɔr/ I *avv.* (*Sport*) outdoor. II *a.inv.* (*Sport*) outdoor.

outing /'awtiŋ/ *m.* outing, (*Am*) coming out: *fare ~* to do the outing, (*Am*) to come out.

output /'awtput/ *m.inv.* (*Econ,Inform*) output.

outsider /ˌawt'sajder/ *m./f.inv.* (*Pol*) outsider (*anche estens*).

outsourcing /ˌawt'sorsiŋ/ *m.* outsourcing.

ouverture /uver'tyr/ *f.inv.* (*Mus*) overture.

ovaia *f.* (*Anat*) ovary.

ovaio *m.* (*Anat*) ovary. □ (*Med*) *~ policistico* polycystic ovary.

ovaiolo *a.* laying: *gallina ovaiola* laying hen, layer.

ovalbumina *f.* (*Biol*) ovalbumen.

ovale I *a.* oval (*anche Bot*): *tavolo ~* oval table. II *m.* 1 oval. 2 (*estens*) (*viso*) oval, oval face. III *f.* (*Geom*) oval.

ovalizzare (**ovalìzzo**) I *v.t.* to oval, to make oval. II *v.pron.* **ovalizzarsi** to become oval.

ovalizzato *a.* 1 oval. 2 (*Mecc*) out-of-round.

ovalizzazione *f.* (*Mecc*) out-of-round wear.

ovarico (*pl.* **-ci**) *a.* (*Anat,Bot*) ovarian: *cisti ovarica* ovarian cyst.

ovariectomia *f.* (*Chir*) ovariectomy.

ovario *m.* (*Anat,Bot*) ovary.

ovato *a.* 1 (*lett*) egg-shaped, oval, ovate. 2 (*Bot*) ovate.

ovatta *f.* 1 cotton-wool (*Am*) cotton: *un batuffolo di ~* a ball of cotton-wool, a wad of cotton-wool, (*Am*) a cotton ball. 2 (*per imbottiture*) wadding, padding. □ (*fig*) *tenere qcu. nell'~* to coddle so., to mollycoddle so., to pamper so.

ovattare (**ovàtto**) *v.t.* 1 to pad, to wad, to stuff with wadding. 2 (*fig*) (*rif. a suoni*) to muffle.

ovattato *a.* 1 padded, wadded, stuffed with wadding. 2 (*fig*) (*rif. a suoni*) muffled.

ovattatura *f.* wadding, padding, stuffing with wadding.

ovazione *f.* 1 (*Stor.rom*) ovation. 2 (*estens*) (*acclamazione*) ovation, acclamation; (*in piedi*) standing ovation.

ove I *avv.* 1 where. 2 (*lett*) (*in cui: stato in luogo*) where, in which, that... in, which... in, (*ant*) wherein. 3 (*lett*) (*in cui: moto a luogo*) where, to which, into which, that... to, which... to, that... into, which... into, (*ant*) whereto. 4 (*lett*) (*ovunque: stato*) (*moto*) wherever, to wherever. II *congz.* 1 (*nel caso in cui*) if, in case: *~ fosse necessario* if it should be necessary, if it were necessary, if necessary, should it be necessary. 2 (*lett*) (*mentre*) while, whereas. 3 (*lett*) (*purché*) provided that.

overbooking /ˌover'bukiŋ/ *m.* overbooking.

overdose *f.* overdose, (*colloq*) OD: *morire di ~* to die of overdose.

overflow /ˌover'flow/ *m.* (*Inform*) overflow.

overlay /ˌover'lεj/ *m.* (*Inform*) overlay.

overnight /ˌover'najt/ *a.inv.* (*Econ*) overnight.

oversize /ˌover'sajz/ *m.* oversize.

ovest I *m.* 1 west. 2 (*estens*) (*regione occidentale*) west, western area, werstern region: *abitavo nell'~ del paese* I used to live in the west of the country; *l'~ dell'Italia* Western Italy. 3 (*paesi occidentali*) West, the West, Occident, the Occident, Western countries. II *a.* west: *la facciata ~* the west face, the west-facing face. □ *andare a ~* to go west, to go westwards; *la cucina è a ~* (o *la cucina è esposta a ~*) the kitchen faces west; *a ~ di* west of, to the west of; *più a ~ di* farther west than; *venire da ~* to come from the west; *dell'~* west, western, westerly: *vento dell'~* westerly wind, west wind; *Europa dell'~* West Europe; (*Stor*) *la ex Germania dell'~* the former West Germany; *verso ~:* 1 (*con valore aggettivale*) westward, westbound, due west; 2 (*con valore avverbiale*) westwards.

Ovidio *n.pr.m.* (*Stor*) Ovid.

ovidotto, ovidutto *m.* (*Anat*) oviduct.

ovile *m.* 1 sheepfold, pen, fold. 2 (*fig*) fold: *ricondurre all'~ la pecorella smarrita* to bring the lost sheep back to the fold; *tornare all'~* to return to the fold.

ovino I *a.* sheep (*attr.*), ovine: *carne ovina* mutton. II *m.pl.* (*Zool*) sheep.

oviparo I *a.* (*Zool*) egg-laying, oviparous. II *m.* (*Zool*) egg-laying animal, oviparous animal.

ovo *m.* (*region*) (*uovo*) egg.

ovocellula *f.* (*Biol*) egg cell.

ovocita *m.* (*Biol*) oocyte.

ovodonazione *f.* egg donation.

ovogenesi *f.* (*Biol*) oogenesis.

ovoidale *a.* ovoid, egg-shaped.

ovoide I *a.* ovoid, egg-shaped, ovate. II *m.*ovoid.

ovolaccio *m.* (*Bot*) fly agaric.

ovolo *m.* 1 (*Bot*) (*ovolo buono*) Caesar's mushroom. 2 (*Arch*) ovolo, echinus. 3 (*estens*) (*oggetto di forma ovoidale*) ovoid. □ (*Bot*) *~ malefico* fly agaric.

ovonica *f.* (*Fis*) ovonics (*costr.sing.*).

ovonico (*pl.* **-ci**) *a.* (*Fis*) ovonic.

ovopositore *m.* (*Zool*) ovipositor.

ovovia *f.* gondola cableway, gondola.

ovoviviparismo *m.* (*Zool*) ovoviviparity.

ovoviviparità *m.* (*Zool*) ovoviviparity.

ovoviviparo I *a.* (*Zool*) ovoviviparous. II *m.* (*Zool*) ovoviviparous animal.

ovulare[1] *a.* ovular.

ovulare[2] (**òvulo**; *aus.* **avere**) *v.i.* (*Fisiol*) to ovulate.

ovulatorio *a.* (*Biol*) ovulatory.

ovulazione *f.* (*Biol*) ovulation.

ovulo *m.* 1 (*Biol*) ovum, egg cell. 2 (*Farm*) pessary. 3 (*Bot*) ovule. □ (*Biol*) *~ fecondato* fertilized egg; (*Farm*) *~ vaginale* vaginal pessary.

ovunque *avv.* 1 (*lett*) (*dovunque*) wherever, anywhere: *~ tu vada* wherever you go. 2 (*dappertutto*) everywhere, (*colloq*) all over the place: *l'ho cercato ~* I looked for it everywhere.

ovvero *congz.* 1 that is, i.e., namely, in other words, viz, to say: *la semantica, ~ lo studio dei significati* semantics, that is the study of meaning. 2 (*per meglio dire*) or rather. 3 (*rar*) (*oppure*) or, or rather, either... or.

ovverosia *congz.* 1 that is, that is to say, i.e., namely, in other words, viz, to say: *la semantica, ~ lo studio dei significati* semantics, that is the study of meaning. 2 (*per meglio dire*) or rather.

ovvia *intz.* (*region*) come on!

ovviabile *a.* (*rimediabile*) reparable, remediable.

ovviamente *avv.* 1 (*naturalmente*) obviously. **2** (*evidentemente*) evidently. **3** (*come risposta*) of course!, obviously! ☐ ~ *no!* of course not!

ovviare (**ovvìo, ovvìi**; *aus.* **avere**) *v.i.* (*rimediare*) to get round, to get around (*a qcs. sth.*), to find a remedy (for), to find a solution (for), to obviate, to avert: ~ *a una difficoltà* to get around a difficulty.

ovvietà *f.* **1** obviousness, self-evidence. **2** (*banalità*) banality.

ovvio *a.* **1** (*naturale*) obvious, natural: *per ovvie ragioni* for obvious reasons. **2** (*evidente*) clear, plain, evident, self-evident. **3** (*banale*) banal. ☐ *è* ~ it's obvious, it goes without saying, it stands to reason, it's plain as day.

oxoniense *a.* (*lett*) Oxonian, Oxford (*attr.*): *edizione* ~ Oxford edition.

oziare (**òzio, òzi**; *aus.* **avere**) *v.i.* **1** (*stare in ozio*) to idle, to idle about, to loaf, to laze, to laze about: ~ *tutto il giorno* to loaf about all

day, to loaf around all day; *passare il proprio tempo oziando* to idle one's time away, (*Br, colloq*) to fart about, (*Am,colloq*) to fart around. **2** (*girellare oziosamente*) to hang about, to hang idly about, to loaf, to loaf around.

ozio *m.* **1** (*pigrizia*) idleness, laziness, sloth: *vivere nell'*~ to live in idleness. **2** (*inattività*) inactivity, idleness: ~ *forzato* forced inactivity; *tenere qcu. nell'*~ to keep so. idle. **3** (*periodo di riposo*) leisure. ☐ *stare in* ~ to idle, to be idle. *Prov.: l'*~ *è il padre dei vizi* idleness is the root of all evil, the devil finds work for idle hands.

oziosaggine *f.* idleness, laziness.

oziosamente *avv.* **1** (*in modo inoperoso*) idly, in idleness. **2** (*in modo futile*) idly, vainly.

oziosità *f.* **1** idleness, laziness, sloth. **2** (*inattività*) inactivity, idleness. **3** (*fig*) (*inutilità*) idleness, futility, (*discorso ozioso*) idle talk.

ozioso I *a.* **1** idle, lazy, slothful: *rimanere* ~ to be idle. **2** (*inoperoso*) inactive, idle. **3** (*fig*) (*vano, inutile*) idle, vain, futile, pointless: *domanda oziosa* futile question; *discorso* ~ idle talk. II *m.* (*f.* **-a**) idler lazy person, loafer: *gli oziosi* the idle.

ozonico (*pl.* **-ci**) *a.* ozonic, ozone (*attr.*).

ozonizzare (**ozonìzzo**) *v.t.* (*Chim*) to ozonize.

ozonizzatore *m.* (*Tecn*) ozonizer.

ozonizzazione *f.* (*Chim*) ozonization.

ozono *m.* (*Chim*) ozone: *non dannoso per l'*~ ozone-friendly.

ozonometria *f.* (*Chim*) ozonometry.

ozonometrico (*pl.* **-ci**) *a.* (*Chim*) ozonometric.

ozonometro *m.* (*Tecn*) ozonometer.

ozonosfera *f.* (*Geog*) ozonosphere.

ozonoterapia *f.* (*Med*) ozone treatment.

P

p, P[1] /pi/ m./f. (lettera dell'alfabeto) p, P: due p two p's; una p maiuscola a capital P; una p minuscola a small p; (Tel) p come Palermo P for Peter, (Am) P as in Peter.

P[2] **1** Portogallo P (Portugal). **2** posteggio P (car park place, parking space). **3** parcheggio P (parking area). **4** (Aut) principiante L (learner).

p. pagina p., pg. (page).

pA (Fis) peso atomico at.wt. (atomic weight).

PA 1 Panama PA (Panama). **2** (Pol) Patto Atlantico (Atlantic Treaty). **3** (Post) posta aerea (airmail). **4** pubblica amministrazione (public administration). **5** (Dir) pubblica accusa (public prosecution).

PABX (Tel) Centralino telefonico automatico privato PABX (Personal Automatic Branch Exchange).

PAC Politica agricola comune CAP (Common Agricultural Policy).

pacare (pàco, pàchi) I v.t. (lett,rar) to calm, to calm down, to placate, to appease. II v.pron. **pacarsi** (lett,rar) to calm, to calm down.

pacatamente avv. calmly, quietly, placidly, composedly: rispondere ~ to answer calmly.

pacatezza f. calm, quietness, placidity, composedness.

pacato a. calm, quiet, placid, composed: una discussione pacata a calm discussion, a composed dicussion.

pacca (pl. -che) f. **1** (manata) slap, smack, (colloq) whack: dare una ~ sulla spalla di qcu. to slap so. on the shoulder. **2** (schiaffo) slap, smack, blow: prendersi una ~ to get a slap.

pacchetto m. **1** (confezione) packet, (Am) package: ~ di sigarette packet of cigarettes; un ~ di patatine a packet of crisps, a packet of potato chips; un ~ di caramelle a packet of sweets, a bag of sweets. **2** (collo, per spedizione) (small) parcel, package: ~ postale parcel; spedire un ~ to send a parcel. **3** (Pol) package: ~ di riforme reform package. **4** (Sport) (nel rugby) pack: ~ degli avanti pack (of forwards). **5** (Tip) column, block. **6** (Inform) package. □ (Inform) ~ applicativo application package; (Econ) ~ azionario parcel of shares, block of shares; ~ di maggioranza majority stake; (Inform) ~ di software software package; (Inform) ~ integrato integrated package; ~ regalo gift wrap: mi potrebbe fare un ~ regalo per favore? could you gift wrap it for me please?; ~ turistico package tour.

pacchia f. (colloq) **1** (cosa piacevole) fun, great time: che ~! what a fun!, what a blast!; putroppo la ~ è finita: domani si ritorna a scuola! the fun has ended unfortunatly: tomorrow we go back to school! **2** (cosa facile) piece of cake: questo lavoro è una ~ this job is a piece of cake.

pacchianata f. **1** (oggetto) something garish, something vulgar, something showy, something tacky. **2** (comportamento) gross behaviour.

pacchianeria f. garishness, showiness, gaudiness, vulgarity, tackiness.

pacchiano a. showy, garish, gaudy, tacky, vulgar: avere dei gusti pacchiani to have vulgar tastes.

pacciamare (pacciàmo) v.t. (Agr) to mulch, to cover sth. with mulch.

pacciamatura f. (Agr) mulch, mulching.

pacciame m. (Agr) mulch.

pacco (pl. -chi) m. **1** (confezione) package, packet, parcel: fare un ~ to make up a package, to parcel, to gift-wrap. **2** (collo, da spedire) parcel: spedire un ~ to send a parcel; aprire un ~ to undo a parcel; un ~ ingombrante a bulky package. **3** (involto) bundle: ~ di giornali bundle of newspapers; un ~ di lettere a bundle of letters. **4** (colloq) (grande quantità) an awful lot, very much: guadagnare un ~ di soldi to earn a packet, to earn an awful lot of money. **5** (colloq) (fregatura) con trick, rip-off. **6** (colloq) (cosa noiosa) dud, bore: che ~! what a dead bore!, what a dud! □ (Post) ~ aereo air parcel; ~ bomba parcel bomb; ~ dono gift package, gift parcel; (colloq) fare il ~ a qcu.: 1 (fregarlo) to cheat so., to trick so., to swindle so.; 2 (farlo aspettare inutilmente) to stand so. up; (Post) ~ giacente unclaimed package; (Comm) ~ offerta bargain pack; (Post) ~ postale parcel; (Post) ~ postale raccomandato registered parcel; (Post) ~ raccomandato registered parcel; mi fa un ~ regalo? could you gift-wrap it for me?; ~ viveri food parcel.

paccottiglia f. **1** (merce scadente) shoddy goods pl. **2** (cosa di poco valore) cheap stuff, junk, trash.

pace f. **1** peace: in tempo di ~ in peacetime, in times of peace; mantenere la ~ to preserve the peace, keep the peace; chiedere la ~ to seek peace. **2** (trattato) peace treaty: firmare la ~ to sign a peace treaty. **3** (accordo, armonia) peace, harmony: in questa famiglia regna la ~ peace reigns in this family. **4** (quiete) peace, peace and quiet, tranquillity: che ~ in questa casa! how quiet this house is!, how peaceful this house is!, this house is so quiet!, this house is so peaceful! **5** (tranquillità d'animo) peace, peace of mind: non trovare ~ to find no peace. **6** (Rel) peace: la ~ sia con voi peace be with you. □ ~ all'anima sua may his soul rest in peace, may he rest in peace, God rest his soul, peace be with him; ~ armata armed peace; essere in ~ col mondo to be at one with the world; (fig) avere raggiunto la ~ dei sensi to have no sexual drive any more; ~ dell'anima peace of mind, peace of soul; (Stor) ~ di Vestfalia Peace of Westphalia; la ~ eterna eternal rest, eternal peace; fare la ~: 1 to make peace; 2 (estens) (riconciliarsi) to make (one's) peace, to make up (con with); essere in ~ to be at peace; vivere in ~ to live in peace, to live peacefully; (Lit) la messa è finita, andate in ~ the Mass is ended, go in peace; (Bibl) in terra agli uomini di buona volontà peace on earth to men of goodwill; lasciare in ~ to leave in peace, to leave alone; lasciami in ~! leave me alone!; mettere ~ to make peace, to restore peace; non avere ~ to have no peace, to know no peace; non avrò ~ finché... I won't rest until...; non darsi ~ not to resign oneself, to give oneself no rest: questo pen-

siero non mi dà ~ this thought won't let me be; la ~ pubblica the peace, the public peace; senza ~ restless, troubled; ~ separata separate peace treaty; ~ sindacale industrial peace; ~ sociale industrial peace. Prov.: se vuoi la ~ prepara la guerra if you want peace prepare for war.

pace-maker /ˌpejsˈmejker, ˌpejsˈmɛker/ m.inv. (Med) pace-maker.

pachiderma m. **1** (Zool) pachyderm. **2** (fig) (persona grossa) elephant. **3** (fig) (persona poco sensibile) thick-skinned person, callous person.

pachidermico (pl. -ci) a. **1** (Zool) pachydermatous. **2** (fig) (pesante) heavy, elephantine, elephant-like. **3** (fig) (grossolano) rough, coarse; (rif. a sensibilità) callous, thick-skinned.

pachistano I a. Pakistani. II m. (f. -a) Pakistani.

paciere m. (f. -a) peacemaker. □ fare da ~ to act as a peacemaker.

pacificabile a. pacifiable, that can be pacified (posposto), that can be appeased (posposto).

pacificamente avv. **1** pacifically, peaceably: dimostrare ~ to demonstrate pacifically. **2** (tranquillamente) peacefully, in peace (posposto): convivere ~ to live together in peace.

pacificare (pacìfico, pacìfichi) I v.t. **1** to pacify. **2** (riconciliare) to reconcile, to make peace between. II v.pron. **pacificarsi 1** to become reconciled (con to), to make peace (con with), (colloq) to make (it) up (con with). **2** (acquietarsi) to calm down, to grow quiet.

pacificatore I m. (f. -trice) peacemaker. II a. peacemaking, pacificatory: azione pacificatrice work of peace, peacemaking, pacification.

pacificazione f. **1** pacification. **2** (riconciliazione) reconciliation, appeasement.

pacifico (pl. -ci) I a. **1** peaceful: una dimostrazione pacifica a peaceful demonstration. **2** (di persona: tranquillo) peaceful, peaceable, pacific, peace-loving: essere di indole pacifica to be a peaceful sort. **3** (tranquillo) peaceful, calm, tranquil: esistenza pacifica peaceful existence. **4** (fig) (incontestabile) indisputable, unquestionable. **5** (fig) (ovvio) obvious, clear: è ~ che tu abbia ragione it is clear that you are right, you are unquestionably right. **6** (Geog) (relativo all'oceano pacifico) Pacific: la costa pacifica the Pacific coast. II m. lover of peace, peaceable person.

Pacifico n.pr.m. (Geog) Pacific, Pacific Ocean.

pacifismo m. pacifism.

pacifista I m./f. pacifist. II a. pacifist, pacifistic.

pacifistico a. pacifistic.

pacioccone I m. (f. -a) (colloq) fattish easy-going person. II a. (colloq) (bonaccione) easy-going, good-natured: un modo di fare ~ an easy-going attitude.

pacioso a. (colloq) easy-going, placid.

packaging /ˈpɛkədʒɪŋ/ m.inv. packaging.

Padania f. **1** (pianura padana) Po Valley. **2** (estens) (Italia del Nord) Northern Italy,

Padania.

padano *a.* (*Geog*) Po (*attr.*), of the Po (*posposto*): *pianura padana* Po Valley.

padda *m.inv.* (*Ornit*) Java sparrow, rice bird, paddy-bird.

padella *f.* 1 pan, frying pan, (*Am*) fry-pan: *far saltare le verdure in* ~ to pan-fry vegetables; *cuocere la carne in* ~ to fry the meat. 2 (*recipiente per malati*) bedpan. 3 (*region*) (*macchia d'unto*) oil spot, grease spot. 4 (*scaldino*) warming-pan. ☐ ~*antiaderente* non-stick pan; (*fig*) *cadere dalla* ~ *nella brace* to jump out of the frying pan into the fire; (*Caccia*) *fare* ~ to miss the target; (*Gastron*) *in* ~ fried.

padellata *f.* 1 (*colpo dato con una padella*) blow with a frying pan. 2 (*contenuto*) panful.

padellino *m.* pannikin.

padiglione *m.* 1 pavilion. 2 (*di fiere*) pavilion, wing. 3 (*di ospedale*) wing. 4 (*Arch*) pavilion. 5 (*tenda*) pavilion, large tent. 6 (*Anat*) pavilion. 7 (*Mus*) bell. 8 (*Oref*) (*di pietra preziosa*) pavilion: *faccia del* ~ pavilion facet. ☐ (*Anat*) ~ *auricolare* auricle, pavilion of the ear, pinna; ~ *di caccia* hunting-pavilion, hunting-lodge; ~ *di esposizione* exhibition pavilion; ~ *di ospedale* hospital wing; ~ *fieristico* exhibition pavilion; ~ *letti* (*di ospedale*) ward block.

Padova *n.pr.f.* (*Geog*) Padua.

padovano I *a.* Paduan, of Padua, from Padua. **II** *m.* (*f.* -**a**) Paduan; (*originario*) native of Padua; (*abitante*) inhabitant of Padua.

padre *m.* 1 father (*anche fig*): *è stato un* ~ *per me* he has been (like) a father to me; *fare da* ~ *a qcu.* to be a father to so. 2 (*Rel.catt*) father: ~ *guardiano* Father Guardian, Guardian; ~ *superiore* Father Superior. 3 (*Teol*) (God the) Father. 4 (*fig*) (*iniziatore*) father: *è considerato il* ~ *della fisica nucleare* he is considered the father of nuclear physics. 5 *pl.* (*antenati*) forefathers, ancestors. 6 *pl.* (*Stor.rom*) (*senatori*) senators. ☐ ~ *adottivo* adoptive father, foster father; ~ *biologico* biological father; (*Rel*) ~ *celeste* the Heavenly Father; (*Stor.rom*) *padri coscritti* conscript fathers; *i padri della Chiesa* the fathers of the Church; ~ *della patria* father of the country; ~ *di famiglia*: 1 father (of a family); 2 (*Dir*) pater familias, head of a household; *di* ~ *in figlio* from father to son; (*Rel*) *il* ~ *eterno* Eternal Father, God; (*Teat,Stor*) ~ *nobile* heavy father; (*Rel*) ~ *nostro* Lord's Prayer, Our Father: *recitare il* ~ *nostro* to say the Lord's Prayer; ~ *padrone* heavy-handed father, tyrannical father; (*Stor*) *padri pellegrini* Pilgrim Fathers; ~ *putativo* putative father; ~ *spirituale* spiritual father.

padreggiare (**padréggio, padréggi**) *aus.* **avere**) *v.i.* (*rar*) to take after one's father.

padrenostro *m.* (*Rel*) Lord's Prayer, Our Father: *recitare il* ~ to say the Lord's Prayer.

padreterno *m.* 1 (*Rel*) Eternal Father, God. 2 (*fig*) (*persona presuntuosa*) God Almighty: *credersi un* ~ to think one is God Almighty. ☐ (*colloq*) *fare il* ~ to lord it, to act big.

padrigno *m.* stepfather.

padrino *m.* 1 (*Rel*) (*di battesimo*) godfather (at christening); (*di cresima*) sponsor (at confirmation): *fare da* ~ *a qcu.* to stand godfather to so. 2 (*nei duelli*) second. 3 (*colloq*) (*capo di organizzazione mafiosa*) godfather, mafia boss.

padrona *f.* 1 (*datrice di lavoro*) employer, (*colloq*) boss (*anche fig*). 2 (*possidente*) proprietress, owner. 3 (*ostessa*) hostess, innkeeper's wife; (*di una pensione*) landlady. 4

(*in relazione ad animali domestici*) mistress. ☐ ~ *di casa*: 1 lady of the house, mistress of the house; 2 (*per l'inquilino*) landlady; 3 (*per l'ospite*) hostess.

padronale *a.* 1 (*del padrone*) master's, owner's: *casa* ~ owner's house, manor. 2 (*principale*) main, master: *bagno* ~ main bathroom. 3 (*di proprietà*) private: *auto* ~ private car. 4 (*imprenditoriale*) employers', managerial: *associazione* ~ employers' association.

padronanza *f.* 1 mastery, command, control, rule: ~ *dei mari* mastery of the seas. 2 (*fig*) (*conoscenza perfetta*) mastery, command, thorough knowledge: *avere* ~ *dell'inglese* to have a thorough knowledge of English, to master the English language. 3 (*fig*) (*controllo*) control, command: *perdere la* ~ *di sé* to lose control of oneself.

padronato *m.* (*insieme dei datori di lavoro*) employers *pl.*

padroncino *m.* (*f.* -**a**) (*colloq*) 1 (*tassista proprietario*) taxi-driver (who owns his taxi), self-employed taxi driver. 2 (*piccolo trasportatore*) (*Br*) lorry owner and driver, (*Am*) truck owner and driver, self-employed lorry driver, self-employed truck driver. 3 (*piccolo imprenditore*) small businessman.

padrone *m.* (*f.* -**a**) 1 (*proprietario*) proprietor, owner: *il* ~ *del podere* the estate owner. 2 (*in relazione ad animali domestici*) master: *chi è il* ~ *di questo cane?* who's the master of this dog?, who is this dog's master? 3 (*datore di lavoro*) employer; (*capo*) chief, (*colloq*) boss: *chiedere un aumento al* ~ to ask the boss for a pay rise. 4 (*fig*) (*perfetto conoscitore*) master. 5 (*Mar*) ship's master, master, commander. 6 (*esclam.*) all right then, you're your own master, go on: *vuoi andartene? - ~!* do you want to leave? - you're quite free to! 7 (*oste*) host, innkeeper. 8 (*ant*) (*titolo*) master, sire. ☐ *a* ~ (*a servizio*) in service: *andare a* ~ to go into service; *essere a* ~ *da qcu.* to be in so.'s service; *restare* ~ *del campo* to be left in possession of the field; (*fig*) *credersi il* ~ *del mondo* to think one rules the world; ~ *di casa*: 1 master of the house, householder; 2 (*per l'inquilino*) landlord; 3 (*per l'ospite*) host; *essere* ~: 1 (*colloq*) to be master, to be the boss: *essere* ~ *della situazione* to be master of the situation; *non è* ~ *in casa sua* he's not the master of his own house; *essere* ~ *di se stessa* to be one's own master; 2 (*fig*) (*avere libertà di scelta*) to be free (to choose): *ognuno è* ~ *di fare ciò che vuole* everyone is free to do as he chooses, everyone is free to do as he sees fit; 3 (*fig*) (*controllare*) to be in command, to be master, to (have sth. under) control: *essere* ~ *dei propri nervi* to have control of one's nerves; 4 (*fig*) (*conoscere perfettamente*) to be master of, to know perfectly, to know thoroughly: *essere* ~ *di una lingua* to master a language, to have mastered a language, to have mastery of a language; (*fig*) *farla da* ~ to lord it, to play the lord and master.

padroneggiare (**padronéggio, padronéggi**) **I** *v.t.* 1 (*dominare*) to rule, to sway, to command: ~ *la folla* to sway the crowd. 2 (*fig*) (*controllare*) to master, to control: ~ *i propri sentimenti* to control one's feelings. 3 (*fig*) (*conoscere perfettamente*) to master, to know sth. thoroughly: ~ *una materia* to master a subject. **II** *v.pron.* **padroneggiarsi** to control oneself, to master oneself, to retain one's self-control.

padronissimo *m.* (*colloq*) you're your own master, (*Am*) you're the boss: ~ *di farlo* you

are free to do it; *vuoi andartene?, ~!* do you want to go away?, you're your own master!; (*Am*) do you want to go away?, you're the boss!

paella /pa'εʎʎa/ *f.* (*Gastron*) paella.

paesaggio *m.* 1 landscape, scenery: ~ *autunnale* autumn landscape; ~ *montano* mountain scenery. 2 (*veduta*) view, panorama: *un* ~ *magnifico!* a wonderful panorama! 3 (*Pitt*) landscape. ☐ ~ *desertico* desert landscape; ~ *lunare* moonscape; ~ *marino* seascape; ~ *naturale* natural landscape.

paesaggismo *m.* 1 (*Pitt*) landscape art, landscape painting. 2 (*Lett*) landscape description.

paesaggista *m./f.* 1 (*Pitt*) landscape painter, landscapist. 2 (*Arch*) landscape architect.

paesaggistica *f.* (*Pitt*) landscape painting.

paesaggistico *a.* landscape (*attr.*).

paesano I *a.* 1 (*del villaggio*) village (*attr.*): *festa paesana* village festival. 2 (*rustico*) country (*attr.*), rural, rustic: *costumi paesani* country customs, rural customs. **II** *m.* (*f.* -**a**) 1 (*abitante di villaggio*) villager. 2 (*region*) (*compaesano*) fellow townsman, fellow villager. 3 (*region*) (*contadino*) countryman (*f.* -woman), peasant. ☐ *alla paesana* country-style (*attr.*), after the country fashion, in the country fashion.

paese *m.* 1 country, land, region, territory: *paesi caldi* hot countries. 2 (*stato*) country. 3 (*patria*) country, land, native land: ~ *natio* native country, homeland. 4 (*centro abitato di medie dimensioni*) town, small town, rural centre. 5 (*estens*) (*città natia*) hometown: *tornare al proprio* ~ to come back to one's hometown. 6 (*villaggio*) village; ~ *di montagna* mountain village. 7 (*collett.*) (*abitanti di un centro*) town, townspeople *pl.*; (*di un villaggio*) village, villagers *pl.*: *il* ~ *voterà di nuovo a giugno* townspeople will vote again in June. ☐ (*colloq*) *mandare qcu. a quel* ~ to tell so. to go to hell; *paesi ACP* ACP countries; ~ *adottivo* adoptive country; ~ *agricolo* agricultural nation, agricultural country; *paesi arabi* Arab countries; (*Geog*) *i Paesi Baschi* the Basque Country, the Basque Provinces; (*Geog*) *Paesi Bassi* the Low Countries, the Netherlands; (*Pol*) ~ *canaglia* rogue country; ~ *creditore* creditor country; ~ *debitore* debtor country, debtor nation; ~ *dei balocchi* Toy land; *paesi della Comunità Europea* countries of the European Community, EEC countries; *il* ~ *della cuccagna* the Land of Cockaigne; *il* ~ *delle meraviglie* wonderland; (*Stor*) *i paesi dell'Est* East European Countries; *paesi dell'Unione Europea* EU countries; *di che* ~ *è?* where does he come from?, what town is he from?, what country is he from?; ~ *di residenza* country of residence; ~ *d'oltremare* overseas country; ~ *donatore* donor country; ~ *d'origine* country of origin, homeland; (*Econ,Pol*) *paesi emergenti* emergent countries; ~ *esportatore* exporting country; ~ *esportatore di petrolio* oil exporting country; ~ *esportatore di energia* energy exporting country; ~ *extracomunitario* non-EU country; *paesi extraeuropei* non-European countries, countries outside Europe; ~ *firmatario* signatory country; ~ *fornitore* supplier country; ~ *importatore* importing country, importer: ~ *importatore di petrolio* oil importing country; ~ *in transizione* country in transition; *paesi in via di sviluppo* developing countries; *paesi industrializzati* industrialized countries; (*Pol*) *paesi non allineati* non-aligned countries; ~ *ospitante* host country;

paesi petroliferi oil-producing countries; ~ *produttore* producing country; ~ *produttore di petrolio* oil producing country; ~ *satellite* satellite country; ~ *sottosviluppato* underdeveloped country. *Prov.*: ~ *che vai, usanza che trovi* when in Rome do as the Romans do.

paesello *m.* small village, hamlet: *tornare al proprio* ~ to go home.

paesista *m./f.* (*Pitt*) landscape painter, landscapist.

paesistico (*pl.* -ci) *a.* 1 (*Art*) rural, rustic, country (*attr.*). 2 (*Lett*) landscape (*attr.*).

paf, paffete *onom.* smack, bang.

paffuto *a.* chubby, plump: *guance paffute* chubby cheeks.

pag. *pagina* p., pg. (page).

paga I *f.* 1 (*Br*) wage, wages *pl.*, pay, (*Am*) (*su base oraria*) wage, (*cifra predefinita*) salary: *quanto hai di* ~? what are your wages?, what's your pay?; *giorno di* ~ pay day, payday; *riscuotere la* ~ to draw one' pay; *una buona* ~ a good salary. 2 (*fig*) (*ricompensa*) thanks *pl.*, reward. II *a.inv.* (*posposto*) pay, wage: *busta* ~ pay packet, wage packet, (*Am*) pay check, pay envelope; *libro* ~ payroll. ☐ ~ *al lordo* gross salary; ~ *al netto* net pay, take-home pay; ~ *all'ora* pay by the hour, hourly pay; ~ *arretrata* back pay; ~ *base* basic wage rate, base pay, basic pay; ~ *giornaliera* daily pay, daily wage; ~ *iniziale* starting wage; ~ *intera* full pay; ~ *lorda* gross salary; ~ *mensile* monthly salary; ~ *minima garantita* minimum guaranteed wages; ~ *netta* net pay, take-home pay; ~ *oraria* pay by the hour, hourly pay; (*iron*) *per* ~ (*per ricompensa*) in return, as thanks: *ecco ciò che ho ricevuto per* ~ that's what I got in return; ~ *quindicinale* fortnightly pay; ~ *settimanale* weekly salary, weekly pay.

pagabile *a.* 1 payable. 2 (*di debito*) dischargeable. ☐ ~ *a rate* payable in instalments; (*Econ*) ~ *a vista* payable at sight, payable on sight, payable on demand, at call; ~ *a vista al portatore* payable to bearer on demand; (*Econ*) ~ *al portatore* payable to bearer; ~ *alla cassa* payable at the cash desk; ~ *alla consegna* cash on delivery, C.O.D; (*Econ*) ~ *alla scadenza* payable at maturity, payable on maturity; (*Econ*) ~ *all'ordine* payable to order; (*Econ*) ~ *contro fattura* payable against invoice, payable on invoice; ~ *in anticipo* payable in advance; ~ *in contanti* payable in cash, for cash payment.

pagaia *f.* paddle.

pagaiare (*pagàio, pagài*; *aus.* **avere**) *v.i.* to paddle.

pagamento *m.* 1 payment: *effettuare un* ~ to make a payment, to effect a payment; *accettare in* ~ to accept as payment. 2 (*rif. a salari*) payment, pay: *giorno di* ~ pay day, payday. 3 (*rif. a un debito*) satisfaction, discharge, liquidation: ~ *di tutti i debiti* discharge of all debts. 4 (*somma pagata*) amount paid. ☐ *a* ~ pay (*attr.*): (*TV*) *canale a* ~ pay channel; *TV a* ~ pay TV; (*Econ*) ~ *a breve scadenza* short-term payment; (*Comm*) ~ *a forfait* lump sum payment; (*Econ*) ~ *a lunga scadenza* long-term payment; (*Comm*) ~ *a mezzo assegno* payment by cheque, (*Am*) payment by check; (*Comm*) ~ *a mezzo cambiale* payment by bill; (*Comm*) ~ *a pronti* cash payment, payment in cash; (*Comm*) ~ *a ricevimento fattura* payment on invoice, payment against invoice; (*Comm*) ~ *a saldo* payment in full, full settlement; (*Comm*) ~ *alla consegna* cash on delivery, C.O.D; (*Econ*) ~ *alla scadenza* payment on maturity, payment at maturity; (*Comm*) ~ *an-*

ticipato payment in advance, advance payment; ~ *arretrato* overdue payment; (*Dir*) ~ *con surrogazione* payment through subrogation; (*Comm*) ~ *contro assegno* cash on delivery, C.O.D; (*Econ*) ~ *dei dividendi* payment of dividends; (*Comm*) ~ *dilazionato* extended payment, deferred payment; (*Econ*) ~ *estero* foreign payment; (*Comm*) ~ *forfettario* lump-sum payment; (*Comm*) ~ *frazionato* spaced payment, split payment; (*Comm*) ~ *immediato* spot payment; (*Comm*) ~ *in acconto* payment in advance, payment on account; (*Comm*) ~ *in contanti* cash payment, payment in cash; (*Comm*) ~ *in natura* payment in kind; (*Econ*) ~ *in pronta cassa* cash payment; (*Comm*) ~ *mensile* monthly payment; (*Comm*) ~ *parziale* part payment, partial payment; (*Dir*) ~ *per onere di firma* payment supra protest; (*Comm*) ~ *prima della consegna* cash before delivery, CBD; (*Comm*) ~ *rateale* payment by instalments, hire-purchase, H.P., deferred payment; (*Comm*) ~ *scaduto* overdue payment; (*Comm*) *pagamenti scritturali* non-cash payments; (*Comm*) ~ *una tantum* one-off payment.

paganeggiante *a.* tending towards paganism.

paganeggiare (*paganéggio, paganéggi*; *aus.* **avere**) *v.i.* (*lett*) to think according to pagan priciples, to act according to pagan priciples.

paganesimo *m.* 1 (*Rel*) paganism. 2 (*spreg*) heathenism.

Paganini ☐ (*scherz*) ~ *non ripete* once is enough.

paganizzare (*paganìzzo*) *v.t.* 1 (*Rel*) to paganize. 2 (*spreg*) to heathenize.

paganizzazione *f.* 1 (*Rel*) paganization. 2 (*spreg*) heathenizing, heathenization.

pagano I *a.* 1 (*Rel*) pagan. 2 (*spreg*) heathen. II *m.* (*f.* -a) 1 (*Rel*) pagan. 2 (*spreg*) heathen.

pagare (*pàgo, pàghi*) *v.t.* 1 (*rif. a un conto, una somma*) to pay: ~ *qcu. per fare qcs.* to pay so. to do sth.; ~ *la pigione* to pay the rent; ~ *l'affitto* to pay the rent; *con questo guadagno mi pago una rata del mutuo* with this profit I'll pay an instalment of my loan. 2 (*in cambio di qcs.*) to pay for: *quanto hai pagato quel vestito?* how much did you pay for that dress? 3 (*saldare*) to pay, to settle: ~ *il conto* to pay the bill, to settle the bill, (*Am*) to pick up the tab, to pick up the check. 4 (*offrire*) to stand, to pay, to buy, to treat: ~ *una cena a qcu.* (*Br*) to stand so. a dinner, (*Am*) to treat so. to dinner; ~ *da bere a qcu.* to buy so. a drink, (*Br*) to stand so. a drink; *pago io da bere* I'm buying drinks, (*colloq*) drinks are on me. 5 (*fig*) (*ricompensare*) to pay, to repay, to recompense, to reward. 6 (*fig*) (*contraccambiare*) to pay, to repay, to pay back: ~ *qcu. di egual moneta* to repay so. in like coin. 7 (*fig*) (*dare: in frasi esclamative*) to give: *non so cosa pagherei per...* what I wouldn't give for...; *cosa pagherebbe per essere promosso!* what he wouldn't give to pass!; he'd give anything to pass! 8 (*assol.*) (*portare vantaggio*) to pay off: *è una fatica che paga* it's effort that pays off. 9 (*fig*) (*scontare, espiare*) to pay: *l'ha pagata con la sua stessa vita* he paid with his own life. ☐ ~ *a cambiali* to pay by draft; ~ *qcs. a peso d'oro* to pay through the nose for sth., to pay its weight in gold for sth., to pay a high price for sth.; ~ *a rate* to pay in instalments, (*Br*) to buy on hire purchase; (*colloq*) ~ *alla romana* to go Dutch; (*Comm*) *per me pagate all'ordine di* pay to the order of; ~ *caro qcs.*: 1 to pay a high price for sth., to pay a lot for sth.; 2 (*fig*) to pay dearly for sth.:

gliela farò ~ *cara* I'll make him pay dearly for it; (*fig*) ~ *col sangue* to pay with one's life; ~ *con assegno* to pay by cheque, (*Am*) to pay by check; ~ *del proprio* to pay out of one's own pocket; (*fig*) ~ *di persona* to meet one's responsibilities squarely, to face the consequences, (*colloq*) to face the music; (*fig*) ~ *di tasca propria* to pay out of one's pocket; *fare* ~ to charge: *quanto ti hanno fatto* ~ *quelle scarpe?* how much were you charged for those shoes?; (*fig,colloq*) *te la farò* ~! you will pay for it!; ~ *fino all'ultimo centesimo* to pay up to the last penny; ~ *in acconto* to pay on account; ~ *in anticipo* to pay in advance; ~ *in contanti* to pay (in) cash; ~ *in natura* to pay in kind; ~ *lo scotto di qcs.*: 1 to pay the reckoning for sth.; 2 (*fig*) to pay for sth., (*lett,ant*) to pay one's scot, to pay the piper; ~ *poco*: 1 not to pay much, to pay little; 2 (*rif. a datori di lavoro e sim.*) to pay poorly; ~ *qcs. salato* to pay dearly for sth., to pay a lot for sth.; ~ *un debito* to pay a debt; (*fig*) ~ *qcs. un occhio della testa* to pay through the nose for sth.; ~ *una cambiale* to honour a bill, to pay a bill; *non* ~ *una cambiale* to fail to honour a bill.

pagato *a.* paid: *un lavoro ben* ~ well-paid job; *un lavoro mal* ~ poorly-paid job.

pagatore I *m.* (*f.* -**trice**) payer. II *a.* pay (*attr.*), paying: *ufficiale* ~ paymaster; *banca pagatrice* paying bank. ☐ (*Dir*) ~ *moroso* defaulting payer.

pagella *f.* (*Scol*) school report, report, (*Am*) report card: *avere una buona* ~ to have a good school report.

pagello *m.* (*Itt*) sea bream.

pager /'peidʒer/ *m.inv.* (*Tel*) pager, beeper.

paggetto *m.* page, pageboy.

paggio *m.* 1 (*Stor*) page, pageboy: ~ *di corte* court page; 2 (*nei matrimoni*) page. ☐ *capelli alla* ~ pageboy (hair-style).

pagherò *m.* (*Econ*) promissory note, I-owe-you, (*colloq*) IOU, note of hand. ☐ ~ *a tempo* time note; ~ *a vista* note at sight; ~ *bancario* banker's note; ~ *cambiario* promissory note.

paghetta *f.* (*colloq*) pocket money, spending money, allowance.

pagina *f.* 1 page: *un libro di trecento pagine* a three hundred page book, a book of three hundred pages; *ho letto solo due pagine* I only read two pages; *a* ~ *4* on page 4; *andiamo a* ~ *51* let's turn to page 51, let's go to page 51. 2 (*Edit,Tip*) (*foglio*) leaf; (*facciata*) page; (*pagina stampata*) pageproof. 3 (*Giorn*) (*rubrica*) section, page. 4 (*fig*) (*passo, brano*) page, passage, piece: *pagine scelte* selected passages. 5 (*fig*) (*episodio*) episode, page, chapter: *è una* ~ *nera nella storia della repubblica* it's a dark page in the history of the Italian Republic. 6 (*Bot*) (*di foglia*) side: ~ *inferiore* under side (of a leaf), bottom side (of a leaf); ~ *superiore* upper side (of a leaf), top side (of a leaf). 7 (*Inform*) page: ~ *di memoria* memory page. ☐ (*Edit*) ~ *a due colonne* double column page; (*Giorn*) *a tutta* ~ full-page; (*Edit*) ~ *al vivo* bleed; (*Inform*) ~ *banner* banner page; (*Tip*) ~ *bianca* blank page, white page; (*fig*) *l'angoscia della* ~ *bianca* writer's block; (*Tel*) *Pagine bianche* (*o pagine bianche*) White Pages; ~ *campione* sample page; (*Giorn*) ~ *culturale* style section; (*Giorn*) ~ *di copertina* front cover; (*Edit*) ~ *di frontespizio* title page; (*Edit*) ~ *di testo* text page; (*Edit*) ~ *dispari* recto, right-hand page, odd page, odd folio; *pagine e pagine di lamentele* countless complaints, pages and pages of grievances; (*Tel*) *Pagine Gialle* (*o pagine gialle*)

Yellow Pages; (*Edit*) ~ *intera* full page; (*Filol, Art*) ~ *miniata* illuminated page; (*Edit*) ~ *pari* verso, even page, left-hand page, back page; (*Giorn*) ~ *politica* politics section; (*Giorn*) ~ *sportiva* sports page, sports section; (*Giorn*) ~ *umoristica* comic page; (*Inform*) ~ *web* web page; ~ *web dinamica* dynamic web page.

paginata *f.* (*pagina intera*) full page.

paginatura *f.* (*Edit*) 1 pagination, paging, page numbering. 2 (*foliazione*) foliation.

paginazione *f.* 1 (*Edit*) pagination, paging, page numbering. 2 (*Inform*) paging.

paginetta *f.* 1 short page. 2 (*spreg*) (*scritto povero di contenuti e mal scritto*) scanty page.

paginone *m.* (*Giorn*) spread; (*articolo*) double-page spread.

paglia *f.* 1 straw: *mucchio di* ~ heap of straw. 2 (*Met*) seam. 3 (*gerg*) (*sigaretta*) fag. □ (*fig*) *mettere la* ~ *al fuoco* to expose to temptation, to tempt fate, to tempt providence; (*fig*) *essere come la* ~ *al vento* to be inconstant, to be changeable; ~ *artificiale* artificial straw; *di* ~ straw (*attr.*): *cappello di* ~ straw hat; *letto di* ~ straw bed; (*Mar*) ~ *di bitta* norman, cable bolt; ~ *di ferro* steel wool; ~ *di legno* shavings, (*Am*) excelsior; ~ *di riso* rice straw; (*Arred*) ~ *di Vienna* cane; (*Gastron*) ~ *e fieno* yellow and green tagliatelle; (*Arred*) ~ *viennese* cane.

pagliaccesco (*pl.* -**chi**) *a.* clownish, clown-like: *mosse pagliaccesche* clown-like gestures.

pagliaccetto *m.* (*Abbigl*) 1 (*da bambino*) rompers *pl.*, romper suit, (*Am*) jumper. 2 (*da donna*) camiknickers *pl.*, (*Am*) one piece pant suit.

pagliacciata *f.* (*spreg*) buffoonery, tomfoolery, clownish act, (*Am*) shenanigans *pl.*

pagliaccio *m.* 1 clown. 2 (*fig*) buffoon, clown, fool: *fare il* ~ to play the fool, to clown around.

pagliaio *m.* 1 straw stack, straw rick; (*mucchio di paglia*) pile of straw. 2 (*locale in cui si ammassa paglia*) barn. 3 (*capanna*) straw hut.

pagliericcio *m.* pallet, straw mattress, palliasse.

paglierino *a.* straw, straw-yellow, straw-coloured: *giallo* ~ straw-yellow.

paglietta *f.* 1 (*Mod*) boater. 2 (*Met*) (*trucioli*) metal shavings *pl.* 3 (*per pulire le pentole*) steel wool, wire wool. 4 (*Bot*) palea. 5 (*El*) tag.

paglietto *m.* (*Mar*) mat. □ (*Mar*) ~ *di collisione* collision mat; (*Mar*) ~ *di protezione* mooring mat.

paglino *I m.* straw seat (of a chair). **II** *a.* straw, straw-yellow, straw-coloured.

pagliolato *m.* (*Mar*) dunnage, flooring, floor plate.

pagliolo *m.* (*Mar*) dunnage, flooring, floor plate. □ (*Mar*) ~ *di boccaporto* ceiling-hatch; (*Mar*) ~ *di stiva* dunnage, fardage; (*Mar*) ~ *locale macchine* engine room flooring.

paglione *m.* (*region*) (*pagliericcio*) pallet, straw mattress, palliasse.

pagliuzza *f.* 1 (*blade of*) straw. 2 (*quantità minima*) speck, mote, minute particle. □ (*fig*) *vedere la* ~ *nell'occhio del prossimo e non la trave nel proprio* to see the mote (*o* the speck) in one's brother's eye but not the beam in one's own.

pagnotta *f.* 1 loaf, (*Br*) cob (loaf): *una* ~ *di pane* a loaf (of bread). 2 (*fig,pop*) (*guadagno*) living, earnings *pl.*, (*colloq*) bread and butter: *lavorare per la* ~ to work for one's living, to

work for one's bread and butter.

pago (*pl.* -**ghi**) *a.* (*lett*) satisfied, content (*di* with): *non si sente ancora* ~ *dei suoi beni* he doesn't feel content with his goods yet.

pagoda *f.* (*Arch,Numism*) pagoda. □ (*Arch*) *tetto a* ~ pagoda roof.

pagro *m.* (*Itt*) couch's sea bream.

paguro *m.* (*Zool*) hermit crab.

paillard /pa'jard/ *f.inv.* (*Gastron*) grilled sirloin.

paillette /pa'jet/ (*pl.inv.* o -**s**) *f.* sequin: *una camicia con le* ~ a sequined shirt.

paio[1] (*pl.* **le pàia**) *m.* 1 pair: *ho comprato due paia di calze* I bought two pairs of stockings; *un* ~ *di scarpe* a pair of shoes; *un* ~ *di occhiali* a pair of glasses, a pair of specs, a pair of spectacles. 2 (*rif. ad animali*) brace: *un* ~ *di buoi* a brace of oxen. 3 (*rif. a persona*) couple, pair: *insieme fanno un bel* ~ they make a fine pair. 4 (*circa due*) couple: *tra un* ~ *d'anni* in a couple of years; *arriverà tra un* ~ *d'ore* he will be here in a couple of hours. □ *a paia* in pairs, by twos; *un* ~ *di calze* a pair of stockings; *un* ~ *di forbici* a pair of scissors; *ha un gran bel* ~ *di gambe* she has a great pair of legs; *un* ~ *di guanti* a pair of gloves; (*fig*) *è un altro* ~ *di maniche* that's quite a different matter, (*colloq*) that's a different kettle of fish, that's another pair of shoes; *un* ~ *di settimane* a fortnight; *un* ~ *di tenaglie* a pair of pincers; *un* ~ *d'occhi* a pair of eyes, two eyes; (*fig,scherz*) *fare il* ~ to be well-a fine pair, to be well-matched.

paio[2] → **parere**[1].

paiolata *f.* potful, cauldron-full.

paiolo *m.* 1 (*recipiente*) pot, copper pot, cauldron, caldron: ~ *della polenta* pot for polenta. 2 (*quantità*) potful, cauldron-full.

Pakistan *n.pr.m.* (*Geog*) Pakistan.

pakistano *I a.* Pakistani. **II** *m.* (*f.* -**a**) Pakistani.

pala *f.* 1 (*badile*) shovel. 2 (*di mulino*: *elemento piano*) vane. 3 (*parte espansa della ruota*) bucket, paddle. 4 (*parte dell'elica, della turbina, del remo*) blade. 5 (*per infornare*) baker's shovel, peel. □ *a pale* paddle (*attr.*); (*Mecc*) ~ *caricatrice* power loader, loading shovel, shovel loader, tractor loader; ~ *da carbone* coal shovel; ~ *da giardino* garden shovel; ~ *da neve* snow shovel; (*Art*) ~ *d'altare* altar piece; ~ *dell'elica* propeller blade, screw blade, propeller vane; (*Mecc*) ~ *meccanica* mechanical digger, mechanical shovel.

paladino *m.* 1 (*Stor*) paladin. 2 (*fig*) champion, paladin: *fare il* ~ to set oneself up as a champion; *farsi* ~ *di qcu.* to take up the cause of so.

palafitta *f.* 1 (*Etnol*) palafitte, pile-dwelling. (*su lago*) lake dwelling. 2 (*Edil*) pile, pilework, piles *pl.*: ~ *per fondazione* foundation pile; *ponte su palafitte* pile bridge.

palafittare (**palafitto**) *v.t.* (*Edil*) to support (sth.) with piles, to pile.

palafitticolo *I a.* (*Etnol*) pile-dwelling, lake-dwelling: *villaggio* ~ pile-dwelling village. **II** *m.* (*f.* -**a**) pile-dweller; (*su lago*) lake-dweller.

palafreniere *m.* (*Stor*) groom, palfrenier.

palafreno *m.* saddle horse, palfrey.

palamita *f.* (*Itt*) (Atlantic) bonito.

palamite, palamito *m.* (*Pesc*) boulter, spiller.

palanca[1] *f.* 1 (*grossa tavola*) plank, board, beam. 2 (*Mar*) gangplank. 3 (*Stor*) (*tipo di fortificazione*) stockade, wooden barricade.

palanca[2] *f.* 1 (*Numism*) copper coin (formerly used in some regions of Italy). 2 *pl.* (*colloq, region*) (*denaro*) money (*costr.sing.*), dough

(*costr.sing.*), (*Am*) bucks: *fare palanche* to rake in the dough.

palanchino[1] *m.* (*portantina*) palanquin, palankeen.

palanchino[2] *m.* (*Tecn*) (*leva*) crowbar.

palancola *f.* 1 (*ponte rudimentale*) plank, footbridge. 2 (*per formare paratie*) sheet pile.

palandrana *f.* 1 (*Abbigl*) man's dressing gown. 2 (*scherz*) (*abito lungo e largo*) long loose garment.

palasport *m.inv.* sports hall, indoor stadium.

palata *f.* 1 (*quantità*) shovelful. 2 (*colpo dato con una pala*) stroke with a shovel, blow with a shovel. 3 (*colpo di remo*) stroke. □ (*fig*) *a palate* heaps, lots, in plenty: *avere soldi a palate* to have a mint of money; *fare soldi a palate* to earn a mint of money, to rake it in; *quattrini a palate* a lot of money, a mint of money, (*colloq*) loads of money.

palatale *I a.* 1 (*Fon*) palatal: *vocale* ~ palatal vowel. 2 (*Anat*) palatal, palatine. **II** *f.* (*Fon*) palatal.

palatalizzare (**palatalizzo**) **I** *v.t.* (*Fon*) to palatalize. **II** *v.pron.* **palatalizzarsi** (*Fon*) to be palatalized, to become palatalized, to become palatal.

palatalizzazione *f.* (*Fon*) palatalization.

palatinato *m.* (*Stor*) palatinate.

Palatinato *n.pr.m.* (*Geog*) Palatinate.

palatino[1] *I a.* (*Stor*) palatine. **II** *m.* (*Stor*) palatine, count palatine.

palatino[2] *a.* (*Geog*) (*relativo al Palatino*) Palatine.

palatino[3] *a.* (*Anat*) palatine: *arteria palatina* palatine artery; *velo* ~ soft palate.

Palatino *n.pr.m.* (*Geog*) (*colle Palatino*) Palatine, Palatine Hill.

palato[1] *m.* 1 (*Anat*) palate. 2 (*fig*) (*gusto*) taste, sense of taste, palate: *avere un buon* ~ to have a good palate; *avere il* ~ *fine* to have a discriminating palate. □ *buono al* ~ palatable; (*Anat*) ~ *duro* hard palate; (*Anat*) ~ *molle* soft palate.

palato[2] *a.* (*Arald*) paled, paly.

palatoschisi *f.* (*Med*) cleft palate.

Palau *n.pr.m.* (*Geog*) Palau.

palaziale *a.* (*Archeol*) palatial.

palazzetto □ ~ *dello sport* sportshall, indoor stadium.

palazzina *f.* small block of flats: ~ *a tre piani* three-storey block of flats.

palazzinaro *m.* (*f.* -**a**) (*spreg*) building speculator.

palazzo *m.* 1 (*casamento*) block of flats, apartment block, (*Am*) apartment building. 2 (*palazzo nobiliare*) palace, mansion: ~ *principesco* prince's palace; *un* ~ *del settecento* an eighteenth-century palace. 3 (*sede di uffici pubblici*) hall, building: ~ *municipale* town hall, city hall; ~ *per uffici* office building, office block. 4 (*estens*) (*corte*) court: *ballo a* ~ court ball. □ (*Pol*) ~ *Chigi*: 1 Prime Minister's office; 2 (*estens,fig*) Italian government; ~ *dei congressi* congress building; ~ *del governo* government building; *il* ~ *della Borsa* the stock exchange; *il* ~ *della zecca* the Mint; ~ *di giustizia* law court(s), court house, (*Am*) (central) courts; (*Pol*) ~ *di vetro* (*a New York*) United Nations Building, UN Building; *Palazzo d'inverno* (*a San Pietroburgo*) Winter Palace; ~ *ducale*: 1 ducal palace; 2 (*a Venezia*) doge's palace; (*Pol*) ~ *Madama* Italian senate house; (*Pol*) ~ *Marino*: 1 Milan's town hall; 2 (*estens,fig*) Milan's mayor; ~ *per esposizioni* exhibition building, exhibition hall; ~ *Pitti* Pitti palace; ~ *presidenziale* President's Palace; ~ *reale* royal palace, palace; *palazzi vaticani* Vatican Palace; ~ *vescovile* bishop's palace.

palchettista *m.ff.* (*Teat*) upper tier box holder, gallery ticket holder.

palchetto *m.* 1 (*Teat*) upper tier box, gallery. 2 (*ripiano*) shelf, board. 3 (*Giorn*) box. 4 (*Min*) stull.

palco (*pl.* **-chi**) *m.* 1 (*pedana*) platform, stage, stand. 2 (*tribuna*) stand, grandstand; (*per la banda*) bandstand. 3 (*Teat*) box. 4 (*Edil*) (*tavolato*) floor, flooring, boarding; (*impalcatura*) scaffolding, stage. 5 (*Zool*) antler. 6 (*scaffale*) shelf. 7 (*patibolo*) scaffold. □ *a palchi* in layers; (*Mar*) ~ *di comando* bridge; (*Teat*) ~ *di platea* orchestra circle box; (*Teat*) ~ *di prim'ordine* first-tier box; (*Teat*) ~ *di proscenio* stage box; ~ *d'onore*: 1 royal box; 2 (*estens*) VIP stand; ~ *improvvisato* (*per oratore*) soapbox.

palcoscenico (*pl.* **-ci**) *m.* stage, (*colloq*) boards *pl.* □ (*Teat*) ~ *girevole* turntable stage, revolving stage.

palella *f.* 1 (*Tecn*) (*incastro*) dovetail. 2 (*Mar*) (*nella costruzione di navi*) scarf. 3 (*Mar*) (*ferro del calafato*) caulking iron.

paleoantropologia *f.* palaeoanthropology, (*Am*) paleoanthropology.

paleobotanica *f.* palaeobotany, (*Am*) paleobotany.

paleobotanico (*pl.* **-ci**) I *a.* palaeobotanic, palaeobotanical, (*Am*) paleobotanic, paleobotanical. II *m.* palaeobotanist, (*Am*) paleobotanist.

paleocristiano *a.* (*Rel*) early Christian: *basilica paleocristiana* early Christian basilica.

paleoecologia *f.* palaeoecology, (*Am*) paleoecology.

paleoetnologia *f.* palaeoethnology, (*Am*) paleoethnology.

paleofitologia *f.* palaeophytology, (*Am*) paleophytology.

Paleogene, paleogene *m.* (*Geol*) Palaeogene, Palaeogene period, (*Am*) Paleogene, Paleogene period.

paleogeografia *f.* palaeogeography, (*Am*) paleogeography.

paleografia *f.* palaeography, (*Am*) paleography.

paleografico (*pl.* **-ci**) *a.* palaeographic, palaeographical; (*Am*) paleographic, paleographical.

paleografo *m.* (*f.* **-a**) palaeographer, (*Am*) paleographer.

Paleolitico, paleolitico (*pl.* **-ci**) I *a.* (*Geol*) Palaeolithic, (*Am*) Paleolithic. II *m.* (*Geol*) Palaeolithic, Palaeolithic period, (*Am*) Paleolithic, Paleolithic period.

paleontologia *f.* palaeontology, (*Am*) paleontology.

paleontologico (*pl.* **-ci**) *a.* palaeontologic, palaeontological, (*Am*) paleontologic, paleontological.

paleontologo *m.* (*f.* **-a**; *pl.* **-gi**) palaeontologist, (*Am*) paleontologist.

paleozoico (*pl.* **-ci**) *a.* (*Geol*) Palaeozoic, (*Am*) Paleozoic. II *m.* (*Geol*) Palaeozoic, Palaeozoic era, (*Am*) Paleozoic, Paleozoic era.

paleozoologia *f.* (*Paleont,Zool*) palaeozoology, (*Am*) paleozoology.

palermitano I *a.* of Palermo (*posposto*), from Palermo (*posposto*), Palermo (*attr.*). II *m.* (*f.* **-a**) (*originario*) Palermitan, native of Palermo; (*abitante*) Palermitan, inhabitant of Palermo.

Palermo *n.pr.f.* (*Geog*) Palermo.

palesamento *m.* manifestation, disclosure, revelation.

palesare (**paléso**) I *v.t.* 1 (*manifestare*) to

---

manifest, to express, to make (sth.) clear: ~ *le proprie opinioni* to express one's views, to speak one's mind. 2 (*svelare*) to disclose, to reveal: ~ *un segreto* to reveal a secret. II *v.pron.* **palesarsi** 1 (*apparire*) to seem, to look: *la situazione si palesa difficile* the situation looks difficult. 2 (*rivelarsi*) to reveal oneself, to show oneself.

palese *a.* (*manifesto*) clear, obvious, manifest, evident: *è ~ che...* it is clear that...; *è una ~ contraddizione* it's an evident contradiction.

palesemente *avv.* obviously, manifestly, clearly, evidently: *manifestare ~ i propri sentimenti* to show one's feelings clearly; *è ~ innamorata di lui* she's clearly in love with him, she's undoubtedly in love with him.

Palestina *n.pr.f.* (*Geog*) Palestine.

palestinese I *a.* Palestinian. II *m.ff.* Palestinian.

palestra *f.* 1 gymnasium, (*colloq*) gym: *andare in* ~ to go to the gym, (*estens*) to (go) work out. 2 (*esercizio fisico*) exercise. (*costr.sing.*): *fare due ore di* ~ *al giorno* to do two hours of exercise a day, to spend two hours a day at the gym, to exercise (*o work out*) two hours a day. 3 (*fig*) training ground, school: *è una buona* ~ it's a good training ground; *una buona* ~ *di vita* a good school of life. 4 (*Stor*) palaestra. □ (*Sport*) ~ *di roccia* practice wall.

palestrato I *m.* (*colloq*) fitness freak, workout fanatic. II *a.* (*colloq*) (*muscoloso*) muscular, buff.

paletnologia *f.* palaeoethnology, (*Am*) paleoethnology.

paletnologico *a.* palaeethnologic(al), (*Am*) paleethnologic(al).

paletnologo *m.* (*f.* **-a**; *pl.* **-gi**) palaeethnologist, (*Am*) paleoethnologist.

paletò, paletot /pal'tɔ, pale'tɔ/ *m.inv.* (*Abbigl, ant*) coat, overcoat, winter coat.

paletta *f.* 1 (*giocattolo*) spade: *giocare con la* ~ *e il secchiello* to play with bucket and spade. 2 (*attrezzo da cucina*) spatula; (*per servire: dolci, pesce*) slice; (*per gelato, farina*) scoop. 3 (*per rimuovere la brace*) fireplace shovel, coal shovel. 4 (*Ferr*) disk signal, hand signal, signal paddle. 5 (*Mecc*) blade. 6 (*Ind*) blade, pallet. 7 (*Anat*) (*scapola*) blade bone, shoulder bone; (*rotula*) kneecap. 8 (*di sella*) cantle. □ ~ *da giardiniere* garden trowel; ~ *del ventilatore* fan blade; ~ *per cani* (*per escrementi*) pooper scooper; ~ *per lettiera* (*di gatti*) litter scoop; ~ *per la spazzatura* dustpan.

palettare (**palétto**) *v.t.* (*munire di paletti*) to stake.

palettata *f.* 1 (*quantità*) shovelful. 2 (*colpo*) blow with a shovel.

palettizzare (**palettìzzo**) *v.t.* (*Ind*) to palletize.

palettizzazione *f.* (*Ind*) palletization.

paletto *m.* 1 stake, picket, post: *conficcare un* ~ *nel terreno* to set a stake in the ground. 2 (*spranga*) bolt, bar: *mettere il* ~ *alla porta* to bolt the door; *togliere il* ~ *alla porta* to unbolt the door. 3 (*Sport*) (*nello sci*) pole, gate pole. 4 (*picchetto da tenda*) peg, tent-peg. □ (*fig*) *mettere dei paletti* to set (the) guidlines, to set (the) parameters, to start with what is already decided: *inziamo a mettere dei paletti* let's start with what is already decided.

palificare (**palifico, palifichi**) *v.t.* (*Edil*) to drive piles into the ground.

palificazione *f.* (*Edil*) piling.

palina *f.* (*Topogr*) ranging rod, ranging pole.

palindromo *m.* (*Ling*) palindrome.

---

palingenesi *f.* 1 (*Filos*) palingenesis. 2 (*fig*) rebirth, revival. 3 (*Geol*) palingenesis.

palingenetico (*pl.* **-ci**) *a.* palingenetic.

palinodia *f.* (*Lett*) palinode, palinody.

palinsesto *m.* 1 (*TV*) programme schedule: ~ *televisivo* television programme schedule. 2 (*Filol*) palimpsest.

palio *m.* 1 (*gara equestre*) horse race: *correre il* ~ to compete in a horse race. 2 (*drappo*) banner (awarded to the winner of a contest). 3 (*estens*) (*gara*) contest, competition. □ *essere in* ~ to be at stake; *mettere in* ~ to offer as a prize; *premi in* ~ prices to be won; *la posta in* ~ the stake.

Palio *n.pr.m.* (*a Siena*) Palio.

paliotto *m.* (*Lit*) (*altar*) frontal, antependium.

palischermo *m.* (*Mar,ant*) row boat, skiff, pinnace, ship's boat.

palissandro *m.* (*legno*) rosewood, palisander.

palizzata *f.* palisade, paling, fence, stockade, stakefence: *cingere con una* ~ to stockade; *erigere una* ~ to erect a fence.

palla¹ *f.* 1 ball: *giocare a* ~ to play ball; *mandare la* ~ *in rete* to score; *lanciare in alto la* ~ to throw the ball into the air. 2 (*tiro*) ball, shot: *la* ~ *è buona* the shot is good. 3 (*proiettile*) bullet, ball: *una* ~ *da cannone* a cannon ball. 4 (*oggetto a forma di palla*) ball. 5 (*Stor*) (*sfera pesante legata ai piedi dei carcerati*) ball and chain. 6 (*Stor*) (*per votazioni*) ballot: ~ *bianca* white ballot; ~ *nera* black ballot. 7 (*pop*) (*bugia*) fib, whopper: *raccontare un sacco di palle* to tell a pack of lies. 8 (*pop*) (*persona noiosa*) drag, bore: *quell'uomo è una* ~ that man is a drag. 9 *pl.* (*volg*) (*testicoli*) balls: *non avere le palle* to have no balls; *quella è una con le palle!* she has got balls! 10 (*Arald*) ball. □ (*region, colloq*) *a* ~ to the max: *alzare il volume a* ~ to crank up the volume to the max; *prendere la* ~ *al balzo*: 1 to catch the ball on the bounce; 2 (*fig*) to seize one's opportunity; (*Stor*) ~ *al piede* ball and chain; (*fig*) *essere una* ~ *al piede per qcu.* to be a millstone round so.'s neck; (*Sport*) ~ *basca* (*pelota*) pelota; (*pop*) *che palle!* what a bore!, what a drag!; ~ *da biliardo*: 1 (*Sport*) billiard ball; 2 (*fig,scherz*) (*testa calva*) billiard-ball, bald head; (*Sport*) ~ *da bowling* bowling ball; (*Sport*) ~ *da golf* golf ball; (*Sport*) ~ *da tennis* tennis ball; (*volg*) *levati dalle palle!* fuck off!; (*Sport*) ~ *di allenamento*: 1 training ball; 2 (*nel pugilato*) punching-ball; ~ *di cuoio* leather-covered ball; ~ *di gomma* rubber ball; (*colloq, spreg*) ~ *di lardo* fatso, fat lump; ~ *di neve* snowball (*anche Bot*); *fare a palle di neve* to have a snowball fight; (*fig*) *essere in* ~ to be confused, to be in a complete daze; *il computer è andato in* ~ the computer's going down; (*Mil,ant*) ~ *infuocata* incendiary shell, fire ball; ~ *medica* medicine ball; (*Sport*) ~ *ovale* rugby; (*volg*) *ne ho le palle piene* I've had enough of this shit; (*volg*) *stare sulle palle a qcu.* to get on so.'s tits.

palla² *f.* 1 (*Stor.rom*) palla. 2 (*Lit*) pall, palla.

pallabase *f.* (*Sport,ant*) baseball.

pallacanestro *f.* (*Sport*) basketball.

pallacorda *f.* 1 (*Stor*) (*gioco*) royal tennis, real tennis. 2 (*estens*) (*luogo*) court, tennis-court.

Pallade *n.pr.f.* (*Mitol*) Pallas, Pallas Athena.

palladiano *a.* (*Arch*) Palladian: *ville palladiane* Palladian villas.

palladico *a.* (*Chim*) palladic.

palladio¹ *m.* (*Chim*) palladium.

palladio² *m.* 1 (*Stor.gr*) Palladium. 2 (*fig*) palladium, defence, safeguard. II *a.* (*di Pal-*

lade Atena) pertaining to Pallas (*posposto*), of Pallas (*posposto*).

pallamaglio *m./f.* (*Stor*) pall-mall.

pallamano *f.* (*Sport*) handball.

pallamuro *f.* (*Sport*) fives (*costr.sing.*).

pallanotista, pallanuotista *m./f.* (*Sport*) water-polo player.

pallanuoto *f.* (*Sport*) water polo.

pallavolista *m./f.* (*Sport*) volleyball player.

pallavolo *f.* (*Sport*) volleyball.

palleggiamento *m.* (*Sport*) **1** (*nel calcio*) dribbling; (*tra due giocatori*) passing. **2** (*nel tennis*) rally; (*prima della partita*) (*Br*) knock-up, (*Am*) practice shot. **3** (*nella pallavolo*) overhand pass. **4** (*fig*) shifting: *un ~ di responsabilità* passing the buck, shifting of responsibilities.

palleggiare (**palléggio, palléggi**) *aus.* **avere**) **I** *v.i.* (*Sport*) **1** to throw the ball backwards and forwards, to pass the ball backwards and forwards, to exchange passes. **2** (*nel calcio*) to dribble; (*tra due giocatori*) to pass the ball backwards and forwards. **3** (*nel tennis*) to rally; (*prima della partita*) to knock up. **II** *v.t.* to toss, to bounce. **III** *v.r.recipr.* **palleggiarsi** to shift back and forth (*qcs.* sth.), to saddle one another (with): *palleggiarsi la responsabilità* to shift the responsibility back and forth, to pass the buck.

palleggiatore *m.* (*f.* **-trice**) (*Sport*) **1** (*nel calcio*) dribbler. **2** (*nella pallavolo*) setter.

palleggio *m.* (*Sport*) **1** (*nel calcio*) dribbling; (*tra due giocatori*) passing. **2** (*nel tennis*) rally; (*prima della partita*) (*Br*) knock-up, (*Am*) practice shot. **3** (*nella pallavolo*) set. **4** (*fig*) shifting.

pallet *m.inv.* (*Ind*) pallet.

pallettizzare (**pallettizzo**) *v.t.* (*Ind*) to palletize.

pallettizzazione *f.* (*Ind*) palletization.

pallettone *m.spec.pl.* (*Arm*) large shot.

palliativo I *a.* (*Farm*) palliative (*anche fig*). **II** *m.* (*Farm*) palliative (*anche fig*).

pallidamente *avv.* palely, pallidly, faintly.

pallidiccio *a.* palish, rather pale.

pallido *a.* **1** pale, pallid, wan: *volto ~* pale face; *diventare ~* to grow pale, (*colloq*) to go white. **2** (*rif. a colore: tenue*) pale, light: *verde ~* pale green. **3** (*fig*) (*debole, vago*) faint, feeble, dim: *un ~ ricordo* a dim recollection. □ *~ come un morto* as pale as death; *non ne ho la più pallida idea* I haven't the faintest idea, I haven't the slightest idea; *non ha la più pallida idea di cosa significhi lavorare* he hasn't the slightest idea of what it means to work.

pallina *f.* **1** ball: *~ per roulette* (roulette) ball. **2** (*da ping-pong*) ping pong ball. **3** (*bilia di vetro*) marble, glass marble. **4** (*di gelato*) scoop, scoopful. □ (*Inform,ant*) *~ di stampa* type ball.

pallinatura *f.* (*Ind*) shot peening, shot blasting.

pallino *m.* **1** (*nel biliardo*) cue ball; (*nel gioco delle bocce*) jack. **2** (*fig*) (*idea fissa*) obsession, craze, mania, fixation: *ha il ~ delle corse dei cavalli* he has an obsession for horse racing. **3** (*fig*) (*hobby*) hobby: *avere il ~ del collezionismo* she has the hobby of collecting. **4** *pl.* (*Tess*) (polka) dots, spots: *una cravatta a pallini blu* a tie with blue polka dots, a blue-spotted tie. **5** *pl.* (*Caccia*) pellets, shotS. □ *a pallini* dotted: *un paio di calzini a pallini* a pair of dotted socks; (*fig, colloq*) *andare a ~* to blow, to go up in smoke; (*fig,colloq*) *mandare a ~ qcs.* to ruin, to destroy, to blow to bits, to send up in smoke; (*fig*) *avere il ~ in mano* (*avere in mano la situazione*) to have the situation in hand.

pallio *m.* **1** (*Stor.rom*) pallium. **2** (*Anat*) pallium, mantle.

pallista *m.* (*colloq*) fibber, bullshitter.

pallonaio *m.* **1** (*fabbricante*) ball maker, balloon maker. **2** (*venditore*) ball-seller, balloon seller.

pallonaro *m.* (*f.* **-a**) (*region,colloq*) (*chi racconta frottole*) liar, fibber, storyteller.

pallonata *f.* **1** blow with a ball: *essere colpito da una ~* to be hit by a ball. **2** (*fig,rar*) (*frottola*) bosh, (*Am*) baloney: (*colloq*) *dire pallonate* to talk big.

palloncino *m.* **1** (*per bambini*) (toy) balloon: *gonfiare un ~* to blow up a balloon. **2** (*lampioncino*) Chinese lantern. **3** (*per la prova dell'alcol*) breathalyser, breathalyzer: *prova del ~* breath test.

palloncino-scultura *m.* balloon sculpture.

pallone *m.* **1** ball: *dare un calcio al ~* to kick the ball. **2** (*nel calcio: palla di cuoio*) football, soccer ball: *giocare a ~* to play football. **3** (*palloncino per bambini*) balloon, toy balloon. **4** (*Aer*) balloon. **5** (*Chim*) flask; (*da distillazione*) distilling flask; (*per pesare i gas*) balloon. □ (*Aer*) *~ aerostatico* air balloon; (*Sport*) *~ da pallacanestro* basketball; (*Sport*) *~ da rugby* rugby ball; (*Bot*) *~ di maggio* guelder-rose; (*Mil*) *~ di sbarramento* barrage balloon; (*Chim*) *~ di vetro* glass flask; *~ drago* kite balloon; (*Meteor*) *~ frenante* balloon drag; (*Aer*) *~ frenato* captive balloon; (*fig*) *~ gonfiato* bighead, puffed-up person, conceited person, swelled head; (*Aer*) *~ libero* free balloon; (*Meteor*) *~ meteorologico* sounding balloon, meteorological balloon; (*fig*) *andare nel ~* to get flustered; *essere nel ~* to be in a complete daze, to be completely flustered; *avere la testa nel ~* to be in a complete daze, to lose one's bearings; (*Aer*) *~ osservatorio* observation balloon, kytoon; (*Aer*) *~ pilota* pilot balloon; (*Aer*) *~ razzo* rockoon; *~ sonda* sounding balloon; (*Aer*) *~ stratosferico* stratospheric balloon.

pallonetto *m.* (*Sport*) (*nel calcio e nel tennis*) lob.

pallore *m.* pallor, paleness: *~ cadaverico* deathly pallor.

palloso *a.* (*colloq*) deadly boring, square, dull: *quel libro è davvero ~* that book is a real drag.

pallottola *f.* **1** (*pallina*) (small) ball, pellet: *una ~ di vetro* a (small) ball of glass. **2** (*Arm*) (*proiettile*) bullet, pellet, shot. **3** (*del pallottoliere*) bead, counter. □ *~ di fucile* rifle shot, rifle bullet; (*Arm*) *~ di piombo* lead bullet; (*Arm*) *~ dum-dum* dum-dum bullet; (*Arm*) *~ esplosiva* explosive bullet; (*Arm*) *~ incendiaria* incendiary bullet; (*Arm*) *~ tracciante* tracer bullet; *~ vagante* stray bullet.

pallottoliere *m.* abacus.

pallovale *f.* (*Sport*) rugby.

palma[1] *f.* **1** (*Bot*) palm, palm tree. **2** (*fig*) (*vittoria*) palm, victory: *ottenere la ~ della vittoria* to win the palm of victory, to carry off the palm of victory. □ (*Bot*) *~ da cocco* coco palm, coconut palm; (*Bot*) *~ dattilifera* date palm; (*fig*) *la ~ del martirio* the palm of martyrdom; *di ~ palm* (*attr.*): *olio di ~* palm oil; (*Bot*) *~ dum* doum palm.

palma[2] *f.* **1** (*Anat*) palm: *giungere le palme* to join one's hands. **2** (*Zool*) palama, web. □ *~ della mano* palm (of the hand); (*fig*) *portare qcu. in ~ di mano* to hold so. highly, to dote on so., to hold so. in great esteem.

palma[3] *f.* (*Mar*) (*patta, marra*) fluke, anchor's arm.

palmare I *m.* (*Inform*) hand-held computer.

II *a.* **1** (*Anat*) palmar, volar: *arcata ~* palmar arch; *ascesso ~* palmar abscess. **2** (*Inform*) hand-held: *computer ~* hand-held computer. **3** (*fig,rar*) (*evidente*) obvious, evident, clear.

palmato *a.* **1** (*Zool*) palmate, webbed: *piede ~* webbed foot; *dai piedi palmati* web-footed. **2** (*Bot*) palmate, palmated: *foglia palmata* palmate leaf.

palmento *m.* (*macina*) millstone. □ (*fig*) *mangiare a quattro palmenti* to devour one's food, to wolf one's food down, to eat greedily, to gorge oneself.

palmeto *m.* palm grove.

palmetta *f.* **1** (*Arch*) palmette. **2** (*Agr*) fan training.

palmifero *a.* (*lett*) palmiferous.

palmipede *m.* (*Ornit*) palmiped, web-footed (bird), web-footed (fowl).

Palmira *n.pr.f.* (*Geog.stor*) Palmyra.

palmireno *a.* (*Stor*) Palmyrene.

palmitato *m.* (*Chim*) palmitate.

palmitico *a.* (*Chim*) palmitic: *acido ~* palmitic acid.

palmitina *f.* (*Chim*) palmitin, tripalmitin.

palmito *m.* (*Alim*) hearts of palm.

palmizio *m.* **1** (*Bot*) palm, date palm. **2** (*ramo intrecciato di palma o di ulivo*) palm.

palmo *m.* **1** (*unità di misura*) span: *largo un ~* a span in width. **2** (*ant*) (*unità di misura pari a circa 25 cm*) palm. **3** (*region*) (*palma della mano*) palm (of the hand). □ *~ a ~*: 1 (*poco per volta*) inch by inch, little by little; 2 (*nei minimi particolari*) thoroughly, in detail: *conosce la città ~ a ~* he knows the city thoroughly, he knows the city like the back of his hand; *con un ~ di lingua fuori* to be gasping for breath, to be huffing and puffing; (*fig*) *portare qcu. in ~ di mano* to hold so. highly, to dote on so., to hold so. in great esteem; (*fig*) *restare con un ~ di naso* to be badly disappointed, to be left dumbfounded, to be left baffled; *non vedere a un ~ dal proprio naso* not to see further than one's nose.

palo *m.* **1** pole, post: *piantare un ~* to drive a pole into the ground; *sembrare un ~* (*essere magrissimo*) to be as thin as a bean pole, to be as thin as a rake. **2** (*di sostegno*) stake. **3** (*Edil*) pile. **4** (*Sport*) (*nel calcio*) goal post: *prendere il ~* (*o colpire il ~*) to hit the goal post. **5** (*Arald*) pale. □ *~ a traliccio* pylon; (*Edil*) *~ a vite* screw pile; *essere fermo al ~* to be left at the post; *~ del telegrafo* telegraph pole; *~ della cuccagna* greasy pole; (*El*) *~ della luce* electricity tower, electricity pylon; (*Edil*) *~ di acciaio* steel pole; (*Edil*) *~ di ancoraggio* anchor pile; (*Sport*) *~ di arrivo* winning post; (*El*) *~ di diramazione* junction pole; *~ di ferro* iron pole; (*Edil*) *~ di fondazione* foundation pile, bearing pile; (*fig*) *saltare di ~ in frasca* to hop from one subject to another, to jump from one subject to another; (*Mar*) *~ di ormeggio* bollard, mooring post; (*Sport*) *~ di partenza* starting post; (*gerg*) *fare da ~* (o *fare il ~*) to act as lookout, to be on the watch; (*Edil*) *~ in cemento armato* concrete pile.

palomba *f.* (*Ornit*) (*colombella*) stockdove, wood pigeon.

palombaro *m.* deep-sea diver.

palombo *m.* **1** (*Itt*) smooth hound, smoothe dogfish. **2** (*Ornit,region*) pigeon. □ (*Itt*) *~ liscio* (o *~ nocciolo*) smooth hound, smoothe dogfish.

palpabile *a.* **1** palpable, tangible. **2** (*fig*) (*manifesto, evidente*) plain, tangible, palpable: *la tensione era ~* tension was palpable.

palpare (**pàlpo**) *I v.t.* **1** to touch, to feel. **2** (*Med*) to palpate. **3** (*a scopo erotico*) to fondle, to caress lovingly. **II** *v.pron.* **palparsi** to

touch, to feel.
palpata f. 1 touch, feel. 2 (a scopo erotico) fondling.
palpatina f. 1 pat, light touch. 2 (a scopo erotico) light fondling.
palpatorio a. (Med) palpatory.
palpazione f. (Med) palpation. □ (Med) ~ del seno breast palpation.
palpebra f. eyelid: abbassare le palpebre to lower one's eyelids; battere le palpebre to blink. □ (Anat) ~ inferiore inferior eyelid; (Anat) ~ superiore superior eyelid.
palpebrale a. (Anat) palpebral: regione ~ palpebral region.
palpeggiamento m. 1 touching, patting. 2 (a scopo erotico) fondling.
palpeggiare (**palpéggio, palpéggi**) v.t. 1 to stroke, to pat, to feel. 2 (a scopo erotico) to fondle.
palpitante a. 1 palpitating, (rar) palpitant. 2 (che batte) throbbing, beating, pulsating: cuore ~ throbbing heart. 3 (fig) (fremente) trembling, shaking, quivering: ~ d'emozione trembling with emotion. □ di ~ attualità very topical.
palpitare (**pàlpito**; aus. avere) v.i. 1 to palpitate. 2 (battere) to beat fast, to beat, to throb, to pulsate, to palpitate: il cuore gli palpitava his heart was beating fast. 3 (fig) (fremere) to tremble, to quiver, to shake: ~ di angoscia to quiver with anxiety.
palpitazione f. 1 (Med) palpitation: avere le palpitazioni to have palpitations. 2 (fig) (forte emozione) palpitation, thrill: fare venire le palpitazioni a qcu. to make so.'s heart beat fast.
palpito m. 1 beat, pulsation, palpitation: palpiti frequenti rapid beats. 2 (fig) (emozione) throb, thrill.
palpo m. (Zool) palp, palpus.
paltò m.inv. (Abbigl,ant) coat, overcoat, winter coat.
paludamento m. 1 (Stor.rom) paludament, paludamentum. 2 (estens) (manto sontuoso) rich mantle, sumptuous robe; (abito di cattivo gusto) get up. 3 spec.pl. (fig) embellishment.
paludato a. 1 sumptuously dressed, dressed up. 2 (fig) (solenne) solemn. 3 (fig) (ampolloso) pompous, inflated, high-flown.
palude f. 1 marsh, swamp, bog, fen: bonificare una ~ to reclaim a marsh. 2 pl. (regione paludosa) marshes, swamps, marshland sing., fenland sing. □ (Geog.stor) paludi pontine Pontine marshes; (Mitol) ~ stigia Stygian swamp.
paludicolo a. palustrine, paludal: habitat ~ palustrine habitat.
paludismo m. (Med,rar) (malaria) paludism, marsh fever, malaria.
paludoso a. marshy, swampy, boggy: regione paludosa swampy region, marshland.
palustre a. (di palude) palustrine, paludal, swamp (attr.), marsh (attr.): (Med) febbre ~ marsh fever.
pamela f. (Mod) leghorn, wide-brimmed straw hat.
Pamela n.pr.f. Pamela.
pampa (pl. **pàmpas**) f. (Geog) pampas.
pamphlet /pan'flɛ/ m.inv. satire, lampoon, pamphlet.
pampino m. (Bot) vine leaf.
Pan n.pr.m. (Mitol) Pan.
panacea f. (rimedio universale) panacea, cure-all.
panache /pa'naʃ/ m.inv. (pennacchio) panache. □ fare ~: 1 (Equit) (rif. al cavallo) to fall (head over heels); 2 (Equit) (rif. al cavaliere) to be tossed over the horse's head; 3

(Sport) (nel ciclismo) to be tossed over the handlebars.
panafricanismo m. (Pol) Pan-Africanism.
panafricanista m./f. (Pol) supporter of Pan-Africanism, Pan-Africanist.
panafricano a. (Pol) Pan-African.
panama m.inv. (Mod) panama, panama hat.
Panama, Panamà I n.pr.m. (Geog) (stato) Panama. II n.pr.f. (Geog) (città) Panama city.
panamegno I a. Panamanian. II m. (f. -a) Panamanian; (originario) native of Panama; (abitante) inhabitant of Panama.
panamense I a. Panamanian. II m./f. Panamanian; (originario) native of Panama; (abitante) inhabitant of Panama.
panamericanismo m. (Pol) Pan-Americanism.
panamericano a. (Pol) Pan-American.
panarabismo m. (Pol) Pan-Arabism.
panarabo a. (Pol) Pan-Arab, Pan-Arabian.
panare (**pàno**) v.t. (Gastron) to coat in breadcrumbs.
panasiatico (pl. -ci) a. (Pol) Pan-Asiatic, Pan-Asian.
panasiatismo m. (Pol) Pan-Asiatism.
panata f. (Gastron) panada, bread soup.
Panatenee f.pl. Panathenaea.
panatica f. (Mar,rar) board; (denaro) board money, board wages pl., victual money, provisions money.
panca (pl. -**che**) f. 1 bench, form, seat: panche d'osteria tavern benches. 2 (in chiesa) pew. 3 (Ginn) bench. □ ~ da giardino park bench, garden bench.
pancaccio (pl. -**ci**) m. prison bunk bed, plank bed.
pancarré, pancarrè m. (Alim) 1 (pane in cassetta) rectangular loaf of bread, sandwich loaf. 2 (pane rettangolare affettato e impacchettato) sliced bread, toast bread.
pancetta f. 1 (piccola pancia) paunch, belly, pot belly: (colloq) mettere su un po' di ~ to become paunchy, to get a paunch, to get a belly. 2 (Gastron) pork underbelly, cured belly of pork: ~ affumicata bacon; fare rosolare la ~ to brown the bacon.
panchetto m. (sgabello) stool, footstool.
panchina f. 1 bench, seat. 2 (nei giardini pubblici) park bench, garden seat. 3 (Sport) (luogo) sidelines pl., bench: stare in ~ to be on the sidelines, to be on the bench, (Am) to bench. 4 (Sport) (riserve) substitute players pl., substitutes pl. 5 (Sport) (allenatore) trainer, coach.
panchinaro m. (f. -a) (Sport,colloq) bench warmer.
pancia (pl. -**ce**) f. 1 (ventre) stomach, belly, (infant) tummy: mi fa male la ~ I have a stomachache; mi brontola la ~ my stomach is growling, my stomach is rumbling; riempirsi la ~ to fill one's stomach, to fill one's belly, (colloq) to stuff (oneself). 2 (ventre grosso) paunch, (colloq) pot, pot belly: avere la ~ to have a paunch; non avere ~ to have a flat stomach; mettere su ~ to get a paunch, to get paunchy; tirare dentro la ~ to hold in one's stomach. 3 (estens) (sporgenza) bulge, (rif. a vasi, fiaschi, vele) belly. □ ~ a terra flat on one's stomach, face down; essere ~ a terra to lie flat on one's stomach; starsene a ~ all'aria: 1 to lie on one's back; 2 (fig) to take it easy; stare a ~ in giù to lie on one's stomach; dormire a ~ in giù to sleep on one's stomach; (scherz) ~ mia fatti capanna look out, stomach, here it comes!; essere a ~ piena to be full (up); avere la ~ piena to have a full belly; ~ sporgente bulging stomach; (fig)tenersi la ~ dalle risa to split one's sides with laughter, to hold one's sides with

laughter.
panciata f. 1 (colpo sulla pancia tuffandosi) belly flop. 2 (scorpacciata) big feed, (colloq) bellyful.
panciera f. 1 body belt; (elastica, da donna) girdle. 2 (Stor) (parte dell'armatura) skirt of tasses.
pancino m. (infant) tummy, tum-tum.
panciolle □ (fig) starsene in ~ to idle about, to sit about, to laze around, to lounge around, to loll about.
pancione m. 1 (colloq) (Br) paunch, pot belly. 2 (colloq) (pancia di donna incinta) bump, big tummy: avere il ~ (Br) to have a bump, to be pregnant. 3 (f. -a) (persona dalla pancia grossa) paunchy person, pot-bellied person, pot belly.
panciotto m. (Abbigl) waist coat, (Am) vest.
panciuto a. 1 (rif. a persona) (Br) paunchy, pot-bellied. 2 (rif. a cosa) bellied, bulging: vaso ~ bellied vase.
pancone m. 1 heavy plank, large board. 2 (banco di lavoro) work-bench, bench; (del falegname) carpenter's bench. 3 (strato di terreno impermeabile) underlying layer of hard soil.
pancotto m. (Gastron) panada, bread soup.
Pancrazio n.pr.m. Pancras.
pancreas m. (Anat) pancreas.
pancreatico (pl. -ci) a. (Anat) pancreatic: succo ~ pancreatic juice.
pancreatina f. (Biol) pancreatin, pancreatinum.
pancreatite f. (Med) pancreatitis.
pancromatico a. (Fot) panchromatic.
panda m.inv. (Zool) panda. □ (Zool) ~ gigante giant panda; (Zool) ~ minore lesser panda, red panda.
pandemia f. (Med) pandemia, pandemy.
pandemico a. (Med) pandemic.
pandemonio m. (gran confusione) pandemonium, bedlam: scatenare un ~ to unleash pandemonium, to make all hell break lose.
pandette f.pl. (Dir.rom) Pandects.
pandispagna m. (Dolc) sponge cake.
pandit m.inv. pandit, pundit.
pandolce m. (Dolc) pandolce (traditional buttery vanilla-flavoured bread-like Italian Christmas cake of Genoa, filled with raisins and candied fruit).
Pandora n.pr.f. (Mitol) Pandora. □ (Mitol) il vaso di ~ Pandora's box (anche fig).
pandoro m. (Dolc) pandoro (traditional buttery, vanilla-flavoured Italian Christmas cake of Verona, tall, star-shaped and sprinkled with powdered sugar).
pane[1] m. 1 (Alim) bread: una fetta di ~ a slice of bread; comprare un chilo di ~ to buy a kilo of bread; fare il ~ to make bread. 2 (pagnotta) loaf. 3 (fig) (sostentamento) bread, living, livelihood: guadagnarsi il ~ to make one's living, to earn one's daily bread. 4 (fig) (nutrimento spirituale) spiritual food, spiritual nourishment. 5 (oggetto di forma rettangolare) cake, loaf, package, pat, stick: un ~ di burro a package of butter. 6 (Met) pig, (lingotto) ingot: ~ di ferro pig iron. □ (Alim) ~ al latte milk bread, milk loaf; (Alim) ~ all'olio bread made with oil; ~ asciutto dry bread, bread without anything on it; ~ azzimo: 1 (Alim) unleavened bread; 2 (Rel.ebr) matzo, matzoh; (Alim) ~ bianco white bread; (Alim,ant) ~ bigio brown bread; (Alim) ~ biscottato toasted bread; (Alim) ~, burro e marmellata bread, butter and jam; (Alim) ~ caldo bread fresh from the oven; (Alim) pan carré: 1 (pane in cassetta) rectangular loaf of bread, sandwich loaf; 2 (pane rettangolare affettato e impacchettato) sliced bread,

toast bread; (*Alim*) ~ *casalingo* homemade bread; (*Alim*) ~ *casareccio* homemade bread; (*Alim*) ~ *croccante* crusty bread; (*Rel.catt*) *il* ~ *degli angeli* the consecrated Host; (*Alim*) ~*di crusca* bran loaf; (*Alim*) ~*di frumento* wheat bread; (*Alim*) ~ *di glutine* gluten bread; (*Alim*) ~*di segala* (o ~*di segale*) ryebread, rye bread; (*Dolc*) *pan di Spagna* sponge cake; (*Alim*) ~*di zenzero* gingerbread; *pan di zucchero*: 1 sugar loaf: *cappello a pan di zucchero* sugarloaf hat, conical hat; 2 (*Geog*) Sugarloaf Mountain; *dire* ~ *al* ~ *e vino al vino* to call a spade a spade; (*Alim*) ~*duro* stale bread; *mettere qcu. a* ~*e acqua* to put so. on bread and water; (*Alim*) ~ *e burro* bread and butter, buttered bread; (*fig*) *essere* ~*e cacio* to be as thick as thieves; (*fig*) *mangiare* ~ *e cipolla* to live on bread and water; ~ *e companatico* bread and something else; (*Rel.catt*) ~*eucaristico* consecrated bread, communion bread; (*Alim*) ~ *fresco* fresh bread; (*Alim*) ~ *giallo* maize bread, corn bread; (*Dolc*) *pan giallo* traditional Christmas cake of Rome made with cornmeal, raisins, and nuts; (*Alim*) *pangrattato* bread crumbs; (*Alim*) ~ *grattugiato* bread crumbs; (*Alim*) ~*in cassetta* rectangular loaf of bread, sandwich loaf; (*Alim*) ~*integrale* wholewheat bread, wholemeal bread; (*Alim*) ~ *nero* wholemeal bread, brown bread, (*molto scuro e pesante*) black bread; (*Alim*) ~ *ordinario* ordinary bread; (*Dolc*) *panpepato* cake made with honey, almonds, candied peel and spices; (*fig*) *non è* ~*per i suoi denti* it's not his cup of tea, he is not cut out for it; *trovare* ~ *per i propri denti* to meet one's match; (*Bot*) *panporcino* (*ciclamino*) sowbread, cyclamen; (*Bibl*) *dacci oggi il nostro* ~ *quotidiano* give us this day our daily bread; (*fig*) *questo è il mio* ~ *quotidiano* this is my bread and butter; (*Alim*) ~ *raffermo* stale bread; (*Alim*) ~ *secco* stale bread; (*fig*) ~ *sudato* hard-earned bread; (*Alim*) ~*tostato* toast, toasted bread.

pane2 *m.* (*Mecc*) (*di vite*) thread, screw-thread.

panegirico (*pl.* -**ci**) *m.* 1 (*Stor.gr*) panegyric. 2 (*fig*) (*encomio*) panegyric, eulogy: *tessere un* ~ *a qcu.* to eulogize so., to praise so.; *fare il* ~ *di se stessi* to sing one's own praises.

panegirista *m./f.* 1 (*Stor.gr*) panegyric. 2 (*fig*) panegyrist, eulogist.

panellenico (*pl.* -**ci**) *a.* (*Stor,Pol*) Panhellenic, Pan-Hellenic.

panellenismo *m.* (*Stor,Pol*) Panhellenism, Pan-Hellenism.

panellenista I *m./f.* (*Stor,Pol*) Panhellenist, Pan-Hellenist, advocate of Panhellenism. II *a.* (*Stor,Pol*) Panhellenic, Pan-Hellenic.

panello *m.* 1 (*residuo solido di semi oleosi*) oilcake. 2 (*Zootecn*) feed cake. ☐ ~ *di girasole* sunflower cake; ~*di semi oleosi* oilcake; ~*di soia* soy(a)-bean cake.

panetteria *f.* 1 (*bottega*) baker's, baker's shop, bakery. 2 (*forno*) bakery, bakehouse.

panettiere *m.* 1 (*f.* -**a**) baker. 2 (*estens*) (*panetteria*) baker's, baker's shop, bakery: *andare dal* ~ to go to the baker's.

panetto ☐ ~ *di burro* pat of butter; ~ *di sapone* cake of soap.

panettone *m.* 1 (*Dolc*) panettone (traditional buttery, vanilla-flavoured Christmas bread-like cake of Milan, tall and rounded in shape). 2 (*Strad*) concrete base, mounded roadway obstacle of concrete. ☐ (*Dolc*) ~ *genovese* traditional buttery vanilla-flavoured bread-like Christmas cake of Genoa, filled with raisins and candied fruit, rounded but shorter than the Milanese version.

paneuropeo *a.* (*Pol*) Pan-European.

panfilo *m.* (*Mar*) yacht. ☐ (*Mar*) ~*a motore* motor yacht; (*Mar*) ~*a vela* sailing yacht, yacht; (*Mar*) ~ *da crociera* cruising yacht, cruiser; (*Mar*) ~ *da regata* racing yacht.

panflettista *m./f.* pamphleteer.

panflettistico (*pl.* -**ci**) *a.* pamphletary, pamphlet (*attr.*).

panforte *m.* (*Dolc*) panforte (traditional dense Italian spice cake of Siena filled with candied fruit and nuts).

Pangea *f.* (*Geol*) Pangaea.

pangermanesimo, pangermanismo *m.* (*Pol*) Pan-Germanism.

pangermanista I *m./f.* (*Pol*) Pan-German, Pan-Germanist. II *a.* (*Pol*) Pan-German, Pan-Germanic.

pangermanistico (*pl.* -**ci**) *a.* (*Pol*) Pan-German, Pan-Germanic.

pangiallo *m.* (*Dolc*) traditional Christmas cake of Rome made with cornmeal, raisins, and nuts.

pangolino *m.* (*Zool*) pangolin.

pangrattato *m.* (*Alim*) bread crumbs.

pania *f.* 1 (*Caccia*) lime, birdlime. 2 (*fig,lett*) (*allettamento*) lure, enticement, snare. ☐ *cadere nella* ~ (*di qcu.*): 1 to be limed (by so.); 2 (*fig*) to be ensnared (by so.).

panicato *a.* (*Zootecn*) measly.

panicatura *f.* (*Zootecn*) measle.

panico1 (*pl.* -**ci**) I *a.* panic: *timore* ~ panic fear. II *m.* panic: *essere colto dal* ~ to be panic-stricken, to panic; *un attacco di* ~ a panic attack; *farsi prendere dal* ~ to get into a panic; *seminare il* ~ to spread panic; *scatenare il* ~ *tra la folla* to unleash panic in the crowd, to spark panic in the crowd, to create panic in the crowd. ☐ ~*da palcoscenico* stage fright; (*Giorn*) ~*in Borsa* panic on the stock excange.

panico2 *a.* (*lett*) (*relativo al dio Pan*) Panic, Pandean.

panico (*pl.* -**chi**) *m.* (*Bot*) millet, foxtail, Italian millet.

panicolato *a.* (*Bot*) panicled, paniculate, paniculated.

paniera *f.* 1 large basket, (*con coperchio*) hamper. 2 (*quantità*) basket, basketful, (*colloq*) hamper.

panieraio *m.* (*f.* -**a**) 1 (*fabbricante*) basket maker. 2 (*venditore*) basket seller.

panierata *f.* basket, basketful, (*colloq*) hamper. ☐ (*fig,ant*) *a panierate* in plenty.

paniere *m.* 1 basket, (*con coperchio*) hamper: *un* ~ *di uova* a basket of eggs. 2 (*quantità*) basket, basketful. 3 (*Econ*) basket, market basket: ~ *dei consumi* (housewife's) shopping basket; (*Econ*) ~*delle valute* basket of currencies, currency basket; (*Econ*) ~*di riferimento* reference basket.

panierino *m.* 1 (*piccolo paniere*) small basket. 2 (*per la colazione*) lunch box.

panificare (**panifico, panifichi**) I *v.i.* (*aus. avere*) (*Alim*) to make bread. II *v.t.* (*Alim*) to make (sth.) into bread.

panificatore *m.* (*f.* -**trice**) (*Alim*) baker, bread baker.

panificazione *f.* (*Alim*) bread-making, bread production: *mercoledì* ~ *doppia* Wednesday bread production doubles.

panificio *m.* 1 (*Ind,Alim*) bakery. 2 (*negozio*) bakery, bread shop.

panifortte *m.* (*Fal*) blockboard.

panino *m.* (*Alim*) 1 bread roll, (sandwich) roll. 2 (*imbottito*) sandwich: *fare un* ~ to make a sandwich. ☐ (*Alim*) ~*al burro* butter roll; (*Alim*) ~ *al latte* milk roll, roll made with milk; (*Alim*) ~*all'olio* soft roll,

roll made with oil; (*Alim*) ~*imbottito* filled roll, sandwich.

paninoteca *f.* sandwich bar, sandwich shop.

panislamico (*pl.* -**ci**) *a.* (*Pol*) Pan-Islamic.

panislamismo *m.* (*Pol*) Pan-Islam, Pan-Islamism.

panismo *m.* (*Lett*) identification with the natural world.

panlogismo *m.* (*Filos*) panlogism.

panna1 *f.* 1 (*Alim*) (*crema*) cream: *una torta alla* ~ a cream cake; *fragole con* ~ strawberries and cream; *caffè con* ~ coffee with cream; *cioccolata con* ~ *montata* hot chocolate with whipped cream. 2 (*Alim*) (*panna montata*) whipped cream. 3 (*Alim*) (*pelle del latte*) skin (of milk). 4 (*colore*) cream. ☐ (*Alim*) ~ *acida* sour cream; (*Dolc*) ~ *cotta* blancmange, chilled vanilla or cinnamon-flavoured custard dessert; (*Alim*) ~ *da montare* whipping cream; (*Alim*) ~*fresca* fresh (whipping) cream, fresh (heavy) cream; (*Alim*) ~*liquida* (*Br*) single cream.

panna2 *f.* (*Mar*) 1 (*disposizione delle vele*) hove-to position. 2 (*mancanza di vento*) becalmed condition. ☐ (*Mar*) *mettere in* ~ to heave to; *stare in* ~ to be hove-to.

panne *f.* (*Aut*) break-down, engine trouble, engine failure. ☐ (*Aut*) *essere in* ~ to have engine trouble.

panneggiamento *m.* 1 (*il panneggiare*) draping. 2 (*drappeggio*) drape, drapery.

panneggiare (**pannéggio, pannéggi**) *v.t.* to drape (*anche Art*).

panneggio *m.* drapery.

pannellatura *f.* 1 panelling, (*Am*) paneling. 2 (*insieme di pannelli*) series of panels.

pannello *m.* 1 panel: ~ *scorrevole* sliding panel. 2 (*di legno*) board, panel. 3 (*tabellone*) board, billboard, hoarding: ~ *pubblicitario* advertisement panel, advertisement hoarding. 4 (*Tecn*) panel, board: *rivestire di pannelli* to panel. 5 (*Tecn*) (*dei comandi*) dashboard. 6 (*El*) (*quadro*) panel, panelboard: ~ *di connessione* patch board. 7 (*delle buste*) envelope window. 8 (*Sart*) panel. 9 (*panno*) cloth. ☐ ~*acustico*: 1 (*Acus*) baffle, baffleboard; 2 (*Tecn*) acoustic tile; (*Fal*) ~*compensato* plywood panel; (*Arred*) ~*decorativo* decorative panel, panel; (*Cin,TV*) ~ *delle luci* lighting board; (*Elettron*) ~ *di alimentazione* feeder panel; (*Inform*) ~ *di cablaggio* pinboard; (*El*) ~*di comando* power switchboard; (*El*) ~ *di commutazione manuale* manual switchboard; (*Inform*) ~ *di controllo* control panel; (*El*) ~ *di distribuzione* distribution board, distribution panel; (*Edil*) ~*di finestra* window panel; (*Fal*) ~*di legno* wood panel; (*Fal*) ~*di particelle* chipboard, particle board; (*Edil*) ~*di rivestimento* plasterboard, wallboard; (*Inform*) ~ *di visualizzazione* display; (*Elettron*) ~*divisiorio* partition; (*El*) ~ *elettroluminescente* electroluminescent panel; (*Fal*) ~*grezzo* rough board; (*El*) ~*interruttori* switchboard; (*Edil*) ~*isolante* insulating panel, insulating board; (*El*) ~*listellare* blockboard; (*Fal*) ~*MDF* MDF panel, medium density panel; (*Fal*) ~*medium density* medium density panel, MDF panel; (*Fal*) ~*multistrati* multiplex panel; (*Fal*) ~*placcato* veneered panel; ~*radiante* radiating panel; ~*solare* solar panel; (*Fal*) ~*tamburato* honey-comb core sandwich panel, sandwich panel; (*Fal*) ~ *truciolare* chipboard, particle board; (*Inform*) ~*visore* display.

pannicolo *m.* (*Anat*) panniculus: ~ *adiposo* panniculus adiposus.

panno *m.* 1 (*pezzo di stoffa*) cloth, rag: *lu-*

cidare le scarpe con un ~ to shine one's shoes with a rag; *un* ~ *per spolverare* a duster. **2** *pl.* (*biancheria*) linen: *lavare i panni* to wash the linen, to do the washing. **3** *pl.* (*bucato*) washing (*costr.sing.*), laundry (*costr.sing.*): *stirare i panni* to iron the washing. **4** *pl.* (*vestiti*) clothes, clothing (*costr.sing.*): *cambiare i panni* to change one's clothes. □ ~ *caldo* hot compress; *panni da lavare* laundry, wash; (*colloq*) *panni da stirare* clothes to be ironed, ironing; (*Tess*)*di* ~ wool (*attr.*): *cappotto di* ~ wool coat; ~ *di lana* wool, woollen cloth, (*Am*) woolen cloth; (*Tip*) ~*di stampa* cylinder blanket; *essere nei panni di qcu.* to be in so.'s shoes: *non vorrei essere nei suoi panni* I wouldn't like to be in his shoes; *se io fossi nei tuoi panni*, accetterei if I were you, I'd accept; *mettersi nei panni di qcu.* to put oneself in so.'s shoes, to put oneself in so.'s place; (*Cin, Teat*) *nei panni di* as: *recitare nei panni di Ofelia* to play Ophelia; *Mel Gibson nei panni di Amleto* Mel Gibson as Hamlet, Mel Gibson playing Hamlet; (*fig*) *non stare più nei propri panni* to be beside oneself with happiness; ~*per stirare* ironing cloth. *Prov.: i panni sporchi si lavano in famiglia* (*o i panni sporchi si lavano in casa*) don't wash your dirty linen in public, (*Am*) don't air your dirty laundry in public.

pannocchia[1] *f.* **1** (*spiga del granoturco*) ear of Indian corn, corn-cob. **2** (*Bot*) panicle.

pannocchia[2] *f.* (*Zool*) mantis prawn, mantis shrimp.

pannolino *m.* **1** (*per neonati*) nappy, napkin, (*Am*) diaper: *cambiare il* ~ *a un bambino* to change the baby's nappy, (*Am*) to change a baby's diaper. **2** (*assorbente igienico*) sanitary towel, sanitary napkin.

pannolone *m.* incontinence pad.

Pannonia *n.pr.f.* (*Geog.stor*) Pannonia.

panoplia *f.* **1** panoply, complete suit of armour. **2** (*trofeo*) trophy.

panorama *m.* **1** panorama, view: *un bellissimo* ~ a lovely view; *ammirare il* ~ to enjoy the panorama, to admire the panorama. **2** (*fig*) (*rassegna complessiva*) panorama, comprehensive survey: *tracciare un* ~ *di qcs.* to review sth., to survey sth. **3** (*Fot*) panorama. **4** (*Teat*) stage horizon, cyclorama. □ *il* ~*economico* the economic situation; *il* ~*politico odierno* the current political situation.

panoramica *f.* **1** (*veduta d'insieme*) panorama, overview, general view, general picture: *fare una* ~ *della letteratura italiana del ventesimo secolo* to give an overview of Italian literature of the twentieth century. **2** (*strada panoramica*) scenic drive, panoramic drive, scenic route, panoramic road, scenic road. **3** (*Fot*) panorama, panoramic picture. **4** (*Cin*) panning, pan, pan shot: *fare una* ~ to pan. **5** (*Dent,Med*) panoramic X-ray. □ (*Cin*) ~*a scoprire* revelation pan; (*Cin*) ~*diagonale* pan and tilt shot; (*Cin*) ~ *soggettiva* subjective pan; (*Cin*) ~*verticale* tilt, tilt shot, vertical pan.

panoramicamente *avv.* panoramically, from the point of view of the panorama.

panoramicare (**panoràmico, panoràmichi**; *aus.* **avere**) *v.t./i.* (*Cin,TV*) to pan, to swin. □ (*Cin,TV*) ~ *verso il basso* to tilt up; (*Cin, TV*) ~ *verso l'alto* to tilt down.

panoramico (*pl.* **-ci**) *a.* **1** panoramic: *veduta panoramica* panoramic view, panorama; *punto* ~ panoramic point. **2** (*fig*) comprehensive, general: *rassegna panoramica* comprehensive review, general survey. **3** (*Fot, Cin*) panoramic. **4** (*Aut,Ferr*) observation

(*attr.*): *carrozza panoramica* observation car, dome car. **5** (*Ott*) panoramic, wide-angle: *cannocchiale* ~ panoramic sight.

panpepato *m.* (*Dolc*) spice cake made with honey, almonds, and candied peel.

panporcino *m.* (*Bot*) (*ciclamino*) sowbread, cyclamen.

panpsichismo *m.* (*Filos*) panpsychism.

panromanzo *a.* (*Ling*) common to all Roman languages (*posposto*).

pansessualismo *m.* (*Psic*) pansexuality.

panslavismo *m.* (*Pol*) Pan-Slavism, Panslavism.

panslavista **I** *m./f.* (*Pol*) Pan-Slavist, Panslavist. **II** *a.* (*Pol*) Pan-Slav, Pan-Slavic.

pantacalze, **pantacollant** *f.pl.* (*Abbigl*) leggings.

pantagonna *f.* (*Abbigl*) divided skirt, culottes *pl.*

Pantagruele *n.pr.m.* (*Lett*) Pantagruel.

pantagruelico (*pl.* **-ci**) *a.* **1** (*Lett*) Pantagruelian. **2** (*estens*) (*rif. ad appetito e sim.: enorme*) huge, enormous: *appetito* ~ huge appetite.

pantalonaio *m.* (*f.* **-a**) trouser maker, (*f.* woman trouser maker).

pantaloncini *m.pl.* (*Abbigl*) shorts. □ (*Abbigl*) ~*da ciclista* cycling shorts; (*Abbigl*) ~*da tennis* tennis shorts.

Pantalone *n.pr.m.* (*Teat*) Pantaloon, Pantalone.

pantaloni *m.pl.* (*Abbigl*) trousers, (*Am*) pants, slacks: *un paio di* ~ a pair of trousers; *mettersi i* ~ to put on one's trousers; *togliersi i* ~ to pull down one's trousers; (*colloq,fig*) *farsela nei* ~ to be in a blue funk, (*Am*) to poop in one's pants. □ (*Abbigl*) ~*a tre quarti* calf-length trousers, (*Am*) capri pants; (*Abbigl*) ~ *a zampa d'elefante* flared trousers, flares; (*Abbigl*) ~ *al ginocchio* knee-breeches; (*Abbigl*) ~ *alla pescatora* calf-length trousers, (*Am*) capri pants; (*Abbigl*) ~ *alla scudiera* riding breeches, jodhpurs; (*Abbigl*) ~*alla zuava* knickerbockers; (*Abbigl*) ~*corti* shorts; (*Abbigl*) ~*da cavallerizzo* riding breeches, jodhpurs, (*Am*) riding pants; (*Abbigl*) ~*da golf* plus-fours; (*Abbigl*) ~*da montagna* climbing breeches, (*Am*) climbing pants; (*Abbigl*) ~*da sci* ski pants; (*Abbigl*) ~*del pigiama* pyjama trousers, pyjamas pants; (*Abbigl*) ~*della tuta* tracksuit trousers, (*Am*) sweat pants; (*Abbigl*) ~*di flanella* flannel trousers, (*Am*) flannel slacks; (*Abbigl*) ~*di pelle* leather trousers, (*Am*) leather pants; (*Abbigl*) ~*di velluto a coste* corduroy trousers, corduroys, corduroy slacks; *quella sera Sara era in* ~ Sara was wearing trousers (*o* slacks *o* pants) that evening; (*Abbigl*) ~*lunghi* long trousers, (*Am*) pants; (*Abbigl*) ~*scozzesi* trews, tartan trousers, (*Am*) plaid pants, argile slacks; (*Abbigl*) ~*sportivi* sports trousers, slacks.

pantana *f.* (*Ornit*) greenshank.

pantano *m.* **1** muddy land. **2** (*estens*) (*palude*) swamp, bog, marsh. **3** (*fig*) (*intrigo, imbroglio*) quagmire, mess, (*colloq*) fix: *cacciarsi in un* ~ to get into a fine mess.

pantanoso *a.* **1** marshy, boggy. **2** (*fangoso*) muddy, slushy, miry.

pantégana *f.* (*region*) sewer rat.

panteismo *m.* (*Filos,Rel*) pantheism.

panteista *m./f.* (*Filos,Rel*) pantheist.

panteistico *a.* (*Filos,Rel*) pantheistic, pantheistical.

panteon *m.* (*Stor.rom,Rel*) pantheon (*anche estens*).

pantera *f.* **1** (*Zool*) panther, (black) leopard: *femmina di* ~ pantheress, black leopardess. **2** (*pelliccia*) panther skin. **3** (*fig*) (*donna aggressiva*) pantheress. **4** (*gerg*) (*automobile della polizia*) police car, police patrol car, (*Am*) prowl car. □ (*Zool*) ~*grigia* gray panther; ~ *nera*: **1** (*Zool*) leopard, panther, black leopard, black panther; **2** (*Pol*) Black Panther; *la* ~*rosa* the pink panther.

pantheon *m.* (*Stor.rom,Rel*) pantheon (*anche estens*).

pantocratore *m.* Pantocrator: *Cristo* ~ Christ Pantocrator.

pantofola *f.* slipper; (*aperta dietro*) mule. □ *essere in pantofole* to be in one's slippers, to be slippered; *mettersi in pantofole* to put on one's slippers.

pantofolaio **I** *m.* (*f.* **-a**) **1** (*fabbricante*) slipper-maker. **2** (*venditore*) slipper seller. **3** (*fig, colloq*) (*persona pigra*) couch potato, lazybones, stay-at-home. **II** *a.* stay-at-home (*attr.*), idle: *avere un marito* ~ to have a stay-at-home husband, to have an idle husband.

pantofoleria *f.* **1** (*fabbrica*) slipper factory. **2** (*negozio*) slipper shop.

pantografista *m./f.* pantographer.

pantografo *m.* pantograph (*anche El*).

pantomima *f.* **1** (*Teat*) pantomime, dumb show. **2** (*fig*) (*messinscena*) pretence, sham, show, (*colloq*) act.

pantomimico (*pl.* **-ci**) *a.* pantomimic, pantomime (*attr.*).

pantomimo *m.* **1** (*f.* **-a**) (*attore*) mime, pantomimist. **2** (*pantomima*) pantomime.

Pantone (*pl.* **-i**) *m.* Pantone, colour felt-tip pen used by graphic designers.

pantotenico (*pl.* **-ci**) □ (*Chim*) *acido* ~ pantothenic acid.

pants /pɛnts/ *m.pl.* (*Abbigl*) hot pants.

panzana *f.* (*frottola*) tall story, yarn, whopper.

panzanella *f.* (*Gastron*) Tuscan bread salad (made from day-old bread marinated in tomatoes, oil, vinegar, salt and herbs).

panzer *m.inv.* (*Mil*) panzer.

panzerotto *m.* (*Gastron*) **1** (*raviolo*) large triangular ravioli. **2** (*specie di calzone*) deep-fried pizza roll (filled with cheese, salami or eggs).

Paola *n.pr.f.* Paula.

paolinismo *m.* (*Rel*) Paulinism.

paolino *a.* (*Rel*) Pauline, of Paul (*posposto*), Paul's: *le lettere paoline* the Epistles of Paul.

Paolo *n.pr.m.* **1** Paul (*anche Bibl*): *chiesa di san* ~ St. Paul's (Church). **2** (*Stor.rom*) Paulus.

paonazzo **I** *a.* **1** purple: *diventare* ~ to purple. **2** (*congestionato: per la collera*) livid, purple: *diventare* ~ *per la collera* to turn purple with rage. **3** (*per la vergogna o il bere*) red: *diventare* ~ *per la vergogna* to turn red with shame. **4** (*per il freddo*) blue: *era* ~ *per il freddo* he was blue with cold. **II** *m.* **1** (*colore*) purple. **2** (*stoffa*) purple cloth. **3** (*abito*) purple dress.

papa *m.* (*Rel.catt*) Pope: ~ *Giovanni Paolo II* Pope John Paul II. □ (*Stor*) *il* ~*buono* (*Giovanni XXIII*) the Good Pope; *vivere come un* ~ to live like a lord, to live like a king; (*fig*) *stare come un* ~ to be in clover; (*Rel.catt,colloq*) *il* ~*nero* (*generale dei Gesuiti*) the Black Pope.

papà *m.* (*colloq*) (*padre*) daddy, dad, pa, papa, (*Am,ant*) pop: *mamma e* ~ my mum and daddy, (*Am*) mommy and daddy, mom and dad. □ *di* ~ daddy's; *sei la cocca di* ~ you're daddy's little girl.

papabile **I** *a.* **1** (*Rel*) papable, likely to be elected Pope. **2** (*estens*) (*rif. a un candidato favorito*) likely to be elected, likely, suitable. **II** *m.* (*scherz*) likely candidate.

papaia *f.* (*Bot*) **1** (*albero*) papaya, papaya

tree, pawpaw, pawpay tree, papaw, papaw tree. **2** (*Alim*) (*frutto*) papaya, pawpaw, papaw.

papaina *f.* (*Chim*) papain.

papale *a.* papal, of the Pope (*posposto*), Pope's: *benedizione* ~ papal blessing, Pope's blessing, Pope's benediction. ◻ (*colloq*) *detto* ~ ~, *non ti sopporto più* io speak bluntly, I can't stand you any more.

papalina *f.* (*Mod*) skullcap.

papalino I *a.* (*spreg*) papal, Pope's: *guardia papalina* papal guard. II *m.* **1** (*Stor*) (*fautore del potere temporale dei papi*) papalist. **2** (*soldato*) papal guard, papal soldier.

papamobile *f.* (*auto del papa*) popemobile, pope-mobile.

paparazzo *m.* paparazzo, paparazzi.

papato *m.* **1** Papacy. **2** (*dignità, durata*) papacy, pontificate, popedom: *innalzare al* ~ to raise to the papacy.

papaveracee *f.pl.* (*Bot*) poppy family *sing*.

papaverina *f.* (*Chim*) papaverine.

papavero *m.* (*Bot*) poppy: *semi di* ~ poppy seeds. ◻ (*Bot*) ~*da oppio* (o ~*officinale*) opium poppy; (*Bot*) ~*selvatico* corn poppy, field poppy.

papaya *f.* (*Bot*) **1** (*albero*) papaya, papaya tree, pawpaw, pawpay tree, papaw, papaw tree. **2** (*Alim*) (*frutto*) papaya, pawpaw, papaw.

papera *f.* **1** (*Ornit*) gosling, young goose. **2** (*fig*) (*sbaglio commesso parlando*) blunder, slip of the tongue. **3** (*fig*) (*donna sciocca*) goose, silly goose, silly woman. ◻ *fare una* ~ (o *prendere una* ~): 1 to make a blunder, to slip up; 2 (*recitando*) to fluff.

paperback /ˌpejpərˈbɛk/ *a.inv.* (*Edit*) paperback.

Paperina *n.pr.f.* (*personaggio di Walt Disney*) Daisy Duck.

Paperino *n.pr.m.* (*personaggio di Walt Disney*) Donald Duck.

papero *m.* (*Ornit*) (*oca maschio giovane*) young gander, gosling, young goose.

Paperone *n.pr.m.* **1** (*personaggio di Walt Disney*) Scrooge McDuck: *zio* ~ uncle Scrooge. **2** (*fig*) (*riccone*) moneybags (*costr.sing.*).

papesco (*pl.* **-chi**) *a.* (*rar*) popish.

papessa *f.* **1** female pope, she pope. **2** (*fig*) rich woman, powerful woman. ◻ (*Mediev*) ~*Giovanna* Pope Joan.

papiglionacea *f.* (*Bot*) Papilionacea: *le papiglionacee* the Papilionaceae.

papiglionaceo, papilionaceo *a.* (*Bot*) papilionaceous.

papilla *f.* (*Anat,Bot*) papilla. ◻ (*Anat*) *papille gustative* taste buds, gustatory papillae; (*Anat*) *papille linguali* lingual papillae, papillae lingualis; (*Anat*) ~*ottica* optic disk.

papillare *a.* (*Anat*) papillary.

papillite *f.* (*Med*) papillitis.

papilloma *m.* (*Med*) papilloma, cellular polyp, cellular polypus.

papillon /papiˈjɔ̃/ *m.inv.* (*Abbigl*) bow-tie.

papiraceo *a.* papyrus (*attr.*), papyraceous: *codice* ~ papyrus manuscript.

papiro *m.* **1** (*Bot*) papyrus, paper reed. **2** (*testo scritto su papiro*) papyrus: *papiri egiziani* Egyptian papyri. **3** (*fig*) (*lungo scritto*) screed, long letter.

papirologia *f.* (*Filol*) papyrology.

papirologo *m.* (*f.* **-a**; *pl.* **-gi**) (*Filol*) papyrologist.

papismo *m.* (*Rel*) **1** papism, papalism. **2** (*nella polemica anticattolica*) Romanism, popery.

papista *m./f.* (*Rel*) **1** papist, papalist. **2** (*nella polemica anticattolica*) Romanist.

---

papistico *a.* (*Rel*) **1** papistical, papalist. **2** (*nella polemica anticattolica*) Romanist.

papocchio *m.* (*region,colloq*) **1** (*pasticcio*) (mess). **2** (*imbroglio*) scam, con.

pappa *f.* **1** (*cibo per bambini*) pap, mush, babyfood. **2** (*il mangiare: rif. a bambini*) child's meal, baby's feeding (*infant*) (*di cena*) din din: *fare la* ~ to have a meal; *è ora della* ~ it's time to eat, it's time for din din. **3** (*estens,scherz*) (*cibo*) food. **4** (*Alim*) (*pane cotto in acqua*) bread soup. **5** (*estens*) (*poltiglia*) mush, goo: *il riso era una* ~ the rice was a mush. ◻ (*Gastron*) ~*col pomodoro* tomato and bread soup; (*fig*) *essere* ~ *e ciccia con qcu.* to be as thick as thieves with so., to be thick with so.; (*scherz,rar*) ~*fredda* (*persona insulsa*) insipid person, dull person; (*fig*) *mangiare la* ~*in capo a qcu.*: 1 (*essere più alto*) to be taller than so.; 2 (*essere in una posizione di vantaggio*) to have the whip-hand over so.; (*fig*) ~*molle* spineless person, wimp; (*fig*) *trovare la* ~*pronta* (o *trovare la* ~*scodellata*) to have everything on a silver platter, to find everything ready, to be spoon-fed; ~*reale* royal jelly.

pappafico (*pl.* **-ci**) *m.* (*Mar*) fore-topgallant sail, skysail.

pappagallescamente *avv.* parrot-like, parrot-fashion: *ripetere qcs.* ~ to repeat sth. parrot-like, to repeat sth. parrot-fashion.

pappagallesco (*pl.* **-chi**) *a.* parrot-like, parrot-fashion: *ripetere qcs. in modo* ~ to repeat sth. parrot-like, to repeat sth. parrot-fashion.

pappagallino *m.* (*Ornit*) parakeet, little parrot, budgerigar, budgie. ◻ (*Ornit*) ~*ondulato* budgerigard.

pappagallismo *m.* (*colloq,ant*) **1** parrotry, parroting. **2** (*il molestare le donne per la strada*) making passes, (*Am*) catcalling.

pappagallo *m.* **1** (*Ornit*) parrot (*anche fig*). **2** (*colloq,ant*) (*pappagallo della strada*) wolf, (*Am*) catcaller. **3** (*orinale*) bed bottle, urinal. **4** (*Tel,colloq*) automated voice recording. **5** (*Tecn,colloq*) (*pinza*) rib joint pliers. ◻ *a* ~ parrot-fashion, parrot-like: *imparare a* ~ to learn by rote, to learn parrot-fashion.

pappagorgia (*pl.* **-ge**) *f.* double chin: *avere la* ~ to have a double chin.

pappamolla, pappamolle *m./f.* spineless person, wimp: *essere una* ~ to be a wimp.

pappardella *f.* **1** (*scherz*) (*discorso noioso*) rigmarole, (*Br*) waffle; (*scritto noioso*) (*Br*) screed, (*Am*) drivel, pablum. **2** *pl.* (*Gastron*) pappardelle (*costr.sing.*) (long, flat ribbons of pasta).

pappare (**pàppo**) *v.t.* (*colloq*) **1** to wolf (down), to gobble (down, up); (*finire*) to eat up: *si è pappato due piattoni di spaghetti* he wolfed two large plates of spaghetti; *ti sei pappato tutto il cioccolato?* did you eat up all the chocolate bar? **2** (*fig*) (*guadagnare illecitamente*) to pocket, (*Br*) to get one's rake-off from, to graft.

pappata *f.* (*colloq*) **1** hearty meal, square meal. **2** (*fig*) (*profitti illeciti*) loot, (*Br*) rake-off.

pappataci *m.inv.* (*Entom*) sandfly.

pappatore *m.* (*f.* **-trice**) big eater.

pappatoria *f.* **1** (*colloq*) feeding, eating well; (*lauto pranzo*) good tuck-in. **2** (*fig*) (*profitti illeciti*) rake-off, loot.

pappina *f.* **1** (*impiastro di semi di lino*) linseed poultice, plaster. **2** (*colloq*) (*ramanzina*) telling off. **3** (*colloq*) (*sberla*) slap.

pappo *m.* (*Bot*) pappus.

pappone *m.* (*f.* **-a**) **1** (*colloq*) (*mangione*) glutton. **2** (*region*) (*protettore*) pimp.

paprica, paprika *f.* (*Gastron*) paprika.

---

pap-test *m.* (*Med*) (*Br*) smear test, (*Am*) Pap test, Pap smear.

papua I *a.inv.* Papua (*attr.*), Papuan. II *m./f.inv.* Papuan; (*originario*) native of Papua; (*abitante*) inhabitant of Papua. III *m.* (*lingua*) Papuan.

papuano I *a.* Papua (*attr.*), Papuan. II *m.* (*f.* **-a**) Papuan; (*originario*) native of Papua; (*abitante*) inhabitant of Papua.

Papua Nuova Guinea *n.pr.f.* (*Geog*) Papua New Guinea.

Papuasia *n.pr.f.* (*Geog*) Papuasia.

papuaso I *a.* Papua (*attr.*), Papuan. II *m.* (*f.* **-a**) Papuan; (*originario*) native of Papua; (*abitante*) inhabitant of Papua.

papula *f.* (*Med*) papula, papule.

papulare *f.* (*Med*) papular.

par. *paragrafo* par., para. (paragraph).

para *f.* (*gomma*) para, para rubber: *scarpe con la* ~ para rubber shoes.

parà /paˈra/ *m.inv.* (*Mil*) (*paracadutista*) para, paratrooper.

parabancario I *m.* extended banking services *pl.* II *a.* extended banking: *servizi parabancari* extended banking services.

parabasi *f.* (*Lett*) parabasis.

parabile *a.* (*Sport*) savable, that can be saved (*posposto*).

parabiosi *f.* (*Zool*) parabiosis.

parabola[1] *f.* **1** (*Mat,Fis*) parabola. **2** (*TV*) (*antenna*) satellite aerial, satellite dish, parabolic antenna. **3** (*fig*) course, rise and fall, trajectory. ◻ (*TV*) ~*satellitare* satellite dish.

parabola[2] *f.* (*Lett,Bibl*) parable: (*Bibl*) ~*evangelica* Gospel parable; *la* ~ *del figliol prodigo* the parable of the prodigal son. ◻ *parlare in parabole* (o *parlare per parabole*) to speak in parables.

parabolica *f.* (*TV*) satellite aerial, satellite dish, parabolic antenna.

parabolico (*pl.* **-ci**) *a.* parabolic: (*TV*) *antenna parabolica* satellite aerial, satellite dish, parabolic antenna; *orbita parabolica* parabolic orbit.

paraboloide *m.* **1** (*Mat*) paraboloid: ~ *di rotazione* paraboloid of revolution. **2** (*Rad*) parabolic antenna, satellite dish.

parabordo *m.inv.* (*Mar*) fender, bumper.

parabrace *m.inv.* fender, fireplace fender.

parabrezza *m.inv.* (*Aut*) windscreen, (*Am*) windshield. ◻ (*Aut*) ~*panoramico* panoramic windscreen.

paracadutare (**paracadùto**) I *v.t.* to parachute, to airdrop. II *v.pron.* **paracadutarsi** **1** to parachute. **2** (*in casi di emergenza*) to bail out, to bale out.

paracadute *m.inv.* parachute. ◻ ~ *ad apertura automatica* automatic (opening) parachute; ~ *ausiliario* retarder parachute, auxiliary parachute; *lanciarsi col* ~: 1 to parachute, to jump with a parachute; 2 (*in casi di emergenza*) to bail out, to bale out; ~ *di emergenza* emergency parachute; ~*di riserva* reserve parachute; ~ *estrattore* drogue parachute; (*fig*)*fare da* ~ *a qcu.* to shield so.; (*Aer*) ~*frenante* brake-parachute, drogue (parachute), landing parachute, tail chute, parabrake.

paracadutismo *m.* parachuting. ◻ (*Sport*) ~*acrobatico* skydiving.

paracadutista I *m./f.* **1** parachutist, parachuter. **2** (*Mil*) paratrooper. II *a.* parachute (*attr.*), para (*attr.*): *truppe paracadutiste* parachute troops, paratroops.

paracadutistico *a.* parachute (*attr.*).

paracalli *m.inv.* corn plaster, corn pad.

paracamino *m.* fireguard.

paracarro *m.* (*Strad*) stone post, kerbstone.

Paracelso *n.pr.m.* (*Stor,Med*) Paracelsus.

paracenere *m.inv.* fender.

paracentesi *f.* (*Med*) paracentesis.

paracinesia *f.* (*Med*) parakinesia.

Paracleto, Paraclito *m.* (*Teol*) Paraclete. *a.* (*Teol*) Paraclete (*attr.*).

paracolpi *m.inv.* 1 doorstop, bumper. 2 (*Aut*) bumper.

paracqua *m.inv.* (*region*) (*ombrello*) umbrella.

paraculo *m.* (*volg*) 1 (*omosessuale*) faggot. 2 (*fig*) (*persona scaltra*) clever bastard, smart aleck.

paradenti *m.inv.* (*Sport*) gumshield.

paradentosi *f.* (*Dent*) paradentosis.

paradigma *m.* 1 (*Gramm,Ret*) paradigm, inflected forms *pl.* 2 (*fig*) paradigm, example, model.

paradigmaticamente *avv.* paradigmatically.

paradigmatico (*pl.* **-ci**) *a.* 1 (*fig*) paradigmatic, paradigmatical, exemplary. 2 (*Ling*) paradigmatic.

paradisea *f.* (*Ornit*) bird of paradise.

paradisiaco (*pl.* **-ci**) *a.* heavenly, celestial, paradisiac, paradisiacal (*anche fig*).

paradiso *m.* paradise, heaven (*anche fig*): *essere in ~* to be in heaven; *andare in ~* to go to heaven. □ (*scherz*) *voler stare in ~ a dispetto dei santi* to stay where one is not wanted; (*fig*) *~artificiale* artificial paradise, drug-induced euforia, opium dream; *di ~* heavenly: *una giornata di ~* a heavenly day; (*Lett*) *il Paradiso di Dante* Dante's Paradise; (*fig*) *~fiscale* tax haven; (*fig*) *voler andare in ~ in carrozza* to expect to have everything without effort; (*Lett*) *il Paradiso perduto di Milton* Milton's Paradise Lost; (*Bibl*) *~ terrestre* Eden.

paradontologia *f.* (*Dent*) periodontics *pl.* (*contr. sing.*).

paradontologo (*pl.* **-gi**) *m.* (*Dent*) periodontist.

paradontosi *f.* (*Dent*) paradentosis.

paradorso *m.* (*Mil*) parados.

paradossale *a.* paradoxical: *è un'idea ~* it's a paradoxical idea; *è ~ che...* it's paradoxical that..., it's ironical that...

paradossalità *f.* paradoxicalness, paradoxicality.

paradossalmente *avv.* paradoxically: *~ il suo interesse cominciò a svanire non appena lui la invitò ad uscire* paradoxically her interest began to fade as soon as he invited her out.

paradosso I *m.* 1 paradox: (*Filos*) *i paradossi di Zenone* Zenon's paradoxes. 2 (*fig*) (*assurdità*) paradox, absurdity: *sembra un ~ ma è così* it seems like a paradox but that's the way it is, it sounds absurd but that's the way it is. II *a.* (*Med*) paradoxical: *polso ~* paradoxical pulse.

parafa *f.* (*burocr*) initials *pl.*, paraph, initialling.

parafango (*pl.* **-ghi**) *m.* (*Aut*) mudguard, spalshguard, wing, (*Am*) fender.

parafare (**paràfo**) *v.t.* (*burocr*) to initial, to paraph.

parafarmaceutico (*pl.* **-ci**) *a.* parapharmaceutical, over-the-counter.

parafasia *f.* (*Med,Psic*) paraphasia.

parafernale □ (*Dir*) *beni parafernali* paraphernalia.

paraffina *f.* (*Chim*) paraffin. □ *~liquida* paraffin oil, liquid paraffin; *~ solida* scale wax, paraffin wax.

paraffinare (**paraffino**) *v.t.* (*Chim*) to paraffin, to paraffine.

paraffinico (*pl.* **-ci**) *a.* (*Chim*) paraffinic,

paraffin (*attr.*): *residuo ~* paraffin dirt.

parafiamma I *m.inv.* 1 (*paratia antincendio*) fire wall, fireproof partition; (*su aereo*) fireproof bulkhead. 2 (*Mot,Aer*) flame damper. 3 (*Arm*) spark arrester. 4 (*nelle caldaie*) baffle plate. II *a.inv.* fireproof, fire resistant.

parafilia *f.* (*Psic*) paraphilia.

parafrasare (**paràfraso**) *v.t.* 1 to paraphrase. 2 (*spreg*) to paraphrase, to reword: *si limita a ~ ciò che hanno già detto altri* he just paraphrases what others have already said.

parafrasi *f.* paraphrase. □ *fare la ~ di un sonetto* to paraphrase a sonnet.

parafrasia *f.* (*Psic,Med*) paraphrasia.

parafrastico (*pl.* **-ci**) *a.* paraphrastic.

parafulmine *m.* 1 lightning rod, lightning conductor. 2 (*fig*) (*riparo*) shield. □ (*fig*) *fare da ~* to act as a lightning rod, to act as a safety valve.

parafuoco *m.inv.* fire screen, fireguard.

paragenesi *f.* (*Min*) paragenesis.

paragenetico (*pl.* **-ci**) *a.* (*Min*) paragenetic.

paraggi *m.pl.* 1 (*vicinanze*) neighbourhood *sing.*, (*Am*) neighborhood *sing.*, surrounding area *sing.*, quarter (*costr.sing.*), environs. 2 (*coastal*) waters. □ *nei ~* in the neighbourhood, within easy reach, nearby, round there: *non lavoro esattamente lì, ma nei ~* I don't work exactly there, but nearby; *deve essere nei ~* he must be somewhere about; *abito nei ~ di Roma* I live near Rome.

paragnatide *f.* (*Stor,gr*) cheekpiece.

paragoge *f.* (*Ling*) paragoge.

paragogico (*pl.* **-ci**) *a.* (*Ling*) paragogic, paragogical.

paragonabile *a.* comparable (*a* to), that can be compared (*a* to) (*posposto*), on a par (*a* with), equal (*a* to): *la tua abilità è ~ alla sua* your skill is on par with hers. □ *non essere ~a* not to be comparable to.

paragonare (**paragóno**) I *v.t.* to compare, to liken: *~ un oggetto con un altro* to compare one thing with another; *Gwyneth Paltrow è stata paragonata a Grace Kelly* Gwyneth Paltrow has been likened to Grace Kelly; *i vantaggi sembrano miseri se paragonati agli svantaggi* the advantages seem paltry, set against the drawbacks. II *v.pron.* **paragonarsi** to compare oneself: *paragonarsi a qcu.* to compare oneself with so., to compare oneself to so.

paragone *m.* 1 comparison: *fare un ~* to compare, to make a comparison, to draw a comparison; *è inutile fare paragoni in questi casi* making comparisons is useless in these cases; *portare un ~* to give an example, to draw a parallel; *reggere al ~* (*o reggere il ~*) to stand comparison, to bear comparison: *il ~ non regge* the comparison won't stand. 2 (*similitudine*) analogy, parallel. □ *a ~di* in comparison with, compared with; *non c'è ~* there is no comparison: *non c'è ~fra teatro e cinema* there's no comparing theatre with cinema;*per fare un ~* by comparison;*senza ~* beyond compare, unequalled, matchless: *un paesaggio di una bellezza senza ~* a landscape of unequalled beauty.

paragrafare (**paràgrafo**) *v.t.* (*Edit*) to paragraph, to divide sth. into paragraphs, to arrange sth. in paragraphs.

paragrafo *m.* (*Edit*) 1 paragraph, break: *ho letto solo i primi tre paragrafi* I only read the first three paragraphs; *dividere in paragrafi* to divide into paragraphs, to paragraph. 2 (*segno tipografico*) section mark.

paraguaiano I *a.* Paraguayan. II *m.* (*f.* **-a**) Paraguayan; (*originario*) native of Paraguay; (*abitante*) inhabitant of Paraguay.

paraguance *m.inv.* (*Stor,gr*) cheekpiece.

Paraguay *n.pr.m.* (*Geog*) Paraguay.

paraguayano *a.* Paraguayan.

paraletteratura *f.* (*Lett*) paraliterature, popular literature.

paralinguistica *f.* (*Ling*) paralinguistics *pl.* (*contr. sing*).

paralinguistico (*pl.* **-ci**) *a.* (*Ling*) paralinguistic.

paralipomeni *m.pl.* 1 (*Bibl*) Paralipomena, Books of Chronicles. 2 (*estens*) paralipomena.

paralisi *f.* 1 (*Med*) paralysis, palsy: *essere colpito da ~* to be stricken with palsy; *essere affetto da ~* to be affected with paralysis, to be affected by paralysis, to be stricken by paralysis. 2 (*fig*) paralysis: *~ economica* economic paralysis. □ (*Med*) *~ agitante* paralysis agitans; (*Med*) *~ cerebrale* cerebral palsy, cerebral paralysis; (*fig*) *~del traffico* traffic paralysis, gridlock; (*Med*) *~facciale* facial paralysis; (*Med*) *~ infantile* infantile paralysis; (*Med*) *~motoria* motor paralysis; (*Med*) *~ progressiva* general paresis, progressive paralysis; (*Med*) *~ spastica* spastic paralysis.

paralitico I *a.* paralytic. II *m.* (*f.* **-a**; *pl.* **-ci**) paralytic.

paralizzare (**paralìzzo**) *v.t.* 1 to paralyse, to palsy. 2 (*fig*) to paralyse, to halt, to cripple: *~ il traffico* to bring traffic to a standstill.

paralizzato *a.* 1 (*Med*) paralysed, paralytic: *essere ~ dalla vita in giù* to be paralysed from the waist down. 2 (*fig*) paralysed, crippled: *traffico ~ dagli scioperi* traffic paralysed by strikes; *essere ~ dallo spavento* to be stricken with fright.

parallasse *f.* (*Fis,Astr,Ott*) parallax. □ (*Astr*) *~ dinamica* dynamic parallax; (*Ott*) *~ ottica* optical parallax; (*Astr*) *~ solare* solar parallax; (*Astr*) *~ stellare* stellar parallax.

parallattico (*pl.* **-ci**) *a.* (*Fis,Astr,Ott*) parallactic: *moto ~* parallactic motion.

parallela *f.* 1 (*Geom*) parallel: *due parallele* two parallel lines. 2 (*Strad*) parallel: *è una parallela di via Dante* it's a street running parallel to via Dante. 3 (*Ginn*) parallel bars: *parallele asimmetriche* asymmetric bars, uneven bars. 4 *pl.* (*Tecn*) (*strumento per il disegno*) parallel rulers.

parallelamente *avv.* 1 parallelly (*a* to, with), in parallel (*a* to, with): *procedere ~* to parallel. 2 (*nello stesso momento*) parallelly, at the same time: *verificarsi ~* to occur simultaneously, to take place at the same time, to occur at the same time. 3 (*insieme* in parallel (*a* to), together with: *il corso si concentrerà sulle competenze lessicali ~ a quelle grammaticali* the course will concentrate on lexical skills in parallel with grammatical ones.

parallelepipedo *m.* (*Geom*) parallelepiped, parallelepipedon.

parallelismo *m.* 1 (*Geom*) parallelism. 2 (*fig*) parallelism, analogy, similarity. 3 (*Ret*) parallelism. □ (*Biol*) *~morfologico* morphological parallelism; (*Psic*) *~psicofisico* psychophysical parallelism.

parallelo I *a.* 1 (*Geom*) parallel (*a* to, with): *due rette parallele* two parallel lines; *piani paralleli* parallel planes. 2 (*fig*) parallel: *due casi paralleli* two parallel cases; *la strada corre parallela al fiume* the road runs parallel to the river, the road runs alongside the river. 3 (*fig*) (*simultaneo*) parallel: *un avvenimento ~* a parallel event, a corresponding event; *corso ~* twin course; *un universo ~* a parallel universe. II *m.* 1 (*Geog*) parallel (of latitude): *~ astronomico* astronomical parallel. **2** (*fig*) (*paragone*) parallel, comparison: *fare un ~* (o *istituire un ~*) *tra due situazioni* to draw a comparison between two situations. □ *~ all'asse* axially parallel; (*El*) *accoppiamento in ~* parallel coupling; (*El*) *collegamento in ~* parallel connection.

parallelogramma, parallelogrammo *m.* (*Geom*) parallelogram.

paralogismo *m.* (*Filos*) paralogism.

paralogistico (*pl.* -**ci**) *a.* (*Filos*) paralogistic.

paraluce *m.inv.* (*Fot*) lens hood, lens screen.

paralume *m.* lampshade.

paramagnetico (*pl.* -**ci**) *a.* (*Fis*) paramagnetic: *materiale ~* paramagnetic material.

paramagnetismo *m.* (*Fis*) paramagnetism. □ (*Fis*) *~ atomico* atomic paramagnetism; (*Fis*) *~ nucleare* nuclear paramagnetism.

paramano *m.* **1** (*Sart*) cuff. **2** (*Edil*) face brick, facing brick, relining brick.

paramecio *m.* (*Zool*) paramecium.

paramedico (*pl.* -**ci**) **I** *a.* paramedical: *personale ~* auxiliary medical personnel, paramedics; *professioni paramediche* allied health profession. **II** *m.* paramedic: *sciopero dei paramedici* paramedics' strike.

paramento *m.pl.* **1** (*Lit*) vestments, paraments: *paramenti sacerdotali* canonicals. **2** (*Edil*) face *sing.* **3** (*drappi*) hangings.

parametrizzare (**parametrizzo**) *v.t.* (*Mat*) to parameterize, to determine the parameters of.

parametrizzazione *f.* (*Mat*) parametrization.

parametro *m.* **1** (*Mat,Fis,Inform*) parameter: *~ variabile* variable parameter. **2** (*fig*) parameter, criterion, bench mark, yardstick: *ognuno giudica in base ai propri parametri* everyone judges according to his own criterions. **3** (*Econ*) level: *~ salariale* wages level. □ (*Inform*) *di comunicazione* communications parameter; (*Pol*) *parametri di Maastricht* Maastricht parameters; *parametri di progetto* design parameters; (*Inform*) *~ referenziato* reference parameter.

paramezzale *m.* (*Mar*) keelson, inner keel, girder. □ (*Mar*) *~ centrale* central girder, central keelson; (*Mar*) *~ intercostale* intercostal girder; (*Mar*) *~ laterale* side girder, bilge keelson.

paramilitare *a.* paramilitary.

paramine *m.inv.* (*Mar.mil*) paravane, otter.

paramnesia *f.* (*Psic,Med*) paramnesia.

paramontura *f.* (*Sart*) lapel facing, facing.

paramosche *m.inv.* fly net.

paranasale *a.* (*Anat*) paranasal.

paranco (*pl.* -**chi**) *m.* (*Mecc,Mar*) tackle, hoist, burton. □ (*Edil,Tecn*) *~ a bandiera* swing hoist; (*Edil,Tecn*) *~ a catena* chain tackle-block; (*Edil,Tecn*) *~ a corda* rope tackle; (*Mar*) *~ a due vie* single burton; (*Mar*) *~ a quattro vie* double burton; (*Mecc*) *~ differenziale* differential tackle, differential pulley; (*Edil,Tecn*) *~ elettrico* electric hoist, electric tackle; (*Mar*) *~ semplice* jigger, light luff tackle.

paraneve *m.inv.* **1** (*Tecn*) snow fence, snowshed. **2** (*per sciatori*) snow gaiter.

paraninfo *m.* **1** (*f.* -**a**) (*sensale di matrimoni*) groomsman, brideman, bridesmaid. **2** (*f.* -**a**) (*eufem*) (*ruffiano*) procurer (*f.* -**ress**), pimp. **3** (*Stor.gr*) paranymph.

paranoia *f.* **1** (*Psic*) paranoia. **2** *spec.pl.* (*colloq,scherz*) (*problemi*) paranoia, worrying: *farsi una ~ su qcs.* to be paranoid about sth.; *un sacco di paranoie per niente* endless worrying about nothing, endless paranoia over nothing. □ (*colloq*) *cadere in ~* to

become paranoid, to freak out; *andare in ~* to flip one's lid.

paranoico I *a.* (*Psic*) paranoid, paranoic, paranoiac (*anche colloq,scherz*): *stai diventando ~, lo sai?* you're becoming paranoid, you know?, you're growing paranoid, you know? **II** *m.* (*f.* -**a**; *pl.* -**ci**) (*Psic*) paranoid, paranoiac (*anche colloq,scherz*).

paranormale I *a.* **1** (*Med*) not quite normal. **2** (*parapsicologico*) paranormal: *fenomeni paranormali* paranormal phenomena. **II** *m.* paranormal.

paranza *f.* **1** (*Mar*) fishing smack, trowler. **2** (*Pesc*) (*rete*) trawl, trawl net.

paraocchi *m.inv.* blinkers *pl.*, (*Am*) blinders *pl.* □ (*fig*) *avere i ~* to wear blinkers, to be blinkered; (*fig*) *mettersi i ~* to close one's eyes to sth.

paraolimpiadi *f.pl.* (*Sport*) paralympics (*costr.sing. o pl.*), Special Olympics (*costr.sing. o pl.*).

paraonde *m.inv.* (*Mar*) breakwater.

parapalle *m.inv.* (*Mil*) butt.

parapendio *m.inv.* (*Sport*) **1** (*lo sport*) paragliding. **2** (*paracadute*) paraglider.

parapetto *m.* **1** (*Edil*) parapet, rail. **2** (*Mar*) rail, dodger. **3** (*Mil*) parapet, breastwork.

parapiglia *m.inv.* turmoil, hubbub.

parapioggia *m.inv.* (*colloq*) umbrella.

paraplegia *f.* (*Med*) paraplegia.

paraplegico (*pl.* -**ci**) *a.* (*Med*) paraplegic.

parapsichico (*pl.* -**ci**) *a.* (*Psic*) parapsychic.

parapsicologia *f.* parapsychology.

parapsicologico (*pl.* -**ci**) *a.* parapsychological.

parapsicologo *m.* (*f.* -**a**; *pl.* -**gi**) parapsychologist.

parare (**pàro**) **I** *v.t.* **1** (*scansare*) to ward off, to parry, to fend off: *~ un colpo* to ward off a blow. **2** (*Sport*) (*nel pugilato, nella scherma*) to parry. **3** (*Sport*) (*nel calcio*) to save: *~ un gol* to save a goal. **4** (*coprire di parati e sim.*) to adorn, to deck, to decorate. **5** (*Lit*) to vest. **6** (*rar*) (*difendere, riparare*) to protect, to shield, to screen. **7** (*rar*) (*tenere lontano*) to keep off, to keep out, to keep away: *~ il sole* to keep out the sun. **II** *v.pron.* **pararsi 1** (*presentarsi*) to appear, to present oneself, to come: *le si è parato dinnanzi all'improvviso* he appeared suddenly in front of her. **2** (*ripararsi*) to shield oneself, to protect oneself, to shelter. **3** (*Lit*) to vest oneself. □ *andare a ~* (*tendere*) to get at, to drive at, to lead up to: *non capisco dove le tue parole vadano a ~* I don't know what you are getting at, I don't know what you are driving at; *~ a festa* to adorn, to deck out; *~ a lutto* to drape in black; *pararsi davanti* **1** (*piantarsi davanti*) to come before, to appear before; **2** (*apparire*) to appear, to be found: *si fermò al primo negozio che gli si parò innanzi* he stopped at the first shop to appear, he stopped at the first shop to be found.

parasailing /ˌparaˈsejliŋ/ *m.* (*Sport*) parasailing, parasail.

parasartie *f.inv.* (*Mar*) channel, chain wale.

parascenio *m.* (*Archeol*) parascenium.

paraschegge *m.inv.* (*Mil*) anti-splinter guard, traverse.

parascolastico (*pl.* -**ci**) *a.* extracurricular.

paraselene *m.* (*Astr*) paraselene, mock moon.

parasimpatico (*pl.* -**ci**) **I** *a.* (*Anat*) parasympathetic. **II** *m.* (*Anat*) parasympathetic system, parasympathetic nervous system.

parasole I *m.inv.* **1** parasol, sunshade, sunshield. **2** (*Fot*) lens-hood, lens screen. **II** *a.inv.* sun (*attr.*), sun-shade (*attr.*).

paraspigolo *m.* staff angle, edge protector.

paraspruzzi *m.inv.* **1** (*Aut*) mudshield, mud flaps *pl.* **2** (*di lavandino*) splashback.

parassita I *m./f.* **1** (*Biol*) parasite. **2** (*fig*) (*scroccone*) parasite, sponger, hanger-on: *un ~ della società* a parasite on society. **II** *a.* (*Biol,El*) parasitic, parasitical: *corrente ~* parasitic current, stray current.

parassitare (**parassìto**) *v.t.* (*Biol*) to parasitize.

parassitariamente *avv.* parasitically.

parassitario *a.* (*Biol*) parasitic, parasitical (*anche fig*).

parassiticida I *a.* parasiticidal. **II** *m.* parasiticide.

parassitico (*pl.* -**ci**) *a.* parasitic, parasitical.

parassitismo *m.* (*Biol*) parasitism (*anche fig*).

parassitologia *f.* (*Biol*) parasitology.

parassitologico (*pl.* -**ci**) *a.* (*Biol*) parasitological.

parassitologo *m.* (*f.* -**a**; *pl.* -**gi**) (*Biol*) parasitologist.

parassitosi *f.* (*Med*) parasitosis.

parasta *f.* (*Arch*) pilaster.

parastatale I *a.* parastatal, government-controlled, state-controlled: *impresa ~* state-controlled enterprise. **II** *m./f.* employee of a semi-state body, employee of a parastatal organization.

parastato *m.* **1** semi-state bodies *pl.* **2** (*impiegati*) employees of semi-state bodies *pl.*

parastinchi *m.inv.* (*Sport*) shin-guard, shin pad.

parasubordinato I *m.* (*f.* -**a**) consultant. **II** *a.* consultant (*attr.*): *lavoratore ~* consultant.

parata[1] *f.* (*Sport*) **1** (*nella boxe, nella scherma*) parry. **2** (*nel calcio*) save. □ (*Sport*) *fare una ~*: **1** (*parare un colpo*) to ward off a blow, to parry a blow; **2** (*nel calcio*) to make a save, to save the ball; (*Sport*) *~ in tuffo* diving save.

parata[2] *f.* **1** (*militare*) parade: *sfilare in ~* to march past, to parade. **2** (*esibizione*) parade, display, show, procession. □ *~ aerea* fly-by; *di ~*: **1** (*di lusso*) gala, state (*attr.*): *pranzo di ~* gala dinner; *carrozza di ~* state coach; **2** (*Mil*) parade (*attr.*): *a passo di ~* at parade march; *~ in alta uniforme* dress parade; *~ militare* tattoo.

paratassi *f.* (*Ling*) parataxis.

paratattico *a.* (*Ling*) paratactic.

paratia *f.* (*Mar,Tecn*) bulkhead. □ *~ di collisione* collision bulkhead; *~ divisionale* divisional bulhead; *~ parafiamma* fireproof bulkhead, fire wall; *~ stagna* watertight bulkhead; *~ trasversale* athwartship bulkhead, transverse bulkhead.

paratifo *m.* (*Med*) paratyphoid, paratyphoid fever.

paratiroide *f.* (*Anat*) parathyroid gland.

parato *m.* **1** (*drappo*) hanging, drape; (*tappezzeria*) tapestry. **2** *pl.* (*Arred*) (*carta da parati*) wallpaper *sing.* **3** *pl.* (*Lit*) vestments.

paratoia *f.* (*Idr*) sluice gate, floodgate.

paratore *m.* (*f.* -**trice**) decorator.

paratormone *m.* (*Biol*) parathormone, parathyroid hormone.

paratura *f.* (*rar*) **1** (*il parare: con drappi*) hanging; (*con addobbi*) decoration. **2** (*parati*) hangings *pl.*; (*addobbi*) decorations *pl.*

parauniversitario *a.* university-level (*attr.*), degree-level (*attr.*): *corso ~* university-level course, course at university level.

paraurti *m.inv.* **1** (*Aut*) bumper. **2** (*Ferr*) buffer.

paravalanghe *m.inv.* (*Strad*) snow shed, avalanche barrier, avalanche shelter.

paravento *m.* screen. □ (*fig*) *fare da ~* (o

servire da ~) a qcu. to cover up for so., to shield so.

Parca *n.pr.f.* (*Mitol*) Parca, Fate: *le tre Parche* the three Parcae.

parcamente *avv.* frugally, sparingly, soberly.

parcamento *m.* (*rar,burocr*) parking, parking place, parking area.

parcare (**pàrco, pàrchi**) *v.t.* (*Mil*) to park.

parcella *f.* 1 bill, note of fees, fee: *pagare la ~ a qcu.* to fee so., to pay so.'s fees; *~ dell'avvocato* note of counsel's fees. 2 (*Dir*) (*particella*) parcel, lot.

parcellare *a.* 1 (*Dir*) (*diviso in parcelle*) divided into lots, parcel (*attr.*), parcelled. 2 (*Med*) localized, local.

parcellazione *f.* parcelling out.

parcellizzare (**parcellìzzo**) *v.t.* to parcel out.

parcellizzazione *f.* parcelling out.

parcheggiare (**parchéggio, parchéggi**) I *v.t.* 1 to park: *~ la macchina* to park the car. 2 (*colloq*) to park, to leave: *~ i figli dalla suocera* to park one's children with one's mother-in-law, to leave one's children with one's mother-in-law. II *v.i.* (*aus.* **avere**) □ *~a pettine* (o *~in diagonale*) to park at an angle, to park diagonally; *~in doppia fila* to double park.

parcheggiatore *m.* (*f.* **-trice**) 1 (*chi parcheggia*) parker. 2 (*custode*) parking attendant, car park attendant: *~ abusivo* unlicensed parking attendant, illegal parking attendant, unauthorized parking attendant.

parcheggio *m.* 1 (*sosta*) parking: *divieto di ~* no parking; *tariffa di ~* parking fee. 2 (*spazio*) parking space, parking place, parking spot. 3 (*area di posteggio*) parking lot, parking area, parking, car park: *area di ~* parking area. 4 (*manovra*) parking: *fare un ~* to park. □ *~a disco orario* disc parking; *~a pagamento* paying car park, fee parking; *~a pettine* diagonal parking, angle parking; *~a più piani* multistorey car park, (*Am*) (multistory) parking garage; *~custodito* attended parking lot, guarded car park; *~di corrispondenza* park and ride; *~in diagonale* angle parking, diagonal parking; *~in doppia fila* double parking; *~incustodito* unattended parking lot, unguarded car park; *~riservato ai residenti* residents' parking zone; *~sotterraneo* underground car park, (*Am*) underground garage.

parchettatura *f.* (*Edil*) parqueting, laying of a parquet floor, parquetry.

parchettista *m./f.* (*Edil*) parquetry layer.

parchetto *m.* (*Svizz.it,Edil*) (*parquet*) parquet, parquet flooring.

parchimetro *m.* (*Aut*) parking meter.

parco[1] (*pl.* **-chi**) *m.* 1 park: *~ nazionale* national park. 2 (*gruppo di veicoli*) fleet. 3 (*deposito*) depot, deposit. 4 (*insieme di attrezzi*) stores *pl.* 5 (*Mil*) park. □ *~ archeologico* archaeological park; *~ autocarri* fleet of trucks; *~dei divertimenti* amusement park; *~delle rimembranze* memorial park; *~di deposito* stockyard; *~giochi* playground; (*Ferr*) *~locomotive* locomotive stock; *~marino* marine park; (*Ferr*) *~materiale rotabile* rolling stock; *~municipale* city park, town park; *~ naturale* nature park, wildlife reserve; *~nazionale* national park; *~pubblico* park; *~rottami* scrap metal yard; *~tematico* theme park; *~veicolare* vehicle fleet, vehicle park.

parco[2] (*pl.* **-chi**) *a.* 1 (*sobrio*) sober. 2 (*moderato*) moderate, temperate. 3 (*frugale*) frugal: *una parca cena* a frugal meal. 4 (*scarso*) sparing, parsimonious: *~ di parole*

sparing of words. □ *~ nello spendere* careful with money.

par condicio *f.inv.* equal access to the media.

parecchio I *a.* 1 (*rif. a quantità*) a lot of, lots of, a good deal of: *ha ~ denaro* she has a lot of money. 2 *pl.* several, quite a few, a lot of, lots of, a number of, (a good) many: *ho parecchie cose da fare* I have quite a few things to do. 3 (*rif. a tempo*) a long, a good deal of, a lot of: *ci vorrà ~ tempo* it will take a long time. 4 (*rif. a distanza*) quite a way, quite a long way, some way; (*in frasi interrogative*) far. II *pron.* 1 (*rif. a quantità*) a lot, (*colloq*) plenty, a good deal: *ho speso ~* I've spent a lot, I've spent a good deal. 2 *pl.* several, a lot, lots, quite a few, many: *parecchi erano fatti di piombo* quite a few were made of lead. 3 *pl.* (*rif. a persone*) many, many people, quite a lot (of people), several, several people: *parecchi mi hanno chiesto di te* many people asked me about you. 4 (*rif. a tempo*) quite a while, a long time: *dovremo attendere ~* we'll have to wait quite a while. 5 (*rif. a distanza*) a long way: *manca ~ alla città* it's a long way to the city. 6 (*rif. a distanza*) far, a long way. III *avv.* 1 rather, rather a lot, quite, quite a lot. 2 (*molto*) very much, really: *sono stato ~ in ansia* I was really anxious. 3 (*con aggettivi*) very, really, (*Am*) quite: *~ interessante* very interesting, (*Am*) quite interesting. □ *parecchi altri* several others; *da ~ (o da ~ tempo*) for quite a long time, for quite a while.

pareggiabile *a.* 1 that can be levelled (*posposto*), that can be equalized (*posposto*). 2 (*rif. a conti e sim.*) that can be balanced (*posposto*), able to be balanced (*posposto*), equalizable.

pareggiamento *m.* 1 (*spianamento*) levelling. 2 (*uguagliamento*) equalizing. 3 (*fig*) (*livellamento*) levelling. 4 (*rif. a conti e sim.*) balancing, squaring. 5 (*Econ*) (*perequazione*) equalization. 6 (*Econ*) (*in borsa*) evening up.

pareggiare (**paréggio paréggi**) I *v.t.* 1 (*spianare*) to level, to make (sth.) level, to make (sth.) even. 2 (*tagliare in modo uguale*) to straighten, to trim, (*rif. a capelli*) to even. 3 (*fig*) (*livellare*) to level, to level out, to make uniform. 4 (*rif. a conti e sim.*) to balance, to square, to even up; (*saldare*) to settle: *~ il bilancio* to balance the budget. 5 (*lett*) (*uguagliare*) to match, to equal: *nessuno può pareggiarlo in sapienza* nobody can equal his learning, he has no equal in learning. II *v.i.* (*aus.* **avere**) (*Sport*) 1 to draw, to tie, to square (the score): *la Germania ha pareggiato con la Francia* Germany has drawn with France; *hanno pareggiato* it was a draw. 2 (*nel golf*) to halve. III *v.pron.* **pareggiarsi** 1 to be equal. 2 (*lett*) to match, to equal. □ (*fig*) *~i conti con qcu.* to settle accounts with so., to score with so.; *~ un conto* : 1 (*Econ*) to settle an account; 2 (*fig*) to settle an account, to balance an account, to square an account.

pareggio *m.* 1 (*Comm*) balance, balancing, squaring, levelling; (*saldo*) settlement. 2 (*Econ*) (*perequazione*) equalization. 3 (*Sport*) tie, draw. □ *~ di bilancio* : 1 (*dei conti*) balancing of accounts; 2 (*del budget*) balanced budget; *chiudere in ~* : 1 (*Econ*) to balance, to breakeven; 2 (*Sport*) to (end in a) draw, to (end in a) tie.

parelio *m.* (*Astr*) parhelion.

parenchima *m.* (*Biol*) parenchyma, parenchyme, parenchymal tissue. □ (*Biol*) *~*

acquifero aquiferous parenchyma; (*Biol*) *~ clorofilliano* assimilatory parenchyma.

parenchimatico (*pl.* **-ci**) *a.* (*Biol*) parenchymatous, parenchymal.

parenchimatoso *a.* (*Biol*) parenchymatous.

parentado *m.* (*collett.*) (*parenti*) relatives *pl.*: *ha invitato tutto il ~* she invited the whole tribe.

parentale *a.* parental: *cure parentali* parental cares; *malattia ~* hereditary disease.

parentali *m.pl.* 1 (*Stor.rom*) Parentalia. 2 (*Lett*) (*commemorazione*) memorial celebrations.

parente *m./f.* 1 relative, relation, (*lett*) kinsman (*f.* -woman): *amici e parenti* kith and kin. 2 (*fig*) (*affine*) akin (*pred.*), related (*di* to): *l'odio è ~ dell'invidia* hate is akin to envy. 3 *pl.* (*lett,rar*) (*genitori*) parents. □ *~acquisito* relative by marriage, in-law; *essere parentialla lontana* to be distantly related; *parenti da parte di madre* relatives on the mother's side; *parenti da parte di padre* relatives on the father's side; *parenti lontani* distant relatives, remote relatives; (*fig*) *~povero* poor relation; *~ prossimo* close relative; *~ stretto* close relative; *i parenti più stretti* the next of kin; *e parentitutti* and family members.

parentela *f.* 1 relationship, kinship, family ties *pl.*, kindred; *grado di ~* degree of kinship; *relazione di ~* relationship. 2 (*collett.*) (*parenti*) relatives *pl.*, relations *pl.* 3 (*fig*) relationship, close relationship. □ *~in linea collaterale* collateral relationship; *~in linea diretta* lineal relationship; *~ naturale* natural ties.

parenterale *a.* (*Med*) parenteral.

parentesi *f.* 1 (*segno grafico*) parenthesis, bracket (*anche Mat*): *aprire una ~* to open a bracket, to open a parenthesis; *chiudere la ~* to close a bracket. 2 (*fig*) (*digressione*) digression, parenthesis: *aprire una ~* to digress, to go on a tangent, to go off-subject; *ora chiudiamo la ~ e riprendiamo il discorso* now let's end this tangent and get back to the main subject. 3 (*fig*) (*intervallo di tempo*) period, interval. 4 (*fig*) (*interruzione*) break: *dopo la ~ estiva* after the summer break. □ *~aperta* : 1 (open bracket; 2 (*esclam.*) (*nel dettato*) brackets!; *~chiusa* : 1 closed bracket; 2 (*esclam.*) (*nel dettato*) close the brackets!; *~graffa* brace; *mettere tra ~* to put in parentheses, to put in brackets, to bracket; *~quadra* square bracket; *~tonda* round bracket; (*fig*) (*detto*) *tra ~* by the way, incidentally; *~uncinata* angle brackets.

parentetico (*pl.* **-ci**) *a.* parenthetic, parenthetical: (*Gramm*) *proposizione parentetica* parenthetical clause.

pareo *m.* (*Abbigl*) wraparound; (*in Polinesia*) pareu, pareo.

parere[1] (*pres.ind.* **pàio, pàri, pàre, paiàmo/pariàmo, paréte, pàiono**; *p.rem.* **pàrvi**; *fut.* **parrò**; *pres.cong.* **pàia, paiàmo/pariàmo, paiàte/pariàte, pàiano**; *impf.cong.* **paréssi**; *imperat.* lacking; *p.pres.* **parvènte**; *p.p.* **pàrso**; *ger.* **parèndo**; *aus.* **essere**) I *v.i.* 1 (*avere l'apparenza*) to seem, to appear, to look, to look like: *pare una persona onesta* he looks like an honest person, he seems like an honest person; *vestito così pareva un brigante* dressed that way, he looked like a bandit; (*rar*) *per non ~ maleducato* in order not to seem illbred. 2 (*ritenere, credere*) to think: *che te ne pare?* what do you think of it?; *non ti pare?* don't you think so?; *mi pare che voglia nevicare* I think it's going to snow, it looks like snow; *il prezzo mi pare eccessivo*

I think the price is too high. **3** (*ritenere opportuno*) to seem, to think: *mi pareva che fosse ora di andare* I thought it was time to go. **4** (*avere l'impressione*) to think, to seem, to look (*costr.impers.*): *mi è parso di averlo già visto* I thought I had seen him before; *ci pareva di sognare* we thought we were dreaming; *pareva proprio che non gliene importasse nulla* it really looked as if he didn't care, it really seemed as if he didn't care. **5** (*volere*) to like, to want, to think fit: *fate pure come vi pare* do just as you like; (*iron*) *continuate, fate pure quello che vi pare!* go on, don't mind me! **6** (*lett*) (*rif. a cose viste*) to look: *quelle rose paiono molto belle* those roses look lovely. **7** (*lett*) (*rif. a cose udite*) to sound, to sound like: *queste campane paiono d'argento* these bells sound silvery. **II** *v.i.impers.* **1** (*sembra*) to seem (*costr.impers.*), to think (*costr.pers.*), to look, to look like: *pare proprio che...* it very much seems as if..., it very much seem as though...; *che ve ne pare?* what do you think of it?; *pare che voglia nevicare* It looks like it's going to snow. **2** (*si dice*) it is said, rumors say: *pare che sia un uomo affascinante* he is said to be a fascinating man; *pare che abbiano appena comprato una casa a Parigi* rumors say they've just bought a house in Paris. □ *pare di no* it doesn't seem so, apparently not; *mi pare di no* I don't think so; *pare di sì* it seems so; *mi pare di sì* I think so; *mi pare di sognare* I must be dreaming; *mi pare di vederlo* (*me lo immagino*) I can just see him, I can picture him; *faccio quello che mi pare e piace* I do whatever I like, I do (just) as I please; *fai pure come ti pare e piace* do as you please; *pare impossibile* it just doesn't seem possible, it seems impossible; *ma Le pare?* (*rispondendo a scuse o ringraziamenti*) don't mention it, not at all, *non mi par vero* I can't believe it, It's too good to be true: *non mi par vero di aver superato gli esami* I can't believe I have passed my exams; *non mi par vero di poterlo fare* (*sono lietissimo*) I am delighted to do it; *mi pare strano che...* it seems strange to me that...; *sarà, ma mi pare strano* if you say so, though it seems strange to me; (*iron*) *mi pareva strano* I thought so!, I guessed as much!; *e ti pareva!* don't you agree!; *non mi pare un granché* I don't think much of it.

parere[2] *m.* **1** opinion, view: *rimanere del proprio* ~ to stick to one's opinion; *cambiare* ~ to change one's mind; *questo è il mio* ~ this is my opinion; *dare il proprio* ~ *su qcs.* to give one's opinion on sth.; *esprimere il proprio* ~ to speak one's mind, to express one's opinion; *essere dello stesso* ~ to be of one mind; *essere dello stesso* ~ *di qcu.* to share so.'s views. **2** (*consiglio*) advice: *sarebbe bene avere il* ~ *di un esperto* it would be a good thing to have an expert's advice; *sentiremo il* ~ *di un avvocato* we will consult a lawyer, we will take legal advice. □ *a mio* ~ in my opinion, in my view; *a suo* ~ in his view, in his opinion; *essere del* ~ *che...* to think that...; *essere di* ~ *diverso* to disagree, to have differing opinions, to disagree; *pareri discordi* discordant opinions; *i pareri sono discordi* opinion is divided; (*Dir*) ~ *obbligatorio* mandatory advice.

paresi *f.* (*Med*) paresis: ~ *facciale* facial palsy.

parestesia *f.* (*Med*) paresthesia.

parete *f.* **1** wall: *appendere un quadro alla* ~ to hang a picture on the wall; ~ *di mattoni* brick wall. **2** (*fig*) (*barriera*) wall, barrier: *una* ~ *d'odio* a wall of hatred, a barrier of

hatred. **3** (*Anat,Biol*) wall, paries: *la* ~ *dello stomaco* the wall of the stomach. **4** (*Alp*) face. □ (*Arred*) ~ *attrezzata* wall unit; (*Biol*) ~ *cellulare* cell wall; *da* ~ wall (*attr.*): *orologio da* ~ wall clock; (*Alp*) ~ *di ghiaccio* ice wall; (*Edil*) ~ *divisoria* partition (wall); ~ *divisoria portante* bearing partition; *le pareti domestiche* home; (*fig*) *tra le pareti domestiche* at home, in the privacy of one's home; ~ *doppia* double wall; (*Arred*) ~ *in legno* wooden partition, wooden partition wall; (*Arred*) ~ *mobile* adjustable wall panel, adjustable screen; (*Alp*) ~ *rocciosa* rock wall, rock face: *scalare una* ~ *rocciosa* to climb a rock face.

paretico *a.* (*Med*) paretic.

pargoleggiare (**pargoléggio, pargoléggi**; *aus.* **avere**) *v.i.* (*lett*) to behave like a child.

pargoletto *m.* (*f.* **-a**) (*lett*) little child, baby.

pargolo *m.* (*lett*) little child, baby.

pari[1] **I** *a.* **1** (*uguale*) equal, same: *i due alberi sono di* ~ *altezza* the two trees are the same height; *con* ~ *diritti* enjoying equal rights. **2** (*di forza*) evenly-matched: *due avversari di* ~ *forza* two evenly-matched adversaries. **3** (*simile*) like, similar: *uno* ~ *a me* one like me. **4** (*stesso*) same: *abbiamo tutti* ~ *diritti e* ~ *doveri* we all have the same rights and the same duties. **5** (*quantitativamente uguale*) equal, same, equivalent: *il dollaro era* ~ *a circa un euro* the dollar was equivalent to approximately one euro, the dollar was worth approximately one euro; *a* ~ *prezzo* at the same price. **6** (*allo stesso livello*) level, even. **7** (*della stessa lunghezza o altezza*) the same length, the same height: *le gambe della sedia non sono* ~ the legs of the chair are not even, the legs of the chair are not the same height. **8** (*adeguato, idoneo*) equal, (*colloq*) up (*a* to): *essere* ~ *a un compito* to be equal to a task; *essere* ~ *alla propria fama* to live up to one's reputation. **9** (*Mat*) even: *numeri* ~ *e dispari* odd and even numbers; *pagina* ~ even-numbered page. **10** (*nei giochi e nello sport*) tied, drawn, equal: ~ *punti* even drawn. **II** *m.inv.* **1** (*persona dello stesso livello*) equal, peer: *non avere* ~ to have no equal; *un mio* ~ one like me; *trattare qcu. come un proprio* ~ to treat so. as an equal; *i propri* ~ one's peers, one's equals. **2** (*numero pari*) even, even number: *scommettere sul* ~ to bet on the even. **3** (*Econ*) par, parity: *vendere qcs. alla* ~ to sell sth. at cost price. **III** *avv.* **1** equally. **2** (*allo stesso livello*) on the same level. **3** (*Sport*) in a draw, in a tie: (*nel tennis*) *sono quaranta* ~ they are forty all, they are deuce; (*nel calcio*) *la partita è finita due* ~ the match finished in a 2-2 draw. □ ~ (*testualmente*) word for word, verbatim: *concetti presi* ~ ~ *da un articolo* ideas copied word for word from an article; **2** (*fig*) (*direttamente*) plainly, exactly: *gli ho detto* ~ ~ *quello che pensavo* I told him plainly what I thought; *a* ~ *merito* : **1** (*Sport*) draw: *sono arrivati a* ~ *merito* it was a draw; *essere a pari* ~ to draw level on points; **3** (*in concorsi a esami*) tied; *al* ~ *di* : **1** (*nello stesso modo*) (just) like, in the same way as: *ha agito al* ~ *di un ladro* he acted like a thief; **2** (*nei comparativi di uguaglianza*) as... as, (*nella stessa misura*) as much as: *ne ho diritto al* ~ *di te* I have as much right as you; *è ricco al* ~ *del fratello* he is as rich as his brother; *alla* ~ : **1** (*allo stesso grado o livello*) on the same level, on a level: *stare alla* ~ *con qcu.* to be so.'s equal, to be on the same level as so.; **2** (*come eguale*) as an equal: *trattare qcu. alla* ~ to treat so. as an equal; **3** (*Econ*) at par, at face value; **4** (*Sport*) (*di gioco*) in a

draw, in a tie; **5** (*rif. a ospitalità*) au pair: *vivere alla* ~ to live au pair; *ragazza alla* ~ au pair (girl); *alla media* up to the average; *da* ~ *a* ~ as an equal: *trattare qcu. da* ~ *a* ~ to treat so. as an equal; *da par suo* as befits him; (*lett*) *del* ~ equally well, as well; *di* ~ *grado* of the same rank, of the same grade; *di* ~ *merito* of equal merit, of equal worth; *di* ~ *passo* : **1** at the same rate, at the same pace: *camminare di* ~ *passo* to walk at the same rate (*con* as), to walk at the same pace (*con* as), to keep pace (*con* with), to keep up (*con* with); **2** (*fig*) hand in hand: *andare di* ~ *passo con i tempi* to keep up with the times, to keep pace with times; *fare a* ~ *e dispari* to play odds and evens; *essere* ~ *e patta* to be quits; *essere* ~ to be evenly matched, to be equal; *essere* ~ *a* : **1** (*valere*) to be worth; **2** (*corrispondere*) to equal, to be equivalent to, to be equal to; *fare* ~: **1** (*pareggiare*) to straighten up, to even up; **2** (*nei giochi e sim.*) to draw, to tie; *in* ~ *tempo* at the same time; *mettersi in* ~ *con gli altri* to catch up with the others; *mettersi in* ~ *col pagamento* to pay (up) one's arrears, to square accounts; *non avere* ~ to be unrivalled, to be unequalled; ~ *opportunità* equal opportunities; *senza* ~ (*unico*) without equal, peerless, matchless, incomparable; *siamo* ~! let's call it quits!, we're all square now!

pari[2] *m./f.inv.* **1** (*GB,Parl*) peer (*f.* peeress), lord. **2** (*Stor*) peer (*f.* peeress): *un* ~ *di Francia* a French peer; *i* ~ *di Francia* French peerage.

paria *m./f.inv.* **1** (*in India*) pariah. **2** (*estens*) pariah, outcast.

paria *f.* **1** (*dignità*) peerage, rank of a peer. **2** (*ceto*) peerage, body of peers.

Paride *n.pr.m.* (*Mitol*) Paris.

parietale I *a.* **1** wall (*attr.*), mural, parietal: *iscrizioni parietali* wall inscriptions. **2** (*Anat, Biol*) parietal. **II** *m.* (*Anat*) (*osso parietale*) parietal bone.

parietaria *f.* (*Bot*) pellitory, wall pellitory.

parificare (**parifico, parifichi**) *v.t.* **1** to make (sth.) equal, to recognize (sth.) as equal, to standardize. **2** (*rif. a scuola*) to recognize (sth.) officially.

parificato *a.* (*rif. a scuola*) officially recognized.

parificazione *f.* **1** equalization, recognition as equal, standardization. **2** (*rif. a scuola*) official recognition.

Parigi *n.pr.f.* (*Geog*) Paris. □ (*Stor*) ~ *val bene una messa* Paris is well worth a Mass.

parigina *f.* **1** (*Alim*) (*tipo di pane*) French loaf. **2** (*stufa*) slow-combustion stove. **3** (*Ferr*) (*sella di lancio*) hump.

parigino I *a.* Parisian. **II** *m.* (*f.* **-a**) Parisian (*f.* Parisienne); (*originario*) native of Paris; (*abitante*) inhabitant of Paris.

pariglia *f.* pair, span, couple, brace: *una* ~ *di cavalli* a pair of horses, a span of horses.

parimenti *avv.* (*lett*) likewise, equally, in the same way.

pario *a.* Parian: *marmo* ~ Parian marble.

paripennato *a.* (*Bot*) paripinnate.

parisillabo I *a.* (*Gramm,Metr*) parisyllabic. **II** *m.* (*Gramm*) parisyllabic noun.

parità *f.* **1** (*uguaglianza*) equality, parity. **2** (*Sport*) draw, tie; (*rif. a gare*) dead heat: *chiudere in* ~ (*rif. ai giocatori*) to draw, to tie; *chiudersi in* ~ (*rif. a partita*) to end in a draw. **3** (*Econ*) par, parity. □ (*Econ*) ~ *aurea* gold parity; (*Econ*) ~ *centrale* central parity, central exchange rate; (*Econ*) ~ *dei cambi* exchange rate parity; *a* ~ *di condizioni* on the same terms, all conditions being equal; ~ *di diritti* equal rights; *a* ~ *di meriti* merits being equal; *a* ~ *di prezzo* for the same price; ~ *di* *trattamento* equal treatment; (*Econ*) ~*fissa* fixed parity; (*Econ*) ~ *monetaria* currency parity, par value, par exchange rate; (*Pol*) ~ *nucleare* nuclear stalemate, nuclear parity; (*Comm*) ~*salariale* equal pay.

paritario *a.* equal: *rapporto* ~ equal relationship.

paritetico (*pl.* **-ci**) *a.* **1** equal. **2** (*rif. a commissione*) joint.

parka *m.inv.* (*Abbigl*) parka.

parkerizzare (**parkerìzzo**) *v.t.* (*Chim*) parkerize, to rustproof.

parkerizzazione *f.* (*Chim*) parkerizing, rustproofing.

Parkinson *m.inv.* (*Med*) (*morbo di Parkinson*) Parkinson's disease.

parkinsoniano I *a.* (*Med*) parkinsonian. **II** *m.* (*f.* **-a**) (*Med*) parkinsonian, person affected with Parkinson's disease.

parkinsonismo *m.* (*Med*) Parkinsonism, Parkinson's disease.

parlamentare[1] **I** *a.* **1** parliamentary, of Parliament (*posposto*): *commissione* ~ parliamentary committee; *immunità* ~ parliamentary privilege. **2** (*fig,rar*) (*pieno di tatto*) civil, diplomatic, tactful. **II** *m./f.* member of parliament, MP, parliamentarian. □ ~*europeo* member of the European parliament, Euro MP.

parlamentare[2] (**parlaménto**; *aus.* **avere**) *v.i.* to parley, to hold a parley, to negotiate, to arrange terms (*anche scherz*).

parlamentarismo *m.* (*Pol*) parliamentarianism.

parlamentarista *m./f.* (*Pol*) parliamentarian.

parlamento *m.* **1** parliament: *essere eletto al* ~ to be elected to parliament; *sedere in* ~ to be a member of parliament; *convocare il* ~ to summon parliament; *sciogliere il* ~ to dissolve parliament. **2** (*edificio*) parliament building, parliament house. **3** (*fig*) (*assemblea*) assembly, parley. □ ~*europeo* European Parliament.

parlante I *a.* **1** talking: *grillo* ~ talking cricket. **2** (*fig*) lifelike: *ritratto* ~ lifelike portrait. **3** (*fig*) (*espressivo*) expressive: *occhi parlanti* expressive eyes. **4** (*fig*) (*eloquente*) eloquent. **5** (*fig*) (*evidente*) manifest. **II** *m.* (*Ling*) speaker: ~ *nativo* native speaker.

parlantina *f.* (*colloq*) talkativeness, gregariousness, loquacity, loquaciousness: *avere una buona* ~ (o *una* ~ *sciolta*) to have the gift of the gab.

parlare[1] (**pàrlo**) **I** *v.i.* (*aus.* **avere**) **1** to speak, to talk: ~ *di qcs. con qcu.* to speak of sth. with so.; *gli animali non parlano* animals don't speak, animals can't talk; *chi ha parlato?* who spoke?; *parla solo se sei interrogato* speak only when you are spoken to; ~ *in tedesco* to speak German, to speak in German; ~ *in dialetto* to speak dialect; *devo parlarti* I must speak to you, I must talk to you; ~ *per telefono* to talk on the phone. **2** (*avere un colloquio*) to speak (*con* with, to), to talk (to), (*colloq*) to have a talk: *vorrei* ~ *col direttore* I would like to speak to the manager. **3** (*tenere un discorso*) to speak, to make a speech: ~ *in un comizio* to speak at a meeting. **4** (*rivolgere la parola*) to talk, to speak (*a* to), to address (so.): *il presidente del consiglio parlerà alle due camere* the Prime Minister will address both houses. **5** (*confessare*) to confess, to talk; (*confidare cose segrete*) to talk, (*gerg*) to sing: *qualcuno ha parlato* someone talked. **6** (*fare oggetto di chiacchiere*) to talk, to gossip: *tutto il paese parla di lui* the whole village is talking about him. **7** (*trattare*) to speak (*di* about),

to mention; (*scrivendo*) to write: *il giornale di oggi parla di Bush* today's newspaper mentions Bush; *ne parla Eco in un suo libro* Eco writes about it in one of his book. **8** (*intendere, alludere*) to talk (*di* about), to refer (to): *di quale avvenimento parlavi?* what event were you talking about? **9** (*discutere*) to talk (*di* about), to discuss (*di* about), to debate: *ne parliamo domani* we'll talk about it tomorrow, we'll discuss about it tomorrow. **10** (*fig*) (*provare, manifestare*) to speak, to testify: *tutto parla a tuo favore* everything speaks in your favour. **11** (*fig*) (*ricordare*) to speak, to remind, to bring back memories: *queste mura mi parlano della mia infanzia* these walls remind me of my childhood, these walls bring back childhood memories. **II** *v.t.* to speak: *parla bene il tedesco* he speaks German well; *parli inglese?* do you speak English? **III** *v.r.recipr.* **parlarsi 1** to speak, to speak to each other: *si sono parlati al telefono* they spoke on the phone. **2** (*avere rapporti amichevoli*) to be on speaking terms: *quei due non si parlano più* those two aren't on speaking terms any more. **3** (*region, ant*) (*essere fidanzati*) to go steady. □ (*fig*) ~*a braccio* to speak without notes; ~*a gesti* to use sign language; (*fig*) ~ *con qcu. a quattr'occhi* to talk to so. privately; ~ *a raffica* to talk nonstop; (*fig*) ~ *a vanvera* to talk through one's hat; ~ *a voce alta* to speak in a loud voice; ~*a voce bassa* to speak in a low voice; (*fig*) *parlarsi addosso*: **1** (*rif. a se stesso*) to talk for the sake of talking, to like to hear oneself talk, to like the sound of one's (own) voice; **2** (*recipr.*) (*rif. a più persone*) to talk across each other; (*fig*) ~*ai sordi* (*invano*) to waste one's breath; *le tue parole parlano al cuore* your words go straight to the heart; (*fig*) ~*al muro* to waste one's breath: *è come* ~ *al muro* it's like talking to a brick wall, it's like speaking to deaf ears; (*fig*) ~*al vento* to waste one's breath, to shoot the breeze, to whistle to the wind; ~*alle spalle di qcu.* to talk behind so.'s back; ~ *bene* to speak well, to be a good speaker; ~ *bene di qcu.* to speak well of so., to praise so.; *c'è chi parla di* ... there are rumors of..., people say..., there's someone who says that..., someone talks of..., someone hints at...; (*Tel*) *pronto,chi parla?* - *Sono Carlo* hello, who's speaking? - This is Carlo speaking; ~*chiaro*: **1** to speak clearly; **2** (*fig*) to speak one's mind, to speak frankly; *per* ~ *chiaro* to be frank; *parliamoci chiaro* let's be frank; (*fig*) ~*col cuore in mano* to wear one's heart on one's sleeves; (*fig*) ~*col muro* to waste one's breath: *è come* ~ *col muro* it's like talking to a brick wall, it's like speaking to deaf ears; ~ *col naso* to speak through one's nose; (*colloq*) ~*come un avvocato* to have the gift of the gab; ~*come un libro stampato* to talk like a book, to spout; (*colloq*) ~ *come una macchinetta* to speak very fast, to rattle away, to talk a mile a minute; (*fig*) ~ *con cognizione di causa* to speak with authority; ~ *con la bocca piena* to speak with one's mouth full; *ehi, parlo con te!* hey, I'm talking to you!; hey there, I'm talking to you!; *i fatti parlano da sé* facts speak for themselves; ~*da solo* to talk to oneself; *parliamo d'altro* let's change (the) subject, let's talk about something else; ~*del più e del meno* to chat (about this and that), to talk of this and that; ~*di affari* to talk business; (*fig*) ~ *di corda in casa dell'impiccato* to describe the water while so. is drowning; ~ *di fare una cosa* to talk about doing something; ~*di lavoro* to talk shop; ~*di politica* to talk pol-

itics; ~*dietro le spalle di qcu.* to talk behind so.'s back; *fare* ~ *qcu.*: **1** (*lasciar parlare*) to let so. speak, to allow so. to speak; **2** (*dare la parola*) to call upon so. to speak; (*indurre a parlare*) to make so. talk: (*colloq*) *non farmi* ~! don't ask me to say any more!; *far* ~ *di sé* to get oneself talked about; ~*forte* to speak up; (*fig*) ~*fra i denti* to mutter (under one's breath), to mumble, to speak indistinctly; ~*grasso* (*fare discorsi licenziosi*) to make lewd remarks; ~*in gergo* to talk slang, to use slang, to speak slang, to speak in jargon; (*fig*) ~ *in punta di forchetta* to speak mincingly, to speak affectedly, to pick one's words; ~*male di qcu.* to speak ill of so.; ~ *nel naso* to talk through the nose, to speak through the nose; *non me ne* ~! don't tell me about it!, don't mention it!; *non parliamone più!* let's forget about it!; *non se ne parla nemmeno*: **1** (*per esprimere un rifiuto*) I wouldn't dream of it, nothing doing; **2** (*per esprimere un divieto*) it's completely out of the question; (*colloq*) ~ *ostrogoto* to speak double-Dutch, to speak Greek; ~ *per esperienza personale* to talk from personal experience, to speak from personal experience; *per non* ~ *di* not to mention, let alone; *parla per te!* speak for yourself!, that's your opinion!; (*iron*) *parla solo perché ha la lingua* (o *parla perché ha la bocca*) he talks just for the sake of talking; (*iron*) *parla proprio lei!* she's a fine one to talk!; (*qui*) *si parla inglese* English (is) spoken (here); ~ *sottovoce* to speak in a whisper; *parlo sul serio* I'm serious, I mean it; *parla, ti ascolto* go on, I'm listening; *ti parlo di cinque anni fa* I'm talking five years ago, this was five years ago; ~ *tra sé* (o ~*tra sé e sé*) to talk to oneself; (*fig*) ~ *turco* to speak double-Dutch, to speak Greek *Prov.*: ~ *a nuora perché suocera intenda* to say sth. in a roundabout way.

parlare[2] *m.* **1** talking, speaking, speech: *il* ~ *giova poco* talking is not much use. **2** (*modo di parlare*) way of speaking, speech: *un* ~ *forbito* a refined way of speaking. **3** (*parlata*) language; (*dialetto*) dialect: *il* ~ *romanesco* the Roman Dialect. **4** (*chiacchiere*) talk: *si è fatto un gran* ~ *di questo viaggio* there has been a lot of talk about this voyage; *se ne farà un gran* ~ tongues will wag, people will talk.

parlata *f.* **1** speech, way of speaking, language: *lo riconosco dalla* ~ I recognize him from the way he speaks. **2** (*dialetto*) dialect. **3** (*accento*) accent.

parlato I *a.* **1** spoken: *la lingua parlata* the spoken language, the vernacular. **2** (*Cin*) talking: *film* ~ talking film, (*colloq*) talkie. **II** *m.* **1** (*linguaggio parlato*) spoken language, everyday language. **2** (*Mus*) spoken part. **3** (*Cin*) (*dialogo*) dialogue. **4** (*Cin,estens*) (*cinema parlato*) talking films *pl.*, (*colloq*) talkies *pl.*

parlatore *m.* (*f.* **-trice**) speaker, talker.

parlatorio *m.* parlour, (*Am*) parlor.

parlottare (**parlòtto**; *aus.* **avere**) *v.i.* **1** to mutter, to talk in a low voice: *stavano parlottando in un angolo della stanza* they were muttering in a corner of the room. **2** (*fig*) (*mormorare*) to murmur.

parlottio *m.* **1** (*il parlottare*) muttering, low talking. **2** (*rumore*) hum, drone, whispered words *pl.*

parlucchiare (**parlùcchio**) *v.t.* to have a smattering (*qcs.* of sth.): *parlucchio un po' di tedesco* I have a smattering of German.

Parmenide *n.pr.m.* (*Stor,Filos*) Parmenides.

parmense I *a.* from Parma (*posposto*), of Parma (*posposto*). **II** *m./f.* (*originario*) native of Parma; (*abitante*) inhabitant of Parma. **III** *m.* Parma dialect.

parmigiana *f.* (*Gastron*) aubergine parmesan, aubergine parmigiana, (*Am*) eggplant parmesan, eggplant parmigiana. □ (*Gastron*) risotto alla ~ rice tossed with fresh Parmesan; *melanzane alla* ~ aubergine parmesan, aubergine parmigiana, (*Am*) eggplant parmesan, eggplant parmigiana.

parmigiano I *a.* Parmesan, from Parma (*posposto*), of Parma (*posposto*). **II** *m.* **1** (*originario*) native of Parma; (*abitante*) inhabitant of Parma. **2** (*Alim*) Parmesan, Parmesan cheese.

Parnaso I *n.pr.m.* (*Geog*) Parnassus, Mount Parnassus. **II** *m.* (*lett*) **1** (*poesia*) Parnassus, poetry. **2** (*l'insieme dei poeti*) poets *pl.*

parnassianismo *m.* (*Lett*) Parnassian school of poetry.

parnassiano I *a.* Parnassian. **II** *m.* (*f.* -a) Parnassian.

parodia *f.* **1** parody, spoof, farce. **2** (*Lett, Mus*) parody. **3** (*fig*) (*caricatura*) parody, mockery, travesty. □ *fare la ~ di qcu.* to parody so., to mimic so.

parodiare (**paròdio, paròdi**) *v.t.* to parody, to spoof, to send up, to mimic.

parodico *a.* parodic.

parodista *m./f.* parodist.

parodistico (*pl.* -ci) *a.* parodistic, parodic.

parodontosi *f.inv.* (*Dent*) paradentosis.

parola *f.* **1** word: *una* ~ *di sette lettere* a seven-letter word; *scambiare due parole* (o *fare due parole*) *con qcu.* to have a word with so.; *dire alcune parole su qcs.* to say a few words about sth.; *dire una* ~ *a qcu. su qcs.* to have a word with so. about sth. **2** (*termine*) term, word: *cercare una* ~ *nel dizionario* to look up a word in the dictionary; *il significato di una* ~ the meaning of a word. **3** (*facoltà di parlare*) speech, language: *il dono della* ~ the gift of speech; *libertà di* ~ freedom of speech, freedom of expression; *perdere la* ~ to lose the power of speech; *riacquistare la* ~ to get back the power of speech; *stare attento alle parole* to watch one's language. **4** (*permesso di parlare*) leave to speak, permission to speak, (*nelle assemblee*) floor: *chiedere la* ~ to ask leave to speak; *prendere la* ~ to take the floor, to take up the word, to start to speak; *cedere la* ~ to yield the floor. **5** (*menzione*) mention, word: *non fare* ~ *di qcs.* not to mention sth. **6** (*impegno, promessa*) word, promise: *essere (un uomo) di* ~ to be a man of his word; *mantenere la* ~ to keep one's word. **7** *pl.* (*discorso*) words, speech *sing.*: *le tue parole non mi hanno convinto* your words have not convinced me. **8** *pl.* (*consiglio*) advice (*costr. sing.*), words: *ascolta le mie parole* take my advice, mark my words. **9** *pl.* (*spreg*) (*chiacchiere*) talk *sing.*, words: *non sono altro che parole* that's only talk, they're mere words; *tante belle parole, ma poi...* talk is all very well but... **10** *pl.* (*Mus*) (*testo*) words; (*rif. a musica leggera*) lyrics: *musica e parole di John Lennon* music and lyrics by John Lennon. □ *a parole* by word of mouth, through word of mouth; *non credere di cavartela a parole!* don't think you're going to talk your way out of it!; *a parole sono tutti disponibili* everyone is helpful when it's only talk; *esprimere qcs. a parole* to put sth. into words; *a parole e a fatti* in words and deeds; *stare alle parole di qcu.* to rely on so.'s words; (*Ling*) ~ *antiquata* obsolete word; (*fig*) *mettere una* ~ *buona per qcu.* to put in a good word for so., to say a good word for so.; ~ *chiave*: **1** key word, catch-

word; **2** (*Inform*) keyword, password; (*Ling*) ~ *composta* compound word; *parole comuni* common words; *prova a dirlo con parole tue* try to explain it in your own words; *è la sua* ~ *contro la mia!* it's his word against mine!; *parole crociate* crossword puzzle, crossword; *passare dalle parole ai fatti*: **1** (*agire*) to get down to brass tacks; **2** (*durante un litigio*) to go from words to blows; *dare la* ~: **1** (*Dir*) to give the floor: *dare la* ~ *alla difesa* to call upon the defence; **2** (*promettere*) to pledge one's word, to give one's word: *ti do la mia* ~ I give you my word; (*fig*) *essere di* ~ to be as good as one's word; *parole di fuoco* fiery words, impassioned words; ~ *di galantuomo* (o ~ *di gentiluomo*) word of honour, on my word of honour; ~ *disusata* obsolete word, archaic word; *parole dolci* sweet words, words of endearment, sweet nothings; ~ *d'onore*: **1** word of honour; **2** (*esclam.*) on my word of honour!, I give you my word!; ~ *d'ordine*: **1** (*Mil,Inform*) password; **2** (*fig*) watchword; **3** (*fig*) must: *nella moda di quest'anno la parola d'* ~ *è il rosso* in the world of fashion red is a must this year; *è una* ~! easier said than done!, it's easier said than done!; *avere la* ~ *facile* to have a glib tongue; *fare* ~ *di qcs. con qcu.* to make mention of sth. to so.; *non fare* ~ *con nessuno* not a word to anybody, don't tell it to a soul, do not speak to anybody about that, do not breath a word to anybody; *parole forti* harsh words; *è bella? - Bè, bella è una* ~ *grossa* is she beatiful? - Well, beautiful might be a bit much; is she beatiful? - Well, beautiful might be going too far; *parole grosse* (*offese*) insults: *corsero parole grosse tra loro* they had words; *mettere le parole in bocca a qcu.* to suggest sth. to so., to prompt so.; ~ *in codice* code word; (*Lett*) *parole in libertà* words in freedom; *in una* ~ in a word; *parole incrociate* crossword puzzle, crossword; (*Ling*) ~ *macedonia* portmanteau word; ~ *magica* magic word; *non ho parole* I'm at a loss for words, I'm lost for words: *non ho parole per ringraziarvi* I don't know how to thank you; *non mi viene la* ~ I can't think of the word; ~ *per* ~ (*testualmente*) word for word, verbatim; *tradurre* ~ *per* ~ to translate literally, to translate word for word; *in parole povere* in plain words, in short, to put it bluntly, to put it simply, in simple words; (*fig*) *prendere qcu. in* ~ to take so. at his word, to trust so.'s word; *prendere la* ~ to start speaking; (*colloq*) *parole sante* (*le tue*) every word you say is true; (*Gramm*) ~ *sdrucciola* proparoxytone, proparoxytone word; *restare senza parole* to be (left) speechless, to be dumbfounded; *sulla* ~ at one's word: *ti credo sulla* ~ I take your word for it; (*Dir*) *liberare qcu. sulla* ~ to release so. on parole; *sulla mia* ~! upon my word!; *non credo a una* ~ *di ciò che hai detto* I don't believe a word of what you said; *non capisco una* ~ *di quello che dici* I don't understand a word of what you say; *non sento una* ~! I can't hear a word!; (*fig*) *venire a parole con qcu.* (*litigare*) to have words with so. *Prov.*: *una* ~ *tira l'altra* one word leads to another; *la* ~ *è d'argento, il silenzio è d'oro* speech is silver, silence is golden.

parolaccia (*pl.* -ce) *f.* dirty word, swear word, four-letter word: *dire parolacce* to use bad language, to use foul language, to swear; *non dire parolacce!* don't swear!

parolaio I *m.* (*f.* -a) windbag, gasbag, chat-

terbox, chatterer, loudmouth. **II** *a.* wordy, chatty.

paroliere *m.* lyricist.

parolina *f.* **1** (*parola affettuosa*) sweet words *pl.*, sweet nothings *pl.*, words of endearment *pl.*: *sussurrare paroline dolci alla persona amata.* to whisper sweet words to one's beloved. **2** (*breve discorso confidenziale*) something, a few words *pl.*: *ho una* ~ *da dirti a quattr'occhi* I've got something to tell you in private; *scambiare due paroline con qcu.* to have a few words with so.

parolona *f.* **1** (*termine ampolloso*) big word, difficult word, high-sounding word: *un discorso pieno di paroloni* a speech full of big words. **2** (*parola molto lunga*) long word.

parolone *m.* → **parolona**.

paronimo *m.* (*Gramm*) paronym, paronymous word.

parossismo *m.* **1** (*Med*) paroxysm. **2** (*fig*) paroxysm, fit, outburst, frenzy, highest degree: *fino al* ~ to the highest degree. **3** (*Geol*) paroxysm: ~ *tettonico* tectonic paroxysm.

parossistico (*pl.* -ci) *a.* **1** (*Med*) paroxysmal. **2** (*fig*) (*agitato*) violent, furious: *rabbia parossistica* violent anger.

parossitona *f.* (*Ling*) paroxytone.

parossitono I *a.* (*Ling*) paroxytone. **II** *m.* (*Ling*) paroxytone.

parotide *f.* (*Anat*) parotid, parotid gland.

parotideo *a.* (*Anat*) parotidean, parotid (*attr.*).

parotite *f.* (*Med*) parotitis, parotiditis. □ (*Med*) ~ *epidemica* mumps, epidemic parotitis, infectious parotitis.

parquet /par'kɛ/ *m.inv.* (*Edil*) parquet, parquet flooring.

parricida I *m./f.* parricide. **II** *a.* parricidal.

parricidio *m.* parricide.

parrò → **parere**[1].

parrocchetto *m.* **1** (*Ornit*) parakeet. **2** (*Mar*) (*vela*) fore-topsail; (*tronco*) fore-topmast; (*pennone*) fore-topyard.

parrocchia *f.* **1** (*Rel*) parish. **2** (*Rel*) (*chiesa*) parish church. **3** (*estens*) (*i parrocchiani*) parish, parishioners *pl.* **4** (*fig*) clan, clique, group: *essere della stessa* ~ to be part of the same clan; (*fig,spreg*) *essere di un'altra* ~ to be homosexual.

parrocchiale *a.* (*Rel*) parish (*attr.*), parochial: *chiesa* ~ parish church; *assemblea* ~ vestry, parochial assembly.

parrocchiano *m.* (*f.* -a) (*Rel*) parishioner.

parroco (*pl.* -ci/ *ant* -chi) *m.* **1** (*Rel.catt*) parish priest. **2** (*Rel.prot*) parson, rector, vicar.

parrucca *f.* **1** wig: *portare la* ~ to wear a wig; *mettersi una* ~ to put on a wig; *una* ~ *bionda* a blonde wig; ~ *incipriata* powdered wig. **2** (*scherz,rar*) (*zazzera*) long hair, mane.

parrucchiaio *m.* (*f.* -a) **1** (*fabbricante*) wig maker. **2** (*venditore*) wig seller.

parrucchiere *m.* **1** (*f.* -a) (*per signora*) (ladies') hairdresser, coiffeur, hair stylist. **2** (*f.* -a) (*per uomo*) barber, (gentlemen's) hairdresser. **3** (*negozio*) hairdresser's, (*per uomo*) barber's. □ *andare dal* ~: **1** (*rif. a donna*) to go to the hairdresser's; **2** (*rif. a uomo*) to go to the barber's.

parrucchino *m.* toupee, toupet, hairpiece: *portare il* ~ to wear a toupee.

parruccone *m.* (*spreg,colloq*) (*persona retriva*) old fogey, blimp, Colonel Blimp.

parsec *m.inv.* (*Astr*) parsec.

parsi I *a.inv.* Parsi, Parsee. **II** *m./f. inv.* Parsi, Parsee.

Parsifal *n.pr.m.* (*Lett*) Perceval.

parsimonia *f.* thrift, thriftiness, frugality, sparingness; (*spreg*) parsimony. □ *con* ~

sparingly: *usare qcs. con* ~ to use sth. sparingly, to make sparing use of sth.; *vivere con* ~ to live frugally.

parsimoniosamente *avv.* thriftily, frugally, sparingly.

parsimonioso *a.* thrifty, frugal, sparing, (*spreg*) parsimonious, penny-pinching.

parsismo *m.* (*Rel*) Parsiism, Parseeism.

parso → **parere**[1].

partaccia (*pl.* -**ce**) *f.* **1** (*brutto ruolo*) nasty role: *le hanno affidato una* ~ she was assigned a nasty role. **2** (*sgridata*) scolding, (*colloq*) telling off. **3** (*colpo mancino*) dirty trick. **4** (*figuraccia*) poor figure. □ *fare una* ~ *a qcu.*: 1 to play a dirty trick on so.; 2 (*mancando di parola*) to let so. down badly.

parte *f.* **1** part, piece, portion: *ho letto solo una* ~ *del libro* I just read a part of the book; *l'ultima* ~ *della giornata* the last part of the day; *tagliare una torta in sei parti* to cut a cake into six pieces. **2** (*quota spettante a ciascuno*) share, part: *ognuno ha la sua* ~ *di delusioni* everyone has his share of disappointments; *pagare la propria* ~ to pay one's share; *fare la propria* ~ to do one's part; *fare la propria* ~ *di lavoro* to do one's share of work. **3** *spec.pl.* (*luogo*) place; (*regione*) region, part: *da queste parti* in these parts, around these parts. **4** (*lato*) side, part: *la* ~ *destra della carreggiata* the right side of the roadway. **5** (*direzione*) way, direction: *da questa* ~*, prego* this way, please; *da che* ~ *vai?* which way are you going? **6** (*fazione*) faction, side; (*partito*) party: *della* ~ *avversaria* of the opposing faction; *stiamo dalla stessa* ~ we are on the same side. **7** (*Dir*) party: *le parti interessate* the interested parties; *le parti al processo* the parties to the case; *le due parti in un contratto* the two parties to a contract; ~ *contraente* contacting party; ~ *inadempiente* defaulting party; *convocare le parti* to summon the parties. **8** (*Teat,Cin*) part, role: *fare una* ~ (o *recitare una* ~) to play a role; *ho avuto la* ~*!* I got the part!; *recitare la* ~ *di* to play the role of; *nella* ~ *di Amleto* as Hamlet; ~ *da protagonista* leading role; *una piccola* ~ a bit part, a small role. **9** (*fig*) (*figura*) role: *fare una* ~ *meschina* to play a miserable role. **10** (*Mus*) part: *fuga in quattro parti* fugue in four parts. **11** (*nelle correlazioni*) some: ~ *dei convenuti era contraria,* ~ *favorevole* some of those present were opposed, some (*o* others) were in favour. □ *a* ~ 1 (*separatamente*) separately, on the side: *le bevande si pagano a* ~ drinks are charged separately; *vorrei della torta con panna, ma a* ~ I'd like some cake with whipped cream on the side; *questa è una cosa a* ~ this is a completely different matter; 2 (*eccetto*) apart (from), besides, with the exception of, except for: *a* ~ *questo fatto* apart from this; *a* ~ *i gatti, gli animali non mi piacciono* apart from cats, I don't like animals; except for cats, I don't like animals; 3 (*Comm*) (*in busta a parte*) under separate cover; 4 (*Teat*) aside; *essere a* ~ *di un segreto* to be in on a secret; *mettere qcu. a* ~ *di un segreto* to let so. in on a secret; *fa* ~*a sé* has to be treated separately, is in another context, is in a different context; (*Dir,Comm*) ~*acquirente* purchaising party; ~*alta* top, upper part; ~*anteriore* front; *avere* ~*attiva in un'impresa* to take an active part in an enterprise, to play an active part in a company:*avere* ~*in qcs.* to take part in sth., to have a hand in sth.; (*Dir*) *la* ~*avversa* the other side; ~*bassa* bottom, lower part; (*fig,scherz*) *le parti basse* the lower parts, the groin; ~ *centrale* middle, central part; (*Dir*) ~*civile* :

1 plaintiff for damages (in criminal proceedings); 2 civil party (in a criminal case); (*Dir, Comm*) *parti contribuenti* contributing parties; (*Dir*) ~*convenuta* defense, coucil for the defendant; *da* ~: 1 on one side, to one side, aside (*pred.*): *se ne stava da* ~ he was standing on one side, he was standing aside; 2 (*con un verbo*) aside (*pred.*), (set) by: *farsi da* ~ to step aside; *mettere da* ~ *gli scrupoli* to forget one's scruples; 3 (*in serbo*) aside (*pred.*): *ti ho lasciato da* ~ *un po' di torta* I set some cake aside for you; 4 (*in disparte*) apart (*pred.*): *prendere qcu. da* ~ to take so. apart, to take so. to one side; (*fig*) *mettere qcu. da* ~ lo leave so. apart; *da* ~ *a* ~ right through, through and through; *da che* ~: 1 (*da dove*) from where: *da che* ~ *vieni?* where are you coming from?; (*estens*) *non so da che* ~ *cominciare* I don't know where to begin; 2 (*dove*) where, whereabouts: *guarda lì - Da che* ~? look there - Where?; 3 (*verso dove*) where, which way: *da che* ~ *sei diretto?* which way are you going?; *da* ~ *di* : 1 from: *una lettera da* ~ *di Marco* a letter from Marco; 2 (*rif. a parentela*) on the side of, on so.'s side: *nonno da* ~ *di padre* grandfather on one's father's side; 3 (*per incarico di*) on behalf of, from: *la chiamo da* ~ *del mio capo* I'm phoning on behalf of my boss; *da* ~*mia* : 1 from me: *la telefonata era da* ~ *mia* the phone call came from me; *salutalo da* ~ *mia* give him my best regards; 2 (*per mio incarico*) from me, on my behalf; 3 (*per ciò che dipende da me*) as far as I'm concerned, as for me; *è molto gentile da* ~*tua* it's very kind of you; *da tutte e due le parti* both ways: *guardare da tutte e due le parti* to look both ways; *da tutte le parti*: 1 (*moto da luogo*) from every direction; 2 (*stato in luogo*) everywhere; *da una* ~: 1 on one side: *da una* ~ *e dall'altra* on both sides; 2 (*in un certo senso*) in one way: *da una* ~ *hai ragione* in one way you're right; 3 (*in espressioni correlative*) *da una* ~*... dall'altra* (~)... on the one hand... on the other (hand)...; *essere dalla* ~ *di qcu.* to be on so.'s side; *tenere dalla* ~ *di qcu.* to be back so. up; *il tempo è dalla nostra* ~ time is on our side; *essere dalla* ~ *della ragione* to be in the right; *dalle parti di* : 1 (*verso*) towards: *andare dalle parti di Bergamo* to go towards Bergamo, to head to Bergamo; 2 (*vicino*) near, around, in the neighbourhood of: *Treviglio è dalle parti di Bergamo* Treviglio is near Bergamo; *dalle nostre parti* in our parts (of the country), where we come from, down our way; *se capiti dalle nostre parti, vieni a trovarci!* if you happen to be down our way, come and see us!; ~*davanti* front; *le parti del corpo* the parts of the body; (*Gramm*) *parti del discorso* parts of speech; (*fig*) *fare la* ~ *del leone* to take the lion's share; *stare dalla* ~ *del più forte* to be on the winning side; *essere dalla* ~*del torto* to be in the wrong; *passare dalla* ~ *del torto* to become guilty of wrongdoing, to become guilty as well; *essere dalla* ~*della ragione* to be (in the) right; *di* ~ party (*attr.*), partisan: *lotta di* ~ party struggle; *una scelta di* ~ a partisan choice; ~ *di dietro* back, rear; (*Tecn*) ~*di ricambio* spare part; ~*esterna* outside, exterior; *fare* ~*di* : 1 (*appartenere*) to form part of, to be part of, to belong to: *fa* ~ *della famiglia* he is one of the family; *fa* ~ *del passato* it belongs to the past; 2 (*essere membro*) to belong to, to be a member of: *fare* ~ *di una commissione* to sit on a committee, to be on a committee; (*fig*) *fare la* ~ *della vittima* to play the victim; *fare le parti* 1 (*dividere*) to

divide (sth.) into parts, to divide (sth.) up; 2 (*distribuire*) to share (sth.) out; *farsi da* ~ to step aside, to get out of the way, to stand aside; *in* ~ partly, in part; (*in espressioni correlative*) *in* ~ *era per paura, in* ~ *per odio* it was part for fear, part for hatred; *in* ~ *sono delusa, in* ~ *stanca* I'm half disappointed, half weary; ~*in causa* : 1 (*Dir*) party to the case, party to a suit: *essere* ~ *in causa* to be party to a suit; *le parti in causa* the parties to the case, the parties hereto; 2 (*fig*) (*interessato*) person in question, person concerned: *essere* ~ *in causa* to be involved in a matter, to be concerned in a matter; *essere* ~*integrante di qcs.* to be integral part of sth.; *parti intercambiabili* interchangeable parts; ~*interna* inside, interior; *parti intime* private parts, (*colloq*) privates; *lasciare da* ~: 1 (*conservare*) to set aside: *ti ho lasciato da* ~ *un po' di torta* I set aside some cake for you; 2 (*fig*) (*non considerare*) to forget, to neglect: *lasciamo da* ~ *la questione dei soldi* let's forget about the money problem (for now); (*Dir*) ~*lesa* injured party; (*colloq*) *mettere qualcosa da* ~ (*del denaro*) to set something aside; (*Econ*) ~*negli utili* share in the profits; (*Dir*) *la* ~*offesa* the plaintiff; *per* ~*di padre* (*rif. a parentela*) on one's father's side, paternal; *per* ~ *di madre* on one's mother's side; *per* ~*mia* for my part, as far as I am concerned; ~*posteriore* back, rear, (*rif. a veicoli*) rear; *prendere* ~ *a qcs.* to have a share in sth., to take part in sth., to join in sth., to participate in sth.; *prendere* ~ *alla conversazione* to join in the conversation, to take part in the conversation, to participate in the conversation; *prendere le partidi qcu.* to take so.'s part, to side with so.; (*Cin,Teat*) ~*secondaria* supporting role; *le parti sociali* the social partners; (*colloq*) *la* ~*sopra del pigiama* the pyjama top; (*colloq*) *la* ~*sotto del pigiama* the pyjama bottoms; *in parti uguali* in equal parts, in equal proportions; *dividere qcs. in parti uguali* to divide sth. into equal parts, to divide sth. evenly; *mischiare zucchero e farina in parti uguali* mix sugar and flour in equal parts; (*Dir,Comm*) ~*venditrice* selling party.

partecipante I *a.* participant. **II** *m./f.* **1** participant, participator, partaker. **2** (*concorrente*) competitor, contestant, participants: *le partecipanti al concorso di bellezza* the competitors in the beauty contest, the participants in a beauty contest. **3** (*persona presente*) person present, person attending, *spesso si traduce idiomaticamente*: *i partecipanti a un corso* the people attending a course; *i partecipanti alla cerimonia* those attending the ceremony, those present at the ceremony; *i partecipanti a una conferenza* the conference members; *i partecipanti a un viaggio* the travellers. **4** (*Comm*) partner, associate, sharer, participant, (*detentore di partecipazione*) shareholder, stakeholder.

partecipare (*partécipo*) **I** *v.i.* (*aus.* **avere**) **1** to take part (*a* in), to participate (*a* in), to be engaged (*a* in), to join (*a* sth.), to have an hand (*a* in): ~ *a un gioco* to take part in a game; ~ *attivamente a qcs.* to play an active role in sth., to play an active part in sth. **2** (*essere presente*) to be present (*a* at), to attend (*a* sth.): ~ *a un convegno* to attend a meeting; ~ *in veste di osservatore* to attend as an observer. **3** (*condividere*) to share (*a* in): ~ *al dolore di qcu.* to share in so.'s grief. **4** (*contribuire*) to have a share (*a* in), to share (*a* sth., in sth.) (*anche Comm*): ~ *alla spesa* to share expenses. **5** (*rif. a esposizioni e sim.*) to be present (*a* at), to exhibit (*a* at), to attend (*a* sth.): ~ *alla mostra* to be present at the exhibition, to attend the exhibition. **II** *v.t.* **1** (*comunicare*) to make sth. known. **2** (*annunciare*) to announce: ~ *le nozze di un figlio* to announce the wedding of a son. ☐ (*Comm*) ~ *a una gara d'appalto* to tender for a contract; (*Econ*) ~ *agli utili* to share the profits.

partecipativo *a.* participatory: *democrazia partecipativa* participatory democracy.

partecipazione *f.* **1** (*il partecipare*) participation, attending, participating. **2** (*presenza*) participation, involvement, turnout, presence, attendance (at): *c'è stata una buona ~ all'iniziativa* the initiative was well attended, many people took party in the enterprise. **3** (*comunicazione*) communication. **4** (*annuncio*) announcement; (*biglietto*) card: *ricevere una ~ di nozze* to receive a wedding announcement. **5** (*Econ*) sharing, holding, stake; (*quota*) share; (*investimento*) investment. **6** (*Psic*) involvement. ☐ (*Dir*) ~ *a banda armata* participation in an armed gang; (*Econ*) ~ *agli utili* profit-sharing; ~ *alle spese* sharing of expenses; (*Econ*) ~ *azionaria* shareholding; (*Econ*) ~ *di controllo* controlling interest, controlling stake, controlling shareholding, majority stake; (*Econ*) *partecipazioni di maggioranza* control shareholding, majority stake, controlling interest; (*Econ*) *partecipazioni di minoranza* minority stake, minority interest; ~ *di nascita* birth announcement; (*Econ*) ~ *finanziaria* financial participation; (*Econ*) *partecipazioni incrociate* cross holdings, mutual shareholdings, intervown holdings; (*Econ*) *partecipazioni pubbliche* public shareholdings in private companies; (*Econ*) *impresa a ~ statale* state-controlled enterprise; (*Econ*) *partecipazioni statali* state shareholdings; (*Teat, Mus*) *con la ~ straordinaria di* with a special performance by, with a special appearance by.

partecipe *a.* **1** participating, participant, taking part, sharing (*di* in): *essere ~ di qcs.* to participate in sth., to take part in sth.; *essere ~ del dolore di qcu.* to share in so.'s grief; *fare ~* (*o rendere ~*) *qcu. di qcs.* to share sth. with so., to acquaint so. with sth. **2** (*rif. a sentimenti altrui*) sharing (*di* in), sympathizing (*di* with).

parteggiare (**partéggio, partéggi**; *aus.* **avere**) *v.i.* to take sides (*per* for), to side (with), to be on the side (*per* of): ~ *per qcu.* to be on so.'s side, to support so., to back so.

partenariato *m.* (*Pol*) partnership.

partenio *m.* (*Bot*) feverfew.

partenogenesi *f.* (*Biol*) parthenogenesis. ☐ ~ *ciclica* cyclic parthenogenesis; (*Biol*) ~ *facoltativa* facultative parthenogenesis; (*Biol*) ~ *obbligata* obligate parthenogenesis.

partenogeneticamente *avv.* (*Biol*) parthenogenetically.

partenogenetico *a.* (*Biol*) parthenogenetic.

Partenone *n.pr.m.* (*Archeol*) Parthenon.

Partenope *n.pr.f.* (*Geog.stor*) Parthenope.

partenopeo **I** *a.* Neapolitan. **II** *m.* (*f.* **-a**) Neapolitan; (*originario*) native of Neapolis; (*abitante*) inhabitant of Neapolis.

partente **I** *a.* **1** leaving, departing. **2** (*rif. a veicoli*) leaving; (*rif. ad aerei*) taking off; (*rif. a navi*) sailing. **II** *m./f.* **1** person leaving, departing person. **2** (*Sport*) athlete about to start a race, starter.

partenza *f.* **1** departure, leaving: *prepararsi alla ~* to prepare for departure; *rimandare la ~* to put off one's departure; *orario di ~* departure time; *stazione di ~* departure station.

2 (*rif. a veicoli*) departure; (*rif. ad aerei: decollo*) take-off; (*rif. a navi*) sailing. **3** (*Sport*) start: *falsa ~* false start. **4** (*Sport*) (*punto di partenza*) starting-point; (*linea*) starting line: *cancelletto di ~* starting gate. **5** (*fig*) (*inizio*) start, set-off, beginning: *la ~ è stata un po' difficile* the start has been a little difficult. **6** *pl.* (*Aer*) (*negli aeroporti*) departures: *partenze internazionali* international departures; *partenze voli nazionali* domestic departures. **7** (*in missilistica*) blast-off, lift-off. ☐ ~ *a caldo*: 1 (*Aut*) warm start; 2 (*Inform*) reboot, warm boot; ~ *a freddo*: 1 (*Aut*) cold start; 2 (*Inform*) cold boot; *alla mia ~ on my leaving, on my departure; (*Sport*) *da fermo* standing start; *essere di ~* to be about to leave; *in ~* (*inizialmente*) initially, at the beginning; *essere in ~* to be about to leave; (*Ferr*) *il treno per Venezia è in ~ dal binario otto* the train for Venice is about to leave on platform eight; *in ~ per* leaving for, bound for: *sono in ~ per la Svizzera* I am leaving for Switzerland; (*Aut*) ~ *in salita* hill start; (*Strad*) *partenze intelligenti* travelling times which avoid the seasonal rush; (*Sport*) ~ *lanciata* flying start.

parterre /par'tɛr/ *m.inv.* **1** (*aiuole ornamentali*) parterre. **2** (*Teat*) parterre, parquet circle, pit.

particella *f.* **1** particle (*anche Fis*). **2** (*Ling*) particle, relation-word. ☐ (*Fis*) *particelle alfa* alpha particles; (*Fis*) ~ *atomica* atomic particle; (*Dir*) ~ *catastale* cadastral parcel; (*Fis*) ~ *elementare* elementary particle; (*Gramm*) ~ *enclitica* enclitic particle; (*Ling*) ~ *privativa* privative particle; (*Gramm*) ~ *proclitica* proclitic particle; (*Gramm*) ~ *pronominale* pronominal particle.

particellare *a.* **1** (*Fis*) particulate, particle (*attr.*): (*Ind*) *materiale composito ~* particulate composite. **2** (*Dir*) (*rif. a terreni*) parceled, parcelled: *mappa ~* cadastral map.

particina *f.* (*Teat,Cin*) bit part, small role.

participiale *a.* (*Gramm*) participial.

participio *m.* (*Gramm*) participle. ☐ (*Gramm*) ~ *passato* past participle; (*Gramm*) ~ *presente* present participle.

particola *f.* (*Lit*) particle, Host, consecrated Host.

particolare **I** *a.* **1** particular, special: *segni particolari: nessuno* distinguishing marks: none. **2** (*strano*) peculiar, odd, singular, of one's own (*posposto*). **3** (*non comune*) unusual, uncommon: *questo vino ha un sapore ~* this wine has an unusual taste, this wine has a taste all of its own; *è un tipo tutto ~* he's a very odd guy; *ho una teoria ~ al riguardo* I've got a theory of my own about that. **4** (*eccezionale*) exceptional, special: *ha una predisposizione ~ per le lingue* he has an exceptional flair for languages; *prestare ~ attenzione* to pay special attention. **5** (*proprio*) personal, private: *il segretario ~ del ministro* the minister's private secretary. **II** *m.* (*dettaglio*) detail, particular: *raccontare qcs. nei minimi particolari* to describe sth. down to the smallest details; *con ricchezza di particolari* with a wealth of details; *curare troppo i particolari* to pay excessive attention to details. ☐ *con tutti i particolari* in full details; *in ~*: 1 in particular: *nessuno in ~* nobody in particular; 2 (*in modo speciale*) especially; *un ~ insignificante* a meaningless detail; *in particolar modo* particularly, in particular, especially, chiefly, mainly, mostly; *con ~ riguardo a* with particular reference to; ~ *tecnico* technical detail.

particolareggiare (**particolaréggio, particolaréggi**) **I** *v.t.* to detail, to describe in

detail, to give particulars of, to give full details of, to particularize, to itemize. **II** *v.i.* (*aus.* **avere**) to go into details.

particolareggiato *a.* detailed, circumstantial: *esame ~* detailed examination; *un resoconto ~* a detailed report, a circumstantial report.

particolarismo *m.* **1** (*Pol*) particularism: ~ *economico* economic particularism. **2** (*parzialità*) partiality.

particolarista **I** *a.* particularist. **II** *m./f.* particularist.

particolaristico (*pl.* **-ci**) *a.* **1** (*Pol*) particularistic. **2** (*che denota favoritismo*) partial, biased.

particolarità *f.* **1** particularity, pecularity: *data la ~ della situazione* given the particularity of the situation. **2** (*caratteristica*) peculiarity, characteristic, particular nature, particular feature: *i suoi occhi hanno questa ~: cambiano colore a seconda della luce* his eyes have this particular feature: they change colour according to the light. **3** (*dettaglio*) detail, particular.

particolarmente *avv.* **1** (*in modo speciale*) particularly, specially, especially, in particular: *sono ~ interessato all'arte moderna* I'm particularly interested in modern art. **2** (*molto, assai*) very: *questo libro non è ~ bello* this book is not very beautiful. ☐ *non ~* not particularly.

particolato *m.* (*Tecn*) particulate.

partigiana *f.* (*Arm,ant*) partisan.

partigianeria *f.* partisanship, party spirit.

partigianesco (*pl.* **-chi**) *a.* (*spreg*) partisan, tendentious.

partigiano **I** *m.* (*f.* **-a**) **1** (*Stor*) (*combattente della resistenza*) partisan, guerri(l)la, resistance fighter. **2** (*fautore*) advocate, supporter, champion. **II** *a.* (*dei partigiani*) partisan: *guerra partigiana* partisan warfare, partisan war. **2** (*fazioso*) partisan, party (*attr.*), factious.

partire[1] (**pàrto**) **I** *v.i.* (*aus.* **essere**) **1** to leave, to depart, to set off, to set out: *partiremo da Roma domani* we'll leave Rome tomorrow; ~ *per un viaggio* to set off on a journey; *sono partiti per la Spagna* they set off to Spain. **2** (*rif. a veicoli*) to leave: *il treno parte alle otto* the train leaves at eight o' clock. **3** (*rif. ad aerei: decollare*) to take off: *a che ora parte l'aereo?* what time does the plane take off? **4** (*rif. a navi: salpare*) to sail: *la nave per Napoli è già partita* the ship to Naples has already sailed. **5** (*rif. a corrispondenza*) to go: *la posta parte alle sei* the post goes at six. **6** (*rif. a colpi e sim.*) to go off: *è partito un colpo accidentalmente* a shot went off accidentally; *lasciare ~ un colpo* to let off a shot, to fire a shot. **7** (*incamminarsi*) to set out, to set off, to start, to start off, to leave: *dov'è Tom? - È già partito* where's Tom? - He has already gone (*o* He has already left). **8** (*allontanarsi*) to go off, to go away. **9** (*fig*) (*provenire*) to come, to arise (*da* from): *un grido parti dalla folla* a shout came from the crowd; *la proposta è partita da te* the suggestion came from you. **10** (*Aut*) (*funzionare*) to start: *il motore non vuole ~!* the engine won't start!; *il mio motorino non parte più* my motorbike doesn't work anymore. **11** (*prendere le mosse, iniziare*) to start (*anche fig*): *il sentiero parte dal bosco* the path starts from the wood; *il mio ragazzo è il quarto partendo da destra* my boyfriend is the fourth starting from the right; *partiamo da premesse diverse* we start from different premises. **12** (*fig,scherz*) (*innamorarsi*) to fall in love, to flip (out): *è davvero partito per* *quella ragazza* he's really fallen in love with that girl, he is really gone on that girl. **13** *(fig, scherz)* *(ubriacarsi)* to get tight, to get high, to get tipsy, to get tiddly. **14** *(fig)* *(rif. a denaro: andarsene)* to go: *mi sono partiti due-mila euro per il viaggio* two thousand euros went on the voyage. **15** *(Sport)* to start: ~ *per primo* to start first; ~ *per ultimo* to start last; *sono partiti!* they're off! **16** *(colloq)* *(rompersi)* to break, to go phut; *(rif. ad apparecchi)* to break down, to conk out; *(rif. a pneumatici)* to go flat: *mi è partito un dente!* I've lost a tooth!; *è partito un altro bicchiere di cristallo!* that's another crystal glass gone west! **II** *v.pron.* **partirsi** *(lett)* **1** *(dividersi)* to part. **2** *(allontanarsi)* to leave. □ *a ~da* beginning from, as from, with effect from: *a ~ da domani* (as) from tomorrow; *a ~ da quel giorno* from that day on; *una settimana a ~ da adesso* one week from now; *a ~ dal 15 dicembre* starting from December 15th; *è la quinta a ~ dall'alto* she's the fifth from the top; *(Sport)* ~*bene* to make a good start; *(fig)* ~*col piede giusto* to start on the right foot, to get off on the right foot; *(fig)* ~*col piede sbagliato* to start on the wrong foot, to get off on the wrong foot; *(fig)* ~*con la lancia in resta* to lauch oneself, to go full tilt; ~*da casa* to leave home; *(fig)* ~*in quarta* to dash off, to be off like a shot, to make a flying start, to speed away, to rush headlong: *non ~ in quarta!, aspetta di conoscerlo un po' meglio!* don't jump straight in! wait until you know him a little better!; *è partita la luce* the light went off, the electricity's gone; ~*militare* to go to do one's military service; *partendo da* on the basis of, according to; ~*per affari* to go away on business; ~*per il fronte* to leave for the front; ~*per la guerra* to go to war; *(fig,scherz)* ~*per la tangente* to go off at a tangent, to go off on a tangent; ~*per le vacanze* to go off on holiday; *si parte!* we're off!; ~ *soldato* to go to do one's military service. *Prov.:* ~ *è un po' morire* leaving is a bit like dying.

partire 2 *(partìsco, partìsci)* **I** *v.t. (lett)* **1** *(dividere, separare)* to divide, to separate, to part. **2** *(distribuire)* to share, to share out. **II** *v.pron.* **partirsi** *(lett)* to leave, to part: *partirsi da questa vita* to pass away.

partita *f.* **1** *(Sport)* game, match: *fare una ~* to play a game; *vincere una ~* to win a game; *perdere una ~* to lose a game; *condurre la ~* to be in the lead; *una ~ di tennis* a tennis match. **2** *(gioco)* game: *fare una ~ a carte* to play a game of cards. **3** *(Comm) (di merce)* lot, parcel, batch, consignment: *una ~ di merce* a lot of goods. **4** *(Comm) (in contabilità)* entry, item: *registrare una ~* to make an entry, to record an entry. **5** *(Mus)* partita. □ *(Comm)* ~*a credito* (book) credit, credit entry, credit item; ~*a scacchi* game of chess; *(Sport)* ~*amichevole* friendly match; *(Comm)* ~*aperta* open stock; *(Comm)* ~*attiva* asset, credit, credit item, credit entry; *(Comm)* ~*chiusa* closed stock; *(Econ) partite correnti* current accounts; *(Comm)* ~*del dare* debit entry, debit, debit item; *(fig) voglio essere della ~* I want to be one of the party; *(Comm)* ~*dell'avere* asset, credit, credit item, credit entry; *(Sport)* ~*di allenamento* practice game; *(Sport)* ~*di andata* first leg; ~*di caccia* hunting party, shoot, shooting party; ~*di calcio* football match, *(Am)* soccer match, soccer game; *(Sport)* ~*di campionato* championship match; *(Comm)* ~*di credito* (book) credit, credit entry, credit item; *(Comm)* ~*di debito* debit item; *una ~ di droga* a drug haul; *(Comm)* ~ *di giro* clearing entry,

self-balancing item, contra item; *(Sport)* ~*di recupero* replay; *(Sport)* ~*di ritorno* return match; *(Comm)* ~ *doppia* double entry; *(Sport)* ~*fuori casa* away match; *(Sport)* ~*in casa* home match; *(Sport)* ~ *in notturna* evening match, evening game; *(Econ) partite invisibili* invisible items, invisibles; *(Comm)* ~*IVA* VAT (registration) number; *aprire la ~ IVA* to get registered for VAT; *(Comm)* ~*passiva* debit entry, debit, debit item; *(Comm)* ~*semplice* single entry; *partite simultanee (negli scacchi)* simultaneous chess games; *dare* ~*vinta a qcu.* to give in to so., to concede the match to so.; *avere partita ~* to get one's way; *(Econ) partite visibili* visible items, visibles.

partitario *m. (Comm)* ledger, auxiliary book. □ *(Comm)* ~*acquisti* bought ledger; *(Comm)* ~*clienti* sales ledger; *(Comm)* ~*fornitori* bought ledger; *(Comm)* ~*vendite* sales ledger.

partitico *(pl.* **-ci)** *a.* party *(attr.): sistema ~* party system.

partitismo *m.* party politics *(costr.sing.).*

partitissima *f. (Sport)* big match.

partitivo **I** *a. (Gramm)* partitive: *articolo ~* partitive article. **II** *m. (Gramm)* partitive.

partito 1 *m.* **1** *(Pol)* party: *essere iscritto a un ~* to be a party member; *membro del ~* party member; *uscire dal ~* to desert one's party. **2** *(fig) (decisione)* solution, decision, side: *prendere ~ per qcu.* to take so.'s side; *non sapere che ~ prendere* not to know which side to take; *non so che ~ prendere* I can't make up my mind; *cambiare ~* to change sides, to cross the floor; *scegliere il ~ migliore* to make the best decision. **3** *(fig) (occasione matrimoniale)* match: *sposare un buon ~* to make a good match. □ *mettere la testa a ~:* 1 *(mettere giudizio)* to get sense; 2 *(calmarsi)* to settle down, to come to one's senses; *(Pol)* ~*al governo* party in power; *il ~ al potere* the party in power; *(Pol)* ~*comunista* communist party; *(Stor)* ~*comunista cinese* Chinese Communist Party; *(Stor)* ~*comunista dell'Unione Sovietica* Communist Party of the Soviet Union; *(Stor.it)* ~*comunista italiano* Italian Communist Party; *(Pol)* ~*conservatore :* 1 Conservative party; 2 *(GB)* Conservative party, Tory party; *(Pol)* ~*dei verdi* ecology party, green party; *(Pol)* ~*del centrosinistra* centre-left party; *(Stor)* ~*del congresso nazionale indiano* All-India Congress Party; *(Stor.it)* ~*della rifondazione comunista* Communist Refoundation Party; ~*democratico* Democratic party *(anche US); (Stor.it)* ~*democratico della sinistra* Democrats of the Left; *(Pol)* ~*di centro* centre party; *(Pol)* ~*di centrosinistra* centre-left party; *(Pol)* ~*di coalizione* coalition party; *(Pol)* ~*di destra* right-wing party, party of the Right; *(Pol)* ~*di estrema destra* far-right party; *(Pol)* ~*di estrema sinistra* far-left party; *(Pol)* ~*di maggioranza* majority party; ~*di massa* broadly-based, party appealing to the masses; *(Pol)* ~*di opposizione* opposition party; *(Pol)* ~*di sinistra* left-wing party, party of the Left; *(Pol) partiti extraparlamentari* extraparliamentary parties; *(Stor.am)* ~*federalista* Federalist Party; *(Pol)* ~*laburista :* 1 Labour party; 2 *(GB)* Labour party, Labour; *(Pol)* ~*liberale* Liberal Party *(anche GB); (Stor.it)* ~*liberale italiano* Italian liberal party; *(Stor.it)* ~ *nazionale fascista* National Fascist Party; *(Pol,Stor)* ~ *operaio* labour party; *(Pol)* ~*popolare* people's party; *(Stor.it)* ~*popolare italiano* Italian Popular Party; *per ~ preso :* 1 *(per pregiudizio)* from preconceived ideas, out of prejudice,

with one's mind made up: *questo atteggiamento nasce da un ~ preso* this attitude comes from preconceived ideas; 2 *(di proposito)* deliberately, on purpose, on principle, as a matter of priciple: *lo stai facendo per ~ preso!* you're doing it on purpose!; 3 *(sempre e comunque)* anyway, without any special reason: *lo difendi per ~ preso* you defend him anyway; *(Pol)* ~*radicale* Radical Party *(anche Stor.it); (Pol)* ~*repubblicano* Republican Party *(anche US); (Stor.it)* ~*repubblicano italiano* Italian Republican Party; *(Pol)* ~*rivoluzionario* revolutionary party; *(Pol)* ~*separatista* breakaway political party; *(Pol)* ~*socialdemocratico* social democratic party; *(Stor)* ~*socialista* Socialist Party; *(Stor)* ~ *socialista francese* French Socialist Party; *(Stor.it)* ~ *socialista italiano* Italian Socialist Party; *a (Pol)* ~*unico* one-party *(attr.).*

partito 2 *a.* **1** *(colloq) (ubriaco)* smashed, trashed. **2** *(colloq) (addormentato)* asleep *(pred.),* gone. **3** *(colloq) (innamorato)* smitten, crazy: *essere ~ per qcu.* to be head over heels in love with so. □ *(fig) essere partito dal nulla* to have arisen from nothing, to be a self-made man; *(scherz)è partito!* he's off his rocker!, he's lost it!

partitocratico *(pl.* **-ci)** *a. (Pol)* dominated by political parties *(posposto).*

partitocrazia *f. (Pol)* party power, supreme rule of the political parties.

partitore *m.* **1** *(El)* divider. **2** *(Idr)* divisor, diversion chamber. □ *(El)* ~*di corrente* current divider; *(El)* ~*di tensione* potential divider, voltage divider.

partitura *f. (Mus)* score. □ *(Mus) leggere in ~* to score-read; *(Mus)* ~*per orchestra* orchestral score.

partizione *f.* **1** division, partition *(anche Inform).* **2** *(parte, sezione)* section, part. □ *(Inform)* ~*del disco* disk partition; *(Inform)* ~*di tempo* time sharing.

partner /'partner/ *m./f.inv.* **1** partner: ~ *di ballo* dancing partner. **2** *(in un legame amoroso)* partner, lover, companion: ~ *per la vita* partner for life, companion for life. **3** *(Comm)* partner, business associate. □ ~*commerciale* trading partner.

partnership /'partnerʃip, partner'ʃip/ *f.inv.* partnership: ~ *commerciale* business partnership, commercial partnership.

parto 1 *m.* **1** *(Fisiol)* birth, childbirth, delivery, labour; *(Am)* labor, *(rar)* parturition. **2** *(di animali)* delivery, birth; *(di bovini, elefanti, cetacei)* calving; *(di ovini)* lambing. **3** *(fig)* product, creation, work: *questo è un ~ della tua mente* this is a creation of your mind; ~ *della fantasia* figment of the imagination. □ ~*a termine* full-term birth, full-term delivery; ~*abortivo :* 1 miscarriage; 2 *(procurato)* abortion; ~*accelerato* accelerated labour; ~*bigemino* twin birth; ~*cesareo* cesarean section; ~*con forcipe* froceps delivery; ~*distocico* dystocial delivery; ~*eutocico* normal childbirth, natural childbirth; ~*gemellare* double birth, twin birth, twinning; ~*in acqua* underwater birth; ~*in casa* home birth; ~*indolore* painless childbirth; ~*indotto* induced labour; ~*multiplo* multiple birth; ~*naturale* natural childbirth; ~*pilotato* induced labour; ~*plurigemellare* (o ~*plurigemino* o ~*plurimo*) multiple birth; ~ *podalico* breech delivery, breech birth, breech presentation; ~ *post mortem* post-mortem delivery; ~ *precoce* premature birth; ~*prematuro* premature birth; ~*provocato* induced labor; ~*spontaneo* spontaneous labor; ~*tardivo* post-term birth.

parto² **I** *a.* (*Stor*) Parthian. **II** *m.* (*Stor*) Parthian.

partoriente I *f.* woman in labour. **II** *a.* in labour (*posposto*), lying-in, (*rar*) parturient.

partorire (partorisco, partorisci) *v.t.* **1** to give birth to, to bear, to be delivered of, to deliver: ~ *un maschio* to give birth to a baby boy; *ha partorito due gemelli* she was delivered of two twins, she delivered twins, she gave birth to twins. **2** (*rif. ad animali*) to give birth to, to drop; (*rif. a bestia feroce*) to cub; (*rif. a cagna*) to pup, to whelp; (*rif. a cavalla*) to foal; (*rif. a gatta*) to kitten; (*rif. a bovino, elefante, cetaceo*) to calve; (*rif. a pecora*) to lamb; (*rif. a scrofa*) to farrow. **3** (*fig, scherz*) (*produrre*) to produce, to bring forth. □ (*Bibl*) *partorirai nel dolore* in sorrow thou shalt bring forth children.

part-time /'par'tajm/ **I** *a.inv.* part-time: *lavoratore* ~ part-time worker, part-timer. **II** *avv.* part-time: *lavorare* ~ to work part-time. **III** *m.inv.* part-time, part-time job.

parure /pa'ryr/ *f.inv.* **1** parure, set: *una* ~ *di diamanti* a diamond parure, diamonds; *una* ~ *di lenzuola* a set of bed linen, a set of sheets. **2** (*Abbigl*) set.

parusia *f.* (*Filos,Rel*) parousia.

parvenu /parve'nu/ *m.inv.* parvenu, upstart.

parvenza *f.* **1** (*lett*) (*aspetto*) appearance, aspect. **2** (*fig*) (*apparenza*) show, semblance, trace, shadow: *senza la minima* ~ *di giustizia* without the least semblance of justice; *sotto una* ~ *da bravo ragazzo si nasconde un pazzo* a madman is hidden in the guise of a good person.

parvi → **parere**¹.

parziale I *a.* **1** partial, incomplete: *è stato un* ~ *fallimento* it has been a partial failure. **2** (*non obiettivo*) partial, biased, unfair: *un giudizio* ~ a biased judgement. **II** *m.* (*Sport*) half-time score.

parzialità *f.* partiality, bias, unfairness, one-sidedness: *accusare qcu. di* ~ to accuse so. of being biased.

parzializzatore *m.* (*Mecc*) shutter.

parzialmente *avv.* **1** (*in parte*) partly, in part, to some extent: *il pomeriggio sarà* ~ *nuovoloso* the afternoon will be in part cloudy; *è* ~ *vero* it is true to some extent. **2** (*con parzialità*) partially, with partiality, unfairly: *giudicare* ~ to judge with partiality. □ (*Alim*) *latte* ~ *scremato* semi-skimmed milk, low fat milk.

pascal *m.inv.* **1** (*Fis*) pascal. **2** (*Inform*) pascal: *linguaggio di programmazione* ~ pascal programming language.

pascere (*pres.ind.* **pàsco, pàsci**; *p.rem.* **pascètti**; *p.p.* **pasciùto**) **I** *v.t.* **1** (*di animali: mangiare*) to feed, to feed on, to crop. **2** (*condurre al pascolo*) to pasture. **3** (*fig*) to feed, to nourish. **II** *v.i.* (*aus.* **avere/essere**) (*lett*) **1** (*pascolare*) to pasture. **2** (*mangiare*) to feed. **III** *v.pron.* **pascersi 1** (*cibarsi*) to feed (*di* on), to live on. **2** (*fig*) (*appagarsi*) to cherish, to nurse: *pascersi di vane speranze* to cherish false hopes. □ (*fig*) *pascersi d'aria* to cherish hopes, to put off with idle promises; ~ *l'erba* to graze; (*fig,rar*) ~ *di vento* to put off with promises, to put off with empty words.

pascià *m.* pasha. □ (*fig*) *vivere come un* ~ to live like a lord, to live like a king, to live in clover.

pascialato *m.* **1** (*dignità*) pashaship. **2** (*periodo*) pashadom.

pasciuto → **pascere** *a.* well-fed, nourished: *ben* ~ plump, well-fed, (*colloq*) roly-poly.

pascolare (pàscolo) I *v.t.* to graze, to pasture: ~ *le pecore* to pasture sheep. **II** *v.i.* (*aus.* **avere**) to graze, to pasture, (*colloq*) to browse.

pascolativo *a.* pasturable, pasture (*attr.*): *terreno* ~ pasture, pastureland, grazing land.

pascolo *m.* **1** pasture, pastureland, pasturage: ~ *montano* mountain pasture. **2** (*il pascolare*) grazing, pasturing, pasture: *portare il gregge al* ~ to take the flock to graze, to take the flock to pasture; *divieto di* ~ grazing prohibited. **3** (*fig*) (*nutrimento*) food, nourishment. □ *greggi al* ~ flocks at grass, grazing flocks; ~ *grasso* rich pasture; ~ *magro* poor pasture.

pashmina /paʃ'mina/ *f.inv.* **1** (*Tess*) pashmina, pahmina cashmere. **2** (*Abbigl*) pashmina scarf.

Pasifae *n.pr.f.* (*Mitol*) Pasiphae.

Pasqua *f.* **1** Easter: *a* ~ at Easter; *il giorno di* ~ on Easter day; *domenica di* ~ Easter Sunday; *la* ~ *cade presto quest'anno* Easter falls early this year; *buona* ~! happy Easter! **2** (*Rel.ebr*) Passover, Pesach. □ ~ *alta* late Easter; ~ *bassa* early Easter; (*fig*) *essere contento come una* ~ (o *essere felice come una* ~) (*Br*) to be as happy as a sandbox, (*Am*) to be as pleased as Punch; *di* ~ Easter (*attr.*): *pranzo di* ~ Easter meal; *uovo di* ~ Easter egg; (*Rel*) ~ *di risurrezione* Easter; ~ *ebraica* Passover, Pesach; ~ *fiorita* Palm Sunday; ~ *rosa* Whitsun, Whitsunday.

pasquale *a.* Easter (*attr.*), paschal: *auguri pasquali* Easter greetings; *agnello* ~ paschal lamb.

pasquarosa *f.* (*colloq*) (*Pentecoste*) Whitsun, Whitsunday.

pasquetta *f.* (*colloq*) (*lunedì di Pasqua*) Easter Monday.

pasquinata *f.* (*Stor,Lett*) pasquinade (*anche estens*).

passa □ *e* ~ and more, more than, over: *avrà quarant'anni e* ~ he must be over forty, he must be more than forty.

passabile *a.* (*discreto*) passable, fair, quite good, fairly good, (*colloq*) not bad: *com'era la minestra? -* ~ how was the soup? - Not bad.

passabilmente *avv.* passably, fairly, quite well, fairly well.

passacaglia *f.* (*Mus*) passacaglia, passacaille.

passacarte *m./f.inv.* (*spreg*) paper-pusher.

passacavo *m.* (*Mar*) chock, fairlead.

passafili *m.inv.* (*Chir*) thread carrier, ligature carrier.

passaggio *m.* **1** (*il passare*) passing, passing by, passage: *la gente si inginocchiava al suo* ~ people kneeled down as he went past. **2** (*il passare attraverso*) crossing, passage, passing (through). **3** (*rif. a truppe*) marching through. **4** (*rif. ad aerei*) flying across, flying through. **5** (*il passare oltre*) crossing, passing, passing beyond, passage, passage across: *il* ~ *della Manica* the Channel crossing; *il* ~ *delle Alpi* crossing of the Alps. **6** (*varco*) way: *aprirsi un* ~ *tra la folla* to work one's way through the crowd, to push one's way through the crowd, to make one's way through the crowd. **7** (*luogo in cui si passa*) pass, passage, way, passageway, (*passerella*) footway; (*tra file*) aisle, gangway: *lasciare libero il* ~ (*nei cartelli*) keep the passage clear; *intralciare il* ~ to block so.'s way, to stand in so.'s way. **8** (*Mar*) passage, crossing, sailing: *prenotare un* ~ *su una nave* to book a passage on a ship. **9** (*estens*) (*breve tragitto su veicolo altrui*) lift: *chiedere un* ~ *a qcu.* to ask so. for a lift; *dare un* ~ *a qcu.* to give so. a lift; *dare un* ~ *a un autostoppista* to pick up a hitcher. **10** (*fig*) (*transizione*) change, changeover, move, shift, transition: ~ *a un'altra linea politica* change of policy. **11** (*Dir*) transmission, tranfer, handover: ~ *di proprietà* transfer of title, conveyance, transfer of property. **12** (*Inform*) pass: ~ *per indirizzo* pass by address; ~ *per valore* pass by value. **13** (*Fis*) passage, conduction: ~ *di calore* passage of heat. **14** (*Mus,Lett*) passage: *un* ~ *pieno di accordi difficili* a passage full of difficult chords. **15** (*Sport*) pass: ~ *di testa* header; *effettuare un* ~ *a qcu.* to pass to so. **16** (*Sport*) (*nel salto con l'asta*) bar clearance. **17** (*Mat*) *step*: *annotare tutti i passaggi* to write down all the steps. **18** (*Astr*) transit: *osservazione del* ~ *di Venere* observation of the transit of Venus. □ (*Ferr*) ~ *a livello* level crossing, (*Am*) grade crossing: ~ *a livello custodito* guarded level crossing, protected level crossing; ~ *a livello incustodito* unguarded level crossing, unprotected level crossing; (*Stor*) ~ *a nord-ovest* North-West Passage; (*Sport*) ~ *all'indietro* backward pass; ~ *coperto* covered passageway; ~ *del confine* crossing the border, crossing of the border; (*Sport*) ~ *del testimone* (*nella staffetta*) changeover; *di* ~: **1** (*di sfuggita*) (just) passing through, in passing, incidentally: *era lì di* ~ he was just passing through; **2** (*di luogo in cui si passa*) communicating, connecting: *corridoio di* ~ communicating corridor; **3** (*di luogo frequentato*) busy: *una strada di* ~ a very busy street; **4** (*solo per poco tempo*) transitional, transition (*attr.*), just for the moment (*posposto*), transitory, occasional: *clienti di* ~ occasional customers; ~ *di consegne* handover; (*El*) ~ *di corrente* flow of current, passage of current; (*Univ*) ~ *di facoltà* change of majors, change of degree program; (*Fis*) ~ *di fase* transition; ~ *di poteri* transfer of authority, transfer of power; (*Sport*) ~ *in avanti* forward pass; (*Sport*) ~ *laterale* lateral pass, cross pass; (*Sport*) ~ *lungo* bomb; ~ *obbligato*: **1** obligatory road, obligatory way; **2** (*fig*) necessary step, phase you have to go through; (*Strad*) ~ *pedonale*: **1** crossing, pedestrian crossing; **2** (*tra edifici*) pathway, (*Am*) walkway; (*Inform*) ~ *per riferimento* pass by reference; ~ *segreto* secret opening, secret passage; ~ *sotterraneo* underground passage; ~ *zebrato* zebra crossing, pedestrian crossing.

passamaneria *f.* **1** braids *pl.*, braiding, trimmings *pl.*, passementerie. **2** (*negozio*) ribbon and braid shop, haberdashery.

passamano¹ *m.* passing from hand to hand: *fare* ~ *per scaricare qcs.* to pass sth. from hand to hand for unloading.

passamano² *m.* (*Sart*) (*nastro*) braid, trimming.

passamontagna *m.inv.* (*Abbigl*) balaclava, balaclava helmet, balaclava cap.

passanastro *m.* (*Sart*) **1** embroidered insertion with eyelets, embroidered lace with eyelets. **2** (*infilanastri*) bodkin.

passante **I** *a.* passing: (*nel tennis*) *colpo* ~ passing shoot. **II** *m.* (*Sart*) (*di cintura e sim.*) loop. **III** *m./f.* passer-by: *attirare l'attenzione dei passanti* to attract the attention of the passers-by. □ (*Ferr*) ~ *ferroviario* underground railway link.

passaparola *m.* **1** (*Mil*) order passed by word of mouth. **2** (*estens*) (*gioco*) Chinese whispers (*costr.sing.*). **3** (*fig*) (*tamtam*) word-of-mouth advertising: *fare* ~ to pass the word.

passapatate *m.inv.* potato masher, (*Am*) ricer.

passaporto *m.* **1** passport: ~ *scaduto* expired passport; *rinnovare il* ~ to renew one's passport; *controllo passaporti* passport control; *richiedere il* ~ to apply for a passport; *fare le pratiche per il* ~ to get the papers for a passport. **2** (*fig*) passport: *l'intelligenza è il* ~ *per il successo* intelligence is a passport to success. □ ~*collettivo* group passport; ~ *diplomatico* diplomatic passport; (*Stor*) ~ *Nansen* Nansen passport.

passare (**pàsso**) **I** *v.i.* (*aus.* **essere**) **1** to pass by, to go by; (*davanti*) to go past: *ho visto* ~ *tuo figlio* I saw your son go by. **2** (*attraversare*) to pass, to go (*per* through), to cross, to go across (sth.): *passerai anche per Parigi* you will pass through Paris too; *la strada passa per un bosco* the road goes through a wood. **3** (*attraversare: nel senso della lunghezza, rif. a strade*) to go (along): ~ *per una strada* to go along a street. **4** (*trattenersi brevemente*) to pass, to come (*a, in, da* by), to call (in), to drop (in), (*colloq*) to call on (so.), to look up (so.): *passa da me quando ritorni* pass by my place, call on me on your way back; *è passato un signore a cercarti* a man called in to see you. **5** (*in un negozio, ufficio*) to call (*da, in* at), to look in (*da, in* at), to drop in (*da, in* at), to pop (*da, in* into): *potresti* ~ *da me in ufficio prima di tornare a casa?* could you look in at my office before going home? **6** (*andare*) to go (*da, in* to): *non dimenticarti di* ~ *dal panettiere* don't forget to go to the bakery. **7** (*penetrare*) to get (in), to come (in), to go (in), to enter (*per, da* through): *il gatto è passato dalla finestra* the cat got in through the window; *è così grasso che non riesce a* ~ *attraverso la porta* he's too fat to get through the door; *è riuscito a* ~ *senza biglietto* he got in without a ticket. **8** (*tramandarsi: rif. a cose concrete*) to pass: *alla sua morte tutti i suoi beni passarono ai nipoti* upon his death all his property passed to his grandchildren. **9** (*fig*) (*cambiare stato*) to go, to change, to pass: ~ *dalla tristezza all'allegria* to go from sadness to gaiety. **10** (*cambiare argomento*) to go on, to move on, to pass (on): *ma passiamo a un altro argomento* but let's move on another subject. **11** (*avanzare di grado*) to be promoted, to move up: ~ *capitano* to be promoted (to the rank of) captain. **12** (*Scol,Univ*) (*essere promosso*) to move up, to go up, (*Am*) to be promoted, to pass. **13** (*fig*) (*ottenere l'approvazione*) to pass, to be approved, to be passed: *la legge è passata* the law (was) passed. **14** (*fig*) (*essere ritenuto accettabile*) to pass, to be passable, (*colloq*) to do: *non è l'ideale, ma può* ~ it's not exactly what I wanted, but it will do; *per questa volta passi* I'll let it pass this time, I'll let go this time. **15** (*rif. a tempo: trascorrere*) to pass, to go by: *sono passati tre anni* three years have passed, three years have gone by. **16** (*fig*) (*cessare*) to pass (over, off), to be over, to end: *il dolore è passato* the pain has passed (off); *il temporale è passato* the storm is over; *mi è passata la voglia di mangiare* I don't feel like eating any more. **17** (*fig*) (*intercorrere*) to be: *tra i due fratelli passa una gran differenza* there is a big difference between the two brothers. **18** (*Sport*) (*effettuare un passaggio*) to pass, to make a pass. **19** (*di dolore, mal di testa*) to go away: *ti è passato il mal di testa?* has your headache gone away? **II** *v.t.* **1** (*attraversare*) to pass, to cross: ~ *il confine* (o ~ *la frontiera*) to cross the border. **2** (*oltrepassare*) to pass: *passata la banca, volta a sinistra* turn left after you pass the bank. **3** (*sorpassare*) to overtake. **4** (*forare, trafiggere*) to pierce, to go (right) through: *il proiettile gli ha pas-*

sato il cuore the bullet pierced his heart. **5** (*fare passare*) to pass, to pass sth. across, to pass sth. through, to run sth. through: *passarsi una mano sulla fronte* to pass a hand across one's brow; *passarsi la mano sui capelli* to pass a hand through one's hair, to run a hand through one's hair. **6** (*fare scorrere*) to pass, to run, to wipe: *passa uno straccio umido sul tavolo di cucina* run a damp cloth over the kitchen table. **7** (*cedere*) to pass sth. on, to hand sth. on, to give: *ha passato i vestiti smessi a suo fratello* he gave his cast-off clothes to his brother, he gave his hand-me-downs to his brother. **8** (*fornire*) to supply, to furnish: *il collegio non passa le divise* the school does not supply uniforms; *il servizio sanitario passa i farmaci generici* the National health service covers only generic drugs; *lo passa la mutua* the state pays for it. **9** (*colloq*) (*dare di nascosto*) to give, to slip: *gli hanno passato la traduzione di latino* they slipped him the Latin translation. **10** (*assegnare*) to give, to assign: ~ *un sussidio a qcu.* to give so. an allowance. **11** (*pagare*) to pay: ~ *gli alimenti alla moglie* to pay one's wife alimony. **12** (*porgere*) to pass, to hand: *passami il pane, per favore* please pass me the bread. **13** (*fig*) (*oltrepassare*) to be over, to be more than, to pass, *spesso si ricorre a una traduzione idiomatica*: *ha passato ormai la cinquantina* he's over fifty now; *la lettera passa il peso* the letter is over the weight limit. **14** (*fig*) (*incontrare, affrontare*) to have, to undergo, to meet with: *ha passato un bel guaio* he had some nasty trouble. **15** (*fig*) (*patire, soffrire*) to suffer, to endure, to go through: *ne ha passate tante nella sua vita* he has been through a lot in his lifetime. **16** (*trasmettere*) to pass on, to hand on, to transmit: ~ *un ordine* to pass on an order. **17** (*sottoporsi*) to have, to undergo: ~ *una visita medica* to have a medical examination. **18** (*Scol,Univ*) (*superare*) to pass: ~ *un esame* to pass an exam. **19** (*Scol*) (*promuovere*) to let so. pass, to let sth. go up, (*Am*) to promote: *il professore ha passato tutti gli studenti* the teacher let all the students pass. **20** (*avanzare di grado*) to promote, to move so. up: *l'hanno passato generale* they promoted him (to the rank of) general. **21** (*approvare*) to pass, to approve: ~ *una legge* to pass a law. **22** (*trascorrere*) to spend, to pass: ~ *l'estate al mare* to spend the summer at the seaside. **23** (*sopravvivere*) to live through, to live out, to last: *il malato non passerà la notte* the patient won't live through the night. **24** (*Gastron*) (*ridurre in poltiglia*) to strain, to cream, to sieve: ~ *la verdura* to strain the vegetables. **25** (*Tel*) to put sth. through to: *mi passi Giorgio, per favore* may I speak to George, please? **III** *m.* (*decorso*) passing, course: *il* ~ *delle stagioni* the passing of seasons, the course of seasons. □ **2** (*fare attraversare*) to let (so.) through; **3** (*far venire avanti*) to allow (so.) to come to the front; **4** (*far accomodare*) to usher (so.) in, to show (so.) in: *fai* ~ *il signore in salotto* show the gentleman into the sitting room; **5** (*mettere in una situazione sgradevole*) to set (so.) into: *mi farai* ~ *un guaio* you'll get me into trouble; **6** (*approvare*) to get through: *fare* ~ *una legge in parlamento* to get a law through parliament; (*fig*) ~*a fil di spada* to put to the sword; ~*a guado* to ford, to wade; (*eufem*) ~ *a miglior vita* to go to one's eternal reward, to go to a better place, to pass on, to pass away, to go to meet one's Maker; ~ *un fiume a nuoto* to swim across a river; ~*a prendere qcu.* to call for so., to stop by to pick so. up;

~ *a prendere qcs.* to stop by to pick sth. up; (*colloq*) ~*a salutare qcu.* to drop in on so., to drop by to say hello to so.; ~*a seconde nozze* to remarry, to marry again, to get married again; (*fig*) ~*a vie di fatto* to come to blows, to resort to violence; ~*accanto a qcu.* to pass by so.; ~*agli ordini di qcu.* to be transferred to so.'s command; ~*ai voti* to take a vote; ~ *al nemico* to go over to the enemy, to go over to the other side; ~*al setaccio*: 1 to sieve, to sift: ~ *la farina al setaccio* (*in una ricetta*) to sift the flour; 2 (*fig*) (*esaminare con minuzia*) to sift, to examine; 3 (*fig*) (*perlustrare*) to search, to comb; ~*alla storia come...* to go down in history as...; ~ *allo staccio* to sieve, to sift, to strain, to pass through a sieve; ~ *attraverso*: 1 to cross through, to pass through, to go across; 2 (*fig*) to go through, to have: *è passato attraverso mille difficoltà* he's had his (share of) troubles; ~ *avanti a qcu.* (*superarlo*) to overtake so.; (*colloq*) *passarla bella* to have a narrow squeak; (*colloq,fig*)*ci sono passato anch'io!* I've been there!; ~*col rosso* (o ~*col semaforo rosso*): 1 (*rif. a pedoni*) to cross against the light, to cross when the light is red; 2 (*rif. a veicoli*) to drive through a red light, to jump the light, (*Am*) to run a red light; ~*da parte a parte* to pierce, to go right through, to pass right through; ~ *col* ~ *degli anni* as years went by, as years go by, with the passing of the years; *col* ~*del tempo* as time goes by, with the passing of time; (*fig*) *ne è passata di acqua sotto i ponti* a lot of water has flowed under the bridge, (*Am*) there's a lot of water under the bridge!; ~*di bocca in bocca* to spread by word of mouth; ~ *di corsa* to rush by; (*colloq*) *passarne di cotte e di crude* to go through thick and thin; (*Gastron*) ~*di cottura* to be overcooked; ~*di grado* to get a promotion; ~ *di mano in mano* to pass from hand to hand, to hand around; (*fig*) ~*di mente* to forget (*costr.pers.*), to slip one's mind, to slip one's memory: *mi è passato di mente* I forgot all about it, it quite slipped my mind; ~*di moda* to go out of fashion; (*fig*) *mi è passato*~*di testa* it has slipped my mind; (*colloq*) *passarne di tutti i colori* to go through thick and thin; ~ *è passato!* (*ormai è finito*) it's gone!; *fare* ~: 1 (*fare entrare*) to let (so.) in: *lascialo* ~! let him in!; (*scherz,fig*) *mangiare quel che passa*~*il convento* to take potluck; ~*il limite*: 1 to overstep the limit; 2 (*fig*) to be the limit, to be too much; ~*il peso* to be overweight; *è passato*~*il postino?* has the postman been?, has the postman called?; ~*il tempo* to spend one's time; *per* ~ *il tempo* to while the time away; *come passa il tempo!* how time flies!; (*Dir*) ~*in giudicato* to become res judicata, to become definitive, to become final; ~ *in rassegna*: 1 (*Mil*) to review, to pass in review; 2 (*fig*) to review, to go over; ~ *in rivista*: 1 (*Mil*) to inspect the troops, to review the troops; 2 (*fig*) to review, to examine; (*fig*) ~*in secondo piano* to fade into the background, to be pushed into the background; (*fig*) ~*in testa* (*superare i concorrenti*) to take the lead; ~ *inosservato* to pass unnoticed, to go unnoticed, to go unobserved; ~*la dogana* to go through customs, to pass through customs; (*Tel*) ~*la linea* to put through; ~*la mano* (*nei giochi a carte*) to miss a turn; (*fig*) ~*la misura* to be the limit, to be too much; ~*la palla*: 1 to pass the ball; 2 (*fig*) pass the buck; *mi è passata la voglia* I don't feel like it any more; (*colloq*) *non gliela*~*lasciano una* they don't let him get away with anything;*lasciare* ~: 1 (*rif. a tempo*) to let go by; 2 (*rif. a persone*) to let in, to admit; 3 (*lasciare attraversare*) to let through; ~ *l'aspirapolvere* (*Br*) to hoover, (*Am*) to vacuum; (*Med,ant*) ~ *le acque* to take the waters; (*colloq*) *passarla liscia*: 1 (*senza danno*) to get off unscathed, to be untouched, to be unhurt; 2 (*senza punizione*) to get off scotfree, to get away with it: *non la passerai liscia!* you won't get away with that!; *non passa giorno senza che ci pensi* never a day passes but I think of it, a day never passes that I don't think of it; ~ *ogni limite* to go too far: *ciò passa ogni limite* that's the limit; ~ *oltre* to proceed, to go on; ~ *parola* to spread the word, to pass the word; *passarsela* to get along, to get on: *come te la passi?* how are you getting along?; *passarsela bene*: 1 (*economicamente*) to be well off; 2 (*divertirsi*) to have a good time; *passarsela male*: 1 (*economicamente*) to be badly off; 2 (*passare un brutto periodo*) to go through a bad time; to be in a bad way; *gli passerà!* he'll get over it!; *passo*: 1 (*alla radio*) over: *passo e chiudo* over and out; 2 (*nei giochi di carte ecc.*) pass; ~ *per*: 1 (*essere considerato*) to pass for, to be considered as, to be supposed to be: *passa per un genio, ma non lo è* he's supposed to be a genius but he isn't; ~ *per stupido* to be thought a fool; *farsi ~ per* to pose as; *farsi ~ per un artista* he passes himself off as an artist; *fare ~ qcu. per stupido* to make so. out to be stupid; 2 (*spacciare qcu. per*) to pass so. off as: *lo hanno fatto ~ per un esperto* they passed him off as an expert; 3 (*spacciare qcs. per*) to give so. to understand that: *me lo hanno fatto ~ per un mobile d'epoca!* they gave me to understand it was a period furniture!; (*colloq*) ~ *per il rotto della cuffia* to scrape through, to scrape by; ~ *per la mente* to cross one's mind; (*fig*) ~ *per la testa a qcu.* to enter one's head, to cross one's mind, to come into one's head, to come into one's mind; *ma che cosa ti passa per la testa?* what on earth are you thinking of?, what has come over you?; ~ *per le armi* to shoot, to execute; (*fig*) ~ *sopra a qcs.*: 1 (*tralasciarla*) to overlook sth., to let sth. go; 2 (*dimenticarla*) to forget sth.: *passiamoci sopra* let's skip it, let's forget it, never mind; (*fig*) ~ *qcs. sotto silenzio* to pass sth. over in silence, to leave sth. unsaid; (*fig*) ~ *sul cadavere di qcu.* (~ *sul corpo di qcu.*) to do sth. over so.'s dead body: *se vuoi entrare dovrai ~ sul mio cadavere* if you want to come in you'll have to do so (*o* it) over my dead body, if you want to come in it will be over my dead body; (*Comm*) ~ *un ordine* to place an order. *Prov.: tutto passa* everything has an end; *passata la festa gabbato lo santo* once on shore, we pray no more.

passata *f.* 1 (*strofinata*) rub, quick rub, wiping, wipe-over: *dai una ~ ai pavimenti* give a quick sweep to the floors. 2 (*con una spazzola*) brush: *dare una ~ al cappotto* to give a quick brush to one's coat. 3 (*mano*) coat: *dare una prima ~* to give a base coat; *dare una ~ di vernice a qcs.* to give sth. a (quick) coat of paint. 4 (*lettura rapida*) glance, skimming, cursory look, once over: *hai letto il giornale? - Gli ho dato solo una ~* have you read the newspaper? - I just glanced at it (*o* I just gave it a once over). 5 (*Gastron*) (*minestra*) cream, soup: ~ *di carote* cream of carrots, creamed carrots, carrot soup. 6 (*Gastron*) (*purea*) puree: ~ *di pomodoro* tomato puree. 7 (*passo di selvaggina*) trail. 8 (*Equit*) flying change of lead. □ *dare una ~ a qcs. con qcs.* to pass sth. quickly over sth.; *dare una ~ col ferro da stiro a qcs.*

to give sth. a quick iron, to give sth. a quick run-over, to pass the iron quickly over sth.; (*Gastron*) *dare una ~ in padella alla carne* to sauté the meat; *di ~* (*di sfuggita*) incidentally, in passing, in a hurry, hastily; (*rar*) *una ~ di pioggia* a shower.

passatello I *a.* (*scherz*) (*rif. a persona non più giovane*) getting on (in years), elderly, (*colloq*) long in the tooth. II *m.pl.* (*Gastron*) passatelli (*costr.sing.*) (pasta made of bread crumbs, eggs, cheese and spices, boiled in broth).

passatempo *m.* pastime, recreation, hobby: *fare qcs. per ~* to do sth. as a pastime, to do sth. as a hobby; *la lotteria nazionale è il ~ preferito degli inglesi* The National Lottery is Britain's favourite pastime.

passatismo *m.* traditionalism, conventionalism.

passatista *m./f.* traditionalist, conventionalist, old-fogey: *è un ~* he is an old-fogey.

passatistico *a.* attached to the past, antiquated.

passato I *a.* 1 past, last, bygone: *nei tempi passati* in past times, in bygone days; *le generazioni passate* past generations. 2 (*scorso*) last, past: *l'inverno ~ è stato molto mite* last winter was very mild; *nei giorni passati* in the last few days. 3 (*superato*) out, dated: *essere ~ di moda* to be out of fashion, to be out of style, to be old-fashioned, to be dated. 4 (*più di*) past, over: *erano le sette passate* it was past seven o' clock; *mi sono svegliata alle undici passate* I woke up after eleven, it was past eleven when I woke up; *avrà quarant'anni passati* he'll be over forty. 5 (*colloq*) (*sfiorito*) faded, passé: *una bellezza passata* a faded beauty. 6 (*colloq*) (*andato a male*) past one's best: *il formaggio è un po' ~ the cheese is past its best. 7 (*Gramm*) past: *participio ~* past participle. II *m.* 1 past: *in ~* (*o nel ~*) in the past; *una donna che ha un ~* a woman with a past; *il mio ~ di atleta* (*o il mio ~ da atleta*) my past as an athlete; *scavare nel ~ di qcu.* to dig into so.'s past. 2 (*Gastron*) purée, soup: ~ *di verdura* cream of vegetable soup, vegetable purée; ~ *di legumi* vegetable purée; ~ *di piselli* pea-soup. 3 (*Gramm*) (*preterito*) past, past tense. □ (*Gramm*) *al ~* in the past tense; (*fig*) *parlare di qcu. al ~* to speak about so. in the past form; (*fig*) *lasciarsi il ~ alle spalle* to turn one's back on the past; (*fig*) *un ~ burrascoso* a stormy past; *come in ~* as in the past, as formerly; *come per il ~* as in the past, as formerly; (*Gastron*) ~ *di patate* mashed potatoes; (*Gramm*) ~ *prossimo* present perfect, present perfect tense; (*Gramm*) ~ *remoto* simple past, simple past tense, past definite, preterite, past historic. *Prov.: il ~ non torna più* the past will never return.

passatoia *f.* 1 (*tappeto di corridoio*) runner. 2 (*tappeto steso su una scala*) stair carpet.

passatoio *m.* 1 (*la singola pietra*) stepping-stone. 2 (*l'insieme delle pietre*) stepping-stones *pl.*: *attraversare un ruscello al ~* to cross a brook at the stepping-stones.

passatore *m.* 1 ferryman. 2 (*fig*) guide.

passatutto *m.inv.* mill, grinder.

passaverdura, **passaverdure** *m.inv.* vegetable mill.

passavivande *m.inv.* service hatch, pass-through.

passeggero I *a.* 1 passing, temporary, transitory: *un'infatuazione passeggera* a passing infatuation; *un malessere ~* a temporary indisposition. 2 (*fugace*) fleeting, short-lived: *gioie passeggere* fleeting pleas-

ures. II *m.* (*f.* **-a**) passenger: (*Mar*) ~ *di terza classe* third-class passenger. □ ~ *clandestino* stowaway.

passeggiare (**passéggio**, **passéggi**) I *v.i.* (*aus.* **avere**) 1 to (go for a) walk, to stroll: *passeggiavano mano nella mano* they were walking hand in hand; ~ *per il lungomare* to stroll along the sea-front. 2 (*in campagna*) to ramble. 3 (*su e giù*) to promenade, to stroll up and down, to walk up and down: ~ *lungo il corso* to promenade along the main street, to stroll up and down along the main street. 4 (*andare avanti e indietro*) to pace (back and forth), to walk up and down, to pace (back and forth), to walk to and fro: *passeggiava nervosamente per la stanza* he paced nervously up and down the room. II *v.t.* (*rar*) walk: ~ *il cavallo* to walk one's horse.

passeggiata *f.* 1 walk, stroll: *fare una ~* to take a walk, to go for a walk. 2 (*specie lungo il mare*) promenade. 3 (*a cavallo o in bicicletta*) ride. 4 (*strada*) promenade, walk: ~ *a mare* seaside promenade, (*colloq*) prom; *ci sono delle bellissime passeggiate in quel posto* there are a lot of very beautiful walks round there. 5 (*fig,colloq*) (*cosa semplicissima*) (*Br*) pushover, walkover, (*Am*) piece of cake, cakewalk: *è stata davvero una ~!* it was a cakewalk, it was a piece of cake. □ *una ~ a cavallo* a ride on horseback, a ride; ~ *ecologica* nature walk, ecological tour; (*Astron*) ~ *lunare* moonwalk; (*Mil*) ~ *militare* route march; (*Astron*) ~ *spaziale* spacewalk.

passeggiatore *m.* walker.

passeggiatrice *f.* (*eufem*) (*prostituta*) streetwalker.

passeggino *m.* pushchair, buggy, (*Br*) pram, (*Am*) stroller: *spingere il ~* to push the pushchair, (*Am*) to push the stroller.

passeggio *m.* 1 walk, stroll, promenade. 2 (*luogo di passeggio*) (public) walk, promenade: *il ~ del sabato* Saturday's promenade. 3 (*gente che passeggia*) promenaders *pl.* □ (*infant*) *andare a ~* to go (out) for a walk; *portare qcu. a ~* to take so. out for a walk; *da ~* walking: *bastone da ~* walking stick; *scarpe da ~* walking shoes.

passe-partout /ˌpaspar'tu/ *m.* 1 (*chiave*) master key, passepartout, passe-partout. 2 (*cornice*) passepartout, passe-partout. □ (*fig*) *la giacca nera è un ~* a black jacket takes you anywhere.

passera *f.* 1 (*Ornit*) sparrow. 2 (*volg*) pussy, (*Am*) beaver. □ (*Itt*) ~ *di mare* plaice; (*Ornit*) ~ *scopaiola* dunnock, hedge accentor.

passeraceo *m.* (*Ornit*) passerine: *i passeracei* passerines *pl.*

passerella *f.* 1 foot-bridge, plank, gangway, platform. 2 (*rif. alla moda*) runway, catwalk: *sfilare in ~* to walk (down) the catwalk. 3 (*Aer*) walkway: ~ *d'imbarco* boarding walkway. 4 (*Mar*) catwalk; (*d'imbarco e sbarco*) gangway, gangplank. 5 (*Teat*) runway, forestage. 6 (*Ferr*) crossing. 7 (*estens*) parade, show, exhibition. □ *fare la ~*: 1 (*mettersi in mostra*) to parade; 2 (*Teat*) to take a curtain call, to take a bow: *terminato lo spettacolo gli attori hanno fatto la ~* the company finished the show by taking a curtain call, the company finished the show by taking a bow; ~ *per pedoni* footway; (*Mar*) ~ *volante* flying bridge.

passeriforme *m.* (*Ornit*) passerine.

passero *m.* (*Ornit*) sparrow. □ (*Ornit*) ~ *domestico* house sparrow; (*Ornit*) ~ *mattugio* tree sparrow; (*Ornit*) ~ *solitario* blue rock thrush.

passerotto *m.* 1 baby sparrow, young sparrow, fledgling sparrow. **2** (*appellativo affettuoso*) sweetie (pie). **3** (*fig,rar*) (*sproposito*) blunder, howler: *fare un ~* (o *prendere un ~*) to make a blunder.

passibile *a.* subject (*di* to), (*Dir*) liable (*di* to). □ *il prezzo è ~ di aumento* the price is subject to increase; *~ di estradizione* extraditable; *~ di modifiche* liable to change; *~ di multa* liable to fine; *~ di pena* indictable; *~ di pena di morte* liable to death sentence.

passiflora *f.* (*Bot*) passion flower.

passino *m.* (*colino*) strainer.

passionale I *a.* **1** passionate, hot-blooded: *amore ~* passionate love; *una natura ~* a passionate nature, a hot-blooded nature. **2** (*ispirato dalla passione*) passional, of passion: *delitto ~* crime of passion. **II** *m./f.* (*persona passionale*) passionate person: *era un impulsivo e un ~* he was an impulsive and a passionate person.

passionalità *f.* passionateness.

passionario *m.* (*Lit*) passionary.

passione *f.* **1** (*forte sentimento*) passion: *frenare le proprie passioni* to control one's passions; *essere schiavo delle passioni* to be a slave to passion, to be enslaved by passion; *essere accecato dalla ~* to be blinded by passion. **2** (*estens*) (*entusiasmo*) intense feeling, passion, love. **3** (*estens*) (*interesse*) passion, fondness: *i libri sono la mia ~* books are my passion; *ha la ~ per la danza* she has a passion for dancing; *prendere ~ per qcs.* to become passionately fond of sth. **4** (*sofferenza spirituale*) spiritual suffering, suffering, distress; (*tormento*) anguish. **5** (*Mus,Lit*) Passion: *la Passione secondo San Luca* St Luke's Passion. □ *~ amorosa* passion, amorous passion; *avere ~ per qcs.* to have a passion for sth.: *avere la ~ del gioco* to have a passion for gambling; *avere una ~ per qcu.* to love so. passionately; *con ~*: **1** passionately: *amare con ~* to love passionately; *suonare con ~* to play with passion, to play with inspiration; **2** (*con entusiasmo*) with enthusiasm, with passion: *fare qcs. con ~* to do sth. with enthusiasm; *studiare con ~* to study with enthusiasm; *una ~ inconfessabile* an unmentionable passion; *per ~* for pleasure, as a hobby: *suono il pianoforte, ma solo per ~* I play the piano, but just as for pleasure; *senza ~* passionless: *un matrimonio senza ~* a passionless marriage.

passionista *m.* (*Rel.catt*) Passionist.

passista *m.* (*Sport*) long-distance cyclist, long-distance racer.

passito *m.* (*Enol*) passito wine (wine made from sun-dried grapes).

passivamente *avv.* passively: *sopportare ~ in silenzio* to suffer passively in silence.

passivante *a.* **1** (*Gramm*) passivating, passivizing: *"si" ~* use of "si" to make third person impersonal (as in "one" does...). **2** (*Chim*) passivating.

passivare (**passivo**) *v.t.* (*Chim*) to passivate.

passivazione *f.* (*Chim*) passivation.

passivismo *m.* passivism.

passività *f.* **1** passivity, passiveness. **2** *pl.* (*Econ*) (*debiti*) liabilities: *~ presunte* contingent liabilities. **3** (*Chim*) passivity. □ (*Econ*) *~a breve termine* short-term liabilities; (*Econ*) *~a lungo termine* long-term liabilities; (*Econ*) *~ a medio termine* medium-term liabilities; (*Econ*) *~a vista* sight liabilities; (*Econ*) *~correnti* current liabilities; (*Econ*) *~verso l'estero* foreign liabilities.

passivo *a.* **1** passive, supine: *resistenza passiva* passive resistance; *atteggiamento ~* supine attitude. **2** (*Gramm*) passive: *verbo ~*

passive verb. **3** (*Econ*) debit (*attr.*), loss (*attr.*): *bilancio ~* debit balance; *interesse ~* debit interest. **II** *m.* **1** (*Gramm*) passive, passive voice. **2** (*Econ*) loss, debit. **3** (*Econ*) (*complesso dei debiti*) debts *pl.*, liabilities *pl.*: *il ~ di una società* the company's liabilities; *il ~ supera l'attivo* liabilities exceed assets. **4** (*Econ*) (*sezione del bilancio*) debit side: *registrare al ~* to enter on the debit side. □ *in ~* passive, in the red; *essere in ~* to be in the red; *chiudere in ~* to close at a loss, (*colloq*) to close in the red; *~patrimoniale* balance sheet liability.

passo[1] *m.* **1** step: *camminare a passi veloci* to walk with quick steps. **2** (*distanza*) pace: *gli alberi sono stati piantati a venti passi l'uno dall'altro* the trees were planted twenty paces apart. **3** (*andatura*) pace, step: *rallentare il ~* to slow one's pace; *mantenere il ~* to keep up the pace; *tenere un buon ~* to go at a good pace, to go at a brisk pace; *perdere il ~* to get out of step, to break step. **4** (*orma*) footstep, footprint, footmark; (*rif. ad animali*) track. **5** (*rumore di un passo*) step, footstep, footfall: *passi silenziosi* silent footsteps; *sentire dei passi nel corridoio* to hear footsteps in the corridor. **6** (*di danza*) step, pas: *~ di valzer* walz step. **7** (*estens*) (*brano*) passage, piece, bit: *passi scelti* selected passages; *leggere un ~ dalla Bibbia* to read a passage from the Bible. **8** (*fig*) (*progresso*) step, step forward, progress. **9** (*fig*) (*azione*) step, move: *un ~ pericoloso* a dangerous move. **10** (*Tecn,Mecc*) pitch. **11** (*Equit*) (*andatura*) pace. **12** (*Equit*) (*l'andatura più lenta*) walk. **13** (*Tess*) (*bocca d'ordito*) shed. **14** (*Cin*) gauge, pitch. **15** (*Aut*) wheelbase. □ *~ ~* (*un passo dopo l'altro*) step by step, one step at a time; *~ a ~* (*un passo dopo l'altro*) step by step, one step at a time; *a ~ a ~* (*un passo dopo l'altro*) step by step, one step at a time; *~ a due* (*nella danza*) pas-de-deux; *a ogni ~*: **1** every few feet, at every corner: *fermarsi a ogni ~* to stop every few feet, to stop at every step; **2** (*fig*) (*sempre*) every few feet, at every corner, always, very often, every two seconds: *fermarsi a ogni ~* to stop every two seconds; (*fig*) *essere a un ~ da qcs.* to be one step from sth.; *essere a un ~ dalla vittoria* to be one step from victory; (*Strad*) *veicoli al ~* drive dead slow, dead slow; (*fig*) *essere al ~ con i tempi* to keep up with the times; (*Equit*) *~ allungato* extended walk; *andare al ~*: **1** to march, to march in step; **2** (*Equit*) to walk; *~ angolare*: **1** (*Mecc*) angular pitch; **2** (*El*) step angle; *fare un ~ avanti* to take a step forward, to step forward (*anche fig*); (*fig*) *stare (o essere) al ~ con i tempi* to keep up with the times, to keep abreast of the times; *non stare al ~ con i tempi* to be behind the times; (*fig*) *fare passi da gigante* to take giant steps, to go ahead by leaps and bounds, to progress by leaps and bounds; to make rapid progress; *procedere a passi da gigante* to come on in leaps and bounds; (*Mil*) *~dell'oca* goose step; *marciare al ~ dell'oca* to goose-step; (*Mil*) *~di carica* double time, double; *a ~ di carica* on the double (*anche fig*); *a ~di corsa*: **1** running, at a run; **2** (*Mil*) on the double, at the double; (*fig*) *a ~ di lumaca* at a snail's pace; *~ di marcia* march step; *~di parata* parade step; *di questo ~* at this rate; *~ di valzer* waltzing, at a waltz (step); *~ diplomatico* diplomatic move; *~dopo ~* stage by stage, step by step; (*Pol*) *strategia del ~ dopo ~* step-by-step strategy; (*Tecn*) *~ d'uomo* (*portello*) manhole, crawl space; *a ~ d'uomo* at a walking pace, very slowly; *~falso* false step; *fare*

un ~ falso: **1** to put a foot wrong; **2** (*fig*) to make a bad move, to make a false step, to take a false step; (*fig*) *~felpato* silent step, soft tread, cat-like tread; *camminare con ~ felpato* to walk stealthily; *allontanarsi con ~furtivo* to steal away; *fare un ~indietro* to take a step back(ward), to step back(ward) (*anche fig*); (*Equit*) *mettere il cavallo al ~* to walk one's horse; *~ molleggiato* springy step; (*Cin*) *~negativo* negative pitch, reverse pitch; (*Cin*) *~ normale* normal pitch; (*Sport*) *~ pattinato* skating; *~ pesante*: **1** heavy tread; **2** (*goffo*) clumsy gait; (*fig*) *fare il ~più lungo della gamba* to bite off more than one can chew; (*Cin*) *~ ridotto* reduced gauge, narrow gauge; *~romano* Fascist goose step; *fare il ~secondo la gamba* to cut one's coat according to one's cloth; (*Cin*) *~ uno* one turn one picture, stop motion, single frame exposure, one to one work.

passo[2] *m.* **1** (*passaggio, varco*) passage, way: *aprirsi il ~ tra la gente* to push one's way through the crowd, to make one's way through the crowd; *cedere il ~* to give way. **2** (*via*) way, road, route: *sbarrare il ~ a qcu.* to bar so.'s way. **3** (*Ornit*) passage: *uccelli di ~* birds of passage, migratory birds. **4** (*Geog*) pass: *~ di montagna* mountain pass. □ (*Strad*) *~carrabile* (o *~carraio*): **1** passageway for vehicles, driveway, carriageway; **2** (*sui cartelli*) "keep clear, vehicle entrance"; (*Geog*) *~del Brennero* Brenner Pass; (*Geog*) *~dello Spluga* Splugen Pass; (*Geog*) *~dello Stelvio* Stelvio Pass.

passo[3] *a.* (*secco*) dried: *uva passa* raisins.

password /'pasword/ *f.inv.* (*Inform*) password.

pasta *f.* **1** (*impasto di farina*) dough, paste: *fare la ~* to make dough; *fare lievitare la ~* to let dough rise; *spianare la ~* to roll dough, to roll out dough. **2** (*Alim*) pasta, noodles *pl.* **3** (*Dolc*) (*pasticcino*) cake, pastry: *ho comprato delle paste* I bought some pastries. **4** (*di formaggio*) texture: *formaggio a ~ molle* soft texture cheese, soft cheese; *formaggio a ~ dura* hard texture cheese, hard cheese. **5** (*fig*) (*natura*) stuff, nature, temper, temperament: *è fatto d'altra ~* he's made of different stuff; *essere tutti della stessa ~* to be all cast in the same mould. **6** (*Farm,Tecn*) paste. **7** (*Cart*) pulp, stuff. □ (*Tecn*) *~abrasiva* polishing paste; (*Gastron*) *~al burro* plain pasta, pasta with butter; (*Gastron*) *~al dente* al dente, perfectly cooked pasta (not too firm, not too soft); (*Gastron*) *~al pesto* pesto pasta; (*Gastron*) *~al sugo* pasta with tomato sauce; (*Alim*) *~all'uovo* egg pasta, egg noodles (*pl.*); (*Alim*) *~da brodo* pasta for soup; (*Alim*) *~d'acciughe* anchovy paste; *~dentifricia* toothpaste; (*Cart*) *~ di legno* wood pulp; (*Dolc*) *~ di mandorle* almond paste; (*Cart*) *~di stracci* rag pulp; (*Tecn*) *~di vetro* vitreous paste; (*fig*) *una ~ d'uomo* a good-natured man; (*Gastron*) *~e fagioli* bean and pasta soup; (*Alim*) *~ fatta in casa* home-made pasta; *~ frolla*: **1** (*Dolc*) shortcrust pastry, short pastry; **2** (*fig*) weak person, spineless person; (*scherz*) *avere le mani di ~ frolla* to be butter-fingered, to be a butter-fingers; (*Alim*) *~ glutinata* gluten pasta; (*Gastron*) *~ in bianco* unseasoned pasta; (*Gastron*) *~ lievitata* leavened dough; (*Gastron*) *~ margherita* sponge; (*Alim*) *~per la pizza* pizza dough; *~reale*: **1** (*Alim*) (*pallottoline per brodo*) croutons; **2** (*Dolc*) (*di mandorle*) almond paste; (*Dolc*) *~ sfoglia* puff pastry, flaky pastry.

pastafrolla *f.* **1** (*Dolc*) shortcrust pastry, short pastry. **2** (*fig*) weak person, spineless person. ☐ *(scherz) avere le mani di* ~ to be butter-fingered, to have butter-fingers.

pastaio *m.* *(f. -a)* **1** *(fabbricante)* pasta maker. **2** *(operaio)* worker in a pasta factory. **3** *(venditore)* pasta seller.

pastasciutta *f. (Gastron)* pasta: *un piatto di* ~ a dish of pasta; ~ *al ragù* pasta with meat sauce.

pasteggiare (pastéggio, pastéggi) *v.i.* *(aus.* **avere)** **1** to drink (sth.) with one's meal, to have (sth.) as one's meal: ~ *a champagne* to drink champagne with one' meal meal, to have champagne with one' meal meal, to wash one's meal down with champagne. **2** *(rar) (mangiare)* to eat, to have a meal: *prima di cominciare a* ~ before starting to eat.

pastella *f. (Gastron)* batter.

pastellista *m./f. (Art)* pastellist, pastelist.

pastello I *m.* **1** *(matita)* pastel, crayon: *una scatola di pastelli* a box of pastels; *disegnare a* ~ to crayon. **2** *(dipinto)* pastel (drawing): *un* ~ *del settecento* a pastel drawing of the eighteenth century. **II** *a.inv.* pastel: *rosa* ~ pastel pink; *colori* ~ pastel colours. ☐ *pastelli a cera* wax crayons; *pastelli a olio* oil pastels.

pastetta *f.* **1** *(Gastron)* *(pastella)* batter. **2** *(fig) (imbroglio)* fraud, trick, scheming; *(broglio elettorale)* electoral fraud, vote rigging, election rigging, poll rigging.

pasticca *f.* **1** *(Farm)* lozenge, pastille, pill: *pasticche per la tosse* cough lozenges, cough drops. **2** *(gerg) (di droga)* pill, pep pill.

pasticceria *f.* **1** *(Dolc)* *(arte)* pastry making, confectionery. **2** *(Dolc) (pasticcini)* confectionery, patisserie, fancy cakes *pl.*, tea cakes *pl.*, pastries *pl.*: ~ *da tè* tea cakes. **3** *(negozio)* confectioner's, confectioner's shop, patisserie. ☐ *(Dolc)* ~ *artigianale* homemade pastries; *(Dolc)* ~ *mignon* miniature pastries.

pasticciare (pasticcio, pasticci) I *v.t.* **1** to make a mess of, to mess up, to bungle, to botch: ~ *il quaderno* to mess up one's exercise-book. **2** *(scarabocchiare)* to scribble: ~ *un libro* to scribble on a book. **3** *(assol.) (fare pasticci)* to make a mess, to mess about.

pasticciere *m.* *(f. -a)* **1** *(chi produce)* confectioner, pastry chef. **2** *(chi vende)* confectioner.

pasticcino *m. (Dolc)* **1** fancy cake, pastry. **2** *pl.* pastries, confectionery *(costr.sing.)*, patisserie *(costr.sing.)*. ☐ *(Dolc) pasticcini da tè* tea cakes, tea pastries, fancy cakes.

pasticcio *(pl.* **-ci)** *m.* **1** *(Gastron)* pie, pasty: ~ *di fegato* liver paté in crust; ~ *di fegato d'oca* pâté de foie gras. **2** *(fig) (lavoro mal fatto)* botch, bungle, mess. **3** *(fig) (situazione imbrogliata)* fix, tight spot, scrape, trouble, jam: *essere nei pasticci* to be in a tight spot, to be in a fix; *togliere qcu. dai pasticci* to help so. out of a tight spot; *mettere qcu. nei pasticci* to get so. into a mess, to get so. into a jam. **4** *(fig) (miscuglio)* muddle, jumble, hotchpotch, mess. **5** *(Art)* pastiche. ☐ *che* ~*!* what a fix!, what a mess!

pasticcione I *m.* *(f. -a)* bungler, muddler, muddle head, bumbler, botcher, goofer, clumsy person, mess. **II** *a.* messy.

pastiche /pasˈtiʃ/ *m.inv.* **1** *(Lett)* pastiche. **2** *(fig)* hodgepodge, jumble.

pastificare (pastifico, pastifichi; *aus.* **avere)** *v.i. (Ind)* to make pasta.

pastificatore *m.* *(f.* **-trice)** *(Ind)* pasta maker.

pastificazione *f. (Ind)* pasta making.

pastificio *m.* **1** *(Ind,Alim)* *(stabilimento)* pasta factory. **2** *(negozio)* pasta shop.

pastiglia *f.* **1** *(Farm)* pastille, tablet, loz-enge, pill: *prendere una* ~ to take a tablet; *sciogliere una* ~ *in un bicchiere d'acqua* to dissolve a tablet in a glass of water; *una* ~ *per il mal di gola* a throat tablet. **2** *(caramella)* pastille, lozenge, drop: *pastiglie alla menta* peppermint pastilles. **3** *(impasto di gesso)* plaster. ☐ *(Aut) pastiglie dei freni* brake pad; ~ *effervescente* effervescent tablet; *(Farm,colloq)* ~ *per dormire* sleeping pill.

pastina *f.* **1** *(Alim)* small pasta (used in soup). **2** *(Gastron) (minestrina)* pasta in clear broth, noodle soup. ☐ *(Gastron)* ~ *in brodo* pasta in clear broth, noodle soup.

pastinaca *f.* **1** *(Itt)* stingray. **2** *(Bot,Alim)* wild parsnip.

pasto *m.* meal: *durante il* ~ during the meal; *fare tre pasti al giorno* to have three meals a day; *un* ~ *sostanzioso* a hearty meal; *consumare un* ~ to have a meal; *saltare un* ~ to miss a meal. ☐ ~ *a prezzo fisso* fixed-table-d'hôte meal, fixed-price meal; ~ *abbondante* hearty meal, square meal; *un* ~ *caldo* a hot meal; *un* ~ *completo* a complete meal; *da* ~ table *(attr.)*: *vino da* ~ table wine; ~ *di mezzogiorno* midday meal; *dare qcs. in* ~ *a qcu.*: **1** to give so. sth. to eat; **2** *(fig)* to regale so. with sth.; *(fig) gettare qcu. in* ~ *ai lupi* to throw so. to the wolves; *finire in* ~ *ai vermi* to become food for worms; *(fig) dare qcu. in* ~ *al pubblico* to feed people's curiosity, to feed the public's curiosity; *(fig) essere dato in* ~ *alle belve* to be thrown to wild beasts; ~ *leggero* light meal; *(Med)* ~ *opaco* barium meal; ~ *principale* main meal; ~ *serale* evening meal; *(rar) stare ai pasti* to eat only at meals, to eat only at mealtimes.

pastoia *f.* **1** hobble, fetters *pl.* **2** *(fig)* shackles, fetters *pl.*, trammels *pl.*: *liberarsi dalle pastoie dei pregiudizi* to free oneself from the shackles of prejudice. **3** *(Zool) (pastorale)* pastern.

pastone *m.* **1** mash; *(per galline)* chicken feed. **2** *(estens) (cibo scotto)* mush. **3** *(fig) (accozzaglia)* hotchpotch, hodgepodge, jumble, clutter.

pastorale[1] *a.* **1** *(Lett)* pastoral, bucolic, rural: *poesia* ~ pastoral poetry. **2** *(Rel)* pastoral: *teologia* ~ pastoral theology. **3** *(Rel.catt) (sacerdotale)* pastoral, priestly, priest's: *consiglio* ~ priestly council. **4** *(Rel.catt) (episcopale)* pastoral, bishop's: *anello* ~ bishop's ring. **5** *(rar) (del pastore)* pastoral, shepherd's, shepherds'.

pastorale[2] *f.* **1** *(Mus)* pastorale, pastoral. **2** *(Rel) (lettera pastorale)* pastoral letter, pastoral.

pastorale[3] *m. (Rel.catt) (bastone)* pastoral staff, pastoral, crosier.

pastorale[4] *m. (Zool) (osso)* pastern, pastern bone.

pastore *m.* **1** *(f. -a)* shepherd *(f. -ess)*. **2** *(fig) (guida)* pastor, shepherd: ~ *di anime* pastor of souls, shepherd of souls. **3** *(Rel)* pastor, minister, parson; *(nella chiesa anglicana)* clergyman, parson. **4** *(Zool) (cane pastore)* sheepdog. ☐ *(Zool)* ~ *belga* Belgian sheepdog, Belgian shepherd; *(Zool)* ~ *scozzese* Collie; *(Zool)* ~ *tedesco* German shepherd dog, Alsatian.

pastorella[1] *f.* **1** shepherd lass, shepherd girl. **2** *(Mod)* wide-brimmed straw hat, broad-brimmed straw hat.

pastorella[2] *f. (Mus,Lett)* pastourelle.

pastorello *m.* shepherd boy.

pastorizia *f.* **1** stock rearing. **2** *(rif. a ovini)* sheep rearing, sheep farming, sheep breeding.

pastorizio *a.* sheep-breeding, sheep-rearing: *prodotti pastorizi* sheep-breeding prod-

ucts.

pastorizzare (pastorìzzo) *v.t. (Ind)* to pasteurize.

pastorizzato *a.* pasteurized: *latte* ~ pasteurized milk. ☐ *non* ~ unpastorized.

pastorizzatore *m.* **1** *(apparecchio)* pasteurizer. **2** *(operaio)* pasteurizer operator.

pastorizzazione *f. (Ind)* pasteurization. ☐ *(Ind)* ~ *alta* high-temperature pasteurization; *(Ind)* ~ *bassa* low-temperature pasteurization.

pastosità *f.* **1** doughiness. **2** *(rif. a colori, suoni, vino)* mellowness.

pastoso *a.* **1** pasty, doughy. **2** *(rif. a colori, suoni, vino)* mellow: *voce pastosa* mellow voice; *vino* ~ mellow wine.

pastrano *m.* *(Abbigl)* overcoat, greatcoat.

pastrocchio *m. (pop) (pasticcio)* hotchpotch, mess, mess. **2** *(Am)* hodgepodge.

pastura *f.* **1** pasture, grazing, pasturage: *portare gli animali alla* ~ to lead animals to pasture. **2** *(estens)* pasture, grass. **3** *(Pesc)* chum.

pasturale[1] *m. (Rel.catt) (bastone)* pastoral staff, pastoral, crosier.

pasturale[2] *m. (Zool) (osso)* pastern, pastern bone.

pasturare (pastùro) *v.t.* **1** to pasture, to lead sth. to pasture, to graze, to put sth. out to graze. **2** *(Pesc)* to chum.

patacca *f.* **1** *(moneta di scarso valore)* farthing, *(Am)* dime, cent: *non vale una* ~ it is not worth a brass farthing, *(Am)* it's not worth a dime, it's not worth a cent. **2** *(oggetto falso)* fake (antique), junk: *quell'anello è una* ~ that ring is junk. **3** *(medaglia)* medal, decoration, *(Br,colloq)* gong. **4** *(colloq) (macchia)* spot, stain: *farsi una* ~ *sul vestito nuovo* to stain one's new dress.

pataccone *m.* **1** *(oggetto falso)* fake antique, junk. **2** *(gioiello grosso di scarsissimo valore)* fake rock. **3** *(grosso orologio da tasca)* turnip. **4** *(persona piena di patacche)* messy person, *(Am)* slob.

patafisica *f.* pataphysics *(costr.sing.)*.

patagio *m. (Zool,Entom)* patagium.

patagone I *m.* Patagonian. **II** *a.* Patagonian.

Patagonia *n.pr.f. (Geog)* Patagonia.

patapum, patapunfete *onom.* **1** *(tonfo)* bang, thud. **2** *(scoppio)* boom.

pataria *f. (Stor)* Pataria.

patarino I *a. (Stor)* Paterine. **II** *m. (Stor)* Paterine.

patata *f. (Bot,Alim)* potato: *sbucciare le patate* (o *pelare le patate*) to peel the potatoes. ☐ *naso a* ~ button nose; *(Gastron) patate al forno* roast potatoes, oven roasted potatoes; *(Bot,Alim)* ~ *americana* sweet potato, batata, *(Am)* yam; *(Gastron) patate arrosto* baked potatoes; *(fig)* ~ *bollente* hot potato; *(fig) passare la* ~ *bollente a qcu.* to pass the hot potato on to so.; *(Bot)* ~ *da seme* seed potato; *(Bot,Alim)* ~ *dolce* sweet potato, batata, *(Am)* yam; *(Gastron) patate fritte* chips, French fried potatoes, French fries; *(Gastron)* ~ *lessa* boiled potato; *patate novelle* new potatoes.

patatina *f.* **1** *(patata novella)* new potato. **2** *pl. (Gastron)* crisps, *(Am)* chips, potato chips: *un sacchetto di patatine (Br)* a packet of crisps, *(Am)* a bag of chips. ☐ *naso a* ~ button nose; *(Gastron) patatine fritte (Br)* chips, French fried potatoes, *(Am)* French fries.

patatrac I *onom.* crash, bang, crack. **II** *m.* **1** *(disastro)* disaster: *è successo un* ~ a disaster has happened. **2** *(fallimento)* crash, collapse: *un* ~ *finanziario* a financial collapse.

patavino I a. (lett) Paduan. II m. (f. -a) (lett) Paduan.

patchouli /pa'tʃuli/ m.inv. 1 (pianta) patchouli. 2 (essenza) patchouli: essenza di ~ patchouli oil.

patchwork /'petʃwork/ I m.inv. patchwork. II a.inv. patchwork (attr.): una coperta ~ a patchwork quilt.

pâté m. (Gastron) paté, paste. □ ~di fegato d'oca paté de foie gras.

patella f. 1 (Zool) patella, limpet. 2 (Anat) patella, knee cap.

patema m. anxiety, worry. □ ~d'animo anxiety, anguish.

patena f. (Lit) paten.

patentato a. 1 (munito di patente di guida) holding a (driver's) licence. 2 (fig,scherz) out and out, thorough, downright: bugiardo ~ out and out liar. 3 (rar) (abilitato) licensed, certified.

patente¹ f. 1 (Aut) (di guida) driving licence, driver's licence, (Am) driver's license: esame per la ~ driving test; prendere la ~ to get a driver's licence; rinnovare la ~ to renew one's driving licence. 2 (permesso) licence, (Am) license, permit, patent. □ (Aut) ~A motorcycle endorsement, (Am) Class F (driver's) License; (Aut) ~ a punti driver's licence on the points system, (Am) driver's license on the points system; (Aut) ~ B (non-commercial) regular driver's licence, (Am) (non-commercial) regular driver's license; (Aut) ~C truck driver's licence, commercial driver's licence, (Am) truck driver's license, commercial driver's license; (colloq, scherz) ma chi ti ha dato la ~? where did you learn to drive?; (Aut) ~D licence to drive a bus, (Am) Class C (driver's) License; (Mar) ~ di capitano Master's Certificate; (Aut) ~di guida internazionale international driver's licence; (Aut) ~E restricted driver's licence (for the physically disabled), (Am) restricted driver's license (for the physically disabled); (Aut) ~europea European driver's license; (Mar) ~nautica sailing licence; (Mar) ~sanitaria bill of health; (Aut) guida senza ~ driving without licence.

patente² a. (lett) 1 (evidente) evident, obvious, patent. 2 (Dir) patent: lettera ~ letter patent. 3 (Bot) patent.

patentemente avv. evidently, clearly, openly, patently: un'affermazione ~ falsa an evidently false statement, a patently false statement.

patentino m. 1 (temporary) licence: ~ di pesca fishing licence. 2 (Aut,colloq) (foglio rosa) provisional driving licence, learner's permit, learner's (driving licence).

pater m.inv. (Rel,colloq) (padrenostro) paternoster, Lord's prayer.

patera f. (Stor.rom) patera.

paterazzo m. (Mar) backstay.

patereccio m. (Med) whitlow, paronychia, felon.

pater familias, paterfamilias m.inv. paterfamilias.

paternale f. (colloq) lecture, telling-off: fare la ~ a qcu. to give so. a telling-off, to talk to so. like a Dutch uncle.

paternalismo m. paternalism (anche Pol).

paternalista m. paternalist (anche Pol).

paternalistico (pl. -ci) a. paternalistic (anche Pol).

paternamente avv. paternally, like a father.

paternità f. 1 paternity, fatherhood: le gioie della ~ the joys of fatherhood; negare la ~ to deny paternity; riconoscere la ~ to acknowledge paternity. 2 (burocr) (nome del padre) father's name. 3 (fig) authorship, paternity:

attribuirsi la ~ di un'opera to claim the authorship of a work. □ ~ legale legal paternity; (Dir) ~ legittima legitimate fatherhood; ~ naturale illegitimate fatherhood; ~ putativa putative paternity.

paterno a. 1 paternal, father's, fatherly: l'amore ~ a father's love; casa paterna paternal home; un ~ rimprovero a fatherly reproach. 2 (da parte di padre) paternal, on the father's side (posposto): zio ~ paternal uncle, uncle on the father's side.

paternostro m. 1 (Rel,rar) Lord's Prayer, (colloq) Our Father: recitare il ~ to say the Lord's Prayer. 2 (grano del rosario) paternoster bead, rosary bead. 3 (Mar) parrel truck. □ (fig) sapere qcs.come il ~ to know sth. inside out, to know sth. by heart.

pateticamente avv. pathetically.

pateticità f. pathetic tone, pathetic character, pathetic nature.

patetico I a. (pl. -ci) 1 pathetic: uno sguardo ~ a pathetic look. 2 (commovente) moving, touching: una scena patetica a touching scene. 3 (spreg) (svenevole) pathetic, mawkish, soppy, feebly sentimental: questa è una scusa patetica this is a pathetic excuse; fare il ~ to sentimentalize, to go all soppy. II m. 1 pathetic, pathos: cadere nel ~ to become sentimental. 2 (f. -a) (svenevole) sentimental person, sentimentalist, mawkish person.

path /pat/ m.inv. (Inform) path.

pathos m. pathos.

patibolare a. sinister, (colloq) gallows-bird (attr.): faccia ~ sinister face; umorismo ~ gallows humour.

patibolo m. 1 (palco) scaffold, place of execution. 2 (forca) gallows, gibbet. 3 (ghigliottina) block. □ condannare qcu. al ~ to send so. to the gallows; andare al ~ to mount the scaffold; (fig) sembra che vada al ~ he looks as though he is about to be hanged; salire sul ~ to mount the scaffold.

patimento m. 1 suffering, pain, affliction, sorrow. 2 (stento) hardship, privation.

patina f. 1 (Scult) patina. 2 (Pitt) gallery varnish. 3 (Met) (velatura su rame e sim.) patina. 4 (Cart) coat, coating, glaze. 5 (Med) (della lingua) fur coating. 6 (Ceram) (smalto dato a porcellane e terracotte) glaze. 7 (strato di vernice) coat of varnish. 8 (Pell) dubbing. □ (fig) la ~ del tempo the patina of time, the patina of age, aging.

patinare (pàtino) v.t. 1 to patinate. 2 (verniciare) to varnish. 3 (Cart) to coat, to glaze. 4 (Pell) to dub. 5 (Ceram) to glaze.

patinato a. 1 (Cart) coated: carta patinata coated paper, art paper, glossy paper; avere la lingua patinata to have a furred tongue. 2 (fig) fake, artificial: bellezza patinata artificial beauty.

patinatore m. (Cart) sizer.

patinatrice f. (Cart) (macchina) sizer.

patinatura f. 1 (artificial) patinating. patination. 2 (Cart) coating, glazing.

patinoso a. furred, coated.

patio m. (Arch) patio.

patire (patìsco, patìsci) I v.t. 1 (subire) to suffer, to undergo: ~ un'ingiustizia to suffer a wrong, to be wronged; ~ il martirio to suffer martyrdom; ~ la fame to suffer hunger, to go hungry. 2 (tollerare) to bear, to put up with, to stand, to endure: certe ingiustizie non si devono ~ there are some injustices one should not put up with. II v.i. (aus. avere) 1 to suffer (di, per from): ~ di mal di testa to suffer from headaches; (estens) ~ di gelosia to suffer from jealousy; ha finito di ~ his sufferings are at an end, his sufferings are over. 2 (guastarsi) to suffer, to be damaged,

to deteriorate. □ (fig) ~le pene dell'inferno to go through hell; mi ha fatto ~ le pene dell'inferno he put me through hell.

patito I a. 1 (sofferente) sickly, suffering, haggard, pinched: mi sembri un po' ~ you look a bit sickly. 2 (appassionato) fond (di of), (Br) keen (di on), (Am) crazy (di for, about). II m. (f. -a) (fanatico) lover, enthusiast, (colloq) fan, freak, fanatic, buff: un ~ della montagna a lover of mountain climbing, a fanatic for mountain climbing; i patiti del calcio football fans; è un ~ della musica he's a music fanatic; è un ~ del teatro he's a great one for the theatre, he's a real theatre buff.

patofobia f. (Psic) pathophobia.

patogenesi f. (Med) pathogenesis.

patogenetico (pl. -ci) a. (Med) pathogenetic.

patogeno a. (Biol) pathogenic: agenti patogeni pathogens, pathogenic agents. □ (Biol) ~ opportunista opportunistic pathogen.

patois /pa'twa/ m.inv. patois.

patologia f. 1 (Med) pathology: istituto di ~ institute of pathology. 2 (estens) (malattia) disease, pathology, illness. 3 (fig) pathology, malfunction. □ (Biol) ~cellulare cellular pathology; (Med) ~clinica clinical pathology; (Med) ~comparata comparative pathology; (Med) ~generale general pathology; (Med) ~geriatrica: 1 (disciplina) geriatric pathology; 2 (malattia) geriatric illness; (Med) ~medica medical pathology; (Biol) ~vegetale plant pathology.

patologicamente avv. pathologically.

patologico (pl. -ci) a. 1 (Med) pathologic, pathological: anatomia patologica pathological anatomy. 2 (morboso) pathological, morbid, unhealthy: ha un interesse ~ per le malattie he has a morbid interest in diseases. 3 (fig,scherz) pathological: è un ritardatario ~ he's a pathological latecomer.

patologo m. (f. -a; pl. -gi) pathologist.

patos m. pathos.

Patrasso n.pr.f. (Geog) Patras. □ (fig, colloq) andare a ~ (morire) to go west.

patria f. 1 country home, country homeland, native country, fatherland, motherland: tradire la ~ to betray one's country; morire per la ~ to die for one's country. 2 (fig) home, birthplace, land: la Germania è la mia seconda ~ Germany is my second home; l'Australia è la ~ dei canguri Australia is the land of kangaroos. □ (Rel) ~celeste Heaven, heavenly home; (fig) ~d'elezione adoptive country, country of adoption, country of choice; (fig) ~di adozione country of adoption, adoptive country; in ~ e all'estero at home and abroad; (fig) ~spirituale spiritual home.

patriarca (pl. -chi) m. (Etnol,Rel) patriarch (anche fig). □ (Rel) il ~di Costantinopoli the Patriarch of Constantinople.

patriarcale a. patriarchal, patriarchic (anche estens): società ~ patriarchal society; autorità ~ patriarchal authority.

patriarcato m. 1 (Etnol) patriarchy, patriarchate. 2 (Rel) patriarchate.

patricida m. (lett) parricide.

patrigno m. stepfather.

patrilineare a. patrilineal.

patrimoniale a. property (attr.), estate (attr.), patrimonial: rendita ~ unearned income; beni patrimoniali movable property, chattels.

patrimonio m. 1 estate, property, possessions pl., assets pl.: ereditare un grande ~ to inherit a large estate; dilapidare il ~ to squander the estate. 2 (fig) possessions pl.,

wealth, richness, heritage: ~ *artistico di una nazione* artistic wealth of a country, artistic heritage of a country. **3** (*fig*) (*somma enorme*) fortune: *spendere un ~ per qcs.* to spend a fortune on sth.; *valere un ~* to be woth a fortune; *costare un ~* to cost a mint, to cost a fortune. □ (*Comm*) ~ *aziendale* corporate assets; (*Zool*) *il ~ bovino del Piemonte* the total number of cattle in Piedmonte; (*Biol*) ~ *cromosomico* set of chromosomes; ~ *culturale* cultural heritage; ~ *dell'umanità* World Heritage, Heritage of Mankind, Mankind Heritage; ~ *familiare* family estate; (*Econ*) ~ *fiduciario* trust; ~ *forestale* forest heritage, forests *pl.*; (*Biol*) ~ *genetico* gene pool, genetic inheritance; ~ *immobiliare* real estate, real property; (*Ling*) ~ *lessicale* vocabulary; (*Ling*) ~ *linguistico* linguistic heritage; ~ *mobiliare* personal estate; (*Comm*) ~ *netto* net worth, owners' equity, shareholders' equity; ~ *netto contabile* net book capital; ~ *personale* personal estate; ~ *silvicolo* forestry resources; (*Zool*) ~ *zootecnico* livestock resources, the entire livestock of a nation.
patrio *a.* **1** (*rif. alla patria: in quanto regione, luogo*) native: *il ~ suolo* one's native land, one's native soil. **2** (*in quanto nazione*) of one's country (*posposto*): *amore ~* love of one's country, love of one's native land. **3** (*lett*) (*paterno*) paternal. □ (*Dir*) *patria potestà* patria potestas, parental authority.
patriota *m./f.* **1** patriot. **2** *pl.* (*partigiani*) partisans, freedom fighters. **3** (*colloq*) (*compatriota*) fellow countryman (*f. -woman*), compatriot.
patriottardo **I** *a.* fanatically patriotic, jingoistic. **II** *m.* fanatical patriot, jingoist.
patriotticamente *avv.* patriotically.
patriottico (*pl.* **-ci**) *a.* patriotic: *spirito ~* patriotic spirit.
patriottismo *m.* patriotism.
patristica *f.* (*Teol*) patristics (*costr. sing.*), patrology.
patristico (*pl.* **-ci**) *a.* (*Teol*) patristic.
Patrizia *n.pr.f.* Patricia.
patriziato *m.* **1** patriciate, patricianism. **2** (*estens*) (*aristocrazia*) aristocracy, patricians *pl.*, aristocrats *pl.*
patrizio I *a.* **1** (*Stor.rom*) patrician. **2** (*estens*) patrician, noble. **II** *m.* (*f. -a*) **1** (*Stor.rom*) patrician: *patrizi e plebei* patricians and plebeians. **2** (*estens*) patrician, noble.
Patrizio *n.pr.m.* Patrick.
patrocinante I *m./f.* (*Dir*) pleader, counselor(-at-law), counsel for the defence, attorney for the defence, defence counsel, defence attorney. **II** *a.* (*Dir*) defending, pleading: *avvocato ~* defence lawyer.
patrocinare (**patrocìno**) *v.t.* **1** (*Dir*) to plead, to defend: *~ una causa* to plead a case. **2** (*estens*) (*sostenere*) to support; (*promuovere*) to sponsor: *~ una manifestazione musicale* to sponsor a festival.
patrocinatore *m.* (*f.* **-trice**) **1** (*Dir*) pleader, counselor, counselor-at-law, counsel for the defence, attorney for the defence, defence counsel, defence attorney. **2** (*estens*) (*sostenitore*) supporter, sponsor, defender.
patrocinio *m.* **1** (*Dir*) (legal) defence, legal representation, pleading. **2** (*estens*) patronage, support, sponsorship. **3** (*Stor,Rel*) patronage. □ *col ~ di* under the patronage of, under the sponsorship of: *la mostra è stata organizzata con il ~ del comune* the exhibition has been organized under the patronage of the municipal authority, the exhibition has been sponsored by the municipal authority; (*Dir*) ~ *gratuito* pro bono legal aid, legal aid defence, (*Am*) assistance by the

public defender.
Patroclo *n.pr.m.* (*Mitol*) Patroclus.
patrologia *f.* patrology, patristics (*costr. sing.*).
patrologico (*pl.* **-ci**) *a.* patrological, patrologic.
patron *m.inv.* (*di manifestazione*) patron.
patrona *f.* (*Rel.catt*) patron saint, patroness.
patronale *a.* patronal: *festa ~* patronal feast.
patronato *m.* **1** (*protezione*) protection, favour, patronage. **2** (*istituzione benefica*) charitable institution, charitable society, benevolent fund, patronage, aid society: ~ *degli artigiani* artisans' benevolent fund. **3** (*Dir.can*) patronage. **4** (*Stor*) patronage. □ ~ *scolastico* students' benevolent fund.
patronessa *f.* patroness.
patronimia *f.* patronymic system.
patronimico (*pl.* **-ci**) **I** *a.* patronymic. **II** *m.* patronymic.
patrono *m.* **1** (*Rel.catt*) (*santo patrono*) patron saint, patron: *Sant'Ambrogio è il ~ di Milano* St Ambrose is the patron of Milan. **2** (*di iniziative*) patron, sponsor. **3** (*Dir*) counsel for the defence, attorney for the defence.
patta¹ *f.* **1** (*Sart*) flap: ~ *della tasca* pocket flap. **2** (*di pantaloni*) fly, (*Br*) flies *pl.*: *avere la ~ aperta* to have one's fly open. **3** (*region*) (*presa per tegami e sim.*) potholder.
patta² *f.* (*risultato pari*) draw, tie. □ (*fig*) *essere ~* to be quits; *fare ~* to tie, to end in a tie, to end ina draw, to draw, to have a draw.
patta³ *f.* (*Mar*) (*palma, marra*) fluke, anchor's arm. □ (*Mar*) ~ *d'oca* crow's foot.
patteggiabile *a.* negotiable, open to negotiation (*posposto*): *la pena non è ~* the sentence is not open to negotiation, the sentence cannot be negotiated, the sentence is not negotiable.
patteggiamento *m.* **1** negotiation, bargaining, deal. **2** (*Dir*) plea-bargaining.
patteggiare (**pattéggio, pattéggi**) **I** *v.t.* **1** to negotiate: ~ *la resa* to negotiate the surrender, to arrange the terms of the surrender. **2** (*Dir*) to plea bargain: ~ *la pena* to plea bargain the sentence, to sentence bargain. **II** *v.i.* (*aus.* **avere**) **1** to negotiate (*su qcs.* sth.), to enter into negotiations (*con* with), to bargain (*con* with): ~ *sul prezzo* to negotiate the price; ~ *con i nemici* to enter into negotiations with the enemies; ~ *con i sindacati* to bargain with trade unions. **2** (*scendere a patti*) to come to terms (*con* with).
patteggiatore *m.* (*f.* **-trice**) negotiator.
pattina *f.* **1** *spec.pl.* (*per camminare su pavimenti lucidati*) felt pad. **2** (*presina*) potholder.
pattinaggio *m.* (*Sport*) skating: *fare ~* to go skating. □ (*Sport*) ~ *a rotelle* roller-skating; (*Sport*) ~ *acrobatico* acrobatic roller-skating; (*Sport*) ~ *artistico* figure skating; (*Sport*) ~ *di velocità* speed skating; (*Sport*) ~ *in linea* rollerblading, inline skating; (*Sport*) ~ *libero* free skating; (*Sport*) ~ *su ghiaccio* ice-skating.
pattinare (**pàttino**; *aus.* **avere**) *v.i.* **1** (*su ghiaccio*) to skate, to ice-skate; (*con pattini a rotelle*) toskate, to roller-skate. **2** (*nello sci*) to skate. **3** (*Aut*) to skid.
pattinatoio *m.* (*Sport*) **1** (*pista del ghiaccio*) ice rink. **2** (*per pattinaggio a rotelle*) rink, roller-skating rink.
pattinatore *m.* (*f.* **-trice**) (*Sport*) **1** (*su ghiaccio*) skater, ice skater. **2** (*a rotelle*) skater, roller skater.
pattino¹ *m.* **1** skate; (*da ghiaccio*) ice skate; (*a rotelle*) roller skate. **2** (*di slitta e sim.*)

runner, shoe. **3** (*Aer*) skid. **4** (*Tecn*) sliding block, link block; (*nei veicoli elettrici*) collector shoe, rubbing block. **5** (*Aut*) pad. □ *pattini a rotelle* roller skates; *pattini da ghiaccio* ice skates; (*Ferr*) ~ *della terza rotaia* third-rail shoe; (*Aer*) ~ *di coda* tail skid; (*Mar,El*) ~ *di contatto* (o ~ *di scorrimento*) guide shoe, sliding shoe, slide; *pattini in linea* inline skates, rollerblades.
pattino² *m.* (*Mar*) (*moscone*) twin-hull pleasure boat. □ (*Mar*) ~ *a pedali* pedal boat.
pattizio *a.* (*Dir*) pactional.
patto *m.* **1** pact, treaty, agreement, deal, (*Dir*) covenant: *fare un ~ con qcu.* to make a pact with so.; *rispettare un ~* to keep an agreement; *stringere un ~* to make a pact, to make an agreement, to enter into an agreement; *stare ai patti* to abide by the agreement, to keep to an agreement; *violare un ~* to break an agreement. **2** (*condizione*) condition, term: *i patti sono troppo duri* the terms are too hard. **3** (*trattato*) treaty. **4** (*Teol*) covenant. □ *a ~ che* on (the) condition that, provided that: *verrò alla festa a ~ che lui non sia invitato* I'll come to the party provided that he won't be invited; *a un ~* on one condition; ~ *agrario* agrarian contract, contract between landowners and farmers; (*Stor*) *Patto Atlantico* North Atlantic Treaty, Atlantic Treaty; (*fig*) *fare un ~ col diavolo* to make a pact with the devil, to make a deal with the devil; (*Stor.it*) *Patto d'acciaio* Pact of Steel (pact of friendship and alliance between Germany and Italy signed in 1939); (*Pol*) ~ *di non aggressione* non-aggression pact; (*Pol*) ~ *di pace* peace treaty; (*Dir*) ~ *di riscatto* right of redemption; (*Stor*) ~ *di Varsavia* Warsaw Pact; ~ *difensivo* defence pact; (*Dir*) ~ *in deroga* tenancy contract, substituting the terms of the civil code; (*Stor.it*) *patti lateranensi* Lateran Pacts; (*Dir*) ~ *leonino* leonine partnership, leonine agreement; ~ *sociale* social contract; *venire a patti con qcu.*: **1** to come to an agreement with so., to come to terms with so.; **2** (*arrendersi*) to accept so.'s conditions. *Prov.*: *patti chiari amicizia lunga* short reckonings make long friends; clear understandings breed long friendships.
pattona *f.* (*Gastron,region*) chestnut-flour polenta.
pattuglia *f.* (*Mil*) patrol: *una ~ di polizia* a police patrol. □ (*Mil*) ~ *aerea* air patrol; *essere di ~* to be on patrol; (*Mil*) ~ *di combattimento* combat patrol; (*Mil*) ~ *di esplorazione* scouting patrol; (*Mil*) ~ *di ricognizione* reconnaissance patrol; ~ *stradale* road patrol.
pattugliamento *m.* patrol, patrolling.
pattugliare (**pattùglio, pattùgli**) **I** *v.i.* (*aus.* **avere**) to patrol, to carry out a patrol, to go on patrol. **II** *v.t.* to patrol: ~ *una zona di confine* to patrol a borderland.
pattugliatore *m.* (*f.* **-trice**) patroller, patrolman. □ (*Mar.mil*) ~ *veloce* patrol speeboat.
pattuire (**pattuìsco, pattuìsci**) *v.t.* to stipulate, to agree on, to agree upon, to arrange the terms of, to settle: ~ *il prezzo di vendita* to stipulate the selling price, to agree on the selling price.
pattuito I *a.* agreed upon, agreed, stipulated, arranged, settled: *prezzo ~* price agreed upon, agreed price. **II** *m.* agreement, terms *pl.*: *attenersi al ~* to keep to terms.
pattume *m.* rubbish, garbage, trash.
pattumiera *f.* dustbin, rubbish bin; (*Am*) garbage can, trash can. □ ~ *a pedale* pedal bin.

paturnie □ *avere le* ~ to have the blues.
paulonia *f.* (*Bot*) foxglove tree.
pauperismo *m.* pauperism.
pauperistico *a.* pauperistic.
paura *f.* **1** fear, dread: *incutere* ~ *a qcu.* to arouse fear in so.; *tremare di* ~ to tremble with fear; *vincere la* ~ to overcome one's fear. **2** (*mista a riverenza*) awe. **3** (*spavento*) fright, scare: *essere preso dalla* ~ to be taken by fright. **4** (*timore, preoccupazione*) fear, apprehension, worry, anxiety. □ *avere* ~ *che* to be afraid that, to fear that: *ho* ~ *che non torni più* I'm afraid he won't come back again; *avere* ~ *di qcs.* to be afraid of sth., to be frightened of sth., to dread sth., to fear sth.; *aver* ~ *di qcu.* to be frightened of so., to be afraid of so.; *avere* ~ *di fare qcs.* to be afraid of doing sth.; *ho* ~ *di non sopportarlo* I'm afraid I won't be able to bear it; *non ha* ~ *di niente* nothing frightens him, he's afraid of nothing; *ho* ~ *di no* I'm afraid not; *ho* ~ *di sì* I'm afraid so; *che* ~! what a fright!; (*region, colloq*) *da* ~ dreadful, terrible; *magro da far* ~ dreadfully thin, terribly thin, frighteningly thin; *brutto da far* ~ as ugly as sin, frighteningly ugly; *bianco dalla* ~ white with fear; *farsela addosso dalla* ~ to wet one's pants (in fear), to be scared shitless, (*volg*) to shit bricks; *avere una* ~ *del diavolo* to be scared to death; (*fig*) *avere* ~ *della propria ombra* to be afraid of one's own shadow; *essere morto di* ~ scared to death, frightened to death; *far morire qcu. di* ~ to frighten so. to death; (*fig*) *la* ~ *fa novanta* fear makes one do strange things; *fare* ~ *a qcu.*: **1** to frighten so.; (*fare sobbalzare*) to frighten so., to startle so., to scare so.; *mettere* ~ *a qcu.* to frighten so., to scare so.; (*colloq*) *una storia che mette* ~ a frightening story, a scary story; *non avere* ~! : **1** I don't be afraid!, fear not!; **2** (*stai tranquillo*) don't worry!; *per* ~ out of fright, from fright, for fear: *l'ha fatto per* ~ he did it out of fright, he did it out of fear; *per* ~ *di* for fear of, (*rar*) lest; *carne al bando per* ~ *del morbo della mucca pazza* meat banned for fear of mad cow disease; *non mangia per* ~ *di ingrassare* she doesn't eat for fear of putting on weight, she doesn't eat lest she might put on weight; *per la* ~ out of fright, from fright, for fear: *i capelli le sono diventati bianchi per la* ~; her hair turned white with fright; *senza* ~ fearless, unafraid.
paurosamente *avv.* **1** (*con paura*) fearfully, (*timidamente*) timidly, timorously. **2** (*in modo pauroso*) frighteningly, terribly, dreadfully: *il tasso delle nascite sta calando* ~ the birth rate is sinking frighteningly.
pauroso *a.* **1** fearful. **2** (*timido*) timorous: ~ *come un coniglio* as timid as a rabbit. **3** (*che mette paura*) fearful, frightful, dreadful: *sulla statale c'è stato un incidente* ~ the has been a frightful car accident on the main road. **4** (*straordinario*) incredible: *Anna ha una memoria paurosa!* Ann has an incredible memory!
pausa *f.* **1** pause, break: *fare una* ~ to take a break, to have a break; *facciamo una* ~! let's have a break!; *una* ~ *di dieci minuti* a ten-minute break. **2** (*arresto, sosta*) stop, standstill, stoppage, halt: *il lavoro ha subito una* ~ the work has come to a standstill, the work has come to a halt. **3** (*Mus*) pause, rest. **4** (*Ling*) boundary. □ ~*caffè* coffee break; (*Mus*) ~ *di croma* (*Br*) quaver rest, (*Am*) eighth rest; (*Mus*) ~ *di minima* (*Br*) minim rest, (*Am*) half rest; ~*di riflessione* pause for reflection; *forse sarebbe meglio che ci prendessimo una* ~ *di riflessione* maybe it would be better for us to (have a) pause for reflec-

tion; (*Med*) ~ *diastolica* diastolic pause; ~ *estiva* summer break, summer vacation; ~ *pranzo* lunch break, lunchbreak; ~*pubblicitaria* (commercial) break.
Pausania *n.pr.m.* (*Stor*) Pausanias.
pavana *f.* (*Mus*) pavan, pavane.
paventare (*pavènto*) **I** *v.t.* (*lett*) (*temere*) to fear, to be afraid of: ~ *nuovi attacchi terroristici* to fear new terrorist attacks. **II** *v.i.* (*aus. avere*) (*lett*) **1** (*avere paura*) to be afraid. **2** (*spaventarsi*) to be taken by fright, to be scared.
pavesare (*pavéso*) *v.t.* **1** to decorate, to adorn, to deck, to bedeck. **2** (*Mar*) (*ornare con il pavese*) to dress (with flags).
pavesata *f.* (*Mar*) (*pavese*) bunting, flags *pl.*
pavese[1] *m.* **1** (*Mar*) (*gala*) flags *pl.*, bunting: *alzare il gran* ~ to dress a ship overall. **2** (*Mil, ant*) pavis, pavise.
pavese[2] **I** *a.* of Pavia (*posposto*), from Pavia (*posposto*). **II** *m./f.* (*originario*) native of Pavia; (*abitante*) inhabitant of Pavia.
pavido *a.* (*lett*) **1** pavid, fearful. **2** (*timido*) timid.
pavimentare (*paviménto*) *v.t.* **1** (*Edil*) to floor; (*con assi*) to plank; (*con parquet*) to parquet: ~ *una stanza* to floor a room. **2** (*Strad*) to pave. □ (*Strad*) ~*in macadam* to macadamize.
pavimentatore *m.* **1** (*Edil*) floor layer. **2** (*Strad*) paver, paving machine operator, (*ant*) paviour.
pavimentatrice *f.* (*Strad*) roadpaver, paver, paving machine.
pavimentazione *f.* **1** (*Edil*) (*operazione*) flooring; (*con tavole*) planking; (*con parquet*) parqueting. **2** (*Edil*) (*pavimento*) floor, flooring; (*di tavole*) planking; (*parquet*) parquet (flooring), parquetry. **3** (*Strad*) (*operazione*) paving. **4** (*Strad*) (*lastricato stradale*) paving, pavement. □ (*Strad*) ~*a blocchetti* block paving; ~ *a blocchetti di legno* wood block paving; (*Edil*) ~*a lisca di pesce* herring bone pattern paving; (*Edil*) ~*a mosaico* mosaic flooring, (*pavimento*) mosaic floor; (*Strad*) ~*di bitume* bitumen pavement; (*Edil*) ~ *di gomma* rubber flooring; (*Edil*) ~*in cemento* concrete flooring; (*Strad*) ~*in macadam* macadam, macadamized pavement; (*Strad*) ~*in mattoni* brick paving; (*Edil*) ~*in piastrelle* tile flooring, (*pavimento*) tile floor.
pavimentista *m.* **1** (*Edil*) floor layer. **2** (*Strad*) paver, (*ant*) paviour.
pavimento *m.* floor: *lucidare il* ~ to polish the floor. □ (*Edil*) ~ *a mosaico* mosaic floor; (*Anat*) ~ *della bocca* floor of the mouth; (*Edil*) ~ *di marmo* marble floor; (*Edil*) ~ *di mattonelle* tiled floor, tiling; (*Strad*) ~ *di mattoni* brick paving; (*Edil*) ~ *galleggiante* false floor; (*Edil*) ~*in cemento* concrete floor; (*Edil*) ~ *in piastrelle* tiled floor, tiled floor; (*Strad*) ~ *in pietra* stone floor; (*Edil*) ~*in terra cotta* terra cotta floor; (*Strad*) ~ *lastricato* pavement, flagging; (*Anat*) ~*pelvico* pelvic floor.
pavloviano *a.* (*Psic*) Pavlovian: *riflessi pavloviani* Pavlovian conditioning.
pavoncella *f.* (*Ornit*) lapwing.
pavone **I** *m.* **1** (*Ornit*) peafowl; (*maschio*) peacock; (*femmina*) peahen. **2** (*fig*) peacock, vain person: *fare il* ~ to play the peacock, to be as proud as a peacock; *sembrare un* ~ (*essere vanitoso*) to preen oneself. **II** *a.inv.* peacock: *blu* ~ peacock blue; *verde* ~ peacock green.
pavoneggiarsi *v.pron.* to peacock, to play the peacock, to strut about like a peacock, to show off.

pavonia *f.* (*Entom*) emperor moth.
pay per view /'pejpər'vju/ *f.inv.* (*TV*) pay per view.
pay-tv /,peɪti'vu/ *f.inv.* (*TV*) pay TV.
pazientare (*paziènto*; *aus.* avere) *v.i.* to be patient, to have patience, to wait patiently.
paziente I *a.* **1** patient: *un padre* ~ a patient father. **2** (*fatto con pazienza*) painstaking, patient: *dopo una lunga e* ~ *ricerca* after long and painstaking research. **II** *m./f.* patient: *curare un* ~ to treat a patient. □ (*Med*) ~ *esterno* outpatient; (*Med*) ~ *ricoverato* inpatient.
pazientemente *avv.* patiently.
pazienza I *f.* **1** patience: *avere* ~ to be patient; *perdere la* ~ to lose one's temper, to lose one's patience, to run out of patience; *portare* ~ to be patient; *abusare della* ~ *di qcu.* to take advantage of so.'s patience. **2** (*Rel.catt*) scapular; (*cordoglio*) friars' cord, friars' knotted cord. **3** (*Mar,ant*) (*cavigliera*) (belaying) pin rack. **II** *intz.* never mind!: *mi spiace di non essere arrivata in tempo - Pazienza!* I'm sorry I wasn't able to arrive on time - Never mind! □ *abbia* ~ (*scusi*) I'm sorry, excuse me; *con* ~ in patience, with patience, patiently; (*fig*) ~*da certosino* great patience; (*fig*) *la* ~ *di Giobbe* the patience of Job. *Prov.: la* ~ *è la virtù dei forti* patience is a virtue of the strong; *anche la* ~ *ha un limite* there's a limit to patience, patience has its limit.
pazzamente *avv.* madly, insanely, crazily: *essere* ~ *innamorato di qcu.* to be madly in love with so.
pazzerello I *m.* mad fellow, giddy fellow, madman, loony, weirdo. **II** *a.* **1** loony. **2** (*fig*) capricious, changeable.
pazzescamente *avv.* madly, wildly, foolishly.
pazzesco (*pl.* -chi) *a.* **1** mad, wild, foolish, crazy: *è* ~ *come il tempo cambi in fretta da queste parti* it's amazing how rapidly the weather changes around here. **2** (*fig*) (*assurdo*) absurd, foolish, senseless, mad: *un'impresa pazzesca* a foolish venture. **3** (*colloq*) (*incredibile*) extraordinary, incredible, ridiculous, insane: *è arrivato con un ritardo* ~ he turned up incredibly late; *ho una fame pazzesca!* I'm absolutely starving!; *oggi fa un freddo* ~ it's freezing cold today, today is ridiculously cold!
pazzia *f.* **1** madness, insanity, lunacy: *è pura* ~ that's sheer madness; *dare segni di* ~ to show signs of madness, to show signs of cracking up. **2** (*azione, discorso*) madness, folly: *fare una* ~ to do something foolish; *ha fatto ogni sorta di pazzie per quell'uomo* she did the maddest things for him; *questa è un'altra delle sue pazzie* this is another of his follies; *dire pazzie* to talk rubbish, to talk nonsense. □ *sarebbe una* ~ it would be sheer folly, it would be madness, it would be crazy, it would be nuts; *uscire con questo temporale sarebbe una* ~ it would be sheer folly to go out in this storm.
pazzo I *a.* **1** mad, insane, lunatic, crazy: *diventare* ~ to go mad; *fare diventare* ~ *qcu.* to drive so. mad; *devi essere* ~ *se pensi che ti ascolterò* you must be mad if you think I'll listen to you; (*fig*) *andare* ~ *per qcu.* (*o qcs.*) to be crazy about so. (*o* sth.), to be mad about so. (*o* sth.). **2** (*estens*) (*bizzarro*) crazy, eccentric, odd, strange: *è sempre stato un po'* ~ he's always been a bit crazy. **3** (*fig*) (*sfrenato*) wild, mad, frenzied: *spese pazze* wild extravagance. **4** (*fig*) (*insensato*) senseless, wild, foolish, mad: *discorsi pazzi* wild talk. **II** *m.* (*f.* -a) **1** madman (*f.* -woman), lunatic.

2 (*estens*) (*persona bizzarra*) eccentric, wild person, (*Am,colloq*) oddball. □ *come un ~* like crazy; *lavorare come un ~* to work like a dog; *guidare come un ~* to drive like a madman; *cose da pazzi!* (sheer) madness!, that's crazy!, unbelievable!; *~ da legare* raving mad, stark mad, as mad as a hatter; *~ d'amore* madly in love; *~ di gioia* mad with joy; *un ~ esaltato* a madcap, a hothead; *un ~ furioso* a raving lunatic: *essere ~ furioso* to be raving mad, to be completely mad; (*fig*) *darsi alla pazza gioia* to go wild, (*colloq*) to live it up; (*fig*) *essere ~ per qcu.* (o *qcs.*) to be crazy about so. (*o* sth.), to be mad about so. (*o* sth.); *~ scatenato* raving mad.

pazzoide I *a.* crazy, half-mad, (*colloq*) daft, loony, kooky. **II** *m./f.* madcap, loony, weirdo; (*Am*) nut.

PC I 1 (*Inform*) *personal computer* PC. 2 (*Comm*) *polizza di carico* (bill of lading). **II** *m.inv.* (*Inform*) PC, personal computer.

p.c. (*burocr*) *per conoscenza* FYI (for your information), c.c. (copy to).

p.c.c. (*burocr*) *per copia conforme* cert. (certified copy, true copy).

PCI (*Stor.it*) *Partito comunista italiano* (Italian Communist Party).

PCUS (*Stor,Pol*) *Partito comunista dell'Unione Sovietica* (Communist Party of the Soviet Union).

PD (*Comm*) *partita doppia* (double entry).

PDA (*Inform*) *assistente digitale personale* PDA (Personal Digital Assistant).

PDS (*Stor.it*) *Partito democratico della sinistra* (Democratic Party of the Left).

PDUP (*Stor.it*) *Partito di unità proletaria* (Proletarian Unity Party).

PE 1 *Perú* PE (Peru). 2 *Parlamento Europeo* (Euopean Parliament).

p.e. *per esempio* e.g. (for example, for instance, exempli gratia).

peana *m.* (*Lett*) paean (*anche fig*).

pebrina *f.* (*Zool*) pebrine.

pecan *m.* 1 (*Bot*) (*albero*) pecan (tree). 2 (*Bot,Alim*) (*frutto*) pecan (nut).

pecari *m.inv.* (*Zool*) collared peccary.

pecca *f.* (*difetto*) defect, flaw, fault, blemish: *l'unica ~ è che...* the only fault is that..., the only flaw is that...; *pieno di pecche* full of defects; *privo di pecche* faultless, without blemish, flawless.

peccaminosamente *avv.* sinfully.

peccaminosità *f.* sinfulness.

peccaminoso *a.* 1 sinful, wicked: *vita peccaminosa* wicked life. 2 (*estens*) (*lussurioso*) lustful, lascivious: *pensieri peccaminosi* lustful thoughts.

peccare (**pècco, pècchi**; *aus.* **avere**) *v.i.* 1 (*Teol*) to sin (*contro* against): *~ contro Dio* to sin against God. 2 (*essere colpevole*) to be guilty (*di* of): *~ d'ingratitudine* to be guilty of ingratitude. 3 (*sbagliare*) to sin, to commit a sin, to err. 4 (*difettare*) to be deficient (*di, in* in), to be lacking (*di, in* in), to be faulty (*di, in* in), to lack (sth.): *il romanzo pecca nell'intreccio* the novel lacks a good plot. □ *~ di gola* to commit the sin of gluttony; *~ di presunzione* (*colloq*) to be conceited, to be cocky; *~ di superbia* to be guilty of pride, (*colloq*) to be too proud; *~ d'orgoglio* to commit the sin of pride; *~ mortalmente* to commit (a) mortal sin.

peccato *m.* 1 (*Teol*) sin: *commettere un ~* to (commit) a sin; *vivere nel ~* to live in sins; *rimettere i peccati* to forgive sins; *confessare un ~* to confess a sin. 2 (*fig*) error, mistake: *un ~ da riparare* an error to make up for. 3 (*estens*) crime, sin: *è un ~ buttare via il cibo* it's a crime to throw food away. □ (*Teol*)

~ capitale deadly sin, mortal sin; *i sette peccati capitali* the seven deadly sins; *che ~!* what a shame!, what a pity!; *che ~ che tu non sia potuto venire!* it's a pity that you couldn't come!; *~ d'avarizia* sin of avarice; (*Teol*) *i peccati della carne* the sins of the flesh; *~ di gioventù*: 1 a youthful blunder; 2 (*scherz*) (*opera giovanile*) youthful effort, youthful work; 2 (*rar*) (*figlio illegittimo*) illegitimate child; (*Teol*) *~ di gola* gluttony, sin of gluttony; (*Teol*) *~ di omissione* sin of omission; (*Teol*) *~ mortale* deadly sin; (*Teol*) *~ originale* original sin (*anche fig*); (*Teol*) *~ veniale* venial sin. *Prov.*: *~ confessato è mezzo perdonato* a fault confessed is half redressed; *chi ha fatto il ~ faccia la penitenza* he who errs must pay for it; (*Bibl*) *chi è senza ~ scagli la prima pietra* let he who is without sin cast the first stone; *si dice il ~ ma non il peccatore* name the sin but not the sinner.

peccatore *m.* (*f.* -**trice**) (*Teol*) sinner. □ *~ impenitente* impenitent sinner; *~ incallito* hardened sinner.

peccatuccio *m.* peccadillo, slight fault.

pecchia *f.* (*lett,region*) (*ape*) bee.

pecchione *m.* (*lett,region*) (*fuco*) drone.

pece *f.* (*Ind*) pitch. □ (*Ind*) *~ greca* Greek pitch, colophony, rosin; (*Ind*) *~ liquida* tar; (*Mar*) *~ nera* pitch.

pechblenda /pek'-/ *f.* (*Min*) pitchblende.

pechinese I *a.* Pekinese, Pekingese. **II** *m./f.* (*abitante*) (*originario*) Pekinese, Pekingese, native of Peking; (*abitante*) Pekinese, Pekingese, inhabitant of Peking. **III** *m.* 1 (*dialetto*) Pekinese, Pekingese. 2 (*Zool*) (*cane*) Pekinese, Pekingese, (*colloq*) Peke.

Pechino *n.pr.f.* (*Geog*) Beijing, Peking.

pecioso *a.* pitchy.

pecora *f.* 1 (*Zool*) sheep; (*maschio*) ram; (*femmina*) ewe: *un gregge di pecore* a flock of sheep. 2 (*Macell*) (*carne*) mutton. 3 (*fig, spreg*) (*persona influenzabile*) sheep, (*colloq*) milksop; (*persona vile*) coward. □ *~ di sheep's*: *formaggio di ~* sheep's milk cheese; *latte di ~* sheep's milk; *~ di allevamento* breeding ewe; *~ di prima tosa* shearling; *pecore merino* merino sheep; (*fig*) *~ nera* black sheep; *essere la ~ nera della famiglia* to be the black sheep of the family. *Prov.*: *chi ~ si fa, il lupo se la mangia* he who makes himself a sheep shall be eaten by the wolf.

pecoraggine *f.* (*viltà*) moral cowardice.

pecoraio, pecoraro *m.* (*f.* -**a**) 1 shepherd (*f.* -dress). 2 (*fig*) uncouth fellow, boor.

pecoreccio I *a.* (*rar*) 1 sheep's, sheep (*attr.*), of a sheep. 2 (*fig*) (*volgare*) coarse, smutty. **II** *m.* (*rar*) 1 sheep droppings *pl.* 2 (*fig*) quagmire, mess.

pecorella *f.* 1 young sheep, sheep, lamb (*anche fig*): *~ smarrita* lost sheep. 2 (*fig*) (*nuvoletta bianca*) small fleecy cloud.

pecorino I *m.* (*Alim*) (*formaggio*) pecorino (ewe's milk cheese). **II** *a.* sheep's, sheep (*attr.*), of a sheep. □ (*volg*) *fare l'amore alla pecorina* to make love doggy fashion.

pecorone *m.* 1 (*montone*) ram. 2 (*spreg*) (*persona vile*) sheep, sheep-like person, spineless fellow: *una massa di pecoroni* a load of sheep.

pectina *f.* (*Chim*) pectin.

peculato *m.* (*Dir*) misappropriation (of public funds), embezzlement (of public funds), peculation: *commettere ~* to embezzle.

peculiare *a.* peculiar, particular, distinctive: *un costrutto ~ di una lingua* a construction peculiar to a language.

peculiarità *f.* peculiarity, distinctive fea-

ture, distinctiveness.

peculiarmente *avv.* peculiarly, distinctively: *una caratteristica ~ umana* a peculiarly human feature.

peculio *m.* 1 savings *pl.*, nest egg. 2 (*Dir.rom*) peculium.

pecunia *f.* (*lett,scherz*) money.

pecuniario *a.* pecuniary, money (*attr.*), monetary: *pena pecuniaria* pecuniary penalty, money penalty.

pedaggio *m.* (*Strad,Stor*) toll: *pagare il ~* to pay the toll. □ (*Strad*) *a ~* toll (*attr.*): *strada a ~* toll road; (*Strad*) *~ autostradale* motorway toll.

pedagna *f.* (*Mar*) stretcher.

pedagogia *f.* pedagogy, pedagogics (*costr.sing.*), science of education.

pedagogicamente *avv.* pedagogically.

pedagogico (*pl.* -**ci**) *a.* pedagogic, pedagogical.

pedagogista *m./f.* educationalist, educationist, pedagogist.

pedagogo *m.* (*f.* -**a**; *pl.* -**ghi**) pedagogue.

pedalabile *a.* ridable, good for cycling on: *un sentiero ~* a ridable path, a path good for cycling on.

pedalare (**pedàlo**; *aus.* **avere**) *v.i.* 1 to pedal: *~ all'indietro* to back-pedal. 2 (*estens*) (*andare in bicicletta*) to pedal, to cycle. □ (*colloq,region*) *pedala!* (*o ~!*): 1 (*vattene*) scram!, take a hike!, (*Br*) get your skates on!, on your bike!; 2 (*sbrigati*) get on with the job!, get cracking!, hurry up!

pedalata *f.* 1 push on a pedal. 2 (*modo di pedalare*) way of pedalling. □ *andare a fare una bella ~* to go for a cycle ride.

pedalatore *m.* (*rar*) cyclist.

pedale[1] *m.* 1 (*Mecc*) pedal, treadle: *~ della bicicletta* bicycle pedal; *schiacciare il ~* to put one's foot on the pedal, to step on the pedal. 2 (*Mus*) pedal: *~ del pianoforte* piano pedal, soft pedal. 3 (*Tecn*) pedal, foot lever, treadle: *~ della macchina da cucire* treadle of a sewing-machine. 4 (*Calz*) (cobbler's) leather strap. 5 (*Bot*) foot, stem. □ *a ~* pedal (*attr.*), treadle (*attr.*), foot (*attr.*): *azionamento a ~* treadle drive, pedal drive; *interruttore a ~* pedal switch, foot switch; (*Aut*) *~ del freno* brake pedal; (*Aut*) *~ della frizione* clutch (pedal); (*Aut*) *~ dell'acceleratore* accelerator (pedal), (*Am*) gas (pedal); *~ di comando* foot control lever; (*Mus*) *~ di risonanza* sustain pedal, sostenuto pedal, loud pedal; (*Mus*) *tonale* damper pedal, muffler pedal; (*Mus*) *~ una corda* soft pedal, una corda.

pedale[2] *a.* (*Bot*) basal.

pedaleggiare (**pedaléggio**; *aus.* **avere**) *v.i.* (*Mus*) to pedal, to use the pedals.

pedaliera *f.* 1 (*Mus*) (*di organo*) pedal keyboard; (*di pianoforte*) pedals *pl.* 2 (*Aer*) rudder bar, rudder pedals *pl.* 3 (*Tess*) treadle loom.

pedalina *f.* (*Tip,ant*) platen press, platen machine, platen.

pedalino *m.* (*region*) (*calzino*) sock.

pedalò *m.inv.* (*Mar*) pedalo.

pedana *f.* 1 footboard; (*di cattedra*) platform, dais. 2 (*Sport*) (*nella ginnastica artistica*) springboard; (*nella scherma*) fencing piste; (*nel lancio del disco*) (throwing) circle; (*nel baseball*) rubber; (*di rincorsa*) approach. 3 (*Sart*) edging, tape, binding. 4 (*tappetino*) small rug; (*scendiletto*) bedside rug.

pedante I *a.* 1 pedantic. 2 (*pignolo*) fussy, fastidious, nit-picking. **II** *m./f.* pedant, nit-picker.

pedanteggiare (**pedantéggio**; *aus.* **avere**) *v.i.* to play the pedant.

pedantemente *avv.* fussily, nit-pickingly.

pedanteria *f.* 1 pedantry, fussiness, fastidiousness. 2 (*sottigliezza*) hair-splitting, pedantic remark.

pedantesco (*pl.* **-chi**) *a.* pedantic, hair-splitting.

pedata *f.* 1 kick: *dare una ~ a qcu.* to give so. a kick, to kick so.; *aprire la porta con una ~* to kick the door open. 2 (*orma*) footprint, footmark, footstep: *ci sono delle pedate sul pavimento* there are footmarks on the floor. 3 (*Edil*) (*parte orizzontale del gradino*) run, tread. □ *cacciare via qcu. a pedate* to kick so. out; *prendere qcu. a pedate* to kick so.

pedemontano *a.* (*Geog*) piedmont.

pederasta *m.* 1 pederast, (*rar*) paederast. 2 (*estens*) (*omosessuale*) homosexual.

pederastia *f.* 1 pederasty, (*rar*) paederasty. 2 (*estens*) (*omosessualità*) homosexuality.

pedestre *a.* 1 (*ordinario*) unimaginative, pedestrian, prosaic, dull. 2 (*rar*) (*pedonale*) foot (*attr.*).

pedestremente *avv.* in a pedestrian way, dully.

pediatra *m./f.* (*Br*) paediatrician, (*Am*) pediatrician, pediatrist.

pediatria *f.* (*Br*) paediatrics (*costr.sing.*); (*Am*) pediatrics (*costr.sing.*).

pediatrico (*pl.* **-ci**) *a.* (*Br*) paediatric, (*Am*) pediatric, (*colloq*) children's, child (*attr.*): *ospedale ~* children's hospital.

pedice *m.* (*Edit*) subscript.

pedicellato *a.* (*Bot*) pedicellate.

pedicello *m.* (*Bot*) pedicel, peduncle, footstalk.

pediculosi *f.* (*Med*) pediculosis.

pedicure /pedi'kyr, pedi'kure/ **I** *f.inv.* (*trattamento*) pedicure, chiropody: *farsi la ~* to have a pedicure. **II** *m./f.inv.* (*persona*) chiropodist; (*Am*) pedicurist, podiatrist.

pediera *f.* footboard.

pedigree /pedi'gri/ *m.inv.* pedigree: *cane col ~* pedigree dog.

pediluvio *m.* foot-bath, footbath: *fare un ~* to have a foot-bath.

pedina *f.* 1 (*nella dama*) man, draughtsman, (*Am*) checker: *muovere una ~* to move a man, to move a piece. 2 (*negli scacchi*) pawn, piece: *muovere una ~* to move a pawn. 3 (*fig*) pawn: *essere una ~ nelle mani di qcu.* to be a pawn in so.'s hands; *muovere una ~* to make a move; *sapere muovere le proprie pedine* to know how to pull wires, to know how to pull strings.

pedinamento *m.* tailing, shadowing.

pedinare (*pedìno*) **I** *v.t.* to tail, to shadow, to follow (*colloq*) to dog: *far ~ qcu.* to have so. tailed; *ha fatto ~ la moglie per quasi un mese* he's had his wife tailed for nearly a month, he's had his wife followed for nearly a month. **II** *v.i.* to hop, to run.

pedissequamente *avv.* blindly, slavishly: *seguire ~ le istruzioni* to follow the instructions blindly.

pedissequo *a.* unoriginal, slavish: *imitazione pedissequa* slavish imitation; *traduzione pedissequa* literal translation.

pedivella *f.* (*Mecc*) pedal crank.

pedodonzia *f.* (*Dent,Med*) paedodontics (*costr.sing.*), pedodontics (*costr.sing.*).

pedofilia *f.* (*Br*) paedophilia, (*Am*) pedophilia.

pedofilo *m.* (*f.* **-a**) (*Br*) paedophile, (*Am*) pedophile.

pedogenesi *f.* (*Biol*) paedogenesis, pedogenesis.

pedologia[1] *f.* (*Pedag*) paedology, pedology.

pedologia[2] *f.* (*Agr*) pedology, soil science.

pedologico *a.* (*Agr*) pedologic, pedological.

pedologo (*pl.* **-gi**) *m.* (*Agr*) pedologist, soil scientist.

pedometro *m.* (*Tecn*) pedometer.

pedonale *a.* (*Strad*) pedestrian: *attraversamento ~* pedestrian crossing; *strisce pedonali* zebra crossing, pedestrian crossing.

pedonalizzare (**pedonalizzo**) *v.t.* (*Strad*) to pedestrianize, to convert (sth.) into a pedestrian walkway: *~ il centro* to pedestrianize the centre.

pedonalizzazione *f.* (*Strad*) pedestrianization.

pedone *m.* 1 pedestrian: *investire un ~* to run down a pedestrian. 2 (*negli scacchi*) pawn, piece.

pedopornografia *f.* child pornography.

peduccio *m.* 1 (*region*) (*di lepre*) paw; (*di capra, pecora*) hoof; (*di maiale*) trotter. 2 (*Arch*) corbel.

pedule *f.pl.* 1 (*Calz,Alp*) mountain-climbing shoes, climbing shoes. 2 (*Calz,estens*) hiking shoes, walking shoes.

pedule *m.* (*parte della calza*) foot.

peduncolare *a.* peduncular.

peduncolato *a.* pedunculate, pedunculated.

peduncolo *m.* 1 (*Biol,Anat*) peduncle. 2 (*Bot*) peduncle, stalk. 3 (*Zool*) peduncle, pedicel. □ (*Anat*) *~cerebrale* cerebral peduncle; (*Anat*) *~ottico* optic stalk.

peeling /'piling/ *m.inv.* (*Cosmet*) skin peeling treatment, exfoliation.

pegamoide *f./m.* (*Pell*) pegamoid, artificial leather.

Pegaso *n.pr.m.* (*Mitol,Astr*) Pegasus.

peggio I *avv.* worse: *è ~ parlare che tacere* talking is worse than keeping quiet; *oggi sto ~ di ieri* today I'm feeling worse than yesterday; *c'è chi sta ~ di noi* there are people worse off than we are. **II** *a.compar.* worse: *la mia stanza è ~ della tua* my room is worse than yours; *non c'è niente di ~ che...* there's nothing worse than...; *oggi il tempo è ~ di ieri* today the weather is worse than yesterday. **III** *a.sup.* (*region,colloq*) worst: *le ~ cose* the worst things. **IV** *m./f.* worst: *è il ~ che mi potesse capitare* (o *è quanto di ~ potesse capitarmi*) it's the worst (thing) that could have happened to me; *essere preparato al ~* to be prepared for the worst; *temere il ~* to fear the worst; *il ~ è che...* the worst is that...; *il ~ deve ancora arrivare!* there's still worse to come!, the worst is yet to come! □ *al ~* at worst; *alla ~* if (the) worse comes to (the) worst, at worst: *fatto alla ~* done in a slipshod way; *~ancora* worse still; *andare ~*: 1 (*peggiorare*) to worsen; 2 (*ottenere risultati inferiori*) to do worse: *poteva andare anche ~* it could have been even worse; *non si potrebbe andare ~ di così* it couldn't be worse than this, it couldn't go more badly than this; *avere la ~* to get the worst of it; *c'è di ~* there is worse to come, I've seen worse, there are worse things; (*colloq*) *~che andar di notte!* worse than ever!, worse still!, it couldn't be any worse!; *~che mai* worse than ever; *il ~ del ~* the lowest of the low; *~del previsto* worse than expected; *~del solito* worse than usual; *uno ~ dell'altro* one worse than the other; *~ di così si muore!* it couldn't be worse!, that's the very worst thing that could happen!; *cambiare in ~* to change for the worse; *molto ~* much worse; *~ per te!* (so much) the worse for you!; *il ~possibile* the worst possible; *quel che è ~* the worst is that; *sempre ~* worse and worse.

peggioramento *m.* worsening, deterioration: *un ~ della situazione internazionale* a worsening of the international situation; *un*

brusco ~ del tempo a sudden worsening of the weather; *un ~ nelle condizioni di salute* a deterioration in one's health (condition).

peggiorare (**peggióro**) **I** *v.t.* to make worse, to worsen, to aggravate: *non farai che ~ la situazione* you'll only make the situation worse. **II** *v.i.* (*aus.* essere/avere) to worsen, to become worse, to get worse, to take a turn for the worse, to deteriorate: *la situazione peggiora di minuto in minuto* the situation is getting worse every minute; *~ sempre di più* to get worse and worse; *la sua salute va peggiorando* his health is deteriorating. **III** *m.* worsening, deterioration.

peggiorativo I *a.* 1 depreciatory, pejorative. 2 (*Gramm*) pejorative. **II** *m.* (*Gramm*) pejorative, pejorative word.

peggiore I *a.compar.* 1 worse: *il suo carattere è ~ del tuo* his character is worse than yours; *non c'è cosa ~ che...* there's nothing worse than...; *non saresti potuto arrivare in un momento ~* you couldn't have come at a worse time. 2 (*più scadente*) worse, inferior, poorer quality (*attr.*): *merce ~* poorer quality goods. **II** *a.sup.* worst: *trovarsi nelle peggiori condizioni possibili* to be in the worst conditions possible; *il mio peggior incubo* my worst nightmare; *l'avarizia è il tuo peggior difetto* stinginess is your worst fault. **III** *m./f.* worst: *è il ~ della classe* he's the worst in the class; *il ~ dei due* the worse of the two. □ *nel ~ dei casi* if (the) worse comes to (the) worst, if the worst should come to the worst, at worst, worse case scenario; *nella ~ delle ipotesi* if the worst comes to the worst, if the worst should come to the worst, at worst, worse case scenario; *nel peggior modo possibile* in the worst possible way; *della peggiorspecie* of the worst kind, of the worst sort, of the worst type: *un criminale della peggior specie* a criminal of the worst sort, the worst kind of criminal. *Prov.*: *non c'è peggior sordo di chi non vuol sentire* (there are) none so deaf as those who will not hear.

pegmatite *f.* (*Min*) pegmatite.

pegno *m.* 1 (*Dir*) pawn, security, lien; (*oggetto*) pledge, pawn: *dare in ~ qcs. a qcu.* to give so. sth. as security, to give so. sth. as a pledge. 2 (*fig*) pledge, token, sign: *come ~ del mio amore* as a token of my love. 3 (*nei giochi*) forfeit. □ *dare in ~* to pawn; *dare la propria fede in ~* to pawn one's wedding ring; (*Dir*) *~irregolare* irregular lien; *prendere in ~* to take as security, to take into pawn; *prestare denaro su ~* to lend money on pledge; *prendere a prestito su ~* to loan on pledge, to borrow on pledge.

pelagianesimo, **pelagianismo** *m.* (*Rel*) Pelagianism.

pelagiano I *a.* (*Rel*) Pelagian. **II** *m.* (*Rel*) Pelagian.

pelagico (*pl.* **-ci**) *a.* pelagic: *flora pelagica* pelagic flora.

Pelagio *n.pr.m.* (*Stor*) Pelagius.

pelago (*pl.* **-ghi**) *m.* (*lett*) 1 (*mare*) (open) sea, high sea. 2 (*fig*) (*ginepraio*) quagmire, sea.

pelame *m.* fur, hair, coat.

pelandrone *m.* (*f.* **-a**) (*region*) (*fannullone*) loafer, slacker, idler, lazybones.

pelapatate *m.inv.* potato peeler.

pelare (*pélo*) **I** *v.t.* 1 (*togliere i peli*) to remove the hair from. 2 (*sbucciare*) to skin: *~ le patate* to peel potatoes. 3 (*pop*) (*spennare*) to pluck, (*scuoiare*) to skin: *~ un'anatra* to pluck a duck; *~ un coniglio* to skin a rabbit. 4 (*colloq*) (*tagliare a zero*) to crop, to cut, to shear, o cut close, to cut very short: *il parrucchiere mi ha pelato* the hairdresser cropped my hair, the hairdresser has shorn me. **5** (*fig*) (*privare dei quattrini*) to clean out, (*colloq*) to skin: *gli amici l'hanno pelato al gioco* his friends cleaned him out gambling. **6** (*colloq*) (*far pagare prezzi eccessivi*) to make so. pay through the nose: *in quel ristorante pelano i clienti* in that restaurant they make you pay through the nose. **II** *v.pron.* **pelarsi** (*colloq,rar*) (*diventare calvo*) to lose one's hair, to become bald, to go bald.

pelargonio *m.* (*Bot*) pelargonium.

pelata *f.* **1** (*scherz*) (*zona calva del cranio*) bald spot. **2** (*scherz*) (*testa calva*) bald head. **3** (*fig*) skinning, rip-off: *giocando a poker ha preso una* ~ he got a skinning at poker.

pelato I *a.* (*calvo*) bald, bald-headed, baldheaded: *testa pelata* bald head, bald pate; *diventare* ~ to go bald. **II** *m.* **1** (*colloq*) (*uomo calvo*) baldhead, baldpate, baldy. **2** *pl.* (*Alim*) peeled tomatoes.

pelatrice *f.* (*Tecn*) (*macchina*) peeler, peeling machine.

pelatura *f.* **1** (*Tecn,Mecc*) peeling. **2** (*rif. ad animali*) skinning, stripping; (*rif. a volatili*) plucking; (*rif. a frutta*) peeling. **3** (*fig*) skinning.

Peleo *n.pr.m.* (*Mitol*) Peleus.

pelide *a.* (*Mitol,Lett*) Pelides: ~ *Achille* Pelides Achilles, Achilles son of Peleus.

pellaccia (*pl.* -**ce**) *f.* **1** tough skin, thick skin. **2** (*persona resistente*) tough person, tough fellow. **3** (*fig*) (*persona disonesta*) rascal, swindler, rogue. □ *avere la* ~ *dura* to be thick-skinned.

pellagra *f.* (*Med*) pellagra.

pellagroso I *a.* (*Med*) pellagrous. **II** *m.* (*f.* -**a**) (*Med*) pellagrin.

pellaio *m.* (*Pell*) **1** (*conciatore*) tanner. **2** (*venditore*) hide seller.

pellame *m.* (*Pell*) hides *pl.*, skins *pl.*

pelle *f.* **1** skin: *avere la* ~ *delicata* to have sensitive skin; *avere una bella* ~ to have a lovely skin; ~ *morbida come la seta* silky smooth skin. **2** (*di animali*) hide, skin; (*coperta di peli*) pelt, skin, fur: *cambiare la* ~ (*o mutare la* ~) to slough off one's skin. **3** (*Pell*) (*cuoio*) leather: *una cintura di* ~ a leather belt. **4** (*estens*) (*buccia*) peel: *levare la* ~ (*o togliere la* ~) *a qcs.* to peel sth.; ~ *d'arancia* orange peel. **5** (*estens*) (*di salsiccia*) skin; (*del salame*) hide: *togliere la* ~ *dalla salsiccia* to skin the sausage. **6** (*colloq,fig*) (*vita*) skin, life: *rischiare la* ~ to risk one's skin, to risk one's life; *lasciarci la* ~ (*morire*) to lose one's life; *ne va della tua* ~ your life is at stake; *giocare con la* ~ *degli altri* to put so.'s life at risk. □ *a* ~ skin-tight; ~ *a buccia d'arancia* orange-peel skin; (*Pell*) ~ *conciata* dressed hide, hide; (*Pell*) ~ *d'agnello* lambskin; (*colloq*) ~ *dell'uovo* shell membrane, skin; (*Abbigl*) *di* ~ leather (*attr.*): *pantaloni di* ~ leather trousers; (*Pell*) ~ *di bufalo* buffalo skin; (*Pell*) ~ *di camoscio* chamois, chamois leather, shammy; (*Pell*) ~ *di capra* goatskin; (*Pell*) ~ *di capretto* kid; ~ *di daino*: **1** (*Pell*) deerskin, buckskin; **2** (*panno*) chamois leather, shammy leather, wash leather; (*Pell*) ~ *di foca* sealskin; (*Pell*) ~ *di leopardo* leopardskin; ~ *di lucertola* lizardskin; (*Pell*) ~ *di pecora* sheepskin; ~ *di serpente* snakeskin; (*Pell*) ~ *di vitello* calfskin; ~ *d'oca* goose flesh, goose pimples *pl.*, goose bumps *pl.*; *mi fa venire la pelle d'*~: **1** it gives me goose flesh, it gives me goose bumps; **2** (*per la paura*) it makes my flesh creep, (*colloq*) it gives me the creeps; (*Pell*) ~ *d'orso* bearskin; (*colloq,fig*) *cadere a* ~ *d'orso* to fall flat on one's face; (*fig*) *avere la* ~

dura: **1** (*essere resistente*) to be a tough one, to be tough; **2** (*essere poco sensibile*) to be insensitive, to be thick-skinned; (*fig*) *essere* ~ *e ossa* to be (all) skin and bone, to be just skin and bones, to be a bag of bones; (*pop*) *fare la* ~ *a qcu.* (*ucciderlo*) to kill so., (*colloq*) to knock so. off, (*colloq*) to bump so. off; ~ *grassa* oily skin; (*Abbigl*) *pantaloni in* ~ leather trousers; (*Legat*) *rilegato in* ~ leather-bound; (*Legat*) ~ *intera* whole-leather, whole-leather binding; *in* ~ *intera* in whole-leather binding; (*Pell*) ~ *lucida* patent leather; (*Pell*) ~ *non conciata* pelt, rawhide; (*fig*) *non stare più nella* ~ to be beside oneself; *amici per la* ~ inseparable friends, bosom friends; (*Pell*) ~ *scamosciata* suede; ~ *secca* dry skin; (*Pell*) ~ *verniciata* patent leather.

pellegrina *f.* (*Abbigl*) shoulder cape, tippet.

pellegrinaggio *m.* **1** pilgrimage: *andare in* ~ to make a pilgrimage, to go on a pilgrimage. **2** (*estens,rar*) (group of) pilgrims.

pellegrinare (**pellegrìno**; *aus.* **avere**) *v.i.* (*rar*) to make a pilgrimage, to go on a pilgrimage.

pellegrino I *m.* (*f.* -**a**) **1** pilgrim (*anche fig*). **2** (*viandante*) wanderer, wayfarer. **II** *a.* (*rar*) **1** (*lett*) (*errabondo*) wandering, pilgrim (*attr.*). **2** (*forestiero*) foreign. **3** (*fig*) (*strano*) strange, outlandish.

pellerossa *m./f.inv.* American Indian, Native American, (*ant*) Red Indian, (*spreg*) redskin.

pellet *m.inv.* (*Tecn,Minier*) pellet.

pelletteria *f.* (*Pell*) **1** leather industry. **2** (*oggetti di pelle*) leather goods *pl.* **3** (*insieme di pelli: conciate*) (dressed) skins *pl.*, hides *pl.*; (*da conciare*) peltry, pelts *pl.* **4** (*negozio*) leather goods shop.

pellettiere *m.* (*Pell*) **1** (*produttore*) leather goods manufacturer. **2** (*venditore*) leather goods dealer.

pellettizzare (**pellettìzzo**) *v.t.* (*Tecn,Minier*) pelletization.

pellicano *m.* (*Ornit*) pelican.

pellicceria *f.* **1** (*insieme di pellicce*) furs *pl.* **2** (*negozio*) furrier's, furrier's shop.

pelliccia (*pl.* -**ce**) *f.* (*Zool*) coat, fur; (*di animale morto*) pelt, skin: ~ *invernale* winter coat. **2** (*Abbigl*) fur; (*cappotto*) fur coat. □ *animali da* ~ fur-bearing animals; (*Abbigl*) ~ *di astracan* (o ~ *di astrakan*) astrakhan fur; (*Abbigl*) ~ *di castoro* beaver fur; (*Abbigl*) ~ *di ermellino* ermine fur; (*Abbigl*) ~ *di martora* marten fur; (*Abbigl*) ~ *di visone* mink fur; (*Abbigl*) ~ *di volpe* fox fur; (*Abbigl*) ~ *ecologica* fake fur, imitation fur, mock fur.

pellicciaio *m.* (*f.* -**a**) **1** furrier. **2** (*conciatore*) furrier, fur dresser.

pellicciame *m.* (*rar*) furs *pl.*

pellicciotto *m.* (*Abbigl*) (*giacca di pelliccia*) fur jacket.

pellicina *f.* (*colloq*) (*cuticola*) cuticle.

pellicola *f.* **1** (*Anat,Biol*) (*pelle o membrana sottile*) film, pellicle. **2** (*Fot,Cin*) film: *fare sviluppare una* ~ to have a film developed. **3** (*opera cinematografica*) film, picture, motion picture, (*colloq*) movie. □ (*Fot*) ~ *a colori* colour film, (*Am*) color film; (*Fot*) ~ *a due emulsioni* sandwich film, double-emulsion film; (*Cin*) ~ *a passo normale* thirty-five millimetre film, standard film; (*Cin*) ~ *a passo ridotto* sixteen-millimetre film, narrow-gauge film, sub-standard film; (*Fot*) ~ *a sviluppo immediato* instant print film; (*Fot*) ~ *all'acetato di cellulosa* acetate film; (*Cin*) ~ *cinematografica* film, (*colloq*) picture, (*Am*) motion picture, (*Am,colloq*) movie; ~ *di olio* film of oil; ~ *di sicurezza* safety film;

(*Fot*) ~ *extrarapida* high speed film; (*Fot*) ~ *fotografica* photographic film; (*Fot,Cin*) ~ *impressionata* exposed film; (*Fot*) ~ *in bianco e nero* black and white film; (*Fot*) ~ *in rotolo* roll film; ~ *invertibile* reversal film, reverse film; (*Fot*) ~ *piana* cut film, flat film, sheet film; (*Fot*) ~ *sensibile* sensitive film; (*Cin*) ~ *sonora* sound motion picture; ~ *trasparente* (*per alimenti*) protective film, cling film, plastic film; (*Fot,Cin*) ~ *vergine* unexposed film.

pellicolare *a.* pellicular, skin (*attr.*): (*El*) *effetto* ~ skin effect.

pellirossa *m./f.inv.* American Indian, Native American, (*ant*) Red Indian, (*spreg*) redskin.

pellucidità *f.* pellucidity, pellucidness.

pellucido *a.* pellucid, translucent.

pelo *m.* **1** hair: *strappare un* ~ to pull out a hair. **2** *pl.* hair (*costr.sing.*): *i peli delle ascelle* the armpit hair. **3** (*setola*) bristle. **4** (*pelame*) coat, fur: *perdere i peli* to moult, to shed hair. **5** (*pelliccia*) fur: *un colletto di* ~ a fur collar. **6** (*Bot*) trichome, hair: ~ *radicale* root-hair. **7** (*Tess*) hair; (*filamento: di tessuto grezzo*) pile; (*di tessuto lavorato*) nap; (*di lana*) fluff: ~ *di cammello* camel hair; *un maglione che perde i peli* a pullover that loses fluff. **8** (*colloq*) (*pochissimo*) hair's breadth, skin of one's teeth: *c'è mancato un* ~ *che non cadesse* he came within a hair's breadth of falling. **9** (*colloq*) (*differenza minima*) slight difference, little difference. □ (*Equit*) *cavalcare a* ~ (o *montare a* ~) to ride bareback; *a* ~ *raso* short-haired; (*fig*) *essere a un* ~ *da* to be within an inch of sth.; *a* ~ *corto* short-haired; *una razza a* ~ *corto* a short-haired breed; ~ *dell'acqua* surface of the water; *pel di carota* carrot(-top), (*Am*) redhead; *fare il* ~ *e il contropelo*: **1** to shave with and against the lie of the hair; **2** (*fig*) to give a dressing down; *peli ispidi* bristly hair, shaggy hair; *un cane a* ~ *lungo* a shaggy dog, a long-haired dog; (*fig*) *cercare il* ~ *nell'uovo* to be a nit-picker, to nit-pick; (*fig*) *per un* ~ by a hair's breadth, by the skin of one's teeth; *per un* ~ *non affogava* he escaped drowning by the skin of his teeth; *me la sono cavata per un* ~ that was a close call, that was a close shave, that was close; *di* ~ *rosso* red-headed, red-haired; *senza peli* hairless; (*fig*) *non avere peli sulla lingua* not to mince one's words, to be outspoken; (*fig*) *avere il* ~ *sullo stomaco* to be ruthless; *peli superflui* unwanted hairs.

pelobate *m.* (*Zool*) common spadefoot.

peloponesiaco (*pl.* -**ci**) **I** *a.* Peloponnesian. **II** *m.* inhabitant of Peloponnese.

Peloponneso *n.pr.m.* (*Geog*) Peloponnese, Peloponnesus.

pelosità *f.* hairiness.

peloso *a.* **1** hairy: *mani pelose* hairy hands. **2** (*rif. ad animali*) shaggy, with lots of fur.

pelota *f.* (*Sport*) pelota.

pelta *f.* (*Archeol*) pelta.

peltasta, peltaste *m.* (*Stor.gr*) peltast.

peltro *m.* (*Met*) pewter: *vasellame di* ~ pewter vessels, pewter.

peluche /pe'lyʃ/ *f.inv.* **1** (*pupazzo*) soft toy. **2** (*Tess*) plush.

peluria *f.* down: *coperto di* ~ downy.

pelvi *f.* (*Anat*) pelvis: ~ *renale* renal pelvis.

pelvico (*pl.* -**ci**) *a.* (*Anat*) pelvic: *regione pelvica* pelvic region.

pelvimetria *f.* (*Med*) pelvimetry.

pemfigo *m.* (*Med*) pemphigus.

pemmican /'pɛmmikan/ *m.inv.* (*Gastron*) pemmican, pemican.

pena *f.* **1** punishment, penalty, sentence: *mitigare una* ~ to mitigate a sentence; *scontare* *una* ~ to serve a term, to serve a sentence, to serve one's time; *infliggere una* ~ to impose a penalty. **2** (*afflizione, dolore*) grief, sorrow, pain, suffering, affliction: *ha sofferto molte pene* she suffered many sorrows. **3** (*compassione*) pity. **4** (*preoccupazione, ansia*) worry: *stare in* ~ *per qcu.* to be worried about so. **5** (*fatica*) trouble, bother: *non si è neanche presa la* ~ *di telefonarmi* she didn't even bother to ring me. □ ~ *capitale* capital punishment; ~ *corporale* corporal punishment; *pene d'amore* love pang, heartache; *darsi la* ~ *di fare qcs.* to take the trouble of doing sth., to bother to do sth.; *le pene dell'inferno* the pains of hell; *patire le pene dell'inferno* to go through hell; *mi ha fatto patire le pene dell'inferno* he put me through hell; (*Dir*) *~detentiva* sentence of detention; *~di morte* capital punishment, death penalty, death sentence; *è una* ~ *vederlo così ridotto* it's pitiful to see him in such a state; (*Rel*) ~ *eterna* eternal punishment; *fare* ~ to be painful, to be pathetic: *mi facevano* ~ I was sorry for them; *mi fa* ~ *vedere queste cose* it's sad to see these things; (*estens*) *fa davvero* ~ *a cantare!* his singig is really dreadful!; *mi fai* ~: 1 I'm sorry for you; 2 (*iron*) you're pathetic, I pity you; *animain* ~ tormented soul, soul in torment; (*Mediev*) *~infamante* ignominious punishment; *~la morte* under pain of death, on pain of death; *~la testa* on pain of death; ~ *la vita* on pain of death; (*Dir*) ~ *massima* maximum penalty; ~ *pecuniaria* fine; *sotto* *~di* under pain of, on pain of.

penale I *a.* (*Dir*) criminal, penal: *processo* ~ criminal trial. **II** *f.* (*Dir*) **1** penalty, fine: *pagare una* ~ to pay a penalty. **2** (*di un contratto*) penalty, forfeit, forfeiture: ~ *per inadempienza contrattuale* penalty for breach of contract.

penalista *m./f.* (*Dir*) (*criminalista*) criminalist, penologist; (*avvocato difensore*) criminal lawyer.

penalistico (*pl.* **-ci**) *a.* (*Dir*) of criminal law (*posposto*), penological.

penalità *f.* **1** penalty, fine. **2** (*Sport*) (*svantaggio*) penalty.

penalizzare (**penalìzzo**) *v.t.* **1** (*Sport*) to penalize. **2** (*fig*) to penalize, to place (sth.) at a disadvantage, to impose a handicap on.

penalizzazione *f.* **1** (*penalità*) penalty; (*assegnazione della penalità*) penalization. **2** (*fig*) penalization.

penalmente *avv.* (*Dir*) penally.

penalty /'penalti/ *m./f.inv.* (*Sport*) penalty, penalty kick.

penare (**péno**; *aus.* **avere**) *v.i.* **1** to suffer: (*eufem*) *ha finito di* ~ his sufferings are over; *fare* ~ *qcu.* to cause so. distress, to distress so. **2** (*faticare*) to have trouble, to have difficulty, to find it difficult: *ho penato molto per trovare la strada* I had a lot of trouble finding the way.

penati *m.pl.* (*Mitol*) penates, household gods.

pencolante *a.* **1** swaying, wobbling. **2** (*fig*) hesitating, wavering.

pencolare (**pèncolo**; *aus.* **avere**) *v.i.* **1** to sway, to wobble, to shake. **2** (*fig*) to hesitate, to waver.

pencolio *m.* continuous swaying, continuous wobbling.

pen computer /'pen'kompjuter/ *m.inv.* (*Inform*) pen computer.

pendaglio *m.* **1** (*Oref*) pendant; (*rif. a bracciali e sim.*) charm. **2** (*di spada*) frog. □ (*fig*) ~ *da forca* gallows bird.

pendant /pã'dã/ *m.inv.* match, companion. □ *fare* ~ *con qcs.* to match sth., to be the companion to sth.; *la collana e il braccialetto fanno* ~ the necklace and the bracelet are a matching pair; *fare da* ~ *a qcs.* to match sth., to be the companion to sth.

pendente I *a.* **1** hanging, pendent: *lampada* ~ hanging lamp, ceiling lamp. **2** (*inclinato*) leaning, sloping, slanting: *la Torre* ~ *di Pisa* the Leaning Tower of Pisa; *un tetto* ~ *a* sloping roof. **3** (*Dir*) (*irrisolto*) pending, pendent, outstanding *processo* ~ pending trial; *controversia* ~ unsettled controversy; *la questione è ancora* ~ the question is still pending, the question is still being dealt with. **4** (*Dir*) (*non pagato*) outstanding, due: *debito* ~ outstanding debt, debt due. **II** *m.* (*Oref*) **1** pendant. **2** *pl.* (*orecchini*) drop earrings.

pendenza *f.* **1** (*dislivello*) slope, slant, incline: *forte* ~ steep slope; *a forte* ~ steeply sloping; *lieve* ~ slight slope; *a lieve* ~ slightly sloping. **2** (*rapporto tra piano pendente e piano orizzontale*) gradient, grade; (*verticalità*) slope; (*del terreno*) dip: *grado di* ~ gradient. **3** (*Dir*) pendent suit, pendency. **4** (*Comm*) (*credito*) outstanding debt, debt; (*conto*) outstanding account: *regolare le pendenze* to settle one's (outstanding) debts; *pendenze insolute* outstanding matters. **5** (*fig*) (*conto in sospeso*) old score, old account: *sistemare una* ~ to settle an old score. □ (*Dir*) ~ *della lite* pendency of action; (*Edil*) *~di riferimento* grade line; (*Strad*) *~di scarpata* bank slope, bench slope; (*Strad*) ~ *di una strada* road grade; (*Edil*) *~di un tetto* slope, pitch; *in* ~: 1 on a slope, sloping; 2 (*ripido*) steep.; 3 (*estens*) (*in sospeso*) pending; (*Ferr*) *~limite* limiting gradient, maximum gradient; ~ *limite di frenatura* maximum braking gradient; *~massima*: 1 maximum slope; 2 (*Ferr*) ruling gradient; *~minima* minimum slope; (*Strad*) ~ *trasversale* crossfall.

pendere (*pres.ind.* **pèndo**; *p.rem.* **pendéi/pendètti**; *aus.* **avere**) *v.i.* **1** (*essere appeso*) to hang, to hang down, to dangle: *dall'albero pendevano frutti maturi* ripe fruit hung from the tree; *gli pendeva un mazzo di chiavi dalla tasca* a bunch of keys was dangling out of his pocket. **2** (*essere inclinato*) to lean, to incline, to be inclined to, to slope, to slant: *il quadro pende un po' a destra* the picture slopes to the right, the picture is slanting to the right. **3** (*fig*) (*incombere*) to hang (*su* over), to overhang: *una grossa taglia pende sulla sua testa* a big reward hangs over his head. **4** (*fig,rar*) (*propendere*) to lean, to be inclined: ~ *per il no* to be inclined to say no. **5** (*fig*) (*rimanere sospeso*) to be pending (*anche Dir*). □ (*fig,rar*) *~dalla bocca di qcu.* to hang on to so.'s every word; (*fig*) ~ *dalle labbra di qcu.* to hang on so.'s lips, to hang on so.'s words; *far* ~ to tilt; (*fig*) *far ~la bilancia da una parte* to tip the scales.

pendice *f.* (*lett*) slope, declivity: *le pendici di un monte* the slopes of a mount, the mountainsides.

pendio *m.* **1** (*declivio*) slope, declivity, hillside: *un dolce* ~ a gentle slope; ~ *nevoso* snowy slope; *su per un* ~ up hill. **2** (*pendenza*) slope, slant, inclination. □ *in* ~ sloping, slanting, on a slant (*posposto*), inclined; *strada in* ~ downhill road; *essere in* ~ to slope, to be on a slope.

pendola *f.* pendulum clock, grandfather clock.

pendolare¹ I *m./f.* commuter: *fare il* ~ to commute, to be a commuter. **II** *a.* **1** commuter (*attr.*): *lavoratori pendolari* commuter workers. **2** (*del pendolo*) pendular: *moto* ~ pendular motion.

pendolare² (**pèndolo**; *aus.* **avere**) *v.i.* **1** to pendulate, to oscillate. **2** (*estens*) (*pendere oscillando*) to dangle: ~ *dalla forca* to dangle from the gallows.

pendolarismo *m.* **1** pendular quality. **2** (*fenomeno sociale*) commuting. **3** (*fig*) wavering.

pendolarità *f.* (*fenomeno sociale*) commuting.

pendolino¹ *m.* **1** (*Ferr*) high-speed tilting train. **2** (*in radioestesia e rabdomanzia*) diving rod; (*Am*) doodlebug.

pendolino² *m.* (*Ornit*) penduline tit.

pendolo *m.* **1** (*Fis*) pendulum. **2** (*peso*) pendulum-bob. **3** (*filo a piombo*) plumb line, plumb rule. **4** (*Alp*) pendulum. □ *a* ~ pendulum (*attr.*): *muoversi a* ~ to oscillate, to pendulate, to swing (to and fro); *orologio a* ~ pendulum clock, grandfather clock; (*Tecn*) ~ *balistico* ballistic pendulum; (*Fis*) ~ *composto* compound pendulum; (*Fis*) ~ *di Foucault* Foucault's pendulum; (*Fis*) ~ *fisico* physical pendulum; (*Tecn*) ~ *geodetico* geodetic pendulum; (*Fis*) ~ *matematico* mathematical pendulum; (*Fis*) ~ *semplice* simple pendulum.

pendulo *a.* (*lett*) hanging, pendent, floppy.

pene *m.* (*Anat*) penis.

Penelope *n.pr.f.* (*Mitol*) Penelope.

penepiano *m.* (*Geog*) peneplain, plain of denudation.

penero *m.* (*Tess*) fringe.

penetrabile *a.* penetrable.

penetrabilità *f.* penetrability.

penetrale *m.spec.pl.* **1** (*Archeol*) penetralia *pl.* **2** (*fig*) innermost part, depths *pl.*, recess.

penetrante *a.* **1** (*che penetra*) penetrating, piercing: *una ferita* ~ a deep wound. **2** (*fig*) (*acuto*) discerning, penetrating, sharp, acute, insightful: *parole penetranti* penetrating words; *freddo* ~ penetrating cold, piercing cold, biting cold. **3** (*fig*) (*rif. a odore*) pungent, penetrating: *un odore* ~ pungent smell. **4** (*fig*) (*rif. a suono*) penetrating, piercing. **5** (*fig*) (*rif. a sguardo*) piercing, searching: *uno sguardo* ~ a piercing look.

penetranza *f.* **1** (*Biol*) penetrance. **2** (*Fis*) penetrative capacity.

penetrare (**pènetro**) **I** *v.i.* (*aus.* **essere/avere**) **1** (*entrare*) to penetrate (*in qcs.* sth.), to get (*in* into); to go (*in* into); to pass (*through*); to pierce (*sth.*): ~ *nella giungla* to penetrate the jungle; *un freddo che penetra nelle ossa* a cold that gets into one's bones; a cold that penetrates one's bones. **2** (*infiltrarsi furtivamente*) to penetrate, to slip (*through*), to get (*in*): *i ladri sono penetrati da una finestra* the thieves slipped in through a window; the thieves got in through a window. **II** *v.t.* **1** to penetrate, to pierce into, to pierce through, to seep into: ~ *qcs. da parte a parte* to pierce sth. through. **2** (*sessualmente*) to penetrate. **3** (*fig*) (*comprendere*) to penetrate, to fathom, to grasp: ~ *un mistero* to penetrate a mystery. □ *fare* ~ *una pomata* to let an ointment absorb, to let an ointment sink in.

penetrativo *a.* penetrative.

penetrazione *f.* **1** (*il penetrare*) penetration (*anche Mil*). **2** (*sessuale*) penetration. **3** (*fig*) (*diffusione*) penetration, entry. **4** (*fig*) (*intuizione*) penetration, discernment, insight.

penicillina *f.* (*Farm*) penicillin. □ (*Farm*) ~*acilesi* penicillin acylase; (*Farm*) ~*ad azione prolungata* long acting penicillin.

penicillinico (*pl.* **-ci**) *a.* (*Farm*) penicillin (*attr.*).

penicillio *m.* penicillium.
penicillo *m.* (*Biol*) penicillus.
peninsulare *a.* (*Geog*) peninsular: *l'Italia* ~ the Italian mainland.
penisola *f.* **1** (*Geog*) peninsula. **2** (*Arred*) (*tavolo*) breakfast bar. □ (*Geog*) ~*anatolica* Anatolian Peninsula; (*Geog*) ~ *balcanica* Balkan Peninsula; (*Geog*) ~ *iberica* Iberian Peninsula; (*Geog*) ~*scandinava* Scandinavian Peninsula.
penitente I *a.* penitent. **II** *m./f.* penitent, repentant.
penitenza *f.* **1** (*Rel*) penance, penitence: *fare* ~ to do penance. **2** (*estens*) (*castigo*) punishment: *per* ~ *non uscirai per una settimana* as a punishment yu won't go out for a week. **3** (*nei giochi*) forfeit, penalty: *fare la* ~ to pay the forfeit. **4** (*lett*) (*pentimento*) repentance, penitence. □ (*Rel*)*in* ~ *dei propri peccati* as a penance for one's sins; (*Rel.catt*) ~ *sacramentale* penance, atonement.
penitenziale *a.* (*Rel*) penitential: (*Rel.catt*) *atto* ~ act of contrition.
penitenziario I *m.* (*carcere*) prison, (*Br*) gaol, jail, (*Am*) penitentiary. **II** *a.* penitentiary.
penitenziere *m.* (*Rel.catt*) penitentiary: ~ *maggiore* Grand Penitentiary.
penitenzieria *f.* (*Dir.can*) penitentiary tribunal, penitentiary.
penna *f.* **1** (*strumento per scrivere*) pen. **2** (*penna d'oca*) quill, quill-pen. **3** (*di uccello*) feather: *penne del pavone* peacock's feathers; *mettere le penne* to fledge; *mutare le penne* to moult. **4** (*di ornamento*) feather, plume. **5** (*fig*) (*scrittore*) writer, pen, (*ant*) penman. **6** (*fig*) (*lo scrivere*) writing: *avere la* ~ *facile* to be good at writing. **7** (*parte della freccia*) feather (of arrow). **8** (*Mar*) peak. **9** (*Mus*) (*plettro*) quill. **10** (*Tecn*) (*parte del martello*) peen. **11** *pl.* plumage (*costr.sing.*). **12** *pl.* (*Alim*) (*pasta*) penne (*costr.sing.*): *penne al sugo* penne with sauce. □ *a* ~ in (pen and) ink; *disegno a* ~ pen-and-ink drawing; *scrivere a* ~ to write in ink; ~*a feltro* felt pen; ~*a scatto* retractable pen; ~*a sfera* ballpoint pen, ball point; ~*biro* ballpoint pen, rollerball, biro; *caneda* ~ bird dog; *amicodi* ~ penfriend; (*rar*) *uomo di* ~ writer, man of letters; *penne di struzzo* ostrich feathers; ~ *d'oca* goose quill; (*Inform*) ~ *elettronica* electronic pen; (*fig*) *non sa tenere la* ~ *in mano* he can't write; (*fig*) *avere la* ~*intinta nel fiele* to write with a poisoned pen; (*fig*) *lasciarci le penne* to lose one's life, to kick the bucket; *lasciare nella* ~ (*tralasciare*) to omit, to leave unsaid, to leave unwritten; (*Inform*) ~*luminosa* light pen; (*Mil*) *le Penne nere* (*gli alpini*) Alpini, Alpine troops; ~ *orologio* watch pen; (*Inform*) ~*ottica* light pen; (*Ornit*) *penne remiganti* pinions; ~ *stilografica* fountain pen, cartridge pen; (*Ornit*) *penne timoniere* tail feathers.
pennacchio *m.* **1** bunch of feathers, panache, plume (*anche estens*). **2** (*ornamento dei carri funebri e sim.*) plume. **3** (*Arch*) squinch (*a triangolo piano*) sprandel; (*arco*) squinch arch. □ ~*di fumo* plume of smoke.
pennaccino *m.* (*Mar*) dolphin striker.
pennaiolo *m.* (*spreg*) scribbler.
pennarello *m.* felt-tip pen, felt-tip, fibre-tip pen, fibre-tip, felt-pen. □ ~*a punta fine* felt-tip pen; ~ *a punta sintetica* plastic tip pen.
pennato[1] *m.* (*Agr*) billhook.
pennato[2] *a.* **1** (*Zool*) feathered, plumed. **2** (*Bot*) pinnate.

pennatula *f.* (*Zool*) sea pen.
pennecchio *m.* (*Tess*) flax on the distaff, wool on the distaff, bunch of staple.
pennellare (**pennèllo**; *aus.* **avere**) *v.i.* to paint, to brush.
pennellata *f.* **1** stroke of the brush, touch of a brush, brush stroke: *dare un'ultima* ~ to give a last touch of the brush, to give a last brush-over. **2** (*modo di usare il pennello*) brushwork: *una* ~ *decisa* clear-cut brush work. **3** (*fig*) graphic detail, trait.
pennellatura *f.* (*Med*) painting.
pennellessa *f.* flat brush.
pennellificio *m.* brush factory.
pennello[1] *m.* **1** brush: ~ *di setole* bristle brush; ~ *da pittore* paintbrush; *intingere il* ~ *nella pittura* to dip the brush into paint. **2** (*estens*) (*pittore*) brush, painter: *saper maneggiare il* ~ to be a good artist, to be a good painter. **3** (*Idr,Edil*) (*argine*) groyne, (*Am*) groin. **4** (*Mar*) (*ancorotto*) back anchor. **5** (*per dolci*) pastry brush. □ *a* ~ perfectly, to a T: *calzare a* ~ (*o andare a* ~ *o stare a* ~) to fit like a glove, to fit perfectly; ~*da barba* shaving brush; ~*di pelo* hair pencil; ~ *di tasso* badger hairbrush; (*Fis*) ~ *elettronico* electron beam; (*Ott*) ~ *luminoso* pencil beam, pencil of light; ~*per scrivere* writing brush.
pennello[2] *m.* (*Mar*) signal flag, signal, triangular flag, broad pennant.
pennichella *f.* (*region,colloq*) (*pisolino*) afternoon nap, nap, snooze, doze: *fare la* ~ to have a nap, to have a snooze, (*Br*) to take a nap, to nap, (*Am*) to get some shut-eye.
Pennine *n.pr.f.pl.* (*Geog*) Pennine Alps.
pennino *m.* pennib, nib. □ ~*da disegno* drawing nib; ~*d'acciaio* steel nib.
pennivendolo *m.* (*spreg*) hack writer, hack.
pennone *m.* **1** (*asta per la bandiera*) flagpole, flagstaff. **2** (*Mar*) yard. **3** (*stendardo*) standard, banner; (*nella cavalleria*) pennon, pennant. □ (*Mar*) ~*di controvelaccio* royal yard, main-royal yard; (*Mar*) ~*di gabbia* main topsail yard; (*Mar*) ~*di maestra* topsail yard; (*Mar*) ~*di parrocchetto* fore-topsail yard; (*Mar*) ~*di trinchetto* foreyard; (*Mar*) ~ *di velaccino* fore-topgallant yard.
pennuto I *a.* feathered, fledged. **II** *m.* (*uccello*) bird.
penombra *f.* **1** half-light, semi-darkness, dim light, faint light: *la stanza era in* ~ the room was in semi-darkness, the room was shadowy; *la* ~ *del bosco* the dim light of the wood. **2** (*della sera*) twilight, dusk. **3** (*Fis, Astr*) penumbra.
penosamente *avv.* **1** (*in modo da suscitare pena*) pitifully. **2** (*a fatica*) painfully, laboriously.
penosità *f.* **1** painfulness, pitifulness. **2** (*fatica*) laboriousness, strain.
penoso *a.* **1** (*che fa pena*) pitiful: *una situazione penosa* a pitiful situation. **2** (*doloroso*) painful; (*faticoso*) tiring, laborious, trying: *sforzo* ~ painful effort. **3** (*estens*) (*sgradevole*) pitiful, pathetic: *uno spettacolo* ~ a pathetic show. **4** (*estens*) (*imbarazzante*) painful, awkward; *seguì un silenzio* ~ an awkward silence followed.
pensabile *a.* thinkable, conceivable. □ *non è* ~ *che...* it's unthinkable that..., it's hardly thinkable that..., it's barely conceivable that...
pensamento *m.* (*lett*) **1** (*pensiero*) thought. **2** (*proposito*) purpose.
pensante *a.* thinking.
pensare (**pènso**) **I** *v.i.* (*aus.* **avere**) **1** to think (*di* about, of): *non so cosa* ~ *di lui* I don't

know what to think about him; *che cosa ne pensi?* what do you think (of it)?; *perché non pensi prima di parlare?* why don't you think before you talk? **2** (*volgere la mente*) to think (*a* of): *non ci avevo pensato* I hadn't thought of it; *ti penso* I am thinking of you. **3** (*ricordare*) to think (*a* of, back to): *penso spesso agli anni della mia gioventù* I often think back to my youth. **4** (*prevedere, considerare*) to think (*a* of, about): *perché non ci hai pensato prima?* why didn't you think of it before? **5** (*provvedere, badare*) to see (*a* to), to take care (*a* of), to look (*a* after): *penso io a tutto* I shall see to everything; *ci penso io* I'll see to it; *ma ci pensi!* just think!; *penso io ai bambini* I'll take care of the children; *pensi solo a te stesso* you only think of yourself. **6** (*ragionare*) to think: *penso, dunque sono* I think, therefore I am. **II** *v.t.* **1** (*credere, supporre*) to think, to believe: *penso che tu abbia ragione* I think you're right. **2** (*immaginare*) to think, to imagine, to guess, to picture: *pensa che cosa ha combinato!* just think what trouble he's caused!; *non avrei mai pensato che ci fosse anche lei!* I (had) never imagined she would be there too; *pensa chi ho incontrato sull'autobus* guess who I met on the bus, who do you think I met on the bus? **3** (*avere l'intenzione*) to intend, to think, to mean: *non pensavo di addolorarti tanto* I didn't mean to, I didn't think I would upset you like this; *penso che non verrò alla festa* I don't think I'll come to the party. **4** (*escogitare*) to think up, to invent: *ho pensato un piano* I though up a plan. **5** (*credere possibile*) to imagine, to suspect, to think, to believe: *ero lontano dal* ~ *una simile nefandezza* I never imagined such wickedness. **6** (*riflettere*) to consider, to think over, (*a fondo*) to think out, to think through: *pensa bene la risposta* think your reply over well. **7** (*ricordare*) to bear in mind, to consider, to remember: *dobbiamo* ~ *che ora è cresciuto* we have to remember that he's grown up now. □ ~*ad alta voce* to think aloud, to think out loud; ~ *ai fatti propri* to mind one's own business; ~*al futuro* to look ahead; (*colloq,fig*) *pensaalla salute!* (*lascia correre*) don't let it bother you!; ~ *all'anima* to think of one's salvation; ~*bene*: **1** (*rettamente*) to think rightly; **2** (*credere opportuno*) to think it better, to think it wiser; ~*bene di qcu.* to think well of so., to have a good opinion of so.; *chi l'avrebbe mai pensato?* who'd have ever thought it!; *proprio come pensavo!* just as I thought!; *voi sapete come la penso* you know what I think; ~*con la propriatesta* to think for oneself, to use one's brain, to use one's head; *dare da* ~ *a qcu.*: **1** (*preoccuparlo*) to worry so.; **2** (*farlo pensare*) to give so. food for thought, to set so. thinking; ~*di fare qcs.* to think of doing sth., to be thinking of doing sth.; *pensodi no* I don't think so, I think not; (*colloq*) *ma le pensi di notte queste cose?* goodness knows where you get these ideas!; *penso di sì* I think so; *e* ~ *che* and to think that; *pensae ripensa* after long thought, after much thought; ~*male di qcu.*: **1** to think ill of so., to have a bad opinion of so., to have a poor opinion of so.; **2** (*sospettarlo*) to suspect so.;*pensarci* to think about it: *pensaci!* just think it over!; *non ci* ~! (*o non pensarci!*) don't think about it!, don't let it bother you!, forget about it!; *non pensarci neanche!* don't even think about it!; *non ci penso neanche lontanamente* not on your life!; *non ci avevo neanche pensato* it hadn't even occurred to me; *ora che ci penso...* come to think of it...; *solo a pensarci mi viene male!* the mere thought makes me feel bad!; *pensa per te!* mind your own business!; *non pensiamoci più!* let's forget about it!; *pensaci su!* just think it over!; ~ *tra sé e sé* to think to oneself; *le pensa tutte* he knows all the tricks; *tutto fa ~ che...* there's every indication that... *ma pensa un po'!* fancy that!

pensata *f.* (*idea, trovata*) idea, find (*anche iron*): *hai avuto una bella ~!* you've had a good idea!, (*estens*) that's a great idea.

pensato *a.* **1** (*ben meditato*) well thought out, considered, well considered, meditated. **2** (*designato*) designed (*per for*). ☐ ~ *per* designed for: *una casa pensata per le giovani coppie* a house designed for young couples.

pensatoio *m.* (*scherz*) place to think.

pensatore *m.* (*f.* **-trice**) thinker: *libero ~* freethinker.

pensierino *m.* **1** (*regalino*) small gift, little gift, small present, little present. **2** (*Scol*) sentence, short composition: *scrivere un ~ sulle proprie vacanze* to write a short composition on one's holidays. ☐ (*colloq*) *farci un ~* to take (sth.) into consideration, to think over (sth.); *un viaggio in Irlanda?, forse varrebbe la pena farci un ~!* a tour to Ireland?, maybe I should do more than think about it!

pensiero *m.* **1** (*idea*) thought: *ho altri pensieri per la testa* I have other things on my mind, I have other things to think about. **2** (*mente*) mind, thought: *andare col ~ a qcs.* to remember sth.; *riandare col ~ a qcs.* to cast one's mind back to sth.; *leggere nel ~ di qcu.* to read so.'s mind, to read so.'s thoughts; *volgere il ~ a qcu.* to turn one's thoughts to so. **3** (*dottrina*) (school of) thought, philosophy: *il ~ moderno* modern thought. **4** (*attenzione*) thought; (*dono*) present, gift: *hai avuto un ~ gentile* that was a kind thought; *è solo un ~* it's just a small present. **5** (*preoccupazione*) worry, care, trouble: *ho troppi pensieri* I have too many worries. **6** (*opinione*) thoughts *pl.*, mind: *mi piacerebbe conoscere il tuo ~* I'd like to know your mind, I'd like to know your thoughts. **7** (*attività mentale*) thought, thinking. **8** (*proposito*) intention, thought, idea. ☐ *al ~* at the thought; *al ~ che* at the thought that; *al ~ di* at the thought of; *al ~ di fare qcs.* at the thought of doing sth.; (*fig*) *sarò con te con il ~* I'll be with you in spirit; *darsi ~ per qcu.* to worry about so.; *darsi ~ per qcs.* to worry about sth.; ~*filosofico* philosophy; *in ~* worried; *essere in ~ per qcu.* to be worried about so.; *essere in ~ per qcs.* to be worried about sth.; *mettere qcu. in ~* to worry so.; *stare in ~ per qcu.* to be anxious about so., to worry about so.; ~*positivo* positive thinking; *senza pensieri* carefree.

pensierosamente *avv.* thoughtfully, pensively.

pensierosità *f.* thoughtfulness, pensiveness.

pensieroso *a.* **1** thoughtful, pensive: *come sei ~ oggi!* how pensive you are today! **2** (*preoccupato*) worried.

pensile I *a.* **1** (*sospeso*) hanging, suspended, pensile: *giardino ~* hanging garden, roof garden. **2** (*appeso alla parete*) wall (*attr.*): (*Arred*) *scaffale ~* wall shelf. **II** *m.* (*Arred*) wall unit, wall cupboard.

pensilina *f.* **1** canopy, cantilever roof. **2** (*Ferr*) station canopy, platform roofing. **3** (*alla fermata dell'autobus*) bus shelter.

pensionabile *a.* **1** pensionable, ritirement (*attr.*), eligible for a pension: *età ~* pension-

able age, retirement age; *non ~* not eligible for a pension, not eligible for retirement. **2** (*computabile a fini pensionistici*) unpensionable: *anni non pensionabili* unpensionable years, years that do not count towards retirement.

pensionamento *m.* retirement. ☐ ~*anticipato* early retirement; ~*posticipato* delayed retirement, late retirement.

pensionante *m./f.* boarder, lodger, paying guest: ~*fisso* regular boarder.

pensionare (**pensióno**) *v.t.* to pension, to pension off, to retire on pension; (*per raggiunti limiti d'età*) to superannuate.

pensionato I *a.* on pension (*posposto*), retired; (*per raggiunti limiti d'età*) superannuated. **II** *m.* **1** (*f.* **-a**) pensioner, retired person, retirer: ~ *dello Stato* state pensioner; (*rar*) ~ *di vecchiaia* old-age pensioner. **2** (*istituto*) hostel, home. ☐ ~*d'invalidità* disability pensioner; ~ *per anziani* old-people's home; ~ *per studenti*: **1** student's hostel; **2** (*con scuola*) boarding school.

pensione *f.* **1** (*somma percepita*) pension; (*per limiti d'età*) superannuation, annuity. **2** (*fine dell'attività lavorativa*) retirement: *avvicinarsi alla ~* to approach retirement. **3** (*prestazione di alloggio e vitto*) board and lodging. **4** (*retta*) charge (for board and lodging). **5** (*albergo familiare*) boarding house, guesthouse; (*nell'Europa continentale*) pension. ☐ *tenere qcu. a ~* to board so., to keep so. as a boarder, to have so. as a boarder; *essere a ~ presso qcu.* to lodge with so., to board with so.; ~ *a vita* life pension, pension for life; (*Dir*) ~ *alimentare* alimony; ~ *aziendale* corporate pension; ~ *completa* full board; ~ *di anzianità* retirement pension, seniority pension; ~ *di guerra* war pension; ~ *di reversibilità* pension for surviving dependents, widow's pension, reversionary pension; ~ *di vecchiaia* old age pension; ~ *d'invalidità* disability pension; ~ *d'invalidità e vecchiaia* disability and old age pension; ~ *familiare* family hotel; *andare in ~* to retire; *mandare in ~* to pension off; *sono in ~ da tre anni* I've been retired for three years; ~ *indicizzata* indexed pension; ~ *integrativa* supplementary pension; ~*minima* guaranteed minimum pension, G.M.P.; ~ *per cani* boarding home for dogs; ~ *reversibile* pension for surviving dependents, widow's pension, reversionary pension; ~ *sociale* non-contributory pension; ~ *statale* state pension, government pension.

pensionistico (*pl.* **-ci**) *a.* pension (*attr.*), retirement (*attr.*): *sistema ~* retirement system; *piano ~* retirement plan, pension plan, pension scheme.

pensosamente *avv.* thoughtfully, pensively.

pensosità *f.* thoughtfulness, pensiveness.

pensoso *a.* thoughtful, pensive, lost in thought, wrapped in thought, meditative.

pentacolo *m.* pentacle.

pentaedrico *a.* (*Geom*) pentahedral.

pentaedro *m.* (*Geom*) pentahedron.

pentagonale *a.* (*Geom*) pentagonal.

pentagono I *m.* (*Geom*) pentagon. **II** *a.* (*Geom*) pentagonal: *dodecaedro ~* pentagonal dodecahedron.

Pentagono *n.pr.m.* (*US*) Pentagon.

pentagramma *m.* **1** (*Mus*) staff, stave. **2** (*Occult*) pentagram.

pentagrammato *a.* (*Mus*) staff (*attr.*): *carta pentagrammata* staff paper.

pentametro *m.* (*Metr*) pentameter. ☐ (*Metr*) ~ *giambico* iambic pentameter.

pentano *m.* (*Chim*) pentane.

pentapartitico (*pl.* **-ci**) *a.* (*Pol*) five-party (*attr.*).

pentapartito *m.* (*Pol*) five-party government.

pentapodia *f.* (*Metr*) pentapody.

pentaprisma *m.* (*Ott*) pentaprism.

pentasillabo *a.* (*Metr*) pentasyllabic.

Pentateuco *n.pr.m.* (*Bibl*) Pentateuch.

pentathlon *m.inv.* (*Sport*) pentathlon. ☐ (*Sport,Stor*) ~ *antico* ancient pentathlon; (*Sport*) ~ *moderno* modern pentathlon.

pentatleta *m./f.* (*Sport*) pentathlete.

pentatonico *a.* (*Mus*) pentatonic.

pentavalente *a.* (*Chim*) pentavalent.

pentecostale I *a.* (*Rel.prot*) Pentecostal, Pentecostalist. **II** *m.* (*Rel.prot*) Pentecostal.

pentecostalismo *m.* (*Rel.prot*) Pentecostalism.

Pentecoste *f.* (*Rel*) **1** (*festa ebraica*) Pentecost, Feast of Weeks. **2** (*festa cristiana*) Pentecost, Whitsunday, Whitsun.

pentimento *m.* **1** repentance, regret: *provare ~ per qcs.* to regret sth., to repent for sth.; ~ *tardivo* tardy repentance; *non mostrare segni di ~* to show no signs of repentance. **2** (*estens*) (*mutamento d'opinione*) change of mind, second thoughts *pl.* **3** (*Rel*) repentance, contrition. **4** (*Pitt*) pentimento. ☐ *non farsi prendere dai pentimenti* not to have regrets.

pentirsi (**mi pènto**) *v.pron.* **1** to repent (*di* of), to regret (*di* sth.): *te ne pentirai* you will regret it; ~ *di avere fatto qcs.* to regret having done sth., to repent doing sth. **2** (*estens*) (*dispiacersi*) to repent, to regret, to feel sorry, to be sorry: *mi pento di non avertelo detto prima* I'm sorry for not having told you before, I regret not having told you sooner. **3** (*estens*) (*cambiare opinione*) to repent, to regret, to change one's mind, to have second thoughts: *mi paceva molto e l'ho comprato, ma ora mi sono pentita* I liked it very much and I bought it, but now I've changed my mind. **4** (*Rel*) to repent (*di* of): ~ *dei propri peccati* to repent of one's sins.

pentitismo *m.* (*Pol*) phenomenon of criminals turning state's evidence.

pentito *m.* (*Pol*) (*della mafia*) repentant mafioso, criminal who turns state's evidence, turncoat, (*Br*) supergrasses who have repented.

pentodo *m.* (*Elettron*) pentode, pentode valve.

pentola *f.* **1** pot, pan: *mettere la ~ sul fuoco* to put the pot on; *mettere in ~* to put in a pot. **2** (*contenuto*) pot, potful. ☐ ~ *a pressione* pressure cooker; *cuocere in ~ a pressione* to pressure cook; ~ *di acciaio inossidabile* stainless steel pan; (*fig*) *essere una ~ di fagioli* to grumble.

pentolaio *m.* (*f.* **-a**) **1** (*fabbricante*) potter. **2** (*venditore*) dealer in pottery, dealer in earthenware articles.

pentolame *m.* pots and pans *pl.*

pentolata *f.* (*quantità*) pot, potful.

pentolino *m.* **1** small pan, saucepan: ~ *del latte* milk saucepan. **2** (*quantità*) panful, saucepanful.

pentosano *m.* (*Chim*) pentosan.

pentosio *m.* (*Chim*) pentose.

penultimo *a.* next to last, penultimate, second-to-last: *la penultima fila di poltrone* the next to last row of seats. **II** *m.* last but one, penultimate, second-last: *Marco è il ~ di quattro figli* Mark is the youngest of four sons.

penuria *f.* (*scarsità*) shortage, scarcity, lack: ~ *di cibo* scarcity of food. ☐ ~ *d'acqua* water shortage; ~ *di alloggi* housing shortage; ~ *di manodopera* labour shortage.

penzolare (**pènzolo**; *aus.* **avere**) *v.i.* to dangle, to hang, to hang down.

penzolo *m.* 1 bunch, cluster. 2 (*Mar*) pendant.

penzoloni *avv.* dangling, hanging down, drooping: *stare* ~ to dangle, to hang down; *starsene con le gambe* ~ to sit with one's legs dangling; *con la lingua* ~ with one's tongue hanging out. □ *a* ~ hanging down, dangling, drooping.

peocio *m.* (*region*) (*mitilo*) mussel.

peonia *f.* (*Bot*) peony.

pepaiola *f.* 1 pepper pot, pepper box. 2 (*macinino per il pepe*) pepper mill, pepper grinder.

pepare (**pépo**) *v.t.* to pepper.

pepato *a.* 1 peppery, peppered. 2 (*piccante*) hot. 3 (*fig*) (*salace*) racy, spicy; (*pungente*) sharp, biting. 4 (*fig*) (*malizioso*) spicy, juicy.

pepe *m.* 1 (*Bot*) (*pianta*) black pepper. 2 (*Alim*) pepper. □ ~*bianco* white pepper; ~*di Caienna* red pepper, Cayenne pepper; ~*in grani* whole pepper, peppercorns *pl.*; ~*macinato* ground pepper; ~ *macinato grosso* coarse ground pepper; ~*nero* black pepper; (*fig*) *essere* **tutto** ~ (*vivace*) to be full of pep; ~*verde* green pepper.

peperino[1] *m.* (*Min*) peperino.

peperino[2] *m.* (*colloq*) high-spirited person, (real) live wire.

peperita □ (*Bot*)**menta** ~ peppermint.

peperonata *f.* (*Gastron*) peppers cooked with tomatoes and sliced onions.

peperoncino *m.* hot pepper, red pepper, Cayenne pepper, chilli pepper, chilli, (*Am*) chili pepper, chili: ~ *in polvere* chilli powder, (*Am*) chili powder.

peperone *m.* 1 (*Bot*) (*pianta*) capsicum. 2 (*Bot,Alim*) (*frutto*) sweet pepper, bell pepper. □ (*fig*) *rosso* **come un** ~ as red as a lobster, red as a beetroot; *avere un naso come un* ~ to have a big red nose; (*Bot,Alim*) ~*giallo* yellow pepper; (*Gastron*) *peperoni* **ripieni** stuffed peppers; (*Bot,Alim*) ~*rosso* red pepper; (*Bot,Alim*) ~*verde* green pepper.

pepiera *f.* pepper box, pepper shaker.

pepita *f.* (*Min*) nugget: *una* ~ *d'oro* a gold nugget.

peplo *m.* (*Stor.gr,Abbigl*) peplos, peplus.

Peppe *n.pr.m.* *dim.* di Giuseppe.

peppola *f.* (*Ornit*) brambling, bramble finch.

pepsina *f.* (*Biol*) pepsin.

peptico (*pl.* **-ci**) *a.* (*Fisiol*) peptic.

peptide *m.* (*Biol*) peptide.

peptizzazione *f.* (*Chim*) peptization.

peptone *m.* (*Biol*) peptone.

per I *prep.* 1 (*moto per luogo: attraverso*) through: *passare* ~ *la città* to go through the city. 2 (*sopra*) over, across: *passare* ~ *il ponte* to go over the bridge. 3 (*luogo*) along, down, up: *il corteo passa* ~ *questa strada* the procession will come along this road. 4 (*senza direzione fissa*) about, around: *camminare* ~ *la stanza* to walk about the room. 5 (*moto a luogo*) for: *sono in partenza* ~ *la Svizzera* I am leaving for Switzerland; *il treno* ~ *Parigi* the train for Paris, the train to Paris, the Paris train. 6 (*stato in luogo*) in; (*su*) on, upon: *l'ho visto* ~ *la strada* I saw him in the street; *sedere* ~ *terra* to sit on the ground. 7 (*durante*) for, during, *spesso non si traduce*: ~ *un anno* for a year; ~ *tutta l'estate* (for) the whole summer, throughout the summer. 8 (*rif. a tempo continuato*) for *spesso non si traduce*: *ti ho aspettato* ~ *un'ora!* I've been waiting for you for an hour!; *ha piovuto* ~ *tutta la notte* it has been raining all night. 9 (*rif. a tempo determina-*

to: entro) by: *l'avrò finito* ~ *mercoledì* I shall have finished it by Wednesday; *sarò a casa* ~ *Natale* I shall be home for Christmas. 10 (*termine fino al quale dura un'azione*) for, *spesso non si traduce*: *rimarrà* ~ *due anni* he will stay (for) two years. 11 (*a vantaggio o svantaggio di*) for: ~ *lui farebbe qualsiasi cosa* she would do anything for him; *fallo* ~ *me* do it for me, do it for my sake. 12 (*scopo, fine*) for, *talvolta si traduce con una frase o parola composta*: *la lotta* ~ *l'esistenza* the struggle for life; *crema* ~ *la notte* night cream; *macchina* ~ *cucire* sewing machine. 13 (*per mezzo di: rif. a cose*) by, via: *ti invierò il pacco* ~ *posta* I shall send you the parcel by post; ~ *aereo* by air. 14 (*a causa di*) because of, owing to, on account of, out of: ~ *il maltempo* because of the weather; *uccidere* ~ *gelosia* to kill out of jealousy. 15 (*rif. a colpa*) for: *fu condannato* ~ *furto* he was sentenced for theft; ~ *colpa tua!* because of you! 16 (*in conseguenza di*) through; (*rif. ad atti involontari*) with, in: *tremare* ~ *la paura* to tremble with fear; *diventare rosso* ~ *la rabbia* to get red with anger. 17 (*modo, maniera*) in, for, by: ~ *iscritto* in writing; *lo facevo solo* ~ *gioco* I was doing it just for fun; *chiamare* ~ *nome* to call by name; *prendere qcu.* ~ *il braccio* to take so. by the arm. 18 (*al prezzo di*) for: *ho venduto la mia macchina* ~ *cinque milioni di euro* I sold my car for five million euros. 19 (*in relazione a*) for: *è grande* ~ *la sua età* he is big for his age. 20 (*sostituzione*) for: *ti ho scambiata* ~ *tua sorella* I mistook you for your sister. 21 (*successione*) by, after: *giorno* ~ *giorno* day by day, each day; *mese* ~ *mese* month after month, month by month; *cercare stanza* ~ *stanza* to search through one room after another. 22 (*distributivo*) in, per, by, *spesso non si traduce*: *essere allineati* ~ *tre* to be drawn up in threes; *dieci litri* ~ *cento chilometri* ten litres in a hundred kilometres, ten litres per a hundred kilometres; *uno* ~ *volta* one by one. 23 (*misura, estensione*) for: *la strada costeggia il lago* ~ *due chilometri* the road runs along the lake for two kilometres. 24 (*in esclamazioni, giuramenti e sim.*) for, by: ~ *l'amor di Dio!* for God's sake!; *lo giuro* ~ *ciò che ho di più caro* I swear by all that's dear to me. 25 (*nei compl. predicativi: come*) as: *tenere* ~ *certo qcs.* to regard sth. as a certainty; *dare qcs.* ~ *scontato* to take sth. for granted, to take sth. for sure. 26 (*Mat*) (*nelle moltiplicazioni*) by, times: *tre* ~ *tre* three (multiplied) by three, three times three. 27 (*Mat*) (*nelle divisioni*) by: *dividere* ~ *cinque* to divide by five. II *congz.* 1 (*concessivo*) however, no matter how, *talvolta non si traduce*: ~ *quanto grande e grosso, è ancora un bambino* big as he is he is still a child, big as he may be he is still a child. 2 (*finale*) (in order) to, so as: *vado a casa* ~ *studiare* I am going home to study; *abbassò gli occhi* ~ *non doverlo vedere* she lowered her eyes so as not to have to look at him. 3 (*causale*) for, *spesso non si traduce*: *è stato punito* ~ *aver detto una bugia* he was punished for telling a lie; ~ *essere avaro* he is known to be mean. 4 (*consecutivo*) *non si traduce*: *è troppo bello* ~ *essere vero* it is too good to be true. □ (*fig*)*essere* ~ *qcu.* (*parteggiare*) to be on so.'s side, to be for so.; ~*essere bello è bello, ma costa comunque troppo* I'm not saying it isn't beautiful, but it costs too much anyway; *tenere qcs.* ~*sé* to keep sth. to oneself, to keep sth. for oneself.

pera *f.* 1 pear. 2 (*scherz*) (*testa*) (*Br*) pate, (*Am*) noggin, gourd. 3 (*gerg*) (*iniezione di*

droga) fix: *farsi una* ~ to give oneself a fix. 4 (*colloq*) (*clistere*) rubber syringe, enema. □ *a* ~: 1 pear-shaped; 2 (*fig,colloq*) botched, ramabling, daft, idiotic; (*Gastron*) *pere al forno* baked pears; (*fig*) ~ *cotta* slow dull person, wimp; (*fig*) *cadere* (o *cascare*) *come una* ~ *cotta*: 1 (*addormentarsi*) to fall sound asleep; 2 (*lasciarsi abbindolare*) to be taken in; 3 (*innamorarsi*) to fall head over heels in love; (*Gastron*) *pere* **cotte** stewed pears; *di* ~ pear (*attr.*): *succo di* ~ pear juice; ~*di gomma* rubber syringe.

peracido *m.* (*Chim*) peracid.

peraltro *avv.* 1 (*inoltre*) moreover, what's more: *va* ~ *ricordato che* moreover we have to remember that. 2 (*tra l'altro, fra parentesi, spec. negli incisi*) among other things, by the way: *un caso che è* ~ *previsto dalla legge* a case which is by the way provided for by the law; *i risultati,* ~ *non positivi, saranno esposti la settimana prossima* the results, by the way not positive, will be put up next week. 3 (*rar*) (*d'altra parte, del resto*) however, on the other hand.

perbacco *intz.* by Jove!

perbene I *a.inv.* respectable, decent, nice: *una famiglia* ~ a respectable family; *gente* ~ decent people. II *avv.* properly, well, nicely: *fare qcs.* ~ to do sth. properly.

perbenino *avv.* properly, well, nicely: *fare le cose* ~ to do things properly.

perbenismo *m.* (*spreg*) bourgeois respectability, conformism, prissiness, primness.

perbenista *m./f.* (*spreg*) bourgeois, conformist.

perbenistico *a.* (*spreg*) bourgeois, conformist, prissy, prim.

perborato *m.* (*Chim*) perborate.

perca *f.* (*Itt*) perch.

percalle *m.* (*Tess*) percale.

percentile *m.* (*Statist*) percentile.

percentuale I *a.* percentage (*attr.*), per cent: *aumento* ~ percentage increase. II *f.* 1 (*rapporto percentuale*) percentage: ~ *sugli utili* percentage of profits; ~ *dei disoccupati* the rate of unemployed persons. 2 (*tasso*) rate: ~ *di interesse* interest rate. 3 (*provvigione*) commission: *avere una* ~ *sulle vendite* to have a commission on sales; *essere pagato a* ~ to be paid by commission. □ (*Pol*) ~*dei votanti* percentage voting, number voting; (*Pol*) ~*di astensione* rate of abstention (from voting); ~*di invalidità* disability percentage;*in* ~ in percentage, proportionately; (*Fis*) ~*isotopica* isotopic ratio.

percentualizzare (**percentualìzzo**) *v.t.* to calculate (sth.) as a percentage, to express (sth.) as a percentage.

percepibile *a.* (*burocr*) receivable, that may be received, that may be drawn, cashable.

percepire (*pres.ind.* **percepìsco, percepìsci**; *p.rem.* **percepìì**; *p.p.* **percepìto**) *v.t.* 1 (*attraverso i sensi*) to perceive, to discern, to feel, to detect, to be aware of: ~ *l'ostilità di qcu.* to feel so.'s hostility. 2 (*burocr*) (*riscuotere*) to receive, to collect, to cash, to get, to draw: ~ *uno stipendio mensile* to get a monthly income; ~ *una pensione* to have a pension, to receive a pension.

percettibile *a.* 1 perceptible. 2 (*rif. a suoni*) audible: *un suono appena* ~ a barely audible sound.

percettibilità *f.* perceptibility.

percettibilmente *avv.* perceptibly, discernibly.

percettività *f.* perceptibility, perceptiveness.

percettivo *a.* perceptive: *facoltà percettiva* perceptive faculty.

percettore *m.* (*f.* **-trice**) (*Econ*) receiver, collector.

percezione *f.* **1** perception (*anche Filos, Psic*). **2** (*estens*) intuition, awareness, realization. **3** (*burocr*) collection. □ ~ *extrasensoriale* extrasensory perception; ~ *visiva* visual perception.

perché I *avv.* (*nelle interrogative dirette e indirette*) why: ~ *non sei venuto ieri?* why didn't you come yesterday?; *non capisco* ~ *ti comporti così!* I don't understand why you behave in such a way! **II** *congz.* **1** (*causale*) because, as, since, for: *leggo* ~ *non ho nulla da fare* I'm reading because I have nothing to do; *non è venuta* ~ *era impegnata* she didn't come as she was busy, she didn't come because she was busy. **2** (*finale*) so (that), in order that, so as: *te lo dico* ~ *tu lo sappia* I'm telling you so that you know; *non ti ho detto nulla* ~ *non ti preoccupassi inutilmente* I didn't tell you anything so as not to worry you unnecessarily. **3** (*consecutivo*) for: *sei troppo simpatico* ~ *mi possa arrabbiare con te* you're too nice for me to get angry with you. **III** *m.inv.* **1** (*causa, motivo*) reason, why: *senza un* ~ without any reason; *i* ~ *sono tanti* there are many reasons; *ti dirò il* ~ I'll tell you why. **2** (*interrogativo*) doubt, question: *i* ~ *della vita* the questions of life. **IV** *pron.rel.* (*pop,rar*) (*per cui*) why: *la ragione* ~ *me ne sono andato* the reason why I went away. □ (*colloq*) ~ *due non fa tre* just... because!; (*colloq*) *il* ~ *e il percome* the whys and wherefores; ~ *io?* why me?; ~ *mai* why on earth, why ever; ~ *no?* why not?; ~ *non vieni? - - ~ no* why aren't you coming? - Because I'm not; ~ *non posso venire? - - no* why can't I come? - Because you can't; ~ *non restate a cena?* why don't you stay for supper?; *non è ~...* it's not because...; *non è ~ non mi piace* it's not because I don't like him; *solo ~ sei tu!* only because it's you!; ~ *devo fare i compiti? - - sì!* why do I have to do my homework?- bacause you have to!

perciò *congz.* so, therefore, for this reason: *si è fatto tardi,* ~ *torno a casa* it's late, so I'm going home.

perclorato *m.* (*Chim*) perchlorate.

perclorico *a.* (*Chim*) perchloric.

percloruro *m.* (*Chim*) perchloride.

percome □ (*colloq*) *il perché e il* ~ the whys and wherefores.

percorrenza *f.* **1** (*distanza*) distance covered. **2** (*tempo*) travelling time. □ *tempo di* ~ travelling time; *verso di* ~ travelling direction.

percorrere (*pres.ind.* **percórro**; *p.rem.* **percórsi**; *p.p.* **percórso**) *v.t.* **1** (*compiere un tragitto*) to travel, to cover, to go along; (*a piedi*) to walk along, to walk down; (*con un veicolo*) to drive along; ~ *molti chilometri* to travel many kilometres; ~ *una lunga distanza* to cover a long distance; ~ *un viale* to walk along a road; ~ *un tratto di autostrada* to drive along the motorway; *c'è ancora molta strada da* ~ there's still a long way to go. **2** (*attraversare*) to go through, to go across, to run across, to pass through, to cross; (*a piedi*) to walk through, to walk across; (*con un veicolo*) to drive through, to drive across. □ ~ *con l'occhio* to scan; ~ *un paese in lungo e in largo* to travel all over a country; (*fig*) *un brivido mi percorse la schiena* a shiver ran down my spine, a shiver ran down my back.

percorribile *a.* that can be travelled over (*posposto*): *distanza* ~ *in due ore* distance that can be covered in two hours; *strada* ~ *in entrambi i sensi di marcia* two-way traffic

road. □ ~ *a piedi* walkable.

percorribilità *f.* **1** practicability: ~ *delle strade* road practicability. **2** (*fig*) practicability, feasability.

percorsi → **percorrere**.

percorso *m.* **1** journey, trip, run, way, pathway: *durante il* ~ during the journey, en route. **2** (*tratto*) route, course, way: *il* ~ *più lungo* the longest way, the longest route. **3** (*distanza percorsa*) distance covered. **4** (*Sport*) course. **5** (*Inform*) path. □ (*Sport*) ~ *ad ostacoli* obstacle course; ~ *alternativo* alternative route; (*Inform*) ~ *assoluto* absolute path; ~ *attrezzato* paracourse, exercise course; (*Inform*) ~ *di accesso* access path; (*Aer*) ~ *di atterraggio* landing distance; (*Aer*) ~ *di decollo* take-off distance; (*Mil*) ~ *di guerra* obstacle course, assault course; (*Aut*) ~ *di prova*: **1** trial run; **2** (*tragitto*) trial course; **3** (*terreno*) proving ground; ~ *didattico* curriculum; (*Sport*) ~ *netto* clear round; (*Sport*) ~ *obbligato* set course; ~ *pedonale* pedestrian path; (*Inform*) ~ *relativo* relative path; ~ *turistico* tourist route; ~ *vita* paracourse, exercise course.

percossa *f.* blow, stroke.

percossi → **percuotere**.

percosso → **percuotere**.

percuotere (*pres.ind.* **percuòto**; *p.rem.* **percòssi**; *p.p.* **percòsso**) **I** *v.t.* **1** (*picchiare*) to strike, to hit, to beat. **2** (*colpire, urtare*) to strike, to hit, to knock against: *essere percosso da un fulmine* to be struck by lightning; (*continuamente*) to beat against, to beat on: *le onde percuotevano il molo* the waves beat against the pier. **3** (*colpire i sensi: rif. a luce o calore*) to beat upon; (*rif. a suoni*) to fall upon, to burst upon: *un forte rumore percosse le nostre orecchie* a loud noise burst upon our ears. **II** *v.pron.* **percuotersi** (*percuotere se stesso*) to beat, to hit: *percuotersi il petto* to beat one's breast, to pound one's chest. **III** *v.r.recipr.* **percuotersi** to strike each other, to hit each other.

percussione *f.* **1** percussion. **2** (*Med*) percussion. **3** *pl.* (*percussioni*) percussion (*costr.sing.*). □ (*Mil*) *fucile a* ~ percussion gun; *tiro a* ~ percussion fire; (*Mus*) *strumenti a* ~ percussion instruments, percussion; (*Dir*) ~ *dell'imposta* identification of person or entity upon whom the tax liability falls.

percussionista *m./f.* (*Mus*) percussionist.

percussivo *a.* percussive.

percussore *m.* **1** (*Mil*) percussion-lock, firing-pin, striker. **2** (*in paletnologia*) hammerstone.

percutaneo *a.* (*Med*) percutaneous: *via percutanea* by percutaneous way.

perdente I *a.* losing (*anche Sport*): *squadra* ~ losing team. **II** *m./f.* loser (*anche Sport*): *essere un* ~ to be a loser.

perdere (*pres.ind.* **pèrdo**; *p.rem.* **pèrsi/perdéi/perdètti**; *p.p.* **pèrso/perdùto**) **I** *v.t.* **1** to lose: ~ *la clientela* to lose customers; *gli alberi perdono le foglie* the trees lose their leaves. **2** (*smarrire*) to lose, to mislay: *ho perso l'orologio* I have mislaid my watch, I lost my watch. **3** (*lasciarsi sfuggire*) to miss: *ho perso il treno!* I've missed the train!; *non voglio* ~ *il concerto* I don't want to miss the concert. **4** (*volontariamente*) to skip, to miss: *ha perso l'ultima lezione* he skipped the last lesson. **5** (*non riuscire a mantenere*) to lose: ~ *la pazienza* to lose one's temper, to run out of patience: *sta perdendo la vista* he is losing his sight. **6** (*avere la peggio*) to lose: *il pugile ha perso l'incontro* the boxer has lost the match. **7** (*abbandonare inavvertitamente*) to lose: ~

la strada to lose one's way; ~ *il filo del discorso* to lose track (of what one was saying). **8** (*sprecare*) to waste: *ho perso tutta la mattinata* (*volontariamente*) I wasted the whole morning, (*involontariamente*) I lost the whole morning. **9** (*lasciare sfuggire liquidi*) to leak: *la botte perde acqua* the barrel is leaking. **10** (*rif. a denaro: rimetterci*) to lose: ~ *dei soldi* to lose money. **11** (*rif. a persone defunte*) to lose: *ha perso il marito* she (has) lost her husband. **12** (*rif. ad abiti: traduzione idiomatica*) *perdo le scarpe* I'm walking out of my shoes. **13** (*corrompere*) to corrupt, to ruin. **14** (*rif. all'anima*) to lose: ~ *l'anima* to lose one's soul. **II** *v.i.* (*aus.* **avere**) **1** (*avere una perdita*) to leak: *il serbatoio perde* the tank is leaking. **2** (*rimetterci*) to lose: *con questo contratto noi ci perdiamo* we lose out on that contract; ~ *in credibilità* to lose credibility; ~ *di importanza* to lose importance. **III** *v.pron.* **perdersi 1** (*smarrirsi*) to get lost, to lose oneself, to lose one's way: *mi persi nel dedalo delle viuzze* I got lost in the maze of narrow streets. **2** (*andare smarrito*) to get lost, to be lost, to be mislaid, to go astray: *la tua lettera si è persa* your letter has got lost, your letter has gone astray. **3** (*sparire dalla vista*) to disappear, to vanish: *il sentiero si perde nel bosco* the path disappears into the wood. **4** (*essere assorto*) to be lost: *perdersi nei propri pensieri* to be lost in one's thoughts. **5** (*lasciarsi sfuggire*) to miss (sth.): *com'era il film? - Non ti sei perso niente!* how was the film? - You didn't miss anything. **6** (*svanire, estinguersi*) to fade (away), to die (away): *una tradizione che si è persa* a tradition which has died away. **7** (*traviarsi*) to go astray. □ ~ throwaway, single-use, disposable: *vuoto a* ~ disposable bottle; ~ *un'abitudine* to get out of a habit, to lose a habit; (*Sport*) ~ *ai punti* to lose on points; ~ *al gioco* to lose money gambling, to lose (at) gambling; (*Dir*) ~ *una causa* to lose a case; ~ *conoscenza* to lose one's senses, to black out; ~ *coraggio* to lose heart, to become discouraged; *uno spettacolo da non* ~ a show not to be missed; (*fig*) *perdersi d'animo* to lose heart; *perdersi di coraggio* to lose heart, to become discouraged; ~ *di vista qcu.* to lose sight of so., to lose contact with so.; ~ *di vista il proprio scopo* to lose sight of one's goal; *non* ~ *di vista qcu.* not to let so. out of one's sight, not to lose sight of so., not to take one's eyes off so.; (*fig*) *perdersi dietro a qcu.* to throw oneself away on so.; ~ *d'occhio qcs.* (o *qcu.*) to lose sight of sth., to lose sight of so.; *fare* ~ *le proprie tracce* to leave no trace; *il motore perde giri* the engine is losing revs; ~ *gli occhi* to lose one's sight; ~ *i capelli* to lose one's hair; ~ *i colpi*: **1** (*Mot*) to miss, to misfire; **2** (*fig*) to slip, to lose one's grip; ~ *i contatti con qcu.* to lose contacts with so.; (*Mil*) ~ *i gradi* to be demoted, to lose one's rank; (*fig*) ~ *i sensi* to faint; (*fig*) ~ *il conto* to lose count (of of); ~ *il fiato* to waste one's breath; ~ *il filo delle idee* to lose the thread of an argument, to lose one's train of thought; (*fig*) ~ *il lume della ragione*: **1** (*arrabbiarsi*) to lose one's temper, to be beside oneself; **2** (*impazzire*) to go crazy; *perdersi il meglio* to miss the best bit; ~ *il posto* to lose one's job; ~ *il segno* (*leggendo ecc.*) to lose one's place; (*fig*) ~ *il senno* to lose one's mind; (*fig*) ~ *il senso delle proporzioni* to let things get out of perspective, to let things get out of proportion; ~ *il senso dell'orientamento* to lose one's bearings; (*fig*) ~ *il sonno per qcs.* to lose one's sleep over sth.; ~

tram : 1 to miss the tram; 2 (*fig*) to miss the boat; (*fig*) *perdersi in chiacchiere* to waste time talking; (*fig*) *perdersi in dettagli* to get bogged down in detail, to get lost in detail; (*fig*) *perdersi in un bicchier d'acqua* to be unable to deal with the slightest difficulty; (*fig*) *~ la bussola* to lose one's bearings; *cerchiamo di non ~ la bussola* let's keep our wits about us; *~ la corsa* : 1 (*Sport*) to lose a race; 2 (*rif. a mezzi di trasporto*) to miss one's train, to miss one's bus; (*fig*) *~ la faccia* to lose face; *~ la fede* to lose faith, to lose one's faith; *~ la guerra* to lose the war; (*fig*) *~ la lingua* to lose one's tongue, not to be able to speak; *~ la memoria* to lose one's memory; *~ la sensibilità* to lose sensitivity; (*fig*) *~ la testa* : 1 (*impazzire*) to go mad, to go crazy, to go out of one's mind; 2 (*farsi prendere dal panico*) to lose one's head; 3 (*innamorarsi*) to lose one's head, to fall head over heels in love; (*fig*) *~ la tramontana* to lose one's bearings; (*fig*) *~ la trebisonda* to lose one's bearings, to be befuddled, to become confused, to go crazy; *~ la vita* to lose one's life, to die; *fare ~ la voglia di fare qcs. a qcu.* to cure so. of doing sth.; (*Scol*) *~ l'anno* : 1 to lose a year, to be a whole year behind (because of a late birth date); 2 (*essere respinto*) to have to repeat a year (in the same class), to be kept back, to fail, to be held back, (*colloq*) to flunk; *~ l'appetito* to lose one's appetite; *lascia ~!* : 1 (*non pensarci*) never mind!, drop it!, forget it!; 2 (*non prendertela*) take it easy! take it easy!; *lasciare ~* : 1 (*abbandonare*) to give up: *come va la sua carriera di attore? - Ha lasciato ~* how is his career as an actor going? - He has given it up; 2 (*non parlarne*) to forget, to drop: *lasciamo ~!* let's forget about it!, let's call the whole thing off!; 3 (*con un complemento diretto*) let (so.) alone: *lascialo ~!* let him alone!; *~ le foglie* to lose leaves; *~ le gambe* (*perderne l'uso per malattia*) to lose the use of one's legs; (*fig*) *~ le staffe* to lose one's temper, (*colloq*) to fly off the handle, (*colloq*) to fly into a rage; *far ~ le staffe a qcu.* to make so. lose their temper; *far ~ le proprie tracce a qcu.* to shake so. off; *~ l'equilibrio* to lose one's balance; *far ~ l'equilibrio a qcu.* to throw so. off balance; (*fig*) *ha perso lo smalto di un tempo* he's lost his shine; (*fig*) *se ne è perso lo stampo* they don't make them like that any more, when they made him they broke the mould; *perdersi nella notte dei secoli* to go back to the beginning of time; (*fig*) *~ ogni freno* to run riot, to lose all inhibitions; *~ ogni speranza* to lose all hope, to give up hope; *~ peso* to lose weight, to slim, to slim down; *~ punti* to lose points (*anche fig*); *~ quota* : 1 (*Aer*) to lose altitude, to lose height; 2 (*fig*) to go out of fashion, to go out of style; *~ sangue* to lose blood, to bleed; *~ tempo* to waste time; (*fig*) *~ terreno* to lose ground; *~ un diritto* : 1 to lose a right; 2 (*per inadempienza ecc.*) to forfeit a right; *~ un processo* to lose a suit, to lose a case; *~ un'occasione* to miss an opportunity, to lose one's chance.

perdiana *intz.* (*pop*) **1** (*per esprimere meraviglia*) my word!, (*colloq*) gosh! **2** (*per esprimere impazienza*) for heaven's sake!

perdifiato ☐ *a* ~: 1 (*rif. alla corsa*) at breakneck speed, at breakneck pace: *correre a ~* to run at breakneck speed; 2 (*rif. alla voce*) at the top of one's voice, at the top of one's lungs.

perdigiorno *m./f.inv.* idler, loafer, layabout.

perdinci, perdio *intz.* (*pop*) **1** (*per esprimere meraviglia*) my word!, (*colloq*) gosh! **2**

(*per esprimere impazienza*) for heaven's sake!

perdita *f.* **1** loss: *una ~ irreparabile* an irreparable loss; *~ dell'indipendenza* loss of independence. **2** (*spreco*) waste, loss: *una ~ di tempo* a waste of time; *~ di denaro* loss of money, loss. **3** (*Econ*) loss: *subire gravi perdite* to suffer heavy losses. **4** (*morte*) loss: *la ~ di un genitore* the loss of a parent, the death of a parent. **5** (*fuoriuscita*) leak, leakage: *~ di gas* gas leakage. **6** (*dispersione*) loss: *~ di calore* heat loss. **7** (*Med*) discharge, flow. **8** (*Dir*) (*revoca*) loss, forfeiture: *~ di un diritto* loss of a right, frofeiture of a right. ☐ (*Med, pop*) *perdite bianche* whites; (*Comm*) *~ contabile* book loss, loss on paper; (*Dir*) *~ dei diritti civili* civil death; *~ della memoria* loss of memory; (*Econ*) *~ di cambio* exchange loss; *~ di conoscenza* loss of consciousness, blackout; *~ di controllo* loss of control; (*El*) *~ di corrente* leakage of current; (*Fis*) *~ di energia* power loss, energy loss; (*Comm*) *~ di esercizio* operating deficit, trading loss, operating loss; (*rar*) *a ~ di fiato* at the top of one's voice; (*Comm*) *~ di gestione* operating deficit, operating loss; *~ di peso* loss of weight, weightloss; (*El*) *~ di potenza* power loss; (*Econ*) *~ di profitto* loss of earnings, loss of profits, profit shortfall; (*Aer*) *~ di quota* loss of altitude; (*Fis*) *~ di spinta* loss of buoyancy, loss of lift; *~ di tempo* waste of time, loss of time; (*fig*) *a ~ d'occhio* as far as the eye can see, as far as the eye can reach; (*Econ*) *perdite e profitti* loss and profit; (*Econ*) *in ~* at a loss; *lavorare in ~* to work at a loss; *chiudere in ~* to close with a loss; (*Fis*) *~ per attrito* friction loss; (*Chim*) *~ per evaporazione* evaporation loss; (*Med*) *perdite premestruali* show, bleeding; (*Econ*) *~ secca* dry loss; (*Med*) *perdite vaginali* vaginal discharge.

perditempo *m./f.inv.* time-waster, idler, loafer, layabout.

perdizione *f.* **1** (*rovina*) ruin. **2** (*Rel*) damnation, perdition: *la via della ~* the road to perdition. ☐ *luogo di ~* place of perdition.

perdonabile *a.* forgivable, pardonable, excusable: *un errore ~* an excusable mistake.

perdonare (**perdóno**) **I** *v.t.* **1** to forgive, to pardon: *gli perdono il male che mi ha fatto* I forgive him the harm he has done to me, I pardon him for the harm he has done to me; *non gliela perdonerò mai!* I'll never forgive him for that! **2** (*Rel*) to forgive: *~ i peccati* to forgive sins. **3** (*scusare*) to excuse, to pardon, to forgive: *mi perdoni per il disturbo* pardon me for the trouble, excuse me for the trouble; *perdona la mia ignoranza, ma non ho capito* pardon my ignorance, but I didn't understand. **4** (*risparmiare*) to spare: *la morte non perdona nessuno* death spares no one. **II** *v.i.* (*aus. avere*) to forgive, to pardon: *non gli ho perdonato* I have not forgiven him. **III** *v.pron.* **perdonarsi** (*perdonare a se stesso*) to forgive oneself: *non me lo perdonerò mai* I'll never forgive myself for that. **IV** *v.r.recipr.* **perdonarsi** to forgive each other, to forgive one another: *bisogna imparare a perdonarsi* we must learn to forgive one another. ☐ *che non perdona*: 1 unforgiving, pitiless; 2 (*rif. a malattia*) incurable; *perdoni!* I beg your pardon!, pardon!; *Dio lo perdoni!* God forgive him!

perdono I *m.* **1** forgiveness, pardon: *implorare il ~* to beg for forgiveness. **2** (*Rel*) (*indulgenza*) remission, forgiveness, pardon: *~ dei peccati* remission of sins. **3** (*scusa*) pardon: *chiedere ~* (*Br*) to ask pardon, to beg pardon; (*Am*) to ask for forgiveness; *chiedo*

~ I beg your pardon; *chiedo ~ per il ritardo* I'm sorry I'm late; *chiedere ~ a qcu.* to ask so.'s forgiveness. **II** *intz.* sorry!, I'm sorry!, pardon!, I beg your pardon!, forgive me!

perdurare (**perdùro**; *aus.* **essere/avere**) *v.i.* **1** to continue, to last, to go on: *il maltempo perdura* the bad weather continues, the bad weather goes on. **2** (*perseverare*) to persist, to persevere: *~ nei propri propositi* to persist in one's intentions.

perdutamente *avv.* hopelessly, desperately, madly: *innamorarsi ~ di qcu.* to fall madly in love with so.

perduto → **perdere** *a.* **1** (*estinto, non più esistente*) extinct, lost: *speranze perdute* lost hopes. **2** (*smarrito*) lost: *abbiamo ritrovato il documento ~* we've found the document which had been lost. **3** (*sprecato*) wasted. **4** (*fig*) (*senza speranza*) done for: *siamo perduti!* we're done for!; *essere ~* to give up hope. **5** (*fig*) (*dissoluto*) dissolute; (*rif. a donna*) fallen, lost. **6** (*fig*) (*dannato*) lost, damned: *un'anima perduta* a damned soul. ☐ *andare ~*: 1 to be lost, to get lost; 2 (*essere sprecato*) to be wasted; *tutto è ~* all is lost.

peregrinare (**peregrìno**; *aus.* **avere**) *v.i.* (*lett*) to wander, to roam: *~ di città in città* to wander from town to town.

peregrinazione *f.* (*lett*) wandering, roaming: *le peregrinazioni di un esiliato* the wanderings of an exile.

peregrinità *f.* **1** (*fig*) (*singolarità*) rarity, singularity. **2** (*lett,rar*) (*l'essere peregrino*) wanderer's condition.

peregrino *a.* (*lett*) singular, strange, uncommon, rare.

perenne *a.* **1** perpetual, everlasting, eternal, perennial: *gloria ~* eternal glory; *sorgente ~* perennial spring. **2** (*continuo*) continuous, endless, everlasting: *~ malumore* ever-lasting bad mood. **3** (*Bot*) perennial: *piante perenni* perennial plants, perennials.

perennemente *avv.* **1** (*continuamente*) continuously, perpetually, always: *essere ~ in ritardo* to be always late. **2** (*eternamente*) perpetually, everlastingly, perennially, forever: *un paese che sarà ~ in guerra* a country which will be at war forever.

perennità *f.* (*lett,rar*) perpetuity.

perentoriamente *avv.* peremptorily.

perentorietà *f.* **1** (*Dir*) peremptoriness. **2** (*estens*) incontrovertibility, incontrovertibleness.

perentorio *a.* **1** (*Dir*) peremptory: *termine ~* peremptory term. **2** (*estens*) peremptory, incontrovertible, final: *ordine ~* incontrovertible order.

perenzione *f.* (*Dir*) **1** quashing, nonsuit, peremption. **2** (*decadenza per scadenza termini*) expiry, expiration, lapse. ☐ (*Dir*) *pratica caduta in ~* expired file.

perequare (**perèquo**) *v.t.* **1** (*Econ*) to equalize, to equate: *~ l'imposizione fiscale* to equalize tax burden. **2** (*Econ*) (*adeguare*) to adjust: *~ gli stipendi al costo della vita* to adjust salaries to the cost of living. **3** (*Statist*) to equalize.

perequativo *a.* (*Econ*) equalizing: *fondo ~* equalization reserver.

perequazione *f.* **1** (*Econ*) equalization, standardization: *~ salariale* equalization of wages. **2** (*Econ*) (*adeguamento*) adjustment, fitting: *~ dei prezzi ai costi* adjustment of prices to costs. **3** (*Statist*) equalization. ☐ (*Econ*) *~ fiscale* tax equalization, equalization of taxes; (*Econ*) *~ tributaria* tax equalization, equalization of taxes.

peretta *f.* **1** (*El*) (*interruttore*) pear-shaped

switch. **2** (*per clisteri*) rubber syringe. **3** (*clistere*) enema.

perfettamente *avv.* **1** perfectly: *adesso la lavatrice funziona* ~ the washing machine is working perfectly now; *sono* ~ *d'accordo con te* I perfectly agree with you. **2** (*assolutamente*) quite, completely, perfectly, absolutely: *è una cosa* ~ *inutile* it's a completely useless thing.

perfettibile *a.* perfectible, capable of becoming perfect.

perfettibilità *f.* perfectibility.

perfettivo *a.* perfective (*anche Gramm*).

perfetto I *a.* **1** (*senza difetti*) perfect, flawless, faultless: *nessuno è* ~ nobody's perfect; *un'esecuzione perfetta* a faultless performance. **2** (*assoluto*) perfect, thorough, utter: *silenzio* ~ perfect silence. **3** (*esatto*) perfect, exact: *una copia perfetta* an exact copy. **4** (*vero*) perfect, real; (*iron*) perfect, out-and-out, downright: *un* ~ *gentiluomo* a perfect gentleman; *è un* ~ *idiota* he's a perfect fool, he's a downright fool. **5** (*Fis,Mat,Gramm*) perfect. **II** *m.* (*Gramm*) perfect, perfect tense. □ *un* ~ *estraneo* a total stranger; *essere in perfetta salute* to be perfectly healthy.

perfezionabile *a.* perfectible, improvable.

perfezionamento *m.* **1** perfecting. **2** (*miglioramento*) improvement: *apportare un* ~ *a qcs.* to improve sth. **3** (*specializzazione*) specialization.

perfezionare (**perfezióno**) **I** *v.t.* **1** to perfect, to make perfect: ~ *l'opera* to perfect one's work. **2** (*migliorare*) to improve: ~ *un metodo* to improve a method; ~ *una lingua* to improve a language. **II** *v.pron.* **perfezionarsi 1** to improve, to improve oneself. **2** (*rif. all'istruzione*) to specialize (*in* in). □ (*Comm*) ~ *un contratto* to execute a contract, to sign a contract.

perfezione *f.* perfection: *aspirare alla* ~ to aim at perfection. □ *a* ~ (*o alla* ~) perfectly, to perfection: *parla tre lingue alla* ~ he speaks three languages perfectly. *Prov.*: *la* ~ *non è di questo mondo* perfection is not of this world, nothing in this world is perfect.

perfezionismo *m.* perfectionism.

perfezionista *m./f.* perfectionist.

perfezionistico (*pl.* **-ci**) *a.* perfectionist, perfectionistic.

perfidamente *avv.* wickedly, perfidiously.

perfidia *f.* **1** perfidy, malice, wickedness. **2** (*atto*) perfidy, wicked act.

perfido *a.* **1** malicious, wicked. **2** (*colloq*) (*pessimo*) horrible, ghastly. □ (*Stor*) *la perfida Albione* perfidious Albion.

perfin *a.inv.* (*Filat*) perforated in.

perfino *avv.* **1** even: *conosce* ~ *l'arabo* he even knows Arabic; *direi* ~ *che...* I'd go so far as to say that... **2** (*solamente*) just: *mi vergogno* ~ *a pensarci* I'm ashamed just to think of it.

perforabile *a.* perforable, pierceable.

perforamento *m.* (*rar*) **1** perforation, piercing. **2** (*Minier*) (*trivellazione*) drilling, boring. **3** (*Inform,ant*) (*rif. a schede e sim.: atto*) punching, perforation; (*effetto*) punch, perforation. **4** (*Med*) perforation. **5** (*rif. a proiettili*) piercing.

perforante *a.* **1** piercing: *proiettile* ~ armour-piercing bullet. **2** (*Med,Anat*) perforating: *ulcera* ~ perforating ulcer; *arteria* ~ perforating artery.

perforare (**perfóro/perfòro**) **I** *v.t.* **1** to pierce, to perforate, to hole. **2** (*trivellare*) to bore, to drill: ~ *il terreno* to drill the soil. **3** (*punzonare*) to punch. **4** (*Med*) to puncture: ~ *un polmone* to puncture a lung. **5** (*Inform, ant*) to punch, to perforate. **II** *v.pron.* **perfo-**

rarsi to be pierced, to be perforated.

perforato *a.* **1** (*Inform,ant*) punched, punch (*attr.*): *scheda perforata* punch card, punched card. **2** (*Med*) perforated: *ulcera perforata* perforated ulcer.

perforatore I *m.* **1** (*f.* **-trice**) (*Minier*) (*operaio*) driller, borer. **2** (*Minier*) (*macchina*) drill. **3** (*per la carta*) punching machine. **4** (*Inform, ant*) key punch, puncher. **5** (*f.* **-trice**) (*Inform,ant*) (*operaio*) (key) punch operator, perforator. **II** *a.* punching, drilling, perforating, piercing. □ (*Inform,ant*) ~ *di nastri* paper-tape punch; (*Inform,ant*) ~ *di schede* card punch; (*Inform,ant*) ~ *manuale* hand punch.

perforatrice *f.* **1** (*Mecc,Minier*) drill: ~ *da roccia* rock drill. **2** (*Inform,ant*) (*macchina*) key punch, card punch. □ (*Mecc*) ~ *ad aria compressa* air puncher, penumatic drill; (*Inform,ant*) ~ *di schede* card punch; ~ *duplicatrice* multiplying punch; (*Mecc*) ~ *idraulica* hydraulic drill; ~ *per nastri* tape punch, perforator; (*Minier*) ~ *pneumatica* pneumatic drill.

perforazione *f.* **1** perforation, piercing. **2** (*Minier*) (*trivellazione*) drilling, boring. **3** (*Inform,ant*) (*rif. a schede e sim.: atto*) punching, perforation; (*effetto*) punch, perforation. **4** (*Med*) perforation. **5** (*rif. a proiettili*) piercing. □ (*Inform,ant*) ~ *di nastri* tape punching; (*Minier*) ~ *petrolifera* drilling for oil.

performante *a.* high performance (*attr.*).

performativo *a.* (*Ling*) performative.

perfosfato *m.* (*Chim*) superphosphate.

perfusione *f.* (*Med*) perfusion.

perfuso *a.* (*lett*) perfused.

pergamena *f.* **1** (*pelle*) parchment, sheepskin, vellum. **2** (*estens*) (*documento*) parchment. □ *di* ~ (*o in* ~) parchment (*attr.*), in parchment (*posposto*).

pergamenaceo *a.* **1** (*di pergamene*) parchment (*attr.*): *patrimonio* ~ parchment heritage. **2** (*simile a pergamena*) pergameneous.

pergamenato □ (*Cart*) *carta pergamenata* parchment paper.

pergamo *m.* (*lett*) (*pulpito*) pulpit.

Pergamo *n.pr.f.* (*Geog.stor*) Pergamum.

pergola[1] *f.* (*Giard*) pergola, arbour, (*Am*) arbor.

pergola[2] *f.* (*Arald*) pall.

pergolato *m.* pergola, arbour, (*Am*) arbor.

perianzio *m.* (*Bot*) perianth.

periartrite *f.* (*Med*) periarthritis.

periastro *m.* (*Astr*) periastron.

pericardico *a.* (*Anat*) pericardial, pericardiac.

pericardio *m.* (*Anat*) pericardium.

pericardite *f.* (*Med*) pericarditis.

pericarpio, pericarpo *m.* (*Bot*) pericarp.

Pericle *n.pr.m.* (*Stor*) Pericles.

pericolante *a.* **1** unsafe, likely to fall, tottering, tumbledown: *trave* ~ unsafe beam. **2** (*fig*) precarious, shaky, (*colloq*) on the rocks: *economia* ~ shaking economy.

pericolare (**perìcolo**; *aus.* **avere**) *v.i.* (*rar, lett*) **1** (*essere in pericolo*) to be at risk, to be in danger, to be unsafe. **2** (*minacciare di cadere*) to be unsafe, to be unsteady, to be in danger of falling, to totter.

pericolo *m.* **1** danger, risk, hazard, peril: *esporsi al* ~ to brave danger; *salvare qcu. da un* ~ to save so. from (a) danger; *affrontare il* ~ to face danger; *scongiurare un* ~ to ward off a danger. **2** (*cosa pericolosa*) danger, peril, menace: *è un* ~ *per la società* he's a menace to society. □ *col* ~ *di* at the hazard of, at the risk of; ~ *di frane* landslide danger; ~ *di incendio* danger of fire; ~ *di morte* dan-

ger of death; ~ *di valanghe* avalanche danger; ~ *di vita* danger of death: *essere in* ~ *di vita* to be in danger of one's life, to be in peril of one's life; *essere in* ~ to be in jeopardy, to be in danger; *mettere qcu. in* ~ to endanger so.; (*colloq,scherz*) *non c'è* ~ there's no fear (of that), not likely; (*Dir*) ~ *pubblico* state of emergency; ~ *pubblico numero uno* public enemy number one; (*scherz*) *Maria è un* ~ *pubblico quando guida* Mary is a public menace when she drives.

pericolosamente *avv.* dangerously, perilously: *vivere* ~ to live dangerously.

pericolosità *f.* danger, dangerousness, perilousness: ~ *sociale* social dangerousness.

pericoloso *a.* **1** dangerous, perilous: *strada pericolosa* dangerous road. **2** (*che può recare danno*) dangerous, risky, unsafe: *è* ~ *sporgersi dai finestrini* it is dangerous to lean out of (the) windows; *guida pericolosa* dangerous driving. □ ~ *per l'ambiente* environmentally hazardous.

pericondrio *m.* (*Anat*) perichondrium.

pericondrite *f.* (*Med*) perichondritis.

pericope *f.* (*Rel.catt*) pericope.

peridotite *f.* (*Min*) peridotite.

peridoto *m.* (*Min*) peridot.

peridurale I *a.* (*Anat,Med*) peridural: (*Med*) *anestesia* ~ epidural anaesthesia, (*Am*) epidural anesthesia. **II** *f.* (*Med*) (*anestesia*) epidural anaesthesia, (*Am*) epidural anesthesia.

perielio *m.* (*Astr*) perihelion.

periferia *f.* **1** suburbs *pl.*, outskirts *pl.* **2** (*estens*) (*zona marginale*) periphery, fringe. □ *quartiere di* ~ suburban district, suburb; *abitare in* ~ to live in the suburbs.

periferica *f.* (*Inform*) peripheral, peripheral device. □ (*Inform*) ~ *di input* input device; (*Inform*) ~ *di output* output device; (*Inform*) ~ *virtuale* virtual peripheral.

periferico (*pl.* **-ci**) *a.* **1** (*di periferia*) suburban, on the outskirts: *zona periferica* suburban area. **2** (*ai margini*) peripheral, peripheric, marginal: (*Anat*) *sistema nervoso* ~ peripheral nervous system. **3** (*Inform*) peripheral: *unità periferica* peripheral, peripheral device.

perifrasi *f.* periphrasis, periphrase, circumlocution.

perifrastica *f.* (*Gramm*) periphrastic (contruction). □ (*Gramm*) ~ *attiva* periphrastic active; (*Gramm*) ~ *passiva* periphrastic passive.

perifrasticamente *avv.* periphrastically, by means of a periphrasis.

perifrastico (*pl.* **-ci**) *a.* periphrastic: *coniugazione perifrastica* periphrastic conjugation.

perigastrico *a.* perigastric: *tessuti perigastrici* perigastric tissues.

perigeo *m.* (*Astr*) perigee.

periglaciale *a.* (*Geol*) periglacial: *sistema* ~ periglacial system.

periglio *m.* (*ant,poet*) peril, danger.

periglioso *a.* (*ant,poet*) dangerous, perilous.

perigonio *m.* (*Bot*) perigonium, perigone, perianth.

perimetrale *a.* **1** outer, exterior: *muri* (*o mura*) *perimetrali* outer walls, exterior walls. **2** (*Geom,Med*) perimetric, perimetrical.

perimetro *m.* **1** (*Geom*) perimeter: *calcolare il* ~ to calculate the perimeter. **2** (*estens*) boundary, outer edge, circumference, perimeter: *lungo il* ~ *dell'edificio* along the outer edge of the building. **3** (*Med*) perimeter.

perinatale *a.* (*Med*) perinatal: *cardiologia ~* perinatal cardiology.

perineale *a.* (*Anat*) perineal.

perineo *m.* (*Anat*) perineum.

periodare I *v.i.* (**perìodo**; *aus.* **avere**)to make sentences, to form sentences. II *m.* turn of phrase, way of making sentences, way of writing, style.

periodicamente *avv.* periodically: *aggiornare ~ i dati* to update data periodically.

periodicità *f.* 1 periodicity, recurrence. 2 (*intervallo di tempo*) interval: *~ mensile* monthly interval.

periodico (*pl.* **-ci**) I *a.* 1 periodic, periodical, recurrent, recurring: *venti periodici* recurrent winds. 2 (*Mat*) periodic, recurring: *funzione periodica* periodic function; *numero decimale ~* recurring decimal, repeating decimal. 3 (*Med*) periodic: *malattia periodica* periodic disease; *febbre periodica* periodic fever. II *m.* (*Giorn*) periodical: *pubblicazione periodica* periodical publication, periodical. II *m.* (*Giorn*) periodical, magazine. □ (*Giorn*) *~mensile* monthly, monthly magazine; (*Giorn*) *~settimanale* weekly, weekly magazine.

periodo *m.* 1 period: *un ~ di due anni* a period of two years, a two-year period; *in questo ~* in this period; *in questo ~ lavoro a casa* I'm working at home at the moment. 2 (*spazio di tempo*) period; (*breve*) span, spell; (*lungo*) age, years *pl.*: *~ di tempo* span of time; *il ~ aureo della letteratura latina* the golden age of Latin literature; *in quel ~* in that period, in those years, at that time, (*colloq*) back then: *uscivamo sempre insieme in quel ~* back then we always went out together in that period (*o* in those years *o* at that time). 3 (*stagione*) period, season. *~ estivo* summertime; *il ~ delle piogge* the rain period, the rain season. 4 (*Gramm*) sentence, period: *un ~ complesso* a complex sentence, a complex period. 5 (*Geol*) period: *~ glaciale* glacial period. 6 (*Med*) period, state. 7 (*Mat*) period. 8 (*Astr,Fis,Mus*) period. 9 (*El*) cycle. □ *andare a periodi* to have highs and lows, to have ups and downs; *il lavoro va un po' a periodi* the work has its highs and lows, the work has its ups and downs; (*Statist*) *~base* base period; (*Comm*) *~contabile* accounting period; *~critico* critical period; *~delle vacanze* holidays, holiday time, holiday season; *~di addestramento* training period (*anche Mil*); *~di aspettativa* : 1 leave of absence, period of leave of absence; 2 (*Assic*) waiting period; (*Tecn*) *~di combustione* period of combustion; (*Fis*) *~ di dimezzamento* half-life; (*Comm*) *~di garanzia* warranty period, duration of guarantee; (*Med*) *~di incubazione* incubation period; (*Med*) *~di latenza* latent period; (*Fis*) *~di un'onda* wave period; (*Fis*) *~ di oscillazione* oscillation period, period of vibration, period; (*Dir*) *~di preavviso* notice, period of notice; (*Dir*) *~di prescrizione* statutory period; *~ di prova* : 1 (*di personale*) probationary period, trial period; 2 (*rif. a macchine e sim.*) testing period; *~di riposo* a period of rest; (*Astr*) *~di rivoluzione* period of revolution; (*Aut*) *~di rodaggio* (*Br*) running-in period, (*Am*) breaking-in period; *in un breve ~di tempo* in a short time, in a short period of time; *per un breve ~ di tempo* for a short (period of) time; (*Comm*) *~d'imposta* tax period; *~elettorale* election time, electoral period; (*Stor.brit*) *~elisabettiano* Elizabethan period, Elizabethan Age; (*Fisiol*) *~ esplusivo del parto* delivery stage; (*Fisiol*) *~fecondo* fertile period; *~finestra* window of

time; (*Gramm*) *~ ipotetico* conditional clause, if clause; (*Econ*) *~morto* slack period, slump; (*Geol*) *~nummulitico* nummulitic period; (*Fisiol*) *~refrattario* refractory period; *~ transitorio* transition phase, transition period.

periodontite *f.* (*Dent*) periodontitis.

periodonto *m.* (*Anat*) periodontium.

periostio *m.* (*Anat*) periosteum.

periostite *f.* (*Med*) periostitis.

peripatetica *f.* (*eufem,scherz*) streetwalker.

peripatetico (*pl.* **-ci**) I *a.* (*Filos*) Peripatetic. II *m.* (*Filos*) Peripatetic.

peripezia *f.* 1 *spec.pl.* vicissitudes *pl.*, ups and downs *pl.*, adventure: *dopo molte peripezie* after many vicissitudes, after many adventures. 2 (*lett*) peripeteia.

periplo *m.* (*Mar*) circumnavigation, periplus. □ *fare il ~ di un'isola* to sail around an island.

periptero *m.* (*Archeol*) peripteral temple.

perire (**perìsco, perìsci**; *aus.* **essere**) *v.i.* 1 to die, to perish (*anche fig*): *~ in un incidente* to die in an accident; *la sua fama non perirà* his fame will not die. 2 (*lett*) (*andare in rovina*) to be destroyed, to perish.

periscopico (*pl.* **-ci**) *a.* (*Ott*) periscopic.

periscopio *m.* (*Ott*) periscope. □ (*Ott,Mil*) *~notturno* night periscope.

perispomena *f.* (*Gramm*) perispomenon.

perissodattilo *m.* (*Zool*) perissodactyl: *i perissodattili* perissodactyla.

peristalsi *f.* (*Fisiol*) peristalsis.

peristaltico (*pl.* **-ci**) *a.* (*Fisiol*) peristaltic: *movimento ~* peristaltic movement.

peristilio *m.* (*Archeol,Arch*) peristyle.

peritale *a.* (*burocr*) expert (*attr.*): *accertamento ~* expert review.

peritarsi (**mi pèrito**) *v.pron.* (*lett,rar*) to hesitate. □ *non ~ di fare qcs.* to have no hesitation about doing sth.

peritecio *m.* (*Bot*) perithecium.

perito I *m.* 1 expert, surveyor: *chiedere il parere di un ~* to ask for expert advice. 2 (*Scol*) (*titolo di scuola superiore*) gradute of a technical high school, qualified technician. II *a.* (*esperto*) expert, skilled, skilful. □ (*Scol*) *~ agrario* graduate of a high school specializing in agronomy; (*Assic*) *~ assicurativo* insurance adjuster, assessor; *~ calligrafico* handwriting expert; *~ catastale* cadastral surveyor; (*Scol*) *~chimico* graduate of a high school specializing in chemistry; *~ d'ufficio* official referee; *~ edile* : 1 (*diplomato*) graduate of a high school specializing in building; 2 (*consulente tecnico*) master builder, building surveyor; (*Scol*) *~ elettrotecnico* graduate of a high school specializing in electrotechnics; *~fonico* voiceprint analyst; *~ giudiziario* assessor, court-appointed expert witness; *~ giurato* sworn expert; *~ industriale* industrial expert, engineer; (*Assic*) *~ liquidatore di sinistri* claims adjuster, claim adjuster; (*Med*) *settore* medical examiner; *~stimatore* surveyor, valuer, estimator.

peritoneo *m.* (*Anat*) peritoneum.

peritonite *f.* (*Med*) peritonitis.

perituro *a.* (*lett*) transient, passing: *fama peritura* passing fame.

perizia *f.* 1 (*valutazione*) survey, valuation, assessment, appraisal. 2 (*parere*) expert opinion, expert testimony. 3 (*relazione scritta*) expert's report. 4 (*abilità*) skill, skilfulness, ability: *avere grande ~* to be very skilful. □ *~balistica* ballistic report; *~ calligrafica* expert opinion on handwriting, handwriting expert's opinion, handwriting analysis; *~ dei danni* damage sur-

vey, damage appraisal, assessment of damage; *~giudiziale* expert evidence, evidence of an expert witness; *~ giudiziaria* judicial examination; *~ medico-legale* medical examination; *~psichiatrica* psychiatrist's report, psychiatric examination.

periziare (**perìzio, perìzi**) *v.t.* (*burocr*) to value, to estimate, to assess: *far ~ un patrimonio* to have an inheritance assessed.

perizoma *m.* 1 (*Abbigl*) G-string, gee-string, (*tanga*) thong. 2 (*Etnol*) loincloth.

perla I *f.* 1 pearl: *una collana di perle* a pearl necklace; *filo di perle* string of pearls. 2 (*fig*) pearl, jewel, treasure, gem: *è una ~ di moglie* she is a treasure of a wife. 3 (*Farm*) capsule, pearl: *medicinale in perle* medicine pearls, medicine capsules. 4 *pl.* (*Arch*) beads. 5 (*lett*) (*goccia*) pearl, bead: *perle di sudore* beads of sweat. 6 (*fig,rar*) (*errore madornale*) howler, blunder. II *a.inv.* pearl: *grigio ~* pearl-grey. □ (*Bibl*) *dare le perle ai porci* to cast pearls before swine; (*Oref*) *perlebarocche* baroque pearls; (*Oref*) *perlecoltivate* cultured pearls, cultivated pearls; (*Cosmet*) *perle da bagno* bath pearls, bath beads; (*Oref*) *~di fiume* freshwater pearl; (*fig*) *una ~di saggezza* a pearl of wisdom; (*Oref*) *perle false* imitation pearls, false pearls; (*Oref*) *~ naturale* natural pearl; (*Oref*) *~nera* black pearl; (*fig*) *~rara* real treasure; *~scaramazza* baroque pearl.

perlaceo *a.* pearly, pearl-coloured.

perlage /per'laʒ/ *m.inv.* (*Enol*) perlage.

perlaquale *a.inv.* (*colloq*) 1 (*perbene*) decent, respectable: *una persona molto ~* a very decent person. 2 (*ottimo*) extremely good, excellent, (*colloq*) capital. II *avv.* (*colloq*) (*spec. in espressioni negative*) well, smoothly; *le cose non sono andate proprio ~* things didn't turn out smoothly, things didn't turn out all that well. □ *anche se luinon è tanto ~* even if he doesn't agree.

perlato *a.* 1 (*color perla*) pearly, pearl-coloured. 2 (*ornato di perle*) decorated with pearls, set with pearls.

perlé □ (*Tess*)*cotone ~* pearl cotton, (*Am*) ply yarn.

perlifero *a.* pearl (*attr.*): *ostrica perlifera* pearl oyster.

perlina *f.* 1 (*piccola perla di ostrica*) seed-pearl. 2 (*estens*) (*conterie*) beads *pl.*: *perline colorate* coloured beads, (*Am*) colored beads. 3 (*Fal,Edil*) matchboard.

perlinato I *a.* beaded: *schermo ~* beaded screen. II *m.* 1 (*Edil*) matchboarding. 2 (*Numism*) beaded: *bordo ~* beaded border.

perlinguale *a.* sublingual.

perlite *f.* 1 (*Min*) perlite, pearly-stone. 2 (*Met*) pearlite.

perlomeno *avv.* (*come minimo, almeno*) at least: *potresti ~ telefonare!* you could have at least phoned!

perlopiù *avv.* 1 (*di solito*) usually, generally. 2 (*per la maggior parte*) mostly, mainly, in most cases, for the most part.

perlustrare (**perlùstro**) *v.t.* 1 (*ispezionare*) to search, to scour, to comb. 2 (*Mil*) to patrol, to reconnoitre.

perlustratore *m.* (*f.* **-trice**) 1 searcher. 2 (*Mil*) reconnoitrer, scout.

perlustrazione *f.* 1 (*Mil*) patrol, patrolling, reconnaissance: *mandare qcu. in ~* to send so. on patrol; *fare un giro di ~* to go on patrol. 2 (*ispezione*) searching, search.

permafrost /ˌpermaˈfrɔst/ *m.inv.* (*Geol*) permafrost.

permagelo *m.inv.* (*Geol*) permafrost.

permalosità *f.* touchiness, huffiness, peevishness, tetchiness, testiness.

permaloso *a.* touchy, huffy, peevish, tetchy, testy, (*colloq*) crotchety.

permanentato *a.* permed: *capelli permanentati* permed hair.

permanente I *a.* **1** permanent, standing: *esposizione* ~ permanent exhibition; *esercito* ~ standing army. **2** (*continuo*) constant, continual: *disagio* ~ constant discomfort. **II** *f.* (*ondulazione artificiale dei capelli*) permanent wave, permanent (*colloq*) perm: *farsi la* ~ to have a perm, to have one's hair permed. □ ~ *a caldo* hot perm; ~ *a freddo* cold perm.

permanentemente *avv.* permanently, always: *essere collegati* ~ *alla rete* to be always connected to the internet.

permanenza *f.* **1** permanence, permanency. **2** (*soggiorno*) stay, sojourn: *buona* ~! have a good stay! □ (*burocr*) ~ *in carica* tenure of an office, term of office.

permanere (*pres.ind.* **permàngo, permàni**; *p.rem.* **permàsi**; *fut.* **permarrò**; *pres.cong.* **permànga**; *p.p.* **permàso**; *aus.* **essere**) *v.i.* **1** (*perdurare*) to remain, to continue. **2** (*continuare a stare*) to remain, to stay.

permanganato *m.* (*Chim*) permanganate. □ (*Chim*) ~ *di potassio* potassium permanganate.

permanganico *a.* (*Chim*) permanganic. □ (*Chim*) *acido* ~ permanganic acid.

permango → **permanere**.

permasi → **permanere**.

permeabile *a.* permeable, pervious: *rocce permeabili* permeable rocks.

permeabilità *f.* permeability, permeableness, perviousness. □ (*Tess*) ~ *al vapore* steam permeability; (*Tess*) ~ *all'aria* perviousness to air; (*Fis*) ~ *assoluta* absolute permeability; (*Fis*) ~ *differenziale* differential permeability.

permeanza *f.* (*Fis*) permeance.

permeare (**pèrmeo**) *v.t.* **1** to permeate. **2** (*fig*) to permeate, to penetrate, to pervade.

permesso[1] *intz.* **1** (*posso entrare?*) may I come in?: *chiedere* ~ to ask for permission to enter a home or office in the Italian custom. **2** (*nel farsi strada*) excuse me, excuse me please. □ ~ *? - Avanti!* may I come in? - Please do!

permesso[2] *m.* **1** (*autorizzazione*) permission, leave: *dare a qcu. il* ~ *di fare qcs.* to give so. leave to do sth.; *non hai il* ~ *di uscire dopo le nove* you're not allowed to go out after nine; *chiedere il* ~ to ask leave, to ask permission, to ask for permission. **2** (*licenza*) permit, licence, leave: *concedere un* ~ to grant a licence; *un* ~ *di tre giorni* a three-day licence, a three-day leave; *farsi rilasciare un* ~ to take out a permit; *avere un mese di* ~ to have a month's leave. **3** (*tessera, lasciapassare*) pass: *per entrare nella sala di lettura c'è bisogno di un* ~ you need a pass to get into the reading room. **4** (*Mil*) (*licenza, congedo*) leave (of absence). □ ~ *accordato* permission granted; *con* ~: **1** (*posso entrare?*) may I come in?; **2** (*passando avanti*) excuse me, excuse me please; *con il vostro* ~ with your permission, (*Br*) by your leave; ~ *di caccia* game licence, hunting licence; (*Aut*) ~ *di circolazione* circulation permit; ~ *di emissione* emission permit; ~ *di entrata* entry permit; ~ *di espatrio* authorization to leave one's country, permission to emigrate; (*Minier*) ~ *di estrazione* mining licence; ~ *di lavoro* work permit; (*Dir*) ~ *di passaggio* wayleave; ~ *di soggiorno* residence permit; *essere in* ~ to be on leave; ~ *non retribuito* unpaid leave; ~ *retribuito* paid leave.

permettere (*pres.ind.* **permétto**; *p.rem.* **per-**

mìsi; *p.p.* **permésso**) **I** *v.t.* **1** to allow, to let, to permit: ~ *a qcu. di fare qcs.* to allow so. to do sth., to let so. do sth.; *mi permetta di aiutarla* allow me to help you; *permettimi di dirti che...* let me tell you that...; *non è permesso fumare in questa stanza* you're not allowed to smoke in this room. **2** (*dare la possibilità*) to enable, to make possible, to allow; (*in frasi negative*) to prevent: *la sua autorità gli permette di parlare francamente* his authority enables him to speak frankly; *la mia salute non mi permette di fare lunghi viaggi* my health prevents me from making long voyages. **3** (*tollerare*) to permit, to bear, to allow, to let: *non permetto che mi si parli in questo modo* I don't let people talk to me like that. **4** (*in formule di cortesia*) to permit. **II** *v.pron.* **permettersi 1** to allow oneself: *mi sono permessa una breve vacanza* I allowed myself a short holiday. **2** (*rif. a spese e sim.*) to afford: *non posso permettermi una simile spesa* I can't afford the expense. **3** (*prendersi la libertà*) to dare: *come si permette!* how dare you! **4** (*in formule di cortesia*) to take the liberty: *mi permetto di scriverle* I am taking the liberty of writing to you. □ *permettersi il lusso di fare qcs.* to allow oneself the luxury of doing sth.; *non posso* ~ *che tu le parli così* I won't have you speak to her like that, I won't allow you to speak to her like that; *tempo permettendo* weather permitting, if the weather permits; (*ant*) *permette questo ballo?* may I have this dance?; *se permetti, ne so qualcosa in materia* I know something on the matter, if you please; I know something on the matter, if I may; *permette una domanda?* do you mind a question?, may I ask you a question?; *permette una parola?* may I put in a word?, may I say something?

permettività *f.* (*Fis*) permittivity.

permiano *m.* (*Geol*) Permian.

permico I *m.* (*Geol*) Permian. **II** *a.* (*Geol*) Permian.

permisi → **permettere**.

permissibile *a.* (*rar*) permissible, allowable.

permissivismo *m.* permissivism.

permissività *f.* permissiveness.

permissivo *a.* permissive: *una società permissiva* a permissive society; *genitori troppo permissivi* overly-permissive parents.

permuta *f.* **1** (*Comm*) trade-in. **2** (*Dir*) exchange. **3** (*Econ*) (*scambio interbancario*) swap, exchange. □ ~ *di beni* exchange of property; (*Econ*) ~ *di tassi d'interesse* interest rate swap; (*Econ*) ~ *di valute* currency swap, currency exchange; *fare una* ~ to make an exchange; *dare qcs. in* ~ to trade sth. in; *ottenere un'auto in* ~ to obtain a car by trading in; (*Dir*) ~ *obbligatoria* compulsory exchange.

permutabile *a.* **1** (*Dir,Comm*) exchangeable: *beni permutabili* exchangeable goods. **2** (*Mat*) permutable.

permutabilità *f.* **1** (*Dir,Comm*) exchangeability. **2** (*Mat*) permutability.

permutare (**pèrmuto**) **I** *v.t.* **1** (*Dir,Comm*) to exchange, to trade in, to swap, to barter. **2** (*Mat*) to permute. **II** *v.pron.* **permutarsi 1** (*lett*) (*tramutarsi*) to change. **2** (*Mat*) to permute. □ (*rar*) *da permutarsi* (which have) to be changed; *superfici da permutarsi* surfaces (which have) to be changed; (*Comm*) *da permutarsi con* to trade in with, exchangeable with.

permutatore *m.* **1** (*El*) (*convertitore*) converter, (*distributore*) distributing frame. **2** (*lett*) (*chi permuta*) exchanger.

permutazione *f.* **1** exchange, barter, swap. **2** (*Mat*) permutation. **3** (*Ling*) (*commutazione*) commutation.

permutite *f.* (*Chim*) permutite.

pernacchia *f.* raspberry, (*Am*) Bronx cheer: *fare una* ~ to blow a raspberry.

pernice *f.* (*Ornit*) partridge, common grey partridge. □ (*Ornit*) ~ *bianca* rock ptarmigan; (*Ornit*) ~ *di mare orientale* black-winged pratincole; (*Ornit*) ~ *rossa* red-legged partridge.

perniciosa *f.* (*Med*) (*febbre perniciosa*) pernicious malaria, malignant fever.

perniciosamente *avv.* perniciously.

pernicioso *a.* **1** pernicious, injurious, noxious. **2** (*Med*) pernicious: *anemia perniciosa* pernicious anaemia.

perno *m.* **1** pivot, pin, gudgeon. **2** (*fig*) pivot, hinge, kingpin: *fare* ~ *su qcs.* to hinge on sth., to pivot on sth. **3** (*Dent*) pivot, dowel. □ *a* ~ fast-joint; (*Mecc*) ~ *di accoppiamento* drawbolt, coupling pin; (*Mecc*) ~ *di articolazione* joint pin, trunnion; (*Mecc*) ~ *di banco* journal; (*Mar*) ~ *passante* through bolt; (*fig*) ~ *portante* kingpin, main pivot.

pernottamento *m.* overnight stay.

pernottare (**pernòtto**; *aus.* **avere**) *v.i.* to stay overnight, to spend the night: ~ *in un albergo* to spend the night at a hotel, to spend the night in a hotel.

pero *m.* **1** (*Bot*) pear, pear tree. **2** (*legno*) pear wood.

però I *congz.* **1** but: *è un brav'uomo,* ~ *non è fortunato* he is a good man but he is not lucky. **2** (*tuttavia*) however, nevertheless, yet, still, though *spesso non si traduce: non ti sono simpatici,* ~ *devi essere gentile con loro* even if you don't like them, (nevertheless) you must be nice to them; even if you don't like them, you must still be nice to them; *avresti potuto dirmelo* ~! you should have told me though! **II** *intz.* well, wow (*anche iron*): ~, *mica scemo!* well, he's not dumb after all!; ~, *niente male!* wow, not bad!

perocché *congz.* (*lett,rar*) (*poiché*) since, as, because.

perone *m.* (*Anat*) fibula.

peroneo *a.* (*Anat*) fibular.

peronospora *f.* (*Agr*) downy mildew.

perorare (**pèroro/peròro**) **I** *v.t.* to plead: ~ *una causa* to plead a case (*anche fig*). **II** *v.i.* (*aus.* **avere**) (*lett*) to speak in favour of, to plead: ~ *in difesa di qcu.* to speak in so.'s defence.

perorazione *f.* **1** pleading, defence. **2** (*Ret*) peroration.

perossido *m.* (*Chim*) peroxide. □ (*Chim*) ~ *di idrogeno* hydrogen peroxide.

perpendicolare I *a.* (*Geom*) perpendicular, at right angles (*posposto*): *due rette perpendicolari* two perpendicular lines, two lines at right angles; (*estens*) *la mia strada è* ~ *a un viale alberato* my street is perpendicular to a street lined with trees. **II** *f.* (*Geom*) perpendicular: *tracciare una* ~ to mark a perpendicular, to draw a perpendicular.

perpendicolarità *f.* perpendicularity.

perpendicolarmente *avv.* perpendicularly, at right angles.

perpendicolo *m.* perpendicular. □ *a* ~ perpendicularly.

perpetrare (**pèrpetro**) *v.t.* to perpetrate, to commit: ~ *un reato* to commit a crime.

perpetrazione *f.* perpetration.

perpetua *f.* **1** priest's housekeeper. **2** (*estens, spreg*) talkative elderly housekeeper.

perpetuamente *avv.* **1** (*in eterno*) perpetually, forever. **2** (*di continuo*) perpetually,

constantly, continually.
perpetuare (**perpètuo**) I *v.t.* to perpetuate: ~ *la memoria di qcu.* to perpetuate so.'s memory; ~ *la specie* to perpetuate the species. II *v.pron.* **perpetuarsi** to be eternal, to become eternal, to be perpetuated.
perpetuatore *m.* (*f.* **-trice**) perpetuator.
perpetuazione *f.* perpetuation.
perpetuità *f.* perpetuity.
perpetuo *a.* **1** perpetual, eternal, everlasting. **2** (*che dura tutta la vita*) life (*attr.*), permanent, perpetual: *carcere* ~ life (imprisonment). **3** (*Mecc*) perpetual, endless: *vite perpetua* endless screw, worm. ☐ *in* ~ in perpetuity, perpetually; *a perpetua memoria di* in everlasting memory of, in perpetual memory of, in eternal memory of.
perplessità *f.* **1** perplexity, puzzlement, hesitation: *avere* (*o nutrire*) *delle ~ riguardo a qcs.* to be puzzled about sth. **2** (*irresolutezza*) uncertainty, irresolution, doubt.
perplesso *a.* **1** perplexed, puzzled: *lasciare* ~ (*o rendere* ~) to puzzle, to perplex. **2** (*irresoluto*) uncertain, undecided, doubtful.
perquisire (**perquisìsco, perquisìsci**) *v.t.* **1** to search, to rummage. **2** (*rif. a persona*) to body-search, to frisk.
perquisizione *f.* **1** search, perquisition: *fare un'attenta* ~ to make a thorough search, to carry out a thorough search. **2** (*rif. a persona*) body-search, frisk. ☐ ~ *doganale* rummaging; ~ *domiciliare* house search.
persecutore I *m.* (*f.* **-trice**) persecutor. II *a.* persecuting.
persecutorio *a.* persecutory.
persecuzione *f.* **1** persecution. **2** (*fig*) pest, plague, nuisance. ☐ ~ *antisemita* (o ~ *degli ebrei*) persecution of the Jews; ~ *razziale* racial persecution.
Persefone *n.pr.f.* (*Mitol*) Persephone.
perseguibile *a.* **1** (*Dir*) prosecutable. **2** (*rif. a scopo ecc.*) that can be pursued (*posposto*). ☐ (*Dir*) ~ *a norma di legge* prosecutable by law, punishable by law; (*Dir*) ~ *d'ufficio* indictable; (*Dir*) *essere ~penalmente* to be liable to be prosecuted (by law).
perseguimento *m.* pursuit: ~ *dei propri fini* pursuit of one's aims.
perseguire (*pres.ind.* **perséguo**; *p.rem.* **perseguii**) *v.t.* **1** to pursue: ~ *uno scopo* to pursue an aim. **2** (*Dir*) to prosecute: ~ *un reato* to prosecute a crime. ☐ ~ *qcu. penalmente* to conduct criminal proceedings against so., to prosecute so.
perseguitare (**perséguito**) *v.t.* **1** to persecute: ~ *i cristiani* to persecute Christians. **2** (*fig*) to pester, to persecute, to pursue, to harass, to haunt: ~ *qcu. con richieste* to pester so. with requests; *essere perseguitato dalla paura* to be ahnuted by a fear; *essere perseguitato dalla sfortuna* to be dogged by misfortune.
perseguitato *m.* (*f.* **-a**) victim of persecution: ~ *politico* victim of political persecution.
Perseo, Perseo *n.pr.m.* (*Mitol*) Perseus.
Persepoli *n.pr.f.* (*Geog.stor*) Persepolis.
perseverante *a.* persevering, persisting.
perseveranza *f.* perseverance, persistance.
perseverare (**persèvero**; *aus.* **avere**) *v.i.* to persevere, to persist: ~ *nel male* to persist in wrongdoing; ~ *nell'errore* to keep on making the same mistake.
persi → **perdere**.
Persia *n.pr.f.* (*Geog.stor*) Persia.
persiana *f.* (*Edil*) shutter, blind: *chiudere le persiane* to close the shutters. ☐ (*Edil*) ~ *a saracinesca* Venetian blinds, roller shut-

ter, roll-up shutter; (*Edil*) ~*avvolgibile* Venetian blinds, roller shutter, roll-up shutter; (*Edil*) ~ *blindata* security roller shutter; (*Edil*) ~*scorrevole* sliding shutter.
persiano I *a.* Persian. II *m.* **1** (*f.* **-a**) (*abitante*) Persian. **2** (*lingua*) Persian. **3** (*Zool*) (*gatto persiano*) Persian cat. **4** (*Pell*) (*pelliccia*) Persian lamb.
persico[1] (*pl.* **-ci**) *a.* (*Geog*) Persian: *golfo* ~ Persian Gulf.
persico[2] (*pl.* **-ci**) *m.* (*Itt*) perch.
persino *avv.* **1** even: *conosce* ~ *l'arabo* he even knows Arabic; *direi* ~ *che...* I'd go so far as to say that... **2** (*solamente*) just: *mi vergogno* ~ *a pensarci* I'm ashamed just to think of it.
persistente *a.* **1** persistent, obstinate, steady, lasting: *profumo* ~ persistent perfume; *nebbia* ~ persistent fog; *tosse* ~ obstinate cough. **2** (*Bot*) persistent.
persistenza *f.* **1** persistence, obstinacy. **2** (*perseveranza*) persistence, perseverance. ☐ (*Ott*) ~ *dell'immagine* persistence of vision.
persistere (*pres.ind.* **persìsto**; *p.rem.* **persistéi/persistètti**; **persistìto**; *aus.* **avere**) *v.i.* **1** (*ostinarsi*) to persist, to persevere, to insist, to keep on: ~ *in un errore* to persist in a mistake, to keep on making the same mistake; ~ *nel perseguire il proprio obiettivo* to keep on pursuing one's objective; ~ *nel vano tentativo ci convincerlo* to keep on trying in vain to persuade him. **2** (*durare a lungo*) to persist, to last, to continue, to linger, to go on: *il maltempo persiste* bad weather continues.
persolfato *m.* (*Chim*) persulphate.
persona *f.* **1** person (*pl.* people, persons): *la sua famiglia è composta di sei persone* there are six people in his family; *molte persone* many people; *poche persone* few people; *capienza: sette persone* capacity: seven persons; *tavola apparecchiata per dieci persone* table laid for ten, (*Am*) table set for ten. **2** (*estens*) (*uomo*) person, man (*f.* woman): *una* ~ *per bene* a respectable man. **3** (*corpo*) body, person; (*figura*) figure; (*aspetto*) appearance: *curare la propria* ~ to look after one's appearance, to take care of one's appearance. **4** (*qualcuno: in frasi affermative*) someone, somebody: *c'è una* ~ *che ti cerca* somebody wants you. **5** (*qualcuno: in frasi negative e interrogative*) anyone. **6** (*nessuno*) no one, nobody: *non c'è* ~ *al mondo che conosca il mio segreto* no one in the world knows my secret. **7** (*preceduto da aggettivo possessivo*) oneself, *oppure si traduce col pronome personale corrispondente: la mia* ~ myself. **8** (*Gramm, Filos, Dir*) person: *terza* ~ *singolare* third person singular. **9** (*Psic*) persona. ☐ *a* ~ each, a head: *dieci euro a* ~ ten euros each, ten euros a head; ~*a carico* (*Br*) dependant, (*Am*) dependent; *di* ~ (*personalmente*) in person, personally: *è venuto di* ~ he came in person; (*fig*) *pagare di* ~ to meet one's responsabilities squarely, to face the consequences; *conoscere qcu. di* ~ to know so. personally; ~*di famiglia* member of the

family; ~ *di fiducia* reliable person, trustworthy person; ~*di servizio* domestic help, domestic servant, (*colloq*) domestic; *persone di servizio* domestic servants, domestic staff *sing.*, (*colloq*) domestics; (*Dir*) ~ *esente* (*dal pagamento delle imposte*) exempt; *fatto* ~ personified, itself: *essere la pazienza fatta* ~ to be patience personified; (*Dir*) ~*fisica* natural person, individual person; (*Dir*) ~*giuridica* legal entity; *la ~giusta* the right person; *in* ~: **1** (*personalmente*) in person, personally, himself, herself: *è lui in* ~! it's him!, it's the very man!, it's really him!; *il presidente in* ~ the president himself; **2** (*personificato*) personified, itself: *essere la saggezza in* ~ to be wisdom personified, to be wisdom itself; *una ~molesta* a bore; *due per* ~ two a head, two apiece, two each; ~*scomparsa* missing person; *non l'ho detto a ~viva* I haven't told a soul.
personaggio *m.* **1** personage, personality, figure: *un* ~ *politico* a political figure. **2** (*lett*) character: *i personaggi di un romanzo* the characters of a novel. **3** (*colloq,iron*) (*tipo*) character, fellow, guy: *che ~!* what a character! **1** (*colloq*) a VIP, a bigwig; ~ *mitico* mythical character; (*lett*) ~*principale* main character, protagonist; ~*pubblico* public personality.
personal /'personal/ *m.inv.* (*Inform*) personal computer, PC.
personal computer /'personal,kom'pjuter/ *m.inv.* (*Inform*) personal computer.
personale I *a.* **1** personal, individual, private, intimate, of one's own: *interpretazione* ~ personal interpretation; *agire per interesse* ~ to act out of personal interest; *questo è il suo volere* ~ that's his own wish. **2** (*Gramm*) personal: *costruzione* ~ personal construction; *pronomi personali* personal pronouns. II *m.* **1** (*figura*) figure: *avere un bel* ~ to have a good figure. **2** (*dipendenti*) staff (*costr.pl.*), personnel (*costr.pl.*): *essere a corto di* ~ to be understaffed. **3** (*maestranze*) workers *pl.*, hands *pl.* **4** (*sfera privata*) private sphere, personal affairs *pl.* III *f.* (*Art*) (*mostra personale*) one-man show, personale, solo show. ☐ ~*a tempo* (*definito*) temporary personnel; (*Aer*) ~*di bordo* flight attendants, cabin crew; ~*di direzione* management, managerial staff, (*Am*) executive personnel; ~ *di macchina* engine-room personnel (*anche Mar*); ~*di ruolo* permanent staff; ~*di servizio* servants (*pl.*), domestic staff, domestics (*pl.*); (*Aer*) ~ *di terra* ground crew, ground personnel; ~ *di vendita* sales personnel; (*Aer*) ~*di volo* flight personnel; ~*direttivo* management, managerial staff, (*Am*) executive personnel; ~ *docente* teaching staff, (*Am*) faculty; ~ *d'ufficio* office personnel, office staff; (*Mil*) ~*effettivo* regular forces; ~ *esterno* field staff; ~*fisso* regular staff, permanent staff; ~*impiegatizio* office staff, white-collar workers, employees *pl.*; ~ *in esubero*: **1** (*da licenziare*) overstaffing, overmanning; **2** (*licenziato*) redundancy; ~ *in forza* work force; ~*infermieristico* nursing staff; ~ *insegnante* (teaching) staff, teachers *pl.*, faculty; ~*medico* medical staff; ~ *navigante*: **1** (*Mar*) crew; **2** (*Aer*) flight crew; ~ *qualificato* skilled labour, skilled workers *pl.*; ~*sanitario* health care personnel; ~ *specializzato* skilled labour, skilled workers *pl.*; (*Ferr*) ~ *viaggiante* railway crew, train staff.
personalismo *m.* (*Filos,Psic*) personalism.
personalissimo *a.* strictly personal.
personalista *m./f.* (*Filos,Psic*) personalist.
personalistico (*pl.* **-ci**) *a.* (*Filos,Psic*) per-

sonalist, personalistic.

personalità *f.* **1** personality, character: *avere una ~ forte* to have a strong personality; *mancare di ~* to lack personality. **2** (*persona importante*) personality, important person, personage, (*colloq*) big shot, bigwig, VIP: *erano presenti tutte le ~ della politica* all the important political personalities were present. **3** (*Dir*) status: *~ giuridica* legal status. **4** (*rar*) subjectivity: *la ~ di un'opinione* the subjectivity of an opinion. □ (*Psic*) *~ evitante* avoiding personality; (*Psic*) *~ multipla* multiple personality.

personalizzare (**personalìzzo**) *v.t.* **1** to personalize. **2** (*Inform*) to customize.

personalizzato *a.* **1** personalized: *oroscopo ~* personalized horoscope. **2** (*Inform*) customized.

personalizzazione *f.* personalization.

personalmente *avv.* **1** (*di persona*) personally, in person: *si occupa ~ dei suoi affari* he sees to his business personally, he sees to his business himself. **2** (*per quanto riguarda qualcuno*) personally, for one's part: *~ non sono d'accordo* personally I disagree, for my part I disagree.

personal trainer /'personal'trejner/ *m.ff.inv.* (*Sport*) personal trainer.

personificare (**personìfico, personìfichi**) *v.t.* **1** to personify: *~ le forze della natura* to personify the forces of nature. **2** (*simboleggiare*) to personify, to embody, to symbolize, to represent.

personificato *a.* personified: *essere la virtù personificata* to be virtue personified, to be virtue itself.

personificazione *f.* personification, embodiment. □ *essere la ~ della bontà* to be goodness itself, to be goodness personified.

perspicace *a.* **1** (*pronto*) keen, sharp, perceptive, astute, quick, discerning, (*rar*) perspicacious: *mente ~* quick mind, keen mind. **2** (*rif. ad azione: accorto*) clever, shrewd, (*rar*) sagacious.

perspicacemente *avv.* sharply, keenly, perceptively, shrewdly.

perspicacia *f.* keenness, sharpness, perspicacity, astuteness.

perspicuità *f.* perspicuity, clearness, evidence.

perspicuo *a.* perspicuous, clear, evident: *rappresentazione perspicua* perspicuous representation.

perspirazione *f.* (*Fisiol*) perspiration.

persuadere (*pres.ind.* **persuàdo**; *p.rem.* **persuàsi**; *p.p.* **persuàso**) I *v.t.* **1** (*convincere*) to convince, to persuade: *le tue parole non mi persuadono* your words haven't convinced me; *cercare di ~ qcu.* to try to convince so.; *lasciarsi ~* to let oneself be convinced. **2** (*indurre a fare*) to induce, to persuade, to make, to talk into: *~ qcu. a fare qcs.* to induce so. to do sth., to persuade so. to do sth., to make so. do sth., to talk so. into doing sth. **3** (*rar*) (*andare a genio*) to like: *ha una faccia che non mi persuade* I don't like his face. II *v.pron.* **persuadersi 1** (*convincersi*) to convince oneself, to persuade oneself, to become convinced. **2** (*capacitarsi*) to convince oneself, to bring oneself to believe: *non riesco a persuadermi* I can't convince myself, I can't bring myself to believe.

persuadibile, persuasibile *a.* persuadable, that can be persuaded (*posposto*).

persuasi → **persuadere**.

persuasione *f.* **1** persuasion: *fare opera di ~ presso qcu.* to try to persuade so.; *potere di ~* the power of persuasion. **2** (*convinzione*) conviction, belief. □ *~ occulta* occult

persuasion.

persuasiva *f.* persuasiveness, persuasion.

persuasivo *a.* persuasive, convincing (*anche fig*): *usare mezzi persuasivi* to use persuasive means.

persuaso → **persuadere** *a.* convinced, persuaded: *non sono del tutto ~* I'm not completely convinced.

persuasore *m.* (*f.* **-ditrice**) persuader. □ (*Psic*) *~ occulto* hidden persuader.

pertanto *congz.* (*perciò, quindi*) therefore, so, for this reason, thus: *mi sentivo stanco, ~ decisi di andarmene* I felt tired, so I decided to leave; *gradirei ~ una risposta* I should therefore like a reply. □ (*rar*) *ciò non ~* notwithstanding this.

pertica *f.* **1** pole, rod, perch. **2** (*Ginn*) pole: *arrampicarsi sulla ~* to climb up the pole. **3** (*unità di misura*) perch, pole. **4** (*colloq,scherz*) (*persona alta e magra*) beanpole.

pertinace *a.* **1** persistent, tenacious, (*rar*) pertinacious. **2** (*pervicace*) obstinate, stubborn.

pertinacemente *avv.* tenaciously, stubbornly.

pertinacia *f.* tenaciousness, tenacity, pertinacity, obstinacy, stubborness.

pertinente *a.* **1** pertinent, relevant (*a* to), to the point (*posposto*): *domanda ~* relevant question. **2** (*spettanti*) pertaining (*Dir*) *diritti pertinenti ai contribuenti* rights pertaining to taxpayers. □ *non ~* irrelevant.

pertinentemente *avv.* pertinently, relevantly.

pertinenza *f.* **1** (*attinenza*) relevance, relevancy, pertinence, pertinency. **2** (*burocr*) (*competenza*) competence, field of expertise. **3** *pl.* (*Dir*) (*annessi*) appurtenances, fittings, fixtures. □ (*Dir*) *pertinenze agricole* agricultural fixtures; *questo compito è di ~ della direzione* this task concerns the management; *essere di ~ di qcu.* to fall within so.'s field of expertise: *questo non è di mia ~* this lies outside my field of expertise.

pertosse *f.* (*Med*) whooping cough, (*rar*) pertussis.

pertugio *m.* **1** (*buco*) hole. **2** (*estens*) (*passaggio stretto*) narrow opening, slot.

perturbamento *m.* **1** (*emotivo*) perturbation, anxiety, worry, upset. **2** (*disordine*) perturbation, upset.

perturbare (**pertùrbo**) I *v.t.* to upset, to disturb, to perturb, to alarm. II *v.pron.* **perturbarsi 1** (*Meteor*) (*rif. al tempo*) to cloud over, to get worse: *il tempo si sta perturbando* the weather is getting worse. **2** (*agitarsi*) to become upset, to get upset.

perturbatore I *a.* upsetting, disturbing. II *m.* (*f.* **-trice**) upsetter, disturber.

perturbazione *f.* **1** (*Meteor*) disturbance, storm. **2** (*Astr,Mat*) perturbation. **3** (*fig*) disturbance, upset, perturbation, unrest, upheaval. □ (*Meteor*) *~ atmosferica* atmospheric disturbance, disturbance; (*Astr*) *~ periodica* periodic perturbation.

Perù *n.pr.m.* (*Geog*) Peru. □ (*colloq,fig*) *valere un ~* to be worth a mint of money, to be worth a fortune.

perugino I *a.* of Perugia (*posposto*), from Perugia (*posposto*). II *m.* (*f.* **-a**) (*originario*) native of Perugia; (*abitante*) inhabitant of Perugia.

peruviano I *a.* Peruvian. II *m.* (*f.* **-a**) Peruvian.

pervadere (*pres.ind.* **pervàdo**; *p.rem.* **pervàsi**; *p.p.* **pervàso**) *v.t.* to pervade, to permeate, to fill (*anche fig*): *~ l'animo di tristezza* to fill the soul with sadness.

pervasivo *a.* pervasive.

pervenire (*pres.ind.* **pervèngo, pervièni**; *p.rem.* **pervénni**; *p.p.* **pervenùto**; *aus.* **essere**) *v.i.* **1** (*raggiungere*) to arrive (*a* at), to reach (sth.), to come (to): *~ a un accordo* to come to an agreeement, to reach an agreement. **2** (*rif. a lettere e sim.*) to have (*costr.pers.*), to receive: *mi è pervenuta una lettera* I have had a letter, I have received a letter. □ *alla meta*: 1 to reach one's destination; 2 (*fig*) to achieve one's goal, to reach one's goal; *fare ~ qcs. a qcu.* to have sth. delivered to so., to have sth. sent to so., to send so. sth., to send sth. (on) to so.

perversione *f.* **1** (*Psic*) perversion: *perversioni sessuali* sexual perversions. **2** (*degenerazione*) perversion, degeneration.

perversità *f.* **1** perversity, wickedness. **2** (*azione*) perversity, wicked deed, wicked action.

perverso *a.* **1** (*malvagio*) perverse, wicked: *provare un piacere ~ nel fare qcs.* to take perverse pleasure in doing sth. **2** (*depravato*) perverted, depraved: *avere una mente perversa* to have a perverted mind. **3** (*dannoso*) pernicious, ruinous: *un meccanismo ~* a pernicious process. **4** (*lett,rar*) (*ostile*) adverse, hostile.

pervertimento *m.* **1** (*corruzione*) corruption, depravity. **2** (*perversione*) perversion.

pervertire (**pervèrto**) I *v.t.* (*corrompere*) to pervert, to corrupt: *~ la gioventù* to corrupt the youth. II *v.pron.* **pervertirsi** to be perverted, to become perverted, to be corrupted.

pervertito *m.* (*f.* **-a**) pervert.

pervertitore I *m.* (*f.* **-trice**) perverter, corrupter. II *a.* perverting, corrupting.

pervicace *a.* obstinate, stubborn, headstrong.

pervicacia *f.* obstinacy, stubbornness.

pervietà *f.* (*Anat*) patency.

pervinca I *f.* (*Bot*) periwinkle. II *m.inv.* (*colore*) periwinkle (blue).

p.es. *per esempio* e.g. (for example, for instance, exempli gratia).

pesa *f.* **1** (*pesatura*) weighing: *portare le merci alla ~* to bring goods for weighing, to bring goods to be weighed. **2** (*pesa pubblica*) weighbridge, weighing-machine. **3** (*estens*) (*bilancia*) scales *pl.*, scale, balance. **4** (*luogo della pesatura*) weigh-house.

pesabambini *m./f.inv.* (*anche bilancia pesa bambini*) baby scales *pl.*, baby's scales *pl.*

pesabile *a.* weighable, that may be weighed.

pesafiltro *m.* (*Chim*) weighing bottle.

pesalettere *m.inv.* letter-scales *pl.*, letter-balance.

pesante *a.* **1** heavy, weighty: *un pacco ~* a heavy parcel. **2** (*che dà sensazione di pesantezza: rif. all'aria*) heavy, stuffy: *sentire le gambe pesanti* to feel heavy-legged; *aria ~* stuffy air. **3** (*estens*) (*indigesto*) rich, heavy: *pasto ~* heavy meal, stodgy meal; *~ da digerire* heavy on the stomach, hard to digest. **4** (*rif. a indumenti*) warm, thick: *un maglione ~* a warm pullover. **5** (*estens*) (*goffo*) heavy, clumsy: *passo ~* clumsy gait. **6** (*fig*) (*faticoso*) hard, tiring, wearying, heavy: *lavoro ~* hard work; *un orario ~* a heavy timetable. **7** (*fig*) (*oppressivo*) oppressive, heavy: *atmosfera ~* oppressive atmosphere. **8** (*fig*) (*noioso*) dull, boring, tiresome: *uno scrittore ~* a boring writer. **9** (*fig*) (*duro*) rough, hard: *gioco ~* rough play. **10** (*fig*) (*profondo*) deep, heavy: *sonno ~* deep sleep. **11** (*fig*) (*cocente*) sound, punishing: *una ~ sconfitta* a punishing defeat, a serious defeat, a bad defeat. **12** (*fig*) (*severo*) serious, grave, strong: *accuse pesanti* grave charges. **13** (*fig*) (*rif. a scherzi* *e sim.: volgare*) coarse, vulgar, heavy: *una battuta ~* a dirty joke, a joke in poor taste, a vulgar joke. **14** (*Tecn,Mil*) heavy: *industria ~* heavy industry; *artiglieria ~* heavy artillery. **15** (*Inform,colloq*) heavy: *un file ~* a heavy file. □ (*colloq,fig*) *è andato giù ~!* he came on strong!; (*Econ*) *pesanti perdite* heavy losses.

pesantemente *avv.* **1** heavily, strongly: *criticare ~ qcu.* to criticize so. heavily, to criticize so. strongly; *una donna truccata ~* a heavily made-up woman. **2** (*profondamente*) deeply: *dormire ~* to sleep deeply.

pesantezza *f.* **1** heaviness, weight. **2** (*senso di pesantezza*) heaviness: *avere una ~ di stomaco* to have something lying heavily on one's stomach; *~ di testa* heavy-headedness.

pesapersone *m./f.inv.* (bathroom) scale, weighing machine.

pesare (**péso**) **I** *v.t.* to weigh (*anche fig*): *~ un pacco* to weigh a parcel; (*fig*) *~ le parole* to weigh one's words. **II** *v.i.* (*aus.* **avere/essere**) **1** to weigh: *quanto pesa?* what does it weigh?, how much does it weigh? **2** (*essere pesante*) to be heavy: *questo pacco pesa due chili* this packet weighs two kilos. **3** (*gravare*) to rest: *la cupola pesa su pilastri* the dome rests on pillars. **4** (*fig*) (*avere importanza*) to count, to be of weight, to matter: *la sua opinione non pesa molto* his opinion doesn't matter a lot. **5** (*fig*) (*dispiacere, rincrescere*) to be sorry (*costr.pers.*): *mi pesa doverlo fare* I am sorry to have to do it. **6** (*fig*) (*opprimere*) to be a burden, to lie heavy. **7** (*fig*) (*essere gravoso*) to find sth. hard (*costr.pers.*): *la responsabilità gli pesa* responsibility is a burden to him; *questo lavoro mi pesa molto* I find this work very hard. **8** (*fig*) (*incombere*) to hang: *su di lui pesa una terribile accusa* a terrible charge hangs over him. **III** *v.pron.* **pesarsi** to weigh oneself. □ (*fig*) *far ~ qcs. a qcu.* to make so. pay for sth.; (*fig*) *~ sulla coscienza* to lie heavy on so.'s conscience; (*fig*) *~ sulle spalle di qcu.* to be a burden on so.'s shoulders.

pesarese I *a.* of Pesaro (*posposto*), from Pesaro (*posposto*). **II** *m.* (*originario*) native of Pesaro; (*abitante*) inhabitant of Pesaro.

pesata *f.* **1** (*il pesare*) weighing. **2** (*quantità*) weight. □ (*colloq*) *dare una ~ a qcs.* to weigh sth.

pesatura *f.* **1** weighing. **2** (*Sport*) (*misurazione ufficiale del peso*) weigh-in.

PESC *politica estera e di sicurezza comune* CFSP (Common Foreign and Security Policy).

pesca¹ **I** *f.* (*Bot,Alim*) peach: *sbucciare una ~* to peel a peach. **II** *a.inv.* (*posposto*) peach (*attr.*): *rosa ~* peach pink. □ (*Bot,Alim*) *bianca* white peach; *marmellata di pesche* peach jam, peach preserve; (*Bot,Alim*) *~ duracina* clingstone peach; (*Bot,Alim*) *~ gialla* yellow peach; (*Gastron*) *~ melba* peach melba; (*Bot,Alim*) *~ noce* nectarine; (*Gastron*) *pesche sciroppate* peaches in syrup.

pesca² *f.* **1** (*Pesc*) fishing, fishery: *andare a ~ di* to go fishing for. **2** (*Pesc*) (*quantità*) catch, haul: *una buona ~* a good haul. **3** (*fig*) (*lotteria*) lottery, raffle; (*a sorteggio*) draw; (*estranei oggetti*) lucky dip. □ (*Pesc*) *~ a strascico* trawling; (*Pesc*) *~ a traina* (o *~ alla traina*) troll; (*Pesc*) *~ con il cucchiaino* spinning; (*Pesc*) *~ con la canna* angling, line fishing; (*Pesc*) *~ con la fiocina* harpoon fishing; (*Pesc*) *~ con la lenza* angling, line fishing; (*Pesc*) *~ con la mosca* fly-fishing; (*Pesc*) *~ con la rete* fishing with a net, netting; (*Pesc*) *~ con le nasse* fishing with traps; *da ~* fishing; *attrezzi da ~* fishing tackle, fishing

gear; *canna da ~* fishing rod; *rete da ~* fishing net; (*Pesc*) *~ da fondo* ground-angling; (*Pesc*) *~ d'altura* deep-sea fishing, big game fishing; (*Pesc*) *~ del merluzzo* cod fishery, cod fishing; (*Pesc*) *~ del salmone* salmon fishing; (*Pesc*) *~ del tonno* tuna fishing, tunny fishing; (*Pesc*) *~ della trota* trout fishing; (*Pesc*) *~ delle perle* pearl diving, pearl fishing; (*Pesc*) *~ delle spugne* sponge diving, sponge fishing; *di ~* fish (*attr.*), fishing; *riserva di ~* fish reserve, fish preserve; *licenza di ~* fishing licence, fishing permit; *~ di beneficenza* charity draw; (*Pesc*) *~ di frodo* poaching, illegal fishing; (*Pesc*) *~ fluviale* fresh-water fishing; (*Bibl*) *~ miracolosa* miraculous catch of fish, (*Br*) the great (*o* the miraculous) draught of fish; (*Pesc*) *~ sportiva* sportfishing; (*Pesc*) *~ subacquea* underwater fishing; (*Pesc*) *~ volante* flying fish.

pescaggio *m.* **1** (*Mar*) draught, (*Am*) draft. **2** (*altezza di aspirazione di una pompa*) suction lift, height of suction. **3** (*Min*) fishing.

pescaia *f.* (*Idr*) weir.

pescanoce *f.* (*Bot,Alim*) nectarine.

pescare (**pésco, péschi**) **I** *v.t.* **1** (*Pesc*) to fish (for); (*tuffandosi*) to dive for; (*con l'amo*) to angle for; (*prendere*) to fish, to catch: *~ trote* to fish for trout; *abbiamo pescato un salmone di tre chili* we caught a three-kilo salmon. **2** (*assol.*) (*Pesc*) (*andare a pesca*) to fish: *oggi andiamo a ~* we're going fishing today. **3** (*estens*) (*recuperare dall'acqua*) to fish out, to draw out: *ho pescato il mio anello dall'acqua* I fished my ring out the water. **4** (*prendere su a caso*) to pick (up) out, to draw out: *~ una carta nel mazzo* to pick a card out of the pack. **5** (*colloq*) (*trovare*) to find, to get (hold of), to find, to pick up: *dove posso pescarlo a quest'ora?* where can I get hold of him at this hour. **6** (*fig*) (*cogliere in flagrante*) to catch: *lo hanno pescato con le mani nel sacco* they caught him red-handed. **II** *v.i.* (*aus.* **avere**) (*Mar*) to draw: *lo scafo pesca cinque metri* the hull draws five metres. □ (*Pesc*) *~ a traina* to troll; (*Pesc*) *~ col cucchiaino* to spin; (*Pesc*) *~ con la lenza* to angle, to fish with hook and line; (*Pesc*) *~ con la mosca* to fly-fish; (*Pesc*) *~ con la rete* to net, to fish with a net; (*Pesc*) *~ con l'amo* to angle, to fish with hook and line; *~ qcs. con l'amo* to angle for sth.; (*Pesc*) *~ di frodo* to poach; (*fig*) *~ nel torbido* to fish in troubled waters.

pescarese I *a.* of Pescara (*posposto*), from Pescara (*posposto*). **II** *m./f.* (*originario*) native of Pescara; (*abitante*) inhabitant of Pescara.

pescasportivo *m.* (*Pesc*) angler.

pescata *f.* (*Pesc*) (*quantità*) haul, catch.

pescato *m.* (*Pesc*) (*quantità*) haul, catch.

pescatora □ (*Gastron*) *risotto alla ~* risotto with mixed seafood; (*Abbigl*) *pantaloni alla ~* calf-length trousers.

pescatore *m.* (*f.* **-trice**) (*Pesc*) fisherman (*f.* -woman), fisher; (*con l'amo*) angler. □ (*Pesc*) *~ con la canna* rod-and-line fisherman, angler; (*Pesc*) *~ con la lenza* rod-and-line fisherman, angler; (*Pesc*) *~ di coralli* coral fisher; (*Pesc*) *~ di frodo* poacher, fish poacher; (*Pesc*) *~ di perle* pearl fisher, pearl diver; (*Bibl,fig*) *~ di uomini* fisher of men; (*Pesc*) *~ subacqueo* underwater fisher, underwater fisherman.

pescatrice *f.* (*Itt*) angler, anglerfish.

pesce *m.* **1** fish. **2** (*Alim,Gastron*) fish, seafood. **3** (*Tip*) (*errore di composizione*) omission (of words). **4** (*volg,region*) prick, cock. □ (*fig*) *buttarsi a ~ su* to jump at, to throw oneself at; (*Alim*) *~ affumicato* smoked fish; (*Gastron*) *~ alla griglia* grilled fish, (*Am*) broiled fish; (*Alim*) *~ azzurro* anchovies, sar-

dines and mackerels; (*Itt*) *~ cartilagineo* cartilaginous fish; (*Itt*) *~ cavaliere* jack-knife-fish; (*Itt*) *~ d'acqua dolce* freshwater fish; (*Itt*) *~ d'acqua salata* salt-water fish; (*fig*) *~ d'aprile* April fool's joke, April fool's trick: *fare un ~ d'aprile a qcu.* to play an April fool's trick on so.; *~ d'aprile!* April Fool's!; (*Itt*) *~ di mare* sea-fish, saltwater fish; (*Itt*) *~ farfalla* lionfish; (*Alim*) *~ fresco* fresh fish; (*Gastron*) *~ fritto* fried fish; (*fig*) *sentirsi come un ~ fuor d'acqua* to feel like a fish out of water; (*fig*) *essere come un ~ fuor d'acqua* to be like a fish out of water; (*Itt*) *~ gatto* black bullhead, catfish; (*scherz*) *~ grosso* bigwig, big shot; (*Itt*) *~ imperatore* luvar; (*fig*) *fare il ~ in barile* (*mostrare indifferenza*) to feign indifference; (*Gastron*) *~ in carpione* soused fish; (*fig*) *prendere a pesci in faccia* to treat so. like dirt, to kick so. in the teeth; (*Alim*) *~ in scatola* tinned fish, (*Am*) canned fish; (*Itt*) *~ istrice* porcupine puffer fish; (*Alim*) *~ lesso* boiled fish; (*Itt*) *~ luna* sunfish; (*Itt*) *~ martello* smooth hammerhead, hammerhead, hammerheaded shark; (*Itt*) *~ osseo* bony fish; (*Itt*) *~ palla* globefish, swellfish; (*Itt*) *~ pappagallo* parrot fish; (*Itt*) *~ persico* perch; (*fig*) *pesci piccoli* small fry; (*Itt*) *~ pilota* pilot fish; (*Itt*) *~ rosso* goldfish; (*Itt*) *~ sampietro* dory, John Dory; (*Itt*) *~ San Pietro* dory, John Dory; (*Alim*) *~ secco* dried fish; (*Itt*) *~ sega* saw-fish; (*Itt*) *~ spada* swordfish; (*Alim*) *~ surgelato* frozen fish; (*Itt*) *~ tigre* piranha; (*Itt*) *~ volante* tropical two-wing flyingfish. *Prov.: i pesci grossi mangiano i pesci piccoli* the big fish eat the small fry.

pescecane (*pl.* **pescicàni/pescecàni**) *m.* **1** (*Itt*) great white shark. **2** (*Itt,colloq*) (*squalo*) shark, dogfish. **3** (*fig*) (*profittatore arricchito*) shark, profiteer; (*profittatore di guerra*) wartime profiteer.

pescespada (*pl.* **pescispada**) *m.* (*Itt*) swordfish.

peschereccio I *m.* (*Mar*) fishing boat, (fishing) smack. **II** *a.* fishing.

pescheria *f.* **1** (*negozio*) fishmonger's, fishmonger's shop, fish-shop. **2** (*mercato*) fish market.

peschiera *f.* (*Pesc*) fish pool, fishpond, fish tank.

Pesci **I** *n.pr.m.pl.* (*Astr*) Pisces, the Fishes. **II** *m./f.inv.* (*persona nata sotto il segno dei Pesci*) Pisces: *essere (dei) ~* to be (a) Pisces.

pesciaiola, **pesciera** *f.* **1** (*pentola per il pesce*) fish-kettle. **2** (*Ornit*) smew.

pescicoltore *m.* (*f.* **-trice**) (*Pesc*) pisciculturist, fish breeder, fish farmer.

pescicoltura *f.* (*Pesc*) pisciculture, fish culture, fish breeding.

pesciolino *m.* minnow, tiddler. □ (*Zool*) *~ d'argento* silverfish; (*Itt*) *~ rosso* goldfish.

pescivendolo *m.* **1** (*f.* **-a**) fishmonger. **2** (*estens*) (*negozio*) fishmonger's, fishmonger's shop, fish-shop: *andare dal ~* to go to the fishmonger's.

pesco (*pl.* **-chi**) *m.* (*Bot*) peach, peach tree: *fior di ~* peach blossom.

pesconoce *m.* (*Bot*) (*nocepesco*) nectarine.

pescosità *f.* (*Pesc*) abundance of fish, quantity of fish.

pescoso *a.* (*Pesc*) abounding in fish, teeming with fish: *acque pescose* waters abounding in fish.

peseta (*pl.* **-e** *o* **-s**) *f.* (*Numism,Econ*) peseta: *tre pesetas* three pesetas.

pesiera *f.* **1** (*serie di pesi*) set of weights. **2** (*cassetta*) box of weights.

pesista *m./f.* (*Sport*) **1** weight lifter. **2** (*lanciatore di peso*) shot putter.

pesistica *f.* (*Sport*) weightlifting.

peso[1] *m.* **1** weight (*anche Fis*): *prendere* ~ *to put on weight; perdere* ~ *to lose weight, to slim, to slim down; controllare il* ~ *della merce* to check the weight of the goods. **2** (*oggetto pesante*) weight, load: *portare grossi pesi* to carry heavy loads. **3** (*oggetto di metallo per pesare*) weight: *i pesi della bilancia* the balance weights. **4** (*fig*) (*sensazione di peso*) weight, heavy feeling, heaviness. **5** (*fig*) (*onere, carico*) weight, burden, load. **6** (*fig*) (*importanza*) importance, consequence, clout: *dare* ~ *a qcs.* to attach importance to sth.; *avere un certo* ~ to carry weight, to have clout, to be important. **7** (*Sport*) (*per il lancio*) shot, (*per il sollevamento*) weight; (*manubrio*) dumb bell: *lanciare il* ~ to put the shot. **8** (*Equit*) (*pesage*) weighing-in room. **9** (*Edil*) (*del filo a piombo*) bob. □ *comprare a* ~ to buy by the weight; *vendere a* ~ to sell by the weight; (*Aer*) ~ *a vuoto* weight empty, empty weight, empty running weight, deadweight, tare weight; (*Mar,Comm*) ~ *all'imbarco* shipping weight; (*Fis*) ~ *atomico* atomic weight; *pesi campione* standard weights; ~ *corporeo* body weight; (*colloq*) *togliersi un* ~ *dallo stomaco* to get sth. off one's chest, to take a load off one's mind; (*fig*) *dare il giusto* ~ *a qcs.* to give full weight to sth.; *non dare* ~ *a qcs.* not to mind sth., not to give importance to sth.; *il* ~ *degli anni* the weight of years; *del* ~ *di* weighing: *un pesce del* ~ *di dieci chili* a fish weighing ten kilos; *di* ~ bodily, by force, by sheer force: *alzare qcu. di* ~ to lift so. up bodily; *essere di* ~ *a qcu.* to be a burden to so.; (*fig*) *a* ~ *d'oro* at a very high price, dear; *pagare qcs. a peso d'* ~ to pay sth. at a very high price, to pay a king's ransom for sth., to pay through the nose for sth.; ~ *eccedente* overweight; (*Sport*) *fare pesi* to weight train; ~ *forma* ideal weight; (*Sport*) ~ *gallo*: 1 (*categoria*) bantamweight class; 2 (*atleta*) bantamweight; (*Sport*) ~ *leggero*: 1 (*categoria*) lightweight class; 2 (*atleta*) lightweight; (*Comm*) ~ *lordo* gross weight; (*Sport*) ~ *massimo*: 1 (*categoria*) heavyweight class; 2 (*atleta*) heavyweight; (*Sport*) ~ *medioleggero*: 1 (*categoria*) welterweight class; 2 (*atleta*) welterweight; (*Sport*) ~ *mediomassimo*: 1 (*categoria*) light heavyweight class; 2 (*atleta*) light heavyweight; (*Fis*) ~ *molecolare* molecular weight; ~ *morto* deadweight (*anche fig*); *essere un* ~ *morto* to be a deadweight; *cadere a* ~ *morto* to flop down; (*Sport*) ~ *mosca*: 1 (*categoria*) flyweight class; 2 (*pugile*) flyweight; (*Comm*) ~ *netto* net weight; (*Comm*) ~ *netto sgocciolato* drained net weight; (*Sport*) ~ *piuma* featherweight class, (*atleta*) featherweight; (*Comm*) ~ *predeterminato* predetermined weight; *senza* ~ weightless; (*Comm*) ~ *sgocciolato* drained weight; *essere sotto* ~ to be underweight; *sotto il* ~ *di* under the weight of, under the load of; (*Fis*) ~ *specifico* specific weight; (*fig*) *avere un* ~ *sulla coscienza* to have sth. weighing on one's conscience, to have a load on one's conscience; (*fig*) *avere un* ~ *sullo stomaco* to feel a weight on one's chest; (*Macell*) ~ *vivo* live weight, live load.

peso[2] (*pl.inv.* o **-s**) *m.* (*Numism,Econ*) (*moneta*) peso: *due* ~ two pesos.

peso[3] *a.* (*region,colloq*) **1** (*pesante*) heavy, weighty. **2** (*rif. all'aria*) heavy, stuffy. **3** (*fig*) (*noioso*) dull, boring, tiresome.

pessario *m.* **1** (*Med*) pessary, ring pessary. **2** (*diaframma*) diaphragm pessary.

pessimamente *avv.* very badly, terribly.

pessimismo *m.* pessimism (*anche Filos*). □ (*Filos*) ~ *cosmico* cosmic pessimism.

pessimista I *m./f.* pessimist (*anche Filos*). **II** *a.* pessimistic, pessimistical (*anche Filos*).

pessimisticamente *avv.* pessimistically.

pessimistico (*pl.* **-ci**) *a.* pessimistic, pessimistical (*anche Filos*).

pessimo (*sup. di cattivo*) *a.* **1** very bad, evil, wicked, nasty, awful: *tempo* ~ awful weather. **2** (*del tutto incapace*) very bad, poor, (*colloq*) hopeless: *un* ~ *attore* a very bad actor, a hopeless actor. **3** (*molto scadente*) very poor, bad, faulty, (*colloq*) dreadful: *pessima qualità* very poor quality. **4** (*molto sgradevole*) very unpleasant, disagreeable, nasty, dreadful: *un viaggio* ~ a dreadful voyage. □ (*fig*) *fare una pessima figura* to cut a very poor figure, to make a terrible impression; *di* ~ *gusto* of very bad taste; *essere di* ~ *umore* to be in a black mood, to be in an awful mood.

pestaggio *m.* **1** beating, beating up, thrashing, (*colloq*) going-over: *subire un* ~ to get a beating (up). **2** (*estens*) (*zuffa*) scuffle, brawl, fight, tussle, (*colloq*) scrap.

pestare (*pésto*) **I** *v.t.* **1** to crush, to pound: ~ *l'aglio* to crush garlic. **2** (*macinare*) to grind, to mince; ~ *la carne* to mince meat; ~ *i granelli di pepe* to grind peppercorns. **3** (*calpestare*) to tread on, to stamp, to step on, to crush: ~ *un piede a qcu.* to tread on so.'s foot.; ~ *l'erba* to step on the grass. **4** (*colloq, fig*) (*picchiare*) (*Br*) to give a hiding to, to give (so.) a hiding, (*Am*) to pummel, to beat (up): *lo hanno pestato per bene* they gave him a good hiding, they beat him up, they pummeled him. **II** *v.r.recipr.* **pestarsi** (*colloq*) to fight, to come to blows: *si sono pestati* they've come to blows. □ (*colloq*) ~ *qcu. a sangue* to beat the hell out of so., to beat so. black and blue; (*fig*) ~ *i calli a qcu.* to step on so.'s corns, to get on so.'s nerves; (*fig*) ~ *i piedi* to stamp one's feet; ~ *i piedi a qcu.* to step on so.'s foot, (*fig*) to step on so.'s toes, to tread on so.'s toes, to get in so.'s way; (*fig, scherz*) ~ *il pianoforte* to hammer out, to pound out a tune; (*fig*) ~ *l'acqua nel mortaio* to beat the air, to flog a dead horse, to beat a dead horse.

pestata *f.* **1** crushing, pounding, grinding. **2** (*pestone*) treading, trampling. **3** (*pestaggio*) beating, (*colloq*) going-over.

pestatoio *m.* (*pestello*) pestle.

pestatura *f.* **1** (*il pestare*) crushing, pounding. **2** (*rif. a colori*) grinding. **3** (*rar*) (*pestaggio*) beating, thrashing.

peste[1] *f.* **1** (*Med*) plague, pestilence: *morire di* ~ to die from the plague, to die of the plague. **2** (*Veter*) plague, pest. **3** (*fig*) (*cosa dannosa*) plague, curse. **4** (*fig*) (*persona pestifera*) pest: *piccola* ~*!* you little pest! **5** (*fig*) (*puzzo*) stink, stench. □ (*Veter*) ~ *aviaria* fowl pest; (*Veter*) ~ *bovina* cattle plague; (*Med*) ~ *bubbonica* bubonic plague; (*fig*) *evitare* (o *fuggire*) *qcu. come la* ~ to avoid so. like the plague; (*Bot*) ~ *d'acqua* Canadian pondweed, Canadian waterweed; ~ *delle foreste* wood's death; (*fig*) *dire* ~ *e corna di qcu.* to tear so. to bits, to pick so. to pieces, to paint so. very black, to do so. down; ~ *nera*: 1 (*Stor*) Black Death; 2 (*marea nera*) marine oil pollution, oil slick; (*scherz,fig*) *non ho mica la* ~*!* I haven't got the plague!, you won't catch anything!; (*Med*) ~ *polmonare* pneumonic plague; (*Veter*) ~ *silvestre* sylvatic plague; (*Veter*) ~ *suina* swine pest, swine fever, swine plague.

peste[2] *f.pl.* **1** (*orme*) footprints, footsteps, tracks: (*fig*) *seguire le peste di qcu.* to follow in so.'s footsteps. **2** (*rif. ad animali*) tracks, traces. □ (*fig*) *lasciare qcu. nelle peste* to leave so. in trouble; *trovarsi nelle peste* to be in trouble; (*fig*) *essere sulle peste di qcu.* to be on so.'s tracks, to be on so.'s trail.

pestello *m.* pestle.

pesticida *m.* (*Chim*) pesticide.

pestifero *a.* **1** (*Med*) plaguey, pestiferous, pestilent, pestilential, plague-bearing: *morbo* ~ pestilential disease. **2** (*fig*) (*molesto*) pestiferous, bothersome, teasing, vexing: (*colloq*) *che ragazzo* ~*!* what a nuisance he is!, what a pest he is!, what a plague he is! **3** (*fig*) (*dannoso*) deadly, noxious, harmful. **4** (*fig*) (*fetido*) stinky, stenchy.

pestilenza *f.* **1** plague, pestilence. **2** (*estens*) (*calamità*) plague, curse. **3** (*fig*) (*puzzo*) stink, stench.

pestilenziale *a.* **1** (*Med*) pestilential: *febbre* ~ pestilential fever, pestilent fever. **2** (*fig*) (*fetido*) stinking, stenching: *esalazioni pestilenziali* stinking fumes. **3** (*fig*) (*dannoso*) pestilential, mischievous, destructive, pernicious.

pesto I *a.* **1** (*pestato*) crushed, pounded. **2** (*fig*) (*dolorante*) aching: *sentirsi le ossa peste* to have aching bones. **II** *m.* **1** (*Gastron*) pesto: *pasta al* ~ pesto pasta; *trofie al* ~ trofie with pesto. **2** (*poltiglia*) pulp. □ (*Gastron*) ~ *alla genovese* pesto alla genovese (basil and pine nut sauce); (*Gastron*) ~ *alla siciliana* pesto alla siciliana (tomatoes, basil and pine nut sauce).

pestone *m.* **1** pounder. **2** (*colloq*) (*pestata*) treading, trampling: *dare un* ~ *a qcu.* to tread on so.'s foot, to tread on so.'s toes.

petalo *m.* (*Bot*) petal: ~ *di rosa* rose petal.

petardo *m.* **1** petard, cracker, banger, (*Am*) firecracker. **2** (*Stor*) petard. **3** (*Ferr*) fog signal, detonator, (*Am*) torpedo.

petauro *m.* (*Zool*) flying phalanger, glider.

petecchia *f.* (*Med*) petechia.

petecchiale *a.* (*Med*) petechial.

petit-gris /pe‚ti'gri/ *m.inv.* (*Pell,Abbigl*) grey-squirrel fur.

petitorio *a.* (*Dir*) petitory.

petizione *f.* petition (*anche Dir*): *rivolgere una* ~ to make a petition; *firmare una* ~ to sign a petition; *presentare una* ~ to present a petition, to petition. □ (*Stor,brit*) ~ *dei diritti* Petition of Rights; (*Dir*) ~ *di eredità* hereditary petition; (*Filos*) ~ *di principio* petitio principii, question begging argument, mere restatement of the argument in other terms; (*Pol*) ~ *parlamentare* petition to Parliament, parliamentary petition.

peto *m.* breaking wind, (*volg*) fart. □ *fare un* ~ to break wind, to pass gas, (*volg*) to fart.

petraia *f.* (*lett*) **1** (*cumulo di pietre*) heap of stones. **2** (*terreno pietroso*) stony ground. **3** (*cava*) stone quarry.

Petrarca *n.pr.m.* (*Lett,Stor*) Petrarch.

petrarcheggiare (**petrarchéggio, petrarchéggi**) *aus.* **avere**) *v.i.* (*Lett,rar*) to imitate Petrarch, (*Am*) to Petrarchize.

petrarchesco (*pl.* **-chi**) *a.* (*Lett*) Petrarchan, of Petrarch.

petrarchismo *m.* (*Lett*) Petrarchism.

petrarchista *m./f.* (*Lett*) Petrarchist.

petrodollaro *m.* (*Econ*) petrodollar.

petrogenesi *f.inv.* (*Geol*) petrogenesis.

petrografia *f.* **1** petrography. **2** (*petrologia*) petrology.

petrografico *a.* petrographic, petrographical.

petrografo *m.* (*f.* **-a**) petrographer.

petrolchimica *f.* (*Ind,Chim*) petrochemistry.

petrolchimico (*pl.* **-ci**) **I** *a.* (*Ind,Chim*) petrochemical: *industria petrolchimica* petrochemical industry. **II** *m.* (*Ind,Chim*) **1** (*settore*) petrochemical field. **2** (*estens*) petrochemical engineer.

petroldollaro *m.* (*Econ*) petrodollar.

petroliera *f.* (*Mar*) tanker, oil tanker.

petroliere *m.* (*Ind*) **1** (*operaio*) oil industry worker. **2** (*industriale*) oil magnate, oil tycoon: *i petrolieri texani* Texas oil magnates.

petrolifero *a.* oil (*attr.*), petroleum (*attr.*), petroliferous: *giacimenti petroliferi* oil fields; *pozzo* ~ oil well; *bacino* ~ petroliferous basin.

petrolio *m.* **1** oil: *trovare il* ~ to strike oil; *estrarre* ~ to extract oil. **2** (*Geol*) petroleum. **3** (*estens*) (*colore*) dark blue-green. □ *a* ~ oil (*attr.*), paraffin (*attr.*), kerosene (*attr.*): *lampada a* ~ oil lamp; *del* ~ oil (*attr.*), petroleum (*attr.*); *di* ~ oil (*attr.*), petroleum (*attr.*): *pozzo di* ~ oil well; *macchia di* ~ oil slick; ~*greggio* crude oil, crude petroleum; ~*illuminante* paraffin, kerosene; ~*raffinato* refined oil.

petrologia *f.* petrology.

petrologico *a.* petrological.

Petronio *n.pr.m.* (*Stor.rom,Lett*) Petronius.

petroso *a.* (*lett*) **1** (*di pietra*) made of stone, stony, stone (*attr.*). **2** (*pieno di pietre*) full of stones, stony. **3** (*fig*) stony, insensitive.

pe-tsai *m.* (*Bot,Alim*) (*cavolo cinese*) Chinese cabbage.

pettegola *f.* (*Ornit*) redshank.

pettegolare (**pettégolo**; *aus.* **avere**) *v.i.* to gossip, to tattle, to tittle-tattle: ~ *su qcu.* (*o qcs.*) to gossip about so., to gossip about sth.

pettegolezzo *m.* **1** (*il pettegolare*) gossip, talk, tattle, tittle-tattle. **2** (*discorso singolo*) piece of gossip, rumour (*Am*) rumor: *fare pettegolezzi* to (spread) gossip; *girano dei pettegolezzi sul tuo conto* there is talk about you, rumours are going around about you, rumours are circulating about you.

pettegolio *m.* **1** gossiping, talk, continuous talk, tittle-tattling. **2** (*il chiacchierare*) chatter, chattering, chatter.

pettegolo **I** *a.* gossipy, given to gossip, gossiping. **II** *m.* (*f.* **-a**) gossip, gossiper.

pettinare (**pèttino**) **I** *v.t.* **1** (*con il pettine*) to comb: ~ *i capelli a qcu.* to comb so.'s hair. **2** (*estens*) (*con la spazzola*) to brush. **3** (*acconciare i capelli*) to do so.'s hair, to arrange so.'s hair, to dress so.'s hair: ~ *qcu.* to do so.'s hair. **4** (*Tess*) (*rif. a lana*) to comb, to tease; (*rif. a canapa o lino*) to hackle. **5** (*fig,rar*) (*picchiare*) to beat up, to thrash; (*strigliare*) to scold, to tell off. **II** *v.pron.* **pettinarsi 1** to comb one's hair: *pettinarsi prima di uscire* to comb one's hair before going out. **2** (*acconciarsi i capelli*) to do one's hair, to arrange one's hair, to have a hairstyle: *pettinarsi in modo diverso* to do one's hair differently; *pettinarsi con la riga in mezzo* to part one's hair in the middle. □ *farsi* ~ to have one's hair done, (*ant*) to have one's hair set.

pettinata *f.* **1** combing, comb. □ *dare una* ~ *a qcu.*: **1** to comb so.'s hair; **2** (*fig*) to give so. a telling off, to give so. a talking to, to give so. a dressing down.

pettinato **I** *a.* **1** (well-)combed. **2** (*Tess*) (*rif. a lana*) combed, teased; (*rif. a canapa o lino*) hackled. **II** *m.* (*Tess*) worsted.

pettinatore *m.* (*f.* **-trice**) (*Tess*) comber, teaser; (*rif. a canapa o lino*) hackler.

pettinatrice *f.* **1** (*rar*) (*parrucchiera*) hairdresser. **2** (*Tess*) (*macchina*) comber, combing machine; (*per canapa o lino*) hackling machine.

pettinatura *f.* **1** (*acconciatura*) hairstyle, (*colloq*) hairdo: *cambiare* ~ to change one's hairstyle. **2** (*Tess*) combing, teasing; (*rif. a canapa o lino*) hackling. **3** (*rar*) (*il pettinare*) combing.

pettine *m.* **1** comb: *passarsi il* ~ *nei capelli* to put a comb through one's hair, to comb one's hair. **2** (*Tess*) (*rif. a lino*) comb; (*rif. a canapa o lino*) hackle; (*di telaio*) reed. **3** (*fermaglio per capelli, pettinino*) small comb. **4** (*ornamento delle gondole*) ornamental comb (used on Venetian gondolas). **5** (*Mecc,El*) comb. **6** (*Zool*) scallop, pecten, St James's shell. **7** (*Mus*) (*plettro*) plectrum, pick. □ ~*a coda* tail comb, rat-tail comb; ~ *a denti larghi* wide-tooth comb, wide-toothed comb; ~ *a denti stretti* fine-tooth comb, fine-toothed comb; (*Bot*) ~ *di Venere* lady's comb; ~ *elettrico* styling comb; ~ *fitto*: **1** toothcomb, fine-toothed comb, fine-tooth comb; **2** (*Tess*) switch, fine hackle; ~ *rado* wide-toothed comb, wide-tooth comb.

petting /'petting/ *m.inv.* petting.

pettinino *m.* (*per capelli*) small comb.

pettino *m.* **1** (*Sart*) (*parte superiore del grembiule*) bib. **2** (*Abbigl*) (*nelle camicie da uomo*) shirtfront, (*colloq*) dicky, dickey. **3** (*Abbigl*) (*negli abiti femminili: davantino*) plastron, (*colloq*) dicky, dickey.

pettirosso *m.* (*Ornit*) robin.

petto *m.* **1** chest: ~ *ampio* broad chest; *battersi il* ~ to beat one's breast; *debole di* ~ weak in the chest; (*estens*) *l'acqua arriva fino al* ~ the water is chest-high. **2** (*estens*) (*seno*) bosom, breasts *pl.* **3** (*Macell*) (*rif. a carne bovina*) brisket; (*rif. a pollame*) breast. **4** (*Sart*) (*parte del vestito*) breast, front; (*misure: per uomo*) chest (measurement); (*per donne*) bust. **5** (*fig*) (*animo*) breast, heart, bosom. □ (*Sart*)*a un* ~ single-breasted; (*ant*) *avere un bambino al* ~ to have a baby at the breast; *di* ~: **1** (*fig*) (*in modo diretto*) head-on; **2** (*Mus*) chest (*attr.*), from the chest: *voce di* ~ chest voice, voice from the chest; *do di* ~ high C; **3** (*rar*) (*di fronte*) facing, opposite; (*Macell*) ~*di pollo* chicken breast; ~ *in fuori*! chest out!; *a* ~ *nudo* bare-breast (*attr.*), bare-breasted; (*fig*) *prendere qcu. di* ~ to meet so. fairly and squarely, to face up to so.; (*fig*) *prendere qcs. di* ~ to tackle sth. head-on; (*rar*) *prendere qcu.per il* ~ to grab so. by the lapels; ~*prosperoso* large bosom; ~*villoso* hairy chest.

pettorale **I** *a.* chest (*attr.*), breast (*attr.*), pectoral: (*Anat*) *muscoli pettorali* pectoral muscles, chest muscles; (*Itt*) *pinna* ~ pectoral fin. **II** *m.* **1** (*finimento*) breast-strap, harness. **2** (*Sport*) bib, number. **3** (*Anat,colloq*) pectoral, pec, chest pec. **4** (*Ginn,colloq*) (*esercizio per i pettorali*): *fare un po' di pettorali* to exercise the pecs, to work on one's pecs.

pettorina *f.* (*Abbigl*) **1** (*ant*) camisole, underbodice. **2** (*di salopette*) bib. **3** (*parte superiore del grembiule*) bib. **4** (*nelle camicie da uomo*) shirtfront, (*colloq*) dicky, dickey. **5** (*negli abiti femminili: davantino*) plastron, (*colloq*) dicky, dickey.

pettoruto *a.* **1** (*di uomo*) broad-chested;(*di donna*) large-chested, large-breasted, bosomy. **2** (*estens*) (*impettito*) with one's chest thrown out, puffed up, strutting.

petulante *a.* **1** (*impertinente*) impertinent, brash, cheeky. **2** (*molesto*) troublesome, insistent, annoying, nagging.

petulanza *f.* **1** (*impertinenza*) impertinence, cheek. **2** (*molestia*) insistence, insistency, tiresomeness.

petunia *f.* (*Bot*) petunia.

peyote *m.inv.* (*pianta e droga*) peyote.

pezza *f.* **1** rag, cloth: ~ *per pulire i pavimenti* floor cloth, cleaning rag; *bambola di* ~ rag-doll. **2** (*ant*) (*pannolino per bambini*) (baby's) napkin, nappy, (*Am*) diaper. **3** (*top-*

pa) patch: *un vestito pieno di pezze* a suit full of patches, a suit patched all over; *mettere una* ~ *su qcs.* to put a patch on sth., to patch sth. up (*anche fig*). **4** (*burocr*) (*documento*) voucher, evidence. **5** (*Tess*) (*rotolo di stoffa*) bolt, roll, piece. **6** (*chiazza*) patch, spot, speckle. **7** (*Numism*) (*d'oro*) large gold coin, (*d'argento*) large silver coin. □ (*ant*) ~*da piedi* foot-cloth, foot wrapping; (*fig*) *trattare qcu. come una* ~ *da piedi* to treat so. like a doormat, to treat so. like dirt, to treat so. like a nobody; (*burocr*) ~*d'appoggio* (o ~*giustificativa*) supporting voucher; (*Arald*) *pezze onorevoli* emblazonments.

pezzato **I** *a.* **1** spotted, dappled, pied, speckled: *cavallo* ~ *di bianco* white-dappled horse. **2** (*rar*) (*rif. a cose: variegato*) flecked, mottled. **II** *m.* (*cavallo pezzato*) dappled horse, piebald, piebald horse.

pezzatura ¹ *f.* patches *pl.*, spots *pl.*, dappling, speckles *pl.*

pezzatura ² *f.* (*Comm*) size: *di media* ~ medium-sized, middle- sized, of medium size.

pezzente *m./f.* **1** (*mendicante*) beggar, tramp. **2** (*poveretto*) poor fellow, poor devil, wretch. **3** (*estens*) (*persona meschina*) miser, skinflint.

pezzo *m.* **1** piece, bit: *un* ~ *di legno* a piece of wood; *ho diviso la torta in quattro pezzi* I cut the cake into four pieces, I cut the cake into four slices. **2** (*componente, elemento*) piece, part. **3** (*oggetto*) piece: *un* ~ *raro* a rare piece. **4** (*Alim*) piece, cut: *un bel* ~ *di formaggio* a big piece of cheese; *un* ~ *di carne* a cut of meat. **5** (*fig*) (*brano*) passage, piece: *un* ~ *dell'Amleto* a passage from Hamlet, *un* ~ *di musica* a piece of music. **6** (*fig*) (*periodo di tempo*) quite a while, quite a time, some time: *è un bel* ~ *che non ti vedo* I haven't seen you for quite a time, I haven't seen you for quite a while. **7** (*fig*) (*distanza*) distance, way: *è un bel* ~ *da qui* it's a fair distance from here. **8** (*Giorn*) article, piece: *scrivere un* ~ *sulla moda* to write an article on fashion. **9** (*esemplare: rif. a uomini*) fine figure, fine fellow: *un* ~ *di ragazzo* a fine figure of a boy. **10** (*esemplare: rif. a donne*) fine figure (of a woman). **11** (*moneta*) piece, coin; (*banconota*) note. **12** (*negli scacchi*) pawn, piece. **13** (*Mil*) piece, gun. □ *a pezzi* to pieces, in pieces, to bits; *ho la schiena a pezzi* my back is killing me; *avere i nervi a pezzi* to have one's nerves in shreds; (*fig*) *essere a pezzi*: **1** (*fisicamente*) to be worn out, to be overtired, to be dead tired; **2** (*moralmente*) to be wrung out, to be frazzled; (*Comm*)*al* ~ a piece, per piece, apiece, each; *costano due euro al* ~ they cost two euros a piece; (*Ind*) ~*costruito in serie* mass-produced part; ~*da esposizione* showpiece; (*fig*) ~*da galera* jail-bird; *da museo*: **1** museum piece, showpiece; **2** (*scherz,fig*) museum piece, old fogey; (*fig*) ~ *da novanta*: **1** (*capo mafia*) mafia boss; **2** (*estens*) big shot; (*colloq*) ~*d'asino*! jackass!, stupid fool!; ~*di antiquariato*: **1** antique; **2** (*fig*) ancient relic; (*Arm*) ~*di artiglieria* piece of artillery; (*Mus*) ~*di bravura* brilliant part, brilliant passage; *un* ~*di carta*: **1** a sheet of paper, a piece of paper; **2** (*fig*) (*titolo di studio*) diploma, degree; *un* ~*di cielo* a patch of sky; (*Giorn*) ~*di cronaca* report; (*fig*) *essere un* ~*di ghiaccio* to be an iceberg; (*fig*) *essere un* ~*di legno* to be as stiff as wood, to be as stiff as a board; (*volg,colloq*) ~*di merda* piece of shit; (*fig*) *essere un* ~*di pane* to be as good as gold; (*fig*) *per un* ~*di pane* for next to nothing, (*colloq*) for a song; ~*di ricambio* spare part; ~*di terreno* plot of land, piece of land; *un* ~*d'uomo* (*uomo alto* *e piacente*) a hunk; (*fig*) *a pezzi e bocconi* (*un po' alla volta*) a little at a time, a bit at a time, bit by bit; *fare a pezzi* (o *fare in pezzi*): 1 to pull to pieces, to break to pieces; 2 (*fig*) (*criticare*) to tear to pieces, to tear apart; (*fig*) ~ *forte* (*cavallo di battaglia*) forte, strong point, standby, pièce de résistence; (*fig*) ~ *grosso* bigwig, big-shot; *in pezzi* to pieces, in pieces, to bits; *andare in pezzi* (*rompersi*) to fall to pieces, to fall to bits, to go to pieces; (*colloq*) *mandare qcs. in pezzi* to smash sth., to smash sth. into pieces, to break sth. into pieces, to smash sth. to smithereens; ~ *per* ~ piece by piece, bit by bit; *smontare qcs.* ~ *per* ~ to take sth. to bits, to take sth. to pieces; (*fig*) *averne per un* ~ to be busy for some time; (*fig*) *un uomo tutto d'un* ~ a man of sterling character.

pezzotto *m.* (*tappeto rustico*) patchwork carpet.

pezzuola *f.* 1 (*fazzoletto*) large handkerchief. 2 (*cencio*) rag.

pf. (*Mus*) pianoforte pf (pianoforte).

p.f. *per favore* pls. (please).

PG 1 *procuratore generale* AG, Att. Gen. (Attorney General). 2 *procura generale* (Attorney General's office).

PGR, p.g.r. *per grazia ricevuta* (thanks for grace received).

pH *m.inv.* (*Chim*) pH, pH value. □ (*Chim*) ~ *acido* acid pH; (*Chim*) ~ *basico* basic pH; ~ *fisiologico* physiologic pH; (*Chim*) ~ *neutro* neutral pH.

phon[1] *m.inv.* (*asciugacapelli*) hairdryer, hairdrier.

phon[2] *m.* (*Acus*) phon.

photo-CD *m.inv.* (*Elettron*) photo CD.

pi *m./f.inv.* (*lettera*) p, P. □ (*Mat,Geom*) ~ *greco* pi.

P.I. *Pubblica Istruzione* (Public Education, State Education).

piaccio → **piacere**[1].

piacente *a.* attractive, charming.

piacentino I *a.* of Piacenza (*posposto*), from Piacenza (*posposto*). II *m.* 1 (*f.* **-a**) (*originario*) native of Piacenza; (*abitante*) inhabitant of Piacenza. 2 (*dialetto*) dialect spoken around Piacenza.

piacere[1] (*pres.ind.* **piàccio, piàci, piàce, piacciàmo, piacéte, piàcciono**; *p.rem.* **piàcqui**; *pres.cong.* **piàccia, piacciàmo, piacciàte, piàcciano**; *p.p.* **piaciùto**) I *v.i.* (*aus.* **essere**) 1 to like (*costr.pers.*), to be fond of (*costr.pers.*), to please, to love, to enjoy: *mi piace molto la poesia* I like poetry very much, I am very fond of poetry; *ti piace andare in aereo?* do you like flying?; *la pesca mi è sempre piaciuta* I've always enjoyed fishing, I've always loved fishing; *mi piace pensare che...* I like to think that...; *ti piacerebbe andare al cinema domani sera?* would you like to go to the cinema tommow evening? 2 (*essere gradevole*) to like (*costr.pers.*), to be pleasant, to be agreeable: *non mi piace il freddo* I don't like the cold; *è un sapore che mi piace* it's a pleasant taste; *non mi piace che tu vada lì* I don't like your going there; *non gli piace che si rida di lui* he doesn't like being laughed at; *non mi piace affatto* I don't like it at all. 3 (*incontrare il consenso*) to be well-received, to like (*costr.pers.*): *il nuovo romanzo è piaciuto molto alla critica* the critics liked the new novel very much; *è una che piace molto agli uomini* men find her very attractive, men like her very much. II *v.pron.* **piacersi** (*piacere a se stesso*) to like oneself: *mi piaccio vestita così* I like myself dressed like this. III *v.r.recipr.* **piacersi** to like each other:

all'inizio non si piacevano per niente at the beginning they didn't like each other at all. □ (*ant*) *piaccia a Dio* please God, may it please God; *così mi piace* (*sono soddisfatto*) that's how I like it, that's it, that's the way I like it!; *così mi piaci!* that's the way I like you!, that's what I like to see!; *mi piaci da matti* I like you very much; *mi piace di più* I prefer, I like better; *mi piace l'idea!* I like that!; *può* ~ *o non* ~ you can like it or not; *ti piaccia o non ti piaccia* whether you like it or not.

piacere[2] I *m.* 1 pleasure: *ti ho rivisto con vero* ~ it was a real pleasure to see you again. 2 (*godimento*) enjoyment, pleasure: *dedito al* ~ pleasure-loving; *provare* ~ to feel pleasure; *un fremito di* ~ a thrill of pleasure. 3 (*divertimento*) pleasure, treat: *la gita fu per me un vero* ~ the trip was a real treat for me. 4 (*onore*) pleasure, delight: *è un* ~ *per me presentarvi il mio nuovo libro* it's a great pleasure for me to present you my new book. 5 (*favore*) favour, kindness, (*Am*) favor: *fare un* ~ *a qcu.* to do so. a favour, (*Am*) to do so. a favor; *vorrei chiederle un* ~ I'd like to ask you a favour, (*Am*) I'd like to ask you a favor. II *intz.* (*nelle presentazioni*) pleased to meet you!, how do you do?, nice to meet you! □ *a* ~: 1 as much as one likes, at will; 2 (*secondo il proprio arbitrio*) as one pleases, as one wishes: *prendine uno a* ~ take whichever you like; *avrei* ~ *che tu...* I'd like you to...; *che* ~ *rivederti!* what a pleasure to see you again!; (*colloq*) *che è un* ~ very well, beautifully, (*colloq*) wonderfully; *questo vino va giù che è un* ~ this wine goes down very well; *suona il pianoforte che è un* ~ he plays the piano beautifully; *mangia che è un* ~ it's a treat to watch him eat; *fare qcs. con* ~: 1 to like doing sth.: *fumo con* ~ I enjoy smoking, I like smoking; 2 (*volentieri*) to be happy to do sth., to be glad to do sth.; *l'ho saputo con* ~ I was delighted to hear about it; *con gran* ~ with great pleasure; *il* ~ *dei sensi* the pleasure of the senses; *i piaceri della buona tavola* the pleasures of (good) food, the pleasures of the table; *i piaceri della carne* the pleasures of the flesh; *i piaceri della tavola* the pleasures of (good) food, the pleasures of the table; *i piaceri della vita* the simple pleasures of life; *di* ~: 1 pleasure (*attr.*): *viaggio di* ~ pleasure trip, (*Am*) vacation; 2 (*per il piacere*) with pleasure; *arrossire di* ~ to blush with pleasure; ~ *di conoscerla!* (o ~ *di fare la sua conoscenza!*) pleased to meet you!, how do you do?, nice to meet you!; *il* ~ *è tutto mio* the pleasure is all mine; *fammi il* ~ *di* do me the favour of, do me a favour and, (*Am*) do me the favor of, do me a favor and; *fammi il* ~ *di tornare entro le undici* do me a favour and be back by eleven; (*colloq, iron*) *ma mi faccia il* ~! go on with you!, do me a favour!, don't be ridiculous!, (*Am*) do me a favor!; *fare* ~ *a qcu.* to please so., to be pleased (*costr.pers.*): *mi fa* ~ *che tu sia qui con noi* I am glad that you are here with us, I am pleased that you are here with us; *se ti fa* ~ if you like; *mi farebbe* ~ I'd be pleased; *verrò solo per farti* ~ I'll come just because you want me to; *fare un* ~ *a qcu.* to do so. a favour, (*Am*) to do so. a favor; *mi faresti un* ~ *se la smettessi di fumare* I'd appreciate it if you would stop smoking; *i piaceri mondani* earthly pleasures, worldly pleasures; *per* ~: 1 (*per favore*) please; 2 (*in qualità di favore*) as a favour, (*Am*) as a favor: *te lo chiedo per* ~ I am asking you as a favour, (*Am*) I am asking you as a favor; 3 (*per divertimento*) for pleasure: *sei in viaggio per lavoro o per*

~? are you travelling for business or for pleasure?

piacevole *a.* 1 pleasant, agreeable, nice, enjoyable: *una visita* ~ a pleasant visit; *un film* ~ an enjoyable film; *una* ~ *sensazione* a pleasant sensation. 2 (*simpatico*) nice, pleasant, pleasing.

piacevolezza *f.* 1 pleasantness, agreeableness, niceness, enjoyableness. 2 (*spiritosaggine*) pleasantry, joke.

piacevolmente *avv.* pleasantly, agreeably: *intrattenersi* ~ *con qcu.* to chat pleasantly with so.; *sono rimasta* ~ *sopresa dalla sua visita* I was pleasantly suprised by his visit.

piacimento *m.* liking, pleasure. □ *a* ~ (*a volontà*) at will, as one pleases, as much as one pleases: *mangiare a* (*proprio*) ~ to eat as much as one pleases.

piacione I *m.* (*f.* **-a**) hedonist, pleasure seeker. II *a.* hedonistic, pleasure seeking.

piaciuto → **piacere**[1].

piacqui → **piacere**[1].

piada, piadina *f.* (*Gastron*) piadina, unleavened flat bread. □ (*Gastron*) ~ *romagnola* unleavened flat bread typical of Romagna usually filled with ham and cheese.

piaga *f.* 1 sore: *avere il corpo coperto di piaghe* to have one's body covered with sores. 2 (*fig*) (*male*) scourge, plague, curse: *la* ~ *della criminalità* the scourge of criminality, the plague of criminality. 3 (*fig*) (*dolore*) wound, sorrow, grief: *riaprire una vecchia* ~ to open up an old wound. 4 (*scherz*) (*persona molesta*) nuisance, (*colloq*) pain in the neck: *non fare la* ~! don't be such a pain in the neck! □ (*Med*) ~ *da decubito* bedsore, decubitus ulcer; (*Bibl*) *le dieci piaghe d'Egitto* the ten plagues of Egypt; (*fig*) ~ *sociale* social evil.

piagare (**piàgo, piàghi**) I *v.t.* to produce a sore in, to produce a sore on, to wound, to hurt. II *v.pron.* **piagarsi** to get blistered.

piaggeria *f.* (*rar,lett*) adulation, flattery, toadyism.

piaggiamento *m.* (*rar,lett*) adulation, flattery, toadyism.

piaggiare (**piàggio, piàggi**) *v.t.* (*rar,lett*) (*lusingare*) to flatter, to toady.

piaggiatore *m.* (*f.* **-trice**) (*rar,lett*) flatterer, toady.

piagnisteo *m.* wailing, whining, whimpering, snivelling, (*Am*) sniveling, (*colloq*) whingeing: *non sopporto i suoi piagnistei* I can't bear her whining.

piagnone *m.* 1 (*f.* **-a**) (*colloq*) complainer, whiner, moaner, bellyacher, grumbler, squawker. 2 (*f.* **-a**) (*colloq*) (*rif. a bambini*) whiner, crybaby. 3 (*f.* **-a**) (*region*) (*persona che prende parte alle lamentazioni funebri*) hired mourner, mourner. 4 *pl.* (*Stor*) (*seguaci di Savonarola*) piagnoni (followers of Savonarola).

piagnucolamento *m.* whimpering, whining.

piagnucolare (**piagnùcolo**; *aus.* **avere**) *v.i.* to whimper, to whine, to moan, to snivel.

piagnucolio *m.* whimper, whimpering, whine, whining, snivelling, (*Am*) sniveling.

piagnucolone *m.* (*f.* **-a**) 1 whimperer, whiner, moaner. 2 (*rif. a bambini*) whiner, crybaby.

piagnucoloso *a.* 1 whimpering, whiny, querulous: *con una voce piagnucolosa* in a querulous voice. 2 (*rif. a bambini*) whiny, whining, moaning: *un bambino* ~ a crybaby.

pialla *f.* (*Fal*) plane: *passare la* ~ *su qcs.* to plane sth. □ (*Fal*) ~ *a due ferri* double-iron plane; (*Fal*) ~ *per modanatura* beading plane, beader; (*Fal*) ~ *per scanalature* grooving plane; (*Fal*) ~*per sgrossare* jack plane; (*Fal*) ~*per superfici curve* compass plane, radius plane.

piallaccio *m.* (*Fal*) veneer.

piallare (**piàllo**) *v.t.* (*Fal*) to plane. ☐ (*Fal*) ~*a misura* to shoot; (*Fal*) ~*a spessore* to thickness.

piallata *f.* (*Fal*) 1 (*il piallare*) planing. 2 (*tratto di pialla*) stroke of a plane. 3 (*colpo di pialla*) stroke with a plane. ☐ *dare una ~ a qcs.* to give sth. a smoothing down, to plane sth.

piallatore *m.* (*f.* -**trice**) planer, plane operator.

piallatrice *f.* (*Fal*) (*macchina*) planer, planing machine. ☐ (*Fal*) ~*a spessore* thicknessing machine; (*Fal*) ~*a tavola* table planing machine; (*Fal*) ~*a un montante* open-side planer; (*Fal*) ~*orizzontale* horizontal planer.

piallatura *f.* (*Fal*) planing. ☐ (*Fal*) ~*a spessore* thicknessing; (*Fal*) ~*circolare* round planing.

pialletto *m.* 1 (*Fal*) jack plane, smoothing plane. 2 (*Edil*) (*frattazzo*) float. ☐ (*Edil*) ~*per intonaci* float.

piallone *m.* (*Fal*) trying plane.

piamadre *f.* (*Anat*) pia mater.

piamente *avv.* piously, devoutly.

piana *f.* 1 plain, level ground, flat land. 2 (*come toponimo*) plain.

pianale *m.* 1 (*di automezzi: piano di carico*) platform: ~ *di carico* load-carrying platform, loading platform. 2 (*Ferr*) (*tipo di carro merci*) platform car; (*Am*) flatcar. 3 (*terreno piano*) flat ground, level ground. ☐ *a ~ribassato* low floor (*attr.*).

pianeggiante *a.* flat, level: *terreno* ~ level ground.

pianeggiare (**planéggio**, **pianéggi**) I *v.i.* (*aus.* avere) (*essere in piano*) to be flat, to be level. II *v.t.* (*rendere piano*) to level off, to smooth down.

pianella *f.* 1 (*Calz*) slipper, heelless slipper, mule. 2 (*mattonella*) (*paving*) tile. 3 (*tegola*) (*roofing*) tile. ☐ (*Bot*) ~*della Madonna* lady's slipper.

pianerottolo *m.* 1 (*Edil*) landing. 2 (*Alp*) ledge, platform.

pianeta [1] *m.* 1 (*Astr*) planet. 2 (*fig*) world: *il* ~ *bimbi* the world of children. 3 (*foglietto con l'oroscopo*) horoscope. ☐ (*Astr*) ~ *esterno* outer planet; (*Astr*) ~*inferiore* inferior planet; (*Astr*) ~ *interno* inner planet; (*Astr*) ~*superiore* superior planet; ~*terra* planet Earth.

pianeta [2] *f.* (*Lit*) chasuble.

pianetino *m.* (*Astr*) planetoid.

piangente *a.* crying, weeping, in tears (*posposto*), tearful.

piangere (*pres.ind.* **piàngo**, **piàngi**; *p.rem.* **piànsi**; *p.p.* **piànto**) I *v.i.* (*aus.* avere) 1 to cry, to weep: *la donna piangeva amaramente* the woman wept bitterly; *non* ~ don't cry; ~ *di gioia* to weep for joy, to cry for joy; *scoppiare a* ~ to burst out crying, to burst into tears; *mi viene da* ~ I'm about to cry. 2 (*lacrimare*) to water: *mi piangono gli occhi per il freddo* (o *piango per il freddo*) my eyes are watering from the cold. 3 (*fig*) (*gocciolare*) to drip, to bleed. II *v.t.* 1 to cry, to weep: ~ *amare lacrime* to weep bitter tears, to shed bitter tears; ~ *a forza di ridere* to cry with laughter, to cry with laughing. 2 (*dolersi*) to complain of, to bewail, to lament: ~ *miseria* to complain of one's lot, to cry poverty, to complain that one is hard up, to poormouth. 3 (*compiangere*) to mourn, to lament, to weep for, to weep over, to bewail, to bemoan: ~ *la*

morte di qcu. to mourn so.'s death; ~ *i propri morti* to weep for one's dead, to weep for one's ancestors; ~ *i propri peccati* to bewail one's sins. III *m.* 1 crying, weeping. 2 (*lacrime*) tears *pl.* ☐ ~*a dirotto* to cry bitterly, to weep one's heart out, to cry one's eyes out; *piangersiaddosso* to cry in one's beer; (*fig*) ~*come un vitello* to blubber, to cry like a lost puppy; (*fig*) ~*come una fontana* to cry buckets; (*fig*) ~ *come una vite tagliata* to weep one's heart out, to cry one's eyes out; *fare* ~: 1 to make weep, to make cry: *hai fatto di nuovo* ~ *tua sorella!* you made your sister weep again!; 2 (*far lacrimare*) to make one's eyes water: *il vento mi fa piangere gli occhi* the wind makes my eyes water; 3 (*fig*) (*essere commovente*) to move to tears; 4 (*colloq*) (*essere fatto male*) to be awful, to be shocking: *ha fatto un lavoro che fa* ~ he's done a shocking job, he's done a dreadful job; (*fig*) *far ~i sassi* : 1 (*rif. a cose compassionevoli*) to melt a heart of stone; 2 (*rif. a situazioni penose*) to make one weep; (*fig*) *mi piangeil cuore* : 1 it hurts me, it breaks my heart, my heart weeps; 2 (*mi dispiace*) I'm sorry: *mi piange il cuore a buttare via il cibo* I'm sorry to have to throw food away; ~*in silenzio* to weep in silence, to cry in silence; (*colloq*) *far ~le pietre* to melt a heart of stone; (*fig*) ~*sul latte versato* to cry over spilt milk.

pianificabile *a.* projectable, that can be planned (*posposto*), able to be planned (*posposto*).

pianificare (**pianìfico**, **pianìfichi**) *v.t.* to plan (*anche Econ.*). ☐ ~*gli investimenti* to plan investments; ~*le spese* to plan expenses.

pianificato *a.* planned: *economia pianificata* planned economy, managed economy.

pianificatore I *m.* (*f.* -**trice**) planner. II *a.* planning.

pianificazione *f.* planning (*anche Econ.*). ☐ ~*a breve termine* short-term planning, short-range planning; ~*a lungo termine* long-term planning, long-range planning; ~ *ambientale* environmental planning; ~*degli investimenti* investment planning; ~*dei sistemi* systems planning; ~ *del paesaggio* landscape planning; ~ *della popolazione* population planning, demographic planning; ~*della produzione* production planning; ~*delle risorse* resources planning; ~ *demografica* population planning, demographic planning; ~ *economica* economic planning; ~*familiare* family planning; ~*finanziaria* financial planning; ~*paesaggistica* landscape planning; ~*settoriale* sector planning; ~*urbanistica* town planning, urban planning.

pianino [1] *m.* (*Mus*) barrel organ.

pianino [2] *avv.* (*colloq*) (*lentamente*) slowly, at a slow pace.

pianissimo *m.inv.* (*Mus*) pianissimo, very soft.

pianista *m./f.* (*Mus*) pianist, piano player.

pianistico (*pl.* -**ci**) *a.* (*Mus*) piano (*attr.*), pianistic: *concerto* ~ piano concert.

piano [1] I *a.* 1 (*piatto*) flat, level, even: *regione piana* flat region. 2 (*liscio*) smooth: *fronte piana* smooth forhead. 3 (*fig*) (*chiaro*) plain, clear: *dimostrazione piana* clear proof. 4 (*fig*) (*facile*) simple, easy: *in parole piane* in easy words. 5 (*Geom*) plane: *geometria piana* plane geometry. 6 (*Ling*) paroxytone. 7 (*Mus*) piano. II *avv.* 1 (*adagio*) slow, slowly: *andare* ~ to go slowly. 2 (*con cautela*) gently, carefully, with care: *fate* ~ go carefully; *chiudi* ~ *la porta* shut the door gently. 3 (*a*

voce bassa) softly: *parlare* ~ to speak softly. 4 (*Mus*) piano, soft. ☐ (*colloq,fig*)*andarci* ~: 1 (*non esagerare*) to go easy on, to go steady with: *vacci* ~ *con gli alcolici!* (go) easy on the alcohol!; 2 (*rif. a persone: essere prudenti*) to be careful (*con* with), to take care (*con* of), to treat well: *vacci* ~ *con lei* be careful with her, treat her well; 3 (*assol.*) to play it cool;*in* ~: 1 (*piatto*) level, flat: *mettere in* ~ to lay flat; 2 (*orizzontale*) horizontal, level; *pianpianino* : 1 (*lentamente*) very slowly; 2 (*un po' alla volta*) little by little; ~ *piano* : 1 (*lentamente*) very slowly; 2 (*un po' alla volta*) little by little; ~ *piano* : 1 (*lentamente*) very slowly; 2 (*un po' alla volta*) little by little;*vai* ~! slow down! *Prov.: chi va* ~ *va sano e va lontano* slowly but surely, slow and steady wins the race.

piano [2] *m.* 1 (*superficie*) plane, level, flat surface. 2 (*lastra*) top: *il* ~ *del tavolo* the table top. 3 (*rif. a sedile*) seat. 4 (*ripiano*) shelf. 5 (*pianura*) plain, flat land, level land. 6 (*fig*) (*livello*) plane, level: *porre due cose sullo stesso* ~ to put two things on the same plane. 7 (*Edil*) floor, (*Br*) storey, (*Am*) story: *abito al primo* ~ (*Br*) I live on the first floor, (*Am*) I live on the second floor; *casa a tre piani* three-storey house, (*Am*) three-story house. 8 (*rif. a nave o autobus*) deck. 9 (*Geom,Mat,Aer,Geol*) plane. ☐ (*Aer*) ~*alare* main plane; (*Cin*) ~*americano* medium full shot, knee shot; (*Geol*) ~*assiale* axial plane; (*Geol*) ~*ausiliario* auxiliary plane; (*Mat*) ~*cartesiano* cartesian plane; (*Mat*) *piani coordinati* co-ordinate planes; (*Arred*) ~*cottura* hob, stove, range, (*Am*) cooktop; (*Mecc*) ~*d'appoggio* face, bearing surface; (*Geol*) ~*di assestamento* bed plane; (*Tecn*) ~*di caricamento* loading platform; (*Aer*) ~*di coda* empennage, tail boom; (*Arred*) ~*di cottura* hob, stove, range, (*Am*) cooktop, stovetop; (*Aer*) ~ *di deriva* fin, vertical fin; (*Aer*) ~*di direzione* tail fin, vertical fin; (*Geol*) ~*di faglia* fault plane; (*Mar*) ~ *di galleggiamento* water plane; ~*di lavoro* work top; (*Cin*) ~*di posa* field of image; ~*di scorrimento* sliding surface, slide; ~*di sfaldatura* cleavage plane; (*Geom,Min*) ~*di simmetria* plane of symmetry; *al* ~*di sopra* upstairs; *al* ~*di sotto* downstairs; (*Geol*) ~ *di stratificazione* bedding plane; (*Mat*) ~*diametrale* diametral plane; (*Ott*) ~*focale* focal point; ~*inclinato* : 1 (*Fis, Mecc*) inclined plane; 2 (*scivolo*) chute; *al* ~ *inferiore* downstairs, on the floor below; (*Edil*) ~*interrato* basement, cellar; (*Edil*) ~ *mansardato* mansard floor; (*Bot*) ~*mediano* median plane; (*Edil*) ~ *mezzanino* mezzanine floor; (*Edil*) ~*nobile* main floor; ~*orizzontale* : 1 (*Geom*) horizontal plane; 2 (*Aer*) tail-plane, (*Am*) stabilizer; (*Geom*) *pianiparalleli* parallel planes; (*Edil*) ~*rialzato* mezzanine, entresol; ~*ribaltabile* tipper body; (*Edil*) ~*seminterrato* basement; (*Aer*) ~*stabilizzatore* tail plane, (*Am*) stabilizer; ~*stradale* roadway; (*fig*)*sul* ~ *politico* on a political level; *al* ~*superiore* upstairs, on the next floor; ~ *terra* (o *pian terreno*) (*Br*) ground floor, (*Am*) first floor.

piano [3] *m.* 1 (*progetto*) plan, project, scheme. 2 (*disegno*) plan, design. 3 (*programma*) plan, programme, (*Am*) program, schedule. 4 (*intenzioni, progetti*) plan: *piani per le vacanze* holiday plans; *secondo i piani* according to plan; *secondo i miei piani il lavoro sarà finito entro Maggio* according to my plans the work will be finished by May. 5 (*Econ*) plan. ☐ (*Econ*) ~*d'ammortamento* : 1 (*di un cespite*) depreciation plan; 2 (*di un finanziamento*) amortization plan; ~ *d'azione* plan of action; ~ *d'emergenza* emergency plan; (*Econ*) ~*d'esercizio* budget; ~ *di battaglia*: 1 plan of battle, plan of campaign; 2 (*fig*) plan of action, strategy; ~ *di evasione* plan of escape; ~ *di finanziamento* credit scheme; ~ *di lavoro* operation plan, work programme; (*Assic*) ~ *di pensionamento* retirement plan, pension plan, pension scheme; (*Assic*) ~ *di prepensionamento* job release scheme, job release project; ~ *di risanamento* recovery package; ~ *di risparmio* savings plan; ~ *di spesa* spending plan; (*Univ*) ~ *di studi* list of courses, plan of studies, syllabus; (*Econ*) ~ *di sviluppo* development plan; (*Aer*) ~ *di volo* flight plan; (*Scol,Univ*) ~ *didattico* course of study; ~ *d'investimento* investment programme; ~ *economico* economic plan; ~ *edilizio* area plan for building; ~ *energetico* energy plan; ~ *finanziario* financial scheme; (*Stor,Pol*) ~ *Marshall* Marshall plan; ~ *occupazionale* plan for employment; (*Assic*) ~ *pensionistico* retirement plan, pension plan, pension scheme; (*Econ*) ~ *quinquennale* five-year plan; (*Dir,Edil*) ~ *regolatore* town (development) plan, town-planning scheme, city plan, urban planning regulations.

piano[4] *m.* (*Mus*) (*pianoforte*) piano, pianoforte.

piano-bar *m.inv.* piano bar.

pianoconcavo *a.* (*Fis*) plano-concave.

pianoconvesso *a.* (*Fis*) plano-convex.

pianoforte *m.* (*Mus*) piano, pianoforte: *suonare il* ~ to play the piano; *accompagnare qcu. al* ~ to accompany so. on (the) piano. □ (*Mus*) ~ *a coda* grand piano, grand; (*Mus*) ~ *a gran coda* concert grand; (*Mus*) ~ *a mezza coda* baby grand piano, baby grand; (*Mus*) ~ *da concerto* concert piano; (*Mus*) ~ *verticale* upright (piano).

pianola *f.* (*Mus*) player piano, pianola.

pianoro *m.* upland plain, plateau, tableland.

pianoterra *m.inv.* ground floor, (*Am*) first floor.

piansi → **piangere**.

pianta[1] *f.* (*Bot*) plant; (*albero*) tree; (*arbusto*) shrub, bush: *una* ~ *di oleandro* an oleander bush; *innaffiare le piante* to water the plants. □ (*Bot*) ~ *acquatica* water plant, aquatic plant; (*Bot*) ~ *annua* (~ *annuale*) annual; (*Alim*) ~ *aromatica* (*da condimento*) herb, aromatic (plant); (*Bot*) ~ *carnivora* carnivorous plant, pitcher plant, huntsman's cup; (*Giard*) ~ *da appartamento* house plant; (*Giard*) ~ *da balcone* balcony plant; (*Bot*) ~ *da frutto* fruit-bearing plant; (*Giard*) ~ *da giardino* garden plant; (*Giard*) ~ *da serra* hothouse plant, greenhouse plant; (*Giard*) ~ *da vaso* potted plant; (*Giard*) ~ *di serra* hothouse plant, greenhouse plant; (*Bot*) ~ *erbacea* herbaceous plant; (*Bot*) *piante esotiche* exotic plants; (*Bot*) ~ *foraggera* fodder plant, forage plant; (*Bot*) ~ *grassa* succulent, succulent plant; (*Giard*) ~ *in vaso* potted plant; (*Agr*) ~ *indicatrice* indicator plant; (*Bot*) ~ *infestante* weed; (*Bot*) *piante lacustri* lacustrine plants; (*Bot*) ~ *medicinale* drug plant, medicinal plant; (*Bot*) ~ *officinale* drug plant, medicinal plant; (*Giard*) ~ *ornamentale* ornamental plant, indoor plant; (*Bot*) ~ *palustre* marsh plant; (*Bot*) ~ *parassita* parasite, parasitic plant; (*Bot*) ~ *perenne* perennial, perennial plant; (*Bot*) ~ *rampicante* climber, creeper, climbing plant; (*Bot*) *piante rupestri* rock-plants; (*Bot*) ~ *selvatica* wild plant; (*Bot*) ~ *sempreverde* evergreen, evergreen plant; (*Bot*) ~ *strisciante* creeping plant, creeper; (*Bot*) ~ *tropicale* tropical plant; (*Bot*) ~ *velenosa* toxic plant, poisonous plant.

pianta[2] *f.* 1 (*disegno*) plan, design. 2 (*Edil, Arch*) plan, drawing: *la* ~ *di una costruzione* construction drawing, construction plan. 3 (*Topogr*) map: *una* ~ *di Roma* a map of Rome. 4 (*del piede, della scarpa*) sole: ~ *del piede* sole (of the foot); *scarpe a* ~ *larga* broad-soled shoes. 5 (*ant*) (*piede*) foot. □ (*Arch*) ~ *a croce egizia* Egyptian-cross plan; (*Arch*) ~ *a croce greca* Greek-cross plan; (*Arch*) ~ *a croce latina* Latin-cross plan; (*Arch*) *a* ~ *centrale* centrally planned; (*burocr*) *essere in* ~ *stabile* to be on the permanent staff; *vivere a Roma in* ~ *stabile* to have settled down in Rome; ~ *stradale* road map.

piantabile *a.* 1 (*che si può coltivare con piante*) plantable, fit for planting, fit for cultivation. 2 (*che si può piantare*) plantable, able to be planted.

piantaggine *f.* (*Bot*) plantain.

piantagione *f.* (*Agr*) plantation. □ (*Agr*) ~ *di caffè* coffee plantation; (*Agr*) ~ *di cotone* cotton plantation.

piantagrane *m./f.inv.* (*colloq*) troublemaker, mischief-maker, bad hat.

piantana *f.* 1 upright. 2 (*Edil*) standard, pole, scaffold pole. 3 (*lampada a stelo*) standard lamp, (*Am*) floor lamp.

piantare (**piànto**) I *v.t.* 1 to plant: ~ *una talea* to plant a cutting. 2 (*coltivare: rif. a terreno*) to plant: ~ *un terreno a frutteto* to plant land with fruit trees. 3 (*conficcare*) to drive, to knock, to thrust: ~ *un palo per terra* to drive a stake into the ground. 4 (*conficcare con il martello*) to hammer: ~ *un chiodo nel muro* to hammer a nail into the wall, to drive a nail into the wall. 5 (*estens*) (*collocare*) to plant, to put, to set; (*rif. a tende e sim.*) to pitch, to put up: *la tenda* to put up a tent. 6 (*colloq*) (*abbandonare: rif. a persone*) to leave, to desert, to jilt, to ditch, (*colloq*) to leave so. in the lurch: *il fidanzato l'ha piantata* her boy friend has left her, her boyfriend has jilted her. 7 (*colloq*) (*abbandonare: rif. a cose*) to leave, to abandon, (*colloq*) to quit, to drop: *ha piantato il lavoro* he has quitted his job. II *v.pron.* **piantarsi** 1 (*colloq*) (*mettersi*) to plant oneself, to dig oneself in: *si piantò davanti al televisore* he planted himself in front of the television. 2 (*conficcarsi*) to dig, to get: *piantarsi una spina nel dito* to get a thorn in one's finger. III *v.r.recipr.* **piantarsi** (*lasciarsi*) to leave each other, to split up, to ditch (each other). □ ~ *baracca e burattini* to give up everything, to give sth. up lock, stock, and barrel; (*fig,colloq*) ~ *chiodi* (*fare debiti*) to run up debts, to run into debt; (*fig*) ~ *gli occhi addosso a qcu.* to gaze at so., to stare at so.; ~ *in asso qcu.* to leave so. in the lurch, to leave so. in the ditch; ~ *le tende*: 1 to pitch one's tent, to make camp; 2 (*fig*) to settle down; (*colloq*) *piantarla* to stop; *piantala!* stop it!, drop it!, (*colloq*) cut it out!, knock it off!; *piantala di chiacchierare!* stop chattering!, cut the chitchat!; (*colloq*) ~ *una grana* to stir the muck, to stir up trouble, to make trouble, to kick up a stink, to kick up a fuss.

piantata *f.* 1 (*il piantare*) planting. 2 (*insieme di piante*) plantation; (*filare di piante*) row of plants.

piantato *a.* 1 (*rif. a terreno*) planted: *terreno* ~ *a vigna* land planted with vines. 2 (*fig*) (*robusto*) well-built, sturdy: *un uomo ben* ~ a well-built man. 3 (*fig*) (*fermo*) planted.

piantatoio *m.* dibble, dibber.

piantatore *m.* (*f.* **-trice**) (*Agr*) (*proprietario di piantagione*) planter, plantation owner. □ (*Agr*) ~ *di cotone* cotton planter.

piantatrice *f.* (*Agr,Tecn*) planter, planting machine.

piantatura *f.* (*Agr*) planting.

pianterreno *m.* ground floor, (*Am*) first floor: *abitare al* ~ to live on the ground floor; *appartamento al* ~ ground-floor flat, (*Am*) first-floor apartment.

piantina *f.* 1 (*Giard,Agr*) seedling, small plant, bedder, bedding plant. 2 (*Topogr*) (*cartina*) map, plan.

pianto[1] *m.* 1 weeping, crying, tears *pl.*: *prorompere in un* ~ *disperato* to burst into tears of despair, to burst into bitter weeping; *un* ~ *da spezzare il cuore* heart-rending tears. 2 (*fig*) (*lacrime*) tears *pl.*: *asciugarsi il* ~ to wipe away one's tears. 3 (*fig*) (*afflizione*) grief, pain; (*iron*) mess, disaster, tragedy. 4 (*Bot*) bleeding. □ *un* ~ *a dirotto* a flood of tears; (*fig*) *avere il* ~ *facile* to be a weepy person, to cry over nothing; (*colloq*) *farsi un bel* ~ to have a good cry; ~ *funebre* mourning; (*fig*) ~ *greco* wailing, whining, whimpering, snivelling, (*Am*) sniveling, (*colloq*) whingeing; ~ *liberatorio* tears of relief.

pianto[2] → **piangere**.

piantonaia *f.* (*Agr*) nursery, nursery garden.

piantonaio *m.* (*Agr*) nursery, nursery garden.

piantonamento *m.* guarding, watch, (*colloq*) stake-out.

piantonare (**piantóno**) *v.t.* to stand guard over, to guard, to keep watch over, to keep watch on.

piantone *m.* 1 (*Agr*) (*pollone*) shoot, cutting, scion, sucker. 2 (*Mil*) sentry, sentinel, guard; (*attendente*) orderly. 3 (*estens*) (*guardiano*) watchman, guard. 4 (*Aut*) steering column. □ *essere di* ~ (o *stare di* ~) to be on the watch, to be on guard, to keep watch; *mettere di* ~ to post guards, to put on guard.

piantumazione *f.* (*Giard*) planting (*esp.* in large quanties).

piantume *m.* (*Giard*) cultivated trees *pl.*

pianura *f.* plain, flat land, level land: ~ *ondulata* rolling plain. □ ~ *alluvionale* flood plain, alluvial plain; (*Geog*) *la* ~ *padana* the Po valley.

pianuzza *f.* (*Itt*) (*passera di mare*) plaice.

piastra *f.* 1 plate. 2 (*di pietra*) slab. 3 (*estens*) (*fornello elettrico*) hotplate. 4 (*padella piatta per grigliare*) griddle. 5 (*Mil*) armour plate. 6 (*El,Mecc,Edil*) plate. 7 (*Numism*) (*unità monetaria*) piaster, piastre. 8 (*Med,Biol*) plate. 9 (*Inform*) board. 10 (*Acus*) (*di registrazione*) tape deck. □ (*Mecc*) ~ *ad angolo* angle plate; (*Gastron*) *alla* ~ grilled; *verdure alla* ~ grilled vegetables; *cuocere alla* ~ to cook on the griddle, to grill; (*Biol*) ~ *cellulare* cell plate; (*El*) ~ *di accumulatore* (accumulator) plate; ~ *di amianto* asbestos mat; (*Edil*) ~ *di ancoraggio* anchor plate; (*Edil*) ~ *di appoggio* bearing slab, bearing plate; (*Inform*) ~ *di espansione* expansion board; (*Edil*) ~ *di fissaggio* anchor plate; (*Edil*) ~ *di fondazione* base plate, foundation plate, bed plate; (*Acus*) ~ *di registrazione* tape deck; ~ *di serratura* plate; (*Edil*) ~ *di supporto* backing plate; ~ *metallica* metal plate; (*El*) ~ *negativa* negative plate; (*El*) ~ *positiva* positive plate; (*Inform*) ~ *principale* mother board.

piastrella *f.* 1 (*Edil*) tile: *rivestire di piastrelle* to tile; *pavimento di piastrelle* tile floor, tiled floor; ~ *di ceramica* ceramic tile. 2 (*pietra piatta, anche per giocare*) small flat stone, disk.

piastrellaio *m.* (*Edil*) 1 (*fabbricante*) tile maker. 2 (*applicatore*) tiler.

piastrellamento *m.* (*Aer*) bouncing.

piastrellare (**piastrèllo**) I *v.t.* (*Edil*) to tile: ~ *il bagno* to tile the bathroom. II *v.i.* (*aus.*

avere) (*Aer*) (*rimbalzare*) to bounce.

piastrellato *a.* (*Edil*) tile (*attr.*), tiled, covered with tiles.

piastrellista *m.* (*Edil*) **1** (*fabbricante*) tile maker. **2** (*applicatore*) tiler.

piastrina *f.* **1** plate, plaque. **2** (*Fisiol*) blood platelet. **3** (*targhetta*) tag: ~ *per cani* dog tag. □ (*Mil*) ~ *di riconoscimento* identification disk, identification tag, (*Am,colloq*) dog-tag.

piastrino *m.* **1** plate, plaque. **2** (*targhetta*) tag. □ (*Mil*) ~ *di riconoscimento* identification disk, identification tag, (*Am,colloq*) dog-tag.

piastrone *m.* **1** (*Zool*) plastron. **2** (*Sport*) (*nella scherma*) plastron. **3** (*Met,Edil*) slab, large plate. □ (*Edil*) ~ *d'appoggio* bearing plate, bearing slab.

piatire (**piatìsco, piatìsci**) **I** *v.i.* (*aus.* avere) **1** (*lamentarsi*) to complain. **2** (*chiedere insistentemente*) to beg favours. **II** *v.t.* **1** (*chiedere insistentemente*) to beg, to nag: ~ *aiuti* to beg help. **2** (*lett*) (*contendere in giudizio*) to carry on a lawsuit, to sue.

piattabanda *f.* (*Arch*) platband, lintel, straight arch, flat arch.

piattaforma *f.* **1** (*di bus, tram*) platform. **2** (*Ferr*) platform. **3** (*Pol,fig*) platform, policy, programme. **4** (*Mar*) (*ponte piattaforma*) platform deck (in the hold). **5** (*Geog*) platform. **6** (*Sport*) platform. **7** (*Inform*) platform. □ (*Inform,Ferr*) ~ *aperta* open platform; (*Geol*) ~ *continentale* continental shelf; ~ *di carico* loading platform; ~ *di lancio*: **1** (*rif. ad aerei*) launching platform; **2** (*rif. a missili*) launching pad; (*Minier*) ~ *di perforazione* drilling rig, drilling platform; ~ *ecologica* recycling centre; ~ *girevole*: **1** (*Mecc*) revolving platform, turntable; **2** (*Ferr*) turntable, turnsheet; ~ *petrolifera* oil rig, oil platform; (*Pol,fig*) ~ *rivendicativa* package of request, platform of trade union demands; (*Astron*) ~ *spaziale* space platform.

piattaia *f.* **1** display cabinet. **2** (*rar*) (*scolapiatti*) plate rack, dish rack.

piattamente *avv.* (*in modo scialbo*) insignificantly, expressionlessly, unimaginatively.

piattello *m.* **1** (*oggetto a forma di piccolo piatto*) small plate, disk. **2** (*nel tiro a volo*) clay pigeon. □ (*Etnol*) ~ *labiale* labret.

piattina *f.* **1** (*profilato metallico*) metal strap. **2** (*El*) twin lead. **3** (*Minier*) (*carrello*) trolley, bogey. □ (*El*) ~ *di massa* ground strap.

piattino *m.* **1** (*sottocoppa*) saucer. **2** (*manicaretto*) delicacy, dainty morsel, dainty dish.

piatto[1] *a.* **1** flat: *cesto col fondo ~* flat-bottomed basket. **2** (*rif. a donna: senza seno*) flat-breasted. **3** (*fig*) (*scialbo*) dull, dreary, flat, trite: *vita piatta* dull life.

piatto[2] *m.* **1** (*per cibo*) dish: *lavare i piatti* to wash the dishes, (*Br*) to do the washing-up, (*Am*) to do the dishes. **2** (*quantità*) plate, plateful, dish: *un ~ di patate* a plate of potatoes. **3** (*portata*) course: *primo ~* first course; *secondo ~* second course, main dish, main course. **4** (*vivanda*) dish: *un ~ del luogo* a local dish; ~ *gustoso* a tasty dish. **5** (*oggetto a forma di piatto*) plate, plaque. **6** (*superficie piatta*) flat: *il ~ di una lama* the flat of a blade; *colpire di ~* to hit with the flat of sth. **7** (*nei giochi: posta*) stakes *pl.*, kitty. **8** (*Inform*) platter. **9** *pl.* (*Mus*) cymbals. □ ~ *caldo* hot dish; ~ *d'argento* silver dish; ~ *del giorno* plat du jour, (*colloq*) special; ~ *della bilancia* scale pan; ~ *di carne* meat dish; ~ *di carta* paper plate; (*fig*) *vendere qcs. per un ~ di lenticchie* (*per nulla*) to give sth. for a song, to give sth. for next to nothing; ~ *di*

portata serving dish; ~ *doccia* shower tray; ~ *espresso* dish cooked upon request; (*colloq*) *fare i piatti* (*lavare*) to do the dishes; ~ *fondo* soup plate; ~ *forte*: **1** main course; **2** (*fig*) (*numero più importante*) highlight, main attraction; ~ *freddo* cold dish, cold plate; (*fig*) *il ~ piange* stakes are low; ~ *portadischi* (*record-player*) turntable; ~ *pronto* ready meal; ~ *tipico* typical dish; ~ *unico* single dish, one course meal.

piattola *f.* **1** (*Entom*) crab louse. **2** (*fig*) (*persona molesta*) nuisance, (*colloq*) pain in the neck.

piazza *f.* **1** square, place; (*di forma rotonda*) circus, circle. **2** (*fig*) (*plebe*) mob, rabble, crowd. **3** (*Comm*) market. **4** (*Mil*) stronghold. □ *letto a una ~* single bed; *letto a due piazze* double bed; (*Econ*) *Piazza Affari* the Milan Stock Exchange; ~ *commerciale* market; ~ *d'armi* (*Mil*) drill ground, parade ground; **2** (*fig*) (*luogo molto grande*) huge place; ~ *del mercato* market-place, market-square; (*region*) ~ *delle erbe* (*mercato ortifrutticolo*) fruit and vegetable market; ~ *Duomo* the cathedral square, Duomo square; ~ *finanziaria* financial centre; (*colloq,scherz*) *andare in* ~ (*diventare calvo*) to go bald; (*fig*) *mettere qcs. in* ~ to make sth. public; *mettere in* ~ *i propri affari* to broadcast one's business, to wash one's dirty linen in public; (*fig*) *fare* ~ *pulita* to make a clean sweep; ~ *san Pietro* St. Peter's Square; *su* ~ (*o sulla* ~): **1** (*rif. a un prodotto*) on the market: *il miglior prodotto sulla* ~ the best thing on the market; **2** (*rif. a una persona*) in the business; *è il migliore sulla* ~ he's the best in the business.

piazzaforte (*pl.* **piazzefòrti**) *f.* (*Mil*) fortress, stronghold (*anche fig*).

piazzaiolo I *a.* (*spreg*) vulgar, mob (*attr.*), **II** *m.* (*f.* **-a**) (*spreg*) coarse fellow, vulgar fellow.

piazzale *m.* **1** large square, square. **2** (*di aeroporto*) apron. **3** (*di stazione, autostazione*) yard, forecourt.

piazzamento *m.* **1** (*Econ,Sport*) placing: *ottenere un buon* ~ to get a good placing. **2** (*rar*) (*il piazzare*) placing, positioning, placement. □ (*Sport*) ~ *di squadra* team ranking.

piazzare (**piàzzo**) **I** *v.t.* **1** (*mettere*) to place, to put, to plant, to position, (*in posizione orizzontale*) to lay: ~ *l'antenna parabolica* to set up (*o* to orientate) the satellite aerial; ~ *una bomba* to plant a bomb; ~ *una mina* to lay a mine. **2** (*Comm*) to market, to sell: ~ *la merce* to sell the goods. **3** (*Sport*) to place: ~ *una palla* to place one' ball. **4** (*Mil*) to position, to bring into position. **5** (*colloq*) (*assestare*) to land, to strike, to fetch: ~ *un pugno* to land one's fist; *gli ho piazzato una sventola* I fetched him a slap in the face. **II** *v.pron.* **piazzarsi 1** (*colloq*) (*sistemarsi*) to settle (down), to place oneself, to plant oneself, (*colloq*) to dump oneself: *si è piazzato in casa nostra* he dumped himself on us. **2** (*Sport*) (*classificarsi*) to be placed, to come (in): *piazzarsi tra i primi* to be placed in the first positions; *il mio cavallo non si è piazzato nell'ultima gara* my horse wasn't placed in the last race.

piazzata *f.* scene, row: *fare una* ~ to make a scene.

piazzato I *a.* **1** (*Equit*) placed. **2** (*Sport*) (*nel calcio, rugby*) *tiro piazzato*) place kick. **3** (*colloq*) (*ben sistemato*) nicely settled, (*colloq*) well-off. **II** *m.* (*Sport*) (*nell'ippica*) placed horse. □ (*Equit*) *non* ~ unplaced.

piazzista *m./f.* (*Comm*) **1** (*intermediario*) agent, intermediary, mediator, middleman.

2 (*commesso viaggiatore*) commercial traveller, travelling salesman.

piazzola *f.* **1** (*Strad*) lay-by. **2** (*di campeggio*) site. **3** (*Arm*) emplacement, platform. □ (*Sport*) ~ *di arrivo* (*nel golf*) putting green; (*Strad*) ~ *di emergenza* emergency lay-by; (*Sport*) ~ *di partenza* (*nel golf*) tee, teeing ground.

pica[1] *f.* **1** (*Ornit*) magpie. **2** (*Med*) pica.

pica[2] *f.* (*Tip*) pica.

picaresco (*pl.* **-chi**) *a.* (*Lett*) picaresque: *romanzo* ~ picaresque novel.

picaro *m.* **1** picaro, picaroon. **2** (*estens*) rogue, scoundrel.

picca[1] *f.* **1** (*Mil*) (*arma*) pike; (*soldato*) pikeman. **2** *pl.* (*nelle carte da gioco*) spades (*costr.sing.*): *asso di picche* ace of spades.

picca[2] *f.* (*puntiglio*) pique, spite. □ *per* ~ out of spite.

piccante *a.* **1** spicy, hot, sharp, pungent: *sapore* ~ spicy flavour. **2** (*fig*) (*licenzioso*) spicy, risqué, juicy: *una storiella* ~ a spicy story; *particolari piccanti* spicy details.

Piccardia *n.pr.f.* (*Geog*) Picardy.

piccardo I *a.* of Picardy (*posposto*), from Picardy (*posposto*). **II** *m.* **1** (*f.* **-a**) (*originario*) native of Picardy; (*abitante*) inhabitant of Picardy. **2** (*dialetto*) Picardy dialect.

piccarsi (**mi pìcco, ti pìcchi**) *v.pron.* **1** (*pretendere*) to pride oneself, to flatter oneself (*di on*), to claim: *si picca di parlare bene l'inglese* he flatters himself on speaking English well. **2** (*impermalirsi*) to take offence (*per at*), to be piqued, to be offended.

piccata *f.* (*Gastron*) veal piccata, veal in lemon sauce with parsley.

piccato *a.* resentful, piqued: *rispondere in tono* ~ to answer in a resentful tone.

picche *f.pl.* (*nelle carte da gioco*) spades (*costr.sing.*): *asso di* ~ ace of spades.

picchè *m.inv.* (*Tess,rar*) piqué.

picchettaggio *m.* (*durante gli scioperi*) picketing: *fare il* ~ to picket.

picchettamento *m.* **1** (*picchettatura*) staking out. **2** (*picchettaggio*) picketing.

picchettare (**picchétto**) *v.t.* **1** to stake out, to mark off with stakes. **2** (*sorvegliare*) to picket.

picchettatura, picchettazione *f.* staking out.

picchetto[1] *m.* **1** (*paletto*) stake, peg, picket; (*da tenda*) tent peg. **2** (*Mil*) (*gruppo di soldati*) picket. **3** (*gruppo di scioperanti*) picket. □ (*Mil*) *di* ~ on picket duty; *essere di* ~ to be on picket duty; *montare di* ~ to go on picket duty; (*Mil*) ~ *d'onore* guard of honour.

picchetto[2] *m.* (*gioco di carte*) piquet.

picchiare[1] (**pìcchio, pìcchi**) **I** *v.t.* **1** (*battere inavvertitamente*) to hit, to strike, to bang: ~ *la testa contro il muro* to hit one's head against the wall; *ha picchiato il gomito contro la tavola* he struck his elbow against the table, he banged his elbow on (*o* against) the table. **2** (*battere forte*) to bang, to thump: ~ *un pugno sul tavolo* to bang one's fist, to thump on the table. **3** (*battere leggermente*) to tap, to pat. **4** (*malmenare*) to thrash, to beat (up), to give a thrashing to, to thump; (*bastonare*) to cudgel; (*con la frusta*) to flog: ~ *qcu. di santa ragione* to give so. a good thrashing, to thrash the living daylights out of so. **5** (*bussare*) to knock at, to knock on, to give a knock on: ~ *un colpo alla porta* to knock at the door. **II** *v.i.* (*aus.* avere) (*bussare*) to knock: *qualcuno picchia alla porta* someone is knocking on the door. **2** (*battere leggermente*) to tap. **3** (*colpire*) to beat, to hit, to strike: *la pioggia picchia sulle finestre* the rain is beating on the windows. **4** (*fig*)

picchiare (*essere caldo*) to beat down: *il sole picchia oggi!* it's baking hot today!, (*colloq*) it's scorching (hot) today! **5** (*fig*) (*insistere*) to insist: *picchia e ripicchia riesce sempre a ottenere ciò che vuole* by insisting he always gets what he wants. **III** *v.r.recipr.* **picchiarsi** to hit each other, to fight, to come to blows. □ *~ qcu.a sangue* to beat the hell out of so., to beat so. black and blue; *picchiarsiil petto* to beat one's breast; (*Mot*) *~in testa* to pink.

picchiare 2 (**pìcchio, pìcchi**; *aus.* **avere**) *v.i.* (*Aer*) to nosedive.

picchiata 1 *f.* (*Aer*) nosedive. □ *scendere in ~:* 1 (*Aer*) to nosedive; 2 (*fig*) to plunge headlong, to fall steeply.

picchiata 2 *f.* **1** (*serie di colpi*) knock, knocking, blow. **2** (*percosse*) beating, thrashing.

picchiatello **I** *a.* (*stravagante*) pixilated, nuts, screwy, touched. **II** *m.* (*f.* **-a**) crackpot, nut.

picchiato *a.* (*strambo*) pixilated, nuts, screwy, touched. □ (*colloq*) *essere ~in testa* to be crazy, (*colloq*) to be dotty, (*colloq*) to be nutty.

picchiatore *m.* **1** thug, goon: *un ~ fascista* a fascist thug. **2** (*Sport*) (*nel pugilato*) hard hitter, slugger, slogger. **3** (*f.* **-trice**) (*rar*) (*chi picchia*) beater.

picchierellare (**picchierèllo**) **I** *v.t.* to tap, to drum: *~ le dita sul tavolo* to tap one's fingers on the table. **II** *v.i.* (*aus.* **avere**) to patter, to tap, to drum: *la pioggia picchierella sui vetri* the raindrops are pattering on the window panes.

picchiettare (**picchiétto**) **I** *v.t.* **1** to patter, to tap, to drum. **2** (*punteggiare*) to fleck, to spot, to dot. **3** (*Mar*) (*rif. alle lamiere*) to chip, to scale. **II** *v.i.* (*aus.* **avere**) to patter, to tap, to drum.

picchiettato *I* *a.* spotted, flecked, dotted: *~ di nero* black-spotted. **II** *m.* (*Mus*) staccato bowing.

picchiettatura *f.* **1** (*atto*) spotting, dotting, flecking. **2** (*effetto*) spots *pl.*, dots *pl.*, flecks *pl.*

picchiettio *m.* patter, pattering, tapping, drumming.

picchio 1 *m.* (*Ornit*) woodpecker. □ (*Ornit*) *~muratore* nuthatch; (*Ornit*) *~rosso maggiore* great spotted woodpecker; (*Ornit*) *~ rosso minore* lesser spotted woodpecker; (*Ornit*) *~verde* green woodpecker.

picchio 2 *m.* (*battito*) knock, tap.

picchiotto 1 *m.* (*della porta*) knocker, door knocker.

picchiotto 2 *m.* (*Ornit*) (*picchio muratore*) nuthatch.

piccineria *f.* **1** (*meschinità*) pettiness, small-mindedness, meanness. **2** (*azione meschina*) petty action, mean trick.

piccinina *f.* (*region*) (*apprendista di sartoria*) dressmaker's apprentice.

piccino **I** *a.* **1** (*piccolo*) little, small, very small, teeny-weeny. **2** (*rif. a statura*) tiny, little, very little, (*vezz*) wee. **3** (*fig,spreg*) (*gretto*) petty, small-minded, mean. **II** *m.* (*f.* **-a**) little boy (*f.* girl), (small) child, (*colloq*) kid, kiddy. □ *~ ~* teeny-weeny, teensy-weensy; (*fig*)*farsi ~* to cower, to try to escape notice.

picciolato *a.* (*Bot*) petiolate.

picciolo 1 *m.* **1** (*Bot*) petiole, leaf-stalk. **2** (*estens*) (*peduncolo*) peduncle.

picciolo 2 **I** *a.* (*lett*) (*piccolo*) little. **II** *m.* (*region*) (*spicciolo*) small coin, penny.

piccionaia *f.* **1** dovecote, pigeon loft. **2** (*Teat,scherz*) (*loggione*) gallery, (*colloq*) gods *pl.*, (*colloq*) peanut gallery. **3** (*Teat,scherz*) (*spettatori del loggione*) people *pl.* in the gallery, (*colloq*) gods *pl.* **4** (*estens,scherz*) (*sottotetto*) garret, attic, loft.

piccioncino *m.* (*f.* **-a**) **1** *spec.pl.* (*colloq*) (*innamorati*) lovebirds *pl.*: *passeggiano mano nella mano come due piccioncini* they're walking hand in hand like two loverbirds. **2** (*colloq*) (*tesoro*) sweetheart. **3** (*rar*) young pigeon.

piccione *m.* (*f.* **-a**) **1** (*Ornit*) pigeon, rock dove. **2** (*colombo domestico*) domestic pigeon. **3** (*fig*) (*persona ingenua*) dope. □ (*fig*) *prendere due piccionicon una fava* to kill two birds with one stone; *~ d'argilla* clay pigeon; *~ viaggiatore* carrier pigeon, homing pigeon.

picciotto *m.* **1** (*f.* **-a**) (*region*) (*giovanotto*) young man, youth. **2** (*Stor*) young Sicilian who fought with Garibaldi troops. **3** (*gerg, region*) rank and file mafioso.

picco (*pl.* **-chi**) *m.* **1** peak, pinnacle, summit: *il ~ più alto della montagna* the highest peak of the mountain. **2** (*Statist*) peak, spike: *~ di natalità* peak in the birthrate. **3** (*fig*) (*apice*) peak, high. **4** (*Mar*) gaff, peak. □ *a ~* sheer, straight down, straight up: *a ~ sul mare* sheer above the sea; *levarsi a ~* to rise sheer; *scendere a ~* to drop down; *andare a ~:* 1 to sink (to the bottom), to founder; 2 (*fig*) (*andare in rovina*) to go to rack and ruin; (*TV*) *~ di ascolto* peak time, peak viewing time; (*Mar*) *~di carico* derrick.

piccolezza *f.* **1** smallness, littleness. **2** (*inezia*) trifle, mere nothing: *litigare per delle piccolezze* to quarrel about trifles. **3** (*spreg*) (*meschinità*) pettiness, meanness. □ *~di statura* shortness.

piccolino **I** *a.* **1** (*piccolo*) little, small, very small, teeny-weeny. **2** (*rif. a statura*) tiny, little, very little, (*vezz*) wee. **II** *m.* (*f.* **-a**) little boy (*f.* girl), (small) child, (*colloq*) kid, kiddy.

piccolo (*compar.* **più pìccolo/minòre**, *sup.* **piccolissimo/mìnimo**) **I** *a.* **1** small, little: *una casa piccola* a small house; *un naso ~* a small nose. **2** (*basso, corto*) low, short: *una piccola altura* a low rise; *una piccola pausa* a short break. **3** (*giovane*) young, little: *figli piccoli* young children; *è il più ~ dei miei figli* he's my youngest son. **4** (*rif. a quantità*) small, slight: *una piccola parte* a small share. **5** (*debole*) faint, slight, light: *un ~ colpo sulla spalla* a slight tap on the shoulder. **6** (*poco importante*) trifling, minor, slight, petty: *un ~ errore* a slight error; *un ~ furto* a petty theft. **7** (*modesto*) small, small-scale: *un ~ negoziante* a small shopkeeper; *dare una piccola festa* to organize a small party. **8** (*spreg*) (*meschino*) petty, small, little, mean, narrow: *mente piccola* small mind; *non è altro che un ~ imbroglioncello* he's nothing but a little cheat. **9** (*in miniatura*) little, miniature: *questa città è una piccola Parigi* this town is a miniature Paris. **II** *m.* **1** (*f.* **-a**) (*bambino*) child, little one; (*colloq*) kid, kiddy. **2** (*rif. ad animali*) baby; (*di cane*) puppy; (*di gatto*) kitten; (*di uccello*) chick; (*di bestia feroce*) cub; (*di elefante, bovino*) calf; (*collett.*) young: *un ~ di ippopotamo* a baby hippo; *un ~ di elefante* a calf elephant; *un puma e i suoi piccoli* a puma and her cubs. □ (*Geog*) *PiccoleAntille* Lesser Antilles; *~borghese :* 1 (*usato come aggettivo*) petit bourgeois (*attr.*), (*spreg*) narrow-minded; 2 (*usato come nome*) petit bourgeois, (*spreg*) narrow-minded person; *la piccolaborghesia* the lower middle class; (*Mar*) *~cabotaggio* inshore navigation; *nave di ~ cabotaggio* coaster; (*fig*) *di ~ cabotaggio* minor, unimportant; *piccola caloria* small calorie; (*Astr*) *Piccolo Carro* Little Dipper; *piccola chirurgia* minor surgery; *da ~* as a child: *io da ~...* when I was a child..., when I was a little boy...; *io da piccola...* when I was a child..., when I was a little girl...; *piccola delinquenza* petty crime; *automobili di piccola cilindrata* low-powered cars, (*Am*) small block cars; *di piccole dimensioni* small-sized; *a piccole dosi* in small doses (*anche fig*); (*fig*)*farsi ~* to cower, to try to escape notice; (*Equit*) *~galoppo* canter; *come è ~il mondo !* it's a small world!; *~imprenditore* small businessman; *piccolaimpresa* small business;*in ~* (*in misura ridotta*) on a reduced scale, on a smaller scale, small-scale (*attr.*); (*Econ*) *piccolaindustria* small trades (*pl.*), small industries (*pl.*); *~industriale* small-scale manufacturer, small businessman; (*Anat*) *piccolelabbra* labia minora; *nel mio ~* in my own small way; *in piccolaparte* in small part; *~particolare* small detail, small matter; (*Dolc*) *piccolapasticceria* miniature pastries; *i piccoli piaceri della vita* the simple pleasures of life; (*Giorn*) *piccolaposta* letters to the editor; (*Giorn*) *piccolapubblicità* classified advertisements *pl.*, small ads *pl.*; (*Econ*) *~risparmiatore* small saver; (*Geog*) *PiccoloSan Bernardo* Little St. Bernard (Pass); (*fig*) *il ~ schermo* the small screen, TV; *una piccola somma* (*di denaro*) a small sum (of money), a small amount of money; *bere a piccolisorsi* to take small sips; *piccolespese* petty penses; *di piccolataglia* small-sized; (*Anat*) *~trocantere* lesser trochanter; *a piccolavelocità :* 1 at low speed; 2 (*Ferr*) slow goods (*attr.*), by slow train, by goods train, (*Am*) by slow freight.

picconare (**piccóno**) **I** *v.t.* to strike (sth.) with a pickaxe, to pickaxe, (*Am*) to pickax. **II** *v.i.* (*aus.* **avere**) to use a pickaxe, to pickaxe, (*Am*) to pickax.

picconata *f.* **1** blow with a pickaxe. **2** (*fig*) (*acerrima critica*) attack, censure, criticism, brickbat.

picconatrice *f.* (*Mecc*) pneumatic pick.

piccone *m.* axe, pickaxe, (*Am*) pickax. □ (*Tecn*) *~pneumatico* pneumatic pick.

picconiere *m.* worker with a pickax(e).

piccozza *f.* axe, (*Am*) ax, pick. □ (*Alp*) *da ghiaccio* ice axe, (*Am*) ice pick; *~da pompiere* fireman's axe, (*Am*) firefighter's ax, fireman's ax.

pick-up /pi'kap/ *m.inv.* **1** (*di giradischi*) pick-up. **2** (*di chitarra elettrica*) pick-up. **3** (*Agr,Tecn*) pick-up. **4** (*Aut*) pick-up, pick-up truck.

picnic *m.inv.* picnic: *fare un ~* to go for a picnic, to go on a picnic.

picnometro *m.* (*Fis*) pycnometer, density bottle.

picrico (*pl.* **-ci**) *a.* (*Chim*) picric: *acido ~* picric acid.

picture messaging /ˈpiktʃurˈmessadʒiŋ/ *m.inv.* (*Tel*) picture messaging.

pidiessino **I** *a.* (*Stor.it,Pol*) from the democratic party of the left, of the democratic party of the left. **II** *m.* (*f.* **-a**) (*Stor.it,Pol*) member of the democratic party of the left.

pidocchieria *f.* **1** (*avarizia*) meanness, niggardliness, stinginess. **2** (*azione*) mean action.

pidocchio *m.* **1** (*Entom*) common louse: *avere i pidocchi* to have lice. **2** (*fig*) stingy person, mean person, skinflint, louses *pl.* □ (*Entom*) *~dei libri* book louse; (*Entom*) *~del capo* head louse; (*Entom*) *~delle rose* greenfly, rose aphid; (*Entom*) ~ *pollino* poultry louse; (*fig,spreg*) ~ *rifatto* brazen nouveau riche, brazen upstart, brazen parvenu.

pidocchioso *a.* **1** lousy. **2** (*fig*) (*spilorcio*) mean, stingy, niggardly.

piduista I *a.* (*Stor.it*) of the P2 Masonic lodge. **II** *m./f.* (*Stor.it*) member of the P2 Masonic lodge.

piè *m.inv.* (*poet*) foot. □ *a ~ di* at the bottom of, at the foot of; *a ~ del monte* at the foot of the mountain; (*Tip*) *a ~ di pagina* at the foot of the page; *nota a ~ pagina* footnote; *a ~ fermo* resolutely; *saltare a ~ pari*: **1** to take a standing jump, to jump with both feet; **2** (*fig*) to skip; *a ogni ~ sospinto*: **1** at every step; **2** (*fig*) (*molto spesso*) at all times, all the time, at every turn; (*Lett*) *il ~ veloce Achille* the swift-footed Achilles, the fleet-footed Achilles.

piedarm, pied'arm /,pjɛ'darm/ **I** *intz.* (*Mil*) order arms. **II** *m.inv.* (*Mil*) order arms.

pied-à-terre /,pjeda'tɛr/ *m.inv.* pied-à-terre.

pied-de-poule /,pjed'pul/ *m.inv.* (*Tess*) hound's-tooth check, dog-tooth check, dog-tooth check.

piede *m.* **1** foot. **2** (*zampa*) paw. **3** (*fig*) (*parte di sostegno*) foot, base: *il ~ del tavolo* the foot of the table. **4** (*fig*) (*parte inferiore*) foot, bottom: *ai piedi della scalinata* at the foot of the stairs. **5** (*unità di misura*) foot. **6** (*Metr, Mat,Tip*) foot. □ *a piedi* on foot: *andare a piedi* to go on foot, to walk; (*Ginn*) ~ *a martello* flexed foot, foot flexed; *essere ai piedi di qcu.* to be at so.'s feet; *gettarsi ai piedi di qcu.* to throw oneself at so.'s feet; (*estens*) *ai piedi del colle* at the foot of the hill; (*Mil*) *pied'arm!* ground arms!; ~ *biforcuto* cloven hoof, cloven foot; *con i piedi* with one's feet: (*fig*) *fare qcs. con i piedi* to do sth. in a slipshod way; *un lavoro fatto con i piedi* a slipshod work, a botch; ~ *cubico* (*unità di misura*) cubic foot; (*fig*) *avere i piedi d'argilla* to have feet of clay; *un gigante dai piedi d'argilla* a giant with feet of clay; (*Med*) ~ *d'atleta* athlete's foot; ~ *del letto* foot of the bed; (*Mecc*) ~ *di biella* small end; (*fig*) *essere sul ~ di guerra* to be on a war footing; (*fig*) *su un ~ di parità* on an equal footing; (*fig*) *andare con i piedi di piombo* to tread carefully; (*Mar*) ~ *di pollo* wall knot; ~ *di porco* crowbar, jemmy; (*Mar*) ~ *di ruota* forefoot; (*Med*) ~ *diabetico* diabetic foot; ~ *d'oca*: **1** (*Bot*) silverweed; **2** (*Mar*) crow's foot; *stai attento a dove metti i piedi* watch your steps; (*Med*) ~ *equino* club foot; (*Ginn*) ~ *flesso* flexed foot, foot flexed; (*fig*) *essere sempre fra i piedi di qcu.* to be in so.'s way all the time; (*fig*) *partire col ~ giusto* to start on the right foot, to get off on the right foot; *in piedi*: **1** on one's feet, standing: *essere in piedi* to stand, to be on one's feet, to be standing; *posto in piedi* standing room; *tenersi in piedi* to keep on one's feet; **2** (*alzato*) up (*posposto*): *sei ancora in piedi a quest'ora?* (are you) still up at this hour?; **3** (*fig*) (*dopo una malattia*) out and about; **4** (*esclam.*) (*negli ordini*) all rise!, stand up!; (*fig*) *tenere il ~ in due scarpe* (*o in due staffe*) to run with the hare and hunt with the hounds; *mettere un ~ in fallo*: **1** to slip; **2** (*fig*) to take a false step; (*fig*) *mettere i piedi in testa a qcu.* to keep so. down, to subjugate so., to walk over so.; (*Dir*) *a ~ libero* on bail; (*Mar*) ~ *marino* sea legs; *mettere ~ to set foot* (*in* in): *non ci metterò più ~* I'll never set foot in there again; *mettere ~ a terra* to set foot on the ground; *mettere in piedi qcs.* to set sth. up, to start sth. (up); (*fig*) *essere con un ~ nella fossa* (*o avere un ~ nella fossa*) to have one

foot in the grave; *a piedi nudi* barefoot, barefooted, with bare feet; ~ *palmato* webfoot; *saltare a piedi pari* to take a standing jump, to jump with both feet; (*fig*) *stare con i piedi per terra* to keep one's feet on the ground, to keep both feet on the ground; *ritornare con i piedi per terra* to come down to earth; (*Med*) *piedi piatti* flat feet; *prendere ~*: **1** (*diventare di moda*) to become popular, (*colloq*) to take on; **2** (*rif. ad abitudini attecchire*) to take root; ~ *quadrato* square foot; (*fig*) *partire col ~ sbagliato* to start on the wrong foot, to get off on the wrong foot; *mettersi qcs. sotto i piedi* to tread sth. underfoot (*anche fig*); (*fig*) *mettere qcu. sotto i piedi* to humiliate so.; *stare in piedi*: **1** to stand, to be on one's feet, to be standing; **2** (*essere alzato*) to be up; **3** (*fig*) (*avere logica*) to hold water: *la tua idea non sta in piedi* your idea doesn't hold water; (*fig*) *mettere i piedi sul collo a qcu.* to keep so. down, to subjugate so.; (*Med*) ~ *talo* talipes, clubfoot; ~ *tavolare* (*unità di misura*) board foot; (*Ginn*) ~ *teso* pointed foot; (*Med*) ~ *torto* talipes, clubfoot; (*Med*) ~ *valgo* pes valgus, talipes valgus; (*Med*) ~ *varo* talipes varus, pes varus; *dal ~ varo* pigeon-toed.

piedino *m.* **1** little foot. **2** (*di macchina per cucire*) presser foot. **3** (*Elettron*) pin. □ *fare ~ a qcu.* to play footsie with so.

piedipiatti *m.inv.* (*colloq,spreg*) flatfoot, cop.

piedistallo *m.* pedestal. □ (*fig*) *mettere qcu. sul ~* to put so. on a pedestal.

piedritto *m.* (*Arch*) pier, direct bearing.

piega *f.* **1** pleat, fold: *gonna a pieghe* pleated skirt. **2** (*ruga, grinza*) wrinkle, crease. **3** (*messa in piega*) hair-set: *farsi la messa in ~* to have one's hair set. **4** (*fig*) (*andamento*) turn, course: *prendere una brutta ~* to take a turn for the worse. **5** (*Geol*) fold, folding. □ (*Geol*) ~ *a fisarmonica* chevron fold; ~ *a monte* (*negli origami*) mountain fold; (*Sart*) ~ *a soffietto* slash; ~ *a valle* (*negli origami*) valley fold; (*Geol*) ~ *a ventaglio* fan fold; (*Geol*) ~ *anomala* abnormal fold; (*Geol*) ~ *anticlinale* anticlinal fold, anticline; (*Geol*) ~ *armonica* harmonic folding; (*Abbigl*) ~ *dei pantaloni* trouser crease; (*Mod*) ~ *del cappello* crease in a hat; (*Geol*) ~ *di trascinamento* drag fold; (*Geol*) ~ *disarmonica* disharmonic fold; *fare una ~*: **1** to bend; **2** (*rif. a indumenti*) to crease, to wrinkle, to pucker; (*fig*) *non fare una ~*: **1** to fit perfectly, to be flawless: *il tuo ragionamento non fa una ~* your argument makes perfect sense; **2** (*non scomporsi*) to be completely unruffled, not to turn a hair, to be unflappable.

piegabaffi *m.inv.* (*ant*) snood.

piegabile *a.* **1** pliable, foldable. **2** (*curvabile*) bendable, flexible. **3** (*pieghevole*) folding.

piegaciglia *m.inv.* eyelash curler.

piegamento *m.* **1** (*Ginn*) flexion; (*sulle gambe*) knee-bend; (*sulle braccia*) push-up, press-up. **2** (*rar*) (*il piegare*) folding, bending.

piegare (*piego, pieghi*) **I** *v.t.* **1** to fold, to fold up: ~ *un foglio di carta* to fold up a sheet of paper. **2** (*curvare*) to bend: ~ *una sbarra di ferro* to bend an iron bar. **3** (*rif. a parti del corpo*) to bend, to bow: ~ *le ginocchia* to bend one's knees; ~ *il capo* to bow one's head. **4** (*fig*) (*domare, sottomettere*) to subdue, to bend, to submit: ~ *qcu. al proprio volere* to bend so. to one's will. **5** (*fig*) (*spezzare*) to break: ~ *la resistenza di qcu.* to break so.'s resistance. **II** *v.i.* (*aus.* **avere**) (*voltare*) to turn, to bend: *il fiume piega a destra*

the river bends to the right. **III** *v.pron.* **piegarsi 1** (*incurvarsi*) to bend, to bow. **2** (*torcersi*) to twist, to warp. **3** (*fig*) (*cedere*) to yield, to submit, to bend: *piegarsi al volere di qcu.* to submit to so.'s will, to bend to so.'s will. □ (*fig*) ~ *il groppone*: **1** (*sgobbare*) to knuckle down to work to slave; **2** (*umiliarsi*) to bow down; ~ *qcs. in due* to bend sth. in two, to fold sth. up in two, to double over; ~ *in quattro* to fold in four, to fold in quarters; (*fig*) ~ *la groppa* (*essere servile*) to bow down; (*fig*) ~ *la testa* to bow one's head; *si piega ma non si spezza* it bends but (it) doesn't break; (*Post*) *non* ~ (*scritta su buste*) please do not bend.

piegata *f.* fold, folding. □ *dare una ~ a qcs.* to fold sth. (up).

piegato *a.* (*colloq,fig*) bent double, doubled over. □ (*colloq,fig*) *essere ~ in due dal dolore* (*o dal male*) to be bent double with pain; *essere ~ in due dal ridere* to be doubled up with laughter, to be bent double with laughter.

piegatore *m.* (*f.* **-trice**) folder.

piegatrice *f.* **1** (*Legat*) folding machine, folder. **2** (*Mecc*) bender, bending machine; (*pressa piegatrice per lamiere*) press brake. □ (*Mecc*) ~ *a pressa* bending press; (*Mecc*) ~ *idraulica* hydraulic bending machine; (*Legat*) ~ *per formato fisso* fixed cut-off folder; (*Legat*) ~ *per formato variabile* variable cut-off folder.

piegatura *f.* **1** (*incurvamento*) bending; (*torsione*) twisting, bending. **2** (*piega*) fold; (*incurvatura*) bend, curve. **3** (*Legat*) folding. □ (*Legat*) ~ *a fisarmonica* accordion folding, concertina folding; (*Legat*) ~ *a mano* hand folding; (*Legat*) ~ *a zigzag* zigzag folding; ~ *del braccio* crook of the arm, bend of the elbow; (*Legat*) ~ *incrociata* right angle folding; (*Legat*) ~ *non marcata* soft fold; (*Legat*) ~ *parallela* parallel folding.

pieghettare (**pieghétto**) *v.t.* to pleat, to crimp (*anche Sart*).

pieghettato *a.* pleated, crimped (*anche Sart*).

pieghettatura *f.* **1** (*il pieghettare*) pleating, crimping. **2** (*insieme di pieghette*) pleats *pl.*, crimp.

pieghevole I *a.* **1** pliant, pliable, bendable. **2** (*rif. a mobili e sim.*) folding: *tavolo ~* folding table; *sedia ~* folding chair. **3** (*flessibile*) flexible, pliant, supple: *arbusto ~* pliant shrub. **4** (*fig*) (*remissivo*) pliant, docile, yielding, tractable. **II** *m.* folder, brochure, leaflet.

pieghevolezza *f.* pliability, flexibility.

pielite *f.* (*Med*) pyelitis.

pielografia *f.* (*Radiol*) pyelography.

pielonefrite *f.* (*Med*) pyelonephritis.

pieloscopia *f.* (*Radiol*) pyeloscopy.

Piemonte *n.pr.m.* (*Geog*) Piedmont.

piemontese I *a.* Piedmontese, Piedmont. **II** *m.* **1** (*f.* **-a**) (*abitante*) Piedmontese. **2** (*dialetto*) Piedmontese, Piedmont dialect.

piena *f.* **1** flood, (*Br*) spate: *essere in ~* to be in flood, to be swollen. **2** (*massa d'acqua*) flood, flood waters *pl.*: *una ~ improvvisa* a sudden flood. **3** (*fig*) (*concorso di gente*) crowd, throng. **4** (*fig*) (*foga*) transport, ardour, heat, height.

pienamente *avv.* (*completamente*) quite, completely, fully: *sono ~ d'accordo con te* I completely agree with you.

pienezza *f.* **1** fullness. **2** (*fig*) height, peak, fullness: *essere nella ~ delle proprie forze* to be at the height of one's powers.

pieno I *a.* **1** full (*di* of), filled (*di* with): *il bicchiere è ~ di vino* the glass is full of wine;

una casa piena di zanzare a house filled with mosquitoes. **2** (*fig*) full (of): *essere ~ di vita* to be full of life. **3** (*colloq*) (*sazio, rimpinzato*) full, full up: *mi sento ~* I feel full (up). **4** (*massiccio, solido*) solid: *mattone ~* solid brick. **5** (*paffuto*) full, chubby, plump, round: *volto ~* chubby face; *fianchi pieni* full hips. **6** (*impegnato*) busy, full: *è stata una giornata piena* it was a busy day. **7** (*intero, completo*) complete, total, full: *una vittoria piena* total victory; *~ accordo* full agreement; *a tempo ~* full-time. **8** (*nel bel mezzo*) in the middle of: *ha preso un proiettile in ~ petto* he got a bullet in the middle of the chest; *in ~ inverno* in the middle of the winter, in midwinter, in the depths of winter. **II** *m.* **1** fullness. **2** (*Aut*) full, full tank: *il ~ per favore* fill it up please, (*colloq*) fill her up please. **3** (*fig*) (*colmo*) height, peak: *nel ~ delle forze* at the height of one's powers. **4** (*folla*) crowd, throng. **5** (*carico completo*) full load, full amount, (*Mar,Aer*) full cargo. □ *in piena attività* in full swing; *a ~ carico* fully loaded; *~ colmo* full to the brim; (*colloq*) *~ come un otre* full up, bloated; (*colloq*) *essere ~ come un uovo* to be full, to be full up, to be bursting, to be full to bursting point; *una barzelletta piena di allusioni* a joke littered with allusions; *essere ~ di amici* to have lots of friends; *essere ~ di ammirazione* to be full of admiration; *fare il ~ di benzina* to fill up with petrol; *~ di debiti* full of debts, debt-laden, deeply in debt; *~ di dignità* full of dignity; *parole piene di dignità* dignified words; *essere ~ di grana* to be well-heeled; *essere ~ di grilli* to be full of fancies; *essere ~ di guai* to have more than one's share of troubles; *~ di idee* to be full of ideas; *avere gli occhi pieni di lacrime* to have one's eyes brimming with tears; *essere ~ di lavoro* to be up to the eyes in work; *~ di meraviglia* : 1 filled with wonder; 2 (*stupito*) surprised, amazed; (*fig*) *~ di movimento* lively, animated: *una città piena di movimento* a lively city; *~ di riguardo* very considerate; *una persona piena di risorse* a resourceful person; *~ di scrupoli* very scrupulous; *essere ~ di sé* to be full of oneself; *essere ~ di soldi* to be made of money; *~ di speranze* hopeful, full of hope; *~ di spirito* : 1 (*spiritoso*) witty, with a sense of humour, spirited, full of spirit; 2 (*Teol*) filled with the Holy Spirit; *~ di vita* full of life; *avere ~ diritto* to be fully entitled; *in piena estate* at the height of summer; *fare il ~* to fill up; *avere piena fiducia in qcu.* to have complete confidence in so., to have complete trust in so.; (*fig*) *essere ~ fino agli occhi di qcs.* to be thoroughly fed up with sth.; *essere in piena forma* to be at one's best, to be in good form; *era ~ giorno* it was broad daylight; *di ~ giorno* (o *in pieno giorno*) in broad daylight; *~ impiego* full employment; *in ~* : 1 (*completamente*) fully, completely: *sbagliare in ~* to be completely wrong; 2 (*proprio nel mezzo*) straight, in the middle, squarely: *è andato in ~ contro il muro* he drove straight into the wall; *in piena faccia* right in the face; 3 (*esattamente*) exactly; (*volg*) *avere pienele palle* to be pissed off with sth.; (*colloq,fig*) *averne piene le scatole* (*Br*) to be fed up to one's back teeth, (*Am*) to be fed up, to have it up to here; *fare piena luce sui fatti* to bring the facts into full light; *trovarsi in piena luce* to be in the light, to be right in the light; *a piene mani* abundantly, freely, liberally; *spendere a piene mani* to spend freely; *in piena notte* at thick of night, at dead of night, in the middle of the night; (*Econ*) *pieno oc-*

cupazione full employment; (*Tip*) *a piena pagina* full-page; *~ per metà* half full; *respirare a pieni polmoni* to breathe deeply, to breathe with full lungs; *essere nel ~ possesso delle proprie facoltà mentali* to have full command of one's mental faculties; *pieni poteri* : 1 full powers; *dare pieni poteri a qcu.* to give so. full powers; 2 (*Dipl*) plenary powers; *~ raso* full to the brim; *a ~ regime* at full capacity; *in piena regola* correct, in good order, in perfect order; *a ~ ritmo* at full steam; *in ~ sole* in bright sunshine; *a ~ titolo* full: *socio a ~ titolo* full member; *a piena voce* at the top of one's voice; (*Scol,Univ*) *essere promosso a pieni voti* (*Br*) to pass with full marks, (*Am*) to pass with full grades, (*estens*) to pass with flying colours; *~ zeppo* full to bursting, full to overflowing, packed tight; *la mia valigia è piena zeppa di regali* my suitcase is bulging with presents; *la piazza è piena zeppa di gente* the square is crowed with people.

pienone *m.* **1** large crowd, throng. **2** (*Teat*) full house: *ieri sera c'era il ~ a teatro* there was full house at the theatre yesterday night.

pienotto *a.* (*grassoccio*) plump, rather full, chubby: *essere bello ~* to be chubby, to be a roly-poly.

piercing /'pirsiŋ/ *m.inv.* body piercing.

Piero *n.pr.m. dim. di* Pietro.

pierre /,pi'ɛrre/ *m./f.inv.* public relations man (*f.* woman), PR person.

Pierrot /pjɛr'ro/ *m.* (*Teat,Mus*) Pierrot.

pietà *f.* **1** (*compassione*) pity, compassion: *muovere qcu. a ~* to move so. to pity; *fare qcs. per ~* to do sth. out of pity. **2** (*misericordia*) mercy. **3** (*devozione*) piety, devotion: *libri di ~* devotional books; *pratiche di ~* devotions. **4** (*lett*) (*amore*) piety, love, devotion: *la ~ verso i propri genitori* filial piety, devotion to one's parents. **5** (*Art*) Pietà: *la ~ di Michelangelo* Michelangelo's Pietà. □ *avere ~ di qcu.*: 1 (*compatirlo*) to be sorry for so., to pity so.; 2 (*averne misericordia*) to have mercy on so., to take pity on so.; (*spreg*) *mi fai ~!* you are pathetic!; *fare ~*: 1 to arouse pity; 2 (*colloq,spreg*) to be pitiful, to be deplorable; *per ~!* for pity's sake!; *senza ~*: 1 (*usato come aggettivo*) pitiless, merciless; 2 (*usato come avverbio*) pitilessly, mercilessly.

pietanza *f.* **1** dish, main course, course. **2** (*estens*) (*cibo*) food. □ *una ~ prelibata* a delicacy.

pietismo *m.* **1** (*Rel.prot,Stor*) Pietism. **2** (*spreg*) (*devozione esagerata*) pietism.

pietista *m./f.* **1** (*Rel.prot,Stor*) Pietist. **2** (*spreg*) (*bigotto*) bigot, religiose person, religionist.

pietistico (*pl.* -**ci**) *a.* **1** (*Rel.prot,Stor*) pietistic. **2** (*spreg*) pietistic.

pietosamente *avv.* **1** (*in modo da destare pietà*) pitifully, piteously, (*rar*) pitiably: *piangeva ~* she was crying piteously. **2** (*spreg*) (*miseramente*) pitifully, wretchedly: *suona ~* he plays pitifully. **3** (*con pietà*) mercifully, with mercy.

pietoso *a.* **1** (*che sente pietà*) compassionate, pitiful, merciful: *un uomo ~* a pitiful man. **2** (*che desta pietà*) pitiful, piteous, (*rar*) pitiable: *una storia pietosa* a piteous story; *una vita pietosa* a miserable life. **3** (*spreg*) (*misero*) awful, dreadful, frightful, (*colloq*) sorry: *è stato uno spettacolo ~* it was a dreadful show.

pietra *f.* **1** (*materia*) stone: *fatto di ~* made of stone, stony, stone (*attr.*). **2** (*sasso*) stone, rock: *gettare una ~* to throw a stone. **3** (*pietra preziosa*) (precious) stone, gem. □ (*fig*) *mettersi una ~ al collo* to drown oneself; *~*

angolare cornerstone (*anche fig*); *~ arenaria* sandstone; *~ calcarea* limestone; (*Edil*) *~ da costruzione* structural stone, building stone; (*Edil*) *~ da lastrico* flagstone; (*fig*) *~ dello scandalo* cause of scandal, origin of scandal; *di ~*: 1 stone (*attr.*), stony, of stone (*posposto*): *un muro di ~* a wall of stone, a stone wall, a stony wall; 2 (*fig*) of stone (*posposto*), stony, hard: *avere un cuore di ~* to have a hard heart, to have a heart of stone; *essere di ~* (*insensibile*) to be made of stone, to have a stone for a heart, to be stone-hearted; *~ di confine* boundary stone, landmark stone; (*Min*) *~ di luna* moonstone; *~ di paragone* touchstone, bench mark, (*anche fig*); (*Oref*) *~ dura* semi-precious stone; (*Oref*) *~ falsa* imitation stone, false stone; *~ filosofale* philosophers' stone; *~ fissile* fissile stone; *~ focaia* flint, fire stone; (*Oref*) *~ grezza* rough; *~ infernale* silver nitrate, infernal stone, lunar caustic; *~ litografica* lithographic stone; *~ miliare* milestone (*anche fig*); *~ molare* grindstone, millstone; *~ pomice* pumice stone; *~ sepolcrale* tombstone, gravestone; *~ serpentina* serpentine; (*Oref*) *~ sintetica* synthetic gem; (*fig*) *metterci una ~ sopra* (o *mettere una ~ sul passato*) to let bygones be bygones; *~ tombale* gravestone, headstone, tombstone.

pietraia *f.* **1** (*cumulo di pietre*) heap of stones. **2** (*terreno pietroso*) stony ground. **3** (*cava*) stone quarry.

pietrame *m.* stones *pl.*, heap of stones.

pietrificare (**pietrìfico, pietrìfichi**) **I** *v.t.* **1** to petrify, to turn to stone. **2** (*fig*) to petrify, to daze, to transfix. **II** *v.pron.* **pietrificarsi** **1** to become petrified, to be turned into stone. **2** (*fig*) to become petrified, to be dazed, to be transfixed.

pietrificato *a.* **1** petrified. **2** (*fig*) petrified, dazed, transfixed: *era ~ dalla paura* he was petrified with fear.

pietrificazione *f.* petrification, petrifaction.

pietrina *f.* (*pietrina focaia*) flint, lighter flint.

pietrisco *m.* crushed stone, road metal.

Pietro *n.pr.m.* Peter (*anche Bibl*). □ (*scherz*) *si chiama ~, e torna indietro* it's only on loan; *~ il Grande* Peter the Great; *san ~*: 1 (*Stor*) St. Peter; 2 (*basilica di san Pietro*) St. Peter's.

Pietroburgo □ (*Geog*) *San ~* St. Petersburg.

pietroso *a.* **1** (*di pietra*) made of stone, stony, stone (*attr.*). **2** (*pieno di pietre*) full of stones, stony. **3** (*fig*) stony, insensitive.

pievania *f.* (*Rel.catt*) **1** (*pieve*) parish. **2** (*dignità di pievano*) parsonage, rectorate. **3** (*abitazione di pievano*) parsonage, rectory.

pievano *m.* (*Rel.catt*) parson, rector.

pieve *f.* (*Rel.catt*) **1** (*edificio*) parish church, parochial church. **2** (*giurisdizione*) parish.

pieveloce □ (*Lett*) *il ~ Achille* the swift-footed Achilles, the fleet-footed Achilles.

piezoelettricità *f.* (*Fis*) piezoelectricity.

piezoelettrico (*pl.* -**ci**) *a.* (*Fis*) piezoelectric.

piezometrico (*pl.* -**ci**) *a.* (*Fis*) piezometric.

piezometro *m.* (*Tecn*) piezometer.

pifferaio *m.* (*f.* -**a**) piper, fifer. □ (*Lett*) *~ magico* Pied Piper.

piffero *m.* **1** pipe, fife. **2** (*estens*) (*suonatore*) piper, fifer. □ *fare come i pifferidi montagna che andarono per suonare e furono suonati* to go for wool and come home shorn.

pigiama (*pl. inv.* o **-i**) *m.* pyjamas *pl.*, (*Am*)

pajamas *pl.*: *un* ~ a pair of pyjamas; *mettersi il* ~ to put on one's pyjamas. □ (*ant,Abbigl*) ~ *da spiaggia* beach pyjamas (*pl.*); *essere in* ~ to be in one's pyjamas; (*Abbigl*) ~ *palazzo* pyjama suit; ~ *party* pyjama party.

pigia pigia *m.inv.* (*calca*) dense crowd, press, throng, crush, cram.

pigiare (**pìgio, pìgi**) **I** *v.t.* **1** to press, to force down, to squash down, to pack: ~ *un bottone* to press a button. **2** (*calpestare*) to trample, to tread on. **3** (*schiacciare*) to press, to crush, to squeeze; (*spingere*) to push. **II** *v.pron.* **pigiarsi** (*affollarsi*) to crowd, to throng, to cram. □ ~ *il tabacco nella pipa* to tamp tobacco in one's pipe, to pack tobacco in one's pipe; ~ *l'uva* to press grapes, to tread grapes; *non pigiate!* do not push!

pigiata *f.* press, pressing, crush, crushing. □ *dare una* ~ *a qcs.* to ram sth., to press sth.

pigiato □ *stare pigiati come acciughe* to be packed in like sardines.

pigiatore *m.* (*f.* **-trice**) (*Enol*) grape treader, treader.

pigiatrice *f.* (*Enol*) (*macchina*) winepress, grape presser, grape pressing machine.

pigiatura *f.* (*Enol*) grape pressing, pressing; (*con i piedi*) grape treading, treading.

pigionale, pigionante *m./f.* tenant.

pigione *f.* (*Dir*) (*canone di locazione*) rent, rental: *pagare la* ~ to pay the rent. □ (*ant*) *stare a* ~ to be a tenant, to live in rented accomodation; *dare a* ~ to rent, to let; *prendere a* ~ to rent (out).

pigliamosche *m.inv.* **1** (*Ornit*) flycatcher. **2** (*Bot*) Venus's flytrap.

pigliare (**pìglio, pìgli**) *v.t.* (*colloq*) → **prendere**.

piglio[1] *m.* (*il prendere*) taking hold, taking, seizing. □ *dar di* ~ *a qcs.*: **1** (*afferrarla*) to take hold of sth.; **2** (*fig*) (*iniziarla*) to set to sth., to start sth.

piglio[2] *m.* **1** (*atteggiamento*) countenance, look, manner: *con* ~ *disinvolto* with a nonchalant look, nonchalantly. **2** (*tono*) tone.

pigmalione *m.* talent scout.

Pigmalione *n.pr.m.* (*Mitol,lett*) Pygmalion.

pigmentare (**pigménto**) **I** *v.t.* to pigment. **II** *v.pron.* **pigmentarsi** to pigment.

pigmentario *a.* pigmental, pigmentary.

pigmentazione *f.* pigmentation.

pigmento *m.* pigment.

pigmeo I *a.* (*Etnol*) pygmy, pigmy, (*rar*) pygmean. **II** *m.* (*f.* **-a**) **1** (*Etnol*) Pygmy, Pigmy. **2** (*fig,spreg*) pygmy.

pigna *f.* **1** (*Bot*) cone; (*di pino*) pine cone; (*di abete*) fir cone. **2** (*estens*) (*cumulo*) pile, heap, stack: *avere una* ~ *di panni da stirare* to have a heap of clothes to iron. **3** (*Arch*) gable. **4** (*di tubo aspirante*) strum box. □ (*fig*) *avere le pigne in testa* (*avere idee strane*) to have strange ideas.

pignatta *f.* **1** pot, cooking pot. **2** (*Edil*) (*mattone forato*) hollow block.

pignoleggiare (**pignoléggio, pignoléggi**; *aus.* avere) *v.i.* to nit-pick, to fuss, to be pedantic, to quibble.

pignoleria *f.* **1** (*carattere*) fussiness, fastidiousness, nit-picking, pedantry. **2** (*dettaglio*) quibble, trifle, piece of pedantry.

pignolo I *a.* fussy, pedantic, fastidious, nit-picking, pernickety, (*Am*) persnickety. **II** *m.* (*f.* **-a**) fussy person, pedantic person, nit-picker, (*colloq*) fusspot, fussbudget: *non fare il* ~! don't be so fussy!, don't be so particular!

pignone[1] *m.* **1** (*Idr*) embankment, dyke; (*di ponte*) cutwater. **2** (*Arch*) gable.

pignone[2] *m.* (*Mecc*) pinion.

pignorabile *a.* (*Dir*) distrainable, attachable.

pignorabilità *f.* (*Dir*) liability to distraint, distrainability.

pignoramento *m.* (*Dir*) **1** distraint, attachment, seizure: ~ *dei beni* distraint of goods; *proprietà suscettibile di* ~ property liable to distraint. **2** (*di beni ipotecati*) foreclosure. □ (*Dir*) ~ *presso terzi* garnishment, garnishing.

pignorante *m./f.* (*Dir*) distrainer, garnisher.

pignorare (**pìgnoro**) *v.t.* (*Dir*) to distrain, to attach, to seize, to garnish; (*di beni ipotecati*) to foreclose on.

pignoratizio *a.* (*Dir*) secured by pledge: *creditore* ~ pledgee; *debitore* ~ pawner, pledger.

pigolamento *m.* cheeping, peeping, chirping.

pigolare (**pìgolo**; *aus.* avere) *v.i.* **1** to cheep, to chirp, to peep. **2** (*fig*) (*lagnarsi*) to whine, to whimper.

pigolio *m.* cheeping, chirping, peeping.

pigramente *avv.* lazily.

pigrizia *f.* laziness, idleness, indolence, sloth. □ (*eufem*) ~ *intestinale* sluggish bowels; ~ *mentale* mental laziness, lazy thinking, sloth.

pigro I *a.* **1** lazy, idle, indolent, slothful. **2** (*lett*) (*che induce a pigrizia*) lazy. **3** (*fig*) (*ottuso*) slow, dull, tardy. **II** *m.* (*f.* **-a**) lazy person, lazy man (*f.* woman).

pigrone *m.* (*f.* **-a**) (*colloq*) lazybones.

PIL (*Econ*) *prodotto interno lordo* GDP (gross domestic product).

pila[1] *f.* **1** pile, heap, (*ordinata*) stack: *una* ~ *di piatti* a stack of dishes. **2** (*El*) cell, pile; (*batteria*) battery: *la* ~ *è scarica* the battery is flat. **3** (*colloq*) (*torcia*) torch, flashlight. **4** (*Edil*) (*pilastro di ponte*) pier. **5** (*Inform*) stack. □ *a pile* battery (*attr.*), battery-operated: *orologio a pile* battery watch, battery-operated watch; *radiolina a pile* portable radio; (*El*) ~ *a ossido di mercurio* mercury cell; (*Fis*) ~ *a ossigeno* aeration cell; (*El*) ~ *a secco* dry cell; (*El*) ~ *alcalina* alkaline cell; (*Nucl*) ~ *atomica* atomic pile; (*El*) ~ *campione* standard cell; (*El*) ~ *di Volta* Volta's pile; (*El*) ~ *elettrica* electric cell; ~ *tascabile* pocket torch, electric torch, flashlight; ~ *termoelettrica* thermopile, thermoelectric pile.

pila[2] *f.* **1** (*vasca*) stone basin, basin: ~ *della fontana* basin of a fountain. **2** (*dell'acqua santa*) stoup: ~ *dell'acqua santa* holy-water stoup.

Pilade *n.pr.m.* (*Mitol*) Pylades.

pilaf *m.inv.* (*Gastron*) pilaf, pilaff, pilau: *riso* ~ pilau rice, pilaf rice.

pilare (**pìlo**) *v.t.* (*Ind*) to husk.

pilastrata *f.* pilastrade, pillars *pl.*, pilasters *pl.*

pilastro *m.* **1** (*Edil*) pillar, pilaster, column. **2** (*fig*) (*sostegno*) pillar, mainstay, prop: *sei il* ~ *della famiglia* you are the mainstay of the family. **3** (*Anat,Geol*) pillar. □ (*Anat*) ~ *del palato* pillar of the fauces; (*Geol*) ~ *di roccia* rock pillar; ~ *di sostegno* pillar, bearer, buttress; (*Anat*) ~ *diaframmatico* pillar of diaphragm; (*Edil*) ~ *in cemento armato* reinforced column; (*Arch*) ~ *polistilo* bundle pillar, cluster pillar.

Pilato *n.pr.m.* (*Stor*) Pilate. □ *Ponzio* ~ Pontius Pilate.

pilatura *f.* (*Ind*) husking.

pile /pajl/ *m.inv.* **1** (*Tess*) fleece. **2** (*estens, Abbigl*) fleece.

pileo *m.* **1** (*Stor*) pileus. **2** (*Zool*) pileum. **3** (*Bot*) pileus, cap.

pileoriza *f.* (*Bot*) pileorhiza, root-cap, calyptra.

pilifero *a.* piliferous, pilose, hair (*attr.*): *bulbo* ~ hair bulb.

pillacchera *f.* (*region*) splash (of mud).

pillaccheroso *a.* (*region*) muddy, mudsplashed.

pillare (**pillo**) *v.t.* (*Strad,Edil*) to ram, to tamp.

pillo *m.* (*Strad,Edil*) rammer, tamper.

pillola *f.* **1** (*Farm*) pill: *prendere una* ~ to take a pill. **2** (*Farm,estens*) (*anticoncezionale*) pill: *prendere la* ~ to be on the pill. **3** (*fig*) pill: *ingoiare la* ~ to swallow a bitter pill; *indorare la* ~ to sweeten the pill, to gild the pill. □ (*Farm*) ~ *abortiva* abortion pill; (*colloq*) ~ *anticoncezionale* contraceptive pill, pill, birth-control pill; (*Econ,colloq*) ~ *avvelenata* poison pill; (*Farm*) ~ *del giorno dopo* morning-after pill; ~ *dimagrante* diet pill; *in pillole*: **1** in pills, in the form of pills; **2** (*fig*) in small doses; (*Med*) ~ *trifasica* triphasic pill, three-phase pill.

pilo *m.* (*Stor.rom*) pilum.

pilone *m.* **1** (*Edil*) pillar; (*di ponte*) pier. **2** (*El*) (*traliccio: di linee elettriche*) pylon, tower; (*di antenne*) antenna tower. **3** (*Aer*) mooring mast, mooring tower, mooring post. **4** (*Sport*) (*nel rugby*) prop forward. **5** (*Arch*) (*edicola*) shrine; (*nicchia*) niche. □ ~ *a traliccio* lattice tower; ~ *di funivia* cableway support, ropeway support; (*Aer*) ~ *di lancio* catapult; (*Aer*) ~ *di ormeggio* mooring tower, mooring mast; ~ *di teleferica* cableway support.

pilorico (*pl.* **-ci**) *a.* (*Anat*) pyloric: *sfintere* ~ pyloric ring, pyloric sphincter, pyloric valve.

piloro *m.* (*Anat*) pylorus.

pilota I *m.* **1** (*Aer,Mar*) pilot: *primo* ~ first pilot. **2** (*Aut*) racing car driver, driver. **II** *a.inv.* pilot: *pallone* ~ pilot balloon; *nave* ~ pilot boat; *impianto* ~ pilot plant. □ ~ *acrobatico* stunt driver; (*Aer,Mar*) ~ *automatico* auto(matic) pilot, gyropilot; ~ *collaudatore* test pilot; (*Mar*) ~ *d'altura* deep-sea pilot; (*Aer*) ~ *in seconda* co-pilot, second pilot.

pilotabile *a.* **1** that can be piloted (*posposto*). **2** (*Mar*) (*di nave*) steerable. **3** (*fig*) that can be manipulated (*posposto*), that can be influenced (*posposto*). □ ~ *a distanza* remote controlled.

pilotaggio *m.* **1** (*Mar*) pilotage, piloting, con, conn: *diritti di* ~ pilotage, pilotage dues. **2** (*Aer*) pilotage, piloting, flying: *scuola di* ~ flying school. □ (*Aer*) ~ *strumentale* instrumental flight.

pilotare (**pilòto**) *v.t.* **1** (*Aer*) to fly, to pilot. **2** (*Mar*) to pilot, to con, to conn, to steer. **3** (*Aut*) to drive. **4** (*fig*) to pilot, to steer, to manipulate, to influence.

pilotina *f.* (*Mar*) pilot boat, pilot cutter.

piluccare (**pilùcco, pilùcchi**) *v.t.* **1** to pick, to pick off, to pluck (one at a time): ~ *un grappolo d'uva* to pick grapes from the bunch. **2** (*estens*) (*mangiucchiare*) to nibble at, to peck, to pick at: ~ *un pasticcino* to pick at a pastry.

pimento *m.* (*Bot,Alim*) allspice, pimento. □ (*Bot,Alim*) ~ *della Giamaica* allspice, Jamaica pepper; (*Bot,Alim*) ~ *inglese* allspice, Jamaica pepper.

pimpante *a.* **1** (*baldanzoso*) jaunty, lively, brisk, (*colloq*) cocky. **2** (*rar*) (*vistoso*) showy, gaudy, flashy.

pimpinella *f.* (*Bot*) pimpernel, genus Anagallis.

pin *m.inv.* **1** (*spilletta*) pin. **2** (*Elettron*) (*contatto*) pin.

PIN (*Tel*) *Numero di indetificazione perso-*

nale PIN (Personal identification number).
pina *f.* (*region*) (*pigna*) cone; (*di pino*) pine cone; (*di abete*) fir cone.
Pina *n.pr.f. dim. di* Giuseppina.
pinacola *m.* (*rar*) (*gioco di carte*) card game similar to pinochle.
pinacoteca *f.* picture gallery.
pinastro *m.* (*Bot*) pinaster, cluster pine.
pince /pɛ̃s/ (*pl.inv.* o -**s**) *f.inv.* (*Sart*) dart, tuck, fold: *pantaloni con le -s* trousers with front pleats.
pince-nez /pɛ̃s'ne/ *m.inv.* pince-nez.
pinco *m.* (*Mar,Stor*) pink.
Pinco □ ~ *Pallino* Joe Bloggs, Fred Bloggs, (*Am*) John Doe.
pindarico (*pl.* -**ci**) *a.* Pindaric: *ode pindarica* Pindaric ode.
Pindaro *n.pr.m.* (*Stor,Lett*) Pindar.
Pindo *n.pr.m.* (*Geog*) Pindus.
pineale □ (*Anat*) *corpo* ~ pineal body; (*Anat*) *ghiandola* ~ pineal gland, pineal body.
pineta *f.* pine forest, pine wood, pinery.
pineto *m.* pine forest, pine wood, pinery.
ping-pong *m.* (*Sport*) table tennis, ping-pong.
pingue *a.* **1** (*grasso*) fat, chubby, fleshy, (*rar*) pinguid. **2** (*fig*) (*fertile*) fertile, rich, fruitful. **3** (*fig*) (*ricco*) rich, fat, large.
pinguedine *f.* fatness, chubbiness, fleshiness, (*rar*) pinguidity.
pinguino *m.* **1** (*Ornit*) penguin. **2** (*colloq*) (*condizionatore*) air conditioner, air conditioning. □ (*Ornit*) ~ *antartico* chinstrap penguin; (*Ornit*) ~*reale* king penguin.
pinna [1] *f.* **1** (*Itt*) fin, flipper. **2** (*Sport*) flipper: *nuotare con le pinne* to swim with flippers. **3** (*Mar*) (*aletta di rollio*) fin, fin keel, bilge keel. **4** (*Aer*) sponson, stub, stub plane. **5** (*Anat*) (*aletta nasale*) ala of the nose. □ (*Itt*) ~*adiposa* adipose fin; (*Itt*) ~ *caudale* caudal fin, tail fin; (*Itt*) ~*dorsale* dorsal fin; (*Itt*) ~*pettorale* pectoral fin; (*Mar*) *pinnestabilizzatrici* stabilizing fins; (*Itt*) ~ *ventrale* ventral fin.
pinna [2] *f.* (*Zool*) **1** (*genere*) pinna. **2** (*pinna nobilis*) fan mussel.
pinnacola *m.* (*rar*) (*gioco di carte*) card game similar to pinochle.
pinnacolo [1] *m.* **1** (*Arch*) spire, pinnacle. **2** (*Geog*) pinnacle, aiguille.
pinnacolo [2] *m.* (*gioco di carte*) card game similar to pinochle.
pinnipede *m.* (*Zool*) pinniped.
pino *m.* **1** (*Bot*) pine tree. **2** (*legno*) pine. □ (*Bot*) ~*da pinoli* umbrella pine, stone pine; (*Bot*) ~*di Scozia* Scots pine; (*Bot*) ~*domestico* umbrella pine, stone pine; (*Bot*) ~*marittimo* maritime pine, cluster pine, pinaster; (*Bot*) ~ *mugo* mugo pine, mugho pine, mountain pine, dwarf mountain pine; (*Bot*) ~ *nero* Austrian pine, black pine; (*Bot*) ~*silvestre* Scots pine.
Pino *n.pr.m. dim. di* Giuseppe.
pinocchio *m.* (*Bot,Alim*) pine nut, pine seed, pine kernel.
pinolo *m.* (*Bot,Alim*) pine nut.
pinot [pi'no] *m.* (*Enol*) Pinot. □ (*Enol*) ~*bianco* Pinot Blanc; (*Enol*) ~ *nero* Pinot Noir.
pinta *f.* (*unità di misura*) pint.
pinza *f.* **1** *spec.pl.* pliers *pl.*, pincers *pl.* **2** (*Med*) forceps *pl.* **3** (*Zool,pop*) (*chela*) pincer, chela. **4** (*molle: utensile da cucina*) tongs *pl.* □ (*Chir*) *pinzechirurgiche* tenaculum, tenaculum forceps; *pinze dadentista* dentist's forceps, dental forceps; (*Chir*) ~*emostatica* hemostatic forceps, haemostatic forceps; (*El*) ~*per fili* wire nippers; *pinzeper il ghiaccio*

ice tongs; *pinze per spaghetti* spaghetti tongs;*prendere qcs.con le pinze*: 1 to grip sth. with pliers; 2 (*fig*) to handle sth. with kid gloves; (*El*) ~*spelafili* stripping pliers (*pl.*); ~ *tagliacavi* cable shears *pl.*, cable cutter; (*El*) ~*tagliafili* wire cutter; (*Tecn*) *pinzeuniversali* combination pliers *pl.*
pinzare (**pìnzo**) *v.t.* **1** to staple: ~ *dei documenti* to staple together some documents. **2** (*region*) (*pungere*) to sting, to bite.
pinzata *f.* **1** (*con pinzatrice*) staple: (*colloq*) *dare una* ~ *ai fogli* to staple papers together. **2** (*region*) (*puntura*) stinging, biting.
pinzatrice *f.* stapler, staple gun.
pinzatura *f.* **1** stapling. **2** (*region*) (*puntura*) sting, bite.
pinzetta *f.* tweezers *pl.*: ~ *per le sopracciglia* (o *pinzette per le sopracciglia*) eyebrow tweezers.
pinzimonio *m.* (*Gastron*) olive oil dip with pepper and salt: *verdure in* ~ raw vegetables dipped in olive oil with pepper and salt.
pinzochero *m.* (*f.* -**a**) (*rar*) (*bigotto*) bigot.
pio [1] *a.* **1** (*devoto*) pious, devout, godly, religious: *un uomo* ~ a pious man, a devout man. **2** (*rif. a istituti di carità e sim.*) charitable, charity (*attr.*): *opera pia* charitable institution. **3** (*pietoso*) pitiful, merciful, compassionate. **4** (*scherz*) vain, futile. □ ~*desiderio* wishful thinking (*anche iron*): *la promozione è per me un* ~ *desiderio* promotion is mere wishful thinking for me; *piaillusione* wishful thinking; (*Anat*) *pia madre* pia mater.
pio [2] *onom.* cheep, peep: ~ ~ cheep cheep, peep peep; *fare* ~ ~ to cheep, to peep.
Pio *n.pr.m.* Pius.
piodermite *f.* (*Med*) pyodermitis, pyodermatitis.
piogenico (*pl.* -**ci**) *a.* (*Med*) pyogenic.
piogeno *a.* (*Med*) pyogenic.
pioggerella, **pioggerellina** *f.* drizzle, mizzle, light rain.
pioggia (*pl.* -**ge**) *f.* **1** rain: *stagione delle piogge* rainy season, rains; *è meglio non uscire con questa* ~ it's better not to go out in this rain. **2** (*fig,estens*) shower, hail, flood: *una* ~ *di fiori* a shower of petals; *una* ~ *di rimproveri* a flood of reproach; *una* ~ *di sassi* a hail of stones. **3** (*Cin,TV*) rain. □ *a* ~ sprinkling, like rain; (*Gastron*) *versare a* ~ to add slowly, to sprinkle, to drizzle; ~*a catinelle* pelting rain; ~*acida* acid rain; ~*battente* pouring rain, pelting rain; ~*dirotta* downpour, heavy rainfall; (*fig*)*fare la* ~ *e il bel tempo* to lay down the law; ~*fitta* driving rain, pelting rain; (*Astr*) ~*meteorica* meteor shower; ~*mista a neve* sleet, rain and snow mixed; (*Meteor*) *piogge monsoniche* monsoon rains; ~*radioattiva* fallout, radioactive fallout; (*Meteor*) ~*rossa* blood rain;*sotto la* ~ in the rain; (*Meteor*) *piogge sparse* occasional showers; ~*torrenziale* torrential rain; (*Meteor*) ~*zenitale* zenithal rain.
piolo *m.* **1** peg, stake, post. **2** (*gancio*) peg, hook: ~ *di attaccapanni* peg of a clothes stand, hook of a clothes rack. **3** (*rif. a scale*) rung. □ *scalaa pioli* ladder, stepladder.
piombaggine *f.* **1** plumbago, blacklead, graphite. **2** (*Bot*) European leadwort, leadwort.
piombaggio *m.* **1** sealing with lead seals. **2** (*Chir*) plombage.
piombare [1] (**piómbo**; *aus. essere*) *v.i.* **1** (*cadere dall'alto*) to fall; (*precipitare*) to fall (headlong). **2** (*fig*) (*avventarsi*) to pounce (*su* on), to swoop (*su, upon* upon), to throw oneself (*su* on), to fall (*su upon,* on), to bear down (*su upon,* on): ~ *sul nemico* to bear down on

the enemy. **3** (*fig*) (*rif. a disgrazie e sim.*) to befall, to strike. **4** (*fig*) (*sprofondare*) to sink (*in* into), to plunge (*in* into): ~ *in un sonno profondo* to sink into deep sleep; ~ *nella disperazione* to sink into despair, to plunge into despair. **5** (*colloq*) (*giungere all'improvviso*) to arrive unexpectedly, to turn up unexpectedly, to descend (*in* on): ~ *in casa a qcu.* to arrive at so.'s house unexpectedly, to descend on so.'s house. **6** (*rar*) (*cadere a piombo*) to hang well. □ ~*a terra* to fall to the ground, to drop to the ground.
piombare [2] (**piómbo**) *v.t.* **1** (*rivestire di piombo*) to cover (sth.) with lead, to coat (sth.) with lead. **2** (*riempire di piombo*) to fill (sth.) with lead. **3** (*chiudere con sigilli di piombo*) to plumb, to seal (with lead): ~ *un pacco* to seal a parcel with lead. **4** (*Dent*) to fill, to stop. **5** (*saldare con piombo*) to solder.
piombatura *f.* **1** (*il sigillare con il piombo*) sealing, plumbing. **2** (*concr*) (*sigillo*) lead seal, seal. **3** (*Dent*) filling (*anche concr*).
piombifero *a.* plumbiferous, lead-bearing.
piombino *m.* **1** (*Pesc*) sinker, plummet, plumb bob. **2** (*Mar*) plumb. **3** (*Edil*) (*del filo a piombo*) plumb-bob, plummet. **4** (*sigillo*) lead seal, seal. **5** (*di scandaglio*) sounding lead. **6** (*proiettile*) lead pellet. **7** (*Ornit*) kingfisher.
piombo *m.* **1** (*Chim*) lead. **2** (*del filo a piombo*) sinker, plummet, plumb bob. **3** (*piombino per sigillare*) lead seal, seal. **4** (*estens*) (*proiettile*) bullet; (*proiettili*) lead, bullets *pl.*: (*colloq*) *riempire qcu. di* ~ to pump so. full of lead. □ *a* ~ plumb, straight down: *cadere a* ~ to fall plumb; *essere a* ~ to be plumb; *filo a* ~ plumb line; *piombi del palombaro* diver's weights;*di* ~: 1 lead, leaden; *soldatino di* ~ tin soldier; 2 (*color piombo*) lead-coloured, leaden; *cielo di* ~ leaden sky; (*Met*) ~*duro* hard lead; (*Met*) ~*in pani* pig lead; (*Tip*) ~*per caratteri di stampa* lead, type metal; (*Met*) ~*primario* primary lead; (*Met*) ~ *raffinato* acid lead; *senza* ~ non-leaded, unleaded; *benzina senza* ~ (*Br*) unleaded petrol, (*Am*) unleaded gas.
piomboso *a.* **1** (*che contiene piombo*) leaden, lead (*attr.*), lead-bearing. **2** (*che ha il colore del piombo*) leaden, lead-coloured. **3** (*Chim*) plumbous. **4** (*rar*) heavy, weighing like lead.
pione *m.* (*Fis*) pi-meson, pion.
pionefrosi *f.inv.* (*Med*) pyonephrosis.
pioniere *m.* **1** (*f.* -**a**) pioneer (*anche fig*): *i pionieri americani* the American pioneers; *un* ~ *della scienza moderna* a pioneer of modern science. **2** (*Mil*) sapper.
pionierismo *m.* **1** (*atteggiamento*) pioneering attitude. **2** (*azione*) pioneering action.
pionieristico (*pl.* -**ci**) *a.* pioneer (*attr.*), pioneering: *impresa pionieristica* pioneer undertaking.
pioppaia *f.* (*Forest*) poplar grove, poplar wood.
pioppeto *m.* (*Forest*) poplar grove, poplar wood.
pioppicoltura *f.* (*Forest*) poplar growing.
pioppo *m.* **1** (*Bot*) poplar. **2** (*legno*) poplar. □ (*Bot*) ~*bianco* white poplar; (*Bot*) ~*canadese* quaking aspen Nor'ester Poplar; (*Bot*) ~*canescente* tower poplar; (*Bot*) ~*italico* Lombardy poplar; (*Bot*) ~ *nero* black poplar; (*Bot*) ~*nostrano* black poplar; (*Bot*) ~*tremulo* aspen, European aspen.
piorrea *f.* (*Med*) pyorrhea, pyorrhoea. □ ~*alveolare* pyorrhea, pyorrhea alveolaris.
piorroico (*pl.* -**ci**) *a.* (*Med*) pyorrheal.
piota *f.* **1** (*lett*) (*zolla erbosa*) sod, turf. **2**

(*region,scherz*) (*piede*) foot.

piovanello *m.* (*Ornit*) curlew sandpiper. □ (*Ornit*) ~ **maggiore** red knot; (*Ornit*) ~ **pancia nera** dunlin; (*Ornit*) ~ **tridattilo** sanderling; (*Ornit*) ~ **violetto** purple sandpiper.

piovano[1] *a.* (*di pioggia*) rain (*attr.*), of rain: *acqua piovana* rain water, rainwater.

piovano[2] *m.* (*pop*) (*pievano*) rector, parson.

piovasco (*pl.* **-chi**) *m.* (*Meteor*) squall, shower.

piovere (*pres.ind.* **piòve**; *p.rem.* **piòvve**; *p.p.* **piovùto**) **I** *v.i.impers.* (*aus.* **essere/avere**) to rain: *piove* it's raining; *piove da una settimana* it has been raining for a week; *comincia a* ~ it's starting to rain; *sembra che voglia* ~ it looks like rain. **II** *v.i.* (*aus.* **essere**) **1** (*cadere*) to fall, to hail, to pour, to rain (down): *piovevano goccioloni radi* large drops of rain were falling. **2** (*fig*) to rain (down), to pour (in), to shower: *piovono gli auguri* we are showered with good wishes; *piovono offerte di lavoro* job offers are pouring in. **3** (*colloq*) (*capitare*) to arrive unexpectedly, to turn up without warning, to turn out of the blue: *ci è piovuto addosso un parente* a relative has arrived unexpectedly. □ ~ *a catinelle* to rain cats and dogs, to pour; *piove a catinelle* it is raining cats and dogs, it is pouring; *piove a dirotto* it's pouring, it's raining cats and dogs; *piove a scroscio* it's pouring down, (*colloq*) it's raining cats and dogs; *piove che Dio la manda* it's pouring down, it's bucketing down, it's raining cats and dogs, it's pelting down, the skies have opened up; (*fig*) ~ *dal cielo* to fall into one's lap, to fall from heaven; *mi piove in casa* the rain is leaking in (through the roof), rain is leaking through the ceiling; (*colloq*) *su questo non ci piove* that's flat. *Prov.*: *piove sempre sul bagnato* (*Br*) it never rains but it pours, (*Am*) when it rains it pours.

piovigginare (**pioviggina**; *aus.* **essere/avere**) *v.i.impers.* (*Meteor*) to drizzle, to mizzle, to rain lightly.

piovigginoso *a.* (*Meteor*) drizzly, mizzly.

piovosità *f.* (*Meteor*) **1** raininess, precipitation. **2** (*quantità di pioggia*) rainfall: ~ *media* average rainfall.

piovoso **I** *a.* (*Meteor*) rainy, wet: *un pomeriggio* ~ a rainy afternoon, a wet afternoon. **II** *m.* (*Stor*) Pluviose.

piovra *f.* **1** (*Zool*) octopus, devilfish. **2** (*fig*) (*sfruttatore*) leech, bloodsucker. **3** (*estens*) (*mafia*) the Mafia.

piovve → **piovere**.

pipa[1] *f.* **1** pipe: *fumare la* ~ to smoke a pipe; *caricare la* ~ to fill one's pipe. **2** (*quantità di tabacco*) pipe, pipeful. **3** (*Ling,Tip*) inverted circumflex, hook (serving as diacritic mark). **4** (*Mil,gerg*) (*mostrina*) badge, tab, insignia, flash. **5** (*volg*) wank, hand-job. □ (*Etnol*) ~ *della pace* peace pipe, calumet; ~ *di gesso* clay pipe; ~ *di radica* briar pipe; ~ *di schiuma* meerschaum, meerschaum pipe.

pipa[2] *f.* (*Zool*) Surinam toad.

pipaiolo *m.* (*f.* **-a**) pipe-maker.

pipare (**pipo**; *aus.* **avere**) *v.i.* to smoke a pipe.

pipata *f.* (*quantità di tabacco*) pipe, pipeful. □ *fare una* ~ (*fumare*) to smoke a pipe.

piperacea *f.* (*Bot*) piper: *le piperacee* genus piper.

piperazina *f.* (*Chim*) piperazine.

piperita □ (*Bot*) *menta* ~ peppermint.

pipetta *f.* **1** (*Chim*) pipette: ~ *graduata* graduated pipette. **2** (*Ling,Tip*) inverted circumflex, hook (serving as diacritic mark).

pipì *f.* (*colloq*) (*Br*) wee, pee, piddle, (*Am*) pee-pee. □ *fare* ~ (o *fare la* ~) (*Br*) to wee,

to do one's wee, to pee; (*Am,infant*) to go pee-pee; *fare la* ~ *a letto* to wet the bed; *farsi la* ~ *addosso* to wet oneself; *mi scappa la* ~ I'm bursting, I'm about to burst.

Pipino *n.pr.m.* (*Stor*) Pippin, Pepin. □ (*Stor*) ~ *il Breve* Pepin the Short.

pipistrello *m.* **1** (*Zool*) bat. **2** (*Abbigl*) (*pastrano*) cloak.

pipita *f.* **1** (*Veter*) pip. **2** (*pellicola intorno alle unghie*) hangnail.

pippa *f.* **1** (*volg*) wank, hand-job. **2** (*fig*) (*persona stupida*) pipsqueak, squirt, wank. □ (*volg,fig*) *farsi le pippe* (*perdere tempo*) to fuck around, to screw around; (*volg*) *farsi una* ~ to wank, to toss oneself off, to jerk oneself off; (*fig,pop*) ~ *mentale* mental masturbation.

pippaiolo *m.* (*volg*) wanker.

Pippo *n.pr.m.* **1** *dim. di* Giuseppe (anche Pino e Beppe). **2** (*personaggio di Walt Disney*) Goofy.

pippolo *m.* **1** (*region*) (*seme*) pip, grain, seed. **2** (*escrescenza*) pimple.

piqué /pi'ke/ *m.inv.* (*Tess*) piqué: ~ *di cotone* cotton piqué.

pira *f.* pyre, funeral pile.

piragna *m.inv.* (*Itt*) piranha.

piramidale *a.* **1** pyramidal, pyramid-shaped: *costruzione* ~ pyramid-shaped building. **2** (*Anat*) pyramidal: *cellule piramidali* pyramidal cells. **3** (*fig*) (*colossale*) enormous, huge, monstrous.

piramide *f.* (*Stor,Geom,Geol,fig*) pyramid: *una* ~ *di scatole* a pyramid of cartons; *le piramidi egizie* the pyramids of ancient Egypt. □ *a* ~ pyramidal, pyramidic(al), pyramid-shaped; (*Archeol*) ~ *a gradini* step pyramid; ~ *alimentare* pyramid of food; ~ *dell'età* age pyramid; ~ *demografica* population pyramid; (*Geol*) ~ *di erosione* earth pyramid; (*Anat*) *piramidi di Malpighi* pyramids of Malpighi, renal pyramid; ~ *ecologica* ecological pyramid; (*Statist*) ~ *sociale* social pyramid.

piramidone *m.* (*Farm*) pyramidon.

Piramo *n.pr.m.* (*Mitol*) Pyramus.

pirandelliano *a.* Pirandellian, of Pirandello.

piranha *m.inv.* (*Itt*) piranha.

pirata I *m.* pirate. **II** *a.inv.* (*sempre posposto*) pirate (*attr.*), piratical: *nave* ~ pirate (ship); *videocassetta* ~ pirate video; *edizione* ~ pirate edition. □ ~ *della strada* hit-and-run driver; ~ *dell'aria* air pirate, hijacker, (*Am*) skyjacker; (*Inform*) ~ *informatico* hacker.

piratare (**piràto**) *v.t.* to pirate, (*Mus*) to bootleg, (*Inform*) to hack.

pirateggiare (**piratéggio, piratéggi**; *aus.* **avere**) *v.i.* **1** to pirate, to be a pirate, to commit piracy. **2** (*estens*) to steal, to rob, to pirate.

pirateria *f.* **1** piracy. **2** (*fig*) robbery, theft, piracy. □ ~ *aerea* air piracy, hijacking, (*Am*) skyjacking; (*Inform*) ~ *informatica* computer piracy, (computer) hacking; (*Inform*) ~ *software* software piracy.

piratesco (*pl.* **-chi**) *a.* piratical, pirate-like.

pireliometro *m.* (*Tecn*) pyrheliometer. □ (*Tecn*) ~ *Eppley* Eppley pyrheliometer.

Pirellone *m.* **1** (*grattacielo*) Pirelli building (Milan's highest skyscraper). **2** (*estens*) (*regione Lombardia*) regional government of Lombardy, regional seat of power.

pirenaico (*pl.* **-ci**) *a.* (*Geog*) (*dei Pirenei*) Pyrenean.

pirene *m.* (*Chim*) pyrene.

Pirenei *n.pr.m.pl.* (*Geog*) Pyrenees.

piressia *f.* (*Med*) pyrexia.

piretico (*pl.* **-ci**) *a.* pyrexial, pyrexic, pyretic.

piretoterapia *f.* (*Med*) pyretotherapy.

piretrina *f.* (*Chim*) pyrethrin.

piretro *m.* (*Bot*) ~pyrethrum~

pirex *m.inv.* (*Vetr*) Pyrex: *una pirofila in* ~ a Pyrex saucepan.

pirico (*pl.* **-ci**) *a.* fire-producing.

piridina *f.* (*Chim*) pyridine.

piridinico (*pl.* **-ci**) *a.* pyridine (*attr.*).

piridossina *f.* (*Chim*) pyridoxin, pyridoxine.

pirite *f.* (*Min*) pyrites, pyrite. □ (*Min*) ~ *bianca* marcasite, white iron pyrites; (*Min*) ~ *magnetica* magnetic pyrites.

piritico (*pl.* **-ci**) *a.* pyritic, pyritical, pyritous.

pirla *a.* (*region,pop*) twit, fool, (*Am*) jerk, moron.

piroclastico *a.* (*Geol*) pyroclastic: *roccia piroclastica* pyroclastic rock.

piroelettricità *f.* (*Fis*) pyroelectricity.

piroelettrico (*pl.* **-ci**) *a.* (*Fis*) pyroelectric.

piroetta *f.* **1** pirouette, spin, whirl. **2** (*figura di danza*) pirouette. **3** (*Equit*) pirouette.

piroettare (**piroétto**; *aus.* **avere**) *v.i.* to pirouette.

pirofila *f.* (*tegame*) heat-resistant pan, heat-resistant dish, pyrex dish, oven dish.

piroga *f.* pirogue, piragua.

pirogallico □ (*Chim*) *acido* ~ pyrogallic acid.

pirogenare (**pirògeno**) *v.t.* (*Chim*) to crack.

pirogenazione *f.* (*Chim*) pyrogenation, cracking.

pirogeno *a.* (*Farm*) pyrogenic, pyrogenous.

pirografia *f.* (*Tecn*) pyrography, pokerwork.

pirografico (*pl.* **-ci**) *a.* (*Tecn*) pyrographic.

pirografista *m./f.* (*Tecn*) pyrographer.

pirografo *m.* (*Tecn*) poker.

pirolisi *f.inv.* (*Chim*) pyrolysis.

pirolo *m.* (*Mus*) (*bischero*) peg (of a stringed instrument).

pirolusite *f.* (*Min*) pyrolusite.

piromane *m./f.* pyromaniac.

piromania *f.* pyromania.

piromanzia *f.* pyromancy.

pirometro *m.* (*Fis,Tecn*) pyrometer.

piroplasmosi *f.* (*Veter*) bovine piroplasmosis, babesiosis.

piropo *m.* (*Min*) pyrope.

piroscafo *m.* (*Mar*) steamship, steamboat, steamer. □ ~ *a ruote* paddle-steamer; ~ *da carico* freighter, cargo steamer; ~ *da passeggeri* passenger steamer, passenger ship; ~ *di linea* liner; ~ *postale* mail boat, mailer.

piroscissione *f.* (*Chim*) pyrolysis, pyrogenation, cracking.

pirosfera *f.* (*Geol*) pyrosphere.

pirosi *f.inv.* (*Med*) pyrosis.

pirosolfato *m.* (*Min*) pyrosulphate.

pirosolforico *a.* (*Chim*) pyrosulphuric: *acido* ~ pyrosulphuric acid.

pirossenite *f.* (*Geol*) pyroxenite.

pirosseno *m.* (*Min*) pyroxene.

pirotecnica *f.* pyrotechnics (*costr.sing.* o *pl.*), pyrotechny.

pirotecnico (*pl.* **-ci**) **I** *a.* pyrotechnic, pyrotechnical, firework (*attr.*): *spettacolo* ~ firework display. **II** *m.* (*f.* **-a**) pyrotechnist, firework maker.

Pirro *n.pr.m.* (*Stor*) Pyrrhus.

pirrolo *m.* (*Chim*) pyrrole.

Pirrone *n.pr.m.* (*Stor,Filos*) Pyrrho.

pirronismo *m.* (*Filos*) Pyrrhonism.

pirrotina, pirrotite *f.* (*Min*) pyrrhotite.

piruvico *a.* (*Chim*) pyruvic. □ (*Chim*) *acido* ~ pyruvic acid.

Pisa *n.pr.f.* (*Geog*) Pisa.

pisano I *a.* of Pisa (*posposto*), Pisan (*posposto*). **II** *m.* (*f.* **-a**) Pisan, (*originario*) native of Pisa; (*abitante*) inhabitant of Pisa.

piscatorio *a.* (*lett*) piscatory, piscatorial: (*Rel.catt*) anello ~ piscatory ring.

piscia (*pl.* **-ce**) *f.* (*pop*) **1** piss. **2** (*di bestiame*) stale.

piscialetto, piscialletto *m./f.inv.* (*pop*, *spreg*) **1** (*bambino piccolo*) brat, chit. **2** (*ragazzetto*) rookie, greenhorn. **3** (*Bot,pop*) (*pisciacane*) piss-a-bed.

pisciare (**piscio, pisci**) **I** *v.i.* (*aus.* **avere**) (*pop*) **1** to piss. **2** (*di bestiame*) to stale. **II** *v.t.* (*pop*) to pass, to piss. □ ~*a letto* to wet the bed; (*fig*) *pisciarsi addosso*: 1 (*dalla paura*) to wet one's pants (for fear), to piss oneself; 2 (*dalle risa*) to piss oneself laughing, to wet oneself laughing; ~*sangue* to pass blood; (*fig*) *ci piscio sopra* (*lo disprezzo*) I piss on it; (*fig*) *pisciarsi sotto*: 1 (*dalla paura*) to wet one's pants (for fear), to piss oneself; 2 (*dalle risa*) to piss oneself laughing, to piss oneself with laughter, to wet oneself laughing.

pisciarella *f.* (*colloq*) need to urinate frequently.

pisciasangue *m.inv.* (*Veter,pop*) (*piroplasmosi*) bovine piroplasmosis, babesiosis, (*pop*) Texas cattle fever.

pisciata *f.* (*pop*) **1** (*azione*) piss, pissing: *fare una* ~ to have a piss, to take a piss. **2** (*orina emessa*) piss; (*di bestiame*) stale.

pisciatoio *m.* (*pop*) (*orinatoio*) (*Br*) piss-house, john.

piscicoltore *m.* (*f.* **-trice**) pisciculturist, fish breeder, fish farmer.

piscicoltura *f.* pisciculture, fish culture, fish breeding.

piscina *f.* swimming pool, bathing pool, (*colloq*) pool. □ ~*comunale* town swimming pool, city swimming pool, public swimming pool; ~ *coperta* indoor swimming pool; ~*di palline* pool of balls; (*Med*) ~*di rieducazione* therapeutic pool; ~*olimpionica* Olympic size swimming pool; ~*per bambini* paddling pool; ~*scoperta* open-air swimming pool, outdoor swimming pool.

piscio *m.* (*pop*) piss: *c'è odore di* ~ *qui* there's a smell of piss in here.

piscione *m.* (*f.* **-a**) (*pop,scherz*) pisser.

piscivoro *a.* piscivorous, fish-eating.

pisello *m.* **1** (*Bot,Alim*) pea: *minestra di piselli* pea soup; *sgranare i piselli* to shell peas. **2** (*volg*) (*pene*) willy, cock. □ (*Alim*) *piselli fini* quality peas; (*Alim*) *piselli in scatola* tinned peas; (*Bot,Alim*) ~ *mangiatutto* mangetout, sugar pea, sugar snap pea; (*Alim*) *piselli novelli* petit pois, sweet fresh green peas; (*Bot,Alim*) ~*odoroso* sweet pea.

pisiforme *m.* (*Anat*) pisiform.

Pisistrato *n.pr.m.* (*Stor*) Pisistratus.

pisolare (**pisolo**; *aus.* **avere**) *v.i.* (*colloq*) to nap, to take a nap, to doze.

pisolino *m.* (*colloq*) nap, doze: *schiacciare un* ~ (*Br*) to take a nap, to nap, (*Am*) to get some shuteye.

pisolite *f.* (*Min*) pisolite, pisolith.

pispola *f.* **1** (*Ornit*) meadow pipit, pipit farlouse. **2** (*Caccia*) (*fischietto*) bird call.

pisside *f.* **1** (*Lit*) pyx, ciborium. **2** (*Bot*) pyxidium, pyxis.

pissi pissi *n.* (*bisbiglio*) whisper. □ *fare* ~ (*confabulare*) to whisper.

pista **I** *f.* **1** (*traccia*) track (*anche fig*): (*fig*) *seguire una* ~ to follow a clue, to follow a track. **2** (*rif. ad animali*) scent, trail. **3** (*sentiero*) path, track. **4** (*di circo*) ring. **5** (*Sport*) (*circuito*) track, course; (*ovale*) race-track: *una* ~ *da golf* a golf course. **6** (*Sport*) (*nello sci: di fondo*) trail; (*di discesa*) piste, ski run, ski slope. **7** (*Sport*) (*nell'hockey e nel patti-*

naggio sul ghiaccio) rink. **8** (*Aer*) runway. **9** (*Acus*) (*rif. a registratori*) (*sound*) track: *doppia* ~ double track. **10** (*gerg*) (*di cocaina*) line. **II** *intz.* make way!, gangway! □ *una* ~ *battuta* a beaten track; ~ *ciclabile* cycleway, (*Am*) bike path, bicycle path; ~*da ballo* dance floor; ~ *da bowling* bowling alley; (*Aer*) ~*d'atterraggio* runway, airstrip, landing strip; (*Aut*) ~*di collaudo* test track; (*Aer*) ~ *di decollo* runway, take off runway; ~ *di lancio* take-off track, runway; (*Sport*) ~ *di pattinaggio* roller rink, roller-skating rink, (*su ghiaccio*) ice rink, ice-skating rink; (*Aer*) ~*di rullaggio* taxiway, taxi strip, taxi track; (*fig*) *essere sulla* ~ *giusta* to be on the right track; (*fig*) *essere di nuovo in* ~ to be back in the running; (*Inform*) ~*magnetica* magnetic track; (*Sport*) ~*nera* black run; (*Sport*) ~*per bob* bobsleigh chute, bobsled chute, bobsleigh course, bobsled course, bobsleigh run, bobsled run; (*Sport*) ~*per corse automobilistiche* racing track, car-racing track; (*fig*) *essere sulla* ~ *sbagliata* to be on the wrong track; (*Cin*) ~*sonora* soundtrack.

pistacchio **I** *m.* **1** (*Bot*) pistachio, pistachio tree. **2** (*Bot,Alim*) (*seme*) pistachio nut: *gelato al* ~ pistachio ice-cream. **3** (*colore*) pistachio, pistachio green. **II** *a.* pistachio (*attr.*): *verde* ~ pistachio green, pistachio.

pistagna *f.* (*Sart*) coat collar; (*passamano*) braid.

pistillifero *a.* (*Bot*) pistillate, pistilliferous.

pistillo *m.* (*Bot*) pistil.

pistola[1] **I** *f.* (*Arm*) pistol, gun: *portare la* ~ to carry a pistol; *estrarre la* ~ to pull a gun. **II** *m.inv.* (*region,colloq*) (*stupido*) dope, twit, fool, (*Am*) jerk. □ (*Arm*) ~*a percussione* percussion pistol; (*Tecn*) ~ *a spruzzo* spray pistol, spray gun; (*Arm*) ~*a tamburo* revolver; ~*ad acqua* water pistol; (*Arm*) ~*ad aria compressa* air gun, pop gun; (*Arm*) ~*automatica* automatic pistol; (*Tecn*) ~*chiodatrice* riveting gun; (*Arm*) ~*con silenziatore* gun with a silencer; (*Arm*) ~*d'ordinanza* regulation revolver; (*Tecn*) ~*giocattolo* toy gun; ~*lanciarazzi* Very pistol; (*Arm*) ~*mitragliatrice* machine pistol, light submachine-gun, submachine-gun; (*Tecn*) ~ *saldatrice* soldering iron; (*Arm*) ~*scacciacani* blank pistol, (*Am*) pellet gun, BB gun; (*Tecn*) ~*sparapunti* staple gun.

pistola[2] *f.* (*Numism*) pistole.

pistolero *m.* (*f.* **-a**) gunman, gun fighter, (*colloq*) gunslinger.

pistolettata *f.* pistol shot, gunshot.

pistolino *m.* (*colloq*) willy, willie, weeny.

pistolotto *m.* **1** (*scherz*) (*discorso di rimprovero*) lecture, (*colloq*) talking-to. **2** (*discorso enfatico*) emphatic speech. **3** (*Teat*) peroration (before the final curtain).

pistone *m.* **1** (*Mecc,Tecn*) piston, ram. **2** (*Mus*) piston. □ ~*del freno* brake piston; (*Mecc*) ~*d'iniezione* injection ram; (*Mecc*) ~ *equilibratore* balancing piston; (*Idr*) ~*idraulico* hydraulic ram; (*Tecn*) ~*per pompa* plunger, piston.

Pitagora *n.pr.m.* (*Stor*) Pythagoras.

pitagorico (*pl.* **-ci**) **I** *a.* Pythagorean, Pythagoric, Pythagorical. **II** *m.* Pythagorean.

pitagorismo *m.* (*Filos*) Pythagorism.

pitale *m.* (*orinale*) chamber pot.

pit bull *m.inv.* (*Zool*) pit bull.

pitecantropo *m.* (*Paleont*) pithecanthropus, pithecanthrope.

pitiriasi *f.inv.* (*Med*) pityriasis. □ (*Med*) ~ *rosea* pityriasis rosea; (*Med*) ~ *versicolor* pityriasis versicolor.

pitoccare (**pitocco, pitocchi**; *aus.* **avere**) *v.i.* **1** (*spreg*) (*mendicare*) to beg. **2** (*fig*) (*chie-*

dere insistentemente, senza dignità) to beg, to whine.

pitoccheria *f.* (*spreg*) **1** (*il mendicare*) beggary, mendicity. **2** (*tirchieria*) stinginess, meanness. **3** (*azione da pitocco*) mean action.

pitocco *m.* (*f.* **-a**; *pl.* **-chi**) **1** (*spreg*) (*accattone*) beggar. **2** (*fig*) (*taccagno*) miser, skinflint.

pitonato *a.* python (*attr.*): *vestito* ~ python dress.

pitone *m.* **1** (*Zool*) python. **2** (*estens*) (*pelle*) python: *una cintura di* ~ a python belt. □ (*Zool*) ~ *reale* royal python; (*Zool*) ~ *verde* green python.

pitonessa *f.* **1** (*Stor.gr*) (*pizia*) pythoness, (priestess of Apollo), Pythia. **2** (*fig,scherz*) (*indovina*) fortune teller, soothsayer.

pittima[1] *f.* (*Ornit*) black-tailed godwit.

pittima[2] *f.* (*fig*) (*persona lagnosa*) bore, nuisance, pain in the neck.

pittografia *f.* pictography, picture writing.

pittografico (*pl.* **-ci**) *a.* pictographic.

pittogramma *m.* pictograph, pictogram.

pittore *m.* (*f.* **-trice**) **1** (*Art*) painter (*f.* -tress). **2** (*estens*) (*imbianchino*) (house) painter. **3** (*fig*) (*rif. a scrittori, oratori e sim.*) painter, portrayer. □ ~ *astrattista* (o ~*astratto*) abstract painter; ~*di marine* marine painter; ~*di nature morte* still-life painter; ~*di paesaggi* landscape painter, landscapist; ~ *di ritratti* portrait painter, portraitist.

pittorescamente *avv.* picturesquely.

pittoresco (*pl.* **-chi**) **I** *a.* **1** picturesque, colourful, vivid (*anche fig*): *un linguaggio* ~ a vivid language. **2** (*rar*) (*pittorico*) pictorial, of painting. **II** *m.inv.* (the) picturesque.

pittoricamente *avv.* pictorially, in a pictorial manner.

pittoricismo *m.* **1** (*Lett*) pursuit of the pictoresque. **2** (*Pitt*) prevalence of colours and images in painting.

pittoricità *f.* pictorialness, pictorial quality.

pittorico (*pl.* **-ci**) *a.* **1** (*relativo alla pittura*) pictorial, of painting: *scuola pittorica* school of painting. **2** (*fig*) pictorial, graphic, lifelike, vivid.

pittrice *f.* paintress, painter.

pittura *f.* **1** (*arte*) painting: *insegnare* ~ to teach painting. **2** (*Art*) (*dipinto*) painting, picture. **3** (*fig*) (*rif. a descrizione letteraria*) portrayal, vivid representation, vivid description, graphic description. **4** (*Pitt*) paint: ~ *fresca* wet paint; *dare una mano di* ~ to give a coat of paint. □ (*Art*) ~*a encausto* encausting painting, wax-painting; (*Art*) ~*a guazzo* gouache, gouache painting; (*Art*) ~*a olio*: 1 (*tecnica*) oil painting, oil; 2 (*colore*) oils, oil paint; (*Art*) ~*a smalto* enamel painting; (*Pitt*) ~*ad acqua* water paint; (*Art*) ~*ad acquarello* watercolour; (*Pitt*) ~ *antiruggine* anti-corrosive paint, anti-rust paint; (*Art*) ~*astratta* abstract painting, abstract; (*Art*) ~ *di genere* genre painting; (*Pitt*) ~*emulsionata* emulsion paint; (*Art*) ~ *en plein air* plein-air painting, open-air painting; (*Art*) ~ *metafisica* metaphysical painting; (*Art*) ~ *murale* mural, wall painting; (*Art*) ~*su tavola* painting on wood; (*Art*) ~*su tela* painting on canvas, canvas; (*Art*) ~ *su vetro* glass painting; (*Art*) ~*vascolare* vase painting.

pitturare (**pitturo**) **I** *v.t.* **1** to paint: ~ *qcs. di giallo* to paint sth. yellow. **2** (*pop*) (*truccare*) to make up. **II** *v.pron.* **pitturarsi** (*pop*) (*imbellettarsi*) to make up, to put on one's make-up.

pituitario *a.* (*Anat*) pituitary: *ghiandola pituitaria* pituitary gland, pituitary body.

più (*compar. di molto*) **I** *avv.* **1** more: ~ *del* *necessario* more than necessary. **2** (*nel comparativo di maggioranza*) more, *oppure si traduce con un comparativo*: ~ *fortunato* more fortunate, luckier; ~ *gentilmente* more kindly; *sei ~ intelligente di Maria* (*Br*) you are cleverer than Mary, (*Am*) you are more clever than Mary. **3** (*nel superlativo relativo: tra più di due*) (the) most, *oppure si traduce con un superlativo: il ~ importante* the most important; *il ~ fortunato* the luckiest; *è il ~ bravo dei fratelli* he is the best of the brothers. **4** (*nel superlativo relativo: tra due*) (the) more, *oppure si traduce con comparativo: la ~ bella delle due sorelle* the prettier of the two sisters, the more beautiful of the two sisters. **5** (*in frasi negative: rif. a tempo, a quantità*) no more; (*col verbo negativo*) any more: *non c'è ~ pane* there is no more bread, there isn't any more bread; *non ti voglio ~ vedere* I don't want to see you any more. **6** (*non più oltre*) no longer, no more; (*con verbo negativo*) any longer, any more; *non posso aspettare ~* I can wait no longer, I can't wait any longer. **7** (*piuttosto*) more: ~ *che un vantaggio è uno svantaggio* it's more of a disadvantage than an advantage; *è ~ simpatico che bello* he's more nice than handsome. **8** (*rif. a temperatura: sopra lo zero*) above zero, above the freezing point: ~ *dodici* (*gradi*) twelve degrees above zero. **9** (*Mat*) plus, and: *otto ~ due è uguale a dieci* eight plus two equals ten, eight and two are ten. **10** (*Scol*) plus: *sette ~* seven plus. **11** (*enfatico*) more than, extremely, very, quite: *sono ~ che contento di te* I am extremely pleased with you, I am more than pleased with you; *la tua osservazione è ~ che giusta* your comment is more than justified, your comment is quite correct. **II** *prep.* (*inoltre*) plus, in addition to, besides; *siamo in cinque ~ la zia* there are five of us besides Auntie. **III** *a.inv.* **1** (*con valore di comparativo*) more, *oppure si traduce col comparativo: tu hai ~ danaro di me* you have more money than I have; *ha ~ appetito del solito* he's hungrier than usual; *molto ~ tempo* much more time; *molti ~ giorni* many more days. **2** (*con valore di superlativo*) (the) most, *oppure si traduce col superlativo: tu hai ~ denaro di tutti* you have the most money of all, you have more money than anyone. **3** (*parecchi*) several: *per ~ giorni* for several days. **IV** *m.inv.* **1** (*la parte maggiore*) most, biggest part, bulk: *il ~ è fatto* most of it is done. **2** (*la cosa più importante*) (the) most important thing: *il ~ è incominciare* the most important thing is to start. **3** (*segno del più*) plus sign. **4** *pl.* (*maggioranza*) majority, most people: *i ~ erano favorevoli* the majority was in favour, most (people) were in favour. □ *~... ~...* the more... the more...: *~ lo guardo e ~ mi piace* the more I look at him the more I like him; (*colloq*) *a ~ non posso* as much as one can, as hard as one can, with all one's might, with all one's strength: *correre a ~ non posso* to run as fast as one can; *gridare a ~ non posso* to shout one's head off, to shout at the top of one's voice; *ridere a ~ non posso* to give a belly laugh; *ancora ~* still more, even more; *~ che mai* more than ever, more than ever before; *chi ~ chi meno* some more some less; *e chi ~ ne ha, più ne metta* and so on and so forth; *discorrere del ~ e del meno* to talk about this and that; *di ~:* 1 (*maggiormente*) more; (*con valore di superlativo*) most: *bisogna lavorare di ~* we must work more, we must work harder; *quale ti piace di ~?* which one do you like most?, which one do you like (the) best?; 2 (*inoltre*) more-

over, besides, else: *che cosa vuole di ~?* what else does he want?; *~ di così* better than that, more than that: *~ di così non potevi ottenere* you couldn't get better than that, you couldn't get more than that; *un'ora e ~* one hour and more; *il di ~* (*ciò che sopravanza*) the surplus; *mi hai dato un euro in ~* you gave me a euro too much; *~ in giù:* 1 (*più in basso*) further down, lower down: *attacca il quadro un po' ~ in giù* hang the painting a little lower; 2 (*più avanti*) further down, further on; *~ in là:* 1 (*nel tempo*) later, later on; 2 (*nello spazio*) further on: *abita ~ in là* he lives further on; *farsi più in ~* to move up, to make room; *~ le spese* plus expenses; *giorno ~ giorno* **meno** give or take a day; *minuto ~ minuto* **meno** give or take a minute or two; *~... meno...* (*con valore correlativo*) the more... the less...: *~ lo ascolto meno mi convince* the more I listen to him the less I believe him; *molto ~* much more; *né ~ né meno* no less; *l'attacco è stato né ~ né meno che una dichiarazione di guerra* the attack was no less than a declaration of war; (*colloq*) *è ~ no che sì* it's unlikely; *non ~:* 1 no more (*di than*); 2 (*con valore temporale*) any more, any longer; *non ce n'è ~* there's no more left, it's all gone, there's none left; *non un soldo di ~* not a penny more; *~ o meno* (*all'incirca*) more or less, about, roughly: *sono tutti così, ~ o meno* they are all more or less like that; *la canzone fa ~ o meno così* the song goes something like this; *per di ~* (*inoltre*) moreover, what's more, furthermore; *per lo ~:* 1 (*di solito*) usually, generally; 2 (*per la maggior parte*) mostly, mainly, in most cases, for the most part; *il ~ possibile* as much as possible; *tutt'al ~:* 1 at most: *potrò darti tutt'al ~ due euro* at most I can give you two euros; 2 (*al più tardi*) at the latest; *uno ~ uno meno* give or take (one).

piuccheperfetto *m.* (*Gramm*) past perfect, past perfect tense, pluperfect, pluperfect tense.

piuma I *f.* **1** feather: *leggero come una ~* as light as a feather. **2** (*per cuscini e sim.*) down, feather: *guanciale di piume* down-pillow, feather-pillow. **3** *pl.* (*piumaggio*) plumage (*costr.sing.*), plumes, feathers. **II** *m.inv.* (*Sport*) (*peso piuma*) featherweight. □ (*fig*) *essere una ~* (*essere leggerissimo*) to be very light.

piumaggio *m.* plumage, plume, feathers *pl.*

piumato *a.* plumed, feathered.

piumetta *f.* (*Bot*) plumule.

piumino *m.* **1** down: ~ *d'oca* goose-down. **2** (*Abbigl*) (*giacca*) down jacket, quilted jacket, duvet jacket; (*cappotto*) quilted coat. **3** (*Cosmet*) (*per cipria*) powder-puff. **4** (*per spolverare*) feather duster. **5** (*coperta imbottita*) eiderdown, continental quilt, duvet, quilted bedspread; (*Am*) down comforter. **6** (*Arm*) (*proiettile*) dart, airgun dart. □ *vero ~ d'oca* real goose-down, pure goose-down, genuine goose-down.

piumone *m.* **1** (*coperta imbottita*) eiderdown, continental quilt, duvet, quilted bedspread; (*Am*) down comforter. **2** (*Abbigl*) (*giacca*) down jacket, quilted jacket, duvet jacket; (*cappotto*) quilted coat.

piumoso *a.* feathery, downy (*anche fig*).

piuttosto *avv.* **1** (*più volentieri*) rather, sooner: *prenderei ~ una bibita* I'd rather have a drink, I'd sooner have a drink. **2** (*alquanto*) rather, somewhat, fairly, (*colloq*) pretty: *sei stato ~ scortese nei miei riguardi* you were rather impolite to me; *una signora ~ anziana* a fairly old woman. **3** (*invece*) instead: *la gente critica ~ che dare il buon esempio* people criticize instead of setting a

good example; *fallo tu ~!* do it yourself instead! **4** (*meglio*) rather, better, better still: *facciamo così, o ~ in quell'altro modo* let's do it that way, or better still this way. **5** (*più spesso*) rather, more, more often: *fa ~ caldo che freddo* it's more often hot than cold. □ *~ bene* fairly well; *~ che* rather than; *~ di* rather than; (*colloq*) *~ sto qui fino alle otto, ma voglio finire il lavoro* even if it means staying here till eight, I want to finish my work; *~ male* rather badly.

piva *f.* (*cornamusa*) bagpipes *pl.* □ (*colloq*) *avere la ~* (*avere il broncio*) to pout, to sulk; (*fig*) *tornare con le pive nel sacco* to be left empty-handed, to return empty-handed.

pivello *m.* (*colloq*) greenhorn, rookie, colt.

piviale *m.* (*Lit*) cope, pluvial.

piviere *m.* (*Ornit*) plover.

pivot /pi'vo/ *m.inv.* (*Sport*) (*nel basket*) pivot: *giocare da ~* to play the pivot.

pivotante *a.* revolving, swivelling, pivoting.

pixel *m.inv.* (*Inform*) pixel.

pizia *f.* (*Stor.gr*) Pythia, pythoness.

pizza *f.* **1** (*Gastron*) pizza. **2** (*Cin*) film can; (*pellicola*) film, reel of film. **3** (*region,colloq*) (*cosa, persona noiosa*) nuisance, drag: *che ~ questo film!* this film is a real drag! □ *~ al metro* pizza sold according to size; *~ al trancio* pizza by the slice; (*Gastron*) *~ alla marinara* pizza with tomato sauce, garlic, oregano and olive oil; (*Gastron,region*) *~ bianca* plain pizza without tomato; *~ da asporto* take-out pizza; (*Gastron*) *~ margherita* (*plain*) cheese pizza; (*Gastron*) *~ napoletana* pizza with tomato sauce, mozzarella, and anchovies.

pizzaiolo *m.* (*f.* **-a**) pizza maker. □ (*Gastron*) *alla pizzaiola* pizzaiola (cooked in a tomato sauce with oil, oregano and garlic).

pizzardone *m.* (*scherz,region*) (*vigile*) bobby, (*Am*) cop.

pizzeria *f.* pizzeria, pizza shop, (*Am*) pizza parlor, pizza place.

pizzetto *m.* goatee, imperial beard, Vandyke beard: *avere il ~* to have a goatee.

pizzicagnolo *m.* (*f.* **-a**) (*region*) (*salumiere*) grocer.

pizzicamento *m.* pinching, nipping.

pizzicare (**pìzzico, pìzzichi**) **I** *v.t.* **1** to pinch, to nip: *mi ha pizzicato un braccio* he pinched my arm; *~ il sedere a qcu.* to pinch so.'s bottom. **2** (*rif. a freddo e sim.*) to nip, to sting, to pierce. **3** (*rif. a sostanze acri*) to burn. **4** (*colloq*) (*cogliere sul fatto*) to catch, to nab, to nip, to pinch: *la polizia lo ha pizzicato* the police caught him. **5** (*Mus*) to pluck: *~ le corde di una chitarra* to pluck the strings of a guitar. **6** (*rif. a insetti e sim.*: *pungere*) to sting, to bite: *mi ha pizzicato un'ape* a bee stung me. **7** (*mangiare a spizzichi*) to nibble, to pick at. **II** *v.i.* (*aus.* **avere**) **1** (*prudere*) to itch, to be itchy: *mi pizzica il naso* my nose is itching. **2** (*sentir bruciare*) to sting, to tingle, to smart: *gli occhi mi pizzicano per il freddo* my eyes are smarting from the cold. **3** (*Gastron*) (*essere piccante*) to be hot, to be spicy, to be strong, to taste sharp: *la salsa pizzica* the sauce is hot, the sauce is spicy. **III** *v.pron.* **pizzicarsi** (*darsi un pizzicotto*) to pinch oneself: *pizzicarsi le guance* to pinch one's cheeks. **IV** *v.r.recipr.* **pizzicarsi** (*fig*) (*punzecchiarsi*) to tease each other. □ (*fig*) *mi pizzicano le mani* my hands are itching.

pizzicata *f.* **1** (*piccola quantità*) pinch, dash. **2** (*fig*) (*un poco*) touch, little, bit. **3** (*pizzicotto*) pinch, nip. **4** (*puntura*) sting, bite.

pizzicato I *a.* (*Mus*) pizzicato. **II** *m.* (*Mus*)

pizzicato.

pizzicheria f. (region) (salumeria) grocer's (shop).

pizzichino I a. (colloq) **1** (frizzante) sparkling, fizzy. **2** (piccante) spicy, sharp, hot. **II** m. (dim. di pizzico) little pinch, small pinch, little dash, small dash.

pizzico (pl. **-chi**) m. **1** (piccola quantità) pinch, dash: un ~ di sale a pinch of salt. **2** (fig) (un poco) touch, little, bit: un ~ di ottimismo non guasta mai a little optimism doesn't hurt. **3** (pizzicotto) pinch, nip. **4** (puntura) sting, bite. ☐ dare un ~ a qcu. to pinch so.; (fig) non avere un ~ di sale in zucca not to have a scrap of sense in one's head, not to have an ounce of sense.

pizzicore m. **1** (prurito) itch, itching. **2** (colloq,scherz) (voglia capricciosa) itch, whim.

pizzicottare (**pizzicòtto**) v.t. (colloq) to pinch.

pizzicotto m. pinch, nip: dare un ~ a qcu. to pinch so., to give so. a pinch.

pizzo m. **1** (trina) lace: ~ di Bruxelles Brussels lace. **2** (barba appuntita) goatee, imperial beard, Vandyke beard. **3** (region) (vetta di monte) peak. **4** (region) (tangente) protection money: pagare il ~ to pay protection money.

pizzoso a. (colloq) boring, insufferable.

PK Pakistan PK (Pakistan).

PL 1 Polonia PL (Polonia). **2** (Econ) prodotto lordo (Gross Product).

placabile a. placable, appeasable.

placare (**plàco, plàchi**) **I** v.t. **1** (tranquillizzare) to calm down, to calm, to quiet, (Br) to quieten: cercherò di ~ tuo padre I'll try to calm your father down. **2** (mitigare) to placate, to soothe, to alleviate: ~ l'ira di qcu. to placate so.'s anger. **II** v.pron. **placarsi 1** (di persona) to calm oneself, to calm down. **2** (rif. a sentimenti e sim.) to subside, to be appeased, to abate. **3** (rif. a elementi naturali) to subside, to die down, to calm down, to grow calm: il mare si va placando the sea is growing calm. ☐ ~ la fame di qcu. to satisfy so.'s hunger; ~ la sete di qcu. to quench so.'s thirst.

placca f. **1** (Dent) plaque. **2** (piastra) plate. **3** (targhetta) plate, badge. **4** (Med) plaque, patch. **5** (Met,Fis,El) plate. **6** (Anat) plate. **7** (Geol) plate. ☐ (Dent) ~batterica bacterial plaque; (Geol) ~ continentale continental plate; (Mecc) ~da innesto strike plate; (Dent) ~ dentale dental plaque; (Anat) ~ motrice motor plate, motor endplate, myoneural junction; (El) ~ negativa negative plate; (Anat) ~neurale neural plate; (Dent) ~sottogengivale subgengival plaque.

placcaggio m. (Sport) (tecnica) tackling; (azione) tackle.

placcare (**plàcco, plàcchi**) v.t. **1** (Met,Oref) to plate. **2** (Fal) veneer. **3** (Sport) to tackle. ☐ (Met,Oref) ~ in argento to plate with silver, to silver-plate; (Met) ~ in oro to plate with gold, to gold-plate.

placcato a. **1** (Met,Oref) plated. **2** (Fal) veneered. ☐ (Met,Oref) ~ in argento silver-plated; (Met,Oref) ~in oro gold-plated.

placcatura f. **1** (Met,Oref) plating. **2** (Fal) veneering. ☐ ~ elettrolitica electroplating.

placchetta ☐ (Numism) ~olografica holographic foil strip.

placebo m.inv. (Farm) placebo (anche fig).

placenta f. **1** (Anat) placenta; (nel parto) afterbirth. **2** (Bot) placenta. ☐ (Anat) ~allantoidea allantoic placenta; (Anat) ~fetale fetal placenta; (Anat) ~ previa placenta praevia.

placentale a. placental.
placentato m. (Zool) placental.
placet m.inv. **1** (Dir) placet. **2** (estens) approval.
placidamente avv. placidly, calmly, peacefully.
placidità f. placidity, calm, calmness, peacefulness.
placido a. placid, calm, peaceful: carattere ~ placid nature; mare ~ calm sea.
placito m. (Stor) (sentenza) placitum, decree, sentence.
plafond /pla'fɔ̃/ m.inv. (Aer,Econ) ceiling.
plafoniera f. (Arred) ceiling light.
plaga (pl. **-ghe**) f. (lett) (regione) region, district.
plagiare (**plàgio, plàgi**) v.t. **1** to plagiarize. **2** (Dir) to subjugate morally.
plagiario I a. plagiaristic. **II** m. (f. **-a**) plagiarist.
plagio m. **1** plagiarism. **2** (Dir) moral subjugation.
plaid /plɛjd, plɛd/ m.inv. **1** (a quadri) tartan rug, tartan blanket. **2** (estens) (coperta) rug, blanket.
planamento m. (Aer) gliding.
planare[1] (**plàno**; aus. **avere**) v.i. **1** (Aer) to glide. **2** (Mar) to plane.
planare[2] a. (Mat,Tecn) planar.
planata f. (Aer) glide.
plancia (pl. **-ce**) f. **1** (Mar) (ponte di comando) bridge; (passerella di legno) gangplank, gangway. **2** (Aer) instrument panel. **3** (Aut) dashboard.
plancton m.inv. (Biol) plankton.
planctonico a. (Biol) planktonic.
planetario I a. **1** planetary: moto ~ planetary motion. **2** (mondiale) worldwide, global, planetary: guerra planetaria worldwide war. **3** (Mecc) planetary: ingranaggio ~ planetary gear. **II** m. **1** (Astr) (edificio) planetarium. **2** (Astr) (apparecchio) planetarium; (meccanico) orrery. **3** (Aut,Mecc) crown wheel.
planetoide m. (Astr) **1** planetoid, asteroid. **2** (pianeta artificiale) artificial planet, artificial satellite, man-made planet.
planetologia f. (Astr) planetology.
planimetria f. **1** planimetry. **2** (pianta) plan, blueprint.
planimetrico (pl. **-ci**) a. planimetric, planimetrical.
planimetro m. planimeter.
planisfero m. (Geog,Astr) planisphere.
plankton m. (Biol) plankton.
plantageneto m. (Stor) Plantagenet: i plantageneti the Plantagenets.
plantare I a. (Anat) plantar: arcata ~ plantar arch. **II** m. (Med) arch support, insole. ☐ (Med) ~correttivo corrective insole; (Med) ~ ortopedico orthopaedic arch support.
plantigrado I a. (Zool) plantigrade. **II** m. (Zool) plantigrade.
plasma m. (Biol,Fis,Elettron) plasma. ☐ (Elettron) schermo al ~ plasma screen; (Biol) ~sanguigno blood plasma; (Fis) ~stellare plasma, star plasma.
plasmabile a. **1** mouldable, (Am) moldable: la creta è un materiale ~ clay is a mouldable substance. **2** (fig) malleable, pliable: carattere ~ malleable character.
plasmabilità f. malleability.
plasmaferesi f.inv. (Med) plasmapheresis.
plasmare (**plàsmo**) v.t. **1** to mould, (Am) to mold: ~ la creta to mould clay. **2** (fig) to mould, (Am) to mold, to shape: ~ un carattere to mould a character.
plasmatico (pl. **-ci**) a. (Biol) plasmatic.
plasmidio m. (Biol) plasmid.

plasmodio m. (Biol) plasmodium.
plasmodiofora f. (Bot) Plasmodiophora, genus Plasmodiophora.
plastica f. **1** (materiale sintetico) plastic. **2** (Chir) plastic surgery: farsi la ~ to undergo plastic surgery. **3** (Art) plastic art, plastic arts pl. ☐ ~ di ~ plastic: recipiente di ~ plastic container; (Chir) ~ facciale plastic surgery of the face; ~ rinforzata con fibre di vetro glass-reinforced plastic.
plasticamente avv. visually, plastically.
plasticare (**plàstico, plàstichi**) v.t. **1** (lavorare materie plastiche) to model. **2** (ricoprire con plastica) to cover with plastic, to coat with plastic, to plastic-coat.
plasticismo m. (Art) plasticism.
plasticità f. **1** (l'essere plastico) plasticity, malleability (anche fig). **2** (Art) sculptural quality, tactile effect.
plastico (pl. **-ci**) **I** a. **1** plastic: chirurgia plastica plastic surgery; materie plastiche plastics. **2** (Art) statuesque: effetto ~ statuesque effect. **II** m. **1** scale model: un ~ dell'antica Roma a scale model of ancient Rome. **2** (in cartografia) relief model. **3** (esplosivo) plastic explosive, plastique: (Arm) bomba al ~ plastic bomb.
plastidio m. (Biol) plastid.
plastificante I a. (Ind) plasticizing. **II** m. (Ind) plasticizer. ☐ (Ind) ~primario primary plasticizer; (Ind) ~secondario secondary plasticizer.
plastificare (**plastìfico, plastìfichi**) v.t. **1** (Ind) (rendere plastico) to plasticize. **2** (Ind, Cart) (ricoprire con plastica) to cover with plastic, to plastic-coat.
plastificato a. (Ind,Cart) covered with plastic, plastic-coated.
plastificatore m. (Ind) plasticizer.
plastificazione f. **1** (Ind) plasticization. **2** (Cart) plastic coating.
plastilina f. plasticine.
platano m. **1** (Bot) plane, plane tree. **2** (il legno) plane wood. ☐ (Bot) ~americano American plane, occidental plane, sycamore; (Bot) ~orientale oriental plane, eastern plane, chenar.
platea f. **1** (Teat,Cin) stalls pl., (Am) orchestra, parquet: sedere in ~ to sit in the stalls, to sit in the orchestra, to have orchestra seats. **2** (pubblico della platea) audience in the stalls, (Am) orchestra (seats). **3** (estens) (pubblico) (the general) public: cercare gli applausi della ~ to seek the plaudits of the public. **4** (Geol) shelf, plateau. **5** (Edil) foundation, bed: ~ di calcestruzzo concrete bed. ☐ (Geol) ~continentale continental shelf; (Mar) ~di bacino floor of dock.
plateale a. **1** (evidentissimo) glaring, blatant: errore ~ glaring mistake. **2** (ostentato) showy, ostentatious, theatrical: un gesto ~ a theatrical gesture. **3** (volgare) vulgar, plebeian.
platealità f. (rar) (ostentazione) showiness, ostentatiousness.
platealmente avv. blatantly, openly.
plateatico (pl. **-ci**) m. (Stor) stallage.
plateau /pla'to/ m.inv. **1** (vassoio) tray. **2** (Geog) plateau, tableland. **3** (Geol) plateau. **4** (cassetta) crate.
platelminta, platelminto m. (Zool) platyhelminth: i platelminti the platyhelminthes.
platessa f. (Itt) plaice.
platina, platina f. (Tip) platen.
platinare (**plàtino**) v.t. **1** to platinize. **2** (rif. a capelli) to dye (hair) platinum blonde, to bleach (hair) platinum blonde.
platinato a. **1** platinized, platinum-plated. **2** (rif. a capelli) dyed platinum blonde,

bleached platinum blonde, platinum blonde. **3** (*rif. a persona*) platinum: *bionda platinata* platinum blonde.

platinatura *f.* platinizing, platinum-plating.

platinico (*pl.* **-ci**) *a.* (*Chim*) platinic.

platinifero *a.* platiniferous, platinum-bearing.

platino I *m.* (*Chim,Met*) platinum. II *a.inv.* (*posposto*) platinum (*attr.*): *biondo* ~ platinum blonde. □ *di* ~ platinum (*attr.*); *nero di* ~ platinum black.

platirrina *f.* (*Zool*) platyrrhine monkey, new world monkey.

Platone *n.pr.m.* (*Filos*) Plato.

platonicamente *avv.* Platonically.

platonico (*pl.* **-ci**) I *a.* 1 (*Filos*) Platonic, of Plato, Plato's: *scritti platonici* works of Plato, Plato's works. 2 (*rif. a sentimenti e sim.*) Platonic: *amore* ~ Platonic love. II *m.* (*f.* **-a**) (*Filos*) Platonist.

platonismo *m.* (*Filos*) Platonism.

plaudente *a.* (*lett*) applauding (*anche fig.*).

plaudere, plaudire (**plàudo**; *aus.* **avere**) *v.i.* (*lett*) to applaud: ~ *a una buona iniziativa* to applaud a commendable undertaking.

plausibile *a.* plausible, likely, credible: *una scusa* ~ a plausible excuse.

plausibilità *f.* plausibility, plausibleness.

plausibilmente *avv.* plausibly.

plauso *m.* 1 (*lett*) (*applauso*) applause. 2 (*fig*) (*approvazione*) approval, applause: *la proposta ha ottenuto il* ~ *generale* the proposal met with general approval.

Plauto *n.pr.m.* (*Stor,Lett*) Plautus: *le commedie di* ~ Plautus' comedies.

playback/ˈplɛjˈbɛk/ *m.inv.* 1 (*rif. a canzoni*) miming, lip-synching: *cantare in* ~ to lip-synch. 2 (*Cin*) synchronizing, playback.

playboy /ˌplɛjˈbɔj/ *m.inv.* playboy.

playstation /ˌplɛjˈsteʃɒn/ *f.inv.* playstation.

plebaglia *f.* (*spreg*) rabble, mob, riffraff.

plebe *f.* 1 (*Stor.rom*) plebs (*costr.sing. o pl.*). 2 (*lett*) (*popolo*) common people (*costr.pl.*), populace. 3 (*spreg*) rabble, mob, riffraff.

plebeo I *a.* 1 (*Stor.rom*) plebeian. 2 (*estens*) (*del popolo*) plebeian, of the commoners, of common people. 3 (*spreg*) (*volgare*) coarse, low, low-class (*attr.*), common, plebeian: *modi plebei* coarse ways. II *m.* (*f.* **-a**) 1 (*Stor.rom*) plebeian: *patrizi e plebei* patricians and plebeians. 2 (*estens*) commoner, plebeian.

plebiscitario *a.* 1 plebiscitary. 2 (*fig*) (*unanime*) unanimous, general.

plebiscitarismo *m.* (*Pol*) Plebeianism.

plebiscito *m.* 1 (*Stor.rom,Dir*) plebiscite. 2 (*fig*) (*consenso unanime*) general agreement, general consent, general approval, unanimity.

pleiade *f.* (*lett,fig*) pleiad: *una* ~ *di poeti* a pleiad of poets.

Pleiadi *n.pr.f.pl.* (*Mitol,Astr*) Pleiades.

pleistocene *m.* (*Geol*) Pleistocene.

pleistocenico (*pl.* **-ci**) *a.* (*Geol*) Pleistocene.

plenario *a.* 1 plenary, fully attended: *assemblea plenaria* plenary assembly, plenary meeting. 2 (*totale*) full, plenary, complete: *consenso* ~ full consent.

plenilunare *a.* (*lett*) plenilunar, plenilunary.

plenilunio *m.* (*Astr*) (time of) full moon: *una notte di* ~ a night of the full moon.

plenipotenziario I *a.* (*Dipl*) plenipotentiary: *ministro* ~ minister plenipotentiary. II *m.* (*Dipl*) plenipotentiary.

plenum *m.* (*Pol*) plenum.

pleonasmo *m.* (*Ling*) pleonasm.

pleonasticamente *avv.* pleonastically.

pleonastico (*pl.* **-ci**) *a.* (*Ling*) pleonastic.

plesiosauro *m.* (*Archeol*) plesiosaur.

plessiforme *a.* (*Biol*) plexiform.

plesso *m.* 1 (*Anat*) plexus. 2 (*burocr*) complex, unit, group. □ (*Anat*) ~ *brachiale* brachial plexus, brachiplex; (*Anat*) ~ *cardiaco* cardiac plexus; (*Anat*) ~ *lombosacrale* lumbosacral plexus; (*Anat*) ~ *nervoso* nerve plexus, nervous plexus; (*Anat*) ~ *solare* solar plexus; (*Anat*) ~ *vascolare* vascular plexus.

pletora *f.* 1 (*Med,Bot*) plethora. 2 (*fig*) (*sovrabbondanza*) plethora, excess, over-abundance: *una* ~ *di critiche* a plethora of criticism.

pletorico (*pl.* **-ci**) *a.* 1 (*Med*) plethoric. 2 (*fig*) (*sovrabbondante*) plethoric, over-abundant, over-large.

plettro *m.* (*Mus*) plectrum.

pleura *f.* (*Anat*) pleura. □ (*Anat*) ~ *costale* costal pleura; (*Anat*) ~ *viscerale* visceral pleura.

pleurale *a.* (*Anat*) pleural.

pleurico (*pl.* **-ci**) *a.* (*Anat*) pleural, pleuric, pleuritic: *cavità pleurica* pleural cavity; *aderenza pleurica* pleural adhesion.

pleurite *f.* (*Med*) pleurisy. □ (*Med*) ~ *diaframmatica* diaphragmatic pleurisy; (*Med*) ~ *essudativa* exudative pleurisy; (*Med*) ~ *secca* adhesive pleurisy, dry pleurisy.

pleuritico (*pl.* **-ci**) I *a.* (*Med*) pleuritic. II *m.* (*Med*) so. who suffers from pleurisy.

pleuropolmonare *a.* (*Anat*) pleuropulmonary.

pleuropolmonite *f.* (*Med*) pleuropneumonia.

plexiglas, plexiglass *m.* (*Ind*) plexiglas.

PLI (*Stor.it*) *Partito liberale italiano* (Italian liberal party).

plica *f.* (*Anat*) plica, fold: ~ *mongolica* Mongolian plica. 2 (*Mus*) plica.

plico (*pl.* **-chi**) *m.* 1 (*pacco*) packet, bundle: *prese tutti i documenti e ne formò un* ~ he took all the papers and made a packet of them. 2 (*involucro*) cover, wrapper. 3 (*busta*) envelope. 4 (*Post*) parcel, package. □ (*burocr*) *in* ~ *separato* under separate cover.

pliniano *a.* Plinian.

Plinio *n.pr.m.* (*Stor.rom*) Pliny. □ (*Stor.rom*) ~ *il Giovane* Pliny the Younger; (*Stor.rom*) ~ *il Vecchio* Pliny the Elder.

plinto *m.* 1 (*Arch*) plinth, footstall. 2 (*Ginn*) vaulting box. 3 (*Arald*) billet.

pliocene *m.* (*Geol*) Pliocene.

pliocenico (*pl.* **-ci**) *a.* (*Geol*) Pliocene.

plissé I *a.inv.* (*Tess*) plissé, pleated. II *m.inv.* (*Tess*) plissé, pleated fabric.

plissettare (**plissétto**) *v.t.* (*Tess*) pleat.

plissettato *a.* (*Abbigl*) pleated, plissé: *una gonna plissettata* a pleated skirt.

plissettatrice *f.* (*Tess,Tecn*) pleating machine.

plissettatura *f.* (*Tess*) 1 (*lavorazione*) pleating. 2 (*effetto*) pleats *pl.*

Plotino *n.pr.m.* (*Stor,Filos*) Plotinus.

plotone *m.* 1 (*Mil*) platoon, squad. 2 (*Sport*) pack, peloton, group (of cyclists). □ (*Mil*) ~ *di esecuzione* firing squad; (*Sport*) ~ *di testa* leading pack, leading peloton; (*Mil*) ~ *fucilieri* rifle platoon.

plotter *m.inv.* (*Inform*) plotter.

plugo (*pl.* **-ghi**) *m.* (*Pesc*) artificial bait, plug.

plumbeo *a.* 1 (*color piombo*) plumbeous, lead (*attr.*), lead-coloured, leaden: *cielo* ~ leaden sky. 2 (*fig*) (*opprimente*) oppressive, heavy.

plum cake /ˌplumˈkejk/ *m.inv.* (*Dolc*) rectangular sponge cake.

plurale I *a.* (*Gramm*) plural: *seconda perso-*

na ~ second person plural. II *m.* plural. □ *al* ~ in the plural; ~ *maiestatico* royal we.

pluralis maiestatis *m.inv.* the royal we.

pluralismo *m.* (*Filos,Pol*) pluralism.

pluralistico (*pl.* **-ci**) *a.* pluralist, pluralistic: *società pluralistica* pluralistic society.

pluralità *f.* 1 (*molteplicità*) plurality, multiplicity. 2 (*maggioranza*) majority.

pluralizzare (**pluralìzzo**) *v.t.* (*Ling*) to put (sth.) in the plural, to pluralize.

pluriaggravato *a.* (*Dir*) with more than one aggravating circumstance: *omicidio* ~ murder with more than one aggravating circumstance.

pluriannuale *a.* lasting many years (*posposto*), of many years (*posposto*), (*rar*) plurennial.

pluriatomico (*pl.* **-ci**) *a.* (*Fis*) polyatomic.

pluricanale *a.* (*Rad*) multichannel: *ricevitore* ~ multichannel receiver.

pluricellulare *a.* (*Biol*) pluricellular, multicellular.

pluriclasse *f.* (*Scol*) elementary class with groups of mixed-aged students.

pluricoltura *f.* (*Agr*) diversified farming, diversified cropping, polyculture.

pluridecennale *a.* decades-long: *piano* ~ decades-long plan.

pluridecorato I *a.* much-decorated. II *m.* much-decorated person.

pluridimensionale *a.* multidimensional.

pluridimensionalità *f.* multidimensionality.

pluridirezionale *a.* multidirectional.

pluridisciplinare *a.* (*Scol,Univ*) multidisciplinary; (*interdisciplinare*) interdisciplinary.

pluridisciplinarità *f.* (*Scol,Univ*) multidisciplinary system.

pluriennale *a.* lasting many years (*posposto*), of many years (*posposto*), plurennial.

plurietnico (*pl.* **-ci**) *a.* multi-ethnic.

plurifamiliare *a.* multifamily: *casa* ~ multifamily house.

plurigemellare, plurigemino *a.* multiple birth: *parto* ~ multiple birth.

plurilinguismo *m.* multilinguism.

plurimandatario I *a.* (*Comm*) working for more than one firm. II *m.* (*f.* **-a**) (*Comm*) (*agente plurimandatario*) agent working for more than one firm.

plurimiliardario I *a.* multibillionaire (*attr.*). II *m.* (*f.* **-a**) multibillionaire.

plurimilionario I *a.* multimillionaire (*attr.*). II *m.* (*f.* **-a**) multimillionaire.

pluriminorato *a.* multi-impaired, (*spreg*) multihandicapped.

plurimo *a.* multiple, plural: *parto* ~ multiple birth; *voto* ~ plural vote.

plurimotore I *a.* multi-engine, multi-engined. II *m.* (*Aer*) multi-engine aircraft, multi-engined aircraft.

plurinazionale *a.* multinational.

plurinominale *a.* (*Dir*) plurinominal.

pluriomicida *m./f.* multiple homicide.

pluripara I *a.* (*Med*) multiparous. II *f.* multipara.

pluripartitico (*pl.* **-ci**) *a.* (*Pol*) multiple-party: *governo* ~ multiple-party government.

pluripartitismo *m.* (*Pol*) multipartitism, multi-party system.

plurisecolare *a.* centuries-old, centuried, many-centuried.

plurisettimanale *a.* occuring several times a week.

plurisillabo *a.* (*Gramm*) polysyllabic.

pluristadio *a.inv.* (*Aer*) multistage.

pluriuso *a.inv.* multipurpose, all-purpose

(*attr.*), designed for several purposes (*posposto*).

plurivalente *a.* multivalent, polyvalent.

plurivalenza *f.* multivalence, polyvalence.

plusvalenza *f.* (*Econ*) capital gain.

plusvalore *m.* (*Econ*) surplus value: *teoria del ~* doctrine of surplus value.

Plutarco *n.pr.m.* (*Stor,Lett*) Plutarch.

pluteo *m.* (*Zool*) pluteus.

Pluto *n.pr.m.* **1** (*Mitol*) Pluto. **2** (*personaggio di Walt Disney*) Pluto.

plutocrate *m.* plutocrat.

plutocratico (*pl.* -**ci**) *a.* plutocratic, plutocratical.

plutocrazia *f.* plutocracy.

plutone *m.* (*Geol*) pluton.

Plutone *n.pr.m.* (*Mitol,Astr*) Pluto.

plutoniano **I** *a.* **1** (*Astr*) Plutonian. **2** (*Geol*) plutonic. **II** *m.* (*f.* -**a**) (*ipotetico abitante*) inhabitant of Pluto.

plutonico (*pl.* -**ci**) *a.* (*Geol*) plutonic.

plutonio *m.* (*Chim*) plutonium.

plutonismo *m.* (*Geol*) plutonism.

pluviale **I** *a.* rain (*attr.*), pluvial: *acqua ~* rainwater, rain water; *foresta ~* rainforest. **II** *m.* drainpipe, spout, rainspout, waterspout.

pluvio *a.* (*lett*) pluvious, rainy.

pluviografico (*pl.* -**ci**) *a.* (*Meteor*) pluviographic, pluviographical.

pluviografo *m.* (*Meteor,Tecn*) pluviograph, rainfall recorder.

pluviometria *f.* (*Meteor*) pluviometry.

pluviometrico (*pl.* -**ci**) *a.* (*Meteor*) pluviometric, pluviometrical: *carta pluviometrica* rain chart.

pluviometro *m.* (*Meteor,Tecn*) pluviometer, rain gauge.

pluvioscopio *m.* (*Meteor,Tecn*) pluvioscope.

PM **1** *polizia militare* MP (Military Police). **2** *Pubblico Ministero* (Public Prosecutor). **3** (*Stor.rom*) *Pontefice massimo* (Pontifex Maximus).

p.m. *post meridiem* p.m. (after noon, evening).

pneuma *m.* (*Filos,Mus*) pneuma.

pneumatico (*pl.* -**ci**) **I** *a.* **1** (*gonfiabile*) pneumatic, inflatable: *battello ~* inflatable boat. **2** (*Mecc*) (*che funziona ad aria compressa*) pneumatic, air (*attr.*), compressed-air (*attr.*): *martello ~* jackhammer, pneumatic hammer. **II** *m.* (*Aut*) tyre, pneumatic (tyre), (*Am*) tire: *gonfiare uno* (o *un*) *~* to pump a tyre, (*Am*) to pump a tire; *montare gli* (o *i*) *pneumatici* to tyre, (*Am*) to mount tires, to tire. □ (*Aut*) *~a bassa pressione* low-pressure tyre, (*Am*) low-pressure tire; (*Aut*) *~ ad alta pressione* high-pressure tyre, (*Am*) high-pressure tire; (*Aut*) *~ anteriori* front tyre, (*Am*) front tire; (*Aut*) *~ antiforo* puncture-proof tyre, (*Am*) puncture-proof tire; (*Aut*) *~cinturato* radial ply tyre, (*Am*) radial ply tire; (*Aut*) *~da neve* snow tyre, (*Am*) snow tire; (*Aut*) *~ di riserva* (o *~di scorta*) spare tyre, (*Am*) spare tire; (*Aut*) *~ diagonale* bias-ply tyre, (*Am*) bias-ply tire; (*Aut*) *~invernale* snow tyre, (*Am*) snow tire; (*Aut*) *~per autocarri* lorry tyre, (*Am*) truck tire; *~ per biciclette* bicycle tyre, (*Am*) bicycle tire; (*Aut*) *~per fuoristrada* all-terrain tyre, (*Am*) all-terrain tire; (*Aut*) *~posteriore* back tyre, (*Am*) back tire; (*Aut*) *~ prestampato* pre-moulded tyre, (*Am*) pre-moulded tire; (*Aut*) *~ radiale* radial tyre, (*Am*) radial tire; (*Aut*) *~ senza camera d'aria* tubeless tyre, (*Am*) tubeless tire; (*Aut*) *~tubeless* tubeless tyre, (*Am*) tubeless tire.

pneumatologia *f.* (*Teol*) pneumatology.

pneumatometro *m.* (*Med*) pneumatome-ter, spirometer.

pneumococco (*pl.* -**chi**) *m.* (*Biol*) pneumococcus.

pneumoconiosi *f.inv.* (*Med*) pneumoconiosis.

pneumoencefalografia *f.* (*Rad,Med*) pneumoencephalography.

pneumografia *f.* (*Rad,Med*) pneumography.

pneumografo *m.* (*Tecn*) pneumograph.

pneumologia *f.* (*Med*) pneumology.

pneumologo *m.* (*f.* -**a**; *pl.* -**gi**) (*Med*) lung specialist.

pneumonectomia *f.* (*Chir*) pneumonectomy.

pneumonia *f.* (*ant*) (*polmonite*) pneumonia.

pneumonico (*pl.* -**ci**) *a.* (*rar*) pneumonic, pulmonary.

pneumopatia *f.* (*Med*) pneumopathy.

pneumorragia *f.* (*Med*) pneumorrhagia, pneumonorrhagia, haemorrhage from the lungs.

pneumotomia *f.* (*Chir*) pneumonotomy.

pneumotorace *m.* (*Med*) pneumothorax. □ (*Med*) *~artificiale* therapeutic pneumothorax, artificial pneumothorax; (*Med*) *~ spontaneo* spontaneous pneumothorax.

PNF (*Stor.it*) *Partito nazionale fascista* (National fascist party).

PNG *Papua Nuova Guinea* PNG (Papua New Guinea).

PNL *prodotto nazionale lordo* GNP (Gross National Product).

PNM (*Stor*) *Partito nazionale monarchico* (National monarchist party).

PNN *prodotto nazionale netto* (Net National Product).

po' □ *~ ~*: **1** (*quantità notevole; spesso ripetuto*) all the: *con quel ~ ~ di soldi che ha* with all the money he has; *che ~ di roba!* what a load of stuff!; **2** (*con sostantivi singolari*) all that: *con quel ~ di cibo!* with all that food!; **3** (*con sostantivi plurali*) all those: *dove te ne vai con quel ~ di libri?* where are you going with all those books?; **un** *~*: **1** a little, a bit: *spostati un ~ a destra* move a bit to the right; *pensa un ~ prima di rispondere* think a little before answering; *sono un ~ abbattuto* I'm a bit depressed, I'm rather depressed; *un bel ~* quite a lot, quite a bit, a good amount, a good bit, a fair amout of; **2** (*rif. a tempo*) a little, a little while, a short time: *resta ancora un ~* stay another little while, stay a bit longer; *verrà fra un ~* he'll come in a short time, he'll come before long; *ci vorrà un ~* it'll take some time; *per un ~* for a little while, for a short time; *un bel ~* quite a lot (of time), a good while; *abbiamo aspettato per un bel ~* we've waited for a good while; **3** (*seguito da un partitivo: davanti a nome*) a little, a bit, some: *avere un ~ di qcs.* to have some (of) sth., to have a little sth., to have a bit of sth.; *un ~ di pane* a little bread, some bread; *con un ~ di buona volontà potresti riuscire* with a little real effort you could succeed; *prendine ancora un ~* take some more; **4** (*davanti a un determinativo*) a little, some: *dammi un ~ di quel vino* give me a little of that wine, give me some of that wine; **5** (*in frasi interrogative o col verbo negativo*) any, a little, a bit: *avete un ~ di carta?* have you got any paper?, have you got a bit of paper?, do you have any paper?; **6** (*seguito da un altro avverbio al comparativo*) a bit *seguito dall'avverbio al comparativo*: *parla un ~ più forte* speak a bit louder; *vai un ~ più veloce* go a bit faster, go a little faster; **7** (*in espressioni*

correlative) what with... (and) what with...: *mi sento stordito un ~ per il caldo, un ~ per la stanchezza* what with the heat and (what with) being tired I feel knocked out;*un ~per uno* a bit each: *fare un ~ per uno* to do a bit each, to share (sth.); *un ~ per volta* in dribs and drabs, a little at a time;*un ~troppo* a bit too much, a little too much, rather too much.

Po *n.pr.m.* (*Geog*) Po.

PO (*Post*) *posta ordinaria* (regular mail, second class mail).

pocanzi *avv.* (*lett*) a short time ago, a little while ago, just now, a short time ago: *come dicevo ~...* as I was saying a little while ago...

pochade /po'ʃad/ *f.inv.* (*Teat*) small sketch, light comedy.

pochette /po'ʃet/ *f.inv.* (*Abbigl*) clutch bag.

pochezza *f.* **1** (*scarsezza, esiguità*) scarcity, insufficiency, slightness: *~ di mezzi* scarcity of means. **2** (*fig*) (*meschinità*) meanness, smallness, pettiness. □ (*lett*)*nella sua ~* in his own small way.

poco (*pl.* -**chi**; *when preceded by the indefinite article or by the demonstrative pronoun is often abbreviated to* **po'**) **I** *a.* **1** (*seguito da sostantivi singolari*) little, not much: *abbiamo ~ denaro* we don't have much money, we haven't much money, we have little money; *c'è ~ pane per stasera* there's little bread for this evening, there isn't much bread for this evening; *molto ~* very little; *troppo ~* too little. **2** (*seguito da sostantivi plurali*) few, not many: *riceviamo poche lettere* we get few letters, we don't get many letters; *pochi inglesi sanno il russo* not many English people know Russian, few English people know Russian; *molto pochi* very few; *troppo pochi* too few. **3** (*rif. a tempo, spazio: breve, corto*) short, not long, little: *rimango qui solo ~ tempo* I am staying here only a short time, I am staying here only a little while; *c'è ~ tempo* there's little time. **4** (*scarso*) little, not much, slight: *ha poca voglia di studiare* he has little desire to study, he doesn't have much desire to study, he hasn't much desire to study; *ci sono poche possibilità* there's little chance. **5** (*piccolo*) little, small, slight: *con poca spesa* with little expense, at little expense; *mi sei stato di ~ aiuto* you were of little help to me. **II** *avv.* **1** (*con verbi*) little, not much: *ho dormito ~* I did not sleep much; *i vecchi mangiano molto ~* old (o older o elderly) people eat very little; *ci vedo ~ senza occhiali* I can't see very well without glasses; *resterò qui solo per ~* I won't stay here long. **2** (*con aggettivi e avverbi al positivo: con valore attenuativo*) not very: *~ utile* not very useful, of little use. **3** (*con aggettivi e avverbi con valore negativo*) *si traduce spesso col corrispondente inglese preceduto da* dis-, un-, non-, *o seguito da* -less: *~ onesto* not very honest; *~ apprezzato* little appreciated, undervalued; *~ probabile* not likely, unlikely; *è un tizio ~ raccomandabile* he's a disreputable guy; *un lavoro ~ pagato* a poorly paid job. **4** (*con aggettivi e avverbi al comparativo*) not much, little: *sei ~ più alto di me* you aren't much taller than I am; *è ~ più intelligente di noi* he is not much more intelligent than we are. **5** (*rif. a tempo*) little, little while, short time, nearly, almost: *la recita è durata ~* the performance lasted (only) a short time. **III** *pron.* **1** (*in sostituzione di un sostantivo singolare*) little, not much: *ci vorrebbe molta costanza e io ne ho poca* it would take a lot of perseverance and I don't have much; *c'è del latte? - ~* is there any milk? - Not much; *l'ho pagato ~* I didn't pay much for it. **2** (*in sostituzione di un sostantivo plurale*) few, not many: *pochi studiano il turco* few (people) study Turkish; *siamo in pochi* there are only a few of us; *ce n'erano pochissimi* there were hardly any. **3** (*rif. a tempo*) nearly, almost, little: *manca ~ all'una* it's a little before one, it's nearly one. **IV** *m.* (*only in the singular*) little: *quel ~ che ho* what little I have; *quel ~ che so* what little I know. □ *a ~* cheap, cheaply; *l'ho comprato a ~* I bought it cheap, I paid very little for it; *a ~ a ~* little by little, bit by bit; (*lett*) *poc'anzi* a short time ago, a little while ago, just now, a short time ago: *come dicevo poc'anzi...* as I was saying a little while ago...; *sto ~ bene* I'm not feeling very well; *c'è ~ da* there's not much to, there's little to, there's nothing to: *c'è ~ da dire* there's not much one can say; *c'è ~ da ridere* there's nothing to laugh about, it's no laughing matter; (*colloq*) *poche chiacchiere!* cut the cackle!, cut the chatter!, cut the chitchat!; *di ~ conto* of slight account, of little account; *è poca cosa* it's a mere trifle, it's nothing; *da ~*: **1** (*di poco conto*) unimportant, of little importance, slight: *una ferita da ~* a slight wound; **2** (*rif. a tempo*) a short time: *sono qui da ~* I've only been here (for) a short time; *è da ~ che ho smesso di fumare* it's a short time since I gave up smoking; (*spreg*) *un ~ di buono* a good-for-nothing, an ugly customer; *essere un poco di ~* to be no good, to be good for nothing; *questa ragazza è una poco di ~* this girl is no good; *pochi discorsi!* don't make so much fuss!; *~ dopo* not long after, shortly after, a little after: *~ dopo le dieci* shortly after ten; *è ~ che è arrivato* he has (only) just come, he has (only) just arrived, he came just a short time ago; *~ fa* a short while ago, a short time ago, not long ago; *uomo di poca fede*: **1** (*di fede vacillante*) man of little faith; **2** (*estens, scherz*) (*scettico*) sceptical man, doubtful man; *fra ~* very soon, shortly, in a short time, in a little while, soon; *a ~ poco!* see you soon!; *fra pochi giorni* in a few days, in a few days' time; *~ importa se non viene con noi* who cares if he doesn't come with us; *~ lontano* not far away, nearby; *pochi ma buoni* few but the best, few but select, small in number but high in quality; *~ male*: **1** not bad, not too bad; **2** (*non importa*) never mind, it doesn't matter; **3** (*tanto meglio*) just as well; *avere poca memoria* to have a poor memory; *~ meno*: **1** a little less, just under, a little under: *manca ~ meno di un'ora alla partenza* it's just under an hour to departure time, it's less than an hour to departure time; **2** (*quasi*) nearly: *se non è un chilo, è ~ meno* it's nearly a kilo, it's not far off a kilo, it's not far from a kilo; *~ o niente* little or nothing; *~ o nulla* little or nothing; *in poche parole* in a few words, (*colloq*) the short of it is; *di poche parole* of few words; *per ~*: **1** (*quasi*) almost, nearly, about, on the point of: *per ~ non perdo il treno* I nearly missed the train!; *per ~ non dicevo una sciocchezza* I was on the point of saying something silly, I nearly said something silly, (*Am*) I almost said something ridiculous; **2** (*a buon mercato*) cheaply, cheap, for very little: *l'ho comprato per ~* I bought it for very little, I bought it cheap, I bought it cheaply; **3** (*per poco tempo*) for a short time: *si è fermato per ~* he just stayed (for) a short time; *per ~ che sia* however little it is; *per ~ che valga* for what it's worth, however little it may be worth; *per ~ non* almost; *per ~ non cadevo* I almost fell down; *~ più* little more; *~ più avanti* a little further

on; *~ più indietro* a little further back; *di poche pretese* unpretentious, undemanding, easy to please; *è un uomo di poche pretese* he's an easy man to please; *~ prima* a short time before, a little before, shortly before: *~ prima di mezzanotte* shortly before midnight; *~ profondo* shallow; (*colloq*) *roba da pochi soldi* cheap stuff, worthless stuff, junk; *con poca spesa*: **1** at a low expense, for a law outlay; **2** (*fig*) (*con poca fatica*) without much effort; (*colloq*) *poche storie!* don't make a fuss!, don't make such a fuss!; *~ tempo* little time, not long; *ho ~ tempo* I haven't long, I haven't much time; *~ tempo fa* a short while ago, a short time ago, not long ago; *di ~ valore* of little value.

podagra *f.* (*Med*) podagra.

podagrico (*pl.* **-ci**), **podagroso** *a.* (*Med*) podagric, podagrical, podagrical.

podalico (*pl.* **-ci**) *a.* (*Med*) breech (*attr.*): *parto ~* breech delivery, breech birth, breech presentation.

podere *m.* estate, holding, farm. □ *essere a ~* to be a land tenant.

poderosamente *avv.* mightily, powerfully.

poderoso *a.* powerful, mighty (*anche fig*).

podestà *m.* (*Mediev, Stor. it*) podesta.

podestarile *a.* of a podesta.

podio *m.* **1** dais, platform, stand. **2** (*Sport*) podium: *salire sul ~* to mount the podium. **3** (*Mus*) (*per il direttore d'orchestra*) podium. **4** (*Archeol*) podium.

podismo *m.* (*Sport*) (*marcia*) walking; (*corsa*) running.

podista *m./f.* **1** (*Sport*) (*marciatore*) walker; (*corridore*) runner. **2** (*estens*) (*gran camminatore*) (great) walker.

podistico (*pl.* **-ci**) *a.* (*Sport*) track (*attr.*); (*di marcia*) walking, foot (*attr.*), (*di corsa*) running: *gara podistica* track event, footrace.

podologia *f.* **1** (*Med*) podiatry, podiatric medicine, chiropody, (*rar*) podology. **2** (*Veter*) veterinary podiatry.

podologo *m.* (*f.* **-a**; *pl.* **-gi**) (*Med*) podiatrist, foot specialist.

poema *m.* **1** (*Lett*) poem: *poemi omerici* Homeric poems. **2** (*fig*) (*scritto prolisso*) epic. **3** (*fig, scherz*) dream, wonder. □ (*Lett*) *~ cavalleresco* epic, heroic poem, metrical romance; (*Lett*) *~ didascalico* didactic poem; (*Lett*) *~ epico* epic poem; (*Lett*) *~ episodico* episodic poem; (*Lett*) *~ eroicomico* mock-heroic poem; (*Lett*) *~ in prosa* prose poem; (*Mus*) *~ sinfonico* symphonic poem.

poemetto *m.* (*Lett*) short poem.

poesia *f.* **1** (*Lett*) (*arte, genere*) poetry: *la ~ e la prosa* poetry and prose. **2** (*Lett*) (*componimento poetico*) poem, poetry: *una raccolta di poesie* a collection of poems; *le poesie di Shelley* Shelley's poems. **3** (*Lett*) (*forma metrica*) poetry, verse. **4** (*fig*) (*atmosfera suggestiva*) poetry, romance: *la ~ della campagna* the poetry of the countryside. **5** (*fig*) (*illusione*) illusion, dream. □ (*Lett*) *~ amorosa* love poetry; (*Lett*) *~ bucolica* bucolic poetry, pastoral poetry; (*Art*) *~ concreta* concrete poetry; (*Lett*) *~ cortese* court poetry; (*Lett*) *~ dialettale* vernacular poetry, poetry written in dialect; (*Lett*) *~ didascalica* didactic poetry; (*Lett*) *~ drammatica* dramatic poetry; (*Lett*) *~ elegiaca* elegiac poetry; (*Lett*) *~ eolica* Aeolic poetry; (*Lett*) *~ epica* epic poetry; (*Lett*) *~ georgica* georgics, georgic poetry; (*Lett*) *~ giambica* iambic poetry; (*Lett*) *~ giocosa* burlesque poetry; (*Lett*) *~ gnomica* gnomic poetry; (*Lett*) *~ goliardica* goliardic poetry; (*Lett*) *in ~* in verse, verse (*attr.*): *opera in ~* work in verse; (*Lett*) *~ lirica*

lyric poetry; (*Lett*) *~ pastorale* pastoral poetry; (*Lett*) *~ popolare* folk poetry; (*Lett*) *~ satirica* satirical poetry; (*Lett*) *~ sepolcrale* graveyard poetry; (*Lett*) *~ simbolista* symbolical poetry; (*Lett*) *~ visiva* visual poetry.

poeta *m.* **1** (*Lett*) poet (*anche estens*). **2** (*iron*) (*sognatore*) dreamer, visionary. □ *~ di corte* court poet, (*GB*) poet laureate; (*Lett*) *~ dialettale* vernacular poet, poet who writes in vernacular language, (*Am*) dialect poet, poet who writes in local color; (*Lett*) *~ elegiaco* elegist; *~ laureato* poet laureate, laureate; (*Lett*) *~ lirico* lyrist, lyricist; (*Lett*) *~ maledetto* poète maudit; (*Lett*) *~ metafisico* metaphysical poet.

poetare (**poèto**; *aus.* **avere**) *v.i.* (*Lett*) to compose poetry, to write verse.

poetastro *m.* (*spreg*) poetaster, versemonger, rhymester.

poetessa *f.* (*Lett*) poet, poetess.

poetica *f.* **1** (*Lett*) (*arte del poetare*) art of poetry, poetics (*costr. sing.*). **2** (*estens*) (*concezione estetica*) system of beliefs, background assumptions, philosophy: *la ~ di Leopardi* Leopardi's philosophy. □ (*Lett*) *la Poetica di Aristotele* Aristotle's Poetics.

poeticamente *avv.* poetically.

poeticità *f.* (*rar*) poeticalness.

poeticizzare (**poeticìzzo**) *v.t.* to poetize, to poeticize.

poetico (*pl.* **-ci**) *a.* **1** poetic, poetical: *attività poetica* poetic activity; *ispirazione poetica* poetic inspiration; *linguaggio ~* poetic language, poetical language. **2** (*fig*) (*sensibile*) poetic, poetical, sensitive: *animo ~* poetic nature. **3** (*in versi*) verse (*attr.*), in verse (*posposto*), poetic: *opera poetica* work in verse.

pogare (**pógo**; *aus.* **avere**) *v.i.* (*colloq*) to pogo, to mosh.

poggia (*pl.* **-ge**) *f.* (*Mar*) (*lato sottovento*) leeward, lee (side).

poggiacapo *m.inv.* **1** headrest. **2** (*copripoltrona*) antimacassar.

poggiapiedi *m.inv.* footstool, footrest.

poggiare[1] (**pòggio**, **pòggi**) **I** *v.t.* **1** (*appoggiare*) to lean, to rest: *~ la scala al muro* to lean the ladder against the wall. **2** (*posare*) to put, to lay: *poggiò il cappello sulla sedia* he put his hat on the chair. **II** *v.i.* (*aus.* **avere**) **1** to rest (*su* on, upon), to stand (*su* on, upon): *la statua poggia su un basamento marmoreo* the statue rests on a marble base. **2** (*fig*) (*basarsi*) to be based (*su* on), to rest (*su* on, upon): *le tue accuse poggiano su sospetti infondati* your accusations are based on groundless suspicions.

poggiare[2] (**pòggio**, **pòggi**) *v.i.* (*aus.* **avere**) *v.i.* **1** (*Mar*) to bear up. **2** (*fig*) (*rifugiarsi in un porto*) to shelter (in a harbour). **3** (*estens*) (*spostarsi*) to move, to draw.

poggiatesta *m.inv.* (*Aut*) headrest, head restraint.

poggio *m.* hillock, knoll.

poggiolo *m.* (*region*) (*terrazzino*) balcony.

pogrom *m.inv.* (*Stor*) pogrom.

poh *intz.* pooh!

poi I *avv.* **1** (*dopo*) after, afterwards, then: *ora studia, ~ uscirai* do your homework now, then you can go out. **2** (*più tardi*) later, later on: *il resto te lo dirò ~* I'll tell you the rest later (on). **3** (*oltre*) further on: *sulla destra c'è un negozio, ~ c'è la scuola* there's a shop on the right, further on there's the school. **4** (*inoltre*) then, and then, besides, moreover: *e ~, non vedi che sono stanco?* and besides can't you see that I'm tired?; *e ~ nessuno ti obbliga* and then, no one is forcing you; *e ~?* and then (what)? **5** (*con valore* *avversativo*) but: *io me ne vado, tu ~ sei padronissimo di restare* I'm leaving, but you can stay if you wish. **6** (*dunque, infine*) finally, at last, in the end, then: *lo hai persuaso ~?* did you finally convince him? **7** (*tutto sommato*) all in all: *non è andata ~ così male* all in all it wasn't such a failure; *non è ~ così bella!* she isn't such a beauty!, (*Am*) she isn't all that beautiful! **8** (*enfat*) (and) then, what then; *spesso non si traduce: e ~ ti lamenti!* and then you complain!; *io ~ non c'entro* I have nothing whatever to do with it. **II** *m.* (*l'avvenire*) future: *pensa al ~* think of the future. □ (*rar*) *a ~* (*a più tardi*) see you later; *in ~* on, onwards, starting, beginning: *da lunedì in ~* from Monday on, (*Br*) as from Monday, (*Am*) starting from Monday; *no e ~ no!* no!, never!, not on your life!, no sirree!; *questa ~!* well I never did!; *questo ~ no!* that's too much indeed!, that's really too much!, that's out of the question!

poiana *f.* (*Ornit*) buzzard.

poiché *congz.* **1** since, as, because: *~ sono malato, non vado a scuola* as I'm not well I'm not going to school, since I'm not well I'm not going to school. **2** (*lett*) (*dopo che*) after, thereafter.

poiesi *f.inv.* (*lett*) poiesis.

pointer /'pɔjnter/ *m.inv.* (*Zool*) pointer.

pois /pwa/ *m.inv.* dot, polka dot (*anche Tess*). □ *a ~* dotted, spotted: *una gonna a ~* a dotted skirt.

poker /'pɔker/ *m.inv.* **1** (*gioco*) poker: *giocare a ~* to play poker. **2** (*combinazione di carte*) four-of-a-kind: *~ d'assi* four aces; *~ di donne* four queens. □ **fare** *~* to have four of a kind.

polacca *f.* **1** (*Mus*) polonaise. **2** (*Abbigl*) polonaise. **3** (*Calz*) lace ankle boot.

polacchine *f.pl.* (*Calz*) lace ankle boots.

polacchini *m.pl.* (*Calz*) lace ankle boots.

polacco I *a.* Polish. **II** *m.* **1** (*lingua*) Polish. **2** (*f.* -a; *pl.* -chi) (*abitante*) Pole: *i polacchi* the Poles, the Polish; *una polacca* a Polish woman.

polare I *a.* **1** polar: *spedizione ~* polar expedition; *orso ~* polar bear, white bear. **2** (*fig*) Arctic, freezing: *fa un freddo ~* it's freezing cold. **3** (*Mat,Fis,Chim*) polar, pole (*attr.*): *intensità ~* pole strength. **II** *f.* (*Mat*) polar.

polarimetria *f.* (*Ott*) polarimetry.

polarimetro *m.* (*Ott*) polarimeter.

polariscopio *m.* (*Ott*) polariscope.

polarità *f.* **1** (*Fis,Chim,Mat*) polarity. **2** (*estens*) (*polo*) polarity, pole: *~ positiva* positive polarity. **3** (*fig*) polarity, antithesis. □ (*Chim,Fis*) *~chimica* chemical polarity; *~inversa*: **1** (*Fis*) reversed polarity; **2** (*Met*) reverse polarity; (*Chim,Fis*) *~ionica* ionic polarity; (*Fis*) *~magnetica* magnetic polarity.

polarizzare (**polarìzzo**) **I** *v.t.* **1** (*Fis*) to polarize: *~ un raggio di luce* to polarize a ray of light. **2** (*fig*) (*fare convergere*) to focus, to direct: *~ la propria attenzione su qcu.* to focus one's attention on so., to direct one's attention towards so. **II** *v.pron.* **polarizzarsi 1** (*Fis*) to polarize, to be polarized. **2** (*fig*) (*orientarsi*) to focus, to turn, to be focused.

polarizzato *a.* (*Fis*) polarized: *luce polarizzata* polarized light.

polarizzatore I *m.* (*Ott*) polarizer. **II** *a.* (*Ott*) polarizing.

polarizzazione *f.* **1** (*Fis*) polarization: *~ della luce* polarization of light. **2** (*El*) bias: *corrente di ~* bias current. **3** (*fig*) (*accentramento*) focusing, concentration. **4** (*fig*) (*opposizione*) polarity, polarization. □ (*Fis*) *~ anodica* anodic polarization; (*Fis*) *~atomica* atomic polarization; (*Rad*) *~di griglia*

grid bias, C bias; (*Fis*) *~dielettrica* dielectric polarization; (*Chim,Fis*) *~ elettrolitica* electrolytic polarization; (*Fis*) *~ incrociata* cross-polarization.

polarografia *f.* (*Chim*) polarography. □ (*Chim*) *~differenziale* differential polarography; (*Chim*) *~ in derivata* derivative polarography.

Polaroid I *a.inv.* (*Fot*) Polaroid (*attr.*): *macchina ~* Polaroid camera. **II** *f.inv.* (*Fot*) (*macchina fotografica*) Polaroid, Polaroid (land) camera.

polca *f.* (*Mus*) polka.

polder /'pɔlder/ *m.inv.* polder.

polemica *f.* **1** (*controversia*) polemic, controversy, dispute: *una decisione che ha suscitato violente polemiche* a decision that aroused bitter controversy; *entrare in ~ con qcu.* to engage in controversy with so., to cross swords with so.; *smettiamola con le polemiche!* let's stop the polemics!, let's stop being polemic!, let's stop this controversy!, let's stop this arguing!, let's stop this dispute!, let's end the controversy! **2** (*arte*) polemics (*costr.sing.*): *è un maestro della ~* he's a master of polemics.

polemicamente *avv.* polemically, controversially.

polemico (*pl.* -ci) *a.* polemic, polemical, controversial: *tono ~* polemical tone; *essere polemici* to be polemic.

polemista *m./f.* **1** polemist, polemicist, polemic. **2** (*fig*) controversialist.

polemizzare (**polemìzzo**; *aus.* avere) *v.i.* **1** (*fare polemica*) to polemize, to argue, to dispute. **2** (*estens*) (*discutere, criticare*) to criticize (*su qcs.* sth.), to make an issue (*su* of), to quibble (*su qcs.* sth.).

polemologia *f.* polemology, study of conflicts.

polemologico (*pl.* -ci) *a.* polemological.

polemologo *m.* (*f.* -a; *pl.* -gi) polemologist.

polena *f.* (*Mar*) figurehead.

polenta *f.* **1** (*Gastron*) polenta, maize porridge. **2** (*fig,spreg*) (*miscuglio appiccicoso*) pap, mash, mush. **3** (*fig*) (*persona lenta*) sluggard, (*colloq*) slowcoach, (*Am,colloq*) slowpoke. □ (*Gastron*) *~ concia* polenta with cheese; (*Gastron*) *~taragna* soft polenta with freshly hulled buckwheat and cheese.

polentina *f.* (*impiastro di semi di lino*) linseed poultice.

polentone *m.* (*f.* -a) **1** (*pop*) (*persona fiacca e lenta*) sluggard, (*colloq*) slowcoach, (*Am, colloq*) slowpoke. **2** (*scherz*) (*abitante dell'Italia settentrionale*) person from northern Italy.

pole position /'polpo'ziʃɔn/ *f.inv.* (*Sport*) pole position.

Polesine *n.pr.m.* (*Geog*) Po delta, Polesine.

POLFEM *polizia femminile* (women's police).

POLFER (*Ferr*) *polizia ferroviaria* (railway police).

poliacrilico *a.* (*Tess*) polyacrylic: *fibra poliacrilica* polyacrylic fiber.

poliambulatorio *m.* (*Med*) general outpatients' department, general outpatients' clinic.

poliammide *f.* (*Chim*) polyamide.

poliammidico (*pl.* -ci) *a.* (*Chim*) polyamide (*attr.*).

poliandria *f.* (*Etnol,Zool*) polyandry.

poliarchia *f.* polyarchy.

poliartrite *f.* (*Med*) polyarthritis.

poliatomico *a.* (*Fis,Chim*) polyatomic: *ione ~* polyatomic ion.

Polibio *n.pr.m.* (*Stor*) Polybius.

policarbonato *m.* (*Chim*) polycarbonate.

policarpico *a.* (*Bot*) polycarpic, polycarpous.

policentrico (*pl.* -ci) *a.* polycentric.

policentrismo *m.* (*Pol*) polycentrism.

policiclico (*pl.* -ci) *a.* (*Chim*) polycyclic.

policistico *a.* (*Med*) polycystic: *ovaio ~* polycystic ovary.

policlinico (*pl.* -ci) *m.* (*Med*) general hospital.

policromia *f.* **1** (*Art*) polychromy. **2** (*Tip*) colour printing. **3** (*varietà di colori*) polychromy.

policromo *a.* polychrome, polychromatic, many-coloured.

Polidoro *n.pr.m.* (*Mitol,Stor*) Polydorus.

poliedricità *f.* **1** (*fig*) many-sidedness, versatility. **2** (*Geom*) polyhedron configuration, polyhedral configuration.

poliedrico (*pl.* -ci) *a.* **1** (*Geom*) polyhedral, polyhedric, polyhedron (*attr.*). **2** (*fig*) (*rif. a persona*) many-sided, versatile, (*rif. a cosa*) wide-ranging: *interessi poliedrici* wide-ranging interests.

poliedro *m.* (*Geom*) polyhedron. □ (*Geom*) *~ concavo* concave polyhedron; (*Geom*) *~convesso* convex polyhedron.

poliembrionia *f.* (*Biol*) polyembryony.

poliennale *a.* long-term (*attr.*).

poliestere I *a.* (*Chim*) polyester (*attr.*): (*Tess*) *fibra in ~* polyester fibre. **II** *m.* (*Chim*) polyester.

polietilene *m.* (*Chim*) polyethylene, polythene.

polifagia *f.* (*Zool,Med*) polyphagia, polyphagy.

polifase *a.inv.* (*El*) polyphase, multiphase: *alternatore ~* multiphase generator.

Polifemo *n.pr.m.* (*Mitol*) Polyphemus.

polifonia *f.* (*Mus*) polyphony.

polifonico *a.* (*Mus*) polyphonic, polyphonous: *musica polifonica* polyphonic music.

polifonismo *m.* (*Mus*) polyphonism.

polifonista *m./f.* (*Mus*) composer of polyphony, composer of polyphonic music.

polifunzionale *a.* **1** multipurpose. **2** (*Chim*) (*polivalente*) polyvalent.

poligala *f.* (*Bot*) senega, senega snakeroot.

poligamia *f.* (*Etnol,Zool*) polygamy.

poligamico *a.* polygamous, polygamic.

poligamo **I** *a.* (*Etnol,Zool*) polygamous, polygamic. **II** *m.* (*f.* -a) (*Etnol,Zool*) polygamist.

poligenesi *f.* (*Biol*) polygenesis, polygeny: *la teoria della ~* the theory of polygenesis.

poligenetico (*pl.* -ci) *a.* (*Biol*) polygenetic.

poligenismo *m.* (*Biol*) polygenism.

poliglotta I *m./f.* polyglot. **II** *a.* polyglot, multilingual.

poliglottismo *m.* polyglottism, polyglottism.

poligonale I *a.* (*Geom*) polygonal, polygonous. **II** *f.* (*Geom,Topogr*) traverse. □ (*Geom*) *~ aperta* open traverse; (*Geom*) *~ chiusa* closed traverse.

poligono *m.* **1** (*Geom,Mil*) polygon. **2** (*Sport*) (*campo del tiro a segno*) rifle range; (*per il tiro con l'arco*) butts *pl.* **3** (*Astron*) *~ di lancio* launching base, launching site, spaceport; *~ di tiro*: **1** (*per esercitazioni*) rifle range; **2** (*Sport*) (*per il tiro con l'arco*) butts (*pl.*); (*Geom*) *~equiangolo* equiangular polygon; (*Geom*) *~regolare* regular polygon.

poligrafia *f.* (*Tip,Stor*) **1** hectographing. **2** (*copia*) hectograph copy.

poligrafico I *a.* **1** (*Tip*) (*Stor*) (*di poligrafia*) hectographic. **2** (*rif. alla stampa in genere*) printing: *stabilimento ~* printing works *pl.*, printing plant. **II** *m.* (*f.* -a; *pl.* -ci) printer.

poligrafo I *m.* **1** (*Med*) polygraph. **2** (*Tip, Tecn*) hectograph. **3** (*lett*) versatile writer.

polimerasi f. (Biol) polymerase.
polimeria f. (Chim,Biol) polymerism.
polimerico (pl. -ci) a. (Chim,Biol) polymeric.
polimerismo m. (Chim,Biol) polymerism.
polimerizzare (**polimerìzzo**) I v.t. (Chim) to polymerize. II v.pron. **polimerizzarsi** (Chim) to polymerize.
polimerizzazione f. (Chim) polymerization.
polimero I a. (Chim) polymeric, polymerous. II m. (Chim) polymer.
polimorfismo m. (Min,Biol) polymorphism.
polimorfo a. (Min,Biol) polymorphous.
Polinesia n.pr.f. (Geog) Polynesia.
polinesiano I a. Polynesian. II m. 1 (f. -a) Polynesian. 2 (lingua) Polynesian.
polineurite, polinevrite f. (Med) polyneuritis, multiple neuritis.
Polinnia n.pr.f. (Mitol) Polyhymnia.
polinomiale a. (Mat) polynomial.
polinomio m. (Mat) polynomial.
polinsaturo a. (Chim) polyunsaturated.
polio f.inv. (Med,colloq) polio.
poliomielite f. (Med) poliomyelitis.
poliomielitico I a. (Med) poliomyelitic. II m. (f. -a; pl. -ci) (Med) polio patient.
polipo m. 1 (Zool,Med) polyp. 2 (colloq) (polpo) octopus.
poliposi f. (Med) polyposis.
polipropilene m. (Chim) polypropylene.
polire (**polisco, polisci**) v.t. 1 to polish, to burnish. 2 (fig) (rifinire) to polish, to refine.
polireme m. (Mar,ant) polyreme, polyeres.
polisaccaride m. (Chim) polysaccharide, polysaccharid, polysaccharose.
polisemia f. (Ling) polysemy.
polisemico a. (Ling) polysemous.
polisenso I a. with many meanings. II m. puzzle, pun.
polisillabico (pl. -ci) a. (Gramm) polysyllabic, polysyllabical, polysyllable (attr.).
polisillabo I a. (Gramm) polysyllabic, polysyllabical, polysyllable (attr.). II m. (Gramm) polysyllable.
polisindetico a. (Gramm) polysyndetic, polysyndeton (attr.).
polisindeto m. (Gramm) polysyndeton.
polisintetico a. (Ling) polysynthetic.
polisolfuro m. (Chim) polysulphide.
polisportiva f. sports club.
polisportivo a. sports (attr.): campo ~ sports ground.
polista[1] m.f. (Sport) polo player, (rar) poloist.
polista[2] I m.f. (Pol) from the polo delle libertà (freedom alliance), of the polo delle libertà (freedom alliance). II a. (Pol) member of the polo delle libertà (freedom alliance).
polistadio a.inv. multistage: (Mil) missile ~ multistage missile.
polistilo a. (Arch) bundle (attr.), cluster, clustered, (ant) polystyle: pilastro ~ bundle pillar, cluster pillar.
polistirene m. (Chim) polystyrene, (Am) styrofoam. □ (Chim) ~ espanso expanded polystyrene, foam polystyrene, polystyrene foam.
polistirolo m. (Chim) polystyrene, (Am) styrofoam. □ (Chim) ~ espanso expanded polystyrene, foam polystyrene, polystyrene foam.
politeama m. multi purpose theatre.
politecnico (pl. -ci) I a. polytechnic, polytechnical. II m. (Univ) polytechnic, polytechnic institute, polytechnical institute, (Br) poly.
politeismo m. (Rel) polytheism.

politeista I m.f. (Rel) polytheist. II a. (Rel) polytheistic, polytheistical, polytheist (attr.).
politeistico (pl. -ci) a. (Rel) polytheistic, polytheistical, polytheist (attr.).
politezza f. 1 polish. 2 (fig) polish, refinement.
politica f. 1 (scienza) politics (costr.sing. o pl.): fare ~ to be politically involved, to be a politician; entrare in ~ to enter politics, to go into politics; darsi alla ~ to enter into politics; ritirarsi dalla ~ to retire from political life. 2 (modo di governare) policy: ~ aziendale company policy, corporate policy. 3 (linea di condotta) policy: una ~ lungimirante a far-sighted policy; adottare una ~ sbagliata to pursue a wrong policy. 4 (fig) (condotta astuta) diplomacy, tact. □ ~ ambientale environmental policy; ~ coloniale colonial policy; ~ degli investimenti investment policy; ~ dei redditi income policy; ~ del personale personnel policy; ~ del pieno impiego full-employment policy; ~ delle vendite sales policy; (fig) fare la ~ dello struzzo to play ostrich, to bury one's head in the sand; ~ demografica population policy, demographic policy; ~ di bilancio budget policy; ~ di buon vicinato good neighbour policy; ~ di colonizzazione colonization policy; ~ di difesa defence policy; ~ di equilibrio balance policy; ~ di espansione expansionist policy; ~ di mercato market policy; ~ di potere power politics; ~ difensiva defence policy; (Pol) ~ distensiva conciliatory policy; ~ economica economic policy; ~ energetica energy policy; ~ espansionistica expansionist policy; ~ estera foreign policy; ~ europeista (o ~ europeistica) policy of European unification; ~ fiscale fiscal policy; ~ interna domestic politics, home politics; di ~ interna concerning home affairs; ~ liberista free-trade, free-trade policy, laissez-faire policy; ~ monetaria monetary policy; ~ salariale wage policy; ~ sanitaria health policy; ~ sindacale union policy, trade-union policy; ~ sociale social policy; ~ urbanistica town planning policy, urban planning policy.
politicamente avv. politically: ~ corretto politically correct; una dichiarazione ~ scorretta a politically incorrect statement.
politicante m.f. (spreg) petty politician, politician.
politicastro m. (spreg) politicaster, petty politician, politician.
politiche f.pl. (Pol) (elezioni politiche) parliamentary elections, general elections.
politichese m. (spreg) political jargon.
politicità f. political nature.
politicizzare (**politicìzzo**) I v.t. 1 (rif. a persona) to politicize. 2 (rif. a situazione) to politicize, to turn (sth.) into a political event. II v.pron. **politicizzarsi** 1 (rif. persona) to politicize, to become politicized. 2 (rif. a situazione) to politicize, to take on a political colour.
politicizzazione f. politicization, politicalization.
politico (pl. -ci) I a. political: dottrina politica political doctrine; economia politica political economy; elezioni politiche parliamentary elections, general elections. II m. 1 (f. -a) politician. 2 (f. -a) (fig) (persona abile) politician, (colloq) operator. 3 (sfera pubblica) public sphere. □ ~ professionista professional politician.
politicone m. (colloq) great intriguer, schemer, shrewd operator; (furbone) sly fox.
polito a. 1 (lett) polished, burnished. 2 (fig)

polished, refined.
politologia f. political science.
politologico (pl. -ci) a. concerning political science.
politologo m. (f. -a; pl. -gi/-ghi) political scientist.
politonale a. (Mus) polytonal.
politonalità f. (Mus) polytonality.
politrasfuso m. (f. -a) (Med) patient who has undegone many blood transfusions.
polittico (pl. -ci) m. (Art) polyptych.
politura f. 1 polishing, burnishing. 2 (fig) polishing, refining. 3 (ant) cleaning; (il lavare) washing; (lo strofinare) wiping, wiping-over. 4 (Tecn,ant) (lucidatura) buffing, polishing.
poliuria, poliuria f. (Med) polyuria.
polivalente a. 1 (Chim) polyvalent, multivalent. 2 (Farm) multivalent, polyvalent: vaccino ~ multivalent vaccine, polyvalent vaccine. 3 (fig) (multiuso) multipurpose: sala ~ multipurpose room.
polivalenza f. 1 (Chim) polyvalence, polyvalency. 2 (fig) multivalence.
polivinile m. (Chim) polyvinyl.
polizia f. 1 police (general. costr.pl.), police force: denunciare qcu. alla ~ to report so. to the police; chiamare la ~ to call the police; arriva la ~ the police are coming.; entrare nella ~ to join the police force. 2 (commissariato) police station: andare alla ~ to go to the police station. □ ~ a cavallo mounted police; ~ amministrativa administrative police; ~ ausiliaria auxiliary police (force); ~ criminale criminal investigation; di ~ police (attr.); misure di ~ police measures; agente di ~ policeman; ~ di frontiera border police, frontier police, (Am) border patrol; ~ di stato state police; ~ femminile women's police, women's police force; ~ ferroviaria railway police; ~ forestale forest police, (Am) park police, park rangers pl., forest rangers pl.; ~ giudiziaria criminal police; ~ investigativa investigative police; ~ marittima maritime police; ~ militare military police; ~ municipale (Br) Town Hall Police, (Am) city police; ~ penitenziaria (Br) penitentiary police, (Am) Corrections Officers pl., Department of Correction; ~ privata private police; ~ sanitaria sanitary police; ~ scientifica forensic department; ~ segreta secret police; ~ stradale: 1 traffic police: pattuglia della ~ stradale traffic police patrol; 2 (su strade extraurbane) highway police; ~ tributaria excise and revenue police, inland revenue police; ~ veterinaria veterinary police.
Poliziano n.pr.m. (Stor,Lett) Politian.
poliziesco I a. 1 police (attr.): indagine poliziesca police investigation. 2 (spreg) police (attr.), police-like: metodi polizieschi police methods. 3 (Lett,Cin) detective: film ~ detective film. II m. 1 (film poliziesco) detective film, (colloq) thriller. 2 (giallo) detective novel, detective story, (colloq) thriller.
poliziotto I m. (f. -a) policeman (f. -woman), (police) constable, (colloq) bobby, (Am, colloq) cop: donna ~ police woman, female police officer. II a.inv. (posposto) police (attr.): cane ~ police dog. □ ~ a cavallo mounted policeman; ~ in borghese plainclothes policeman, undercover policeman; (colloq) ~ privato private detective, private eye.
polizza f. 1 (Assic) policy, insurance: ~ di assicurazione insurance policy; firmare una ~ to sign a policy; stipulare una ~ (o fare una ~) to take out a policy. 2 (Comm) bill, receipt, voucher: ~ di deposito deposit receipt. 3 (Tip) fount scheme, fount list, bill of fount,

fount synopsis. ☐ (*Assic*) ~ *al portatore* bearer policy; (*Comm*) ~ *all'ordine* policy to order; (*Assic*) ~ *antincendio* fire policy, fire insurance; (*Assic*) ~ *aperta* open policy; (*Assic*) ~ *assicurativa* : 1 insurance policy; 2 (*sulla vita*) (*Br*) assurance policy, (*Am*) life insurance policy; (*Assic*) ~ *auto* car policy; (*Assic*) ~ *casco* all risks policy, comprehensive insurance; (*Assic*) ~ *collettiva* group policy; (*Assic*) ~ *contro gli incidenti* accident policy; (*Comm,Mar*) ~ *di carico* bill of lading; ~ *di pegno* pawn ticket; (*Assic*) ~ *d'indennità* indemnity policy; (*Assic*) ~ *fideiussoria* bond policy; (*Assic*) ~ *flottante* floating policy; (*Assic*) ~ *individuale* individual policy; ~ *individuale infortuni* personal accident policy; (*Assic*) ~ *infortuni* accident policy, accident insurance; (*Assic*) ~ *kasko* all risks policy, comprehensive insurance; (*Assic*) ~ *multirischio* comprehensive insurance policy; (*Assic*) ~ *per rischi multipli* package insurance policy; (*Assic*) ~ *tagliando* coupon policy; (*Assic*) ~ *vincolata* bound policy; (*Assic*) ~ *vita* life insurance.

polizzino *m*. 1 (*Econ*) (*fede di credito*) certificate of credit. 2 (*Mar*) (*polizza di carico*) parcel receipt, parcel ticket.

polka *f*. (*Mus*) polka.

polla *f*. 1 spring. 2 (*vena d'acqua*) vein (of water). 3 (*lett,fig*) source.

pollaio *m*. 1 henroost, henhouse; (*recinto*) fowl-run, chicken-run, chicken coop. 2 (*pollame*) poultry. 3 (*colloq*) (*luogo sporco*) pigsty, pigpen. 4 (*colloq*) (*luogo chiassoso*) madhouse, bedlam.

pollaiolo *m*. (*f*. **-a**) poulterer, poultryman (*f*. -woman).

pollame *m*. poultry.

pollanca *f*. (*region*) 1 (*gallina giovane*) pullet. 2 (*tacchina giovane*) young hen-turkey.

pollastra *f*. 1 (*gallina giovane*) pullet. 2 (*fig, scherz*) chicken, (*colloq*) chick.

pollastro *m*. 1 (*giovane pollo*) young fowl; (*galletto*) cockerel. 2 (*fig,scherz*) (*persona ingenua*) simpleton, fool, dupe, (*colloq*) sucker.

polleria *f*. poultry shop, poulterer's.

pollice *m*. 1 thumb. 2 (*unità di misura*) inch: *un video da 15 pollici* 15 inch video, 15 inch TV screen. ☐ (*fig*) *avere il* ~ *verde* to have green fingers, (*Am*) to have a green thumb; ~ *verso* thumbs down.

Pollicino *n.pr.m*. (*Lett*) Tom Thumb.

pollicoltore *m*. (*f*. **-trice**) poultry farmer, chicken farmer.

pollicoltura *f*. poultry farming, poultry breeding.

pollina *f*. (*concime*) chicken droppings *pl*., fowl dung.

polline *m*. 1 (*Bot*) pollen. 2 (*Farm*) bee pollen.

pollinico (*pl*. **-ci**) *a*. (*Bot*) pollen (*attr*.), pollinic: *tubo* ~ pollen tube.

pollino *a*. (*del pollo*) chicken (*attr*.), fowl (*attr*.), poultry (*attr*.).

pollinosi *f*. (*Med*) pollinosis, pollenosis.

pollivendolo *m*. (*f*. **-a**) poulterer, poultryman (*f*. -woman).

pollo *m*. 1 chicken, fowl: *spennare un* ~ to pluck a chicken, (*Br*) to know one's onions. 2 (*carne*) chicken meat, fowl. 3 (*fig,scherz*) (*semplicione*) simpleton, fool, dupe, (*colloq*) sucker. ☐ (*Gastron*) ~ *alla cacciatora* chicken cacciatore; (*Gastron*) ~ *alla diavola* spicy grilled chicken; (*Gastron*) ~ *alla Marengo* chicken Marengo; (*Gastron*) ~ *allo spiedo* spit roast chicken, chicken on the spit, rotisserie chicken; (*Gastron*) ~ *arrosto* roast chicken; ~ *da ingrasso* chicken for fat-

tening; *di* ~ chicken (*attr*.): *petto di* ~ chicken breast; ~ *di allevamento* (*Br*) battery chicken, (*Am*) commercially grown chicken; ~ *di batteria* (*Br*) battery chicken, (*Am*) commercially grown chicken; (*Gastron*) ~ *fritto* fried chicken; (*Gastron*) ~ *lesso* boiled chicken; (*Gastron*) ~ *ripieno* stuffed chicken; ~ *ruspante* farmyard chicken, free-range chicken; (*Ornit*) ~ *sultano* purple gallinule, purple swamphen.

pollone *m*. (*Bot*) shoot, cutting, scion, sucker.

polloneto *m*. (*Agr*) cutting nursery, propagator.

Polluce *n.pr.m*. (*Mitol,Astr*) Pollux.

polluzione *f*. (*Fisiol*) pollution. ☐ (*Fisiol*) ~ *notturna* nocturnal emission, (*colloq*) wet dream.

polmonare *a*. pulmonary, lung (*attr*.): *arteria* ~ pulmonary artery.

polmonaria *f*. (*Bot*) lungwort.

polmonato *m*. (*Zool*) 1 pulmonate. 2 *pl*. pulmonata, slugs and snails.

polmone *m*. 1 (*Anat*) lung: *avere un* ~ *perforato* to have a punctured lung. 2 (*fig*) (*zona verde*) lung, green area. 3 (*fig*) (*forza motrice*) driving force, driving power: *il turismo estivo è il* ~ *dell'economia italiana* summer tourism is the driving force of Italian economy. ☐ (*Med*) ~ *artificiale* artificial lung; (*Med*) ~ *d'acciaio* iron lung; (*fig*) ~ *verde* green lung.

polmonite *f*. (*Med*) pneumonia. ☐ (*Med*) ~ *apicale* apical pneumonia; (*Med*) ~ *catarrale* catarrhal pneumonia; (*Med*) ~ *lobare* lobar pneumonia; (*Med*) ~ *virale* viral pneumonia.

polo[1] *m*. pole (*anche fig*): ~ *di una calamita* pole of a magnet. ☐ (*Fis*) ~ *analogo* analogous pole; (*Astr*) *policelesti* celestial poles; (*Stor.it,Pol*) *il* ~ *delle libertà* Italian centre-right coalition; ~ *di sviluppo* development pole; (*Geog*) ~ *geografico* geographical pole; (*Geog*) ~ *geomagnetico* geomagnetic pole; ~ *industriale* industrial park, industrial estate; (*Fis*) ~ *magnetico* magnetic pole; (*El*) ~ *negativo* negative pole; (*Geog*) ~ *nord* North Pole; (*fig*) *essere ai poli opposti* to be poles apart, to be poles asunder; (*El*) ~ *positivo* positive pole; ~ *scolastico* : 1 (*in un quartiere*) school system (group of schools in a particular area); 2 (*in una regione vasta*) institution comprising various schools; (*Geog*) ~ *sud* South Pole; (*Geog*) ~ *terrestre* (terrestrial) pole.

polo[2] *m*. (*Sport*) polo: *bastone da* ~ polo stick.

polo[3] *f.inv*. (*Abbigl*) polo shirt: *collo a* ~ polo neck.

Polonia *n.pr.f*. (*Geog*) Poland.

polonio *m*. (*Chim*) polonium.

polpa *f*. 1 (*di frutti*) pulp, flesh: ~ *di albicocca* apricot pulp. 2 (*Macell*) lean, lean meat: ~ *di vitello* lean calf meat. 3 (*fig*) (*parte sostanziale*) pith, substance, essential part, heart, core, point, main point, (*colloq*) nitty-gritty: *la* ~ *di un discorso* the pith of a speech. ☐ (*Anat*) ~ *dentaria* pulp, dental pulp; (*Alim*) ~ *di granchio* crab meat; (*Ind*) ~ *di legno* wood pulp; (*Abbigl,ant*) *in polpe* (*con calzoni corti e calze aderenti al polpaccio*) in knee-livery, in knee-breeches, wearing knee-breeches and tight stokings.

polpaccio *m*. (*Anat*) calf (of the leg): *una gonna al* ~ a calf-length skirt.

polpacciuto *a*. 1 (*che ha molta polpa*) fleshy, very fleshy, pulpy. 2 (*con grossi polpacci*: *rif. alla persona*) having big calves, having fat calves; (*rif. alla gamba*) fat, big,

thick, thick-calved.

polpastrello *m*. (*Anat*) fleshy part of the fingertip.

polpetta *f*. 1 (*Gastron*) meat-ball, rissole. 2 (*boccone avvelenato*) poisoned bait. ☐ (*fig*) *fare polpette di qcu*. to make mincemeat of so.

polpettone *m*. 1 (*Gastron*) meat-loaf. 2 (*fig*) (*opera farraginosa e noiosa*) hotchpotch, hodgepodge, mishmash.

polpo *m*. (*Zool*) octopus.

polposo *a*. fleshy, pulpy: *frutta polposa* fleshy fruit; *consistenza polposa* fleshiness, pulpiness.

polputo *a*. fleshy, fat, plump: *braccia polpute* fat arms.

polsino *m*. 1 (*Abbigl*) cuff. 2 (*Abbigl*) (*bottone*) cuff link. 3 (*Sport*) wristband.

polso *m*. 1 (*Anat*) wrist. 2 (*Med*) pulse; (*il battito*) pulse, pulsebeat: ~ *regolare* regular pulse; *tastare il* ~ *a qcu*. to feel so.'s pulse. 3 (*Sart*) cuff. 4 (*fig*) (*energia*) vigour, energy. ☐ (*Med*) ~ *accelerato* quick pulse; (*fig*) *avere* ~ to be resolute; *non avere* ~ to be weak, to be feeble, to be irresolute, not to be resolute; (*fig*) ~ *debole* weak pulse; *un uomo di* ~ a vigorous man, a man of energy, a firm man; (*fig*) ~ *fermo* steady hand, strong hand, firmness; *con* ~ *fermo* with a strong hand; (*Med*) ~ *frequente* rapid pulse, quick pulse; (*Med*) ~ *irregolare* irregular pulse; *senza* ~: 1 (*fig*) weak, feeble, irresolute, (*colloq*) wishy-washy; 2 (*Abbigl*) cuffless: *manica senza* ~ cuffless sleeve; 3 (*Med*) pulseless, lifeness.

POLSTRADA *polizia stradale* (Traffic Police, Motorway Police, Highway Patrol).

poltiglia *f*. 1 mush, pulp, mash: *ridurre qcs*. *in* ~ to reduce sth. to a pulp, to crush sth. to a pulp, to mush sth.; (*scherz*) *ridurre qcu*. *in* ~ to make mincemeat of so. 2 (*fanghiglia*) mire, mud, slush. ☐ (*Agr*) ~ *bordolese* Bordeaux mixture.

poltrire (**poltrisco, poltrìsci**; *aus*. **avere**) *v.i*. 1 (*indugiare nel letto*) to lie lazily in bed, to lounge in bed. 2 (*starsene ozioso*) to idle about, to laze about, to loaf, to lounge.

poltrona *f*. 1 (*Arred*) armchair, easy chair, chair. 2 (*Teat*) stalls *pl*., (*Am*) orchestra seat: *prenotare una* ~ to book a seat in the stalls. 3 (*fig*) (*carica*) position, seat, office: ~ *di ministro* seat of minister. ☐ (*Arred*) ~ *a dondolo* rocking armchair; (*Arred*) ~ *a rotelle* wheel-chair; (*Arred*) ~ *a sdraio* deck-chair; (*Arred*) ~ *da barbiere* barber's chair; (*Arred*) ~ *da dentista* dentist's chair; (*Arred*) ~ *di pelle* leather chair; (*Arred*) ~ *girevole* swivelling armchair; (*fig*) *starsene in* ~ to loaf about, to laze about; (*Arred*) ~ *letto* chair-bed; (*Arred*) ~ *reclinabile* recliner.

poltronaggine *f*. laziness, idleness, indolence, sluggishness, sloth.

poltroncina *f*. 1 (*Arred*) small armchair. 2 (*Teat*) pit stalls *pl*., seat in the pit stalls *pl*., seat in the back stalls *pl*.; (*Am*) back orchestra seat.

poltrone **I** *m*. (*f*. **-a**) lazy person, indolent person, idler, loafer, (*colloq*) lazybones. **II** *a*. lazy, idle, sluggish, indolent.

poltroneria *f*. laziness, idleness, indolence, sluggishness, sloth.

poltronesco (*pl*. **-chi**) *a*. (*rar*) lazybones (*attr*.).

poltronissima *f*. (*Teat*) front stalls *pl*., seat in the front stalls; (*Am*) front seat.

poltronite *f*. (*scherz,colloq*) laziness, idleness: *soffre di* ~ *acuta* he's a lazybones.

polvere *f*. 1 dust: *una nuvola di* ~ a cloud of dust; *coperto di* ~ (*o pieno di* ~) dusty; (*fig*) *gettare la ~ negli occhi a qcu.* to throw dust in so.'s eyes. **2** (*sostanza simile alla polvere*) powder, dust: ~ *d'oro* gold dust. **3** (*polvere pirica*) powder, gunpowder. □ (*Lit*) *-alla ~ dust* to dust; (*eufem*) *~bianca*: **1** (*cocaina*) cocaine; **2** (*eroina*) heroine; *~da sparo* gunpowder; *~ di carbone* coal dust; (*fig*) *~ di stelle* stardust; *~ di zinco* zinc dust; *fare la ~*: **1** (*colloq*) (*spolverare*) to dust, to do the dusting; **2** (*accumulare polvere*) to collect dust; *in ~* powdered, in powder: (*Alim*) *latte in ~* powdered milk, dry milk, milk powder; *~insetticida* insect-powder; (*Astr*) *~interstellare* cosmic dust; (*Alim*) *~ lievitante* baking powder; *~ meteorica* meteor dust, meteoric dust; *~nera* black powder; *~pirica* gunpowder; *~ radioattiva* radioactive dust; *polveri sottili* fine dusts; *~ vulcanica* volcanic dust.

polveriera *f.* **1** (*Mil*) powder magazine, powder store. **2** (*fig*) powder keg: *essere seduti su una ~* to be sitting on a powder keg.

polverificio *m.* powder factory, powder mill.

polverina *f.* **1** (*polvere*) dust, fine powder. **2** (*Farm*) powder. **3** (*gerg*) (*cocaina*) cocaine, snow; (*eroina*) heroine.

polverino *m.* (*ant*) **1** (*Arm*) (*da sparo*) priming, priming powder; (*astuccio*) powder-flask. **2** (*per asciugare l'inchiostro*) pounce, sand; (*contenitore*) dust box.

polverio *m.* cloud of dust, dust cloud.

polverizzabile *a.* pulverizable, pulverable.

polverizzare (**polverìzzo**) **I** *v.t.* **1** to pulverize: *~ il sale* to pulverize salt. **2** (*nebulizzare*) to nebulize, to atomize. **3** (*Gastron*) (*cospargere di polvere*) to dust, to sprinkle, to sift. **4** (*fig*) (*annientare*) to pulverize, to annihilate, to demolish. **II** *v.pron.* **polverizzarsi 1** to turn to powder, to turn to dust. **2** (*fig*) to melt away: *i milioni in mano sua si polverizzano* the millions just melt away in his hands. □ (*fig*) *~ un record* to break a record.

polverizzato *a.* **1** pulverized, powdered. **2** (*nebulizzato*) atomized, nebulized.

polverizzatore *m.* **1** (*apparecchio*) sprayer, pulverizer. **2** (*nebulizzatore*) atomizer, nozzle, nebulizer. **3** (*Agr*) (*per polvere insetticida*) duster. **4** (*Mot*) injector nozzle, injector, spray nozzle. □ (*Mecc*) *~a gabbia* cage mill; (*Mecc*) *~a rulli* roller pulverizer.

polverizzazione *f.* **1** (*di solidi*) pulverization; (*di liquidi*) atomizing. **2** (*fig*) pulverization, disintegration.

polverone *m.* thick cloud of dust: (*fig*) *sollevare un gran ~ per niente* to make a great fuss about nothing, to be just blowing smoke, to be just kicking up smoke.

polveroso *a.* **1** (*pieno di polvere*) dusty, full of dust: *sentiero ~* dusty path. **2** (*coperto di polvere*) dusty, dust-covered: *scaffali polverosi* dusty shelves. **3** (*simile a polvere*) powdery: *neve polverosa* powdery snow. **4** (*fig*) (*antiquato*) outdated, fossilized.

polverulento *a.* (*lett*) powdery, dusty, covered with dust, (*lett*) pulverulent.

polverume *m.* (*spreg*) **1** dust, heap of dust. **2** (*fig*) (*vecchiume*) old junk, old trash.

pomata *f.* **1** (*Farm*) ointment, salve. **2** (*Cosmet*) pomade. □ (*Farm*) *~oftalmica* ophthalmic ointment; *~per i capelli* hair pomade.

pomellato *a.* dappled, dapple, dapple-grey, dappled-grey, dappled-gray: *cavallo ~* dapple.

pomellatura *f.* dapples *pl.*

pomello *m.* **1** (*della guancia*) cheek. **2** (*oggetto sferico*) pommel, knob, ball grip.

pomeridiano *a.* **1** afternoon (*attr.*): *lezioni pomeridiane* afternoon classes. **2** (*con l'indicazione di ore*) p.m., in the afternoon: *alle cinque pomeridiane* at five p.m.

pomeriggio *m.* afternoon: *le ore del ~* the afternoon (hours); *ieri ~* yesterday afternoon; *oggi ~* this afternoon; *il tè del ~* the afternoon tea. □ *di ~* in the afternoon; *nel ~* in the afternoon: *nel primo ~* in the early afternoon; *nel tardo ~* in the late afternoon.

pomice *f.* **1** (*Min*) (*anche pietra pomice*) pumice, pumice-stone. **2** (*polvere di pomice*) pumice, pumice powder.

pomiciare (**pómicio, pómici**) **I** *v.i.* (*aus. avere*) (*pop*) (*abbandonarsi a effusioni amorose*) to neck, to pet, to snog, to snooch, to spoon. **II** *v.t.* (*pulire con pomice*) to pumice, to clean (sth.) with pumice, to smooth (sth.) with pumice.

pomiciata *f.* (*pop*) necking, smooch, smooching, (*Br*) snogging, (*Am*) making out.

pomiciatura *f.* pumicing.

pomicione *m.* (*f.* **-a**) (*pop*) (*Br*) necker, snogger, (*Am*) flirt.

pomo *m.* **1** (*mela*) apple. **2** (*lett*) pome. **3** (*oggetto simile a mela*) pommel, knob; (*rif. alla spada*) pommel. **4** (*Mar,ant*) (*formagetta*) (masthead) truck. □ (*Anat*) *~d'Adamo* Adam's apple; *~ della discordia*: **1** (*Mitol*) apple of discord; **2** (*fig*) bone of contention; *~della sella* saddle pommel, pommel; (*Bot, Alim*) *~ di acagiù* (*frutto dell'anacardio*) cashew nut, cashew; (*Bot*) *~granato* pomegranate, pomegranate tree.

pomodorino *m.* (*Alim,colloq*) cherry tomato.

pomodoro (*pl.* **pomodòri/pomidòro**) *m.* (*Bot,Alim*) tomato. □ (*Bot,Alim*) *pomodori ciliegini* cherry tomatoes; *di ~* (*o di pomodori*) tomato (*attr.*): *sugo di ~* tomato sauce; (*Zool*) *~di mare* sea anemone; (*Gastron*) *pomodori gratinati* tomatoes au gratin, gratinéed tomatoes; (*Alim*) *pomodori pelati* peeled tomatoes; (*Bot,Alim*) *pomodori perini* plum tomatoes; (*Bot,Alim*) *pomodori ramati* tomatoes on the vine; (*Gastron*) *pomodori ripieni* stuffed tomatoes; (*Alim*) *pomodori secchi* dried tomatoes, sundried tomatoes; (*Alim*) *pomodori sott'olio* tomatoes in oil; (*Bot,Alim*) *pomodori verdi* green tomatoes.

pomogranato *m.* (*Bot*) (*melograno*) pomegranate, pomegranate tree.

pomologia *f.* (*Agr*) pomology.

pomologico (*pl.* **-ci**) *a.* (*Agr*) pomological.

pomologo *m.* (*f.* **-a**) (*Agr*) pomologist.

pompa¹ *f.* **1** (*Tecn*) pump. **2** (*idrante*) hydrant, water plug. **3** (*distributore di benzina*) petrol station, service station; (*Am*) filling station, gasoline station; (*colonnina*) petrol pump, (*Am*) gas pump. **4** (*Mus*) trombone slide. **5** (*volg*) blow job. □ (*Tecn*) *~a mano*: **1** hand pump, manual pump; **2** (*per gonfiare pneumatici*) inflator; (*Tecn*) *~a pedale* foot pump; (*Tecn*) *~a stantuffo* piston pump; (*Tecn*) *~a vuoto* vacuum pump; (*Tecn*) *~ad aria* air pump; (*Tecn*) *~ad ingranaggi* rotary gear pump; (*Tecn*) *~antincendio* fire-engine; (*Tecn*) *~aspirante* sucking pump, suction pump; (*Tecn*) *~ autoadescante* self-priming pump; (*Tecn*) *~centrifuga* centrifugal pump; (*Mot*) *~ d'alimentazione* fuel pump, feed pump; (*Mot*) *~della benzina* fuel pump, petrol pump; (*Tecn*) *~della bicicletta* bicycle pump; (*Tecn*) *~dell'acqua* water pump; (*Mot*) *~dell'olio* oil pump; (*Tecn*) *~di adescamento* priming pump, primer pump; (*Tecn*) *~di calore* heat pump; (*Tecn*) *~di compressione* compressor, compression pump; (*Mot*) *~di iniezione* jerk pump; (*Tecn*) *~ di*

lavaggio washdown pump; (*Tecn*) *~di recupero* scavenge pump; (*Tecn*) *~idraulica* hydraulic pump; (*Tecn*) *~idrovora* dewatering pump; (*Tecn*) *~ per pneumatici* tyre pump, (*Am*) tire pump, air hose; (*Tecn*) *~pneumatica* air pump; (*Tecn*) *~solare* solar pump.

pompa² *f.* **1** (*apparato sfarzoso*) pomp, pomp and circumstance, display: *nozze celebrate con gran ~* wedding celebrated with great pomp. **2** (*lett*) (*ostentazione*) pomp, display, ostentatious display, show, parade: *far ~ della propria ricchezza* to make a display of one's wealth. □ (*fig*) *far ~di sé* to boast oneself, to show off, to parade; *pompe funebri* undertaker's (establishment), funeral parlour, (*Am*) funeral parlor, funeral home; (*scherz*) *in ~magna* in full pomp, with great pomp, in full fig; (*scherz*) *mettersi in ~ magna* to put on one's best, to dress up.

pompaggio *m.* (*Ind,Tecn,Fis*) pumping: (*Idr*) *stazione di ~* pumping plant. □ (*Tecn*) *~chimico* chemical pumping; (*Tecn*) *~elettrico* electrical pumping; (*Fis*) *~ magnetico* magnetic pumping; (*Tecn*) *~ ottico* optical pumping.

pompare (**pómpo**) *v.t.* **1** to pump: *~ l'acqua dal pozzo* to pump water from the well. **2** (*gonfiare*) to pump up, to blow up, to inflate: *~ una ruota* to pump a tyre, to blow up a tyre, to inflate a tyre, (*Am*) to inflate a tire. **3** (*fig*) (*esagerare*) to exaggerate, to blow up, to pump up: *~ una notizia* to blow up a piece of news.

pompata *f.* **1** pump, pumping. **2** (*quantità*) pumpful. □ *dare una ~ alla gomma* to give the tyre a quick pumping, (*Am*) to give the tire a quick pumping.

Pompei *n.pr.f.* (*Geog*) Pompeii.

pompeiano¹ **I** *a.* (*di Pompei*) Pompeian, Pompeiian: *rosso ~* Pompeian red. **II** *m.* (*f.* **-a**) (*abitante di Pompei*) Pompeian, Pompeiian.

pompeiano² **I** *a.* (*Stor*) (*di Pompeo*) Pompeian, Pompey's. **II** *m.* (*Stor*) (*sostenitore di Pompeo*) Pompeian, follower of Pompey.

pompelmo *m.* **1** (*Bot*) grapefruit, grapefruit tree. **2** (*Bot,Alim*) grapefruit.

Pompeo *n.pr.m.* (*Stor*) Pompey, Pompeius.

pompetta *f.* **1** sprayer, dropper. **2** (*piccola pompa*) small pump, pump.

pompiere *m.* **1** (*vigile del fuoco*) fireman, firefighter. **2** *pl.* firemen, fire squad *sing.*, (*Br*) fire brigade *sing.*: *chiamare i pompieri* to call the firemen; *corpo dei pompieri* fire squad, (*Br*) fire brigade.

pompino *m.* (*volg*) blow job: *fare un ~ a qcu.* to give so. a blow job, (*Am*) to blow so., to go down on so.

pompista *m./f.* (*addetto ai distributori di benzina*) service-station attendant, pump attendant.

pompon *m.inv.* pompom, pompon, (*Br*) bobble.

pomposamente *avv.* pompously, with pomp, bombastically.

pomposità *f.* pompousness, pomposity.

pomposo *a.* **1** (*sfarzoso*) splendid, grand, magnificent. **2** (*esageratamente ricco*) pompous, over-magnificent: *una cerimonia pomposa* a grand ceremony. **3** (*fig*) (*vanaglorioso*) pompous, showy, ostentatious, self important. **4** (*Mus*) pomposo.

ponce /'pontʃe/ *m.inv.* (*bevanda*) punch.

poncho /'pontʃo/ *m.inv.* (*Abbigl*) poncho.

ponderabile *a.* **1** (*fig*) ponderable. **2** (*pesabile*) ponderable, weighable, measurable.

ponderabilità *f.* ponderability.

ponderale *a.* (*relativo al peso*) ponderal, weight (*attr.*).

ponderare (pòndero) v.t. **1** to ponder, to consider, to think about, to think over, to weigh up: *pondera bene ciò che devi fare* think carefully about what you must do. **2** (*Statist*) to weight. **3** (*assol.*) (*riflettere, considerare*) reflect, to think over, to ponder, to consider.

ponderatamente avv. thoughtfully, after due consideration, after careful consideration, meditatively.

ponderato a. **1** (*meditato*) considered, well-considered, well-pondered, thought-out: *parole ponderate* well-considered words; *una decisione ben ponderata* a well thought-out decision. **2** (*rif. a persona: assennato*) careful, circumspect, sensible, balanced.

ponderazione f. **1** (*attenta considerazione*) careful consideration, ponderation. **2** (*Tecn*) weighting: (*Statist*) *coefficiente di ~* weighting coefficient.

ponderoso a. **1** (*fig*) (*gravoso*) heavy, weighty, burdensome: *un compito ~* a burdensome task, a weighty task. **2** (*pesante*) weighty, ponderous, heavy, lumbering.

ponente I a. setting: *il sole ~* the setting sun. II m. **1** (*occidente*) west: *a ~ dell'Italia* west of Italy. **2** (*estens*) (*vento di ponente*) west wind, westerly wind, wester, westerly. **3** (*insieme di paesi posti a oriente dell'Italia*) Near West, (*lett*) Ponent. □ *a ~* westwards, towards the west; *diretto a ~* westbound; *da ~* westerly; *verso ~* west, westwards.

ponentino m. (*Meteor*) westerly sea breeze.

pongo[1] → **porre**.

pongo[2] m. (*Zool*) pongo.

pongo[3] m. (*plastilina*) Plasticine.

ponte I m. **1** bridge: *attraversare un ~* to cross a bridge; *gettare un ~* to throw a bridge, to build a bridge (*anche fig*); *gettare un ponte su un fiume* to bridge a river, to build a bridge over a river. **2** (*fig*) bridge, connection, link: *fare da ~* to link, to connect, to bridge. **3** (*Edil*) (*impalcatura, ponteggio*) scaffold, scaffolding, staging. **4** (*Mar*) deck: *salire sul ~* to go on deck. **5** (*Dent*) bridgework, bridge. **6** (*El,Inform*) bridge, jumper. **7** (*Ginn*) arch, crab, bridge. **8** (*Aut,Mecc*) axle. **9** (*periodo festivo*) long weekend, long holiday. II a.inv. (*posposto*) transitional: *governo ~* transitional government. □ (*Mar*) *a due ponti* two deck (*attr.*); *~ a pedaggio* toll bridge; (*Mar*) *~ a pozzo* well deck; (*Strad*) *~ a schiena d'asino* humpback bridge, humpbacked bridge, hog-humpbacked bridge, hog-backed bridge; (*Arch*) *~ a tre arcate* three-arch bridge; (*Acus*) *~ acustico* acoustic bridge; (*Arch*) *~ ad archi* arch bridge; (*Aer*) *~ aereo* airlift, air bridge; (*Mil*) *~ corazzato* armoured deck; (*Mar.mil*) *~ d'atterraggio* flight deck; *Ponte dei sospiri* (a Venezia) Bridge of Sighs; (*Anat*) *~ del naso* bridge of the nose; *~ di barche*: 1 (*Mar*) bridge of boats; 2 (*Mar.mil*) pontoon bridge; (*Mar*) *~ di batteria* battery bridge; (*Mar*) *~ di chiatte* pontoon bridge; (*Mar*) *~ di comando* upper bridge, pilot bridge, navigating bridge; (*Mar*) *~ di compartimentazione stagno* bulkhead deck; (*Mar*) *~ di coperta* upper deck, main deck; (*Mar.mil*) *~ di decollo* flight deck, take off deck; *~ di fortuna* jury bridge; (*Mar*) *~ di manovra* awning deck, weather deck; (*Mar*) *~ di palpitazione* panting deck; (*Mar*) *~ di passeggiata* promenade deck; (*Arch*) *~ di pietra* stone bridge; (*Mar*) *~ di poppa* poop deck, after deck, afterdeck; (*Mar*) *~ di prua* foredeck, forebridge; (*Anat*) *~ di Varolio* pons Varolii, bridge of Varolius;

(*Aer.mil*) *~ di volo* flying deck; (*Mar*) *~ d'imbarco* loading deck; (*Edil*) *~ d'impalcatura* catwalk; (*fig*) *fare i ponti d'oro a qcu.* to make so. an advantageous offer; *fare il ~*: 1 (*Ginn*) to do the crab; 2 (*fig*) (*rif. a giorni festivi*) to take a day off on a day falling between two holidays; (*Ferr*) *~ ferroviario* railway bridge; (*Arch*) *~ girevole* turn bridge, swing bridge, pivot bridge; (*Arch*) *~ in acciaio* steel bridge; (*Mar*) *~ inferiore* lower deck; (*Mar*) *~ intermedio* middle deck; (*Mil*) *~ levatoio* drawbridge, bascule bridge; (*Arch*) *~ mobile* movable bridge; (*Mecc*) *~ motore* live axle; *~ pedonale* foot bridge; (*Mar*) *~ poppiero* after bridge, after deck, afterdeck; (*Mar*) *~ principale* main deck; (*Rad*) *~ radio* radio link; (*Chim,Fis*) *~ salino* saline bridge, salt bridge; (*Mar*) *~ scoperto* weather deck; (*Arch*) *~ sospeso* suspension bridge; (*Mar*) *~ superiore* upper deck; (*Edil*) *~ volante* hanging scaffold.

pontefice m. **1** (*Rel.catt*) (*papa*) Pontiff, pope: *sommo ~* Supreme Pontiff, Sovereign Pontiff. **2** (*Stor.rom*) pontifex. □ (*Stor.rom*) *~ massimo* Pontifex Maximus.

ponteggiatore m. (*Edil*) scaffolder, scaffold builder.

ponteggio m. (*Edil*) scaffolding, staging, scaffold. □ (*Edil*) *~ in legno* wood scaffold, wood scaffolding; (*Edil*) *~ in tubi* (o *~ tubolare*) tubular (steel) scaffolding; (*Edil*) *~ protetto da antifurto* scaffolding secured with an alarm system.

ponticello m. **1** small bridge. **2** (*Mus*) bridge, ponticello. **3** (*negli occhiali*) bridge, nosepiece. **4** (*Arm*) trigger guard. **5** (*El*) jumper. □ (*El*) *~ flessibile* pigtail.

pontiere m. **1** (*Mil*) pontonier, pontoneer. **2** (*Rad*) radio link operator. **3** (*f. -a*) (*Giorn*) mediator.

pontificale I a. **1** (*Rel.catt*) (*del papa*) pontifical, papal: *seggio ~* papal seat. **2** (*Stor*) pontifical. **3** (*fig,scherz*) (*volutamente solenne*) pontifical, pompous. II m. (*Lit*) **1** (*messa pontificale*) Pontifical Mass. **2** (*libro*) pontifical.

pontificare (pontìfico, pontifichi; aus. **avere**) v.i. **1** (*Lit*) to pontificate. **2** (*fig,scherz*) (*assumere un tono solenne*) to pontificate, to act the pontiff.

pontificato m. **1** (*Rel.catt*) (*papato*) papacy, pontificate. **2** (*Stor.rom*) pontificate.

pontificio a. **1** (*Rel.catt*) pontifical, papal: *esercito ~* papal army, Pope's army. **2** (*Stor.rom*) pontifical.

pontile m. (*Mar*) pier, wharf, quay. □ (*Mar*) *~ da sbarco* landing stage; (*Mar*) *~ di carico* loading wharf; (*Mar*) *~ di scarico* unloading wharf.

pontino a. (*Geog*) Pontine: *paludi pontine* Pontine marshes.

pontista m. (*Edil*) scaffolder, scaffold builder.

Ponto n.pr.m. (*Geog.stor*) Pontus.

pontone m. (*Mar*) pontoon, barge, lighter. □ (*Mar*) *~ a gru* crane pontoon, lifting pontoon, floating crane.

pony[1] /'pɔni/ m.inv. (*Zool*) pony.

pony[2] /'pɔni/ m.inv. (motorcycle) dispatch rider.

pony express /'pɔni'ɛkspres, 'pɔni,eks'pres/ m./f.inv. (motorcycle) dispatch rider.

ponzare (pónzo) I v.i. (aus. **avere**) **1** (*scherz, fig*) (*spremersi le meningi*) to rack one's brain, (*Br*) to cudgel one's brains. **2** (*rar*) (*spingere con sforzo*) to strain. II v.t. (*scherz, fig*) to think up, to think out, to excogitate, to contrive.

Ponzio n.pr.m. (*Stor*) Pontius. □ (*Stor*) *~ Pilato* Pontius Pilate.

pool /pul/ m.inv. **1** (*accordo tra imprese*) consortium, pool. **2** (*organismo internazionale*) pool. **3** (*gruppo di persone*) pool, team. **4** (*Biol*) pool: *~ genetico* gene pool. □ (*Stor.it*) *il ~ mani pulite* the investigating magistrates in the Clean Hands affair.

pop[1] a.inv. pop, popular: *musica ~* pop music. □ (*Mus*) *~ latino* Latin pop; (*Mus*) *~ music* pop music.

pop[2] m.inv. (*Inform*) POP, point of presence.

POP (*Inform*) **1** *punto di presenza* POP (point of presence). **2** *protocollo per la posta elettronica* POP (post office protocol).

pop. *popolazione* (population).

popcorn /,pɔp'kɔrn/ m.inv. popcorn.

pope (pl. **-i/-e**) m. (*Rel*) pope.

popeline /'pɔpelin/ f. (*Tess*) poplin.

poplite m. (*Anat*) popliteus, popliteal muscle.

popò I f. (*infant*) (*cacca*) poop, poo-poo, doo-doo, (*Br*) pooh. II m. (*infant*) (*sedere*) botty, bot.

popolaccio m. (*marmaglia*) dregs pl. of society, scum of the earth, riff-raff.

popolamento m. peopling, populating, population.

popolano I a. of the (common) people (*posposto*), popular, lower-class (*attr.*): *saggezza popolana* popular wisdom. II m. (*f. -a*) man (*f.* woman) of the people, member of the lower classes, commoner.

popolare[1] (pòpolo) I v.t. **1** (*rif. ad animali e piante*) to populate, to people. **2** (*rif. a persone*) to populate, to inhabit; (*colonizzare*) to settle, to colonize. **3** (*riempire di gente*) to fill (with people), to crowd. II v.pron. **popolarsi** **1** to become populated, to become populous. **2** to fill (up) with people, to become crowded.

popolare[2] a. **1** (*del popolo*) popular, of the people, of the common people, people's: *rivolta ~* popular revolt, popular uprising; *volontà ~* popular will. **2** (*per il popolo*) low-class (*attr.*), working-class (*attr.*): *quartiere ~* working-class neighbourhood. **3** (*diffuso nel popolo*) popular, folk (*attr.*): *credenze popolari* popular beliefs; *canti popolari* folk songs, folksongs. **4** (*a modico prezzo*) popular, inexpensive: *a prezzi popolari* at popular prices. **5** (*noto, diffuso*) popular, widespread, common: *uno sport ~ in tutto il mondo* a sport popular the world over. **6** (*famoso*) popular, famous: *un attore ~* a popular actor, a famous actor. **7** (*divulgativo*) popular: *libri popolari* popular books.

popolareggiante a. inspired by folk tradition (*posposto*), folkish.

popolaresco (pl. **-chi**) a. of the people, of the common people, popular, folk (*attr.*).

popolarità f. **1** popularity: *la ~ di un cantante* the popularity of a singer; *godere di grande ~* to be very popular. **2** (*conformità all'uso del popolo*) popular nature.

popolarizzare (popolarìzzo) v.t. (*rar*) to popularize, to make (sth.) popular.

popolarmente avv. **1** popularly, in a popular form. **2** (*comunemente*) popularly, commonly.

popolato a. **1** peopled, populated, inhabited: *densamente ~* densely populated, highly populated; *scarsamente ~* sparsely populated; scantly populated. **2** (*affollato*) crowded (with people), filled up (with people).

popolazione f. **1** population (*anche Biol*): *la ~ della terra* the earth's population. **2** (*agglomerato urbano*) people, nation: *popolazioni nordiche* northern peoples. □ *~ attiva* working population; *~ in età scolare* school-age population; ~ *marina* marine population; ~ *non residente* non-resident population; ~*residente* resident population; ~*rurale* rural population; (*Astr*) *popolazioni stellari* stellar populations; ~ *urbana* urban population.

popolazionismo *m.* (*Pol,Sociol*) social and political policy aimed at increasing the population.

popolino *m.* (*spreg*) common people, masses *pl.*, populace.

popolo *m.* **1** people (*costr.pl.*): *il ~ italiano* the Italian people; *un re amato dal suo ~* a king loved by his people. **2** (*nazione*) nation, country: *un ~ giovane* a young nation. **3** (*abitanti di una città*) inhabitants *pl.*, people (*costr.pl.*): *il ~ di Roma* the people of Rome. **4** (*insieme delle classi sociali più modeste*) (*common*) people (*costr.pl.*), lower classes *pl.*; working classes *pl.*: *una ragazza del ~* a girl of the people; *parole che si sentono sulla bocca del ~* words used by the common people. **5** (*moltitudine, folla*) people (*costr.pl.*), crowd, throng. □ *~amico* friendly nation; (*spreg*) *~bue* herd; *un ~civile* a civilized people; *il ~ di Dio* God's people; *~ di Seattle* people of Seattle; *il ~ ebraico* the Jewish people (*pl.*), the Jews (*pl.*); (*Bibl*) *il ~ eletto* the Chosen People; (*Mediev*) *~grasso* middle classes (*pl.*); (*Mediev*) *~minuto* lower classes (*pl.*), common people (*pl.*); (*Etnol*) *~raccoglitore* gatherers (*pl.*); ~ *sovrano* self-governing people, sovereign people.

popoloso *a.* populous, heavily populated, densely populated.

popone *m.* (*Bot,Alim,region*) (*melone: a polpa arancione*) cantaloupe; (*a polpa bianco-verdastra*) (honeydew) melon; (*retato*) musk melon.

poppa [1] *f.* **1** (*Mar*) stern, poop. **2** (*lett*) ship. □ (*Mar*)*a ~* aft, astern, abaft; (*Mar*)*da ~ a prua* aft and fore, from stern to stem; (*Mar*) *di ~* after, stern (*attr.*), aft: *cabina di ~* after cabin; (*Mar*) *~piatta* flat stern; (*Mar*) *~quadra* square stern; (*Mar*) *~ rotonda* round stern.

poppa [2] *f.* **1** (*mammella*) breast, boob; (*di vacca e sim.*) udder. **2** *pl.* (*pop*) tits. □ (*rar*) *dare la ~ a un bambino* to give the breast to a baby.

poppante I *m./f.* **1** suckling. **2** (*iron*) (*ragazzo inesperto*) callow youth, (*colloq*) whippersnapper: *sei un ~!* you're still wet behind the ears! II *a.* (*lattante*) nursing, (*Br*) suckling.

poppare (**póppo**) *v.t.* **1** to suck. **2** (*fig*) (*bere avidamente*) to suck up to, to swig.

poppata *f.* **1** (*azione, pasto*) feed, feeding, suck, sucking: *l'ora della ~* feeding time; *cinque poppate al giorno* five feeds a day, five feedings a day. **2** (*quantità di latte poppato*) feed, feeding.

poppatoio *m.* bottle, feeding bottle, baby bottle, nursing bottle.

poppavia □ (*Mar*)*a ~* astern, aft, abaft.

Poppea *n.pr.f.* (*Stor*) Poppaea.

poppiere *m.* **1** (*Mar*) (*marinaio*) stern-sheets man. **2** (*capovoga*) stroke.

poppiero *a.* (*Mar*) stern (*attr.*), astern (*pred.*), after, aft: *albero ~* after mast.

popstar, pop star *m./f.inv.* pop star.

populazionismo *m.* (*Pol,Sociol*) social and political policy aimed at increasing the population.

populismo *m.* (*Pol*) **1** (*Stor*) Populism. **2** (*estens*) populism. **3** (*spreg*) populism.

populista I *a.* (*Pol*) populist, Populist, Populistic. II *m./f.* (*Pol*) Populist, populist.

populistico (*pl.* -**ci**) *a.* (*Pol*) populist, Populist, Populistic.

por *v.t.* → **porre**.

porca [1] *f.* (*Agr*) ridge.

porca [2] *f.* **1** (*rar*) (*femmina del porco*) sow. **2** (*fig,volg*) slut, bitch.

porcaccione *m.* (*f.* -**a**) (*pop*) dirty person, filthy person, pig, (*colloq*) slob.

porcaio [1] *m.* **1** (*luogo sudicio*) pigsty, filthy place, (*Am*) pigpen. **2** (*fig*) (*ambiente equivoco*) questionable surroundings *pl.*

porcaio [2], **porcaro** *m.* **1** (*guardiano*) swineherd, pigman. **2** (*mercante*) pig dealer.

porcata *f.* **1** (*mascalzonata*) dirty trick, rascally trick. **2** (*discorso o azione oscena*) obscenity, filth, obscene act, smut. **3** (*colloq*) (*schifezza*) crap, muck, trash.

porcellana [1] *f.* **1** (*Ceram*) (*materiale*) porcelain, china, chinaware. **2** (*Ceram*) (*oggetto di porcellana*) porcelain, porcelain object, piece of china, china, chinaware. **3** (*Zool*) broad-clawed porcelain crab. **4** (*mantello equino*) blue roan. □ (*Ceram*) ~ *chimica* chemical porcelain; (*Dent*) ~ *dentaria* tooth porcelain; (*Ceram*) *di ~* porcelain (*attr.*), china (*attr.*): *tazzina di ~* china cup, porcelain cup; (*Ceram*) ~ *dura* hard porcelain; (*Ceram*) ~ *fine* bone china; (*Ceram*) ~ *opaca* opaque porcelain.

porcellana [2] *f.* (*Bot*) purslane.

porcellanare (**porcellàno**) *v.t.* (*Ind*) to porcelainize, to glaze.

porcellanato *a.* (*Ind*) porcelain (*attr.*), glazed.

porcellanina *f.* (*Ind*) (*cemento bianco*) grout, white cement.

porcellino *m.* **1** (*Zool*) piglet, piggy, shoat. **2** (*scherz*) (*bimbo sporco*) piggy, dirty little thing, little pig. **3** (*salvadanaio*) piggy bank: *rompere il ~* to break one's piggy bank. □ (*Zool*) ~ *da latte* suckling pig, sucking pig; (*Zool,pop*) ~ *di terra* woodlouse; (*Zool*) ~ *d'India* guinea pig.

porcello *m.* (*f.* -**a**) **1** (*maiale giovane*) young pig, young hog. **2** (*scherz,pop*) (*persona sudicia*) pig, hog, (*Am*) slob. **3** (*scherz,pop*) (*persona grassa*) fatty, tubby, chubby chubs.

porcellone *m.* (*f.* -**a**) (*scherz,pop*) **1** (*persona sporca*) dirty person, filthy person, pig, (*colloq*) slob. **2** (*persona scurrile*) pig, swine.

porcheria *f.* **1** (*sporcizia*) filth, dirt, muck: *nel cortile c'è molta ~* there's a lot of muck in the courtyard. **2** (*pop*) (*cibo o bevanda disgustosa*) muck, hogwash, junk food: *questa pietanza è una ~* this food is muck. **3** (*fig*) (*oscenità: atto*) obscene act; (*detto*) smut, obscene thing to say, indecent thing to say. **4** (*colloq*) (*azione sleale*) dirty trick, nasty trick. **5** (*colloq*) (*lavoro mal fatto*) botch, bad job; (*opera brutta*) rubbish, trash: *hanno premiato un quadro che è una ~* they gave a prize to a painting that's mere trash. □ *che ~ questo film!* what a rotten film this is!, what a dreadful film this is!

porchetta *f.* (*Gastron*) roast suckling pig.

porcile *m.* pigsty, piggery, (*Am*) pigpen (*anche fig*).

porcino I *m.* (*Bot*) edible boletus. II *a.* (*rar*) **1** pig's ~, of pigs, pork (*attr.*): *carne porcina* pork meat. **2** (*simile al porco*) piggish, piggy, pig (*attr.*), porcine: *occhi porcini* piggy eyes, piggish eyes.

porco (*pl.* -**ci**) I *m.* **1** (*maiale*) pig, swine; (*maschio: castrato*) hog; (*non castrato*) boar; (*femmina*) sow. **2** (*Macell*) pork. **3** (*f.* -**a**) (*fig,pop*) (*persona sudicia, ingorda*) dirty person, filthy person, pig, hog, (*colloq*) slob. **4** (*f.* -**a**) (*fig,pop*) (*chi parla o si comporta in modo osceno*) swine, pig, dirty old man, lecher; (*rif. a donna*) slut, bitch: *vecchio ~* dirty old man; *lurido ~!* you dirty swine!;

che porca! what a slut! II *a.* (*pop,spreg*) filthy, (*colloq*) stinking, (*volg*) bloody. □ (*pop*) ~ *cane!* damn!, damn it!, blast!, blast it!, holy cow!, holy smoke!, (*Br*) blow!, blow it!; (*fig*) *mangiarecome un ~* to eat like a pig; (*colloq*) *fa sempre i suoi porci comodi!* he always does what the hell he likes!; (*volg*) ~ *Dio!* curse heaven!; (*pop*) *porca Eva!* damn!, damn it!, blast!, blast it!, holy cow!, holy smoke!, (*Br*) blow!, blow it!; (*colloq*) *porca l'oca!* damn it!, blast!, curse it!; (*colloq*) *porcamiseria!* damn!, damn it!, blast!, blast it!, holy cow!, holy smoke!, (*Br*) blow!, blow it!; (*pop*) ~ *mondo!* damn it all!, (*volg*) bloody hell!; (*volg*) *porcaputtana!* fuck!, shit!, son of a bitch!, sonofabitch!, (*Br*) sod it!, bugger!; ~ *schifoso!* you dirty swine!, filthy beast!; (*pop*) *porcavacca!* damn (it)!, blow (it)!, blast (it)!, holy cow!, holy smoke!

porcospino *m.* **1** (*Zool*) (*istrice*) (European) porcupine. **2** (*Zool,pop*) (*riccio*) hedgehog. **3** (*fig*) (*persona scontrosa*) touchy person, cantankerous person. **3** (*Mar.mil*) hedgehog.

pordenonese I *a.* from Pordenone, of Pordenone. II *m./f.* (*originario*) native of Pordenone; (*abitante*) inhabitant of Pordenone. III *m.* dialect of Pordenone.

porfido *m.* (*Min*) porphyry.

porfina *f.* (*Chim,Biol*) porphin.

porfirico (*pl.* -**ci**) *a.* (*Geol*) porphyritic.

porfirina *f.* (*Chim,Biol*) porphyrin.

porfirite *f.* (*Geol*) porphyrite.

porfirizzare (**porfirìzzo**) *v.t.* (*Farm*) to pulverize.

porgere (*pres.ind.* **pòrgo, pòrgi**; *p.rem.* **pòrsi**; *p.p.* **pòrto**) I *v.t.* **1** to hand, to give, to pass: ~ *un libro a qcu.* to hand so. a book. **2** (*rif. a parti del corpo*) to give, to hold out: ~ *la mano a qcu.* to give so. one's hand, to hold out one's hand to so. **3** (*lett*) (*offrire, dare*) to give, to offer: ~ *aiuto a qcu.* to offer so. help. II *v.i.* (*aus. avere*) (*lett*) (*parlare*) to have a telling delivery. III *v.pron.* **porgersi** (*lett*) (*presentarsi*) to offer, to occur, to show: *quando si porgerà l'occasione* as occasion offers, when the opportunity arises. □ ~ *ascolto* to lend an ear, to listen; ~ *i propri omaggi a qcu.* to pay one's respects to so.; (*Bibl*) ~ *l'altra guancia* to turn the other cheek; ~*le proprie scuse* to offer one's apologies; ~*orecchio* to lend an ear, to listen.

porno I *a.inv.* (*colloq*) porn: *film ~* porn film, blue film, (*pop*) skin flick. II *m.inv.* (*colloq*) **1** porn. **2** (*film porno*) porn film.

pornoattore *m.* (*f.* -**trice**) porn actor (*f.* -actress), porn star.

pornodivo *m.* (*f.* -**a**) porn star, pornostar.

pornofilm *m.inv.* porn film, (*colloq*) porno, blue film, (*pop*) skin flick.

pornografia *f.* pornography.

pornografico (*pl.* -**ci**) *a.* pornographic.

pornografo *m.* (*f.* -**a**) pornographer.

pornoshop /ˌpɔrnoˈʃɔp/ *m.inv.* porn shop, sex shop.

pornoshow /ˌpɔrnoˈʃo/ *m.inv.* porn show.

pornostar *m./f.inv.* porn star, pornostar.

pornovideo *m.inv.* porn video.

poro *m.* (*Anat,Bot*) pore: *pori dilatati* enlarged pores, open pores.

porosità *f.* porosity.

poroso *a.* porous.

porpora I *f.* **1** (*sostanza colorante*) purple dye, purple. **2** (*colore*) purple. **3** (*stoffa*) purple cloth, purple. **4** (*veste*) purple robe, purple. **5** (*fig*) (*dignità cardinalizia*) purple. **6** (*Med*) purpura. II *a.inv.* purple, crimson; (*scarlatto*) scarlet, bright red: *rosso ~* purple red. □ *assunto alla ~cardinalizia* raised to the purple; (*Med*) ~ *emogenica* hemogenic purpura; (*Med*) ~ *emorragica* purpura haemorrhagica, purpura hemorrhagica, hemorrhagic purpura; (*fig*) *farsi di* ~ to blush, to flush; (*Med*) ~ *fulminante* purpura fulminans; (*Med*) ~ *retinica* visual purple, retinal purple.

porporato I *a.* clad in purple, wearing purple. II *m.* (*Rel.catt*) (*cardinale*) cardinal.

porporina *f.* 1 purpurin. 2 (*polvere per colorare in oro e argento*) bronzing powder.

porporino *a.* (*purpureo*) purple.

porre (*pres.ind.* póngo, póni, póne, poniàmo, ponéte, póngono; *p.rem.* pósi, ponésti, póse, ponémmo, ponéste, pósero; *fut.* porrò; *pres.cong.* pónga, poniàmo, poniàte, póngano; *impf.cong.* ponéssi; *imperat.* póni, pónga, poniàmo, ponéte, póngano; *p.pres.* ponènte; *ger.* ponèndo; *p.p.* pósto) I *v.t.* 1 to put, to put down, to place, to set, to set down, to lay, to lay down: ~ *la pentola sul fuoco* to put the saucepan on the stove. 2 (*collocare orizzontalmente*) to lay, to put, to place: ~ *il bimbo nella culla* to lay the baby in the cradle. 3 (*collocare verticalmente*) to stand, to put, to place: ~ *le bottiglie sulla mensola* to stand the bottles on the shelf. 4 (*stabilire*) to set, to fix, to settle: ~ *un termine* to set a limit. 5 (*rivolgere*) to put: ~ *un quesito a qcu.* to put a question to so. 6 (*riporre: rif. ad affetti e sim.*) to put, to place: ~ *tutte le proprie speranze in qcu.* to put all one's hopes in so. 7 (*assol.*) (*rif. a monumenti e sim.: dedicare*) to set up, to erect: *la patria riconoscente pose a memoria perenne* erected by a grateful country in eternal remembrance. 8 (*fig*) (*supporre*) to suppose: *poniamo il caso che non possa venire* (let us) suppose he cannot come. II *v.pron.* **porsi** 1 (*mettersi*) to put oneself, to place oneself: *porsi a sedere* to sit down, to seat oneself; *porsi a tavola* to sit down at table. 2 (*accingersi*) to set to, to set about: *porsi al lavoro* to set to work. 3 (*esistere*) to arise: *non si pone nessun problema* no problem arises. □ ~ *a confronto* to compare; ~ *a effetto* to put into effect; ~ *attenzione a qcs.* to pay attention to sth.; ~ *fine a qcs.* to end sth., to put an end to sth., to bring sth. to an end; ~ *fine ai propri giorni* to put an end to one's life, to end one's life; ~ *freno a qcs.* to put a stop to sth., to curb sth., to check sth.; (*Dir*) ~ *il sequestro su qcs.*: 1 to sequester sth.; 2 (*confiscare*) to confiscate sth.; ~ *in atto* to carry out, to put into action; (*burocr*) ~ *in calce* to affix; ~ *in calce la propria firma* to affix one's signature; ~ *in dubbio* to question, to call in question; ~ *in essere* to carry out, to realize, to put into being; ~ *in evidenza* to point out, to stress; ~ *in salvo* to rescue, to save; *porsi in salvo* to reach safety, to save oneself; ~ *in vendita* to put up for sale, to put on sale; ~ *la propria candidatura*: 1 (*a una carica*) to apply (for a post); 2 (*alle elezioni*) to stand, to run (for election); (*fig*) ~ *l'accento su qcs.* to focus on sth., to lay emphasis on sth., to stress sth.; ~ *l'assedio* to lay siege; ~ *le fondamenta* to lay foundations (*anche fig*); ~ *mano a qcs.* (*iniziarla*) to set about sth., to set to sth., to set one's hand to sth., to begin sth.; ~ *mente a qcs.* to turn one's mind to sth.; ~ *ostacoli* to place obstacles in the way; ~ *rimedio* to find a remedy; ~ *sotto sequestro* to place under distraint, to attach, to sequester; ~ *termine a qcs.* to end sth., to put an end to sth.; ~ *un limite a qcs.* to set a limit to sth.: *porre un limite alle spese* to limit one's expenses; ~ *un problema* to put a problem; ~ *una domanda a qcu.* to put a question to so.

porro *m.* 1 (*Bot,Alim*) leek. 2 (*Med*) (*verruca*) wart.

porrò → **porre**.

porroso *a.* warty, full of warts.

porsi → **porgere**.

porta *f.* 1 door: *la* ~ *della cucina* the kitchen door; *aprire la* ~ to open the door; *chiudere la* ~ to close the door; *accompagnare qcu. alla* ~ to see so. to the door, to show so. to the door. 2 (*portone*) main entrance, main door, front door. 3 (*porta della città*) gate: *aprire le porte al nemico* to open the gates to the enemy. 4 (*sportello*) door: *la* ~ *della cassaforte* the safe door. 5 (*fig*) gateway, door. 6 (*Sport*) (*nello scii*) gate; (*nel calcio*) goal; (*nell'hockey*) cage: *tirare in* ~ to shoot a goal. 7 (*Elettron*) port. 8 (*Geog*) (*varco montano*) pass, gate. □ ~ *a* ~: 1 door-to-door: *vendita* ~ *a* ~ door-to-door selling; 2 next door: *abitare* ~ *a* ~ *con qcu.* to live next door to so., to be nextdoor neighbours; (*Arred*) ~ *a battente* single door; ~ *a un battente* single door, single-leaf door; ~ *a due battenti* double door, double-leaf door; (*Arred*) ~ *a fisarmonica* folding door; (*Elettron*) ~ *a infrarossi* infrared port; (*Arred*) ~ *a libro* bi-folding door; (*Elettron*) ~ *a raggi infrarossi* infrared port; (*Arred*) ~ *a soffietto* folding door; (*Arred*) ~ *a vetri* sash door, glass door; *alle porte*: 1 at the gate; *il nemico è alle porte* the enemy is at the gate; 2 (*fig*) (*essere imminente*) to be at the door, to be very near; ~ *antincendio* fire door; *a porte aperte*: 1 open-door (*attr.*): *riunione a porte aperte* open-door meeting; 2 (*Dir*) in open court; (*Arred*) ~ *basculante* up-and-over door; ~ *blindata* armoured door, (*Am*) armored door; *a porte chiuse*: 1 behind closed doors; 2 (*Dir*) in camera, in chambers: *il processo sarà tenuto a porte chiuse* the trial will be held in camera; *seduta a porte chiuse* closed session, executive session; (*fig*) *le porte del paradiso* the gates of Paradise, the gates of Heaven; *la ragazza della* ~ *accanto* the girl next door; (*Idr*) ~ *della chiusa* floodgate, sluicegate, sluice; ~ *d'entrata* entrance door; (*Inform*) ~ *di comunicazione* communication port, COM port; (*Geol*) ~ *di un ghiacciaio* mouth of a glacier; *andare di* ~ *in* ~ to beg from door to door, to go from door to door; (*Inform*) ~ *di input* input port; (*Inform*) ~ *di output* output port; ~ *di servizio* back door; ~ *di sicurezza* emergency exit, emergency door; ~ *di strada* street door; ~ *d'ingresso* entrance door, front door; (*fig*) *la nostra* ~ *è sempre aperta* our door is always open; (*Anat*) ~ *erniaria* hernial orifice, hernial opening; ~ *esterna* outer door; (*Edil*) ~ *finestra* French window; (*Arch*) ~ *finta* blind door, false door; (*Arred*) ~ *girevole* revolving door; (*Arred*) ~ *imbottita* padded door; (*Arred*) ~ *in massello lamellare* door in laminate; (*Arred*) ~ *interna* inside door; ~ *laterale* side door; (*Arred*) ~ *massellata* flush door; (*fig*) *mettere qcu. alla* ~ to turn so. out, to throw so. out, to show so. the door, to give so. the gate; (*Inform*) ~ *modem* modem port; (*Inform*) ~ *mouse* mouse port; (*Elettron*) ~ *parallela* parallel port; (*Inform*) ~ *per videogiochi* game port; ~ *posteriore* rear door, back door; (*fig*) *prendere la* ~ (*andarsene*) to go off, to leave; ~ *principale* front door, main door; (*colloq,iron*) *quella è la* ~ get out, that's the door, you know where the door is; (*Rel.catt*) ~ *santa* Holy Door; (*Arred*) ~ *scorrevole* sliding door; ~ *scorrevole a scomparsa* pocket door, interior-track sliding door; ~ *scorrevole esterno muro* gliding door, exterior-track sliding door; (*Elettron*) ~ *seriale*

serial port; (*Arred*) ~ *tamburata* hollow-core door.

portabagagli I *m.inv.* 1 (*facchino*) porter. 2 (*Ferr*) luggage-rack, baggage-rack, roof-rack. 3 (*Aut,pop*) (*bagagliaio*) (*Br*) luggage boot, (*Am*) trunk. 4 (*Aut*) (*portapacchi*) luggage-rack, baggage-rack, roof-rack. II *a.inv.* luggage (*attr.*), baggage (*attr.*): *carrello* ~ baggage-trolley, luggage-truck, truck, luggage trolley.

portabandiera *m./f.* 1 (*Mil*) standard-bearer, (*Stor*) ensign. 2 (*fig*) standard-bearer.

portabastoni *m.inv.* 1 (*Sport*) (*nel golf*) caddie, caddy. 2 (*contenitore*) stick rack, cane rack.

portabiancheria *m.inv.* laundry bin, laundry basket, hamper.

portabiciclette *m.inv.* bycicle rack.

portabiglietti *m.inv.* card case, card holder.

portabile *a.* 1 (*che si può portare*) portable. 2 (*che si può indossare*) wearable.

portabilità *f.* (*Tel*) mobile number portability.

portabiti *m.inv.* 1 (*gruccia*) coat hanger. 2 (*attaccapanni da parete*) peg, clothes peg. 3 (*attaccapanni a stelo*) clothes stand, hat stand, hall stand, (*Am*) hall tree. 4 (*servo muto*) clothes-stand, hall stand, (*Am*) hall tree.

portabollo *m.inv.* plastic licence-holder.

portabombe *m.inv.* (*Mil*) bomb bay, bomb carrier.

portaborse *m./f.inv.* (*spreg*) flunkey, flunky, lackey.

portabottiglie *m.inv.* wine racks, bottle-stand, bottle-rack.

portaburro *m.inv.* butter-dish.

portacarte I *m.inv.* 1 paper-holder. 2 (*borsa*) briefcase, letter-case. II *a.inv.* paper (*attr.*): *busta* ~ paper-holder.

portacassette *m.inv.* cassette case, cassette storage case, cassette rack, cassette holder.

porta-cd *m.inv.* CD storage case, CD rack, CD holder.

portacenere *m.inv.* ashtray.

portachiavi *m.inv.* 1 (*anello*) key-ring. 2 (*custodia*) key-case. 3 (*pannello*) key-rack.

portacipria *m.inv.* powder compact, compact.

portacontainer /ˌportakonˈtejner/ I *f.inv.* (*Mar*) container ship. II *a.inv.* container (*attr.*).

portacravatte *m.inv.* tie-rack.

portadischi *m.inv.* 1 (*album*) record album. 2 (*mobiletto*) record-rack, record-stand: *piatto* ~ turntable.

portadocumenti *m.inv.* 1 document folder, document holder, card holder. 2 (*portacarte*) paper-holder. 3 (*borsa*) briefcase, letter-case.

portadolci *m.inv.* cake-stand.

portaelicotteri *f.inv.* (*Mar.mil*) helicopter carrier, helicarrier.

portaerei *f.inv.* (*Mar.mil*) aircraft carrier. II *m.inv.* (*Aer.mil*) aircraft carrier plane.

portaferiti *m.inv.* (*Mil*) stretcher bearer.

portafiammiferi *m.inv.* match holder, match box.

portafiasco (*pl.inv.* o *-chi*) *m.* flask stand, flask holder.

portafinestra *f.* (*Edil*) French window.

portafiori I *m.inv.* flower holder. II *a.inv.* flower (*attr.*): *vaso* ~ flowerpot.

portafoglio *m.* 1 wallet, (*Am*) pocket book, billfold: *un* ~ *di pelle nera* a black leather wallet. 2 (*estens*) (*borsa per documenti*) briefcase. 3 (*fig*) (*carica e funzione di ministro*) portfolio, ministry. 4 (*Econ*) (*list of*) *securities pl.*, portfolio. □ (*Econ*) ~ *azionario* share portfolio; (*Econ*) ~ *cambiario* bills on hand, bills in hand; (*Econ*) ~*d'investimento* investment portfolio, portfolio; (*Econ*) ~ *estero*: 1 foreign currency reserves (*pl.*), foreign bills (*pl.*); 2 (*ufficio*) foreign exchange office, foreign exchange department; (*fig*) *avere il ~gonfio* to have a fat purse; (*Econ*) ~*ordini* outstanding orders; (*Econ*) ~*prestiti* loan portfolio.

portafortuna I *m.inv.* 1 good-luck charm, talisman. 2 (*amuleto*) amulet. 3 (*ciondolo*) lucky charm. 4 (*mascotte*) mascot. II *a.inv.* lucky, good-luck (*attr.*): *anello* ~ good-luck ring.

portafotografie *m.inv.* picture frame, photograph holder.

portafrutta *m.inv.* fruit dish, fruit bowl.

portafusibili *m.inv.* (*El*) 1 fuse carrier, fuse holder, fuse block. 2 (*pannello*) fuse box.

portaghiaccio *m.inv.* (*secchiello*) ice bucket.

portagioie, **portagioielli** *m.inv.* jewel case, jewel box.

portaimmondizie *f.inv.* dustbin, rubbish bin; (*Am*) garbage can, trash can.

portainnesto *m.* (*Agr*) rootstock.

portainsegna *m.inv.* standard bearer (*anche fig*).

portalampada, **portalampade** *m.inv.* (*El*) lamp holder, bulb socket, lamp socket.

portalapis *m.* 1 (*rar,ant*) pencil lead cartridge. 2 (*portamatite*) pencil case, pencil box; (*da tavolo*) pencil stand, pencil holder.

portale *m.* (*Arch,Tecn,Inform*) portal: *un nuovo ~ Internet* a new Internet portal.

portalettere *m./f.* postman (*f.* -woman), mailman (*f.* -woman).

portamantelli *m.inv.* (*region*) (*attaccapanni*) clothes rack, clothes stand.

portamatita *m.inv.* (*portamine*) pencil lead cartridge.

portamatite *m.inv.* 1 (*astuccio*) pencil case, pencil box. 2 (*da tavolo*) pencil stand, pencil holder.

portamento *m.* 1 (*postura*) bearing, posture, carriage, gait: *avere un ~ disinvolto* to have an easy carriage, to have an easy gait, to have a confident gait; *avere un ~ goffo* to have an awkward bearing. 2 (*fig*) (*condotta*) conduct, behaviour, (*Am*) behavior, (*lett*) deportment, comportment. 3 (*Mus*) portamento.

portamina, **portamine** *m.inv.* pencil lead cartridge.

portamissili I *a.inv.* (*Mil*) missile (*attr.*), rocket (*attr.*). II *m.inv.* (*Aer.mil*) carrier plane, missile carrier. III *f.inv.* (*Mar.mil*) carrier ship, missile ship.

portamonete *m.inv.* change purse, coin purse. □ ~*a molla* squeeze purse.

portante I *a.* 1 load-bearing, supporting: *muro* ~ bearing wall, load bearing wall. 2 (*Rad,TV*) carrier (*attr.*). II *m.* (*Equit*) (*ambio*) amble. □ (*TV*) ~*audio* sound carrier; (*Tel*) ~*di riferimento* reference carrier.

portantina *f.* 1 (*Stor*) sedan, sedan chair. 2 (*barella*) stretcher.

portantino *m.* 1 (*inserviente addetto al trasporto dei malati*) stretcher bearer. 2 (*Stor*) sedan bearer.

portanza *f.* 1 carrying capacity, load-carrying capacity. 2 (*Fis*) lift. □ (*Fis*) ~*statica* static lift; (*Fis*) ~*totale* total lift.

portaobiettivi *a.inv.* (*di microscopio*) nose piece.

portaocchiali *m.inv.* spectacle case.

portaoggetti *m.inv.* 1 (*vano*) compartment, (*astuccio*) case, (*mensola*) shelf. 2 (*Tecn*) (*vetrino*) object slide.

portaombrelli *m.inv.* umbrella stand.

portapacchi I *m./f.inv.* (*fattorino*) delivery man. II *m.inv.* (*portabagagli*) parcel rack, luggage-rack, baggage-rack, roof-rack; (*a rete*) parcel net; (*a griglia*) parcel grid; (*di bicicletta*) parcel carrier.

portapane *m.inv.* bread box, bread bin.

portapenne *m.inv.* 1 (*astuccio*) pencil case, pencil box. 2 (*da tavolo*) pencil stand, pencil holder.

portapiatti *m.inv.* 1 (*scolapiatti*) plate-rack, dish-rack, dish drainer. 2 (*vassoio*) tray, plate tray.

portapillole *m.inv.* pill-case, pill-box.

portapipe *m.inv.* pipe-rack.

portaposate *m.inv.* 1 (*vassoio*) cutlery box, cutlery tray. 2 (*di lavastoviglie*) cutlery basket.

portaposta *m.inv.* letter-rack.

portapranzi *m.inv.* (*portavivande*) (*Br*) food hamper.

portapunta *m.inv.* (*Mecc*) drill chuck.

portare (**pòrto**) I *v.t.* 1 (*avvicinandosi a chi parla*) to bring: *portami il giornale di ieri* bring me yesterday's newwpaper. 2 (*allontanandosi da chi parla*) to take: *porta questi giornali a tuo padre* take these newspapers to your father. 3 (*portare di peso, trasportare*) to carry: *la signora portava il bambino in braccio* the lady was carrying the baby in her arms. 4 (*rif. a vestiti: indossare*) to wear, to have (sth.) on: *portava un vestito rosso* she was wearing a red dress; *che taglia porti?* what size are you?, what size do you take?, what size do you wear? 5 (*rif. a capelli e sim.*) to wear, to have: *molti portano i capelli lunghi* many people wear their hair long, many people have long hair. 6 (*portare con sé*) to take, to bring, to carry, to have: *quando viaggio porto pochi bagagli* I don't take much luggage when I travel; *porto sempre con me il libretto degli assegni* I always carry my cheque book with me. 7 (*andare a prendere*) to go and get, to bring, (*Br*) to fetch: *portami quella rivista che ho dimenticato* go and get me that magazine that I forgot, bring me that magazine I forgot, (*Br*) fetch me that magazine I left behind; *mi porti una sedia?* will you (go and) get me a chair?, will you bring me a chair? 8 (*accompagnare*) to take, to drive: ~ *a spasso i bambini* to take the children for a walk; ~ *il bestiame al pascolo* to take the cattle to pasture, to lead the cattle to pasture. 9 (*condurre*) to lead: *questa strada non porta alla stazione* this road does not lead to the station. 10 (*accompagnare in macchina*) to take (by car), to drive: *stasera mi porti alla stazione?* will you drive me to the station tonight?, will you take me to the station tonight? 11 (*reggere, sostenere*) to support, to hold, to hold up: *lo stelo porta il fiore* the stalk supports the flower. 12 (*accostare*) to bring, to put: ~ *il cibo alla bocca* to bring food to one's mouth; ~ *una mano sul petto* to put one's hand on one's breast. 13 (*rif. a portamento*) to carry, to hold, to bear: ~ *la testa alta* to hold one's head high. 14 (*rif. a sentimenti: provare*) to bear; *spesso si traduce con* to be *e un aggettivo oppure col verbo corrispondente*: *non mi porta rancore* he does not bear me a grudge, he doesn't bear me a grudge against me, he doesn't have a grudge against me, he doesn't hold a grudge against me; ~ *rispetto verso qcu.* to be respectful to so., to respect so. 15 (*produrre*) to bring, to bring forth, to yield: *la primavera porta molti fiori* spring brings many flowers. 16 (*causare*) to bring, to bring about, to cause, to give rise to: *la guerra porta dolore* war brings suffer-

ing. 17 (*addurre*) to bring forward, to put forward, to produce: ~ *una prova* to bring forward evidence; bring forward evidence. 18 (*avere*) to have, to bear, to wear: *porta il nome della madre* she has her mother's name; ~ *un braccio al collo* to have one's arm in a sling; *la città porta ancora i segni della guerra* the town still bears the signs of war; ~ *la barba* to wear a beard, to have a beard. 19 (*essere in grado di trasportare*) to carry, to bear, to hold: *la mia auto porta solo quattro persone* my car only holds four people, my car only seats four people. 20 (*Mat,rar,ant*) (*riportare*) to carry: *sette più otto fa quindici, scrivo cinque e porto uno* seven plus eight is fifteen, I put down five and carry (the) one. II *v.pron.* **portarsi** 1 (*andare*) to go: *l'ispettore si portò sul luogo del delitto* the inspector went to the scene of the crime. 2 (*rif. a veicolo: spostarsi*) to move: *l'autocarro si portò sul margine della carreggiata* the lorry moved to the side of the road. 3 (*portare con sé*) to bring, to bring along: *portati pure un amico se vuoi* bring a friend with you if you want; *portarsi il lavoro a casa* to take one's work home. 4 (*rar*) (*comportarsi*) to behave, to act: *ti sei portato molto male* you behaved very badly. □ ~ *qcu.a cavalluccio* to carry so. piggyback, (*Am*) to carry so. pickaback; ~ *a compimento* to finish, to finish off, to bring to completion, (*colloq*) to wind up; *tutto mi porta a credere che* ... all the indications are that, there is every indication that..., everything leads me to think that..., everything leads me to believe that...; ~ *a ebollizione* (*Br*) to bring to the boil, (*Am*) to bring to a boil; (*fig*) *portarsi a letto qcu.* to bring so. to bed, to take so. to bed; ~ *a termine qcs.* to conclude sth., to bring sth. to conclusion, to bring sth. to a conclusion; (*fig*) ~*acqua al mare* to carry coals to Newcastle; ~ *l'acqua al proprio mulino* to bring grist to one's mill; ~ *qcs. addosso* to wear sth.; ~ *qcu.alla disperazione* to drive so. to despair; ~ *qcu.alla follia* to drive so. to madness; (*fig*) ~*alla luce* to bring to light; ~ *qcu. alle stelle* to praise so. to the skies; ~*avanti* 1 (*fig*) (*fare progredire*) to get ahead with, to go ahead with, to continue on: ~ *avanti un progetto* to get ahead with a project, to go ahead with a project, to continue on a project; 2 (*fig*) (*sostenere*) to pursue, to support: ~ *avanti una teoria* to support a theory; 3 (*rif. a orologio*) to put forward, to put on; *portarsi avanti*: 1 to move forward; 2 (*fig*) to get ahead (*con* with), (*Am*) to get a head start (*con* on); *mi sono portata avanti con i compiti* I got well ahead with my homework, (*Am*) I got a head start on my homework; ~ *bene* (*portare fortuna*) to bring good luck; (*ant*) *portarsi bene*: 1 (*comportarsi bene*) to behave well; 2 (*stare bene*) to be in good health, to be well; ~*bene i propri anni* not to look one's age, not to show one's age; *da ~via* to take away, (*Am*) to go; *un panino da ~via* a sandwich to take away, a take away sandwich, (*Am*) a sandwich to go; ~ *dentro* to bring inside; *portarsidietro*: 1 (*rif. a persona*) to bring along, to bring with oneself; 2 (*rif. a cosa*) to bring along, to bring with oneself, to take round: *portarsi dietro da mangiare* to bring one's food along; ~*fortuna* to bring (good) luck; ~*frutti* (*o* ~*frutto*) to bear fruit; ~*fuori* to carry out; ~*giù*: 1 to bring down, to take down; 2 (*al piano di sotto*) to take downstairs; (*fig,scherz*) ~*i pantaloni* (*Br*) to wear the trousers, (*Am*) to wear the pants; ~ *a qcu.i saluti di qcu.* to give so. one's regards, to send so. ones' regards; *portagli i miei saluti send him my regards; ~ i segni di to bear the marks of, to bear the signs of; ~ il lutto to wear mourning, to go into mourning; ~ in alto to lift up, to lift high; ~ in grembo to carry in one's womb, to be pregnant with; ~ in lungo (protrarre) to prolong, to draw out, to protract; ~ in regalo to take, to take as a present; ~ in seno to carry in one's womb, to be pregnant with; ~ in tavola to serve dinner, to serve, to serve up, to put on the table; ~ in trionfo to bear in triumph, to carry in triumph; ~ indietro: 1 to take back, to return; 2 (rif. a orologio) to put back, to turn back; (fig) ~ la livrea di qcu. to be so.'s flunky, to be so.'s servant; non ~ la livrea di nessuno to be one's own master; ~ male (portare sfortuna) to bring bad luck; ~ male i propri anni to look older than one's age; ~ pazienza to be patient; ~ scalogna (Br) to bring bad luck, (Am) to be a jinx; ~ sfortuna to bring bad luck; ~ su: 1 (sollevare) to take up, to bring up, to lift, to raise; 2 (al piano di sopra) to bring upstairs; 3 (fig) (fare aumentare) to increase, to raise, to put up; (fig) ~ qcu. sugli scudi to acclaim so., to exalt so.; ~ sulle spalle to bear on one's shoulders, to carry on one's shoulders; (colloq) ~ una macchina to drive a car; ~ via: 1 (prendere con sé) to carry away, to take away, to remove; 2 (rubare) to steal: mi hanno portato via il baule they have stolen my trunk; 3 (fig) (soffiare, rif. a clienti e sim.) to steal, to take away, (colloq) to pinch; 4 (rif. a tempo, richiedere) to take, to take up: questo lavoro mi ha portato via due settimane this work took me two weeks; 5 (eufem) (di malattia) to take away: il cancro ce l'ha portato via cancer toook him away from us.

portarifiuti m.inv. 1 refuse bin, rubbish bin, (Am) trash bin, trash can, garbage can. 2 (per la strada) litter bin, litter basket, (Am) garbage can.

portarinfuse f.inv. (Mar) bulk carrier: navi ~ bulk carriers.

portaritratti m.inv. picture frame, photograph holder.

portariviste m.inv. magazine stand, magazine rack.

portarotoli, portarotolo m.inv. 1 (per carta igienica) toilet roll holder, toilet paper holder. 2 (per carta da cucina) kitchen roll holder, kitchen paper holder, (Am) paper towel holder.

portasapone m.inv. soapdish.

portasci m.inv. ski rack.

portasciugamani, portasciugamano m.inv. towel-rail, towel-rack; (ad anello) towel ring; (a piantana) towel pole.

portasigarette m.inv. cigarette-case, cigarette-box.

portasigari m.inv. cigar-case, cigar-box.

portaspezie m.inv. spice rack.

portaspilli m.inv. 1 (cuscinetto) pincushion. 2 (contenitore) pin box.

portassegni m.inv. cheque-book holder, (Am) check-book holder.

portastecchini m.inv. toothpick holder.

portastendardo m./f. standard-bearer.

portata f. 1 course: un pranzo di due portate a two-course lunch. 2 (capacità di carico: rif. a treni, auto ecc.) carrying capacity, loading capacity; (rif. a navi) burden. 3 (Edil) capacity load. 4 (Mil,Ott) range: ~ di un cannone range of a cannon; ~ di un cannocchiale range of a telescope. 5 (fig) (importanza) significance, importance, moment: un avvenimento di ~ storica an event of historical importance. 6 (Idr) flow, rate of flow: ~ al secondo flow per second. 7 (Arch) span.

□ **alla ~ di**: 1 (accessibile) within (the) reach of, within the range of, within the means of: prezzi alla ~ di tutti prices within the reach of everybody, prices within everyone's means, prices everybody can afford; 2 (comprensibile) within the grasp of, within the reach of: è un libro alla ~ di tutti it is a book within everyone's grasp; essere fuori dalla ~ di qcu.: 1 (non accessibile) to be out of so.s' reach, to be beyond so.'s reach: tenere fuori dalla ~ dei bambini keep out of reach of children; 2 (non comprensibile) to be above so.'s head, to be over so.'s head, to be out of range; a ~ di mano (vicino) within one's reach, in reach, handy, at hand; tenere qcs. a ~ di mano to keep sth. handy; a ~ di tiro within firing range; a ~ di voce within call, within voice range; a ~ d'orecchio within earshot; non a ~ d'orecchio out of earshot; (Mar) ~ lorda dead-weight capacity; ~ massima ammissibile maximum admissible load; di ~ mondiale of world-wide importance.

portatessera, portatessere m.inv. ticket holder, card holder.

portatile I a. portable: radiolina ~ portable (radio); macchina per scrivere portatile portable typewriter; telecamera ~ camcorder. II m. (Inform) laptop.

portato I a. 1 (fig) (incline) inclined, prone, given (a to): essere ~ all'ira to be prone to anger, to be quick to anger. 2 (fig) (che ha inclinazione per qcs.) gifted, talented, having a bent (per for), having a gift (per for): il ragazzo è ~ per la matematica the boy has a bent for mathematics, the boy has a gift for mathematics. 3 (usato) worn, used, second-hand: vestiti portati used clothes. II m. (risultato, effetto) result, outcome. □ sono ~ a credere che... I'm prone to think that...

portatore m. 1 (f. -trice) bearer (anche fig): una lettiga con quattro portatori a litter with four bearers; ~ di buone notizie bearer of good news, bringer of good news. 2 (f. -trice) (Med) carrier. 3 (portabagagli) porter. 4 (Econ) bearer; (possessore) holder: ~ di un'obbligazione bondholder. 5 (Fis) carrier. □ (Econ) al ~ (payable) to bearer: titoli al ~ bearer bonds, bearer securities; pagabile al ~ payable to bearer; (Biol,Med) ~ cronico chronic carrier; (Fis) ~ di carica charge carrier; ~ di handicap disabled person, handicapped person; (Elettron) ~ di maggioranza majority carrier; (Elettron) ~ di minoranza minority carrier; (Itt) ~ di spada swordtail; (Biol,Med) ~ genetico genetic carrier; (Elettron) ~ maggioritario majority carrier; (Elettron) ~ minoritario minority carrier; (Biol,Med) ~ sano symptom-free carrier.

portatovagliolo m. 1 (anello) (Br) serviette-ring, (Am) napkin-ring. 2 (busta) (Br) serviette-holder, (Am) napkin holder.

portattrezzi m.inv. toolbox, tool chest, tool cabinet, tool case.

portauova m.inv. (scatola) egg-box, (Am) egg carton; (da frigorifero) egg-tray.

portauovo m.inv. egg-cup, eggcup.

portavalori I a.inv. security (attr.): furgone ~ security van, armoured van, (Am) armored van. II m./f.inv. security guard, security officer, escort.

portavasi m.inv. 1 (sostegno) flower-stand, jardinère. 2 (vaso) cachepot, flower-pot-holder.

portavivande I m.inv. 1 (portapranzi) (Br) food-hamper. 2 (carrello) trolley, dumb waiter. II a.inv. dinner (attr.).

portavoce I m./f.inv. spokesperson, (uomo) spokesman, (donna) spokeswoman: farsi ~

di qcu. to act as a spokesperson for so. II m.inv. (Mar) 1 (megafono) megaphone. 2 (tubo metallico) speaking-tube, voice-pipe.

portella f. (sportello) door.

portellino m. (Mar) scuttle.

portello m. 1 small door, wicket. 2 (sportello) door. 3 (Mar,Aer) porthole, hatch. □ (Met) ~ del focolare fire door; (Mar) ~ di boccaporto hatch; (Met) ~ di caricamento fire door; (Mar) ~ di carico raft port, cargo port; (Mar) ~ d'imbarco gangway door; (Mar) ~ stagno watertight hatch.

portellone m. 1 (Aer,Mar) hatch. 2 (Aut) rear door.

portento m. 1 (avvenimento straordinario) wonder, miracle, portent. 2 (fig) prodigy, wonder: un ~ d'intelligenza a prodigy of intelligence, an intellectual prodigy. □ (enfat) fare portenti to work wonders, to work miracles.

portentosamente avv. prodigiously, wonderfully.

portentoso a. portentous, prodigious, wonderful, marvellous: memoria portentosa prodigious memory.

portfolio m.inv. portfolio.

porticato m. (Arch) portico, arcade, porch. II a. (Arch) porticoed: facciata porticata porticoed façade.

porticciolo m. small harbour.

portico (pl. -ci) m. 1 (Arch) portico, porch. 2 (costruzione rurale) lean-to, shed.

portiera f. 1 (Aut) (car) door. 2 (tenda pesante) quilted curtain. 3 (portinaia) porter; (moglie del portiere) porter's wife. □ (Aut) ~ anteriore front door; (Aut) ~ posteriore rear door.

portierato m. porter's job.

portiere m. 1 (f. -a) (portinaio) porter, doorkeeper, janitor, doorman: ~ d'albergo hotel porter. 2 (Sport) (nel calcio) goalkeeper, (nell'hockey) goaltender; (colloq) goalie. □ ~ di notte night porter.

portinaia f. 1 porter; (moglie del portiere) porter's wife. 2 (spreg,colloq) gossip.

portinaio m. (f. -a) porter, doorkeeper, janitor, doorman.

portineria f. porter's lodge, (appartamento) porter's flat.

porto[1] m. 1 port, harbour, (Am) harbor, (lett) haven: entrare in ~ to enter port, to come into port; uscire dal ~ to leave port; toccare un ~ to call at a port; approdare a un ~ to call at a port. 2 (città portuale) port. 3 (fig) (meta) goal, (rifugio) (lett) haven, shelter: giungere in ~ to reach one's goal. □ ~ artificiale artificial harbour, (Am) artificial harbor; ~ carbonifero coal port; ~ commerciale trading port; ~ d'approvvigionamento victualling port; ~ d'entrata port of entry; ~ di stinazione port of destination, terminal port; (fig) ~ di mare open house: essere un ~ di mare to be open to all comers, to be like a train station, (Am) to be like Grand Central (Station); la sua casa è un ~ di mare he keeps an open house; ~ di sbarco port of entry, landing port, landed port; ~ di scalo port of call; ~ di scarico landing port, port of discharge; ~ di transito bonded port, transit port; ~ d'imbarco port of shipment, port of loading, port of embarkation; ~ fluviale river harbour, river port, (Am) river harbor; ~ franco free port, entrepôt; (fig) andare in ~ to go through, to come off, to be succesful; mandare qcs. in ~ to bring sth. to a successful conclusion; ~ marittimo seaport, maritime port; ~ mercantile trading port, merchant port; ~ militare naval port, military port; ~ naturale natural harbour, (Am) natural harbor; ~*turistico* marina.

porto[2] *m.* (*Comm*) **1** (*trasporto*) transport, carriage, conveyance, (*Am*) freight, freightage: ~ *a mezzo ferrovia* rail transport. **2** (*prezzo del trasporto*) carriage, (*Am*) freight, freightage. **3** (*affrancatura*) postage. □ ~ *abusivo d'armi* unlawful carrying of arms; (*Comm*) ~ *affrancato* post free, carriage paid; (*Comm*) ~*assegnato* carriage on delivery, carriage forward; ~ *d'armi* licence to carry firearms, gun licence, firearms certificate; (*Comm*) ~ *franco* carriage free, free port.

porto[3] *m.* (*Enol*) port (wine).

porto[4] → **porgere.**

Portogallo *n.pr.m.* (*Geog*) Portugal.

portoghese **I** *a.* Portuguese. **II** *m.* (*lingua*) Portuguese. **III** *m./f.* **1** (*abitante*) Portuguese. **2** (*fig,colloq*) gatecrasher. □ (*fig,colloq*)*fare il* ~ to gate-crash.

portolano *m.* (*Mar*) portolano, portolan.

portoncino *m.* wicket.

portone *m.* main entrance, main door, front door.

portoricano **I** *a.* Puerto Rican, Porto Rican. **II** *m.* (*f.* **-a**) Puerto Rican, Porto Rican.

Portorico *n.pr.m.* (*Geog*) Puerto Rico.

portuale **I** *a.* (*Mar*) port (*attr.*), harbour (*attr.*), (*Am*) harbor (*attr.*): *opere portuali* harbour works. **II** *m.* (*Mar*) dockworker, docker, (*Am*) longshoreman.

portuario *a.* port (*attr.*), harbour (*attr.*), (*Am*) harbor (*attr.*).

portulaca *f.* (*Bot*) portulaca.

portuoso *a.* (*lett*) (*ricco di porti*) rich in harbours, having many ports.

Porzia *n.pr.f.* (*Stor*) Portia.

porzionatore *m.* scoop. □ ~*per gelato* ice cream spoon, ice cream serving spoon.

porzione *f.* **1** share, portion, part: *una* ~ *del patrimonio* a share in the estate. **2** (*rif. a cibi*) portion, helping, piece; (*fetta*) slice: *una* ~ *di dolce* a slice of cake, a piece of cake. □ *una* ~ *abbondante* a generous portion, an abundant portion, a rich portion;*fare le porzioni* to divide into portions; *una* ~*scarsa* a scanty portion.

POS **I** *punto di vendita* POS (point of sale). **II** *m.* POS.

posa *f.* **1** (*il posare*) laying, setting: *la* ~ *della prima pietra* the laying of the foundation stone. **2** (*posizione*) position, attitude, posture; (*artificiosa*) pose: *assumere una* ~ *naturale* to assume a natural position, to assume a natural pose. **3** (*atteggiamento*) pose, affectation, attire, airs *pl.*: *le sue sono tutte pose* its all a pose; *assumere pose da intellettuale* to put on the airs of an intellectual, to pose as an intellectual, (*Am*) to put on airs as an intellectual. **4** (*Art*) (*il posare*) posing; (*l'atteggiamento*) pose; (*seduta*) sitting: *una* ~ *per un ritratto* a sitting for a portrait. **5** (*Fot*) (*esposizione*) exposure; (*tempo di posa*) exposure (time): *un rullino di 24 pose* a 24 exposure film, a roll of 24 exposures, a roll of 24. **6** (*deposito, sedimento*) sediment, dregs *pl.*: *la* ~ *del vino* wine dregs. **7** (*lett*) (*pace, tregua*) rest, respite: *lavorare senza* ~ to work without respite, to work non-stop, to work incessantly. □ (*Edil*) ~ *delle fondazioni* laying of the foundations; ~ *di cavi* laying of cables; ~ *in opera* installation, erection, (*rif. a tubi e sim.*) laying; *mettersi in* ~ to assume a pose, (*Art*) to pose; *senza* ~: 1 (*usato come avverbio*) restlessly, without rest, incessantly; 2 (*usato come aggettivo*) restless.

posacavi *f.inv.* (*Mar*) (*anche nave posacavi*) cable-ship.

posacenere *m.inv.* ashtray.

posaferro *m.inv.* iron stand.

posamine **I** *a.inv.* (*Mar.mil*) mine-laying: *sommergibile* ~ mine-laying submarine. **II** *m.*/*f.inv.* (*Mar.mil*) minelayer.

posapiano *m./f.inv.* (*scherz*) slowcoach, (*Am*) slowpoke.

posare (*pòso*) **I** *v.t.* **1** to put down, to set down, to lay down, to place down: *posò il bagaglio a terra e uscì* he put his luggage (down) on the ground and went out; ~ *il cappello* to put one's hat down; ~ *un piatto sul tavolo* to lay a plate on the table; *posalo!* put it down! **2** (*rif. a parti del corpo: appoggiare*) to lay, to rest, to put: ~ *il capo sul cuscino* to lay one's head on the pillow. **3** (*Tecn*) to lay: ~ *un cavo* to lay a cable. **II** *v.i.* (*aus.* **avere**) **1** (*poggiare*) to stand, to rest: *il ponte posa su due piloni* the bridge rests on two pillars. **2** (*fig*) (*fondarsi*) to be based, to be founded, to rest. **3** (*fare da modello*) to pose, to sit. **4** (*fig*) (*darsi delle arie*) to put on airs, to give oneself airs; (*atteggiarsi*) to pose, to posture: ~ *da intellettuale* to pose as an intellectual. **5** (*rif. a liquidi: lasciare la posa*) to settle, to stand. **III** *v.pron.* **posarsi 1** to settle: *l'ape si posa sui fiori* the bee settles on the flowers. **2** (*rif. a uccelli*) to perch, to alight. **3** (*deporsi: rif. a neve ecc.*) to fall, to settle: *la neve si posa sulle colline* the snow is settling on the hills. **4** (*soffermarsi*) to stay, to rest: *il suo sguardo si posò su di lei* his gaze rested on her. □ (*fig*) ~*gli occhi su qcu.* to set one's eyes on so.; (*fig*) *non sapere dove* ~*il capo* to have nowhere to lay one's head; ~*la prima pietra* : 1 to lay the foundation stone; 2 (*fig*) to set afoot, to establish; ~ *le armi* : 1 to lay down arms, to lay down one's arms; 2 (*fig*) (*cessare le ostilità*) to cease hostilities; ~ *nudo* to pose naked, to pose nude.

posata *f.* **1** piece of cutlery; (*forchetta*) fork; (*coltello*) knife; (*cucchiaio*) spoon. **2** *pl.* cutlery (*costr.sing.*), (*Am*) flatware (*costr.sing.*): *cambiare le posate* to change the silverware, to replace the silverware. □ *posate da insalata* salad servers; *posate da pesce* fish cutlery; *posate d'argento* silverware; *posate di acciaio inossidabile* stainless-steel flatware; *posate di plastica* plastic cutlery; *posate in silverplate* silver-plated tableware; *posate usa e getta* throw-away cutlery, disposable cutlery.

posateria *f.* cutlery, (*Am*) flatware, silverware.

posatezza *f.* composure, self-possession, poise. □ *con* ~ composedly, with poise.

posato *a.* **1** (*calmo: rif. a persona*) composed, poised, staid. **2** (*equilibrato: rif. a persona*) sensible, self-possessed, steady, sane: *un ragazzo* ~ a sensible boy. **3** (*rif. a cosa*) moderate, measured: *un discorso* ~ a moderate speech.

posatoio *m.* perch, roost.

posatore *m.* **1** (*operaio*) layer. **2** (*f.* **-trice**) (*fig*) (*chi si dà delle arie*) poseur, poser.

posatura *f.* sediment, dregs *pl.*, lees *pl.*

poscia *avv.* (*lett*) (*poi, dopo*) then, after, afterwards.

poscritto *m.* postscript, (*colloq*) PS.

posdomani *avv.* (*lett*) (*dopodomani*) the day after tomorrow.

posi → **porre.**

Posidone *n.pr.m.* (*Mitol*) Poseidon.

positiva *f.* (*Fot*) positive, positive print.

positivamente *avv.* **1** (*con certezza*) definitely. **2** (*affermativamente*) affirmatively, in the affirmative: *ha risposto* ~ he replied in the affirmative. **3** (*favorevolmente*) favoura-

bly, positively: *giudicare* ~ *qcu.* to judge so. positively.

positivismo *m.* (*Filos*) positivism.

positivista **I** *m./f.* (*Filos*) positivist. **II** *a.* (*Filos*) (*positivistico*) positivist, positivistic.

positivistico (*pl.* **-ci**) *a.* (*Filos*) positivist, positivistic.

positività *f.* positiveness, positivity.

positivo **I** *a.* **1** (*vantaggioso*) positive, advantageous, good: *i lati positivi dell'affare* the positive aspects of the matter. **2** (*affermativo*) positive, affirmative: *risposta positiva* affirmative answer. **3** (*favorevole*) favourable, positive: *esprimere un giudizio* ~ to express a favourable opinion. **4** (*certo, sicuro*) certain, sure, positive, definite: *non si sa ancora nulla di* ~ we don't know anything definite yet. **5** (*rif. a persona: pratico*) practical, down-to-earth, matter-of-fact: *è un uomo* ~ he's a pratical man. **6** (*reale, effettivo*) positive, real, concrete: *conoscenza positiva* positive knowledge. **7** (*contrapposto a naturale*) positive: *filosofia positiva* positive philosophy. **8** (*che si fonda sull'esperienza*) positive, practical: *scienze positive* practical sciences. **9** (*Fis,Mat,Med,Gramm*) positive: *polo* ~ positive pole; *numero* ~ positive number. **10** (*Econ*) (*in borsa: in rialzo*) rising, bullish, (*colloq*) up. **II** *m.* **1** (*Fot*) positive (print). **2** what is certain, what is sure, facts *pl.* **III** *avv.* definitely. □ *è* ~*che* certainly, positively: *è* ~ *che non voleva offenderti* he certainly didn't want to offend you.

positone, positrone *m.* (*Fis*) positron, positive electron.

positronio *m.* (*Fis*) positronium.

positura *f.* (*posizione del corpo*) position, (*posa*) attitude, posture.

posizionale *a.* **1** (*Fis,Mat*) positional. **2** (*Ling*) positional.

posizionamento *m.* positioning.

posizionare (*posizióno*) **I** *v.t.* **1** to position, to place. **2** (*Inform*) to set. **II** *v.pron.* **posizionarsi** to set oneself, to place oneself.

posizione *f.* **1** position: *la* ~ *di un pianeta rispetto al sole* a planet's position in relation to the sun. **2** (*postura*) position, posture, attitude: *in* ~ *eretta* up, upright; *mantenersi in* ~ *eretta* to stay in an upright position; *in* ~ *seduta* in a sitting position. **3** (*disposizione*) position, arrangement, layout: *cambiare la* ~ *dei mobili* to change the furniture arrangement. **4** (*ubicazione*) situation, position, site: *la casa si trova in una splendida* ~ the house is in a fine position. **5** (*in una classifica*) position, placing, place: *essere in seconda* ~ to be in second position; *in ultima* ~ at the bottom of the list. **6** (*atteggiamento*) position, attitude (*anche fig*): *cambiare* ~ to change position. **7** (*fig*) (*stato, condizione*) position, status, balance: ~ *finanziaria* financial position, financial standing. **8** (*fig*) (*situazione*) position: *essere in una* ~ *difficile* to be in a difficult position. **9** (*nella carriera*) position: *avere una buona* ~ to have a good position. **10** (*grado sociale*) standing, social standing, status. **11** (*Mil*) position: *posizioni fortificate* fortified positions; *ritirarsi sulle proprie posizioni* to retreat to one's own positions, to withdraw to one's own positions. **12** (*nella danza*) position: *prima* ~ first position. □ ~*accovacciata* squatting position; (*Astr*) ~ *apparente* apparent position; (*Mil*) ~ *chiave* key position; (*Econ*) ~ *competitiva* competitive position; (*Econ*) ~ *concorrenziale* competitive position; (*Comm*) ~ *contabile* accounting position; (*Comm*) ~*contrattuale* bargaining position; (*Econ*) ~ *creditizia* credit standing; (*Mil*) ~

d'attenti attention, position of attention: ~ *d'attenti!* (*ordine*) stand to attention!; ~ *del missionario* missionary position; *mettersi in ~ di difesa* to take up a defensive position; ~ *di equilibrio* balanced position; (*Aut*) ~ *di folle* neutral position; ~ *di forza* position of strength, strong position; ~ *di guardia* on-guard position, defensive position; (*Mecc*) ~ *di marcia* running position; (*Mar*) ~ *di una nave* ship's position; (*Sport*) ~ *di partenza* starting position; ~ *di riposo*: 1 (*Mil*) at ease position; 2 (*Ginn*) comfortable position; 3 (*Mecc*) off-position; (*fig*) *farsi una ~* to achieve a degree of success, to acquire a position; ~ *fetale* foetal position; (*Econ*) ~ *finanziaria* financial standing; (*Ginn*) ~ *flessa* bent position, flexed position; ~ *ginecologica* jackknife position, reclining position; (*Mus*) ~ *lata* compound interval; (*Chim*) ~ *meta* meta position; *in ~ orizzontale* in a horizontal position, horizontal; (*Chim*) ~ *orto* ortho position; (*Chim*) ~ *para* para position; ~ *podalica* breech position, podalic position; *prendere ~* to take a position, to take a stand; *non prendere ~* to sit on the fence; ~ *prona* prone position; (*Ginn*) ~ *quadrupedale* on all fours position; ~ *sociale* social status; (*Mil*) ~ *strategica* strategic position; ~ *supina* supine position; *in ~ verticale* vertically.

posologia *f.* (*Farm*) posology.

posponimento *m.* 1 (*Gramm*) postposition. 2 (*dilazione*) postponement.

posporre (*pres.ind.* **pospóngo, pospóni;** *p.rem.* **pospósi;** *p.p.* **pospósto**) *v.t.* 1 to place (sth.) after, to put (sth.) after: ~ *il cognome al nome* to place the surname after the given name. 2 (*fig*) to put (sth.) after, to subordinate: ~ *l'amicizia all'interesse* to subordinate friendship to interest. 3 (*differire*) to postpone, to defer, to put off. 4 (*Gramm*) to place (sth.) after, to put (sth.) after.

pospositivo *a.* (*Gramm*) postpositive.

posposizione *f.* 1 (*Gramm*) postposition. 2 (*dilazione*) postponement.

possa *f.* (*lett*) (*forza*) strength, force, might, vigour. □ (*lett*) *a tutta ~* with all one's might.

possanza *f.* 1 (*poet*) (*potere*) power. 2 (*forza*) strength, vigour, force, might.

possedere (*pres.ind.* **possièdo**/*lett* **possèggo, possièdi, possiède, possediàmo, possedéte, possièdono**/*lett* **possèggono**; *p.rem.* **possedéi**/**possedètti, possedésti, possedétte, possedérono**/**possedèttero**; *pres.cong.* **possièda**/*lett* **possègga, possediàmo, possediàte, possièdano**/*lett* **possèggano**; *p.p.* **possedùto**) *v.t.* 1 to possess, to own, to have: ~ *una villa al mare* to own a house by the sea; ~ *ingegno* to have brains; *l'Inghilterra possedeva molte colonie* England had many colonies. 2 (*fig*) (*conoscere alla perfezione*) to be master of, to have a thorough knowledge of, (*lett*) to possess: ~ *una lingua* to be master of a language, to have mastery of a language. 3 (*lett*) (*dominare*) to possess, to rule, to dominate: *essere posseduto dall'ambizione* to be possessed by ambition. □ ~ *una donna* to possess a woman, to take a woman.

possedimento *m.* 1 (*possesso*) possession, ownership: *il ~ di una tenuta agricola* possession of a farm holding. 2 (*proprietà immobiliare*) estate, (landed) property: *avere molti possedimenti* to have much property, to be a man of estate. 3 (*Pol*) possession, colony.

posseduto → **possedere** *a.* (*invasato*) possessed: ~ *dal demonio* possessed by the

devil, demon-possessed.

possente *a.* 1 (*di persona: forte*) powerful, strong, strongly-built. 2 (*potente*) powerful, mighty, hefty: *un ~ esercito* a powerful army. 3 (*estens*) (*intenso*) strong, powerful, deep: *una voce ~* a deep voice.

possessione *f.* 1 (*rar*) (*possesso*) possession, ownership. 2 (*rar*) (*possedimento*) estate, property. 3 (*Psic*) possession.

possessività *f.* possessiveness.

possessivo I *a.* 1 (*Gramm*) possessive: *pronome ~* possessive pronoun. 2 (*fig*) (*gelosamente affezionato*) possessive. **II** *m.* (*Gramm*) possessive.

possesso *m.* 1 possession, ownership: *prendere ~ di qcs.* to take possession of sth. 2 (*possedimento*) estate, property, properties *pl.*; (*rif. a oggetti personali*) belongings *pl.* 3 (*fig*) (*piena cognizione*) mastery. 4 (*Dir*) possession. □ (*fig*) *essere in pieno ~ delle proprie facoltà mentali* (*o avere il pieno ~ delle proprie facoltà mentali*) to have full command of one's mental faculties, to be in full possession of one's mental faculties; (*Econ*) ~ *di azioni* shareholding, equity participation; (*Dir*) ~ *di buona fede* bona fide holding; (*Sport*) ~ *di palla* possession, ball possession; *essere in ~ di prove decisive* to have decisive evidence; ~ *di stupefacenti* possession of drugs; (*Dir*) ~ *esclusivo* sole possession, exclusive possession; (*Dir*) ~ *illegittimo* unlawful possession; *essere in ~ di qcs.* to be in possession of sth., to have sth.; *entrare in ~ di qcs.* to take possession of sth.; *venire in ~ di qcs.* to come into possession of sth.; (*Comm,epist*) *siamo in ~ della vostra lettera* we are in receipt of your letter; (*Dir*) ~ *incontrastato* undisputed ownership; (*Dir*) ~ *legittimo* lawful possession.

possessore *m.* (*f.* **possedritrice**) possessor, owner, holder. □ *riservato ai possessori di abbonamento* subscription holders only, subscribers only; (*Econ*) ~ *di azioni* shareholder, stockholder; (*Dir*) ~ *di buona fede* bona fide holder; (*Dir*) ~ *di mala fede* mala fide holder.

possessorio *a.* (*Dir*) possessory: *azione possessoria* possessory action.

possibile I *a.* 1 possible: *nella vita tutto è ~* everything is possible in life; *non mi sarà ~ venire oggi* it won't be possible for me, I won't be able to come today. 2 (*probabile*) possible, likely, *spesso si traduce col verbo* may: *è ~ che domani sia bel tempo* it may be fine tomorrow. 3 (*potenziale*) possible, potential, likely: *un ~ acquirente* a potential buyer. 4 (*praticabile*) possible, practicable, feasible: *un progetto ~* a feasible project. 5 (*con superlativi relativi o con comparativi*) possible: *il più presto ~* as soon as possible; *il meglio ~* as well as possible; *il più vicino ~ a casa mia* as close to my house as possible. 6 (*in frasi interrogative: esprime stupore*) really?, incredible: *è finito sotto una macchina e non si è fatto niente! ~?* he ended up under a car and nothing happened to him! - incredible! **II** *m.* 1 possible: *ha oltrepassato i limiti del ~* it has gone beyond all possible limits. 2 (*ciò che può essere fatto*) everything possible, one's best, one's utmost: *farò il ~* I will do everything possible, I will do all I can. □ ~ *che tu non mi abbia visto?* how can you possibly not have seen me?; ~ *che nessuno abbia visto niente?* surely someone must have seen something!; *ma come è ~?* that can't be true!, but how can that be?, but how can it be possible?; *essere ~* to be possible, can: *è ~ che abbia detto una cosa simile?* can he ever have said such a

thing?, can he possibly have said such a thing?; *non è ~* it's impossible, it's not possible, (*Am*) no way; *il più ~* as much as possible; *tutti i casi possibili immaginabili* every conceivable case; *non è ~!* I don't believe it!, it can't be!; *tutto il ~* everything possible.

possibilismo *m.* possibilism (*anche Pol*).

possibilista I *a.* possibilist, possibilistic (*anche Pol*). **II** *m./f.* possibilist (*anche Pol*).

possibilistico (*pl.* **-ci**) *a.* possibilist, possibilistic (*anche Pol*).

possibilità *f.* 1 possibility: *una ~ remota* a faint possibility, a remote possibility; *dare a qcu. la ~ di fare qcs.* to enable so. to do sth. 2 (*eventualità*) possibility, probability, prospect: *c'è la ~ che io venga trasferito a Roma* there's a possibility that I may be transferred to Rome. 3 (*occasione*) opportunity, chance: *non ho avuto la ~ di parlargli* I didn't have the chance to talk to him. 4 (*via, mezzo*) means *pl.*, way: *una ~ di salvezza* a means of escape, a way out. 5 (*scelta*) choice: *non avere altra ~ che...* to have no choice but to... 6 *pl.* (*forze, mezzi*) means, power *sing.*, abilities: *ti aiuterò secondo le mie ~* I'll help you as much as I possibly can. 7 *pl.* (*condizioni economiche*) means: *dare secondo le proprie ~* to give according to one's means; *vivere al di sopra delle proprie ~* to live beyond one's means. □ ~ *di carriera* career prospects; ~ *di guarigione* chances of recovery; *avere ~ di scelta* to have a choice; *una ~ su trenta* one-in-thirty chance, one chance in thirty.

possibilmente *avv.* if possible, possibly.

possidente I *m./f.* 1 man (*f.* -woman) of property, proprietor. 2 (*chi possiede terre*) landowner: *piccolo ~* small landowner; *grosso ~* large landed proprietor. 3 (*chi possiede case*) landlord (*f.* -lady). **II** *a.* landowning, property owning. □ ~ *terriero* landowner.

posso → **potere**[1].

posta *f.* 1 (*servizio*) post, mail: *spedire un pacco per ~* to send a parcel by post; *ricevere un pacco per ~* to receive a parcel through the post, to receive a parcel in the mail, to receive a parcel by mail. 2 *spec.pl.* (*organizzazione*) Post Office, (*Am*) Postal Service: *impiegato delle poste* Post Office clerk, Postal worker. 3 (*ufficio postale*) post office: *porta queste lettere alla ~* take these letters to the post office. 4 (*corrispondenza*) post, letters *pl.*, mail: *distribuire la ~* to deliver the mail; *ho ricevuto molta ~* I have received a lot of mail. 5 (*nei giochi*) stake, stakes *pl.* (*anche fig*). 6 (*Caccia*) stand; (*posizione nascosta*) hide: *mettersi alla ~* to take up one's stand, (*Br*) to go to one's hide. 7 (*Stor*) (*servizio di corriera*) post, mail; (*vettura*) stage coach; (*per la corrispondenza*) mail coach; (*stazione della corriera*) stage, station; (*locanda*) post house. □ (*Post*) ~ *aerea* air mail: *per ~ aerea* (by) air mail; (*Post*) ~ *celere* swift delivery service, fast delivery service, express delivery service; (*Post*) ~ *centrale*: 1 (*in una città*) central post office, main post office; 2 (*ufficio centrale delle poste*) General Post Office; (*Giorn*) ~ *del cuore* agony column, advice column; (*Inform*) ~ *elettronica* electronic mail, e-mail; *spedire qcs. per ~ elettronica* to e-mail sth.; (*fig*) *fare la ~* to lie in wait; (*Inform*) ~ *gratuita* free-mail; ~ *in arrivo*: 1 (*Post*) in-coming mail; 2 (*Inform*) inbox; (*fig*) *la ~ in gioco è alta* the stakes are high; ~ *in uscita*: 1 (*Post*) outgoing mail; 2 (*Inform*) outbox; ~ *lumaca* snail mail; (*fig*) *mettersi alla ~ di qcu.* to be on the look-out for so., to spy on so.; ~ *minima* minimal stake; (*Post*) *per ~normale* by ordinary post, (*Am*) (by) regular mail, (by) standard mail; (*Post*) *~ ordinaria* ordinary post; (*Br*) second class mail, (*Am*) regular mail, standard mail; (*Post*)*per ~* by post: *ti invierò il pacco per ~* I shall send you the parcel by post; *~ pneumatica* pneumatic dispatch, pneumatic post; (*Post*) *~prioritaria* priority mail, (*Br*) first class mail; (*Inform*) *~spazzatura* junk-mail.

postacelere *f.* (*Post*) swift delivery service, fast delivery service, express delivery service.

postagiro (*pl.* **postagìro/postagìri**) *m.* (*Post*) postal transfer, postal giro.

postale I *a.* 1 (*della posta*) postal, post (*attr.*), mail (*attr.*): *timbro ~* postmark; *vaglia ~* postal order, money order. 2 (*delle poste*) post-office: *impiegato ~* post-office clerk, postal worker. 3 (*che fa servizio di posta*) mail (*attr.*): *nave ~* mail boat. II *m.* 1 (*Mar*) mail boat. 2 (*Ferr*) mail train. 3 (*Aer*) mail plane. 4 (*furgone*) mail van, mail truck.

postare (**pòsto**) *v.t.* (*Mil*) to post, to station, to position: *~ l'artiglieria* to position the artillery; *postò i suoi soldati lungo il fiume* he posted his troops along the river.

postavanguardia *f.* post avant-guard.

postazione *f.* 1 (*luogo*) posting, position, emplacemnet: *postazioni nemiche* enemy positions. 2 (*estens*) position: *~ microfonica* microphone position. 3 (*rar*) (*il postare*) stationing, posting, positioning: *la ~ di un cannone* the stationing of a cannon. □ *~ di lancio* launching position, launching site.

postbellico (*pl.* **-ci**) *a.* post-war (*attr.*): *crisi postbellica* post-war crisis.

postbruciatore *m.* (*Aer*) afterburner.

postcapitalistico (*pl.* **-ci**) *a.* post-capitalistic.

Postcard *f.inv.* debit card allowing holder to access a current account maintained by the post office.

postcoloniale *a.* post-colonial.

postcombustione *f.* (*Aer*) afterburning.

postcommunio *m./f.* (*Lit*) post-communion.

postcomunismo *m.* post-communism.

postcomunista I *a.* post-communist (*attr.*), post-communistic. II *m./f.* post-communist.

postconciliare *a.* (*Rel*) postconciliar.

postconsonantico *a.* (*Ling*) post-consonantal.

postdatare (**postdàto**) *v.t.* 1 to postdate. 2 (*assegnare una data posteriore a quella comunemente accettata*) to assign a later date (to), to postdate: *~ un rinvenimento archeologico* to assign a later date to an archaeological find.

postdatato *a.* postdated.

postdatazione *f.* postdating.

postdiluviano *a.* postdiluvian.

posteggiare (**postéggio, postéggi**) I *v.t.* to park. II *v.i.* (*aus. avere*) to park.

posteggiatore *m.* (*f.* **-trice**) 1 (*custode di posteggio*) car-park attendant, parking attendant. 2 (*chi usufruisce del posteggio*) parker. □ *~abusivo* unlicensed parking attendant, illegal parking attendant, unauthorized parking attendant.

posteggio *m.* 1 (*sosta*) parking. 2 (*spazio*) parking place, parking space, parking spot. 3 (*area di parcheggio*) parking area, parking, car park, parking lot. 4 (*di rivenditore*) stand. □ *~a pagamento* paying car park; *~autorizzato* authorized car park; *~custodito* attended car park, guarded car park; *~ incustodito* unattended car park, unguarded

car park; *~ libero* free parking; *~ per taxi* taxi rank, (*Am*) taxi stand, cab stand.

Postel *m.inv.* (*Post*) service provided by the post office allowing a customer to send a letter via e-mail that is then printed, and mailed to desired recipient.

postelegrafico (*pl.* **-ci**) I *a.* post and telegraph (*attr.*): *ufficio ~* post and telegraph office. II *m.spec.pl.* post and telegraph employees *pl.*

postelegrafonico (*pl.* **-ci**) I *a.* post, telegraph and telephone (*attr.*). II *m.spec.pl.* post, telegraph and telephone employees *pl.*

postelementare *a.* (*Scol*) post-elementary.

postelettorale *a.* post-election (*attr.*).

postema *f.* (*rar*) (*ascesso*) abscess.

poster *m.inv.* poster. □ *~gigante* photo mural, giant poster.

posteri *m.pl.* descendants, posterity (*costr. sing.*).

posteria *f.* (*region*) (*negozio di generi alimentari*) grocery store, grocer's shop.

posteriore I *a.* 1 rear, back: *la parte ~ della casa* the back (part) of the house. 2 (*rif. al corpo umano*) posterior, back. 3 (*rif. ad animale*) hind, rear, back: *le zampe posteriori* the hind legs. 4 (*rif. a tempo*) later, subsequent, following: *gli avvenimenti posteriori* later events, subsequent events; *Petrarca è ~ a Dante* Petrarch is later than Dante. 5 (*Fon*) back: *vocale ~* back vowel. II *m.* 1 (*eufem*) (*deretano*) buttocks *pl.*, bottom, posterior, (*colloq*) behind, rear end. 2 *pl.* (*rif. a cavalli: arti posteriori*) hind legs.

posteriorità *f.* posteriority.

posteriormente *avv.* 1 (*nella parte posteriore*) at the back, at the rear, behind. 2 (*rif. a tempo: più tardi*) subsequently; (*dopo*) after, afterwards, later (on).

posterità *f.* posterity.

post-fascismo *m.* postfascism.

postfazione *f.* (*Edit*) afterword.

postferiale *a.* (*rar*) after the holidays.

postformato *a.* (*Ind*) postformed.

postforming *m.inv.* (*Ind*) postforming.

posticcio I *a.* false, artificial. II *m.* (*toupet*) postiche, hairpiece, toupee.

posticino *m.* 1 (*luogo carino*) little place, spot. 2 (*locale accogliente*) (little) place, spot: *una cena romantica in un ~ tranquillo* a romantic dinner in a quiet place, a romantic dinner in a quite little spot. 3 (*posto di lavoro sicuro*) guaranteed position.

posticipare (**posticìpo**) *v.t.* to postpone, to defer, to put off: *~ la partenza* to put off one's departure.

posticipato *a.* deferred, postponed: *pagamento ~* deferred payment.

posticipazione *f.* postponement, deferment.

posticipo *m.* (*Sport*) postponed game, postponed match.

postierla *f.* (*Stor*) postern.

postiglione *m.* (*Stor*) postilion, postillion.

postilla *f.* 1 marginal note, postil. 2 (*chiosa*) gloss.

postillare (**postìllo**) *v.t.* 1 to annotate, to postil, to write (marginal) notes on. 2 (*chiosare*) to gloss.

postillatore *m.* (*f.* **-trice**) annotator.

postimpressionismo *m.* (*Art,Lett*) post-impressionism.

postimpressionista I *a.* (*Art,Lett*) postimpressionist, postimpressionistic. II *m./f.* (*Art, Lett*) postimpressionist.

postino *m.* (*f.* **-a**) postman (*f.* -woman), (*Am*) mailman, mail carrier.

postlaurea *a.inv.* postgraduate: *formazione ~* postgraduate training.

postliminio *m.* (*Dir.rom*) postliminium.

postmodernismo *m.* (*Art,Lett*) postmodernism.

postmodernità *f.* (*Art,Lett*) postmodernity.

postmoderno *a.* (*Art,Lett*) postmodern.

postnatale *a.* (*Med*) postnatal.

posto[1] *m.* 1 (*luogo assegnato*) place: *questo è il mio ~* this is my place; *il libro non è al suo ~* the book is not in its (right) place. 2 (*spazio*) room, space: *nella valigia non c'è più ~* there's no more room in the suitcase. 3 (*posto a sedere*) seat: *è libero questo ~?* is this seat free?; *prendere ~* to take a seat, to take one's seat, to sit down; *cambiare di ~* to change one's seat, to change places; *tenere un ~ per qcu.* to save a seat for so., to keep a seat for so. 4 (*posizione in graduatoria*) place, position, *spesso non si traduce*: *occupa il secondo ~ in classifica* he is in second place, he is second; *essere all'ultimo ~* to be last, to come last. 5 (*impiego*) position, job, post: *ha trovato un ottimo ~* he found an excellent job; *cercare un ~* to look for a job. 6 (*luogo in genere*) place, spot: *conosco un ~ dove si mangia bene* I know a place where the food is good; *ci incontriamo al solito ~?* shall we meet at the usual place?, shall we meet at the usual spot?, shall we meet at the same place as usual? 7 (*parcheggio*) parking, parking place, parking space. 8 (*Mil*) post, station: *~ di combattimento* combat station: *ai posti di combattimento!* (*Br*) action stations! □ *a quattro posti* four-seater (*attr.*); *essere a ~*: 1 (*in ordine*) to be tidy, to be neat: *la stanza è a ~* the room is tidy, the room is neat; 2 (*sentirsi soddisfatto*) to be content, to be happy: *dammi ancora un euro e sono a ~* give me another euro and I'll be happy, (*Am*) give me one more euro and I'm all set, give me one more euro and that does it; *essere a ~ con la propria coscienza* to have a clear conscience; (*iron*) *ora siamo a ~!* (*siamo fritti*) now we're done for!; 3 (*fig*) (*affidabile*) reliable: *è un tipo a ~* he's ok, he's a reliable person; *~ a sedere* seat; *~ a tavola* seat at table, place at table;*al ~ di* : 1 (*invece di*) instead of: *ci vado io al ~ tuo* I'll go instead of you, I'll go in your place; 2 (*rif. a situazione individuale*) in the shoes of, in the place of: *al ~ di mio fratello io protesterei* if I were in my brother's place I'd protest, if I were in my brother's shoes I'd protest; *~ al sole* place in the sun (*anche fig*);*al ~tuo* if I were you; (*Mil*) *~ avanzato* outpost, forward post;*c'è ~?* is there any room?; *interrogare uno studente da ~* (*o dal ~*) to question a student at his (*o* her) desk;*del ~* local, from here; *gente del ~* local people; *un signore del ~* a man from around here; *~ di blocco* : 1 (*Strad*) roadblock; *istituire un ~ di blocco* to set up a roadblock; 2 (*Ferr*) block post; (*Mil*) *~ di comando* command post; (*Mil*) *posti di combattimento* action stations; *~di controllo* checkpoint; *~di dogana* customs station; *~ di fiducia* confidential post, responsible position; *~di frontiera* frontier post; (*Teat*) *~di galleria* circle seat, (*Am*) balcony seat, (*loggione*) gallery seat; *~di guardia* look-out post, sentry post; *~ di guida* driver's seat; *~di lavoro* : 1 place of work; 2 (*impiego*) job, position, post: *creazione di posti di lavoro* job creation; *garanzia del ~ di lavoro* job security; *sicurezza del ~ di lavoro* job stability; (*Mar*) *tutti ai posti di manovra!* position!; (*Mil*) *~ di medicazione* dressing station, first-aid post, first-aid station; (*Mil*) *~ di osservazione* observation post; (*Aer*) *~di pilotaggio* cockpit; (*Teat*) *~di platea* stall, (*Am*) orchestra seat; *~di polizia* police station, (*Br,colloq*) cop shop; ~ *di responsabilità* responsible position; ~ *di rifornimento* filling station; ~ *di villeggiatura* holiday resort; ~ *direttivo* executive post; (*Teat*) *posti distinti* box seats, (*Br*) stalls; ~ *d'onore* place of honour; *posti esauriti* all seats sold, sold out; *fare* ~ *a qcu.* to make room for so., to move over; ~ *fisso* fixed job, permanent position; ~ *gratuito* free seat; ~ *in piedi* standing room; (*volg*) *mandare qcu. in quel* ~ to send so. packing; (*volg*) *prenderlo in quel* ~ to be screwed; (*volg*) *prendersi un pugno in quel* ~ to get a punch you know where;(*pop*) *andare in quel* ~ (*in bagno*) to pay a visit; ~ *letto* bed, sleeping accommodation: *ospedale con mille posti letto* hospital with a thousand beds; ~ *macchina* parking place, parking space; *mettere a* ~ *qcs.*: 1 (*sistemare, riordinare*) to tidy sth. up, to put sth. in its proper place, to put sth. away, to straighten sth. up; 2 (*ripararla*) to repair sth.: *farsi mettere a* ~ *qcs.* to have sth. seen to; 3 (*fig*) (*chiarirla*) to get sth. straight; 4 (*fig*) to put sth. right: *mettere a* ~ *le cose* to put things right; *mettere a* ~ *qcu.*: 1 (*dargli un lavoro*) to fix so. up. with a job, to find a job for so.; 2 (*richiamarlo energicamente*) to put so. in his (*o* her) place, to sort so. out; *mettersi a* ~: 1 (*rassettarsi*) to tidy oneself, to tidy oneself up; 2 (*fig*) (*trovare una sistemazione*) to get oneself fixed up; *posti numerati* numbered seats; ~ *prenotato* reserved seat; ~ *riservato* reserved seat; ~ *riservato agli invalidi* reserved for the disabled; *un* ~ *roulotte* a place for a caravan; (*fig*) *stare al proprio* ~ to know one's place, (*Br*) to keep to one's place, (*Am*) to keep one's place; *sul* ~ on the site, on the spot, on the scene: *recarsi sul* ~ *dell'incidente* to go to the scene of the accident; ~ *tattico* tactical position; *un* ~ *tenda* a place for a tent; ~ *vacante* vacancy. *Prov.*: *un* ~ *per ogni cosa e ogni cosa al suo* ~ a place for everything and everything in its place.

posto[2] → **porre**. □ ~ *che* assuming that, supposing that, provided that; ~ *il caso che* supposing (that); ~ *questo* having said that.
postoperatorio *a.* (*Med*) post-operative.
post partum I *a.inv.* (*Med*) post-partum (*attr.*). **II** *m.inv.* (*Med*) post-partum period.
postprandiale *a.* (*lett,Med*) postprandial.
postproduzione *f.* (*Cin*) post production, completion service.
postraumatico *a.* (*Med*) post-traumatic.
postribolo *m.* (*lett*) brothel, bawdy house.
postrisorgimentale *a.* (*Stor.it*) after the Risorgimento.
post-rivoluzionario *a.* postrevolutionary.
post scriptum *m.inv.* postscript.
postsincronizzare (**postsincronìzzo**) *v.t.* (*Cin*) postsynchronize.
postsincronizzazione *f.* (*Cin*) postsynchronization.
postulante I *a.* 1 petitioning, pleading. 2 (*Dir.can*) postulating. **II** *m./f.* 1 petitioner. 2 (*Dir.can*) postulant.
postulare (**pòstulo**) *v.t.* 1 to postulate, to assume, to presume. 2 (*chiedere con insistenza*) to postulate, to solicit, to petition. 3 (*Filos,Mat*) to postulate.
postulato *m.* 1 (*Filos,Mat*) postulate. 2 (*Dir.can*) postulancy.
postumo I *a.* 1 posthumous: *scritti postumi* posthumous works. 2 (*estens*) (*tardivo*) tardy, belated: *timori postumi* belated misgivings. **II** *m.pl.* 1 (*Med*) after-effect *sing.* 2 (*estens*) (*consequenze*) after-effects *pl.* □ *i postumi di una sbornia* a hangover (*sing.*).
postuniversitario *a.* post-graduate.

postura *f.* posture: ~ *sbagliata* (*o* ~ *scorretta*) incorrect posture, poor posture.
posturologia *f.* (*Med*) posturology.
postvendita *a.inv.* after-sales (*attr.*): *servizio* ~ after-sales service.
postvocalico *a.* (*Fon*) postvocalic.
postvulcanico *a.* (*Geol*) post-volcanic.
potabile *a.* drinking, drinkable, (*lett*) potable: *acqua* ~ drinking-water; *acqua non* ~ water not (fit) for drinking, undrinkable water, not drinkable water.
potabilità *f.* drinkableness, potability.
potabilizzare (**potabilìzzo**) *v.t.* to make (sth.) drinkable.
potabilizzazione *f.* 1 (*pratica*) purifying. 2 (*effetto*) purification.
potamologia *f.* (*Idr*) potamology.
potare (**pòto**) *v.t.* (*Giard,Agr*) to prune, to trim, to lop: ~ *un albero* to prune a tree.
potassa *f.* (*Chim*) potash: ~ *caustica* caustic potash.
potassico (*pl.* -**ci**) *a.* (*Chim*) potassic, potassium (*attr.*): *sali potassici* potassium salts.
potassio *m.* (*Chim*) potassium. □ *di* ~ potassium (*attr.*): *idrato di* ~ potassium hydroxide.
potatoio *m.* (*Giard,Agr*) billhook, pruning knife.
potatore *m.* (*f.* -**trice**) (*Giard,Agr*) pruner.
potatura *f.* (*Giard,Agr*) pruning, lopping, trimming. □ (*Agr*) ~ *a cordone* cordon training; (*Agr*) ~ *a ringiovanimento* regeneration cutting; (*Agr*) ~ *degli alberi da frutto* pruning of fruit trees; (*Agr*) ~ *estiva* summer pruning; (*Agr*) ~ *invernale* winter pruning.
potentato *m.* (*lett*) 1 dominating state. 2 (*estens*) (*sovrano*) potentate, ruler.
potente I *a.* 1 powerful, mighty: *una nazione* ~ a powerful nation. 2 (*molto forte*) powerful, strong, hefty: *muscoli potenti* powerful muscles, strong muscles. 3 (*di grande efficacia*) potent, strong: *veleno* ~ potent poison. 4 (*rif. a persona*) powerful, mighty: *un* ~ *uomo politico* a powerful politician. 5 (*rif. ad argomenti e sim.*) cogent, strong, forceful. 6 (*rif. ad apparecchi e sim.*) powerful: *motore* ~ powerful engine. 7 (*intenso*) strong, intense: *un odore* ~ a strong smell. 8 (*Med*) (*dotato di potenza sessuale*) potent. **II** *m.* 1 powerful person. 2 *pl.* the powerful: *adulare i potenti* to flatter the powerful.
potentemente *avv.* 1 powerfully, mightily. 2 (*fortemente*) greatly, strongly.
potentilla *f.* (*Bot*) creeping cinquefoil.
potentino I *a.* from Potenza, of Potenza. **II** *m.* (*f.* -**a**) (*originario*) native of Potenza; (*abitante*) inhabitant of Potenza.
potenza *f.* 1 power, might: *la* ~ *di un partito* the power of a party. 2 (*forza, vigoria*) strength, force, vigour. 3 (*energia, intensità*) strength, force: *la* ~ *del vento* the force of the wind. 4 (*efficacia*) power, potency: *la* ~ *del denaro* the power of money. 5 (*fig*) (*capacità*) power, capacity: ~ *visiva* visual power. 6 (*concr*) (*nazione*) power: *le maggiori potenze europee* the major European powers. 7 (*influenza*) power, influence, authority: *un uomo di grande* ~ a man of great authority. 8 (*persona potente*) force, power; authority: (*colloq*) *è una* ~! he's influential, (*colloq*) he's a big shot. 9 (*Filos*) (*possibilità di divenire*) potential, potentiality, potency. 10 (*Mat*) power: *innalzare un numero a* ~ to raise a number to a power; *due alla terza* ~ two to the third power. 11 (*Fis,El*) capacity, power. 12 (*Geol*) thickness. □ (*Acus*) ~ *acustica* acoustic power, sound power; (*Mecc*) ~ *al freno* brake horsepower; (*El*) ~ *assorbita* input power; ~ *atomica* nuclear power; (*Mot*)

~ *del motore* engine rating, engine power; (*Mil*) ~ *di fuoco* firepower; (*Mar,Aer*) ~ *di spinta* thrust horsepower, thrust power; ~ *d'immaginazione* power of imagination, imagination; ~ *disponibile*: 1 (*El*) available power, room power; 2 (*Aer,Mot*) thrust power; (*Elettron*) ~ *d'uscita* output power; ~ *economica* economic power; (*Mot,Mar*) ~ *effettiva* effective horse power, brake horse power; ~ *finanziaria* capital power, financial power; (*Pol*) ~ *firmataria* signatory power; (*Aut*) ~ *fiscale* nominal horsepower; (*Pol*) ~ *guida* leading power; ~ *imperiale* imperial power; *in* ~: 1 (*aggettivo*) potential: *un pericolo in* ~ a potential danger; 2 (*avverbio*) potentially; ~ *marinara* sea-power; ~ *marittima* power on the seas, sea power; ~ *massima* peak power, maximum power; ~ *navale* naval power; ~ *nucleare* nuclear power; (*Occult*) *le potenze occulte* the occult powers; (*Fis*) ~ *reale* real power, active power, true power, brake horsepower; (*Fisiol*) ~ *sessuale* sexual potency, potency.
potenziale I *a.* 1 potential, likely: *un* ~ *quirente* a potential purchaser, a likely purchaser. 2 (*Ling,Fis*) potential. **II** *m.* 1 (*Fis*) potential: ~ *elettrico* electric potential; ~ *magnetico* magnetic potential. 2 (*Fis,estens*) (*differenza di potenziale, tensione elettrica*) potential, potential difference. 3 (*fig*) (*complesso di mezzi*) strength, force, power: ~ *economico* economic strength. □ (*Mil*) ~ *atomico* atomic potential, military atomic potential; (*Mil*) ~ *bellico di una nazione* military strength of a nation; (*Econ*) ~ *di crescita* growth potential; ~ *di lavoro* working strength; (*Chim*) ~ *di ossidazione* oxidation potential; (*Econ*) ~ *di vendita* sales potential; (*Mil*) ~ *nucleare* nuclear potential, military nuclear potential.
potenzialità *f.* 1 (*capacità*) potentiality, capacity. 2 (*Filos*) potentiality, eventuality. 3 (*Tecn*) capacity. □ ~ *economica* economic capacity; (*Ind*) ~ *produttiva* throughput, output.
potenzialmente *avv.* potentially.
potenziamento *m.* 1 (*rafforzamento*) strengthening. 2 (*incremento*) expansion, development: *il* ~ *dell'industria* the expansion of industry. 3 (*Sport*) muscle-potentiation, muscle-strengthening. 4 (*Farm*) potentiation, joint action of two drugs.
potenziare (**potènzio, potènzi**) *v.t.* 1 (*rafforzare*) to strengthen, to make (sth.) stronger. 2 (*incrementare*) to expand, to develop. 3 (*Farm*) to potentiate.
potenziometro *m.* (*El*) potentiometer, pot.
potere[1] (*pres.ind.* **pòsso, puòi, può, possiàmo, potéte, pòssono**; *impf.ind.* **potévo**; *p.rem.* **potéi** /*rar* **potètti, potésti, poté** /*rar* **potètte, potémmo, potéste, potérono** /*rar* **potèttero**; *fut.* **potrò**; *pres.cong.* **pòssa, possiàmo, pòssano**; *impf.cong.* **potéssi**; *p.pres.* **potènte**; *ger.* **potèndo**; *p.p.* **potùto**; when *potere* is used as a modal verb it usually takes the auxiliary required by the verb it is used with) *v.t.* 1 (*essere in grado, riuscire*) can, could, to be able to: *possiamo aiutarti* we can help you; *non potrò fare questo lavoro* I won't be able to do this work; *credo che possa farlo molto bene* I think he can do it very well; *non sono potuto andare* I couldn't go. 2 (*avere la possibilità*) can, may, to be able, to be possible, to be likely; (*per una possibilità più remota*) could, might: *spero che possa venire* I hope he can come; *potrebbero venire domani* they may come tomorrow, they might come tomorrow; *non ho potuto vederlo ieri* I wasn't able to see him yesterday; *può averlo sem-*

plicemente dimenticato it's likely he's simply forgotten about it, he can simply have forgotten about it, he could simply have forgotten about it. **3** (*essere probabile: nelle supposizioni*) may, (*probabilità più remota*) might: *potrebbe essere John* it may be John, (*meno probabile*) it might be John; *potete aver ragione* you may be right; *potrei avere sbagliato numero* I may have dialled a wrong number, (*meno probabile*) I might have dialled a wrong number; *poteva avere avuto vent'anni* he was probably about twenty. **4** (*avere il permesso, essere lecito*) may, can, might, to be able, to be permitted: *posso fumare?* may I smoke?, can I smoke?; *possiamo vedere la stanza?* may we see the room?, might we see the room?; *i ragazzi non possono fare chiasso a scuola* children are not allowed to make noise at school; *non posso rientrare dopo mezzanotte* I'm not allowed to come home after midnight. **5** (*nelle richieste*) can; (*più formale*) could, would: *puoi chiudere la porta per piacere?* can you close the door, please?; *could you close the door, please?* **6** (*nelle offerte*) can, may: *posso aiutarla?* can I help you?; *posso darti un passaggio?* can I give you a lift? **7** (*nelle proposte, per dare consigli*) can, could: *potresti venire con noi, no?* you could come with us, couldn't you?; *potresti parlarne coi tuoi genitori* you could speak to your parents about it. **8** (*avere ragione o motivo*) can: *puoi essere contento* you can be happy; *non posso lamentarmi* I can't complain. **9** (*dovere*: only in the negative) must, might, should; (*non avere il permesso*) to be not allowed: *non potresti rispondere quando ti parlo?* couldn't you answer when I speak to you?; *non possiamo parlare ad alta voce* (*Br*) we mustn't speak out loud, (*Am*) we shouldn't speak loudly; *la sentinella non può lasciare il suo posto* the sentry isn't allowed to leave his post. **10** (*nelle frasi augurali*) may: *possiate essere felici* may you be happy. **11** (*pleonastico*) can: *chi può?* who can it be?; *non posso crederci!* I can't believe it! **12** (*assol.*) (*avere influenza*) to be influential, to be powerful, to have influence: *il segretario può molto presso il presidente* the secretary has a lot of influence with the president. **13** (*assol.*) (*avere possibilità economiche*) to be well-off, to be well-to-do: *è una famiglia che può molto* it's a well-to-do family, it's a family of great means. □ (*iron*)*c'è chi può e chi non può* some can and some cannot, some are able and some are not; *si arrangia come può* he manages as best he can; *come hai potuto!* how could you!; *cosa può mai volere da me quel tipo?* what can that guy possibly want from me?; *può darsi* maybe, perhaps, it's possible, could be: *può darsi che io vada* I might go, I may go; *può darsi che tu abbia sbagliato* you might be wrong, you may be wrong;*non possoche accettare* I can't accept it, I can't not accept;*non poteva non vincere* he was bound to win; *non poterne più* : 1 (*essere esausto*) to be exhausted; 2 (*essere al limite della sopportazione*) to be unable to stand it any longer, to have had enough: *non ne posso più di tutta questa faccenda* I've had enough of all this matter, I'm fed up with the whole thing; *non ne posso più* I've had it, I can't take anymore; *non ne posso più di lui* I can't stand him any more, I've had enough of him;*non si può certo biasimarlo* one can hardly blame him;*non si può mai dire* you never can tell, you never know;*per quanto posso*

as far as I am able, as far as I can, as much as I can;*può andare benecome può andare male* it can go well as it can go bad, things can turn out for the better or the worse, (*Am*) it can go either way;*faccioquello che posso* I'm doing my best, (*Am*) I do what I can;*si può?* can I get in?; *puoitenerlo se vuoi* you can keep it if you want.

potere[2] *m.* **1** (*potenza*) power, might: *il ~ di Dio* the power of God. **2** (*influenza, potestà*) influence, sway: *non ho alcun ~ su di lui* I have no influence over him. **3** (*attitudine, capacità*) ability, power, capability: *ha il ~ di farmi perdere le staffe* he's able to make me lose my temper; *persona dotata di ~ magico* person endowed with magical powers *pl.* **4** (*dominio, balia*) power: *ridurre il nemico in proprio ~* to subjugate the enemy to one's power; *è in suo ~* she's in his power, she's under his power. **5** (*autorità*) power, authority: *esercitare un ~* to exercise a power; *conferire a qcu. il ~ di fare qcs.* to empower so. to do sth.; *eccedere i propri ~* to exceed one's powers. **6** (*Pol*) (*suprema autorità politica*) power: *assumere il ~* to assume power. **7** (*Fis,Fis,Econ*) power. □ *essereal ~* to be in power; *~antidetonante* antiknock value, antiknock blending value; (*Pol*) *~assoluto* absolute power; (*Alim*) *~ calorico* heat value; (*Pol*) *~centrale* central power; *~ contrattuale* bargaining power; *i poterico-stituiti* the established powers; (*Econ*) *~ d'acquisto* purchasing power; *~decisionale* decision-making power, power to decide; *i poteridello stato* government powers; *~ di sovranità* sovereign power; (*burocr*) *~di vigilanza* power of supervision; (*Dir*) *~discrezionale* discretionary power; (*Fis*) *~dispersivo* dispersive power; *~ economico* economic power; (*Pol*) *~esecutivo* : 1 executive, executive power; 2 (*organo esecutivo*) executive; *avere poteri evocativi* to have the power to call forth spirits; (*Pol*) *~giudiziario* legal power, judicial power; *~governativo* governmental power; *~ impositivo* taxing power; *essere in ~ di qcu.* : 1 to be in so.'s hands, to be in so.'s power; 2 (*essere di competenza di qcu.*) to be within so.'s province; (*Psic*) *~inibitorio* inhibitory power; (*Pol*) *~legislativo* : 1 legislative power; 2 (*organo legislativo*) legislature; *~ mediatico* mass media power, power of the mass media; *~ militare* military power; *~nero* Black Power; (*Alim*) *~nutritivo* nutritive power; (*Alim*) *~ nutrizionale* nutritive power; *~ operaio* Workers' Power; (*Pol*) *~periferico* local authority; (*Fis*) *~risolvente* resolving power; *~sovrano* sovereign power; *poteri straordinari* emergency power; *~ supremo* supreme power; *il ~temporale del papa* the temporal power of the Pope.

potestà[1] *f.* **1** (*potere*) power: *avere la ~ di fare qcs.* to have the power to do sth. **2** (*Dir*) power, right, authority: *patria ~* patria potestas, parental authority. **3** *pl.* (*Teol*) Powers. □ *~legale* legal power; *~maritale* marital authority; *~tributaria* taxing power.

potestà[2] *m.* (*Mediev,Stor.it*) podesta.

potestativo *a.* (*Dir*) potestative.

pot-pourri /ˌpopurˈriˈ/ *m.inv.* **1** (*Gastron*) potpourri, stew of meat and vegetables. **2** (*Mus*) medley. **3** (*miscuglio di erbe e fiori secchi*) potpourri. **4** (*fig*) (*miscuglio*) jumble, mixture, medley, hotchpotch, (*Am*) hodgepodge.

potrò → **potere**[1].

pouf /puf/ *m.inv.* (*Arred*) pouf, pouffe, hassock.

pourparler /ˌpurparˈle/ *m.inv.* pourparler,

preliminary talk, preliminary discussion.

poveraccio *m.* (*f.* **-a**) poor thing, poor fellow (*f.* woman), (*colloq*) poor devil.

poveramente *avv.* poorly, wretchedly, in poverty: *vestire ~* to dress poorly; *vivere ~* to live in poverty.

poverello *m.* (*f.* **-a**) poor person, poor man (*f.* woman). □ *il ~di Assisi* St Francis of Assisi.

poveretto, **poverino** I *a.* **1** (*indigente*) poor, needy. **2** (*infelice*) wretched, poor. II *m.* (*f.* **-a**) poor thing, poor fellow (*f.* woman), wretched, (*colloq*) poor devil.

povero I *a.* **1** (*indigente*) poor, needy: *una famiglia povera* a poor family; *paesi poveri* poor countries. **2** (*misero*) poor, wretched, miserable; (*umile*) humble: *una povera capanna* a wretched hut; *vestiva i suoi poveri panni* he was wearing his miserable rags, he was wearing his humble rags. **3** (*disadorno*) plain, bare: *una stanza povera* a plain room. **4** (*semplice*: *rif. a pasti*) meagre, poor: *un pranzo ~* a poor meal, a meagre meal. **5** (*privo*) lacking (*di* in), wanting (*di* in), poor (*di* in), (*seguito da nome singolare*) having little, (*seguito da nome plurale*) having few: *un paese ~ di materie prime* a country lacking in raw materials; *libro ~ di idee* book wanting in ideas; *fiume ~ d'acqua* river which has little water. **6** (*scarso*) poor, scanty: *un raccolto ~* a poor harvest, a scanty harvest. **7** (*sterile*) poor, barren: *terreni poveri* barren lands. **8** (*defunto*) late, poor: *la mia povera nonna* my late grandmother. **9** (*che desta compassione*) poor: *il ~ bambino piangeva disperatamente* the poor child cried bitterly. II *m.* **1** (*f.* **-a**) poor person, pauper. **2** (*f.* **-a**) (*mendicante*) beggar. **3** *pl.* the poor, poor people: *i poveri della città* the city poor, the city's poor. □ *poverabestia!* poor creature!; (*iron,colloq*) *~cocco* poor baby; (*lett,rar*) *~ come Giobbe* as poor as a church mouse, as poor as Job; *~di fantasia* unimaginative; *~di grassi* low-fat; *~di spirito* : 1 (*Bibl*) poor in spirit; 2 (*eufem*) (*idiota*) dull-witted, simple-minded; (*colloq*) *un ~ diavolo* a poor wretch, a poor devil, a poor soul; *un ~disgraziato* a poor devil, a poor wretch; *~ in canna* as poor as a church mouse, as poor as Job; (*iron*) *~martire* wretched, poor sufferer, poor thing; (*colloq*) *~me!* poor me!, oh dear!; (*colloq*) *poverinoi!* heaven help us!; *poveruomo* : 1 (*che suscita compassione*) poor fellow, poor thing; 2 (*spreg*) poor wretch; (*scherz*) *come va? - Da poverivecchi* how are you? - Not bad for an oldster.

povertà *f.* **1** (*miseria*) poverty: *vivere nella più squallida ~* to live in the most squalid poverty; *cadere in ~* to be reduced to poverty, to fall into poverty. **2** (*scarsità*) shortage, scarcity, want: *~ d'acqua* scarcity of water. **3** (*fig*) (*meschinità*) poorness, meanness. □ (*Bibl*) *~evangelica* evangelic poverty.

poveruomo *m.* **1** poor fellow, poor thing. **2** (*spreg*) poor wretch.

pozione *f.* potion: *~ magica* magic potion.

poziore *a.* (*Dir,rar*) preferred, preference (*attr.*), preferential.

pozza *f.* **1** (*d'acqua*) puddle, pool: *la strada era piena di pozze* the road was full of puddles. **2** (*quantità di liquido versato*) pool: *una ~ di sangue* a pool of blood.

pozzanghera *f.* puddle, pool.

pozzetto *m.* **1** (*nelle fognature*) sump, well. **2** (*Mar*) cockpit. **3** (*Sport*) (*kayak*) kayak cockpit.

pozzo *m.* **1** well: *attingere acqua dal ~* (o *al ~*) to draw water from the well. **2** (*cavità* *naturale o artificiale*) shaft, pit (*anche Minier*): scavare *un ~* to sink a shaft. **3** (*fig*) well, mine: *un ~ di dottrina* a mine of learning. **4** (*fig*) (*grande quantità*) loads *pl.*, lots *pl.*, a lot: *guadagnare un ~ di soldi* to earn a lot of money. ☐ *~ artesiano* artesian well; (*Edil*) *~ chiarificatore* septic tank; (*della morte* (*nel motociclismo*) well of death; (*Mar*) *~ della sentina* bilge well; (*Edil*) *~ dell'ascensore* lift shaft; (*Am*) elevator shaft; (*Minier*) *~ di aerazione* air shaft, ventilating shaft; *pozzi di carbonio* (*in ecologia*) carbon sinks; *~ di drenaggio*: **1** (*Idr*) dewatering well; **2** (*Minier*) draining shaft; (*Minier*) *~ di estrazione* hauling shaft, hoisting shaft; *~ di miniera* mine shaft; *~ di petrolio* oil well; (*Idr*) *~ di raccolta* deep well, collecting well; (*fig*) *~ di san Patrizio* bottomless pit: *essere come il ~ di san Patrizio* to be inexhaustible; (*fig*) *~ di scienza* prodigy of learning, wellspring of learning; (*Minier*) *~ di trivellazione* borehole, drill hole; (*Minier*) *~ di ventilazione* air shaft, ventilating shaft; (*Minier*) *~ esaurito* exhausted well; (*Geol*) *~ glaciale* glacier well; (*Minier*) *~ inclinato* sloping shaft; *~ nero* cesspool, cesspit; *~ petrolifero* oil well; (*fig*) essere *un ~ senza fondo*: **1** (*persona ingorda*) to be a bottomless pit; **2** (*persona avida di denaro*) to be a hoarder.

pozzolana *f.* (*Geol*) pozzolan, pozzolana, pozzuolana.

PP **1** *porto pagato* (carriage paid). **2** (*Cin*) *primo piano* CU (close up). **3** *posare piano* (handle with care).

pp. **1** (*Mus*) *pianissimo* pp (pianissimo). **2** *pagine* pp. (pages).

p.p. **1** *pacco postale* p.p. (parcel post). **2** *per procura* p.p. (per procurationem, by proxy).

PPI (*Stor.it*) *Partito popolare italiano* (Italian popular party).

pp.nn. *pagine non numerate* (unnumbered pages).

ppp (*Mus*) *piano pianissimo* ppp (piano pianissimo).

PP.SS. *partecipazioni statali* (State holdings, State investment).

PP.TT. *poste e telecomunicazioni* (post and telecommunications).

PR **1** (*Pol,Stor.it*) *Partito radicale* (Radical party). **2** *pubbliche relazioni* PR (public relations). **3** *piano regolatore* (town-planning regulations). **4** *procuratore della repubblica* (Public prosecutor).

p.r. (*epist*) *per ringraziamento* (with thanks).

PRA *Pubblico registro automobilistico* (Motor Registration Office, (*Am*) Motor Vehicle Bureau).

pracrito I *a.* (*Ling*) Prakritic. **II** *m.* (*Ling*) Prakrit.

Praga *n.pr.f.* (*Geog*) Prague.

praghese I *a.* **1** (*di Praga*) of Prague, from Prague, Prague (*attr.*). **2** (*Ling*) (*relativo al circolo linguistico di Praga*) Praguian. **II** *m./ f.* **1** (*originario*) native of Prague; (*abitante*) inhabitant of Prague. **2** (*Ling*) (*membro del circolo linguistico di Praga*) Praguian.

pragmatica *f.* (*Filos*) pragmatics (*costr.sing. o pl.*)

pragmatico (*pl.* **-ci**) *a.* pragmatic, pragmatical, practical, realistic, matter-of-fact.

pragmatismo *m.* (*Filos*) pragmatism (*anche estens*).

pragmatista *m./f.* (*Filos*) pragmatist.

pragmatistico (*pl.* **-ci**) *a.* pragmatistic.

pralina *f.* (*Dolc*) praline.

pralinare (**pralìno**) *v.t.* (*Gastron*) to coat (sth.) with browned sugar, chocolate, almonds, nuts, etc...

pram *m.inv.* (*Mar*) pram.

prammatica *f.* custom, usage. ☐ *essere di ~* to be customary, to be the custom.

prammatico (*pl.* **-ci**) *a.* pragmatic, pragmatical, practical, realistic, matter-of-fact. ☐ (*Stor*) *prammatica sanzione* pragmatic sanction.

pranoterapeuta *m./f.* faith healer, pranotherapist, prana therapist.

pranoterapeutico *a.* faith-healing.

pranoterapia *f.* faith healing, laying on of hands, pranotherpy.

pranoterapico *a.* faith-healing.

pranoterapista *m./f.* faith healer, pranotherapist, prana therapist.

pranzare (**prànzo**; *aus.* **avere**) *v.i.* **1** to have lunch, to lunch. **2** (*consumare il pranzo principale*) to have dinner, to dine. ☐ *~ a base di qcs.* to dine on sth.; *~ a casa* to dine in, to eat in, to have lunch at home; *~ fuori* to dine out, to dine out for lunch, to eat lunch out.

pranzetto *m.* delicious dinner, delicious meal.

pranzo *m.* **1** lunch, luncheon, (*pasto principale*) dinner: *invitare qcu. a ~* to ask so. to lunch; *restare a* (o *per*) *~* to stay for lunch; *venite a ~ da noi qualche volta!* come round for lunch sometime! **2** (*region*) (*pasto della sera*) dinner; (*più leggero*) supper. **3** (*lauto pasto: di mezzogiorno*) luncheon, dinner; (*di sera*) dinner, dinner party. **4** (*orario*) lunch, dinner, meal: *è ora di ~* it's lunchtime, it's dinnertime; *all'ora di ~* at lunchtime. ☐ *ho mangiato una pizza a ~* I had a pizza for lunch; *portare qcu. fuori a ~* to take so. out for lunch; *andare fuori a ~* to go out for lunch; *~ a buffet* buffet lunch; *~ al sacco* (*Br*) packed lunch, box lunch, (*Am*) bagged lunch, bag lunch; *da ~* lunch (*attr.*), dinner (*attr.*): *sala da ~* dining room; *~ d'affari* business lunch; *dare un ~* to give a dinner party, to give a lunch party; *~ di gala* banquet, gala dinner; *~ di lavoro* working lunch; *~ di Natale* Christmas dinner; *~ di nozze* wedding dinner, wedding banquet; *~ di Pasqua* Easter meal; *dopo ~*: **1** after dinner, after lunch; **2** (*nel pomeriggio*) in the afternoon; *il ~ è pronto* lunch is ready; *il ~ è servito* lunch is served, lunch is ready; *~ luculliano* sumptuous dinner; *per ~* for lunch: *cos'hai mangiato per ~?* what did you have for lunch?

praseodimio *m.* (*Chim*) praseodymium.

prassi *f.* **1** (*Dir,burocr*) routine procedure, usual procedure: *attenersi alla ~* to follow the routine procedure. **2** (*Filos*) praxis. ☐ *~ costituzionale* constitutional procedure.

Prassitele *n.pr.m.* (*Stor,Art*) Praxiteles.

prataiolo I *a.* meadow (*attr.*), field (*attr.*). **II** *m.* (*Bot*) meadow mushroom, field mushroom.

prateria *f.* grassland; (*nell'America settentrionale*) prairie.

pratese I *a.* from Prato, of Prato. **II** *m./f.* (*abitante*) inhabitant of Prato; (*originario*) native of Prato.

pratica *f.* **1** practice: *imparare con la ~* to learn by practice; *la teoria è più facile della ~* theory is easier than practice. **2** (*conoscenza, esperienza*) experience (*di* of, in), skill (in): *avere ~ di uno strumento* to be skilled in the use of an instrument, to be practised in the use of an instrument; *avere molta ~ nell'insegnamento* to have a lot of experience in teaching, to have a lot of teaching experience; *perdere la ~* to get out of practice; *prendere ~* to learn by experience. **3** (*tirocinio*) practice, training, (*apprendistato*) apprenticeship: *ha fatto ~ di avvocato nello studio del padre* he did his legal train-

ing in his father's office. **4** (*usanza*) practice, custom, usage: *la ~ di onorare i morti* the practice of honouring the dead. **5** *spec.pl.* (*burocr*) (*atto necessario*) steps *pl.*, procedure. **6** (*incartamento*) file, dossier, record; (*affare*) case, business: *cercare una ~ nell'archivio* to look for a file in the records; *insabbiare una ~* to shelve a case; *archiviare una ~* to close a case. **7** (*rituale, cerimonia*) practice: *~ religiosa* religious practice. **8** (*abitudine*) practice, custom: *una ~ corrente* a common practice. **9** (*esercizio concreto*) practice: *la ~ di una professione* the practice of a profession. **10** (*Mar*) pratique, permission to enter port. ☐ (*Dir*) *pratiche abortive* abortion practices; *pratiche d'ufficio*: **1** office business; **2** (*documenti*) office papers; *fare ~* to train (*di qcs.* in sth.); *fare ~ con qcu.* to do one's training with so.; *fare ~ d'ospedale* to get hospital experience; *fare le pratiche per il matrimonio* to take the necessary steps in order to get married; *fare le pratiche per il passaporto* to get the papers for a passport; (*Dir*) *pratiche illecite* unlawful practices; *in ~*: **1** (*praticamente*) in practice, practically; **2** (*alla fin fine*) in concrete terms, actually, (the) bottom line is; *~ medica* medical practice; *mettere qcs. in ~* to put sth. into practice, to carry out sth.: *mettere in ~ un consiglio* to act on so.'s advice, to take so.'s advice; *mettere in ~ un progetto* to put a plan into practice; (*Occult*) *pratiche occulte* (*Br*) occult practises, (*Am*) occult practices; (*Dir*) *pratiche per il divorzio* divorce proceedings; *~ religiosa* religious practice.

praticabile I *a.* **1** (*fattibile*) practicable, feasible, that may be practised: *un progetto ~* a feasible plan. **2** (*che si può percorrere*) practicable, passable; (*a piedi*) walkable; (*accessibile*) accessible: *strada ~* practicable road; *un sentiero ~* a walkable path. **3** (*Edil*) (*che consente il transito*) accessible: *solaio ~* accessible attic. **4** (*rif. a campi da gioco*) playable. **II** *m.* (*Teat*) platform.

praticabilità *f.* **1** (*fattibilità*) practicability, feasibility. **2** (*l'essere percorribile*) practicability. **3** (*rif. a campi da gioco*) playability.

praticaccia (*pl.* **-ce**) *f.* (*scherz*) knack, empirical skill.

praticamente *avv.* **1** (*in sostanza*) practically, in practice, for all practical purposes: *il lavoro è ~ terminato* the job is practically finished. **2** (*quasi*) practically, almost, virtually: *l'abito era così attillato che sembrava ~ nuda* her dress was so tight that she seemed almost naked. **3** (*come intercalare*) well, you know. **4** (*in modo pratico*) practically, in a practical way, by practice. ☐ *~ mai* hardly ever; *~ nuovo* almost new.

praticantato *m.* training, practice.

praticante I *a.* **1** (*Rel*) practising, (*Am*) practicing: *sono credente ma non ~* I believe in God but I don't practise my faith; *cattolico ~* practising Catholic; *ebreo ~* practising Jew. **2** (*rar*) (*tirocinante*) training. **II** *m./f.* **1** professional trainee, professional assistant; (*apprendista*) apprentice. **2** (*Rel*) (*chi osserva pratiche religiose*) churchgoer. **3** (*che esercita un mestiere o una professione*) practitioner, practician. ☐ *fare il ~ da un avvocato* to be a law clerk, to work as a law clerk, to clerk for an attorney, to work as a clerk with an attorney.

praticare (**pràtico, pràtichi**) *v.t.* **1** (*mettere in pratica*) to put sth. into practice, to make a practice of: *~ la giustizia* to make a practice of justice. **2** (*fare, eseguire*) to perform, to make, to give: *un'incisione* to make an incision; *~ la respirazione artificia-*

le to give artificial respiration, to give mouth to mouth respiration; ~ *un foro* to make a hole. **3** (*esercitare una professione*) to practise, to follow, to do: ~ *un commercio* to follow a trade, to ply a trade. **4** (*seguire: rif. a usanze e sim.*) to practise, (*Am*) to practice: ~ *la poligamia* to practise polygamy; ~ *il sesso sicuro* to practise safe sex. **5** (*frequentare: rif. a persone*) to associate with, to have dealings with, to mix with, to have to do with. **6** (*frequentare: rif. a luoghi*) to frequent: *praticava pochissime persone* he associated with very few people; *mio fratello pratica il caffè all'angolo* my brother frequents the cafè on the corner. **7** (*Comm*) (*fare*) to charge; (*concedere*) to give, to grant: ~ *prezzi bassi* to charge low prices; ~ *un ribasso* to give a reduction. **8** (*assol.*) (*esercitare*) to practise, (*Am*) to practice: *è laureato in medicina ma non pratica* he's got a degree in medicine but he doesn't practise. **II** *v.i.* (*aus.* **avere**) **1** (*frequentare: rif. a persone*) to associate (*con* with), to have dealings (*con* with), to mix (*con* with), to have to do (*con* with). **2** (*frequentare: rif. a luoghi*) to frequent. □ ~*la magia* to practise magic; ~*la medicina* to practise as a doctor; ~*la professione di avvocato* to practise as a lawyer, to practise law; ~*uno sport* to play a sport, to do a sport.

praticità *f.* **1** (*convenienza di attuazione*) practicality, practicalness, convenience. **2** (*funzionalità*) practicality, practicalness, functional capacity, functionality: *la ~ di una macchina* the functional capacity of a machine. **3** (*senso pratico*) practicality, sensibleness, realism. □ **per** ~ for convenience.

pratico I *a.* **1** practical: *metodo* ~ practical method; *è una persona assai pratica* he's a very practical person. **2** (*funzionale*) practical, convenient, handy: *la disposizione delle stanze è molto pratica* the arrangement of the rooms is very practical. **3** (*reale, pragmatico*) real, actual, practical: *nella vita pratica* in real life; *se vuoi un consiglio* ~ if you want practical advice. **4** (*esperto*) experienced, skilled (*di* in). **II** *m.* (*f.* **-a**; *pl.* **-ci**) practical person. □ ~ *di qcs.* to be familiar with sth.: *essere ~ del proprio mestiere* to know one's trade; *non sono ~ di qui* I'm a stranger here myself; *non essere ~ di motori* to be unfamiliar with engines.

praticolo *a.* (*Zool,Bot*) prairie (*attr.*).

praticoltura *f.* (*Agr*) grassland farming.

praticone *m.* (*f.* **-a**) (*spreg*) practised hand, old hand.

prativo *a.* meadow (*attr.*), grass (*attr.*): *terreno* ~ meadow, meadowland, grass, grassland, land under grass.

prato *m.* **1** meadow, meadowland, grassland. **2** (*Giard*) lawn: *giocare sul* ~ to play on the grass. □ *a* ~ meadow (*attr.*), grass (*attr.*): *terreno coltivato a* ~ meadowland, grassland; (*Giard*) ~*inglese* lawn; (*Agr*) ~*monofito* single-species meadow; (*Agr*) ~ *polifito* multi-species meadow.

pratolina *f.* (*Bot*) daisy.

PRC (*Stor.it,Pol*) *Partito della rifondazione comunista* (Communist refoundation party).

preaccennare (**preaccénno**) *v.t.* (*rar*) to mention (sth.) before, to mention (sth.) previously.

preaccennato *a.* aforementioned, mentioned before.

preaccensione *f.* (*Mot*) preignition.

preaccordo *m.* preliminary agreement.

preadamita *m./f.* preadamite.

preadamitico (*pl.* **-ci**) *a.* preadamite (*attr.*), preadamitic.

preadolescente *m./f.* preadolescent, preteenager, preteen.

preadolescenza *f.* preadolescence, preteen.

preadolescenziale *a.* preadolescent.

preaffrancato *a.* (*Post*) prepaid, stamped, postpaid: *busta preaffrancata* prepaid envelope, stamped envelope.

preagonico (*pl.* **-ci**) *a.* (*Med*) preagonal: *stato* ~ preagonal state.

preallarme *m.* alert, readiness, yellow alert; (*segnale*) warning signal (*anche fig*): *essere in stato di* ~ to be on the alert, to be in state of readiness.

Prealpi *n.pr.f.pl.* (*Geog*) Prealps.

prealpino *a.* (*Geog*) prealpine, of the Prealps: *paesaggio* ~ prealpine landscape.

preambolo *m.* preamble: *dire qcs. senza tanti preamboli* to come straight out with sth.; *non facciamo tanti preamboli* let's get to the point straight away.

preamplificatore *m.* (*Elettron*) preamplifier.

preanestesia *f.* (*Med*) preanaesthesia, preanesthesia, preliminary anaesthesia, preliminary anesthesia, basal anaesthesia, basal anesthesia.

preannunciare (**preannùncio**, **preannùnci**) **I** *v.t.* **1** to state (sth.) previously, to state (sth.) in advance, to announce (sth.) previously, to announce (sth.) in advance: *contrariamente a quanto è stato preannunciato, la trasmissione non andrà in onda stasera* contrary to what was previously announced, the programme will not be broadcasted this evening. **2** (*fig*) (*essere indizio di*) to forecast, to forebode, to foreshadow, to herald: *le nuvole preannunciano una tempesta* the clouds herald a storm. **II** *v.pron.* **preannunciarsi** to look, to loom (ahead): *si preannuncia una giornata difficile* it looks as if it's going to be a difficult day.

preannuncio *m.* **1** previous announcement, advance announcement, announcement in advance. **2** (*fig*) (*indizio*) herald, warning, forewarning, forecasting.

preannunziare *v.t.* → **preannunciare**.

preannunzio *m.* **1** previous announcement, advance announcement, announcement in advance. **2** (*fig*) (*indizio*) herald, warning, forewarning, forecasting.

preappello *m.* (*Univ*) early exam session.

Preappennini *n.pr.m.pl.* (*Geog*) foot hills of the Appennines.

preappenninico *a.* (*Geog*) of the Appennine foot hills.

preatletica *f.* (*Ginn*) preparatory exercises *pl.*

preatletico *a.* (*Ginn*) preparatory.

preavvertimento *m.* forewarning.

preavvertire (**preavvèrto**) *v.t.* to forewarn.

preavvisare (**preavvìso**) *v.t.* **1** to inform (so.) in advance, to give advance notice (*qcu.* to so.): *il cliente della spedizione* to give the client advance notice of dispatch. **2** (*ammonire preventivamente*) to warn (in advance), to forewarn.

preavviso *m.* **1** notice, advance notice: *con* ~ *di un mese* at a month's notice, with a month's notice. **2** (*fig*) (*segno premonitore*) warning, forewarning, warning sign. □ *dare il* ~ (*in caso di licenziamento o dimissioni*) to give notice; ~*di licenziamento* dismissal notice; ~*di tre mesi* three months' notice; ~*di pagamento* notice of payment; ~*di sfratto* eviction notice; *dietro* ~ upon notice; *senza* ~ without warning, without

forewarning, without notice; (*Tel*) ~*telefonico* reservation of a person-to-person call.

prebarba I *a.inv.* pre-shave: *lozione* ~ pre-shave lotion. **II** *m.inv.* pre-shave lotion, pre-shave cream.

prebellico (*pl.* **-ci**) *a.* prewar (*attr.*): *periodo* ~ prewar period.

prebenda *f.* **1** (*Rel*) prebend. **2** (*estens*) (*guadagno*) easy profit, easy gain.

prebendario *m.* (*Rel*) prebendary.

prebiotico *a.* (*Biol*) prebiotic.

Precambriano *m.* (*Geol*) Precambrian, the Precambrian Eon.

precamera *f.* (*Mot*) prechamber, precombustion chamber.

precampionato *m.* (*Sport*) prechampionship.

precanceroso *a.* (*Med*) precancerous.

precariamente *avv.* precariously, in a precarious manner.

precariato *m.* **1** temporary employment. **2** (*Scol*) temporary teaching. **3** (*insieme dei lavoratori precari*) temporary employees *pl.*, employees *pl.* not on the regular staff. **4** (*Scol*) (*insieme di insegnanti precari*) temporary teachers *pl.*, teachers *pl.* on a short-term contract.

precarietà *f.* precariousness.

precario I *a.* **1** (*malsicuro*) precarious, insecure, uncertain: *in precarie condizioni economiche* in a precarious financial state. **2** (*di lavoratore*) without contract, temporay (*anche Scol*). **3** (*Dir*) precarious, precarial. **II** *m.* **1** (*f.* **-a**) person working without contract, temporary employee. **2** (*f.* **-a**) (*Scol*) temporary teacher, teacher on a short-term contract. **3** (*Dir*) bailment.

precauzionale *a.* precautionary, precautional: *misure precauzionali* precautionary measures.

precauzione *f.* **1** (*provvedimento*) precaution: *ho preso le mie precauzioni* I have taken precautions. **2** (*cautela*) caution, care: *con la massima* ~ with the greatest care. □ *con* ~ with caution, with care; *per* ~ out of precaution, out of prevention.

prece *f.* (*lett*) (*preghiera*) prayer.

precedente I *a.* previous, preceding, former, before (*posposto*): *il capitolo* ~ the previous chapter; *la volta* ~ the time before; *la settimana* ~ *alla mia partenza* the week before my departure. **II** *m.* **1** precedent: *creare un* ~ to create a precedent, to set a precedent. **2** *pl.* (*Dir*) precedents, record *sing.*, past record *sing.* □ (*Dir*) *precedenti giudiziari* record (of previous convictions), criminal record (*sing.*); *non avere precedenti* to be without precedent, to be unprecedented; (*Dir*) *precedenti penali* criminal record; *senza precedenti* unprecedented, without precedent.

precedentemente *avv.* previously, before, formerly.

precedenza *f.* **1** precedence, priority: *la* ~ *spetta a te* you have priority. **2** (*Strad*) right of way, priority: *dare la* ~ to give way; *dare la* ~ *a un veicolo* to give a vehicle the right of way; *avere la* ~ to have the right of way; *rispettare la* ~ to respect the priority, to respect the right of way. □ (*Strad*) ~*a destra* priority to the right, right of way to the right; (*burocr*) *avere la* ~*assoluta* to have top priority; *in* ~ previously, formerly, before.

precedere (*pres.ind.* **precèdo**; *p.rem.* **precedètti/precedéi**; *p.p.* **preceduto**) **I** *v.t.* **1** to precede, to go before, to come before, to be before: *il lampo precede il tuono* lightning precedes thunder; ~ *un corteo* to go before a procession. **2** (*rif. al tempo*) to precede, to lead up to: *gli anni che precedettero la grande guerra* the years leading up to the great war, the years before the great war. **3** (*anticipare*) to anticipate, to forestall: *volevo chiamarti io: mi hai preceduto* I wanted to call you: you beat me to it. **4** (*rar*) (*rif. a dignità o rango*) to have precedence over, to come before, to go before, to precede. **II** *v.i.* (*aus.* **avere**) (*rif. a persona*) to precede, to go first, to come first: *precedeva il più anziano, gli altri seguivano* the oldest went first, the others followed. □ *fare ~ qcs. da qcs.* to preface sth. with sth.

precessione *f.* (*Mecc,Astr*) precession. □ (*Astr*) *~ degli equinozi* precession of the equinoxes; (*Fis*) *~ geodetica* geodetic precession; (*Astr*) *~ planetaria* planetary precession.

precettare (**precètto**) *v.t.* **1** (*Mil*) (*richiamare alle armi*) to call up, (*Am*) to draft. **2** (*requisire*) to order requisition. **3** (*richiamare in servizio*) to order to resume work. **4** (*estens,scherz*) (*convocare*) to summon.

precettazione *f.* **1** (*il richiamare in servizio*) order to resume work. **2** (*Mil*) call-up, (*Am*) draft. **3** (*requisizione*) requisition order.

precettista *m./f.* (*spreg*) dogmatic teacher, pedantic teacher.

precettistica *f.* **1** (*Pedag*) dogmatic teaching, formal teaching, teaching by precept. **2** (*serie di precetti*) precepts *pl.*

precettistico (*pl.* **-ci**) *a.* pedantic, preceptive.

precetto *m.* **1** (*norma*) precept, rule: *seguire i precetti dell'arte* to follow the precepts of art. **2** (*Rel*) precept, duty, obligation: *i precetti della Chiesa* the precepts of the Church. **3** (*Dir*) precept, injunction, writ, notice. **4** (*Mil*) call-up notice, (*Am*) draft notice. □ (*Rel*) *precetti evangelici* Gospel teaching, Gospel precepts; (*Rel.catt*) *~ pasquale* Easter duty.

precettore *m.* **1** (*insegnante privato*) tutor, teacher, preceptor. **2** (*nei collegi: istitutore*) assistant housemaster, (*Am*) proctor.

precipitabile *a.* (*Chim*) precipitable.

precipitabilità *f.* (*Chim*) precipitability.

precipitante *m.* (*Chim*) precipitant.

precipitare (**precìpito**) **I** *v.i.* (*aus.* **essere**) **1** (*cadere*) to fall, to fall headlong, to plunge down, to hurtle down: *~ dalla finestra* to fall (headlong) out of the window. **2** (*di aereo*) to crash: *l'aereo è precipitato* the plane crashed. **3** (*di prezzi*) to slump: *il prezzo del petrolio è precipitato l'anno scorso* the price of oil slumped last year. **4** (*fig*) (*piombare, sprofondare*) to fall, to plunge: *~ nella più nera disperazione* to plunge into blackest despair. **5** (*fig*) (*susseguirsi precipitosamente*) to press, to come to a head: *la situazione sta precipitando* the situation is coming to a head. **6** (*Chim*) to precipitate. **II** *v.t.* **1** (*far cadere con impeto*) to throw down, to hurl down, to fling down, to cast (sth.) headlong, to send (sth.) flying down: *~ qcu. da una rupe* to throw so. off a cliff, to throw so. from a cliff; *con una spinta lo precipitò dalle scale* with a shove he sent him headlong down the stairs. **2** (*fig*) (*affrettare eccessivamente*) to precipitate, to hasten, to speed up, to hurry: *~ la partenza* to hasten one's departure; *~ una risoluzione* to make a hasty decision; *non precipitiamo le cose!* let's not hasten things!, let's not rush at things! **3** (*Chim*) to precipitate. **III** *v.pron.* **precipitarsi 1** (*gettarsi*) to throw oneself, to hurl oneself, to fling oneself: *si precipitò da uno scoglio* he threw himself off a cliff. **2** (*affrettarsi*) to rush, to

hasten, to dash: *precipitarsi in aiuto di qcu.* to rush to so.'s aid, to rush to help so., to run to so.'s aid; *precipitarsi fuori* to rush out; *precipitarsi alla porta* to dash to the door. □ (*Aer*) *~ in candela* to nosedive.

precipitatamente *avv.* hastily, overhastily, rashly, impetuously.

precipitato I *a.* (*affrettato*) hasty, overhasty, rush, rushed. **II** *m.* **1** (*Chim*) precipitate. **2** (*Mus*) precipitato, impetuously.

precipitazione *f.* **1** *spec.pl.* (*Meteor*) precipitation, rainfall: *~ annua* annual precipitation, annual rainfall; *precipitazioni scarse* scanty rainfall; *precipitazioni abbondanti* abundant rainfall. **2** (*Chim*) precipitation. **3** (*fig*) (*fretta eccessiva*) hastiness, haste, rush: *parlare con troppa ~* to speak in haste, to speak too hastily. **4** (*fig*) (*avventatezza*) recklessness, rashness, rash. □ (*Meteor*) *precipitazioni acide* acid precipitation; (*Meteor*) *precipitazioni atmosferiche* precipitation, atmospheric precipitation; *con ~* hastily, over hastily, precipitately, rashly; (*Chim*) *~ elettrostatica* electrostatic precipitation; (*Meteor*) *~ nevosa* snowfall; *~ radioattiva* fallout; *senza ~* (*con calma*) without rushing, calmly.

precipitevole *a.* (*rar*) **1** (*fig*) (*rif. a cosa: affrettato*) hasty, hurried, rushed. **2** (*fig*) (*rif. a persona: avventato*) rash, reckless, precipitate. **3** (*lett*) (*ripido*) steep, precipitous.

precipitevolissimevolmente *avv.* (*scherz*) very hurriedly, headlong, percipitously.

precipitevolmente *avv.* (*rar*) **1** (*in fretta*) precipitously, hurriedly, hastily, headlong. **2** (*avventatamente*) rashly, recklessly.

precipitosamente *avv.* **1** (*in fretta*) precipitously, hurriedly, hastily, headlong: *fuggire ~* to flee headlong. **2** (*avventatamente*) rashly, recklessly: *giudicare ~* to judge rashly.

precipitoso *a.* **1** (*fig*) (*rif. a cosa: affrettato*) hasty, hurried, rushed: *lavoro ~* hurried work. **2** (*fig*) (*rif. a persona: avventato*) rash, reckless, precipitate: *essere ~ nel prendere una decisione* to be rash in making a decision. **3** (*lett*) (*ripido*) steep, precipitous.

precipizio *m.* **1** precipice, cliff. **2** (*burrone*) ravine, gorge: *una montagna piena di precipizi* a mountain full of ravines. **3** (*fig*) (*rovina*) ruin: *l'impresa è sull'orlo del ~* the firm is on the brink of ruin, the firm is on the brink of collapse. □ *a ~*: 1 steeply, precipitously: *il sentiero scendeva a ~* the path sloped steeply downwards; 2 (*fig*) headlong: *correre a ~* to run at top speed, to run headlong; *cadere a ~* to fall headlong.

precipuamente *avv.* (*lett*) mainly, chiefly.

precipuo *a.* (*lett*) (*principale*) main, chief, principal: *argomento ~* main matter.

precisamente *avv.* **1** (*con precisione*) precisely, accurately, with precision. **2** (*nelle risposte: esattamente*) precisely, exactly, quite so, definitely, just: *volevi dire questo? - ~* is this what you meant? - Definitely; *è ~ quello che ho detto io* that's exactly what I said, that's just what I said.

precisare (**precìso**) *v.t.* **1** to specify, to state, to state precisely, to tell exactly: *~ meglio qcs.* to be more precise about sth.; *ti scrivo per precisarti l'ora del mio arrivo* I'm writing to tell you the exact time of my arrival. **2** (*estens*) (*esporre con precisione*) to explain, to explain in detail, to give full details of: *~ i dettagli di un piano* to explain the details of a plan. **3** (*puntualizzare*) to specify, to add, to state (sth.) more precisely, to make clear: *ha precisato che la sua era un'opinione personale* he added that this

was a personal opinion. □ *~ i dettagli* to give further details.

precisato *a.* specified. □ *non ~* unspecified.

precisazione *f.* **1** specification, clarification. **2** *spec.pl.* (*Giorn,Pol*) (*rettifica*) rectification, clarification, adjustment, precise definition, precise information: *fare delle precisazioni* to give more precise information.

precisione *f.* **1** (*esattezza*) precision, accuracy, exactness: *la ~ di un orologio* the accuracy of a clock. **2** (*chiarezza*) clarity, preciseness, precision. **3** (*Tecn*) accuracy, precision. □ *con ~*: 1 precisely, exactly: *lo so con ~* I know it exactly; 2 (*con accuratezza*) accurately, carefully: *lavorare con ~* to work carefully; *di ~* precision (*attr.*): *strumenti di ~* precision instruments; (*Mil*) *~ di tiro* accuracy of fire; *~ matematica* mathematical accuracy; *con ~ millimetrica* with pinpoint accuracy; *per la ~* to be exact, namely.

preciso *a.* **1** (*esatto*) precise, exact: *dimmi il giorno ~ della partenza* tell me the exact date of departure. **2** (*accurato*) precise, accurate, careful: *un lavoro ~* an accurate piece of work; *una persona molto precisa* a very precise person. **3** (*ben definito*) specific, precise, definite, clear, particular: *se vuoi avere successo nella vita devi avere un obiettivo ~* if you want to be successful in life you must have a specific objective; *non abbiamo ancora fissato una data precisa* no definite date has been fixed yet, we haven't set a definite date yet; *ho ancora un ricordo ~ di quel momento* I still have a clear memory of that moment; *hai in mente un'idea precisa per il suo regalo?* do you have something specific in mind for her present? **4** (*puntuale*) punctual, on time; (*con l'indicazione dell'ora*) sharp: *sii ~* be punctual; *alle sette precise* at seven o'clock sharp. **5** (*rif. a strumenti*) accurate, precise: *un orologio ~* an accurate clock. **6** (*uguale, identico*) identical (*a* to), the same (*a* as), just like (*a qcs.* sth.): *questo vestito è ~ al mio* this dress is the same as mine, this dress is just like mine. □ *di ~*: 1 (*precisamente*) exactly, precisely: *non so di ~ quanti ospiti ci saranno* I don't know exactly how many guests there will be; 2 (*in particolare*) in particular: *state cercando qualcosa di ~?* are you looking for something in particular?; *queste sono le sue precise parole* these are his exact words; *col ~ scopo di* precisely to, just to, with the clear aim of.

precitato *a.* above-mentioned, afore-mentioned, aforesaid, mentioned above (*posposto*).

preclaro *a.* (*lett*) (*illustre*) illustrious, eminent, distinguished.

precludere (*pres.ind.* **preclùdo**; *p.rem.* **preclùsi**; *p.p.* **preclùso**) **I** *v.t.* **1** to preclude, to prevent, to debar, to rule out: *~ ogni possibilità di scampo* to prevent any possibility of escape; *~ la carriera a qcu.* to debar so. from a career. **2** (*Dir*) to estop, to bar. **II** *v.pron.* **precludersi** to preclude oneself, to prevent oneself, to debar oneself, to rule oneself out: *si è precluso la possibilità di fare carriera* he prevented himself from having a successful carrer, he hindered himself from having a successful carrer.

preclusi → **precludere**.

preclusione *f.* **1** preclusion, prevention, bar, exception. **2** (*Dir*) estoppel.

preclusivo *a.* (*Dir,burocr*) preclusive.

precluso → **precludere**.

precoce *a.* **1** precocious: *un bambino ~* a precocious child. **2** (*prematuro*) early, premature: *inverno* ~ early winter. **3** (*rif. a morte*) untimely.

precocemente *avv.* precociously, early, prematurely.

precocità *f.* **1** precocity, precociousness. **2** (*prematurità*) untimeliness, earliness.

precognizione *f.* precognition, foreknowledge.

precolombiano *a.* pre-Columbian: *civiltà precolombiana* pre-Columbian civilization.

precoloniale *a.* precolonial.

precompressione *f.* (*Edil*) pretensioning, prestressing, prestress.

precompresso → **precomprimere** *a.* (*Edil*) prestressed.

precomprimere (*pres.ind.* **precomprìmo**; *p.rem.* **precomprèssi**; *p.p.* **precomprèsso**) *v.t.* (*Edil*) to prestress.

preconcetto I *a.* preconceived, prejudiced: *idee preconcette* preconceived ideas. **II** *m.* prejudice, preconception, preconceived idea, preconceived opinion: *lascia da parte i tuoi preconcetti!* set aside your preconceptions!

preconciliare *a.* (*Rel.catt*) pre-conciliar.

preconfezionare (*preconfezióno*) *v.t.* to prepackage, to prepack.

preconfezionato I *a.* **1** prepackaged, prepacked: *cibi preconfezionati* prepackaged food. **2** (*Abbigl*) ready-made (*attr.*), off-the-peg (*attr.*), (*Am*) off-the-rack (*attr.*): *abiti preconfezionati* ready-made clothes. **3** (*fig,spreg*) standard: *storia preconfezionata* standard story, same old story, usual story. **II** *m.* **1** industrial sector that produces prepackaged goods. **2** (*Abbigl*) industrial sector that produces ready-made clothes.

preconizzare (*preconìzzo*) *v.t.* **1** (*predire*) to foretell, to predict. **2** (*Rel.catt*) to preconize. **3** (*lett*) (*annunciare pubblicamente*) to proclaim publicly, to announce publicly.

preconizzazione *f.* **1** foretelling, prediction. **2** (*Rel.catt*) preconization.

preconoscenza *f.* foreknowledge, precognition (*anche Teol*).

preconoscere (*pres.ind.* **preconósco**, **preconósci**; *p.rem.* **preconóbbi**; *p.p.* **preconosciùto**) *v.t.* to foreknow, to know (sth.) beforehand.

preconscio *m.* (*Psic*) preconscious.

preconsonantico *a.* (*Ling*) preconsonantal: *nasale preconsonantica* preconsonantal nasal.

precontrattuale *a.* **1** precontractual, preceding a contract (*posposto*), prior to a contract (*posposto*): *accordo* ~ precontractual agreement. **2** (*Dir*) precontractual: *responsabilità* ~ precontractual liability.

precordiale *a.* (*Anat*) praecordial, precordial.

precordialgia *f.* (*Med*) praecordial pain, precordial pain, praecordialgia, precordialgia, (*colloq*) chest pain.

precordio *m.* **1** (*Anat*) praecordium, precordium. **2** *pl.* (*fig,lett*) heartstrings.

precorrere (*pres.ind.* **precórro**; *p.rem.* **precórsi**; *p.p.* **precórso**) *v.t.* (*prevenire*) to anticipate, to precede: ~ *un desiderio* to anticipate a wish. □ ~*gli eventi* to anticipate events; *non voglio* ~ *gli eventi* I don't want to act before due time, (*fig*) I don't want to jump the gun; ~*i tempi* to be ahead of one's times.

precorritore I *m.* (*f.* **-trice**) (*lett*) forerunner, precursor, herald. **II** *a.* (*lett*) **1** precursory. **2** (*di avvenimento*) warning, premonitory.

precorsi → **precorrere**.

precorso → **precorrere**.

precostituire (**precostituìsco**, **precostituìsci**) *v.t.* to pre-establish, to establish (sth.) in advance, to establish (sth.) beforehand, to establish (sth.) previously.

precostituito *a.* pre-established.

precotto I *a.* (*Alim*) precooked, cooked in advance. **II** *m.* (*Alim*) precooked food.

precottura *f.* (*Alim*) precooking, advance cooking.

precristiano *a.* pre-Christian.

precursore I *m.* forerunner, precursor, herald. **II** *a.* **1** precursory. **2** (*di avvertimento*) warning, premonitory: *segni precursori* warning signs.

preda *f.* **1** (*vittima di un animale predatore*) prey, quarry: *l'aquila teneva tra gli artigli la* ~ the eagle held its prey in its claws. **2** (*fig*) prey, victim: *diventare* ~ *di* to fall victim to, to fall prey to; *la città fu facile* ~ *dei nemici* the city was an easy prey to enemies. **3** (*bottino*) loot, spoils *pl.*; (*colloq*) swag: *i ladri hanno fatto buona* ~ the thieves got plenty of loot. **4** (*Dir*) booty, spoils *pl.*, plunder: ~ *di guerra* spoils of war. □ *da* ~ of prey, predatory: *uccello da* ~ bird of prey; *dare qcs. in* ~ *a qcu.* to give sth. into so.'s power, to give sth. into so.'s hands; ~*di guerra* war booty, plunder, spoils (*pl.*) of war; (*fig*) *essere in* ~ *a* to be prey to: *essere in* ~ *alla disperazione* to be in despair; *la casa era in* ~ *alle fiamme* the house was in flames, the house was engulfed in flames; *essere in* ~ *al terrore* to be terror-struck; *essere in* ~ *al panico* to be panic stricken, to be in a panic; *essere in* ~ *all'esasperazione* to become harassed; *essere in* ~ *a una crisi di nervi* to have a fit of nerves, to be about to have a nervous breakdown.

predare (**prèdo**) *v.t.* **1** to prey on, to prey upon. **2** (*saccheggiare*) to plunder, to pillage, to sack, to loot: ~ *una città* to sack a town.

predatore I *m.* **1** (*rif. ad animali*) predator. **2** (*f.* **-trice**) (*predone*) plunderer, pillager, predator. **II** *a.* **1** (*rif. ad animali*) predatory, predacious: *animale* ~ predatory animal. **2** (*che saccheggia*) plundering, pillaging.

predatorio *a.* predatory: *attività predatoria* predatory activity.

predazione *f.* (*Biol*) predation.

predecessore *m.* **1** predecessor. **2** *pl.* (*antenati*) forefathers, ancestors.

predella *f.* **1** raised platform, platform, dais. **2** (*Pitt*) predella. **3** (*Rel*) (*gradino su cui poggia l'altare*) predella, altar-step, superaltar.

predellino *m.* **1** (*Ferr*) (*montatoio di vettura*) footboard, step. **2** (*Aut,ant*) running board.

predestinare (**predestìno**) *v.t.* **1** to destine, to predestine, to preordain. **2** (*condannare*) to doom. **3** (*Teol*) to predestine, to predestinate, to foreordain.

predestinato I *a.* **1** destined, predestined, preordained: *essere* ~ *a grandi imprese* to be destined to great enterprises. **2** (*condannato*) doomed: *essere* ~ *al fallimento* to be doomed to failure. **3** (*Teol*) predestined, predestinated, foreordained. **II** *m.* (*f.* **-a**) **1** chosen one: *essere un* ~ to be predestinated, to be a chosen one. **2** (*Teol*) elect.

predestinazione *f.* predestination (*anche Teol*).

predestinazionismo *m.* (*Rel,Stor*) predestinarianism.

predeterminare (**predetèrmino**) *v.t.* to predetermine, to preordain, to prearrange, to settle (sth.) beforehand.

predeterminazione *f.* predetermination,

prearrangement.

predetto *a.* **1** (*detto in precedenza*) abovementioned, aforesaid. **2** (*profetizzato*) foretold, predicted, prophesied. **3** (*previsto*) foreseen, expected.

prediale *a.* (*Dir*) praedial, predial. **II** *f.* (*Dir*) land tax.

predica *f.* **1** (*Rel*) sermon: *ascoltare una* ~ to listen to a sermon. **2** (*colloq*) (*discorso moraleggiante*) lecture, (*ramanzina*) telling-off, telling-off: *mi hai seccato con le tue prediche!* I'm fed up with your lectures! □ *fare la* ~ *a qcu.* to give so. a lecture, to tell so. off, to give so. a talking-to.

predicabile I *a.* **1** (*Filos*) predicable. **2** (*lett*) preachable. **II** *m.pl.* (*Filos*) predicables.

predicare (**prèdico**, **prèdichi**) **I** *v.t.* **1** to preach: ~ *il Vangelo* to preach the Gospel. **2** (*esortare all'osservanza*) to preach, to exhort (*a* to): ~ *la sincerità* to preach sincerity. **II** *v.i.* (*aus.* **avere**) **1** to preach, to give a sermon: ~ *sul matrimonio* to give a sermon on marriage; *saper* ~ *bene* to be a good preacher, to preach well. **2** (*fare discorsi moraleggianti*) to preach, to lecture, to sermonize: *ha la mania di* ~ he's always lecturing. □ (*fig*) ~*al deserto* to waste one's words, to waste one's breath, to speak to a brick of wall; (*fig*) ~*al vento* to talk to the winds, to preach to the winds; (*fig*) ~*bene e razzolare male* not to practise what one preaches.

predicativo *a.* (*Gramm,Filos*) predicative: *aggettivo* ~ predicative adjective.

predicato *m.* (*Gramm,Filos*) predicate. □ (*Gramm*) ~ **nominale** nominal predicate; (*Gramm*) ~*verbale* verbal predicate.

predicatore I *a.* preaching. **II** *m.* (*f.* **-trice**) **1** preacher. **2** (*fig*) preacher, advocate: ~ *della pace* advocate of peace.

predicatorio *a.* sermonizing, predicatory: *tono* ~ sermonizing tone.

predicazione *f.* **1** (*Rel*) preaching: *darsi alla* ~ to devote oneself to preaching. **2** (*Rel, estens*) (*predica*) sermon. **3** (*Filos*) predication.

predicozzo *m.* (*scherz,colloq*) talking-to, telling-off: *fare il* ~ *a qcu.* to tell so. off.

predigerire (**predigerìsco**, **predigerìsci**) *v.t.* (*rar*) to predigest.

predigerito *a.* predigested: *il miele è un alimento* ~ honey is a predigested food.

predigestione *f.* predigestion.

predilessi → **prediligere**.

prediletto I *a.* **1** favourite, (*Am*) favorite: *il mio autore* ~ my favourite author, (*Am*) my favorite author. **2** (*il più caro*) dearest: *il compagno* ~ one's dearest friend. **II** *m.* (*f.* **-a**) favourite, (*Am*) favorite, pet, darling: *era il* ~ *della mamma* he was mother's pet.

predilezione *f.* **1** fondness, partiality, predilection: *nutrire* ~ *per qcu.* to have a partiality for so., to be particulary fond of so. **2** (*ciò che si preferisce*) passion, liking, favourite thing, (*Am*) favorite thing: *la sua* ~ *è la danza* she has a passion for dance.

prediligere (*pres.ind.* **predilìgo**, **predilìgi**; *p.rem.* **predilèssi**; *p.p.* **predilètto**) *v.t.* **1** to prefer, to be particularly fond of, to have a preference for. **2** (*tra due*) to like better. **3** (*tra molti*) to like best.

predire (*pres.ind.* **predìco**, **predìci**; *p.rem.* **predìssi**; *p.p.* **predétto**) *v.t.* **1** (*profetizzare*) to foretell, to predict, to prophesy: ~ *il futuro* to foretell the future. **2** (*prevedere*) to foresee, to expect: *si è comportato come avevi predetto* he behaved just as you expected.

predisporre (*pres.ind.* **predispóngo**, **predispóni**; *p.rem.* **predispósi**; *p.p.* **predispósto**) **I** *v.t.* **1** (*preparare*) to arrange, to arrange beforehand, to prepare, to prepare in advance, to plan, to organize: ~ *tutto per la partenza* to arrange everything beforehand for one's departure. **2** (*preparare psicologicamente*) to predispose, to prepare: ~ *qcu. alla benevolenza* to predispose so. to benevolence. **3** (*Med*) to predispose: *la denutrizione predispone alla tubercolosi* malnutrition predisposes to tuberculosis. **II** *v.pron.* **predisporsi** to prepare oneself, to get ready.

predisposizione *f.* **1** (*inclinazione, talento*) disposition, tendency, natural bent, gift: *ha ~ alla musica* he has a natural bent for music; *ha una particolare ~ per le lingue* he has a particular gift for languages. **2** (*Med*) predisposition: *avere una ~ alle allergie* to have a predisposition to allergies. **3** (*preparazione*) arrangement, disposition, preparation.

predisposto *a.* **1** predisposed, prepared (in advance), organized: *il matrimonio era già ~* the wedding ceremony was already organized. **2** (*propenso*) inclined: *ero prediposta a partire subito* I was inclined to leave on the spot. **3** (*Med*) predisposed: *essere ~ a una malattia* to be predisposed to a disease.

predittivo *a.* (*Ling*) predictive: *grammatica predittiva* predictive grammar.

predizione *f.* prediction, prophecy.

prednisolone *m.* (*Chim*) prednisolone.

prednisone *m.* (*Chim*) prednisone.

predominante *a.* **1** (*più importante*) predominant, predominating, prevailing, leading, ruling: *pensiero ~* predominant thought. **2** (*più diffuso*) prevailing, prevalent, predominant, widespread: *malattia ~ nel paese* illness prevalent in the country, predominant illness in the country.

predominanza *f.* predominance, prevalence. □ *a ~ maschile* with male predominance; (*Med*) *a ~ linfocitaria* lymphocyte predominance (*attr.*).

predominare (*predòmino; aus. avere*) *v.i.* **1** to predominate (*su* over), to dominate (*su* over): *il bene predomina sul male* good predominates over evil; *in lui predomina la gelosia* jealousy is the dominant feature of his character; *l'ambizione di ~* the ambition to predominate. **2** (*essere più numeroso*) to prevail (*su* over), to be predominant (*su* over), to be prevalent (*su* over): *in quella regione predominano le coste rocciose* rocky coasts prevail in that region.

predominio *m.* **1** (*supremazia*) predominance, supremacy, domination, sway: ~ *della cultura latina* predominance of Latin culture; *il ~ dei mari* supremacy over the seas; *essere soggetto al ~ dello straniero* to be under foreign domination. **2** (*fig*) prevalence, sway: *il ~ delle passioni* the sway of passion.

predone *m.* marauder, plunderer, robber. □ *predoni del deserto* desert marauders; *predoni del mare* sea-robbers.

preelettorale, pre-elettorale *a.* pre-election (*attr.*), pre-electoral, (taking place) before the elections (*posposto*).

preellenico *a.* pre-Hellenic.

preesame, pre-esame *m.* preliminary exam, preliminary examination, prelim.

preesistente *a.* pre-existent, pre-existing: *una situazione ~* a pre-existing situation; ~ *al suo arrivo* existing before his arrival.

preesistenza *f.* (*Filos, Teol*) pre-existence.

preesistere (*pres.ind.* **preesisto**; *p.rem.* **preesistéi/preesistètti**; *p.p.* **preesistito**; *aus.* **essere**) *v.i.* to pre-exist.

pref. 1 *prefazione* pref. (preface). **2** (*Gramm*) *prefisso* pref. (prefix). **3** (*Econ*) (*in borsa*) *preferenziale* pref. (preferred).

prefabbricare (**prefàbbrico, prefàbbrichi**) *v.t.* (*Edil*) to prefabricate.

prefabbricato I *a.* (*Edil*) prefabricated: *casa prefabbricata* prefabricated house, (*colloq*) prefab. **II** *m.* (*Edil*) **1** prefabricated structure. **2** (*casa*) prefabricated house, (*colloq*) prefab.

prefabbricazione *f.* (*Edil*) prefabrication.

prefatore *m.* (*f.* **-trice**) prefacer.

prefazio *m.* (*Lit*) Preface.

prefazionare (**prefazióno**) *v.t.* to preface, to provide (sth.) with a preface.

prefazione *f.* (*Edit*) preface, foreword: *scrivere la ~ a un libro* to preface a book.

preferenza *f.* **1** preference, partiality: *la sua ~ per te è palese* his partiality for you is self-evident; *mostrare ~ per qcu.* to show preference for so. **2** (*favoritismo*) preference, partiality, favouritism, (*Am*) favoritism, bias, liking: *fare delle preferenze per qcu.* to show favouritism for so., to have a bias towards so. □ *a ~ di* rather than, in preference to; *avere ~ per qcu.*: 1 to have a preference for so., to prefer so.; 2 (*favorirlo*) to favour so.; *non avere ~* to have no preferences; (*Comm*) ~ *comunitaria* Community preference; *dare la ~ a qcs.*: 1 to choose sth., to prefer sth.; 2 (*votare per qcu.*) to give so. one's vote, to vote for so.; *di ~*: 1 of preference: *in ordine di ~* in order of preference; 2 (*usato come aggettivo: preferenziale*) preferential: *la laurea sarà titolo di ~* a degree will be a preferential qualification; 3 (*preferibilmente*) preferably, mostly, in preference.

preferenziale *a.* preferential: *titolo ~* preferential title, preferential qualification.

preferenzialmente *avv.* preferentially, preferably.

preferibile *a.* preferable. □ *è ~* it's preferable, it's better; *sarebbe ~ confessargli tutto* it would be better to tell him everything.

preferibilmente *avv.* preferably, in preference, best: *telefonare di sera, ~ dopo cena* please phone in the evening, preferably after dinner. □ *da consumarsi ~ entro...* best before...

preferire (**preferìsco, preferìsci**) *v.t.* **1** (*seguito da verbi*) to prefer, *spesso si traduce con* had rather: *preferisco camminare* I prefer to walk; *preferisco nuotare piuttosto che sciare* I prefer swimming rather than skiing, I prefer swimming to skiing; *preferirei morire piuttosto che dover uscire con lui!* I'd rather die than have to go out with him!; *preferirei che non mi chiamasse tutte le sere* I'd rather he didn't call me every night; *preferirei che tu non fumassi* I'd rather you not smoke. **2** (*tra due*) to like (sth.) better: *preferisce la birra al vino* he likes beer better than wine. **3** (*tra molti*) to like (sth.) best: *il girasole è il fiore che preferisco* the sunflower is the flower I like best, the sunflower is the flower I prefer. □ *come preferisci tu* as you prefer, as you like, as you please; *preferirei di no* I'd rather not; *preferirei piuttosto* I would rather, I'd rather; *se preferisci* if you like.

preferito I *a.* favourite, (*Am*) favorite. **II** *m.* (*f.* **-a**) **1** favourite, (*Am*) favorite. **2** (*beniamino*) pet, darling.

prefestivo I *a.* before a holiday. **II** *m.* day before a holiday.

prefettizio *a.* prefect's, prefectorial: *decreto ~* prefectorial decree.

prefetto *m.* prefect (*anche Stor*). □ (*Rel.catt*) ~ *apostolico* prefect apostolic; (*Rel.catt*) ~ *degli studi* prefect of studies, pre-

fect of discipline, first prefect; (*Stor.rom*) ~ *del pretorio* Praetorian prefect; ~ *di polizia* prefect of police; (*Stor.rom*) ~ *urbano* urban prefect.

prefettura *f.* **1** prefecture, prefectship. **2** (*circoscrizione*) prefecture. **3** (*uffici*) prefecture, prefecture offices.

prefica *f.* **1** weeper, hired mourner (*anche Stor*). **2** (*estens*) whiner, moaner.

prefiggere (*pres.ind.* **prefiggo, prefiggi**; *p.rem.* **prefissi**; *p.p.* **prefisso**) **I** *v.t.* (*fissare in anticipo*) to fix (sth.) beforehand, to fix (sth.) in advance, to settle (in advance), to arrange (in advance): ~ *il termine di pagamento* to fix the term of payment beforehand. **II** *v.pron.* **prefiggersi** to be resolved, to be determined, to set oneself: *prefiggersi di fare qcs.* to resolve upon doing sth. □ *prefiggersi uno scopo* to set oneself a goal, to set oneself a target.

prefigurare (**prefigùro**) *v.t.* to prefigure, to foreshadow.

prefigurazione *f.* prefiguration, foreshadowing.

prefinanziamento *m.* pre-financing.

prefinanziare (**prefinànzio**) *v.t.* to pre-finance.

prefioritura *f.* (*Bot*) early flowering, early blooming.

prefissale *a.* (*Gramm*) prefixal: *derivazione ~* pefixal derivation.

prefissare¹ (**prefisso**) **I** *v.t.* (*fissare in anticipo*) to fix in advance, to fix beforehand, to settle in advance, to settle beforehand, to prearrange. **II** *v.pron.* **prefissarsi** to set oneself, to fix oneself.

prefissare² (**prefisso**) *v.t.* (*Gramm*) to prefix.

prefissato *m.* (*Gramm*) prefixed word.

prefissazione *f.* (*Gramm*) prefixation.

prefissi → **prefiggere**.

prefisso → **prefiggere I** *a.* (*prefissato*) appointed, fixed, fixed beforehand, pre-arranged, arranged: *la data prefissa* the appointed date. **II** *m.* **1** (*Gramm*) prefix: ~ *nominale* nominal prefix. **2** (*Tel*) dialling code, (*Am*) area code; (*Inform*) ~ *di etichetta* label prefix; (*Tel*) ~ *di teleselezione* dialling code, STD code, (*Am*) area code; (*Tel*) ~ *internazionale* international code; (*Tel*) ~ *interurbano* dialling code, (*Am*) area code; (*Tel*) ~ *teleselettivo* dialling code, STD code, (*Am*) area code.

prefissoide *m.* (*Gramm*) prefixture.

preflorazione *f.* (*Bot*) prefloration, estivation, aestivation.

prefogliazione *f.* (*Bot*) praefoliation, prefoliation.

preformare (**prefórmo**) *v.t.* to preform.

preformazione *f.* preformation (*anche Biol*).

prefrontale *a.* (*Anat*) prefrontal.

Preg. (*epist*) *pregiato, pregiata* (esteemed).

pregare (**prègo, prèghi**) *v.t.* **1** to pray: ~ *Dio* to pray God, to pray to God. **2** (*assol.*) (*recitare preghiere*) to pray, to say prayers: ~ *ad alta voce* to pray aloud. **3** (*chiedere*) to request, to beg, to ask: *l'ho pregato di aiutarmi* I asked him to help me; *i passeggeri sono gentilmente pregati di non fumare* passengers are kindly requested not to smoke. **4** (*in formule di cortesia*) please: *non si disturbi, La prego* please don't trouble; *ti prego di rispondere presto* please reply soon. □ *farsi ~* to wait to be asked twice, to have to be persuaded: *non farti ~* don't wait to be asked, come on; *non si farà ~* he won't take much persuading; *preghiamo perché faccia bel tempo* let's pray for fair weather; *si prega* *di non fumare* please do not smoke, please refrain from smoking; *si prega di chiudere la porta* please close the door; *ti prego, fa che sia lui!* please, let it be him!

pregevole *a.* 1 (*di valore*) valuable, of value. 2 (*degno di stima*) worthy of esteem, worth esteem, valued, worthful.

pregevolmente *avv.* valuably.

preghiera *f.* 1 prayer: *recitare una ~* to say a prayer; *dire le preghiere* to say one's prayers. 2 (*richiesta*) request, entreaty: *esaudire le preghiere di qcu.* to grant so.'s requests; *rivolgere una ~ a qcu.* to make a request to so. □ (*Comm,burocr*) *con ~* please: *con ~ di inoltrare* please forward; *con ~ di inoltro immediato* please forward immediately; *preghiere del mattino* morning prayers; *preghiere della sera* evening prayers; *preghiera di ringraziamento* grace, prayer of thanksgiving, blessing; *preghiere per i defunti* prayers for the dead.

pregiare (**prègio, prègi**) I *v.t.* (*lett*) (*stimare*) to esteem, to hold in esteem, to appreciate, to value. II *v.pron.* **pregiarsi** 1 (*gloriarsi*) to be honoured: *mi pregio della sua benevolenza* I am honoured by his goodwill. 2 (*epist*) to have the honour, to be pleased, to be honoured: *mi pregio comunicarVi* I am pleased to inform you.

pregiatissimo *a.* (*epist*) 1 (*nell'introduzione*) Dear: *~ signore* Dear Sir. 2 (*negli indirizzi*) *non si traduce*: *~ signor Luigi Bianchi* Mr. Luigi Bianchi, (*ant*) Luigi Bianchi Esq.

pregiato *a.* 1 (*di valore*) valuable, rich, precious, fine, rare: *un vino rosso molto ~* a very fine red wine. 2 (*epist*) esteemed, *normalmente non si traduce*: *in risposta alla Vostra pregiata lettera* in reply to your letter.

pregio *m.* 1 (*dote, merito*) good quality, good point, merit: *conosco i tuoi pregi* I know your merits; *hai il ~ di essere sincero* you've got the merit of being sincere. 2 (*considerazione*) esteem, regard: *avere in* (*gran*) *~ qcu.* to hold so. in (high) esteem, to esteem so. (highly); *essere tenuto in gran ~* to be held in high esteem, to be highly esteemed. □ *di ~* valuable, precious, fine, rare; *libri di ~* precious books, rare books; *di nessun ~* worthless, valueless; *farsi ~ di fare qcs.*: 1 (*pregiarsi*) to be honoured to do sth., to be pleased to do sth.; 2 (*vantarsi*) to be vain about doing sth.

pregiudicare (**pregiùdico, pregiùdichi**) *v.t.* 1 (*compromettere*) to prejudice, to jeopardize, to compromise: *il tuo comportamento ha pregiudicato la situazione* your behaviour has jeopardized the situation. 2 (*danneggiare*) to damage, to injure, to impair, to be harmful, to be bad for: *il fumo pregiudica la salute* smoking impairs one's health, smoking is bad for one's health.

pregiudicato I *a.* (*compromesso*) jeopardized, bound to fail, doomed, compromised: *affare ~* affair (which is) bound to fail, doomed enterprise. II *m.* (*f.* **-a**) (*Dir*) previous offender.

pregiudiziale I *a.* (*Dir*) preliminary, prejudicial: *questione ~* preliminary issue, preliminary question. II *f.* 1 (*Dir*) preliminary issue, preliminary question, prejudicial question. 2 (*Pol*) condition: *sollevare una ~* to stipulate a condition.

pregiudizialità *f.* (*Dir*) prejudicial nature.

pregiudizievole *a.* prejudicial (*per* to), detrimental (*per* to), damaging (*per* to).

pregiudizio *m.* 1 (*preconcetto*) prejudice, bias: *pieno di pregiudizi* full of prejudice(s); *avere pregiudizi contro qcu.* to be prejudiced against so. 2 (*estens*) (*credenza superstizio-*

sa) superstition: *un ~ diffuso tra la gente semplice* a widespread superstition among simple folk. 3 (*danno*) detriment, damage, prejudice: *con grave ~ della sua salute* to the great detriment of his health. 4 (*Dir.rom*) prejudgement. □ *esseredi ~a* (o *esseredi ~ per*) to be prejudicial to, to be detrimental to; *senza pregiudizi* without prejudice, unprejudiced, unbiased.

Preg.mo (*epist*) *pregiatissimo* (most esteemed).

pregnante *a.* (*denso di significato*) pregnant, meaningful: *un esempio ~* a pregnant example, a meaningful example.

pregnanza *f.* meaningfulness, significance.

pregno *a.* 1 (*impregnato, saturo*) impregnated (*di* with), soaked (*di* with), filled (*di* with), full (*di* of): *il terreno era ~ d'acqua* the ground was soaked with water. 2 (*gravido*) pregnant.

prego *intz.* 1 (*in formule di cortesia*) please: *~, si accomodi* please come in; *silenzio, ~* silence please. 2 (*in risposta a ringraziamento*) don't mention it, not at all, you're welcome. 3 (*cedendo il passo a qcu.*) after you, you go first. 4 (*con tono interrogativo*) pardon?, sorry?, (*Am*) excuse me? 5 (*rivolgendosi a un cliente*) can I help you?, may I help you?

programmaticale *a.* (*Ling*) programmatical.

pregreco *a.* pre-Greek.

pregresso *a.* (*Med,burocr*) previous, past.

pregustare (**pregùsto**) *v.t.* to look forward to, to anticipate, to taste: *~ la gioia delle vacanze* to look forward to one's holidays.

pregustazione *f.* (*lett*) foretaste, anticipation.

preinciso *a.* (*Acus*) prerecorded: *nastro ~* prerecorded tape.

preindoeuropeo *a.* (*Ling*) pre-Indo-European.

preindustriale *a.* pre-industrial, preindustrial, prior to industrialization (*posposto*).

preiscrizione *f.* (*Scol*) early enrolment, preregistration.

preistoria *f.* 1 prehistory. 2 (*estens,fig*) prehistory, early history.

preistorico (*pl.* **-ci**) *a.* prehistoric, prehistorical (*anche fig*): (*scherz*) *avere delle idee preistoriche riguardo a qcs.* to have prehistoric ideas about sth.

prelatesco (*pl.* **-chi**) *a.* (*scherz*) prelate-like.

prelatino *a.* pre-Latin.

prelatizio *a.* (*di prelato*) prelatic, prelatical, prelate's: *abito ~* prelate's dress.

prelato *m.* (*Rel.catt*) prelate.

prelatura *f.* (*Rel.catt*) prelacy.

prelavaggio *m.* presoak, presoak cycle, preliminary wash, prewash.

prelazione *f.* (*Dir*) pre-emption: *diritto di ~* pre-emption right.

prelevamento *m.* 1 taking: *~ di un campione* taking of a sample, sampling. 2 (*Econ*) withdrawal, drawing: *~ di capitali* withdrawal of capital. 3 (*Econ*) (*somma prelevata*) sum withdrawn, drawings *pl.*, (*Am*) withdrawal. □ (*Econ*)*fare un ~* (*di denaro*) to withdraw money.

prelevare (**prelèvo**) *v.t.* 1 to take as a sample, to take a sample of: *~ un campione* to take a sample; *~ del sangue* to take a sample of blood, to draw blood. 2 (*togliere definitivamente*) to remove (*anche Med*): *~ un rene* to remove a kidney. 3 (*Econ*) to withdraw, to draw: *~ denaro da un conto* to draw money from an account. 4 (*assol.*) (*colloq*) (*al bancomat*) to withdraw money: *devo ~* I must

withdraw money from the ATM. 5 (*andare a prendere con la forza*) to take: *la polizia lo ha prelevato da casa sua* the police went and took him from his home. 6 (*scherz*) (*passare a prendere*) to collect, to pick up: *verrò a prelevarti verso le dieci* I'll come and pick you up at about ten.

prelibatezza *f.* 1 (*qualità*) deliciousness, excellence, delectability. 2 (*cibo prelibato*) delicacy, dainty.

prelibato *a.* choice (*attr.*), delicious, dainty, excellent: *un piatto ~* a choice dish; *vino ~* excellent wine.

prelievo *m.* 1 sampling, taking of a sample, collecting of a sample (*anche Med*). 2 (*Econ*) withdrawal, drawing. 3 (*Econ*) (*somma prelevata*) sum withdrawn, drawings *pl.*, withdrawal. □ *~ automatico* : 1 (*Econ*) automatic cash withdrawal; 2 automatic sampling; *~di uncampione* sampling; (*Med*) *~ di sangue* taking of a blood sample; *fare un ~ di sangue*: 1 (*rif. a medico*) to take a blood sample; 2 (*rif. a paziente*) to have some blood taken; *~fiscale* charging, tax levy.

preliminare I *a.* preliminary, introductory, prefatory, preparatory: *questione ~* preliminary question; *osservazioni preliminari* introductory remarks. II *m.* 1 preliminary, premise. 2 *pl.* (*Dipl*) preliminaries, preliminary discussions 3 *pl.* (*amorosi*) foreplay (*costr.sing.*). □ (*Comm*) *~di vendita* promise to sell.

preliminarmente *avv.* preliminarily.

preludere (*pres.ind.* **prelùdo**; *p.rem.* **prelùsi**; *p.p.* **prelùso**; *aus.* **avere**) *v.i.* 1 (*preannunciare*) to prelude (*a qcs.* sth.), to foreshadow (*a qcs.* sth.), to forebode (*a qcs.* sth.), to herald (*a qcs.* sth.): *queste nuvole preludono a un temporale* these clouds forebode a storm. 2 (*introdurre, fare una premessa*) to introduce (*a qcs.* sth.), to prelude (*a qcs.* sth.).

preludiare (**prelùdio, prelùdi**; *aus.* **avere**) *v.i.* (*Mus*) to prelude.

preludio *m.* 1 (*Mus*) prelude: *un ~ di Bach* a prelude by Bach, a Bach prelude. 2 (*fig*) (*preannuncio*) prelude, sign, warning sign: *il ~ della guerra* the prelude to war. 3 (*estens*) (*preambolo*) introductory speech, opening speech, preface, preamble.

prelusi → **preludere**.

preluso → **preludere**.

premagnetizzazione *f.* (*Acus*) bias.

pré-maman /prema'mã/ I *a.inv.* (*Abbigl*) maternity (*attr.*). II *m.inv.* (*Abbigl*) maternity dress.

prematrimoniale *a.* premarital: *rapporti prematrimoniali* premarital intercourse, premarital sex; (*Rel*) *corso ~* premarital course.

prematuramente *avv.* prematurely, untimely: *un bambino nato ~* a child born prematurely.

prematuro I *a.* 1 premature, early, too early, untimely: *decisione prematura* premature decision; *morte prematura* premature death, untimely death. 2 (*Med*) premature: *parto ~* premature birth; *bambino ~* premature baby. II *m.* (*f.* **-a**) premature baby.

premeditare (**premèdito**) *v.t.* to premeditate, to plan: *~ un delitto* to premeditate a crime.

premeditatamente *avv.* premeditatedly.

premeditato *a.* premeditated, intentional, deliberate: *omicidio ~* premeditated murder, intentional murder, (*Am*) first degree murder. □ *non ~* unpremeditated.

premeditazione *f.* 1 (*Dir*) premeditation, malice aforethought. 2 (*estens*) premeditation, previous deliberation, forethought. □

con ~ with premeditation, premeditated: (*Dir*) *delitto con* ~ premeditated crime;*senza* ~ without premeditation; (*Dir*) *omicidio senza* ~ involuntary manslaughter.

premente *a.* **1** (*Tecn*) pressing, force (*attr.*): *pompa* ~ force pump. **2** (*fig*) (*pressante*) pressing, urgent: *necessità* ~ pressing necessity.

premere (*pres.ind.* **prèmo**; *p.rem.* **preméi**/**premètti**; *p.p.* **premùto**) I *v.t.* **1** to press, to push: ~ *un pulsante* to press a button, to push a button; ~ *il pedale* to press the pedal, to put one's foot on the pedal. **2** (*fig*) (*incalzare*) to press, to bear down upon, to bear down on: ~ *il nemico* to bear down on the enemy. **3** (*fig, lett*) to oppress, to overwhelm. II *v.i.* (*aus. avere*) **1** to press (*su*, on, against): ~ *col dito su un pulsante* to press on a button. **2** (*spingere*) to press (upon, against); (*accalcarsi*) to crowd, to push: *la folla premeva da ogni parte* the crowd pressed from all sides. **3** (*fig*) (*far pressione*) to put pressure (*su* on), to exert pressure (*su* on), to press (*su qcu. so.*), to urge (*su qcu. so.*): *bisogna* ~ *sugli alunni perché studino di più* one must put pressure on the pupils to study harder; ~ *per avere un aumento* to press for a wage increase. **4** (*fig*) (*insistere*) to insist (*su* on), to press (*su* on): *non* ~ *troppo su questo tasto* don't insist too much on this subject. **5** (*fig*) (*stare a cuore*) to matter, to care about (*costr.pers.*), to worry about (*costr.pers.*), to be anxious (about) (*costr.pers.*): *mi preme la tua salute* I worry about your health; *mi preme di finire il lavoro* I am anxious to finish the work. **6** (*fig*) (*gravare*) to press (*su* on), to weigh (*su* on): *la nuova tassa preme sui cittadini* the new tax weighs on the citizens. □ ~ *il grilletto* to pull the trigger.

premessa *f.* **1** (*preambolo*) preamble, introduction, preliminary remarks *pl.*, preliminary statement. **2** (*presupposto*) basis, condition, presupposition: *non ci sono le premesse per un accordo* there are no conditions for an agreement; *ci sono tutte le premesse per...* there are all the makings of..., there are all the conditions for... **3** (*introduzione*) introduction, preface, foreword. **4** (*Filos*) premise, premiss. □ *fare una* ~ to make an introductory statement, to make a preliminary statement; (*Filos*) ~ *maggiore* major premise; (*Filos*) ~ *minore* minor premise.

premesso → **premettere** *a.* already stated, stated in advance. □ ~*che* considering that, granted that, since *ciò* ~ that being stated, that being said.

premestruale *a.* premenstrual: (*Med*) *sindrome* ~ premenstrual syndrome.

premettere (*pres.ind.* **premétto**; *p.rem.* **premìsi**; *p.p.* **premésso**) *v.t.* **1** to state (sth.) first, to state (sth.) beforehand, to state (sth.) in advance, to start by saying: *vorrei* ~ *che non avevo l'intenzione di offenderti* I would like to start by saying that I didn't mean to offend you. **2** (*far precedere*) to put (sth.) beforehand, to give (sth.) beforehand, to premise: ~ *un'introduzione a un libro* to premise a book with an introduction; ~ *il nome al cognome* to put one's first name before one's surname.

premiare (**prèmio**, **prèmi**) *v.t.* **1** to give a prize to, to award a prize to: *hanno premiato gli scolari migliori* they awarded prizes to the best pupils. **2** (*ricompensare*) to reward, to repay, to recompense: ~ *la pazienza di qcu.* to reward so.'s patience.

premiato I *a.* prize-winning, given a prize, awarded a prize: *il concorrente* ~ the com-

petitor who was given a prize, the award-winning contestant. II *m.* (*f.* **-a**) prize winner: *l'elenco dei premiati* the list of prize winners. □ *premiata ditta* highly prized company.

premiazione *f.* **1** (*cerimonia*) prize giving, prize giving ceremony: *giorno della* ~ prize day, prize-giving day. **2** (*il premiare*) giving of prizes, awarding of prizes.

premier /'prɛmjɛr/ *m./f.inv.* (*Pol*) premier, prime minister.

premierato *m.* (*Pol*) premiership.

première /prɛ'mjɛr/. *f.inv.* **1** (*Teat*) première, first night, opening night. **2** (*Sart*) forewoman.

premiership /'prɛmjɛʃip/ *f.inv.* (*Pol*) premiership.

preminente *a.* pre-eminent, prominent, prime: *di* ~ *interesse* of prominent interest, of prime interest.

preminenza *f.* pre-eminence.

premio I *m.* **1** prize, award: *avere in* ~ to receive as a prize, to be awarded; *vincere un* ~ to win a prize; *assegnare un* ~ *a qcu.* to award a prize to so. **2** (*ricompensa*) reward, recompense: *la virtù è* ~ *a se stessa* virtue is its own reward; (*ciò che si vince*) prize: *estrazione dei premi* drawing of the prizes. **4** (*Comm*) (*gratifica*) bounty, rebate, premium, bonus: ~ *all'esportazione* export bonus, bounty on exports, export bounty. **5** (*Assic*) premium: ~ *annuale* annual premium. **6** (*Econ*) premium; (*sui contratti a premio*) option money; (*aggio*) premium, agio: ~ *per il compratore* buyer's option; ~ *per il venditore* seller's option; ~ *di cambio* exchange premium. **7** (*Econ*) (*indennità*) allowance, bonus: ~ *d'anzianità* long-service bonus. II *a.inv.* (*posposto*) prize (*attr.*): *viaggio* ~ prize trip. □ *concorso a premi* advertising contest, prize-winning competition, prize contest; (*Econ*) ~*a termine* forward premium; (*Econ*) ~*all'acquisto* call option; (*Assic*) ~*di assicurazione* insurance premium; ~*di consolazione* consolation prize; (*Econ*) ~*di conversione* conversion premium; (*Econ*) ~*di emissione* issue premium; ~*di fine anno* year-end bonus; ~*di incoraggiamento* (*in una gara*) consolation prize; ~*di merito* merit award, merit bonus; (*Econ*) ~*di opzione* option money; (*Comm*) ~*di produzione* production bonus, productivity bonus; (*Assic*) ~*di riscatto* redemption premium; ~*d'ingaggio* signing fee, transfer fee, (*Am*) signing bonus; (*Econ*) *fare* ~ *su* to be above par; ~*fedeltà* : **1** refund, rebate; **2** (*rif. a impiegati*) loyalty bonus, loyalty reward in ~ as a reward, as a prize; ~*in denaro* cash prize; ~*letterario* literary award; ~*Nobel* : **1** Nobel Prize; **2** (*vincitore*) Nobel Prize winner; ~*Pulitzer* : **1** Pulitzer Prize; **2** (*vincitore*) Pulitzer Prize winner.

premistoffa *m.inv.* (*Mecc*) foot, presser foot.

premistoppa *m.inv.* (*Mecc*) stuffing box.

premito *m.* (*Med,rar*) contraction, spasm.

premoderno *a.* pre-modern.

premolare I *a.* (*Dent*) premolar. II *m.* (*Dent*) premolar.

premonitore I *a.* premonitory, precursory, forewarning: *sintomo* ~ premonitory symptom; *sogno* ~ premonitory dream. II *m.* (*f.* **-trice**) (*rar*) premonitor, forewarner.

premonitorio *a.* (*Med*) premonitory, precursory.

premonizione *f.* premonition, presentiment, forewarning: *avere delle premonizioni* to have premonitions.

premorienza *f.* (*Dir*) predecease.

premorire (*pres.ind.* **premuòio**, **premuòri**;

p.rem. **premorìi**; *p.p.* **premòrto**; *aus.* **essere**) *v.i.* (*Dir*) to predecease (*a qc.* so.).

premunire (**premunisco**, **premunìsci**) I *v.t.* **1** (*munire anticipatamente*) to fortify, to fortify beforehand. **2** (*mettere in guardia*) to warn (*contro* against). **3** (*fig*) to preserve (from), to protect (from). II *v.pron.* **premunirsi** **1** to provide oneself (*di* with): *premunirsi del biglietto* to provide oneself with a ticket, to purchase one's ticket in advance. **2** (*proteggersi*) to protect oneself (*contro* against), to take protective measures (*contro* against): *premunirsi contro una malattia* to protect oneself against an illness.

premunizione *f.* (*Med*) premunition.

premura *f.* **1** (*sollecitudine*) care, solicitude, attention: *avrò* ~ *di comunicarti la notizia al più presto* I shall take care to notify you as soon as possible. **2** (*gentilezza*) kindness: *era pieno di premure per noi* he was full of kindness, he was very kind to us. **3** (*fretta, urgenza*) haste, hurry, urgency: *ho* ~ *di partire* I am in a hurry to leave. □ *darsi* ~ *di fare qcs.* to take care of doing sth., to take care to do sth., to take trouble to do sth., to go to the trouble of doing sth., to take pains to do sth.; (*colloq*) *vado di* ~ I'm in a hurry; (*colloq*) *fare* ~ *a qcu.* to hurry so. up, to put pressure on so.

premurosamente *avv.* **1** (*con sollecitudine*) carefully, attentively. **2** (*gentilmente*) kindly.

premurosità *f.* (*rar*) attentiveness, thoughtfulness.

premuroso *a.* **1** (*pieno di riguardi*) thoughtful, attentive: *un marito* ~ a thoughtful husband. **2** (*gentile*) kind. **3** (*sollecito*) careful, solicitous.

prenatale *a.* prenatal, antenatal: *diagnosi* ~ prenatal diagnosis.

prenatalizio *a.* pre-Christmas.

prendere (*pres.ind.* **prèndo**; *p.rem.* **prési**; *p.p.* **préso**) I *v.t.* **1** to take: ~ *un bambino in braccio* to take a child in one's arms. **2** (*afferrare*) to seize, to catch, to catch hold of, to grip, to grasp: ~ *qcu. per un braccio* to catch so.'s arm, to catch so. by the arm; ~ *la palla* to catch the ball. **3** (*raccogliere*) to pick up: ~ *un sasso* to pick up a stone. **4** (*portare con sé*) to take: *ho preso l'ombrello perché piove* I took my umbrella because it's raining; *prese con sé tre uomini fidati* he took three trusted men with him; *ricordati di* ~ *i guanti!* remember to take your gloves! **5** (*rif. a mezzi: utilizzare*) to take: ~ *la metropolitana* to take the underground. **6** (*rif. a mezzi: riuscire a prendere*) to catch: *hai preso il treno?* did you manage to catch the train? **7** (*ritirare, andare a prendere*) to collect, to fetch, to pick up: ~ *le valigie alla stazione* to collect the suitcases at the station, to pick up the suitcases at the station; *vengo a prenderti alle nove* I'll come to pick you up at nine. **8** (*rif. a cibi, bevande e sim.*) to have, to take: *prendo solo un dito di vino* I'll just have a little wine; ~ *una medicina* to take a medicine; *prendo il pesce grazie* I'll have the fish please. **9** (*incamminarsi*) to take, to set off, to set off along, to go by: *prendi la seconda strada a destra* take the second turn to the right; ~ *una direzione sbagliata* to go in the wrong direction, to set off in the worng direction. **10** (*catturare*) to catch, to capture, to take (so.) prisoner: *ho preso il ladro* I caught the thief. **11** (*far preda a caccia, a pesca*) to catch, to take; (*uccidere*) to kill. **12** (*percepire, guadagnare*) to earn, to get, to make; (*rif. a professionista*) to charge. **13** (*chiedere come compenso*) to charge.

ask: *quanto prendi all'ora?* how much do you make an hour?; *quanto prendi per lezione?* how much do you ask per lesson? **14** (*comprare*) to buy, to have, to take, to get: *prendo quelle rosse* I'll have the red ones, I'll buy the red ones. **15** (*ottenere con studio, con fatica*) to win, to get, to earn, to take: ~ *la laurea* to get a degree; ~ *un voto alto* to get a high mark, (*Am*) to get a high grade. **16** (*buscarsi*) to be given, to be dealt, to get: ~ *una botta in testa* to be dealt a blow on the head. **17** (*rif. a sentimenti*) to take: ~ *coraggio* to take courage; ~ *animo* to take heart, to take courage. **18** (*colpire, percuotere*) to hit: ~ *qcu. a sassate* to hit so. with stones, to pelt so. with stones. **19** (*considerare*) to take: *prendiamo te, per esempio* let's take you, for example. **20** (*Mil*) (*conquistare*) to conquer, to take: *la città fu presa per fame* the city was conquered by starving it out. **21** (*occupare*) to take up: *le tue scarpe prendono troppo spazio* your shoes take up too much room. **22** (*trattare*) to treat, to deal with, to handle: *so ben io come ~ i bambini capricciosi* I know how to deal with naughty children; ~ *qcu. con le buone* to treat so. tactfully, to handle so. tactfully. **23** (*contrarre*) to catch, to get, to pick up: ~ *un raffreddore* to catch a cold; ~ *un vizio* to get a bad habit, to pick up a bad habit. **24** (*annotare*) to take down, to write down: *non l'ho visto, ma ho preso il suo numero di targa* I didn't see him, but I wrote down his licence plate number. **25** (*rif. ad aspetto, odore e sim.: assumere*) to take, to take on, to get, to acquire: ~ *odore di muffa* to get a musty smell. **26** (*derivare*) to get, to derive, to take, to pick up: *è un'abitudine che ha preso dalla madre* it's a habit he got from his mother, it's a habit he learnt from his mother; (*iron*) *chissà da chi ha preso!* I wonder where he gets that from! **27** (*scambiare*) to take, to mistake: *per chi mi hai preso?* who do you take me for? **28** (*Fot*) to take, to photograph, (*colloq*) to snap: ~ *qcu. di profilo* to photograph so. in profile. **29** (*possedere sessualmente*) to take. **II** *v.i.* (*aus. avere*) (*voltare*) to turn: ~ *a destra* to turn right. **III** *v.pron.* **prendersi 1** (*assumersi*) to take, to take on: *prendersi la libertà di fare qcs.* to take the liberty of doing sth., to take the liberty to do sth.; *prendersi le proprie responsabilità* to take on one's responsibilities, to take responsibility for oneself. **2** (*ricevere*) to get, to have: *prendersi una sberla* to get a slap. **3** (*con valore intensivo*) to take: *ti sei preso la mia penna?* did you go off with my pen?; *mi prendo due giorni di ferie* I'll take two days off. **IV** *v.r.recipr.* **prendersi** (*afferrarsi*) to catch each other, to seize each other, to take each other: *prendersi per mano* to take each other by the hand. □ ~ *a* (*cominciare*) to start, to begin, (*colloq*) to take to: *prese a lamentarsi* he started complaining; (*colloq*)*che ti prende?* what's the matter with you?, (*colloq*) what's up (with you)?, what's with you?; ~ *con sé*: **1** (*in casa*) to take into one's home; **2** (*portare con sé*) to take with one;*farsi ~ da*: **1** to be caught by, to get caught by: *farsi ~ dalla polizia* to get caught by the police; **2** (*fig*) to get into, to fly into: *farsi ~ dall'ira* to get into a rage, to go into a rage; *o lasciare* take it or leave it; ~ *per*: **1** (*stimare*) to think, to consider, (*colloq*) to take for: *l'aveva preso per un brav'uomo* she had considered him a good man, (*colloq*) she had taken him for a good man; **2** (*scambiare*) to take for, to mistake for, to think: *ti avevo preso per Giovanni* I had mistaken you for John; (*colloq*)*prenderle* **1** to get a

hiding; **2** (*rif. a bambini*) to get a spanking, to get it;*prendersela*: **1** (*rimanere male*) to get offended, to be upset, to be annoyed: *non te la prendere!* don't worry!, don't get upset about it!; *prendersela a male* to be hurt, to take offence; **2** (*arrabbiarsi*) to get angry; (*incolpare*) to go on at so., to pick on so., to take it out on so.; *se l'è presa con me!* he went on at me!, he took it out on me!; *prenditela col tempo, non è mica colpa mia!* blame the weather, it's not my fault!; *prendersela con il destino* to curse one's luck, to curse one's fate; (*fig*) ~ *sopra di sé* to take over, to take on, to undertake; ~ *su* (*raccogliere*) to pick up; *ne ha presetante!* (*di botte*) he got such a thrashing!, he got a real thrashing!;*venire a* ~: **1** (*rif. a cose*) to come and get, to come for, to come and fetch; **2** (*rif. a persone*) to come for, to call for, to pick up: *verrò a prenderti alle sei* I'll come for you at six; *venite a prendere il tè da noi* come to have at our house.

prendibile *a.* takable.

prendisole *m.inv.* (*Abbigl*) sundress.

prenditore *m.* (*f.* **-trice**) **1** (*Sport*) (*nel baseball*) catcher. **2** (*Econ*) payee.

prenome *m.* **1** (*nome di battesimo*) Christian name, first name. **2** (*Stor.rom*) praenomen.

prenotare (**prenòto**) *I v.t.* to book, to reserve: ~ *una camera* to book a room; ~ *un tavolo al ristorante* to book a table at a restaurant, to make a reservation at a restaurant; *è tutto prenotato* it's all booked, it's all booked up. **II** *v.pron.* **prenotarsi** to book, to make a booking, to make a reservation: *prenotarsi per una gita* to book for an excursion. □ *avete prenotato?* do you have a reservation?; (*Tel*) ~ *una telefonata* to place a telephone call.

prenotato *a.* booked, reserved: *posto* ~ reserved seat.

prenotazione *f.* booking, reservation: *fare una* ~ to make a booking, to make a reservation;*annullare una* ~ to cancel a booking, to cancel a reservation; *la* ~ *è obbligatoria per i gruppi* booking is mandatory for groups, reservations are mandatory for groups.

prensile *a.* (*Zool*) prehensile: *mano* ~ prehensile hand.

prensione *f.* prehension: *organi di* ~ organs of prehension.

preoccupante *a.* worrying, worrisome, alarming: *la situazione politica rimane* ~ the political situation remains alarming.

preoccupare (**preòccupo**) **I** *v.t.* to worry, to make (so.) anxious, to trouble: *è questo che mi preoccupa* that's what worries me; *che cosa ti preoccupa?* what's worrying you?**II** *v.pron.* **preoccuparsi 1** to be worried, to be concerned, to be anxious (*di, per* about): *non te ne* ~ don't worry (about it); *mi preoccupo per la sua salute* I am anxious about his health; *non c'è motivo di preoccuparsi* there's no cause for concern, there's no cause to be concerned, there's no reason to be worried. **2** (*prendersi cura*) to take care, to take the trouble (*di* of, to), to make sure (*di* of), to make certain (*di* of): *non si è neanche preoccupato di telefonarmi* he didn't even take the trouble of calling me, he didn't even take the trouble to call me; *mi sono preoccupato di spedirgli in tempo le valigie* I made sure I sent him the suitcases in time.

preoccupato *a.* worried (*per, di* about), troubled (*per, di* about, by), anxious (*per, di* about, over), concerned (*di, per* about): *preoccupata per la salute di suo padre* she's worried about her father's health; *è visibil-

mente* ~ he's visibly worried.

preoccupazione *f.* worry, problem, care, trouble, concern, anxiety: *avere delle preoccupazioni* to have problems; *la mia unica* ~ *è...* my only worry is..., my only concern is...

preolimpico,**preolimpionico** *a.* pre-Olympic.

preomerico *a.* pre-Homeric.

preoperatorio *a.* preoperative.

preordinamento *m.* prearrangement, pre-ordination, foreordination.

preordinare (**preòrdino**) *v.t.* to prearrange, to preordain, to arrange in advance, to foreordain: ~ *il proprio avvenire* to preordain one's future.

preordinato *a.* prearranged, preordained, arranged in advance, foreordained.

preordinazione *f.* prearrangement, preordination, foreordination.

prepagato *a.* prepaid.

prepalatale *a.* (*Fon*) prepalatal.

preparare (**prepàro**) **I** *v.t.* **1** (*approntare*) to get (sth.) ready, to prepare: ~ *una tesi di laurea* to prepare a degree thesis; ~ *la cena* to get dinner ready. **2** (*predisporre*) to prepare: ~ *qcu. a una notizia* to prepare so. for some news. **3** (*istruire, allenare*) to prepare, to coach: ~ *gli alunni per un esame* to prepare pupils for an exam, to coach pupils for an exam. **4** (*progettare*) to prepare, to plan, to arrange: ~ *la propria vendetta* to plan one's revenge. **5** (*Scol,Univ*) to prepare for, to study for: ~ *un esame* to study for an exam. **6** (*redigere*) to prepare, to draft, to draw up, to write: ~ *una lista* to draw up a list; ~ *una relazione* to write a report. **II** *v.pron.* **prepararsi 1** to get ready (*per* to), to prepare (oneself) (*per, a* for), to be about: *prepararsi per l'atterraggio* to prepare to land, to get ready to land, to prepare for landing; *prepararsi per uscire* to get ready to go out, to be about to go out. **2** (*Scol,Univ*) to prepare (oneself) (*per* for), to study (*per* for): *prepararsi per un esame* to study for an exam. **3** (*preparare per sé*) to make oneself, to fix oneself: *prepararsi una tazza di caffè* to fix oneself a cup of coffee. **4** (*stare per accadere*) to be about to happen, to be brewing, to be in store, to be in the offing: *si preparano grandi eventi* great things are about to happen. □ *prepararsi al peggio* to prepare for the worst; (*fig*) ~ *il terreno* to prepare the ground; ~ *la tavola* to lay the table, (*Am*) to set the table; ~ *la valigia* to pack one's suitcase.

preparativi *m.pl.* preparations: *fare preparativi* to make preparations; *preparativi per la partenza* preparations for departure.

preparato **I** *a.* **1** prepared (*per, al* for), (*pronto*) ready: *essere* ~ *per qcs.* to be prepared for sth., to be ready for sth.;~ *al peggio* prepared for the worst. **2** (*competente*) competent, well-trained, expert: *un insegnante* ~ a competent teacher. **II** *m.* **1** (*Farm*) preparation. **2** (*Alim*) mix: ~ *per torta alle carote* carrot cake mix. □ (*Med*) ~ *anatomico* anatomic preparation; (*Farm*) ~*galenico* galenical; ~ *microscopico* prepared slide, specimen; (*Farm*) ~ *vitaminico* vitamin preparation.

preparatore *m.* (*f.* **-trice**) preparer. □ (*Sport*) ~*atletico* coach, trainer.

preparatorio *a.* preparatory, preliminary: *lavori preparatori* preliminary work.

preparazione *f.* **1** preparation, preparing: *la* ~ *per un esame* preparation for an examination; *la* ~ *della guerra* preparing for war. **2** (*formazione*) grounding, qualification, background: *avere una buona* ~ *scientifica* to have a good scientific background. **3**

(*Sport*) training. **4** (*Farm*) (*preparato*) preparation. □ (*Med*) **~anatomica** anatomic preparation; (*Sport*) **~atletica** athletic training;*di* ~ preparation (*attr.*);*in* ~ in preparation: *il film è in* ~ the film is being made; ~ *professionale* professional training, vocational training;*senza* ~ unprepared.

prepensionamento *m.* early retirement.

preponderante *a.* preponderant, predominant, prevailing: *opinione* ~ prevailing opinion; *giocare un ruolo* ~ to play a predominant role, to have a predominant role.

preponderanza *f.* **1** preponderance, predominance: *una netta* ~ *femminile* a clear predominance of women, a clear majority of women. **2** (*maggioranza*) majority. **3** (*superiorità*) superiority.

preporre (*pres.ind.* **prepóngo, prepóni**; *p.rem.* **prepósi**; *p.p.* **prepósto**) *v.t.* **1** (*porre innanzi*) to place (sth.) before, to put (sth.) before, to precede: ~ *l'aggettivo al nome* to put the adjective before the noun. **2** (*mettere a capo*) to appoint head, to put at the head, to put (so.) in charge (*a* of): ~ *qcu. a qcs.* to appoint so. head of sth., to put so. at the head of sth., to put so. in charge of sth.; *è stato preposto all'amministrazione* he was put in charge of the administration. **3** (*fig*) (*preferire*) to prefer, to put (sth.) before: ~ *il dovere al piacere* to put duty before pleasure.

prepositivo *a.* (*Gramm*) **1** prepositive. **2** (*preposizionale*) prepositional.

prepositura *f.* (*Rel*) provostship, prepositure.

preposizionale *a.* (*Gramm*) prepositional.

preposizione *f.* (*Gramm*) preposition. □ (*Gramm*) **~articolata** preposition combined with the definite article; (*Gramm*) **~semplice** preposition.

preposto *m.* **1** (*Rel*) (*prevosto*) provost; (*parroco*) parish priest. **2** (*Dir*) person in charge, head.

prepotente I *a.* **1** (*arrogante*) overbearing, arrogant, domineering, (*colloq*) bossy, (*Br*) uppish, (*Am*) uppity: *uomo* ~ overbearing man, arrogant man; *ragazzino* ~ uppish kid, cheeky kid, (*Am*) uppity kid. **2** (*irresistibile*) overbearing, pressing, violent, powerful: *bisogno* ~ pressing need; *desiderio* ~ overbearing desire, overwhelming desire, overpowering desire. II *m./f.* arrogant person, domineering person, bully. □ *fare il* ~ to bully.

prepotentemente *avv.* **1** (*in modo arrogante*) arrogantly, overbearingly. **2** (*di prepotenza*) powerfully, forcefully, violently, by force.

prepotenza *f.* **1** (*qualità*) arrogance, high-handedness, bossiness, bullying: *con la* ~ *non si ottiene nulla* high-handedness will get you nowhere. **2** (*azione*) overbearing behaviour, arrogant action, abuse, bossiness, bullying: *smettila con le prepotenze* stop bullying, stop this arrogant behaviour. □ *di* ~ by force, violently, powerfully, forcefully.

prepotere *m.* excessive power.

preprofessionale *a.* preprofessional.

preprogrammare (**preprogràmmo**) *v.t.* to preprogramme (sth.) in advance, to program (sth.) in advance.

preprogrammazione *f.* preprogramming.

prepubertà *f.* prepuberty, prepubescence.

prepuziale *a.* (*Anat*) preputial.

prepuzio *m.* (*Anat*) prepuce, foreskin.

preraffaellismo *m.* (*Art*) Pre-Raphaelitism, Pre-Raphaelism.

preraffaellita I *a.* (*Art*) Pre-Raphaelite. II

m./f. (*Art*) Pre-Raphaelite.

preraffreddamento *m.* (*Tecn*) precooling.

prerefrigerazione *f.* (*Tecn*) precooling.

preregistrare (**preregìstro**) *v.t.* (*Acus*) to prerecord.

preregistrato *a.* (*Acus*) prerecorded.

preregistrazione *f.* (*Acus*) prerecording.

preregolare (**prerègolo**) *v.t.* (*Tecn*) to preset.

preregolazione *f.* (*Tecn*) presetting.

prerinascimentale *a.* pre-Renaissance (*attr.*).

preriscaldamento *m.* (*Tecn*) preheating.

preriscaldare *v.t.* (*Tecn*) to preheat: ~ *il forno* (*nelle ricette*) preheat the oven.

preriscaldatore *m.* (*Tecn*) preheater.

prerogativa *f.* **1** (*privilegio*) prerogative, privilege: ~ *parlamentare* parliamentary privilege; *regia* ~ Royal Prerogative. **2** (*qualità particolare*) quality, property, special quality, special property: *far diminuire la febbre è una* ~ *del chinino* one of the properties of quinine is that it brings down the temperature. **3** (*rif. a persona*) gift, quality, special quality.

preromanico (*pl.* **-ci**) *a.* (*Art*) pre-Romanesque.

preromano *a.* pre-Roman.

preromanticismo *m.* (*Lett,Art*) pre-Romanticism.

preromantico I *a.* (*Lett,Art*) pre-Romantic. II *m.* (*f.* **-a**; *pl.* **-ci**) (*Lett,Art*) pre-Romantic.

Pres. *presidente* pres. (president).

presa *f.* **1** (*conquista*) taking, seizure, capture: *la* ~ *di una città* the taking of a town. **2** (*Caccia*) (*rif. a selvaggina*) bag, kill, take; (*rif. a pesci*) catch, haul: *fare una bella* ~ to have a good catch; *lasciare la* ~ to let go, to drop. **3** (*stretta*) grip, grasp, hold: *abbandonare la* ~ to let go one's hold; *stringere la* ~ to tighten one's grip; *allentare la* ~ lo loosen one's grip. **4** (*pizzico*) pinch: *una* ~ *di sale* a pinch of salt. **5** (*Tecn*) (*rif. a colla e sim.*) set, setting: *a* ~ *rapida* quick-setting; *a lenta* ~ slow-setting. **6** (*appiglio*) handhold, grip; (*presina*) potholder. **7** (*Tecn*) (*dispositivo dal quale si può prelevare un liquido*) plug, intake, outlet: ~ *d'acqua* water intake, water plug; ~ *del gas* gas outlet. **8** (*fig*) (*forza, impressione*) hold, impression: *le tue parole hanno sempre una gran* ~ *su di lui* your words always make a great impression on him. **9** (*fig*) (*appiglio, pretesto*) grounds *pl.*, rise: *dare* ~ *ai pettegolezzi* to give rise to gossip. **10** (*El*) tap, electric outlet, socket; (*morsetto*) terminal: ~ *multipla* multiple outlet. **11** (*Mecc*) (*contatto di denti di ingranaggio*) mesh. **12** (*nei giochi a carte*) trick. **13** (*Sport*) (*nella lotta*) catch, grip, hold. **14** (*Fot,Cin*) (*ripresa*) shot, take: *ripetere la* ~ to retake, to reshoot. □ (*El*) **~a muro** wall socket, wall outlet; (*El*) **~a pavimento** floor outlet; (*Inform*) **~a pettine** slot; (*fig*) *essere* **alle** *prese con un problema* to be wrestling with a problem, to be struggling with a problem; *essere alle prese con un avversario* to be up against an adversary; (*Mot*) **~d'aria** air intake, air inlet; **~del potere** seizing of power, takeover; (*Stor*) *la* **~della Bastiglia** the storming of the Bastille, the taking of the Bastille; (*fig*) **~di contatto** contact; ~ *di contatto informale* networking; (*El*) **~di corrente** socket, power socket, plug, outlet; **~di coscienza** realization, gaining awareness; **~di distanza** *da* distancing from; (*fig*) **~di posizione** : **1** taking one's stand, stance; **2** (*in una disputa*) side-taking, siding; **~di possesso** taking possession, seizure; **~di tabacco** pinch of snuff; (*El*) **~di terra** : **1** (*piastra*

earth plate; **2** (*morsetto*) ground clamp; **~di visione** examination, taking note; (*Rad,TV*) **~diretta** live broadcast; *in* ~ *diretta* live (*attr.*); *fare* ~: **1** (*attaccarsi*) to catch, to catch on, to hold, to get a grip, to have a grip, to get a hold, to have a hold: *l'ancora fece* ~ the anchor held; **2** (*indurirsi*) to set, to stick: *il cemento fa* ~ the cement is setting; **3** (*fig*) (*impressionare*) to impression, to make impression; **~in consegna** taking delivery, taking on charge; **~in considerazione** taking into consideration, taking into account; **~in giro** : **1** (*imbroglio*) swindle, cheat, farce; **2** (*canzonatura*) mockery, joke; (*El*) **~multipla** multiple outlet; (*volg*) **~per il culo** (*Br*) pissing so. about, (*Am*) fucking so. around; (*Tel*) **~telefonica** phone jack; (*El*) **~universale** universal socket; (*fig*)*venire alle* prese *con qcu.* to come to grips with so., to come to terms with so.

presagibile *a.* (*rar*) predictable.

presagio *m.* **1** (*segno premonitore*) presentiment, premonition, presage, sign, omen: *essere di buon* ~ to be a good omen. **2** (*previsione*) prediction, prevision, forecast, foreboding. □ **~funesto** harbinger of doom.

presagire (**presagìsco, presagìsci**) *v.t.* **1** (*presentire*) to have a presentiment of, to have a premonition (of), to presage, to forebode. **2** (*predire*) to foretell, to predict. □ *lasciare* ~ *qcs.* to adumbrate, to bode, to portend, to presage; *la situazione attuale non lascia* ~ *niente di buono* the present situation does not bode well.

presago (*pl.* **-ghi**) *a.* (*lett*) boding, foreboding: *essere* ~ *di qcs.* to have a premonition of sth., to foresee sth., to presage sth. □ **~di sventure** boding ill-fate, ominous.

presalario *m.* (*Univ*) student's grant.

presame *m.* (*Alim*) (*caglio*) rennet.

presbiopia *f.* (*Med*) presbyopia, presbytism, (*colloq*) longsightedness.

presbite I *a.* (*Med*) presbyopic, (*colloq*) longsighted. II *m./f.* (*Med*) presbyope, presbyte, (*colloq*) longsighted person.

presbiterato *m.* (*Rel.catt*) presbyterate.

presbiterianesimo , **presbiterianismo** *m.* (*Rel.prot*) Presbyterianism.

presbiteriano I *a.* (*Rel.prot*) Presbyterian. II *m.* (*f.* **-a**) (*Rel.prot*) Presbyterian.

presbiterio *m.* **1** (*Arch*) presbytery. **2** (*Rel*) (*assemblea*) presbytery. **3** (*canonica*) parsonage, rectory.

presbitero *m.* (*Rel*) presbyter.

presbitismo *m.* (*Med*) presbytism, presbyopia, (*colloq*) longsightedness.

prescegliere (*pres.ind.* **prescélgo, prescégli**; *p.rem.* **prescélsi**; *p.p.* **prescélto**) *v.t.* to select, to choose, to single out.

prescelsi → **prescegliere**

prescelto → **prescegliere** I *a.* selected, chosen, singled out. II *m.* (*f.* **-a**) chosen person.

presciente *a.* (*lett*) prescient.

prescientifico (*pl.* **-ci**) *a.* prescientific, pre-scientific.

prescienza *f.* **1** (*Teol*) prescience. **2** (*estens*) prescience, foresight, foreknowledge.

prescindere (*pres.ind.* **prescìndo**; *p.rem.* **prescindéi/prescindètti**; *p.p. rar* **prescìsso**; *aus.* **avere**) *v.i.* to leave (sth.) out of consideration, to leave (sth.) aside, to set (sth.) aside, to put (sth.) aside, to disregard (*da* sth.): *prescindendo da questioni economiche* leaving economic problems out of consideration, economic problems aside. □ *a* **~da** regardless of; *a* ~ *dall'età* regardless of age; *a* ~ *dal fatto che abbia solo diciassette anni* leaving aside the fact that she's only seventeen.

prescolare *a.* preschool (*attr.*); (*rif. a bambini*) of nursery-school age: *istruzione ~* preschool education; *bambino in età ~* preschooler.

prescolastico (*pl.* **-ci**) *a.* preschool (*attr.*).

prescrittibile *a.* (*Dir*) prescriptible, subject to limitation.

prescrittibilità *f.* (*Dir*) prescriptibility.

prescrittivo *a.* prescriptive, normative.

prescritto → **prescrivere** *a.* 1 (*fissato in precedenza*) prescribed, fixed, appointed, laid down: *il giorno ~* the day fixed, the appointed day; *secondo le norme prescritte* according to the rules laid down. 2 (*Dir*) (*caduto in prescrizione*) prescripted: *reato prescritto* statute-barred. □ *è ~ l'abito da sera* evening dress is obligatory.

prescrivere (*pres.ind.* **prescrivo**; *p.rem.* **prescrissi**; *p.p.* **prescritto**) I *v.t.* to prescribe (*anche Med*): *la legge prescrive la presenza di due testimoni* the law prescribes the presence of two witnesses; *il medico ha prescritto questa cura* the doctor has prescribed this treatment; *~ una dieta* to prescribe a diet. II *v.pron.* **prescriversi** (*Dir*) to become barred, to become statute-barred, to prescribe.

prescrizione *f.* 1 prescription, ordinance, regulation, rule. 2 (*Med*) orders *pl.*; (*ricetta*) prescription: *~ medica* doctor's orders; *è necessaria la ~ medica* the doctor's prescription is necessary; *seguire le prescrizioni del medico* to follow the doctor's orders. 3 (*Dir*) prescription, negative prescription. □ (*Dir*) *~ acquisitiva* usucap(t)ion, positive prescription; (*Dir*) *mandare in ~* to make statute-barred; *cadere in ~* to be statute-barred, to be no longer indictable, to expire, to be prescribed, to be barred by limitation; *~ legale* legal regulation.

presegnalare (**presegnàlo**) *v.t.* (*Strad*) to signal (sth.) in advance.

presegnale *m.* (*Strad*) warning signal.

preselezionare (**preselezióno**) *v.t.* to preselect.

preselezione *f.* 1 preliminary selection, shortlist, shortlisting. 2 (*Tel,Aut*) preselection. 3 (*Inform*) presort.

presentabile *a.* presentable (*anche fig*): *non sono ~ in questo momento* I'm not fit to be seen in this moment; *non ~* unpresentable.

presentabilità *f.* presentability, presentableness.

presentare (**presènto**) I *v.t.* 1 (*far conoscere*) to introduce, to present: *Le presento il mio amico Carlo* may I introduce my friend Carlo, I introduce you to my friend Carlo, allow me to introduce my friend Carlo, let me introduce my friend Carlo; *la delegazione fu presentata al ministro* the delegation was presented to the minister. 2 (*esibire*) to show, to produce, to present: *~ il passaporto* to show one's passport. 3 (*mostrare, esporre*) to show, to present: *la luna presenta sempre la stessa faccia* the moon always shows the same face; *~ il fianco al nemico* to present one's flank to the enemy. 4 (*porgere offrendo*) to offer, to hand: *gli presentò un piatto di spaghetti* he offered (*o* gave) him a plate of spaghetti, he gave him a plate of spaghetti. 5 (*proporre*) to propose, to introduce: *~ la candidatura di qcu.* to propose so.'s candidature; *~ la propria candidatura* (*a una carica*) to apply (for a post); (*alle elezioni*) (*Br*) to stand (for election), (*Am*) to run for election; *~ un progetto di legge* to introduce a bill. 6 (*in formule di cortesia*) to present: *~ i propri ossequi* to present one's respects,

to pay one's respects. 7 (*Rad,TV*) to host, to present, (*Br*) to compere: *~ una trasmissione televisiva* to present a TV show. 8 (*fig*) (*illustrare*) to present, to describe, to put: *così come lo hai presentato, l'affare mi sembra vantaggioso* the way you describe (*o* put) it, it seems to be a profitable affair. 9 (*fig*) (*implicare*) to present, to involve: *l'affare presenta molte difficoltà* the matter presents many difficulties. 10 (*burocr*) (*inoltrare*) to put in, to send in, to make; (*per l'approvazione e sim.*) to submit: *~ una domanda* to submit an application, to make an application; *~ un reclamo* to make a complaint, to lodge a complaint: *~ una relazione* to submit a report. 11 (*Dir*) to lodge, to file: *~ un'istanza* to lodge a petition, to file a petition. II *v.pron.* **presentarsi** 1 (*burocr*) to present oneself, (*colloq*) to turn up, to show up: *si è presentato alla festa* he came to the party, he turned up at the party. 2 (*per ragioni di servizio*) to report: *è venuto a presentarsi un nuovo giardiniere* a new gardener has reported for work. 3 (*comparire*) to appear: *si presentò ai giudici* he appeared before the judges. 4 (*farsi conoscere*) to introduce oneself: *permette che mi presenti?* may I introduce myself? 5 (*fig*) (*offrirsi*) to arise, to occur: *mi si è presentata una buona occasione* a good opportunity has arisen for me, a good opportunity has come up for me. 6 (*essere, apparire*) to look, to appear: *la superficie si presenta levigata* the surface looks smooth. □ *essere presentato a corte* to be presented at court; *presentarsi a un colloquio* to attend an interview; *presentarsi a un esame* to sit for an examination, to present for an examination; *presentarsi al lavoro* to report for work; (*Mil*) *presentarsi alla leva* to report for military service; *presentarsi alla mente* to come to mind; *presentarsi alle elezioni* to stand for elections, to run for the elections; *presentarsi bene*: 1 (*rif. a cose*) to look good, to look promising; 2 (*rif. a persone*) to look good, to look nice, to have a good appearance, to make a good impression; (*TV,Cin*) *questo film è presentato da...* this film is sponsored by...; *~ domanda* to apply, to make an application; *~ una domanda di impiego* to apply for a job; *~i sintomi di una malattia* to show the symptoms of an illness; (*Econ*) *~ il bilancio* to open the budget, to introduce the budget; *~ il conto a qcu.* to bring so. to book, to present so. a bill, (*colloq*) to make so. pay for it; (*Cin*) *~ in anteprima* to preview; (*Mil*) *~ le armi* to present arms; *~ le dimissioni* to resign; *~ le proprie scuse* to offer one's apologies, to make one's apologies; (*Dir*) *~ ricorso contro una sentenza* to appeal against a sentence, to make an appeal against a sentence; *si presenta un'occasione* opportunity knocks; *presentarsi sulla scena* to appear on stage; *~ un mandato di perquisizione* to show a search warrant; (*Parl*) *~ un progetto di legge* to present a bill; (*Dir*) *~ un ricorso* to file a petition, to lodge a petition; *~ una cambiale* to present a bill (for payment); *~ una petizione* to (present a) petition.

presentatarm, presentat'arm *intz.* (*Mil*) present arms!

presentatore *m.* (*f.* **-trice**) (*Teat,TV*) anchorperson, anchorman, presenter, master of ceremonies, (*colloq*) M.C., emcee, (*Br*) compère, (*Am*) talkshow host.

presentatrice *f.* (*Teat,TV*) anchorperson, anchorwoman, presenter, compère, master of ceremonies, (*colloq*) M.C., emcee, hostess. □ *la ~ della Avon* the Avon lady.

presentazione *f.* 1 (*rif. a persone: il far conoscere*) introduction, presentation: *fare le presentazioni* to make the introductions, to do the introductions; *all'atto della ~* upon presentation. 2 (*dimostrazione: rif. a prodotti e sim.*) demonstration, showing; (*cerimonia di lancio*) launching party. 3 (*proposta di eleggere*) nomination, proposal: *~ di candidati* nomination of candidates. 4 (*discorso di presentazione*) introductory speech. 5 (*prefazione*) introduction. 6 (*burocr*) (*inoltro*) submission. 7 (*Dir*) appearance: *~ in giudizio* appearance before court. 8 (*Med,Filos*) presentation. 9 (*Rel*) Presentation. □ (*Med*) *~ cefalica* cephalic presentation; (*Econ*) *~ del bilancio* presentation of the budget; (*Rel.catt,Art*) *~ di Maria Vergine al Tempio* Presentation of the Virgin Mary in the temple; *~ di un film alla stampa* press show, press preview; *~ di un film di prossima uscita* preview (trailer), promotion trailer, trailers; *~ di un film in esclusiva* first release; *~ ufficiale di un film* official presentation; *dietro ~ di* on production of, on presentation of; *dietro ~ di ricetta medica* on production of the doctor's prescription, on presentation of the doctor's prescription, showing the doctor's prescription; *medicinale venduto dietro ~ di ricetta medica* prescription drug; (*da vendersi*) *dietro ~ di ricetta medica* only on prescription; (*Med*) *~ podalica* breech presentation; *su ~ di* on production of, on presentation of.

presente[1] I *a.* 1 present: *essere ~* to be present, to be there; *era ~ anche Roberto* also Robert was present, Robert was there too; *lei non era ~* she wasn't there. 2 (*questo*) this: *la ~ opera* this work. 3 (*attuale*) present: *l'epoca ~* the present time. 4 (*Gramm*) present. 5 (*assol.*) (*alla presenza di*) in the presence of: *te ~* in your presence. II *intz.* (*negli appelli*) present!, here! III *m.* 1 (*tempo attuale*) present, present time, the here and now: *il ~ e il futuro* the present and the future. 2 (*Gramm*) present, present tense. IV *m./f.* 1 *pl.* those present: *rivolgersi ai presenti* to address those present; *tutti i presenti sono d'accordo* all those present agree; *alcuni dei presenti* some of those present. 2 person present. V *f.* (*epist,burocr*) this, this letter: *allegato alla ~* here enclosed. □ *essere ~ a* to attend, to be present at; *essere ~ alla cerimonia* to attend the ceremony; *essere ~ a se stesso* to be very clear-minded; *al ~* at the moment, at present; (*fig*) *essere ~ alla mente* to be on (so.'s) mind; *avere ~*: 1 (*ricordare*) to remember, to recollect; 2 (*conoscere*) to know: *hai ~ via Garibaldi?* do you know Via Garibaldi?; (*fig*) *non potrò venire, ma sarò ~ col pensiero* I won't be able to come, but I'll be there in spirit; (*epist,burocr*) *con la ~ vi comunico che* this is to inform you that, I herewith inform you that, I hereby inform you that; *fare ~* to point out; *fare ~ qcs. a qcu.* to make so. notice sth., to point sth. out to so., to remind so. of sth., to draw sth. to so.'s attention; *il qui ~ signor Rossi* Mr Rossi, who is here with us; *per il ~* for the moment, for the present; (*Gramm*) *~ progressivo* present progressive, present continuous; (*Gramm*) *~ storico* historical present; *tenere ~* to keep in mind, to bear in mind, to consider; *non tenere ~ qcs.* to disregard sth., to neglect sth.

presente[2] *m.* (*rar*) (*regalo*) present, gift.

presentemente *avv.* at present, at the moment, at the time being.

presentimento *m.* presentiment, premonition, foreboding: *ho un brutto ~* I have an unpleasant presentiment; *avere un vago ~ che...* to have a faint presentiment that...

presentire (**presènto**) *v.t.* (*rar*) to have a presentiment of, to have a foreboding of.

presenza *f.* 1 presence: *nessuno si era accorto della sua ~* nobody was aware of his presence. 2 (*esistenza*) presence, existence: *si segnala la ~ di borseggiatori* beware of pickpockets. 3 (*aspetto fisico*) appearance: *una ragazza di bella ~* a girl with a good appearance, a good-looking girl. 4 (*di essere soprannaturale*) presence. 5 (*Scol*) attendance: *segnare le presenze di uno studente* to mark the attendance of a student. □ *alla ~di qcu.* in so.'s presence, in the presence of so.;*di ~* (*personalmente*) in person, personally; *~di spirito* presence of mind;*in ~ di qcu.* in so.'s presence, in presence of so.; *in sua ~* in her presence; *in ~ del pericolo* in moments of danger;*non avere ~* (*essere insignificante*) to be unimposing, to be insignificant; *~ scenica* showmanship, stage presence.

presenzialismo *m.* desire to attend every social event in order to get noticed.

presenzialista *m./f.* person who desires to attend every social event in order to get noticed.

presenziare (**presènzio, presènzi**) I *v.i.* (*aus.* **avere**) to be present (*a* at), to attend (*a qcs.* sth.): *~ all'inaugurazione* to be present at the opening ceremony, to attend the opening ceremony. II *v.t.* (*rar*) to be present at, to attend.

presepe , **presepio** *m.* manger scene, Christmas creche, (*Br*) Christmas crib.

preservamento *m.* (*rar*) preservation.

preservare (**presèrvo**) *v.t.* to preserve, to save, to protect, to defend, to keep: *~ dall'umidità* to protect against damp; *~ l'ambiente* to safeguard the environment, to defend the environment; *Dio ci preservi da simili sciagure!* God keep us from such misfortune!

preservativo I *m.* condom. II *a.* preservative, protective.

preservatore I *m.* (*f.* **-trice**) preserver. II *a.* (*rar*) preservative.

preservazione *f.* preservation.

presi → **prendere**.

preside *m./f.* 1 (*Scol*) headmaster (*f.* -mistress), (*Am*) principal. 2 (*Univ*) dean, head: *~ di facoltà* dean, head of a department.

presidente *m.* 1 (*f. rar* **-essa**) president (*anche Pol*): *essere eletto ~* to be elected president, to be voted president. 2 (*Comm*) (*rif. a società*) chairperson, chairman, chairwoman: *~ del consiglio d'amministrazione* chairman of the board of directors, (*donna*) chairwoman of the board of directors; *signor ~* Mr Chairman, (*donna*) Madam Chairwoman. □ (*Pol*) *~del consiglio* (o *~del consiglio dei ministri*) Prime Minister, Premier; (*Pol*) *~ del senato* Speaker of the Senate, President of the Senate; (*Pol*) *~della camera* (o *~della camera dei deputati*) Speaker of the Chamber of Deputies; (*Dir*) *~della corte* presiding judge; (*Dir*) *~della giuria* foreman of the jury; (*Pol*) *~della regione* president of the region; (*Pol*) *~della repubblica* President of the Republic; *~di assemblea* assembly president, president of the assembly; *~di seggio* (*elettorale*) presiding officer; *~entrante* newly-appointed president; *il ~ in carica* the incumbent president, the serving president; *~ onorario* honorary president; *~uscente* outgoing president.

presidentessa *f.* 1 chairwoman (*anche Comm*). 2 (*scherz,rar*) (*moglie del presidente*)

president's wife, first lady.

presidenza *f.* 1 presidency (*anche Pol*): *essere candidato alla ~* to run for president, to stand for president. 2 (*Comm*) (*rif. a società*) chairmanship: *assumere la ~* to take the chair. 3 (*durata della carica*) term of office (as a president, as a chairman). 4 (*Scol*) (*carica*) headmastership, principalship; (*ufficio*) headmaster's study, headmaster's office. 3 (*Univ*) (*carica*) deanship; (*ufficio*) dean's office, faculty office, deanery. 6 (*personale che assiste il presidente*) management, board of directors, chairman's staff, president's staff. □ (*Pol*) *~del consiglio dei ministri* premiership;*sotto la ~di* presided over by, chaired by.

presidenziale *a.* presidential.

presidenziali *f.pl.* (*Pol*) (*elezioni presidenziali*) presidential election *sing.*, presidential elections.

presidenzialismo *m.* (*Pol*) presidentialism.

presidenzialista I *m./f.* (*Pol*) presidentialist. II *a.* (*Pol*) presidentialist.

presidiare (**presìdio, presìdi**) *v.t.* 1 to garrison, to man (*anche Mil*). 2 (*fig*) (*sorvegliare*) to defend, to guard, to safeguard, to police. 3 (*Med*) aid, remedy. □ (*Med*) *presidi diagnostici* diagnostic aids; (*Med*) *presidimedico chirurgici* medical and surgical aids; (*Med*) *presiditerapeutici* therapeutical aids.

presidiario *a.* garrison (*attr.*): *truppe presidiarie* garrison troops.

presidio *m.* 1 (*Mil*) (*guarnigione, sede*) garrison. 2 (*circoscrizione territoriale*) military sector. 3 (*fig*) (*difesa*) protection, defence. 4 (*burocr*) facility: *presidi ospedalieri* hospital facilities.

presidium *m.inv.* (*Pol*) presidium, executive committee: (*Stor*) *il ~ del Soviet Supremo* the Supreme Soviet Presidium.

presiedere (*pres.ind.* **presièdo**; *p.rem.* **presiedéi/presiedètti**) I *v.t.* to preside over, to act as chairman at, to chair, to be at the head of: *~ una seduta* to chair a meeting, to act as chairman at a meeting. II *v.i.* (*aus.* **avere**) 1 to preside (*a* over), to be in charge (*a* of); (*rif. a sedute*) to chair (*a qcs.* sth.): *~ ai lavori* to be in charge of the work; *~ a una riunione* to chair a meeting. 2 (*essere a capo*) to be in the chair: *chi presiede?* who's in the chair? 3 (*fig*) (*svolgere una funzione*) to regulate (*a qcs.* sth.), to control (*a qcs.* sth.): *il cuore presiede alla funzione circolatoria* the heart regulates the circulation.

presina *f.* pot holder.

preso → **prendere** *a.* 1 (*impegnato*) busy: *sei sempre così ~!* you are always so busy! 2 (*rif. a posto e sim.*) taken. 3 (*coinvolto*) engrossed, taken. 4 (*innamorato*) smitten. □ *essere ~dalla paura* to be taken by fright.

presocratico I *m.* (*Filos*) pre-Socratic. II *a.* (*Filos*) pre-Socratic.

pressa *f.* (*Tecn*) press. □ (*Mecc*) *~a ingranaggi* geared press; (*Mecc*) *~a iniezione* injection press; (*Tecn*) *~a mano* hand press; (*Mecc*) *~a pedale* pendulum press; (*Mecc*) *~a vite* screw press; (*Mecc*) *~automatica* automatic press; (*Tecn*) *~idraulica* hydraulic press; (*Tecn*) *~meccanica* power press, mechanical press; (*Ind*) *~ per balle* baler, bale-pressing machine; (*Tecn*) *~per coniare* coining press; (*Tecn*) *~per la stampa* printing press.

pressaforaggi , **pressaforaggio** *m.inv.* (*Agr*) forage press, hay baler.

press-agent /pres'adʒent/ *m./f.inv.* press agent.

pressante *a.* urgent, pressing: *affari pres-*

santi urgent business.

pressantemente *avv.* pressingly, urgently.

pressapaglia *m.inv.* (*Agr*) straw baler.

pressappochismo *m.* carelessness, inaccuracy, sloppiness.

pressappochista *m./f.* careless person, inaccurate person, sloppy person.

pressappochistico *a.* careless, inaccurate, sloppy.

pressappoco *avv.* approximately, about, roughly.

pressare (**prèsso**) *v.t.* 1 to press, to squeeze: *~ le olive* to press olives. 2 (*fig*) to press, to urge: *mi pressa con le sue continue richieste* he's always pressing me with his requests (*o* demands).

pressatore *m.* (*f.* **-trice**) (*Tecn*) presser.

pressatura *f.* (*Tecn*) pressing.

pressing *m.inv.* (*Sport*) pressing.

pressione *f.* pressure (*anche fig*). □ *mettere sotto ~*: 1 (*Mecc*) to raise steam; 2 (*fig*) to strain, to pressurize; (*Tecn*) *~a ~* pressure (*attr.*); (*Fisiol*) *~alta* high blood-pressure; (*Fisiol*) *~arteriosa* arterial pressure; *~atmosferica* atmospheric pressure, air pressure; (*Med*) *~ bassa* low blood-pressure; (*Med*) *avere la ~ bassa* to have low blood pressure; *~ concorrenziale* competitive pressure; (*Aut*) *~degli pneumatici* (o *~dei pneumatici*) tyre pressure, (*Am*) tire pressure; (*Fisiol*) *~del sangue* blood pressure; (*Tecn*) *una ~di tre atmosfere* a pressure of three atmospheres;*fare ~su qcu.* to put pressure on so., to press so.; *~fiscale* tax burden; (*Econ*) *~ inflazionistica* inflationary pressure; (*Fisiol*) *~ sanguigna* blood pressure; *~ sindacale* trade-union pressure; *essere sotto ~*: 1 (*Mecc*) to be under pressure (*anche fig*); 2 (*Mar*) to be under steam; (*Fisiol*) *~venosa* venous pressure.

presso I *prep.* (*followed by* di *when used with a personal pronoun*) 1 near: *è andato in un paese ~ Firenze* he has gone to a village near Florence. 2 (*accanto a*) by, near, beside, next: *sedeva ~ la porta* he was sitting near the door, he was sitting by the door. 3 (*in casa di*) with, at (the house of): *vive ~ parenti* he lives with relatives; *abitano ~ i genitori di lui* they are living at his parents' (house). 4 (*fig*) to: *ambasciatore ~ la Santa Sede* Ambassador to the Holy See. 5 (*alle dipendenze di*) for, with: *lavora ~ un avvocato* he works for a solicitor, (*Am*) he works for an attorney. 6 (*Post*) care of, c/o: *al Signor Rossi, ~ Bianchi* Mr. Rossi, c/o Bianchi. 7 (*fra*) among: *~ gli antichi Greci* among the ancient Greeks. II *m.pl.* neighbourhood (*costr.sing.*), region (*costr.sing.*), sorroundings: *nei pressi di Roma* in the neighbourhood of Rome, near Rome, around Rome, somewhere around Rome. III *avv.* near, near at hand, nearby, close at hand: *abitiamo qui ~* we live nearby. □ *~ a* near, near to; *press'a poco* approximately, about, roughly;*a un di ~* (*pressappoco*) approximately, about, roughly, more or less; *nei pressi* nearby;*più ~* nearer: *farsi più ~* (*avvicinarsi*) to come nearer, to draw closer.

pressoché *avv.* nearly, almost, all but: *sono ~ identici* they are nearly the same.

pressofusione *f.* (*Met*) pressure casting, die-casting.

pressostato *m.* 1 (*Tecn*) manostat. 2 (*El*) (*interruttore a pressione*) pressure switch.

pressoterapia *f.* (*Med*) pressotherapy.

pressurizzare (**pressurìzzo**) *v.t.* (*Tecn*) to pressurize.

pressurizzato *a.* (*Tecn*) pressurized: (*Aer*) *cabina pressurizzata* pressurized cabin.

pressurizzazione *f.* (*Tecn*) pressurization.

prestabilire (**prestabilìsco, prestabilìsci**) *v.t.* to pre-arrange, to fix (sth.) beforehand, to fix (sth.) in advance, to pre-establish.

prestabilito *a.* pre-arranged, fixed beforehand, fixed in advance, pre-established.

prestampa *f.* (*Tip*) print preview.

prestampare (**prestàmpo**) *v.t.* (*Tip*) to pre-print.

prestampato I *a.* (*Tip*) preprinted. II *m.* (*modulo*) form.

prestanome *m./f.inv.* 1 dummy, figurehead, front. 2 (*intestatario*) nominee, (*Br*) man of straw.

prestante *a.* (*aitante*) fine, good-looking, well-set, sturdy.

prestanza *f.* good looks *pl.*, good appearance, sturdiness. □ ~*fisica* physical sturdiness, physical presence.

prestare (**prèsto**) I *v.t.* 1 (*dare in prestito*) to lend: *prestami il tuo dizionario* lend me your dictionary. 2 (*rif. a denaro*) to lend, to loan: ~ *denaro al cinque per cento* to lend money at five per cent interest. 3 (*dare, concedere*) to give, to lend, *di solito si traduce col verbo corrispondente*: ~ *aiuto a qcu.* to lend a helping hand to so., to help so.; ~ *giuramento* to take an oath. II *v.pron.* **prestarsi** 1 (*rif. a cose: essere adatto a uno scopo*) to be fit (*a* to), to lend oneself (*a* to): *la nuova fibra si presta a molti usi* the new fibre lends itself to many uses. 2 (*rif. a persone: adoperarsi*) to help (*per qcu.* so.), to be helpful (*per* to), to put oneself out (*per* for): *si presta sempre per gli amici* he always helps his friends, he always puts himself out for his friends. 3 (*rif. a persone: essere pronto*) to be ready (*per* to), to offer oneself (*per* to): *il vile si presta al compromesso* the coward is ready to compromise. 4 (*rif. a persone: acconsentire*) to agree (*a* to), to consent (*a* to). □ ~*u interesse* to lend (money) at interest; *la sua condotta si è prestata alle critiche* his behaviour left him open to criticism, his behaviour exposed him to criticism; ~ *attenzione* to pay attention; ~ *fede a qcu.* to believe so., to trust so.; ~ *fede a qcs.* to have faith in sth., to believe sth., to trust sth., to credit sth.; ~ *i primi soccorsi a qcu.* to give so. first aid; ~ *il fianco alle critiche* to lay oneself open for criticism; ~ *il fianco al nemico* to offer one's flank to the enemy; ~ *il proprio nome* to lend one's name; ~ *la propria opera* to serve, to lend one's abilities; ~ *manforte a qcu.* to back so. up, to support so., to help so., to come to so.'s aid; ~ *orecchio a qcu.* to lend an ear to so., to give so. one's attention; ~*servizio* to work, to be employed, to serve; ~*servizio militare* to serve one's time (in the army); ~ *soccorso a qcu.* to assist so., to help so., to aid so.; ~ *sulla parola* to lend on trust.

prestasoldi *m./f.inv.* 1 moneylender. 2 (*estens*) (*usuraio*) usurer, (*colloq*) loan shark.

prestatore *m.* (*f.* -**trice**) lender, loaner. □ ~*d'opera* employee, worker.

prestazionale *a.* performance (*attr.*).

prestazione *f.* 1 performance, service. 2 (*Sport*) performance, showing: *la ~ di un atleta* the performance of an athlete, the showing of an athlete; *offrire un'ottima ~* to perform excellently. 3 *spec.pl.* (*servizi*) services *pl.*: *le prestazioni di un avvocato* the services of a solicitor. 4 *spec.pl.* (*meccaniche*) performance: *le prestazioni di un motore* the performance of an engine. 5 (*beneficio*) benefit. □ (*Assic*) ~*d'assistenza* assistance, giving of assistance; (*Econ*) ~*d'opera* work, work done, service, service done; ~*occasionale* occasional work; *prestazioni previden-*

ziali social security benefits; ~*professionale* professional service; (*Med*) ~*specialistica* specialist medical service; ~ *straordinaria* extra service; (*Aut*) ~ *su strada* road performance.

prestidigitatore *m.* (*f.* -**trice**) (*rar*) conjurer, illusionist, magician.

prestidigitazione *f.* sleight-of-hand, prestidigitation.

prestigiatore *m.* (*f.* -**trice**) conjurer, illusionist, magician.

prestigio *m.* prestige, status, reputation: *godere di grande ~* to have great prestige.

prestigiosamente *avv.* prestigiously.

prestigioso *a.* 1 (*che gode di prestigio*) prestigious, highly esteemed. 2 (*estens*) (*lussuoso*) prestigious, grand.

prestinaio *m.* (*region*) 1 (*f.* -**a**) baker. 2 (*estens*) (*panetteria*) baker's, baker's shop, bakery.

prestissimo I *m.* (*Mus*) prestissimo, very quickly. II *avv.* (*Mus*) prestissimo, very quickly.

prestito *m.* 1 (*il prestare, cosa prestata*) loan: *prendere in ~ qcs.* to borrow sth.; *dare in ~* (*o dare a ~*) to lend; *ricevere qcs. in ~* to get sth. on loan, to receive sth. on loan. 2 (*Econ*) loan: *lanciare un ~* to float a loan; *contrarre un ~* to take out a loan, to incur a loan; *concedere un ~* to grant a loan. 3 (*estens*) loan, borrowing, import. □ (*Econ*) ~ *a breve scadenza* (o ~ *a breve termine*) short-term loan; (*Econ*) ~*a interesse* loan at interest; ~ *senza interesse* interest-free loan; (*Econ*) ~ *a lunga scadenza* (o ~*a lungo termine*) long-term loan; (*Econ*) ~*a media scadenza* (o ~*a medio termine*) medium-term loan; (*Econ*) ~*agevolato* soft loan; (*Econ*) ~ *bancario* bank loan; (*Econ*) ~*casa* housing loan; (*Econ*) ~ *consolidato* consolidated loan; (*Econ*) ~*convertibile* convertible loan; (*Econ*) ~ *dello stato* government loan; ~ *di guerra* war loan; (*Econ*) ~*di titoli* securities loan; ~ *d'onore* honour loan, student loan; (*Econ*) ~*fiduciario* fiduciary loan; (*Econ*) ~ *forzoso* forced loan; (*Econ*) ~ *garantito* guaranteed loan; (*Econ*) ~*immobiliare* real estate loan; (*Econ*) ~*in denaro* cash loan; (*Econ*) ~ *indicizzato* indexed loan; (*Econ*) ~*infruttifero* interest-free loan; (*Bibliot*) ~ *interbibliotecario* interlibrary loan; (*Ling*) ~*linguistico* loan word; (*Econ*) ~ *obbligazionario* debenture loan, bonded loan; ~ *pubblico* public loan; (*Econ*) ~*vincolato* tied loan.

presto I *avv.* 1 soon, before long, in a short time, shortly: ~ *ti scriverò* I'll be writing to you shortly; *si è stancato ~* he soon got tired. 2 (*in fretta*) quickly: *ha fatto il lavoro ~* he did the work quickly. 3 (*prima del tempo stabilito, di buon'ora*) early: *stamattina mi sono alzato ~* I got up early this morning. 4 (*facilmente*) easily: *questo passo si capisce ~* this passage is easily understood, this passage is easy to understand. 5 (*Mus*) presto, quick. II *m.* (*Mus*) presto, quick. III *intz.* hurry up!, (be) quick! □ *a ~* see you soon; *al più ~*: 1 (*il prima possibile*) as soon as possible; 2 (*Comm*) at your earliest convenience; 3 (*non prima*) at the earliest: *finirò il lavoro al più ~ entro lunedì* the work will be finished by Monday at the earliest; *al più ~ possibile*: 1 (*quanto prima*) as soon as possible; 2 (*il più rapidamente*) as quickly as possible; *è ~ detto* it's easily said, easier said than done; *è ~ fatto* it is quickly done; *fai ~!* be quick!, hurry up!; *fare ~ a fare qcs.*: 1 (*affrettarsi*) to hurry up and do sth.: *fa' ~ a vestirti* hurry up and get dressed; 2 (*non costare fatica*) to have no trouble doing sth., to do

sth. quickly: (*iron*) *ha fatto ~ a consolarsi* he got over it quickly; *si fa ~ a dire* it's easy to say; ~*o tardi* sooner or later. *Prov.*: ~ *e bene raro avviene* hastily done is ill done.

presule *m.* (*Rel*) (*vescovo*) bishop, prelate.

presumere (*pres.ind.* **presùmo**; *p.rem.* **presùnsi**; *p.p.* **presùnto**) *v.t.* 1 to presume, to assume, to imagine, to think, to believe, (*Dir, burocr*) to allege: *presumo che non verrai domani* I presume you won't come tomorrow; *nessuno presumeva così vicina la catastrofe* nobody imagined that the catastrophe was so near at hand; *si presume che sia responsabile della rapina* he's alleged to be responsible of the robbery. 2 (*avere la pretesa*) to presume, to fancy: *presume di sapere sempre tutto* he presumes to always know everything. 3 (*Dir*) to surmise, to infer. 4 (*rar*) (*fidarsi troppo*) to rely too much (on), to think too highly (of): *presume troppo delle proprie forze* he relies too much on his own strength; ~ *troppo di sé* to think too highly of oneself.

presumibile *a.* presumable, probable, likely. □ *è* ~*che* it's probable that: *è* ~ *che torni domani* it's probable that he will come back tomorrow, he is likely to come back tomorrow.

presumibilmente *avv.* 1 presumably. 2 (*Dir,burocr*) allegedly.

presunsi → **presumere**.

presuntivamente *avv.* presumptively.

presuntivo *a.* 1 (*preventivato*) estimated. 2 (*che si può presumere*) presumptive, expected: *erede* ~ presumptive heir.

presunto → **presumere** *a.* 1 presumed: *morte presunta* presumed death. 2 (*Dir, burocr*) (*rif. a criminali*) presumed, alleged: *il* ~ *colpevole* the presumed guilty, guilty suspect. 3 (*valutato*) estimated: *spese presunte* estimated expenditure. 4 (*Med*) suspected: *presunta polmonite* suspected pneumonia.

presuntuosamente *avv.* presumptuously, conceitedly, self-conceitedly, arrogantly, self-importantly.

presuntuosità *f.* presumptuousness, presumption, conceit, self-conceit, self-importance, arrogance.

presuntuoso I *a.* presumptuous, conceited, self-conceited, assumptive, assuming, arrogant, self-important. II *m.* (*f.* -**a**) conceited person, self-important person.

presunzione *f.* 1 (*l'essere presuntuoso*) presumptuousness, presumption, nerve, conceit, conceitedness, self-importance: *ha avuto la ~ di cimentarsi con te* he had the nerve to compete with you; *peccare di ~* to be conceited. 2 (*Dir*) presumption: ~ *di proprietà* presumption of title. 3 (*congettura*) presumption, supposition. □ (*Dir*) ~ *di innocenza* presumption of innocence; (*Dir*) ~ *legale* legal presumption, presumption of law.

presupporre (*pres.ind.* **presuppóngo**, **presuppóni**; *p.rem.* **presuppósi**; *p.p.* **presuppósto**) *v.t.* 1 to presuppose, to imply: *questo lavoro presuppone una grande elasticità mentale* this work implies great mental agility. 2 (*supporre*) to suppose, to assume, to presume: *presupponevo che lo sapessi* I assumed that you knew.

presupposizione *f.* supposition, assumption, presupposition, conjecture.

presupposto *m.* 1 (*supposizione*) assumption, supposition, presupposition: *siamo partiti da un ~ sbagliato* we started from a mistaken assumption. 2 (*condizione necessaria*) presupposition, prerequisite, premise: *ci mancano i presupposti necessari* we lack the necessary premises, we lack the necessary conditions.

prêt-à-porter I *m.inv.* (*Abbigl*) 1 (*moda*) prêt-à-porter, ready-to-wear fashion. 2 (*abiti*) prêt-à-porter, ready-to-wear clothes *pl.* II *a.inv.* (*Abbigl*) ready-to-wear (*attr.*), ready-made (*attr.*), off-the-peg (*attr.*), prêt-à-porter (*attr.*).

prete *m.* 1 (*Rel.catt*) priest: *farsi ~* to become a priest. 2 (*pop*) (*trabiccolo dello scaldino*) frame for a bedwarmer. □ *~ operario* worker priest.

pretendente *m./f.* 1 claimant. 2 (*al trono*) pretender: *~ al trono* pretender to the throne. 3 (*corteggiatore*) suitor: *Elisa ha sempre avuto molti pretendenti* Elisa has always had many suitors.

pretendere (*pres.ind.* **pretèndo**; *p.rem.* **pretési**; *p.p.* **pretéso**) I *v.t.* 1 (*esigere*) to want, to require, to claim, to demand: *~ il pagamento* to require payment, to claim a payment; *~ che qcu. faccia qcs.* to demand that so. do sth.; *da te pretendo la più completa sincerità* I demand the utmost sincerity from you. 2 (*volere ingiustamente*) to expect, to want: *pretende di passare senza aver studiato* he expects to pass without studying; *pretende quindici euro per quel libriccino* he wants fifteen euros for that tiny book; *non si può ~ che faccia sempre lei tutto il lavoro* she can't be expected to always do all the work. 3 (*sostenere*) to maintain, to assert, to claim: *alcuni pretendono che il quadro sia di Raffaello* some people maintain that the painting is by Raffaello. 4 (*credere a torto*) to think, to claim, to profess: *pretende di aver sempre ragione* he thinks he is always right. 5 (*presumere*) to expect, to presume, to think: *pretende di saper parlare l'inglese dopo un mese* he expects to speak English after one month; *pretende di misurarsi con il campione* he thinks he can compete with the champion. II *v.i.* (*aus.* **avere**) (*aspirare*) to pretend (*a* to): *~ al trono* to pretend to the throne. □ *~il giusto* to claim one's due; *~la luna da qcu.* to expect the earth from so.

pretensionatore *m.* (*Aut*) seat belt tensioner.

pretensione [1] *f.* (*rar.lett*) 1 (*pretesa*) claim, pretension. 2 (*presunzione*) pretentiousness. 3 (*ostentatezza*) ostentation.

pretensione [2] *f.* (*Edil*) pretensioning.

pretensiosità *f.* 1 (*pretesa*) pretentiousness. 2 (*alterigia*) conceit. 3 (*ostentazione*) showiness.

pretensioso *a.* 1 pretentious. 2 (*presuntuoso*) pretentious, conceited.

pretenziosamente *avv.* pretentiously.

pretenziosità *f.* 1 (*pretesa*) pretentiousness. 2 (*alterigia*) conceit. 3 (*ostentazione*) showiness.

pretenzioso *a.* 1 pretentious. 2 (*presuntuoso*) pretentious, conceited.

preterintenzionale *a.* (*Dir*) unintentional.

preterintenzionalità *f.* (*Dir*) unintentionality, recklessness.

preterito I *a.* (*lett*) bygone, past. II *m.* 1 (*Gramm*) preterite tense, preterit. 2 (*scherz, colloq*) (*deretano*) bottom, posterior, behind.

preterizione *f.* (*Ret*) preterition.

preternaturale *a.* 1 (*Med*) preternatural: *ano ~* preternatural anus. 2 (*Rel*) preternatural, otherworldly, transcendental.

pretesa *f.* 1 (*rivendicazione*) claim, demand, right: *avanzare pretese irragionevoli* to make unreasonable demands; *avanzare delle pretese su qcs.* to claim rights over sth.; *è una bella ~!* that's asking a lot!, that's ex-

pecting a lot! 2 (*presunzione*) pretension, pretence, presumption: *avere la ~ d'essere intelligente* to have pretensions to intelligence. □ *con la ~di* on the pretence of, under the pretence of, upon the pretence of; *avere molte pretese* to expect a lot, to be pretentious, to be demanding; *senza pretese* (*modesto*) modest, unpretentious.

pretesco (*pl.* **-chi**) *a.* (*spreg*) priest-like, sanctimonious.

preteso → **pretendere** *a.* (*presunto*) supposed, alleged, so-called: *questa pretesa neutralità* this alleged neutrality.

pretesta *f.* (*Stor.rom*) praetexta.

pretesto *m.* 1 (*scusa*) pretext, excuse, pretence: *un semplice ~* a mere pretext; *addurre pretesti* to put forward excuses, to advance excuses. 2 (*occasione, appiglio*) opportunity, occasion: *fornire un ~* to give an opportunity. □ *prendere qcs.a ~* to use sth. as an excuse; *col ~di* on the pretext of, under the pretext of, upon the pretext of; *con il ~ di fare qcs.* under cover of doing sth.; *sotto il ~di* on the pretext of.

pretestuosamente *avv.* speciously, with excuses.

pretestuoso *a.* used as a pretext, used as an excuse, specious.

pretino *m.* 1 (*spreg*) priestling. 2 (*region*) (*trabiccolo dello scaldino*) frame for a bedwarmer.

pretonzolo *m.* (*spreg*) priestling.

pretore *m.* 1 (*Dir*) magistrate, judge (of a lower court). 2 (*Stor.rom*) praetor.

pretoriano *m.spec.pl.* 1 (*Stor.rom*) Praetorians. 2 (*fig,spreg*) (*giannizzeri*) henchmen.

pretorile *a.* (*Dir*) magistrate's, of a magistrate, of a lower court judge.

pretorio I *a.* 1 (*del pretore*) magistrate's, magisterial. 2 (*Stor.rom*) praetorian, praetorial. II *m.* (*Stor.rom*) praetorium.

pretrattamento *m.* (*Ind*) pretreatment.

pretrattare (**pretràtto**) *v.t.* (*Ind*) to pretreat, to treat (sth.) beforehand.

prettamente *avv.* 1 (*tipicamente*) typically, truly: *avere un accento ~ inglese* to have a typically British accent. 2 (*meramente*) merely, purely, simply: *è un problema ~ economico* it's a merely economic problem, it's simply an economic problem.

pretto *a.* pure, real, true: *in ~ inglese* in pure English.

pretura *f.* 1 (*Dir*) magistrate's court. 2 (*Stor.rom*) praetorship.

prevalente *a.* prevailing, prevalent, dominant, ruling: *l'opinione ~* the prevailing opinion, the leading opinion.

prevalentemente *avv.* mainly, mostly, chiefly, for the most part.

prevalenza *f.* 1 (*maggioranza*) majority, prevalence. 2 (*superiorità*) prevalence, supremacy, superiority, predominance, preponderance, priority. □ *avere la ~* to prevail, to take priority; *in ~* mainly, mostly, chiefly, for the most part; *essere in ~* to be in the majority, to have a majority.

prevalere (*pres.ind.* **prevàlgo**, **prevàli**; *p.rem.* **prevàlsi**; *p.p.* **prevàlso**; *aus.* **essere/avere**) *v.i.* 1 to prevail, to predominate, to take priority, to dominate: *non sempre prevale la ragione* reason does not always prevail; *speriamo che prevalga il buon senso* let's hope sanity prevails; *~ su qcs.* to prevail on sth. 2 (*vincere*) to prevail, to triumph.

prevaricamento *m.* 1 abuse. 2 (*rif. a pubblico ufficiale*) malfeasance, malfeasance in office, malpractice, malpractice in office, misuse of power, abuse of office. 3 (*Dir*) collusion with the opposing party.

prevaricare (**prevàrico**, **prevàrichi**; *aus.* **avere**) *v.i.* 1 (*abusare del proprio potere*) to abuse one's office, to abuse one's power, to deviate from one's duty. 2 (*imporsi*) to impose one's will (*su* on), to prevail (*su* over): *~ sugli altri* to impose one's will on the others. 3 (*agire con disonestà*) to be dishonest, to act dishonestly.

prevaricatore *m.* (*f.* **-trice**) prevaricator, abuser.

prevaricazione *f.* 1 abuse. 2 (*rif. a pubblico ufficiale*) malfeasance, malfeasance in office, malpractice, malpractice in office, misuse of power, abuse of office. 3 (*Dir*) collusion with the opposing party.

prevedere (*pres.ind.* **prevédo**; *p.rem.* **prevìdi**; *p.p.* **prevìsto/prevedùto**) *v.t.* 1 to foresee, to foretell: *avevo previsto il tuo successo* I had foreseen your success. 2 (*stimare con anticipo*) to forecast, to anticipate, to calculate (sth.) in advance, to estimate, to reckon, to expect: *bisogna ~ tutti i casi possibili* we need to calculate every possible case in advance; *~ le conseguenze di qcs.* to calculate the consequences in advance; *non c'è modo di prevederlo* there's no telling. 3 (*Meteor*) to forecast: *per domani è previsto bel tempo* fine weather is forecast for tomorrow. 4 (*prendere in considerazione*) to take into account, to consider: *~ eventuali ritardi* to take into account possible delays. 5 (*programmare*) to schedule: *la fine dei lavori è prevista per il dieci Giugno* the work is scheduled to end by 10th June. 6 (*estens*) (*pensare*) to think, to reckon: *quando prevedete di tornare?* when do you think you will come back? 7 (*burocr*) (*considerare*) to provide for, to take into account: *la legge non prevede questo caso* the law does not provide for this case. □ *era da prevedersi* it was to be expected, we should have known, it's no surprise; *~il futuro* to foresee the future, to see into the future.

prevedibile *a.* foreseeable, predictable: *il risultato non è ~* the result is unpredictable. □ *era* ~ it was to be expected, we should have known, it's no surprise.

prevedibilità *f.* predictability.

prevedibilmente *avv.* unsurprisingly.

preveggente *a.* (*lett*) foreseeing, foresighted.

preveggenza *f.* (*lett*) foresight, second sight.

prevelare *a.* (*Fon*) prevelar.

prevendita *f.* advance sale: *~ di biglietti* advance sale of tickets. □ *prevenditeabituali* box offices.

prevenibile *a.* preventable, avoidable.

prevenire (*pres.ind.* **prevèngo**, **previèni**; *p.rem.* **prevénni**; *p.p.* **prevenùto**) *v.t.* 1 (*anticipare*) to anticipate, to forestall, to foresee: *~ il desiderio di qcu.* to anticipate so.'s wish. 2 (*evitare*) to prevent, to avoid, to avert: *~ le malattie* to prevent illnesses; *~ le difficoltà* to avoid difficulties; *~ una guerra* to avert a war. 3 (*avvertire in precedenza*) to warn, to forewarn, to inform, to inform beforehand. 4 (*precedere*) to precede, to arrive before, to come before: *l'ho prevenuto di qualche minuto* I arrived a few minutes before him. □ *Prov.*: *~ è meglio che curare* prevention is better than cure, an ounce of prevention is worth a pound of cure.

preventivamente *avv.* preventively, beforehand, in advance, previously.

preventivare (**preventìvo**) *v.t.* 1 to estimate, to budget (for): *non avevo preventivato questa spesa* I hadn't budgeted this expense. 2 (*estens*) to plan, to take into account, to foresee: *avevo preventivato di finire il lavoro entro Maggio* I had planned to finish the work by May.

preventivo I *a.* **1** preventive, precautionary: *censura preventiva* preventive censorship. **2** (*Med*) preventive, prophylactic: *cura preventiva* preventive treatment. II *m.* (*Econ*) (*valutazione non impegnativa*) estimate, quotation, quote: *~ di costo e spese* cost estimate; *potrebbe farmi un ~?* could you let me have a quote? □ *~dettagliato* detailed estimate; (*Comm*) *~ di cassa* cash budget; *~ di entrate* estimate of revenues; *~ di massima* rough estimate; *~ di uscite* estimate of expenditure; *mettere in ~*: **1** (*Econ*) to budget for; **2** (*fig*) to take into account, to foresee: *devi mettere in ~ almeno un mese di lavoro* you have to take into account at least a month of work.

prevenuto → **prevenire** *a.* (*maldisposto*) prejudiced, biased: *sei ~ contro di noi* you are prejudiced against us.

prevenzione *f.* **1** (*il prevenire*) prevention (*anche Med*). **2** (*preconcetto*) prejudice, bias: *giudicare senza prevenzioni* to judge without prejudice; *avere delle prevenzioni nei confronti di qcu.* to have prejudices against so., to have prejudices towards so. □ *~ dei sinistri* prevention of accidents; *~ del cancro* cancer prevention; *~ del crimine* crime prevention; *~della criminalità* crime prevention.

previamente *avv.* previously.

previdente *a.* provident, far-seeing, far-sighted: *sei ~, hai pensato a tutto* you are very far-seeing, you have thought of everything.

previdentemente *avv.* providently.

previdenza *f.* providence, foresight. □ *~ integrativa* additional security; *~sociale* social security, social security system.

previdenziale *a.* social security (*attr.*): *assistenza ~* social security service; *contributi previdenziali* social security contributions, National Insurance contributions.

previo *a.* previous, subject to, upon. □ *~ accordo* by previous agreement, upon agreement; *~ avviso* subject to notice, (up)on notice; *~pagamento* upon payment.

previsionale *a.* previsional.

previsione *f.* **1** forecast, prevision, foretelling: *fare delle previsioni* to forecast. **2** (*supposizione*) expectation, forecast, outlook: *le mie previsioni si sono avverate* my expectations have come true; *secondo le previsioni* according to expectations. **3** (*Comm*) estimate, forecast, forecasting. □ *~ a breve termine* short-term estimate; *~ a lungo termine* long-term estimate; *~a medio termine* medium-term estimate; *~ budgetaria* budget forecasting; *contro tutte le previsioni* against all expectations; (*Meteor*) *previsioni del tempo* weather forecast (*sing.*); (*Comm*) *previsionidelle vendite* sales forecast (*sing.*); *previsionidi bilancio* budget forecast (*sing.*); *previsioni di bilancio in pareggio* balanced budget; *~di mercato* market forecast, market forecasting; *previsioni economiche* business forecasting (*costr.sing.*); *in ~ di*: **1** in anticipation of, in expectation of, in view of: *in ~ di un'estate torrida* in anticipation of a hot summer; **2** (*nel caso di*) in case of; (*Meteor*) *previsioni meteorologiche* weather forecast (*sing.*); *al di là di ogni ~* beyond all expectations.

previsto → **prevedere** I *a.* **1** foreseen, expected, anticipated, reckoned: *l'esito ~* the expected result. **2** taken into account, considered: *questo problema non era stato ~*

this problem wasn't taken into account. **3** (*Comm*) estimated. **4** (*burocr*) (*considerato*) provided for: *caso ~ dalla legge* case provided for in law. II *m.* what is expected, expectation. □ *come ~* as expected, according to expectations, as anticipated, according to plan; *ho speso più del ~* I spent more than I had bargained for, I spent more than I had expected; *meno del ~* less than expected; *prima del ~* earlier than expected, sooner than expected; *più tardi del ~* later than expected; *più a lungo del ~* longer than expected; *non era previsto* it wasn't meant to happen, it wasn't foreseen.

prevocalico *a.* (*Fon,Ling*) prevocalic.

prevosto *m.* **1** (*Rel.catt*) provost; (*parroco*) parish priest. **2** (*Stor*) provost.

prevostura *f.* (*Rel.catt*) provostship.

preziosamente *avv.* richly, preciously: *custodire ~ un ricordo* to cherish a memory, to hold a memory dear.

preziosismo *m.* **1** affectation, artificiality, preciosity. **2** (*Lett*) preciosity.

preziosità *f.* **1** preciousness, valuableness. **2** (*fig*) (*ricercatezza*) affectation, preciosity, artificiality: *~ di stile* preciosity of style.

prezioso I *a.* **1** precious, valuable, costly: *un quadro ~* a valuable painting. **2** (*fig*) precious, valued, treasured: *consigli preziosi* valuable advice; *ricordi preziosi* treasured memories. **3** (*fig*) (*ricercato, affettato*) affected, artificial, precious: *stile ~* artificial style. II *m.pl.* (*gioiello*) jewellery (*costr.sing.*), (*Am*) jewelry (*costr.sing.*) □ (*colloq*)*fare il ~* to put on airs, to play hard to get.

prezzare (**prèzzo**) *v.t.* to price, to mark the price on, to put price tags on: *~ gli articoli in vendita* to mark the price on the items on sale.

prezzario *m.* price list.

prezzatrice *f.* (*Tecn*) pricing machine.

prezzatura *f.* pricing.

prezzemolo *m.* (*Bot*) parsley. □ (*scherz*) *essere come il ~* to turn up everywhere, to be everywhere, to turn up like a bad penny.

prezzo *m.* **1** price: *stabilire un ~* to fix a price; *abbassare i prezzi* to lower the prices; *far alzare i prezzi* to increase the prices, to raise the prices; *far diminuire i prezzi* to send prices down, to lower prices; *mantenere i prezzi bassi* to keep prices down; *sbloccare i prezzi* to decontrol prices, to unfreeze prices. **2** (*costo*) cost, price: *il ~ di un biglietto d'entrata* the cost of admission, the entrance fee. **3** (*tariffa*) rate; (*per i trasporti*) fare: *~ dell'abbonamento* subscription rate, subscription price; *il ~ del viaggio aereo a Londra* the plane fare to London. **4** (*cartellino con prezzo*) price card, price ticket, price tag, price label. **5** (*fig*) (*pregio, valore*) price, cost, value: *i buoni amici non hanno ~* good friends are without price, good friends are priceless; *il ~ della libertà* the price of freedom. □ *a basso ~* at a low price; *a buon ~* cheaply, at a good price; (*Comm*) *~a forfait* all-in price, flat rate, contract price, lump-sum price; (*Comm*) *~a rate* hire instalment price, hire purchase price; (*Comm*) *~al consumo* consumer price; (*Comm*) *~al dettaglio* retail price; *al ~ di*: **1** (*Comm*) for, at the price of; **2** (*fig*) (*a costo di*) at the cost of; (*Comm*) *~al minuto* retail price; (*Comm*) *~al pubblico* retail price; (*Comm*) *~al rivenditore* trade price; (*Comm*) *~all'ingrosso* wholesale price; (*Comm*) *~all'origine* price at origin; (*Econ*) *~ amministrato* set price, fixed price, administered price; (*Comm*) *~base* basic price, base-rate; (*colloq*) *~ bassissimo* very low price; (*Comm*) *~civetta* loss leader

price, introductory price; (*Comm*) *prezzi comprensivi di sdoganamento* landed terms; (*Comm*) *~ concorrenziale* competitive price; (*Comm*) *~ consigliato* recommended retail price; (*Comm*) *~ controllato* controlled price; *~ conveniente* low price; (*Comm*) *~ corrente* market price, current price; *è il ~da pagare per la libertà* it's the price you pay for freedom; (*Comm*) *~ d'acquisto* purchase price, buying price; (*Comm*) *~d'affezione* fancy price; (*Comm*) *~d'affitto* rent, rental cost, cost of rent; *il ~del silenzio* the price of silence, (*colloq*) hush money; *~ della corsa* (*di mezzi di trasporto*) fare; (*Econ*) *~di apertura* opening price; *~ di un biglietto ferroviario* train fare; (*Econ*) *~ di calmiere* official price, controlled price, state-controlled price; (*Comm*) *~di catalogo* catalogue price; (*Econ*) *~ di chiusura* closing price; (*Edit*) *~di copertina* marked price, published price, cover price; (*Comm*) *~di costo* cost; *a ~ di costo* at cost: *vendere a ~ di costo* to sell at cost; (*Comm*) *~ di fabbrica* factory price, manufacturer's price, cost price, factory-gate price; *~di favore* special price, low price; (*Comm*) *~di inventario* inventory price; (*Comm*) *~di liquidazione* bargain price, sale price; (*Comm*) *~di listino* list price; (*Comm*) *~ di mercato* market price, (*rif. a viaggi*) (at) half fare; (*Comm*) *~di noleggio* rental; (*Econ*) *a prezzi di realizzo* at cost price; (*Comm*) *~ di riferimento* reference price; (*Comm*) *~ di soglia* threshold price; (*Comm*) *~ di vendita* selling price; *~ di vendita al minuto* retail price; (*Comm*) *~ d'intervento* intervention price; (*Comm*) *~ d'obiettivo* target price; (*Comm*) *~d'occasione* bargain price; *~ elevato* high price; (*Comm*) *~ fisso* fixed price; *a ~ fisso* fixed-price; (*Comm*) *~forfettario* all-in price, flat rate, contract price, lump-sum price; (*Comm*) *~ garantito* guaranteed price; *~ giusto* fair price; (*Comm*) *~ guida* price leader; (*Comm*) *~ imposto* forced price; *i prezzi sono in aumento* prices are going up, prices are rising, prices are on the rise; (*Comm*) *~ indicativo* guiding price, approximate price; *a un ~inferiore* cheaper; (*Comm*) *~limite* stop price, limit of price; (*Comm*) *~ massimo* top price, ceiling price; (*Comm*) *~medio* average price, mean price; (*Comm*) *~ minimo* lowest price, floor price, reserve price; *~ minimo garantito* minimum price guaranteed; *prezzi modici* moderate prices, low prices, reasonable prices; *a prezzi modici* cheap, cheaply; (*Comm*) *~netto* net price; (*fig*)*non avere ~* to be priceless; *l'amicizia non ha ~* friendship is priceless; (*Comm*) *~ ombra* shadow price; *prezzi popolari* popular prices, low prices; *prezzi proibitivi* prohibitive prices; (*Comm*) *~ribassato* reduced price; (*Comm*) *~ ridotto* cut price, reduced price; (*Comm*) *~scontato* reduced price, reduction, discounted price; (*Econ*) *~sopra la pari* price over par; *~stracciato* rock-bottom price; *a ~ stracciato* dirt cheap.

prezzolare (**prèzzolo**) *v.t.* **1** (*pagare*) to hire, to pay. **2** (*corrompere*) to bribe.

prezzolato *a.* **1** (*pagato*) hired. **2** (*corrotto*) bribed.

PRF (*Pol,Stor.it*) *Partito della Rifondazione Comunista* (Communist Refoundation Party).

PRI (*Pol,Stor.it*) *Partito repubblicano italiano* (Italian Republican Party).

pria *avv.* (*lett*) → **prima**.

Priamo *n.pr.m.* (*Mitol*) Priam.

priapismo *m.* (*Med*) priapism.

Priapo *n.pr.m.* (*Mitol*) Priapus.

price-cap /'prajskep/ *m.inv.* (*Econ*) price cap.

prigione *f.* **1** prison, jail, (*Br*) gaol: *mettere qcu. in ~* to send so. to prison, to imprison so. **2** (*pena*) imprisonment, prison: *scontare due anni di ~* to serve two years of imprisonment. **3** (*fig*) (*luogo angusto e buio*) dungeon; (*ambiente in cui non c'è libertà*) prison. □ *~di stato* state prison; *~militare* military prison.

prigionia *f.* **1** imprisonment, captivity. **2** (*fig*) enslavement.

prigioniero I *a.* **1** captured, captive: *soldati prigionieri* captured soldiers. **2** (*imprigionato*) imprisoned, jailed, locked up. II *m.* (*f. -a*) **1** prisoner, captive: *fare ~ qcu.* to make so. prisoner, to take so. prisoner, to imprison so.; *tenere ~ qcu.* to hold so. prisoner. **2** (*fig*) prisoner: *essere ~ dei propri pregiudizi* to be prisoner of one's prejudices. □ *~di guerra* prisoner of war; *~politico* political prisoner.

prillare (**prillo**; *aus. avere*) *v.i.* (*region*) to twirl, to whirl, to spin.

prima ¹ I *avv.* **1** (*precedentemente*) before: *~ non lo conoscevo* I didn't know him before; *potevi pensarci ~* you could have thought of that before. **2** (*in anticipo*) before, beforehand, in advance: *un'altra volta dimmelo ~* next time tell me in advance. **3** (*più presto*) earlier, sooner: *perché non ti alzi ~?* why don't you get up earlier? **4** (*fino a*) until: *non avremo una risposta ~ di Giovedì* we won't have an answer until Thursday. **5** (*una volta, per l'addietro*) once, formerly, at one time: *~ si faceva così, ora no* one time we used to do it that way, now we don't. **6** (*in primo luogo, per prima cosa*) first: *~ lo studio e poi il divertimento* first study and then pleasure, first study and then play. **7** (*rif. a luogo*) first: *~ c'è un giardino, poi la mia casa* first there's a garden, then my house. **8** (*più sopra*) above, before: *i versi citati ~* the lines quoted above, the above-quoted lines. II *a.inv.* (*precedente: sempre posposto*) before, previous, back: *il giorno ~* the day before, the previous day; *tre pagine ~* three pages back. □ *~che* before: *bisogna finire il lavoro ~ che egli venga* we must finish the work before he gets here;*come ~* as before, just as before; *~copia* (*in dattilografia*) top copy; *ho fatto ~ del previsto* it took me less than I thought; *~ del tempo* early, before one's time; *venire prima del ~* to come early; *di ~* (*di una volta*) former, once: *non è più quello di ~* he's no longer his former self; *~ di:* 1 (*rif. a tempo*) before: *~ del pranzo* before dinner; *bussa ~ di entrare* knock before entering; 2 (*piuttosto*) rather than, sooner than: *si farebbe uccidere ~ di parlare* he'd let himself be killed rather than talk; *~ di Cristo* before Christ, B.C; *~di tutto* first of all; *~ di tutto dimmi il perché di questa visita* first of all tell me the reason for this visit; *~ d'ora* until now, before, before now, before this time; *~è meglio è* the sooner the better; *~le donne e i bambini* women and children first; *molto ~* long before, a long time before; *~o poi* sooner or later; *~possibile* as soon as possible; *~tu* you go first. *Prov.*: *~ il dovere e poi il piacere* business before pleasure, duty before pleasure.

prima ² *f.* **1** (*Scol*) (*rif. alle scuole elementari*) first class, (*Am*) first grade; (*rif. alle scuole medie*) first form, first class, (*Am*) first year (of junior high school); (*rif. alle scuole superiori*) first year (of secondary school), (*Am*) first year (of high school). **2** (*Teat,Cin*) première, premiere, first night, opening night: *~ mondiale* (o *~ assoluta*) world

---

première. **3** (*Aut*) first, first gear, low gear, bottom gear: *partire in ~* to start in first gear, to start in first. **4** (*Alp*) first ascent, first. **5** (*nella danza*) first position. **6** (*Sport*) (*nella scherma*) prime. **7** (*Ferr,Aer*) first class: *viaggiare in ~* to travel first class. **8** (*Lit*) prime. □ *ce l'ha fattaalla ~* he succeded at the first try; (*Sport*) *giocare la palladi ~* (*nel calcio*) to play the ball first time.

primadonna *f.* **1** (*Teat,Cin*) leading lady, prima donna. **2** (*fig*) prima donna: *comportarsi da ~* to behave like a prima donna.

primamente *avv.* (*lett*) (*anizitutto*) first, in the first place, first of all, first and foremost, primarily.

primariamente *avv.* **1** (*in primo luogo*) first, in the first place, first of all, first and foremost, primarily. **2** (*principalmente*) mainly, primarily, chiefly, principally.

primariato *m.* position or work of a head physician.

primario I *a.* **1** (*principale*) primary, chief, leading, the greatest, great, (*Am*) major: *un problema di primaria importanza* a problem of primary importance; *di ~ interesse* of the greatest interest. **2** (*primo di una serie*) primary (*anche Geol,Chim*): *scuola primaria* primary school. **3** (*Econ*) primary, agricultural: *attività primaria* agricultural activity. II *m.* **1** (*Med*) chief physician, head physician. **2** (*Econ*) primary sector. III *f.pl.* (*US,Pol*) primary election *sing.*

primate *m.* **1** (*Rel*) Primate. **2** (*Zool*) primate.

primaticcio *a.* early: *fichi primaticci* early figs.

primatista *m./f.* (*Sport*) record holder, record breaker, record setter.

primato *m.* **1** supremacy, pre-eminence, primacy: *il ~ politico di una nazione* the political supremacy of a country. **2** (*Sport*) record: *detenere un ~* to hold a record; *stabilire un ~* to establish a record, to set a record; *abbassare un ~* (*Br*) to beat a record, (*Am*) to break a record. □ *~stagionale* seasonal record.

primavera ¹ *f.* **1** spring, springtime: *in ~* in the spring; *siamo in ~* it is springtime; *una giornata di ~* a spring day. **2** (*lett,fig*) springtime, prime: *la ~ della vita* the springtime of life, the prime of life. **3** (*scherz*) (*anno*) year: *avere molte primavere sulle spalle* to be advanced in years.

primavera ² *f.* (*Bot*) (*primula*) primrose. □ (*Bot*) *~odorosa* cowslip.

primavera-estate □ (*Abbigl*)*collezione ~* spring-summer collection.

primaverile *a.* spring (*attr.*), springlike: *fiore ~* spring flower; *abiti primaverili* spring clothes, light clothes; *stagione ~* springlike weather.

primazia *f.* (*Rel*) primacy, primateship.

primaziale *a.* (*Rel*) primatial.

primeggiare (**priméggio, priméggi**; *aus. avere*) *v.i.* **1** (*essere tra i primi*) to be one of the best, to be among the firsts, to excel: *mio figlio primeggia in Latino* my son is one of the best in Latin; *vuole sempre ~* she always wants to be first. **2** (*spiccare*) to stand out, to be outstanding: *l'Italia ha primeggiato nell'arte* Italy has been outstanding in art.

prime rate /'prajm'rejt/ *m.inv.* (*Econ*) prime rate.

primeur /pri'mœr/ *a.inv.* (*Enol*) primeur.

primieramente *avv.* (*lett*) **1** (*dapprima*) at first. **2** (*prima di tutto*) first of all, primarily, firstly.

primiero *a.* (*lett*) **1** (*primo*) first. **2** (*anteriore*) former, previous.

primigenio *a.* (*lett*) **1** first-born. **2** (*preisto-*

---

rico) primitive, primigenial, primogenial, elemental.

primina ¹ *f.* (*Bot*) primine.

primina ² *f.* (*Scol,colloq*) first year of a private elementary school for children under six.

primipara I *f.* (*Med*) primipara. II *a.* (*Med*) primiparous. □ (*Med*) *~attempata* older primipara.

primis □ *in ~* firstly, first of all.

primitiva *f.* (*Mat*) primitive.

primitivamente *avv.* primitively.

primitivismo *m.* primitivism.

primitività *f.* primitiveness.

primitivo I *a.* **1** (*primordiale*) primitive, primeval, primaeval, primordial: *le tribù primitive dell'Australia* the primitive tribes of Australia. **2** (*di prima*) former, earlier, previous: *ha ripreso la forma primitiva* it went back to its former shape. **3** (*fig*) (*rozzo*) primitive, crude, rough, rudimentary. **4** (*Mat, Ling,Art*) primitive. II *m.* **1** (*f. -a*) primitive man: *gli uomini primitivi* primitive men, early men. **2** (*f. -a*) (*fig*) uncouth person. **3** (*Art*) primitive.

primizia *f.* **1** early produce, first produce. **2** (*Giorn*) (*notizia fresca*) latest, latest news (*costr.sing.*), scoop.

primo I *a.* **1** first: *il ~ giorno dell'anno* the first day of the year. **2** (*primo dei due*) former: *il ~ signore è medico, il secondo ingegnere* the former man is a doctor, the latter an engineer. **3** (*più anziano: tra più di due*) oldest, eldest, first; (*tra due*) elder: *il mio ~ figlio* my oldest son, my eldest son, my first son. **4** (*rif. a tempo: iniziale*) early, first: *nella prima infanzia* in early childhood; *le prime luci dell'alba* the first light of dawn. **5** (*prossimo*) next, first: *partirò col ~ treno* I'm leaving on the next train. **6** (*non definitivo*) first, preliminary: *prima lettura* preliminary reading. **7** (*più valente, più ragguardevole*) leading, chief: *le prime famiglie del paese* the leading families in the country. **8** (*migliore*) best: *il ~ medico della città* the best doctor in town. **9** (*Mat*) prime: *numero ~* prime number. **10** (*fig*) (*fondamentale*) principal, chief, main, (*Am*) major: *la causa prima della sua rovina* the main cause of his downfall. **11** (*fig*) (*elementare*) basic, elementary, first: *prime nozioni* basic knowledge. **12** (*rif. a regnanti e pontefici: sempre posposto*) the First: *Napoleone ~* Napoleon the First, Napoleon I. II *avv.* first. III *m.* **1** first, top: *il ~ in graduatoria* the first on the list; *essere tra i primi* to be near the top. **2** (*primo dei due*) former: *Luigi e Antonio sono amici; il ~ è medico, il secondo ingegnere* Louis and Anthony are friends, the former is a doctor, the latter an engineer. **3** (*più anziano: tra più di due*) oldest, eldest, first; (*tra due*) elder: *il ~ dei miei figli* my oldest son, my eldest son, my first son. **4** (*prima portata*) first course. **5** (*primo giorno*) first day; (*nelle date*) first: *il ~ del mese* the first day of the month, the first of the month. **6** *pl.* beginning *sing.*: *i primi di Dicembre* the beginning of December, early December. **7** (*minuto primo*) minute. **8** (*TV*) channel one. □ *a tutta prima* in the beginning, at the beginning, at first, initially; (*fig*) *di ~acchito* : 1 (*subito*) right from the start, straightaway, straight away; 2 (*a prima vista*) at first sight, on the face of it, at face value; *arrivare ~al traguardo* to come in first, to be the first past the post; *il ~aprile* April Fools' Day, All Fools' Day, April Fools'; (*fig*) *essere alle prime armi* to be a novice, to be a fledgeling; *il ~arrivato* : 1 the first to arrive; 2 (*Sport*) the winner, the first home; 3 (*il primo che capita*) just anybody, a nobody, the first person that happens to pass by; (*Teat*) ~ *attore* principal, leading actor; *prima ballerina* prima ballerina, leading female ballet dancer; ~ *ballerino* male lead; (*fig*) *essere alle prime battute* to be at the beginning; *al ~ cenno* at the first sign, at the first hint; *il ~ che capita*: 1 (*rif. a persona*) just anybody, a nobody, the first person that happens to pass by, the first person that comes along; 2 (*rif. a cosa*) the first thing that comes to hand, the first thing that comes along; ~ *cittadino* mayor; (*Ferr,Aer*) *prima classe* first class: *viaggiare in prima classe* to travel first class; (*fig*) *di prima classe* first-class (*attr.*), first-rate (*attr.*), top (*attr.*), top-ranking, high-class (*attr.*): *un chirurgo di prima classe* a top-rate surgeon; *prima colazione* breakfast; *al ~ colpo*: 1 at the first shot; 2 (*fig*) first shot, first thing, straight off, straight away; *ha indovinato al primo ~* he guessed right straight off; (*fig*) *dare il ~ colpo di piccone*: 1 (*per demolire*) to strike the first blow; 2 (*per costruire*) to lay the first stone, to lay the first brick; (*Rel.catt*) *prima comunione* First Communion; (*Stor*) ~ *console* (*rif. a Napoleone*) First Consul; *primi contatti* initial contacts; *per prima cosa* in the first place, first of all, firstly; *dal ~ all'ultimo* from (the) first to (the) last; *dal ~ all'ultimo momento* all the time, from beginning to end; *essere il ~ della classe* to be top of the class; (*fig*) *fare il ~ della classe* to be a smart aleck; *il ~ dell'anno* New Year's Day; *il ~ di maggio*: 1 May Day; 2 (*per i lavoratori*) Labour Day; *prima donna*: 1 (*Teat,Cin*) leading lady, prima donna; 2 (*fig*) prima donna; *il ~ dopoguerra* the period after the first World War; (*Edit*) *prima edizione* first edition; *la prima età* childhood, infancy; *ai primi freddi* at the first signs of the cold (weather); *prima giovinezza* early youth; *cugino di ~ grado* first cousin, first degree cousin; *essere ~ in classifica*: 1 to be first, to come first, to take first place; 2 (*Sport*) to place first; 3 (*Mus*) to be on the top of the charts; *a una prima lettura* on first reading; (*Parl*) *in prima lettura* on the first reading; *essere in prima linea*: 1 (*Mil*) (*Br*) to be in the front line, (*Am*) to be on the front line; 2 (*fig*) to be on the front lines, to be first in the fight: *essere in prima linea nella lotta al razzismo* to be on the front lines in the fight against racism, to be first in the fight against racism; *alle prime luci* (*all'alba*) at daybreak; *in ~ luogo* in the first place, first of all, firstly, first: *mettere qcs. in ~ luogo* to put sth. first, to give sth. priority, to give sth. top priority; *il ~ maggio*: 1 May Day; 2 (*per i lavoratori*) Labour Day; *prima maniera*: 1 (*Art*) (*usato come nome*) mannerism; 2 (*Art*) (*usato come aggettivo*) early: *un Picasso prima maniera* an early Picasso, an example of Picasso's early work; 3 (*estens*) (*di una volta*) of former days, of formes times; *al ~ manifestarsi di* at the first sign of; *prima mano* (*di vernice*) undercoat, primer; *di prima mano* first-hand (*attr.*): *comprare qcs. di prima mano* to buy sth. new, to buy sth. first-hand; (*estens*) *informazioni di prima mano* first-hand information; *di prima mattina* early in the morning; *la prima metà del secolo* the first half of the century; (*Pol*) ~ *ministro* prime minister, premier; (*Astr,ant*) ~ *mobile* primum mobile; *fare la prima mossa*: 1 (*nel gioco degli scacchi*) to move first, to make the first move; 2 (*fig*) to make the first step, to make the first move; (*Filos*) ~ *motore* prime mover; *di prima necessità* basic, essential: *articolo di*

prima necessità necessity, basic necessity, essential object; (*Comm*) *prima nota* book of first entry; *alla prima occasione* at the first opportunity, at the first chance, (*Br*) at the earliest opportunity; *della prima ora* early: *un fascista della prima ora* one of the early fascists; *di prim'ordine* first-class (*attr.*), first-rate (*attr.*): *vino di prim'ordine* first-class wine; (*Giorn*) *prima pagina* front page; *in prima pagina* on the front; *muovere i primi passi*: 1 to be learning to walk, to toddle; 2 (*fig*) to take the first steps; (*fig*) *fare il ~ passo* to take the first step, to make the first move; *prima pelle* outer skin; (*colloq*) *di ~ pelo* (*inesperto*) raw, green; *per ~* first; (*Gramm*) *prima persona singolare* first person singular; *prima persona plurale* first person plural; *scritto in prima persona* written in the first person; *parlare in prima persona* to speak for oneself; (*fig*) *di ~ piano* leading; *un uomo politico di ~ piano* a leading political figure; *avere un ruolo di ~ piano* to play a prominent role; ~ *piano*: 1 (*nella prospettiva*) foreground: *mettere qcs. in ~ piano* to bring sth. to the fore, to bring sth. into sharp focus, to emphasize sth., to give prominence to sth.; *una persona di ~ piano* a front-ranking person, a prominent person; 2 (*Cin,Fot*) close-up; *in primo ~* in close-up, in the foreground; 3 (*Edil*) first floor, (*Am*) second floor; ~ *piatto* first course; *nel ~ pomeriggio* early in the afternoon; ~ *premio* first prize; *di prima qualità* first quality, top-level, top-quality, first-rate: *merci di prima qualità* prime goods, best quality goods, first-grade goods; *prodotti di prima qualità* top-quality products, grade A products; (*Teat,Cin*) *prima rappresentazione* première, first night, opening night; *prima rappresentazione assoluta* world première; *di prima scelta* first quality, top-level, top-quality, first-rate: *merci di prima scelta* prime goods, best quality goods, first-grade goods; *prodotti di prima scelta* top-quality products, grade A products; (*TV*) *prima serata* prime time; *al ~ sguardo*: 1 at the first glance; 2 (*a prima vista*) at first sight; ~ *soccorso* first aid; ~ *spettacolo*: 1 first performance; 2 (*Cin*) first showing (of the day), (*colloq*) first show in the evening; *sulle prime* in the beginning, at the beginning, at first; *in un ~ tempo* at first, at the beginning; *nei primi tempi* at the outset, in the beginning; (*Mar*) ~ *ufficiale* chief officer, first officer, chief mate, first mate; *il ~ venuto* the first arrived; (*Cin*) *prima visione* première; *prima visione TV* TV première; *proiettare un film in prima visione* to play in a first-run cinema; *a prima vista*: 1 (*alla prima occhiata*) at first sight, at first glance; *amore a prima vista* love at first sight; 2 (*senza preparazione*) at sight; (*Aer*) ~ *volo* maiden flight. *Prov.*: *il ~ amore non si scorda mai* one's first love is never forgotten.

primogenito I *a.* firstborn: *figlio ~* firstborn son, eldest son. II *m.* (*f.* **-a**) firstborn, eldest son, (*tra due*) elder son: *questa è la primogenita* she's my eldest daughter, she's my firstborn daughter.

primogenitore *m.* (*f.* **-trice**) primogenitor, progenitor.

primogenitura *f.* primogeniture.

primordi *m.pl.* beginnings, origins: *i primordi della letteratura inglese* the beginnings of English literature. □ *ai primordi* at dawn, at the beginning, at the earliest stage.

primordiale *a.* primordial, primeval, primaeval: *la fase ~ di una civiltà* the primor-

dial stage of a civilization.

primordine □ *di ~* first-class (*attr.*), first-rate (*attr.*).

primula *f.* (*Bot*) primrose. □ (*Lett*) *la Primularossa* the Scarlet Pimpernel (*anche fig*).

princesse /prin'sɛs/ *f.inv.* (*Abbigl*) princesse dress (simple woman's dress cut in one piece).

principale I *a.* main, chief, principal, major, leading: *parte ~* main part; *ha il ruolo ~ nella commedia* she's got the leading role in the play. II *m./f.* head, chief, (*colloq*) boss. III *f.* (*Gramm*) main clause.

principalmente *avv.* mainly, chiefly, principally.

principato *m.* 1 principality, princedom: *aspirare al ~* to pretend to the princedom, to aspire to the princedom. 2 *pl.* (*Teol*) (*rif. ad angeli*) principalities. □ (*Geog*) *il ~ di Monaco* the Principality of Monaco.

principe I *m.* prince (*anche fig*): *il ~ Carlo* Prince Charles; *vivere come un ~* to live like a prince. II *a.inv.* (*lett*) (*il più antico*) first, princeps (*attr.*). □ *il ~ azzurro*: 1 (*Lett*) prince charming; 2 (*scherz*) Mr Right, prince charming; ~ *consorte* prince consort; (*Rel.catt*) ~ *degli apostoli* Prince of the Apostles; *il ~ dei ladri* the prince of thieves; (*fig*) ~ *del foro* top lawyer, famous barrister, top barrister, outstanding barrister; (*Rel.catt*) ~ *della chiesa* Prince of the Church; ~ *della corona* crown prince; ~ *delle tenebre* (*Lucifero*) Prince of Darkness; ~ *di Galles*: 1 Prince of Wales; 2 (*Tess*) Prince of Wales check; (*Stor*) ~ *elettore* prince-elector; ~ *ereditario*: 1 crown prince, prince royal, heir apparent to a crown; 2 (*in Gran Bretagna*) Prince of Wales; ~ *reggente* prince regent; (*Stor*) ~ *vescovo* prince-bishop.

principescamente *avv.* like a prince, in a princely manner.

principesco (*pl.* **-chi**) *a.* 1 (*di un principe*) prince's, of a prince, princely: *palazzo ~* prince's palace. 2 (*fig*) (*lussuoso*) princely, magnificent: *una villa principesca* a magnificent villa.

principessa *f.* princess: *la ~ Anna* princess Anne. □ (*Lett*) *la ~ sul pisello* the princess and the pea.

principessina *f.* little pricess, petty princess: *sembra una ~* she looks like a petty princess.

principiante I *m./f.* 1 beginner, fledgeling; (*apprendista*) apprentice: *un corso per principianti* a beginners' course. 2 (*spreg*) greenhorn, rookie. II *a.* inexpert, inexperienced, fledgeling: *tennista ~* inexperienced tennis player, beginning tennis player.

principiare (**princìpio**, **princìpi**) I *v.t.* (*lett, rar*) (*iniziare*) to begin, to start, to commence: ~ *un lavoro* to start a job. II *v.i.* (*lett, rar*) (*aus.* **avere/essere**) to begin, to start, to commence: ~ *a studiare* to begin studying. □ (*lett,rar*) *a ~ da* starting, beginning, as of: *a ~ dal primo di agosto* starting August the first; *tutti, a ~ da te* everyone, starting with you.

principino *m.* princeling, petty prince.

principio *m.* 1 (*inizio*) beginning, start: *il ~ della guerra* the beginning of the war. 2 (*parte iniziale*) beginning, first part. 3 (*rif. a libri, film e sim.*) beginning, opening: *il ~ del viaggio* the first part of the trip. 4 (*origine, causa*) beginning, origin, cause: *la malattia del padre fu il ~ della loro rovina* their father's illness was the cause of their ruin. 5 (*concetto, idea*) principle, concept: *si tratta di principi superati* those concepts are out-of-date; *partendo dal ~ che* starting from the principle that; *ispirare la propria condotta a principi di giustizia* to base one's conduct on the principle of justice. **6** (*regola morale*) principle, value: *una persona di alti principi* a high-principled person; *una persona senza principi* unprincipled person; *principi morali* moral values. **7** (*legge, norma*) principle, law, rule: *secondo ~ della termodinamica* second law of thermodynamics; *principi religiosi* religious principles. **8** (*Chim*) principle. **9** *pl.* (*elementi*) elements, first principles, rudiments. □ *al ~ dell'anno* at the beginning of the year, at the start of the year; *al ~ dei secoli* at the beginning of time; (*Farm*) *principi attivi* active ingredients;*da ~* in the beginning, at first; *sin dal ~* from the very beginning; *dal ~ alla fine* from beginning to end, from start to finish; (*Dir*) *~del contraddittorio* service-of-process rule; (*Filos*) *~del medio escluso* principle of excluded middle; *il ~della fine* the beginning of the end; (*Fis*) *~ di Archimede* Archimedes' principle; *~di causalità* principle of causality; *~di esclusione* exclusion principle; (*Mat,Filos*) *~di identità* principle of identity; (*Fis*) *~di Mach* Mach principle; (*Filos*) *~di non contraddizione* law of contradiction, principle of contradiction, law of non-contradiction, principle of non-contradiction; (*Psic*) *~di realtà* reality principle; *~ di reciprocità* reciprocity principle; *~ di uguaglianza* equality principle; (*Fis*) *~ d'inerzia* law of inertia; *principi fondamentali* basic principles, fundamental principles; *~generatore* generative principle, productive principle;*in ~* initially, at first, at the beginning; (*Bibl*) *in ~ era il Verbo* in the Beginning was the Word; *principi morali* morals;*per ~* on principle, as a matter of principle.

princisbecco (*pl.* -**chi**) *m.* (*Met*) pinchbeck.

prione [1] *m.* (*Biol*) prion.

prione [2] *m.* (*Entom*) longhorn beetle.

priora *f.* (*Rel.catt*) prioress.

priorale *a.* (*Rel.catt*) of a prior.

priorato *m.* (*Rel.catt*) priorate, priorship.

priore *m.* (*Rel.catt,Stor*) prior.

prioria *f.* (*Rel.catt*) priorate.

priorità *f.* **1** priority: *in ordine di ~* in order of priority; *avere la ~ su qcs.* to have priority over sth., to take priority over sth.; *dare la ~ a qcs.* to give priority to. **2** (*precedenza*) priority, precedence. **3** (*prelazione*) pre-emption. □ *~assoluta* absolute priority, top priority, first priority.

prioritario *a.* priority (*attr.*), prior: *obiettivo ~* priority objective.

Priscilla *n.pr.f.* Priscilla.

prisma *m.* (*Ott,Geom,Geol*) prism. □ (*Ott*) *~a riflessione* reflecting prism; (*Ott*) *~deflettore* deflecting prism; (*Ott*) *~polarizzatore* polarizing prism; (*Geom*) *~regolare* regular prism; (*Geom*) *~retto* right prism.

prismatico (*pl.* -**ci**) *a.* (*Ott,Geom*) prismatic.

pristino *a.* (*lett*) original, primitive, former, pristine.

pritaneo *m.* (*Stor.gr*) prytaneum.

privacy /'prajvasi/ *f.* privacy: *difendere la propria ~* to protect one's privacy; *violare la ~ di qcu.* to encroach on so.'s privacy, to violate so.'s privacy.

privare (**privo**) **I** *v.t.* to deprive, to divest, to take away: *~ qcu. della libertà* to deprive so. of his freedom. **II** *v.pron.* **privarsi** (*fare a meno*) to do without, to go without, to deprive oneself, to deny oneself: *devono privarsi anche del necessario* they even have to do without necessities; *non privarsi di nulla* not to deny oneself anything. □ (*Mil*) *~del*

grado to demote, to deprive of a rank.

privatamente *avv.* **1** privately, in private: *desidero parlargli ~* I want to talk to him in private. **2** (*da privato*) as a private person, privately.

privatezza *f.* privacy, privateness.

privatista *m./f.* **1** (*Scol*) private-school pupil; (*agli esami*) external candidate. **2** (*Dir*) (*esperto di diritto privato*) expert in private law.

privatistico *a.* **1** (*Econ*) based on private enterprise. **2** (*Dir*) related to private law, private-law (*attr.*).

privativa *f.* patent right, sole right, monopoly. □ *~fiscale* fiscal monopoly; *~industriale* industrial property.

privativo *a.* (*Ling*) privative: *particella privativa* privative particle; *alfa ~* alpha privative.

privatizzare (**privatizzo**) *v.t.* to privatize, to denationalize.

privatizzazione *f.* privatization, denationalization.

privato **I** *a.* **1** (*non pubblico*) private: *azienda privata* private concern; *scuola privata* (*Br*) public school, (*Am*) private school. **2** (*personale*) private, personal: *questione privata* personal matter. **II** *m.* **1** (*f.* -**a**) private citizen, private person, private individual. **2** (*settore*) private sector. □ *in ~* in private, privately; *incontrare qcu. in ~* to meet so. in private; *posso parlarti in ~?* may I speak to you in private?

privazione *f.* **1** privation, hardship, sacrifice: *imporsi molte privazioni* to make many sacrifices. **2** (*l'essere privato*) loss, privation, bereavement: *~ dei diritti civili* loss of civil rights.

privilegiare (**privilègio, privilègi**) *v.t.* **1** to favour, (*Am*) to favor. **2** (*preferire*) to prefer, to like (sth.) best, to grant a privilege to, to privilege.

privilegiato **I** *a.* **1** privileged, favoured, advantaged. **2** (*Comm*) preferential, preferred, privileged: *azionista ~* preference shareholder; *azioni privilegiate* preference share, preferred stock. **II** *m.* (*f.* -**a**) privileged person: *pochi privilegiati* the privileged few.

privilegio *m.* **1** privilege: *godere di un ~* to enjoy a privilege; *abolire un ~* to abolish a privilege. **2** (*prerogativa*) privilege, prerogative: *la caccia era ~ dei nobili* hunting was a prerogative of the noble class. **3** (*qualità, dote*) merit, quality: *questo articolo ha il ~ di essere chiaro* this article has the merit of being clear. **4** (*concr*) (*documento*) charter. **5** (*Dir*) right, lien: *~ del creditore* creditor's lien; (*Stor*) *~di battere moneta* right of minting coin. □ *privilegidel clero* benefit of clergy, privilege of clergy; (*Inform*) *privilegi di accesso* access privileges; *privilegi diplomatici* diplomatic privileges; (*Dir.can*) *~paolino* Pauline privilege; *~regio* diploma.

privo *a.* without (*di qcs.* sth.), lacking (*di qcs.* in sth., sth.), wanting (*di* in), -less, un-: *essere ~ di qcs.* to be lacking in sth., to lack sth., to be wanting in sth.; *una stanza priva di luce* a room without light; *un uomo ~ di carattere* a man lacking in character; *una giornata priva di sole* a sunless day; *~ di scrupoli* unscrupulous. □ (*Chim*) *~di azoto* nitrogen-free; *~di conoscenza* (*svenuto*) unconscious, in a faint; *~di dignità* undignified; *~di errore* errorless; *~di espressione* expressionless, blank; *~ di fondamento* groundless, without foundation, without substance; *~ di fondatezza* groundless, without foundation, without substance; *~di idee* lacking in ideas; *~di logica* illogical,

inconsistent; *~di mezzi* lacking in means, without means; *~di mordente* weak, lacking bite; *~di peli* hairless; *~di realtà* with no bearing on reality; *una persona priva di risorse* an unresourceful person; *~di sensi* (*svenuto*) senseless, unconscious; *cadde ~ di sensi* he fell down unconscious; *~di senso* meaningless; *~di significato* meaningless, senseless, without sense: *un'affermazione priva di senso* a nonsensical statement; *~di spirito* (*permaloso*) with no sense of humour; *~di tatto* tactless; *~di vita* lifeless.

pro [1] *prep.* (*in favore di*) for, pro, in favour of, on behalf of: *organizzazione ~ infanzia abbandonata* Organization for Abandoned Children. □ *~capite* per capita, per head; *reddito ~ capite* per capita income; *~forma* : **1** (*usato come aggettivo*) pro-forma, perfunctory: *fattura pro ~* pro-forma invoice; **2** (*usato come nome*) pro-forma, formality; **3** (*usato come avverbio*) as a matter of form, for form's sake, for appearances' sake, as a mere formality; *sei ~o contro ?* are you pro or against?, are you for or against?

pro [2] *m.inv.* pro, advantage, use, benefit, good: *ponderare i ~ e i contro* to weigh the pros and cons. □ (*colloq*)*a che ~?* what's the point?, what's the use of it?, what for?; *senza ~* (*inutilmente*) uselessly, to no end, to no advantage; *buon ~ti faccia !* much good may it do you!

pro [3] **I** *m./f.inv.* (*Sport*) professional, pro. **II** *a.inv.* (*Sport*) professional, pro.

proa *m.inv.* (*Mar*) proa.

probabile *a.* probable, likely: *è ~ che domani faccia bel tempo* the weather is likely to be good tomorrow; *una congettura ~* a likely supposition; *è ~ che io parta domani* I may leave tomorrow; *poco ~* unlikely, improbable.

probabilismo *m.* (*Filos,Teol*) probabilism.

probabilista *m./f.* (*Filos,Teol*) probabilist.

probabilistico (*pl.* -**ci**) *a.* (*Filos,Statist*) probabilistic.

probabilità *f.* **1** probability, likelihood: *negare la ~ di qcs.* to deny the likelihood of sth. **2** (*possibilità*) opportunity, chance: *ha scarse ~ di riuscita* he doesn't have much chance of succeeding; *c'è una ~ su dieci* there's one out of ten chance, there's one chance in ten, there's a one in ten chance. **3** (*Filos,Mat*) probability. □ *con molta ~* in all likelihood, in all probability.

probabilmente *avv.* probably, likely, possibly: *molto ~* very likely, in all likelihood, in all probability; *~ saranno già usciti* it's likely they have already gone out.

probante *a.* probative, probatory, evidential, convincing.

probativo *a.* probative, probatory.

probatorio *a.* (*Dir*) probative, probatory, evidential.

probiotico *m.spec.pl.* (*Biol,Alim*) probiotic.

probità *f.* integrity, uprightness, probity: *la ~ di un magistrato* the integrity of a judge.

problema *m.* **1** problem, trouble, worry: *problemi economici* economic problems; *avere dei problemi di salute* to have health problems; *dare dei problemi* to give trouble, to cause trouble; *essere un ~ per qcu.* to be a problem to so.; *affrontare un ~* to face a problem; *~ scottante* pressing problem; *~ serio* serious problem, weighty problem. **2** (*Mat*) problem: *risolvere un ~* to solve a problem. □ *non vedo dov'è il ~* I don't see what all the fuss is about;*non c'è ~* no problem; *un ~tecnico* a technical hitch.

problematica *f.* problems *pl.*, fundamental problems *pl.*; issues *pl.*: *la ~ del nostro tempo* the problems of our age.

problematicamente *avv.* problematically.

problematicità *f.* problematic nature, dubiousness, uncertainty.

problematico (*pl.* **-ci**) *a.* 1 problematic, problematical. 2 (*dubbio, incerto*) uncertain, questionable, doubtful, difficult, something of a problem (*posposto*): *un compito* ~ a work which is something of a problem.

problematizzare (**problematìzzo**) *v.t.* to problematize, to make a problem of.

problematizzazione *f.* problematization.

probo *a.* (*lett*) honest, upright, righteous.

Probo *n.pr.m.* (*Stor.rom*) Probus.

proboscidato *m.* (*Zool*) proboscidean, proboscidian.

proboscide *f.* 1 (*Zool*) proboscis, (*colloq*) trunk. 2 (*Entom*) proboscis. 3 (*fig,scherz*) proboscis, snout.

proboviro (*pl.* **probivìri**) *m.* (*Dir*) arbitrator: *collegio dei probiviri* board of arbitrators.

procaccia *m./f.inv.* (*ant*) 1 (*corriere*) messenger, courier. 2 (*postino*) postman.

procacciare (**procàccio, procàcci**) **I** *v.t.* to procure, to get, to provide: ~ *il pane alla propria famiglia* to provide bread for one's family, to earn bread for one's family. **II** *v.pron.* **procacciarsi** to get, to get hold of: *procacciarsi un impiego* to get a job. □ *procacciarsi da vivere* to earn a living, to make a living, to earn one's bread.

procacciatore *m.* (*f.* **-trice**) procurer, provider. □ ~ *d'affari* broker.

procace *a.* 1 (*provocante*) provocative, sexy: *una donna* ~ a provocative woman; *forme procaci* curvaceous curves, sexy figure. 2 (*sfrontato*) forward, impudent, (*colloq*) saucy.

procacemente *avv.* (*rar*) 1 (*in modo provocante*) provocatively. 2 (*sfrontatamente*) impudently.

procacità *f.* 1 (*l'essere seduttivo*) seductiveness. 2 (*insolenza*) insolence.

procaina *f.* (*Chim*) procaine.

procedere[1] (*pres.ind.* **procèdo**; *p.rem.* **procedètti**; *p.p.* **procedùto**; *aus.* **essere/avere**) *v.i.* 1 (*avanzare*) to proceed, to advance, to move along: ~ *lentamente* to proceed slowly. 2 (*seguire il proprio corso*) to proceed, to come along, to get on: *i lavori procedono bene* the work is coming along well; *tutto procede bene* everything is going well. 3 (*continuare*) to proceed, to continue, to go on: *nell'indagine* to proceed with one's enquiry; ~ *nella trattazione di un argomento* to continue discussing a subject; *prego, proceda pure* please go on. 4 (*agire, comportarsi*) to act, to behave: *non mi piace il suo modo di* ~ I don't like the way he behaves; *come volete* ~ *al riguardo?* how are you going to go about it?, how are you going to proceed? 5 (*dare inizio*) to proceed, to start: ~ *alla votazione* to proceed to the voting, to start voting, to vote, to put (sth.) to the vote. 6 (*Dir*) to proceed, to start proceedings, to take proceedings: ~ *contro i trasgressori* to take proceedings against offenders, to proceed against offenders. 7 (*lett*) (*derivare*) to proceed. □ ~ *a forte velocità* to speed ahead; (*fig*) ~ *a gonfie vele* to go well, to thrive, to go off without a hitch, to be prosperous, to be successful, to have the wind in one's sails; ~ *a grandi passi* to stride along; ~ *a passo d'uomo* to drive dead slow, to move along slowly, to move at walking pace; ~ *a piedi* to walk on; ~ *a tentoni* to feel around, to feel about; ~ *al fermo di qcu.* to take so. into custody, to arrest so.; ~ *all'esa-*

me di qcs. to examine sth.; ~ *barcollando* to go on swaying, to proceed swaying, to walk unsteadily; *come procede il tuo libro?* how's your book coming along?; ~ *con cautela*: 1 to feel one's way, to proceed carefully, to tread carefully; 2 (*fig*) to act cautiously; ~ *con ordine* to put first things first, to take one thing at a time; ~ *di buon passo* to walk at a quick pace, to stride along; ~ *di buona lena*: 1 to go at a good speed, to go at a good pace; 2 (*fig*) to go on steadily; ~ *di pari passo*: 1 to proceed at the same pace, to proceed at the same rate; 2 (*fig*) to go hand in hand; ~ *lungo un sentiero* to follow a path, to go along a path, (*a piedi*) to walk along a path; ~ *negli anni* to advance in years, to get older; ~ *negli studi* to carry on studying; ~ *nella lettura* to go on reading; *prima di* ~ *oltre* before going on any further; ~ *per gradi* to proceed by degrees, to take things step by step; (*Dir*) ~ *per vie legali* to start legal proceedings, to take legal action (against); *procedete!* carry on!; *tutto procede secondo i piani* everything is proceeding according to plan; ~ *senza intoppi* to run smoothly.

procedere[2] *m.* (*il passare*) process, passing. □ ~ *del tempo* in the course of time, with the passing of time, as time goes by.

procedibile *a.* (*Dir*) prosecutable.

procedimento *m.* 1 process, procedure, method: ~ *chimico* chemical process; *seguire un* ~ *complicato* to follow a complicated procedure. 2 (*Dir*) proceedings *pl.*: *promuovere un* ~ *contro qcu.* to start proceedings against so. 3 (*modo d'agire*) behaviour, way of doing things, way of going about things: *un* ~ *poco onesto* a rather dishonest way of doing things. 4 (*svolgimento*) course: *spiegare il* ~ *dei fatti* to explain the course of events. □ (*Dir*) ~ *di ingiunzione* injunction proceedings; ~ *di lavorazione* manufacturing process; (*Tip*) ~ *di stampa* printing process; (*Dir*) ~ *disciplinare* disciplinary procedure; (*Dir*) ~ *d'urgenza* emergency procedure; (*Dir*) ~ *fallimentare* bankruptcy proceedings *pl.*; (*Dir*) ~ *giudiziario* judicial proceedings; (*Dir*) ~ *in contumacia* proceeding in the absence of the accused; (*Dir*) ~ *legale* legal proceedings *pl.*; (*Dir*) ~ *penale* criminal proceedings *pl.*, prosecution; (*Dir*) ~ *sommario* summary proceedings *pl.*

procedura *f.* procedure, proceedings *pl.*, practice (*anche Dir*): *seguire la* ~ *normale* to follow the usual procedure, to follow common practice; *una* ~ *illegale* an illegal procedure. □ (*Dir*) ~ *civile* civil proceedings (*pl.*), civil procedure; (*Aer*) *procedure di atterraggio* landing procedures; (*Dir*) ~ *fallimentare* bankruptcy proceedings (*pl.*), bankruptcy procedure; (*Dir*) ~ *giudiziaria* legal proceedings (*pl.*); (*Dir*) ~ *legale* legal proceedings (*pl.*); (*Dir*) ~ *legislativa* legislative procedure; (*Dir*) ~ *penale* criminal proceedings (*pl.*).

procedurale *a.* (*Dir*) procedural, of procedure: *norme procedurali* procedural rules, rules of procedure.

procella *f.* (*lett*) storm, tempest.

procellaria *f.* (*Ornit*) storm petrel.

procelloso *a.* (*lett*) stormy, tempestuous.

processabile *a.* (*Dir*) indictable, liable to prosecution, triable.

processare[1] (**procèsso**) *v.t.* (*Dir*) to try, to put (so.) on trial: ~ *per alto tradimento* to try for high treason.

processare[2] (**procèsso**) *v.t.* (*Inform*) to process.

processionale *a.* (*Lit*) processional.

processionalmente *avv.* in procession, processionally.

processionaria *f.* (*Entom*) procession moth, processional moth. □ (*Entom*) ~ *del pino* pine procession moth; (*Entom*) ~ *della quercia* oak procession moth.

processione *f.* 1 (*Lit*) procession: *andare in* ~ to go in procession. 2 (*estens*) (*lunga fila*) long line, procession, train, column: *una* ~ *di dimostranti* a long line of demonstrators. □ (*Rel.catt*) ~ *del Corpus Domini* Corpus Christi procession.

processo *m.* 1 (*Dir*) suit, lawsuit, case, action (in law), proceedings *pl.*, trial: *aprire un* ~ to start a trial; *perdere un* ~ to lose a suit, to lose a case; *vincere un* ~ to win a case, to win a suit. 2 (*successione di fatti*) course, process: *il* ~ *storico* the course of history. 3 (*procedimento*) procedure, process, method: ~ *di fabbricazione* manufacturing process. 4 (*Med,Anat*) process: ~ *infiammatorio* inflammatory process; ~ *articolare* articular process. □ (*Statist*) ~ *a grappolo* cluster process, cluster point process; (*Biol*) ~ *aerobico* aerobic process; (*Biol*) ~ *anaerobico* anaerobic process; (*Met*) ~ *Bessemer* Bessemer process; ~ *chimico* chemical process; (*Dir*) ~ *civile* civil proceedings, civil lawsuit, civil action; (*Med*) ~ *degenerativo* degenerative process, degenerative course; (*Chim*) ~ *di assorbimento* absorption process; (*Dir.can*) ~ *di beatificazione* beatification process; (*Dir*) ~ *di cognizione* judicial enquiry; (*Nucl*) ~ *di disintegrazione* process of decay, process of disintegration; ~ *di fabbricazione* manufacturing process; (*Med*) ~ *di invecchiamento* ageing process; (*Stor*) ~ *di Norimberga* Nuremberg trials (*pl.*), Nuremberg trial proceedings (*pl.*); ~ *di pace* peace process; (*Ind*) ~ *di raffreddamento* cooling process; ~ *di stampa* printing process (*anche Inform*); ~ *di sviluppo* growth process; (*Psic*) ~ *dissociativo* dissociative process; ~ *evolutivo* evolutionary process; (*fig*) *fare il* ~ *a qcu.* to give so. the third-degree, to put so. through it; (*fig*) *fare il* ~ *alle intenzioni* to judge so. on mere intent; ~ *farsa* mock trial; (*Statist*) ~ *filtrato* percolation process; (*Dir*) ~ *indiziario* trial based on circumstantial evidence; (*Med*) ~ *infiammatorio* process of inflammation; (*Econ*) ~ *inflattivo* inflation process; (*Met*) ~ *Martin-Siemens* open-hearth process; ~ *mentale* mental process; (*Fisiol*) ~ *metabolico* metabolic process; (*Dir*) ~ *penale* criminal trial; (*Dir*) ~ *per omicidio* murder trial, murder case; (*Psic*) ~ *primario* primary process; (*Ind*) ~ *produttivo* productive process, manufacturing process, industrial process; ~ *psichico* psychic process; (*Statist*) ~ *puntuale* point processes (*pl.*); (*Psic*) ~ *secondario* secondary process; ~ *sommario* summary proceedings (*pl.*); *essere sotto* ~ to be on trial; (*Statist*) ~ *stocastico* stochastic process.

processore *m.* (*Inform*) processor, microprocessor. □ (*Inform*) ~ *di macro* macro process.

processuale *a.* (*Dir*) trial (*attr.*), of a trial: *atti processuali* judicial documents, records of a trial; *spese processuali* court costs, costs, legal costs.

processualmente *avv.* (*Dir*) in trial terms, from the point of view of the trial.

Proc.Gen. *procuratore generale* Att.Gen. (Attorney General).

prociclico *a.* (*Econ*) procyclical.

procinto □ *in* ~*di* about to, on the point of; *essere in* ~ *di fare qcs.* (*o trovarsi in* ~ *di fare qcs.*) to be about to do sth., to be on the point of doing sth.; *sono in ~ di partire* I am about to leave, I am just leaving.

procione m. (*Zool*) racoon, raccoon.

Procione n.pr.m. (*Astr*) Procyon.

proclama m. proclamation, manifesto: *~ al popolo italiano* proclamation to the Italian people.

proclamare (**proclàmo**) I v.t. 1 (*promulgare*) to proclaim: *~ la repubblica* to proclaim the republic. 2 (*dichiarare pubblicamente*) to proclaim, to declare: *~ qcu. innocente* to proclaim so. innocent. 3 (*annunciare*) to proclaim, to declare, to call: *~ uno sciopero* to call a strike. II v.pron. **proclamarsi** to proclaim oneself: *proclamarsi vincitore* to proclaim oneself winner.

proclamazione f. proclamation, declaration: *~ dei diritti dell'uomo* Declaration of the Rights of Man.

proclisi f. (*Gramm*) proclisis.

proclitico (*pl.* **-ci**) a. (*Gramm*) proclitic: *particelle proclitiche* proclitic particles.

proclive a. (*lett*) inclined, prone: *~ al male* prone to evil.

procombente a. (*Bot*) procumbent.

proconsolare a. (*Stor.rom*) proconsular.

proconsolato m. (*Stor.rom*) proconsulate, proconsulship.

proconsole m. (*Stor.rom*) proconsul.

procrastinabile a. postponable, deferrable.

procrastinare (**procràstino**) v.t. 1 to put off, to postpone, to defer: *~ un pagamento* to put off a payment. 2 (*assol.*) (*rimandare, rinviare*) to procrastinate, to dilly-dally, to dillydally, (*Br*) to shillyshally.

procrastinazione f. procrastination, (*Br*) shillyshally.

procreabile a. generable, that can be procreated (*posposto*).

procreare (**procrèo**) v.t. to procreate, to generate, to beget.

procreatica f. procreation.

procreatore m. procreator, generator.

procreazione f. procreation, generation.

proctologia f. (*Med*) proctology.

procura f. 1 (*Dir*) power of attorney, mandatory power, proxy: *conferire la ~ a qcu.* to grant so. power of attorney. 2 (*atto di procura*) power of attorney, letter of attorney: *firmare la ~* to sign over a power of attorney. 3 (*ufficio del procuratore*) attorney's office, public prosecutor's office. □ *Procuradella Repubblica* Public Prosecutor's office, (*US*) Prosecuting Attorney's office; *~generale* : 1 general power of attorney; 2 (*ufficio*) office of the director of Public Prosecution; *~ in bianco* unlimited power of attorney, blank power of attorney, (*Am*) blanket authority*per ~* by proxy; *agire per ~* to proxy.

procurare (**procùro**) I v.t. 1 (*dare*) to give, to afford: *la professione gli procura molte soddisfazioni* his profession affords him great satisfaction. 2 (*causare*) to cause, to bring about: *~ dolore* to cause pain. 3 (*fare in modo*) to make sure, to see to: *procurate che nessuno manchi* make sure that no one is missing, see to it that no one is missing. II v.pron. **procurarsi** 1 (*riuscire a ottenere*) to obtain, to get, to procure, to secure: *devo procurarmi i soldi per il viaggio* I have to get the money for the trip; *riuscire a procurarsi i biglietti per un concerto* to manage to get the tickets for a concert. 2 (*riportare accidentalmente*) to pick up, to receive: *procurarsi una ferita* to receive a wound. □ (*colloq*) *~delle grane a qcu.* to bring so. trouble, to get so. into trouble; *~la morte di qcu.* to cause so.'s death; *~un impiego a qcu.* to

get so. a job, to find so. a job.

procuratore m. (*f.* **-trice**) 1 (*Dir*) procurator. 2 (*Sport*) (*manager*) manager. 3 (*rar*) (*chi è munito di procura*) holder of a proxy, holder of a power of attorney, procurator, proxy, attorney. □ (*Dir*) *~capo della Repubblica* Chief Public Prosecutor, (*Am*) Chief District Attorney; (*Dir*) *~ della Repubblica* Public Prosecutor, (*Am*) District Attorney; (*Dir*) *~ distrettuale* public prosecutor; (*Dir*) *~generale* Attorney General; (*Dir*) *~legale* attorney-at-law, solicitor.

procuratorio a. procuratorial.

Procuste n.pr.m. (*Mitol*) Procrustes: *letto di ~* bed of Procrustes.

proda f. 1 (*lett*) (*riva*) bank, shore: *la barca urtò contro la ~* the boat struck the bank. 2 (*margine*) edge, brink: *la ~ di un fosso* the edge of a ditch.

prode I a. brave, valiant, bold. II m. brave person, valiant person, brave. □ *avanti, miei prodi!* forward, my hearties!

prodezza f. 1 (*coraggio*) bravery, valour, valiance. 2 (*atto di coraggio*) feat, exploit, deed: *le prodezze di Orlando* the exploits of Orlando. 3 (*iron*) (*bravata*) bravado, bluster: *bella ~!* a fine feat indeed!

prodiere m. (*Mar*) 1 (*marinaio*) fore-sheets man. 2 (*su barca a vela*) bowman.

prodiero a. (*Mar*) 1 (*di prua*) forward, bow (*attr.*), fore. 2 (*a proravia*) forward, leading, ahead (*posposto*).

prodigalità f. 1 prodigality, bounty. 2 (*spreg*) extravagance, lavishness, wastefulness: *non approvo la sua ~* I don't approve of his wastefulness.

prodigalmente , **prodigamente** avv. 1 prodigally. 2 (*spreg*) lavishly, extravagantly, wastefully.

prodigare (**pròdigo, pròdighi**) I v.t. 1 (*spendere senza misura*) to be prodigal, to spend freely. 2 (*spreg*) to spend extravagantly, to lavish: *~ grandi somme per gli altri* to spend extravagantly on other people. 3 (*fig*) (*dispensare largamente*) to lavish, to be lavish with: *~ consigli* to be lavish with one's advice. II v.pron. **prodigarsi** 1 (*profondersi*) to be lavish (*in* with), to bestow (*in qcs.* sth.): *prodigarsi in complimenti* to be lavish with one's compliments. 2 (*dedicarsi*) to do everything possible, to do everything in one's power, to do all one can, to do one's best: *il medico si prodiga per salvarlo* the doctor is doing all he can to save him, the doctor is doing everything in his power to save him.

prodigio I m. 1 prodigy, wonder, marvel: *i prodigi della tecnica* the prodigies of technology; *compiere prodigi* to work wonders. 2 (*fig*) prodigy, genius: *questo ragazzo è un ~* this boy is a genius; *è un ~ di erudizione* he is a prodigy of learning. II a.inv. (*posposto*) prodigy: *bambino ~* child prodigy.

prodigiosamente avv. wonderfully, prodigiously.

prodigiosità f. prodigiousness.

prodigioso a. wonderful, marvellous, prodigious.

prodigo (*pl.* **-ghi**) I a. 1 prodigal, generous. 2 (*spreg*) lavish, extravagant: (*Bibl*) *il figliol ~* the Prodigal Son. 3 (*fig*) lavish (*di* with), free (*di* with): *essere ~ di consigli* to be free with one's advice. II m. (*f.* **-a**) spendthrift, squanderer, prodigal.

proditoriamente avv. treacherously, traitorously.

proditorio a. treacherous, traitorous.

prodotto [1] m. 1 product: *prodotti agricoli* farm products, farm produce; *assortimento di prodotti* product mix. 2 (*fig*) (*risultato*) re-

sult, fruit, product: *è un ~ della sua fantasia* it's a product of his imagination. 3 (*Mat*) product. □ *prodottialimentari* food products; *prodottiartigianali* handicrafts, handicrafts; (*Mat*) *~cartesiano* cartesian product; *prodottichimici* chemicals, chemical products; (*Comm*) *~civetta* loss leader; *prodotti d'esportazione* exports, export articles, export goods; *~detergente* cleaning product; *prodottidi base* chief products, staple products, main products, primary products; *prodottidi bellezza* beauty products, cosmetics; *~ di distillazione* distillate; *~ di marca* brand-name product, branded product; *~di nicchia* niche product; *prodotti di qualità* quality products; *prodotti di scarto* waste products; *~dietetico* dietary product; *prodotti farmaceutici* pharmaceuticals, pharmaceutical products, drugs; *~ finito* end product, final product; *~ grezzo* raw produce; *~ in esclusiva* proprietary product; (*Econ*) *~interno lordo* gross domestic product; *prodottolavorati* finished goods; *~manufatto* handmade product; (*Econ*) *~nazionale lordo* gross national product; *petrolchimici* petrochemicals; *prodotti secondari* by-products; *prodottisemilavorati* semi-manufactured products; (*Mat*) *~topologico* topological product.

prodotto [2] → **produrre**.

prodromo m.spec.pl. 1 (*indizio*) prodrome, warning sign. 2 (*Med*) prodrome, premonitory symptom, early symptom: *i prodromi di una malattia* the early symptoms of an illness.

producente a. productive: *un atteggiamento non ~* non productive behaviour.

producibile a. producible.

producibilità f. productibility.

produco → **produrre**.

produrre (*pres.ind.* **prodùco, prodùci**; *p.rem.* **prodùssi**; *p.p.* **prodótto**) I v.t. 1 (*generare, creare*) to produce, to yield, to bear, to generate: *l'Asia ha prodotto grandi civiltà* Asia has produced great civilizations; *~ energia* to generate energy. 2 (*rif. a piante*) to produce: *quest'oleandro non produce fiori* this oleander doesn't produce flowers. 3 (*rif. ad animali*) to give birth to, to breed. 4 (*fabbricare*) to produce, to manufacture, to make: *la ditta produce televisori* the company manufactures television sets. 5 (*secernere*) to produce, to secrete: *alcune ghiandole producono ormoni* certain glands produce hormones. 6 (*causare*) to cause, to give rise to, to produce: *la guerra produce danni e sventure* war causes damage and misfortune. 7 (*burocr*) (*mostrare*) to produce, to exhibit, to show: *~ un documento* to exhibit a document. 8 (*Cin,TV*) to produce: *~ un serial televisivo* to produce a TV serial. 9 (*Dir*) (*presentare*) to produce, to show, to bring forward, to put forward: *~ prove a propria discolpa* to produce evidence of one's innocence, to show evidence of one's innocence. 10 (*creare: rif. ad opere d'arte*) to produce: *è uno scrittore che produce molto* he is a writer who produces a lot. 11 (*assol.*) (*essere fertile*) to be fertile, to produce, to be productive. II v.pron. **prodursi** 1 (*esibirsi*) to play, to act, to perform: *prodursi in uno spettacolo* to play in a show. 2 (*generarsi, avere luogo*) to develop, to happen, to come along. □ *~frutti* to bear fruit (*anche fig*); *~in eccesso* to overproduce; (*Ind*) *~in serie* to mass-produce; (*Dir*) *~testimoni* to bring forward witnesses; (*Dir*) *~un testimone* to produce a witness, to call a witness; *~ una ferita a qcu.* to wound so.; *prodursi una ferita* to hurt oneself, to do oneself an injury.

produssi → **produrre**.

produttivamente *avv.* productively.

produttivistico (*pl.* **-ci**) *a.* production (*attr.*), aimed at increasing production: *modello ~* production model.

produttività *f.* **1** productivity, productiveness. **2** (*Econ*) productivity: *migliorare la ~* to improve productivity. **3** (*fertilità*) fertility, productivity: *la ~ della terra* the productivity of the land, land productivity. **4** (*Ling*) productivity: *~ di un suffisso* suffix productivity. □ *~ del lavoro* labour productivity, (*Am*) labor productivity; *~ marginale* marginal productivity; *~ media* average productivity.

produttivo *a.* **1** productive, fruitful: *carriera produttiva* fruitful career. **2** (*fertile*) fertile, productive, fruitful: *terreni produttivi* fertile lands. **3** (*Ind*) productive; (*della produzione*) production (*attr.*), of production (*posposto*). **4** (*Econ*) (*che dà utili*) bearing, yielding: *spese produttive* productive expenses, profit-yielding expenses; *~ d'interesse* interest-bearing.

produttore I *m.* **1** (*f.* **-trice**) producer. **2** (*f.* **-trice**) (*fabbricante*) manufacturer, maker. **3** (*f.* **-trice**) (*Agr*) (*coltivatore*) grower, producer, farmer. **4** (*f.* **-trice**) (*Cin,TV*) producer. **5** (*f.* **-trice**) (*Comm*) (*rappresentante*) agent, salesman (*f.* saleswoman). **6** (*Zootecn,rar*) (*stallone*) studhorse, stallion. **II** *a.* **1** producing, producer (*attr.*): *paese ~* producing country, producer country. **2** (*che fabbrica*) manufacturing: *industrie produttrici* manufacturing industries. □ (*Cin,TV*) *~ associato* associated producer; *~ cinematografico* film producer, (*Am*) movie producer; *direttamente dal ~ al consumatore* straight from the producer to the consumer; (*Cin,TV,Mus*) *~ esecutivo* executive producer; (*Cin,TV*) *~ indipendente* independent producer, freelance producer, indi prod.

produzione *f.* **1** production (*anche Econ*): *aumentare la ~ del petrolio* to increase oil production. **2** (*fabbricazione*) manufacture, make: *articolo di ~ straniera* article of foreign make, foreign-made article. **3** (*Ind*) production, output, generation: *metodi di ~* production methods. **4** (*Agr*) production, yield: *la ~ annuale di caffè* the annual coffee yield. **5** (*risultato quantitativo di un'attività*) production, output: *~ annua di una fabbrica* annual output of a factory; *la ~ drammatica di un autore* a writer's theatrical output. **6** (*presentazione*) exhibition, production: *~ di documenti* exhibition of documents. **7** (*Cin,TV*) production; (*opera cinematografica*) film, (*colloq*) picture, (*colloq*) movie. □ (*Ind*) *~ a catena* line production, belt production; (*Agr*) *~ agricola*: **1** farm production, agricultural production; **2** (*prodotti*) agricultural produce; *~ cinematografica* film production; *~ di energia* power production; (*Ind*) *~ di massa* mass production; *~ di materie prime* production of raw materials; *di ~ estera* foreign-made (*attr.*); (*Ind*) *~ giornaliera* daily production, daily output; (*Ind*) *~ in serie* mass-production; (*Ind*) *~ industriale* industrial production, industrial output; (*Ind*) *~ integrata* integrated production; (*Ind*) *~ nazionale* domestic production, home production; (*Ind*) *~ oraria* output per hour; (*Ind*) *~ programmata* planned production; *~ propria* home production, own production; *di ~ propria* home-produced, own-produced, home-made, own-made; *~ teatrale* stage production.

proemio *m.* proem; (*introduzione*) intro-

duction; (*prefazione*) preface.

proenzima *m.* (*Chim*) proenzyme.

prof *m./f.inv.* (*Scol,colloq*) prof.

Prof. *professore* Prof. (professor).

profanamente *avv.* profanely.

profanare (*profàno*) *v.t.* **1** (*rif. a cose consacrate*) to desecrate, to profane, to violate: *~ un altare* to desecrate an altar. **2** (*estens*) (*contaminare*) to profane, to debase, to defile: *~ il ricordo di qcu.* to defile so.'s memory. □ *~ un nome* to debase a name.

profanatore I *m.* (*f.* **-trice**) desecrater, profaner, debaser, defiler. **II** *a.* desecrating, profanatory, defiling.

profanazione *f.* **1** desecration, violation, profanation: *la ~ di una chiesa* the desecration of a church. **2** (*estens*) (*contaminazione*) profanation, debasement, defilement.

profanità *f.* profanity.

profano I *a.* **1** (*non sacro*) secular, profane: *musica profana* secular music. **2** (*indegno di accostarsi a ciò che è sacro*) profane; (*empio*) profane, blasphemous. **3** (*non competente*) ignorant: *essere ~ in un'arte* to be ignorant of an art. **II** *m.* **1** (*f.* **-a**) (*incompetente*) poor judge, no judge, bad judge, layperson, layman, (*f.* laywoman): *sono un ~ in architettura* I'm a poor judge of architecture. **2** (*cosa non sacra*) profane: *il sacro e il ~* the sacred and the profane.

profase *f.* (*Biol*) prophase.

proferibile *a.* utterable, able to be uttered: *parole non proferibili* unutterable words.

proferire (*pres.ind.* **proferisco**, **proferisci**; *p.rem.* **proferii**; *p.p.* **proferito**) *v.t.* **1** to utter: *non ~ una sillaba* not to say a word, not to utter a word; *senza ~ parola* without uttering a word. **2** (*pronunciare in modo solenne*) to pronounce: *~ un giuramento* to pronounce an oath. **3** (*lett*) (*offrire*) to proffer, to offer.

professante *a.* professing, practising: *cattolico ~* practising Catholic.

professare (*professo*) **I** *v.t.* **1** to profess, to declare, to follow: *~ idee liberali* to profess liberal ideas; *~ una religione* to profess a religion. **2** (*esercitare*) to practise, to profess: *~ la medicina* to practise medicine. **II** *v.pron.* **professarsi** (*dichiararsi*) to declare oneself, to profess oneself, to claim: *professarsi innocente* to declare oneself innocent, to claim innocence. □ (*Rel*) *~ i voti* to take vows.

professionale *a.* **1** (*rif. alla professione*) professional: *segreto ~* professional secrecy; *etica ~* professional ethics (*costr.sing.*). **2** (*rif. ad aspetti tecnici della professione*) vocational, occupational: *scuola ~* vocational school. **3** (*connesso a una professione*) occupational: *malattie professionali* occupational diseases; *sbocco ~* professional prospect, occupational opportunity. **4** (*da professionista*) professional: *una macchina fotografica ~* a professional camera. □ *non ~* non-professional, amateur; *non è ~* it's not professional.

professionalizzante *a.* professional.

professionalizzare (*professionalizzo*) *v.t.* to professionalize, to make (sth.) professional.

professionalizzazione *f.* professionalization.

professionalmente *avv.* professionally.

professione *f.* **1** profession, occupation: *esercitare una ~* (o *fare una ~*) to practise a profession, to pursue a profession; *esercitare la ~ di medico* to practise medicine; *che ~ esercita tuo padre?* what is your father's occupation?; *scegliere una ~* to take up a profession, to choose a profession. **2** (*dichiara-*

zione di un sentimento) profession, statement: *~ di amicizia* profession of friendship. **3** (*Rel*) profession, taking of vows. □ *di ~* professional (*attr.*), professionally, by profession, by trade: *è scrittore di ~* (o *fa lo scrittore di ~*) he's a professional writer; (*iron*) *è un pettegolo di ~* he's a professional gossip; (*Rel*) *~ di fede* profession of faith; (*fig*) *fare ~ di fede democratica* to profess oneself a Democrat; *~ principale* primary occupation, main occupation; *professioni sanitarie* health professions.

professionismo *m.* professionalism (*anche Sport*).

professionista I *m./f.* **1** professional man (*f.* woman), professional, practicioner: *sono dei professionisti* they are professional people. **2** (*Sport*) professional, pro. **3** (*estens*) (*esperto*) professional, expert. **II** *a.* professional: *un attore ~* a professional actor. □ *~ della politica* professional politician.

professionistico *a.* professional.

professo I *a.* (*Rel.catt*) professed: *monaca professa* professed nun. **II** *m.* (*f.* **-a**) (*Rel.catt*) person who has taken religious vows.

professorale *a.* **1** professorial, of a professor. **2** (*spreg*) pedantic, professorial: *aria ~* pedantic air.

professorato *m.* **1** (*ufficio*) professorship, professorate. **2** (*estens*) (*durata*) professorate.

professore *m.* (*f.* **-essa**) **1** (*insegnante*) teacher, schoolteacher, schoolmaster (*f.* schoolmistress): *~ di ginnastica* gym teacher, gym instructor. **2** (*Univ*) professor, senior reader, senior lecturer, lecturer: *~ all'università di Roma* professor at Rome University. □ (*Univ*) *~ associato* (*Br*) lecturer, reader, (*Am*) associate professor; (*Scol*) *~ di disegno* art teacher; (*Scol*) *~ di ruolo* professor on the permanent staff, teacher on the permanent staff, tenured professor; *~ d'orchestra* orchestra player, member of an orchestra; *il professor Paolini*: **1** (*nella scuola secondaria*) Mr Paolini; **2** (*all'università*) Professor Paolini; *~ incaricato*: **1** (*Univ*) lecturer (with an annual appointment), (*Am*) assistant professor; **2** (*Scol*) teacher with an annual appointment; (*Univ*) *~ ordinario* (*Br*) professor, (*Am*) full professor; (*Univ*) *~ ricercatore* assistant professor; (*Scol*) *~ titolare* titular professor, regular professor.

professoressa *f.* **1** (*Scol*) (*insegnante*) teacher, schoolteacher, mistress, schoolmistress. **2** (*Univ*) professor. □ *la ~ Rossi*: **1** (*nella scuola secondaria*) Ms Rossi; **2** (*all'università*) Professor Rossi.

profeta *m.* prophet (*anche estens*). □ (*Bibl*) *i profeti dell'Antico Testamento* the prophets of the Old Testament; *~ di sventura* prophet of doom, prophet of woe. *Prov.*: *nessuno è ~ in patria* no man is a prophet in his own country.

profetare (*profèto*) *v.t.* **1** to prophesy. **2** (*estens*) (*predire*) to prophesy, to predict, to foretell.

profetessa *f.* prophetess.

profeticamente *avv.* prophetically.

profetico (*pl.* **-ci**) *a.* **1** prophetic, prophetical (*anche estens*): *scritture profetiche* prophetic scriptures; *virtù profetica* prophetic virtue. **2** (*premonitore*) predictive, premonitory, forewarning: *sogno ~* premonitory dream.

profetizzare (*profetizzo*) *v.t.* **1** to prophesy. **2** (*estens*) (*predire*) to predict, to foretell.

profezia *f.* **1** prophecy, prediction, foretelling. **2** (*Bibl*) prophecy: *dono di ~* gift of prophecy.

profferire (*pres.ind.* **profferìsco, profferì-sci**; *p.rem.* **profferìi/proffersi**; *p.p.* **profferto**) *v.t.* → proferire.

profferta *f.* (*lett*) offer, proffer.

proficuamente *avv.* profitably.

proficuo *a.* useful, worthwhile, profitable, fruitful: *un'attività proficua* a profitable activity.

profilare (**profilo**) I *v.t.* 1 to draw (sth.) in outline, to represent (sth.) in outline, to outline, to profile. 2 (*Sart*) to trim, to edge, to border, to pipe. 3 (*Tecn*) to profile. II *v.pron.* **profilarsi** 1 to stand out, to be outlined: *le montagne si profilavano all'orizzonte* the mountains stood out in the distance, the mountains stood out on the horizon. 2 (*fig*) (*essere imminente*) to be imminent, to be, to loom: *si profilava la minaccia di una guerra* the threat of war was imminent; *si profila qualche speranza* there is some hope.

profilassi *f.* (*Med*) prophylaxis, (*colloq*) preventive treatment.

profilato I *a.* 1 outlined. 2 (*Sart*) trimmed, edged, bordered, piped. 3 (*Tecn*) profiled. II *m.* (*Ind,Met*) section, section iron, section bar. □ (*Ind,Met*) *~a C* channel; (*Ind,Met*) *~a T* T bar, T beam, tee bar, tee beam; (*Ind,Met*) *~ a U* channel, channel iron; (*Ind,Met*) *~di acciaio* structural steel, steel section; (*Ind,Met*) *~leggero* light section; (*Ind,Met*) *~normale* standard section; (*Ind,Met*) *~speciale* shape.

profilatrice *f.* (*Mecc*) forming machine.

profilattico (*pl.* **-ci**) I *m.* (*preservativo*) condom, prophylactic. II *a.* (*Med*) prophylactic, preventive: *cura profilattica* preventive treatment.

profilatura *f.* 1 (*Sart*) trimming, edging, bordering, piping. 2 (*Tecn*) profiling, forming. □ (*Mecc*) *~al tornio* profile turning.

profilo *m.* 1 outline, profile. 2 (*contorno*) contour. 3 (*linea del volto*) profile: *un ~ regolare* a classic profile. 4 (*fig*) (*descrizione*) sketch, outline; (*biografia*) profile, biographical sketch. 5 (*fig*) (*punto di vista*) angle, point of view: *sotto il ~ di...* from the standpoint of..., regarding..., from the point of view of... 6 (*Tecn*) (*disegno*) profile, side elevation, side elevation view: *~ di una costruzione* profile of a building. 7 (*Sart*) trim, edge, border, piping. 8 (*Geom,Geol*) profile. □ (*Aer*) *~aerodinamico* airfoil profile; (*Aer*) *~alare* wing profile, wing contour, wing section; *~aziendale* company profile; *~del terreno* soil profile; *di ~* in profile: *fare una fotografia di ~* to take a photograph in profile; *essere di ~* to be turned sideways; (*fig*) *di alto ~* high-profile (*attr.*); *di basso ~* low-profile (*attr.*); *~greco* Grecian profile; *~ idraulico* hydraulic profile; *~professionale* career brief; *~ psicologico* psychological profile.

profit *a.inv.* profit.

profiterole /profite'rɔl/ (*pl.inv.*o **-s**) *m./f.* (*Dolc*) profiterole.

profittabilità *f.* (*Econ*) profitability.

profittare (**profitto**; *aus.* avere) *v.i.* 1 (*progredire*) to progress (*in* in), to make progress (*in* in): *~ nello studio* to make progress in one's studies. 2 (*rar*) (*trarre profitto*) to profit (*di* by), to benefit (*di* by, from), to put (sth.) to good use, to take advantage (*di* of), to avail oneself (*di* of): *~ di un consiglio* to put advice to good use, to profit by advice; *~ di un'occasione* to take advantage of an opportunity.

profittatore *m.* (*f.* **-trice**) exploiter, profiteer. □ *~di guerra* war profiteer.

profittevole *a.* (*lett*) profitable, (*colloq*) fruitful, useful.

profitto *m.* 1 (*vantaggio*) advantage, profit: *trarre ~ da qcs.* to take advantage of sth., to benefit of sth., to put (sth.) to good account. 2 (*giovamento*) benefit, good: *trarre qualche ~ da una cura* to get some good out of a treatment, to benefit by a treatment. 3 (*guadagno*) profit, gain, profits *pl.*, earnings *pl.*: *da quella vendita ha ricavato un gran ~* he made a good profit on that sale; *realizzare un ~* to make a profit. 4 *pl.* (*Econ*) (*reddito*) income (*costr.sing.*), revenue (*costr.sing.*): *accertare i profitti di un'azienda* to ascertain a company's income. □ *a ~di qcu.* (*a suo vantaggio*) to so.'s advantage; *studiare con ~* to study to advantage; *profitti di guerra* war profits; (*Econ*) *~lordo* gross profit;*mettere a ~ qcs.* to turn sth. to account, to turn sth. to profit: *mettere a ~ le proprie esperienze* to turn one's experience to account; (*Econ*) *~netto* net profit;*senza ~* to no avail, to no advantage.

profluvio *m.* 1 (*lett*) stream, discharge, copious discharge. 2 (*fig*) flood, stream: *un ~ di improperi* a stream of insults.

profondamente *avv.* 1 (*a fondo, intimamente*) profoundly, deeply: *~ commosso* deeply moved; *ti compiango* – I deeply sympathize with you; *dormire ~* to be sound asleep; *conoscere ~ qcu.* to know so. deeply, to know so. extremely well. 2 (*intensamente, estremamente*) extremely, highly, deeply, intensely: *essere ~ addolorato* to be extremely sorry; *essere ~ innamorato di qcu.* to be deeply in love with so.; *essere ~ infelice* to be bitterly unhappy, to be extremely unhappy.

profondere (*pres.ind.* **profóndo**; *p.rem.* **profùsi**; *p.p.* **profùso**) I *v.t.* 1 (*spendere liberamente*) to spend freely: *~ il proprio danaro* to spend one's money freely. 2 (*scialacquare*) to squander. 3 (*fig*) (*prodigare*) to lavish: *~ lodi* to lavish praise. II *v.pron.* **profondersi** to be profuse, to be lavish: *profondersi in scuse* to be profuse in one's apologies, to apologize profusely.

profondimetro *m.* (*Tecn,Sport*) depth gauge.

profondità *f.* 1 depth: *questo golfo ha cento metri di ~* this gulf is one hundred metres deep, this gulf has a depth of one hundred metres. 2 (*fondo*) depths *pl.*, bottom: *esplorare le ~ marine* to explore the sea depths, to explore the bottom of the sea. 3 (*fig*) (*rif. a sentimenti: intensità*) depth, intensity: *la ~ di un sentimento* the depth of a feeling. 4 (*fig*) (*la parte più intima*) depths *pl.*, innermost part, bottom: *le ~ del cuore umano* the depths of the human heart. □ (*Ott*) *~di campo* depth of field; (*Ott*) *~di fuoco* depth of focus; (*Mar*) *~d'immersione* draught;*in ~*: 1 deeply, into the depths: *scendere in ~* to descend into the depths, to go deep down; 2 (*fig*) deeply, profoundly, in detail: *esaminare qcs. in ~* to examine sth. deeply, to examine sth. in detail.

profondo I *a.* 1 deep: *una voragine profonda venti metri* a chasm twenty metres deep. 2 (*rif. a suoni: grave*) deep, low, hollow: *voce profonda* deep voice. 3 (*fig*) (*intenso*) deep, profound, sound, intense, deep-rooted, meaningful: *nutrire ~ amore per qcu.* to feel deep love for so.; *conoscenza profonda* profound knowledge; *dolore ~* intense pain; *una paura profonda* a deep-rooted fear. 4 (*fig*) (*completo*) deep, thorough: *un sapere ~* a deep knowledge, a thorough knowledge. 5 (*fig*) (*serio*) profound, serious: *una riflessione profonda* a profound observation, a serious observation. II *m.* 1 depth, depths *pl.*,

bottom. 2 (*fig*) depth, innermost part, bottom: *dal ~ dell'anima* from the depths of the soul, from the bottom of one's heart. 3 (*Psic*) (the) unconscious. III *avv.* (*rar*) deep, deeply. □ *dal ~del cuore* from the bottom of one's heart, whole-heartedly, from the bottom of one's heart;*nel ~* deep down; *nel ~ di* in the depths of; *nel ~ del cuore* in one's heart of hearts; *una profondascollatura* a low neckline; *il ~Sud* the deep South.

proforma I *a.* pro-forma, perfunctory: *fattura ~* pro-forma invoice. II *m.* pro-forma, formality. III *avv.* as a matter of form, for form's sake, for appearances' sake, as a mere formality.

profugo I *a.* refugee (*attr.*), displaced. II *m.* (*f.* **-a**; *pl.* **-ghi**) refugee. □ *~politico* political refugee.

profumare (**profùmo**) I *v.t.* to perfume, to scent: *~ la biancheria* to perfume the linen. II *v.i.* (*aus.* avere) to perfume, to smell sweet, to smell good, to be fragrant: *senti come profumano questi fiori* smell how fragrant these flowers are. III *v.pron.* **profumarsi** to put perfume on, to use scent: *si profuma di lavanda* she wears the scent of lavender, (*Br*) she uses lavender scent. □ *~di fiori* to smell of flowers; *~di pulito* to smell clean.

profumatamente *avv.* (*fig*) (*lautamente*) handsomely, lavishly: *pagare qcs. ~* to pay handsomely for sth., to pay a high price for sth., to pay sth. through the nose.

profumato *a.* 1 (*odoroso*) fragrant, sweet-smelling, sweet-scented: *un fiore molto ~* a very sweet-smelling flower, a very fragrant flower. 2 (*odorante di profumo*) perfumed, scented: *acqua profumata di rose* rose water. 3 (*fig*) (*lauto*) generous: *una ricompensa profumata* a generous reward. □ *non ~* fragrance-free, odourless.

profumazione *f.* 1 (*il profumare*) perfuming. 2 (*essenza*) fragrance, perfume, essence.

profumeria *f.* 1 (*industria, fabbrica*) perfumery. 2 (*negozio*) perfumery, perfume shop. 3 *pl.* (*assortimento di profumi*) perfumes, scents, perfumery (*costr.sing.*).

profumiera *f.* perfume bottle, scent bottle.

profumiere *m.* (*f.* **-a**) perfumer.

profumiero *a.* perfume (*attr.*), scent (*attr.*): *industria profumiera* perfume industry.

profumino *m.* lovely smell, delicious smell: *che ~!* what a lovely smell!, what a lovely scent!

profumo *m.* 1 (*esalazione odorosa*) sweet smell, fragrance, scent, perfume: *il ~ dei fiori* the fragrance of flowers; *emanare ~* to give off a sweet smell; *un ~ delicato* a delicate perfume. 2 (*essenza odorosa*) perfume, scent (*anche fig*): *una boccetta di ~* a bottle of perfume; *un ~ francese* a French perfume; *il ~ del potere* the scent of power; *~ d'oriente* oriental scent. □ *~fiorito* flora perfume; (*Cosmet*) *un ~fresco* a fresh fragrance; *~inebriante* heady perfume;*senza ~* odourless, scentless.

profusamente *avv.* 1 (*copiosamente*) profusely, copiously. 2 (*con prodigalità*) profusely, generousely. 3 (*fig*) (*estesamente*) widely, amply.

profusione *f.* 1 (*abbondanza*) profusion, copiousness, overabundance, flood: *una ~ di lacrime* a flood of tears. 2 (*fig*) (*prodigalità*) profusion, prodigality, (*spreg*) lavishness, squandering. □ *a ~* in profusion, in abundance, lavishly: *spendere a ~* to spend lavishly.

profuso → **profondere** *a.* profuse, copious, abundant.

progenie *f.* 1 (*lett*) (*stirpe*) stock, race, lineage: ~ *di eroi* race of heroes. 2 (*lett,spreg*) (*genìa*) tribe, crowd. 3 (*lett,scherz*) (*figli*) children *pl.*, offspring, decendants *pl.*, progeny. 4 (*Zool,Biol*) offspring, decendants *pl.*, progeny.

progenitore *m.* 1 (*f.* **-trice**) progenitor (*f.* -trix/-tress). 2 *pl.* (*antenati*) ancestors, forefathers, progenitors.

progesterone *m.* (*Biol*) progesterone.

progestina *f.* (*Farm*) progestin.

progestinico *a.* (*Biol*) progestational.

progettare (**progètto**) **I** *v.t.* 1 to plan: ~ *un viaggio* to plan a trip; *progetta di andarsene* he plans to go away, he makes plans to go away. 2 (*Tecn*) to plan, to project, to design: ~ *la costruzione di una diga* to project the construction of a dam. 3 (*assol.*) (*fare progetti*) to plan, to make plans.

progettazione *f.* design, designing, planning, projecting, styling: *in fase di* ~ in the planning stage, at the plannig stage. ☐ ~ *al calcolatore* computer-aided design; (*Inform*) ~ *bottom-up* bottom-up design; (*Arch*) ~*di interni* interior design; *progettazioni tecniche* engineering and design (*sing.*), technical design (*sing.*); (*Inform*) ~ *top-down* top-down design.

progettista *m./f.* 1 (*Edil*) designer, planner. 2 (*Ind*) design engineer, designer engineer; (*rif. a macchine*) engineer.

progettistica *f.* designing, design engeneering, planning, projecting.

progettistico (*pl.* **-ci**) *a.* design (*attr.*), planning.

progetto *m.* 1 (*intenzione*) plan, project, intention: *avere in* ~ *di fare qcs.* to have a plan to do sth.: *fare progetti per il futuro* to make plans for the future; *che progetti hai per le vacanze?* what are your plans for the holidays? 2 (*piano*) plan, project, scheme: *finanziare un* ~ to finance a project; *realizzare un* ~ to carry out a plan. 3 (*Tecn*) design, lay out, plan, blueprint: *il* ~ *di una casa* the plan of a house; *presentare un* ~ to present a project. ☐ ~*definitivo* definite project, final plan; (*Econ*) ~*di bilancio* project budget; ~*di legge* bill; ~ *di legge governativo* government bill; (*Edil*) ~*di massima* draft programme, draft program, preliminary project; ~*di ricerca* research project; ~*di riforma* reform bill; (*Edil*) ~*esecutivo* definite project, final plan, executive programme; (*Edit*) ~*grafico* layout; *essere in* ~ ~ to be planned, to be at a plannig stage, to be on the drawing board, to be on the drawing table; ~ *pilota* pilot project; ~*preliminare* project outline, preliminary project, draft project.

progettuale *a.* planning, project (*attr.*), relating to a project (*posposto*): *fase* ~ planning stage.

progettualità *f.* planning quality, ability to plan, planning feasibility.

proglottide *f.* (*Zool*) proglottid, proglottis.

prognatismo *m.* (*Anat,Med*) prognathism: ~ *facciale* facial prognathism.

prognato *a.* (*Anat,Med*) prognathous, prognathic.

prognosi *f.* 1 (*Med*) prognosis: *sciogliere una* ~ to take (so.) off the danger list, to take (so.) off the critical list. 2 (*fig*) prognosis, prediction: ~ *economica* economic prognosis. ☐ ~*benigna* favourable prognosis; ~ *infausta* unfavourable prognosis; (*Med*) ~*riservata* uncertain prognosis; *in* ~ *riservata* on the danger list, on the critical list.

prognosticare (**prognòstico, prognòstichi**) *v.t.* (*rar*) → **pronosticare**.

prognostico (*pl.* **-ci**) *a.* (*Med*) prognostic;

prognostical.

programma *m.* 1 plan, programme, (*Am*) program: *stabilire un* ~ to make a programme, to draw up a programme; *fare programmi per l'avvenire* to make plans for the future; *che programmi hai per domani?* what's your programme for tomorrow? 2 (*Pol,burocr*) (*piano*) plan, schedule: ~ *di aiuti* aid scheme. 3 (*opuscolo*) programme, (*Am*) program: ~ *di un concerto* concert programme. 4 (*TV,Cin,Rad*) broadcasting, programme, (*Am*) program: *cosa c'è in* ~? (*TV*) what's on TV?, (*Cin*) what's playing?, what's running?, what's showing?; ~ *televisivo* television programme, (*colloq*) TV show. 5 (*Teat*) programme, (*Am*) program: *cosa c'è in* ~? what's playing? 6 (*Scol,Univ*) syllabus, programme, (*Am*) program, program of study: ~ *didattico* syllabus, teaching syllabus, (*Am*) course outline. 7 (*Pol*) platform, programme, (*Am*) program: ~ *di riforma* reform platform. 8 (*Inform*) program. ☐ (*Pol*) ~ *alimentare mondiale* World Food Programme, (*Am*) World Food Program; (*Inform*) ~ *applicativo* application programme, (*Am*) application program; (*Inform*) ~*assemblatore* assembler; (*Inform*) ~*calendario* calendar programme, (*Am*) calendar program; (*Pol*) ~*d'azione* action program, (*Am*) platform; ~*dei lavori* conference programme, (*Am*) conference program; (*Univ*) ~ *d'esame* exam programme, syllabus, (*Am*) course outline; (*Sport*) ~ *di allenamento* training regimen, training programme, (*Am*) training program; (*Inform*) ~ *di apprendimento* tutorial; ~*di austerità* austerity plan; (*Inform*) ~ *di configurazione* set-up programme, (*Am*) set-up program; ~ *di emergenza* emergency programme, (*Am*) emergency program, emergency plan; (*Inform*) ~ *di filtro* filtering programme, (*Am*) filtering program; ~ *di governo* government programme, (*Am*) government program; (*Inform*) ~ *di impaginazione* page layout programme, (*Am*) page layout program; (*Inform*) ~*di installazione* installation programme, (*Am*) installation program; (*Inform*) ~*di lancio* bootstrap programme, (*Am*) bootstrap program; ~*di lavaggio* washing cycle, wash cycle; ~*di lavoro* work programme, (*Am*) work program; ~*di massima* draft programme, (*Am*) draft program; ~*di prova* test programme, (*Am*) test program; ~*di ricerca* research programme, (*Am*) research program; (*Inform*) ~ *di sistema* system programme, (*Am*) system program; (*Inform*) ~*di utilità* utility programme, (*Am*) utility program; (*Inform*) ~ *di verifica* test driver; (*Inform*) ~*di videoscrittura* word processor; (*Inform*) ~*diagnostico* diagnostics; ~*economico* economic plan, economic programme, (*Am*) economic program; (*Rad,TV*) ~*educativo per adulti* adult educational broadcasting; (*Pol*) ~ *elettorale* electoral platform, electoral programme, (*Am*) electoral program;*in* ~: 1 planned, programmed, scheduled: *iniziative in* ~ planned events; 2 (*Scol, Univ*) on the syllabus: *un argomento in* ~ a topic on the syllabus; *essere in* ~: 1 to be on the programme, (*Am*) to be on the program; 2 (*estens*) (*essere progettato*) to be planned; (*Inform*) ~*in background* background programme, (*Am*) background program; (*Rad, TV*) ~*in ripresa diretta* live broadcast, live programme, (*Am*) live program; (*Inform*) ~ *interattivo* interactive program; (*TV,Cin*) ~ *non stop* nonstop performance; ~*nucleare* nuclear programme, (*Am*) nuclear program; (*Inform*) ~*operativo* operating programme,

(*Am*) operating program; ~*pilota* pilot programme, (*Am*) pilot program; ~*politico* political platform, political programme, (*Am*) political program; (*Rad*) ~*radiofonico* radio programme, (*Am*) radio program; (*Astron*) ~ *spaziale* space programme, (*Am*) space program; ~ *sperimentale* experimental programme, (*Am*) experimental program; (*TV*) ~ *televisivo* TV show, TV programme, (*Am*) TV program; (*Inform*) ~*utente* user programme, (*Am*) user program.

programmabile *a.* programmable (*anche Inform*): *sistema* ~ programmable system.

programmare (**progràmmo**) *v.t.* 1 to plan, to schedule: ~ *un viaggio in Australia* to plan a voyage to Australia; *l'incontro è programmato per Venerdì* the meeting is scheduled for Friday. 2 (*Tecn,Elettron*) to set, to preset, to programme, (*Am*) to program: ~ *il videoregistratore* to set the video cassette recorder. 3 (*Econ*) to plan, to programme, (*Am*) to program. 4 (*Inform*) to program. 5 (*Cin*) (*proiettare*) to play, to show, to put on.

programmatico (*pl.* **-ci**) *a.* programmatic, of a programme, (*Am*) of a program: *documento* ~ programmatic document.

programmatore *m.* (*f.* **-trice**) 1 (*Econ*) planner. 2 (*Inform*) computer programmer, programmer, software engineer.

programmazione *f.* 1 planning, programming, (*Am*) scheduling. 2 (*Econ*) planning, programming. 3 (*Cin*) (*proiezione*) playing, showing, screening. 4 (*Rad,TV*) schedule, programming; (*scaletta*) timetable. 5 (*Teat*) run. 6 (*Tecn,Elettron*) programming, setting, presetting. 7 (*Inform*) programming, computer programming. ☐ (*Inform*) ~*automatica* automatic programming; (*Inform*) ~*bottom-up* bottom-up programming; (*Econ*) ~*di bilancio* budget planning; (*Scol,Univ*) ~*didattica* educational programming; (*Econ*) ~*economica* economic planning; (*Cin*)*in* ~ on; (*Inform*) ~*in parallelo* parallel programming; (*Inform,Mat*) ~*lineare* linear programming; (*Inform*) ~*modulare* modular programming; (*Inform*) ~*top-down* top-down programming.

programmista *m./f.* (*Rad,TV*) programme planner, (*Am*) program planner.

progredire (**progredìsco, progredìsci**; *aus.* **avere/essere**) *v.i.* 1 (*andare avanti*) to progress, to make progress, to proceed, to advance: *il lavoro progredisce bene* the work is progressing well, the work is making good progress. 2 (*fig*) (*migliorare*) to improve, to progress, to make progress.

progredito *a.* 1 (*perfezionato*) advanced: *una tecnica progredita* an advanced technique. 2 developed, civilized: *popoli meno progrediti* less developed peoples, less developed populations.

progressione *f.* (*Mat,Mus,Sport*) progression. ☐ (*Mat*) ~*aritmetica* arithmetic progression; (*Mus*) ~*armonica* harmonic progression; *in* ~*crescente* in ascending order; (*Econ*) ~*fiscale* tax rate progression, tax scale; (*Geom*) ~*geometrica* geometric progression.

progressismo *m.* progressivism.

progressista **I** *m./f.* progressive, progressivist, progressist, progressionist. **II** *a.* progressive: *idee progressiste* progressive ideas.

progressistico (*pl.* **-ci**) *a.* progressive.

progressivamente *avv.* progressively, gradually: *numerare* ~ to number progressively; *diminuire* ~ to diminish gradually.

progressività *f.* progressiveness. ☐ (*Econ*) ~*fiscale* progressive rate of taxation, tax progressiveness.

progressivo a. **1** progressive, gradual: *aumento ~* progressive increase; *in ordine ~ di difficoltà* in progressive order of difficulty. **2** (*Gramm,Fon*) progressive, continuous: *presente ~* present progressive, present continuous; *assimilazione progressiva* progressive assimilation. **3** (*Econ,Dir*) progressive: *imposta progressiva* progressive tax rate. **4** (*Mus*) progressive: *musica progressiva* progressive music.

progresso m. **1** (*il progredire*) progress, advance, growth, development, spread: *il ~ dei lavori di restauro* the progress in the restoration work; *il ~ della malattia* the spread of the disease. **2** (*miglioramento*) progress, improvement, advance: *il ~ della tecnica* the progress of technology; *i progressi della medicina* advances in medicine. □ *fare progressi* to make progress, to improve, to get ahead; *fare pochi progressi* to make little progress; *~scientifico* scientific progress; *~ tecnologico* technological progress, technological advance.

proibire (**proibisco, proibisci**) v.t. to forbid, to prohibit, to ban: *le autorità hanno proibito la manifestazione* the authorities prohibited the demonstration; *ti proibisco di farlo* I forbid you to do it; *è proibito fumare* it's forbidden to smoke, smoking is prohibited.

proibitivo a. prohibitive, prohibitory: *prezzi proibitivi* prohibitive prices; *decreto ~* prohibitory decree.

proibito I a. **1** forbidden, prohibited, banned: *il frutto ~* the forbidden fruit. **2** (*illegale*) illegal, banned, forbidden: *armi proibite* illegal arms. II m. (*cose proibite*) (the) forbidden. □ *~ dalla legge* prohibited by law, forbidden by law; *~fumare* no smoking; *~l'ingresso* no admittance, no entry.

proibizione f. forbiddance, prohibition, ban.

proibizionismo m. (*Stor.am*) prohibition.

proibizionista I m./f. prohibitionist. II a. prohibitionist (*attr.*).

proibizionistico a. prohibitionist (*attr.*).

proiettare (**proietto**) I v.t. **1** to cast, to throw, to project: *~ la propria ombra su qcs.* to cast one's shadow onto sth.; *gli alberi proiettavano lunghe ombre sull'erba* the trees threw (o cast) long shadows on the grass. **2** (*scagliare*) to hurl, to fling, to throw. **3** (*gettare fuori*) to eject, to throw out: *fu proiettato dalla cabina* he was ejected from the cabin, he was thrown out of the cabin. **4** (*rif. a film amatoriali e diapositive*) to project: *~ delle diapositive* to project slides. **5** (*Cin*) to screen, to show, to project: *~ una pellicola* (o *~ un film*) to screen a film, to show a film. **6** (*Geom,Psic*) to project. II v.pron. **proiettarsi 1** (*gettarsi*) to jump, to throw oneself: *proiettarsi fuori da una cabina* to jump out of a cabin. **2** (*fig*) to throw oneself, to project oneself: *proiettarsi nel futuro* to project oneself into the future. **3** (*fig*) (*andare a cadere*) to sweep, to be projected, to be cast.

proiettificio m. (*Arm*) bullet factory, ammunition factory.

proiettile m. (*Arm*) **1** (*pallottola*) bullet, shot, ball, pellet. **2** (*di arma*) shell, projectile. **3** (*oggetto scagliato*) projectile, missile. □ (*Arm*) *~ di fucile* rifle bullet; (*Arm*) *~ dumdum* dumdum bullet; (*Arm*) *~esplosivo* explosive bullet; *~ illuminante* star shell; (*Arm*) *~incendiario* incendiary shell; (*Arm*) *~inesploso* dud bullet; (*Arm*) *~perforante* armour-piercing bullet; (*Arm*) *~ radioco-*

mandato guided missile; *~ tracciante* tracer, tracer bullet, tracer shell; (*Arm*) *~vagante* stray bullet.

proiettività f. (*Geom*) projectivity.

proiettivo a. projective (*anche Geom,Psic*).

proietto m. **1** (*Mil*) projectile, missile. **2** (*Geol*) ejected matter, ejecta pl. □ (*Geol*) *proietti vulcanici* volcanic ejecta.

proiettore m. **1** (*Fot,Cin*) projector. **2** (*Mil*) (*riflettore*) searchlight, projector, floodlight. **3** (*Aut*) headlamp, headlight. □ (*Mil*) *~ a infrarossi* infrared searchlight; (*Cin*) *~ cinematografico* motion-picture projector, (*Am*) movie projector; (*Fot*) *~per diapositive* slide projector; *~ per lucidi* overhead projector; (*Teat*) *~per palcoscenico* spotlight; *~ sonoro* sound projector.

proiezione f. **1** casting, throwing, projecting: *la ~ dell'ombra terrestre* the casting of the earth's shadow. **2** (*Cin*) projection: *cabina di ~* projection room. **3** (*Cin*) (*visione*) showing, screening. **4** (*Geom,Psic,Statist*) projection. □ *~ cartografica* projection; *~cilindrica* cylindrical projection; *~cinematografica* movie projection, cinema projection, film show, film showing, screening; (*Geom*) *~ conica* conical projection; *~ dell'immagine* projection of the image; (*Statist*) *~demografica* demographic projection; *~di diapositive* slide projection, showing of slides; *~di un film*: 1 (*azione*) screening of a film, showing of a film; 2 (*spettacolo*) film-show; (*Econ*) *~economica* economic projection; *proiezioni elettorali* electoral projections, election projections; *~ equivalente* (*in cartografia*) equal-area projection; (*Geom*) *~ortogonale* orthogonal projection; (*Geom*) *~prospettica* perspective projection.

proiezionista m./f. (*Cin*) film operator, movie operator, (*Am*) projectionist.

prolabio m. (*Anat*) prolabium.

prolammina f. (*Chim*) prolamine, prolamin.

prolassare (**prolàsso**; *aus* **essere**) v.i. (*Med*) to prolapse.

prolasso m. (*Med*) prolapse, prolapsus. □ (*Med*) *~uterino* uterine prolapse.

prolattina f. (*Biol*) prolactin.

prole f. children pl., offspring, issue: *è sposato con ~* he is married and has children; *una numerosa ~* a large family. **2** (*estens*) (*stirpe*) stock, race. □ (*Dir*) *~illegittima* illegitimate offspring, illegitimate children pl.; (*Dir*) *~legittima* legitimate offspring, legitimate children pl.; *senza ~* childless.

prolegato m. (*Stor.rom,Rel*) prolegate, deputy legate.

prolegomeni m.pl. (*Lett*) prolegomena.

prolessi f. (*Gramm,Filos,Ret*) prolepsis, (*colloq*) anticipation.

proletariato m. **1** (*classe sociale*) proletariat, working class: *~ industriale* industrial proletariat. **2** (*condizione*) proletarianism.

proletario I a. proletarian, working class (*attr.*). II m. (f. **-a**) proletarian, worker.

proletarizzare (**proletarìzzo**) I v.t. to proletarianize. II v.pron. **proletarizzarsi** to become proletarianized.

proletarizzazione f. proletarization.

proletticamente avv. proleptically, in a proleptical manner.

prolettico (*pl.* **-ci**) a. proleptic, proleptical, anticipatory.

proliferare (**prolìfero**; *aus.* **avere**) v.i. **1** (*Biol*) to proliferate, to flourish. **2** (*fig*) to proliferate, to spread.

proliferazione f. **1** (*Biol*) proliferation: *~ delle armi nucleari* proliferation of nuclear weapons. **2** (*fig*) proliferation, spread. □

(*Biol*) *~ di alghe* algal bloom, water bloom; (*Pol,Mil*) *non ~* non proliferation: *trattato di non ~* non proliferation treaty.

prolifero a. (*Biol*) proliferous.

prolificare (**prolìfico, prolìfichi**; *aus.* **avere**) v.i. **1** (*generare*) to beget, to procreate, to prolificate. **2** (*Biol*) to proliferate. **3** (*fig*) to proliferate, to spread.

prolificazione f. begetting, procreation, prolification. **2** (*Bot*) prolification. **3** (*fig*) proliferation, spread.

prolificità f. **1** prolificacy, fecundity, fertility. **2** (*fig*) fruitfulness, fertility.

prolifico (*pl.* **-ci**) a. **1** prolific. **2** (*fig*) prolific, fertile, fecund.

prolina f. (*Chim*) proline.

prolissamente avv. prolixly.

prolissità f. prolixity, prolixness, long-windedness.

prolisso a. prolix, long-winded, wordy, verbose.

proloco f.inv. local tourist board, local tourist office.

prologo (*pl.* **-ghi**) m. **1** (*Lett,Mus*) prologue. **2** (*fig*) prologue, beginning, prelude. **3** (*Sport*) (*nel ciclismo*) prologue.

prolunga f. **1** extension; (*di tavolo*) leaf. **2** (*El*) extension cable, lead.

prolungabile a. **1** prolongable. **2** (*estensibile*) extensible.

prolungabilità f. extensibility.

prolungamento m. **1** prolongation, extension: *il ~ della linea ferroviaria* the extension of the railway. **2** (*seguito*) continuation. **3** (*nel tempo*) lengthening: *~ della stagione* lengthening of the season; *~ dell'orario lavorativo* lengthening of working hours, longer working hours. **4** (*prolunga*) extension: *il ~ di un cavo* an extension cable.

prolungare (**prolùngo, prolùnghi**) I v.t. **1** (*rif. a spazio*) to lengthen, to make (sth.) longer, to prolong. **2** (*estendere*) to extend: *~ una linea* to make a line longer, to elongate a line. **3** (*rif. a tempo*) to prolong, to protract, to extend, to lengthen: *~ una seduta* to prolong a meeting; *~ l'orario di apertura* to extend the opening hours. II v.pron. **prolungarsi 1** (*rif. a spazio*) to extend, to stretch, to continue: *il prato si prolunga fino al lago* the meadow extends to the lake. **2** (*rif. a tempo*) to grow longer, to go on, to continue; (*protrarsi*) to be prolonged, to be extended, to be protracted: *la sua permanenza si è prolungata di cinque giorni* his stay has been extended by five days. **3** (*fig,rar*) (*dilungarsi*) to dwell (at length), to linger, to delay, to be drawn out.

prolungato a. **1** (*lungo*) prolonged, extended, long: (*Scol*) *tempo ~* extended timetable, extended session. **2** (*sostenuto*) prolonged, sustained: *uno sforzo ~* a sustained effort. **3** (*eccessivamente lungo*) lingering, long.

prolusione f. **1** (*discorso introduttivo*) introductory speech, opening speech. **2** (*Univ*) inaugural lecture.

promemoria m.inv. **1** memorandum, reminder, (*colloq*) memo. **2** (*di bancomat*) receipt.

promessa[1] f. **1** promise: *fare una ~* to make a promise; *mantenere una ~* to keep a promise; *adempiere una ~* to keep a promise; *venire meno a una ~* to break one's word; *mancare a una ~* to break a promise. **2** (*promessa solenne*) vow, pledge. **3** (*fig*) (*artista con buone prospettive*) promise, hope, white hope: *una ~ del teatro* an actor of promise, a promising actor. □ *~da marinaio* (o *~di marinaio*) unfulfilled promise, sailor's promise; ~*di matrimonio* promise of marriage; (*Comm*) ~*di vendita* agreement to sell, agreement of sale; ~ *mancata* breach of promise, unfulfilled promise. *Prov.: ogni ~ è debito* promise is debt.

promessa [2] *f.* (*futura sposa*) wife to be, bride to be, fiancée.

promesso → **promettere** I *a.* promised. II *m.* (*f.* **-a**) (*fidanzato*) fiancé (*f.* fiancée), husband to be, groom to be. □ (*lett*) *la promessasposa* the fiancée, the betrothed; (*Lett*) *I promessisposi* The Betrothed; (*lett*) *il ~sposo* the fiancé, the betrothed.

prometeico (*pl.* **-ci**) *a.* (*lett*) Promethean.

prometeo *m.* (*Chim*) promethium.

Prometeo *n.pr.m.* (*Mitol*) Prometheus.

promettente *a.* 1 promising, bright: *un futuro ~* a promising future, a bright future; *poco ~* not very promising, unpromising. 2 (*di persona*) promising, up-and-coming: *uno scrittore ~* a promising writer, an up-and-coming writer.

promettere (*pres.ind.* **prométto**; *p.rem.* **promìsi**; *p.p.* **promésso**) I *v.t.* 1 to promise: *non ti posso ~ nulla* I can't promise you anything; *ti prometto che tornerò presto* I promise you I'll come back early; *te lo prometto* I promise. 2 (*minacciare*) to threaten, to promise: *mi ha promesso un sacco di botte* he threatened to give me a good hiding, (*Am*) he threatened to give me a good spanking. 3 (*fig*) (*preannunciare*) to look like, to seem like, to promise, to give hope of: *il tempo promette pioggia* it looks like rain; *i campi promettono un ottimo raccolto* the fields promise an excellent harvest. 4 (*assol.*) (*impegnarsi per una promessa fatta*) to promise, to make a promise. 5 (*assol.*) (*fig*) (*far sperare*) to be promising, to look promising, to promise. II *v.pron.* **promettersi** (*fidanzarsi*) to become engaged (*a* to, with), to get engaged (*a* to, with). □ *quel ragazzo promettebene* he's a promising guy, that guy has great potential; *l'affare promette bene* the deal looks promising; (*ant*) ~ *una ragazzain moglie* to promise a girl in marriage; (*fig*) ~*la luna* to promise the moon; (*fig*) ~ *mari e monti* to promise the earth, to promise the moon, to promise the world.

promezio *m.* (*Chim*) promethium.

prominente *a.* 1 prominent, protruding, jutting, bulging: *naso ~* prominent nose; *zigomi prominenti* prominent cheekbones; *pancia ~* bulging paunch, large belly. 2 (*rar*) (*eminente*) prominent, eminent.

prominenza *f.* 1 (*Anat*) prominence. 2 (*sporgenza*) prominence, projection, protuberance. 3 (*del terreno*) rise.

promiscuamente *avv.* promiscuously, indiscriminately.

promiscuità *f.* 1 promiscuity, promiscuousness, hotchpotch, (*Am*) hodgepodge: ~ *di razze* a melting pot of races. 2 (*sessuale*) promiscuity, promiscuousness, sleeping around. □ ~*sessuale* (*in antropologia*) sexual promiscuity.

promiscuo *a.* 1 heterogeneous, promiscuous, mixed: *società promiscua* heterogeneous society. 2 (*Scol*) coeducational: *classe promiscua* coeducational class, mixed class. 3 (*sessualmente*) promiscuous, loose, sluttish, wanton. 4 (*Gramm*) epicene.

promissario *m.* (*Dir*) promisee.

promissorio *a.* (*Dir*) promissory.

promittente *m./f.* (*Dir*) promisor.

promontorio *m.* 1 (*Geog*) promontory, headland, cape, foreland. 2 (*Anat*) promontory.

promosso → **promuovere** I *a.* (*Scol,Univ*) successful, having passed, having been passed (*posposto*), (*Am*) promoted. II *m.* (*f.* **-a**) (*Scol,Univ*) successful candidate, successful student, student who has (been) passed: *l'elenco dei promossi* the list of succesful candidates. □ (*Scol*) ~*con debito* promotion (to the subsequent grade) of student who has not passed the requirements for the current one.

promoter *m./f.inv.* 1 (*Comm*) promoter. 2 (*agente, organizzatore*) agent, manager.

promotore I *m.* (*f.* **-trice**) promoter, patron, organizer, sponsor: *il ~ della manifestazione* the organizer of the demonstration. II *a.* 1 (*che dà impulso*) promoting, patronizing: *società promotrice delle belle arti* society for the promotion of fine arts. 2 (*organizzatore*) promoting, organizing: *comitato ~* organizing committee. □ (*Dir.can*) ~*della fede* promoter of the faith; *farsi ~di qcs.* to further sth., to promote sth.; (*Econ*) ~*finanziario* financial promoter.

promozionale *a.* (*Comm*) promotional, promotion (*attr.*): *vendita ~* sales promotion; *campagna ~* promotion campaign, promotional campaign.

promozione *f.* 1 (*Scol*) passing up, (*Am*) promotion; (*superamento di un esame*) passing: *ottenere la ~* to pass, to pass up, (*Am*) to be promoted. 2 (*burocr*) promotion, advancement: *ottenere una ~* to gain a promotion, to win a promotion, to get a promotion, to be promoted. 3 (*Comm*) promotion, bargain offer, special offer: *al supermercato ci sono delle buone promozioni* there are good special offers at the supermarket. 4 (*negli scacchi*) promotion. □ (*Econ*) ~*del risparmio* savings incentive; (*Comm*) ~*delle vendite* sales promotion; (*Sport*) ~*in serie A* promotion to the first division; (*burocr*) ~*per anzianità* promotion by seniority; (*burocr*) ~ *per merito* promotion by merit.

promulgare (*promùlgo, promùlghi*) *v.t.* 1 (*Dir*) to promulgate, to issue, to enact: ~ *una legge* to promulgate a law, to issue a law. 2 (*estens*) (*proclamare*) to proclaim, to announce, to spread: ~ *un dogma* to proclaim a dogma; ~ *una teoria* to spread a theory.

promulgatore I *m.* (*f.* **-trice**) promulgator. II *a.* promulgating.

promulgazione *f.* 1 promulgation, official publication, enactment. 2 (*estens*) (*divulgazione*) promulgation, proclamation, announcement.

promuovere (*pres.ind.* **promuòvo**; *p.rem.* **promòssi**; *p.p.* **promòsso**) *v.t.* 1 (*dare impulso*) to foster, to further, to promote, to encourage, to sponsor: ~ *l'agricoltura* to promote agriculture. 2 (*Scol,Univ*) to pass, (*Am*) to promote; (*in un esame*) to pass: *è stato promosso in terza elementare* he was passed to the third grade, (*Am*) he was promoted to the third grade; ~ *un alunno* to pass a pupil. 3 (*burocr*) to promote, to raise to the rank of, to advance, to upgrade: *è stato promosso maggiore* he was promoted major, he was promoted to the rank of major. 4 (*Comm*) to promote, to publicize, to advertise: ~ *un prodotto* to promote a product. 5 (*Sport*) to promote: ~ *in serie A* to promote in the first division. 6 (*Dir*) to start, to bring, to lodge. □ ~*una rivolta* to stir up a revolt; (*Dir*) ~ *un'azione legale* to start legal proceedings.

pronao *m.* (*Arch*) pronaos.

pronatore *m.* (*Anat*) pronator, pronator muscle.

pronazione *f.* (*Anat*) pronation.

pronipote *m./f.* 1 (*rif. a bisnonno*) great-grandchild; (*maschio*) great-grand-

son; (*femmina*) great-granddaughter. 2 (*rif. a prozio: maschio*) grand-nephew, great-nephew; (*femmina*) grand-niece, great-niece. 3 *pl.* descendants.

prono *a.* 1 prone, face down, on one's stomach: *dormire ~* to sleep face down. 2 (*fig*) inclined (*a* to), prone (*a* to).

pronome *m.* (*Gramm*) pronoun. □ (*Gramm*) ~*complemento* object pronoun; (*Gramm*) ~*dimostrativo* demonstrative pronoun; (*Gramm*) ~*indefinito* indefinite pronoun; (*Gramm*) ~*interrogativo* interrogative pronoun; (*Gramm*) ~*personale* personal pronoun; (*Gramm*) ~*possessivo* possessive pronoun; (*Gramm*) ~*relativo* relative pronoun.

pronominale *a.* (*Gramm*) pronominal.

pronominalmente *avv.* (*Gramm*) pronominally.

pronosticare (*pronòstico, pronòstichi*) *v.t.* 1 to foretell, to predict, to prognosticate. 2 (*fare prevedere*) to presage, to foreshow, to prognosticate, to herald, to forebode.

pronostico (*pl.* **-ci**) *m.* forecast, prediction, prevision: *fare pronostici sull'andamento degli esami* to make a prediction as to the examination results; *azzardare un ~* to hazard a forecast.

prontamente *avv.* 1 (*senza indugio*) promptly, readily, at the right time. 2 (*con sveltezza*) quickly, readily, easily.

prontezza *f.* readiness, quickness, promptness. □ *rispondereсon ~* to answer quickly, to answer promptly; ~*di parola* promptness of speech; ~*di riflessi* quickness of reflex; ~*di spirito* presence of mind, quickness of wit, readiness of wit; ~*d'ingegno* quick-wittedness, readiness of mind, quickness of mind.

pronto I *a.* 1 ready: *il pranzo è ~* lunch is ready, dinner is ready; *sei ~ per uscire?* are you ready to go out?; *sarò pronta in cinque minuti* I'll be ready in five minutes; *tenersi ~* to keep ready; *avere sempre la risposta pronta* to never be short of an answer, to always have a prompt answer, to be quick on the draw. 2 (*disposto*) ready, quick: *essere ~ a tutto* to be ready for anything; *essere ~ a fare qcs.* to be ready to do sth. 3 (*incline*) inclined, disposed, willing: *sarei ~ a scommettere che...* I'd be willing to bet that... 4 (*vivace*) lively, quick, quick-witted, alert: *intelligenza pronta* lively intelligence, ready wit. 5 (*rif. a denaro: in contanti*) ready, cash (*attr.*), in cash. II (*Tel*) hello: ~, *chi parla?* hello, who's speaking? □ *a pronti*: 1 (*Comm*) (*in contanti*) cash, for cash: *pagamento a pronti* cash payment, payment in cash; 2 (*Econ*) spot: *mercato a pronti* spot market; *avere ~* (*a disposizione*) to have on hand, to have available; (*Comm*) *prontacassa* ready cash; *a pronta cassa* cash down, (*colloq*) cash on the nail: *pagamento a pronta cassa* cash payment; *auguri di prontaguarigione* wishes for a speedy recovery; ~*intervento*: 1 emergency service; 2 (*di polizia*) flying squad; *pronti, partenza , via !* ready, get set, go!; *pronti, steady, go!*; (*Aer*) ~*per il decollo* ready for take-off; ~*per la consegna* ready for delivery; ~*per la partenza*: 1 about to leave, ready to leave; 2 (*Sport*) ready to start; 3 (*Aer*) ready to take off; 4 (*Mar*) ready to sail; ~*per l'uso* ready to use, ready for use; ~*soccorso*: 1 first-aid: *cassetta di ~ soccorso* first-aid kit; 2 (*negli ospedali*) casualty ward, emergency ward; (*ambulatorio*) emergency room.

prontuario *m.* 1 handbook, reference book, manual: ~ *del giardiniere* gardener's manual. 2 (*Farm*) formulary. □ (*Farm*) ~*tera-*

peutico official drug list.

pronuba *f.* (*Stor.rom*) pronuba.

pronubo *m.* **1** (*fig,poet*) (*paraninfo*) matchmaker, paranymph. **2** (*Bot*) pollinator.

pronuncia *f.* **1** pronunciation: *la ~ tedesca* German pronunciation; *dalla ~ si capisce che è napoletano* you can tell he's Neapolitan from his pronunciation. **2** (*Dir*) (*decisione*) judgement, pronouncement. □ *~ aperta* open pronunciation; *~chiusa* closed pronunciation; (*Dir*) *~della sentenza* delivery of judgement, passing of the sentence; *~ larga* broad pronunciation; *~scorretta* mispronunciation.

pronunciabile *a.* pronounceable, utterable.

pronunciamento /pronunsja'mjento/ *m.inv.* (*Pol*) **1** pronunciamento. **2** (*colpo di stato*) military coup.

pronunciare (**pronùncio, pronùnci**) I *v.t.* **1** to pronounce: *~ un suono* to pronounce a sound. **2** (*proferire*) to utter, to say: *non ha pronunciato una parola per tutto il giorno* he didn't say a word all day long, he didn't utter a word all day long. **3** (*dire pubblicamente*) to pronounce, to deliver: *~ un discorso* to deliver a speech. **4** (*Dir*) to pronounce: *~ una sentenza* to pronounce sentence, to pass sentence. II *v.pron.* **pronunciarsi 1** to pronounce one's opinion, to declare one's opinion, to speak one's mind: *non si è ancora pronunciata* she hasn't given her opinion yet, she hasn't spoken her mind yet. **2** (*Dir*) to pass sentence, to give judgement. □ *pronunciarsi a favore di qcs.* to pronounce oneself in favour of sth.; *pronunciarsi a favore di qcu.* to pronounce oneself in favour of so., to speak in so.'s favour; *pronunciarsi contro qcs.* (o *qcu.*) to pronounce oneself against sth. (o so.), to decide against sth. (o so.); (*Rel*) *~i voti* to take one's vows; *~il sì* (*nel matrimonio*) to say "I do"; *~ male* to mispronounce; *~un giuramento* to take an oath.

pronunciato I *a.* **1** (*prominente*) prominent, protruding: *zigomi pronunciati* prominent cheekbones; *un naso molto ~* a very prominent nose. **2** (*fig*) (*accentuato*) marked, strong, pronounced: *avere una pronunciata tendenza al bere* to have a strong tendency to drink. II *m.* (*Dir*) (*sentenza*) sentence, decree, judgement.

pronunzia *e der.* → **pronuncia** *e der.*

propagabile *a.* propagable.

propaganda *f.* **1** propaganda: *campagna di ~ propaganda* campaign. **2** (*Comm*) (*pubblicità*) advertising. □ *~ commerciale* advertising; *~elettorale* electioneering;*fare ~ per qcs.* to propagandize sth., to campaign for sth.; *~ politica* political propaganda; *~ pubblicitaria* advertising, publicity; *~ radiofonica* radio advertising; *~televisiva* television advertising.

propagandare (**propagàndo**) *v.t.* **1** (*diffondere*) to propagandize. **2** (*Comm*) to advertise, to publicize: *~ un nuovo prodotto* to advertise a new product.

propagandista *m./f.* **1** propagandist. **2** (*Comm*) salesman.

propagandistico (*pl.* **-ci**) *a.* **1** propaganda (*attr.*), propagandist, propagandistic. **2** (*Comm*) advertising, publicity (*attr.*): *film ~* publicity film; *a scopo ~* for publicity.

propagare (**propàgo, propàghi**) I *v.t.* **1** (*diffondere*) to propagate, to spread: *~ un incendio* to spread the blaze. **2** (*Biol*) (*riprodurre*) to propagate, to reproduce. II *v.pron.* **propagarsi 1** (*diffondersi*) to spread, to become widespread. **2** (*Biol*) (*riprodursi*) to

propagate. **3** (*Fis*) to propagate, to travel: *la luce si propaga attraverso lo spazio* light travels through space.

propagatore *m.* (*f.* **-trice**) propagator: *propagatori di nuove idee* propagators of new ideas.

propagazione *f.* **1** propagation, spread. **2** (*Biol,Fis*) propagation: *velocità di ~* velocity of propagation, speed of propagation. □ (*Fis*) *~del calore* propagation of heat, heat transmission; (*Fis*) *~del suono* sound propagation.

propagginare (**propàggino**) *v.t.* **1** (*Agr*) to layer. **2** (*Stor*) to bury alive head downwards.

propagginazione *f.* **1** (*Agr*) layering. **2** (*Stor*) execution by burying alive head downwards.

propaggine *f.* **1** (*Agr*) (*ramo*) layer. **2** (*fig*) (*diramazione*) branch, offshoot, spur: *le propaggini di una catena montuosa* the spurs of a mountain range. **3** (*lett,rar*) (*discendenza*) descendants *pl.*, offspring (*sing.* o *pl.*): *le ultime propaggini di una stirpe* the last descendants of a race.

propalare (**propàlo**) *v.t.* to divulge, to spread: *~ un segreto* to divulge a secret.

propalazione *f.* divulging, divulgation.

propano *m.* (*Chim*) propane.

proparossitona *f.* (*Gramm*) proparoxytone.

proparossitono *a.* (*Gramm*) proparoxytone (*attr.*).

propedeutica *f.* propaedeutics (*costr.sing.*).

propedeutico (*pl.* **-ci**) *a.* propaedeutic, preparatory, preliminary: *corso ~* preparatory course.

propellente I *a.* propellant, propellent, propelling: *carica ~* propelling charge. II *m.* propellant, propellent. □ *~liquido* liquid propellant; *~per razzi* rocket propellant; *~ solido* solid propellant.

propendere (*pres.ind.* **propèndo**; *p.rem.* **propendéi/propési**; *p.p.* **propéso/propènso**; *aus.* **avere**) *v.i.* to incline (*per, verso* towards), to be inclined (*per, verso* to, towards), to favour (*per, verso qcs.* sth.), to lean (*per, verso* towards): *~ per una soluzione di compromesso* to favour a compromise solution, to lean towards a compromise solution; *propendo a credere che tu abbia ragione* I am inclined to believe that you are right. □ *~per il no* not to be in favour, to be against; *~ per il sì* to be inclined to think so, to be in favour.

propensione *f.* **1** (*inclinazione*) inclination (*per* towards), leaning (*per* towards), propensity (*per* for): *non avere ~ per gli studi* to have no inclination towards study. **2** (*lett*) (*simpatia*) liking, fancy: *avere ~ per qcu.* to have a liking for so. □ (*Econ*) *~agli investimenti* propensity to invest; (*Statist*) *~ al consumo* propensity to consume; (*Econ*) *~al risparmio* propensity to save.

propenso → **propendere** *a.* (*disposto*) disposed, inclined: *sono ~ a credere che...* I'm inclined to think that..., I tend to think that...; *sono poco propensi a darci un'altra possibilità* they're rather unwilling to give us another chance.

propergolo *m.* (*Chim*) rocket fuel, aviation fuel.

properispomena *f.* (*Gramm*) properispomenon.

properispomeno *a.* (*Gramm*) properispome.

Properzio *n.pr.m.* (*Lett*) Propertius.

propile *m.* (*Chim*) propyl.

propilei *m.pl.* (*Archeol*) propylaea.

propilene *m.* (*Chim*) propylene.

propilico (*pl.* **-ci**) *a.* (*Chim*) propyl (*attr.*), propylic.

propina *f.* (*burocr*) examiner's fee, fee, compensation.

propinare (**propìno**) *v.t.* **1** to administer: *~ un veleno* to administer a poison. **2** (*scherz*) (*rifilare*) to palm off, (*di cibo*) to serve up: *mi ha propinato gli avanzi del giorno prima* she palmed off the leftovers from the day before on me, she served me the leftovers from the day before.

propinatore *m.* (*f.* **-trice**) (*rar*) giver.

propiziamente *avv.* propitiously, favourably.

propiziare (**propìzio, propìzi**) I *v.t.* **1** (*rendere propizio*) to propitiate, to ingratiate, to render favourable. **2** (*favorire*) to favour, to conciliate: *~ il sonno* to conciliate sleep. **3** (*rar*) (*placare*) to soothe, to appease. II *v.pron.* **propiziarsi** to endear oneself, to win over.

propiziatore I *m.* (*f.* **-trice**) propitiator. II *a.* propitiatory.

propiziatorio *a.* propitiatory.

propiziazione *f.* propitiation.

propizio *a.* **1** (*favorevole*) propitious, favourable: *mese ~ per la caccia* favourable month for hunting. **2** (*adatto*) right, suitable: *attendere l'occasione propizia* to wait for the right opportunity; *rendersi propizi gli dei* to propitiate the gods.

propoli *m./f.* propolis, bee-glue.

proponente I *a.* (*burocr*) proposing, proponent. II *m./f.* proposer, proponent.

proponibile *a.* proposable.

proponimento *m.* resolution, resolve: *ha fatto il ~ di obbedire ai genitori* he made a resolution to obey his parents.

proporre (*pres.ind.* **propóngo, propóni**; *p.rem.* **propósi**; *p.p.* **propósto**) I *v.t.* **1** (*presentare*) to propose, to put: *~ un quesito* to propose a question. **2** (*suggerire*) to propose, to suggest: *ho proposto una gita al mare* I suggested a trip to the sea; *propongo di andare al cinema* I suggest we go to the cinema, I suggest going to the cinema; *~ un rimedio* to propose a remedy. **3** (*indicare, designare*) to indicate, to hold up, to set up, to point out, to put forward: *~ una persona come modello* to hold a person up as a model; *~ qcu. come presidente* to put so. up for president; *~ la candidatura di qcu.* to put so. forward as a candidate. **4** (*offrire*) to offer: *~ un lavoro a qcu.* to offer so. a job. **5** (*sottoporre*) to submit: *~ i propri racconti a un editore* to submit one's short stories to a publisher. II *v.pron.* **proporsi 1** (*prefiggersi*) to intend, to resolve, to set oneself, to propose (to oneself): *si era proposto di tacere* he intended to say nothing; *proporsi una meta* to set oneself a goal. **2** (*offrirsi*) to put oneself in (*come* as; *per* for), to put oneself up (*come* as; *per* for): *proporsi come traduttore* to put oneself up as a translator; *si è proposto per fare il lavoro* he put himself up to do the work, he offered to do the work. □ *~ proporsi qcu. come modello* to take so. as one's model, to model oneself on so.; *~ un brindisi* to propose a toast; (*Dir*) *~un progetto di legge* to bring in a bill, to introduce a bill.

proporzionale I *a.* **1** proportional, proportionate: *la pena deve essere ~ alla colpa* the punishment must be proportionate to the crime. **2** (*Mat*) proportional: *direttamente ~ a qcs.* directly proportional to sth., in direct proportion to sth.; *inversamente ~ a qcs.* in inverse proportion to sth., inversely proportional to sth. II *f.* (*Pol*) proportional representation.

proporzionalità *f.* proportionality (*anche Mat*).

proporzionalmente *avv.* proportionally, in proportion, in due degree.

proporzionare (**proporzióno**) *v.t.* to proportion, to adjust: ~ *le spese alle entrate* to adjust expenditure to income.

proporzionatamente *avv.* proportionately.

proporzionato *a.* **1** (*adeguato*) proportionate (*a* to, with), in proportion (*a* to, with), in line (*a* with): *premio ~ al rendimento* reward proportionate to performance, reward in line with the performance. **2** (*armonico*) proportionate, harmonious. **3** (*rif. a persona*) well-proportioned: *non è magra ma è ben proporzionata* she's not thin but she's well-proportioned.

proporzione *f.* **1** proportion, ratio, relation: *ci dev'essere ~ tra pena e colpa* there must be a relation between the punishment and the crime; *con una ~ di sei a uno* with a ratio of six to one. **2** (*distribuzione armonica*) proportion, balance: *la ~ tra gli elementi di un complesso architettonico* the balance between the elements of an architectural complex. **3** (*Mat*) proportion, ratio: *in ~ diretta* in direct proportion, in direct ratio; *in ~ inversa* in inverse proportion, in inverse ratio. **4** *pl.* (*dimensioni*) size *sing.*, proportions, dimension *sing.* (*anche fig*) *un palazzo di proporzioni enormi* a building of huge proportions; *di proporzioni gigantesche* of gigantic proportions; *di piccole proporzioni* small; (*fig*) *la faccenda ha assunto proporzioni tali che non è più possibile aspettare* the thing has become so serious that we can no longer delay. □ *~aritmetica* arithmetical proportion; *~geometrica* geometric proportion; *in ~*: **1** (*in misura corrispondente*) in proportion; **2** (*in confronto*) compared (*a* with, to); **3** (*con valore avverbiale*) proportionally.

propositivo *a.* propositional: *atteggiamento ~* propositional attitude.

proposito *m.* **1** (*intenzione, piano*) resolution, intention, design, plan, project, purpose: *essere pieno di buoni propositi* to be full of good intentions; *propositi di vendetta* designs of revenge; *ti esporrò i miei propositi* I'll tell you my plans. **2** (*occasione*) chance, occasion: *ne parla a ogni ~* he talks about it on every occasion, he talks about it every chance he gets. **3** (*argomento*) subject, matter, topic: *hai nulla da dire a questo ~?* have you anything to say about the matter? □ *a ~*: **1** (*per introdurre un discorso*) by the way: *a ~, quando parti?* by the way, when are you leaving?; **2** (*usato come avverbio: opportunamente*) in the nick of time, at the right moment, at the right time, to the point: *arrivi proprio a ~* you've come just in the nick of time; *giungi poco a ~* you've come at the wrong time, you've come at a bad time; *venire a ~* to come at the right time; **3** (*usato come aggettivo: opportuno*) right, suitable: *non riesco mai a trovare le parole a ~* I can never find the right words; *poco a ~* unsuitable;*a ~di* (*riguardo a*) as regards, talking about, speaking of: *a ~ di che?* what about?;*a quale ~?* (*a che scopo*) for what reason?, what's the purpose?;*a questo ~* concerning this;*col ~ di fare qcs.* with the intention of doing sth., with the purpose of doing sth.; *~delittuoso* criminal intent;*di ~* (*intenzionalmente*) on purpose, deliberately, with intent, intentionally; *non so niente in ~* I don't know anything about it; *chiedere spiegazioni in ~* to ask for explanantions on the subject.

proposizionale *a.* (*Mat,Inform*) propositional.

proposizione *f.* **1** (*Gramm*) (*frase*) clause; (*periodo*) sentence. **2** (*Filos,Mat*) proposition. □ (*Gramm*) *~comparativa* comparative clause; (*Gramm*) *~complessa* complex sentence; (*Gramm*) *~composta* compound sentence; (*Gramm*) *~concessiva* concessive clause; (*Gramm*) *~consecutiva* consecutive clause; (*Gramm*) *~coordinata* coordinate clause; (*Gramm*) *~disgiuntiva* disjunctive proposition; (*Gramm*) *~eccettuativa* exceptive proposition; (*Gramm*) *~enunciativa* declarative proposition; (*Gramm*) *~esclamativa* exclamatory clause; (*Gramm*) *~esclusiva* exclusive clause; (*Gramm*) *~esplicita* finite clause; (*Gramm*) *~finale* final clause; (*Gramm*) *~implicita* infinitive subordinate clause, participial subordinate clause; (*Gramm*) *~incidentale* parenthetical clause; (*Gramm*) *~indipendente* independent clause; (*Gramm*) *~infinitiva* infinitive clause; (*Gramm*) *~interrogativa* interrogative sentence; *~ interrogativa diretta* direct question; *~ interrogativa indiretta* indirect question; (*Gramm*) *~ipotetica* if clause; (*Gramm*) *~parentetica* parenthetical clause; (*Gramm*) *~principale* main clause; (*Gramm*) *~reggente* main clause; (*Gramm*) *~relativa* relative clause; (*Gramm*) *~restrittiva* restrictive clause; (*Gramm*) *~secondaria* dependent clause; (*Gramm*) *~semplice* simple sentence; (*Gramm*) *~subordinata* subordinate clause; (*Gramm*) *~temporale* time clause.

proposta *f.* **1** proposal, suggestion: *approvare una ~* to approve a proposal. **2** (*offerta*) proposal, offer, bid: *fare una ~ ragionevole* to make a reasonable offer. **3** *pl.* (*approcci*) advances, overtures: *mi ha fatto delle proposte* he made advances on me. □ (*Dir*) *proposteaggiuntive a un disegno di legge* riders attached to a bill; *una ~allettante* a tempting proposal; (*Dir*) *~contrattuale* contract proposal; (*Econ*) *~di acquisizione* takeover bid; (*Parl*) *~di legge* bill, parliamentary bill; *~di matrimonio* proposal, marriage proposal; *~di pace* peace proposal;*proposte oscene* obscene advances, indecent proposals;*su ~ di qcu.* at so.'s suggestion.

propretore *m.* (*Stor.rom*) propraetor.

propriamente *avv.* **1** (*strettamente*) strictly: *un aspetto più ~ filosofico* a more strictly philosophical aspect. **2** (*con proprietà di linguaggio*) properly: *esprimersi ~* to express oneself properly, to express oneself with propriety. **3** (*realmente*) really, actually. □ *~detto* better called, more properly known as, strictly speaking, in the proper sense of the word, in the strict sense of the word.

proprietà *f.* **1** (*Dir*) (*possesso*) ownership, property: *la tutela della ~* the protection of ownership; *essere di ~ di qcu.* to belong to so. **2** (*cosa posseduta*) property, estate, possessions *pl.*: *amministro io stesso la mia ~* I administer my estate myself. **3** (*qualità peculiare*) property (*anche Fis,Chim*): *le ~ dell'acqua marina* the properties of sea-water. **4** (*Mat*) law. **5** (*correttezza*) propriety, correctness: *~ di linguaggio* propriety of speech. **6** (*estens*) (*chi detiene la proprietà*) property, owners *pl.*: *piccola ~* small holding, small property. □ (*Mat*) *~associativa* associative law; (*Dir*) *~collettiva* collective ownership, joint ownership; (*Mat*) *~commutativa* commutative law;*con ~* (*giustamente*) correctly, with propriety; *esprimersi con ~* to speak correctly; *di ~dello stato* state-owned; *~demaniale* State property;

(*Mat*) *~distributiva* distributive law; (*Dir*) *~esclusiva* freehold property, (*Am*) absolute ownership; *~familiare* family property; *~fondiaria* real estate, real property, landed estate; (*Dir*) *~immobiliare* real estate, realty; (*Dir*) *~in usufrutto* life estate; (*Dir*) *~indivisibile* jointly owned property; *~letteraria* copyright, intellectual property; (*Dir*) *~mobiliare* personal property; *~privata* : **1** private property, private grounds, private land, private ownership; **2** (*scritta su cartello*) private property; *~pubblica* public property, community property; *~terriera* landed property.

proprietaria *f.* **1** owner, proprietress. **2** (*rif. a proprietà data in affitto*) landlady.

proprietario *m.* (*f.* -**a**) **1** owner, proprietor (*f.* -tress): *essere ~ di qcs.* to own sth.; *restituire qcs. al legittimo ~* to return sth. to its lawful owner, to return sth. to its rightful owner. **2** (*rif. a proprietà data in affitto*) landlord (*f.* -lady); (*proprietario terriero*) landowner: *grande ~* large landowner; *piccolo ~* small landowner. □ *~d'immobile* real estate owner, landlord; (*Dir*) *~legittimo* lawful owner.

proprio **I** *a.* **1** (*possessivo impersonale*) one's: *morire per il ~ paese* to die for one's country; *fare del ~ meglio* to do one's best. **2** (*rafforzativo di possessivo*) own, *sempre accompagnato dall'aggettivo possessivo*; (*impersonale*) one's own: *l'ho visto con i miei propri occhi* I saw it with my own eyes; *fare qcs. di propria iniziativa* to do sth. on one's own initiative, to do sth. of one's own initiative. **3** (*caratteristico*) peculiar (*di* to), proper (*di* to), characteristic (*di* of), typical (*di* of) *a volte non si traduce*: *la ragione è propria dell'uomo* reason is peculiar to man; *l'egoismo ~ dei giovani* the selfishness of the young, the egotism of the young. **4** (*particolare, speciale*) one's own, special: *ha un metodo tutto ~* he has a method all of his own, he has a special method; *avere le proprie idee* to have a mind of one's own. **5** (*esatto*) proper, exact, correct: *usare il termine ~* to use the proper term; *chiamare le cose col ~ nome* to speak clearly, to speak correctly. **6** (*opportuno*) appropriate, suitable, fitting, proper: *un rimedio ~ contro la febbre* a suitable remedy for a temperature. **7** (*Gramm*) proper: *nome ~* proper noun. **8** (*Mat*) proper: *frazioni proprie e improprie* proper and improper fractions. **II** *avv.* **1** (*esattamente*) just, exactly, precisely: *~ adesso* just now; *è andata ~ così* that's just how it happened; *~ ora* right now, just now. **2** (*veramente*) really; (*seguito da un pronome*) really, actually, *qualche volta non si traduce*: *questo vestito ti sta ~ bene* this dress really suits you; *era ~ lui* it was really him; *l'hai detto ~ tu* you said so; (*iron*) *sei ~ un amico!* great friend you are!, you're a real friend!, some friend you are!, (*Am*) you're a real pal! **3** (*nelle risposte affermative*) (yes) that's right: *sei stato tu? - ~!* was it you? - Yes, that's right! **4** (*rafforzativo di negazione*) really, at all: *non ho ~ fame* I'm really not hungry, I'm not at all hungry; *non è ~ il caso!* it's definitely not the case! **5** (*rafforzativo: di affermazioni*) really: *grazie, ho ~ mangiato abbastanza* thank you, I've really had enough. **III** *m.* **1** one's own, what belongs to one: *vivere del ~* to live off one's own, *rimetterci del ~* to have to dip into one's own pocket, to lose one's own money. **2** (*ciò che spetta di diritto*) one's due. □ (*rar*) *la propriacarne* (*i parenti*) one's own flesh and blood; *~così*: **1** quite so, just so, exactly; 2 (*proprio in questo modo*) just like this, just like that; *~il contrario* just the opposite, quite the opposite; *mettersiin* ~ to set up business on one's own, to start business on one's own; *con le proprie mani* with one's own hands; *lettera di propria mano* letter in one's own handwriting; *non* ~ not exactly, not quite; (*epist*) *sue proprie mani* personal.

propugnare (**propùgno**) *v.t.* (*sostenere*) to fight for, to support, to champion: ~ *l'uguaglianza dei diritti* to fight for equal rights.

propugnatore *m.* (*f.* **-trice**) champion, advocate, defender, supporter.

propulsione *f.* 1 propulsion. 2 (*Econ*) propulsion, impulse, boost. □ *a* ~ propelled; *~a elica* screw propulsion; *~a getto* jet propulsion; *con* ~ *a getto* jet-propelled; *~a razzo* rocket propulsion; *con* ~ *a razzo* rocket-propelled; *~a reazione* jet-propulsion; ~ *a turbogetto* turbo-jet propulsion; *~atomica* nuclear propulsion; *a* ~ *atomica* nuclear-propelled, nuclear-powered; *a ~automatica* self-propelled; *~ elettrica* electric propulsion.

propulsivo *a.* propulsive, propelling.

propulsore I *m.* (*Tecn*) propulsor, propeller. II *a.* (*Tecn*) propelling. □ (*Aer*) *~a reazione* jato unit, jato engine; (*Aer*) *~ elettrico* electric engine.

propulsorio *a.* propulsive, propelling.

prora *f.* (*Mar,ant*) bow, stem, head, (*lett*) prow. □ (*Mar*) *a* ~ at the bow, forward, ahead, fore.

proravia □ (*Mar*) *a* ~ forward, ahead, fore.

prorettore *m.* (*Univ*) pro-rector.

proroga *f.* respite, extension (of time): *concedere una* ~ to grant a respite; *chiedere una* ~ *di pagamento* to ask for a respite of payment; *la* ~ *di un contratto* the extension of a contract.

prorogabile *a.* extendible, delayable, liable to deferment: *termine* ~ expiry date liable to deferment.

prorogabilità *f.* extendibility.

prorogare (**pròrogo, pròroghi**) *v.t.* 1 (*prolungare la durata*) to extend, to prolong: ~ *un mandato* to extend a mandate. 2 (*differire il termine*) to defer, to put off: ~ *il pagamento di un debito* to defer payment of a debt.

prorompente *a.* 1 (*incontenibile*) bursting forth, rushing out; (*rif. ad acque*) gushing (out). 2 (*fig*) unrestrainable, irrepressible, unbridled: *fascino* ~ unbridled charm.

prorompere (*pres.ind.* **prorómpo**; *p.rem.* **prorùppi, prorótto**; *aus. avere*) *v.i.* 1 (*scoppiare*) to burst (in out, into), to break (in out, into): ~ *in pianto* to burst into tears, to burst out crying; ~ *in un grido* to let out a shout, to give a shout. 2 (*uscire con forza*) to burst, to burst out, to burst forth, to break out, to rush out: *all'improvviso proruppe: "ma te ne vuoi andare?"* suddenly he burst out: "are you going or not?"; *l'ira del popolo proruppe improvvisamente* the anger of the people suddenly broke out; *la gente spaventata proruppe dalle case* the terrified people rushed out of their houses. 3 (*rif. ad acque*) to gush, to gush out, to gush forth: *il fiume proruppe dagli argini* the river gushed forth from its banks.

prosa *f.* 1 (*Lett*) prose: *scrivere in* ~ to write in prose. 2 (*Lett*) (*opera in prosa*) prose work, prose composition; (*collett.*) prose: *tutte le prose* complete prose works. 3 (*Teat*) (*genere*) theatre, drama: *una compagnia di* ~ a theatrical company; *stagione di* ~ theatre season, theatrical season, drama season. 4

(*fig*) (*prosaicità*) prosaicness, prosiness, ordinariness, matter-of-factness. □ (*Lett*) *d'arte* artistic prose, poetic prose, lyric prose; (*Lett*) *~poetica* poetic prose, artistic prose, lyric prose.

prosaicamente *avv.* prosaically, matter-of-factly.

prosaicità *f.* prosaicness, prosiness, ordinariness, matter-of-factness.

prosaico (*pl.* **-ci**) *a.* 1 prosaic, prosy, commonplace, matter-of-fact. 2 (*Lett*) (*della prosa*) prosaic, of prose (*posposto*).

prosapia *f.* (*lett*) (*stirpe*) lineage, stock.

prosastico (*pl.* **-ci**) *a.* 1 (*Lett*) prose (*attr.*), prosaic, written in prose (*posposto*). 2 (*fig*) prosy.

prosatore *m.* (*f.* **-trice**) prose writer, proser.

proscenio *m.* (*Teat*) (*parte anteriore del palcoscenico*) proscenium, apron, forestage, stage: *chiamare un attore al* ~ to call an actor back on (*o onto*) stage; *presentarsi al* ~ to take a curtain call.

proscimmia *f.* (*Zool*) prosimian.

prosciogliere (*pres.ind.* **prosciòlgo, prosciògli**; *p.rem.* **prosciòlsi**; *p.p.* **prosciòlto**) *v.t.* 1 to release, to free, to set free, to absolve: ~ *qcu. da un voto* to release so. from a vow. 2 (*Dir*) (*assolvere*) to acquit, to absolve, to release: *è stato prosciolto in istruttoria* he was acquitted at the inquest; ~ *qcu. da un'accusa* to acquit so. of a charge, to clear. so. of a charge.

proscioglimento *m.* 1 (*Dir*) acquittal, absolution, release. 2 (*estens*) release, exoneration.

prosciugamento *m.* (*Idr*) 1 (*il prosciugare*) drying up, draining, drainage: *il ~ di un terreno* the draining of land. 2 (*il prosciugarsi*) drying up. 3 (*bonifica*) drainage, reclamation: *il ~ delle paludi pontine* the reclamation of the Pontine Marshes.

prosciugare (**prosciùgo, prosciùghi**) I *v.t.* 1 (*disseccare*) to dry up: *la siccità ha prosciugato i terreni* the drought has dried up the grounds. 2 (*bonificare*) to drain, to reclaim: ~ *una palude* to drain a marsh. 3 (*fig*) (*esaurire*) to drain, to mop up, to finish up. II *v.pron.* **prosciugarsi** 1 to dry, to dry up, to run dry. 2 (*fig*) to drain away.

prosciutto *m.* 1 (*Alim*) ham: *panino al* (*o panino col*) ~ ham sandwich. 2 (*scherz,colloq*) (*coscia*) thigh. □ (*Alim*) *~ affumicato* smoked ham; (*Alim*) *~ cotto* cooked ham; (*Alim*) *~ crudo* dry-cured ham, raw ham; (*Alim*) *~di Parma* Parma ham.

proscritto → **proscrivere** I *a.* proscribed, exiled, banished. II *m.* (*f.* **-a**) proscript, exile.

proscrittore *m.* (*rar*) proscriber.

proscrivere (*pres.ind.* **proscrìvo**; *p.rem.* **proscrìssi**; *p.p.* **proscrìtto**) *v.t.* 1 to proscribe, to exile, to banish: *i patrioti venivano spesso proscritti* patriots were often exiled. 2 (*fig*) to proscribe, to banish, to prohibit.

proscrizione *f.* 1 (*esilio*) proscription, banishment, exile. 2 (*divieto*) proscription, ban, prohibition.

prosecco *m.* (*Enol*) prosecco (Italian sparkling white wine).

prosecuzione *f.* 1 (*il proseguire*) carrying on, continuation, prosecution. 2 (*ciò che costituisce il seguito*) continuation, extension.

proseguimento *m.* 1 (*il proseguire*) continuation, continuing, carrying on. 2 (*ciò che costituisce il seguito*) continuation, extension; (*di film, spettacolo*) sequel.

proseguire (**proséguo**) I *v.t.* to continue, to go on with, to carry on with, to keep on, to pursue: ~ *il viaggio* to continue one's trip; ~ *la lettura* to go on (with one's) reading. II *v.i.*

(*aus.* **avere**) 1 to go ahead, to go on, to continue: *il lavoro prosegue velocemente* the work is going ahead briskly. 2 (*rif. a veicoli*) to drive on: *prosegui per cento metri e poi svolta a destra* drive on for a hundred metres and then turn right. 3 (*procedere oltre: rif. a persone*) to go on (*per* to): *voglio ~ per Napoli* I want to go on to Naples, I want to continue on to Naples. 4 (*aus.* **avere/essere**) (*rif. a veicoli*) to go on, to go farther: *questo treno non prosegue* this train doesn't go any farther, this train doesn't continue on. □ *~in qcs.* to continue with sth., to go on with sth.; *~ negli studi* to continue with one's studies, to continue studying.

proselite *m.* (*f.* **-a**) proselyte, convert: *fare proseliti* to make converts, to make proselytes.

proselitismo *m.* proselytism. □ *fare del* ~ to proselytize, to proselyte.

proselito *m.* (*f.* **-a**) proselyte, convert: *fare proseliti* to make converts, to make proselytes.

prosenchima *m.* (*Bot*) prosenchyma.

Proserpina *n.pr.f.* (*Mitol*) Proserpine, Proserpina.

prosettore *m.* (*Med*) prosector.

prosieguo *m.* course. □ *in ~di tempo* in the course of time.

prosillogismo *m.* (*Filos*) prosyllogism.

prosindaco (*pl.* **-ci**) *m.* acting mayor, deputy mayor.

prosit *intz.* (*nel brindare*) prosit!, to your health!, cheers!

prosodia *f.* prosody.

prosodicamente *avv.* prosodically.

prosodico (*pl.* **-ci**) *a.* prosodic, prosodical.

prosodista *m./f.* prosodist.

prosopopea *f.* 1 (*Ret*) prosopopoeia. 2 (*fig, spreg*) (*sussiego*) pomposity, pretentiousness, self-importance, haughtiness: *parlare con una gran* ~ to talk with great pomposity.

prosperamente *avv.* prosperously, thrivingly.

prosperare (**pròspero**; *aus.* **avere**) *v.i.* to thrive, to flourish, to prosper (*anche fig*): *i tuoi affari prosperano* your business is thriving, your business is flourishing.

prosperità *f.* prosperity, prosperousness: *vivere nella* ~ to live in prosperity.

prospero *a.* 1 (*favorevole, propizio*) favourable, propitious: *un vento* ~ a favourable wind. 2 (*florido*) prosperous, flourishing, thriving: *condizioni economiche prospere* prosperous economic conditions; *salute prospera* flourishing health.

prosperosamente *avv.* prosperously.

prosperoso *a.* 1 (*rif. a donna*) curvaceous, shapely, buxom, bosomy: *una ragazza prosperosa* a buxom girl. 2 (*pieno di salute*) thriving, hale and hearty: *un aspetto* ~ a hale and hearty appearance. 3 (*florido*) flourishing, thriving, prosperous: *commercio* ~ flourishing trade.

prospettare (**prospètto**) I *v.t.* (*presentare, proporre*) to present, to point out, to show, to advance, to put forward: *gli hanno prospettato le diverse soluzioni* they pointed out the various solutions to him. II *v.pron.* **prospettarsi** 1 (*presentarsi*) to look, to seem: *come si prospetta la situazione?* what does the situation look like? 2 (*delinearsi*) to anticipate, to expect, to be in view, to be in sight: *mi si prospetta una brutta annata* I anticipate a bad year; *non si prospettano altre possibilità* there are no other possibilities (in sight).

prospetticamente *avv.* in perspective.

prospettico (*pl.* **-ci**) *a.* 1 perspective (*attr.*), perspectival: *veduta prospettica della villa* perspective view of the villa. **2** (*disegnato in prospettiva*) in perspective.

prospettiva *f.* **1** (*Art*) perspective: *le leggi della ~* the rules of perspective, the laws of perspective. **2** (*vista panoramica*) view, prospect: *da questo punto si gode una bella ~ della città* you can enjoy a lovely view of the city from here. **3** (*fig*) (*punto di vista*) perspective, view, standpoint, point of view, angle: *vedere le cose da una ~ diversa* to look at things from a different perspective; *dipende dalla tua ~* it depends on your perspective, it depends on your point of view; *mancare di ~* to have no sense of perspective. **4** (*fig*) (*previsione,possibilità*) prospect, outlook, possibility, chance: *la ~ della guerra* the prospect of war; *essere senza prospettive* to have no prospects; *non presentare prospettive* to hold no prospects, to show no prospects. □   (*Art*) *~aerea* aerial perspective; (*Art*) *~centrale* parallel perspective, one-point perspective; (*Art*) *~cromatica* chromatic perspective; *prospettive di carriera* job expectations; *impiego senza ~ di carriera* dead-end job; *avere buone prospettive di carriera* to have good job expectations; *prospettive di crescita* growth prospects; *prospettive economiche* economic prospects *in ~* in perspective; (*Art*) *~lineare* linear perspective.

prospetto *m.* **1** (*tabella riassuntiva*) table, list, statement, scheme, plan, (*Am*) schedule: *il ~ delle entrate* the statement of assets. **2** (*Comm*) (*foglio pubblicitario*) prospectus, leaflet. **3** (*Art,Arch*) (*rappresentazione grafica*) elevation, view. **4** (*veduta, panorama*) view, prospect: *la casa ha un bel ~ sul mare* the house has a beautiful view of the sea. **5** (*facciata*) façade, face, front: *il ~ della cattedrale* the façade of the cathedral. □   *di ~*: **1** (*di fronte*) facing, in front; **2** (*da davanti*) from the front: *ritrarre qcu. di ~* to draw so. from the front; *ritratto di ~* full-face portrait; *~informativo* prospectus.

prospettore *m.* (*Minier*) prospector.

prospezione *f.* **1** (*Minier*) prospecting, survey: *eseguire una ~* to prospect; *~ petrolifera* oil prospecting. **2** (*grafico*) prospecting chart. □   (*Geol*) *~elettrica* electrical prospecting; (*Geol*) *~geochimica* geochemical prospecting; (*Geol*) *~magnetica* magnetic survey; (*Mar*) *~oceanografica* oceanographic survey.

prospiciente *a.* facing, overlooking: *una villa ~ il lago* a villa overlooking the lake.

prossemica *f.* (*Sociol*) proxemics (*costr. sing.*).

prosseneta *m.* **1** (*lett*) (*mediatore*) proxenete, procurer. **2** (*spreg*) (*mezzano*) procurer, pimp.

prossimale *a.* (*Anat*) proximal.

prossimamente *avv.* soon, in a short time, shortly: *arriverà ~* he'll be here soon, he'll be arriving soon. □   (*Cin*) *~su questi schermi* coming soon.

prossimità *f.* **1** (*rif. a spazio*) nearness, closeness, proximity: *la ~ del mare rende il clima più dolce* the nearness of the sea makes the climate milder. **2** (*rif. a tempo*) imminence, forthcomingness, proximity, closeness: *la ~ degli esami d'ammissione* the imminence of the entrance examination. □   *in ~di* close to, near to: *eravamo in ~ della capitale* we were close to the capital; *siamo in ~ del Natale* Christmas is drawing near, Christmas is coming, it's getting close to Christmas.

prossimo **I** *a.* **1** (*vicino: rif. a spazio*) near

(*a qcs.* to sth., sth.), close (*a qcs.* to sth.): *la casa è prossima al parco* the house is near the park. **2** (*vicino: rif. a tempo*) near, close at hand: *in un ~ avvenire* in the near future; *l'inverno è ormai ~* winter is very near now; *è ~ ai cinquant'anni* he's nearly fifty, to be close to fifty, to be almost fifty; *essere ~ a fare qcs.* to be about to do sth., to be on the point of doing sth.; *siamo prossimi a partire* we are about to leave, (*Br*) we are on the point of leaving. **3** (*il più vicino, rif. a tempo e spazio*) next: *la prossima fermata* the next stop; *sabato ~* next Saturday. **4** (*fig*) (*stretto*) close: *parenti prossimi* close relatives. **5** (*rar*) (*diretto, immediato*) immediate, direct: *le cause prossime* the direct causes. **II** *m.* **1** neighbour, fellow, fellow-man: (*Bibl*) *ama il ~ tuo come te stesso* love thy neighbour as thyself. **2** (*nell'ordine*) next, the next: *chi è il ~?* who's next? □   (*colloq*)*alla prossima!* see you!, 'til next time!; (*Comm*) *la cambiale è prossima*alla scadenza (*Br*) the bill is almost due, (*Am*) the note is almost due; *nei prossimi*anni in the years to come; *in un ~ futuro* in the near future; (*Cin*) *di prossima programmazione* coming soon; *~venturo* next, following; *lunedì ~ venturo* next Monday.

prostaglandina *f.* (*Biol*) prostaglandin.

prostata *f.* (*Anat*) prostate, prostate gland.

prostatectomia *f.* (*Med*) prostatectomy.

prostatico (*pl.* **-ci**) *a.* (*Anat*) prostate, prostatic.

prostatismo *m.* (*Med*) prostatism.

prostatite *f.* (*Med*) prostatitis.

prosternare (**prostèrno**) **I** *v.t.* (*lett*) to throw down, to throw flat, to prostrate. **II** *v.pron.* **prosternarsi** (*lett*) to prostrate oneself, to bow down.

prosternazione *f.* (*rar*) prostration.

prostesi *f.* (*Ling*) prosthesis.

prostetico *a.* (*Ling*) prosthetic.

prostilo *m.* (*Archeol,Arch*) prostyle, prostyle temple.

prostituire (**prostituìsco, prostituìsci**) **I** *v.t.* to prostitute (*anche fig*). **II** *v.pron.* **prostituirsi** **1** to prostitute oneself. **2** (*fig*) to prostitute oneself, to sell oneself.

prostituta *f.* prostitute, call girl. □   *~ d'alto bordo* high-priced call girl.

prostituto *m.* male prostitute, rent boy.

prostituzione *f.* prostitution (*anche fig*): *darsi alla ~* to take to prostitution, to take to the streets; *istigare alla ~* to procure, to pimp. □   *~minorile* child prostitution.

prostrare (**pròstro**) **I** *v.t.* **1** (*avvilire*) to humble, to abase, to humiliate: *~ l'orgoglio di qcu.* to humble so.'s pride. **2** (*indebolire*) to prostrate, to wear out: *la lunga malattia lo ha prostrato* he was prostrated by his long illness. **II** *v.pron.* **prostrarsi 1** (*prosternarsi*) to prostrate oneself: *prostrarsi davanti all'altare* to prostrate oneself before the altar. **2** (*fig*) (*umiliarsi*) to humble oneself, to abase oneself.

prostrato *a.* **1** (*abbattuto*) prostrate, overthrown. **2** (*fig*) (*sfinito*) prostrate, prostrated, exhausted, worn out.

prostrazione *f.* **1** (*spossatezza fisica*) prostration, physical prostration, exhaustion. **2** (*depressione psichica*) prostration, dejection.

protagonismo *m.* (*spreg*) self-advertising, self-promotion, desire to be the centre of attention: *è malato di ~* he always wants to be the centre of attention.

protagonista *m./f.* **1** (*di un'opera letteraria*) leading character, main character, protagonist. **2** (*attore protagonista*) protago-

nist, hero (*f.* heroine), chief character, leading actor (*f.* -tress); (*di un film*) star, lead: *attore non ~* supporting actor. **3** (*fig*) protagonist, hero, prominent figure: *essere il ~ di un'avventura* to be the protagonist of an adventure.

protallo *m.* (*Bot*) prothallium, prothallus.

protasi *f.* (*Lett,Gramm*) protasis.

proteasi *f.* (*Chim*) protease.

proteggere (*pres.ind.* **protèggo, protèggi**; *p.rem.* **protèssi**; *p.p.* **protètto**) **I** *v.t.* **1** to protect, to take care of: *~ qcu. da qcs.* to protect so. against sth., to protect so. from sth.; *la chioccia protegge i suoi pulcini* the hen takes care of her chicks; *che Dio vi protegga!* may God protect you! **2** (*riparare*) to protect, to shelter, to shield: *una catena di montagne protegge la città dai venti* a mountain chain shields the town from the winds. **3** (*promuovere*) to promote, to patronize, to foster, to encourage: *~ le arti* to promote the arts. **4** (*Inform*) to protect, to lock. **5** (*Mil*) to cover: *la cavalleria proteggeva la ritirata* the cavalry covered the retreat. **II** *v.pron.* **proteggersi 1** to protect oneself (*da* from): *proteggersi dalla pioggia* to keep out of the rain. **2** (*Econ*) to hedge (*da* against), to shield oneself (*da* from). □   (*Inform*) *proteggi documento* (*comando di programma*) protect document; *~l'anonimato* to preserve so.'s anonymity.

proteico (*pl.* **-ci**) *a.* (*Biol*) protein (*attr.*), proteinaceous: *fabbisogno ~* protein need.

proteiforme *a.* protean, proteiform.

proteina *f.* (*Biol*) protein. □   (*Biol*) *~animale* animal protein; (*Biol*) *~coniugata* conjugated protein; (*Biol*) *~vegetale* vegetable protein.

proteinasi *f.* (*Chim*) protease.

proteinico *a.* (*Biol*) protein (*attr.*), proteinaceous.

pro tempore *avv.* pro tempore, pro term.

protendere (*pres.ind.* **protèndo**; *p.rem.* **protési**; *p.p.* **protéso**) **I** *v.t.* to hold out, to stretch out: *~ le braccia* to hold out one's arms. **II** *v.pron.* **protendersi** to lean, to lean forward, to stretch forward: *si protese fuori dal balcone* he leaned (out) over the balcony.

proteo *m.* (*Zool*) olm.

Proteo *n.pr.m.* (*Mitol*) Proteus.

proteolisi *f.* (*Chim*) proteolysis.

proteolitico *a.* (*Chim*) proteolytic.

protervamente *avv.* (*lett*) arrogantly, haughtily.

protervia *f.* (*lett*) arrogance.

protervo *a.* (*lett*) insolent, arrogant.

protesi *f.* **1** (*Med*) prosthesis. **2** (*Ling*) prothesis. □   *~acustica* hearing aid; *~al silicone* silicone implant; *~del braccio* artificial arm, prosthetic arm; *~della gamba* artificial leg, prosthetic leg; *~dentaria* dental prosthesis, (*colloq*) dentures (*pl.*).

protesico *a.* (*Med*) prosthetic.

protesista *m./f.* (*Dent*) prosthodontist.

proteso → **protendere** *a.* outstretched, stretched out, held out: *con la mano protesa* with outstretched hand.

protessi → **proteggere**.

protesta *f.* **1** protest: *una lettera di ~* a letter of protest. **2** (*rar*) (*dichiarazione*) protestations *pl.*, avowal: *le fece mille proteste di fedeltà* he made her a thousand protestations of faithfulness. □   *~di massa* mass protest; *~giovanile* youth protest; *in ~* in protest; *per ~* in protest.

protestante **I** *a.* (*Rel*) Protestant: *denominazione ~* Protestant denomination. **II** *m./f.* (*Rel*) Protestant.

protestantesimo *m.* (*Rel*) Protestantism.

protestare (pro**tè**sto) I *v.i.* (*aus.* **avere**) to protest, to make a protest, to lodge a protest: ~ *contro qcs.* to protest against sth.; (*Am*) to protest sth.; ~ *per il rumore* to protest about (*o* at, over) the noise, to complain about the noise. II *v.t.* **1** (*dichiarare*) to declare, to protest: ~ *la propria stima verso qcu.* to declare one's esteem for so. **2** (*Econ*) to protest. **3** (*Comm*) to reject, to refuse: ~ *la merce* to reject goods. III *v.pron.* **protestarsi** to declare oneself: *protestarsi innocente* to declare oneself innocent, to protest one's innocence. □ (*Econ*) ~*una cambiale* : **1** (*con protesto preliminare*) to note a bill; **2** (*con protesto definitivo*) to protest a bill.

protestatario *a.* protesting.

protestato *a.* (*Dir*) protested: *cambiale protestata* protested bill, dishonoured bill.

protestatore *m.* (*f.* **-trice**) protester, protestor (*anche Dir*).

protesto *m.* (*Econ*) protest: *andare in* ~ to be protested; *lasciare andare in* ~ *una cambiale* to dishonour a bill, to contest a bill; *avviso di* ~ notice of protest. □ (*Econ*) ~ *cambiario* protest of a bill; (*Econ*) ~ *per mancata accettazione* protest for non-acceptance; (*Econ*) ~*per mancato pagamento* protest for non-payment.

protetico *a.* (*Ling*) prosthetic.

protettivamente *avv.* protectively.

protettivo *a.* protective: *involucro* ~ protective cover; *una madre troppo protettiva* an overprotective mother.

protetto → **proteggere** I *a.* protected, shielded, sheltered: ~ *dai venti del nord* sheltered from the north winds; *categorie protette* protected categories. II *m.* (*f.* **-a**) protégé (*f.* protégée), favourite: *è il ~ del principale* he's the boss's favourite.

protettorato *m.* (*Pol*) protectorate.

protettore I *m.* **1** (*f.* **-trice**) protector (*f.* -tress), defender: *essere il ~ dei poveri* to be the protector of the poor. **2** (*f.* **-trice**) (*sostenitore*) patron, supporter: ~ *delle arti* patron of the arts. **3** (*gerg*) (*sfruttatore di prostitute*) pimp, (*colloq*) ponce. II *a.* protecting, protective: *santo* ~ patron saint, patron.

protezione *f.* **1** protection: ~ *dal freddo* protection from the cold; *mettersi sotto la ~ di qcu.* to put oneself under so.'s protection. **2** (*azione protettiva*) protection, defence, conservation, preservation: ~ *del paesaggio naturale* preservation of nature. **3** (*mecenatismo*) patronage. **4** (*Inform*) protection, security, lock. **5** (*spreg*) (*favoreggiamento*) protection, favour, favouritism, (*Am*) favor, favoritism: *è stato promosso a forza di protezioni* he got his promotion by favour, he was promoted out of favouritism. □ ~*antiaerea* air-raid precautions; ~*antigrandine* hail defence, protection against hail; ~*civile* civil defence; ~*contro gli incendi* fire protection; (*Inform*) ~*da scrittura* write protect; ~ *degli animali* protection of animals; ~*degli uccelli* preservation of bird-life; (*Inform*) ~ *dei dati* data protection; *legge sulla ~ dei dati* data protection bill; ~*del consumatore* consumer protection; (*Inform*) ~ *della memoria* memory protection; ~ *della natura* conservation of nature, protection of nature; ~ *della specie* protection of the species; ~ *dell'ambiente* environmental protection; ~ *dell'infanzia* child welfare;*di* ~ protective: *misure di* ~ protective measures; ~*doganale* customs protection, protection;*senza* ~ unprotected; (*Cosmet*) ~*solare* sun lotion, (*Am*) sun screen.

protezionismo *m.* (*Econ*) protectionism. □ ~ *doganale* protectionism, customs

protectionism.

protezionista I *m./f.* protectionist. II *a.* protectionist.

protezionistico (*pl.* **-ci**) *a.* protectionist.

protide *m.* (*Biol*) proteid.

protio *m.* (*Chim*) protium.

proto *m.* (*Tip*) typographer, typography supervisor.

protoattinio *m.* (*Chim*) protactinium.

protocollare[1] (proto**còllo**) *v.t.* (*burocr*) to record, to register, to file: ~ *una lettera* to record a letter.

protocollare[2] *a.* (*del protocollo*) protocol (*attr.*) formal, cerimonial, relative to the protocol (*posposto*).

protocollista *m./f.* recorder, filing clerk.

protocollo *m.* **1** (*Dipl*) (*documento*) protocol, preliminary draft. **2** (*complesso di norme*) protocol, etiquette: *una questione di* ~ a matter of protocol. **3** (*Cart*) foolscap, foolscap paper. **4** (*burocr*) (*libro protocollo*) protocol book, register, record: *numero di* ~ reference number. **5** (*Inform*) protocol. □ (*Inform*) ~ *di comunicazione* communications protocol; (*Stor*) ~*di Kyoto* Kyoto protocol; (*Inform*) ~*di rete* network protocol; ~ *segreto* secret protocol.

protogermanico I *m.* (*Filol,Ling*) Proto-Germanic. II *a.* (*Filol,Ling*) Proto-Germanic.

protoindoeuropeo I *m.* (*Filol,Stor*) Proto-Indoeuropean. II *a.* (*Filol,Stor*) Proto-Indoeuropean.

protolingua *f.* (*Ling*) Proto-language.

protomartire *m./f.* (*Rel*) protomartyr.

protomedico (*pl.* **-ci**) *m.* (*Stor*) (chief) medical examiner.

protone *m.* (*Fis*) proton.

protonico (*pl.* **-ci**) *a.* (*Fis*) proton (*attr.*), protonic.

protonio *m.* (*Fis*) protonium.

protonotariato *m.* (*Rel,Stor*) protonotaryship, prothonotaryship.

protonotario, **protonotaro** *m.* (*Rel,Stor*) protonotary, prothonotary.

protopalaziale I *a.* (*Archeol*) protopalatial. II *m.* (*Archeol*) protopalatial, protopalatial period.

protoplasma *m.* (*Biol*) protoplasm.

protoplasmatico (*pl.* **-ci**) *a.* (*Biol*) protoplasmic, protoplasmatic.

protoplasto *m.* (*Biol*) protoplast.

protorace *m.* (*Entom*) prothorax.

protoromanticismo *m.* (*Lett*) early Romanticism.

protosinaitico I *m.* (*Ling,Stor*) Protosinaitic. II *a.* (*Ling,Stor*) Protosinaitic.

protosincrotone *m.* (*Fis*) proton synchrotron.

protossido *m.* (*Chim*) protoxide.

protostella *f.* (*Astr*) protostar.

protostoria *f.* proto-history.

protostorico *a.* proto-historic.

prototipo *m.* prototype (*anche fig*): *l'Iliade è il ~ del poema epico* the Iliad is the prototype of the epic poem.

protozoico (*pl.* **-ci**) I *a.* (*Geol*) Protozoic. II *m.* (*Geol*) Protozoic period.

protozoo *m.* (*Zool*) protozoan, protozoon: *i protozoi* protozoans pl., protozoa pl.

protrarre (*pres.ind.* pro**tràggo**, **protrài**; *p.rem.* pro**tràssi**; *p.p.* pro**tràtto**) I *v.t.* **1** (*prolungare*) to protract, to prolong: ~ *le trattative* to prolong negotiations. **2** (*prorogare*) to put off, to delay. II *v.pron.* **protrarsi** to last, to go on, to continue: *la riunione si è protratta per parecchie ore* the meeting went on for several hours.

protrattile *a.* protractile, protrusile.

protrazione *f.* **1** protraction. **2** (*fig*) (*proroga*) putting off.

protrombina *f.* (*Biol*) prothrombin.

protrudere (*pres.ind.* pro**trùdo**; *p.rem.* pro**trùsi**; *p.p.* pro**trùso**) I *v.t.* (*Med*) to protrude. II *v.i.* (*Med*) (*aus.* **essere**) to protrude, to stand out.

protrudibile *a.* (*Med*) protrusile.

protrusione *f.* (*Med*) protrusion.

protuberante *a.* protuberant, bulging, bulgy.

protuberanza *f.* **1** protuberance, bulge, protrusion. **2** (*Anat*) protuberance. **3** (*Astr*) prominence. □ (*Anat*) ~ *frontale* brow ridge; (*Astr*) ~*solare* solar prominence.

protutore *m.* (*f.* **-trice**) (*Dir*) acting guardian, deputy guardian.

proustiano /prus'tjano/ *a.* (*Lett*) Proustian, of Proust, Proust's.

Prov. *provincia* prov. (province).

prova *f.* **1** test, trial, proof, examination: *sottoporre qcs. a una ~* to put sth. to the test, to test sth.; ~ *tangibile* tangible proof. **2** (*tentativo*) attempt, try: *ha fallito alla prima ~* he failed at the first try. **3** (*momento difficile, doloroso*) trial. **4** (*dimostrazione*) demonstration, proof: *dare ~ di coraggio* to give a demonstration of courage, to show what one's made of, to prove one's courage, to show oneself strong, (*Br*) to show one's mettle; *è una nuova ~ della sua disonestà* this is yet further proof of his dishonesty. **5** (*Dir*) (*argomento, testimonianza*) proof, evidence: *le prove della colpevolezza di qcu.* proof of so.'s guilt; *abbiamo delle prove?* is there any evidence?; *produrre qcs. come* ~ to produce sth. as proof. **6** (*cimento*) test, trial: *superare la ~* to pass the test. **7** (*Teat, Mus*) rehearsal. **8** (*Scol*) (*esame*) exam, examination, test: *sostenere una ~* to take an exam. **9** (*Sport*) (*gara*) try-out, trial, competition, contest: *la ~ dei cento metri* the hundred-metre competition, the hundred-metre race. **10** (*Mat*) proof. **11** (*Tecn*) test, trial: *il modello è in ~* the model is undergoing trials. **12** (*Tecn*) (*collaudo*) trial run. **13** (*Med*) test, check-up: *il medicinale è in ~* the drug is being tested. **14** (*Sart*) fitting: *camerino di ~* fitting room. □ (*Tecn*) ~*a caldo* hot test; (*Sport*) ~*a cronometro* time trial; *a ~ di* : **1** (*resistente a*) proof: *a ~ di fuoco* fireproof; *a ~ di proiettile* bullet-proof; **2** (*in testimonianza di*) as proof of: *a ~ della mia amicizia* as proof of my friendship; **3** (*fig*) tried, unflagging, trusty: *un amico a ~ di bomba* a tried and true friend; (*Dir*) ~*a discarico* evidence for the defence; (*Tecn*) ~*a freddo* cold test; (*Teat*) *prova a tavolino* readthrough; *a tutta ~*: **1** (*rif. a persona*) reliable, trusty, true: *un amico a tutta ~* a tried friend, a true friend; **2** (*rif. a qualità*) well-tried, proved: *la sua onestà è a tutta ~* his honesty is well-tried; ~*al banco* bench test; *vorrei vederlo alla ~* I'd like to see him at it; *prove alla mano* with concrete proof; (*Dir*) ~*ammissibile* admissible evidence; ~*attitudinale* aptitude test; *prove concrete* solid evidence; *fino a ~*~*contraria* until proved to the contrary, until proved otherwise; ~*d'amore* demonstration of love; *dare ~ di* (*dimostrare*) to display, to give proof of; *dare ~ di lealtà* to display loyalty; (*fig*) *dare buona ~ di sé* to stand the test; (*fig*) *dare cattiva ~ di sé* to give a poor account of oneself, to prove a failure, to give a poor showing; (*Dir*) *prove decisive* conclusive evidence (*costr.sing.*); *alla ~ dei fatti* when it comes to the point; ~ *del fuoco* : **1** (*Mediev*) ordeal by fire; **2** (*fig*) crucial test, acid test, trial by fire; ~*del* *guanto di paraffina* paraffin test, paraffin glove test; *~del nove* : 1 (*Mat*) casting out nines; 2 (*fig*) crucial test; *~del palloncino* breath test; (*Dir*) *~ del tasso alcolico* blood-test for alcohol content; (*Teol*) *~ dell'esistenza di Dio* proof of the existence of God; (*Scol,Univ*) *~d'esame* examination paper; *di ~* trial (*attr.*), test (*attr.*): *volo di ~* trial flight, test flight; (*Comm*) *~di acquisto* proof of purchase; *a ~ di bomba* : 1 bomb-proof; 2 (*resistente*) tough: *queste scarpe sono a prova di ~* these shoes will last a lifetime; (*Tecn*) *~di collaudo* testing, acceptance test; (*Tecn*) *~di compressione* compression test; (*Tecn*) *~di elasticità* elasticity test; (*Mecc*) *~di fatica* fatigue test; *~di forza* trial of strength; *a ~di fuoco* fireproof (*attr.*); (*Tecn*) *~di invecchiamento* ageing test; *~di laboratorio* laboratory test; (*Tecn*) *~di pressione* pressure test; (*Aut*) *~di regolarità* reliability trial; *~di resilienza* : 1 (*Edil*) impact test; 2 (*Mecc*) notched-bar test; (*Sport*) *~di resistenza* endurance trial, endurance test; (*Tecn*) *~di resistenza agli urti* impact test; (*Tecn*) *~di rottura* breaking test; (*Mar*) *~di stabilità* stability test, heeling experiment; (*Tip*) *~di stampa* proof; (*Mecc*) *~di taglio* shearing test; (*Edit*) *~di traduzione* translation test; (*Tecn*) *~di trazione* tensile test; (*Inform*) *~di validazione* validation suite; (*Sport*) *~di velocità* speed trial; *~d'idoneità* fitness test, test; (*Dir*) *~documentale* documentary evidence; (*Dir*) *~documentata* documentary evidence; *~d'urto* : 1 (*Tecn*) impact test, shock test; 2 (*Aut*) crash test; (*Teat*) *~generale* dress rehearsal; *in ~* : 1 on trial, on probation; *essere in ~* (*rif. a impieghi e sim.*) to be on trial; *assumere qcu. in ~* to hire so. on trial; 2 (*Comm*) on approval: *spedire della merce in ~* to send goods on approval; *prove inconsistenti* insubstantial evidence, flimsy evidence; (*Dir*) *~incriminante* incriminatory evidence; (*Dir*) *~indiziaria* circumstantial evidence; *~ materiale* material proof; *prove schiaccianti* incontestable evidence, damning evidence, evidence beyond any doubt; (*Scol*) *~scritta* written exam, written examination; (*Aut*) *~su strada* road test; (*Dir*) *~testimoniale* testimonial evidence; *essere la ~vivente di* to be the living proof of.

provabile *a.* provable, demonstrable.

provare (**pròvo**) **I** *v.t.* **1** to try: *~ una nuova medicina* to try a new medicine; *si può sempre ~* you can always try; *prova a indovinare!* try and guess!; *~ a fare qcs.* to try to do sth.; *ho provato a bussare alla porta ma nessuno ha risposto* I tried knocking on the door but no one answered. **2** (*rif. a vestiti e sim.*) to try on: *~ un paio di scarpe* to try on a pair of shoes. **3** (*collaudare*) to test, to run trials on, to try out: *voglio ~ la macchina nuova* I want to try out the new car. **4** (*assaggiare*) to taste, to try. **5** (*rif. a spettacoli e sim.*) to rehearse (*anche assol.*): *stanno provando* they're rehearsing. **6** (*sperimentare, conoscere*) to know from experience, to experience; (*rif. a esperienze dolorose*) to go

through: *ho provato ogni sventura* I've been through all kinds of misfortune. **7** (*sentire*) to feel, to experience: *~ dolore* to feel pain; *~ piacere* to feel pleasure; *~ piacere a fare qcs.* to find pleasure in doing sth., to take delight in doing sth.; *~ gelosia* to be jealous; *~ un senso di gratitudine* to feel grateful; *~ odio verso qcu.* to hate so., to bear so. hatred. **8** (*mettere alla prova*) to test, to put to the test, to try: *i dolori provano gli uomini* suffering puts men to the test. **9** (*indebolire, logorare*) to debilitate, to wear out: *la lunga malattia lo aveva provato* his long illness had debilitated him. **10** (*dimostrare*) to prove, to demonstrate: *~ l'esistenza di Dio* to prove the existence of God; *questo gesto prova la sua onestà* this gesture proves his honesty; *~ a qcu. che...* to show so. that...; *~ qcs. a qcu.* to show sth. to so. **11** (*osare*) to try, to dare: *prova a farlo!* just try!, just try to do it!; *non ci ~!* don't you dare!, don't even think about it! **II** *v.pron.* **provarsi 1** (*colloq*) (*tentare*) to try: *vorrei provarmici anch'io* I want to try too. **2** (*lett*) (*gareggiare*) to compete, to vie. □ *ci provagusto a scherzarmi!* he enjoys mocking me!, mock my pain!; (*bisogna*) *~per credere* you have to see it to believe it, try it and see, seeing is believing; *dai, provaci !* come on, try it!; *provaci ancora!* keep trying!, keep on trying!; (*colloq*)*provarci con qcu.* (*fare delle avances a qcu.*) to try it on with so., to make a move on so.; *provarle tutte* to try everything; *~qualcosa per qcu.* (*affetto*) to feel something for so.; *~ribrezzo per qcs.* to find sth. revolting, to be disgusted by sth., to have a loathing of sth.; *~simpatia per* (*o verso*) *qcu.* to have a liking for so., to like so.

provato *a.* **1** (*sperimentato*) tried, tested. **2** (*affaticato*) exhausted, worn-out, tried: *uomo ~ dalle sventure* man tried by misfortune. **3** (*fedele, sicuro*) true, tried, proven: *un amico ~* a tried and true friend; *uomo di provata onestà* man of proven honesty; *una persona di provata fedeltà* a trusted person, a tried person.

provenienza *f.* **1** origin, place of origin, provenance: *paese di ~* country of origin. **2** (*fig*) source: *notizie di sicura ~* news from a reliable source. □ *di ~sospetta* of doubtful origin, of dubious origin; *merce di ~ sospetta* goods of doubtful origin, goods of dubious origin.

provenire (*pres.ind.* **provèngo, provièni**; *p.rem.* **provénni**; *p.p.* **provenùto**; *aus.* **essere**) *v.i.* **1** to come (*da* from): *questi turisti provengono dalla Francia* these tourists come from France. **2** (*fig*) (*derivare*) to come (*da* from), to originate (*da* from), to spring (*da* from), to arise (*da* out of), to derive (*da* from): *tutti questi guai provengono dalla sua leggerezza* all these troubles spring from his lack of seriousness; *questa parola proviene dal latino* this word derives from the Latin, this word comes from the Latin.

provento *m.* (*utile*) profit, proceeds *pl.*: *i proventi di un'azienda* a company's profits.

Provenza *n.pr.f.* (*Geog*) Provence.

provenzale I *a.* Provençal. **II** *m.* (*lingua*) Provençal. **III** *m./f.* (*abitante*) Provençal.

provenzaleggiante *a.* (written) in the Provençal manner.

provenzaleggiare (**provenzaléggio**, **provenzaléggi**; *aus.* **avere**) *v.i.* to imitate the Provençal literary style.

Proverbi *m.pl.* (*Bibl*) Proverbs, the Book of Proverbs.

proverbiale *a.* legendary, known to all, proverbial (*anche fig*): *la sua avarizia è ~* his

miserliness is legendary.

proverbialmente *avv.* proverbially.

proverbio *m.* proverb. □ *passarein ~* to become proverbial.

provetta *f.* **1** test tube: *~ graduata* graduated test tube. **2** (*Tecn*) (*provino*) test piece, specimen. □ *bambino natoin ~* test-tube baby; (*Tecn*) *~normale* standard test piece.

provetto *a.* (*posposto*) experienced, expert, skilful, skilled: *uno sciatore ~* an expert skier.

provider /pro'vajder/ *m.inv.* (*Inform*) provider.

provincia (*pl.* **-ce**) *f.* **1** province: *il territorio italiano è diviso in province* Italy is divided into provinces. **2** (*estens*) (*ente territoriale*) provincial administration. **3** (*estens*) (*sede*) provincial administration offices. **4** (*estens*) (*contrapposto alla città*) provinces *pl.*, country: *s'è ritirato a vivere in ~* he has gone to live in the country. **5** (*Stor.rom*) province. □ *provincebasche* Basque provinces; *di ~* provincial, from the provinces, country (*attr.*): *abitudini di ~* provincial customs; *gente di ~* provincials, people from the provinces, locals; *fare ~* to be a province; (*Stor.rom*) *~ imperiale* imperial province; (*Stor.rom*) *~ pretoria* praetorian province; (*Stor.rom*) *~proconsolare* proconsular province; (*Stor.rom*) *~senatoria* senatorial province.

provinciale I *a.* **1** provincial: *strada ~* provincial road, (*Br*) B-road. **2** (*spreg*) provincial, small-town (*attr.*), narrow-minded: *gusti provinciali* provincial tastes. **II** *m./f.* provincial. **III** *f.* (*Strad*) provincial road.

provincialismo *m.* (*spreg*) provincialism, narrow-mindedness.

provincialità *f.* (*spreg*) provincialism, narrow-mindedness.

provino *m.* **1** (*Cin,Teat*) screen test, audition: *fare un ~ per una parte* to do a screen-test for a role. **2** (*Fot*) proof, contact print. **3** (*Tecn*) test piece, specimen, sample. **4** (*provetta*) test tube. □ (*Cin*) *~manuale* hand test; (*Cin*) *~suono* sound check; (*Cin*) *~ voce* voice test.

provitamina *f.* (*Biol*) provitamin.

provocabile *a.* provokable.

provocante *a.* **1** (*irritante*) provoking, provocative: *contegno ~* provocative behaviour. **2** (*eccitante*) provocative: *sguardi provocanti* provocative looks.

provocare (**pròvoco, pròvochi**) *v.t.* **1** (*causare*) to provoke, to cause, to bring about: *il temporale ha provocato gravi danni* the storm caused great damage. **2** (*rif. a sentimenti*) to arouse, to stir up, to provoke: *l'invidia di qcu.* to arouse so.'s envy. **3** (*eccitare una reazione*) to incite, to provoke; (*sessualmente*) to arouse, to lead on: *~ il popolo alla ribellione* to incite the people to revolt; *se vuoi che non perda la pazienza non provocarmi* if you don't want me to lose my patience don't provoke me. □ *~il riso* to provoke laughter; *~il vomito* to induce vomiting; *~la tosse* to cause coughing.

provocatore I *m.* (*f.* **-trice**) provoker, troublemaker. **II** *a.* provocative, provoking.

provocatorio *a.* provocative, provoking.

provocazione *f.* provocation: *scattare alla minima ~* to get angry at the slightest provocation; *è solo una ~* it's just for shock value, it's just a provocation.

provola *f.* (*Alim*) provola, buffalo-milk cheese. □ (*Alim*) *~affumicata* smoked provola.

provolone *m.* (*Alim*) provolone, provolone cheese.

provvedere (*pres.ind.* **provvédo**; *p.rem.* **provvidi**; *p.p.* **provvedùto/provvìsto**) **I** *v.i.* (*aus.* **avere**) **1** to provide (*a* for), to look (*a* after), to take care (*a* of), to see (*a* to): *il padre deve provvedere ai figli* the father must provide for his children; ~ *alla pulizia della casa* to see to the house cleaning; ~ *al rimpiazzo di qcu.* to substitute so., to replace so. **2** (*prendere un provvedimento*) to take steps, to act: *dobbiamo ~ subito, altrimenti saranno guai* we must act immediately, otherwise there will be trouble. **II** *v.t.* **1** to provide, to supply: ~ *una città di viveri* to provide food for a city, to supply a city with food. **2** (*dotare*) to endow: ~ *qcu. di qcs.* to endow so. with sth. **III** *v.pron.* **provvedersi** to supply oneself (*di* with), to furnish oneself (*di* with), to stock up (*di* on), to take in supplies (*di* of), to get in supplies (*di* of): *provvedersi di legno per l'inverno* to get in supplies of wood for the winter, to stock up on wood for the winter.

provvedimento *m.* **1** measure, action, steps *pl.*: *prendere un ~ contro qcs.* to take steps against sth. **2** (*precauzione*) precaution: *provvedimenti sanitari* sanitary precautions. □ *provvedimenti amministrativi* administrative measures; ~ *cautelativo* precautionary measures (*pl.*); (*Dir*) *provvedimenti di accompagno* accompanying legislation; *provvedimenti di emergenza* emergency steps, emergency measures; ~ *di polizia* police measures (*pl.*); *provvedimenti disciplinari* disciplinary action, disciplinary measures; ~ *d'urgenza* emergency measures (*pl.*); ~ *legislativo* legislative measures (*pl.*); ~ *restrittivo* restrictive measures (*pl.*).

provveditorato *m.* **1** (*ente*) superintendency, board. **2** (*sede*) director's office, superintendent's office. **3** (*estens*) (*provveditorato agli studi: ente*) provincial education authority; (*sede*) provincial education authority offices. □ ~ *agli studi*: 1 (*ente*) provincial education authority; 2 (*sede*) provincial education authority offices; ~ *alle opere pubbliche* public-works office.

provveditore *m.* (*nell'amministrazione statale*) superintendent, director. □ ~ *agli studi* (*provincial*) director of education, provincial education superintendent; ~ *alle opere pubbliche* superintendent of public works.

provveduto → **provvedere** *a.* **1** (*fornito*) stocked (*di* with), supplied (*di* with), furnished (*di* with). **2** (*dotato*) gifted (*di* with), endowed (*di* with): *essere ~ di un'intelligenza eccezionale* to be endowed with exceptional intelligence. **3** (*fig*) (*accorto*) wary.

provvidenza *f.* **1** (*Rel*) Providence, Divine Providence: *sperare nella ~* to trust in Divine Providence. **2** (*fig*) stroke of good luck, good luck, luck, godsend: *è stata una vera ~* it was a real stroke of good luck; *la pioggia è stata una ~ per i campi* the rain has been a godsend to the fields. **3** *pl.* (*burocr*) (*provvedimenti*) measures, provisions: *provvidenze a favore dei disoccupati* provisions for the unemployed, measures for the unemployed.

provvidenziale *a.* **1** (*Rel*) providential, heaven-sent. **2** (*estens*) providential, timely: *il tuo intervento è stato ~* your intervention was providential.

provvidenzialmente *avv.* providentially.

provvido *a.* **1** (*lett*) (*previdente*) prudent, provident, foreseeing: *un uomo ~* a prudent man. **2** (*utile*) useful, beneficial: *una provvida istituzione* a useful institution.

provvigione *f.* (*Comm*) (*commissione*) commission: *lavorare a ~* (*o lavorare su ~*)

---

to work on commission, to work on a commission basis. □ ~ *bancaria* bank commission, bank charges (*pl.*), banker's commission; ~ *di intermediazione* brokerage; ~ *sulle vendite* sales commission.

provvisionale **I** *a.* provisional. **II** *f.* (*Dir*) **1** (*clausola*) interim award. **2** (*indennizzo provvisorio*) injunctive interim payment, interim compensation precept.

provvisoriamente *avv.* provisionally, temporarily.

provvisorietà *f.* provisional nature, temporariness: *la ~ di un impiego* the temporariness of a job.

provvisorio *a.* provisional, temporary: *governo ~* provisional government, caretaker government; *impiego ~* temporary job.

provvista *f.* **1** stock, store, supply: *la ~ di legname per l'inverno* the supply of wood for the winter. **2** *pl.* (*rif. ad alimentari*) provisions, victuals, stores, supplies, stocks: *le provviste di cibo stanno per finire* food stocks are running low, food supplies are running low. □ *fare ~ di qcs.* to stock up on sth., to lay in supplies of sth., to lay in stocks of sth.

provvisto → **provvedere** *a.* **1** (*fornito*) supplied (*di* with), furnished (*di* with), provided (*di* with), equipped (*di* with): *essere ~ di qcs.* to be supplied with sth.; *un negozio ben ~* a well-stocked shop. **2** (*dotato*) endowed (*di* of), gifted (*di* with).

proxy *m.inv.* (*Inform*) proxy.

prozia *f.* great-aunt, grand-aunt.

prozio *m.* great-uncle, grand-uncle.

prozio *m.* (*Chim*) protium.

prua *f.* **1** (*Mar*) bow, stem, head. **2** (*Aer*) prow. **3** (*Mar,Aer*) (*angolo*) heading. □ (*Mar*) *a ~* at the bow, forward, ahead, fore; (*Mar*) *da ~ a poppa* fore and aft, from stem to stern; (*Mar*) *di ~* head (*attr.*), forward, fore, bow (*attr.*): *vento di ~* headwind; (*Mar*) *fare ~ a* to haul to the wind; (*Mar*) ~ *magnetica* magnetic heading; (*Mar*) ~ *vera* true heading.

prude /pryd/ *a.inv.* prudish.

prudente *a.* **1** careful, prudent, cautious: *sii ~ quando guidi* be careful when you drive. **2** (*giudizioso*) wise, prudent: *parole prudenti* wise words, prudent words.

prudentemente *avv.* **1** prudently, carefully. **2** (*cautamente*) cautiously, warily.

prudenza **I** *f.* **1** prudence, care, caution, carefulness: *usare ~* to be prudent. **2** (*Teol*) prudence. **II** *intz.* careful!, take care! □ *con ~* carefully; *guidare con ~* to drive carefully. *Prov.*: *la ~ non è mai troppa!* you can't be too careful!

prudenziale *a.* prudential: *misure prudenziali* prudential steps, precautions.

prudere (*pres.ind.* **prùdo**; *p.rem.* **prudéi/prudètti**; *no past participle and no compound tenses*) *v.i.* to itch, to be itchy: *mi prude (sotto) la pianta del piede* the sole of my foot itches; *mi sento ~ dappertutto* I feel itchy all over. □ (*fig*) *mi prudono le mani* I'm itching to hit you, I could hit you, I'm itching to get my hands on you, I'm itching to get at you, (*colloq*) you're cruising for a bruising.

pruderie /pryde'ri/ *f.inv.* (*moralismo*) prudery, primness.

prueggiare (**pruéggio**; *aus.* **avere**) *v.i.* (*Mar*) to haul to the wind.

prugna **I** *f.* **1** (*Bot,Alim*) plum. **2** (*Alim*) (*secca*) prune. **II** *a.inv.* plum (*attr.*): *color ~* plum colour, (*Am*) plum color. □ (*Alim*) *prugne secche* prunes.

prugno *m.* (*Bot*) (*susino*) plum tree.

---

prugnola *f.* (*Bot,Alim*) sloe.

prugnolo[1] *m.* (*Bot*) blackthorn, sloe.

prugnolo[2] *m.* (*Bot*) (*tipo di fungo*) St. George's mushroom.

prunaia *f.* thicket, blackthorn thicket, thorn bush.

prunaio *m.* **1** thicket, blackthorn thicket, thorn bush. **2** (*fig*) (*ginepraio*) quagmire.

prunella *f.* **1** (*Enol*) prunelle, plum brandy. **2** (*stoffa*) prunella.

pruneto *m.* (blackthorn) thicket, thorn bush.

pruno *m.* **1** (*Bot*) (*prugnolo*) blackthorn, sloe. **2** (*spina*) thorn.

prurigine *f.* **1** (*Med*) prurigo. **2** (*lett*) (*prurito*) itch. **3** (*fig*) (*voglia improvvisa*) sudden urge, sudden itch, sudden craving.

pruriginoso *a.* **1** itching. **2** (*fig*) (*eccitante*) titillating, exciting.

prurito *m.* **1** itch (*anche fig*). **2** (*fig*) (*voglia improvvisa*) sudden urge, sudden itch, sudden craving. □ *dare ~* to itch, to make itch.

Prussia *n.pr.f.* (*Geog.stor*) Prussia.

prussiano **I** *a.* Prussian. **II** *m.* (*f.* **-a**) Prussian.

prussiato *m.* (*Chim*) prussiate.

prussico □ (*Chim*) *acido ~* prussic acid.

PS **1** *post scriptum* P.S. (postscript). **2** *polizia di stato* (State Police). **3** (*Comm*) *partita semplice* (single entry).

PSDI (*Pol,Stor.it*) *Partito socialista democratico italiano* (Italian socialist democratic party).

psefologia *f.* psephology.

psefologo *m.* (*f.* **-a**) psephologist.

pseudepigrafo **I** *a.* (*Filol*) pseudepigraphic, pseudepigraphical. **II** *m.spec.pl.* (*Filol*) pseudepigrapha.

pseudoartrosi *f.* (*Med*) nearthrosis.

pseudocarpio *m.* (*Bot*) pseudocarp.

pseudoconcetto *m.* (*Filos*) pseudoconcept.

pseudoepigrafo **I** *a.* (*Filol*) pseudepigraphic, pseudepigraphical. **II** *m.spec.pl.* (*Filol*) pseudepigrapha.

pseudogravidanza *f.* (*Med*) pseudopregnancy.

pseudointellettuale *m./f.* (*spreg*) pseudo-intellectual.

pseudomorfo *a.* (*Min*) pseudomorphous, pseudomorphic.

pseudomorfosi *f.* (*Min*) pseudomorphism.

pseudonimo *m.* **1** pseudonym, pseudonyme. **2** (*nome d'arte*) pen-name, nom de plume. □ *sotto ~* under a pseudonym.

pseudoparalisi *f.* pseudoparalysis.

pseudopodio *m.* (*Biol*) pseudopodium.

pseudoscientifico *a.* pseudoscientific.

pseudoscienza *f.* pseudoscience.

psi *m./f.* (*lettera dell'alfabeto greco*) psi.

PSI (*Pol,Stor.it*) *Partito socialista italiano* (Italian Socialist Party).

psicagogia *f.* (*Occult,Psic*) psychagogy.

psicagogico (*pl.* **-ci**) *a.* (*Occult,Psic*) psychagogic.

psicagogo (*pl.* **-ghi**) *m.* (*Occult,Psic*) psychagogue.

psicanalisi *f.* (*Psic*) psychoanalysis.

psicanalista *m./f.* (*Psic*) psychoanalyst.

psicanalitico (*pl.* **-ci**) *a.* (*Psic*) psychoanalytic, psychoanalytical.

psicanalizzare (**psicanalizzo**) *v.t.* (*Psic*) to psychoanalyze.

psicastenia *f.* (*Med,Psic*) psychasthenia.

psicastenico (*pl.* **-ci**) *a.* (*Med,Psic*) psychasthenic.

psiche[1] *f.inv.* (*Psic*) psyche.

psiche[2] *f.inv.* (*Arred*) cheval-glass.

Psiche *n.pr.f.* (*Mitol*) Psyche.
psichedelico (*pl.* **-ci**) *a.* psychedelic: *luci psichedeliche* psychedelic lights.
psichiatra *m./f.* (*Med*) psychiatrist.
psichiatria *f.* (*Med*) psychiatry.
psichiatricamente *avv.* (*Med*) psychiatrically.
psichiatrico (*pl.* **-ci**) *a.* (*Med*) psychiatric, psychiatrical: *ospedale ~* mental home, mental hospital, psychiatric hospital.
psichiatrizzare (**psichiatrìzzo**) *v.t.* (*Med*) to psychiatrize.
psichicamente *avv.* psychically.
psichico (*pl.* **-ci**) *a.* psychic, psychical: *stato ~* psychic condition.
psicoanalisi *e der.* → **psicanalisi** *e der.*
psicoattivo *a.* (*Farm*) psychoactive.
psicobiologia *f.* (*Biol,Psic*) psychobiology.
psicobiologo *m.* (*f.* **-a**; *pl.* **-gi**) (*Biol,Psic*) psychobiologist.
psicochirurgia *f.* (*Chir*) psychosurgery.
psicocinesi *f.* psychokinesis.
psicocinetico (*pl.* **-ci**) *a.* psychokinetic.
psicodiagnostica *f.* psychodiagnostics (*costr.sing.*).
psicodiagnostico (*pl.* **-ci**) *a.* psychodiagnostic.
psicodinamica *f.* psychodynamics (*costr. sing.*).
psicodinamico (*pl.* **-ci**) *a.* psychodynamic.
psicodramma *m.* psychodrama.
psicofarmaco (*pl.* **-ci**) *m.* (*Farm*) psychotropic drug.
psicofarmacologia *f.* (*Farm*) psychopharmacology.
psicofarmacologico *a.* (*Farm*) psychopharmacological.
psicofisica *f.* (*Psic*) psychophysics (*costr. sing.*).
psicofisico (*pl.* **-ci**) *a.* psychophysical.
psicofisiologia *f.* psychophysiology.
psicofisiologico *a.* psychophysiological.
psicogenesi *f.* (*Psic*) psychogenesis.
psicogenetico (*pl.* **-ci**) *a.* (*Psic*) psychogenetic.
psicogeno *a.* (*Med*) psychogenic.
psicografia *f.* psychography.
psicografo *m.* (*strumento*) psychograph.
psicogramma *m.* psychogram.
psicolabile **I** *a.* psychologically unstable. **II** *m./f.* psychologically unstable person.
psicolinguista *m./f.* (*Ling*) psycholinguist.
psicolinguistica *f.* (*Ling*) psycholinguistics (*costr.sing.*).
psicolinguistico (*pl.* **-ci**) *a.* (*Ling*) psycholinguistic.
psicologia *f.* **1** (*Psic*) (*scienza*) psychology. **2** (*intuizione*) psychological insight: *gli manca un po' di ~* he lacks some psychological insight. **3** (*estens*) (*mentalità*) psychology, mental attitude. □ ~(*Psic*) ~*applicata* applied psychology; (*Psic*) ~*comportamentale* behavioural psychology; (*Psic*) ~*del lavoro* industrial psychology; (*Psic*) ~*del profondo* depth psychology; (*Psic*) ~*della folla* mob psychology; (*Psic,Pedag*) ~*dell'età evolutiva* developmental psychology; (*Psic*) ~ *dello sport* sport psychology; (*Psic*) ~ *di gruppo* group psychology; (*Psic*) ~*funzionale* functional psychology; (*Psic*) ~*industriale* industrial psychology; (*Psic*) ~*infantile* child psychology; (*Psic*) ~*sociale* social psychology.
psicologicamente *avv.* psychologically.
psicologico (*pl.* **-ci**) *a.* psychologic, psychological: *avere problemi psicologici* to have psychological problems.
psicologismo *m.* (*Filos*) psychologism.

psicologista *m./f.* (*Filos*) psychologue, psychologist.
psicologizzare (**psicologìzzo**) *v.t.* to psychologize.
psicologo *m.* (*f.* **-a**; *pl.* **-gi**) psychologist: *sto andando da uno ~* I'm seeing a psychologist.
psicometria *f.* (*Psic*) psychometrics (*costr.sing.*), psychometry.
psicometrico *a.* (*Psic*) psychometric.
psicomimetico (*pl.* **-ci**) *a.* (*Farm*) psychotomimetic.
psicomotorio *a.* (*Psic,Med*) psychomotor.
psiconevrosi *f.* (*Psic*) psychoneurosis.
psiconevrotico (*pl.* **-ci**) **I** *a.* (*Psic*) psychoneurotic. **II** *m.* (*Psic*) psychoneurotic.
psicopatia *f.* (*Psic*) psychopathy.
psicopatico **I** *a.* (*Psic*) psychopathic. **II** *m.* (*f.* **-a**; *pl.* **-ci**) (*Psic*) psychopath.
psicopatologia *f.* (*Psic*) psychopathology.
psicopatologico (*pl.* **-ci**) *a.* (*Psic*) psychopathologic, psychopathological.
psicopatologo *m.* (*f.* **-a**; *pl.* **-gi**) (*Psic*) psychopathologist.
psicopedagogia *f.* (*Psic*) educational psychology.
psicopedagogico (*pl.* **-ci**) *a.* (*Psic*) related to educational psychology (*posposto*).
psicopedagogista *m./f.* (*Psic*) educational psychologist.
psicosessuale *a.* (*Psic*) psychosexual.
psicosi *f.* **1** (*Med,Psic*) psychosis. **2** (*estens*) obsessive fear, panic, hysteria. □ ~*collettiva* mass hysteria; (*Med,Psic*) ~*maniaco depressiva* manic-depressive psychosis.
psicosociale *a.* psychosocial.
psicosociologia *f.* (*Psic*) psychosociology.
psicosomatica *f.* (*Med*) psychosomatics (*costr.sing.*).
psicosomatico (*pl.* **-ci**) *a.* (*Med*) psychosomatic: *malattia psicosomatica* psychosomatic illness.
psicotecnica *f.* (*Psic*) psychotechnics (*costr.sing.*).
psicotecnico (*pl.* **-ci**) **I** *a.* (*Psic*) psychotechnic, psychotechnical. **II** *m.* (*Psic*) psychotechnician.
psicoterapeuta *m./f.* (*Psic*) psychotherapist.
psicoterapeutico (*pl.* **-ci**) *a.* (*Psic*) psychotherapeutic.
psicoterapia *f.* (*Psic*) psychotherapy, psychotherapeutics (*costr.sing.*).
psicoterapico (*pl.* **-ci**) *a.* psychotherapeutic.
psicoterapista *m./f.* psychotherapist.
psicotico **I** *a.* psychotic. **II** *m.* (*f.* **-a**; *pl.* **-ci**) psychotic.
psicotropo *a.* (*Farm*) psychotropic.
psicrometro *m.* (*Meteor*) psychrometer.
psilla *f.* (*Entom*) psylla: ~ *del pero* pear psylla.
psittacismo *m.* (*Med*) psittacism.
psittacosi *f.* (*Med*) psittacosis.
PSIUP (*Pol,Stor.it*) *Partito socialista italiano di unità proletaria* (Socialist party of proletarian unity).
psoas *m.inv.* (*Anat*) psoas.
psoriasi *f.* (*Med*) psoriasis.
PT **1** *Poste e Telecomunicazioni* (post and telecommunications service). **2** (*Stor*) *Poste e Telegrafi* (Postal and Telegraph Services). **3** *polizia tributaria* (Excise and Revenue Police).
pterodattilo *m.* (*Paleont*) pterodactyl.
pteropode *m.* (*Zool*) pteropod.
pterosauro *m.* (*Paleont*) pterosaur.
ptialina *f.* (*Biol*) ptyalin.

ptialismo *m.* (*Med*) ptyalism.
ptomaina *f.* (*Biol*) ptomaine.
ptosi *f.* (*Med*) ptosis.
PTP *posto telefonico pubblico* (public telephone).
PU **1** *polizia urbana* (Urban Police, City Police). **2** *pubblico ufficiale* (Public Officer, Civil Servant).
puah *intz.* ugh!, yuk!
pub /pab/ *m.inv.* pub.
pubblicabile *a.* publishable, printable.
pubblicamente *avv.* publicly, in public.
pubblicano *m.* (*Stor.rom*) publican.
pubblicare (**pùbblico**, **pùbblichi**) *v.t.* **1** (*Edit,Giorn*) to publish, to issue, to advertise, to print, to release: ~ *un romanzo* to publish a novel. **2** (*estens*) (*divulgare*) to make (sth.) public, to publish, to circulate: ~ *una notizia* to publish a piece of news, to make a piece of news public. **3** (*Dir*) (*promulgare*) to promulgate, to publish: ~ *una legge* to promulgate a law. □ ~*a puntate* to serialize, to publish in instalments; ~*sulla gazzetta ufficiale* to gazette; ~*un annuncio su un giornale* to put an ad in a (news)paper; ~*una smentita* to issue a disclaimer.
pubblicazione *f.* **1** publication, issue: *la ~ di un libro* the publication of a book; *il giornale ha sospeso le pubblicazioni* the newspaper suspended publication. **2** (*stampa*) printing, publishing. **3** (*opera pubblicata*) publication: *non ho ancora visto la tua ultima ~* I haven't seen your latest publication yet; *le pubblicazioni sull'argomento* the literature on the subject. **4** (*il rendere pubblico*) publication, making public. **5** (*Dir*) (*promulgazione*) promulgation, publication: *la ~ di una legge* the promulgation of a law. **6** *pl.* (*pubblicazioni di matrimonio*) (*Br*) banns, (*Am*) marriage license *sing.*: *fare le pubblicazioni* to publish the banns, to put up the banns. □ ~*a puntate* serial; ~*annuale* annual; *pubblicazioni matrimoniali* (*Br*) banns, (*Am*) marriage license (*sing.*); ~*mensile* monthly; ~*periodica* periodical, periodical publication; ~*settimanale* weekly.
pubblicismo *m.* (*rar*) **1** (*mezzi di informazione*) media *pl.* **2** (*mezzi pubblicitari*) advertising media.
pubblicista *m./f.* **1** freelance newspaperman, freelance journalist. **2** (*Dir*) expert in public law.
pubblicistica *f.* **1** political journalism, writing on current affairs. **2** (*insieme di pubblicazioni*) political articles *pl.*, political press. **3** (*Dir*) public law doctrine.
pubblicistico (*pl.* **-ci**) *a.* **1** of current public affairs, on current public affairs, used in political journalism. **2** (*Dir*) of public law, public-law (*attr.*).
pubblicità *f.* **1** (*Rad,Tel*) (*reclame*) advertising, advertisement, (*colloq*) ad, commercial. **2** (*attività*) advertising, publicity: *lavorare nella ~* to work in advertising. **3** (*notorietà*) publicity: *andare in cerca di ~* to seek publicity. □ ~*aerea* aerial advertising; ~*affissionale* poster advertising, posters (*pl.*); ~*aziendale* corporate advertising; ~*cinematografica* film publicity, film advertising; ~ *comparativa* comparative advertising; ~*diretta* direct advertising; ~*esterna* outdoor advertising;*fare ~a* qcs. to publicize sth., to advertise sth.; ~*istituzionale* institutional advertising; ~*luminosa* neon signs (*pl.*), illuminated advertising; ~*martellante* incessant advertising; ~*occulta* hidden advertising; ~ *per mezzo della stampa* newspaper advertising, advertising in the press; ~*progresso* social

marketing; ~*radiofonica* radio advertising, radio commercials (*pl.*); ~*subliminale* subliminal advertising; ~ *televisiva* television advertising, TV commercials (*pl.*).

pubblicitario I *a.* advertising, publicity (*attr.*): *campagna pubblicitaria* advertising campaign. II *m.* (*f.* **-a**) advertising expert, advertising agent, advertising exec, advertising executive, (*Am,colloq*) adman.

pubblicizzare (**pubblicìzzo**) *v.t.* 1 (*fare pubblicità*) to publicize, to advertise, to promote: ~ *un prodotto* to publicize a product. 2 (*rendere pubblico*) to publicize, to divulge, to advertise.

pubblicizzazione *f.* advertising, publicizing, promotion.

pubblico (*pl.* **-ci**) I *a.* 1 public: *tenere una pubblica riunione* to hold a public meeting. 2 (*comune, generale*) public, common, general: *l'interesse* ~ the common interest. 3 (*dello stato*) public, government (*attr.*), state (*attr.*), state-owned, state-run: *scuole pubbliche* state schools, (*Am*) public schools; *azienda pubblica* public company, state-owned company; *debito* ~ national debt. 4 (*accessibile a tutti*) public: *giardini pubblici* public gardens, public parks. II *m.* 1 public: *aperto al* ~ open to the public. 2 (*spettatori*) public, spectators *pl.*; (*in un teatro e sim.*) audience, public; (*della TV*) viewers *pl.*; (*ascoltatori*) audience, listeners *pl.*; (*lettori*) readers *pl.*: *il* ~ *gremiva lo stadio* the spectators filled the stadium; *c'era poco* ~ *alla riunione* the meeting was poorly attended. 3 (*settore*) public sector: *lavorare nel* ~ to work in the public sector. □ (*Dir*) *pubblica accusa*: 1 public prosecution; 2 (*rappresentante*) (*GB*) Prosecutor for the Crown, (*US*) District Attorney; *pubblica amministrazione* civil service; *in* ~ in public, in social situations: *mostrarsi in* ~ to show oneself in public; *esporre al* ~*ludibrio* to expose to public ridicule; (*Dir*) ~ *ministero* Public Prosecutor, (*US*) Prosecuting Attorney; ~ *pudore* public morality, public decency; *di pubblica ragione* public knowledge; *rendere di pubblica ragione* (*divulgare*) to make public, to make public knowledge; *pubbliche relazioni* public relations, PR; *pubblica sicurezza* (*polizia*) police; *agente di pubblica sicurezza* policeman; *fare qcs. a pubbliche spese* to do sth. at public expense; ~*ufficiale* public official, civil servant; *per ragioni di pubblica utilità* in the public interest, for the common good.

pube *m.* (*Anat*) (*osso*) pubis, pubic bone; (*regione*) pubis.

puberale *a.* puberal, pubertal.

pubertà *f.* puberty.

pubescente *a.* (*Bot*) pubescent.

pubescenza *f.* (*Bot*) pubescence.

pubico (*pl.* **-ci**) *a.* (*Anat*) pubic: *osso* ~ pubic bone.

public company /ˈpablikˈkɔmpani/ *m.inv.* (*Econ*) public company.

puddellaggio *m.* (*Met*) puddling, puddling process.

puddellare (**puddèllo**) *v.t.* (*Met*) to puddle.

puddinga *f.* (*Min*) pudding-stone.

pudenda, **pudende** *f.pl.* pudenda.

pudibondo *a.* (*lett*) modest, demure, (*spreg*) prudish, priggish.

pudicamente *avv.* modestly, chastely, (*spreg*) prudishly.

pudicizia *f.* modesty, chastity.

pudico (*pl.* **-chi**) *a.* modest, chaste, demure, (*spreg*) prudish, priggish.

pudore *m.* 1 (*pudicizia*) modesty, decency. 2 (*ritegno, vergogna*) shame, decency: *non*

avere alcun ~ to have no shame. 3 (*riservatezza*) discretion, reserve. □ *per* ~ out of shame; *senza* ~: 1 (*usato come aggettivo*) shameless; 2 (*usato come avverbio*) shamelessly.

puericultore *m.* (*f.* **-trice**) (*Med*) baby doctor, (*Br*) paediatrician, (*Am*) pediatrician.

puericultrice *f.* 1 (*Med*) baby doctor, (*Br*) paediatrician, (*Am*) pediatrician. 2 (*infermiera*) baby nurse, pediatric nurse.

puericultura *f.* pediatric nursing.

puerile *a.* 1 child's, children's, (*lett*) puerile: *trastullo* ~ children's game. 2 (*spreg*) (*immaturo*) childish, (*lett*) puerile: *discorsi puerili* childish talk.

puerilismo *m.* (*Med*) puerilism.

puerilità *f.* (*spreg*) childishness, puerility.

puerilmente *avv.* (*spreg*) childishly, puerilely.

puerizia *f.* (*lett*) childhood.

puerpera *f.* (*Med*) puerpera, woman who has just given birth.

puerperale *a.* (*Med*) puerperal.

puerperio *m.* (*Med*) puerperium.

puf *m.inv.* (*Arred*) pouf, pouffe, hassock.

puffino *m.* (*Ornit*) shearwater.

puffo *m.* smurf: *i puffi* the smurfs.

pugilato *m.* (*Sport*) boxing, (*lett*) pugilism: *incontro di* ~ boxing match. □ *fare del* ~ to box, to be a boxer.

pugile *m.* boxer, (*lett*) pugilist.

pugilistico (*pl.* **-ci**) *a.* boxing, (*lett*) pugilistic.

puglia *f.* 1 (*gettone*) counter, disc. 2 (*insieme dei gettoni*) pool.

Puglia *n.pr.f.* (*Geog*) Apulia.

Puglie *n.pr.f.pl.* (*Geog*) Apulia.

pugliese I *a.* Apulian. II *m./f.* (*abitante*) Apulian. III *m.* (*dialetto*) Apulian dialect.

pugna *f.* (*lett*) fight; (*battaglia*) battle.

pugnace *a.* (*lett*) pugnacious.

pugnacemente *avv.* (*lett*) pugnaciously.

pugnalare (**pugnàlo**) *v.t.* to stab. □ ~*a morte qcu.* to stab so. to death; (*fig*) ~ *qcu. alle spalle* to backstab so., to stab so. in the back.

pugnalata *f.* 1 stab. 2 (*ferita*) stab wound. 3 (*fig*) blow, great blow, shock. □ *una* ~ *alle spalle* a stab in the back (*anche fig*).

pugnale *m.* dagger.

pugnare (**pùgno**) *aus.* **avere**) *v.i.* (*lett*) to fight.

pugnitopo *m.* (*Bot*) (*pungitopo*) butcher's-broom.

pugno *m.* 1 fist: *battere i pugni sul tavolo* to bang one's fists on the table; (*fig*) *mostrare i pugni a qcu.* to shake one's fist at so., to put up your fists at so. 2 (*colpo dato col pugno*) punch, blow: *tirare un* ~ *a qcu.* to give so. a punch; *mi ha dato un* ~ *sul naso* he punched me on the nose. 3 (*quantità che si può tenere in un pugno*) fistful, handful: *un* ~ *di riso* a handful of rice. 4 (*fig*) (*piccola quantità*) handful. 5 (*fig,lett*) (*drappello*) handful, band, group. □ *prendere qcu. a pugni* to punch so.; *prendersi a pugni* to slog it out; *di proprio* ~ in one's own writing, in one's own hand; ~ *di ferro* (*tirapugni*) knuckleduster, brass knuckles; (*fig*) ~ *di ferro in guanto di velluto* an iron hand in a velvet glove, an iron fist in a velvet glove; (*fig*) *restare con un* ~*di mosche* (o *rimanere con un* ~ *di mosche*) to be left empty-handed; *fare a pugni*: 1 to fight; 2 (*iperb*) (*farsi largo*) to elbow one's way, to fight one's way; 3 (*fig*) (*contrastare*) to clash; *in* ~ in one's power, in one's grasp, in the palm of one's hand; (*fig*) *tenere qcu. in* ~ to have so. in the palm of one's hand, to hold so. in the palm of one's

hand; (*fig*) *avere la vittoria in* ~ to have victory in one's grasp; (*fig*) *essere un* ~ *in un occhio* to be an eyesore.

pula[1] *f.* (*Agr*) husk, chaff.

pula[2] *f.* (*gerg*) (*polizia*) fuzz, cops *pl.*

pulce *f.* 1 (*Entom*) flea. 2 (*microspia*) bug, tap. □ (*Entom*) ~*d'acqua* water flea; (*fig*) *fare le pulci a qcu.* to nit-pick so., to pick holes in so.'s work; (*fig*) *mettere la* ~ *nell'orecchio a qcu.* to arouse so.'s suspicions, to sow doubts in so.'s mind, to drop so. a hint; (*Entom*) ~*penetrante* chigoe-flea, chigoe, chigger.

pulcinaio *m.* chicken house.

pulcinella *m.inv.* (*fig*) (*persona volubile*) weathercock, buffoon. □ (*Ornit*) ~*di mare* atlantic puffin; *fare il* ~ to be a weathercock.

Pulcinella *n.pr.m.* (*Teat*) Punchinello.

pulcino *m.* 1 chick. 2 (*Sport*) colt, (*Am*) rookie. □ (*fig*) *sembrare un* ~*nella stoppa* not to know which way to turn; (*fig*) *essere come un* ~ *nella stoppa* to be like a babe in the wood.

pulcioso *a.* flea-ridden, flea-infested.

puledra *f.* filly.

puledro *m.* colt.

puleggia (*pl.* **-ge**) *f.* (*Mecc*) pulley. □ (*Mecc*) ~*a gradini* step pulley, cone pulley; (*Mecc*) ~ *fissa* fast pulley, fixed pulley; (*Mecc*) ~*folle* idler, idle pulley.

pulica *f.* (*Vetr*) (*bollicina nel vetro*) seed, boil.

pulire (**pulìsco, pulìsci**) I *v.t.* 1 to clean: ~ *la casa* to clean the house. 2 (*lavando*) to wash. 3 (*passando un panno umido*) to wipe, to wipe over, to clean; ~ *la lavagna* to wipe the blackboard, to clean the blackboard; ~ *le finestre* to clean the windows. 4 (*spazzolando*) to brush: *pulisciti le scarpe* brush your shoes. 5 (*mondare, sbucciare*) to peel. 6 (*ripulire da erbacce*) to weed. II *v.pron.* **pulirsi** 1 to clean, to clean oneself. 2 (*lavarsi*) to wash, to wash oneself. 3 (*spazzolarsi*) to clean, to brush. □ ~*il pesce* to gut fish, to clean fish; *pulirsi la bocca* to wipe one's mouth; *pulirsile unghie* to clean one's nails; ~*una ferita* to cleanse a wound.

pulisciorecchi *m.inv.* ear-pick, cotton swab.

puliscipiedi *m.inv.* doormat.

pulisciunghie *m.inv.* nail-cleaner, nail brush.

pulita *f.* quick wash, quick clean, quick wipe, quick wipe-over: *dare una* ~ *a qcs.* to give sth. a quick wipe-over.

pulitamente *avv.* 1 (*in modo pulito*) cleanly. 2 (*fig*) (*con bel garbo*) neatly, properly, elegantly.

pulito *a.* 1 (*rif. a persone e a cose*) clean: *lenzuola pulite* clean sheets. 2 (*fig*) (*onesto*) clean, clear, honest: *condurre una vita pulita* to lead a clean life; *una faccenda poco pulita* a shady business, a dishonest business. 3 (*fig*) (*ordinato*) tidy, neat, orderly. 4 (*non inquinante*) clean, ecological: *energia pulita* clean energy. 5 (*colloq*) (*decente*) clean. 6 (*pop*) (*netto*) net: *paga pulita* net pay, take-home pay. 7 (*scherz*) (*privo di denaro*) cleaned out. 8 (*gerg,fig*) (*che non ha addosso armi, droga ecc.*) clean. □ ~*come uno specchio* spotlessly clean, spick-and-span.

pulitore *m.* 1 (*f.* **-trice**) cleaner. 2 (*macchina*) cleaner. □ ~*a vapore* steam cleaner.

pulitrice *f.* 1 (*lucidatrice*) polisher; (*per pavimenti*) floor polisher. 2 (*Agr*) winnower, winnowing machine.

pulitura *f.* 1 cleaning. 2 (*il lavare*) washing. 3 (*lo strofinare*) wiping, wiping-over. 4 (*Tecn*) (*lucidatura*) buffing, polishing. □

a secco dry-cleaning.

pulizia *f.* **1** cleanness, cleanliness. **2** *pl.* (*il pulire*) cleaning (*costr.sing.*): *fare le pulizie* to do the cleaning, to do the housework. **3** (*Cosmet*) cleansing. □ (*Cosmet*) *~del viso* face cleansing; (*Cosmet*) *~della pelle* skin cleansing; *~delle strade* street cleaning; *pulizie di pasqua* (o *pulizie di primavera*) spring cleaning; *~etnica* ethnic cleansing; *fare* *~*: 1 (*sgombrare*) to clear, to clean out, to clean off; 2 (*scherz*) (*portare via tutto*) to make a clean sweep, to clean out; *pulizie pasquali* spring cleaning; *~personale* personal hygiene, personal cleanliness.

pull *m.inv.* (*Abbigl*) pullover.

pullman *m.* **1** (*Aut*) coach, bus. **2** (*Ferr*) Pullman, Pullman car.

pullover *m.* (*Abbigl*) pullover.

pullulare (**pùllulo**; *aus.* *avere*) *v.i.* **1** to swarm, to teem: *in questa casa pullulano le formiche* this house is swarming with ants; *la spiaggia pullulava di bagnanti* the beach was teeming with bathers. **2** (*fig*) to be rife, to multiply: *le cattive notizie pullulano* bad news is rife, there is a lot of bad news about.

pulmino *m.* minibus, microbus.

pulpite *f.* (*Med*) pulpitis.

pulpito *m.* **1** pulpit: (*fig*) *salire sul ~* (o *montare sul ~*) to sermonize, to lecture, to stand on one's soapbox, to get on one's soapbox. **2** (*Alp*) ledge. □ (*iron*) (*senti*)*da che ~ viene la predica!* look who's talking!, that's the pot calling the kettle black!, the pot is calling the kettle black!

pulsante **I** *a.* pulsating, beating, throbbing. **II** *m.* push-button, button, switch: *premere il ~* to push the button. □ *~del campanello* bell-push, bell-button; *~dell'orologio* pusher; *~di chiamata* (*dell'ascensore*) call button; (*Inform*) *~di chiusura* close button; (*Inform*) *~di opzione* radio button; (*Inform*) *~ di reset* reset button; (*Fot*) *~di scatto* shutter release; (*Inform*) *~ingrandisci* maximize button; (*Inform*) *~riduci a icona* minimize button.

pulsantiera *f.* button panel.

pulsar *m./f.* (*Astr*) pulsar.

pulsare (**pùlso**; *aus.* *avere*) *v.i.* to beat, to pulsate, to pulse, to throb (*anche fig*): *il cuore pulsava regolarmente* the heart was beating regularly.

pulsatilla *f.* (*Bot*) pulsatilla, pasque flower.

pulsazione *f.* **1** (*Fisiol*) beat, pulsation, pulse. **2** (*Fis*) pulsatance. □ (*Fisiol*) *~cardiaca* heartbeat.

pulsimetro *m.* (*Med*) pulsimeter.

pulsionale *a.* (*Psic*) drive (*attr.*).

pulsione *f.* drive, urge, push: *una forte ~ sessuale* a strong sex drive.

pulsogetto *m.* (*Aer*) (*pulsoreattore*) intermittent jet, pulse-jet engine.

pulsometro *m.* (*Fis*) pulsometer.

pulsoreattore *m.* (*Aer*) intermittent jet, pulse-jet engine.

pulverulento *a.* powdery, dusty, covered with dust, (*lett*) pulverulent.

pulvinare *m.* **1** (*Stor.rom*) pulvinar. **2** (*estens*) (*letto imperiale*) imperial couch. **3** (*palco imperiale*) Emperor's box.

pulvino *m.* (*Arch*) dosseret, pulvino.

pulviscolo *m.* fine dust. □ *~atmosferico* atmospheric dust, dust motes (*pl.*); *~cosmico* cosmic dust; *~radioattivo* radioactive dust.

pulzella *f.* (*lett*) maid, maiden. □ (*Stor*) *la ~d'Orléans* the Maid of Orléans.

puma *m.inv.* (*Zool*) puma, cougar.

punch /pantʃ, pɔntʃ, puntʃ/ *m.inv.* (*bevanda*) punch.

punching ball /'pantʃiŋ,bɔl/ *m.inv.* punch ball.

pungente *a.* **1** pungent. **2** (*ispido*) pricky: *barba ~* prickly beard. **3** (*fig*) (*intenso*) pungent, intense, poignant: *odore ~* pungent odour, (*Am*) pungent odor; *freddo ~* intense cold, bitter cold. **4** (*fig*) (*mordace*) pungent, cutting, biting: *risposta ~* cutting reply.

pungere (*pres.ind.* **pùngo, pùngi**; *p.rem.* **pùnsi**; *p.p.* **pùnto**) **I** *v.t.* **1** to prick: *l'ho punto con uno spillo* I pricked him with a pin. **2** (*rif. a insetti*) to sting, to bite: *mi ha punto un insetto* I've been stung by an insect. **3** (*rif. a barba e sim.*) to prickle, to scratch: *punge!* it's prickly! **4** (*pizzicare*) to sting, to bite: *l'ortica punge la pelle* nettles sting the skin. **5** (*fig*) (*irritare*) to irritate, to sting: *un odore che punge le narici* a smell that stings the nostrils. **6** (*fig*) (*colpire, ferire*) to sting, to cut. **7** (*assol.*) (*rif. al vento, freddo e sim.*) to be biting, to be piercing: *il freddo punge the* cold is biting. **II** *v.pron.* **pungersi** to prick oneself: *pungersi un dito* to prick one's finger. □ *~ qcu.sul vivo* to hit so. in their sore spot, to touch so.'s raw nerve; *le sue parole mi hanno punto sul vivo* his words cut me to the quick; (*scherz,ant*) *se ti pungeva ghezza* if you are so inclined, if you fancy, (*Am*) if it suits your coat.

pungiglione *m.* (*Zool*) sting.

pungitopo *m.* (*Bot*) butcher's-broom.

pungolare (**pùngolo**) *v.t.* **1** to goad: *~i buoi* to goad the oxen. **2** (*fig*) (*stimolare*) to goad, to urge on.

pungolo *m.* **1** goad, prod: *spingere i buoi con il ~* to drive the oxen forward with a goad, to goad the oxen. **2** (*fig*) (*stimolo*) goad, spur.

punibile *a.* punishable (*anche Dir*).

punibilità *f.* (*Dir*) punishableness, punishability.

punico (*pl.* **-ci**) *a.* Punic: *le guerre puniche* the Punic Wars.

punire (**punìsco, punìsci**) *v.t.* to punish: *~ la slealtà di qcu.* to punish so.'s disloyalty; *è stato punito per il suo crimine* he has been punished for his crime.

punitivo *a.* punitive: *spedizione punitiva* punitive expedition.

punitore **I** *m.* (*f.* **-trice**) punisher. **II** *a.* punishing, punitive.

punizione *f.* **1** punishment: *infliggere una ~ a qcu.* to punish so., to inflict a punishment on so. **2** (*Sport*) (*calcio di punizione*) penalty, free kick. □ *~corporale* corporal punishment; *~disciplinare* disciplinary punishment; *~esemplare* exemplary punishment.

punk (*angl.*) **I** *a.inv.* punk: *moda ~* punk fashion. **II** *m./f.inv.* punk.

punkabbestia /,paŋkab'bestja/ *m./f.inv.* beast punk.

punsi → **pungere**.

punta [1] *f.* **1** point, tip: *la ~ della spada* the point of the sword, the sword point. **2** (*della forchetta*) prong. **3** (*quantità minima*) pinch, touch, dash, hint (*anche fig*): *aggiungete una ~ di cannella* add a touch of cinnamon; *una ~ d'invidia* a trace of envy. **4** (*massima frequenza o intensità*) peak, maximum, height: *la ~ delle partenze si è verificata ieri* departures reached a maximum (level) yesterday. **5** (*punta dei piedi*) tiptoe: *camminare sulle punte* to tiptoe, to walk on tiptoe, to walk on the tip of one's toes. **6** (*punta dei piedi: rif. alla danza classica*) point: *danzare sulle punte* to dance on point(s). **7** (*parte più avanzata*) front rank, spearhead: *uomo di ~* front-rank man, leading man. **8** (*Geog*) (*sporgenza della costa*) point; (*cima mon-*

tuosa) peak, point. **9** (*Sport*) forward, striker, attacker. **10** (*Tecn,Mecc*) sour taste, sourness: *avere la ~* to have a sour taste. **12** (*Archeol*) point, axe, pointed flint axe. □ *a ~* pointed, at a point, in a point, to a point; *fatto a ~* pointed; *terminare a ~* to end in a point; (*Mecc*) *~a elica* twist drill; (*Mecc*) *~da trapano* drill bit; (*Alim*) *punte d'asparago* asparagus tips; (*fig*) *fino alla ~ dei capelli* up to one's neck, up to one's eyes, up to one's ears, (*Am*) up to one's eyeballs; *la ~del dito* fingertip; *la ~del naso* the tip of the nose; (*fig*) *avere qcs. sulla ~della lingua* to have sth. on the tip of one's tongue; *ho sulla punta della ~ il nome di quel signore* I have that man's name on the tip of my tongue; (*fig*) *avere qcs. sulla ~delle dita* to have sth. at one's fingertips; *la ~dell'iceberg* the tip of the iceberg (*anche fig*); (*Med*) *~d'ernia* incomplete inguinal hernia; (*fig*) *essere la ~di diamante di qcs.* to be the cutting edge of sth.; *~di freccia* arrowhead; (*Macell*) *~di petto* (*di manzo*) beef brisket; *in ~di piedi* on tiptoe; (*Mecc*) *~elicoidale* twist drill; *fare la ~ a una matita* to sharpen a pencil; *~fonografica* stylus, needle; (*Mecc*) *~ per tracciare* scriber; (*Mecc*) *~pilota* pilot drill, pilot tip; (*fig*) *prendere qcu. di ~* to stand up squarely to so.

punta [2] *f.* (*Caccia*) point: *cane da ~* pointer, setter.

puntale *m.* **1** cap, ferrule, shoe. **2** (*Mecc*) push rod. **3** (*Mar*) (*altezza della nave*) depth of a vessel.

puntamento *m.* (*Mil*) **1** aiming, sighting. **2** (*rif. a cannoni e sim.*) training, laying. □ (*Mil*) *~approssimato* coarse sighting; *~automatico*: 1 (*Tecn*) (*di telescopio*) automatic aiming; 2 (*Mar*) automatic tracking; (*Mil*) *~diretto* direct pointing; (*Mil*) *~indiretto* indirect laying.

puntare (**pùnto**) **I** *v.t.* **1** to plant, to push, to lean, to rest: *~ i gomiti sul tavolo* to plant one's elbows on the table. **2** (*drizzare, rivolgere*) to point, to direct: *~ il dito verso qcu.* to point one's finger at so. **3** (*Arm*) (*rif. ad armi da fuoco*) to point, to level: *~ il fucile* to point the rifle; *~ la pistola contro qcu.* to aim a pistol at so., to hold a pistol to so.; *una pistola alla tempia di qcu.* to hold a gun to so.'s head. **4** (*Arm*) (*rif. a cannoni*) to lay, to train. **5** (*Arm*) (*mirare*) to aim. **6** (*rif. a strumenti ottici*) to train, to range; (*mettere a fuoco*) to focus. **7** (*scommettere*) to bet: *ha puntato trenta euro sul rosso* he bet thirty euros on the red. **8** (*estens,colloq*) (*guardare insistentemente*) to stare (at): *quell'uomo ti sta puntando da mezz'ora* that man has been staring at you for half an hour. **9** (*Caccia*) to point. **10** (*Sart*) to pin. **II** *v.i.* (*aus.* *avere*) **1** (*dirigersi*) to head (*su* for), to make (*su* for): *l'esercito puntava sulla capitale* the army headed for the capital; *~ verso sud* to head south, to head towards south. **2** (*fig*) (*tendere*) to aim (*su* at): *~ al successo* to aim at success; *~a fare qcs.* to aim at (doing) sth. **3** (*fig*) (*contare*) to count (*su* on), to rely (*su* on). **4** (*scommettere*) to bet, to put one's money: *~ sul rosso* to bet on the red. □ (*fig*) *~gli occhi su qcu.* to fix one's eyes on so.; *~i piedi*: 1 to plant one's feet on the ground; 2 (*fig*) to dig in one's heels; (*fig*) *~in alto* to aim high, to reach for the stars; *~ troppo in alto* to set one's sights too high; *~la sveglia alle* (o *per le*) *sette* to set the alarm clock for seven o' clock; (*fig*) *~l'indice contro qcu.* to point one's finger at so.; *~sul cavallo perdente* to back the wrong horse (*anche fig*).

puntasecca *f.* (*Art*) drypoint.

puntaspilli *m.inv.* pincushion.

puntata[1] *f.* **1** (*breve escursione*) short trip; (*breve visita*) short visit: *abbiamo fatto una ~ dai miei* we've made a short visit to my parents. **2** (*il puntare al gioco*) betting; (*denaro puntato*) bet, stake. **3** (*Mil*) (*incursione*) raid, foray, attack. **4** (*colpo di punta*) jab, poke, thrust.

puntata[2] *f.* (*TV,Lett*) instalment, (*Am*) installment, episode, part: (*il seguito*) *alla prossima ~* to be continued. □ *a puntate* serial, serialized, in serial form, in installment: *romanzo a puntate* serial (story), story in installments; (*TV*) *sceneggiato in tre puntate* three-part serial.

puntato *a.* dotted: (*Mus*) *nota puntata* dotted note.

puntatore *m.* **1** (*Arm*) gun layer; (*in elevazione*) pointer. **2** (*chi scommette al gioco*) better. **3** (*Inform*) pointer. **4** (*nel gioco delle bocce*) shot bowler. □ (*Inform*) *~del mouse* mouse pointer; (*Inform*) *~nullo* null pointer.

punteggiare (**puntéggio, puntéggi**) *v.t.* **1** to dot (*anche fig*): *~ una linea* to dot a line; *~ un discorso di esclamazioni* to dot a speech with exclamations. **2** (*forare*) to perforate, to make holes in. **3** (*fornire di segni d'interpunzione*) to punctuate. **4** (*fig*) (*intercalare*) to punctuate.

punteggiato *a.* **1** dotted: *una stoffa punteggiata di verde* a green-dotted fabric. **2** (*interpunto*) punctuated.

punteggiatura *f.* **1** (*Gramm*) punctuation. **2** (*il punteggiare*) dotting. **3** (*macchiettatura*) speckles *pl.*, speckling, dots *pl.*, spotting.

punteggio *m.* score: *nella classifica il suo ~ è scarso* (*Br*) he's got a low score in the results, (*Am*) he has a low score in the results; *ottenere il ~ più alto* to get the highest score; *~ finale* final score. □ (*Sport,scherz*) *~tennistico* (*nel calcio*) very high score, winning score of more than six goals.

puntellamento *m.* propping.

puntellare (**puntèllo**) **I** *v.t.* **1** to prop, to prop up, to shore, to shore up, to support: *~ un muro* to prop up a wall. **2** (*estens*) (*sorreggere*) to prop, to prop up, to hold up: *~ il mento con la mano* to prop one's chin in one's hand. **3** (*fig*) (*sostenere*) to support, to back up, to buttress. **II** *v.pron.* **puntellarsi** to lean (*a qcs.* against sth.), to prop oneself (*a qcs.* against sth.).

puntellatura *f.* **1** propping. **2** (*puntelli*) props *pl.*, supports *pl.*

puntello *m.* **1** prop, shore, support. **2** (*fig*) (*sostegno*) support; (*rif. a persona*) prop, support. **3** (*Mar*) (*per navi in bacino*) shore, bilge block. **4** (*colloq,fig*) (*persona con cui uscire*) date.

punteria *f.* **1** (*Mot*) tappet. **2** (*Mil*) aiming, pointing.

punteruolo *m.* **1** (*Calz*) awl, bradawl, pricker, punch. **2** (*Entom*) weevil. □ (*Entom*) *~ del grano* corn weevil, granary weevil.

puntiforme *a.* punctiform.

puntiglio *m.* **1** obstinacy, stubbornness, (*colloq*) pigheadedness. **2** (*grande meticolosità*) meticulousness. **3** (*perseveranza*) perseverance, determination. □ *fare qcs.per ~* to do sth. out of sheer obstinacy.

puntigliosamente *avv.* **1** obstinately, stubbornly. **2** (*meticolosamente*) meticulously, precisely.

puntigliosità *f.* **1** obstinacy, stubbornness. **2** (*meticolosità*) meticulousness.

puntiglioso *a.* **1** stubborn, obstinate, (*colloq*) pigheaded. **2** (*meticoloso*) meticulous, precise: *essere eccessivamente ~* to be

overly meticulous, to be obsessive.

puntina *f.* **1** (*da disegno*) drawing pin, (*Am*) thumb tack. **2** (*puntina fonografica*) needle, stylus.

puntinismo *m.* (*Art*) pointillism.

puntinista *m./f.* (*Art*) pointillist.

puntino *m.* dot. □ (*fig*)*a ~* properly, nicely, perfectly: *fare le cose a ~* to do things properly; (*Gastron*) *cotto a ~* perfectly cooked, cooked to perfection; *questo vestito ti sta a ~* this dress suits you to a T; (*Tip*) *puntini di sospensione* dots, suspension points; *puntini puntini* dot, dot, dot; (*fig*) *mettere i puntini sulle i* to dot one's i's.

punto[1] **I** *m.* **1** point: *sembrare un ~ all'orizzonte* to be (just) a dot on the horizon. **2** (*luogo determinato*) point, spot: *da questo ~ si vede tutta la città* from this spot you can see the whole city. **3** (*passo di uno scritto*) passage. **4** (*articolo, capoverso*) point, paragraph. **5** (*argomento*) point: *abbiamo già esaminato diversi punti* we have already examined several points; *leggere un testo ~ per ~* to go through a text point by point; (*fig*) *andare dritto al ~* to get straight to the point; *venire al ~* to get to the point of the problem, to get to the crux of the problem, to come to the point of the problem, to come to the crux of the problem. **6** (*momento, istante*) point, moment, instant: *a un certo ~* at a certain point. **7** (*grado, momento culminante*) point, extent, degree, stage: *~ di maturità* degree of maturity; *fino a che ~ ...?*, to what extent...?; *non la credevo gelosa fino a questo ~* I hadn't thought she was that jealous. **8** (*nel gioco e nello sport*) point: *segnare punti* to score points; *perdere punti* to lose points (*anche fig*); *vincere ai punti* to win on points. **9** (*Scol*) mark: *togliere un ~* to take off a mark: *riportare il massimo dei punti* to get top marks; *avere quattro punti di vantaggio* to be four points ahead (*o up*); *avere tre punti di svantaggio* to be three points down. **10** (*Comm*) (*buono premio*) trading stamp, gift coupon. **11** (*Sart*) stitch: *cucire a punti fitti* to make close stitches; *dare un ~ a qcs.* to stick up sth., to put a stitch in sth., to put a few stitches in sth. **12** (*nel lavoro a maglia*) stitch: *lasciare cadere un ~* to drop a stitch; *aumentare i punti* to cast on; *diminuire i punti* to cast off. **13** (*Geom,Tip,Fis*) point: *il ~ di fusione del ferro* the melting point of iron. **14** (*Gramm*) full stop, (*Am*) period: *due punti* colon. **15** (*Mus*) dot. **16** (*Inform*) (*negli indirizzi internet*) *~ com* dot com. **17** (*Tess*) interlacing. **18** (*Chir*) stitch, suture: *mi hanno dato sette punti* I had seven stiches; *gli hanno tolto oggi i punti* they took his stitches out today. **19** (*Mar,Aer*) (*posizione geografica*) position, fix, reckoning. **20** (*Econ*) point: *le azioni sono salite di due punti* shares have risen by two points. **21** (*per cucitrici*) staple. **II** *a.* (*colloq,region*) (*nessuno*) no: *non ho punta voglia di uscire* I have no wish to go out. **III** *avv.* (*region*) **1** (*in frasi negative*) at all. **2** (*senza negazione espressa*) not at all, hardly: *un uomo ~ gentile* hardly a courteous man. □ *~ a catenella* (*nel ricamo*) chain-stitch;*a che ~ sei?* how far have you got?, what point are you at?, (*Am*) how far have you gotten?; *a che ~ siamo?* where have we got up to?; *~ a cordoncino* (*nel ricamo*) couching stitch; *~ a coste* (*nel lavoro a maglia*) rib-stitch, ribbing; (*fig*) *è un ~ a favore di qcu.* to be a point in so.'s favour, (*Am*) to be a point in so.'s favor; *~ a giorno* (*nel ricamo*) hemstitch; *~ a nodo* (*nel ricamo*) French knot; (*fig*) *essere un ~ a sfavore di qcu.* to be a black mark against so.; *~ a*

spiga (*nel cucito*) herringbone stitch; *~ a treccia* (*nel lavoro a maglia*) cable stitch;*al ~che* so, to the point of, to the extent that; *al ~di* so, to the point of, to the extent that: *arrivare al ~ di fare qcs.* to go so far as to do sth., to get to the point of doing sth.; *siamo al ~ di prima* we are back where we started from; *al ~ in cui stanno le cose* as things stand, as matters stand; (*Pol*) *~caldo* trouble spot; (*Geog*) *~ cardinale* cardinal point; *~ catenella* (*nel ricamo*) chain-stitch; *~ coste* (*nel lavoro a maglia*) rib-stitch, ribbing; *~ critico*: **1** (*Tecn*) critical point; **2** (*fig*) crucial point, crisis point; *~ croce* (*nel ricamo*) cross-stitch; (*fig*) *dare dei punti a qcu.* (*essergli superiore*) to knock the spots off so.; *~ debole* weak point (*anche fig*); (*Inform*) *~ decimale fisso* fixed point; (*fig*) *~di appoggio* backing; (*Inform*) *~ di arresto* breakpoint; (*Inform*) *~di carico* load point; (*Fis*) *~ di combustione* firing point, ignition point; (*Fis*) *~di congelamento* freezing point; *~di contatto* point of contact, contact point (*anche fig*); *~ di cottura* (*desired*) doneness; (*Ott*) *~ di divergenza* point of divergence; *~ di domanda* question mark; (*Fis*) *~ di ebollizione* boiling point; (*Fis*) *~ di equilibrio* balance point, equilibrium point; (*Chim*) *~di esaurimento* exhaustion point; *~ di forza* strong point, strength; (*Geom,Art*) *~ di fuga* vanishing point; (*Fis*) *~ di fusione* melting point; *~ di giunzione* joint, junction; (*Arm*) *~di impatto* point of impact; (*Tecn*) *~ di infiammabilità* flash point, fire point; (*Inform*) *~di interruzione* breakpoint; (*Geom*) *~di intersezione* point of intersection; (*Mil*) *~ di mira* point of aim; *in ~di morte* at the point of death, near one's end, at death's door; *essere in ~ di morte* to be at death's door; (*Aer*) *~di non ritorno* point of no return (*anche fig*); *~ di osservazione* look-out point; *~ di pareggio* break-even point; *~ di partenza*: **1** starting point, base, point of departure; **2** (*fig*) jumping-off place, starting block: *ritornare al punto di ~* to come full circle, to go back to square one; *essere di nuovo al punto di ~* to be back at square one; *~di passaggio* crossing point; (*Inform*) *~di presenza* point of presence; *~di riferimento*: **1** point of reference; **2** (*Aer*) checkpoint; **3** (*Topogr*) datum point, benchmark; **4** (*Inform*) benchmark; **5** (*fig*) reference point; *~ di ritrovo* meeting point; *~di rottura* breaking point; (*Fis*) *~di rugiada* dew point; (*Fis*) *~ di saturazione* saturation point; (*Mar*) *~di stima* estimated position; (*fig*) *armato di tutto ~* armed from head to toe, armed to the back teeth; *vestito di tutto ~* to be all dressed up; (*Comm*) *~ di vendita* point of sale, sales outlet, sales point; *~ di vendita al dettaglio* retail outlet; *~ di vista*: **1** (*Geom*) view point, point of sight; **2** (*fig*) point of view, viewpoint, perspective; *~ d'incontro* meeting point; *~ d'incontro di due strade* place where two roads meet; *~dolente*: **1** (*Med*) painful place, sore place; **2** (*fig*) sore point, sore subject; *~ d'onore* point of honour; *~ dritto* (*nel lavoro a maglia*) plain stitch; *~ e a capo*: **1** (*Br*) full stop, new line, new paragraph, (*Am*) period, new line; **2** (*fig*) and that's that: *essere di nuovo ~ e a capo* to be back at (*o* to) square one; *~ e basta* and that's that, and that's the end of that!, (*Am*) period, period paragraph; (*Gramm*) *~ e virgola* semicolon; *punti equinoziali* equinoctial points; *~ erba* (*nel ricamo*) satin stitch, stem stitch; *~ esclamativo* (*Br*) exclamation mark, (*Am*) exclamation point; (*Geom*) *~esterno a una circonferenza* point exterior to a circumference; (*Mar*)*fare* *il* ~ to determine the position, to take the reckoning, to take the bearings; (*fig*) *fare il ~ di qcs.* to see how sth. stands: *fare il ~ della situazione* to see what the situation is, to give an up-to-the-minute report on sth.; *~fermo* : 1 (*Gramm*) full stop, (*Am*) period; 2 (*fig*) anchor; (*Ott*) *~focale* focusing point, focal point; (*colloq*)*in ~ exactly, sharp, on the button, on the dot: *erano le cinque in ~* it was five o'clock on the dot; (*fig*) *di ~in bianco* point blank, out of the blue, all of a sudden; *~in comune* mutual interest; *avere molti punti in comune* to have a lot in common; (*Geog*) *punti~intermedi* intermediate points; (*El*) *~isoelettrico* isoelectric point; *~jacquard* (*nel lavoro a maglia*) Jacquard stitch; *~luminoso* : 1 (*Ott*) luminous point; 2 (*TV*) spot; (*Tecn*) *~metallico* staple:*mettere a ~*: 1 (*inventare*) to create, to get ready, to develop; 2 (*di motore*) to tune up: *mettere a ~ un motore* to tune an engine, to tune up an engine; 3 (*rif. a macchine*) to set up; 4 (*rif. a cannocchiali e sim.*) to focus, to adjust; 5 (*fig*) (*precisare*) to clear up, to get straight; ~ *morto* : 1 (*Mecc*) dead centre, dead point; 2 (*fig*) dead end: *essere a un ~ morto* to be at a standstill, to have reached a dead end; (*rar*) *né ~né poco* not at all, not in the least; *~ nero* : 1 (*comedone*) blackhead; 2 (*fig*) blot on one's reputation, black mark; (*El*) *~neutro* neutral point; *~nevralgico* : 1 (*Med*) painful point, centre of pain; 2 (*fig*) crux; *~nodale* : 1 (*Mat*) panel point; 2 (*Fis*) nodal point; 3 (*fig*) nodal point; *~panoramico* viewpoint; *~per* ~: 1 (*con ordine*) point by point; 2 (*particolareggiatamente*) in detail; (*fig*)*per un* ~ by a hair's breadth; *~pieno imbottito* (*nel ricamo*) raised work; (*colloq*)*qui sta il* ~ that's the problem, that's the point; *~rammendo* darning stitch; *~raso* (*nel ricamo*) satin stitch; ~ *riso* (*nella maglia*) moss stitch; *~rovescio* (*nel lavoro a maglia*) purl (stitch); (*fig*) *essere~sul ~di* to be on the verge of, to be on the point of, to be about to: *ero sul ~ di partire* I was on the point of leaving, I was about to leave; (*Sart*) *~vita* waistline, waist. *Prov.*: *per un ~ Martin perse la cappa* for want of a nail, the shoe was lost; a miss is as as good as a mile.

punto [2] *part. pass.* → **pungere**.

puntone *m.* (*Edil*) strut; (*del tetto*) rafter. □ (*Edil*) *~d'angolo* hip rafter.

puntuale *a.* 1 punctual, on time (*posposto*): *arrivare ~* to be punctual, to arrive on time. 2 (*preciso*) precise, exact. 3 (*Ling*) punctual.

puntualissimo *a.* perfectly punctual, perfectly on time (*posposto*).

puntualità *f.* 1 punctuality: *mancanza di ~* unpunctuality. 2 (*precisione*) precision, exactness, accuracy.

puntualizzare (**puntualizzo**) *v.t.* to define (sth.) precisely, to specify, to add, to state (sth.) more precisely, to make clear: ~ *un problema* to define a problem precisely.

puntualizzazione *f.* precise definition; specification, clarification.

puntualmente *avv.* 1 punctually, on time. 2 (*iron*) (*immancabilmente*) regularly, unfailingly, always. 3 (*precisamente*) precisely, accurately, point by point.

puntura *f.* 1 prick: *la ~ di un ago* a needle prick; ~ *d'ortica* nettle sting. 2 (*d'insetto*) sting, bite: *una ~ di zanzara* a mosquito bite. 3 (*colloq*) (*iniezione*) injection, (*colloq*) shot. 4 (*Med*) puncture: ~ *lombare* lumbar puncture. 5 (*fitta*) sharp pain; (*a un fianco*) stitch: *sentire una ~ al petto* to feel a sharp pain in one's chest. □ (*colloq*)*fare una ~*: 1 (*farsi fare*) to have an injection, to get a shot; 2

(*farla a qcu.*) to give (so.) a shot, to give so. an injection.

puntuto *a.* pointed, sharp.

punzecchiamento *m.* 1 prick, pricking. 2 (*fig*) teasing.

punzecchiare (**punzécchio, punzécchi**) I *v.t.* 1 to prick. 2 (*rif. a insetti*) to sting, to bite. 3 (*fig*) (*stuzzicare*) to tease, to taunt, to goad. II *v.r.recipr.* **punzecchiarsi** to tease each other, to dig at each other.

punzecchiatura *f.* 1 prick, pricking. 2 (*fig*) teasing.

punzonare (**punzóno**) *v.t.* 1 to punch, to stamp. 2 (*Sport*) to attach a leaden seal to.

punzonatore *m.* (*f.* **-trice**) (*operaio*) stamper, puncher.

punzonatrice *f.* punching-machine, punching-press, punch. □ (*Tecn*) *~per occhielli* eyelet punch.

punzonatura *f.* 1 stamping, punching. 2 (*Sport*) attaching of leaden seals.

punzone *m.* (*Tecn*) 1 stamp, punch, prick punch. 2 (*punteruolo*) punch, prick punch.

punzonista *m.* (*Tecn*) (*operaio*) puncher.

può → **potere**[1].

pupa [1] *f.* 1 (*bambola*) doll. 2 (*estens*) (*ragazza*) doll; (*amore, tesoro*) sweetheart, (*Am, colloq*) baby.

pupa [2] *f.* (*Entom*) pupa.

pupario *m.* (*Entom*) puparium.

puparo *m.* (*f.* **-a**) Sicilian puppet master.

pupattola *f.* (*bambola*) doll (*anche fig*).

pupazzetto *m.* caricature, sketch; (*disegnato*) stick-figure; (*di carta*) cut-out figure.

pupazzo *m.* 1 puppet, doll. 2 (*fig*) puppet. □ *~di neve* snowman; *~di stoffa* soft toy, stuffed animal, stuffed toy.

pupilla *f.* 1 (*Anat*) pupil: *pupille dilatate* dilated pupils. 2 (*estens*) eye. 3 (*fig*) (*cosa preziosa*) apple: *sei la ~ dei miei occhi* you are the apple of my eye.

pupillare [1] *a.* (*Anat*) pupillary, of the pupil.

pupillare [2] *a.* (*Dir*) pupillary, of a ward.

pupillo *m.* (*f.* **-a**) 1 (*Dir*) ward, pupil. 2 (*estens*) pet, favourite, darling, protégé.

pupillometria *f.* (*Med*) pupillometry: *pupillometria digitale* digital pupillometry.

pupillometro *m.* (*Med,Tecn*) pupillometer.

pupo *m.* 1 (*burattino*) (Sicilian) puppet. 2 (*f.* **-a**) (*colloq*) (*bambino*) kiddie, bay boy, little boy.

pupù *f.* (*infant*) poo-poo, doo-doo, (*Br*) pooh. □ *fare la ~* to go poo-poo, to make poo-poo, to do number two, (*Br*) to poo.

pur *avv.* → **pure**.

puramente *avv.* purely, merely, just, only, simply: *è una questione ~ economica* it's merely an economical matter.

purché *congz.* 1 (*a condizione che*) provided that, on condition that, as long as, so long as: *sono disposto ad andare ~ tu mi accompagni* I'm ready to go as long as you come with me. 2 (*in frasi esclamative*) let's hope!: ~ *sia vero!* let's hope it's true!

purchessia *a.indef.inv.* (*rar*) (*qualsiasi: posposto*) any, any...whatever, any...whatsoever: *damnene uno ~* give me any one.

pure I *avv.* 1 (*anche*) too, also, as well: *hanno invitato ~ me* they've invited me too. 2 (*pleonastico*) please, *spesso non si traduce*: *permette? - Faccia ~* may I? - Please do! (*o* go ahead!); *faccia ~ come fosse a casa sua* make yourself at home. 3 (*eventualmente, forse*) perhaps, possibly, maybe: *potrebbe ~ venire domani* he may possibly come tomorrow. 4 (*concessivo*) if you like, if you want, *spesso non si traduce*: *ammettiamo ~ che i fatti si siano svolti così* let's admit, if you like, that this is what happened; *ammesso ~*

che tu abbia ragione even assuming that you're right. 5 (*enfatico*) well, surely, *spesso tradotto con una question tag*: *ci sarà ~ qualcuno che parla un po' di Italiano, no?* surely there will be someone who speaks a little Italian, won't there?: *avrò ~ il diritto di parlare!* I can talk, can't I?, I've the right to talk, haven't I? 6 (*in frasi esortative*) please, by all means, certainly, if one likes: *si sieda ~* please sit down, do sit down; *entra ~!* do come in! II *congz.* 1 (*concessivo*) even though, even if, although: *pur volendole bene, non la capiva* although he loved her, he didn't understand her; even though he loved her, he didn't understand her. 2 (*tuttavia, nondimeno*) nevertheless, however, still, yet, but, all the same, *spesso non si traduce*: *lavoro molto, ~ trovo il tempo di leggere* I work a lot, but I still find time to read. □ *purdi* in order to, to: *farei qualsiasi cosa pur di rivederlo* I would do anything in order to see him again*;fosse ~ il direttore a chiedermelo, non farei questo lavoro* even if the director (himself) asked me, I wouldn't do this job; not even if the the director himself asked me, would I do this job;*sia ~* however, even though, even if; *sia ~ malvolentieri, ne devo andare* I have to go, although I don't want to; *ho bisogno di un aiuto, sia ~ modesto* I need help, however slight; *purtuttavia* and yet, nevertheless.

purè ,purea *m.* (*Gastron*) purée: ~ *di patate* potato purée, mashed potatoes *pl.*; *ridurre a ~* to purée, to mash.

purezza *f.* 1 purity, pureness (*anche fig*): *la ~ di un cristallo* the purity of a crystal; *la ~ dell'aria* the pureness of the air; ~ *di linguaggio* purity of language; (*Art*) ~ *di linee* purity of line. 2 (*Chim,Min*) purity. 3 (*estens*) purity, chastity.

purga *f.* 1 (*colloq*) (*purgante*) purgative, purge: *prendere la ~* to take a purge. 2 (*fig*) (*epurazione*) purge. 3 (*Pell*) bating. 4 (*Tess*) scouring.

purgante I *a.* (*Farm*) purgative, purging. II *m.* (*Farm*) purgative, purge.

purgare (**pùrgo, pùrghi**) I *v.t.* 1 (*dare un purgante*) to give a purgative to. 2 (*liberare da impurità*) to purge, to purify, to clear, to refine: ~ *il sangue* to clear the blood. 3 (*fig*) (*espiare*) to purge away, to expiate. 4 (*fig*) (*epurare*) to purge. 5 (*fig*) (*censurare*) to expurgate, to censor: ~ *uno scritto* to expurgate a work. II *v.pron.* **purgarsi** 1 (*prendere un purgante*) to take a purge. 2 (*fig*) (*purificarsi*) to purge oneself, to cleanse oneself, to purify oneself (*di* of, from).

purgata *f.* (*rar*) (*il purgare*) purge, purgation.

purgativo *a.* laxative, purgative: *sciroppo ~* laxative syrup.

purgato *a.* 1 (*puro*) pure, purged, cleansed. 2 (*fig*) pure, faultless, correct. 3 (*fig*) (*censurato*) expurgated, censored: *edizione purgata* expurgated edition.

purgatorio *m.* (*Rel.catt*) purgatory (*anche fig*).

purgatura *f.* (*Tess*) scouring.

purificante *a.* (*Cosmet*) cleansing, purifying: *maschera ~* purifying mask.

purificare (**purifico, purifichi**) I *v.t.* 1 to purify, to cleanse (of, from) (*anche fig*): ~ *l'anima dal peccato* to cleanse the soul from sin. 2 (*Met,Chim*) to clean, to purify, to refine: ~ *il petrolio* to refine oil. II *v.pron.* **purificarsi** 1 to purify oneself. 2 (*fig*) (*divenire puro*) to become pure, to be purified.

purificatore I *m.* (*f.* **-trice**) purifier. II *a.* purifying.

purificazione *f.* **1** purification, purifying (*anche fig*). **2** (*Lit*) purification. **3** (*Met,Chim*) refining, purifying, cleansing.

Purim *m.inv.* (*Rel.ebr*) Purim.

purismo *m.* (*Ling*) purism.

purista *m./f.* (*Ling*) purist.

purità *f.* (*lett*) purity, pureness (*anche fig*).

puritanesimo *m.* **1** (*Rel.prot*) Puritanism. **2** (*estens,spreg*) puritanism.

puritano **I** *a.* **1** (*Rel.prot*) Puritan. **2** (*estens, spreg*) puritanical, puritanic. **II** *m.* (*f.* **-a**) **1** (*Rel.prot*) Puritan. **2** (*estens,spreg*) puritan.

puro **I** *a.* **1** pure, fine: *seta pura* pure silk; *aria pura* pure air; *parlava in purissimo italiano* he spoke in pure Italian. **2** (*limpido*) clear, pure, limpid: *acqua pura* clear water. **3** (*fig*) (*casto*) pure, chaste, innocent: *una ragazza casta e pura* a chaste and pure girl. **4** (*fig*) (*onesto*) pure, honest, sincere: *le sue intenzioni sono pure* his intentions are honest. **5** (*solo, soltanto*) mere, sheer, only: *queste sono pure fantasie* this is mere imagination. **6** (*rif. a scienza: non applicato*) pure: *matematica pura* pure mathematics. **II** *m.* (*f.* **-a**) pure-hearted person: *i puri* the pure-hearted; (*Bibl*) *beati i puri di cuore* blessed are the pure in heart. □ *per ~ caso* purely by chance; *è stato un puro ~ che io lo incontrassi* it was by pure chance that I met him; *~ come un giglio* as pure as a lily, lily-white, as pure as the driven snow; *~ cotone* pure cotton; *~ e semplice* simple, pure and simple, mere, plain: *voglio la pura e semplice verità* I want the plain truth; *una pura formalità* a mere formality; (*Tess*) *pura lana* pure wool; (*Tess*) *pura lana vergine* pure new wool, pure virgin wool; (*Teol*) *puri spiriti* heavenly spirits, angels.

purosangue **I** *m.inv.* (*Zootecn*) thoroughbred, purebred. **II** *a.inv.* (*posposto*) **1** (*Zootecn*) thoroughbred, purebred. **2** (*estens,scherz*) trueborn: *un irlandese ~* a trueborn Irishman.

purpureo *a.* purple, deep red, crimson: *veste purpurea* purple dress.

purpurico *a.* (*Chim*) purpuric: *acido ~* purpuric acid.

purtroppo *avv.* unfortunately, sad to say, worse luck: *~ non posso venire* unfortunately I can't come; *sei malato? - ~ sì* are you ill? - I'm afraid I am; *~ è vero* unfortunately it's true, alas it's the truth.

purulento *a.* (*Med*) purulent.

purulenza *f.* (*Med*) purulence, purulency.

pus *m.* (*Med*) pus.

push up /puʃ'ap/ *m.inv.* (*Abbigl*) push-up bra.

pusillanime **I** *a.* pusillanimous, cowardly, faint-hearted. **II** *m./f.* coward.

pusillanimità *f.* cowardice, pusillanimity.

pussa via *intz.* scat!

pustola *f.* (*Med*) pustule, pimple.

pustoloso *a.* pustular, pimply.

putacaso, **puta caso** *avv.* (*per ipotesi*) suppose, just suppose, supposing. □ *~che* just suppose that;*se ~ tornasse* supposing he came back, if by any chance he came back.

putativo *a.* (*Dir*) putative, reputed, supposed: *padre ~* putative father.

puteale *m.* (*Arch*) puteal, well-curb.

Putifarre *n.pr.m.* (*Bibl*) Potiphar, Putiphar.

putiferio *m.* **1** (*schiamazzo*) uproar, pandemonium, bedlam, chaos, rumpus, row: *è scoppiato un ~* an uproar broke loose. **2** (*fig*) (*confusione*) confusion, mess.

putizza *f.* (*Geol*) sulphureous exhalations *pl.*

putredine *f.* **1** putrefaction, rot, rotting, decay. **2** (*cosa putrefatta*) putrefaction, putrescence, putrid matter.

putrefare (*pres.ind.* **putrefàccio, putrefài**; *p.rem.* **putreféci**; *p.p.* **putrefàtto**; *aus.* **essere**) **I** *v.i.* **1** to putrefy, to rot, to decay. **2** (*rif. a cibi*) to go bad, to go off, to spoil. **II** *v.pron.* **putrefarsi** to go bad, to go off, to spoil.

putrefatto *a.* **1** putrid, putrefied, rotten, decayed, decomposed. **2** (*fig*) corrupt, rotten.

putrefazione *f.* putrefaction, decomposition, decay, rot. □ *andare in ~* to decay, to rot away;*in ~* putrefying, decaying.

putrella *f.* (*Edil*) iron beam, iron girder, I iron, I beam, joist.

putrescente *a.* putrescent, decaying, rotting.

putrescenza *f.* (*rar*) putrescence.

putrescibile *a.* putrescible.

putrescina *f.* (*Chim*) putrescine.

putrido **I** *a.* **1** putrid, decayed, rotten, foul: *carne putrida* rotten meat. **2** (*fig*) (*corrotto*) corrupt, putrid, depraved. **II** *m.inv.* (*fig*) (*la corruzione*) corruption, rottenness.

putridume *m.* **1** putrified matter, decayed matter, putrescence. **2** (*fig*) (*corruzione*) corruption, rottenness.

putsch /putʃ/ *m.inv.* putsch.

putt /pat/ *m.inv.* (*Sport*) putt.

puttana *f.* (*volg*) **1** whore, tart, slut, (*lett*) harlot: *fare la ~ con tutti* to whore around. **2** (*come insulto*) bitch!: *figlio di ~!* son of a bitch! **2** (*volg*) *andare a puttane*: **1** to whore; **2** (*fig*) to go down the tubes; (*volg*) *mandare qcs. a puttane* to fuck sth. up.

puttanaio *m.* (*volg*) hole: *questo posto è un ~!* this place is a hole!

puttanata *f.* (*volg*) **1** (*cazzata*) crap, bullshit: *non dire puttanate!* don't talk bullshit!, don't talk crap!; *che ~!* what crap! **2** (*azione stupida*) (*Br*) bloody stupid thing, (*Am*) B.S.:

non fare puttanate! don't fuck up!

puttaneggiare (**puttanéggio, puttanéggi**; *aus.* **avere**) *v.i.* (*volg*) to whore, to play the whore (*anche estens*).

puttanella *f.* (*volg*) strumpet, slut.

puttanesca □ (*Gastron*) *spaghetti alla ~* spaghetti with a tomato, olive oil, black olives, capers, anchovies and chilli pepper sauce.

puttanesco (*pl.* **-chi**) *a.* (*volg*) whorish, sluttish, whorish.

puttaniere *m.* (*volg*) whoremonger, pimp.

putto *m.* (*Art*) putto.

puzza *f.* bad smell, stink, reek, stench. □ *c'è ~ di fumo* it smells of cigarette smoke, there's a stench of smoke; *c'è ~ di fritto* there's a smell of frying; *che ~!* what a stink!, what a stench!; *sento ~ di bruciato* burning smell; *sento ~ di bruciato* (o *c'è ~ di bruciato*): **1** I smell something burning; **2** (*fig*) I smell a rat; *~ di sudore* sweaty smell, body odour, (*colloq*) BO; (*fig*) *avere la ~ sotto il naso* to be a snob, to be hoity-toity, to be snooty, to be snobbish.

puzzare (**pùzzo**; *aus.* **avere**) *v.i.* **1** to smell, to stink, to reek, (*pop*) to pong: *~ di sudore* to smell of sweat; *~ di rancido* to smell rancid. **2** (*fig*) to smell, to smack, (*colloq*) to be fishy: *~ di eresia* to smack of heresy; *il tuo modo di comportarti puzza di imbroglio* your behaviour is fishy; (*colloq*) *la cosa mi puzza un po'* it sounds a bit fishy to me. □ *~ di chiuso* to have a musty smell; *~ di marcio* to smell rotten; *~ di muffa* to smell musty, to smell moldy; (*fig*) *gli puzza ancora la bocca di latte* he's wet behind the ears; (*colloq*) *ti puzza la salute ?* why do you waste your health?

puzzle /'pazol, 'putsle/ *m.inv.* **1** jigsaw puzzle. **2** (*estens*) difficult problem.

puzzo *m.* bad smell, stink, reek, stench: *mandare ~ di qcs.* to stink of sth., to smell of sth.; (*fig*) *c'è ~ di imbroglio* it smells fishy.

puzzola *f.* (*Zool*) polecat, fitchew.

puzzolente *a.* foul, stinking, (*colloq*) smelly.

puzzone *m.* (*f.* **-a**) (*region*) **1** (*volg*) (*persona puzzolente*) stinker. **2** (*fig*) (*persona disonesta*) skunk, (*pop*) stinker, rogue, villain.

p.v. *prossimo venturo* prox. (proximo), (next).

PVC (*Chim*) *polivinilcloruro* PVC (polyvinyl chloride).

PY Paraguay PY (Paraguay).

pyrex *m.* (*Vetr*) Pyrex: *una pirofila in ~* a Pyrex saucepan.

P.za *piazza* Sq., sq. (square).

Q

q[1], **Q**[1] /ku/ *f./m.* (*lettera dell'alfabeto*) q, Q: *due q* two q's; *una q minuscola* a small q; *una q maiuscola* a capital Q; (*Tel*) *q come Quarto* Q for Queenie, (*Am*) Q as in Queen.

q[2] **1** *quintale* q, ql (quintal). **2** (*El,Fis*) *quantità di elettricità* q (electric charge).

Q[2] **1** *Qatar* Q (Qatar). **2** (*Fis*) *quantità di calore* Q (heat charge).

Qatar /ka'tar/ *n.pr.m.* (*Geog*) Qatar.

q.b. 1 (*Farm*) *quanto basta* q.s. (quantum sufficit, as much as suffices). **2** (*Gastron*) *quanto basta* (to taste): *sale* ~ salt to taste.

QED *quod erat demonstrandum, come dovevasi dimostrare* (QED).

QG *quartier generale* HQ, h.q. (headquarters).

QI *quoziente di intelligenza* IQ (intelligence quotient).

qibla /'kibla/ *f.* qibla.

Qoelet /ko'elet/ *m.* (*Bibl*) Ecclesiastes.

qua *avv.* **1** here: *le forbici sono* ~ *le scissors* are here; *vieni* ~ come here. **2** (*rafforzativo di questo*) here, *spesso non si traduce: questo vestito* ~ *ti sta meglio* this dress here suits you better; (*colloq*) *che cosa dice questo* ~? what is this fellow saying? **3** (*con un imperativo*) here, just, *spesso non si traduce: guarda* ~ *che cosa mi hai combinato* just look what a mess you've got me into; *dammi* ~ give it to me; give it here. **4** (*con un imperativo sottinteso*) here, *spesso non si traduce:* ~ *i soldi* give me the money, put the money here. □ *al di* ~ *di* this side of, on this side of: *al di* ~ *del fiume* on this side of the river; *da* ~ from here: *da* ~ *a là* from here to there; ~*dentro* in here; *di* ~: **1** (*moto da luogo*) from here: *di* ~ *non mi muovo* I'm not budging from here; **2** (*stato in luogo*): *resta di* ~ *un momento, torno subito* stay here a minute, I'll be right back; **3** (*moto a luogo*) this way; **4** (*originario*) from around here, from hereabouts; *di* ~ *e di là* here and there; *girare di qua e di* ~ to go from one place to another, to wander about, to wander around; *di* ~ ... *e di là...* over here... and... over there: *di* ~ *metti le cassette e di là i CD* put your cassettes over here and your CDs over there; ~*dietro* : **1** back here; **2** (*dietro l'angolo*) just around the corner, just around the block; ~*e là* here and there: ~ *e là si vedevano piccole case bianche* small white houses could be seen here and there; *i libri erano sparsi* ~ *e là* the books were scattered about; ~*fuori* out here; *in* ~: **1** (*verso questa parte*) over here; *guarda in* ~ look over here; **2** (*rif. a tempo*) *da... in* ~ for... now: *da un anno in* ~ for a year now, for the last year, for the past year; *da qualche tempo in* ~ for some time now; *da quando in* ~? since when?; (*in tono di rimprovero*) when on earth?; **3** (*più vicino*) closer: *fatti più in* ~ come closer; ~*intorno* around here; (*colloq*) ~*la mano* (*concludendo un affare*) let's shake hands; *per di* ~ this way; ~*sopra* up here; ~*sotto* down here.

quaccherismo *m.* (*Rel.prot*) Quakerism.

quacchero I *a.* (*Rel.prot*) Quakerly, Quaker (*attr.*). **II** *m.* (*f.* -**a**) (*Rel.prot*) Quaker (*f.* -ress).

quaderno *m.* excercise book: ~ *di matematica* maths exercise book. □ ~*a quadretti* exercise book with squared pages; ~*a righe* ruled exercise book; ~*a spirale* spiral notebook; ~*ad anelli* ring binder; ~*degli appunti* notebook.

quadra *f.* **1** (*Mat,Tip*) (*parentesi*) square bracket, (*Am*) bracket. **2** (*Mar*) (*vela quadra*) square sail.

quadragesima *f.* (*Rel,rar*) Quadragesima: *domenica di* ~ Quadragesima, Quadragesima Sunday.

quadrangolare I *a.* **1** (*Geom*) quadrangular. **2** (*Sport*) four-way (*attr.*): *torneo* ~ four-way tournament. **II** *m.* (*Sport*) four-way tournament, four way tournament.

quadrangolo I *a.* (*Geom*) quadrangular. **II** *m.* (*Geom*) quadrangle.

quadrantale *a.* quadrantal.

quadrante *m.* **1** (*Orol*) clock dial, clock face. **2** (*nella bussola*) quadrant. **3** (*Astr,Mat*) quadrant. □ (*Tecn*) ~*indicatore* indicator dial, dial; ~*solare* (*meridiana*) sundial.

quadrantectomia *f.* (*Med*) quadrantectomy.

quadrare (**quàdro**) **I** *v.t.* **1** to square, to make (sth.) square: ~ *un foglio da disegno* to make a piece of drawing paper square. **2** (*dare forma quadra*) to square. **3** (*Mat*) (*elevare al quadrato*) to square. **4** (*fig*) (*assestare*) to set straight. **II** *v.i.* (*aus.* **essere/avere**) **1** (*corrispondere*) to fit, to suit (*con qcs.* sth.), to be in keeping with, to add up: *questo titolo non quadra con l'argomento* this title is not in keeping with the subject matter; *le due storie non quadrano* the two stories don't add up. **2** (*Econ*) (*essere giusto*) to balance, to tally: *le uscite devono* ~ *con le entrate* expenses must balance receipts. **3** (*colloq*) (*andare a genio*) to like (*costr.pers.*), to suit one's fancy: *quel tipo non mi quadra* I don't like that person, I don't trust that person. □ *far* ~*i conti* to balance accounts, to square accounts; ~*il cerchio* to square the circle.

quadratico (*pl.* -**ci**) *a.* (*Mat*) quadratic: *equazione quadratica* quadratic equation.

quadratino *m.* **1** (*piccolo quadrato*) small square. **2** (*Mar.mil*) (*alloggio*) gunroom. **3** (*Tip*) quad.

quadrato[1] *a.* **1** square (*anche estens*): *una figura quadrata* a square figure, a square object; *centimetro* ~ square centimetre, (*Am*) square centimeter; (*estens*) *spalle quadrate* square shoulders. **2** (*fig*) (*assennato, giudizioso*) sensible, well-balanced; (*controllato*) level-headed: *tuo fratello è un tipo* ~ your brother is a sensible person, your brother is a well-balanced person.

quadrato[2] *m.* **1** (*Geom,Mat*) square: *tracciare un* ~ to draw a square; *il* ~ *di tre è nove* the square of three is nine, three square is nine; (*estens*) *questa stanza è un* ~ *perfetto* this room is a perfect square. **2** (*in enigmistica*) square. **3** (*Sport*) (*nel pugilato*) ring. **4** (*Mil, Mecc*) square. **5** (*Mil*) (*sala riservata agli ufficiali*) officers mess hall. **6** (*Anat,Zool*) (*osso*) quadrate. □ (*Mat*) *elevare un numero al* ~ to square a number: *sette al* ~ *è uguale a quarantanove* seven squared equals forty-nine; (*Mil*) *fare* ~ to close ranks; (*fig*) *fare* ~ *intorno a qcu.* (*difendere*) to close ranks around so.; ~*latino* Latin square; ~*magico* magic square.

quadratura *f.* **1** (*ridurre in forma quadrata*) squaring. **2** (*riquadro*) square; (*pannello*) panel. **3** (*Comm*) squaring, balancing. **4** (*Geom*) squaring. **5** (*Mat*) (*elevazione a potenza*) squaring; (*calcolo dell'area*) quadrature. **6** (*Astr,El*) quadrature. **7** (*Pitt*) quadratura. □ ~*del cerchio* : **1** (*Geom*) squaring of the circle; **2** (*fig*) (*problema insolubile*) squaring of the circle, end of the rainbow, catch-22; (*fig*) ~ *mentale* levelheadedness, sensibleness.

quadrello *m.* **1** (*Edil*) (*mattonella quadrata*) (*per pavimenti*) square tile; (*per vetri*) quarrel. **2** (*Abbigl*) (*pezzetto di pelle o stoffa inserito negli indumenti*) gusset. **3** (*righello*) square ruler. **4** (*Alim*) (*lombata*) loin. **5** (*pl.* **quadrella**) (*lett*) (*freccia*) square-headed arrow, quarrel, square-headed bolt. **6** (*ago per tappezzieri, imballatori*) packing needle.

quadreria *f.* **1** (*pinacoteca*) art gallery. **2** (*collezione di quadri*) collection of paintings.

quadrettare (**quadrétto**) *v.t.* **1** to divide (sth.) into squares, to square. **2** (*Tess*) to chequer, (*Am*) to checker.

quadrettato *a.* **1** squared: *carta quadrettata* squared paper. **2** (*Tess*) chequered, (*Am*) checkered.

quadrettatura *f.* **1** division into squares, chequering. **2** (*reticolato di quadretti*) chequer, chequerwork, (*Am*) checker.

quadrettino *m.* small square. □ *a quadrettini* checked, chequered: *stoffa a quadrettini* checked fabric, check fabric.

quadretto *m.* **1** little picture; (*dipinto*) little painting. **2** (*fig*) (*scenetta*) scene, picture: *un* ~ *di vita familiare* a picture of family life. **3** (*Mar,Stor*) (*banderuola di comando*) square flag flown from a pole of the chief galley. □ *a quadretti* : **1** (*di quaderno, carta*) squared; **2** (*di stoffa*) checked, chequered.

quadricentenario I *m.* (*anniversario*) quadricentennial. **II** *a.* (*che ricorre ogni quattrocento anni*) quadricentennial.

quadricipite *m.* (*Anat*) quadriceps.

quadricromia *f.* (*Tip*) **1** (*procedimento*) four-colour process (printing), (*Am*) four-color process (printing). **2** (*immagine*) four-colour print, (*Am*) four-color print. □ (*Tip*) ~ *digitale* four-color digital, digital four-color.

quadriennale I *a.* **1** (*che dura quattro anni*) four-year (*attr.*), quadrennial. **2** (*che avviene ogni quattro anni*) four-yearly (*attr.*), quadrennial. **II** *f.* (*esposizione*) quadrennial exhibition: *la* ~ *di Praga* the Prague Quadrennial exhibition, the Prague Quadrennial.

quadriennio *m.* four years *pl.*, quadriennium.

quadrifoglio *m.* **1** (*Bot*) four-leaf clover. **2** (*Strad*) (*raccordo*) cloverleaf.

quadrifonia *f.* (*Acus*) **1** (*tecnica*) quadraphony, quadraphonic system. **2** (*registrazione*) four-channel recording system. **3** (*riproduzione*) four-channel sound system.

quadrifonico (*pl.* -**ci**) *a.* (*Acus*) quadraphonic, quadrophonic.

quadrifora I *f.* (*Arch*) window with four lights. **II** *a.* (*Arch*) with four lights (*posposto*).

quadriga f. 1 (*Stor*) quadriga. 2 (*rar*) (*tiro a quattro cavalli*) four-in-hand.

quadrigemino a. quadruple: *parto ~ birth of quadruplets.

quadrigetto m. (*Aer*) four-engined jet, four-engined aircraft.

quadriglia f. (*danza e musica*) quadrille.

quadrilatero I a. quadrilateral, four-sided. II m. 1 quadrilateral, four-sided figure. 2 (*Geom*) tetragon, quadrilateral, four-sided figure. 3 (*fortificazione*) four-sided stronghold.

quadrilione m. (*Br*) septillion, (*Am*) quadrillion.

quadrilobato a. 1 (*Bot,Zool*) four-lobed, four lobed. 2 (*Arch*) quatrefoiled.

quadrimestrale I a. 1 (*che dura un quadrimestre*) four-month (*attr.*), of four months (*posposto*). 2 (*che avviene ogni quadrimestre*) four-monthly (*attr.*). II m. (*Edit*) (*rivista*) four-monthly magazine.

quadrimestre m. 1 (*Scol*) term, semester. 2 (*periodo di quattro mesi*) four months *pl*. 3 (*rata quadrimestrale*) four-monthly payment.

quadrimotore I m. (*Aer*) four-engined aircraft. II a. (*Aer*) four-engined.

quadrinomio m. (*Mat*) quadrinomial.

quadripartitico (*pl.* -ci) a. 1 (*composto da quattro parti*) quadripartite. 2 (*Pol*) four-party (*attr.*): *coalizione quadripartitica* four-party coalition.

quadripartito [1] a. (*composto da quattro parti*) quadripartite.

quadripartito [2] I a. (*Pol*) four-party (*attr.*): *accordo ~* four-party agreement. II m. (*governo quadripartito*) four-party government.

quadriportico (*pl.* -ci) m. (*Arch*) four-sided portico.

quadrireattore I a. (*Aer*) four-engined. II m. (*Aer*) four-engined jet, four-engined aircraft.

quadrireme f. (*Mar,ant*) quadrireme.

quadrisillabico (*pl.* -ci) a. (*Ling*) tetrasyllabic, tetrasyllabical.

quadrisillabo I a. (*Ling*) tetrasyllabic, tetrasyllabical. II m. 1 (*Ling*) tetrasyllable. 2 (*Metr*) line of four syllable.

quadrista m./f. (*Tecn*) panel operator, control panel operator.

quadrivettore m. (*Fis*) four-vector, four vector.

quadrivio m. 1 (*Strad,ant*) crossroads (*costr.sing. o pl.*). 2 (*Mediev*) (*arti del quadrivio*) quadrivium. □ (*Mediev*) *artidel ~* quadrivium.

quadro [1] a. 1 square (*anche Mat*): *una figura quadra* a square figure; (*Mat*) *centimetro ~* square centimetre, (*Am*) square centimeter; (*estens*) *spalle quadre* square shoulderseter. 2 (*fig*) (*assennato, giudizioso*) sensible, well-balanced; (*controllato*) level-headed.

quadro [2] I m. 1 (*raffigurazione incorniciata*) picture; (*dipinto*) painting: *~ a olio* oil painting; *fare un ~* to paint a picture. 2 (*fig*) (*spettacolo*) sight, picture: *un ~ terrificante* a terrifying sight. 3 (*fig*) (*descrizione*) picture, description, outline: *tracciare un ~ vivace degli avvenimenti* to draw a vivid picture of the events; *~ pessimistico* pessimistic picture. 4 (*fig*) (*ambito*) framework, scope: *nel ~ degli accordi internazionali* within the framework of the international agreements. 5 (*fig*) (*limitazione*) limits *pl*. 6 (*prospetto*) chart, diagram, table, list. 7 (*Tecn*) (*pannello con comandi*) board, panel: *~ di controllo* control panel, board. 8 (*Teat*) (*parte di un atto*) scene. 9 (*Cin*) (*inquadratura*) shot; (*ri-*

presa) take; (*immagine proiettata*) picture. 10 *pl*. (*complesso di persone rappresentative*) cadre *sing.*, nucleus *sing.*, leaders: *i quadri di un partito* the core of a party. 11 *pl*. (*Mil*) cadres: *rinnovare i quadri* to renew the cadres. 12 *pl*. (*nelle carte*) diamonds: *asso di quadri* ace of diamonds. 13 *pl*. (*rif. ad azienda: personale direttivo*) managerial staff (*costr.sing. o pl.*), management (*costr.sing. o pl.*): *quadri intermedi* middle management; *quadri amministrativi* administrative directors, administrative managers. □ (*Tess*)*a quadri* checkered, checked, chequered: *una tovaglia a quadri blu e bianchi* a blue-and-white checkered tablecloth; (*Med*) *~clinico* clinical picture; (*El*) *~di comando* control panel, control board; (*Tel*) *~di commutazione* switchboard; (*El*) *~di distribuzione* distributing frame; *~di riferimento* reference framework; *~didattico* programme of study, curriculum; *~elettrico* : 1 (*El*) switchboard; 2 (*Cin*) power panel; (*Cin*) *~fisso* still shot; *~luminoso* illuminated diagram; (*fig*) *il ~ politico* the political situation; (*Mecc*) *~portalame* blade holder; (*Tecn*) *~portastrumenti* instrument panel; *~riassuntivo* : 1 (*grafico*) summary chart; 2 (*estens*) summary; (*Sport*) *~svedese* wall bars (*pl.*); (*Teat*) *~vivente* tableau vivant.

quadrumane I a. (*Zool*) quadrumanous. II m. (*Zool,rar*) ape, monkey.

quadrumvirato , quadrunvirato m. quadrumvirate (*anche Stor.rom*).

quadrumviro , quadrunviro m. quadrumvir (*anche Stor.rom*).

quadrupede I a. (*Zool*) quadruped, quadrupedal, four-footed. II m. (*Zool*) quadruped, four-footed animal.

quadruplicare (**quadrùplico, quadrùplichi**) I v.t. to quadruple, to quadruplicate, to multiply by four. II v.pron. **quadruplicarsi** to quadruple.

quadruplicazione f. quadruplication.

quadruplice a. fourfold, four (*attr.*), four-. □ (*Stor*) *~alleanza* Quadruple Alliance.

quadruplicità f. quadruplicity.

quadruplo a. 1 quadruple, fourfold, four times: *mi occorre una somma quadrupla di quella che possiedo* I need four times as much as I have. 2 (*composto di quattro parti uguali o simili*) quadruple, fourfold. 3 (*Mat*) quadruple. II m. 1 quadruple, four times as much: *questo vale il ~ (di quello)* this is worth four times as much (as that). 2 (*Mat*) quadruple.

quagga m.inv. (*Zool*) quagga.

quaggiù avv. 1 down here (*anche estens*): *vieni ~* come down here; *~ gli inverni sono miti* winters are mild down here; *da ~* (o *di ~*) from down here. 2 (*fig*) (*sulla Terra*) of this world, in this world: *le cose di ~* the things of this world.

quaglia f. (*Ornit*) quail.

quagliare (**quàglio**; *aus.* **essere**) v.i. 1 (*region*) (*cagliare*) to complete. 2 (*fig*) (*concludersi positivamente*) to come to something, to go through: *le cose non quagliano* things are not working out.

quagliere m. (*Caccia*) quail call.

quagliodromo m. (*Caccia*) area where dogs are trained to hunt quails.

qualche a.indef.inv. (*costr.sing.*) 1 (*partitivo: in frasi affermative*) (*alcuni, non molti*) some (*costr.pl.*), a few (*costr.pl.*), several (*costr.pl.*): *ho ~ lettera da scrivere* I have some letters to write; *aspetto già da ~ ora* I've been waiting several hours now: *partirò tra ~ giorno* I'll be leaving in a few days; *~ mio amico* some friends of mine. 2 (*in frasi*

interrogative e dubitative) any: *hai ~ sigaretta?* do you have any cigarettes?; *non hai ~ amico che ti aiuti?* don't you have any friends who will help you?; *chissà se c'è ~ giornale inglese* I wonder if there are any English papers; *~ problema?* any problems? 3 (*nelle offerte*) some: *vuoi ~ caramella?* would you like some candy? 4 (*un po'*) some, a little: *ha ~ esperienza* he has some experience; *c'è voluto ~ tempo per finirlo* it took some time to finish it. 5 (*uno*) a: *c'è ~ medico?* is there a doctor? 6 (*uno qualsiasi, uno o l'altro*) some (or other): *dobbiamo venire a ~ decisione* we must come to some decision; *verrò a trovarti ~ giorno* I'll come and see you one of these days, I'll come and see you sooner or later; *per una ~ ragione la casa era affollata* for some reason, the house was crowded. 7 (*un certo*) some, a certain, a certain amount of: *gode di una ~ considerazione* he is held in some esteem. □ *~altro* : 1 (*diverso*) (*in frasi affermative e offerte*) some other; (*in frasi interrogative*) any other: *~ altra domanda?* any other questions?; 2 (*in aggiunta a una certa quantità*) (*in frasi affermative e offerte*) some more; (*in frasi interrogative*) any more: *desidera ~ altro cioccolatino?* would you like some more chocolates?; *~cosa* → **qualcosa**;*da ~parte* : 1 somewhere: *la tua camicia deve essere lì da ~ parte* your shirt must be somewhere there; 2 (*in frasi interrogative*) anywhere; *in ~luogo* somewhere; *in ~modo* : 1 (*in un modo o nell'altro*) somehow, in some way, in some way or other; 2 (*region*) (*alla bell'e meglio*) in a slapdash manner, in a slapdash way, in a careless manner, in a hasty manner, haphazardly: *un lavoro fatto in ~ modo* a work done in a slapdash manner, a sloppy job; *in ~posto* somewhere; *~volta* : 1 (*talvolta*) sometimes; 2 (*una volta*) once.

qualcheduno pron.indef. (*rar*) → **qualcuno**.

qualcosa I pron.indef.inv. 1 (*in frasi affermative*) something: *dammi ~ di buono da mangiare* give me something good to eat; *vorrei ~ di più pesante* I'd like something heavier; (*enfat*) *essere ~ di bello* to be really beautiful, to be lovely. 2 (*in frasi dubitative e interrogative*) anything: *hai ~ da dire?* have you anything to say?; *è arrivato ~ per me?* has anything come for me?; *dimmi se c'è ~ di sbagliato in questo* tell me if there is anything wrong with this. 3 (*nelle offerte*) something: *vuoi ~ da leggere?* do you want something to read? II m. something: *c'è un ~ di strano in lui* there is something strange in him. □ *qualcos'ultro* : 1 something else; 2 (*in frasi dubitative e interrogative*) anything else: *desidera qualcos'altro?* (would you like) anything else?; *~come* something like: *ha speso ~ come duecento euro* he spent something like four hundred euros; *~del genere* something like that, something of the sort; (*fig*) *~di grosso* something important, something serious: *deve essere successo ~ di grosso* something serious must have happened; *c'è sotto ~ di grosso* there's something big going on; *~di più* something more than; *~di simile* something like that; *~meno di* (o *~ di meno di*) something less than; *~mi dice che* ... something tells me that...: *~ mi dice che arriverà oggi* something tells me he'll come today; (*colloq*) *ne so ~!* I've been here before!;*prendete ~ (da bere)?* would you like something to drink?, (*colloq*) something to drink?

qualcuno pron.indef. (*often shortened to* **qualcun** *when used before* altro *and to* **qual-**

cun' *when used before* altra) **1** (*in frasi affermative: rif. a persone*) someone, somebody: ~ *bussa alla porta* somebody is knocking at the door. **2** (*in frasi interrogative e dubitative: rif. a persone*) anyone, anybody: *c'è ~ che ha un dizionario?* has anyone got a dictionary?, does anyone have a dictionary?; *se dovesse venire ~, digli che sono uscito* if anyone should come, tell them I'm not in; ~ *di voi sa ballare bene?* can any of you dance well? **3** (*alcuni, in frasi affermative*) some (*costr.pl.*): ~ *è favorevole a noi* some are on our side; ~ *di loro ha perso l'autobus* some of them missed the bus; *l'anno scorso ho visto ~ dei suoi quadri* last year I saw some of his paintings. **4** (*alcuni, in frasi interrogative e dubitative*) any (*costr.pl.*): *c'è ~ di voi disposto ad aiutarmi?* are any of you willing to help me?; ~ *di questi libri è in vendita?* are any of these books for sale? **5** (*colloq*) (*persona importante*) someone, somebody: *si crede ~ ora che è diventato ricco* now that he's rich he thinks he's somebody; *è ~ in questa città* he is somebody in this city. □ *qualcun altro* : **1** (*in frasi affermative*) someone else, somebody else; **2** (*in frasi interrogative*) anyone else, anybody else; *c'è ~?*: **1** is there anybody here?; **2** (*dall'esterno*) is there anybody in there?, (*in casa*) is anyone home?; **3** (*dall'interno*) is there anybody out there?

quale (*often shortened to* qual *when used before a word beginning with a vowel, especially before the verb* essere *and some expressions of spoken Italian*) **I** *a.interr.* **1** (*numero indeterminato, specificando: rif. a natura, qualità, prezzo e sim.*) what: ~ *dizionario adoperi?* what dictionary do you use?; *non so ~ tipo di condimento sia più adatto a questo piatto* I don't know what kind of sauce goes best with this dish. **2** (*scegliendo fra un numero limitato*) which: ~ *strada dobbiamo prendere, questa o quella?* which road must we take, this one or that one?; *quali libri hai letto su questo argomento?* which books have you read on this subject? **II** *a.esclam.* (*enfat*) (*con nomi sing.*) what a, (*con nomi pl.*) what: ~ *onore!* what an honour!; (*ant*) *quali idee sciocche!* what silly ideas!; ~ *orrore provai nel vedere le sue ferite!* how horrified I was when I saw his wounds! **III** *a.rel.* **1** (*come*) as: *la stanza è ~ l'abbiamo lasciata* the room is (just) as we left it; *l'appartamento, ~ lo vedete, è in vendita* the flat as you see it (now) is on sale. **2** (*nelle esemplificazioni*) such as, like: *molti uccelli, quali il merlo, l'uccello del paradiso ecc.* many birds, such as the blackbird, the bird of paradise, etc.; *due poeti quali Dante e Shakespeare* two poets like Dante and Shakespeare; *una disgrazia ~ non avrei mai pensato* a misfortune such as I'd never have imagined. **IV** *a.indef.* (*qualunque*) whatever: ~ *che sia la tua opinione a riguardo, devi intervenire* whatever you think about it, you must intervene. **V** *pron.interr.* **1** (*specificando: rif. a natura, qualità, prezzo e sim.*) what: *qual è il prezzo di questo vestito?* what's the price of this suit?; *qual è il tuo sport preferito?* what is your favourite sport? **2** (*scegliendo fra un numero limitato*) which (one): ~ *di questi libri preferisci?* which of these books do you prefer?; ~ *ti piace di più?* which one do you like best?; *voglio una di queste paste - ~?* I want one of these cakes - Which one? **VI** *pron.rel.* **1** (*soggetto: rif. a persone*) who, that: (*rar*) *non conosco l'uomo il ~ parla* I don't know the man who is speaking, I don't know the man that is

speaking. **2** (*soggetto: rif. a persone, in proposizioni incidentali*) who: *mio fratello, il ~ abita a Milano, non è sposato* my brother, who lives in Milan, is not married. **3** (*soggetto: rif. a cose o animali*) which, that: (*rar*) *ha una casa la ~ dà sul mare* he has a house which overlooks the sea. **4** (*complemento indiretto: rif. a persone*) that, who, whom, *spesso non si traduce: il ragazzo al ~ hai regalato il libro* the boy you gave the book to, the boy that you gave the book to, the boy to whom you gave the book; *i compagni con i quali giochi* the friends you play with. **5** (*complemento indiretto: rif. a persone in proposizioni incidentali*) who, whom: *mia sorella, della ~ parlavamo, ha solo vent'anni* my sister, whom we were talking of, is only twenty years old; my sister, of whom we were talking is only twenty years old. **6** (*complemento indiretto: rif. a cose o animali*) that, which, *spesso non si traduce: la casa nella ~ abiti* the house you live in, the house in which you live. **7** (*complemento indiretto: rif. a cose o animali in proposizioni incidentali*) which: *il treno proveniente da Londra, sul ~ viaggia il mio amico, è in ritardo* the London train, which my friend is travelling on, is late; the train, on which my friend is travelling, is late. **8** (*possessivo: rif. a persone*) whose: *la signora della ~ ammiriamo la gentilezza* the lady whose kindness we admire. **9** (*possessivo: rif. a cose o animali*) of which, whose: *l'uccello del ~ abbiamo udito il canto* the bird whose singing we heard. **VII** *avv.* (*in qualità di, come*) as: *fu mandato in Francia ~ ambasciatore* he was sent to France as an ambassador. **VIII** *pron.indef.* (*lett*) **1** (*alcuni... altri*) some... some: *quali vengono, quali vanno* some come, some go. **2** (*chiunque*) whoever: *qual che tu sia...* whoever you are... □ *la qualcosa* which: *non venne, la qual cosa fu un bene* he didn't come, which was a good thing; *le cose non sono andate proprio per la ~* things didn't turn out smoothly, things didn't turn out all that well; *a ~ scopo?* for what purpose?, why?, what for?

qualifica *f.* **1** (*titolo*) title: ~ *di dottore* title of doctor; *dare a qcu. la ~* to call so., to give so. the title of; (*scherz*) *meritare la ~ di sciocco* to deserve being called a fool. **2** (*complesso di doti professionali*) qualification, qualifications *pl.*: ~ *professionale* professional qualification. **3** (*posizione contrattuale*) status. **4** (*in azienda: posizione*) job title, title. **5** (*Sport*) qualification (*per* for).

qualificabile *a.* qualifiable.

qualificante *a.* **1** qualifying. **2** (*che dà prestigio*) prestigious. **3** (*significativo, saliente*) significant, salient.

qualificare (**qualìfico, qualìfichi**) **I** *v.t.* **1** (*giudicare*) to call, to qualify: *non so come ~ il tuo comportamento* I don't know what to make of your behaviour, I don't know what to call your behaviour. **2** (*considerare*) to consider: ~ *qcu. come un serio professionista* to consider so. a real professional. **3** (*preparare, addestrare*) to train, to qualify. **II** *v.pron.* **qualificarsi 1** to describe oneself as: *si è qualificato ragioniere* he described himself as an accountant. **2** (*ottenere una qualifica*) to qualify as: *qualificarsi idoneo* to qualify as suitable. **3** (*Sport*) to qualify (*per* for).

qualificativo *a.* qualifying (*anche Gramm*): *aggettivo ~* qualifying adjective, attributive adjective, qualifier.

qualificato *a.* **1** (*dotato, con buone qualità*) accomplished, talented. **2** (*dotato di prepa-*

razione professionale) qualified, skilled, competent: *operaio ~* skilled worker; *sei il più ~ per questo lavoro* you're the best qualified for this job; *altamente ~* highly-qualified, highly-skilled. **3** (*estens*) (*adatto*) qualified, eligible, suitable (*per* for). **4** (*Dir,ant*) (*aggravato*) aggravated: *furto ~* aggravated theft.

qualificazione *f.* qualification (*anche Sport*). □ (*Sport*) *gare di ~* qualifying games; ~ *professionale* professional qualification: *corso di ~ professionale* training course.

qualità *f.* **1** quality: *mi interessa la ~, non la quantità* I'm interested in quality, not quantity. **2** (*dote, pregio*) quality, good quality, merit, virtue: *un giovane pieno di ~* a young man with many good qualities. **3** (*specie*) sort, type, kind: *persone di ogni ~* all kinds of people, all sorts of people; *di tutte le ~* of all kinds. **4** (*Comm*) quality, grade: *una ~ di uova per prodotti non alimentari* a grade of egg for non-food items; *prodotti di prima ~* top-quality products, grade A products. **5** (*Fon,Filos*) quality. □ ~ *dell'ambiente* environmental quality; *di ~*: **1** (*di buona condizione sociale*) of rank, of high standing, (*lett*) of quality; **2** (*di buona qualità*) good quality (*attr.*), high-quality (*attr.*): *prodotto di ~ alta* high quality product; *requisito di ~* quality requirement; ~ *DVD* DVD quality; ~ *extra* best quality, finest quality, first rate, superior quality; *in ~ di*: **1** as: *parlo in ~ di direttore* I'm speaking as director; **2** (*Dir*) in one's capacity as; ~ *inferiore* lower quality: *di ~ inferiore* inferior, ~ *media* average quality, medium quality; ~ *negative* (*vizi, difetti*) defects, weaknesses; ~ *scadente* inferior quality, bad quality; (*Acus*) ~ *del suono* sound quality; ~ *della vita* quality of life, standard of living, living standard.

qualitativamente *avv.* qualitatively.

qualitativo *a.* qualitative: (*Chim*) *analisi qualitativa* qualitative analysis.

qualora *congz.* **1** (*nel caso in cui, se mai*) if, in case: ~ *ciò avvenisse* if this should happen; ~ *tu non potessi farlo* if you can't do it, if you shouldn't be able to do it. **2** (*lett*) (*allorché, quando*) when, as soon as.

qualsiasi (*pl. rar* **qualsìansi**) *a.indef.inv.* **1** any: *un giorno ~* any given day; *a ~ prezzo* at any price; *a ~ ora* at any hour. **2** (*ogni*) any, all, every: *negò ~ coinvolgimento nella faccenda* he denied any connection with the plot. **3** (*spreg*) (*ordinario, comune*) just any, just ordinary, (*colloq*) any old: *è un mio parente, non una persona ~* he's a relative of mine, not just anyone; *una ragazza ~* just an ordinary girl, just any girl. **4** (*con valore relativo*) whatever, no matter what: *sarò con te, ~ decisione tu prenda* whatever decision you may take, I'll be with you. **5** (*rif. a un numero ridotto*) any, whichever: *in ~ lavoro all'inizio si fa sempre fatica* any job is hard at the outset. □ ~ *cosa* anything: *farei cosa per lui* I would do anything for him; ~ *cosa succeda, non dimenticare l'appuntamento* whatever happens, don't forget the appointment; *a ~ costo* at all costs, at any cost; *in ~ luogo* : **1** anywhere; **2** (*in frasi concessive*) wherever; *in ~ modo* any way (possible); *in ~ momento* at any time: *non esitare a chiamare in ~ momento* don't hesitate to call me at any time; *da ~ parte* anywhere; *a ~ patto* at any cost.

qualsivoglia (*pl. rar* **qualsivògliano**) *a.indef.inv.* (*lett*) any.

qualunque *a.indef.inv.* **1** any: *un giorno ~* any given day; *a ~ prezzo* at any price; *a ~*

ora at any hour. **2** (*ogni*) every, all: *sarebbe capace di ~ cattiveria* he would be capable of every kind of mischief. **3** (*posposto: uno qualsiasi*) any, just ordinary, ordinary, nondescript, (*colloq*) any old: *ci fermeremo in un albergo ~* we'll stay in any old hotel; *è un impiegato ~* he's just an ordinary clerk. **4** (*con valore relativo*) whatever: *~ novità ci sia, avvertimi* whatever news there is, let me know. **5** (*rif. a un numero ridotto*) whichever: *~ strada prendi arriverai sempre in ritardo* whichever road you take, you will still arrive late. □ *a ~costo* at all costs, at any price; *~altro* : 1 (*rif. a persona*) anyone else; 2 (*rif. a cosa*) any other: *~ altro oggetto* any other object; *~cosa* anything: *farei ~ cosa per aiutarti* I'd do anything to help you; *in ~ luogo* anywhere; *~persona* anyone, anybody; *~sia* whatever it might be; *uno ~*: 1 (*rif. a persona*) (just) anyone, anybody; 2 (*rif. a cosa*) just any one, anything.

qualunquismo *m.* **1** (*Stor.it*) Qualunquismo (political movement characterized by a deep mistrust towards political parties and government institutions). **2** (*estens,spreg*) non-commitment, criticism or indifference towards politics and social problems.

qualunquista I *m./f.* **1** (*Stor.it*) Qualunquismo supporter. **2** (*estens,spreg*) drifter. II *a.* (*estens,spreg*) non-committal.

qualunquistico (*pl.* -ci) *a.* (*spreg*) non-committal.

quandanche *congz.* even if, even though: *~ mi tirassi fuori dal giro, non riusciresti mai a proteggermi* even if you got me out of the racket, you'd never be able to protect me.

quando I *avv.* **1** (*interrogativo*) when: *~ parti?* when are you leaving?; *gli domandava ~ sarebbe tornato* she was asking him when he would be back. **2** (*colloq*) (*relativo*) that, when, *spesso non si traduce: il giorno ~ arrivai in Italia* the day (that) I arrived in Italy. **3** (*lett*) (*ora... ora...*) sometimes... sometimes..., some times... some others... II *congz.* **1** when: *~ sarai grande, capirai cose del genere* when you are older, you'll understand such things. **2** (*tutte le volte che*) when, whenever, every time (that): *~ comincia la primavera, gli alberi rifioriscono* when spring begins, trees burst into blossom again. **3** (*dopo che*) when, after. **4** (*mentre*) while: *lo incontrai ~ ero a Parigi* I met him while I was in Paris; *~ dorme, russa sempre* he always snores when he sleeps. **5** (*avversativo*) when, whereas, while: *sembrava triste ~ invece era contento* he seemed sad while instead he was happy. **6** (*causale: visto che*) when, since, *è sciocco insistere ~ sai che è inutile* it's silly to insist when you know it's no use. **7** (*in frasi ellittiche: se*) if: *quand'è così* if that's how matters stand, if that's the case. III *m.inv.* when: *il come e il ~* the how and the when. □ *a ~* when: *a ~ la laurea?* when will you get your degree?; *quand'anche* even if, even though: *quand'anche fosse così* even if that were so, even if that were the case; *~che sia* any time; *la città è rimasta come ~ io ero piccolo* the town has remained as it was when I was a child; *da ~*: 1 (*dal momento in cui*) since, ever since: *soffre molto da ~ sei partito* he has suffered a lot since you left; 2 (*interrogativo*) (*da che momento*) since when?; (*da quanto tempo*) how long?: *da ~ ti piace il calcio?* since when have you been a soccer fan?; *da ~ mi stai aspettando?* how long have you been waiting for me?; *da ~ in qua ti piace il calcio?* since when have you been a soccer fan?; *di ~*: 1 (*del tempo in cui*) from

(*the time*) when: *sono i vestiti di ~ ero piccola* these are my clothes from when I was a child; 2 (*interrogativo*) what date?, when?: *di ~ sono questi mobili?* how old is this furniture?, what date is this furniture?; *di ~ in ~* every so often, every now and then, from time to time, at times, occasionally, sometimes: *di quando in quando vado in piscina con gli amici* from time to time I go to the swimming pool with my friends; *quand'è che* when: *quand'è che ti rivedrò?* when shall I see you again?; *quand'è così, obbedisco* if that's how matters stand I'll obey, if that's how things are I'll obey; *quand'ecco ...* (*o quand'ecco che ...*) when suddenly...; *~ mai* since when, when, whenever, (*colloq*) when on earth: *~ mai si tratta così la gente?* since when are people treated like this?; *~ meno te l'aspetti* when you least expect it; *per ~*: 1 for when; (*entro*) by the time; 2 (*interrogativo*) when?: *per ~ sarà pronto?* when will it be ready?; *se non ~* until, before; *~sì quando no* (*non sempre*) at times.

quantico (*pl.* -ci) *a.* (*Fis*) quantum (*attr.*): *numero ~* quantum number; *salto ~* quantum leap.

quantificabile *a.* quantifiable.

quantificare (**quantìfico, quantìfichi**) *v.t.* to quantify.

quantificatore I *m.* quantifier. II *a.* quantifier (*attr.*): *simbolo ~* quantifier symbol. □ *~esistenziale* existential quantifier; *~universale* universal quantifier.

quantificazione *f.* quantification.

quantistico (*pl.* -ci) *a.* (*Fis*) quantum (*attr.*): *teoria quantistica* quantum theory; *meccanica quantistica* quantum mechanics; *fisica quantistica* quantum physics.

quantità *f.* **1** quantity, amount: *bada alla qualità piuttosto che alla ~* keep an eye on quality rather than quantity; *grandi ~* large amounts; *piccole ~* small amounts. **2** (*gran numero, moltitudine*) great deal, good deal, lot, (*colloq*) lots, (*Br*) great many (*con sostantivo al pl.*): *una ~ di gente* a lot of people, a great deal of people, (*colloq*) lots of people; *una gran ~ d'acqua* a lot of water; *aveva una (gran) ~ di rupie* he had a great many rupees. **3** (*Mat,Filos,Ling,Fis*) quantity. □ *in ~* in quantity, plenty of, a lot of, (*colloq*) lots of, loads of: *furono importati alimenti in ~* foodstuffs were imported in quantity; *ha soldi in ~* he has a lot of money; (*colloq*) *in ~* industriale in huge amounts; (*Fis*) *~ diluce* quantity of light; (*Mat*) *~negativa* negative amount; (*Mat*) *~numerica* numerical amount.

quantitativamente *avv.* quantitatively.

quantitativo I *a.* quantitative (*anche Metr, Ling,Chim*): *analisi quantitativa* quantitative analysis. II *m.* quantity, amount (*anche Comm*): *~ offerto* amount offered.

quantizzare (**quantìzzo**) *v.t.* (*Fis*) to quantize.

quantizzazione *f.* (*Fis*) quantization.

quanto ¹ I *a.* **1** (*interrogativo*) how much (*pl.* how many): *~ denaro hai?* how much money do you have?; *quanti uomini ci sono?* how many men are there? **2** (*esclamativo*) what, how, how much (*pl.* how many): *~ fracasso!* what noise! **3** (*in correlazione con tanto*) as: *ho tanti amici quanti ne ha lui* I have as many friends as he has. **4** (*nella misura o quantità che*) as much as (*pl.* as many as), all the: *puoi mangiare ~ pane vuoi* you can have as much bread as you like, you can eat all the bread you like. **5** (*rif. a tempo: interrogativo*) how long: *~ tempo durerà?* how long will that last? **6** (*rif. a tempo: nella misura o quantità*

che) as long as: *rimani pure ~ vuoi* stay just as long as you like. II *pron.* **1** (*interrogativo*) how much (*pl.* how many): *quanti partiranno con voi?* how many will leave with you? **2** (*interrogativo, rif. a tempo*) how long: *~ ti fermerai?* how long will you stay? **3** (*relativo: ciò che*) what, all, all that: *non credere a ~ ti ha detto* don't believe what he told you, don't believe all he told you; *fare ~ si può* to do all one can. **4** *pl.* (*relativo: tutti quelli che*) those who, all those who: *non ha saputo dire di no a quanti glielo hanno chiesto* he couldn't say no to all those who asked him. **5** (*in correlazione con tanto*) as: *siamo tanti quanti eravamo agli inizi* we are as many as we were at the beginning; *~ denaro hai? - Ne ho tanto ~ ne hai tu* how much money do you have? - I have as much as you (have). III *avv.* **1** (*interrogativo: seguito da un verbo*) how much (*pl.* how many): *~ hai speso?* how much did you spend?; *non sa ~ vale* he doesn't know how much it is worth. **2** (*interrogativo: con aggettivi o avverbi*) how: *vuole sapere ~ sei alto* he wants to know how tall you are. **3** (*interrogativo: rif. a tempo*) how long; (*rif. a distanza*) how far. **4** (*esclamativo, intensità: rif. a verbi*) how, how much, how greatly: *~ ha sofferto quella donna!* how that woman has suffered! **5** (*esclamativo, rif. ad aggettivi e avverbi*) how, so: *ti ricordi ~ ci hanno presi in giro?* do you remember how much we were ridiculed?; *~ è bella!* she is so beautiful! **6** (*nella misura o quantità in cui*) as much as, all (that): *ho visto ~ era possibile vedere* I saw as much as it was possible to see. **7** (*come: in frasi positive*) as... as: *forte ~ un lottatore* as strong as a wrestler. **8** (*come: in frasi negative*) as... as, as... as: *non è sciocco ~ credi* he is not as stupid as you think, (*Br*) he is not so stupid as you think. **9** (*in correlazione con tanto: in frasi positive*) as... as...: *è tanto preciso ~ intelligente* he's as accurate as he is clever. **10** (*in correlazione con tanto: quantità*) as much as: *tu lavori tanto ~ lui* you work as much (*o* as hard) as he does. **11** (*in correlazione con tanto: in frasi negative*) so much as, as much as: *la ammiro non tanto per la sua intelligenza, ~ per la sua gentilezza* I admire him not so much for her intelligence as for her kindness. **12** (*come pure*) both..., and, as well as: *venderò tanto la casa al mare, ~ quella in città* I will sell both the beach house and the town one. □ *~a* as for, as far as... concerned: *~ a me* as for me, as far as I am concerned; *a ~mi risulta* as far as I know; *a ~pare* apparently, to all appearances, it appears, it seems: *a ~ pare non è così* apparently it is not like that, it appears it is not like that; *a ~si dice* from what people say; *e quant'altro* and so on; *~c'è* : 1 (*distanza, strada*) how far: *~ c'è da qui al molo?* how far is it to the pier?; 2 (*tempo*) how long: *~ c'è da qui al molo?* how long does it take from here to the pier?; *~costa* ? how much does it cost?, how much is it?; *da ~*: 1 (*da quanto tempo*) how long: *da ~ sei qui?* how long have you been staying here?; 2 (*di quale valore*) how much; 3 (*per quello che*) from what, as far as: *da ~ ho capito* from what I understood; *è ~di meglio io abbia* it is the best I have; *quant'è che non lo vedi?* how long is it since you last saw him?; *~fa* ? (*quanto costa*) how much does it cost?, how much is it?, how much is that?; *~ fa due più due?* how much is two plus two?, what does two plus two make?; *in ~*: 1 (*in qualità di*) as: *in ~ ambasciatore* as ambassador; 2 (*poiché*) as, since, because:

non si presentò all'esame in ~ *non era preparato* he didn't take the exam as he wasn't prepared for it; 3 (*nella misura in cui*) as far as, as much as: *ti aiuterò in* ~ *posso* I will help you as much as I can; *in* ~*a* (*per ciò che riguarda*) as for, regarding; *in* ~*tale* as such; ~*mai*: 1 (*estremamente: con aggettivi*) very, extremely: *è* ~ *mai simpatica* she is very nice; ~ *mai noioso* extremely boring; 2 (*estremamente: con verbi*) very much, so much, very, a great deal, greatly: *mi sono* ~ *mai divertito* I enjoyed myself very much; ~ *meno* (*almeno*) at least; *quanti ne abbiamo oggi* (*o quanti ne abbiamo del mese*)? - *Ne abbiamo quindici* what's the date today? (*o* what date is it today *o* what is the date? *o* what's today's date?) - It's the fifteenth; *per* ~: 1 (*con aggettivi e avverbi*) however: *per* ~ *brava, fa degli errori* though she's good she still makes mistakes; 2 (*con verbi*) however much: *per* ~ *cerchi, non riuscirai a trovarmi* however much you look you won't succeed in finding me, however hard you look you won't find me; 3 (*con valore limitativo*) as far as: *per* ~ *ne so io* (*o per* ~ *mi risulta*) as far as I know; *per* ~ *sta in me* (*o per* ~ *mi riguarda*) as far as I'm concerned; *per* ~ *mi è possibile* as far as I can; ~ *più velocemente* as fast as possible; ~ *più si può* as much as possible; 2 (*Comm*) at your earliest convenience; ~ *prima tanto meglio* the sooner the better; (*burocr*) *con riguardo a* ~*sopra* with reference to the above; ~ *tempo*: 1 (*interrogativo*) how long?: ~ *tempo ci vuole?* how long does it take?; *non so* ~ *tempo potrò dedicare a questo lavoro* I don't know how much time I can put into this work; 2 (*esclamativo*) what a long: ~ *tempo è passato!* what a long time has gone by!; 3 (*nella misura o quantità che*) as long as: *rimani pure* ~ *tempo vuoi* stay just as long as you like; 4 (*rif. a età*) how old?; *quanto* ~ *ha il tuo bambino?* how old is your child?; *tutti quanti* all, everyone: *ci andremo tutti quanti* we will all go, all of us will go, everyone is going.

quanto² *m.* (*Fis*) 1 quantum: *teoria dei quanti* quantum theory. 2 (*numero quantico*) quantum number.

quantomeno *avv.* at least.

quantunque *congz.* although, though, even if, even though: ~ *sia molto stanco, ti accompagnerò a casa* although I am very tired, I'll take you home; ~ (*fosse*) *ammalato, lavorò sempre molto* though (he was) ill, he still worked hard.

quaquaraquà *m.inv.* (*gerg,region*) windbag. □ *sei solo un* ~ you're full of hot air.

quaranta I *a.inv.* forty. II *m.inv.* forty. □ *glianni Quaranta* the forties; (*Rel.catt*) *quarant'ore* Forty Hours Devotion, forty-hours-devotion; *sarà sui* ~ (*di età*) he must be in his forties.

quarantena *f.* quarantine. □ *essere in* ~ to be in quarantine; *mettere in* ~ to quarantine, to put in quarantine, to put under quarantine.

quarantenne I *a.* forty-year-old (*attr.*), forty years old (*posposto*). II *m./f.* forty-year-old man (*f.* woman).

quarantennio *m.* forty years *pl.*

quarantesimo I *a.* fortieth. II *m.* (*f.* -*a*) fortieth.

quarantina *f.* about forty: *una* ~ *di minuti* about forty minutes. □ *ha passato la* ~ he is over forty; *sarà sulla* ~ (*di età*) he must be in his forties.

quarantore *f.pl.* (*Rel.catt*) Forty Hours Devotion *sing.*, forty-hours-devotion *sing.*

quarantotto I *a.inv.* forty-eight. II *m.inv.* 1 forty-eight. 2 (*colloq*) (*confusione*) turmoil. □ *fare un* ~ to raise hell, to raise cain; *succede un* ~ all hell breaks loose.

quarantott'ore I *f.inv.* weekend bag, (*Am*) weekender bag. II *f.pl.* (*periodo di tempo*) two days time *sing.*

quaresima *f.* (*Lit*) 1 Lent: *mezza* ~ Mid-Lent. 2 (*estens*) (*digiuno*) Lenten fast: *osservare la* ~ to keep the Lenten fast. □ (*fig*) *lungo come la* ~: 1 (*nel tempo*) never-ending, slow as molasses; 2 (*lento*) as slow as a snail.

quaresimale I *a.* (*Lit*) Lenten, lenten, Lent (*attr.*). II *m.* 1 (*Lit*) Lent sermons *pl.*, Lenten sermons *pl.* 2 (*fig,colloq*) (*ramanzina*) lecture, sermon, preach.

quark *m.inv.* (*Fis*) quark.

quarkonio *m.* (*Fis*) quarkonium.

quarta *f.* 1 (*Scol*) (*quarta classe*) fourth class, (*Am*) fourth grade. 2 (*Aut*) (*marcia*) fourth, fourth gear: *innestare la* ~ to switch into fourth. 3 (*Sport*) (*nella danza classica*) fourth position. 4 (*Sport*) (*nella scherma*) quarte. 5 (*Mus*) fourth: ~ *diminuita* diminished fourth. 6 (*Astr,ant*) quadrant. 7 (*Mar*) rhumb. □ (*Edit*) ~*di copertina* back cover.

quartabuono *m.* (*Fal*) bevel square.

quartana *f.* (*Med*) quartan fever.

quartetto *m.* 1 (*gruppo di quattro persone*) quartet, foursome, quartette. 2 (*Mus*) (*composizione, complesso degli esecutori*) quartet, quartette. □ (*Mus*) ~ *d'archi* string quartet; (*Mus*) ~*di ottoni* brass quartet.

quartiere *m.* 1 quarter, district. 2 (*abitanti*) neighbourhood, (*Am*) neighborhood. 3 (*Mil*) quarters *pl.*, barracks *pl.*: *chiedere* ~ to ask for quarter; *non dare* ~ to give no quarter. 4 (*Arald*) quarter. 5 (*Mar*) section of a ship. 6 (*Calz*) quarter. 7 (*nel biliardo*) baulk line. 8 (*region*) (*appartamento*) flat, (*Am*) apartment, pad, living quarters *pl.* □ ~ *a luci rosse* red-light district; *quartieri alti* exclusive neighbourhood (*sing.*), heights; *quartieri bassi* slums; ~ *centrale* central district; ~ *degli affari* business district; ~ *dormitorio* dormitory suburb; (*Mil,estens*) *quartier generale* headquarters (*costr.sing. o pl.*): *il quartier generale della NATO* NATO headquarters; *il* ~*latino* (*a Parigi*) the Latin Quarter; ~*periferico* suburb, suburban district; ~*popolare* projects (*pl.*), (*ant*) working-class quarter, working-class neighbourhood; ~ *residenziale* residential district, residential area, residential quarter; (*fig*) *lotta senza* ~ fight without quarter, all-out battle; *un* ~*signorile* an exclusive neighbourhood.

quartierino *m.* (*region*) (*appartamentino*) small flat.

quartiermastro *m.* (*Mil,ant*) quartermaster.

quartina *f.* 1 (*Metr*) quatrain. 2 (*Mus*) quadruplet. 3 (*Filat*) block of four stamps. 4 (*Cart*) large size paper.

quartino *m.* 1 (*quarto di litro*) quarter (of a) litre, (*Am*) quarter (of a) liter. 2 (*Tip*) four-page folder. 3 (*Mus*) small clarinet.

quarto I *a.* 1 fourth. 2 (*rif. a regnanti e pontefici*) the Fourth: *Enrico* ~ Henry the Fourth. II *m.* 1 (*f.* -*a*) fourth: *è il* ~ *nella lista* it's the fourth on the list. 2 (*nelle indicazioni dell'ora*) quarter: *le due e un* ~ a quarter past two, two-fifteen; *manca un* ~ *alle sei* it is a quarter to six; *sono le due e tre quarti* it is a quarter to three. 3 (*quarto di litro*) quarter (of a) litre, (*Am*) quarter (of a) liter. 4 (*Macell, Astr,Arald*) quarter: *un* ~ *di pollo* a quarter of a chicken. 5 (*Sport*) (*frazione di gioco*) quarter. 6 (*Mar*) (*guardia*) watch. □ *bottiglia da un* ~ quarter-litre bottle, (*Am*) quarter-lit-

er bottle; (*Sport*) *quarti di finale* quarter-finals, quarter finals; *avere i quattro quarti di nobiltà* to have the four quarters of nobility; *quarta dimensione* fourth dimension; ~ *d'ora* quarter of an hour; (*Univ*) ~*d'ora accademico* fifteen-minute wait before a lecture (in Italian universities); *la quarta età* the fourth age; (*Edit*) *in* ~ quarto: *volume in* ~ quarto volume, quarto; *il* ~ *mondo* the Fourth World; *il* ~ *potere* (*la stampa*) the fourth estate; (*Stor*) *il* ~*stato* (*il proletariato*) the fourth estate, the proletariat.

quartogenito I *a.* fourth born, fourth-born. II *m.* (*f.* -*a*) fourth born, fourth child.

quartultimo I *a.* last but three, last bar three. II *m.* (*f.* -*a*) last but three, last bar three.

quarzifero *a.* (*Geol*) quartziferous.

quarzite *f.* (*Geol*) quartzite.

quarzo *m.* (*Min*) quartz. □ *al* ~ quartz: *lampada al* ~ quartz lamp; (*Min,Oref*) ~*rosa* rose quartz, (*colloq*) pink quartz.

quarzoso *a.* (*Geol*) quartziferous.

quasar *m./f.inv.* (*Astr*) quasar.

quasi I *avv.* 1 (*con valore positivo*) almost, nearly: *si conoscono da* ~ *due anni* they have known each other for almost two years; *ci vediamo* ~ *tutti i giorni* we see each other nearly every day; *pesa* ~ *un chilo* it weighs nearly a kilo. 2 (*con valore negativo*) hardly: *non ti vedo* ~ *mai* I hardly ever see you. 3 (*attenuativo*) almost: *oserei* ~ *affermare che non ha tutti i torti* I'd almost dare say that he isn't completely wrong. 4 (*come, come se fosse*) as if: *mi guardava* ~ *spaventata* she looked at me as if (she were) frightened. II *congz.* (*come se*) as if: *protestava,* ~ *avesse ragione lui* he protested as if he were right. □ ~ ~ *me ne andrei a casa* I would just about go home; ~ *che* as if; ~ *mai* seldom, hardly ever: *non lo vedo* ~ *mai* I hardly ever see him; ~*sempre* nearly always; *si direbbe* ~ *indifferente - Senza* ~! she seems to be almost indifferent - Forget the almost!

quassazione *f.* (*Chim*) grinding, crushing.

quassia *f.* (*Bot*) quassia, Surinam quassia, quassia amara.

quassina *f.* (*Chim*) quassin.

quassù *avv.* up here: *da* ~ (*o di* ~) from up here.

quaterna *f.* 1 (*lotto, tombola*) four numbers: *fare* ~ to make a win of four numbers. 2 (*gruppo di quattro*) set of four members.

quaternario I *a.* 1 quaternary (*anche Chim*). 2 (*Geol*) Quaternary. II *m.* 1 (*Metr*) tetrasyllabic line. 2 (*Geol*) Quaternary period. 3 (*Econ*) (*terziario avanzato*) quaternary industry.

quaternione *m.* (*Mat*) quaternion.

quatto *a.* squatting, huddled (up), crouched. □ ~ ~: 1 (*in silenzio*) as quiet as a mouse, very quietly: *andarsene* ~ ~ to go away quietly; *starsene* ~ ~ to keep very quiet; 2 (*di nascosto*) stealthily.

quattordicenne I *a.* of fourteen (*posposto*), fourteen-year-old (*attr.*), fourteen years old (*posposto*). II *m./f.* fourteen-year-old.

quattordicesima *f.* (*quattordicesima mensilità*) fourteenth month's salary.

quattordicesimo I *a.* fourteenth. II *m.* (*f.* -*a*) fourteenth. □ *quattordicesima mensilità* fourteenth month's salary.

quattordici I *a.inv.* fourteen. II *m.inv.* 1 (*numero*) fourteen. 2 (*nelle date*) fourteenth: *il* ~ *agosto* the fourteenth of August, August (the) fourteenth. III *f.pl.* two o'clock, two p.m.; (*negli orari dei trasporti internazionali*) (*Br*) fourteen hundred hours.

quattrino I *m.* 1 (*moneta di poco valore*) farthing, penny, (*Am*) cent. 2 *pl.* (*denaro*) money (*costr.sing.*), (*colloq*) dough (*costr. sing.*): far quattrini to make money; *ha guadagnato un bel po' di quattrini* he has earned quite a bit of money. 3 (*Numism*) quattrino. □ *senza quattrini* penniless, (*colloq*) broke, stony-broke, (*Am*) stone-broke.

quattro I *a.inv.* four: *le ~ stagioni* the four seasons. II *m.inv.* 1 (*numero*) four. 2 (*nelle date*) fourth: *il ~ agosto* the fourth of August, August (the) fourth. III *f.pl.* four o'clock; (*di mattina*) four a.m.; (*di pomeriggio*) four p.m.: *sono le ~ precise* it is exactly four o'clock; *le ~ e mezza* half-past four. □ *a ~ a ~* four at a time, four by four; *i ~angoli della terra* the four corners of the earth; *~ cantoni* (*gioco*) puss in the corner, puss(y) wants a corner; *i ~cavalieri dell'Apocalisse* the four horsemen of the Apocalypse; (*fig*) *chiudersi fra ~mura* to shut oneself up; (*Sport*) *~con* (*canottaggio*) four with, four with cox, (*Am*) four with coxswain;*dirne ~ a qcu.* to give so. one's piece of mind; *in ~e quattr'otto* in the twinkling of an eye, in a flash, in no time, (*colloq*) in a jiffy;*farsi in ~* to do one's utmost, to do one's best, to do one's very best, to bend over backwards; (*colloq*) *c'erano ~gatti* there was hardly a soul there, there was hardly anybody there; *in ~* four: *saremo in ~* there will be four of us; (*Mus*) *a ~mani* four-handed; *suonare a ~ mani* to play piano duets; *a quattr'occhi* privately, in private; *fare ~passi* to take a walk, to go for a walk;*per ~* by four; *mettersi in fila per ~* to line up in fours; (*Aut*) *~porte* four-door car; (*Aut*) *a ~ruote motrici* four-wheel drive (*attr.*), 4WD (*attr.*); (*colloq*) *fare ~salti* (*ballare*) to dance; (*Sport*) *~senza* (*canottaggio*) four without, four without cox, coxless four, (*Am*) coxswainless four; (*fig*) *~soldi* little money; *da ~ soldi* (*di scarso valore*) twopenny (*attr.*), tuppenny (*attr.*), (*Am*) nickel-and-dime (*attr.*); (*colloq*) *per ~ soldi* for a song; *gridare qcs. ai ~venti* to shout sth. from the rooftops; *a ~zampe* : 1 four-legged: *animali a ~ zampe* four-legged animals; 2 (*carponi*) on all fours: *camminare a ~ zampe* to crawl, to go on all fours.

quattrocchi *m.inv.* (*scherz*) (*persona che porta gli occhiali*) four-eyes (*costr.sing.*). □ (*rar*)*a ~* privately, in private.

quattrocentesco (*pl.* **-chi**) *a.* fifteenth-century (*attr.*): *la pittura quattrocentesca* fifteenth-century painting; (*rif. all'arte e letteratura italiana*) Quattrocento (*attr.*).

quattrocentesimo I *a.* four-hundredth. II *m.* (*f.* **-a**) four hundredth.

quattrocentista *m./f.* 1 (*artista, scrittore*) fifteenth-century artist. 2 (*rif. all'arte e letteratura italiana*) quattrocentist. 3 (*Sport*) (*atletica*) 400 m runner; (*nuoto*) 400 m swimmer.

quattrocentistico (*pl.* **-ci**) *a.* 1 fifteenth-century (*attr.*). 2 (*rif. all'arte e letteratura italiana*) Quattrocento (*attr.*).

quattrocento I *a.inv.* four hundred. II *m.inv.* four hundred.

Quattrocento *m.* 1 fifteenth century. 2 (*rif. all'arte e letteratura italiana*) Quattrocento.

quattromila I *a.inv.* four thousand. II *m.inv.* four thousand.

quattroporte *f.inv.* (*Aut*) four-door car.

Quebec /keˈbɛk/ *n.pr.m.* (*Geog*) Quebec.

quebecchese /keb-/ I *a.* Quebec (*attr.*), Quebec's, Québécois. II *m./f.* (*abitante*) Québécois.

quegli I *m.pl.* → **quello**. II *pron.m.sing.* (*lett*) (*used only in reference to persons*) 1 that person, that man, he. 2 (*il primo di due*) the former.

---

quei → **quello**.
quel → **quello**.
quell' → **quello**.

quello (*before a masculine noun beginning with a consonant, except* s + *consonant* gn, ps, z,x, quello *becomes* **quel** *in the singular and* **quei** *in the plural; before* s + *consonant* gn, ps, z, x *it remains* quello *in the singular and changes to* **quegli** *in the plural; before a vowel in the singular it becomes* **quell'** *and in the plural* **quegli**; **quella** *is used before feminine nouns in the singular and normally becomes* **quell'** *before a vowel;* **quelle** *is used before feminine nouns in the plural; the plural of the masculine pronoun is always* **quelli**) I *a.* 1 that (*pl.* those): *dammi quel giornale, per favore* give me that newspaper please; *quei ragazzi mi disturbano* those boys bother me. 2 (*enfat*) (*grande, forte*) such: *ho avuto una di quelle paure* (*Br*) I had such a fright, (*Am*) I was so scared. 3 (*con valore rafforzativo seguito da un'apposizione*) that: *quel somaro di Charlie* Charlie, that idiot. II *pron.dimostr.* 1 that (one) (*pl.* those): *quella è mia moglie* that is my wife; *questo libro è mio, il tuo è ~* this book is mine, that one is yours. 2 (*ciò*) that, *spesso non si traduce*: *ti assicuro che ~ non è vero* I assure you that is not true, I assure you it's not true. 3 (*quella persona*) the man (*f.* woman), that man (*f.* woman): *è tornato ~ di ieri* the man from yesterday is back. 4 (*lo stesso, il medesimo*) the same: *è sempre ~* he is still the same; *non è più ~ di prima* he is no longer the man he used to be, he is no longer the same. □ (*colloq*) *mezzo litro di ~buono* (*di vino buono*) half a litre of the good stuff; *~che* : 1 (*colui che*) the man who (*pl.* those who), the one who (*pl.* those who): *non sei ~ che cerco* you're not the man I'm looking for; *tutti quelli che lo conoscono lo amano* all those who know him love him; 2 (*ciò che*) what: *~ che hai detto è giusto* what you have said is correct; *una ragazza bruttina e, quel che è peggio, antipatica* an unattractive girl, and, what is worse, unpleasant too; *quelche è giusto è giusto* what's right is right, fair is fair; *quelche è stato è stato* let bygones be bygones;*di ~che* (*di quanto*) than: *è più grande di ~che mi aspettassi* it is bigger than I expected; (*lett*)*in quella...* (*in quell'istante*) at that very moment...; *in quel dì* (*nel territorio di*) in the neighbourhood of, in the vicinity of; *~là* : 1 (*rif. a cosa*) that one there; 2 (*rif. a persona*) that man there, that fellow there; *quel medesimo* the same, the very same; *da quelleparti* : 1 (*stato in luogo*) in those parts; 2 (*moto a luogo*) to those parts; *per quelche ne so* io as far as I know; *~sì che è vino!* that really is wine!, that's the real stuff!; *queltale* that fellow, the one, the person.

querceto *m.* 1 (*bosco*) oak woods, oak forest. 2 (*piantagione*) oak plantation.

quercia (*pl.* **-ce**) *f.* 1 (*Bot*) oak. 2 (*legno di quercia*) oak, oak wood, oak timber. □ (*Bot*) *~da sughero* cork oak; (*Bot*) *~del kermes* kermes, kermes oak.

quercino *a.* (*di quercia*) oak (*attr.*), (*lett*) oaken: *muschio ~* oakmoss.

querciolo *m.* (*Bot*) oak sapling.

querela *f.* 1 (*Dir*) action, suit, lawsuit: *presentare ~ contro qcu.* (*o sporgere ~ contro qcu.*) to bring an action against so., to take an action against so. 2 (*lett*) complaint. □ (*Dir*) *~di falso* summons challenging a document; (*Dir*) *~per diffamazione* : 1 (*scritta*) libel action, libel suit, action for libel; 2 (*orale*) defamation action; (*Dir*) *~per ingiu-*

---

rie action for personal offence, action for libel.

querelabile *a.* (*Dir*) prosecutable.

querelante I *a.* (*Dir*) prosecuting: *parte ~* prosecuting party. II *m./f.* (*Dir*) plaintiff.

querelare (**querèlo**) I *v.t.* (*Dir*) to sue, to take action against, to take legal proceedings against: *~ qcu. per diffamazione* to sue so. for libel, to bring a suit for libel against so. II *v.pron.* **querelarsi** (*lett*) to complain.

querelato I *a.* (*Dir*) defendant. II *m.* (*f.* **-a**) defendant, accused.

querelle /keˈrɛl/ *f.inv.* controversy.

querimonia *f.* (*lett*) complaint, complaining.

querulo *a.* 1 (*rif. a persona*) querulous, complaining. 2 (*rif. a voce o suono*) querulous, whining, plaintive.

quesito[1] *m.* 1 (*domanda*) question, query. 2 (*problema*) problem: *sciogliere un ~* to solve a problem.

quesito[2] □ (*Dir*)*diritti quesiti* acquired rights.

questi I *m.pl.* → **questo**. II *pron.m.sing.* (*lett*) 1 this person, he. 2 (*quest'ultimo, il secondo di due*) the latter.

questionare (**questióno**; *aus.* **avere**) *v.i.* to argue, to quarrel (*di* about, *di* over), to wrangle (*di* about, *su* over).

questionario *m.* 1 (*serie di domande*) questionnaire, set of questions. 2 (*estens*) (*foglio*) questionnaire; (*modulo*) response form: *riempire un ~* to fill in a questionnaire, to fill up a questionnaire. 3 (*Scol*) quiz.

questione *f.* 1 (*affare*) matter, question: *definire una ~* to settle a matter. 2 (*problema*) problem, question: *risolvere una ~* to solve a problem. 3 (*discussione*) issue, argument, wrangle, (*colloq*) fuss: *non fare tante questioni* don't make such an issue, don't make such an issue of it, (*colloq*) don't make such a fuss. 4 (*lite*) quarrel. 5 (*colloq*) (*dubbio*) question, doubt. 6 (*Dir*) (*lite giudiziaria*) lawsuit. □ *questioniamministrative* administrative matters; *la ~balcanica* the Balkans question; (*Stor*) *la ~ degli Stretti* the Straits question; (*Stor.it*) *la ~della lingua* the matter of the Italian language; *la memoria è tutta ~di allenamento* memory is only a matter of training; (*burocr*) *~di competenza* question of jurisdiction; (*Parl*) *porre la ~di fiducia* to put the question to a vote of confidence, to call for a vote of confidence; *è una ~di giorni* it's a question of days; *è ~di gusti* it's a matter of taste; (*fig*) *~di lana caprina* pointless discussion; *è una ~di opinioni* it's a matter of opinion; *è una ~di principio* it is a matter of principle, it is a question of principle; (*Dir*) *~di procedura* procedural question; *è ~di tempo* it's a matter of time, it's a question of time; *è una ~di vita o di morte* it is a matter of life and death; *questionidisciplinari* disciplinary matters; *~d'onore* matter of honour; (*Stor*) *la ~ d'Oriente* the Eastern question, the question of the East; (*Stor*) *la ~ebraica* the Jewish question, the Jewish problem; *~giuridica* legal issue, legal point;*in ~* in question: *il libro in ~* the book in question; *essere chiamato in ~* to be dragged into the argument; *una ~in sospeso* a matter to solve; *~insoluta* open question, unsolved problem; *la ~irlandese* the Irish question; *la ~mediorientale* the Middle East question, the Middle Eastern question; (*Stor.it*) *la ~meridionale* economic and social problems of Southern Italy; *la ~palestinese* the Palestinian question; (*Stor*) *la ~romana* the Roman question, the Roman Question; *la ~sociale* the social state; *è una ~ vitale* it is a matter of life and death.

questo I *a*. 1 (*pl.* these): *prendi questa penna* take this pen; *questi bambini fanno troppo chiasso* these children make too much noise. 2 (*enfat*) (*rif. a parti del corpo: proprio*) one's own, this very: *l'ho visto con questi occhi* I saw him with my own eyes, I saw him with these very eyes. 3 (*rif. al tempo*) (*passato*) last (*pl.* last few): *non l'ho visto in questi giorni* I haven't seen him lately; *questa notte ho dormito bene* I slept very well last night. 4 (*rif. al tempo: molto prossimo*) this, next: *verrò uno di questi giorni* I'll come one of these days; *tornerò quest'estate* I'll be back next summer. 5 (*di questo genere*) this, such: *con ~ tempo non mi sento di uscire* I don't feel like going out in this weather. II *pron.dimostr.* 1 this, this one (*pl.* these, these ones): *~ è tuo* this is yours, this one is yours; *questi sono i miei figli* these are my children; *non per questo ti devi sentire in colpa* you don't need to feel guilty (about that), it's not because of you, it's not because of anything you did, it's not because of anything you said, it's not your fault. 2 (*ciò*) this, that: *~ mi dispiace* I'm sorry about that, I'm sorry about this; *in ~ non siamo d'accordo* we don't agree about this. 3 (*con valore di pron. pers. di terza persona*) he (*f.* she; *pl.* they): *parlò agli amici, ma questi non vollero ascoltarlo* he talked to his friends but they wouldn't listen, he talked to his friends but they wouldn't listen to him; *aiutai la signora, ma questa non mi ringraziò* I helped the lady, but she didn't thank me. 4 (*il secondo di due*) the latter: *ecco le mie amiche Carla e Maria: questa è insegnante, quella studentessa* here are my two friends Carla and Maria: the former is a teacher, the latter is a student. 5 (*al femminile col sostantivo sottinteso*) this, that: *senti questa* just listen to this; *questa mi giunge nuova* this is new to me; *questa non me l'aspettavo da lui* I didn't expect this from him; *ci mancherebbe anche questa* that's all we need; *questa poi è bella!* that's a good one! □ *a ~ effetto* for this purpose; *con ~*: 1 (*con queste parole*) with this, this said; 2 (*ciò malgrado*) in spite of this, despite this: *con (tutto) ~ le rimase sempre fedele* despite (all) this he was always faithful to her; (*colloq*) *e con ~?* so what?; *~ altro* even more (than this): *farebbe ~ e altro per accontentarci* he would do even more (than this) to please us; *~ è quanto* (*questo è tutto*) that's all, this is all; *~ è tutto* that's all, this is all; *in ~ ti sbagli* you're wrong here, you're wrong about that; *in ~ modo* (*così*) in this way, like this; *~ lo dici tu!* that's what you say!; *~ mai!* never!; *~ no!* no, not that!; *quest'oggi* today; *a quest'ora*: 1 at this hour, at this time, now: *domani a quest'ora l'esame sarà finito* this time tomorrow the exam will be over, at this time tomorrow the exam will be over; 2 (*ormai*) by now, by this time: *a quest'ora saranno già arrivati* they must have arrived by now, they should have arrived by now; *da questa parte* (*in questa direzione*) this way, in this direction; *da un anno a questa parte* for the past year; *non lo vedo da un anno a questa parte* I haven't seen him for a year now; *che fai da queste parti?* what are you doing around here?; *per ~*: 1 (*perciò*) that's why, for this reason; 2 (*a questo fine*) for this purpose, to this end; *~... quello*: 1 (*chi... chi*) some... others: *qui non c'è mai silenzio: ~ parla, quello ride* it's never quiet here: some talk, others laugh; 2 (*tutti*) everybody: *ha*

---

chiesto a ~ e a quello, ma nessuno lo ha aiutato he asked everybody, but nobody helped him; *~ qui*: 1 (*rif. a cosa*) this one here; 2 (*rif. a persona*) this person, this fellow here; *~ sì!* yes, that's true!; *questa sì che è nuova!* this is really new!

questore *m*. 1 (*funzionario pubblico*) chief of police. 2 (*Stor.rom*) quaestor.

questua *f*. begging, (*rar*) begging of alms, collecting of alms. □ (*lett*) *fare la ~* to beg alms, to collect alms, (*rar*) to quest.

questuante I *a*. mendicant, begging: (*Rel.catt*) *frate ~* mendicant friar, mendicant. II *m*. mendicant, (*colloq*) beggar.

questuare (**quèstuo**) I *v.i.* (*aus.* **avere**) to beg, (*rar*) to collect alms. II *v.t.* to beg (*anche fig*): *~ benefici* to beg favours.

questura *f*. 1 police headquarters (*costr.sing. o pl.*). 2 (*Stor.rom*) (*carica*) quaestorship.

questurino *m*. (*region,pop*) cop.

quetzal /ket'tsal/ *m.inv.* 1 (*Numism,Econ*) (*unità monetaria in Guatemala*) quetzal. 2 (*Zool*) quetzal.

qui *avv.* 1 here: *rimani ~ e aspettami* stay here and wait for me; *vieni ~* come here. 2 (*rafforzativo*) here, *spesso non si traduce*: *questo libro ~ non mi serve più* I don't need this book (here) any more. 3 (*fig*) (*a questo punto*) here, at this point: *~ scoppiò a piangere* at this point she burst out crying. □ *~ a destra* here on the right; *~ accanto* next: *vive qui accanto* he lives next door; (*Comm*) *~ accluso* (*o ~ allegato*) herewith enclosed; *~ attorno* round here; *da ~*: 1 (*moto da luogo*) from here: *da ~ a casa mia* from here to my house; 2 (*moto a luogo*) here; 3 (*causale*) from this: *da ~ nacque l'equivoco* the misunderstanding arose from this; *da ~ in avanti* (*o da ~ in poi*): 1 (*rif. a spazio*) from here on, from here onwards; 2 (*rif. a tempo*) from now on; *~ dentro* in here; *di ~*: 1 (*moto da luogo*) from here: *di ~ a casa mia* from here to my house; 2 (*moto a luogo*) here; 3 (*originario*) from here, from these parts: *sono di ~* they are locals; 4 (*causale*) from this: *di ~ nacque l'equivoco* the misunderstanding arose from this; 5 (*rif. a tempo*) from now: *ci si rivedrà di ~ a un mese* we'll meet again a month from now, we'll meet again in a month; *di ~ all'eternità* from here to eternity; *di ~ in avanti* (*o di ~ in poi*): 1 (*rif. a spazio*) from here on, from here onwards; 2 (*rif. a tempo*) from now on; *~ fuori* out here; *per di ~* this way, by here: *deve passare per di ~* he must come this way; *~ sopra* up here; *~ sotto* down here, here below; *~ ti voglio!* I thought I'd catch you on that!; *~ vicino* not far from here, near here, close by.

quid *m*. (*un certo che*) a certain something, something.

quiescente *a*. quiescent (*anche Ling*).

quiescenza *f*. 1 (*Dir,burocr*) dormancy, quiescence. 2 (*Bot*) dormant state, dormancy. 3 (*pensione*) retirement. 4 (*Ling*) quiescence.

quietamente *avv.* quietly, peacefully.

quietanza *f*. (*Comm*) receipt. □ *~ a saldo* acquittance; *per ~* paid, received with thanks.

quietanzare (**quietànzo**) *v.t.* (*Comm*) to receipt.

quietare (**quièto**) I *v.t.* 1 to calm, to quieten, (*Am*) to quiet, to appease, to soothe: *~ l'ira* to appease anger. 2 (*fig*) (*appagare*) to appease: *~ il desiderio* to appease one's desire. 3 (*estens*) (*pagare*) to pay off: *~ i creditori* to pay off one's creditors. II *v.pron.* **quietarsi** 1 to calm down, to quieten down, (*Am*) to quiet down. 2 (*lett*) (*cessare*) to abate, to die down. 3 (*lett*) (*tacere*) to shut up, to fall silent.

---

quiete *f*. 1 (*immobilità*) stillness, calm, calmness: *la ~ dell'aria* the stillness of the air. 2 (*tranquillità, pace*) peace, peacefulness, calm, tranquillity. 3 (*silenzio*) quiet, silence. 4 (*riposo*) rest. 5 (*Fis*) state of rest. □ (*lett*) *la ~ eterna* the eternal rest; *~ pubblica* the peace: *per disturbo della ~ pubblica* for disturbing the peace.

quietismo *m*. 1 (*Stor,Rel.catt*) quietism. 2 (*estens*) quietism, apathy, calmness.

quietista I *m./f.* 1 (*Stor,Rel.catt*) quietist. 2 (*estens*) quietist, apathetic person. II *a*. 1 (*Stor, Rel.catt*) quietist, quietistic. 2 (*estens*) quietist, apathetic.

quieto *a*. 1 still, calm: *il mare era ~* the sea was calm; *acque quiete* still waters. 2 (*silenzioso, tranquillo*) quiet, calm: *stare ~* to keep quiet. 3 (*pacifico*) peaceable, peaceloving. 4 (*Fis*) still, at rest. □ *il ~ vivere* a quiet life, peace and quiet.

quinario I *a*. 1 (*composto da cinque parti*) quinary, made of five parts (*posposto*). 2 (*Metr*) five syllable (*attr.*). II *m*. (*Metr*) five syllable line.

quinci *avv.* (*lett*) 1 (*da qui*) from here. 2 (*poi*) hence. 3 (*fig*) (*perciò*) thus, therefore, hence.

quinconce *f./m.inv.* (*Agr*) quincunx.

quindecenvirato *m*. (*Stor.rom*) quindecemvirate.

quindecenviro *m*. (*Stor.rom*) quindecemvir.

quindi I *congz.* (*dunque*) therefore, so, (*lett*) hence. II *avv.* (*poi*) then.

quindicennale I *a*. 1 (*che dura quindici anni*) fifteen-year (*attr.*), fifteen year long (*attr.*). 2 (*che ricorre ogni quindici anni*) every fifteen years (*posposto*), recurring every fifteen years (*posposto*). II *m*. fifteenth anniversary.

quindicenne I *a*. of fifteen (*posposto*), fifteen-year-old (*attr.*), fifteen years old (*posposto*). II *m./f.* fifteen-year-old.

quindicennio *m*. fifteen years *pl.*, fifteen year period.

quindicesimo I *a*. fifteenth. II *m*. (*f.* **-a**) fifteenth.

quindici I *a.inv.* fifteen. II *m.inv.* 1 (*numero*) fifteen. 2 (*nelle date*) fifteenth: *Parigi, ~ dicembre* Paris, the fifteenth of December. III *f.pl.* three, three o'clock, three p.m.; (*negli orari dei trasporti internazionali*) (*Br*) fifteen hundred hours.; *~ fra ~ giorni* in two weeks' time, (*Br*) in a fortnight.

quindicina *f*. 1 (*circa quindici*) about fifteen, some fifteen. 2 (*paga di quindici giorni*) by-weekly paycheck, (*Br*) fortnight's pay. 3 (*parte di mese*) half: *la prima ~ di novembre* the first half of November, the first two weeks of November. □ *fra una ~ di giorni* in two weeks' time, (*Br*) in a fortnight.

quindicinale I *a*. by-weekly, (*Br*) fortnightly. II *m*. (*Giorn*) by-weekly review, (*Br*) fortnightly review.

quinoa *f.inv.* (*Agr*) quinoa.

quinquagenario I *a*. (*lett*) quinquagenarian, fifty years old (*posposto*), fifty-year-old (*attr.*). II *m*. (*rar*) fiftieth anniversary.

quinquagesima *f*. (*Lit*) Quinquagesima, Quinquagesima Sunday.

quinquagesimo *a*. (*lett*) fiftieth.

quinquennale *a*. 1 five-year (*attr.*), quinquennial: *piano ~* five-year plan. 2 (*che ricorre ogni cinque anni*) five-year (*attr.*), occurring every five year (*posposto*).

quinquennio *m*. five years *pl.*, quinquennium.

quinquereme *f*. (*Mar,ant*) quinquereme.

quinta *f*. 1 *pl.* (*Teat*) wings. 2 (*Mus*) fifth. 3 (*Aut*) (*marcia*) fifth, fifth gear: *ingranare la*

~ to change into fifth. **4** (*Scol*) fifth class, (*Am*) fifth grade. **5** (*Sport*) (*nella scherma*) quinte. **6** (*Sport*) (*nella danza classica*) fifth position. □ (*Teat*)*dietro le quinte* in the backstage, in the wings; (*fig*) *restare dietro le quinte* to be behind the scenes, to keep behind the scenes, to stay in the background.

quintale *m.* quintal.

quintana [1] *f.* (*Med*) (*febbre quintana*) quintan, quintan fever.

quintana [2] *f.* (*Mediev*) (*giostra*) quintain.

quinterno *m.* (*Cart*) five sheets *pl.*, quinternion.

quintessenza *f.* quintessence.

quintetto *m.* **1** (*Mus*) quintet, quintette. **2** (*gruppo di cinque*) group of five.

Quintiliano *n.pr.m.* (*Stor*) Quintilian.

quintilione *m.* trillion, (*Am*) quintillion.

quinto I *a.* **1** fifth. **2** (*rif. a regnanti e pontefici*) the Fifth: *Carlo* ~ Charles the Fifth. **II** *m.* (*f.* **-a**) fifth. □ (*Stor*) *quintacolonna* fifth column; ~*dito* (*mignolo*) little finger; (*fig*) *il* ~*elemento* the fifth element.

quintogenito I *a.* fifth-born. **II** *m.* (*f.* **-a**) fifth-born child, fifth child.

quintuplicare (**quintùplico**, **quintùplichi**) **I** *v.t.* to quintuple, to multiply (sth.) by five. **II** *v.pron.* **quintuplicarsi** to quintuple.

quintuplice *a.* fivefold, quintuple.

quintuplo I *a.* quintuple, fivefold. **II** *m.* quintuple, five times as much.

quiproquò *m.inv.* (*equivoco*) misunderstanding.

Quirinale *n.pr.m.* **1** Quirinal. **2** (*estens*) (*presidente della Repubblica Italiana*) the President of the Italian Republic.

quisquilia *f.* trifle.

quivi *avv.* (*lett*) (*ivi*) there, therein.

quiz *m.inv.* quiz: ~ *televisivo* television quiz, tv quiz.

quondam *avv.* formerly, quondam.

quorum *m.* (*numero legale*) quorum: *il* ~ *è stato raggiunto* there is a quorum, the quorum is reached.

quota *f.* **1** (*somma*) amount, share. **2** (*contributo*) fee, contribution, dues *pl.* **3** (*rata*) instalment, (*Am*) instalment. **4** (*parte spettante*) share, quota, due: *esigere la propria* ~ to demand one's rightful share. **5** (*altitudine*) height above sea level, height. **6** (*Aer*) altitude, height: *perdere* ~ to lose altitude. **7** (*fig*) (*livello*) level. **8** (*Tecn*) (*sui disegni*) dimension. **9** (*Statist*) quota, number: ~ *di immigrazione* immigration quota. □ ~*commerciale* trade quota; ~ *di abbonamento* subscription fee; (*Econ*) ~*di ammortamento* depreciation allowance; ~ *di associazione* subscription fee; (*Aer*) ~*di crociera* cruising altitude; ~*di esportazione* export quota; ~*di iscrizione* : 1 (*a scuola, corso*) registration fee, entrance fee; 2 (*a club, partito ecc.*) membership fee; ~*di mercato* market share; (*Econ*) ~*di partecipazione* share in a company's capital, stake; (*Econ*) ~*di reddito non imponibile* personal allowance; ~ *esente* tax-exempt amount; (*Dir*) ~*indisponibile* forced heirship; ~*latte* milk quota; ~*parte* share, contribution; (*Mar,Mil*) ~*periscopica* periscope depth; *prendere* ~: 1 (*Aer*) to gain height, to gain altitude; 2 (*fig*) to catch on; ~ *sociale* membership fee; (*Topogr*) ~*zero* sea level; (*fig*) *essere a* ~ *zero* (*essere al punto di partenza*) to be back at the starting point.

quotare (**quòto**) **I** *v.t.* **1** (*stabilire una quota*) to assign a share to, to assess. **2** (*fig*) (*stimare*) to esteem, to value. **3** (*Econ*) (*determinare il corso*) to quote, to quote at: *fu quotato un milione* it was quoted at a million. **4** (*Tecn*) (*disegni*) to dimension. **II** *v.pron.* **quotarsi** to take on as one's share (*per qcs.* sth.), to subscribe (*per qcs.* for sth.): *mi sono quotato per dieci euro* I subscribed for ten euros.

quotato *a.* **1** (*Econ*) quoted. **2** (*fig*) (*apprezzato*) esteemed, valued; (*di successo*) successful: *uno scrittore molto* ~ a very successful writer, a writer who is thought a lot of. **3** (*Tecn*) (*sui disegni*) dimensioned. □ (*Econ*) ~*in borsa* listed on the stock exchange.

quotazione *f.* **1** (*Econ*) quotation, price, estimate. **2** (*nelle scommesse*) odds *pl.* **3** (*fig*) (*valutazione*) rating, assessment: *le quotazioni di quell'artista sono basse* that artist is not very highly thought of. □ (*Econ*) ~*dei cambi* quotation of exchange rates; (*Econ*) *quotazioni del dollaro* dollar quotations; (*Econ*) ~*di apertura* opening price, opening quotation; (*Econ*) ~ *di borsa* stock market quotation; *titoli ammessi alla* ~ *di borsa* securities quoted on the Stock Exchange, officially quoted securities; (*Econ*) ~*di chiusura* closing quotation; (*Econ*) ~*di titoli* stock rate; (*Econ*) ~ *ufficiale* official quotation, quoted list.

quotidianamente *avv.* daily, every day.

quotidianità *f.* every day life, everyday life.

quotidiano I *a.* **1** daily: *il nostro pane* ~ our daily bread. **2** (*estens*) (*solito, ordinario*) everyday: *la vita quotidiana* everyday life. **II** *m.* (*Giorn*) daily paper, daily newspaper, daily.

quoto *m.* (*Mat*) quotient (without remainder).

quoziente *m.* **1** (*Mat*) quotient. **2** (*Statist*) quotient, rate. □ ~*di intelligenza* intelligence quotient, (*colloq*) I.Q; (*Statist*) ~ *di mortalità* death rate; (*Statist*) ~ *di natalità* birth rate; ~ *intellettivo* intelligence quotient, (*colloq*) I.Q.

qwerty /'kwerti/ □ (*Inform*)*tastiera* ~ qwerty keyboard.

R

r¹, R¹ /'ɛrre/ f./m. (lettera dell'alfabeto) r, R; (Tel) r come Roma R for Robert, (Am) R as in Roger.

r² **1** (Geom) raggio r, R (radius). **2** recto r. (recto).

R² (Fis) resistenza elettrica r (resistance).

R. **1** (Post) raccomandata (Br) recorded delivery letter, (Am) registered letter. **2** (negli scacchi) re R. (king).

RA Argentina RA (Argentina).

r. a. (Tel) ricerca automatica (automatic switching).

rabarbaro m. **1** (Bot,Alim) rhubarb. **2** (liquore) rhubarb liquor.

rabattino I m. (f. **-a**) (region) pusher, go-getter. II a. (region) pushing, go-getting.

rabberciamento m. **1** (atto) patching, patching up, botching, mending. **2** (effetto) patch, botch, mend.

rabberciare (rabbèrcio, rabbèrci) v.t. to patch, to patch up, to botch (anche fig): ~ una commedia to patch up a play.

rabberciato a. patched, patched up, botched (anche fig).

rabberciatura f. **1** (atto) patching, patching up, botching, mending. **2** (effetto) patch, botch, mend.

rabbi m.inv. (Rel.ebr,Bibl) rabbi.

rabbia f. **1** (ira) anger, rage: era tremante di ~ he was trembling with rage; consumarsi dalla ~ to be consumed with rage, to be consumed by anger. **2** (accanimento) fury, frenzy: lavorare con ~ to work like a fury, to work frenziedly. **3** (fig) (impeto, furia) fury: la ~ dei venti the fury of the winds. **4** (Veter, Med) rabies, hydrophobia. □ che ~! how infuriating!, how maddening!; (colloq) non vederci dalla ~ to be in a blind rage, to be furious; essere fuori di sé dalla ~ to be beside oneself with rage; fare ~ a qcu. to make so. furious, to make so. angry, to infuriate so., to enrage so.; diventare rossoper la ~ to get red with anger.

rabbico (pl. **-ci**) a. (Med,Veter) rabid, hydrophobic.

rabbinato m. (Rel.ebr) rabbinate.

rabbinico (pl. **-ci**) a. (Rel.ebr) rabbinic, rabbinical.

rabbinismo m. (Rel.ebr) rabbinism.

rabbinista m./f. (Rel.ebr) Rabbinist.

rabbino m. (Rel.ebr) rabbi: ~ maggiore Chief Rabbi.

rabbiosamente avv. **1** angrily, furiously. **2** (accanitamente) relentlessly.

rabbioso a. **1** angry, furious: sguardo ~ angry look. **2** (irascibile) irascible, short-tempered. **3** (accanito) relentless. **4** (fig) (rif. agli elementi) raging, furious: una tempesta rabbiosa a raging storm. **5** (Veter,Med) (idrofobo) rabid, hydrophobic.

rabboccare (rabbócco, rabbócchi) v.t. to fill up, to top up.

rabbocco (pl. **-chi**) m. filling up, topping up.

rabbonire (rabbonìsco, rabbonìsci) I v.t. to calm, to calm down, to pacify. II v.pron. **rabbonirsi** to calm down.

rabbrividire (rabbrividìsco, rabbrividìsci; aus. essere) v.i. **1** (sentire i brividi) to shiver: ~ per il freddo to shiver with cold. **2**

(fig) to shudder, to shiver, to quake: ~ dal terrore to quake with terror; ~ per l'orrore to shudder with horror.

rabbuffare (rabbùffo) I v.t. **1** (scompigliare) to ruffle: il vento le aveva rabbuffato i capelli the wind had ruffled her hair. **2** (fig) (sgridare) to rebuke, (colloq) to tell off. II v.pron. **rabbuffarsi 1** (rif. al tempo) to grow stormy. **2** (rif. al mare) to grow rough.

rabbuffato a. **1** (scompigliato) ruffled. **2** (rif. al tempo) stormy. **3** (rif. al mare) rough, choppy.

rabbuffo m. (rimprovero) scolding, rebuke, (colloq) telling-off: dare un ~ a qcu. to rebuke so., to give so. a scolding, to tell so. off; ricevere un solenne ~ to get a good scolding.

rabbuiarsi (mi rabbùio, ti rabbùi) v.pron. to darken, to grow dark (anche fig): il cielo si è rabbuiato the sky has darkened, the sky has grown overcast; (estens) si rabbuiò in volto his face darkened.

rabdomante m./f. rhabdomancer, diviner, dowser.

rabdomantico (pl. **-ci**) a. rhabdomantic, divining, dowsing.

rabdomanzia f. rhabdomancy, divining, dowsing.

rabesco e der. → **arabesco** e der.

rabicano I a. (Zootecn) roan. II m. (Zool) roan, roan horse.

racc. (Post) raccomandata (Br) recorded delivery letter, (Am) registered letter.

raccapezzare (raccapézzo) I v.t. (rar) **1** (raccogliere) to scrape together, to get together: ~ una sommetta to get a small sum together. **2** (capire) to understand, to grasp, to make sense of, (colloq) to make heads or tails of, to get: non ci raccapezzo niente del tuo discorso I don't understand anything of what you're saying, I can't make heads or tails of what you're saying, I really don't get what you're trying to say; ~ il senso di qcs. to grasp the sense of sth. II v.pron. **raccapezzarsi** to make out, to figure out, to make sense of: non mi ci raccapezzo proprio I simply can't make out what's going on.

raccapricciante a. horrifying, terrifying, blood-curdling.

raccapricciare (raccaprìccio, raccaprìcci; aus. essere) v.i. to be horrified, to shudder: ~ di spavento to shudder with fear.

raccapriccio m. horror, dread. □ pensare con ~ a qcs. to be horrified at the thought of sth., to shudder at the thought of sth.

raccattapalle m./f.inv. (Sport) ball-boy (f. -girl).

raccattare (raccàtto) v.t. **1** to pick up: raccattami la matita, per favore pick the pencil up for me, please. **2** (racimolare) to scrape together, to get together: riuscì a ~ pochi soldi he managed to get a little money together.

raccerchiare (raccérchio, raccérchi) v.t. to surround.

racchetare (racchéto) I v.t. (lett) to calm, to quiet. II v.pron. **racchetarsi** (lett) to calm down.

racchetta¹ f. (Sport) **1** (nel tennis) racket, racquet. **2** (estens) (tennista) tennis player: una buona ~ a good tennis player. **3** (nel ping-pong) bat, racket, (Am) paddle. **4** (ba-

stone da sci) ski-stick. □ ~da neve snow shoe, (spec. Am, colloq) racket.

racchetta² f. (Mil) flare, (Br) illuminating rocket.

racchettare (racchétto; aus. avere) v.i. (Sport) to pole.

racchia f. (pop) (donna molto brutta) dog.

racchio¹ a. (pop) (brutto) ugly, ungainly.

racchio² m. (region) (piccolo grappolo) small bunch of stunted grapes.

racchiudere (pres.ind. **racchiùdo**; p.rem. **racchiùsi**; p.p. **racchiùso**) v.t. to hold, to contain, to keep (anche fig): ~ un segreto nel cuore to hold a secret in one's heart, to keep a secret in one's heart.

racchiuso a. contained, held.

raccoglibriciole m.inv. table brush, (ant) crumb scoop.

raccogliere (pres.ind. **raccòlgo, raccògli**; p.rem. **raccòlsi**; p.p. **raccòlto**) I v.t. **1** (raccattare) to pick up: ~ una moneta da terra to pick up a coin from the floor. **2** (rif. a persone e oggetti sparsi) to gather, to pick up: ~ i feriti to gather the wounded. **3** (estens) (dare rifugio) to shelter, to take in: ~ profughi to shelter refugees. **4** (rif. a frutti, fiori e sim.) to pick, to pluck: ~ un fiore to pick a flower; ~ fiori to gather flowers, to pick flowers. **5** (fare il raccolto) to harvest, to gather. **6** (mettere insieme, radunare) to collect, to gather, to get together, to assemble: ~ le proprie cose to collect one's things, to get one's things together; ~ notizie to gather news; ~ informazioni su qcu. to gather information about so. **7** (rif. a fiumi) to receive: il Reno raccoglie le acque di molti affluenti the Rhine receives the waters of many tributaries. **8** (collezionare) to collect: ~ francobolli to collect stamps. **9** (rif. a opere letterarie) to collect, to bring together: ~ in un volume le opere di un poeta to collect a poet's works in a single volume. **10** (fig) (ricavare) to reap, to harvest: ~ il frutto delle proprie fatiche to reap the fruits of one's labour. **11** (fig) (ottenere) to meet (with), to obtain, to receive, to win: ~ successi to meet (with) success, to be successful; ~ onori to be showered with honours, to be honoured. **12** (fig) (concentrare) to gather, to summon up, to collect: ~ le forze to gather one's strength, to summon up one's strength; ~ le idee to collect one's thoughts. **13** (assol.) (comprendere, afferrare) (Br) to take up, to react, (Am) to pick up: l'ho guardato in modo allusivo ma lui non ha raccolto I looked at him knowingly but he didn't take it up, I gave him a knowing look but he didn't react, I gave him a look but he didn't pick it up. II v.pron. **raccogliersi 1** to gather, to gather together, to assemble: gli alunni si raccolsero intorno al maestro the students gathered around the teacher. **2** (fig) (volgere la mente) to concentrate (su, in on), to be immersed (in): raccogliersi in contemplazione to be immersed in thought, to be absorbed in thought. **3** (fig) (concentrarsi) to concentrate, to collect one's thoughts. □ (fig) ~ un'allusione to take a hint; (fig) ~ un appello to respond to an appeal; (fig) ~ qcu. dalla strada to get so. off the street; ~firme to collect signatures, to gather signatures; ~ fondi to raise funds; (fig) ~ i pensieri to collect one's thoughts, to concentrate; (*fig*) *~il guanto* (*accettare la sfida*) to take up the gauntlet; (*Pesc*) *~le reti* to haul in the nets, to draw in the nets; *~le vele* : 1 (*Mar*) to furl the sails, to take in sail; 2 (*fig*) (*arrivare alla conclusione*) to reach one's conclusion, to wind up; (*fig*) *~ unpettegolezzo* to believe idle gossip; (*fig*) *~ unaprovocazione* to react to a provocation; *~ unasfida* to accept a challenge.

raccoglimento *m.* concentration, attention: *ascoltavano con ~ le parole del predicatore* they listened with attention to the preacher's words. □ *pregarecon ~* to be deep in prayer, to be absorbed in prayer; *un minutodi ~* a moment's silence.

raccogliticcio I *a.* 1 random, picked up here and there: *un esercito ~* a ragtag army, an army picked up here and there. 2 (*fig*) bitty, patchy, ragtag, picked up here and there: *cultura raccogliticcia* knowledge picked up here and there, a smattering of knowledge. II *m.* random collection, motley.

raccoglitore *m.* 1 (*f.* **-trice**) collector: *~ di quadri* art collector. 2 (*cartella*) file holder, loose-leaf binder, loose-leaf book. 3 (*Agr*) picker: *~ di pomodori* tomato picker. 4 (*Etnol*) gatherer. □ *~ad anelli* ring binder.

raccoglitore-caricatore *m.* (*Agr*) pick-up loader.

raccoglitrice *f.* (*Agr*) harvester, harvester machine.

raccoglitrice-trinciatrice *f.* (*Agr*) forage harvester.

raccolta *f.* 1 collecting, gathering. 2 (*collezione*) collection: *una ~ di poesie moderne* a collection of modern poems. 3 (*Agr*) harvesting; (*rif. a frutti*) picking; (*rif. a uva*) grape harvesting. 4 (*riunione*) gathering: *una ~ di persone* a gathering, a gathering of people. 5 (*Inform*) bundle. □ (*Econ*) *~bancaria* bank deposits; (*Econ*) *~da clienti* customers deposits; (*Econ*) *~dei rifiuti* waste collection; *~della carta* paper recycling, recycled paper pick-up; (*Econ*) *~di capitali* raising of capital; *~di firme* collection of signatures; *~di fondi* fund raising, fund collecting; *~di leggi* body of laws; *~differenziata dei rifiuti* separate collection of recyclables, separate waste collection, separate refuse collection, (*Br*) separate rubbish collection, (*Am*) separate garbage collection; *~ epigrafica* epigraphic collection, collection of epigraphs; *fare la ~ di qcs.*: 1 (*raccogliere*) to gather sth., to collect sth.; 2 (*collezionare*) to collect sth.

raccolto [1] *m.* (*Agr*) harvest, crop: *il ~ delle olive* the olive crop; *cattivo ~* bad harvest, poor harvest; *tempo del ~* harvest time, harvesting time; *dare un buon ~* to yield a good crop.

raccolto [2] → **raccogliere** *a.* 1 (*colto*) picked. 2 (*riunito*) collected, gathered, gathered together. 3 (*rannicchiato*) crouching, huddled, huddled up, curled up, drawn up: *sedeva raccolta in una poltrona* she sat huddled up in an armchair. 4 (*fig*) (*concentrato nei propri pensieri*) thoughtful. 5 (*fig*) (*assorto*) absorbed, engrossed, intent. 6 (*fig*) (*tranquillo*) quiet. 7 (*fig*) (*appartato*) secluded, quiet: *un luogo ~* a secluded place. □ *capelli raccoltiin trecce* braided hair, plaited hair, hair gathered into plaits.

raccomandabile *a.* 1 recommendable. 2 (*rif. a persone*) reliable, trustworthy: *una persona poco ~* an untrustworthy person, an unreliable person.

raccomandare (**raccomàndo**) I *v.t.* 1 to commend: *~ l'anima a Dio* to commend one's soul to God. 2 (*affidare*) to recommend, to

entrust, to commit: *raccomando a te mio figlio* I entrust my son to you. 3 (*appoggiare*) to recommend, to put in a good word for: *~ un candidato a un concorso* to put in a good word for a candidate in a competition. 4 (*consigliare*) to recommend, to advise: *~ un ristorante* to recommend a restaurant. 5 (*esortare*) to urge (strongly), to exhort, *spesso si traduce con un imperativo*: *ti raccomando la massima segretezza* I urge you to keep it a secret, (please) do keep it a secret; *gli ho raccomandato di farlo bene* I urged him to do it well; *ti raccomando che sia l'ultima volta* let this be the last time; *ti raccomando di non dire nulla al direttore* don't say anything to the director; *ti raccomando di non dimenticartene* don't forget it. 6 (*Post*) (*Br*) to record, (*Am*) to register: *~ un pacco* (*Br*) to send a parcel recorded delivery, (*Am*) to send a parcel by registered post (*o* by certified post *o* by registered mail *o* by certified mail). II *v.pron.* **raccomandarsi** 1 to commend oneself, to entrust oneself: *raccomandarsi a Dio* to commend oneself to God. 2 (*implorare*) to implore, to beg, to entreat (*a qcu. so.*). □ (*fig*) *raccomandarsia tutti i santi del Paradiso* to call upon all the saints in heaven, to beg help from all and sundry; (*fig,scherz*) *raccomandarsialle gambe* to take to one's heels; *raccomandarsida sé* (*o raccomandarsida solo*) to need no recommendation; *mi raccomando!* don't forget!; (*iron*)*te lo raccomando, quello!* he is a fine one!

raccomandata *f.* (*Post*) 1 (*lettera raccomandata*) (*Br*) recorded delivery letter, (*Am*) registered letter, certified letter. 2 (*spedizione*) (*Br*) recorded delivery, (*Am*) registered mail, registered post: *spedire per ~* (*Br*) to send recorded delivery, (*Am*) to send by registered mail, to send by certified mail, to send by certified post. 3 (*dicitura sulle lettere*) (*Br*) Recorded Delivery, (*Am*) Registered, Certified. □ (*Post*) *~con ricevuta di ritorno* (*Br*) recorded delivery letter with proof of delivery, (*Am*) registered letter with proof of delivery; (*Post*) *dirittodi ~* (*Br*) recorded delivery charge, (*Am*) registration fee; (*Post*) *espresso* (*Br*) express recorded delivery letter, (*Am*) express registered letter; (*Post*)*fare una ~* (*Br*) to send a recorded delivery letter, (*Am*) to send a letter by registered mail (*o* by registered post), to send by certified mail (*o* by certified post).

raccomandatario *m.* (*f.* **-a**) (*Mar*) ship's agent.

raccomandato I *a.* 1 recommended. 2 (*Post*) (*Br*) recorded delivery, (*Am*) registered, certified. II *m.* (*f.* **-a**) person who is highly recommended: *è un ~* he is highly recommended, (*colloq*) he is one of the boys. □ (*scherz*) *un ~di ferro* a person with connections, a person with a pull, a person who knows the right people, a person with friends in high places.

raccomandazione *f.* 1 (*consiglio*) advice, recommendation; (*esortazione*) exhortation, urging. 2 (*intercessione*) a good word, influence, recommendation, (*colloq*) pulling strings: *ha ottenuto questo posto a forza di raccomandazioni* he got this job through influence, (*colloq*) he got this job by pulling strings. 3 (*Post*) (*Br*) recorded delivery, (*Am*) registration: *tassa di ~* (*Br*) recorded delivery charge, (*Am*) registration fee. □ *lettera di ~* letter of recommendation;*fare delle raccomandazioni a qcu.* to give so. advice; *essere assuntosu ~ di qcu.* to be employed thanks to someone putting in a good word (for you *o* on your behalf).

raccomodamento *m.* 1 (*riparazione*) repairing, mending. 2 (*riassetto*) straightening, adjustment.

raccomodare (**raccòmodo**) *v.t.* 1 (*riparare*) to repair, to mend. 2 (*riassettare*) to straighten, to adjust, to tidy (up): *raccomodarsi la cravatta* to straighten one's tie. 3 (*fig*) (*rimettere in sesto*) to put right, to set right.

raccomodatura *f.* 1 (*atto*) repairing, mending. 2 (*effetto*) repair, mend.

racconciare (**raccóncio, raccónci**) I *v.t.* (*rar*) 1 (*accomodare*) to put in order, to tidy up. 2 (*riparare*) to repair, to mend. 3 (*fig*) (*migliorare*) to improve. II *v.pron.* **racconciarsi** (*rar*) (*rif. al tempo: rasserenarsi*) to clear up.

raccontabile *a.* worth telling.

raccontare (*pres.ind.* **raccónto**; *p.p.* **raccontàto**) *v.t.* 1 to tell, to recount, to relate: *~ a qcu. i propri guai* to tell so. all one's woes; *~ una favola* to tell a story; *~ frottole* to tell tales. 2 (*estens*) (*parlare*) to be (*di* about): *il romanzo racconta di un ragazzo* the novel is about a boy. □ *a raccontarla, nessuno ci crederebbe* no one would believe it if you told them; (*colloq*)*a chi la racconti?* tell me another one, tell it to the marines; *vai a raccontarlaa qualcun altro !* you can tell that to the marines!; (*region,colloq*) *~balle* to tell fibs, to fib; *~ unabarzelletta* to tell a joke; *raccontarnedi tutti i colori* to tell tall stories, (*Am*) to tell tales; *raccontarne di tutti i colori a proposito di qcu.* to say all sorts of things about so., to tell all sorts of stories about so.; (*colloq*) *raccontalagiusta !* tell the truth!, (*iron*) a likely tale! (*Am*) likely story!; (*pop*)*poterla ~* to save one's hide; (*iron*)*saperla ~* (*rif. a chi mente sfacciatamente*) to tell a good tale;*si raccontache* the story goes that; (*colloq*) *raccontarnetante* (*di fandonie*) to talk a lot of nonsense, to talk a load of nonsense; *che cosa mivieni a ~?* what on earth are you saying?

racconto *m.* 1 (*fatto raccontato*) story, tale. 2 (*il raccontare*) narration, telling, relating. 3 (*relazione*) account, relation: *~ storico* historical account; *fammi un ~ del tuo viaggio* give me an account of your trip, tell me all about your trip. 4 (*Lett*) short story, story, tale. □ *racconti fumetti* comic-strip stories; *un ~dal vero* a true story; *un librodi racconti* a story book; *raccontiper bambini* children's stories.

raccorciamento *m.* (*rar*) shortening.

raccorciare (*pres.ind.* **raccórcio, raccórci**; *p.p.* **raccorciàto**) I *v.t.* (*rar*) to shorten, to make shorter: *~ un vestito* to shorten a dress, to take up a dress; *~ un articolo* to shorten an article, to cut an article. II *v.pron.* **raccorciarsi** (*rar*) to shorten, to become shorter, to get shorter.

raccordare (**raccòrdo**) *v.t.* 1 to join together, to join up, to link, to link up, to connect, to connect up: *~ due canali* to link two canals. 2 (*Ferr*) to connect (by a siding). 3 (*Strad*) to link. 4 (*Mecc*) to joint.

raccordo *m.* 1 connection, link, joint. 2 (*Strad*) junction. 3 (*Mecc*) union, (*Am*) connector. 4 (*Cin*) linking shot. □ (*Mecc*) *~a gomito* elbow joint; (*Strad*) *~a quadrifoglio* clover-leaf; (*Strad*) *~anulare* orbital motorway, ring road, (*Am*) beltway; (*Strad*) *~autostradale* slip road;*di ~* linking, connecting; (*Strad*) *~di entrata* approach road; (*Strad*) *~di svincolo* exit road, turn-off; *~ferroviario* connecting line, connecting track, loop-line, junction line; (*Strad*) *~stradale* connecting road.

raccostamento *m.* (*rar*) 1 (*atto*) nearing,

approach, approaching. **2** (*effetto*) approach. **3** (*fig*) (*confronto*) comparison, contrast.

raccostare (**raccòsto**) I *v.t.* (*rar*) **1** (*accostare*) to bring near, to bring up, to approach. **2** (*fig*) (*confrontare*) to compare, to set side by side: ~ *due colori* to compare two colours. II *v.i.pron.* (*rar*) to approach, to near.

raccozzare (**raccòzzo**) *v.t.* to throw together, to jumble up.

racemico (*pl.* **-ci**) *a.* (*Chim*) racemic: *acido* ~ racemic acid.

racemizzazione *f.* (*Chim*) racemization.

racemo *m.* **1** (*Bot*) raceme. **2** (*Chim*) racemic mixture.

racemoso *a.* (*Bot*) racemose.

Rachele *n.pr.f.* Rachel.

rachialgia *f.* (*Med*) rachialgia, rhachialgia.

rachicentesi *f.* (*Med*) rachicentesis, rhachicentesis.

rachide *m./f.* (*Anat,Bot,Zool*) rachis, rhachis.

rachideo, **rachidiano** *a.* (*Anat*) rachidian, rhachidian, rachidial, rhachidial.

rachitico I *a.* **1** (*Med*) rachitic, rhachitic, rickety. **2** (*fig*) (*misero, stentato*) stunted, ill-grown, underdeveloped. II *m.* (*f.* **-a**; *pl.* **-ci**) rickets sufferer.

rachitide *f.* (*Med*) rickets (*costr.sing.*), rachitis, rhachitis.

rachitismo *m.* (*Med*) rickets (*costr.sing.*), rachitis, rhachitis.

racimolare (**racìmolo**) *v.t.* **1** (*Agr*) to glean, to pick. **2** (*fig*) to scrape together, to get together, to glean.

racimolatura *f.* (*Agr*) **1** (*atto*) gleaning. **2** (*ciò che si racimola*) gleanings *pl.* (*anche estens*).

racimolo *m.* (*Bot*) small cluster of grapes.

rack /rak/ *m.inv.* (*Acus*) rack, hi-fi rack.

racket /'raket/ *m.inv.* racket: *il ~ della prostituzione* the prostitution racket.

rad[1] *m.* (*Fis*) rad.

rad[2] (*Geom*) *radiante* rad. (*radian*).

rada *f.* (*Mar*) anchorage, roads *pl.*, roadstead.

radar I *m.inv.* (*Fis*) radar. II *a.inv.* radar (*attr.*): *installazione* ~ radar installation; *uomini* ~ air traffic controllers. □ (*Aer*) ~ *aeronautico* aeronautical radar; *con il* ~ by radar; ~ *di avvistamento* search radar, warning radar; ~ *di bordo*: 1 (*Mar*) ship's radar; 2 (*Aer*) airbone radar; ~ *portuale* harbour-control radar; ~ *terrestre* land-based radar, ground radar.

radarista *m./f.* radar operator, radar engineer, radar controller, (*Am*) radarman (*f.* -woman).

radaristica *f.* radar technology.

radarlocalizzazione *f.* radar detection.

radarnavigazione *f.* radar navigation.

radarterapia *f.* (*Med*) short-wave therapy.

radazza *f.* (*Mar*) swab.

radazzare (**radàzzo**) *v.t.* (*Mar*) to swab.

raddensabile *a.* that may be thickened.

raddensare (**raddènso**) I *v.t.* to thicken, to condense. II *v.pron.* **raddensarsi** to thicken, to become thicker.

raddobbare (**raddòbbo**) *v.t.* (*Mar*) to refit, to repair.

raddobbo *m.* (*Mar*) refit, repair.

raddolcimento *m.* **1** sweetening. **2** (*rif. a suoni, colori*) softening, toning down. **3** (*fig*) assuaging, alleviation. **4** (*Fon,rar*) palatalization. **5** (*Met*) softening.

raddolcire (**raddolcìsco, raddolcìsci**) I *v.t.* **1** (*addolcire*) to sweeten. **2** (*fig*) (*rif. a suoni, colori*) to soften, to tone down: ~ *la voce* to soften one's tone. **3** (*fig*) (*mitigare*) to soothe, to relieve, to soften: ~ *un dolore* to soothe a

pain. **4** (*Met*) to soften. **5** (*Fon,rar*) to palatize. II *v.pron.* **raddolcirsi** **1** (*rif. a carattere, espressione*) to mellow, to soften, to grow gentler. **2** (*rif. al tempo*) to grow milder, to get milder.

raddoppiamento *m.* **1** doubling, redoubling. **2** (*Ling*) reduplication; (*rafforzamento*) gemination.

raddoppiare (**raddóppio**) I *v.t.* **1** to double: ~ *lo stipendio a qcu.* to double so.'s salary. **2** (*fig*) (*aumentare*) to double, to redouble, to increase: ~ *i propri sforzi* to redouble one's efforts. **3** (*Ling*) to reduplicate; (*rafforzare*) to germinate. II *v.i.* (*aus.* **essere**) **1** to be doubled, to double: *il reddito annuo è quasi raddoppiato* annual income has almost doubled. **2** (*fig*) (*crescere*) to double, to increase.

raddoppio *a.* **1** redoubled, doubled, increased: *con* ~ *zelo* with increased zeal. **2** (*piegato in due*) folded in two, folded in half.

raddoppio *m.* **1** doubling. **2** (*nel biliardo*) double. **3** (*Mus*) double. □ (*Ferr*) *binario di* ~ double track; (*Ferr*) ~ *di un binario* laying of a second track.

raddrizzamento *m.* **1** straightening. **2** (*fig*) (*correzione*) correction, straightening out. **3** (*El*) rectification. □ (*Mecc*) ~ *a caldo* heat-straightening.

raddrizzare (**raddrìzzo**) I *v.t.* **1** to straighten, to put straight: *raddrizza questo quadro* straighten this picture. **2** (*rimettere in piedi*) to set upright again, to set on one's feet again. **3** (*fig*) (*correggere*) to correct, to put straight, to straighten out. **4** (*Mecc*) to straighten, to rectify. **5** (*El*) to rectify. II *v.pron.* **raddrizzarsi** **1** to straighten, to become straight. **2** (*rimettersi in piedi*) to stand up again. **3** (*raddrizzare la schiena*) to straighten, to straighten up. **4** (*fig*) (*correggersi*) to correct oneself, to straighten oneself up. □ (*Mecc*) ~ *a freddo* to cold-straighten; (*colloq*) *ti raddrizzo io!* I'll put you straight!; (*fig*) *voler* ~ *le gambe ai cani* to go on a wild goose chase, to try to straighten bananas, to labour in vain, to attempt the impossible; ~ *le spalle* to square one's shoulders, to straighten up.

raddrizzatore I *m.* (*El*) rectifier. II *a.* (*El*) rectifier (*attr.*): *elemento* ~ rectifier element. □ (*El*) ~ *a tubo* valve rectifier; (*El*) ~ *ad arco* arc rectifier; (*El*) ~ *a semionda* half-wave rectifier; (*El*) ~ *di corrente* current rectifier.

raddrizzatrice *f.* (*Mecc*) straightener.

radente *a.* **1** (*rasente*) grazing, skimming. **2** (*rif. a voli*) low-flying, hedge-hopping. **3** (*Mil*) (*rif. al tiro*) grazing.

radenza *f.* grazing movement.

radere (*pres.ind.* **ràdo**; *p.rem.* **ràsi**; *p.p.* **ràso**) I *v.t.* **1** to shave, to shave off: ~ *i baffi a qcu.* to shave off so.'s moustache. **2** (*fare la barba*) to shave. **3** (*fig*) (*sfiorare*) to graze, to skim, to brush against; (*rif. ad aerei e sim.*) to skim, to hedge-hop. **4** (*tagliare alla base*) to raze: ~ *un bosco* to raze a wood, to raze a wood to the ground. II *v.pron.* **radersi** to shave. □ ~ *a terra* to raze to the ground; ~ *a zero* to shave, to shave down to the roots; *farsi* ~ *a zero i capelli* to have one's hair shaved off; ~ *al suolo* to raze to the ground.

radezza *f.* **1** thinness, scantiness: ~ *dei capelli* sparseness of hair, thinness of hair. **2** (*fig*) infrequency, rareness, scarcity.

radiale[1] I *a.* (*Mat,Fis,Biol*) radial. II *f.* radial line. III *m.* (*Aut*) radial tyre, (*Am*) radial tire.

radiale[2] *a.* (*Anat*) radial: *nervo* ~ radial nerve.

radialmente *avv.* radially.

radiante[1] *a.* (*Fis,Astr*) radiant, radiating: *su-*

perficie ~ radiant surface, radiating surface.

radiante[2] *m.* (*Mat,Geom*) radian.

radianza *f.* (*Fis*) radiance.

radiare (**ràdio, ràdi**) *v.t.* **1** (*cancellare*) to cancel, to strike off, to strike out: ~ *dall'albo* to strike off, to strike off the rolls; ~ *dall'albo dei medici* to strike off the medical register, to revoke so.'s license to practice medicine; ~ *qcu. dall'albo degli avvocati* to disbar so. **2** (*espellere*) to expel: ~ *qcu. da un partito* to expel so. from a party.

radiativo *a.* (*Fis*) radiative.

radiato[1] *a.* (*Bot*) radiate, radial: *fiore* ~ radiate flower.

radiato[2] *a.* (*espulso*) expelled, struck off.

radiatore *m.* (*Tecn*) radiator. □ (*Mot*) ~ *a nido d'ape* honeycomb radiator; ~ *acustico* acoustic radiating element, acoustic radiator; (*Mot*) ~ *dell'olio* oil cooler; ~ *di calore* heat radiator.

radiazione[1] *f.* (*Fis*) radiation. □ (*Fis*) ~ *alfa* alpha rays, alpha radiation; (*Fis*) ~ *atomica* atomic radiation; (*Fis*) ~ *beta* radiation, beta-ray emission; (*Fis*) ~ *cosmica* cosmic rays, cosmic radiation; (*Fis*) ~ *gamma* gamma radiation; (*Fis*) ~ *ionizzante* ionizing radiation; (*Fis*) ~ *solare* solar radiation, sun radiation; (*Fis*) ~ *ultravioletta* ultra-violet radiation.

radiazione[2] *f.* **1** (*cancellazione*) striking off. **2** (*espulsione*) expulsion.

radica *f.* **1** (*legno per pipe*) briar, briarwood: *pipa di* ~ briar pipe. **2** (*pop*) (*radice*) root.

radicale I *a.* **1** radical, drastic: *riforma* ~ radical reform. **2** (*fig*) (*drastico*) radical, drastic. **3** (*Pol*) Radical: *partito* ~ Radical party. **4** (*Bot,Ling,Mat*) radical, root (*attr.*). II *m.* **1** (*Ling,Mat*) root, radical: *il* ~ *di una parola* the root of a word. **2** (*Chim*) radical. III *m./f.* (*Pol*) Radical. □ (*Chim*) *radicali bivalenti* bivalent radicals; (*Chim*) ~ *libero* free radical.

radicaleggiante *a.* (*Pol*) favouring radicalism, leaning toward radicalism.

radicaleggiare (**radicaléggio, radicaléggi**; *aus.* **avere**) *v.i.* (*Pol*) to favour radicalism, to lean toward radicalism.

radicalismo *m.* radicalism (*anche Pol*).

radicalizzare (**radicalìzzo**) I *v.t.* (*Pol*) to radicalize. II *v.pron.* **radicalizzarsi** (*Pol*) to become radical.

radicalizzazione *f.* radicalization (*anche Pol*).

radicalmente *avv.* radically.

radicamento *m.* **1** (*Bot*) roothold, rootedness. **2** (*fig*) rootedness, taking roots: *il* ~ *di un partito nella società* a party taking its roots in society.

radicando *m.* (*Mat*) radicand.

radicare (**ràdico, ràdichi**) I *v.i.* (*aus.* **avere**) **1** (*Bot*) to take root, to strike root, to root, to put out roots. **2** (*estens*) (*rif. a idee e sim.*) to become deep-rooted, to take root. II *v.pron.* **radicarsi** **1** (*Bot*) to take root, to strike root, to root, to put out roots. **2** (*estens*) (*rif. a idee e sim.*) to become deep-rooted, to take root.

radicato *a.* **1** (*Bot*) rooted. **2** (*fig*) rooted, deep-rooted, deep-seated, firmly rooted (*in* in): *difetti radicati* deep-rooted faults, ingrained faults.

radicazione *f.* (*Bot*) rooting.

radicchio *m.* (*Bot,Alim*) radicchio, red lettuce.

radice *f.* **1** (*Bot*) root: *le radici di un albero* the roots of a tree. **2** (*fig*) (*principio, origine*) root, origin, source: *la* ~ *del male* the root of evil. **3** (*Anat*) root: *la* ~ *di un dente* the root of a tooth; *la* ~ *di un'unghia* a nail root. **4**

(Mat) root. **5** (*Ling*) root, root-word. **6** (*Inform*) root. ☐ (*Bot*) **~a fittone** tap-root; (*Bot*) **~ aerea** aerial root; (*fig*) **andarealla ~ di qcs.** to get to the root of sth., to get to the heart of sth., to get to the bottom of sth.; (*Bot*) **~avventizia** adventitious root; **radicicommestibili** root crops; (*Mat*) **~cubica** cube root; **arrossire fino alla ~dei capelli** to blush to the roots of one's hair;**mettere radici: 1** (*attecchire*) to strike root, to take root; **2** (*fig*) (*penetrare*) to take root; **3** (*fig*) (*sistemarsi stabilmente*) to settle down, to establish oneself; (*Mat*) **~quadrata** square root; **una personasenza radici** a rootless person.

radichetta *f.* (*Bot*) rootlet, radicle.

radiciforme *a.* (*Bot*) radiciform, root-like, root-shaped.

radi e getta *m.* disposable razor.

radio ¹ *f.inv.* (*Rad*) **1** (*radiofonia*) radio. **2** (*stazione trasmittente*) broadcasting station, transmitting station, radio: **lavora alla ~** he works on the radio. **3** (*apparecchio*) radio, radio set, (*ant*) wireless: **accendere la ~** to turn on the radio. **II** *a.inv.* (*Rad*) radio (*attr.*): **silenzio ~** radio silence. ☐ (*Rad*) **~a batterie** battery-operated radio; (*Rad,ant*) **~a galena** crystal set; **~a onde corte** short-wave radio; **sentire un programmaalla ~** to hear a programme on the radio; **ascoltare qcs. alla ~** to listen to sth. on the radio; **~ clandestina** pirate radio, underground radio; **~libera** independent broadcasting station; **comunicareper ~** to communicate by radio, to broadcast; **trasmettere per ~** to broadcast; **~ pirata** pirate radio station; (*Rad*) **~portatile** portable radio.

radio ² *m.* (*Chim*) radium.

radio ³ *m.* (*Anat*) radius.

radioabbonato *m.* (*f.* **-a**) radio licence holder.

radioamatore *m.* (*f.* **-trice**) amateur radio operator, (*colloq*) radio ham, ham.

radioamatoriale *a.* radioamateur (*attr.*), (*colloq*) radio ham (*attr.*), ham (*attr.*).

radioascoltatore *m.* (*f.* **-trice**) radio listener, listener.

radioascolto *m.* radio listening.

radioassistenza *f.* (*Aer,Mar*) radio navigation.

radioastronomia *f.* (*Astr*) radio astronomy.

radioastronomo *m.* (*Astr*) radio astronomer.

radioattività *f.* (*Fis*) radioactivity. ☐ **~ dell'aria** air radioactivity, atmospheric radioactivity; **~naturale** natural radioactivity.

radioattivo *a.* (*Fis*) radioactive: **scorie radioattive** radioactive waste, radioactive wastes.

radioaudizione *f.* listening in.

radiobiologia *f.* radiobiology.

radiobussola *f.* (*Mar,Aer*) radio compass.

radiocanale *m.* (*Rad*) radio channel.

radiocarbonico (*pl.* **-ci**) *a.* (*Fis*) radiocarbon (*attr.*): **analisi radiocarbonica** radiocarbon dating, carbon-14 dating.

radiocarbonio *m.* (*Fis*) radiocarbon: **datazione al ~** radiocarbon dating, carbon-14 dating.

radiocentro *m.* broadcasting centre.

radiochimica *f.* (*Chim*) radiochemistry.

radiochirurgia *f.* (*Med*) radiosurgery.

radiocollegamento *m.* (*Rad*) radio link.

radiocomandare (**radiocomàndo**) *v.t.* (*Rad*) to radio-control.

radiocomandato *a.* (*Rad*) radio-controlled.

radiocomando *m.* (*Rad*) radio control.

radiocommedia *f.* radio play.

radiocomunicazione *f.* (*Rad*) radiocommunication.

radiocronaca *f.* (*Rad*) running commentary, running radio commentary. ☐ **fare la ~ di qcs.** to do a running commentary on sth., to commentate on sth.

radiocronista *m./f.* (*Rad*) commentator, radio commentator.

radiodermatite, **radiodermite** *f.* (*Med*) radiodermatitis.

radiodiagnosi *f.* (*Med*) radiodiagnosis.

radiodiagnostica *f.* (*Med*) radiodiagnostics (*costr.sing.*).

radiodiffondere (*pres.ind.* **radiodiffóndo**; *p.rem.* **radiodiffùsi**; *p.p.* **radiodiffùso**) *v.t.* (*Rad*) to broadcast.

radiodiffusione *f.* (*Rad*) radio broadcasting, broadcasting.

radiodisturbo *m.* (*Rad*) static radio interference, static radio noise.

radiodramma *m.* radio play.

radioelemento *m.* (*Chim*) radioelement, radioactive element.

radioelettricità *f.* (*Fis*) radio electricity.

radioelettrico (*pl.* **-ci**) *a.* (*Fis*) radio (*attr.*).

radioestesia *f.* divining, dowsing.

radioestesista *m./f.* diviner, dowser.

radiofaro *m.* (*Aer,Mar*) beacon, radio beacon. ☐ (*Aer,Mar*) **~di avvicinamento** approach beacon; (*Aer,Mar*) **~di rotta** course-indicating beacon; (*Aer,Mar*) **~ di terra** ground radio beacon; (*Aer,Mar*) **~ girevole** rotating radio beacon; (*Aer,Mar*) **~omnidirezionale** omnidirectional radio beacon.

radiofonia *f.* (*Rad*) **1** (*radiotelefonia*) radiotelephony. **2** (*radiodiffusione*) (radio) broadcasting.

radiofonico (*pl.* **-ci**) *a.* (*Rad*) radio (*attr.*), broadcasting: **programma ~** radio programme; **collegamento ~** radio link.

radiofonista *m.* (*Mil*) radio operator.

radiofoto *f.inv.* (*Fot*) radiophoto, radiophotograph.

radiofrequenza *f.* (*Rad*) radio frequency.

radiofurgone *m.* mobile radio unit.

radiogalassia *f.* (*Astr*) radio galaxy.

radiogeno *a.* (*Med*) radiogenic.

radiogiornale *m.* (*Rad*) radio news bulletin.

radiogoniometria *f.* (*Tecn*) radiogoniometry.

radiogoniometrico (*pl.* **-ci**) *a.* (*Tecn*) direction-finding, radio direction-finding, radiogoniometric: **stazione radiogoniometrica** direction-finding station.

radiogoniometro *m.* (*Rad*) radiogoniometer.

radiografare (**radiògrafo**) *v.t.* (*Radiol*) to X-ray, to radiograph.

radiografia *f.* **1** (*Radiol*) radiography. **2** (*Radiol*) (*immagine fotografata*) X-ray, radiograph, radiogram: **fare una ~** to take an X-ray; **fare una ~ al torace** to X-ray (so.'s) chest, to do (so.) a chest X-ray. **3** (*fig*) in-depth analysis: **fare la ~ della situazione** to make an in-depth analysis of a situation, to examine the situation from close-up.

radiografico (*pl.* **-ci**) *a.* (*Radiol*) radiographic: **esame ~** X-ray examination.

radiogramma *m.* (*Radiol,Tel*) radiogram.

radiogrammofono *m.* (*ant*) radiogram, radiogramophone.

radioguida *f.* (*Aer*) radio homing aid.

radioguidare (**radioguìdo**) *v.t.* to radio-control.

radiointervista *f.* (*Rad*) radio interview.

radioisotopo *m.* (*Nucl*) radioisotope.

radiolari *m.pl.* (*Zool*) radiolarians, Radiolaria.

radiolina *f.* portable radio, pocket radio; (*a transistor*) transistor radio.

radiolocalizzare (**radiolocalìzzo**) *v.t.* (*Tecn*) to locate by radar, to detect by radar.

radiolocalizzatore *m.* (*Tecn*) radar.

radiolocalizzazione *f.* (*Tecn*) radar location, radiolocation.

radiologia *f.* **1** (*Fis,Med*) radiology. **2** (*reparto di ospedale*) radiology ward, radiology department.

radiologico (*pl.* **-ci**) *a.* (*Fis,Med*) radiologic, radiological.

radiologo *m.* (*f.* **-a**; *pl.* **-gi**) (*Med*) radiologist.

radiomessaggio *m.* (*Rad*) radio message.

radiometro *m.* (*Fis*) radiometer: **~ acustico** acoustic radiometer.

radiomicrofono *m.* (*Acus*) radio microphone, (*colloq*) radio mike.

radiomobile *f.* radio car.

radiomontatore *m.* (*operaio*) radio mechanic.

radionavigazione *f.* (*Aer,Mar*) radio navigation.

radionuclide *m.* (*Nucl*) radionuclide, radioactive nuclide.

radioonda *f.* (*Fis*) radio wave.

radiopacità *f.* (*Fis*) radiopacity.

radiopilota *m.* (*Aer*) radio-controlled pilot.

radiopropagazione *f.* (*Fis*) radio-wave propagation.

radioprotezione *f.* radioprotection.

radioregistratore *m.* (*Acus*) radio recorder.

radioricevente I *a.* (*Rad*) radio receiving. **II** *f.* (*Rad*) **1** (*stazione*) radio receiving station. **2** (*apparecchio*) radio receiver, radio receiving set.

radioricevitore *m.* (*Rad*) radio receiver, radio receiving set, radio.

radioricezione *f.* (*Rad*) radio reception.

radiorilevamento *m.* (*Aer*) direction-finding, radio direction-finding, radio bearing.

radioriparatore *m.* radio repairer.

radioripetitore *m.* (*Rad*) radio relay.

radioscopia *f.* (*Med*) fluoroscopy, radioscopy: **eseguire una ~ su qcu.** to carry out a radioscopic examination on so.

radioscopico (*pl.* **-ci**) *a.* (*Med*) fluoroscopic, radioscopic.

radiosegnale *m.* (*Rad*) radio signal.

radiosentiero *m.* (*Aer*) glide path.

radiosità *f.* brightness, radiance (*anche fig*).

radioso *a.* bright, shining, radiant (*anche fig*): **sole ~** bright sun, brightly shining sun; **volto ~** radiant face; **un ~ avvenire** a bright future; **una bellezza radiosa** a radiant beauty.

radiosonda *f.* (*Meteor*) radiosonde.

radiosondaggio *m.* (*Meteor*) radio sounding.

radiosorgente *f.* (*Rad,Astr*) radio source.

radiospia *f.* bugging device, (*colloq*) bug.

radiostazione *f.* (*Rad*) radio station, broadcasting station.

radiostella *f.* (*Astr*) radio star.

radiosveglia *f.* radio alarm, alarm clock radio, clock radio.

radiotaxi *m.* radio taxi.

radiotecnica *f.* (*Rad*) radio engineering, radio technology.

radiotecnico (*pl.* **-ci**) **I** *a.* (*Rad*) of radio engineering, of radio technology. **II** *m.* (*Rad*) **1** radio engineer. **2** (*riparatore*) radio mechanic, radio technician, radio repairman, (*Am*) radioman.

radiotelecomando *m.* (*Tecn*) radio control.

radiotelefonia *f.* (*Tel*) radiotelephony.

radiotelefonico (*pl.* **-ci**) *a.* (*Tel*) radiotelephonic.

radiotelefono *m.* (*Tel*) radiotelephone, radiophone.

radiotelegrafare (**radiotelègrafo**) *v.t.* (*Tel*) to radiotelegraph, to wire.

radiotelegrafia *f.* (*Tel*) radiotelegraphy, wireless telegraphy.

radiotelegrafico (*pl.* **-ci**) *a.* (*Tel*) radiotelegraphic.

radiotelegrafista *m./f.* **1** (*Tel*) radiotelegraphist. **2** (*Mar,Aer*) radio operator.

radiotelegrafo *m.* (*Tel*) radiotelegraph.

radiotelegramma *m.* (*Tel*) radiotelegram, radiogram.

radiotelescopio *m.* (*Astr*) radiotelescope.

radiotelescrivente *f.* radioteletype.

radiotelevisione *f.* **1** radio and television. **2** (*ente*) television broadcasting company.

radiotelevisivo *a.* radio and television (*attr.*): *ente* ~ broadcasting company, television company.

radioterapia *f.* (*Med*) radiotherapy, radiotherapeutics (*costr.sing.*).

radioterapico (*pl.* **-ci**) *a.* (*Med*) radiotherapeutic.

radioterapista *m./f.* (*Med*) radiotherapist.

radiotrasmettere (*pres.ind.* **radiotra-smétto**; *p.rem.* **radiotrasmìsi**; *p.p.* **radiotra-smésso**) *v.t.* (*Rad*) to broadcast.

radiotrasmettitore *m.* (*Rad*) radio transmitter.

radiotrasmissione *f.* (*Rad*) **1** radio broadcasting. **2** (*trasmissione di segnali*) transmission by radio.

radiotrasmittente **I** *a.* (*Rad*) broadcasting. **II** *f.* (*Rad*) **1** (*stazione*) broadcasting station, transmitting station. **2** (*apparecchio*) radio transmitter.

radioutente *m./f.* (*Rad*) radio-licence holder.

radium *m.* (*Chim*) radium.

rado[1] *a.* **1** thin, sparse: *capelli radi* thin hair. **2** (*poco frequente*) occasional, infrequent: *incontri molto radi* very infrequent meetings. **3** (*rif. a tessuto*) loosely-woven; (*rif. a maglieria*) loosely-knit. **4** (*rif. a pettine*) wide-toothed. **5** (*sparso*) scattered, thinly-scattered, widely-spaced: *case rade* scattered houses. ☐ *di* ~ seldom, rarely.

rado[2], **radon** *m.* (*Chim*) radon.

radula *f.* (*Zool*) radula.

radunare (**radùno**) **I** *v.t.* to get together, to gather, to gather together, to collect, to assemble: *radunò tutti i suoi libri sul tavolo* he gathered all his books together on the table; *radunò intorno a sé la propria famiglia* he gathered his family around him. **II** *v.pron.* **radunarsi** to assemble, to gather together, to get together, to congregate: *radunarsi intorno a qcu.* to gather around so.

radunata *f.* **1** (*persone riunite*) assembly, meeting, gathering, reunion: *la* ~ *si sciolse* the meeting broke up. **2** (*Mil*) muster. ☐ (*Dir*) ~ *sediziosa* seditious gathering, seditious assembly.

raduno *m.* **1** assembly, gathering, meeting, reunion: *fare un* ~ to hold a meeting; *punto di* ~ meeting place. **2** (*Sport*) meeting, meet; (*rif. ad automobili*) rally: ~ *automobilistico* car rally.

radura *f.* clearing, glade.

rafano *m.* (*Bot*) radish.

Raffaele *n.pr.m.* Raphael.

raffaellesco (*pl.* **-chi**) *a.* **1** (*Art*) Raphaelesque. **2** (*estens*) delicate, fine.

Raffaello *n.pr.m.* (*Stor,Art*) Raphael.

raffazzonamento *m.* **1** throwing together, patching together. **2** (*cosa raffazzonata*)

patched-up job, botch, hodgepodge.

raffazzonare (**raffazzóno**) *v.t.* to throw sth. together (at the last minute): ~ *un pranzo* to throw a dinner together at the last minute, to get a dinner together at the last minute.

raffazzonato *a.* thrown together, (*sl*) schlocky, shoddy, slipshod.

raffazzonatore *m.* (*f.* **-trice**) hack, botcher.

raffazzonatura *f.* **1** (*atto*) throwing together, patching together, botching. **2** (*cosa raffazzonata*) botch, patched-up job, hodgepodge.

rafferma *f.* **1** confirmation in office, renewal of office. **2** (*Mil*) re-enlistment.

raffermare (**rafférmo**) *v.t.* **1** (*region*) to reconfirm: *lo hanno raffermato sindaco* he was reconfirmed as mayor. **2** (*Mil*) to re-enlist. **II** *v.pron.* **raffermarsi** (*Mil*) to re-enlist.

raffermo *a.* stale.

raffia *f.* **1** (*Bot*) raffia, raffia palm. **2** (*fibra*) raffia.

raffica *f.* **1** (*folata*) gust, blast, squall: *il vento soffiava a forti raffiche* the wind blew in strong gusts. **2** (*Arm*) burst, volley: *sparare una* ~ *di pallottole* to shoot a volley of bullets; *una* ~ *di mitra* a burst of machine gun. **3** (*fig*) hail, storm, shower, volley: *una* ~ *di insulti* a hail of abuse. ☐ *parlare a* ~ to talk nonstop; *una* ~ *di domande* a barrage of questions; ~ *di neve* squall of snow; ~ *di pioggia* squall of rain.

raffigurabile *a.* representable.

raffigurare (**raffigùro**) **I** *v.t.* **1** (*rappresentare*) to represent, to portray, to show: *il quadro raffigura una scena di battaglia* the painting portrays a battle scene. **2** (*simboleggiare*) to symbolize, to stand for, to represent: *la colomba raffigura il candore* the dove symbolizes purity. **3** (*lett*) (*riconoscere*) to recognize. **II** *v.pron.* **raffigurarsi** to imagine, to picture, to picture to oneself.

raffigurazione *f.* **1** representation. **2** (*simbolo*) symbol, representation.

raffilare (**raffilo**) *v.t.* **1** (*affilare*) to whet, to sharpen. **2** (*affilare di nuovo*) to whet again, to sharpen again. **3** (*pareggiare*) to trim, to pare.

raffilatoio *m.* (*Legat*) trimmer.

raffilatrice *f.* (*Legat,Tecn*) trimmer.

raffilatura *f.* **1** (*l'affilare*) whetting, sharpening. **2** (*pareggiamento*) trimming, paring. **3** (*ciò che si toglie raffilando*) trimmings *pl.*

raffinamento *m.* **1** (*raffinazione*) refining. **2** (*fig*) (*perfezionamento*) refinement.

raffinare (**raffìno**) **I** *v.t.* **1** (*Ind*) to refine: ~ *lo zucchero* to refine sugar. **2** (*fig*) to refine, to polish: ~ *le maniere* to refine one's manners. **II** *v.pron.* **raffinarsi** to become refined, to become more refined.

raffinatamente *avv.* in a refined way, refinedly.

raffinatezza *f.* **1** refinement: ~ *di gusti* refinement of taste, refined taste. **2** (*sottigliezza*) subtlety, nicety: *raffinatezze stilistiche* stylistic subtleties, niceties of style. **3** (*ciò che è raffinato*) dainty, daintiness, pleasure: *le raffinatezze della tavola* table manners.

raffinato I *a.* **1** (*Ind*) refined: *olio* ~ refined oil. **2** (*fig*) refined, polished: *arte raffinata* refined art. **II** *m.* (*f.* **-a**) refined person. ☐ *non* ~ unrefined, raw.

raffinatore I *m.* (*f.* **-trice**) refiner. **II** *a.* refining.

raffinatura *f.* (*Ind*) refining.

raffinazione *f.* (*Ind*) refining: *la* ~ *del petrolio* oil refining.

raffineria *f.* (*Ind*) refinery. ☐ (*Ind*) ~ *di petrolio* oil refinery; (*Ind,Alim*) ~ *di zucchero* sugar refinery.

raffio *m.* **1** grapnel. **2** (*Mar*) grappling iron, grappling hook.

rafforzamento *m.* **1** strengthening, reinforcement: *il* ~ *delle difese* the reinforcement of defences. **2** (*estens,fig*) strengthening: *il* ~ *dei muscoli* the strengthening of muscles; *il* ~ *del dollaro nei confronti dell'euro* the strengthening of the dollar over the euro. **3** (*Ling*) intensification.

rafforzare (**raffòrzo**) **I** *v.t.* **1** to strengthen, to fortify, to reinforce: ~ *la guarnigione* to fortify the garrison. **2** (*estens,fig*) to strengthen: ~ *un'opinione* to strengthen an opinion. **3** (*Edil*) to consolidate. **4** (*Ling*) intensify. **II** *v.pron.* **rafforzarsi 1** to strengthen, to become stronger, to get stronger. **2** (*estens,fig*) to grow stronger, to get stronger.

rafforzativo *a.* **1** reinforcing, strengthening. **2** (*Ling*) intensifying.

rafforzato *a.* **1** strengthened, reinforced. **2** (*estens,fig*) strengthened.

raffreddamento *m.* cooling (*anche fig*): *il* ~ *della terra* the cooling of the earth; *il* ~ *dell'entusiasmo* the cooling of enthusiasm; *il* ~ *dei rapporti tra i due paesi* the cooling of relations between the two countries. ☐ (*Tecn*) ~ *a olio* oil-cooling; (*Tecn*) ~ *ad acqua* water-cooling; *con* ~ *ad acqua* water-cooled; (*Tecn*) ~ *ad aria* air-cooling; *con* ~ *ad aria* air-cooled; (*Fis*) ~ *per espansione* expansion cooling, dynamic cooling.

raffreddare (**raffréddo**) **I** *v.t.* **1** to cool: *il temporale ha raffreddato l'aria* the storm has cooled the air. **2** (*fig*) to cool, to cool off, to cool down, to damp, to dampen, to chill: ~ *l'entusiasmo di qcu.* to dampen (*o* to chill) so.'s enthusiasm. **II** *v.pron.* **raffreddarsi 1** to cool, to cool down, to cool off, to grow cool, to get cold: *la minestra si è raffreddata* the soup got cold. **2** (*fig*) (*intiepidirsi*) to cool, to cool down, to cool off: *i loro rapporti si sono raffreddati* relations between them have cooled. **3** (*colloq*) (*prendere un raffreddore*) to catch a cold. ☐ *lasciare* ~ *il motore* to allow the engine to cool down.

raffreddato *a.* **1** cooled. **2** (*con il raffreddore*) having a cold: *essere* ~ to have a cold; *sono un po'* ~ I have a slight cold. ☐ (*Tecn*) ~ *a olio* oil-cooled.

raffreddore *m.* (*Med,pop*) cold: *avere il* ~ to have a cold; *prendersi un bel* ~ to catch a bad cold, to catch a nasty cold; *gli ho attaccato il* ~ I gave him my cold. ☐ ~ *da fieno* (*colloq*) hay fever, (*Med*) pollinosis; (*Med,pop*) ~ *di petto* chest cold; (*Med,pop*) ~ *di testa* head cold.

raffrenare (**raffréno/raffrèno**) **I** *v.t.* (*lett*) to control, to restrain, to check (*anche fig*): ~ *l'ira* to control one's anger. **II** *v.pron.* **raffrenarsi** (*rar*) (*contenersi*) to limit oneself, to restrain oneself, to control oneself: *raffrenarsi nel bere* to limit one's drinking.

raffrontamento *m.* (*rar*) comparing, confronting.

raffrontare (**raffrónto**) *v.t.* **1** (*confrontare*) to compare. **2** (*collazionare*) to collate, to compare.

raffronto *m.* comparison: *fare un* ~ *fra due persone* to make a comparison between two persons.

rafia *f.* **1** (*Bot*) raffia, raffia palm. **2** (*fibra*) raffia.

rafting *m.inv.* (*Sport*) white water rafting.

rag. *ragioniere* acct. (*accountant*).

ragade *f.* (*Med*) fissure, rhagade.

raganella *f.* **1** (*Zool*) tree frog, tree toad. **2** (*Mus*) rattle.

ragazza *f.* **1** girl, (*Br,ant*) lass: *un bel pezzo di* ~ a good-looking girl; *una brava* ~ a good girl. **2** (*colloq*) (*fidanzata*) girl, girlfriend, sweetheart: *farsi la ~* to find a girlfriend. **3** (*ant*) (*nubile*) unmarried girl, single girl: *ha una sorella ancora ~* he has a sister who is still single. □ *~copertina* cover girl;*da ~*: 1 (*quando era ragazza*) as a girl: *fin da ~* since she was a girl; 2 (*quando io ero ragazza*) as a girl, when I was a girl; *fin da ~* since I was a girl; *~da marito* girl of marriageable age; *~di servizio* maidservant; *~madre* unmarried mother; *~pompon* cheerleader; *~ squillo* call girl.

ragazza-copertina (*pl.* **ragàzze-copertìna**) *f.* (*Giorn*) covergirl.

ragazzaglia *f.* (*spreg*) gang, mob, band.

ragazzata *f.* boyish prank.

ragazzino *m.* (*f.* **-a**) little boy, young boy (*f. girl*), child: *vestita in quel modo sembri una ragazzina* you look so young dressed like that.

ragazzo *m.* **1** boy, youngster, lad. **2** (*colloq*) (*rif. a persona adulta*) fellow, (*Br,colloq*) chap, (*Am,colloq*) guy: *è un bravo ~* (*Br,colloq*) he's a good fellow, (*Am,colloq*) he's a good guy. **3** (*figlio*) boy, son. **4** *pl.* young people, youth, youngsters: *i ragazzi di oggi* today's youth. **5** *pl.* (*figli maschi e femmine*) children: *ho mandato i ragazzi a giocare* I've sent the children out to play. **6** (*colloq*) (*fidanzato*) boyfriend, sweetheart: *farsi il ~* to get a boyfriend. **7** (*garzone*) boy, shop-boy, errand-boy, runner. □ *da ~*: 1 (*quando era ragazzo*) as a boy: *da ~ era biondo* as a boy he had fair hair; 2 (*quando io ero ragazzo*) as a boy, when I was a boy; *fin da ~* since I was a boy; *~di bottega* shop-boy, errand-boy, apprentice; *~di strada* street urchin, guttersnipe; *~di vita*: 1 rake; 2 (*estens*) (*prostituto*) rent boy; *~mio*: 1 (*figlio mio*) my boy; 2 (*estens*) (*amico mio*) my friend; *~padre* single father.

raggelante *a.* (*che fa paura*) scary, frightening.

raggelare (**raggèlo**) **I** *v.i.* (*aus.* **essere**) to freeze. **II** *v.pron.* **raggelarsi** to freeze (*anche fig*): *a quella vista mi si raggelò il sangue* my blood froze at that sight.

raggentilire (**raggentilìsco, raggentilìsci**) *v.t.* (*rar*) to refine, to polish.

raggiante *a.* **1** radiant, shining, beaming (*anche fig*): *essere ~ di gioia* to be radiant with joy, beaming with joy; *oggi sei ~* you're radiant today. **2** (*Fis*) radiant: *energia ~* radiant energy.

raggiare (**ràggio, ràggi**) **I** *v.i.* (*aus.* **avere**) **1** (*lett*) to radiate, to shine. **2** (*fig*) (*rif. a persona*) to be radiant, to beam, to glow: *~ di gioia* to be radiant with joy. **II** *v.t.* (*lett,fig*) to radiate, to shine with, to beam with, to glow with: *~ felicità dal volto* to radiate happiness, to shine with happiness, to glow with happiness.

raggiato *a.* radial, radiate, radiated: (*Biol*) *simmetria raggiata* radial symmetry.

raggiera *f.* halo, rays *pl.*, sunburst: *la ~ dell'ostensorio* the rays of a monstrance. □ *a ~* radial; *disposizione a ~* radial arrangement; *ornamento a ~* sunburst decoration.

raggio *m.* **1** ray, beam: *il ~ della luna* the moonbeam. **2** (*fig*) ray, gleam, glimmer: *un ~ di speranza* a ray of hope. **3** (*zona*) radius: *in un ~ (o entro un ~) di cinque chilometri* for a radius of five kilometres, within a five-kilometre radius. **4** (*fig*) (*ambito*) range, scope, extent: *~ d'azione* range of action; *un vasto ~ d'azione* a wide range of action, a wide scope. **5** (*elemento della ruota*) spoke.

6 (*Fis*) ray, beam. **7** (*Geom*) radius. **8** (*Edil*) (*braccio*) arm, wing. □ (*Fis*) *raggialfa* alpha rays; (*TV*) *~analizzatore* scanning beam; (*Fis*) *raggibeta* beta rays; (*Fis*) *raggi catodici* cathode rays; (*Fis*) *~convergente* convergent beam; (*Astr*) *raggicosmici* cosmic rays; (*Fis*) *raggidelta* delta rays; (*Geom*) *~di curvatura* bending radius; (*Fis*) *~di luce* light ray, ray of light, beam; *~di sole* sunbeam, ray of sunlight; (*Aut*) *~di sterzata* turning radius; (*Ott*) *~emergente* emergent ray; (*pop*) *fare i raggi* to X-ray, to radiograph; (*pop*) *farsi i raggi* to be X-rayed, to have X-rays taken; (*Fis*) *raggigamma* gamma rays; (*Fis,Ott*) *~incidente* incident ray; (*Fis*) *raggiinfrarossi* infra-red rays; (*Fis*) *~ laser* laser beam; (*Fis*) *~luminoso* light ray, ray of light, beam; (*Ott*) *~riflesso* reflected ray; (*Fis*) *~rifratto* refracted ray; *~terrestre* earth's radius; (*Fis*) *raggi ultravioletti* ultra-violet rays; (*Geom*) *~vettore* radius vector; (*Fis*) *raggiX* X-rays.

raggiramento *m.* swindle, cheat, cheating.

raggirare (**raggìro**) **I** *v.t.* to cheat, to trick, to swindle: *farsi ~* to let oneself be cheated. **II** *v.pron.* **raggirarsi** (*rar*) (*aggirarsi*) to circle around, to roam around, to move about.

raggiratore *m.* (*f.* **-trice**) cheat, trickster, swindler.

raggiro *m.* **1** scam, trick, swindle: *essere vittima di un ~* to be cheated, to be the victim of a scam. **2** (*intrigo*) intrigue, scheming.

raggiungere (*pres.ind.* **raggiùngo, raggiùngi**; *p.rem.* **raggiùnsi**; *p.p.* **raggiùnto**) *v.t.* **1** (*arrivare in un luogo*) to reach, to come to, to arrive at, to get to: *~ la vetta* to reach the top, to get to the top. **2** (*riprendere qcu. che precede*) to catch up with, to come up with, to reach: *per quanto corresse forte, l'ho raggiunto* although he was running fast I managed to catch up with him (*o him up*). **3** (*riunirsi a*) to join, to be with: *vi raggiungerò in giardino* I'll join you in the garden; *ti raggiungo subito* I'll be with you in a minute. **4** (*toccare*) to reach: *la temperatura ha raggiunto i quaranta gradi* the temperature has reached forty; *quest'albero può ~ i 60 m di altezza* this tree can grow up to 60 m; *la mia moto può ~ i 200 km/h* my motorcycle can do up to 200 km/h. **5** (*fig*) (*arrivare ad allinearsi*) to catch up with: *il nuovo scolaro ha raggiunto i suoi compagni* the new boy has caught up with the rest of the class. **6** (*fig*) (*conquistare*) to attain, to achieve, to reach, to win: *ha raggiunto un'ottima posizione* he has reached an excellent position; *~ la meta* to reach one's goal. □ *~ un accordo* to come to an agreement; *~il bersaglio*: 1 to hit the target, to hit the mark; 2 (*fig*) to reach one's goal; *~la maggiore età* to come of age.

raggiungibile *a.* **1** reachable: *la cima è ~ solo dal nord* the summit can only be reached from the north. **2** (*fig*) attainable, within reach (*popostp*): *il nostro scopo è ora ~* our goal is now within reach. □ (*Tel*) *il cliente non è ~* your call cannot be put through.

raggiungimento *m.* **1** reaching. **2** (*fig*) attainment, achievement: *il ~ di un fine* the attainment of a goal. □ *al ~della maggiore età* when coming of age.

raggiustamento *m.* (*rar*) **1** mending, repairing. **2** (*fig*) (*accomodamento*) straightening out. **3** (*fig*) (*riconciliazione*) making up.

raggiustare (**raggiùsto**) **I** *v.t.* (*rar*) **1** (*aggiustare*) to repair, to mend, (*colloq*) to fix. **2** (*fig*) (*accomodare*) to straighten out. **3** (*fig*) (*riconciliare*) to reconcile, to bring together, to bring together again. **II** *v.pron.* **raggiu-**

starsi (*rar*) to make peace.

raggomitolare (**raggomìtolo**) **I** *v.t.* to wind (into a ball), to ball. **II** *v.pron.* **raggomitolarsi** (*rannicchiarsi*) to curl up, to huddle, to huddle up.

raggomitolato *a.* (*rannicchiato*) curled up, huddled, huddled up.

raggranchiare (**raggrànchio, raggrànchi**),**raggranchire** (**raggranchìsco, raggranchìsci**) **I** *v.i.* (*aus.* **essere**) to become numb. **II** *v.t.* to numb, to make numb.

raggranellare (**raggranèllo**) *v.t.* to scrape together, to scrape up: *~ un po' di soldi* to scrape some money together.

raggrinzamento *m.* wrinkling, puckering, corrugating.

raggrinzare (**raggrìnzo, raggrìnzi**),**raggrinzire** (**raggrinzìsco, raggrinzìsci**) **I** *v.t.* to wrinkle, to crease, to pucker. **II** *v.i.* (*aus.* **essere**) to become wrinkled, to wrinkle, to crease. **III** *v.pron.* **raggrinzarsi** to become wrinkled, to wrinkle, to crease.

raggrinzito *a.* **1** wrinkled, creased: *pelle raggrinzita* wrinkled skin. **2** (*rif. a mela*) shrivelled-up.

raggrumarsi (**mi raggrùmo**) *v.pron.* **1** to coagulate, to clot. **2** (*cagliarsi*) to curdle.

raggrumato *a.* **1** clotted, coagulated. **2** (*cagliato*) curdled.

raggruppabile *a.* groupable.

raggruppamento *m.* **1** (*il raggruppare*) grouping. **2** (*gruppo*) group: *~ di banche* bank group, banking group. **3** (*Inform*) batching.

raggruppare (**raggrùppo**) **I** *v.t.* to group, to group together: *~ gli alunni per classi* to group the students by classes. **II** *v.pron.* **raggrupparsi** to group, to gather (in a group), to assemble.

raggruzzolare (**raggrùzzolo**) *v.t.* to get together, to scrape together.

ragguagliare (**ragguàglio, ragguàgli**) *v.t.* **1** (*informare*) to inform, to acquaint: *mi ragguagliò per lettera sull'accaduto* he informed me by letter of what had happened. **2** (*pareggiare*) to equalize, to make even. **3** (*livellare*) to level: *~ la superficie di un campo* to level the surface of a field. **4** (*paragonare*) to compare. **5** (*Comm*) to balance: *~ le partite del dare e dell'avere* to balance the debit and credit accounts.

ragguagliato *a.* **1** (*informato*) informed, kept informed. **2** (*pareggiato*) equalized, levelled, levelled out.

ragguaglio *m.* **1** (*informazione*) information, details *pl.*: *fornire ulteriori ragguagli* to give further details: *chiedere ragguagli* to ask for information; *dare ragguagli a qcu. su qcs.* to inform so. about sth. **2** (*relazione*) report: *fare un ~ dell'accaduto* to give a report of the event. **3** (*paragone*) comparison.

ragguardevole *a.* **1** (*rif. a persona: degno di riguardo*) notable, distinguished. **2** (*notevole*) considerable, sizeable, significant: *una somma ~* a considerable sum, a sizeable sum.

ragia (*pl.* **-gie/-ge**) *f.* pine resin, resin.

ragià *m.* rajah.

ragionamento *m.* **1** reasoning (*anche Filos*): *seguire un ~* to follow a line of reasoning; *il tuo ~ è giusto* your reasoning is correct. **2** (*argomentazione*) reasoning, argument: *persuadere col ~* to persuade by argument; *il tuo ~ non fa una piega* your argument makes perfect sense; *il suo ~ non mi convince* his argument does not convince me. **3** (*discussione*) discussion: *quanti ragionamenti inutili!* what a useless discussion! □ *ma che ragionamenti!* what nonsense!; *~dedut-*

tivo deductive reasoning; *~ induttivo* inductive reasoning; *fare ragionamenti stupidi* to talk nonsense.

ragionante *a.* rational, reasoning.

ragionare (**ragióno**; *aus.* **avere**) *v.i.* **1** to reason, to think rationally, to think clearly: *quando si è spaventati non si ragiona* when so. is frightened they don't think rationally; *non c'è verso di farlo* ~ you can't make him think clearly; *con lei non si può* ~ you can't reason with her; *che modo di* ~ *è questo?* what kind of thinking is this?; *cerca di* ~*!* try and be reasonable! **2** (*argomentare*) to reason, to argue: *~ a fil di logica* to reason logically. **3** (*discutere*) to talk (*about*), to discuss (sth.): ~ *di politica* to discuss politics. ☐ (*scherz*) ~ *con i piedi* to talk through one's hat; ~ *con la propria testa* to have a mind of one's own.

ragionato *a.* **1** reasonable, logical, rational, judicious: *un giudizio* ~ a judicious judgement. **2** (*accompagnato da documentazioni*) annotated, explained: *grammatica ragionata* annotated grammar.

ragionatore *m.* (*f.* **-trice**) reasoner.

ragione *f.* **1** (*facoltà raziocinante*) reason, reasoning: *la ~ è propria dell'uomo* reason is peculiar to man. **2** (*intelletto*) mind, reason: *perdere la* ~ to go out of one's mind; *riacquistare l'uso della* ~ to regain the use of reason, to begin to reason again. **3** (*prova, dimostrazione*) argument, reason, justification: *le tue ragioni sono infondate* your arguments are unfounded. **4** (*causa, motivo*) reason, cause, motive: *non so la* ~ *del suo comportamento* I don't know the reason for his behaviour; *per quale* ~? for what reason?; *ho le mie buone ragioni* I've got my reasons; *non è una buona* ~ that's no reason. **5** (*diritto*) right: *far valere le proprie ragioni* to assert one's rights. **6** (*fig*) (*conto*) account, explanation, reckoning: *rendere ~ di qcs.* to give an account of sth.; *ascoltare le ragioni di qcu.* to listen to what so. has to say. **7** *pl.* (*esigenze*) reasons: *per ragioni di spazio* for reasons of space. **8** (*proporzione, rapporto*) rate. **9** (*Mat*) (*rapporto*) ratio, proportion: *~ diretta* direct ratio. ☐ *a* ~ *justly, rightly; senza* ~ *apparente* for no apparent reason; *avere* ~ to be right: *vuol sempre avere* ~ he always wants to have his own way; (*scherz*) *hai* ~ *da vendere* you are absolutely right, you're only too right; *avere* ~ *di qcu.* (*vincerlo*) to gain the upper hand over so.; *ho* (*qualche*) ~ *di pensare che...* I have reason to believe that...; *a chi di* ~ to the person concerned; *dare* ~ *a qcu.* to admit that so. is right; *gli avvenimenti mi hanno dato* ~ events have proved me right; ~ *d'essere* reason for existence, raison d'être: *le sue preoccupazioni non hanno più* ~ *d'essere* his worries are unfounded now; *una ~ di più per...* all the more reason to...; *per ragioni di salute* for reasons of health; (*Pol*) ~ *di Stato* reason of State; *per ragioni di ufficio*: **1** for official reasons; **2** (*per servizio*) on official matters, on official business; **3** (*in qualità o veste ufficiale*) in one's official capacity; *dire le proprie ragioni* to have one's say; *farsi ~ di qcs.* (o *farsi una ~ di qcs.*) to resign oneself to sth.; *in ~ di*: **1** at the rate of, to the amount of: *in* ~ *del cinque per cento* at the rate of five per cent; *lo pagano in ~ di pochi euro per pagina* they pay him at the rate of a few euros a page; **2** (*secondo*) according to: *in* ~ *dell'età* according to age; (*Mat*) ~ *inversa* inverse proportion, inverse ratio; *non è una* ~ that's no reason; ~ *per cui* that's why, which is why; *la ~ per cui* the reason why, the reason for which; (*Filos*) *ragion pratica* practical reason; (*Filos*) *ragion pura*

pure reason; *senza* ~ without any reason; (*Comm*) ~ *sociale* style, style of a firm, (*Am*) corporate name; (*Filos*) *la ~ ultima delle cose* the first cause of things; *a ragion veduta*: **1** after due consideration; **2** (*intenzionalmente*) deliberately.

ragioneria *f.* **1** (*disciplina*) accountancy. **2** (*contabilità*) accounting, book-keeping. **3** (*ufficio*) accounting department, (*ant*) counting-house. **4** (*Scol*) business school: *frequentare* ~ to go to a high school specialising in business studies. ☐ *~ generale dello stato* general accounting department.

ragionevole *a.* **1** reasoning, rational: *un essere* ~ a reasoning being. **2** (*sensato, misurato*) reasonable, sensible: *proposte ragionevoli* sensible suggestions; *una persona* ~ a sensible person. **3** (*giusto, conveniente*) reasonable, fair: *prezzi ragionevoli* fair prices; *le sue pretese sono ragionevoli* his claims are reasonable. **4** (*fondato*) legitimate, well-founded.

ragionevolezza *f.* reasonableness.

ragionevolmente *avv.* reasonably.

ragioniere *m.* (*f.* **-a**) accountant, (*ant*) book-keeper. ☐ ~ *generale dello stato* accountant and comptroller general.

raglan *a.* (*Abbigl*) raglan-: *manica a* ~ raglan sleeve.

ragliamento *m.* braying (*anche fig*).

ragliare (**ràglio, ràgli**) **I** *v.i.* (*aus.* **avere**) to bray (*anche fig*). **II** *v.t.* (*cantare o dire sgraziatamente*) to bray, to bray out.

ragliata *f.* bray, braying (*anche fig*).

raglio *m.* bray, braying (*anche fig*). ☐ *Prov.*: ~ *d'asino non sale in cielo* every ass likes to hear himself bray.

ragna *f.* **1** (*rete per catturare uccelli*) bird net. **2** (*fig,rar*) (*tranello*) trap, snare, web: *cadere nella* ~ to fall into the trap.

ragnatela *f.* **1** cobweb, spider's web, web: *la stanza era piena di ragnatele* the room was covered with cobwebs, the room was full of cobwebs. **2** (*fig*) (*intrico*) web. **3** (*fig*) (*tessuto sottile e logoro*) threadbare cloth.

ragno *m.* (*Zool*) spider. ☐ (*Zool*) ~ *di mare* spider crab; (*scherz*) *sembrare un* ~ to be spidery, to be skinny.

ragtime /ˌreɡˈtajm/ *m.* (*Mus*) ragtime.

ragù *m.* (*Gastron*) meat sauce, bolognese sauce: *spaghetti al* ~ spaghetti bolognese.

RAI (*TV,Stor*) *Radio audizioni italiane* (Italian broadcasting corporation).

raia *f.* (*Itt*) (*razza*) ray, skate.

raid /rajd/ *m.inv.* **1** (*Mil*) (*incursione*) raid (*anche estens*). **2** (*Sport*) long-distance race, long-distance rally: *il* ~ *Pechino-Parigi* the Beijing-Paris race.

Raimondo *n.pr.m.* Raymond.

raion *m.* (*Tess,Abbigl*) rayon. ☐ *maglia in* ~ rayon shirt.

rais *m.inv.* **1** rais, bey. **2** (*Pesc*) head of a tunny-fishing team.

RAISAT (*TV*) *Rai satellitare* (Rai satellite channel).

RAI-TV (*TV*) *Radiotelevisione italiana* (Italian Broadcasting Corporation).

rajah /ˈraːdʒa, ˈraːdʒa/ *m.inv.* rajah.

ralenti /ˈraleti, raˈleˈti/ *m.inv.* (*Cin,TV*) slow motion. ☐ *al* ~ in slow motion.

ralinga *f.* (*Mar*) bolt-rope.

ralingare (**ralìngo**) *v.t.* (*Mar*) to rope.

ralla *f.* **1** (*Mecc*) thrust bearing, thrust block. **2** (*Mecc*) (*di autoarticolato*) fifth wheel. **3** (*Ferr*) centre casting, centre plate. **4** (*Mar*) brass, brush. **5** (*morchia*) oily deposit, sludge.

rallegramento *m.* **1** (*il rallegrarsi*) rejoicing. **2** *pl.* congratulations: *tutti i miei ralle-*

gramenti per la tua promozione congratulations on your promotion.

rallegrare (**rallégro**) **I** *v.t.* **1** (*rendere allegro*) to cheer up, to gladden. **2** (*far piacere*) to make glad, to make happy, to delight: *le buone notizie mi hanno rallegrato* the good news delighted me. **3** (*fig*) (*rendere vivace*) to cheer, to cheer up, to brighten: *questi fiori rallegrano la stanza* these flowers brighten the room. **II** *v.pron.* **rallegrarsi 1** to be glad, to be happy, to rejoice, to cheer up, to be delighted: *mi rallegro che tutto sia andato bene* I am glad it all went well. **2** (*congratularsi*) to congratulate: *rallegrarsi con qcu. per qcs.* to congratulate so. on sth.

rallegrata *f.* (*Equit*) prance.

rallentamento *m.* **1** slowing, slowing down: *il* ~ *della velocità* slowing down. **2** (*rif. a traffico*) delay, hold-up. **3** (*fig*) (*riduzione*) slackening, slackening off, slowdown: ~ *nella produzione* slackening in production; *un* ~ *dell'attività economica* a slowdown in business, a slump. **4** (*Cin,TV*) slow motion.

rallentando *m.inv.* (*Mus*) rallentando.

rallentare (**rallènto**) **I** *v.t.* **1** (*rif. a cosa*) to slow, to slow down, to slacken: ~ *il passo* to slow one's pace; ~ *la velocità* to slow down, to reduce speed: *l'automobile rallentò la corsa* the car slowed down. **2** (*fig*) (*diminuire l'intensità di*) to slow down, to slacken, to lessen: ~ *il ritmo del lavoro* to slacken the work rate, to slacken off; ~ *la disciplina* to relax discipline. **3** (*diminuire la frequenza di*) to reduce, to reduce the number of: ~ *le visite* to reduce the number of visits. **II** *v.i.* (*aus.* **avere/essere**) **1** to slow, to slow down: ~ *in curva* to slow down at a curve. **2** (*fig*) (*diminuire di intensità*) to slacken, to lessen. **III** *v.pron.* **rallentarsi** to grow less, to slacken, to diminish.

rallentatore *m.* (*Cin*) slow-motion camera. ☐ *al* ~: **1** (*Cin*) in slow motion, slow-motion (*attr.*): *ripresa al* ~ slow-motion take, slow-motion shot; **2** (*fig*) very slowly.

rallista *m./f.* (*Aut*) rallier.

rallo *m.* (*Ornit*) water rail.

rally /ˈrɛlli/ *m.inv.* (*Aut*) rally.

RAM I (*Inform*) *memoria ad accesso casuale* RAM (Random Access Memory). **II** *f.inv.* (*Inform*) RAM, RAM memory.

rama *f.* (*region*) (*ramo*) branch.

ramadan *m.inv.* (*Rel.islam*) Ramadan, Ramadhan, Ramazan.

ramages /raˈmaʒ/ ☐ (*Tess*) *stoffa a* ~ damask fabric.

ramaglia *f.* branches *pl.*, dead branches *pl.*

ramaio *m.* coppersmith.

ramaiolata *f.* ladleful.

ramaiolo *m.* ladle.

ramanzina *f.* (*colloq*) telling-off. ☐ *fare una ~ a qcu.* to tick so. off, to tell so. off; *prendersi una* ~ to be ticked off.

ramare (**ràmo**) *v.t.* **1** (*Met*) to copper, to coat with copper, to sheathe with copper. **2** (*Agr*) to spray with copper sulphate.

ramarro *m.* (*Zool*) green lizard.

ramato I *a.* **1** coppered, copper-coated: *filo* ~ copper-coated wire. **2** (*rossiccio*) auburn, copper (*attr.*), copper-coloured: *capelli ramati* auburn hair. **II** *m.* (*Agr*) copper sulphate.

ramatura *f.* **1** (*Met*) coppering, copper coating; (*rivestimento di rame*) copper coat. **2** (*Agr*) spraying with copper sulphate.

ramazza *f.* broom, besom. ☐ (*Mil*) *essere di* ~ to be on the cleaning detail.

ramazzare (**ramàzzo**) *v.t.* to sweep.

Rambo *m.inv.* Rambo: *si crede* ~ he behaves like Rambo.

rambutan *m.inv.* (*Bot,Alim*) rambutan.

rame *m.* **1** (*Chim*) copper. **2** (*incisione su rame*) copperplate. **3** *pl.* (*oggetti di rame*) copperware (*costr.sing.*). □ *rami da cucina* copper pots and pans;*di* ~: **1** copper, of copper: *moneta di ~* copper coin, copper; **2** (*color rame*) copper (*attr.*), copper-coloured; (*Chim*) *~ elettrolitico* cathode copper, electrolytic copper; (*Chim*) *~ grezzo* (*~ nero*) blister, blister copper, coarse copper, black copper.

rameico (*pl.* **ci**) *a.* (*Chim*) cupric.

ramengo (*pl.* **-ghi**) *m.* (*gerg,region*) (*bastone*) stick. □ *andare a ~* to go to the dogs, to go to rack and ruin; *mandare qcu. a ~* to wreck so., to ruin so.

rameoso *a.* (*Chim*) cuprous.

ramerino *m.* (*region,Bot*) rosemary.

ramia *f.* (*Bot*) ramie, ramee.

ramiè *m.* (*Bot*) ramie, ramee.

ramifero *a.* copper-bearing.

ramificare (**ramìfico, ramìfichi**) I *v.i.* (*aus.* **avere**) to branch, to branch out (*anche fig*). II *v.pron.* **ramificarsi** to branch, to branch out, to ramify (*anche fig*).

ramificato *a.* branched, branching (*anche fig*).

ramificazione *f.* branching, ramification, branches (*anche fig*): *le ramificazioni di un corso d'acqua* the ramifications of a stream; *le ramificazioni di una setta segreta* the ramifications of a secret set.

ramina *f.* (*Met*) (*scaglia di rame*) copper flake.

ramingare (**ramìngo, ramìnghi**; *aus.* **avere**) *v.i.* (*lett*) to wander, to roam.

ramingo (*pl.* **-ghi**) *a.* wandering, roaming: *andare ~* to wander, to roam.

ramino [1] *m.* **1** (*bricco*) kettle. **2** (*region*) (*ramaiolo*) skimmer.

ramino [2] *m.* (*gioco di carte*) rummy.

rammagliare (**rammàglio, rammàgli**) *v.t.* (*Sart*) **1** to darn. **2** (*rif. a smagliatura*) (*Am*) to mend a run in, (*Br*) to mend a ladder in: *~ una calza* to mend a run in a stocking.

rammagliatura *f.* (*Sart*) **1** darning. **2** (*rif. a smagliatura*) (*Am*) mending of runs, (*Br*) mending of ladders.

rammaricare (**rammàrico, rammàrichi**) I *v.t.* to afflict, to distress. II *v.pron.* **rammaricarsi 1** (*affliggersi*) to regret, to feel (very) sorry: *mi rammarico di non essere stato presente* I regret (*o* I'm sorry) I wasn't there. **2** (*lamentarsi*) to complain: *non fa che rammaricarsi* he does nothing but complain.

rammarico (*pl.* **-chi**) *m.* **1** (*rincrescimento*) regret: *provare* (*o sentire*) *vivo ~ per* (*o di*) *qcs.* to feel very sorry about sth. **2** (*lamento*) complaint, lament. □ *con rammarico* with regret; *con mio grande rammarico* much to my regret.

rammendare (**rammèndo**) *v.t.* (*Sart*) to mend, to darn: *~ un paio di calze* to mend a pair of stockings.

rammendato *a.* (*Sart*) mended, darned.

rammendatrice *f.* (*Sart*) mender, darner.

rammendatura *f.* (*Sart*) **1** mending, darning. **2** (*parte rammendata*) mend, darn: *~ invisibile* invisible darn.

rammendo *m.* (*Sart*) **1** mending, darning. **2** (*parte rammendata*) mend, darn: *~ invisibile* invisible darn.

rammentare (**rammènto**) I *v.t.* **1** (*ricordare*) to remember, to recall: *~ i giorni felici* to remember happy times; *rammenta i miei consigli* remember my advice. **2** (*richiamare alla memoria*) to remind, to call to mind: *quella casa mi rammenta la mia infanzia* that house reminds me of my childhood; *la*

tua voce mi rammenta quella di mio padre your voice reminds me of my father's. **3** (*nominare, menzionare*) to mention, to speak of: *lo rammentiamo spesso nei nostri discorsi* we often mention him when we talk. II *v.pron.* **rammentarsi** to remember, to recall, to recollect: *rammentati della tua promessa* remember your promise.

rammentatore *m.* (*f.* **-trice**) (*Teat*) (*suggeritore*) prompter.

rammollimento *m.* softening (*anche Med*): *~ cerebrale* softening of the brain.

rammollire (**rammollìsco, rammollìsci**) I *v.t.* to soften, to make soft, to make softer (*anche fig*). II *v.i.* (*aus.* **essere**) to soften, to become soft, to get soft (*anche fig*). III *v.pron.* **rammollirsi** to soften, to become soft, to go soft, to get soft (*anche fig*): *con l'età si è rammollito* he has got soft with age, he has gone soft with age, he has mellowed with age.

rammollito I *a.* **1** softened, soft. **2** (*fig*) (*rimbambito*) doting, doddering, soft in the head. II *m.* (*f.* **-a**) weakling, milksop.

rammorbidimento *m.* (*rar*) softening (*anche fig*).

rammorbidire (**rammorbidìsco, rammorbidìsci**) I *v.t.* (*rar*) to soften, to make soft, to make softer (*anche fig*). II *v.pron.* **rammorbidirsi** (*rar*) to become soft, to grow soft, to soften (*anche fig*).

ramno *m.* (*Bot*) buckthorn.

ramo *m.* **1** branch (*anche fig*), bough: *un ~ carico di frutti* a fruit-laden branch; *mettere i rami* to put out branches; *~ secco* dry branch. **2** (*in genealogia: linea di parentela*) branch; (*discendenza*) descent, lineage. **3** (*branca*) branch: *~ dello scibile* branch of knowledge. **4** (*campo, settore*) field, line: *~ commerciale* line of business; *non è il mio ~* that's out of my line. **5** (*Comm*) (*reparto*) division, department. **6** (*Anat*) branch, ramus. **7** (*Mat*) branch. □ *~ascendente* ascending branch; *~bancario* banking; *un ~del lago di Como* an arm of Lake Como; *i rami del parlamento* the houses of Parliament; *~di affari* branch of industry; *~di affari* branch of business; *avere un ~di pazzia* to have a touch of madness, to be a little crazy; *~discendente* descending branch; (*Assic*) *~ incendi* fire insurance, fire insurance division; *~sfrondato* bare branch; (*Assic*) *~sinistri* accident insurance, accident division; (*Assic*) *~vita* life insurance division, life insurance, (*Br*) assurance.

ramolaccio *m.* (*Bot*) radish.

ramoscello *m.* twig, sprig, spray, small branch. □ *un ~ di ulivo* an olive branch.

ramosità *f.* branchiness.

ramoso *a.* **1** branchy. **2** (*ramificato*) branched.

rampa *f.* **1** (*di scale*) flight (of stairs). **2** (*Strad,Edil,Aer*) ramp. **3** (*in missilistica*) launching pad, pad. **4** (*Arald*) paw. □ *~di accesso* approach road, approach ramp; (*Ferr*) *~di carico* loading ramp; *~di lancio* launching pad (*anche fig*); (*Edil*) *~di scala* flight, flight of stairs.

rampante I *a.* **1** (*Arald*) rampant: *leone ~* lion rampant. **2** (*fig*) (*ambizioso*) high-flying, go-getting. II *m./f.* go-getter, yuppie.

rampicante I *a.* (*Bot*) climbing, creeping: *pianta ~* climber, creeper, climbing plant. II *m.* **1** (*Bot*) climber, creeper. **2** (*Zool*) climber.

rampicare (**ràmpico, ràmpichi**) I *v.i.* (*aus.* **essere**) (*rar*) to climb, to climb up. II *v.pron.* **rampicarsi** to climb, to climb up.

rampichino *m.* **1** (*Ornit*) tree-creeper. **2** (*colloq*) (*bicicletta*) mountain bike.

rampino *m.* **1** hook. **2** (*fig*) (*pretesto*) ex-

cuse, pretext. **3** (*Mar*) grapnel. □ *a ~* hooked, hook-shaped: *becco a ~* hooked beak.

rampista *m./f.* (*Aer*) ramp attendant.

rampogna *f.* (*lett*) rebuke, reprimand.

rampognare (**rampógno**) *v.t.* (*lett*) to rebuke, to reprimand.

rampollare (**rampóllo**; *aus.* **essere**) *v.i.* **1** (*rif. ad acqua*) to spring forth, to gush out. **2** (*rif. a piante*) to bud, to sprout, to shoot. **3** (*fig*) (*derivare*) to come, to derive; (*avere origine*) to originate, to spring up.

rampollo *m.* **1** (*lett*) (*vena d'acqua*) spring. **2** (*lett*) (*germoglio*) bud, sprout, shoot. **3** (*fig*) (*discendente*) scion; (*scherz*) (*figlio*) offspring.

rampone *m.* **1** hook, hooked iron. **2** (*Pesc*) harpoon. **3** (*Alp*) crampon. **4** (*arnese per arrampicarsi sui pali*) climbing-iron.

ramponiere *m.* (*Pesc*) harpooner.

Ramses , **Ramsete** *n.pr.m.* (*Stor*) Ramses, Rameses.

rana *f.* **1** (*Zool*) frog. **2** (*Sport*) (*nuoto a rana*) breast-stroke: *nuotare a ~* to swim the breast-stroke. □ (*Zool*) *~ comune* (*o ~ esculenta*) edible frog; (*Itt*) *~pescatrice* angler, angler fish.

ranch /rentʃ/ *m.inv.* ranch.

rancidezza *f.* rancidness, rancidity, rankness.

rancidire (**rancidìsco, rancidìsci**; *aus.* **essere**) *v.i.* to become rancid, to grow rancid.

rancidità *f.* rancidness, rancidity, rankness.

rancido I *a.* **1** rancid, rank: *olio ~* rancid oil. **2** (*fig*) old-fashioned, out-of-date, musty: *teorie rancide* out-of-date theories. II *m.* **1** (*rif. a cibi: di sapore*) rancid taste, rancidity: *prendere il ~* to get rancid; *sapere di ~* to smell rancid, to taste rancid. **2** (*di odore*) rancid smell, rank odour.

rancidume *m.* (*rif. a cibi*) rancid food; (*di gusto*) rancid taste, rancidity; (*di odore*) rancid smell, rank odour.

ranciere *m.* (*rar,Mil*) messman.

rancio *m.* mess, meal, rations *pl.*, (*colloq*) chow: *distribuire il ~* to serve out mess, to serve out rations.

rancore *m.* grudge, rancour, ill feeling: *covare ~ contro qcu.* (*o nutrire ~ contro qcu.*) to nurse a grudge against so.; *vecchi rancori* old grudges. □ *senza ~?* no hard feelings?

rancoroso *a.* resentful, rancorous.

randa *f.* **1** (*Mar*) spanker, gaffsail, trysail. **2** (*Tecn*) beam compass.

randagio *a.* **1** stray, wild: *cane ~* stray dog, wild dog. **2** (*lett*) (*errante*) wandering.

randagismo *m.* straying.

randeggiare (**randéggio, randéggi**; *aus.* **avere**) *v.i.* (*Mar*) to coast.

randellare (**randèllo**) *v.t.* to club, to cudgel.

randellata *f.* clubbing, cudgel blow, blow with a club. □ *dare una ~ a qcu.* to give so. a clubbing;*prendere qcu.a randellate* to give so. a clubbing.

randello *m.* club, cudgel.

random *a.inv.* (*Inform*) random.

randomizzare (**randomìzzo**) *v.t.* (*Statist*) to randomize.

randomizzazione *f.* (*Statist*) randomization.

R&S *Ricerca e sviluppo* R&D (Research and development).

ranger /'rendʒer/ *m.inv.* ranger.

ranghinatore *m.* (*Agr*) hay rake, side-delivery hay rake.

rango (*pl.* **-ghi**) *m.* **1** (*ceto sociale*) standing, rank, class: *di alto ~* of high rank, of high standing; *gente di ogni ~* people of all ranks and classes; *dello stesso* ~ from the same social conditions; ~ *sociale* social class; *differenza di* ~ class difference. 2 (*Mil*) (*riga*) rank. ☐ *una donna di* ~ a woman of class.

ranista *m./f.* (*Sport*) breaststroke swimmer.

ranking /'raŋkiŋ/ *m.inv.* (*Sport*) ranking.

rannicchiare (**rannìcchio, rannìcchi**) I *v.t.* to draw up: ~ *le gambe* to draw up one's legs. II *v.pron.* **rannicchiarsi** to crouch, to squat, to huddle.

ranno *m.* lye. ☐ (*fig,ant*) *perdere il* ~ *e il sapone* to waste one's time and efforts.

rannuvolamento *m.* 1 clouding over. 2 (*fig*) darkening.

rannuvolare (**rannùvolo**) I *v.t.* 1 to cloud, to make cloudy, to make overcast. 2 (*fig*) to disturb, to trouble. II *v.pron.* **rannuvolarsi** 1 to cloud over, to become cloudy, to get cloudy, to grow overcast: *il cielo si è rannuvolato improvvisamente* the sky suddenly clouded over. 2 (*fig*) to darken: *si rannuvolò alla notizia* his face darkened when he heard the news.

rannuvolato *a.* 1 cloudy, overcast, clouded over: *cielo* ~ cloudy sky, overcast sky. 2 (*fig*) (*scuro: rif. al volto*) gloomy.

ranocchio *m.* 1 (*Zool*) frog. 2 (*fig*) (*persona bassa e malformata*) runt.

rantolante *a.* gasping, wheezing.

rantolare (**ràntolo**; *aus.* **avere**) *v.i.* 1 to gasp, to wheeze. 2 (*agonizzare*) to have the death-rattle.

rantolio *m.* 1 gasping, wheezing. 2 (*di moribondo*) rattling.

rantolo *m.* 1 gasp, wheeze. 2 (*di moribondo*) death-rattle: *il* ~ *dell'agonia* the death-rattle. 3 (*Med*) rale.

ranula *f.* (*Med,Veter*) ranula.

ranuncolacee *f.pl.* (*Bot*) buttercup family *sing.*, Ranunculaceae.

ranuncolo *m.* (*Bot*) ranunculus, buttercup.

ranzare (**rànzo**) *v.t.* (*colloq*) (*tagliare*) to cut, to cut away.

rap /rep/ *m.* (*Mus*) rap.

rapa *f.* 1 (*Bot*) turnip. 2 (*fig*) (*persona stupida*) blockhead, (*colloq*) fat head.

rapace I *a.* 1 predatory, rapacious. 2 (*rif. a uccelli*) raptorial, of prey. 3 (*fig*) (*avido*) rapacious, greedy. II *m.* raptor, bird of prey.

rapacemente *avv.* rapaciously, greedily.

rapacità *f.* 1 rapacity. 2 (*fig*) rapacity, greed, greediness.

rapanello *m.* (*Bot,Alim*) radish.

rapare I *v.t.* to crop, to shave so.'s head. II *v.pron.* **raparsi** to have one's hair cropped, to have one's head shaved. ☐ *raparsi zero* to shave one's head completely.

rapata *f.* cropping of hair, shaving of the head.

rapato *a.* shaved, shaven. ☐ ~ *a zero* with a completely shaved head, (*colloq*) baldheaded, bald as a billiard ball, bald as a cue ball, bald as a baby's butt, bald as a baby's bottom.

rapatura *f.* 1 (*atto*) cropping, shaving. 2 (*effetto*) cropped head, shaving.

raperonzolo *m.* (*Bot,Alim*) rampion.

rapida *f.* (*Geol*) rapids *pl.*, rapid.

rapidamente *avv.* quickly, rapidly.

rapidità *f.* 1 quickness, swiftness, rapidity, rapidness. 2 (*velocità*) speed. ☐ *con la* ~ *del fulmine* as quick as a lightning.

rapido I *a.* 1 fast, quick, rapid, swift, speedy. 2 (*breve*) short, quick, brief: *una rapida visita* a short visit. II *m.* (*Ferr*) express, express train. ☐ ~ *come il fulmine* (o ~ *come il lampo*) as quick as lightning; *in rapida successione* in rapid succession, (*colloq*) quick-fire, (*Am,colloq*) rapid-fire: *un*

giro di domande in rapida successione a round of quick-fire questions, a round of rapid-fire questions.

rapimento *m.* 1 kidnapping, abduction: ~ *a scopo di estorsione* kidnapping for ransom. 2 (*fig*) (*estasi*) rapture. 3 (*Bibl*) rapture.

rapina *f.* 1 robbery: *compiere una* ~ to carry out a robbery. 2 (*saccheggio*) plunder. 3 (*bottino*) booty, plunder. ☐ ~ *a mano armata* armed robbery; ~ *in banca* bank robbery.

rapinare (**rapino**) *v.t.* 1 to rob: *l'hanno rapinata di tutti i gioielli* they robbed her of all her jewels. 2 (*saccheggiare*) to plunder.

rapinatore *m.* (*f.* **-trice**) 1 robber. 2 (*saccheggiatore*) plunderer.

rapire (**rapìsco, rapìsci**) *v.t.* 1 to kidnap, to abduct: *un bambino è stato rapito dagli zingari* a baby was kidnapped by the gypsies. 2 (*rubare*) to rob, to steal; (*saccheggiare*) to plunder. 3 (*fig*) (*estasiare*) to enrapture, to entrance, to ravish. 4 (*lett*) *essere rapito dalla morte* to be snatched away by death, to be carried off by death.

rapito I *a.* 1 kidnapped, abducted. 2 (*fig*) (*estasiato*) enraptured, entranced: *la ascoltava* ~ he was listening to her enraptured. II *m.* kidnap victim.

rapitore *m.* (*f.* **-trice**) kidnapper, abductor: *le richieste dei rapitori* the kidnapper's demands.

rappacificamento *m.* reconciliation, pacification.

rappacificare (**rappacìfico, rappacìfichi**) I *v.t.* 1 to reconcile. 2 (*calmare*) to appease, to pacify. II *v.pron.* **rappacificarsi** to become reconciled.

rappacificazione *f.* reconciliation, pacification.

rappattumare (**rappattùmo**) I *v.t.* to reconcile temporarily. II *v.pron.* **rappattumarsi** to make (it) up.

rapper /'repper/ *m./f.inv.* rapper.

rappezzamento *m.* 1 (*atto*) patching up, mending. 2 (*effetto*) patch, mend. 3 (*fig,spreg*) (*atto*) botching, patching up. 4 (*fig,spreg*) (*effetto*) hodgepodge.

rappezzare (**rappèzzo**) *v.t.* 1 to patch, to mend: ~ *una giacca vecchia* to patch an old jacket, to put a patch on an old jacket. 2 (*fig*) (*comporre alla meglio*) to patch up, (*spreg*) to botch.

rappezzato *a.* 1 patched. 2 (*fig*) patched-up, (*spreg*) botched.

rappezzatura *f.* 1 (*il rappezzare*) patching, patching up; (*parte rappezzata*) patch. 2 (*spreg*) (*cosa rappezzata*) botch, patchwork, hodgepodge.

rappezzo *m.* 1 patch: *fare un* ~ *a un indumento* to patch a garment, to put a patch on a garment. 2 (*parte rappezzata*) patch, mend.

rapportabile *a.* 1 (*riferibile*) that can be related (*posposto*), referable. 2 (*confrontabile*) comparable.

rapportare (**rappòrto**) I *v.t.* 1 (*mettere in relazione*) to relate, to refer. 2 (*confrontare*) to compare: ~ *tra loro le produzioni di due paesi* to compare the production of two countries. 3 (*riprodurre*) to reproduce (on a different scale). 4 (*lett*) (*riferire*) to report, to relate. 5 (*Tecn*) (*collegare*) to connect, to link: ~ *due assi* to connect two axles. II *v.pron.* **rapportarsi** to relate to, to refer.

rapportatore *m.* (*Geom*) protractor.

rapporto *m.* 1 report, account, statement: *stendere un* ~ to write up a report. 2 (*legame, nesso*) connection, relation, relationship: *non c'è alcun* ~ *fra le due cose* there's no connec-

tion between the two matters. 3 (*relazione*) relations *pl.*: *rapporti internazionali* international relations. 4 (*sessuale*) sexual relations, intercourse, sex: *rapporti sessuali* sex, sexual relations, sexual intercourse; ~ *orale* oral sex. 5 (*Mat,Mecc*) ratio. 6 (*di bicicletta*) gear: *cambiare* ~ to change gear. 7 (*Tess*) repeat. ☐ (*Mil*) *chiamare a* ~ to call for report, to summon; ~ *a rischio* incident of unprotected sex; ~ *amoroso* love affair, relationships; *rapporti commerciali* business relations, trade relations; *rapporti culturali* cultural relations; ~ *di affari* business relations, business dealings; *rapporti di buon vicinato* good neighbourliness; *stabilire rapporti di buon vicinato* to become neighbourly, to become good neighbous; *mantenere rapporti di buon vicinato* to be good neighbours; (*Mecc*) ~ *di cambio* gear ratio; ~ *di causalità* causation; ~ *di coppia* couple's relationship, relationship; ~ *di dipendenza* subordinate relationship; *rapporti di lavoro* 1 business relations; 2 (*gerarchici*) employer-employee relationship; ~ *di parentela* kinship, relationship; (*Mecc*) ~ *di trasmissione* gear ratio; *rapporti diplomatici* diplomatic relations; ~ *diplomatico* diplomatic report; *rapporti epistolari* correspondence; *rapporti extraconiugali* extramarital relationships; *fare* ~ *a qcu.* to report to so.; *entrare in* ~ *con qcu.* to enter into relations with so.; *in* ~ *a* : 1 (*in confronto*) in proportion to, compared with: *ragazzi e ragazze sono in* ~ *di 2 a 1* the ratio of boys to girls is 2 to 1; 2 (*riguardo a*) with reference to, regarding, as regards; *rapporti intimi* sexual relations; (*Mat*) ~ *inverso* inverse ratio; *mettere in* ~ *una cosa con un'altra* to relate one thing to another; *non avere alcun* ~ *con* to have no relationship with, to have no connection with; (*Mot*) ~ *peso-potenza* power-to-weight ratio, weight efficiency; (*Rad*) ~ *segnale-disturbo* signal-to-noise ratio, signal/noise ratio; *rapporti sessuali* sexual relations; ~ *ufficiale* official report.

rapprendere (*pres.ind.* **repprèndo**, *p.rem.* **rappréssi**; *p.p.* **rappréso**) I *v.t.* 1 (*far coagulare*) to coagulate, to congeal. 2 (*rif. al latte*) to curdle. II *v.pron.* **rapprendersi** 1 (*coagularsi*) to coagulate, to congeal. 2 (*rif. al sangue*) to clot, to coagulate. 3 (*rif. al latte*) to curdle. 4 (*rif. a sostanze colloidali*) to gel.

rappresaglia *f.* retaliation, reprisal: *compiere una* ~ to carry out a reprisal. ☐ *per* ~ in retaliation, as a reprisal.

rappresantabilità *f.* 1 representability. 2 (*Teat*) performability, playability.

rappresentabile *a.* 1 representable. 2 (*Teat*) performable.

rappresentante *m./f.* 1 representative. 2 (*fig*) representative, epitome: *è un classico* ~ *del romanticismo* he is a typical representative of Romanticism. 3 (*Comm*) agent, representative, area manager. ☐ ~ *della stampa* press representative; (*Scol*) ~ *di classe* class representative; ~ *di vendita* sales representative; ~ *diplomatico* diplomatic delegate, diplomatic representative; (*Comm*) ~ *esclusivo* exclusive agent, sole agent; (*Comm*) ~ *estero* foreign agent; ~ *sindacale* union steward, steward.

rappresentanza *f.* 1 representation: ~ *proporzionale* proportional representation; ~ *legale* legal representation. 2 (*delegazione*) representative *pl.*, delegation, deputation. 3 (*Comm*) agency: *avere la* ~ *di una ditta* to represent a company, to be a company's representative. 4 (*Comm*) (*ufficio*) agency, branch. ☐ (*Comm*) ~ *all'estero* foreign agency; ~ *diplomatica* diplomatic mission; (*Comm*) ~

esclusiva exclusive agency, sole agency: *avere la ~ esclusiva* to be the sole representative; *in ~di* as the representative of.

rappresentare (**rappresénto**) *v.t.* **1** (*raffigurare*) to depict, to portray, to represent: *il quadro rappresenta una scena di caccia* the painting depicts a hunting scene. **2** (*descrivere*) to describe, to represent: *nel romanzo è rappresentata la Roma del dopoguerra* the novel describes post-war Rome. **3** (*simboleggiare*) to symbolize, to be a symbol of, to represent: *il leone rappresenta la violenza* the lion is a symbol of violence. **4** (*fare le veci*) to represent, to act for: *qcu. nella conclusione di un contratto* to act for so. in drawing up a contract. **5** (*costituire*) to be, to account for, to represent: *il frumento rappresenta il 70% della produzione agricola* wheat accounts for 70% of the agricultural output. **6** (*significare*) to mean: *lui non rappresenta niente per me* he means nothing to me; *il suo rifiuto rappresenta per lui la sconfitta completa* her refusal represents total defeat for him. **7** (*Comm*) to be the agent (for), to represent. **8** (*Teat*) (*portare in scena*) to stage, to produce on stage, to give, (*colloq*) to put on; (*sostenere una parte*) to play, to act: *chi rappresenta la parte di Amleto?* who will play the part of Hamleto? □ *~ in giudizio* to represent legally; (*colloq*) *e questo cosa mi rappresenta?* what's that supposed to be?, what does that mean?

rappresentativa *f.* (*Sport*) selected team: *la ~ inglese di atletica leggera* the English selected team in track and field.

rappresentatività *f.* representativeness.

rappresentativo *a.* **1** representative: *assemblea rappresentativa* representative assembly; (*Statist*) *campione ~* representative sample; (*Pol*) *sistema ~* representative system. **2** (*caratteristico*) representative, symbolical, typical: *un personaggio ~ della nostra epoca* a typical personality of our times. **3** (*Sport*) selected: *squadra rappresentativa* selected team.

rappresentazione *f.* **1** representation, portrayal, depiction: *~ allegorica* allegorical representation; *la ~ di una scena di battaglia* the portrayal of a battle scene. **2** (*Teat, Cin*) performance, show. **3** (*Filos,Mat,Psic*) representation. □ (*Topogr*) *~ del terreno* contour representation; (*Teat*) *~ di gala* gala performance; (*Teat*) *~ diurna* matinée; *~ grafica* graphic representation.

rappreso → **rapprendere** *a.* clotted, coagulated: *sangue ~* clotted blood.

rapsodia *f.* (*Lett,Mus*) rhapsody.

rapsodico (*pl. -ci*) *a.* (*Lett,Mus*) rhapsodic.

rapsodista *m./f.* (*Mus*) composer of rhapsodies, rhapsodist.

rapsodo *m.* (*Stor.gr*) rhapsodist, rhapsode.

raptus *m.* **1** (*Psic*) raptus, fit. **2** (*estens*) brainstorm, brainwave, burst of inspiration: *un ~ poetico* a flash of poetic genius, a frenzy of poetic genius. □ *in un ~ di follia* in a fit of madness; *~omicida* fit of homicidal madness/mania.

raramente *avv.* seldom, rarely.

rarefare (*pres.ind.* **rarefàccio, rarefài**; *p.rem.* **rareféci,** *p.p.* **rarefàtto**) **I** *v.t.* **1** to rarefy. **2** (*diradare*) to make less frequent. **II** *v.pron.* **rarefarsi 1** to rarefy, to become less dense: *la nebbia si è rarefatta* the fog became less dense. **2** (*estens*) (*diradarsi: rif. a visite, incontri*) to become less frequent; (*rif. a traffico*) to thin out.

rarefatto → **rarefare** *a.* rarefied: *gas ~* rarefied gas.

rarefazione *f.* **1** rarefaction. **2** (*diradamen-*

to) thinning out.

rarità *f.* **1** rareness, infrequency. **2** (*cosa rara*) rarity, curiosity. **3** (*evento raro*) rare thing.

raro *a.* **1** rare, unusual: *è ~ che lo si veda* it's unusual to see him. **2** (*poco frequente*) rare, infrequent, occasional. **3** (*estens*) (*straordinario*) rare: *un ~ esempio di virtù* a rare example of virtue. □ *di rara bellezza* of exceptional beauty, of rare beauty; (*colloq*) *~ come una mosca bianca* very rare; *rari visitatori* few visitors, very occasional visitors; *rare volte* seldom, rarely.

ras *m.* **1** (*Stor*) ras. **2** (*fig,spreg*) ringleader.

rasare (**ràso**) **I** *v.t.* **1** (*radere*) to shave. **2** (*pareggiare*) to trim: *~ una siepe* to trim a hedge. **3** (*potare*) to clip. **II** *v.pron.* **rasarsi** to shave, to shave oneself. □ *rasarsi a zero;* to shave one's head; *~ l'erba* to cut the grass; *~ il prato* to mow the lawn.

rasatello *m.* (*Tess*) sateen.

rasato I *a.* **1** shaven, shaved: *mal ~* badly shaven; *ben ~* clean shaven; *~ di fresco* freshly shaven. **2** (*liscio*) smooth. **3** (*livellato*) trimmed, clipped. **4** (*rif. a prato*) mown. **5** (*Tess*) satin (*attr.*), satin-like. **II** *m.* (*Tess*) sateen.

rasatrice *f.* (*Tess*) shearing machine.

rasatura *f.* **1** (*atto*) shaving; (*effetto*) shave. **2** (*il pareggiare*) trimming. **3** (*rif. a erba*) cutting. **4** (*rif. a prato*) mowing. **5** (*Tecn*) shaving.

raschiabile *a.* that can be scraped (*posposto*).

raschiamento *m.* **1** scraping, rasping. **2** (*Med*) curettage, scraping: *~ dell'osso* bone scraping; *~ dell'utero* curettage.

raschiare (**ràschio, ràschi**) *v.t.* **1** to scrape, to rasp: *~ un muro con il coltello* to scrape a wall with a knife. **2** (*asportare raschiando*) to scrape off, to remove: *~ la ruggine dal ferro* to remove rust from iron. **3** (*assol.*) (*fare rumore con la gola*) to clear one's throat. **4** (*Pell*) to scrape. **5** (*Med*) to curette. □ (*fig*) *~ il fondo del barile* to scrape the barrel.

raschiata *f.* scraping, scrape. □ *dare una ~ al muro* to scrape the wall.

raschiatoio *m.* scraper (*anche Mecc*).

raschiatura *f.* **1** scraping, rasping. **2** (*concr*) (*segno*) scratch, scrape mark. **3** (*concr*) (*ciò che si asporta raschiando*) scrapings *pl.*, shavings *pl.*: *~ di ferro* iron shavings. **4** (*Pell*) scraping.

raschiettare (**raschiétto**) *v.t.* to scrape.

raschietto, raschino *m.* **1** scraper (*anche Mecc*). **2** (*ant*) (*arnese da scrivania*) erasing knife. **3** (*ant*) (*per le scarpe*) shoe-scraper. **4** (*per le pipe*) pipe scraper. **5** (*per metalli*) rabble.

raschio¹ *m.* (*irritazione*) throat irritation, sore throat. □ *mi è venuto un ~ alla gola* my throat is sore, my throat is ticklish; *fare il ~ (con la gola)* to clear one's throat.

raschio² *m.* **1** (*il raschiare ripetutamente*) scraping, continuous scraping, rasping. **2** (*rumore*) scraping noise, rasping noise.

rasentare (**rasènto**) *v.t.* **1** (*camminare rasente*) to walk close to. **2** (*sfiorare: passando accanto*) to graze, to shave: *l'automobile rasentò il marciapiede* the car grazed the pavement. **3** (*passando sopra*) to skim over, to skim along: *~ la terra* to skim over the ground. **4** (*fig*) (*avvicinarsi*) to border on: *il tuo comportamento rasenta il ridicolo* your behaviour borders on the ridiculous. □ *~ il codice penale* to be just inside the law, to sail close to the wind; (*scherz*) *~ la cinquantina* to be pushing fifty.

rasente *avv.* **1** close to, very near, grazing: *~ al muro* very near the wall; *il proiettile gli passò ~ al viso* the bullet nearly grazed his face. **2** (*sopra una superficie*) skimming: *volare ~ il mare* to fly low over the sea, to skim over the sea.

rasi → **radere**.

rasiera *f.* (*Fal*) scraper.

raso¹ → **radere** *a.* **1** shaven, shaved. **2** (*liscio*) smooth: *tessuto ~* smooth cloth. **3** (*pieno fino all'orlo: rif. a liquidi*) full to the brim, brimful: *un bicchiere ~* a glass full to the brim. **4** (*rif. a solidi*) level: *un cucchiaio ~ di farina* a level spoonful of flour. □ *~ terra:* **1** close to the ground, skimming over the ground, grazing the ground; **2** (*Arm*) sweeping the ground; **3** (*Sport*) ground (*attr.*), low; **4** (*fig*) (*di bassissimo livello*) pedestrian: *discorso ~ terra* low-level talk.

raso² *m.* (*Tess*) satin: *~ di seta* silk satin. □ *di ~* satin (*attr.*), made of satin.

rasoiata *f.* razor-cut, razor-slash.

rasoio *m.* razor: *affilare un ~* to sharpen a razor. □ *~ bilama* double-bladed razor; *tagliare come un rasoio* to cut like a razor, to be razor-sharp (*anche fig*); *~ di sicurezza* safety razor; *~elettrico* shaver; *~radi e getta* disposable razor.

rasoterra I *avv.* **1** close to the ground, skimming over the ground, grazing the ground: *volare ~* to skim the ground. **2** (*Arm*) sweeping the ground. **3** (*Sport*) ground (*attr.*), low. **4** (*fig*) pedestrian: *discorso ~* low-level talk. **II** *m.* (*Sport*) level shot.

raspa *f.* (*Tecn*) rasp.

raspare (**ràspo**) **I** *v.t.* **1** to rasp, to scrape. **2** (*irritare*) to irritate: *il cibo piccante raspa la gola* spicy food irritates the throat. **3** (*rif. ad animali: grattare con le unghie*) to scratch. **4** (*pop*) (*rubare*) to steal, (*colloq*) to pinch. **II** *v.i.* (*aus.* **avere**) **1** to scratch, to be scratchy, to rasp: *questo pettine raspa troppo* this comb scratches too much. **2** (*rif. ad animali: grattare con le unghie*) to scratch. **3** (*spreg*) (*frugare*) to rummage, to poke around (*in, tra in*).

raspatoio *m.* (*Agr*) harrow.

raspatura *f.* **1** (*atto*) rasping, scraping. **2** (*effetto*) rasp, scrape. **3** (*ciò che si asporta raspando*) scrapings *pl.*, raspings *pl.*

raspino *m.* riffler, scraper. □ (*fig*) *avere un ~ in gola* to have something tickling one's throat.

raspo *m.* **1** (*il raspare continuo*) rasping, scratching. **2** (*rif. ad animali: il grattare con le unghie*) scratching.

raspo *m.* grape stalk.

rassegna *f.* **1** (*Mil*) (*rivista*) review, inspection, muster: *~ delle truppe* inspection of the troops. **2** (*esame minuzioso*) survey, inspection. **3** (*resoconto*) review, survey: *~ stampa* press review. **4** (*mostra, esposizione*) exhibition, show, (*Am*) exposition. **5** (*Giorn*) digest, review, magazine: *~ letteraria* literary review. □ *~ cinematografica* film show, (*festival*) film festival; *~del mercato* market survey; *fare la ~ di* to review; *passare in ~:* **1** (*Mil*) to review, to inspect, to muster; **2** (*fig*) (*esaminare*) to survey, to review, to examine.

rassegnare (**rasségno**) **I** *v.t.* to resign, to hand in, to send in, to give: *~ un mandato* to resign a commission, to hand back one's mandate. **II** *v.pron.* **rassegnarsi** to resign oneself, to reconcile oneself, to submit (*a to*): *rassegnarsi al proprio destino* to resign oneself to one's fate. □ *~ le dimissioni* to resign, to hand in one's resignation.

rassegnato *a.* resigned: *essere ~ alla pro-*

pria sorte to be resigned to one's fate.

rassegnazione *f.* resignation, submission. □ *sopportare qcs.con* ~ to bear sth. with resignation; *-delle dimissioni* resignation, notice.

rasserenamento *m.* **1** clearing up, brightening: ~ *del cielo* clearing up of the sky; *per domani è previsto un* ~ the weather is to brighten up tomorrow. **2** *(fig)* cheering up, brightening up.

rasserenante *a.* cheering, heartening.

rasserenare (**rasseréno**) **I** *v.t.* **1** to clear up, to brighten. **2** *(fig) (tranquillizzare)* to cheer up, to brighten. **II** *v.pron.* **rasserenarsi** **1** to clear up, to become bright, to become serene. **2** *(fig) (tranquillizzarsi)* to cheer up, to brighten, to brighten up.

rasserenato *a.* **1** clear, bright. **2** *(fig) (rif. al volto e sim.)* more cheerful, cheered; *(rif. alla persona)* in better spirits.

rassettamento *m.* **1** *(atto)* arranging. **2** *(effetto)* arrangement, order.

rassettare (*pres.ind.* **rassètto**; *p.p.* **rassettàto** /*rar* **rassètto**) **I** *v.t.* **1** *(mettere in ordine)* to order, to put in order, to tidy up, to arrange: ~ *una camera* to tidy up a room. **2** *(accomodare)* to repair, to mend, *(colloq)* to fix. **3** *(fig) (aggiustare)* to settle. **II** *v.pron.* **rassettarsi** to tidy up, to tidy oneself up.

rassettatura *f.* **1** *(riordinamento)* tidying up, arranging. **2** *(accomodatura)* repairing, mending.

rassetto *m.* **1** *(riordinamento)* tidying up, arranging. **2** *(accomodatura)* repairing, mending.

rassicurante *a.* reassuring: *parole rassicuranti* reassuring words; *quell'uomo ha un aspetto poco* ~ that man looks rather suspicious.

rassicurare (**rassicùro**) **I** *v.t.* to reassure: *lo rassicurai con un sorriso* I reassured him with a smile. **II** *v.pron.* **rassicurarsi** to be reassured, to feel reassured, to become confident, to feel more confident: *alle sue parole si rassicurò* she was reassured by his words.

rassicurato *a.* reassured, confident: *sentirsi* ~ to feel reassured.

rassicurazione *f.* reassurance, assurance.

rassodamento *m.* **1** toning, toning up, firming up: ~ *dei muscoli* muscle toning; ~ *del seno* firming up of the breast. **2** *(rafforzamento)* strengthening, consolidation *(anche fig).*

rassodante *a.* **1** hardening. **2** *(Cosmet)* firming: *crema* ~ firming cream.

rassodare (**rassòdo**) **I** *v.t.* **1** to harden, to stiffen: *la ginnastica rassoda i muscoli* exercise hardens the muscles. **2** *(rif. a cosce, ventre)* to firm up, to tone up. **3** *(fig) (rafforzare)* to strengthen, to consolidate: ~ *la propria autorità* to strengthen one's authority. **II** *v.i.* *(aus. essere)* **1** to harden, to stiffen. **2** *(fig) (rafforzarsi)* to strengthen, to be strengthened, to be consolidated. **III** *v.pron.* **rassodarsi** **1** to harden, to stiffen. **2** *(fig) (rafforzarsi)* to strengthen, to be strengthened, to be consolidated.

rassomigliante *a.* **1** *(che somiglia)* lifelike, true to life: *un ritratto* ~ a lifelike portrait. **2** *(simile)* similar, like.

rassomiglianza *f.* resemblance, likeness, similarity: *fra i due fratelli c'è poca* ~ there's very little resemblance between the two brothers.

rassomigliare (**rassomiglio, rassomigli**) **I** *v.i.* *(aus. avere/essere)* **1** *(nell'aspetto)* to look like, to be like, to resemble *(a qcu. so.)*, to be similar *(a qcu. to so.)*. **2** *(nel carattere e sim.)* to be like, to take after *(a qcu. so.)*, to

be similar *(a qcu. to so.):* *rassomiglia molto al padre nel carattere* his character is very like his father's, his character is very similar to his father's. **II** *v.r.recipr.* **rassomigliarsi** to resemble each other, to be alike: *rassomigliarsi come due gocce d'acqua* to be as alike as two peas in a pod.

rassottigliare (**rassottiglio, rassottigli**) **I** *v.t.* **1** *(assottigliare)* to thin. **2** *(aguzzare)* to sharpen. **3** *(far dimagrire)* to thin, to make thin, to slim. **4** *(fig,rar) (acuire)* to sharpen, to make keener: *l'esercizio rassottiglia la memoria* exercise makes the memory keener. **II** *v.pron.* **rassottigliarsi** **1** to thin, to grow thinner, to grow sharper. **2** *(dimagrire)* to grow thin, to grow thinner.

rasta I *m.* **1** *(Rel)* Rasta. **2** *(estens)* Rasta, person with dreadlocks. **II** *a.* Rasta *(attr.)*: *capelli* ~ dreadlocks, Rasta hair.

rastafariano I *a.* Rastafarian. **II** *m.* Rastafarian.

rastrellamento *m.* **1** raking. **2** *(rif. alla polizia)* round-up, combing, scouring. **3** *(Mil)* mopping up, round-up: *(Stor)* *un* ~ *delle SS* an SS rounding-up operations. □ *(Econ)* *-di azioni* share warehousing, share raid.

rastrellare (**rastrèllo**) *v.t.* **1** to rake, to rake up. **2** *(fig) (racimolare)* to rake up. **3** *(rif. alla polizia)* to comb, to round up: *la polizia ha rastrellato la zona alla ricerca dei malviventi* the police combed the area in their search for criminals. **4** *(Mil)* to mop up. **5** *(Mar)* to drag. □ *(Econ)* *-azioni* to buy up shares; *-le mine* to clear mines.

rastrellata *f.* **1** raking, rake-over: *dare una* ~ *al terreno* to give the ground a raking, to give the ground a rake-over. **2** *(quantità)* rakeful. **3** *(colpo di rastrello)* blow with a rake.

rastrellatura *f.* raking.

rastrelliera *f.* **1** *(portafieno)* crib. **2** *(scolapiatti)* dish-rack, dish-drainer, plate rack. **3** *(struttura a forma di rastrello)* rack: ~ *per biciclette* cycle rack.

rastrello *m.* **1** rake. **2** *(macchina agricola)* dump rake. **3** *(del croupier)* rake, croupier's rake.

rastremare (**rastrèmo**) **I** *v.t.* *(Arch)* to taper. **II** *v.pron.* **rastremarsi** *(Arch)* to taper.

rastremato *a.* *(Arch)* tapered, tapering.

rastremazione *f.* *(Arch)* tapering, taper.

rata *f.* instalment. □ *acquistarea rate* to buy on hire purchase, *(colloq)* to buy on H.P.; *pagare a rate* to pay by instalments; *-bimestrale* two-monthly instalment; *-mensile* monthly instalment.

ratafià *m.* *(liquore)* ratafia.

rateale *a.* **1** *(a rate)* hire purchase *(attr.)*, in instalments, by instalments, instalment *(attr.)*: *vendita* ~ hire purchase, *(Am)* instalment plan. **2** *(di rata)* instalment *(attr.)*.

ratealmente *avv.* by instalments, in instalments: *pagare* ~ to pay by instalments.

rateare *v.t.* to divide into instalments.

rateazione *f.* **1** division into instalments. **2** *(pagamento)* payment by instalments.

rateizzare (**rateìzzo**) *v.t.* to divide into instalments. □ *il pagamento fu rateizzato in dueanni* payment was spread over five years.

rateizzazione *f.* **1** division into instalments. **2** *(pagamento)* payment by instalments.

rateizzo *m.* **1** division into instalments. **2** *(pagamento)* payment by instalments.

rateo *m.* *(Econ)* calculation of interest for a broken period. □ *(Econ)* *-attivo* accrued income; *(Econ)* *-passivo* accrued expenses, accrued liabilities.

ratiera *f.* *(Tess)* dobby.

ratifica *f.* **1** *(Dir)* ratification: *la* ~ *di un trattato* the ratification of a treaty. **2** *(conferma)* confirmation.

ratificare (**ratìfico, ratìfichi**) *v.t.* **1** *(confermare, convalidare)* to confirm, to ratify: ~ *una nomina* to confirm an appointment. **2** *(Dir, Pol)* to ratify: ~ *una convenzione* to ratify a convention.

ratificatore *m.* *(f. -trice)* *(Dir)* ratifier.

ratificazione *f.* **1** *(Dir)* ratification: *la* ~ *di un trattato* the ratification of a treaty. **2** *(conferma)* confirmation.

ratina *f.* *(Tess)* ratiné.

ratinare (**ratìno**) *v.t.* *(Tess)* to nap.

rating *m.inv.* **1** *(Econ,Mar,Sport)* rating. **2** *(TV)* ratings *pl.*

ratio *f.inv.* reason, motive.

rat musqué /ˌramys'ke/ *m.inv.* *(Abbigl)* musk rat.

rato *a.* *(Dir)* *(ratificato)* ratified.

ratticida *m.* rat poison, rat killer.

rattizzare (**rattìzzo**) *v.t.* **1** to stir up, to poke: ~ *il fuoco* to stir up the fire. **2** *(fig)* to stir up, to kindle.

ratto [1] *m.* *(Zool)* rat. □ *(Zool)* *-comune* black rat; *(Zool)* *-delle chiaviche* Norway rat, brown rat.

ratto [2] *m.* *(rapimento)* abduction, kidnapping, *(lett)* rape: ~ *di un minorenne* abduction of a minor, kidnapping of a minor. □ *(Stor.rom)* *il* *-delle Sabine* the rape of the Sabines, the rape of the Sabine women.

ratto [3] **I** *a.* *(lett)* *(rapido)* swift, fast, rapid. **II** *avv.* swiftly, quickly.

rattoppare (**rattòppo**) *v.t.* **1** to patch, to put a patch on. **2** *(fig)* to patch up.

rattoppato *a.* patched, with patches.

rattoppatura *f.* **1** patching, mending. **2** *(parte rattoppata)* patch.

rattoppo *m.* **1** *(il rattoppare)* patching, mending. **2** *(toppa)* patch. □ *fare un* ~ *a qcs.* to put a patch on sth., to patch sth.

rattrappimento *m.* benumbing.

rattrappire (**rattrappìsco, rattrappìsci**) **I** *v.t.* **1** to numb, to benumb, to make numb, to make stiff: *il gelo mi aveva rattrappito i piedi* the frost had numbed my feet. **2** *(contrarre)* to contract. **II** *v.pron.* **rattrapparsi** **1** to become numb, to be benumbed. **2** *(contrarsi)* to become contracted.

rattrappito *a.* **1** benumbed, numb, stiff. **2** *(contratto)* contracted.

rattristare (**rattrìsto**) **I** *v.t.* to sadden, to make sad: *questa situazione mi rattrista molto* this situation saddens me greatly. **II** *v.pron.* **rattristarsi** to become sad, to grieve.

rattristato *a.* saddened, sad.

rattristire (**rattristìsco, rattristìsci**) → **rattristare.**

RAU *(Pol)* *Repubblica Araba Unita* UAR (United Arab Republic).

raucamente *avv.* hoarsely.

raucedine *f.* *(Med)* hoarseness, raucousness: *avere la* ~ to be hoarse.

rauco *(pl.* **-chi**) *a.* hoarse.

rauwolfia *f.* *(Bot)* rauwolfia.

ravanare (**ravàno**) *v.i.* *(aus. avere)* *(region, colloq)* to search, to rummage: ~ *in un cassetto* to search a drawer.

ravanello *m.* *(Bot,Alim)* radish.

rave /rejv/ **I** *m.inv.* rave. **II** *a.inv.* rave: ~ *party* rave party.

ravennate I *a.* of Ravenna, from Ravenna. **II** *m./f.* *(originario)* native of Ravenna; *(abitante)* inhabitant of Ravenna.

raviolatrice *f.* *(macchina)* ravioli machine.

ravioli *m.pl.* *(Gastron)* ravioli *(costr.sing.)*.

ravizzone *m.* *(Bot)* rape, cole seed.

ravvalorare (ravvalóro) v.t. to confirm, to corroborate.

ravvedersi (pres.ind. **mi ravvédo**; fut. **mi ravved(e)rò**; p.p. **ravvedùto**) v.pron. **1** (correggersi) to mend one's ways, to reform. **2** (rinsavire) to come to one's senses.

ravvedimento m. **1** reformation. **2** (pentimento) repentance.

ravveduto → **ravvedere** a. **1** reformed. **2** (pentito) repentant.

ravviamento m. (rar) arranging, putting in order, setting in order, tidying up.

ravviare (ravvìo, ravvìi) I v.t. to arrange, to put in order, to set in order, to tidy up, (colloq) to fix: ~ i capelli to arrange one's hair; ~ una stanza to tidy up a room. II v.pron. **ravviarsi** to put oneself in order, to tidy up. □ ravviarsi i capelli to arrange one's hair.

ravviata f. tidying up, quick tidying up. □ dare una ~ a una stanza to tide up a room; darsi una ~ to tidy up, to tidy oneself up; darsi una ~ ai capelli to comb one's hair quickly, to tidy one's hair quickly.

ravvicinamento m. **1** approach, approaching, coming nearer, coming closer. **2** (fig) (riconciliazione) reconciliation, (colloq) making up.

ravvicinare (ravvicìno) I v.t. **1** (avvicinare) to bring near, to bring nearer, to bring closer, to draw up. **2** (fig) (riconciliare) to reconcile, to bring back together. **3** (fig) (raffrontare, confrontare) to compare, to contrast. II v.pron. **ravvicinarsi 1** to approach, to draw near, to draw nearer, to draw closer, to come up. **2** (fig) (riconciliarsi) to become reconciled, (colloq) to make (it) up.

ravvicinato a. close, near.

ravviluppare (ravvilùppo) I v.t. to wrap up, to bundle up. II v.pron. **ravvilupparsi 1** to wrap up. **2** (intricarsi) to tangle.

ravvisabile a. recognizable.

ravvisare (ravvìso) v.t. **1** (riconoscere) to recognize, to make out. **2** (distinguere) to recognize, to perceive, to see: in quest'affresco si ravvisa lo stile di Giotto one can see Giotto's style in this fresco. □ ogniqualvolta se ne ravvisila necessità whenever the need arises.

ravvivamento m. **1** (il ravvivare) reviving, reanimation; (il ravvivarsi) revival, reanimation. **2** (effetto) revival. **3** (fig) brightening up, enlivening.

ravvivare (ravvìvo) I v.t. **1** to revive (anche estens): ~ il malato con un'iniezione to revive the patient with an injection. **2** (fig) to revive, to rekindle: ~ le speranze to revive hope, to rekindle hope. **3** (fig) (rianimare) to brighten up, to enliven, to liven up: con le sue battute ravvivò la festa he livened up the party with his jokes. II v.pron. **ravvivarsi 1** to revive. **2** (fig) to revive, to be revived. □ ~ uncolore to brighten up a colour; ~ ilfuoco to stir up the fire, to rekindle the fire.

ravvolgere (pres.ind. **ravvòlgo, ravvòlgi**; p.rem. **ravvòlsi**; p.p. **ravvòlto**) I v.t. to wrap, to wrap up, to envelop: ravvolse i suoi indumenti in un giornale he wrapped up his clothes in a newspaper. II v.pron. **ravvolgersi** to wrap oneself up.

ravvolto → **ravvolgere**.

ravvoltolare (ravvòltolo) I v.t. to wrap up. II v.pron. **ravvoltolarsi 1** to wrap oneself, to wrap oneself up: ravvoltolarsi in un mantello to wrap oneself up in a cape. **2** (sguazzare) to wallow: il cane si ravvoltolava nel fango the dog wallowed in the mud.

rayon m. (Tess,Abbigl) rayon. □ (Abbigl) magliain ~ rayon shirt.

raziocinante a. reasoning, rational.

raziocinare (raziocìnio, raziocìni; aus. **avere**) v.i. (rar) to reason, to reason logically.

raziocinativo a. ratiocinative.

raziocinio m. **1** reason, faculty of reason. **2** (buon senso) common sense: mancare di ~ to lack common sense. □ agire con ~ to be guided by reason, to act reasonably.

razionabile a. rationable.

razionale[1] I a. **1** rational (anche Mat): l'uomo è un essere ~ man is a rational being. **2** (funzionale) functional. II m. (Mat) rational.

razionale[2] m. (Rel.ebr) rational.

razionalismo m. rationalism (anche Filos).

razionalista I m./f. rationalist. II a. rationalistic, rationalist.

razionalistico (pl. -ci) a. rationalistic, rationalist.

razionalità f. **1** rationality. **2** (funzionalità) functionality: la ~ di una costruzione the functionality of a building.

razionalizzare (razionalìzzo) v.t. to rationalize (anche Psic,Mat).

razionalizzazione f. rationalization (anche Psic,Mat). □ ~ del lavoro rationalization of labour; ~ della produzione rationalization of production.

razionalmente avv. **1** rationally. **2** (funzionalmente) functionally.

razionamento m. rationing: ~ dei viveri food rationing.

razionare (raziòno) v.t. to ration, to ration out.

razione f. **1** ration, allowance: ~ di viveri food ration; ~ giornaliera daily ration. **2** (porzione) ration, portion, share (anche fig): per oggi ha avuto la sua ~ di schiaffi he's had his share of slaps for today. □ (Zootecn) ~ bilanciata balanced feed; mettere a ~ to put on rations.

razza[1] f. **1** race: senza distinzione di ~ without racial discrimination, without racial bias. **2** (rif. ad animali) breed: questo cane appartiene a una ~ inglese this dog belongs to an English breed. **3** (estens) (stirpe) stock, descent, family: è uno scienziato come tutti quelli della sua ~ he's a scientist like everyone else in his family. **4** (sorta, specie) sort, kind, type (anche spreg): ma che ~ di persone frequenti? what kind of people do you associate with?; di ogni ~ of all sorts, of all kinds. **5** (esclam.) (in espressioni di insulto) what a (pl. what): ~ di stupido che non sei altro! what a fool you are! □ ~ bianca white race; ~ bovina breed of cattle, cattle breed; da ~ breeding, breeder (attr.), stud (attr.): bestia da ~ breeder, breeder animal, stud; di ~: 1 (rif. ad animali) pedigree, breed (attr.), thoroughbred; 2 (rif. a persone, distinto) noble; ~ equina breed of horse; fare ~ (riprodursi) to breed, to reproduce, to sire; (fig) far ~ a sé to be a race apart; ~ gialla yellow race; di ~ incrociata cross-bred; ~ nera black race; ~ pura pedigree, thoroughbred; ~ umana human race.

razza[2] f. (Itt) skate, ray. □ (Itt) ~ cornuta manta, devil fish.

razza[3] f. (raggio di ruota) spoke.

razzia f. **1** raid, foray: fare una ~ to raid, to make a raid. **2** (estens) (ruberia) robbery, raid. □ fare ~: 1 (rubare) to steal; 2 (azione compiuta da animali) to raid: la volpe ha fatto ~ nel pollaio the fox raided the henhouse; 3 (portare via tutto) to clear out, to raid: fare ~ di biscotti to clear out all the biscuits.

razziale a. racial.

razziare (razzìo, razzìi) v.t. **1** to raid, to make a raid on, to make a forey on. **2** (rubare) to steal: ~ il bestiame to steal cattle, to

raid cattle. **3** (estens) (saccheggiare) to plunder, to sack; (fig) ~ la dispensa to raid the larder.

razziatore I m. (f. **-trice**) **1** raider, forayer. **2** (ladro) thief: ~ di bestiame cattle thief. **3** (estens) robber, thief: razziatori di pollai chicken thieves. II a. raiding, foraying, plundering.

razzismo m. racism, racialism.

razzista I m./f. racist, racialist. II a. racist, racialist.

razzistico (pl. -ci) a. racist, racialist.

razzo m. **1** rocket: accendere un ~ to light a rocket. **2** (propulsore a getto) rocket: lanciare un ~ to launch a rocket. □ a ~ rocket-propelled, rocket (attr.); (fig) partire a ~ to be off like greased lightning, to shoot off; ~ a propellente solido solid-propellant rocket; (Mil) ~ antiaereo anti-aircraft rocket; ~ antigrandine anti-hail rocket; (fig) come un ~ as quick as lightning; (Mil) ~ contraereo anti-aircraft rocket; ~ da segnalazione signal rocket; ~ europeo European rocket; ~ illuminante flare; (Mil) ~ intercontinentale intercontinental missile; ~ vettore carrier rocket.

razzolare (ràzzolo; aus. **avere**) v.i. **1** to scratch about, to scratch around: le galline razzolavano nell'aia the chickens were scratching around on the threshing-floor. **2** (estens,scherz) (rovistare) to rummage.

RB Botswana RB (Botswana).

RC 1 Taiwan RC (Taiwan). **2** (Assic) Responsabilità Civile (public liability, general liability, third-party liability).

RCA 1 Repubblica Centrafricana RCA (Central African Republic). **2** (Assic) Responsabilità civile autoveicoli (automobile liability insurance, third-party insurance).

Rc auto f. (Assic) automobile liability insurance, third-party insurance.

RCB Repubblica del Congo RCB (Congo Republic).

RCH Cile RCH (Chile).

R.D. (Stor) Regio decreto (Royal decree).

RDA (Alim) dose giornaliera raccomandata RDA (Recommended daily allowance).

RDT (Stor) Repubblica Democratica Tedesca GDR (German Democratic Republic).

re[1] m. **1** king: un ~ costituzionale a constitutional king; il leone è il ~ degli animali the lion is the king of the beasts. **2** (fig) (chi primeggia) king: il ~ dell'acciaio the steel king; il ~ dei cuochi the king of cooks. **3** (nei giochi) king. □ ~ assoluto absolute king; vivere come un ~ to live like a king; stare come un ~ to be in clover; vivere da ~ to live like a king; un pranzo da ~ a lavish meal; (Bibl) il Libro dei Re The Book of Kings; (Rel) il ~ dei cieli the King of Heaven; (Ornit) ~ di quaglie corncrake, landrail; (Itt) ~ di triglie cardinal fish; il ~ è morto, viva il ~ the king is dead, long live the king; (Stor) ~ fannulloni Rois Fainéants, Sluggard Kings, Lazy Kings; (Bibl) i ~ Magi the Magi, the Three Wise Men, the Three Kings; (Stor) il ~ Sole Roi Soleil, Sun King; ~ spodestato dethroned king, deposed king.

re[2] m. (Mus) D, re. □ (Mus) ~ bemolle maggiore D flat major; (Mus) chiave di ~ key of D; (Mus) ~ diesis minore D sharp minor.

Re m.pl. (Bibl) Kings, The Book of Kings.

R/E (Econ) ricavo effetti (receipts from bills and drafts).

Rea n.pr.f. (Mitol) Rhea.

reagente I a. (Chim) reacting. II m. (Chim) reagent.

reagire (reagìsco, reagìsci; aus. **avere**) v.i. to react (anche Chim): ~ alle insolenze di qcu.

to react to so.'s insolence. □ *devi ~!* don't let it get you down.

reale [1] **I** *a*. **1** real, actual, true: *fatti reali* actual facts. **2** (*Mat,Dir*) real. **II** *m*. real, reality.

reale [2] **I** *a*. (*regale*) royal: *stemma ~* royal coat of arms. **II** *m*. **1** (*Cart*) (*anche formato reale*) royal, royal paper. **2** *pl*. (*coppia reale*) King and Queen, Royal Couple; (*famiglia reale*) Royal Family.

reale [3] *m*. (*Numism*) real.

realismo *m*. **1** realism (*anche Filos,Art*). **2** (*Pol*) realpolitik, practical politics *pl*. □ *con ~* realistically, pragmatically; (*Lett*) *~ magico* magic realism; (*Stor*) *~socialista* socialist realism.

realista [1] *m./f*. **1** (*Filos,Art*) realist. **2** (*persona pratica*) pragmatic person.

realista [2] **I** *m./f*. (*Pol*) royalist. **II** *a*. royalist, royalistic. □ (*scherz*) *essere più ~del re* to be holier than the Pope, to be more Catholic than the Pope.

realisticamente *avv*. realistically.

realistico (*pl*. **-ci**) *a*. **1** (*Filos,Art*) realistic. **2** (*basato sulla realtà*) realistic, practical, pragmatic: *politica realistica* practical politics, realpolitik.

realizzabile *a*. **1** realizable. **2** (*fattibile*) feasible, workable. **3** (*Econ*) realizable, liquid, convertible into cash.

realizzabilità *f*. **1** realizability. **2** (*fattibilità*) feasibility, workability. **3** (*Econ*) realizability, liquidity, convertibility into cash.

realizzare (**realizzo**) **I** *v.t*. **1** (*tradurre in realtà*) to realize, to accomplish, to achieve, to carry out: *~ le proprie speranze* to realize one's hopes; *~ un piano* to carry out a plan. **2** (*capire, comprendere*) to realize, to understand: *~ l'importanza di un avvenimento* to realize the importance of an event. **3** (*ricavare*) to realize, to make: *~ un buon guadagno* to make a large profit, to realize a large profit. **4** (*Econ*) (*convertire in denaro liquido*) to convert into cash, to realize. **5** (*Teat*) to produce, to put on, to stage. **6** (*Sport*) to score: *~ un gol* to score a goal. **7** (*Inform*) to implement. **II** *v.pron.* **realizzarsi 1** to come true, to come about, to be fulfilled, to be realized: *il tuo sogno si è realizzato* your dream has come true. **2** (*affermarsi*) to fulfil oneself, to realize one's goals, to be successful, to achieve success: *realizzarsi nel lavoro* to achieve success in one's career. □ (*Comm*) *~ un credito* to convert a credit; (*Cin, TV*) *~ un film* to produce a film, to make a film; (*Econ*) *~ un guadagno* to make a profit.

realizzato *a*. fulfilled: *sentirsi ~* to feel fulfilled.

realizzatore *m*. **1** realizer, accomplisher. **2** (*Sport*) scorer.

realizzazione *f*. **1** (*attuazione, esecuzione*) realization, carrying out, execution: *di difficile ~* difficult to carry out, difficult to achieve. **2** (*rif. a sogno, desiderio ecc.*) realization, fulfilment, achievement, accomplishment. **3** (*creazione*) creation, production, realization. **4** (*Econ*) conversion into cash, realization; (*vendita*) sale. **5** (*Mus*) realization. □ (*Teat*) *~ scenica* staging, mise-en-scène.

realizzo *m*. (*Econ*) **1** realization, conversion into cash. **2** (*vendita*) sale, clearance sale. □ (*Comm*) *a prezzi di ~* at cost price; *vendita di ~* clearance sale; *valore di ~* break-up value.

realmente *avv*. **1** really, actually: *un personaggio ~ esistito* a person who really existed. **2** (*veramente, davvero*) really, truly, indeed: *le cose stanno ~ così* that's really the way things are.

Realpolitik /re,alpoli'tik/ *f.inv.* (*Pol*) realpolitik, practical politics *pl*.

realtà *f*. **1** reality, real world: *la dura ~* harsh reality; *la ~ quotidiana* daily reality; *diventare ~* to become a reality, to come about, to come true. **2** (*fatto concreto*) reality, fact: *è già una ~* it is already a fact; *mettere qcu. di fronte alla ~* to make so. face the facts, to make so. face up to the facts; *guardare in faccia la ~* to face facts. **3** (*situazione*) situation: *la ~ del nostro quartiere* the situation in our district. □ *in ~* really, actually: *in ~ le cose andarono diversamente* actually things went differently; *la ~supera la fantasia* reality is stranger than fiction; *~virtuale* virtual reality.

reame *m*. (*lett*) (*regno*) kingdom.

reato *m*. (*Dir*) offence, crime: *commettere un ~* to commit a crime. □ (*Dir*) *~comune* common-law offence; (*Dir*) *~ continuato* continuing offence, continuing offense; (*Dir*) *~contro il patrimonio* offence against property; (*Dir*) *~contro la proprietà* property crime; (*Dir*) *~contro la sicurezza dello stato* offence against the security of the state; (*Dir*) *~contro l'ambiente* offence against the environment; (*Dir*) *~di diffamazione* slander; (*Dir*) *~di estorsione* crime of extortion; (*Dir*) *~di falso* forgery; (*Dir*) *~di omissione* crime of omission, non-feasance; (*Dir*) *~di stampa* libel; (*Dir*) *~di vilipendio* crime of defamation; (*Dir*) *~estinto* an extinguished offence; (*Dir*) *~fiscali* tax offences; (*Dir*) *~grave* serious offence, felony; (*Dir*) *~ minore* petty offence, misdemeanour; (*Dir*) *~politico* political offence, political crime; (*Dir*) *~semplice* simple offence; (*Dir*) *~tributario* tax offence.

reattanza *f*. (*El*) reactance.

reattino *m*. (*Ornit*) (*scricciolo*) wren.

reattività *f*. reactivity (*anche Chim*).

reattivo **I** *a*. reactive (*anche Chim,El*). **II** *m*. **1** (*Chim*) reagent. **2** (*Psic*) test. □ (*Psic*) *~ attitudinale* aptitude test; (*Psic*) *~mentale* intelligence test; (*Psic*) *~psicologico* psychological test.

reattore *m*. **1** (*El,Nucl*) reactor. **2** (*Aer*) (*aereo*) jet, jet aeroplane; (*motore*) jet engine. □ (*Nucl*) *~a fissione* fission reactor; (*Nucl*) *~a fusione* fusion reactor; (*Nucl*) *~a piscina* pool reactor; (*Nucl*) *~ ad acqua bollente* boiling water reactor; (*Nucl*) *~ad acqua pesante* heavy-water reactor; (*Nucl*) *~atomico* atomic reactor; (*Nucl*) *~autofertilizzante veloce* fast-breeder reactor; (*Chim*) *~chimico* chemical reactor; (*Nucl*) *~raffreddato a gas* gas-cooled reactor; (*Nucl*) *~termico* thermal reactor; (*Nucl*) *~termonucleare* thermonuclear reactor.

reazionario **I** *a*. (*Pol*) reactionary (*anche estens*). **II** *m*. (*f*. **-a**) (*Pol*) reactionary (*anche estens*).

reazionarismo *m*. (*Pol*) reactionism.

reazione *f*. **1** reaction: *la ~ della folla fu violenta* the reaction of the crowd was violent. **2** (*Rad,Tecn*) reaction. **3** (*Pol*) reaction. □ (*Mecc*) *a ~* jet (*attr.*); (*Chim,Fis*) *~a catena* chain reaction (*anche fig*); (*Chim*) *~acida* acid reaction; (*Chim*) *~ alcalina* alkaline reaction; (*Med*) *~ allergica* allergic reaction; (*Chim*) *~basica* basic reaction; (*Chim*) *~bimolecolare* bi-molecular reaction; (*Chim*) *~chimica* chemical reaction; (*Chim*) *~di panico* panic reaction; (*Chim*) *~fotochimica* photo-chemical reaction; (*Chim*) *~irreversibile* irreversible reaction; (*Rad*) *~negativa* negative feed-back; (*Nucl*) *~nucleare* nuclear reaction;*per ~a* out of reaction to;*qual è stata la sua ~?* how did he react?, what was his

reaction?; (*Chim*) *~reversibile* reversible reaction; (*Med*) *~ Wassermann* Wassermann test.

rebbio *m*. prong, tine.

Rebecca *n.pr.f.* Rebecca (*anche Bibl*).

rebirthing /ri'bɜːrdɪŋ/ *m*. rebirthing.

rebus *m.inv.* **1** (*in enigmistica*) rebus. **2** (*fig*) (*questione ingarbugliata*) puzzle, riddle. **3** (*fig*) (*persona difficile da capire*) enigma.

recalcitrante *a*. **1** kicking: *asino ~* kicking donkey. **2** (*fig*) recalcitrant, resistant, reluctant, hesitant.

recalcitrare (**ricàlcitro**; *aus.* **avere**) *v.i.* **1** to kick back, to kick out. **2** (*fig*) to be recalcitrant, to resist (*a, contro* sth.), to kick out (*a, contro* against sth.), to be recalcitrant (*a, contro* to sth.): *~ di fronte alla disciplina* to kick against discipline.

recapitare (**recàpito**) *v.t.* to deliver.

recapito *m*. **1** (*indirizzo*) address. **2** (*il recapitare*) delivery: *~ a domicilio* home delivery; *in caso di mancato ~ rispedire al mittente* in case of non-delivery please return to sender, if undelivered please return to sender. □ *far ~ in un luogo* to use a place as a contact address; *~postale* post address; *lettera~senza ~* unaddressed letter; *~telefonico* contact number.

recare (**rèco, rèchi**) **I** *v.t.* **1** to carry, to bring, to take, to bear: *~ un dono a qcu.* to bring so. a gift; *recò la notizia all'amico* he took the news to his friend. **2** (*avere su di sé*) to bear, to carry: *il documento reca la firma del ministro* the document bears the minister's signature. **3** (*arrecare, cagionare*) to cause, to bring, *a volte si traduce col verbo relativo:* *l'alluvione ha recato gravissimi danni* the flood caused great damage; *spero di non recarvi disturbo* I hope I'm not causing you any trouble, I hope I'm not disturbing you; *~ dolore* to bring sorrow, to sorrow, to grieve; *~ conforto a qcu.* to comfort so. **II** *v.pron.* **recarsi** to go: *domani dovrò recarmi a Roma* I shall have to go to Rome tomorrow.

recedere (*pres.ind.* **recèdo**; *p.rem.* **recedètti/recedéi**; *p.p.* **recedùto**; *aus.* **avere**) *v.i.* **1** (*indietreggiare*) to withdraw, to recede (*da* from): *l'infezione non recede* the infection is not receding. **2** (*fig*) (*rinunciare, desistere*) to give up, to withdraw: *~ dalle pretese* to give up one's demands. □ (*Dir*) *~da un contratto* to back out of a contract.

recensione *f*. **1** review, critique, (*colloq*) write-up: *il film ha avuto recensioni favorevoli* the film had good reviews; *recensioni sfavorevoli* bad reviews. **2** (*Filol*) recension, critical revision. □ *fare la ~ di* to review.

recensire (**recensìsco, recensìsci**) *v.t.* to review, to write a review of: *~ un libro* to review a book.

recensore *m*. (*f*. **-a**) reviewer.

recente *a*. recent: *una scoperta ~* a recent discovery. □ *di ~* recently, not long ago: *l'ho visto di ~* I saw him recently.

recentemente *avv*. recently, not long ago.

recentissime *f.pl.* (*Giorn*) latest news (*costr.sing.*), stop press (*costr.sing.*).

recepire (**recepìsco, recepìsci**) *v.t.* **1** (*accogliere*) to take into account, to accept. **2** (*capire*) to understand. **3** (*Dir*) to absorb, to assimilate.

recessione *f*. recession (*anche Econ*): *~ economica* economic recession. □ (*Astr*) *~ delle galassie* recession of the galaxies.

recessività *f*. (*Biol*) recessiveness.

recessivo *a*. **1** (*Biol*) recessive. **2** (*Econ*) recessionary.

recesso *m*. **1** (*il recedere*) receding, recession. **2** recess, recession. **3** (*lett*) (*luogo na-*

scosto) recess, lonely spot. **4** *pl.* (*fig*) recesses: *i recessi della coscienza* the recesses of the conscience. **5** (*Dir*) (*da contratto*) withdrawal, desistance: *in caso di* ~ in case of withdrawal. **6** (*Med*) remission. **7** (*Anat*) recess.

recettore I *a.* receiving. II *m.* (*Biol*) receptor.

recidere (*pres.ind.* **recìdo**; *p.rem.* **recìsi**; *p.p.* **recìso**) *v.t.* to cut off, to chop off: ~ *un ramo* to cut off a branch. □ *recidersi le vene dei polsi* to slash one's wrists.

recidiva *f.* (*Dir,Med*) relapse: (*Dir*) *in caso di* ~ in case of relapse. □ ~*reiterata* repeated relapse, recidivism.

recidivante *a.* (*Med*) recurring, relapsing.

recidivare (**recidìvo**; *aus.* **avere**) *v.i.* (*Med, Dir*) to relapse.

recidività *f.* (*Dir*) recidivism.

recidivo I *a.* **1** (*Dir*) recidivous. **2** (*Med*) relapsing, recurring. II *m.* **1** (*f.* **-a**) (*Dir*) recidivist. **2** (*Med*) relapser.

recingere (*pres.ind.* **recìngo**, **recìngi**; *p.rem.* **recìnsi**; *p.p.* **recìnto**) *v.t.* to enclose, to surround.

recintare (**recìnto**) *v.t.* to fence, to fence in, to enclose: ~ *un parco con un muro* to enclose a park with a wall, to wall in a park; ~ *col filo spinato* to fence in with barbed wire. □ ~ *il giardino con una siepe* to hedge the garden in.

recinto *m.* **1** (*spazio recintato*) enclosure. **2** (*ciò che recinge*) fence. **3** (*box per bambini*) play-pen. **4** (*ant*) (*in borsa*) floor, (*Am*) pit. □ ~ *dei giochi* playground; (*Sport*) ~ *del peso* weighing-in room; (*ant*) ~ *delle grida* (*in borsa*) floor, (*Am*) pit; ~ *delle pecore* sheepfold; ~*di filo spinato* barbed-wire enclosure; ~*per animali* pen; ~*per cavalli*: **1** (*al galoppatoio*) paddock; **2** (*per il pascolo*) pasture.

recinzione *f.* **1** fencing, enclosure. **2** (*ciò che serve a recingere*) fencing, fence: ~ *elettrica* electric fencing. □ *fare la* ~ *di un terreno* to fence in a holding, to enclose a plot of land.

recipiente *m.* container, vessel, receptacle. □ ~ *di coccio* earthenware pot, earthenware vessel; ~*di vetro* glass container, glass vessel; ~ *graduato* measuring container, (*Am*) graduate.

reciprocamente *avv.* reciprocally, mutually.

reciprocare (**recìproco, recìprochi**) *v.t.* (*rar*) to reciprocate.

reciprocazione *f.* (*rar*) reciprocation.

reciprocità *f.* reciprocity (*anche Dir,Mat*).

reciproco (*pl.* **-ci**) *a.* **1** reciprocal, mutual: *stima reciproca* mutual esteem; *la cosa è reciproca* the feeling is mutual. **2** (*Mat,Gramm, Dir*) reciprocal.

recisamente *avv.* resolutely, definitely.

recisi → **recidere**.

recisione *f.* **1** (*il mozzare*) cutting off, chopping off. **2** (*Chir*) excision, amputation. **3** (*fig,lett*) (*risolutezza*) resoluteness, firmness.

reciso → **recidere** *a.* **1** (*mozzato*) cut, cut off: *fiori recisi* cut flowers. **2** (*fig*) (*risoluto*) firm, resolute, definite: *oppose un* ~ *rifiuto* he gave a firm refusal. □ *un no* ~ a flat no.

recita *f.* performance, play: ~ *di beneficenza* charity performance.

recital /ˈreˈsital, ˈretʃital/ *m.inv.* recital.

recitare (**recìto**) I *v.t.* **1** (*rif. a versi e sim.*) to recite, to declaim: ~ *una poesia* to recite a poem. **2** (*Teat,Cin*) to act, to play, to perform: *ha recitato la parte di Desdemona* she played Desdemona. **3** (*fig*) (*fingere*) to play,

to act, to feign: ~ *la parte della gran signora* to play the fine lady; ~ *la parte dell'ingenuo* to feign ingenuity; ~ *la commedia* to put on an act. II *v.i.* (*aus.* **avere**) **1** (*essere attore*) to be an actor. **2** (*sostenere un ruolo*) to act, to play: *ieri ha recitato con più sentimento* yesterday he acted with more feeling. **3** (*fig, spreg*) (*fingere*) to play-act, to put on an act. **4** (*rif. a norme, leggi: affermare*) to state, to say. □ (*Teat*) ~ *a soggetto* to improvise, to act extempore, to ad-lib; ~ *la lezione* to say one's lesson, to repeat one's lesson; ~ *una preghiera* to say a prayer.

recitativo I *a.* **1** of recitation, recitation (*attr.*). **2** (*Mus*) recitative. II *m.* (*Mus*) recitative.

recitazione *f.* **1** recitation, reciting. **2** (*Teat*) acting.

reclamante *m./f.* claimer, claimant.

reclamare (**reclàmo**) I *v.i.* (*aus.* **avere**) to complain (*contro* of), to protest (*contro* against): ~ *contro un'ingiustizia* to protest against an injustice. II *v.t.* **1** (*richiedere*) to demand, to claim: ~ *il pagamento di un debito* to demand payment of a debt. **2** (*rivendicare*) to claim, to lay claim to. **3** (*fig*) (*abbisognare*) to need, to require: *la siutazione reclama maggiore attenzione* the situation requires greater attention.

reclame /reˈklam/ *f.inv.* **1** advertising, publicity. **2** (*mezzo pubblicitario*) assvertisement, advert, ad; (*per radio e TV*) commercial. □ *far* ~ *a qcs.* to advertise sth.; ~ *luminosa* sign, luminous sign.

reclamistico (*pl.* **-ci**) *a.* advertising, publicity (*attr.*).

reclamizzare (**reclamìzzo**) *v.t.* to advertise, to publicize.

reclamo *m.* complaint: *presentare un* ~ *a qcu.* to make a complaint to so.; *un* ~ *in carta da bollo* an official complaint.

reclinabile *a.* reclining: *sedile* ~ reclining seat; *poltrona* ~ recliner.

reclinare (**reclìno**) *v.t.* **1** to bow, to bend: ~ *il capo* to bow one's head. **2** (*inclinare*) to recline: ~ *il sedile* to recline the seat.

reclinato *a.* **1** bowed, bent. **2** (*rif. a sedile*) reclined.

recludere (**reclùdo**) *v.t.* **1** (*rinchiudere*) to confine, to shut up. **2** (*imprigionare*) to imprison, to put in prison.

reclusione *f.* **1** confinement, shutting up, reclusion. **2** (*carcerazione*) imprisonment (*anche Dir*): *è stato condannato a un anno di* ~ he was sentenced to a year's imprisonment.

recluso I *a.* (*rinchiuso*) confined, shut up; (*imprigionato*) imprisoned. II *m.* (*f.* **-a**) prisoner, convict. □ *vivere come un* ~ to live like a prisoner.

reclusorio *m.* prison, (*Br,ant*) gaol, jail, (*Am*) penitentiary.

recluta *f.* **1** (*Mil*) recruit. **2** (*fig*) raw recruit, beginner, newcomer: *le reclute del nuoto* beginners in swimming, newcomers to swimming.

reclutamento *m.* **1** (*Mil*) recruitment, enlistment. **2** (*estens*) (*assunzione*) employment, hiring, intake: ~ *di manodopera* hiring of workers; ~ *del personale* employment of personnel.

reclutare (**reclùto**) *v.t.* **1** (*Mil*) to recruit, to enlist, (*Am*) to draft. **2** (*estens*) (*assumere*) to employ, to hire, to take on: ~ *operai* to hire workers. **3** (*estens*) (*in associazione, partito*) to recruit.

recondito *a.* **1** (*lett*) secluded, hidden, concealed. **2** (*fig*) (*segreto, celato*) secret, innermost: *pensieri reconditi* secret thoughts; *mi*

ha confidato i suoi più reconditi desideri he confided his most secret desires to me, he confided his innermost desires to me.

record I *m.inv.* **1** (*Sport*) (*primato*) record: *stabilire un* ~ to set a record; *migliorare un* ~ *di tre secondi* to lop three seconds off the record, to beat the record by three seconds. **2** (*Inform*) record. II *a.inv.* record (*attr.*): *incasso* ~ record receipts; *produzione* ~ record production. □ *il* ~*mondiale nel sollevamento dei pesi* the world record in weightlifting.

recordista *m./f.* (*Cin*) sound engineer.

recriminare (**recrìmino**) I *v.i.* (*aus.* **avere**) **1** (*considerare con rammarico*) to lament, to regret: *è inutile* ~ *su ciò che è stato* it's no use regretting what's past, it's no use fretting over the past. II *v.t.* to recriminate.

recriminatorio *a.* recriminative, recriminatory.

recriminazione *f.* complaint.

recrudescenza *f.* recrudescence, renewal, return: ~ *di un male* recrudescence of a disease; ~ *della criminalità* recrudescence of crime.

recto *m.* **1** (*Bibliot*) recto: *sul* ~ on recto. **2** (*Numism*) obverse.

recuperabile *a.* **1** recoverable, retrievable: *beni recuperabili* recoverable goods. **2** (*che si può riguadagnare*) recoverable. **3** (*redimibile*) reformable. **4** (*riutilizzabile*) recyclable. **5** (*rif. a ritardo*) that can be made up (*posposto*). **6** (*Med*) likely to recover, recoverable.

recuperamento *m.* (*rar*) **1** recovery, retrieval. **2** (*il riguadagnare*) regaining, making up.

recuperare (**recùpero**) *v.t.* **1** to recover: ~ *la refurtiva* to recover the stolen goods; (*Comm*) ~ *un credito* to recover a credit; ~ *le spese* to recover expenses. **2** (*fig*) to recover, to regain: ~ *la libertà* to regain one's liberty. **3** (*andare a prendere*) to collect. **4** (*ritrovare*) to recover, to retrieve: *sono stati recuperati solo due corpi* only two bodies have been recovered. **5** (*riguadagnare uno svantaggio*) to make up for, to catch up, to regain, to recover: ~ *il tempo perduto* to make up for lost time; ~ *terreno* to make up ground; *non ho studiato per un mese e adesso devo* ~ I haven't studied for one month and now I have to catch up; (*Pol*) *nelle ultime elezioni il partito liberale ha recuperato* the Liberal Party made up ground in the last election. **6** (*salvare*) to save, to salvage: *l'incendio ha distrutto il deposito ma molta merce è stata recuperata* fire destroyed the warehouse but much of the merchandise was salvaged. **7** (*assol.*) to recover: *la borsa di Milano recupera* the Milan stock exchange recovers. **8** (*Sociol*) (*reinserire nella società*) to reform, to reintegrate; (*rif. a tossicodipendenti e sim.*) to rehabilitate; ~ *un delinquente alla società* to rehabilitate a criminal. **9** (*Mar*) to salvage; (*riportare alla superficie*) to bring up; (*rif. a nave affondata*) to refloat. **10** (*Ind*) to recover, to reclaim; (*rigenerare*) to regenerate. **11** (*Ind*) (*riciclare*) to recycle, to re-use. □ ~ *la salute* to recover one's health; ~*la vista* to recover one's sight; ~ *le forze* to recover one's strength; (*Sport*) ~ *cinque minuti* (*di gioco*) to play five minutes of injury time; (*Sport*) ~ *una partita* to play a postponed match.

recuperatore *m.* **1** (*f.* **-trice**) retriever. **2** (*Tecn*) regenerator, recuperator. □ (*Tecn*) ~ *di calore* regenerator, recuperator.

recupero *m.* **1** recovery, retrieval. **2** (*rif. a crediti e sim.*) collection. **3** (*il riacquistare*) recovery, regaining. **4** (*salvataggio*) salvage, salvaging. **5** (*utilizzazione*) reclamation. **6** (*rieducazione, inserimento*) rehabilitation: ~ *dei disabili* rehabilitation of the disabled; ~ *dei tossicodipendenti* drug addict rehabilitation. **7** (*rif. a uno svantaggio*) making up, recovery. **8** (*Med,Psic*) recovery. **9** (*Mar*) salvage; (*il riportare alla superficie*) bringing up; (*rif. a nave affondata*) refloating. **10** (*Ind*) recovery, recycling. **11** (*Inform*) retrieval: ~ *dell'informazione* information retrieval. **12** (*Edil*) (*rif. a quartiere e sim.*) development. **13** (*Sport*) replay. □ (*Comm*) ~*crediti* collection of debts, debt collection; *il* ~*dei corpi* the recovery of the bodies; ~ *dei costi* recovery of costs; ~*dei rifiuti* waste recovery; ~*della refurtiva* recovery of stolen goods; ~*delle forze* recuperation, recovery of one's strength; ~*termico* heat recovery.

redarguire (**redarguìsco, redarguìsci**) *v.t.* to rebuke, to reproach, to scold: ~ *qcu. per qcs.* to reproach so. for sth.

redassi → **redigere**.

redatto → **redigere**.

redattore *m.* (*f.* -**trice**) **1** (*chi redige*) writer, compiler. **2** (*Giorn*) member of the editorial staff, editor: *il* ~ *della pagina sportiva* the sports editor. **3** (*Rad,TV,Edit*) editor. □ (*Giorn*) ~*capo* editor-in-chief; ~*pubblicitario* copywriter; ~*responsabile* managing editor; ~*sportivo* sports editor.

redazionale **I** *a.* (*Edit*) editorial. **II** *m.* (*Giorn*) (*articolo a pagamento*) sponsored article, editorial, publicity.

redazione *f.* **1** (*compilazione*) writing, compiling, drawing up. **2** (*Edit*) *opera del redattore*) editing. **3** (*Edit*) (*insieme dei redattori*) editorial staff. **4** (*Edit*) (*ufficio*) editorial office. **5** (*Edit*) (*versione di un'opera*) version. □ (*Dir*) ~*del testamento* drafting of a will, making of a will; ~*di testi pubblicitari* copywriting.

redazza *f.* (*Mar*) swab.

redazzare (**redàzzo**) *v.t.* (*Mar*) to swab.

redditiere *m.* (*f.* -**a**) rentier.

redditività *f.* (*Econ*) return, income, yield, earnings performance profitability: *la* ~ *di un investimento* the return on an investment.

redditizio *a.* profitable, paying: *un affare molto* ~ a very profitable deal; *poco* ~ unprofitable; *non è* ~ it is unprofitable.

reddito *m.* (*Econ*) **1** income, revenue, earnings: *ad alto* ~ high-income (*attr.*); *a basso* ~ low-income (*attr.*). **2** (*provento, utile*) profit, return, yield. □ (*Econ*) ~*al lordo delle imposte* income before taxation; (*Econ*) ~ *annuo* annual income; (*Econ*) ~ *aziendale* business income; (*Econ*) *redditi azionari* income from shares; (*Econ*) ~*complessivo* aggregate income; (*Econ*) ~*da lavoro autonomo* income from self-employment; (*Econ*) ~ *da lavoro dipendente* earned income, earnings, income from salary; (*Econ*) ~*da locazione* rental income; (*Econ*) ~ *del capitale* return on investment, return on capital; (*Econ*) ~*di esercizio* trading receipts, trading result, operating income; (*Econ*) *redditi di lavoro* earned income; (*Econ*) ~*dichiarato* declared income; (*Econ*) ~*disponibile* discretionary income; (*Econ*) ~*familiare* family income; (*Econ*) ~*fisso* fixed income; (*Econ*) ~*fondiario* income on land; *redditi gravabili* taxable income; (*Econ*) ~*immobiliare* income on real estate; (*Econ*) ~*imponibile* taxable income; (*Econ*) ~*lordo* gross income; (*Econ*) ~*minimo* minimum income; (*Econ*) ~*nazionale* national income; (*Econ*) ~*netto* net income; (*Econ*) ~*obbligaziona-*

rio bond yield; (*Econ*) ~*personale* private income; (*Econ*) ~*pro capite* per capita income, income per head; (*Econ*) ~*tassato* taxed income.

reddituale *a.* income (*attr.*).

redensi → **redimere**.

redento → **redimere** *a.* **1** redeemed (*anche Rel*). **2** (*recuperato*) reformed: *criminale* ~ refomed criminal.

redentore **I** *m.* (*f.* -**trice**) redeemer. **II** *a.* redeeming.

Redentore *n.pr.m.* (*Rel*) Redeemer.

redentorista *m./f.* (*Rel*) Redemptorist.

redenzione *f.* redemption (*anche Rel*).

redibitoria *a.* (*Dir*) redhibitory.

redigere (*pres.ind.* **redìgo, redìgi**; *p.rem.* **redàssi**; *p.p.* **redàtto**) *v.t.* **1** (*compilare*) to draw up, to compile: ~ *una domanda* to draw up an application; (*Dir*) ~ *un contratto* to draw up a contract; ~ *un dizionario* to compile a dictionary. **2** (*Giorn*) (*scrivere*) to write: ~ *un articolo sportivo* to write a sports article. □ ~ *un inventario* to draw up an inventory; (*Dir*) ~ *unverbale* to draw up the minutes, to write the minutes.

redimere (*pres.ind.* **redìmo**; *p.rem.* **redènsi**; *p.p.* **redènto**) **I** *v.t.* **1** (*liberare*) to redeem, to deliver, to ransom: ~ *un popolo dalla schiavitù* to deliver a people from slavery; ~ *dal peccato* to redeem from sin. **2** (*Econ*) (*estinguere*) to redeem, to discharge: ~ *un debito* to redeem a debt. **II** *v.pron.* **redimersi** to redeem oneself, to free oneself: *redimersi dal disonore* to free oneself from shame.

redimibile *a.* redeemable (*anche Econ*).

redimibilità *f.* redeemability (*anche Econ*).

redingote /redɛ̃'gɔt/ *f.inv.* (*Abbigl*) frock-coat, redingote.

redini *f.pl.* reins (*anche fig*): *mettere le* ~ *a un cavullo* to rein a horse; *tenere le* ~ to hold the reins (*anche fig*); *lasciare le* ~ *a qcu.* to hand over the reins to so. (*anche fig*); (*fig*) *prendere in mano le* ~ *di qcs.* to take up the reins of sth.

redivivo **I** *a.* **1** restored to life, returned to life. **2** (*fig*) (*secondo*) another, new: *è un Leonardo* ~ he's another Leonardo. **II** *m.* (*f.* -**a**) **1** person restored to life. **2** (*fig,scherz*) person back from the dead.

redolente *a.* (*lett*) redolent.

reduce **I** *a.* returning, back, returned: *soldati reduci* returning soldiers; *essere* ~ *da un viaggio* to be back from a journey. **II** *m.* **1** (*Mil*) veteran, ex-serviceman. **2** (*sopravvissuto*) survivor: *i reduci dei campi di concentramento* the survivors of concentration camps. □ *essere* ~*da una malattia* to be just over an illness; (*scherz*) ~*dalle patrie galere* ex-convict; *i reducidi guerra* those returning from the war, war veterans.

refe *m.* (*Tess*) twist, yarn, thread.

reference /'refərens/ *m.inv.* reference, reference book.

referendario [1] *m.* referendary.

referendario [2] *a.* (*relativo a referendum*) referendum (*attr.*).

referendum *m.* (*Pol*) referendum (*su* on): *indire un* ~ to hold a referendum. □ (*Pol*) ~*abrogativo* abrogative referendum, referendum to abrogate a law; (*Pol*) ~*confermativo* constitutional referendum; (*Pol*) ~*positivo* referendum for a new law.

referente **I** *a.* reporting, refering. **II** *m./f.* **1** (*Ling*) referent. **2** (*persona a cui si fa riferimento*) contact.

referenza *f.* **1** *pl.* references, testimonials: *presentare ottime referenze* to give excellent references, to show excellent references; *referenze bancarie* bank references. **2** (*Ling*) reference.

referenziale *a.* (*Ling*) referencial: *funzione* ~ referential function.

referenziare (**referènzio, referènzi**) **I** *v.t.* to provide with references, to provide with testimonials. **II** *v.i.* (*aus.* avere) to supply references, to supply testimonials.

referenziato *a.* with references, with testimonials: *cercasi segretaria referenziata* secretary wanted with references.

referto *m.* (*Med*) report: ~ *radiologico* X-ray report.

refettoriale *a.* refectory (*attr.*).

refettorio *m.* refectory, dining hall.

refezione *f.* meal: ~ *scolastica* school meal.

refil ,**refill** /'refil/'refil/ *m.inv.* refill.

refilare (**refìlo**) *v.t.* to trim.

reflazione *f.* (*Econ*) reflation.

reflazionistico (*pl.* -**ci**) *a.* (*Econ*) reflationary.

reflex **I** *a.inv.* reflex. **II** *f.inv.* (*Fot*) reflex camera.

refluo *a.* refluent, flowing back (*posposto*): (*Fisiol*) *sangue* ~ refluent blood.

reflusso *m.* **1** (*Med*) reflux. **2** (*rar,lett*) backward flow, reflux.

refolo *m.* gust of wind, puff of wind.

refrain /rə'frɛ̃/ *m.inv.* (*Lett,Mus*) refrain.

refrattarietà *f.* (*Tecn,Med*) refractoriness.

refrattario *a.* **1** (*Tecn*) refractory. **2** (*fig*) refractory, insensitive, immune (*a* to): *essere* ~ *ai rimproveri* to be insensitive to reproof; *essere* ~ *al lavoro* to be work shy; *essere* ~ *al matrimonio* to be fancy-free, not to be the marrying type. **3** (*Med*) refractory, immune.

refrattometro *m.* (*Ott*) refractometer.

refrigerante **I** *a.* **1** cooling, refreshing: *bevanda* ~ refreshing drink, cool drink. **2** (*Tecn*) cooling, refrigerating, refrigerant: *cella* ~ refrigerating room, refrigerating cell. **II** *m.* **1** (*apparecchio*) cooler, refrigerator. **2** (*sostanza refrigerante*) coolant, refrigerant.

refrigerare (**refrìgero**) **I** *v.t.* **1** to cool, to refrigerate. **2** (*rinfrescare*) to cool, to refresh. **II** *v.pron.* **refrigerarsi** to refresh oneself.

refrigerato *a.* refrigerated, cooled, chilled.

refrigeratore **I** *a.* cooling, refrigerant. **II** *m.* **1** refrigerator, cooler. **2** (*liquido*) coolant.

refrigerazione *f.* refrigeration, cooling, chilling. □ ~*ad acqua* water cooling; ~ *ad aria* air cooling; ~*del latte* milk cooling; ~*della carne* meat refrigeration.

refrigerio *m.* **1** (*freschezza*) refreshment, freshness, coolness. **2** (*fig*) (*sollievo*) relief; (*conforto*) solace, comfort.

refurtiva *f.* stolen goods *pl.*, (*colloq*) loot.

refuso *m.* (*Tip*) **1** wrong font. **2** (*estens*) (*errore di stampa*) misprint, printer's error.

regalare (**regàlo**) **I** *v.t.* **1** to give, to give as a present, to present, to make a present of: ~ *qcs. a qcu.* to give so. sth. (as a present), to present so. with sth. **2** (*dare via*) to give sth. away: *ha regalato tutti i suoi libri* he gave all his books away. **3** (*iperb*) (*vendere a buon prezzo*) to give away, to go for a song: *a questo prezzo il vestito è regalato* at that price the dress is going for a song, at that price the dress is a real bargain. **4** (*iron*) (*dare*) to give: *gli ha regalato quattro schiaffi* he gave him a good hiding. **II** *v.pron.* **regalarsi** (*concedersi*) to treat oneself (*qcs.* to sth.), to allow oneself (sth.).

regale *a.* **1** (*reale*) royal: *corona* ~ royal crown. **2** (*da re*) regal, kingly: *un portamento* ~ a regal bearing. **3** (*estens*) (*magnifico, grandioso*) splendid, stately, regal.

regalia *f.* **1** gratuity, tip. **2** (*Mediev*) royal prerogative. **3** *pl.* (*region*) (*regali in natura*) gifts in kind.

regalismo *m.* regalism.

regalista *m./f.* regalist.

regalità *f.* **1** (*dignità di re*) royalty, sovereignty, regality. **2** (*l'essere regale*) regalness. **3** (*estens*) (*maestosità*) stateliness, grandeur, majesty.

regalmente *avv.* regally.

regalo I *m.* **1** gift, present: *un ~ gradito* a welcome gift; *fare un ~ a qcu.* to give so. a present; *ricevere qcs. in ~* to receive sth. as a gift. **2** (*fig*) (*favore*) favour, (*Am*) favor; (*piacere*) pleasure, treat: *se verrai a trovarmi mi farai un gran ~* if you come to see me it will give me great pleasure. **3** (*iperb*) (*cosa venduta a basso prezzo*) giveaway: *a questo prezzo la lavatrice è un vero ~* the washing machine is a giveaway at this price. **4** (*iron*) (*guaio*) mess, pickle: *bel ~ mi hai fatto!* thanks for nothing! II *a.* gift (*attr.*): *confezione ~* gift wrapping, presentation box. □ *dare qcs. in ~ a qcu.* to make so. a present of sth.; *~ di nozze* wedding present, wedding gift.

regata *f.* (*Sport*) regatta, sailing regatta; (*d'altura*) yacht race.

regatante *m./f.* (*Sport*) regatta participant.

rege *m.* (*ant*) (*re*) king.

regesto *m.* (*Mediev*) **1** register. **2** (*riassunto*) document summary.

reggae /'regge/ *m.* (*Mus*) reggae.

reggente I *a.* **1** regent: *principe ~* prince regent. **2** (*che esercita le funzioni di titolare*) deputy, vice. **3** (*Gramm*) governing: *verbo ~* governing verb. II *m./f.* (*capo provvisorio dello stato*) regent; (*principe reggente*) prince regent. III *f.* (*Gramm*) (*proposizione reggente*) main clause.

reggenza *f.* **1** regency. **2** (*Gramm*) government; (*preposizioni*) governing prepositions *pl.*

Reggenza *f.* (*Stor*) Regency: *stile ~* Regency style.

reggere (*pres.ind.* **règgo, règgi**; *p.rem.* **rèssi**; *p.p.* **rètto**) I *v.t.* **1** (*sostenere*) to hold: *reggeva un bambino tra le braccia* she was holding a baby in her arms; *reggimi i libri un momento* hold my books a moment, hold the books for me a moment; *~ l'ombrello* to hold the umbrella. **2** (*sorreggere*) to hold, to hold up, to support: *~ una persona* to hold a person up, to support a person. **3** (*portare*) to carry, to bear: *~ qcs. sulle spalle* to carry sth. on one's shoulders. **4** (*sostenere*) to support, to bear, to hold, to hold up: *questo scaffale non può tanti libri* this shelf can't hold so many books; *quattro colonne reggono il baldacchino* four columns support the canopy. **5** (*tenere fermo*) to steady, to hold: *qualcuno mi regga la scala* somebody steady the ladder for me. **6** (*resistere*) to stand (against), to stand up (against), to bear, to withstand: *la diga non resse l'impeto delle acque* the dam could not withstand the force of the water. **7** (*dirigere*) to manage, to run: *~ un'azienda* to manage a business. **8** (*governare*) to govern, to rule: *~ uno stato* to rule a country. **9** (*Gramm*) to take, to govern: *questa preposizione regge il genitivo* this preposition takes the genitive. II *v.i.* (*aus.* **avere**) **1** (*resistere*) to hold out (*a* against), to stand up (*a* to), to withstand (sth.): *il ponte non ha retto al peso del treno* the bridge could not withstand the weight of the train; *la fanteria non ha retto all'attacco* the infantry could not withstand the attack, the infantry could not hold off the attack. **2** (*sopportare*) to stand, to bear (*a qcs.* sth.): *~ alla fame* to bear hunger; *~ al freddo* to stand the cold; *~ alla fatica* to stand the strain; *non la reggo più* I can't stand her any longer. **3** (*fig*) to stand, to

stand up, to bear, (*colloq*) to hold water, to hold together: *le tue osservazioni alla prova dei fatti non reggono* in the light of the facts your comments don't hold water; *~ al confronto* to bear comparison, to stand comparison; *la tua teoria non regge* your theory does not hold together; *il loro matrimonio regge ancora* their marriage is still holding good. **4** (*durare, rimanere immutato*) to keep, to last, to hold, to hold out: *speriamo che il tempo regga* let's hope this good weather lasts, let's hope this good weather holds. III *v.pron.* **reggersi 1** (*stare in piedi: rif. a persone*) to support oneself, to keep oneself up: *reggersi a una sedia* to support oneself with a chair, to support oneself by holding on to a chair. **2** (*stare in piedi: rif. a cose*) to remain standing, to be still standing, to hold up, to stand: *l'antico castello si regge ancora* the old castle is still standing. **3** (*aggrapparsi*) to hold on: *reggiti a me* hold on to me. **4** (*sussistere*) to keep going: *la ditta si regge a malapena* the firm can barely keep going. **5** (*governarsi*) to govern oneself, to rule oneself: *ogni popolo deve reggersi con le proprie leggi* every nation must govern itself by its own laws. □ *reggersi a galla*: **1** to keep afloat; **2** (*fig*) to keep one's head above water; *reggersi a monarchia* to be a monarchy; *~al calore* to be heat-resistant; *~ al fuoco* to be fireproof; *reggersi dritto* to stand, to stand properly, to stand straight, to keep upright; *reggiti forte* hold on tight; *~ i destini dell'umanità* to hold the world on one's shoulders; *non mi regge il cuore* I haven't the heart, I don't have the heart; (*fig*) *~il lume* (o *~il moccolo*) (*Br*) to play gooseberry, (*Am*) to be a third wheel; (*Mar*) *~il mare* to ride the sea well, to be seaworthy; (*fig*) *non ~ il ritmo* not to be able to handle the pace, not to be able to keep up the pace; (*fig*) *~il sacco a qcu.* to be so.'s accomplice, (*colloq*) to be in cahoots with so.; (*Mar*) *~il timone* to steer the rudder, to be at the helm (*anche fig*); *~il vino* to hold one's wine, to carry one's wine; *non reggersi in piedi* : **1** to be unable to stay on one's feet; (*iperb*) *non reggersi in piedi dalla fame* to be faint with hunger; **2** (*fig*) to be unconvincing, not to stand up; (*fig*) *~la candela* (*Br*) to play gooseberry, (*Am*) to be a third wheel; *~la prova* to stand the test; *~l'acqua* to be waterproof; (*fig*) *~l'anima coi denti* to be fighting against death, to be on one's last legs; *reggersi sulle gambe* to keep on one's feet; *non reggersi sulle gambe* to be hardly able to stand.

reggetta *f.* (*Mecc*) hoop iron, band.

reggia (*pl.* **-ge**) *f.* **1** royal palace. **2** (*estens*) (*casa magnifica*) palace.

reggiano I *a.* of Reggio Emilia, from Reggio Emilia. II *m.* **1** (*f.* **-a**) (*originario*) native of Reggio Emilia; (*abitante*) inhabitant of Reggio Emilia. **2** (*Alim*) (*formaggio*) Parmesan cheese.

reggicalze *m.inv.* (*Abbigl*) suspender belt, (*Am*) garter-belt.

reggilibri, **reggilibro** *m.inv.* book-end.

reggilume *m.inv.* **1** (*a sospensione*) lamp fixture. **2** (*a braccio*) wall-bracket.

reggimentale *a.* (*Mil*) regimental.

reggimento *m.* **1** (*Mil*) regiment: *~ di artiglieria* artillery regiment. **2** (*fig*) (*gran numero*) crowd, horde, swarm.

reggino I *a.* of Reggio Calabria, from Reggio Calabria. II *m.* (*f.* **-a**) (*originario*) native of Reggio Calabria; (*abitante*) inhabitant of Reggio Calabria.

reggipalo *m.* pile socle.

reggipenne *m.inv.* pen holder.

reggipetto *m.* (*Abbigl,ant*) brassière, bra: *al-

lacciarsi il ~* to fasten one's bra; *slacciarsi il ~* to unfasten one's bra.

reggiseno *m.* (*Abbigl*) brassière, bra: *allacciarsi il ~* to fasten one's bra; *slacciarsi il ~* to unfasten one's bra. □ (*Abbigl*) *~ a balconcino* half-cup bra, demi-cup bra, balconette bra; (*Abbigl*) *~con il ferretto* underwire bra, underwired bra; (*Abbigl*) *~imbottito* padded bra.

reggitesta *m.inv.* (*Aut*) head-rest.

reggitore *m.* (*f.* **-trice**) (*lett*) ruler.

regia *f.* **1** (*Teat*) production, (*Am*) direction. **2** (*Cin*) direction. **3** (*fig*) (*organizzazione*) organization. **4** (*Econ,Stor*) government monopoly, monopoly.

regicida I *a.* regicidal. II *m./f.* regicide.

regicidio *m.* regicide.

regime *m.* **1** (*Pol*) form of government, regime, régime: *~ repubblicano* republican (form of) government; *~ miltare* military regime; *rovesciare un ~* to overthrow a regime. **2** (*spreg*) (*governo autoritario*) dictatorship. **3** (*dieta*) diet, regimen. **4** (*regola di vita*) regimen, lifestyle, tenor: *seguire un buon ~ di vita* to follow a good lifestyle. **5** (*Dir*) (*complesso di norme*): regulations *pl.*, system: *~ fiscale* tax regulations. **6** (*Fis*) state, conditions *pl.* **7** (*Geog*) regime: *il ~ di un fiume* the regime of a river. **8** (*Mot*) (*funzionamento*) operation, running; (*numero di giri*) revolutions *pl.*, revolutions *pl.* per minute, speed. **9** (*Stor.it*) Fascist regime: *durante il ~* (*in Italia*) during the Fascist regime. □ *essere a ~* (*essere a dieta*) to be on a diet; *~alimentare* diet; *andare a ~*: **1** (*Mot*) to go at full speed; **2** (*fig*) to be in full swing; (*Pol*) *~assoluto* absolute government, absolute rule; (*Mot*) *~di funzionamento* working rate; (*Mot*) *~di giri* revolutions (*pl.*), revolutions (*pl.*) per minute; (*Geog*) *~di piena* high water, flood; *~di semilibertà* daytime release, work release; *~dietetico* diet, dietary regimen; (*Pol*) *~dittatoriale* dictatorial regime; *mettere a ~* to put on a diet; *mettersi a ~* to go on a diet; (*Pol*) *~monarchico* monarchy; *~pensionistico* pension legislation; (*Fis*) *~permanente* steady condition, steady state; (*Pol*) *~poliziesco* police state; (*Fis,El*) *~transitorio* transient condition, transient state; (*Gastron*) *~vegetariano* vegetarian diet.

regina *f.* **1** queen: *la ~ Elisabetta* Queen Elisabeth; *la ~ d'Inghilterra* the queen of England. **2** (*fig*) (*chi primeggia*) queen: *la rosa è la ~ dei fiori* the rose is the queen of flowers. **3** (*negli scacchi, nelle carte da gioco*) queen. □ (*Bot,Alim*) *~Claudia* (*susina*) greengage; (*Bot*) *~dei prati* meadow sweet; *~madre* Queen Mother.

reginetta *f.* (*nei concorsi di bellezza*) beauty queen.

regio *a.* royal: *truppe regie* royal troops; *regia università* royal university, royal college.

regionale *a.* **1** (*della regione*) regional. **2** (*con valore limitativo*) regional, local: *interessi regionali* local interests.

regionalismo *m.* regionalism (*anche Pol, Ling*).

regionalista I *m./f.* regionalist (*anche Pol*). II *a.* regionalistic, regionalist (*anche Pol*).

regionalistico (*pl.* **-ci**) *a.* regionalistic, regionalist (*anche Pol*).

regionalizzare (**regionalìzzo**) *v.t.* to regionalize.

regionalizzazione *f.* regionalization.

regionalmente *avv.* regionally.

regione *f.* **1** (*territorio*) region, district, area: *i vini di questa ~ sono ottimi* the wines from this district are excellent. **2** (*suddivi-

sione amministrativa) region: *il presidente della ~* the president of the region. **3** (*governo regionale*) regional government: *la ~ Lazio* the regional government of Lazio, Lazio regional government. **4** (*estens*) (*sede*) regional government offices. **5** (*fig*) (*ambito*) domain, realm. **6** (*Geog*) region, zone, area. **7** (*Astr,Anat*) region. **8** (*Stor.rom*) region. □ *regioni a elevata densità demografica* densely populated areas; (*Dir*) *~ a statuto speciale* region with a special constitution; *~agricola* agricultural district, agricultural region; *~alluvionale* alluvial region; (*Geog*) *~alpina* Alpine region; (*Dir*) *~autonoma* autonomous region, self-governing region; (*Geog*) *~dei laghi* Lake District; *~desertica* desert zone, desert; (*Elettron*) *~ di esaurimento* exhaustion region; (*Anat*) *~lombare* lumbar region; *~ prativa* grassland region; *regioni scarsamente popolate* sparsely populated areas; *regioni sottosviluppate* under-developed regions.

regista *m./f.* **1** (*Cin,TV*) director: *aiuto ~* assistant director. **2** (*Teat*) producer, (*Am*) director. **3** (*fig*) organizer. □ (*Cin*) *~cinematografico* director, film director.

registico (*pl.* **-ci**) *a.* direction (*attr.*), of direction: *lavoro ~* direction work.

registrabile *a.* **1** (*Mecc*) (*regolabile*) adjustable. **2** (*Acus*) recordable. **3** (*degno di nota*) noteworthy.

registrare (**registro**) *v.t.* **1** to record, to enter, to log: *~ la merce uscita dal magazzino* to record the merchandise that has left the warehouse. **2** (*burocr*) to register: *~ la nascita di un bambino* to register the birth of a child; *~ un contratto* to register a contract. **3** (*notare, constatare*) to record, to report: *i giornali registrano un aumento della criminalità* the papers record an increase in crime. **4** (*accogliere*) to give, to include, to contain: *questo dizionario registra solo termini scientifici* this dictionary gives only scientific terms. **5** (*Tecn*) (*rif. a strumenti di misura: indicare*) to register, to record: *il sismografo ha registrato una scossa di terremoto* the seismograph recorded an earth tremor. **6** (*Acus*) (*incidere*) to record, (*Am,colloq*) to lay down: *~ una canzone* to record a song, *~ un brano* to lay down a track. **7** (*Acus*) (*con registratore*) to tape: *~ un nastro* to tape-record; *hai registrato la nostra conversazione?* did you tape our conversation? **8** (*Mecc,Aut*) (*mettere a punto*) to adjust, to set, to regulate: *~ le puntine di un motore* to set the points of a motor; *~ la frizione* to reset the clutch, to adjust the clutch; *~ i freni* to adjust the brakes; *~ il minimo* to regulate the idle, to tune (the engine). **9** (*Mus*) to tune. **10** (*Comm*) to enter, to book: *~ a debito* to enter on the debit side; *~ a credito* to enter on the credit side; *~ all'attivo* (o *~ in entrata*) to enter on the credit side; *~ una fattura* to enter an invoice. **11** (*Inform*) to store. □ (*Comm*) *~ a mastro* to post; *~ cronologicamente* (*un'elaborazione*) to log.

registrato *a.* **1** (*annotato*) recorded; (*burocr*) registered. **2** (*Acus*) recorded: *discorso ~* recorded speech. **3** (*Mecc*) adjusted, set, regulated, tuned. **4** (*Comm*) entered, booked.

registratore **I** *a.* recording. **II** *m.* **1** (*f.* -**trice**) recorder. **2** (*strumento di misura*) recorder. **3** (*Acus*) recorder, **4** (*ant*) (*cartello*) file. □ (*Acus*) *~a cassetta* cassette recorder; (*Acus*) *~ a due piste* two track recorder; (*Acus*) *~a nastro* tape-recorder; (*Acus*) *~del suono* sound recorder; (*Comm*) *~di cassa* cash register, till; (*El*) *~di corrente* current recorder; (*Mar*) *~di rotta* course recorder,

navigraph; (*Tecn*) *~di velocità* speed recorder; (*Aer*) *~di volo* flight recorder; (*Acus*) *~ magnetico* magnetic recorder.

registrazione *f.* **1** recording, entering; (*burocr*) registration: *~ di una nascita* registration of a birth. **2** (*Comm*) entry, record. **3** (*rilevamento*) recording, registration. **4** (*Acus*) (*incisione*) recording. **5** (*Tecn*) (*messa a punto*) adjustment, setting, regulation. **6** (*rappresentazione grafica*) graph. **7** (*Dir, Econ*) registration. **8** (*Rad,TV*) recording, recorded programme. **9** (*Mus*) tuning. **10** (*Inform*) writing, recording, storing. □ (*Comm*) *~a mastro* posting; (*Acus*) *~analogica* analogue recording; (*Comm*) *~contabile* accounting entry; (*Aut*) *~dei freni* brake adjustment; (*Mot*) *~del minimo* idle adjustment, tuning; (*TV,Cin*) *~del suono* sound recording; (*Mot*) *~delle punterie* tappet adjustment; (*Mot*) *~delle valvole* valve timing, valve setting; (*Acus*) *~digitale* digital recording; (*Comm*) *~in avere* credit item, credit entry; (*Acus*) *~su nastro* tape-recording.

registro *m.* **1** register, book: *annotare su un ~* to record in a register, to enter in a register. **2** (*Scol*) class register, form register, record book. **3** (*Comm*) register, record, book. **4** (*Dir*) (*ente di diritto pubblico*) Registry, Registry of Deeds. **5** (*Mus*) (*rif. a voce*) range, register, compass: *~ di baritono* baritone range. **6** (*Mus*) (*rif. a organo*) stop, register. **7** (*Tip*) register. **8** (*Ling*) register: *~ colloquiale* colloquial register. **9** (*Mecc*) regulator, control. **10** (*Inform*) register. □ (*Aer*) *~aeronautico* Air Registration Board; (*Mus*) *~alto* high range, high register; (*Inform*) *~base* base register; (*Mus*) *~celeste* voix céleste, céleste, vox angelica; (*Comm*) *~contabile* account book, accounting book, book of account; *il ~degli atti di nascita* register of births; (*Dir*) *~degli indagati* register of people under investigation; *~dei brevetti* patent office; *~dei soci* register of members; *~dei verbali* minute book; *~dei visitatori* visitors' book; (*Mus*) *~del basso* bass register, bass stop; *~del catasto* cadastral register, land register; *~delle presenze* attendance book, attendance register; *~delle società commerciali* Register of Companies; *~dello stato civile* **1** (*libro*) register of births, marriages and deaths; **2** (*anagrafe*) Register Office, Registry Office, Record Office, (*Am*) Bureau of Vital Statistics; (*Tecn*) *~dell'orologio* watch regulator, clock regulator; (*Mar,Aer*) *~di bordo* log book, log; *~di cassa* cash book; *il ~di nascita* register of births; (*Inform*) *~di scorrimento* shift register; *~elettorale* electoral register; (*Inform*) *~indice* index register; (*Mar*) *~navale italiano* Italian Register of Shipping; *~parrocchiale* parish register.

regnante **I** *a.* **1** reigning, ruling, (*lett*) regnant: *casa ~* reigning house. **2** (*fig*) (*prevalente*) prevalent, prevailing. **II** *m./f.* sovereign.

regnare (**régno**) *aus.* **avere** *v.i.* **1** (*governare*) to reign. **2** (*avere il predominio*) to rule (*su qcs.* sth.), to dominate: *i romani regnarono su tutto il Mediterraneo* the Romans dominated the entire Mediterranean. **3** (*fig*) (*dominare*) to reign, to rule: *in questa casa regna la confusione* confusion reigns in this house. **4** (*fig*) (*rif. a intemperie e sim.*) to prevail. □ *il silenzio regnava sovrano* silence reigned supreme.

regno *m.* **1** kingdom: *il ~ di Svezia* the Kingdom of Sweden. **2** (*autorità, dignità di re*) throne, kingship: *aspirare al ~* to aspire to the throne. **3** (*periodo*) reign: *sotto il ~ di Elisabetta Prima* in the reign of Elizabeth the First, under Elizabeth the First. **4** (*fig*)

kingdom, realm: *il ~ della fantasia* the realm of imagination; *~ animale* animal kingdom. □ *~celeste* Kingdom of Heaven, Heavenly Kingdom; (*Bibl*) *il ~dei cieli* the Kingdom of Heaven; *il ~dei morti* the world of the dead, the netherworld; *il ~della natura* nature, the kingdom of nature; (*Stor*) *il Regno delle due Sicilie* the Kingdom of the Two Sicilies; *il ~delle fate* fairyland; (*Bibl*) *il ~di Dio* the kingdom of God; *~minerale* mineral kingdom; (*Geog*) *il Regno Unito* the United Kingdom; *~vegetale* vegetable kingdom.

regola *f.* **1** rule: *osservare le regole della grammatica* to follow the rules of grammar; *attenersi a una ~* to follow a rule, to keep to a rule; *infrangere una ~* to break a rule; *diventare (la) ~* to become the rule; *è buona ~* it is a good rule. **2** (*moderazione, misura*) moderation, measure: *bere fa bene, ma ci vuole sempre una certa ~* drinking is good for you, but within measure. **3** (*Rel.catt*) rule; (*ordine religioso*) order. **4** (*Mat,Fis*) rule, principle. **5** *pl.* (*pop*) (*mestruazioni*) menstruation (*costr.sing.*), (*colloq*) period *sing.* □ *a ~ d'arte* workmanlike, expert, professional, in a masterly fashion; (*Mat*) *~del tre* rule of three; (*Fis*) *~della mutua esclusione* mutual exclusion rule; (*Rel.catt*) *~dell'ordine* rule of the order; *di ~* (*normalmente*) as a rule, ordinarily, usually; *~di sicurezza* safety rule; *~d'oro* golden rule; *è la ~* it is the norm; *senza una ~ fissa* without a set rule; *~grammaticale* grammar rule *in ~* in order; *essere in ~ con i pagamenti* to be up-to-date with one's payments; *fare le cose in ~* to do things properly; *mettersi in ~ con qcs.* to settle sth., to set sth. in order; (*colloq*) *per vostra ~* for your information; (*fig*) *stare alle regole del gioco* to stick to the rules.

regolabile *a.* (*Tecn*) adjustable.

regolabilità *f.* (*Tecn*) adjustability.

regolamentare [1] *a.* regulation (*attr.*), prescribed: *divisa ~* regulation uniform.

regolamentare [2] (**regolaménto**) *v.t.* to control, to regulate (by regulations).

regolamentazione *f.* **1** regulation: *~ dei prezzi* regulation of prices, price regulation. **2** (*insieme di norme*) regulations *pl.*

regolamento *m.* **1** (*il regolare*) regulation, control: *il ~ del corso di un fiume* the control of a river, the controlling of a river. **2** (*complesso di norme*) regulations *pl.*, rules *pl.*: *attenersi al ~* to abide by the rules; *infrangere il ~* to break the rules; *secondo il ~* according to regulations. **3** (*pagamento di un debito*) settlement. □ *~aziendale* company rules, company regulations; (*Aer*) *~del traffico aereo* air traffic regulations; (*Mar*) *~di bordo* ship's regulations; *~di confini* fixing of boundaries; (*fig*) *~di conti* settlement of accounts, (*colloq*) showdown; (*Mar*) *~di navigazione* shipping regulations; *~di polizia* police regulations; *~edilizio* building regulations, building code; *~ferroviario* railway regulations; *~interno* internal regulations, rules of procedure; *~stradale* traffic regulation, rule of the road.

regolare [1] (**règolo**) **I** *v.t.* **1** to regulate, to control: *le acque di un fiume* to control the flow of a river; *~ la circolazione stradale* to regulate road traffic. **2** (*guidare, dirigere*) to regulate, to direct, to govern: *le leggi fisiche regolano l'universo* physical laws regulate the universe. **3** (*sistemare*) to settle: *~ una questione* to settle a matter. **4** (*pagare*) to settle, to pay: *~ un conto* to pay a bill, to settle an account. **5** (*adeguare*) to adjust, to adapt: *~ la propria condotta su quella di qcu.* to adapt one's behaviour to suit so. else's. **6** (*Tecn*) (*mettere a punto*) to adjust, to regulate, to set, to tune: ~ *il carburatore* to adjust the carburettor; ~ *il tempo di esposizione* to set the exposure time. **II** *v.pron.* **regolarsi 1** (*comportarsi secondo le circostanze*) to behave, to take a line: *non sapere come regolarsi con qcu.* not to know how to behave with so.; *come devo regolarmi con tuo fratello?* what line should I take with your brother? **2** (*tenersi nel giusto limite*) to control oneself, to limit oneself, (*colloq*) to watch, to watch it: *regolarsi nel bere* to moderate one's drinking. □ (*fig*) ~ *i conti con qcu.* to settle up with so.; ~ *un orologio* : 1 (*da polso*) to put a watch right, to adjust one's watch; 2 (*da muro*) to adjust a clock.

regolare² *a.* **1** regular, normal, standard: *seguire un ~ corso di studi* to follow a normal course of studies. **2** (*in regola*) in order: *ho trovato tutto ~* I found everything in order. **3** (*proporzionato, simmetrico*) regular, symmetrical: *lineamenti regolari* regular features. **4** (*uniforme*) regular, uniform, even, constant: *una superficie ~* an even surface; *funzionamento ~* regular operation. **5** (*puntuale*) punctual: *essere ~ nei pagamenti* to be punctual with one's payments. **6** (*usuale, solito*) normal, usual. **7** (*Gramm,Geom,Mil, Dir.can*) regular: *sostantivi regolari* regular nouns; *truppe regolari* regular troops, regulars; *clero ~* regular clergy. **8** (*colloq,gerg*) obviously, of course. □ ~ *come un orologio* (as) regular as clockwork.

regolarità *f.* **1** (*frequenza*) regularity: *un fatto che si verifica con ~* an event occuring regularly. **2** (*rispetto delle regole*) regularity: *le elezioni si sono svolte con ~* the elections were held without irregularities. **3** (*proporzione*) regularity, symmetry, proportion: *la ~ di un profilo* the regularity of a profile. **4** (*uniformità*) uniformity, regularity, evenness: *la ~ del terreno* the evenness of the ground. **5** (*puntualità*) punctuality. □ *per ~* for good order, for the sake of good order, to be in order.

regolarizzare (**regolarìzzo**) **I** *v.t.* **1** to regularize. **2** (*rendere legale*) to legalize, to regularize: ~ *la propria unione* to become lawful husband and wife. **II** *v.pron.* **regolarizzarsi** to normalize, to become regular: *la situazione si è regolarizzata* the situation returned to normal.

regolarizzazione *f.* **1** regularization. **2** (*legalizzazione*) legalization, regularization.

regolarmente *avv.* **1** regularly. **2** (*debitamente*) duly. **3** (*puntualmente*) punctually. □ (*iron*) *arriva ~ in ritardo* he regularly arrives late.

regolata *f.* **1** adjustment, quick adjustment. **2** (*messa a punto*) tune-up. □ (*fig,colloq*) *darsi una ~* to moderate oneself, to calm down; *darsi una ~ nel bere* to cut down on one's drinking.

regolatamente *avv.* in an orderly way: *vivere ~* to live an orderly life, to lead a well-ordered life.

regolatezza *f.* **1** regularity, orderliness. **2** (*moderatezza*) moderation: ~ *nel bere* moderation in drinking.

regolato *a.* **1** regulated. **2** (*che segue una regola*) regular. **3** (*ordinato*) orderly, ordered, well-ordered. **4** (*moderato*) moderate, temperate: ~ *nel bere* temperate in drinking. **5** (*messa a punto*) set, adjusted.

regolatore I *m.* **1** (*Mecc*) governor, regulator. **2** (*Rad,TV*) control. **II** *a.* regulating. □ (*Mecc*) ~ *automatico* automatic governor; (*Rad,TV*) ~ *del tono* tone control; (*Rad,TV*) ~ *del volume* volume control; (*TV*) ~ *di contrasto* contrast control; (*El*) ~ *di corrente*

current regulator; (*Mot*) ~ *di giri* revolution regulator; (*Mecc*) ~ *di pressione* pressure governor, pressure regulator; (*Rad*) ~ *di sintonia* tuner control; (*El*) ~ *di tensione* voltage regulator.

regolazione *f.* **1** regulation, control: *la ~ dei traffici marittimi* the regulation of maritime traffic. **2** (*Tecn*) (*messa a punto*) adjustment, governing, regulation; (*controllo*) control. **3** (*El,Rad*) adjustment, control, regulation. **4** (*Comm*) (*pagamento*) settlement. □ ~*automatica* automatic regulation: *a ~ automatica* automatic regulation (*attr.*), automatically regulated; (*Comm*) ~ *dei conti* payment of accounts, settlement of accounts; ~*dei corsi d'acqua* regulation of rivers; (*Mot*) ~ *del minimo* idling adjustment, tuning; (*TV*) ~*del quadro* framing, frame adjustment; (*Mil*) ~*del tiro* fire control; (*Strad*) ~ *del traffico* traffic control; (*Rad,TV*) ~ *del volume* volume adjustment, volume control; (*Tecn*) ~*della pressione* pressure regulation, pressure governing; ~*della temperatura* heat setting; ~*della velocità* speed regulation; (*El*) ~*di corrente* current control.

regolite *f.* **1** (*Geol*) regolite. **2** (*Astr*) regolite, lunar regolite.

regolo¹ *m.* **1** (*righello*) ruler, rule. **2** (*regolo calcolatore*) slide rule. **3** (*Edil*) straight edge. **4** (*nella scacchiera*) rank. □ ~*calcolatore* slide-rule.

regolo² *m.* (*Ornit*) goldcrest, golden-crested wren.

regredire (*pres.ind.* **regredìsco**, **regredìsci**; *p.rem.* **regredìi**; *p.p.* **regredìto/regrèsso**; *aus.* **essere**) *v.i.* **1** to regress: ~ *nello studio* to regress in one's studies. **2** (*diminuire*) to decrease, to drop, to fall. **3** (*Med*) (*rif. a febbre*) to drop. **4** (*Psic*) to regress: ~ *allo stato infantile* to regress to childhood.

regressione *f.* **1** regression (*anche fig*): ~ *della cultura* regression of culture; ~ *della malattia* regression of the disease. **2** (*diminuzione*) decrease, drop, fall. **3** (*Geol,Biol, Psic*) regression. **4** (*Statist*) regression: *analisi di ~* regression analysis.

regressivo *a.* **1** regressive, backward: *movimento ~* regressive movement. **2** (*Fon,Biol, Econ*) regressive.

regresso¹ *m.* **1** regression, regress, relapse: *il ~ di una malattia* the regression of a disease. **2** (*fig*) (*decadimento*) decline, decadence, relapse. **3** (*diminuzione*) decrease, drop. **4** (*Dir*) recourse: *azione di ~* action of recourse. **5** (*Aer,Mar*) slip. □ ~ *demografico* decrease in population, decline in population; *in ~* in decline; ~*sociale* social regression.

regresso² → **regredire**.

reidratante *a.* **1** rehydrating. **2** (*Cosmet*) moisturizing.

reidratare (**reidràto**) *v.t.* **1** to rehydrate. **2** (*Cosmet*) to moisturize.

reidratazione *f.* **1** rehydration. **2** (*Cosmet*) moisturizing.

reietto I *a.* rejected, cast out. **II** *m.* (*f.* **-a**) outcast: *i reietti della società* the outcasts of society; *vivere da ~* to live as an outcast.

reiezione *f.* (*Dir,Psic*) rejection.

reificare (**reìfico**, **reìfichi**) *v.t.* to reify.

reificazione *f.* reification.

Reiki *m.* Reiki.

reimbarcare (**reimbàrco**, **reimbàrchi**) **I** *v.t.* (*Mar*) to re-embark. **II** *v.pron.* **reimbarcarsi** (*Mar*) **1** (*risalire a bordo*) to re-embark. **2** (*riprendere servizio a bordo*) to be taken on again.

reimbarco (*pl.* **-chi**) *m.* (*Mar*) **1** re-embarkartion. **2** (*riassunzione a bordo*) taking

on again.

reincarnare (**reincàrno**) **I** *v.t.* to reincarnate. **II** *v.pron.* **reincarnarsi** (*Rel*) to be reincarnated.

reincarnazione *f.* (*Rel*) reincarnation (*anche fig*).

reingaggio *m.* renewal of contract.

reinizializzare (**reinizializzo**) *v.t.* (*Inform*) to reboot.

reinserimento *m.* **1** (*rif. a cose*) re-insertion. **2** (*rif. a persone*) re-instatement. □ ~ *nella società* rehabilitation: ~ *di ex detenuti nella società* rehabilitation of ex-convicts.

reinserire (**reinserìsco**, **reinserìsci**) **I** *v.t.* **1** (*rif. a persone*) to re-instate. **2** (*rif. a cose*) to re-insert. **II** *v.pron.* **reinserirsi** to take one's place again, to return. □ ~ *qcu. nella società* to rehabilitate, to reintegrate in the outside world: ~ *i tossicodipendenti nella società* to rehabilitate drug addicts; *reinserirsi nella società* to return to the outside world.

reintegrabile *a.* **1** that can be restored (*posposto*), that can be re-instated (*posposto*). **2** (*fig*) (*recuperabile*) recoverable.

reintegrare (**reìntegro**) **I** *v.t.* **1** to restore, to re-instate: ~ *il proprio patrimonio* to restore one's fortune. **2** (*fig*) to recover: ~ *le proprie forze* to recover one's strength. **3** (*riportare nella pienezza di un diritto*) to re-instate: ~ *qcu. in una carica* to re-instate so. in a post. **4** (*risarcire*) to compensate, to indemnify. **II** *v.pron.* **reintegrarsi** to take up one's position again, to return. □ *reintegrarsi nella società* to return to the outside world.

reintegrativo *a.* re-integrative.

reintegrazione *f.* **1** (*reinserimento*) re-statement. **2** (*ripristino*) restoration, re-integration, redintegration. **3** (*restituzione di un diritto*) re-instatement. **4** (*Dir*) recovery, restoration: *azione di ~* action for recovery of possession, action for restitution. **5** (*Econ*) ~*del capitale* replenishment of capital; ~*in una carica* re-instatement in an office.

reinterpretare (**reintèrpreto**) *v.t.* re-interpret.

reintrodurre (*pres.ind.* **reintrodùco**, **reintrodùci**; *p.rem.* **reintrodùssi**; *p.p.* **reintrodótto**) **I** *v.t.* **1** to restore, to bring back, to re-introduce. **2** (*infilare di nuovo*) to put in again, to re-insert, to re-introduce. **II** *v.pron.* **reintrodursi** to come back, to re-enter.

reintroduzione *f.* re-introduction, restoration.

reinventare (**reinvènto**) *v.t.* to re-invent.

reinvestimento *m.* (*Econ*) reinvestment, ploughing back, (*Am*) plowing back.

reinvestire (**reinvèsto**) *v.t.* (*Econ*) to reinvest, to plough back, (*Am*) to plow back.

reità *f.* (*Dir*) guilt, guiltiness: *fu provata la sua ~* his guilt was proved.

reiterare (**reìtero**) *v.t.* to reiterate, to repeat: ~ *una promessa* to reiterate a promise; ~ *una minaccia* to repeat a threat, to renew a threat.

reiteratamente *avv.* repeatedly, again and again.

reiterato *a.* reiterated, repeated.

reiterazione *f.* reiteration, repetition (*anche Ret*).

relais /re'lɛ/ *m.inv.* (*El*) relay. □ (*El*) ~ *a corrente alternata* alternating-current relay; (*El*) ~ *a corrente continua* direct-current relay; (*El*) ~ *a induzione* induction relay; (*El*) ~ *di comando* control relay; (*El*) ~ *elettronico* electronic relay.

relativa *f.* (*Gramm*) (*proposizione*) relative clause.

relativamente *avv.* **1** comparatively, relatively: *l'esame era ~ facile* the examination was relatively easy. **2** (*abbastanza*) quite, fairly, (*colloq*) pretty: *sono ~ soddisfatto* I'm fairly satisfied. □ *~a* as regards, with regard to, with reference to.

relativismo *m.* (*Filos*) relativism.

relativista *m./f.* (*Filos*) relativist.

relativistico (*pl.* **-ci**) *a.* (*Filos,Fis*) relativistic: *meccanica relativistica* relativistic mechanics.

relatività *f.* relativity (*anche Fis*): *la ~ di un'opinione* the relativity of an opinion; *principio di ~* principle of relativity. □ (*Fis*) *~generale* general relativity; (*Fis*) *~ristretta* special relativity; (*Fis*) *~ speciale* special relativity.

relativizzare (**relativìzzo**) *v.t.* to relativize, to make relative.

relativo *a.* **1** (*corrispondente, attinente*) relating (*a* to), relative (to), relevant (to), concerning (sth.): *i dati relativi all'anno scorso* the data relating to last year; *la domanda deve essere accompagnata dai documenti relativi* the application must be accompanied by the relative (*o* the relevant) documents. **2** (*limitato, condizionato*) relative, comparative ~ *le tue osservazioni hanno un valore ~* your comments are of relative value; *vivere con relativa tranquillità* to live in comparative peace; *tutto è ~* everything is relative. **3** (*Fis,Gramm*) relative.

relatore I *m.* (*f.* **-trice**) **1** (*chi fa una relazione*) reporter. **2** (*rif. a commissioni parlamentari*) rapporteur. **3** (*rif. a progetti di legge*) proposer. **4** (*rif. a congressi*) speaker. **5** (*portavoce*) spokesman (*f.* -woman). **6** (*Univ*) supervisor, tutor. II *a.* reporting. □ (*Parl*) ~ *di maggioranza* majority spokesman.

relax /re'laks, 'relaks/ *m.* relaxation.

relazionale *a.* relational.

relazionare (**relazióno**) I *v.i.* (*aus.* **avere**) (*mettersi in relazione*) to relate (*con* to). II *v.t.* (*fare una relazione*) to make a report to, to report to. III *v.pron.* **relazionarsi** (*mettersi in relazione*) to relate: *non riesce a relazionarsi con i compagni* he can't relate to his colleagues.

relazione *f.* **1** connection, relationship: *fra i due fenomeni non c'è alcuna ~* there's no connection between the two phenomena. **2** (*legame fra persone*) relation, relationship, liaison, connection: *essere in ~ con qcu.* to have a relationship with so. **3** *pl.* (*conoscenze*) connections, contacts, acquaintances: *ho molte relazioni in questo ambiente* I have a lot of connections in these circles. **4** *pl.* (*scambi*) relations. **5** (*rapporto amoroso*) affair, liaison: *avere una ~ con qcu.* to have an affair with so. **6** (*resoconto*) report, account: *fare una ~* to make a report, to present a report. **7** (*Dir,Parl*) report. **8** (*Mat*) relation. □ *~adulterina* adulterous affair; (*Econ*) *~annuale di bilancio* annual report; *relazioni commerciali* business relations; *~di affari* business connection, business relationship; *entrare in relazioni di affari* to establish a business relationship; *~di mercato* market report; (*Pol*) *~di minoranza* minority report; *relazioni diplomatiche* diplomatic relations: *rompere le relazioni diplomatiche* to break off diplomatic relations; *relazioni niugale* extramarital affair; *~illecita* liaison, illicit love affair; *in ~a* (*con riferimento a*) with reference to, concerning, regarding, as regards; *essere in ~con* : 1 (*rif. a cose*) to be related to, to be connected with; 2 (*rif. a persone*) to be on good terms with: *essere in relazioni amichevoli con qcu.* to be on friendly terms with so.; *relazioni industriali* industrial relations; *relazioni internazionali*

international relations; *mettere in ~ due fatti* to connect two facts; *mettersi in ~ con qcu.* to get in touch with so., to contact so.; *relazioni pubbliche* public relations, (*colloq*) P.R; *relazioni umane* human relations.

relè *m.* (*El*) relay. □ (*El*) *~a corrente alternata* alternating-current relay; (*El*) *~a corrente continua* direct-current relay; (*El*) *~a induzione* induction relay; (*El*) *~di comando* control relay; (*El*) *~elettronico* electronic relay.

release /'ri:liz/ *f.inv.* (*Inform*) release.

relegare (**rèlego, rèleghi**) *v.t.* to relegate, to banish, to confine (*anche fig*): ~ *qcu. su un'isola* to relegate so. to an island, to confine so. to an island; *l'hanno ~ all'ultimo banco della classe* he was relegated to the back of the class.

relegazione *f.* relegation, confinement, banishment (*anche fig*).

religione *f.* **1** religion, faith: *abbracciare una ~* to embrace a faith; *professare una ~* to profess a religion; *insegnante di ~* religion teacher, RI, religious instruction teacher. **2** (*fig,rar*) (*sentimento di riverenza*) reverence, veneration, devotion. □ *~cattolica* Roman Catholic Church, Roman Catholic faith; *la ~cristiana* the Christian religion; *~ di stato* : 1 state religion, official religion; 2 (*estens*) established Church; *~ebraica* Jewish religion; *~fondata* established Church; *~islamica* Muslim religion; *~ misterica* mystery religion; *~monoteistica* monotheistic religion; *~musulmana* Muslim religion; *~naturale* natural religion; (*scherz*) *non c'è più ~!* I don't know what things are coming to!, is nothing sacred?; *~politeistica* polytheistic religion; *~protestante* Protestantism; *~rivelata* revealed religion; *senza ~* irreligious, unbelieving; *~soteriologica* soteriological religion; *~universalistica* universal religion.

religiosa *f.* religious; (*monaca*) nun.

religiosamente *avv.* **1** religiously, in a religious manner: *vivere ~* to live in a religious manner. **2** (*fig*) (*scrupolosamente*) religiously, conscientiously.

religiosità *f.* **1** religiousness. **2** (*fig*) (*cura scrupolosa*) conscientiousness, scrupulousness. □ *con ~* religiously.

religioso I *a.* **1** (*della religione*) religious: *dottrina religiosa* religious doctrine; *atteggiamento ~* religious attitude. **2** (*che crede in una religione*) religious, pious, devout: *un uomo ~* a pious man, devout man. **3** (*fig*) (*riverente, rispettoso*) devoted: *ha un ~ affetto per i genitori* he has a devoted affection for his parents. **4** (*fig*) (*scrupoloso*) religious, scrupulous, conscientious. II *m.* (*f.* **-a**) religious.

reliquia *f.* **1** (*Rel*) relic. **2** *pl.* (*resti*) remains, relics (*anche fig*): *le reliquie del passato* the relics of the past. □ *tenere qcs.come una ~* to treasure sth. dearly.

reliquiario *m.* reliquary.

relitto I *a.* (*Geol, Geog*) relict. II *m.* **1** (*Mar, Aer*) (*carcassa*) wreck; (*avanzo di naufragio*) wreckage, flotsam and jetsam. **2** (*fig*) down-and-out, outcast.

rem *m.inv.* (*Fis*) rem.

REM I *movimenti rapidi degli occhi* REM (rapid eye movements). II *a.inv.* (*Fisiol*) REM: *fase* ~ REM sleep, REM phase.

rema *m.* (*Ling*) rheme.

remake /'ri:mejk/ *m.inv.* (*Cin*) remake.

remare (**rèmo**; *aus.* **avere**) *v.i.* to row, to oar. □ (*fig*) *~contro* to go against the tide.

remata *f.* **1** row: *una buona ~ scioglie i muscoli* a good row loosens up the muscles. **2**

(*colpo di remo*) stroke. □ *farsi una ~* to go for a row, to row.

rematore *m.* (*f.* **-trice**) rower, oar, oarsman (*f.* -woman).

remeggiare (**reméggio, reméggi**; *aus.* **avere**) *v.i.* **1** (*lett*) (*remare*) to row, to oar. **2** (*fig*) (*rif. a uccelli*) to flap, to beat.

reminiscenza *f.* **1** reminiscence, recollection, memory. **2** (*riecheggiamento*) echo, reminiscence: *reminiscenze petrarchesche* echoes of Petrarch. **3** (*Filos*) reminiscence.

remissibile *a.* remissible, pardonable: *peccato ~* remissible sin.

remissione *f.* **1** (*Teol*) remission: ~ *dei peccati* remission of sins. **2** (*Dir*) (*rif. a debiti*) remission, remittal, remittal of debt; (*rif. a querele*) withdrawal. **3** (*remissività*) submissiveness, compliance: ~ *al volere dei genitori* compliance with the will of parents. **4** (*Med*) remission.

remissivamente *avv.* submissively.

remissività *f.* submissiveness, compliancy.

remissivo *a.* **1** submissive, compliant: *carattere ~* submissive character. **2** (*Dir*) remissive.

remix *m.inv.* (*Mus*) remix.

remo *m.* (*Mar*) oar. □ (*Mar*)*a remi* rowing, row (*attr.*); (*Mar*) *~a pagaia* paddle; (*Mar*) ~ *da bratto* scull.

Remo *n.pr.m.* (*Stor.rom*) Remus.

remora [1] *f.* **1** (*scrupolo*) scruple, hesitation. **2** (*lett*) (*indugio*) delay; (*ostacolo*) hindrance. **3** (*Mar*) wake.

remora [2] *f.* (*Itt*) remora.

remoto *a.* **1** remote, distant: *causa remota* remote cause; *abita in un ~ paese di montagna* he lives in a remote mountain village. **2** (*solitario*) secluded, remote. **3** (*Inform*) remote.

remunerare *e der.* → **rimunerare** *e der.*

rena *f.* sand.

renaio *m.* **1** (*secca arenosa*) sandbank. **2** (*cava di rena*) sand pit.

renaiolo *m.* (*region*) sand digger.

renale *a.* (*Anat*) renal, kidney (*attr.*).

Renania *n.pr.f.* (*Geog*) Rhineland.

Renania-Palatinato *n.pr.f.* (*Geog*) Rhineland Palatinate.

renano I *a.* Rhenish. II *m.* (*f.* **-a**) Rhinelander.

Renata *n.pr.f.* Renée.

Renato *n.pr.m.* René.

rendere (*pres.ind.* **rèndo**; *p.rem.* **rési**; *p.p.* **réso**) I *v.t.* **1** (*restituire*) to give back, to return, (*lett*) to restore: *rendimi il libro che ti ho prestato* give me back the book I lent you; (*lett*) *chi mi renderà la pace?* who will restore my peace of mind? **2** (*rimborsare*) to give beck, to repay, to return. **3** (*contraccambiare*) to repay, to pay back, to return: *all'occasione gli renderò il servizio* when the opportunity arises I'll repay him for his kindness; ~ *una visita* to return a visit. **4** (*fruttare*) to bring in, to yield: *il podere gli rende parecchi soldi* the farm brings him in plenty of money. **5** (*rif. a interessi e sim.*) to earn, to yield. **6** (*dare*) to give, to render, to pay, *spesso si traduce col verbo corrispondente*: ~ *omaggio a qcu.* to pay homage to so. **7** (*fare*) to do: ~ *un servizio a qcu.* to do so. a favour. **8** (*far diventare*) to make, to render: *il dolore lo ha reso forte* the pain has made him strong, the pain has given him strength; ~ *immortale* to make immortal. **9** (*raffigurare, riprodurre*) to portray, to depict, to represent: *il quadro rende la tristezza dell'ambiente* the painting depicts the gloominess of the setting. **10** (*descrivere*) to describe; (*esprimere*) to express, to convey. **11** (*tradurre*) to translate, to render: ~ *un verso di Dante in inglese* to translate a line of Dante into English. **12** (*Comm*) (*consegnare*) to deliver. **II** *v.i.* (*aus.* **avere**) **1** (*convenire*) to be profitable; (*fruttare*) to pay: *questo lavoro rende poco* this job doesn't pay. **2** (*produrre*) to produce, to be productive. **3** (*dare un rendimento*) to be efficient: *questo motore non rende abbastanza* this motor is not very efficient; *il ragazzo a scuola non rende* the boy isn't making progress at school, the boy isn't getting on at school. **III** *v.pron.* **rendersi 1** to make oneself, to render oneself: *fa di tutto per rendersi utile* he does all he can to make himself useful; *rendersi antipatico* to make oneself disliked, to put people's backs up. **2** (*lett*) (*recarsi*) to go, to proceed. ☐ *a* ~ returnable: *vuoto a* ~ returnable bottle; ~ *qcu.alla vita* to bring so. back to life; ~ *l'anima a Dio* to give up the ghost, to die; *un affare che rende* a profitable deal; ~*conto di qcs.* to be accountable for sth., to account for sth., to give an account of sth., to answer for sth.: *non devo* ~ *conto a nessuno delle mie azioni* I need account to no one for my actions; *rendersi conto di qcs.*: **1** (*capire*) to understand sth., to realize sth.: *mi rendo conto di aver sbagliato* I realize (that) I did wrong; *mi rendo conto che non è colpa tua* I realize it's not your fault; **2** (*accorgersi*) to become aware of sth., to perceive sth.; **3** (*essere conscio*) to be conscious of sth., to be aware of sth.; **4** (*darsi una spiegazione*) to account for sth. (to oneself), to make sth. out: *non riesco a rendermi conto del suo comportamento* I cannot account for his behaviour; *rendersi disponibile* to be on hand, to be available, to become available, to offer to help; ~*giustizia a qcu.*: **1** to do so. justice; **2** (*riconoscerne i meriti*) to give so. his due; ~*gli estremi onori a qcu.* to pay one's last respects to so., to render so. the last honours; ~*grazie a Dio* to give thanks to God, to thank God; *rendersi indispensabile* to make oneself indispensable; *rendersi irreperibile* to disappear, to disappear into thin air, (*colloq,scherz.*) to make oneself scarce; (*fig*) ~ *la pariglia* to give tit for tat, to give so. a taste of their own medicine; (*colloq*) ~ *l'idea* to make oneself clear; *non so se rendo l'idea* do you see what I am getting at?, do you see what I mean?; (*eufem*) ~ *lo spirito a Dio* to give up the ghost, to pass away; ~ *l'ultimo respiro* to breathe one's last; ~*merito a qcu. di qcs.* to grant so. his due: *gli* ~ *merito che ha cercato di aiutarci ma non c'è riuscito* I grant him his due for trying to help us, but he didn't succeed; *rendersi necessario*: **1** to be needed, to be necessary: *qui si rende necessario un pronto intervento* emergency action is needed here, emergency action is called for here; **2** (*rif. a persone*) to make oneself useful; ~*noto* to make known; ~*padre qcu.* to make so. a father, to bear so. a child; (*fig*) ~*pan per focaccia* to give tit for tat, to give as good as you get; ~ *ragione a* to account for; *rendersi ridicolo* to make a fool of oneself; ~*schiavo qcu.* to make so. a slave, to enslave so.; ~*triste* to sadden; ~ *un servigio a qcu.* to do so. a favour; ~ *una testimonianza* to give evidence, to bear witness to sth., to testify to sth.

rendering *m.inv.* (*Inform*) rendering.

rendez-vous /rẵde'vu/ *m.inv.* **1** rendezvous. **2** (*Astron*) rendezvous.

rendicontazione *m.* accounting.

rendiconto *m.* **1** report, account: *fare il* ~ *di un viaggio* to make a report on a trip. **2** (*Comm*) (*documento contabile*) statement, account. ☐ (*Comm*) ~*di gestione* annual statement, annual report; (*Comm*) ~*finan-*

ziario financial statement, treasurer's report; (*Comm*) ~*mensile* monthly statement.

rendimento *m.* **1** (*produzione*) yield, production: *il* ~ *di questo terreno è ottimo* the yield from this land is excellent. **2** (*efficienza*) performance: *il* ~ *di un atleta* an athlete's performance; ~ *del lavoro* working performance. **3** (*Econ*) (*di investimento*) yield, return: ~ *di un investimento* return on investment; *un* ~ *del 6%* a 6% yield, a 6% return. **4** (*Mecc*) efficiency, output: *il* ~ *di un motore* the efficiency of an engine. ☐ (*Econ*) ~ *azionario* earnings yield; (*El*) ~*di corrente* current efficiency; (*Rel,ant*) ~ *di grazie* thanksgiving; (*Mecc*) ~*massimo* peak efficiency; (*Econ*) ~*netto* net yield; ~*scolastico* progress at school; (*Mecc*) ~ *totale* overall efficiency.

rendita *f.* **1** private income, unearned income. **2** (*pubblica*) revenue: *rendite dello stato* revenues of the state. **3** (*Dir*) annuity. **4** (*reddito di capitale*) yield. **5** (*Econ*) (*titoli*) stock; (*obbligazione perpetua*) irredeemable debenture. ☐ (*Dir*) ~*annua* annuity; ~*catastale* estimated income of a property, (*Br*) rateable value; ~*fissa* fixed income; ~ *fondiaria* ground rent, land rent; (*Econ*) ~ *frazionata* apportionable annuity, split income; (*Econ*) ~*nominativa* registered stock; ~ *perpetua*: **1** (*Dir*) perpetual annuity; **2** (*Econ*) (*rif. a titoli*) unredeemable stock; (*Dir*) ~*vitalizia* life annuity.

rene *m.* (*Anat*) kidney. ☐ (*Med*) ~*artificiale* artificial kidney; (*Med*) ~*mobile* floating kidney, moveable kidney.

renella *f.* (*Med*) gravel.

renetta *f.* (*Bot,Alim*) (*mela renetta*) rennet.

reni *f.pl.* **1** (*regione lombare*) loins **2** (*estens*) (*schiena*) back *sing.*: *ho male alle* ~ I have a pain in my back. ☐ *avere le* ~*rotte dalla fatica* to be dead-tired.

reniforme *a.* reniform, kidney-shaped.

renina *f.* (*Biol*) renin.

renio *m.* (*Chim*) rhenium.

renitente *a.* recalcitrant, reluctant, unwilling: ~ *a ogni consiglio* he is recalcitrant to any advice. ☐ (*Mil*) ~*alla leva* draft dodger; *essere* ~ *alla leva* to fail to report for military service.

renitenza *f.* recalcitrance, reluctance, unwillingness. ☐ (*Mil*) ~*alla leva* failure to register for military service, draft dodging.

renna *f.* **1** (*Zool*) reindeer. **2** (*Pell*) buckskin, deerskin.

rennina *f.* (*Biol*) rennin.

Reno *n.pr.m.* (*Geog*) Rhine.

renoso *a.* sandy: *terreno* ~ sandy ground.

rentrée /rã̃'tre/ *f.inv.* return, comeback.

Renzo *n.pr.m.* *dim.* di Lorenzo.

reo I *a.* **1** guilty: ~ *di alto tradimento* guilty of high treason. **2** (*lett*) (*malvagio*) wicked, evil. **II** *m.* (*f.* -a) (*Dir*) offender, culprit. ☐ (*Dir*) ~*confesso* confessed criminal; *essere* ~ *confesso* to have confessed; (*Dir*) ~*di falso*: **1** (*di falso giuramento*) perjurer; **2** (*di falsificazione di documenti*) forger; **3** (*di falsificazione di moneta ecc.*) counterfeiter; (*Dir*) ~*presunto* accused, defendant.

reoforo *m.* (*El*) rheophore.

reografo *m.* (*El*) rheograph.

reologia *f.* (*Fis*) rheology.

reometro *m.* (*El*) rheometer.

reostatico (*pl.* -ci) *a.* (*El*) rheostatic.

reostato *m.* (*El*) rheostat. ☐ (*El*) ~*automatico* automatic field regulator, automatic rheostat; (*El*) ~*di avviamento* starting resistance, starting rheostat; (*El*) ~*di campo* field rheostat.

Rep. *Repubblica* Rep. (Republic).

reparto *m.* **1** department, division, section; (*negli ospedali*) ward, department; (*nei negozi*) department, section; (*nelle fabbriche*) floor; (*nelle officine*) shop. **2** (*Mil*) unit; (*distaccamento*) detachment. ☐ ~*acquisti* buying department; ~*alimentari* (*di grande magazzino ecc.*) food department; *reparti antisommossa* anti-riot units; (*Mil*) ~ *da sbarco* landing party; (*Mil*) *repartid'assalto* assault troops; (*Med*) ~*di isolamento* isolation ward; ~*di montaggio* fitting shop, assembly shop; (*Med*) ~*di terapia intensiva* intensive care unit; ~ *fatturazione* billing department; (*Med*) ~*grandi ustionati* burns unit; ~ *montaggio* fitting shop, assembly shop; ~*non food* non-food sector, non-food division; ~ *pubblicità* advertising department; (*Med*) ~*radiologico* X-ray department; ~*vendite* sales division.

repellente I *a.* **1** repulsive, repellent, disgusting (*anche fig*). **2** (*rif. a odore*) foul. **II** *m.* (*per insetti*) repellent, repellant.

repentaglio *m.* danger, hazard, jeopardy. ☐ *mettere a* ~ to put in danger, to endanger, to jeopardize; *mettere a* ~ *la vita di qcu.* to put so.'s life in danger.

repente I *a.* (*lett*) sudden. **II** *avv.* (*lett*) suddenly.

repentinamente *avv.* suddenly, unexpectedly.

repentinità *f.* suddenness, unexpectedness.

repentino *a.* sudden, unexpected.

reperibile *a.* **1** (*disponibile, rintracciabile*) available, to be found: *essere* ~ to be available, to be around; *essere difficilmente* ~ to be hard to find, to be untraceable. **2** (*rif. a medico ecc.*) on call. ☐ *non sono* ~*telefonicamente* I cannot be reached by phone, I cannot be contacted by phone.

reperibilità *f.* **1** (*disponibilità*) availability. **2** (*il poter essere rintracciato*) traceableness. **3** (*rif. a medico ecc.*) fact of being on call: *dare la* ~ to be on call.

reperimento *m.* finding. ☐ (*Inform*) ~*dati* data retrieval.

reperire (*pres.ind.* **reperìsco, reperìsci**; *p.p.* **reperìto**) *v.t.* to find, to trace, to track down. ☐ (*Econ*) ~*fondi* to raise funds.

repertare (**repèrto**) *v.t.* (*Dir*) (*ritrovare*) to find, to produce: ~ *prove* to find evidence.

reperto *m.* **1** (*Archeol*) find: ~ *archeologico* archeological find. **2** (*Dir*) exhibit, evidence. **3** (*Med*) report: ~ *radiologico* X-ray report.

repertorio *m.* **1** (*Teat*) repertoire, repertory. **2** (*elenco*) list, index: ~ *dei verbi irregolari* list of irregular verbs. **3** (*fig,scherz*) collection, stock, repertoire: *un* ~ *di aneddoti* a repertoire of anecdotes. ☐ ~*bibliografico* bibliography, bibliographical index, bibliographical list.

replay /re'plɛj/ *m.inv.* **1** (*TV*) action replay, instant replay: ~ *al rallentatore* slow-motion replay. **2** (*ripetizione*) replay.

replica *f.* **1** (*ripetizione*) repetition, repeating: *la* ~ *di un esperimento non riuscito* the repetition of an unsuccessful experiment. **2** (*risposta*) reply, answer. **3** (*obiezione*) objection: *un motivo che non ammette repliche* a reason that allows for no objections. **4** (*Teat,Cin*) repeat, performance, rerun: *lo spettacolo ha avuto venti repliche* the show run for twenty nights. **5** (*Art*) replica. **6** (*Dir*) reply.

replicante I *a.* (*Biol,Chim*) replicating, replication: *DNA* ~ replicating DNA, replication DNA. **II** *m./f.* **1** replicant. **2** (*estens*) (*chi imita il comportamento altrui*) imitator, double.

replicare (rèplico, rèplichi) *v.t.* **1** (*ripetere*) to repeat. **2** (*rispondere*) to answer: *hai nulla da ~?* do you have anything to answer? **3** (*obiettare*) to object. **4** (*Teat,Cin*) to repeat, to perform, to perform again, to rerun: *la commedia fu replicata molte volte* the play was performed many times, the play had a long run. □ *senza ~* without objection, without raising any objection; (*Teat*) *stasera si replica* (there is a) performance tonight.

replicazione *f.* (*Biol,Chim*) replication.

report *m.inv.* report.

reportage /repor'taʒ/ *m.inv.* (*Giorn*) report, reportage, story. □ (*Giorn*) *-di guerra* war report; (*Giorn*) *-fotografico* photo essay, photographic essay; (*Giorn*) *-illustrato* illustrated news report.

reporter *m.l f.inv.* (*Giorn*) reporter.

reprensibile *a.* (*lett*) (*riprensibile*) reprehensible.

reprensione *f.* (*lett*) reprehension.

repressi → **reprimere**.

repressione *f.* repression (*anche Psic*).

repressività *f.* repressiveness.

repressivo *a.* repressive.

represso → **reprimere I** *a.* repressed (*anche Psic*). **II** *m.* (*f.* **-a**) repressed person.

reprimenda *f.* reprimand.

reprimere (*pres.ind.* reprìmo; *p.rem.* reprèssi; *p.p.* reprèsso) **I** *v.t.* **1** (*trattenere*) to hold back, to repress, to restrain, to stifle: *~ le lacrime* to hold back one's tears; *~ un grido* to stifle a cry; *~ uno starnuto* to hold back a sneeze. **2** (*domare*) to put down, to repress, to subdue: *~ un'insurrezione* to put down an uprising. **II** *v.pron.* **reprimersi** to restrain oneself, to control oneself.

reprimibile *a.* repressible, controllable.

reprobo I *a.* **1** (*condannato da Dio*) reprobate. **2** (*estens*) (*malvagio*) wicked, evil. **II** *m.* (*f.* **-a**) **1** (*condannato da Dio*) reprobate. **2** (*estens*) scoundrel.

reps *m.* (*Tess*) rep, repp.

reptante *a.* reptant.

reptazione *f.* reptation.

repubblica *f.* (*Pol*) republic. □ *RepubblicaCeca* Czech Republic; *RepubblicaCentafricana* Central African Republic; (*Stor.it*) *RepubblicaCisalpina* Cisalpine Republic; (*Stor.it*) *Repubblica Cispadana* Cispadane Republic; *-dei ragazzi* Boys' Town; (*spreg*) *-delle banane* banana republic; *-democratica* democratic republic; *RepubblicaDemocratica del Congo* Democratic Republic of Congo; (*Stor.it*) *Repubblicadi Salò* Republic of Salò; *Repubblica Dominicana* Dominican Republic; *-federale* federal republic; *Repubblica Francese* French Republic; *RepubblicaItaliana* Italian Republic; (*Stor.it*) *repubblichemarinare* maritime republics; *-parlamentare* parliamentary republic; (*Stor.it*) *Repubblica Partenopea* Partenopean Republic; *-popolare* people's republic; *Repubblicapopolare Cinese* People's Republic of China; *-presidenziale* presidential republic; *-socialista* socialist republic; *Repubblica Sudafricana* South African Republic.

repubblicanesimo *m.* (*Pol*) republicanism.

repubblicano I *a.* republican. **II** *m.* (*f.* **-a**) republican; (*del partito repubblicano*) Republican.

repubblichino I *a.* (*Stor.it*) of the Republic of Salò. **II** *m.* (*Stor.it*) supporter of the Republic of Salò.

repulisti □ (*colloq*)*fare ~* (*o fare un ~*) to clean out everything, to clean up everything.

repulsa *f.* (*lett*) (*rifiuto*) refusal, rejection.

repulsi → **repellere**.

repulsione *f.* **1** (*Fis*) repulsion: *~ elettrica* electrical repulsion. **2** (*fig*) repulsion, repugnance: *provare ~ per qcu.* to feel repugnance for so.

repulsivo *a.* **1** (*Fis*) repulsive. **2** (*fig*) repulsive, repellent, revolting.

repulso → **repellere**.

reputare (rèputo) **I** *v.t.* to think, to consider, (*lett*) to repute: *tutti lo reputano un bravo alunno* everyone thinks he's a good student. **II** *v.pron.* **reputarsi** to consider oneself, to think oneself, to believe oneself: *reputarsi fortunato* to consider oneself lucky.

reputato *a.* **1** thought, considered. **2** (*lett*) (*stimato*) esteemed, well-thought-of.

reputazione *f.* reputation, name: *godere di una buona ~* to have a good reputation; *avere una cattiva ~* to have a bad reputation; *rovinare la ~ a qcu.* to ruin so.'s good name; *farsi una ~* to make a name for oneself; *avere ~ di avaro* to have the reputation of being a miser.

requie *f.* rest, peace: *non dar ~* to give no peace; *non trovar ~* to find no rest. □ *senza ~*: **1** restlessly; **2** (*ininterrottamente*) incessantly, relentlessly.

requiem *m.* (*Lit*) requiem, prayer for the dead: *recitare un ~ per qcu.* to say a requiem for so.

requirente *a.* (*Dir*) investigating, examining, enquiring, of inquiry (*posposto*).

requisire (requisìsco, requisìsci) *v.t.* to requisition, to commandeer (*anche fig*).

requisito *m.* requirement, requisite, qualifications *pl.*: *requisiti di età* age requirements. □ (*Inform*) *requisitidi sistema* system requirements; *-indispensabile* prerequisite, indispensable prerequisite; *essere dotato dei requisitinecessari* to have the necessary qualifications; *requisitiper l'ammissione* admission requirements, entrance requirements; *requisiti per l'ammissione all'università* university entrance requirements.

requisitoria *f.* **1** (*Dir*) public prosecutor's final speech. **2** (*fig*) lecture.

requisizione *f.* requisition, commandeering.

resa *f.* **1** surrender: *intimare la ~ al nemico* to call on the enemy to surrender. **2** (*restituzione*) return, restitution, repayment: *la ~ di un libro* the return of a book, the restitution of a book; *chiedere la ~ di un prestito* to request repayment of a loan. **3** (*rendimento*) yield, return, profit. **4** (*Mecc*) efficiency: *la ~ di un motore* the efficiency of an engine. **5** (*Comm*) return. □ *-a condizioni* conditional surrender; *-a discrezione* unconditional surrender; *-con gli onori militari* surrender with military honours; *-condizionata* conditional surrender; *-dei conti* : **1** rendering of accounts, squaring of accounts, settling of accounts; **2** (*fig*) day of reckoning, reckoning, grand reckoning: *chiamare qcu. alla ~ dei conti* to call so. to account; *-incondizionata* unconditional surrender.

rescindere (*pres.ind.* rescìndo; *p.rem.* rescìssi; *p.p.* rescìsso) *v.t.* (*Dir*) to rescind, to cancel, to annul: *~ un contratto* to rescind a contract.

rescindibile *a.* (*Dir*) rescindable.

rescindibilità *f.* (*Dir*) capability of being rescinded.

rescissione *f.* (*Dir*) rescission, cancellation, annulment: *~ del contratto* rescission of contract.

rescissorio *a.* (*Dir*) rescissory.

rescritto *m.* rescript.

resecare (rèseco, rèsechi) *v.t.* **1** (*tagliare*) to cut off, to cut away. **2** (*Chir*) to resect.

reseda *f.* (*Bot*) reseda, mignonette.

resettare (resètto) *v.t.* (*Inform*) to reset.

resezione *f.* (*Chir*) resection.

resi → **rendere**.

residence /'rezidens/ *m.inv.* apartment house, apartment building, (*Br*) service flats, private hotel, (*Am*) apartment hotel, residential hotel.

residente I *a.* **1** resident, residing, dwelling: *popolazione ~* resident population. **2** (*Inform*) resident. **II** *m.l f.* **1** resident. **2** (*Dipl*) (*ministro residente*) resident, minister resident. □ *italiano -all'estero* Italian resident abroad, expatriate Italian, (*colloq*) expat Italian.

residenza *f.* **1** (*dimora abituale*) residence, dwelling, abode: *stabilire la propria ~ in un luogo* to take up residence in a place; *cambiare ~* to change one's place of residence, to change one's address. **2** (*edificio*) residence, place of residence, building, dwelling-place: *~ lussuosa* a luxury building. **3** (*sede fissa*) seat: *la ~ del governo è a Roma* the seat of government is in Rome. □ *~ ambilocale* (*in antropologia*) ambilocal residence; *-anagrafica* registered residence; *~ avuncolocale* (*in antropologia*) avuncolocal residence; *-bilocale* (*in antropologia*) bilocal residence; *-consolare* consulate; *~ fissa* permanent residence; *-matrilocale* (*in antropologia*) matrilocal residence; *-patrilocale* (*in antropologia*) patrilocal residence; *-sconosciuta* residence unknown; *-temporanea* temporary residence; *-uxorilocale* (*in antropologia*) uxorilocal residence; *-virilocale* (*in antropologia*) virilocal residence.

residenziale *a.* **1** residential: *quartiere ~* residential district, residential area, residential quarter. **2** (*Dir.can*) resident: *vescovo ~* resident bishop.

residuale *a.* residual.

residuare (resìduo; *aus.* essere) *v.i.* to remain, to be left over.

residuato I *a.* (*residuo*) remaining, left over, residual. **II** *m.* surplus: *residuati bellici* (*o residuati di guerra*) war surplus.

residuo I *a.* residual, remaining: *debiti residui* residual debts. **II** *m.* **1** residue, remainder, remnant, rest, remains *pl.*: *i residui di un incendio* the remains of a fire. **2** (*Comm*) (*rif. a denaro*) remainder, balance. **3** (*Chim*) residue. □ (*Chim*) *-della distillazione* distillation residue; (*Econ*) *-di bilancio* budget surplus, surplus; (*Chim*) *-di calcinazione* calcination residue, calx; (*Chim*) *-di combustione* residue of combustion; (*Ind*) *residuidi lavorazione* scraps; *residuidi origine animale* animal waste; *residuidi petrolio* oil refuse; *residuidomestici* household waste; (*Chim*) *-fisso* (*dell'acqua*) fixed solids; (*Nucl*) *residuinucleari* atomic waste; (*Nucl*) *residuiradioattivi* radioactive waste; *residui tossici* toxic waste.

resiliente *a.* (*Met*) resilient.

resilienza *f.* (*Fis,Mecc*) resilience, resiliency.

resina *f.* (*Tecn*) resin. □ (*Tecn*) *resineartificiali* synthetic resins; (*Tecn*) *-epossidica* epoxy resin; (*Tecn*) *resinefenoliche* phenolic resins; (*Tecn*) *resinenaturali* natural resins; (*Tecn*) *resinepoliacriliche* polyacrilic resins; (*Tecn*) *-poliammidica* polyamide resin; (*Tecn*) *-termoplastica* thermoplastic resin.

resinato [1] *a.* (*Enol*) resinated, resined: *vino ~* resinated wine.

resinato² *m.* (*Chim*) resinate.

resinatura, **resinazione** *f.* 1 (*Forest*) resin tapping. 2 (*Tess*) resin finish.

resinifero *a.* resiniferous, resin (*attr.*).

resinificare (**resinìfico, resinìfichi**) I *v.t.* (*Tecn*) to make resinous. II *v.i.* (*aus.* **essere**) to resinify. III *v.pron.* **resinificarsi** to resinify.

resinificazione *f.* (*Tecn*) resinification.

resinoso *a.* resinous (*anche Fis*).

resipiscente *a.* (*lett*) resipiscent.

resipiscenza *f.* (*lett*) resipiscence.

resistente I *a.* 1 resistant (*a* to), resisting, -proof, proof against, -fast. 2 (*forte*) strong, resistant, tough. 3 (*che non si deteriora con l'uso*) durable, lasting. 4 (*rif. a colori*) fast. 5 (*rif. a stoffe e sim.*) durable, strong, hard-wearing. II *m.* (*Stor*) Resistance fighter, partisan. □ (*Ind*) ~ *agli acidi* acid-resistant, acid resistant, acid-proof; ~ *agli agenti atmosferici* weather-proof; ~ *agli urti* shock-resistant, shock-proof; ~ *al calore* heat-resistant, heat-proof; ~ *al freddo* cold-resistant; ~ *al fuoco* fireproof, fire-resistant; ~ *al lavaggio* wash-resistant, fast colour; ~ *alla corrosione* corrosion-resistant, corrosion-proof; ~ *alla fatica* : 1 (*Mecc*) fatigue-resistant; 2 (*fig*) tough; ~ *alla ruggine* rustproof; ~ *all'acqua* waterproof; ~ *all'ossidazione* resistant to oxidation; ~ *all'usura* wear-resistant, long-wearing, hard-wearing.

resistenza *f.* 1 resistance: *vincere la ~ del nemico* to wear down the resistance of the enemy. 2 (*opposizione*) resistance, opposition: *hanno vinto la ~ dei genitori al loro matrimonio* they overcame their parents' opposition to their marriage; *incontrare una forte ~* to meet with strong resistance. 3 (*rif. a persona: capacità di resistere*) resistance, endurance: ~ *alla fatica* resistance to fatigue, fatigue resistance. 4 (*rif. ad atleta*) stamina. 5 (*rif. a cose: capacità di resistere al logorio*) durability, wearability. 6 (*Stor*) Resistance. 7 (*Dir*) resistance: ~ *all'autorità* resistance to authority. 8 (*Fis,Biol,Med*) resistance. 9 (*El*) resistor, resistance. 10 (*Edil*) resistance, strength. 11 (*Sport*) endurance, resistance. 12 (*Pol*) (*movimento di resistenza*) resistance movement. □ (*Dir*) ~ *a pubblico ufficiale* use of force or threats against a public official; (*Fis*) ~ *aerodinamica* drag; (*Tecn*) ~ *al calore* heat-resistance; (*Tecn*) ~ *al freddo* low temperature resistance, freeze resistance; (*Tecn*) ~ *al gelo* frost hardiness, frost resistance; (*Tecn*) ~ *alla corrosione* corrosion strength, corrosion resistance; (*Tecn*) ~ *alla fatica* endurance, stamina; (*Tecn*) ~ *alla rottura* breaking strength, tensile strength; (*Tecn*) ~ *alla torsione* torsional strength; (*Tecn*) ~ *all'abrasione* abrasion resistance; ~ *alle malattie* resistance to disease; (*Mecc*) ~ *alle vibrazioni* vibration resistance; (*Tecn*) ~ *all'urto* shock-resistance, impact value, impact resistance; (*Tecn*) ~ *all'usura* wear resistance, resistance to wear, abrasion resistance; (*Tecn*) ~ *dell'aria* wind resistance, air resistance; (*El*) ~ *di contatto* contact resistance; (*Fis*) ~ *di pressione* pressure drag; (*El*) ~ *di terra* earth resistance; (*El*) ~ *dinamica* dynamic resistance; (*Tecn*) ~ *elastica* elastic strength; (*El*) ~ *elettrica* electrical resistance; (*El*) ~ *induttiva* inductive resistance; ~ *iniziale* initial resistance; (*Fis*) ~ *magnetica* magnetic resistance; (*Tecn*) ~ *meccanica* mechanical resistance; ~ *passiva* passive resistance; (*Psic*) ~ *psichica* psychic resistance; (*Tecn*) ~ *termica* thermal resistance.

resistere (*pres.ind.* **resìsto**; *p.rem.* **resistéi/**

resistètti; *p.p.* **resistìto**; *aus.* **avere**) *v.i.* 1 to resist, to withstand (*a qcs.* sth.) (*anche fig*): *la nave ha resistito alla tempesta* the ship withstood the storm; *non ho potuto ~, sono andata a trovarlo* I couldn't resist, I went to see him. 2 (*tenere duro*) to hold out (*a* against): *non potrà ~ a lungo* he won't hold out long. 3 (*durare*) to last. 4 (*tollerare, sopportare*) to endure, to bear up (*a* to), to stand up (*a* to): ~ *alla fame* to endure hunger, to bear hunger; ~ *alla fatica* to stand the strain; ~ *agli strapazzi* to endure fatigue; *questa pianta resiste bene al freddo* this plant stands up well to cold weather. 5 (*rif. a cose*) to be resistant (*a* to). 6 (*rif. a materiali refrattari*) to be resistant, to proof; (*rif. a colori*) to be fast, to be colourfast. □ ~ *agli urti* to be shock-proof; ~ *alla prova del tempo* to stand the test of time; ~ *alla tentazione* to resist temptation; ~ *alla tortura* to hold out under torture; *resisti!* hang on!, hold on!

resistività *f.* (*El*) resistivity.

resistivo *a.* (*El*) resistive.

resistore *m.* (*El*) resistor.

reso¹ I *a.* (*Comm*) delivered. II *m.* (*Comm*) returned goods *pl.*

reso² *m.* (*Zool*) rhesus, rhesus monkey, rhesus macaque.

resocontista *m./f.* 1 reporter, report writer. 2 (*Giorn*) reporter.

resoconto *m.* 1 (*relazione*) report, account: *resoconti parlamentari* parliamentary reports. 2 (*rendiconto*) statement of accounts. □ (*Econ*) *resoconti contabili* impersonal accounts; *fare il ~ di qcs.* to give an account of sth.; *fare il ~ di qcs. a qcu.* to report so. on sth.

resorcina *f.* (*Chim*) resorcinol, resorcin.

respingente *m.* 1 (*Ferr*) buffer, bumper. 2 *pl.* (*scherz,ant*) (*seno*) breasts.

respingere (*pres.ind.* **respìngo, respìngi**; *p.rem.* **respìnsi**; *p.p.* **respìnto**) I *v.t.* 1 to drive back, to beat back, to push back, to repel, to repulse: *la polizia respinse la folla dei dimostranti* the police drove back the crowd of demonstrators. 2 (*in combattimento*) to repulse, to drive back, to push back, to fight off. 3 (*fig*) to refuse, to reject, to dismiss: ~ *un'accusa* to reject an accusation; ~ *un pensiero cattivo* to dismiss a wicked thought. 4 (*fig*) (*rif. a corteggiatore, avances*) to reject, to brush off. 5 (*burocr*) (*non accettare*) to reject, to turn down. 6 (*Scol*) (*bocciare*) to fail, (*colloq*) to flunk: *lo hanno respinto agli esami* they failed him, he was failed in the examinations. 7 (*Post*) to return, to send back: ~ *un pacco al mittente* to return a package to the sender. 8 (*Fis*) to repel. II *v.pron.* **respingersi** (*Fis*) to repel. □ ~ *qcu. alla frontiera* to turn so. back at the border; ~ *un assalto* to beat off an attack, to repel an attack; ~ *un assegno* to refuse payment of a cheque, (*Am*) to refuse payment of a check, (*colloq*) to bounce a check; (*Dir*) ~ *un ricorso* to reject an appeal; ~ *una domanda* to turn down an application, to reject an application; (*Dir*) ~ *una sentenza in appello* to quash a sentence on appeal; (*Dir*) ~ *un'obiezione* to overrule an objection, to deny an objection.

respinto → **respingere** I *a.* 1 (*rifiutato*) rejected, refused, turned down. 2 (*rif. a corteggiatore, avances*) rejected. 3 (*Scol*) failed. II *m.* (*f.* -**a**) (*Scol*) failed student. □ (*Post*) ~ *al mittente* returned to sender.

respirabile *a.* breathable, (*rar*) respirable.

respirare (**respìro**) I *v.i.* (*aus.* **avere**) 1 to breathe, to respire: *all'arrivo del medico il ferito respirava ancora* when the doctor arrived the injured man was still breathing.

2 (*fig*) (*sentire sollievo*) to breathe, to breathe again, to be at ease: *finalmente respiro!* at last I can breathe again! 3 (*fig*) (*prendere fiato*) to draw breath, to get one's breath back. II *v.t.* to breathe, to breathe in, to inhale: *il malato respira l'ossigeno* the patient is inhaling oxygen. □ ~ *a fatica* to breathe with difficulty; ~ *a pieni polmoni* to breathe deeply, to take a deep breath; ~ *affannosamente* to gasp; (*fig*) *si respira aria nuova* there is a breath of fresh air; ~ *con la bocca* to breathe through one's mouth; ~ *forte* to breathe hard, to breathe heavily.

respiratore *m.* 1 (*Med*) respirator. 2 (*Sport*) aqualung; (*tubo con boccaglio*) snorkel. 3 (*Aer*) oxygen respirator. □ (*Med*) ~ *automatico* ventilator; (*Med*) ~ *per uso medico* oxygen breathing apparatus, oxygen set.

respiratorio *a.* respiratory, breathing (*attr.*): *apparato ~* respiratory system.

respirazione *f.* breathing, respiration. □ (*Biol*) ~ *anaerobica* (o ~*anerobica*) anaerobic respiration; (*Med*) ~ *artificiale* artificial respiration; (*Med*) ~*assistita* assisted ventilation; ~*bocca a bocca* mouth-to-mouth resuscitation; *difficoltà di ~* difficulty in breathing; *disturbi di ~* respiratory ailments.

respiro *m.* 1 breathing, breath: *avere il ~ regolare* to have regular breathing. 2 (*singolo movimento respiratorio*) breath: *fare un ~ profondo* to take a deep breath; *emettere un profondo ~* to sigh, to give a deep breath. 3 (*fig*) (*riposo, sollievo*) respite, pause, let-up, breather, relief: *lavorare senza ~* to work without (a) respite; *non avere un minuto di ~* not to have a moment's peace. 4 (*fig*) (*dilazione*) extension, respite, delay: *ho ottenuto due mesi di ~ per il pagamento di questa fattura* I've got a respite of two months to pay this bill, I've got a breathing space of two months to pay this bill, I got an extension of two months to pay this bill. 5 (*Met*) whistler, riser. □ *un ~ di sollievo* a sigh of relief; ~ *difficoltoso* laboured breathing, labored breathing.

responsabile I *a.* 1 responsible, answerable, accountable (*di* for): *essere ~ di qcs.* to be responsible for sth., to answer for sth.; *essere ~ delle proprie azioni* to be responsible for one's acts. 2 (*colpevole*) responsible, guilty: *ritenere qcu. ~ di qcs.* to hold so. responsible for sth.; *sentirsi ~* to feel guilty. 3 (*che è a capo di*) in charge (*di* of), the head (*di* of): *essere ~ di un reparto di una ditta* to be in charge of a department in a firm, to be the head of a department in a firm. 4 (*che garantisce*) vouching (*di* for): *essere ~ di qcs.* (*garantire*) to vouch for sth., to guarantee sth. 5 (*ragionevole*) responsible, reliable. 6 (*Dir*) answerable (*di* for), liable (*di* for). II *m./f.* person responsible; (*capo, sovrintendente*) person in charge. □ ~ *dei lavori* construction foreman; ~*del personale* human resources manager, human resources director; ~ *del servizio d'ordine* steward; ~ *della sicurezza* : 1 (*usato come aggettivo*) construction site security (*attr.*); 2 (*usato come nome*) construction site security; ~*politico* policy-maker.

responsabilità *f.* responsibility: *si è preso una grave ~* he assumed a great responsibility; *non ho nessuna ~ di quanto è accaduto* I have no responsibility for what happened; *su chi ricade la ~?* who is answerable?, who is responsible?; *prendersi le proprie ~* to face up to one's responsibilities; *conscio della propria ~* aware of one's responsibility. □ (*Dir*) ~ *civile* civil liability, civil responsibility; (*Dir*) ~*dei danni* liability for damages; *di* ~ responsible, of responsibility: *un posto di* ~ a responsible position, a position of responsibility; (*Dir*) ~*extracontrattuale* responsibility outside the terms of the contract; (*Dir*) ~*legale* legal responsibility, legal liability; (*Dir*) ~*oggettiva* strict liability; (*Dir*) ~*penale* criminal responsibility, criminal liability; *incorrere nella* ~ *penale* to become criminally responsible, to become criminally liable; ~*professionale* professional liability; (*Dir*) *senza* ~ *da parte mia* without responsibility on my part; ~*solidale* joint responsibility; *sotto la mia* ~ on my own responsibility.

responsabilizzare (**responsabilìzzo**) I *v.t.* to make aware of their responsibilities. II *v.pron.* **responsabilizzarsi** to assume one's responsibilities, to become responsible.

responsabilizzazione *f.* making responsible, becoming responsible, assumption of responsibility.

responsabilmente *avv.* responsibly.

responso *m.* 1 response, answer: *il* ~ *della giuria* the jury's response, the jury's verdict. 2 (*lett*) (*risposta di un oracolo*) response, oracular answer. □ (*fig*) *il* ~*delle urne* the result of the polling.

responsorio *m.* (*Lit*) responsory, response.

ressa *f.* crowd, throng, press, crush: *c'era una gran* ~ *intorno al palco* there was a tremendous throng around the platform. □ *fare* ~ to throng, to crowd.

resta [1] *f.* 1 (*Bot*) awn, beard. 2 (*lisca*) fishbone.

resta [2] *f.* (*Mil,ant*) rest, lance rest.

resta [3] *f.* (*filza, di cipolle o aglio*) string.

restante I *a.* remaining, left over: *il denaro* ~ the money left over; *la parte* ~ the remainder. II *m.* rest, remainder: *questi soldi devono bastare per il* ~ *del mese* this money has to last for the rest of the month.

restare (*rèsto; aus. essere*) *v.i.* 1 (*trattenersi*) to stay, to remain: *quanto tempo potrai* ~ *con me?* how long can you stay with me?; ~ *a letto* to stay in bed; ~ *a cena* to stay for dinner. 2 (*rimanere, non andarsene*) to remain, to be left: *in questo paese restano solo i vecchi* only the old are left in this village. 3 (*permanere*) to be, to remain, to continue to be: *il museo resterà chiuso per restauri* the museum will be closed for restoration; *siamo restati amici* we continued to be friends, we remained friends. 4 (*avanzare*) to be left, to be left over, to remain: *non è restato nulla per noi?* isn't there anything left for us? 5 (*esserci da percorrere, da passare*) to be left, to go: *resta ormai solo un chilometro alla meta* there is only a kilometre left to our destination; *restano pochi giorni a Natale* there are only a few days left until Christmas. 6 (*rimanere da fare*) to have to do, to still have to do, to be left, to be more, to remain: *non mi resta che preparare la valigia* all I have to do is pack my suitcase; *non mi resta altro da dire* there is nothing more for me to say, there is nothing left for me to say. 7 (*nella sottrazione*) to leave, to be left: *se tolgo tre da sette resta quattro* three from seven leaves four, three from seven is four. 8 (*diventare*) to become, *spesso si traduce con un verbo alla forma passiva*: ~ *orfano* to become an orphan, to be left an orphan, to be orphaned; ~ *cieco* to become blind, to be blinded; ~ *paralizzato* to be left paralyzed; ~ *ferito* to be hurt, to be wounded, to be injured. 9 (*trovarsi in uno stato*) to be: ~ *sorpreso* to be surprised. □ ~*a bocca aperta* : 1 to gape; 2 (*fig*) to be astonished, to be

dumbfounded, (*colloq*) to be gobsmacked; ~ *a galla* to float, to stay afloat; ~*a piedi* : 1 to have to go on foot; (*perdere il treno e sim.*) to be left behind; 2 (*fig*) to be left in the lurch; ~*al potere* to remain in power; ~*appeso* to hang; (*fig*) ~*bambino* never to grow up; ~ *calmo* to keep calm; ~*d'accordo* to agree, to remain in agreement; *restiamo d'accordo per l'appuntamento di domani* we agree to tomorrow's appointment; ~*del parere che* ... to be of the opinion that...; (*fig*) ~*di stucco* to be dumbstruck, to be dumbfounded, to be left speechless; ~*fedele alle proprie opinioni* to stand by one's opinions; *resti fra noi* just between us; *deve* ~ *fra di noi* this is strictly between the two of us; (*fig*) *voglio restarne fuori* I want to stay out of it; ~*in argomento* to stick to the point, to stick to the subject; (*Comm*) *restiamo in attesa di un Vostro sollecito riscontro* we await your prompt reply; ~*in contatto* to keep in touch; ~*in dubbio* to be doubtful; ~*in piedi* : to stay standing, to remain standing; ~*in silenzio* to keep quiet; ~*in tema* to stick to the point, to stick to the subject; ~*in vigore* to remain in effect; ~*in vita* to be alive; ~*indietro* : 1 to be behind, to be left behind, to be outstripped (*anche fig*); 2 (*rif. a orologio*) to run slow; ~*male* (*o restarci male*): 1 (*essere deluso*) to be disappointed; 2 (*essere offeso*) to be hurt, to be upset; ~*nei ranghi* : 1 (*Mil*) to keep rank, to stay in the ranks; 2 (*fig*) (*rimanere al proprio posto*) to stay in line; *restarci secco* to drop dead (*anche iron*); ~*seduto* to remain seated; (*fig*) ~*senza fiato* to be speechless, to be flabbergasted; ~*senza risposta* to get no answer; (*fig*) ~*sulla groppa* (*rif. ad articoli rimasti invenduti*) to remain on one's hands, to be left over; ~*sveglio* to stay awake; ~*zitella* (*Br*) to be on the shelf, to be left on the shelf, (*Am*) to end up an old maid.

restaurabile *a.* restorable.

restaurare (**restàuro**) *v.t.* 1 to restore: ~ *la facciata di una chiesa* to restore the façade of a church. 2 (*fig*) (*ristabilire*) to restore, to reinstate, to re-establish: ~ *la monarchia* to restore the monarchy.

restauratore I *m.* (*f.* **-trice**) restorer (*anche fig*). II *a.* restoring (*anche fig*).

restaurazione *f.* restoration, reinstatement, re-establishment.

Restaurazione *f.* (*Stor*) Restoration.

restauro *m.* restoration: *lavori di* ~ restoration work, repairs. □ ~*conservativo* preservative restoration; *in* ~ under repair; *chiuso per* ~ closed during restorations.

restio *a.* 1 (*rif. ad animali*) restive, balky, jibbing. 2 (*rif. a persone: riluttante*) reluctant, unwilling: *è* ~ *a obbedire* he is unwilling to obey.

restituibile *a.* repayable, returnable.

restituire (**restituìsco, restituìsci**) *v.t.* 1 to return, to give back: ~ *un libro* to return a book. 2 (*rif. a denaro*) to repay, to return, to pay back; (*rif. a un debito*) to pay off. 3 (*fig*) to give back, to bring back, to restore: *la cura gli ha restituito la salute* the treatment restored his health; ~ *la libertà a qcu.* to give so. back their freedom. 4 (*fig*) (*contraccambiare*) to return, to pay back: ~ *una cortesia* to return a favour, to pay back a favour; ~ *la visita* to return a visit. □ ~ *qcu. alla vita* to bring so. back to life; (*Giorn, TV*) *ti restituisco la linea* (*detto da giornalisti in TV*) back to you.

restitutivo *a.* (*Cosmet*) restructuring.

restituzione *f.* 1 restitution, return, returning, giving back: ~ *immediata dei libri alla*

biblioteca immediate return of the books to the library. 2 (*rif. a denaro*) repayment, paying back. 3 (*il contraccambiare*) return, returning, repaying: *la* ~ *di una visita* the returning of a visit, the repaying of a visit.

resto *m.* 1 rest, remainder: *ho passato il* ~ *della giornata a dormire* I spent the rest of the day sleeping. 2 (*spiccioli*) change: *tenga pure il* ~ keep the change. 3 (*Comm*) (*differenza a saldo*) balance: *pagherà il* ~ *in comode rate* he will pay the balance in easy instalments. 4 *pl.* (*ciò che resta*) remains: *i resti dell'automobile* the remains of the car. 5 *pl.* (*rif. a cibo*) left-overs, remains: *mangeremo i resti del pranzo* we'll eat the left-overs from dinner. 6 *pl.* (*ruderi*) remains, ruins. 7 (*Mat*) remainder: *il* ~ *della divisione* the remainder (of the division). □ *del* ~ (*d'altronde*) however, on the other hand, after all: *del* ~ *è un bravo ragazzo* on the other hand he's a good boy; *avere un euradì* ~ to have one euro change; (*Mat*) *avere dieci di* ~ to have ten left over; (*Comm*) ~ *di cassa* balance in hand; *resti mortali* mortal remains.

restringere (*pres.ind.* **restrìngo, restrìngi**; *p.rem.* **restrìnsi**; *p.p.* **ristrétto**) I *v.t.* 1 (*rendere più stretto*) to narrow. 2 (*rendere più piccolo*) to reduce, to make smaller, to contract. 3 (*rif. a pupilla*) to contract. 4 (*rif. a vestiti*) to take in. 5 (*rif. a stoffe*) to shrink. 6 (*fig*) (*limitare*) to limit, to curtail, to restrict, to cut down on: ~ *le spese* to limit expenses, to cut down on expenses. 7 (*Gastron*) to reduce. II *v.pron.* **restringersi** 1 (*diventare più stretto*) to narrow, to grow narrower, to get narrower: *la strada si restringeva* the road narrowed. 2 (*rif. a stoffe*) to shrink. 3 (*contrarsi*) to contract, to shrink: *alla luce la pupilla si restringe* the pupil contracts in the light. 4 (*fig*) (*limitarsi*) to cut down (*in on*), to limit, to restrict (*sth.*): *restringersi nelle spese* to cut down on expenses. 5 (*rar*) (*raccogliersi per occupare meno posto*) to squeeze together: *ci siamo ristretti per far posto ai nuovi arrivati* we squeezed together to make room for the newcomers. 6 (*Gastron*) to reduce.

restringimento *m.* 1 reduction, restriction; (*il diventare più stretto*) narrowing: *un* ~ *della strada* a narrowing in the road. 2 (*rif. a stoffe*) shrinking. 3 (*contrazione*) contraction: *il* ~ *della pupilla* the contraction of the pupil. 4 (*fig*) (*restrizione*) restriction, limitation. 5 (*Med*) stricture: ~ *uretrale* stricture of the ureter.

restrittivamente *avv.* restrictively.

restrittivo *a.* restrictive, limiting: *condizione restrittiva* limiting condition.

restrizione *f.* 1 restriction, limitation: ~ *dei consumi* restriction on consumption. 2 (*Dir, Econ*) restraint, restriction. □ (*Econ*) *restrizionialle importazioni* import restrictions, restrictions on imports; *restrizioni all'immigrazione* immigration restrictions; (*Econ*) *restrizioni creditizie* credit squeezes; ~ *mentale* mental reservation; *senza restrizioni* unreservedly, unrestrictedly; (*Econ*) *restrizioni valutarie* exchange restrictions.

restyling /res'tajling/ *m.inv.* restyling.

resurrezione *f.* der. **risurrezione** *e der.*

retablo *m.inv.* (*Art*) retable, retablo.

retaggio *m.* inheritance, legacy, heritage (*anche fig*).

retard *a.inv.* (*Farm*) time-release (*attr.*), slow-releasing.

retata *f.* 1 (*gettata di rete*) cast. 2 (*quantità di pesce preso*) catch, haul, netful. 3 (*fig*) (*della polizia*) round-up, raid.

rete *f.* 1 net, netting. 2 (*estens*) (*struttura a*

rete) network: ~ *di spionaggio* spy network; ~ *tranviaria* streetcar network; (*TV*) ~ *pubblica* public network. **3** (*del letto*) bedsprings *pl.*, base, bed base. **4** (*rete di recinzione*) wire fencing. **5** (*fig*) (*tranello*) trap, snare: *cadere nella* ~ to fall into the trap; *prendere qcu. nella* ~ to catch so. in the net. **6** (*Pesc,Caccia*) net: *gettare le reti* to cast the nets; *tirare le reti* to haul in the nets. **7** (*Sport*) net; (*nel tennis: punto di servizio*) net ball; (*nel calcio: porta*) goal: *andare a* ~ to score a goal. **8** (*Anat,Macell*) omentum. **9** (*El*) network, system; (*domestica*) mains *pl.*; (*ad alta tensione*) grid. **10** (*Inform*) net, network: *collegare in* ~ to network. □ ~*a maglie fitte* close-mesh net; ~ *a maglie grosse* large-mesh net, wide-mesh; ~*a strascico* : 1 (*Pesc*) trawl, trawlnet, dragnet; 2 (*Caccia*) dragnet; (*El*) ~*ad alta tensione* grid; (*Tel,El*) ~ *aerea* overhead network, overhead system; (*Pesc*) ~*alla deriva* drift net; (*Inform*) ~ *analogica* analog network, analogue network; (*Mar.mil*) ~*antisommergibili* submarine net; (*Strad*) ~ *autostradale* motorway network; (*Comm*) ~ *commerciale* sales network; (*Pesc*) ~ *da gamberi* crawfish net; (*Pesc*) ~*da pesca* fishing-net; (*Geog*) ~*dei meridiani e paralleli* grid of parallels and meridians; ~*dei trasporti* transport system; ~ *di distribuzione* : 1 distribution network, distribution system; 2 (*El*) power mains, power supply system; (*El*) ~*di illuminazione* lighting circuit, lighting system, lighting mains; ~*di protezione* safety net; (*Mar.mil*) ~ *di sbarramento* defence net; ~*di sicurezza* safety net; (*Comm*) ~*di vendita* commercial network; (*Inform*) ~ *distribuita* distributed network; (*El*) *la* ~*elettrica* the mains; (*Ferr*) ~ *ferroviaria* railway system, railway network; (*Inform*) ~*locale* local area network; ~ *metallica* (*di recinzione*) wire fencing; (*Inform*) ~*neurale* neural net; (*Ferr*) ~*portabagagli* luggage rack; (*Inform*) ~ *punto a punto* peer-to-peer network; (*Rad*) ~*radiofonica* radio network; (*Strad*) ~*stradale* road network, road system; (*Tel*) ~*telefonica* telephone system; (*TV*) ~*televisiva* television network; (*TV*) *a reti unificate* on all channels; (*Ferr*) ~*urbana* urban railway network, urban railway system.

reticella *f.* **1** (*per capelli*) hairnet. **2** (*Chim*) wire gauze. □ (*Ferr*) ~*portabagagli* luggage rack.

reticente *a.* reticent, reserved: *è molto ~ sui suoi progetti* he is very reticent about his plans: (*Dir*) *testimone* ~ reticent witness.

reticenza *f.* reticence (*anche Dir*): *si è espresso con molta* ~ he expressed himself with great reticence. □ *senza reticenze* unreservedly, without reserve.

retico (*pl.* -**ci**) *a.* Rhaetic, Rhaetian.

reticolare *a.* reticulate, reticulated, reticular: *tessuto* ~ reticular tissue.

reticolato **I** *a.* reticulate, reticulated, reticular. **II** *m.* **1** (*in cartografia*) grid, graticule. **2** (*rete metallica*) mesh fence, barbed fence. **3** (*Mil*) barbed wire entanglement. □ (*Geog*) ~*geografico* grid map.

reticolatura *f.* (*Fot*) reticulation.

reticolazione *f.* **1** reticulation. **2** (*Chim*) cross-linkage.

reticolo *m.* **1** (*struttura a rete*) network, grid; (*struttura a graticcio*) grillwork, lattice. **2** (*in cartografia*) grid, graticule. **3** (*Zool*) reticulum. **4** (*Fot,Tip*) screen. □ *a* ~ reticulate, netted; (*Chim,Min*) ~ *cristallino* crystal lattice; (*Ott*) ~*di diffrazione* diffraction grating; ~*geografico* grid.

retiforme *a.* retiform.

retina[1] *f.* (*Anat*) retina.

retina[2] *f.* (*per capelli*) hairnet.

retinare (**retìno**) *v.t.* **1** (*Tecn*) to reinforce; (*rif. a vetro*) to wire. **2** (*Fot,Tip*) to screen by halftone screen.

retinatura *f.* (*Fot,Tip*) dot formation.

retinico (*pl.* -**ci**) *a.* (*Anat*) retinal.

retinite *f.* (*Med*) retinitis.

retino *m.* **1** (*Pesc*) landing net. **2** (*Entom*) butterfly net. **3** (*Fot,Tip*) halftone screen.

retinoide *m.* (*Chim*) retinoid.

retinolo *m.* (*Biol,Chim*) retinol.

retinopatia *f.* (*Med*) retinopathy.

retore *m.* (*Stor*) rhetor, rhetorician (*anche fig*).

retorica *f.* **1** rhetoric. **2** (*spreg*) rhetoric, bombast: *il suo discorso è tutta* ~ his speech is pure rhetoric.

retoricamente *avv.* rhetorically.

retorico (*pl.* -**ci**) *a.* **1** rhetorical: *effetto* ~ rhetorical effect. **2** (*spreg*) rhetorical, bombastic.

retrarre (*pres.ind.* **retràggo, retrài**; *p.rem.* **retràssi**; *p.p.* **retràtto**) *v.t.* (*rar*) to retract.

retrattile *a.* retractile, retractable: *unghie retrattili* retractile claws; (*Aer*) *carrello* ~ retractable undercarriage.

retrattilità *f.* retractility.

retribuire (**retribuìsco, retribuìsci**) *v.t.* **1** to pay, to remunerate: ~ *qcu. secondo i meriti* to reward so. according to his merits. **2** (*fig*) (*ricompensare*) to recompense, to reward.

retribuito *a.* **1** paid: *un lavoro ben* ~ a well-paid job; *mal* ~ underpaid, badly-paid, poorly-paid. **2** (*ricompensato*) recompensed, rewarded. □ *non* ~ unpaid: *lavoro non* ~ unpaid job.

retributivo *a.* wage (*attr.*), salary (*attr.*), pay (*attr.*): *sistema* ~ pay system.

retribuzione *f.* **1** pay, remuneration; (*salario*) wage, wages; (*stipendio*) salary: *gli statali chiedono un aumento della* ~ civil servants are asking for an increase in salary. **2** (*ricompensa*) reward. □ ~ *a incentivo* incentive wages; ~*in denaro* cash payment; ~*in natura* payment in kind.

retrivo **I** *a.* **1** backward, behind the times: *essere di idee retrive* to have backward ideas. **2** (*reazionario*) reactionary. **II** *m.* (*f.* **-a**) reactionary.

retro **I** *m.* **1** (*parte posteriore*) back. **2** (*verso: di moneta*) reverse. **3** (*di pagina*) verso. **II** *avv.* (*lett*) behind.

rétro /ˈreˈtro/ *a.inv.* retro: *abbigliamento* ~ retro clothing.

retroagire (**retroagìsco, retroagìsci**; *aus.* **avere**) *v.i.* (*Dir*) to retroact.

retroattività *f.* (*Dir*) retroactivity.

retroattivo *a.* (*Dir*) retroactive.

retroazione *f.* **1** retroaction. **2** (*Fis*) feed-back.

retrobocca *m.* back of the mouth.

retrobottega *m.inv.* back-shop.

retrocarica □ (*Arm*)*a* ~ breech-loading: *arma a* ~ breech-loading weapon.

retrocedere (*pres.ind.* **retrocèdo**; *p.rem.* **retrocèssi/retrocedéi/retrocedètti**; *p.p.* **retrocèsso/retrocedùto**) **I** *v.i.* (*aus.* **essere**) **1** to go back, to move back. **2** (*in veicolo*) to reverse, to back up. **3** (*ritirarsi*) to withdraw, to retreat. **4** (*fig*) (*rinunciare*) to draw back (*da* from), to go back (on), to give up: ~ *da una decisione presa* to go back on a decision. **II** *v.t.* **1** (*burocr*) to demote, to degrade (*anche Mil*): *lo hanno retrocesso a sergente* he has been demoted to sergeant. **2** (*Sport*) to move down, to relegate: *la squadra è stata retrocessa in serie B* the team has been rele-

gated to the second division.

retrocessi → **retrocedere**.

retrocessione *f.* **1** going back, moving back; (*ritiro*) withdrawal, retreat. **2** (*burocr*) demotion (*anche Mil*). **3** (*Sport*) relegation. **4** (*Dir*) reconveyance.

retrocesso → **retrocedere**.

retrocucina *f.inv.* back kitchen, scullery.

retrodatare (**retrodàto**) *v.t.* **1** to backdate, to antedate. **2** (*attribuire una data anteriore*) to antedate.

retrodatato *a.* backdated, antedated.

retrodatazione *f.* **1** (*burocr*) backdating, antedating. **2** (*attribuzione di una data anteriore*) antedating.

retrofit *m.inv.* (*Aut*) retrofit.

retroflessione *f.* (*Med,Fon*) retroflexion.

retroflesso *a.* **1** (*Med*) retroflex, retroflexed. **2** (*Fon*) retroflex.

retrofrontespizio *m.* (*Edit*) back of the title page.

retrogradare (**retrògrado**; *aus.* **avere**) *v.i.* (*Astr*) to retrograde.

retrogradazione *f.* (*Astr*) retrogradation.

retrogrado **I** *a.* **1** retrograde. **2** (*fig*) (*retrivo*) backward, behind the times; (*reazionario*) reactionary. **II** *m.* (*f.* **-a**) (*persona retriva*) reactionary.

retroguardia *f.* **1** (*Mil*) rearguard. **2** (*Sport*) (*calcio*) defense. **3** (*fig*) rear. □ (*fig*)*essere alla* ~ (*ostare alla* ~) to bring up the rear, to hang back.

retrogusto *m.* aftertaste.

retroilluminato *a.inv.* (*Elettron*) backlight (*attr.*).

retromarcia (*pl.* -**ce**) *f.* **1** (*Aut*) reverse, reverse motion, reversing: *andare in* ~ to go into reverse; *uscire in* ~ *dal box* to back out of the garage. **2** (*dispositivo*) reverse gear: *innestare la* ~ to go into reverse. □ *fare* ~: 1 to reverse, to back; 2 (*fig*) to back-pedal.

retromutazione *f.* (*Biol*) backmutation.

retronebbia *m.* (*Aut*) rear fog light.

retropassaggio *m.* (*Sport*) back pass.

retroproiettore *m.* retroprojector.

retroproiezione *f.* (*Fot*) rear projection.

retrorazzo *m.* (*Astron*) retrorocket.

retrorso *a.* (*Bot*) retrorse.

retrosapore *m.* aftertaste.

retroscena **I** *m.inv.* **1** backstage activity. **2** (*fig,spreg*) behind-the-scenes action; (*maneggi occulti*) underhand dealings *pl.*: *in quest'affare c'è un* ~ *poco pulito* there's sth. fishy going on behind the scenes in this affair; *svelare tutti i* ~ to reveal what went on behind the scenes. **II** *f.* (*Teat*) backstage.

retrospettiva *f.* retrospective.

retrospettivo *a.* retrospective: *mostra retrospettiva* retrospective exhibition, retrospective.

retrospezione *f.* (*Psic*) retrospection.

retrostante *a.* at the back, in the back, lying behind, behind, back: *stanza* ~ room at the back, back room.

retroterra *m.inv.* **1** (*Geog,Econ*) hinterland. **2** (*fig*) background.

retrotreno *m.* **1** (*Aut*) rear axle. **2** (*Zool*) hindquarter.

retroversione *f.* **1** retroversion (*anche Med*): ~ *uterina* retroversion of the uterus. **2** (*ritraduzione*) back version, back translation.

retroverso *a.* (*Med*) retroverted.

retrovie *f.pl.* (*Mil*) rear *sing.*, zone *sing.* behind the front. □ (*Mil*)*nelle* ~ behind the lines.

retrovirus *m.inv.* (*Biol,Med*) retrovirus.

retrovisivo *a.* rearview (*attr.*), rear-vision (*attr.*): *specchietto* ~ rearview mirror.

retrovisore m. (Aut) rearview mirror.
retta[1] f. (Geom) line, straight line. ☐ (Geom) *rette parallele* parallel lines; (Geom) *due rette perpendicolari* two perpendicular lines, two lines at right angles; (Geom) *rette sghembe* lines not in the same plane.
retta[2] f. (*cifra da pagare*) boarding fee, boarding charge. ☐ ~ *di degenza* (*in ospedale*) hospital tariff, hospital fee.
retta[3] ☐ *dare ~ a* (*dare ascolto*) to listen to, to pay attention to: *non vuole dare ~ a nessuno* he won't listen to anyone.
rettale a. (Anat) rectal.
rettamente avv. 1 (*con rettitudine*) righteously, uprightly. 2 (*in modo giusto*) correctly, exactly.
rettangolare a. rectangular.
rettangolo I m. (Geom) rectangle. II a. (Geom) right-angled, right-angle (*attr.*): *triangolo* ~ right-angled triangle. ☐ (Sport) ~ *di gioco* pitch, field.
rettifica f. 1 correction, rectification, adjustment. 2 (*correzione di un errore*) rectification, correction. 3 (Mecc) grinding. ☐ *di confine* border correction; ~ *di una curva* rectification of a curve.
rettificare (**rettifico, rettifichi**) v.t. 1 to straighten, to straighten out: ~ *il corso di un fiume* to rectify the course of a river. 2 (*fig*) (*correggere*) to rectify, to correct, to adjust: ~ *una data* to correct a date. 3 (Giorn) to correct, to amend. 4 (Mecc) to grind. 5 (Chim, Mat) to rectify.
rettificato a. 1 (*corretto*) rectified, corrected. 2 (Chim) rectified. 3 (Mecc) ground.
rettificatore I m. 1 (*operaio*) grinder. 2 (Chim,El) rectifier. 3 (Rad) (*rivelatore*) detector. II a. 1 (Chim) rectifying. 2 (Mecc) grinding.
rettificatrice f. (Mecc) grinder, grinding machine.
rettificazione f. 1 (*il rendere diritto*) straightening, straightening out. 2 (*correzione*) rectification, correction, adjustment. 3 (Chim,Mat,El) rectification. 4 (Mecc) grinding.
rettifilo m. (Strad) straight stretch.
rettile[1] m. 1 (Zool) reptile, reptilian. 2 (*fig, spreg*) snake, reptile.
rettile[2] a. (Bot) repent, reptant.
rettilineo I a. 1 straight, rectilinear: *costa rettilinea* straight coastline. 2 (Geom) rectilinear. 3 (*fig*) (*lineare*) upright. II m. (Strad) straight stretch. ☐ (Sport) ~ *di arrivo* home stretch.
rettitudine f. rectitude, uprightness, righteousness.
retto[1] I a. 1 (*diritto*) straight: *procedere in linea retta* to go straight ahead, to go straight on. 2 (*fig*) (*onesto, buono*) upright, straight. 3 (*fig*) (*corretto, esatto*) correct, right, rightful, proper. 4 (Geom) right. II m.inv. 1 right angle. 2 (Tip) recto. ☐ (*fig*) *seguire la retta via* to stick to the straight and narrow path, to follow the straight and narrow path; *abbandonare la retta via* to stray from the straight and narrow path, (*colloq,scherz*) to go off the straight and narrow.
retto[2] m. (Anat) rectum.
retto[3] → **reggere**. ☐ (Pol) *essere ~ a repubblica* to have a republican government, to be a republic.
rettocele m. (Med) rectocele.
rettorato m. 1 rectorate, rectorship: *gli hanno affidato il ~ di un collegio* he has been given the rectorship of a boarding school. 2 (*ufficio*) rector's office.
rettore m. (f. **-trice**) rector.
rettoscopia f. (Med) proctoscopy.

rettoscopio m. (Med) proctoscope.
reuma m. (Med) rheumatism.
reumatico (pl. **-ci**) a. (Med) rheumatic: *febbre reumatica* rheumatic fever.
reumatismo m. (Med) rheumatism, (*colloq*) rheumatics (*costr.sing.*): *soffrire di reumatismi* to suffer from rheumatism. ☐ (Med) ~ *articolare* articular rheumatism.
reumatizzare (**reumatizzo**) I v.t. (Med) to cause rheumatism in. II v.pron. **reumatizzarsi** (Med) to get rheumatism, contract rheumatism.
reumatoide a. (Med) rheumatoid: *artrite* ~ rheumatoid arthritis.
reumatologia f. (Med) rheumatology.
reumatologo m. (f. **-a**; pl. **-gi**) (Med) rheumatologist.
Rev. (Rel) *Reverendo* Rev., Revd. (Reverend).
revanscismo m. (Pol) revanchism.
revanscista m./f. (Pol) revanchist.
revanscistico (pl. **-ci**) a. (Pol) revanchist.
reverendissimo a. (Rel.catt) very reverend, most reverend.
reverendo I a. (Rel) Reverend: *la reverenda madre superiora* the Reverend Mother Superior. II m. 1 (Rel.prot) reverend. 2 (Rel.catt) reverend, priest.
reverente e der. → **riverente** e der.
reverenziale a. reverential.
reversale f. (Comm) collection order, collection voucher. ☐ (Comm) ~ *di cassa* collection order, collection voucher; ~ *ferroviaria* copy of a consignment note, consignment receipt.
reversibile a. 1 reversible. 2 (Dir) reversionary.
reversibilità f. reversibility.
reversibilmente avv. reversibly.
reversione f. (Dir,Biol) reversion.
revisionare (**revisióno**) v.t. 1 to review, to revise. 2 (*nella contabilità*) to audit: ~ *un conto* to audit an account. 3 (Tecn) to overhaul, to recondition: *far ~ il motore* to have the motor overhauled.
revisione f. 1 review, revision. 2 (*modificazione*) revision, change: *la ~ di un contratto* the revision of a contract. 3 (*rif. a testo*) editing. 4 (Tecn) overhaul: *la mia macchina ha bisogno di una ~ accurata* my car needs a thorough overhaul; ~ *del motore* engine overhaul. 5 (Dir) rehearing: ~ *di un processo* rehearing of a trial, retrial. 6 (Econ) audit, auditing: ~ *aziendale* company audit. ☐ (Econ) ~ *dei conti* audit, auditing of accounts.
revisionismo m. (Pol) revisionism (*anche estens*). ☐ ~ *storico* historical revisionism.
revisionista m./f. (Pol) revisionist (*anche estens*).
revisionistico (pl. **-ci**) a. (Pol) revisionist (*anche estens*).
revisore m. (f. **-a**) 1 reviser. 2 (Edit) editor. ☐ (Econ) ~ *contabile* (o ~ *dei conti*) auditor; (Edit) ~ *delle bozze* proof reader.
revival /re'vajval/ m.inv. revival.
revivalismo m. (Rel) revivalism (*anche fig*).
revivalista m./f. (Rel) revivalist (*anche fig*).
reviviscente a. 1 (Biol) reviviscent. 2 (*fig*) reviving.
reviviscenza f. 1 (Biol) reviviscence. 2 (*fig*) revival, renewal.
Rev.mo (Rel) *Reverendissimo* V.Rev. (Very Reverend), (Most Reverend).
revoca f. (Dir) revocation, annulment: ~ *di una nomina* annulment of an appointment; *fino a ~* until revocation. 2 (*rif. a leggi e sim.*) repeal, repealing, lifting: *la ~ di un provvedimento* the repeal of a measure. ☐

~ *della patente* disqualification from holding a driving licence; *la ~ dello sciopero* the calling-off of a strike; *la ~ di un embargo* the repeal of an embargo, the lifting of an embargo; ~ *di un'interdizione* lifting of a ban; (Comm) *la ~ di un ordine* the cancellation of an order; ~ *di sequestro* lifting of a distress.
revocabile a. revocable.
revocabilità f. revocability.
revocare (**rèvoco, rèvochi**) v.t. 1 to revoke, to cancel, to annul, to call off: ~ *una procura* to revoke a power of attorney. 2 (*rif. a leggi*) to repeal. ☐ ~ *un mandato* to revoke a mandate; ~ *una nomina* to annul an appointment; ~ *un ordine*: 1 to revoke an order, to countermand an order; 2 (Comm) to cancel an order; ~ *uno sciopero* to call off a strike; (Dir) ~ *una sentenza* to quash a sentence.
revocativo a. revoking, revocatory.
revocatorio a. revocatory.
revocazione f. (*rar*) revocation, annulment.
revolver m. (Arm) (*rivoltella*) revolver. ☐ (Mecc) a ~ revolving; *tornio a ~* turret lathe, capstan lathe.
revolverata f. (Arm) revolver shot, shot.
revulsione f. (Med) revulsion.
revulsivo I a. (Med) revulsive. II a. (Med) revulsive.
Rezia n.pr.f. (Geog.stor) Rhaetia.
reziario m. (Stor.rom) retiarius.
RF (Fis) *radiofrequenza* RF (radio frequency).
RFT (Pol) *Repubblica Federale Tedesca* FRG (Federal Republic of Germany).
RG *Guinea* RG (Guinea).
Rh /ˌɛrre'akka/ m. (Biol) Rh, Rhesus factor, Rh factor. ☐ (Biol) ~ *negativo* Rh negative; *suo figlio è ~ negativo* his son is Rh negative; (Biol) ~ *positivo* Rh positive.
RH *Haiti* RH (Haiti).
Rhodesia n.pr.f. (Geog) Rhodesia.
rhodesiano I a. Rhodesian. II m. (f. **-a**) Rhodesian.
rhum m.inv. rum.
RI 1 *Repubblica italiana* (Italian Republic). 2 *Indonesia* RI (Indonesia).
riabbassare (**riabbàsso**) I v.t. 1 to lower again. 2 (*tirare giù*) to pull down again. II v.pron. **riabbassarsi** 1 to lower again, to drop again. 2 (*riabbassarsi*) to lower oneself again, to stoop again. ☐ ~ *il finestrino* to lower the window again, to wind down the window again.
riabbellire (**riabbellìsco, riabbellìsci**) v.t. 1 to make beautiful again. 2 (*abbellire di più*) to make more beautiful, to embellish.
riabbonare (**riabbòno**) I v.t. to renew a subscription for. II v.pron. **riabbonarsi** to renew one's subscription.
riabbottonare (**riabbottóno**) I v.t. to button up again, to button again. II v.pron. **riabbottonarsi** to button up one's clothes again, to button (oneself) up again.
riabbracciare (**riabbràccio, riabbràcci**) I v.t. 1 to hug again, to embrace again. 2 (*fig*) to embrace again: ~ *la fede* to embrace the faith again. 3 (*rivedere*) to see again, to meet again. II v.r.recipr. **riabbracciarsi** 1 (*abbracciarsi di nuovo*) to embrace each other again, to hug each other again. 2 (*rivedersi*) to meet again.
riabilitante a. rehabilitative, rehabilitation (*attr.*): *terapia ~* rehabilitation therapy.
riabilitare (**riabìlito**) I v.t. 1 (Dir) to rehabilitate, to reinstate. 2 (*fig*) (*rendere la stima*) to rehabilitate; (*redimere*) to redeem: *il tuo gesto ti ha riabilitato agli occhi di tutti* your gesture has restored your good name in eve-

ryone's eyes. **3** (*fig*) (*ricostruire*) to rebuild, to rehabilitate, to restore: ~ *un impianto* to rebuild a plant. **4** (*Med*) to rehabilitate. **II** *v.pron.* **riabilitarsi** to restore one's good name. □ (*Comm*) ~ *un fallito* to discharge a bankrupt.

riabilitativo *a.* rehabilitative, rehabilitating, rehabilitation: *medicina riabilitativa* rehabilitative medicine; *terapia riabilitativa* rehabilitation therapy.

riabilitato **I** *a.* rehabilitated. **II** *m.* rehabilitated.

riabilitazione *f.* **1** (*Dir*) rehabilitation, restoration of a forfeited right. **2** (*Med*) rehabilitation: *centro di* ~ rehabilitation centre; ~ *dei tossicodipendenti* rehabilitation of drug addicts. **3** (*fig*) (*rif. a reputazione*) rehabilitation. □ (*Comm*) ~ *di un fallito* discharge of a bankrupt.

riabitare (**riàbito**) *v.t.* to reinhabit, to inhabit sth. again.

riabituare (**riàbituo**) **I** *v.t.* to reaccustom. **II** *v.pron.* **riabituarsi** to reaccustom oneself, to get used again (*a* to).

riaccasare (**riaccàso**) **I** *v.t.* (*rar*) to marry again, to marry off again. **II** *v.pron.* **riaccasarsi** to marry again, to get married again, to remarry.

riaccendere (*pres.ind.* **riaccèndo**; *p.rem.* **riaccési**; *p.p.* **riaccéso**) **I** *v.t.* **1** to relight, to rekindle: ~ *il fuoco* to relight the fire. **2** (*girando l'interruttore*) to switch on again, to turn on again. **3** (*fig*) to rekindle, to revive: ~ *l'odio* to rekindle hatred. **4** (*Comm*) to open again, to raise again: ~ *un'ipoteca* to raise a mortgage again. **II** *v.pron.* **riaccendersi 1** to light up again, to catch fire again. **2** (*fig*) (*rinfocolarsi*) to be rekindled, to be revived. □ (*Aut*) ~ *il motore* to restart the engine.

riaccettare (**riaccètto**) *v.t.* to reaccept, to accept again, to take again.

riacchiappare (**riacchiàppo**) *v.t.* (*colloq*) to catch again, (*colloq*) to nab again.

riacciuffare (**riacciùffo**) *v.t.* (*colloq*) to catch again, to recapture.

riaccogliere (*pres.ind.* **riaccòlgo**, **riaccògli**; *p.rem.* **riaccòlsi**; *p.p.* **riaccòlto**) *v.t.* **1** to welcome again, take in again. **2** (*riammettere*) to readmit.

riaccomodare (**riaccòmodo**) **I** *v.t.* to repair again, to mend again. **II** *v.r.recipr.* **riaccomodarsi** (*riconciliarsi*) to make it up, to be reconciled.

riaccompagnare (**riaccompàgno**) *v.t.* (*accompagnare indietro*) to take back.

riaccostamento *m.* drawing close again (*anche fig*).

riaccostare (**riaccòsto**) **I** *v.t.* **1** to bring near again, to put close again, to put close together again. **2** (*socchiudere di nuovo*) to half-close, to set ajar, to leave ajar: ~ *la porta* to leave the door ajar again. **II** *v.pron.* **riaccostarsi 1** to draw near again, to re-approach. **2** (*fig*) to draw near again, to re-approach; (*riconciliarsi*) to become reconciled. □ *riaccostarsi alla fede* to return to one's faith.

riacquistare (**riacquìsto**) *v.t.* to repurchase, to buy back. **2** (*fig*) to regain, to recover: ~ *le forze* to regain one's strength, to get one's strength back. □ ~ *i sensi* to regain consciousness, to recover consciousness.

riacquisto *m.* **1** repurchase. **2** (*fig*) regaining, recovery.

riacutizzare (**riacutìzzo**) **I** *v.t.* **1** to worsen. **2** (*di una ferita*) to reaggravate: *una vecchia ferita si è riacutizzata* an old wound was reaggrevated. **3** (*fig*) to rekindle, to make acute again: ~ *una crisi* to make a crisis acute again. **II** *v.pron.* **riacutizzarsi** to worsen.

riacutizzazione *f.* (*Med*) worsening (*anche fig*).

riadattamento *m.* readaptation, readjustment, reaccommodation.

riadattare (**riadàtto**) **I** *v.t.* **1** to readapt, to readjust. **2** (*rif. ad abito*) to alter. **II** *v.pron.* **riadattarsi** to readapt, to readjust.

riaddormentarsi (**mi riaddorménto**) *v.pron.* to fall asleep again, to go back to sleep.

riaffacciare (**riaffàccio**, **riaffàcci**) **I** *v.t.* **1** (*rar*) to show again, to present again. **2** (*fig, rar*) to advance once more, to put forward once more. **II** *v.pron.* **riaffacciarsi 1** to show oneself again (*a* at), to come again (to): *riaffacciarsi alla finestra* to come to the window again. **2** (*fig*) (*manifestarsi di nuovo*) to return, to come, to come back, to reoccur: *un'idea che si riaffaccia alla mente* an idea which comes to mind again, an idea which crosses one's mind again.

riaffermare (**riafférmo**) *v.t.* to reassert, to reaffirm. **II** *v.pron.* **riaffermarsi** to reassert oneself.

riafferrare (**riaffèrro**) *v.t.* to seize again, to clutch again, to grab again, to get hold of (sth.) again, to grasp again.

riaffiorare (**riaffióro**; *aus.* **essere**) *v.i.* to resurface (*anche estens*).

riaffittare (**riaffìtto**) *v.t.* **1** (*dare di nuovo in affitto*) to re-let, to rent again, to lease again. **2** (*prendere di nuovo in affitto*) to rent again.

riagganciare (**riaggàncio**, **riaggànci**) **I** *v.t.* **1** to refasten, to hook again, to hook up again. **2** (*Tel*) to hang up. **II** *v.pron.* **riagganciarsi** (*fare riferimento*) to refer back, to go back to.

riaggiustare (**riaggiùsto**) **I** *v.t.* to mend again, to repair again. **II** *v.pron.* **riaggiustarsi** to make it up, to make peace.

riaggravare (**riaggràvo**) **I** *v.t.* to reaggravate, to make worse. **II** *v.i.* (*aus.* **essere**) to worsen again, to worsen. **III** *v.pron.* **riaggravarsi** to worsen again, to worsen.

riagguantare (**riagguànto**) *v.t.* **1** to catch again, to seize again, to recapture. **2** (*fig*) to seize again, to recapture: ~ *l'occasione* to recapture the opportunity.

riallacciare (**riallàccio**, **riallàcci**) **I** *v.t.* **1** to tie again, to refasten; (*con lacci*) to lace again, to lace up again; (*con bottoni*) to button again, to button up again. **2** (*fig*) to renew, to resume: ~ *un'amicizia* to renew a friendship. **II** *v.pron.* **riallacciarsi** (*ricollegarsi*) to be connected (*a* with). □ (*fig*) ~ *i ponti* to mend fences.

riallargare (**riallàrgo**, **riallàrghi**) *v.t.* to widen again.

riallineamento *m.* (*Econ*) realignment.

riallineare (**riallìneo**) **I** *v.t.* to realign (*anche Econ*). **II** *v.pron.* **riallinearsi** to realign.

riallungare (**riallùngo**, **riallùnghi**) *v.t.* to lengthen again.

rialto *m.* height, rise.

rialzamento *m.* **1** (*azione*) raising. **2** (*parte rialzata*) rise, elevation: *un* ~ *del terreno* a rise in the ground. **3** (*fig*) (*aumento*) rise, increase: ~ *dei prezzi* increase in prices, a rise in prices.

rialzare (**rialzo**) **I** *v.t.* **1** (*sollevare*) to raise, to lift; (*sollevare da terra*) to pick up: ~ *un bambino caduto* to pick up a child who has fallen. **2** (*rendere più alto*) to make higher, to raise: ~ *un edificio di un piano* to make a building one floor higher, to add a floor to a building. **3** (*fig*) (*aumentare*) to increase, to raise, to put up. **II** *v.i.* (*aus.* **essere**) (*rar*) to rise, to increase, to go up: *i prezzi rialzano* prices are going up. **III** *v.pron.* **rialzarsi 1**

(*sollevarsi*) to get up, to rise. **2** (*fig*) (*riprendersi*) to get (da over).

rialzato *a.* **1** raised, elevated. **2** (*fig*) (*aumentato*) raised, increased: *prezzi rialzati* raised prices.

rialzista **I** *a.* (*Econ*) bull (*attr.*), bullish. **II** *m.* (*Econ*) bull.

rialzo *m.* **1** (*azione*) raising, lifting, elevating. **2** (*rif. a prezzi*) increase, rise. **3** (*parte rialzata*) rise, elevation: *un* ~ *del terreno* a rise in the ground, an elevation of the ground. **4** (*Econ*) (*rif. a titoli*) rise: ~ *delle quotazioni* rise in prices. □ (*Econ*) *tendenza al* ~ (*in borsa*) upward tendency, bullish trend, upward trend, uptrend; (*Econ*) *giocare al* ~ (*o speculare al* ~) to bull, to be bullish; *scarpe con il* ~ built-up shoes; ~ *dei prezzi* rise in prices, price increase; *essere in* ~: 1 to be on the up, to be on the rise, to be booming; 2 (*fig*) (*acquistare stima*) to rise, to be on the up: *la sua reputazione è in* ~ his reputation is rising, his reputation is going up; 3 (*Econ*) (*in borsa*) to be rising, to be bullish, to be buoyant, (*colloq*) up: *azioni in* ~ rising stock; *in* ~ *di 2 punti* up 2 points; *oggi la borsa ha aperto in* ~ today the stock market opened up; (*Econ*) ~ *in borsa* rise on the stock exchange.

riamare (**riàmo**) *v.t.* **1** to love again, to love once more. **2** (*ricambiare l'amore*) to love in return.

riambientarsi (**mi riambiènto**) *v.pron.* to readjust, to readapt.

riammalarsi (**mi riammàlo**) *v.pron.* to fall ill again.

riammettere (*pres.ind.* **riammétto**; *p.rem.* **riammìsi**; *p.p.* **riammésso**) *v.t.* to readmit.

riammissione *f.* readmittance, readmission.

riammogliare (**riammóglio**, **riammógli**) **I** *v.t.* (*rar*) to marry again, to marry off again. **II** *v.pron.* **riammogliarsi** to remarry.

riandare (*pres.ind.* **rivàdo/rivò**, **rivài**; *p.rem.* **riandài**; *p.p.* **riandàto**; *aus.* **essere**) *v.i.* to go again, to go back. □ (*fig*) ~ *col pensiero a qcs.* to cast one's mind back to sth.; (*fig*) *riandò con la memoria a quel fatto* his mind travelled back to that event; (*fig*) *riandò con la mente a quel fatto* his mind travelled back to that event.

rianimare (**riànimo**) **I** *v.t.* **1** to reanimate, to revive. **2** (*fig*) to cheer, to hearten. **3** (*Med*) to resuscitate. **II** *v.pron.* **rianimarsi 1** (*riprendere i sensi*) to recover consciousness. **2** (*fig*) (*riprendere vita e movimento*) to come to life again, to come alive again, to spring to life again: *verso sera le vie della città si rianimano* towards evening the city streets come alive again. **3** (*fig*) (*riprendere animo*) to take heart again, to cheer up.

rianimato *a.* **1** reanimated, revived. **2** (*fig*) cheered up, heartened.

rianimatologia *f.* (*Med*) reanimatology.

rianimatore *m.* (*Med*) resuscitator.

rianimazione *f.* **1** reanimation. **2** (*Med*) resuscitation. **3** (*Med*) (*reparto*) intensive care: *centro di* ~ intensive care unit. **4** (*fig*) cheering up, heartening.

riannessione *f.* reannexation.

riannettere (*pres.ind.* **riannétto**; *p.rem.* **riannétté/riannèssi**; *p.p.* **riannésso/riannésso**) *v.t.* to reannex.

riannodare (**riannòdo**) *v.t.* **1** to knot again, to tie again. **2** (*fig*) to renew: ~ *un'amicizia* to renew a friendship.

riannunciare (**riannùncio**, **riannùnci**) *v.t.* to reannounce, to announce again.

riapertura *f.* reopening. □ *la ~ delle ostilità* the resumption of hostilities; *la ~ delle* *scuole* the beginning of term; *alla ~ delle scuole* when school begins again.

riappacificare *e der.* → **rappacificare** *e der.*

riappaltare (**riappàlto**) *v.t.* 1 to let out on contract again. 2 (*subappaltare*) to subcontract.

riappalto *m.* (*subappalto*) subcontract.

riapparecchiare (**riapparécchio, riapparécchi**) *v.t.* to lay again, to set again: *~ la tavola* to lay the table again.

riapparire (*pres.ind.* **riappàio/riapparìsco, riappàri/riapparìsci**; *p.rem.* **riappàrvi**; *p.p.* **riappàrso**; *aus.* **essere**) *v.i.* to reappear.

riapparizione *f.* reappearance, reappearing.

riappendere (*pres.ind.* **riappèndo**; *p.rem.* **riappési**; *p.p.* **riappéso**) *v.t.* 1 to rehang. 2 (*Tel*) to hang up.

riappiccicare (**riappìccico, riappìccichi**) I *v.t.* to stick again, to glue again. II *v.pron.* **riappiccicarsi** to stick again, to cling again (*anche fig*).

riapplicare (**riàpplico, riàpplichi**) *v.t.* to reapply, to apply again.

riappropriarsi (**mi riappròprio, ti riappròpri**) *v.pron.* to repossess, to regain possession (*di of*).

riappropriazione *f.* repossession, reappropriation.

riaprire (*pres.ind.* **riàpro**; *p.rem.* **riaprìi/riapèrsi**; *p.p.* **riapèrto**) I *v.t.* 1 to reopen. 2 (*fig*) (*ridare inizio*) to reopen, to begin (sth.) again, to open (sth.) again: *~ le iscrizioni* to reopen enrolments. II *v.i.* (*aus.* **avere**) to open again, to reopen. III *v.pron.* **riaprirsi** 1 to open again, to reopen. 2 (*fig*) (*riprendere*) to reopen, to begin again, to resume: *lunedì si riaprono le scuole* school begins again on Monday. ☐ (*fig*) *~ una ferita* to open up an old wound.

riardere (*pres.ind.* **riàrdo**; *p.rem.* **riàrsi**; *p.p.* **riàrso**) I *v.t.* 1 to burn again, to sear again. 2 (*dissecare*) to parch, to scorch, to dry up: *il sole ha riarso i campi* the sun has scorched the fields. II *v.i.* (*aus.* **essere**) 1 (*riaccendersi*) to burn again, to blaze again. 2 (*fig*) to burn, to blaze (*di* with).

riarmamento *m.* rearmament.

riarmare (**riàrmo**) I *v.t.* 1 to rearm, to arm again. 2 (*Mar*) to recommission, to equip again, to fit out again. II *v.i.* (*aus.* **avere**) to rearm. III *v.pron.* **riarmarsi** to rearm.

riarmatura *f.* (*Edil*) 1 refurnishing with supports, repropping. 2 (*rif. a cemento*) reinforcement.

riarmo *m.* rearmament.

riarso → **riardere** *a.* (*arido*) parched, dry (*anche fig*): *avere la gola riarsa dalla sete* to have one's throat parched with thirst.

riascoltare (**riascólto**) *v.t.* to listen to again.

riasfaltare (**riasfàlto**) *v.t.* (*Strad*) to resurface, to asphalt again.

riassaggiare (**riassàggio, riassàggi**) *v.t.* to retaste, to try again, to taste again.

riassalire (*pres.ind.* **riassàlgo, riassàli**; *p.rem.* **riassalìi**) *v.t.* to reattack, to attack again.

riassestamento *m.* rearrangement, resettlement.

riassestare (**riassèsto**) I *v.t.* 1 to rearrange, to set in order again: *~ le proprie faccende* to set one's affairs in order again. 2 (*assestare*) to arrange, to adjust, to reorganize. II *v.pron.* **riassestarsi** 1 to be reorganized. 2 (*rif. a terreno*) to settle again, to resettle.

riassettare (**riassètto**) I *v.t.* to put in order, to tidy up: *~ la stanza* to tidy up the room. II

v.pron. **riassettarsi** to tide oneself up.

riassetto *m.* 1 tidying up, putting in order: *il ~ della casa* tidying up the house. 2 (*fig*) resettling, adjustment, straightening out: *del bilancio* adjustment of the budget. 3 (*fig*) (*nuovo assetto*) new order.

riassicurare (**riassicùro**) I *v.t.* (*Assic*) to reinsure. II *v.pron.* **riassicurarsi** to reinsure oneself.

riassicuratore *m.* (*f.* **-trice**) (*Assic*) reinsurer.

riassicurazione *f.* (*Assic*) reinsurance.

riassociare (**riassòcio, riassòci**) I *v.t.* to reassociate. II *v.pron.* **riassociarsi** to become a member again, to rejoin.

riassopimento *m.* drowsing again, dozing again.

riassopire (**riassopìsco, riassopìsci**) I *v.t.* to put back to sleep. II *v.pron.* **riassopirsi** to drop off again, to nod off again, to doze again.

riassorbimento *m.* 1 reabsorption. 2 (*fig*) re-employment, taking back: *~ di manodopera* re-employment of labour. 3 (*Med*) resorption.

riassorbire (**riassòrbo/riassòrbisco, riassòrbi/riassòrbisci**) I *v.t.* 1 to reabsorb; (*assorbire*) to absorb (*anche fig*): *il terreno riassorbe l'acqua piovana* the soil absorbs rain-water; *i nuovi guadagni saranno riassorbiti dagli investimenti* the future profits will be absorbed by investments. 2 (*fig*) (*reimpiegare*) to re-employ, to take back. II *v.pron.* **riassorbirsi** to be reabsorbed (*anche Med*).

riassumere (*pres.ind.* **riàssumo**; *p.rem.* **riassùnsi**; *p.p.* **riassùnto**) *v.t.* 1 (*compendiare*) to summarize, to recapitulate, to recap, to sum up: *cercherò di ~ il suo discorso* I'll try to summarize his talk. 2 (*assumere di nuovo*) to reassume, to take on again: *~ una carica* to take on a position again. 3 (*impiegare di nuovo*) to re-employ, to re-hire, to take back: *~ un operaio licenziato* to re-employ a dismissed worker, to re-hire a dismissed worker. ☐ *per ~* in brief.

riassumibile *a.* 1 (*reimpiegabile*) re-employable. 2 (*compendiabile*) that can be summed up (*posposto*).

riassuntivo *a.* recapitulatory, summary (*attr.*), resumptive: *rapporto ~* summary report.

riassunto *m.* 1 summary, résumé. 2 (*rif. a una serie di eventi*) recap. 3 (*di articolo*) abstract, précis. ☐ (*TV*) **~ delle puntate precedenti** the story so far; *fare il ~ di un libro* to summarize a book.

riassunzione *f.* 1 reassumption, taking on again: *la ~ di una carica* the reassumption of an office. 2 (*reimpiego*) re-employment, re-hiring: *la ~ del personale di un'azienda* the re-hiring of company personnel.

riattaccare (**riattàcco, riattàcchi**) I *v.t.* 1 to reattach, to attach again. 2 (*ricucire*) to sew on again, to stitch on again: *~ un bottone* to sew a button on. 3 (*riappendere*) to hang again, to hang up again. 4 (*incollare*) restick, to reglue, reattach. 5 (*rif. ad animali da tiro*) to reharness, to yoke again. 6 (*Tel*) to hang up. 7 (*fig*) (*ricominciare*) to start again, to take up again. II *v.i.* (*aus.* **avere**) 1 (*colloq*) (*ricominciare*) to begin again, to start again: *~ a piovere* to begin raining again. 2 (*Tel*) to hang up. III *v.pron.* **riattaccarsi** to stick again.

riattamento *m.* 1 refitting. 2 (*rif. ad abito*) altering. 3 (*riparazione*) repairing, mending.

riattare (**riàtto**) *v.t.* 1 to refit. 2 (*rif. ad abi-*

to) to alter. 3 (*riparare*) to repair, to mend.

riattivare (**riattìvo**) *v.t.* 1 to reactivate, to put back into service, to reopen, to get working again: *~ una strada* to reopen a road; *~ una linea telefonica* to re-connect a telephone line. 2 (*Med*) to stimulate: *~ la respirazione* to stimulate respiration. 3 (*Psic, Chim*) to reactivate.

riattivazione *f.* 1 reactivation, putting back into service, reopening. 2 (*Med*) stimulation. 3 (*Chim,Psic*) reactivation.

riattizzare (**riattìzzo**) *v.t.* 1 to poke again, to stir up again: *~ il fuoco* to stir up the fire again, to rake up the fire again. 2 (*fig*) to re-kindle: *~ l'odio* to rekindle hatred.

riavere (*pres.ind.* **riò, riai, rià, riànno**; *p.rem.* **rièbbi**; *p.p.* **riavùto**) I *v.t.* 1 to have again: *oggi ho riavuto un po' di febbre* today I had a bit of a temperature again. 2 (*avere in restituzione*) to have back, to get back: *~ i soldi* to get one's money back. 3 (*recuperare*) to recover, to regain: *~ la libertà* to regain one's freedom. II *v.pron.* **riaversi** 1 to recover (*da* from): *riaversi da uno spavento* to recover from a fright; *ti sei riavuto da quel raffreddore?* have you got over that cold?, (*Am*) have you gotten over that cold? 2 (*riprendere i sensi*) to come round, to regain consciousness. 3 (*riprendersi economicamente*) to recover, to get on one's feet again.

riavvampare (**riavvàmpo**; *aus.* **essere**) *v.i.* to blaze up again (*anche fig*).

riavventarsi (**mi riavvènto**) *v.pron.* to fling oneself again, to hurl oneself again, to throw oneself again.

riavviare (**riavvìo**) *v.t.* (*Inform*) to reboot, to restart.

riavvicinamento *m.* 1 reapproaching, drawing near again (*a qcu.* to so.). 2 (*fig*) (*riconciliazione*) reconciliation (with), rapprochement.

riavvicinare (**riavvicìno**) I *v.t.* 1 to draw together again, to draw up again, to put near again, to move near again: *~ la sedia al tavolo* to move the chair near to the table, to draw the chair up to the table. 2 (*fig*) to reconcile, to reunite, to bring together again, to bring closer again: *~ due amici* to bring two friends together again. II *v.pron.* **riavvicinarsi** 1 to approach again, to draw near again (*a qcs.* to sth.). 2 (*fig*) to draw close again (*a* to), to be reconciled (*a* to), to become reconciled (*a* to), to be reunited (*a* with): *dopo tre anni si è riavvicinato alla famiglia* after three years he was reconciled with his family.

riavvio *m.* (*Inform*) boot. ☐ (*Inform*) **~ a caldo** warm boot.

riavvolgere (*pres.ind.* **riavvòlgo, riavvòlgi**; *p.rem.* **riavvòlsi**; *p.p.* **riavvòlto**) I *v.t.* 1 (*fasciare*) to rewrap, to wrap again, to wrap up again. 2 (*arrotolare di nuovo*) to reroll, to roll again, to roll up again. 3 (*rif. a bobine e sim.*) to wind back, to rewind. II *v.pron.* **riavvolgersi** 1 (*ravvilupparsi*) to wrap oneself up again. 2 (*riarrotolarsi*) to wind up again; to rewind.

riavvolgitore *m.* (*Tecn*) rewinder.

riazzuffarsi (**mi riazzùffo**) *v.pron.* to brawl again, to fight again, to come to blows again.

ribaciare (**ribàcio, ribàci**) *v.t.* to kiss again.

ribadire (**ribadìsco, ribadìsci**) *v.t.* 1 (*Mecc*) to rivet, to clinch. 2 (*fig*) (*confermare*) to confirm, to reassert: *~ un'accusa con nuove prove* to confirm an accusation with new proof.

ribaditoio *m.* (*Mecc*) riveting hammer.

ribaditrice *f.* (*Mecc*) riveting machine, riveter.

ribaditura *f.* 1 (*Mecc*) riveting, clinching. 2 (*parte ribadita*) clench.

ribalderia *f.* 1 roguery, knavery, mischief, mischievousness, tomfoolery. 2 (*azione*) ruse, knavish trick.

ribaldo *m.* scoundrel, rogue, rascal.

ribalta *f.* 1 (*Arred*) (*piano ribaltabile*) flap, leaf, fold: *la ~ della scrivania* the leaf of the desk. 2 (*Teat*) (*proscenio*) forestage, apron; (*apparecchio per l'illuminazione*) footlights *pl.* 3 (*fig*) limelight. □ (*fig*) *essere alla ~* to be in the limelight; *venire alla ~*: 1 (*Teat*) to take a curtain call; 2 (*fig*) to be in the limelight; (*fig*) *tornare alla ~* to make a comeback.

ribaltabile *a.* 1 folding. 2 (*Arred*) (*rif. a sedili*) folding, tip-up. 3 (*Arred*) (*rif. a tavoli*) drop leaf, folding: *piano ~* folding top. 4 (*Aut*) dump (*attr.*), dumping, tipping: *rimorchio a cassone ~* dump trailer, dumper.

ribaltamento *m.* 1 turning over, upsetting. 2 (*capottamento*) capsizing, overturning. 3 (*fig*) reversal.

ribaltare (**ribàlto**) I *v.t.* 1 (*rovesciare*) to turn over, to upset. 2 (*con forza*) to knock over: *scivolando ribaltò il secchio* he slipped and knocked the bucket over. 3 (*Mar, Aer*) to capsize, to overturn. 4 (*ripiegare*) to fold up, to fold down. II *v.i.* (*aus. essere*) 1 to turn over. 2 (*Mar,Aer*) to capsize, to overturn. III *v.pron.* **ribaltarsi** 1 to turn over: *l'automobile si è ribaltata* the car turned over. 2 (*Mar,Aer*) to capsize, to overturn. 3 (*fig*) (*rif. a situazione*) to overturn, to reverse.

ribaltina *f.* (*Edit*) flap.

ribaltone *m.* 1 (*sussulto*) jolt, jerk. 2 (*fig*) (*capovolgimento*) somersault, reversal. □ (*fig*) *fare un ~* to turn the tables.

ribassare (**ribàsso**) I *v.t.* to reduce, to cut, to lower: *~ gli affitti* to lower rents. II *v.i.* (*aus. essere*) to drop, to go down, to fall, to decline.

ribassato *a.* 1 reduced, lowered. 2 (*Edil*) depressed: *arco ~* depressed arch. 3 (*rif. a prezzo*) cut, reduced.

ribassista I *m.* (*Econ*) bear. II *a.* (*Econ*) bear (*attr.*).

ribasso *m.* 1 (*rif. a prezzi e sim.*) reduction, fall, decline: *il ~ dei prezzi* the fall in prices. 2 (*Comm*) (*sconto*) discount, reduction: *fare un ~* to give a discount. 3 (*Econ*) (*rif. a titoli*) drop, fall, decline. □ *tendenza al ~* downward trend, bearish tendency, downward tendency; (*Econ*) *giocare al ~* (*o speculare al ~*) to bear, to be bearish; *essere in ~*: 1 to be falling; 2 (*fig*) (*perdere stima*) to be on the decline; 3 (*Econ*) (*in borsa*) to be bearish, (*colloq*) down; *in ~ di 2 punti* down 2 points; *aprire in ~* to open down; (*Econ*) *~ in borsa* fall on the stock exchange.

ribattere (**ribàtto**) I *v.t.* 1 (*battere di nuovo*) to strike again, to hammer again, to beat again, to hit again. 2 (*battere di rimando*) to hit back, to return: *~ la palla* to return the ball. 3 (*fig*) (*respingere*) to rebut: *~ un'accusa* to rebut a charge. 4 (*fig*) (*confutare*) to confute, to refute, to disprove: *~ le ragioni dell'avversario* to disprove the arguments of the adversary, the refute the arguments of the adversary. 5 (*Mecc*) (*ribadire*) to clinch, to rivet. 6 (*Sart*) to press, to press open: *~ una cucitura* to press a seam flat. 7 (*riscrivere a macchina o al computer*) to retype. II *v.i.* (*aus. avere*) 1 (*picchiare di nuovo all'uscio*) to knock again (*a* on). 2 (*fig*) (*insistere*) to insist, to harp (*su* on), to hammer (sth.): *~ sullo stesso argomento* to harp on a matter. 3 (*fig*) (*replicare*) to retort, to answer back: *tu sei sempre pronto a ~* you're always ready to answer back.

ribattezzare (**ribattézzo**) *v.t.* 1 (*Rel*) to rebaptize. 2 (*fig*) (*chiamare con un nome diverso*) to rename.

ribattino *m.* (*Tecn*) rivet, clinch.

ribattitore *m.* (*f.* **-trice**) 1 beater, striker. 2 (*Sport*) (*nel tennis*) receiver; (*nel cricket*) batsman. 3 (*Tecn*) (*operaio*) riveter.

ribattitura *f.* (*Mecc*) riveting, clinching.

ribattuta *f.* 1 beating again, striking again; (*di chiodi*) riveting. 2 (*Sport*) return.

ribeca *f.* (*Mus*) rebec, rebeck.

ribellarsi (**mi ribèllo**) *v.pron.* 1 (*insorgere*) to rebel, to revolt, to rise up (*a* against). 2 (*rifiutare obbedienza*) to rebel (*a* against): *il ragazzo si è ribellato alla volontà del padre* the boy rebelled against his father's wishes. 3 (*opporsi*) to protest, to revolt: *~ a un'ingiustizia* to protest against an injustice.

ribelle I *a.* 1 (*insorto*) rebellious, rebel: *le città ribelli* the rebel towns. 2 (*indocile*) rebellious, unruly, intractable: *carattere ~* unruly nature. 3 (*fig*) (*tenace*) refractory, tenacious. 4 (*Med*) refractory. II *m./f.* rebel.

ribellione *f.* rebellion, revolt (*a, contro* against) (*anche fig*): *organizzare una ~ contro il governo* to organize a revolt against the government; *~ contro la sorte* rebellion against one's lot. □ *atto di ~* rebellious act.

ribellismo *m.* rebelliousness.

ribenedire (*pres.ind.* **ribenedìco, ribenedìci;** *p.rem.* **ribenedìssi, ribenedìi;** *p.p.* **ribenedétto**) *v.t.* 1 (*Rel*) to bless again. 2 (*riconsacrare*) to reconsecrate.

ribes *m.* 1 (*Bot,Alim*) currant, red currant. 2 (*Bot*) (*arbusto*) currant, currant bush. □ (*Bot,Alim*) *~ a grappoli* red currant; (*Bot,Alim*) *~ comune* red currant; (*Bot,Alim*) *~ nero* black currant.

riboccante *a.* (*rar*) overflowing: *~ di gente* overflowing with people.

riboccare (**ribòcco, ribócchi**; *aus.* **essere**) *v.i.* 1 (*essere gremito*) to be crowded (*di* with), to be packed (*di* with): *la strada è in bocca di gente* the street is packed with people. 2 (*fig*) (*rif. a sentimenti*) to be overflowing (with), to be brimming over (with).

ribollente *a.* boiling, bubbling (*anche fig*).

ribollimento *m.* 1 (*fermentazione*) fermentation, working: *il ~ del mosto* the fermentation of must. 2 (*fig*) (*fermento*) turmoil, whirl, ferment.

ribollio *m.* continuous boiling, boiling, bubbling.

ribollire (**ribòllo**) I *v.i.* (*aus.* **avere**) 1 to boil again, to reboil: *l'acqua ribolle* the water is boiling again. 2 (*fermentare*) to ferment, to work. 3 (*fare bolle, agitarsi in superficie*) to bubble, to boil. 4 (*fig*) (*accendersi*) to seethe, to boil: *~ d'ira* to seethe with anger. II *v.t.* to boil again, to reboil. □ (*fig*) *fare ~ il sangue* to make one's blood boil; *mi sento ~ il sangue* I'm seething.

ribollita *f.* (*Gastron*) Tuscan bean and vegetable soup.

ribollitura *f.* 1 boiling again, reboiling. 2 (*fermentazione*) fermenting, working.

ribonucleico □ (*Biol*) *acido ~* ribonucleic acid.

ribosio *m.* (*Chim*) ribose.

ribosoma *m.* (*Biol*) ribosome.

ribotta *f.* (*colloq,ant*) spree, binge: *far ~* to go on a binge, to go on a spree.

ribrezzo *m.* disgust, loathing. □ *avere ~ per qcs.* to find sth. revolting, to be disgusted by sth., to have a loathing of sth.; *fare ~ a qcu.* to revolt so., to disgust so.

ribussare (**ribùsso**; *aus.* **avere**) *v.i.* to

knock again, to rap again.

ributtante *a.* disgusting, nauseating, revolting.

ributtare (**ribùtto**) I *v.t.* 1 to throw back, to fling back. 2 (*vomitare*) to throw up. 3 (*ricacciare*) to repel, to repulse: *~ il nemico* to repel the enemy. II *v.i.* (*aus.* **avere**) 1 (*germogliare di nuovo*) to sprout again. 2 (*suscitare ribrezzo*) to disgust, to revolt (*a qcu. so.*). III *v.pron.* **ributtarsi** to throw oneself back.

RICA (*Bibliot*) *regole italiane per la catalogazione degli autori* (Italian Rules for Cataloguing Authors).

ricacciare (**ricàccio, ricàcci**) I *v.t.* 1 (*cacciare via*) to drive out again, to throw out again, to chase away again, to send away again: *l'hanno ricacciato dal locale per il suo comportamento* they threw him out of the nightclub again because of his behaviour. 2 (*fig*) (*respingere*) to drive back, to push back, to repel, to repulse: *~ il nemico* to drive the enemy back. 3 (*rimettere*) to put back, to thrust back, (*colloq*) to shove back, to stick back: *ricacciò i documenti nella borsa* he shoved the papers back in his briefcase. II *v.pron.* **ricacciarsi** to plunge back. □ (*fig*) *~ in gola* (*rif. a grida e sim.*) to smother, to stifle; *~ un insulto in gola a qcu.* to make so. eat their words; *ricacciarsi nei guai* to get into trouble again.

ricadere (*pres.ind.* **ricàdo**; *p.rem.* **ricàddi;** *p.p.* **ricadùto;** *aus.* **essere**) *v.i.* 1 to fall again, to fall down once more: *tentò di alzarsi ma ricadde a terra* he tried to get up but fell to the ground again. 2 (*fig*) to relapse, to fall back, to fall: *~ in un sonno profondo* to fall into a deep sleep again, to fall asleep again; *~ nel vizio* to relapse into evil ways. 3 (*scendere*) to fall, to drop: *l'acqua ricadeva in mille zampilli* the water fell in a thousand streams. 4 (*rif. a vestiti, capelli e sim.*) to hang down, to fall down: *le chiome le ricadevano sulle spalle* her hair hung down on her shoulders. 5 (*fig*) (*riversarsi*) to fall, to rest: *il biasimo ricadrà su di lui* the blame will fall upon him; *la colpa ricadrà su di me* the blame will fall upon me. 6 (*Med*) to relapse, to have a relapse.

ricaduta *f.* 1 (*atto*) falling again. 2 (*effetto*) another fall, second fall. 3 (*fig*) relapse (*anche Med*): *fare una ~* (*o avere una ~*) to have a relapse; *una ~ nel peccato* a relapse into sin. 4 (*fig*) (*effetto*) effect, spin-off. □ (*Nucl*) *~ radioattiva* fall-out.

ricalcabile *a.* traceable: *disegno ~* traceable drawing.

ricalcare (**ricàlco, ricàlchi**) *v.t.* 1 to trace: *~ un disegno* to trace a drawing. 2 (*premere di più*) to press harder, to push harder, to squeeze harder: *si ricalcò il cappello in capo* he pushed his hat down harder on his head. 3 (*fig*) (*imitare*) to follow faithfully, to follow closely: *~ l'esempio di qcu.* to follow so.'s example closely. 4 (*Met*) to upset. □ (*fig*) *~ le orme di qcu.* to tread in so.'s footsteps, to follow in so.'s footsteps.

ricalcatura *f.* 1 tracing. 2 (*fig*) (*imitazione*) copy, imitation. 3 (*Met*) upsetting.

ricalcificare (**ricalcìfico, ricalcìfichi**) I *v.t.* (*Med*) to recalcify. II *v.pron.* **ricalcificarsi** (*Med*) to recalcify.

ricalcificazione *f.* (*Med*) recalcification.

ricalcitrante *a.* 1 kicking: *un asino ~* a kicking donkey. 2 (*fig*) recalcitrant, averse, reluctant, loath.

ricalcitrare (**ricàlcitro**; *aus.* **avere**) *v.i.* 1 to kick back, to kick out. 2 (*fig*) to resist (*a, contro* sth.), to spurn, to be recalcitrant (to): *~ alla disciplina* to spurn discipline.

ricalco (*pl.* **-chi**) *m.* **1** tracing. **2** (*Psic*) matching. ☐ *a* ~ tracing (*attr.*): *copia a* ~ (*rif. a disegno*) tracing, (*rif. a scritto*) carbon copy.

ricamare (**ricàmo**) *v.t.* to embroider (*anche fig*): ~ *un lenzuolo* to embroider a sheet; ~ *in oro* to embroider in gold; ~ *una parola* to embroider a worde. ☐ ~ *a macchina* to embroider by machine; ~ *a mano* to embroider by hand; ~ *in bianco* to embroider linen.

ricamato *a.* embroidered: ~ *a mano* hand embroidered.

ricamatore *m.* (*f.* **-trice**) embroiderer (*f.* -ress).

ricamatrice *f.* embroideress.

ricambiare (**ricàmbio, ricàmbi**) **I** *v.t.* **1** (*cambiare di nuovo*) to change again. **2** (*contraccambiare*) to return, to repay: ~ *l'amore di qcu.* to return so.'s love; ~ *una gentilezza* to repay a courtesy. **II** *v.pron.* **ricambiarsi** (*cambiarsi nuovamente di abito*) to change (one's clothes) again. **III** *v.r.recipr.* **ricambiarsi** (*scambiarsi*) to exchange, to reciprocate: *ricambiarsi gli auguri di Natale* to exchange Christmas greetings. ☐ ~ *il saluto* to return greetings.

ricambio *m.* **1** (*contraccambio*) return, reciprocation, repayment, exchange: *il* ~ *di un favore* the repayment of a favour. **2** (*oggetto che sostituisce*) replacement; (*Tecn*) spare, spare part. **3** (*ricarica*) refill: ~ *per una penna a sfera* refill for a ballpoint pen. **4** (*avvicendamento*) turnover: ~ *del personale* staff turnover. **5** (*Fisiol*) metabolism: *malattie del* ~ metabolism disorders. ☐ (*Fisiol*) ~ *cellulare* cell metabolism; ~ *d'aria* change of air; *di* ~ spare, extra: *colletto di* ~ spare collar; *ruota di* ~ spare tyre, (*Am*) spare tire; *vestiti di* ~ change of clothes; ~ *energetico* energy metabolism.

ricambista *m.* (*Aut*) spare parts dealer.

ricamo *m.* **1** (*il ricamare*) embroidering. **2** (*lavoro ricamato*) embroidery. **3** (*fig*) (*finissima decorazione*) lacework. **4** *pl.* (*fig*) (*particolari inventati*) frills, embroidery *sing.* ☐ ~ *a giorno* open-work, à-jour work; ~ *a macchina* machine embroidery; ~ *a mano* hand embroidery; *ago da* ~ embroidery needle; ~ *in bianco* white embroidery, white thread embroidery; ~ *in oro* gold embroidery, gold thread embroidery.

ricandidare (**ricàndido**) **I** *v.t.* to put up again, to offer as candidate again. **II** *v.pron.* **ricandidarsi** to run again, to stand for re-election.

ricantare (**ricànto**) *v.t.* **1** to sing again. **2** (*colloq*) (*dire e ridire insistentemente*) to say over and over again.

ricapitalizzare (**ricapitalìzzo**) *v.t.* (*Econ*) to recapitalize, to refinance.

ricapitalizzazione *f.* (*Econ*) recapitalization, refinancing.

ricapitare (**ricàpito**; *aus.* **essere**) *v.i.* **1** (*accadere di nuovo*) to happen again. **2** (*ritornare*) to happen to come again, to turn up again. ☐ *quando ricapita l'occasione* when I get the chance again.

ricapitolare (**ricapìtolo**) *v.t.* to summarize, to sum up, to recapitulate, (*colloq*) to recap.

ricapitolazione *f.* summary, summing up, recapitulation.

ricarica *f.* **1** (*Arm*) reload. **2** (*rif. a penne e sim.*) recharge, refill. **3** (*rif. a batteria*) recharge. **4** (*riempimento*) refilling. **5** (*Orol*) rewinding. **6** (*El*) recharging. **7** (*Tel*) (*rif. a cellulari*) top up; (*scheda*) voucher, top-up voucher.

ricaricabile *a.* **1** rechargeable. **2** (*Tel*) (*rif. a cellulari*) pay-as-you-go.

ricaricare (**ricàrico, ricàrichi**) *v.t.* **1** to reload. **2** (*rif. ad armi*) to reload. **3** (*riempire*) to refill: ~ *la pipa* to refill one's pipe. **4** (*Orol*) to rewind. **5** (*El*) to recharge. **6** (*Tel*) (*rif. a cellulari*) to top up, to prepay. **7** (*fig*) (*dare energia*) to pep up, (*colloq*) to buck up. **I** *v.pron.* **ricaricarsi** **1** to recharge. **2** (*fig*) (*riprendere energia*) to charge one's batteries.

ricascare (**ricàsco, ricàschi**; *aus.* **essere**) *v.i.* **1** (*colloq*) to fall again, to fall down again: ~ *per terra* to fall to the ground again. **2** (*fig*) to make again (*in* sth.), to do again (*in* sth.), to fall again, to relapse (*in* into): ~ *in un errore* to make the same mistake again. ☐ (*pop*) *ricascarci*: **1** (*fare lo stesso errore*) to make the same mistake again; **2** (*farsi ingannare di nuovo*) to fall for it again.

ricattabile *a.* liable to be blackmailed.

ricattare (**ricàtto**) *v.t.* to blackmail (*anche estens*).

ricattatore *m.* (*f.* **-trice**) blackmailer.

ricattatorio *a.* blackmail (*attr.*): *minacce ricattatorie* blackmail threat(s).

ricatto *m.* blackmail: *cedere ai ricatti* to give in to blackmail; *subire un* ~ to be blackmailed; *questo è un* ~! this is blackmail! ☐ ~ *morale* moral blackmail; ~ *psicologico* psychological blackmail.

ric. aut. (*Tel*) *ricerca automatica* (automatic switching).

ricavare (**ricàvo**) *v.t.* **1** (*estrarre*) to extract: ~ *il petrolio dal sottosuolo* to extract oil from the ground. **2** (*fig*) (*trarre, ottenere*) to draw, to get, to obtain, to take: *un film ricavato da un romanzo* a film taken from a novel, a film based on a novel. **3** (*fig*) (*avere un profitto*) to gain, to get. **4** (*da una vendita*) to make, to get: ~ *poco dalla vendita di una casa* to make little on of the sale of a house, to get little out of the sale of a house. ☐ *non se ne ricava nulla* there is nothing to be got out of it; ~ *un insegnamento da un'esperienza* to learn from experience.

ricavato *m.* **1** proceeds *pl.*: *il* ~ *della vendita* the proceeds of the sale. **2** (*fig*) (*frutto, prodotto*) result: *ecco il* ~ *di tante fatiche!* that's the result of all my efforts! ☐ *il* ~ *sarà devoluto alla ricerca sull'AIDS* the proceeds will go to AIDS research.

ricavo *m.* **1** proceeds *pl.* **2** (*in contabilità*) revenue.

ricavometro *m.* fiscal instrument used to determine the taxable income of self-employed persons.

riccamente *avv.* **1** richly. **2** (*con abbondanza*) richly, abundantly. ☐ *il libro è* ~ *illustrato* the book is fully illustrated.

Riccardo *n.pr.m.* Richard. ☐ ~ *Cuor di Leone* Richard the Lionheart, Richard Coeur de Lion.

ricchezza *f.* **1** (*l'essere ricco*) richness, wealth. **2** *pl.* (*beni*) wealth (*costr.sing.*), riches (*anche estens*): *ha ereditato grandi ricchezze* he inherited great wealth; *le ricchezze del mare* the riches of the sea. **3** *pl.* (*oggetti di valore*) treasures, (*estens*) heritage (*costr. sing.*): *le ricchezze artistiche del paese* the artistic treasures of the country. **4** (*iperb*) (*ciò che si possiede*) wealth, riches *pl.*: *i figli sono tutta la sua* ~ his children are his only wealth, his children are all he has. **5** (*fig*) (*abbondanza*) plenty, wealth, abundance: ~ *d'acqua* abundance of water; *con* ~ *di particolari* with a wealth of detail. ☐ *ricchezze del sottosuolo* mineral resources; (*fig*) *le ricchezze di Creso* the riches of Croesus; (*Dir, ant*) ~ *mobile* movable property, personal property; *imposta di* ~ *mobile* income tax; *ricchezze naturali* natural resources.

riccio[1] **I** *a.* **1** curly, curled. **2** (*rif. a persona*) curly-haired, curly-headed. **II** *m.* **1** (*ciocca di capelli*) curl, lock: *una testa piena di ricci* a head full of curls, a curly head of hair. **2** (*cosa a forma di riccio*) curl: *un* ~ *di burro* a butter curl. **3** (*di violino*) scroll. ☐ ~ *di legno* wood shaving; *farsi i ricci con il ferro* to curl one's hair with curling irons.

riccio[2] *m.* **1** (*Zool*) hedgehog. **2** (*Zool*) (*riccio di mare*) sea urchin. **3** (*Bot*) chestnut husk. ☐ (*fig*) *chiudersi a* ~ to shut up like a clam.

ricciola *f.* (*Itt*) greater amberjack.

ricciolina *f.* (*Bot*) curly endive.

ricciolino **I** *a.* curly-haired, curly-headed. **II** *m.* (*f.* **-a**) **1** curl, lock. **2** (*bambino*) curly-haired child, curly locks.

ricciolo **I** *m.* **1** curl, lock: *un* ~ *di burro* a butter curl. **2** (*di violino*) scroll. **II** *a.* (*rar*) curly-haired, curly-headed.

riccioluto *a.* curly-haired, curly-headed.

ricciuto *a.* **1** curly: *testa ricciuta* curly hair, curly head of hair. **2** (*rif. a persona: riccio*) curly-headed, curly-haired.

ricco (*pl.* **-chi**) **I** *a.* **1** rich, wealthy: *un* ~ *industriale* a rich industrialist. **2** (*fig*) (*che ha abbondanza di qcs.*) rich, abounding (*di* in), full (*di* of): *un paese* ~ *di materie prime* a country rich in raw materials; *uno scrittore* ~ *di fantasia* writer full of imagination, a (powerfully) imaginative writer. **3** (*abbondante*) rich, abundant, plentiful: *un* ~ *raccolto* a plentiful harvest. **4** (*lussureggiante*) luxuriant, lush: *vegetazione ricca* lush vegetation. **5** (*fig*) (*ampio*) full, abundant, deep: *la gonna scendeva in ricche pieghe* the skirt hung in deep folds. **6** (*colloq,scherz*) (*copioso, saporito*) copious, hearty, rich: *voglio fare un* ~ *pranzo* I want to have a hearty dinner. **II** *m.* **1** (*f.* **-a**) rich person, wealthy person. **2** *pl.* the rich (*costr.pl.*). ☐ *essere* ~ *come un creso* to be as rich as Croesus, to be a Croesus; ~ *di avvenimenti* eventful; *è* ~ *di famiglia* he comes from a rich family; (*fig*) ~ *di immagini* figurative; ~ *di inventiva* inventive, imaginative; ~ *di sali minerali* (*rif. ad acqua*) highly-mineralized; *è* ~ *di suo* he comes from a rich family; ~ *di vitamine* rich in vitamins; *ricchi premi e cotillon* exciting prizes, party favours; ~ *sfondato* rolling in money, (*colloq*) loaded.

riccometro *m.* (*colloq*) criteria used to determine the wealth of a citizen who has filed for social benefits.

riccone *m.* (*f.* **-a**) (*colloq*) millionaire, moneybags: *essere un* ~ to be loaded, to be loaded with money, to be rolling in money, (*Br*) to have pots of money.

ricerca *f.* **1** search, quest, seeking: *la* ~ *di una persona* the search for a person; *essere alla* ~ *di qcs.* to be in search of sth. **2** (*indagine*) enquiry, (*Am*) inquiry investigation, search, probe: *dopo lunghe ricerche* after lengthy investigation. **3** (*studio, ricerca scientifica*) research, study: *fare una* ~ *su qcs.* to make a study on sth. **4** (*Scol*) research project, project. **5** (*Inform*) search. ☐ ~ *a tavolino* desk research; (*Inform*) ~ *a tutto testo* full text search; ~ *agraria* agricultural research; ~ *ambientale* environmental research; *andare alla* ~ *di qcs.* to go in search of sth., to search for sth.; ~ *applicata* applied research; (*Sociol*) ~ *attiva* action research; (*Tel*) ~ *automatica* automatic switching; (*Inform*) ~ *avanzata* advanced search; *ricerche bibliografiche* bibliographic research; (*Inform*) ~ *binaria* binary search; (*Inform*) ~ *booleana* Boolean research; ~ *civile* civil research; *la* ~ *della felicità* the pursuit of happiness; ~ *della paternità* paternity test;

(*Inform*) ~ *delle informazioni* information retrieval; ~ *dell'effetto* striving after an effect; ~ *di base* basic research; (*Comm*) ~ *di mercato* market research; ~ *di opinione* opinion research; ~ *e sviluppo* research and development; ~ *energetica* energy research; *fare ricerche*: 1 to conduct research, to do research, to carry out research, to research; 2 (*indagare*) to make enquiries, (*Am*) to make inquiries, to investigate, to probe; ~ *farmaceutica* pharmaceutical research; ~ *operativa*: 1 (*Ind,Statist*) operational research, (*Am*) operations research; 2 (*Inform*) operating logic; ~ *pura* pure research; ~ *spaziale* space research; ~ *sul campo* field research; (*Med*) ~ *sul cancro* cancer research.

ricercapersone *m.inv.* (*cicalino*) beeper, (*colloq*) beep.

ricercare (**ricérco, ricérchi**) *v.t.* 1 (*cercare di nuovo*) to look for again, to search for again, to seek again. 2 (*cercare con impegno*) to look for, to hunt for, to search for: ~ *una lettera dappertutto* to hunt everywhere for a letter; *la polizia lo sta ricercando* the police are searching for him. 3 (*indagare*) to investigate, to enquire into, (*Am*) to inquire into, to inquire as to. 4 (*assol.*) (*compiere una ricerca scientifica*) to do research, to carry out research, to conduct research. 5 (*scegliere*) to choose, to choose carefully, to pick: ~ *le parole* to choose one's words.

ricercatamente *avv.* 1 (*con raffinatezza*) refinedly. 2 (*con affettazione*) affectedly.

ricercatezza *f.* 1 refinement, elegance: ~ *di stile* refinement of style. 2 (*affettazione*) affectation, preciosity. □ **con** ~ elegantly; **senza** ~: 1 (*usato come avverbio*) unaffectedly; 2 (*usato come aggettivo*) unaffected.

ricercato I *a.* 1 sought, wanted. 2 (*richiesto, apprezzato*) sought-after, much sought-after, in demand, in great demand, prized, much- prized: *merce ricercata* merchandise in great demand. 3 (*raffinato*) refined, recherché: *un'eleganza ricercata* a refined elegance. 4 (*affettato*) affected: *essere* ~ *nel parlare* to be affected in one's speech. II *m.* (*f.* **-a**) wanted person. □ *è* ~ *dalla polizia* he is wanted by the police; *essere* ~ *nel vestire* to dress elegantly.

ricercatore *m.* 1 (*f.* **-trice**) (*chi ricerca*) seeker, searcher. 2 (*f.* **-trice**) (*chi si dedica a ricerche scientifiche*) researcher, research worker. 3 (*apparecchio*) detector: ~ *di mine* mine detector. □ ~ *scientifico* scientific research worker, research scientist; ~ *universitario* university researcher.

ricetrasmettere (*pres.ind.* **ricetrasmétto**; *p.rem.* **ricetrasmìsi**; *p.p.* **ricetrasmésso**) *v.t.* (*Tel*) to transmit and receive.

ricetrasmettitore *m.* (*Rad*) two-way radio, transmitter-receiver, transceiver.

ricetrasmittente I *a.* (*Rad*) two-way (*attr.*), transmitting and receiving: *apparecchio* ~ two-way radio, transceiver. II *f.* (*Rad*) two-way radio, transmitter-receiver, transceiver.

ricetta *f.* 1 (*Gastron*) recipe. 2 (*prescrizione medica*) prescription: ~ *medica* medical prescription. 3 (*estens*) (*rimedio*) cure, remedy, recipe (*anche fig*): *ho una* ~ *infallibile contro l'insonnia* I have a sure cure for sleeplessness. □ (*fig*) *una* ~ *miracolosa* a miracle drug; (*Med*) ~ *mutualistica* prescription that is partially paid for by the government; (*Farm*) ~ *ripetibile* repeat prescription; (*Farm*) *vendibile senza* ~ *medica* over-the-counter (*attr.*), non-prescription (*attr.*).

ricettacolo *m.* 1 receptacle (*anche Biol*). 2 (*covo*) den, cove: ~ *di ladri* den of thieves; ~

di vizi den of vices. □ *un* ~ *di germi* a breeding-ground for germs; *un* ~ *di polvere* dust trap.

ricettare (**ricètto**) *v.t.* (*Dir*) to receive: ~ *merce di contrabbando* to receive smuggled goods.

ricettario *m.* 1 (*blocchetto per le ricette*) prescription pad. 2 (*raccolta di ricette*) recipe book, cook book.

ricettatore *m.* (*f.* **-trice**) (*Dir*) receiver, receiver of stolen goods.

ricettazione *f.* (*Dir*) receiving, receiving stolen goods.

ricettività *f.* 1 receptiveness, receptivity. 2 (*rif. a strutture turistiche*) accomodation capacity, beds. 3 (*Med*) susceptibility. 4 (*Rad, TV*) receptivity.

ricettivo *a.* 1 receptive. 2 (*rif. a strutture turistiche*) accomodation (*attr.*). 3 (*Med*) susceptible. 4 (*Rad,TV*) receptive.

ricetto *m.* (*lett*) (*rifugio*) shelter: *dar* ~ *a qcu.* to give shelter to so.

ricevente I *a.* receiving (*anche Rad*): *stazione* ~ receiving station. II *m./f.* 1 receiver (*anche Ling*). 2 (*Med*) recipient.

ricevere (*pres.ind.* **ricévo**; *p.rem.* **ricevéi/ricevètti**) *v.t.* 1 to receive, to get: ~ *un regalo* to receive a gift; ~ *una telefonata* to get a phone call, to receive a phone call; ~ *lo sfratto* to receive an eviction notice. 2 (*accogliere*) to welcome, to receive: *hanno ricevuto l'ospite con grandi onori* they welcomed the guest with full honours. 3 (*ammettere*) to admit: ~ *qcu. in un circolo* to admit so. into a club. 4 (*ammettere alla propria presenza*) to see, to receive: *il direttore non può* ~ *nessuno adesso* the director cannot see anyone now. 5 (*prendere*) to get, to receive: *la stanza riceve luce da una vetrata* the room gets its light from a window. 6 (*trarre*) to draw, to get: *ho ricevuto un grande conforto dalle tue parole* I have drawn great comfort from your words; ~ *una cattiva impressione* to get a bad impression. 7 (*accettare, gradire*) to accept: *riceva i miei più sinceri auguri* please accept my sincerest good wishes. 8 (*assol.*) (*dare ricevimento*) to be at home, to receive, to entertain. 9 (*assol.*) (*rif. ad avvocati*) to receive clients, to see clients; (*rif. a medici*) to receive patients, to see patients. 10 (*subire*) to be given, to get: ~ *un pugno sul naso* to get a punch on the nose. 11 (*riscuotere*) to get. 12 (*Tel,Rad*) to receive; (*captare*) to pick up. 13 (*Sport*) to catch; (*nella pallavolo*) to retrieve. □ ~ *qcu. a braccia aperte* to welcome so. with open arms; ~ *un'ottima educazione* to be well brought up; (*Rad*) *la ricevo forte e chiaro* I am receiving you loud and clear; (*Rel*) ~ *i sacramenti* to receive the holy sacraments; (*Rel*) ~ *il battesimo* to be baptized; ~ *in premio qcs.* to be awarded sth., to get sth. as a prize; ~ *in regalo qcs.* to be given sth.; ~ *istruzioni* to have instructions, to receive instructions, to be briefed; (*Rel.catt*) ~ *l'eucarestia* to receive Holy Communion; ~ *lodi* to be praised; ~ *un insulto* to be insulted; ~ *un ordine* to be given an order, to receive an order.

ricevimento *m.* 1 receipt, receiving, reception: *il conto sarà regolato al* ~ *della merce* the account will be settled upon receipt of the goods. 2 (*festa, rinfresco*) reception; (*meno formale*) party: *offrire un* ~ to hold a reception, to give a party. 3 (*accoglienza*) reception, welcome. 4 (*ammissione*) admission. □ ~ *a corte* court reception.

ricevitore I *m.* 1 (*f.* **-trice**) (*chi riceve*) receiver. 2 (*f.* **-trice**) (*chi riscuote somme*) collector. 3 (*Tel*) receiver: *alzare il* ~ to lift the

receiver; *riattaccare il* ~ to hang up, to put the phone back on the hook, to replace the receiver. 4 (*Rad,TV*) (*apparecchio ricevente*) receiver, receiving set. 5 (*Sport*) (*baseball*) catcher. II *a.* (*Rad,TV*) receiving: *apparecchio* ~ receiving set, receiver. □ (*Rad,TV, ant*) ~ *a galena* crystal receiver; (*Rad*) ~ *a modulazione di frequenza* frequency modulation receiver; (*Rad*) ~ *a superreazione* superregenerative receiver; (*El*) ~ *acustico* sounder; ~ *del lotto* State lottery collector.

ricevitoria *f.* receiving office, office. □ ~ *del lotto* lottery office, lottery booth; ~ *del totocalcio* football pools office; ~ *delle imposte* tax office; ~ *di scommesse* betting office.

ricevuta *f.* receipt: *rilasciare una* ~ to issue a receipt, to give a receipt. □ ~ *di deposito* deposit receipt; ~ *di pagamento* receipt of payment; (*Post*) ~ *di ritorno* return receipt; ~ *fiscale* receipt for tax purposes.

ricevuto → **ricevere** *intz.* (*Rad*) roger!, wilco!

ricezione *f.* 1 receipt, reception: ~ *di una merce* receipt of goods. 2 (*accoglienza*) reception. 3 (*Rad,Tel*) reception. 4 (*Sport*) catching. □ (*Elettron*) ~ *a eterodina* heterodyne reception; (*Rad,TV*) ~ *acustica* sound reception; (*Rad,TV*) ~ *audio* audio reception.

richiamabile *a.* (*Mil*) liable to recall.

richiamare (**richiàmo**) I *v.t.* 1 (*chiamare di nuovo*) to call again; (*al telefono*) to call back: *ti richiamerò tra un'ora* I'll call you back in an hour. 2 (*chiamare indietro*) to call back: *stavo per uscire, ma mi hanno richiamato* I was just leaving but they called me back. 3 (*far tornare*) to recall: ~ *un ambasciatore* to recall an ambassador. 4 (*Mil*) (*richiamare sotto le armi*) to recall, (*Am*) to redraft. 5 (*ritirare: rif. a truppe e sim.*) to withdraw. 6 (*attirare*) to attract, to draw: *i prezzi bassi richiamano i clienti* low prices attract customers, low prices bring in customers; *è un film che richiama molto pubblico* it's a film that draws big audiences. 7 (*fig*) (*rimproverare*) to rebuke, to reprimand. 8 (*Inform*) to retrieve: ~ *i dati* to retrieve data. II *v.pron.* **richiamarsi** 1 (*riferirsi*) to refer: *mi richiamo alle vigenti disposizioni di legge* I refer to the provisions of the law in force. 2 (*fare appello*) to appeal (*a to*). □ ~ *qcu. al dovere* to remind so. of his duty; ~ *qcs. alla memoria* to bring sth. back to mind; ~ *qcs. alla mente* to recall sth., to bring sth. to mind, to call sth. to mind., to recollect sth.; ~ *qcu. alla realtà* to bring so. back to reality; ~ *qcu. all'obbedienza* to bring so. to heel; ~ *qcu. all'ordine* to call so. to order; ~ *in vita qcu.* to bring so. back to life; (*fig*) ~ *in vita un'usanza* to revive a custom; ~ *l'attenzione di qcu. su qcs.* to draw so.'s attention to sth.; (*Econ*) ~ *una cambiale* to withdraw a bill.

richiamata *f.* (*Tel*) redial. □ (*Tel*) ~ *su occupato* callback facility, automatic redialling, (*Am*) automatic redial, automatic redialing; *attivare la* ~ *su occupato* to automatically redial.

richiamato *m.* (*Mil*) recalled serviceman.

richiamo *m.* 1 call, cry: *nessuno ascoltava i suoi richiami* nobody listened to his cries. 2 (*ordine di far ritorno*) recall: *il* ~ *di un ambasciatore* the recall of an ambassador; ~ *in servizio* recall to duty. 3 (*fig*) (*rimprovero*) reprimand, rebuke. 4 (*attrazione*) appeal, attraction: *un grande* ~ *turistico* a great tourist attraction. 5 (*rimando*) cross-reference mark. 6 (*Med*) booster. 7 (*Mil*) recall, call-up: ~ *alle armi* recall to arms. 8 (*Caccia*) decoy: *servire da* ~ (o *fare da* ~) to act as a decoy. ☐ ~ *al dovere* call to duty; ~ *alla realtà* bringing back to reality; ~ *all'ordine* call to order; (*Lett*) *il ~ della foresta* the call of the wild; *il ~ della natura* the call of the wild.

richiedente I *a.* applying. **II** *m./f.* applicant, petitioner.

richiedere (*pres.ind.* **richièdo**; *p.rem.* **richièsi**; *p.p.* **richièsto**) *v.t.* **1** (*chiedere di nuovo*) to ask for (sth.) again: *devo richiederti il solito favore* I must ask you for the usual favour again. **2** (*esigere*) to demand, to request, to ask for: *ha richiesto al fratello la sua parte di eredità* he asked his brother for his share of the inheritance. **3** (*chiedere indietro*) to ask for (sth.) back, to ask for the return of (sth.): *gli ho richiesto le lettere* I asked him for the letters back, I asked him to give me back the letters. **4** (*chiedere: per sapere*) to ask: *mi hanno richiesto nome e cognome* they asked (me) my name and surname. **5** (*chiedere: per avere*) to ask for, to seek: *~ conforto a qcu.* to seek comfort from so. **6** (*aver bisogno, comportare*) to need, to require, to call for, to be necessary: *le ortensie richiedono molta acqua* hydrangeas need a lot of water; *un lavoro che richiede continuo esercizio* a job that requires constant practice; *le circostanze richiedono prudenza* the circumstances call for caution. **7** (*ricercare*) to look for, to ask for, to be after: *molti clienti richiedono questa merce* many customers ask for these goods. **8** (*burocr*) (*fare una richiesta*) to apply for, to request: *~ un certificato* to apply for a certificate; *~ il passaporto* to apply for a passport; *~ un prestito* to apply for a loan. ☐ (*Comm*) *come da Voi richiesto* as requested; *il consiglio di qcu.* to ask for so.'s advice.

richiesta *f.* **1** (*domanda*) request: *fare una ~* to make a request; *~ di asilo* request for asylum. **2** (*esigenza, pretesa*) demand: *le sue richieste mi sembrano sproporzionate* his demands seem excessive to me. **3** (*burocr*) (*istanza*) application, request: *presentare una ~* to make an application, to put in an application, to apply (*for, di* for). **4** (*Econ*) (*domanda*) demand: *c'è una grande ~ di automobili* there is a great demand for cars. ☐ *a ~* on demand; *a grande ~* by popular demand; *~ biologica di ossigeno* biological oxygen demand; *~ di adozione* adoption application; (*Dir*) *~ di estradizione* extradition request, request of extradition; *~ di informazioni* request for information; (*Comm*) inquiry; (*rar*) *~ di matrimonio* marriage proposal; (*Comm*) *~ di offerta* enquiry, (*Am*) inquiry; (*Dir*) *~ di risarcimento dei danni* claim for damages; *~ di visto* visa application; *richieste economiche* requested fees, asking price; *richieste salariali* salary demands; *su ~ di* at the request of.

richiesto → richiedere *a.* **1** (*ricercato*) in demand: *questa merce è molto richiesta* these goods are very much in demand. **2** (*necessario*) necessary, required: *è richiesta la presenza dell'interessato* the presence of the person concerned is necessary. **3** (*sollecitato*) requested: *non ~* unrequired, unsolicited.

richiudere (*pres.ind.* **richiùdo**; *p.rem.* **richiùsi**; *p.p.* **richiùso**) *v.t.* **1** to close again, to shut again, to reclose. **II** *v.pron.* **richiudersi 1** to close again, to shut again. **2** (*rimarginarsi*) to heal, to heal up.

riciclabile *a.* recyclable: *materie prime riciclabili* recyclable raw materials.

riciclaggio *m.* (*Ind, Econ*) recycling: *~ dei rifiuti* waste recycling; *~ dei petrodollari* petrodollar recycling. ☐ *impianto di ~*

recycling plant; (*fig*) *~ di denaro* (o *~ di denaro sporco*) money laundering; (*fig*) *~ professionale* retraining.

riciclare (*ricìclo*) *v.t.* **1** (*Ind*) to recycle. **2** (*fig*) (*rif. a personale aziendale*) to retrain. **3** (*Econ*) to recycle. ☐ (*fig*) *~ denaro sporco* to launder money; (*fig*) *~ un regalo* to recycle a gift.

riciclato *a.* (*Ind*) recycled: *carta riciclata* recycled paper.

riciclo *m.* (*Ind,Econ*) recycling.

ricino *m.* (*Bot*) castor-oil plant.

ricinoleico (*pl.* **-ci**) *a.* (*Chim*) ricinoleic: *acido ~* ricinoleic acid.

rickettsia *f.* (*Biol*) rickettsia.

ricognitivo *a.* **1** (*Dir*) of acknowledgement. **2** (*Mil*) reconnaissance (*attr.*).

ricognitore *m.* **1** (*Mil*) reconnoitrer, reconnoiterer, (*colloq*) recce. **2** (*Aer.mil*) reconnaissance aircraft, spotter, spotter plane. **3** (*Mar.mil*) scout, scout ship.

ricognizione *f.* **1** (*Mil*) reconnaissance. **2** (*Dir*) recognition, acknowledgement. ☐ *~ aerea* air reconnaissance, air patrol; *di ~* reconnaissance (*attr.*); *fare una ~:* **1** (*Mil*) to reconnoitre, (*colloq*) to recce; **2** (*fig*) to have a look around; *~ fotografica* photo reconnaissance; (*Mil*) *mandare qcu. in ~* to send so. out on reconnaissance; *partire in ~* to go on a reconnaissance, to reconnoitre, (*colloq*) to recce; *~ marittima* naval reconnaissance; *~ navale* naval reconnaissance; *~ terrestre* land reconnaissance; (*Topogr*) *~ topografica* topographical survey.

ricollegare (*ricollégo*, *ricolléghi*) **I** *v.t.* **1** (*collegare di nuovo*) to reconnect, to link up again, to join up again. **2** (*fig*) (*mettere in relazione*) to connect, to associate, to link up: *~ due fatti fra loro* to link up two facts. **II** *v.pron.* **ricollegarsi 1** to be connected, to be associated, to have links with, to be linked together: *questo delitto si ricollega al precedente* this crime is connected with the previous one. **2** (*riferirsi*) to refer (*a* to).

ricollocare (*ricòlloco*, *ricòllochi*) *v.t.* **1** (*collocare di nuovo*) to place again. **2** (*rimettere a posto*) to put back, to replace.

ricolmare (*ricólmo*) *v.t.* **1** (*colmare di nuovo*) to refill. **2** (*colmare fino all'orlo*) to fill up, to fill to the brim. **3** (*fig*) to overwhelm, to load, to shower (*di* with): *~ qcu. di complimenti* to shower so. with compliments.

ricolmo *a.* **1** full (*di* of): *~ di acqua* full of water. **2** (*fino all'orlo*) full to the brim (*di* with), filled to the brim (*di* with), brimful (*di* of). **3** (*fig*) overflowing (*di* with), full (*di* of), brimming (*di* with): *avere il cuore ~ di gioia* to be overflowing with happiness.

ricolorare (*ricolóro*) *v.t.* **1** to colour again. **2** (*pitturare di nuovo*) to repaint, to paint again. **II** *v.pron.* **ricolorarsi** to regain colour, to take on more colour.

ricolorire (*ricolorìsco*, *ricolorìsci*) **I** *v.t.* **1** to colour again. **II** *v.pron.* **ricolorirsi** to regain colour.

ricombinante *a.* (*Biol*) recombinant: *DNA ~* recombinant DNA.

ricombinare (*ricombìno*) **I** *v.t.* to recombine. **II** *v.pron.* **ricombinarsi** (*Chim*) to recombine.

ricombinazione *f.* (*Biol,Fis*) recombination.

ricominciare (*ricomìncio*, *ricomìnci*) **I** *v.t.* to begin again, to start again: *~ il lavoro* to start work again. **II** *v.i.* (*aus.* **avere/essere**) **1** to begin again, to start again: *ricomincia a piovere* it's started raining again. **2** (*riprendere a parlare*) to begin talking again, to begin again, to resume what one was saying,

to take up (from where one left off). ☐ *~ da zero* to begin all over again, to go back to the beginning; *~ daccapo* to begin all over again, to go back to the beginning; (*colloq*) *si ricomincia* (*siamo alle solite*) here we go again.

ricomparire (*pres.ind.* **ricomparìsco/ricompàio**, **ricomparìsci/ricompàri**; *p.rem.* **ricompàrvi/ricomparìi**; *p.p.* **ricompàrso**; *aus.* **essere**) *v.i.* **1** to reappear, to appear again. **2** (*rif. al sole, alla luna*) to come out again.

ricomparsa *f.* reappearance.

ricompensa *f.* recompense; (*premio*) reward, recompense: (*iron*) *bella ~ per i miei sacrifici!* that's a fine reward for my pains! ☐ *~ al valore* award for bravery; *in ~* as a reward; *per ~* as a reward.

ricompensabile *a.* rewardable.

ricompensare (*ricompènso*) *v.t.* **1** (*premiare*) to reward, to recompense, to requite. **2** (*pagare*) to pay: *~ qcu. per un lavoro* to pay so. for a job.

ricompilare (*ricompìlo*) *v.t.* to compile again, to recompile.

ricomporre (*pres.ind.* **ricompóngo**, **ricompóni**; *p.rem.* **ricompósi**; *p.p.* **ricompósto**) **I** *v.t.* **1** to reassemble: *i pezzi di un congegno* to reassemble the parts of a mechanism. **2** (*riscrivere*) to rewrite. **3** (*ricostruire*) to reconstruct. **4** (*riorganizzare*) to reorganize. **5** (*fig*) (*riordinare*) to straighten out, to rearrange, to settle: *~ una situazione caotica* to straighten out a confused situation. **6** (*Tel*) to redial. **7** (*Tip*) to reset. **II** *v.pron.* **ricomporsi** to recompose oneself, to regain one's composure, to pull oneself together. ☐ *~ il viso* to recompose one's features.

ricomposizione *f.* **1** reassembly. **2** (*riscrittura*) rewriting. **3** (*ricostruzione*) reconstruction. **4** (*fig*) rearrangement, settling. **5** (*Tel*) redialling, (*Am*) redialing. **6** (*Tip*) reset, resetting. ☐ *~ fondiaria* land consolidation.

ricomprare (*ricómpro*) *v.t.* **1** (*comprare di nuovo: la stessa cosa*) to buy back, to repurchase: *~ la vecchia casa* to buy one's old house back. **2** (*comprare di nuovo: una cosa simile*) to buy again, to buy another, to buy more: *ho ricomprato i piatti che mi avevi rotto* I've bought some more of those plates you broke.

ricomunicare (*ricomùnico*, *ricomùnichi*) *v.t.* to inform again, to notify again: *~ qcs. a qcu.* to inform so. of sth. again.

riconciliabile *a.* reconcilable.

riconciliare (*riconcìlio*, *riconcìli*) **I** *v.t.* **1** to reconcile, to conciliate, to conciliate again: *~ due persone* to reconcile two people. **2** (*far riacquistare*) to regain, to win back, to win again: *la sua generosità gli ha riconciliato l'affetto di tutti* his generosity won him back everybody's love. **II** *v.pron.* **riconciliarsi** to be reconciled, to make peace, (*colloq*) to make it up again: *il giovane si è riconciliato con i suoi genitori* the young man has made it up with his parents (again); *si è riconciliato con la moglie* he has made it up with his wife. ☐ *riconciliarsi con Dio* to reconcile with God.

riconciliatore *m.* (*f.* **-trice**) reconciler, peacemaker.

riconciliazione *f.* reconciliation: *in segno di ~* as a mark of reconciliation; *fare opera di ~* to attempt to reconciliate.

riconducibile *a.* referable (*a* to).

ricondurre (*pres.ind.* **ricondùco**, **ricondùci**; *p.rem.* **ricondùssi**; *p.p.* **ricondótto**) *v.t.* **1** to lead again, to take again. **2** (*verso chi parla*) to bring again. **3** (*riportare al luogo* *di partenza*) to bring back, to take back: *l'evaso fu ricondotto in galera* the escapee was taken back to prison. **4** (*fig*) (*far risalire*) to trace back: ~ *un fenomeno alle sue cause* to trace a phenomenon back to its causes. □ ~ *qcu. alla ragione* to make so. see reason; (*fig*) ~ *all'ovile la pecorella smarrita* to bring the lost sheep back to the fold.

riconduzione *f.* (*Dir*) renewal.

riconferma *f.* confirmation, reconfirmation: ~ *di un incarico* reconfirmation of an appointment. □ *a ~ di quanto ho detto* in confirmation of what I have said.

riconfermare (**riconférmo**) I *v.t.* **1** to confirm, to reconfirm: ~ *qcu. in un incarico* to confirm so. in a position; ~ *una notizia* to confirm a piece of news. **2** (*ribadire*) to reaffirm, to reassert. **II** *v.pron.* **riconfermarsi** to prove again: *si riconfermò un ottimo cuoco* he once again proved to be an exceptional cook.

riconfortare (**riconfòrto**) I *v.t.* to comfort, to console, to cheer, to cheer up. **II** *v.pron.* **riconfortarsi** to cheer up.

ricongelamento *m.* refreezing.

ricongelare (**ricongèlo**) *v.t.* to refreeze.

ricongiungere (*pres.ind.* **ricongiùngo, ricongiùngi**; *p.rem.* **ricongiùnsi**; *p.p.* **ricongiùnto**) I *v.t.* **1** (*rif. a cose*) to join together again, to put together again, to rejoin. **2** (*rif. a persone*) to reunite, to join, to rejoin. **II** *v.pron.* **ricongiungersi 1** to meet again, to meet up again. **2** (*riunirsi*) to be reunited (*a* to), to join, to rejoin.

ricongiungimento *m.* **1** (*il ricongiungere*) rejoining, reuniting. **2** (*il ricongiungersi*) meeting, meeting up, reunion. □ ~ *familiare* residence permit for family reunion purposes.

ricongiunzione *f.* **1** (*il ricongiungere*) rejoining, reuniting. **2** (*il ricongiungersi*) meeting, meeting up, reunion.

riconnettere (*pres.ind.* **riconnètto**; *p.rem.* **riconnettéi**; *p.p.* **riconnèsso/riconnésso**) I *v.t.* to reconnect, to connect again, to link again. **II** *v.pron.* **riconnettersi** to be connected.

riconoscente *a.* grateful, thankful.

riconoscenza *f.* gratitude, thankfulness: *serbare eterna ~ a qcu. per qcs.* to be everlastingly grateful to so. for sth.; *un segno della nostra ~* a token of our gratitude.

riconoscere (*pres.ind.* **riconósco, riconósci**; *p.rem.* **riconóbbi**; *p.p.* **riconosciùto**) I *v.t.* **1** (*ravvisare cosa o persona nota*) to recognize: *sei tanto dimagrito che non ti riconosco più* you have become so thin that I don't recognize you anymore; ~ *qcu. dal passo* to recognize so. by their walk. **2** (*identificare*) to identify: ~ *un'automobile rubata* to identify a stolen car; ~ *un cadavere* to identify a body. **3** (*conoscere, distinguere*) to see, to recognize, to distinguish: *si riconosce subito in lui il vero galantuomo* you can see immediately that he is a true gentleman. **4** (*ammettere*) to admit, to admit to, to acknowledge: ~ *il proprio errore* to admit one's mistake; *bisogna riconoscergli che ha avuto un bel fegato* you have got to admit that he showed courage. **5** (*considerare legittimo*) to acknowledge, to recognize: *i soldati lo riconobbero come loro imperatore* the soldiers acknowledged him as their emperor. **6** (*apprezzare*) to appreciate, to recognize: ~ *i meriti di qcu.* to recognize the merits of so. **7** (*Dir*) to recognize, to acknowledge: ~ *un figlio* to acknowledge a son, to recognize a son; ~ *uno stato* to recognize a state. **II** *v.pron.* **riconoscersi 1** (*dichiararsi*) to admit: *rico-*

noscersi colpevole to admit one's guilt. **2** (*identificarsi*) to identify, to agree (*in* with). **III** *v.r.recipr.* **riconoscersi** (*identificarsi a vicenda*) to recognize each other. □ *riconoscersi colpevole* to admit one's guilt; *farsi ~* to identify oneself, to make oneself known: *non ha documenti per farsi ~* he has no credentials to identify himself; (*iperb*) ~ *qcu. fra mille* to recognize so. in a crowd, to recognize so. anywhere; ~ *qcu. idoneo a qcs.* to pass so. fit for sth., to qualify so. for sth., to declare so. fit to do sth.; *non lo riconosco più* he is no longer the person he was.

riconoscibile *a.* recognizable.

riconoscibilità *f.* recognizability.

riconoscimento *m.* **1** recognition. **2** (*identificazione*) identification: *il ~ di un cadavere* the identification of a body. **3** (*accettazione*) acknowledgement, recognition: *il ~ di un diritto* the acknowledgement of a right; *il ~ di uno stato* the recognition of a state. **4** (*ammissione*) acknowledgement, admission: ~ *delle proprie colpe* admission of one's faults. **5** (*apprezzamento*) appreciation, recognition: *in ~ dei tuoi servizi* in recognition of your services. **6** (*compenso*) reward: *merita un ~ per i suoi meriti* he deserves a reward for his merits. **7** (*gratifica*) gratuity. **8** (*Dir*) recognition, acknowledgement: ~ *di debito* acknowledgement of a debt. □ (*Tel*) ~ *del numero chiamante* caller ID; ~ *della paternità* recognition of paternity, acknowledgement of paternity; (*Dir*) ~ *delle persone giuridiche* incorporation; ~ *di figlio naturale* recognition of an illegitimate child, acknowledgement of an illegitimate child; ~ *di un governo* recognition of a government; (*Inform*) ~ *ottico di caratteri* optical character recognition, OCR; (*Inform*) ~ *vocale* speech recognition, voice recognition.

riconosciuto → **riconoscere** *a.* **1** recognized: *legalmente ~* legally recognized. **2** (*ammesso, accettato*) acknowledged.

riconquista *f.* **1** (*Mil*) reconquest. **2** (*fig*) recovery.

riconquistare (**riconquìsto**) *v.t.* **1** (*Mil*) to reconquer. **2** (*fig*) to win back, to recover, to regain.

riconsacrare (**riconsàcro**) *v.t.* to reconsecrate.

riconsacrazione *f.* reconsecration.

riconsegna *f.* **1** redelivery. **2** (*restituzione*) restitution, return.

riconsegnare (**riconségno**) *v.t.* **1** (*consegnare di nuovo*) to reconsign, to deliver again. **2** (*restituire*) to return, to give back.

riconsiderare (**riconsìdero**) *v.t.* to reconsider.

riconsolare (**riconsólo**) I *v.t.* to console again, to comfort again. **II** *v.pron.* **riconsolarsi** to take comfort, to take fresh heart, to cheer up.

ricontare (**ricónto**) *v.t.* to recount.

ricontrollare (**ricontròllo**) *v.t.* to countercheck, to check again.

riconvenire (*pres.ind.* **riconvèngo, riconvièni**; *p.rem.* **riconvénni**; *p.p.* **riconvenùto**) *v.t.* (*Dir*) to bring a countercharge against, to bring a counterclaim against.

riconvenzionale *a.* (*Dir*) counter (*attr.*), cross (*attr.*).

riconvenzione *f.* (*Dir*) countercharge, counterclaim, cross action.

riconversione *f.* reconversion. □ (*Econ*) ~ *industriale* industrial conversion, industrial redeployment.

riconvertire (*pres.ind.* **riconvèrto**; *p.rem.* **riconvertìi**) I *v.t.* **1** to reconvert. **2** (*Econ*) to

reconvert, to convert. **3** (*Ind*) to redeploy, to restructure, (*rif. a lavoratori*) to retrain. **II** *v.pron.* **riconvertirsi** to be reconverted, to reconvert.

riconvocare (**ricònvoco, ricònvochi**) *v.t.* to summon again, to reconvoke.

riconvocazione *f.* reconvocation, resummons.

ricoperto → **ricoprire** *a.* **1** (*coperto*) covered, covered up: *divano ~ di stoffa* sofa with a fabric cover. **2** (*celato, occultato*) hidden, covered. **3** (*rivestito*) coated; (*placcato*) plated. **4** (*Gastron*) coated, glazed: ~ *di cioccolato* chocolate-coated, covered with chocolate; *una torta ricoperta di cioccolato* a chocolate-coated cake, a cake with chocolate icing.

ricopertura *f.* **1** (*azione*) covering; coating. **2** (*rivestimento*) cover, covering. **3** (*Econ*) (*in borsa*) coverage, cover.

ricopiare (**ricòpio, ricòpi**) *v.t.* **1** (*copiare di nuovo*) to recopy. **2** (*trascrivere*) to copy, to copy out: ~ *una lettera* to copy out a letter. **3** (*annotare*) to copy down. **4** (*trascrivere in bella copia*) to make a good copy of. **5** (*imitare*) to copy, to imitate. □ ~ *a macchina* to type, to type out; ~ *a mano* to copy by hand.

ricopiatura *f.* **1** (*il ricopiare*) copying, recopying. **2** (*copia*) copy.

ricoprente *a.* (*Tecn*) covering, finishing.

ricopribile *a.* coverable.

ricoprimento *m.* **1** recovering. **2** (*il coprire completamente*) covering up. **3** (*Tecn*) coat, coating: ~ *di vernice* coat of paint. **4** (*Tecn*) (*placcatura*) plating. **5** (*Geol*) overlap.

ricoprire (*pres.ind.* **ricòpro**; *p.rem.* **ricoprìi/ricopèrsi**; *p.p.* **ricopèrto**) I *v.t.* **1** to cover again, to recover: *le nuvole hanno ricoperto il cielo* the clouds have covered the sky again. **2** (*coprire*) to cover, to cover up, to cover over: *la neve ricopriva le cime dei monti* the mountain peaks were covered with snow. **3** (*rivestire*) to coat, to coat over: ~ *qcs. di vernice* to coat sth. with paint. **4** (*rivestire: rif. a divano, cuscino*) to upholster. **5** (*placcare*) to plate. **6** (*avvolgere*) to wrap, to wrap up: ~ *qcu. con uno scialle* to wrap so. up in a shawl. **7** (*rif. a vegetazione*) to cover, to overgrow. **8** (*fig*) (*colmare*) to smother, to load, to lavish: ~ *qcu. di baci* to smother so. with kisses; ~ *qcu. di elogi* to lavish praise on so. **9** (*fig*) (*rif. a impieghi e sim.*) to hold: *ricopre un'alta carica al ministero* he holds a top position in the ministry. **10** (*Gastron*) to coat. **II** *v.pron.* **ricoprirsi** to cover oneself (*anche fig*): *ricoprirsi di gloria* to cover oneself with glory. □ (*fig*) ~ *d'oro qcu.* to shower gifts on so.

ricordabile *a.* memorable.

ricordanza *f.* **1** (*ant,poet*) (*ricordo*) memory, remembrance, recollection. **2** *pl.* (*Lett*) memoirs.

ricordare (**ricòrdo**) I *v.t.* **1** to remember, to recall, to recollect: *non ricordo il tuo indirizzo* I don't recall your address; *ricordo la mia promessa* I remember my promise; *ricordo bene di averti promesso un regalo* I remember very well that I promised you a present; *cerca di ~* try to remember. **2** (*rammentare*) to remind: ~ *a qcu. una promessa* to remind so. of a promise; *gli ricordai che comandavo io* I reminded him that I was the boss. **3** (*serbare memoria*) to remember: *la storia ricorderà questo avvenimento* this event will be remembered in history. **4** (*tener presente*) to remember, to keep in mind, to bear in mind: ~ *qcu. nel testamento* to remember so. in one's will. **5** (*menzionare, no-*

minare) to recall, to mention. **6** (*far venire in mente*) to remind of: *mi ricorda mio fratello* he reminds me of my brother. **7** (*rassomigliare*) to look like, to be like, to recall: *questo bambino ricorda molto il padre* this child looks very like his father. **8** (*assomigliare: rif. a suoni*) to sound like. **II** *v.pron.* **ricordarsi 1** to remember, to recollect (*di qcu.* so.): *ti ricordi ancora di me?* do you still remember me?; *mi ricordo di aver imbucato quella lettera* I remember posting that letter. **2** (*tener presente*) to remember, to bear in mind, to keep in mind: *ricordati che sei un padre di famiglia* remember that you have a family to look after. □ (*colloq*) *non si ricorda dal naso alla bocca* he would forget his own name; *una lapide che ricorda i caduti* a stone commemorating the fallen; ~ *qcu. nelle preghiere* to remember so. in one's prayers; *se ben ricordo* if my memory serves me right.

ricordino *m.* **1** (*piccolo dono*) small gift. **2** (*ricordo di viaggio*) souvenir. **3** (*immagine sacra*) holy picture; (*di defunto*) memoriam card.

ricordo I *m.* **1** memory, remembrance, recollection: *ha solo un lontano ~ della guerra* he has only a vague recollection of the war. **2** (*impressione*) memory, impression: *lasciare un buon ~ di sé* to leave a good impression. **3** (*oggetto*) souvenir; (*per ricordare una persona*) memento, keepsake; (*dono*) small gift. **4** (*fig*) (*segno*) mark, (*scherz*) souvenir: *questa cicatrice è il ~ di un incidente di auto* this scar is a souvenir of a car accident. **5** (*fig*) (*resto*) record, remain; (*vestigia*) trace. **6** *pl.* (*memorie*) memoirs: *ha scritto un libro di ricordi* he wrote a book of memoirs. **II** *a.inv.* (*posposto*) souvenir (*attr.*): *foto ~* souvenir photo. □ *a ~ di* in memory of, to commemorate; *un ~ di famiglia* an heirloom; *ricordi di gioventù* memories of one's youth; ~ *di viaggio* souvenir; ~ *d'infanzia* childhood memory; *lasciare qcs. in ~ a qcu.* to leave sth. to so. as a memento; *per ~ as a* keepsake.

ricoricare (**ricòrico, ricòrichi**) **I** *v.t.* **1** to lay down again. **2** (*mettere di nuovo a letto*) to put to bed again. **II** *v.pron.* **ricoricarsi 1** to lie down again. **2** (*nel letto*) to go to bed again.

ricorrente I *a.* **1** recurrent, recurring: *fatti ricorrenti* recurring events. **2** (*Med,Anat*) recurrent: *febbre ~* recurrent fever, relapsing fever. **3** (*Mat*) recursive. **4** (*Arch*) repeated: *ornamento ~* repeated ornament. **II** *m./f.* (*Dir*) petitioner, claimant.

ricorrenza *f.* **1** recurrence: *la ~ di un fenomeno* the recurrence of a phenomenon. **2** (*festività ricorrente*) feast, festivity, holiday: *la ~ del Natale* Christmas, the feast of Christmas. **3** (*anniversario*) anniversary; (*occasione*) occasion: *festeggiare la ~* to celebrate the occasion.

ricorrere (*pres.ind.* **ricòrro**; *p.rem.* **ricórsi**; *p.p.* **ricórso**; *aus.* **essere**) *v.i.* **1** (*rivolgersi* (*a* to), to go (*a* to): ~ *al medico* to go to, to consult the doctor. **2** (*per consigli, aiuto e sim.*) to turn, to appeal: ~ *a qcu. per consiglio* to turn to so. for advice. **3** (*valersi, servirsi*) to resort, to have recourse: *dovetti ~ alle maniere forti* I had to resort to force; ~ *alla forza* to resort to force; ~ *all'inganno* to resort to trickery. **4** (*rif. ad anniversari e sim.*) to be: *oggi ricorre l'anniversario del mio matrimonio* today is my wedding anniversary. **5** (*cadere*) to fall: *quest'anno il primo dell'anno ricorre di lunedì* New Year's Day falls on a Monday this year. **6**

(*ripetersi: di avvenimenti e sim.*) to recur, to occur again, to happen again: *vicende che ricorrono nel corso della storia* events which recur in the course of history. **7** (*rif. a frasi, discorsi e sim.*) to be found, to be met with: *una frase che ricorre spesso in Omero* a phrase that is frequently met with in Homer. **8** (*ritornare*) to return, to go back (*anche fig*): *il suo sguardo ricorreva spesso al ritratto* his glance kept returning to the portrait. **9** (*ritornare con la mente, con la memoria*) to look back, to remember. **10** (*Dir*) (*fare appello*) to appeal: ~ *in cassazione* to appeal to the Court of Cassation; ~ *in appello* to appeal, to file an appeal. □ ~ *alla giustizia* to turn to the law; ~ *alle vie legali* to take legal measures, to take legal action, to go to law, to sue.

ricorsività *f.* recursion, recursiveness (*anche Mat,Ling*).

ricorsivo *a.* recursive (*anche Ling,Mat*).

ricorso *m.* **1** recourse, resort: ~ *alla violenza* recourse to violence. **2** (*reclamo*) claim, complaint: *ascoltare un ~* to hear a claim. **3** (*il ripetersi, ritorno*) recurrence. **4** (*Dir*) petition: *presentare un ~* to file a petition, to lodge a petition. **5** (*Dir*) (*appello*) appeal: *presentare ~ contro una sentenza* to appeal against a sentence, to make an appeal against a sentence; (*Dir*) *respingere un ~* to reject an appeal. □ ~ *alle armi* appeal to arms; *fare ~ a*: 1 (*persona*) to turn to, to appeal to; (*professionista*) to go to; 2 (*servirsi, avvalersi*) to resort to: *fare ~ all'inganno* to resort to trickery; 3 (*appellarsi*) to appeal to (*anche Dir*): *fare ~ alla comprensione di qcu.* to appeal to so.'s understanding; (*Dir*) *fare ~ contro una sentenza* to appeal against a sentence, to make an appeal against a sentence; (*Dir*) ~ *in appello* appeal; (*Dir*) ~ *in cassazione* appeal to the Court of Cassation.

ricostituente I *a.* (*Med,pop*) reconstituent, tonic: *cura ~* tonic treatment. **II** *m.* (*Med,pop*) tonic, (*colloq*) pick-me-up.

ricostituire (**ricostituìsco, ricostituìsci**) *v.t.* **1** to reconstitute, to re-establish: ~ *una società* to reconstitute a partnership. **2** (*rif. a partiti*) to reconstitute. **3** (*fig*) (*rinvigorire*) to restore. **II** *v.pron.* **ricostituirsi 1** to be reconstituted, to reform. **2** (*fig*) (*rimettersi in salute*) to recover.

ricostituito *a.* (*Chim,Ind*) reconstituted: *latte ~* reconstituted milk.

ricostituzione *f.* **1** re-establishment, reconstitution. **2** (*rif. a partito*) reconstitution. **3** (*Chim,Ind*) reconstitution.

ricostruibile *a.* that can be reconstructed (*posposto*).

ricostruire (**ricostruìsco, ricostruìsci**) *v.t.* **1** to rebuild, to reconstruct, to redevelop: ~ *una città distrutta dall'incendio* to rebuild a city destroyed by fire. **2** (*fig*) to reconstruct: ~ *un delitto* to reconstruct a crime. **3** (*fig*) (*rif. a un testo*) to restore, to reconstruct. **4** (*Med, Chir*) to reconstruct, to restore: ~ *un dente* to restore a tooth.

ricostruttivo *a.* (*Med,Chir*) reconstructive: *chirurgia ricostruttiva* reconstructive surgery.

ricostruttore I *m.* (*f.* **-trice**) rebuilder, reconstructor. **II** *a.* reconstructive.

ricostruzione *f.* **1** rebuilding, reconstruction: *progettare la ~ di un teatro* to plan the rebuilding of a theatre. **2** (*fig*) (*di evento, fatti*) reconstruction. **3** (*fig*) (*di periodo storico*) reconstruction, impression: *nel romanzo è pregevole l'accurata ~ della vita medievale* the novel gives an excellent reconstruction (*o* impression) of life in the middle ages. □

(*Aut*) ~ *di un pneumatico* retreading.

ricotta *f.* (*Alim*) ricotta.

ricotto → **ricuocere** *a.* **1** re-cooked, re-baked. **2** (*Met*) annealed.

ricottura *f.* **1** re-cooking, re-baking, cooking again. **2** (*Met*) annealing.

ricoverare (**ricòvero**) **I** *v.t.* **1** (*mandare, far entrare*) to send, to take, to place: (*Med*) (*far*) ~ *in ospedale* to send to hospital, to hospitalize; ~ *in manicomio* to send to a mental hospital. **2** (*accogliere*) to admit, to take (*in into, in*): *è stato ricoverato in un ospizio* he has been taken to a home. **3** (*mettere al sicuro*) to give shelter to. **II** *v.pron.* **ricoverarsi 1** to take shelter. **2** (*Med*) to be admitted, to go into hospital. □ (*Med*) ~ *d'urgenza* to admit as an emergency.

ricoverato I *m.* (*f.* **-a**) **1** (*in un ospizio*) inmate. **2** (*Med*) patient, in-patient. **II** *a.* (*in ospedale*) hospitalized.

ricovero *m.* **1** admission. **2** (*Med*) admission, hospitalization: *ordinare il ~ in una casa di cura* to order hospitalization in a clinic. **3** (*rifugio, riparo*) shelter, refuge: *dare ~ a qcu.* to shelter so. **4** (*ospizio*) home, asylum. **5** (*Mil*) shelter. □ ~ *antiaereo* air-raid shelter; ~ *di mendicità* poorhouse; ~ *di urgenza* emergency admission, emergency hospitalization; ~ *in ospedale* admission, hospitalization.

ricreare (**ricrèo**) **I** *v.t.* **1** (*creare di nuovo*) to recreate. **2** (*ristorare, rinvigorire*) to restore, to refresh. **3** (*distrarre, rasserenare*) to amuse, to cheer: *questa musica ricrea l'anima* this music cheers one up. **II** *v.pron.* **ricrearsi** to amuse oneself, to enjoy oneself, to take recreation, to find recreation.

ricreativo *a.* recreational, recreative.

ricreatorio *m.* (*ant*) **1** (*per giovani*) youth club. **2** (*per bambini*) playing centre.

ricreazione *f.* **1** recreation: *lo sport è una sana ~* sport is a healthy recreation. **2** (*pausa nel lavoro*) break: *prendere un po' di ~* (*o concedersi un po' di ~*) to take a break. **3** (*a scuola*) recreation, playtime: *è suonata la ~* the bell has rung for playtime.

ricredersi (*pres.ind.* **mi ricrédo**; *p.rem.* **mi ricredéi/mi ricredètti**) *v.pron.* to change one's mind. □ *far ricredere qcu.* to make so. change their mind, to make so. open their eyes; ~ *sul conto di qcu.* to change one's opinion of so., to change one's mind about so.

ricrescere (*pres.ind.* **ricrésco, ricrésci**; *p.rem.* **ricrébbi**; *p.p.* **ricresciùto**; *aus.* **essere**) *v.i.* to grow again, to regrow: *si è fatto ~ la barba* he let his beard grow again.

ricrescita *f.* **1** regrowth, new growth. **2** (*rif. a capelli tinti*) roots *pl.*

rictus *m.inv.* (*Med*) rictus.

ricucimento *m.* (*rar*) **1** stitching again, sewing again, restitching. **2** (*cucitura*) stitching (*anche Chir*).

ricucire (**ricùcio, ricùci**) *v.t.* **1** to stitch again, to sew again, to restitch, to sew up again. **2** (*Chir*) to stitch, (*colloq*) to sew up. **3** (*fig*) to repair, to re-establish: ~ *i rapporti* to re-establish relationships.

ricucitura *f.* **1** restitching, stitching again, sewing up again. **2** (*complesso di punti*) stitches *pl.*, stitching. **3** (*fig*) re-establishment.

ricuocere (*pres.ind.* **ricuòcio, ricuòci, ricuociàmo/ricociàmo**; *p.rem.* **ricòssi**; *p.p.* **ricòtto**) *v.t.* **1** (*Gastron*) to recook, to cook again. **2** (*Met*) to anneal.

ricuperare *e der.* → **recuperare** *e der.*

ricurvo *a.* **1** bent, curved, rounded: *schiena ricurva* curved spine, (*estens*) rounded shoulders. **2** (*rif. a persone*) bent, stooping.

ricusa *f.* **1** (*lett*) (*rifiuto*) refusal, rejection. **2** (*Dir*) objection, challenge.

ricusabile *a.* **1** refusable. **2** (*Dir*) open to challenge.

ricusare (**ricùso**) *v.t.* **1** to refuse, to reject, to decline, to turn down: ~ *un invito* to refuse an invitation. **2** (*Dir*) to challenge, to object to, to recuse: ~ *un giudice* to recuse a judge.

ricusazione *f.* (*Dir*) objection, challenge: ~ *del giudice* objection to the judge, recusation of the judge.

ridacchiare (**ridàcchio, ridàcchi**; *aus.* **avere**) *v.i.* **1** to titter, to giggle. **2** (*ridere malignamente*) to snigger, to snicker.

ridanciano *a.* **1** (*rif. a persona*) jolly. **2** (*rif. a cosa: che fa ridere*) comic, comical, funny.

ridare (*pres.ind.* **ridò, ridài, ridà**; *p.rem.* **ridièdi/ridètti**; *p.p.* **ridàto**) *v.t.* **1** to give again: *devo* ~ *la medicina al bambino* I must give the baby his medicine again. **2** (*restituire*) to give back, to return: *gli ho ridato i soldi che gli dovevo* I gave (*o* I paid) him back the money I owed him. **3** (*infondere nuovamente*) to restore: ~ *fiducia a qcu.* to restore so.'s confidence. □ *dagli e ridagli* by keeping on, by persisting, by dint of insistence.

ridarella *f.* (*colloq*) giggles *pl.*: *avere la* ~ to have the giggles.

ridda *f.* **1** (*antica danza*) round, round dance. **2** (*fig*) turmoil, jumble: *una* ~ *di notizie contraddittorie* a jumble of contradictory information. □ ~ *infernale* great confusion, bedlam.

ridefinire (**ridefinìsco, ridefinìsci**) *v.t.* to redefine, to define again.

ridefinizione *f.* redefinition.

ridente *a.* **1** smiling, bright (*anche fig*): *occhi ridenti* smiling eyes. **2** (*fig*) (*sereno, ameno*) pleasant, delightful, charming: *una valle* ~ a pleasant valley.

ridere[1] (*pres.ind.* **rìdo**; *p.rem.* **rìsi**; *p.p.* **rìso**) **I** *v.i.* (*aus.* **avere**) **1** to laugh: *tu mi fai sempre* ~ you always make me laugh. **2** (*canzonare, deridere*) to laugh (*di* at), to make fun (*di* of): *tutti ridono di lui* everyone is making fun of him. **3** (*scherzare*) to joke, to be in fun, to be in jest: *non arrabbiarti, si faceva per* ~ don't be annoyed, it was only in fun; don't be annoyed, it was only a joke. **4** (*fig,lett*) (*risplendere*) to shine, to be bright, to sparkle: *le ridono gli occhi* her eyes sparkle. **II** *v.pron.* **ridersi 1** (*burlarsi*) to laugh (*di* at): *ridersi della stoltezza di qcu.* to laugh at so.'s stupidity. **2** (*non prendere in considerazione*) not to give a fig (*di* for), not to give a jot (*di* for), not to care (*di* about): *mi rido delle tue opinioni* I don't care about your opinions. □ ~ *a crepapelle* to split one's sides with laughter, to roar with laughter, to be in stitches; (*fig*) ~ *alle spalle di qcu.* to laugh behind so.'s back, to laugh at so. behind his back; *da* ~ funny, comic, comical: *un film da* ~ a comic film; (*colloq*) *sono cose da* ~ (*senza importanza*) they are mere trifles; *ci sarà da* ~ it will be fun; *non c'è niente da* ~ there is nothing to laugh about; ~ *di cuore* to laugh heartily; ~ *dietro a qcu.* to laugh at so.; *farsi* ~ *dietro* to make a laughing stock of oneself; *fare* ~: 1 to be funny; 2 (*essere ridicolo*) to be absurd: *le sue scuse mi fanno* ~ his excuses are ridiculous; *ma non mi faccia* ~! don't make me laugh!; ~ *fino alle lacrime* to cry with laughter; ~ *forzatamente* to give a forced laugh; ~ *fra sé e sé* to chuckle, to chuckle to oneself, to laugh to oneself, to laugh up one's sleeve; (*fig*) *fare* ~ *i polli*: 1 (*essere assurdo*) to make a cat laugh, to be ridiculous, to be absurd; 2 (*ren-*

dersi ridicolo) to make a laughing stock of oneself, to make a fool of oneself; (*fig*) *far* ~ *i sassi* to be ridiculous, to be absurd; ~ *in faccia a qcu.* to laugh in so.'s face; *ridersela di qcs.* to laugh at sth.; ~ *sguaiatamente* to guffaw; ~ *sotto i baffi* to chuckle, to laugh up one's sleeve, to chuckle in one's beard; *mi viene da* ~ it makes me want to laugh, I can't help laughing. *Prov.: chi ride il venerdì, piange la domenica* sing before breakfast, cry before night; *ride bene chi ride ultimo* he who laughs last laughs loudest.

ridere[2] *m.* laughter, laughing: *fare un gran* ~ to laugh heartily, to shriek with laughter. □ (*colloq*) *c'è da morire dal* ~ it'll have you in stitches, it'll make you split your sides; *buttare qcs. sul* ~ (*o mettere qcs. sul* ~) to laugh sth. off.

ridestare (**ridèsto**) **I** *v.t.* **1** to reawaken, to wake up again: *il rumore del treno ci ridestò* the noise of the train woke us up again. **2** (*svegliare*) to awake. **3** (*fig*) to reawaken, to bring back, to arouse again: *la notizia gli ridestò molti ricordi* the news brought back many memories. **II** *v.pron.* **ridestarsi 1** to reawaken, to wake up again. **2** (*svegliarsi*) wake up, to awaken. **3** (*fig*) to be aroused again, to come back, to come back to life, to reawaken: *i suoi sospetti si erano ridestati* his suspicions were aroused again.

ridicolaggine *f.* **1** ridiculousness. **2** (*cosa, detto*) absurdity, nonsense: *dire ridicolaggini* to talk nonsense.

ridicolezza *f.* **1** ridiculousness. **2** (*cosa*) absurdity, nonsense. **3** (*inezia*) trifle.

ridicolizzare (**ridicolìzzo**) *v.t.* to ridicule.

ridicolmente *avv.* ridiculously.

ridicolo I *a.* **1** ridiculous, absurd: *rendersi* ~ to make oneself ridiculous, to make a fool of oneself, to make a laughing stock of oneself. **2** (*meschino, insignificante*) paltry, meagre: *compenso* ~ meagre pay. **II** *m.* **1** ridicule: *mettere in* ~ to hold up to ridicule, to ridicule; *cadere nel* ~ to become ridiculous; *gettare il* ~ *su qcu.* to ridicule so.; to make a laughing stock of so. **2** (*aspetto ridicolo*) ridiculousness, ridiculous side: *il* ~ *di una situazione* the ridiculous side of a situation.

ridimensionamento *m.* **1** reorganization, restructuring, right-sizing. **2** (*riduzione*) downsizing, reduction: ~ *dell'organico* reduction of staff, downsizing. **3** (*fig*) reappraisal.

ridimensionare (**ridimensióno**) **I** *v.t.* **1** (*riorganizzare*) to reorganize, to restructure: ~ *un'industria* to restructure an industry. **2** (*ridurre*) to reduce, to cut down (on), to downsize: ~ *il personale* to reduce personnel, to cut down on personnel. **3** (*fig*) to reappraise, to put back into perspective, to see for what it is worth, (*colloq*) to cut down to size: ~ *uno scrittore* to reappraise a writer; ~ *un fatto storico* to put a historical event back into perspective. **4** (*Inform*) to resize, to scale. **II** *v.pron.* **ridimensionarsi** to be reduced, to be scaled down: *le sue ambizioni si sono ridimensionate* his ambitions have been scaled down, his ambitions have been cut down to size.

ridipingere (*pres.ind.* **ridipìngo, ridipìngi**; *p.rem.* **ridipìnsi**; *p.p.* **ridipìnto**) *v.t.* to repaint, to paint again.

ridire (**ridìco, ridìci**; *imperat.* **ridì/ridì'**; *ridìssi, ridétto*; → **dire**) *v.t.* **1** to repeat, to tell again, to say again: *non* ~ *più una cosa simile* never say a thing like that again. **2** (*riferire*) to tell, to repeat: *ridice tutto alla mamma* he repeats everything to his mother. **3** (*criticare*) to object to, to find fault with. □ *non*

avere nulla da ~ to have no complaints; *trova sempre qcs. da* ~ he always finds fault; *avete qcs. da* ~? have you any objection?

ridiscendere (*pres.ind.* **ridiscéndo**; *p.rem.* **ridiscési**; *p.p.* **ridiscéso**) **I** *v.t.* to go down again, to come down again: ~ *le scale* to go down the stairs again. **II** *v.i.* (*aus.* **essere**) to go down again, to come down again.

ridisegnare (**ridiségno**) *v.t.* **1** to redraw. **2** (*fig*) to redraw, to replan: ~ *i confini* to work out new boundaries; ~ *una strategia* to rethink (one's) plans.

ridistribuire (**ridistribuìsco, ridistribuìsci**) *v.t.* to redistribute, to reallocate.

ridistribuzione *f.* redistribution, reallocation. □ (*Econ*) ~ *degli oneri fiscali* equalization of taxes; (*Econ*) ~ *dei redditi* income redistribution.

ridivenire (*pres.ind.* **ridivèngo, ridivièni**; *p.rem.* **ridivénni**; *p.p.* **ridivenùto**; → **venire**) *v.i.* to become again, to grow again, to turn again: *ridiventò serio* he grew serious again.

ridiventare (**ridivènto**; *aus.* **essere**) *v.i.* to become again, to grow again, to turn again: *ridiventò serio* he grew serious again.

ridividere (*pres.ind.* **ridivìdo**; *p.rem.* **ridivìsi**; *p.p.* **ridivìso**) *v.t.* **1** to divide again, to divide up again. **2** (*dividere ulteriormente*) to subdivide.

ridomandare (**ridomàndo**) *v.t.* **1** (*domandare di nuovo*) to ask again: *gli ho ridomandato che cosa volesse* I asked him again what he wanted. **2** (*domandare con insistenza*) to keep on asking. **3** (*chiedere in restituzione*) to ask to give back, to ask (for sth.) back: *gli ridomandai il danaro* I asked him to give me back the money, I asked him for the money back.

ridonare (**ridóno**) *v.t.* **1** to give again. **2** (*restituire*) to give back, to restore.

ridondante *a.* redundant (*anche Inform*).

ridondanza *f.* **1** redundance, redundancy, excess: ~ *di metafore* excess of metaphors. **2** (*Inform*) redundance, redundancy: *controllo per* ~ redundancy check, redundancy check.

ridondare (**ridóndo**; *aus.* **essere**) *v.i.* (*lett*) **1** to abound (*di* in), to superabound (in), to be loaded (with). **2** (*risultare, tornare a*) to redound, to contribute, to be: ~ *in danno di qcu.* to be to so.'s disadvantage; ~ *in favore di qcu.* to redound to so.'s favour.

ridosso *m.* shelter, lee (*anche Mar*). □ *a* ~ *di*: 1 (*riparato da*) protected by, sheltered by, in the shelter of, in the lee of: *a* ~ *del vento* in the lee of the wind; 2 (*vicino a, in prossimità*) close by, close to: *la casa era a* ~ *del monte* the house was close to the mountain, the house was sheltered by the mountain; *siamo a* ~ *della primavera* spring is close at hand; 3 (*dietro*) behind, at the back of: *le montagne stanno a* ~ *del paese* the mountains lie behind the town.

ridotta *f.* **1** (*Mil*) redoubt. **2** (*Aut*) underdrive, reduced gear.

ridotto → **ridurre I** *a.* **1** reduced, small, smaller: *proporzioni ridotte* reduced proportions; *su scala ridotta* on a smaller scale. **2** (*diminuito*) reduced, cut, short: *orario* ~ short time, short hours *pl.*; *prezzi ridotti* cut prices. **3** (*adattato*) abridged, adapted: *versione ridotta* abridged version. **4** (*Mat,Chim*) reduced. **II** *m.* **1** (*Teat*) foyer. **2** (*Mil*) redoubt. □ (*fig*) *essere* ~ *a un'ombra* to be a shadow of oneself; *essere* ~ *agli estremi* to be in dire straits; *essere* ~ *alla disperazione*: 1 to be driven to distraction, to be driven to despair; 2 (*in difficoltà economiche*) to be desperate for money; (*fig*) *essere* ~ *all'osso* to be on the rocks; (*iron*) *siamo ridotti proprio bene!* we're in a nice mess!, we're in a fix!; *guarda come sei ~!* just look at the state you're in!; (*fig*) *essere ~ un colabrodo* to be riddled with holes, (*in seguito a sparatoria*) to be riddled with bullets; (*colloq*) *essere ~ uno scheletro* (*magrissimo*) to look like a skeleton, (*colloq*) to be all skin and bones.

riducente I *a.* reducing: *fiamma ~* reducing flame; (*Cosmet*) *crema ~* reducing cream, slimming cream. **II** *m.* (*Chim*) reducing agent, reductant.

riducibile *a.* reducible (*anche Chim,Mat*): *prezzi riducibili* reducible prices.

ridurre (*pres.ind.* **ridùco, ridùci**; *p.rem.* **ridùssi**; *p.p.* **ridótto**) **I** *v.t.* **1** to reduce, to curtail, to cut: *~ del dieci per cento* to reduce by ten per cent; *~ le esportazioni* to curtail exports; *~ le tasse* to cut taxes. **2** (*far diventare più corto*) to shorten: *~ la lunghezza di un vestito* to shorten a dress. **3** (*diminuire numericamente*) to cut down on: *~ il personale* to cut down on personnel. **4** (*rif. a opere letterarie*) to abridge. **5** (*adattare*) to adapt: *~ una commedia per la televisione* to adapt a play for television; *~ un testo per le scene* to adapt a text for the stage. **6** (*trasformare*) to convert, to transform, to turn: *~ un convento in ospedale* to convert a convent into a hospital. **7** (*far diventare*) to turn into: *mi hanno ridotto la casa un porcile* they have turned my house into a pigsty. **8** (*mettere in condizioni peggiori*) to reduce, to bring: *i debiti lo hanno ridotto alla miseria* his debts reduced him to poverty; *~ un popolo in schiavitù* to reduce a people to slavery. **9** (*costringere, spingere*) to force, to drive, to reduce: *~ i propri figli a mendicare* to drive one's children to begging; *~ qcu. alla disperazione* to drive so. to despair. **10** (*semplificare*) to reduce, to break down: *~ una teoria ai principi di base* to reduce a theory to its basic principles. **11** (*Mat,Chim,Chir*) to reduce: *~ due frazioni al minimo comune denominatore* to reduce two fractions to their lowest common denominator. **12** (*Mus*) to arrange, to adapt. **II** *v.pron.* **ridursi 1** (*diventare*) to be reduced: *ridursi pelle e ossa* to be reduced to skin and bone. **2** (*indursi, giungere*) to lower oneself, to reduce oneself: *non mi ridurrò mai ad accettare compromessi* I shall never lower myself to accepting compromises. **3** (*diminuire*) to be reduced, to shrink, to dwindle away: *il mio gruzzolo si è ridotto a poche migliaia di lire* my savings have dwindled away to a few thousand lire. **4** (*limitarsi*) to be confined, to be limited, to consist merely (of): *il suo aiuto si riduce a qualche promessa* his help merely consists of a few promises. **5** (*Gastron*) to reduce. □ (*Inform*) *~ a icona* to minimize; (*comando*) minimize; *~ a mal partito* to reduce to a sorry state, to reduce to a sorry plight; *ridursi a mal partito* to be in a sorry plight, to be in a bad way; *ridursi a niente* (*o ridursi a nulla*): 1 to leave almost nothing; 2 (*fig*) to come to nothing; (*Mat*) *~ ai minimi termini* to reduce to lowest terms; (*fig*) *~ qcs. ai minimi termini* to reduce sth. to its lowest terms, to bring sth. to its lowest terms, to reduce to a sorry state; *~ qcu. al silenzio* to silence so.; *essere ridotto al verde* to be on the rocks, to be broke; *~ qcu. alla ragione* to make so. see sense, to make so. see reason; *~ all'ubbidienza*: 1 to make obedient; 2 (*sottomettere*) to subject, to subdue, to subjugate; *ridursi all'ultimo momento* to leave things to the last minute; *hai visto come si è ridotto dopo la malattia?* have you seen how bad he looks since his

illness?; (*fig*) *~ in cenere* to destroy, to wipe out; *ridursi in cenere* to be burned to a cinder; *~ qcu. in fin di vita* to bring so. to the brink of death, to be the death of so.; *~ in pezzi*: 1 to break into pieces; 2 (*stracciare*) to tear to pieces, to tear up; *~ in polvere* to reduce to dust, to pulverize (*anche fig*); *~ qcu. in proprio potere* to get so. into one's power, to get a hold on so., to have so. round one's little finger; *~ in schiavitù* to enslave, to reduce to servitude; (*Mar*) *~ la velatura* to take in sail, to shorten sail; *~ le spese* to cut down on expenses; *~ sul lastrico* to reduce to poverty, to be down and out; *ridursi sul lastrico* to be reduced to poverty, to be down and out; (*fig*) *~ qcu. uno straccio* to wear so. to a frazzle, to wear so. out.

riduttivo *a.* **1** reductive, restrictive, limiting. **2** (*sminuente*) depreciative, scornful, belittling: *giudizio ~* callow judgement, low opinion; *spiegazione riduttiva* oversimplified explanation, measly explanation.

riduttore I *m.* **1** (*f.* **-trice**) reducer; (*di romanzi e sim.*) adapter. **2** (*Mecc,El*) reducer: *~ di velocità* speed reducer. **3** (*El*) (*adattatore*) adapter. **4** (*Chim*) reducing agent, reductant. **II** *a.* (*Chim,Mecc*) reducing. □ (*El*) *~ di corrente* current transformer.

riduzione *f.* **1** (*diminuzione*) reduction, decrease, cutting, cutting down, cut: *~ del personale* reduction of staff, cutting down on staff; *~ dei costi* reduction of costs, cutting down of costs; *si è registrata una ~ delle entrate* there has been a decrease in income. **2** (*raccorciamento*) shortening. **3** (*Edit*) (*rif. a opera letteraria*) abridgement. **4** (*sconto*) reduction, discount: *concedere una ~ del dieci per cento* to give a ten per cent discount; *~ per studenti* discount for students. **5** (*adattamento, opera adattata*) adaptation: *~ cinematografica di un romanzo* screen adaptation of a novel. **6** (*semplificazione*) reduction, break-down: *la ~ di un problema all'essenziale* the reduction of a problem to its bare essentials. **7** (*Mus*) arrangement, adaptation. **8** (*Tecn,Med*) reduction. □ (*Dir.can*) *~ allo stato laicale* reduction to the lay state; *~ dei prezzi* reduction of prices, price cut, price cutting; *~ del divario* narrowing of the gap; *~ del salario* wage cut; (*Dir*) *~ della pena* remission; (*Econ*) *~ delle imposte* tax reduction, tax cut; *~ dello stipendio* salary cut; *~ dell'orario* di lavoro reduction of working hours; *~ di prezzo* reduction, discount; *~ di tariffa*: 1 lowering of rates, tariff cutting; 2 (*rif. a viaggi*) reduced fare; (*Econ*) *~ fiscale* tax reduction, tax cut; *~ sul prezzo* reduction, discount.

riduzionismo *m.* (*Filos,Biol*) reductionism.

riduzionista *m./f.* (*Filos,Biol*) reductionist.

riecco *avv.* **1** (*ecco di nuovo*) here is again, here are again, here comes again, here come again: *~ il sole* here comes the sun again. **2** (*nel restituire*) here is, here is back, here are back: *rieccoti la penna* here is your pen back. □ *rieccoci qua* here we are again.

riecheggiare (*riechéggio, riechéggi*) **I** *v.t.* **1** to re-echo, to resound. **2** (*fig*) to echo. **II** *v.i.* (*aus.* **essere**) **1** to re-echo, to resound. **2** (*fig*) to echo.

riedificare (*riedìfico, riedìfichi*) *v.t.* to re-build, to reconstruct, to build again, to redevelop.

riedificazione *f.* rebuilding, reconstruction, redevelopment.

riedito *a.* (*Edit*) republished, reprinted, reissued.

riedizione *f.* **1** (*Edit*) new edition, reissue: *~ di un libro* new edition of a book. **2** (*Cin*)

remake. **3** (*Teat*) revival. **4** (*fig*) revival, return.

rieducabile *a.* **1** re-educable, re-educatable. **2** (*correggibile*) reformable, that can be rehabilitated (*posposto*).

rieducare (*rièduco, rièduchi*) *v.t.* **1** to re-educate. **2** (*reinserire nella società*) rehabilitate: *~ i minorenni traviati* to rehabilitate juvenile delinquents. **3** (*Med*) to rehabilitate, to give rehabilitation therapy: *~ una mano paralizzata* rehabilitate a paralysed hand; *~ i disabili* to rehabilitate disabled people.

rieducativo *a.* rehabilitative.

rieducazione *f.* **1** re-education. **2** (*reinserimento nella società*) rehabilitation. **3** (*Med*) rehabilitation, re-education. □ (*Med*) *~ funzionale* functional rehabilitation; *~ professionale* retraining; (*Med*) *~ respiratoria* respiratory therapy.

rielaborare (*rielàboro*) *v.t.* to elaborate again, to revise.

rielaborazione *f.* new elaboration, revision.

rieleggere (*pres.ind.* **rielèggo, rielèggi**; *p.rem.* **rielèssi**; *p.p.* **rielètto**) *v.t.* to re-elect.

rieleggibile *a.* re-eligible.

rieleggibilità *f.* re-eligibility.

rielezione *f.* re-election.

riemergere (*pres.ind.* **riemèrgo, riemèrgi**; *p.rem.* **riemèrsi**; *p.p.* **riemèrso**; *aus.* **essere**) *v.i.* to re-emerge, to emerge again, to resurface (*anche fig*).

riemersione *f.* re-emergence.

riemigrare (*riemìgro*; *aus.* **essere**) *v.i.* to re-emigrate, to emigrate again.

riempibile *a.* fillable, refillable.

riempibottiglie *f.inv.* bottler, bottling machine.

riempimento *m.* **1** filling, filling up. **2** (*il riempire di nuovo*) refilling. **3** (*rif. a modulo*) filling-up, filling-in. **4** (*ciò che serve a riempire*) filling.

riempire (*pres.ind.* **riémpio, riémpi**; *p.rem.* **riempii**; *p.p.* **riempito**) **I** *v.t.* **1** to fill, to fill up: *~ un bicchiere d'acqua* to fill a glass with water. **2** (*imbottire, rimpinzare*) to fill, to cram, to stuff: *una valigia* to fill a suitcase. **3** (*compilare*) to fill in, to fill out: *~ un formulario* to fill in a form; *~ gli spazi vuoti* to fill in the blanks. **4** (*fig*) (*colmare*) to fill: *le tue parole mi riempiono di speranza* your words fill me with hope. **5** (*affollare*) to crowd, to throng, to pack: *la folla riempiva la piazza* the crowd thronged the square. **6** (*fig*) (*occupare*) to be taken up: *il lavoro mi riempie le giornate* my days are fully taken up with work. **7** (*assol.*) (*dare sazietà*) to be filling: *il pane riempie* bread is filling. **II** *v.pron.* **riempirsi 1** (*diventare pieno*) to fill, to fill up, to be filled: *gli occhi le si riempirono di lacrime* her eyes filled with tears; *la sala si è riempita presto* the room soon filled, the room soon grew crowded. **2** (*colloq*) (*rimpinzarsi*) to stuff oneself (*di* with), to cram oneself (*di* with): *si è riempito di pasticcini* he stuffed himself with pastries. □ *~ qcu. di baci* to cover so. with kisses; *~ qcu. di botte* to give so. a going-over; *riempirsi il gozzo* to stuff oneself, to gorge oneself; (*fig*) *riempirsi il ventre* to fill one's stomach, to fill one's belly; *riempirsi la bocca* to stuff one's mouth; (*fig*) *parole che riempiono la bocca* highfaluting words, high-sounding words; (*fig*) *riempirsi la pancia* to fill one's stomach, to fill one's belly, (*colloq*) to stuff, to stuff oneself; *riempirsi la testa di nozioni* to stuff one's head with ideas, to cram one's head with ideas; *~ la vasca (da bagno)* to run a bath; (*colloq*) *~*

lo stomaco (o *riempirsi lo stomaco*) to fill one's stomach.

riempita ☐ *dare una ~ a qcs.* to fill sth. up.

riempitivo I *a.* filling. **II** *m.* **1** filler, filling. **2** (*fig*) filler, stopgap, fill-in. **3** (*fig*) (*rif. a parole, discorsi*) padding. ☐ *fare da ~* to act as a filler.

riempitrice *f.* (*Ind*) filler.

riempitura *f.* **1** filling, filling up, filling in. **2** (*ciò che serve a riempire*) filling, filler; (*imbottitura*) stuffing.

rientrabile *a.* (*retrattile*) retractable, folding, fold away (*attr.*).

rientrante *a.* receding, re-entrant, re-entering, sunken: *superficie ~* receding surface.

rientranza *f.* indentation, recess, alcove: *una ~ nel muro* a recess in the wall.

rientrare (**riéntro**) **I** *v.i.* (*aus.* **essere**) **1** to re-enter, to enter again, to go back in: *rientrai nel negozio per avere il resto* I went back in(to) the store to get my change. **2** (*tornare*) to come back, to come back, to return: *~ in patria* to return to one's native land. **3** (*rincasare*) to come home, to go home. **4** (*presentare concavità*) to recede, to be indented. **5** (*essere compreso*) to be part (*in* of), to be included (*in* among), to fall (*in* within): *il caso non rientra nelle mie competenze* the case does not fall within my province. **6** (*rif. a sciopero*) to be called off. **7** (*essere messo da parte*) to be shelved: *il progetto è rientrato per mancanza di fondi* the project was shelved for lack of funds. **8** (*essere dimenticato*) to be forgotten, to die down: *lo scandalo è rientrato* the scandal has been forgotten, the scandal has died down. **II** *v.t.* (*Mar*) to ship: *~ i remi* to ship oars, to lay in oars. ☐ *~ alla base*: **1** (*Mil*) to return to base; **2** (*colloq*) to get back to the starting point; (*Sport*) ~ *in campo* to return to the game, to return to the field; *~ in casa* to go home, to come home; *~ in possesso di qcs.* to recover sth.; (*fig*) *~ nei binari* to get back into line; *~ nei ranghi* **1** to return to the ranks; **2** (*fig*) to fall back into line, to fall into line; *~ nelle grazie di qcu.* to get back into so.'s good graces; *~ nelle spese* to break even.

rientrato *a.* **1** (*infossato*) hollow, sunken. **2** (*fig*) (*sospeso*) called-off. **3** (*fig*) (*fallito, venuto meno*) failed, withdrawn. **4** (*fig*) (*non realizzato*) unfulfilled: *un'ambizione rientrata* an unfulfilled ambition.

rientro *m.* **1** (*ritorno*) return: *aspettiamo il ~ del direttore* we are awaiting the manager's return. **2** (*ritorno a casa, in patria*) coming home, going home, homecoming. **3** (*di fine vacanza*) end-of-holiday traffic: *il grande ~* heavy end-of-holiday traffic. **4** (*Tess*) shrinkage. ☐ (*Astron*) *~ nell'atmosfera* re-entry into the atmosphere.

riepilogare (**riepìlogo, riepìloghi**) *v.t.* to summarize, to recapitulate, (*colloq*) to recap.

riepilogativo *a.* summary (*attr.*): *prospetto ~* summary sheet, overview.

riepilogo (*pl.* **-ghi**) *m.* summary, recapitulation, overview, (*colloq*) recap. ☐ *fare un ~ di qcs.* to sum sth. up.

riequilibrare (**riequilìbro**) **I** *v.t.* **1** to re-balance. **2** (*fig*) to redress: *~ il deficit* to redress the deficit. **3** (*Mecc*) to re-balance. **II** *v.pron.*

riequilibrarsi 1 to reach an equilibrium. **2** (*fig*) to return to normality.

riequilibrio *m.* rebalancing, readjustment.

riesame *m.* re-examination, reconsideration.

riesaminare (**riesàmino**) *v.t.* to re-examine; (*rivedere*) to reconsider.

riesercitare (**riesèrcito**) **I** *v.t.* to exercise

again, to exert again, to re-exercise: *~ le forze* to exert one's strength again. **II** *v.pron.* **riesercitarsi** to practise again.

Riesling /'rizling/ *m.inv.* (*Enol*) riesling, Riesling.

riesplodere (*pres.ind.* **riesplòdo**; *p.rem.* **riesplòsi**; *p.p.* **riesplòso**) **I** *v.t.* to fire again. **II** *v.i.* (*aus.* **essere**) **1** to explode again, to blow up again. **2** (*fig*) to break out again.

riesporre (*pres.ind.* **riespóngo, riespóni**; *p.rem.* **riespósi**; *p.p.* **riespósto**) *v.t.* (*rispiegare*) to explain again, to expound again.

riesportare (**riespòrto**) *v.t.* (*Comm*) to re-export.

riesportazione *f.* (*Comm*) **1** (*azione*) re-exportation. **2** (*prodotti*) re-export, re-exportation.

riesposizione *f.* **1** re-exhibiting. **2** (*rispiegazione*) re-explanation: *la ~ dei fatti* the re-explanation of the facts.

riessere (*pres.ind.* **risóno, risèi**; *p.rem.* **rifùi**; *p.p.* **ristàto**; *aus.* **essere**) *v.i.* (*rar*) **1** to be again. **2** (*ritornare*) to be back again. ☐ *ci risiamo!* here we go again!

riesumare (**rièsumo**) *v.t.* **1** to disinter, to exhume. **2** (*fig*) (*riportare alla luce*) to unearth, to bring to light, to revive: *~ vecchi ricordi* to revive old memories.

riesumazione *f.* **1** exhumation, disinterment. **2** (*fig*) unearthing, bringing to light, revival.

rievocare (**rièvoco, rièvochi**) *v.t.* **1** (*richiamare alla memoria*) to recall, to remember, to call to mind: *~ il passato* to recall the past. **2** (*commemorare*) to commemorate. **3** (*rif. a evento storico*) to re-enact.

rievocativo *a.* evocative. ☐ *~ di qcs.* (o *qcu.*) recalling sth. (o so.).

rievocazione *f.* **1** (*il rievocare*) recalling. **2** (*cosa rievocata*) memory, remembrance. **3** (*commemorazione*) commemoration. **4** (*rif. a un evento storico*) re-enactment, historical re-enactment.

rifabbricare (**rifàbbrico, rifàbbrichi**) *v.t.* to rebuild, to reconstruct.

rifacimento *m.* **1** remaking. **2** (*ricostruzione*) rebuilding, reconstruction. **3** (*rif. a opera letteraria*) rewrite, rewriting. **4** (*Cin*) remake. **5** (*Edil*) refurbishment, reconstruction: *~ della facciata* the reconstruction of the facade.

rifacitore *m.* (*f.* **-trice**) **1** remaker. **2** (*rielaboratore*) rewriter.

rifare (*pres.ind.* **rifàccio, rifài**; *p.rem.* **riféci**; *p.p.* **rifàtto**) **I** *v.t.* **1** to remake, to make again, to redo, to do again, to do over again: *devi ~ l'esercizio* you have to do the exercise (over) again. **2** (*sostituire, cambiare*) to change, to substitute, to replace: *~ i polsini della camicia* to change the cuffs on the shirt. **3** (*ricostruire*) to rebuild, to reconstruct: *la chiesa fu rifatta nel diciottesimo secolo* the church was rebuilt in the eighteenth century. **4** (*ristrutturare*) to renovate, to redo: *dobbiamo ~ il bagno* we have to renovate the bathroom, we have to redo the bathroom. **5** (*ripetere*) to repeat, to make again, to redo, to do again: *~ un tentativo* to repeat an attempt, to make another attempt. **6** (*ripercorrere*) to retrace: *~ il cammino già percorso* he retraced the path already followed. **7** (*imitare*) to imitate: *sa ~ la camminata del maestro* he knows how to imitate the teacher's gait; *~ il verso a qcu.* to mimic so., to imitate so. **8** (*contraffare*) to forge: *~ la firma di qcu.* to forge so.'s signature. **9** (*compensare, risarcire*) to compensate, to reimburse, to indemnify: *~ qcu. delle spese* to reimburse so. for expenses. **10** (*rieleggere*) to re-elect. **II** *v.pron.* **rifarsi 1** (*diven-*

tare di nuovo) to become again, to grow again, to get again, to go again. **2** (*rimettersi in salute*) to recuperate, to recover: *era deperito, ma in montagna si è rifatto* he was run-down, but he recuperated in the mountains. **3** (*rif. al tempo: ristabilirsi*) to clear up, to settle: *se il tempo si rifarà bello, faremo una gita* if the weather clears up we'll go on an outing. **4** (*prendersi la rivincita*) to make up for: *rifarsi di una perdita* to make up for a loss. **5** (*vendicarsi*) to revenge oneself, to get even: *vuole rifarsi del torto subito* he wants to revenge himself for the wrong done him. **6** (*fig*) (*riacquistare*) to regain: *rifarsi un buon nome* to regain a good name. **7** (*riguadagnare*) to make up: *rifarsi del tempo perduto* to make up for lost time. **8** (*risalire nel tempo*) to go back: *per spiegare i fatti bisogna rifarsi a cinque anni fa* to explain what has happened one must go back five years. **9** (*riferirsi, richiamarsi*) to relate (*a* to). ☐ (*colloq*) *rifarsela con qcu.* to take it out on so.; *~ qcs. da capo a fondo* to redo sth. completely, to do sth. over again from top to bottom; (*fig*) *rifarsi gli occhi* to feast one's eyes; *~ i tacchi delle scarpe* to reheel one's shoes; *~ il letto* to make the bed; *rifarsi il naso* to have a nose job; *rifarsi il seno* to have a breast job, to have one's breast done; *~ il tetto a una casa* to re-roof a house, to have the roof redone; (*fig*) *rifarsi la bocca* to take a taste away, to take an unpleasant taste away, to rinse one's mouth out; *bevve un bicchiere di vino per rifarsi la bocca* he drank a glass of wine to take the taste away; *~ la camera* (*in hotel*) to redo the room, to clean the room, to put the room in order; *~ la punta* alla matita to sharpen a pencil; *~ l'abitudine a qcs.* to get used to sth. again; *~ le scale* (*in giù*) to go downstairs again; (*in su*) to go upstairs again; *far ~ le suole alle scarpe* to have one's shoes resoled; *~ pace con qcu.* to make up with so.; *~ un numero di telefono* to redial a phone number; (*Dir*) *~ un processo* to retry a case; *rifarsi una famiglia* to set up a household again; (*fig*) *rifarsi una verginità* to clear one's name, to regain one's good reputation, to whitewash oneself, to recover one's reputation; *rifarsi una vita* to start a new life.

rifasciare (**rifàscio, rifàsci**) *v.t.* **1** to bandage again, to bind up again. **2** (*rif. a bambini: fasciare*) to swaddle.

rifatto → **rifare** *a.* remade, redone.

riferibile *a.* **1** repeatable, fit to be told. **2** (*attribuibile*) referable.

riferimento *m.* **1** reference (*a* to): (*Comm*) *in ~ alla Vostra lettera* with (*o* in) reference to your letter; (*Comm*) *si prega di fare ~ alla presente* please quote this reference. **2** (*fig*) (*punto di riferimento*) reference point. **3** (*Topogr*) datum. ☐ *~ a persone realmente esistiti è del tutto casuale* any similarity to actual persons or events is entirely coincidental; *fare ~ a qcs.* to refer to sth., to mention sth.

riferire (**riferìsco, riferìsci**) **I** *v.t.* **1** (*raccontare*) to tell, to relate: *~ l'accaduto* to tell what happened. **2** (*riportare*) to report, to give an account of: *riferisce ogni cosa ai suoi superiori* he reports everything to his superiors. **3** (*mettere in relazione*) to relate, to connect: *~ un effetto a una causa* to relate cause and effect. **4** (*attribuire*) to attribute, to ascribe. **II** *v.i.* (*aus.* **avere**) to report: *~ a qcu. su qcs.* to report to so. on sth.; *~ a chi di dovere* to report to the person concerned. **III** *v.pron.* **riferirsi 1** (*alludere*) to refer (*a* to): *mi riferisco alla tua lettera* I'm referring to your letter. **2** (*concernere*) to refer, to be related, to apply (*a* to), to concern (*a qcs.*o *qcu.* sth. *o* so.): *le mie parole si riferiscono a tuo fratello* what I am saying concerns your brother; *queste cifre si riferiscono al secondo trimestre* these figures refer to the second quarter. ☐ *riferirò* I'll pass on the message.

rifermare (**riférmo**) **I** *v.t.* **1** to stop again. **2** (*fissare di nuovo*) to refasten, to fasten again. **II** *v.pron.* **rifermarsi** to stop again.

riffa[1] *f.* (*lotteria*) raffle.

riffa[2] *f.* (*region*) (*sopruso, violenza*) violence, bullying. ☐ *di ~ o di raffa* by hook or by crook.

rificcare (**rificco, rificchi**) **I** *v.t.* to thrust in again, to drive in again. **II** *v.pron.* **rificcarsi** to go, to get: *rificcarsi a letto* to get back into bed; (*fig*) *rificcarsi nei guai* to get into trouble again.

rifilare (**rifilo**) *v.t.* **1** (*tagliare a filo*) to trim, to edge. **2** (*Legat*) to trim, to trim off. **3** (*filare di nuovo*) to respin. **4** (*colloq*) (*affibbiare*) to palm off: *mi hanno rifilato un biglietto da cento euro falso* they palmed off a counterfeit hundred-euro note on me. **5** (*colloq*) (*dare, allungare*) to deal, to give, to deliver: ~ *un calcio a qcu.* to give so. a kick, to kick so. ☐ (*colloq*) ~ *un pacco a qcu.*: **1** (*fregarlo*) to cheat so., to trick so., to swindle so.; **2** (*farlo aspettare inutilmente*) to stand so. up.

rifilatore *m.* (*f.* **-trice**) trimmer.

rifilatrice *f.* **1** (*operaia*) trimmer: ~ *monolama* single-blade trimmer. **2** (*Mecc*) (*macchina*) trimmer, trimming-machine.

rifilatura *f.* **1** trimming, edging. **2** (*Legat*) trimming, trimming off.

rifinanziamento *m.* re-financing, refunding.

rifinanziare (**rifinànzio**) *v.t.* to refinance, to refund.

rifinire (**rifinìsco, rifinìsci**) **I** *v.t.* **1** (*dare l'ultima mano*) to finish, to finish off, to put the finishing touch to, to put the last touch to, to put the finishing touch to. **2** (*region*) (*ridurre in cattivo stato*) to finish off, to ruin, to bring sth. low. **II** *v.i.* (*aus. avere*) (*region*) (*contentare interamente*) to please (*a qcu.* so.), to be to the liking (*a qcu.* of so.): *c'è qualcosa in lui che non mi rifinisce* there's something about him that's not to my liking, there's something about him that I don't like.

rifinitezza *f.* finish.

rifinito *a.* finished, finished off, polished: *vestito ben* ~ well finished suit, beautifully finished suit.

rifinitura *f.* **1** (*il rifinire un lavoro*) finishing-off, touching-up; (*risultato*) finish. **2** (*guarnizione*) trimming.

rifiorente *a.* **1** (*Bot*) remontant, re-flowering, flowering again, blooming again. **2** (*fig*) flourishing again, thriving again.

rifiorire (**rifiorìsco, rifiorìsci**) **I** *v.i.* (*aus. essere/avere*) **1** (*Bot*) to re-flower, to flower again, to bloom again; (*rif. ad alberi da frutto*) to blossom again. **2** (*fig*) to flourish again, to thrive again: *gli affari rifioriscono* business is flourishing again. **3** (*fig*) (*stare di nuovo bene*) to bloom: *quando è a casa rifiorisce* she blooms when she is at home. **4** (*riapparire: rif. a macchie*) to reappear, to come out again. **II** *v.t.* (*lett*) (*far rifiorire*) to make flower again, to bloom again: *la primavera rifiorisce i prati* spring makes the meadows bloom again.

rifiorita *f.* (*Bot*) new blooming, second flowering.

rifioritura *f.* **1** (*Bot*) reflowering, reblooming, reflorescence; (*rif. ad alberi da frutto*)

new blossoming; (*seconda fioritura*) second flowering, second blooming. **2** (*fig*) revival, reflourishing, renaissance: ~ *delle arti* revival of the arts. **3** (*rif. a macchia*) reappearance.

rifischiare (**rifischio, rifischi**) *v.t.* **1** to whistle again. **2** (*rispondere fischiando*) to whistle back, to whistle in reply. **3** (*colloq*) (*riferire*) to sneak.

rifiutabile *a.* refusable.

rifiutare (**rifiùto**) **I** *v.t.* **1** (*non accettare*) to refuse, to decline, to reject, to turn down: *ha rifiutato qualsiasi compenso* he refused any kind of payment; *rifiuta di prestare giuramento* he refuses to take the oath, he will not take the oath. **2** (*non voler concedere*) to refuse, to deny, to withhold: *rifiuta il suo consenso* he refuses to give his consent. **3** (*non tollerare*) to be unable to take, to be unable to stand: *il mio stomaco rifiuta i cibi grassi* my stomach can't take fatty foods. **4** (*Equit*) to refuse: ~ *l'ostacolo* to refuse the jump. **II** *v.i.* (*aus.* **avere**) **1** (*rif. a vento*) to draw ahead, to slacken. **2** (*Mar*) (*rif. a vela*) to refuse. **III** *v.pron.* **rifiutarsi** to refuse: *mi rifiuto di parlargli* I refuse to speak to him. ☐ ~ *l'estradizione* to refuse so.'s extradition; *vedersi* ~ *qcs.* to be refused sth.

rifiuto *m.* **1** refusal: *il tuo* ~ *ci ha sorpreso* your refusal surprised us; *incontrare un* ~ to meet with a refusal; *opporre un* ~ *a qcs.* to refuse sth. **2** (*scarto*) waste, refuse, rubbish. **3** *pl.* (*immondizia*) rubbish (*costr.sing.*), waste (*costr.sing.*), (*Br*) refuse (*costr.sing.*), (*Am*) garbage (*costr.sing.*), trash (*costr.sing.*): *smaltire i rifiuti* to dispose of waste, to treat waste. **4** *pl.* (*scarti*) waste (*costr.sing.*). **5** (*Equit*) refusal. ☐ *rifiuti animali* animal waste; *un* ~ *categorico* a flat refusal; *rifiuti chimici* chemical waste; (*fig*) *i rifiuti della società* the dregs of society; *di* ~ (*di scarto*) waste (*attr.*), reject, rejected: *merce di* ~ rejects; ~ *di assistenza* withholding of aid; ~ *di obbedienza*[1] refusal to obey an order; (*Mil*) insubordination; (*Dir*) ~ *di testimoniare* refusal to give evidence, refusal to testify; *rifiuti domestici* household waste; *rifiuti industriali* industrial waste; *rifiuti ingombranti* bulky waste; *rifiuti liquidi* liquid waste; *rifiuti organici* organic remains, organic waste; *rifiuti solidi* solid waste; *rifiuti speciali* special waste; *rifiuti tossici* toxic waste.

riflessione *f.* **1** (*meditazione*) reflection, meditation, thought. **2** (*osservazione*) reflection, remark, comment. **3** (*Fis,Psic*) reflection, reflexion. ☐ *con* ~ thoughtfully, upon due consideration; (*Acus*) ~ *del suono* reflection of sound; (*Psic*) *riflessi pavloviani* Pavlovian conditioning; *senza* ~ without thinking, thoughtlessly.

riflessivamente *avv.* reflectively, thoughtfully.

riflessivo *a.* **1** reflective, thoughtful. **2** (*Gramm*) reflexive: *verbo* ~ reflexive verb.

riflesso[1] *m.* **1** reflection. **2** (*riverbero*) glare: *il* ~ *della neve feriva gli occhi* the glare from the snow hurt the eyes. **3** (*rif. a capelli*) highlight: *capelli castani con riflessi rossi* brown hair with red highlights. **4** (*rif. a pietre preziose*) sparkle. **5** (*fig*) (*ripercussione*) repercussion, effect: *il provvedimento ha avuto riflessi negativi* the measures had negative repercussions. **6** (*Fisiol*) reflex: *avere i riflessi pronti* to have quick reflexes. ☐ (*Fisiol*) *riflessi condizionati* conditioned responses, conditioned reflexes; *di* ~ (*o per* ~): **1** indirectly; **2** (*di conseguenza*) as a consequence, as a result; (*Fisiol*) *riflessi incondi-*

zionati unconditioned reflexes.

riflesso[2] → **riflettere** *a.* **1** reflected: *brillare di luce riflessa* to glitter with reflected light; *immagine riflessa* reflected image. **2** (*Fisiol*) reflex: *azione riflessa* reflex action; *moto* ~ reflex movement.

riflessologia *f.* (*Psic,Med*) reflexology. ☐ (*Med*) ~ *plantare* foot reflexology.

riflessoterapia *f.* (*Med*) reflexology.

riflettente *a.* (*Fis*) reflecting, reflective.

riflettenza *f.* (*Fis*) reflection factor, reflectance.

riflettere (*pres.ind.* **riflètto**; *p.rem.* **riflettéi/riflèssi**; *p.p.* **riflèsso**) **I** *v.t.* **1** to reflect (*anche Fis*): *lo specchio riflette i raggi del sole* the mirror reflects the rays of the sun. **2** (*fig*) (*manifestare*) to reflect, to mirror, to attest to, to be witness to: *i suoi modi gentili riflettono una buona educazione* his courteous ways attest to a good upbringing. **II** *v.i.* (*p.p.* **riflettùto**; *aus.* **avere**) to think (*su* over, about); to reflect (on): ~ *sulle conseguenze di un'azione* to think about the consequences of an act; *rifletterci a lungo* to think it over very carefully. **III** *v.pron.* **riflettersi 1** to be reflected (*anche Fis*): *la luna si rifletteva sul mare* the moon was reflected in the sea. **2** (*fig*) (*ripercuotersi*) to be reflected (*su* in), to affect (sth.): *l'aumento della produzione si riflette sui prezzi* the production increase is reflected in the prices. **3** (*fig*) (*manifestarsi*) to show, to shine: *nei suoi occhi si riflette la passione* passion shines in his eyes. ☐ *riflettendoci bene* thinking it over carefully; *ci hai riflettuto bene?* have you really thought about it?, have you really thought it over?; *dopo avere ben riflettuto* after careful consideration; *lasciare a qcu. il tempo di* ~ to give so. time for reflection; *far* ~ to give food for thought; *senza* ~ without thinking.

riflettore I *m.* **1** (*Fis,Rad*) reflector: ~ *nucleare* nuclear reflector. **2** (*Astr*) reflector, reflecting telescope. **3** (*proiettore*) floodlight, searchlight, spotlight. **II** *a.* (*Fot*) reflecting: *schermo* ~ reflecting screen, reflector. ☐ (*Cin*) ~ *ad arco* klieg light; (*Fis*) ~ *elettronico* electron reflector; (*Cin,Teat*) ~ *lenticolare* spot, spotlight; (*Fis*) ~ *parabolico* parabolic reflector; (*Teat*) ~ *per palcoscenico* stage floodlight; (*fig*) *essere sotto i riflettori* to be in the spotlight.

rifluire (**rifluìsco, rifluìsci**; *aus.* **essere/rar avere**) *v.i.* **1** to flow again. **2** (*scorrere indietro*) to flow back, to reflow. **3** (*fig*) (*tornare ad affluire*) to pour again, to flow again: *la folla rifluì nella piazza* the crowd surged back into the square.

riflusso *m.* **1** reflux, flowing back: *il* ~ *del sangue al cuore* the reflux of blood to the heart. **2** (*fig*) (*ritorno*) surge back, stream back, knock-on effect, return: ~ *culturale* cultural knock-on, cultural knock-on effect. **3** (*Geog*) (*bassa marea*) ebb tide, low tide.

rifocillamento *m.* refreshment.

rifocillare (**rifocìllo**) **I** *v.t.* to refresh, to feed. **II** *v.pron.* **rifocillarsi** to refresh oneself, to take some refreshment.

rifoderare (**rifòdero**) *v.t.* to reline.

rifondare (**rifóndo**) *v.t.* to refound, to re-establish.

rifondazione *f.* refounding, re-establishment. ☐ (*Stor.it,Pol*) *Rifondazione Comunista* Communist Refoundation, Communist Refoundation Party.

rifondere (*pres.ind.* **rifóndo**; *p.rem.* **rifùsi**; *p.p.* **rifùso**) *v.t.* **1** to remelt, to recast (*anche Met*). **2** (*fig*) (*rimborsare, risarcire*) to refund, to reimburse: ~ *le spese* to refund expenses. **3** (*fig*) (*rif. a danni e sim.*) to recompense: ~

qcu. dei danni subiti to compensate so. for damages (suffered), to indemnify so. for damages (suffered), to pay so. damages. **4** (*fig*) (*rimaneggiare un testo*) to recast.

rifondibile *a.* **1** (*rimborsabile*) reimbursable. **2** (*risarcibile*) indemnifiable: *danni rifondibili* indemnifiable damages.

riforestazione *f.* reafforestation, reforestation.

riforma *f.* **1** reform, reformation: *introdurre una ~* to bring in a reform. **2** (*Mil*) (*rif. a soldati*) exoneration from military service. **3** (*Dir*) reform, amendment: *~ delle leggi* law reform. □ *~ agraria* land reform; *~ carceraria* prison reform; *~ del calendario* reform of the calendar, reformation of the calendar; *~ delle pensioni* pension reform; *~ dell'ortografia* spelling reform; (*Dir*) *~ elettorale* reform of the voting system, electoral reform; (*Econ*) *~ monetaria* monetary reform; *~ sanitaria* health reform; (*Scol*) *~ scolastica* educational reform; *~ strutturale* structural reform; (*Econ*) *~ tributaria* tax reform.

Riforma *f.* (*Stor,Rel.prot*) Reformation.

riformabile *a.* **1** reformable. **2** (*Mil*) rejectable.

riformare (**rifórmo**) **I** *v.t.* **1** (*formare di nuovo*) to reform, to form again. **2** (*sottoporre a riforma*) to reform: *~ una società* to reform a society. **3** (*migliorare*) to amend. **4** (*Mil*) to reject for military service, to exonerate. **II** *v.pron.* **riformarsi** to form again, to re-form: *si è riformato il ghiaccio sulle strade* ice has formed again on the roads. □ (*Mil*) *farsi ~* to dodge the draft, to dodge military service.

riformato I *a.* **1** reformed (*anche Rel.prot*). **2** (*Mil*) rejected, delcared unfit for military service. **II** *m.* **1** (*Mil*) exonerated, person declared unfit for military service. **2** (*f.* **-a**) (*Rel.prot*) Reformed, (*estens*) Protestant.

riformatore I *m.* **1** (*f.* **-trice**) reformer, reformist. **2** (*Rel.prot*) Reformer. **II** *a.* reforming.

riformatorio *m.* reformatory, reform school, approved school.

riformazione *f.* re-formation, new formation.

riformismo *m.* reformism (*anche Pol*).

riformista **I** *m./f.* reformist (*anche Pol*). **II** *a.* reformist (*anche Pol*).

riformistico (*pl.* **-ci**) *a.* reformist.

rifornimento *m.* **1** (*il rifornire*) provisioning, supplying, supply: *ostacolare il ~ della città* to prevent the provisioning of the city; *~ di viveri* food supply. **2** (*di benzina*) refuelling, (*Am*) refueling. **3** *pl.* (*provviste*) supplies, provisions, stocks (*anche Mil*). **4** (*scherz*) (*buona provvista*) supply: *penso io al ~ di sigarette* I'll take care of the cigarette supply. □ *~ di acqua* water supply; *fare ~ di acqua* to water; *~ di carbone* coal supply; *fare ~ di carbone*: 1 (*Ferr*) to coal, to take in coal; 2 (*Mar*) to coal, to bunker; (*Aut*) *~ di combustibile* refuelling, (*Am*) refueling, filling up (with petrol); *fare ~ di combustibile*: 1 to fuel, to refuel; 2 (*Mar*) to bunker; (*Mil*) *~ di munizioni* ammunitions supply; *~ di viveri* food provisions, food supplies; *fare ~ di qcs.* to stock up on sth.; *fare ~ di carburante* to refuel, to fill up, (*Am*) to get gas, to go get gas; (*Aer*) *~ in volo* refuelling in flight, in-flight refuelling, (*Am*) in-flight refueling.

rifornire (**rifornìsco, rifornìsci**) **I** *v.t.* **1** (*provvedere*) to supply, to provide, to furnish: *~ qcu. di qcs.* to supply so. with sth. **2** (*completare*) to replenish, to restock: *~ il proprio guardaroba* to replenish one's

wardrobe. **3** (*di carburante*) to refuel, to fill up: *~ in volo* to refuel in flight. **II** *v.pron.* **rifornirsi 1** to provide oneself (*di* with), to supply oneself (*di* with), to get supplies (of), to stock up (on). **2** (*di carburante*) to refuel. □ (*ant*) *rifornirsi di carbone*: 1 (*Ferr*) to coal; 2 (*Mar*) to bunker coal, to coal, to take on coal.

rifornitore *m.* **1** (*f.* **-trice**) provider, supplier. **2** (*Aer*) (*velivolo rifornitore*) air tanker.

rifrangente *a.* (*Fis*) refractive, refracting.

rifrangenza *f.* (*Fis*) refractivity, refractive power.

rifrangere (*pres.ind.* **rifràngo, rifràngi**; *p.rem.* **rifrànsi**; *p.p.* **rifràtto**) **I** *v.t.* **1** to refract. **II** *v.pron.* **rifrangersi** (*Fis*) to be refracted.

rifrangibile *a.* (*Fis*) refrangible.

rifrangibilità *f.* (*Fis*) refrangibility.

rifratto → **rifrangere** *a.* (*Fis*) refracted: *raggio ~* refracted ray.

rifrattometria *f.* (*Ott*) refractometry.

rifrattometro *m.* (*Ott*) refractometer.

rifrattore I *m.* (*Astr*) refractor, refracting telescope. **II** *a.* (*Fis*) refracting.

rifrazione *f.* (*Fis*) refraction. □ (*Fis*) *~ atmosferica* atmospheric refraction; (*Fis*) *~ della luce* refraction of light.

rifreddo *a.* cold: *carne rifredda* cold meat.

rifriggere (*pres.ind.* **rifrìggo, rifrìggi**; *p.rem.* **rifrìssi**; *p.p.* **rifrìtto**) **I** *v.t.* **1** to fry again, to fry up again. **2** (*fig*) to repeat over and over, to harp on, to rehash: *nei suoi articoli rifriggeva sempre le stesse cose* he always harped on the same things in his articles. **II** *v.i.* (*aus. avere*) (*friggere a lungo*) to overfry.

rifritto → **rifriggere** *a.* **1** fried again, fried up again, refried: *pesce ~* fish fried up again. **2** (*fig*) (*risaputo*) repeated over and over again, rehashed. **2** (*fig,colloq*) *notizie che sanno di ~* stale news.

rifrittume *m.* (*fig*) rehash.

rifrittura *f.* **1** refried food. **2** (*fig*) rehash.

rifrugare (**rifrùgo, rifrùghi**) *v.t.* to search again, to rummage again.

rifuggire (**rifùggo, rifùggi**) **I** *v.i.* (*aus.* **essere**) **1** (*fuggire di nuovo*) to flee again, to run away again, to escape again (*da* from), to run away again (*da* from). **2** (*fig*) (*respingere*) to shrink, to shun (sth.): *~ da ogni compromesso* to shun all half-measures. **II** *v.t.* to avoid, to shun.

rifugiarsi (**mi rifùgio, ti rifùgi**) *v.pron.* **1** to take shelter, to take cover, to seek refuge, to take refuge. **2** (*fig*) (*cercare conforto*) to take refuge, to seek consolation (*in* in), to turn (to). □ *~ all'estero* to escape abroad.

rifugiato *m.* (*f.* **-a**) refugee: *~ politico* political refugee.

rifugio *m.* **1** (*riparo, difesa*) refuge, shelter (*anche fig*): *dare ~ a qcu.* to give so. shelter, to shelter so.; *trovare ~ nella preghiera* to find refuge in prayer. **2** (*ritrovo abituale*) nest. **3** (*luogo*) refuge, place of refuge, retreat, shelter. **4** (*nascondiglio*) hideout. **5** (*in montagna*) refuge, hut: *~ alpino* alpine hut, mountain hut. □ (*Mil*) *~ antiaereo* air-raid shelter, anti-aircraft shelter; *~ antiatomico* nuclear shelter, atomic shelter.

rifulgente *a.* shining, bright, radiant, (*lett*) refulgent (*anche fig*): *stella ~* shining star, bright star.

rifulgere (*pres.ind.* **rifùlgo, rifùlgi**; *p.rem.* **rifùlsi**; *no past participle or compound tenses*) *v.i.* to shine, to be bright, to glow (*di* with) (*anche fig*): *le stelle rifulgevano nel cielo* the stars were shining in the sky.

rifusione *f.* **1** remelting, recasting. **2** (*fig*) (*rimborso*) reimbursement, repayment. **3**

(*fig*) (*risarcimento*) compensation, indemnification: *~ dei danni* compensation for damages, damages.

rifuso → **rifondere** *a.* **1** remelted. **2** (*fig*) (*rimborsato*) reimbursed, refunded. **3** (*fig*) (*risarcito*) compensated, indemnified.

riga *f.* **1** line: *tracciare una ~* to draw a line. **2** (*linea di scrittura*) line: *gli ho scritto qualche ~ per ringraziarlo* I have written him a few lines to thank him; *la seconda ~ dall'alto* the second line from the top. **3** (*serie, fila*) line, row: *stare seduti in ~* to be sitting in a row. **4** (*righello*) ruler. **5** (*scriminatura dei capelli*) part, parting: *farsi la ~* to make a parting, to part one's hair. **6** (*striscia*) stripe. **7** (*graffio*) scratch; (*segno sul pavimento*) scuff. **8** (*Mil*) rank, line: *rompere le righe* to break ranks; *serrare le righe!* close the ranks! □ *a righe*: 1 (*a strisce*) striped, with stripes: *cravatta a righe* striped tie; *un vestito a righe bianche* a white-striped dress; 2 (*a linee*) ruled: *quaderno a righe* ruled exercise book; *foglio a righe* sheet of ruled paper; *~ a piè di pagina* footer; (*colloq*) *la ~ dei pantaloni* the trouser crease; *pettinarsi con la ~ di lato* to wear one's hair parted on the side; (*fig*) *mettersi in ~* to line up, to get into line; *mettere qcu. in ~* to bring so. back in line; *rimettersi in ~* to get back into line; *pettinarsi con la ~ in mezzo* to wear one's hair parted in the middle; *in ~ per dieci* in ranks of ten; (*Tip*) *~ intera* slug.

rigabello *m.* (*Mus*) (*regale*) regal.

rigaggio *m.* (*Tip*) linage.

rigaglia *f.* **1** (*Tess*) floss silk. **2** *pl.* (*Macell*) giblets: *rigaglie di pollo* chicken giblets.

rigagnolo *m.* **1** (*ruscelletto*) rivulet, brooklet. **2** (*nelle strade*) gutter.

rigare (**rìgo, rìghi**) **I** *v.t.* **1** (*scalfire*) to scratch, to score, to furrow: *~ il tavolo* to scratch the table. **2** (*tracciare linee*) to rule. **3** (*fig*) (*solcare*) to furrow; (*scorrere*) to stream down, to run down: *le lacrime le rigavano il viso* tears streamed down her face. **4** (*Arm*) to rifle: *~ la canna di un fucile* to rifle a gun barrel. **II** *v.pron.* **rigarsi** to become scratched, to become scored. □ (*fig*) *~ diritto*: 1 to toe the line, to stay in line, to behave properly; 2 (*rif. a ex detenuto*) to go straight; *fare ~ diritto qcu.* to knock so. into shape.

rigatino *m.* (*Tess*) ticking, striped cotton material.

rigato *a.* **1** (*a righe*) lined, ruled: *carta rigata* ruled paper. **2** (*a strisce*) striped. **3** (*scalfito*) scratched, scored. **4** (*Arm*) rifled. **5** (*fig*) (*solcato*) furrowed (*di* with), streaming (with): *viso ~ di lacrime* face streaming with tears, tear-streaked face.

rigatoni *m.pl.* (*Alim*) rigatoni (*costr.sing.*) (short fluted pasta).

rigattiere *m.* junk dealer, second-hand dealer.

rigatura *f.* **1** ruling, lining: *la ~ di un foglio* the ruling of a sheet of paper. **2** (*linee*) lines *pl.* **3** (*Arm*) rifling.

rigelare (**rigèlo**) **I** *v.t.* to freeze (sth.) again. **II** *v.i.* (*aus.* **essere**) to freeze again, become frozen again: *il lago è rigelato* the lake has frozen over again. **III** *v.i.impers.* (*aus.* **essere/avere**) to freeze again.

rigelo *m.* regelation (*anche Fis*).

rigenerabile *a.* regenerable (*anche Nucl*).

rigenerante *a.* regenerating: *cura ~* regenerating cure.

rigenerare (**rigènero**) **I** *v.t.* **1** to regenerate (*anche Biol*). **2** (*Ind*) to regenerate; (*rif. alla gomma*) to reclaim. **3** (*Ind*) (*rif. a pneumatici*) to retread, (*Am*) to recap. **4** (*Ind,Met*) (*rif.*

a metalli) to restore. **5** (*Nucl,Chim*) to regenerate: ~ *il plutonio* to regenerate plutonium. **II** *v.pron.* **rigenerarsi 1** (*Biol*) to be regenerated, to regenerate. **2** (*fig*) be reborn, to be born anew, to be regenerated, to regain one's forces.

rigenerativo *a.* (*Biol*) regenerative.

rigenerato *a.* **1** (*Biol*) regenerated. **2** (*fig*) regenerate, regenerated, reborn. **3** (*Ind*) regenerated: *olio* ~ regenerated oil. **4** (*Ind*) (*rif. alla gomma*) reclaimed. **5** (*Ind*) (*rif. a pneumatici*) retreaded. **6** (*Met*) restored. **7** (*Cart*) recycled.

rigeneratore **I** *m.* **1** (*f.* **-trice**) regenerator. **2** (*rimedio, ricostituente*) restorer. **3** (*Tecn*) heat exchanger. **II** *a.* **1** regenerative: *opera rigeneratrice* regenerative work. **2** (*rif. a rimedi e sim.*) restoring.

rigenerazione *f.* **1** (*Biol,Chim,Nucl*) regeneration. **2** (*fig*) (*rinascita*) regeneration, rebirth: ~ *politica di un popolo* political rebirth of a nation. **3** (*Ind*) regeneration; (*rif. alla gomma*) reclaiming. **4** (*Ind*) (*rif. a pneumatici*) retreading, (*Am*) recapping. **5** (*Met*) restoring. □ (*Tecn,Inform*) ~ *di cartucce* cartridge regeneration.

rigermogliare (**rigermóglio, rigermógli**; *aus.* **essere**) *v.i.* to sprout again, to bud again.

rigettabile *a.* rejectable.

rigettare (**rigètto**) **I** *v.t.* **1** (*gettare di nuovo*) to throw again. **2** (*gettare indietro*) to throw back, to hurl back. **3** (*rif. all'acqua*: *gettare sulla riva*) to wash up, to cast up. **4** (*vomitare*) to vomit, to bring up, to throw up. **5** (*fig*) (*non accettare*) to reject, to turn down: ~ *una proposta* to reject a proposal. **6** (*fig*) (*respingere*) to drive back, to push back, to repel: ~ *un assalto* to repel an attack. **7** (*Biol,Med*) to reject. **II** *v.i.* (*aus.* **essere**) **1** (*germogliare*) to bud. **2** (*fig*) (*riapparire*) to reappear. **III** *v.pron.* **rigettarsi** to throw oneself again, to fling oneself again.

rigetto *m.* **1** (*non accettazione*) rejection, turning down. **2** (*Biol,Med*) rejection: *azione di* ~ process of rejection. **3** (*Geol*) displacement.

righello *m.* **1** rule, ruler. **2** (*Inform*) ruler.

righettare (**righétto**) *v.t.* **1** to rule. **2** (*fare a strisce*) to stripe.

righettato *a.* **1** ruled, lined. **2** (*a strisce*) striped.

righino *m.* **1** (*Edit*) break line. **2** (*Mar*) rubbing strake.

rigidamente *avv.* **1** rigidly, stiffly. **2** (*fig*) (*con severità*) rigidly, strictly.

rigidezza *f.* **1** rigidity, stiffness. **2** (*rif. a clima*) harshness, rigours *pl.* **3** (*fig*) (*severità*) strictness, sternness, rigour.

rigidità *f.* **1** rigidity, stiffness. **2** (*Econ*) inelasticity: ~ *della domanda* inelasticity of demand. **3** (*Fis*) strength, electrical strength. **4** (*Med*) rigidity: ~ *muscolare* muscle rigidity; ~ *cadaverica* rigor mortis, post-mortem rigidity, cadaveric rigidity; ~ *nucale* nuchal rigidity. **5** (*fig*) (*rif. al clima*) harshness, rigours *pl.* **6** (*fig*) (*severità*) strictness. □ (*El*) ~ *dielettrica* dielectric strength, dielectric rigidity; (*Edil*) ~ *flessionale* bending rigidity, bending strength.

rigido *a.* **1** rigid, stiff. **2** (*irrigidito*) stiff: *ho le gambe rigide per lo sforzo* my legs are stiff after the effort. **3** (*molto freddo*: *rif. a condizioni atmosferiche*) harsh, severe. **4** (*fig*) (*severo*) rigorous, strict, harsh, severe: *essere rigidi con qcu.* to be strict with so., *una rigida disciplina* a rigorous discipline. **5** (*Econ*) inelastic.

rigiocare (**rigiòco, rigiòchi**) *v.t.* to replay, to play again.

rigirare (**rigìro**) **I** *v.t.* **1** to turn again, to turn round again, to give another turn to: ~ *la manovella* to give the crank another turn. **2** (*girare*) to turn, to turn round: *rigirava gli occhi da tutte le parti* she turned her eyes in all directions. **3** (*ripercorrere*) to go round, to go around: *girarono e rigirarono tutto il paese* they went all around the entire town. **4** (*fig*) (*raggirare*) to trick, to dupe. **5** (*fig*) (*volgere a proprio vantaggio*): *rif. a problemi, discorsi e sim.*) to turn to one's own ends, to twist to one's own ends. **6** (*rif. ad assegni*) to re-endorse. **II** *v.i.* (*aus.* **avere**) (*andare in giro*) to walk about. **III** *v.pron.* **rigirarsi 1** (*girare su se stesso*) to turn over. **2** (*al continuo*) to toss and turn. **3** (*completamente*) to turn around. □ *girarsi e rigirarsi nel letto* to toss and turn in bed; (*fig*) *gira e rigira*: **1** (*comunque si guardi la cosa*) whichever way you look at it; **2** (*alla fin fine*) when all is said and done all things considered, when all is said and done; (*fig,colloq*) ~ *la frittata* to twist an argument; ~ *qcs. tra le mani* to turn sth. over in one's hands.

rigiro *m.* **1** turn, turning. **2** (*giro*) turn, twist; (*rotazione*) rotation. **3** *pl.* (*intrigo*) tricks. **4** *pl.* (*fig*) (*discorso tortuoso*) beating about the bush, circumlocutions.

rigo (*pl.* **-ghi**) *m.* **1** line. **2** (*Mus*) staff, stave.

rigoglio *m.* **1** (*Bot*) luxuriance. **2** (*fig*) prime, bloom: *essere nel* ~ *della giovinezza* to be in the prime of youth. **3** (*rar*) (*gorgoglio*) gurgling.

rigogliosamente *avv.* luxuriantly.

rigoglioso *a.* **1** (*Bot*) luxuriant. **2** (*fig*) blooming, exuberant: *salute rigogliosa* blooming with health, excellent health.

rigogolo *m.* (*Ornit*) golden oriole.

rigonfiamento *m.* **1** (*il rigonfiare: atto*) re-inflating; (*il rigonfiarsi*) swelling. **2** (*parte rigonfia*) bulge, swelling.

rigonfiare (**rigónfio, rigónfi**) **I** *v.t.* to reinflate, to blow up again: ~ *un pallone* to blow up a balloon again. **II** *v.i.* (*aus.* **essere**) to swell again, to swell up again, to swell out again. **III** *v.pron.* **rigonfiarsi** to swell again, to swell up again, to swell out again.

rigonfio **I** *a.* **1** swollen, inflated. **2** (*fig*) swollen up, puffed up, bursting, filled (*di* with): ~ *di orgoglio* filled with pride, puffed up. **II** *m.* bulge, swelling.

rigore *m.* **1** (*freddo intenso*) rigours *pl.*, harshness: *i rigori del clima* the rigours of the climate. **2** (*fig*) (*severità*) rigour, severity, strictness: *il* ~ *di una pena* the severity of a punishment. **3** (*fig*) (*precisione, esattezza*) rigour, (*Am*) rigor, exactness. **4** (*Pol,Econ*) austerity: ~ *monetario* monetary austerity, (*colloq*) squeeze. **5** (*Sport*) penalty, penalty kick: *segnare un* ~ to score a penalty. □ *a* ~ strictly speaking, in point of fact; *di* ~ de rigueur, compulsory: *l'abito da sera è di* ~ evening dress must be worn, evening dress is de rigueur; *a rigor di logica* logically, logically speaking, strictly speaking; *a rigor di termini* in the strict sense of the term, strictly speaking; (*Sport*) ~ *trasformato* goal scored from a penalty, goal from a penalty shot.

rigorismo *m.* rigorism (*anche Filos,Teol*).

rigorista *m./f.* **1** rigorist (*anche Filos,Teol*). **2** (*Sport*) penalty kicker.

rigoristico (*pl.* **-ci**) *a.* rigoristic (*anche Filos, Teol*).

rigorosamente *avv.* **1** rigorously, severely, strictly: *è* ~ *vietato* it is strictly forbidden. **2** (*strettamente*) strictly: ~ *parlando* strictly speaking.

rigorosità *f.* **1** (*severità*) rigorousness, rigour, (*Am*) rigor, strictness. **2** (*precisione*) ac-

curacy, rigorousness, rigour, (*Am*) rigor: ~ *di un metodo* accuracy of a method.

rigoroso *a.* **1** (*severo*) rigorous, severe, strict: *essere* ~ *con qcu.* to be rigorous with so., to be strict with so. **2** (*preciso, esatto*) rigorous, extremely accurate, extremely exact.

rigovernare (**rigovèrno**) *v.t.* **1** to wash, to wash up: ~ *i piatti* to wash the dishes, to wash up. **2** (*rif. ad animali*) to take care of, to look after.

rigovernata *f.* washing up: *dare una* ~ *ai piatti* to do the washing up.

rigovernatura *f.* **1** washing-up. **2** (*acqua*) dishwater.

riguadagnare (**riguadàgno**) *v.t.* **1** to recover, to win back, to get back, to regain: *ha riguadagnato il denaro perduto al gioco* he has won back the money he lost gambling; ~ *la stima di qcu.* to regain so.'s esteem; ~ *il tempo perduto* to recover lost time, to make up for lost time. **2** (*ritornare*) to reach again, to get back on to: ~ *la strada maestra* to get back on to the main road.

riguardante *a.* regarding, concerning, about: *notizie riguardanti la famiglia* news concerning the family, news about the family.

riguardare (**riguàrdo**) **I** *v.t.* **1** (*concernere*) to concern, to regard, to be of interest to, to be of concern to: *non occuparti di cose che non ti riguardano* don't get involved in things that don't concern you. **2** (*guardare di nuovo*) to look at (sth.) again: ~ *vecchie fotografie* to look at old photos again. **3** (*esaminare, riscontrare*) to look over, to check: ~ *i conti* to check the accounts. **II** *v.pron.* **riguardarsi 1** (*guardarsi, evitare*) to be careful, to beware (*da* of), to keep away (from): *riguardarsi dalle correnti d'aria* to keep away from draughts, to keep out of draughts. **2** (*avere cura di sé*) to take care of oneself, to look after oneself. □ *per quel che mi riguarda* as far as I'm concerned, as for me.

riguardata *f.* quick look, look, glance, (*Br, colloq*) shufti: *dare una* ~ *a qcs.* to take a look at sth., to have a look at sth.

riguardo *m.* **1** (*cura, attenzione*) care: *trattare qcs. con* ~ to handle sth. with care, to handle sth. carefully; *avere* ~ *di sé* to take care of oneself, to look after oneself. **2** (*considerazione*) consideration, respect, regard: *trattare le persone anziane con ogni* ~ to treat old people with all respect; *mancare di* ~ *verso qcu.* to have no respect for so. **3** (*relazione, rapporto*) connection, (*Br,ant*) connexion, relation, regard. **4** (*rar*) (*aspetto*) respect: *sotto ogni* ~ in every respect. □ *a* (*in relazione a*) with respect to, with regard to, regarding, concerning: ~ *alla Vostra proposta* with regard to your offer; *a questo* ~ in this respect; *aver* ~ *nel fare qcs.* to do sth. carefully; *di* ~ distinguished: *ospiti di* ~ distinguished guests; *vestito di* ~ best dress; *nei riguardi di*: **1** (*di fronte a*) as regards, with regard to: *nei riguardi di questo problema* with regard to this problem; **2** (*contro*) against: *prendere provvedimenti nei riguardi di qcu.* to take steps against so.; **3** (*nei confronti di*) in so.'s regard: *hai mancato nei suoi riguardi* you were lacking in his regard; *non avere riguardi per nessuno* to have no regard for anyone; *per* ~ *a qcu.* out of respect for so., out of consideration for so.; *senza* ~: **1** (*irriguardoso*) inconsiderate; **2** (*non rispettoso*) disrespectful, rude; *trattare qcs. senza* ~ to treat sth. carelessly; *senza riguardi*: **1** (*senza far complimenti*) without standing on ceremony; **2** (*con franchezza*) bluntly, straight off.

riguardosamente *avv.* considerately, respectfully.

riguardoso *a.* considerate (*con* to), respectful (*con* to): *poco* ~ thoughtless, inconsiderate.

rigurgitante *a.* 1 (*traboccante*) overflowing. 2 (*pieno zeppo*) packed, swarming, teeming.

rigurgitare (**rigùrgito**) I *v.i.* (*aus.* **essere/ avere**) 1 to pour out, to gush out, to flow out. 2 (*scorrere indietro*) to flow back, to pour back, to gush back back. 3 (*traboccare*) to overflow. 4 (*fig*) (*traboccare*) to overflow, to swarm (*di* with), to teem with: *le strade rigurgitavano di gente* the streets were swarming with people. II *v.t.* to regurgitate, to bring up: ~ *il latte* to bring up one's milk.

rigurgito *m.* 1 regurgitation, flowing back, pouring back, gushing back. 2 (*il traboccare*) overflowing. 3 (*fig*) outburst, fit: *un* ~ *di rabbia* a fit of rage. 4 (*fig*) (*ritorno*) revival, short revival. 5 (*Med*) regurgitation: ~ *di sangue* regurgitation of blood. ☐ *avere un* ~ to regurgitate; *un* ~ *di latte* milk brought up.

rilanciare (**rilàncio, rilànci**) *v.t.* 1 (*lanciare di nuovo*) to throw again, to fling again, to hurl again. 2 (*lanciare di ritorno*) to throw back, to fling back, to hurl back: ~ *la palla* to throw the ball back. 3 (*estens*) (*riaccelerare*) to speed up again, to accelerate again. 4 (*fig*) to relaunch, to revive: ~ *un partito politico* to relaunch a political party; ~ *una moda* to revive a fashion. 5 (*nelle aste, nel poker*) to raise: ~ *un'offerta* to raise a bid, to make a higher bid; ~ *la posta* to raise the stakes. I *v.pron.* **rilanciarsi** to throw oneself again, to fling oneself again. ☐ ~ *l'economia* to boost the economy; ~ *una proposta* to reintroduce a proposal, to table a proposal again.

rilancio *m.* 1 throwing again, flinging again, hurling again. 2 (*il lanciare di ritorno*) throwing back, flinging back. 3 (*fig*) relaunching: *il* ~ *di un prodotto* the relaunching of a product. 4 (*fig*) (*ripresa*) revival, revitalization. 5 (*nelle aste, nel poker*) raise; (*l'offerta rilanciata*) higher bid.

rilasciare (**rilàscio, rilàsci**) I *v.t.* 1 (*lasciare di nuovo*) to leave again. 2 (*rimettere in libertà*) to release, to free, to set free: ~ *un prigioniero* to release a prisoner, to free a prisoner. 3 (*dare, concedere*) to issue, to give: ~ *una ricevuta* to issue a receipt, to give a receipt; ~ *un permesso a qcu.* to grant so. a permit, to give so. a permit; ~ *una dichiarazione* to issue a statement. 4 (*fig*) (*allentare*) to relax, to loosen, to slacken: ~ *i muscoli* to relax the muscles. II *v.pron.* **rilasciarsi** (*rilassarsi*) to relax.

rilascio *m.* 1 (*liberazione*) release, setting free: *il* ~ *degli ostaggi* the release of the hostages. 2 (*consegna, emissione*) issue: ~ *di un certificato* issue of a certificate. 3 (*concessione*) grant, granting: ~ *di un permesso* granting of a permit. ☐ (*Farm*) *a* ~ *controllato* controlled-release (*attr.*); (*Farm*) *a* ~ *graduale* timed-release (*attr.*), time-release (*attr.*); (*Farm*) *a* ~ *modificato* modified-release (*attr.*); (*Farm*) *a* ~ *prolungato* sustained-release (*attr.*).

rilassamento *m.* 1 (*allentamento*) relaxing, loosening, slackening (*anche fig*): ~ *dei costumi* loosening of morals. 2 (*Med*) relaxation: ~ *muscolare* muscular relaxation.

rilassante *a.* relaxing, soothing.

rilassare (**rilàsso**) I *v.t.* to relax, to loosen, to slacken (*anche fig*): ~ *i muscoli* to relax one's muscles; ~ *la sorveglianza* to relax supervision. II *v.pron.* **rilassarsi** 1 (*distendersi*) to relax, to loosen up: *per rilassarmi faccio un po' di ginnastica* I do a few exercises to relax. 2 (*scadere, infiacchirsi*) to become loose, to become slack, to become relaxed: *i costumi si erano molto rilassati* morals had become very loose.

rilassatezza *f.* laxity, looseness: ~ *dei costumi* moral laxity.

rilassato *a.* 1 relaxed. 2 (*fig*) lax, loose.

rilavare (**rilàvo**) I *v.t.* to wash again, to re-wash. II *v.pron.* **rilavarsi** to wash again, to rewash.

rilegare (**rilégo, riléghi**) *v.t.* 1 (*legare di nuovo*) to tie again, to tie up again, to bind again, to do up again. 2 (*Legat*) to bind: ~ *un libro in pelle* to bind a book in leather. 2 (*Legat*) ~ *a mezza tela* to bind in half-cloth.

rilegato *a.* (*Legat*) bound: ~ *in pelle* leather-bound.

rilegatore *m.* (*f.* **-trice**) (*Legat*) binder, bookbinder.

rilegatura *f.* (*Legat*) 1 (*azione*) binding, bookbinding. 2 (*materiale*) binding. ☐ (*Legat*) ~ *in mezza pelle* half-binding; *libro con* ~ *in mezza pelle* half-bound book; (*Legat*) ~ *in mezza tela* half cloth-binding, half binding; (*Legat*) ~ *in pelle* leather-binding; (*Legat*) ~ *in tela* cloth-binding.

rileggere (*pres.ind.* **rilèggo, rilèggi**; *p.rem.* **rilèssi**; *p.p.* **rilètto**) *v.t.* to read again, to re-read.

rilento ☐ *a* ~ slowly: *i lavori vanno a* ~ the work is going slowly.

rilettura *f.* 1 rereading, second reading. 2 (*estens*) (*nuova interpretazione*) new reading.

rilevabile *a.* noticeable, detectable: *difetti appena rilevabili* barely noticeable defects, very slight defects.

rilevamento *m.* 1 (*raccolta sistematica*) survey (*anche Topogr*): ~ *statistico* statistical survey. 2 (*lettura*) reading: ~ *della temperatura* temperature reading. 3 (*Comm,Econ*) (*acquisizione*) takeover, taking over: *il* ~ *di un'azienda* the taking over of a company. 4 (*Mar,Aer*) bearing. ☐ (*Topogr*) ~ *altimetrico* survey of heights; (*Topogr*) ~ *del terreno* land survey; (*Topogr*) ~ *fotogrammetrico* photogrammetrical survey; (*Geol*) ~ *geodetico* geodetic survey; (*Rad*) ~ *radar* tracking; (*Topogr*) ~ *topografico* topographical measure; *fare un rilevamento topografico di qcs.* to survey sth.

rilevante *a.* 1 (*notevole, cospicuo*) considerable, sizeable, large: *un numero* ~ *di spettatori* a considerable number of spectators, a large number of spectators. 2 (*importante*) important, significant.

rilevanza *f.* 1 (*importanza*) importance, significance. 2 (*rif. a quantità, importo*) large size.

rilevare (**rilèvo**) I *v.t.* 1 (*notare*) to notice, to note. 2 (*mettere in evidenza*) to point out: *fare* ~ *qcs. a qcu.* to point sth. out to so. 3 (*registrare: rif. a strumento*) to detect. 4 (*dare il cambio*) to relieve: ~ *una sentinella* to relieve a guard. 5 (*Comm,Econ*) (*acquisire*) to take over, to buy out: ~ *un'azienda* to take over a company. 6 (*ricomprare*) to buy back: ~ *una partita di merce* to buy back a parcel of goods. 7 (*Statist*) (*raccogliere dati*) to gather, to collect: ~ *le cifre sull'andamento del commercio con l'estero* to gather figures on import-export trends. 8 (*ricavare da un modello*) to take, to make: ~ *un disegno da uno schizzo* to make a drawing from a sketch. 9 (*Topogr*) to survey, to plot. 10 (*Mar*) to take a bearing of: ~ *la rotta* to take a bearing of the route. II *v.i.* (*aus.* **avere**) (*risaltare*) to stand out, to show up.

rilevatario *m.* (*f.* **-a**) (*Dir*) purchaser, successor.

rilevato I *a.* 1 (*sporgente*) prominent, protruding, projecting. 2 (*che si staglia*) in relief. II *m.* embankment.

rilevatore *m.* 1 (*Statist*) data collector. 2 (*Topogr*) (*persona*) surveyor; (*strumento*) cirmcumferentor. 3 (*Tecn*) detector. ☐ (*Tecn*) ~ *di fumo* smoke detector; (*Tecn*) ~ *di gas* natural gas detector; (*Tecn*) ~ *di metalli* metal detector.

rilevazione *f.* survey (*anche Geog,Scult*). ☐ (*Statist*) ~ *dei prezzi* price watch, price check; (*Ind*) ~ *dei tempi* time recording, time taking; (*Statist*) *rilevazioni statistiche* gathering of statistical data.

rilievo *m.* 1 relief: *una forte luce dava* ~ *ai contorni della statua* a strong light put the outlines of the statue into relief. 2 (*ciò che è in rilievo*) rise, height, elevation: *un* ~ *del terreno* a rise in the ground. 3 (*Geog*) relief, feature, chain: ~ *sottomarino* underwater relief. 4 (*fig*) (*evidenza, risalto*) importance, emphasis: *dare maggiore* ~ *all'aspetto sociale di una questione* to place greater emphasis on the social aspect of a matter; *di grande* ~ of great weight, of great importance; *il fenomeno non ha alcun* ~ *scientifico* the phenomenon is of no scientific importance; *di nessun* ~ of no importance; *di poco* ~ of little account, of little importance. 5 (*osservazione*) remark, criticism: *dar luogo a rilievi* to give rise to criticism. 6 (*Scult*) relief. 7 (*Topogr*) survey: *prendere un* ~ to make a survey. 8 (*Mar*) position finding, direction finding, taking of a bearing. ☐ *avere* ~ to stand out, to be prominent (*anche fig*); (*Geog*) *rilievi continentali* continental mountain ranges, continental mountain chains; *dare* ~ *a qcs.*: 1 to make sth. stand out; 2 (*fig*) (*mettere in evidenza*) to give prominence to sth., to give importance to sth.; (*fig*) *di* ~: 1 (*importante, rif. a cosa*) important; 2 (*rif. a persona*) prominent, outstanding: *persona di grande* ~ very prominent person, very important person; ~ *fotografico* photographic relief; *in* ~: 1 raised: *ricamo in* ~ raised embroidery; 2 (*Geog,Art,Tip*) in relief, relief: *carta geografica in* ~ relief map; 3 (*a sbalzo, stampato in rilievo*) embossed: *lavoro in* ~ embossed work, raised work; *indirizzo stampato in* ~ embossed address; (*fig*) *mettere in* ~ to highlight, to emphasize; (*fig*) *senza* ~ (*insignificante*) insignificant, unimportant; (*Statist*) *rilievi statistici* (*dati*) statistics; *rilievi topografici* ordnance surveys.

rilievografia *f.* (*Tip*) letterpress.

rilievografico (*pl.* **-ci**) *a.* relief-printing (*attr.*), letterpress (*attr.*): (*Tip*) *stampa rilievografica* relief printing.

rilocabile *a.* (*Inform*) relocatable.

riloga (*pl.* **-ghe**) *f.* (*Arred*) curtain rail.

rilucente *a.* shining, glittering, twinkling: *stelle rilucenti* shining stars, twinkling stars.

rilucentezza *f.* (*rar*) brightness, shine, brilliance.

rilucere (**rilùce, rilùcono**; *no past participle and no compound tenses*) *v.i.* 1 to shine: *i suoi occhi rilucevano* her eyes shone. 2 (*luccicare*) to glitter, to twinkle: *le stelle rilucevano nel cielo* the stars twinkled in the sky.

riluttante *a.* reluctant, unwilling, loath, loth, averse: *essere* ~ *a fare qcs.* to be reluctant to do sth.; *essere* ~ *a una proposta* to be averse to a suggestion.

riluttanza *f.* reluctance, unwillingness: *obbedire con* ~ to obey with reluctance, to obey reluctantly.

riluttare (rilùtto; *aus.* **avere**) *v.i.* (*lett*) to be reluctant: ~ *a fare qcs.* to be reluctant to do sth.

RIM *Mauritania* RIM (Mauritania).

rima[1] *f.* **1** (*Metr*) rhyme: *parlare in* ~ to talk in rhyme. **2** *pl.* (*estens*) (*versi*) rhymes, rhymed verses, rhymed poetry *sing.* □ (*Metr*) ~ *accoppiata* rhymed couplet, rhyming couplet; (*Metr*) ~ *al mezzo* internal rhyme, middle rhyme; (*Metr*) ~ *alternata* alternate rhyme, cross rhyme; (*Metr*) ~ *baciata* rhyming couplet; (*Ret*) ~ *equivoca* perfect rhyme; *fare* ~ *con qcs.* to rhyme with sth.; (*Metr*) ~ *finale* end rhyme; (*Metr*) ~ *obbligata* set rhyme; (*fig*) *rispondere per le rime a qcu.* to give so. a sharp answer, (*colloq*) to give so. tit for tat.

rima[2] *f.* (*Anat*) rima: ~ *glottidea* rima glottidis, rima.

rimagliare (rimàglio) *v.t.* (*Sart*) to mend.

rimalmezzo *f.* (*Metr*) internal rhyme, middle rhyme.

rimandare (rimàndo) *v.t.* **1** to send again: *ho rimandato mio figlio al mare* I have sent my son to the seaside again. **2** (*mandare indietro*) to send back, to return: *gli ha rimandato i regali* she sent him back his gifts. **3** (*rilanciare*) to throw back, to toss back. **4** (*spostare, differire*) to postpone, to put off, to defer: ~ *un appuntamento* to postpone an appointment; ~ *la partenza* to put off one's departure. **5** (*fare riferimento*) to refer: ~ *il lettore a un altro capitolo* to refer the reader to another chapter. **6** (*Scol,ant*) to make (so.) repeat an exam, to make (so.) repeat a subject, to make (so.) repeat an examination: *lo hanno rimandato in due materie* they made him repeat two subjects; *essere rimandato a settembre* to have to repeat exams (at the beginning of the Autumn term). □ ~ *qcs. a data da destinarsi* to postpone sth. to a date to be arranged, to postpone sth. to a later date. *Prov.*: *non* ~ *a domani quello che puoi fare oggi* never put off till tomorrow what you can do today.

rimandato **I** *a.* (*Scol,ant*) who have to repeat an exam, who have to repeat an examination. **II** *m.* (*f.* **-a**) (*Scol,ant*) pupil who has to repeat the exams.

rimando *m.* **1** return: *il* ~ *del pallone* the return of the ball. **2** (*differimento*) postponement. **3** (*riferimento*) reference. **4** (*Edit*) (*segno*) cross-reference; (*numero*) reference number: *fare un* ~ *da una voce a un'altra* to cross-refer from one entry to another. **5** (*dilazione*) extension, deferment, postponement: *ha ottenuto un breve* ~ he has been allowed a short extension. □ *di* ~ in retort; *e lui di* ~... and he retorted...

rimaneggiamento *m.* **1** (*il lavorare di nuovo*) recast, recasting. **2** (*riscrittura*) rewriting: *il* ~ *di un testo* the rewriting of a text. **3** (*riordinamento*) rearrangement, reshuffle, reshuffling: ~ *ministeriale* cabinet reshuffle, cabinet reshuffling.

rimaneggiare (rimanéggio, rimanéggi) *v.t.* **1** (*lavorare di nuovo*) to work over, to go over, to recast. **2** (*riscrivere*) to rewrite: ~ *un articolo* to rewrite an article. **3** (*riordinare*) to reshuffle, to rearrange, reorganize: ~ *il governo* to reorganize the government, to reshuffle the government.

rimanente **I** *a.* remaining: *col denaro* ~ with the remaining money, with the rest of the money. **II** *m.* **1** rest, remainder, residue. **2** *pl.* (*rif. a persone: tutti gli altri*) the others, all the others, the rest.

rimanenza *f.* **1** rest, remainder, left-over, remnant. **2** *pl.* (*Comm*) (*giacenze*) unsold stock (*costr.sing.*), left-over stock (*costr.sing.*). □ (*Comm*) ~ *di cassa* cash balance.

rimanere (*pres.ind.* rimàngo, rimàni; *p.rem.* rimàsi; *fut.* rimarrò; *p.p.* rimàsto; *aus.* **essere**) *v.i.* **1** (*restare*) to stay, to remain: ~ *a letto* to stay in bed; *non andartene, rimani qua* don't go away, stay here; ~ *a cena* to stay for dinner. **2** (*fermarsi*) to stop, to leave off: *riprendiamo la lettura da dove siamo rimasti l'ultima volta* we'll begin reading from where we left off last time; *dove ero rimasto?* where did I get to? **3** (*avanzare*) to have left (*costr.pers.*), to be left, to be left over, to remain: *mi rimangono solo due euro* I have only two euros left; *è il solo amico che mi rimane* he is the only friend I have left. **4** (*rif. a spazio*) to be further, to be more (*costr.impers.*): *quanta strada rimane fino in città?* how much further is it to town? **5** (*rif. a tempo*) to be more, to be longer (*costr.impers.*), to be left: *rimangono pochi giorni a Pasqua* it is only a few more days to Easter. **6** (*rif. ad azioni ancora da compiere*) to remain (*costr.impers.*), to be left: *non ci rimane che accettare* there's nothing left for us to do but accept, the only thing left for us to do is to accept. **7** (*permanere*) to continue, to be: *lo stato di allarme rimane* the state of alarm continues. **8** (*permanere in uno stato*) to remain, to keep, to be: *questo cinema rimarrà chiuso nel periodo estivo* this cinema will be closed during the summer; *siamo rimasti amici* we have remained friends. **9** (*essere*) to be: *sono rimasto molto sorpreso dalle sue parole* I was very surprised by her words; ~ *ucciso* to be killed, to end up being killed. **10** (*diventare*) to become, *spesso si traduce con un verbo alla forma passiva*: ~ *orfano* to become an orphan, to be left an orphan, to be orphaned; ~ *paralizzato* to be left paralyzed; ~ *ferito* to be hurt, to be wounded, to be injured. **11** (*essere situato*) to be, to be situated, to be located: *il mio ufficio rimane al centro della città* my office is in the centre of town. **12** (*continuare a vivere*) to live on: *lo scrittore è morto ma rimangono le sue opere* the writer is dead but his works live on. **13** (*andare in eredità*) to go, to be left, to be inherited: *la casa rimarrà al figlio* the house will be left to his son. **14** (*d'accordo*) to agree: *come siete rimasti?* what did you agree to do? **15** (*restare meravigliato, stupito*) to be astounded, to be left astounded, to be amazed, to be astonished, to be surprised: *a quella vista tutti rimasero* everyone was astounded at the sight. □ ~ *a galla* to float, to keep afloat; ~ *a pranzo* to stay to lunch; ~ *a terra*: **1** (*non riuscire a imbarcarsi su nave*) to miss the boat; **2** (*perdere l'aereo*) to miss one's flight, to miss the plane; **3** (*perdere il treno*) to miss the train; (*colloq*) ~ *al verde* to be broke; *non mi rimane altra scelta* I have no other choice; ~ *alzato* to stay up; ~ *appeso* to hang; ~ *calmo* to keep calm; *è rimasto chiuso dentro e non può uscire* he's locked in and can't get out; *rimane da vedere se...* it remains to be seen whether...; ~ *d'accordo* to agree: *siamo rimasti d'accordo di partire presto* we agreed to leave early; (*fig*) ~ *di ghiaccio* to be dumbfounded; (*fig*) ~ *di stucco* to be dumbfounded, to be stunned, to be left speechless; ~ *fedele a qcu.* to be true to so., to stand by so.; ~ *fedele a qcs.* to hold fast to sth., to be true to sth., to stick to sth.; ~ *fedele a se stesso* to be true to oneself, to stay true to oneself; ~ *ferito* to be wounded; (*fig*) *mi è rimasto impresso* I can still remember it; *siamo rimasti soltanto in otto* there are only eight of us left; ~ *in carica* to remain in office, to stay in office; ~ *in contatto* to keep in touch; ~ *in dubbio* to be doubt-ful; (*Tel*) *rimanere in linea* to hang on, to hold on; ~ *in piedi* to remain standing, to stay standing; ~ *in sella*: **1** (*Equit*) to stay in the saddle; **2** (*fig*) to remain in the saddle, to remain in power; ~ *in silenzio* to keep quiet; ~ *incinta* to get pregnant, (*Br*) to fall pregnant; ~ *indietro*: **1** to be left behind, to get behind, to fall behind, to be outstripped (*anche fig*); **2** (*rif. a orologio*) to be slow, to run slow; ~ *male* (*o rimanerci male*): **1** (*essere deluso*) to be disappointed; **2** (*essere offeso*) to be hurt; ~ *nel dubbio* to be doubtful; ~ *orfano* to be left an orphan, to be orphaned; (*pop*) *rimanerci* (*morire*) to be killed; ~ *senza qcs.* (*rimanere sprovvisto*) to run out of sth.; *siamo rimasti senza pane* we've run out of bread; ~ *senza soldi* to run out of money, to be left penniless; ~ *solo* to be left alone; (*fig*) *quell'insulto mi è rimasto sul gozzo* that insult still rankles; ~ *sullo stomaco*: **1** not to agree, not to digest: *mi è rimasta sullo stomaco la cipolla* the onion didn't agree with me, I didn't digest the onion; **2** (*fig*) to bug, to rankle, to irk: *quella sua allusione mi è rimasta sullo stomaco* his allusions have bugged me; ~ *sveglio* to stay awake; *rimanga tra noi* keep it to yourself, keep it for yourself; ~ *vedova* to be left a widow, to be widowed; ~ *zitella* (*Br*) to be on the shelf, to be left on the shelf, (*Am*) to end up an old maid.

rimangiare (rimàngio, rimàngi) **I** *v.t.* to eat again. **II** *v.pron.* **rimangiarsi** (*fig*) (*non mantenere*) to take back, (*colloq*) to go back on: *rimangiarsi una promessa* to go back on a promise, to break a promise; *rimangiarsi la parola* (*data*) to go back on one's word, to eat one's words.

rimango → **rimanere**.

rimarcare (rimàrco, rimàrchi) *v.t.* **1** (*notare*) to remark, to observe. **2** (*mettere in evidenza*) to point out.

rimarchevole *a.* remarkable, noteworthy.

rimare (rìmo) **I** *v.t.* to rhyme. **II** *v.i.* (*aus.* **avere**) to rhyme.

rimarginabile *a.* able to be healed (*anche fig*).

rimarginare (rimàrgino) **I** *v.t.* to heal (*anche fig*): *il tempo rimargina tutte le ferite* time heals all sorrows, time is a great healer. **II** *v.i.* (*aus.* **essere**) to heal, to heal up (*anche fig*). **III** *v.pron.* **rimarginarsi** to heal, to heal up (*anche fig*).

rimario *m.* rhyming dictionary.

rimaritare (rimarìto) **I** *v.t.* to remarry, to marry off (so.) again. **II** *v.pron.* **rimaritarsi** to remarry, to marry once again, to get married again.

rimarrò → **rimanere**.

rimasi → **rimanere**.

rimasticare (rimàstico, rimàstichi) *v.t.* to chew again, to rechew, to masticate again. **2** (*fig*) (*ripensare*) to rehash, to chew on, to chew over, to brood over.

rimasticatura *f.* **1** chewing again. **2** (*fig, spreg*) rehash.

rimasto → **rimanere** *a.* **1** left: *essere* ~ *fuori* to be left outside. **2** (*avanzato*) remaining, left-over.

rimasuglio *m.* remnant; remains *pl.*, left-overs *pl.*

rimato *a.* rhymed, in rhyme: *versi rimati* rhymed verses.

rimatore *m.* (*f.* **-trice**) rhymer.

rimbacuccare (rimbacùcco, rimbacùcchi) **I** *v.t.* to wrap up, to muffle up. **II** *v.pron.* **rimbacuccarsi** to wrap oneself up.

rimbacuccato *a.* wrapped up, muffled up.

rimbaldanzire (rimbaldanzìsco, rimbaldanzìsci) **I** *v.t.* (*lett*) to embolden again, to make bold again, to make daring again. **II** *v.i.* (*lett*) (*aus.* **essere**) to become bold, to become self-confident. **III** *v.pron.* **rimbaldanzirsi** (*lett*) to become bold, to become self-confident.

rimbalzare (**rimbàlzo**; *aus.* **essere/avere**) *v.i.* **1** to rebound, to bounce, to bounce off: *fare ~ un palla* to bounce a ball. **2** (*balzare indietro*) to rebound, to bounce back. **3** (*rif. a proiettile di arma da fuoco*) to ricochet. **4** (*fig*) to spread, to be passed on: *la notizia rimbalzò di bocca in bocca* the news spread quickly by word of mouth, the news was on everyone's lips.

rimbalzello *m.* ducks and drakes *pl.*: *giocare a ~* to play ducks and drakes.

rimbalzo *m.* **1** rebound, rebounding, bounce. **2** (*balzo indietro*) rebound, rebounding, bounce back. **3** (*rif. a proiettile di arma da fuoco*) ricochet. □ *di ~*: **1** on the rebound: *colpire la palla di ~* to hit the ball on the rebound; *il sasso colpì di ~ un passante* the stone rebounded and hit a passer-by; **2** (*fig*) (*indirettamente*) indirectly.

rimbambimento *m.* **1** imbecility. **2** (*rif. ad anziano*) dotage, senility, second childhood.

rimbambire (**rimbambìsco, rimbambìsci**) **I** *v.t.* to turn into a fool. **II** *v.i.* (*aus.* **essere**) **1** to become stupid, to grow stupid, (*Br,colloq*) to go barmy, to become gaga, (*Am,colloq*) to go gaga. **2** (*rif. ad anziano*) to become senile, to go senile, (*Br,colloq*) to become gaga. **III** *v.pron.* **rimbambirsi 1** to become stupid, to grow stupid, (*Br,colloq*) to go round the twist, to become gaga, (*Am,colloq*) to go gaga. **2** (*rif. ad anziano*) to become senile, (*colloq*) to become gaga. □ *~ qcu. di chiacchiere* to drive so. crazy with incessant talk.

rimbambito I *a.* **1** (*rincretinito*) imbecile, stupid, (*colloq*) barmy, (*colloq*) gaga. **2** (*rif. ad anziano*) senile, in one's second childhood, (*colloq*) gaga. **II** *m.* (*f.* **-a**) dotard, old fool, buffoon, fogey.

rimbarcare (**rimbàrco, rimbàrchi**) *v.t.* → **reimbarcare**.

rimbarco (*pl.* **-chi**) *m.* → **reimbarco**.

rimbeccare (**rimbécco, rimbécchi**) **I** *v.t.* (*ribattere*) to answer back sharply, to retort, to return: *~ un'ingiuria* to return an insult; *~ qcu.* to answer so. back sharply. **II** *v.r.recipr.* **rimbeccarsi** (*discutere vivacemente*) to bicker, to squabble.

rimbecco (*pl.* **-chi**) *m.* retort, sharp reply, smart reply. □ *di ~* sharply, in retort.

rimbecillire (**rimbecillìsco, rimbecillìsci**) **I** *v.t.* **1** to turn into a fool, to drive mad. **2** (*estens*) (*stordire*) to stun. **II** *v.i.* (*aus.* **essere**) to become stupid, to grow stupid, to go soft in the head, to go off one's head. **III** *v.pron.* **rimbecillirsi** to become stupid, to grow stupid, to go soft in the head, to lose one's marbles.

rimbecillito I *a.* stupid, barmy, touched, crackers, imbecile. **II** *m.* (*f.* **-a**) dunce, numskull, imbecile.

rimbellire (**rimbellìsco, rimbellìsci**) **I** *v.i.* (*aus.* **essere**) (*rar*) (*ridiventare bello*) to become beautiful again. **2** (*diventare più bello*) to become more beautiful. **II** *v.t.* (*rar*) (*rendere più bello*) to make (so.) more beautiful.

rimbiancare (**rimbiànco, rimbiànchi**) *v.t.* **1** (*imbiancare di nuovo*) to whiten again. **2** (*rif. a muri*) to whitewash again. **3** (*rif. a tessuti*) to rebleach.

rimbiondire (**rimbiondìsco, rimbiondìsci**) **I** *v.i.* (*aus.* **essere**) **1** to become golden again. **2** (*rif. a capelli*) to turn fair again, to go blond again. **II** *v.t.* **1** (*far ridiventare biondo*) to make golden again. **2** (*rif. a capelli*)

to turn blond again.

rimboccare (**rimbócco, rimbócchi**) *v.t.* **1** to fold in, to fold over: *~ un sacco* to fold in the top of a sack. **2** (*rif. a coperte e sim.*) to tuck in. **3** (*rif. a maniche, a pantaloni*) to roll up, to turn up. □ *~ le coperte a qcu.* to tuck so. in; *rimboccarsi le maniche*: **1** to tuck up one's sleeves, to roll up one's sleeves; **2** (*fig*) to tuck up one's sleeves, to roll up one's sleeves, to get down to work.

rimboccatura *f.* **1** (*atto*) rolling up, turning up. **2** (*rif. a coperte e sim.*) tucking in. **3** (*parte rimboccata*) part turned back, part folded over; (*rif. a lenzuola*) turn-down; (*rif. a pantaloni*) turn-up.

rimbocco *m.* **1** (*atto*) rolling up, turning up; (*rif. a coperte e sim.*) tucking in. **2** (*parte rimboccata*) part turned back, part folded over; (*rif. a lenzuola*) turn-down; (*rif. a pantaloni*) turn-up.

rimbombante *a.* **1** thundering, booming, resounding. **2** (*fig*) bombastic.

rimbombare (**rimbómbo**; *aus.* **essere/avere**) *v.i.* to boom, to resound, to thunder, to thunder out, to roar: *la voce rimbombava nel salone vuoto* the voice resounded in the empty room.

rimbombo *m.* boom, booming, thunder, thundering, roar.

rimborsabile *a.* repayable, refundable, reimbursable.

rimborsare (**rimbórso**) *v.t.* to reimburse, to refund, to repay, to pay back: *~ le spese a qcu.* to refund so. his expenses, to reimburse so.'s expenses.

rimborso *m.* **1** refund, reimbursement, repayment: *~ spese* reimbursement of expenses, refund of expenses; *~ degli interessi* repayment of interest. **2** (*rif. a debiti*) repayment: *~ di un prestito* repayment of a loan. □ *~ anticipato* advance refund; *~ di imposta* tax refund; *~ fiscale* tax rebate.

rimboscamento *m.* (*Forest*) reforestation, reafforestation.

rimboscare (**rimbòsco, rimbòschi**) **I** *v.t.* (*Forest*) to reforest, to reafforest. **II** *v.pron.* **rimboscarsi** (*lett*) to take to the woods again.

rimboschimento *m.* (*Forest*) reforestation, reafforestation.

rimboschire (**rimbòschisco, rimbòschisci**) **I** *v.t.* (*Forest*) to reforest, to reafforest. **II** *v.pron.* **rimboschirsi** to become wooded again.

rimbrottare (**rimbròtto**) **I** *v.t.* to rebuke, to scold. **II** *v.r.recipr.* **rimbrottarsi** to rebuke each other.

rimbrotto *m.* harsh rebuke, rebuke.

rimediabile *a.* remediable.

rimediare (**rimèdio**) **I** *v.i.* (*aus.* **avere**) to remedy, to put right, to find a remedy (for), to make up (for): *~ a un torto* to remedy a wrong, to right a wrong; *~ a una faccenda* to put a matter right; *~ al tempo perduto* to make up for lost time. **II** *v.t.* (*colloq*) **1** (*procurarsi*) to scrape together, to get together: *ha rimediato qualche euro* he has scraped together a few euros. **2** (*iron*) (*buscare*) to get, to catch: *~ un sacco di botte* to get a beating; *~ un raffreddore* to catch a cold.

rimediato *a.* scraped together.

rimedio *m.* **1** (*farmaco*) remedy, cure: *un buon ~ contro la tosse* a good remedy for a cough. **2** (*estens*) (*riparo, ripiego*) remedy, way out, cure: *trovare un ~ a una situazione* to find a way out of a situation; *porre ~ a qcs.* to put sth. right, to remedy sth. □ *~ della nonna* old wives' remedy; *il ~ è peggiore del male* the remedy is worse than the dis-

ease; *~ empirico* empirical remedy; (*Farm*) *~ erboristico* herbal medicine; (*Farm*) *~ evacuativo* evacuant, evacuant agent; (*Farm*) *~ fitoterapico* phytotherapeutic treatment; (*Farm*) *~ galenico* galenical; *mettere ~ a qcs.* to put sth. right, to remedy sth.; *~ omeopatico* homoeopathic remedy; *essere senza ~* to be beyond remedy. *Prov.: a tutto c'è ~ fuorché alla morte* there is a remedy for all things but death.

rimembranza *f.* (*lett*) memory, remembrance: *dolci rimembranze* sweet memories.

rimembrare (**rimèmbro**) **I** *v.t.* (*lett*) to remember. **II** *v.pron.* **rimembrarsi** (*lett*) to remember (*di qcs.* sth.).

rimenare (**riméno**) *v.t.* **1** (*lett*) (*ricondurre*) to lead back, to bring back. **2** (*region*) (*rimescolare*) to mix, to stir, to stir up.

rimenata *f.* (*region*) quick mix, stir, stir up.

rimescolamento *m.* **1** (*il mescolare di nuovo*) mixing again, mixing up again. **2** (*il mescolare bene*) mixing up, stirring up. **3** (*rif. a carte*) shuffling. **4** (*fig*) (*turbamento*) confusion, bewilderment.

rimescolare (**riméscolo**) **I** *v.t.* **1** (*mescolare di nuovo*) to mix again, to blend again. **2** (*mescolare*) to mix well, to blend well; (*rimestare*) to stir well. **3** (*rif. a carte da gioco*) to shuffle. **4** (*assol.*) (*fremere, essere agitato*) to seethe: *mi sento ~ dallo sdegno* I'm seething with outrage. **5** (*fig*) (*rivangare*) to rake up, to bring up, to revive. **II** *v.pron.* **rimescolarsi 1** to mingle: *rimescolarsi tra la folla* to mingle with the crowd. **2** (*turbarsi*) to be upset, to be shocked: *si rimescolò tutta per lo spavento* she was upset by the shock. □ *sentirsi ~ il sangue*: **1** (*per la paura*) to feel one's blood curdle, to feel one's blood run cold; **2** (*per lo sdegno*) to feel one's blood boil.

rimescolata 1 stir, quick stir, mix: *dare una ~ alla minestra* to give the soup a stir. **2** (*rif. a carte da gioco*) shuffle: *dare una ~ alle carte* to shuffle the cards.

rimescolio *m.* **1** stir, continuous stir, stirring, mixing. **2** (*fig*) (*turbamento*) confusion; (*eccitazione*) excitement; (*spavento*) fright, shock.

rimessa *f.* **1** (*deposito: per tram e sim.*) depot; (*per carrozze*) coach house, carriage house; (*per automobili*) garage; (*per aeroplani*) hangar. **2** (*Comm*) (*invio: rif. a merce*) remittance, consignment, shipment; (*rif. a denaro*) remittance. **3** (*Comm*) (*immagazzinamento*) storage, storing, storing up; (*magazzino*) store, storehouse, warehouse; (*derrate immagazzinate*) stores *pl.*, goods *pl.* in a warehouse. **4** (*ripostiglio*) shed: *~ per gli attrezzi* tool shed. **5** (*Sport*) (*rilancio, rinvio*) return; (*nel calcio: rimessa in gioco*) throw-in; (*nella scherma*) remise; (*nel rugby*) line-out. **6** (*Bot*) sprout, shoot. □ (*Comm*) *vendere a ~* (*sottocosto*) to sell below cost, to sell at a loss; (*Sport*) *~ dal fondo* goal kick; (*Econ*) *rimesse degli emigrati* immigrant remittances; (*Comm*) *~ di merci* shipment of goods; (*Econ*) *~ finanziaria* money transfer; *~ in funzione* restarting, reoperating; (*Teat*) *~ in scena* restaging; (*Ferr*) *~ per locomotive* engine shed.

rimessaggio *m.* garaging.

rimesso → **rimettere** *a.* **1** replaced, put back. **2** (*condonato*) remitted, forgiven: *peccato ~* remitted sin.

rimestare (**riménto**) **I** *v.t.* **1** to stir. **2** (*fig*) (*rivangare*) to rake up, to bring up, to stir up. **II** *v.i.* (*aus.* **avere**) to dig up: *~ nel passato di qcu.* to dig up so.'s past.

rimestio *m.* stirring, constant stirring.

rimettere (*pres.ind.* **rimétto**; *p.rem.* **rimìsi**; *p.p.* **rimésso**) **I** *v.t.* 1 to put again; (*ricollocare*) to replace, to put back: ~ *un vestito nell'armadio* to put a dress back in the wardrobe; ~ *le mani in tasca* to put one's hands back in one's pockets. 2 (*indossare di nuovo*) to put on again, to put back on: ~ *il cappotto* to put one's coat on again. 3 (*demandare*) to refer, to remit, to submit: ~ *una decisione a qcu.* to refer a decision to so. 4 (*condonare*) to remit, to forgive, to pardon: (*Rel*) ~ *i peccati* to forgive sins. 5 (*Comm*) (*spedire: rif. a merci*) to ship, to send, to dispatch; (*rif. a denaro*) to remit. 6 (*vomitare*) to bring up, to throw up: ~ *il cibo* to bring up one's food. 7 (*consegnare*) to deliver, to give in; (*nelle mani di qcu.*) to hand over, to hand in. 8 (*Sport*) (*rimettere in gioco*) to throw in. 9 (*rimandare, differire*) to postpone, to defer. **II** *v.pron.* **rimettersi** 1 (*ricollocarsi*) to go back, to get back: *rimettersi a letto* to go back to bed. 2 (*mettersi di nuovo*) to put on, to put on again: *rimettersi il rossetto* to put on some more lipstick. 3 (*indossare di nuovo*) to wear again, to put on again, to put back on. 4 (*accingersi di nuovo*) to set to again, to set about again, to start again: *rimettersi al lavoro* to set to work again, to get down to work again. 5 (*riaversi, ristabilirsi*) to recover (*da* from), to get over: *rimettersi dallo spavento* to recover from the fright. 6 (*rif. alla salute*) to recover. 7 (*rif. al tempo*) to clear up. 8 (*affidarsi*) to trust (*a* in), to put oneself (*a* in the hands of). 9 (*riprendere una relazione sentimentale*) to get back together: *rimettersi con qcu.* to get back together with so. □ (*Bibl*) *rimetti a noi i nostri debiti come noi li rimettiamo ai nostri debitori* forgive our trespasses as we forgive those who trespass against us, forgive us our debts as we forgive our debtors; ~ *a nuovo*: 1 (*rinnovare*) to renew, to renovate; *quella cura l'ha rimesso a nuovo* that treatment has made a new man of him; 2 (*rif. a case e sim.*) to redecorate, to refurbish, to do up; ~ *qcs. a posto* to put sth. back in its place, to put sth. where it belongs; *rimettersi a sedere* to sit down again; *rimettersi al bello* to clear up, to turn out nice again; *rimettersi al giudizio di qcu.* to submit oneself to so.'s decision, to submit oneself to so.'s judgement; *rimettersi alla sorte* (*lasciare al caso*) to leave it to chance; *rimettersi alle decisioni di qcu.* to leave it to so. to decide; *rimettersi in cammino* to start off again, to set out again; *rimettersi in carne* to return to one's normal weight; ~ *in discussione* to bring up for discussion again; *rimettersi in forze* to get back one's strength, to regain strength; (*Sport*) ~ *in gioco* to throw in; ~ *in libertà* to release, to set free, to set free again; ~ *in marcia* to restart; ~ *in moto* to restart; ~ *in ordine* to put in order again, to set in order again; *rimettersi in pari* to catch up; (*fig*) ~ *in piedi qcs.* to get sth. back in order, to get sth. back on its feet again; *rimettersi in salute* to recover, to recover one's health; ~ *qcu. in sella* to help so. back in the saddle, to put so. back in the saddle; *rimettersi in sella* to get back in the saddle (*anche fig*); ~ *in sesto* to put right again, to settle again; (*fig,colloq*) *rimettersi in sesto* to get back on one's feet again, to return to normal, to get back to normal again; ~ *in sesto qcs.* to put sth. back in order, to reorder sth.; ~ *in uso* to bring into use again; *rimettersi insieme* (*riprendere una relazione sentimentale*) to get back together again; (*fig*) *rimetterci la pelle* to lose one's life, to

pay with one's life; (*colloq*) *rimetterci la salute* to ruin one's health; *rimetterci la vita* to lose one's life, pay with one's life; (*colloq*) *rimetterci* to lose (by sth.): *ci rimetterò molto* I'll lose a lot by it.

rimirare (**rimìro**) **I** *v.t.* to gaze at, to look at, to stare at, to contemplate. **II** *v.pron.* **rimirarsi** 1 to gaze at oneself, to look at oneself, to stare at oneself. 2 (*ammirarsi*) to admire oneself: *rimirarsi allo specchio* to admire oneself in the mirror.

rimischiare (**rimìschio, rimìschi**) *v.t.* 1 to remix, to mix again. 2 (*rif. a carte da gioco*) to reshuffle.

rimmel *m.* (*Cosmet*) mascara.

rimodellare (**rimodèllo**) *v.t.* to remodel, to reshape, to refashion: ~ *il corpo* to reshape the body.

rimodernamento *m.* modernizing, modernization, renovation.

rimodernare (**rimodèrno**) **I** *v.t.* 1 to modernize, to renovate: ~ *un appartamento* to renovate a flat. 2 (*rif. a vestiti*) to remodel. **II** *v.pron.* **rimodernarsi** to become modernized, to update.

rimodernatura *f.* 1 modernization. 2 (*rif. a vestiti*) remodelling.

rimondare (**rimóndo**) *v.t.* 1 (*mondare*) to clean, to clear; (*rif. ad alberi*) to lop, to prune; (*rif. a piante*) to prune, to trim. 2 (*mondare di nuovo*) to clean again.

rimondatura *f.* 1 (*il rimondare*) cleaning; (*rif. a piante*) pruning. 2 (*ciò che si porta via rimondando*) rubbish, clippings *pl.*; (*rif. a piante*) prunings *pl.*, loppings *pl.*

rimonta *f.* 1 (*Sport*) recovery, catching up, picking up. 2 (*Mil*) remounting. 3 (*Minier*) slant.

rimontare (**rimónto**) **I** *v.t.* 1 (*risalire*) to go up again. 2 (*andare contro corrente*) to go up; (*navigando*) to sail up: ~ *un fiume* to sail up a river. 3 (*rimettere insieme*) to reassemble: ~ *un meccanismo* to reassemble a mechanism. 4 (*reinstallare*) to reinstall, to refit. 5 (*Sport*) (*annullare uno svantaggio*) to recover; (*rif. a concorrenti*) to catch up on. **II** *v.i.* (*aus. essere*) (*risalire*) to climb up again, to remount: ~ *a cavallo* to remount a horse. 2 (*in un veicolo chiuso*) to get in (sth.) again, to get back in, to get back into: ~ *in macchina* to get in the car again, to get back into the car. 3 (*in un veicolo scoperto*) to get on (sth.) again, to get back on. 4 (*fig*) (*progredire*) to move up: ~ *dal quinto al secondo posto* to move up from fifth to second position. 5 (*fig*) to go back (*a* to); (*avere origine*) to date back. □ ~ *la corrente* to go upstream.

rimontatura *f.* reassemblage, reassembly.

rimorchiare (**rimòrchio, rimòrchi**) *v.t.* 1 to tow (*anche Mar*). 2 (*fig*) (*trascinarsi dietro*) to drag along. 3 (*colloq*) to pick up: ~ *una ragazza* to pick a girl up. □ (*fig*) *farsi* ~ to let oneself be led; (*Mar*) ~ *fuori dal porto* (o ~ *in uscita*) to tow out, to tow out of port.

rimorchiatore *m.* (*Mar*) tug, tugboat, tow-boat. □ (*Mar*) ~ *a vapore* steam tug; (*Mar*) ~ *di porto* harbour tug.

rimorchio *m.* 1 tow, towing, towage: *prendere a* ~ to take in tow, to tow; (*fig*) *tirarsi dietro a* ~ *qcu.* to drag so. along. 2 (*Aut*) trailer: *staccare il* ~ to unhook the trailer. □ (*fig*) *essere a* ~ *di qcu.* (o *andare a* ~ *di qcu.*) to be in (so.'s) tow, to be dragged along by so.; *da* ~ (*attr.*); *di autoveicoli* trailer; ~ *per autocarro* truck trailer.

rimordere (*pres.ind.* **rimòrdo**; *p.rem.* **rimòrsi**; *p.p.* **rimòrso**) *v.t.* 1 to bite again. 2 (*fig*) to prick: *gli rimorde la coscienza* his conscience is pricking him.

rimorso *m.* remorse: *avere* ~ *di aver fatto qcs.* to feel remorse for having done sth., to feel remorseful for having done sth. □ *essere preso dai rimorsi* to be conscience-stricken; ~ *di coscienza* pangs of conscience.

rimostranza *f.* remonstrance, protest, complaint, grievance. □ *fare le proprie rimostranze a qcu.* to complain to so., to protest to so., to remonstrate with so.

rimostrare (**rimóstro**) **I** *v.t.* to show again. **II** *v.i.* (*aus.* **avere**) (*fare rimostranze*) to remonstrate, to protest, to complain.

rimovibile *a.* 1 removable. 2 (*staccabile*) detachable. □ *non* ~ irremovable.

rimozione *f.* 1 (*il rimuovere*) removal (*anche Dir*): *la* ~ *di una lapide* the removal of a plaque; ~ *dei sigilli* removal of seals, breaking of seals. 2 (*destituzione da una carica*) dismissal, discharge, removal: ~ *da un impiego* discharge from a job. 3 (*Psic*) repression. 4 (*Strad,Aut*) towing away, (*colloq*) tow-away. □ ~ *di automobili* towing away, (*colloq*) tow-away; (*Strad*) ~ *forzata* tow-away zone.

rimpacchettare (**rimpacchétto**) *v.t.* to repackage, to pack up again.

rimpadronirsi (**mi rimpadronìsco, ti rimpadronìsci**) *v.pron.* to take possession (of sth.) again, to seize again (sth.).

rimpaginare (**rimpàgino**) *v.t.* (*Edit,Tip*) to make up again.

rimpaginatura *f.* (*Edit,Tip*) new page make-up.

rimpagliare (**rimpàglio, rimpàgli**) *v.t.* 1 (*rif. a sedie*) to re-do a wicker seat. 2 (*imbottire di paglia*) to re-stuff with straw. 3 (*ricoprire di paglia*) to re-cover sth. with straw.

rimpallare (**rimpàllo**; *aus.* **avere**) *v.i.* 1 (*nel biliardo*) to cannon. 2 (*Sport*) (*nel calcio*) to rebound.

rimpallo *m.* 1 (*nel biliardo*) cannon. 2 (*Sport*) (*nel calcio*) bounce back.

rimpannucciare (**rimpannùccio, rimpannùcci**) **I** *v.t.* 1 (*rivestire di panni nuovi*) to dress in new clothes. 2 (*fig*) to improve the financial conditions of. **II** *v.pron.* **rimpannucciarsi** to improve one's financial position.

rimpastare (**rimpàsto**) *v.t.* 1 to knead again: ~ *il pane* to knead dough again. 2 (*fig*) (*rimaneggiare*) to reshuffle, to reorganize, to reshape: *vorrebbe* ~ *tutto a modo suo* he'd like to reorganize everything his way; ~ *il ministero* to reshuffle the cabinet.

rimpasto *m.* 1 (*il rimpastare*) rekneading. 2 (*cosa impastata*) mixture. 3 (*fig*) (*rimaneggiamento*) reshuffle, rearrangement, reorganization. □ ~ *ministeriale* cabinet reshuffle.

rimpatriare (**rimpàtrio, rimpàtri**) **I** *v.i.* (*aus.* **essere**) to return to one's homeland, (*lett*) to repatriate. **II** *v.t.* to send back home, to repatriate. □ *far* ~ to repatriate.

rimpatriata *f.* (*colloq*) reunion, get-together: *fare una* ~ to have a get-together.

rimpatrio *m.* repatriation.

rimpettirsi (**mi rimpettìsco, ti rimpettìsci**) *v.pron.* (*rar*) to swell with pride, to puff up with pride.

rimpettito *a.* swollen with pride, puffed up with pride. □ *camminava tutto* ~ he strutted along.

rimpetto □ (*rar*) *di* ~ opposite.

rimpiallacciare (**rimpiallàccio, rimpiallàcci**) *v.t.* to veneer again.

rimpiangere (*pres.ind.* **rimpiàngo, rimpiàngi**; *p.rem.* **rimpiànsi**; *p.p.* **rimpiànto**) *v.t.* 1 to regret: ~ *la giovinezza sprecata* to regret one's wasted youth. **2** (*sentire la mancanza*) to miss: ~ *un amico* to miss a friend.

rimpianto → **rimpiangere I** *a.* (*rif. a persone*) mourned, lamented; (*rif. a cose*) regretted. **II** *m.* regret: *senza rimpianti* with no regrets.

rimpiattare (**rimpiàtto**) **I** *v.t.* to hide, to conceal. **II** *v.pron.* **rimpiattarsi** to hide, to hide oneself, to conceal oneself.

rimpiattino *m.* hide-and-seek: *giocare a* ~ to play hide-and-seek.

rimpiazzare (**rimpiàzzo**) *v.t.* **1** (*sostituire*) to replace, to substitute: ~ *qcu. con qcu.* to replace so. with so. **2** (*fare le veci*) to take the place of, to replace: ~ *qcu.* to replace so.

rimpiazzo *m.* **1** (*il sostituire*) replacement, substitution. **2** (*sostituto*) substitute. □ *provvedere al* ~ *di qcu.* to substitute so., to replace so.

rimpicciolire (**rimpicciolìsco, rimpicciolìsci**) **I** *v.t.* **1** to make smaller, to reduce, to decrease. **2** (*restringere*) to shrink. **II** *v.i.* (*aus.* **essere**) **1** to become smaller, to get smaller, to decrease. **2** (*restringere*) to shrink. **III** *v.pron.* **rimpicciolirsi 1** to become smaller, to get smaller, to decrease. **2** (*restringersi*) to shrink.

rimpiccolimento *m.* reduction, decrease, shrinking.

rimpiccolire (**rimpiccolìsco, rimpiccolìsci**) **I** *v.t.* **1** to make smaller, to reduce, to decrease. **2** (*restringere*) to shrink. **II** *v.i.* (*aus.* **essere**) **1** to become smaller, to get smaller, to decrease. **2** (*restringere*) to shrink. **III** *v.pron.* **rimpiccolirsi 1** to become smaller, to get smaller, to decrease. **2** (*restringersi*) to shrink.

rimpinguare (**rimpìnguo**) *v.t.* **1** (*rar*) to fatten, to fatten up, to make fat. **2** (*fig*) (*accrescere*) to increase, to fill: ~ *l'erario* to fill the state coffers. □ (*fig*) ~ *il proprio portafoglio* to line one's purse.

rimpinzare (**rimpìnzo**) **I** *v.t.* to stuff, to fill, to fill up. **II** *v.pron.* **rimpinzarsi** to stuff oneself, to fill oneself, to fill oneself up, to gorge (*anche fig*): *rimpinzarsi di dolci* to gorge on sweets.

rimpolpare (**rimpólpo**) **I** *v.t.* **1** to fatten, to fatten up. **2** (*fig*) (*ampliare*) to pad, to pad out, to fill out (*di* with): ~ *un articolo* to pad out an article. **II** *v.pron.* **rimpolparsi** (*ingrassare*) to get plumper, to put on weight.

rimproverabile *a.* reproachable, blameable, (*Am*) blamable.

rimproverare (**rimpròvero**) **I** *v.t.* to reproach, to scold, to rebuke, to reprimand, (*lett*) to chide, (*colloq*) to tell off: ~ *qcu. di* (o *per*) *qcs.* to reproach so. for sth.; *il maestro rimproverava lo scolaro per la sua negligenza* the teacher scolded the pupil for his carelessness. **II** *v.pron.* **rimproverarsi** to reproach oneself with: *non aver nulla da rimproverarsi* to have nothing to reproach oneself with.

rimprovero *m.* reproach, scolding, rebuke, reprimand, (*lett*) chiding, (*colloq*) telling-off. □ *uno sguardo di* ~ a reproachul look; *fare rimproveri a qcu.* to reproach so., to rebuke so.

rimuginare (**rimùgino**) **I** *v.t.* to brood, to brood over, to ruminate over, to ruminate about, to ponder, to ponder over. **II** *v.i.* (*aus.* **avere**) to ponder, to ruminate (*su* over): ~ *su una frase* to ponder over a phrase.

rimunerare (**rimùnero**) *v.t.* **1** (*ricompensare*) to reward, to recompense, to remunerate: ~ *il sacrificio di qcu.* to reward so.'s sacrifice. **2** (*pagare*) to pay. **3** (*assol.*) (*dare pro-*

fitto) to pay, to pay well, to be profitable: *un lavoro che non rimunera* a job that doesn't pay.

rimuneratività *f.* profitability.

rimunerativo *a.* **1** (*atto a rimunerare*) remunerative, rewarding. **2** (*che rimunera bene*) profitable, remunerative, that pays well, well-paid: *lavoro* ~ well-paid job.

rimuneratore *m.* (*f.* **-trice**) (*rar*) rewarder, remunerator.

rimunerazione *f.* **1** reward, recompense: *ricevere una* ~ to receive a recompense, to be rewarded. **2** (*compenso*) pay, payment.

rimuovere (*pres.ind.* **rimuòvo**; *p.rem.* **rimòssi**; *p.p.* **rimòsso**) *v.t.* **1** (*togliere*) to remove, to take away. **2** (*sgomberare*) to remove, to clear, to clear away: *i soldati rimuovono le macerie* the soldiers are clearing away the rubble. **3** (*allontanare: rif. a persone*) to send away, to take away, to remove; (*rif. a feriti o morti*) to evacuate, to remove. **4** (*fig*) (*distogliere*) to dissuade, to deter: ~ *qcu. dal suo proposito* to dissuade so. from his purpose. **5** (*fig*) (*destituire*) to dismiss, to remove (from office): ~ *qcu. dal suo impiego* to dismiss so. from his position. **6** (*Psic*) to repress.

RINA (*Mar*) *Registro italiano navale* (Italian Register of Shipping).

rinascente *a.* (*lett*) reviving, renascent: *fiducia* ~ reviving confidence.

rinascenza *f.* (*lett*) **1** rebirth, revival. **2** (*fig*) revival, renaissance: *la* ~ *delle arti* the revival of the arts.

Rinascenza *f.* (*Lett,Art,rar*) Renaissance.

rinascere (*pres.ind.* **rinàsco, rinàsci**; *p.rem.* **rinàcqui**; *p.p.* **rinàto**; *aus.* **essere**) *v.i.* **1** to be reborn, to come back to life. **2** (*rigermogliare*) to grow again. **3** (*fig*) to come alive again, to be revived: *sentì* ~ *la speranza* he felt his hopes come alive again. **4** (*colloq*) (*sentirsi sollevato*) to feel revived, to feel like a new person: *mi sentii* ~ I felt like a new person, I felt on top of the world. **5** (*rif. al sole e sim.*) to rise again, to come up again. □ ~ *a nuova vita* to be reborn; *mi rinascono le forze* my strength is coming back.

rinascimentale *a.* (*Lett,Art*) Renaissance (*attr.*), of the Renaissance.

Rinascimento *m.* (*Lett,Art*) Renaissance: *stile* ~ Renaissance style.

rinascita *f.* **1** rebirth. **2** (*estens*) (*ricrescita*) regrowth. **3** (*fig*) (*il rifiorire*) revival, renewal: *la* ~ *degli studi classici* the revival of classical studies.

rinato → **rinascere** *a.* **1** reborn, born again. **2** (*fig*) reborn, revived: *sentirsi* ~ to feel reborn, to feel like a new man.

rincagnato *a.* pug (*attr.*), snub (*attr.*): *viso* ~ pug face; *naso* ~ pug nose.

rincalcare (**rincàlco, rincàlchi**) *v.t.* (*colloq*) to pull down, to push down: *rincalcarsi il cappello in testa* to push one's hat down on one's head.

rincalzare (**rincàlzo**) *v.t.* **1** (*Agr*) to earth up. **2** (*sorreggere, sostenere*) to prop up, to support. **3** (*rimboccare*) to tuck in: ~ *le coperte* to tuck in the blankets.

rincalzata *f.* **1** (*Agr*) earthing up. **2** (*rimboccata*) tucking in: *dare una* ~ *alle coperte* to tuck in the blankets.

rincalzatura *f.* (*Agr*) earthing up.

rincalzo *m.* **1** (*appoggio*) support, prop; (*rinforzo*) reinforcement; (*bietta*) wedge. **2** (*fig*) (*sostegno*) support, backing. **3** (*Agr*) earthing up. **4** (*Sport*) (*riserva*) reserve. **5** *pl.* (*Mil*) (*truppe di rincalzo*) reinforcements, support troops. □ *di* ~ (o *per* ~) in support.

rincamminarsi (**mi rincammìno**) *v.pron.*

to set out again, to set off again.

rincantucciare (**rincantùccio, rincantùcci**) **I** *v.t.* to put into a corner, to drive into a corner. **II** *v.pron.* **rincantucciarsi** to hide, to hide in a corner: *dove si sarà rincantucciato?* where is he hiding?

rincarare (**rincàro**) **I** *v.t.* to raise the price of, to increase the price of, to put up: *il fornaio ha rincarato il pane* the baker has raised the price of bread; ~ *l'affitto* to put up the rent. **II** *v.i.* (*aus.* **essere**) to become more expensive, to go up, to rise: *l'olio è rincarato* oil has become more expensive. □ (*fig*) ~ *la dose* to lay it on thick.

rincarcerare (**rincàrcero**) *v.t.* to reimprison, to imprison again, to send back to jail.

rincaro *m.* increase, rise: *il* ~ *dei prezzi* the increase in prices.

rincasare (**rincàso**; *aus.* **essere**) *v.i.* to return home, to go back home, to come back home, to get home.

rincattivire (**rincattivìsco, rincattivìsci**) **I** *v.i.* (*aus.* **essere**) **1** (*diventare più cattivo*) to become more wicked. **2** (*ridiventare cattivo*) to become wicked again. **II** *v.pron.* **rincattivirsi 1** to become wicked, to turn nasty. **2** (*andare in collera*) to grow ill-tempered, to grow cross.

rincentrare (**rincèntro**) *v.t.* to recentre.

rinchiodare (**rinchiòdo**) *v.t.* to renail, to nail again.

rinchiudere (*pres.ind.* **rinchiùdo**; *p.rem.* **rinchiùsi**; *p.p.* **rinchiùso**) **I** *v.t.* **1** to shut up; (*a chiave*) to lock up: ~ *un delinquente in prigione* to lock up a criminal in jail, to put a criminal behind bars. **2** (*ricoverare: rif. ad ammalati*) to put away, to lock up. **II** *v.pron.* **rinchiudersi 1** to shut oneself up. **2** (*a chiave*) to lock oneself up. **3** (*ritirarsi*) to withdraw (*in* into), to shut oneself (*in*, into). □ *rinchiudersi in convento* to withdraw into a monastery, to enter monastic life; *rinchiudersi in se stesso* to withdraw into oneself, to become withdrawn.

rinchiuso → **rinchiudere** *a.* **1** (*chiuso dentro*) shut up, closed. **2** (*a chiave*) locked, locked up. **II** *m.* **1** enclosure. **2** (*per animali*) pen, enclosure.

rinciampare (**rinciàmpo**; *aus.* **avere/essere**) *v.i.* to stumble again (*in* over).

rincitrullire (**rincitrullìsco, rincitrullìsci**) **I** *v.t.* to turn into a fool. **II** *v.i.* (*aus.* **essere**) to become stupid, to grow stupid, to go soft in the head, (*Br*) to go barmy, to become gaga, (*Am*) to go gaga. **III** *v.pron.* **rincitrullirsi** to become stupid, to grow stupid, to go soft in the head, to go round the twist, to become gaga.

rincitrullito *a.* foolish, soft in the head, barmy, gaga.

rincivilire (**rincivilìsco, rincivilìsci**) **I** *v.t.* to civilize. **II** *v.i.* (*aus.* **essere**) to become civilized, to become refined, to acquire polish. **III** *v.pron.* **rincivilirsi** to become civilized, to become refined, to acquire polish.

rincivilito *a.* refined, polished.

rinco *a.* (*pop*) **1** (*rincretinito*) screwed up, cracked, bonkers. **2** (*rif. ad anziano*) weak in the head, gaga, cranky.

rincoforo *m.* (*Entom*) rhynchophore: *i rincofori* the rhynchophores, the Rhynchophora.

rincoglionimento *m.* (*volg*) foolishness, blockishness.

rincoglionire (**rincoglionìsco, rincoglionìsci**) **I** *v.t.* (*volg*) to screw up, to foul up. **II** *v.i.* (*aus.* **essere**) (*volg*) **1** (*rincretinire*) to get screwed up, to crack up. **2** (*rif. ad anziano*) to lose one's marbles. **III** *v.pron.* **rincoglionirsi** (*volg*) **1** (*rincretinire*) to get screwed up, to crack up. **2** (*rif. ad anziano*) to lose one's marbles.

rincoglionito *a.* (*volg*) **1** (*rincretinito*) screwed up, cracked, bonkers. **2** (*rif. ad anziano*) weak in the head, gaga, cranky: *un vecchio ~* an old fool, an old fogey, an old fart.

rincollare (**rincòllo**) *v.t.* **1** to glue again, to paste again. **2** (*insieme*) to glue together again, to paste together again.

rincominciare (**rincomìncio, rincomìnci**) *v.t.* (*rar*) to begin again, to start again.

rincontrare (**rincóntro**) **I** *v.t.* to meet again. **II** *v.r.recipr.* **rincontrarsi** to meet again.

rincorare *v.t.* (*lett*) → **rincuorare**.

rincorporare (**rincòrporo**) *v.t.* to reincorporate.

rincorrere (*pres.ind.* **rincórro**; *p.rem.* **rincórsi**; *p.p.* **rincórso**) **I** *v.t.* to run after, to pursue (*anche fig*): *~ un ladro* to run after a thief; *~ la gloria* to pursue glory. **II** *v.r.recipr.* **rincorrersi** to run after each other, to chase each other.

rincorsa *f.* run-up, run: *prendere la ~ per fare un salto* to take a run before making a jump.

rincote *m.* (*Entom*) true bug: *i rincoti* true bugs *pl.*, Hemiptera *pl.*

rincrescere (*pres.ind.* **rincrésco, rincrésci**; *p.rem.* **rincrébbi**; *p.p.* **rincresciùto**; *aus.* **essere**) *v.i.* **1** to be sorry (*costr.pers.*), to regret (*costr.pers.*): *mi rincresce di non poter aiutarti* I'm sorry I can't help you. **2** (*in formule di cortesia*) to mind (*costr.pers.*): *ti rincresce se leggo il giornale?* do you mind if I read the paper?; *spero che non ti rincresca* I hope you don't mind. **3** (*infastidire*) to displease, to dislike: *cose che rincrescono a tutti* things that displease everybody, things that everybody dislikes.

rincrescimento *m.* regret: *con mio grande ~* much to my regret.

rincretinire (**rincretinìsco, rincretinìsci**) **I** *v.t.* to make dumb, to make stupid. **II** *v.i.* (*aus.* **essere**) to grow dumb, to grow stupid, to go soft in the head. **III** *v.pron.* **rincretinirsi** to grow dumb, to grow stupid, to go soft in the head.

rincretinito *a.* stupid, silly, dumb, soft in the head, gaga.

rincrudimento *m.* worsening, aggravation.

rincrudire (**rincrudìsco, rincrudìsci**) *v.t.* to worsen, to aggravate. **II** *v.i.* (*aus.* **essere**) to grow worse, to get worse, to worsen: *il freddo è rincrudito* the cold has got worse. **III** *v.pron.* **rincrudirsi** to grow worse, to get worse, to worsen.

rinculare (**rincùlo**; *aus.* **avere/essere**) *v.i.* **1** (*indietreggiare*) to draw back, to withdraw; (*per lo spavento*) to recoil, to shrink. **2** (*Equit*) to back. **3** (*Arm*) to recoil, to kick back, to kick.

rinculata *f.* drawing back, withdrawal, recoiling.

rinculo *m.* **1** (*Arm*) recoil. **2** (*Equit*) backing. ☐ (*Arm*) *senza ~* recoilless.

rincuorare (**rincuòro**) *v.t.* to encourage, to cheer up, to hearten. **II** *v.pron.* **rincuorarsi** to take heart, to feel encouraged, to be encouraged, to cheer up.

rindossare (**rindòsso**) *v.t.* to put on again.

rindurire (**rindurìsco, rindurìsci**) *v.t.* to harden again, to make hard again. **II** *v.i.* (*aus.* **essere**) to become harder, to get harder. **III** *v.pron.* **rindurirsi** to become harder, to get harder.

rinegoziabile *a.* renegotiable.

rinegoziare (**rinegòzio**) *v.t.* **1** to renegotiate. **2** (*Econ*) (*rif. a debito, rimborso*) to reschedule.

rinegoziazione *f.* **1** renegotiation. **2** (*Econ*) (*rif. a debito, rimborso*) rescheduling.

rinfacciare (**rinfàccio, rinfàcci**) *v.t.* **1** (*ricordare con risentimento*) to throw in so.'s teeth, to throw in so.'s face, to trot out, to mention, to bring up: *mi rinfaccia sempre i quattro soldi che mi ha prestato* he's always bringing up that measly loan he gave me. **2** (*rimproverare*) to reproach: *~ a qcu. la sua arroganza* to reproach so. for his arrogance.

rinfagottare (**rinfagòtto**) **I** *v.t.* **1** to bundle up: *rinfagottò la sua roba e ripartì* he bundled up his things and left. **2** (*coprire per difendere dal freddo*) to wrap up (well, warmly), to bundle up. **II** *v.pron.* **rinfagottarsi** to bundle up, to bundle oneself up, to wrap, to wrap oneself up: *si era rinfagottato in una vecchia coperta* he had wrapped himself up in an old blanket.

rinfagottato *a.* bundled up, wrapped up.

rinfiammare (**rinfiàmmo**) **I** *v.t.* to rekindle (*anche fig*). **II** *v.pron.* **rinfiammarsi** to flare up again (*anche fig*).

rinfiancare (**rinfiànco, rinfiànchi**) *v.t.* **1** (*Edil*) to support at the sides, to strengthen the sides of, to buttress. **2** (*fig*) (*rafforzare*) to back, to back up, to prop.

rinfianco *m.* **1** (*Edil*) buttress. **2** (*fig*) support.

rinfilare (**rinfìlo**) **I** *v.t.* **1** to thread, to rethread: *~ l'ago* to rethread a needle. **2** (*perle e sim.*) to restring. **3** (*rimettere: rif. a indumenti*) to put on again, to slip on again. **II** *v.pron.* **rinfilarsi** (*indossare di nuovo*) to put on again, to slip on again.

rinfittire (**rinfittìsco, rinfittìsci**) **I** *v.t.* **1** to thicken; (*rendere più frequente*) to make more frequent. **II** *v.i.* (*aus.* **essere**) **1** to thicken, to become thicker, to become denser. **2** (*fig*) (*diventare frequente*) to become frequent. **III** *v.pron.* **rinfittirsi 1** to thicken, to become thicker, to become denser. **2** (*fig*) (*diventare frequente*) to become frequent.

rinfocolamento *m.* rekindling (*anche fig*).

rinfocolare (**rinfòcolo**) **I** *v.t.* to rekindle (*anche fig*). **II** *v.pron.* **rinfocolarsi** to be rekindled.

rinfoderare (**rinfòdero**) *v.t.* **1** (*rimettere nel fodero*) to sheathe: *~ la spada* to sheathe one's sword. **2** (*estens*) (*ritirare*) to withdraw, to sheathe: *~ le unghie* to remove one's claws.

rinforzamento *m.* **1** strengthening, invigorating: *~ dei muscoli* strengthening of the muscles. **2** (*rif. a suoni*) strengthening, intensification. **3** (*rif. a costruzioni e sim.*) strengthening, reinforcement.

rinforzando **I** *avv.* (*Mus*) rinforzando. **II** *m.* (*Mus*) rinforzando.

rinforzare (**rinfòrzo**) **I** *v.t.* **1** (*rendere più forte*) to strengthen, to make stronger. **2** (*rif. a suoni*) to strengthen, to emphasize. **3** (*rif. a costruzioni e sim.*) to strengthen, to brace, to reinforce: *~ un muro* to brace a wall. **4** (*puntellare*) to prop, to prop up. **5** (*fig*) (*rafforzare*) to strengthen, to support: *~ la fiducia di qcu.* to strengthen so.'s faith. **6** (*Mil*) to reinforce, to strengthen: *~ il presidio* to reinforce the garrison. **7** (*Fot*) to intensify. **II** *v.i.* (*aus.* **essere**) **1** to become stronger, to grow stronger. **2** (*rif. a vento*) to increase, to strengthen. **III** *v.pron.* **rinforzarsi 1** to become stronger, to grow stronger, to strengthen. **2** (*rimettersi in forze*) to build oneself up, to strengthen oneself, to regain one's strength.

rinforzato *a.* strengthened, reinforced.

rinforzo **I** *m.* **1** strengthening, reinforcement. **2** (*ciò che serve a rinforzare*) reinforcement; (*appoggio*) support, brace. **3** (*fig*) support, backing. **4** (*Edil*) reinforcement, backing, brace. **5** (*Sart*) reinforcement. **6** (*Fot*) intensification. **7** (*Psic*) reinforcement, reinforcer. **8** *pl.* (*Mil*) reinforcements: *chiamare i rinforzi* to ask for reinforcements. ☐ (*Acus*) *~ del suono* support of the sound (for resonance).

rinfrancare (**rinfrànco, rinfrànchi**) **I** *v.t.* to hearten, to encourage, to reassure. **II** *v.pron.* **rinfrancarsi** to take heart, to feel encouraged, to be reassured.

rinfrancato *a.* reassured.

rinfrescante **I** *a.* refreshing, cooling: *bibita ~* refreshing drink. **II** *m.* (*Farm,ant*) **1** cooling medicine. **2** (*lassativo*) mild laxative.

rinfrescare (**rinfrésco, rinfréschi**) **I** *v.t.* **1** to cool, to make cooler, to make fresher: *il temporale ha rinfrescato l'aria* the storm has cooled the air. **2** (*rinnovare, pulire*) to freshen up, to renovate: *~ un abito* to freshen up a suit. **3** (*fig*) (*ripassare*) to brush up: *bisogna che rinfreschi il mio tedesco* I need to brush up my German. **4** (*Art*) (*restaurare*) to restore. **II** *v.i.impers.* (*aus.* **essere/avere**) to become cooler, to get cooler, to cool, to cool off, to cool down: *da qualche giorno è rinfrescato* it has become cooler in the last few days. **III** *v.pron.* **rinfrescarsi 1** (*perdere calore*) to cool down. **2** (*lavarsi, mettersi in ordine*) to refresh oneself, to freshen up. **3** (*ristorarsi*) to refresh oneself, to take refreshment. ☐ *~ la memoria a qcu.* to refresh so.'s memory.

rinfrescata *f.* **1** (*rif. a tempo atmosferico*) cool snap, cooling-down, cooler weather. **2** (*il rinfrescarsi*) freshening up. **3** (*il rinnovare, il rimodernare*) freshening up, renovation. ☐ *dare una ~ alle pareti* to give a fresh coat of paint to the walls; (*fig*) *dare una ~ al proprio inglese* to brush up one's English; *darsi una ~* to freshen up.

rinfresco (*pl.* **-chi**) *m.* **1** (*ricevimento*) reception: *~ di nozze* wedding reception. **2** (*meno formale*) party: *dare un ~* to give a party. **3** *pl.* (*cibi e bevande*) refreshments.

rinfusa ☐ *alla ~*: **1** (*in disordine*) helter-skelter, higgledy-piggledly; **2** (*Comm*) bulk, in bulk: *merce alla ~* bulk goods; *trasporto alla ~* bulk transport.

ring *m.inv.* (*Sport*) ring, boxing ring.

ringagliardimento *m.* reinvigoration, strengthening.

ringagliardire (**ringagliardìsco, ringagliardìsci**) **I** *v.t.* to reinvigorate, to strengthen. **II** *v.i.* (*aus.* **essere**) to become more vigorous. **III** *v.pron.* **ringagliardirsi** to become more vigorous.

ringalluzzire (**ringalluzzìsco, ringalluzzìsci**) **I** *v.t.* to make cocky, to make jaunty, to perk up. **II** *v.i.* (*aus.* **essere**) to get cocky, to grow jaunty, to perk up. **III** *v.pron.* **ringalluzzirsi** to get cocky, to grow jaunty, to perk up.

ringalluzzito *a.* cocky, jaunty, perky.

ringhiare (**rìnghio, rìnghi**; *aus.* **avere**) *v.i.* **1** to growl, to snarl. **2** (*fig*) to rumble, to snarl.

ringhiera *f.* (*Edil*) **1** railing, handrail. **2** (*delle scale*) banister.

ringhio *m.* growl, snarl.

ringhioso *a.* **1** growling, snarling. **2** (*fig*) (*rif. a persona*) snarling, snappish.

ringiovanimento *m.* rejuvenation.

ringiovanire (**ringiovanìsco, ringiovanìsci**) **I** *v.t.* **1** to make look younger, to make feel younger, to tale years off: *questa pettinatura ti ringiovanisce* this hairstyle makes you look younger, this hairstyle takes years off you. **2** (*fig*) to renew, to revive, to rejuvenate. **II** *v.i.* (*aus.* **essere**) to look younger, (*colloq*) to look half one's age. **III** *v.pron.* **ringiovanirsi** to look younger, (*colloq*) to green.

ringiovanito *a.* younger-looking, rejuvenated.

ringoiare (**ringóio, ringói**) *v.t.* **1** to swallow again. **2** (*fig*) (*ritrattare*) to take back. **3** (*fig*) (*reprimere*) to swallow.

ringorgare (**ringórgo, ringórghi**) **I** *v.t.* to fill up again, to stop up again, to block again. **II** *v.pron.* **ringorgarsi** to fill up again, to become stopped up again, to become blocked again.

ringraziamento *m.* **1** thanks *pl.*: *scrivere qualche riga di ~* to write a few words of thanks; *gradisca i miei più vivi ringraziamenti* please accept my sincere thanks; (*iron*) *bel ~!* thanks a lot!, some thanks! **2** (*Lit,Rel*) thanksgiving. **3** *pl.* (*in pubblicazioni*) aknowledgements, credits. ☐ *di ~* of thanks, thank-you (*attr.*): *parole di ~* thanks, words of thanks.

ringraziare (**ringràzio, ringràzi**) *v.t.* to thank, to say thank you: *~ qcu. di qcs.* to thank so. for sth. ☐ (*epist,Comm*) *ringraziando anticipatamente* thanking you in advance; *~ di cuore* to thank with all one's heart, to thank sincerely; *ringraziando Dio!* (*o sia ringraziato Dio!*) thank heavens!, thank God!; *ringraziando il cielo!* (*o sia ringraziato il cielo!*) thank heavens!, thank God!; *ti ringrazio infinitamente per essere venuto* thank you so much for coming, it is so kind of you to come; *~ per iscritto* to thank in writing, to write a thank-you letter, to write a letter of thanks; *~ qcu. sentitamente* to thank so. heartily.

ringuainare (**ringuàino/rìngualno**) *v.t.* to sheathe: *~ la spada* to sheathe one's sword.

rinite *f.* (*Med*) rhinitis. ☐ (*Med*) *~ allergica* allergic rhinitis.

rinnegamento *m.* repudiation, denial, disavowal.

rinnegare (**rinnègo/rinnègo, rinnéghi/rinnèghi**) *v.t.* to repudiate, to deny, to disown, to renounce: *~ i propri genitori* to deny one's own parents; *~ i propri principi* to repudiate one's own principles; *Pietro rinnegò Gesù* Peter denied Jesus; *~ il cristianesimo* to renounce Christianity.

rinnegato I *a.* renegade (*attr.*). **II** *m.* (*f.* **-a**) renegade.

rinnestare (**rinnèsto**) *v.t.* **1** (*Giard*) to regraft. **2** (*Mecc*) to re-engage: *~ una marcia* to re-engage a gear, to go back into a gear.

rinnesto *m.* (*Giard*) regrafting.

rinnovabile *a.* renewable. ☐ *non ~* non renewable: *risorse non rinnovabili* non renewable resources.

rinnovabilità *f.* renewability.

rinnovamento *m.* **1** renewal. **2** (*fig*) revival, renewal: *~ morale* moral revival.

rinnovare (**rinnòvo**) **I** *v.t.* **1** (*rendere nuovo*) to renew, to restore (*anche fig*): *~ la facciata di un palazzo* to restore the facade of a building; *~ il dolore* to renew the anguish. **2** (*fare di nuovo*) to renew, to repeat, to reiterate: *~ una promessa* to renew a promise; *~ l'abbonamento a un giornale* to renew a newspaper subscription. **3** (*sostituire il vecchio col nuovo*) to change, (*colloq*) to redo: *~ la tappezzeria di una poltrona* to redo an armchair, to redo the upholstery of an armchair. **4** (*fig*) (*migliorare, riformare*) to reform, to improve: *~ la società* to reform society. **II** *v.pron.* **rinnovarsi 1** (*diventare nuovo*) to be renewed, to be made new again, to

be restored. **2** (*modernizzarsi*) to update. **3** (*ripetersi*) to happen again, to be repeated, to reoccur: *spero che l'inconveniente non si rinnovi* I hope the trouble doesn't happen again. ☐ *uscì da quella prova come rinnovato* once out of that difficulty, he was a new man; (*epist*) *Le rinnovo i miei ringraziamenti* my sincere thanks once again; *~ il guardaroba* to renew one's wardrobe; *~ il passaporto* to renew one's passport; (*Aut*) *~ la patente* to renew one's driving licence; *~ un contratto* to renew a contract; (*Econ*) *rinnovare una cambiale* to renew a bill.

rinnovativo *a.* renewing.

rinnovato *a.* **1** renewed. **2** (*dall'aspetto nuovo*) new-look (*attr.*).

rinnovatore I *m.* (*f.* **-trice**) renewer. **II** *a.* renewing.

rinnovazione *f.* (*lett*) renewal.

rinnovellare (**rinnovèllo**) *v.t.* (*poet*) to renew.

rinnovo *m.* **1** renewal, renewing: *~ della patente* renewal of one's driving licence; *~ del passaporto* passport renewal; (*Econ*) *~ di una cambiale* renewal of a bill. **2** (*rimodernamento*) renovation.

rinoceronte *m.* (*Zool*) rhinoceros, rhino.

rinofaringe *f.* (*Anat*) nasopharynx.

rinofaringeo *a.* (*Anat*) nasopharyngeal.

rinofaringite *f.* (*Med*) nasopharyngitis, rhinopharyngitis.

rinogeno *a.* (*Med*) rhinogenous.

rinoiatria *f.* (*Med*) rhinology.

rinolalia *f.* (*Med*) rhinolalia.

rinologia *f.* (*Med*) rhinology.

rinomanza *f.* renown, reputation, fame: *un medico di ~ internazionale* a doctor of international renown.

rinomato *a.* renowned, famous.

rinominare (**rinòmino**) *v.t.* **1** (*nominare di nuovo*) to name again. **2** (*designare di nuovo*) to reappoint. **3** (*rieleggere*) to re-elect. **4** (*Inform*) to rename.

rinoplastica *f.* (*Chir*) rhinoplasty.

rinorragia *f.* (*Med*) rhinorrhagia.

rinorrea *f.* (*Med*) rhinorrhea, rhinorrhoea.

rinoscopia *f.* (*Med*) rhinoscopy.

rinoscopio *m.* (*Med*) rhinoscope.

rinovirus *m.* (*Biol*) rhinovirus.

rinquadrare (**rinquàdro**) *v.t.* **1** to reframe. **2** (*estens*) to put back into perspective, to get back into perspective. **3** (*Fot,Cin*) to frame again.

rinsaccare (**rinsàcco, rinsàcchi**) **I** *v.t.* **1** (*insaccare di nuovo*) to sack again, to repack. **2** (*battere a terra un sacco per pigiarne il contenuto*) to shake down a sack. **II** *v.i.* (*aus.* **essere**) **1** (*affondare la testa nelle spalle: come andatura abituale*) to draw one's head in; (*per indicare indifferenza*) to shrug one's shoulders. **2** (*rif. a chi cavalca*) to be jolted. **III** *v.pron.* **rinsaccarsi 1** (*affondare la testa nelle spalle: come andatura abituale*) to draw one's head in; (*per indicare indifferenza*) to shrug one's shoulders. **2** (*rif. a chi cavalca*) to be jolted.

rinsaldamento *m.* strengthening, consolidation.

rinsaldare (**rinsàldo**) **I** *v.t.* to strengthen, to consolidate: *~ un'alleanza* to consolidate an alliance. **II** *v.pron.* **rinsaldarsi 1** to become stronger, to grow stronger, to get stronger, to be strengthened, to be consolidated. **2** (*confermarsi*) to be confirmed: *rinsaldarsi nelle proprie convinzioni* to be confirmed in one's convictions.

rinsanguamento *m.* infusion of new life, infusion of new energy, boost: *un ~ delle finanze* a boost to finances.

rinsanguare (**rinsànguino**) **I** *v.t.* **1** (*rinvigorire*) to reinvigorate, to give new strength to. **2** (*rimpinguare*) to increase, to fill: *~ le finanze dello stato* to fill the state coffers. **II** *v.pron.* **rinsanguarsi 1** (*riprendere vigore*) to recover one's strength, to become stronger. **2** (*fig*) (*riprendersi economicamente*) to recover financially.

rinsanire (**rinsànisco, rinsanìsci**; *aus.* **essere**) *v.i.* (*recuperare il senno*) to recover one's wits, to recover one's mental health.

rinsavire (**rinsavìsco, rinsavìsci**; *aus.* **essere**) *v.i.* **1** (*recuperare il senno*) to recover one's wits. **2** (*ridiventare giudizioso*) to come to one's senses, to become sensible again.

rinsecchire (**rinsecchìsco, rinsecchìsci**; *aus.* **essere**) *v.i.* **1** (*diventare secco*) to dry up, to go dry, to get dry: *il pane rinsecchisce* bread goes dry, bread goes stale. **2** (*rif. a piante*) to wither. **3** (*diventare magro*) to grow thin, to get thin, to become gaunt.

rinsecchito *a.* **1** dry, dried up: *pane ~* dry bread, stale bread. **2** (*rif. a piante*) withered. **3** (*magro*) thin, gaunt. **4** (*rif. a viso*) wizened.

rinselvarsi (**mi rinsélvo**) *v.pron.* **1** (*lett*) (*rifugiarsi nella selva*) to take to the woods. **2** (*rimboschire*) to become wooded again.

rinselvatichire (**rinselvatichìsco, rinselvatichìsci**) **I** *v.t.* **1** (*rif. ad animali e persone*) to make wild, to send back to the wild state. **2** (*rif. a piante*) to let run wild, to let grow wild. **II** *v.i.* (*aus.* **essere**) **1** (*rif. ad animali e piante*) to become wild, to run wild, to go back to the wild state. **2** (*rif. a persone*) to grow wild, to run wild, to go back to the wild state.

rinserrare (**rinsèrro**) **I** *v.t.* **1** (*serrare*) to shut up; (*a chiave*) to lock up. **2** (*serrare di nuovo*) to shut up again; (*a chiave*) to lock up again, to relock. **3** (*stringere, abbracciare*) to clasp, to clutch: *la donna rinserrò il bimbo tra le braccia* the woman clasped the child in her arms. **II** *v.pron.* **rinserrarsi 1** to shut oneself up. **2** (*a chiave*) to lock oneself in.

rintanarsi (**mi rintàno**) *v.pron.* **1** (*rientrare nella tana*) to go into one's den again, to go into one's hole again, to go into one's earth again. **2** (*estens*) to shut oneself up, to hole up; (*nascondersi*) to hide away, to hide oneself away.

rintasare (**rintàso**) **I** *v.t.* (*intasare di nuovo*) to stop up again, to clog again. **II** *v.i.* (*aus.* **essere**) to become clogged again. **III** *v.pron.* **rintasarsi** to become clogged again, to become blocked again.

rintascare (**rintàsco, rintàschi**) *v.t.* to pocket again, to put in one's pocket again.

rintavolare (**rintàvolo**) *v.t.* to start again, to begin again, to open again.

rintenerire (**rintenerìsco, rintenerìsci**) *v.t.* to move again, to touch again. **II** *v.pron.* **rintenerirsi** to be moved again, to be touched again (*per, di* by).

rinterrare (**rintèrro**) **I** *v.t.* **1** (*interrare*) to fill up with earth, to fill in, to embank: *~ un pozzo* to fill in a well. **2** (*interrare di nuovo*) to fill up with earth again, to fill in again, to embank again. **II** *v.pron.* **rinterrarsi 1** to fill up (with earth). **2** (*rif. a porti e sim.*) to silt up.

rinterro *m.* **1** embankment. **2** (*materiale*) backfill, filler.

rinterrogare (**rintèrrogo, rintèrroghi**) *v.t.* to reinterrogate, to interrogate again, to question again, to re-examine.

rintiepidire (**rintiepidìsco, rintiepidìsci**) **I** *v.t.* (*aumentando il calore*) to warm up, to warm over, to warm again; (*diminuendo il calore*) to cool off again, to cool down again. **II** *v.i.* (*aus.* **essere**) **1** (*scaldarsi*) to warm, to warm up again, to get warmer again. **2** (*freddarsi*) to cool, to cool down again, to grow cooler again. **3** (*fig*) to cool down. **III** *v.pron.* **rintiepidirsi 1** (*scaldarsi*) to warm, to warm up again, to get warmer again. **2** (*freddarsi*) to cool, to cool down again, to grow cooler again. **3** (*fig*) to cool down.

rintoccare (**rintócco, rintócchi**; *aus.* **avere/essere**) *v.i.* **1** (*rif. a campane*) to toll. **2** (*rif. a orologi*) to strike.

rintocco (*pl.* **-chi**) *m.* **1** (*rif. a campane*) toll, tolling. **2** (*rif. a orologi*) stroke. □ ~*funebre* knell, death knell.

rintonacare (**rintònaco, rintònachi**) *v.t.* (*Edil*) to plaster again, to replaster.

rintonacatura *f.* (*Edil*) replastering.

rintontimento *m.* numbness, stupefaction, grogginess, muzziness.

rintontire (**rintontìsco, rintontìsci**) **I** *v.t.* **1** (*stordire*) to stun, to daze, to stupefy: ~ *qcu. di chiacchiere* to stun so. with chatter. **2** (*incretinire*) to dull, to make stupid. **II** *v.i.* (*aus.* **essere**) to become stupefied, to be dazed. **III** *v.pron.* **rintontirsi** to become stupefied, to be dazed.

rintontito *a.* stunned, dazed.

rintorpidire (**rintorpidìsco, rintorpidìsci**) **I** *v.t.* **1** to numb again, to make torpid again, to make sluggish again. **2** (*fig*) to dull again. **II** *v.pron.* **rintorpidirsi 1** to become torpid again. **2** (*fig*) to become sluggish again.

rintracciabile *a.* traceable, findable.

rintracciabilità *f.* traceability.

rintracciamento *m.* **1** tracing, tracking. **2** (*estens*) finding.

rintracciare (**rintràccio, rintràcci**) *v.t.* **1** to track down, to trace: *la polizia riuscì a ~ i ladri* the police succeeded in tracking down the thieves. **2** (*estens*) (*ritrovare cercando*) to find, to track down, to trace, to ferret out: *non ho potuto rintracciarlo perché era già uscito* I couldn't find him because he had already gone out; ~ *un documento fra le vecchie carte* to ferret out a document from among (one's) old papers.

rintristire (**rintristìsco, rintristìsci**) **I** *v.i.* (*aus.* **essere**) to become sadder. **II** *v.pron.* **rintristirsi** to become sadder.

rintronamento *m.* **1** thundering, booming, roaring. **2** (*fig*) stupor, daze.

rintronare (**rintròno**) **I** *v.i.* (*aus.* **avere/essere**) to thunder, to boom, to roar: *i cannoni rintronavano in lontananza* the cannons roared in the distance. **II** *v.t.* **1** (*assordare*) to deafen: *gli altoparlanti ci hanno rintronato* the loudspeakers deafened us. **2** (*fig*) (*stordire*) to stun.

rintronato *a.* **1** deafened. **2** (*fig*) stunned, dazed.

rintuzzamento *m.* (*rar*) blunting, dulling.

rintuzzare (**rintùzzo**) *v.t.* **1** (*lett*) (*spuntare*) to blunt. **2** (*fig*) (*respingere*) to drive back, to repel: ~ *un assalto* to repel an attack. **3** (*fig*) (*reprimere, frenare*) to check, to hold back, to repress: ~ *l'ira* to hold back one's anger. **4** (*fig*) (*ribattere*) to refute, to retort: ~ *un'accusa* to refute an accusation.

rinuncia (*pl.* **-ce**) *f.* **1** giving up: *la ~ a un impiego* the giving up of a position. **2** (*rif. a diritti*) renunciation, renouncement, rejection: ~ *al trono* renunciation of the throne, abdication; ~ *all'eredità* rejection of an inheritance. **3** (*atto, documento di rinuncia*) renunciation, waiver. **4** *pl.* (*privazioni, sacrifici*) hardships, sacrifice *sing.*: *una vita piena*

di rinunce a life full of hardships.

rinunciare (**rinùncio, rinùnci**; *aus.* **avere**) *v.i.* **1** to give up, to renounce (*a qcs.* sth.): ~ *alle proprie ricchezze* to give up one's riches. **2** (*rif. a diritti*) to renounce, to decline: ~ *a un'eredità* to renounce an inheritance. **3** (*desistere, astenersi*) to refrain, to abstain, to hold back, to hold from, to climb down from: ~ *a compiere una vendetta* to refrain from taking revenge; ~ *a un'impresa* to abstain from an undertaking. **4** (*fare a meno*) to do without, to go without, to give up: *se questo gioco è tanto complicato rinuncio a impararlo* if this game is so complicated I give up trying to learn it. □ ~ *a un diritto* to waive a right; *io ci rinuncio* (*è troppo difficile per me*) I give up.

rinunciatario I *a.* renunciatory, renunciative, defeatist. **II** *m.* (*f.* **-a**) renouncer, defeatist.

rinvangare (**rinvàngo, rinvànghi**) *v.t.* to dig up again (*anche fig*): ~ *il passato* to dig up the past again.

rinvasare (**rinvàso**) *v.t.* (*Giard*) to repot.

rinvasatura *f.* (*Giard*) repotting.

rinvaso *m.* (*Giard*) repotting.

rinvenibile *a.* recoverable, retraceable.

rinvenimento[1] *m.* **1** (*ritrovamento*) finding, recovery. **2** (*oggetto ritrovato*) find, discovery: ~ *archeologico* archaeological find.

rinvenimento[2] *m.* **1** (*il riprendere i sensi*) recovery, recovery of conciousness, revival. **2** (*Met*) tempering.

rinvenire[1] (*pres.ind.* **rinvèngo, rinvièni**; *p.rem.* **rinvénni**; *p.p.* **rinvenùto**) *v.t.* **1** to find, to recover: ~ *una lettera smarrita* to find a lost letter. **2** (*scoprire*) to discover, to find out.

rinvenire[2] (*pres.ind.* **rinvèngo, rinvièni**; *p.rem.* **rinvénni**; *p.p.* **rinvenùto**; *aus.* **essere**) *v.i.* **1** (*riprendere i sensi*) to recover consciousness, to regain consciousness, to come round, to revive. **2** (*riprendere l'aspetto naturale*) to revive, to become fresh again: *i fiori rinvengono nell'acqua fresca* flowers revive in cool water. **3** (*Gastron*) to reconstitute, to soak: *mettere a ~ i funghi secchi* to soak dried mushrooms.

rinverdire (**rinverdìsco, rinverdìsci**) **I** *v.t.* **1** to make green again. **2** (*fig,lett*) (*rinnovare, ravvivare*) to renew, to revive. **II** *v.i.* (*aus.* **essere**) **1** to turn green again, to become green again. **2** (*fig*) (*riprendere vigore*) to revive, to be renewed.

rinviabile *a.* that can be deferred (*posposto*), postponable.

rinviare (**rinvìo, rinvìi**) *v.t.* **1** (*mandare indietro*) to send back, to return: ~ *una lettera al mittente* to return a letter to the sender. **2** (*spostare, differire*) to postpone, to put off, to defer: ~ *un appuntamento ad altra data* to postpone an appointment to a later date. **3** (*rif. a sedute e sim.*) to adjourn: ~ *la seduta* to adjourn the meeting, to adjourn the session; ~ *una causa* to adjourn a case. **4** (*inviare ad altri o ad altro luogo*) to refer, to send, to send on, to direct. **5** (*fare un rimando*) to refer: *per una trattazione più ampia dell'argomento vi rinviamo ai capitoli successivi* for a fuller treatment of the subject we refer the reader to the following chapters. **6** (*Sport*) to return. □ ~ *qcs. a data da destinarsi* to postpone sth. to a later date, to postpone sth. to a date to be determined, to postpone sth. to a date to be arranged; (*Dir*) ~ *qcu. a giudizio* to send so. to trial, to commit so. for trial.

rinvigorimento *m.* reinvigoration, strengthening.

rinvigorire (**rinvigorìsco, rinvigorìsci**) **I** *v.t.* to reinvigorate, to make strong, to make stronger, to strengthen, to tone: *la ginnastica rinvigorisce i muscoli* gymnastics strengthens the muscles, exercise tones the muscles. **II** *v.pron.* **rinvigorirsi 1** to regain strength, to be strengthened again, to be invigorated again. **2** (*fig*) to revive, to be strengthened, to be boosted: *le nostre speranze si sono rinvigorite* our hopes (were) revived.

rinvilire (**rinvilìsco, rinvilìsci**) **I** *v.t.* (*lett*) to lower, to slash: ~ *il prezzo del frumento* to slash the price of wheat. **II** *v.i.* (*aus.* **essere**) (*lett*) to go down, to fall, to drop.

rinvio *m.* **1** (*il mandare indietro*) return, sending back. **2** (*differimento*) postponement, deferment, putting off: *chiedere un ~* to ask for a postponement. **3** (*rif. a sedute e sim.*) adjournment. **4** (*Edit*) (*rimando*) cross-reference: *un articolo con molti rinvii* an article with many cross-references. **5** (*Sport*) return. **6** (*Parl*) (*rif. a leggi*) sending of a law to the other Chamber. **7** (*Inform*) jump, return. □ (*Dir*) ~ *a giudizio* committal for trial; (*Dir*) ~ *a un tribunale superiore* committal to a higher court; (*Mil*) ~ *del servizio militare* deferement of military service.

rinvolgere (*pres.ind.* **rinvòlgo, rinvòlgi**; *p.rem.* **rinvòlsi**; *p.p.* **rinvòlto**) *v.t.* (*rar*) to rewrap, to re-envelop.

rinvoltare (**rinvòlto**) **I** *v.t.* **1** to wrap, to wrap up, to envelop. **2** (*involtare di nuovo*) to rewrap, to envelop again. **II** *v.pron.* **rinvoltarsi** to wrap oneself again, to wrap up again.

rinvoltolare (**rinvòltolo**) *v.t.* (*rar*) to wrap round, to wrap round and round.

rinzaffare (**rinzàffo**) *v.t.* (*Edil*) to render.

rinzaffatura *f.* (*Edil*) rendering.

rinzaffo *m.* (*Edil*) rendering.

rinzeppare (**rinzéppo**) *v.t.* (*colloq*) to stuff, to cram (*anche fig*).

rio *m.* (*lett*) (*ruscello*) brook. □ (*Geog*) *il Rio delle Amazzoni* the Amazon, the Amazon River.

rioccupare (**rióccupo**) **I** *v.t.* to reoccupy. **II** *v.pron.* **rioccuparsi** to occupy oneself again (*di* with).

rioccupazione *f.* reoccupation.

rioffendere (*pres.ind.* **rioffèndo**; *p.rem.* **rioffési**; *p.p.* **riofféso**) *v.t.* to offend again.

rioffrire (*pres.ind.* **rióffro**; *p.rem.* **rioffrìi/rioffèrsi**; *p.p.* **rioffèrto**) *v.t.* to offer again.

rionale *a.* local, neighbourhood (*attr.*), district (*attr.*): *mercato ~* local market; *festa ~* neighbourhood festival, street party.

rione *m.* quarter, district, ward.

rioperare (**rìopero**) *v.t.* (*Chir*) to operate again, to operate on again.

riordinamento *m.* (*riassetto*) reorganization, rearrangement.

riordinare (**riórdino**) **I** *v.t.* **1** to put in order again. **2** (*rif. a stanze e sim.*) to tidy up. **3** (*dare un nuovo assetto*) to reorganize, to re-arrange: ~ *l'archivio* to reorganize the files. **4** (*Comm*) (*fare una nuova ordinazione*) to reorder, to order again. **II** *v.pron.* **riordinarsi** to tidy up, to tidy oneself up.

riordinata *f.* tidying up, straightening, straightening up. □ *dare una ~ alla cucina* (*Br*) to give the kitchen a sort-out, (*Am*) to straighten up the kitchen, to tidy up the kitchen; *darsi una ~ ai capelli* to tidy up one's hair.

riordinatore *m.* (*f.* **-trice**) reorganizer.

riordinazione *f.* (*Comm*) reorder, new order.

riordino *m.* (*riassetto*) reorganization, rearrangement.

riorganizzare (**riorganìzzo**) **I** *v.t.* to reorganize. **II** *v.pron.* **riorganizzarsi** to reorganize.

riorganizzatore *m.* (*f.* **-trice**) reorganizer.

riorganizzazione *f.* reorganization.

riosservare (**riossèrvo**) *v.t.* to observe again.

riottosità *f.* (*lett*) **1** (*indocilità*) unruliness, intractability. **2** (*litigiosità*) quarrelsomeness, contentiousness.

riottoso *a.* (*lett*) **1** (*indocile*) unruly, intractable. **2** (*litigioso*) quarrelsome, contentious.

riotturare (**riottùro**) *v.t.* to fill again, to stop again, to block again.

ripa *f.* (*lett*) (*riva: di un fiume*) bank; (*di un lago*) shore.

ripagare (**ripàgo**, **ripàghi**) *v.t.* **1** to pay again, to repay. **2** (*indennizzare*) to pay for: ~ *un libro danneggiato* to pay for a damaged book. **3** (*ricompensare*) to pay back, to repay: ~ *qcu. con l'ingratitudine* to pay so. back with ingratitude. □ (*fig*) ~ *qcu. con la stessa moneta* to give so. a taste of their own medicine, to pay so. back in their own coin.

riparabile *a.* **1** repairable: *guasto* ~ repairable breakdown. **2** (*rif. a mali, errori e sim.*) reparable.

riparare[1] (**riparo**) **I** *v.t.* **1** (*proteggere*) to protect, to shelter, to defend: *un pesante mantello lo riparava dal freddo* he was protected from the cold by a heavy cloak. **2** (*accomodare, aggiustare*) to repair, to mend, to put right, (*colloq*) to fix: ~ *un guasto* to repair a breakdown. **3** (*porre rimedio, risarcire*) to make up for, to make amends for, to right, to rectify, to repair: ~ *un torto* to make up for a wrong, to right a wrong; ~ *un'ingiustizia* to rectify an injustice. **4** (*Scol,ant*) to repeat, to make up: ~ *un esame* to repeat an examination. **II** *v.i.* (*aus.* **avere**) to remedy, to rectify (*a qcs.* sth.): ~ *a un inconveniente* to remedy a difficulty. **III** *v.pron.* **riprararsi** to protect oneself, to shelter oneself, to shield oneself, to take shelter: *riprararsi dalla pioggia* to take shelter from the rain; *riprararsi dalle percosse* to protect oneself against blows. □ *dare qcs. a* ~ (o *portare qcs. a* ~) to take sth. in to be repaired.

riparare[2] (**riparo**; *aus.* **essere**) *v.i.* **1** (*rifugiarsi*) to take refuge, to take shelter: ~ *all'estero* to take refuge abroad. **2** (*fuggire*) to flee, to escape.

riparato *a.* **1** (*protetto*) sheltered. **2** (*aggiustato*) repaired, mended, (*colloq*) fixed.

riparatore I *m.* (*f.* **-trice**) repairer, mender. **II** *a.* **1** reparative. **2** (*correttivo*) corrective, reparatory.

riparazione *f.* **1** (*accomodatura*) repair, repairing, mending, (*colloq*) fixing: *la* ~ *di un paio di scarpe* the repairing of a pair of shoes, the shoe repairs. **2** (*fig*) (*ammenda*) reparation, amends *pl.*, redress, remedy, satisfaction: *esigere* ~ *di un torto subito* to demand reparation for a wrong; *a titolo di* ~ by way of amends. **3** (*risarcimento*) compensation, damages *pl.*: ~ *dei danni* compensation for damages. **4** (*restauro*) restoration, repair: *la* ~ *di un edificio* restoration of a building. □ *riparazioni di guerra* war reparations; (*Dir*) ~ *di un torto* redress of grievance; *essere in* ~ to be under repair; ~ *provvisoria* makeshift repair, temporary repair; *riparazioni stradali* road repairs.

ripario *a.* (*lett*) riparian.

riparlare (**ripàrlo**) **I** *v.i.* (*aus.* **avere**) to speak again, to talk again. **II** *v.r.recipr.* **riparlarsi** to talk to each other again, to speak to each other again, to be on speaking terms again. □ *ne riparleremo*: 1 we'll go into it another time, we'll go into it later; 2 (*con tono minaccioso*) I'll deal with you later!

riparo *m.* **1** shelter, protection, cover: *cercare* ~ *dal sole* to seek shelter from the sun. **2** (*rimedio*) remedy, cure: *trovare un* ~ *a qcs.* to find a remedy for sth. **3** (*Mecc*) guard: ~ *per cinghia* belt safety guard. □ *al* ~ under cover; *al* ~ *da*: 1 sheltered from: *al* ~ *dal vento* sheltered from the wind; 2 (*fig*) safe from; *farsi* ~ *con la mano* to shield oneself with one's hand, to protect oneself with one's hand; *dare* ~ *a qcu.* to give so. shelter; *mettersi al* ~ to take shelter, to take cover.

ripartenza *f.* **1** (*Tecn,Inform*) restart. **2** (*Sport*) restart. □ (*Inform*) ~ *automatica* auto-restart.

ripartibile *a.* divisible.

ripartimentale *a.* (*burocr*) departmental, of a division, of a section.

ripartimento *m.* (*burocr*) division, department, section.

ripartire[1] (**ripàrto**; *aus.* **essere**) *v.i.* **1** to leave again, to depart again, to start again, to set out again: *ripartirò dopo pranzo* I'll be leaving again after lunch. **2** (*ricominciare*) to start again: ~ *da zero* to start afresh. **3** (*rif. a motori e sim.*) to start again, to start up again.

ripartire[2] (**ripartìsco**, **ripartìsci**) **I** *v.t.* **1** (*dividere*) to divide, to divide up, to share, to share out: ~ *le spese* to share expenses. **2** (*ordinare in gruppo*) to arrange, to distribute, to divide: ~ *i libri secondo il formato* to arrange the books according to size. **3** (*distribuire*) to distribute, to share out, to allot. **II** *v.r.recipr.* **ripartirsi** to divide, to divide up, to split, to split up: *i ladri si ripartirono la refurtiva* the thieves split up the loot; *ripartirsi un'eredità* to divide up an inheritance. □ (*Comm,Econ*) ~ *gli utili* to distribute profits; ~ *il rischo* to spread the risk.

ripartitore *m.* (*f.* **-trice**) (*Post*) mail sorter.

ripartizione *f.* **1** division, splitting up: ~ *di una somma* splitting up of a sum. **2** (*distribuzione*) distribution, allotment, sharing out, division: ~ *delle spese* sharing of expenses; ~ *degli utili* profit-sharing, distribution of profits. **3** (*parte*) part, share, portion. **4** (*reparto*) department, division, section. □ ~ *dei rischi* split of risks.

ripassare (**ripàsso**) **I** *v.t.* **1** (*riattraversare*) to cross again, to go over again, to recross: ~ *la frontiera* to cross the border again. **2** (*porgere di nuovo*) to pass again, to hand again: *ripassami il vino, per favore* pass me the wine again, please. **3** (*rileggere, ripetere*) to read over again, to go over again, to look over again: ~ *la lezione* to look over the lesson again. **4** (*ripensare*) to review, to think over, to go over: ~ *con la mente gli avvenimenti trascorsi* to think over what has happened. **5** (*rivedere, riscontrare*) to go over again, to look over again, to check: ~ *i conti* to check the accounts. **6** (*ricalcare*) to trace over. **7** (*ritoccare un lavoro*) to touch up, to retouch. **8** (*pulire*) to clean; (*spolverare*) to dust; (*stirare*) to iron. **9** (*al telefono*) to pass back: *ti ripasso Mario* I'll pass you back to Mario. **10** (*Mecc*) to overhaul. **II** *v.i.* (*aus.* **essere**) **1** to pass again: ~ *davanti a una casa* to pass by a house again, to go by a house again. **2** (*ritornare*) to come back, to call again: *ripassi nel pomeriggio* come back this afternoon.

ripassata *f.* **1** (*rif. a pittura e sim.*) new coat of paint, fresh coat of paint, touch-up. **2** (*pulita*) cleaning, clean. **3** (*spolverata*) dusting. **4** (*stirata*) ironing, iron, smooth. **5** (*letta*) another look, rereading, revision: *dare una* ~ *agli appunti* to have another look at one's notes, to go through one's notes again; *dare una* ~ *alla lezione* to go over the lesson again quickly. **6** (*Mot*) (*revisione*) overhaul. **7** (*colloq*) (*sgridata*) scolding, telling-off: *dare una* ~ *a qcu.* to give so. a telling-off.

ripasso *m.* **1** (*rif. a uccelli*) return. **2** (*rif. a lezioni*) review, revision: *fare il* ~ *di una materia* to go over a subject, to review a subject, to revise a subject. **3** (*Mot*) overhaul.

ripensamento *m.* **1** afterthought. **2** (*riesame*) re-examination, rethinking. **3** (*mutamento di opinione*) change of mind, second thoughts *pl.*: *avere un* ~ to have second thoughts, to change one's mind.

ripensare (**ripènso**; *aus.* **avere**) *v.i.* **1** (*riflettere*) to think (*a qcs.* sth., over sth.), to reflect (*a qcs.* sth., upon sth.), to consider (*a qcs.* sth.): *prima di decidere, ripensaci* think it over before deciding; *ripensaci!* think it over! **2** (*mutare pensiero*) to change one's mind. **3** (*ritornare col pensiero*) to think (*a qcs.* sth.), to remember (*a qcs.* sth.), to recall (*a qcs.* sth.), to think back (*a qcs.* sth.), to recollect (*a qcs.* sth.): ~ *agli anni della giovinezza* to recall the days of one's youth. □ *ripensandoci* on second thoughts.

ripercorrere (*pres.ind.* **ripercórro**; *p.rem.* **ripercórsi**; *p.p.* **ripercórso**) *v.t.* **1** to retrace. **2** (*fig*) (*passare in rassegna*) to go over, to run through again. **3** (*fig*) (*tracciare, seguire*) to trace.

ripercossa *f.* (*lett*) repercussion.

ripercuotere (*pres.ind.* **ripercuòto**; *p.rem.* **ripercòssi**; *p.p.* **ripercòsso**) **I** *v.t.* **1** to strike again, to hit again, to beat again. **2** (*riflettere: rif. alla luce*) to reflect. **3** (*rif. a suoni*) to reverberate. **II** *v.pron.* **ripercuotersi 1** (*riflettersi: rif. alla luce*) to be reflected; (*rif. a suoni*) to reverberate. **2** (*causare un contraccolpo*) to rebound, to be felt. **3** (*fig*) to influence, to affect (*su* qcs. sth.): *la scarsità del raccolto si ripercuoterà sui prezzi* the poor harvest will affect prices.

ripercussione *f.* **1** (*rif. alla luce e sim.*) reflection; (*rif. a suoni*) repercussion, reverberation. **2** (*contraccolpo*) rebound, repercussion. **3** (*fig*) (*effetto indiretto*) repercussions *pl.*, consequence, influence.

ripescaggio *m.* (*Sport*) repechage.

ripescare (**ripésco**, **ripéschi**) *v.t.* **1** to catch again: *ho ripescato una trota* I caught a trout again. **2** (*estens*) (*recuperare*) to recover, to fish out: ~ *un cadavere dall'acqua* to fish a body out of the water. **3** (*colloq*) (*ritrovare*) to find, to find again, to fish out, to get hold of: ~ *una citazione in un libro* to find a quotation in a book.

ripestare (**ripésto**) *v.t.* **1** (*pestare di nuovo*) to crush again, to pound again. **2** (*calpestare di nuovo*) to trample on (sth.) again, to tread on (sth.) again.

ripetente I *a.* (*Scol*) remedial, repeating the school year. **II** *m./f.* (*Scol*) remedial student, pupil repeating a year.

ripetere (*pres.ind.* **ripèto**; *p.rem.* **ripetéi/ripetètti**) **I** *v.t.* **1** (*rifare*) to repeat: ~ *una prova* to repeat a test; ~ *una classe* to repeat a class, to join a remedial class; ~ *i propri errori* to repeat one's mistakes. **2** (*dire di nuovo*) to repeat, to say again, to say over, to tell again: *ripeti quelle parole se hai il coraggio* say that again if you dare; *quante volte lo devo* ~? how many times must I say it? **3** (*dire a* *memoria*) to recite, to say by heart. **4** (*riferire*) to repeat, to tell, to relate: *ripetimi ciò che hanno detto* tell me what they said. **5** (*ripassare*) to go over: ~ *la lezione* to go over the lesson. **6** (*ottenere di nuovo*) to have again, to gain again, to repeat: ~ *un successo* to have another success, to be successful again. **7** (*arieggiare, riprodurre*) to echo. **8** (*replicare*) to repeat, to perform again: ~ *una commedia* to perform a play again. **9** (*assol.*) (*Scol*) (*frequentare la stessa classe*) to repeat a year. **II** *v.pron.* **ripetersi 1** to repeat oneself: *questo scrittore si ripete troppo* this writer repeats himself too much, this writer is too repetitive. **2** (*accadere più volte*) to be repeated, to happen again, to happen over, to reoccur: *questo fatto non deve ripetersi* this must not happen again. □ ~ *a senso qcs.* to repeat sth. in one's own words; ~ *un esame* to take an exam again, to take an examination again; ~ *qcs. fino alla noia* to repeat sth. until one is sick of it; (*Scol*) ~ *l'anno* to repeat a year; ~ *qcs. meccanicamente* to repeat sth. mechanically.

ripetibile *a.* repeatable.

ripetibilità *f.* repeatability.

ripetitivo *a.* repetitive, repetitious: *un lavoro* ~ a repetitive job; *in modo* ~ repetitively, repetitiously.

ripetitore I *a.* **1** repeating. **2** (*Rad,TV*) relay, booster: *stazione ripetitrice* booster station, relay station. **II** *m.* **1** (*f.* **-trice**) repeater. **2** (*Rad,TV*) booster, relay, repeater. **3** (*El*) repeater. **4** (*Teat*) prompter. □ (*Elettron*) ~ *a eterodina* heterodyne repeater; (*Acus*) ~ *di eco* echo repeater; (*El*) ~ *di impulsi* impulse repeater; (*Tel*) ~ *di linea* line repeater; (*Ferr*) ~ *di segnale* signal repeater; (*TV*) ~ *per televisione* television relay station.

ripetizione *f.* **1** repetition: *la* ~ *di un tentativo* the repetition of an attempt; *la* ~ *di un discorso* the repetition of a speech. **2** (*Scol*) (*ripasso*) review, revision. **3** (*Scol*) (*lezione privata*) private lesson, tutoring, coaching: *dare ripetizioni a qcu.* to give so. private lessons; *prendere ripetizioni* to take private lessons. **4** (*Dir*) reclaiming, claiming back. **5** (*Ling*) iteration. □ *a* ~ repeating; (*Arm*) *arma a* ~ repeater, repeating firearm; *orologio a* ~ repeater.

ripetutamente *avv.* repeatedly, over and over again, again and again.

ripetuto → **ripetere** *a.* **1** repeated. **2** (*frequente*) frequent, recurrent.

ripianamento *m.* **1** (*Tecn*) levelling. **2** (*Econ*) compensation, (*estinzione*) settlement.

ripianare (**ripiàno**) *v.t.* **1** (*Tecn*) to level. **2** (*Econ*) to make up, to make good: ~ *il deficit* to make up the deficit, to make good the deficit. **3** (*Econ*) (*estinguere*) to settle, to pay off.

ripiano *m.* **1** (*scaffale*) shelf, ledge. **2** (*terreno pianeggiante*) terrace. **3** (*pianerottolo*) landing.

ripiantare (**ripiànto**) *v.t.* to plant again, to replant.

ripicca *f.* spite. □ *per* ~ out of spite.

ripicco (*pl.* **-chi**) *m.* (*lett*) spite.

ripidamente *avv.* steeply.

ripidezza *f.* steepness.

ripido *a.* steep: *un sentiero* ~ a steep path.

ripiegamento *m.* **1** folding. **2** (*fig*) (*cedimento*) falling back. **3** (*Mil*) (*ritirata*) retreat, withdrawal, falling back. **4** (*Geol*) secondary fold, secondary folding. □ (*fig*) ~ *su se stesso* withdrawal.

ripiegare (**ripiègo, ripièghi**) **I** *v.t.* **1** (*piegare di nuovo*) to refold: ~ *un tovagliolo* to refold a napkin. **2** (*piegare*) to fold, to fold up:

~ *un foglio di carta* to fold a sheet of paper. **3** (*incurvare*) to bend, to curve. **4** (*flettere*) to bend: ~ *le gambe* to bend one's legs; ~ *le ali* to fold one's wings. **5** (*ammainare*) to furl: ~ *le vele* to furl the sails. **6** (*Sart*) to fold down. **II** *v.i.* (*aus.* **avere**) **1** (*indietreggiare*) to retreat, to withdraw, to fall back: *gli insorti ripiegarono sui monti* the rebels fell back into the hills. **2** (*fig*) (*trovare ripiego*) to fall back (*su* on), to have to make do (*su* with): *quest'anno ripiegheremo su vacanze poco costose* this year we'll have to make do with a cheap holiday. **III** *v.pron.* **ripiegarsi** to fold, to bend. □ (*fig*) *ripiegarsi in se stessi* to withdraw into oneself.

ripiegata *f.* quick fold: *dare una* ~ *a qcs.* to give sth. a quick fold.

ripiegatura *f.* **1** (*il ripiegare*) folding. **2** (*il ripiegarsi*) folding, bending. **3** (*piega*) bend, fold.

ripiego (*pl.* **-ghi**) *m.* makeshift, expedient. □ *di* ~ makeshift (*attr.*): *soluzione di* ~ makeshift solution; *per* ~ as a makeshift.

ripiena *f.* (*Minier*) backfilling.

ripieno I *a.* **1** full (*di* of), filled (*di* with): ~ *di vino* full of wine. **2** (*Gastron*) stuffed (*di* with): *tacchino* ~ stuffed turkey. **3** (*Gastron*) (*rif. a torte e sim.*) filled (*di* with): *paste ripiene di crema* cream-filled pastries. **II** *m.* **1** stuffing, padding, filling: *il* ~ *del materasso è di lana* the mattress stuffing is wool. **2** (*Gastron*) stuffing; (*rif. a torte e sim.*) filling.

ripigliare (**ripìglio, ripìgli**) *v.t.* (*colloq*) → **riprendere**.

ripiglino *m.* cat's cradle.

ripiombare (**ripiómbo**) **I** *v.t.* **1** to reseal with lead, to plumb again. **2** (*fig*) to plunge back. **II** *v.i.* (*aus.* **essere**) **1** to assail again, to fall upon again. **2** (*fig*) to pounce upon again: *gli ripiombò addosso* he fell upon him again, he assailed him again, he was on him again. **2** (*fig*) to plunge back, to fall back: *ripiombò nella più nera disperazione* he plunged back into darkest despair. □ ~ *nel sonno* to fall asleep again.

riplasmare (**riplàsmo**) *v.t.* to remould (*anche fig*).

ripopolamento *m.* **1** repopulation, repeopling: *il* ~ *delle campagne* the repopulation of the countryside. **2** (*Caccia*) repopulation, restocking. **3** (*Itt*) restocking (*with* fish). **4** (*Forest*) reforestation.

ripopolare (**ripòpolo**) **I** *v.t.* **1** to repopulate, to repeople: ~ *le campagne* to repopulate the countryside. **2** (*Caccia*) to repopulate, to restock. **3** (*Itt*) to restock: ~ *un lago* to restock a lake with fish. **4** (*Forest*) to reforest, to replant with trees. **II** *v.pron.* **ripopolarsi** to be repopulated, to be repeopled.

riporre (*pres.ind.* **ripóngo, ripóni**; *p.rem.* **ripósi**; *p.p.* **ripósto**) *v.t.* **1** to put back, to replace, to return: ~ *la biancheria nell'armadio* to put the linen back in the closet. **2** (*mettere via*) to put, to put away: ~ *gli occhiali nell'astuccio* to put one's glasses in their case. **3** (*nascondere*) to hide, to conceal: *ripose la lettera sotto una pila di carte* he hid the letter under a pile of papers. **4** (*fig*) (*rif. a sentimenti*) to put, to place, to set: ~ *tutte le speranze in qcu.* to place all one's hopes in qcu.; ~ *la propria fiducia in qcu.* to place one's trust in so. **5** (*rivolgere di nuovo*) to put again: *mi ha riposto il medesimo quesito* he put the same question to me again. □ ~ *il proprio affetto in qcu.* to make so. the object of one's affection, to love so.; ~ *la spada* to sheathe one's sword.

riportare (**ripòrto**) **I** *v.t.* **1** (*portare indietro*) to bring back, to take back: *ci hanno*

riportato il cane che era scappato they brought us back the dog that ran away. **2** (*ricondurre*) to take again: *mi riporterai al circo?* will you take me to the circus again? **3** (*riferire*) to tell, to report, to relate: ~ *a qcu. le parole di qcu.* to tell so. what so. said. **4** (*fare la spia*) to tell: *riporta tutto al direttore* he tells the boss everything. **5** (*citare*) to quote: ~ *una terzina di Dante* to quote a tercet from Dante. **6** (*Giorn*) to report, to carry, to publish: *il giornale riporta la notizia in prima pagina* the paper carries this news item on the front page. **7** (*fig*) (*ricevere*) to receive, to get, to have: ~ *una buona impressione* to get a good impression, to have a good impression. **8** (*conseguire*) to gain, to win: ~ *una vittoria* to gain a victory, to win a victory. **9** (*fig*) (*subire*) to suffer: ~ *un danno* to suffer damage; *nell'incidente ha riportato solo leggere ferite* in the accident he only suffered slight injuries. **10** (*riprodurre*) to reproduce: ~ *un disegno sulla stoffa* to reproduce a design on cloth. **11** (*copiare*) to copy: ~ *in bella copia* to copy in final form, to make a good copy. **12** (*Mat*) to carry: *sette più otto fa quindici, scrivo cinque e riporto uno* seven and eight are fifteen, I write down five and carry one. **13** (*Comm*) (*conteggiare su altro conto*) to carry forward. **II** *v.pron.* **riportarsi 1** to think back, to look back, to go back, to hark back: *riportarsi al clima politico del medioevo* to go back to the political climate of the Middle Ages. **2** (*riferirsi*) to refer: *l'autore si riporta al suo precedente articolo* the author is referring to his previous article. □ (*fig*) ~ *a casa la pelle* to come back safe and sound; ~ *qcu. alla realtà* to bring so. back down to earth; ~ *in vita* to bring back to life; ~ *un danno* to suffer damage, to be damaged, to be harmed; ~ *una strepitosa vittoria contro il nemico* to win a tremendous victory over the enemy; ~ *la vittoria in una corsa* to win a race.

riportato I *a.* (*Sart*) patch (*attr.*): *tasche riportate* patch pockets. **II** *m.* (*Econ*) payer of contango, giver-on.

riportatore *m.* **1** (*f.* **-trice**) (*chi riporta notizie e sim.*) informer, reporter. **2** (*Econ*) taker-in, receiver of contango.

riporto *m.* **1** bringing back, taking back. **2** (*materiale di riporto*) backfill, filling material. **3** (*rif. a capelli*) strands of hair combed over a bald spot. **4** (*Sart,Tecn*) insert. **5** (*Mat*) number carried, amount carried. **6** (*Comm*) carry-over. **7** (*Econ*) contango; (*contratto di riporto*) contango contract. **8** (*Caccia*) retrieving, retrieval.

riposante *a.* **1** relaxing, restful: *una vacanza* ~ a relaxing holiday. **2** (*rif. a calze*) support (*attr.*).

riposare¹ (**ripòso**) **I** *v.t.* **1** (*rimettere a posto*) to put back, to place back, to replace. **2** (*rimettere giù*) to put down again, to lay down again, to set down again. **II** *v.pron.* **riposarsi 1** to stop, to lay. **2** (*rif. a uccelli e sim.*) to alight again, to perch again.

riposare² (**ripòso**) **I** *v.i.* (*aus.* **avere**) **1** to rest: *desidero* ~ *una mezz'oretta* I want to rest for a half an hour. **2** (*dormire*) to sleep. **3** (*rif. a defunti*) to rest, to lie: *riposa in pace* rest in peace; *qui riposa* here lies. **4** (*poggiare*) to rest, to stand: *l'edificio riposa su solide fondamenta* the building stands on solid foundations. **5** (*Gastron*) to stand: *lasciare* ~ *qcs.* to let sth. stand. **6** (*Agr*) to lie fallow. **7** (*rif. a liquidi: posare*) to settle, to stand. **II** *v.t.* **1** to rest, to let rest: ~ *le gambe* to rest one's legs. **2** (*essere riposante*) to rest, to be restful to, to be relaxing to: *colori che ripo-*

sano la vista colours that are restful to the eyes. **III** *v.pron.* **riposarsi 1** to rest, to take a rest, to have a rest: *riposarsi da un lavoro* to take a rest from work. **2** (*distendersi*) to relax, to lie down. □ *~ in pace* to rest in peace; *riposarsi la vista* to rest one's eyes; (*fig*) *~ sugli allori* to rest on one's laurels.

riposata *f.* (*rar*) rest.

riposato *a.* rested, refreshed, fresh: *mente riposata* fresh mind.

riposo I *m.* **1** rest, repose: *concedersi un po' di ~* to take a little rest. **2** (*intervallo*) break. **3** (*sonno*) sleep, rest: *buon ~!* sleep well!, have a good rest! **4** (*rif. a liquidi*) settling. **5** (*lett*) (*quiete, pace*) tranquillity, peace. **6** (*burocr*) retirement. **7** (*Ginn,Mil*) ease. **8** (*Agr*) lying fallow, fallow. **II** *intz.* (*Ginn,Mil*) at ease!, stand at ease! □ (*burocr*) *a ~* retired, into retirement; *collocare a ~* to pension off; (*per raggiunti limiti di età*) to superannuate; *~assoluto* complete rest; *di tutto ~* relaxing; *~ domenicale* Sunday rest; *~ festivo* holiday; *essere in ~* to be at rest (*anche Fis*); *~ notturno* sleep; *~ pomeridiano* afternoon nap; *senza ~* uninterruptedly, incessantly, without rest, without stopping, without a break: *lavorare senza ~* to work without stopping, to work without a break; *~ settimanale* weekday rest.

ripostiglio *m.* **1** store-room, lumber-room, (*Br*) boxroom. **2** (*armadio*) cupboard, closet.

riposto → **riporre** *a.* **1** secluded, remote. **2** (*fig*) (*recondito*) innermost, secret: *i più riposti pensieri* the most secret thoughts.

riprendere (*pres.ind.* **riprèndo**; *p.rem.* **riprési**; *p.p.* **ripréso**) **I** *v.t.* **1** to take up, to take up again, to pick up, to pick up again: *riprese il cappello e se ne andò* he picked up his hat and left. **2** (*prendere ancora*) to take again. **3** (*prendere indietro*) to take back: *se il regalo non ti piace me lo riprendo* if you don't like the gift, I'll take it back. **4** (*andare a prendere*) to collect, to pick up, to fetch, to get: *devo andare a ~ mio figlio a scuola* I must go and collect my son from school, (*Am*) I have to go pick up my son from school. **5** (*acchiappare*) to catch: *~ la palla* to catch the ball. **6** (*assumere di nuovo*) to take back, to take on again, to rehire, to re-employ: *l'azienda riprese gli operai licenziati* the company rehired the dismissed employees. **7** (*raggiungere di nuovo*) to catch up (with), to reach: *il corridore è riuscito a ~ il gruppo* the racer was able to catch up with the group, the racer was able to catch the group up. **8** (*catturare nuovamente*) to recapture, to capture again, to catch again: *la polizia ha ripreso l'evaso* the police have recaptured the escaped prisoner. **9** (*riconquistare*) to reconquer, to retake: *~ una città* to reconquer a city, to retake a city. **10** (*fig*) (*riacquistare*) to regain, to recover: *~ vigore* to recover one's strength. **11** (*fig*) (*contrarre di nuovo: rif. ad affezioni fisiche*) to catch again, to get again, to contract again: *~ l'influenza* to catch the flu again. **12** (*utilizzare di nuovo: rif. a idee e sim.*) to draw on, to re-use. **13** (*ricominciare*) to begin again, to start again, to resume: *~ un lavoro* to begin work again, to begin working again; *~ le trattative* to resume negotiations; *~ la seduta* to resume the meeting, to resume the session. **14** (*rimproverare*) to reprove, to reprimand: *l'ha ripreso per la sua negligenza* he reprimanded him for his negligence. **15** (*Fot*) to take: *~ una persona* to take so.'s photograph. **16** (*Cin*) to shoot, to take: *~ una scena* to shoot a scene. **17** (*Sart*) (*restringere*) to take in. **18** (*nel lavoro a maglia: rif. a punto*) to pick: *~ una maglia* to pick a stitch. **19** (*Mus*) to repeat, to

reprise. **II** *v.i.* (*aus.* **avere**) **1** (*ricominciare*) to begin again, to start again, to resume: *lo spettacolo riprenderà fra dieci minuti* the show will begin again in ten minutes. **2** (*ricominciare a parlare*) to resume, to resume speaking, to begin again, to begin to speak again, to continue. **3** (*ritornare*) to come back: *mi è ripreso il mal di testa* my headache has come back. **III** *v.pron.* **riprendersi 1** (*riaversi*) to recover (*da* from), to get over (sth.), to rally (*anche fig*): *riprendersi da una crisi* to recover from a crisis; *dopo la morte della moglie non si è più ripreso* he has never got over his wife's death; *il mercato si è ripreso* the market has rallied. **2** (*riaversi: rif. a piante*) to perk up; (*rif. a fiori*) to revive. **3** (*correggersi*) to correct oneself, to pull oneself up. □ *~ coscienza* to regain consciousness; *~ fiato* to catch one's breath, to get one's breath back; *~ i sensi* to regain consciousness, to recover consciousness; *~ il cammino* to set out again, (*Br*) to resume one's journey, (*Am*) to start walking again; (*fig*) *~ il filo* to take up the thread, (*fig*) *~ il filo del discorso* to take up the thread of one's conversation; *~ il servizio*: 1 to go on duty again; 2 (*riprendere il lavoro*) to begin work again; *~ in esame* to re-examine; (*fig*) *~ in mano* to start again, to begin again: *~ in mano i pennelli* to begin painting again; *~ le armi* to take up arms again; *~ marito* to get married again, to remarry; *~ quota*: 1 (*Aer*) to regain height; 2 (*fig*) to pick up; *~ sonno* to fall asleep again, to go to sleep again, to drop off again, to go back to sleep.

riprensibile *a.* (*lett*) reprehensible.

riprensione *f.* (*lett*) reprehension.

ripresa *f.* **1** resumption, renewal, restarting: *la ~ dei lavori* the resumption of work; *la ~ dei negoziati* the resumption of negotiations. **2** (*da una malattia*) recovery. **3** (*Cin*) (*atto*) shooting, shoot; (*effetto*) shot, take. **4** (*Teat,Cin*) (*ripetizione*) revival: *la ~ di quel soggetto ha determinato nuovi successi per la compagnia* the revival of that show has brought the company fresh success. **5** (*Econ*) (*recupero*) recovery, upturn: *essere in ~* to recover. **6** (*Econ*) (*in borsa: rialzo*) rise. **7** (*Mot*) pick-up, acceleration. **8** (*Sport*) (*tempo di gara*) second half; (*nel pugilato*) round; (*nella scherma*) bout. **9** (*Mus*) repeat, reprise; (*nella sonata*) recapitulation; (*ritornello*) refrain. **10** (*Med*) recovery. □ *a più riprese*: 1 (*in più volte*) in stages, in successive stages; 2 (*ripetutamente*) repeatedly, many times, several times, over and over; (*Cin*) *~ al rallentatore* slow-motion take, slow-motion shot; (*Cin*) *~ col rallentatore* slow-motion take, slow-motion shot; (*Pol*) *~ del dialogo* resuming of talks; (*Rad,TV*) *~ diretta* live broadcast; *in ~ diretta* live; (*Econ*) *~ economica* economic recovery; (*Cin*) *~ esterna* outdoor shot; (*Cin*) *~ interna* indoor shot, studio shot; (*TV*) *~ televisiva* televising, television shoot.

ripresentare (**ripresènto**) **I** *v.t.* to present again, to re-present. **II** *v.pron.* **ripresentarsi 1** to re-present oneself, to present oneself again. **2** (*ripetersi*) to arise again, to occur again: *se si ripresenterà l'occasione* if the opportunity arises again, if the opportunity occurs again. □ (*Pol*) *ripresentarsi alle elezioni* to run for re-election.

ripresi → **riprendere**.

ripreso → **riprendere**.

riprestare (**riprèsto**) *v.t.* to lend again.

ripristinare (**ripristìno**) *v.t.* **1** (*rimettere in funzione*) to repair, to restore, to put back in operation: *le comunicazioni telefoniche non sono state ancora ripristinate* telephone

communications have not been restored yet, the telephone lines are still down. **2** (*restaurare*) to restore, to renovate. **3** (*fig*) (*rimettere in uso*) to bring back, to revive, to restore: *~ una tradizione* to revive a tradition; *~ l'ordine* to restore order. **4** (*Inform*) to recover, to reset, to restore.

ripristino *m.* **1** (*il rimettere in funzione*) putting back in operation, repair, restoring. **2** (*restauro*) restoration. **3** (*fig*) (*il rimettere in uso*) revival, restoration, restoring, reinstatement. **4** (*Inform*) (*di dati*) recovery; (*dell'hardware*) reset.

riprodotto → **riprodurre** *a.* **1** reproduced. **2** (*a stampa*) reprinted, republished. **3** (*copiato*) copied, reproduced. **4** (*Acus*) reproduced.

riproducibile *a.* reproducible.

riproducibilità *f.* reproducibility.

riprodurre (*pres.ind.* **riprodùco**, **riprodùci**; *p.rem.* **riprodùssi**; *p.p.* **riprodótto**) **I** *v.t.* **1** (*produrre di nuovo*) to produce again, to reproduce. **2** (*ripresentare*) to produce again, to show again, to present again, to reproduce: *~ i documenti* to show one's papers again. **3** (*eseguire la copia*) to reproduce, to make a copy of, to make a reproduction of: *~ in gesso un bassorilievo* to make a copy of a bas-relief in plaster of Paris. **4** (*copiare, moltiplicare*) to reproduce, to copy: *~ col sistema fototipico* to copy by phototype. **5** (*stampare, pubblicare*) to print, to publish. **6** (*rappresentare, ritrarre*) to portray, to depict, to reproduce, to represent: *il quadro riproduce la scena di una battaglia* the painting depicts a battle scene. **7** (*Biol,Acus*) to reproduce. **II** *v.pron.* **riprodursi** (*Biol*) to reproduce. **2** (*formarsi di nuovo*) to form again, to make again, to arise again: *in cantina si è riprodotta la muffa* mould has formed in the cellar again. **3** (*ripetersi*) to repeat itself, to happen again.

riproduttività *f.* reproductiveness.

riproduttivo *a.* (*Biol*) reproductive.

riproduttore I *m.* **1** (*f.* **-trice**) (*Zootecn*) breeder; (*rif. a cavalli*) stud. **2** (*Acus*) reproducer, player. **II** *a.* (*Biol*) reproductive. □ (*Tecn*) *~ fonografico* pick-up.

riproduzione *f.* **1** (*Biol*) reproduction, breeding: *animale da ~* breeding animal. **2** (*Acus*) playback. **3** (*il ritrarre*) portrayal, depiction, representation: *~ di un paesaggio campestre* representation of a rural landscape, view of a countryscene. **4** (*copia*) copy, reproduction: *la ~ di un quadro di Picasso* a Picasso reproduction. **5** (*copiatura, moltiplicazione*) reproducing, copying: *~ al ciclostile* copying by mimeograph. **6** (*il ristampare*) reprinting; (*ristampa*) reprint: *~ non autorizzata* unauthorized reprint. □ (*Biol*) *~ agamica* vegetative reproduction, asexual reproduction; (*Biol*) *~ asessuata* vegetative reproduction, asexual reproduction; (*Fot*) *~ fotografica* photographic reproduction, photoreproduction; (*Tip*) *~ litografica*: 1 (*processo*) lithographic reproduction; 2 (*stampa*) lithograph, lithographic print; (*Biol*) *~ per scissione* reproduction by fission; (*Biol*) *~ sessuata* sexual reproduction; *~ vietata* all rights reserved, copyright.

riprogettare (**riprogètto**) *v.t.* to redesign.

riprografia *f.* reprography.

riprografico (*pl.* **-ci**) *a.* reprographic.

ripromettere (*pres.ind.* **riprométto**; *p.rem.* **ripromìsi**; *p.p.* **ripromésso**) **I** *v.t.* to promise again. **II** *v.pron.* **ripromettersi 1** (*proporsi*) to intend, to propose: *ripromettersi di fare qcs.* to intend to do sth. **2** (*aspettarsi*) to expect, to hope (*da* of, from): *si ripromette*

molto da suo figlio he expects a lot of his son.
riproporre (*pres.ind.* **ripropóngo, ripropóni**; *p.rem.* **ripropósi**; *p.p.* **ripropósto**) **I** *v.t.* to propose again, to repropose. **II** *v.pron.* **riproporsi 1** to come up again, to arise again: *un problema che si ripropone spesso* a problem which comes up often. **2** (*ripromettersi*) to intend, to propose. □ **riproporsi come candidato** to run for re-election.
riprova *f.* **1** confirmation: *questa è la ~ di quanto sostenevo* this confirms what I said. **2** (*controllo*) double-check, control test, check test: *fare la ~ di un esperimento* to make a double-check on an experiment, to double-check an experiment. **3** (*prova nuova e diversa*) new test, new check. □ *a ~ di* as proof of, in confirmation of.
riprovare[1] (**ripròvo**) **I** *v.t.* **1** to try again, to attempt again. **2** (*sentire di nuovo*) to feel again. **3** (*reindossare*) to try on again. **II** *v.i.* (*aus.* **avere**) to try again, to make another attempt. **III** *v.pron.* **riprovarsi** to try again, to make another attempt.
riprovare[2] (**ripròvo**) *v.t.* (*disapprovare*) censure, to disapprove of, (*lett*) to reprove.
riprovazione *f.* (*disapprovazione*) censure, disapproval, reproof, reprobation.
riprovevole *a.* censurable, reprehensible, blameworthy.
ripubblicare (**ripùbblico, ripùbblichi**) *v.t.* to republish.
ripudiabile *a.* that may be repudiated.
ripudiare (**ripùdio, ripùdi**) *v.t.* **1** to repudiate: *~ la moglie* to repudiate one's wife. **2** (*rinnegare*) to repudiate, to reject, to deny, to disown: *~ la propria fede* to deny one's faith. **3** (*respingere, rifiutare*) to reject, to refuse: *~ ogni compromesso* to refuse all compromiscs.
ripudio *m.* **1** repudiation. **2** (*rinnegamento*) denial, repudiation, disavowal: *~ della fede* denial of faith. **3** (*rifiuto*) rejection, refusal, repudiation.
ripugnante *a.* repugnant, disgusting, revolting.
ripugnanza *f.* **1** (*disgusto*) repugnance, disgust, loathing, repulsion. **2** (*avversione*) repugnance (*per* for), loathing (*per* for), aversion (to), strong dislike (of).
ripugnare (**ripùgno**; *aus.* **avere**) *v.i.* **1** to disgust, to repulse, to revolt (*a qcu.* so.): *le lumache mi ripugnano* (*Br*) snails revolt me, (*Am*) snails repulse me, snails disgust me. **2** (*suscitare avversione*) to be repugnant (to), to dislike (*costr.pers.*): *mi ripugna mentire* I loath lying, lying is repugnant to me.
ripulire (**ripulìsco, ripulìsci**) **I** *v.t.* **1** to clean, to clean up, to make clean. **2** (*pulire di nuovo*) to clean again, to reclean. **3** (*pulire togliendo le parti inutili o dannose*) to clear: *~ un campo dai sassi* to clear a field of rocks. **4** (*da erbacce*) to weed. **5** (*fig,scherz*) (*portare via tutto*) to clean out, to empty: *i ladri hanno ripulito la cassaforte* the thieves cleaned out the safe. **6** (*fig,scherz*) (*mangiare tutto*) to clean, to clean off: *i miei ragazzi hanno ripulito i piatti* the boys cleaned their plates. **7** (*fig*) (*vuotare*) to clean, to clear, to rid: *~ la città dagli speculatori* to rid the city of speculators. **8** (*fig*) (*dirozzare*) to polish, to refine. **II** *v.pron.* **ripulirsi 1** to clean up, to clean oneself up, to make oneself tidy, to spruce oneself up. **2** (*fig*) to polish up one's manners. □ (*fig*) *~ le tasche a qcu.* to clean so. out. **ripulisti** *m.* (*colloq*) *fare ~* (o *fare un ~*) to clean out everything, to clean up everything.
ripulita *f.* **1** (*il ripulire, il ripulirsi*) clean up, cleaning up, tidying up. **2** (*fig*) clean up. □

dare una ~ a qcs. to give sth. a clean up; *darsi una ~* to tidy up, to tidy oneself up, to spruce up.
ripulitura *f.* **1** cleaning, cleaning up. **2** (*fig*) (*rifinitura*) finishing touches *pl.*
ripulsa *f.* (*lett*) (*rifiuto*) refusal, rejection.
ripulsione *f.* **1** (*Fis*) repulsion: *~ elettrica* electrical repulsion. **2** (*fig*) repulsion, repugnance: *provare ~ per qcu.* to feel repugnance for so.
ripulsivo *a.* **1** (*Fis*) repulsive. **2** (*fig*) repulsive, repellent, revolting.
ripuntatura *f.* (*Agr*) subsoiling.
riputare *e der.* → **reputare** *e der.*
riquadrare (**riquàdro**) *v.t.* to square: *~ un blocco di pietra* to square a stone block.
riquadratura *f.* squaring.
riquadro *m.* **1** (*quadrato*) square. **2** (*pannello*) panel; (*cornice*) frame. **3** (*Tip*) box, inset. □ *~ pubblicitario* boxed advert.
riqualificare (**riqualìfico, riqualìfichi**) **I** *v.t.* **1** to retrain, to reskill, to requalify. **2** (*dare una qualifica superiore*) to upgrade. **II** *v.pron.* **riqualificarsi** to retrain oneself.
riqualificazione *f.* **1** retraining. **2** (*conseguimento di una qualifica superiore*) upgrading.
risa → **riso**[2].
risacca *f.* (*Mar*) undertow.
risaia *f.* (*Agr*) rice-field, paddy field.
risaiolo *m.* (*f.* **-a**) (*Agr*) rice weeder.
risaldare (**risàldo**) *v.t.* (*Tecn*) to resolder.
risaldatura *f.* (*Tecn*) resoldering.
risalire (*pres.ind.* **risàlgo, risàli**; *p.rem.* **risalìi**; *p.p.* **risalìto**) **I** *v.i.* (*aus.* **essere**) **1** to go up again, to climb up again, to reascend. **2** (*salire*) to go up, to climb up, to ascend. **3** (*in un veicolo*) to get back (*in* in, on). **4** (*fig*) (*ritornare con la mente*) to go back, to think back: *~ all'origine di una tradizione* to go back to the origin of a tradition. **5** (*fig*) (*aumentare*) to rise again, to go up again: *il prezzo del petrolio tende a ~* oil prices tend to rise again, oil prices are on the rise again. **6** (*essere avvenuto in un tempo anteriore*) to date back (*a* to), to go back (*a* to): *la sua ultima visita risale a tre mesi fa* his last visit goes back to three months ago; *la chiesa risale al Trecento* the church dates back to the fourteenth century. **7** (*indagare*) to trace. **II** *v.t.* **1** to go up again, to reascend: *~ le scale* to go up the stairs again. **2** (*salire*) to climb, to go up, to ascend: *~ il pendio* to climb the slope. □ *risalì a cavallo e partì* he climbed up on his horse again and left; (*fig*) *~ alla fonte* (andare all'origine) to trace back; *~ alla sorgente di un fiume*: 1 to trace a river back to its source; 2 (*navigando*) to sail up a river to its source; *~ alle cause* to go back to the causes, to trace the causes; *~ alle origini di qcs.* to trace sth. back (to its origins); *~ il corso di un fiume* to go upstream; (*fig*) *~ la china* to get back on top; *~ la corrente*: 1 (*rif. a pesce*) to swim upstream; 2 (*rif. a imbarcazioni*) to go against the current.
risalita *f.* reascending, going up again. □ *mezzi di ~* lifts.
risaltare (**risàlto**) **I** *v.i.* (*aus.* **avere/essere**) **1** (*fare spicco*) to stand out (*su* against), to show up (*su* against, on): *quel nero risalta sul bianco* that black shows up against the white. **2** (*sporgere*) to project, to jut out, to stick out: *il bassorilievo risalta sulla colonna* the bas-relief sticks out on the column. **3** (*fig*) (*distinguersi, emergere*) to be outstanding, to stand out (*fra* among): *risalta tra i compagni per la sua intelligenza* he stands out among his companions for his intelli-

gence. **4** (*saltare di nuovo*) to jump again. **II** *v.t.* (*rif. a ostacolo*) to jump over (sth.) again, to leap over (sth.) again. □ *~ fare ~*: 1 (*mettere in evidenza*) to bring out, to emphasize, to highlight, to show up; 2 (*conferire maggior bellezza*) to enhance; *~ fuori* (*ricomparire*) to turn up again.
risalto *m.* **1** (*spicco*) relief, prominence, emphasis, stress. **2** (*sporgenza*) projection. **3** (*Arch*) relief. □ *dare ~ a qcs.* (o *mettere in ~ qcs.*): 1 to bring sth. out, to make sth. stand out, to stress sth., to emphasize sth.; 2 (*conferendo maggiore bellezza*) to enhance sth.
risalutare (**risalùto**) *v.t.* to greet again.
risanabile *a.* **1** curable. **2** (*rif. a luoghi malsani*) reclaimable. **3** (*Econ*) that can be recovered (*posposto*).
risanamento *m.* **1** (*guarigione*) recovery. **2** (*fig*) (*miglioramento*) improvement. **3** (*bonifica*) reclamation. **4** (*Edil*) (*rif. a quartieri urbani*) slum clearance, urban renewal: *~ edilizio* building development, rebuilding, building improvement. **5** (*Econ*) reorganization, reconstruction: *~ finanziario* financial reconstruction; *il ~ di un'azienda* the restructuring of a company.
risanare (**risàno**) **I** *v.t.* **1** to cure, to heal, to restore to health: *~ gli infermi* to heal the sick. **2** (*fig*) (*riordinare, riorganizzare*) to reorganize, to restructure, to improve: *~ un'amministrazione* to reorganize administration. **3** (*bonificare*) to reclaim. **4** (*rimettere in sesto*) to develop, to improve, to redevelop: *~ un quartiere periferico* to redevelop a suburban area. **II** *v.i.* (*aus.* **essere**) **1** to recover. **2** (*rif. a ferite*) to heal, to heal up.
risanatore I *m.* (*f.* **-trice**) (*lett*) healer, restorer. **II** *a.* healing, restoring.
risapere (*pres.ind.* **risò, risài, risà**; *p.rem.* **risèppi**; *p.p.* **risapùto**) *v.t.* to hear about, to come to know, to become common knowledge: *venire a ~ qcs.* to hear about sth.; *non voglio che lo si venga a ~* I don't want it to get about.
risaputo → **risapere** *a.* (*noto*) well-known.
risarcibile *a.* refundable, indemnifiable.
risarcimento *m.* compensation, indemnity, damages *pl.*: *avere diritto al ~* to be entitled to damages. □ (*Dir*) *~ dei danni* compensation for damage, damages (*pl.*): *ottenere il ~ dei danni* to recover damages; *~ dei danni morali* compensation for moral injuries; *~ delle spese* refund of expenses; (*Dir*) *~ simbolico* nominal damages (*pl.*).
risarcire (**risarcìsco, risarcìsci**) *v.t.* **1** (*rif. a persone: indennizzare*) to compensate, to indemnify: *~ qcu. di qcs.* to indemnify so. for sth. **2** (*rif. a cose, rimborsare*) to make good, to pay compensation for, to make compensation for: *lo stato risarcisce i danni di guerra* the government pays compensation for war damages; *~ i danni a qcu.* to pay damages.
risata *f.* laugh, laughing, burst of laughter: *trattenere una ~* to hold back a laugh; *scoppiare in una ~* to burst out laughing; *una ~ scoppiettante* a ringing laugh; *~ sguaiata* coarse laughter. □ *~ beffarda* sneer; *fare una ~* (o *farsi una ~*) to laugh, to give a laugh, to have a laugh: *fare una ~ in faccia a qcu.* to laugh in so.'s face; *una ~ fragorosa* a guffaw; *~ grassa* hearty laugh, belly-laugh; (*TV*) *risate registrate* laughtrack (*sing.*).
risatina *f.* snigger, snicker.
RISC *m.inv.* (*Elettron*) RISC.
riscaldamento *m.* **1** heating: *appartamen-*

to con ~ flat with heating, flat with central heating. **2** (*impianto*) heating plant, heating system. **3** (*Tecn*) (*azione*) heating up. **4** (*aumento di temperatura*) warming. **5** (*Sport*) warm-up: *esercizi di* ~ warm-up exercises. □ ~ *a carbone* coal heating; ~ *a gas* gas heating; ~ *a gasolio* oil heating; ~ *a metano* methane gas heating; ~ *a nafta* fuel oil heating; ~ *a pannelli radianti* radiant heating, panel heating; ~ *a termosifone* central heating; ~ *ad aria* air heating; ~ *autonomo* separate central heating system; ~ *centralizzato* central heating; *spese di* ~ heating expenses; ~ *elettrico* electric heating; (*Meteor*) ~ *globale* global heating; ~ *solare* solar heating.

riscaldare (**riscàldo**) **I** *v.t.* **1** (*scaldare*) to warm, to warm up, to heat: *i raggi del sole riscaldano l'aria* the sun's rays warm the air; ~ *una casa* to heat a house. **2** (*scaldare di nuovo*) to warm again, to heat again; (*rif. a cibi*) to warm up. **3** (*fig*) (*eccitare, infiammare*) to fire, to heat, to stir up. **II** *v.i.* (*aus.* **essere**) **1** (*produrre calore*) to heat. **2** (*surriscaldarsi*) to overheat. **III** *v.pron.* **riscaldarsi 1** to warm up, to get warm, to warm oneself, to warm oneself up: *mi misi a correre per riscaldarmi* I started to run to warm (myself) up. **2** (*divenire caldo*) to become hot, to get warm: *l'aria si sta riscaldando* the air is getting warm. **3** (*fig*) (*accalorarsi*) to get excited, to become heated. **4** (*Mot*) to become warm; (*eccessivamente*) to get overheated. **5** (*Sport*) to warm up.

riscaldata *f.* warming up. □ *dare una* ~ *a qcs.* to warm sth. up.

riscaldato *a.* **1** heated: *una stanza ben riscaldata* a well-heated room. **2** (*rif. a cibi*) warmed. **3** (*rif. a persone*) hot, heated: *arrivò a casa* ~ *dalla lunga corsa* he reached home hot from the long run. **4** (*fig*) (*infervorato*) heated, excited.

riscaldatore *m.* heater.

riscaldo *m.* (*pop*) (*leggera infiammazione*) inflammation.

riscattabile *a.* redeemable (*anche Econ*).

riscattare (**riscàtto**) **I** *v.t.* **1** to ransom, to redeem: ~ *un prigioniero* to ransom a prisoner. **2** (*fig*) (*liberare*) to free, to set free, to deliver: ~ *un popolo dalla servitù* to deliver a people from slavery. **3** (*fig*) (*compensare*) to make up for, to compensate, to redeem. **4** (*Econ*) to redeem, to recover: ~ *una rendita* to redeem an annuity. **5** (*Assic*) to surrender: ~ *una polizza* to surrender an insurance policy. **II** *v.pron.* **riscattarsi** to redeem oneself. □ ~ *un appartamento* to pay off the mortgage on an apartment; ~ *un pegno* to redeem a pledge.

riscatto *m.* **1** (*azione*) ransom, ransoming, redeeming. **2** (*prezzo*) ransom: *pagare il* ~ to pay the ransom; *chiedere un* ~ to demand a ransom. **3** (*fig*) (*liberazione*) deliverance, liberation, freedom; (*redenzione*) redemption. **4** (*Econ*) redemption. **5** (*Assic*) surrender: ~ *di una polizza* surrender of an insurance policy. □ *a* ~ with right of redemption, on mortgage.

rischiaramento *m.* **1** lighting up, illumination. **2** (*rif. al tempo*) clearing up; brightening. **3** (*rif. a liquidi*) clarification, clearing.

rischiarare (**rischiàro**) **I** *v.t.* **1** to light up, to illuminate: *la luna rischiara la notte* the moon illuminates the night. **2** (*rendere meno cupo*) to lighten; (*rif. a colori*) to make lighter, to make paler; (*rif. a suoni*) to make clearer. **II** *v.i.* (*aus.* **essere**) (*rif. al tempo*) to clear up, to brighten. **III** *v.pron.* **rischiararsi 1** (*rif. al cielo*) to brighten; (*rif. al tempo*) to clear up, to brighten up. **2** (*fig*) (*assumere*

un'espressione più lieta) to light up, to brighten, to brighten up: *il volto gli si rischiarò* his face brightened, his face lit up. **3** (*fig*) (*diventare più nitido, più preciso*) to become clearer.

rischiare (**rìschio, rìschi**) **I** *v.t.* to risk, to venture, to hazard: *ha rischiato la vita per salvare l'amico* he risked his life to save his friend. **II** *v.i.* (*aus.* **avere**) to risk, to run the risk, to take the risk: ~ *di fare qcs.* to run the risk of doing sth. **III** *v.i.impers.* (*aus.* **essere**) to threaten: *rischia di nevicare* it is threatening to snow. □ (*fig*) ~ *grosso* to take a big risk; ~ *il tutto per tutto* to risk everything; ~ *la pelle* to risk one's skin, to risk one's life; (*fig*) ~ *l'osso del collo* to risk one's neck; (*fig*) *non* ~ *un capello* not to take the slightest risk; (*fig*) ~ *una carta* to run a risk.

rischio *m.* **1** risk, chance: *affrontare il* ~ *di qcs.* to run the risk of sth., to risk sth.; *correre un* ~ to take a chance; *correre il* ~ *di fare qcs.* to take a chance on doing sth. **2** (*Econ*) exposure, risk. **3** (*Assic*) risk. □ *a* ~ at risk: *lavoratori a* ~ workers at risk, jobs at risk; *specie a* ~ endangered species; *a* ~ *di* at the risk of (*anche fig*): *a* ~ *della propria vita* at the risk of one's life; (*Comm*) *la merce viaggia a* ~ *del committente* merchandise shipped at buyer's risk; *ha voluto farlo a* ~ *di rompersi il collo* he insisted on doing it at the risk of breaking his neck; *c'è il* ~ *che* there's the risk that, there's the danger that; (*Assic*) ~ *coperto* covered risk; *i rischi del mestiere* risks of the trade; ~ *di morte* danger of death; *a* ~ *e pericolo di* at the risk of: *a proprio* ~ *e pericolo* at one's own risk; *a tuo* ~ *e pericolo* at your own peril, at your own risk, on your own head be it; (*Comm*) *la merce viaggia a* ~ *e pericolo del committente* goods are transported at the customer's own risk; *mettere a* ~ to risk; ~ *per l'ambiente* environmental hazard; ~ *professionale* occupational hazard.

rischiosamente *a.* riskily, hazardously.

rischiosità *f.* riskiness, dangerousness.

rischioso *a.* risky, dangerous, hazardous: *un'impresa rischiosa* a risky undertaking.

risciacquare (**risciàcquo**) **I** *v.t.* to rinse, to rinse out: ~ *un piatto* to rinse a plate. **II** *v.pron.* **risciacquarsi** to rinse: *risciacquarsi la bocca* to rinse one's mouth.

risciacquata *f.* rinse, rinsing. □ *dare una* ~ *al bucato* to rinse out the washing.

risciacquatura *f.* **1** rinse, rinsing: ~ *delle stoviglie* rinsing the dishes. **2** (*rif. ad acqua*) dishwater, rinsewater. **3** (*fig*) dishwater: ~ *di piatti* dishwater. **4** (*fig*) (*rif. a scritti o discorsi*) bilge.

risciacquo *m.* **1** (*sciacquo*) rinsing, rinse. **2** (*rif. a lavatrice, lavastoviglie*) rinse. **3** (*Med*) mouthwash.

risciò *m.* rickshaw.

riscolo *m.* (*Bot*) prickly saltwort.

riscontare (**riscónto**) *v.t.* (*Econ*) to rediscount.

risconto *m.* (*Econ*) rediscount.

riscontrabile *a.* **1** (*verificabile*) checkable, verifiable. **2** (*trovabile*) findable.

riscontrare (**riscóntro**) **I** *v.t.* **1** (*confrontare*) to compare, to set off: ~ *la copia con l'originale* to compare the copy with the original, to compare the copy to the original. **2** (*esaminare attentamente*) to check, to verify: ~ *i conti* to check the accounts. **3** (*rilevare*) to find, to notice: ~ *qcs. di anormale* to find sth. wrong. **II** *v.i.* (*aus.* **avere**) (*corrispondere*) to agree, to tally, to correspond.

riscontro *m.* **1** (*confronto*) comparison. **2** (*verifica, controllo*) check, control, inspec-

tion: ~ *del peso* weight inspection. **3** (*conferma*) confirmation. **4** (*oggetto corrispondente*) counterpart, match. **5** (*effetto di un'azione*) feedback, answer, response. **6** (*burocr*) reply: *in attesa di un Vostro sollecito* ~ awaiting your prompt reply. **7** (*Econ*) audit, auditing, check, checking: ~ *dei conti* audit. □ *fare* ~ to correspond, to tally; *non avere* ~ to be unmatched, to stand alone; *di aria* draught; *fare* ~ *a qcs.* to be the counterpart of sth.; *fare il* ~ *di* (*controllare*) to check.

riscoperta *f.* rediscovery.

riscoprire (*pres.ind.* **riscòpro**; *p.rem.* **riscoprìi/riscopèrsi**; *p.p.* **riscopèrto**) *v.t.* to rediscover.

riscossa *f.* **1** (*contrattacco*) counterattack, countercharge. **2** (*insurrezione*) revolt, uprising, insurrection. **3** (*fig*) (*rivincita*) revenge, vengeance. □ *andare alla* ~ to counterattack; *alla* ~! revenge!

riscossione *f.* collection: ~ *di un'entrata* collection of an outstanding debt; ~ *delle imposte* tax collection.

riscosso → **riscuotere**.

riscotibile *a.* collectable, cashable: *credito* ~ collectable credit.

riscrittura *f.* rewrite.

riscrivere (*pres.ind.* **riscrìvo**; *p.rem.* **riscrìssi**; *p.p.* **riscrìtto**) *v.t.* **1** to write again, to rewrite: ~ *la storia* to rewrite history. **2** (*rispondere per iscritto*) to write back.

riscrivibile *a.* (*Inform*) rewritable, RW.

riscuotere (*pres.ind.* **riscuòto**; *p.rem.* **riscòssi**; *p.p.* **riscòsso**) **I** *v.t.* **1** (*ritirare una somma dovuta*) to collect, to draw, to cash: ~ *lo stipendio* to draw one's salary; (*Comm*) ~ *una cambiale* to cash a bill, to collect a bill; ~ *la pensione* to draw a pension. **2** (*fig*) (*riportare, ottenere*) to win, to earn, to have: ~ *onori* to win honour; ~ *un enorme successo* to have great success; ~ *le lodi* to win praise, to earn praise. **3** (*scuotere di nuovo*) to shake again. **4** (*fig,rar*) (*scuotere energicamente*) to shake, to rouse, to stir: *bisogna riscuoterlo dalla sua inerzia* we must rouse him from his inertia. **II** *v.pron.* **riscuotersi 1** (*trasalire*) to start, to jump. **2** (*fig*) (*risvegliarsi dal torpore*) to shake off (sth.), to rouse oneself (from), to stir oneself (from), to stir oneself (from): *riscuotersi dalla pigrizia* to shake off one's laziness.

riscuotibile *a.* collectable, cashable: *credito* ~ collectable credit.

riscuotimento *m.* shaking, rousing (*anche fig*): ~ *dall'inerzia* shaking off inertia.

risedere (*pres.ind.* **risièdo**; *p.rem.* **risedéi/risedètti**; *p.p.* **risedùto**) **I** *v.i.* (*aus.* **essere**) (*rimettersi a sedere*) to sit down again. **II** *v.pron.* **risedersi** to sit down again.

risega *f.* (*Edil*) offset, setback.

risemina *f.* (*Agr*) resowing, reseeding.

riseminare (**risémino**) *v.t.* (*Agr*) to resow, to reseed.

risentimento *m.* **1** resentment, grudge, rancour, (*Am*) rancor: *serbare* ~ *contro qcu.* to harbor a grudge against so., to resent so. **2** (*Med*) after-effect.

risentire (**risènto**) **I** *v.t.* **1** (*provare di nuovo*) to feel again: *in questi giorni risento il dolore della distorsione al piede* I'm feeling the pain of the sprain in my foot again. **2** (*udire di nuovo*) to hear again: *non voglio più* ~ *questi discorsi* I don't want to hear this kind of talk again. **3** (*riascoltare*) to listen to (sth.) again. **4** (*sentire, provare*) to feel, to suffer: ~ *la perdita di qcu.* to feel so.'s loss. **II** *v.i.* (*aus.* **avere**) **1** (*soffrire*) to feel the effects (*di* of), to suffer (*di* from): *risente an-*

cora dell'incidente dello scorso anno he is still feeling the effects of last year's accident. **2** (*sentire l'influenza*) to show traces (*di* of), to be influenced (*di* by). **III** *v.pron.* **risentirsi** (*offendersi*) to take offence (*per* at), to take umbrage (*per* at), to resent (sth.): *si risente per ogni minima osservazione* he takes offence at the slightest remark. **IV** *v.r.recipr.* **risentirsi** (*sentirsi di nuovo*) to talk to each other again, to be in touch: *ci risentiamo domani alla stessa ora* we'll talk (to each other) again at the same time tomorrow. □ *a risentirci!* good-bye for now!, until next time!; *risentirsi male* (*stare di nuovo male*) to feel ill again.

risentitamente *avv.* resentfully.

risentito *a.* **1** heard again: *discorsi sentiti e risentiti* the same old words heard over and over again. **2** (*irritato*) irritated, angry, annoyed: *tono* ~ irritated tone. **3** (*offeso*) resentful, offended, hurt.

riseppellire (**riseppellìsco, riseppellìsci**) *v.t.* to bury (sth.) again.

riserbare (**risèrbo**) *v.t.* (*tenere in serbo*) to keep, to save, to save up.

riserbo *m.* reserve, restraint, discretion: *mantenere un assoluto* ~ to maintain an absolute reserve; *uscire dal* ~ to drop one's reserve.

riseria *f.* (*Agr,Ind*) rice mill, rice factory.

riserva *f.* **1** (*provvista*) reserve, supply, stock, provision: *le riserve di viveri stanno per finire* the food supplies have almost run out; *terrò questa penna per* ~ I'll keep this pen in reserve; *esaurire tutte le riserve* to use up all reserves. **2** (*condizione, limitazione*) reservation, reserve: *ha promesso di aiutarlo ma con qualche* ~ he promised to help him, but with some reservations; *avere* (*o fare*) *delle riserve su qcs.* to express doubts about sth., to have reservations about sth.; *sciogliere la* ~ to put aside all reservations. **3** (*riserva di caccia*) hunting reserve, game reserve, hunting preserve, game preserve. **4** (*Etnol*) reservation, reserve: *le riserve indiane* the Indian reservations. **5** (*in ecologia*) reserve, sanctuary: ~ *naturale* nature reserve. **6** (*Mil*) reserves *pl.*, reserve: *ufficiale della* ~ reserve officer. **7** (*Mil*) (*insieme di forze*) reserves *pl.* **8** (*Sport*) reserve. **9** (*Enol*) (*annata*) vintage: ~ *1995* 1995 vintage. □ (*Econ*) ~ *aurea* gold reserve, gold reserves, gold stock; (*Econ*) ~ *bancaria* bank reserve, bank reserves; *accettare con* ~ to accept conditionally, to accept with reserve; *di* ~ spare (*attr.*): *motore di* ~ spare engine; ~ *di caccia* game reserve, game preserve; ~ *di pesca* fish reserve, fish preserve; (*Dir*) *vendita con* ~ *di proprietà* conditional sale; (*Dir*) ~ *di usufrutto* reservation of usufruct; (*Aut*) *essere in* ~ (*Br*) to be very low on petrol, (*Am*) to be very low on gas; (*Dir*) ~ *mentale* mental reservation (*anche estens*); (*Econ*) *riserve monetarie* monetary reserve, monetary reserves; *riserve petrolifere* oil reserves; *senza riserve* without reservations, without reservation, without reserve; (*Econ*) *riserve valutarie* exchange reserves.

riservare (**risèrvo**) **I** *v.t.* **1** to keep, to save, to save up, to put by, to put aside, to reserve: *ho riservato questa bottiglia per Natale* I have put this bottle by for Christmas. **2** (*prenotare*) to book, to reserve: ~ *un tavolo al ristorante* to reserve a table at a restaurant. **3** (*dimostrare*) to show, to give: ~ *a qcu. un trattamento di favore* to give so. special treatment. **II** *v.pron.* **riservarsi 1** to reserve: *riservarsi il diritto di fare qcs.* to reserve the right to do sth. **2** (*ripromettersi*) to intend, to

propose: *mi riservo di decidere in seguito* I intend to take my decision later.

riservatamente *avv.* **1** (*con riservatezza*) reservedly, with reserve. **2** (*in modo confidenziale*) confidentially.

riservatezza *f.* **1** (*segretezza*) confidential nature, secret nature, private nature, confidentiality: *la* ~ *di una notizia* the confidential nature of a piece of news; ~ *delle informazioni* confidentiality of information. **2** (*carattere riservato*) reservedness, reserve: *la sua* ~ *è proverbiale* his reserve is proverbial. **3** (*discrezione*) discretion, reserve: *agire con* ~ to act with discretion.

riservato *a.* **1** (*rif. a persona*) reserved. **2** (*prenotato*) booked, reserved. **3** (*esclusivo*) reserved: *tutti i diritti riservati* all rights reserved. **4** (*discreto*) discreet. **5** (*confidenziale*) confidential: *lettera riservata* confidential letter. □ ~ *al personale* (*scritto su porte ecc.*) employees only, staff only.

riservista *m.* (*Mil*) reservist.

risguardo *m.* (*Legat*) endpaper, flyleaf.

risibile *a.* laughable, ludicrous: *una proposta* ~ a ludicrous proposal.

risibilità *f.* laughableness, ludicrousness.

risicare (**rìsico, rìsichi**) *v.t.* (*region*) (*rischiare*) to risk. □ *Prov.: chi non risica, non rosica* nothing ventured, nothing gained.

risicato *a.* narrow, small, scanty.

risicolo *a.* (*Agr*) rice-growing, rice (*attr.*).

risicoltore *m.* (*f.* **-trice**) (*Agr*) rice grower.

risicoltura *f.* (*Agr*) rice growing.

risiedere (**risièdo**; *aus.* **avere**) *v.i.* **1** to reside, to dwell, to live. **2** (*rif. a sovrani e sim.*) to reside. **3** (*fig*) (*stare, consistere*) to lie (*in* in), to reside, to consist (*in*): *tutta la sua bravura risiede in un'eccezionale prontezza di riflessi* all his skill lies in his exceptional readiness of mind.

risiero *a.* (*Agr,Ind*) rice (*attr.*): *industria risiera* rice industry.

risigillare (**risigìllo**) *v.t.* to reseal, to seal again.

risina *f.* (*Alim*) broken rice.

risipola *f.* (*Med,pop*) (*erisipela*) erysipelas.

risistemare (**risistèmo**) *v.t.* **1** to readjust, to rearrange. **2** (*rimettere a posto*) to tidy up. **3** (*di azienda: riorganizzare*) to restructure.

risma *f.* **1** (*Cart*) ream. **2** (*fig,spreg*) (*razza*) kind, sort: *gente di ogni* ~ all kinds of people.

riso[1] *m.* (*Bot,Alim*) rice. □ (*Gastron*) ~ *alla cantonese* Cantonese rice, fried rice; (*Alim, ant*) ~ *brillato* polished rice; (*Gastron*) *risi e bisi* pea risotto; (*Alim*) ~ *greggio* unhulled rice, paddy rice, unhusked rice; (*Gastron*) ~ *in bianco* plain rice; (*Gastron*) ~ *pilaf* pilau rice, pilaf rice; (*Alim*) ~ *soffiato* puffed rice.

riso[2] (*pl.* **le rìsa**) *m.* **1** laughter, laugh: *un* ~ *soffocato* a stifled laugh; ~ *sgangherato* boisterous laughter. **2** (*fig*) (*aspetto gioioso*) splendour, (*Am*) splendor. □ ~ *a denti stretti* forced laugh; ~ *beffardo* sneer; ~ *canzonatorio* mocking laugh, teasing laugh; ~ *forzato* forced laugh; ~ *isterico* hysterical laughter; ~ *sardonico* sneer, sardonic laugh, sardonic grin; ~ *soffocato* stifled laughter. *Prov.: il* ~ *abbonda sulla bocca degli stolti* the fool laughs first; *il* ~ *fa buon sangue* laughter is the best medicine, laugh and grow fat.

riso[3] → **ridere**[1].

risolino *m.* (*risatina*) giggle, snigger, sneer.

risollevare (**risollèvo**) **I** *v.t.* **1** to raise again, to lift up again: ~ *un peso* to lift up a weight again. **2** (*fig*) (*rialzare*) to lift up, to pull up. **3** (*fig*) (*liberare*) to free, to set free, to liber-

ate: ~ *un popolo dalla miseria* to free a people from misery. **4** (*fig*) (*riproporre*) to raise again: ~ *una questione* to raise a question again. **5** (*rallegrare, ricreare*) to cheer up. **II** *v.pron.* **risollevarsi 1** to get up again. **2** (*fig*) to recover, to pick up again. □ ~ *il morale di qcu.* to cheer so. up.

risolto → **risolvere** *a.* **1** solved, resolved: *un problema* ~ a solved problem. **2** (*chiarito*) cleared up.

risolubile *a.* **1** solvable, resolvable. **2** (*Fis*) resoluble.

risolutamente *avv.* resolutely, decidedly.

risolutezza *f.* resoluteness, resolution, decisiveness.

risolutivo *a.* **1** resolving (*anche Fis*). **2** (*determinante*) decisive: *il momento* ~ the decisive moment, crucial moment. **3** (*Dir*) resolutory, resolutive.

risoluto → **risolvere** *a.* determined, resolute, resolved: *essere* ~ *a fare qcs.* to be resolved to do sth.; *un uomo* ~ a resolute man.

risolutore I *m.* (*f.* **-trice**) solver, resolver. **II** *a.* **1** solving. **2** (*determinante*) decisive.

risoluzione *f.* **1** (*soluzione*) solution, resolution: *la* ~ *di una questione complicata* the resolution of a complicated matter. **2** (*Pol*) resolution: *adottare una* ~ to adopt a resolution, to pass a resolution, to carry a resolution; *presentare una* ~ *all'assemblea* to put a resolution to the meeting. **3** (*Mat*) solution: *la* ~ *di un'equazione* the solution of an equation. **4** (*decisione*) decision, resolution: *prendere una* ~ *decisiva* to make a crucial decision; *le risoluzioni dell'assemblea* the resolutions of the assembly. **5** (*Med*) resolution. **6** (*Dir*) cancellation: ~ *di un contratto* cancellation of a contract. **7** (*Elettron,TV,Chim, Fis,Mus*) resolution. □ (*Pol*) *una* ~ *dell'ONU* a UN resolution; (*Inform*) ~ *di stampa* printer resolution; (*Elettron*) ~ *digitale* digital resolution.

risolvente I *a.* solving, resolving, resolvent: (*Fis*) *potere* ~ resolving power. **II** *m.* (*Farm*) resolvent.

risolvere (*pres.ind.* **risòlvo**; *p.rem.* **risòlsi/risolvéi/risolvètti**; *p.p.* **risòlto** /*rar* **risolùto**) **I** *v.t.* **1** to solve, to resolve, to work out: ~ *un indovinello* to solve a riddle, to work out a riddle. **2** (*Mat*) to solve: ~ *un'equazione* to solve an equation. **3** (*appianare*) to settle: ~ *una controversia* to settle a dispute. **4** (*decidere*) to resolve, to decide: *abbiamo risolto di firmare il contratto* we've decided to sign the contract. **5** (*Chim*) to resolve, to break down, to break up: ~ *un composto nei suoi elementi* to break a compound down into its elements. **6** (*Fis*) to resolve. **7** (*Dir*) to cancel, to annul. **II** *v.pron.* **risolversi 1** (*concludersi*) to end, to end up, to turn out: *tutto si è risolto in bene* everything turned out well. **2** (*decidersi*) to decide, to resolve, to make up one's mind: *mi sono risolto a farlo* I have decided to do it. **3** (*Med*) to clear up, to resolve: *il tuo raffreddore si risolverà presto* your cold will soon clear up. **4** (*rar*) (*dissolversi*) to dissolve, to melt, to turn into: *le nuvole si risolsero in pioggia* the clouds turned into rain. □ (*fig*) *risolversi in una bolla di sapone* (*o risolversi in nulla*) to come to nothing.

risolvibile *a.* solvable, resolvable.

risolvibilità *f.* solvability, resolvability.

risonante *a.* resonant (*anche Fis*).

risonanza *f.* **1** (*Fis*) resonance. **2** (*fig*) (*eco, interesse*) interest, stir: *il libro ha avuto vasta* ~ the book aroused a great deal of interest. □ (*Fis*) ~ *magnetica nucleare* nuclear magnetic resonance.

risonare *e der.* → **risuonare** *e der.*

risonatore m. (*Fis*) resonator.

risorgere (*pres.ind.* **risórgo, risórgi**; *p.rem.* **risórsi**; *p.p.* **risórto**; *aus.* **essere**) *v.i.* **1** to rise again: *il sole risorgerà presto* the sun will soon rise again. **2** (*Rel*) (*risuscitare*) to rise from the dead, to resurrect. **3** (*fig*) (*rifiorire, rinascere*) to resurge, to flourish again, to well up, to well up again, to revive, to return, to return anew, to be renewed: *risorse in lui tutto il coraggio che lo aveva abbandonato* the courage which had deserted him returned anew, all of the courage that had left him resurged in him anew. **4** (*fig*) (*essere riedificato*) to rise again: *la città risorse dalle sue rovine* the city rose again from its ruins. **5** (*fig*) (*ripresentarsi*) to arise again, to come back: *una difficoltà che risorge* a difficulty that arises again. □ ~ *dalle ceneri* to rise form one's ashes; (*fig*) ~ *dalle rovine* to rise from the ruins, to rise from the ashes; *far* ~ to revive.

risorgimentale a. (*Stor*) of the Risorgimento.

risorgimento m. (*lett*) revival, renewal, renaissance: *il* ~ *delle arti* the revival of the arts.

Risorgimento m. (*Stor*) Risorgimento.

risorgiva f. (*Geol*) resurgence.

risorgivo a. (*Geol*) resurgent.

risorsa f. resource: *le risorse dell'Africa sono immense* Africa's resources are immense; *aver esaurito le proprie risorse* to be at the end of one's resources; *una persona piena di risorse* resourceful person; *una persona priva di risorse* an unresourceful person. □ (*Agr*) *risorse agricole* agricultural resources; *risorse esauribili* depletable resources; *risorse idriche* water resources; *risorse marine* marine resources; *risorse petrolifere* oil resources; *risorse umane* human resources.

risorto → **risorgere** a. **1** (*Rel*) (*risuscitato*) risen, resurrected: *Cristo* ~ the risen Christ. **2** (*fig*) (*rifiorito*) revived; (*rinato*) risen again. **3** (*fig*) (*riedificato*) rebuilt, risen again.

risospingere (*pres.ind.* **risospìngo, risospìngi**; *p.rem.* **risospìnsi**; *p.p.* **risospìnto**) *v.t.* **1** to push again, to drive again. **2** (*sospingere indietro*) to push back, to drive back.

risotto m. (*Gastron*) risotto. □ (*Gastron*) *alla milanese* saffron risotto, risotto alla Milanese, Milanese risotto; (*Gastron*) ~ *alla parmigiana* rice tossed with fresh Parmesan; (*Gastron*) ~ *alla pescatora* risotto with mixed seafood; (*Gastron*) ~ *allo zafferano* saffron risotto, risotto alla Milanese, Milanese risotto; (*Gastron*) ~*all'onda* moist risotto.

risovvenirsi (*pres.ind.* **mi risovvèngo, ti risovvièni**; *p.rem.* **mi risovvénni**; *p.p.* **risovvenùto**) *v.pron.* (*lett*) to remember, to recollect, to recall (*di qcs.* sth.).

risparmiare (**rispàrmio, rispàrmi**) I *v.t.* **1** to save: ~ *le forze* to save one's strength; ~ *tempo e denaro* to save time and money. **2** (*amministrare con parsimonia*) to economize on, to save on, to be thrifty with, to be careful with: ~ *il gas* to economize on gas. **3** (*mettere da parte*) to save, to put aside: ~ *cinquanta euro ogni settimana* to save fifty euros a week. **4** (*per un determinato scopo*) to save up: ~ *denaro per comprare una motocicletta* to save up money to buy a motorcycle. **5** (*astenersi da, evitare*) to spare: *risparmiaci le tue lamentele* spare us your complaints; *non ha risparmiato fatiche* he spared no effort, he spared no pains. **6** (*aver riguardo, salvare*) to spare: *la morte non ri-* *sparmia nessuno* death spares no one. **II** *v.pron.* **risparmiarsi** (*aver riguardo di sé*) to spare oneself, to take care of oneself, not to overdo things. □ *risparmia il fiato!* save your breath!; ~ *a qcu. la fatica di fare qcs.* to save so. the trouble of doing sth.; *risparmiarsi la fatica di fare qcs.* to spare oneself the effort of doing sth.; ~ *la vita a qcu.* to spare so.'s life.

risparmiatore m. (*f.* **-trice**) **1** saver, thrifty person. **2** (*Econ*) saver: *piccolo* ~ small saver.

risparmio m. **1** (*il risparmiare*) saving (*di* of): *un* ~ *del 10%* a 10% saving. **2** (*Econ*) savings pl.: *libretto di* ~ savings book, (*Am*) passbook. **3** pl. savings: *con i suoi risparmi si è comprato una macchina* he bought a car with his savings. □ ~ *di energia* energy saving; ~ *di tempo* time-saving; ~ *energetico* energy saving; (*Econ*) ~ *forzato* forced saving; (*Econ*) ~ *gestito* asset management saving scheme; (*Econ*) ~ *postale* postal savings; (*fig*) *senza* ~ lavishly, profusely; *prodigarsi senza* ~ to spare no pains; *senza* ~ *di forze* sparing no effort.

rispecchiare (**rispècchio, rispècchi**) I *v.t.* to reflect, to mirror (*anche fig*): *le tue azioni rispecchiano il tuo carattere* your behaviour reflects your character. II *v.pron.* **rispecchiarsi 1** (*specchiarsi*) to be reflected, to be mirrored: *gli alberi si rispecchiavano nel fiume* the trees were reflected in the river. **2** (*specchiarsi di nuovo*) to look at oneself in the mirror again.

rispedire (**rispedìsco, rispedìsci**) *v.t.* **1** to send again. **2** (*spedire indietro*) to send back.

rispedizione f. (*lo spedire indietro*) sending back, return.

rispettabile a. **1** respectable. **2** (*considerevole*) considerable, notable: *una fortuna* ~ a considerable fortune.

rispettabilità f. respectability.

rispettare (**rispètto**) I *v.t.* **1** to respect: ~ *le persone anziane* to respect the elderly; ~ *le opinioni degli altri* to respect other people's opinions. **2** (*osservare*) to respect, to observe, to comply with, to abide by: *tutti i cittadini sono tenuti a* ~ *le leggi* all citizens must abide by the laws. **3** (*mantenere*) to keep: ~ *una promessa* to keep a promise. **4** (*non rovinare*) to take care of, to treat with care: ~ *i libri* to take care of books. **5** (*non travisare*) to keep to, to stick to: *i traduttori hanno rispettato il testo originale* the translators kept to the original text. II *v.pron.* **rispettarsi** (*avere rispetto per se stesso*) to have self-respect, to respect oneself. III *v.r.recipr.* **rispettarsi** to respect each other. □ *che si rispetti* self-respecting (*attr.*); *farsi* ~ to command respect; ~ *i termini* to meet the deadline; *un prodotto che rispetta l'ambiente* an environmentally friendly product, an environment-friendly product.

rispettato a. respected: *molto* ~ well-respected.

rispettivamente avv. respectively (*spesso si omette*): *hanno* ~ *sette e dieci anni* they are seven and ten years old respectively, he is seven and she is ten.

rispettivo a. respective, relative (*spesso si omette*): *le squadre erano precedute dai rispettivi capitani* the teams were preceded by their respective captains, each team was preceded by its captain.

rispetto m. **1** respect: *incutere* ~ to command respect; *esigere* ~ to demand respect; *portare* ~ *a qcu.* to respect so.; *pieno di* ~ respectful. **2** (*osservanza scrupolosa*) observance (*di* of), respect (for), compliance (with): *il* ~ *delle leggi* observance of the laws. **3** (*Mar*) (*riserva*) spare, spare part. **4** pl. (*saluti*) regards, (*lett*) respects. □ ~ *a*: 1 (*in relazione a*) with reference to, with respect to, with regard to, as regards, as to: ~ *alla Vostra richiesta* as regards your request; ~ *a ciò* in this respect, in this regard; 2 (*in confronto*) in comparison with, compared with; *avere* ~ *per qcu.* to respect so., to hold so. in respect; *con* ~ *parlando* if you don't mind my saying so, if you'll excuse my saying so, no disrespect, excuse the expression; *di tutto* ~ considerable; *per* ~ *di* out of respect for; ~ *per se stesso* self-respect; *senza* ~ disrespectful; *sotto ogni* ~ from every point of view, in all respects; *sotto questo* ~ from this point of view.

rispettosamente avv. respectfully.

rispettoso a. respectful: *essere* ~ *verso i genitori* to be respectful to one's parents, to show respect for one's parents; *essere* ~ *di qcs.* to observe sth., to respect sth. □ ~ *della legge* law-abiding, observant of the law, respectful of the law; *stare a rispettosa distanza* to keep at a safe distance.

rispiegare (**rispiègo, rispièghi**) *v.t.* **1** to unfold again. **2** (*fig*) (*chiarire meglio*) to explain (sth.) again, to explain (sth.) more thoroughly.

risplendente a. shining, resplendent, sparkling (*anche fig*): *gemme risplendenti* sparkling gems; *occhi risplendenti di felicità* eyes sparkling with glee.

risplendere (*pres.ind.* **risplèndo**; *p.rem.* **risplendéi/risplendètti**; *aus.* **essere** /**avere** *past participle and compound tenses rarely used*) *v.i.* **1** to shine, to glow: *le stelle risplendevano nel cielo* the stars shone in the sky. **2** (*luccicare*) to glitter. **3** (*fig*) to shine, to sparkle, to be glowing, to shine, to sparkle, to glow (*di* with): *gli occhi le risplendevano di felicità* her eyes sparkled with glee.

rispolverare (**rispólvero**) *v.t.* **1** to dust again. **2** (*fig*) (*risollevare*) to bring up again. **3** (*fig*) (*ripassare*) to brush up.

rispolverata f. **1** dusting. **2** (*ripassata*) brushup: *dare una* ~ *al proprio tedesco* to brush up one's German.

rispondente a. **1** corresponding (*a* to), in conformity (*a* with), in keeping (*a* with), in accordance (*a* with), answering (*a qcs.* sth.): ~ *alle prescrizioni* in accordance with the regulations. **2** (*adeguato*) adequate. □ *questo non è* ~ *al vero* this does not correspond to the facts, this is not true.

rispondenza f. correspondence, agreement, harmony, link: ~ *delle parole alle azioni* link between words and deeds.

rispondere (*pres.ind.* **rispóndo**; *p.rem.* **rispósi**; *p.p.* **rispósto**) I *v.i.* (*aus.* **avere**) **1** to answer (*a qcu.* so.), to reply (*a* to): ~ *a una lettera* to reply to a letter; *mi rispose con un sorriso* he answered me with a smile; *chiamai, ma nessuno ripose* I called out, but no one answered. **2** (*ricambiare*) to answer (*a qcu.* so.), to respond (*a* to): *ha risposto con sgarbo al mio invito* he answered my invitation rudely. **3** (*al telefono*) to answer: ~ *al telefono* to answer the telephone; *non risponde nessuno* there is no answer; *rispondo io!* I'll get it! **4** (*rimbeccare, replicare*) to retort (*a qcs.* sth.). **5** (*con arroganza*) to answer back (*a* to), to talk back (*a* to): *non* ~ *a tuo padre!* don't answer back to your father!, don't talk back to your father! **6** (*reagire*) to react (*a* to), to answer (*a qcs.* sth.): *rispose alla provocazione con uno schiaffo* he answered the provocation with a slap. **7** (*reagire: rif. a cose*) to respond: ~ *alla cura* to respond to treatment. **8** (*rendere conto, es-*

sere responsabile) to answer (*di* for), to be responsible (*di* for): ~ *di ciò che si fa* to be responsible for what one does; *la direzione non risponde degli oggetti non depositati* the management cannot be held responsible for items not put in safekeeping. **9** (*rif. a persone*) to vouch (*di* for), to be responsible (*di* for): *rispondo io di questa persona* I'll vouch for this person. **10** (*obbedire a uno stimolo, a un comando*) to respond (*a* to): *il fisico non risponde alle terapie* her body isn't responding to the treatment; *l'apparecchio non risponde più ai comandi* the plane no longer responds to the controls. **11** (*corrispondere*) to correspond (*a* to, with); (*essere corrispondente, conforme*) to answer (*a qcs.* sth.), to meet (*a qcs.* sth.), to come up (*a* to): *l'esito dell'impresa non risponde alle nostre speranze* the outcome of the venture does not come up to our expectations; *non ~ ai requisiti* not to meet requirements. **12** (*essere adatto*) to be suitable (*a* for). **13** (*aprirsi, dare*) to look out (*su* on), to give (*su* onto), to open (*su* onto): *questa finestra risponde sul giardino* this window opens onto the garden. **14** (*nei giochi di carte*) to follow suit: ~ *a fiori* to follow suit in clubs. **II** *v.t.* **1** to answer, to reply. **2** (*scrivere*) to write in reply: ~ *poche righe* to write a few lines in reply. ☐ (*Dir*) ~ *a un'accusa* to counter-charge; (*Dir*) ~ *a un'obiezione* to meet an objection; ~ *a sproposito* to give a reply that is off the point; ~ *a tono*: 1 (*a proposito*) to answer to the point; 2 (*per le rime*) to answer back, to give tit for tat; *le tue parole non rispondono a verità* what you say is not true, there is no truth in what you are saying; ~ *a voce* to answer verbally, to give a verbal answer; (*Mil*) ~ *al fuoco* to reply to the enemy's fire; (*Mil*) ~ *al fuoco di qcu.* to return so.'s fire; ~ *al nome di* to answer to the name of, to be called; ~ *al saluto di qcu.* to answer so.'s greeting, to return so.'s greeting; (*Mar*) *non ~ al timone* to fall off; ~ *allo sguardo di qcu.* to meet so.'s gaze, to meet so.'s eyes; (*Scol*) ~ *bene* to give a good answer, to give the right answer; ~ *di qcs. con la propria testa* to stake one's life on sth.; ~ *di un danno* to be liable for damages, (*risarcirlo*) to pay damages; ~ *di no* to say no; ~ *di sì* to say yes, to agree; ~ *male a qcu.*: 1 (*sbagliare risposta*) to answer incorrectly, to give a wrong answer; 2 (*essere scortese*) to give a rude answer, (*colloq*) to answer back; ~ *per iscritto* to answer in writing; (*fig*) ~ *per le rime a qcu.* to give so. a sharp answer, (*colloq*) to give so. tit for tat; (*fig*) ~ *picche* to refuse flatly, to give a flat refusal; ~ *picche a qcu.* to turn so. down flatly; (*fig*) ~ *telegraficamente* to answer briefly.

risponditore *m.* (*Tel*) answerer. ☐ (*Tel*) ~ *automatico* automatic messaging system.

risposare (**rispòso**) **I** *v.t.* to marry again, to remarry. **II** *v.pron.* **risposarsi** to get married again, to remarry.

risposta *f.* **1** answer, reply, response: *ascoltò in silenzio la mia* ~ he listened to my answer in silence; *una ~ secca* a blunt reply; *una ~ sgarbata* a rude answer; ~ *sincera* honest answer. **2** (*scritto*) reply: *ho letto la tua* ~ I read your reply. **3** (*reazione*) response, reaction (*anche Med*). **4** (*Scol,Univ*) (*soluzione*) answer. ☐ (*Inform*) ~ *automatica* auto-answering; (*Mil*) ~ *controllata* controlled response; *dare ~ a qcs.* to reply to sth., to answer sth.; (*Pol*) ~ *flessibile* flexible response; (*Med*) ~ *immunitaria* immune response; *in ~ a qcs.* in reply to sth., in answer to sth.; (*Comm*) *in ~ alla Vostra lettera* in re-

ply to your letter; (*Acus*) ~ *in frequenza* frequency response; (*Post*) ~ *pagata* prepaid answer, (*estens*) stamped-addressed envelope; *per tutta* ~ only answer, as an answer: *per tutta ~ si alzò e uscì* her only answer was to get up and go out; *avere sempre la ~ pronta* to always have a pat answer, to always have an answer ready; *senza* ~: 1 unanswered, without an answer, without a reply: *restare ~ risposta* to get no answer; 2 (*a cui non si può dare risposta*) unanswerable; 3 (*Post*) unanswered.

rispuntare (**rispùnto**; *aus.* **essere**) *v.i.* **1** to rise again, to come up again, to come out again, to reappear: *tra le nubi rispuntò il sole* the sun reappeared through the clouds. **2** (*rif. a persona: ricomparire*) to reappear, (*colloq*) to turn up again, to show up again.

rissa *f.* **1** brawl, fight: *si è cacciato in una ~* he got into a brawl; *cercare la ~* to pick a fight; *è scoppiata una ~* a brawl broke out. **2** (*fig,lett*) dispute, controversy, argument. ☐ *fare una ~ con qcu.* to get into a fight with so.

rissare (**rìsso**; *aus.* **avere**) *v.i.* (*lett*) to brawl, to fight, to quarrel.

rissosità *f.* quarrelsomeness.

rissoso *a.* quarrelsome.

rist. (*Edit*) *ristampa* repr. (reprint).

ristabilimento *m.* **1** restoration, re-establishment: *il ~ della monarchia* the restoration of the monarchy. **2** (*il ristabilirsi in salute*) recovery.

ristabilire (**ristabilìsco, ristabilìsci**) **I** *v.t.* **1** to re-establish, to restore: ~ *l'ordine* to re-establish order, to restore order. **2** (*rif. alla salute*) to restore. **II** *v.pron.* **ristabilirsi** **1** to recover: *ristabilirsi da una lunga malattia* to recover from a long illness. **2** (*rif. al tempo*) to clear up. ☐ (*Pol*) ~ *le relazioni diplomatiche* to resume diplomatic relations, to re-establish diplomatic relations; ~ *l'equilibrio*: 1 to restore balance; 2 (*fig*) to redress the balance.

ristabilito *a.* recovered.

ristagnante *a.* **1** (*rif. ad aria*) stale, stagnant. **2** (*rif. ad acqua*) stagnant.

ristagnare[1] (**ristàgno**) **I** *v.i.* (*aus.* **avere**) **1** to stagnate, to cease to flow. **2** (*fig*) to stagnate, to become stagnant, to become slack, to become sluggish. **3** (*Econ*) to stagnate, to come to a standstill, to be at a standstill, to be slack: *gli affari ristagnano* business is slack. **II** *v.pron.* **ristagnarsi** (*ant*) to cease to flow, to stagnate.

ristagnare[2] (**ristàgno**) *v.t.* (*Tecn*) (*ricoprire di stagno*) to tin again, to solder again.

ristagnatura *f.* (*Tecn*) new tin-plating, retinning.

ristagno *m.* **1** stagnation. **2** (*Med*) stagnation, stasis. **3** (*fig*) stagnation, slackness: ~ *economico* economic stagnation. ☐ (*fig*) ~ *culturale* cultural backwater; (*Idr*) ~ *di acqua* backwater; (*Comm*) ~ *nelle vendite* slump in sales.

ristampa *f.* (*Tip*) **1** (*operazione*) reprint, re-printing, new impression. **2** (*opera ristampata*) reprint. ☐ (*Edit*) *il libro è in ~* the book is being reprinted.

ristampabile *a.* reprintable.

ristampare (**ristàmpo**) *v.t.* to reprint.

ristare (*pres.ind.* **ristò, ristài, ristà**; *p.rem.* **ristètti**; *p.p.* **ristàto**; *aus.* **essere**) *v.i.* (*lett*) **1** (*cessare di muoversi*) to stop, to cease. **2** (*fig*) (*cessare*) to stop, to desist.

ristorante *m.* restaurant: *gestire un ~* to manage a restaurant, to keep a restaurant. ☐ ~ *a tema* theme restaurant.

ristorare (**ristòro**) **I** *v.t.* **1** to restore, to re-

fresh. **2** (*fig*) to refresh, to revive, to restore: ~ *lo spirito* to restore the spirit. **II** *v.pron.* **ristorarsi** to refresh oneself, to perk up: *ristorarsi con un buon pranzo* to perk up with a good meal.

ristorativo **I** *a.* (*rar,lett*) refreshing, restorative. **II** *m.* (*rar,lett*) refreshment.

ristoratore **I** *m.* (*f.* **-trice**) restaurateur, restaurant owner, restaurant manager. **II** *a.* refreshing: *sonno ~* refreshing sleep.

ristorazione *f.* catering industry.

ristoro *m.* **1** relief, comfort, rest: *cercare ~ nel sonno* (o *trovare ~ nel sonno*) to take comfort from sleep, to console oneself in sleep. **2** (*rifocillamento*) refreshment: *dare ~ to* refresh. ☐ *posto di ~* (o *punto di ~*): 1 refreshment facility; 2 (*estens*) (*bar*) café, bar; (*lungo strada di campagna*) roadhouse.

ristrettezza *f.* **1** (*strettezza*) narrowness. **2** (*fig*) (*scarsezza*) scarcity, lack, shortage, want: ~ *di tempo* lack of time; ~ *di mezzi* lack of means. **3** (*fig*) (*meschinità*) meanness. **4** *pl.* (*condizioni economiche disagiate*) straitened circumstances, straits, financial straits. ☐ ~ *di idee* narrow-mindedness; *ristrettezze economiche* lack of funds; *vivere in ristrettezze* to live in poverty.

ristretto → **restringere** *a.* **1** (*angusto*) narrow, tight: *siamo in troppi in uno spazio così ~* there are too many of us for such a tight space. **2** (*racchiuso*) shut in, hemmed in, trapped, enclosed: *un paese ~ tra i monti* a village hemmed in by the mountains. **3** (*limitato*) restricted, confined, limited: *l'uso di questa parola è ~ al linguaggio tecnico* the use of this word is restricted to technical terminology. **4** (*scarso*) small, little, scanty: *un ~ numero di amici* a small number of friends; *tempo ~* little time. **5** (*fig*) (*meschino*) mean, petty, narrow-minded: *essere ~ di mente* to be narrow-minded. **6** (*Gastron*) (*concentrato*) concentrated, condensed, thick: *una salsa ristretta* a thick sauce. **7** (*rif. al caffè*) extra strong: *caffè ~* extra strong coffee. **8** (*rif. a prezzi*) lowest, (*colloq*) rock-bottom.

ristrutturabile *a.* (*Edil*) that can be renovated (*posposto*).

ristrutturante *a.* (*Cosmet*) restructuring.

ristrutturare (**ristruttùro**) *v.t.* **1** (*riorganizzare*) to restructure, to reorganize. **2** (*Edil*) to renovate, to refurbish, to do up: ~ *un appartamento* to renovate a flat.

ristrutturazione *f.* **1** restructuring, reorganization: ~ *industriale* industrial restructuring. **2** (*Edil*) renovation: *lavori di ~* renovations, renovation work. ☐ (*Edil*) *essere in ~* to be under repair, to be renovated.

ristuccare (**ristùcco, ristùcchi**) *v.t.* **1** to re-plaster. **2** (*fig*) (*saziare fino alla nausea*) to cloy, to nauseate.

ristuccatura *f.* (*Edil*) replastering.

ristudiare (**ristùdio, ristùdi**) *v.t.* to study again (*anche estens*).

risucchiare (**risùcchio, risùcchi**) *v.t.* to suck up, swallow up: *la barca fu risucchiata dai gorghi* the boat was swallowed up by the whirlpools.

risucchiato *a.* **1** sucked up, swallowed up. **2** (*fig*) sucked: *essere ~ in qcs.* to get sucked into sth.

risucchio *m.* **1** suck, suction. **2** (*vortice*) eddy, whirlpool.

risulta ☐ (*Tecn*) *materiali di ~* debris.

risultante **I** *a.* resulting, resultant: *l'effetto ~* the resulting effect. **II** *f./m.* (*Fis,Mat*) resultant.

risultanza *f.* (*burocr*) (*risultato*) result, outcome.

risultare (**risùlto**; *aus.* **essere**) *v.i.* **1** to result, to ensue, to come: *dalle guerre risulta-no danni per tutta l'umanità* great harm to all mankind comes of (*o* from) war. **2** (*dimo-strarsi, rivelarsi*) to be, to prove, to prove to be, to turn out, to turn out to be: *i nostri ten-tativi sono risultati inutili* our attempts were in vain; ~ *falso* to turn out to be false. **3** (*es-sere noto*) to be known, to appear: *sul suo conto non risulta nulla di male* nothing is known against him, he doesn't have a (bad) record. **4** (*con costruzione impersonale*) to understand (*costr.pers.*), to hear (*costr.pers.*): *mi risulta che vi siete visti ieri* I understand you saw each other yesterday. **5** (*essere ac-certato*) to be clear, to emerge: *dall'esame risultò che si trattava di una malattia infet-tiva* from the examination it was clear that it was an infectious disease. **6** (*riuscire*) to be, to come out: *è risultato vincitore* he was the winner. □ *ne risulta che* it follows that; *non mi risulta* not as far as I know; *per quanto mi risulta* as far as I know.

risultato *m.* **1** result (*anche Mat*): *il ~ di un'indagine* the result of an enquiry. **2** (*Sport*) (*punteggio*) score: *ottenere un buon ~* to score well. □ *avere come ~ qcs.* (o *avere per ~ qcs.*) to result in sth.; *con il ~ che* with the result that; (*Inform*) *di stampa* out-put, printout; *risultati elettorali* election re-sults, election returns; ~ *finale*: **1** final re-sult; **2** (*Sport*) final score; *risultati garantiti* (*di terapia, di cura ecc.*) guaranteed results; *senza ~*: **1** without any result; **2** (*senza suc-cesso*) unsuccessful, fruitless.

risuolare (**risuòlo**) *v.t.* (*Calz*) to sole, to re-sole: *fare ~ le suole alle scarpe* to have one's shoes resoled.

risuolatura *f.* (*Calz*) **1** (*atto*) resoling. **2** (*ef-fetto*) sole, new sole.

risuonare (**risuòno**) **I** *v.i.* (*aus.* **avere/esse-re**) **1** (*suonare di nuovo: rif. a strumenti mu-sicali*) to play again. **2** (*rif. a campanelli e sim.*) to ring again. **3** (*riecheggiare*) to re-echo, to resound, to ring out, to reverber-ate: *la sua voce risuonava nella stanza* her voice re-echoed through the room; *la sala risuonò di applausi* the hall reverberated with applause; *il giardino risuona dei gri-da dei fanciulli* the garden resounds with the children's cries. **4** (*fig*) (*rif. a ricordi, pensie-ri e sim.*) to ring, to resound, to re-echo: *mi risuonavano nella mente le sue parole* his words rang in my memory. **5** (*Fis*) to reso-nate, to be resonant. **II** *v.t.* **1** (*suonare di nuo-vo: rif. a strumenti musicali*) to play again. **2** (*rif. a campanelli e sim.*) to ring again.

risurrezione *f.* **1** (*Rel*) resurrection, raising from the dead. **2** (*Bibl*) (*di Cristo*) Resurrec-tion (of Christ). **3** (*fig*) (*rifioritura*) revival. □ (*Bibl*) *la ~ dai morti* the raising from the dead; (*Bibl*) *la ~ della carne* the resurrection of the flesh, the resurrection of the body.

risuscitare (**risùscito**) **I** *v.t.* **1** (*Rel*) to raise from the dead, to resurrect. **2** (*fig*) to revive, to put new life into, to put fresh heart into, to give a boast to: *questa notizia lo risuscitò* this news put fresh heart into him; ~ *antichi odi* to revive old hatreds; ~ *un uso* to revive a custom. **II** *v.i.* (*aus.* **essere**) **1** (*Rel*) to rise from the dead, to resurrect. **2** (*fig*) to revive, to come back to life. □ *questo whisky farebbe ~ un morto* this whisky would bring a dead man back to life.

risuscitato *a.* resurrected, raised from the dead: *Cristo ~* Christ Resurrected.

risvegliare (**risvéglio, risvégli**) **I** *v.t.* **1** (*svegliare di nuovo*) to wake so. again, to wake so. up again. **2** (*svegliare*) to wake, to wake up, to awake, to rouse. **3** (*fig*) (*scuotere*

dal torpore) to awaken, to arouse: ~ *la co-scienza sopita* to arouse a dormant con-science. **4** (*fig*) (*stimolare di nuovo*) to arouse again, to stir up again, to whet: ~ *l'appetito* to whet the appetite. **5** (*fig*) (*rif. a sentimenti e sim.*) to awaken, to re-awaken, to rekindle, to arouse, to revive: ~ *vecchi ricordi* to re-vive old memories. **II** *v.pron.* **risvegliarsi 1** (*svegliarsi di nuovo*) to wake up again. **2** (*svegliarsi*) to wake up, to awake, to rise. **3** (*riprendere conoscenza*) to regain con-sciousness, to come to life. **4** (*fig*) to be re-kindled, to be aroused again: *la sua gelosia si risvegliò* her jealousy was aroused again.

risveglio *m.* **1** waking up, awaking, awak-ening, rising: *brusco ~* rude awakening; *al suo ~ trovò che tutto era già pronto* upon waking up he found everything ready. **2** (*fig*) reawakening, awakening, arousing: *il ~ del-la coscienza* the reawakening of conscience. **3** (*fig*) (*rifioritura*) revival: ~ *delle arti* reviv-al of the arts.

risvolto *m.* **1** (*Sart*) lapel; (*di manica*) cuff; (*dei pantaloni*) turn-up, (*Am*) cuff; (*di una tasca*) flap: *i risvolti della giacca* jacket la-pels. **2** (*fig*) (*aspetto secondario*) implica-tion: *i risvolti politici di una situazione* the political implications of a situation. **3** (*Legat*) flap.

ritagliare (**ritàglio, ritàgli**) **I** *v.t.* **1** (*tagliare tutt'intorno*) to cut out, to clip out: ~ *un ar-ticolo* to cut out an article. **2** (*tagliare di nuo-vo*) to cut again, to clip again. **II** *v.pron.* **rita-gliarsi** to carve out: *ritagliarsi un po' di spa-zio per sé* to find one's own space, to carve out a niche for oneself.

ritaglio *m.* **1** cutting, clipping: ~ *di giornale* newspaper cutting, press clipping. **2** *pl.* (*avanzi*) scraps; (*rif. a stoffe*) remnants. □ *nei ritagli di tempo* in one's spare time, in one's free moments.

ritardabile *a.* that can be delayed (*posposto*), that can be deferred (*posposto*).

ritardando *m.inv.* (*Mus*) ritardando.

ritardante *a.* **1** delaying, retarding. **2** (*Chim*) retardant: *agente ~* retardant agent; retard-ant.

ritardare (**ritàrdo**) **I** *v.i.* (*aus.* avere) **1** (*tar-dare*) to take a long time, to be late: ~ *a ri-spondere* to be late in answering. **2** (*tardare ad arrivare*) to be late, to be overdue, to lag behind: *il treno ritarda di un'ora* the train is an hour late, the train is an hour overdue. **3** (*rif. a orologio*) to be slow: *il tuo orologio ritarda di cinque minuti* your watch is five minutes slow. **II** *v.t.* **1** to delay: *lo sciopero ha ritardato il lavoro* the strike delayed the work. **2** (*rallentare*) to slow, to slow down, to slacken. **3** (*differire*) to postpone, to delay, to put off, to defer: *abbiamo ritardato la partenza* we have postponed our departure. □ *fare ~ qcu.* to hold so. up, to delay so.

ritardatario *m.* **1** (*f.* **-a**) (*chi arriva in ritar-do*) latecomer. **2** (*f.* **-a**) (*chi indugia*) default-er. **3** (*numero che non esce da molto tempo nelle estrazioni del lotto*) cold number, long-overdue number.

ritardato I *a.* **1** delayed, overdue. **2** (*rallen-tato*) slowed, slowed down, sluggish. **3** (*Psic*) retarded, (*Am*) retardated. **II** *m.* (*f.* **-a**) (*Psic*) retardate, retarded person. □ (*Psic*) ~ *mentale* mentally retarded.

ritardatore I *a.* **1** delaying. **2** (*Chim, Fis*) re-tardant. **II** *m.* (*Chim, Fis*) retarder, retardant.

ritardo I *m.* **1** delay, lateness: *pagare con una settimana di ~* to pay after a week's de-lay, to pay a week late; *il ~ della posta* the mail delay, lateness in mail delivery; *scusate il ~* sorry I'm late. **2** (*Mus,Psic*) retardation.

II *a.inv.* (*Farm*) time-release (*attr.*), slow-re-leasing. □ (*Sociol*) ~ *culturale* cultural lag; (*Mot*) ~ *di accensione* hangfire, ignition lag, ignition delay; (*El*) ~ *di fase* phase lag, phase delay, phase retardation; *in* ~: **1** late, over-due: *essere in* ~ to be late; *il treno è in* ~ *di tre ore* the train is three hours late; **2** (*rispetto a un programma*) behind schedule, lagging behind: *essere in* ~ *sull'orario* to be behind time, to be behind schedule; (*Med*) ~ *mentale* mental retardation; (*Med*) ~ *mestruale* late menstrual period; (*Comm*) ~ *nel pagamento* delay in payment; (*Comm*) ~ *nella consegna* delay in delivery.

ritegno *m.* **1** (*freno*) restraint: *la sua passio-ne non conosce alcun* ~ his passion knows no restraint. **2** (*moderazione*) moderation, control: *spendere con* ~ to spend with mod-eration. **3** (*Mecc*) stop, check. □ *avere* ~ to be reserved; *non avere* ~ to be shameless; *senza* ~ without restraint.

ritelefonare (**ritelèfono**; *aus.* **avere**) *v.i.* **1** (*telefonare di nuovo*) to phone again (*a qcu.* so.), to call again (*a qcu.* so.), to ring again (*a qcu.* so.). **2** (*richiamare*) to call back, to phone back, to ring back.

ritemprare (**ritèmpro**) **I** *v.t.* **1** (*Met*) to tem-per again, retemper. **2** (*fig*) (*rinforzare, rin-francare*) to strengthen, to fortify, to restore. **II** *v.pron.* **ritemprarsi** to fortify oneself, to gain new strength, to be restored.

ritenere (*pres.ind.* **ritèngo, ritièni**; *p.rem.* **ri-ténni**; *p.p.* **ritenùto**) **I** *v.t.* **1** (*giudicare, stima-re*) to think, to consider, to believe: *lo riten-gono una persona onesta* they consider him an honest person; *ritengo di avere sbagliato* I believe I was wrong. **2** (*ricordare*) to re-member: *non riesco a ~ le date* I can't re-member dates. **3** (*trattenere, fermare*) to hold back, to keep back, to restrain, to check. **4** (*non consegnare*) to keep back, to with-hold. **5** (*Med*) to retain. **II** *v.pron.* **ritenersi** to think, to think oneself, to believe, to believe oneself, to consider, to consider oneself: *si ritiene un genio* he thinks he's a genius. □ *si ritiene che viva all'estero* he is believed to live abroad.

ritentare (**ritènto**) *v.t.* **1** to try again, to reat-tempt. **2** (*indurre nuovamente in tentazione*) to tempt again.

ritenuta *f.* **1** deduction, (*Br*) stoppage: *fare una ~ sul salario* to make a deduction from wages, to be taxed at source. **2** (*Mar*) guy. □ (*Comm*) ~ *alla fonte* (o ~ *d'acconto*) with-holding tax, tax at source, PAYE (pay as you earn).

ritenuto → **ritenere.**

ritenzione *f.* (*Med,Dir,Psic*) retention. □ (*Med*) ~ *idrica* water retention; (*Med*) ~ *uri-naria* urine retention.

ritidectomia *f.* (*Chir*) rhytidectomy.

ritingere (*pres.ind.* **ritìngo, ritìngi**; *p.rem.* **ritìnsi**; *p.p.* **ritìnto**) *v.t.* to dye, to dye again, to redye: ~ *un vestito in* (o *di*) *rosso* to dye a dress red.

ritinto → **ritingere** *a.* **1** dyed, dyed again, redyed. **2** (*fig,spreg*) (*malamente truccato*) painted, painted up: *una vecchia tinta e ri-tinta* an old woman painted up to the eye-balls.

ritirare (**ritìro**) **I** *v.t.* **1** (*tirare di nuovo*) to pull again. **2** (*lanciare di nuovo*) to throw again. **3** (*tirare indietro, ritrarre*) to with-draw, to pull back, to draw back: *mi ha dato la mano ma l'ha ritirata subito* he gave me his hand but drew it back at once; *la lumaca ritira le corna* the snail withdraws its horns. **4** (*far tornare indietro*) to withdraw, to re-call: ~ *le truppe* to withdraw the troops. **5**

(*richiamare*) to recall, to call back: *lo stato ritirò i suoi rappresentanti* the country recalled its representatives. **6** (*togliere*) to take away, to confiscate, to withdraw, to revoke: ~ *la patente a qcu.* to withdraw so.'s driving-licence, to revoke so.'s driving licence. **7** (*togliere dalla circolazione*) to withdraw (from circulation), to call in: *la banca ha ritirato le vecchie banconote* the bank has called in the old notes; ~ *un prodotto dal mercato* to withdraw a product. **8** (*farsi consegnare*) to collect, (*colloq*) to pick up: *il pacco potrà essere ritirato alla posta* the parcel may be collected at the post office. **9** (*rif. a denaro: prelevare*) to draw, to draw out, to take out, to withdraw: ~ *una somma in banca* to draw a sum from the bank. **10** (*fig*) (*ritrattare*) to withdraw, to take back: ~ *le dimissioni* to withdraw one's resignation; *ritira quello che hai detto!* take back what you said! **11** (*rimuovere tirando*) to draw in, to pull in: ~ *le reti* to draw in the nets, to draw up the nets. **II** *v.pron.* **ritirarsi 1** to draw back, to move back, to retreat: *si ritirò prontamente per non essere investito* he drew back quickly to avoid being hit, he stepped back quickly to avoid being hit. **2** (*ripiegare: rif. a truppe e sim.*) to retreat, to fall back, to withdraw: *i soldati si ritirarono sulla collina* the soldiers retreated to the hill. **3** (*sgombrare*) to move out, to evacuate. **4** (*appartarsi*) to retire, to withdraw: *ritirarsi a vita privata* to retire to private life; *ritirarsi in camera propria* to withdraw to one's room, to retire to one's room. **5** (*tornare a casa*) to go home. **6** (*andare a letto*) to go to bed. **7** (*interrompere un'attività*) to retire (*da* from), to give up (sth.): *ritirarsi dal commercio* to retire from business. **8** (*dando le dimissioni*) to resign (*da* from). **9** (*Scol,Univ*) to drop out. **10** (*rinunciare a una gara*) to withdraw (*da* from), to give up: *ritirarsi da un concorso* to withdraw from a contest. **11** (*disdire la parola data*) to retract (*da qcs.* sth.), to go back (*da* on). **12** (*disdire il proprio impegno*) to withdraw (*da* from). **13** (*accorciarsi, restringersi*) to shrink: *la stoffa non si è ritirata* the material didn't shrink. **14** (*defluire*) to subside, to recede: *le acque si ritirano lentamente dalle campagne* the water is slowly receding from the fields. **15** (*rif. alla marea*) to ebb. □ *ritirarsi dagli affari* to retire from business; *ritirarsi dal commercio* to retire from business; *ritirarsi dal mondo* to withdraw from the world, to retreat from the world; ~ *dalla circolazione* to withdraw from circulation; *il libro è stato ritirato dalla circolazione* the book has been withdrawn from circulation; *ritirarsi dalla politica* to retire from politics; (*fig*) *ritirarsi dalle scene* to retire from the stage; ~ *la propria candidatura* to withdraw one's candidature; ~ *la parola data* to go back on one's word.

ritirata *f.* **1** retreat, withdrawal. **2** (*Mil*) retreat, withdrawal. **3** (*Mil*) (*rientro in caserma: segnale*) tattoo: *suonare la ~* to sound the tattoo, to beat the tattoo. **4** (*ant*) (*latrina*) lavatory, toilet. □ (*Mil*) ~ *strategica* strategic retreat, strategic withdrawal.

ritirato *a.* (*appartato*) secluded, retired: *far vita ritirata* to lead a secluded life, to lead a life of seclusion.

ritiro *m.* **1** (*il ritirare*) withdrawal; (*il ritirarsi*) retreat, withdrawal, retirement. **2** (*richiamo*) recall, withdrawal: ~ *dell'ambasciatore* the ambassador's recall. **3** (*revoca*) taking away, revocation, suspension: ~ *del passaporto* taking away of a passport. **4** (*il togliere dalla circolazione*) withdrawal (from

circulation): ~ *di carta moneta* withdrawal of paper money (from circulation). **5** (*il prendere, il farsi consegnare*) collection, collecting: ~ *dei biglietti* the collection of tickets. **6** (*rinuncia*) withdrawal: ~ *da un concorso* withdrawal from a competition. **7** (*Scol,Univ*) withdrawal, dropping out. **8** (*il ritirarsi*) retirement: *il ~ dalla scena politica* retirement from political life. **9** (*il ritirarsi in un luogo appartato*) withdrawal, retiring, retreat. **10** (*luogo appartato*) retreat, secluded spot. **11** (*Rel*) retreat: *andare in ~* to go to a retreat; ~ *spirituale* spiritual retreat. **12** (*condizione di chi vive ritirato*) seclusion, retirement: *vivere in ~* to live in seclusion. **13** (*rif. a tessuto*) shrinkage. **14** (*Met*) shrink, shrinkage, contraction. **15** (*Sport*) (*per prepararsi*) training camp. □ ~ *bagagli* luggage claim, (*Am*) baggage claim; (*Aut*) ~ *della patente* (*di guida*) suspension of a driving licence, withdrawing of a driver's licence.

ritmare (**rìtmo**) *v.t.* to beat out the rhythm of, to mark the rhythm of, to measure the rhythm of: ~ *una canzone* to beat out the rhythm of a song.

ritmato *a.* rhythmic, measured, regular: *movimento* ~ measured movement.

ritmica *f.* **1** (*Mus*) rhythmics (*costr.sing.*). **2** (*Metr*) metrics (*costr.sing. o pl.*).

ritmicamente *avv.* rhythmically.

ritmicità *f.* rhythmicity.

ritmico (*pl.* **-ci**) *a.* (*Mus,Metr*) rhythmic, rhythmical (*anche fig*): *cadenza ritmica* rhythmic cadence.

ritmo *m.* **1** rhythm: *il valzer ha un ~ ternario* the waltz has a ternary rhythm. **2** (*fig*) rate, pace: *il ~ dello sviluppo industriale* the pace of industrial development; *il ~ di un racconto* the pace of a story; ~ *di crescita* growth rate. □ *a ~ di* to the rhythm of; *a ~ di samba* to the rhythm of a samba; *al ~ di due al giorno* at the rate of two a day; ~ *biologico* biological rhythm, biorhythm; (*Med*) ~ *cardiaco* heart rhythm, heartbeat; *muoversi a ~ di danza* to move in dance rhythm; ~ *di lavoro* work pace, work tempo; *avere il ~ nel sangue* to have a natural sense of rhythm; (*Med*) ~ *sinusale* sinus rhythm; (*Mus,Metr*) ~ *sostenuto* swing.

ritmologia *f.* rhythmics (*costr.sing.*).

ritmomelodico (*pl.* **-ci**) *a.* (*Mus*) rhythmic and melodic, rhythmic-melodic.

rito *m.* **1** rite, ceremony: ~ *nuziale* nuptial rite, wedding ceremony; ~ *funebre* funeral rite. **2** (*Rel*) (*liturgia*) rite, Rite: ~ *romano* Roman rite; ~ *ambrosiano* Ambrosian rite; ~ *della messa* rite of the Mass. **3** (*fig*) (*usanza*) custom, usage, rite, ritual: *in Inghilterra il tè del pomeriggio è un ~* afternoon tea is a ritual in England. □ (*Dir*) ~ *abbreviato* summary procedure; *sposarsi secondo il ~ civile* to have a civil wedding, not to have a church wedding; *i documenti di ~* the usual documents; (*Etnol*) ~ *di iniziazione* initiation rite; (*Etnol*) ~ *di passaggio* rite of passage; (*Etnol*) ~ *espiatorio* sacrificial rite; (*Etnol*) ~ *iniziatico* initiation rite; *sposarsi secondo il ~ religioso* to be married in church, to have a church wedding.

ritoccare (**ritócco, ritócchi**) *v.t.* **1** to touch up, to retouch, to revise: ~ *una poesia* to revise a poem. **2** (*Art,Fot,Cosmet*) to touch up, to retouch: ~ *il trucco* to touch up one's make-up, to freshen up one's make-up. **3** (*fig*) (*aumentare*) to readjust, to revise: ~ *i prezzi* to revise prices.

ritoccata *f.* **1** (*Art,Fot,Cosmet*) (*atto*) retouching, touching up: *darsi una ~ al trucco* to

touch up one's make-up. **2** (*Art,Fot,Cosmet*) (*effetto*) touch up, retouch. **3** (*fig*) (*aumento*) readjustment, revision: *dare una ~ ai prezzi* to revise prices.

ritoccatore *m.* (*f.* **-trice**) (*Fot*) retoucher.

ritocco (*pl.* **-chi**) *m.* **1** touch up, finishing touch, retouch, correction, revision: *il libro fu pubblicato con qualche piccolo ~* the book was published with a few slight revisions; *dare gli ultimi ritocchi a qcs.* to give sth. the finishing touches. **2** (*Fot*) retouching. **3** (*fig*) (*aumento*) readjustment, revision. □ (*Fot*) ~ *fotografico* retouching.

ritorcere (*pres.ind.* **ritòrco, ritòrci**; *p.rem.* **ritòrsi**; *p.p.* **ritòrto**) **I** *v.t.* **1** to twist again, to wring again, to retwist. **2** (*rif. a panni lavati*) to wring out again. **3** (*rif. al filo*) to twist, to twine. **4** (*fig*) (*rivolgere contro*) to turn against, to throw back: ~ *un argomento contro qcu.* to turn an argument against so. **5** (*Tess*) to twist, to twine. **II** *v.pron.* **ritorcersi 1** to be twisted, to become twisted, to get twisted. **2** (*fig*) to retort (*contro* on), to backfire (*contro* on), to be turned (*contro* against): *tutte le tue accuse si ritorcono contro di te* all your accusations are backfiring on you.

ritorcitura *f.* (*Tess*) twisting.

ritornare (**ritórno**) **I** *v.i.* (*aus.* **essere**) **1** (*tornare*) to return, to go back, to come back: ~ *in patria* to return to one's country; ~ *a casa* to return home, to go home. **2** (*ritornare a una condizione precedente*) to return, to get back: ~ *alla normalità* to return to normality, to get back to normal. **3** (*fig*) (*riprendere*) to return, to go back (*su* to): ~ *su un argomento* to go back to a subject. **4** (*ripresentarsi*) to recur, to be repeated, to be common: *un motivo che ritorna spesso nell'arte bizantina* a motif that frequently recurs in Byzantine art. **5** (*ridiventare*) to become again, to be again, to return: *il cielo ritorna sereno* the sky is clear again, the sky has become clear again; *queste scarpe sono ritornate nuove* these shoes are like new again, these shoes are as good as new. **II** *v.t.* (*region*) (*restituire*) to give back, to return: *ti ritorno il libro che mi hai prestato* I am giving you back the book you lent me. □ ~ *a lavorare* to start work again; ~ *a piedi* to walk back; ~ *di moda* to come back into fashion; ~ *in bicicletta* to ride back; ~ *in macchina* to drive back; ~ *in mente* to come to mind again; ~ *in sé* to come to; *ritornarsene* to return, to go back; ~ *sui propri passi* to double back; **2** (*fig*) to back-pedal, to backtrack.

ritornello *m.* **1** (*Mus,Metr,Lett*) refrain, chorus. **2** (*fig*) story, song and dance: *e dagli con il solito ~* it's always the same old story.

ritorno *m.* **1** return: *il ~ della primavera* the return of spring; *il ~ in città* the return to town; ~ *alla normalità* return to normal; *il ~ della moda anni '70* the return of 70s fashions. **2** (*viaggio di ritorno*) return trip, return journey, trip back, way back: *al ~* on the return trip. **3** (*rif. ad artista, politico*) comeback: *il ~ di uno scrittore dopo dieci anni* a writer's comeback after ten years. **4** (*Econ*) (*rendimento*) yield. **5** (*Mecc*) (*di molla*) recovery; (*di pistone*) reversal; (*di carrello e sim.*) return. □ *al mio ~* on my return: *al mio ~ trovai la casa svaligiata* on my return I found the house had been burgled; (*Sport*) *partita di ~* return match; *essere di ~*: **1** (*stare tornando*) to be on the way back; **2** (*essere ritornato*) to be back: *non sarò di ~ prima di lunedì* I won't be back before Monday; ~ *di fiamma*: **1** (*Mot*) back fire, flashback; **2** (*fig*) sudden outbreak of an old passion, fresh flush of sentiment; *fare ~ (ritornare)* to return, to go back, to come back; *~ in patria* homecoming, return to one's country; *~ offensivo* counter-attack.

ritorsione *f.* **1** *(rappresaglia)* retaliation. **2** *(di un'accusa)* retort. □ *per ~* in retaliation.

ritorta *f.* *(Agr)* withe, withy.

ritorto → **ritorcere I** *a.* **1** twisted, twined: *corda ritorta* twine. **2** *(storto, contorto)* twisted, crooked. **3** *(Tess)* twisted: *cotone ~* twisted cotton. **II** *m.* *(Tess)* twine, twined thread.

ritradurre *(pres.ind.* **ritradùco, ritradùci;** *p.rem.* **ritradùssi;** *p.p.* **ritradótto)** *v.t.* **1** to translate again, to retranslate. **2** *(fare una retroversione)* to translate back.

ritraduzione *f.* **1** retranslation, new translation. **2** *(retroversione)* back translation, back version.

ritrarre *(pres.ind.* **ritràggo, ritrài;** *p.rem.* **ritràssi;** *p.p.* **ritràtto)** **I** *v.t.* **1** *(tirare indietro)* to retract, to withdraw, to draw back: *ritrasse con orrore la mano* he drew his hand back in horror. **2** *(distogliere)* to divert, to turn away from. **3** *(Pitt)* to portray, to depict, to paint: *~ una scena* to paint a scene. **4** *(estens)* *(descrivere)* to portray, to depict, to describe, to picture: *~ un ambiente* to describe a milieu. **5** *(Fot)* to photograph, to take a photo of. **II** *v.pron.* **ritrarsi 1** *(farsi indietro)* to step back, to move back, to draw back: *mi sono ritratto appena in tempo per non essere investito* I stepped back just in time to avoid being hit. **2** *(farsi un ritratto)* to make a portrait of oneself. **3** *(fig)* *(ritirarsi)* to withdraw *(da* from), to back out (of): *ritrarsi da un impegno* to back out of a commitment.

ritrasmettere *(pres.ind.* **ritrasmétto;** *p.rem.* **ritrasmìsi;** *p.p.* **ritrasmésso)** *v.t.* **1** *(Rad,TV)* to rebroadcast, to repeat. **2** *(Tecn,Mecc)* to retransmit.

ritrasmissione *f.* **1** *(Rad,TV)* rebroadcast, rebroadcasting. **2** *(Tecn,Mecc)* retransmission.

ritrattabile *a.* retractable.

ritrattamento *m.* *(Nucl)* reprocessing: *~ del combustibile nucleare* reprocessing of nuclear fuel.

ritrattare[1] **(ritràtto)** **I** *v.t.* **1** to deal with again, to treat again, to cover again: *ritratterò questo argomento nella prossima lezione* I'll deal with this topic again in the next lesson. **2** *(rinnegare pubblicamente)* to recant: *~ una dottrina eretica* to recant a heretical doctrine. **3** *(ritirare)* to retract, to take back, to withdraw, to take back: *~ un'accusa* to retract an accusation. **II** *v.pron.* **ritrattarsi** *(rar)* to retract, to recant, to disavow what one has said, take back what one has said.

ritrattare[2] **(ritràtto)** *v.t.* *(Nucl)* to reprocess.

ritrattazione *f.* **1** retraction, withdrawal: *~ di un'affermazione* retraction of a statement; *~ di una confessione* retraction of a confession. **2** *(pubblica)* recantation.

ritrattista *m./f.* *(Pitt)* portrait-painter, portraitist.

ritrattistica *f.* *(Pitt)* portrait-painting.

ritrattistico *(pl.* **-ci)** *a.* *(Pitt)* portrait-painting *(attr.).*

ritratto **I** *m.* **1** portrait *(anche estens)*, likeness: *fare il ~ di qcu.* to paint so.'s portrait; *farsi fare il ~* to have one's portrait painted. **2** *(fig)* *(descrizione)* description, picture. **3** *(fig)* *(copia)* image, picture, portrait: *sembra il ~ del nonno* he is the image of his grandfather; *essere il ~ della salute* to be a picture of health. **II** *a.* *(rappresentato, raffigurato)* portrayed. □ *(Fot) ~a colori* colour pho-

tograph, colour portrait, *(Am)* color photograph, color portrait; *(Pitt) ~ a grandezza naturale* life-actual size portrait, life-size portrait; *(Pitt) ~ a mezzobusto* half-length portrait; *(Pitt) ~a olio* portrait in oil, oil portrait; *~di famiglia* family portrait; *(Pitt) ~di profilo* profile, profile portrait; *(fig) ~parlante* lifelike portrait, true likeness; *(fig) essere il ~vivente di qcu.* to be the living image of so.

ritrazione *f.* **1** retraction. **2** *(restringimento)* shrinking.

ritrito *a.* *(rar)* finely minced. □ *(fig) trito e ~* trite, hackneyed, rehashed.

ritrosaggine *f.* **1** reluctance, unwillingness. **2** *(riservatezza)* shyness, bashfulness.

ritrosamente *avv.* reluctantly, unwillingly.

ritrosia *f.* **1** reluctance, unwillingness. **2** *(riservatezza)* shyness, bashfulness.

ritroso *a.* **1** *(restio)* reluctant, unwilling: *essere ~ a fare qcs.* to be reluctant to do sth.; *fu ~ ad accettare* he was reluctant to accept. **2** *(riservato)* shy, bashful. **3** *(che va all'indietro)* backward, moving backward. □ *a ~* backwards: *camminare a ~* to walk backwards; *andare a ~ nel tempo* to go back in time.

ritrovabile *a.* findable.

ritrovamento *m.* **1** finding. **2** *(scoperta)* discovery, find.

ritrovare (ritròvo) I *v.t.* **1** *(trovare di nuovo)* to find again. **2** *(trovare)* to find: *~ gli occhiali* to find one's glasses. **3** *(incontrare di nuovo)* to meet again, to find again, *(colloq)* to run into: *ho ritrovato a Napoli un vecchio compagno di scuola* I ran into an old school friend in Naples. **4** *(fig)* *(riacquistare, recuperare)* to find again, to recover, to regain: *~ la serenità* to find serenity again; *~ la fiducia in se stesso* to regain one's confidence. **5** *(fig)* *(riconoscere)* to recognize, to see a likeness: *~ le sembianze di qcu. in una fotografia* to see a likeness to so. in a photograph. **II** *v.r.recipr.* **ritrovarsi 1** *(incontrarsi di nuovo)* to meet again, to meet up again *(con qcu.* so.). **2** *(riunirsi)* to meet: *ci ritroviamo stasera* we'll meet tonight. **III** *v.pron.* **ritrovarsi 1** *(essere, capitare)* to be, to find oneself: *ritrovarsi nei guai* to be in trouble. **2** *(andare a finire)* to find oneself: *ritrovarsi per terra* to find oneself lying on the floor. **3** *(rimanere)* to be left: *ritrovarsi orfano* to be left an orphan; *ritrovarsi solo* to be left alone. **4** *(essere presente)* to be found. **5** *(orientarsi, raccapezzarsi)* to make out, to see one's way around, to find one's way around, to get one's bearings: *non riesco a ritrovarmi in una città così grande* I can't get my bearings in such a big city. **6** *(trovarsi a proprio agio)* to feel at ease, to be at home, to get on well: *fra questa gente non mi ritrovo* I don't feel at ease with these people. □ *con l'auto che mi ritrovo non potrò certo andare lontano* with the car I've got, I won't be able to go far.

ritrovato *m.* **1** *(invenzione)* invention. **2** *(scoperta)* discovery, find. **3** *(espediente)* expedient, device.

ritrovo *m.* **1** meeting place, haunt: *un ~ di ladri* a haunt of thieves. **2** *(circolo)* club: *~ notturno* night-club.

ritto I *a.* **1** *(dritto in piedi)* upright, erect, on one's feet: *si piazzò ~ in mezzo alla stanza* he stood upright in the middle of the room; *reggersi ~* to stand upright, to stand erect. **2** *(levato in alto, alzato)* raised, erect, straight up: *il gatto passò con la coda ritta* the cat walked by with its tail erect. **3** *(posto verticalmente)* upright, up, standing up, vertical.

4 *(region)* *(destro)* right. **II** *m.* **1** *(rar)* *(dritto)* right side, face: *il ~ della stoffa* the right side of the cloth. **2** *(Sport)* upright. **3** *(Edil)* *(piedritto)* pier. **4** *(sostegno verticale)* upright, prop. □ *stare ~* to stand upright; *stare su ~* to stand up straight.

rituale I *a.* **1** ritual: *preghiere rituali* ritual prayers. **2** *(estens)* *(abituale)* customary, usual, ritual. **II** *m.* **1** ritual, rite. **2** *(Rel)* ritual. □ *(Rel.catt)* *Rituale romano* Roman rite.

ritualismo *m.* *(Rel)* ritualism.

ritualista *m./f.* *(Rel)* ritualist.

ritualistico *(pl.* **-ci)** *a.* ritualistic.

ritualità *f.* rituality.

ritualizzare (ritualìzzo) *v.t.* to ritualize.

ritualizzazione *f.* ritualization.

ritualmente *avv.* ritually.

riunificare (riunìfico, riunìfichi) I *v.t.* to reunify. **II** *v.pron.* **riunificarsi** to reunify.

riunificazione *f.* reunification.

riunione *f.* **1** *(convegno)* meeting, assembly. **2** *(incontro)* gathering; *(di carattere familiare)* get-together. **3** *(riconciliazione)* reconciliation, reunion. **4** *(Sport)* meeting. □ *~a porte chiuse* meeting behind closed doors; *~all'aperto* open-air gathering; *~del comitato* committee meeting; *(Pol) ~ del consiglio dei ministri* Cabinet meeting; *~di apertura* opening meeting; *~di lavoro* business meeting; *essere in ~* to be in a meeting, to be at a meeting.

riunire (riunìsco, riunìsci) I *v.t.* **1** *(ricongiungere)* to reunite, to put together, to join together: *~ i pezzi di una pagina strappata* to put the pieces of a torn page together. **2** *(mettere insieme)* to gather together, to gather up, to collect, to collect up: *riunì le sue poche cose e se ne andò* he gathered his few things together and left. **3** *(rif. a persone: radunare)* to assemble, to get together, to bring together, to gather: *~ gli amici per una festa* to get one's friends together for a party. **4** *(convocare)* to call, to summon: *~ il consiglio dei professori* to call a teachers' meeting. **5** *(fig)* *(riconciliare)* to reconcile, to bring together again, to reunite: *la disgrazia li ha riuniti* misfortune brought them together again. **6** *(Pol)* to unite. **II** *v.pron.* **riunirsi 1** *(radunarsi)* to meet, to gather, to assemble, to come together, to get together. **2** *(tornare a unirsi)* to be reunited, to come together again. **3** *(Pol)* to unite.

riunito I *a.* **1** reunited: *una famiglia riunita* a reunited family. **2** *(radunato)* assembled, gathered, gathered together: *eccoci tutti riuniti* here we are all gathered together. **3** *(associato)* associated. **II** *m.* *(Dent)* dentist's unit.

riusabile *a.* re-usable.

riuscire (rièsco, rièsci; *aus.* **essere)** *v.i.* **1** to succeed, to manage, to be able: *~ a fare qcs.* to succeed in doing sth.; *non è riuscito a superare gli esami* he didn't manage to pass the exams; *riusciremo a finire il lavoro entro la settimana?* will we manage to finish the work within the week?; *non riesco a chiudere la scatola* I can't close the box; *non riesco a capire* I can't understand. **2** *(avere esito positivo)* to be successful, to come out well, to turn out well, to work out, to work out well, to succeed: *l'operazione è riuscita* the operation was successful; *l'esperimento non è riuscito* the experiment did not succeed. **3** *(avere fortuna)* to succeed, to be successful, to get ahead, to do well: *è un giovane che riuscirà nella vita* he is a young man who will get ahead in life. **4** *(avere attitudine)* to be good *(in* at), to be talented *(in* at), to be clever *(in* at): *tuo figlio non riesce in* *matematica* your son is not good at mathematics. **5** (*apparire, risultare*) to be, to prove: *ciò che mi racconti mi riesce nuovo* what you say is new to me. **6** (*uscire di nuovo*) to go out again. ☐ *mi riesce antipatico* I don't like him; ~ *bene* to turn out well, to come out well, to be a success: *la torta mi è riuscita bene* the cake turned out well; ~ *difficile* to be difficult; ~ *facile* to be easy; ~ *gradito* to please; ~ *male* to come out badly, to turn out badly, to be unsuccessful, (*colloq*) to flop, to be a flop; ~ *nell'intento* to achieve one's goal; *il segreto per* ~ the secret of success.

riuscita *f.* **1** result, outcome. **2** (*buon esito*) success: *la ~ di un esperimento* the success of an experiment. ☐ *la non ~ di un esperimento* the failure of an experiment.

riuscito *a.* **1** well-done, well-made: *un lavoro* ~ a well-done job. **2** (*che ha avuto buon esito*) successful: *un'impresa riuscita* a successful venture.

riutilizzabile *a.* re-usable. ☐ *non ~* one-way, non returnable.

riutilizzare (**riutilìzzo**) *v.t.* to use again, to re-use.

riutilizzazione *f.* re-use.

riutilizzo *m.* **1** re-use. **2** (*riciclaggio*) recycling, recovery: ~ *dei rifiuti* waste recovery.

riva *f.* **1** (*rif. al mare*) shore, coast: *navigare lungo la* ~ to sail along the coast. **2** (*rif. a fiume*) bank; (*rif. a lago*) shore. ☐ *a ~:* **1** ashore: *giungere a* ~ to go ashore; **2** (*Mar*) aloft; *in* ~ *al mare* by the sea, on the sea-shore.

rivaccinare (**rivaccìno**) *v.t.* (*Med*) to revaccinate.

rivaccinazione *f.* (*Med*) revaccination.

rivale **I** *a.* **1** rival. **2** (*emulo, competitore*) rival, opposite, opposing, competing: *squadra* ~ rival team. **II** *m./f.* rival (*anche estens*): ~ *in amore* rival in love. ☐ (*fig*) *non avere rivali* to be matchless, to be unrivalled.

rivaleggiare (**rivaléggio, rivaléggi;** *aus.* **avere**) *v.i.* **1** to compete, to vie, to be a rival (*anche estens*). **2** (*fig*) (*tenere testa*) to rival, to match: *nessuno può* ~ *con lui nel tennis* no one can match him at tennis.

rivalersi (*pres.ind.* **mi rivàlgo, ti rivàli;** *p.rem.* **mi rivàlsi;** *p.p.* **rivàlso**) *v.pron.* **1** to avail oneself again, to make use again (*di* of): *devo rivalermi del suo aiuto* I must avail myself of his help again, I must call on his help again. **2** (*ricorrere*) to have recourse (*di* to). **3** (*rifarsi*) to make up (*di* for) to make good (*di qcs.* sth.): ~ *delle perdite alle corse* to make good one's losses at the races. **4** (*vendicarsi*) to get even (*su* with).

rivalità *f.* rivalry.

rivalorizzare (**rivalorìzzo**) *v.t.* to revalue, to reassess.

rivalsa *f.* **1** (*rivincita*) revenge: *prendersi una ~ su qcu.* to take one's revenge on so. **2** (*risarcimento*) compensation. **3** (*Econ*) redraft.

rivalutare (**rivàluto/rivalùto**) **I** *v.t.* **1** (*valutare di nuovo*) to revalue, to re-evaluate. **2** (*Econ*) (*rif. a moneta*) to revalue; (*rif. a stipendi e sim.*) to raise, to increase. **3** (*fig*) (*riconoscere il valore*) to reappraise, to reassess: ~ *uno scrittore* to reassess a writer. **II** *v.pron.* **rivalutarsi** to appreciate, to increase in value: *il dollaro si è rivalutato del 2% rispetto all'euro* the dollar has appreciated against the euro by 2%.

rivalutativo *a.* revaluation (*attr.*).

rivalutazione *f.* **1** (*nuova valutazione*) revaluation. **2** (*Econ*) revaluation, revalorization; (*rif. a stipendi e sim.*) increase. **3** (*fig*)

(*riconoscimento del valore*) reappraisal, reassessment.

rivangare (**rivàngo, rivànghi**) *v.t.* to dig up again (*anche fig*): ~ *il passato* to dig up the past again.

rivedere (*pres.ind.* **rivédo;** *p.rem.* **rivìdi;** *p.p.* **rivìsto**) **I** *v.t.* **1** to see again: *se la rivedi, salutala da parte mia* if you see her again, say hello for me. **2** (*incontrare di nuovo*) to meet again: *lo rivedrò domani alla stazione* I'm meeting him again tomorrow at the station. **3** (*ricordare*) to see: *la rivedo ancora vestito alla marinara* I can still see him in his sailor suit. **4** (*modificare*) to revise: ~ *i prezzi* to revise prices; ~ *la propria posizione* to revise one's position. **5** (*esaminare*) to examine, to look over, to look through: ~ *una relazione* to look over a report. **6** (*controllare*) to check: ~ *i conti* to check the accounts, to audit the accounts. **7** (*ripassare*) to review, to look over, to go over: ~ *la lezione* to go over the lesson. **8** (*correggere*) to correct, to revise. **9** (*Edit*) (*rif. a bozze*) to proof-read. **10** (*Mecc*) (*revisionare*) to overhaul. **II** *v.pron.* **rivedersi** (*nel ricordo*) to see oneself. **III** *v.r.recipr.* **rivedersi 1** (*vedersi di nuovo*) to see each other again. **2** (*incontrarsi di nuovo*) to meet again. ☐ *ci rivedremo a Filippi!* you'll pay for this one day!, one day you'll get your comeuppance!, one fine day!, we'll meet again one fine day!; *fatti ~ ogni tanto* come and see us once in a while, come round once in a while; (*fig*) ~ *le bucce a qcu.* to give so. a telling off, to find fault with so.; (*Dir*) ~ *un processo* to review a case.

rivedibile *a.* **1** revisable. **2** (*Mil*) temporarily unfit: *dichiarare* ~ to declare temporarily unfit.

riveduta *f.* revision, look-over. ☐ *dare una ~ alle bozze* to check the proofs.

riveduto → **rivedere** *a.* revised, looked over, corrected. ☐ (*Edit*) *edizione riveduta e corretta* revised edition.

rivelabile *a.* revealable.

rivelare (**rivélo**) **I** *v.t.* **1** to reveal, to disclose. **2** (*manifestare*) to reveal, to show, to display: ~ *gioia* to show happiness; *l'articolo rivela un'eccezionale conoscenza dell'ambiente* the article displays thorough familiarity with the milieu. **3** (*Tecn*) (*rif. a strumento*) to detect. **II** *v.pron.* **rivelarsi 1** (*manifestarsi*) to be revealed, to be displayed: *le capacità dell'autore si rivelano nell'ultimo romanzo* the author's qualities are revealed in his last novel. **2** (*dimostrarsi*) to prove, to reveal, to show: *rivelarsi un mascalzone* to prove to be a scoundrel. **3** (*Rel*) to reveal oneself. ☐ (*fig*) ~ *il proprio gioco* to show one's hand, to put one's cards on the table.

rivelato *a.* revealed (*anche Rel*): *verità rivelata* revealed truth.

rivelatore **I** *m.* **1** (*Tecn*) detector: ~ *di mine* mine detector. **2** (*Fot*) developer. **II** *a.* revealing, disclosing. ☐ (*Tecn*) ~ *a galena* galena detector; (*Rad*) ~ *a ultrasuoni* ultrasound detector; (*Tecn*) ~ *di fuga* leak detector; (*Tecn*) ~ *di fumo* smoke detector, smoke alarm; (*Tecn*) ~ *di metalli* metal detector.

rivelazione *f.* **1** (*il rivelare*) revelation, revealing, disclosure: ~ *di segreti* revealing of secrets. **2** (*notizia rivelata*) revelation: *l'articolo contiene molte rivelazioni interessanti* the article contains many interesting revelations. **3** (*Rel*) revelation. **4** (*fig*) discovery, revelation, eye-opener: *quell'attore è la ~ dell'anno* the actor is this year's revelation. **5** (*Fis*) detection.

rivendere (*pres.ind.* **rivéndo;** *p.rem.* **rivendéi/rivendètti;** *p.p.* **rivendùto**) *v.t.* (*Comm*) **1**

(*vendere di nuovo*) to sell again, to resell. **2** (*vendere al dettaglio*) to retail. ☐ *te la rivendo come l'ho sentita* I'm telling you word for word what I was told.

rivendibile *a.* (*Comm*) resalable.

rivendicare (**rivéndico, rivéndichi**) *v.t.* **1** to assert, to claim, to lay claim to: ~ *un diritto* to assert a claim; ~ *il diritto alla libertà di stampa* to claim the right to freedom of the press. **2** (*esigere*) to demand, to claim: ~ *un aumento di stipendio* to demand an increase in salary. **3** (*chiedere indietro*) to reclaim, to claim back: ~ *i territori ceduti dopo una sconfitta* to reclaim territory ceded after a defeat. **4** (*dichiarare la propria responsabilità*) to claim responsibility: ~ *un attentato* to claim responsibility for an attack. **5** (*Dir*) to lay claim to: ~ *un'eredità* to lay claim to an inheritance.

rivendicativo *a.* concerning a claim, concerning demand.

rivendicatore *m.* (*f.* **-trice**) claimer, claimant.

rivendicazione *f.* **1** claim, demand. **2** (*assunzione di responsabilità*) claiming of responsibility: *la ~ di un attentato* the claiming of responsibility for an attack. ☐ *rivendicazioni salariali* wage demands, wage claims; *rivendicazioni sindacali* union demands; *rivendicazioni territoriali* territorial claims.

rivendita *f.* **1** resale, reselling. **2** (*negozio*) shop, (*Am*) store: ~ *di generi alimentari* food shop, grocery store. ☐ ~ *di tabacchi* tobacconist's, tobacconist's shop.

rivenditore *m.* (*f.* **-trice**) (*Comm*) **1** (*venditore al minuto*) retailer, dealer, stockist. **2** (*rigattiere*) second-hand dealer. ☐ (*Comm*) ~ *autorizzato* official dealer, official stockist, authorized dealer.

rivendugliolo *m.* (*f.* **-a**) (*rar*) small retailer; (*ambulante*) pedlar, hawker.

riverberante *a.* (*Acus*) reverberating, echoing, echo (*attr.*), reverberation (*attr.*): *camera* ~ echo chamber, reverberation chamber.

riverberare (**rivèrbero**) **I** *v.t.* **1** (*rif. a luce o calore*) to reflect, to reverberate. **2** (*Acus*) to reverberate, to echo. **II** *v.pron.* **riverberarsi 1** to be reflected, to become reflected, to reverberate: *i raggi del sole si riverberano sull'acqua* the sun's rays are reflected on the water. **2** (*Acus*) to echo, to reverberate. **3** (*fig*) (*ripercuotersi*) to be reflected.

riverberazione *f.* **1** reverberation, reflection. **2** (*Acus*) reverberation, echo.

riverbero *m.* **1** (*rif. a luce o calore*) reflection, reverberation. **2** (*Acus*) reverberation, echo. ☐ (*fig*) *di* ~ indirectly, by reflection.

riverente *a.* reverent, respectful.

riverenza *f.* **1** reverence, respect: *ispirare ~* to inspire respect, to inspire reverence. **2** (*inchino*) bow, (*lett*) reverence: *fare una profonda* ~ to make a deep bow. **3** (*rif. a donne*) curtsy, curtsey. ☐ *con* ~ reverently, respectfully.

riverire (**riverìsco, riverìsci**) *v.t.* **1** to revere, to respect: ~ *i superiori* to respect one's superiors. **2** (*ossequiare*) to pay one's respects to. ☐ *La riverisco* (o *riverisco*) my respects.

riverito *a.* **1** revered, respected. **2** (*epist,ant*) dear, (*ant*) esteemed. **3** (*nelle formule di saluto*) my respects.

riverniciare (**rivernìcio, rivernìci**) *v.t.* (*Tecn*) to repaint, to paint again; (*a smalto*) to revarnish; (*a spruzzo*) to respray.

riverniciata *f.* (*Tecn*) quick repainting, retouch of paint, touch up of paint.

riverniciatura *f.* (*Tecn*) repainting; (*a smal-*

to) revarnish; (*a spruzzo*) respraying.

riversamento *m.* **1** (*il riversarsi*) pouring, flowing, streaming, gushing: *il ~ delle acque nella vallata* the gushing of the water into the valley. **2** (*fig*) (*rif. ad affetti*) pouring, lavishing, showering. **3** (*Inform,Acus*) copying, transfer.

riversare (**rivèrso**) **I** *v.t.* **1** (*versare di nuovo*) to pour again. **2** (*versare, rovesciare*) to pour, to flow: *il fiume riversò le sue acque sulle campagne circostanti* the water from the river flowed over the surrounding countryside, the river water flooded the surrounding countryside. **3** (*fig*) (*rif. ad affetti*) to pour, to shower: *~ il proprio amore su qcu.* to shower one's love on so. **4** (*fig*) (*attribuire*) to lay, to put, to throw: *~ la colpa addosso a qcu.* to put the blame on so. **5** (*Inform,Acus*) to copy, to transfer: *~ dati* to transfer data. **II** *v.pron.* **riversarsi 1** (*rif. a fiumi*) to flow. **2** (*traboccare*) to overflow, to flow over, to pour over: *il liquido si riversò sulla tavola* the liquid overflowed onto the table. **3** (*fig*) (*spargersi in massa*) to pour, to stream, to swarm: *la folla si riversò nelle strade* the crowd poured into the streets. **4** (*fig*) (*concentrarsi*) to concentrate (*su* on), to centre (*su* on): *tutta l'attenzione si riversò su di lui* all attention centred on him. **5** (*fig*) (*ricadere: rif. a responsabilità*) to fall (*su* on).

riverso *a.* (*supino*) on one's back, supine.

rivestimento *m.* **1** covering, coating: *~ di ceramica* ceramic coating. **2** (*fodero, involucro*) covering, cover; (*rivestimento interno*) lining. □ (*Edil*) *~ a piastrelle* tiling; *il ~ del divano*: 1 the sofa covering, the upholstery of the sofa; 2 (*rimovibile*) the sofa covers; *~ esterno*: 1 outer covering; 2 (*Edil*) external cladding; (*Edil*) *~ in legno* wood panelling, wainscot, wainscoting; (*Edil*) *~ in mattoni* brick veneer; (*Edil*) *~ in pietra* stone revetment, stone facing; *~ interno*: 1 lining, inner coating; 2 (*Edil*) interior finishings, interior work; 3 (*Aut*) (*della carrozzeria*) upholstery; *~ protettivo* protective coating.

rivestire (**rivèsto**) **I** *v.t.* **1** (*ricoprire*) to cover, to coat: *~ la cucina di piastrelle* to cover the kitchen with tiles, to tile the kitchen. **2** (*rif. a piante*) to cover: *l'edera rivestiva il muro di cinta* ivy covered the garden wall. **3** (*foderare esternamente*) to cover: *fare ~ il divano* to have the sofa covered. **4** (*foderare internamente*) to line. **5** (*fig*) (*rif. a dignità e sim.: assumere*) to hold: *riveste la carica di sindaco* he holds the office of mayor. **6** (*fig*) (*assumere, avere*) to have, to take on, to assume, to be: *la questione riveste una grande importanza* the matter has (*o* is of) great importance. **7** (*vestire di nuovo*) to dress again; (*indossare di nuovo*) to put on again: *~ la divisa* to put on a uniform again. **8** (*provvedere di vestiti nuovi*) to fit out: *~ qcu. da capo a piedi* to fit so. out from head to toe. **9** (*provvedere di vestiti*) to dress, to clothe, to fit out. **II** *v.pron.* **rivestirsi 1** to dress again, to dress oneself again, to get dressed, to get dressed again, to put one's clothes on again: *rivestirsi in fretta* to get dressed again in a hurry. **2** (*cambiarsi di abito*) to put on fresh clothes. **3** (*ricoprirsi*) to be covered (*di* with), to clothe oneself (in, with): *i prati si rivestono di margherite* the fields are covered with daisies. □ (*Edil*) *~ con mattoni* to cover with bricks, to line with bricks; (*Edil*) *~ con pannelli* to panel, to cover with panels; (*Edil*) *~ in legno*: 1 to cover with wood, to line with wood; 2 (*rif. a muri interni*) to wainscot, to panel.

rivestito *a.* **1** (*ricoperto*) covered (*di* with,

in): *pareti rivestite di stoffa* walls covered with fabric. **2** (*foderato internamente*) lined (*di* with). **3** (*ricoperto di vegetazione*) covered, clad: *un muro ~ di edera* an ivy-clad wall. □ *~ in acciaio* steel-clad.

rivestitura *f.* → rivestimento.

rivettare (**rivétto**) *v.t.* (*Mecc*) to rivet.

rivettatrice *f.* (*Mecc*) riveter.

rivetto *m.* (*Mecc*) rivet. □ (*Mecc*) *~ a maschio* stud rivet, screw rivet.

riviera *f.* **1** (*litorale*) coast, coastal region; (*rif. al Mediterraneo*) Riviera. **2** (*Equit*) water jump.

Riviera *n.pr.f.* (*Riviera Ligure*) Ligurian Riviera, Italian Riviera.

rivierasco (*pl.* **-chi**) **I** *a.* coastal, coast (*attr.*), of the coast, on the coast: *paesi rivieraschi* towns on the coast, coastal towns. **II** *m.* coast dweller.

rivincere (*pres.ind.* **rivìnco, rivìnci**; *p.rem.* **rivìnsi**; *p.p.* **rivìnto**) *v.t.* **1** (*vincere di nuovo*) to win again. **2** (*recuperare ciò che si era perduto*) to win back.

rivincita *f.* **1** return match, return game (*anche Sport*). **2** (*fig*) (*rivalsa*) revenge: *prendersi la ~* to take one's revenge, to get one's revenge.

rivisitare (**rivìsito**) *v.t.* **1** to visit again, to revisit. **2** (*fig*) to revisit, to reassess, to reappraise.

rivisitazione *f.* **1** revisiting. **2** (*fig*) revaluation, reassessment, reappraisal.

rivista *f.* **1** (*periodico*) magazine, review, journal, periodical: *una ~ di moda* a fashion magazine; *~ letteraria* literary review, literary magazine; *~ di arte* art review. **2** (*Teat*) revue, variety show. **3** (*Mil,Mar*) review, inspection. □ *~ di categoria* trade magazine; *~ di informazione* news magazine; *~ economica* business magazine; (*Inform*) *~ elettronica* e-zine, electronic magazine; *~ femminile* women's magazine.

rivisto → rivedere.

rivitalizzante *a.* (*Cosmet*) revitalizing.

rivitalizzare **I** *v.t.* to revitalize. **II** *v.pron.* **rivitalizzarsi** to be revitalized.

rivitalizzazione *f.* revitalization.

rivivere (*pres.ind.* **rivìvo**; *p.rem.* **rivìssi**; *p.p.* **rivìssuto**) **I** *v.i.* (*aus.* essere) **1** to live again; (*tornare in vita*) to come to life again: *sentirsi ~* to feel like a new person. **2** (*fig*) (*rifiorire*) to flourish again, to live again, to revive; (*tornare in uso*) to have a revival. **3** (*fig*) to live on: *nella figlia rivive la bellezza della madre* the mother's beauty lives on in her daughter. **II** *v.t.* to live over again, to relive. □ (*fig*) *far ~* to bring back to life, to bring to life again.

rivivificare (**rivivìfico, rivivìfichi**) *v.t.* to revivify.

rivo *m.* (*lett*) stream, brook, rivulet. □ *un ~ di sangue* a stream of blood.

rivolere (*pres.ind.* **rivòglio, rivuòi**; *p.rem.* **rivòlli**; *p.p.* **rivolùto**) *v.t.* **1** to want again. **2** (*volere la restituzione*) to want back: *rivoglio il mio libro* I want my book back.

rivolgere (*pres.ind.* **rivòlgo, rivòlgi**; *p.rem.* **rivòlsi**; *p.p.* **rivòlto**) **I** *v.t.* **1** (*volgere, indirizzare*) to direct, to turn, to head, to bend: *~ il passo verso casa* to direct one's steps homewards, to head for home; *~ gli occhi verso qcu.* to turn one's eyes on so. **2** (*indirizzare la parola*) to address. **3** (*orientare*) to turn: *rivolse la luce verso la parete* he turned the light towards the wall. **4** (*fig*) (*rif. a sentimenti*) to turn, to direct: *~ la propria attenzione a qcs.* to turn one's attention to sth. **II** *v.pron.* **rivolgersi 1** to turn: *si rivolse verso di me* he turned towards me, he turned to face me. **2**

(*completamente*) to turn round. **3** (*indirizzare la parola*) to address (*a qcu.* so.), to speak, to talk (to): *non mi rivolgo a te* I'm not talking to you; *rivolgersi alla nazione* to address the nation. **4** (*contattare*) to contact (*a qcu.* so.). **5** (*fig*) (*ricorrere*) to turn (*a* to): *mi rivolsi a lui per un prestito* I turned to him for a loan. **6** (*fig*) (*ricorrere, con senso più formale*) to apply (to): *a chi bisogna rivolgersi?* to whom should I apply?, (*colloq*) who should I apply to? □ *si è rivolto a lui chiamandolo dottore* he addressed him as doctor; *come ci si rivolge al sindaco?* what is the correct form of address for a mayor?; *~ il saluto a qcu.* to say hello to so.; *~ la parola a qcu.* to speak to so., to address so.; *non ci rivolgiamo la parola* we are not on speaking terms; *~ l'attenzione su* (*o a*) *qcs.* to turn one's attention to sth.; *~ un saluto a qcu.* to greet so.; *~ una critica a qcu.* to criticize so.; *~ una domanda a qcu.* to ask so. a question, to put a question to so.

rivolgimento *m.* **1** (*sconvolgimento*) upheaval. **2** (*rivoluzione*) revolution. **3** (*Med*) version. □ *~ di stomaco* stomach upset.

rivolo *m.* **1** stream, brook, (*lett*) rivulet. **2** (*fig*) trickle: *un ~ di sangue* a trickle of blood.

rivolta *f.* **1** (*ribellione*) revolt, rebellion, uprising: *reprimere una ~ nel sangue* to put down a revolt with bloodshed. **2** (*Mil,Mar*) mutiny. □ *~ carceraria* prison riot; (*Stor*) *~ dei contadini* the Peasants' Revolt; *in ~* in revolt, revolting, insurgent: *popolo in ~* insurgent populace; *~ popolare* popular revolt, popular uprising; *~ studentesca* student unrest; *~ universitaria* campus upheaval.

rivoltante *a.* revolting, disgusting: *spettacolo ~* disgusting sight.

rivoltare (**rivòlto**) **I** *v.t.* **1** (*voltare di nuovo*) to turn again, to turn over again. **2** (*rif. a cose piatte*) to turn, to turn over: *~ la bistecca sulla brace* to turn the steak (over) on the charcoal; *~ i materassi* to turn the mattresses. **3** (*rif. a vestiti*) to turn inside out, to turn. **4** (*mescolare*) to mix, to toss: *~ l'insalata* to toss the salad. **5** (*con la pala*) to turn, to turn over: *~ la terra* to turn the earth. **6** (*con l'aratro*) to plough up. **7** (*sconvolgere*) to turn, to upset: *questo odore mi rivolta lo stomaco* this smell turns my stomach. **8** (*fig*) (*ripugnare*) to disgust, to revolt: *la tua ipocrisia mi rivolta* your hypocrisy revolts me. **II** *v.pron.* **rivoltarsi 1** (*rivoltolarsi*) to turn over, to turn about, to roll about, to toss and turn: *rivoltarsi nel letto* to toss and turn in bed. **2** (*ribellarsi*) to revolt, to rebel, to rise: *la guarnigione si rivoltò contro il suo comandante* the garrison rebelled against the commander. **3** (*ammutinarsi*) to mutiny. **4** (*opporsi*) to resist, to oppose (*a qcs.* sth.), to struggle (against). **5** (*fig*) (*rif. alla coscienza*) to revolt, to disgust: *mi si rivolta l'animo al sentire certe cose* it revolts me to hear certain things. □ (*fig*) *~ qcu.* (*o qcs.*) *come un calzino* (*o ~ qcu.* (*o qcs.*) *come un guanto*): 1 (*esaminare minuziosamente qcs.*) to go through sth. with a fine toothcomb; 2 (*sgridare aspramente qcu.*) to give so. what for; (*fig*) *~ la frittata* to twist an argument, to turn the tables; *~ le zolle* to plough up the ground, to turn the soil; *~ lo stomaco a qcu.* to disgust so., to turn so.'s stomach; (*fig*) *rivoltarsi nella tomba* to turn in one's grave.

rivoltata *f.* turn, turning over.

rivoltato *a.* turned inside out: *un cappotto ~* an overcoat which has been turned; *un guanto ~* a glove turned inside out.

rivoltella f. revolver, gun.

rivoltellata f. revolver shot.

rivolto → **rivolgere** a. **1** turned, facing: ~ all'indietro turned back, turned backwards; una stanza rivolta a sud a window facing south; essere ~ a destra to face left. **2** (fig) (intento) intent (a on), bent (a on): essere tutto ~ a fare qcs. to be all intent on doing sth.

rivoltolamento m. turning over, tossing and turning, wallowing.

rivoltolare (**rivòltolo**) **I** v.t. (avvolgere più volte) to turn over, to roll about, to toss about. **II** v.pron. **rivoltolarsi 1** to turn over, to toss around, to toss about, to toss and turn: rivoltolarsi nel letto to toss and turn in bed. **2** (nella polvere, nel fango e sim.) to wallow (anche fig).

rivoltolio m. continual turning, continual turning over, rolling about.

rivoltolone m. (sobbalzo) jump, somersault, leap.

rivoltoso I a. rebellious, revolting, insurgent. **II** m. (f. **-a**) rebel.

rivoluzionamento m. revolutionizing, revolution.

rivoluzionare (**rivoluzióno**) v.t. **1** to revolutionize (anche estens): una scoperta che rivoluzionerà il mondo a discovery that will revolutionize the world. **2** (fig) (sconvolgere) to upset, to unsettle.

rivoluzionario I a. revolutionary (anche estens): moti rivoluzionari revolutionary uprisings; partito ~ revolutionary party; scoperta rivoluzionaria revolutionary discovery. **II** m. (f. **-a**) revolutionary, revolutionist.

rivoluzionarismo m. (Pol) revolutionism.

rivoluzione f. **1** (Pol) revolution: reprimere una ~ to put down a revolution. **2** (fig) (mutamento profondo) revolution, radical change. **3** (Astr) revolution: ~ della luna revolution of the moon; ~ terrestre revolution of the earth. **4** (Mot,Fis) (giro) revolution. **5** (fig) (confusione) mess: che ~! what a mess! □ (Med) ~ cardiaca cardiac cycle; (Stor) ~ culturale cultural revolution; (Stor) ~ di ottobre October Revolution; (Stor) Rivoluzione francese French Revolution; (Stor) Rivoluzione industriale Industrial Revolution; ~ sessuale sexual revolution; ~ studentesca student revolution; (Agr) la Rivoluzione verde Green Revolution.

rivulsione e der. → **revulsione** e der.

rizobio m. (Bot) rhizobium.

rizoide m. (Bot) rhizoid.

rizoma m. (Bot) rhizome.

rizomatoso a. (Bot) rhizomatous.

rizza f. (Mar) lashing.

rizzare (**rìzzo**) **I** v.t. **1** to lift up, to pick up. **2** (montare) to set up, to erect: ~ una tenda to set up, to pitch a tent. **3** (costruire) to build, to set up, to erect, to raise: ~ un muro to erect a wall. **II** v.pron. **rizzarsi 1** (rif. a persone: in piedi) to stand up, to rise (to one's feet). **2** (a sedere) to sit up: si rizzò sul letto he sat up in bed. **3** (rif. ad animali) to rise on one's hind legs. □ (fig) mi si rizzano i capelli dallo spavento my hair is standing on end with fear; far ~ i capelli sul capo a qcu. to make so.'s hair stand on end; mi si rizzarono i capelli sul capo my hair stood on end; cose da far ~ i capelli it's enough to make your hair stand on end; una storia da far ~ i capelli a hair-raising story; (fig) ~ la cresta to get on one's high horse; (fig) ~ le orecchie to prick up one's ears; rizzarsi sulla punta dei piedi to stand on tiptoe.

RL Libano RL (Lebanon).

RM Madagascar RM (Madagascar, Malagasy).

RMM Mali RMM (Mali).

RMN (Fis,Med) Risonanza magnetica nucleare NMR (Nuclear magnetic resonance).

RN Niger RN (Niger).

RNA (Biol) acido ribonucleico RNA (ribonucleic acid). □ (Biol) ~ messaggero messenger RNA, informational RNA; (Biol) ~ polimerasi RNA polymerase.

RO Romania RO (Romania).

road show /rɔdˈʃo/ m.inv. (Econ) road show.

roadster /ˈrɔdster/ f.inv. (Aut) roadster.

roaming /ˈrɔming/ m.inv. (Tel) roaming.

roano I a. (Zootecn) roan. **II** m. (Zootecn) roan.

roast-beef /ˈrɔzbif/ m. (Gastron) roast-beef.

roba f. **1** stuff, things pl., bits and pieces pl.: questa è ~ mia these are my things, this stuff is mine; è ~ da buttar via it's worthless stuff. **2** (beni) goods pl., property, possessions pl.: morendo ha lasciato la sua ~ ai poveri when he died he left all his possessions to the poor. **3** (suppellettili di casa) household goods pl., household articles pl., stuff, lumber, things pl.: ha la casa piena di ~ his house is full of stuff. **4** (indumenti) clothes pl., things pl.: ho messo via tutta la ~ estiva I have put all the summer clothes away. **5** (tessuto) cloth, material, fabric. **6** (merce, mercanzia) merchandise, goods pl.: vetrina piena di ~ shop-window full of goods; ~ rubata stolen goods. **7** (commestibili) food, things pl. to eat: una tavola carica di ~ buona a table laden with good things to eat. **8** (affare, faccenda) matter, affair, thing: non immischiarti in questa ~ don't get mixed up in this affair. **9** (fig,spreg) (faccenda) things pl., a volte non si traduce: che ~ è questa? what's this? **10** (pop) (opera, lavoro) work: l'articolo è proprio ~ sua the article is his own work. **11** (gerg) (droga) drug, dope, (Am) score: procurarsi la ~ to buy drugs, (Am) to score drugs, to get a score. □ che ~! good grief!; (colloq) ~ che scotta hot stuff; ~ da bere things to drink; ~ da chiodi! it's crazy!, it's nuts!, it's sheer madness!; ~ da lavare washing; ~ da mangiare things (pl.) to eat, stuff to eat, food, eatables (pl.); ~ da matti! it's crazy!, it's nuts!, it's sheer madness!; ~ da non credere! unbelievable!; è ~ da poco it's nothing; ~ di valore valuables; molta ~ a lot (of things); non è ~ per me it's not my cup of tea; poca ~ not much (stuff); non ho mai visto ~ simile I've never seen such a thing; ~ vecchia old things, (colloq) junk.

robaccia (pl. **-ce**) f. rubbish, trash, (colloq) junk.

robbia f. (Bot) madder.

Roberto n.pr.m. Robert.

robinia f. (Bot) locust, locust tree, black locust, false acacia.

robiola f. (Alim) robiola (kind of soft cheese).

robivecchi m.inv. junk man, rag-and-bone man, second-hand dealer.

roboante a. **1** (rimbombante) resounding, booming. **2** (fig,spreg) bombastic, high-sounding.

robot /ˈrɔbo/, /ˈrɔbot/ m.inv. **1** robot. **2** (fig) robot, automaton. □ ~ da cucina food processor; ~ industriale industrial robot.

robotica f. robotics (costr.sing.).

robotico a. (**-ci**) a. robotic.

robotizzare (**robotìzzo**) **I** v.t. to robotize, to automate. **II** v.pron. **robotizzarsi 1** to be robotized, to be automated. **2** (fig) to become a robot.

robotizzato a. **1** automated. **2** (fig) robotized.

robotizzazione f. robotization, automation.

---

robustezza f. **1** (rif. a persona, fisico) stoutness, sturdiness: ~ di braccia sturdiness of arm. **2** (rif. a oggetti) toughness, resilience. **3** (fig) (forza) strength, vigour, (Am) vigor.

robusto a. **1** stout, robust, sturdy: un ragazzo ~ a sturdy boy. **2** (solido) sound, solid, strong: un bastone ~ a strong stick. **3** (fig) (saldo) staunch, steadfast, unswerving: una fede robusta a steadfast faith. **4** (fig) (espressivo) telling, vigorous: stile ~ pithy style. **5** (Enol) robust, full-bodied.

rocambolesco (pl. **-chi**) a. **1** (audace) daring, bold. **2** (strabiliante) amazing, astonishing, incredible.

rocca[1] f. **1** fortress, stronghold. **2** (ant) (roccia) rock. □ (fig) saldo come una ~ as firm as a rock; (Anat) ~ petrosa petrous bone, petrosal bone.

rocca[2] f. **1** distaff. **2** (Tess) twisting bobbin.

roccaforte (pl. **rocchefòrti**) f. **1** fortress, stronghold. **2** (fig) stronghold.

rocchettaro m. (f. **-a**) (Mus,colloq) rocker.

rocchettiera f. (Tess) winding frame.

rocchetto[1] m. **1** (Tess) spool; (di filo) reel. **2** (Cin) spool. **3** (Mecc) sprocket, sprocket wheel. **4** (El) coil. **5** (Fot) roll. □ ~ a denti: **1** (Mecc) sprocket wheel; **2** (Cin) claw; (Cin) ~ avvolgitore take-up spool; (Mot) ~ di accensione ignition coil; (El) ~ di induzione induction coil.

rocchetto[2] m. (Lit) rochet.

rocchio m. **1** (Arch) drum. **2** (pezzo) piece, thick piece, section. □ un ~ di manzo a piece of lean beef with no bone; ~ di salsiccia (single) sausage.

roccia (pl. **-ce**) f. **1** (Geol) rock: una ~ aguzza a jagged rock. **2** (Alp) rock climbing: fare ~ to go rock climbing; (Alp) scuola di ~ rock-climbing school. □ (Geol) rocce basaltiche basaltic rock; (Geol) ~ bioclastica bioclastic rock; (Geol) ~ calcarea calcareous rock; (Geol) ~ clastica clastic rock; (Geol) ~ effusiva effusive rock; (Geol) ~ eruttiva eruptive rock; (Geol) rocce esogene exogenous rocks; (Geol) ~ feldspatica feldspathic rock; (Geol) rocce fosfatiche phosphate rocks; (Geol) rocce granitiche granite rocks; (Geol) rocce ignee igneous rocks; (Geol) ~ magazzino (di petrolio) reservoir rock; (Geol) ~ magmatica magmatic rock; (Geol) rocce permeabili permeable rocks; (Geol) ~ piroclastica pyroclastic rock; (Geol) rocce scistose shale rocks; (Geol) ~ sedimentaria sedimentary rock.

rocciatore m. (f. **-trice**) (Alp) rock climber.

roccioso a. rocky: terreno ~ rocky soil.

rocco (pl. **-chi**) m. (Lit) crosier, crozier.

roccolo m. (Caccia) bird snare.

rock I m.inv. (Mus) rock. **II** a.inv. (Mus) rock: cantante ~ rock singer; concerto ~ rock concert.

rock and roll /rɔkendˈrɔl/ m.inv. (Mus) rock and roll, rock'n'roll.

rockettaro m. (f. **-a**) (Mus,colloq) rocker.

rockstar /ˈrɔkˌstar/, /ˈrɔkstar/ f.inv. (Mus,colloq) rockstar.

roco (pl. **-chi**) a. (rauco) hoarse.

rococò I a. (Art) rococo: stile ~ rococo style. **II** m. (Art) rococo.

rodaggio m. **1** (Mecc,Aut,Mot) running-in: fare il ~ di un'auto to run in a car. **2** (Mecc, Aut,Mot) (periodo) running-in period. **3** (fig) (periodo di adattamento) period of adjustment, period of adaptation, period of settling-in: essere in fase di ~ to be in the trial stage. □ (Aut) l'auto è in ~ the car is being run in.

Rodano n.pr.m. (Geog) Rhone.

rodare (ròdo) *v.t.* **1** (*Mecc,Aut,Mot*) to run in. **2** (*fig*) (*adattare*) to adjust, to adapt.

rodato *a.* **1** (*Mecc,Aut,Mot*) run-in: *motore ben ~* well run-in engine. **2** (*fig*) well-oiled, well-adjusted.

rodeo[1] *m.* rodeo.

rodeo[2] *m.* (*Itt*) bitterling.

rodere (*pres.ind.* **ródo**; *p.rem.* **rósi**; *p.p.* **róso**) I *v.t.* **1** (*rosicchiare*) to gnaw at, to nibble at: *~ un osso* to gnaw a bone. **2** (*intaccare coi denti*) to gnaw away, to nibble away, to eat into. **3** (*corrodere*) to corrode, to eat into. **4** (*fig*) to eat up, to eat into, to gnaw into: *l'invidia gli rode il fegato* envy is eating into him; *che cosa ti rode?* what's eating you?, what's bugging you? II *v.pron.* **rodersi** (*consumarsi*) to be eaten up, to be consumed (*di* with): *rodersi di gelosia* to be consumed with jealousy. □ (*colloq*) *rodersi il fegato* to eat one's heart out (*per* over); (*colloq*) *rodersi l'anima* to eat one's heart out (*per* over).

Rodi *n.pr.f.* (*Geog*) Rhodes.

rodiato *a.* (*Oref*) rhodium-plated.

rodico *a.* (*Chim*) rhodic.

rodigino I *a.* of Rovigno, from Rovigno. II *m.* (*f.* **-a**) (*originario*) native of Rovigno; (*abitante*) inhabitant of Rovigno.

rodimento *m.* **1** gnawing, nibbling. **2** (*corrosione*) corrosion, eating away. **3** (*fig*) torment, affliction.

rodio[1] *m.* (*Chim*) rhodium.

rodio[2] *m.* (*fig*) torment, affliction.

roditore I *m.* **1** rodent. **2** *pl.* (*Zool*) rodents, Rodentia. II *a.* gnawing (*anche fig*): *tarlo ~* gnawing woodworm; *il tarlo ~ della gelosia* the gnawing pangs of jealousy.

rodocrosite *f.* (*Min*) rhodochrosite.

rododendro *m.* (*Bot*) rhododendron.

Rodofite *f.pl.* (*Bot*) Rhodophyta.

Rodolfo *n.pr.m.* Rudolph.

rodomontata *f.* rodomontade, bragging.

rodomonte *m.* braggart, loudmouth. □ *fare il ~* to vaunt, to brag, to boast.

Rodrigo *n.pr.m.* Roderick.

roentgen *e der.* → **röntgen** *e der.*

rogare (rògo, ròghi) *v.t.* (*Dir*) **1** to request. **2** (*redigere*) to draw up (before a notary).

rogatario *m.* (*Dir*) drafter and certifier.

rogatoria *f.* (*Dir*) letter rogatory, letter of request.

rogatorio *a.* (*Dir*) rogatory.

rogazione *f.* **1** (*Stor.rom*) rogation. **2** *pl.* (*Lit*) rogations, Rogation Days.

roggia (*pl.* **-ge**) *f.* (*region*) artificial canal, irrigation ditch.

rogito *m.* (*Dir*) notarial document, notarial deed. □ (*Dir*) *fare il ~:* **1** to draw up a deed; **2** (*estens*) (*rif. all'acquisto di una casa*) to exchange deeds.

rogna *f.* **1** (*Veter*) mange, scabies. **2** (*Bot*) scab. **3** (*colloq*) (*noia, fastidio*) hassle, nuisance, trouble, bother, (*colloq*) bore: *sarà una bella ~!* it's going to be a real hassle; *cercare rogne* to be looking for trouble; *dare rogne a qcu.* to give so. hassle. □ (*pop, scherz*) *non andare via,* **non ho mica la** *~!* don't go away, you won't catch anything!

rognone *m.* (*Macell*) kidney: *~ di vitello* veal kidney.

rognoso *a.* **1** mangy, mangey, scabby. **2** (*Bot*) scabby. **3** (*fig*) (*noioso*) troublesome, bothersome.

rogo (*pl.* **-ghi**) *m.* **1** stake: *morire sul ~* to die at the stake; *essere condannato al ~* to be sent to the stake. **2** (*catasta per bruciare cadaveri*) pyre, funeral pyre. **3** (*fig*) (*incendio*) fire: *la casa diventò subito un ~* the house was soon ablaze. □ *fare un ~ di qcs.* to

burn sth.; *ho fatto un ~ dei miei libri* I made a bonfire of my books.

ROK *Corea del Sud* ROK (South Korea).

Rolando *n.pr.m.* Roland.

rollare (ròllo) I *v.t.* **1** (*arrotolare*) to roll up. **2** (*pop*) (*preparare per fumare*) to roll: *~ una sigaretta* to roll a cigarette; *rollarsi uno spinello* to roll a joint. II *v.i.* (*aus.* **avere**) (*Mar, Aer*) (*rullare*) to roll.

rollata *f.* (*Mar,Aer*) rolling.

roll bar *m.inv.* (*Aut*) roll bar.

roller *m.* **1** (*penna*) rollerball pen. **2** *pl.* (*Sport*) rollerblades.

rollerblades /'rɔllerblejdz/ *m.pl.* (*Sport*) rollerblades.

rollino *m.* (*Fot*) roll.

rollio *m.* (*Mar,Aer*) roll, rolling.

rollometro *m.* (*Mar*) oscillometer.

ROM (*Inform*) memoria di sola lettura ROM (Read-Only Memory).

Roma *n.pr.f.* (*Geog*) Rome. □ (*fig*) *andare a ~ e non vedere il papa* to leave out the most important thing. *Prov.:* *~ non fu fatta in un giorno* Rome wasn't built in a day.

romagnolo I *a.* of Romagna, from Romagna. II *m.* (*f.* **-a**) (*originario*) native of Romagna; (*abitante*) inhabitant of the Romagna region.

romaico I *a.* (*pl.* **-ci**) (*Ling*) Romaic. II *m.* (*Ling*) Romaic.

romanamente *avv.* in the Roman way, like a Roman.

romancio I *a.* Romansh (*attr.*), Romansch (*attr.*). II *m.* Romansh, Romansch.

Romandia *f.* (*Svizz.it*) French Switzerland.

romando I *a.* French-speaking. II *m.* (*f.* **-a**) Swiss French.

romanesco (*pl.* **-chi**) I *a.* Roman. II *m.* (*dialetto*) Roman dialect.

Romani *m.pl.* (*Bibl*) Romans.

Romania *n.pr.f.* (*Geog*) Rumania, Romania.

romanico (*pl.* **-ci**) I *a.* (*Art*) Romanesque, (*in Gran Bretagna*) Norman: *stile ~* Romanesque style, (*in Gran Bretagna*) Norman style. II *m.* Romanesque, (*in Gran Bretagna*) Norman style.

romanismo *m.* (*Ling*) idiom of the Roman dialect.

romanista I *m./f.* **1** (*Filol,Dir,Art*) Romanist. **2** (*giocatore*) Roma (F.C.) player. **3** (*tifoso*) Roma (F.C.) fan. II *a.* Roma F.C. (*attr.*).

romanistica *f.* **1** (*Filol*) Romance philology. **2** (*Dir*) study of Roman law.

romanistico (*pl.* **-ci**) *a.* **1** (*Filol*) of Romance philology. **2** (*Dir*) Romanistic.

romanità *f.* **1** Roman spirit, Romanity. **2** (*Stor*) (*popoli che riconoscevano l'autorità di Roma*) Roman world.

romanizzare (romanìzzo) I *v.t.* to Romanize. II *v.pron.* **romanizzarsi** to become Roman.

romano I *a.* **1** Roman: *impero ~* Roman Empire. **2** (*Rel*) Roman, Roman Catholic: *rito ~* Roman rite. **3** (*Tip*) roman, roman type: *carattere ~ antico* old roman letter. II *m.* (*f.* **-a**) Roman; (*originario*) native of Rome; (*abitante*) inhabitant of Rome. □ *alla romana* Roman style, in the Roman way; (*colloq*) *pagare alla romana* to go Dutch; (*scherz*) *un ~ di Roma* a true-born Roman.

romanticamente *avv.* romantically.

romanticheria *f.* mawkishness, sentimentality.

romanticismo *m.* **1** (*Stor,Art,Lett*) Romanticism. **2** (*atteggiamento culturale*) romanticism: *il ~ del Manzoni* the romanticism of Manzoni. **3** (*sentimentalismo*) romanticism, sentimentality.

romantico (*pl.* **-ci**) I *a.* **1** (*Stor,Art,Lett*) Ro-

mantic: *poeta ~* Romantic poet. **2** (*estens*) romantic: *letteratura romantica* romantic writing; *passeggiata romantica* romantic walk. II *m.* **1** Romantic, Romanticist. **2** (*f.* **-a**) (*persona incline al sentimentalismo*) romantic, sentimentalist: *fare il ~* to be romantic.

romanticume *m.* (*spreg*) romantic nonsense.

romanza *f.* **1** (*Mus*) romance, romanza. **2** (*Lett*) romance.

romanzare (romànzo) *v.t.* **1** (*narrare in forma di romanzo*) to fictionalize, to turn (sth.) into a novel. **2** (*aggiungere elementi romanzeschi*) to romance, to romanticize.

romanzato *a.* novelized, fictionalized.

romanzesco I *a.* (*pl.* **-chi**) **1** of a novel, novel (*attr.*), fiction (*attr.*), fictional: *letteratura romanzesca* novels, novel writing. **2** (*relativo al romanzo medievale*) romantic: *poema ~* romantic epic. **3** (*estens*) (*non storico*) fictional, fictitious: *un racconto con elementi romanzeschi* a tale with fictional elements. **4** (*fig*) (*straordinario*) fantastic, fabulous: *impresa romanzesca* fantastic feat. **5** (*fig*) (*avventuroso*) adventurous. II *m.* fantastic, incredible: *avere del ~* to partake of the fantastic, to be far-fetched.

romanzetto *m.* **1** novelette, light novel. **2** (*fig*) (*relazione amorosa*) love affair, romance.

romanziere *m.* (*f.* **-a**) (*Lett*) novelist.

romanziero *m.* (*lett*) collection of romances.

romanzo[1] *a.* **1** (*Ling*) Romance, Romanic: *filologia romanza* Romance philology. **2** (*che riguarda la romanistica*) Romanistic.

romanzo[2] *m.* **1** (*Lett*) novel; (*nel medioevo*) romance. **2** (*fig*) (*vicenda complessa*) novel, story: *la sua vita sembra un ~* his life is like a novel. **3** (*genere narrativo*) fiction. □ *~ a fumetti* comic-strip story; *~ a sensazione* sensational novel; *~ a tesi* novel with a message; *~ breve* short story, novelette; (*Lett*) *~ cavalleresco* romance of chivalry; *~ d'amore* love story; *~ di appendice* serial story; *~ di avventure* adventure story; (*Lett*) *~ di fantascienza* science fiction novel; (*Lett*) *~ epistolare* epistolary novel; (*Lett*) *~ fantascientifico* science fiction novel; *~ fiume* saga, roman-fleuve; *~ giallo* crime story, detective story, murder story, thriller; (*Lett*) *~ gotico* Gothic novel; *~ nero* Gothic novel; *~ picaresco* picaresque novel; *~ radiofonico* radio play; (*Lett*) *~ rosa* romantic novel, love novel; (*Teat,TV*) *~ sceneggiato* novel adapted for the stage or television; (*Lett*) *~ storico* historical novel.

rombare (rómbo; *aus.* **avere**) *v.i.* **1** to rumble, to roar, to thunder, to roll: *il cannone rombava* the cannon thundered, the cannon roared. **2** (*rif. a motore*) to roar; (*rif. a tuono*) to rumble, to roll.

rombico (*pl.* **-ci**) *a.* (*Geom,Min*) rhombic.

rombo[1] *m.* **1** roar, rumble. **2** (*del cannone*) roar, thunder, roll. **3** (*del motore*) roar. **4** (*del tuono*) roar, roll.

rombo[2] *m.* **1** (*Geom*) rhomb, rhombus; (*losanga*) lozenge, diamond. **2** (*Mar*) point, rhumb. □ *a rombi* with diamonds; *un tessuto a rombi* diamond-patterned fabric.

rombo[3] *m.* (*Itt*) turbot.

romboedrico (*pl.* **-ci**) *a.* (*Geom*) rhombohedral.

romboedro *m.* (*Geom*) rhombohedron.

romboidale *a.* (*Geom*) rhomboid, rhomboidal.

romboide *m.* **1** (*Geom*) rhomboid. **2** (*Anat*) rhomboid, rhomboid muscle, rhomboideus.

romeno *a./m.* → **rumeno**.

romeo *m.* (*f.* **-a**) **1** (*ant*) pilgrim going to Rome. **2** (*pellegrino*) pilgrim.

Romeo *n.pr.m.* Romeo. ☐ (*Lett*) ~ *e Giulietta* Romeo and Juliet.

romice *f.* (*Bot*) dock.

romitaggio *m.* hermitage (*anche estens*).

romito *a.* (*lett*) solitary, lonely.

romitorio *m.* hermitage.

Romolo *n.pr.m.* Romulus.

rompere (*pres.ind.* **rómpo**; *p.rem.* **rùppi**; *p.p.* **rótto**) **I** *v.t.* **1** to break: ~ *un bastone in due* to break a stick in two; ~ *una gamba a qcn.* to break so.'s leg. **2** (*spaccare*) to break (into pieces), to shatter, to smash: ~ *un bicchiere* to smash a glass. **3** (*lacerare, stracciare*) to tear, to rip, to split: ~ *i calzoni* to tear one's trousers. **4** (*far saltare, spezzare*) to break, to burst: ~ *le catene* to break one's chains. **5** (*sfondare*) to break, to break down, to break through, to burst: *il fiume ruppe gli argini* the river broke its banks. **6** (*fendere, aprirsi un varco*) to force one's way through, to elbow one's way through, to break, to break through: ~ *la calca* to force one's way through the crowd. **7** (*guastare*) to break, (*colloq*) to bust: ~ *un giocattolo* to break a toy. **8** (*fig*) (*interrompere*) to break, to break off: ~ *il silenzio* to break the silence; ~ *le relazioni diplomatiche* to break off diplomatic relations; ~ *le trattative* to break off negotiations. **9** (*sospendere*) to break, to break off, to stop: ~ *il digiuno* to break one's fast. **10** (*fig*) (*violare*) to break, to violate, to fail to keep: ~ *un patto* to violate a pact. **II** *v.i.* (*aus. avere*) **1** to break off, to break up: *ha rotto già da tempo con la famiglia* he broke off with his family some time ago. **2** (*fratturarsi*) to break: *rompersi una gamba* to break one's leg. **3** (*prorompere*) to burst, to break (*in into*): ~ *in lacrime* to burst into tears. **4** (*Equit*) to break. **5** (*pop*) to be a nuisance, to be a pain in the neck. **III** *v.pron.* **rompersi 1** to break: *il bastone si è rotto* the stick broke. **2** (*andare in pezzi*) to break into pieces, to shatter. **3** (*strapparsi*) to tear, to rip, to break. **4** (*guastarsi*) to break, to break down, (*colloq*) to burst: *l'orologio si è rotto* the clock has broken. **5** (*fig,colloq*) (*seccarsi*) to be fed up (*di* with). ☐ (*volg*) ~ *i coglioni a qcu.* (*Br*) to piss so. off, to be a pain in the arse to so., (*Am*) to be a pain in the ass to so.; ~ *i rapporti* to sever relations, to break off relations; (*colloq*) ~ *i timpani a qcu.* (*assordarlo*) to deafen so.; (*fig*) *rompersi il capo su qcs.* to rack one's brains over sth.; *rompersi il collo* to break one's neck; ~ *il fidanzamento con qcu.* to break off an engagement with so.; (*fig*) ~ *il ghiaccio* to break the ice; (*colloq*) ~ *il muso a qcu.* to smash so.'s face; ~ *il silenzio* to break the silence; (*Equit*) ~ *il trotto* to break; ~ *la monotonia* to break the monotony; *rompersi la schiena* to break one's back (*anche fig*); *rompersi la testa*: **1** to break one's head; **2** (*fig*) to rack one's brains; (*Equit*) ~ *l'andatura* to break the pace; (*colloq*) ~ *l'anima a qcu.* to pester so., to drive so. mad, to get on so.'s nerves, to annoy so.; ~ *l'assedio* to raise the siege; (*colloq*) ~ *le corna a qcu.* to hit so. hard; *rompersi le corna* to get the worst of it; ~ *le dighe*: **1** to burst the banks; **2** (*fig*) to burst all barriers; (*Mil*) *rompete le file!* break ranks!; (*scherz*) ~ *le ossa a qcu.* to give so. a hiding, (*colloq*) to beat so. up; (*volg*) ~ *le palle a qcu.* (*seccarlo*) to break so.'s balls, to be a pain in the arse to so., (*Am*) to be a pain in the ass to so., to piss so. off,; *mi sono rotto le palle* I got pissed off; *mi hai rotto le palle* you pissed me off;

(*fig*) ~ *le reni a qcu.* to give so. a good hiding, to give so. a good thrashing; (*Mil*) *rompete le righe!* break ranks!; (*colloq,fig*) ~ *le scatole a qcu.* to be a nuisance to so., to be a damned nuisance to so., to get on so.'s nerves, to pester the life out of so., to annoy the heck out of so.; (*pop*) ~ *le tasche a qcu.* (*seccarlo*) to be a pain in the neck to so.; (*pop*) *non rompermi le tasche!* don't bother me!, don't be a nuisance!; (*fig*) ~ *le uova nel paniere a qcu.* to upset one's applecart, to throw a spanner in the works, (*Am*) to throw a (monkey) wrench in the works; ~ *l'equilibrio* to upset the equilibrium; ~ *l'incantesimo* to break the spell; *il nemico ha rotto lo schieramento* the enemy has broken the front, the enemy has broken the front lines. *Prov.: chi rompe paga (e i cocci sono suoi)* all breakages must be paid for, (*colloq*) you break it you bought it.

rompi *m./f.inv.* (*colloq*) (*rompiscatole*) pest, pain in the neck.

rompiballe *m./f.inv.* (*volg*) pain in the arse, (*Am*) pain in the ass.

rompibile *a.* breakable.

rompicapo *m.* **1** (*indovinello*) riddle, puzzle; (*in enigmistica*) brain teaser. **2** (*preoccupazione, fastidio*) worry, trouble, (*colloq*) headache.

rompicazzo, rompicoglioni *m./f.inv.* (*volg*) pain in the arse, (*Am*) pain in the ass.

rompicollo *m.* (*persona sconsiderata*) daredevil, madcap. ☐ *a* ~ at breakneck pace: *correre a* ~ to run at (a) breakneck pace.

rompigetto *m.inv.* (*Idr*) diffuser head.

rompighiaccio *m.inv.* **1** (*Mar*) ice-breaker. **2** (*arnese per rompere il ghiaccio*) ice pick.

rompimento *m.* **1** (*atto*) breaking; (*effetto*) break. **2** (*colloq*) (*seccatura*) nuisance, hassle. ☐ (*colloq*) ~ *di scatole* pain in the neck.

rompipalle *m./f.inv.* (*volg*) pain in the arse, (*Am*) pain in the ass.

rompiscatole *m./f.inv.* (*colloq*) pest, pain in the neck.

Ronaldo *n.pr.m.* Ronald.

ronca *f.* (*Agr*) bill hook, brush hook.

roncatura *f.* (*Agr*) pruning.

roncinato *a.* (*Bot*) runcinate.

Roncisvalle *n.pr.f.* (*Geog*) Roncesvalles.

roncola *f.* (*Agr*) bill hook, brush hook.

roncolare (**róncolo**) *v.t.* (*Agr,rar*) to prune.

roncolo *m.* (*Agr*) pruning knife, gardening knife.

ronda *f.* **1** (*Mil*) rounds *pl.*, watch: *essere di* ~ to be on watch. **2** (*pattuglia*) patrol, round, watch. ☐ *fare la* ~ to go the rounds, to make one's rounds, to patrol; (*fig,ant*) *fare la* ~ *a una ragazza* to court a girl.

rondella *f.* (*Mecc*) washer. ☐ (*Mecc*) ~ *di spessore* spacing washer; (*Mecc*) ~ *elastica* spring washer.

rondello *m.* (*Mus*) rondel, rondelle, rondeau.

rondine *f.* (*Ornit*) swallow. ☐ ~ *di mare*: **1** (*Ornit*) sea swallow; **2** (*Itt*) (*pesce rondine*) flying robin, flying gurnard. *Prov.: una ~ non fa primavera* one swallow does not make a summer.

rondò[1] *m.* **1** (*Mus*) rondo. **2** (*Lett*) rondeau.

rondò[2] *m.* (*Strad*) roundabout, (*Am*) rotary, (*Am*) traffic circle.

rondone *m.* (*Ornit*) swift, common swift.

ronfare (**rónfo**; *aus. avere*) *v.i.* **1** (*colloq*) (*russare*) to snore. **2** (*rar*) (*rif. a gatti: fare le fusa*) to purr.

röntgen /ˈrœntgen/ *m.inv.* (*Fis*) roentgen, röntgen.

röntgenterapia /ˌrœntgen-/ *f.* (*Med*) roent-

genotherapy.

ronzare (**rónzo**; *aus. avere*) *v.i.* **1** (*rif. a insetti*) to buzz, to hum, to drone. **2** (*estens*) to hum, to drone: *si sentiva* ~ *un motore* an engine could be heard humming. **3** (*fig*) (*girare intorno*) to go about, to go around. **4** (*fig*) (*fare la corte*) to swarm (*intorno a* around), to court (*intorno a qcu.* so.). **5** (*fig*) (*rif. a idee e sim.: mulinare*) to buzz around: *un'idea mi ronza in testa* an idea keeps buzzing around in my head. ☐ *mi ronzano gli orecchi* my ears are ringing, my ears are tingling.

ronzinante *m.* (*cavallo*) nag, jade, hack.

Ronzinante *m.* (*Lett*) Rosinante.

ronzino *m.* (*spreg,scherz*) nag, hack, jade.

ronzio *m.* **1** (*rif. a insetti*) buzz, buzzing, hum, humming, drone. **2** (*estens*) hum, drone, buzz: *il* ~ *del motore* the drone of the engine. ☐ (*Med*) ~ *auricolare* tinnitus; *sento un* ~ *negli orecchi* I hear a ringing in my ears, I hear a buzzing in my ears, my ears are buzzing.

rorido *a.* (*poet*) **1** (*rugiadoso*) dewy. **2** (*bagnato*) wet, moist.

Ro-ro *a.inv.* (*Mar*) Ro-ro, roll on roll off.

ROS *Raggruppamento Operativo Speciale* (special Carabinieri task force).

rosa **I** *f.* **1** (*Bot*) rose: *un mazzo di rose* a bouquet of roses. **2** (*fig*) (*cerchia, gruppo*) shortlist: *la* ~ *dei candidati* the shortlist. **3** (*Arch*) (*rosone*) rose window. **4** (*Mus*) (*rif. a violini e sim.*) sound hole. **5** (*Oref*) (*taglio*) rose, rose cut; (*pietra preziosa*) rose, rose diamond, rose-cut diamond. **6** (*ciuffo ribelle*) cowlick. **II** *m.inv.* (*colore*) pink. **III** *a.inv.* **1** pink: *vestito* ~ pink dress. **2** (*Lett,Cin*) romantic, love (*attr.*): *un film* ~ a romantic comedy (film). ☐ (*Bot*) ~ *a cespuglio* bush rose; ~ *antico* old rose; (*Bot*) ~ *canina* dog rose; ~ *carne* skin pink; ~ *confetto* candy pink; (*Bot*) ~ *damascena* damask rose; *la* ~ *dei nomi* the list of names, the shortlist; (*Meteor*) ~ *dei venti* wind rose; ~ *del deserto* rock rose, desert rose; (*Mar*) ~ *della bussola* compass rose, compass card; (*Bot*) ~ *di Natale* Christmas rose; (*fig*) *non sono tutte rose e fiori* they are not as rosy as they seem, it's not all a bed of roses; (*fig*) *se son rose fioriranno* the proof of the pudding is in the eating, time will tell; ~ *pastello* pastel pink; ~ *pesca* peach pink; (*Bot*) ~ *rampicante* rambler, rambling rose; ~ *shocking* shocking pink; (*Bot*) ~ *tea* tea rose. *Prov.: non c'è* ~ *senza spine* there's no rose without a thorn.

Rosa *n.pr.f.* Rose.

rosacea *f.* (*Med*) rosacea, acne rosacea.

rosacee *f.pl.* (*Bot*) rosaceans, Rosaceae.

rosaceo *a.* rosaceous.

rosacrociani *m.pl.* (*Stor*) Rosicrucians.

rosaio *m.* **1** (*roseto*) rosary. **2** (*pianta*) rose-bush.

Rosalia *n.pr.f.* Rosalie.

Rosalinda *n.pr.f.* Rosalind.

Rosamunda *n.pr.f.* Rosamund, Rosamond.

rosanero **I** *a.* of Palermo football club. **II** *m.* **1** (*giocatore*) Palermo (F.C.) player. **2** (*tifoso*) Palermo (F.C.) fan.

rosario *m.* **1** (*Rel*) rosary: *recitare il* ~ to say the rosary, to tell one's beads. **2** (*fig*) series, succession.

rosatello *m.* (*Enol*) rosé.

rosato **I** *a.* **1** rosy, pink, rose-coloured, (*Am*) rose-colored: *guance rosate* rosy cheeks. **2** (*che contiene essenza di rose*) rose: *aceto* ~ rose-vinegar; *acqua rosata* rose-water. **II** *m.* (*Enol*) rosé.

rosbif *m.* (*Gastron*) roast-beef.

rosé **I** *a.* (*Enol*) rosé. **II** *m.inv.* (*Enol*) rosé.

roseo *a.* **1** rosy, rose-coloured, (*Am*)

rose-colored, pink, (*lett*) roseate: *guance ro-see* rosy cheeks. **2** (*fig*) rosy, bright: *avvenire ~* rosy future.

roseola *f.* (*Med*) roseola, rose rash.

roseto *m.* **1** rosary. **2** (*pianta*) rose-bush.

rosetta *f.* **1** (*Oref*) (*taglio*) rose, rose cut; (*pietra*) rose diamond, rose-cut diamond, rose. **2** (*coccarda*) rosette. **3** (*rotella dello sperone*) rowel. **4** (*Bot*) rosette. **5** (*Mecc*) washer. **6** (*Gastron*) rose-shaped roll.

rosi → **rodere**.

rosicanti *m.pl.* (*Zool*) rodents, Rodentia.

rosicare (**rósico, rósichi**) *v.t.* to nibble, to gnaw (at): *~ un osso* to gnaw a bone.

rosicatura *f.* nibbling, gnawing.

rosicchiamento *m.* nibbling, gnawing.

rosicchiare (**rosìcchio, rosìcchi**) *v.t.* to nibble, to gnaw at.

rosichio *m.* (*rar*) nibbling, gnawing.

rosicoltore *m.* (*f.* **-trice**) (*Giard*) rose grower.

rosicoltura *f.* (*Giard*) rose growing.

rosignolo *m.* (*lett*) (*usignolo*) nightingale.

rosignuolo *m.* (*lett*) (*usignolo*) nightingale.

rosmarino *m.* (*Bot,Alim*) rosemary.

Rosmunda *n.pr.f.* (*Stor*) Rosamund.

roso → **rodere** *a.* **1** gnawed, eaten: *~ dai vermi* (o *~ dai tarli*) worm-eaten. **2** (*estens*) eaten away, worn away, worn: *una pietra rosa dal tempo* a timeworn stone. ☐ *essere ~ dalla gelosia* to be consumed with jealousy.

rosolaccio *m.* (*Bot*) (*papavero*) corn poppy, field poppy.

rosolare (**ròsolo**) **I** *v.t.* (*Gastron*) to brown. **II** *v.pron.* **rosolarsi** (*Gastron*) to brown. ☐ (*fig*) *rosolarsi al sole* to bake in the sun.

rosolata *f.* (*Gastron*) browning.

rosolato *a.* (*Gastron*) brown, browned.

rosolatura *f.* (*Gastron*) browning.

rosolia *f.* (*Med*) German measles (*costr.sing. o pl.*), rubella.

rosolida *f.* (*Bot*) sundew.

rosolio *m.* rosolio.

rosone *m.* (*Arch*) **1** (*motivo ornamentale*) rosette. **2** (*finestra circolare*) rose window. ☐ (*Arch*) *~ da soffitto* ceiling rose.

rospo *m.* **1** (*Zool*) toad. **2** (*fig,spreg*) (*persona ripugnante*) fright, toad, hideous person, loathsome person; (*persona scontrosa*) unsociable person, (*Br,colloq*) wet, (*Am,colloq*) drip. ☐ (*Zool*) *~ ostetrico* obstetrical toad; (*Zool*) *~ smeraldino* green toad.

Rossana *n.pr.f.* Roxane.

rossastro *a.* reddish, ruddy.

rosseggiante *a.* reddening: *cielo ~* reddening sky.

rosseggiare (**rosséggio, rosséggi**; *aus.* **avere**) *v.i.* **1** (*tendere al rosso*) to redden, to turn red, to become reddish, to become ruddy. **2** (*apparire rosso*) to be reddish.

rossetta *f.* (*Zool*) fruit bat.

rossetto *m.* (*Cosmet*) lipstick: *mettersi il ~* (o *darsi il ~*) to put on lipstick. ☐ (*Cosmet*) *~ indelebile* indelible lipstick.

rossiccio I *a.* reddish, ginger. **II** *m.* reddish colour, ginger.

rosso I *a.* **1** red: *una cravatta rossa* a red tie. **2** (*Pol*) (*comunista*) red. **II** *m.* **1** (*il colore*) red: *diventare ~* to blush, to go red. **2** (*l'essere rosso*) redness: *il ~ delle labbra* the redness of the lips. **3** (*f.* **-a**) (*persona dai capelli rossi*) red-head, (*colloq,scherz*) carrot-top. **4** (*sostanza rossa*) red, red substance. **5** (*nella roulette*) rouge: *puntare sul ~* to play the rouge. **6** (*Econ*) red: *essere in ~* to be in the red. **7** (*Pol*) (*comunista*) red. **8** (*Alim*) (*tuorlo d'uovo*) yolk, egg yolk. **9** (*Enol*) red wine, red. **10** (*Comm*) debit side, (*colloq*) red. **11**

(*Chim*) red: *~ d'anilina* aniline red. **12** (*Strad*) red light: *passare con il ~* to cross on the red light, to go through the red light, to run a red light. ☐ *~ acceso* bright red; *~ bandiera* pillar-box red; *~ cardinale* cardinal, cardinal red; *~ carminio* carmine; *~ ciliegia* cherry-red; *~ come il sangue* blood-red; *~ come la brace* glowing red, fiery red; *~ come un gambero* as red as a lobster; *~ come un peperone* (o *~ come un pomodoro*) as red as a lobster, as red as a beetroot; *diventare ~ come un pomodoro* to turn as red a s a beetroot; *~ corallo* coral red; *di ~* red, in red: *vestire di ~* to dress in red, to wear red; *~ di vergogna* blushing with shame, red-faced: *era ~ di vergogna* he turned red; *~ fiamma* flame red; *~ fiammante* bright red, flaming red; *~ fragola* strawberry red; *~ fulvo* tawny red; *~ fuoco* bright red, flaming red; (*Comm, Econ*) *essere in ~* to be in the red; *~ mattone* brick red; *~ papavero* poppy red; (*Pitt*) *~ pompeiano* Pompeian red; *~ porpora* purple red; *~ sangue* blood-red; *~ scuro* dark red; *~ tango* tangerine; *~ Tiziano* Titian, Titian red, auburn; *~ vescovo* bishop's violet, bishop's purple; *~ vivo* bright red. *Prov.*: *~ di sera, bel tempo si spera, ~ di mattina, la pioggia s'avvicina* red sky at night, shepherd's delight, red sky in the morning, shepherd's warning.

rossoblù I *m.* **1** (*giocatore: del Bologna*) Bologna (F.C.) player; (*del Genoa*) Genoa (F.C.) player. **2** (*tifoso: del Bologna*) Bologna (F.C.) fan; (*del Genoa*) Genoa (F.C.) fan. **II** *a.* **1** (*del Bologna*) Bologna F.C. (*attr.*). **2** (*del Genoa*) Genoa F.C. (*attr.*).

rossonero I *m.* **1** (*giocatore*) A.C. Milan player. **2** (*f.* **-a**) (*tifoso*) A.C. Milan fan. **II** *a.* A.C. Milan (*attr.*).

rossore *m.* blush, flush. ☐ *sentirsi salire il ~ alle guance* to blush, to go red.

rosta *f.* (*inferriata*) fanlight, skylight.

rosticceria *f.* rotisserie, (*Am*) delicatessen.

rosticciere *m.* (*f.* **-a**) rotisserie owner.

rosticcio *m.* (*Met*) dross.

rostrato *a.* (*Mar,ant,Zool*) rostrate, rostrated.

rostro *m.* **1** (*Mar*) rostrum. **2** (*Ornit,Zool*) rostrum. **3** (*Edil*) cutwater. **4** *pl.* (*Stor.rom*) rostra. ☐ (*Aut,ant*) *~ del paraurti* overrider, (*Am*) bumper guard.

Rota *f.* (*Dir.can*) Sacred Roman Rota.

rotabile I *a.* **1** (*rif. a strade*) carriage (*attr.*). **2** (*rif. a materiali e sim.*) rolling (*attr.*). **II** *f.* (*Strad*) carriage road.

rotacismo *m.* (*Ling*) rhotacism.

rotacizzare (**rotacìzzo**) **I** *v.t.* (*Ling*) to rhotacize. **II** *v.pron.* **rotacizzarsi** (*Ling*) to rhotacize.

rotacizzazione *f.* (*Ling*) rhotacism.

rotaia *f.* **1** (*Ferr*) rail, track. **2** (*solco della ruota*) wheel rut, wheel track. ☐ *~ di smistamento* switch rail, shunt rail.

rotante *a.* rotating, revolving: *campo ~* rotating field.

rotare → **ruotare**.

rotariano I *a.* (*del Rotary Club*) Rotarian, of the Rotary Club. **II** *m.* (*f.* **-a**) Rotarian, member of the Rotary Club.

rotativa *f.* (*Tip*) rotary press. ☐ (*Tip*) *~ a stampa piana* flatbed rotary press; (*Tip*) *~ offset* offset rotary press; (*Tip*) *~ rotocalco* photogravure rotary press.

rotativo *a.* **1** rotating, rotative, rotatory. **2** (*che avviene per avvicendamento*) rotating, rotation (*attr.*).

rotatoria *f.* (*Strad*) roundabout sign, (*Am*) traffic circle sign.

rotatorio *a.* rotatory, rotating, rotative, rotary:.

rotazionale *a.* rotational.

rotazione *f.* **1** (*avvicendamento*) rotation, alternation. **2** (*Astr*) rotation. **3** (*Sport*) (*nel salto con l'asta*) turn. **4** (*Ginn*) rotation; (*alla sbarra fissa*) circle, swing. **5** (*Agr*) rotation, crop rotation. ☐ (*Tecn*) *~ antioraria* anti-clockwise rotation, (*Am*) counter-clockwise rotation; (*Ling*) *~ consonantica* consonant shift, consonant shifting; *la ~ dei turni*: **1** shift rotation, alternation of shifts; **2** (*estens*) shift system; (*Econ*) *~ del capitale* asset turnover; *~ del personale* staff rotation; *~ delle scorte* inventory turnover; *~ in senso antiorario* anti-clockwise rotation, (*Am*) counter-clockwise rotation; (*Tecn*) *~ in senso orario* (o *~ oraria*) clockwise rotation; *~ terrestre* rotation of the earth; (*Agr*) *~ triennale* three-crop rotation system.

roteare (**ròteo**) **I** *v.t.* to whirl, to roll, to swing, to turn, to rotate: *~ gli occhi* to roll one's eyes; *~ la spada* to whirl one's sword. **II** *v.i.* (*aus.* **avere**) to wheel, to turn, to turn round, to whirl.

roteazione *f.* rotation, whirling, wheeling.

rotella *f.* **1** (*piccola ruota*) wheel; (*dei pattini*) roller; (*dei bicicletta*) trainer wheel; (*di mobili e sim.*) castor. **2** (*dello sperone*) rowel. **3** (*Mecc*) roller: *~ di arresto* grip roller. **4** (*Anat*) (*rotula*) rotula, knee cap. **5** (*Mil,ant*) buckler, round shield. ☐ *a rotelle* (*rif. a mobili*) on wheels, on castors; *essere solo una ~ dell'ingranggio* to be a tiny cog in the machine; *~ metrica* tape-measure, measuring tape; *~ tagliapasta* pastry cutter.

rotifero *m.* (*Zool*) rotifer: *i rotiferi* the rotifers, the rotiferans, the Rotifera.

rotismo *m.* (*Mecc*) wheelwork, gears *pl.*

rotocalco *m.* (*pl.* **-chi**) **1** (*Tip*) rotogravure. **2** (*Giorn*) magazine, illustrated magazine. ☐ (*Tip*) *stampare a ~* to print by the rotogravure process.

rotocalcografia *f.* (*Tip*) rotogravure.

rotocalcografico (*pl.* **-ci**) *a.* (*Tip*) rotogravure (*attr.*): *procedimento ~* rotogravure process.

rotolamento *m.* rolling.

rotolare (**ròtolo**) **I** *v.t.* to roll, to turn over and over: *~ una botte* to roll a barrel. **II** *v.i.* (*aus.* **essere**) to roll, to turn over and over: *il masso rotolò giù per la scarpata* the boulder rolled down the slope. **III** *v.pron.* **rotolarsi** to roll: *il cane si rotolava nell'erba* the dog was rolling in the grass; *rotolarsi per terra* to roll on the floor. ☐ *~ per le scale* to tumble down the stairs.

rotolio *m.* rolling.

rotolo *m.* **1** roll: *un ~ di carta igienica* a roll of toilet paper. **2** (*Paleogr*) scroll. **3** (*Gastron*) roll. ☐ (*fig*) *a rotoli* (*in rovina*) to rack and ruin, (*colloq*) to the dogs: *andare a rotoli* to go to rack and ruin; *mandare a rotoli* to ruin.

rotolone *m.* (*colloq*) fall, tumble: *fare un ~ per le scale* to fall down the stairs, to tumble down the stairs.

rotoloni *avv.* rolling, tumbling: *cadde giù ~* he rolled head over heels down, he tumbled down.

rotonda *f.* **1** (*Strad*) (*rotatoria*) roundabout, (*Am*) traffic circle. **2** (*Arch*) rotunda. **3** (*Arch*) (*terrazza*) round terrace.

rotondeggiante *a.* roundish.

rotondeggiare (**rotondéggio, rotondéggi**; *aus.* **avere**) *v.i.* to become round, to get round.

rotondetto *a.* roundish.

rotondità *f.* **1** roundness, rotundity. **2** (*fig*) (*armonia*) rotundity. **3** *pl.* (*scherz*) (*rif. al corpo*) curves.

rotondo I *a.* **1** round: *la terra è rotonda* the

earth is round. **2** (*rotondeggiante*) round, roundish: *mento* ~ round chin. **3** (*arrotondato*) rounded. **4** (*grassoccio*) plump, chubby, round. **5** (*fig*) (*armonico*) rotund, round. **II** *m.* round part, rotundity.

rotore *m.* (*Tecn*) rotor. ☐ (*El*) ~ *ad anelli* slip-ring rotor; (*El*) ~ *bipolare* two-pole rotor; (*Aer*) ~ *dell'elicottero* helicopter rotor.

rotta[1] *f.* (*Mar,Aer*) course, route: *essere fuori* ~ to be off course. ☐ *essere in* ~ *di collisione* to be on a collison course (*anche fig*); *fare* ~ *per* to head for; ~ *obbligata* prescribed route; (*Mar*) ~ *oceanica* ocean line; (*Mar*) *tenere la* ~ to stay on course, to sail on course.

rotta[2] *f.* **1** (*disfatta*) rout, defeat, disorderly retreat: *la* ~ *di Roncisvalle* the defeat at Roncesvalles. **2** (*breccia*) breach, break. **3** (*rottura di buone relazioni*) dispute, conflict, bad terms *pl.*: *essere in* ~ *con la famiglia* to be on bad terms with one's family, to be in conflict with one's family. ☐ *a* ~ *di collo* headlong, at breakneck speed: *correre a* ~ *di collo* to rush along at breakneck speed.

rottamaggio *m.* (*rar*) scrapping, (*Am*) wrecking.

rottamaio *m.* scrap dealer, breaker.

rottamare (**rottàmo**) *v.t.* to scrap, (*Am*) to wreck.

rottamato *a.* scrapped, (*Am*) wrecked.

rottamazione *f.* **1** scrapping, (*Am*) wrecking. **2** (*Comm*) trade-in incentive: *rottamazione dei motorini inquinanti* trade-in incentive for air-polluting mopeds.

rottame I *m.* **1** scrap, wreck: *un ammasso di rottami* a pile of scraps. **2** (*veicolo*) wreck, write-off. **3** (*fig*) (*rif. a persone*) wreck. **4** *pl.* (*Met*) scrap (*costr.sing.*): *rottami di acciaio* steel scrap; *rottami di ferro* scrap-iron.

rotto → **rompere** *a.* **1** broken: *un piatto* ~ a broken dish. **2** (*lacerato, stracciato*) torn, ripped, rent, split: *calzoni rotti* torn trousers. **3** (*guasto*) broken, broken down, out of order, (*colloq*) bust: *il nostro televisore è* ~ our television is broken. **4** (*Med*) (*fratturato*) broken, fractured: *una gamba rotta* a broken leg. **5** (*fig*) (*interrotto*) broken, interrupted: *parole rotte dal pianto* words interrupted by sobs. **6** (*fig*) (*rif. a persona*: assuefatto, abituato) inured, hardened, accustomed: *essere* ~ *alle fatiche* to be accustomed to hard work. **7** (*colloq*) (*indolenzito*) aching, tired: *avere le gambe rotte* to have aching legs. ☐ (*fig*) *uscire per il* ~ *della cuffia* to get through by the skin of one's teeth; *e rotti odd*: *questo oggetto costa venti euro e rotti* this object costs twenty euros odd; *sentirsi tutto* ~ to ache all over, to be all aches and pains.

rottura *f.* **1** (*atto*) breaking. **2** (*effetto, parte rotta*) break, breach, breakage: *riparare una* ~ to repair a break. **3** (*strappo*) tear, rip, rent, split. **4** (*Med*) (*frattura*) fracture, break. **5** (*fig*) (*violazione*) breach, violation, breaking: *la* ~ *di un trattato* the violation of a treaty; ~ *di un contratto* breach of contract. **6** (*fig*) (*interruzione*) breaking off, breakdown, severance: ~ *dei negoziati* breakdown in negotiations; *la* ~ *di un fidanzamento* the breaking off of an engagement; *una* ~ *tra due amici* a break between two friends; ~ *delle relazioni diplomatiche* severance of diplomatic relations. **7** (*Equit*) break. **8** (*colloq*) (*seccatura*) bore, bother, pain in the neck, (*colloq*) drag. ☐ (*colloq*) *che* ~! what a bore!, what a grind!; (*Med*) ~ *di un aneurisma* ruptured aneurysm; ~ *di un argine* breach in a dam, bursting of a (river) bank; (*volg*) ~ *di coglioni* pain in the arse, (*Am*) pain in the ass; ~ *di contratto* breach of contract;

(*colloq*) ~ *di scatole* nuisance, bore, (*colloq*) drag.

Rottweiler /rɔt'vajler/ *m.inv.* (*Zool*) Rottweiler.

rotula *f.* (*Anat*) rotula, knee cap.

ROU *Uruguay* ROU (Uruguay).

rough /raf/ *m.inv.* (*Sport*) rough.

roulette /ru'lɛt/ *f.inv.* (*gioco*) roulette: *giocare alla* ~ to play roulette. ☐ ~ *russa* Russian roulette.

roulotte /ru'lɔt/ *f.inv.* (*Aut*) caravan, (*Am*) trailer.

roulottista /rulot'tista/ *m./f.* caravanner.

round /rawnd/ *m.inv.* **1** (*Sport*) round. **2** (*estens*) round: *ultimo* ~ *di negoziati* last round of negotiations.

router /'ruter/ *m.inv.* (*Inform*) router.

routinario /ruti'narjo/ *a.* routine (*attr.*).

routine /ru'tin/ *f.inv.* **1** routine: ~ *quotidiana* daily routine; (*fig*) *evadere dalla* ~ to break out of the routine. **2** (*Inform*) routine. ☐ *di* ~ *routine* (*attr.*): *lavoro di* ~ routine work; *ormai è una* ~ it's just a routine now.

rovello *m.* nagging thought.

rovente *a.* **1** red-hot, burning, scorching: *ferro* ~ red-hot iron; *sabbia* ~ scorching sand. **2** (*fig*) burning: *lacrime roventi* burning tears.

rovere I *m./f.* (*Bot*) sessile oak. **II** *m.* (*Fal*) oak. ☐ *di* ~ oak (*attr.*), oaken: *una trave di* ~ an oak beam.

rovereto *m.* oak wood.

rovescia *f.* (*Sart,rar*) (*risvolto: di colletto*) lapel; (*di manica*) cuff; (*di pantaloni*) turn-up, (*Am*) cuff. ☐ *alla* ~: **1** (*capovolto*) upside-down, overturned; **2** (*col davanti dietro*) backwards, back to front, the wrong way round; **3** (*con l'interno all'esterno*) inside out; **4** (*fig*) (*al contrario*) wrong, the opposite: *capire tutto alla* ~ to get everything wrong, to have misunderstood completely; **5** (*fig*) (*male*) wrong, the wrong way: *oggi mi va tutto alla* ~ everything is going wrong (for me) today.

rovesciabile *a.* reversible.

rovesciamento *m.* **1** overturning, upsetting. **2** (*rif. a liliquidi*) spillage, spill. **3** (*rif. a natanti*) capsizing. **4** (*fig*) (*capovolgimento*) reversal: *un* ~ *della situazione* a turnaround of the situation. **5** (*fig*) (*caduta*) overthrow, fall, downfall: *il* ~ *del governo* the overthrow of the government.

rovesciare (*pres.ind.* **rovèscio, rovèsci;** *fut.* **rovescerò**) **I** *v.t.* **1** (*far cadere*) to knock over, to knock down, to topple, to upset: *chi ha rovesciato il vaso?* who has knocked the vase over? **2** (*capovolgere*) to turn upside-down, to overturn: ~ *un bicchiere* to turn a glass upside-down. **3** (*rif. a cose piatte*) to turn over. **4** (*rif. a natanti*) to capsize. **5** (*rivoltare*) to turn inside out: ~ *un maglione* to turn a jumper inside out. **6** (*rif. a liquidi: versare*) to spill: ~ *l'inchiostro per terra* to spill the ink on the floor. **7** (*versare intenzionalmente*) to pour. **8** (*piegare all'indietro*) to throw back: ~ *la testa* to throw back one's head. **9** (*gettare, buttare addosso*) to throw, to shower (*anche fig*): ~ *insulti su qcu.* to shower insults on so. **10** (*fig*) (*abbattere*) to overthrow: ~ *il governo* to overthrow the government. **11** (*fig*) (*mutare radicalmente*) to reverse: ~ *la situazione* to reverse the situation. **II** *v.pron.* **rovesciarsi 1** (*cadere*) to fall over. **2** (*capovolgersi*) to upset, to overturn, to turn over: *la situazione si è rovesciata a mio vantaggio* the situation has taken a favourable turn for me. **3** (*rif. a natanti*) to capsize. **4** (*rif. a liquidi*) to spill: *il vino si rovesciò sulla tovaglia* the wine spilt onto

the cloth. **5** (*rif. a pioggia e sim.*) to pour, to pour down, to teem down. **6** (*fig*) (*rif. a colpi, insulti e sim.*) to rain down, to pour down. **7** (*fig*) (*affluire*) to pour, to stream, to swarm: *la folla si rovesciò nella piazza* the crowd poured into the square. ☐ ~ *a terra qcu.* to throw so. to the ground; ~ *qcs. addosso a qcu.* to hurl sth. at so., to throw sth. at so. (*anche fig*); ~ *la colpa addosso a qcu.* (o ~ *la colpa su qcu.*) to put the blame on so., to throw the blame on so.

rovesciata *f.* (*Sport*) overhead kick.

rovesciato *a.* **1** (*capovolto*) upside-down, overturned. **2** (*rif. a cosa piatta*) turned over. **3** (*rif. a natanti*) overturned, capsized. **4** (*rif. a vestiti*: *rivoltato*) inside out, turned inside out. **5** (*Sport*) overhead: *tiro* ~ overhead kick.

rovescio I *a.* **1** reverse. **2** (*supino*) supine, on one's back. **3** (*nel cucito, nella maglia*) purl (*attr.*): *maglia rovescia* purl stitch. **II** *m.* **1** back, backside, reverse, reverse side, wrong side, other side: *il* ~ *della stoffa* the reverse side of the material. **2** (*scroscio violento di pioggia*) heavy shower, downpour. **3** (*fig*) (*grande quantità*) hail, volley, shower, rain: *un* ~ *di insulti* a volley of insults. **4** (*fig*) (*danno*) setback, reverse: *subire un* ~ to meet with a setback; ~ *finanziario* financial setback. **5** (*manrovescio*) backhander. **6** (*nel lavoro a maglia*) purl: *lavorare un dritto e un* ~ to do one plain and one purl, to knit one plain and one purl. **7** (*Sport*) backhand, backhand stroke. ☐ *a* ~: **1** (*capovolto*) upside-down, overturned; **2** (*col davanti dietro*) backwards, back to front, the wrong way round; **3** (*con l'interno all'esterno*) inside out; **4** (*fig*) (*al contrario*) wrong, the opposite: *capire tutto a* ~ to get everything wrong; (*fig*) *il* ~ *della medaglia* the other side of the coin; (*Mil*) *colpire di* ~ (*con un'arma*) to hit with the butt of a weapon; ~ *di acqua* shower, downpour.

rovescione *m.* **1** (*manrovescio*) backhander. **2** (*di pioggia, grandine ecc.*) downpour, heavy shower.

rovescioni *avv.* flat on one's back, on one's back, flat: *cadere* ~ to fall flat on one's back.

roveto *m.* bramble bush, thorn bush. ☐ (*Bibl*) *il* ~ *ardente* the burning bush.

rovina *f.* **1** ruin (*anche fig*): *l'edificio cadde in* ~ the building fell into ruin; *provocare la* ~ *di un'azienda* to cause the ruin of a firm; *il gioco è stato la sua* ~ gambling was the ruin of him. **2** (*crollo*) collapse, fall. **3** *pl.* (*macerie*) ruins, rubble (*costr.sing.*), debris (*costr.sing.*), wreckage (*costr.sing.*): *rimase sepolto tra le rovine* he was buried in the ruins. **4** *pl.* (*ruderi*) ruins, remains: *le rovine del Foro romano* the ruins of the Roman Forum. ☐ *portare qcu. alla* ~ to bring so. to ruin, to ruin so.; *andare in* ~: **1** (*crollare*) to collapse, to fall, to fall down; **2** (*decadere*) to decline, to decay, to go to rack and ruin; **3** (*fig*) to be ruined: *non andrai in* ~ *per questa spesa* you won't be ruined by this expense; *in* ~ in ruins, ruined, derelict.

rovinare (**rovìno**) **I** *v.t.* **1** to ruin, to spoil, to damage: *la grandine ha rovinato il raccolto* hail ruined the harvest. **2** (*fig*) to spoil, to ruin: *questa notizia mi ha rovinato la giornata* the news spoiled my whole day; ~ *la reputazione di qcu.* to ruin so.'s reputation; *il clima umido mi ha rovinato la salute* the damp climate has ruined my health. **3** (*fig*) (*causare la rovina*) to ruin, to be the ruin of: *una speculazione sbagliata lo ha rovinato* he was ruined by unsuccessful speculation. **II** *v.i.* (*aus.* **essere**) (*crollare*) to collapse, to fall down, to crash: *il ponte minaccia di* ~ the bridge is threatening to collapse; *un masso rovinò sugli alpinisti* a boulder crashed down on the mountain climbers. **III** *v.pron.* **rovinarsi 1** (*danneggiarsi*) to become damaged, to spoil. **2** (*fig*) to be ruined, to ruin oneself: *si è rovinato col gioco* he ruined himself by gambling, gambling was the ruin of him. □ (*fig,scherz*) ~ *la piazza a qcu.* to ruin so.'s chances, to put a spoke in so.'s wheel; (*colloq*) *mi voglio* ~! damn the expense!

rovinato *a.* **1** (*diroccato*) ruined, in ruins, derelict: *edifici rovinati* ruined buildings. **2** (*danneggiato*) ruined, spoilt, damaged: *un paio di scarpe rovinate dalla pioggia* a pair of shoes ruined by the rain. **3** (*fig*) ruined, (*colloq*) done for: *se non ci concedono il prestito, siamo tutti rovinati* if they don't give us the loan we're all done for.

rovinio *m.* crash, crashing.

rovinosamente *avv.* ruinously, violently: *cadere* ~ to crash down.

rovinoso *a.* **1** ruinous: *una speculazione rovinosa* ruinous speculation. **2** (*furioso, impetuoso*) violent, heavy: *un uragano* ~ a violent hurricane.

rovistare (**rovìsto**) *v.t.* to ransack, to rummage (through), to search thoroughly: *ho rovistato tutta la stanza senza trovare nulla* I've searched the room thoroughly without finding anything.

rovo *m.* (*Bot*) blackberry bush.

rozzezza *f.* **1** roughness. **2** (*fig*) roughness, coarseness, uncouthness.

rozzo *a.* **1** rough: *pietra rozza* rough stone. **2** (*fig*) rough, coarse, uncouth, unpolished.

Rp (*Farm*) recipe (recipe, take).

RP 1 *relazioni pubbliche* PR (public relations). **2** *riservato personale, riservata personale* (private and confidential). **3** *Filippine* RP (Philippines).

R.P. (*Rel.catt*) *reverendo padre* R.P. (reverend father).

RSI (*Stor*) *Repubblica sociale italiana* (Italian social republic).

RSM *San Marino* RSM (San Marino).

RSVP (*répondez s'il vous plaît*) *si prega rispondere* RSVP (please reply).

R/T (*Mar*) *radiotelegrafia* RT (radiotelegraphy), WT (wireless telegraphy).

RU 1 *Burundi* RU (Burundi). **2** (*Pol*) *Regno Unito* UK (United Kingdom).

Ruanda *n.pr.m.* (*Geog*) Rwanda.

Ruanda-Urundi *n.pr.m.* (*Geog.stor*) Rwanda-Urundi.

ruandese I *a.* Rwandan. **II** *m./f.* Rwandan.

ruba *f.* (*ant*) theft. □ (*colloq*) *andare a* ~ to sell like hot cakes, to go like hotcakes, to go like they're being given away.

rubacchiamento *m.* (*rar*) pilfering, pilferage.

rubacchiare (**rubàcchio, rubàcchi**) *v.t.* to pilfer, to swipe, to pinch.

rubacuori I *m.inv.* lady-killer, heartbreaker. **II** *a.inv.* witching, bewitching, captivating.

rubamazzetto *m.* (*gioco di carte*) snap.

rubare (**rùbo**) **I** *v.t.* **1** to steal: ~ *qcs. a qcu.* to steal sth. from so.; *le hanno rubato la borsetta* they stole her bag. **2** (*con scasso*) to burgle, (*Am*) to burglarize: *mi hanno rubato in casa* my house has been burgled. **3** (*scippare*) to snatch. **4** (*rubacchiare*) to lift, to pinch, to pocket, to pilfer: *ha rubato qualche pacchetto di sigarette* he pinched a few packets of cigarettes. **5** (*fig*) to steal, to rob: ~ *a qcu. l'affetto di una persona* to steal a person's affection from so., to rob so. of a person's affection; ~ *il marito a qcu.* to steal so.'s husband. **6** (*fig*) (*plagiare*) to plagiarize,

(*colloq*) to crib, to cheat, to copy. **7** (*assol.*) (*commettere un furto*) to steal, to be a thief: *il ragazzo ruba* the boy steals, the boy is a thief. **II** *v.r.recipr.* **rubarsi** (*contendersi*) to compete (*qcu.* for so.), to argue (over), to fight: *le ragazze se lo rubano* all the girls fight over him, all the girls are after him. □ ~ *a man salva* to plunder; (*fig*) ~ *il cuore a qcu.* (*farlo innamorare*) to steal so.'s heart; ~ *il mestiere a qcu.* to steal so.'s job; (*fig*) ~ *il tempo a qcu.* to steal so.'s time, (*spreg*) to waste so.'s time; (*fig*) ~ *la scena* to steal the show; (*fig*) ~ *le ore al sonno* to burn the midnight oil; (*Bibl*) *non* ~ thou shalt not steal; ~ *sul peso* to give short weight, to cheat on weight; (*fig*) *ti rubo solo un minuto* I'll only steal a moment of your time.

rubato I *a.* stolen: *roba rubata* stolen goods. **II** *m.* (*Mus*) rubato.

ruberia *f.* theft, stealing. □ (*fig*) *è una* ~ it's sheer robbery.

rubicondo *a.* red, ruddy, (*lett*) rubicund: *gote rubiconde* red cheeks.

Rubicone *n.pr.m.* (*Geog*) Rubicon. □ (*fig*) *passare il* ~ to cross the Rubicon.

rubidio *m.* (*Chim*) rubidium.

rubinetteria *f.* taps and fittings *pl.*

rubinetto *m.* tap, (*principale*) cock, (*Am*) faucet, (*esterno*) tap: *aprire il* ~ to turn on the tap; *chiudere il* ~ to turn off the tap; *lasciare aperto il* ~ to leave the tap running, to leave the tap on. □ ~ *del gas* gas tap, gas cock; *aprire il* ~ *del gas* to turn the gas on; ~ *dell'acqua* water tap; ~ *di alimentazione* feed tap, feed cock; ~ *di scarico* discharge cock, drain cock.

rubino I *m.* (*Min*) ruby. **II** *a.* ruby: *rosso* ~ ruby red. □ (*Min*) ~ *spinello* spinel ruby.

rubizzo *a.* sprightly, hale and hearty.

rublo *m.* (*Numism,Econ*) rouble, ruble.

rubrica *f.* **1** (*quaderno con margini a scaletta*) index book. **2** (*per indirizzi*) address book. **3** (*per numeri telefonici*) telephone book, (*colloq*) phone book. **4** (*Giorn*) column, page, feature page, section: ~ *sportiva* sports page; ~ *letteraria* book page, book review, book section. **5** (*Rad,TV*) daily programme, (*Am*) daily program. **6** (*Rel,Filol*) rubric. **7** (*Tel*) (*per cellulari*) phone book. □ (*Giorn*) ~ *scientifica* science page: *tenere una* ~ *scientifica*: 1 to run a science page; 2 (*estens*) to be science editor.

rubricare (**rubrìco, rubrìchi**) *v.t.* **1** (*annotare in una rubrica*) to enter (in a book), to index. **2** (*Paleogr*) to rubricate.

rubricista *m./f.* **1** (*Lit*) rubrician. **2** (*Giorn*) columnist.

ruche /ruʃ/ *f.inv.* ruche.

ruchetta, rucola *f.* (*Bot,Alim*) rocket.

rude *a.* **1** (*rozzo*) rough, coarse. **2** (*duro e risoluto*) rough, tough.

rudemente *avv.* roughly.

rudere *m.* **1** *spec.pl.* ruin, remains *pl.*: *i ruderi del castello* the castle ruins. **2** (*fig*) wreck, ruin, derelict.

rudezza *f.* **1** roughness, coarseness. **2** (*risolutezza*) roughness, toughness.

rudimentale *a.* **1** (*elementare*) rudimentary, elementary, basic: *conoscenza* ~ *di una lingua* rudimentary knowledge of a language. **2** (*Biol*) (*non sviluppato*) rudimentary, rudimental.

rudimento *m.* **1** rudiment, first principle, first element: *possedere i primi rudimenti di una lingua* to know the rudiments of a language, to know the basics of a language. **2** (*Biol*) rudiment.

ruffiana *f.* **1** procuress, madam, (*lett*) bawd. **2** (*persona subdola*) groveller, crawler,

bootlicker.

ruffianata *f.* (*spreg*) crawling, bootlicking, kissing up.

ruffianeggiare (**ruffianéggio, ruffianéggi**; *aus.* avere) *v.i.* **1** (*spreg*) to pimp, to pander, to procure. **2** (*fig*) to crawl, to suck up, to kiss up, to curry favour.

ruffianeria *f.* **1** pimping, whore-mongering, pandering. **2** (*fig*) crawling, bootlicking, kissing up.

ruffianesco (*pl.* **-chi**) *a.* **1** whore-mongering. **2** (*fig*) crawling, grovelling.

ruffiano *m.* (*f.* **-a**) **1** (*spreg*) pimp, bawd, whore-monger, procurer. **2** (*fig*) (*persona subdola*) groveller, crawler, bootlicker.

Rufo *n.pr.m.* Rufus.

ruga *f.* wrinkle, line: *sul suo viso sono apparse le prime rughe* the first wrinkles have appeared on her face. □ *rughe di espressione* smile lines.

rugbista /rag'bista/ *m.* (*Sport*) rugby player.

rugby /'ragbi/ *m.* (*Sport*) rugby.

ruggente *a.* roaring: *gli anni ruggenti* the roaring twenties.

Ruggero *n.pr.m.* Roger.

ruggine I *f.* **1** rust. **2** (*fig*) (*astio, rancore*) grudge, ill-feeling, bad blood: *c'è della* ~ *tra i due fratelli* there is bad blood between the two brothers; *avere della* ~ *con qcu.* to have a grudge against so. **3** (*Agr*) rust, rust disease: ~ *del fagiolo* bean rust. **II** *a.inv.* rust (*attr.*), rusty, russet: *color* ~ rust, rust colour, russet. □ *fare la* ~ to become rusty, to rust.

rugginoso *a.* rusty: *ferro* ~ rusty iron.

ruggire (**ruggìsco, ruggìsci, ruggìsce** /lett **rùgge, ruggìscono** /lett **rùggono**) **I** *v.i.* (*aus.* avere) **1** to roar: *il leone ruggisce* the lion roars. **2** (*fig*) (*rif. al fuoco, al mare*) to roar; (*rif. al vento*) to roar, to howl. **3** (*fig*) (*urlare*) to roar. **II** *v.t.* to roar, to bellow.

ruggito *m.* roar, roaring (*anche fig*): *il* ~ *del mare in tempesta* the roaring of a stormy sea.

rughetta *f.* (*Bot,Alim*) rocket.

rugiada *f.* dew. □ *goccia di* ~ dewdrop.

rugiadoso *a.* (*lett*) dewy (*anche fig*): (*lett*) *occhi rugiadosi* dewy eyes, tear-filled eyes.

rugosità *f.* **1** wrinkledness: *la* ~ *della pelle* the wrinkledness of the skin. **2** (*scabrosità*) roughness. **3** (*Bot*) rugosity.

rugoso *a.* **1** wrinkled, wrinkly, lined: *volto* ~ wrinkled face. **2** (*scabro*) rough. **3** (*Bot*) rugose: *foglie rugose* rugose leaves.

rullaggio *m.* (*Aer*) taxiing.

rullare (**rùllo**) **I** *v.i.* (*aus.* avere) **1** to roll: *i tamburi rullarono* the drums rolled. **2** (*Aer*) to taxi. **3** (*Mar*) (*rollare*) to roll. **II** *v.t.* **1** (*spianare con il rullo*) to roll: ~ *una strada* to roll a road. **2** (*Met*) to roll: ~ *a freddo* to cold-roll.

rullata *f.* (*Aer*) taxiing.

rullatura *f.* (*Met,Agr*) rolling: ~ *a freddo* cold-rolling.

rullino *m.* (*Fot*) roll, film: *un* ~ *da 36 pose* a 36-exposure film; *far sviluppare un* ~ to get a film developed.

rullio *m.* roll, rolling, beating.

rullo *m.* **1** roll, beating: *il* ~ *dei tamburi* the roll of drums. **2** (*arnese di forma cilindrica*) roller, roll: ~ *per imbiancare* paint roller. **3** (*cilindro della macchina da scrivere*) platen. **4** (*Fot*) roll, (*estens*) film. **5** (*Cin*) reel. **6** (*Strad*) (*compressore*) roadroller (*a vapore*) steamroller. **7** (*Mus*) piano roll. □ (*Tess*) *avvolgitore* take-up roller; ~ *compressore*: 1 (*Strad*) roadroller, steamroller; 2 (*fig,scherz*) steamroller; (*Agr*) ~ *frangizolle* clod crusher, clod breaker; (*Tip*) ~ *inchiostratore* ink roller, inker; (*Acus*) ~ *preminastro* pressure roller; ~ *trasportatore* tension roller, feeding roller.

rum *m.* rum.

rumba *f.* rumba, rhumba.

rumeno I *a.* Rumanian, Romanian, Roumanian. **II** *m.* **1** (*lingua*) Rumanian, Romanian. **2** (*f.* **-a**) (*abitante*) Rumanian, Romanian.

ruminante I *m.* (*Zool*) ruminant. **II** *a.* (*Zool*) ruminant.

ruminare (**rùmino**) *v.t.* **1** to ruminate, to chew the cud. **2** (*fig*) (*meditare a lungo*) to ponder (over), to ruminate.

ruminazione *f.* rumination (*anche fig*).

rumine *m.* (*Zool*) rumen.

rumor *m.inv.* (*Giorn*) rumour, (*Am*) rumor.

rumore *m.* **1** (*suono*) sound, noise: *il ~ della pioggia* the sound of the rain; *si sentivano dei rumori nella casa* noises could be heard in the house; *~ secco* sharp noise. **2** (*chiasso*) noise, din, uproar, (*colloq*) row: *zitti, non fate ~* quiet, don't make any noise. **3** (*fig*) (*scalpore*) sensation, stir: *la notizia ha destato gran ~* the news has caused a great sensation. **4** (*fig,lett*) (*diceria*) rumour, talk. **5** (*Tecn*) noise. **6** (*Med*) sound: *rumori cardiaci* heart sounds. **7** (*Cin*) sound effects *pl*. □ *~ di ferraglia* clanking noise; (*Rad*) *~ di fondo* background noise; *~ metallico* clang, metallic noise; *rumori molesti:* **1** irritating noises; **2** (*Dir*) disturbance of the peace.

rumoreggiamento *m.* **1** (*atto*) rumbling. **2** (*effetto*) rumble, noise.

rumoreggiante *a.* noisy.

rumoreggiare (**rumoréggio, rumoréggi**) *aus.* **avere**) *v.i.* **1** to rumble, to roar. **2** (*protestare*) to clamour, (*Am*) to clamor, to protest.

rumorio *m.* noise, faint noise, sound, dull sound, rumbling, low rumbling.

rumorista *m./f.* (*Cin,Teat*) sound-effects man (*f.* woman).

rumorosamente *avv.* noisily.

rumorosità *f.* noisiness, noise.

rumoroso *a.* **1** noisy, full of noise: *strade molto rumorose* very noisy streets. **2** (*sonoro*) loud, noisy: *una risata rumorosa* a loud laugh.

runa *f.* (*Paleogr*) rune.

runico (*pl.* **-ci**) *a.* (*Paleogr*) runic: *caratteri runici* runic characters, runes.

ruolino *m.* (*Mil*) roster. □ *~ di marcia:* **1** (*Mil*) marching list, marching orders (*pl.*); **2** (*fig*) time schedule.

ruolo *m.* **1** (*Teat*) role, part: *~ di comparsa* walk-on part. **2** (*estens*) role: *ha avuto un ~ importante nella mia vita* he has played an important role in my life. **3** (*Sport*) position. **4** (*burocr*) (*elenco, registro*) roll, list, register. **5** (*Dir*) case list, calendar, roll. **6** (*Mil*) (muster) roll, muster list, nominal list, roster. □ *~ catastale* cadastre, land register; *~ dei contribuenti* tax list, tax roll; *~ delle imposte* tax roll; (*Dir*) *~ delle udienze:* **1** (*civili*) cause list; **2** (*penali*) calendar; *di ~* permanent, on the permanent staff: *insegnante di ~* teacher on the permanent staff; *essere di ~* to be on the permanent staff; *passare di ~* to be made permanent; (*fig*) *avere un ~ di primo piano* to play a leading role; (*Cin,TV*) *~ di protagonista* starring role; *entrare in ~* to be put on the permanent staff; *assumere in ~* to put on the permanent staff, to appoint to the permanent staff; (*Dir*) *mettere a ~ una causa* to enter a case (for trial).

ruota *f.* **1** wheel: *la ~ gira* the wheel turns. **2** (*nel lotto*) drum. **3** (*Ginn*) cartwheel: *fare la ~* to do a cartwheel. **4** (*antico supplizio*) wheel: *essere condannato alla ~* to be condemned to the wheel; *supplizio della ~* the wheel, torture of the wheel; *mettere qcu. al supplizio della ~* to break so. on the wheel. □ *~ a ~* circular; *gonna a ~* flared skirt; *piroscafo a ~* paddle steamer; *seguire qcu. a ~* to follow close behind so.; *arrivare a ~ di qcu.:* **1** (*Sport*) to arrive a wheel's length behind so.; **2** (*fig*) to arrive hot on so.'s heels; *a disco:* **1** (*Aut*) disk wheel; **2** (*Ferr*) plate wheel; *~ a pale* paddle wheel; *~ a raggi* spoked wheel; *girare una ~ a terra* to have a flat tyre; *~ anteriore* front wheel; *~ cingolata* caterpillar wheel; *~ da vasaio* potter's wheel; (*ant*) *~ degli esposti* revolving door for taking foundlings into convents; *~ del carro* cart wheel; *~ del lotto:* **1** lottery mixing drum; **2** (*sede*) town where the lottery is drawn; *~ del mulino* mill-wheel; (*Mar*) *~ del timone* wheel, ship's wheel; (*fig*) *la ~ della fortuna* the wheel of fortune, fortune's wheel; *~ della roulette* roulette wheel; *~ dell'arrotino* grindstone; (*Mecc*) *~ dentata* cogged wheel, toothed wheel, cog wheel; (*Idr*) *~ di acqua* water wheel; *~ di ricambio* (o *~ di scorta*) spare tyre, (*Am*) spare tire; *fare la ~:* **1** (*rif. al pavone*) to spread one's tail; **2** (*fig*) (*pavoneggiarsi*) to strut; *fare la ~ come il pavone* (*essere vanitoso*) to be as proud as a peacock; (*Mecc*) *~ libera* free wheel; (*fig*) *andare a ~ libera* to free-wheel; (*fig*) *parlare a ~ libera* to talk away, to talk off the cuff, to ad-lib; (*Aut*) *~ motrice* driving wheel, crawler wheel; *a quattro ruote motrici* with four-wheel drive; *~ panoramica* (*Br*) big wheel, (*Am*) Ferris wheel, panoramic wheel; *~ posteriore* rear wheel, back wheel.

ruotare (**ruòto**) **I** *v.i.* (*aus.* **avere**) **1** to rotate, to revolve, to turn, to turn round, to pivot: *la terra ruota intorno al suo asse* the earth rotates on its axis. **2** (*volare in circolo*) to circle (round), to wheel (about). **II** *v.t.* to rotate, to roll, to turn, to revolve: *~ gli occhi* to roll one's eyes. □ (*Ginn*) *~ il busto* to rotate one's torso.

ruotino □ (*Aut*) *~ di scorta* spare tire (not full-size).

rupe *f.* cliff, rock, crag. □ (*Stor.rom*) *~ Tarpea* Tarpeian Rock.

rupestre *a.* **1** rocky, craggy: *paesaggio ~* rocky countryside. **2** (*Art*) rock (*attr.*), rupestrian, rupestral: *pittura ~* rock-painting, rock-drawing.

rupia[1] *f.* (*Numism,Econ*) rupee.

rupia[2] *f.* (*Med*) rupia.

rurale I *a.* rural, country: *popolazione ~* rural population, country folk. **II** *m.* country dweller.

ruralità *f.* rural nature.

RUS *Federazione Russa* RUS (Russia).

ruscelletto *m.* brook, streamlet, rivulet, rill.

ruscello *m.* brook, stream.

rush /raʃ/ *m.inv.* rush.

ruspa *f.* scraper: *~ a trazione meccanica* motor scraper.

ruspante *a.* **1** free-range, farmyard. **2** (*fig*) genuine.

ruspare (**rùspo**) **I** *v.i.* (*aus.* **avere**) **1** (*rif. a polli: razzolare*) to scratch about. **2** (*cercare le castagne dalla raccolta*) to gather chestnuts. **II** *v.t.* (*lavorare con la ruspa*) to scrape.

ruspista *m.* (*operaio*) scraper operator.

russare (**rùsso**; *aus.* **avere**) *v.i.* to snore.

Russia *n.pr.f.* (*Geog*) Russia.

russificare (**russìfico, russìfichi**) *v.t.* to Russianize.

russificazione *f.* Russianization.

russismo *m.* (*Ling*) Russian loan word.

russo I *a.* Russian. **II** *m.* **1** (*lingua*) Russian. **2** (*f.* **-a**) (*abitante*) Russian. □ *alla russa* Russian-style; *~ bianco* White Russian.

russofilo *a.* Russophil, Russophile.

russofobia *f.* Russophobia.

russofono I *a.* Russian-speaking. **II** *m.* (*f.* **-a**) Russian speaker.

rusticamente *avv.* rustically, in country-style.

rusticano *a.* country, rural, rustic: *duello ~* rustic duel.

rustichezza *f.* rusticity, roughness, rustic manners *pl*.

rusticità *f.* rusticity, roughness, rustic manners *pl*.

rustico (*pl.* **-ci**) **I** *a.* **1** (*di campagna*) country, rustic, rural: *casetta rustica* country cottage. **2** (*in stile campagnolo*) rustic, country-style (*attr.*): *cucina rustica* country-style kitchen. **3** (*fig*) (*rozzo*) rustic, rough, coarse, unrefined, rude: *è ~, ma di animo gentile* he's coarse but kind-hearted. **II** *m.* **1** (*alloggio per contadini*) labourer's cottage. **2** (*magazzino per attrezzi*) outhouse. **3** (*casa di campagna*) cottage. **4** (*Edil*) shell, derelict property.

Rut *n.pr.f.* (*Bibl*) Ruth.

ruta *f.* (*Bot*) rue: *~ di muro* wall rue.

rutenico (*pl.* **-ci**) *a.* (*Chim*) ruthenic.

rutenio *m.* (*Chim*) ruthenium.

ruteno I *a.* Ruthenian. **II** *m.* (*f.* **-a**) Ruthenian.

Ruth *n.pr.f.* (*Bibl*) Ruth.

rutherford *m.inv.* (*Fis*) rutherford.

rutherfordio *m.* (*Chim*) rutherfordium, kurchatovium.

rutilante *a.* (*lett*) glowing, rutilant.

rutilo *m.* (*Min*) rutile.

rutina *f.* (*Chim*) rutin.

ruttare (**rùtto**; *aus.* **avere**) *v.i.* to belch, to burp.

ruttino *m.* burp: *far fare il ~ al bambino* to burp the baby.

rutto *m.* belch, burp.

ruttore *m.* (*El*) contact breaker, trembler. □ (*Aut*) *~ di accensione* trembler, (*Am*) timer.

ruvidamente *avv.* roughly, coarsely (*anche fig*).

ruvidezza *f.* **1** roughness, coarseness. **2** (*fig*) roughness, rudeness.

ruvidità *f.* (*rar*) **1** roughness, coarseness. **2** (*fig*) roughness, rudeness.

ruvido *a.* **1** rough, coarse: *pelle ruvida* rough skin. **2** (*fig*) rough, rude, brusque: *una risposta ruvida* a brusque answer.

ruzzare (**rùzzo**; *aus.* **avere**) *v.i.* to romp.

ruzzo *m.* **1** playfulness, rompishness; (*il ruzzare*) romping. **2** (*lett*) (*voglia, capriccio*) whim, fancy.

ruzzolare (**rùzzolo**) **I** *v.i.* (*aus.* **essere**) **1** to tumble: *è ruzzolato per le scale* he tumbled down the stairs. **2** (*rotolare*) to roll. **II** *v.t.* to roll: *~ un barile* to roll a barrel.

ruzzolata *f.* tumble, heavy fall.

ruzzolio *m.* rolling.

ruzzolone *m.* **1** tumble, heavy fall. **2** (*fig*) fall. □ *fare un ~* to fall, (*colloq*) to come a cropper (*anche fig*).

ruzzoloni *avv.* tumbling down: *andare ~* to go tumbling down; *cadere ~* to tumble down; *fare le scale ~* to tumble down the stairs.

RVM (*TV*) *Registrazione video-magnetica* (videomagnetic recording).

RWA *Ruanda* RWA (Rwanda).

S

s¹, S¹ /'ɛsse/ *f./m.* (*lettera dell'alfabeto*) s, S: *due s* two s's; *doppia s* double s; *una s maiuscola* a capital S; *due s maiuscole* two S's, two Ss; *una s minuscola* a small s; (*Tel*) *s come Savona* S for Sugar, (*Am*) S as in Sugar. □ (*Fon*) *s impura* impure s, s followed by a consonant.

s² 1 (*Fis*) *secondo* s, sec. (second). 2 *shilling* S (shilling).

S² 1 *sud* S (south). 2 *Svezia* S (Sweden). 3 (*Fis*) *entropia* S (entropy). 4 (*Mus*) *solo* S (solo). 5 (*Mus*) *soprano* sop, s (soprano). 6 (*Abbigl*) *taglia piccola* S (small). 7 *sabato* Sat., S. (Saturday).

S. *santo* St., S. (saint).

SA 1 *Arabia Saudita* SA (Saudi Arabia). 2 (*Econ*) *società anonima* SA (société anonyme, limited company). 3 *Sua Altezza* H.H. (His Highness, Her Highness).

s.a. (*Edit*) *sine anno* s.a., n.d. (without date).

Sab. *sabato* Sat., S. (Saturday).

Saba *n.pr.f.* (*Bibl*) Sheba: *la regina di ~* the Queen of Sheba.

sabatico *a.* sabbatical, sabbatic.

sabato *m.* 1 Saturday. 2 (*Rel.ebr*) Sabbath, Sabbath Day. □ *di ~* (*ogni sabato*) on Saturdays; on Saturday: *sono nato di ~* I was born on a Saturday; (*Rel.catt*) *~ di passione* Holy Saturday, Easter Saturday; *~ grasso* last Saturday of Carnival; (*Rel.catt*) *~ santo* Holy Saturday, Easter Saturday; *~ sera* Saturday night.

sabaudo *a.* (*Stor*) of Savoy (*posposto*), of the House of Savoy (*posposto*).

sabba (*pl.* **sàbba/sàbbati**) *m.* (*Mediev*) sabbat, Sabbath, witches' Sabbath.

sabbatico (*pl.* **-ci**) *a.* sabbatical, sabbatic.

sabbia I *f.* 1 sand. 2 (*Med*) gravel. 3 (*colore*) sand. II *a.inv.* (*colore*) sand (*attr.*), sandy, sand-coloured. □ *a ~* sand (*attr.*); (*Geol*) *sabbie alluvionali* alluvial sand; (*Geol*) *sabbie aurifere* auriferous sand; (*Med*) *~ biliare* small gallstones; *sabbie mobili*: 1 (*Geol*) quicksand, shifting sands; 2 (*fig*) quicksand; (*Geol*) *sabbie moreniche* glacial sand.

sabbiare (**sàbbio, sàbbi**) *v.t.* (*Tecn,Mecc*) to sandblast.

sabbiato *a.* 1 (*Mecc*) sandblasted. 2 (*Meteor, Oref*) dull.

sabbiatrice *f.* (*Mecc*) sand-blasting machine, sandblaster.

sabbiatura *f.* 1 (*Med*) sand bath, sand-bathing. 2 (*Mecc*) sandblast. □ (*Med*) *fare le sabbiature* (*Br*) to have sand baths, (*Am*) to take sand baths; (*Mecc*) *~ umida* (*Br*) vapour blasting, (*Am*) vapor blasting.

sabbiera *f.* 1 (*Ferr*) sandbox. 2 (*spandisabbia*) sand spreader.

sabbietta *f.* (*per gatti*) litter.

sabbione *m.* 1 (*sabbia grossolana*) coarse sand, sharp-graded sand. 2 (*terreno sabbioso*) sandy land, sandy soil.

sabbioso *a.* 1 sandy: *riva sabbiosa* sandy shore. 2 (*simile a sabbia*) sandlike.

sabelli *m.pl.* (*Stor*) Sabellians.

sabellico (*pl.* **-ci**) *a.* (*Stor*) Sabellian.

sabina *f.* (*Bot*) savin, savine.

sabino I *a.* (*Stor*) Sabine. II *m.* (*f.* **-a**) (*Stor*) Sabine.

sabot /sa'bo/ *m.inv.* (*Calz*) sabot, mules *pl.*

---

sabotaggio *m.* sabotage (*anche estens*): *atti di ~* sabotage, acts of sabotage.

sabotare (**sabòto**) *v.t.* to sabotage (*anche estens*).

sabotatore *m.* (*f.* **-trice**) saboteur (*anche estens*).

sabra *m./f.inv.* (*nato in Israele*) sabra.

S.acc. (*Comm*) *società in accomandita* (limited partnership).

sacca *f.* 1 bag, knapsack, haversack: *~ da viaggio* travelling bag. 2 (*Mil*) pocket. 3 (*Geog*) (*insenatura*) inlet, small bay, (*Br*) creek. 4 (*Med,Anat*) sac, pocket. 5 (*fig*) (*settore distinto*) pocket: *una ~ di benessere* a pocket of wealth. □ (*Aer*) *~ d'aria* air pocket, pocket; (*fig*) *~ di resistenza* pocket of resistance; (*Geog*) *fare ~* to make an inlet; (*Bot*) *sacche polliniche* pollen sacs.

saccarasi *f.* (*Chim,Biol*) invertase, sucrase, saccharase.

saccarico □ (*Chim*) *acido ~* saccharic acid.

saccaride *m.* (*Chim*) saccharide.

saccarifero *a.* 1 (*che contiene zucchero*) saccharine, sugar (*attr.*), (*ant*) sacchariferous: *bietola saccarifera* sugar beet. 2 (*relativo alla produzione di zucchero*) sugar (*attr.*): *industria saccarifera* sugar industry.

saccarificare (**saccarìfico, saccarìfichi**) *v.t.* (*Biol,Chim*) to saccharify.

saccarificazione *f.* (*Biol,Chim*) saccharification.

saccarimetria *f.* saccharimetry.

saccarimetro *m.* saccharimeter.

saccarina *f.* (*Chim*) saccharin.

saccarinato *a.* (*Chim*) saccharated, saccharinated.

saccaromicete *m.* (*Bot*) saccharomycete.

saccarosio *m.* (*Chim*) sucrose, saccharose.

saccata *f.* sackful: *una ~ di fieno* a sackful of hay.

saccatura *f.* (*Meteor*) trough.

saccente I *a.* 1 (*di chi presume di sapere con fare arrogante*) presumptuous: *un ragazzo ~* a presumptuous boy. 2 (*di chi ostenta la propria cultura*) (*colloq*) know-all (*attr.*), (*colloq*) smart-aleck (*attr.*), (*Br,colloq*) smart arse (*attr.*), (*Am,colloq*) know-it-all (*attr.*). II *m./f.* 1 (*chi presume di sapere con fare arrogante*) presumptuous person, wiseacre. 2 (*chi ostenta la propria cultura*) (*colloq*) know-all, (*colloq*) smart-aleck, (*colloq*) smart-alec, (*Am,colloq*) know-it-all: *fare il ~* to be a know-all.

saccentemente *avv.* presumptuously.

saccenteria *f.* (*presunzione*) presumptuousness.

saccheggiamento *m.* (*rar*) sack, sacking, plundering, looting, pillaging.

saccheggiare (**sacchéggio, sacchéggi**) *v.t.* 1 (*di eserciti, invasori*) to sack, to plunder, to loot, to pillage: *~ una città espugnata* to sack a conquered city. 2 (*estens*) (*derubare*) to rob, to loot: *~ una banca* to rob a bank. 3 (*scherz*) (*svuotare*) to raid: *~ il frigorifero* to raid one's refrigerator. 4 (*fig*) (*plagiare*) to plagiarize. 5 (*fig*) to plunder.

saccheggiatore *m.* (*f.* **-trice**) 1 plunderer, looter, sacker. 2 (*ladro*) looter, thief, robber. 3 (*fig*) (*plagiatore*) plagiarizer, (*Br*) plunderer.

---

saccheggio *m.* 1 sack, sacking, plundering, looting, pillaging: *il ~ di una città* the sack of a city. 2 (*estens*) (*rapina*) looting, robbery. 3 (*fig*) (*plagio*) plunder, plundering, plagiarism.

sacchetta *f.* 1 (*rar*) pouch, small bag. 2 (*per il foraggio di cavalli*) nosebag, feedbag.

sacchettino *m.* 1 (*contenitore*) little bag, little pouch; (*per regalo*) little gift bag. 2 (*contenuto*) little bag.

sacchetto *m.* 1 (*contenitore*) small sack, bag, small bag, pouch: *un ~ di plastica* a plastic bag; *un ~ di caramelle* (*Br*) a bag of sweets, (*Am*) a bag of candy. 2 (*contenuto*) sackful, sack, bagful, bag. □ (*Abbigl*) *a ~ sack* (*attr.*); *~ di carta* paper bag; *~ di sabbia* sandbag; *~ ecologico* recyclable bag; *~ profumato* (*per armadi*) sachet.

sacco (*pl.* **-chi**) I *m.* 1 sack, bag: *riempire un ~ di qcs.* to fill a sack with sth. 2 (*quantità*) sack, sackful, bag, bagful: *un ~ di carbone* a sack of coal. 3 (*colloq,fig*) (*gran quantità*) great deal, lot, pack, loads (of), a load (of), (*colloq*) heap, (*Am*) bunch: *mi ha detto un ~ di bugie* (*Br*) he told me a pack of lies, (*Am*) he told me a bunch of lies; *dire un ~ di sciocchezze* to talk a load of rubbish; *avere un ~ di problemi* (*Br*) to have a great deal of trouble, (*Am*) to have a whole lot of trouble; *ci vuole un ~ di tempo* it takes an awful lot of time; *un ~ di grane* a lot of headaches. 4 (*Tess*) (*tela grossolana*) sackcloth, sacking; *essere vestito di ~* to be dressed in sackcloth. 5 (*Abbigl,ant*) (*rozza veste di eremiti*) sackcloth. 6 (*saccheggio*) sack, sacking, plunder, pillage (*anche Stor*). 7 (*Sport*) (*nel pugilato*) punchbag, (*Am*) punching bag. 8 (*Biol,Anat*) sac. 9 (*gerg,ant*) (*banconota da mille lire*) (*Br*) thousand lira note, (*Am*) thousand lira bill. 10 (*ant*) (*unità di misura del grano*) sack. II *avv.* (*colloq*) an awful lot, very much: *mi sono divertito un ~* I enjoyed myself very much, a lot; *divertirsi un ~* to have a great time, (*Am*) to have a ball. □ (*Abbigl*) *a ~ sack* (*attr.*): *giacca a ~ sack* coat; *a sacchi* by the sack, by the sackful; *~ a pelo* sleeping bag; *al ~* packed (*attr.*), (*Am*) bag (*attr.*): *pranzo al ~* (*Br*) packed lunch, (*Am*) bag lunch; *~ da montagna* rucksack, (*Am*) knapsack; *~ dell'immondizia* (*Br*) rubbish bag, refuse bag, (*Am*) trash bag, garbage bag; *~ d'equipaggiamento* knapsack, kitbag (*anche Mil*); *dare un ~ di botte a qcu.* to give so. a beating, to give so. a thorough thrashing; (*fig*) *essere un ~ di ossa* (*essere magrissimo*) to be a bag of bones, to be skinny, (*Am*) to be skinny as a rail, to be skinny as a fence post; (*fig,spreg*) *~ di patate*: 1 (*persona goffa*) (*Br*) galoot, clodhopper, (*Am*) bumpkin; 2 (*persona poco intelligente*) (*Br*) lump, goof, (*Am*) oaf; (*fig,spreg,colloq*) *~ di pulci* (*spec. di cane*) fleabag; (*Stor*) *il ~ di Roma* the sack of Rome; (*colloq*) *avere un ~ di soldi* to have a lot of money, to have heaps of money, to be rolling in money, to be loaded; *costerà un ~ di soldi* it will cost an arm and a leg; (*colloq*) *un ~ e una sporta* a great deal, (*colloq*) loads; *se ne sono dette un ~ e una sporta* they called each other all sorts of names, (*Am*) they called each other all sorts of names and then some; (*Bot*) *~ embrionale* embryo sac; (*scherz*) *fare il ~ a qcu.*

(*nel letto*) (*Br*) to make so. an apple-pie bed, (*Am*) to short- sheet so.'s bed; (*Anat*) ~ *lacrimale* lacrimal sac, lachrymal sac; **mettere a ~** (*saccheggiare*) to sack, to loot; (*fig*) **mettere** *qcu. nel ~* to cheat so., to swindle so., (*colloq*) to pull the wool over so.'s eyes; (*Post*) ~ *per la corrispondenza* postbag, (*Am*) mailbag; (*Bot*) ~ *pollinico* pollen sac; (*Post*) ~ *postale* (*Br*) postbag, (*Am*) mailbag. *Prov.*: ~ *vuoto non sta in piedi* you can't work on an empty stomach.

saccoccia (*pl.* **-ce**) *f.* (*region*) (*tasca*) pocket. ☐ **mettere** *qcs. in ~* to pocket sth., to bag sth.

saccone *m.* (*ant*) (*pagliericcio*) palliasse, straw-filled mattress.

saccopelista *m./f.* traveller who sleeps out in a sleeping bag.

sacculo *m.* (*Anat,Biol*) saccule, sacculus.

sacello *m.* 1 (*Rel,lett*) (*piccola cappella votiva*) chapel, votive chapel. 2 (*Stor.rom*) sacellum. ☐ (*Arch*) ~ *mortuario* mortuary chapel.

sacerdotale *a.* priestly, priest's, sacerdotal.

sacerdote *m.* 1 (*f.* **-essa**) priest (*f.* -ess): *i sacerdoti pagani* the pagan priests. 2 (*Rel.catt*) priest. 3 (*fig*) (*cultore*) devotee, lover.

sacerdozio *m.* 1 priesthood. 2 (*Rel.catt*) priesthood, ministry.

sacrale[1] *a.* holy, sacred.

sacrale[2] *a.* (*Anat*) sacral.

sacralgia *f.* (*Med*) lower back pain.

sacralità *f.* holiness, sacredness: ~ *di un luogo* sacredness of a place.

sacramentale I *a.* (*Rel.catt*) sacramental. **II** *m.* (*Rel.catt*) sacramental.

sacramentare (**sacraménto**) **I** *v.t.* 1 (*Lit*) to administer the sacraments to, to sacramentize. 2 (*ant*) (*giurare solennemente*) to swear, to take an oath, to vow. **II** *v.i.* (*aus.* **avere**) (*colloq*) (*bestemmiare*) to swear, to curse.

sacramentario[1] *m.* (*Lit*) Sacramentary.

sacramentario[2] *m.* (*Rel.prot,Stor*) Sacramentarian, Sacramentalist.

sacramento *m.* (*Rel*) sacrament: *amministrare un ~* to administer a sacrament; *il ~ dell'eucarestia* the sacrament of Eucharist. ☐ (*fig,colloq*) *con tutti i sacramenti* scrupulously, conscientiously.

sacrario *m.* 1 (*Stor.rom*) sacrarium. 2 (*Rel*) (*vaschetta con scolo per l'acqua usata per le purificazioni e sim.*) piscina. 3 (*Arch*) (*monumento alla memoria*) memorial chapel. 4 (*fig*) (*interiorità*) sanctuary.

sacrestano *e der.* → **sagrestano** *e der.*

sacrificale *a.* sacrificial: *rito* ~ sacrificial rite.

sacrificare (**sacrìfico**, **sacrìfichi**) **I** *v.t.* 1 to sacrifice (*a* to, *per* for): ~ *vittime umane agli dei* to sacrifice human victims to the gods; ~ *la vita per il bene dell'umanità* to sacrifice one's life for the good of mankind. 2 (*rinunciare*) to give up, to sacrifice, to forgo: *ho sacrificato la mia vacanza per finire il lavoro* I've given up my vacation in order to finish the work. 3 (*non valorizzare*) to waste, to spoil: ~ *un quadro in un angolo buio* to waste a painting by putting it in a dark corner. **II** *v.i.* (*aus.* **avere**) to sacrifice. **III** *v.pron.* **sacrificarsi** 1 (*immolarsi*) to sacrifice oneself (*per* for), to offer oneself up (*per* for), to sacrifice one's life (*per* for). 2 (*fare sacrifici, rinunce*) to make sacrifices, to sacrifice oneself: *sacrificarsi per i figli* to make sacrifices for one's children's sakes. ☐ (*eufem*) ~ *a Bacco* to drink deeply; (*eufem*) ~ *a Venere* to make love; ~ *la vita per qcu.* to sacrifice one's life for so., to give up one's life for so.,

to die for so.

sacrificato *a.* 1 (*offerto in sacrificio*) sacrificed. 2 (*pieno di sacrifici*) of sacrifice, of sacrifices, of privation, of privations: *vita sacrificata* life of sacrifice. 3 (*non valorizzato*) wasted: *questa ragazza è sacrificata in questo lavoro* this girl is wasted in this job.

sacrificio *m.* 1 (*Rel*) sacrifice: *offrire un ~ a una divinità* to offer up a sacrifice to a deity; *il ~ supremo* the supreme sacrifice. 2 (*fig*) (*rinuncia*) sacrifice, privation. ☐ ~ *cruento* bloody sacrifice; (*Rel.catt*) ~ *della Messa* (*o il ~ dell'altare*) Sacrifice of the Mass, Holy Sacrifice of the Mass; ~ *di sé* self-sacrifice; ~ *espiatorio* expiatory sacrifice, sacrifice for atonement; *fare un ~* to make a sacrifice (*anche fig*); *offrire qcs. in ~ a qcu.* to sacrifice sth. to so.; ~ *incruento* bloodless sacrifice; ~ *propiziatorio* propitiatory sacrifice; ~ *umano* human sacrifice; (*Bibl*) ~ *vivente* living sacrifice.

sacrilegamente *avv.* sacrilegiously.

sacrilegio *m.* 1 sacrilege: *commettere un ~* to commit sacrilege. 2 (*estens*) (*azione irriverente*) crime, outrage, sin: *sarebbe un ~ abbattere una costruzione così antica* it would be a crime to knock down such an old building.

sacrilego (*pl.* **-ghi**) *a.* 1 sacrilegious, (*ant*) impious. 2 (*estens*) (*irriverente*) outrageous, sacrilegious; (*empio*) wicked: *lingua sacrilega* wicked tongue.

sacripante *m.* (*smargiasso*) braggart, boaster. ☐ *fare il ~* to brag, to boast.

sacrista *m.* (*Rel*) sacristan, sacrista, (*ant*) sexton.

sacro[1] *a.* 1 holy, sacred: *luogo* ~ holy place; *arte sacra* sacred art. 2 (*di chiesa*) church (*attr.*), sacred: *musica sacra* church music. 3 (*fig*) sacred, consecrated (*a* to): *il mirto è ~ a Venere* the myrtle is sacred to Venus; *i sacri ideali del Risorgimento* the sacred ideals of the Risorgimento; *l'ospite è ~ a guest is sacred. **II** *m.inv.* sacred: *il ~ e il profano* the sacred and the profane. ☐ (*Rel*) *le sacre bende*: 1 (*degli antichi sacerdoti*) priest's fillets; 2 (*delle monache*) nun's veils; (*Rel*) *Sacro cuore di Gesù* Sacred Heart of Jesus; (*Rel,Art*) *Sacra famiglia* Holy Family; (*scherz*) *arriva il signor Rossi con tutta la sacra famiglia* here comes Mr. Rossi with all his tribe; here comes Mr. Rossi with all his brood; (*Lett*) *sacra rappresentazione* miracle play, mystery play; (*Stor*) *Sacro Romano Impero* Holy Roman Empire; (*Dir.can*) *la Sacra Rota* the Sacred Roman Rota; *Sacre Scritture* Holy Scriptures; (*Rel.catt*) *la Sacra Sindone* the Holy Shroud.

sacro[2] *m.* (*Anat*) (*osso sacro*) sacrum.

sacrosantemente *avv.* (*rar*) deservedly, rightly: *castigo ~ meritato* rightly-deserved punishment.

sacrosanto *a.* 1 sacrosanct. 2 (*inviolabile*) inviolable, sacrosanct. 3 (*iperb,colloq*) (*meritato*) well-deserved; (*appropriato*) proper: *parole sacrosante!* well-said! ☐ *è mio ~ dovere* it's my bounden duty; *è la sacrosanta verità* it's the honest-to-goodness truth.

sadduceo *m.* (*Stor*) Sadducee.

sadicamente *avv.* sadistically.

sadico I *a.* (*Psic*) sadistic (*anche estens*). **II** *m.* (*f.* **-a**) (*Psic*) sadist (*anche estens*).

sadismo *m.* (*Psic*) sadism (*anche estens*).

sadomaso I *a.* (*Psic*) sadomasochistic. **II** *m./f.* (*Psic*) sadomasochist.

sadomasochismo *m.* (*Psic*) sadomasochism.

sadomasochista I *a.* (*Psic*) sadomasochistic. **II** *m./f.* (*Psic*) sadomasochist.

saetta *f.* 1 (*fulmine*) thunderbolt, flash of lightning, bolt of lightning. 2 (*Mecc*) (*utensile da trapano*) bit. 3 (*Geom*) (*freccia*) sagitta. 4 (*Edil*) (*saettone*) strut, brace. 5 (*lett*) (*freccia*) arrow. 6 (*lett,poet*) (*raggio di sole*) sun ray. ☐ (*fig*) *veloce come una ~* as fast as lightning; (*rar*) *ti venga una ~!* (*Br*) blow you!, (*Am*) drop dead!

saettare (**saétto**) **I** *v.t.* 1 (*lett*) (*colpire con frecce*) to shoot with arrows. 2 (*lett*) (*ferire*) to strike with an arrow, to wound with an arrow. 3 (*lett*) (*colpire con fulmini*) to strike with thunderbolts. 4 (*fig*) to dart, to shoot, to fling: ~ *occhiate furibonde* to dart furious looks. **II** *v.i.* (*aus.* **avere**) 1 (*lampeggiare*) to lighten. 2 (*lett*) (*scagliare frecce*) to shoot arrows.

saettiera *f.* (*Mil,ant*) loophole, embrasure.

saettiere *m.* (*lett,ant*) (*arciere*) archer, bowman; (*balestriere*) crossbowman.

saettone *m.* 1 (*Zool*) Aesculapian snake, aesculapian snake. 2 (*Edil*) brace, strut.

safari *m.inv.* safari: *partecipare a un ~* to go on safari. ☐ ~ *fotografico* photographic safari.

safena *f.* (*Anat*) (*vena safena*) saphenous vein, (*rar*) saphena.

safety car /'sejfti'kar/ *f.inv.* (*Sport*) (*nell'automobilismo*) safety car.

safety engineer /'seifti,endʒi'nir/ *m./f.inv.* safety engineer.

saffica *f.* (*Metr*) Sapphic poem, Sapphic.

saffico (*pl.* **-ci**) *a.* 1 (*Metr*) Sapphic. 2 (*lett, estens*) lesbian, Sapphic.

saffismo *m.* (*Psic,rar*) sapphism, lesbianism.

Saffo *n.pr.f.* (*Stor.gr*) Sappho.

safranina *f.* (*Chim*) safranine, safranin.

saga *f.* (*Lett*) saga (*anche estens*).

sagace *a.* sagacious, shrewd, perspicacious, astute.

sagacemente *avv.* sagaciously.

sagacia (*pl.* **-cie**) *f.* sagacity, shrewdness, perspicacity.

Sagex *m.inv.* (*Svizz.it,colloq*) polystyrene, (*Am*) styrofoam.

saggezza *f.* 1 (*capacità di ragionamento*) wisdom: *la ~ dei vecchi* the wisdom of the old; *essere di grande ~* to be very wise. 2 (*ragionevolezza*) reasonableness. 3 (*buonsenso*) common sense. 4 (*buon consiglio*) sound judgment.

saggiamente *avv.* wisely.

saggiare (**sàggio**, **sàggi**) *v.t.* 1 to test; (*rif. a metalli preziosi*) to assay: ~ *l'oro* to assay gold. 2 (*fig*) (*mettere alla prova*) to test, to try, to prove: ~ *le proprie forze* to test one's strength.

saggiatore *m.* 1 (*f.* **-trice**) tester, assayer. 2 (*bilanciere*) assay balance.

saggiatura *f.* assaying, testing.

saggiavino *m.inv.* (*Enol*) pipette for wine tasting.

saggina *f.* (*Bot*) sorghum. ☐ ~ *da scope* broomcorn.

sagginale *m.* (*fusto secco della saggina*) stalk, dry sorghum stalk.

sagginare (**saggìno**) *v.t.* (*ingrassare*) to fatten.

saggio[1] **I** *a.* wise, (*lett*) sage: *un vecchio ~* a wise old man; *è ~ da parte tua lavorare sodo* you're wise to work hard. **II** *m.* (*f.* **-a**) wise person, (*lett*) sage; (*sapiente*) learned person.

saggio[2] *m.* 1 test; (*rif. a metalli preziosi*) assay. 2 (*prova*) proof, example (*di* of): *dare ~ della propria bravura* to give proof of one's skill, to prove one's skill. 3 (*campione*) sample, specimen: ~ *gratuito* free sample. 4

(*dimostrazione*) display, exhibition (*anche Scol*). **5** (*Econ*) (*tasso*) rate: ~ *d'interesse* rate of interest. □ ~ *di danza* recital, dance recital; ~ *di ginnastica* gym display; ~ *di pianoforte* piano recital; (*Econ*) ~ *di profitto* rate of profit; ~ *ginnico* gym display, gymnastic display; ~ *musicale di fine anno* end-of-term concert, end-of-term recital.

saggio[3] *m.* (*Edit,Lett*) essay, (*esteso*) treatise: ~ *sull'arte moderna* essay on modern art. □ ~ *critico* critical essay; ~ *di composizione* essay, composition, (*Am*) theme.

saggista *m./f.* essayist.

saggistica *f.* **1** (*arte*) essay writing, essay-writing. **2** (*Edit*) (*genere*) nonfiction. **3** (*insieme di saggi*) essays *pl.*

saggistico (*pl.* **-ci**) *a.* essay (*attr.*), essayistic.

Sagittario I *n.pr.m.* (*Astr*) Sagittarius. **II** *m./ f.inv.* (*persona nata sotto il segno del Sagittario*) Sagittarian, (*Am*) Sagittarius: *sono del* ~ I'm a Sagittarian, I'm Sagittarian.

sagittato *a.* (*Bot*) sagittate.

sagola *f.* **1** (*Mar,Pesc*) line. **2** (*cima per alzare bandiere o per manovre di ormeggio*) halyard, halliard. □ ~ *della bandiera* flag halyard; ~ *per scandaglio* sounding line, lead line.

sagoma *f.* **1** (*profilo, linea*) line, outline, contour, silhouette: *una ~ elegante* an elegant line. **2** (*forma*) shape, form. **3** (*forma di legno, cartone e sim.*) template, pattern, model, outline. **4** (*Met,Edil*) strickle. **5** (*nel tiro a segno: bersaglio*) silhouette, target: *colpire una ~* to hit a target. **6** (*colloq,scherz*) (*persona stravagante, curiosa*) character, odd character, sketch, card: *lo sai che sei proprio una ~?* (*Br*) you know you're a real character!, (*Am*) you're a trip, man! □ ~ *aerodinamica* aerodynamic line; (*Ferr*) ~ *limite* clearance gauge; ~ *limite di carico* loading gauge; (*Strad*) ~ *stradale* road camber.

sagomare (**sàgomo**) *v.t.* to mould, to shape, to form, to model: ~ *la carrozzeria di un'automobile* to shape the body of a car.

sagomato *a.* shaped, formed, modelled: *mobili ben sagomati* well-shaped furniture.

sagomatrice *f.* (*Mecc*) **1** (*fresatrice*) milling machine, miller. **2** (*molatrice*) grinder.

sagomatura *f.* **1** (*il sagomare, dare la forma*) shaping, forming. **2** (*sagoma*) profile, line, outline. □ (*Tecn*) ~ *al tornio* profile turning.

sagra *f.* **1** festival: *la ~ del vino* the wine festival. **2** (*festa nell'anniversario della consacrazione di una chiesa*) feast of the consecration of a church. **3** (*iron*) (*dimostrazione eclatante*) height: *è stata la ~ del cattivo gusto* it was the height of bad taste.

sagrato *m.* parvis, parvise; (*ant*) (*cimitero adiacente alla chiesa*) churchyard.

sagrestano *m.* sacristan, sacrist, (*ant*) sexton.

sagrestia *f.* (*locale nella chiesa*) sacristy, vestry.

sagrì *m.* (*Itt*) latern shark.

sagrista *m.* sacristan, sacrist, (*ant*) sexton.

Sahara *n.pr.m.* (*Geog*) Sahara.

sahariana *f.* (*Abbigl*) bush jacket.

sahariano *a.* Sahara (*attr.*), Saharan: *regione sahariana* Sahara region.

Sahel *n.pr.m.* (*Geog*) Sahel: *zona del ~* Sahel region.

saia *f.* (*Tess*) twill.

Saint Christopher e Nevis /sen'kristofer ,e'nevis/ *n.pr.m.* (*Geog*) St.Kitts and Nevis.

saintpaulia /sen'pawlja/ *f.inv.* (*Bot*) African violet.

Saint Vincent e Grenadine /sen'vinsent,e 'grenadin/ *n.pr.m.* (*Geog*) St.Vincent and the Grenadines.

saio *m.* **1** (*di frati*) habit. **2** (*Stor.rom*) sagum.

sala[1] *f.* **1** room, hall. **2** (*salotto*) living room, sitting room. **3** (*estens*) (*pubblico*) audience. □ (*Mar*) ~ *a tracciare* mold loft; (*Med*) ~ *anatomica* anatomy theatre; (*Mar,Ind*) ~ *caldaie* boiler room, stokehold; ~ *capitolare* chapter house; (*Cin*) ~ *cinematografica* cinema, (*Am*) movie theater; ~ *comandi* control room; ~ *concerti* concert hall; ~ *conferenze* conference room, lecture theatre (*anche Univ*); ~ *convegno* conference room, lecture theatre; ~ *corse* betting shop; ~ *da ballo*: **1** (*pubblica*) dance hall; **2** (*privata*) ballroom; ~ *da biliardo* billiard room, billiard hall, poolroom; (*Am*) pool hall; ~ *da gioco* card-room; ~ *da musica* music room; ~ *da pranzo* dining room; ~ *da tè* tearoom, tea-shop; ~ *d'armi* salle d'armes, (*Br*) armoury, (*Am*) armory; ~ *d'aspetto* waiting room; ~ *degli arazzi* tapestry room; ~ *degli specchi* hall of mirrors; ~ *dei comandi* control room; ~ *dei concerti* concert hall; (*Rel*) *Sala del Regno* Kingdom Hall; ~ *del trono* throne room; (*Aer*) ~ *delle partenze* (*di aeroporti*) departure lounge; ~ *delle udienze*: **1** (*di organi ufficiali, nobiltà*) audience chamber, audience room; **2** (*Dir*) Court, courtroom; ~ *di attesa* waiting room; (*Bibliot*) ~ *di consultazione* reference room, reading room; (*Mil*) ~ *di disciplina* guard-room; (*Med*) ~ *di dissezione* anatomy theatre; (*Cin*) ~ *di doppiaggio* dubbing room; (*Mus*) ~ *di incisione* recording studio; ~ *di lettura* reading room; (*Cin, TV*) ~ *di montaggio*: **1** (*di film*) cutting room, editing room; **2** (*di videocassette*) editing room, edit suite; ~ *di proiezione*: **1** projection room, screening room; **2** (*Cin*) cinema, (*Am*) movie theater, viewing room; (*Mus,Cin, TV*) ~ *di registrazione* recording studio; (*rar, ant*) ~ *di scrittura* writing room; ~ *d'imbarco* departure(s) lounge; ~ *giochi*: **1** (*con videogiochi*) amusement arcade, (*Am*) video arcade; **2** (*con tavoli da ping pong e sim.*) game room; (*Mus*) ~ *incisioni* recording studio; (*Mar,Ind*) ~ *macchine* engine room; (*Mar*) ~ *nautica* chart house, chart room; (*Med*) ~ *operatoria* operating theatre, (*Am*) operating room; (*Med*) ~ *parto* delivery room, delivery suite; ~ *per esposizioni*: **1** (*mostra d'arte*) salon; **2** (*spec. per oggetti in vendita*) showroom; ~ *per ricevimenti*: **1** (*in castelli, palazzi e sim.*) (*Br*) banqueting hall, (*Am*) banquet hall; **2** (*in ristoranti, hotel e sim.*) (*Br*) banqueting room, (*Am*) banquet room; ~ *pompe* pump house, pump station, pumping station (*anche Idr,Mar*); (*Scol,Univ*) ~ *professori* staff room; ~ *prove*: **1** (*Mus*) rehearsal room, rehearsal studio; **2** (*Mecc*) test room, testing room; ~ *riunioni*: **1** (*di aziende*) boardroom; **2** (*di hotel*) conference room; ~ *stampa*: **1** (*Tip*) (*macchine per stampa*) press room; **2** (*per giornalisti fuori sede*) press box; (*Med*) ~ *travaglio* labour ward; (*Tecn*) ~ *turbine* turbine room (*anche Mar,Idr*).

sala[2] *f.* (*Mecc*) axle, axletree. □ (*Ferr*) ~ *direttrice* steering type axle; (*Ferr*) ~ *montata* wheelset; (*Ferr*) ~ *motrice* driving axle, live axle; (*Ferr*) ~ *portante* carrying axle.

salacca *f.* **1** (*region*) salted fish. **2** (*fig,colloq*) (*persona secca*) beanpole. **3** (*Itt*) (*sardina*) allis shad.

salace *a.* **1** (*lascivo, scurrile*) salacious, smutty. **2** (*estens*) (*mordace, pungente*) biting, sharp, spicy.

salacità *f.* **1** salaciousness, salacity. **2** (*estens*) (*arguzia*) sharpness, spiciness.

Saladino *n.pr.m.* (*Stor*) Saladin.

salagione *f.* (*Alim*) salting.

salamandra *f.* (*Zool*) salamander. □ (*Zool*) ~ *acquaiola* great creasted newt; (*Zool*) ~ *gigante del Giappone* giant salamander, Japanese giant salamander; (*Zool*) ~ *macchiata* spotted salamander, fire salamander; (*Zool*) ~ *nera* alpine salamander; (*Zool*) ~ *pezzata* spotted salamander, fire salamander.

salame *m.* **1** (*Gastron*) salami. **2** (*fig*) (*persona sciocca*) silly, silly goose, silly billy, (*spreg*) dummy, (*spreg*) dolt, (*spreg,ant*) blockhead, (*Am*) geek, dork. □ (*Dolc*) ~ *di cioccolato* chocolate salami.

salamelecco (*pl.* **-chi**) *m.spec.pl.* (*pop*) bowing and scraping, salaam. □ *fare salamelecchi* to bow and scrape; *senza tanti salamelecchi* without ceremony.

salamella *f.* (*Gastron*) horseshoe-shaped salami.

Salamina *n.pr.f.* (*Geog*) Salamis.

salamino *m.* (*Gastron*) small salami.

salamoia *f.* **1** pickle, brine. **2** (*nei frigoriferi*) brine. □ *mettere in ~* to pickle: *cipolline in ~* pickled onions, onion pickles.

salamoiare (**salamòio**, **salamòi**) *v.t.* to pickle, to brine, to preserve in pickle.

salangana *f.* (*Ornit*) **1** swiftlet. **2** (*rondone*) glossy swiftlet.

salare (**sàlo**) *v.t.* **1** (*aggiungere sale*) to salt, to put salt in, to add salt to: ~ *il brodo* to add salt to the broth. **2** (*mettere sotto sale*) to salt, to salt down; (*in salamoia*) to pickle, to brine. **3** (*Pell*) to salt. □ (*region,fig*) ~ *la scuola* to play hooky, (*Br*) to play truant.

salariale *a.* wage (*attr.*), pay (*attr.*), of wages: *aumento ~* wage increase, pay rise, (*Am, Aus*) raise; *tregua ~* wage freeze.

salariare (**salàrio**, **salàri**) *v.t.* to pay, to give a wage to.

salariato I *a.* wage-earning, hired: *operaio ~* hired worker. **II** *m.* (*f.* **-a**) wage earner, (*Am*) wage worker.

salario *m.* (*Br*) wage, wages *pl.*, pay, (*Am*) (*su base oraria*) wage, (*cifra predefinita*) salary: *percepire un ~* to receive a wage. □ ~ *a cottimo* piece-rate wages; ~ *a incentivo* incentive pay, premium pay, merit pay; ~ *annuo* (*Br*) annual wage, (*Am*) annual salary; ~ *base* base pay, basic wage; ~ *contrattuale* (*Br*) contract wage, (*Am*) contract salary; ~ *da fame* (*Br*) starvation wage, (*Am*) minimum wage; ~ *di mercato* minimum wage, living wage; ~ *d'ingresso* starting wage, (*Am*) beginning wage; ~ *fisso* (*Br*) fixed wage, set wage, (*Am*) fixed salary; ~ *garantito* guaranteed wage; ~ *giornaliero* daily wage, day wage; ~ *indicizzato* index-linked wage; ~ *iniziale* starting wage, (*Am*) beginning wage; ~ *lordo* gross wage; ~ *massimo* maximum wage, wage ceiling; ~ *medio* average wage; ~ *mensile* monthly wages, monthly salary, monthly pay; ~ *minimo* minimum wage, living wage; ~ *mobile* floating wage; ~ *netto* take-home pay, (*Br*) net wage, (*Am*) net pay; ~ *nominale* nominal wage; ~ *orario* hourly wage; ~ *reale* real wage; ~ *settimanale* weekly wages.

salassare (**salàsso**) *v.t.* **1** (*Med,ant*) to bleed: ~ *un ammalato* to bleed a patient. **2** (*fig*) (*dissanguare, prosciugare le risorse*) to bleed, to drain. **3** (*fig*) (*far pagare eccessivamente*) to fleece: *in quel ristorante ti salassano* they fleece you in that restaurant, (*Am*) they charge an arm and a leg in that restaurant.

salassatore *m.* (*f.* **-trice**) (*rar*) bleeder.

salasso *m.* **1** (*Med,ant*) bleeding, blood-letting. **2** (*fig*) (*spesa onerosa*) drain, big outlay: *la villeggiatura è stata un* ~ the holiday was a drain; *il nuovo cappotto è stato un vero* ~ the new coat made a big hole in my savings. ☐ (*Med,ant*) *fare un* ~ *a qcu.* to bleed so.

salata *f.* 1 salting. 2 (*Alim*) (*salatura per conservare*) salting; (*in salamoia*) pickling, brining. ☐ *dare una* ~ *a qcs.* to put some salt in sth., to put some salt on sth., to salt sth.

salatamente *avv.* (*fig*) dearly, (*colloq*) through the nose: *pagare qcs.* ~ (*Br*) to pay through the nose for sth., (*Am*) to pay sth. an arm and a leg.

salatino *m.spec.pl.* (*Gastron*) (*Br*) savoury cracker, savoury biscuit, (*Am*) cracker.

salato I *a.* 1 (*salino*) salt (*attr.*), saline, salty: *acqua salata* salt water. 2 (*insaporito col sale*) salt (*attr.*), salty, salted. 3 (*conservato sotto sale*) salt (*attr.*), salted, corned: *aringhe salate* salted herrings, *carne salata* salt meat. 4 (*in salamoia*) pickled, brined. 5 (*contrapposto a dolce*) savoury, (*Am*) savory, tasty. 6 (*fig*) (*caro, costoso*) expensive, dear, costly. 7 (*fig*) (*rif. a conti, prezzi e sim.*) high, stiff, dear: *il conto era* ~ the bill was high; *prezzi salati* dear prices, high prices. 8 (*fig*) (*rif. a tariffe, parcelle*) hefty: *una parcella salata* a hefty fee. 9 (*fig*) (*pungente*) sharp, pungent, biting: *risposta salata* sharp answer; (*arguto*) sharp, witty. II *avv.* (*fig*) dearly, (*colloq*) to pay through the nose: *pagare qcs.* ~ (*Br*) to pay through the nose for sth., (*Am*) to pay sth. an arm and a leg.

salatoio *m.* (*Alim,Ind*) salting room.

salatura *f.* 1 (*il salare*) salting (*anche Pell*). 2 (*quantità di sale*) salt.

salciccia *f.* (*pop,Gastron*) Italian thin (pork) sausage, sausage in a long casing.

salcigno *a.* 1 (*di salice*) willow (*attr.*). 2 (*estens*) (*rif. a legname*) knotty, tough. 3 (*region*) (*rif. a carne*) stringy, tough.

salda *f.* (*amido*) starch. ☐ *dare la* ~ *a un colletto* to starch a collar, to size a collar, to spray starch over (*o* on) a collar.

saldabile *a.* 1 weldable. 2 (*Comm*) payable, that can be settled (*posposto*).

saldabilità *f.* 1 weldability. 2 (*Comm*) payability.

saldaconti *m.inv.* (*Comm*) 1 (*ufficio*) accounts office. 2 (*registro*) account book, ledger.

saldacontista *m./f.* bookkeeper.

saldaconto *m.inv.* (*Comm*) 1 (*ufficio*) accounts office. 2 (*registro*) account book, ledger.

saldamente *avv.* 1 firm, firmly, solidly, steadily: *reggersi* ~ to stand firm, to hold on tightly. 2 (*profondamente*) firmly, deeply: *principi* ~ *radicati* deeply-rooted principles.

saldare (**sàldo**) I *v.t.* 1 (*congiungere*) to join, to bind, to unite. 2 (*Tecn*) to solder, to weld; (*saldare insieme*) to solder together, to weld together: ~ *due pezzi di tubo* to solder two pieces of pipe together. 3 (*Comm*) (*pagare*) to pay, to pay up, to settle, to square: ~ *un conto* to pay a bill. 4 (*Comm*) (*rif. a debiti*) to pay, to pay off, to settle up. 5 (*Econ*) (*chiudere i conti*) to balance, to close, to close out. II *v.pron.* **saldarsi** (*cicatrizzarsi*) to heal, to heal up. ☐ (*Tecn*) ~ *a dolce* to soft-solder; (*Tecn*) ~ *a forte* to hard-solder; (*Tecn*) ~ *a freddo* to weld without preheating; (*Tecn*) ~ *a oro* to gold-solder; (*Tecn*) ~ *a punti* to spot-weld; (*Tecn*) ~ *a scintilla* to flash-weld; (*Tecn*) ~ *a stagno* to solder, to soft-solder; (*Tecn*) ~ *ad arco* to arc-weld; (*Comm*) ~ *una partita* to settle an account (*anche fig*).

saldato *a.* 1 (*unito, congiunto*) joined, bound, united. 2 (*Met*) welded; (*spec. a sta-*

gno) soldered. 3 (*Comm*) (*pagato*) paid, paid up, settled. 4 (*Econ*) (*chiuso, pareggiato*) balanced, closed, closed out.

saldatoio *m.* (*Mecc*) soldering iron, welder.

saldatore *m.* (*Tecn*) 1 (*f.* **-trice**) (*operaio*) (*mediante elettricità a gas*) welder, (*con lo stagno, a pistola*) solderer. 2 (*utensile*) soldering iron, welder. ☐ (*Tecn*) ~ *a pistola* soldering gun.

saldatrice *f.* (*Tecn*) welder, welding machine. ☐ (*Tecn*) ~ *a punti* spot-welding machine; (*Tecn*) ~ *ad arco* arc welder, welding machine; (*Tecn*) ~ *automatica* automatic welder, automatic welding machine.

saldatura *f.* 1 (*Tecn*) welding, soldering; (*tecnica*) welding, welding process. 2 (*Tecn*) (*punto di saldatura*) weld, welded joint, soldering. 3 (*fig*) welding together, linking up, connection: ~ *delle varie parti di un romanzo* the welding (*o* the bonding) together of the various parts of a novel. 4 (*Med*) (*rif. a fratture*) setting. ☐ (*Tecn*) ~ *a colata* cast welding; (*Tecn*) ~ *a freddo* cold soldering; (*Tecn*) ~ *a fuoco* forge welding; (*Tecn*) ~ *a rilievo* projection welding; (*Tecn*) ~ *a stagno* soldering; (*Tecn*) ~ *a ultrasuoni* ultrasonic welding; (*Tecn*) ~ *ad arco* arc welding; (*Tecn*) ~ *autogena* autogenous welding; (*Tecn*) ~ *dolce* soft-soldering; (*Tecn*) ~ *elettrica* electric welding; (*Tecn*) ~ *ossiacetilenica* gas welding, oxyacetylene welding; (*Tecn*) ~ *ossidrica* oxyhydrogen welding; (*Tecn*) ~ *per fusione* fusion welding; (*Tecn*) ~ *per punti* spot welding.

saldezza *f.* firmness, strength (*anche fig*): ~ *d'animo* strength of character.

saldo[1] *a.* 1 solid, firm, strong: *una trave salda* a solid beam. 2 (*stabile*) steady, firm, stable: *una sedia salda* a stable chair. 3 (*fig*) (*irremovibile*) firm, staunch, stanch, unmoveable, steadfast, unswerving: ~ *proposito* firm intention, firm purpose. ☐ (*fig*) *stare* ~ *come una colonna* to be solid as a rock; *stare* ~ *nei propri propositi* to hold firm to one's purposes; *reggersi* ~ *sulle gambe* to stand steady; *tieni* ~! hold tight!

saldo[2] *m.* 1 (*pagamento*) settlement, account balance: ~ *di un conto* settlement of a bill, settlement of an account. 2 (*quantità residua*) balance: *pagherò il* ~ *in sei rate* I'll pay the balance in six instal(l)ments. 3 (*Comm*) sale, clearance sale: *saldi di fine stagione* end-of-season sales; *i saldi di fine anno* (*Br*) the January sales, (*Am*) the year-ends; *saldi estivi* summer sales. ☐ *a* ~ in full, in settlement: *pagamento a* ~ payment in full, full settlement; *ricevere una somma a* ~ to receive a sum in settlement; ~ *a credito* credit, credit balance; ~ *a debito* debit, debit balance; ~ *attivo* credit balance, positive balance; ~ *contabile* book balance, accounting balance; ~ *di cassa* cash balance; ~ *di conto* cash balance; *fare i saldi* (*svendita*) to hold a sale; *fare il* ~ to settle up: *fare il* ~ *di qcs.* to settle sth., to pay sth.; *in* ~ sale (*attr.*), on sale (*posposto*): *merce in* ~ sale goods, merchandise on sale; *essere in saldo* to be in the sales, (*Am*) to be on sale; ~ *migratorio* migratory balance; ~ *negativo* deficit balance; ~ *passivo* debit balance; ~ *totale* full balance.

saldobrasatura *f.* (*Met*) braze welding.

sale *m.* 1 salt (*anche Chim*): *in questa minestra manca il* ~ there's no salt in this soup. 2 (*fig*) (*arguzia*) salt, wit, sharpness, sharpness of wit. 3 *pl.* (*Cosmet*) (*sali da bagno*) bath-salts. 4 *pl.* (*Farm*) smelling-salts, sal volatile *sing.* ☐ (*Chim*) ~ *acido* acid salt; (*Chim*) *sali ammoniacali* ammonium salts;

(*Chim*) ~ *ammoniaco* sal ammoniac; (*fig,lett*) ~ *attico* (*fine arguzia*) Attic salt, Attic wit; (*Chim*) ~ *basico* basic salt; ~ *comune* salt, common salt, kitchen salt; *sali da bagno* bath-salts; ~ *da cucina* salt, common salt, kitchen salt; ~ *da tavola* fine salt, table salt; (*fig*) *restare di* ~ (*o rimanere di* ~) to be dumbfounded, to be astonished; *sapere di* ~ to taste salty; (*Chim,ant*) ~ *di acetosella* salt of sorrel; *sali di tintura* dye-fixing salt; ~ *e pepe*: 1 salt and pepper; 2 (*colore*) pepper-and-salt, (*Am*) salt-and-pepper; (*ant*) *sali e tabacchi* (*rivendita*) (government monopoly) salt and tobacco shop; ~ *fino* fine salt, table salt; ~ *grosso* coarse salt; (*Chim*) ~ *idrato* hydrosalt; (*fig*) *non avere* ~ *in zucca* to lack common sense; (*Ind,Pell*) ~ *inglese* Epsom salts; ~ *iodato* iodized salt; ~ *iposodico* low sodium salt; ~ *marino* sea salt; ~ *minerale* mineral salt; (*Min*) ~ *montanino* (*salgemma*) rock salt; ~ *neutro* neutral salt; *sali potassici* potassium salts; ~ *raffinato* refined salt; *senza* ~ salt-free (*attr.*): *dieta senza* ~ salt-free diet; *mettere sotto* ~ to salt, to salt down: *acciughe sotto* ~ salted anchovies; (*Farm*) ~ *volatile* sal volatile.

saleggiola *f.* (*Bot,region*) wood-sorrel.

salesiano I *a.* (*Rel.catt*) Salesian. II *m.* (*f.* **-a**) (*Rel.catt*) Salesian.

salesman /'sejlsmen/ *m./f.inv.* 1 (*responsabile delle vendite, rappresentante*) salesman. 2 (*commesso di negozio*) sales assistant, (*Am*) sales clerk, sales associate.

sales manager /'sejls'menadʒer/ *m./f.inv.* (*direttore vendite*) sales manager.

salgemma *m.inv.* (*Min*) rock salt, halite.

salgo → **salire**

saliare *a.* (*Stor*) Salian.

Salicacee *f.pl.* (*Bot*) willow family *sing.*

salice *m.* (*Bot*) willow. ☐ (*Bot*) ~ *da vimini* osier; (*Bot*) ~ *piangente* weeping willow.

saliceto *m.* (*Bot*) willow grove.

salicilato *m.* (*Chim*) salicylate.

salicile *m.* (*Chim*) salicyl.

salicilico (*pl.* **-ci**) *a.* (*Chim*) salicylic: *acido* ~ salicylic acid.

salicina *f.* (*Chim*) salicin, salicine.

salico (*pl.* **-ci**) *a.* (*Stor*) Salic, Salique: *legge salica* Salic Law.

saliente I *a.* 1 (*lett*) (*che sale*) rising, mounting. 2 (*fig*) (*notevole*) main, conspicuous, salient, striking, relevant: *i punti salienti di un discorso* the main points in a speech. 3 (*sporgente*) projecting, salient, prominent. II *m.* 1 (*sporgenza*) protuberance, prominence, salience: ~ *roccioso* rocky protuberance, overhang. 2 (*Arch,Mil*) salient.

saliera *f.* saltcellar, salt shaker.

salifero *a.* 1 saliferous, salt (*attr.*). 2 (*che riguarda l'estrazione del sale*) salt (*attr.*), salt-extracting.

salificare (**salifico, salifichi**) *v.t.* (*Chim*) to salify.

salificazione *f.* (*Chim*) salification.

salina *f.* 1 (*deposito naturale*) salina, saltings. 2 (*Ind*) salt works (*costr.sing. o pl.*). 3 (*miniera di salgemma*) salt mine.

salinaio *m.* (*f.* **-a**) salter.

salinaro *m.* (*f.* **-a**) (*region*) salter.

salinatore *m.* salter.

salinità *f.* salinity, saltiness.

salino *a.* salt (*attr.*), saline: *deposito* ~ salt deposit; *soluzione salina* saline solution.

salire (*pres.ind.* **sàlgo, sàli**; *p.rem.* **salìi**; *p.pres.* **salènte/saliènte**; *ger.* **salèndo**; *p.p.* **salìto**) I *v.i.* (*aus.* **essere**) 1 (*andare verso l'alto*) to climb (*su, in qcs.* sth.), to go up, to come up: ~ *su un albero* to climb a tree; ~ *su per le scale* to go up the stairs; ~ *in ascensore*

(*Br*) to go up in the lift, (*Am*) to go up in the elevator; *vieni, saliamo in terrazza* come, let's go up on the terrace; *perché non sali un momento?* why don't you come up for a minute? **2** (*montare*) to get up (*su qcs.* on sth.), to climb (*su qcs.* onto sth.), to mount (*su qcs.* sth.): ~ *sulla sedia* to get up on the chair; ~ *a cavallo* to mount a horse. **3** (*montare: rif. a mezzi di trasporto*) to get (*su qcs.* on, into sth.), to board (sth.): ~ *sull'autobus* to board the bus, to get on the bus; ~ *in macchina* (*Br*) to get into the car, (*Am*) to get in the car; ~ *sul treno* to get on the train. **4** (*imbarcarsi*) to board, to go aboard, to come aboard: ~ *su un aereo* to board a plane. **5** (*scalare*) to climb, to climb up, to go up, to ascend: ~ *su una montagna* to climb up a mountain. **6** (*scalare: rif. ad automobili e sim.*) to climb: *l'automobile sale lentamente verso il passo* the car is climbing slowly towards the pass. **7** (*alzarsi, levarsi*) to rise, to go up, to come up: *il fumo sale* smoke rises; *la nebbia saliva dalla valle* the fog was coming up from the valley; *il sole sale sull'orizzonte* the sun is rising on the horizon, the sun is rising over the horizon. **8** (*alzarsi, levarsi: rif. ad aerei e sim.*) to climb: *l'aeroplano continuava a* ~ the plane kept climbing. **9** (*ergersi*) to rise: *il monte sale a più di duemila metri* the mountain rises over two thousand metres. **10** (*essere in salita*) to go up, to go uphill, to climb: *la strada sale dolcemente* the road goes uphill gradually. **11** (*fig*) (*aumentare, crescere*) to rise, to increase, to go up: *il numero degli abitanti continua a* ~ the number of inhabitants keeps increasing; *la temperatura è salita* the temperature has gone up; *il livello del fiume sta salendo* the river is rising; *il prezzo dell'olio è salito di venti lire* the price of oil has gone up twenty lire. **12** (*rif. ad apparecchi di misura*) to rise: *il barometro sale* the barometer is rising. **13** (*fig*) (*raggiungere una condizione migliore*) to rise, to go up: ~ *nella considerazione di qcu.* to rise in so.'s estimation; ~ *di grado* to rise in rank. **14** (*Alp*) to climb. **II** *v.t.* **1** to climb, to go up, to come up, to ascend; to mount: ~ *le scale* to go up the stairs. **2** (*region, pop*) (*far salire*) to bring (sth.) up. □ ~ *a bordo* to board, to go aboard, to come aboard; (*fig*) ~ *agli onori degli altari* to be raised to the altars; ~ *al cielo*: 1 (*Rel*) to ascend, to ascend into Heaven; 2 (*eufem*) (*morire*) to go to Heaven; 3 (*rif. a grida e sim.*) to go up to high heaven; ~ *al potere* to rise to power, to come to power; ~ *al trono* to come to the throne, to ascend the throne, to be enthroned; (*fig*) ~ *alle stelle* (*rif. a prezzi*) to soar, to rocket, to shoot up, to go sky-high; ~ *di corsa le scale* to run up the stairs; ~ *di grado* to be promoted, to move up; *fare* ~ *i prezzi* to make prices rise, to make prices go up, (*Br*) to send prices up; ~ *in alto* to go up, to climb; (*Aer*) ~ *in candela* to steep climb; (*fig*) ~ *in cattedra* (*fare l'arrogante*) to get on one's high horse; ~ *in sella* to get into the saddle (*anche fig*); (*Alp*) ~ *in solitaria* to climb solo; (*Sport*) ~ *sul podio* to step up to the podium, to mount the podium.

salisburghese I *a.* Salzburger. **II** *m./f.* Salzburger.

Salisburgo *n.pr.f.* (*Geog*) Salzburg.

saliscendi *m.inv.* **1** latch. **2** (*continuo salire e scendere*) ups and downs *pl.*

salita *f.* **1** (*il salire*) climb, climbing, going up, coming up, ascent: *la* ~ *è più difficile della discesa* going up is harder than coming down. **2** (*strada in salita*) hill, slope, ascent: *a metà della* ~ *c'è una cappella* halfway up

---

the hill there is a chapel. **3** (*Ginn*) (*arrampicata*) climb, climing. **4** (*Alp*) ascent. □ (*Ginn*) ~ *alle funi* rope climbing; (*Ginn*) ~ *alle pertiche* pole climbing; (*Arch*) ~ *dell'arco* rise of an arch; *la strada è tutta salite e discese* the way is all ups and downs; *in* ~: 1 (*che sale*) uphill: *sentiero in* ~ uphill path; *camminare in* ~ to walk uphill, to climb; *sentiero in* ~ climbing path; 2 (*che aumenta*) rising, going up: *la febbre è in* ~ the temperature is rising; 3 (*fig*) (*difficoltoso*) difficult, uncertain, uphill: *trattative in salita* difficult negotiations; *il cammino ora è tutto in* ~ now it's going to be uphill all the way; it's all uphill from here; (*Alp*) ~ *in artificiale* aid climbing; (*Alp*) ~ *in cordata* rope climb, rope ascent; (*Alp*) ~ *in libera* free climbing; (*Alp*) ~ *in solitaria* solo ascent; (*Alp*) ~ *in stile alpino* Alpine style ascent.

saliva *f.* saliva, spittle.

salivale *a.* salivary.

salivare[1] (**salivo**; *aus.* **avere**) *v.i.* (*Fisiol*) to produce saliva, to salivate.

salivare[2] *a.* (*Fisiol*) salivary: *secrezione* ~ salivary secretion.

salivatorio *a.* (*rar*) salivatory.

salivazione *f.* (*Fisiol*) salivation.

Sallustio *n.pr.m.* (*Stor*) Sallust.

salma *f.* corpse, body.

salmastro I *a.* **1** (*che contiene sale*) brackish, salty: *acqua salmastra* brackish water. **2** (*che sa di sale, salsedine*) salty: *vento* ~ salty wind. **II** *m.* **1** (*sapore*) salt taste, salty taste. **2** (*odore*) salt smell, salty smell.

salmeria *f.spec.pl.* (*Mil*) train.

salmerino *m.* (*Itt*) char.

salmì *m.* (*Gastron*) salmi: *fagiano in* ~ pheasant cooked in wine.

Salmi *m.pl.* (*Bibl*) Psalms.

salmista *m.* (*Bibl*) psalmist.

salmistrare (**salmìstro**) *v.t.* (*Gastron*) to corn.

salmo *m.* (*Bibl,Mus*) psalm. □ *Prov.*: *tutti i salmi finiscono in gloria* these things always end up the same way.

salmodia *f.* (*Rel*) psalmody.

salmodiante *a.* **1** psalmodizing, psalm singing, chanting. **2** (*estens*) chanting, monotonous.

salmodiare (**salmòdio, salmòdi**; *aus.* **avere**) *v.i.* (*Rel*) to sing psalms, to chant.

salmodico (*pl.* **-ci**) *a.* (*Rel*) psalmodic.

salmonato *a.* salmon (*attr.*): *trota salmonata* salmon trout.

salmone I *m.* (*Itt*) salmon. **II** *a.inv.* (*colore*) salmon. □ (*Gastron*) ~ *affumicato* smoked salmon, (*Am*) lox; ~ *in scatola* (*Br*) tinned salmon, (*Am*) canned salmon; (*Itt*) ~ *rosso* sockeye salmon, red salmon.

salmonella *f.* (*Biol*) salmonella.

salmonellosi *f.inv.* (*Med*) salmonellosis.

salnitro *m.* (*Chim*) (*Br*) saltpetre, (*Am*) saltpeter.

salnitroso *a.* saltpetre (*attr.*), (*ant*) saltpetrous.

Salomè *n.pr.f.* (*Lett*) Salome.

Salomone[1] *n.pr.m.* (*Bibl*) Solomon.

Salomone[2] □ (*Geog*) *isole* ~ Solomon Islands.

salomonico (*pl.* **-ci**) *a.* **1** (*Bibl*) Solomonic, of Solomon. **2** (*estens*) (*giusto*) Solomonic, impartial: *giudizio* ~ impartial judgment.

salone I *m.* **1** (*soggiorno*) (*Br*) living room, sitting room, (*Am*) den. **2** (*sala da ricevimento*) reception room. **3** (*nei grandi piroscafi*) saloon, lounge: *il* ~ *di prima classe* the first-class saloon. **4** (*mostra, esposizione*) exhibition, show, fair. **5** (*region*) (*negozio: di barbiere*) barber's shop; (*di parrucchiere*)

---

hairdresser's salon. **II** *a.inv.* (*posposto al nome*) saloon (*attr.*), (*Am*) parlor (*attr.*): *vettura* ~ saloon, saloon carriage, (*Br*) Pullman. □ ~ *da ballo* ballroom; ~ *del libro* Book Fair; ~ *della nautica* Boat Show; ~ *dell'aeronautica* Air Show; ~ *dell'automobile* Motor Show; ~ *di bellezza* beauty salon.

Salonicco *n.pr.f.* (*Geog*) Salonika, Thessaloniki.

salopette /salo'pɛt/ *f.inv.* (*Abbigl*) dungarees *pl.*, (*Am*) overalls *pl.*

salottiero *a.* **1** drawing-room (*attr.*). **2** (*estens*) (*frivolo*) frivolous, vain.

salottino *m.* small drawing-room, (*Br*) parlour, (*Am*) parlor.

salotto *m.* **1** drawing-room, living room, lounge, sitting room, (*Br*) parlour, (*Am*) parlor, den. **2** (*mobilio*) living room furniture, (*Br*) drawing room suite. □ (*fig*) ~ *buono* cream, elite; *da* ~ (o *di* ~) frivolous, vain; *fare* ~ to chat, to gossip; ~ *letterario* literary salon.

salpare (**sàlpo**) **I** *v.i.* (*aus.* **essere**) **1** (*Mar*) (*levare le ancore*) to weigh (*per* for), to raise anchor (*per* for), to sail (*per* for). **2** (*Mar*) (*partire*) to set sail, to leave; (*rif. a piroscafi*) to steam off. **3** (*scherz*) (*prendere il largo*) to make off, to leave. **II** *v.t.* (*recuperare dal fondo del mare*) to weigh. □ ~ *l'ancora*: 1 (*Mar*) to weigh the anchor, to raise the anchor; 2 (*estens*) (*partire*) to leave, to go away.

salpinge *f.* (*Anat,Archeol*) salpinx. □ (*Anat*) ~ *uditiva* Eustachian tube; (*Anat*) ~ *uterina* Fallopian tube.

salpingectomia *f.* (*Chir*) salpingectomy.

salpingite *f.* (*Med*) salpingitis.

salsa[1] *f.* (*Gastron*) **1** sauce. **2** (*per stuzzichini*) dip. **3** (*intingolo di sugo di carne*) gravy. □ (*Gastron*) ~ *bearnese* béarnaise sauce; (*Gastron*) ~ *di capperi* caper sauce; (*Gastron*) ~ *di pomodoro* tomato sauce; (*Gastron*) ~ *di soia* soy sauce; (*Gastron*) ~ *per barbecue* barbecue sauce; (*Gastron*) ~ *piccante* (*Br*) piquant sauce, (*Am*) hot sauce; (*Gastron*) ~ *tartara* tartare sauce, (*spec. Am*) tartar sauce; (*Gastron*) ~ *tonnata* tuna sauce; (*fig*) *in tutte le salse* in all kinds of ways; (*Gastron*) ~ *verde* sauce with parsley and garlic; (*Gastron*) ~ *Worcester* Worcestershire sauce, Worcestersauce.

salsa[2] *f.inv.* (*Mus*) salsa.

salsamentario *m.* (*region*) (*salumiere*) delicatessen seller.

salsapariglia *f.* (*Bot*) sarsaparilla.

salsedine *f.* **1** saltiness, brackishness. **2** (*incrostazione salina*) salt, salt deposit: *anfora incrostata di* ~ amphora encrusted with salt.

salsedinoso *a.* salt (*attr.*), salty, saline.

salsiccia (*pl.* **-ce**) *f.* (*Gastron*) Italian thin (pork) sausage, sausage in a long casing. □ (*Gastron*) ~ *arrostita* roasted sausage, (*colloq*) banger; (*pop*) *fare* ~ *di qcu.* (o *fare salsicce di qcu.*) (*Br*) to make mincemeat of so., (*Am*) to shred so. to pieces; (*Gastron*) ~ *piccante* pepperoni.

salsicciaio *m.* (*f.* **-a**) **1** (*fabbricante*) sausage-maker. **2** (*venditore*) sausage-seller.

salsicciotto *m.* (*Gastron*) sausage, frankfurter.

salsiera *f.* sauce boat, (*spec. per ragù*) gravy boat.

salso I *a.* (*rar*) salty: *sapere di* ~ to taste salty. **II** *m.* (*rar*) saltiness.

salsoiodico (*pl.* **-ci**) *a.* containing sodium chloride and sodium iodide.

saltabeccare (**saltabécco, saltabécchi**; *aus.* **avere**) *v.i.* (*rar*) to skip, to hop.

saltaleone *m.* (*Mecc*) spring wire.

saltamartino *m.* **1** (*pop*) (*insetto*) jumping insect; (*cavalletta*) grasshopper; (*grillo*) ricket. **2** (*fig*) (*bambino vivace*) (*Br*) imp, camp, (*Am*) hyper, rascal. **3** (*giocattolo*) jumping toy.

saltare (**sàlto**) **I** *v.i.* (*aus.* essere/avere) **1** to jump, to spring, to leap: ~ *a piè pari* to jump with both feet together; ~ *nell'acqua* to jump into the water; ~ *dalla finestra* to jump out of the window. **2** (*salire*, *montare*) to mount, to get (*su qcs.* on sth.): ~ *in sella* to climb into the saddle, to get into the saddle; ~ *in groppa a un cavallo* to mount a horse; ~ *sull'autobus* to get on the bus. **3** (*col paracadute*) to jump, to bail out. **4** (*cadere*) to fall off, to pop off: *mi è saltato un bottone dei pantaloni* one of my buttons has popped off my trousers. **5** (*rompersi*) to break: *è saltata la molla* the spring has broken. **6** (*El,colloq*) (*rompersi*, *rif. a valvole e sim.*) to blow, to go, to fuse. **7** (*esplodere*) to blow, to explode: *è saltato il deposito delle munizioni* the ammunition dump has exploded. **8** (*fig*) (*passare ad altro*) to go on: *saltiamo a pagina dieci* let's go on to page ten. **9** (*fig*) (*omettendo i passaggi logici*) to skip, to jump: ~ *da un'idea all'altra* to jump from one idea to another. **10** (*di dischi, CD, cassette*) to skip. **11** (*non avere più luogo*) to be off: *la lezione è saltata* the lesson is off. **II** *v.t.* **1** to jump, to jump over, to leap, to leap over, to clear: *con un balzo saltò il muretto* he cleared the wall with a bound; ~ *un muro* to jump over a wall; ~ *la staccionata* to jump the fence. **2** (*fig*) (*omettere, tralasciare*) to leave out, to omit, to skip, to pass over: *nell'elenco hanno saltato il mio nome* my name was left off the list; ~ *un passo difficile* to leave out a difficult passage. **3** (*Scol*) to jump, to skip: ~ *un anno scolastico* to skip a year. **4** (*Gastron*) (*rosolare*) to sauté, to fry lightly. □ ~ *a piè pari*: **1** to take a standing jump, to jump with both feet; **2** (*fig*) to skip; ~ *addosso a qcu.*: **1** to jump on so., to leap on so., to fall on so., to attack so.; **2** (*rif. a cani, far festa*) to jump up at so., to leap on so.; ~ *addosso a qcs.* to jump on sth., to leap on sth., to fall on sth., to attack sth.; (*fig*) ~ *agli occhi* to be obvious, to be evident, to be glaring; to leap out (*di qcu.* at so.); ~ *al collo di qcu.* (*per abbracciarlo*) to hug so., to throw one's arms round so.'s neck; ~ *dalla gioia* to jump for joy; (*fig*) ~ *di palo in frasca* to jump from one subject to another, to switch from one subject to another; *fare* ~: **1** (*obbligare all'attività*) to get moving, to make jump to it: *vedrai come il nuovo direttore li farà* ~ *tutti* you'll see how the new director will make them all jump to it, you'll see how the new director will get them all moving; **2** (*cacciare da un posto*) to have fired, to get fired; **3** (*fare esplodere, rif. a munizioni*) to blow up, to explode; **4** (*distruggere con un'esplosione*) to blow up: *i ribelli fecero* ~ *la ferrovia* the rebels blew up the railroad; **5** (*forzare*) to break, to break open, (*con un colpo d'arma da fuoco*) to shoot off: *fare* ~ *la serratura* to break the lock, to shoot off the lock; **6** (*fallire*) to make (sth.) fail, to destroy, to bring down: *fare* ~ *il governo* to bring down the Government; *fare* ~ *il banco* to break the bank; ~ *fuori*: **1** to jump out; **2** (*sbucare d'un tratto*) to jump out, to pop out, to spring: *da dove salti fuori?* where have you sprung from?; **3** (*ritrovarsi*) to turn up, to show up, to show up again: *prima o poi il libro salterà fuori* the book will turn up sooner or later; **4** (*rif. a verità*) to come out; **5** (*rif. a imprevisto*) to come up; **6** (*dire im-*

provvisamente) to come out (*con* with); ~ *giù* to jump down: ~ *giù da un muro* to jump off a wall; ~ *giù dal letto* to jump out of bed; *fare* ~ *i nervi a qcu.* to drive so. up the wall; *se mi salta il capriccio, parto domani* if I feel like it, I'll jump tomorrow; (*fig*) ~ *il fosso* (*risolvere con decisione*) to take the bull by the horns, to take the plunge; (*fig*) *gli è saltato il grillo di partire* he has taken it into his head to leave; (*colloq*) *gli è saltato il ticchio* he's taken a fancy; ~ *in aria* (*esplodere*) to blow up, to explode; *fare* ~ *in aria qcs.*: **1** to blow sth. up, to explode sth., to cause sth. to explode: **1** (*fig*) (*dimostrare la falsità di, scoprire*) to debunk sth.; ~ *in mente* to come to mind, to get into one's head, to pop into one's head: *che cosa ti salta in mente?* what has got into your head?, what's the big idea?; ~ *in piedi* to jump to one's feet, to leap to one's feet; (*fig*) ~ *in testa* to come to mind, to cross one's mind, to get into one's head, to pop into one's head; *che cosa ti salta in testa?* what can you be thinking of?; (*Ginn*) ~ *la corda* to skip; (*fig*) *mi è saltata la mosca al naso* (*ho perso la pazienza*) to lose one's temper; *fare* ~ *la mosca al naso a qcu.* to make so.'s hackles rise; *farsi* ~ *le cervella* to blow one's brains out; ~ *su*: **1** (*mettersi in piedi*) to jump up; **2** (*in una macchina*) to jump in: *salta su, ti do un passaggio a casa* jump in and I'll give you a lift home; **3** (*intromettersi*) to come up: ~ *su a dire qcs.* to come up with sth., to start saying sth.; ~ *su una gamba* to hop; ~ *un giro* to miss a turn; ~ *un pasto* to miss a meal; (*colloq*) ~ *via* (*spaventarsi*) to jump: *il rumore mi fece* ~ *via* the noise made me jump.

saltarello *m.* (*danza*) saltarello.

saltato *a.* **1** (*omesso*) skipped, left out, omitted. **2** (*Gastron*) sautéed, sauté: *patate saltate* sautéed potatoes.

saltatore **I** *m.* **1** (*f.* **-trice**) (*Sport*) (*atleta*) jumper. **2** (*Equit*) steeplechaser, jumper. **II** *a.* jumping, leaping, hopping: *animale* ~ jumping animal, jumper.

saltellamento *m.* hopping, skipping, jumping, (*Br*) jumping about, (*Am*) jumping around.

saltellante *a.* skipping, tripping, hopping.

saltellare (**saltèllo**; *aus.* avere) *v.i.* to skip, (*spec. su una gamba*) to hop.

saltello *m.* skip, (*spec. su una gamba*) hop.

saltelloni *avv.* by jumps, by bounds, leaping, tripping: *camminare* ~ to skip along, to jump along, to hop along.

salterellare (**salterèllo**; *aus.* avere) *v.i.* to hop, to jump, to skip, (*Br*) to jump about, (*Am*) to jump around.

salterello *m.* (*fuoco d'artificio*) jumping cracker, squib.

salterio *m.* **1** (*Bibl*) Psalter, Book of Psalms. **2** (*Mus*) psaltery. □ (*Mus*) ~ *a pizzico* plucked psaltery, (*Mus*) ~ *ad arco* bowed psaltery.

saltimbanco (*pl.* **-chi**) *m.* **1** acrobat, tumbler. **2** (*fig,spreg*) (*ciarlatano*) quack, charlatan, mountebank.

saltimbocca *m.inv.* (*Gastron*) thin slices of veal rolled up with ham and fresh sage leaves.

saltimpalo *m.* (*Ornit*) stonechat.

salto *m.* **1** jump, leap: *spiccare un* ~ to take a jump, to jump. **2** (*balzo*) bound, jump. **3** (*rimbalzo*) bounce. **4** (*brusco dislivello*) drop, fall: *l'acqua precipita con un* ~ *di cento metri* the water hurls down a hundred-metre drop. **5** (*rif. a impianti idroelettrici*) head. **6** (*fig*) (*rapido e improvviso mutamento*) jump, leap, sudden change, sudden transi-

tion: *abbiamo avuto un bel* ~ *di temperatura* we had quite a sudden change in temperature. **7** (*fig*) (*rincaro*) jump, leap: *il prezzo dell'olio ha fatto un* ~ the price of oil has taken a jump, the price of oil has jumped. **8** (*fig*) (*omissione, lacuna*) gap. **9** (*Sport,Equit, Scol*) jump. **10** (*Mus*) leap; (*intervallo*) interval: ~ *di quinta* fifth, interval of a fifth. **11** (*Inform*) jump; (*diramazione*) branch. □ *camminare a salti* to jump, to skip, to hop; (*fig*) *a salti* (*in modo saltuario*) by fits and starts, sporadically; ~ *a piè pari* jump with both feet together; (*Gastron*) *al* ~ sautéed, sauté; (*Sport*) ~ *con l'asta* pole vault; (*Inform*) ~ *condizionato* conditional branch; (*Ginn*) ~ *da fermo* standing jump; ~ *d'acqua* waterfall; (*Equit*) ~ *del montone* buckjump, bucking; (*Ginn*) ~ *della corda* skipping; (*Aut*) *fare un* ~ *di corsia* to skid into the oncoming lane; (*estens*) *fare salti di gioia* to jump for joy, to leap for joy; ~ *di pressione*: **1** (*Meteor*) pressure jump; **2** (*Mecc*) pressure stage; (*fig*) ~ *di qualità* change for the better; *fare un* ~ to jump, to make a jump, to leap, to take a leap: (*colloq*) *farò un* ~ *in centro* I'll dash downtown; *fare un* ~ *al supermercato* (*Am*) to pop into the supermarket, (*Am*) to make a quick trip to the grocery store; (*colloq*) *se ho tempo faccio un* ~ *da te* if I have time, I'll drop by (your place); if I have time, I'll drop in on you; (*Br*) if I have time, I'll pop in on you; (*Sport*) ~ *in alto* high jump; (*fig*) ~ *in avanti* leap forward; (*Sport*) ~ *in lungo* long jump, broad jump; (*Inform*) ~ *incondizionato* unconditional branch; (*Sport*) ~ *mortale* somersault; (*fig*) *fare i salti mortali* (*fare l'impossibile*) to move heaven and earth; to bend over backwards; (*fig*) ~ *nel buio* (o ~ *nel vuoto*) leap in the dark; (*Fis*) ~ *quantico* quantum leap; (*Sport*) ~ *triplo* triple jump.

saltuariamente *avv.* occasionally, at intervals, on and off, off and on, every now and then.

saltuarietà *f.* discontinuity.

saltuario *a.* **1** sporadic, desultory, occasional: *visite saltuarie* occasional visits. **2** (*di lavoro*) casual, odd: *lavoratore* ~ casual labourer, odd-job worker; *lavoro* ~ casual job, odd job; *fare dei lavori saltuari* to job, to work at odd jobs.

salubre, salubre (*sup.* **salubèrrimo**) *a.* healthy, wholesome, (*lett*) salubrious: *clima* ~ healthy climate.

salubrità *f.* healthiness, wholesomeness, (*lett*) salubrity.

salumaio *m.* (*f.* **-a**) grocer.

salume *m.spec.pl.* (*Gastron*) (*Br*) charcuterie, salami and cold cooked meats, (*Am*) cold cuts.

salumeria *f.* (*Br*) grocer's, charcuterie, delicatessen, (*Am*) delicatessen, deli.

salumiere *m.* (*f.* **-a**) grocer.

salumificio *m.* salami factory.

saluretico (*pl.* **-ci**) *a.* (*Farm*) saluretic.

salutare[1] (**salùto**) **I** *v.t.* **1** (*nell'incontrare*) to greet, to say hello to, (*lett*) to hail, (*lett*) to salute: ~ *qcu. con un "buongiorno"* to greet so. by saying "Good morning", to say "Good morning" to so. **2** (*nell'accomiatarsi*) to say good-bye (*qcu.* to so.), (*Br*) to wish (*qcu.* so.) good-bye: *ti saluto perché devo andare* (*Br*) I'll say good-bye as I've got to go, (*Am*) I'd better get going: bye! **3** (*mandare i saluti*) (*Br*) to send one's regards to, to give one's regards to, to ask to be remembered to, (*Am*) to tell so. said hi to so.: *tuo cugino ti saluta* (*Br*) your cousin sends his regards, your cousin sends his regards to you, (*Am*) your cousin says hi; *salutami tuo* *padre* (*Br*) remember me to your father, (*Am*) give my regards to your father. **4** (*estens*) (*ossequiare, accogliere*) to greet, to welcome: *al suo arrivo fu salutato da calorosi applausi* on his arrival he was greeted with warm applause. **5** (*separarsi da un luogo caro*) to take one's farewell of, to say good-bye to, (*lett*) to bid farewell to. **6** (*lett*) (*proclamare, acclamare*) to hail, to proclaim: *fu salutato eroe nazionale* he was hailed as a national hero, he was proclaimed a national hero. **7** (*Mil*) to salute: *~ la bandiera* to salute the flag. **8** (*alla stazione e sim.*) to see off. **II** *v.r.recipr.* **salutarsi 1** (*incontrandosi*) to greet each other, to say hello, to say hello to each other, (*Am*) to say hi. **2** (*accomiatandosi*) to say good-bye, to say good-bye to each other, (*Am*) to say bye. □ *andare a ~ qcu.* to drop in on so.; *~ qcu. con il fazzoletto* to wave good-bye to so. with one's handkerchief; *~ con la mano* to wave to, (*nel separarsi*) to wave good-bye to; *~ qcu. con un cenno del capo* to nod to so.; *~ qcu. con un inchino* to bow to so.; *~ qcu. con un sorriso* to greet so. with a smile; *~ qcu. da parte di qcu.* (*Br*) to remember so. to so., to give so. so.'s best regards, (*Am*) so tell so. so. said hi; (*iron*) *potresti anche ~* (*Br*) you might say hello, (*Am*) you could at least say hi; *ti saluto:* **1** (*colloq*) (*ciao*) (*Br*) good-bye, bye-bye, so long, cheerio, (*Am*) bye, see you, see ya; **2** (*fig,iron*) (*rif. a cose perdute e sim.*) (*Br*) you can say good-bye to that, (*Am*) kiss it good-bye.

salutare[2] *a.* **1** healthy, in good health, wholesome, beneficial. **2** (*fig*) (*puntuale, utile*) timely, beneficial, salutary, useful.

salutarmente *avv.* **1** healthily. **2** (*fig*) beneficially.

salutazione *f.* **1** (*rar,lett*) salutation, greeting. □ (*Rel*) *~ angelica* Angelical Salutation.

salute I *f.* **1** health: *essere il ritratto della ~* to be the picture of health; *chiedere notizie della ~ di qcu.* to ask about so.'s health; *stato di ~* state of health; *riacquistare la ~* to regain one's health. **2** (*lett*) (*benessere*) well being, welfare. **II** *intz.* **1** (*a chi starnutisce*) bless you!, God bless you!, (*scherz*) gesundheit! **2** (*nei brindisi*) your health!, cheers! **3** (*salutando*) hello!, (*colloq*) hi! □ (*colloq*) *alla ~!* cheers!, good health!, bottoms up!: *alla tua ~!* here's to you! to your health!, here's to your health!; *brindare alla ~ di qcu.* (*o bere alla ~ di qcu.*) to drink to so.'s health; *avere una ~ cagionevole* to have delicate health; *la ~ del corpo* physical health; (*Rel, ant*) *~ dell'anima* salvation; *avere una ~ di ferro* to have an iron constitution; *~ fisica* physical health, health; *essere in buona ~* to be in good health; *essere in cattiva ~* to be in poor health; *~ mentale* mental health, sanity; *avere poca ~* to be in poor health; *~ pubblica* public health; *come va la ~?* how are you feeling?, how are you keeping? *Prov.: quando c'è la ~ c'è tutto* health is better than wealth.

salutismo *m.* health consciousness.

salutista *m./f.* **1** (*fautore del salutismo*) health fanatic, health addict. **2** (*Rel.prot*) (*appartenente all'esercito della salvezza*) Salvationist.

saluto I *m.* **1** greeting, salutation (*anche estens*): *rispondere al ~ di qcu.* to return so.'s greeting; *rivolgere un ~ ai congressisti* to extend a greeting to the congress participants. **2** (*con un gesto della mano*) wave: *fare un ~ con la mano a qcu.* to wave to so. **3** (*con un cenno del capo*) nod: *fare un ~ con il capo a qcu.* to nod to so. **4** (*addio*)

good-bye, (*lett*) farewell. **5** (*ossequio, accoglienza*) welcome. **6** (*Mil,Sport*) salute. **7** *pl.* (*nelle formule di cortesia*) regards: *porgi i miei saluti a tua madre* give your mother my regards, give my love to your mother. **8** *pl.* (*epist*) regards, good wishes, all the best, best wishes: *i nostri migliori saluti* kindest regards, our warmest regards, all our love. **9** *pl.* (*Comm*) Yours faithfully, Yours truly, Sincerely. □ (*epist*) *molti saluti affettuosi da Maria* love from Maria; (*Mar*) *~ alla voce* salute with cheers; (*Mil*) *fare il ~* (*a un ufficiale*) to salute, to salute an officer; (*Stor*) *~ romano* Roman salute; (*colloq,iron*) *tanti saluti!* (*detto per troncare bruscamente*) enough of this!

salva *f.* **1** salvo, volley: *una ~ in onore del presidente* a salvo in honour of the president. **2** (*fig*) outburst, volley, burst: *~ di fischi* outburst of boos; *~ di applausi* burst of applause. □ *a ~* blank: *caricare a ~* to load blanks; *sparare a ~* to fire a volley, to fire a salvo.

salvabile *a.* savable, rescuable.

salvacondotto *m.* safe-conduct, pass.

salvadanaio *m.* money box; (*spec. a forma di porcellino*) piggy bank.

Salvador *n.pr.m.* (*Geog*) El Salvador, Salvador.

salvadoregno I *a.* Salvadoran, Salvadorian, Salvadorean. **II** *m.* (*f. -a*) Salvadoran, Salvadorian, Salvadorean.

salvagente (*pl.inv. o* **salvagènti**) *m.* **1** (*mezzo galleggiante*) life belt, (*Am*) life-preserver. **2** (*ciambella*) life belt, life buoy. **3** (*giubbotto di salvataggio*) life jacket, safety vest; (*ant*) (*per aviatori*) Mae West. **4** (*Strad*) (*isola spartitraffico*) traffic island.

salvagocce *m.inv.* drip-catcher.

salvaguardare (**salvaguàrdo**) *v.t.* to safeguard (*da* against, from).

salvaguardia *f.* safeguard. □ *essere a ~ di qcs.* to safeguard sth.; *~ della salute* health preservation; *~ dell'ambiente* environment protection, environment preservation.

salvamento *m.* (*rar*) **1** (*il salvare*) saving, rescuing; (*il salvarsi*) saving oneself, escape. **2** (*salvezza*) rescue, safety: *giungere a ~* to reach safety; *portare a ~* to save, to rescue.

salvamotore *m.inv.* (*Mecc*) motor overload protection, motor protector.

salvapunte *m.inv.* **1** (*di matite*) cap. **2** (*di scarpa*) toe cap.

salvare (**sàlvo**) **I** *v.t.* **1** to save (*anche fig*): *i medici sperano di salvarlo* the doctors hope to save him. **2** (*rif. a naufragi, incendi e sim.*) to rescue. **3** (*conservare, mantenere*) to keep, to save, to preserve: *è riuscito a ~ una parte del suo patrimonio* he has managed to keep part of his property. **4** (*salvaguardare, proteggere*) to safeguard, to protect: *~ qcs. da qcs.* to protect sth. against sth., to protect sth. from sth.; *~ la propria reputazione* to protect one's reputation, to save one's face. **5** (*Teol*) to save. **6** (*in frasi di augurio, di invocazione*) to save, to keep, to preserve: *Dio ci salvi dalla guerra* God keep us from war, may God keep us from war; *Dio salvi la regina* God save the Queen. **7** (*Inform*) to save. **II** *v.pron.* **salvarsi 1** to save oneself: *salvarsi a nuoto* to save oneself by swimming, to swim to safety. **2** (*iperb*) (*evitare*) to be safe (*da qcs.* from sth.), to escape, to avoid (*da qcs.* sth.): *nessuno si salva dalle sue critiche* nobody is safe from his criticism, nobody can escape his criticism. **3** (*cercare scampo, riparo*) to take shelter, to take refuge. **4** (*re-*

sistere, evitare un danno) to survive, to be spared: *non si è salvata neppure una casa dal terremoto* not one house survived the earthquake. **5** (*Teol*) to be saved. □ (*fig, colloq*) *~ capra e cavoli* (*Br*) to have one's cake and eat it, (*Am*) to strike a happy medium; (*colloq*) *~ il salvabile* to save whatever possible; *salvarsi in corner:* **1** (*Sport*) (*nel calcio: evitare un gol*) to kick out of play, to kick the ball out the end line to prevent an opponent from scoring; **2** (*fig*) (*riuscire a cavarsela*) to be saved by the bell; *salvarsi in extremis* (*Br*) to escape in the nick of time, (*Am*) to escape by the skin of one's teeth; (*colloq*) *~ la faccia* to save one's face, to save face; *~ la forma* to save appearances, to keep up appearances; (*colloq*) *~ la pelle* (*Br*) to save one's skin, (*Am*) to save one's hide; *~ la pelle a qcu.* to save so.'s life; (*Sport*) *~ la porta* to prevent a goal; *~ la situazione* to save the situation, (*Am*) to save the day; *~ la vita a qcu.* to save so.'s life; (*Rel*) *~ l'anima* (o *salvarsi l'anima*), to save one's soul; *~ le apparenze* to keep up appearances; *salvarsi per il rotto della cuffia* to have a narrow escape, to escape by the skin of one's teeth; *salvarsi per miracolo* to escape by some miracle; *si salvi chi può!* every man for himself!

salvaschermo *m.inv.* (*Inform*) screen saver.

salvastrella *f.* (*Bot*) burnet.

salvatacco (*pl.* **-chi**) *m.* (*Calz*) heeltap.

salvataggio *m.* **1** rescue (*anche fig*): *compiere un ~* to carry out a rescue; *operazioni di ~* rescue operations. **2** (*Econ*) (*di aziende in crisi*) bail out. **3** (*Inform*) save. □ (*Inform*) *~ automatico* autosave.

salvatelecomando *m.* (*Br*) protective covering for remote controls, (*Am*) remote cover.

salvatore I *m.* (*f. -trice*) rescuer, saver, (*Br*) saviour, (*Am*) savior. **II** *a.* saving.

Salvatore *m.* (*Rel*) Saviour, (*Am*) Savior.

salvavita I *a.inv.* lifesaving: *farmaco ~* lifesaving drug. **II** *m.inv.* **1** (*El*) (*Br*) cutout, cutout box, (*Am*) ground fault interrupter. **2** (*Med, Farm*) lifesaving drug.

salvazione *f.* (*lett*) salvation (*anche Rel*): *~ eterna* eternal salvation.

salve *intz.* **1** (*colloq*) hello!, (*Am*) hi! **2** (*poet*) hail!

salvezza *f.* **1** safety, salvation: *pensare alla propria ~* to think of one's own safety. **2** (*estens*) (*persona, mezzo che salva*) salvation, means of escape: *il tuo intervento è stato la mia ~* your intervention was my salvation. **3** (*lett*) (*salvazione*) salvation: *~ dell'anima* spiritual salvation.

salvia *f.* (*Bot,Alim*) sage. □ (*Bot*) *~ dei prati* meadow clary.

salvietta *f.* **1** (*tovagliolo*) napkin, table napkin. **2** (*region*) (*asciugamano*) towel, (*spec. per viso, mani*) hand towel, face towel.

salviettina *f.* napkin. □ *~ rinfrescante* (*Br*) towelette, (*Am*) whipe.

salvifico *a.* (*lett*) salvific.

salvo I *a.* **1** (*rif. a persone*) safe, unhurt, unscathed: *uscire ~ da un incidente* (*Br*) to come out of an accident unhurt, (*Am*) to come out of an accident unscathed. **2** (*rif. a cose*) safe, unharmed. **3** (*fuori pericolo*) safe, out of danger: *il malato è ~* the patient is out of danger. **II** *prep.* except (for), apart from, but (for): *ho letto tutto il libro ~ le ultime pagine* I have read the whole book except for the last few pages. □ *~ approvazione* on approval; (*Comm*) *~ buon fine:* **1** (*con riserva*) under reserve, under usual reserve; **2** (*a incasso avvenuto*) upon collecon, subject to collection; ~ *che*: 1 (*a meno che*) unless, provided (that)... not, providing (that)... no: *uscirò nel pomeriggio ~ che non piova* I'll go out in the afternoon if it doesn't rain, I'll go out in the afternoon provided it doesn't rain; *verrò alle cinque ~ che non telefoni prima* I'll come at five unless I phone first; 2 (*eccetto che*) except (that), excepting (that): *assomiglia molto al padre, ~ che ha carattere della madre* he is very much like *~ he is a lot like*) his father except that he as his mother's character; 3 (*fuorché*) except, apart from, but for: *siamo d'accordo, che sulla data* we agree except for the date; (*eccetto quando*) unless, except when: *si vedono le montagne, ~ che non ci sia la nebbia* you can see the mountains, except when there is a mist, you can see the mountains, unless there is a mist; *~ conguaglio* subject to adjustment; *~ contrattempi, sarò da voi domani* if all goes well, I will be with you tomorrow; if nothing goes wrong, I will be with you tomorrow; *~ contrordini* unless we hear to the contrary, unless countermanded; *· errori* if I am not mistaken; (*burocr,Comm*) *· errori e omissioni* errors and omissions excepted, E. & OE. (*burocr*) *~ espressa disposizione contraria* unless expressly provided otherwise; (*Comm*) *~ il venduto* subject to prior sale, subject to goods being unsold; *~ il vero* if I am not mistaken; *~ imprevisti* unless anything unexpected happens, circumstances permitting, barring accidents; if all goes well; *in ~* safe, secure: *siamo in ~* we are safe; *mettere in ~* to save, to rescue; *mettersi in ~* to reach safety, to save oneself; *aver salva la vita* to be spared; *lasciare salva la vita a qcu.* to spare so.; *~ spare so.'s life; ~ modifiche*: 1 (*burocr*) unless there are changes; 2 (*Tecn*) save alterations: *~ modifiche nell'impianto* save alterations in the system.

SAM (*Mil*) *missile terra-aria* SAM (surface-to-air missile).

SAMA *Stati africani e malgascio associati* AASM (Association of African States and Madagascar).

samara *f.* (*Bot*) key, key fruit.

samario *m.* (*Chim*) samarium.

samaritano I *a.* Samarian. **II** *m.* (*f.* **-a**) Samaritan (*anche estens*): (*Bibl*) *il buon ~* the Good Samaritan.

samba *m./f.inv.* (*danza*) samba.

sambuca *f.* (*liquore*) Italian liqueur made from elderberries and flavoured with liquorice or aniseed.

sambuco[1] (*pl.* **-chi**) *m.* (*Bot*) elder.

sambuco[2] (*pl.* **-chi**) *m.* (*Mar*) dhow.

Samo *n.pr.f.* (*Geog*) Samos.

Samoa *n.pr.f.* (*Geog*) Samoa.

samoiedo I *m.* 1 (*Etnol*) Samoyed. 2 (*Zool*) (*razza nordica di cani*) Samoyed, Siberian dog. **II** *a.* Samoyed.

Samotracia *n.pr.f.* (*Geog*) Samothrace.

samovar *m.inv.* samovar.

sampietrino *m.* (*pietra per pavimentazione*) cubic stone used for road pavement.

sampietro *m.* (*Itt*) John Dory.

samsara *m.inv.* samsara.

Samuele *n.pr.m.* (*Bibl*) Samuel.

samurai *m.inv.* (*Stor*) samurai.

san → **santo**.

sanabile *a.* 1 curable, healable, treatable: *ferita ~* curable wound. 2 (*estens*) repairable, remediable: *male ~* repairable ill. 3 (*Dir*) remediable, recoverable: *gestione ~* administration that can be made sound.

sanabilità *f.* 1 curability, treatability. 2 (*estens*) repairability.

sanamente *avv.* 1 healthily, wholesomely: *vivere ~* to live healthily, to live a healthy life. 2 (*fig*) (*rettamente*) soundly.

sanare (*sàno*) **I** *v.t.* 1 to heal, to cure (*anche fig*): *~ una piaga* to heal a wound; *il tempo sana tutti i mali* time heals all ills. 2 (*fig*) (*porre rimedio*) to remedy, to rectify, to set right, to put right, to repair: *~ la piaga della disoccupazione* to remedy the scourge of unemployment, to wipe out the scourge of unemployment. 3 (*Econ*) (*risanare*) to restore, to re-establish, to return to profitability; (*rif. ad aziende e sim.*) to set on its feet again. 4 (*bonificare*) to reclaim: *~ una zona malarica* to reclaim a malarial region. **II** *v.pron.* **sanarsi** to heal, to heal up, to be healed. □ *~ un bilancio* to balance a budget; *~ un passivo* to make up a deficit.

sanatoria *f.* (*Dir*) 1 deed of indemnity, curative statute. 2 (*convalida*) confirmation, ratification. □ *~ fiscale* tax amnesty.

sanatorio[1] *m.* sanatorium.

sanatorio[2] *a.* (*Dir*) amending, indemnifying.

sanbernardo, san bernardo *m.* (*Zool*) St. Bernard, St. Bernard dog.

San Bernardo *n.pr.m.* St. Bernard (*anche Geog*). □ (*Geog*) *il Gran ~* the Great Saint Bernard Pass.

sancire (**sancisco, sancisci**) *v.t.* 1 to confirm, to sanction: *la legge sancisce il diritto al lavoro* the law confirms the right to work. 2 (*ratificare*) to ratify, to confirm: *un'alleanza* to ratify an alliance.

sancta sanctorum *m.inv.* 1 (*Rel*) (*a Gerusalemme*) sanctum sanctorum, holy of holies. 2 (*tabernacolo del Sacramento*) tabernacle. 3 (*fig,scherz*) (*luogo riservato*) holy of holies, sanctum, sanctum sanctorum.

sanctus *m.* (*Lit*) Sanctus.

sanculotto *m.* (*Stor*) sans-culotte.

sandalo[1] *m.spec.pl.* (*Calz*) sandal: *sandali di cuoio* leather sandals. □ (*Calz*) *sandali alla schiava* lace-up sandals.

sandalo[2] *m.* (*Bot*) sandalwood. □ (*Bot*) *~ bianco* sandalwood; (*Bot*) *~ rosso* red sandalwood.

sandalo[3] *m.* (*Mar*) punt.

sandinista *m.* (*Pol,Stor*) Sandinista.

sandolino *m.* (*Mar*) scull.

sandracca *f.* sandarac.

sandwich /'sɛndwitʃ/ **I** *m.inv.* (*Gastron*) sandwich. **II** *a.inv.* sandwich (*attr.*): (*fig*) *uomo ~* sandwich man.

sanforizzare (**sanforìzzo**) *v.t.* (*Tess*) to sanforize.

sanforizzazione *f.* (*Tess*) sanforization.

sangallo *m.* (*Tess*) broderie anglaise.

sangiaccato *m.* (*Stor*) sanjak.

sangiacco (*pl.* **-chi**) *m.* (*Stor*) governor of a sanjak.

sangria *f.inv.* sangria.

sangue *m.* 1 blood: *dalla ferita usciva ~* blood poured from the wound. 2 (*estens*) (*origine, discendenza*) blood, descent, origin, birth: *di ~ nobile* of noble blood. 3 (*estens*) (*stirpe, razza*) race, blood, stock. 4 (*parente stretto*) blood, flesh and blood: *l'amava come se fosse del suo stesso ~* he loved him as if he were his own flesh and blood. 5 (*fig*) (*vita*) life, life-blood, blood: *la vittoria è costata molto ~* the victory took a heavy toll of lives. □ *picchiare qcu. a ~* to beat so. black and blue; (*Gastron*) *al ~* rare, underdone; (*fig*) *il ~ gli andò alla testa* (*o il ~ gli montò alla testa*) blood rushed to his head, (*colloq*) he saw red; (*fig*) *farsi il ~ amaro* to harbour bitterness, to hold a grudge; (*Fisiol*) *~ arterioso* arterial blood; *avere qcs.*

nel ~ to be in so.'s blood: *ce l'ha nel ~* it's in his blood; *si vede che ha la musica nel ~* you can see he has music in his blood; (*scherz,fig*) *~ blu* blue blood; *di ~ blu* blue-blooded; (*fig*) *a ~ caldo* in hot blood, in warm blood; (*fig*) *avere il ~ caldo* to be hot-blooded; (*Zool*) *animali a ~ caldo* warm-blooded animals; (*fig*) *avere il ~ che bolle* to be a hot-blooded person; (*scherz*) *cavare ~ da una rapa* to get blood from a stone; *gli esce ~ dal naso* he's got a nose bleed; (*Am*) he's got a bleedy nose; *~ del proprio ~* one's own flesh and blood; *di ~* bloody, of blood, of bloodshed: *una notte di ~* a bloody night; (*Ind*) *~ di drago* dragon's blood; (*fig*) *~ freddo* sangfroid, self-control, composure, (*colloq*) cool: *conservare il ~ freddo* to keep a cool head; (*fig*) *lo uccise a ~ freddo* he killed him in cold blood; (*Zool*) *animali a ~ freddo* cold-blooded animals; (*fig*) *farsi il ~ marcio* to harbour bitterness, to hold a grudge; *~ misto*: 1 (*spreg*) half-breed; 2 (*Zool*) half-breed, (*incrocio*) cross; (*fig*) *non avere ~ nelle vene* to be cold-blooded, (*lett*) to be lily-livered; (*Med*) *~ occulto* occult blood; *di ~ reale* of royal blood, of royal stock; (*Fisiol*) *~ refluo* refluent blood; *il ~ le salì al viso* the blood rushed to her cheeks; *~ venoso* venous blood. *Prov.: il ~ non è acqua* blood is thicker than water; *buon ~ non mente* (*Br*) breeding will out, blood will tell; (*Am*) he's a credit to his family.

sanguemisto (*m.pl.* **-sti**; *f.pl. inv.*) *m./f.* 1 (*spreg*) half-breed. 2 (*Zool*) half-breed, (*incrocio*) cross.

sanguifero *a.* (*Anat*) blood (*attr.*), sanguiferous: *vasi sanguiferi* blood vessels.

sanguigna *f.* 1 (*Min*) red haematite. 2 (*Pitt*) (*pastello*) sanguine.

sanguigno I *a.* 1 blood (*attr.*), of the blood: *gruppo ~* blood group. 2 (*ricco di sangue*) sanguine, rich in blood. 3 (*misto a sangue*) bloody, mixed with blood: *bava sanguigna* saliva mixed with blood. 4 (*rif. a temperamento: focoso*) full-blooded, hot-tempered, (*ant*) sanguine. 5 (*lett*) (*rif. a colore*) blood-red, blood (*attr.*), sanguine: *un tramonto ~* a blood-red sunset; *arancia sanguigna* blood orange. **II** *m.* 1 (*f.* **-a**) sanguine person, sanguine type. 2 (*colore del sangue*) blood-red.

sanguinaccio *m.* 1 (*Gastron*) (*Br*) black pudding, (*Am*) blood sausage. 2 (*Dolc*) cake made with pork blood, chocolate, milk and sugar, candied fruit, pine-seeds and raisins.

sanguinamento *m.* bleeding.

sanguinante *a.* bleeding.

sanguinare (**sànguino**; *aus.* **avere**) *v.i.* 1 to bleed, to be bleeding: *la ferita sanguina ancora* the wound is still bleeding. 2 (*fig*) to bleed: *mi sanguina il cuore* my heart bleeds.

sanguinaria *f.* (*Bot*) bloodroot, sanguinaria.

sanguinario I *a.* sanguinary, bloodthirsty. **II** *m.* (*f.* **-a**) bloodthirsty person.

sanguine *m.* (*Bot*) cornus sanguinea.

sanguinella *f.* (*Bot*) 1 (*arancia*) blood orange. 2 (*sanguine*) cornus sanguinea. 3 (*graminacea*) crab grass.

sanguineo *a.* (*poet*) 1 (*sanguigno*) blood (*attr.*), blood-red, sanguine. 2 (*insanguinato*) bloody, bloodstained.

sanguinolento *a.* 1 (*sanguinante*) bleeding. 2 (*rar*) (*misto a sangue*) containing blood.

sanguinosamente *avv.* bloodily.

sanguinoso *a.* 1 (*rar*) (*pieno di sangue*) bloody, gory: *spada sanguinosa* bloody sword. 2 (*che ha fatto spargere sangue*) bloody, sanguinary: *una vittoria sanguinosa* a bloody victory. **3** (*fig*) (*che ferisce, che offende*) bitter, mortal: *ingiuria sanguinosa* bitter insult.

sanguisorba *f.* (*Bot*) burnet.

sanguisuga *f.* **1** (*Zool*) leech. **2** (*fig*) (*persona avida di denaro*) bloodsucker, leech.

sanicola *f.* (*Bot*) sanicle.

sanificare (**sanìfico**) *v.t.* (*Ind,Alim*) to sanitize.

sanificazione *f.* (*Ind,Alim*) sanitization.

sanità *f.* **1** (*ant*) (*salute*) health: *recuperare la ~* to regain one's health. **2** (*salubrità*) healthiness: *la ~ del clima* the healthiness of the climate. **3** (*fig*) (*sanità morale*) healthiness, soundness. **4** (*ente*) Health Service; Public health. **5** (*Mil*) Medical Corps. □ *~ marittima* Port Medical Office; (*Med,Psic*) *~ mentale* sanity; *~ pubblica* public health.

sanitario I *a.* sanitary, medical, health (*attr.*): *condizioni sanitarie* sanitary conditions; *controllo ~* sanitary inspection; *cordone ~* cordon sanitaire; *materiale ~* medical supplies *pl.* **II** *m.* **1** (*burocr*) doctor, physician. **2** *pl.* (*impianti sanitari*) sanitary fittings, (*spec. Am*) sanitary fixtures.

sanitarista *m./f.* bathroom manufacturer.

sanitometro *m.* form (used within a socialized healthcare system) determining a citizen's right to partial or total exemption from healthcare costs, based on certain parameters such as income, age, family status, etc.

San Marino *n.pr.m.* (*Geog*) San Marino.

sannita I *m./f.* (*Stor*) Samnite. **II** *a.* (*Stor*) Samnite.

sannitico (*pl.* **-ci**) *a.* (*Stor*) Samnite.

sano I *a.* **1** (*in buona salute fisica*) healthy, sound, (*lett*) hale: *mantenersi ~* to keep healthy. **2** (*in buona salute psichica*) sane, sound, mentally healthy. **3** (*che rivela buona salute*) healthy, wholesome: *colorito ~* healthy complexion. **4** (*salubre, salutare*) healthy, wholesome: *clima ~* healthy climate; *alimenti sani* wholesome food. **5** (*non viziato, non guasto*) sound: *frutta sana* (*Br*) sound fruit, (*Am*) good fruit; *denti bianchi e sani* white sound teeth. **6** (*intatto*) whole, sound, unbroken, intact: *non è rimasto un solo bicchiere ~* there isn't a single unbroken glass left. **7** (*fig*) (*onesto*) sound, healthy, wholesome: *sani principi* sound principles. **II** *m.* healthy person: *i sani e i malati* the healthy and the sick (*costr.pl.*). □ *~ come un pesce* as sound as a bell, as fit as a fiddle; *~ di mente* mentally healthy, sane, of sound mind; *di sani principi morali* high-minded, high-principled; *~ e salvo* safe and sound: *il pacco è arrivato ~ e salvo* the parcel arrived safe and sound; *di sana pianta*: 1 (*completamente*) completely, entirely; 2 (*dal principio alla fine*) from beginning to end, afresh, anew.

San Pietroburgo *n.pr.f.* Saint Petersburg.

sansa¹ *f.* (*Ind*) olive residues *pl.*

sansa² *f.* (*Mus*) mbira.

sanscritista (*pl.* **-i**) *m./f.* (*Ling*) Sanskritist.

sanscrito I *m.* (*Ling*) Sanskrit, Sanskritic. **II** *a.* Sanskritic.

sansevieria *f.* (*Bot*) sansevieria, bowstring hemp.

sansone *m.* (*colloq*) (*uomo eccezionalmente forte*) Samson.

Sansone *n.pr.m.* (*Bibl*) Samson.

sans-papiers /sãpa'pje/ *m./f.inv.* illegal immigrant.

sant' → **santo**.

santabarbara (*pl.* **santebàrbare**) *f.* **1** (*Mar*) magazine, powder magazine. **2** (*fig*) (*situazione esplosiva*) powder keg.

santamente *avv.* devoutly, holily.

santerellino *m.* (*f.* **-a**) (*iron,colloq*) goody two-shoes, goody-goody.

santerello *m.* (*f.* **-a**) (*iron,colloq*) goody two-shoes, goody-goody.

santificante *a.* sanctifying: *grazia ~* sanctifying grace.

santificare (**santìfico, santìfichi**) **I** *v.t.* **1** to sanctify. **2** (*canonizzare*) to canonize. **3** (*onorare, venerare*) to hallow: (*Bibl,Lit*) *sia santificato il Tuo nome* hallowed be Thy name. **4** (*celebrare religiosamente*) to consecrate, to hallow, to keep. **II** *v.pron.* **santificarsi** to become saintly, to become holy. □ *~ le feste* to keep the holy days, to keep the Sabbath, to observe the Sabbath; (*Bibl*) *ricordati di ~ le feste* remember to keep the sabbath day holy.

santificatore I *m.* (*f.* **-trice**) (*rar*) sanctifier. **II** *a.* (*rar*) sanctifying.

santificazione *f.* **1** sanctification, consecration, hallowing. **2** (*canonizzazione*) canonization.

santimonia *f.* (*spreg*) sanctimony, sanctimoniousness.

santino *m.* (*piccola immagine sacra*) holy picture, little holy picture.

santippe *f.inv.* (*fig*) Xanthippe.

Santippe *n.pr.f.* (*Stor*) Xanthippe.

santissimo *a.* **1** (*Rel*) Most Holy, Most Sacred. **2** (*esclam.*) (*colloq*) blessed, great: *fammi il ~ piacere di stare zitto!* do me the favour of shutting up! □ (*Teol*) *la Santissima Trinità* the Holy Trinity; (*Lit*) *festa della Santissima Trinità* Trinity Sunday.

Santissimo *m.* (*Rel.catt*) (*ostia consacrata*) Most Holy Sacrament, Blessed Sacrament, Holy Sacrament. □ (*Rel.catt*) *~ sacramento* Most Holy Sacrament, Blessed Sacrament, Holy Sacrament.

santità *f.* **1** sanctity, holiness. **2** (*fig*) (*inviolabilità*) sanctity, sacredness: *la ~ della famiglia* the sanctity of the family.

Santità *f.* (*Rel.catt*) Holiness: *Sua ~* His Holiness.

santo (*becomes* san *before most masculine proper nouns and* sant' *before all nouns beginning with a vowel*) **I** *a.* **1** holy: *la santa messa* the Holy Mass; *l'anno ~* the Holy Year. **2** (*seguito dal nome proprio*) Saint (*abbr.* St.): *san Giuseppe* St. Joseph. **3** (*rif. a chiesa*) Saint (*abbr.* St.): *san Pietro* (*o la chiesa di san Pietro*) St. Peter's, St. Peter's church. **4** (*rif. al giorno del santo*) Saint (*abbr.* St.): *san Giuseppe* St. Joseph's, St. Joseph's Day. **5** (*fig*) (*pio*) holy, pious. **6** (*rafforzativo*) blessed, *a volte non si traduce*: *ho lavorato tutto il ~ giorno* (*Br*) I've worked all the blessed day, (*Am*) I worked all day; *tutte le sante mattine* every blessed morning; *fammi il ~ piacere di andartene* (*Br*) do me the favour of clearing off, (*Am*) do me a favor and leave. **II** *m.* **1** (*f.* **-a**) (*Rel.catt*) saint: *il culto dei santi* the cult of the saints. **2** (*f.* **-a**) (*fig, scherz*) saint: *tua madre è una santa* your mother is a saint. **3** (*f.* **-a**) (*Rel.catt,colloq*) (*onomastico*) name day, saint's day: *per il mio ~ ho avuto molti regali* I got a lot of presents for my name day. **4** (*f.* **-a**) (*patrono*) patron saint. **5** *pl.* (*festa di Ognissanti*) All Saints' Day *sing.*, (*ant*) Hallowmas. □ *non sapere a che ~ votarsi* not to know which way to turn; *qualche ~ aiuterà* (*Br*) something will turn up, (*Am*) something good is bound to happen; (*Stor*) *Santa alleanza* Holy Alliance; (*colloq,eufem*) *avere un ~ dalla propria* (*avere fortuna*) to have a guardian angel; *non c'è ~ che tenga* (*Br*) there's no help for it, (*Am*) there's no way to get around it; *~*

cielo! good heavens!, holy smoke!; *heaven above!*, my goodness!; (*ant*) *la santa croce* the Holy Cross, the Holy Rood; *picchiare qcu. di santa ragione* to give so. a sound beating; *~ Dio!* my god!; (*Rel.catt*) *fare qcu.* to make so. a saint; (*Geog*) *San Gallo* (*cantone svizzero*) St-Gall; (*fig,eufem*) *avere dei santi in Paradiso* to have friends in high places; (*Stor*) *la Santa Inquisizione* the Inquisition; *santa pace!* good heavens!; *star sene in santa pace* to be in peace and quiet; (*Rel.catt*) *il Santo Padre* the Holy Father; (*Rel.catt*) *~ patrono* patron saint, patron; *santa pazienza!* give me patience! for heaven's sake!, for goodness' sake!, heavens above!; *fammi il ~ piacere di smetterla* (just) do me the favour of stopping that; (*Rel.catt*) *~ protettore* patron saint, patron; (*colloq*) *darle di santa ragione a qcu.* to give so. a sound beating, to give so. a good hiding; (*Rel.catt*) *la Santa Sede* the Holy See; (*Rel*) *Santo Sepolcro* Holy Sepulchre; *San Silvestro* (*ultimo giorno dell'anno*) New Year's Eve; *~ Stefano* (*giorno*) Boxing Day; *un sant'uomo* a holy man.

santocchieria *f.* (*spreg,rar*) bigotry.

santocchio *m.* (*f.* **-a**) (*spreg,rar*) bigot.

santolina *f.* (*Bot*) cotton lavender, santolina.

santone *m.* **1** dervish, santon. **2** (*estens*) (*persona influente*) guru. **3** (*spreg,rar*) (*bigotto*) bigot.

santonina *f.* (*Chim*) santonin.

santorale *m.* (*Lit*) sanctorale.

santoreggia (*pl.* **-ge**) *f.* (*Bot*) savory.

santuario *m.* **1** (*Rel*) sanctuary (*anche fig*): *~ della famiglia* the sanctuary of the family. **2** (*Rel.ebr,Arch*) Holy of Holies, Sanctum Sanctorum.

sanzionare (**sanzióno**) *v.t.* **1** (*confermare*) to sanction (*anche fig*): *~ una legge* to sanction a law; *un'antica tradizione sanziona quest'uso* this custom is sanctioned by an ancient tradition. **2** (*punire*) to sanction.

sanzione *f.* **1** sanction, authorization (*anche fig*). **2** (*Dir*) sanction. □ *~ disciplinare* disciplinary sanction; *sanzioni economiche* economic sanctions.

São Tomé e Príncipe *n.pr.m.* (*Geog*) São Tomé and Príncipe.

sapere¹ (*pres.ind.* **so, sài, sa, sappiàmo, sapéte, sànno**; *p.rem.* **sèppi**; *fut.* **saprò**; *pres.cong.* **sàppia**; *condiz.* **saprèi**; *imperat.* **sàppi, sappiàte**; *ger.* **sapèndo**; *p.p.* **sapùto**) **I** *v.t.* **1** to know: *sai il mio indirizzo?* do you know my address?; *non so che cosa dire* I don't know what to say; *sapevo che saresti venuto* I knew you would come; *e che ne sai tu?* what do you know about it?; *lo so* I know; yes, I know. **2** (*avere imparato*) to know how, can: *sa parlare tre lingue* he can speak three languages; *sai andare in bicicletta?* do you know how to ride a bike?, can you ride a bike?; *il bambino non sa ancora scrivere* the little boy doesn't write yet, the little boy doesn't know how to write yet. **3** (*essere in grado, essere capace*) can, to be able, to know how: *ha saputo rispondere a tutte le nostre domande* he was able to answer all our questions; *sapresti riconoscere quella persona?* would you be able to recognize that person?, could you recognize that person?; *non sai distinguere il bene dal male* you can't tell good from evil, you don't know how to tell good from evil; *non so fare a meno delle sigarette* I can't do without cigarettes. **4** (*avere conoscenza, notizia*) to know, to be aware, to be acquainted with: *so la ragione della tua assenza* I am aware of he reason for your absence; *sappiamo tutto ul suo conto* we know everything about im; *sai che sono arrivati i tuoi amici*? do ou know your friends have arrived? **5** (*venire a conoscenza, apprendere*) to learn, to ear, to get to know: *ho saputo tutto da tuo ratello* I heard all about it from your brother; *ho saputo la notizia dai giornali* I learned he news from the papers. **6** (*presagire, predere*) to know, to feel, to have a feeling: *apevo che sarebbe andata a finire così* I had a feeling it would end up like this. **II** *v.i.* (aus. vere) **1** to know: *sa più di quel che tu pensi* e knows more than you think. **2** (*avere sapore*) to taste, to have a taste: *il vino sa di ceto* (*Br*) the wine tastes of vinegar, the wine tastes vinegary, (*Am*) this wine tastes ike vinegar. **3** (*avere odore*) to smell: *questa stanza sa di muffa* this room smells musty. **4** (*fig*) (*dare l'idea, l'impressione*) (*Br*) to smell, to smack, (*Am*) to sound like: *la sua richiesta sapeva di ricatto* (*Br*) his demand smacked of blackmail, (*Am*) his demand sounded like blackmail. □ *a saperlo!* if only I knew!; *ad averlo saputo!* if only I had known!; ~ *qcs. a memoria* to know sth. by heart; ~ *qcs. a menadito* to have sth. at one's fingertips; *bisogna sapersi accontentare* one must make do, one must learn to be happy; *che io sappia* as far as I know; *non che io sappia* not that I know of; *che so...* (*per esempio*) for example; I don't know; let's see; *che ne so io?* (*Br*) how should I know?, (*Am*) how would I know?; *sai com'è* you know; (*fig,ant*) ~ *qcs. come l'avemaria* to know sth. by heart, to know sth. backwards; ~ *qcs. da fonte sicura* to have sth. on good authority, to know sth. from a reliable source; ~ *di bruciato* to taste burnt; ~ *di buono*: **1** (*odorare*) to smell good; **2** (*avere gusto*) to taste good; (*fig*) *meglio ~ di che morte si deve morire* better the devil you know, than the devil you don't know; *non ~ di che morte si debba morire* not to know what the future holds in store; ~ *di chiuso* to smell stuffy, to smell musty; *non ~ di niente*: **1** (*non avere sapore*) to have no taste, to be tasteless; **2** (*non odorare*) to have no smell; **3** (*fig*) to be insipid, to be dull, to be flat, to be colourless; ~ *di poco*: **1** to be tasteless, not to have much flavour, (*Am*) not to have much flavor; **2** (*fig*) to be dull; (*Enol*) ~ *di tappo* to be corked; *sappiatemi dire!* (o *sappiatemi dire qualcosa!*) (*Br*) let me know! let me know something!, (*Am*) tell me something!; ~ *dove il diavolo tiene la coda* to be very knowing, to be worldly-wise, not to be naive; *dovete ~ che...* (*spec. raccontando*) you should know that..., I must tell you that...; *fare ~ qcs. a qcu.* to let so. know sth.; *non per ~ i fatti tuoi, ma quanto guadagni?* I don't want to seem curious (o to be nosey), but how much do you earn?; *lo sa il cielo* Heaven knows: *lo sa il cielo se vorrei andar via* Heaven knows I want to leave; ~ *il fatto proprio* to know what's what, to know what one is doing, to know what one is about, to know one's job, (*Am*) to know one's stuff; *è uno che sa il fatto suo* he knows what he is about; *saperla lunga*: **1** (*avere molta esperienza*) to know the ropes; **2** (*essere scaltro*) to know a thing or two, to know what's what, to know a thing or two (about sth.); *mi sa che stavolta ce la farai* I think you're going to make it this time; *mi sa che sta per piovere* I bet it's going to rain; *non sapere a che santo votarsi* not to know which way to turn; (*fig*) *non ~ che pesci pigliare* (o *non ~ che pesci prendere*) to be at a loss, to be at one's

wits' end, not to know which way to turn; *non so come* I don't know how; *non si sa mai* you never can tell, you never know: *sii prudente, non si sa mai quello che può accadere* be careful, you never know what can happen; *non volerne ~ di qcu.* not to want to have anything to do with so.; *non ne vuol ~ di lavorare* he doesn't want to have anything to do with work; ~ (*qcs.*) *per esperienza* to know (sth.) by experience: ~ *per esperienza* (o ~ *per esperienza diretta*) to know from experience, to know from personal experience; ~ *qcs. per filo e per segno* to know sth. thoroughly, to know sth. inside out; ~ *perdere* to be a good loser: *non sa perdere* he's a poor loser; *ne so qualcosa* I to know something about it; *ne so quanto prima* (*Br*) I'm as wise as before, I'm none the wiser, (*Am*) I know about it as much as I did before; *ne so quanto te* (*Br*) I'm as wise as you are, (*Am*) I know as much about it as you do; *saperci fare*: **1** to be good at sth., to be skilful at sth., to be clever at sth., to know how to do sth.; to know how to handle so., to know how to treat so.: *ci sa fare con i clienti* he knows how to handle the customers; **2** (*essere in gamba*) to know what one is doing, to be a clever person, to be an able person; **3** (*con le donne*) to be a lady-killer; *sappi che questa è l'ultima volta che ti perdono* I want you to know this is the last time I'm going to forgive you; *se tu sapessi!* if you only knew!; *si sa*: **1** one knows, as one knows, it is well-known, as everybody knows: *i prezzi, si sa, aumentano continuamente* as everyone knows, prices are always rising; **2** (*iron*) naturally: *si sa, la colpa è sempre mia* naturally, it's always my fault; *le sa tutte lui* he knows all the tricks; *sai una cosa?* (do) you know what?; (*colloq*) *vai a ~ perché!* God knows why!; *venire a ~ qcs.* to hear about sth., to learn sth., to find out about sth., to become aware of sth., to be made aware of sth.; (*fig*) ~ *vita, morte e miracoli di qcu.* to know absolutely everything about so., to know so. inside out; *saper vivere* to know how to live, to know how to do things, to have savoir-vivre, to know how to live it up, to be savvy.

sapere[2] *m.* **1** (*conoscenze*) knowledge. **2** (*erudizione*) learning.

sapidità *f.* (*lett*) sapidity (*anche fig*).

sapido *a.* **1** (*lett*) sapid. **2** (*fig*) (*arguto*) witty.

sapiente I *a.* **1** (*dotto*) learned: *un uomo ~ a* learned man. **2** (*saggio*) wise. **3** (*che rivela abilità*) expert, sure, masterly: *con mano ~* with a sure touch. **4** (*ammaestrato: rif. ad animali*) trained. **II** *m.* **1** (*dotto*) scholar, learned man. **2** (*saggio*) wise man, sage.

sapientemente *avv.* **1** (*con saggezza*) wisely. **2** (*dottamente*) learnedly. **3** (*con capacità*) skilfully.

sapientone I *a.* (*spreg,iron*) know-all, (*Am*) know-it-all. **II** *m.* (*f.* **-a**) (*spreg,iron*) know-all, (*Am*) know-it-all, (*ant*) wiseacre.

sapienza *f.* **1** (*saggezza*) wisdom. **2** (*dottrina*) learning, knowledge.

Sapienza *f.* (*Bibl*) The Book of Wisdom, Wisdom.

sapienziale □ (*Bibl*) *libri sapienziali* books of wisdom, wisdom writings.

sapindo *m.* (*Bot*) soapberry.

saponaceo *a.* soapy.

saponaria *f.* (*Bot*) soapwort, (*Am*) bouncing Bet.

saponata *f.* **1** (*acqua*) soapy water. **2** (*schiuma*) suds *pl.*, soapsuds *pl.*

sapone *m.* **1** soap: *lavare qcs. con il ~* to wash sth. with soap. **2** (*estens*) (*saponetta*) bar of soap, (*Br*) cake of soap: *comprare un*

~ *to buy a bar of soap.* □ ~ *a scaglie* soap flakes; ~ *al catrame* coal tar soap; ~ *alla glicerina* glycerine soap, glycerin soap; ~ *alla lavanda* lavender soap; ~ *da barba* shaving soap; ~ *da bucato* laundry soap; ~ *da toilette* toilet soap; (*Chim*) ~ *dei vetrai* glass soap, glassmaker's soap; ~ *di Marsiglia* Castile soap, Marseilles soap; ~ *duro* hard soap; ~ *in polvere* soap powder; ~ *liquido* liquid soap; ~ *medicinale* green soap; ~ *neutro* mild soap; ~ *non sapone* non-soap soap; ~ *per neonati* baby soap.

saponetta *f.* bar of soap, (*Br*) cake of soap.

saponiera *f.* **1** (*da bagno*) soap dish. **2** (*scatola portatile*) soap case.

saponiere *m.* (*f.* **-a**) **1** (*fabbricante*) soap manufacturer. **2** (*venditore*) soap dealer. **3** (*operaio*) soap boiler.

saponiero *a.* soap (*attr.*): *industria saponiera* soap industry.

saponificabile *a.* (*Chim*) saponifiable.

saponificare (**saponìfico, saponìfichi**) *v.t.* (*Chim*) to saponify.

saponificatore *m.* (*f.* **-trice**) soap-boiler.

saponificazione *f.* (*Chim*) saponification.

saponificio *m.* soapworks (*costr.sing. o pl.*).

saponina *f.* (*Chim*) saponin.

saponoso *a.* soapy (*anche Min*).

sapore I *m.* **1** taste, (*Br*) flavour, (*Am*) flavor. **2** (*sapore leggero*) light taste, smack. **3** (*sapore caratteristico o piccante*) tang: ~ *salino* salty tang, salty taste. **4** (*retrogusto*) taste, after-taste: *l'aglio lascia un cattivo ~ in bocca* garlic leaves a bad taste in the mouth. **5** (*fig*) (*tono*) ring, note: *c'era un ~ amaro nelle sue parole* there was a bitter ring to his words. **6** (*fig*) (*carattere*) (*Br*) flavour, (*Am*) flavor: *prosa di ~ arcaico* prose with an archaic flavour. **7** (*fig*) (*vivacità, colorito*) spice, zest: *una commedia priva di ~* a play with no zest; *è questo che dà ~ alla vita* this is what gives spice to life. **8** *pl.* (*region*) (*odori*) herbs, aromatic herbs. □ *avere ~ di qcs.* to taste of sth.; *che ~ ha?* what does it taste like?; *dare ~ a*: **1** to give taste to; **2** (*fig*) to spice, to give zest to; (*fig*) *il ~ della libertà* the taste of freedom; *senza ~*: **1** (*insipido*) tasteless; **2** (*fig*) flat, dull, insipid.

saporitamente *avv.* with relish, with gusto, with zest: *dormire ~* to sleep soundly, to sleep like a log; *ridere ~* to laugh heartily.

saporito *a.* **1** tasty, seasoned. **2** (*troppo salato*) salty, too salty: *un po' ~* rather salty. **3** (*fig*) (*fatto con gusto*) hearty; (*rif. al sonno*) sound. **4** (*fig*) (*vivace, arguto*) witty, piquant: *una risposta saporita* a witty reply. **5** (*colloq*) (*costoso*) steep, high, (*Br*) stiff: *un conto ~ a* steep bill. □ *poco ~* insipid, tasteless, not very tasty.

saporoso *a.* **1** (*rar*) tasty, savoury. **2** (*rar,fig*) (*vivace*) piquant, racy, witty: *un aneddoto ~ a* racy anecdote.

saprofita, saprofito I *a.* saprophytic: *piante saprofite* saprophytic plants. **II** *m.* saprophyte.

saputamente *avv.* **1** (*spreg,scherz*) knowledgeably, in a learned tone. **2** (*lett*) (*consapevolmente*) knowingly, deliberately.

saputello I *a.* (*colloq*) know-all, (*Am*) know-it-all. **II** *m.* (*f.* **-a**) (*colloq*) little know-all, (*Am*) little know-it-all, (*spreg*) little prig.

saputo → **sapere**[1] **I** *a.* **1** (*spreg*) pretentious, (*colloq*) know-all, (*Am*) know-it-all. **2** (*lett*) (*informato*) well-informed, knowledgeable. **II** *m.* (*f.* **-a**) (*spreg*) wiseacre, (*colloq*) know-all, (*Am*) know-it-all. □ ~ *e risaputo* hackneyed, trite, worn-out, banal; *fare il ~* to be a know-all, (*Am*) to be a know-it-all.

SAR *Sua Altezza Reale* H.R.H. (His Royal Highness, Her Royal Highness).

Sara *n.pr.f.* Sarah (*anche Bibl*).

sarabanda *f.* **1** (*Mus*) saraband, sarabande. **2** (*fig*) (*confusione, chiasso*) bedlam, chaos, confusion.

saracco (*pl.* **-chi**) *m.* rip saw, split saw. □ ~ *a costola* backsaw.

saraceno I *a.* (*Stor*) Saracen, Saracenic. **II** *m.* (*f.* **-a**) (*Stor*) Saracen.

saracinesca *f.* **1** rolling shutter. **2** (*Idr*) sluicegate, sluice. **3** (*Stor*) (*cateratta*) portcullis.

sarago (*pl.* **-ghi**) *m.* (*Itt*) white bream.

sarcasmo *m.* sarcasm: *fare del* ~ to make sarcastic remarks, to be sarcastic.

sarcasticamente *avv.* sarcastically.

sarcastico (*pl.* **-ci**) *a.* sarcastic.

sarchiare (**sàrchio, sàrchi**) *v.t.* (*Agr*) to hoe; (*per estirpare le erbacce*) to weed.

sarchiata *f.* (*Agr*) hoeing: *dare una* ~ *al terreno* to hoe the ground.

sarchiatore *m.* (*f.* **-trice**) (*Agr*) hoer.

sarchiatrice *f.* (*Agr*) (*macchina*) hoeing machine, cultivator.

sarchiatura *f.* (*Agr*) hoeing.

sarchiellare (**sarchièllo**) *v.t.* (*Agr*) to weed with a hoe.

sarchiello *m.* (*Agr*) garden hoe.

sarchio *m.* (*Agr*) hoe.

sarcofaga *f.* (*Entom*) flesh fly.

sarcofago (*pl.* **-gi/-ghi**) *m.* (*Archeol*) sarcophagus.

sarcofilo *m.* (*Zool*) Tasmanian devil.

sarcoide *m.* (*Med*) sarcoid.

sarcolemma *m.* (*Anat*) sarcolemma.

sarcoma *m.* (*Med*) sarcoma. □ (*Med*) ~ *di Kaposi* Kaposi's sarcoma.

sarcomatosi *f.* (*Med*) sarcomatosis.

sarcomatoso *a.* (*Med*) sarcomatous, sarcomatoid.

sarcomero *m.* (*Anat*) sarcomere.

sarcoplasma *m.* (*Biol*) sarcoplasm.

sarda[1] *f.* (*Itt*) sardine.

sarda[2] *f.* (*Min*) sard.

sardanapalesco (*pl.* **-chi**) *a.* (*lett*) Sardanapalian, luxurious, debauched.

sardanapalo *m.* (*fig*) debauchee.

Sardanapalo *n.pr.m.* (*Stor*) Sardanapalus.

Sardegna *n.pr.f.* (*Geog*) Sardinia.

sardella *f.* (*Itt*) sardine.

sardina *f.* (*Itt*) sardine.

sardo I *a.* Sardinian. **II** *m.* **1** (*f.* **-a**) (*abitante*) Sardinian. **2** (*lingua*) Sardinian.

sardonica *f.* (*Min*) sardonyx.

sardonicamente *avv.* sardonically.

sardonico (*pl.* **-ci**) *a.* sardonic: *ghigno* ~ sardonic sneer, sardonic grin.

sargasso *m.* (*Bot*) gulf weed, sargasso, sargasso weed.

sari *m.inv.* (*Abbigl*) sari, saree.

sariga *f.* (*Zool*) opossum.

Sarl, SARL (*Comm*) *società a responsabilità limitata* Ltd. (limited liability company).

sarmati *m.pl.* (*Stor*) Sarmatians.

sarmatico (*pl.* **-ci**) **I** *a.* (*Stor*) Sarmatian. **II** *m.* (*Stor*) Sarmatian.

Sarmazia *n.pr.f.* (*Geog.stor*) Sarmatia.

sarmentaceo *a.* (*Bot,rar*) sarmentaceous.

sarmento *m.* **1** (*Bot*) (*ramo*) sarment, runner. **2** (*Bot*) (*tralcio di vite*) vine shoot.

sarmentoso *a.* sarmentose.

sarò → **essere**[1].

sarong *m.inv.* (*Abbigl*) sarong.

sarta *f.* **1** (*che confeziona abiti*) dressmaker. **2** (*Teat*) (*costumista*) costume maker.

sartia *f.* (*Mar*) shroud, stay. □ (*Mar*) ~ *di maestra* main shroud; (*Mar*) ~ *di mezzana* mizzen shroud; (*Mar*) ~ *di trinchetto* fore

shroud; (*Mar*) *sartie maggiori* lower rigging; (*Mar*) *sartie minori* upper rigging.

sartiame *m.* (*Mar*) stays *pl.*, shrouds *pl.*, rigging.

sartina *f.* seamstress.

sarto *m.* **1** tailor. **2** (*estens*) (*stilista di alta moda*) designer, couturier. □ ~ *da donna* ladies' tailor; ~ *da uomo* tailor, men's tailor.

sartoria *f.* **1** (*laboratorio: di sarto*) tailor's shop, tailor's workshop; (*di sarta*) dressmaker's shop: *aprire una* ~ to open a tailor's shop. **2** (*arte, tecnica: per uomo*) tailoring; (*per donna*) dressmaking, couture.

sartoriale *a.* sartorial.

sartorialità *f.* tailor or designer's art, style, and eye.

sartorio *m.* (*Anat*) sartorius.

sartriano *a.* (*Filos*) Sartre's.

S.a.s. (*Comm*) *società in accomandita semplice* LP (limited partnership).

sashimi *m.inv.* (*Gastron*) sashimi.

sassafrasso *m.* (*Bot*) sassafras.

sassaia *f.* **1** (*cumulo di sassi*) heap of stones. **2** (*luogo sassoso*) stony place. **3** (*riparo*) barrier of stones.

sassaiola *f.* **1** (*lancio di sassi*) hail of stones, volley of stones. **2** (*battaglia con sassi*) stone fight, fight with stones.

sassata *f.* blow from a stone: *tirare una* ~ *a qcu.* to throw stones at so., to throw a stone at so. □ *fare a sassate* to throw stones; *prendere qcu. a sassate* to throw stones at so., to pelt so. with stones; *uccidere qcu. a sassate* to stone so. to death.

sassifraga *f.* (*Bot*) saxifrage, breakstone.

Sassifragacee *f.pl.* (*Bot*) Saxifragaceae.

sasso *m.* **1** stone: *tirare un* ~ to throw a stone. **2** (*ciottolo*) pebble. **3** (*roccia*) rock. **4** (*macigno, masso*) rock, block of rock, boulder. □ *di* ~ stone (*attr.*), of stone, stony; (*fig*) *restare di* ~ (o *rimanere di* ~) to be astounded, to be dumbfounded; *pieno di sassi* (*Br*) stony, (*Am*) rocky; (*fig*) *tirar sassi in colombaia* (o *tirar sassi in piccionaia*) (*danneggiare se stessi*) to foul one's own nest; (*fig*) *lanciare un* ~ *nello stagno* (*provocare polemiche*) to put the cat among the pigeons, to set the cat among the pigeons, to stir up a hornet's nest.

sassofonista *m./f.* (*Mus*) saxophonist.

sassofono *m.* (*Mus*) (*strumento*) saxophone, (*colloq*) sax.

sassofrasso *m.* (*Bot*) sassafras.

sassola *f.* **1** (*Mar*) scoop, bailer. **2** (*estens*) ladle.

sassolino *m.* pebble, small stone. □ (*fig*) *levarsi un* ~ *dalla scarpa* to settle a score.

sassolite *f.* (*Min*) sassolite, sassoline.

sassone I *a.* Saxon. **II** *m.* **1** (*dialetto*) Saxon. **2** (*Stor*) (*lingua*) Old Saxon. **III** *m./f.* (*abitante*) Saxon.

Sassonia *n.pr.f.* (*Geog*) Saxony: *Bassa* ~ Lower Saxony.

sassoso *a.* (*Br*) stony, (*Am*) rocky: *strada sassosa* stony road.

Satana *n.pr.m.* (*Bibl*) Satan.

satanasso[1] *m.* **1** (*persona violenta*) fiend, devil, berserk. **2** (*persona prepotente*) bully, overbearing person. **3** (*persona irrequieta*) live wire; (*bambino vivace*) holy terror, hurricane. □ *gridare come un* ~ to yell like a madman.

satanasso[2] *m.* (*Zool*) black-bearded saki.

Satanasso *m.* (*Bibl*) Satan.

satanico (*pl.* **-ci**) *a.* **1** satanic. **2** (*estens*) (*perfido, diabolico*) satanic, diabolic, diabolical, devilish: *ghigno* ~ devilish grin.

satanismo *m.* **1** (*culto*) satanism. **2** (*Lett*) Satanism.

satellitare *a.* satellite (*attr.*): *parabola* ~ satellite dish; *trasmissione* ~ satellite broadcast; *canale* ~ satellite channel.

satellitario *a.* (*rar*) satellite (*attr.*).

satellite I *m.* **1** (*Astr,Astron,Tel,Tecn*) satellite; ~ *artificiale* artificial satellite; *lanciare un* ~ to launch a satellite. **2** (*Pol*) (*stato satellite*) satellite, satellite country, satellite state. **3** (*Biol,Anat*) satellite. **4** (*estens*) (*seguace*) follower, satellite. **5** (*Aut*) planetary gear, planet wheel. **II** *a.* satellite (*attr.*) (*anche Anat,Biol,Inform*): *città* ~ satellite town, satellite. □ (*Astron*) ~ *a diffusione diretta* direct broadcasting satellite; (*Astron*) ~ *di comunicazione* communications satellite; (*Astron*) ~ *di osservazione* observation satellite; (*Astron*) ~ *di ricerca* research satellite; (*Mil*) ~ *di ricognizione* reconnaissance satellite; (*Astron*) ~ *di telerilevamento* remote sensing satellite; (*Astr*) ~ *galileiano* galilean satellite, Galilean satellite; (*Astron*) ~ *geostazionario* geostationary satellite; (*Mil*) ~ *killer* killer satellite; (*Astron*) ~ *lunare* lunar satellite (*Astron*) ~ *meteorologico* weather satellite, meteorological satellite; (*Astr*) ~ *naturale* natural satellite; (*Astron*) ~ *passivo* passive communications satellite; (*Astron*) ~ *per telecomunicazioni* telecommunications satellite; (*Astron*) ~ *scientifico* scientific satellite; (*Astron*) ~ *sonda* probe satellite; (*Astron*) ~ *sperimentale* experimental satellite; (*Mil*) ~ *spia* spy satellite; (*Astr*) ~ *terrestre* earth satellite, terrestrial satellite.

satellizzare (**satellìzzo**) *v.t.* (*Pol*) to make (sth.) into a satellite.

satelloide *m.* (*Astron*) satelloid.

satem □ (*Ling*) *lingue* ~ satem languages.

satin /sa'tɛ̃/ *m.* (*Tess*) (*Br*) satin, (*Am*) sateen. □ *di* ~ (*Br*) satin (*attr.*), (*Am*) sateen (*attr.*): *fodera di* ~ (*Br*) satin lining, (*Am*) sateen lining.

satinare (**sàtino**) *v.t.* (*Tess,Met*) to satin-finish.

satinato *a.* (*Tess,Met*) satin-finished.

satinatrice *f.* (*Cart,Tess*) satin finisher.

satinatura *f.* (*Cart*) (*il satinare*) glazing. **2** (*effetto*) glaze.

satira *f.* **1** (*Lett*) satire, satirical work: ~ *classica* classical satire. **2** (*estens*) satire, lampoon: ~ *mordace* caustic satire; ~ *graffiante* biting satire. □ *fare la* ~ *di qcu.* to make a satire on so.; *fare qcu. oggetto di* ~ to make so. an object of satire, (*colloq*) to make so. the butt of all jokes; ~ *menippea* Menippean satire.

satireggiare (**satiréggio, satiréggi**) **I** *v.t.* to satirize, to lampoon: ~ *il governo* to satirize the government. **II** *v.i.* (*aus.* **avere**) **1** (*Lett*) to write satires. **2** (*fare della satira*) to be satirical.

satiresco *a.* satyr (*attr.*): *dramma* ~ satyr play.

satiriasi *f.inv.* (*Psic*) satyriasis.

satiricamente *avv.* satirically.

satirico (*pl.* **-ci**) **I** *a.* (*Lett*) satiric, satirical (*anche estens*): *poesia satirica* satiric poetry; *opera satirica* satirical work; *tono* ~ satirical tone. **II** *m.* satirist.

satirista *m./f.* (*Lett*) satirist.

satiro *m.* **1** (*Mitol*) satyr. **2** (*fig*) (*persona lasciva, mandrillo*) satyr, lecher, goat.

satollare (**satóllo**) **I** *v.t.* to fill, to fill up, to surfeit. **II** *v.pron.* **satollarsi** to stuff oneself (*di* with), to cram oneself (*di* with), to glut oneself (*di* with), to gorge oneself (*di* with), to fill up (on).

satollo *a.* (*sazio*) full, full up, sated, satiated, replete, glutted.

satrapia f. (Stor) satrapy.

satrapo m. **1** (Stor) satrap. **2** (fig) (persona autoritaria) petty despot. □ (fig) fare il ~ con qcu.), (Br) to lord it (over so.), (Am) to boss (so.) around.

satsuma m.inv. (Bot,Alim) satsuma.

saturabile a. saturable.

saturabilità f. saturability, capacity for saturation.

saturare (sàturo) I v.t. **1** (Fis,Chim) to saturate. **2** (fig) (riempire) to saturate, to fill, to stuff, to cram: ~ la mente di nozioni to cram one's head with notions. II v.pron. **saturarsi** **1** (Fis,Chim) to be saturated. **2** (fig) (riempirsi) to be filled, to be saturated. □ (Econ,Comm) ~ il mercato to overstock the market, to saturate the market.

saturazione f. (Chim,Fis,Econ) saturation. □ (Chim,Fis) giungere a ~ to reach saturation point; (fig) essere giunto a ~ to have reached the point of saturation; (Chim,Fis) portare a ~ to bring to saturation point; ~ cromatica chromatic saturation; (Econ) ~ del mercato market saturation; (Fis) ~ magnetica magnetic saturation.

satureia f. (Bot) savory, summer savory.

saturnale I a. (Mitol) of Saturn (posposto), Saturnian. II m.pl. **1** (Stor.rom) Saturnalia (costr.sing. o pl.). **2** (fig,lett) (tempo di baldorie) saturnalia (costr.sing. o pl.).

saturniano a. (Astr) Saturnian.

saturnino a. **1** (Astr,rar) Saturnian, of Saturn. **2** (lett) (malinconico) morose, gloomy. **3** (Med,rar) lead, (lett) saturnine: intossicazione saturnina lead poisoning.

saturnio I a. **1** (Mitol) of Saturn, Saturn's; (sacro a Saturno) Saturnian. **2** (Metr) Saturnian. II (Metr) Saturnian, Saturnian verse.

saturnismo m. (Med) lead poisoning, plumbism, (lett) saturnismus.

Saturno n.pr.m. (Mitol,Astr) Saturn.

saturo a. **1** (Fis,Chim) saturated. **2** (fig) full (di of), saturated (di with), charged (di with), crammed (di with): ~ d'odio full of hatred, hate-filled.

SAUB struttura amministrativa unificata di base (Italian national health service).

saudita I a. Saudi. II m./f. (abitante) Saudi.

Saul n.pr.m. (Bibl) Saul.

sauna f. **1** (pratica fisioterapica) sauna, sauna bath: fare la ~ to take a sauna. **2** (luogo) sauna.

sauro[1] I a. sorrel. II m. (Zool) (cavallo) sorrel.

sauro[2] m. (Zool) (rettile) saurian.

savana f. savanna, savannah.

Saverio n.pr.m. Xavier.

saviamente avv. (rar) wisely, prudently.

saviezza f. (rar) wisdom, prudence.

savio I a. wise, prudent, (lett) sage, sensible: una persona savia a wise person; è una ragazza savia per la sua età she's a sensible girl for her age; una savia decisione a wise decision. II m. **1** (f. -a) (uomo saggio) wise man, sage. **2** (f. -a) (uomo sapiente) wise man, learned man. **3** pl. (Stor) the wise: il consiglio dei Savi the council of the Wise.

Savoia n.pr.f. (Geog) Savoy.

savoiardo I a. of Savoy (posposto), Savoyard, Savoy (attr.). II m. **1** (Dolc) ladyfinger, ladysfinger, sponge finger biscuit. **2** (f. -a) (abitante) Savoyard. **3** (dialetto) Savoyard dialect.

savoir-faire /sa‚vwar'fɛr/ m. savoir-faire.

savonarola f. (Arred) Savonarola chair.

sax m.inv. (Mus,colloq) sax, saxophone.

saxofonista m./f. (Mus) saxophonist.

saxofono m. (Mus) (strumento) saxophone, (colloq) sax.

saz m. (Mus) (strumento) saz, long-neck lute.

saziabilità f. (rar) satiability.

saziare (sàzio, sàzi) I v.t. **1** to satisfy, to sate: ~ la fame to satisfy hunger; ~ un affamato to sate a hungry man. **2** (soddisfare fino alla nausea) to satiate, to surfeit, to glut, to cloy. **3** (fig) (appagare) to appease, to sate, to satisfy: ~ il desiderio di vendetta to sate the desire for vengeance. II v.i. (aus. avere) **1** to satisfy: un cibo che sazia food that satisfies. **2** (riempire presto) to be filling, to fill up: questo piatto sazia subito this dish is very filling. **3** (fig,rar) (annoiare) to be boring, to be wearisome, to cloy. III v.pron. **saziarsi** **1** to fill (oneself) up, to be satisfied, to have one's fill, to eat one's fill. **2** (fig) (essere appagato) to have one's fill, to be satisfied. **3** (fig) (stancarsi) to tire (di of), to be tired (di of), to grow tired (di of), to weary (di of): non mi sazierò mai di sentire questa musica I'll never tire of listening to this music, I'll never get tired of listening to this music.

sazietà f. **1** satiety, enough, full, one's fill (anche fig): ~ di cibo one's fill of food; ~ degli onori enough of honour. **2** (estens) (disgusto) satiety, surfeit, weariness: ~ di piaceri surfeit of pleasures. □ a ~: 1 all one wants, to overflowing, to repletion: mangiare a ~ to eat to repletion, to eat one's fill; 2 (fig) all one wants, more than enough, to repletion, overflowing: qui di sole ce n'è a ~ (Br) there's all the sun one wants here, (Am) there's all the sun one could ask for here; avere soldi a ~ to have all the money one wants.

sazio a. **1** (Br) full up, (Am) full: sono ~ I'm full (up). **2** (fig) (appagato) sated, satiated. **3** (fig) (stanco, nauseato) fed up, (colloq) sick.

sbaccellare (sbaccèllo) v.t. to shell: ~ i fagioli to shell the beans.

sbaccellatura f. shelling.

sbaciucchiamento m. (colloq) smooching, (ant) necking.

sbaciucchiare (sbaciùcchio, sbaciùcchi) I v.t. (colloq) to kiss repeatedly, (colloq) to smooch, (colloq,ant) to neck. II v.r.recipr. **sbaciucchiarsi** (colloq) to kiss each other repeatedly, (colloq) to smooch, (colloq,ant) to neck.

sbadataggine f. **1** (l'essere sbadato) carelessness, thoughtlessness, heedlessness. **2** (azione sbadata) carelessness, inadvertent blunder.

sbadatamente avv. carelessly, without thinking.

sbadato I a. careless, heedless, thoughtless, scatterbrained. II m. (f. -a) careless person, thoughtless person, scatterbrain.

sbadigliare (sbadiglio, sbadigli; aus. avere) v.i. to yawn: ~ in faccia a qcu. to yawn in so.'s face.

sbadiglio m. yawn: fare uno ~ to yawn.

sbafare (sbàfo) v.t. (colloq) **1** (mangiare avidamente) to gobble up, to gulp down, to wolf: si è sbafato tutta la torta he gobbled up the whole cake. **2** (mangiare a ufo) to sponge, to scrounge, (colloq) to cadge: noi spendiamo e lui sbafa we pay and he sponges.

sbafata f. (colloq) **1** (scorpacciata) bellyful, nosh-up, (ant,colloq) feed. **2** (mangiata a spese altrui) free meal.

sbafatore m. (f. -trice) (colloq) (scroccone) sponger, sponge, scrounger.

sbaffo m. smear, smudge: una lettera piena di sbaffi a letter covered in smudges.

sbafo m. sponging, scrounging, (colloq) cadging. □ (colloq) a ~ by scrounging, by cadging, free, for free: mangiare a ~ to sponge a meal off so., (ant) to have a free feed; vivere a ~ to scrounge a living, to live by scrounging.

sbafone m. (f. -a) (colloq) sponger, sponge, scrounger.

sbagliare (sbàglio, sbàgli) I v.i. (aus. avere) **1** to make mistakes, to make a mistake, to commit an error, to be wrong, to be mistaken, (lett) to err: ~ nel copiare to make a mistake in copying; tutti possono ~ everybody can make mistakes; potrei ~ I may be wrong. **2** (commettere una colpa morale) to do wrong, to err. II v.t. **1** (mancare, fallire) to miss, to do sth. wrong: il giocatore ha sbagliato il tiro the player missed his shot; ~ la mira to miss one's target. **2** (fare un errore) to make mistakes, to make a mistake, to mistake, to miss, spesso si traduce con un verbo specifico e wrong, wrongly o incorrectly: ~ l'ortografia to spell a word incorrectly; ~ l'accento di una parola to put the wrong stress on a word. **3** (scambiare) to mistake, to get wrong: ho sbagliato numero I've got the wrong number. **4** (non scegliere bene) to choose the wrong (sth.): ~ mestiere to choose the wrong job. III v.pron. **sbagliarsi** to be mistaken, to be wrong: se non mi sbaglio, ci siamo già incontrati if I'm not mistaken we have met before; sbagliarsi di grosso to be quite wrong, to make a big mistake. □ ~ di grosso (o ~ di molto) to be very wrong, (Am) to be so wrong; ~ i calcoli: 1 to miscalculate; 2 (fig) to make a big mistake, to be very much mistaken, to miscalculate: se conti sul mio aiuto, hai sbagliato i calcoli if you're counting on my help you're making a big mistake; ~ il passo to be out of step, to get out of step; ~ il segno to miss the mark; ~ indirizzo: 1 (sbagliare a scrivere) to write down the wrong address, to have the wrong address; 2 (andare nel posto sbagliato) to go to the wrong address, to have the wrong address; 3 (fig) (sbagliare persona) to go to the wrong person, to be sent to the wrong person: se credi che io ti possa aiutare, hai sbagliato indirizzo if you think I can help you, you've come to the wrong person; ~ momento to choose the wrong time, to choose to do sth. at the wrong time; (Mus) ~ una nota to play a wrong note; (Tel) ~ numero to dial a wrong number; se non (mi) sbaglio le chiavi erano qui I may be wrong but I think the keys were here, if I'm not mistaken the keys were here; sbagliarsi sul conto di qcu. to be wrong about so. Prov.: sbagliando s'impara you learn from your mistakes.

sbagliato a. **1** (scambiato) wrong, false. **2** (mal fatto) badly done, full of mistakes: un lavoro ~ a badly done job. **3** (non conforme alle regole) wrong, incorrect, erroneous: pronuncia sbagliata wrong pronunciation, mispronunciation. **4** (erroneo) wrong, mistaken, erroneous, incorrect: opinione sbagliata wrong opinion, mistaken opinion. **5** (inopportuno) wrong: hai scelto il momento ~ you have chosen the wrong time.

sbaglio m. **1** mistake, error: commettere uno ~ to make a mistake, to commit an error; deve esserci uno ~ there must be some mistake. **2** (sbaglio grossolano) blunder. **3** (colpa morale) error. **4** (passo falso) wrong step: fare uno ~ to take a wrong step. □ per ~ by mistake.

sbalestramento m. (rar) upset, tension, strain: lo ~ dovuto a una giornata agitata the strain of a busy day.

sbalestrare (**sbalèstro**) *v.t.* **1** (*turbare*) to upset, to unsettle: *la notizia lo ha sbalestrato* the news has upset him. **2** (*trasferire bruscamente*) to send, to send off, to transfer: *~ un impiegato in una cittadina di provincia* to transfer an employee to a small town in the provinces. **3** (*scagliare*) to hurl, to fling: *il vento sbalestrò la barca contro gli scogli* the wind hurled the boat against the rocks.

sbalestrato *a.* **1** (*non equilibrato*) unsettled, unbalanced. **2** (*sfrenato*) reckless, wild. **3** (*fig*) (*spaesato*) bewildered, ill at ease, uneasy, out of place.

sballare (**sbàllo**) **I** *v.t.* **1** to unpack, to unwrap: *~ la merce* to unpack the goods. **2** (*colloq*) (*dire cose poco credibili*) to tell stories, to tell fibs, to fib. **3** (*sbagliare per eccesso*) to be out (*qcs.* in sth.): *~ i conti* to be out in calculations. **II** *v.i.* (*aus.* **avere**) **1** (*nei giochi di carte*) to go over, to bust. **2** (*colloq*) (*dire o fare cose poco assennate*) to be scatty, to be scatterbrained. **3** (*gerg*) (*essere sotto l'effetto di una droga*) to freak out, to be high, to be on a high. ☐ (*colloq,rar*) *sballarle grosse* to talk big, to shoot a line, to show off.

sballato *a.* **1** (*tolto, estratto*) unpacked, unbaled: *merci sballate* unpacked goods. **2** (*fig*) (*avventato, campato in aria*) wild, crazy, unfounded, groundless: *un'idea sballata* a wild idea. **3** (*gerg*) (*per droga*) freaked out, high.

sballatura *f.* unpacking.

sballo *m.* **1** (*di merce*) unpacking. **2** (*gerg*) (*effetto di una droga*) freak-out, freakout, buzz. **3** (*estens*) (*situazione esaltante*) (*Br*) humdinger, gas, (*Am*) trip, blast. ☐ *che ~!* what a gas!: *che ~ 'sta festa!* (*Br*) this party is a gas!, (*Am*) this party is a blast!; *da ~* (*Br*) terrific, knockout, smashing, (*Am*) outstanding, awesome.

sballottamento *m.* tossing, jerking, jolting.

sballottare (**sballòtto**) *v.t.* to toss, to toss about, to toss up and down, to jerk, to jolt: *il mare agitato sballottava la nave* the rough sea tossed the ship about.

sballottio *m.* tossing, continual tossing, jolting.

sbalordimento *m.* astonishment, wonder, amazement, bewilderment.

sbalordire (**sbalordìsco, sbalordìsci**) *v.t.* **1** (*impressionare*) to shock, to stagger, to startle: *quel delitto ci sbalordì tutti* that crime shocked us all. **2** (*meravigliare*) to astonish, to amaze, to stagger, to astound: *il giovane tenore ha sbalordito il pubblico* the young tenor astounded the audience. ☐ *da ~* astonishing, staggering, amazing: *una risposta da ~* an astonishing reply.

sbalorditaggine *f.* **1** (*sventatezza*) thoughtlessness, carelessness. **2** (*atto sventato*) carelessness, careless act, thoughtless act, blunder.

sbalorditivo *a.* **1** amazing, astonishing, astounding, (*colloq*) stunning: *una memoria sbalorditiva* an amazing memory. **2** (*enfat*) (*incredibile, esagerato*) staggering, incredible: *prezzi sbalorditivi* staggering prices, exorbitant prices.

sbalordito *a.* **1** (*sbigottito, stupefatto*) staggered, dismayed, astonished, amazed, astounded, dumbfounded: *espressione sbalordita* amazed look. **2** (*confuso*) stunned, bewildered, dazed: *dal fracasso* stunned by the noise.

sbalzare[1] (**sbàlzo**) **I** *v.t.* **1** to throw, to fling, to hurl. **2** (*fig*) (*rimuovere*) to throw, to dismiss, to remove: *~ qcu. da un posto* to throw

so. out of a job, (*colloq*) to boot so. out of a job. **II** *v.i.* (*aus.* **essere**) **1** (*balzare di scatto*) to jump, to leap, to bound, to spring: *~ dal letto* to jump out of bed. **2** (*cadere giù di colpo*) to crash, to be thrown: *~ a terra* to be thrown to the ground. **3** (*fig*) to jump, to plunge: *la temperatura è sbalzata a tre gradi sotto zero* the temperature plunged to three degrees below zero. ☐ (*Equit*) *~ qcu. di sella* to throw so. off of a horse, to throw so. from the saddle, to throw so. out of the saddle (*anche fig*).

sbalzare[2] (**sbàlzo**) *v.t.* **1** (*lavorare a sbalzo*) to emboss. **2** (*Edil*) to cantilever.

sbalzato *a.* embossed: *oro ~* embossed gold.

sbalzatore *m.* (*f.* **-trice**) embosser.

sbalzo[1] *m.* **1** jerk, jolt, bounce: *la carrozza fece uno ~* the carriage gave a jolt. **2** (*salto*) bound, spring. **3** (*fig*) (*cambiamento improvviso*) sudden change, jump: *uno ~ di temperatura* a sudden change in temperature. ☐ *a sbalzi*: **1** jerkily, joltingly, bouncing: *avanzare a sbalzi* to jolt along, to bounce along, to jerk along; **2** (*fig*) (*senza continuità*) in fits and starts, by fits and starts: *avanzare a sbalzi* to progress by fits and starts; (*Fis*) *~ termico* thermal stress.

sbalzo[2] *m.* **1** (*Met*) (*arte e tecnica*) embossment. **2** (*Edil*) projection, overhang, cantilever, jut. ☐ *a ~*: **1** (*Edil*) overhanging; **2** (*Met*) embossed: *lavoro a ~* embossed work; *lavorare a ~* to emboss.

sbancamento *m.* (*Edil,Strad*) excavation, earth moving: *~ della roccia* excavation of rock.

sbancare[1] (**sbànco, sbànchi**) **I** *v.t.* **1** (*rif. a casinò e sim.*) to break the bank at (*o* of); (*rif. al banco*) to break, to win: *~ il banco* to break the bank. **2** (*rif. a persone*) to win the bank from. **3** (*fig*) (*mandare in rovina*) to bankrupt, to ruin. **II** *v.pron.* **sbancarsi** (*fig*) (*rovinarsi economicamente*) to ruin oneself, to go broke.

sbancare[2] (**sbànco, sbànchi**) *v.t.* (*Edil, Strad*) to excavate, to move earth (from).

sbandamento[1] *m.* (*Mil*) (*dispersione di truppe*) disbandment, scattering, dispersal, breaking up (*anche fig*).

sbandamento[2] *m.* **1** (*rif. a veicoli*) skid, skidding: *la vettura è uscita di strada per uno ~* the vehicle skidded off the road. **2** (*Mar*) list, listing, heel, heeling, careening. **3** (*Aer*) banking.

sbandare (**sbàndo**) **I** *v.i.* (*aus.* **avere**) **1** (*rif. a veicoli*) to skid: *la macchina ha sbandato per la strada sdrucciolevole* the car skidded on the slippery road. **2** (*fig*) (*deviare*) to lean, to tend. **3** (*Mar*) to list, to heel, to careen. **4** (*Aer*) to bank. **II** *v.pron.* **sbandarsi** **1** to scatter, to disband, to disperse: *l'esercito si sbandò al primo scontro* the army scattered at the first clash. **2** (*fig*) (*dividersi, disgregarsi*) to break up, to fall apart: *dopo la morte del padre la famiglia si sbandò* after the father's death the family broke up.

sbanda *f.* **1** skid: *fare una pericolosa ~* to skid dangerously. **2** (*Mar*) list, heel. **3** (*Aer*) banking. ☐ (*scherz*) *prendere una ~ per qcu.* (*innamorarsi*) to fall for so.

sbandato *a.* **1** (*disperso*) scattered, disbanded: *soldati sbandati* scattered soldiers. **2** (*fig*) (*disorientato*) confused, bewildered: *la gioventù sbandata del dopoguerra* the bewildered youth of the post-war period. **II** *m.* (*f.* **-a**) straggler.

sbandieramento *m.* **1** flag waving, waving, waving of flags. **2** (*fig*) (*ostentazione*) display, show. **3** (*Sport*) (*spec. nel calcio*)

waving of one's flag.

sbandierare (**sbandièro**) *v.t.* **1** to wave: *~ i vessilli* to wave the standards. **2** (*fig*) (*ostentare*) to display, to flaunt, (*colloq*) to show off: *~ i propri meriti* to flaunt one's good points. **3** (*assol.*) (*sventolare le bandiere*) to wave flags.

sbandierata *f.* waving of flags.

sbandometro *m.* (*Aer,Mar*) banking indicator, bank-and-turn indicator.

sbaraccare (**sbaràcco, sbaràcchi**) **I** *v.t.* (*colloq*) to sweep away, to get rid of. **II** *v.i.* (*aus.* **avere**) (*colloq*) to pack up, to pack up and leave, (*colloq*) to clear out, to get out.

sbaragliamento *m.* (*rar*) rout.

sbaragliare (**sbaràglio, sbaràgli**) *v.t.* **1** (*Mil*) to rout, to put to rout: *~ il nemico* to rout the enemy. **2** (*disperdere*) to disperse, to scatter: *la polizia sbaragliò i dimostranti* the police scattered the demonstrators. **3** (*estens*) (*infliggere una sconfitta*) to beat, to overcome, to thrash: *~ la squadra di calcio avversaria* to beat the rival football team.

sbaraglino *m.* (*gioco*) backgammon.

sbaraglio *m.* rout, defeat. ☐ *andare allo ~* to risk everything; *mettere allo ~* to jeopardize, (*ant,lett*) to imperil.

sbarazzare (**sbaràzzo**) **I** *v.t.* **1** (*sgombrare*) to free, to clear, to rid: *~ una stanza dai mobili* to clear the furniture out of a room. **2** (*mettere in ordine*) to clear, to clear out: *~ la tavola* to clear the table. **3** (*fig*) (*liberare*) to rid, to free, to clear: *~ la mente dal sospetto* to clear one's mind of suspicion. **II** *v.pron.* **sbarazzarsi** to get rid (*di* of), to rid oneself (*di* of), to free oneself (*di* from): *sbarazzarsi di una persona molesta* to get rid of a bothersome person.

sbarazzina *f.* (*ragazza che si comporta come un maschio*) tomboy.

sbarazzino **I** *a.* free-and-easy, unruly, cheeky. **II** *m.* (*colloq*) scamp, (*scherz,colloq*) little rascal.

sbarbare (**sbàrbo**) **I** *v.t.* **1** (*radere*) to shave. **2** (*sradicare*) to uproot. **3** (*Mecc,Tess*) to shave. **II** *v.pron.* **sbarbarsi** to shave, to have a shave.

sbarbatello *m.* (*scherz,spreg*) novice, green youth, raw youth, greenhorn.

sbarbato *a.* **1** (*rasato*) shaved, shaven, clean-shaven. **2** (*ripulito dalle radici*) uprooted.

sbarbatura *f.* (*Mecc,Tess*) shaving.

sbarbificare (**sbarbìfico, sbarbìfichi**) **I** *v.t.* (*scherz,rar*) (*radere*) to shave. **II** *v.pron.* **sbarbificarsi** (*scherz,rar*) to shave, to have a shave.

sbarcare (**sbàrco, sbàrchi**) **I** *v.t.* **1** (*scaricare merci*) to unload, to unship: *~ il carico* to unload the cargo. **2** (*far scendere a terra: da una nave*) to land, to put ashore, to disembark: *~ truppe* to land troops. **3** (*far scendere a terra: da un aereo*) to land. **4** (*scherz*) (*far scendere da un mezzo di trasporto*) to leave, to get off: *l'autobus ti sbarca proprio davanti alla scuola* the bus will leave you right outside the school. **II** *v.i.* (*aus.* **essere**) **1** to land, to disembark. **2** (*estens*) (*scendere da un mezzo di trasporto*) to get off. ☐ (*pop, fig*) *~ il lunario* to scrape through, to scrape a living, to manage to make both ends meet, to keep the wolf from the door.

sbarco (*pl.* **-chi**) *m.* **1** unloading, discharge: *lo ~ del carbone* the unloading of coal. **2** (*scendere a terra: da una nave*) landing, disembarkation (*anche Mil*). **3** (*scendere a terra: da un aereo*) landing (*anche Mil*). ☐ *da ~* landing (*attr.*), assault (*attr.*): (*Mil*) *truppe da ~* landing troops; (*scherz*) *un elemento da ~* a rough-and-ready person.

sbardare (**sbàrdo**) *v.t.* to unharness.

sbarellare (**sbarèllo**; *aus.* **avere**) *v.i.* (*colloq*) **1** (*barcollare*) to totter, to wobble. **2** (*fig*) (*dare i numeri*) (*Br*) to be off one's head, (*Am*) to be off one's rocker, to be out of one's mind.

sbarra *f.* **1** bar, barrier: *l'accesso era impedito da una ~* the way was blocked by a barrier. **2** (*nei passaggi a livello*) (*Br*) barrier, (*Am*) crossing bar. **3** (*bastone, spranga*) (*Br*) bar, (*Am*) club: *una ~ di ferro* (*Br*) an iron bar, (*Am*) an iron club. **4** (*Dir*) (*nei tribunali*) bar. **5** (*fig*) (*tribunale*) court, bar: *presentarsi alla ~* to appear before the court. **6** (*Ginn*) bar, horizontal bar. **7** (*Sport*) (*nell'atletica: assicella*) bar, crossbar; (*nella danza classica*) bar, barre; (*rar*) (*nel sollevamento pesi: bilanciere*) barbell. **8** (*Tip*) (*lineetta*) stroke; (*obliqua*) oblique stroke; (*verticale*) vertical stroke. **9** (*Arald*) bend sinister. **10** (*Mus*) bar, bar line, double bar line. **11** (*Mar*) (*barra del timone*) tiller, helm. □ *~ a bilico* bascule barrier; (*El*) *~ collettrice* busbar; *sbarre del passaggio a livello* (*Br*) level-crossing barriers, (*Am*) (RR) crossing bar; *~ di appoggio* supporting bar; *~ di ferro* iron bar; (*fig*) *passare la vita dietro le sbarre* (*in prigione*) to spend one's life behind bars; (*fig*) *mettere qcu. alla ~* to put so. in the dock.

sbarramento *m.* **1** (*l'ostacolare*) blocking, barring. **2** (*ostacolo*) barrier, blockage, barrage, barricade; (*rif. a corsi d'acqua*) barrage, dyke. **3** (*rif. a persone*) cordon. **4** (*Pol*) (*clausola di sbarramento*) clause: *lo ~ al 5%* the five percent clause. □ (*Mil*) *~ antiaereo* (o *~ contraereo*) anti-aircraft barrage; (*Mil*) *~ di mine* mine barrage; (*Mil*) *~ di palloni* balloon barrage; (*Mar.mil*) *~ di reti* net defence; (*Mil*) *~ difensivo* barricade, defensive barrier; (*Mil*) *~ offensivo* offensive barrage; (*Mil*) *~ radar* radar defence.

sbarrare (**sbàrro**) *v.t.* **1** to bar, to bolt: *~ la porta* to bolt the door. **2** (*chiudere*) to block, to bar. **3** (*barricare*) to barricade: *le vie della città erano sbarrate* the city streets were barricaded. **4** (*con una diga*) to dam. **5** (*estens*) (*impedire, bloccare*) to block, to bar: *un uomo armato gli sbarrò il passo* an armed man blocked his way. **6** (*segnare con sbarre*) to cross: *~ un assegno* (*Br*) to cross a cheque, (*Am*) to cross a check. **7** (*estens*) (*spalancare*) to open wide: *~ gli occhi* to open one's eyes wide. □ *~ una casella* (*Br*) to tick a box, (*Am*) to check a box, to cross a box.

sbarrato *a.* **1** barred, bolted: *finestra sbarrata* barred window. **2** (*bloccato*) blocked, barred: *strada sbarrata* blocked road. **3** (*segnato con sbarre*) crossed: *assegno ~* (*Br*) crossed cheque, (*Am*) crossed check. **4** (*rif. agli occhi: spalancato*) wide-open, staring.

sbarretta *f.* **1** (*Mus*) bar line, double bar. **2** (*Tip*) stroke.

sbarrista *m./f.* (*Sport,rar*) gymnast good at bar exercises.

sbassare (**sbàsso**) *v.t.* **1** to lower, to make lower: *~ il piano del tavolo* to lower the top of the table. **2** (*spostare più in basso*) to lower.

sbastire (**sbastisco**, **sbastisci**) *v.t.* (*Sart*) to take the basting out of, to take the tacking out of.

sbatacchiamento *m.* banging, slamming: *lo ~ delle imposte* the banging of the shutters.

sbatacchiare (**sbatàcchio**, **sbatàcchi**) **I** *v.t.* **1** to bang, to slam: *~ la porta in faccia a qcu.* to slam the door in so.'s face. **2** (*agitare*) to flap, to beat: *~ le ali* to flap one's wings.

II *v.i.* (*aus.* **avere**) to bang, to slam, to rattle.

sbatacchiata *f.* (*rar*) bang, slam, crash.

sbatacchio *m.* (*rar*) banging, continual banging.

sbattere (**sbàtto**) **I** *v.t.* **1** (*battere*) to beat: *~ i tappeti* to beat the carpets. **2** (*agitare*) to shake. **3** (*urtare*) to bang, to hit, to bump, (*colloq*) to bash: *~ il naso contro la porta* to bump one's nose against the door. **4** (*scaraventare*) to hurl, to fling, to dash, to throw: *la tempesta sbatté la nave contro gli scogli* the storm hurled the ship against the rocks. **5** (*chiudere violentemente*) to slam, to bang: *~ l'uscio in faccia a qcu.* to slam the door in so.'s face. **6** (*Gastron*) to beat: *~ le uova* to beat the eggs. **7** (*Gastron*) (*far montare*) to whip, to whisk: *~ la panna* to whip the cream. **8** (*colloq*) (*trasferire*) to send, to send off, (*Br*) to shunt, to ship: *lo hanno sbattuto in una città di provincia* (*Br*) he has been shunted to a provincial town, (*Am*) he has been shipped to a provincial town. **9** (*Giorn*) (*presentare in modo scandalistico*) to splash, (*colloq*) to plaster: *~ una notizia in prima pagina* to splash a story across the front page. **10** (*fig,colloq*) (*rendere smorto*) to make so. look wan, to make so. look pale, to make so. look lifeless: *questa tinta ti sbatte* this shade makes you look pale. **11** (*volg*) (*possedere carnalmente*) to bang, to fuck. **II** *v.i.* (*aus.* **avere**) **1** to bang, to slam: *la porta sbatte* the door is banging. **2** (*andare a urtare*) to hit (*contro qcs.* sth.), (*Br*) to bang (*contro qcs.* into sth., against sth.), (*Br*) to slam (*contro qcs.* into sth., against sth.): *ha sbattuto con la macchina contro un muro* (*Br*) he banged his car into a wall, (*Am*) he slammed his car into a wall. **3** (*Aer*) to flap, to flutter. **III** *v.pron.* **sbattersi** (*colloq*) **1** (*gettarsi*) to throw onself: *sbattersi sul letto* to throw oneself on the bed. **2** (*darsi da fare*) to exert oneself (*per* for). □ (*colloq*) *~ dentro qcu.* (*Br*) to clap so. in prison, to clap so. into prison, (*Am*) to slam so. in prison; (*pop*) *~ fuori* to chuck out, to throw out; *~ qcu. fuori della porta* to throw so. out the door; *~ il telefono in faccia a qcu.* to slam the hook on so., to slam the phone down on so.; (*fig*) *~ qcs. in faccia a qcu.* (*rinfacciare*) to throw sth. in so.'s teeth, to throw sth. in so.'s face; (*fig*) *~ la porta in faccia a qcu.* (*negargli aiuto*) to slam the door in so.'s face; (*fig*) *non sapere dove ~ la testa* not to know which way to turn; *~ le ali* to flap one's wings, to beat one's wings; *~ le palpebre*: **1** to blink; **2** (*rapidamente*) to flutter one's eyelids; (*colloq, volg*) *sbattersene* (*infischiarsene*) not to give a damn, (*Br*) not to care twopence, not to care tuppence, (*Am*) not to give a care, not to give a hoot.

sbattezzare (**sbattézzo**) **I** *v.t.* (*rar*) to force to abjure Christianity. **II** *v.pron.* **sbattezzarsi** (*rar*) (*abiurare*) to abjure Christianity, (*lett*) to apostatize Christianity.

sbattighiaccio *m.inv.* (*rar*) shaker.

sbattimento *m.* **1** (*lo sbattere*) beating; (*scaraventando*) hurling, dashing. **2** (*il chiudere violentemente*) slamming, banging. **3** (*Gastron*) beating, (*montando*) whipping. **4** (*colloq,fig*) (*gran fatica*) (*Br*) all bark and no bite, (*Am*) no-win situation, (useless) waste of energy. **5** (*Aer*) flutter.

sbattitore *m.* (*elettrodomestico con frusta*) beater, mixer.

sbattitura *f.* **1** (*il battere*) beating. **2** (*lo scaraventare*) hurling, flinging. **3** (*il chiudere violentemente*) slamming, banging. **4** (*Gastron*) beating; (*il far montare*) whipping, whisking.

sbattiuova *m.inv.* whisk.

sbattuta *f.* **1** (*il battere*) beating. **2** (*lo scuotere*) shake, shaking. **3** (*Gastron*) (*il montare*) whipping, beating.

sbattuto *a.* **1** (*Gastron*) whipped, whisked, beaten up: *uova sbattute* (*Br*) whisked eggs, (*Am*) beaten eggs. **2** (*fig*) (*stanco*) tired, tired out, worn, worn-out, (*colloq*) deadbeat, beat: *un viso ~* a tired face. **3** (*fig*) (*abbattuto*) run-down, downcast, depressed.

sbavare (**sbàvo**) **I** *v.i.* (*aus.* **avere**) **1** (*emettere bava*) to dribble, to drool, to slobber, to slaver. **2** (*Pitt*) to blur, to smear. **3** (*Tip*) to smudge, to blur. **II** *v.t.* **1** (*sporcare di bava*) to dribble, to slaver, to drool over, to slobber on. **2** (*Mecc*) to deburr. **3** (*Met*) to fettle, to clean, to trim: *~ a caldo* to hot-trim. **III** *v.pron.* **sbavarsi** (*sporcarsi di bava*) to dribble over oneself, to slaver over oneself, to drool over oneself. □ (*fig,colloq*) *~ dietro a qcu.* (o *qcs.*) (*desiderare intensamente*) to moon for so. (*or* sth.), to yearn for so. (*or* sth.).

sbavato *a.* **1** (*sporco di bava*) slobbered, dribbled over, slavered over. **2** (*Pitt*) blurred, smeared. **3** (*Tip*) smudged, blurred. **4** (*Mecc*) deburred.

sbavatore *m.* (*f.* **-trice**) (*Met*) cleaner, fettler.

sbavatura *f.* **1** (*lo sbavare*) dribbling, drooling, slobbering, slavering. **2** (*bava*) dribble, slobber, slaver; (*delle lumache e sim.*) slime. **3** (*fig*) (*divagazione*) wandering from the point, padding. **4** (*Pitt*) blur, smear, drop, dribble, smudge. **5** (*Mecc*) (*operazione*) burring, deburring; (*bava*) burr. **6** (*Met*) (*operazione*) fettling, cleaning, trimming; (*bava*) flash. **7** (*Tip*) blur, blotch, smudge.

sbavone *m.* (*f.* **-a**) (*colloq*) slobberer, drooler.

sbeccare (**sbécco**, **sbécchi**) **I** *v.t.* **1** to chip. **2** (*rompere il beccuccio*) to break the spout of, to chip the spout of. **II** *v.pron.* **sbeccarsi 1** to chip at the rim. **2** (*di beccuccio*) to chip at the spout.

sbeccato *a.* **1** chipped, with a chipped rim. **2** (*con il beccuccio rotto*) with a chipped spout.

sbeffeggiare (**sbefféggio**, **sbefféggi**) *v.t.* to mock cruelly, to jeer at.

sbellicarsi (**mi sbèllico**, **ti sbèllichi**) □ *sbellicarsi dalle risa* to burst one's sides with laughing, to split one's sides with laughing, (*Am*) to roll on the floor laughing.

sbendare (**sbèndo**) *v.t.* to unbandage, to take the bandages off.

sberla *f.* **1** (*schiaffo*) slap, cuff: *dare una ~ a qcu.* to slap so.; *prendere a sberle qcu.* to give so. a slapping. **2** (*Sport,colloq*) blow, hard hit.

sberleffo *m.* **1** (*smorfia, boccaccia*) sneer, disdainful look, mocking look. **2** (*gesto di scherno*) scornful gesture.

sbertucciare (**sbertùccio**, **sbertùcci**) *v.t.* (*schernire*) to mock, to make fun of, to jeer at.

sbevacchiare (**sbevàcchio**, **sbevàcchi**; *aus.* **avere**) *v.i.* (*rar,spreg*) to tipple, (*colloq*) to booze, (*colloq*) to soak.

sbevazzare (**sbevàzzo**; *aus.* **avere**) *v.i.* (*spreg*) to tipple, (*colloq*) to booze, (*colloq*) to soak.

sbf, S.B.F. (*Comm*) **1** *salvo buon fine* (*a incasso avvenuto*) (subject to collection). **2** *salvo buon fine* (*con riserva*) under usual reserve (u.u.r.).

sbiadire (**sbiadìsco**, **sbiadìsci**) **I** *v.i.* (*aus.* **essere**) **1** (*scolorire*) to fade, to lose one's colour: *col sole il rosso sbiadisce* red fades in the sun. **2** (*fig*) (*affievolirsi*) to fade, to grow faint: *il ricordo di quell'uomo è ormai sbiadito* all memory of that man has now faded. **II** *v.pron.* **sbiadirsi 1** (*scolorire*) to fade, (*Br*) to lose one's colour, (*Am*) to lose one's color. **2** (*fig*) (*affievolirsi*) to fade, to grow faint. **III** *v.t.* (*fare perdere il colore*) to fade, (*Br*) to take the colour out of, (*Am*) to take the color out of.

sbiadito *a.* **1** faded, washed-out: *colore ~* (*Br*) faded colour, (*Am*) faded color; *un ricordo ~* a faded memory. **2** (*fig*) (*scialbo*) dull, colourless: *uno stile ~* a dull style.

sbianca *f.* (*Ind*) bleaching.

sbiancante **I** *a.* bleaching: *azione ~* bleaching action. **II** *m.* (*Chim*) bleach.

sbiancare (**sbiànco, sbiànchi**) **I** *v.t.* to turn white, to whiten, to bleach. **II** *v.i.* (*aus.* **essere**) **1** to go white, to whiten, to pale. **2** (*fig*) (*impallidire*) to blanch, to go white, to turn white, to turn pale: *~ in viso* to blanch, to go white. **III** *v.pron.* **sbiancarsi 1** to go white, to whiten, to pale. **2** (*fig*) (*impallidire*) to blanch, to go white, to turn pale, to turn white. □ (*Ind*) *~ il riso* to polish rice.

sbiancato *a.* **1** whitened, white, bleached. **2** (*pallido*) white, pale: *viso ~* pale face.

sbicchierare (**sbicchièro**; *aus.* **avere**) *v.i.* to have a drink together, to have a glass together, to drink in cheerful company.

sbicchierata *f.* (*rar*) drink in company.

sbieco (*pl.* **-chi**) **I** *a.* (*storto*) slanting, aslant (*pred.*). **II** *m.* (*Sart*) bias, crosscutting. □ *di ~* sidelong, askance, (*Am*) sideways: *guardare qcu. di ~:* **1** (*Br*) to look sidelong at so., (*Am*) to look sideways at so.; **2** (*fig*) (*guardarlo con malanimo*) to look askance at so.

sbiettare (**sbiétto**) *v.t.* (*Tecn*) to remove wedges from.

sbigottimento *m.* **1** dismay, consternation. **2** (*sgomento*) awe, bewilderment.

sbigottire (**sbigottìsco, sbigottìsci**) **I** *v.t.* **1** (*turbare profondamente*) to dismay, to appal: *le sue parole sbigottirono gli amici* his words appalled his friends. **2** (*stupire*) to dumbfound, to stun, to amaze, to astonish, to shock. **II** *v.i.* (*aus.* **essere**) **1** to be dismayed, to be appalled. **2** (*per stupore*) to be astounded, to be dumbfounded. **3** (*perdersi d'animo*) to lose heart, to be discouraged. **III** *v.pron.* **sbigottirsi 1** to be dismayed, to be appalled. **2** (*per stupore*) to be astounded, to be dumbfounded. **3** (*perdersi d'animo*) to lose heart, to be discouraged.

sbigottito *a.* dismayed, appalled, dumbfounded, astonished.

sbilanciamento *m.* unbalance, loss of balance.

sbilanciare (**sbilàncio, sbilànci**) **I** *v.t.* **1** to throw sth. off balance, to unbalance. **2** (*fig*) to throw sth. off balance, to upset (the plans of): *questo viaggio sbilancia tutti i miei progetti* this trip upsets all my plans. **3** (*fig*) (*dissestare economicamente*) to cause financial problems. **II** *v.i.* (*aus.* **avere**) **1** (*non essere bene in equilibrio*) to be unbalanced, to be off balance. **2** (*perdere l'equilibrio*) to lose balance. **III** *v.pron.* **sbilanciarsi 1** to be off balance. **2** (*fig*) (*impegnarsi*) to commit oneself. **3** (*fig*) (*compromettersi*) to go too far, to compromise oneself. **4** (*fig*) (*spendere troppo*) to overspend, to spend beyond one's means; (*rovinarsi*) to ruin oneself. □ *sbilanciarsi troppo con promesse* (*o sbilanciarsi troppo in promesse*) to be over-free with one's promises.

sbilanciato *a.* **1** off balance. **2** (*fig*) thrown off balance. **3** (*Mecc*) unbalanced, out of balance.

sbilancio *m.* **1** (*squilibrio*) loss of balance, unbalance. **2** (*sproporzione*) imbalance, disproportion. **3** (*Econ*) (*deficit*) deficit.

sbilenco (*pl.* **-chi**) *a.* **1** (*rif. a persone*) crooked, twisted, (*Br*) misshapen, (*Am*) misshaped. **2** (*rif. a cose*) crooked, lopsided. **3** (*fig*) (*balordo*) awkward, foolish, (*colloq*) cockeyed, (*Br*) daft, (*Am*) wacky, dumb: *un'idea sbilenca* (*Br*) a daft idea, (*Am*) a wacky idea.

sbirciare (**sbìrcio, sbìrci**) *v.t.* **1** (*guardare di sfuggita*) to eye, to look at sidelong, to look out of the corner of one's eye, (*colloq*) to have a squint at, to take a squint at. **2** (*socchiudendo gli occhi*) to squint at. **3** (*guardare di nascosto*) to glance at, to peep at. **4** (*squadrare*) to take a good look at, to look closely at.

sbirciata *f.* glance, sidelong glance, (*colloq*) squint. □ *dare una ~ a qcu.* to glance at so., to have a squint at so., to take a squint at so.

sbirraglia *f.* (*spreg,ant*) fuzz (*costr.pl.*), (*Br*) cops *pl.*, (*Am*) smokey.

sbirro *m.* (*spreg,colloq*) (*Br*) cop, (*Am*) pig.

sbizzarrire (**sbizzarrìsco, sbizzarrìsci**) **I** *v.t.* (*rar*) to calm down, to cool off. **II** *v.pron.* **sbizzarrirsi 1** (*sfogarsi*) (*Br*) to indulge one's whims, to do as one likes, to have one's own way, (*Am*) to cut loose, to turn loose: *lascia che si sbizzarrisca, avrà tutto il tempo per mettere giudizio* (*Br*) let him do what he likes (now), he'll have lots of time to be wise later, (*Am*) let him get crazy now, he'll have lots of time to wise up later. **2** (*divertirsi a fare qcs.*) to have great a time with sth., (*Br*) to run riot with sth., (*Am*) to have a blast with sth., to have a ball with sth.

sbloccare (**sblòcco, sblòcchi**) **I** *v.t.* **1** (*liberare da un blocco*) to unblock, to open up, to clear: *~ una strada* to open up a road, (*Br*) to unblock a road, (*Am*) to clear a roa. **2** (*rimuovere ostacoli*) to clear, to open, to free (*anche fig*). **3** (*allentare*) to release, to let go, to slacken, to loosen: *~ il freno* to release the brake. **4** (*fig*) (*svincolare*) to decontrol, to free, to unfreeze: *~ i prezzi* to decontrol prices. **5** (*Mil*) to lift the blockade on. **6** (*Inform*) to reset, to unlock. **II** *v.pron.* **sbloccarsi 1** to unblock oneself. **2** (*fig*) (*rimuovere un problema*) to loosen up, to free oneself, (*Am*) to shake it off.

sblocco (*pl.* **-chi**) *m.* **1** release, unblocking, freeing. **2** (*allentamento*) release, loosening, slackening. **3** (*fig,Econ*) unfreezing, decontrolling, liberalization: *~ degli affitti* decontrolling of rents. **4** (*Mil*) lifting of a blockade.

SBN (*Bibliot*) *servizio bibliotecario nazionale* (National Library Service).

sboba *f.* (*colloq*) (*brodaglia*) slop (usually used in plural), swill.

sbobba *f.* (*colloq*) (*brodaglia*) slop (usually used in plural), swill.

sbobinamento *m.* **1** (*testo*) transcript, transcription (written, printed or typed copy of recorded material). **2** (*azione*) transcription.

sbobinare (**sbobìno**) *v.t.* to transcribe.

sboccare (**sbócco, sbócchi**) **I** *v.i.* (*aus.* **avere**) **1** (*rif. a fiumi*) to flow (in into), to open (in into): *il Tevere sbocca nel Tirreno* the Tiber flows into the Tyrrhenian Sea. **2** (*rif. a strade e sim.*) to open, to lead (into), to come out: *questa via sbocca nella piazza principale* this street leads into the main square. **3** (*arrivare*) to come (out), to emerge, to finish up, to wind up: *il corteo sboccò in piazza* the procession emerged in the square. **4** (*fig*) (*andare a finire*) to end, to end up: *la discus-*

sione sboccò in una lite the discussion ended in a quarrel. **II** *v.t.* **1** (*versare*) to pour, to pour out. **2** (*rompere, sboccare*) to chip the lip of, to break the lip of. **3** (*rif. a bottiglie*) to pour a few drops. **4** (*fig,colloq*) (*vomitare*) to throw up, to bring up.

sboccataggine *f.* scurrility, foul language, coarse vulgar language.

sboccatamente *avv.* coarsely, vulgarly.

sboccato *a.* **1** (*senza ritegno*) uncontrolled, unbridled, over-free, (*Am*) raunchy. **2** (*che si esprime in modo volgare*) coarse, vulgar, foulmouthed. **3** (*rotto all'orlo, sboccato*) chipped, with a broken rim; (*col beccuccio rotto*) with a broken spout. **4** (*rar*) (*rif. a bottiglie*) with a few drops from the top having been poured out. **5** (*rar*) (*aperto*) open, started: *versami il vino, se la bottiglia è già sboccata* pour me some wine if the bottle is already open.

sbocciare (**sbòccio, sbòcci**; *aus.* **essere**) *v.i.* **1** to bloom, to flower: *cominciano a ~ le rose* the roses are beginning to bloom. **2** (*rif. a fiori di alberi da frutto*) to blossom. **3** (*mettere le gemme*) to bud. **4** (*fig*) to blossom, to flower: *sbocciano nuove speranze* new hope blossoms.

sboccio *m.* budding, blooming, flowering.

sbocciolatura *f.* (*in floricoltura*) disbudding.

sbocco (*pl.* **-chi**) *m.* **1** flowing into, outlet. **2** (*luogo di sbocco*) outlet, exit, mouth: *allo ~ del tunnel c'è una piazzola di sosta* at the exit to the tunnel there's a lay-by. **3** (*luogo di sbocco: rif. a fiumi*) mouth. **4** (*apertura*) access, opening: *regione senza ~ sul mare* region without access to the sea. **5** (*fig*) (*via d'uscita*) way out: *non vedo lo ~ di questa situazione* I see no way out of this situation. **6** (*Econ*) outlet, channel; (*mercato*) market: *aprire nuovi sbocchi* to open up new markets. **7** (*fig,colloq*) (*vomito*) sick, puke: *mi viene lo ~* I'm going to be sick. □ (*pop*) *~ di sangue* (*emottisi*) bleed from the mouth; *~ di vendita* sales outlet; *~ professionale* professional prospect, occupational opportunity; *strada senza ~* no way out.

sbocconcellare (**sbocconcèllo**) *v.t.* **1** to nibble: *~ una mela* to nibble an apple. **2** (*estens*) (*sbeccare*) to chip. **3** (*fig,rar*) (*dividere, frazionare*) to split up, to parcel out.

sbocconcellato *a.* **1** (*morso*) nibbled. **2** (*estens*) (*sbeccato*) chipped.

sbocconcellatura *f.* **1** (*morsicatura*) nibbling. **2** (*estens*) (*lo sbeccare*) chipping. **3** (*estens*) (*sbeccata*) chip.

sboffo *m.* (*Mod,Sart,Abbigl*) (*sbuffo*) puff.

sbollentare (**sbollènto**) *v.t.* (*Gastron*) to blanch, to parboil.

sbollire (**sbollìsco/sbóllo, sbollìsci/sbólli**) *v.i.* **1** (*aus.* **avere**) (*cessare di bollire*) to stop boiling, to go off the boil. **2** (*aus.* **essere**) (*fig*) (*calmarsi*) to cool down, to simmer down, to die down: *la collera gli è sbollita* his anger has simmered down.

sbolognare (**sbológno**) *v.t.* (*colloq*) **1** (*rifilare con l'inganno*) to pass off, to palm off, to foist off. **2** (*sbarazzarsi*) to get rid of: *~ un vecchio armadio* to get rid of an old wardrobe. **3** (*rif. a persona*) (*scaricare*) to unload.

sbornia *f.* (*colloq*) **1** drunk, (*Am*) jag: *prendere una ~* to get high, to get drunk. **2** (*fig*) (*infatuazione*) crush.

sborniare (**sbòrnio, sbòrni**) **I** *v.t.* (*pop,rar*) (*ubriacare*) to make drunk. **II** *v.pron.* **sborniarsi** to get drunk, (*colloq*) to get plastered, (*colloq*) to get tight, (*colloq*) to get high.

sbornione *m.* (*f.* **-a**) (*pop*) (*ubriacone*) tippler, (*colloq*) boozer, (*colloq*) soak.

sborsare (sbórso) *v.t.* **1** to disburse, to pay, to pay out, (*colloq*) to fork out, (*colloq*) to fork up, (*colloq*) to shell out: ~ *molto denaro* to pay out lots of money. **2** (*estens*) (*pagare in contanti*) to pay cash.

sborso *m.* disbursement, outlay, payment.

sboscare (sbòsco, sbòschi) *v.t.* (*pop*) (*diboscare*) to deforest.

sbottare (sbòtto; *aus.* **essere**) *v.i.* **1** to burst, to burst out: ~ *in pianto* to burst out crying, to burst out into tears. **2** (*non riuscire a contenersi*) to burst, to burst out, to explode, to pop, to let it all out.

sbottata *f.* **1** (*lo sbottare*) outburst: *una ~ di risate* an outburst of laughter. **2** (*parole*) outburst.

sbotto *m.* outburst.

sbottonare (sbottóno) **I** *v.t.* to unbutton: ~ *il colletto* to unbutton one's collar. **II** *v.pron.* **sbottonarsi 1** to unbutton. **2** (*fig,colloq*) (*parlare apertamente*) to open up, to unbutton, (*lett*) to unbosom oneself, (*lett*) to unburden oneself.

sbottonato *a.* unbuttoned.

sbottonatura *f.* unbuttoning.

sbozzare (sbòzzo) *v.t.* **1** (*digrossare*) to rough-hew, to shape roughly, to give crude form to: ~ *il legno* to rough-hew wood. **2** (*Scult*) (*tracciare le linee essenziali*) to rough-hew. **3** (*Pitt*) (*tracciare le linee essenziali*) to sketch, to outline. **4** (*fig*) (*abbozzare, delineare*) to outline, to sketch out: ~ *la trama di un romanzo* to outline the plot of a novel.

sbozzatore *m.* (*f.* **-trice**) (*marmorario*) rough-hewer.

sbozzatura *f.* **1** roughing, rough-hewing. **2** (*Scult*) boasting, rough-hewing. **3** (*Pitt,fig*) outline, outlining, sketching.

sbozzimare (sbòzzimo) *v.t.* (*Tess*) to desize.

sbozzimatura *f.* (*Tess*) desizing.

sbozzo *m.* **1** (*lo sbozzare*) rough-hewing, roughing. **2** (*abbozzo*) sketch, outline, draft.

sbozzolare (sbòzzolo) **I** *v.i.* (*aus.* **avere**) to emerge from the cocoon. **II** *v.t.* to gather cocoons from.

sbozzolatura *f.* **1** (*raccolta dei bozzoli*) gathering of cocoons. **2** (*periodo della raccolta dei bozzoli*) period when cocoons are gathered.

sbracalato *a.* (*colloq,scherz*) (*sciatto, disordinato*) (*Br*) slovenly, sloppy, (*Am*) raggedy, slipshod.

sbracare (sbràco, sbràchi) **I** *v.t.* (*colloq*) (*togliere le brache*) to take the trousers off, (*pop*) to debag. **II** *v.i.* (*colloq*) (*aus.* **avere**) (*degenerare*) to go to pieces. **III** *v.pron.* **sbracarsi** (*colloq*) **1** (*rar*) (*togliersi le brache*) to take one's trousers off. **2** (*estens*) (*mettersi in libertà*) to loosen one's clothing. **3** (*estens*) (*stravaccarsi*) to let one's hair down, to slouch.

sbracato *a.* (*colloq*) **1** (*senza brache*) trouserless. **2** (*coi vestiti slacciati*) with one's clothing loosened; (*sbottonato*) unbuttoned. **3** (*estens*) (*disordinato*) (*Br*) slovenly, sloppy, (*Am*) raggedy, slipshod.

sbracciarsi (mi sbràccio, ti sbràcci) *v.pron.* **1** (*agitare le braccia*) to wave one's arms about, to gesticulate frantically. **2** (*fig*) (*adoperarsi*) to do one's utmost, to roll up one's sleeves, to spare no effort. **3** (*scoprire le braccia*) to bare one's arms. **4** (*indossare abiti senza maniche*) to wear sleeveless clothing. **5** (*tirare su le maniche*) to roll up one's sleeves, to tuck up one's sleeves.

sbracciato *a.* **1** (*senza maniche*) sleeveless: *un vestito ~* a sleeveless dress. **2** (*con le*

braccia *scoperte*) bare-armed, with bare arms.

sbraccio *m.* (*Sport*) throwing action.

sbraciare (sbràcio, sbràci) *v.t.* to poke, to stir.

sbraciatoio *m.* poker.

sbraitare (sbràito; *aus.* avere) *v.i.* (*gridare*) to shout, to yell, (*colloq*) to holler, to rant (about), (*Am*) to rant and rave about, to hit the roof.

sbraitio *m.* shouting, yelling, (*Am*) ranting.

sbranare (sbràno) **I** *v.t.* to tear to pieces, to rend, to lacerate, to rip to shreds (*anche fig*): *il leone sbranò la pecora* the lion tore the sheep to pieces. **II** *v.r.recipr.* **sbranarsi** to rend each other, to tear each other to pieces (*anche fig*).

sbrancare (sbrànco, sbrànchi) **I** *v.t.* **1** (*far uscire dal branco*) to detach, to detach from the herd, to take from the flock, to cut out: ~ *gli agnelli dal gregge* to cut the flock. **2** (*disperdere il branco*) to scatter, to break up. **II** *v.pron.* **sbrancarsi 1** (*uscire dal branco*) to leave the flock, to leave the herd. **2** (*estens*) (*disperdersi*) to stray, to break up, to scatter.

sbrancato *a.* **1** (*uscito dal branco*) stray, detached from the flock, separated: *pecora sbrancata* stray sheep. **2** (*disperso*) scattered: *gregge ~* scattered flock.

sbrattare (sbràtto) **I** *v.t.* **1** (*rar*) (*liberare da ciò che ingombra*) to clear: ~ *il tavolo* to clear the table. **2** (*riordinare*) to tidy, to tidy up, to straighten up. **3** (*pulire*) to clean. **II** *v.i.* (*aus.* avere) (*rar*) to clear up, to tidy up, to straighten up.

sbrattata *f.* (*rar*) (*ripulita*) quick clean, (*Am*) clean-up: *dare una ~ a una stanza* to give a room a quick tidy-up.

sbratto *m.* clearing, clearing up, clean, cleaning, tidying, tidying up.

sbreccare (sbrécco, sbrécchi) *v.t.* to chip the edge of.

sbreccato *a.* chipped.

sbriciolamento *m.* crumbling.

sbriciolare (sbrìciolo) **I** *v.t.* **1** to crumble: ~ *il pane* to crumble bread. **2** (*estens*) (*annientare*) to destroy, to finish off, to wipe out. **3** (*fig,colloq*) (*cospargere di briciole*) to drop crumbs. **II** *v.pron.* **sbriciolarsi** to crumble.

sbriciolatura *f.* **1** (*sbriciolamento*) crumbling. **2** (*pezzetti*) fragments *pl.*, scraps *pl.*, bits *pl.*; (*briciole*) crumbs *pl.*

sbrigare (sbrìgo, sbrìghi) **I** *v.t.* **1** (*fare sollecitamente*) to hurry through, to get through, to get done, to get over, to finish off: ~ *le faccende domestiche* to get the housework done. **2** (*risolvere*) to settle, to arrange: ~ *una pratica* to settle a matter. **3** (*rif. a persone: prendere congedo da qcu. dopo averne soddisfatte le richieste*) to see to, to handle, to finish with, to get through, to get rid of: *quel cliente lo sbrigherò in un attimo* I'll handle that customer quickly. **II** *v.pron.* **sbrigarsi** (*fare presto*) to hurry, to hurry up, to be quick: *sbrighiamoci, altrimenti faremo tardi* let's hurry or we'll be late. □ (*burocr*) ~ *la corrispondenza* to deal with one's correspondence; *sbrigarsela* (*disimpegnarsi*) to see (*con* to), to get on (*con* of), to do, to get through (*con* sth.): *me la sbrigo subito* I'll be through in a minute; *sbrigati!* hurry up!, quick!, be quick!, (*Am*) step on it!

sbrigativamente *avv.* quickly, hastily, in a hurry.

sbrigativo *a.* **1** (*rapido*) quick, swift, rapid, fast. **2** (*che si può sbrigare in fretta*) quick, quickly done, rapidly done, brief: *un lavoro ~* a quick job, a quickly done job. **3** (*energi-*

co, brusco) brusque, rough, forceful: *modi sbrigativi* brusque ways. **4** (*superficiale*) hurried, hasty, perfunctory: *un giudizio troppo ~* an over-hasty decision.

sbrigliamento *m.* **1** (*Equit*) unbridling. **2** (*Chir*) debridement.

sbrigliare (sbrìglio, sbrìgli) **I** *v.t.* **1** (*Equit*) to unbridle. **2** (*fig*) (*Br*) to unbridle, to give free rein to, to give free play to, (*Am*) to let loose: ~ *la fantasia* (*Br*) to give free play to one's imagination, (*Am*) to let loose one's imagination. **3** (*Chir*) to debride. **II** *v.pron.* **sbrigliarsi** (*fig*) to be unbridled, to run free, to run wild, to let oneself go.

sbrigliatezza *f.* (*rar,lett*) (*Br*) unruliness, unbridled behaviour, (*Am*) rowdiness.

sbrigliato *a.* **1** (*Equit*) unbridled. **2** (*fig*) (*Br*) unbridled, with free play, (*Am*) unrestrained: *fantasia sbrigliata* (*Br*) unbridled imagination, (*Am*) unrestrained imagination. **3** (*rif. a persone*) wild, unruly. **4** (*Chir*) debrided.

sbrinamento *m.* (*Tecn*) defrosting.

sbrinare (sbrìno) *v.t.* (*Tecn*) to defrost.

sbrinatore *m.* defroster (*anche Aut*).

sbrindellare (sbrindèllo) **I** *v.t.* to tear to shreds, to rip to shreds. **II** *v.i.* (*aus.* avere) (*rar*) to be tattered.

sbrindellato *a.* **1** (*rif. a stoffe, vestiti e sim.*) tattered, ragged, shabby: *un maglione ~* a shabby sweater. **2** (*rif. a persone*) tattered, ragged, shabby, in rags: *va in giro tutto ~* he goes around in rags.

sbrisolona *f.* (*Dolc*) crunchy cake made of flour, sugar, butter, eggs, almonds or nuts.

sbrodolamento *m.* **1** (*lo sbrodolare*) staining with soup (*o sauce*, food). **2** (*lo sbrodolarsi*) dirtying oneself with soup (*o sauce*, food), staining oneself with soup (*o sauce*, food). **3** (*fig*) (*prolissità*) prolixity.

sbrodolare (sbròdolo) **I** *v.t.* **1** (*insudiciare*) to stain with soup (*o sauce*, food). **2** (*fig*) (*tirare in lungo: rif. a discorsi e sim.*) (*Br*) to spin out, to draw out, to pad out, (*Am*) to drag on: ~ *una conferenza* to spin out a lecture. **II** *v.pron.* **sbrodolarsi** (*insudiciarsi*) to dirty oneself with soup, sauce, food), to stain oneself (with soup, sauce, food).

sbrodolata *f.* (*discorso prolisso*) wordy talk.

sbrodolato *a.* **1** soup-stained. **2** (*fig*) (*prolisso*) wordy, long-drawn-out.

sbrodolone *m.* (*f.* **-a**) **1** messy eater. **2** (*fig*) (*persona prolissa*) (*Br*) waffler, windbag, (*Am*) person full of hot hair.

sbrogliare (sbròglio, sbrògli) **I** *v.t.* **1** to unravel, to disentangle: ~ *una matassa* to unravel a skein. **2** (*fig*) to sort sth. out, to disentangle, to unravel: ~ *una pratica noiosa* to sort out a boring matter. **3** (*sgombrare*) to clean out, to clear: ~ *un armadio* to clean out a wardrobe. **II** *v.pron.* **sbrogliarsi** to extricate oneself (*da* from), to get out (*da* of), to get oneself out (*da* of), to wriggle out (*da* of). □ (*fig*) ~ *la matassa* (*trovare una soluzione*) to solve a problem, to solve a question; (*fig*) *sbrogliarsela* (*cavarsi d'impiccio*) to get out of sth.

sbronza *f.* (*colloq*) drunk: *prendere una ~* to get drunk, to get plastered, (*Br*) to get high, (*Am*) to get stoned.

sbronzarsi (mi sbrónzo) *v.pron.* (*colloq, scherz*) to get drunk, (*Br*) to get high, (*Am*) to get stoned.

sbronzo *a.* (*colloq,scherz*) drunk, plastered, tight, loaded, (*Am*) stoned.

sbruffare (sbrùffo) *v.t.* **1** to spurt, to squirt: ~ *acqua* to spurt water. **2** (*fig,region*) (*raccontare spacconate*) to brag, (*colloq*) to talk big.

sbruffata *f.* **1** spurt, squirt. **2** (*fig,region*) boast, bragging.

sbruffo m. (*spruzzo*) spurt, gush, squirt.

sbruffonata f. (*region*) bragging, boasting.

sbruffone I m. (f. **-a**) (*region*) (*spaccone*) boaster, braggart, swaggerer: *fare lo ~ to* boast, to brag. **II** a. (*region*) boastful, bragging.

sbucare (**sbùco, sbùchi**; *aus.* **essere**) v.i. 1 (*uscire fuori*) to come out (*da* of), to emerge (*da* from): *la lepre sbucò dalla tana* the hare came out of its hole; *sbucammo dalla galleria* we emerged from the tunnel. 2 (*estens*) (*apparire d'un tratto*) to spring, to spring up, to pop up. 3 (*estens*) (*sboccare*) to lead, to come out: *il vicolo sbuca nella piazza* the alley comes out in the square.

sbucciapatate m.inv. (*Gastron*) potato peeler.

sbucciare (**sbùccio, sbùcci**) **I** v.t. 1 to peel, to pare, to skin: *~ una mela* to peel an apple. 2 (*provocare un'escoriazione*) to scrape, to take the skin off. **II** v.pron. **sbucciarsi** 1 (*escoriarsi*) to scrape, to skin, to graze: *mi sono sbucciato un ginocchio* I've grazed my knee. 2 (*rif. a serpenti: cambiare la pelle*) to slough its skin, to shed its skin, to cast off its skin. □ (*Sport*) *~ la palla* (*svirgolare*) to spin unintentionally, to spin a ball unintentionally.

sbucciatura f. 1 (*lo sbucciare*) peeling, paring. 2 (*abrasione*) scrape, graze. 3 (*rif. a serpenti*) sloughing.

sbudellamento m. gutting.

sbudellare (**sbudèllo**) **I** v.t. 1 to gut, to disembowel: *~ un animale* to gut an animal. 2 (*iperb*) (*uccidere*) to stab to death, to butcher, (*lett*) to run through. **II** v.r.recipr. **sbudellarsi** to stab each other, to knife each other. □ (*fig*) *sbudellarsi dalle risa* to burst one's sides with laughing, to split one's sides with laughing, (*Am*) to roll on the floor laughing.

sbuffante a. 1 (*rif. a cavalli*) snorting. 2 (*rif. a persone*) snorting, puffing; *~ di rabbia* snorting with anger, fuming.

sbuffare (**sbùffo**; *aus.* **avere**) v.i. 1 (*rif. a cavalli*) to snort. 2 (*rif. a persone*) to snort, (*per ansia*) to fret, (*per rabbia*) to fume; (*in seguito a uno sforzo fisico*) to puff, to pant. 3 (*emettere fumo a tratti*) to puff. □ (*scherz*) *~ come una locomotiva* to puff and pant.

sbuffata f. snort.

sbuffo m. 1 (*lo sbuffare*) puffing. 2 (*estens*) (*aria, fumo, vapore emesso*) puff. 3 (*estens*) (*folata*) puff, gust: *uno ~ di vento* a gust of wind. 4 (*Mod,Sart,Abbigl*) puff. □ (*Mod,Sart, Abbigl*) a *~* puff (*attr.*): *maniche a ~* puff sleeves, puffed sleeves.

sbugiardare (**sbugiàrdo**) v.t. to give the lie to, to catch out in a lie, to belie: *le prove sbugiardano quanto dichiarato dal testimone* the evidence belies the testimony of the witness.

sbullettare (**sbullétto**) **I** v.t. to untack, to take the tacks out of. **II** v.i. (*aus.* **avere**) (*Edil*) to blister. **III** v.pron. **sbullettarsi** to become untacked.

sbullonare (**sbullóno**) v.t. to unbolt.

sburrare (**sbùrro**) v.t. to skim, to cream.

s.c. 1 *saldo contabile* (book accounting, book balance). 2 *sconto commerciale* (trade discount).

S.C. (*Dir*) *suprema corte* SC (Supreme Court).

scabbia f. 1 (*Med,Veter*) scabies. 2 (*Agr,Bot*) scab.

scabbiosa f. (*Bot*) scabious.

scabbioso I a. 1 (*Med,Veter*) scabious, scabby. 2 (*Agr*) scabbed, scabby. **II** m. (f. **-a**)

(*Med,Veter*) sufferer from scabies.

scabiosa f. (*Bot*) scabious.

scabrezza f. roughness.

scabro a. 1 rough: *superficie scabra* rough surface. 2 (*fig*) (*conciso*) terse, concise: *stile ~* terse style. 3 (*fig,lett*) (*brullo*) craggy, rugged.

scabrosamente avv. 1 roughly, unevenly, ruggedly. 2 (*fig*) (*in modo difficoltoso*) knottily, thornily, with difficulty.

scabrosità f. 1 (*ruvidezza*) roughness, ruggedness. 2 (*parte ruvida*) rough part, roughness. 3 (*sporgenza*) lump, bump, snag: *le ~ di un tronco* the bumps on a trunk. 4 (*fig*) (*difficoltà*) knottiness, thorniness: *~ di un problema* knottiness of a problem.

scabroso a. 1 (*ruvido*) rough, rugged: *superficie scabrosa* rough surface. 2 (*ruvido: rif. a strade e sim.*) rough, uneven, bumpy. 3 (*fig*) (*difficile*) knotty, difficult, thorny, troublesome: *problema ~* knotty problem.

scacazzare (**scacàzzo**) **I** v.t. (*volg,colloq*) to shit, to crap. **II** v.i. (*aus.* **avere**) (*volg,colloq*) to shit around, to crap around.

scacchiare (**scàcchio, scàcchi**) v.t. (*Agr*) to prune, to pollard.

scacchiatura f. (*Agr*) pruning, pollarding.

scacchiera f. (*per gli scacchi o per la dama*) chessboard, draughtboard, chequerboard, (*Am*) checkerboard. □ a *~* (*Br*) checked, (*Am*) chequered, checked.

scacchiere m. 1 (*Mil*) sector, zone. 2 (*GB*) (*erario*) Exchequer, exchequer: *Cancelliere dello Scacchiere* Chancellor of the Exchequer. □ (*Mil*) a *~* in echelon: *formazione a ~* echelon formation.

scacchista m./f. chess player.

scacchistico (*pl.* **-ci**) a. chess (*attr.*), of chess: *torneo ~* chess tournament.

scaccia m.inv. (*Caccia*) beater.

scacciacani m./f.inv. (*pistola*) blank pistol, (*Am*) pellet gun, BB gun.

scacciafumo m.inv. (*Arm*) air blast.

scacciamosche m.inv. (*Br*) flywhisk, (*Am*) fly swat.

scacciapensieri m.inv. 1 (*Mus*) jew's harp. 2 (*rar,estens*) (*svago*) pastime, distraction.

scacciare (**scàccio, scàcci**) v.t. 1 to drive out, to drive away, to drive off, to expel, to chase off, to chase away: *~ le mosche* (*Br*) to drive off the flies, (*Am*) to chase away the flied. 2 (*disperdere: rif. a nubi e sim.*) to drive away, to blow away, to dispel, to disperse, to scatter: *il vento ha scacciato le nuvole* the wind has blown the clouds away. 3 (*rif. a spiriti maligni, capricci e sim.*) to drive out. 4 (*fig*) (*far passare*) to drive away, to dispel, to banish: *~ la tristezza* to banish sadness. 5 (*Caccia*) to beat. □ *~ qcu. da casa* (*Br*) to turn so. out of the house, (*Am*) to run so. out of the house.

scaccino m. (*sagrestano*) sacristan, sacrist, (*ant*) sexton.

scacco (*pl.* **-chi**) m. 1 pl. (*gioco*) chess *sing.*: *giocare a scacchi* to play chess. 2 (*fig*) (*sconfitta*) checkmate, loss, defeat, setback: *subire uno ~* to suffer a setback, to be checkmated, to be checked. 3 (*estens*) (*quadretto, piccolo riquadro*) check, square. 4 (*estens,ant*) (*figurina*) chessman, chesspiece. 5 (*estens, ant*) (*quadretto della scacchiera*) square. □ (*Tess*) a *scacchi* checkered, checked, chequered: *stoffa a scacchi* checked material; (*Sport*) *bandiera a scacchi* chequered flag; *una tovaglia a scacchi blu e bianchi* a blue-and-white checkered tablecloth; *dare ~* to check: *dare ~ al re* to check the king (*anche fig*); (*fig*) *tenere qcu. in ~* to hold so. in check; *~ matto* checkmate (*anche fig*): *dare ~*

matto a qcu. to mate so., to checkmate so. (*anche fig*).

scaccolarsi v.pron. (*pop*) to pick one's nose

scaccomatto m. checkmate (*anche fig*): *dare ~ a qcu.* to checkmate so.

scadente a. 1 (*di cattiva qualità*) poor quality (*attr.*), low quality (*attr.*), below standard (*attr.*), inferior, shoddy: *merce ~* poor quality goods. 2 (*insufficiente*) low, poor, bad, inferior: *voto ~* low mark; *essere ~ in una materia* to be poor at a subject, to be poor in a subject. 3 (*rar*) (*che scade*) expiring, that expires, maturing, falling due: *effetti scadenti* bills falling due.

scadenza f. 1 (*termine di validità*) expiry, expiration, term: *~ del termine fissato per un trattato* expiry of the term fixed for a treaty. 2 (*ultima data utile*) deadline, due date, term, expiry date, (*Am*) expiration date. 3 (*rif. a effetti e sim.*) maturity: *~ di una cambiale* (*Br*) maturity of a bill of exchange, (*Am*) maturity of a promissory note. 4 (*rif. ad alimenti e merci deperibili*) sell-by date, expiry date, (*Am*) expiration date, best before date. □ *acquisto a ~* purchase on term; *a ~ di sei mesi* (*Br*) falling due in six months, (*Am*) due in six months; *~ a vista* maturity at sight; *alla ~:* 1 when due, (*Br*) on expiry, (*Am*) on expiration; *alla ~ del contratto* when the contract expires; 2 (*rif. a effetti*) on maturity, when due: *pagare alla ~* to pay on maturity; *con ~ al 31 dicembre* falling due on December 31st; *~ di pagamento* date of payment, payment due date; *a ~ fissa* fixed-term (*attr.*), having a due date, having a fixed term; *~ improrogabile* deadline; *in ~:* 1 falling due (*posposto*), expiring; 2 (*rif. a effetti*) maturing, falling due (*attr.*); *~ inderogabile* deadline; *~ rateale* (*Br*) expiry date for an instalment payment, (*Am*) installment due date.

scadenzare (**scadènzo**) v.t. (*burocr*) to set a time limit, (*Br*) to fix an expiry date, (*Am*) to fix an expiration date.

scadenzario m. bill book, (*Am*) tickler file.

scadere (*pres.ind.* **scàdo**; *p.rem.* **scàddi**; *p.p.* **scadùto**; *aus.* **essere**) v.i. 1 (*giungere a scadenza*) to expire, to run out: *il contratto scade tra due mesi* the contract expires in two months; *la mia patente è scaduta* my driving licence has expired. 2 (*Comm,Econ*) (*rif. a effetti e sim.*) to mature, to fall due, to be due, to become due: *la cambiale scade oggi* (*Br*) the bill falls due today, (*Am*) the note falls due today. 3 (*perdere valore, decadere*) to decline, to fall off, to go down, to be on the wane: *~ nell'opinione pubblica* to go down in public opinion; (*colloq,scherz*) *mi sei scaduto* you lost major points with me.

scadimento m. (*decadenza, declino*) decline, falling off, decadence.

scaduto → **scadere** a. 1 expired: *la mia patente è scaduta* my driving licence has expired. 2 (*rif. a effetti e sim.*) due, owing: *cambiale scaduta* (*Br*) bill due, (*Am*) note due. 3 (*decaduto*) in decline, on the wane, declined. 4 (*Econ*) overdue.

scafandro m. 1 (*Mar*) diving suit. 2 (*Aer*) pressure suit. 3 (*Astron*) spacesuit.

scafare (**scàfo, scàfi**) **I** v.t. (*region,colloq*) (*scaltrire*) to sharpen the wits of, to make so. crafty, to open so.'s eyes, (*colloq*) to teach a thing or two to: *il servizio militare lo ha scafato* military service has taught him a thing or two. 2 (*rendere più esperto*) to make so. more skilled. **II** v.pron. **scafarsi** (*region,colloq*) 1 (*diventare scaltro*) to become sharp, to become shrewd. 2 (*divenire esperto*) to become adept, (*colloq*) to learn a thing or two, to become skilful, to learn the ropes: *scafarsi in un lavoro* to become adept at a job.

scafato *a.* (*region,colloq*) **1** (*furbo*) clever, cunning crafty, shrewd, knowing: *quella ragazza è troppo scafata per la sua età* that girl is too knowing for her age. **2** (*esperto*) expert, skilled, skilful, (*Am*) skillful. **3** (*avveduto*) shrewd, aware, discerning.

scaffalare (**scaffàlo**) *v.t.* **1** (*dotare di scaffali*) to furnish with shelves, to fit up with shelves: *~ una stanza* to furnish a room with shelves. **2** (*disporre negli scaffali*) to shelve, to place on shelves, to arrange on shelves.

scaffalatura *f.* **1** (*rar*) (*disposizione in scaffali*) shelving. **2** (*insieme di scaffali*) shelving, shelves *pl.*

scaffale *m.* **1** (*mensola*) shelf. **2** (*di supermarket, negozi*) shelf, rack. **3** (*mobile*) shelf unit, set of shelves. ☐ *~a muro* wall shelf; *~a rastrelliera* rack; *~per bottiglie* bottle rack; *~per libri* bookshelf.

scafista *m./f.* immigrant trafficker.

scafo *m.* **1** (*Mar*) hull, body. **2** (*Aer*) hull. **3** (*Sport*) (*di scarpone da sci*) outer shell.

scafocefalia *f.* (*Med*) scaphocephaly.

scafocefalico (*pl.* -**ci**) *a.* (*Med*) scaphocephalic.

scafocefalo *m.* (*f.* -**a**) (*Med*) scaphocephalic.

scafoide *m.* (*Anat*) (*anche osso scafoide*) navicular, navicular bone, (*ant*) scaphoid, (*ant*) scaphoid bone.

Scafopodi *m.pl.* (*Zool*) tusk shells, (*Am*) tooth shells.

scagionare (**scagióno**) **I** *v.t.* to free sb. from blame, to exonerate, to exculpate. **II** *v.pron.* **scagionarsi** to free oneself from blame.

scaglia *f.* **1** (*Zool*) scale: *pulire un pesce dalle scaglie* to scale a fish. **2** (*estens*) (*scheggia*) splinter, chip, scale, flake: *scaglie di sapone* soap flakes. **3** (*lamina di metallo*) hammer scale. **4** *pl.* (*Mil,ant*) (*nelle carrozze*) plates. **5** (*Bot*) scale, scale leaf. ☐ *a scaglie*: **1** (*Edil*) scaled: *tetto a scaglie* roof with overlapping tiles, scaled roof; **2** (*Gastron*) (*nelle ricette*) flaked, in flakes.

scagliare[1] (**scàglio, scàgli**) **I** *v.t.* **1** to throw, to fling, to hurl, to cast: *~ sassi* to throw stones. **2** (*fig*) to hurl, to fling: *~ ingiurie contro qcu.* to hurl insults at so. **II** *v.pron.* **scagliarsi 1** to hurl oneself (*contro* on, at), to fling oneself (*contro* on, at), to throw oneself (*contro* on, at): *si scagliò contro l'avversario* he flung himself on his adversary. **2** (*fig*) (*inveire*) to let fly (*contro* on), to rail (*su, contro* at, against), to abuse (*so.*). ☐ (*fig*) *~ la prima pietra* to cast the first stone.

scagliare[2] (**scàglio, scàgli**) **I** *v.t.* (*ridurre in scaglie*) to splinter, to flake. **II** *v.pron.* **scagliarsi** (*rompersi in scaglie*) to splinter, to flake.

scagliola *f.* **1** (*Edil*) (*tipo di gesso*) scagliola. **2** (*Bot*) canary grass.

scaglionamento *m.* **1** staggering, spacing out, spreading out. **2** (*Mil*) drawing-up in echelon formation. ☐ *~ delle ferie* staggered holidays.

scaglionare (**scaglióno**) *v.t.* **1** to space, to space out, to stagger, to spread out: *~ i pagamenti in molti mesi* to spread payments over several months; *~ le ferie dei dipendenti* to stagger employees' holidays. **2** (*Mil*) to echelon.

scaglione *m.* **1** (*gruppo*) group, batch. **2** (*Mil*) (*unità tattica*) echelon. **3** (*Mil*) (*di leva*) draft. **4** (*Econ*) bracket. **5** (*lett*) (*ripiano, balza*) terrace. ☐ *a scaglioni*: **1** in groups; **2** (*Mil*) in echelon, in echelon formation;

(*Econ*) *~ di reddito* income bracket, income group; (*Econ*) *~ d'imposta* tax bracket.

scaglioso *a.* scaly.

scagnozzo *m.spec.pl.* (*spreg*) henchman, stooge, lackey, hanger-on.

scala *f.* **1** (*con gradini*) stairs *pl.*, staircase, stairway: *cadere giù per le scale* to fall down the stairs. **2** (*a pioli*) ladder. **3** (*fig*) (*piano, livello*) scale, level: *su ~ internazionale* on an international scale, at international level. **4** (*negli strumenti di misura*) scale: *~ di un amperometro* scale of an ammeter. **5** (*nel disegno, nella cartografia*) scale: *~ di uno a cinquemila* scale of one to five thousand. **6** (*nei giochi di carte*) run, (*nel poker*) straight. **7** (*successione*) order, sequence. **8** (*gamma*) range. **9** (*Mus*) scale: *~ di do maggiore* scale of C major. **10** (*Tecn*) (*ordine, serie*) scale. ☐ (*Arch*) *~ a chiocciola* spiral staircase, winding stairway; *~ a corda* rope-ladder; *~ a ganci* hook ladder; (*Arch*) *~ a libretto* step ladder; *~ a pioli* ladder, stepladder; (*Arch*) *~ a pozzo* well staircase; (*Arch*) *~ a rampe* dog-legged staircase; *~ aerea* turntable ladder, (*Am*) aerial ladder; (*Arch*) *~ alla cappuccina* narrow, steep staircase; *~ alla marinara* step irons; *~ allungabile* extension ladder; *~ antincendio* fire escape; (*Mus*) *~ ascendente* ascending scale; (*Fis*) *~ assoluta* absolute scale, absolute temperature scale; (*Meteor*) *~ Beaufort* Beaufort scale; (*Fis*) *~ Celsius* Celsius temperature scale; (*Fis*) *~ centigrada* centigrade scale; (*Mus*) *~ cromatica* chromatic scale; (*Mat*) *~ decimale* decimal scale; (*Ott*) *~ dei colori* (*Br*) scale of colours, (*Am*) scale of colors; (*Econ*) *~ dei salari* wage scale; (*fig*) *~ dei valori* scale of values; (*Meteor*) *~ dei venti* wind scale, Beaufort scale; (*Tecn,Min*) *~ delle durezze* scale of hardness, Mohs scale; *~ di corda* rope-ladder; *~ di emergenza*: **1** emergency stairs; **2** (*per incendio*) fire escape; (*Bot, colloq*) *~ di Giacobbe* Jacob's ladder; (*Aer*) *~ di imbarco* boarding ramp; (*Tecn*) *~ di misura* (o *~ di misurazione*) scale; (*Itt*) *~ di monta* fish ladder; (*Tecn*) *~ di riduzione* map scale; *~ di risalita* fish ladder; (*Edil*) *~ di servizio* backstairs, service stairs; *~ di sicurezza*: **1** emergency stairs; **2** (*per incendio*) fire escape; (*Rad,Elettron*) *~ di sintonia* tuning dial, dial; (*Arch*) *~ doppia* double stairway; (*Arch*) *~ esterna* outdoor staircase, perron, external stairway, exterior stairway; (*Fis*) *~ Fahrenheit* Fahrenheit scale; *fare le scale*: **1** (*colloq*) to climb the stairs, to go up the stairs; **2** (*Mus*) (*Br*) to practise one's scales, (*Am*) to practice one's scales; (*Tecn*) *~ graduata* graduated scale; *in ~*: **1** (*in ordine crescente*) in ascending order: *mettere in ~* to arrange in ascending order; **2** (*in ordine decrescente*) in descending order: *mettere in ~* to arrange in descending order; **3** (*rif. al disegno e alla cartografia*) to scale, scale (*attr.*): *disegnare in ~* to make scale drawings; *ridurre in ~* to scale down, to scale; (*Arch*) *~ interna* indoor staircase, stairway; (*Fis*) *~ Kelvin* Kelvin scale; (*Mat*) *~ logaritmica* logarithmic scale, log scale; (*Mus*) *~ maggiore* major scale; (*Geol*) *~ Mercalli* Mercalli scale; (*Tecn*) *~ millimetrica* millimetric scale; (*Mus*) *~ minore* minor scale; *mobile*: **1** escalator, moving staircase, moving stairway; **2** (*Econ*) sliding scale; (*Mus*) *~ musicale* scale, musical scale; (*Rad,ant*) *~ parlante* tuning dial, dial; *~ porta* turntable ladder, (*Am*) aerial ladder; *~ portatile* stepladder, (*Br*) steps; (*Edil*) *~ principale* main staircase; *~ quaranta* (*gioco di carte*) kind of rummy; *~ reale* (*nel poker*) straight flush,

(*all'asso*) royal flush; (*Arch*) *~ regia* main staircase; *~ retrattile* retractable ladder; (*Geol*) *~ Richter* Richter scale; *su ~ ridotta* on a smaller scale; *~ romana* extension ladder; (*Rel.catt*) *Scala Santa* Holy Stairs; (*Geol*) *~ sismica* seismic scale; (*fig*) *~ sociale* social ladder: *salire nella ~ sociale* to move up the social ladder; *su ~ nazionale* on a national level, on a national scale, at national level; *su per le scale* up the stairs; *su vasta ~* on a large scale; (*Ginn*) *~ svedese* ladder; *~ termometrica* thermometric scale, temperature scale, scale of temperature; (*Anat*) *~ timpanica* scala tympani; (*Anat*) *~ vestibolare* scala vestibuli.

scalandrone *m.* (*Mar*) gangplank, gangway.

scalare[1] **I** *a.* **1** (*graduato*) graduated, stepped, graded. **2** (*Fis,Mat*) scalar: *grandezza ~* scalar quantity. **II** *m.* (*Mat,Fis*) scalar.

scalare[2] (**scàlo**) *v.t.* **1** to climb. **2** (*per mezzo di scale*) to climb, to scale: *~ un muro* to scale a wall. **3** (*togliere, detrarre*) to take off, to take away, to scale down, to deduct: *mi ha scalato cinque euro sul prezzo* he took five euros off the price for me. **4** (*Alp*) to climb, to ascend. **5** (*rif. a capelli*) to layer. **6** (*disporre in ordine decrescente*) to arrange in descending order. **7** (*rif. alla borsa*) to raid. **8** (*Aut*) (*Br*) to change down, (*Am*) to downshift: *~ in seconda* to go back into second gear. ☐ (*Aut*) *~ di marcia* (*Br*) to change down, (*Am*) to downshift.

scalata *f.* **1** scaling, climb. **2** (*Alp*) climb, ascent. **3** (*Mil,ant*) escalade. ☐ (*fig*) *dare la ~ al potere* to make a bid for power; (*fig*) *dare la ~ al cielo* to reach for the moon; (*Mil,ant*) *dare la ~ a una fortezza* to scale a fortress; (*Econ*) *~ in borsa* raid.

scalato *a.* graduated, graded.

scalatore *m.* (*f.* -**trice**) **1** escalader (*anche Mil*). **2** (*Alp*) climber, mountaineer. **3** (*Sport*) (*nel ciclismo*) climber. **4** (*Econ*) raider.

scalcagnato *a.* **1** (*rif. a scarpe*) down at heel, down-at-heel. **2** (*estens*) (*rif. a persone: mal vestito*) down at heel, down-at-heel, shabby, run-down.

scalcare (**scàlco, scàlchi**) *v.t.* (*Gastron*) to carve, to cut.

scalciare (**scàlcio, scàlci**; *aus.* **avere**) *v.i.* to kick.

scalciata *f.* **1** (*lo scalciare*) kicking. **2** (*il calcio*) kick.

scalcinare (**scalcìno**) **I** *v.t.* (*togliere la calcina*) to remove plaster from, to knock the plaster off. **II** *v.pron.* **scalcinarsi** (*rar*) to fall off.

scalcinato *a.* **1** unplastered. **2** (*fig*) (*rif. a cose*) shabby, worn, worn-out. **3** (*fig*) (*rif. a persone*) down-at-hill, (*Br*) seedy, (*Am*) sloppy.

scalcinatura *f.* **1** (*lo scalcinare*) removal of plaster. **2** (*parte scalcinata*) bare spot.

scalco (*pl.* -**chi**) *m.* (*Stor*) carver.

scaldacqua *m.inv.* (*Tecn*) water heater, (*Br*) geyser. ☐ (*Tecn*) *~ a immersione* immersion heater.

scaldabagno *m.inv.* (*Tecn*) water heater, feedwater heater, (*Br*) geyser. ☐ (*Tecn*) *~ a gas* gas water heater; (*Tecn*) *~ elettrico* electric water heater.

scaldaletto *m.inv.* warming pan, bedwarmer.

scaldamuscoli *m.inv.* (*Abbigl*) leg warmer.

scaldapanche *m./f.inv.* (*fig,ant,colloq*) idler, (*Br*) lazybones, (*Am*) lazy body, loafer.

scaldapiatti *m.inv.* plate-warmer.

scaldapiedi *m.inv.* foot warmer.

scaldare (**scàldo**) **I** *v.t.* **1** (*rendere caldo*) to heat, to warm, to warm up: ~ *il letto dell'infermo* to warm up the patient's bed. **2** (*portare a temperatura piuttosto elevata*) to heat, to heat up: ~ *l'acqua* to heat the water; ~ *la minestra* to heat up the soup. **3** (*fig*) (*infervorare*) to excite, to inflame, to kindle. **II** *v.pron.* **scaldarsi 1** to warm oneself, to get warm, to warm up: *scaldarsi vicino al fuoco* to warm oneself at the fire. **2** (*intiepidirsi*) to warm up, to get warm, to get warmer: *l'acqua non si è ancora scaldata* the water hasn't warmed up yet. **3** (*diventare caldo*) to heat up, to get hot, to get hotter. **4** (*Sport*) to warm up. **5** (*fig*) (*appassionarsi*) to get excited, to warm up: *il pubblico cominciò a scaldarsi al secondo atto* the audience began to warm up during the second act. **6** (*fig*) (*accalorarsi*) to get heated, to get excited, (*fig*): *si scaldava all'idea di comprare un'auto nuova* (*Br*) he warmed to the idea of buying a new car, (*Am*) he got excited at the idea of buying a new car. **7** (*fig*) (*irritarsi*) to get angry: *si scalda per un nonnulla* he gets angry over nothing. **III** *v.i.* (*aus. avere*) **1** (*dare calore*) to give out heat, to be warm: *il sole comincia a ~* the sun is beginning to be warm, the sun is beginning to get warm. **2** (*rif. a motori e sim.*) to warm up. □ *scaldarsi al sole* to bask in the sun, to lay in the sun; (*Sport*) *scaldarsi i muscoli* to warm up; (*fig*) ~ *il banco* (*oziare*) (*Br*) to be a lazybones, (*Am*) to be a lazy body, (*pop*) to be a lazy ass; (*Aut*) ~ *il motore* to warm up the engine; (*fig*) ~ *la sedia* (*oziare*) (*Br*) to be a lazybones, (*Am*) to be a lazy body, (*pop*) to be a lazy ass; *scaldarsi le mani* to warm one's hands; (*fig*) ~ *le panche* to waste one's time.

scaldata *f.* quick warm-up, (*Br*) warming-up, (*Am*) warm-up: *dare una ~ a qcs.* to give sth. a warming-up, to give sth. a quick warm, (*rif. a cibi*) to warm sth. up; *darsi una ~* to warm oneself.

scaldavivande *m.inv.* food-warmer.

scaldino *m.* **1** (*per le mani*) hand-warmer. **2** (*per il letto*) warming pan, bedwarmer.

scaldo *m.* (*lett,ant*) skald, scald.

scalea *f.* (*Arch*) staircase, flight of steps, perron.

scaleno I *a.* (*Geom*) scalene: *triangolo ~* scalene triangle, scalene. **II** *m.spec.pl.* (*Anat*) scalenus.

scalenoedro *m.* (*Geom*) scalenohedron.

scaletta *f.* **1** (*TV,Rad*) programme, schedule. **2** (*Cin*) treatment. **3** (*schema, sommario*) outline, syllabus: *la ~ di un romanzo* the outline of a novel. **4** (*piccola scala*) short flight of steps. **5** (*scala portatile*) small stepladder. **6** (*Sport*) (*nello sci*) side stepping climb. □ (*Mar*) ~ *di boccaporto* hatch ladder, (*Aer*) ~ *di imbarco* ramp; (*colloq*) *fare la ~ a qcu.* (*con le mani*) to give so. a leg up.

scalettare (*scalétto*) *v.t.* **1** (*tagliare o sagomare a forma di scalini*) to cut steps in, to terrace. **2** (*fig*) (*preparare una scaletta*) to schedule.

scalettato *a.* **1** stepped, terraced. **2** (*rif. a rubrica e sim.*) indexed, step indexed: *margine ~* indexed margin.

scalfare (*scàlfo*) *v.t.* (*Sart*) to widen the armhole.

scalfarotto *m.spec.pl.* (*region*) **1** (*calzatura di lana*) wool socks worn at home instead of slippers. **2** (*pantofola*) fur slipper.

scalferotto *m.spec.pl.* (*region*) **1** (*calzatura di lana*) wool socks worn at home instead of slippers. **2** (*pantofola*) fur slipper.

scalfire (*scalfisco, scalfisci*) *v.t.* **1** to scratch: *il chiodo ha scalfito il cristallo* the nail scratched the crystal. **2** (*ferire superfi-*

cialmente) to scratch, to graze: *la pallottola gli scalfì il braccio* the bullet grazed his arm. **3** (*fig*) to touch, to affect: *le tue allusioni non mi scalfiscono* your insinuations don't touch me.

scalfittura *f.* **1** (*leggera incisione*) scratch, abrasion. **2** (*ferita superficiale*) scratch, graze.

scalfo *m.* (*Sart*) armhole.

scaligero *a.* **1** (*di Verona*) Veronese, of Verona. **2** (*rif. alla Scala di Milano*) La Scala (*attr.*), at La Scala: *la serata scaligera* the performance at La Scala.

scalinata *f.* (*Arch*) staircase, stairway, flight of steps, stairs *pl*.

scalino *m.* **1** step (*anche fig*): *il primo ~ della carriera* the first step in one's career. **2** (*di scala a pioli*) rung.

scalmana *f.* **1** (*colloq*) chill, cold: *prendersi una ~* to catch a chill. **2** (*colloq*) (*vampa di calore al viso*) flush. **3** (*fig*) (*eccessivo entusiasmo rif. a cosa*) craze, bug, (*Am*) hype: *prendersi una ~ per qcs.* to get a craze for sth. **4** (*fig*) (*eccessivo entusiasmo rif. a persona*) crush, (*Br*) fancy. □ (*colloq*) *avere le scalmane* (*vampate di calore*) to get hot flushes (*anche fig*).

scalmanarsi (*mi scalmàno*) *v.pron.* **1** (*affrettarsi*) to rush, to hurry, (*Br*) to bustle, (*Am*) to hustle. **2** (*fig*) (*darsi da fare*) to do all one can, to do one's best, to strive. **3** (*fig*) (*irritarsi*) to get angry: *si scalmana per un nonnulla* he gets angry over nothing.

scalmanata *f.* fuss, fluster.

scalmanato I *a.* (*violento, sfrenato*) hotheaded. **II** *m.* (*f.* **-a**) (*persona turbolenta*) hothead, firebrand.

scalmiera *f.* (*Mar*) (*Br*) rowlock, (*Am*) oarlock.

scalmo *m.* (*Mar*) **1** (*elementi delle costole di navi in legno*) futtock. **2** (*rinforzo del bordo di un'imbarcazione per appoggiare i remi*) thole, tholepin. **3** (*scalmiera*) (*Br*) rowlock, (*Am*) oarlock.

scalo *m.* **1** (*Mar*) (*porto*) port, port of call. **2** (*Mar*) (*luogo d'approdo*) landing place, (*piattaforma galleggiante*) landing stage. **3** (*Mar*) (*opera in muratura per riparare e costruire navi*) stocks *pl.*, slips *pl.*, slipway. **4** (*Ferr*) (*per merci*) goods yard, yard, (*Am*) depot. **5** (*Aer*) (*Br*) stopover, intermediate landing, intermediate call, intermediate stop, staging post, (*Am*) layover. □ ~ *aereo* airport; (*Mar*) ~ *di alaggio* slipway, slip; (*Ferr*) ~ *di smistamento* marshalling yard; *fare* ~: **1** (*Mar*) to call, to put in: *fare* ~ *in un porto* to call at a port; **2** (*Aer*) to land, to make a stop; ~ *ferroviario* railway station; (*Mar*) ~ *fisso* gangplank, gangway; ~ *intermedio*: **1** (*Mar*) intermediate port of call; **2** (*Aer*) (*Br*) stopover, intermediate stop, intermediate landing, (*Am*) layover; ~ *merci*: **1** (*Ferr*) goods yard, freight yard, (*Am*) freight depot; **2** (*Mar*) cargo berth; *senza ~* non-stop.

scalogna *f.* (*colloq*) (*sfortuna*) bad luck, misfortune, (*Br*) jinx: *portare ~* (*Br*) to bring bad luck, (*Am*) to be a jinx. □ *che ~!* bad luck!, what bad luck!

scalognato *a.* (*colloq*) unlucky, luckless, jinxed.

scalogno *m.* (*Bot*) shallot.

scalone *m.* (*Arch*) monumental staircase.

scaloppa *f.* (*rar*) **1** (*Gastron*) escalope, (*Am*) scallop. **2** (*Macell*) (*taglio di carne*) cutlet.

scaloppina *f.* **1** (*Gastron*) escalope, (*Am*) scallop: ~ *al marsala* escalope with Marsala. **2** (*Macell*) (*taglio di carne*) cutlet: ~ *di vitello* veal cutlet.

scalpare (*scàlpo*) *v.t.* to scalp (*anche Chir*).

scalpellare (*scalpèllo*) *v.t.* **1** to chisel, to carve with chisel. **2** (*Chir*) to lance or to remove part of a bone with a scalpel.

scalpellatore *m.* (*f.* **-trice**) **1** stonecutter. **2** (*Met*) (*sbavatore*) cleaner, fettler.

scalpellatura *f.* chiselling.

scalpellino *m.* **1** (*operaio*) stonecutter. **2** (*spreg*) (*scultore privo di abilità*) (*Br*) inferior sculptor, (*Am*) second rate sculptor.

scalpello *m.* **1** (*Tecn,Fal*) chisel. **2** (*Med*) scalpel. **3** (*Tecn,Minier*) (*nella perforazione dei pozzi*) bit, drill. □ (*Tecn,Minier*) ~ *a punta* point chisel: ~ *a punta di diamante* diamond chisel, diamond-point chisel; (*Tecn,Ind*) ~ *a rulli conici* cone rock bit; (*Tecn, Fal*) ~ *concavo* gouge; (*Tecn,Fal*) ~ *da falegname* wood chisel, woodworking chisel, firmer chisel; (*Tecn,Fal*) ~ *da intagliatore* scooper; (*Tecn,Edil*) ~ *da muratore* stone chisel; (*Tecn,Minier*) ~ *da perforazione* bit, drill; (*Tecn,Minier*) ~ *da roccia* rock bit; (*Tecn, Fal*) ~ *da sbozzo* boaster, boasting chisel; (*Tecn,Fal*) ~ *da tornitore* turning chisel; (*Tecn, Fal*) ~ *per legno* wood chisel, woodworking chisel, firmer chisel; (*Tecn,Minier*) ~ *pneumatico* pneumatic chisel; (*Tecn,Fal*) ~ *tondo* gouge.

scalpicciare (*scalpìccio, scalpìcci*; *aus. avere*) *v.i.* to scuttle, to scuttle about, to shuffle.

scalpiccio *m.* scuttling, shuffling.

scalpitante *a.* **1** (*rif. a cavallo*) pawing (the ground): *cavallo ~* pawing horse. **2** (*fig*) (*rif. a persona: irrequieto, impaziente*) raring, eager.

scalpitare (*scàlpito*; *aus. avere*) *v.i.* **1** (*rif. a cavalli*) to paw (the ground). **2** (*fig*) (*rif. a persona: manifestare impazienza*) to be raring, to be itching, to be eager.

scalpitio *m.* pawing.

scalpo *m.* scalp (*anche Med*).

scalpore *m.* **1** (*risonanza*) sensation, stir. **2** (*risentimento, indignazione*) fuss, outburst, stir. □ (*fig*) *fare* ~ to cause a sensation, to make a stir.

scaltramente *avv.* cleverly, shrewdly.

scaltrezza *f.* shrewdness, cunning, sharpness.

scaltrire (*scaltrìsco, scaltrìsci*) **I** *v.t.* **1** to make so. cleverer, to sharpen the wits of, (*colloq*) to teach a thing or two. **2** (*rendere più esperto*) to make so. more skilled. **II** *v.pron.* **scaltrirsi 1** to become sharp, to become shrewd. **2** (*diventare più esperto*) to be expert, (*Br*) to become skilful, (*Am*) to become skilful.

scaltrito *a.* **1** (*furbo*) (*Br*) clever, cunning, (*Am*) sly. **2** (*esperto*) expert, skilled, skilful, (*Am*) skillful. **3** (*avveduto*) shrewd, aware, discerning.

scaltro *a.* (*Br*) clever, cunning, crafty, wily, shrewd, (*Am*) sly: ~ *come una volpe* as cunning as a fox, as sly as a fox; *una mossa scaltra* a clever move.

scalzacane *m./f.* (*spreg,colloq*) **1** (*individuo mal vestito*) down-at-hill person, ragamuffin, down-and-out, tramp. **2** (*pasticcione*) (*Br*) bungler, botcher, (*Am*) loser.

scalzapelli *m.inv.* (*Cosmet*) orange stick, cuticle stick.

scalzare (*scàlzo*) **I** *v.t.* **1** (*fig*) (*far perdere posti, uffici, gradi e sim.*) to oust, to throw out. **2** (*fig*) (*indebolire*) to undermine, to sap: ~ *l'autorità di qcu.* to undermine so.'s authority. **3** (*fig*) (*soppiantare*) to replace. **4** (*Agr*) (*rif. ad alberi*) to bare the roots of. **5** (*estens*) (*rif. a muri e sim.*) to undermine, to sap. **6** (*Dent*) to expose the roots of a tooth. **7** (*lett*) to remove the shoes and socks of. **II** *v.pron.*

scalzarsi (*lett*) to take off one's shoes and socks: *mi scalzai per camminare sulla sabbia* I took off my shoes and stocks to walk on the sand.

scalzatura *f.* (*lo scalzare*) sapping, undermining.

scalzo *a.* **1** barefoot, barefooted: *a piedi scalzi* barefoot, barefooted, with bare feet. **2** (*Rel*) discalced, barefoot.

Scamandro *n.pr.m.* (*Geog.stor*) Scamander.

scambiabile *a.* exchangeable.

scambiare (**scàmbio, scàmbi**) **I** *v.t.* **1** (*confondere*) to mistake, to take: *l'ho scambiato per suo fratello* I mistook him for his brother. **2** (*prendere una cosa per l'altra*) to take by mistake, to take sth. instead of sth. else, to take the wrong...: ~ *il sale per il pepe* to take salt instead of pepper; *mi hanno scambiato l'ombrello al ristorante* so. in the restaurant took my umbrella by mistake. **3** (*dare in cambio, fare uno scambio*) to exchange, to change, to trade, (*colloq*) to swap: *vorrei* ~ *il mio anello con il tuo* I'd like to exchange rings with you, I'd like to swap my ring for yours. **4** (*cambiare una banconota*) to get change for, to change. **5** (*Inform*) to swap. **II** *v.r.recipr.* **scambiarsi** (*darsi, farsi a vicenda*) to exchange: *scambiarsi doni* to exchange gifts; *scambiarsi tenerezze* to exchange endearments. ☐ ~*due parole con qcu.* to exchange a few words with so.; *scambiarsi gli anelli* (*rif. a fidanzati*) to exchange rings; ~*merci* to exchange goods, to barter goods, to trade goods; *scambiarsi sguardi* to exchange glances; *scambiarsi visite* to exchange visits.

scambiatore ☐ (*Fis,Tecn*) ~ *di calore* heat exchanger.

scambievole *a.* mutual, reciprocal: *amore* ~ mutual love.

scambievolmente *avv.* mutually, reciprocally.

scambio *m.* **1** exchange: ~ *di cortesie* exchange of courtesies. **2** (*errore, equivoco*) mistake, confusion, mix-up: *c'è stato uno* ~ *di posti* there was a mix-up over the seats. **3** (*Ferr*) (*Br*) points *pl.*, switch, (*Am*) switch. **4** (*Econ*) trade, exchange. **5** *pl.* (*Econ*) (*attività*) trade (*costr.sing.*), trading (*costr.sing.*). **6** (*Sport*) (*nel tennis*) rally. **7** (*cambio*) exchange, trade, (*colloq*) swap. **8** (*baratto*) barter. ☐ (*Ferr*) ~*a mano* hand-operated points *pl.*; (*Ferr*) ~*aereo* trolley frog, aerial frog; *scambi commerciali* trade (*costr.sing.*); *scambi con l'estero* foreign trade (*sing.*), foreign exchange (*sing.*); *scambi culturali* cultural exchange; ~*degli anelli* (*rif. a fidanzati*) exchange of rings; ~*delle consegne* : 1 (*Mil*) (*cambio della guardia*) changing of the guard; 2 (*estens*) (*trasferimento di atti e sim. a chi succede in un incarico*) handover; (*Fis*) ~ *di calore* heat exchange, transfer exchange; ~*di coppia* swapping of partners; ~ *di idee* exchange of opinions; ~*di identità* mistaken identity; ~ *di informazioni* exchange of information; (*Chim*) ~*di ioni* ion exchange; ~*di lettere* exchange of letters (*anche Dipl*); (*Comm*) ~*di merci* exchange of goods; (*Dipl*) ~*di note* exchange of diplomatic notes; ~ *di opinioni* exchange of views, exchange of opinions; ~*di persona* case of mistaken identity; (*Mil,Dipl*) ~*di prigionieri* exchange of prisoners; ~*di vedute* exchange of views; ~*doppio* (*Br*) crossing, (*Am*) two-way frog; ~*epistolare* exchange of letters; (*Fisiol*)~*gassoso* gas exchange; (*Econ*) *scambi in apertura* early dealings; (*Econ*) ~*in natura* trading in kind; (*Chim*) ~*ionico* ion exchange.

scambista *m./f.* **1** (*Ferr*) pointsman, (*Am*) switchman. **2** (*Econ*) trader; (*in Borsa*) broker, stockbroker. **3** (*chi pratica scambio di coppia*) so. who practices swapping partners.

scamiciarsi (**mi scamìcio, ti scamìci**) *v.pron.* to take one's jacket off.

scamiciato I *m.* (*Abbigl*) pinafore, pinafore dress, (*Am*) jumper. **II** *a.* (*rar*) **1** (*in maniche di camicia*) in one's shirt sleeves, jacketless. **2** (*estens*) (*scomposto*) slovenly, in disarray.

scamone *m.* (*Macell,region*) rump.

scamonea *f.* (*Bot*) scammony.

scamorza *f.* **1** (*Alim*) flask-shaped unfermented and often smoked cow's milk cheese from southern Italy. **2** (*scherz,fig*) (*rif. a persona di scarso intelletto*) (*Br*) weakling, (*Am*) idiot.

scamosciare (**scamòscio/scamóscio, scamòsci/scamósci**) *v.t.* (*Pell*) **1** to chamois, to oil-tan. **2** (*rif. al cuoio*) to suede.

scamosciato *a.* (*Pell*) oil-tanned, chamois (*attr.*), suede (*attr.*): *guanti scamosciati* suede gloves.

scamosciatura *f.* (*Pell*) chamoising, oil-tanning.

scamozzare (**scamòzzo**) *v.t.* (*Agr*) to pollard, to lop.

scamozzatura *f.* (*Agr*) **1** (*lo scamozzare*) pollarding. **2** (*parte scamozzata*) lop.

scampagnata *f.* **1** (*gita*) trip in the country, outing in the country. **2** (*picnic*) picnic. ☐ *fare una* ~: 1 (*fare una gita*) to go for a trip, to go for an outing in the country; 2 (*fare un picnic*) to have a picnic, (*Br*) to picnic, (*Am*) to go for a picnic.

scampanare (**scampàno**) **I** *v.i.* (*aus. avere*) **1** (*suonare a distesa*) to peal. **2** (*Sart*) to flare. **3** (*estens*) (*serenata di scherno*) charivari, (*Am*) shivaree. **II** *v.t.* (*Sart*) to flare.

scampanata *f.* **1** (*di campane*) pealing. **2** (*estens*) (*serenata di scherno*) charivari, (*Am*) shivaree.

scampanato *a.* (*Sart*) bell-shaped, flared: *gonna scampanata* flared skirt.

scampanatura *f.* (*Sart*) flare.

scampanellare (**scampanèllo**; *aus.* **avere**) *v.i.* to ring loudly, to ring vigorously.

scampanellata *f.* loud ringing.

scampanellio *m.* ringing.

scampanio *m.* pealing.

scampare (**scàmpo**) **I** *v.i.* (*aus.* **essere**) **1** to survive (*a qcs.* sth.), to escape (*a qcs.* sth.), to live through: ~ *al massacro* to escape massacre. **2** (*rifugiarsi, fuggire*) to take refuge. **II** *v.t.* **1** (*sfuggire, evitare*) to escape, to avoid: *è riuscito a* ~ *la prigione* he has managed to avoid prison; ~ *la morte* to escape death. **2** (*nelle espressioni deprecative*) to save, to keep: *Dio ce ne scampi!* (*Br*) God save us!, (*Am*) God forbid! **3** (*rar*) to save, to rescue: *gli amici lo scamparono dal fallimento* his friends saved him from bankruptcy. ☐ *l'ha scampata bella* (*Br*) he had a narrow escape, (*Am*) he almost bought the farm; *scamparla* to have a close shave, to have a narrow escape.

scampato I *a.* **1** (*evitato*) escaped, avoided: *pericolo* ~ danger which has been avoided. **2** (*salvato*) saved, rescued. **II** *m.* (*f.* **-a**) survivor: *gli scampati al naufragio* (*o dal naufragio*) the survivors of the shipwreck.

scampo[1] *m.* (*via d'uscita*) way out, escape. **2** (*salvezza*) safety, survival, rescue: *cercare* ~ *nella fuga* to seek safety in flight. ☐ *non c'è* ~ (*Br*) there's no way out, there's no help for it, (*Am*) there's no way to avoid it; *senza* ~ hopeless, with no way out.

scampo[2] *m.* **1** (*Zool*) Norway lobster. **2**

(*Gastron*) prawn, scampi: *cocktail di scampi* prawn cocktail, scampi cocktail.

scampolo *m.* **1** remnant, oddment: *liquidazione degli scampoli* remnant sale. **2** (*estens*) (*piccola quantità*) scrap, vestige, trace. ☐ *negli scampoli di tempo* in one's spare time; (*spreg*) *uno* ~*d'uomo* (*Br*) a shrimp of a man, a runt of a man, (*Am*) a wimp.

scanalare (**scanàlo**) *v.t.* **1** (*Art*) to flute, to channel: ~ *una colonna* to flute a column. **2** (*Mecc*) to groove, to slot.

scanalato *a.* **1** (*Arch*) fluted, channelled: *colonna scanalata* fluted column. **2** (*Mecc*) grooved.

scanalatura *f.* **1** (*Arch*) (*lo scanalare*) grooving. **2** (*Mecc*) (*lo scanalare*) channelling. **3** (*Mecc*) (*incavo*) groove, channel. **4** (*Arch*) flute, fluting. **5** (*Mecc*) groove, spline. **6** (*Inform*) slot. ☐ (*Mecc*) ~*di guida* guiding slot; (*Mecc*) ~*elicoidale* spiral flute.

scancellare (**scancèllo**) *v.t.* (*pop*) **1** (*cancellare*) to cancel, to delete. **2** (*con una riga, un segno*) to cross out, to strike out. **3** (*con la gomma*) to erase, (*Br*) to rub out. **4** (*con lo straccio*) to wipe off, to wipe away.

scancellatura *f.* (*pop*) crossing out, erasure.

scandagliamento *m.* **1** (*Mar*) sounding. **2** (*fig*) (*indagine*) sounding, probe.

scandagliare (**scandàglio, scandàgli**) *v.t.* **1** (*Mar*) to sound, to plumb, to fathom. **2** (*fig*) (*indagare*) to sound, to plumb, to fathom: ~ *le idee di qcu.* (*Br*) to sound out so.'s ideas, (*Am*) to feel out so.'s ideas.

scandagliatore *m.* (*Mar*) leadsman.

scandaglio *m.* **1** (*Mar*) (*strumento*) sounding line, sounding lead. **2** (*Mar*) (*lo scandagliare*) sounding, fathoming: *fare uno* ~ to sound, to plumb. **3** (*fig*) (*indagine*) probe, test, sounding. ☐ (*Mar*) ~*a mano* sounding rod; (*Mar*) ~*a pressione* sounding machine; (*Mar*) ~*a sagola* plumb line, lead line; (*Mar*) ~*a ultrasuoni* echo sounder; (*Mar*) ~*acustico* echo sounder.

scandalismo *m.* scandal-mongering, sensationalism.

scandalista *m./f.* scandalmonger, sensationalist.

scandalistico (*pl.* **-ci**) *a.* scandal-mongering, scandal (*attr.*), sensational, sensationalistic: *giornale* ~ (*Br*) scandal sheet, (*Am*) tabloid.

scandalizzare (**scandalìzzo**) **I** *v.t.* (*dare scandalo, suscitare l'indignazione*) to scandalize, to offend, to shock, to outrage: *ha scandalizzato tutti con il suo comportamento* he shocked everyone with his behaviour. **II** *v.pron.* **scandalizzarsi** to be scandalized (*da, per* by), to be outraged (*da, per* by), to be shocked (*da, per* by).

scandalizzato *a.* scandalized, shocked, outraged: *rimanere* ~ *per* (*o da*) *qcs.* to be scandalized by sth.

scandalo *m.* **1** scandal, outrage: *essere causa di* ~ to cause scandal, to create scandal; *questo libro è un vero* ~ this book is a real outrage. **2** (*fatto clamoroso*) scandal, sensation: *lo* ~ *delle obbligazioni contraffatte* the scandal of the forged bonds. ☐ *dare* ~ to scandalize; *fare uno* ~ to cause a scandal, to stir up a scandal; ~*pubblico* public scandal.

scandalosamente *avv.* scandalously, outrageously, shockingly (*anche estens*): *un uomo* ~ *fortunato* an outrageously lucky man.

scandaloso *a.* **1** scandalous, outrageous, shocking: *condotta scandalosa* scandalous behaviour. **2** (*eccessivo*) excessive, outrageous: *un prezzo* ~ an otrageous price.

Scandinavia n.pr.f. (Geog) Scandinavia.

scandinavo, scandinavo I a. Scandinavian. II m. (f. -a) Scandinavian.

scandio m. (Chim) scandium.

scandire (**scandìsco, scandìsci**) v.t. 1 (pronunciare distintamente) to articulate, to pronounce sth. distinctly, to pronounce sth. clearly: ~ bene le parole to articulate words clearly. 2 (estens) (ripetere ritmicamente) to chant. 3 (fig) (contrassegnare) to mark: un mese scandito da alluvioni a month marked by floods. 4 (Metr) to scan: ~ versi to scan verse. 5 (TV,Inform) to scan. □ ~ il tempo to beat time; ~ le ore to tick the hours away.

scannafosso m. (Agr) drain, drain channel.

scannare[1] (**scànno**) I v.t. 1 (rif. ad animali) to butcher, to slaughter: ~ un maiale to butcher a pig. 2 (rif. a persone: tagliare la gola) to cut the throat of, to slit the throat of. 3 (estens) (trucidare selvaggiamente) to butcher, to slaughter, to massacre. 4 (fig) (far pagare molto) to fleece, (colloq) to skin. II v.r.recipr. **scannarsi** (fig) (darsi battaglia) to slit each other's throat, to be at each other's throat.

scannare[2] (**scànno**) v.t. (Tess) to unwind, to unreel.

scannato a. 1 butchered, slaughtered. 2 (Tess) unreeled, unwound.

scannatoio m. 1 abattoir, slaughterhouse, (ant) shambles (costr.sing.). 2 (fig,scherz,spreg) love nest, room where a man takes women just to have sex with them.

scannellare (**scannèllo**) v.t. 1 (Art) to flute, to channel. 2 (Mecc) to groove, to slot. 3 (Tess) to unwind, to unreel.

scannellato a. 1 (Arch) fluted, channelled: colonna scanalata fluted column. 2 (Mecc) grooved. 3 (Tess) unwound, to unreeled.

scannellatura f. 1 (Arch) (lo scanalare) grooving. 2 (Mecc) (lo scanalare) channelling. 3 (Mecc) (incavo) groove, channel. 4 (Arch) flute, fluting. 5 (Mecc) groove, spline. 6 (Inform) slot.

scannello m. (Macell,Gastron) topside, (Am) top round.

scanner m.inv. scanner (anche Inform): passare allo ~ to scan.

scannerare (**scànnero**) v.t. (Inform) to scan.

scannerizzare (**scannerìzzo**) v.t. (Inform) to scan.

scannerizzazione f. (Inform) scan.

scanno m. 1 (sedile) seat. 2 (stallo: spec. in chiesa) (Br) stall, (Am) pew: ~ del coro (Br) choir-stall, (Am) choir pew. 3 (Geol) (barra di foce) shoal, bank.

scansafatiche m./f.inv. (colloq) slacker, loafer, idler, dodger.

scansare (**scànso**) I v.t. 1 to move, (Br) to move aside, to shift, (Am) to move out of the way: ho scansato i miei libri per fare posto ai tuoi I've shifted my books to make room for yours. 2 (schivare) to dodge: ~ un colpo to dodge a blow. 3 (schivare: abbassandosi) to duck. 4 (estens) (sottrarsi) to shirk, to dodge, to fight shy of, (Br) to get round, (Am) to avoid: ~ una responsabilità to shirk a responsibility. 5 (estens) (rif. a persone: evitare) to shun, to avoid, to steer clear of. II v.pron. **scansarsi** to step aside, to draw aside, to get out of the way. □ scansatevi! get out of the way!

scansia f. (Arred) 1 (mobile a ripiani) shelves pl.; (per libri) bookcase. 2 (scaffale) shelf.

scansione f. 1 (Metr) scansion. 2 (TV, Inform) scanning.

scanso □ a ~ di (per evitare) to avoid, as a precaution against: a ~ di equivoci to avoid misunderstandings.

scantinato m. (Edil) basement, cellar.

scantonare (**scantóno**; aus. avere) v.i. 1 (girare l'angolo) to turn a corner, (Br) to slip round a corner, (Am) to turn the corner: non appena mi vide, scantonò (Br) as soon as he saw me he slipped round a corner, (Am) as soon as he saw me he turned the corner. 2 (estens) (svignarsela) (Br) to slip off, to slink away, (Am) to get out of the place. 3 (estens) (evitare un argomento delicato, divagare) to dodge the question. 4 (estens) (evitare lavori) to dodge.

scanzonato a. free-and-easy, light-hearted, easy-going.

scapaccione m. (ant) slap, (Br) clout (on the head): dare uno ~ a qcu. (Br) to give so. a clout, (Am) to slap so. upside the head.

scapataggine f. (ant) thoughtlessness, heedlessness.

scapato a. (ant) (sventato) thoughtless, heedless, scatter-brained.

scapecchiare (**scapécchio, scapécchi**) v.t. (Tess) to hackle.

scapecchiatoio m. (Tess) hackle.

scapecchiatura f. (Tess) hackling.

scapestrataggine f. 1 (sfrenatezza) wildness, recklessness. 2 (dissolutezza) dissoluteness, profligacy. 3 (azione da scapestrato) reckless act.

scapestrato I a. 1 (sfrenato) wild, reckless, madcap. 2 (dissoluto) loose, looseliving, dissolute, profligate. II m. (f. -a) 1 (scavezzacollo) daredevil, madcap. 2 (dissoluto) loose liver, rake, profligate.

scapezzare (**scapézzo**) v.t. (Forest,Agr) to lop, to pollard.

scapicollarsi (**mi scapicòllo**) v.pron. 1 (region) (precipitarsi a rompicollo) to rush headlong down, to plunge down, to dash down: ~ per una discesa to plunge down a slope. 2 (fig) (affannarsi) to do one's utmost, to struggle, to strive, (Am) to give it all, to give all one has got.

scapigliare (**scapìglio, scapìgli**) I v.t. (scompigliare, spettinare) to tousle the hair of, to ruffle the hair of, to dishevel the hair of: il vento mi ha scapigliata the wind has messed (up) my hair. II v.pron. **scapigliarsi** (scompigliarsi) to tousle one's hair, to ruffle one's hair, (Br) to get dishevelled, (Am) to get dishevelled.

scapigliato I a. 1 (spettinato) tousled, ruffled. 2 (spettinato e sporco) dishevelled, (Am) disheveled. 3 (fig) (dissoluto) loose living. II m. (f. -a) 1 (fig) (dissoluto) loose liver. 2 (Lett,Art) artist who adhered to the Scapigliatura movement.

scapigliatura f. 1 (lett) loose living, dissoluteness, profligacy. 2 (Lett,Art) Scapigliatura movement.

scapitare (**scàpito**; aus. avere) v.i. (rimetterci) to suffer loss, to lose, to suffer damage: vendendo a prezzi così bassi ci scapito selling at such low prices I lose (money).

scapito m. 1 (perdita di guadagno) loss: vendere a ~ to sell at a loss. 2 (danno) damage, harm, injury: con grave ~ della sua reputazione with great harm to his reputation, to the serious detriment of his reputation. □ a ~ di (con grave danno per) to the detriment of.

scapitozzare (**scapitòzzo**) v.t. (Giard,Agr) to lop, to pollard.

scapo m. 1 (Arch,Bot) scape. 2 (Anat) hair shaft.

scapocchiare (**scapòcchio**) v.t. to break

the head off sth., to knock the head off sth.

scapola f. (Anat) scapula, (colloq) shoulder blade.

scapolare[1] a. (Anat,Ornit) scapular, (colloq) shoulder (attr.): cingolo ~ shoulder girdle.

scapolare[2] m. (Abbigl,Rel.catt) scapular, scapulary.

scapolare[3] (**scàpolo**) I v.i. (aus. avere/essere) (colloq) (sfuggire) to escape (da qcs. sth., from sth.), to flee (da qcs. from sth.): ~ da un pericolo to escape a danger. II v.t. (colloq) (scampare, evitare situazioni difficili) to escape, to survive, to come through. 2 (Mar) (evitare) to avoid. 3 (Mar) (sorpassare) to double. 4 (Mar) (liberare) to loose, to free, to slip. □ (colloq,rar) scapolarsela (cavarsela) to have a narrow escape.

scapolo I m. bachelor. II a. single, unmarried, bachelor (attr.): appartamento da ~ bachelor flat. □ ~ impenitente confirmed bachelor.

scapolone m. (scherz) confirmed bachelor, old bachelor.

scapolo-omerale a. (Anat) scapulo-humeral, scapulohumeral.

scappamento m. 1 (Mot) (fumi) exhaust. 2 (Mot) (tubo) exhaust pipe, (Am,colloq) tailpipe. 3 (Orol) escapement. 4 (Mus) (nel pianoforte) escapement. 5 (Ferr) (da cui esce vapore) blast pipe. □ (Aut) ~ libero (privo di silenziatore) exhaust without silencer.

scappare (**scàppo**; aus. essere) v.i. 1 to run away, to run off, to flee: il ladro è scappato the thief has run away. 2 (fuggire dal luogo in cui si è rinchiusi) to escape (di from), to break out out (of, from), to get out (of, from), to run away (from): ~ di prigione to escape from prison; ~ di collegio to run away from boarding school. 3 (fuggire dal luogo in cui si è rinchiusi: rif. a uccelli) to fly away. 4 (svignarsela) to slip off, to sneak away, to steal away. 5 (correre, affrettarsi) to rush, to rush off, to dash, to dash off, to hurry, to run: scappo a vestirmi e sono subito pronto I'll run and get dressed and be ready in a minute; ~ a casa to rush home. 6 (fig) (sfuggire) to miss, to let sth. slip, to slip by, to go by, to pass by: mi sono lasciato ~ una magnifica occasione I let a great chance slip by; mi è scappato il treno I missed the train. 7 (fig) (sfuggire: rif. a parole e sim.) to slip out, to escape: mi è scappato di bocca it just slipped out; ti è scappato questo errore this mistake slipped your attention. 8 (non potersi contenere) not to be able to help, to have to, to be bursting, to be dying: mi è scappato da ridere I couldn't help laughing, I couldn't keep myself from laughing. 9 (uscire, sbucare) to come out, to straggle, to slip out, to hang out, to fall out: i capelli gli scappavano di sotto il cappello his hair was straggling out from under his hat. □ scappar detto to come out with, to let slip, to let come out: mi scappò detto I let slip, I blurted out, (Am) I slipped out; lasciarsi ~ qcs. di bocca to let sth. slip, to blurt sth. out; mi è scappato di bocca I said it unintentionally, I let it slip out; ~ di mano: 1 (scivolare) to slip from one's hand; 2 (fig) (sfuggire al controllo) to get out of control; ~ di mente to slip one's mind; (colloq) qui ci scappa il morto someone is going to get killed; per poco non ci scappava il morto somone was nearly killed, (Am) someone almost bought the farm; far ~ la pazienza a qcu. to make so. lose his patience, to make so. lose his temper; mi scappa la pazienza I am losing my patience; farebbe ~ la pazienza a un santo be would try the patience of a saint; mi scappa la pipì (Br) I'm dying to go to the loo, (*Am*) I've gotta go to the john; *di qui non si scappa* there's no getting out of it; *scappa scappa!* run for it!; *lasciarsi ~ un'occasione* to miss an opportunity, (*Am*) to blow a chance, to blow an opportunity; *~ via* to run off, to run away, to take to one's heels, (*Am,colloq*) to bolt, to dash off, to take off, to whiz.

scappata *f.* **1** dash, (*Am*) quick run: *devo fare una ~ in ufficio* I must make a dash to the office. **2** (*breve visita*) call, visit, brief visit, (*Br,colloq*) look-in. **3** (*breve gita*) trip, short trip. **4** *spec.pl.* (*fig*) (*errore, leggerezza*) escapade, folly: *scappate di gioventù* youthful escapades. **5** (*fig,rar*) *rif. ad avventure amorose: scappatella*) escapade, flirtation. **6** (*Sport*) (*nell'ippica: partenza veloce di cavalli*) flying start. **7** (*in pirotecnica*) grand finale, climax. □ *fare una ~ da qcu.* (*fargli visita*) to drop by, (*Br*) to call in at so., to call on so., to pay so. a flying visit, to pop in on so., to pop in to so., (*Am*) to pay so. a quick visit, to swing by so.'s place.

scappatella *f.* **1** (*errore, leggerezza*) escapade: *scappatelle di gioventù* youthful escapades. **2** (*rif. ad avventure amorose*) escapade, flirtation.

scappatina *f.* brief visit, (*Br,colloq*) look-in: *fare una ~ da qcu.* (*fargli visita*) to drop by, (*Br*) to call in at so., to call on so., to pay so. a flying visit, to pop in on so., to pop in to so., (*Am*) to pay so. a quick visit, to swing by so.'s place.

scappatoia *f.* **1** (*espediente*) way out, loophole: *cercare una ~* to try and find a way out. **2** (*scusa*) pretext, excuse. □ *~fiscale* tax loophole.

scappellare (*scappèllo*) I *v.t.* **1** (*togliere la cappella a un fungo*) to take off the top. **2** (*Caccia,ant*) (*rif. a falchi*) to unhood. **3** (*Mar*) to unbit. II *v.pron.* **scappellarsi** (*rar*) (*levare il cappello in segno di saluto*) to raise one's hat, to lift one's hat, to tip one's hat.

scappellata *f.* raising of one's hat, tipping of one's hat, lifting of one's hat, taking off of one's hat: *fare una ~* to raise one's hat, to sweep off one's hat.

scappellotto *m.* slap on the head, (*Br*) cuff: *dare uno ~ a qcu.* (*Br*) to cuff so., to give so. a slap on the head, to slap so. on the head, (*Am*) to give so. a slap upside the head, to slap so. over the head.

scappottare (*scappòtto*) *v.t.* **1** (*di automobile*) (*Br*) to fold back the hood (of a car), (*Am*) to fold back the top (of a car). **2** (*nel gioco delle carte: evitare il cappotto*) to avoid a whitewash.

scappucciare (*scappùccio, scappùcci*) *v.t.* to unhood, to lift the hood off.

scapricciare (*scaprìccio, scaprìcci*) I *v.t.* to indulge (the whim of). II *v.pron.* **scapricciarsi** to indulge one's whim, to indulge one's fancy, to satisfy one's desire.

scapsulare (*scàpsulo*) *v.t.* **1** to remove a capsule from. **2** (*Chir*) to decapsulate.

scarabattola *f.* **1** (*pop*) (*oggetto di poco pregio*) (*Br*) trinket, (*Am*) widget. **2** (*fig,lett*) (*bazzecola*) trifle.

scarabattolo *m.* (*Arred*) **1** (*stipetto*) glass-door cabinet. **2** (*edicola a vetri*) show case.

scarabeo *m.* **1** (*Entom*) beetle. **2** (*Oref*) scarab, scarabaeus. **3** (*gioco in cui si compongono parole*) Scrabble. □ (*Entom*) ~ *sacro* scarabaeus, scarab; (*Entom*) ~ *stercorario* dung beetle.

scarabocchiare (*scarabòcchio, scarabòcchi*) *v.t.* **1** (*fare scarabocchi*) to scribble (*su qcs.* on sth.), to scrawl (*su qcs.* on sth.),

(*spec. al telefono*) to doodle (*su qcs.* on sth.). **2** (*riempire di scarabocchi*) to scribble all over, to fill sth. with scrawls. **3** (*fig*) (*scrivere disordinatamente*) (*Br*) to scribble, to scrawl, (*Am*) to chicken-scratch.

scarabocchiato *a.* **1** full of scrawls, scribbled all over. **2** (*fig*) (*scritto male*) scrawled, scribbled.

scarabocchio *m.* **1** (*macchia spec. di inchiostro*) blot. **2** (*sgorbio, brutta scrittura*) (*Br*) scribble, scrawl, (*Am*) chicken-scratch. **3** (*di disegno malfatto*) daub, doodle. **4** (*fig, colloq*) (*persona piccola e malfatta*) runt, shrimp.

scaracchiare (*scaràcchio, scaràcchi*; *aus. avere*) *v.i.* (*pop*) to gob, to spit phlegm.

scaracchio *m.* (*pop*) gob, phlegm.

scarafaggio *m.* (*Entom*) **1** cockroach, (*colloq*) roach. **2** (*blatta orientale*) cockroach, black beetle.

scaramanzia *f.* spell, charm: *fare la ~* to make a spell. □ *per ~* for good luck, against bad luck: *toccare ferro per ~* to touch wood for luck; *non ne voglio parlare per ~* I don't want to speak about it just in case.

scaramazza *f.* (*perla*) baroque pearl.

scaramuccia (*pl.* **-ce**) *f.* **1** (*Mil*) (*scontro non decisivo*) skirmish. **2** (*fig*) (*polemica*) skirmish, clash.

scaraventare (*scaravènto*) I *v.t.* **1** to fling, to hurl, to throw: *~ qcs. fuori dalla finestra* to fling sth. out of the window. **2** (*fig*) (*trasferire*) (*Br*) to shift, to shunt, to transfer, (*Am*) to ship off: *l'hanno scaraventato in un paesino di montagna* he has been transferred to a village in the mountains. II *v.pron.* **scaraventarsi 1** to hurl oneself, to fling oneself, to jump: *scaraventarsi addosso a qcu.* to hurl oneself on so., to jump on so. **2** (*precipitarsi*) to dash, to tear, to hurl oneself, to fling oneself, to rush: *si scaraventò giù per le scale* he dashed down the stairs.

scarcassato *a.* (*colloq*) smashed, shattered.

scarceramento *m.* release, release from prison.

scarcerare (*scàrcero*) *v.t.* to release from prison, to set free from prison, to free from prison.

scarcerazione *f.* release, release from prison.

scardaccio *m.* (*Bot*) creeping thistle.

scardaccione *m.* (*Bot*) creeping thistle.

scardare (*scàrdo*) *v.t.* to husk: *~ le castagne* to husk chestnuts.

scardassare (*scardàsso*) *v.t.* (*Tess*) to card.

scardassatore *m.* (*f.* **-trice**) (*Tess*) carder.

scardassatura *f.* (*Tess*) carding.

scardasso *m.* (*Tess*) (*utensile*) card.

scardinare (*scàrdino*) I *v.t.* **1** to unhinge, to take sth. off its hinges: *~ la porta* to unhinge the door. **2** (*fig*) (*demolire*) to demolish, to destroy. II *v.pron.* **scardinarsi** to come off the hinges.

scardola *f.* (*Itt*) rudd.

scarica *f.* **1** (*raffica di armi da fuoco*) salvo, volley, fusillade, burst. **2** (*lo scaricare*) discharge, firing, letting off; (*lo scaricarsi*) discharge. **3** (*fig*) (*gran quantità*) hail, volley, shower, flood, storm: *una ~ di pugni* a hail of blows; *una ~ di insulti* a storm of abuse. **4** (*violenta evacuazione*) discharge: *~ intestinale* faecal discharge. **5** (*El,Fis*) discharge. □ *~ a bagliore* glow discharge; *~ a effluvio* spray discharge; *~ a fiocco* brush discharge; *~ atmosferica* atmospheric discharge; *~ continua* continuous discharge; (*El*) *~ disruptiva* (*o scarica disruttiva*) disruptive discharge; *~ elettrica* electric dis-

charge; *~rapida* rapid discharge; *~spontanea* self discharge.

scaricabarile *m.inv.* (*gioco*) children's game of lifting each other back to back. □ (*fig,colloq*)*fare a ~* (*scaricare la responsabilità su altri*) to pass the buck.

scaricabarili *m.inv.* (*rar*) (*gioco*) children's game of lifting each other back to back. □ (*fig,colloq*)*fare a ~* (*scaricare la responsabilità su altri*) to pass the buck.

scaricabile *m.* **1** (*Econ*) (*detraibile*) deductible. **2** (*Inform*) downloadable.

scaricamento *m.* discharge, unloading.

scaricare (*scàrico, scàrichi*) I *v.t.* **1** to unload, to discharge: *~ una nave* to unload a ship; *~ il carbone* to unload coal. **2** (*far scendere le persone: da veicoli*) (*Br*) to set down, (*Am*) to let off: *il pullman ci ha scaricati davanti all'albergo* the coach set us down in front of the hotel, (*Am*) the coach let us off in front of the hotel. **3** (*far scendere le persone: da navi e aerei*) to land, to disembark. **4** (*svuotare*: *rif. a liquidi*) to drain, to empty: *~ un bacino* to drain a basin. **5** (*Fisiol*) (*evacuare*) to empty, to discharge, to evacuate: *~ l'intestino* to evacuate the bowels. **6** (*Econ*) (*detrarre*) to deduct. **7** (*Comm*) (*registrare l'uscita*) to cancel, to write down. **8** (*rif. ad armi: sparare*) to fire, to discharge: *~ il fucile* to fire the rifle, to discharge the rifle. **9** (*rif. ad armi: togliere la carica*) to unload: *~ il fucile* to unload the rifle. **10** (*vibrare, scagliare*) to rain, to shower, to hail: *gli scaricò addosso un sacco di pugni* he rained blows on him. **11** (*rif. a meccanismi a molla*) to allow to run down, to allow to run away. **12** (*riversare*) to pour, to empty, to discharge: *il Po scarica le sue acque nell'Adriatico* the Po empties its waters into the Adriatic. **13** (*fig*) (*liberare, alleggerire*) to relieve, to clear, (*lett*) to unburden: *~ la coscienza dai rimorsi* to clear one's conscience of remorse. **14** (*fig*) (*sfogare*) (*Br*) to vent, to give vent to, to let out, (*Am*) to unload: *~ la propria ira su qcu.* (*Br*) to vent one's anger on so., (*Am*) to unload one's anger on so. **15** (*fig*) (*addossare*) to shift, to pass, to dump: *~ la colpa addosso a qcu.* to shift the blame onto so.; *scaricare il ~ su qcu.* to dump the load on so. **16** (*colloq*) (*liberarsi di una persona fastidiosa*) to chuck, to ditch: *ha scaricato il fidanzato* she ditched her boyfriend. **17** (*El*) to discharge; (*rif. a batterie*) to run down: *l'accensione prolungata scarica la batteria* leaving the ignition on runs down the battery. **18** (*Inform*) to download. II *v.pron.* **scaricarsi 1** (*Am*) to relieve oneself (*di* of) to rid oneself (*di* of), to free oneself (from), (*Am*) to unload. **2** (*fig*) (*liberarsi*) to relieve oneself (*di* of), to rid oneself (*di* of), to free oneself (from), to unburden oneself (*di* of), (*Am*) to unload: *scaricarsi di una responsabilità* to relieve oneself of a responsibility. **3** (*fig*) (*sfogarsi*) to vent one's feelings, to give vent to one's feelings, to pour out (one's heart). **4** (*fig*) (*rilassarsi*) to wind down, to relax. **5** (*riversarsi*) to empty, to flow. **6** (*scorrere*) to flow, to run. **7** (*rif. a meccanismi a molla*) to run down, to wind down. **8** (*rif. ad accumulatori e sim.*) to run down, to go dead, to go flat. □ *~ a mare* to jettison; (*Econ*) *~ le spese* to deduct expenses (from taxes).

scaricato *a.* **1** (*liberato dal carico*) unloaded, emptied: *vagone ~* unloaded waggon. **2** (*Tecn*) discharged.

scaricatore *m.* **1** (*f.* **-trice**) (*chi scarica merci*) unloader; (*nei porti*) docker, dockworker, stevedore, (*Am*) longshoreman. **2** (*dispositivo per lo scarico*) unloader. **3** (*El*) discharger, arrester. □ ~*d'acqua* water trap; (*Idr*) ~*d'aria* air escape; (*Mecc*) ~*di condensa* steam trap; (*Idr*) ~*di fondo* bottom outlet; ~*di porto* docker, dockworker, stevedore, (*Am*) longshoreman; (*Idr*) ~*di sicurezza* spillway; (*El*) ~*di sovratensione* overvoltage arrester.

scarico (*pl.* -**chi**) **I** *a.* **1** unloaded: *carro* ~ unloaded truck. **2** (*privo di carica: rif. ad armi*) unloaded, empty. **3** (*privo di carica: rif. a molle*) run-down: *l'orologio è* ~ the clock has run down. **4** (*fig*) (*privo, libero*) untroubled (*di by*), free (*di of, from*), unburdened (*di by*): *mente scarica di preoccupazione* mind free of worries, untroubled mind. **5** (*El*) discharged, flat, dead: *batteria scarica* dead battery, flat battery. **II** *m.* **1** (*lo scaricare*) unloading, discharging: lo ~ *del carbone* the coal unloading. **2** (*lo scaricare: da navi*) discharging, unloading; (*lo scaricare: anche rif. a persone*) disembarking. **3** (*lo scaricare: rif. a rifiuti*) dumping, tipping. **4** (*materiale di rifiuto*) refuse, waste, (*Br*) rubbish, (*Am*) garbage. **5** (*luogo per rifiuti*) dump, (*Br*) rubbish dump, refuse tip, (*Am*) landfill. **6** (*lo scaricare: rif. a liquidi*) draining, drainage. **7** (*rif. a liquidi: condotto*) drain. **8** (*fogna*) sewer. **9** (*Mot*) exhaust. **10** (*Comm*) (*uscita di merce*) release of stock. **11** (*rar*) (*discarico, giustificazione*) defence. □ (*rar*)*a* ~ (*Br*) in defence, (*Am*) in defense: *a mio* ~ to justify myself (*Br*) in my defence, (*Am*) in my defense; *testimoni a* ~ (*Br*) witnesses for the defence, (*Am*) witnesses for the defense; *a* ~ *di ogni responsabilità* to avoid all responsibility; *a* ~ *di coscienza* to clear one's conscience; *scarichi civili* domestic sewage; ~*del vapore* steam exhaust; (*Mar,Aer*) ~*della zavorra* jettisoning of ballast; (*Idr*) ~*dell'acqua* water drain;*di* ~ exhaust (*attr.*), waste (*attr.*), drain (*attr.*): *gas di* ~ exhaust gases, waste gases; ~ *illegale di rifiuti* illegal dumping of refuse; ~*in mare* ocean dumping; *scarichi industriali* industrial waste.

scarificare (**scarìfico, scarìfichi**) *v.t.* (*Chir, Agr*) to scarify.

scarificatore *m.* (*Agr*) scarifier.

scarificazione *f.* (*Chir,Agr*) **1** (*lo scarificare*) scarifying. **2** (*incisione*) scarification.

scarlattina *f.* (*Med*) scarlet fever, scarlatina.

scarlatto **I** *a.* scarlet. **II** *m.* scarlet.

scarmigliare (**scarmìglio, scarmìgli**) **I** *v.t.* to tousle, to ruffle, to dishevel. **II** *v.pron.* **scarmigliarsi** to become tousled, to get ruffled, (*Br*) to get dishevelled, (*Am*) to get disheveled.

scarmigliato *a.* **1** (*rif. a capelli*) tousled, ruffled, (*Br*) dishevelled, (*Am*) disheveled. **2** (*rif. a persone: trascurato*) dishevelled, unkempt, untidy.

scarnare (**scàrno**) *v.t.* (*Pell*) to flesh.

scarnatoio *m.* (*Pell*) fleshing knife.

scarnificare (**scarnìfico, scarnìfichi**) *v.t.* **1** (*levare la carne che sta attorno*) to remove the flesh from: ~ *un'unghia* to remove the flesh from a nail. **2** (*strappare la carne spec. da muscolatura scheletrica*) to strip the flesh from, to rip the flesh from: ~ *un osso* to strip the flesh from a bone. **3** (*fig*) (*ridurre all'essenziale*) to pare down, to reduce to bare bones, to reduce to essentials.

scarnificato *a.* **1** stripped of flesh. **2** (*fig*) (*ridotto all'essenziale*) terse, concise.

scarnificazione *f.* stripping of flesh.

scarnire (**scarnisco, scarnìsci**) *v.t.* **1** to strip the flesh from. **2** (*fig*) (*ridurre all'essenziale*) to make sth. concise, (*colloq*) to strip sth. to the bare bones.

scarnito *a.* **1** stripped of flesh. **2** (*fig*) (*magro, secco*) lean, thin, skinny. **3** (*fig*) (*nudo, essenziale*) barebones, spare.

scarnitura *f.* **1** (*lo scarnire*) stripping of flesh. **2** (*brandelli di polpa*) fleshings *pl.*

scarno *a.* **1** lean, thin, skinny: *viso* ~ lean face. **2** (*fig*) (*povero*) meagre, (*Am*) meager, scanty, inadequate: *un articolo troppo* ~ too meagre an article. **3** (*fig*) (*sobrio, essenziale*) bare, terse, spare: *stile* ~ spare style.

scarogna *e der.* → **scalogna** *e der.*

scarola *f.* (*Bot*) **1** prickly lettuce, (*Am*) escarole. **2** (*region*) (*lattuga*) lettuce.

scarpa *f.* **1** *spec.pl.* (*Calz*) shoe: *mettersi le scarpe* to put on one's shoes; *un paio di scarpe* a pair of shoes. **2** (*cuneo per fermare veicoli*) chock. **3** (*Geog*) (*scarpata*) scarp, escarpment. **4** (*Mecc*) (*nelle funivie*) bearing shoe, support shoe. **5** (*colloq,fig*) (*persona incapace*) (*Br*) dead loss, (*Am*) dead weight. □ (*Calz*) *scarpea punta quadra* square-toed shoes; (*Calz*) *scarpe accollate* shoes with a high instep, pull-on shoes; (*Calz*) *scarpe antinfortunistica* safety shoes; (*Calz*) *scarpe basse* flat shoes, flats; (*Calz,Sport*) *scarpe chiodate* hobnailed boots; (*Calz*) *scarpe con fibbia* buckle shoes; (*Calz*) *scarpe con il rialzo* built-up shoes; (*Calz*) *scarpe con tacco a spillo* stilettos; (*Calz*) *scarpe con tacco alto* high-heeled shoes, high-heels; (*Calz*) *scarpe con tacco basso* low-heeled shoes; (*Calz*) *scarpe correttive* corrective shoes; *da scarpe* shoe (*attr.*): *lucido da scarpe* shoepolish, polish, shoe polish, shoe cream, cream shoe polish; (*Calz*) *scarpeda ballo* soft shoes, dancing shoes; (*Calz*) *scarpeda bambino* baby shoes; (*Calz*) *scarpe da bowling* bowling shoes; (*Calz,Sport*) *scarpe da calcio* (*Br*) football boots, (*Am*) soccer cleats; (*Calz*) *scarpeda donna* women's shoes, women's shoes, ladies shoes; (*Calz*) *scarpeda escursione* hiking shoes; (*Calz,Sport*) *scarpeda ginnastica* : **1** trainers, athletic shoes, sports shoes, (*Am*) sneakers, tennis shoes; **2** (*di tela*) gym shoes, (*Br*) plimsolls, plimsoles; (*Calz,Sport*) *scarpeda golf* golf shoes, golfing shoes; (*Calz*) *scarpeda montagna* (*Br*) climbing boots, (*Am*) hiking shoes, hiking boots; (*Calz*) *scarpe da neve* snow shoes; (*Calz*) *scarpeda passeggio* walking shoes; (*Calz*) *scarpe da punta* (*nella danza*) pointe shoes, toe shoes; (*Calz,Sport*) *scarpe da roccia* rock-climbing boots, rock-climbing shoes; (*Calz*) *scarpeda sera* evening shoes, dress shoes; (*Calz,Sport*) *scarpe da tennis* tennis shoes; (*Calz*) *scarpeda uomo* men's shoes; (*Calz,Sport*) *scarpe da vela* boat shoes, deck shoes; (*Calz*) *scarpe di camoscio* suede shoes; (*Calz*) *scarpe di corda* rope sandals; (*Calz*) *scarpedi cuoio* leather shoes; (*Calz*) *scarpe di gomma* rubber shoes; (*Calz*) *scarpedi marocchino* morocco shoes; (*Calz*) *scarpe di tela* canvas shoes; (*Calz*) *scarpedi vernice* patent leather shoes; (*colloq,fig*)*fare le scarpea qcu.* to stab so. in the back, to oust so.; (*Calz*) *scarpeferrate* hobnailed shoes; (*Calz*) *scarpe leggere* light shoes; *scarpe ortopediche* : **1** (*Med*) orthopaedic shoes, (*Am*) orthopedic shoes; **2** (*Calz*) (*con la zeppa*) wedge-heeled shoe, (*colloq*) wedgie; (*Calz*) *scarpe pesanti* thick shoes, heavy shoes; (*Calz*) *scarpe scollate* court shoes, (*Am*) pumps; (*Calz*) *scarpe senza tacco* flat shoes, flats; (*Calz*) *scarpe sportive* sports shoes; *ho le scarpe strette* (*Br*) my shoes pinch, (*Am*) my shoes are too tight; (*Calz*)

scarpe stringate lace-up shoes. *Prov.*: *scarpe grosse e cervello fino* wisdom sometimes walks in hobnailed shoes.

scarpaio *m.* (*ant*) (*venditore ambulante di scarpe*) shoe pedlar.

scarpata [1] *f.* (*colpo con la scarpa*) kick with a shoe.

scarpata [2] *f.* **1** (*Geog*) scarp, escarpment, steep slope. **2** (*pendio*) slope: *scendere giù per la* ~ to go down the slope. **3** (*Mil*) escarpment. □ (*Geol*) ~*continentale* continental slope.

scarpetta *f.* **1** (*scarpa da bambino*) baby shoe. **2** (*scarpa da donna*) woman's shoe. **3** (*scarpa bassa e leggera*) light shoe. □ (*Calz*) *scarpettada ballo* soft shoes, dancing shoes; (*Bot*) ~*di Venere* lady's slipper, lady slipper; (*colloq,fig*)*fare* ~ (*ofare la* ~) to mop up sauce with bread, to clean one's plate with a piece of bread.

scarpiera *f.* **1** (*armadietto: aperto*) shoe rack, (*chiuso*) shoe cupboard. **2** (*borsa da viaggio*) shoe bag.

scarpinare (**scarpìno**; *aus.* **avere**) *v.i.* (*colloq*) to tramp, to trek, to hoof, to footslog.

scarpinata *f.* (*colloq*) long walk, tramp.

scarpino *m.* **1** light low-heeled shoe, (*lett*) slipper. **2** (*Sport*) (*nel calcio*) (*Br*) football boot, (*Am*) soccer cleat.

scarponcino *m.* (*Calz*) **1** (*per bambini*) child's boot. **2** (*scarpa alta*) boot.

scarpone *m.spec.pl.* (*Calz*) boot. □ (*Calz*) *scarponi chiodati* hobnailed boots; (*Calz*) *scarponi da montagna* mountaineering boots, (*Br*) climbing boots, (*Am*) hiking boots; (*Calz,Sport*) *scarponida sci* ski boots; (*Calz,Mil*) *scarponida soldato* army boots.

scarrocciare (**scarròccio, scarròcci**) *aus.* **avere**) *v.i.* (*Mar,Aer*) to sag, to drift to leeward.

scarroccio *m.* (*Mar,Aer*) leeway.

scarrozzare (**scarròzzo**) **I** *v.t.* **1** (*estens*) (*portare in giro, con auto*) to drive around, to take around: ~ *in giro qcu.* to drive so. around. **2** (*rar*) (*portare in giro: in carrozza*) to drive around in a carriage, to take around in a carriage. **II** *v.i.* (*aus.* **avere**) (*girare con auto*) to drive around, to go around, to go for a drive, to go for a ride.

scarrozzata *f.* (*rar*) **1** (*gita spec. in auto*) drive, trip. **2** (*gita: in carrozza*) carriage ride, drive in a carriage, ride in a carriage.

scarrucolare (**scarrùcolo**) **I** *v.i.* (*aus.* **avere**) **1** (*scorrere sulla carrucola*) to run over a pulley. **2** (*uscire dalla gola della carrucola*) to slip off a pulley. **II** *v.t.* (*rar*) to take a piece off a pulley.

scarrucolio *m.* **1** running of a pulley block. **2** (*rumore*) noise of a pulley-block running.

scarruffare (**scarrùffo**) *v.t.* (*region*) (*spettinare*) to ruffle, to tousle, to dishevel.

scarruffato *a.* (*region*) **1** (*rif. a capelli*) ruffled, tousled, (*Br*) dishevelled, (*Am*) disheveled. **2** (*rif. a persone*) untidy, (*Br*) dishevelled, (*Am*) disheveled.

scarsamente *avv.* scantly, scantily, poorly, meagrely, sparely, barely: ~ *illuminato* poorly lit; *un corso* ~ *frequentato* a seminar badly attended; ~ *popolato* sparsely populated; scantly populated; *un territorio* ~ *popolato* an under-populated area.

scarseggiare (**scarséggio, scarséggi**) *aus.* **avere**) *v.i.* **1** (*essere scarso, esaurirsi*) to run short, to be running out, to get scarce: *i viveri scarseggiano* provisions are running out. **2** (*mancare di*) to be short (*di of*), to be down (*di on*), to be low (*di on*): ~ *di denaro* to be short of money. **3** (*fig*) (*mancare di: rif. a cose astratte*) to lack (*di qcs.* sth.), to be lacking (*di qcs.* in sth.), (*colloq*) to be short (*di qcs.* on sth.): *scarseggia di intelligenza* he lacks intelligence, he hasn't much intelligence.

scarsella *f.* (*region*) purse: *mettere mano alla* ~ to put one's hand in one's purse, to dip into one's pocket.

scarsezza *f.* shortage, lack, scarcity, scarceness, deficiency, scantiness: ~ *d'acqua* water shortage; ~ *di personale* personnel shortage, staff shortage.

scarsità *f.* shortage, lack, scarcity, scarceness, deficiency, scantiness: ~ *d'acqua* water shortage; ~ *di personale* personnel shortage, staff shortage.

scarso *a.* **1** scarce, scanty, poor, meagre: *vitto* ~ meagre fare; *raccolto* ~ poor harvest. **2** (*manchevole, povero*) lacking (*di* in), poor (*di* in), short (*di* of, on): ~ *di intelligenza* lacking in intelligence; *essere* ~ *di quattrini* to be short of money. **3** (*debole*) feeble, weak, poor: *luce scarsa* weak light. **4** (*che non raggiunge la misura precisa*) just under, short: *un chilo* ~ just under one kilo; *misura scarsa* short measure; *tre kilometri scarsi* a bare three kilometres. **5** (*Mar*) light: *vento* ~ light air. **6** (*Scol*) poor, weak: *essere* ~ *in una materia scolastica* to be weak in a subject, to be weak in a school subject. □ ~ *di idee* uninspired, unoriginal.

scart *f.inv.* (*Elettron*) scart plug.

scartabellare (**scartabèllo**) *v.t.* to leaf through, to skim through, to flip through.

scartafaccio *m.* **1** scribbling block, scribbling pad, notebook, jotter. **2** (*libro mal ridotto*) tattered book.

scartamento *m.* (*Ferr,Mecc*) (*Br*) gauge, (*Am*) gage. □ ~ *del binario* (*Br*) track gauge, (*Am*) track gage; (*Ferr*) ~ *largo* (*Br*) broad gauge, (*Am*) broad gage; (*Ferr*) ~ *normale* (*Br*) standard gauge, (*Am*) standard gage; ~ *ridotto* : **1** (*Ferr*) (*Br*) narrow gauge, (*Am*) narrow gage: *linea a* ~ *ridotto* narrow-gauge line; **2** (*scherz*) miniature, mini, (*colloq*) pint-size, pint-sized: *una casa a* ~ *ridotto* a pint-sized house.

scartare[1] (**scàrto**) *v.t.* to unwrap: ~ *un pacco* to unwrap a parcel.

scartare[2] (**scàrto**) *v.t.* **1** (*respingere, rifiutare*) to discard, to reject, to turn sth. down: ~ *una teoria* to discard a theory. **2** (*eliminare*) to discard, to reject, to throw out, to weed out: ~ *la frutta guasta* to throw out the rotten fruit. **3** (*nei giochi di carte*) to discard, to throw sth. away. **4** (*Mil*) (*riformare*) to reject.

scartare[3] (**scàrto**) **I** *v.i.* (*aus.* **avere**) **1** (*rif. ad animali*) to shy, to swerve, to side-step. **2** (*rif. a veicoli*) to swerve, to skid. **II** *v.t.* (*Sport*) to dodge, to swerve, to side-step, to dribble: ~ *l'avversario* (*Br*) to dribble round the opponent, (*Am*) to dribble around the opponent.

scartata *f.* **1** (*rif. ad animali*) shy, swerve, side-step. **2** (*rif. a veicoli*) swerve, skid.

scartavetrare (**scartavétro**) *v.t.* (*colloq*) to sandpaper, to sand.

scartellare (**scartèllo**; *aus.* **avere**) *v.i.* (*Econ*) to disregard the norms of a banking cartel.

scartina *f.* **1** (*nei giochi: carta bassa*) low card. **2** (*estens*) (*persona di scarso valore*) nonentity, nobody. **3** (*Sport*) (*atleta scadente*) poor athlete.

scartinare (**scartìno**) *v.t.* (*Tip*) to slip-sheet, to insert slip sheets between.

scartino *m.* (*Tip*) slip sheet.

scarto[1] *m.* **1** discarding, rejection. **2** (*esclusione*) throwing out, rejection, scrapping. **3** (*cosa scartata*) discard, reject, throw-out. **4** (*fig*) (*insieme di cose di scarso valore*)

refuse, waste, scrap, rubbish. **5** (*fig*) (*rif. a persone di scarso valore*) reject. **6** (*nei giochi di carte*) discard. **7** (*Met*) scrap, rejects *pl.* □ (*Mecc*) ~ *di lavorazione* machine-shop reject; (*spreg*) ~ *di leva* reject.

scarto[2] *m.* **1** (*rif. ad animali*) shy, swerve, side-step. **2** (*rif. a veicoli*) swerve, skid., dodge. **3** (*estens*) (*differenza, distacco*) difference, gap, interval. **4** (*Statist*) (*deviazione*) deviation. **5** (*Mat*) (*differenza*) spread. □ (*Econ*) ~ *deflatorio* deflationary gap; (*Comm*) ~ *di prezzo* price differential; (*Statist*) ~ *quadratico medio* root-mean-square deviation, standard deviation; ~ *temporale* time lag; (*Statist*) ~ *tipo* standard deviation.

scartocciare (**scartòccio, scartòcci**) *v.t.* **1** (*levare dal cartoccio*) to unwrap. **2** (*Agr*) (*rif. a pannocchie di granoturco*) to strip, to husk, (*Am*) to shuck.

scartocciatura *f.* (*Agr*) stripping, husking, (*Am*) shucking.

scartoffia *f.spec.pl.* (*spreg,scherz*) papers *pl.*, heaps *pl.* of paper, (*colloq*) bumf, bumph.

scassa *f.* (*Mar*) step.

scassare[1] (**scàsso**) **I** *v.t.* **1** (*forzare*) to force, to break: ~ *la serratura* to force the lock. **2** (*colloq*) (*rompere*) to break, to wreck, to smash, (*colloq*) to bust, (*Am*) to tear up: *ha già scassato la bicicletta nuova* he has already broken his new bicycle. **3** (*Agr*) to plough up, to break up. **II** *v.pron.* **scassarsi** (*colloq*) (*rompersi*) to break.

scassare[2] (**scàsso**) *v.t.* to unpack, to uncase: ~ *la merce* to unpack the goods.

scassato *a.* **1** (*Agr*) ploughed up, broken up. **2** (*colloq*) (*guasto*) broken, wrecked, smashed.

scassinare (**scassìno**) *v.t.* **1** to force, to break: ~ *una serratura* to force a lock, to pick a lock. **2** (*con un grimaldello*) to pick a lock. **3** (*aprire*) to force, to force open, to break sth. open, to break sth. down: ~ *l'uscio* to force the door open, to break down the door.

scassinatore *m.* (*f.* **-trice**) housebreaker, burglar, picklock. □ ~ *di casseforti* safe-breaker, safecracker.

scassinatura *f.* (*rar*) forcing open, breaking open.

scasso *m.* **1** forcing open, breaking open, breaking down, break-in. **2** (*Agr*) ploughing up, breaking up.

scatarrare (**scatàrro**; *aus.* **avere**) *v.i.* (*pop*) to hawk, to cough up phlegm, to expectorate.

scatarrata *f.* (*pop*) hawking, coughing up of phlegm, expectoration.

scatenamento *m.* **1** (*lo sfrenarsi*) going wild, (*Br*) running riot, (*Am*) going crazy. **2** (*estens*) (*manifestazione sfrenata*) outbreak.

scatenante *a.* causing: *fattore* ~ causing factor.

scatenare (**scaténo**) **I** *v.t.* **1** (*liberare*) to unleash, to give free rein to, to unbridle: ~ *l'odio della folla contro qcu.* to unleash the anger of the crowd against so. **2** (*aizzare*) to stir up, to unleash. **3** (*fig*) (*far scoppiare*) to set off, to cause, to provoke: ~ *una guerra* to cause a war. **II** *v.pron.* **scatenarsi** **1** (*sfrenarsi*) to break out, to go wild. **2** (*darsi alla pazza gioia*) to have a high old time. **3** (*rif. a bambini che giocano*) (*Br*) to romp, (*Am*) to become rambunctious. **4** (*insorgere violentemente: rif. a intemperie*) to rise: *si sta tenendo il vento* the wind is rising, (*Br*) the wind is blowing up.

scatenato *a.* unbridled, wild, unrestrained: *è un diavolo* ~ he's a holy terror.

scatola *f.* **1** (*contenitore*) box, case: *una* ~

di sigari a box of cigars. **2** (*di cartone*) box, cardboard box, carton, case: *la* ~ *delle scarpe* the shoebox. **3** (*confezione, pacchetto*) box: *una* ~ *di cioccolatini* a box of chocolates; *una* ~ *di fiammiferi* a box of matches. **4** (*barattolo di latta*) tin, (*Am*) can: *una* ~ *di fagioli* (*Br*) a tin of beans, (*Am*) a can of beans. **5** (*Tecn*) (*cassetta, cofano*) box, case, housing. **6** (*El*) box. **7** (*Inform*) (*rif. a CD*) jewel box. □ (*fig*)*a* ~ *chiusa* (*senza controllare*) blindly, without checking, sight unseen: *ho accettato la sua proposta a* ~ *chiusa* I accepted his offer blindly; *comprare a* ~ *chiusa* to buy sight unseen, to buy a pig in a poke; ~ *a sorpresa* jack-in-the-box; ~ *armonica* (*carillon*) musical box, (*Am*) music box; *scatole cinesi* Chinese boxes; (*Anat*) ~ *cranica* cranium, brain case; (*Mecc*) ~ *degli eccentrici* cam shaft housing; ~ *dei colori* paintbox, box of paints; (*Aut*) ~ *del cambio* gearbox; (*Aut*) ~ *del differenziale* differential gearbox, differential housing; (*Aut*) ~ *della frizione* clutch housing, clutch box; (*Aut*) ~ *dello sterzo* steering gearbox; ~ *di cartone* cardboard box, carton; ~ *di compassi* compass case, set of drawing instruments; (*El*) ~ *di derivazione* connector block; (*Elettron*) ~ *di giunzione* junction box; *in* ~ : **1** (*di latta*) tinned, (*Am*) canned: *piselli in* ~ tinned peas; **2** (*di cartone*) boxed; ~ *musicale* (*carillon*) musical box, (*Am*) music box; (*Aer*) ~ *nera* flight recorder, (*colloq*) black box; (*Econ,colloq*) ~ *vuota* shell company.

scatolaio *m.* (*f.* **-a**) (*rar*) **1** (*fabbricante*) box maker. **2** (*commerciante*) box seller.

scatolame *m.* **1** (*rar*) (*scatole*) boxes *pl.* **2** (*scatole in latta per cibi*) (*Br*) tins *pl.*, (*Am*) cans *pl.* **3** (*cibi conservati in scatola*) (*Br*) tinned food, (*Am*) canned food, canned goods.

scatolare *a.* box (*attr.*), box-shaped, box-like.

scatolificio *m.* **1** box factory. **2** (*rif. a barattoli*) (*Br*) tin factory, (*Am*) can factory.

scatologia *f.* scatology.

scatologico (*pl.* **-ci**) *a.* scatological.

scattante *a.* **1** (*svelto, agile*) quick, quick off the mark. **2** (*pronto nell'agire*) wide-awake, alert, quick off the mark. **3** (*rif. ad automobile*) quick, swift.

scattare (**scàtto**) **I** *v.i.* (*aus.* **essere/avere**) **1** to go off, to be released: *ieri è scattato l'allarme* yesterday the alarm went off. **2** (*rif. a molle e sim.*) to spring, to go off, to click. **3** (*chiudersi di scatto*) to snap shut. **4** (*aprirsi di scatto*) to spring open, to fly open. **5** (*estens*) (*assumere di scatto una posizione*) to spring, to leap, to jump: ~ *in piedi* to spring to one's feet, to jump to one's feet. **6** (*estens*) (*slanciarsi*) to spring, to fling oneself, to shoot off, to rush off: ~ *all'assalto* to spring to the attack. **7** (*estens*) (*fare qcs. in fretta*) to do it quickly, (*Br*) to make it snappy, to snap to it, (*Am*) to step on it. **8** (*fig*) (*adirarsi*) to fly into a rage, (*colloq*) to fly off the handle. **9** (*rif. a misure*) to jump, to leap: *la contingenza è scattata di tre punti* the cost of living index jumped three points. **10** (*Sport*) to spring. **11** (*fig*) (*avviarsi*) to start, to begin. **II** *v.t.* to take, to snap, to shoot. □ (*Arm*) ~ *a vuoto* to misfire; (*fig*) ~ *come una molla* : **1** (*agire subito*) to spring into action, to get going; **2** (*adirarsi*) to erupt; *fare* ~ *qcs.* to spring sth., to release sth.; (*Mil*) ~ *sull'attenti* to leap to attention; (*Fot*) ~ *una fotografia* to take a picture, to take a photo, to snap a photo.

scattista *m./f.* (*Sport*) sprinter.

scatto *m.* **1** release, trip: *lo ~ di un congegno* the release of a spring mechanism. **2** (*rumore*) click, snap: *sentire uno ~* to hear a click. **3** (*congegno che scatta*) release, trigger, trip, snap, catch. **4** (*movimento brusco*) jump, leap, start. **5** (*fig*) (*risposta, atto concitato*) burst, outburst, fit. **6** (*fig*) (*avanzamento: di carriera*) advancement, promotion. **7** (*fig*) (*rif. a retribuzioni*) automatic rise. **8** (*Arm*) (*nelle armi da fuoco*) trigger mechanism. **9** (*Sport*) sprint, spurt. **10** (*Fot*) (*immagini su pellicola*) snap, picture, shot. **11** (*Tel*) unit. **12** (*Aut*) (*ripresa*) acceleration. □ *a ~* spring (*attr.*), snap (*attr.*): *serratura a ~* spring lock; *a scatti* by fits and starts, in jerks, jerkily: *parlare a scatti* to speak jerkily; (*Arm*) *~ a vuoto* misfire; *~ automatico* : 1 (*Fot*) self-timer; 2 (*Mecc*) automatic release, trip switch; (*Sport*) *~ bruciante* irresistible surge; (*Fot*) *~dell'otturatore* shutter release; *di ~* suddenly, all of a sudden: *alzarsi di ~* to jump to one's feet; (*burocr*) *~ di anzianità* seniority increase; *avere uno ~d'ira* to have an outburst of anger, to have an outburst of temper; *~ felino* cat-like leap, cat-like pounce, feline leap; (*Sport*) *~ finale* final sprint, final spurt; (*Tecn*) *~libero* freewheel; (*burocr*) *~salariale* automatic pay increase.

scaturigine *f.* (*lett*) source, origin, spring (*anche fig*).

scaturire (**scaturìsco, scaturìsci**; *aus.* **essere**) *v.i.* **1** to spring, to gush: *l'acqua scaturiva dalla roccia* the water gushed from the rock. **2** (*fig*) (*prorompere: rif. a lacrime*) to well up, to gush. **3** (*fig*) (*avere origine, derivare*) to come, to result, to come out, to arise, to ensue: *il male può ~ dal bene* ill may come of good.

scavalcare (**scavàlco, scavàlchi**) *v.t.* **1** to climb over, to clamber over: *~ un muro* to climb over a wall. **2** (*con un salto*) to jump (over), to leap (over), to hurdle. **3** (*fig*) (*oltrepassare, superare in graduatoria*) to get ahead of, to overtake: *~ un concorrente* to get ahead of a competitor. **4** (*non rispettare la linea gerarchica*) to go over so.'s head. **5** (*Equit*) (*sbalzare di sella*) to unhorse, to unseat. **6** (*nel lavoro a maglia*) to slip.

scavallare[1] □ *~ le gambe* to uncross one's legs.

scavallare[2] (**scavàllo**; *aus.* **avere**) **I** *v.i.* (*rar*) to run free, to run wild, to frolic, to frisk.

scavapatate *f.inv.* (*Mecc,Agr*) potato digger.

scavare (**scàvo**) **I** *v.t.* **1** to dig, to excavate: *~ un buco* to dig a hole; *~ una galleria* to dig a tunnel, to tunnel. **2** (*con scavatrici*) to excavate. **3** (*fare un incavo*) to hollow, to hollow out, to scoop out: *~ un tronco* to hollow out a trunk, to dig out a trunk. **4** (*trovare dissotterrando*) to dig up, to unearth, to uncover: *~ un tesoro* to dig up a treasure. **5** (*fig, rar*) (*escogitare*) to dig up, to rake up, to find: *~ pretesti* to dig up excuses. **6** (*fig*) (*indagare a fondo*) to dig into, to delve. **7** (*Sart*) (*incavare*) to enlarge, to scoop out, to widen: *~ le maniche* to widen the sleeves. **8** (*Minier*) (*asportare*) to mine, to extract: *~ carbone* to mine coal. **9** (*Minier*) (*forare*) to sink, to bore: *~ un pozzo* to sink a well. **10** (*Minier*) (*forare: rif. a gallerie e sim.*) to dig, to bore. **II** *v.i.* (*aus.* **avere**) (*approfondire*) to go into sth., to look into sth., to probe: *scava scava e trovi che mente* if you dig deep you'll find he's lying. □ (*fig*) *~la fossa a qcu.* (*prepararne la rovina*) to dig so.'s grave, to ruin so., to destroy so.; (*fig*) *scavarsi la fossa con le proprie mani* to dig one's own grave; (*fig*) *~nel passato di qcu.* (*indagare a fondo*) to delve into so.'s past.

scavato *a.* **1** dug out, excavated. **2** (*eroso*) hollowed out, worn away, sapped: *sponde scavate dalle acque* banks hollowed out by the current. **3** (*incavato*) hollow, sunken: *guance scavate* hollow cheeks. **4** (*dissotterrato*) dug up, unearthed. **5** (*Sart*) enlarged, scooped out, widened: *maniche troppo scavate* sleeves that have been widened too much.

scavatore *m.* **1** (*f.* **-trice**) digger, excavator. **2** (*Mecc*) (*scavatrice*) digger, excavator, shovel.

scavatrice *f.* (*Mecc*) digger, excavator, shovel. □ (*Mecc*) *~ a cucchiaia* power shovel.

scavatura *f.* **1** (*lo scavare*) digging, excavation. **2** (*tratto scavato*) hole, excavation, cavity. **3** (*terra scavata*) dug up soil.

scavezzacollo (*m.pl.* **-i**; *f.pl. inv.*) *m./f.* daredevil, reckless fellow, madcap. □ *a ~* (*precipitosamente*) headlong, at breakneck speed, precipitously.

scavezzare[1] (**scavézzo**) *v.t.* **1** (*spezzare la cima degli alberi*) to break the top off: *la tempesta ha scavezzato i pioppi* the storm has broken the tops off the poplars. **2** (*estens*) (*rompere*) to break. **3** (*Tess*) to break, to break up. □ *scavezzarsi il collo* to break one's neck.

scavezzare[2] (**scavézzo**) *v.t.* (*togliere la cavezza a un cavallo*) to unbridle.

scavezzatrice *f.* (*Tess*) breaker.

scavezzatura *f.* (*Tess*) breaking.

scavo *m.* **1** (*lo scavare*) excavation, excavating, digging. **2** (*Edil*) excavation. **3** (*Archeol*) excavation, dig. **4** (*Archeol*) (*luogo*) excavation site. **5** (*Archeol*) (*rovine*) ruins *pl.*: *visitare gli scavi di Cnosso* to visit the ruins of Knossos. **6** (*Sart*) hole: *~ della manica* armhole. □ (*Minier*) *~ a cielo aperto* open-cast mining; (*Minier*) *~ a giorno* open-cast mining; (*Edil*) *~a trincea* trench; *~ archeologico* archaeological excavation, archaeological dig; (*Minier*) *~di estrazione* stope; (*Edil*) *~ di fondazione* excavation, foundation; (*Minier*) *~di unpozzo* well sinking, well boring.

scazzato *a.* (*volg*) idle, slack.

scazzo *m.* (*volg*) **1** (*litigio*) row, fight. **2** (*seccatura*) drag, pain in the arse.

scazzottare (**scazzòtto**) **I** *v.t.* (*pop*) **1** to punch. **2** (*picchiare*) to beat, to hit. **II** *v.r.recipr.* **scazzottarsi** (*pop,rar*) to punch each other, to thump each other.

scazzottata *f.* (*pop*) fistfight, punch-up, brawl.

scazzottatura *f.* (*rar,pop*) fistfight, punch-up, brawl.

scegliere (*pres.ind.* **scélgo, scégli**; *p.rem.* **scélsi**; *p.p.* **scélto**) **I** *v.t.* **1** to choose, to pick: *ha scelto una carriera difficile* he has chosen a difficult career. **2** (*selezionare*) to select, to choose: *alcune poesie per una raccolta* to select some poems for an anthology; *il capitano ha scelto i più abili* the captain has chosen the most able men. **3** (*separare, vagliare*) to sort out: *la frutta* to sort out the fruit. **4** (*preferire*) to choose, to prefer: *fra i due mali scelgo il minore* I choose the lesser of the two evils. **II** *v.i.* (*aus.* **avere**) to choose, to take one's pick: *hai da ~* you can take your pick. □ *li ho sceltia uno a uno* I picked them one by one, I picked them out one by one; *c'è da ~* there's plenty to choose from, there's plenty of choice; *non c'è da ~* there's no choice; *c'è poco da ~* there's not much choice; *fare ~ qcu.* (*olasciare ~ qcu.*) to let so. choose; *meticolosamente* to pick and choose; *li ho sceltiuno a uno* I picked them

one by one, I picked them out one by one.

sceglitore *m.* (*f.* **-trice**) sorter.

sceiccato *m.* **1** (*carica*) office of sheik, office of sheikh. **2** (*territorio*) sheikdom, sheikhdom, shaikhdom.

sceicco (*pl.* **-chi**) *m.* sheik, sheikh, shaikh. □ (*fig*) *sceicchidel petrolio* (*magnati*) oil sheiks, oil sheikhs.

scelgo → **scegliere**.

scelleratamente *avv.* wickedly, evilly.

scelleratezza *f.* **1** wickedness, infamy, iniquity, villainy. **2** (*misfatto*) wicked deed, infamy, evil deed, iniquity.

scellerato I *a.* **1** (*rif. a persona: malvagio, infido*) wicked, evil, villainous. **2** (*rif. a cosa: nefando*) wicked, iniquitous, infamous, foul. **II** *m.* (*f.* **-a**) wicked person, evil person, villain.

scellino *m.* **1** (*Numism,Stor.brit*) (*moneta*) shilling, (*colloq*) bob. **2** (*unità monetaria*) shilling. □ (*Econ,Numism*) *~ austriaco* schilling; (*Econ,Numism*) *~ somalo* Somali shilling.

scelsi → **scegliere**.

scelta *f.* **1** choice, selection, picking, picking out: *fare una ~* to make a choice; *cattiva ~* bad choice; *in questo negozio c'è molta ~* there's plenty of choice in this shop; *è stata una ~ obbligata* it was a forced choice. **2** (*ciò che è stato scelto*) choice, selection: *una ~ di poesie francesi* a selection of French poetry. **3** (*qualità*) quality, grade: *carne di prima ~* prime meat, prime quality meat, choice meat; *merce di prima ~* top grade goods, top quality goods; *di seconda ~* second grade, lower quality. □ *a ~* as preferred, according to choice, according to preference, to taste: *il primo premio è una lavatrice o un televisore a ~* first prize is a washing machine or television set according to preference; *frutta o dolce a ~* choice of fruit or sweet; *a ~ tra...*: 1 (*due oggetti o persone*) choice can be made from among..., you may choose from among...; 2 (*più di tre oggetti o persone*) choice can be made from among..., you may choose from among...; *non avere altra ~* to have no choice; *avere una ~* to have a choice; (*Sport*) *~del campo* choice of ends; *~di tempo* timing (*anche Sport*): *avere una buona ~ di tempo* to have good timing; *fare la propria ~* to take one's choice; *lasciare la ~ a qcu.* to let so. take his pick., to let so. choose.

scelto *a.* **1** chosen, picked, selected. **2** (*prescelto*) select (*attr.*), selected: *passi scelti di Omero* selected passages from Homer. **3** (*eccellente, pregevole*) choice, first-rate: *merce scelta* choice goods. **4** (*Mil*) picked, (*colloq*) crack (*attr.*), highly-skilled, specially trained: *truppe scelte* crack troops.

scemare (**scémo**) **I** *v.i.* (*aus.* **essere**) **1** to lessen, (*lett*) to abate, (*lett*) to die down, to drop: *il vento va scemando* the wind is abating, the wind is dropping. **2** (*rif. a dolore*) to decrease, to lessen, (*lett*) to abate. **3** (*rif. a forze*) to wane, to decline. **4** (*Astr,lett*) to go down, to set; (*rif. alla luna*) to wane. **II** *v.t.* (*lett*) **1** to reduce, to diminish, to lessen, to put down: *~ un prezzo* to reduce a price. **2** (*rif. a dolore*) to lessen, to ease, (*lett*) to abate. **3** (*rif. a forze*) to sap, to drain, to decrease. □ (*rar*) *~d'autorità* to lose authority.

scemata *f.* **1** (*di azione*) stupid act, idiocy, nonsense. **2** (*frasi, parole*) nonsense, rot, (*Br*) rubbish, (*Am*) B.S.: *non dire scemate* don't talk nonsense. **3** (*cose di poca importanza*) trifle, (*Br*) rubbish, (*Am*) neither here nor there.

scemenza *f.* **1** stupidity, foolishness, (*volg, ant*) imbecility. **2** (*azione*) stupid act, idiocy, nonsense, stupid thing to do. **3** (*frasi, parole*) nonsense, rot, (*Br*) rubbish, (*Am*) B.S.: *non dire scemenze* don't talk nonsense.

scemo I *a.* stupid, silly, foolish, (*Am*) fool, (*colloq,spreg*) dumb, (*colloq,spreg*) halfwit. **II** *m.* (*f.* **-a**) fool, idiot, (*Am*) moron. □ *lo ~ del villaggio* the village idiot; (*ant*) ~*di forze* without strength, lacking in strength, weak.

scempiaggine *f.* **1** stupidity, foolishness. **2** (*detto, parole*) nonsense, (*Br*) rubbish. **3** (*azione stolta*) foolish act, stupid act, idiocy.

scempiare (**scémpio, scémpi**) *v.t.* (*sdoppiare*) to make single, to halve.

scempio *m.* **1** (*lett*) (*strage*) slaughter, massacre. **2** (*fig*) (*deturpazione*) havoc, destruction, ruin, ruining: ~ *del paesaggio* ruining of the landscape. □ *fare ~ di*: **1** (*infierire su*) to slaughter, to massacre, to tear to pieces: *fare ~ dei nemici* to slaughter one's enemies; **2** (*fig*) (*rovinare*) to wreak havoc on, to murder, (*Br*) to play havoc on, (*Am*) to butcher: *fare ~ di una musica* to ruin a piece of music, (*Br*) to murder a piece of music, (*Am*) to butcher a piece of music.

scena *f.* **1** (*palco*) stage. **2** (*scenario*) scene, set: *la ~ rappresenta una sala del castello* the scene shows a hall of the castle. **3** (*azione scenica*) scene, action. **4** (*parte dell'atto*) scene. **5** (*fig*) (*vista, spettacolo*) scene: *tra i due si svolse una ~ commovente* there was a moving scene between them. **6** (*fig*) (*manifestazione esagerata*) act, acting, put-on: *sono sicuro che è tutta una ~, non sta affatto male* I'm sure it's all an act, he's not sick at all. **7** (*fig*) (*scenata*) scene, quarrel, row: *non fare scene!* don't make a scene! **8** (*Pitt,Cin*) scene: ~ *agreste* country scene; *girare una ~* to shoot a scene. **9** *pl.* (*teatro*) stage *sing.*, theatre *sing.*: *la commedia appare per la prima volta sulle scene* the play is appearing on the stage for the first time; (*fig*) *ritirarsi dalle scene* to retire from the stage. □ *a ~aperta* with the curtain up: *applausi a ~ aperta* spontaneous applause, applause in the middle of sth. (a play, a song, a piece of music); (*Cin*) ~*conclusiva* tag, closing scene; *darsi alle scene* to become an actor, to take up acting; *essere di* ~: **1** to be due on stage; **2** (*fig*) (*al centro dell'attenzione*) to be in the limelight; (*Cin*) ~ *di inseguimento* chasing action; (*Cin,Teat*) ~*di massa* crowd scene; *fare* ~: **1** to hold an audience; **2** (*fig*) to make an impression, to make a sensation; *in* ~ on stage: *andare in* ~ to be staged, to be put on, to be performed; *mettere in* ~ to stage, to put on, to performe; *entrare in* ~ to come on stage; ~ *madre*: **1** (*Teat*) principal scene, main action; **2** (*fig*) violent scene, hysterical scene, (*colloq*) song and dance; ~*mondiale* world stage (*anche Pol*); ~*muta* dumb show, silent scene; (*fig*) *fare ~ muta* to be tongue-tied, not to say a word: *quando è stata interrogata, ha fatto ~ muta* when she was examined she couldn't say a word.

scenario *m.* **1** (*Teat*) (*insieme degli sfondi*) scenery, set, décor, decor, stage scenery. **2** (*Teat*) (*scena dipinta*) backdrop. **3** (*fig*) (*sfondo, paesaggio*) setting, scenery, backdrop: *la gara si svolge nel grandioso ~ delle Alpi* the race takes place against the grand setting of the Alps. **4** (*Teat*) (*nella commedia dell'arte: canovaccio*) scenario, plot outline. **5** (*Cin*) (*soggetto e sceneggiatura*) screenplay, scenario. **6** (*Giorn*) (*configurazione possibile di una situazione*) scenario.

scenarista *m./f.* **1** (*Teat*) dramatist, playwright. **2** (*TV,Cin*) screenwriter.

scenata *f.* scene, quarrel: *fare una ~* to make a scene, (*Br*) to row; *una ~ di gelosia* a scene of jealousy.

scendere (*pres.ind.* **scéndo**; *p.rem.* **scési**; *p.p.* **scéso**) **I** *v.i.* (*aus.* **essere**) **1** (*andare verso il basso*) to come down, to go down, to descend: *scendi, ti aspetto* come down, I am waiting for you. **2** (*smontare*) to get off (sth.), to climb down: ~ *da un albero* to climb down a tree; ~ *da una scala* to get off a ladder; ~ *da cavallo* to get off a horse; to dismount, to alight from one's horse. **3** (*smontare: rif. a mezzi di trasporto*) to get out (of), to get off (sth.): ~ *dal treno* to get off a train; ~ *dalla macchina* to get out of the car. **4** (*rif. a navi: sbarcare*) to go ashore, to disembark, to land: *la maggior parte dei turisti scende a Napoli* most of the tourists disembark at Naples. **5** (*essere in pendenza*) to slope, to slope down, to descend: *il sentiero scendeva ripido verso la valle* the path sloped steeply toward the valley. **6** (*scorrere verso il basso*) to flow down, to run down, to go down, to descend: *i fiumi scendono al mare* the rivers flow down to the sea. **7** (*atterrare: rif. ad aeroplani*) to land, to come down: *l'aereo scese in un campo* the plane landed in a field. **8** (*scaturire*) to spring (*da* from), to rise (*da* in): *il Tevere scende dagli Appennini* the Tiber rises in the Appennines. **9** (*sostare*) to stop (at): *scenderemo al prossimo autogrill per pranzare* we'll stop at the next motorway café for lunch. **10** (*prendere alloggio*) to stay, to put up: *i miei amici sono scesi all'albergo Bristol* my friends are staying at the Bristol Hotel. **11** (*diminuire, decrescere*) to go down, to come down, to decrease, to drop, to fall: *il livello del fiume continua a ~* the level of the river is still falling; *la temperatura è scesa sotto lo zero* the temperature has dropped below zero, the temperature has fallen below zero; *il prezzo del burro è sceso di poco* the price of butter has fallen slightly. **12** (*digradare*) to slope down. **13** (*ricadere*) to hang down, to fall down, to come down: *i capelli le scendevano sulle spalle* her hair hung down over her shoulders, her hair flowed down over her shoulders; *il mantello le scendeva fino ai piedi* the cloak came down to her feet. **14** (*calare*) to come down, to go down, (*Am*) to fade: *il sole scende all'orizzonte* (*Br*) the sun is sinking below the horizon, (*Am*) the sun is fading below the horizon. **15** (*perdere quota*) to descend: *l'aereo scese a venticinquemila piedi* the plane descended to twenty-five thousand feet. **16** (*fig*) (*umiliarsi*) to stoop, to sink, to lower oneself: *non credevo che sarebbe sceso così in basso* I didn't think he would stoop so low. **II** *v.t.* **1** to come down, to go down, to descend: ~ *una montagna* to go down a mountain. **2** (*region,pop*) (*fare scendere*) to bring (sth.) down. □ ~ *a patti con qcu.* to come to terms with so.; ~*a picco* to drop down; ~*a più miti consigli* to see reason, to come to terms with sth.; (*Mar*) ~ *a terra* to go ashore, to land; ~*a valle*: **1** to go downhill; **2** (*navigando*) to go downstream, (*rif. a fiumi*) to flow down; (*fig*) ~*al cuore* (*commuovere*) to touch the heart (of); ~*dal letto* to get up, to get out of bed; (*fig*) ~*dal letto col piede sbagliato* to get out of the bed on the wrong side; ~*di grado* to move down; ~ *di prezzo* (*Br*) to cheapen, (*Am*) to fall in price; ~*giù* to come down, to go down; ~*in basso*: **1** to come down, to go down; **2** (*fig*) to stoop, to sink, to lower oneself, to demean oneself; ~ *in campo*: **1** (*fig*) (*schierarsi*) to enter the arena: ~ *in campo a favore di qcs.*

(*o qcu.*) to come out in favour of sth. (*or so.*), to side for sth. (*or so.*), to root sth. (*or so.*); ~ *in campo contro qcs.* (*o qcu.*) to come out against sth. (*or so.*); **2** (*Sport*) to go in; (*fig*) ~ *in lizza* to enter the arena, to enter the lists; (*fig*) ~*in piazza* to take part in a demonstration, to take to the streets, to demonstrate; ~ *in pista*: **1** (*per ballare*) to take the floor; **2** (*fig*) to enter the field; *scende la notte* night is falling; ~ *le scale* to go downstairs, to come downstairs; ~ *lungo il fiume* to go downstream, (*navigando*) to sail downstream; ~ *nei particolari* to go into detail; (*fig*) ~*nel sepolcro* (*morire*) to die, to go to one's final resting place; ~*sdruccioloni per un pendio* (*involontariamente*) to slip down a slope, (*intenzionalmente*) to slide down a slope; ~*sul terreno*: **1** (*Mil*) to go into battle; **2** (*Sport*) to take the field.

scendibagno *m.inv.* bathmat.

scendiletto *m.inv.* (*tappetino*) bedside rug, scatter rug.

sceneggiare (**scenéggio, scenéggi**) *v.t.* **1** (*TV*) to adapt sth. for television, to dramatize sth. for television. **2** (*TV*) (*rif. a soggetti originali*) to write sth. for television. **3** (*Cin*) to write a film version of. **4** (*Cin*) (*rif. a soggetti originali*) to write the script of. **5** (*Teat*) (*ridurre per le scene*) to adapt sth. for the stage, to dramatize. **6** (*Rad,rar*) to adapt sth. for radio, to dramatize sth. for radio. **7** (*Rad,rar*) (*rif. a soggetti originali*) to write sth. for radio.

sceneggiata *f.* **1** (*Teat*) Neapolitan melodrama. **2** (*estens*) sob story, (*colloq*) tear-jerker, (*colloq*) tear-jerking act: *è stata solo una ~* he (*o* she) was putting on an act, it was only an act. □ (*Teat*) ~*napoletana* Neapolitan melodrama.

sceneggiato *m.* (*TV*) serial, series.

sceneggiatore *m.* (*f.* **-trice**) **1** (*Teat*) dramatist, playwright. **2** (*Rad*) scriptwriter, dramatist. **3** (*TV,Cin*) screenwriter.

sceneggiatura *f.* **1** (*Teat,TV*) play, script. **2** (*Cin*) script, film-script, screenplay. □ ~ *di ferro* rigorous, detailed adaptation; ~ *non originale* adaptation, original adaptation.

scenetta *f.* **1** (*breve scena comica*) sketch. **2** (*estens*) (*episodio buffo*) funny event, scene: *una ~ gustosa* an amusing little scene.

scenicamente *avv.* scenically.

scenico (*pl.* **-ci**) *a.* stage (*attr.*), scenic: *apparato* ~ stage set.

scenografia *f.* **1** (*Teat,Cin*) (*complesso delle costruzioni*) set, décor. **2** (*scenario*) scenery, set, scene. **3** (*Cin*) set designing, setting. **4** (*tecnica*) stage designing, set designing. **5** (*tecnica nel teatro antico*) scenography.

scenograficamente *avv.* scenically.

scenografico (*pl.* **-ci**) *a.* **1** stage (*attr.*), scene (*attr.*), set (*attr.*), scenery (*attr.*), scenic: *tecnica scenografica* stage designing, set-construction. **2** (*fig,spreg*) (*artificioso, spettacolare*) showy, stagy.

scenografo *m.* (*f.* **-a**) **1** (*Teat*) scene-painter, scenographer. **2** (*Cin,TV*) art director, set designer.

scenotecnica *f.* **1** (*Teat*) staging, stage-craft. **2** (*Cin*) art direction.

scepsi *f.inv.* (*Filos*) scepsis, skepsis.

sceriffo[1] *m.* **1** (*GB,US*) sheriff. **2** (*estens*) (*guardia giurata*) security guard, security.

sceriffo[2] *m.* (*Rel.islam*) (*discendente di Maometto*) sharif, sherif, shereef.

scervellarsi (**mi scervèllo**) *v.pron.* to rack one's brains, to cudgel one's brains, to puzzle: ~ *su un problema di fisica* to rack one's brains over a physics problem.

scervellato I *a.* brainless, empty-headed, (*spreg*) hare-brained. II *m.* (*f.* **-a**) (*Br*) rattle-brain, (*Am*) crack brain.

scesa *f.* (*rar*) 1 (*lo scendere*) descent, coming down, going down. 2 (*strada, sentiero in pendio*) way down, path down, road down. 3 (*terreno in pendio*) slope, descent.

scesi → **scendere**.

sceso → **scendere**.

scespiriano *a.* (*rar*) Shakespearean, Shakespearian.

scetticamente *avv.* (*Br*) sceptically, (*Am*) skeptically.

scetticismo *m.* (*Br*) scepticism, (*Am*) skepticism (*anche Filos*).

scettico (*pl.* **-ci**) I *a.* (*Br*) sceptical, (*Am*) skeptical (*anche Filos*): *sono ~ sugli effetti di questa cura* I am sceptical about the effects of this treatment. II *m.* (*Br*) sceptic, (*Am*) skeptic (*anche Filos*).

scettro *m.* 1 (*simbolo del potere*) (*Br*) sceptre, (*Am*) scepter: ~ *imperiale* imperial sceptre; ~ *regale* royal sceptre. 2 (*estens*) (*potere monarchico*) sceptre, throne, crown. 3 (*fig*) (*potere assoluto*) sway, crown: *tenere lo ~* to hold sway. 4 (*Sport*) title.

sceverare (**scévero**) *v.t.* (*lett*) to distinguish: ~ *il bene dal male* to distinguish good from evil, to tell good from bad.

scevro *a.* (*lett*) free (*di* from), lacking (*di* in), without (sth.): ~ *di colpe* without blame, blameless.

scheda *f.* 1 card. 2 (*di schedario*) index card: *ordinare le schede* to arrange the index cards. 3 (*modulo stampato*) form: *riempire la ~* to fill the form, to fill in the form, to fill out the form. 4 (*Inform*) card, board. 5 (*Scol*) report, (*Am*) report card. □ ~ *anagrafica* personal information file; (*Inform*) ~ *audio* sound card; (*Tel*) ~ *autoricaricabile* bonus automatically credited to a rechargeable phone card for making a certain number of calls or specific kinds of calls within a specified time period; ~ *bianca* blank ballot, blank ballot paper: *votare ~ bianca* to cast a blank ballot; ~ *bibliografica* index card; *schede di biblioteca* (*Br*) library catalogue, (*Am*) library catalog; ~*di censimento* census paper; (*Inform*) ~ *di espansione* expansion card; (*Edit*) ~*di lettura* review, written report about a book which could be published; ~*di macchina* machine load card; ~*di richiesta* order form; (*Inform*) ~ *di sistema* master board, system board; (*Scol*) ~*di valutazione* report, (*Am*) report card; ~*elettorale* ballot, ballot paper; (*Inform*) ~*fax* fax card; (*Inform*) ~ *grafica* graphics card; (*Inform*) ~ *madre* motherboard; (*Inform*) ~*magnetica* magnetic card; (*Inform,ant*) ~ *meccanografica* punched card; (*Inform*) ~ *modem* modem card; ~*nulla* void ballot, void vote; (*Inform, ant*) ~*perforata* punch card, punched card; ~*personale* personal file; (*Tel*) ~*prepagata* prepaid phone card; (*Inform*) ~ *principale* master board; (*Tel*) ~*ricaricabile* rechargeable card, rechargeable phone card; ~*segnaletica* fingerprint card; (*Tel*) ~*telefonica* phonecard.

schedare (**schèdo**) *v.t.* 1 (*spec. rif. a libri, opere: ordinare*) to catalogue, to card-index. 2 (*registrare*) to record, to file. 3 (*rif. a persona*) to make a file on. 4 (*registrare negli schedari della polizia*) to put so. down in the records, to put so. down in the police records. 5 (*registrare negli schedari della polizia: per motivi politici*) to keep a dossier on.

schedario *m.* 1 (*insieme di schede*) card index, files *pl.*, card file, (*Am*) card catalog. 2

(*estens*) (*mobile*) filing cabinet, file. 3 (*estens*) (*ufficio*) records office, filing office, archive. □ ~ *alfabetico* index cards; ~ *centrale* central file; ~*dei clienti* customer file; ~*della polizia* police records, (*colloq*) rogues' gallery; (*Inform*) ~*di lavoro* batch file; ~*rotante* (*Br*) rotary file, rolodex, (*Am*) rotating file.

schedarista *m./f.* filing clerk.

schedato I *a.* indexed, catalogued. II *m.* (*f.* **-a**) person having a police record.

schedatore *m.* (*f.* **-trice**) (*Br*) cataloguer, (*Am*) cataloger.

schedatura *f.* 1 (*il mettere in ordine*) filing. 2 (*il catalogare*) cataloguing, card-indexing.

schedina *f.* (*del totocalcio e sim.*) (*Br*) coupon, (*Am*) betting soccer form: ~ *del totocalcio* football pools coupon, football coupon; *giocare la ~* (*Br*) to do the pools.

scheduler /'skeduler/ *m.inv.* (*Inform*) scheduler.

scheggia (*pl.* **-ge**) *f.* 1 splinter, sliver, chip: *una ~ di osso* a bone splinter; ~ *di vetro* splinter of glass. 2 (*fig,colloq*) (*rif. a cosa o persona velocissima*) shot, bullet. □ (*fig, colloq*) *corre come una ~* (*velocissimo*) he runs like lightning; ~ *di granata* splinter; (*fig*) ~*impazzita* loose cannon.

scheggiare (**schéggio, schéggi**) I *v.t.* to chip, to break splinters off. II *v.pron.* **scheggiarsi** to chip, to sliver, to splinter: *il marmo si scheggia facilmente* marble chips easily.

scheggiatura *f.* chipping, splintering.

scheletrico (*pl.* **-ci**) *a.* 1 (*relativo allo scheletro*) skeletal. 2 (*fig*) (*magrissimo*) skeletal, skeleton-like, (*colloq*) all skin and bones, skinny, (*Am*) skinny as a rail. 3 (*fig*) (*ridotto all'essenziale*) skeleton (*attr.*), concise, terse: *schema ~* skeleton plan; *stile ~* terse style.

scheletrire (**scheletrìsco, scheletrìsci**) I *v.t.* to skeletonize, to reduce to a skeleton. II *v.pron.* **scheletrirsi** to become skeletal, to become skeleton-like.

scheletrito *a.* 1 (*rif. a persona*) skeletal, skeleton-like, gaunt, (*colloq*) all skin and bones, (*Am*) skinny as a rail: *un vecchio ~* a skeletal old man. 2 (*rif. a cosa*) bare, skeletal: *albero ~* bare tree.

scheletro *m.* 1 (*Anat*) skeleton. 2 (*estens*) (*struttura di sostegno*) skeleton, frame, framework. 3 (*fig*) (*intelaiatura*) outline, skeleton outline, skeleton, frame, framework: *lo ~ di un romanzo* the outline of a novel. □ *magro come uno ~* (*Br*) as thin as a rake, (*Am*) skinny as a rail, as thin as a lath; (*fig*) *avere uno ~ nell'armadio* (*Br*) to have a skeleton in the cupboard, (*Am*) to have a skeleton in the closet; (*colloq*) *essere ridotto uno ~* (*magrissimo*) to look like a skeleton, (*colloq*) to be all skin and bones.

schema *m.* 1 sketch, plan, scheme: *lo ~ di un aereo* the plan of an airplane. 2 (*abbozzo*) outline, draft, scheme: *buttare giù lo ~ di una novella* to jot down the outline for a short story. 3 (*tabella*) chart, schedule. 4 (*modello normativo*) pattern, mould, model: *liberarsi dagli schemi del classicismo* to free oneself from the mould of classicism; *lo ~ di un sonetto* the pattern of a sonnet. 5 (*Sport*) formation, strategy. 6 (*Filos*) schema. 7 *pl.* (*modo di pensare*) mould *sing.*, (*Br*) usual schemes: *uscire dagli schemi* (*Br*) to break out of a mould, (*Am*) to break away from the usual schemes. □ (*El*) ~*dei collegamenti* connection diagram; (*Econ*) ~*di bilancio* (*Br*) draft budget, (*Am*) budget rough draft; ~*di flusso* flow chart, diagram;

(*Sport*) ~*di gioco* formation, strategy; (*Parl*) ~*di legge* bill; (*Elettron*) ~*di montaggio* circuit diagram; (*El*) ~ *elettrico* wiring diagram; (*Psic*) ~ *mentale* mental scheme; (*Metr*) ~ *metrico* metrical pattern, rhyme scheme.

schematicamente *avv.* schematically, in outline, in outline form.

schematicità *f.* schematism, sketchiness.

schematico (*pl.* **-ci**) *a.* schematic (*anche fig*).

schematismo *m.* schematism.

schematizzare (**schematìzzo**) *v.t.* 1 (*mettere sotto forma di schema*) to outline. 2 (*ridurre ai minimi termini*) to skeletonize, to outline.

schematizzazione *f.* schematization.

scherma *f.* (*Sport*) fencing: *tirare di ~* to fence; *torneo di ~* fencing tournament.

schermaggio *m.* (*Tecn*) (*lo schermare*) screening, shielding.

schermaglia *f.* 1 (*fig*) (*polemica, contrasto*) skirmish, brush, controversy. 2 (*ant,rar*) sword-fight, skirmish with swords, combat with swords. □ (*fig*) *schermaglie amorose* flirtation, (*ant*) alliance.

schermare (**schérmo**) *v.t.* to screen, to shield: ~ *un riflettore* to screen a reflector.

schermata *f.* (*Inform*) screenful, screen.

schermato *a.* screened, shielded, hooded: *fari schermati* hooded headlights.

schermatura *f.* 1 (*Tecn*) (*lo schermare*) screening, shielding. 2 (*schermo*) shield, screen. □ ~ *dalle radiazioni* radiation shielding; ~ *elettrica* electrical shielding.

schermidore *m.* (*f.* **-trice/-a**) (*Sport*) fencer, swordsman (*f.* -woman).

schermire (**schermìsco, schermìsci**) I *v.t.* to shield, to protect, to defend. II *v.pron.* **schermirsi** 1 (*estens*) (*eludere*) to avoid, to ward off: *schermirsi da domande indiscrete* to ward off indiscreet questions. 2 (*estens*) (*destreggiarsi*) to be adroit, to be skilful, to fend (for oneself). 3 (*ripararsi*) to shield oneself (*da* from), to defend oneself (*da* from), to protect oneself (*da* against, from): *schermirsi il viso dal sole* to protect one's face against the sun.

schermistico (*pl.* **-ci**) *a.* (*Sport*) fencing (*attr.*), of fencing, sword (*attr.*).

schermitore *m.* (*f.* **-trice/-a**) (*Sport*) fencer, swordsman (*f.* -woman).

schermo *m.* 1 (*protezione*) screen, protection. 2 (*riparo*) shelter. 3 (*difesa*) shield. 4 (*Fis*) shield, screen. 5 (*Cin*) (*su cui si proiettano i film*) screen. 6 (*Cin*) (*mondo del cinema*) screen, film: *un divo dello ~* a film star, (*Am*) movie star, a star of the screen. 7 (*Cin*) (*sala di proiezione*) cinema, (*Am*) movie theater: *il film non è ancora uscito sui nostri schermi* the film has not yet been shown on our screens, the film has not yet been shown in our cinemas. 8 (*Fot*) (*diaframma*) diaphragm. 9 (*Fot*) (*filtro*) filter. 10 (*Rad*) screen. 11 (*Inform*) display, screen. □ (*Elettron*) ~ *a bassa emissione* low emission screen; (*Elettron*) ~ *a cristalli liquidi* liquid crystal display, LCD; (*Elettron*) ~ *a raggi catodici* cathode ray screen; ~ *acustico* baffle; (*Elettron*) ~*al plasma* plasma screen; ~*antiradiazioni* radiation shield; (*Elettron*) ~*antiriflesso* antiglare screen; ~ *di piombo* lead shield; ~*di protezione* protective screen, shield; (*fig*)*farsi ~ con qcs.* to shield oneself behind sth., to shelter oneself with sth.; ~ *gigante* wide screen (*anche Cin*); ~*magnetico* magnetic screen; ~*ottico* optical screen; (*Cin*) ~*panoramico* panoramic screen; (*Tecn*) ~*piatto* flat screen, flat-panel display;

televisore a ~ *piatto* flat-screen television; **~** *protettivo* protective screen, shield; (*Cosmet*) **~** *solare* sun block; (*Inform*) **~** *tattile* touch screen; **~** *televisivo* television screen; (*Nucl*) **~** *termico* thermal shield; (*Elettron*) **~** *ultrapiatto* ultra flat screen.

schermografare (schermògrafo) *v.t.* (*Radiol*) to X-ray.

schermografia *f.* (*Radiol*) X-ray, X ray, x-ray. □ *fare la ~ a qcu.* to X-ray so.

schermografico (*pl.* **-ci**) *a.* (*Radiol*) X-ray (*attr.*): *esame ~* X-ray examination.

schernevole *a.* (*lett*) scornful, sneering, mocking.

schernevolmente *avv.* (*lett*) scornfully, sneeringly.

schernire (schernìsco, schernìsci) *v.t.* to scorn, to sneer (at), to scoff (at), to jeer (at), to mock, to deride.

schernitore I *m.* (*f.* **-trice**) (*rar*) scorner, sneerer, jeerer, scoffer. II *a.* (*rar*) scornful, mocking, derisory.

scherno *m.* 1 scorn, scorning, sneering, mockery, derision. 2 (*persona oggetto di scherno*) laughing stock, butt, (*ant*) mock: *essere lo ~ di tutti* to be a general laughing stock. □ *di ~* of scorn, scornful, sneering, mocking: *parole di ~* mocking words; *farsi ~ di qcu.* (o *qcs.*) to mock so. (*or* sth.).

scherzando *m.inv.* (*Mus*) scherzando.

scherzare (schérzo; *aus.* **avere)** *v.i.* 1 (*agire, parlare alla leggera*) to joke, to jest, to make light of, to make fun of, (*colloq*) to kid: *è un tipo che scherza su tutto* he makes light of everything, he makes fun of everything; *bada che non scherzo* look I'm not joking; look I'm not kidding. 2 (*agire in modo imprudente*) to play, (*Br*) to trifle: *con l'amore non si scherza* (*Br*) one must not trifle with love. 3 (*trastullarsi*) to play, to lark (about): *il gattino scherza con il gomitolo* the kitten is playing with the ball of yarn. 4 (*lett*) (*muovere dolcemente*) to play, to toy, to caress: *il venticello scherza con le foglie* the breeze is caressing the leaves. □ (*fig*) *~ col fuoco* to play with fire; (*fig*) *~ con la morte* to gamble with death; *c'è pocoda ~* it's no joke, it's no laughing matter. *Prov.*: *scherza coi fanti e lascia stare i santi* religion is no laughing matter.

scherzo *m.* 1 (*lo scherzare*) joking, jesting, joke, jest. 2 (*burla*) joke, practical joke, prank, trick. 3 (*fig*) (*impresa facile*) child's play. 4 (*Mus*) scherzo. □ *scherzi a parte* (*Br*) joking apart, (*Am*) joking aside; no, seriously; (*colloq*) *~ da prete* dirty trick, practical joke; *scherzi d'acqua* waterworks; *uno ~ del destino* a twist of fate; *gli scherzi del vino* the strange effects of wine; (*iperb*) *della natura* freak, freak of nature; *non fare scherzi* (*Br*) let's have no fooling around, let's have no messing around, (*Am*) don't mess around, don't screw things up, don't do anything stupid; *prendere tutto in ~* to take everything lightly; *volgere tutto in ~* to make light of everything, to laugh off everything, to joke about everything; *uno ~ innocente* a harmless joke; *per ~* as a joke, for a joke, for a laugh, in fun; *neppure per ~* (*in nessun modo*) by no means, absolutely not; *senza scherzi* (*sul serio*) really, seriously, (*colloq*) no joke, (*Am*) stright up; *stare allo ~* to take a joke. *Prov.*: *~ di mano, ~ di villano* rough play is poor breeding.

scherzosamente *avv.* jokingly, jestingly, laughingly.

scherzoso *a.* 1 (*che scherza volentieri*) playful, frolicsome: *un gattino ~* a playful kitten. 2 (*detto, fatto scherzando*) joking,

jesting, playful, laughing: *frase scherzosa* joking words.

schettinaggio *m.* (*rar*) roller skating.

schettinare (schèttino; *aus.* **avere)** *v.i.* (*rar*) to roller-skate.

schettinatore *m.* (*f.* **-trice**) (*rar*) roller skater.

schettini *m.pl.* (*rar*) roller skates.

schiacciamento *m.* 1 (*lo schiacciare*) crushing, squashing (*anche Mecc.*). 2 (*rif. a pressione*) pressing. 3 (*riducendo in poltiglia*) mashing. 4 (*appiattimento*) flattening, oblateness: *~ dei poli terrestri* flattening of the earth's poles. 5 (*rif. a pneumatici*) deflection.

schiaccianoci *m.inv.* nutcracker.

schiacciante *a.* 1 (*fig*) (*inoppugnabile*) crushing, overwhelming, incontestable: *prove schiaccianti* incontestable evidence, damning evidence, evidence beyond any doubt. 2 (*fig*) (*netto*) crushing, overwhelming: *maggioranza ~* overwhelming majority. 3 (*che schiaccia*) crushing, squashing.

schiacciapatate *m.inv.* potato masher, (*Am*) ricer.

schiacciare (schiàccio, schiàcci) I *v.t.* 1 to crush, to squash, to squeeze, to trap: *ha chiuso il cassetto e mi ha schiacciato un dito* he closed the drawer and trapped my finger. 2 (*calpestare*) to crush, to crush underfoot, to squash, to tread on: *~ una lumaca con il piede* to crush a snail underfoot, to crush a snail with one's shoe. 3 (*rompere*) to crack: *~ le mandorle* to crack almonds; *~ le noci* to crack nuts. 4 (*uccidere schiacciando*) to crush, to squash, (*Br*) to flatten: *schiacciò l'insetto contro la parete* (*Br*) he flattened the insect against the wall, (*Am*) he squashed the insect against the wall. 5 (*premere*) to press, to push, to push down: *~ il bottone* to press the button. 6 (*premere fino in fondo*) to drive down, to slam down, to ram down, (*Br*) to push down. right down, to press sth. right down, (*Am*) to push sth. all the way down: *~ un pedale* to put one's foot on a pedal, to step on a pedal; *~ il pedale del freno* to slam (down) on the brake pedal. 7 (*fig*) (*superare, vincere*) to crush, to overwhelm, (*colloq*) to smash: *~ gli avversari* to crush the opponents. 8 (*fig*) (*opprimere*) to crush, to weigh down on, to bear down on: *il rimorso lo schiaccia* remorse is weighing down on him. 9 (*Sport*) (*nel tennis e nel ping-pong*) to smash, to smash the ball; (*nella pallacanestro*) to dunk the ball, (*Am*) to slam dunk the ball; (*nella pallavolo*) to spike, to spike the ball. II *v.pron.* **schiacciarsi** 1 (*perdere la forma originaria*) to get squashed, to get crushed: *le paste si sono schiacciate* the pastries got crushed. 2 (*urtare deformandosi*) to crush: *mi sono schiacciato un dito nella porta* I crushed my finger in the door. □ *~ un pisolino* (o *~ un sonnellino*) (*Br*) to take a nap, to nap, (*Am*) to get some shuteye.

schiacciasassi I *m.inv.* (*Strad*) road roller, steamroller. II *m./f.inv.* (*fig*) (*chi procede incurante degli ostacoli*) steamroller.

schiacciata *f.* 1 squeeze, crush, crushing, squash, squashing. 2 (*stirando*) press, pressing, iron-over. 3 (*rif. a cose: deformazione*) dent, denting, flattening. 4 (*Gastron*) kind of flat bread, unleavened white pizza. 5 (*Sport*) (*nel tennis e nel ping-pong*) smash; (*nella pallavolo*) spike; (*nella pallacanestro*) dunk shot, (*Am*) dunk, slam dunk. □ *dare una ~ a qcs.*: 1 to squeeze sth.; 2 (*deformando*) to dent sth., to flatten sth.; (*Sport*) *fare una ~*: 1 (*nel tennis e nel ping-pong*) to smash; 2 (*nella pallavolo*) to spike; 3 (*nella pallaca-*

nestro) to dunk the ball, (*Am*) to slam dunk the ball.

schiacciato *a.* 1 (*deformato*) dented, (*Br*) battered, (*Am*) crushed: *un cappello ~* (*Br*) a battered hat, (*Am*) a crushed hat. 2 (*compresso, spiaccicato*) crushed, squashed. 3 (*appiattito*) flattened, squashed: *naso ~* flattened nose. 4 (*Arch*) flattened.

schiacciatore *m.* (*f.* **-trice**) (*Sport*) (*nella pallavolo*) spiker, (*Br*) smasher; (*nella pallacanestro*) dunker.

schiacciatura *f.* (*rar*) 1 (*lo schiacciare*) crushing, squashing, squeezing. 2 (*parte schiacciata*) flattened part, crushed part.

schiaffare (schiàffo) I *v.t.* (*colloq*) to chuck, to sling, to fling, to throw: *ha schiaffato i suoi vestiti nella valigia* he flung his clothes into the suitcase. II *v.pron.* **schiaffarsi** (*colloq*) to throw oneself, to fling oneself. □ *schiaffarsi a letto* to jump into bed, to leap into bed, to hop into bed; *~ dentro qcu.* (o *~ qcu. in prigione*) (*metterlo in prigione*) (*Br*) to lock so. up, to clap so. in prison, (*Am*) to slam so. in prison; *~ qcs. in prima pagina* to splash sth. across the front page, to plaster sth. across the front page.

schiaffeggiare (schiafféggio, schiafféggi) *v.t.* to slap, to smack.

schiaffo *m.* 1 slap, smack, blow, buffet: *prendere a schiaffi qcu.* to slap so., to slap so.'s face; *due schiaffi non te li leva nessuno* nobody's going to save you from a good slapping, you're in for a good slapping. 2 (*fig*) (*offesa, umiliazione*) humiliation, slap in the face, insult. □ (*fig*) *~ morale* humiliation, insult, a real slap in the face.

schiamazzare (schiamàzzo; *aus.* **avere)** *v.i.* 1 (*rif. a oche e sim.*) to quack, (*Br*) to squawk, to gaggle. 2 (*rif. a galline*) to cackle. 3 (*estens*) (*gridare*) to shout, to squawk, to make a noise, to din, to make a racket, to racket.

schiamazzatore *m.* (*f.* **-trice**) rowdy, boisterous person.

schiamazzo *m.* 1 (*rif. a oche e sim.*) cackling, squawking, gaggling. 2 (*rif. a galline*) cackle, cackling. 3 (*estens*) (*chiasso*) noise making, uproar, racket, (*colloq*) row. □ *fare ~* to make a noise, to make a racket, to make a din, to make a great uproar, to make a great fuss; *schiamazzi notturni* disturbances, (*Dir*) breach of (the) peace.

schiantare (schiànto) I *v.t.* 1 to break off, to snap off, to tear, to tear off: *il temporale ha schiantato le cime degli alberi* the storm snapped off the tree tops. 2 (*rompere*) to break, to smash: *l'urto ha schiantato l'automobile* the collision smashed the car. II *v.i.* (*aus.* essere) 1 to break, to burst (*anche fig*): *~ di invidia* to burst with envy. 2 (*colloq*) (*morire*) to die: *~ dalla fatica* to die of overwork. III *v.pron.* **schiantarsi** 1 to break, to break up, to break into pieces, to smash into pieces, to shatter, to be smashed up: *l'aereo si schiantò contro la montagna* the aeroplane smashed into pieces against the mountainside. 2 (*fig*) *~ dalle risa* to split one's sides with laughter, (*Am*) to roll on the floor laughing; (*fig*) *mi si schianta il cuore* it breaks my heart.

schianto *m.* 1 (*il rompersi*) breaking, tearing, snapping, splitting. 2 (*lo scoppiare*) burst, bursting. 3 (*fig*) (*pena, dolore acuto*) great blow, pain, pang, wrench. 4 (*fig,colloq*) (*persona estremamente bella*) knockout, (*Br*) smasher. 5 (*rumore*) crash, crack, snap, tearing sound: *lo ~ del tuono* the crash of thunder. □ *di ~* abruptly, suddenly: *crollare di ~* to collapse suddenly; (*colloq*) *uno ~*

di ragazza (*Br*) a smashing girl, (*Am*) a gorgeous girl; **è uno ~!**: 1 (*rif. a donna*) she's a knockout!; 2 (*rif. a cosa*) (*Br*) it's smashing!, (*spec. Am*) it's gorgeous!

schiappa f. (*pop*) (*persona incapace*) (*Br*) bungler, (*Am*) loser, no good, (*ant*) duffer, washout, dud: *essere una ~ in qcs.* to be hopeless at sth., to be no good at sth.; *è una ~ alle carte* he's a washout at cards.

schiarimento m. (*rar*) 1 (*lo schiarire*) lightening. 2 (*lo schiarirsi*) growing lighter, brightening up. 3 (*fig*) (*chiarimento*) explanation, clarification.

schiarire (**schiarisco, schiarisci**) I v.t. 1 to lighten, to make sth. lighter: *~ un colore* to lighten a colour. 2 (*sbiadire*) to fade. II v.i. (*aus.* **essere**) (*farsi chiaro, rasserenarsi*) to brighten, to brighten up, to clear, to clear up: *il cielo schiarisce* the sky is clearing up. III v.pron. **schiarirsi** 1 (*diventare chiaro*) to become lighter, to lighten. 2 (*sbiadire*) to fade. 3 (*farsi chiaro, rasserenarsi*) to brighten, to brighten up, to clear, to clear up: *il cielo si sta schiarendo* the sky is clearing up. □ *schiarirsi i capelli* to lighten one's hair; *schiarirsi la gola* (o *schiarirsi la voce*) to clear one's throat.

schiarita f. 1 clearing up. 2 (*fig*) (*miglioramento*) improvement, turn for the better: *una ~ della situazione politica* an improvement in the political situation.

schiaritura f. (*rar*) lightening, brightening.

schiatta f. (*lett*) 1 (*stirpe*) stock, race. 2 (*discendenza*) lineage, descent, issue.

schiattare (**schiàtto**; *aus.* **essere**) v.i. (*pop, scherz*) 1 (*morire improvvisamente*) (*Br*) to drop dead, (*Am*) to up and die. 2 (*fig*) (*scoppiare*) to burst: *~ d'invidia* to burst with envy, to die of envy.

schiavardare (**schiavàrdo**) v.t. to unbolt, to remove the bolts from.

schiavetto m. (f. **-a**) (*scherz*) (*tirapiedi*) (*Br*) drudge, flunky, flunkey, (*Am*) gopher.

schiavina f. 1 (*Mediev*) (*veste*) pilgrim's hooded cloak. 2 (*ant*) (*coperta*) coarse blanket.

schiavismo m. (*Stor*) 1 (*dottrina*) support of slavery, (*Am*) anti-abolitionism. 2 (*sistema*) slavery, slave system (*anche estens*).

schiavista I m./f. 1 (*estens*) (*sfruttatore, tiranno*) slave-driver. 2 slave merchant, slave trader, slaver. 3 (*Stor*) (*fautore dello schiavismo*) advocate of slavery, supporter of slavery, (*Am*) anti-abolitionist. II a. slave (*attr.*): *stato ~* slave state.

schiavistico (*pl.* **-ci**) a. of slavery (*posposto*), slave (*attr.*).

schiavitù f. 1 slavery: *abolizione della ~* abolition of slavery; *ridurre in ~* to reduce to slavery. 2 (*condizione di schiavo*) slavery, bondage, servitude: *liberarsi dalla ~* to free oneself from bondage. 3 (*fig*) (*soggezione, dipendenza*) slavery, subjection, bondage: *la ~ dell'orario* the bondage of the timetable.

schiavo I m. (f. **-a**) 1 slave: *la tratta degli schiavi* the slave trade. 2 (*fig*) (*persona asservita*) slave, servant. II a. 1 (*ridotto in schiavitù*) enslaved, captive. 2 (*asservito*) subject: *popolo ~* subject people. 3 (*fig*) slave: *essere ~ delle passioni* to be slave of passion. □ *~ del fumo* addicted to smoking; *~ della droga* drug-addicted; *~ dell'alcol* alcohol-addicted.

schiavone I a. (*Stor*) Slavonian. II m. (f. **-a**) (*Stor*) (*abitante*) Slavonian.

schiccherare (**schìcchero**) I v.t. (*region*) (*bere abbondantemente*) to drink up, to tipple. II v.i. (*aus.* **avere**) (*region*) (*bere abbon-*

dantemente) to drink up, to tipple.

schidione m. (*ant*) (*spiedo*) spit.

schiena f. 1 (*Anat*) back: *mal di ~* backache. 2 (*Geog,rar*) (*dorsale*) ridge, crest. □ *a ~ d'asino* by donkey, on donkey-back, humpback (*attr.*), saddle-backed; *strada a ~ d'asino* cambered road; *ponte a ~ d'asino* humpback bridge; *di ~* from the back, from behind.

schienale m. 1 (*spalliera*) back, backrest: *lo ~ del sedile* the back of the seat. 2 (*Macell*) saddle; (*midollo*) spinal marrow. □ *~ imbottito* upholstered back, upholstered backrest; *~ reclinabile* adjustable back, adjustable backrest; *~ ribaltabile* tip-up back, tip-up backrest.

schienata f. (*Sport*) (*nella lotta*) fall.

schiera f. 1 (*Mil*) formation, rank: *ordinare le schiere* to order the ranks. 2 (*gruppo*) group, band, team, gang: *una ~ di collaboratori* a team of collaborators. 3 (*folla, massa*) crowd, mass, swarm, host: *una ~ di ammiratori* a host of admirers. □ *villette a ~* (*Br*) terrace, terraced houses, (*Am*) row houses; *a schiere* (*in gran quantità*) in hosts, in swarms; *mettere in ~ i soldati* to marshal the soldiers, to line up the soldiers.

schieramento m. 1 (*lo schierare*) marshalling, lining up. 2 (*disposizione delle truppe*) array, deployment. 3 (*fig*) body, front, line-up: *~ politico* political line-up. 4 (*Sport*) formation, line-up. □ *il nemico ha rotto lo ~* the enemy has broken the front, the enemy has broken the front lines.

schierare (**schièro**) I v.t. to array, to line up, to draw up, to draw up in line, to marshal: *~ l'esercito* to draw up the army; *~ in battaglia* to draw up in battle order. II v.pron. **schierarsi** 1 to draw up, to line up: *la fanteria si schierò per l'attacco* the infantry drew up for the attack. 2 (*fig*) to side (*con, dalla parte di* with), to take sides (*con, dalla parte di* with): *schierarsi dalla parte del più debole* to side with the weakest. □ (*Sport*) *~ in campo una squadra* to line up a team on the field, to field a team.

schiettamente avv. 1 (*sinceramente*) sincerely, truly. 2 (*francamente*) frankly, straightforwardly, candidly.

schiettezza f. 1 (*fig*) (*sincerità, lealtà*) sincerity. 2 (*fig*) (*franchezza*) frankness, straightforwardness, candidness. 3 (*purezza*) purity. 4 (*autenticità*) genuineness. □ *parlare con ~* to speak frankly, to speak openly, to speak candidly; *~ d'animo* great candour.

schietto I a. 1 (*fig*) (*franco*) frank, straightforward, candid: *parole schiette* frank words. 2 (*fig*) (*sincero*) sincere, true: *amicizia schietta* true friendship. 3 (*puro*) pure. 4 (*rif. a vino e sim.*) pure, undiluted. 5 (*genuino, autentico*) pure, genuine. 6 (*fig*) (*privo di ornamenti*) neat. II avv. frankly, sincerely. □ *a dirla schietta* (*francamente*) to be frank, to be candid, frankly.

schifare (**schifo**) I v.t. 1 (*disdegnare*) to spurn, to look down on, to disdain: *~ il cibo* to spurn food. 2 (*disgustare*) to disgust: *la sua vista mi schifa* the sight of him disgusts me. II v.pron. **schifarsi** to be disgusted (*di* by), to feel repugnance (*di* for).

schifato a. disgusted (*di* by), nauseated (*di* by), sickened (*di* by).

schifezza f. 1 (*estens*) (*cosa mal riuscita*) (*Br*) mess, rubbish, muck, trash, (*Am*) drivel, awful thing, terrible thing, horrible thing, nightmare, piece of junk: *questo film è una vera ~* (*Br*) this film is rubbish, (*Am*) this movie is really rotten (*o* is a real disaster *o*

is a nightmare *o* is a bomb *o* is a brick *o* is repulsive). 2 (*cosa disgustosa*) (*Br*) disgusting thing, repulsive thing, muck, (*Am*) gross thing, yucky thing. 3 (*azione disgustosa*) disgusting action, (*Br,colloq*) lousy thing to do, rotten thing to do, (*Am*) gross thing to do, nasty thing to do. 4 (*colloq*) (*rif. a cibi*) disgusting food, (*Br*) muck, (*Am*) slop; yucky food, repulsive food. 5 (*colloq*) (*rif. a bevande*) (*Br*) slop, (*Am*) swill. 6 (*l'essere schifoso*) nastiness, filthiness, foulness, (*Am*) yuckiness, grossness.

schifiltosamente avv. fastidiously, fussily.

schifiltoso a. fastidious, fussy, squeamish: *fare lo ~* to be fastidious, to be squeamish.

schifo[1] m. 1 (*ripugnanza*) disgust, repugnance: *provare ~ per qcs.* to feel disgust for sth., to be disgusted by sth. 2 (*cosa schifosa*) disgusting thing, repulsive thing. 3 (*azione schifosa*) disgusting action, (*colloq*) lousy thing to do, rotten thing to do. 4 (*colloq*) (*rif. a cibi*) disgusting food, (*Br*) muck, (*Am*) yucky food, slop. 5 (*colloq*) (*rif. a bevande*) slop, (*Am*) swill. 6 (*colloq*) (*rif. a stanze e sim.*) pigsty, (*Am*) pigpen. □ *che ~!* how disgusting!, ugh! *fare ~:* to fill with disgust: *le lumache mi fanno ~* snails disgust me, snails make me feel sick; 2 (*colloq*) (*brutto o malfatto*) to be awful: *questo film fa ~* this film is awful; (*colloq*) *uno ~ di uomo* a loathsome fellow, a disgusting man, (*sl*) a creep.

schifo[2] m. (*Mar*) skiff.

schifosaggine f. 1 (*l'essere schifoso*) (*Br*) nastiness, foulness, (*Am*) grossness. 2 (*cosa schifosa*) (*Br*) disgusting thing, repulsive thing, (*Am*) gross thing. 3 (*atto schifoso*) disgusting action, (*Br,colloq*) lousy thing to do, rotten thing to do, (*Am*) nasty thing to do, gross thing to do.

schifosamente avv. 1 (*in modo pessimo*) nastily, shockingly, dreadfully. 2 (*estens*) (*molto*) very, horribly: *~ ricco* horribly rich, disgustingly rich.

schifoso a. 1 (*da repulsione*) disgusting, repulsive, repellent, nauseating, sickening, loathsome, (*Am*) gross, yucky: *un insetto ~* a repulsive insect. 2 (*pessimo*) shocking, dreadful, (*colloq*) lousy: *hai fatto una prova schifosa* (*Br*) your test was shocking, (*Am*) your test was lousy. 3 (*fig*) dirty, foul, disgusting: *è di un egoismo ~* his selfishness is disgusting.

schiniere m.spec.pl. 1 (*Mil,ant*) greave. 2 (*Sport*) (*nel baseball*) shin guard.

schioccare (**schiòcco, schiòcchi**) I v.t. (*produrre uno schiocco*) to crack, to smack. II v.i. (*aus.* **avere**) (*fare uno schiocco*) to crack, to smack. □ *~ la frusta* to crack the whip; *~ la lingua* to click one's tongue; *~ le dita* to snap one's fingers; *~ le labbra* to smack one's lips; *~ un bacio a qcu.* to give so. a smacking kiss.

schioccata f. 1 (*lo schioccare*) cracking, smacking. 2 (*con le dita*) snapping. 3 (*con la lingua*) clicking, smacking.

schiocco (*pl.* **-chi**) m. 1 crack, smack: *uno ~ di frusta* the crack of a whip. 2 (*con le dita*) snap of one's fingers. 3 (*con la lingua*) click of one's tongue.

schiodare (**schiòdo**) I v.t. 1 to unnail: *~ una cassa* to unnail a case, to break open a chest. 2 (*fig,colloq*) (*tirare su*) to get one's backside off (sth.). 3 (*fig,colloq*) (*distogliere, smuovere da un'idea e sim.*) to tear away from. II v.pron. **schiodarsi** (*fig,colloq*) 1 (*tirarsi su*) to get one's backside off (sth.): *schiodarsi da una sedia* to get one's backside off a seat. 2

(*cambiare idea e sim.*) to tear away from. **3** (*levarsi di torno*) to go away, to buzz off, (*Am*) to bug off: *io non mi schiodo* I won't go away.

schiodatura *f.* unnailing.

schioppettata *f.* **1** (*colpo*) gunshot, rifle shot. **2** (*ferita*) gunshot wound. □ (*fig,ant*) *a una ~ da qui* (*non lontano*) a stone's throw from here.

schioppo *m.* **1** (*Stor*) flintlock. **2** (*fucile*) rifle, gun. **3** (*arma da caccia*) shotgun.

schiribilla *f.* (*Ornit*) little crake.

schiribizzo *m.* whim, fancy, caprice.

schitarrare (**schitàrro**; *aus.* **avere**) *v.i.* (*spreg*) to strum a guitar, to twang a guitar.

schitarrata *f.* (*spreg*) strum, twang.

schiudere (*pres.ind.* **schiùdo**; *p.rem.* **schiùsi**; *p.p.* **schiùso**) **I** *v.t.* **1** to open, to part: *~ le labbra* to part one's lips. **2** (*aprire parzialmente*) to half-open, to open partially, to open slightly: *~ la porta* to open the door a little. **3** (*fig*) to open: *~ il cuore alla speranza* to open one's heart to hope. **II** *v.pron.* **schiudersi 1** (*aprirsi*) to open. **2** (*uscire dall'involucro: rif. a fiori*) to bloom, to blossom, to open: *si schiudono le prime viole* the first violets are coming out. **3** (*uscire dall'involucro: rif. a uova*) to hatch, to break open: *si schiudono le uova* the eggs are hatching. **4** (*fig*) (*manifestarsi*) to open up: *mi si schiude un nuovo avvenire* a new future is opening up for me.

schiuma *f.* **1** froth, foam: *la ~ della birra* the froth of beer, the head of beer. **2** (*rif. al mare agitato*) foam. **3** (*fig,spreg*) (*feccia*) dregs *pl.*, scum: *la ~ della società* the dregs of society. **4** (*rif. a cavalli: da sudore*) lather, sweaty froth. □ *avere la ~ alla bocca* to foam at the mouth, to froth at the mouth (*anche fig*); *~ antincendio* foam, fire fighting foam; (*Cosmet*) *~ da barba* shaving foam, (*Am*) shaving cream; (*Min*) *~ di mare* meerschaum, sea foam; *~ di sapone* lather; *fare ~* (*rif. al sapone*) to lather.

schiumaiola *f.* skimmer.

schiumare (**schiùmo**) **I** *v.t.* to skim (*anche Met*): *il brodo* to skim the broth. **II** *v.i.* (*aus.* **avere**) **1** (*fare schiuma*) to foam, to froth. **2** (*rif. al sapone*) to lather. **3** (*emettere bava*) to foam, to froth. □ (*fig*) *~ dalla rabbia* (*o ~ di rabbia*) to seethe with anger.

schiumarola *f.* skimmer.

schiumogeno I *a.* foaming, foam (*attr.*). **II** *m.* (*estintore a schiuma*) foam extinguisher.

schiumosità *f.* foaminess, frothiness, spumescence.

schiumoso *a.* **1** foamy, frothy: *liquido ~* foamy liquid. **2** (*rif. al sapone*) lathery.

schiusa *f.* (*Zool*) (*delle uova*) hatching, coming out.

schiusi → **schiudere**.

schiuso → **schiudere** *a.* **1** (*lett*) (*semiaperto*) half-open. **2** (*lett*) (*rif. a porte*) ajar. **3** (*rif. a uova*) hatched.

schivabile *a.* avoidable, (*rar*) shunnable (*anche fig*).

schivare (**schìvo**) *v.t.* to dodge, to avoid (*anche estens*): *~ un colpo* to dodge a blow; *~ una persona* to avoid a person.

schivata *f.* (*Sport*) **1** dodge. **2** (*nel pugilato*) duck, ducking.

schivo *a.* **1** (*riluttante*) loath, loth, averse, unwilling, reluctant: *essere ~ di lodi* to be averse to praise. **2** (*ritroso: per timidezza*) bashful, shy. **3** (*ritroso: per orgoglio*) reserved, stand-offish.

schizofrenia *f.* (*Psic*) schizophrenia.

schizofrenico I *a.* **1** (*Psic*) schizophrenic. **2** (*estens,spreg*) (*folle*) schizophrenic, (*colloq*)

schizo, mad, (*Am*) psycho. **II** *m.* (*f.* **-a**; *pl.* **-ci**) **1** (*Psic*) schizophrenic. **2** (*estens,spreg*) (*folle*) schizophrenic, (*colloq*) schizo, mad, (*Am*) psycho.

schizoide I *a.* (*Psic*) schizoid. **II** *m./f.* (*Psic*) schizoid.

schizomiceti *m.pl.* (*Biol*) schizomycetes.

schizotimia *f.* (*Psic*) schizothymia.

schizzare (**schizzo**) **I** *v.t.* **1** to squirt, to spurt: *~ l'acqua addosso a qcu.* to squirt water on so. **2** (*sporcare*) to splash, to spatter, to bespatter, to stain: *mi hanno schizzato il cappotto di fango* my coat got mud splashed on it, my coat got spattered with mud. **3** (*fig*) (*lanciare*) to shoot, to flash: *occhi che schizzano odio* eyes flashing with hate. **4** (*fig*) (*disegnare rapidamente*) to sketch: *~ una caricatura* to sketch a caricature. **5** (*fig*) (*descrivere brevemente*) to sketch, to sketch out, to outline. **II** *v.i.* (*aus.* **essere**) **1** (*zampillare*) to squirt, to spurt, to gush: *l'acqua schizzava da tutte le parti* water spurted all over. **2** (*estens*) (*saltare, balzare via*) to shoot, to jump, to dart, to spring: *~ fuori dal letto* to jump out of bed. □ (*fig*) *gli occhi gli schizzavano dalle orbite* his eyes were popping out of his head; (*fig*) *~ fuoco* to flash fire: *schizzava fuoco dagli occhi* his eyes flashed fire; (*fig*) *~ veleno* to vent one's spleen, to vent one's wrath; (*fig*) *~ veleno da tutti i pori*: **1** to breathe evil from every pore, to breathe venom from every pore; **2** (*dire malignità*) to talk maliciously, to talk spitefully; (*fig*) *~ via* (*scappare*) to dash off, (*Am*) to bolt, to take off, to whiz.

schizzata *f.* **1** (*lo schizzare*) splashing, spurting, squirting. **2** (*schizzo*) splash, spurt, spatter.

schizzato *a.* **1** splashed (*di* with), spattered (*di* with): *scarpe schizzate di fango* shoes spattered with mud. **2** (*fig*) (*abbozzato*) sketched. **3** (*fig*) (*descritto*) sketched, sketched out, outlined. **4** (*fig*) (*nervoso, squilibrato*) jittery, (*colloq*) wired. **5** (*fig*) (*strano*) weird: *è un po' ~* he's a little weird.

schizzettare (**schizzétto**) *v.t.* (*colloq,rar*) to spray, to sprinkle.

schizzetto *m.* **1** (*Med*) (*strumento*) spray, syringe, squirt: *~ uretrale* urethral syringe. **2** (*giocattolo*) water pistol, (*Am*) squirt gun.

schizzinoso *a.* fussy, fastidious, squeamish: *fare lo ~* to be fastidious, to be squeamish.

schizzo *m.* **1** spurt, splash: *uno ~ d'acqua* a splash of water. **2** (*macchia*) splash, stain, spot. **3** (*piccola quantità di liquore*) dash of liquor, drop of liquor: *caffè con lo ~* coffee with a dash of liquor in it. **4** (*abbozzo*) sketch. **5** (*gerg*) (*iniezione di droga*) drug-injection. □ *~ a mano libera* free-hand sketch; *~ architettonico* architect's sketch; *fare uno ~ di qcs.* to draw a sketch of sth., to sketch sth.

sci *m.inv.* (*Sport*) **1** *spec.pl.* (*attrezzo*) ski: *un paio di ~* a pair of skis. **2** (*disciplina*) skiing: *appassionato dello ~* skiing enthusiast. □ (*Sport*) *~ acrobatico* free-style skiing; *da ~* ski (*attr.*); (*Sport*) *~ da carving* carving ski; (*Sport*) *~ da discesa* downhill skis; (*Sport*) *~ da fondo* cross-country ski; (*Sport*) *~ da fuoripista* fat skis; (*Sport*) *~ da gara* racing skis; (*Sport*) *~ da gigante* giant slalom skis; (*Sport*) *~ da speciale* slalom skis; (*Sport*) *~ d'acqua*: **1** (*attrezzi*) water-skis; **2** (*disciplina*) water-skiing; (*Sport*) *~ d'erba* grass skiing, turf-skiing; (*Sport*) *~ d'erba* grass skiing, turf-skiing; *di ~* skiing, ski (*attr.*): *gara di ~* ski race; (*Sport*) *~ di discesa* downhill skiing; (*Sport*) *~ di fondo* cross-country skiing, langlauf; (*Sport*) *~ estivo* summer skiing;

(*Sport*) *fare dello ~* to ski, to go skiing; (*Sport*) *~ nautico* water-skiing; (*Sport*) *~ nordico* Nordic skiing.

scia *f.* **1** wake: *la ~ di una nave* the wake of a ship. **2** (*estens*) (*traccia*) trail, wake: *la ~ di un razzo* the trail of a rocket; *lasciava dietro di sé una ~ di profumo* she left a trail of perfume in her wake, she left a trail of perfume behind her. **3** (*fig*) wake, track, steps *pl.*, footsteps *pl.*, trail: *seguire la ~ di qcu.* to follow so.'s trail, to follow in so.'s steps. □ (*Aer*) *~ di condensazione* condensation trail, (*Br, colloq*) vapour trail, (*Am*) vapor trail; *~ luminosa* luminous trail (*anche Astr*); (*Aut,Sport*) *essere nella ~* to slipstream; (*fig*) *sulla ~ di ...* imitating..., following..., following the example of...; *mettersi sulla ~ di qcu.* to follow in so.'s footsteps.

scià *m.* (*Stor*) shah.

sciabica *f.* **1** (*Pesc*) kind of trawl net. **2** (*Mar*) trawler.

sciabola *f.* sabre (*anche Sport*): *tirare di ~* to fence with a sabre.

sciabolare (**sciàbolo**) *v.t.* **1** to sabre, to strike with a sabre, to slash. **2** (*Sport*) to sabre, to strike with a sabre.

sciabolata *f.* (*colpo*) sabre cut, slash.

sciabolatore *m.* (*f.* **-trice**) sabre fencer (*anche Sport*).

sciabordare (**sciabórdo**) **I** *v.t.* **1** (*agitare un liquido*) to shake, to shake up. **2** (*agitare qcs. immerso in un liquido*) to swash, to stir, to stir up. **II** *v.i.* (*aus.* **avere**) (*rif. a onde e sim.*) to lap.

sciabordio *m.* **1** swashing, stirring. **2** (*rif. a onde e sim.*) lapping. **3** (*rumore*) swash, splashing.

sciacallaggio *m.* **1** profiteering, exploitation. **2** (*in occasione di catastrofi e sim.*) looting, pillaging.

sciacallo *m.* **1** (*Zool*) jackal. **2** (*fig*) (*vile profittatore*) shark, profiteer, vulture. **3** (*fig*) (*chi ruba in luoghi abbandonati*) looter.

sciaccò *m.* (*Stor,Mil*) shako.

sciacquadita *m.inv.* finger bowl.

sciacquare (**sciàcquo**) *v.t.* **1** to rinse: *~ i piatti* to rinse the dishes. **2** (*lavare internamente*) to rinse sth. out, to wash sth. out: *~ un fiasco* to rinse out a flask. **I** *v.pron.* **sciacquarsi** to wash, to wash oneself. □ *~ i panni in Arno* to improve one's Italian; *sciacquarsi la bocca*: **1** to rinse one's mouth; **2** (*estens*) (*bere*) to drink a little, to wet one's whistle.

sciacquata *f.* **1** rinse, rinsing: *dare una ~ a qcs.* to rinse sth., to give sth. a rinse; *darsi una ~* to wash, to wash oneself. **2** (*lavando internamente*) rinse-out.

sciacquatura *f.* **1** (*lo sciacquare*) rinsing. **2** (*acqua*) rinse water. **3** (*acqua dei piatti*) dishwater. □ (*spreg*) *~ di piatti* (*brodaglia*) dishwater.

sciacquio *m.* (*rar*) (*sciabordio*) swashing.

sciacquo *m.* **1** (*lo sciacquarsi la bocca*) mouth-rinsing, gargling. **2** (*liquido*) mouthwash, gargle, wash.

sciacquone *m.* flushing system, toilet flushing system: *tirare lo ~* to flush the toilet, (*colloq*) to pull the chain.

Sciaffusa *n.pr.f.* (*Geog*) Schaffhausen.

sciagura *f.* **1** disaster, calamity: *rimanere vittima di una ~* to be a disaster victim. **2** (*incidente*) crash, accident, terrible accident: *~ aerea* plane crash, air disaster. **3** (*sfortuna*) misfortune. **4** (*iperb,colloq*) (*spec. rif. a persona*) calamity.

sciaguratamente *avv.* **1** (*sfortunatamente*) unfortunately, unluckily. **2** (*scelleratamente*) wickedly.

sciagurato I *a.* 1 (*colpito da sciagura*) wretched, unfortunate, unlucky. 2 (*che è causa di sciagura*) disastrous, unlucky, calamitous. 3 (*malvagio, scellerato*) wicked. II *m.* (*f.* **-a**) 1 (*persona sventurata*) wretch, unlucky person. 2 (*persona malvagia*) wicked person, (*Am*) jerk, creep.

scialacquamento *m.* (*rif. a risorse, soldi e sim.*) squandering.

scialacquare (**scialàcquo**) *v.t.* 1 to squander, to dissipate: *ha scialacquato tutto il patrimonio* he has squandered all he had. 2 (*assol.*) (*sperperare*) to squander one's money.

scialacquatore *m.* (*f.* **-trice**) squanderer, spendthrift.

scialacquio *m.* (*rar*) squandering, dissipation.

scialacquo *m.* 1 (*lo scialacquare*) squandering, (*lett*) dissipation. 2 (*spreco*) waste, lavishness: ~ *di parole* waste of words.

scialagogo (*pl.* **-ghi**) I *a.* (*Farm*) sialagogic. II *m.* (*Farm*) sialagogue, sialogogue.

scialare (**scìalo**) I *v.i.* (*aus. avere*) 1 to lead a life of luxury, to spend money extravagantly, (*Br,colloq*) to fling money about, to splash money around, (*Am*) to throw money around. 2 (*estens*) (*spassarsela*) to have a good time. II *v.t.* (*rar*) (*dissipare*) to squander, (*lett*) to dissipate. □ (*fig*) *c'è poco da* ~ we must watch every penny, (*Am*) there's nothing to spare; we don't have money to burn.

scialbo *a.* 1 (*pallido, smorto*) pale, wan, dull: *colore* ~ (*Br*) pale colour, (*Am*) pale color. 2 (*sbiadito*) faded. 3 (*fig*) flat, dull, (*Br*) colourless, (*Am*) colorless: *racconto* ~ dull story. 4 (*fig*) (*privo di personalità*) insignificant, expressionless: *volto* ~ expressionless face.

scialitico □ (*Chir*) *lampada scialitica* scialytic lamp.

scialato *a.* (*Sart*) shawl (*attr.*): *collo* ~ shawl collar.

scialle *m.* (*Abbigl*) shawl: ~ *sfrangiato* fringed shawl. □ (*Abbigl*) *a* ~ shawl (*attr.*).

scialo *m.* 1 (*lo scialare*) luxurious living, extravagant living, lavishness. 2 (*spreco*) waste, squandering, (*lett*) dissipation. □ *fare* ~ *di qcs.* to be lavish with sth. (*anche fig*): *fare* ~ *di citazioni* to quote others excessively, to use quotations excessively.

scialone *m.* (*f.* **-a**) (*colloq*) spendthrift, squanderer.

scialorrea *f.* (*Med*) sialorrhoea, ptyalism.

scialpinismo *m.inv.* (*Sport*) (*Br*) ski-tourism, ski-touring, (*Am*) backcountry skiing.

scialuppa *f.* (*Mar*) 1 (*a motore*) launch. 2 (*piccola imbarcazione per il collegamento a riva*) tender. □ (*Mar*) ~ *di salvataggio* lifeboat.

sciamanico (*pl.* **-ci**) *a.* (*Rel,Etnol*) shamanist, shamanistic.

sciamanismo *m.* (*Rel,Etnol*) shamanism.

sciamanizzare (**sciamanìzzo**) *v.t.* (*Rel, Etnol*) to shamanize.

sciamannare (**sciamànno**) *v.t.* (*region*) (*sciupare, sgualcire*) to spoil, to crumple.

sciamannato *a.* (*region*) (*sciatto, disordinato*) untidy, (*colloq*) in disarray.

sciamare (**scìamo**) *aus. avere/essere*) *v.i.* to swarm (*anche fig*).

sciamatura *f.* swarming (*anche fig*).

sciame *m.* 1 swarm: *uno* ~ *di mosche* a swarm of flies; *uno* ~ *di api* a swarm of bees. 2 (*fig*) (*folto gruppo*) swarm, crowd. □ (*Astr*) ~ *meteorico* meteor shower, meteor stream; (*Geol*) ~ *sismico* earthquake swarm.

sciampista *m./f.* (*rar*) shampooer.

sciampo *m.inv.* shampoo.

sciancare (**sciànco, sciànchi**) I *v.t.* to cripple, to lame. II *v.pron.* **sciancarsi** to become crippled, to become lame.

sciancato I *a.* crippled, lame, limping. II *m.* (*f.* **-a**) cripple.

sciancrare (**sciàncro**) *v.t.* (*Sart*) to fit at the waist.

sciancrato *a.* 1 (*Sart*) fitted at the waist, waist-tight. 2 (*Sport*) (*nello sci*) carving.

sciancratura *f.* 1 (*Sart*) fitting at the waist. 2 (*Sport*) (*negli sci*) side cut, sidecut.

sciangai *m.inv.* (*gioco*) pick-up-sticks, jackstraw.

sciantosa *f.* (*region*) chanteuse, cabaret singer.

sciantung *m.inv.* (*Tess*) shantung (*anche estens*).

sciapo *a.* tasteless, insipid.

sciarada *f.* 1 (*gioco*) charade. 2 (*fig*) (*problema difficile*) puzzle.

sciare[1] (**scìo, scìì**; *aus.* **avere**) *v.i.* (*Sport*) to ski: *andare a* ~ to go skiing; ~ *sull'acqua* to water-ski.

sciare[2] (**scìo, scìì**; *aus.* **avere**) *v.i.* (*Mar,ant*) 1 (*remare all'indietro*) to hold water, to hold back water. 2 (*con un remo solo*) to hold water with one oar, to hold back water with one oar.

sciarpa *f.* 1 scarf: ~ *di lana* wool scarf. 2 (*distintivo di carica*) sash. 3 (*fascia per sostenere il braccio nelle fratture*) sling.

sciarrano *m.* (*Itt*) comber.

sciata *f.* skiing, run on the skis: *fare una* ~ to go skiing.

sciatica *f.* (*Med*) sciatica.

sciatico (*pl.* **-ci**) *a.* (*Anat*) sciatic: *nervo* ~ sciatic nerve.

sciatore *m.* (*f.* **-trice**) (*Sport*) skier. □ (*Sport*) ~ *acquatico* water-skier.

sciatorio *a.* ski (*attr.*), skiing.

sciattamente *avv.* untidily, carelessly, in a slovenly way, (*colloq*) sloppily.

sciatteria *f.* 1 (*l'essere sciatto*) slovenliness, untidiness, (*colloq*) sloppiness. 2 (*rar*) (*cosa sciatta*) careless thing, (*colloq*) bungle.

sciattezza *f.* (*rar*) slovenliness, untidiness.

sciatto *a.* 1 (*rif. a persona*) slovenly, untidy, (*colloq*) sloppy. 2 (*rif. a cosa: fatto senza cura*) careless, slipshod, (*colloq*) sloppy.

sciattone *m.* (*f.* **-a**) (*spreg*) slovenly person, untidy person, (*colloq*) slob.

sciavero *m.* 1 (*Tecn*) (*asse curva esteriormente*) slab. 2 (*region*) (*ritaglio di pelle o stoffa*) a piece of cloth or leather.

scibile *m.* knowledge: *tutto lo* ~ *umano* all human knowledge.

scicche *a.inv.* (*pop*) (*elegante*) smart, chic.

sciccheria *f.* (*pop*) 1 (*eleganza*) elegance, smartness, chic. 2 (*cosa elegante*) elegant thing: *questo vestito è una* ~ this dress is very chic.

sciente *a.* (*lett,rar*) (*consapevole*) knowing, conscious, aware.

scientemente *avv.* knowingly, consciously, deliberately: *dire* ~ *una bugia* to tell a lie deliberately.

scientifica *f.* (*polizia scientifica*) forensic department, scientific police.

scientificamente *avv.* scientifically, in a scientific way.

scientificità *f.* scientific nature.

scientifico (*pl.* **-ci**) *a.* scientific, science (*attr.*): *studi scientifici* scientific studies.

scientismo *m.* 1 (*Filos*) scientism. 2 (*Rel*) Christian Science.

scientista *m./f.* 1 (*Filos*) adherent of scientism. 2 (*Rel*) Scientist, Christian Scientist.

scienza *f.* 1 science: ~ *pura* pure science. 2 *pl.* (*scienze naturali*) natural science *sing.*,

science *sing.*: *una lezione di scienze* a science lesson. 3 *pl.* (*dottrina, insieme di cognizioni*) knowledge (*costr.sing.*), learning (*costr.sing.*). □ *scienze aerospaziali* aerospace science; *scienze ambientali* environmental science; *scienze applicate* applied sciences; *scienze attuariali* actuarial science; *scienze biologiche* life science; *scienze commerciali* business management; ~ *dei materiali* science of materials; ~ *del comportamento* (*Br*) behavioural science, (*Am*) behavioral science; *scienze dell'alimentazione* nutrition; *scienze delle costruzioni* tectonics (*costr.sing.*), construction theory; *delle finanze* finance, public finance; ~ *dell'informazione* information science; *scienze demografiche* demography; *scienze economiche* economics (*costr.sing.*); ~ *esatta* exact sciences; ~ *finanziaria* finance, public finance; ~ *giuridica* jurisprudence; (*iron*) *avere la* ~ *infusa* to know all, to know everything: *ha la* ~ *infusa* he thinks he knows everything; ~ *marina* marine science; *scienze matematiche* mathematical science; ~ *medica* medicine; *scienze naturali* natural science; ~ *nucleare* nuclear science; *scienze occulte* occult science, occultism, black arts; *scienze politiche*: 1 political science; 2 (*Univ*) politics (*costr.sing.*), political science; *scienze positive* practical sciences; *scienze sociali* social science; *scienze sperimentali* experimental science; *scienze umane* behavioural science; *scienze umanistiche* humanities.

scienziato *m.* (*f.* **-a**) 1 scientist, man of science: ~ *atomico* nuclear scientist. 2 (*rar*) (*persona dotta*) scholar, man of learning.

sciffoniera *f.* (*Arred,rar*) chiffonier.

sciistico (*pl.* **-ci**) *a.* ski (*attr.*), skiing: *gara sciistica* ski race.

sciita *m./f.* (*Rel.islum*) Shiite.

scilinguagnolo *m.* 1 (*Anat,rar*) fraenum, frenulum. 2 (*fig*) (*parlantina*) loquacity, talkativeness, (*spreg*) glibness: *avere lo* ~ *sciolto* to be talkative, (*colloq*) to have the gift of the gab; (*fig*) *sciogliere lo* ~ to find one's tongue.

scilinguato *a.* (*ant*) (*balbuziente*) stuttering, stammering.

scilla *f.* (*Bot*) scilla.

Scilla *n.pr.f.* (*Mitol*) Scylla. □ (*fig*) *essere tra* ~ *e Cariddi* (*lett*) to be between Scylla and Charybdis, (*colloq*) to be between the devil and the deep blue sea.

scimitarra *f.* scimitar, simitar.

scimmia *f.* 1 (*Zool*) monkey. 2 (*Zool*) (*antropomorfa*) ape: (*estens*) *sembrare una* ~ to look like an ape. 3 (*fig*) (*persona brutta*) ugly person, (*colloq*) fright: *brutta* ~! ugly thing!, ugly brute! 4 (*fig*) (*persona che imita gli altri*) mimic, ape, monkey. 5 (*pop*) (*sbronza, sbornia*) drunk, (*Am*) jag. □ (*Zool*) *scimmie antropomorfe* anthropoid apes; *avere la* ~ (*essere drogato*) to have a monkey on one's back; (*Zool*) ~ *cappuccina* capuchin, capuchin monkey; *arrampicarsi come una* ~ to climb like a monkey; (*fig*) *fare la* ~ *a qcu.* (*imitarlo*) to ape so., to mimic so., (*colloq*) to do a take-off on so.; (*Zool*) ~ *ragno* spider monkey; (*Zool*) ~ *urlatrice* howler, howler monkey, howling monkey.

scimmieggiare (**scimmiéggio, scimmiéggi**) *v.t.* (*rar,lett,spreg*) to ape (*qcu.* so.), to mimic (*qcu.* so.), to monkey (*qcu.* so.), to do a take-off (*qcu.* on so.).

scimmiesco (*pl.* **-chi**) *a.* monkey-like, monkeyish, ape-like, apish.

scimmiottare (**scimmiòtto**) *v.t.* (*spreg*) to ape (*qcu.* so.), to mimic (*qcu.* so.), to monkey (*qcu.* so.), to do a take-off (*qcu.* on so.).

scimmiotto *m.* **1** (*giovane scimmia*) young monkey. **2** (*scherz,colloq*) (*rif. a bambino*) little monkey. **3** (*spreg,colloq*) (*persona piccola e brutta*) little ape.

scimpanzé *m./f.* (*Zool*) chimpanzee.

scimunitaggine *f.* **1** (*qualità*) foolishness, silliness. **2** (*atto*) foolish act, silly act, silly thing to do.

scimunito I *a.* foolish, silly, idiotic. **II** *m.* (*f. -a*) fool, foolish person, silly person, (*Br*) idiotic, nitwit, (*Am*) half wit, dim wit.

scinco (*pl.* **-chi**) *m.* (*Zool*) skink.

scindere (*pres.ind.* **scìndo**; *p.rem.* **scìssi**; *p.p.* **scisso**) **I** *v.t.* **1** to separate, to sever, to cleave, (*ant,lett*) to sunder. **2** (*Fis,Chim*) to break down, to decompose. **3** (*fig*) (*dividere*) to split, to split up, to break up, to divide. **II** *v.pron.* to split, to split up, to break up: *il partito si è scisso* the party split up.

scintigrafia *f.* (*Med*) scintigraphy.

scintigrafico (*pl.* **-ci**) *a.* (*Med*) scintigraphic.

scintigrafo *m.* (*Tecn,Med*) scintiscanner.

scintigramma *m.* (*Med*) scintigram, scintiscan.

scintilla *f.* spark (*anche fig*): ~ *del genio* spark of genius; *la ~ che determinò lo scoppio della guerra* the spark that set off the war. □ (*El*) *dare scintille* to spark, to produce sparks, to emit sparks; (*Mot*) ~ *di accensione* ignition spark; ~ *elettrica* electric spark; (*fig,colloq*) *fare scintille* to produce fireworks, to set the world on fire.

scintillante *a.* (*risplendente*) sparkling, shining: *occhi scintillanti* sparkling eyes. **2** (*lampeggiante*) flashing. **3** (*fig*) (*vivace, brillante*) scintillating, glittering.

scintillare (**scintìllo**; *aus.* **avere**) *v.i.* **1** (*mandare scintille*) to spark, to emit sparks, to give out sparks. **2** (*fig*) to sparkle, to gleam, to flash, to glitter: *gli occhi le scintillavano di gioia* her eyes sparkled with joy; *le armi scintillavano al sole* the weapons flashed in the sunlight, the weapons glittered in the sunlight. **3** (*Fis,Astr*) to scintillate.

scintillatore *m.* (*Fis*) scintillator.

scintillazione *f.* (*Astr,Fis*) scintillation.

scintillio *m.* sparkling, glittering, flashing.

scintillometro *m.* (*Astr,Fis*) scintillation counter.

scintoismo *m.* (*Rel*) Shinto, Shintoism.

scintoista *m./f.* (*Rel*) Shintoist.

scintoistico (*pl.* **-ci**) *a.* (*Rel*) Shintoist, Shintoistic.

sciò *intz.* shoo!

scioccamente *avv.* foolishly, in a silly way.

scioccante *a.* shocking, highly disturbing.

scioccare (**sciòcco**, **sciòcchi**) *v.t.* to shock.

sciocchezza *f.* **1** (*l'essere sciocco*) silliness, foolishness. **2** (*azione da sciocco*) foolish action, silly thing, silly thing to do, stupid thing to do: *fare una* ~ to do sth. silly, to act foolishly; *finiranno col fargli commettere qualche* ~ they'll end up by making him do some silly thing. **3** (*parole da sciocco*) silly talk, foolish talk, nonsense, rubbish: *dire sciocchezze* to talk nonsense, *non dire sciocchezze* don't be ridiculous. **4** (*fig*) (*cosa di poco valore*) trifle, nothing, mere nothing: *è una ~ ma spero vorrai gradirla ugualmente* it's a trifle but I hope you'll like it anyway. **5** (*fig*) (*prezzo basso*) trifle, song: *acquistare qcs. per una* ~ to buy sth. for a song. **6** (*fig*) (*impresa facile*) child's play.

sciocchezzuola *f.* trifle, little something.

sciocco I *a.* **1** silly, foolish, inane: *un ragazzo* ~ a silly boy. **2** (*insulso, stolto*) inane, fatuous: *un sorriso* ~ an inane smile. **3** (*rar*)

(*banale, poco importante*) stupid, foolish, trifling: *una sciocca coincidenza* a stupid coincidence. **4** (*region*) (*insipido*) tasteless, insipid. **II** *m.* (*f. -a*; *pl.* **-chi**) fool, silly person, foolish person, (*Br*) simpleton, dolt, (*Am*) dork.

sciogliere (*pres.ind.* **sciòlgo**, **sciògli**; *p.rem.* **sciòlsi**; *p.p.* **sciòlto**) **I** *v.t.* **1** (*disfare un legame*) to undo, to untie, to loose, to loosen, to unfasten: ~ *i capelli* to loosen one's hair, to let down one's hair; ~ *un nodo* to untie a knot. **2** (*liberare dai legami*) to free, to set free, to release: ~ *un prigioniero dalle catene* to free a prisoner of his chains. **3** (*fig*) (*liberare da un obbligo*) to release, to free, to absolve, to relieve: ~ *qcu. da un giuramento* to release so. from an oath. **4** (*fig*) (*adempiere, soddisfare*) to keep, to fulfil: ~ *una promessa* to keep a promise. **5** (*Dir*) (*rescindere*) to cancel, to annul, to break off: ~ *un contratto* to cancel a contract. **6** (*rif. a riunioni*) (*sciogliere*) to bring sth. to an end: ~ *la seduta* (*Br*) to break up the meeting, (*Am*) to adjourn the meeting. **7** (*rif. ad associazioni, società e sim.*) to liquidate, (*Br*) to wind up. **8** (*fig*) (*risolvere*) to solve: ~ *un enigma* to solve a puzzle. **9** (*fondere, liquefare*) to melt. **10** (*fondere, liquefare: rif. alla neve*) to melt, (*Br*) to thaw. **11** (*disperdere*) to disperse, to break up: ~ *un assembramento* to break up a crowd, to disperse a crowd. **12** (*dissolvere*) to dissolve (*anche Chim*): *l'acqua scioglie lo zucchero* water dissolves sugar. **13** (*fig*) (*rendere più agile, meno impacciato*) to loosen, to loosen up, to limber, to limber up: *la ginnastica scioglie i muscoli* exercise loosens up one's muscles. **14** (*fig*) (*rif. a canti: innalzare*) to utter, to raise: ~ *un canto* to raise a song. **II** *v.pron.* **sciogliersi 1** (*slegarsi*) to loose, to undo, to untie. **2** (*slegarsi: rif. a nodi e sim.*) to come undone, to get undone, to come loose. **3** (*liberarsi*) to free oneself (*da* from), to throw off (*da* sth.) (*anche fig*): *sciogliersi dai lacci* to free oneself from one's bonds. **4** (*fig*) (*diventare più disinvolto*) to relax, (*colloq*) to unwind. **5** (*fondersi, liquefarsi*) to melt: ~ *il burro* to melt butter. **6** (*fondersi, liquefarsi: rif. alla neve*) to melt, (*Br*) to thaw. □ ~ *un cane* to let a dog loose; (*fig*) *sciogliersi al sole* to melt down; ~ *qcu. da un voto* to release so. from a vow; ~ *i cavalli* to unharness the horses; ~ *i muscoli* to loosen up, (*Br*) to limber up; (*Pol*) ~ *il parlamento* to dissolve parliament; *sciogliersi in lacrime* to cry one's heart out, to dissolve into tears; ~ *la lingua* to loosen one's tongue: *fare ~ la lingua a qcu.* to loosen so.'s tongue; (*Med*) ~ *la prognosi* to make a prognosis; (*Parl*) ~ *le camere* to dissolve the Houses; ~ *le vele* to unfurl the sails; ~ *una prognosi* to take (so.) off the danger list, to take (so.) off the critical list; ~ *una riserva* to put aside reservations.

scioglilingua *m.inv.* tongue twister.

scioglimento *m.* **1** undoing, loosening, unfastening. **2** (*il fondersi*) melting. **3** (*rif. alla neve*) melting, thawing. **4** (*Dir*) (*rescissione*) cancellation, annulment: *lo ~ di un contratto* the cancellation of a contract. **5** (*Dir*) (*rif. a matrimoni*) dissolution. **6** (*fig*) dissolution. **7** (*fig*) (*rif. a riunioni*) breaking up: *lo ~ di un'assemblea* the breaking up of a meeting. **8** (*fig*) (*rif. ad associazioni e sim.*) winding up, dissolution, liquidation: ~ *di una società* dissolution of a company; ~ *di un ordine religioso* dissolution of a religious order. **9** (*lett*) (*conclusione, epilogo*) dénouement, unravelling: ~ *di un dramma* dénouement of a play. □ (*Parl*) ~ *delle*

---

camere dissolution of the Houses.

sciolina *f.* ski wax.

sciolinare (**sciolìno**) *v.t.* to apply ski wax.

sciolsi → **sciogliere**.

sciolta *f.* (*pop*) (the) runs.

scioltamente *avv.* freely, easily.

scioltezza *f.* **1** (*agilità*) agility, nimbleness. **2** (*agilità: rif. alle membra*) suppleness, flexibility. **3** (*destrezza*) readiness, fluency, smoothness: ~ *di lingua* fluency of speech, glibness. **4** (*fig*) (*facilità*) ease, smoothness: *scrivere con* ~ to write with ease. □ ~ *di modi* easy manner; *in* ~ easy: *vincere in* ~ to win with hands down, to win easily.

sciolto → **sciogliere** *a.* **1** (*non legato*) loose, untied, unfastened: *portare i capelli sciolti* to wear one's hair loose. **2** (*libero*) loose, set loose, free, set free: *lasciare un cane* ~ to leave a dog loose. **3** (*fig*) (*agile*) agile, nimble: *movimenti sciolti* nimble movements. **4** (*fig*) (*pronto, spedito*) ready, easy: *parola sciolta* ready tongue, glib tongue; *lingua sciolta* to have the gift of the gab. **5** (*fig*) (*disinvolto*) free-and-easy, smooth: *stile* ~ smooth style. **6** (*disciolto*) dissolved. **7** (*fuso, liquefatto*) melted: *burro* ~ melted butter. **8** (*fuso, liquefatto: rif. alla neve*) melted, (*Br*) thawed. **9** (*Comm*) (*sfuso*) loose, bulk: *zucchero* ~ loose sugar. **10** (*Geol*) (*permeabile, sabbioso*) loose: *terreno* ~ loose soil. **11** (*Metr*) blank, unrhymed: *versi sciolti* blank verses. **12** (*fig*) (*disinvolto: rif. a comportamento*) (*Br*) easy, easy-going, (*Am*) happy-go-lucky.

sciorante I *m./f.* striker. **II** *a.* striking, on strike.

scioperare (**sciòpero**; *aus.* **avere**) *v.i.* to strike, to go on strike.

scioperataggine *f.* **1** (*qualità*) idleness, laziness, sloth. **2** (*rar*) (*atto*) idle action.

scioperatamente *avv.* (*lett*) idly, slothfully.

scioperatezza *f.* **1** idleness, laziness, sloth. **2** (*dissolutezza*) looseness, dissipation.

scioperato I *a.* **1** idle, lazy, slothful: *studente* ~ lazy student. **2** (*dissoluto*) loose, dissolute. **II** *m.* (*f. -a*) **1** (*Br*) idler, loafer, lazybones, (*Am*) do-nothing. **2** (*dissoluto*) dissolute person, loose liver.

sciopero *m.* strike, walkout: *dichiarare lo* ~ to call a strike. □ ~ *a gatto selvaggio* wildcat strike; ~ *a oltranza* all-out strike; ~ *a scacchiera* rolling strike; ~ *a singhiozzo* on-off strike, hiccup strike; ~ *a sorpresa* lightning strike; ~ *articolato* rolling strike, set of co-ordinated strikes; ~ *bianco* working to rule, (*Am*) slowdown; ~ *dei metalmeccanici* metal and mechanical workers' strike; ~ *della fame* hunger strike; ~ *della sete* thirst strike; ~ *di protesta* protest strike; ~ *di solidarietà* sympathetic strike, sympathy strike; ~ *dimostrativo* token strike; *fare* ~ to strike, to go on strike (*anche fig*); ~ *generale* general strike; ~ *illegale* illegal strike; *essere in* ~ to be on strike; *entrare in* ~ to strike, to go on strike; ~ *selvaggio* wildcat strike; ~ *senza preavviso* lightning strike; ~ *spontaneo* unofficial strike; ~ *ufficiale* official strike.

sciorinare (**sciorìno**) *v.t.* **1** (*stendere: ad asciugare*) to hang out, to hang out to dry: ~ *il bucato* (*Br*) to hang out the washing, (*Am*) to hang out the wash. **2** (*stendere: a prendere aria*) to air, to air out. **3** (*fig*) (*dire con disinvoltura*) to throw out, to pour out, to rattle off: ~ *complimenti* to pour out compliments; ~ *citazioni* to rattle off quotations. **4** (*fig*) (*ostentare*) to show off, to make a display of:

~ *la propria erudizione* to show off one's knowledge.

sciovia *f.* (*Sport*) ski lift.

sciovinismo *m.* chauvinism.

sciovinista *m./f.* chauvinist.

sciovinistico (*pl.* **-ci**) *a.* chauvinistic.

Scipione *n.pr.m.* (*Stor*) Scipio: ~ *l'Africano* Scipio Africanus.

scipitaggine *f.* (*rar,lett*) dullness, insipidness.

scipitamente *avv.* (*rar,lett*) (*l'essere insulso*) in a dull way, insipidly.

scipitezza *f.* (*rar,lett*) (*l'essere insulso*) dullness, insipidness.

scipito *a.* **1** tasteless, insipid. **2** (*fig*) (*insulso*) dull, flat, insipid.

scippare (**scìppo**) *v.t.* **1** to snatch, to grab. **2** (*fig*) (*privare: spec. rif. a vittoria acquisita*) to rob, to deprive.

scippatore *m.* (*f.* **-trice**) (*Br*) bag-snatcher, (*Am*) pickpocket.

scippo *m.* (*Br*) snatching, bag-snatching, (*Am*) pickpocketing.

sciroccale *a.* (*Meteor*) sirocco (*attr.*), scirocco (*attr.*).

sciroccata *f.* **1** (*Meteor*) sirocco gale. **2** (*estens*) (*burrasca di mare*) storm, (*lett*) tempest (caused by a sirocco).

sciroccato I *a.* (*colloq*) weird, screwed-up. II *m.* (*f.* **-a**) (*colloq*) weirdo.

scirocco (*pl.* **-chi**) *m.* (*Meteor*) sirocco, scirocco.

sciroppare (**sciròppo**) I *v.t.* (*Alim*) to make into syrup. II *v.pron.* **sciropparsi** (*colloq,fig*) (*sorbirsi*) to put up with, to bear, (*Br*) to stick, (*Am*) to take in: *mi sono dovuto ~ una conferenza di due ore* I had to put up with a two-hour lecture, I had to sit through a two-hour lecture.

sciroppato *a.* in syrup (*posposto*): *frutta sciroppata* fruit in syrup; *ciliegie sciroppate* cherries in syrup.

sciroppo *m.* syrup, sirup (*anche Farm*): ~ *per la tosse* cough syrup, cough mixture.

sciropposo *a.* **1** syrupy: *bibita sciropposa* syrupy drink. **2** (*fig*) (*stucchevole*) oversentimental, syrupy, mawkish, gushy, (*colloq*) sloppy, (*Am*) corny: *un romanzetto ~ a* sloppy story.

scirro *m.* (*Med*) scirrhus, scirrhous carcinoma.

scisma *m.* schism (*anche Rel,Pol*). □ (*Stor*) *il grande ~ d'Occidente* Great Schism, Western Schism; (*Stor*) *lo ~ d'Oriente* Greek Schism.

scismatico (*pl.* **-ci**) I *a.* schismatic, schismatical. II *m.* (*chi provoca o segue uno scisma*) schismatic.

scissi → **scindere**.

scissile *a.* scissile.

scissione *f.* **1** splitting up, breaking up, split, split-up, division, parting: *la ~ di un partito* a party split, a party split-up. **2** (*Biol, Fis*) fission. □ (*Fis*) ~ *atomica* atomic fission; (*Biol*) ~ *dei grassi* fat splitting; (*Psic*) ~ *dell'Io* splitting of the Ego; (*Fis*) ~ *nucleare* nuclear fission.

scissionismo *m.* secessionism, tendency to split up (*anche Pol*).

scissionista *m./f.* secessionist (*anche Pol*).

scissionistico (*pl.* **-ci**) *a.* secessional, breakaway (*anche Pol*).

scisso → **scindere** *a.* (*diviso*) split, divided.

scissura *f.* **1** (*rar*) (*fessura*) cleft, fissure. **2** (*fig*) (*divisione*) division, split. **3** (*Anat*) scissure, fissure, scissura: ~ *cerebrale* cerebral fissure. □ (*Anat*) ~ *di Rolando* fissure of Rolando.

scisto *m.* (*Geol*) schist.

scistosità *f.* (*Geol*) schistosity.

scistoso *a.* (*Geol*) schistose.

Sciti *n.pr.m.pl.* (*Stor*) Scythians.

scitico (*pl.* **-ci**) *a.* (*Stor*) Scythian.

sciupacchiare (**sciupàcchio, sciupàcchi**) *v.t.* (*colloq,rar*) to spoil a little.

sciupare (**sciùpo**) I *v.t.* **1** (*con pieghe e sim.*) to ruin, (*Br*) to spoil: ~ *un vestito nuovo* to ruin a new suit; ~ *un libro* (*Br*) to spoil a book, (*Am*) to ruin a book. **2** (*danneggiare*) to damage, to harm. **3** (*guastare rif. a salute e sim.*) to ruin, to impair, to harm, (*Br*) to spoil: *la luce debole sciupa gli occhi* poor light ruins the eyes. **4** (*perdere*) to lose, to waste, to miss: *hai sciupato una bella occasione* you've missed a good opportunity; ~ *il fiato* to waste one's breath. **5** (*far dimagrire*) to waste, to make thinner, to wear away: *la malattia lo ha sciupato* his illness has made him waste away, his illness has made him become emaciated. **6** (*consumare in quantità eccessiva*) to waste: ~ *denaro* to waste money; ~ *tempo* to waste time. II *v.pron.* **sciuparsi** **1** (*deteriorarsi*) to be ruined, (*Br*) to get spoilt, (*Am*) to let oneself go. **2** (*danneggiarsi*) to be damaged, to get damaged. **3** (*rovinarsi la salute*) to ruin one's health, to impair one's health, to wear oneself out. **4** (*sgualcirsi*) to crease, to get creased, to get wrinkled. **5** (*colloq,iron*) (*affannarsi, sprecarsi*) to wear oneself out.

sciupato *a.* **1** (*ridotto in cattivo stato*) damaged, ruined, (*Br*) spoilt. **2** (*sgualcito*) creased, wrinkled. **3** (*sprecato*) wasted: *fatica sciupata* wasted effort. **4** (*affaticato*) worn-out, run-down. **5** (*malandato*) gone bad, gone stale.

sciupio *m.* waste: ~ *di energie* waste of energy.

sciupone *m.* (*f.* **-a**) (*colloq*) **1** wasteful person, waster. **2** (*chi spreca denaro*) spendthrift, squanderer.

Sciuridi *m.pl.* (*Zool*) Sciuridae.

sciuscià *m.inv.* (*pop*) shoeblack, (*Am*) bootblack.

scivolamento *m.* sliding, slipping (*anche fig*).

scivolare (**scìvolo**; *aus.* **essere/avere**) *v.i.* **1** to slide, to glide (*anche fig*): ~ *lungo il pendio* to slide down the slope; *la barca scivolava sulle onde* the boat glided over the waves. **2** (*sdrucciolare*) to slip: ~ *sul ghiaccio* to slip on the ice. **3** (*cadere lentamente*) to slide, to fall. **4** (*sfuggire alla presa*) to slip, to drop: *mi è scivolato il vaso dalle mani* the vase slipped out of my hands, the vase dropped out of my hands. **5** (*fig*) (*allontanarsi alla chetichella*) to slip off, to slip away, to slip out. **6** (*fig*) (*introdursi inosservato*) to slide, to slip: *il ladro scivolò nell'appartamento sottostante* the thief slipped into the apartment below. **7** (*fig*) (*sorvolare*) to pass (*su* over). **8** (*fig*) (*peggiorare bruscamente: rif. a titoli di borsa*) to plummet: *i titoli Seat scivolano a causa dell'effetto Yahoo* Seat holdings plummeted due to the Yahoo effect; *la squadra è scivolata in fondo alla classifica* the team fell to last place. **9** (*Sport*) (*nel baseball*) to slide. **10** (*rif. a veicoli: perdere aderenza*) to skid. □ (*Aer*) ~ *d'ala* to sideslip, to slip; (*Aer*) ~ *di coda* to tail-slide; *far ~ qcs. in tasca a qcu.* to slip sth. into so.'s pocket; (*fig*) ~ *su una buccia di banana* to slip on a banana peel.

scivolata *f.* **1** (*lo scivolare*) slide, sliding, slip, slipping. **2** (*Aer*) (*scivolata*) slip. **3** (*nel baseball*) slide. **4** (*Aer*) slip, sideslip. □ *fare una ~*: **1** to have a slide, to slide; **2** (*in-

scivolato *a.* (*Mod*) flowing, loose: *abito ~* flowing dress. **2** (*Mus*) glided: *nota scivolata* glided note.

scivolo *m.* **1** (*piano inclinato*) chute. **2** (*gioco per bambini*) slide, (*Br*) chute. **3** (*Mar*) slipway. **4** (*Aer*) chute. **5** (*Minier*) chute. □ ~ *a spirale* (*nei luna park e sim.*) (*Br*) helter-skelter, (*Am*) spiral slide; ~ *per portatori di handicap* access ramp for disabled people.

scivolone *m.* **1** (*caduta*) tumble, bad fall. **2** (*fig*) (*passo falso*) slip, blunder. **3** (*fig*) (*sconfitta*) defeat, thrashing. **4** (*fig*) (*brusco peggioramento, spec. in Borsa*) sharp fall: *uno ~ del dollaro* sharp fall of the dollar, sharp drop of the dollar; ~ *di Piazza Affari* sharp fall (o drop) of the stock market, plummeting of the stock market. □ *fare uno ~* to slip, to take a tumble (*anche fig*).

scivolosamente *avv.* (*untuosamente*) in a slippery way, unctuously.

scivolosità *f.* slipperiness.

scivoloso *a.* **1** slippery, (*colloq*) slippy: *strada scivolosa* slippery road. **2** (*fig*) (*untuoso, affettato*) oily, unctuous, slippery: *persona scivolosa* slippery person.

Scizia *n.pr.f.* (*Geog.stor*) Scythia.

sclera *f.* (*Anat*) sclera.

sclerale *a.* (*Anat*) scleral.

sclerare (**sclèro**; *aus.* **avere**) *v.i.* (*colloq*) (*sragionare*) (*Br*) to go bananas, to talk nonsense, (*Am*) to lose it, to lose all reason.

sclerenchima *m.* (*Bot*) sclerenchyma.

sclerenchimatico (*pl.* **-ci**) *a.* (*Bot*) sclerenchymatous.

sclerite *f.* (*Med*) scleritis.

sclerometro *m.* (*Min*) sclerometer.

sclerosare (**scleròso**) *v.t.* (*Med*) to harden, to sclerose.

sclerosi, sclerosi *f.inv.* (*Med*) sclerosis: ~ *cerebrale* cerebral sclerosis. □ (*Med*) ~ *a placche* (o ~ *multipla*) multiple sclerosis.

scleroso *a.* (*Bot*) sclerenchymatous.

sclerotico (*pl.* **-ci**) *a.* (*Med*) sclerotic.

sclerotizzare (**sclerotìzzo**) I *v.t.* **1** (*Med*) to sclerotize. **2** (*fig*) to stiffen, to make stiff, to make sclerotic. II *v.pron.* **sclerotizzarsi** **1** (*Med*) to become sclerotized. **2** (*fig*) to stiffen.

sclerotomia *f.* (*Chir*) sclerotomy.

SCN *Saint Christopher e Nevis* SCN (Saint Kitts and Nevis).

scocca *f.* (*Aut*) body: ~ *in acciaio* steel body; ~ *portante* monocoque.

scoccare (**scòcco, scòcchi**) I *v.t.* **1** to shoot: ~ *una freccia* to shoot an arrow. **2** (*fig*) to shoot, to dart, to cast: ~ *un'occhiata minacciosa* to cast a threatening look. **3** (*battere le ore*) to strike. II *v.i.* (*aus.* **essere**) **1** (*scattare: rif. a congegni a molla e sim.*) to be released, to spring up. **2** (*guizzare, balenare*) to dart, to shoot, to shoot out. **3** (*guizzare, balenare: rif. a scintilla*) to flash, to shoot, to shoot out. **4** (*battere: rif. alle ore*) to strike. □ ~ *un bacio* to give a smacking kiss.

scocciante *a.* (*colloq*) bothersome, annoying, nerve racking.

scocciare (**scòccio, scòcci**) I *v.t.* (*colloq*) **1** (*seccare, importunare*) to bother, to annoy. **2** (*rompere*) to get on (so.'s) nerves, to get on (so.'s) case. II *v.pron.* **scocciarsi** **1** (*seccarsi*) to be bothered, to be annoyed, to get annoyed. **2** (*rompersi*) to get tired (*di* of), to get fed up (*di* with).

scocciato *a.* (*colloq*) **1** (*seccato*) annoyed, bothered, (*colloq*) fed up. **2** (*annoiato*) bored.

scocciatore *m.* (*f.* **-trice**) (*colloq*) nuisance, bother, bore. □ *che ~ quello!* what a bore he is!, what a nuisance he is!

scocciatura f. (colloq) 1 (noia) boredom, tediousness. 2 (cosa noiosa) boring thing. 3 (seccatura) nuisance, bore, bother.

scodare (scódo) v.t. to dock: ~ un cavallo to dock a horse.

scodato a. docked, tailless.

scodella f. 1 (piatto fondo) soup bowl, bowl. 2 (ciotola priva di manico) bowl. 3 (quantità di cibo contenuta) plateful. 4 (ciotolata) bowlful.

scodellare (scodèllo) v.t. 1 (versare nei piatti) to dish up, to ladle out: ~ la minestra to dish up the soup, to ladle out the soup. 2 (versare nei piatti: rif. a cibi solidi) to dish out. 3 (colloq,scherz) (presentare) to think up, to drag up: ~ storielle to think up stories. 4 (colloq,scherz) (dare alla luce) to give birth to. □ (fig) ~ la pappa a qcu. to spoon-feed so.

scodellata f. 1 (quantità di cibo in un piatto) plateful, helping, serving. 2 (quantità di cibo in una ciotola) bowlful.

scodellino m. 1 (Mecc) cap. 2 (Mil,ant) pan.

scodinzolare (scodìnzolo; aus. avere) v.i. 1 (dimenare la coda) to wag one's tail. 2 (fig) (rif. ad atteggiamento deferente) to bow and scrape.

scodinzolio m. wagging (of the tail).

scodinzolo m. (Sport) (nello sci) zigzagging.

scogliera f. 1 rocks pl., reef (of rocks): la nave urtò contro la ~ the ship hit the reef. 2 (rupe, dirupo) cliff: le bianche scogliere di Dover the white cliffs of Dover. □ ~ artificiale artificial reef; ~ corallina reef, coral reef.

scoglio m. 1 cliff, crag. 2 (roccia) rock. 3 (fig) (grave ostacolo) obstacle, difficulty, stumbling block: aggirare uno ~ to get round a difficulty, to get round an obstacle. □ (Mar,colloq) andare a scogli to go aground.

scoglioso a. rocky, craggy.

scoiare e der. → **scuoiare** e der.

scoiattolo m. (Zool) squirrel. □ (Zool) ~ volante flying squirrel.

scolabottiglie m.inv. 1 bottle drainer. 2 (colloq) (ubriacone) drunkard, sponge.

scolabrodo m.inv. (region) (colabrodo) colander, strainer.

scolafritto m.inv. frying basket.

scolapasta m.inv. (region) (colapasta) colander.

scolapiatti m.inv. 1 draining board, (Am) drainboard, dish rack. 2 (rastrelliera) dish drainer, plate-rack.

scolare[1] (scólo) I v.t. 1 to drain: ~ la pasta to drain the pasta. 2 (vuotare) to drain, to empty. II v.i. (aus. essere) 1 (defluire) to drip, to drop, to trickle. 2 (sgocciolare) to drain, to drain off, to drip: mettere i piatti a ~ to put the dishes to drain. III v.pron. scolarsi (colloq) (bere) (Br) to drain, to down, to knock back, (Am) to slurp down, to whiff down.

scolare[2] a. school (attr.): età ~ school age.

scolaresca f. schoolchildren pl., pupils pl., class.

scolaretto m. (f. -a) 1 schoolchild, pupil. 2 (fig) (persona impacciata) naive person. □ (fig) arrossire come uno ~ to blush like a schoolboy.

scolarità f. school attendance.

scolarizzare (scolarìzzo) v.t. 1 (sottoporre all'obbligo scolastico) to enforce compulsory schooling (in). 2 (dare un'istruzione) to educate.

scolarizzazione f. 1 (obbligo scolastico) enforcement of compulsory schooling. 2

(istruzione) education.

scolaro m. (f. -a) 1 schoolboy (f. -girl), pupil: un bravo ~ a good pupil. 2 (discepolo) disciple, follower: Giotto fu ~ di Cimabue Giotto was a disciple of Cimabue.

scolastica f. (Filos) Scholasticism.

scolasticamente avv. scholastically (anche Filos).

scolasticismo m. (Filos) Scholasticism.

scolastico (pl. -ci) I a. 1 school (attr.), scholastic: anno ~ school year; tasse scolastiche school fees. 2 (spreg) scholastic, formal. 3 (Filos) Scholastic. II m. (Filos) Scholastic philosopher.

scolatoio m. 1 (scolapiatti) draining board, (Am) drainboard, dish rack. 2 (Ind) drip pan.

scolatura f. 1 (lo scolare) draining. 2 (lo sgocciolare) dripping. 3 (liquido, sostanza scolata) drippings pl., drainings pl.

scoliasta m. (Filol) scholiast.

scoliaste m. (Filol) scholiast.

scolio m. (chiosa) scholium.

scoliosi f. (Med) scoliosis.

scoliotico (pl. -ci) a. (Med) scoliotic.

scollacciarsi (mi scollàccio, ti scollàcci) v.pron. to wear dresses that have plunging necklines.

scollacciato a. 1 (rif. ad abiti) low-necked, low-cut, with a low neckline, with a plunging neckline. 2 (rif. a persone) wearing a low-necked dress, wearing a very low-necked dress, bare-necked. 3 (fig) (licenzioso, salace) risqué, licentious, lewd, (colloq) dirty: commedia scollacciata risqué play.

scollacciatura f. (spreg) very low-cut neckline, plunging neckline.

scollamento m. 1 (lo scollare) ungluing, unsticking. 2 (Med) detachment. 3 (fig) (perdita di coesione) disunity, disunion, division.

scollare[1] (scòllo) v.t. (Sart) to cut low in the neck: ~ un vestito to cut a dress low in the neck.

scollare[2] (scòllo) I v.t. (staccare) to unstick, to unglue. II v.pron. scollarsi (staccarsi) to come unstuck, to get unstuck, to come off: il francobollo si è scollato the stamp has come off.

scollato[1] a. 1 (Abbigl) (rif. ad abiti) low-necked, low-cut: un vestito ~ a low-cut dress. 2 (rif. a persone) wearing a low neckline.

scollato[2] a. unglued, unstuck.

scollatura[1] f. 1 (Sart,Abbigl) neckline, neck. 2 (parte del collo lasciata scoperta) neck and shoulders. □ (Abbigl) ~ a barchetta boat neck; (Abbigl) ~ a V V-shaped neckline; con ~ a V-necked; ~ audace (o ~ generosa o ~ vertiginosa) plunging neckline.

scollatura[2] f. (lo scollare) ungluing, unsticking.

scollegare (scollégo, scolléghi) I v.t. to disconnect. II v.pron. scollegarsi to disconnect.

scollegato a. disconnected.

scollo m. (Sart) neckline, neck. 2 (parte del collo lasciata scoperta) neck and shoulders.

scolmatore I m. (Idr) (canale scolmatore) sluice, drainage channel, sewage pipe, overflow pipe. II a. overflow (attr.), drainage (attr.).

scolo m. 1 (lo scolare) draining, drainage. 2 (sbocco) drain, outlet, outflow. 3 (liquido) waste water, backwater. 4 (pop) (blenorragia) clap. □ di ~ drainage (attr.), drain (attr.).

scolopendra f. (Zool) scolopendra.

scolopendrio m. (Bot) scolopendrium.

scolopio m. (Rel.catt) Piarist.

scoloramento m. (rar) discolouration, (Am) discoloration.

scolorare (scolóro) I v.t. to fade, (Br) to discolour, (Am) to discolor. II v.pron. scolorarsi 1 (perdere il colore) to fade, (Br) to lose colour, (Am) to grow pale. 2 (estens) (impallidire) to grow pale, to turn pale, (Br) to lose one's colour, (Am) to lose one's color, to grow pale.

scolorimento m. discolouring, fading.

scolorina f. 1 (Chim) ink-remover. 2 (per quaderni e sim.) ink eraser.

scolorire (scolorìsco, scolorìsci) I v.t. 1 to fade, to cause to fade, (Br) to discolour, (Am) to discolor: il sole ha scolorito le tende the sun has faded the curtains. 2 (fig) to fade, to cause to fade, to dim: il tempo scolorisce i ricordi time fades memories. II v.i. (aus. essere) 1 to fade, (Br) to lose colour, (Am) to lose color: queste tinte non scoloriscono these colours do not fade; un colore che non scolorisce a fast colour. 2 (impallidire) to grow pale, to turn pale, to lose one's colour: scolorire in volto to pale, to turn pale. 3 (fig) to fade, to grow faint, to dim.

scolorito a. 1 (sbiadito) discoloured, faded: un vestito tutto ~ a very faded dress. 2 (pallido, esangue) pale, wan, colourless. 3 (fig) (tenue, non vivace) faint, faded, dim: ricordo ~ faint memory, dim memory.

scolpare (scólpo) I v.t. to free from blame, to exculpate. II v.pron. scolparsi to free oneself from blame.

scolpire (scolpìsco, scolpìsci) v.t. 1 (lavorare pietra, legno e sim.) to sculpt, to carve: ~ una statua to sculpt a statue. 2 (incidere) to carve: scolpirono i loro nomi su un tronco d'albero they carved their names on the trunk of a tree. 3 (fig) (imprimere, fissare) to engrave, to impress, to stamp: mi sono scolpito nella mente le tue parole your words are engraved in my mind.

scolpito a. 1 sculptured, carved, engraved. 2 (inciso) engraved, carved, cut. 3 (fig) (impresso) engraved (in upon, in), impressed (in upon, in), stamped (in upon, in), fixed (in in): principi scolpiti nella memoria principles stamped in one's memory.

scolpitura f. (Aut) (di battistrada) tread design, tyre design.

scolta f. (lett) (guardia) guard, sentry, watch: fare la ~ to be on sentry duty.

scombaciare (scombàcio, scombàci) v.t. to disjoin.

scombinamento m. (rar) 1 (lo scombinare) disarranging, upsetting. 2 (pasticcio) mess, muddle, botch.

scombinare (scombìno) v.t. 1 (mettere in disordine) to disarrange, to upset. 2 (mandare a monte) to upset, to spoil, (colloq) to mess up.

scombinato I a. 1 badly arranged: affare ~ badly arranged business. 2 (disordinato, confuso) muddled: un cervello ~ a muddled brain. II m. (f. -a) muddlehead, scatterbrain.

scombro m. (Itt) mackerel.

scombussolamento m. 1 (lo scombussolare) upsetting, derangement, muddling. 2 (rif. a stato d'animo) topsy-turvy state. 3 (confusione) muddle, jumble.

scombussolare (scombùssolo) v.t. 1 (mettere in disordine) to throw sth. into disorder, to turn sth. upside-down, to turn sth. topsy-turvy. 2 (sconvolgere) to upset, to disturb, to derange, to turn so. upside-down: la notizia l'ha scombussolata the news has upset her. 3 (causare malessere) to upset, to turn sth. topsy-turvy: il viaggio mi ha scom-

bussolato lo stomaco the trip has upset my stomach. **4** (*fig*) (*mandare all'aria*) to upset, to mess up: ~ *i piani di qcu.* to upset so.'s plans. **5** (*fig*) (*frastornare*) to muddle: ~ *le idee a qcu.* to muddle so.

scombussolato *a.* **1** (*stordito*) confused, stunned: *sono completamente ~ per quello che mi hai detto* I'm completely stunned by what you said. **2** (*disordinato*) confused, untidy, in disorder (*posposto*).

scombussolio *m.* muddle.

scommessa *f.* **1** bet, wager: *vincere una ~* to win a bet; *fare una ~* to bet, to make a bet, to wager. **2** (*somma puntata*) bet, stake, stakes *pl.*: *una ~ di un milione* a million stake. **3** (*fig*) (*impresa difficile*) dare, challenge. □ *per ~* for a dare, for a bet.

scommettere[1] (*pres.ind.* **scommétto**; *p.rem.* **scommìsi**; *p.p.* **scommésso**) **I** *v.t.* **1** to bet, to wager: *abbiamo scommesso una cena* we bet a dinner; *scommetto che non ce la farai* I bet you won't succeed. **2** (*puntare*) to bet, to place a bet of, to stake, to wager: ~ *dieci euro su un cavallo* to bet ten euros on a horse. **II** *v.i.* (*aus. avere*) **1** to bet, to make a bet. **2** (*rif. all'oggetto della scommessa*) to bet (*su* on), to back (sth.): ~ *su un cavallo* to bet on a horse. □ ~ *dieci a uno* (o ~ *dieci contro uno*) to bet ten to one; ~*la testa* to bet one's life; (*colloq*) *puoi scommetterci!* (*garantito*) you bet!

scommettere[2] (*pres.ind.* **scommétto**; *p.rem.* **scommìsi**; *p.p.* **scommésso**) *v.t.* (*disunire*) to disjoin.

scommettitore *m.* (*f.* **-trice**) punter, bettor, better, wagerer.

scomodamente *avv.* uncomfortably.

scomodare (**scòmodo**) **I** *v.t.* **1** to disturb, to bother: *per trovare posto ho dovuto ~ diversi passeggeri* to find room I had to disturb several passengers. **2** (*fig,colloq*) (*servirsi di citazioni autorevoli senza necessità*) to drag in: *per questa dimostrazione non c'era bisogno di ~ Aristotele* there was no need to drag in Aristotle just to prove that. **II** *v.i.* (*aus. avere*) to be inconvenient, to be awkward: *una spesa del genere in questo momento mi scomoda* an expense like that would be very inconvenient for me right now. **III** *v.pron.* **scomodarsi** (*prendersi il disturbo*) to bother, to bother oneself, to put oneself out, to go to trouble, to go to the trouble: *scomodarsi a fare qcs.* to go to the trouble of doing sth.; *non si scomodi ad accompagnarmi, conosco la strada* don't bother to come with me, I know the way. □ *non è tipo da scomodarsi* he's not likely to go out of his way; *fare ~ qcu.* to disturb so.: *mi ha fatto ~ per nulla* he made me go to all that trouble for nothing.

scomodità *f.* **1** discomfort, uncomfortableness. **2** (*disagio, situazione o posizione scomoda*) inconvenience, bother: *la lontananza dalla città presenta qualche ~* the distance from the town causes some inconvenience.

scomodo **I** *a.* **1** uncomfortable: *una sedia scomoda* an uncomfortable chair. **2** (*inopportuno, non gradito*) inconvenient, awkward: *un'ora scomoda per le visite* an awkward time for visits; *orario d'ufficio ~* inconvenient office hours; *è ~ per me venire qui tutti i giorni* it's inconvenient for me to come here every day. **3** (*a disagio*) ill at ease, uncomfortable. **4** (*imbarazzante*) embarrassing, awkward. **5** (*fastidioso: rif. a persona*) tedious: *un compagno di viaggio ~* a tedious travelling companion. **II** *m.* (*disturbo*) trouble, bother.

scompaginamento *m.* **1** (*lo scompaginare*) upsetting, disarranging. **2** (*lo scompaginarsi*) being upset. **3** (*fig*) (*disgregazione, disfacimento*) upsetting.

scompaginare (**scompàgino**) **I** *v.t.* **1** (*mettere in confusione*) to upset, to disarrange. **2** (*fig*) (*disgregare*) to upset, to break up: ~ *l'unità di un partito* to break up the unity of a party. **3** (*Tip*) to break up. **II** *v.pron.* **scompaginarsi** (*disgregarsi*) to be upset, to be broken up.

scompaginato *a.* **1** (*rar,fig*) (*in disordine*) upset, disarranged, thrown into disorder, in disarray. **2** (*rif. a libri e sim.*) with loose pages, unbound.

scompaginatura *f.* (*rar*) **1** (*fig*) (*confusione, disordine*) disarrangement, upsetting. **2** (*Tip*) breaking up.

scompaginazione *f.* (*rar*) **1** (*fig*) (*confusione, disordine*) disarrangement, upsetting. **2** (*Tip*) breaking up.

scompagnamento *m.* (*rar*) breaking up, splitting.

scompagnare (**scompàgno**) **I** *v.t.* (*spaiare, dividere*) to break up, to split. **II** *v.pron.* **scompagnarsi** (*lett*) to part (*da* from), to separate (*da* from).

scompagnato *a.* odd, unmatching: *una calza scompagnata* an odd sock.

scomparire (*pres.ind.* **scompàio/scomparìsco**, **scompàri/scomparìsci**; *p.rem.* **scompàrvi/scomparìi**; *p.p.* **scompàrso/scomparìto**; *aus.* **essere**) *v.i.* **1** (*sparire*) to disappear, to vanish: *la luna scomparve dietro le nuvole* the moon vanished behind the clouds; *è scomparso da un mese* he disappeared a month ago. **2** (*eufem*) (*morire*) to die, to decease, (*non si scomodi*) to pass over. **3** (*fig*) (*fare una brutta figura: rif. a persone*) to cut a poor figure, to look bad, to be insignificant. **4** (*fig*) (*fare una brutta figura: rif. a cose*) to seem nothing, to be nothing: *il mio regalo scompare di fronte al tuo* my gift is nothing compared to yours. □ (*fig*) ~ *dalla scena del mondo* (*morire*) to make one's exit from the world.

scomparsa *f.* **1** disappearance, vanishing. **2** (*eufem*) (*morte*) death. □ *a ~* foldaway: *letto a ~* wall bed, folding bed, (*Am*) Murphy bed.

scomparso → **scomparire** **I** *a.* **1** lost, vanished, disappeared: *continente ~* lost continent. **2** (*eufem*) (*morto*) dead, deceased. **II** *m.* (*f.* **-a**) (*eufem*) (*defunto*) dead person, deceased.

scompartimento *m.* **1** division, compartment, section: *gli scompartimenti di una credenza* the sections of a cupboard. **2** (*Ferr, Mar*) compartment: ~ *di prima classe* first-class compartment. □ (*Ferr*) ~ *per fumatori* smoking compartment, (*colloq*) smoker; ~ *per non fumatori* non-smoking compartment, (*colloq*) non-smoker, (*Mar*) ~ *stagno* watertight compartment.

scompartire (**scompartìsco/scompàrto**, **scompartìsci/scompàrti**) *v.t.* (*rar*) **1** (*dividere in parti*) to divide up, to divide, to subdivide. **2** (*distribuire*) to share, to share out.

scomparto *m.* **1** division, compartment, section. **2** (*Arch*) bay. □ ~ *per frutta e verdura* (*nel frigorifero*) salad crisper; ~*per le uova* (*nel frigorifero*) egg tray.

scompattare (**scompàtto**, **scompàtti**) *v.t.* (*Inform*) to unzip.

scompensare (**scompènso**) *v.t.* **1** to unbalance, to put sth. out of balance, to upset the balance of. **2** (*Med*) to cause decompensation in.

scompensato *a.* **1** unbalanced. **2** (*Med*)

uncompensated: *cuore ~* decompensated heart.

scompenso *m.* **1** lack of balance: ~ *tra la domanda e l'offerta* imbalance between supply and demand, disparity between supply and demand. **2** (*Med*) decompensation: ~ *cardiaco* cardiac decompensation.

scompiacente *a.* (*rar,lett*) discourteous: *mostrarsi ~ verso qcu.* to be discourteous to so.

scompiacenza *f.* (*rar,lett*) discourtesy.

scompigliamento *m.* **1** disarranging, muddling. **2** (*fig*) (*confusione*) upsetting.

scompigliare (**scompìglio**, **scompìgli**) *v.t.* **1** (*mettere in disordine*) to disarrange, to throw sth. into disorder, to mess, to mess up: ~ *un cassetto* to mess up a drawer. **2** (*rif. a capelli*) to ruffle, to dishevel, to rumple. **3** (*fig*) (*sconvolgere*) to upset: ~ *i piani di qcu.* to upset so.'s plans.

scompigliato *a.* **1** (*disordinato*) disarranged, messy, topsy-turvy. **2** (*rif. a capelli*) ruffled, dishevelled. **3** (*fig*) (*confuso*) confused: *idee scompigliate* confused ideas.

scompiglio *m.* **1** (*lo scompigliare*) upsetting, throwing into disorder. **2** (*confusione*) disorder, confusion, chaos, mess, fuss (*anche fig*): *portare lo ~ in qcs.* to cause confusion in sth.

scompisciarsi (**mi scompìscio**) *v.pron.* (*colloq*) to be in stitches. □ *c'era da ~* to split one's side at sth.; ~ *dalle risa* to be in stitches, to split one's side laughing.

scomponibile *a.* **1** dismountable, modular, able to be disassembled (*posposto*), that can be taken apart (*posposto*). **2** (*Mat*) reducible. **3** (*Arred*) modular, knock down: *cucina ~* modular kitchen.

scomponibilità *f.* **1** possibility of being dismounted, possibility of being disassembled. **2** (*Mat*) reducibility.

scomponimento *m.* dismounting, disassembly.

scomporre (*pres.ind.* **scompóngo**, **scompóni**; *p.rem.* **scompósi**; *p.p.* **scompósto**) **I** *v.t.* **1** to disassemble, to take sth. apart, to break up. **2** (*separare le parti di un tutto*) to break sth. down, to decompose. **3** (*scompigliare*) to disarrange, to dishevel, to untidy. **4** (*decomporre*) to decompose (*anche Chim*). **5** (*alterare*) to upset, to distort: *il dolore le scomponeva il volto* pain distorted her face. **6** (*Mat*) to factorize, to break up into factors. **7** (*Tip*) to break up. **II** *v.pron.* **scomporsi** (*turbarsi*) to get upset, to lose one's composure. □ (*Mat*) ~ *in fattori* to factorize; *senza scomporsi* without losing one's composure, (*Br,colloq*) without turning a hair, (*Am,colloq*) without batting an eyelid.

scomposizione *f.* **1** (*lo scomporre*) disassembling, taking apart, breaking up. **2** (*rif. alle parti di un tutto*) breakdown. **3** (*separazione, smembramento*) decomposition, breaking down. **4** (*decomposizione*) decomposition (*anche Chim*). **5** (*Mat*) factorization. **6** (*Tip*) breaking up. □ (*TV*) ~ *dei colori* colour break-up; (*TV*) ~ *dell'immagine* image scanning.

scompostamente *avv.* unbecomingly, in an unseemly way.

scompostezza *f.* **1** (*sguaiatezza*) unseemliness. **2** (*sciatteria*) sloppiness.

scomposto → **scomporre** *a.* **1** disassembled, in pieces, taken to pieces, broken up, broken down. **2** (*in disordine*) untidy, dishevelled: *vestiti scomposti* dishevelled clothes. **3** (*in disordine: rif. a capelli*) ruffled, dishevelled. **4** (*sguaiato, privo di compostezza*) coarse, unseemly, unbecoming:

atteggiamento ~ unseemly position. **5** (*Mat*) factorized. **6** (*Med*) simple, closed: *frattura scomposta* simple fracture, closed fracture.
scòmputo *m.* deduction.
scomùnica *f.* (*Rel*) excommunication (*anche estens*): *dare la ~ a qcu.* (o *lanciare la ~ a qcu.*) to excommunicate so.
scomunicare (**scomùnico, scomùnichi**) *v.t.* **1** (*Rel*) to excommunicate. **2** (*fig*) (*mettere al bando*) to disown, to repudiate, to outlaw.
scomunicato I *a.* **1** (*Rel*) excommunicated. **2** (*fig*) (*messo al bando*) disowned, repudiated. II *m.* (*f.* -**a**) **1** (*Rel*) excommunicated person, excommunicate. **2** (*fig*) (*messo al bando*) renegade.
sconcertante *a.* disconcerting, stunning, puzzling, bewildering: *un atteggiamento ~* a disconcerting attitude.
sconcertare (**sconcèrto**) I *v.t.* **1** (*turbare*) to disconcert, to bewilder: *le sue parole mi sconcertarono* his words disconcerted me. **2** (*rar,lett*) (*scompigliare*) to upset, to disrupt: *~ i piani di qcu.* to upset so.'s plans. II *v.pron.*
sconcertarsi (*rar*) (*turbarsi*) to be disconcerted, to be bewildered. □ *non lasciarti ~* (*da qcs.*) don't get worked up (over sth.).
sconcertato *a.* disconcerted, bewildered, puzzled, stunned: *avere un'aria sconcertata* to look bewildered; *rimanere un po' ~* to be rather disconcerted.
sconcerto *m.* **1** (*rar*) upset, disorder, disturbance. **2** (*fig*) (*turbamento*) disconcertment, perturbation.
sconcèzza *f.* **1** (*indecenza*) indecency, obscenity. **2** (*espressione sconcia*) foul language, dirty talk: *non dire altro che sconcezze* to talk dirty, to use foul language. **3** (*cosa sconcia*) smut.
sconciamente *avv.* (*rar*) indecently, obscenely.
sconciare (**scóncio, scónci**) *v.t.* (*rar*) to spoil, to ruin, to wreck.
scóncio I *a.* indecent, obscene, lewd, smutty, dirty: *parole sconce* dirty words. II *m.* **1** (*cosa indecente*) shame, scandal, disgrace: *è uno ~ che siano ammessi spettacoli del genere* it's a disgrace that they allow shows like that. **2** (*cosa mal fatta*) disgrace, (*colloq*) mess: *questo libro è uno ~* this book is a disgrace.
sconclusionato I *a.* **1** (*senza capo né coda*) inconclusive, feckless, rambling. **2** (*incoerente*) incoherent, disconnected. **3** (*rif. a persona*) dotty, feckless. II *m.* (*f.* -**a**) feckless person, good-for-nothing person.
sconcordanza *f.* (*rar*) **1** disagreement, discordance, clash. **2** (*rif.a suoni, colori*) clash.
sconcordare (**sconcòrdo**) *aus.* **avere**) *v.i.* (*rar*) **1** to conflict, to clash, to disagree. **2** (*rif. a suoni, suoni*) to clash.
scondito I *a.* (*Gastron*) **1** unseasoned, without seasoning, plain. **2** (*rif. all'insalata*) without dressing. II *avv.* without seasoning: *mangiare ~* to eat food unseasoned, to eat food plain.
sconfessare (**sconfèsso**) *v.t.* **1** (*ritrattare*) to renounce, to retract, to disavow: *~ le proprie idee politiche* to renounce one's political ideas. **2** (*disconoscere*) to repudiate, to disown, to disclaim (responsibility for).
sconfessione *f.* renouncing, retraction, disavowal.
sconficcare (**sconficco, sconficchi**) *v.t.* to remove, to extract, to pull out, to draw out: *~ i chiodi da una parete* to pull the nails out of a wall.
sconfiggere (*pres.ind.* **sconfiggo, sconfiggi**; *p.rem.* **sconfissi**; *p.p.* **sconfitto**) *v.t.* to defeat, to beat, to overcome, (*lett*) to vanquish

(*anche fig*): ~ *il nemico* to defeat the enemy; ~ *il male* to vanquish evil.
sconfinamento *m.* **1** (*passare un confine*) border violation, crossing a frontier. **2** (*rif. a proprietà privata*) trespass, trespassing. **3** (*fig*) transgression, overstepping.
sconfinare (**sconfìno**) *aus.* **avere**) *v.i.* **1** to cross the frontier, to cross the border: *sconfinarono in Francia* they crossed the frontier into France, they crossed the French border. **2** (*rif. a proprietà privata*) to trespass. **3** (*fig*) (*uscire dai limiti fissati*) to stray (*da* from), to digress (*da* from), to exceed the limits (of), to go beyond the limits (of): ~ *dall'oggetto della discussione* to stray from the matter under discussion, to stray off-topic.
sconfinatamente *avv.* **1** boundlessly, unlimitedly. **2** (*fig*) (*immensamente*) immensely, tremendously.
sconfinatezza *f.* infinity, unlimitedness.
sconfinato *a.* **1** boundless, unlimited: *l'oceano ~* the boundless ocean. **2** (*fig*) (*immenso*) immense, tremendous: *potere ~* tremendous power.
sconfitta *f.* **1** defeat: *subire una ~* to be defeated, to suffer a defeat. **2** (*fig*) (*insuccesso*) defeat, failure.
sconfitto → **sconfiggere** I *a.* defeated, beaten, (*lett*) vanquished. II *m.* (*f.* -**a**) defeated person: *gli sconfitti* the defeated (*costr.pl.*), (*lett*) the vanquished (*costr.pl.*).
sconfortante *a.* disheartening, discouraging, depressing: *notizie sconfortanti* depressing news.
sconfortare (**sconfòrto**) I *v.t.* to dishearten, to discourage, to dispirit: *l'indifferenza di tutti lo sconfortava* he was disheartened by everyone's indifference. II *v.pron.* **sconfortarsi** (*avvilirsi*) to lose heart, to be disheartened, to get disheartened, to become discouraged, to become depressed.
sconforto *m.* dejection, discouragement, depression, distress, misery.
scongelamento *m.* **1** defrosting, unfreezing (*anche Alim*). **2** (*Econ*) unfreezing.
scongelare (**scongèlo**) *v.t.* **1** to defrost, to thaw, to unfreeze (*anche Alim*): ~ *il frigorifero* to defrost one's refrigerator. **2** (*Econ*) to unfreeze. II *v.pron.* **scongelarsi** to defrost, to thaw (*anche Alim*): *il pane non si è ancora scongelato* bread hasn't thawed yet.
scongelato *a.* **1** defrosted, thawed, unfrozen (*anche Alim*). **2** (*Econ*) unfrozen.
scongiurare (**scongiùro**) *v.t.* **1** (*fig*) (*supplicare*) to beg, to beseech, (*lett*) to implore, (*lett*) to entreat: *vi scongiuro di tacere* I beg you to be silent. **2** (*fig*) (*evitare, scansare*) to avert, to avoid, to ward off: ~ *una disgrazia* to avert an accident; ~ *un pericolo* to ward off a danger. **3** (*Rel,lett*) to exorcize.
scongiurato *a.* **1** (*evitato*) averted, avoided: *pericolo ~* averted danger. **2** (*Rel,lett*) exorcized: *demoni scongiurati* exorcized demons.
scongiuro I *m.* **1** exorcism. **2** *pl.* (*formula magica*) charm *sing.*, spell *sing.*, (*lett*) conjuration *sing.* □ (*colloq*) *fare gli scongiuri* to touch wood, to knock on wood, to cross one's fingers.
sconnessamente *avv.* incoherently, disjointedly.
sconnessione *f.* **1** (*disunione*) disjointedness. **2** (*fig*) (*incoerenza*) incoherence.
sconnesso *a.* **1** (*irregolare*) uneven, bumpy: *strada sconnessa* bumpy road. **2** (*fig*) (*incoerente*) disconnected, unconnected, incoherent, rambling.
sconnessura *f.* (*rar*) **1** disjointedness, cleft. **2** (*punto di sconnessura*) opening, cleft.

sconnèttere (*pres.ind.* **sconnètto**; *p.rem.* **sconnettéi/sconnèssi**; *p.p.* **sconnèsso/sconnésso**) *v.t.* **1** to disconnect, to separate. **2** (*fig, assol*) (*sragionare*) to wander, to talk nonsense, to talk wildly.
sconoscente *a.* (*rar*) (*ingrato*) ungrateful (*di* for).
sconoscere (*pres.ind.* **sconósco, sconósci**; *p.rem.* **sconóbbi**; *p.p.* **sconosciùto**) *v.t.* (*rar*) to ignore, to refuse to recognize.
sconosciuto → **sconoscere** I *a.* **1** unknown, unfamiliar. **2** (*inesplorato*) unexplored: *paesi sconosciuti* unexplored countries. **3** (*rif. a persona: privo di fama*) unknown, obscure, little known: *un attore ~* an unknown actor. **4** (*mai provato prima*) unknown, new: *una sensazione sconosciuta* a new sensation. **5** (*non identificato*) unknown, unidentified: *l'assassino è ancora ~* the murderer is still unknown. II *m.* (*f.* -**a**) unknown person, stranger.
sconquassamento *m.* devastation, shattering, smashing.
sconquassare (**sconquàsso**) I *v.t.* **1** (*sfasciare*) to shatter, to smash, to break down. **2** (*fig*) (*scombussolare*) to upset, to shake up. II *v.pron.* **sconquassarsi** to break, to be ruined, to wreck.
sconquassato *a.* **1** (*sfasciato*) broken, broken-down, ramshackle, smashed, shattered. **2** (*fig*) (*scombussolato*) upset, shaken, shaken up.
sconquasso *m.* **1** (*sfasciamento*) shattering, smashing, breaking down. **2** (*fragore*) crash, crashing, smash. **3** (*danno*) damage. **4** (*fig*) (*confusione*) confusion. **5** (*fig*) (*disordine*) disorder, mess.
sconsacrare (**sconsàcro**) *v.t.* (*Lit*) to deconsecrate.
sconsacrato *a.* (*Lit*) deconsecrated.
sconsacrazione *f.* (*Lit*) deconsecration.
sconsideratamente *avv.* thoughtlessly, rashly, imprudently, inconsiderately.
sconsideratezza *f.* **1** (*l'essere avventato*) thoughtlessness, heedlessness. **2** (*azione avventata*) rashness, imprudence.
sconsiderato I *a.* thoughtless, rash, inconsiderate, imprudent. II *m.* (*f.* -**a**) thoughtless person, heedless person.
sconsigliabile *a.* unadvisable, inadvisable, imprudent.
sconsigliare (**sconsìglio, sconsìgli**) *v.t.* **1** (*non consigliare*) not to advise, not to recommend, to advise against: *questa stoffa te la sconsiglio* I don't recommend this material. **2** (*dissuadere*) to advise (*da* against), not to advise (sth.), to dissuade: *ti sconsiglio dal tentare l'affare* I don't advise you to try it.
sconsigliato *a.* (*ant*) (*avventato*) heedless, thoughtless, rash.
sconsolante *a.* discouraging, disheartening.
sconsolare (**sconsólo**) *v.t.* to discourage, to dishearten.
sconsolatamente *avv.* disconsolately, dejectedly.
sconsolato *a.* **1** (*inconsolabile*) inconsolable, disconsolate: *avere un'aria sconsolata* to look disconsolate. **2** (*afflitto*) dejected, downcast, wretched.
scontabile *a.* **1** (*deducibile*) deductible. **2** (*Econ*) discountable.
scontare (**scónto**) *v.t.* **1** (*detrarre da un conto*) to deduct. **2** (*pagare, estinguere*) to pay off: ~ *un debito* to pay off a debt. **3** (*espiare*) to pay, to pay the penalty for, to expiate, (*lett*) to atone for: ~ *un delitto* to pay for a crime. **4** (*rif. a pene*) to serve: ~ *una*

pena (*in carcere*) to serve a term, to serve a sentence, to serve one's time; ~ *due anni di carcere* to serve a two-year prison sentence; *sta scontando l'ergastolo* he is serving a life sentence, (*colloq*) he is doing life. **5** (*subire le conseguenze di uno sbaglio*) to pay for, to suffer for: ~ *i propri errori* to pay for one's mistakes; ~ *gli errori di gioventù* to pay for the errors of one's youth. **6** (*Econ*) to discount: ~ *una cambiale* to discount a bill.

scontato *a.* **1** (*detratto da un conto*) deducted. **2** (*pagato, estinto*) paid, paid off, paid up, settled: *debito* ~ paid-up debt. **3** (*espiato*) paid for, expiated: *delitto* ~ expiated crime. **4** (*rif. a pena*) served. **5** (*previsto*) foreseen, taken for granted: *successo* ~ success taken for granted; *la tua bocciatura era scontata* your failure was foreseen. **6** (*Econ*) discounted. □ *dare qcs. per* ~ to take sth. for granted, to take sth. for sure.

scontentare (**scontènto**) *v.t.* to displease, to dissatisfy, to disappoint.

scontentezza *f.* discontent, displeasure, dissatisfaction.

scontento I *a.* dissatisfied, displeased, (*lett*) discontent, (*lett*) discontented: *essere* ~ *di qcs.* to be dissatisfied with sth. **II** *m.* **1** (*f. -a*) discontented person. **2** (*insoddisfazione*) discontent, dissatisfaction, disappointment: *c'è uno* ~ *generale tra la cittadinanza* there is widespread discontent among the people.

scontista *m.* (*Econ*) discounter.

sconto *m.* reduction, discount: *fare uno* ~ *di* (*o concedere uno* ~ *di*) to give a discount of, to give a reduction of; *uno* ~ *del dieci per cento* a ten per cent discount. □ ~ *bancario* bank discount; ~ *cambiario* discounting of bills; ~ *commerciale* trade discount; ~ *razionale* true discount; ~ *speciale* special discount.

scontornare (**scontórno**) *v.t.* (*Tip,Fot*) to block out.

scontrare (**scóntro**) **I** *v.t.* (*lett*) **1** (*incontrare*) to meet. **2** (*imbattersi*) to run into. **II** *v.r.recipr.* **scontrarsi 1** to meet, to meet in, in battle, to engage: *i due eserciti si scontrarono nella pianura* the two armies met in battle on the plain. **2** (*rif. a veicoli*) to collide (*con* with), to crash (*con* into), to run (*con* into): *il rapido si è scontrato con un treno merci* the express crashed into a goods train.

scontrino *m.* receipt, ticket, coupon, voucher, (*Am*) check. □ ~ *bagagli* luggage ticket, luggage check; ~ *del deposito bagagli* left luggage ticket; ~ *del guardaroba* cloakroom ticket; ~ *fiscale* receipt for fiscal purposes, receipt for bookkeeping purposes, receipt for accounting purposes, tax receipt; ~ *non fiscale* non-tax receipt.

scontro *m.* **1** (*rif. a veicoli*) crash, collision: ~ *ferroviario* rail crash. **2** (*rif. a forze ostili*) battle, encounter, engagement, action. **3** (*fig*) (*contrasto*) clash, dispute, argument, quarrel: *avere uno* ~ *con qcu.* to have an argument with so. □ (*colloq*) ~ *a fuoco* gunfight, shooting, shoot-out; ~ *automobilistico* bump, crash; ~ *frontale* head-on collision.

scontrosaggine *f.* (*l'essere scontroso*) surliness, sullenness, peevishness, cantankerousness.

scontrosamente *avv.* peevishly, querulously.

scontrosità *f.* **1** (*l'essere scontroso*) surliness, sullenness, peevishness, cantankerousness. **2** (*atto scontroso*) surly behaviour, rudeness.

scontroso *a.* **1** surly, sullen, peevish, cantankerous. **2** (*poco socievole*) unsociable,

withdrawn. **3** (*permaloso*) touchy, huffy.

sconveniente *a.* **1** (*inopportuno*) improper, unfitting. **2** (*indecente*) indecent, dirty, rude: *parole sconvenienti* improper language. **3** (*disdicevole*) unseemly, unbecoming, (*colloq*) infra dig. **4** (*rar*) (*che non conviene*) unfavourable, (*rar*) disadvantageous: *prezzo* ~ unfavourable price.

sconvenientemente *avv.* improperly, unbecomingly.

sconvenienza *f.* (*mancanza di buone maniere*) impropriety, unseemliness, unbecomingness: ~ *di comportamento* improper behaviour, unseemly behaviour.

sconvenire (*pres.ind.* **sconvèngo**, **sconvièni**; *p.rem.* **sconvénni**; *p.p.* **sconvenùto**; *aus.* **essere**) **I** *v.i.* (*lett*) not to become (*a qcu. so.*), not to befit (*a qcu. so.*), to be unbecoming (*a qcu. in*, to so.). **II** *v.pron.* **sconvenirsi** (*lett*) not to become (*a qcu. so.*), not to befit (*a qcu. so.*), to be unbecoming (*a qcu. in*, to so.).

sconvolgente *a.* **1** upsetting, perturbing. **2** (*trascinante*) overwhelming: *passione* ~ overwhelming passion.

sconvolgere (*pres.ind.* **sconvòlgo**, **sconvòlgi**; *p.rem.* **sconvòlsi**; *p.p.* **sconvòlto**) *v.t.* **1** to upset, to throw sth. into confusion: *la guerra ha sconvolto il paese* the war threw the country into confusion. **2** (*mettere in disordine*) to upset, to mix up, to mess up: *un colpo di vento ha sconvolto le carte* a gust of wind mixed up the papers. **3** (*fig*) (*turbare profondamente*) to upset, to perturb, to disturb, to unsettle: *la notizia mi ha sconvolto* the news upset me; *la sua mente era sconvolta dalla passione* his mind was unsettled by passion; *l'odio gli ha sconvolto il cervello* hatred has driven him out of his mind. **4** (*rivoluzionare*) to upset: ~ *i progetti di qcu.* to upset so.'s plans. **5** (*devastare*) to devastate, to ravage: *il paesaggio fu sconvolto dall'alluvione* the countryside was ravaged by the flood.

sconvolgimento *m.* **1** upset, upsetting: *lo* ~ *prodotto dalla rivoluzione* the upset caused by the revolution. **2** (*disordine*) disorder, confusion, muddle. **3** (*devastazione*) devastation. **4** (*fig*) (*grave perturbazione*) upset, perturbation. □ ~ *di stomaco* (*Br*) stomach upset, (*Am*) upset stomach.

sconvolto → **sconvolgere** *a.* **1** ravaged, devastated: *paese* ~ *dal terremoto* land devastated by the earthquake. **2** (*fig*) (*turbato*) upset, perturbed, deranged: *avere l'aspetto* ~ to look very upset. **3** (*fig*) (*fuori di sé*) beside oneself: ~ *dal dolore* beside oneself with grief, overwhelmed with grief.

scoop /skup/ *m.inv.* (*Giorn,TV*) scoop, exclusive news story: *fare uno* ~ to get a scoop, to scoop.

scoordinamento *m.* lack of coordination.

scoordinato *a.* **1** (*di sistema motorio*) uncoordinated, clumsy, poorly coordinated. **2** (*di organizzazione*) uncoordinated.

scooter /'skuter/ *m.inv.* **1** (*motoretta*) scooter, motor scooter. **2** (*Mar*) scooter. □ ~ *acquatico* (o ~ *d'acqua* o ~ *marino*) jet ski.

scooterista /sku-/ *m./f.* motor scooter rider, scooter rider, scooterist.

scopa[1] *f.* broom. □ *magro come una* ~ as thin as a lath, as thin as a rake; ~ *di saggina* besom broom; ~ *elettrica* hoover.

scopa[2] *f.* (*Bot*) briar, tree heath.

scopa[3] *f.* (*gioco di carte*) kind of Italian card game.

scopamare *m.* (*Mar*) lower studding-sail.

scopare (**scópo**) *v.t.* **1** to sweep, to brush, to sweep up: ~ *una stanza* to sweep out a room. **2** (*volg*) to fuck, to screw, to hump, (*Br*)

to frig, to shag (*anche assol.*).

scopata *f.* **1** sweep, sweeping: *dare una* ~ *alla cucina* to sweep the kitchen, to sweep up the kitchen. **2** (*colpo di scopa*) blow with a broom. **3** (*volg*) fuck, bang, screw, (*Br*) shag.

scopatore *m.* (*f. -trice*) **1** sweeper. **2** (*volg*) stud (*f. lay*).

scopatura *f.* **1** sweeping. **2** (*spazzatura*) sweepings *pl.*, rubbish, (*Am*) garbage.

scoperchiare (**scopèrchio**, **scopèrchi**) *v.t.* **1** to take the lid off: ~ *una pentola* to take the lid off a pot. **2** (*togliere la copertura*) to uncover, to remove the cover from. **3** (*rif. al tetto*) to take the roof off, to blow the roof off, to unroof: *il vento ha scoperchiato la casa* the wind has blown the roof off the house.

scoperchiato *a.* **1** uncovered. **2** (*privo del tetto*) unroofed, roofless.

scoperta *f.* **1** discovery: *la* ~ *dell'America* the discovery of America; *la* ~ *di una tomba etrusca* the discovery of an Etruscan tomb; *una* ~ *sensazionale* an exciting discovery. **2** (*invenzione*) invention. **3** (*rif. a giacimenti*) strike: *la* ~ *di un giacimento d'oro* a gold strike. **4** (*iron*) discovery, find: *bella* ~*!* what a discovery!, what a find!, (*colloq*) tell me another! **5** (*Mil,ant*) reconnaissance, reconnoitring.

scopertamente *avv.* (*lett*) openly.

scoperto → **scoprire I** *a.* **1** (*senza coperchio*) uncovered, with the lid off. **2** (*senza copertura*) open, uncovered: *terrazzo* ~ open terrace. **3** (*non riparato da indumenti*) bare: *andare a capo* ~ to go bare-headed. **4** (*senza coperte*) without bedclothes: *dormire* ~ to sleep without bedclothes. **5** (*privo di riparo, indifeso*) exposed. **6** (*fig*) (*sincero, franco*) sincere, open, frank. **7** (*Econ*) (*senza copertura*) uncovered: *un assegno* ~ a bad cheque, (*colloq*) a dud cheque. **8** (*Econ*) (*non assicurato*) uncovered, unsecured. **9** (*Econ*) (*non saldato*) unpaid, outstanding. **10** (*Econ*) (*rif. a conto: con saldo passivo*) overdrawn, overdraft. **11** (*Mil*) (*privo di difesa*) undefended. **12** (*Mil*) (*esposto*) without cover, exposed. **II** *avv.* (*lett*) openly. **III** *m.* **1** (*luogo scoperto*) open, open place, open air, outdoors (*costr.sing.*). **2** (*Econ*) overdraft. **3** (*Econ*) (*saldo passivo*) deficit, debit balance. □ *allo* ~: **1** in the open air, outdoors: *dormire allo* ~ to sleep outdoors, to sleep in the open air; **2** (*fig*) in the open: *uscire allo* ~ to come out in the open; **3** (*Econ*) uncovered, unsecured; (*rif. a conti*) overdrawn: *credito allo* ~ unsecured credit, overdraft; **4** (*Comm*) short: *vendere allo* ~ to sell short; *vendita allo* ~ short sale; **5** (*Mil*) (*privo di difesa*) undefended; (*esposto*) exposed; (*Econ*) ~ *bancario* bounce; (*Comm*) ~ *con fido* bank overdraft.

scopeto *m.* (*bosco di eriche*) heath.

scopetta *f.* brush.

scopettoni *m.pl.* (*scherz*) (*basette lunghe*) long sideboards, long side-whiskers, long sideburns.

scopiazzare (**scopiàzzo**) *v.t.* (*spreg,colloq*) to crib, (*Am*) to cheat, to copy.

scopiazzato *a.* (*spreg,colloq*) cribbed, (*Am*) copied.

scopiazzatore *m.* (*f. -trice*) (*spreg,colloq*) cribber.

scopiazzatura *f.* (*spreg*) (*opera scopiazzata*) copied work.

scopino *m.* **1** (*region*) (*spazzino*) street cleaner, street sweeper. **2** (*piccola scopa*) brush. **3** (*del bagno*) toilet brush.

scopo *m.* **1** (*obiettivo*) purpose, intent, object: *scopi pacifici* peaceful purposes; *lo ~ della sua visita* the object of his visit. **2** (*fine*) aim, goal, end: *raggiungere il proprio ~* to achieve one's end, to achieve one's aim; *non raggiungere il proprio ~* to fail in one's purpose. **3** (*motivo*) reason, point: *andare dritto allo ~* to go straight to the point. **4** (*Topogr*) target. □ *a che ~?* for what purpose?, why?, what for?; *a ~ di* in order to, for the purpose of, for the sake of, for: *a ~ di studio* in order to study, for studying; *a ~ di affari* for business reasons, on business; *a ~ di lucro* for money, for the sake of money: *fare qcs. a ~ di lucro* to do sth. with a view to profit, to do sth. for money; *a ~ orientativo* as a guide, for guidance; *a quale ~?* for what purpose?, why?, what for?; *a questo ~* to this end, for this purpose; *allo ~ di* to, in order to, so as to, for the purpose of, for, for the sake of: *allo ~ di controllare* to check, in order to check; *lo ~ della vita di qcu.* one's life goal, the aim of one's life, one's aim in life; *non c'è ~* there is no point, it is pointless, it is useless; *senza ~*: **1** (*usato come aggettivo*) aimless, purposeless; **2** (*usato come avverbio*) aimlessly, purposelessly; *organizzazione senza ~ di lucro* non profit-making organization, (*Am*) non-profit organization.

scopolamina *f.* (*Chim*) scopolamine.
scopone *m.* kind of Italian card game.
scoppiare (**scòppio, scòppi**; *aus.* **essere**) *v.i.* **1** to burst: *è scoppiato un pneumatico* a tyre has burst, (*Am*) a tire has burst. **2** (*esplodere*) to explode, to blow up: *è scoppiata una mina* a mine has exploded. **3** (*rif. a incendio*) to break out: *è scoppiato un incendio* a fire broke out. **4** (*detonare*) to detonate. **5** (*aprirsi*) to burst, to split: *l'ascesso è scoppiato* the abscess has burst. **6** (*fig*) (*manifestarsi, insorgere*) to break out: *scoppiarono disordini nelle fabbriche* trouble broke out in the factories. **7** (*fig*) (*rif. a temporali*) to break. **8** (*fig*) (*prorompere*) to burst: *~ in lacrime* burst into tears; *~ a ridere* to burst out laughing; *~ a piangere* to burst out crying, to burst into tears. **9** (*iperb*) (*non potersi contenere*) to burst: *se non parlo scoppio* I'll burst if I don't speak. **10** (*Sport*) (*cedere, non farcela*) to collapse, to crack, to crack up. □ *~ dal caldo* to roast; (*fig*) *dalle risa* to split one's sides with laughter; *~ di caldo* to roast; (*fig*) *~ di invidia* to burst with envy; (*fig*) *~ di salute* to burst with health; (*fig*) *mi scoppia il cuore* my heart is breaking; *~ in singhiozzi* to burst out sobbing; (*fig*) *adesso scoppia la bomba* (*Br*) now the fat's in the fire, (*Am*) now it's going to hit the fan., now the bomb's going to drop; *è scoppiata una rissa* a brawl broke out.

scoppiato *a.* (*colloq*) **1** (*sfinito*) dead beat, all in (*attr.*), (*Br*) washed-out, fagged, fagged out, (*Am*) wiped-up, pooped. **2** (*rimbambito*) potty, off one's rocker (*posposto*).
scoppiettamento *m.* crackling.
scoppiettante *a.* **1** crackling. **2** (*fig*) ringing, echoing: *una risata ~* a ringing laugh.
scoppiettare (**scoppiétto**; *aus.* **avere**) *v.i.* **1** to crackle, to pop: *la legna scoppiettava nel caminetto* the wood crackled in the fireplace. **2** (*rif. a motori*) to cough, to sputter. **3** (*fig*) (*risuonare*) to ring, to ring out, to echo, to resound.
scoppiettio *m.* crackle, crackling.
scoppio *m.* **1** burst, bursting: *lo ~ di una caldaia* the bursting of a boiler. **2** (*esplosione*) explosion: *lo ~ di una bomba* the explosion of a bomb. **3** (*detonazione*) detonation. **4** (*rumore*) crash, bang: *lo ~ si udì a grande*

distanza the bang could be heard a long way off. **5** (*fig*) (*accesso*) fit, burst, outburst, gush: *~ d'ira* fit of anger. **6** (*fig*) (*l'insorgere improvviso*) outbreak: *lo ~ della guerra* the outbreak of war. □ *a ~ ritardato* delayed action (*attr.*) (*anche fig*); *~ della crisi* outbreak of the crisis; *~ di un pneumatico* blow-out, tyre burst.
scoppola *f.* **1** (*region*) (*scappellotto*) rabbit punch, smack (on the back of the neck). **2** (*fig*) (*duro colpo*) heavy blow, heavy loss. **3** (*Sport*) (*batosta*) thrashing. □ (*fig*) *prendere una bella ~* to lose quite a bit, to take a hit.
scoprimento *m.* (*cerimonia inaugurale*) unveiling: *lo ~ di una lapide* the unveiling of a plaque.
scoprire (*pres.ind.* **scòpro**; *p.rem.* **scoprìi/scopèrsi**; *p.p.* **scopèrto**) **I** *v.t.* **1** (*togliere la coperta a*) to uncover. **2** (*scoperchiare: rif. a pentole e sim.*) to take the lid off. **3** (*scoperchiare: rif. a tetti*) to take the roof off, to blow the roof off, to unroof. **4** (*denudare*) to bare, to uncover: *il vento le scopriva le gambe* the wind bared her legs. **5** (*rendere visibile*) to reveal, to show: *~ i denti nel sorridere* to show one's teeth when smiling. **6** (*estens*) (*inaugurare*) to unveil, to uncover: *~ una lapide* to unveil a plaque. **7** (*trovare, acquisire alla conoscenza*) to discover: *~ una legge fisica* to discover a law of physics. **8** (*identificare, trovare*) to discover, to find, to find out: *hanno scoperto il ladro* they have discovered the thief. **9** (*Mil,Sport*) (*lasciare indifeso*) to expose, to leave unprotected, to leave without cover. **10** (*fig*) (*manifestare*) to reveal, to disclose, to show: *~ i propri sentimenti* to show one's feelings. **11** (*fig*) (*cominciare a dipingere*) to discover: *ha scoperto la pittura a cinquant'anni* he discovered painting in his 50s. **II** *v.pron.* **scoprirsi 1** to bare, to bare oneself, to uncover, to uncover oneself: *scoprirsi le braccia* to bare one's arms. **2** (*nel letto*) to throw off the bedclothes. **3** (*vestirsi leggero*) to put on light clothes, to put on lighter clothes: *non è ancora tempo di scoprirsi* it's too early yet to put on light clothes. **4** (*manifestare il proprio pensiero*) to give oneself away: *rispose evasivamente per non scoprirsi* he replied evasively so as not to give himself away. **5** (*rivelarsi*) to show oneself, to show oneself to be: *si scoprì un vero amico* he showed himself to be a true friend. **6** (*venire in luogo aperto*) to come out into the open, to expose oneself: *per attaccare aspettarono che il nemico si fosse scoperto* they held off the attack until the enemy came out into the open. **7** (*Sport*) (*nel pugilato*) to drop one's guard. □ (*fig*) *~ gli altarini* to reveal a secret, to give away a secret, (*Br*) to reveal the skeletons in the cupboard, (*Am*) to discover a skeleton in the closet, to find a skeleton in the closet; *scoprirsi il capo* (*togliersi il cappello*) to take off one's hat, to bare one's head, to uncover one's head; (*Mil*) *~ il fianco* (*esporsi*) to expose one's flank: (*fig*) *~ il fianco alle critiche* to expose oneself to criticism; *~ il gioco* to lay one's cards on the table; (*fig,iron*) *~ l'acqua calda* to discover nothing new, to reinvent the wheel; (*fig,iron*) *hai scoperto l'America* to discover nothing new, to reinvent the wheel; (*fig,iron*) *bravo, hai scoperto l'America!* aren't you clever!; (*fig,Sport*) *~ le proprie batterie* to give the show away, to disclose one's plans, to reveal one's intentions; *~ le carte* to lay one's cards on the table.
scopritore *m.* (*f.* **-trice**) discoverer.

scoraggiamento *m.* discouragement, disheartenment: *essere preso dallo ~* to be overcome by discouragement.
scoraggiante *a.* discouraging, disheartening.
scoraggiare (**scoràggio, scoràggi**) **I** *v.t.* to discourage, to dishearten. **II** *v.pron.* **scoraggiarsi** to be discouraged, to get discouraged, to get disheartened, to lose heart.
scoraggiato *a.* discouraged, disheartened, downhearted.
scoramento *m.* (*lett*) disheartenment, downheartedness.
scorbutico (*pl.* **-ci**) **I** *a.* **1** (*fig*) (*scontroso*) cantankerous, ill-tempered, peevish. **2** (*malato di scorbuto*) scorbutic, suffering from scurvy. **II** *m.* **1** (*fig*) (*scontroso*) cantankerous person. **2** (*malato di scorbuto*) sufferer from scurvy.
scorbuto, scorbuto *m.* (*Med*) scurvy.
scorciare (**scórcio, scórci**) **I** *v.t.* **1** to shorten, to make sth. shorter: *~ un vestito* to shorten a dress, to take up a dress. **2** (*Pitt*) (*rappresentare in scorcio*) to foreshorten. **II** *v.pron.* **scorciarsi 1** to shorten, to grow shorter, to get shorter. **2** (*rif. a giornate*) to become shorter, to draw in: *le giornate si sono scorciate* the days have become shorter, (*Br*) the days have drawn in.
scorciatoia *f.* short cut (*anche fig*): *prendere una ~* to take a short cut.
scorcio *m.* **1** (*Pitt*) foreshortening. **2** (*figura, cosa rappresentata di scorcio*) foreshortened figure, foreshortened image. **3** (*vista*) view. **4** (*breve spazio di tempo*) brief period, short space, short space of time, short lapse, short lapse of time: *~ di tempo* brief period of time. **5** (*fine*) end, close, tail-end: *~ di secolo* end of the century. □ *di ~* foreshortened.
scordare[1] (**scòrdo**) **I** *v.t.* to forget: *scordo sempre il tuo indirizzo* I always forget your address; *~ un'offesa* to forget an insult, to think no more of an insult. **II** *v.pron.* **scordarsi** to forget (*di qcs.* sth., about sth.): *non scordarti dell'invito* don't forget the invitation. □ *scordatelo!* forget it!
scordare[2] (**scòrdo**) **I** *v.t.* (*Mus*) to untune, to put out of tune. **II** *v.pron.* **scordarsi** (*Mus*) to go out of tune, to get out of tune.
scordato *a.* **1** (*dimenticato*) forgotten. **2** (*trascurato*) forgotten, neglected, overlooked. **3** (*Mus*) out of tune, untuned, off-key.
scordatura *f.* (*Mus*) **1** (*lo scordare*) untuning. **2** (*l'essere scordato*) being out of tune. **3** (*il perdere l'accordatura*) getting out of tune.
scoreggia (*pl.* **-ge**) *f.* (*volg*) fart.
scoreggiare (**scoréggio, scoréggi**; *aus.* **avere**) *v.i.* (*volg*) to fart.
scorfano *m.* **1** (*Itt*) scorpion fish. **2** (*f.* **-a**) (*fig,colloq*) (*persona brutta*) fright.
scorgere (*pres.ind.* **scòrgo, scòrgi**; *p.rem.* **scòrsi**; *p.p.* **scòrto**) *v.t.* **1** to distinguish, to make out, to perceive, to sight: *~ una luce* to perceive a light. **2** (*fig*) (*discernere*) to discern, to perceive, to see: *~ un pericolo* to see a danger. □ *farsi ~* to make oneself noticed, to let oneself be seen.
scoria *f.spec.pl.* **1** (*Met*) slag, dross, cinder, scoria. **2** (*parte inutile*) dross. **3** (*Geol*) scoria. □ (*Met*) *~ d'altoforno* blast-furnace slag; (*Minier*) *scorie di coke* coke breeze; (*Geol*) *scorie di lava* scoria; *scorie nucleari* nuclear waste (*costr.sing.*), nuclear wastes; (*Nucl*) *scorie radioattive* radioactive waste (*costr.sing.*), radioactive wastes.
scorificare (**scorìfico, scorìfichi**) *v.t.* (*Ind*) to scorify.

scorificazione f. (*Ind*) scorification.

scornare (scòrno) I v.t. 1 (*fig*) (*mettere in ridicolo*) to ridicule, to mock. 2 (*spezzare le corna a*) to break the horns of. II v.pron. **scornarsi** 1 (*fig*) (*mettersi in ridicolo*) to make a fool of oneself. 2 (*spezzarsi le corna*) to break one's horns.

scornato a. 1 (*fig*) (*svergognato*) humiliated, crestfallen. 2 (*con le corna rotte*) with broken horns.

scorniciare (scornìcio, scornìci) v.t. to unframe, to remove the frame from: ~ *un quadro* to remove the frame from a picture.

scorno m. humiliation, disgrace, shame: *subire uno* ~ to suffer humiliation. □ *a* ~ *di qcu.* to humiliate so.

scoronare (scoróno) v.t. 1 (*Dent*) (*togliere la corona*) to remove the crown from. 2 (*Dent*) (*rompere la corona*) to break the crown of. 3 (*Agr*) to pollard, to lop.

scorpacciata f. 1 (*colloq*) feed, nosh-up, bellyful. 2 (*fig*) surfeit. □ *farsi una ~ di qcs.* to stuff oneself with sth., (*Br*) to have a big feed of sth.

scorpena, scorpena f. (*Itt*) scorpion fish.

scorpione m. (*Zool*) scorpion.

Scorpione I n.pr.m. 1 (*Astr*) Scorpius, Scorpio, Scorpion. 2 (*segno zodiacale*) Scorpio, Scorpion. II m./f.inv. (*persona nata sotto il segno dello Scorpione*) Scorpio, Scorpian.

scorporare (scòrporo) v.t. 1 (*Dir*) (*rif. a terreni*) to parcel out. 2 (*Dir*) (*rif. a imprese*) to demerge, to break up. 3 (*estens*) (*rif. a un insieme*) to hive off. □ ~ *l'IVA* to splitt out VAT.

scorporo m. 1 (*Dir*) (*rif. a terreni*) parcelling out. 2 (*Dir*) (*rif. a imprese*) demerging, breaking up. 3 (*beni scorporati*) part of an estate set aside. 4 (*Dir*) (*nel sistema elettorale italiano*) subtraction of the votes obtained by a candidate elected in a uninominal constituency through the majority system from the votes obtained by the list which the candidate belongs to in order to elect other candidates through proportional representation. □ ~ *dell'IVA* splitting out VAT.

scorrazzamento m. running about.

scorrazzare (scorràzzo) I v.i. (*aus.* **avere**) 1 (*correre*) to run about: *i bambini scorrazzavano sul prato* the children were running about on the meadow. 2 (*vagare*) to roam, to rove. 3 (*ant*) (*fare scorrerie*) to make raids, to plunder. 4 (*fig*) (*passare da una cosa all'altra*) to hop. II v.t. to rove, to travel all over, to cover.

scorrazzata f. 1 running about. 2 (*breve gita*) trip.

scorrere (pres.ind. **scórro**; p.rem. **scórsi**; p.p. **scórso**) I v.i. (*aus.* **essere**) 1 (*scivolare*) to slide, to glide: *la barca scorreva sull'acqua* the boat glided over the water. 2 (*estens*) (*fluire*) to flow, to run: *i fiumi scorrono a valle* rivers flow down to the valley, rivers run down to the valley. 3 (*estens*) (*colare*) to run, to flow, to stream: *le lacrime le scorrevano sul viso* tears ran down her cheeks. 4 (*procedere senza difficoltà*) to run, to flow, to fly: *la penna scorreva sulla carta* the pen flew across the paper. 5 (*fig*) (*procedere, filare*) to run on, to flow. 6 (*fig*) (*quadrare*) to make sense, to hang together: *il ragionamento scorre bene* the argument makes sense. 7 (*fig*) (*filare: rif. a scritti*) to read well. 8 (*passare, trascorrere*) to pass, to pass by, to roll by, to go by, to elapse: *le ore scorrevano velocemente* the hours passed quickly, the hours flew by. 9 (*Inform*) to browse. II v.t. 1 (*leggere in fretta*) to run through, to skim through, to glance over, to look over, to have

a quick look at: ~ *un articolo* to skim through an article. 2 (*ant,lett*) (*fare scorrerie*) to raid, to ravage. □ (*Inform*) *fare* ~ (*sul video*) to scroll down.

scorreria f. raid, foray, incursion.

scorrettamente avv. 1 incorrectly, wrongly. 2 (*in modo sconveniente*) incorrectly. 3 (*slealmente*) unfairly.

scorrettezza f. 1 (*slealtà*) unfairness. 2 (*maleducazione*) impoliteness, rudeness, incivility. 3 (*sconvenienza*) impropriety. 4 (*azione scorretta*) rude act, impolite act, impropriety. 5 (*errore, inesattezza*) mistake, error.

scorretto a. 1 incorrect, wrong, not correct: *postura scorretta* incorrect posture, poor posture. 2 (*pieno di errori*) inaccurate. 3 (*sgarbato*) impolite, rude, uncivil. 4 (*sleale*) unfair. 5 (*sconveniente*) indecorous, improper. 6 (*Inform*) invalid.

scorrevole a. 1 (*che scorre*) flowing, smooth-running. 2 (*fluido*) smooth-flowing, fluid: *inchiostro* ~ smooth-flowing ink. 3 (*fig*) (*agile, svelto*) flowing, smooth, fluent, easy: *stile* ~ flowing style; *questa frase non è* ~ this sentence doesn't flow well; *bisogna rendere questo testo più* ~ this text needs to be more fluid.

scorrevolezza f. 1 flow, fluidity, smoothness. 2 (*Tecn*) flowability. 3 (*fig*) (*agilità, sveltezza*) fluency, flowingness, smoothness, easiness.

scorribanda f. 1 (*Mil*) raid, foray, incursion. 2 (*scherz*) (*breve escursione*) excursion, trip. 3 (*fig*) (*digressione*) excursion.

scorrimento m. 1 (*lo scorrere*) flowing, running. 2 (*lo scivolare*) sliding, gliding. 3 (*El,Mecc*) slip. 4 (*Inform*) scrolling, shift: ~ *orizzontale* horizontal scrolling; ~ *verso l'alto* scrolling up; ~ *verso il basso* scrolling down. 5 (*Geol*) slip, thrust, creep: ~ *di strato* bedding thrust, bedding glide.

scorsa f. glance, quick look, (*colloq*) once-over: *dare una* ~ *al giornale* to glance through the newspaper.

scorsi → scorgere.

scorso → scorrere I a. last, past: *lo* ~ *anno* last year. II m. (*rar*) (*errore*) slip, lapse: ~ *di lingua* slip of the tongue, lapsus linguae.

scorsoio a. running: *nodo* ~ running knot, slipknot.

scorta f. 1 escort. 2 (*guida*) guide. 3 (*Mil*) escort, convoy. 4 (*provvista*) stock, supply. 5 (*riserva*) reserve, store, stock: *avere una* ~ *di qcs.* to have a stock of sth. 6 *spec.pl.* (*Dir, Econ,Ind*) stock (*costr.sing.*). □ *di* ~ spare (*attr.*): *ruota di* ~ spare tyre, (*Am*) spare tire; (*Econ*) ~*di divise* currency reserve; ~*d'onore* guard of honour; *fare una* ~ *di qcs.* to stock up on sth.; *fare la* ~ *a qcu.* to act as escort to so., to escort so., to be so.'s escort; (*Comm,Ind*) *scorte in magazzino* stock (*costr.sing.*); (*Econ*) ~*monetaria* cash reserve; (*Dir*) *scorte morte* dead stock (*costr.sing.*); *sotto* ~ with entourage, under protection of bodyguards; *sotto la* ~*di* under the surveillance of; (*estens*) *sotto la* ~ *di un formulario* according to the regulations of a form, under the provisions of a form; *sulla* ~ *di* (*in base a*) on the basis of, on the basis on; (*Dir*) *scorte vive* livestock (*costr.sing.*), live stock (*costr.sing.*).

scortare (scòrto) v.t. 1 (*fare da scorta*) to escort. 2 (*Mil*) to escort, to convoy. 3 (*accompagnare*) to accompany, to escort.

scortecciare (scortéccio, scortécci) I v.t. 1 to bark, to peel, to peel the bark off: ~ *un albero* to bark a tree. 2 (*estens*) (*rif. a intonaco, vernice e sim.: rovinare*) to chip. 3

(*estens*) (*rif. a intonaco, vernice e sim.: asportare*) to strip, to scrape. II v.pron. **scortecciarsi** 1 to lose bark. 2 (*estens*) (*scrostarsi*) to peel, to chip.

scortecciatura f. 1 (*lo scortecciare*) barking, peeling. 2 (*corteccia asportata*) bark stripped off.

scortese a. rude, impolite, discourteous.

scortesemente avv. rudely, impolitely, discourteously.

scortesia f. 1 (*l'essere scortese*) rudeness, impoliteness, discourteousness. 2 (*azione scortese*) discourtesy, rude behaviour, unkindness. □ *fare una* ~ *a qcu.* to be unkind to so.

scorticamento m. skinning.

scorticare (scòrtico, scòrtichi) I v.t. 1 to skin, to flay. 2 (*produrre un'escoriazione*) to graze, to skin, to scratch. 3 (*fig*) (*estorcere denaro*) to fleece. 4 (*colloq*) (*sottoporre a prove severe*) to grill. II v.pron. **scorticarsi** to graze, to skin, to scratch: *mi sono scorticato un ginocchio* I grazed my knee.

scorticato a. 1 skinned, flayed. 2 (*escoriato*) grazed, scratched, skinned.

scorticatoio m. 1 (*luogo*) flaying yard. 2 (*coltello*) flaying knife.

scorticatore m. (f. **-trice**) 1 skinner. 2 (*fig*) (*usuraio*) shark, loan shark.

scorticatura f. 1 skinning, flaying. 2 (*escoriazione*) graze.

scorto → scorgere.

scorza f. 1 (*estens*) (*buccia*) skin, rind, peel: ~ *d'arancio* orange peel. 2 (*corteccia*) bark: *la* ~ *di un albero* the bark of a tree. 3 (*fig*) (*pelle: rif. ad alcuni animali*) skin. 4 (*fig*) (*pelle: rif. a uomini*) skin, (*colloq*) hide. 5 (*fig*) (*aspetto esteriore*) appearance, outer appearance, surface, outside: *sotto la* ~ *ruvida si nasconde un cuore generoso* under that rough exterior he has (*o* there is) a heart of gold. □ (*fig*) *avere la* ~ *dura* to have a thick skin.

scorzonera f. (*Bot*) scorzonera, black salsify.

scoscendere (pres.ind. **scoscéndo**; p.rem. **scoscési**; p.p. **scoscéso**) I v.t. (*lett*) (*rompere*) to split, to cleave. II v.i. (*aus.* **essere**) (*lett*) (*rovinare*) to collapse, to crash, to fall down. 2 (*scendere a picco*) to be steep, to fall steeply. III v.pron. **scoscendersi** (*rovinarsi*) to collapse, to crash, to fall down. 2 (*scendere a picco*) to be steep, to fall steeply.

scosceso → scoscendere a. 1 (*ripido*) steep, precipitous. 2 (*dirupato, aspro*) rugged.

scosciare (pres.ind. **scòscio, scòsci**; fut. **scoscerò**) I v.t. (*staccare una coscia di animale cucinato*) to cut the leg off. II v.pron. **scosciarsi** 1 (*Sport*) (*nella danza: divaricare al massimo le gambe*) to stretch one's legs wide apart. 2 (*colloq*) (*mostrare le cosce*) to bare one's thighs crossing one's legs.

scossa f. 1 jolt, jerk, shake: *ricevere una* ~ to get a jolt, to be shaken, to be jolted. 2 (*fig*) shock, jolt: *la morte della moglie è stata per lui una terribile* ~ the death of his wife was a terrible shock for him. 3 (*fig*) (*danno finanziario*) blow. 4 (*Geol*) shock, tremor. 5 (*Geol*) tremor, (*terremoto*) earthquake: ~ *di terremoto* earthquake tremor. □ *a scosse* jerkily, in jerks; *dare una* ~ *a qcs.* to jolt sth., to shake sth.; *dare una* ~ *a qcu.* to shake so., to give so. a shake; (*Geol*) *scosse di assestamento* aftershocks, tremors; ~ *elettrica* shock, electric shock; (*Geol*) ~ *ondulatoria* wave shock; (*Geol*) *scosse premonitrici* foreshocks; *prendere la* ~ to get a shock, to get shocked; *senza scosse* smoothly, without jerks; (*Geol*) ~ *sismica* shock, earthquake shock; (*Geol*) ~ *sussultoria* tremor.

scossi → **scuotere**.

scosso → **scuotere** a. 1 shaken. 2 (*fig*) (*turbato*) shaken, upset: *rimanere ~ per una notizia* to be upset by some news. 3 (*fig*) (*per stanchezza*) shattered, tired out.

scossone m. shaking, shock, jolt (*anche fig*). □ *dare uno ~ a qcs.*: 1 to shake sth., to jolt sth.; 2 (*fig,Econ*) to shake sth. up.

scostamento m. 1 moving, shifting, removal. 2 (*Statist*) deviation. 3 (*Econ*) (*variazione di prezzi e sim.*) variance.

scostante a. 1 (*che suscita antipatia*) unpleasant, disagreeable, (*colloq*) off-putting. 2 (*rude: rif. a modi di fare*) rude, brusque. 3 (*poco socievole*) unfriendly.

scostare (**scòsto**) I *v.t.* 1 to move away, to shift, to remove: ~ *una sedia dalla parete* to move a chair away from the wall. 2 (*fig,rar*) (*evitare, sfuggire*) to avoid, to keep away from: *ora che è povero tutti lo scostano* now that he's poor everyone avoids him. II *v.pron.* **scostarsi** 1 (*allontanarsi*) to move, to move away, to leave. 2 (*farsi da parte*) to move aside, to step aside, to stand aside, to move out of the way, to get out of the way: *scostati un po', per favore!* would you move aside please! 3 (*fig*) (*deviare*) to stray (*da* from), to leave (sth.). □ (*fig*) *non scostarsi di mezza virgola* (o *non scostarsi di una virgola*) not to stray one jot.

scostolare (**scòstolo**) *v.t.* (*spec. rif. alle verdure*) to remove the rib from.

scostumatamente avv. immorally, dissolutely, licentiously.

scostumatezza f. 1 (*l'essere scostumato*) immorality, dissoluteness, licentiousness. 2 (*modi da persona scostumata*) bad manners pl.

scostumato I a. immoral, dissolute, licentious: *fare una vita scostumata* to lead a dissolute life. II m. (f. **-a**) dissolute person, immoral person. III f. (*spreg*) (*rif. a donne dai facili costumi*) shameless hussy, brazen hussy.

scotano m. (*Bot*) smoke tree.

scotch /skɔtʃ/ m.inv. 1 (*bevanda*) Scotch whisky, (*Am*) Scotch whiskey, (*colloq*) Scotch: ~ *liscio* straight Scotch whisky; ~ *con ghiaccio* Scotch whisky on the rocks. 2 (*adesivo*) Sellotape, (*Am*) Scotch tape, adhesive tape.

scotennare (**scoténno**) *v.t.* 1 (*levare la cotenna*) to skin, to flay: ~ *un maiale* to skin a pig. 2 (*Etnol*) (*togliere il cuoio capelluto*) to scalp.

scotennatoio m. flaying knife.

scotennatore m. (f. **-trice**) 1 skinner. 2 (*Etnol*) scalper.

scotennatura f. 1 skinning, flaying. 2 (*Etnol*) scalping.

scotimento m. 1 (*lo scuotere*) shaking. 2 (*l'essere scosso*) being shaken.

scoto I a. (*Stor*) Scotic, of the Scots (*anche lett*). II m. (*Stor*) (*scozzese*) Scot.

scotola f. (*Tess*) 1 (*utensile*) scutch. 2 (*macchina*) brake.

scotolare (**scòtolo**) *v.t.* (*Tess*) to scutch.

scotolatura f. (*Tess*) scutching.

scotoma m. (*Med*) scotoma.

scotomizzare (**scotomìzzo**) *v.t.* (*Psic*) to suppress anxiety-causing situations as a defence mechanism.

scotomizzazione f. (*Psic*) scotomization.

scotta[1] f. (*Mar*) sheet. □ (*Mar*) ~ *di maestra* main sheet.

scotta[2] f. (*Alim*) (*siero del latte*) whey.

scottante a. 1 (*molto caldo*) burning,

(*colloq*) scorching. 2 (*rif. a liquido bollente*) scalding. 3 (*fig*) (*pungente*) galling, stinging: *offesa ~* galling insult. 4 (*fig*) (*urgente*) burning, pressing, hot: *problema ~* pressing problem.

scottare (**scòtto**) I *v.t.* 1 to burn, (*colloq*) to scorch. 2 (*con liquido bollente*) to scald. 3 (*Gastron*) (*far cuocere brevemente*) to sear; (*in acqua calda*) to parboil, to scald, to blanch. 4 (*fig*) (*offendere*) to sting, to gall, (*colloq*) to nettle, to hurt. II *v.i.* (*aus. avere*) 1 to be hot, to be burning, (*colloq*) to be scorching: *il sole scotta* the sun is very hot, the sun is scorching. 2 (*essere troppo caldo*) to be scalding, to be too hot: *la minestra scotta* the soup is scalding. 3 (*estens*) to burn, to be burning, to be very hot: *la fronte gli scotta per la febbre* his forehead is burning with fever. 4 (*fig*) (*causare profondo interesse*) to be burning, to be pressing: *un problema che scotta* a burning problem. 5 (*fig*) (*causare viva preoccupazione*) to be dangerous, to be hot: *la merce scotta* the goods are hot. III *v.pron.* **scottarsi** 1 to burn, to burn oneself: *scottarsi la lingua* to burn one's tongue. 2 (*con un liquido bollente*) to scald, to scald oneself. 3 (*fig*) (*fare un'esperienza spiacevole*) to get one's fingers burnt. □ (*fig*) *gli scotta la terra sotto i piedi* (*essere impaziente*) to be itching (to), (*colloq*) to have ants in one's pants.

scottata f. (*Gastron*) 1 half-cooking, light cooking. 2 (*con liquido bollente*) parboiling, scalding, blanching. □ (*Gastron*) *dare una ~ a qcs.*: 1 to half-cook sth.; 2 (*con liquido bollente*) to parboil sth., to scald sth., to blanch sth.

scottato a. 1 burnt, scorched. 2 (*con un liquido bollente*) scalded. 3 (*fig*) (*deluso, amareggiato*) hurt, bitter. 4 (*fig*) (*danneggiato*) harmed. 5 (*Gastron*) half-cooked, lightly cooked. 6 (*Gastron*) (*con liquido bollente*) parboiled, scalded.

scottatura f. 1 (*ustione*) burn. 2 (*da liquido bollente*) scald. 3 (*fig*) (*delusione*) disappointment. 4 (*fig*) (*esperienza spiacevole*) unpleasant experience.

scotto[1] → **scuocere** a. (*Gastron*) overdone, overcooked: *pasta scotta* overcooked pasta.

scotto[2] m. (*rar,lett*) score, reckoning. □ *pagare lo ~ di qcs.*: 1 to pay the reckoning for sth.; 2 (*fig*) to pay for sth., (*lett,ant*) to pay one's scot, to pay the piper.

scout /skaut/ I m./f.inv. boy scout, Boy Scout (*anche fig*). II a.inv. boy scout (*attr.*), scout (*attr.*): *guida ~* scoutmaster.

scoutismo /skaw-/ m. Scouting.

scoutista /skaw-/ m. scout, boy scout.

scoutistico /skaw-/ (pl. **-ci**) a. scout (*attr.*), boy scout (*attr.*), scouting (*attr.*).

scovare (**scóvo**) *v.t.* 1 (*fare uscire allo scoperto*) to start, to rouse, to flush (*anche Caccia*): ~ *la selvaggina* to flush game (out). 2 (*fig*) (*rintracciare*) to find, to track down, to flush: ~ *un ladro* to track a thief. 3 (*fig*) (*trovare*) to find: *ho scovato un posticino dove si mangia proprio bene* I've found a place where you can really eat well.

scovolino m. 1 (*per bottiglie*) bottle brush. 2 (*per pipe*) pipe cleaner.

scovolo m. 1 (*Arm*) swab, cleaning rod. 2 (*per bottiglie*) bottle cleaner.

scozia f. (*Arch*) scotia.

Scozia n.pr.f. (*Geog*) Scotland.

scozzare (**scòzzo**) *v.t.* to shuffle: ~ *le carte* to shuffle the cards.

scozzese I a. Scottish, Scots, (*spreg*) Scotch: *tessuto (di lana) ~* tartan, tartan cloth. II m./f. (*abitante*) Scot, Scotsman (f.

-woman), (*spreg,ant*) Scotchman (f. -woman): *gli scozzesi* the Scottish (*costr.pl.*), the Scots pl., (*spreg*) the Scotch (*costr.pl.*). III m. (*lingua*) Scottish, (*spreg*) Scotch.

scozzonare (**scozzóno**) *v.t.* 1 (*addestrare*) to break in, to train: ~ *un puledro* to break in a colt. 2 (*fig*) (*insegnare i primi elementi*) to teach the first elements to. 3 (*fig*) (*rendere meno rozzo*) to refine, to polish.

scozzonatura f. 1 (*spec. rif. a cavalli: addestramento*) breaking in, training. 2 (*fig*) (*primo addestramento*) basic training, initial training.

scozzone m. horse breaker, trainer.

scrambler m.inv. (*Elettron*) scrambler.

scranna f. 1 high-backed chair. 2 (*region*) (*sedia*) chair.

scranno m. 1 high-backed chair. 2 (*region*) (*sedia*) chair.

screanzatamente avv. rudely, impolitely.

screanzato I a. rude, impolite, unmannerly. II m. (f. **-a**) rude person, unmannerly person, boor.

screditare (**scrédito**) I *v.t.* to discredit, to throw discredit on: ~ *un'organizzazione* to discredit an organization. II *v.pron.* **screditarsi** to bring discredit on oneself, to lose one's reputation.

screditato a. discredited.

screening /'skriniŋ/ m.inv. (*Med*) screening (*anche estens*).

screen saver /'skrin'seivər/ m.inv. (*Inform*) screen saver.

scremare (**scrèmo**) *v.t.* 1 (*Alim*) to skim: ~ *il latte* to skim milk. 2 (*estens*) (*selezionare*) to select, to cream off.

scremato (**scrèmo**) a. (*di latte*) skimmed: *latte parzialmente ~* semi-skimmed milk.

scrematrice f. (*Alim*) skimmer.

scrematura f. 1 (*Alim*) skimming. 2 (*estens*) (*selezione*) selection, creaming off.

screpolare (**scrèpolo**) I *v.t.* 1 (*rif. alla pelle*) to chap. 2 (*rif. all'intonaco e sim.*) to crack. II *v.pron.* **screpolarsi** 1 (*rif. alla pelle*) to chap, to get chapped: *mi si screpolano le mani* my hands get chapped. 2 (*rif. a intonaco e sim.*) to crack.

screpolato a. 1 (*rif. alla pelle*) chapped: *mani screpolate* chapped hands. 2 (*rif. a intonaco e sim.*) cracked.

screpolatura f. 1 (*rif. alla pelle*) chap, crack. 2 (*rif. a intonaco e sim.*) crack, cracking (*anche Pitt*).

screziare (**scrèzio, scrèzi**) *v.t.* to speckle, to variegate, to dot.

screziato a. 1 (*variopinto*) variegated. 2 (*che presenta macchie, chiazze*) speckled, flecked. 3 (*striato*) streaked.

screziatura f. 1 (*chiazza*) mark, speckle, fleck. 2 (*striatura*) streak. 3 (*Bot*) variegation.

screzio m. disagreement, friction, difference: *c'è qualche ~ tra i due fratelli* there is some friction between the two brothers.

scriba m. (*Stor,Bibl*) scribe.

scribacchiare (**scribàcchio, scribàcchi**) *v.t.* to scribble (*anche spreg*).

scribacchino m. (f. **-a**) (*spreg*) scribbler.

scricchiolare (**scrìcchiolo**; aus. avere) *v.i.* 1 to crunch: *la neve ghiacciata scricchiolava sotto le ruote dell'automobile* the frozen snow crunched under the wheels of the car. 2 (*cigolare*) to creak, to squeak: *la sedia scricchiolava sotto il suo peso* the chair was creaking under his weight; *scale che scricchiolano* creaky stairs. 3 (*fig*) (*incrinarsi*) to deteriorate, to creak.

scricchiolio m. 1 crunching. 2 (*cigolio*) creaking, squeaking. 3 (*fig*) (*deterioramen-*

to) creaking, deterioration.

scricciolo *m.* **1** (*Ornit*) (*maschio*) wren; (*femmina*) jenny wren. **2** (*fig*) (*persona piccola*) mite, (*colloq*) shrimp.

scrigno *m.* casket, case: ~ *di gioielli* jewel casket.

scriminante *a.* (*Dir*) justifying.

scriminare (**scrìmino**) *v.t.* (*Dir*) to justify.

scriminatura *f.* parting, (*Am*) part: ~ *al centro* parting in the middle; ~ *a sinistra* parting on the left.

scrimolo *m.* (*Geog*) a ridge steep on one side and sloping on the other.

scripofilia *f.* (*rar*) scripophily.

scripofilo *m.* (*rar*) scripophile.

scrissi → **scrivere**.

scristianizzare (**scristianìzzo**) **I** *v.t.* to unchristianize, to dechristianize. **II** *v.pron.* **scristianizzarsi** to give up Christianity.

scriteriatamente *avv.* senselessly.

scriteriato I *a.* scatterbrained, senseless, foolish. **II** *m.* (*f.* **-a**) scatterbrain, senseless person, (*spreg,colloq*) nutter.

scritta *f.* **1** writing: ~ *indecifrabile* illegible writing. **2** (*su cartelli*) notice, sign. **3** (*iscrizione*) inscription: *una lapide con una ~ in latino* a plaque with a Latin inscription. **4** (*contratto*) contract. **5** (*documento*) document, deed. □ ~*luminosa* luminous sign; ~ *pubblicitaria* advertisement, advertising sign; ~ *sui muri* inscription on a wall, graffito, graffiti (*costr.sing. e pl.*).

scritto → **scrivere I** *a.* **1** written (*anche fig*): *ordine ~* written order; *il suo nome è ~ nel mio cuore* his name is written in my heart. **2** (*destinato*) bound, doomed, fated: *era ~ che dovesse finire così* it was bound to finish like this; *era ~ che non sarei potuto partire* it was fated that I wouldn't be able to leave. **II** *m.* **1** writing: *questo ~ non si legge più* you can't read this writing any more. **2** (*opera*) writing, work: *gli scritti minori di Byron* Byron's minor works. **3** (*lettera*) letter: *ho ricevuto il tuo ~* I received your letter. **4** (*Scol*) (*esame scritto*) written exam, written examination. □ ~ *a macchina* typewritten; ~ *a mano* handwritten; ~ *celebrativo* celebratory work; ~ *commemorativo* commemorative work; ~*d'occasione* occasional work; *scritti giovanili* early works, juvenile works; *in* ~ in writing: *mettere qcs. in* ~ to put sth. in writing, to write sth. down; (*fig*) *ce l'ha ~ in faccia* (o *ce l'ha ~ in fronte*) it's written all over his face; *per* ~ in writing: *mettere qcs. per* ~ to put sth. in writing, to write sth. down; *rispondere per* ~ to reply in writing; *sta* ~ it's written.

scrittografico *a.* (*burocr*) handwritten.

scrittoio *m.* writing desk, desk.

scrittore *m.* (*f.* **-trice**) writer (*f.* woman writer), author (*f.* author, authoress).

scrittorello *m.* (*spreg*) scribbler.

scrittura *f.* **1** writing: *apprendere la* ~ to learn writing, to learn how to write. **2** (*sistema*) script, writing: ~ *araba* Arabic writing. **3** (*calligrafia*) writing, handwriting: ~ *illeggibile* illegible handwriting; *bella* ~ good handwriting, good penmanship: *avere una bella* ~ to have a good handwriting, to have beautiful handwriting. **4** (*atto, documento*) deed, document. **5** (*Dir*) (*contratto*) contract. **6** (*Teat,Cin*) (*contratto di lavoro*) engagement, contract: *ottenere una* ~ to get a contract. □ ~ *a macchina* typing, typewriting, type; ~ *a mano* handwriting; ~ *a specchio* mirror-writing; ~ *aerea* skywriting; ~ *alfabetica* alphabetic script; ~*capitale* writing in capital letters; ~*cirillica* Cyrillic writing; (*Comm*) *scritture contabili* books, ac-

count books, accounts; ~*cuneiforme* cuneiform script; (*Stor*) ~ *demotica* demotic script;*di* ~ writing (*attr.*): *esercizio di* ~ writing exercise; ~ *diplomatica* chancery; ~*fonetica* phonetic writing, phonetics (*costr.sing.*); ~*geroglifica* hieroglyphic writing, hieroglyphics (*costr.sing.*); (*Tip*) ~ *gotica* Gothic script; ~ *ideografica* ideographic writing; (*Paleogr*) ~*ieratica* hieratic writing, hieratic; ~ *onciale* uncial writing; ~*pittografica* picture writing; (*Dir*) ~*privata* simple contract, private deed; (*Dir*) ~*pubblica* public deed; ~ *runica* runic writing, runic script; (*Econ*) ~ *semplice* single-entry book-keeping; ~ *sillabica* syllabic writing, syllabic script; ~ *tedesca* German type, Fraktur.

Scrittura *f.* (*Bibbia*) Scriptures, Holy Scriptures.

scritturabile *a.* **1** (*Teat,Cin*) suitable for engagement (*posposto*), that can be signed on (*posposto*). **2** (*Comm*) enterable.

scritturale[1] **I** *m.* (*ant,rar*) **1** (*scrivano*) scribe. **2** (*copista*) copyist. **II** *a.* (*Comm*) book-keeping (*attr.*), account (*attr.*), of accounts.

scritturale[2] **I** *a.* (*Teol*) Scriptural. **II** *m./f.* (*Teol*) scripturalist.

scritturalismo *m.* (*Teol*) scripturalism.

scritturare (**scrittùro**) *v.t.* **1** (*Teat,Cin*) to engage, to sign up, to sign on. **2** (*Comm*) to enter, to record.

scritturato *a.* (*Teat,Cin*) engaged, under contract, signed up, contracted, signed.

scritturazione *f.* **1** (*Teat,Cin*) engagement, signing up. **2** (*Comm*) entry.

Scritture *n.f.pl.* (*Bibbia*) Holy Scriptures, Scriptures.

scrivania *f.* **1** writing desk, desk, writing bureau. **2** (*Inform*) desktop.

scrivano *m.* **1** (*Stor*) scribe. **2** (*f.* **-a**) (*rar*) (*copista*) copyist. **3** (*f.* **-a**) (*Dir,burocr*) clerk, scribe, (*ant*) scrivener. □ (*Entom*) ~ *della vite* vine leaf beetle.

scrivente *m./f.* **1** (*Ling*) writer. **2** (*burocr*) (*sottoscritto*) undersigned, writer.

scrivere (*pres.ind.* **scrivo**; *p.rem.* **scrissi**; *p.p.* **scritto**) **I** *v.t.* **1** to write: ~ *una lettera* to write a letter; *ho scritto a Paul* I wrote to Paul, (*Am*) I wrote Paul. **2** (*fissare per mezzo della scrittura*) to write down, to set down. **3** (*annotare*) to note, to make a note of, to take a note of: ~ *la nota delle spese* to make a note of the expenses. **4** (*redigere*) to draft, to draw up: ~ *un documento* to draw up a document. **5** (*copiare, trascrivere*) to write, to transcribe. **6** (*scrivere compitando*) to spell: *come si scrive questa parola?* how do you spell this word?; *ho scritto giusto il suo nome?* have I spelled your name right? **7** (*Comm*) (*registrare*) to enter, to record: ~ *il dare e l'avere* to enter the debit and the credit. **8** (*lett*) (*ascrivere, attribuire*) to ascribe, to attribute: ~ *qcs. a lode di qcu.* to ascribe sth. to so.'s credit. **II** *v.i.* (*aus.* **avere**) **1** to write: *non ci scrive da parecchio tempo* he hasn't written to us for a long time. **2** (*fare lo scrittore, il giornalista*) to write, to be a writer: *scrive per un giornale sportivo* he writes for a sports paper. **3** (*affermare, sostenere, per iscritto*) to write, to say: *come scrive Dante...* as Dante says... □ ~ *a macchina* to type; ~*a mano* to write by hand; ~*a matita* to write in pencil, to pencil; ~ *a penna* to write in pen, to write in ink, to pen; ~*bene*: **1** (*avere una bella scrittura*) to have a good hand-writing, (*Am*) to have good handwriting; **2** (*rif. allo stile*) to write well, to be a good writer; **3** (*rif. all'ortografia*) to spell

correctly;*da* ~ writing; ~ *qcs. di propriopugno* to write sth. oneself, to write sth. in one's own hand; ~ *qcs. in bella* (o ~ *qcs. in bella copia*) to write the fair copy of sth.; ~ *qcs. in brutta* (o ~ *qcs. in brutta copia*) to write out roughly, to draft; *star scritto in cielo* to be written in the stars; ~ *in stampatello* to write in block letters, to print; ~ *in versi* to versify; ~*male*: **1** (*avere una brutta scrittura*) to have a bad hand-writing, (*Am*) to have poor handwriting; **2** (*rif. allo stile*) to write badly; **3** (*rif. all'ortografia*) to misspell; ~ *per esteso* to write in full, to write out in full, to write out; ~ *per le scene* to write plays, to write for the stage; ~ *sotto dettatura* to write to dictation, to take dictation, to write from dictation; (*fig*) ~ *sulla sabbia* to write in water, (*Am*) to write in the sand; ~*un appunto* to make note, to take a note, (*colloq*) to jot down.

scroccare (**scròcco**, **scròcchi**) *v.t.* **1** (*colloq*) to scrounge, to cadge: ~ *una cena* to cadge a meal, (*Am*) to mooch a meal; ~ *un passaggio* to cadge a lift, to bum a lift. **2** (*assol.*) (*vivere alle spalle di altri*) to scrounge, to cadge, to sponge, to be a scrounger, (*Am*) to mooch: *campa scroccando qua e là* he gets along by scrounging around.

scroccatore *m.* (*f.* **-trice**) (*colloq*) scrounger, cadger, sponger, (*Am*) moocher.

scrocchiare (**scròcchio**; *aus.* **avere**) *v.i.* (*rif. a ossa*) to crack, to scrunch, to crunch.

scrocco[1] (*pl.* **-chi**) **I** *m.* (*l'ottenere a spese altrui*) scrounging, cadging, sponging. **II** *a.* (*furbo*) shrewd, sly. □ *a* ~ by scrounging, by cadging, by sponging: *vivere a* ~ to live by scrounging.

scrocco[2] (*pl.* **-chi**) *m.* (*scatto*) click.

scroccone *m.* (*f.* **-a**) scrounger, cadger, sponger, moocher, mooch.

scrofa *f.* (*Zool*) sow.

scrofola *f.inv.* (*Med,pop*) scrofula.

scrofolosi *f.inv.* (*Med*) scrofula.

scrofoloso I *a.* (*Med*) scrofulous. **II** *m.* (*f.* **-a**) (*Med*) scrofulous person, sufferer from scrofula.

scrofularia *f.* (*Bot*) figwort. □ (*Bot*) ~ *nodosa* knotted figwort.

scroll *m.inv.* (*Inform*) scrolling.

scrollare (**scròllo**) **I** *v.t.* to shake: ~ *un ramo* to shake a branch. **II** *v.pron.* **scrollarsi 1** (*scuotersi*) to shake oneself. **2** (*fig*) (*scuotersi da uno stato di apatia*) to stir, to rouse oneself. □ *scrollarsi di dosso qcs.* to shake sth. off; ~*il capo* to shake one's head; ~*la testa* to shake one's head; ~*le spalle* to shrug one's shoulders.

scrollata *f.* **1** (*lo scrollare*) shaking. **2** (*scuotimento*) shake. □ *dare una* ~ *a qcs.* to shake sth., to give sth. a shake; ~*di spalle* shrug (of the shoulders); ~*di testa* shake of the head.

scrolling *m.inv.* (*Inform*) scrolling.

scrollo *m.* shake, shaking.

scrosciante *a.* **1** (*rif. a pioggia*) pelting, pouring: *pioggia* ~ pelting rain. **2** (*rif. a torrenti e sim.*) roaring, crashing, thunderous. **3** (*fig*) (*fragoroso*) thunderous: *applausi scroscianti* thunderous applause. **4** (*fig*) (*rif. a risa*) roaring.

scrosciare (**scròscio**, **scròsci**; *aus.* **avere/ essere**) *v.i.* **1** (*rif. a pioggia*) to pelt, to beat down, to pour down. **2** (*rif. a torrenti e sim.*) to roar, to thunder. **3** (*fig*) (*produrre un fragore*) to roar, to thunder: *gli applausi scrosciarono nel teatro* the applause thundered in the theatre.

scroscio *m.* **1** pelting, downpour. **2** (*rumo-*

re) roaring, roar, crashing, crash, thundering, thunder: *lo ~ della cascata* the roaring of the waterfall. **3** (*fig*) burst, thunder, roar: *uno ~ di risa* a roar of laughter. □ *a ~* violently, hard: *piove a ~* it's pouring down, (*colloq*) it's raining cats and dogs; *uno ~ di applausi* a burst of applause, a salvo of applause; *~ di pioggia* heavy shower, downpour.

scrostamento *m.* **1** chipping, scraping off, peeling. **2** (*parte scrostata*) chipped place, peeling patch.

scrostare (**scròsto**) **I** *v.t.* **1** to remove the scab from, to pick (off). **2** (*asportare lo strato superficiale*) to chip, to scratch: *~ l'intonaco* to chip the plaster. **3** (*grattare via*) to scrape, to scrape off, to strip. **II** *v.pron.* **scrostarsi 1** to lose the scab. **2** (*perdere lo strato superficiale*) to peel off, to chip off, to flake, to flake off.

scrostato *a.* chipped: *parete scrostata* chipped wall.

scrostatura *f.* **1** chipping, scraping off, peeling. **2** (*parte scrostata*) chipped place, peeling patch.

scrotale *a.* (*Anat*) scrotal.

scroto *m.* (*Anat*) scrotum.

scrub /skrab/ *m.inv.* (*Cosmet*) scrub.

scrupolo *m.* **1** scruple: *pieno di scrupoli* very scrupulous. **2** (*estens*) (*cura, diligenza*) care, conscientiousness. □ *nonavere ~a fare qcs.* to have no scruples about doing sth.; *con ~* (*coscienziosamente*) conscientiously; *~ di coscienza* scruple, scruple of conscience, pang of conscience, conscience;*farsi ~ di qcs.* to hesitate to do sth.; *non farsi scrupoli a fare qcs.* to have no scruples about doing sth.;*senza scrupoli* unscrupulous.

scrupolosamente *avv.* **1** scrupulously. **2** (*coscienziosamente*) conscientiously. **3** (*diligentemente*) carefully.

scrupolosità *f.* scrupulousness, scrupulosity.

scrupoloso *a.* **1** (*coscienzioso*) conscientious, scrupulous. **2** (*preciso, diligente*) meticulous, painstaking, thorough: *una visita scrupolosa* a thorough examination, a thorough medical examination.

scrutabile *a.* (*lett*) scrutable (*anche scherz*).

scrutare (**scrùto**) *v.t.* **1** (*osservare*) to scrutinize, to scan, to watch, to eye. **2** (*lett*) (*indagare*) to investigate, to delve into, to look into: *i misteri della natura* to delve into the mysteries of nature. □ *~ l'orizzonte* to scan the horizon.

scrutatore I *m.* **1** (*lett*) scrutineer (*anche estens*). **2** (*alle elezioni*) polling clerk. **II** *a.* (*f.* **-trice**) (*lett*) searching, inquiring: *occhio ~* searching eye.

scrutinare (**scrutìno**) *v.t.* **1** to scrutinize: *~ i voti* to scrutinize the votes, to count the ballots, to hold a ballot. **2** (*Scol*) to assign marks to; to appraise marks and give a result to students at the end of a term.

scrutinatore *m.* (*f.* **-trice**) **1** (*lett*) scrutineer. **2** (*alle elezioni*) polling clerk.

scrutinio *m.* **1** (*spoglio dei voti*) scrutiny, counting the ballots: *primo ~* first count; *secondo ~* second count. **2** (*estens*) (*votazione*) voting, poll. **3** (*estens*) (*operazione di voto*) ballot, votc. **4** (*Scol*) assignment of marks. **5** (*Scol*) (*riunione*) meeting to assign marks. **6** (*rar*) (*esame accurato*) scrutiny. □ *fare lo ~dei voti* to count the votes; *~di ballottaggio* second ballot; *~di lista* list voting, party list system; (*Scol*) *~finale :* **1** (*valutazione*) appraisal of marks at the end of the school year; **2** (*riunione*) meeting to assign the final

marks; *~ segreto* secret ballot; (*Scol*) *~ trimestrale* appraisal of term's marks; *~ uninominale* first-past-the-post system.

scucire (**scùcio, scùci**) **I** *v.t.* **1** to unpick, to undo, to unstitch: *~ un orlo* to unpick a hem. **2** (*gerg*) (*tirare fuori*) to get out, (*colloq*) to fork out, (*colloq*) to shell out: *~ i soldi* to get out one's money. **II** *v.pron.* **scucirsi** to come undone, to come loose, to come unstitched: *si è scucita una tasca* a pocket came unstitched.

scucito *a.* **1** unstitched, undone. **2** (*fig*) (*incoerente*) incoherent, disjointed, rambling: *stile ~* incoherent style.

scucitrice *f.* (*rar*) seam ripper.

scucitura *f.* **1** (*lo scucire*) undoing, unstitching. **2** (*punto, tratto scucito*) unstitched seam.

scudato *a.* **1** (*lett*) (*armato di scudo*) bearing a shield, armed with a shield. **2** (*Mil*) protected by a shield.

scuderia *f.* **1** (*stalla*) stable. **2** (*allevamento di cavalli*) stud farm. **3** (*estens*) (*di automobili da corsa*) racing stable.

scudetto *m.* **1** (*Sport,estens*) (*campionato nazionale*) championship, shield, (*Am,Aus*) pennant: *vincere lo ~* to win the shield; *una squadra da ~* a team that could win the championship. **2** (*Sport*) (*distintivo*) shield, (*Am,Aus*) pennant.

scudiera □ *alla ~* riding: *calzoni alla ~* riding breeches, jodhpurs.

scudiero *m.* **1** (*Mediev*) esquire, squire. **2** (*Stor*) (*dignitario di corte*) equerry.

scudisciare (**scudìscio, scudìsci**) *v.t.* to whip, to lash.

scudisciata *f.* lash: *dare una ~ a qcu.* to lash so.

scudiscio *m.* **1** (*frustino*) riding-whip, riding-crop. **2** (*estens*) (*sferza*) scourge.

scudo *m.* **1** shield, (*ovale*) buckler. **2** (*Arald*) escutcheon, shield. **3** (*fig*) (*riparo*) shield, screen. **4** (*Geol,Minier*) shield. **5** (*Zool*) shield, scute, scutum. **6** (*Numism*) scudo. □ (*Stor.it, Pol*) *~crociato* Italian Christian-Democratic Party, shield with a cross (sign of the Christian Democratic Party); *~di plexiglas* plexiglas shield; *farsi ~ con qcs.* (o *farsi ~ di qcs.*) to shield oneself with sth. (*anche fig*); *~ spaziale* (o *~stellare*) Strategic Defense Initiative, (*fig*) star wars; (*fig*) *portare qcu. sugli scudi* to acclaim so., to exalt so.; (*Astron*) *~termico* thermal shield.

scuffia *f.* **1** (*pop*) (*cuffia*) bonnet, cap. **2** (*pop, fig*) (*cotta*) crush: *avere una ~ per qcu.* to be head over heels in love with so., to have a crush on so. **3** (*pop*) (*sbornia*) drunk, (*Am*) jag. **4** (*Mar*) capsizing. □ *fare ~ :* **1** to overturn; **2** (*Mar*) to capsize; (*pop,fig*) *prendere una ~per qcu.* (o*prendersi una ~per qcu.*) to fall for so., to fall in love with so.; (*pop,fig*) *prendere una ~* (o*prendersi una ~*) (*ubriacarsi*) to get drunk, to get tight, (*Am,colloq*) to get hammered, to get trashed, to get wasted.

scuffiare (**scùffio, scùffi**; *aus.* **avere**) *v.i.* (*Mar*) to capsize.

scuffina *f.* (*Fal*) rasp.

scugnizzo *m.* (*f.* **-a**) **1** (*di Napoli*) Neapolitan street urchin. **2** (*estens*) (*monello*) street urchin, (*spreg*) guttersnipe.

sculacciare (**sculàccio, sculàcci**) *v.t.* to spank.

sculacciata *f.* **1** (*insieme di colpi*) spanking: *dare una ~ a qcu.* to give so. a spanking, to spank so. **2** (*colpo*) spank.

sculaccione *m.* spank, smack: *prendere qcu. a sculaccioni* to give so. a spanking.

sculettare (**sculétto**; *aus.* **avere**) *v.i.* to sway one's hips, to wiggle, to slink.

scultore *m.* (*f.* **-trice**) sculptor (*f.* -tress): *~ in legno* sculptor in wood, wood-carver, wood sculptor.

scultoreo *a.* **1** of sculpture, sculptural. **2** (*estens*) (*statuario*) statuesque: *bellezza scultorea* statuesque beauty. **3** (*fig*) (*incisivo*) incisive, clear-cut.

scultorio *a.* of sculpture (*posposto*), sculptural: *arte scultoria* sculputure, art of sculpture.

scultura *f.* **1** (*arte e opera*) sculpture. **2** (*arte e opera in legno*) wood-carving. □ *~ lignea* wooden sculpture.

scuocere (*pres.ind.* **scuòcio, scuòci**; *p.rem.* **scòssi**; *p.p.* **scòtto**; *aus.* **avere**) **I** *v.i.* (*Alim*) to overcook. **II** *v.pron.* **scuocersi** (*Alim*) to become overcooked, to become overdone. □ (*Alim*) *fare ~la pasta* to overcook pasta.

scuoiare (**scuòio, scuòi**) *v.t.* to skin, to flay.

scuoiato *a.* skinned, flayed.

scuola *f.* **1** school: *andare a ~* to go to school; *siamo stati a ~ insieme* we were at school together. **2** (*edificio*) school, school building, schoolhouse: *la ~ è a due passi da casa mia* the school is very near my house, the school is right by my house. **3** (*periodo*) school, schooltime: *dopo la ~ andremo al cinema* after school we're going to the cinema. **4** (*attività, insegnamento*) school, teaching: *dedicare la vita alla ~* to dedicate one's life to teaching. **5** (*indirizzo seguito da poeti, scienziati e sim.*) school: *un dipinto della ~ di Raffaello* a painting from the school of Raphael; (*Art*) *~ di Barbizon* Barbizon school. **6** (*fig*) (*pratica, esercizio*) school: *essere allevato alla ~ della vita* to be brought up in the school of life. □ *~ a tempo pieno* primary school, where pupils attend school forty hours a week from Monday to Friday; *~alberghiera :* **1** (*per la gestione di hotel*) hotel management school; **2** (*per camerieri, cuochi ecc.*) training school for restaurant service personnel; *~all'aperto* open-air school, (*Mil*) *~allievi ufficiali* officer's candidate school, officer training school;*andare a ~da qcu. :* **1** to take lessons from so.; **2** (*fig*) to learn from so.; (*Pedag*) *~ attiva* progressive school, free school; *~autorizzata* charter school; *~ aziendale* business school; *~ commerciale* business school, B school; (*Stor*) *~ complementare* former technical school; *~ comunale* municipal school; *~ confessionale* denominational school, church school, religious school; (*Stor*) *~ d'avviamento* training school; *~dell'infanzia* (*Br*) nursery school, (*Am*) kindergarten, preschool; *~ dell'obbligo* compulsory education;*di ~* school: *maestro di ~* schoolmaster, teacher, schoolteacher;*libri di ~* schoolbooks, textbooks; *~ di applicazione* technical school; *~di architettura* school of architecture; *~ di arte drammatica* drama school; *~ di aviazione* flying school; *~ di ballo* dancing school; *~ di belle arti* school of fine arts, art school; *~ di cucito* sewing school; *~ di danza :* **1** (*moderna*) dancing school; **2** (*danza classica*) ballet school; *~ di equitazione* riding school, (*Am*) riding academy; *~di giornalismo* J-school, journalism School; *~di interpretariato* interpreters' school; *~di lingue straniere* school for foreign languages; *~di medicina* medical school; *~ di pensiero* school of thought; *~ di perfezionamento* postgraduate school; *~di recitazione* drama school, acting school; *~di scherma* fencing school; *~ di specializzazione* postgraduate school; (*Sart*) *~ di taglio* dressmaking school; (*Mar*) *~di vela* sailing school; (*Aer*)

~di volo flying school; *~diurna* day school; *~domenicale* Sunday school; *~elementare* (Br) primary school, (Am) grammar school, elementary school; *fare ~*: 1 (*insegnare*) to teach; 2 (*trovare seguaci*) to found a school: *un filosofo che ha fatto scuola* a philosopher who founded a school; 3 (*creare una moda*) to set a fashion; *~ femminile* girls' school; (Pitt) *~ fiamminga* Flemish school; *~ interpreti* interpreters' school; *~ laica* non-denominational school, lay school; *lasciare la ~* to give up school; *~ marxista* Marxist school; *~ maschile* boys' school; *~ materna* (Br) nursery school, (Am) kindergarten, pre-school; *~ media* secondary school; *~ media inferiore* middle school, (Am also) junior high school; *~ media superiore* secondary school, upper school, (Am) high school; *~ militare* military school; *~ mista* coeducational school; *~ parificata* state-recognised private school; *~ per corrispondenza* correspondence school; *~ pluriclasse* school with classes of mixed-aged students; *~ preparatoria*: 1 (*per bambini*) pre-school; 2 (*per persone adulte*) vocational school; *~ privata* private school; *~ professionale* vocational school; *~ pubblica* state school, (Am) public school; *~ rurale* country school; *~ secondaria* secondary school, (Am) high school; *~ serale* evening classes, night school, evening school; (Stor) *~ speciale* special education, (Am) special ed; *~ sperimentale* experimental school; *~ statale* state school, (Am) public school; *~ superiore* secondary school, (Am) high school; (Stor) *~ tecnica commerciale* school of commerce, (Am) commercial high school; (Stor) *~ tecnica industriale* industrial school, vocational training chool; *~ verticale* (o *~ verticalizzata*) school comprising primary and secondary grade levels.

scuolabus, **scuolabus** *m.inv.* school bus.

scuolaguida (*pl.* **scuoleguida**) *f.* driving school.

scuotere (*pres.ind.* **scuòto**; *p.rem.* **scòssi**; *p.p.* **scòsso**) I *v.t.* 1 to shake: *~ i rami di un albero* to shake the branches of a tree. 2 (*agitare*) to shake, to shake up: *il liquido in una bottiglia* to shake up the liquid in a bottle. 3 (*far cadere scrollando*) to shake, to shake down: *~ le mele dall'albero* to shake apples down from the tree. 4 (*rimuovere scrollando*) to shake, to shake out: *~ la polvere dai tappeti* to shake the dust out of the carpets. 5 (*scrollare*) to shake: *~ qcu. dal sonno* to shake so. awake, to wake so. up. 6 (*sollecitare all'azione*) to shake, to shake up, to rouse, to stir. 7 (*fig*) (*commuovere fortemente*) to shake, to upset: *la scena mi ha scosso* the sight shook me. 8 (*fig*) (*far perdere la calma*) to shake, to shake up. II *v.i.* (*aus.* avere) (*rar*) to shake, to vibrate, to jolt: *questa carrozza scuote troppo* this carriage shakes too much. III *v.pron.* **scuotersi** 1 to jump, to give a start, to be startled: *a quel rumore si scosse* at that sound he gave a start. 2 (*uscire dallo stato d'inerzia*) to rouse oneself, to stir oneself: *scuotersi dal torpore* to rouse oneself. 3 (*commuoversi*) to be shaken, to be upset, to be moved. 4 (*perdere la calma*) to be shaken. □ *scuotersi dal sonno* to wake up, to wake with a start; *~ qcu. dal suo torpore* to shake so. out of his torpor, to rouse so. out of their lethargy.; *scuotersi di dosso qcs.*: 1 to shake sth. off, to shrug sth. off; 2 (*fig*) to shake sth. off, to throw sth. off; *~ il capo* to shake one's head; *~ il dito* to wag one's finger, to shake one's finger; (*fig*) *~ il giogo* to throw off the yoke; *~ la testa* to shake one's head; *~ le*

spalle to shrug one's shoulders, to give a shrug.

scuotimento *m.* 1 (*lo scuotere*) shaking. 2 (*l'essere scosso*) being shaken.

scure *f.* axe, (Am) ax (*anche fig*).

scuretto *m.* window shutter.

scurire (**scurìsco**, **scurìsci**) I *v.t.* to darken, to make darker. II *v.i.* (*aus.* essere) 1 to become dark. 2 (*imbrunire*) to grow dark, to get dark. III *v.pron.* **scurirsi** 1 to become dark. 2 (*imbrunire*) to grow dark, to get dark.

scuro[1] I *a.* 1 (*oscuro*) dark, dim: *un vicolo ~* a dark alley. 2 (*rif. al colore*) dark: *rosso ~* dark red. 3 (*non chiaro*) dark: *capelli e occhi scuri* dark eyes and hair. 4 (*rif. a carnagione*) swarthy, dark. 5 (*fig*) (*fosco*) sullen, grim, dark: *essere ~ in volto* to have a grim expression. II *m.* 1 dark, darkness, obscurity. 2 (*colore scuro*) dark colour: *vestire di ~* to wear dark colours. □ (*rar,fig*) *essere allo ~ di qcs.* to be in the dark about sth.

scuro[2] *m.* (*Edil*) window shutter.

scurrile *a.* scurrilous.

scurrilità *f.* scurrility.

scurrilmente *avv.* scurrilously.

scusa I *f.* 1 apology: *fare le proprie scuse a qcu.* (o *presentare le proprie scuse a qcu.*) to make one's apologies to so.; *scuse tardive* tardy apologies. 2 (*perdono*) pardon, forgiveness: *chiedere ~ a qcu.* to beg so.'s pardon, to ask so.'s pardon, to ask to be forgiven: *chiedo ~!* sorry! 3 (*giustificazione*) excuse: *il tuo comportamento non ammette scuse* there is no excuse for your behaviour; *ha sempre una ~ pronta* he's always got some excuse; *avere sempre mille scuse* to always have a ready excuse, to always make excuses; *bella ~!* what an excuse! 4 (*pretesto*) excuse, pretext: *cercare scuse per non fare qcs.* to find an excuse not to do sth. II *intz.* 1 (*in forme di cortesia: perdono*) sorry!, I'm sorry! 2 (*per passare*) excuse me! 3 (*in forme di cortesia: disturbando o interrompendo*) excuse me: *scusa, sai dirmi dov'è la stazione?* excuse me please, can you tell me the way to the station? □ *non ci sono scuse che tengano* there can be no excuse for this; *con la ~ che* (o *con la ~ di*) under the pretext that (o of), on the pretext that (o of); *ogni ~ è buona* any excuse will do.

scusabile *a.* excusable, pardonable, forgivable.

scusante *f.* excuse, justification: *non avere scusanti* to have no excuse.

scusare (**scùso**) I *v.t.* 1 to excuse. 2 (*in forme di cortesia: perdonare*) to forgive, to pardon, to excuse. 3 (*in forme di cortesia: disturbando o interrompendo*) to excuse: *mi scusi, sa dirmi dov'è la stazione?* excuse me please, can you tell me the way to the station? II *v.pron.* **scusarsi** 1 (*scagionarsi*) to excuse oneself, to make excuses. 2 (*in formule di cortesia*) to apologize, to be sorry, to excuse oneself, to beg pardon: *mi scuso per il ritardo* I apologize for being late, I am sorry I am late. □ *~ scusi il disturbo* I'm sorry to trouble you, I'm sorry to bother you; *scusatele spalle* excuse me if I turn my back on you; *scusi per il disturbo* I'm sorry to trouble you, I'm sorry to bother you; (*iron*) *scusa se è poco* and that's really sth.; *scusi tanto* do excuse me, I'm so sorry.

scutellaria *f.* (*Bot*) skullcap.

scuter *m.inv.* 1 (*motoretta*) scooter, motor scooter. 2 (*Mar*) scooter.

SCV *Stato della Città del Vaticano* (Vatican City, State of Vatican City).

SD *Swaziland* SD (Swaziland).

s.d. 1 *senza data* n.d., ND (no date) (*anche*

Edit). 2 *sine die, senza un giorno fissato* s.d. (sine die).

sdaziabile *a.* (*Comm*) that can be cleared through customs (*posposto*).

sdaziamento *m.* (*Comm*) clearing through customs.

sdaziare (**sdàzio**, **sdàzi**) *v.t.* (*Comm*) to clear through customs.

sdaziato *a.* (*Comm*) duty paid, ex bond.

sdebitare (**sdébito**) I *v.t.* to free from debt, to clear from debt. II *v.pron.* **sdebitarsi** 1 to pay one's debts, to pay off one's debts, to settle up, to get out of debt. 2 (*fig*) (*rif. a obblighi*) to discharge, to fulfil. 3 (*fig*) (*disobbligarsi*) to return a favour, to pay back a favour, to repay a kindness.

sdegnare (**sdégno**) I *v.t.* 1 to disdain, to scorn: *~ l'adulazione* to scorn flattery. 2 (*lett, region*) (*irritare*) to provoke, to irritate, to anger: *il suo comportamento ci ha sdegnato* his behaviour irritated us. II *v.i.* (*aus.* avere) (*ant*) to disdain: *~ di rispondere* to disdain to reply. III *v.pron.* **sdegnarsi** (*lett,region*) 1 (*irritarsi*) to get angry, to be annoyed, to be irritated. 2 (*indignarsi*) to be indignant, to get indignant.

sdegnato *a.* (*lett,region*) 1 irritated, annoyed, angry. 2 (*indignato*) indignant.

sdegno *m.* 1 indignation, resentment. 2 (*lett*) (*collera*) anger, wrath. 3 (*lett*) (*disprezzo*) scorn, contempt, disdain. □ *muovere a ~* to make indignant, to arouse the anger of, to harness resentment.

sdegnosamente *avv.* disdainfully, scornfully.

sdegnosità *f.* 1 disdainfulness, scornfulness. 2 (*alterigia*) haughtiness, superciliousness.

sdegnoso *a.* 1 contemptuous, scornful, disdainful. 2 (*altero*) haughty, supercilious.

sdentare (**sdènto**) I *v.t.* to break the teeth of. II *v.pron.* **sdentarsi** to lose one's teeth, to break one's teeth.

sdentati *m.pl.* (*Zool*) edentates.

sdentato *a.* 1 (*privo di tutti i denti*) toothless, without teeth. 2 (*privo di qualche dente*) with teeth missing.

sdilinquimento *m.* 1 faint, swoon. 2 (*smanceria*) mawkishness.

sdilinquire (**sdilinquìsco**, **sdilinquìsci**) I *v.t.* (*rar*) (*indebolire*) to weaken. II *v.pron.* **sdilinquirsi** 1 (*svenire*) to faint, to pass out. 2 (*fig,lett*) (*perdersi in smancerie*) to be over-sentimental, to be mawkish.

s.d.l. *senza data o luogo* n.p. or d. (no place or date) (*anche Edit*).

SDN (*Stor*) *Società delle Nazioni* LNU (League of Nations, League of Nations Union).

sdoganamento *m.* (*Comm*) clearance through customs, clearance.

sdoganare (**sdogàno**) *v.t.* (*Comm*) to clear through customs, to clear.

sdoganato *a.* (*Comm*) cleared through customs, duty paid, ex bond: *merci sdoganate* duty paid goods; *merci non sdoganate* uncleared goods.

sdogare (**sdógo**, **sdóghi**) I *v.t.* to remove staves from. II *v.pron.* **sdogarsi** (*di doghe*) to come loose.

sdolcinatezza *f.* 1 mawkishness, sickliness, (*colloq*) soppiness. 2 (*smanceria*) mawkish behaviour, sentimental behaviour.

sdolcinato *a.* (*lezioso, stucchevole*) mawkish, sickly, sugary, (*colloq*) soppy, (*colloq*) sloppy, sappy: *fare lo ~* to be maudlin.

sdolcinatura *f.* mawkish behaviour, sentimental behaviour.

sdoppiamento *m.* **1** (*divisione a metà*) splitting in two, dividing in two. **2** (*raddoppiamento*) doubling. □ (*Cin*) ~*di immagine* doubling of the image; (*Psic*) ~*di personalità* split personality.

sdoppiare[1] (**sdóppio, sdóppi**) *v.t.* (*rendere semplice*) to make single, to undouble: ~ *un filo* to make a thread single.

sdoppiare[2] (**sdóppio, sdóppi**) **I** *v.t.* to split in two, to divide in two. **II** *v.pron.* **sdoppiarsi** to split sth. in two, to divide sth. in two.

sdottoreggiare (**sdottoréggio, sdottoréggi**; *aus.* **avere**) *v.i.* (*rar*) to show off, to show off one's learning.

sdraia *f.inv.* (*rar*) (*sedia a sdraio*) deckchair.

sdraiare (**sdràio, sdrài**) **I** *v.t.* (*coricare*) to lay down, to put down, to set down: ~ *un ammalato sul letto* to lay an invalid down on the bed. **II** *v.pron.* **sdraiarsi** to lie down, to stretch out: *sdraiarsi per terra* to stretch out on the ground.

sdraiato *a.* lying, lying down, stretched out: *stare* ~ to be lying down, to be stretched out; *starsene* ~ *al sole* to lie in the sun, to lay out in the sun.

sdraio *f.inv.* (*sedia a sdraio*) deck-chair.

sdrammatizzare (**sdrammatizzo**) *v.t.* to play down, to downplay, to minimize, to defuse, to make sth. less dramatic.

sdrammatizzazione *f.* playing down, minimization.

sdrucciolamento *m.* slipping, sliding.

sdrucciolare (**sdrùcciolo**; *aus.* **essere/avere**) *v.i.* **1** (*cadere scivolando*) to slip, to slide, to skid: *sono sdrucciolato su una buccia di banana* I slipped on a banana peel. **2** (*rar*) (*pattinare*) to skate.

sdrucciolevole *a.* **1** slippery. **2** (*fig*) delicate, tricky, shaky.

sdrucciolio *m.* slipping, continual slipping.

sdrucciolo *a.* (*Gramm,Metr*) proparoxytone: *parola sdrucciola* proparoxytone, proparoxytone word; *verso* ~ a line ending with a proparoxytone word.

sdrucciolone *m.* slip, slipping, slide: *fare uno* ~ to slip, to slide.

sdruccioloni *avv.* slipping, sliding, skidding: *scendere* ~ *per un pendio* (*involontariamente*) to slip down a slope, (*intenzionalmente*) to slide down a slope.

sdrucire (**sdrucìsco/sdrùcio, sdrucìsci/sdrùci**) **I** *v.t.* **1** (*estens*) (*strappare*) to rip, to tear. **2** (*scucire*) to undo, to unstitch, to unsew: ~ *una camicia* to unstitch a shirt. **II** *v.pron.* **sdrucirsi** (*strapparsi, logorarsi*) to tear, to rip.

sdrucito *a.* **1** (*strappato*) ripped, torn: *vestito* ~ torn dress. **2** (*lacero*) ragged, threadbare.

sdrucitura *f.* **1** (*lo strappare*) tearing, ripping. **2** (*strappo*) tear, rip, rent.

sé **I** *pron.rifl.* (*sé may become* **se** *when it is used before* stesso, stessa, stessi, stesse) **1** (*rif. a persone: se stesso*) himself, him: *vuole tutto per* ~ he wants everything for himself. **2** (*rif. a persone: se stessa*) herself, her: *le piace parlare di* ~ she likes to talk about herself; *gli piace far parlare di* ~ he likes to get people to speak about him. **3** (*rif. a persone: se stessi, se stesse*) themselves, them: *i bambini erano fuori di* ~ *dallo spavento* the children were beside themselves with fear. **4** (*rif. a persone: indefinito*) (*studiare da* ~ to study by oneself. **5** (*rif. a soggetto neutro*) itself, it: *il problema si risolverà da* ~ the problem will take care of itself. **II** *m.inv.* (*lett,Psic*) (*coscienza*) self. □ *a* ~: **1** (*separato*) separate, independent: *formano un gruppo a* ~ they make up a separate group; **2** (*singolare*) special, singular: *un caso a* ~ a special case; *a* ~*stante* separate, special, independent; *Jane ha portato con* ~ *il suo libro* Jane took her book with her; *portare qcu. con* ~ to take so. along; *da* ~: **1** (*senza aiuto*) by oneself, alone, without help: *il bambino cammina da* ~ the baby can walk by itself; *si è fatto da* ~ (*da solo*) he is a self-made man; *lo sa da* ~ he knows that without anyone having to tell him; *fare da* ~ (*da solo*) to do sth. by oneself, to do sth. alone, (*di propria iniziativa*) to do sth. of one's own initiative; **2** (*in automatico*) *si accende da* ~ it goes on by itself, it goes on automatically; *davanti a* ~ ahead of oneself; *dentro di* ~ within oneself, inside oneself, inside, deep down; *di per* ~ (*o di per se stesso*) in itself: *la cosa di per* ~ *ha poca importanza* the matter is not important in itself; *fra* ~ (*o fra* ~*e* ~) to oneself: *parlare fra* ~ *e* ~ to talk to oneself; *fuori di* ~ (*per*) beside oneself (with); *in* ~ in itself: *la cosa in* ~ the thing in itself; *chiuso in* ~ wrapped up in oneself; *tornare in* ~: **1** (*riprendere i sensi*) to regain consciousness; **2** (*rientrare nel possesso delle facoltà mentali*) to regain one's sanity, to come to one's senses; *in* ~ *e per* ~ for its own sake; ~*medesimo* (*o se medesimo*) oneself: *prendersela con se stesso* to blame oneself; *ognuno per* ~ every man for himself; *pensare per* ~ to think about oneself, to care about oneself; *tenere qcs. per* ~ to keep sth. to oneself; *ha molti collaboratori sotto di* ~ (*alle proprie dipendenze*) he has many assistants under him; *sé stesso* (*meglio se stesso*) oneself: *prendersela con se stesso* to blame oneself; *va da* ~ *che* it goes without saying that, it's obvious that, it's natural that. *Prov.*: *chi fa da* ~ *fa per tre* if you want a thing done, do it yourself.

se[1] **I** *congz.* **1** (*condizionale*) if: ~ *avrò tempo verrò volentieri* if I have time, I'll be glad to come; *che mi venga un accidente* ~ *non è vero* I'll be damned if it isn't true. **2** (*in espressioni di cortesia*) if: ~ *non sbaglio ci siamo già visti* if I'm not mistaken we have already met. **3** (*con l'apodosi sottintesa*) if, just, *spesso non si traduce*: ~ *t'acchiappo!* if I catch you! **4** (*negli incisi*) if: *oggi,* ~ *non sbaglio, è martedì* today is Tuesday, if I'm not mistaken. **5** (*causale*) if: *perché dovrei uscire* ~ *non ne ho voglia?* why should I go out if I don't feel like it? **6** (*interrogativo, dubitativo*) whether, if: *gli ho chiesto* ~ *sarebbe tornato* I asked him whether he would be coming back; *non so* ~ *devo crederti* I don't know whether to believe you, I don't know if I can believe you. **7** (*desiderativo*) if only, (*lett*) would that: ~ *solo mi avesse dato retta!* if only he had listened to me!; ~ *potesse essere vero!* if only it were true! **8** (*pop, enfat*) (*eccome, certo*) certainly, (*colloq*) and how, (*colloq*) rather, (*Am,colloq*) sure: ~ *lo conosco!* certainly I know him!, do I know him!; *non so* ~ *mi spiego* if you see what I mean. **II** *m.* if: *potrei terminare il lavoro in giornata, ma c'è un* ~ I could finish the job today, but there's one ~. □ ~*almeno* if only; ~ *anche tornassi indietro, sarebbe troppo tardi* even if I came back, it would be too late; *e* ~ what if, what about, suppose: *e* ~ *facessimo una partita a bridge?* what about a game of bridge?; *e* ~ *viene a saperlo?* and what if she hears of it?; *e* ~ *venisse?* suppose he came?; ~ *mai*: **1** if, if... ever: ~ *mai sapessi qcs., avvertimi per favore* if you hear sth., please let me know; **2** (*eventualmente*) if necessary, in case, in that case: *cercherò di studiare,* ~ *mai prenderò lezioni private* I'll try to study, if necessary I'll take private lessons; **3** (*nella peggiore delle ipotesi*) if the worst comes to the worst, at worst: *tenterò ugualmente l'esame,* ~ *mai mi boccerranno* I'll try the exam just the same, at worst they'll flunk me; **4** (*in caso contrario*) if not: *il portone è aperto,* ~ *mai c'è il citofono* the front door will be open but if it isn't there is an intercom; ~*no* otherwise, if not, else, or else: *sono andato a scuola,* ~ *no mio padre mi avrebbe sgridato* I went to school, otherwise my father would have scolded me; *studia, se* ~ *sarai bocciato* study, or else you'll fail; ~ *non*: **1** (*eccetto*) but, except: *non devi far altro* ~ *non tacere* all you have to do is keep quiet, you don't have to do anything except keep quiet; **2** (*a meno che*) unless; ~ *non altro* at least, if nothing else: ~ *non altro è un ragazzo studioso* if nothing else, he's a studious boy; ~ *non che* but, except, except that, only: *volevo uscire,* ~ *non che si mise a piovere* I wanted to go out, but it began to rain; ~*poi* if: ~ *poi vi stancate potete riposarvi* if you get tired you can rest; ~*pure tornassi indietro, sarebbe troppo tardi* even if I came back, it would be too late; ~*solamente* if only; ~ *tanto mi dà tanto* ... if that's the way it is...

se[2] *pron.* → **si**[2].

SE **1** *Sua Eccellenza* HE (His Excellency, Her Excellency). **2** *Sua Eminenza* HE (His Eminence).

s.e. (*Edit*) *senza editore* np (no publisher).

SEAT *Società elenchi ufficiali degli abbonati al telefono* (Italian yellow pages telephone directory publisher).

SEATO *Organizzazione del trattato del Sud-est asiatico* SEATO (South East Asia Treaty Organization).

sebaceo *a.* (*Anat,Fisiol*) sebaceous: *ghiandola sebacea* sebaceous gland.

Sebastiano *n.pr.m.* Sebastian.

Sebastopoli *n.pr.f.* (*Geog*) Sebastopol, Sevastopol.

sebbene *congz.* though, although, even though: ~ *mi conoscesse non mi salutò* although he knew me, he didn't greet me.

SEBC *Sistema europeo delle banche centrali* ESCB (European System of Central Banks).

sebo *m.* (*Fisiol*) sebum.

seborrea *f.* (*Med*) seborrhoea, (*Am*) seborrhea.

sec **1** (*Mat*) *secante* sec (secant). **2** (*Fis*) *secondo* sec., s (second). **3** *secolo* cent. (century).

secante **I** *a.* (*Geom,Mat*) secant, cutting. **II** *f.* (*Geom,Mat*) secant.

secca *f.* **1** shallow, shoal, bank, banksand: *la nave s'incagliò in una* ~ the ship ran aground on a bank. **2** (*periodo di siccità*) drought. □ ~*cieca* submerged shoal; *essere in* ~: **1** (*Mar*) to be aground; **2** (*fig*) (*avere pochi soldi*) to be broke; **3** (*fig*) (*essere nei guai*) to be on the rocks, to be (all) washed up; (*Mar*) *andare in* ~ to run aground; (*fig*) *lasciare qcu. in* ~ to leave so. stranded, to leave so. in a nasty fix, to leave so. in the lurch, to leave so. high and dry; (*fig,colloq*) *trovarsi nelle secche* (*nei guai*) to be stranded, to be in a bad fix, to be up the (a) creek (without a paddle).

seccamente *avv.* brusquely, curtly, sharply.

seccante *a.* **1** (*noioso*) tedious, tiresome, wearisome. **2** (*irritante*) annoying, bothersome. **3** (*spiacevole*) unpleasant, disagreeable: *una situazione* ~ an unpleasant situation.

seccare (**sécco, sécchi**) **I** *v.t.* **1** to dry, to dry up: *il sole ha seccato i campi* the sun has dried up the fields. **2** (*essiccare*) to dry, to desiccate: ~ *i pomodori al sole* to dry tomatoes in the sun. **3** (*prosciugare*) to drain, to dry up: ~ *una palude* to drain a swamp. **4** (*colloq*) (*importunare*) to bother: *mi secca con continue telefonate* he keeps bothering me with phone calls. **II** *v.i.* (*aus.* **essere**) to dry, to dry up. **III** *v.pron.* **seccarsi 1** to dry, to become dry, to dry up. **2** (*rif. a fonti e sim.*) to run dry, to go dry: *il pozzo si è seccato* the well has gone dry. **3** (*essiccarsi*) to dry up, to dry out, to be desiccated. **4** (*fig*) (*infastidirsi*) to be annoyed, to be irritated, to be put out.

seccato *a.* **1** (*secco*) dry, dried, dried up, dried out. **2** (*colloq*) (*infastidito*) annoyed (*di* at, by), irritated (*di* by), bothered (*di* by), put out (*di* by). **3** (*colloq*) (*stanco*) fed up (*di* with).

seccatoio *m.* **1** (*Ind*) drying room. **2** (*Mar*) squeegee.

seccatore *m.* (*f.* **-trice**) nuisance, bother, (*colloq*) bore.

seccatura *f.* **1** (*colloq*) (*cosa che reca disturbo*) nuisance, bother, (*colloq*) bore, (*colloq*) pain in the neck: *che* ~ *quel tipo!* what a nuisance that fellow is!; *che* ~ *questa visita!* what a bore this visit is! **2** *spec.pl.* (*colloq*) (*noia*) trouble, vexation: *non voglio seccature* I don't want any trouble.

secchezza *f.* **1** dryness: *la* ~ *dell'aria* the dryness of the air. **2** (*fig*) (*modi bruschi*) brusqueness, curtness, sharpness. **3** (*fig*) (*essenzialità*) spareness, plainness: ~ *di stile* spareness of style. **4** (*rar*) (*magrezza*) thinness, gauntness.

secchia *f.* **1** bucket, pail: ~ *per mungere* milk pail. **2** (*quantità*) bucket, bucketful. **3** (*colloq,spreg*) (*studente sgobbone*) swot. □ (*Ind,Met*) ~*di colata* ladle.

secchiata *f.* **1** bucket, bucketful. **2** (*Scol, gerg*) (*sgobbata*) swot.

secchiello *m.* **1** (*dei bambini*) pail, bucket. **2** (*per il ghiaccio*) ice-bucket. **3** (*borsa a secchiello*) bucket bag.

secchio *m.* **1** bucket, pail. **2** (*quantità contenuta in un secchio*) bucket, bucketful. □ ~ *della spazzatura* dustbin, (*Am*) garbage can; ~ *per il carbone* scuttle, coal scuttle, coal bucket, coal-hod.

secchione *m.* **1** (*f.* **-a**) (*gerg*) (*studente sgobbone*) swot, swotter. **2** (*Edil*) concrete bucket. □ (*Ind,Met*) ~*di colata* ladle.

secco (*pl.* **-chi**) **I** *a.* **1** (*asciutto*) dry: *clima* ~ dry climate. **2** (*arido*) dry, (*per mancanza di pioggia*) arid; (*per calore eccessivo*) parched: *terreno* ~ parched land. **3** (*non fresco, raffermo*) stale: *pane* ~ stale bread. **4** (*essiccato*) dried, dehydrated, desiccated: *pesce* ~ dried fish. **5** (*disseccato*) dry, dried up: *ramo* ~ dry branch. **6** (*esaurito*) dry, dried up: *sorgente secca* dried-up spring. **7** (*magro*) thin, skinny. **8** (*Enol*) dry, sec. **9** (*fig*) (*brusco, reciso*) brusque, curt, sharp, blunt, downright: *una risposta secca* a blunt reply; *un* ~ *rifiuto* a downright refusal. **10** (*fig*) (*disadorno*) dry, spare, bare: *stile* ~ spare style. **11** (*fig*) (*netto*) clean, sharp, single: *colpo* ~ clean blow. **12** (*fig*) (*rif. a sensazioni uditive*) sharp, clear: *rumore* ~ sharp noise. **13** (*fig, colloq*) (*morto*) dead: *restarci* ~ to drop dead (*anche iron*), to kick the bucket, to kick off. **II** *m.* **1** dryness. **2** (*siccità, aridità*) drought, dryness, aridity. **3** (*parte secca: rif. a fiori o piante*) dry part, withered part. □ *a* ~ dry: (*fig,colloq*) *essere a* ~ (*di quattrini*) to be broke; *lavaggio a* ~ dry-cleaning; *rimanere a* ~ *di qcs.* to run out of sth.; (*colloq*) *fare* ~ *qcu.* (*uccidere*) to bump so. off; *restare in* ~: **1** (*Mar*) to run aground; **2** (*fig*) (*restare privo di mezzi, di risorse*) to be on the rocks; (*Mar*) *tirare in* ~ to beach, to haul ashore.

seccume *m.* (*rar*) dry branches and leaves *pl.*, withered branches and leaves *pl.*

secentesco *e der.* → **seicentesco** *e der.*

secernere (*pres.ind.* **secèrno**; *p.p.* **secrèto**) *v.t.* **1** (*Biol,Fisiol*) to secrete. **2** (*Med*) (*essudare*) to exude.

secessione *f.* (*Pol,Art*) secession.

secessionismo *m.* (*Pol,Art*) secessionism.

secessionista **I** *m./f.* (*Pol,Art*) secessionist. **II** *a.* (*Pol,Art*) secessionist, breakaway.

seco *pron.* (*lett,ant*) **1** (*con lui*) with him. **2** (*con lei*) with her. **3** (*con esso*) with it. **4** (*con loro*) with them. □ (*lett,ant*) *parlare* ~*medesimo* to talk to oneself.

secolare **I** *a.* **1** (*che ha più secoli di vita*) centuries-old, age-old, hundreds of years old: *mura secolari* centuries-old walls. **2** (*che ha un secolo di vita*) century-old. **3** (*che dura da un secolo*) century-old, centennial. **4** (*che dura secoli*) age-long, centuried. **5** (*che si ripete una volta ogni secolo*) secular, centennial. **6** (*laico*) secular, lay. **7** (*mondano, terreno*) worldly, earthly. **II** *m./f.spec.pl.* (*rar*) (*laico*) layman (*f.* -woman): *i secolari* the laity (*costr.pl.*).

secolarizzare (**secolarìzzo**) **I** *v.t.* (*laicizzare*) to secularize, to laicize: ~ *la scuola* to laicize schools. **II** *v.pron.* **secolarizzarsi** (*rar*) to return to secular life.

secolarizzazione *f.* (*laicizzazione*) secularization, laicization.

secolo *m.* **1** century: *nel quinto* ~ *avanti Cristo* in the fifth century before Christ; *il ventesimo* ~ the twentieth century. **2** (*periodo*) age, century, epoch: *il* ~ *di Dante* the age of Dante. **3** (*iperb,colloq*) ages *pl.*, age, years *pl.*: *è un* ~ *che non ricevo tue notizie* I haven't heard from you for ages. **4** (*vita terrena, mondana*) world, worldly life. □ *al* ~: **1** (*rif. a religiosi*) in the world: *frate Antonio al* ~ *Luigi Rossi* Brother Anthony, in the world Luigi Rossi; **2** (*rif. ad artisti*) real name; (*fig*) *il* ~*dei lumi* (l'*Illuminismo*) the Age of Enlightenment; *del* ~ of the moment; *nei secoli dei secoli* until the end of time; *per tutti i secoli dei secoli* forever, forever and ever, time without end.

seconda *f.* **1** (*Mot*) second gear, second: *mettere in* ~ to shift into second, (*Am*) to put it in second; *partire in* ~ to start in second. **2** (*Scol*) (*seconda classe*) second year, second form, (*Am*) second grade. **3** (*Mat*) second power: *elevare alla* ~ to raise to the second power, to square. **4** (*Sport*) (*nella scherma*) second, seconde; (*nella danza*) second position. **5** (*Mus*) second. **6** (*Ferr*) (*seconda classe*) second class: *viaggiare in* ~ to travel second class. □ *a* ~*che* depending on whether; *a* ~ *di* according to, depending on, in accordance with: *decideremo a* ~ *delle circostanze* we'll decide according to the circumstances; (*Sport*) *di* ~ indirect: *punizione di* ~ indirect free kick; (*Comm*) ~ *di cambio* second bill of exchange; *in* ~ vice.

secondamento *m.* (*Fisiol,Med*) discharge of the afterbirth.

secondare (**secóndo**) **I** *v.t.* (*lett,rar*) **1** (*assecondare*) to support, to favour, to second: ~ *le inclinazioni di qcu.* to favour so.'s likings. **2** (*esaudire*) to comply with: ~ *i desideri di qcu.* to comply with so.'s wishes. **3**

(*indulgere*) to indulge: ~ *i capricci di qcu.* to indulge so.'s whims. **II** *v.i.* (*aus.* **avere**) (*Fisiol, Med*) to discharge the afterbirth.

secondariamente *avv.* **1** (*in secondo luogo*) secondly, in the second place. **2** (*in grado minore*) secondarily. **3** (*in un secondo tempo*) later, then.

secondarietà *f.* secondariness.

secondario **I** *a.* **1** (*secondo in una successione*) second. **2** (*di minore importanza*) secondary, minor: *di secondaria importanza* of minor importance, incidental, secondary. **3** (*Tecn*) secondary: *avvolgimento* ~ secondary winding. **4** (*Geol*) (*mesozoico*) secondary. **5** (*Chim*) secondary. **6** (*Econ*) industrial: *settore* ~ industrial sector. **II** *m.* (*Geol*) Mesozoic, Mesozoic era.

secondino *m.* warder, jailer, gaoler, prison guard.

secondo[1] **I** *a.* **1** second: *il* ~ *mese dell'anno* the second month of the year. **2** (*rif. a grandezza*) second largest: *questa è la seconda città d'Italia* this is the second largest city in Italy. **3** (*rif. a qualità*) second best. **4** (*rif. a importanza*) second most important. **5** (*rif. a regnanti e sim.*) second, II: *Federico* ~ Frederick the Second, Frederick II. **6** (*rif. a tempo*) second half: *il* ~ *ottocento* the second half of the nineteenth century. **7** (*estens*) (*nuovo, differente rispetto al primo*) second, other, new: *è stato per noi un* ~ *padre* he was a second father to us. **8** (*fig*) (*minore, inferiore*) second (*a* to), inferior (*a* to): *non essere* ~ *a nessuno* to be second to none. **9** (*superiore*) second, higher, upper: *diploma di* ~ *grado* upper-class diploma. **II** *avv.* (*in secondo luogo*) secondly, in the second place. **III** *m.* **1** (*f.* **-a**) second: *è il* ~ *della lista* he is the second on the list. **2** (*f.* **-a**) (*altro*) second, other: *dei due fratelli il primo è già laureato, il* ~ *studia ancora* the first of the brothers already has his degree, the second is still studying. **3** (*minuto secondo*) second. **4** (*seconda portata*) second course, main dish, main course. **5** (*Geom,Fis*) (*rif. ad angoli*) second. **6** (*nei duelli: padrino*) second. **7** (*Sport*) (*nel pugilato*) second: *fuori i secondi!* seconds out of the ring! **8** (*Mar*) second mate. □ *seconda casa* second home; *seconda classe*: **1** (*Ferr,Aer*) second class: *vettura di seconda classe* second-class carriage; **2** (*Mar*) (*su una nave*) cabin class, (*Am*) coach class; (*rar*) *seconda colazione* lunch; (*rar*) *seconda copia* duplicate; *fare da* ~ *a qcu.*: **1** (*sostituto, aiutante*) to be so.'s assistant, to be so.'s deputy; **2** (*fare da testimone alle nozze*) to be so.'s witness; ~ *fine* ulterior motives; *avere un* ~ *fine* to have an ulterior motive; *agire senza secondi fini* to act openly, to act without ulterior motives; (*scherz*) *seconda giovinezza* second childhood; *in seconda lettura* on the second reading; (*fig*) *passare in seconda linea* to take on secondary importance; *in* ~ *luogo* in the second place, secondly; (*fig*) *in un* ~ in a second, (*colloq*) in a jiffy, in a sec; *figli di* ~*letto* children by (*o* of *o* from) a second marriage; *seconda lingua* second language, target language; *di seconda mano* second-hand, used (*attr.*): *un'auto di seconda mano* a second-hand car; ~ *marito* second husband; *la seconda metà del secolo* the second half of the century; *seconde nozze* second marriage: *passare a seconde nozze* to get married for the second time; *di second'ordine* second-class (*attr.*), second-rate (*attr.*); *seconda pelle* second skin; *per* ~ second; ~ *piano*: **1** (*Edil*) second floor, (*Am*) third floor; 2 (*Cin,Fot*) middle distance; 3 (*nella prospettiva*) background (*anche fig*): (*fig*) *passare in ~ piano* to fade into the background, to be pushed into the background; *figura di ~ piano* minor figure, secondary figure; *di seconda scelta* second, imperfect, second grade, lower quality; (*TV*) *secondaserata* late-night TV; *in un ~ tempo* later on; (*Cin*) *seconda visione* second run; *per la seconda volta* for the second time; *una seconda volta* a second time, again.

secondo² *prep*. **1** according to, in accordance with, in conformity with: *~ verità* in conformity with the truth; *vivere ~ natura* to live according to nature; *agire ~ coscienza* to follow one's conscience, to do as one's conscience dictates. **2** (*secondo l'opinione di*) according to, in so.'s opinion, in so.'s view: *~ me, il lavoro dovrebbe essere già finito* in my opinion, the job should already be finished; *secondo lui suo fratello è innocente* in his opinion, his brother is not guilty; according to him, his brother is not guilty. **3** (*in rapporto a, in proporzione a*) according to, in proportion to, in accordance with: *premiare ~ il merito* to reward according to merit. **4** (*a seconda di, in base a*) according to, depending on: *~ le circostanze* depending on the circumstances. **5** (*usato da solo: dipende*) it depends: *verrai? - ~* will you come? - It depends. ☐ *~ che*: **1** according to what, depending on what: *~ che tempo fa* depending on the weather, depending on what the weather is like; **2** (*a seconda di*) depending on whether: *le cose sono differenti, ~ che sia stato lui o no* the situation varies depending on whether it was him or not; *~ ciò che si dice* as they say, according to what people say; *~ dove* depending on the place, depending on where; *~ gli ordini* according to orders, according to instructions; *~ il caso* according to circumstances, according to the circumstances, depending on the situation; *regolarsi ~ i casi* to act according to the circumstances; *~ le circostanze* according to circumstances, according to the circumstances; *~ le esigenze* according to need, according to the need; *il Vangelo ~ Matteo* the Gospel according to St Matthew; *~ natura* in a natural way, naturally; *~ quanto scrive il tuo amico...* according to what your friend writes...

secondogenito I *a*. second, second-born: *figlio ~* second son. **II** *m*. (*f*. **-a**) second-born.

secrétaire /sekre'tɛr/ *m.inv*. (*Arred*) secretaire, (*Am*) secretary.

secretivo *a*. (*Biol,Fisiol*) secretory.

secreto¹ *m*. (*Biol,Fisiol*) secretion.

secreto² → **secernere**.

secretore I *a*. (*Biol,Fisiol*) secretory. **II** *m*. (*Biol,Fisiol*) secretor.

secretorio *a*. (*Biol,Fisiol*) secretory, secretionary.

secrezione *f*. **1** (*Biol,Fisiol*) secretion. **2** (*Med*) (*rif. a ferita o piaga*) discharge. ☐ (*Biol,Fisiol*) *~ esterna* external secretion; (*Biol,Fisiol*) *~ interna* internal secretion; (*Biol,Fisiol*) *~ lattea* milk secretion.

security /sɛ'kjuriti/ *f.inv*. (*servizio di sicurezza*) security.

sedano I *m*. (*Bot,Alim*) celery. **II** *m.pl*. (*Alim*) sedani (*costr.sing.*) (pasta in the shape of celery sticks). ☐ (*Bot*) *~ di montagna* lovage; (*Bot,Alim*) *~ rapa* celeriac.

sedare (*sèdo*) *v.t*. **1** (*lenire*) to calm, to soothe, to assuage (*anche fig*): *~ il dolore* to

---

soothe pain. **2** (*reprimere*) to put down, to suppress, to repress: *~ un tumulto* to suppress a riot.

sedativo I *a*. (*Farm*) sedative. **II** *m*. (*Farm*) sedative.

sede *f*. **1** seat: *il ministero ha ~ a Roma* the ministry has its seat in Rome. **2** (*Rel*) see: *~ vescovile* (o *~ episcopale*) bishop's see, bishropic. **3** (*dimora stabile*) residence, seat, (*lett*) abode: *stabilire la propria ~ in un luogo* to establish one's residence in a place. **4** (*edificio*) building, seat: *la ~ del governo* the government building. **5** (*ufficio*) office: *la ~ del partito* the party office. **6** (*sede centrale*) head office, main office, headquarters (*costr.sing. o pl.*). **7** (*locali*) premises *pl*. **8** (*filiale*) branch, branch office. **9** (*luogo in cui si svolge un'attività o una manifestazione a carattere temporaneo*) venue (*anche Sport*). **10** (*fig*) seat, centre: *il cuore è considerato la ~ degli affetti* the heart is thought to be the seat of the feelings. **11** (*fig*) (*seduta*) session, sitting. **12** (*Med,Anat,Mecc*) seat. ☐ *~ amministrativa* administration, administrative offices (*pl*.), administrative headquarters (*costr.sing. o pl*.); (*Rel*) *~ apostolica* Apostolic See; *avere ~* (*trovarsi*) to be, to be situated, to have one's seat; *~ centrale* head office, headquarters (*costr.sing. o pl*.); *~ distaccata* branch, branch office; *~ elettorale* polling station, polls (*pl.*); *essere ~ di qcs*. to be the place where sth. is held, to be the place where sth. takes place, to be a... centre, to house sth., to host sth.: *la nostra scuola è ~ d'esami* our school is an examination centre, the examinations are held in our school; *fuori ~* out, away, off site; *in ~ di* (*in occasione di*) during: *in ~ d'esame* during the examination; *in ~ di dibattito* during the debate; *in questa ~*: **1** (*rif. a tempo*) at this time; **2** (*rif. a luogo*) here, in this place; (*Parl*) *in ~ redigente* at the drafting stage; (*Parl*) *in ~ referente* at the referring stage; (*Dir*) *~ legale* registered office; (*Pol*) *in ~ legislativa* at the legislative stage; *~ principale* head office; *~ sociale* registered office; *~ stradale*: **1** (*parte riservata ai veicoli*) roadway; **2** (*Tecn*) roadbed; *~ vacante* vacancy (*anche Rel*).

sedentarietà *f*. sedentariness.

sedentario *a*. sedentary: *lavoro ~* sedentary work.

sedentarismo *m*. (*rar*) sedentariness.

sedentarizzare *v.t*. (*Sociol*) sedentarize.

sedentarizzazione *f*. (*Sociol*) sedentarizion.

sedere¹ (*pres.ind*. **sièdo** /*lett* **sèggo**, **sièdi**, **siède**, **sediàmo**, **sedéte**, **sièdono** /*lett* **sèggono**; *p.rem*. **sedéi**/**sedètti**; *fut*. **sederò**/**siederò**; *pres.cong*. **sièda** /*lett* **sègga**; *p.p*. **sedùto**) *I v.i*. (*aus*. **essere**) **1** to sit (*su, in in, on*): *~ in una poltrona* to sit in an armchair; *~ in terra* to sit on the ground. **2** (*mettersi a sedere*) to sit down: *siedi un momento* sit down a minute. **3** (*in formule di cortesia*) to take a seat, to sit down. **4** (*fig*) (*aver seggio, fare parte*) to sit (*in in*), to have a seat (*in in*), to be a member (*in of*): *~ in parlamento* to sit in Parliament. **5** (*essere in funzione, in attività*) to sit, to meet, to be in session: *il comitato sedette a lungo* the committee sat for a long time. **II** *v.pron*. **sedersi 1** to sit down, to take a seat: *mi siedo perché sono stanco* I'm going to sit down because I'm tired. **2** (*fig*) (*diminuire il proprio impegno*) to lose one's enthusiasm, to make less of an effort: *ultimamente si è un po' seduto* lately he's lost his initial enthusiasm; lately, he's making less of an effort. ☐ *~ a cassetta* to sit on the box; *~ a tavola* to sit at table, to be at table; *~ alla turca* to sit

---

cross-legged; *c'è da ~?* is there somewhere to sit down?; *dare da ~ a qcu.* to give so. a seat; (*fig*) *~ in alto loco* (*coprire un'alta carica*) to hold a high office; (*fig*) *~ in cattedra* (*arrogarsi il diritto di dare insegnamenti*) to pontificate; *~ in giudizio* to sit in judgement; *~ in sella* to sit in the saddle; (*fig*) *~ in trono* (*regnare*) to reign; *mettere a ~ qcu.* to sit so. down, to find a seat for so., to seat so.; *mettersi a ~*: **1** (*da posizione eretta*) to sit down, to take a seat; **2** (*da posizione supina*) to sit up; **3** (*fig*) (*mettersi a riposo*) to retire; *stare a ~*: **1** to be sitting, to sit, to be seated; **2** (*fig*) (*starsene in ozio*) to sit around, to sit around doing nothing; *non sta mai a ~* she is always on the go; (*fig*) *~ su due poltrone* to have two remunerative jobs.

sedere² *m*. (*deretano*) bottom, seat, (*colloq*) behind, (*colloq*) buttocks *pl*., (*Br,colloq*) bum, (*Am,colloq*) butt, rear-end, rear, rump, buns, tuckus, derrière. ☐ (*pop*) *avere ~* (*avere fortuna*) (*Br*) to be a lucky bastard, (*Am*) to luck out.

sederino *m*. (*colloq*) fanny, (*Br,colloq*) sit-upon.

sedia *f*. chair. ☐ *~ a braccioli* armchair, easy chair; *~ a dondolo* rocking chair, rocker; *~ a rotelle* wheelchair; *~ a sdraio* deck chair; *~ da dentista* dentist's chair; *~ da giardino* garden chair, lawn chair; *~ da regista* director's chair; *~ da ufficio* office chair; *~ di paglia* cane chair; *~ di vimini* wicker chair; *~ elettrica* electric chair: *condannare alla ~ elettrica* to send to the electric chair; *~ episcopale* bishop's throne; (*Rel.catt,ant*) *~ gestatoria* ceremonial papal chair, gestatorial chair; *~ girevole* swivel chair; *~ imbottita* upholstered chair; *~ pieghevole* folding chair.

sediario *m*. (*Rel.catt,ant*) bearer of the gestatorial chair.

sedicenne I *a*. of sixteen (*posposto*), sixteen-year-old (*attr.*), sixteen years old (*posposto*). **II** *m./f*. sixteen-year-old.

sedicente *a*. self-styled, (*colloq*) would-be.

sedicesimo I *a*. **1** sixteenth. **2** (*rif. a regnanti e sim.*) sixteenth, XVI: *Luigi ~* Louis XVI, Louis Sixteenth. **II** *m*. **1** (*f*. **-a**) (*ordinale*) sixteenth. **2** (*Tip*) sextodecimo, sixteenmo. ☐ *in ~*: **1** (*Tip*) in sixteenmo, sextodecimo, in sextodecimo; **2** (*fig,spreg*) (*di scarso valore*) petty.

sedici I *a.inv*. sixteen: *sono passati ~ anni* sixteen years have gone by. **II** *m.inv*. **1** (*numero*) sixteen. **2** (*nelle date*) sixteenth: *il ~ di agosto* the sixteenth of August, August sixteenth, August the sixteenth. **III** *f.pl.inv*. four, four o'clock, four p.m.; (*negli orari dei trasporti internazionali*) (*Br*) sixteen hundred hours: *sono le ~* it's four o'clock.

sedile *m*. **1** seat (*anche Aut*). **2** (*panchina*) bench. ☐ (*Aer*) *~ a espulsione*) ejector seat, (*Am*) ejection seat; *~ anatomico* anatomical seat (*anche Aut*); (*Aut*) *~ anteriore* front seat; (*Aut*) *~ avvolgente* bucket seat; (*Aut,rar*) *~ da corsa* bucket seat; (*Aut*) *~ del conducente* driver's seat; (*Sport*) *~ del rematore* rower's seat; (*Aer*) *~ eiettabile* ejector seat, (*Am*) ejection seat; *~ imbottito* upholstered seat (*anche Aut*); *~ in pelle* leather seat (*anche Aut*); (*Aut*) *~ posteriore* back seat, rear seat; (*nelle motociclette*) pillion; *~ reclinabile* reclining seat (*anche Aut*); *~ ribaltabile*: **1** (*Aut*) folding seat; **2** (*in cinema, teatro e sim.*) tip-up seat; (*Sport*) *~ scorrevole* (*rif. canoe e sim.*) sliding seat.

sedimentare (*sediménto*; *aus*. **avere/essere**) *v.i*. (*Fis,Chim*) to subside, to settle. ☐ *fare ~ qcs*. (*olasciare ~ qcs.*): **1** to settle sth.;

2 (*fig*) to let sth. blow over.

sedimentario *a.* (*Fis,Chim,Geol*) sedimentary.

sedimentato *a.* (*Fis,Chim,Geol*) settled, deposited (*anche fig*).

sedimentazione *f.* (*Fis,Chim,Geol*) sedimentation. ☐ (*Biol*) ~ *del sangue* blood sedimentation.

sedimento *m.* (*Fis,Chim,Geol*) sediment, deposit.

sedimentologia *f.* (*Geol*) sedimentology.

sediolo *m.* (*Sport,ant*) (*nell'ippica*) sulky.

sedizione *f.* 1 (*incitamento alla rivolta*) sedition. 2 (*ribellione, sommossa*) riot, revolt, rebellion, insurrection, uprising.

sediziosamente *avv.* seditiously.

sedizioso I *a.* 1 seditious, insurrectionary, subversive: *moto* ~ insurrectionary movement. 2 (*turbolento, rissoso*) turbulent, rebellious, riotous. II *m.* (*f.* **-a**) seditionary, insurrectionist, insurgent, subversive.

sedotto → **sedurre**.

seducente *a.* 1 seductive, seducing. 2 (*fig*) (*allettante*) enticing, alluring, tempting: *una proposta* ~ a tempting proposal.

sedurre (*pres.ind.* **sedùco, sedùci**; *p.rem.* **sedùssi**; *p.p.* **sedótto**) *v.t.* 1 (*attrarre*) to seduce: ~ *una ragazza* to seduce a girl. 2 (*fig*) (*allettare, attrarre*) to entice, to allure, to tempt: *lasciarsi* ~ *da una promessa* to be enticed by a promise. 3 (*lett*) (*indurre al male*) to seduce, to lead astray.

seduta *f.* 1 (*incontro di organi ufficiali*) session, sitting: *aprire una* ~ to open a session; *togliere la* ~ to close the session; *la* ~ *è tolta* the session is closed. 2 (*riunione*) meeting. 3 (*posa come modello*) sitting: *ha terminato il ritratto in poche sedute* he finished the portrait in a few sittings. 4 (*appuntamento per visite mediche e sim.*) session. 5 (*di sedia*) seat. ☐ ~ *a porte chiuse* closed session, executive session; ~ *annuale* annual meeting; ~ *del consiglio di amministrazione* board meeting; ~ *di apertura* opening session; ~*di chiusura* closing session; ~*fiume* interminable meeting, long-drawn-out meeting; *essere in* ~ to be in session, to be sitting; ~ *ordinaria* routine session; ~ *parlamentare* parliamentary session; ~ *plenaria* plenary session; ~*pubblica* public meeting; (*Occult*) ~*spiritica* seance; ~*stante* (*immediatamente*) immediately, at once, straight away, immediately: *c'è andato* ~ *stante* he went there immediately; ~*straordinaria* extraordinary meeting; ~ *ufficiale* official meeting.

seduto → **sedere**[1] *a.* sitting, seated: *rimanere* ~ (o *restare* ~) to stay seated; *essere* ~ (o *stare* ~) to be sitting, to be seated, to sit; *mettersi* ~ to sit down.

seduttore I *m.* (*f.* **-trice**) seducer (*f.* seductress). II *a.* 1 seductive, seducing. 2 (*fig*) enticing, alluring, seductive, tempting: *promesse seduttrici* tempting promises.

seduzione *f.* 1 seduction. 2 (*fig*) (*capacità di affascinare*) seductiveness, charm, allure, appeal.

SEE *Spazio economico europeo* EEA (European Economic Area).

seedling /'sidlin/ *m.inv.* (*Bot*) seedling.

S.E. e O., **SE&O** (*Comm*) *salvo errori ed omissioni* E & OE (errors and omissions excepted).

seg. *seguente* foll (following).

sega *f.* 1 (*Tecn*) (*utensile*) saw. 2 (*volg*) (*masturbazione maschile*) wank, hand-job. ☐ *a* ~ with a serrated edge, saw (*attr.*), saw-edged, saw-toothed: *coltello a* ~ knife with a serrated edge, steak knife; (*Tecn*) ~*a*

catena chain saw; (*Tecn*) ~*a disco* disk saw, circular saw, buzz saw; (*Tecn*) ~*a mano* hand saw; (*Tecn*) ~*a nastro* band saw; (*Tecn*) ~*a telaio* frame saw; (*Tecn*) ~*ad arco* bow saw; (*Tecn*) ~ *alternativa* frame saw; (*Tecn*) ~ *circolare* disk saw, circular saw, buzz saw; (*Tecn*) ~ *da traforo* fretsaw; (*region*) *fare* ~ (*marinare la scuola*) to play hooky, to play truant; (*volg*) *farsi una* ~ (*masturbarsi*) to wank, to toss oneself off, to jerk oneself off; (*Tecn*) ~ *meccanica* sawing machine; (*fig, pop*) ~*mentale* mental masturbation.

segaiolo *m.* (*volg*) wanker.

segala *f.* (*rar,Bot*) rye.

segale *f.* (*Bot*) rye. ☐ (*Bot,Farm*) ~*cornuta* ergot; *di* ~ rye: *pane di* ~ rye bread.

segaligno *a.* 1 (*fig*) (*magro, asciutto*) lean, wiry. 2 (*rar*) (*di segale*) rye (*attr.*). 3 (*rar*) (*simile a segale*) ryelike.

segalino *a.* (*di segale*) rye (*attr.*).

segantino *m.* sawyer.

segare (*ségo, séghi*) *v.t.* 1 to saw: ~ *un albero* to saw a tree. 2 (*da parte a parte*) to saw through. 3 (*in più parti*) to saw up. 4 (*staccare segando*) to saw off. 5 (*iperb*) (*stringere lasciando il segno*) to cut (into): *le corde gli segavano i polsi* the ropes cut his wrists, ropes cut into his wrists. 6 (*fig,gerg*) (*bocciare a scuola*) to flunk. ☐ (*scherz*) ~*il violino* to scrape the violin, to saw the violin.

segata *f.* sawing: *dare una* ~ *a qcs.* to saw sth.

segatore *m.* sawyer.

segatrice *f.* (*Mecc*) sawing-machine. ☐ (*Mecc*) ~*a disco* (o ~*circolare*) circular saw; (*Mecc*) ~*a nastro* band saw, ribbon saw.

segatura *f.* 1 (*il segare*) sawing. 2 (*frammenti minuti di materiale segato*) sawdust.

segetale *a.* (*Bot*) of a plant growing in corn-grounds.

segg. *seguenti* foll. (following).

seggetta *f.* 1 (*comoda*) commode. 2 (*ant*) (*portantina*) litter, sedan, sedan chair.

seggio *m.* 1 seat, chair: *il* ~ *presidenziale* the President's chair. 2 (*stallo*) stall. 3 (*Parl*) seat: *il partito ha ottenuto dieci seggi* the party won ten seats. 4 (*lett*) (*sedile*) seat. 5 (*lett*) (*trono*) throne. ☐ (*Parl*) ~*al parlamento* seat in Parliament; (*Parl*) ~*alla camera* seat in the House; (*Parl*) ~*di senatore* seat in Senate; ~*elettorale* : 1 (*luogo in cui si vota*) polls (*pl.*), polling station, polling place; 2 (*insieme delle persone*) scrutineers (*pl.*); ~ *pontificale* papal seat.

seggiola *f.* chair.

seggiolaio *m.* (*f.* **-a**) 1 (*fabbricante*) chair maker. 2 (*venditore*) chair seller.

seggiolata *f.* (*rar*) blow with a chair.

seggiolina *f.* (*colloq*) child's chair.

seggiolino *m.* 1 (*per bambini*) child's chair. 2 (*Aut,Ferr*) seat: ~ *del bigliettaio* conductor's seat. 3 (*Aer*) seat, pilot's seat. ☐ (*Aer*) ~*a espulsione* (o ~*eiettabile*) ejector seat, (*Am*) ejection seat; ~*pieghevole* camp chair, folding chair; ~*ribaltabile* tip-up seat; (*Sport*) ~*scorrevole* sliding seat.

seggiolone *m.* (*per bambini*) highchair.

seggiovia *f.* chair lift.

segheria *f.* sawmill.

seghetta *f.* (*per le fiale*) small file (for vials).

seghettare (*seghétto*) *v.t.* to serrate.

seghettato *a.* 1 with a serrated edge, saw (*attr.*), saw-edged, saw-toothed: *coltello* ~ knife with a serrated edge. 2 (*Bot*) serrate, serrated.

seghetto *m.* hacksaw (*anche Mecc*). ☐ ~ *da traforo* fretsaw, jigsaw.

segmentale *a.* (*Geom,Biol,Ling*) segmental.

segmentare (**segménto**) *v.t.* 1 to segment, to divide sth. into segments. 2 (*fig*) (*frazionare*) to divide, to subdivide, to split up.

segmentazione *f.* 1 (*Geom,Biol*) segmentation, cleavage. 2 (*fig*) (*frazionamento*) breaking up, splitting up. ☐ (*Econ*) ~*del mercato* market segmentation.

segmento *m.* 1 (*Geom,Biol,Anat,Med*) segment. 2 (*Mot*) piston ring. 3 (*striscia di stoffa*) strip. ☐ (*Geom*) ~ *circolare* (o ~ *di cerchio*) segment; (*Tel*) ~ *spaziale* network segment.

segnacarte *m.inv.* (*segnalibro*) bookmark, bookmarker.

segnacaso *m.* (*Gramm*) preposition (as case sign).

segnalamento *m.* signalling. ☐ (*Ferr*) ~ *ferroviario* railway signalling; (*Mar*) ~ *marittimo* (o ~*navale*) maritime signalling.

segnalare (**segnàlo**) I *v.t.* 1 to signal: ~ *la posizione di una nave* to signal the position of a ship. 2 (*annunciare, rendere noto*) to announce, to report, to make sth. known: *si segnalano piogge su tutta la regione* rain is reported for the whole region. 3 (*far presente*) to point out, to mark out, to inform, to make sth. known: *mi hanno segnalato un caso veramente pietoso* they informed me of a really pitiful case. 4 (*contraddistinguere*) to mark, to distinguish. 5 (*fig*) (*raccomandare*) to recommend, to bring to the attention of. 6 (*notificare*) to notify: ~ *qcs. alle autorità* to notify the authorities about sth. II *v.pron.* **segnalarsi** (*distinguersi*) to stand out, to distinguish oneself, to draw attention to oneself.

segnalato *a.* 1 (*indicato*) marked, signalled. 2 (*lett*) (*straordinario*) outstanding, remarkable, signal: *un ~ esempio di eroismo* a signal act of heroism. 3 (*lett*) (*notevole, grande*) great, notable, considerable.

segnalatore I *m.* 1 (*f.* **-trice**) (*Ferr,Mil*) (*addetto alle segnalazioni*) signaller, signalman (*f.* -woman). 2 (*f.* **-trice**) (*Mar.mil*) (*addetto alle segnalazioni: con bandiere*) flagman (*f.* -woman). 3 (*f.* **-trice**) (*Aer,Mil*) (*addetto alle segnalazioni: con palette*) batsman. 4 (*strumento*) signaller, indicator. 5 (*El*) alarm device. II *a.* signalling: *strumento* ~ signalling instrument. ☐ ~ *acustico* horn, hooter (*anche Aut*); (*Aut*) ~ *di retromarcia* (*Br*) reversing light, (*Am*) backup light; ~*d'incendio* fire alarm.

segnalazione *f.* 1 (*il segnalare*) signalling: ~ *con bandiere* flag signalling. 2 (*segnale*) signal. 3 (*insieme di segnali*) signals *pl.*, signalling. 4 (*comunicazione, trasmissione di notizie*) communication. 5 (*annuncio*) announcement, report. 6 (*il contraddistinguere*) marking, distinguishing. 7 (*fig*) (*il mettere in evidenza qualcosa*) pointing out, marking out. 8 (*fig*) (*il mettere in evidenza qualcuno*) singling out. 9 (*fig*) (*raccomandazione*) recommendation. ☐ ~*acustica* sound signal, sound signalling; (*Tel*) ~*di errore* error flag; (*Ferr*) *segnalazioni/ferroviarie* railway signalling; ~*luminosa* beacon, signal light (*anche Strad*); (*Strad*) ~ *orizzontale* road markings (*pl.*); (*Strad*) ~ *verticale* traffic signs (*pl.*), signposts (*pl.*).

segnale *m.* 1 signal, sign (*anche fig*): *ricevere un* ~ to receive a signal. 2 (*cartello*) sign. ☐ ~*acustico* : 1 sound signal, audible signal, (*clacson a sim.*) horn; 2 (*Tel*) tone: *lasciate un messaggio dopo il* ~ *acustico* please leave a message after the tone; ~*analogico* analog signal; (*TV*) ~*audio* audio signal, sound signal; *dare il* ~ *di qcs.* to give the signal for sth.: *dare il* ~ *della partenza* to give the signal for departure; ~ *di allarme*: 1 alarm, alarm signal, warning signal; 2 (*Ferr*) (*freno*) emergency brake; (*Strad*) ~ *di arresto* stop sign; ~ *di avvertimento* warning, warning signal; (*Ferr*) ~*di blocco* block signal, home signal; (*Tel*) ~ *di centrale* dial tone; ~ *di chiamata*: 1 (*Tel*) ringing tone; 2 (*Inform*) call signal; (*Inform*) ~ *di comando* command; (*Strad*) ~ *di divieto* prohibiting sign; ~ *di emergenza* alarm, alarm signal; (*Strad*) ~ *di indicazione* information sign; (*Inform*) ~*di interruzione* interrupt, interrupt signal; (*Tel*) ~ *di libero* dialling tone, (*Am*) dial tone; (*Strad*) ~*di obbligo* obligatory traffic signal; (*Tel*) ~*di occupato* engaged tone, (*Am*) busy signal; ~ *di partenza*: 1 starting signal, start; 2 (*Mar*) (*bandiera usata dalle navi*) Blue Peter; ~ *di pericolo*: 1 warning signal, danger sign, warning sign; 2 (*Strad*) warning sign; 3 (*SOS*) distress signal, SOS; ~ *di precedenza* yield sign, right-of-way sign; ~ *di soccorso* distress signal, SOS, mayday; ~ *di stop* stop sign; (*Elettron*) ~ *di uscita* output signal; ~ *di via libera* green light; (*Rad,TV*) ~*d'intervallo* interval signal; ~*ferroviario* rail signal; ~*indicatore* signal; ~*luminoso*: 1 signal light, beacon; 2 (*razzo*) flare; (*Rad,TV*) ~*orario* time signal; ~*ottico* optic sign; ~*radio* radio signal; *segnalistradali* road signs, traffic signs; (*TV*) ~ *video* video signal.

segnaletica *f.* 1 system of signs, system of signals. 2 (*Strad*) signs *pl.*, road signs *pl.*, (*Am*) signage. 3 (*complesso di segnali*) signals *pl.* □ (*Strad*) ~ *in rifacimento* (*Br*) markings (*pl.*) being repainted; (*Am*) signage being repainted; (*Strad*) ~*orizzontale* road markings (*pl.*); (*Strad*) ~*verticale* road signs (*pl.*), signposts (*pl.*).

segnaletico (*pl.* -**ci**) *a.* characteristic, identification (*attr.*): *dati segnaletici* identification marks; *foto segnaletica* mug shot.

segnalibro *m.* bookmark (*anche Inform*).

segnalinee *m./f.inv.* (*Sport,rar*) (*guardalinee*) linesman (*f.* -woman).

segnaposto *m.* place card.

segnaprezzo *m.* price tag.

segnapunti I *m./f.inv.* (*persona*) scorekeeper, scorer. II *m.inv.* 1 (*tabellone*) scoreboard. 2 (*cartoncino, agendina*) scorecard.

segnare (**ségno**) I *v.t.* 1 to mark: ~ *le frasi da tradurre* to mark the sentences to be translated. 2 (*sottolineare*) to underline. 3 (*prendere nota*) to note down, to write down, to make a note of: ~ *le spese* to write down one's expenses. 4 (*estens*) (*scrivere*) to write, to put: *ho segnato il tuo nome sulla lista* I've put your name on the list. 5 (*incidere, rigare*) to mark, to score, to cut into: ~ *il banco col temperino* to score the desk with a penknife. 6 (*graffiare*) to scratch. 7 (*rif. a punteggi e sim.*) to mark, to keep, to write down, to score, to score up: ~ *i punti al gioco* to keep the score. 8 (*rif. a punteggi e sim.*: *con il gesso*) to chalk, to chalk up. 9 (*indicare*) to indicate, to mark, to show. 10 (*indicare con il dito*) to point to, to point at. 11 (*rif. a strumenti*) to show, to indicate, to register, to read, to say: *l'orologio segna le quattro e dieci* the clock says ten past four. 12 (*fig*) (*rappresentare, costituire*) to mark, to constitute: *questa battaglia segnò la fine della guerra* this battle marked the end of the war; *questa scoperta segna un passo (in) avanti nella via del progresso* this discovery constitutes a step forward on the path of progress. 13 (*fig*) (*lasciare il segno*) to scar, to leave one's mark. 14 (*addebitare*) to charge, to charge up, to put down: *segnalo a*

nome mio put it down to me. 15 (*colloq*) (*mettere su un conto aperto*) to put on the slate. 16 (*Sport*) to score (*anche assol.*): ~ *un punto* to score a point; ~ *un gol* to score a goal; ~ *un rigore* to score a penalty. II *v.pron.* **segnarsi** (*farsi il segno della croce*) to cross oneself, to make the sign of the cross. □ (*Comm*) ~ *a debito di qcu.* to enter to so.'s debit; (*Comm*) ~ *all'attivo* to enter on the credit side; ~ *all'attivo di qcu.* to enter to so.'s credit; ~*con un cartellino* to label, to tag, to ticket; ~*con crocetta* to cross, to mark with a cross; (*Sport*) ~*di testa* to head the ball in; (*Zootecn*) ~*il bestiame* to brand the cattle; ~*il passo* to mark time (*anche fig*); ~ *le carte da gioco* (*truccarle*) to mark the cards.

segnatario *m.* (*f.* -**a**) (*ant*) signatory.

segnatasse *m.inv.* (*Post*) postage-due stamp.

segnatempo *m.inv.* (*orologio*) time stamp, time clock.

segnato *a.* 1 marked: *un volto ~ dagli stenti* a face marked by hardship. 2 (*graffiato*) scratched. 3 (*fig*) (*deciso, stabilito*) decided, settled: *la mia vita è già segnata* my life is already settled. 4 (*fig*) (*deciso, stabilito: rif. a destino e sim.*) sealed.

segnatoio *m.* (*Mecc*) (*truschino*) scriber.

segnatura *f.* 1 (*segno*) mark. 2 (*Bibliot*) pressmark, call mark, call number. 3 (*Tip*) signature. 4 (*Sport*) score. 5 (*rar*) (*il segnare*) marking. □ (*Dir.can*) *Segnaturaapostolica* Apostolic Signature, Supreme Apostolic Signature.

segnavento *m.inv.* weather vane, (*a forma di gallo*) weathercock.

segnavia *m.inv.* (*Alp*) trail mark, trail sign; (*su alberi*) blaze.

segno *m.* 1 mark, sign: *fare un ~ sulla carta* to make a mark on the paper; *il banco era pieno di segni fatti col temperino* the desk was covered with marks made with a penknife. 2 (*impronta*) mark, smudge, print: *i segni di mani sporche* the marks of dirty hands. 3 (*orma*) footprint, footstep: *sulla neve si vedevano i segni dei suoi passi* his footsteps were visible in the snow. 4 (*traccia*) trace: *quel monello lascia sempre qualche ~ dove passa* that little rascal always leaves traces wherever he goes. 5 (*indizio*) sign, mark, indication: *la sua condotta è ~ di animo sensibile* his behaviour is a sign of his sensitivity, his behaviour is a mark of his sensitivity; *è un buon ~!* that's a good sign! 6 (*avvertimento*) sign, warning: *questo vento è ~ di temporale imminente* this wind is a sign that there is a storm rising. 7 (*sintomo*) sign, symptom (*anche fig*). 8 (*prova*) sign, proof, token: *se tace è ~ che non ha nulla da obiettare* if he says nothing it's proof that he has no objection; *accetta questo regalo come ~ del nostro apprezzamento* please accept this gift as a token of our appreciation. 9 (*cenno, gesto*) sign, gesture: *gli feci ~ di tacere* I made a sign to him to keep quiet, I gestured to him to keep quiet. 10 (*cenno fatto con la mano*) wave, gesture, sign. 11 (*bersaglio*) mark, target (*anche fig*): *sbagliare il ~* to miss the mark; *colpire nel ~* to hit the mark. 12 (*limite*) bounds *pl.*, limit, bound: *la tua sfrontatezza ha passato il ~* your impudence has gone beyond all bounds. 13 (*Astr*) sign: *il ~ dell'Acquario* the sign of Aquarius; *nato sotto il ~ del Toro* born under the sign of Taurus. 14 (*espressione grafica*) sign: ~ *dell'accento* accent, accent sign. 15 (*simbolo*) emblem, symbol. 16 (*vestigia*) trace, remains *pl.*, vestige: *i segni dell'antica*

Roma the traces of ancient Rome. 17 (*Tip*) typographical mark. □ *a* ~ right: *mettere a ~ qcs.* to set sth. right, to put sth. right; *comunicare a segni* to communicate by gestures, to communicate by signs; *andare a* ~: 1 to hit the target, to hit the bull's eye, to hit the mark: *il colpo è andato a* ~ it's a hit; 2 (*fig*) to hit the mark; *segni caratteristici* distinguishing marks, characteristics; *fare ~ con la mano* (o *fare un ~ con la mano*) to wave, to make a gesture, to make a sign; ~ *convenzionale* conventional sign; ~*del cielo* divine sign; (*Rel*) ~*della croce* sign of the cross: *fare il ~ della croce* (o *farsi il ~ della croce*) to make the sign of the cross, to cross oneself; *dare segni di impazienza* to give signs of impatience, to show signs of impatience; *dare segni di stanchezza* to show signs of fatigue; *è un anno che non dà più segni di vita* we haven't heard from him for a year; (*Mat*) ~*di addizione* plus sign, addition sign; (*Tip*) *segni di correzione* (proof) correction marks; (*Mat*) ~*di disuguaglianza* inequality; (*Mat*) ~ *di divisione* division sign; (*Mat*) ~ *di frazione* division sign; (*Strad*) ~*di frenata* skid mark; ~ *di identificazione* identification mark; (*Gramm*) ~ *di interpunzione* punctuation mark; ~ *di lutto* sign of mourning; (*Mat*) ~*di moltiplicazione* multiplication sign; *fare ~di no*: 1 to give a sign of disapproval; 2 (*con il capo*) to shake one's head; *la colomba è ~di pace* the dove is a symbol of peace; (*Rel.catt*) *scambiatevi un ~ di pace* to greet each other with the sign of peace; *dare segni di pazzia* to show signs of madness, to show signs of cracking up; (*Gramm*) ~ *di punteggiatura* punctuation mark; (*Mat*) ~ *di radice* radical sign; ~ *di richiamo*: 1 (*Tip*) cross-reference, cross-reference mark; 2 (*Topogr*) bench mark; *come ~ di riconoscenza* as a mark of appreciation; ~*di riconoscimento* identification mark; *fare ~ di sì* to nod, to nod assent; (*Mat*) ~ *di sottrazione* minus sign, minus; (*Mat*) ~ *di uguaglianza* equal sign, equals sign, equality sign; (*Ling*) ~*diacritico* diacritic, diacritical mark; ~ *distintivo*: 1 distinguishing mark, trademark; 2 (*Comm*) brand, trademark; *è ~ che* it means, it is a sign that: *se non mangia è ~ che non ha appetito* if he doesn't eat that means he's not hungry; *mi fece ~ di avvicinarmi* he gestured to me to approach, he made a sign to me to approach; (*rar,lett*) *essere fatto ~ a* (o *di*), (*essere oggetto di*) to be the object of: *essere fatto ~ di beffe* to be the butt of jokes; ~*grafico* graphic sign; *in ~di* as a sign of, in sign of, in token of: *in ~ di riconciliazione gli dette la mano* as a sign of reconciliation he offered to shake his hand; *in ~ di protesta* in protest, in protestation; (*fig*) *lasciare il ~* to leave one's mark; (*Ling*) ~ *linguistico* linguistic sign; (*Mat*) ~*negativo* negative sign, minus; (*Mat*) ~*positivo* positive sign, plus sign; ~*premonitore* warning, forerunner; ~*zodiacale* zodiacal sign.

sego (*pl.* -**ghi**) *m.* tallow: *candela di* ~ tallow candle.

segolo *m.* (*Agr*) (*falcetto*) billhook, pruning hook.

segoso *a.* 1 (*che contiene sego*) tallow (*attr.*), tallowy. 2 (*simile al sego*) tallowy.

segregamento *m.* (*rar*) segregation.

segregare (**sègrego, sègreghi**) I *v.t.* to segregate, to isolate, to set sth. apart. II *v.pron.* **segregarsi** to isolate oneself, to seclude oneself, to withdraw.

segregato *a.* segregated, isolated, set apart.

segregazione *f.* segregation, isolation, seclusion. ☐ *~cellulare* close confinement; *~razziale* segregation, racial segregation.

segregazionismo *m.* segregation, segregationist policy.

segregazionista *m./f.* segregationist.

segregazionistico *a.* segregational (*anche Biol*).

segreta *f.* (*cella*) dungeons, dungeon.

segretamente *avv.* secretly, in secret.

segretare (**segréto**) *v.t.* to classify.

segretaria *f.* secretary. ☐ *~ d'azienda* secretary; *~ di direzione* executive secretary; (*Cin*) *~ di edizione* script girl; (*Cin,TV*) *~ di produzione* production secretary; (*Edit, TV*) *~ di redazione* editorial secretary; *~privata* private secretary, confidential secretary.

segretariale *a.* secretarial.

segretariato *m.* **1** (*carica e ufficio*) secretariat. **2** (*personale*) secretarial staff, secretariat.

segretario *m.* **1** (*f.* **-a**) secretary, assistant. **2** (*f.* **-a**) (*chi redige verbali, resoconti e sim.*) clerk: *il ~ della giuria* the court clerk. **3** (*Ornit*) (*serpentario*) secretary bird. ☐ *~ alla difesa* defense secretary; (*Stor*) *~ apostolico* Apostolic Secretary; *~ comunale* town clerk; (*Pol*) *~ del partito* party leader; (*Dipl*) *~ di ambasciata* Embassy Secretary; (*Stor*) *~ di legazione* Legation Secretary; (*Cin,TV*) *~ di produzione* production secretary; (*Edit,TV*) *~ di redazione* editorial secretary; (*Pol*) *~ di stato* Secretary of State, Secretary; *fare da ~ a qcu.* to act as so.'s secretary, to be so.'s secretary, to be secretary to so.; (*Edit,ant*) *~ galante* book of love letters; *~generale* Secretary General; *~particolare* private secretary; *~ politico* party leader; *~ privato* private secretary, confidential secretary.

segretazione *f.* classification.

segreteria *f.* **1** (*ufficio*) secretary's office, secretariat. **2** (*personale*) secretarial staff. **3** (*carica*) secretariat, secretaryship. **4** (*nelle banche*) loan management office. **5** (*Arred*) secretaire. ☐ (*Tel*) *~automatica* automatic answering device, automatic answering machine; (*Tel*) *~ con richiamo a distanza* answering machine with remote control; *di ~ secretarial: lavori di ~* secretarial work; *~di stato* secretariat of state; *~ generale* secretariat general; *~ politica* party's political secretariat; (*Tel*) *~ telefonica* : **1** (*apparecchio*) answering machine; *~ telefonica automatica* automatic answering device, automatic answering machine; *~ telefonica con richiamo a distanza* answering machine with remote control; **2** (*servizio*) answering service.

segretezza *f.* **1** secrecy, secretiveness. **2** (*riservatezza*) reservedness. ☐ *con ~* secretly, in secrecy: *con la massima ~* in the greatest secrecy, in strict confidence, in (the) strictest confidence; *in tutta ~* in all secrecy.

segreto **I** *a.* **1** secret: *archivio ~* secret archive; *convegno ~* secret meeting. **2** (*riservato*) confidential, secret: *notizia segreta* secret news. **3** (*nascosto*) secret, concealed, hidden: *passaggio ~* secret passage. **4** (*fig*) (*interiore*) inmost, secret, deep, deep down: *aspirazioni segrete* secret aspirations. **II** *m.* **1** secret: *non avere segreti per qcu.* to hold no secrets for so., (*Am*) to have no secrets, to keep no secrets from so.; *mantenere un ~* (o *tenere un ~*) to keep a secret; *essere a conoscenza di un ~* to know a secret. **2** (*fig*) (*intimità, riservatezza*) depth, depths *pl.*, recesses *pl.*: *nel ~ dell'animo* in the depths of one's

soul, in one's inmost heart, in one's innermost heart. **3** (*mezzo, sistema particolare*) secret, key: *il ~ del successo* the key to success. **4** (*cassetto segreto*) segreto. ☐ *~ bancario* bank secret; (*Rel*) *~ confessionale* seal of the confessional, seal of confession, secret of the confessional; (*Ind*) *~ di fabbricazione* trade secret; (*fig*) *~ di Pulcinella* open secret; *~di stato* state secret; (*burocr*) *~ d'ufficio* official secret; (*Dir*) *~ epistolare* secrecy of correspondence; *in ~* : **1** in secret, in secrecy, secretly: *s'incontrarono in ~* they met in secret; **2** (*riservatamente*) confidentially, in confidence: *me l'hanno confidato in ~* they told me confidentially; *~ industriale* industrial secret; (*Dir*) *~istruttorio* confidentiality provision within the preliminary investigation, provision for confidentiality within the preliminary investigation; *portarsi un ~nella tomba* to carry a secret to the grave; *il ~per riuscire* the secret of success; *nel ~ più assoluto* in the utmost secrecy, in absolute secrecy; *~ professionale* professional secrecy.

seguace *m./f.* follower, disciple, adherent.

seguente *a.* **1** (*successivo*) following, next, subsequent, ensuing: *il capitolo ~* the next chapter; *l'anno ~* the following year, the next year. **2** (*per introdurre un'enunciazione, un'enumerazione*) this, the following: *nel modo ~* this way, as follows.

segugio *m.* **1** (*Zool*) bloodhound, sleuthhound. **2** (*fig,colloq*) (*investigatore*) bloodhound, sleuth, private eye.

seguire (*pres.ind.* **séguo**, **ségui**; *p.rem.* **seguii**; *p.p.* **seguìto**) **I** *v.t.* **1** to follow: *seguimi a una certa distanza* follow me at a distance; *andate avanti, io vi seguirò* go on ahead, I'll follow you. **2** (*accompagnare*) to follow, to go with: *il cane mi seguì fino alla porta di casa* the dog followed me to the front door. **3** (*pedinare*) to shadow, to follow: *due poliziotti furono incaricati di seguirlo* two policemen were ordered to shadow him. **4** (*procedere in una direzione*) to follow, to keep, to proceed along (*anche fig*): *seguite questa strada fino alla piazza* follow this road as far as the square; *la polizia segue una nuova pista* the police are following a new lead; (*fig*) *~ la via giusta* to pursue the right course, to take the right course, to go the right way, to follow the right path, to be on the right path. **5** (*venir dopo, susseguire*) to follow, to follow on, to come after: *la calma che segue la tempesta* the calm that follows the storm. **6** (*tenere dietro: con lo sguardo*) to follow, to look after. **7** (*tenere dietro: con la mente*) to follow, to pursue: *~ un ragionamento* to follow a line of reasoning. **8** (*fare la stessa cosa*) to follow, to do the same (as): *se io mi buttassi in mare, mi seguiresti?* if I jumped into the sea, would you do the same? **9** (*attenersi*) to follow, to keep to, to stick to: *~ le prescrizioni del medico* to follow the doctor's orders; *~ i propri impulsi* to follow one's impulses; *~ la moda* to follow the latest fashion. **10** (*farsi seguace: rif. a maestri e sim.*) to follow, to be a follower of. **11** (*farsi seguace: rif. a dottrine e sim.*) to follow, to accept, to agree with: *molti studiosi seguono questa teoria* many scholars accept this theory. **12** (*adottare*) to follow, to adopt: *~ una determinata linea di condotta* to adopt a certain policy. **13** (*fig*) (*interessarsi*) to follow, to keep up with, to keep up-to-date with: *~ gli sviluppi di una situazione* to keep up with the developments of a situation. **14** (*sorvegliare, soprintendere*) to supervise, to oversee: *ho seguito personalmente lo svolgimen-*

to dei lavori I supervised the execution of the work personally. **15** (*aiutare, istruire*) to help, to assist: *una signorina che segue i bambini nei compiti* a young lady who helps the children with their homework. **16** (*fig*) (*frequentare*) to attend: *~ un ciclo di conferenze* to attend a series of lectures. **II** *v.i.* (*aus. essere*) **1** (*rif. a persone*) to follow (*a qcu. so.*), to succeed (*a qcu. so.*), to come (after) (*a qcu. so.*): *a Romolo seguì Numa Pompilio* Romulus was succeeded by Numa Pompilius. **2** (*rif. a cose*) to follow (sth.), to come (after): *al testo segue una lunga bibliografia* the text is followed by a long bibliography. **3** (*accadere dopo*) to follow, to ensue: *seguì un momento di silenzio* there followed a moment of silence. **4** (*derivare come effetto*) to result, to ensue: *ne seguì una baraonda* chaos resulted. **5** (*conseguire*) to follow: *ne segue che...* it follows that... **6** (*continuare*) to continue, to follow, to follow on. **7** (*capire*) to follow, to understand: *non riesce a ~* he cannot follow. ☐ *~ qcu.a ruota* to follow close behind so.; *segue a tergo* continued overleaf; *come segue* as follows; *~ qcu. come un'ombra* to stick to so. like a shadow, to follow so. like a shadow; *~ il corso* to run one's course: *~ il corso delle proprie idee* to pursue the train of one's thoughts; (*Scol*) *~ un corso* to follow a course, to take a course, to attend a course; *~ un corso di inglese* to take a course in English; *~ il proprio corso* to run its course, to take its course; *gli eventi seguono il loro corso* events take their course; (*burocr*) *la pratica deve ~ il suo corso regolare* the matter must go through the usual channels, the matter must take its course; (*fig*) *~ i passi di qcu.* to follow in so.'s footsteps; *~immediatamente* : **1** (*rif. a distanza*) to follow close behind; **2** (*rif. a tempo*) to follow on at once; *~ la corrente* : **1** (*navigando*) to follow the stream; **2** (*nuotando*) to swim with the current, to swim downstream; **3** (*fig*) (*fare quello che fa la maggioranza*) to follow the general trend, to swim with the tide; *~ la propria sorte* to pursue one's destiny, to follow one's destiny; *~ la sorte di qcu.* to share so.'s fate, (*fig*), to follow in so.'s footsteps; *~ le orme di qcu.*: **1** to follow so.'s tracks; **2** (*fig*) to follow in so.'s footsteps, to walk in so.'s footsteps; *~ l'esempio di qcu.* to follow so.'s example; (*Comm*) *segue lettera* letter to follow; *~ le tracce di qcu.*: **1** to follow so.'s tracks; **2** (*fig*) to follow in so.'s footsteps, to walk in so.'s footsteps; (*fig*) *~ l'onda* to follow the crowd; (*fig*) *~ qcu.passo passo* to dog so.'s footsteps, to tag behind so.; *quanto segue* the following; *con quel che segue* and so on; *segue* : **1** (*Giorn*) (*a piè di pagina per quella successiva*) PTO, pto, please turn over: *segue a pagina quattro* continued on page four; **2** (*Cin,TV,Giorn*) (*numero successivo, puntata successiva*) to be continued; *~un consiglio* to listen to advice, to take advice; *~una dieta* to diet, to keep to one's diet.

seguitare (**séguito**) **I** *v.t.* **1** to continue, to pursue, to carry on with, to go on with, to keep on with: *~ il lavoro* to continue one's work, to go on working, to continue one's work, to go on with one's work. **2** (*ant*) (*seguire*) to follow. **II** *v.i.* (*aus. avere*) to continue, to go on, to keep on, to keep up: *~ a ridere* to keep on laughing.

seguito *m.* **1** retinue, suite, train, entourage: *il principe e il suo ~* the prince and his retinue. **2** (*complesso di seguaci, di sostenitori*) followers *pl.*, supporters *pl.* **3** (*fig*) (*consenso, favore*) favour, support: *un'idea che non ha* *trovato* ~ an idea that found no favour; *l'iniziativa ebbe* ~ the initiative caught on; *l'iniziativa non ebbe* ~ the initiative came to nothing. **4** (*serie di cose che si susseguono*) series, sequence, train: *un* ~ *di disgrazie* a series of misfortunes. **5** (*continuazione*) continuation, rest: *il* ~ *del racconto* the continuation of the story. **6** (*fig*) (*conseguenza*) consequence, sequel, result: *l'incidente non ha avuto* ~ the incident had no consequence. ☐ (*burocr*) *a* ~ *di* : 1 (*con riferimento a*) further to, with reference to, in reference to; 2 (*in conseguenza a*) as a result of, following on, owing to, because of; *al* ~ *di* in the suite of, in the retinue of; *il* ~*al prossimo numero* to be continued in the next issue; *dare* ~ *a qcs.* (*portare avanti*) to carry out sth.; *di* ~: 1 (*senza interruzione*) nonstop, on end, straight: *è piovuto per due settimane di* ~ it rained for two weeks on end; *ho studiato sei ore di* ~ I have studied for six hours straight; 2 (*di fila*) consecutively, in a row; 3 (*in un testo scritto*) hereafter, (*Dir*) hereinafter; *fare* ~ *a qcs.* to follow on sth., to follow up sth., (*burocr*) (*riferirsi*) to follow sth., to refer to sth.; (*burocr*) *facendo* ~ *a* further to, (*con riferimento a*) with reference to; *in* ~ later on, afterwards: *ne riparleremo in* ~ we'll talk about it again later on; *in* ~*a* : 1 (*dopo*) following, after; 2 (*di conseguenza*) as a result of, following on, owing to, because of, through; *s'è rotto una gamba in* ~ *a una caduta* he broke his leg as a result of a fall; *in* ~ *a ciò* as a result of this, owing to this.

sei [1] **I** *a.inv.* six: *starò via* ~ *giorni* I'll be away for six days; ~ *volte* six times. **II** *m.inv.* **1** (*numero*) six. **2** (*nelle date*) sixth: *il* ~ *ottobre* the sixth of October, October 6th. **III** *f.pl.inv.* **1** six o'clock, (*del mattino*) six a.m.: *partirò alle* ~ I'll leave at six o'clock. **2** (*colloq*) (*del pomeriggio: le diciotto*) six p.m. ☐ *a* ~*a* ~ six by six; *di* ~*anni* six-year-old, six years old: *un bambino di* ~ *anni* a six-year-old child; (*Sport*) ~*giorni* (*nel ciclismo*) six-day cycle race.

sei [2] → **essere** [1].

Seicelle *n.pr.f.pl.* (*Geog*) Seychelles, Seychelle Islands.

seicentesco (*pl.* **-chi**) *a.* **1** seventeenth-century (*attr.*), of the seventeenth century. **2** (*rif. all'arte e alla letteratura italiana*) of the Seicento, Seicento (*attr.*). **3** (*in stile seicentesco*) in seventeenth-century style.

seicentismo *m.* (*Lett*) highflown style of the seventeenth century widespread in Europe.

seicentista *m./f.* **1** (*lett*) seventeenth-century artist. **2** (*in Italia*) Seicento artist.

seicento *a./m.inv.* six hundred.

Seicento *m.* **1** seventeenth century. **2** (*rif. all'arte e alla letteratura italiana*) seicento, Seicento.

seigiorni *f.inv.* (*Sport*) six-day cycle race.

seigiornista *m./f.* (*Sport*) competitor in a six-day cycle race.

seimila *a./m.inv.* six thousand.

seitan *m.inv.* (*Alim*) seitan.

selaci *m.pl.* (*Itt*) selachians.

selaginella *f.* (*Bot*) selaginella.

selce *f.* **1** (*Min*) flint. **2** (*Strad*) paving stone.

selciare (**sélcio, sélci**) *v.t.* (*Strad*) to pave, to flag.

selciato **I** *a.* (*Strad*) (*lastricato*) paved, flagged. **II** *m.* (*Strad*) (*lastre*) (stone) paving, pavement.

selciatore *m.* paviour, (*Am*) pavior.

selciatura *f.* (*Strad*) **1** (*il selciare*) paving, flagging. **2** (*selciato*) paving, pavement.

Selene *n.pr.f.* (*Mitol*) Selene.

selenico [1] (*pl.* **-ci**) *a.* (*lett,rar*) (*lunare*) lunar.

selenico [2] (*pl.* **-ci**) *a.* (*Chim*) selenic.

selenio *m.* (*Chim*) selenium.

selenioso *a.* (*Chim*) selenious.

selenita *m./f.* (*lett*) lunarian.

selenite *f.* (*Min*) selenite.

selenografia *f.* (*Astr*) selenography.

selenografico (*pl.* **-ci**) *a.* (*Astr*) selenographic.

selenografo *m.* (*f.* **-a**) (*Astron*) selenographist.

selettivamente *avv.* selectively, by selection.

selettività *f.* selectivity (*anche Rad,Fis*): ~ *direzionale* directional selectivity.

selettivo *a.* selective (*anche Rad,Fis,Chim*).

selettore *m.* (*Tel*) selector. ☐ (*Tel,Elettron*) ~ *automatico* automatic selector; (*Tel, Elettron,Rad*) ~*di banda* band selector; (*Rad, TV*) ~*di canale* channel selector; (*Tel*) ~*di linea* line selector; (*Rad,TV*) ~*di programma* channel selector.

Seleucidi *n.pr.m.pl.* (*Stor*) Seleucids.

seleucidico (*pl.* **-ci**) *a.* (*Stor*) Seleucid (*attr.*).

Seleuco *n.pr.m.* (*Stor*) Seleucus.

selezionamento *m.* (*rar*) selection.

selezionare (**selezióno**) *v.t.* **1** to select, to choose, to pick out. **2** (*esaminare, visionare*) to screen. **3** (*cernere*) to sort, to sort out. **4** (*Inform*) to select; (*una casella*) to check. **5** (*Zootecn,Bot*) to select. **6** (*Sport*) to cap. ☐ ~ *accuratamente* to handpick.

selezionato *a.* (*scelto*) select, selected, chosen.

selezionatore **I** *m.* (*f.* **-trice**) **1** selector, chooser. **2** (*Sport*) selector. **3** (*di personale per le aziende*) selection consultant. **II** *a.* selective.

selezionatrice *f.* **1** (*Mecc*) card sorter, electronic punched card sorting machine. **2** (*Agr*) sorting machine.

selezione *f.* **1** (*scelta*) selection, choice. **2** (*insieme di cose scelte*) selection: *una* ~ *di canzoni* a selection of songs. **3** (*cernita*) sorting, sorting out. **4** (*Inform*) selection. **5** (*Tel*) dialling. **6** (*Biol*) selection: ~ *sessuale* sexual selection. ☐ (*Tel*) ~*a impulsi* pulse dialling; (*Biol*) ~ *artificiale* artificial selection; (*Tel*) ~*automatica* automatic dialling; ~*del personale* personnel selection; (*Tel*) ~*multifrequenza* multifrequency dialling; (*Biol*) ~ *naturale* natural selection; (*Tel*) ~*passante* direct dialling-in, (*Am*) direct inward dialling; ~*professionale* personnel selection.

self-control /ˌsɛlfˈkɒntrol/ *m.inv.* self-control.

self-service /ˌsɛlfˈsɜːvɪs/ *m.inv.* **1** self-service. **2** (*negozio*) self-service store. **3** (*ristorante*) self-service restaurant. **4** (*stazione di servizio*) self-service petrol station; (*nelle insegne*) self.

sella *f.* **1** (*Equit*) saddle: *cadere di* ~ to fall out of the saddle; *levare la* ~ *al cavallo* to unsaddle the horse. **2** (*estens*) (*rif. a biciclette e motociclette*) saddle. **3** (*Geog*) saddle. **4** (*Archeol*) (*sedia*) chair: ~ *curule* curule chair. **5** (*Macell*) saddle (of lamb and veal). **6** (*Tecn*) (*sostegno, supporto*) bearing, seating, support, support saddle. ☐ ~ *a saddle-shaped*, saddle (*attr.*); (*Equit*) ~ *all'amazzone* side-saddle; (*Equit*) ~ *americana* western saddle, pack saddle; *da* ~ saddle (*attr.*); (*Equit*) ~*da donna* lady's saddle; (*Equit*) ~*da uomo* man's saddle; (*Equit*) *stare in* ~ to be on horseback, to be in the saddle: *non saper stare in* ~ to be a poor horseman, to ride badly; *montare in* ~ to mount (one's horse); *reg-*

gersi in ~ to stay in the saddle, to ride; *rimettere qcu. in* ~ to help so. back in the saddle, to put so. back in the saddle; *rimettersi in* ~ to get back in the saddle (*anche fig*); *rimanere in* ~: 1 (*Equit*) to stay in the saddle, to remain in the saddle, to remain in power; (*Equit*) ~*inglese* English saddle; (*Equit*)*mettere la* ~ *al cavallo* to saddle the horse, to saddle up; (*Equit*) *senza* ~ barebacked: *cavalcare senza* ~ to ride bareback; (*Anat*) ~ *turcica* sella turcica.

sellaio *m.* (*f.* **-a**) saddler.

sellare (**sèllo**) *v.t.* **1** to saddle, to put a saddle on: ~ *i cavalli* to saddle the horses. **2** (*assol.*) (*munire di sella*) to saddle (a horse), to saddle up.

sellato *a.* saddled.

sellatura *f.* saddling.

selleria *f.* **1** (*bottega*) saddlery, saddler's shop. **2** (*tecnica di fabbricazione*) saddlery. **3** (*fabbricazione dei rivestimenti interni delle automobili*) upholstery. **4** (*deposito per selle, finimenti e sim.*) saddle room, saddlery.

sellino *m.* **1** (*nelle biciclette e motociclette*) saddle. **2** (*Mod,Stor*) bustle. **3** (*Equit*) (*finimento da tiro*) back pad, harness pad. ☐ ~ *posteriore* pillion: *sedere sul* ~ *posteriore* to ride pillion.

seltz *m.* soda, soda water, (*ant*) Seltzer: *al* ~ and soda.

selva *f.* **1** wood; (*foresta*) forest. **2** (*fig*) (*moltitudine*) mass, crowd, host. ☐ (*Geog*) *Selva Nera* Black Forest.

selvaggiamente *avv.* **1** (*da selvaggio*) like a savage, like a wild man. **2** (*fig*) (*con impeto disumano*) wildly, savagely.

selvaggina *f.* game. ☐ ~*di allevamento* rearing game, farmed game; ~*di pelo* furred game; ~*di penna* game birds (*pl.*), feathered game; ~*stanziale* sedentary game.

selvaggio **I** *a.* **1** (*non coltivato*) wild: *fiore* ~ wild flower. **2** (*non domestico*) wild, untamed, savage: *una bestia selvaggia* a wild beast. **3** (*disabitato*) wild, waste. **4** (*rif. a persone*) wild. **5** (*fig*) (*rozzo*) rough. **6** (*fig*) (*scontroso*) surly, bad-tempered. **7** (*spreg*) (*primitivo*) savage, primitive, uncivilized: *tribù selvaggia* primitive tribe. **8** (*fig*) (*crudele*) savage, fierce. **9** (*fig*) (*violento*) wild, savage, fierce, brute. **II** *m.* (*f.* **-a**) **1** (*spreg*) savage. **2** (*fig*) (*persona sfrenata, ribelle*) wild person, unruly person, rebellious person. **3** (*fig*) (*persona scontrosa*) surly person, unsociable person.

selvaticamente *avv.* wildly.

selvatichezza *f.* **1** (*l'essere selvatico*) wildness. **2** (*fig,lett*) (*scontrosità*) unsociableness. **3** (*fig,lett*) (*rozzezza*) roughness, rudeness.

selvatico (*pl.* **-ci**) **I** *a.* **1** wild. **2** (*fig*) (*rif. ad animali non domestici, poco docili*) wild, untamed. **3** (*fig*) (*rif. a persone: scontroso*) unsociable. **II** *m.* **1** (*odore*) game scent, gamy odour, smell of game: *puzzare di* ~ to have a gamy smell. **2** (*sapore*) gamy flavour, taste of game.

selvaticume *m.* (*spreg*) wild things *pl.*

selvicoltore *m.* (*f.* **-trice**) silviculturist.

selvicoltura *f.* silviculture, sylviculture.

selvoso *a.* **1** wooded, woody. **2** (*fig,lett*) (*rif. a barba o capelli: folto, arruffato*) bristly, bushy.

selz *m.* soda, soda water, (*ant*) Seltzer: *al* ~ and soda.

SEM *microscopio elettronico a scansione* SEM (scanning electron microscope).

S.Em. *Sua Eminenza* HE (His Eminence).

sema *m.* (*Ling*) seme.

semaforico (*pl.* **-ci**) *a.* **1** (*Strad*) traffic-light (*attr.*), light (*attr.*): *impianto ~* traffic-light system. **2** (*Mar*) semaphoric, semaphore (*attr.*).

semaforista *m./f.* (*Ferr*) signalman (*f.* -woman).

semaforizzare (**semaforìzzo**) □ *~una strada* to put traffic lights on a street.

semaforo *m.* **1** (*Strad*) traffic-light, light, traffic signal: *il ~ è verde* the light is green; *~ giallo* amber light; *~ rosso* red light. **2** (*Ferr*) semaphore. **3** (*Mar*) signal station, semaphore station. □ *~a braccia* semaphore; *passarecol ~rosso* : 1 (*rif. a pedoni*) to cross against the light, to cross when the light is red; 2 (*rif. a veicoli*) to drive through a red light, to jump the light, (*Am*) to run a red light; (*Strad*) *semaforisincronizzati* synchronized traffic-lights.

semantema *m.* (*Ling*) semanteme.

semantica *f.* (*Ling*) semantics (*costr.sing.*).

semantico (*pl.* **-ci**) *a.* (*Ling*) semantic: *mutamento ~* semantic change; *elaborazione semantica* semantic processing.

semantista *m./f.* (*Ling*) semanticist.

semasiologia *f.* (*Ling*) semasiology.

semasiologico (*pl.* **-ci**) *a.* (*Ling*) semasiological, semantic.

semasiologo *m.* (*f.* **-a**; *pl.* **-gi**) semasiologist, semanticist.

sembiante *m.* **1** (*poet*) (*apparenza*) look, appearance, aspect. **2** (*estens,poet*) (*viso, volto*) countenance. □ (*lett*) *fare ~ (fingere)* to pretend, to put on the appearance; *in ~ (o in sembianti)* in appearance, in outward appearance.

sembianza *f.* **1** *pl.* (*lineamenti, fattezze*) features, looks: *una giovane di belle sembianze* a young woman with good features. **2** (*lett*) (*aspetto*) look, appearance. **3** (*lett*) (*falsa apparenza*) semblance.

sembrare (**sémbro**; *aus.* **essere**) **I** *v.i.* **1** (*avere l'apparenza*) to seem (like), to look (like), to appear: *sembrava un galantuomo* he seemed to be a gentleman; *con questo macchinone sembri un miliardario* with this big car you look like a billionaire. **2** (*rif. a cose viste*) to look, to seem: *sembri molto abbattuto* you look very depressed; *quel giardino sembrava bello* that garden looked beautiful. **3** (*rif. a cose udite*) to sound (like): *ci sembra incredibile ciò che ci racconti* what you say sounds incredible to us. **4** (*rif. al gusto*) to taste like: *uno sciroppo che sembrava miele* a syrup that tasted like honey. **5** (*rif. al tatto*) to feel (like): *questo cappotto sembra di pelle vera* this coat feels like real leather. **6** (*rif. all'olfatto*) to smell like: *sembra gomma bruciata* it smells like burnt rubber. **II** *v.i.impers.* (*avere l'impressione*) to think (*costr.pers.*), to seem (*costr.impers.*), to look like, to look as if: *mi è sembrato di averlo già visto* I thought I had seen him before; *ci sembrava di sognare* we thought we were dreaming; *sembrava che tutto andasse bene* it looked like everything was going well; *che ve ne sembra?* what do you think of it?; *mi sembra che voglia nevicare* I think it's going to snow. □ *a quanto sembra* apparently, by the looks, seemingly; *non mi sembra che ...* I don't think that...: *non mi sembra che tu possa finire in tempo il lavoro* I don't think that you can finish the work in time; *sembradi no* it seems not, apparently not; *sembradi sì* so it seems, it seems so, apparently; *mi sembradi vederlo* (*me lo immagino*) I can just see him, I can picture him; *sembra ieri che ...* it seems like yesterday

that..., it seems only yesterday that...; *non sembripiù tu* you don't seem the same any more, you don't look yourself; *non mi sembravero* I can't believe it; *èpiù pericolosodi quanto sembra* it's more dangerous than it seems; *mi sembra strano che... it* seems strange to me that...; *sarà, ma mi sembra strano* if you say so, though it seems strange to me; *mi sembra un sogno avere un po' di tempo libero!* it seems like a dream to have a little free time.

seme *m.* **1** (*di mele, pere e sim.*) pip, seed. **2** (*di leguminose*) bean. **3** (*granello*) grain, seed. **4** (*semente*) seed. **5** (*estens,colloq*) (*nocciolo*) stone, pit: *~ della ciliegia* cherry stone. **6** (*fig*) (*fonte, principio*) seed: *gettare il ~ della discordia* to sow the seed of discord. **7** (*lett*) (*progenie*) descendants *pl.*, offspring, progeny, (*ant*) seed: *il ~ di Abramo* the seed of Abraham. **8** (*nelle carte da gioco*) suit. **9** (*Biol*) (*sperma*) sperm, semen, (*lett*) seed. □ *semi di finocchio* fennel seeds; *semidi lino* linseed, flaxseed: *olio di semi di lino* linseed oil; *semi di papavero* poppy seeds; *~di soia* soya bean, (*Am*) soybean; *semi di zucca* pumpkin seeds; *~oleifero* (o *~oleoso*) oil seed; *senza semi* seedless.

semeiologo *m.* (*f.* **-a**; *pl.* **-gi**) (*Med,Ling*) semiologist.

semeiotica *f.* **1** (*Med*) semiotics (*costr.sing.*), semeiotics (*costr.sing.*). **2** (*Ling*) semiology, semiotics (*costr.sing.*).

semeiotico (*pl.* **-ci**) *a.* **1** (*Med*) semeiotic, semiotic. **2** (*Ling*) semiotic.

sementa *f.* **1** (*Agr*) (*il seminare*) sowing, seeding. **2** (*Agr*) (*periodo*) sowing time, planting season. **3** (*Agr,Bot*) seed.

semente *f.* (*Agr,Bot*) seed. □ (*Agr*) *sementi calibrate* graded seed; (*Agr*) *sementiconfettate* pelleted seed; (*Agr*) *sementiminute* fine seeds; (*Agr*) *sementi ortive* horticultural seed.

semenza *f.* **1** (*Agr*) (*semente*) seed. **2** (*fig, lett*) (*causa*) seed, source, cause; (*origine*) origin. **3** *pl.* (*colloq*) (*semi di zucca salati e abbrustoliti*) roasted pumpkin seeds.

semenzaio *m.* **1** (*Agr*) seedbed, (*vivaio*) nursery. **2** (*fig*) seedbed.

semestrale **I** *a.* **1** (*che dura sei mesi*) six-month (*attr.*), semestral: *corso ~* six-month course. **2** (*che avviene ogni sei mesi*) biannual, six-monthly, semestral. **II** *m.* (*Giorn*) six-monthly magazine.

semestralità *f.* **1** (*rata*) six-monthly instalment, biannual payment. **2** (*importo*) six-monthly payment.

semestralmente *avv.* every six months, biannually.

semestre *m.* **1** half-year, (period of) six months, semester. **2** (*rata*) six-monthly instalment, six-monthly payment: *pagare un ~ anticipato* to pay a six-monthly instalment in advance. **3** (*Scol,Univ*) semester, term. □ (*Pol*) *~bianco* final six months of the President of the Republic's term office, during which he is deprived of his right to dissolve the Houses.

semiacerbo *a.* half-ripe.

semialbero *m.* (*Aut,Mecc*) axle shaft, drive-shaft.

semianalfabeta **I** *a.* semiliterate (*anche estens*). **II** *m./f.* semiliterate person (*anche estens*).

semianalfabetismo *m.* semiliteracy.

semiaperto *a.* **1** half-open. **2** (*rif. a porte*) ajar. **3** (*Fon*) half-open.

semiasse *m.* **1** (*Aut,Mecc*) axle shaft, drive-shaft. **2** (*Geom*) semiaxis.

semiautomatico (*pl.* **-ci**) *a.* semiautomatic.

semibrado *a.* half-wild.

semibreve *f.* (*Mus*) semibreve, (*Am*) whole note.

semicerchio *m.* semicircle, half-circle (*anche Geom*): *disposti a ~* arranged in a semicircle.

semichiuso *a.* **1** (*mezzo chiuso*) half-closed. **2** (*Fon*) half-open.

semicingolato *a./m.* (*Aut*) half-track.

semicircolare *a.* semicircular: *canali semicircolari* semicircular canals.

semicircolo *m.* semicircle, half-circle (*anche Geom*).

semicirconferenza *f.* (*Geom*) half-circumference.

semico (*pl.* **-ci**) *a.* (*Ling*) semic.

semiconduttore *m.* (*Fis*) semiconductor.

semiconduzione *f.* (*Fis*) semiconduction.

semiconsonante *f.* (*Ling*) semi-consonant, semiconsonant.

semiconsonantico (*pl.* **-ci**) *a.* (*Ling*) semi-consonantal, half-consonantal.

semiconvittore *m.* (*f.* **-trice**) day pupil, day boy (*f.* girl).

semicoperto *a.* **1** (*coperto in parte*) half-covered, partially covered. **2** (*rif. al cielo*) cloudy, rather overcast.

semicotto *a.* half-cooked, half-done.

semicroma *f.* (*Mus*) (*Br*) semiquaver, (*Am*) sixteenth note.

semicrudo *a.* half-raw, almost raw.

semicupio *m.* (*piccola vasca da bagno*) hipbath, hip bath, sitz-bath. □ (*estens,ant*) *fare un ~ (fare il bagno)* to have a hipbath.

semidenso *a.* (*Tecn*) semifluid, of medium density.

semideponente *m.* (*Gramm*) semi-deponent (verb).

semidetenzione *f.* (*Dir*) sentence by which a convict has to spend ten hours a day in prison.

semidiafano *a.* (*rar*) semitransparent.

semidiametro *f.* (*Geom*) semidiameter.

semidio (*pl.* **semidèi**) *m.* (*Mitol*) demigod (*anche fig,iron*).

semidisteso *a.* half-lying, reclining.

semidistrutto *a.* half-destroyed, partly destroyed.

semiduro *a.* **1** (*Alim*) (*rif. a formaggio*) semihard. **2** (*Tecn,Min*) medium hard.

semifinale *f.* (*Sport*) semifinal.

semifinalista **I** *m./f.* (*Sport*) semifinalist. **II** *a.* (*Sport*) semifinal.

semifinito *a.* semifinished (*anche Ind*).

semifluido *a.* (*Fis*) semifluid.

semifreddo *m.* (*Dolc*) frozen dessert, chilled dessert (usually containing cream).

semigrasso *a.* medium fat: *formaggi semigrassi* medium fat cheese.

semigratuito *a.* **1** (*mezzo gratuito*) half-price. **2** (*gratuito in parte*) partly free.

semilavorato **I** *a.* (*Ind*) semifinished, semimanufactured. **II** *m.* (*Ind*) (*prodotto*) semifinished product.

semilibero **I** *a.* half-free, partially free. **II** *m.* **1** (*f.* **-a**) (*Stor*) half-free man. **2** (*Dir*) day release from an open prison.

semilibertà *f.* (*Dir*) serving a prison sentence in an open prison.

semiliquido *a.* semiliquid, semifluid.

semilunare *a.* semilunar (*anche Anat*).

semilunio *m.* (*Astr*) half-moon.

semimetallo *m.* (*Chim*) semi-metal, semimetall.

semiminima *f.* (*Mus*) (*Br*) crotchet, (*Am*) quarter note.

semimpermeabile *a.* semipermeable.

semina f. (Agr) **1** sowing, seeding: la ~ del grano the sowing of corn. **2** (periodo) seed time, sowing season. □ (Agr) ~a dimora direct drilling; (Agr) ~a righe drilling, row seeding; (Agr) ~a spaglio broadcast sowing; (Agr) ~in solco furrow drilling; (Agr) ~precoce first sowing.

seminabile a. (Agr) sowable, that may be sown (posposto).

seminagione f. (lett) **1** sowing, seeding. **2** (periodo) seed time, sowing season.

seminale a. **1** (Agr) seminal, seed (attr.), of seed. **2** (Fisiol,Biol) seminal, sperm (attr.).

seminare (sémino) v.t. **1** to sow, to seed: ~ un campo a frumento to sow a field with wheat. **2** (fig) (spargere qua e là) to scatter, to strew, to spread: semina dappertutto i suoi libri he scatters his books all over. **3** (fig) (provocare, suscitare) to sow, to spread: ~ discordie to sow discord, to sow the seeds of discord. **4** (colloq) (lasciare indietro) to leave (sth.) behind (anche Sport), (colloq) to shake, to shake off: il ladro ha seminato gli inseguitori the thief shook off his pursuers. □ (Agr) ~a spaglio to broadcast; ~il panico to spread panic; (fig) ~nella sabbia (o ~sulla sabbia) to sow in infertile ground. Prov.: chi non semina non miete as you sow, so shall you reap; chi semina vento, raccoglie tempesta they that sow the wind shall reap the whirlwind, sow the wind and reap the whirlwind.

seminariale a. seminar (attr.).

seminario m. **1** (Rel) seminary. **2** (Univ) (incontro) seminar; (aula) seminar room. **3** (fig, ant) (luogo originario) seedbed.

seminarista m. (Rel) seminarian, seminarist.

seminativo I a. (Agr) sowable, fit to be sown (posposto). II m. (Agr) sowable land, land that may be sown.

seminato I a. **1** (Agr) sown, seeded: terreno ~ ad avena land sown with oats. **2** (fig) (cosparso) strewn, scattered, spread. II m. (terreno seminato) sown ground, sown land.

seminatore m. (f. -trice) (Agr) sower (anche fig).

seminatrice f. (Agr) seeder, seed drill. □ (Agr) ~a righe seed drill.

seminfermità f. (partial) infirmity. □ (Dir) ~mentale diminished responsibility.

seminfermo I a. partially infirm. II m. (f. -a) partially infirm person.

seminifero a. (Biol,Bot) seminiferous.

seminomade a. seminomadic.

seminterrato m. (Edil) basement.

seminudo a. half-naked, seminude.

semiologia f. **1** (Ling) semiology, semeiotics (costr.sing.). **2** (Med,nar) (semeiotica) semiology, semeiotics (costr.sing.).

semiologico (pl. -ci) a. (Ling) semiologic, semiological.

semiologo m. (f. -a; pl. -gi) (Ling) semiologist.

semionciale f. (Paleogr) semi-uncial, half-uncial.

semionda f. (Fis) half-wave.

semiopaco (pl. -chi) a. semi-opaque.

semioscurità f. half-darkness, half-light.

semiotica f. (Ling) semiology, semiotics (costr.sing.).

semiotico (pl. -ci) a. (Ling) semiotic.

semiovale m. (Geom) semi-oval, semioval, half-oval.

semiperiferia f. inner suburbs pl.

semiperimetro m. (Geom) semi-perimeter, semiperimeter.

semipermeabile a. (Chim,Fis) semi-permeable, semipermeable.

semipermeabilità f. (Chim,Fis) semi-permeability, semipermeability.

semipiano m. (Geom) half-plane.

semipieno a. **1** (mezzo pieno) half-full. **2** (quasi pieno) almost full.

semipresidenziale a. semi-presidential.

semipresidenzialismo m. semi-presidentialism.

semiprofessionista I a. semiprofessional, (colloq) semipro. II m./f. (Sport) semiprofessional, semiprofessional player, (colloq) semipro, semipro player.

semipubblico (pl. -ci) a. (rar) semipublic.

semiraffinato a. (Ind) semirefined.

Semiramide n.pr.f. (Stor) Semiramis.

semiretta f. (Geom) ray, half-line, half line.

semirigido a. **1** semi-rigid, semirigid, partly rigid. **2** (Tecn) semi-rigid, semirigid.

semirimorchio m. (Aut) semitrailer.

semisecco (pl. -chi) a. (Enol) demi-sec.

semiselvaggio a. half-savage, half-wild.

semiserio a. **1** half-serious: in tono ~ in a half-serious tone. **2** (Teat) serio-comic.

semisolido a. semi-solid, semisolid, half-solid.

semisommatore m. (Inform) half adder, half-adder.

semispento a. **1** almost out, dying, half-extinguished: un fuoco ~ a dying fire, a fire that is almost out. **2** (fig) (rif. alla voce) very low, feeble, half audible, faint.

semita I m./f. Semite. II a. Semitic.

semitico (pl. -ci) I a. Semitic. II m. (famiglia delle lingue semitiche) Semitic.

semitono m. (Mus) semitone.

semitrasparente a. semitransparent.

semitrasparenza f. semitransparency.

semiufficiale a. semi-official, semiofficial: notizia ~ semi-official news.

semivestito a. half-dressed, half-naked.

semivivo a. (lett) half-dead, only half-alive.

semivocale f. (Ling) semivowel.

semivocalico (pl. -ci) a. (Ling) semivocalic.

semivuoto a. half-empty.

semmai I congz. if. II avv. **1** (caso mai) in any case. **2** (eventualmente) if necessary: ~ verrò domani I'll come, if necessary, tomorrow. **3** (tutt'al più) at the most. **4** (in caso contrario) at worst.

semola f. **1** (farina ottenuta dal grano duro) semolina. **2** (crusca) bran. **3** (colloq) (lentiggini) freckles pl.

semolata f. bran mash.

semolato a. finely ground, refined: zucchero ~ caster sugar.

semolino m. **1** (Alim) (farina macinata grossa) middlings pl., semolina. **2** (Gastron) semolina pudding.

semoloso a. bran (attr.), rich in bran, branny: farina semolosa bran flour.

semovente I a. self-propelled. II m. (Arm) self-propelled gun.

semovenza f. (rar) self-propulsion.

Sempione □ galleria del ~ Simplon Tunnel; valico del ~ Simplon Pass.

sempiterno a. (lett) sempiternal.

semplice [1] I a. **1** (costituito di un solo elemento) simple, single: filo ~ single thread. **2** (schietto) pure, plain: acqua ~ plain water; oro ~ pure gold. **3** (non complicato) simple: un metodo ~ a simple method. **4** (privo di ornamenti eccessivi) simple, plain: arredamento ~ simple furnishings, simple furnishing. **5** (privo di ricercatezza) natural, simple, unaffected: parlare in modo ~ to talk in an unaffected way. **6** (rif. a persone: alla buona) simple, simple-hearted, plain: è gente ~ they're simple folk. **7** (solo) mere, simply,

just, only: era una ~ idea it was a mere idea, it was just an idea, it was simply an idea. **8** (enfat) (preposto a un sost.: nient'altro che, solamente) simple, common, plain, mere, merely: non è che un ~ manovale he's only a simple labourer. **9** (rif. a gradi, gerarchie) ordinary, common: soldato ~ private, private soldier, common soldier; marinaio ~ ordinary seaman. **10** (Ling,Gramm,Mus) simple. II m./f. simpleton, (colloq) boob.

semplice [2] m. (erba medicinale) simple.

semplicemente avv. **1** simply. **2** (alla buona) simply, unceremoniously, without fuss, without a fuss. **3** (modestamente) simply, plainly, modestly: vivere ~ to live simply. **4** (solamente) simply, merely, only, just: volevo ~ aiutarti I only wanted to help you. **5** (veramente) simply, truly, really: ciò che dici è ~ assurdo what you say is simply absurd.

semplicione m. (f. -a) simpleton, (colloq) sucker.

semplicioneria f. simplicity, naivety, naiveté, gullibility.

sempliciotto m. (f. -a) simpleton, (colloq) sucker.

semplicismo m. superficiality, simplification, oversimplification, simplism.

semplicista I m./f. superficial person, simplist. II a. simplistic, superficial, oversimplified.

semplicisticamente avv. superficially, simplistically.

semplicistico (pl. -ci) a. simplistic, superficial, oversimplified.

semplicità f. **1** simplicity: ~ d'animo simplicity, simplicity of mind. **2** (modestia) modesty. **3** (semplicioneria) simplicity, naivety, naiveté, gullibility.

semplifico (semplifico, semplifichi) I v.t. **1** to simplify: ~ un procedimento to simplify a process. **2** (facilitare) to facilitate, to make sth. easier: il denaro gli ha semplificato la vita money has made life easier for him. **3** (Mat) to reduce (to its lowest terms): ~ una frazione to reduce a fraction to its lowest terms. II v.pron. **semplificarsi** to become simpler.

semplificativo a. simplifying.

semplificazione f. **1** simplification, simplifying. **2** (Mat) simplification, reduction.

sempre avv. **1** always: ha ~ cercato di aiutarlo he has always tried to help him. **2** (eternamente) always, eternally, forever. **3** (ininterrottamente) always, uninterruptedly. **4** (continuamente) always, continually, all the time, the whole time: non pensarci ~ don't think about it all the time. **5** (ancora) still: sei ~ in collera con me? are you still angry with me?; abiti ~ a Roma? do you still live in Rome? **6** (concessivo) still, nevertheless, nonetheless, just the same: è un poco di buono, ma è (pur) ~ tuo figlio he is a good-for-nothing, but he's still your son. **7** (intens) (con comparativi) increasingly, ever, di solito si traduce con la forma comparativa raddoppiata: le giornate si fanno ~ più corte the days are becoming shorter and shorter; sei ~ più bella you get more and more beautiful; quell'uomo mi piace ~ meno I like that man less and less. □ ~ che **1** (purché) provided that, if, as long as: verrò, ~ che vi faccia piacere I'll come if you want me to, I'll come provided that you want me to; **2** (ammesso che) granted that, supposing that; (con verbo negativo) unless: ~ che la notizia sia vera granted that the news is true; da ~ always, from time immemorial; di ~: **1** (solito) usual, same, same old: è la storia di ~

it is the same old story; *lui è quello di ~* he is just the same; 2 (*di tutti i tempi*) of all time: *è il giocatore più famoso di ~* he is the most famous player of all time; *~ meno* : 1 (*rif. a quantità: costr.sing.*) less and less, (*rif. a quantità: costr.pl.*) fewer and fewer; 2 (*rif. al tempo*) less and less (frequently); *per ~* forever, for good; *una volta per ~* once and for all; (*epist*) (*in chiusura di lettera*) *per ~ tuo...* yours forever...; *~più* more and more; *è ~ più difficile* it's harder and harder, it's more and more difficult; *~ più facile* easier and easier; *pur ~* still, nevertheless, nonetheless.

sempreverde I a. (*Giard*) evergreen. **II** m./f. (*Giard*) evergreen.

semprevivo m. (*Bot*) houseleek.

Sempronio n.pr.m. (*Stor*) Sempronius.

sen (*Mat*) *seno* sin. (sine).

sen. (*Parl*) *senatore* Sen. (senator).

sena f. (*Bot*) senna.

senapato a. (*Farm*) mustard (*attr.*): *impiastro ~* mustard plaster, mustard poultice.

senape I f.inv. (*Bot,Alim*) mustard. **II** a.inv. mustard (*attr.*), mustard-coloured.

senapismo m. (*Farm,ant*) mustard plaster, sinapism.

senario I m. (*Metr*) 1 (*latino*) senarius. 2 (*italiano*) line of six syllables with the accent on the fifth syllable. **II** a. (*Metr*) 1 (*latino*) having six iambic feet. 2 (*italiano*) six-syllable.

senato m. 1 (*assemblea*) senate (anche *Stor.rom*). 2 (*sede, palazzo*) senate, senate-house. □ (*Univ*) *~accademico* senatus academicus (governing body of a university), university senate.

senatore m. 1 (f. **-trice**) senator (anche *Stor.rom*): *~ a vita* senator for life, senator-for-life. 2 (*fig,scherz*) (*persona con anzianità e influente*) senior, influential person.

senatoriale a. senatorial (anche *Stor.rom*).

Seneca n.pr.m. (*Stor.rom*) Seneca.

senecio m. (*Bot*) groundsel.

Senegal n.pr.m. (*Geog*) Senegal.

senegalese I a. Senegalese. **II** m./f. Senegalese.

senescente a. (*lett*) senescent.

senescenza f. (*lett*) senescence.

senese I a. Sienese, of Siena (*posposto*). **II** m./f. Sienese; (*originario*) native of Siena; (*abitante*) inhabitant of Siena.

senile a. 1 (*Med*) senile: *malattia ~* disease of the elderly, senility; *demenza ~* senile dementia. 2 (*estens*) old, old-age: *l'età ~* old age; *avere un aspetto ~* to look old.

senilismo m. (*Med*) premature senility.

senilità f. senility (anche *Med*).

senilizzazione f. (*Sociol*) ageing, (*Am*) aging: *~ della popolazione* ageing of the population, (*Am*) aging of the population.

senior I a.inv. senior (anche *Sport*), elder. **II** m./f.inv. senior (anche *Sport*).

seniore m. (*lett*) (*più anziano*) senior.

Senna n.pr.f. (*Geog*) Seine.

senno m. 1 judgment, judgement, sense, mind, wits pl.: *perdere il ~* to lose one's mind. 2 (*sensatezza*) common sense, good sense, judgment, judgement: *agire con ~* to use one's common sense; *uomo di ~* sensible man, man of good judgement, man of sense. □ *con ~* sensibly; *col ~di poi* in hindsight; *tornarein ~* to come to one's senses; *senza ~* silly, without sense, senseless. *Prov.: del ~ di poi son piene le fosse* it's easy to be wise after the event, it's easy with hindsight, (*Am*) hindsight is always 20/20.

sennò avv. otherwise, if not, else, or else: *sono andato a scuola, ~ mio padre mi avreb-*

be *sgridato* I went to school, otherwise my father would have scolded me; *studia, ~ sarai bocciato* study, or else you'll fail.

seno[1] m. 1 (*petto*) bosom, breast, chest: *stringere qcu. al ~* to press so. to one's bosom, to hug so. to one's bosom, to press so. to one's breast; *nascondere qcs. in ~* to hide sth. in one's bosom. 2 (*estens*) (*mammelle*) breasts pl., breast, (*colloq*) bust. 3 (*eufem*) (*grembo*) womb, lap, bosom: *portare un bimbo in ~* to carry a child in one's womb. 4 (*Geog*) (*insenatura*) inlet, bay, cove. 5 (*Anat, Zool*) (*cavità*) sinus. □ *a ~nudo* topless; *dare il ~ a* to put to the breast; (*Anat*) *seni frontali* frontal sinuses; *in ~a* : 1 (*tra le braccia, stato*) in the arms of; 2 (*moto*) into the arms of; 3 (*fig*) (*nell'ambito di*) in the bosom of, within: *in ~ alla famiglia* in the bosom of the family; (*tra*) among the members of: *in ~ all'assemblea* among the members of the assembly; (*Anat*) *seni sfenoidali* sphenoidal sinuses; (*lett*) *tenere al ~* (*allattare*) to breast-feed, to suckle.

seno[2] m. (*Mat*) sine: *~ iperbolico* hyperbolic sine.

senofobia f. (*rar*) (*xenofobia*) xenophobia.

senofobo m. (f. **-a**) (*rar*) (*xenofobo*) xenophobe.

Senofonte n.pr.m. (*Stor.rom*) Xenophon.

senologia f. (*Med*) senology, breast medicine.

senologo m. (f. **-a**; pl. **-gi**) (*Med*) specialist in senology.

sensale m. broker, middleman, go-between, agent: *~ in vini* wine broker. □ *~ di assicurazione* insurance broker; *~di matrimoni* marriage broker, matchmaker; *~ marittimo* shipping agent, ship-broker.

sensatamente avv. sensibly, judiciously, with good sense, with common sense.

sensatezza f. common sense, good sense, judgement, judgment.

sensato a. sensible, judicious: *è stato molto ~ da parte tua* that was very sensible of you.

sensazionale a. sensational, exciting, thrilling, striking: *una scoperta ~* an exciting discovery; *una notizia ~* a sensational piece of news; *un'offerta ~* a terrific offer.

sensazionalismo m. sensationalism.

sensazione f. 1 sensation: *~ auditiva* auditory sensation; *una piacevole ~* a pleasant sensation; *ho una strana ~* I have a strange sensation, I have a strange feeling. 2 (*causa di emozioni*) sensation, thrill: *essere perennemente in cerca di nuove sensazioni* to always be looking for new thrills. 3 (*impressione*) feeling, impression, sensation: *avere la ~ di cadere* to have a sensation of falling, to feel as if you are falling; *ho la ~ che tutto finirà male* I have a feeling that everything will end up badly. 4 (*scalpore*) sensation, stir: *fare ~* to create a sensation, to cause a stir, to make a stir. □ *a ~* sensational, thrilling: *romanzo a ~* sensational novel; *che ~ provi ?* what do you feel?; *~di benessere* sense of well-being, feeling of well-being; *~di dolore* sensation of pain; *~di freddo* feeling of cold; *~di malessere* feeling unwell.

senseria f. 1 (*attività*) broking, brokerage. 2 (*compenso*) brokerage, broker's commission.

sensibile I a. 1 (*che si percepisce*) sensible, perceptible: *fenomeni sensibili* perceptible phenomena, sensible phenomena; *il mondo ~* the physical world, the material world. 2 (*che risponde a uno stimolo*) sensitive (*a* to): *l'occhio è ~ alla luce* the eye is sensitive to light; *~ al gelo* frost-susceptible. 3 (*emotivo*)

sensitive: *una ragazza ~* a sensitive girl. 4 (*eccessivamente emotiva*) touchy, thin-skinned. 5 (*facile a commuoversi*) tender-hearted, soft-hearted: *si dimostrò molto ~ nei miei riguardi* he was very sympathetic with me. 6 (*fig*) (*che si dimostra ricettivo*) susceptible: *~ al fascino femminile* susceptible to feminine charm. 7 (*rilevante*) notable, considerable, appreciable: *una differenza ~* an appreciable difference; *un miglioramento ~ dell'infermo* a considerable improvement in the patient. 8 (*Tecn*) (*rif. a strumenti*) sensitive: *un barometro molto ~* a very sensitive barometer. 9 (*Fot*) sensitive: *pellicola ~* sensitive film. **II** f. (*Mus*) leading note, (*Am*) leading tone, sensible note, sensible tone.

sensibilità f. 1 (*facoltà di percepire stimoli esterni*) sensitivity: *perdere la ~* to lose sensitivity; *la ~ ai dolori fisici* the sensitivity to physical pain. 2 (*disposizione a sentire vivamente*) sensitivity, sensitiveness: *persona di grande ~* person with great sensitivity, person with great sensibility. 3 (*eccessiva sensibilità*) touchiness. 4 (*predisposizione estetica*) sensitivity: *suonare con grande ~* to play with great sensitivity. 5 (*Tecn*) sensitivity, sensibility, sensibleness: *grado di ~* degree of sensitivity. 6 (*Fot*) sensitivity, speed: *la ~ di un'emulsione* the sensitivity of an emulsion. □ *~d'animo* sensitivity.

sensibilizzare (**sensibilizzo**) **I** v.t. 1 (*Med, Fot*) to sensitize, to make sth. sensitive. 2 (*fig*) (*far diventare consapevole*) to awake, to awaken, to make so. sensitive, to make so. aware, to sensitize: *~ l'opinione pubblica ai problemi economici* to awaken public opinion to economic problems. **II** v.pron. **sensibilizzarsi** 1 (*Med*) to sensitize, to become sensitive. 2 (*fig*) (*diventare consapevole*) to become aware, to become conscious.

sensibilizzatore m. (*Fot,Chim*) sensitizer.

sensibilizzazione f. sensitization, making sensitive (anche *Fot,Med*).

sensibilmente avv. 1 (*notevolmente*) notably, appreciably, considerably, sensibly: *il malato è ~ migliorato* (o *è migliorato ~*) the patient has improved considerably. 2 with one's senses, by means of one's senses: *percepire ~* to perceive with one's senses.

sensismo m. (*Filos*) sensualism.

sensista m./f. (*Filos*) sensualist.

sensistico (pl. **-ci**) a. (*Filos*) sensualistic.

sensitiva f. (*Bot*) sensitive plant.

sensitività f. sensitivity.

sensitivo I a. 1 (*dei sensi*) sensitive, sensory, sensorial: *funzione sensitiva* sensory function; *nervo ~* sensory nerve. 2 (*fig*) (*sensibile, emotivo*) sensitive, susceptible, easily affected, easily moved: *una donna molto sensitiva* a very sensitive woman. **II** m. (f. **-a**) 1 (*persona sensibile*) sensitive person, emotional person. 2 (*in parapsicologia*) medium.

sensitometria f. (*Ott*) sensitometry.

sensitometrico (pl. **-ci**) a. (*Ott*) sensitometric.

sensitometro m. (*Ott*) sensitometer.

senso I m. 1 sense: *i cinque sensi* the five senses; *il ~ della vista* the sense of sight. 2 (*percezione*) sense, sensation, feeling: *avere un ~ di vuoto nello stomaco* to have an empty feeling in one's stomach; *un ~ di pudore* a sense of modesty; *un ~ di gratitudine* a feeling of gratitude; *~ di oppressione* a feeling of oppression. 3 (*capacità di discernere*) sense: *non avere il ~ della proporzione* to have no sense of proportion. 4 (*significato, concetto*) meaning, sense: *intendere il ~ di* *una frase* to understand the meaning of a sentence; *una frase a doppio ~* a sentence with a double meaning. **5** (*direzione*) direction, way: *io vado nel ~ opposto* I'm going in the opposite direction, I'm going the opposite way. **6** (*modo*) way, manner: *scrivigli in questo ~* write to him in this way. **7** (*Filos*) sense: *~ morale* moral sense. **8** *pl.* (*attività degli organi di senso*) consciousness *sing.*, senses: *perdere i sensi* to lose consciousness, to faint. **9** *pl.* (*sensualità*) senses: *i piaceri dei sensi* the pleasures of the senses. □ *a ~* in one's own words: *ripetere a ~ qcs.* to repeat sth. in one's own words; *tradurre a ~* to render the general sense of a translation; (*Strad*)*a ~unico* one-way (*anche fig*);*ai sensi di* (*conformemente*) in accordance with, in conformity with, according to: *ai sensi della legge* according to the law; *in ~ampio* in the broad sense; *~ antiorario* anti-clockwise, (*Am*) counter-clockwise: *rotazione in ~ antiorario* anti-clockwise rotation, (*Am*) counter-clockwise rotation; *non avere ~:* 1 not to make sense, not to have sense: *questa frase non ha ~* this sentence does not make sense; 2 (*essere inutile*) to be pointless, to be useless, to be no point (*costr.impers.*): *muoversi a questo punto non avrebbe ~* there would be no point in doing anything now;*che ~c'è a farlo?* what's the point of doing it?, what's the sense of doing it?; *~ civico* civic consciousness, (*Br*) public spirit; *~ comune :* 1 usual meaning, common sense: *~ comune di una parola* usual meaning of a word; 2 (*buonsenso*) common sense, good sense: *discorsi privi di ~ comune* nonsensical talk, talk lacking in sense, talk lacking in common sense; *in ~ contrario* against: *andare in ~ contrario al traffico* to go against the traffic; *~ critico* critical sense, critical judgement; *dare ~a qcs.* to give meaning to sth.; *~degli affari* flair for business, business sense; *~ del dovere* sense of duty; *~del gusto* sense of taste; *avere il ~del ritmo* to have a good sense of rhythm; *nel ~ della larghezza* breadthwise, widthways (on); *nel ~ della lunghezza* lengthwise, lengthways (on); (*fig*) *avere il ~della misura* (*non esagerare*) to know when to stop, to know where to stop; (*Fisiol*) *~dell'equilibrio* sense of equilibrium, sense of balance (*anche fig*); *~ dell'onore* sense of honour, (*Am*) sense of honor; *~ dell'orientamento* sense of direction: *perdere il ~ dell'orientamento* to lose one's bearings; *~ dell'umorismo* sense of humour, humour, (*Am*) humor; *un ~ di benessere* a sense of well-being, feeling of well-being; *~di colpa* feeling of guilt: *provare un ~di colpa* to feel guilty; *farsi venire i sensi di colpa* to blame oneself; *provare un ~di gratitudine* to feel grateful; *~di inferiorità* sense of inferiority; (*Strad*) *~di marcia* direction; (*Strad*) *doppio ~ di marcia* two-way traffic; *~di responsabilità* sense of responsibility; (*Ling*) *~ estensivo* extended sense; *in ~esteso* in a broad sense; *~estetico* aesthetic sense, (*Am*) esthetic sense;*fare ~ a qcu.* (*ripugnare*) to disgust so., to repel so., to make so. sick; (*Ling*) *~figurato* figurative sense: *in ~figurato* in a figurative sense;*in ~affermativo* affirmatively: *rispondere in ~ affermativo* to give a positive reply;*in ~improprio* improperly; *in ~ lato* in a broad sense;*in ~negativo* negatively;*in ~ orario* clockwise, in a clockwise direction: *rotazione in ~ orario* clockwise rotation; (*Ling*)*in ~ stretto* in a narrow sense; *~ letterale* literal meaning; *in ~ letterale* in literal sense; (*Ling*)

~ metaforico metaphorical meaning; *in ~ metaforico* metaphorically; *~ morale* morals (*pl.*); (*Strad*) *~ obbligatorio* direction to be followed; *~pratico* practical sense, common sense; *avere ~ pratico* to be practical, to have common sense; *una persona piena di ~ pratico* a practical person, a down-to-earth person; (*Ling*) *~proprio* literal sense, literal meaning; (*Strad*) *~rotatorio* roundabout, (*Am*) traffic circle; (*Strad*) *~vietato* no entry, no thoroughfare.

sensore *m.* sensor. □ (*Tecn*) *~a raggi infrarossi* infra-red sensor.

sensoriale *a.* sensory, sensorial, sense (*attr.*): *centri sensoriali* sensory centres; *facoltà sensoriali* sense faculties.

sensorio I *a.* sensory, sense (*attr.*), sensorial: *apparato ~* sensory apparatus, sense organs. **II** *m.* (*Fisiol*) sensorium, sense organ, organ of sense.

sensorizzare *v.t.* to provide with sensors, to instal sensors or a sensor in.

sensuale *a.* **1** (*incline ai piaceri dei sensi spec. sessuali*) carnal, sensual. **2** (*che rivela o stimola impulsi sessuali*) sensuous, sensual: *voce ~* sensuous voice; *un uomo ~* a sensual man.

sensualismo *m.* **1** (*ricerca del piacere dei sensi*) sensualism. **2** (*Filos*) sensationalism, sensualism.

sensualista *m./f.* sensualist.

sensualistico (*pl.* **-ci**) *a.* sensualistic.

sensualità *f.* sensuality, sensuousness: *la ~ di un quadro* the sensuousness of a painting.

sensualmente *avv.* sensually, sensuously.

sentenza *f.* **1** (*Dir*) judgement, sentence: *leggere la ~* to read the sentence; *pronunciare una ~* to pass a sentence, to pronounce a sentence. **2** (*massima*) maxim, saying, pithy saying, saw. **3** (*rar,lett*) (*giudizio*) judgement, opinion: *la ~ dell'arbitro* the arbiter's opinion. □ (*Dir*) *~assolutoria* acquittal; (*Dir*) *~capitale* death sentence; (*Dir*) *~d'annullamento* annullment; (*Dir*) *~d'appello* appeal sentence; (*Dir*) *~d'arbitrato* arbitrator's award, arbitrament; (*Dir*) *~definitiva*: 1 final judgement; 2 (*di divorzio*) decree absolute; (*Dir*)*~di condanna* verdict of guilty; (*Dir*) *~di morte* death sentence; *~di sfratto* eviction order; (*Dir*) *~ esecutiva* executory judgement, enforceable judgement; (*Dir*) *~favorevole* favourable judgement; (*Dir*) *~finale* final judgement; (*Dir*) *~giudiziaria* judicial sentence; (*Dir*) *~ irrevocabile* decree absolute; (*Dir*) *~non definitiva* : 1 not final judgement; 2 (*di divorzio*) decree nisi.

sentenziare (**sentènzio, sentènzi**) *aus. avere*) *v.i.* **1** (*Dir*) (*pronunciare una sentenza*) to judge, to deliver a judgement, to pass a sentence, to pass a judgement, to rule: *la corte sentenziò che era colpevole* the court ruled that he was guilty. **2** (*dare giudizi categorici*) to be sententious, to speak sententiously.

sentenziosamente *avv.* sententiously.

sentenziosità *f.* sententiousness.

sentenzioso *a.* sententious.

sentiero *m.* **1** path, footpath, track, trail: *~ del giardino* garden path. **2** (*fig*) path, way: *il ~ della virtù* the path of virtue. □ (*fig, scherz*) *essere sul ~ di guerra* (*dare inizio a una controversia*) to be on the warpath; *~ ecologico* nature trail.

sentimentale I *a.* **1** sentimental: *commedia ~* sentimental play. **2** (*spreg*) (*incline al sentimentalismo*) sentimental, mawkish, (*colloq*) sloppy, sappy, gushing. **3** (*che riguarda i sentimenti amorosi*) love (*attr.*), romantic: *vita ~* love life. **II** *m./f.* **1** sentimental

person. **2** (*spreg*) sentimentalist. □ *fare il ~* to sentimentalize.

sentimentalismo I *m.* **1** (*spreg*) (*sentimentalità esagerata*) sentimentality, sentimentalism. **2** *pl.* (*cose sentimentali*) sentimentalities, sentimentalisms, sentimental behaviour *sing.* **3** (*Filos*) sentimentalism.

sentimentalità *f.* sentimentalism, sentimentality.

sentimentalmente *avv.* romantically, sentimentally. □ *essere ~legato a qcu.* to be involved with so., to be having an affair with so.

sentimento *m.* **1** (*stato d'animo*) feeling, sentiment: *nascondere un ~ di odio* to conceal a feeling of hate; *provare un ~ di gratitudine verso qcu.* to have a feeling of gratitude towards so.; *ispirare un ~ di invidia* to arouse a feeling of envy; *nutrire sentimenti di pietà per qcu.* to feel pity for so. **2** *spec.pl.* (*modo di pensare, di sentire*) sentiments *pl.*, feelings *pl.*: *una persona di nobili sentimenti* a person of noble sentiments. **3** (*sfera affettiva, contrapposto a ragione*) emotion, sentiment: *ascoltare il ~ e non la ragione* to follow one's emotions rather than reason; *fare appello ai sentimenti* to appeal to emotions. **4** (*sensibilità*) feeling, sentiment, sensitivity, sensibility: *scrive bene ma senza ~* he writes well but without sensitivity. □ (*colloq,ant*) *con tutti i sentimenti* (*per bene*) well, properly; *senza ~* (*asettico*) lacking emotion.

sentina *f.* **1** (*Mar*) bilge, well. **2** (*fig,lett*) sink, den: *una ~ di vizi* a den of vice.

sentinella *f.* **1** (*Mil*) sentry, sentinel. **2** (*Mil*) (*servizio*) sentry duty, sentry go: *mettere di ~ qcu.* to put so. on sentry duty. **3** (*fig*) guard, watch. □ (*Mil*) *~avanzata* forward sentry; (*Mil*)*essere di ~* (*o fare la ~*) to be on sentry duty; (*fig*)*fare la ~ a qcu.* (*sorvegliarlo*) to stand guard over so., to watch over so.

sentire (**sènto**) **I** *v.t.* **1** to feel: *~ freddo* to feel cold; *~ pietà per qcu.* to feel pity for so. **2** (*udire*) to hear: *hai sentito il campanello?* did you hear the bell?; *non ti ho sentito arrivare* I didn't hear you come in; *ti sento male* I can't hear you well. **3** (*risentire, soffrire*) to feel, to be affected by: *~ la fatica* to feel the strain; *sente il minimo cambiamento di temperatura* he is affected by the slightest change in temperature. **4** (*con l'olfatto*) to smell. **5** (*con il gusto*) to taste. **6** (*con il tatto*) to feel. **7** (*ascoltare*) to listen to: *~ un concerto* to listen to a concert. **8** (*sapere, conoscere*) to hear, to know: *vorrei ~ il tuo parere al riguardo* I'd like to know what you think about it. **9** (*venire a sapere*) to hear: *hai sentito l'ultima* (*notizia*)? have you heard the latest? **10** (*interpellare*) to consult: *voglio ~ il medico* I want to consult the doctor. **11** (*essere in grado di apprezzare*) to feel, to appreciate: *non senti la bellezza di questo quadro?* don't you appreciate the beauty of this painting?; *~ la musica* to appreciate music. **12** (*intuire, avvertire*) to feel, to sense: *nelle sue parole si sente l'entusiasmo della gioventù* you can sense the youthful enthusiasm in what he says; *~ il pericolo* to sense danger. **13** (*aver coscienza*) to feel, to be aware of: *~ la propria inferiorità* to feel one's inferiority. **II** *v.i.* (*aus.* avere) **1** (*avere sensazioni*) to feel: *i morti non sentono* the dead do not feel. **2** (*udire*) to hear: *parla più forte, non sento* speak louder, I can't hear; *speak louder, I can't hear very well.* **3** (*pensare*) to think, to see: *secondo il mio modo di ~* according to my way of thinking, as I see it. **4** (*provare*) to see: *senti come è mor-*

bido see how soft it is, feel how soft it is; *senti se ti piace* see if you like it. **5** (*informarsi, chiedere*) to find out, to ask, to see: *senti chi è* find out who it is. **6** (*accorgersi*) to feel, to sense, to tell: *sento che mi ama I* I can tell that he loves me; *si sente che è francese* you can tell that he is French, you can hear that he is French. **7** (*presentire, presagire*) to have a feeling, to feel: *sentivo che qcs. sarebbe successo* I could feel that sth. was going to happen. **8** (*rar*) (*avere odore*) to smell, to have a... smell: ~ *di muffa* to smell musty. **9** (*rar*) (*avere sapore*) to taste, to have a... taste: ~ *d'acido* to taste sour, to have a sour taste. **III** *v.pron.* **sentirsi 1** (*provare una sensazione fisica o psichica*) to feel: *come ti senti oggi?* how do you feel today?; *sentirsi a proprio agio* to feel at ease; *sentirsi escluso* to feel left out. **2** (*essere disposto*) to feel like, to feel up to: *non mi sento di aiutarlo* I don't feel like helping him; *ti senti di correre?* do you feel like running?, do you feel up to running? **3** (*chiamarsi*) to call: *ci sentiamo dopo!* I'll call you later! **IV** *m.* (*lett*) (*solo sing.*) feeling, sentiment. □ *a sentir lui* from what he says; *a quel che si sente dire* from what one hears; *sentirsi affamato* to feel hungry; *sentirci bene* to hear well; (*fig*) ~ *l'altra campana* to listen to the other side, to hear the other side of the question, to hear the other side of the story; (*fig*) ~ *tutt'e due le campane* to listen to both sides, to hear both sides of the question, to hear both sides of the story; *senti che roba!* just listen to this!; *sentichi parla!* look who's talking!; ~ *qcs.con le proprie orecchie* to hear sth. with one's own ears; *non sentirci da unorecchio* (*sordo*) to be deaf in one ear; (*fig*) *non sentirci da quell'orecchio* (*fingere di essere sordo*) to turn a deaf ear to certain matters; (*fig*) *da quest'orecchio non ci sente* it's a subject he is not willing to discuss; *sentir dire qcs.* to hear sth.: *ho sentito dire che eri partito I* I heard that you'd left; *farsi ~:* 1 to make itself (be) felt: *il caldo comincia a farsi ~* the heat is beginning to make itself felt, it's getting quite hot; 2 (*farsi valere, alzare la voce*) to assert oneself, to get what one wants, to speak up: *alla prossima seduta mi farò ~* I'll speak up at the next meeting; *sentirsi gratificato* to feel satisfied; *~il polso* (*controllare le pulsazioni*) to take so.'s pulse; (*colloq*) *~il tempo* (*avvertire il cambiamento di tempo*) to be under the weather, to be affected by the weather; *~la mancanza di qcu.* to miss so.; (*fig*) ~ *anche l'altra campana* to hear both sides (of the story), to hear the other point of view; *non sento più le gambe:* 1 my legs have gone numb, I can't feel my legs anymore; 2 (*fig*) (*sono stanco morto*) I can hardly stand up, I'm dog-tired; ~ *l'età* to feel one's age; *sentirsi male* to feel ill, to feel sick; (*iperb*) *mi sono sentito morire* my heart sank; (*fig*) *me lo sento nel sangue* I feel it in my bones; *sentirsi osservato* to feel oneself under observation; *ho sentito molto parlare di te* I've heard a lot about you, I've heard so much about you; *sentirsi parte di qcs.* to feel part of sth.; (*fig*) *sentirsi perduto* to feel at a loss, to give up hope; *sentirci poco* not to hear well; *non sentera-gione* he won't listen to reason; (*colloq*) *senti senti!* well, I never!; (*allora*)*sentiamo* (*che*) *cos'hai da dire!* let's hear what you have got to say; (*colloq*)*sentirsela:* 1 (*sentirsi in grado*) to feel up to, to feel like, to feel (able to): *non me la sento I* I don't feel like it; 2 (*sentirsi disposto*) to feel like, to want: *non me la sento d'ingannarlo* I don't feel like deceiving him; *sentirsi sicu-*

ro in una materia to be sure of oneself on a subject; *~simpatia per qcu.* to have a liking for so., to like so.;*stare a ~ qcu.* to listen to so.: *stammi a ~* listen to me, just listen to me; *sentirsiun altro* to feel like a new man; *senti una cosa* listen, look (here); (*fig,colloq*) *sentirsi uno straccio* to feel exhausted, to feel like a dishrag, to feel worn out; *non si sente volare una mosca* you could hear a pin drop.
sentitamente *avv.* sincerely, heartily, warmly, deeply: *ringraziare qcu.* ~ to thank so. heartily.
sentito *a.* **1** (*udito*) heard: *cose sentite e risentite* things heard over and over again. **2** (*sincero*) sincere, hearty, warm: *Le porgo le mie più sentite scuse* I wish to offer my sincerest apologies. □ *mai ~nominare* never heard of him, I don't know him from Adam; *per ~dire* by hearsay.
sentore *m.* **1** (*indizio*) information: *la banca era sorvegliata perché la polizia aveva avuto ~ della rapina* the bank was guarded because the police had received information about a robbery, the bank was guarded because the police had got wind of the robbery. **2** (*sentimento indistinto*) inkling, feeling: *ho ~ che ci saranno dei trasferimenti nel mio ufficio* I have a feeling that there are going to be some transfers in my office. **3** (*parvenza*) hint, trace. **4** (*lett*) (*odore*) smell. **5** (*lett*) (*profumo*) scent, perfume.
senussita I *a.* (*Rel.islam*) Senussian. II *m./f.* (*Rel.islam*) Senussi, Senusi.
senza (*before personal pronouns it is usually used together with di; before words beginning with a vowel it may become senz'*) I *prep.* **1** without: ~ *il permesso della mamma* without mother's permission; *andrò ~ di te* I'll go without you. **2** (*privo di*) without, -less, -lessly, oppure si traduce con l'aggettivo o con l'avverbio negativo corrispondente: ~ *speranza* without hope, hopeless; *un bambino ~ madre* a motherless child. **3** (*oltre, senza contare*) apart from, on top of, without counting, without considering, not to mention: *ho speso sessanta euro, ~ il conto dell'albergo* I have spent sixty euros without counting the hotel bill. **4** (*Sport*) (*nel canottaggio*) coxswainless, coxless, without coxswain: *quattro ~* four without, four without cox, coxless four, (*Am*) coxswainless four. II *congz.* without (doing sth.): *parlare ~ riflettere* to speak without thinking. □ *senz'altro:* 1 (*certamente*) certainly, by all means, definitely, without fail, without doubt, without a doubt, sure: *verrò senz'altro* I'll definitely come; *è senz'altro il migliore* it's the very best; 2 (*senza indugio*) at once, straight away; ~ *che* without (doing sth.): *è uscito ~ che me ne accorgessi* he went out without my noticing it; ~*di te* without you; ~*Dio:* 1 (*ateo*) atheist; 2 (*estens*) (*persona senza scrupoli o morale*) godless person; *essere ~ qcs.:* 1 not to have sth., to be without sth.; 2 (*rimanere sprovvisto*) to run out of sth.; *fare ~* (o *fare ~di*) (*fare a meno di*) to manage without, to do without, to make do without: *se non troviamo una guida, faremo ~* if we don't find a guide, we shall do without one; *non ~* (*con un po'*) *not* without: *non ~ rischi* not without risks.
senza casa *m./f.inv.* homeless person: *i ~ the* homeless.
senza dio *m./f.inv.* **1** (*ateo*) atheist. **2** (*estens*) (*persona senza scrupoli o morale*) godless person.
senza patria *m./f.inv.* **1** (*apolide*) stateless person, (*costretto a forza*) displaced person. **2** (*spreg*) (*chi rinnega la propria patria*) un-

patriotic person.
senza tetto *m./f.inv.* homeless person: *i ~ the* homeless.
sepalo *m.* (*Bot*) sepal.
separabile *a.* **1** (*divisibile*) divisible. **2** (*staccabile*) detachable, separable. **3** (*isolabile*) that may be isolated (*posposto*).
separabilità *f.* separability, separableness.
separare (**separo** /*rar* **sèparo**) I *v.t.* **1** to separate, to divide: *un fiume separa le due nazioni* a river separates the two countries. **2** (*tenere distinto, sceverare*) to keep sth. separate, to separate, to sort out: ~ *il buono dal cattivo* to separate the good from the bad. **3** (*tagliando e sim.*) to split, to cut, to sever. **4** (*Sport*) (*nel pugilato*) to break. **5** (*Minier*) to win. II *v.pron.* **separarsi 1** (*allontanarsi*) to leave, to go away (*da* from), to be separated (*da* from): *il viaggio mi attira, ma l'idea di separarmi dai bambini mi trattiene* the trip is attractive but the idea of leaving my children holds me back. **2** (*dividersi*) to separate (*da* from), to break up (*da* with). **3** (*dividersi rif. a coniugi*) to separate, to split up. **4** (*staccarsi*) to leave (*da qcu.* so.), to part (*da* from), to part company (*da* with): *si sono separati dal gruppo e sono tornati prima* they left the group and came back early. □ (*Dir*) *separarsi di fatto* to separate, to separate in fact; (*fig*) ~*il grano dal loglio* to separate the wheat from the tares; (*Dir*) *separarsi legalmente* to obtain a legal separation.
separatamente *avv.* **1** (*a parte*) separately. **2** (*da sé*) separately, individually. **3** (*uno alla volta*) one by one, one at a time, (*lett*) severally.
separatismo *m.* (*Pol*) separatism.
separatista *m./f.* (*Pol*) separatist, separationist.
separatistico (*pl.* **-ci**) *a.* (*Pol*) separatistic.
separato I *a.* **1** separate, distinct, apart: *stanze separate* separate rooms; *pace separata* separate peace. **2** (*individuale*) individual, personal: *conti separati* individual bills. **3** (*rif. a coniugi*) separated: *è separata dal marito* she is separated from her husband; *sono separati legalmente* they are legally separated. II *m.* (*f.* **-a**) (*rif. a coniugi*) separated man (*f.* woman): *sono separati in casa* they are separated under the same roof. □ *in separata sede:* 1 (*fig*) (*privatamente*) in private, privately; 2 (*in un altro incontro*) in a separate meeting, in a separate session; 3 (*in un altro momento*) at another time.
separatore I *m.* (*Tecn,Ind*) separator. II *a.* separating, separatory. □ (*Tecn*) ~*centrifugo* centrifugal separator; (*Tecn*) ~*d'acqua* water separator; (*Tecn*) ~*di gas* gas separator; (*Tecn*) ~*di grasso* fat separator; (*Tecn*) ~*di olio* oil separator; (*Tecn*) ~*di sabbia* sand separator; (*Tecn*) ~*elettrostatico* electrostatic separator; (*Tecn*) ~ *magnetico* magnetic separator.
separazione *f.* **1** separation (*anche Dir*). **2** (*stacco*) severance. **3** (*Ind,Tecn*) cutting, graining. **4** (*Minier*) winning. □ (*Dir*) ~ *coniugale* separation, marital separation; (*Dir*) ~ *consensuale* separation by mutual consent; (*Dir*) ~*dei beni* separation of property; (*Dir*) ~*dei poteri* separation of powers; ~ *della chiesa dallo stato* separation of church and state; (*Chim*) ~*elettrolitica* electrolytic separation; (*Ind*) ~ *elettrostatica* electrostatic separation; (*Dir*) ~ *giudiziaria* judicial separation, limited divorce; (*Dir*) ~ *legale* legal separation; (*Ind*) ~*magnetica* magnetic separation; (*Chim*) ~ *mediante precipitazione* precipitation.

séparé *m.inv.* **1** (*scompartimento, parte separata*) dining alcove, booth. **2** (*saletta*) private room.

sepiolite *f.* (*Min*) sepiolite, meerschaum.

sepolcrale *a.* **1** sepulchral: *pietra ~* sepulchral stone, tombstone, gravestone. **2** (*fig*) (*cupo*) sepulchral, dismal, gloomy: *silenzio ~* dismal silence. **3** (*lett*) graveyard (*attr.*): *poesia ~* graveyard poetry.

sepolcreto *m.* graveyard, burial ground.

sepolcro *m.* **1** (*monumento funebre*) sepulchre, (*Am*) sepulcher. **2** *spec.pl.* (*Lit,colloq*) (*repositorio*) repository, altar of repose. **3** (*fig*) (*morte*) grave: *condurre qcu. al ~* to drive so. to the grave. □ (*Bibl,fig*) *sepolcri imbiancati* whited sepulchres.

sepolto I *a.* **1** buried: *essere ~ vivo* to be buried alive; *rimanere ~ sotto una valanga* to be buried by an avalanche. **2** (*fig*) (*immerso, sprofondato*) buried, steeped, plunged. II *m.* (*f.* **-a**) the dead. □ (*Rel.catt*) *sepolte vive* (*suore di clausura*) cloistered nuns.

sepoltura *f.* **1** (*il seppellire*) burial, interment. **2** (*cerimonia funebre*) burial. **3** (*luogo*) burial place. **4** (*tomba*) sepulchre, (*Am*) sepulcher, grave. □ *~ cristiana* (o *~ ecclesiastica*) Christian burial; *dare ~ a qcu.* to bury so.; (*Etnol*) *~per esposizione* laying out.

seppellimento *m.* burial, (*lett,ant*) sepulture. □ *~ di rifiuti* landfill; *~ in terra* interment.

seppellire (*pres.ind.* **seppellìsco, seppellìsci**; *p.p.* **sepólto/seppellìto**) I *v.t.* **1** to bury (*anche estens*): *~ i morti* to bury the dead; *~ la refurtiva* to bury stolen goods; *~ qc. in terra benedetta* to bury so. in consecrated ground. **2** (*ricoprire di terra e sim.*) to bury, to cover: *la valanga ha sepolto l'intero paese* the avalanche has buried the whole village. **3** (*fig*) (*dimenticare*) to bury, to forget: *~ il passato* to forget the past; *~ i vecchi rancori* to bury the hatchet. **4** (*fig,colloq*) (*sopravvivere*) to bury, to survive, to outlive: *ha già sepolto due mariti* she has already survived two husbands. II *v.pron.* **seppellirsi 1** (*isolarsi*) to bury oneself, to isolate oneself, to shut oneself up, to cut oneself off. **2** (*immergersi*) to bury oneself: *seppellirsi nello studio* to bury oneself in one's studies. □ (*fig*) *~ l'ascia di guerra* to bury the hatchet.

seppellitore *m.* (*f.* **-trice**) (*rar*) burier.

seppia I *f.* (*Zool,Gastron*) cuttlefish: *nero di ~* ink, sepia. II *m.inv.* (*colore*) sepia. III *a.inv.* sepia (*attr.*).

seppiato *a.* (*Fot*) sepia (*attr.*).

seppure *congz.* even if, even though: *lo aiuterò ~ dovesse costarmi caro* I'll help him even if it should cost me dearly.

sepsi *f.inv.* (*Med*) sepsis.

sequel *m.inv.* sequel.

sequela *f.* **1** series, succession, sequence. **2** (*Med*) sequela.

sequenza *f.* **1** (*serie*) series, succession, sequence. **2** (*TV*) sequence. **3** (*Inform*) (*di caratteri*) string. **4** (*Mus*) sequence. **5** (*Chim*) sequence. **6** (*nei giochi di carte*) sequence, run. **7** (*Lit*) sequence. □ (*Inform*) *~ di dati* data sequence, (*spec. di caratteri*) data chain; (*Inform*) *~ di istruzioni* routine; *~ di istruzioni di avvio* boot, bootstrap.

sequenziale I *a.* sequential: (*Statist*) *analisi ~* sequential analysis; (*Inform*) *accesso ~* sequential access. II *m.* (*Lit*) book of liturgical sequences.

sequenzialità *f.* sequentiality.

sequenziamento *m.* sequencing.

sequestrabile *a.* (*Dir*) attachable, seizable, distrainable, sequestrable.

sequestrabilità *f.* (*Dir*) liability to seizure.

sequestrante I *a.* **1** (*Dir*) seizing, sequestering. **2** (*Chim*) sequestering. II *m./f.* **1** (*Dir*) sequestrator. **2** (*Chim*) sequestrant.

sequestrare (**sequèstro**) *v.t.* **1** (*Dir*) to attach, to distrain (upon), to seize, to sequester, to sequestrate: *~ i mobili a un debitore* to seize a debtor's furniture. **2** (*estens*) (*togliere dalla circolazione*) to seize, to confiscate, to sequester, to sequestrate: *~ un giornale* to confiscate a newspaper. **3** (*rapire*) to kidnap: *i banditi hanno sequestrato un noto industriale* the outlaws kidnapped a famous industrialist. **4** (*costringere in un luogo*) to keep, to confine: *il cattivo tempo ci ha sequestrati in casa* the bad weather kept us indoors.

sequestratario *m.* (*f.* **-a**) (*Dir*) sequestrator.

sequestrato I *a.* (*Dir*) distrained, seized, sequestered, (*Am,rar*) distressed. II *m.* (*f.* **-a**) **1** (*Dir*) distrainee. **2** (*persona rapita*) kidnapped person, kidnap victim.

sequestratore *m.* (*f.* **-trice**) **1** (*Dir*) distrainer. **2** (*rapitore*) kidnapper.

sequestro *m.* **1** (*Dir*) (*pignoramento, confisca*) attachment, distraint, seizure, sequestration, (*Am,rar*) distress: *~ dei beni di un fallito* distraint on a bankrupt's estate; *~ di libri* confiscation of books; *ordinare il ~ di qcs.* to order the attachment of sth. **2** (*rapimento*) kidnapping. **3** (*Med*) sequestrum. □ *~ a scopo di estorsione* kidnap for ransom, kidnapping for ransom; (*Dir*) *~ cautelativo* preventive attachment; (*Dir*) *~ conservativo* protective sequestration, attachment, preventive attachment, precautionary seizure; *~ di persona*: **1** (*Dir*) restraint, unlawful restraint, illegal confinement; **2** (*rapimento*) kidnapping; (*Dir*) *~ giudiziario* judicial attachment, seizure by order of the court; (*Dir*) *~ preventivo* attachment; (*Dir*) *~ provvisorio* arrest; *sotto ~* under sequestration, under attachment: *porre sotto ~* (o *mettere sotto ~*) to place under distraint, to attach, to sequester.

sequoia *f.* (*Bot*) sequoia. □ (*Bot*) *~ gigante* giant sequoia.

sera *f.* **1** evening: *giornali della ~* evening papers; *domani passo la ~ a teatro* tomorrow I'm going to spend the evening at the theatre: *lunedì ~* Monday evening, on Monday evening; (*la sera di tutti i lunedì*) Monday evenings, on Monday evenings. **2** (*notte*) night: *scende la ~* night is falling. □ *alla ~*: **1** in the evening; **2** (*tutte le sere*) in the evening, in the evenings; *da ~* evening (*attr.*): *abito da ~* (*rif. a donna*) evening dress; (*rif. a uomo*) evening suit, dinner jacket, (*Am*) tuxedo; *dalla ~ alla mattina*: **1** overnight; **2** (*all'improvviso*) overnight, without any warning, overnight; *di ~*: **1** in the evening: *fare una passeggiata di ~* to take a walk in the evening, to take an evening walk; *di ~ tardi* late in the evening, (*molto tardi*) late at night; **2** (*tutte le sere*) in the evenings; **3** (*della sera*) in the evening: *le otto di ~* eight o'clock in the evening, eight p.m., eight at night; *fare ~* to get dark, to become dark: *si è fatta ~* evening has come, it has got dark; *sul far della ~* at nightfall, at dusk; *la ~*: **1** in the evening: *la ~ tardi* late in the evening, (*molto tardi*) late at night; **2** (*tutte le sere*) in the evening, in the evenings; *la ~ dopo* the evening after, the following evening; *quella ~* that evening; *questa ~* this evening, tonight; *una di queste sere* one of these evenings; *tutta la ~* all evening, all the evening; *tutte le sere* every evening; *verso ~* towards evening.

seraccata *f.* (*Geol*) seracs *pl.*

seracco (*pl.* **-chi**) *m.* (*Geol*) serac.

serafico (*pl.* **-ci**) *a.* **1** (*Teol*) seraphic. **2** (*fig, colloq*) (*pacifico, tranquillo*) calm, peaceful, serene, tranquil.

serafino *m.* (*Teol*) seraph.

serale *a.* evening (*attr.*), night (*attr.*): *pasto ~* evening meal; *scuola ~* evening classes, evening school, night school.

serata *f.* **1** evening, night: *una bella ~ di primavera* a beautiful spring night. **2** (*rappresentazione serale*) performance. **3** (*ricevimento serale*) soirée, soiree, evening party, evening reception, evening. □ (*Teat*) *~ d'addio* farewell performance; *~ danzante* dance, ball; *~ di beneficenza* charity performance; *~ di gala* gala evening, gala performance, formal evening; *~ d'onore* gala evening.

serbare (**sèrbo**) I *v.t.* **1** (*mettere da parte*) to put sth. aside, to lay sth. aside, to set sth. aside, to save, to keep, to store, to store away: *ti ho serbato una fetta di torta* I saved a piece of cake for you. **2** (*riservare*) to reserve, to keep: *~ le proprie energie per qcs.* to reserve one's energy for sth. **3** (*mantenere, conservare*) to keep, to stick to, to maintain: *~ la parola data* to keep one's word; *~ fede ai propri ideali* to stick to one's ideals; *~ fede a una promessa* to keep a promise. **4** (*nutrire in sé*) to bear, to harbour: *~ rancore* to bear a grudge, to harbour resentment; *~ rancore a qcu.* to bear so. a grudge. II *v.pron.* **serbarsi** (*conservarsi*) to keep (oneself), to remain, to stay. □ *~ gratitudine verso qcu.* per qcs. to be grateful to so. for sth., to be thankful to so. for sth.; *~ nell'animo un ricordo* to cherish a memory; *~ odio verso qcu.* to hate so., to continue to hate so., to bear so. hatred; *~ un ricordo di qcs.* to remember sth.; *~ un buon ricordo di qcu.* to have a pleasant recollection of so., to have happy memories of so.; *~ un cattivo ricordo di qcu.* to have bad memories of so.; *~ un dolce ricordo di qcs.* to cherish a fond memory of sth.

serbatoio *m.* **1** tank, reservoir. **2** (*Aut*) tank. **3** (*Idr*) (*riserva*) reservoir. **4** (*Idr*) (*cisterna*) cistern. **5** (*Arm*) magazine. **6** (*fig*) (*fonte notevole*) source. □ *~ ausiliario* auxiliary tank; *~ d'acqua* water cistern, water reservoir, water tank; *~ d'alimentazione* feed tank; *~ del carburante* fuel tank, (*di grosse dimensioni, spec. rif. a navi*) bunker; *~ del lubrificante* oil tank, lubricant tank; *~ della benzina* petrol tank, (*Am*) gas tank, (*Am*) gasoline tank; *~ dell'aria compressa* air receiver; *~ dell'inchiostro* cartridge, ink tank, ink container; *~ di gas* gas tank; (*Idr*) *~ di raccolta* sump; *~ di riserva* spare tank; (*fig*) *~ elettorale* electorate; (*Geol*) *~ magmatico* magma chamber; *~ per gas* gas tank.

Serbia *n.pr.f.* (*Geog*) Serbia.

serbo[1] □ *avere in ~* to keep by, to keep aside, to keep in reserve, to keep in store; *mettere in ~* to set aside, to put aside, to lay aside, (*Br*) to put by; *tenere in ~* to save up, to set aside, to set by, to keep aside, to keep by, to keep in store, to keep in reserve.

serbo[2] I *a.* Serbian. II *m.* **1** (*lingua*) Serbian, Serbo-Croat, Serbo-Croatian. **2** (*f.* **-a**) (*abitante*) Serb, Serbian.

serbocroato I *a.* Serbo-Croat, Serbo-Croatian. II *m.* (*lingua*) Serbo-Croat, Serbo-Croatian, Serbian.

serenamente *avv.* **1** (*tranquillamente*) calmly, serenely, peacefully, tranquilly. **2** (*obiettivamente*) objectively, impartially.

serenata *f.* **1** serenade: *fare la ~ a qcu.* to

sing so. a serenade, to serenade so. 2 (*Mus*) serenata, serenade.

serenella *f.* (*Bot,region*) (*lillà*) lilac.

Serenissima *f.* (*Stor*) (*repubblica di Venezia*) Venetian Republic, Serenissima.

serenissimo *a.* (*rif. a principi*) Serene, Most Serene: *Sua Altezza Serenissima* Your Serene Highness.

serenità *f.* 1 serenity, clearness: *la ~ del cielo* the serenity of the sky. 2 (*fig*) (*tranquillità*) serenity, calm, peace, peacefulness, tranquillity: *~ d'animo* peace of mind. 3 (*fig*) (*obiettività*) objectiveness, impartiality.

sereno I *a.* 1 (*limpido*) clear, serene, limpid: *cielo ~* clear sky; *notte serena* clear night. 2 (*fig*) (*tranquillo*) calm, serene, peaceful, quiet: *animo ~* serene mind, quiet mind; *un volto ~* a calm expression. 3 (*fig*) (*libero da preoccupazioni*) happy, carefree, quiet, calm, trouble-free: *vita serena* happy life. 4 (*fig*) (*obiettivo, imparziale*) objective, unbiased, unbiassed, impartial: *giudizio ~* objective judgement. II *m.* 1 (*tempo sereno*) clear skies *pl.*, fair weather: *è tornato il ~* it has cleared up again. 2 (*fig*) (*calma*) calm: *è tornato il ~* calm has returned, things have calmed down again.

serg. (*Mil*) *sergente* Sgt., Sergt (sergeant).

serge /sɛrʒ/ *f.* (*Tess*) serge.

sergente *m.* 1 (*Mil*) sergeant. 2 (*Mar*) quartermaster. 3 (*fig*) (*persona autoritaria*) martinet. 4 (*Fal*) (*morsetto*) clamp. □ (*Mil*) *~ maggiore* sergeant-major.

Sergio *n.pr.m.* Sergious.

serial *m.inv.* (*TV,Rad*) serial.

seriale *a.* serial (*anche Inform,Mus*): *stampante ~* serial printer.

serialismo *m.* (*Mus*) serialism.

serial killer *m./f.inv.* serial killer.

seriamente *avv.* 1 (*con serietà*) seriously, earnestly, in earnest. 2 (*gravemente*) seriously, gravely: *essere ~ ammalato* to be seriously ill.

serico (*pl.* **-ci**) *a.* 1 (*della seta*) silk (*attr.*): *industria serica* silk industry. 2 (*lett*) (*di seta*) silk (*attr.*), of silk, made of silk, silken, silky: *veste serica* silk dress. 3 (*fig*) (*simile a seta*) silky, silk-like, silken: *capelli serici* silky hair.

sericolo *a.* sericultural.

sericoltore *m.* (*f.* **-trice**) sericulturist.

sericoltura *f.* sericulture.

serie *f.inv.* 1 series, succession, sequence: *una ~ di avvenimenti* a series of events. 2 (*fila, riga*) line, row, rank. 3 (*gruppo compatto, numero definito*) series, set. 4 (*assortimento*) set: *una ~ di chiavi* a set of keys. 5 (*rif. a biglietti, titoli e sim.*) series. 6 (*Edit, Tecn*) series. 7 (*Sport*) division, league: *~ A* first division; (*nel calcio*) premier league; (*nel baseball*) major league. 8 (*Inform*) set. 9 (*Filat*) set of stamps. 10 (*Mus*) set. □ (*Chim*) *~alifatica* aliphatic series; (*Mat*) *~aritmetica* series; (*Mus,Mat*) *~ armonica* harmonic series; (*Chim*) *~aromatica* aromatic series; (*Sport*) *~ B* second division; (*fig*) *di ~ B*: 1 (*con pochi o senza diritti*) second-class: *cittadino di ~ B* second-class citizen, nonperson; 2 (*di qualità inferiore*) second-rate: *cinema di ~ B* second-rate cinema; *~ chiusa* closed series; *~ cronologica* time series; (*iron*)*della ~...* and of course...;*di ~* (*ordinario*) standard, ordinary; (*Inform*) *~di caratteri* font, fount; (*Inform*) *~di dati* data series; (*Inform*) *~di istruzioni* instruction set; (*Chim*) *~ elettrochimica* electrochemical series; (*Mat*) *~geometrica* geometric progression, geometric series, series; (*Chim*) *~grassa* fat series; *in ~*: 1 mass (*attr.*), mass-produced;

produzione in ~ mass-production; 2 (*El*) in series: *collegare in ~* to connect in series; (*Mat*) *~ infinita* infinite series; (*Min*) *~iso-morfa* isomorphic series; (*Mat*) *~numerica* number sequence; (*iron*)*per la ~...* and of course...; (*Dent*) *~ permanente* permanent teeth; (*Filat*) *~speciale* special stamp series; (*Statist*) *~ statistica* statistical series; (*TV*) *~ televisiva* serial, television series; *~temporale* time series; *c'è tutta una ~ di cose che* there's a whole series of things that, it's a whole series of things that.

serietà *f.* 1 (*contegno*) seriousness, earnestness. 2 (*sobrietà*) sobriety. 3 (*rettitudine, onestà*) honesty, respectability, uprightness. 4 (*fidatezza*) reliability. 5 (*gravità*) seriousness, gravity. □ *con ~*: 1 seriously, in a serious manner, gravely; 2 (*in modo degno di fiducia*) reliably.

serigrafia *f.* (*Tip*) 1 (*metodo di stampa*) silk-screen printing, silk-screen. 2 (*stampa ottenuta*) serigraphy, silk-screen, silk-screen print.

serigrafico (*pl.* **-ci**) *a.* (*Tip*) silk-screen (*attr.*).

serio I *a.* 1 serious, earnest: *una faccia seria* a serious face. 2 (*retto, onesto*) honest, respectable, upright: *un cittadino ~ e leale* an honest and loyal citizen. 3 (*rif. alla moralità*) good, respectable, reputable: *una ragazza seria* a good girl. 4 (*di cui ci si può fidare*) reliable, trustworthy, reputable: *ditta seria* reputable company. 5 (*impegnativo, importante*) serious, important, weighty: *studi seri* serious studies. 6 (*arduo, grave anche rif. a malattie*) serious, grave: *la situazione è molto seria* the situation is very serious. 7 (*difficile*) weighty, serious, difficult: *un problema ~* a serious problem, a weighty problem. 8 (*severo, accigliato*) strict, severe, stern. II *m.inv.* seriousness. □ *una donna poco seria* (*moralmente*) a fast woman, a loose woman; *un giovane poco ~* (*di cui non ci si può fidare*) an unreliable young man;*sul ~*: 1 (*davvero, veramente*) really, truly, (*colloq*) for real, indeed: *dici sul ~?* really?, are you serious?, do you really mean it?; 2 (*seriamente*) seriously, in earnest: *parlo sul ~* I'm talking seriously, I mean it, I'm in earnest; *fare sul ~* to mean business, (*Am*) to play for keeps; *prendere qcs. sul ~* to take sth. seriously;*tra il ~ e il faceto* speak half-jokingly, half in jest; *dire qcs. tra il ~ e il faceto* to say sth. half in jest.

sermone *m.* 1 (*predica*) sermon. 2 (*scherz*) (*paternale*) lecture, reprimand, (*colloq*) telling-off. 3 (*spreg*) (*discorso prolisso, noioso*) lecture, sermon, (*aggressivo*) harangue. □ (*Bibl*) *~ della montagna* Sermon on the Mount; (*Lit*) *~domenicale* Sunday sermon.

sermoneggiare (**sermonéggio**, **sermonéggi**) *aus.* avere) *v.i.* (*rar*) 1 (*predicare*) to preach. 2 (*iron*) (*rimproverare*) to sermonize.

serotino,**serotino** *a.* 1 (*che matura tardi*) late, serotinous, serotine, serotinal: *mele serotine* late apples. 2 (*lett*) (*di sera, della sera*) evening (*attr.*), in the evening.

serotonina *f.* (*Biol*) serotonin.

serpa *f.* 1 (*nelle carrozze*) coach box: *montare in ~* to get up on the box. 2 (*nelle diligenze*) stage coach seat. 3 (*Mar,ant*) beakhead, head.

serpaio I *m.* (*luogo pieno di serpi*) snake-infested area. II *m.* (*f.* **-a**) 1 (*chi cattura serpenti*) snake-catcher, snake-hunter. 2 (*incantatore di serpenti*) snake-charmer.

serpe *f.* 1 (*Zool*) snake, serpent. 2 (*fig*) (*persona infida*) snake, snake in the grass, ser-

pent, treacherous person. □ (*Zool*) *~d'acqua* water snake; (*fig*) *allevare una ~in seno* to nurse a viper in one's bosom.

serpeggiamento *m.* 1 winding, twisting, snaking, meandering, zigzagging (*anche fig*). 2 (*Sport*) zigzagging, weaving. 3 (*Mar*) sailing a zigzag course.

serpeggiante *a.* 1 winding, meandering, twisting: *strada ~* winding road. 2 (*fig*) (*che si diffonde*) spreading.

serpeggiare (**serpéggio**, **serpéggi**) *aus.* avere) *v.i.* 1 to wind, to meander, to twist, to snake: *il fiume serpeggia nella valle* the river meanders through the valley. 2 (*fig*) (*diffondersi*) to spread, to be rife: *il malcontento già serpeggiava tra il popolo* discontent was already rife among the people. 3 (*Mar*) to sail a zigzag course.

serpentaria *f.* (*Bot*) (*erba serpentaria*) dragonroot, dragon arum.

serpentario *m.* (*Ornit*) secretary bird, serpent eater, snake killer.

serpente *m.* 1 (*Zool*) snake, serpent. 2 (*Pell*) snakeskin. 3 (*Mus*) serpent. 4 (*Econ*) snake: *il ~ europeo* the European snake. 5 (*fig*) (*persona infida*) snake, snake in the grass, serpent, treacherous person. □ (*Zool*) *~a sonagli* rattlesnake; (*Zool*) *~ boa* boa constrictor; (*Zool*) *~corallo* coral snake; (*Zool*) *~dagli occhiali* spectacled cobra, Indian cobra, spectacled snake; (*Pell*) *di ~* snakeskin (*attr.*): *una borsa di ~* a snakeskin bag; *~di mare*: 1 (*Zool*) sea snake; 2 (*fig*) (*fandonia*) whopper; (*Econ,Stor*) *~monetario* snake in the tunnel.

serpentina *f.* 1 (*linea serpeggiante*) winding line, serpentine line. 2 (*strada serpentina*) winding road. 3 (*Sport*) (*nello sci*) zigzagging. 4 (*Tecn*) (*tubo a spirale*) coil, pipe coil. 5 (*Geol*) serpentine. 6 (*Bot,Farm*) (*bistorta*) bistort, snakeweed. 7 (*Arm,ant*) serpentine. □ *a ~*: 1 winding, twisting; 2 (*a zigzag*) zigzag, zigzagging; (*Mot*) *~di raffreddamento* cooling coil, condenser coil.

serpentino I *a.* 1 (*di serpente*) snake (*attr.*), (*lett*) serpentine. 2 (*simile al serpente*) serpent-like, snake-like, snaky, (*lett*) serpentine: *movimenti serpentini* serpentine movements. II *m.* 1 (*Tecn*) (*tubo a spirale*) coil, pipe coil. 2 (*Min*) serpentine. 3 (*Geol*) serpentine. □ (*Mot*) *~di raffreddamento* cooling coil; (*Mot*) *~di riscaldamento* heating coil.

serpentone *m.* 1 (*lungo corteo*) long procession, long winding procession. 2 (*sbarramento che delimita le corsie preferenziali*) kerb bordering reserved lanes for public transport. 3 (*Mus,ant*) serpent.

serpigine *f.* (*Med*) creeping skin disease, scaly eruption on the skin, (*ant*) serpigo.

serpiginoso *a.* (*Med*) creeping, (*ant*) serpiginous.

serra [1] *f.* 1 (*Agr*) greenhouse, glasshouse, conservatory. 2 (*Idr*) (*briglia*) dike, embankment. □ (*Agr*) *~calda* hothouse, heated greenhouse; (*Agr*) *~fredda* cold house; (*Agr*) *~mobile* mobile glasshouse; (*Agr*) *~olandese* glasshouse; (*Agr*) *~per viti* vinery; (*Agr*) *~temperata* temperate house.

serra [2] *f.* (*Geog*) (*catena montuosa*) sierra.

serrafila I *m./f.* (*ant*) file closer. II *f.* (*Mar*) rear ship.

serrafilo *m.* (*El*) terminal.

serraforme *m.inv.* (*Tip*) quoin.

serraglio [1] *m.* 1 (*insieme di animali esotici e luogo in cui sono tenuti*) menagerie.

serraglio [2] *m.* 1 (*residenza dei sultani*) seraglio. 2 (*harem*) seraglio, harem.

serramanico □ *coltello a ~*: 1 jack knife; 2 (*tascabile*) flick knife, (*Am*) switchblade.

serramenta *f.pl.* (*Edil*) (*porte, finestre, persiane*) doors, windows and shutters.

serramenti *m.pl.* (*Edil*) (*porte, finestre, persiane*) doors, windows and shutters. □ (*Edil*) ~ *in alluminio* (*Br*) aluminium door or window frames, (*Am*) aluminum door or window frames; (*Edil*) ~ *in legno* wooden door or window frames; (*Edil*) ~*in PVC* door or window frames in PVC.

serranda *f.* 1 rolling shutter. 2 (*Idr*) sluicegate, sluice. 3 (*del forno*) oven door. □ ~ *avvolgibile* rolling shutter; ~ *basculante* up-and-over shutter.

serrare (**sèrro**) I *v.t.* 1 (*chiudere*) to close, to shut. 2 (*chiudere: a chiave*) to lock. 3 (*chiudere: con il chiavistello*) to bolt. 4 (*chiudere stringendo forte*) to shut tightly, to close tightly, to clamp; (*spec. rif. ai denti*) to clench; ~ *gli occhi* to shut one's eyes tightly. 5 (*sbarrare, ostruire*) to block (up), to obstruct, to close off, to shut off: *una catena di colline serra la valle* the valley is shut off by a chain of hills. 6 (*intensificare, accelerare*) to speed up, to quicken, to accelerate: ~ *il ritmo* to speed up the pace. 7 (*premere, incalzare*) to close in on, to press, to follow closely, to chase closely, to pursue closely: ~ *il nemico* to close in on the enemy. 8 (*Mecc*) (*stringere*) to tighten: ~ *un dado* to tighten a nut. 9 (*Mar*) to furl: ~ *le vele* to furl the sails. II *v.i.* (*aus. avere*) 1 (*region*) (*combaciare*) to close, to shut: *questa porta non serra (bene)* this door doesn't close properly. 2 (*Mil,Sport*) to close, to close the ranks: ~ *a destra* to close right. III *v.pron.* **serrarsi** 1 (*chiudersi*) to shut oneself, to lock oneself. 2 (*Sport*) (*stringersi*) to close up: *serrarsi in difesa* to close up in defence. □ (*fig*) ~*al cuore qcu.* to hold so. in one's arms; (*fig,rar*) ~ *bottega* (*cessare un'attività*) to close down, to shut up a shop; ~ *i denti* to clench one's teeth; ~ *i pugni* to clench one's fists; (*Mil*) ~ *i ranghi* to close ranks (*anche fig*); (*fig*) ~ *la gola* (*soffocare*) to choke: *il pianto le serrava la gola* tears choked her; (*Mar*) ~*la voga* (*accelerare il ritmo*) to accelerate the stroke; ~ *le fila* (o ~*le file*): 1 (*Mil,Sport*) to close ranks; 2 (*fig*) to unite, to join forces; ~ *le labbra* to tighten one's lips; (*Mil*) ~ *le righe!* close the ranks!

serra serra *m.inv.* (*incalzare affannoso di persone, animali ecc.*) stampede.

serrata *f.* lockout, shutout: *allo sciopero gli industriali risposero con una* ~ the industrialists reacted to the strike with a lockout.

serrato *a.* 1 (*chiuso*) closed, shut. 2 (*compatto*) compact, tight, firm. 3 (*rapido, concitato*) quick, fast. 4 (*incalzante*) pressing. 5 (*fig*) (*stringato, coerente*) consistent, logical, coherent: *discorso* ~ logical argument. 6 (*Zootecn*) (*of a horse*) dished.

serratula *f.* (*Bot*) saw-wort.

serratura *f.* 1 lock. 2 (*Tip*) quoin. □ ~*a catenaccio* dead lock, bolt lock; ~*a cilindro* cylinder lock, Yale lock; ~*a combinazione* combination lock; ~*a doppia mandata* double lock; ~ *a lucchetto* padlock; ~*a molla* spring lock; ~*a scatto* (o ~*a scrocco*) spring lock; ~*di sicurezza* safety lock; ~*incassata* mortise lock; ~*yale* cylinder lock, Yale lock.

serricoltore *m./f.* (*Agr*) 1 (*proprietario*) greenhouse farmer. 2 (*lavoratore*) greenhouse worker.

Serse *n.pr.m.* (*Stor*) Xerxes.

serto *m.* (*poet,lett*) (*corona, ghirlanda*) wreath, garland; ~ *d'alloro* laurel wreath. □ ~*nuziale* garland of orange blossoms on bride's head, bridal tiara of flowers; ~ *regale* royal crown.

serva *f.* 1 (*ant*) (*donna di servizio*) maidservant, woman servant (*anche spreg*). 2 (*fig, spreg*) (*persona pettegola*) petty person. 3 (*Rel.catt*) servant, sister, nun. □ *da* ~ vulgar, common, coarse, petty; ~ *padrona* bossy maid.

servalo *m.* (*Zool*) serval.

servente I *a.* 1 (*ant*) (*servizievole*) obliging, amiable: *cavalier* ~ swain, gallant. 2 (*Dir*) servient: *fondo* ~ servient tenement. II *m./f.* (*ant*) (*servitore*) servant. III *m.* (*Mil*) gunner.

serventese *m.* (*Lett*) sirvente, sirventes.

server *m.inv.* (*Inform*) server: ~ *di stampa* print server.

servetta *f.* 1 (*ant*) young maid, young housemaid (*anche spreg*). 2 (*Teat*) soubrette.

servibile *a.* 1 (*utilizzabile*) serviceable, usable, of use. 2 (*presentabile in tavola*) fit to be served up (*posposto*).

service /'servis/ *m.inv.* service bureau, service firm.

servidorame *m.* (*lett,rar*) 1 servants *pl.* 2 (*fig,spreg*) flunkies *pl.*

servigio *m.* favour, service: *rendere un* ~ *a qcu.* to do so. a favour.

servile *a.* 1 servile, slave (*attr.*): *lavoro* ~ servile work. 2 (*fig,spreg*) (*basso, vile*) servile, obsequious, subservient: *animo* ~ servile mind. 3 (*fig,spreg*) (*privo di originalità*) slavish: *imitazione* ~ slavish imitation. 4 (*Gramm*) auxiliary: *verbi servili* auxiliary verbs.

servilismo *m.* servility, servileness.

servilità *f.* (*rar,lett*) servility, servileness.

servilmente *avv.* servilely, slavishly.

Servio *n.pr.m.* (*Stor*) Servius. □ (*Stor.rom*) ~ *Tullio* Servius Tullius.

servire (**sèrvo**) I *v.t.* 1 (*essere servo*) to serve: *ci sarà sempre chi serve e chi comanda* there will always be so. who serves and so. who gives the orders. 2 (*essere a servizio*) to serve, to be a servant to, to be in the service of: *ha servito per lunghi anni la mia famiglia* he served my family for many years; ~ *come maggiordomo* to serve as a butler. 3 (*nei negozi*) to serve, to attend to, to see to, to help, to wait on: *la commessa la servirà subito* the saleswoman will serve you right away; *posso servirla?* may I help you? 4 (*avere come cliente*) to serve, to have as one's customer: *lo servo da due anni* I've been serving him for two years, he has been my customer for two years. 5 (*presentare in tavola*) to serve, to serve up: ~ *la frutta* to serve the fruit; *il vino bianco va servito freddo* white wine is best served chilled. 6 (*presentare in tavola: nei ristoranti e sim.*) to serve, to wait on. 7 (*compiacere: in forme di cortesia*) to help, to serve, to be at the service of: *in che cosa posso servirla?* what can I do for you? 8 (*iron,colloq*) (*trattare male*) to fix: *ora lo servo io* I'll fix him. 9 (*fig*) (*giovare*) to help, to aid. 10 (*fig*) (*rif. a mezzi di trasporto*) to run to, to go to, to cover, to serve: *questo autobus serve parecchi quartieri* this bus serves several neighbourhoods. II *v.i.* (*aus. avere/essere*) 1 to serve, to do one's military service: ~ *in marina* to serve in the navy. 2 (*fig*) (*essere utile, giovare*) to serve, to be of use, to be useful for: *le note servono alla chiarezza del testo* the notes serve to clarify the text; *a che cosa serve questo arnese?* what use is this tool?, what's this tool for? 3 (*fig*) (*fungere da*) to serve for, to be used as: *questa scatola servirà da sedia* this box will be used as a seat. 4 (*colloq*) (*occorrere*) to need (*costr.pers.*), to require (*costr.pers.*): *mi serve un foglio pulito* I need a clean sheet of paper. 5 (*Stor*) (*essere in ser-* vitù) to serve. 6 (*fig*) (*adempiere alla propria funzione*) to serve, to work, to be good: *la vista non mi serve bene* my eyesight isn't very good. 7 (*Sport*) (*nel tennis, nel ping-pong, nella pallavolo*) to serve: ~ *per il match* to serve for the match. 8 (*nei giochi di carte*) to deal. III *v.pron.* **servirsi** 1 (*prendere da sé*) to serve oneself, to help oneself (to): *serviti pure* help yourself. 2 (*essere cliente*) to be a regular customer, to be a steady customer, to buy, to go: *mi servo da tempo nello stesso negozio* I've been a steady customer at the same shop for some time. 3 (*adoperare*) to use (*di qcs. sth.*), to make use (*di* of): *non sa servirsi del registratore* he doesn't know how to use the tape recorder. 4 (*ricorrere*) to make use (*di* of), to resort (*di* to), to use (*di qcs. sth.*): *mi servirò di un esempio* I'll use an example. □ (*iron*) *l'ho servito a dovere* I gave him what he deserved; *non serve a nulla* it's no use; ~ *a tavola* to wait at table, to wait on table; ~ *caldo* to serve hot; (*Sport*) ~ *un compagno* (*passare la palla*) to pass the ball to one's teammate; ~ *da bere a qcu.* to serve so. a drink; ~ *qcu.di barba e capelli*: 1 to give so. a shave and haircut; 2 (*fig,iron*) (*trattare qcu. come merita*) to give so. a taste of their own medicine; (*fig,iron*) ~ *qcu. di barba e di parrucca* (*trattare qcu. come merita*) to give so. a taste of their own medicine; *che ti servadi lezione!* that will teach you!; (*Rel*) ~ *Dio* to serve God, to serve the Lord; ~ *il Signore* (*scegliere la vita ecclesiastica*) to serve God, to serve the Lord; ~ *lo Stato* to serve the state; (*Rel.catt*) *servire messa* to serve Mass; *per servirla* at your service, I am at your service; *non* ~*più* to be no longer necessary, not to be needed any more, to be of no further use; *in che cosa posso servirla?* what can I do for you?; *lastanno servendo?* are you served?, (*Am*) are you being served?, are you being helped? *Prov.: non si possono* ~ *due padroni* you can't serve two masters.

Servisol I *a.inv.* (*Svizz.it*) self-service. II *m.inv.* (*Svizz.it*) 1 (*negozio*) self-service store. 2 (*ristorante*) self-service restaurant.

servita *m.* (*Rel*) Servite.

servito *a.* served. □ *il pranzo è* ~ (*pronto, in tavola*) lunch is served, lunch is ready; *il signore è* ~ (*ha ricevuto quanto chiesto*) there you are, sir; *essere* ~ (*nel poker: non volere più carte*) to stand pat.

servitorame *m.* 1 (*lett,rar*) servants *pl.* 2 (*fig, spreg*) flunkies *pl.*

servitore *m.* 1 (*spreg*) slave, servant. 2 (*f.* **-tora**; *lett* **-trice**) (*ant*) (*domestico*) servant, manservant (*f.* maidservant). 3 (*f.* **-tora**; *lett* **-trice**) (*estens*) (*chi assolve un compito con dedizione*) servant, one who serves: *un fedele* ~ *della patria* a faithful servant to one's country. □ (*Arred*) ~ *muto*: 1 (*tavolino*) dumb waiter; 2 (*appendiabiti*) clothesstand, hall stand, (*Am*) hall tree; (*epist,ant*) (*nei saluti epistolari*) *vostro* ~*umilissimo* (o *suo* ~ *umilissimo*) your most obedient servant.

servitù *f.* 1 (*schiavitù*) slavery, bondage, servitude: *liberare qcu. dalla* ~ to free so. from slavery; *ridurre in* ~ to enslave, to reduce to servitude. 2 (*collett.*) (*personale domestico*) servants *pl.*, domestic staff: *licenziare la* ~ to dismiss the servants. 3 (*Dir*) easement, servitude. □ (*Dir*) ~*apparente* apparent easement; (*Mediev*) ~ *della gleba* serfdom; (*Dir*) ~*di passaggio* right of way, easement of access; ~*militari* military service; (*Dir*) ~ *personale* personal servitude; (*Dir*) ~*prediale* predial servitude;

servizievole a. obliging, helpful, amiable: *un tipo ~* an obliging fellow.

servizio m. **1** (*servizio domestico*) service: *essere a ~ presso una famiglia* to be in a family's service. **2** (*burocr*) service: *trasferimento per ~* service transfer; *~ pubblico* public service. **3** (*Mil*) service, duty: *essere in ~ attivo* to be on active duty; *fare il ~ militare* to do one's military service. **4** (*nei pubblici esercizi*) service: *~ in camera* room service. **5** (*compenso per il servizio*) service, service charge: *nel conto è compreso il ~* service is included in the bill. **6** (*rif. a servizi pubblici*) service: *~ autobus* bus service. **7** (*fig*) (*favore, cortesia*) favour, service (*anche iron*): *puoi farmi un ~?* could you do me a favour?; *mi hai fatto un bel ~!* you really did me some favour!, you really have messed things up for me! **8** (*insieme di oggetti destinati a un uso determinato*) set, service: *un ~ da tè* a tea service, a tea-set; *~ da toletta* dresser set, toilet set. **9** (*serie di prestazioni*) service: *~ diplomatico* diplomatic service. **10** (*sezione*) department: *il ~ del personale* the human resources department. **11** (*Giorn, Rad,TV*) report: *~ speciale* special report. **12** (*Sport*) (*nel tennis*) serve, service. **13** (*Comm*) (*assistenza*) service. **14** pl. (*terziario*) services. **15** pl. (*faccende domestiche*) housework (*costr.sing.*), chores, household chores. **16** pl. (*Edil*) (*bagno*) bathroom sing.: *l'appartamento ha quattro camere e doppi servizi* the flat has four rooms and two bathrooms; *andare ai servizi* to go to the bathroom, to go to the toilet. **17** pl. (*Edil*) (*cucina e bagno*) kitchen and bathroom. **18** pl. (*Filat*) special services stamps. □ *andare a ~* to go into service, to go into domestic service; *prendere qcu. al proprio ~* to hire so., to engage so., to take so. on; *~ a domicilio* home delivery; *~ abbonati* subscribers service; (*Comm*) *~ acquisti* purchasing department; *~aereo* air service; *essereal ~ di qcu.* to be in so.'s employ, to be at so.'s service; *avere qcu. al proprio ~* to have so. in one's service; *~all'americana* set of place-mats; *~ amministrativo* administration; *~ attivo*: 1 (*Mil*) service, active service, active duty: *in ~ attivo* on active service, on active duty; 2 (*burocr*) employment: *in ~ attivo* in active employment; (*Mil*) *~ausiliario* auxiliary service; *servizi bancari* banking services; *~ cargo* cargo service; *~ civile* community service by conscientious objectors instead of military service; *~clienti* customer service, customer care; *~ combinato* piggyback transport; *~compreso* service included; *~da tavola*: 1 (*tovaglia ecc.*) set of table linen, tablecloth and napkin set; 2 (*rif. a piatti e sim.*) dinner set, set of dishes; *di ~*: 1 (*di turno*) on duty: *essere di ~* to be on duty; *il medico di ~* the doctor on call, the doctor on duty; 2 (*proprio del personale di servizio*) service, servants': *scala di ~* service stairs (*costr.pl.*); *personale di ~* servants (pl.), domestic staff (*costr. sing. o pl.*); *~di bicchieri* set of glasses; *~di consulenza* advisory service, consulting service, consultancy service; *~di emergenza* emergency services (pl.); (*Tel,Inform*) *~ di fonia* telephony service; *~di guardia* guard duty; *~ di leva* military service, national service; (*Mar,Aer*) *~di linea* scheduled service; *~di posate* cutlery set, (*con contenitore*) canteen of cutlery, (*Am*) set of flatware, (*Am*) set of silverware; *~di segreteria telefonica* telephone answering service; *~di vigilanza*: 1 security service; 2 (*società*) security guard company; *~d'ordine*: 1 security; 2 (*pubblico*) police: *responsabile del ~ d'ordine* stew-

ard; *fare ~*: 1 to be in service, to work, to cover, to serve: *questo metronotte fa ~ nel mio quartiere* this night-watchman covers my neighbourhood; *non fare ~* to be out of service; 2 (*essere di turno*) to be on duty: *non fare ~* to be off, to be off duty; 3 (*essere aperto*) to be open: *non fare ~* to be closed; 4 (*rif. a mezzi di trasporto*) to run, to operate; *~ fotografico* photo reportage, photographic service, (*Br*) photo call; *fuori ~*: 1 (*non di turno*) off duty, (*colloq*) off; 2 (*non funzionante*) out of order, not working, out of commission, (*colloq*) on the blink; (*Giorn*) *~giornalistico* report, press report; *servizi igienici* (*Br*) bathroom (*sing.*), (*Am*) restrooms; *in ~* in service, (*funzionante*) working, operating; (*Mil*) *~informazioni* secret service, intelligence; *lasciare il ~*: 1 (*sospendere il lavoro*) to come off duty, to stop work; 2 (*dimettersi*) to resign (from one's post); 3 (*andare in pensione*) to retire; 4 (*Mil*) to leave the service; *servizi logistici* supply and transport, supplies and communications; (*Comm*) *~ merci* freight service; *~ meteorologico* weather service: *~ meteorologico dell'aeronautica* aviation weather service; *mettersi al ~ di qcu.*: 1 to enter so.'s service; 2 (*a disposizione*) to place oneself at so.'s disposal, to place oneself at so.'s service; (*Mil*) *~ militare* national service, military service: *~ militare attivo* active military service, active military duty; *~ militare di leva* conscription, call-up, national service, military service; *~ militare obbligatorio* compulsory military service; *~ navetta* shuttle service; (*Post*) *~pacchi postali* parcel post; *~passeggeri* passenger service; *per ~* (*per motivi di lavoro*) on business; *prendere ~*: 1 to begin work; 2 (*Mil*) to go into the service; *servizi pubblici*: 1 public services; 2 (*trasporti*) public transport (*costr.sing.*); *~ sanitario nazionale* national health service; *servizi segreti* (o *~ segreto*) secret service, intelligence; *servizi sociali* social services; *~sveglia* wake-up call; *~tecnico* service department; *~telefonico* telephone service; *~ telex* telex service.

servo I m. (f. **-a**) **1** (*ant*) servant, domestic servant, manservant (f. maidservant) (*anche spreg.*). **2** (*rar*) (*in formule di cortesia*) servant: *sono il suo umilissimo ~* I am your most humble servant. II a. (*lett*) **1** (*schiavo*) slave (*attr.*). **2** (*servile*) servile. □ (*Mediev*) *~ della gleba* serf, villain; (*Rel*) *~di Dio* servant of God; (*Teat*) *~ di scena* stagehand; (*Arred*) *~muto*: 1 (*tavolino*) dumb waiter; 2 (*appendiabiti*) clothes-stand, hall stand, (*Am*) hall tree.

servocomando m. (*Tecn*) servocontrol.

servofreno m. (*Aut*) brake booster, booster brake: *~ a depressione* (o *a vuoto*) vacuum brake booster.

servomotore m. (*Tecn*) servomotor.

servoscala m.inv. handicap elevator, handicap lift.

servosistema m. (*Tecn*) servosystem.

servosterzo m. (*Aut*) power steering.

sesamo m. (*Bot,Alim*) sesame.

sesquiossido m. (*Chim*) sesquioxide.

sessa f. (*Geog*) seiche.

sessagesima f. (*Lit*) Sexagesima.

sessagesimale a. (*Fis*) sexagesimal: *sistema ~* sexagesimal system.

sessagesimo a. (*lett*) sixtieth.

sessanta I a. sixty: *gli anni ~* the Sixties. II m./f.inv. sixty.

sessantenne I a. sixty-year-old (*attr.*), sixty years old (*posposto*), sexagenarian. II m./f. sixty-year-old man (f. woman), sexagenari-

an, sexagenary.

sessantennio m. sixty years, period of sixty years.

sessantesimo I a. sixtieth. II m. sixtieth.

sessantina f. about sixty, some sixty.

sessantottino m. (f. **-a**) activist in the 1968 protest movement.

sessantotto I a. sixty-eight. II m./f.inv. sixty-eight. III m.inv. (*il Sessantotto*) 1968 protest movement.

sessantottismo m. ideology of the 1968 protest movement.

sessile a. (*Biol,Zool*) sessile.

sessione f. **1** (*seduta*) session (*anche Inform*), meeting, sitting. **2** (*Scol*) exams pl.: *~ autunnale d'esami* autumn exams. □ (*Sport*) *~ di allenamento* training session, practice; (*Sport*) (*nell'automobilismo*) *~ di prove* test session: *~ di prove libere* free session; *~ di prove cronometrate* timed session, time trials; *~estiva* summer session; *~ordinaria* ordinary session; *~plenaria* plenary session; *~straordinaria* special session, extraordinary session.

sessismo m. sexism.

sessista I a. sexist. II m./f. sexist.

sesso m. **1** sex: *determinazione del ~* sex determination; *~ femminile* female sex. **2** (*estens*) (*organi genitali*) sexual organs pl., genitals pl., (*lett*) sex. **3** (*sessualità*) sexuality. □ *~ debole* (*le donne*) weaker sex, weak sex; (*fig*) *discutere sul ~ degli angeli* to talk about an irrelevant and unsolvable problem, to waste one's breath in futile discussion; (*colloq*) *fare ~* to have sex; (*spec. scherz*) *~ forte* (*gli uomini*) stronger sex, strong sex; *~sicuro* safe sex; *~virtuale* virtual sex.

sessola f. **1** (*Mar*) scoop, bailer. **2** (*estens*) ladle.

sessuale a. sexual, sex (*attr.*): *rapporto ~* sexual intercourse.

sessualità f. sexuality.

sessualizzazione f. (*Biol,Psic*) sexualization.

sessualmente avv. sexually.

sessuato a. **1** (*sessualmente differenziato*) sexed. **2** (*rif. al sesso e alla riproduzione*) sexual.

sessuofobia f. (*Psic*) sex phobia.

sessuofobico (pl. **-ci**) a. (*Psic*) sex phobic.

sessuofobo m. (*Psic*) person who suffers from sex phobia.

sessuologia f. (*Med,Psic*) sexology.

sessuologico (pl. **-ci**) a. (*Med,Psic*) sexological.

sessuologo m. (f. **-a**; pl. **-gi**) sexologist.

sessuomane I m./f. sex maniac. II a. (*Psic*) oversexed.

sessuomania f. (*Psic*) sex mania.

sesta f. **1** (*Lit*) (*mezzogiorno*) sext, noon, midday. **2** (*Mus*) (*intervallo*) sixth, sixth interval; (*opera sesta*) sixth. **3** (*Sport*) (*nella danza classica*) sixth position; (*nella scherma*) sixte.

sestante m. (*Astr*) sextant.

sesterzio m. (*Stor.rom*) sestertius, sesterce.

sestetto m. **1** group of six people, sextet, sextette. **2** (*Mus*) sextet, sextette. □ (*Sport*) *~base* (*nella pallavolo: titolari*) base team.

sestiere m. quarter, district (*anche Stor*).

sestile m. (*Astr*) sextile.

sestina f. **1** (*Metr*) (*strofa di sei versi*) six-line stanza. **2** (*Metr*) (*forma della canzone*) sestina. **3** (*Mus*) sextuplet, sextolet. **4** (*nel lotto: giocata*) six numbers played; (*numeri estratti*) series of six winning numbers.

sesto[1] I a. **1** sixth: *il ~ giorno della settimana* the sixth day of the week. **2** (*rif. a regnan-*

ti) the Sixth: *Giorgio* ~ George the Sixth, George VI. **II** *avv.* sixth, in the sixth place: *arrivare* ~ to come sixth, to come in sixth. **III** *m.* sixth. ☐ *il ~ continente* Antarctica, the Antarctic; ~ *senso* (*intuizione*) sixth sense.

sesto[2] *m.* **1** (*ordine, assetto*) order: *rimettere in* ~ *qcs.* to put sth. back in order, to reorder sth. **2** (*Arch*) curve of an arch. ☐ (*Arch*) *arco a* ~ *acuto* ogival arch, pointed arch, ogive; (*Arch*) *arco a* ~ *rialzato* raised arch; (*Arch*) *arco a* ~ *ribassato* segmental arch; (*Arch*) *arco a tutto* ~ round arch; (*fig*) *fuori* ~ (o *fuori di* ~) (*non in condizioni normali*) off-colour, out of order, out of sorts; *mettere in* ~ *una stanza* to tidy up a room; (*fig*) *mettere in* ~ *i propri affari* to put one's affairs in order, to settle one's affairs; (*fig,colloq*) *rimettersi in* ~ to get back on one's feet again, to return to normal, to get back to normal again.

Sesto *n.pr.m.* (*Stor*) Sextus.

sestultimo *a.* last but five, sixth from last.

sestuplicare (**sestùplico, sestùplichi**) *v.t.* to sextuple, to multiply by six.

sestuplice *a.* (*lett*) sextuple, sixfold.

sestuplo **I** *a.* six times (as great), sixfold, sextuple. **II** *m.* sextuple.

set *m.inv.* set (*anche Sport*). ☐ (*Cin*) ~ *cinematografico* film set; ~ *da cucito* sewing set; ~ *di pentole* set of pans; (*Sport*) ~ *point* (*nel tennis, nella pallavolo*) set point; *sul* ~ *televisivo* on the TV set.

seta *f.* (*Tess*) silk (*anche fig*). ☐ (*Tess*) ~ *artificiale* artificial silk; (*Tess*) ~ *cangiante* shot silk; (*Tess*) ~ *cotta* degummed silk; (*Tess*) ~ *cruda* raw silk; *di* ~ silk (*attr.*), of silk, made of silk, silken: *una camicia di* ~ a silk shirt; (*Tess*) ~ *greggia* raw silk; (*Tess*) ~ *lavata* degummed silk; (*Tess*) ~ *marina* byssus; (*Tess*) ~ *pura* pure silk; (*Tess*) ~ *selvaggia* (o ~ *selvatica*) wild silk; (*Tess*) ~ *sgommata* degummed silk; (*Tess*) ~ *vegetale* vegetable silk.

setacciare (**setàccio, setàcci**) *v.t.* **1** to sift, to sieve: ~ *la farina* to sift flour. **2** (*fig*) (*esaminare con minuzia*) to sift, to examine. **3** (*fig*) (*perlustrare*) to search, to comb: *la polizia ha setacciato la campagna alla ricerca dei banditi* the police combed the countryside in search of the bandits.

setacciata *f.* sifting: *dare una* ~ *a qcs.* to sift sth.

setaccio *m.* **1** sieve, sifter. **2** (*Tecn*) (*crivello*) sieve, screen. ☐ *passare al* ~: **1** to sieve, to sift; **2** (*fig*) (*esaminare con minuzia*) to sift, to examine; **3** (*fig*) (*perlustrare*) to search, to comb; (*Min*) ~ *molecolare* molecular sieve.

setaceo *a.* **1** (*Bot,Zool*) setaceous. **2** (*rar*) silk (*attr.*), silken.

setaiolo *m.* (*f.* -**a**) **1** (*tessitore*) silk weaver. **2** (*filatore*) silk spinner. **3** (*venditore*) silk merchant, dealer in silks.

set ball /ˈsetbol, ˌsetˈbol/ *m.inv.* (*Sport*) (*nel tennis, nella pallavolo*) set ball.

sete *f.* **1** thirst. **2** (*fig*) (*desiderio*) thirst, longing, yearning, craving: ~ *di vendetta* thirst for vengeance. ☐ ~ *ardente* burning thirst (*anche fig*); *avere* ~ to be thirsty; *avere molta* ~ to be very thirsty; (*fig*) *avere* ~ *di qcs.* to long for sth., to thirst for sth.; (*fig*) *avere* ~ *di sangue* to be blood-thirsty; *morire di* ~ to be dying of thirst; (*fig*) ~ *di denaro* thirst for money; *far venire* ~ *a qcu.* (o *mettere* ~ *a qcu.*) to make so. thirsty.

seteria *f.* (*Tess*) **1** silk factory, silk mill. **2** *pl.* (*filati, tessuti di seta*) silk goods, silks.

seticoltura *f.* (*rar*) sericulture.

setificare (**setìfico**) *v.t.* to make (sth.) like silk.

setificio *m.* (*Tess*) silk factory, silk mill.

setola *f.* **1** bristle. **2** (*dei cavalli*) horsehair. **3** (*estens,scherz*) (*pelo, capello ispido*) bristle, coarse hair, tough hair. **4** (*Tip*) bristle brush. **5** (*Veter*) sand-crack.

setoloso *a.* **1** bristly, setose. **2** (*estens*) (*ispido, duro*) bristly, stiff, hard.

sett. *settembre* Sept., Sept (September).

setta *f.* **1** (*Rel*) cult, sect: ~ *eretica* heretical sect. **2** (*società segreta*) secret society. **3** (*fazione*) party, faction.

settaggio *m.* setup (*anche Inform*).

settanta **I** *a.inv.* seventy: *gli anni* ~ the Seventies. **II** *m.inv.* seventy. ☐ (*Bibl,estens*) *perdonare* ~ *volte sette* to forgive seventy times seven.

settantenne **I** *a.* seventy-year-old (*attr.*), seventy years old (*posposto*). **II** *m./f.* seventy-year-old man (*f.* woman).

settantesimo *a./m.* seventieth.

settantina *f.* **1** seventy. **2** (*circa settanta*) about seventy, some seventy. **3** (*rif. ad anni*) about seventy years old, seventy, almost seventy.

settare (**sètto**) *v.t.* to set up (*anche Inform*).

settario **I** *a.* **1** sectarian. **2** (*fig*) (*fazioso*) factious, party (*attr.*), sectarian. **II** *m.* (*f.* -**a**) (*persona faziosa*) sectarian, partisan, partizan.

settarismo *m.* sectarianism.

sette **I** *a.* seven. **II** *m.* **1** (*numero*) seven. **2** (*nelle date*) seventh: *il* ~ *giugno* the seventh of June, June (the) seventh. **3** (*colloq*) (*taglio, strappo*) tear, rip, rent: *farsi un* ~ *nei calzoni* to make a tear in one's trousers. **4** (*Sport, colloq*) (*incrocio dei pali*) top corner of the net. **III** *f.pl.* seven, seven o'clock, seven a.m.: *sono appena le* ~ it's only seven; (*colloq*) *le* ~ *di sera* seven p.m. ☐ (*fig*) *portare qcu. ai* ~ *cieli* to praise so. to the skies; *di* ~ *anni* seven-year-old: *un bambino di* ~ *anni* a seven-year-old child; ~ *bello*: **1** (*nelle carte: sette di quadri*) seven of diamonds; **2** (*Sport*) Italian men's water polo team; (*Bibl*) *i* ~ *doni dello Spirito Santo* the seven gifts of the Holy Ghost; *le* ~ *e mezzo* seven-thirty, half past seven; ~ *e mezzo* (*gioco di carte*) a card game similar to 21, in which players must score but not exceed seven and a half points; *le* ~ *meraviglie del mondo* the seven wonders of the world; (*Rel.catt*) *i* ~ *peccati capitali* the seven deadly sins; (*Lett*) *i* ~ *pilastri della saggezza* the Seven Pillars of Wisdom.

settebello *m.* **1** (*nelle carte: sette di quadri*) seven of diamonds. **2** (*Sport*) Italian men's water polo team.

settecentesco (*pl.* -**chi**) *a.* eighteenth-century (*attr.*), of the eighteenth century.

settecentesimo **I** *a.* seven-hundredth. **II** *m.* seven-hundredth.

settecentista **I** *a.* eighteenth-century, of the eighteenth century (*posposto*). **II** *m./f.* **1** (*artista*) eighteenth-century artist. **2** (*poeta*) eighteenth-century poet, eighteenth-century writer. **3** (*rif. all'arte e alla letteratura italiana*) settecentist. **4** (*studioso*) the eighteenth century scholar, student of the eighteenth century.

settecento **I** *a.inv.* seven hundred. **II** *m.inv.* seven hundred.

Settecento *m.inv.* **1** eighteenth century. **2** (*rif. all'arte e alla letteratura italiana*) Settecento.

settembre *m.* September: *il quattro (di)* ~ the fourth of September, September (the) fourth; *a metà (di)* ~ in mid-September. ☐ *di* ~ September (*attr.*), in September: *una*

giornata di ~ a September day; *in* ~ in September.

settembrino *a.* September (*attr.*), of September, in September.

settemila **I** *a.inv.* seven thousand. **II** *m.inv.* seven thousand.

settenario **I** *m.* (*Metr*) **1** seven-syllable line. **2** (*nella metrica latina*) septenary, septenarius. **II** *a.* (*Metr*) **1** seven-syllable (*attr.*). **2** (*nella metrica latina*) of seven and a half feet.

settennale *a.* **1** (*che dura sette anni*) seven-year, seven-year-long, lasting seven years, septennial: *piano* ~ seven-year plan. **2** (*che avviene ogni sette anni*) septennial, that occurs every seven years.

settennato *m.* **1** seven years *pl.* **2** (*Pol*) term of office of seven years.

settenne *a.* **1** (*che ha sette anni*) seven-year-old. **2** (*che dura da sette anni*) seven-year, that has lasted for seven years.

settennio *m.* seven years, period of seven years, (*lett*) septennium.

settentrionale **I** *a.* **1** northern, north, (*lett*) septentrional: *paesi settentrionali* northern countries; *Italia* ~ North Italy, Northern Italy; *vento* ~ north wind, northerly wind. **2** (*dell'Italia del nord*) North Italian, of North Italy, from North Italy. **II** *m./f.* **1** northerner. **2** (*italiano settentrionale*) North Italian, Northern Italian.

settentrione *m.* **1** (*punto cardinale*) north. **2** (*parte settentrionale*) north, northern part. **3** (*paesi situati a nord*) north, northern countries *pl.*: *nel* ~ *dell'Europa* in the north of Europe, in northern Europe. **4** (*rif. all'Italia*) Northern Italy, North Italy.

setter *m.inv.* (*Zool*) setter.

setterosa *m.inv.* (*Sport,Giorn*) Italian women's water polo team.

setticemia *f.* (*Med*) septicaemia, (*Am*) septicemia.

setticemico (*pl.* -**ci**) *a.* (*Med*) septicaemic, (*Am*) septicemic.

setticlavio *m.* (*Mus*) seven clefs *pl.*, system of seven clefs.

settico (*pl.* -**ci**) *a.* (*Med*) septic: *fossa settica* septic tank.

settima *f.* **1** (*Mus*) (*intervallo*) seventh; (*settima opera*) seventh. **2** (*Sport*) (*nella scherma*) septime.

settimana *f.* **1** week: *lavorare tutta la* ~ to work all week; *un paio di settimane* a fortnight; *due volte la* ~ twice a week. **2** (*salario*) week's pay, week's wages *pl.*: *riscuotere la* ~ to collect a week's pay. ☐ ~ *bianca* week's skiing, week-long skitrip, ski-week; ~ *corta* five-day week; (*Lit*) ~ *della Passione* Passion Week; *essere di* ~ (*svolgere un turno di servizio settimanale*) to be on duty for the week; (*fig*) ~ *di passione* terrible week; ~ *di quaranta ore* forty-hour week; *lo farò in* ~ I will do it during the week, I will do it by the end of the week; ~ *lavorativa* working week, (*Am*) workweek, (*Am*) work week; (*Rel*) ~ *santa* Holy Week; ~ *verde* field trip.

settimanale **I** *a.* weekly (*anche Giorn*), week (*attr.*): *incasso* ~ weekly takings. **II** *m.* (*Giorn*) weekly, weekly publication: ~ *di informazione* weekly newspaper.

settimanalmente *avv.* **1** (*ogni settimana*) weekly. **2** (*a settimana*) by the week: *mi pagano* ~ I am paid by the week.

settimino **I** *a.* seven-month: *neonato* ~ seven-month baby. **II** *m.* (*f.* -**a**) seven-month baby, seven months' child.

settimo **I** *a.* **1** seventh. **2** (*rif. a regnanti*) the Seventh: *Enrico* ~ Henry the Seventh, Henry VII. **II** *avv.* seventh, in the seventh place. **III**

_m._ (_f._ **-a**) **1** (_ordinale_) seventh. **2** (_al settimo posto_) seventh. □ (_fig_) _essere_ al ~ _cielo_ to be in seventh heaven; _portare qcu. al_ ~ _cielo_ (_o portare qcu. ai sette cieli_) to praise so. to the skies.

setto _m._ (_Anat,Bot_) septum (_anche Tecn_): ~ _nasale_ nasal septum, nose septum.

settore[1] _m._ **1** (_zona_) area, zone, sector (_anche Mil_): ~ _d'azione_ zone of action. **2** (_fig_) (_ambito, campo d'azione_) sector, field (_anche Inform_): ~ _economico_ economic sector. **3** (_Geom_) sector. □ ~_alberghiero_ hotel industry, hotel trade; ~ _bancario_ banking; (_Geom_) ~_circolare_ sector; (_Mil_) ~_di tiro_ field of fire; ~ _edilizio_ building industry; ~_industriale_ industrial sector; ~_primario_ agriculture; ~ _privato_ private sector; ~_produttivo_ production sector; ~_pubblico_ public sector; ~ _secondario_ industry, industrial sector; (_Geom_) ~_sferico_ sector of a sphere, spherical sector; (_Tel_) ~ _telefonico_ each sector in which Italy is divided according to the national telephone service; ~_terziario_ service sector, services sector.

settore[2] _m._ (_f._ **-trice**) (_Chir_) prosector. □ (_Chir_) ~_anatomico_ prosector.

settoriale _a._ sectorial.

settorializzare (**settorializzo**) _v.t._ to sectorize, to divide into sectors.

settorializzazione _f._ sectorization.

settuagenario I _a._ (_lett_) septuagenary, seventy-year-old. II _m._ (_f._ **-a**) (_lett_) septuagenarian.

settuagesima _f._ (_Lit_) Septuagesima, Septuagesima Sunday.

settuplicare (**settùplico, settùplichi**) I _v.t._ (_rar_) to multiply by seven, (_lett_) to septuple.

settuplo I _a._ sevenfold, (_lett_) septuple. II _m._ seven times as much, (_lett_) septuple: _pagare il_ ~ to pay seven times as much, to pay seven times the amount.

severamente _avv._ severely, strictly, sternly: _è_ ~ _vietato_ it is strictly prohibited.

severità _f._ **1** (_rif. a persone_) severity, strictness, sternness: _trattare qcu. con_ ~ to treat so. with severity. **2** (_rif. a cose_) severity: _la_ ~ _di una condanna_ the severity of a sentence. **3** (_fig_) (_austerità_) severity, austerity: ~ _di costumi_ severity, severity of morals. **4** (_fig_) (_gravità_) severity, seriousness, gravity.

severo _a._ **1** severe, strict, stern: _essere_ ~ _nel giudicare_ to be a severe judge; _insegnante_ ~ strict teacher; _critica severa_ stern criticism. **2** (_fig_) (_austero_) severe, austere: _vita severa_ austere life. **3** (_fig_) (_grave, rilevante_) severe, serious, grave: _una severa sconfitta_ a serious defeat, a bad defeat. **4** (_fig_) (_disadorno_) severe.

Severo _n.pr.m._ Severus.

sevizia _f.spec.pl._ **1** (_tortura_) torture _sing._: _usare sevizie contro qcu._ to torture so. **2** (_fig_) (_tormento persistente, angheria_) harassment _sing._ **3** (_violenza carnale_) rape.

seviziare (**sevìzio, sevìzi**) _v.t._ **1** (_provocare dolore fisico_) to torture. **2** (_fig_) (_maltrattare_) to ill-treat, to torment, to torture. **3** (_violentare_) to rape.

seviziatore _m._ (_f._ **-trice**) **1** torturer. **2** (_fig_) (_persona pedante, soffocante_) tormentor, abuser.

sevruga _m.inv._ sevruga.

sex appeal /ˌseksapˈpil/ _m.inv._ sex appeal.

sex shop /ˌseksˈʃɔp/ _m.inv._ sex shop.

sex symbol /ˌseksˈsimbol/ _m.inv._ sex symbol.

sexy _a.inv._ sexy: _una donna molto_ ~ a very sexy woman.

Seychelles /ˈseɪʃɛl/ _n.pr.f.pl._ (_Geog_) Seychelles, Seychelle Islands.

sez. _sezione_ sec. (section).

---

sezionamento _m._ **1** division, separation (_anche fig_). **2** (_Med_) dissection.

sezionare (**seziòno**) _v.t._ **1** to divide up, to cut up, to separate, to dissect. **2** (_fig_) (_spartire, dividere in classi_) to divide, to divide up, to separate, to separate into sections, to section. **3** (_Med_) to dissect, to section. **4** (_El_) to disconnect.

sezionatore _m._ (_El_) isolator: ~ _di potenza_ power isolator.

sezionatura _f._ division, separation.

sezione _f._ **1** (_Geom_) section: ~ _piana_ plane section. **2** (_spaccato_) section, cross section, cutaway view: ~ _di una galleria_ cutaway view of a tunnel. **3** (_fig_) (_suddivisione_) section, subdivision. **4** (_di tribunale_) division. **5** (_nei partiti_) section, local branch. **6** (_Med_) (_incisione_) section. **7** (_Med_) (_sezionamento_) dissection. □ (_Mat,Geom_) ~_aurea_ golden section, golden mean: ~ _aurea di un segmento_ golden section of a segment; (_Geom_) ~_circolare_ circular cross-section; _a_ ~ _circolare_ round, circular; (_Dir_) ~ _civile_ civil division; (_Geom_) ~ _conica_ conic section; (_Dir_) ~_d'accusa_ prosecution; ~_di polizia_ police station, police department; (_Minier_) ~_di scavo_ working face; (_Fis_) ~_d'urto_ cross section; ~ _elettorale_ polling station; (_Dir_) ~_istruttoria_ preliminary investigation section; (_Geom_) ~_longitudinale_ longitudinal section; (_Mar_) ~_maestra_ midship section; ~ _microscopica_ microscope section; (_Geom_) ~ _obliqua_ oblique section; (_Dir_) ~ _penale_ criminal division; (_Geom_) ~_trasversale_ cross section.

sfaccendare (**sfaccèndo**; _aus._ **avere**) _v.i._ to be busy, to bustle about.

sfaccendato I _a._ idle, lazy. II _m._ (_f._ **-a**) (_fannullone_) idler, loafer, (_colloq_) lazy-bones.

sfaccettare (**sfaccétto**) _v.t._ **1** (_rif. a pietre preziose_) to facet. **2** (_fig_) to consider from all points of view, to dissect, to examine in detail.

sfaccettato _a._ **1** (_rif. a pietre preziose_) faceted: _un cristallo_ ~ a faceted crystal. **2** (_fig_) complex, many-sided.

sfaccettatura _f._ **1** (_lo sfaccettare_) faceting. **2** (_parti sfaccettate_) facets _pl._ **3** (_fig_) facet, aspect.

sfacchinare (**sfacchìno**; _aus._ **avere**) _v.i._ (_colloq_) to toil, to drudge, to slave, to slog, to kill oneself.

sfacchinata _f._ (_colloq_) drudgery, toil, slavery.

sfacciataggine _f._ impudence, insolence, (_Br,colloq_) cheek, (_Am,colloq_) nerve: _che_ ~! what a nerve!, what nerve!; _ha avuto la_ ~ _di chiedermi un passaggio!_ he had the cheek to ask me for a lift!

sfacciatamente _avv._ impudently, insolently.

sfacciatello I _a._ impudent, insolent, (_colloq_) cheeky. II _m._ (_f._ **-a**) cheeky fellow.

sfacciato I _a._ **1** (_impudente_) impudent, insolent, (_colloq_) cheeky, (_colloq_) saucy. **2** (_spudorato, svergognato_) shameless. **3** (_fig_) (_vivace, vistoso_) gaudy, showy: _colori sfacciati_ gaudy colours. **4** (_rif. a cavalli_) blazed. II _m._ (_f._ **-a**) impudent fellow.

sfacelo _m._ **1** (_fig_) (_decadimento_) decay, decline: ~ _morale_ moral decay. **2** (_fig_) (_rovina, disastro_) ruin, disaster. **3** (_decomposizione_) decomposition: _lo_ ~ _di un corpo_ the decomposition of a body.

sfagiolare (**sfagiòlo**; _aus._ **essere**) _v.i._ (_colloq_) to be to one's liking, to be to one's taste, to like: _quel tipo non mi sfagiola_ I don't like that fellow.

sfagno _m._ (_Bot_) **1** sphagnum. **2** (_muschio per imballaggio e agricoltura_) bog moss,

---

sphagnum moss.

sfaldabile _a._ **1** (_che si sfalda_) flaky, scaly, exfoliating. **2** (_che si può sfaldare_) that may be flaked (_posposto_), that may be scaled (_posposto_). **3** (_Min_) spathic, spathose.

sfaldamento _m._ **1** (_riduzione in lastre, scaglie_) flaking, scaling, exfoliation. **2** (_disgregamento_) disintegration, crumbling (_anche fig_).

sfaldare (**sfàldo**) I _v.t._ **1** (_ridurre in lastre, scaglie_) to flake, to scale. **2** (_disgregare_) to disintegrate, to crumble (_anche fig_). II _v.pron._ **sfaldarsi** **1** (_ridursi in lastre, scaglie_) to flake, to scale, to exfoliate. **2** (_Min_) to cleave, to undergo cleavage. **3** (_sbriciolarsi, disgregarsi_) to disintegrate, to crumble (_anche fig_).

sfaldatura _f._ **1** (_lo sfaldarsi_) flaking, scaling, exfoliation. **2** (_Min_) cleavage: _piano di_ ~ cleavage plane. **3** (_disgregamento_) disintegration, crumbling (_anche fig_).

sfalsamento _m._ staggering (_anche Aer_).

sfalsare (**sfàlso**) _v.t._ **1** (_disporre in modo non allineato_) to stagger (_anche Aer_): ~ _i piani di una libreria_ to stagger the shelves in a bookcase. **2** (_Sport_) (_nella scherma: deviare_) to parry. **3** (_deviare_) to ward off, to turn aside.

sfamare (**sfàmo**) I _v.t._ **1** (_liberare la fame_) to appease the hunger of, to satisfy the hunger of. **2** (_nutrire_) to feed: _basta per_ ~ _un esercito_ that's enough to feed an army. II _v.pron._ **sfamarsi** **1** (_soddisfare la fame_) to appease one's hunger, to satisfy one's hunger, to have one's fill. **2** (_nutrirsi_) to eat.

sfangare (**sfàngo, sfànghi**) _v.t._ **1** (_lett_) (_togliere il fango_) to clean the mud off. **2** (_Tecn, Min_) to slime. □ (_fig,colloq_) _sfangarla_ (_o sfangarsela_) (_cavarsela_) to get off, to get away with.

sfare (_pres.ind._ **sfàccio, sfài**; _p.rem._ **sféci**; _p.p._ **sfàtto**) I _v.t._ (_disfare_) to undo. II _v.pron._ **sfarsi** **1** to dissolve. **2** (_sciogliersi_) to thaw, to melt: _la neve si è completamente sfatta_ the snow has all melted. **3** (_sfiorire_) to fade, to wither, to sag: _il suo viso comincia a sfarsi_ her face is starting to sag. **4** (_perdere la compattezza_) to get soft, to go soft: _il biscotto s'è tutto sfatto_ the biscuit has gone all soft.

sfarfallamento _m._ **1** (_Tecn_) (_tremolio_) flicker. **2** (_Mot_) wobbling, shimmy. **3** (_Entom_) emerging from the cocoon. **4** (_fig_) (_incostanza, volubilità_) fluttering, fickleness.

sfarfallare (**sfarfàllo**; _aus._ **avere**) _v.i._ **1** (_Tecn_) (_tremolare_) to flicker. **2** (_Mot_) to wobble, to shimmy. **3** (_Entom_) to emerge from the cocoon. **4** (_fig_) (_cambiare volubilmente_) to flutter, to flit, to be fickle: _sfarfalla da un ragazzo all'altro_ she flits from one boy to another.

sfarfallatura _f._ (_Entom_) emerging from the cocoon.

sfarfallio _m._ **1** flutter, fluttering. **2** (_Tecn_) flickering, flickering. **3** (_Mot_) wobbling, shimmy.

sfarinare (**sfarìno**) I _v.t._ **1** to grind to flour. **2** (_estens_) (_polverizzare_) to pulverize. II _v.i._ (_aus._ **avere**) **1** to become floury, to become mealy. **2** (_estens_) (_ridursi in polvere_) to pulverize, to become pulverized. III _v.pron._ **sfarinarsi** **1** to become floury, to become mealy. **2** (_estens_) (_ridursi in polvere_) to pulverize, to become pulverized.

sfarzo _m._ magnificence, pomp, splendour. □ _con_ ~ magnificently, splendidly; _senza_ ~ simply, plainly, unostentatiously.

sfarzosamente _avv._ magnificently, splendidly, sumptuously.

sfarzosità _f._ **1** magnificence, splendour, sumptuousness, pomp and circumstance. **2** (_spreg_) (_ostentazione di sfarzo_) lavish display, ostentation. **3** (*spreg*) (*appariscenza rif. a colori, abiti e sim.*) showiness, gaudiness.

sfarzoso *a.* **1** magnificent, splendid, sumptuous, lavish. **2** (*appariscente, chiassoso rif. ad abiti e sim.*) gaudy, garish.

sfasamento *m.* **1** (*Tecn*) phase displacement. **2** (*fig,colloq*) (*disorientamento*) bewilderment, confusion.

sfasare (**sfàso**) *v.t.* **1** (*Tecn*) to dephase, to put out of phase. **2** (*alternare spec. nel tempo*) to stagger. **3** (*fig,colloq*) (*disorientare*) to confuse, to bewilder, to disorientate.

sfasato *a.* **1** (*fig,colloq*) (*confuso, disorientato*) confused, bewildered. **2** (*fig,colloq*) (*fuori forma*) off colour, below par: *sentirsi ~* to be feeling below par. **3** (*Tecn*) out of phase. **4** (*Mot*) with faulty timing.

sfasatura *f.* **1** (*Tecn*) phase displacement. **2** (*fig,colloq*) (*disorientamento*) bewilderment, confusion.

sfasciacarrozze *m./f.inv.* car wrecker.

sfasciamento *m.* **1** (*lo sfasciare*) breaking, smashing, shattering. **2** (*crollo*) collapse, break-up, ruin.

sfasciare[1] (**sfàscio, sfàsci**) *v.t.* **1** (*disfare la fasciatura*) to unbandage, to remove the bandage from, to remove the bandages from: *sfasciare una ferita* to unbandage a wound. **2** (*rif. a neonati*) to unswaddle, to unswathe.

sfasciare[2] (**sfàscio, sfàsci**) **I** *v.t.* **1** (*rompere*) to break, to smash. **2** (*sconquassare*) to smash, to wreck, to shatter, to break up, to tear up: *~ una sedia* to smash a chair. **II** *v.pron.* **sfasciarsi 1** (*fracassarsi*) to break up, to break in pieces, to be wrecked: *la nave si sfasciò sugli scogli* the ship was wrecked on the rocks, the ship broke up on the rocks. **2** (*rif. a veicoli: fracassarsi*) to crash. **3** (*rompersi*) to break, to shatter, to be smashed. **4** (*fig*) (*crollare, scompaginarsi*) to collapse, to break up, to crumble, to crumble away, to fall down, to fall into ruin. **5** (*fig,colloq*) (*perdere la snellezza*) to go to pot.

sfasciato[1] *a.* **1** (*senza fasciatura*) unbandaged. **2** (*rif. a neonati*) unswaddled, unswathed.

sfasciato[2] *a.* **1** (*sconquassato*) smashed, wrecked, broken up, torn up, shattered. **2** (*fracassato*) broken up, in pieces, in smithereens, wrecked. **3** (*colloq,spreg*) (*rif. a persone: flaccido, cascante*) flabby, gone to pot.

sfascio *m.* (*rar*) (*sfacelo*) ruin, collapse. □ *andare allo ~* (*in rovina*) to go to rack and ruin, (*Am*) to go to pot; *essere allo ~* (*in totale confusione*) to be in a total mess, to be a shambles, (*colloq*) to be going to the dogs.

sfasciume *m.* **1** (*rar*) (*insieme di cose sfasciate*) debris, rubble, (*colloq*) junk. **2** (*Geol*) scree, detritus.

sfatare (**sfàto**) *v.t.* **1** (*estens*) (*dimostrare inattendibile*) to disprove, to refute, to explode, to debunk, to dispel: *~ una leggenda* to explode a myth, to debunk a myth, to dispel a myth. **2** (*ant,rar*) (*togliere un incantesimo*) to break a spell.

sfaticare (**sfatìco, sfatìchi**; *aus.* **avere**) *v.i.* (*region*) (*sfacchinare*) to toil, to drudge, to slave, to slog, to kill oneself.

sfaticato *a.* (*region*) (*scansafatiche*) idle, lazy. **II** *m.* (*f.* **-a**) (*region*) idler, loafer, (*colloq*) lazy-bones.

sfatto *a.* **1** undone. **2** (*non in ordine*) unmade: *letto ~* unmade bed. **3** (*troppo cotto*) overcooked. **4** (*troppo maturo*) overripe. **5** (*sciolto*) dissolved. **6** (*fuso*) melted. **7** (*fuso rif. alla neve*) thawed, melted. **8** (*fig*) (*rif. a persone: sfiorito*) faded, withered, sagging,

drooping.

sfavillante *a.* **1** (*che emette faville*) sparking, sparkling. **2** (*splendente*) sparkling, glittering, shining (*anche fig*): *occhi sfavillanti di gioia* eyes sparkling with joy.

sfavillare (**sfavìllo**; *aus.* **avere**) *v.i.* **1** to sparkle, to give off sparks, to spark. **2** (*risplendere*) to sparkle, to glitter, to shine (*anche fig*): *le sfavillano gli occhi di gioia* her eyes are shining with joy.

sfavillio *m.* sparkling, glittering, shining (*anche fig*).

sfavore *m.* **1** (*contrarietà*) disfavour, disapproval. **2** (*svantaggio*) disadvantage. □ *a ~di* (*o in ~di*) against: *votare a ~ di qcu.* (*o qcs.*) to vote against so. (*o* sth.).

sfavorevole *a.* **1** (*inopportuno*) unfavourable, bad: *è un momento ~* it's a bad time. **2** (*contrario*) against (*a qcs.* sth.), adverse (*a qcs.* to sth.): *essere ~ a un progetto* to be against a plan. **3** (*negativo*) unfavourable: *opinione ~* unfavourable opinion.

sfavorevolmente *avv.* unfavourably.

sfavorire (**sfavorìsco, sfavorìsci**) *v.t.* **1** to be against, to go against. **2** (*penalizzare spec. nel movimento fisico*) to hamper. **3** (*non trattare alla pari*) to treat unfairly (usually in the passive form).

sfebbrare (**sfèbbro**; *aus.* **essere**) *v.i.* to get rid of a fever.

sfebbrato *a.* no longer having a fever.

sfegatarsi (**mi sfégato**) *v.pron.* (*colloq*) **1** to wear oneself out, to break one's back, to strain oneself: *non sfegatarti tanto per difenderlo* don't strain yourself out to defend him. **2** (*gridare*) to shout one's lungs out.

sfegatato I *a.* (*colloq*) passionate, ardent, keen. **II** *m.* (*f.* **-a**) (*colloq*) daredevil.

sfeltrare (**sféltro**) *v.t.* (*Tess*) to pluck.

sfeltratura *f.* (*Tess*) plucking.

sfenoidale *a.* (*Anat*) sphenoid, sphenoidal.

sfenoide *m.* **1** (*Anat*) sphenoid, sphenoid bone. **2** (*Min*) sphenoid, disphenoid.

sfera *f.* **1** (*Geom,Mat*) sphere. **2** (*estens*) (*oggetto sferico*) sphere, ball: *~ di ferro* iron ball. **3** (*Sport*) (*nel calcio: anche sfera di cuoio*) ball. **4** (*fig*) (*ambiente*) circle, set, sphere. **5** (*fig*) (*campo, settore*) sphere, field, province: *~ d'azione* sphere of influence; *~ di competenza* field of expertise; *allargare la propria ~ di attività* to extend one's sphere of activity. □ *a ~-ball* (*attr.*): *cuscinetto a ~ ball bearing; penna a ~* ballpoint, ball point; (*Astr,ant*) *~ armillare* armillary sphere; (*Astr*) *~celeste* celestial sphere; *~di cristallo* crystal ball: *leggere nella ~ di cristallo* to crystal gaze, to see into a crystal ball; *~ d'influenza* sphere of influence (*anche Pol*); (*Dir,Pol*) *~ d'interessi* sphere of interest; (*fig*) *~intima* privacy; (*fig*) *~privata* privacy; (*fig*) *~sessuale* sexual sphere; *~terrestre* terrestrial globe, globe.

sfericità *f.* sphericity (*anche Geom*).

sferico (*pl.* **-ci**) *a.* spherical, spheric (*anche Geom*): *astronomia sferica* spherical astronomy.

sferisterio *m.* court (for ball games); (*spec. per la pelota*) fronton.

sferoidale *a.* spheroidal (*anche Astr,Geom*).

sferoide *m.* spheroid (*anche Astr,Geom*).

sferometro *m.* (*Tecn*) spherometer.

sferragliamento *m.* rattle, clatter, clattering, clang, clanging.

sferragliare (**sferràglio, sferràgli**; *aus.* **avere**) *v.i.* to rattle, to clatter, to clank, to grind.

sferrare (**sfèrro**) **I** *v.t.* **1** (*fig*) (*dare, tirare con forza*) to throw, (*colloq*) to land: *~ un pugno* to land a punch. **2** (*fig*) (*fare improvvisa-*

mente) to launch, to deliver: *~ un attacco* to launch an attack. **3** (*togliere i ferri dagli zoccoli di cavalli e sim.*) to unshoe. **4** (*liberare dalle catene*) to unchain. **II** *v.pron.* **sferrarsi 1** (*fig*) (*avventarsi*) to fling oneself, to hurl oneself. **2** (*perdere i ferri degli zoccoli*) to lose a shoe, to cast a shoe, to be unshod, to become unshod.

sferruzzare (**sferrùzzo**; *aus.* **avere**) *v.i.* to knit.

sferza *f.* **1** (*frusta*) whip; (*parte terminale*) lash. **2** (*fig*) (*aspra critica*) lash, severe scolding: *la ~ della critica* the lash of criticism. □ (*fig*) *sotto la ~del sole* under the merciless rays of the sun, under the burning rays of the sun.

sferzante *a.* **1** (*che colpisce con violenza*) lashing, whipping, scourging. **2** (*fig*) (*aspro, sarcastico*) pungent, caustic, lashing: *critica ~* pungent observation.

sferzare (**sfèrzo**) *v.t.* **1** (*frustare, colpire con violenza*) to whip, to lash, to flog: *~ i cavalli* to whip the horses. **2** (*fig*) (*biasimare*) to lash out at, to scourge: *~ i vizi* to lash out at immorality. **3** (*fig*) (*incitare anche rif. ad animali*) to spur (sth.) on, to drive, to drive on.

sferzata *f.* **1** blow with a whip, lash, cut with a whip. **2** (*fig*) (*critica aspra*) lashing, severe scolding, rebuke.

sferzo *m.* (*Mar*) **1** sail cloth. **2** (*copertura*) tarpaulin.

sfiancare (**sfiànco, sfiànchi**) **I** *v.t.* **1** (*rompere nei fianchi*) to break the sides of, to break through the sides of, to burst, to burst open. **2** (*iperb*) (*logorare*) to wear sth. out, to exhaust, (*colloq*) to do in. **3** (*spossare rif. a cavalli*) to wear sth. out, to exhaust. **4** (*Sart*) to fit at the waist. **II** *v.pron.* **sfiancarsi 1** (*rar*) (*rompersi nei fianchi*) to break open, to burst, to cave in. **2** (*iperb*) (*logorarsi*) to be exhausted, to be worn-out, (*colloq*) to be done in.

sfiancato *a.* **1** (*spossato*) worn-out, exhausted, (*colloq*) done in. **2** (*rif. ad animali: con il fianco infossato e rigido*) hollow-flanked, with sunken flanks.

sfiatamento *m.* leak, leakage, escape.

sfiatare (**sfiàto**) **I** *v.i.* (*aus.* **avere**) **1** (*uscire*) to leak, to escape, to vent. **2** (*emettere vapore e sim.*) to let off gas, to give off steam, to leak; (*con forza*) to blow. **II** *v.pron.* **sfiatarsi 1** (*rif. a strumenti a fiato: perdere il timbro*) to lose tone, to crack. **2** (*colloq*) (*sgolarsi*) to go hoarse, to talk oneself hoarse. **3** (*colloq*) (*sprecare il fiato*) to waste one's breath.

sfiatato *a.* **1** (*rif. a strumenti musicali*) cracked. **2** (*colloq*) (*senza più voce*) hoarse. **3** (*colloq*) (*senza più fiato*) breathless.

sfiatatoio *m.* **1** vent, outlet. **2** (*Mecc*) breather. **3** (*Zool*) spiracle, (*colloq*) blowhole.

sfiatatura *f.* **1** (*sfiatamento*) leak, leakage, escape. **2** (*apertura*) hole, vent.

sfibbiare (**sfìbbio, sfìbbi**) *v.t.* to unbuckle, to unfasten: *~ la cintura* (*o sfibbiarsi la cintura*) to unbuckle one's belt.

sfibramento *m.* **1** (*Ind*) defibration. **2** (*fig*) (*logorio*) weakening, enervation.

sfibrante *a.* (*fig*) (*logorante*) weakening, enervating, exhausting, wearing: *un caldo ~* exhausting heat.

sfibrare (**sfìbro**) **I** *v.t.* **1** (*Ind*) to defibrate, to defiber. **2** (*fig*) (*logorare*) to weaken, to enfeeble, to enervate, to wear. **II** *v.pron.* **sfibrarsi** (*fig*) (*logorarsi*) to exhaust oneself, to wear oneself out.

sfibrato *a.* **1** (*Ind*) defibrated. **2** (*fig*) weakened, enfeebled, enervated, worn out.

sfida *f.* challenge (*anche Sport,fig*): *lanciare*

la ~ a qcu. to challenge so.; *raccogliere una* ~ to accept a challenge. ☐ *con aria di* ~ defiantly, challengingly, goadingly.

sfidante I *a.* challenging. **II** *m./f.* challenger (*anche Sport*).

sfidare (**sfido**) **I** *v.t.* **1** to challenge. **2** (*estens*) (*invitare*) to challenge, to defy: *ti sfido a dimostrarmi il contrario* I defy you to prove the contrary. **3** (*fig*) (*affrontare con coraggio*) to dare, to brave, to defy: ~ *il pericolo* to brave danger. **II** *v.r.recipr.* **sfidarsi** to challenge each other. ☐ ~ *qcu. a duello* to challenge so. to a duel; (*fig*) ~ *i secoli* to defy the passing of time; ~ *la morte* to risk one's life; ~ *la sorte* to tempt fate; (*colloq*) *sfido!* (o *sfido io!*) of course!, I should say so!

sfidato I *m.* (*f.* **-a**) **1** person challenged. **2** (*Sport*) defender. **II** *a.* challenged.

sfiducia *f.* **1** distrust, mistrust, lack of confidence, lack of trust. **2** (*Pol*) (*voto di sfiducia*) vote of no confidence. ☐ *avere* ~ *in qcu.* to distrust so., to have no confidence in so., to have no trust in so.; ~ *in se stesso* lack of self-confidence.

sfiduciare (**sfiducio**, **sfiduci**) **I** *v.t.* **1** (*scoraggiare*) to discourage, to dishearten. **2** (*Pol*) (*votare la sfiducia*) to pass a vote of no confidence. **II** *v.pron.* **sfiduciarsi** (*scoraggiarsi*) to become discouraged, to lose heart.

sfiduciato *a.* discouraged, disheartened.

sfiga *f.* (*pop*) (*sfortuna*) bad luck, hoodoo, jinx.

sfigato I *a.* (*pop*) **1** (*iellato*) unlucky, cursed; (*che porta sfortuna*) jinxed: *essere* ~ to be unlucky. **2** (*estens*) (*incapace*) good-for-nothing, wimpy. **3** (*di luogo: sgradevole*) fucked. **II** *m.* (*f.* **-a**) (*pop*) **1** (*sfortunato*) unlucky person. **2** (*estens*) (*incapace*) bum, good-for-nothing, wimp.

sfigmico (*pl.* **-ci**) *a.* (*Med*) sphygmic.

sfigmografia *f.* (*Med*) sphygmography.

sfigmografo *m.* (*Med*) sphygmograph.

sfigmomanometro *m.* (*Med*) sphygmomanometer.

sfigurare (**sfigùro**) **I** *v.t.* **1** (*deturpare*) to mar, to ruin, to spoil, to disfigure: *le costruzioni hanno sfigurato il paesaggio* the buildings have ruined the landscape. **2** (*deturpare: rif. al viso*) to disfigure: *la cicatrice gli ha sfigurato il viso* the scar disfigured his face. **3** (*iperb*) (*alterare*) to disfigure, to distort: *la rabbia gli sfigurava il volto* anger distorted his features. **II** *v.i.* (*aus.* **avere**) **1** (*rif. a persone: fare una brutta figura*) to cut a poor figure, to cut a sorry figure, to make a bad impression, to look bad. **2** (*in una prova*) to do badly. **3** (*rif. a cose*) not to look well, not to look good, to look wrong, to look out of place, to make a bad impression. **4** (*rif. a capi di vestiario*) not to go, not to match. ☐ *far* ~ *qcu.* to show so. up.

sfigurato *a.* **1** (*deturpato*) marred. **2** (*deformato, deturpato*) disfigured: *volto* ~ *dalle cicatrici* face disfigured by scars. **3** (*iperb*) (*stravolto*) disfigured, distorted.

sfilaccia (*pl.* **-ce**) *f.* (*Tess*) bast, (*Am*) bast fiber.

sfilacciare (**sfilàccio**, **sfilàcci**) **I** *v.t.* to unravel. **II** *v.i.* (*aus.* **essere**) **1** (*rif. a tessuti e sim.*) to fray: *un tessuto che sfilaccia facilmente* a material that frays easily. **2** (*rif. a cavi vegetali*) to unravel, to fray. **3** (*fig*) (*disgregare*) to dissolve, to disintegrate, to break up. **III** *v.pron.* **sfilacciarsi 1** (*rif. a tessuti e sim.*) to fray: *un tessuto che si sfilaccia facilmente* a material that frays easily. **2** (*rif. a cavi vegetali*) to unravel, to fray. **3** (*fig*) (*disgregarsi*) to dissolve, to disintegrate, to break up.

sfilacciato *a.* **1** (*rif. a corde e sim.*) unravelled, frayed. **2** (*fig*) (*sconnesso*) disjointed, disconnected: *un discorso* ~ a disjointed speech.

sfilacciatrice *f.* (*Ind*) grinding machine, tearing machine.

sfilacciatura *f.* **1** (*lo sfilacciare*) fraying, unravelling. **2** (*parte sfilacciata*) fray, frayed part, worn part. **3** (*Tess,Cart*) raggrinding.

sfilare[1] (**sfilo**) *v.t.* **1** to unthread: ~ *l'ago* (o ~ *il filo dalla cruna dell'ago*) to unthread a needle. **2** (*rif. a perle e sim.*) to unstring. **3** (*togliere i fili*) to draw threads from, to pull threads out of: ~ *un tessuto* to draw threads from a piece of cloth. **4** (*togliere di dosso*) to take off, to pull off, to slip off, to remove: ~ *l'anello dal dito* to slip off one's ring; ~ *le scarpe* to take off one's shoes. **5** (*rubare*) to steal: *mi hanno sfilato il portafoglio* my wallet has been stolen. **II** *v.pron.* **sfilarsi 1** to become unthreaded. **2** (*rif. a perle e sim.*) to become unstrung. **3** (*perdere i fili*) to rip, to unravel. **4** (*smagliarsi*) to ladder, to run: *mi si è sfilata la calza* my stocking has laddered. **5** (*sfilacciarsi*) to fray: *questo tessuto si sfila facilmente* this material frays easily. **6** (*togliersi di dosso*) to take off, to slip off, to pull off, to remove: *sfilarsi il vestito* to take off one's dress. ☐ (*colloq*) ~ *il rosario* (*pregando*) to say the rosary, to tell one's beads, to say one's beads, to count one's beads; (*estens*) ~ *la carne* (*togliere i nervi*) to tenderize meat; (*Alp*) ~ *la corda dal moschettone* to slip a rope off the karabiner; ~ *l'arrosto* (*toglierlo dallo spiedo*) to remove the roast from the spit.

sfilare[2] (**sfilo**; *aus.* **avere/essere**) *v.i.* **1** to go, to wind one's way, to pass, to parade: *il corteo sfilava per le strade* the procession went by through the streets. **2** (*rif. a vetture*) to drive, to pass. **3** (*Mil,Sport*) to march (*davanti a* past), to parade (*davanti a* before): ~ *in colonna* to march in column. **4** (*Mar.mil*) to pass astern.

sfilata *f.* **1** parade, marchpast (*anche Mil*). **2** (*di moda*) fashion show. **3** (*serie, fila*) line, string: *una* ~ *di nomi* a string of names; *una* ~ *di case* a line of houses, a row of houses.

sfilatino *m.* (*Alim,colloq*) small French loaf.

sfilato I *a.* **1** (*rif. a fili*) (that has come) unthreaded. **2** (*rif. a perle e sim.*) unstrung: *perle sfilate* unstrung pearls. **3** (*tolto*) removed, off, taken off: *avere una manica infilata e una sfilata* to have one sleeve on and one off. **4** (*rif. a calze: smagliato*) laddered, run. **II** *m.* (*ricamo*) drawn-thread work, drawn work.

sfilatura *f.* **1** (*lo sfilare*) unthreading. **2** (*lo sfilare rif. a perle e sim.*) unstringing, unthreading. **3** (*parte sfilata*) rip. **4** (*smagliatura*) ladder, run: *una* ~ *nella calza* (Br) a ladder in one's stocking, (Am) a run in one's stockings.

sfilettare (**sfilétto**) *v.t.* (*Gastron*) to fillet.

sfilza *f.* **1** (*sequela*) string, series, succession (*anche fig*): *una* ~ *di errori* a series of errors. **2** (*fila*) bank, row, line: *una* ~ *di case* a row of houses.

sfinge *f.* **1** sphinx (*anche fig*). **2** (*Entom*) hawk moth, sphinx moth. ☐ (*Entom*) ~ *del ligustro* privet hawk moth; (*Entom*) ~ *testa di morto* death's head hawk moth.

Sfinge *n.pr.f.* (*Mitol*) Sphinx.

sfinimento *m.* exhaustion, extreme weakness, prostration.

sfinire (**sfinìsco**, **sfinìsci**) **I** *v.t.* to exhaust, to wear out, to weaken. **II** *v.pron.* **sfinirsi** to

wear oneself out, to lose one's strength.

sfinitezza *f.* exhaustion, extreme weakness.

sfinito *a.* worn-out, tired out, exhausted.

sfintere *m.* (*Anat*) sphincter: ~ *anale* (*o* ~ *dell'ano*) anal sphincter.

sfioccare (**sfiòcco**, **sfiòcchi**) **I** *v.t.* (*sfilacciare*) to fray, to unravel. **II** *v.pron.* **sfioccarsi** (*fig*) (*rompersi in fiocchi*) to break up, to scatter.

sfioramento *m.* touching, brushing, grazing.

sfiorare (**sfióro**) *v.t.* **1** to touch lightly, to brush (*qcs.* against, past sth.), to skim (*qcs.* along, over sth.), to graze: *l'aereo sfiorava la superficie dell'acqua* the plane skimmed over the water; *una pallottola gli sfiorò la guancia* a bullet grazed his cheek. **2** (*mancare di poco*) to just miss: *l'automobile sfiorò il pedone* the car just missed the pedestrian. **3** (*fig*) (*arrivare molto vicino*) to be very close to, to be very near to, to be on the verge of: ~ *il successo* to be very close to success. **4** (*fig*) (*accennare*) to touch on, to touch upon, to barely touch on, to skim over: ~ *un argomento* to skim over a subject. **5** (*fig*) (*rasentare*) to come very close to, to border on: *una dichiarazione che sfiora il ridicolo* a statement bordering on the ridiculous. **6** (*Alim*) (*scremare*) to skim: ~ *il latte* to skim milk. ☐ *è stato sfiorato da un dubbio* a doubt crossed his mind; *non lo ha mai sfiorato il minimo dubbio* not the slightest doubt has ever crossed his mind; *le sfiorò la fronte con un bacio* he brushed her forehead with his lips; ~ *la pazzia* to verge on madness.

sfioratore *m.* (*Idr*) spillway.

sfiorire (**sfiorìsco**, **sfiorìsci**; *aus.* **essere**) *v.i.* **1** to wither, to shrivel, to lose petals, to go out of bloom: *i fiori sono sfioriti* the flowers have withered. **2** (*fig*) to fade, to fade away: *la sua bellezza sfiorì presto* her beauty soon faded.

sfiorito *a.* **1** faded, withered. **2** (*fig*) faded: *bellezza sfiorita* faded beauty; (*rif. al volto*) wizened.

sfioritura *f.* fading, withering.

sfirena *f.* (*Itt*) European barracuda. ☐ (*Itt*) ~ *comune* European barracuda.

sfittare (**sfitto**) **I** *v.t.* to vacate, to leave vacant. **II** *v.pron.* **sfittarsi** to become vacant.

sfitto *a.* vacant, empty: *appartamento* ~ vacant flat.

sfizio *m.* (*region*) whim, fancy: *togliersi uno* ~ to satisfy a whim; *per* ~ for fun, out of fun.

sfocare (**sfuòco/sfòco, sfuòchi/sfòchi**) *v.t.* (*Fot*) to put out of focus.

sfocato *a.* **1** (*di fotografie, immagini e sim.*) out of focus, blurred, fuzzy. **2** (*fig*) (*vago*) vague, dim, hazy, indefinite.

sfocatura *f.* (*Fot*) blur, blurring, fuzziness.

sfociare (**sfócio, sfóci**; *aus.* **essere/rar avere**) *v.i.* **1** (*rif. a fiumi e sim.*) to flow, to empty, to debouch: *il Tevere sfocia nel mar Tirreno* the Tiber flows into the Tyrrhenian Sea. **2** (*rif. a strade e sim.*) to open, to lead (into), to come out: *questa via sfocia nella piazza principale* this street leads into the main square. **3** (*arrivare*) to come, to come out, to emerge, to finish up, to wind up: *il corteo sfociò in piazza* the procession emerged in the square. **4** (*fig*) (*causare*) to result (*in* in), to lead (*in* to): *i disordini sfociarono in una rivolta* the riots led to a revolution. **5** (*fig*) (*andare a finire*) to end, to end up: *la discussione sboccò in una lite* the discussion ended in a quarrel.

sfoderabile *a.* **1** (*rif. a poltrone e sim.: fodera esterna*) with a removable cover. **2** (*rif.*

a vestiti: fodera interna) with detachable lining.

sfoderare (**sfòdero**) *v.t.* **1** to unsheathe, to draw: ~ *la spada* to draw one's sword. **2** (*rif. a divani e sim.: togliere la fodera*) to take the cover off, to take the covers off. **3** (*rif. a vestiti: togliere la fodera*) to take out the lining of. **4** (*fig*) to turn out to have, (*colloq*) to come out with: *ha sfoderato una bellissima voce di tenore* he turned out to have a beautiful tenor voice. **5** (*fig*) (*ostentare*) to display, to show off: ~ *tutta la propria cultura* to display all one's learning. □ ~ *un sorriso* to flash a smile.

sfoderato *a.* **1** drawn, unsheathed: *con la spada sfoderata* with drawn sword. **2** (*senza fodera*) unlined: *giacca sfoderata* unlined jacket.

sfogare (**sfògo, sfòghi**) **I** *v.t.* to vent, to give vent to, to let out, to take out, to pour out: ~ *la propria rabbia su qcu.* to take out one's anger on so. **II** *v.i.* (*aus.* **essere**) **1** (*fuoriuscire: rif. a gas, vapori e sim.*) to come out, to go out, to escape. **2** (*fuoriuscire: rif. a liquidi*) to flow out, to come out, to go out. **3** (*fig*) (*prorompere*) to find relief, to find an outlet: *il suo dolore sfogò nel pianto* his sorrow found relief in tears. **4** (*fig*) (*manifestarsi liberamente rif. a passioni, sentimenti*) to let oneself go. **III** *v.pron.* **sfogarsi 1** (*confidarsi*) to unburden oneself, to open one's heart, (*colloq*) to get sth. off one's chest. **2** (*rif. a passioni, sentimenti*) to let oneself go. □ *sfogarsi a correre* to run wild; *sfogarsi contro qcu.* to say just what one thinks of so.; *sfogarsi mangiando* to eat one's fill.

sfogatoio *m.* outlet, vent.

sfoggiare (**sfòggio, sfòggi**) **I** *v.t.* to show off, to display, to flaunt, to parade (*anche fig*): ~ *un vestito nuovo* to show off a new suit; ~ *la propria cultura* to flaunt one's learning. **II** *v.i.* (*aus.* **avere**) to show off.

sfoggio *m.* **1** (*sfarzo*) show, pomp. **2** (*fig*) display, show, showing off: ~ *di erudizione* show of learning. □ *fare* ~ *di qcs.* to show sth. off, to make a display of sth.

sfoglia *f.* **1** (*lamina sottilissima*) foil, sheet. **2** (*Gastron*) (*di pasta*) sheet of pasta dough. **3** (*Gastron*) (*pasta sfoglia*) puff pastry. **4** (*Itt, region*) (*sogliola*) sole.

sfogliare[1] (**sfòglio, sfògli**) **I** *v.t.* **1** to strip the leaves off, to pull the leaves off: ~ *un ramo* to strip the leaves off a branch. **2** (*togliere i petali*) to pluck the petals off. **II** *v.pron.* **sfogliarsi 1** to shed leaves, to lose leaves. **2** (*perdere i petali*) to shed petals. □ ~ *la margherita*: **1** (*fare m'ama non m'ama*) to play "she loves me, she loves me not"; **2** (*fig*) (*esitare*) to waver.

sfogliare[2] (**sfòglio, sfògli**) **I** *v.t.* to glance through, to skim through, to have a quick look through: ~ *un libro* to glance through a book, to leaf through a book. **II** *v.pron.* **sfogliarsi** (*ridursi in lamine*) to flake.

sfogliata[1] *f.* (*scorsa*) glance, quick look, (*colloq*) once-over: *dare una* ~ *al giornale* to glance through the newspaper.

sfogliata[2] *f.* (*Dolc*) napoleon.

sfogliatella *f.* (*Dolc*) puff.

sfogliatrice *f.* **1** (*Agr*) stripper, harvest stripper. **2** (*Fal*) veneer cutting machine, veneer peeling machine.

sfogo (*pl.* **-ghi**) *m.* **1** vent, outlet: ~ *d'aria* air vent; ~ *d'acqua* water outlet. **2** (*fig*) (*rif. a sentimenti, passioni*) vent, outburst: *dare* ~ *all'ira* to give vent to one's wrath. **3** (*fig*) (*sollievo*) relief: *trovare* ~ *in qcs.* to find relief in sth., to find expression in sth. **4** (*ac-*

cesso) access, outlet: *paese senza* ~ *sul mare* country that has no access to the sea. **5** (*Econ*) (*sbocco*) outlet, channel; (*mercato*) market. **6** (*colloq*) (*eruzione cutanea*) eruption, rash. □ *avere* ~ (*essere ampio*) to be spacious; (*fig*) *dare* ~ *a qcs.* to give vent to sth.; *dare uno* ~ *a qcs.* to provide an outlet for sth.; ~ *del cuore* opening of one's heart; *una stanza senza* ~ (*molto piccola*) a cramped room, (*Br*) a poky room, a pokey room.

sfolgorante *a.* **1** blazing, shining, radiant: *luce* ~ blazing light. **2** (*fig*) radiant, shining: ~ *di gioia* radiant with joy.

sfolgorare (**sfòlgoro**; *aus.* **avere**) *v.i.* **1** to blaze, to shine, to shine brightly. **2** (*fig*) to shine: *gli occhi le sfolgoravano di gioia* her eyes shone with joy.

sfolgorio *m.* blaze, shining.

sfollagente *m.inv.* baton, club, (*Am*) nightstick.

sfollamento *m.* **1** (*evacuazione come misura di sicurezza*) evacuation. **2** (*dispersione di folla, sgombero*) dispersal, dispersion. **3** (*diminuzione di personale*) personnel reduction, staff reduction.

sfollare (**sfòllo/sfòllo**) **I** *v.t.* **1** (*abbandonare*) to leave: *gli spettatori cominciarono a* ~ *il teatro* the audience began to leave the theatre. **2** (*disperdere*) to disperse, to scatter. **3** (*fare sgomberare*) to clear, to empty; (*come misura di sicurezza*) to evacuate. **4** (*diminuire il personale*) to reduce the personnel, to reduce the staff. **II** *v.i.* (*aus.* **essere**) **1** (*diradarsi*) to disperse, to thin out, to go out, to go away: *la gente cominciò a* ~ the people began to disperse. **2** (*allontanarsi da luoghi abitati*) to evacuate, to be evacuated: *durante la guerra sfollammo in campagna* during the war we were evacuated to the country, during the war we were evacuated to the country.

sfollato I *a.* evacuated. **II** *m.* (*f.* **-a**) **1** evacuee. **2** (*rifugiato*) refugee.

sfoltimento *m.* thinning, thinning out: ~ *dei capelli* hair thinning.

sfoltire (**sfoltisco, sfoltisci**) **I** *v.t.* **1** to thin, to thin out: ~ *i capelli* to thin out one's hair; ~ *la barba* to have one's beard trimmed. **2** (*rif. a personale*) to cut, to reduce. **II** *v.pron.* **sfoltirsi** to thin.

sfoltita *f.* thinning, trimming: *dare una* ~ *alla siepe* to thin the hedge.

sfondamento *m.* **1** breaking, staving in. **2** (*Sport*) (*nella pallacanestro: fallo di sfondamento*) charging foul. **3** (*Mil*) breakthrough, breaching.

sfondare (**sfóndo**) **I** *v.t.* **1** (*rompere il fondo*) to break the bottom of, to knock the bottom out of: ~ *un cestino* to knock the bottom out of a basket. **2** (*schiantare*) to break through, to smash through, to crash through: *l'automobile ha sfondato il parapetto* the car crashed through the parapet. **3** (*forzare*) to break open, to burst open (*o* in): ~ *una porta* to break open a door. **4** (*logorare consumando: rif. a scarpe, tasche e sim.*) to wear sth. out, to wear sth. down, to wear sth. through, to make holes in, to wear holes in: ~ *le scarpe* to wear one's shoes out; ~ *le tasche* to make holes in one's pockets. **5** (*logorare consumando: rif. a sedie*) to wear the bottom out of. **6** (*Mil*) to break through. **II** *v.i.* (*aus.* **avere**) to be successful, (*colloq*) to make it: *ha sfondato nel cinema* he was successful in the movies. **III** *v.pron.* **sfondarsi 1** (*perdere il fondo*) to burst at the bottom, to break at the bottom. **2** (*sfasciarsi*) to burst open, to break open: *la scatola si è sfondata* the bottom has fallen out of the box. **3** (*rif. a scarpe e sim.*) to wear out, to be worn through, to

get holes in the soles. □ (*fig*) ~ *una porta aperta*: **1** (*fare una cosa inutile*) to flog a dead horse; **2** (*dire cose inutili*) to state the obvious; **3** (*cercare di convincere chi è già della medesima opinione*) to preach to the choir.

sfondato I *a.* **1** (*senza fondo*) bottomless, with no bottom: *botte sfondata* barrel with no bottom. **2** (*rotto*) broken, gone. **3** (*logoro*) worn down, worn through, worn-out: *scarpe sfondate* shoes with holes in them, worn-out shoes. **4** (*colloq*) (*ingordo*) insatiable, voracious. **II** *m.* **1** (*Pitt*) trompe-l'oeil perspective. **2** (*Anat*) (*recesso anatomico*) recess.

sfondo *m.* **1** background, setting (*anche fig*): *sullo* ~ *delle montagne* against a mountain setting, in a mountain setting, with the mountains in the background; *un romanzo a* ~ *sociale* a novel with a social setting. **2** (*Pitt, Fot*) background. **3** (*Inform*) background. □ (*Teat*) ~ *della scena* backdrop; *di* ~ background (*attr.*): *figure di* ~ background figures; ~ *musicale* background music, (*Sart*) ~ *piega* inverted pleat.

sfondone *m.* (*colloq*) (*sbaglio grossolano*) blunder, (*colloq*) bloomer.

sforacchiare (**sforàcchio, sforàcchi**) *v.t.* to riddle.

sforacchiato *a.* riddled.

sforacchiatura *f.* **1** (*lo sforacchiare*) riddling. **2** (*complesso di fori*) holes *pl.*, perforations *pl.*

sforamento *m.* (*superamento di un limite*) overrun, overrunning, overshoot, overshooting.

sforare (**sfóro**) **I** *v.t.* **1** (*rif. a tempo*) to overrun. **2** (*rif. a spesa*) to overrun, to overspend, to overshoot: ~ *il budget* to overspend, to overshoot the budget. **II** *v.i.* (*aus.* **avere**) **1** (*nel tempo*) to overrun: *il telegiornale ha sforato di dieci minuti* the news overran by ten minutes. **2** (*nella spesa*) to overrun, to overspend, to overshoot.

sforbiciare (**sfòrbicio, sfòrbici**) **I** *v.t.* to snip, to scissor. **II** *v.i.* (*aus.* **avere**) (*Ginn, Sport*) to scissor, to do a scissor-kick.

sforbiciata *f.* **1** (*taglio*) snip; (*colpo*) jab with a pair of scissors: *dare una* ~ *ai capelli* to trim one's hair, to have one's hair trimmed, to cut one's hair, to have one's hair cut. **2** (*Ginn, Sport*) scissors *pl.*; (*nel nuoto, nel calcio*) scissors kick.

sformare (**sfórmo**) **I** *v.t.* **1** (*deformare*) to put out of shape, to pull out of shape, to knock out of shape, to deform. **2** (*estrarre dalla forma*) to turn out, to remove from the mould: ~ *il budino* to turn out the pudding. **3** (*Met*) to strip. **4** (*Ceram*) to remove from the mould, to deliver. **II** *v.pron.* **sformarsi** to lose one's shape, to go out of shape, to get out of shape.

sformato I *a.* **1** (*che non ha forma*) shapeless. **2** (*deforme*) shapeless, crooked. **II** *m.* (*Gastron*) soufflé.

sfornaciare (**sfornàcio, sfornàci**) *v.t.* to take out of the furnace.

sfornare (**sfórno**) *v.t.* **1** to take out of the oven: ~ *il pane* to take the bread out of the oven. **2** (*fig*) to turn out, to churn out, to bring out: ~ *un romanzo all'anno* to bring out a novel a year.

sfornato *a.* out of the oven: *appena* ~ freshly baked, hot out of the oven, fresh from the oven.

sfornellare (**sfornèllo**; *aus.* **avere**) *v.i.* (*colloq*) (*cucinare*) to cook, to be busy cooking.

sfornire (**sfornìsco, sfornìsci**) *v.t.* (*rar*) to deprive, to withdraw the garrison from: ~ *di* *truppe una fortezza* to deprive a fortress of troops.

sfornito *a.* **1** (*privo, sprovvisto*) without (*di qcs.* sth.), deprived (*di qcs.* of sth.), lacking (*di qcs.* in sth.): ~ *di denaro* without any money, having no money. **2** (*mal fornito*) badly stocked, poorly stocked: *negozio* ~ poorly stocked shop.

sfortuna *f.* **1** bad luck, ill luck, misfortune: *essere perseguitato dalla* ~ to be dogged by bad luck, to be very unlucky. **2** (*infortunio, contrattempo*) misfortune, bad luck, piece of bad luck. □ *avere* ~ to be unlucky; *che* ~! what bad luck!, how unlucky!; ~*volle che arrivassimo in ritardo* as luck would have it we arrived late. *Prov.*: ~ *al gioco, fortuna in amore* lucky at cards, unlucky in love.

sfortunatamente *avv.* unfortunately, unluckily.

sfortunato **I** *a.* **1** unlucky, unfortunate, luckless: *essere* ~ *in amore* to be unlucky in love; *essere* ~ *negli affari* to be unlucky in business, to have no luck in business. **2** (*senza successo*) unfortunate, unsuccessful: *un film* ~ an unsuccessful film. **3** (*nemico, ostile*) hostile, enemy, adverse (*a* to). **II** *m.* (*f.* -**a**) unlucky person. □ ~*me!* poor me! *Prov.*: ~ *al gioco, fortunato in amore* lucky at cards, unlucky in love.

sforzare (**sfòrzo**) **I** *v.t.* **1** (*sottoporre a sforzo*) to force, to strain: ~ *gli occhi* to strain one's eyes. **2** (*rif. a congegni*) to force, to strain, to put sth. under stress: ~ *il motore dell'auto* to force the engine of the car. **3** (*costringere*) to force, to compel, to oblige: ~ *qcu. a mangiare* to force so. to eat. **4** (*forzare*) to force, to force open: *se la chiave non gira facilmente, non sforzarla* if the key won't turn easily, don't force it; ~ *un cassetto* to force open a drawer. **5** (*scassinare*) to break open: ~ *una serratura* to break open a lock, to force open a lock. **6** (*fig*) (*dare un'interpretazione esagerata*) to strain, to stretch: ~ *il senso di un testo* to stretch the meaning of a text. **II** *v.pron.* **sforzarsi** **1** to force oneself, to make oneself: *sforzarsi di fare qcs.* to force oneself to do sth., to make oneself do sth. **2** (*adoperarsi in un intento*) to strive, to try, to try hard, to do one's best, to do one's utmost: *sforzarsi di non ridere* to try not to laugh. **3** (*iron,colloq*) to strain oneself, to kill oneself, to overdo things: *hai lavorato un'ora? attento a non sforzarti troppo* you've worked for an hour? mind you don't kill yourself. □ *sforzarsi eccessivamente* to overexert oneself, to overstrain oneself, to overdo things, to overtax one's strength; (*Mar*) ~ *le vele* to press sails.

sforzatamente *avv.* (*rar*) **1** (*controvoglia*) against one's will, unwillingly. **2** (*in modo forzato*) forcedly.

sforzato **I** *a.* **1** forced, strained: *sorriso* ~ forced smile. **2** (*fig*) (*affettato*) forced, false, affected. **3** (*fig*) (*arbitrario*) arbitrary, strained: *interpretazione sforzata* arbitrary interpretation. **II** *m.inv.* (*Mus*) sforzando, sforzato.

sforzatura *f.* **1** (*rar*) strain, straining, forcing, force. **2** (*fig*) (*arbitrarietà*) straining, forcing. **3** (*fig*) (*travisamento*) misrepresentation, distortion.

sforzesco *a.* (*Stor*) Sforza (*attr.*): *castello* ~ Sforza castle.

sforzo *m.* **1** (*fatica*) effort, strain: *con uno* ~ *si sollevò* he got up with an effort; (*iron*) *bello* ~! (*o che* ~!) that didn't take much effort!, what a strain! **2** (*impegno*) effort: *costare poco* ~ to require little effort. **3** (*Mecc,Fis*) stress, strain. □ *con* ~: **1** with an effort; **2** (*con-*

trovoglia) reluctantly, unwillingly; (*Mecc*) ~ *di flessione* bending stress; *fare uno* ~ *di memoria per ricordare qcs.* to strain one's memory to recall sth., to make an effort to recall sth.; (*Mecc*) ~ *di torsione* torsional stress; ~*di volontà* effort of will; *fare uno* ~: **1** to make an effort; **2** (*impegnarsi*) to make an effort, to try hard, to do one's best, to do one's utmost: *fare uno* ~ *per non ridere* to do one's best not to laugh; *fare tutti gli sforzi possibili* to do everything possible; ~*mirato* targeted effort; *senza* ~ effortlessly, without effort, without any effort; *mettere sotto* ~ to put under stress.

sfottere (**sfótto**) *v.t.* (*pop*) to tease, to make fun of, (*Br,colloq*) to take the mickey out of, (*Am,colloq*) to mock, to ridicule, to razz.

sfottimento *m.* (*pop*) hoax, leg-pull, take-off.

sfottitore *m.* (*f.* -**trice**) (*pop*) tease, teaser.

sfottitura *f.* (*pop*) teasing, ridiculing.

sfottò *m.* (*pop*) hoax, leg-pull, take-off.

sfracellare (**sfracèllo**) **I** *v.t.* to smash, to shatter, to crush: *lo scoppio della bomba gli ha sfracellato la mano* the exploding bomb shattered his hand. **II** *v.pron.* **sfracellarsi** to smash, to smash to pieces, to be smashed, to crash: *la macchina si sfracellò contro un muro* the car smashed to pieces against a wall.

sfragistica *f.* sphragistics (*costr.sing.*).

sfrangiare (**sfràngio**, **sfràngi**) *v.t.* to fringe, to fray (into a fringe), to make a fringe on.

sfrangiato *a.* **1** fringed: *scialle* ~ fringed shawl. **2** (*Bot*) laciniate, laciniated.

sfrangiatura *f.* **1** (*lo sfrangiare*) fringing; (*lo sfrangiarsi*) fraying. **2** (*parte con frangia*) fringe. **3** (*parte sfilacciata*) fray.

sfrascare (**sfràsco**, **sfràschi**) *v.t.* **1** (*privare delle frasche*) to clip, to trim, to cut the boughs from. **2** (*levare dalle frasche*) to remove sth. from the boughs.

sfratarsi (**mi sfràto**) *v.pron.* to leave a monastic order.

sfrattare (**sfràtto**) *v.t.* **1** (*dare lo sfratto*) to evict, to turn so. out. **2** (*estens*) (*cacciare*) to send so. away. **3** (*estens*) (*espellere*) to expel.

sfrattato **I** *a.* evicted. **II** *m.* (*f.* -**a**) evicted person, evictee.

sfratto *m.* **1** (*Dir*) (*lo sfrattare*) eviction. **2** (*Dir*) (*ordine di sfratto*) eviction order, notice to quit: *dare lo* ~ *a qcu.* to give so. an eviction notice, to evict so.; *ricevere lo* ~ to receive an eviction notice. **3** (*estens*) (*espulsione*) expulsion. □ ~*esecutivo* final eviction.

sfrecciare (**sfréccio**, **sfrécci**; *aus.* **essere**) *v.i.* **1** to dart, to flash, to shoot. **2** (*rif. a veicoli*) to speed, to shoot, (*colloq*) to whiz: *le auto sfrecciavano lungo l'autostrada* the cars sped along the motorway. □ ~*via* to dart off.

sfregamento *m.* **1** rubbing, friction. **2** (*massaggio*) massage. **3** (*frizione*) rubbing. **4** (*Med*) murmur.

sfregare (**sfrégo**, **sfréghi**) **I** *v.t.* **1** (*strisciare urtando*) to rub, to scratch: ~ *il muro con la sedia* to scratch the wall with the chair. **2** (*per pulire*) to rub. **3** (*per lucidare*) to polish, to shine. **4** (*per lavare*) to scrub. **5** (*massaggiare*) to massage. **6** (*frizionare*) to rub. **II** *v.pron.* **sfregarsi** to rub, to rub oneself: *sfregarsi gli occhi* to rub one's eyes. □ ~ *un fiammifero* to strike a match.

sfregata *f.* (*rar*) rub: *dare una* ~ *a qcs.* to give sth. a rub, to rub sth.

sfregatina *f.* (*rar*) quick rub.

sfregiare (**sfrégio**/**sfrègio**, **sfrégi**/**sfrègi**)

v.t. **1** (*deturpare*) to disfigure: ~ *il viso a qcu.* to disfigure so.'s face. **2** (*fare tagli*) to slash, to gash. **3** (*rif. a quadri e sim.*) to deface: ~ *una tela* to deface a painting.

sfregiato **I** *a.* **1** (*deturpato*) disfigured, scarred. **2** (*rif. a quadri e sim.*) defaced. **II** *m.* (*soprannome*) scarface.

sfregiatore *m.* (*f.* -**trice**) disfigurer; (*con oggetto tagliente*) slasher.

sfregio *m.* **1** disfigurement. **2** (*taglio, graffio*) slash, gash, cut, scratch. **3** (*cicatrice*) scar: *avere uno* ~ *sulla guancia* to have a scar on one's cheek. □ *fare uno* ~ *a qcu.*: **1** to disfigure so.; **2** (*con arma tagliente*) to slash so.

sfrenare (**sfréno**/**sfrèno**) **I** *v.t.* **1** (*fig*) (*lasciare libero da ogni freno*) to unbridle, to unleash, to give free play to, to let loose: ~ *la fantasia* to give free play to one's imagination. **2** (*rar*) (*levare il freno*) to take the brake off, to release the brake of. **II** *v.pron.* **sfrenarsi** (*fig*) (*scatenarsi*) to let oneself go, to break loose, to throw off all restraint. □ (*fig*) ~ *la lingua* to loosen one's tongue.

sfrenatamente *avv.* unrestrainedly, immoderately.

sfrenatezza *f.* **1** wildness, unbridledness, lack of restraint. **2** (*comportamento sfrenato*) wild behaviour.

sfrenato *a.* **1** (*fig*) (*smodato*) unbridled, unrestrained, wanton, excessive: *ambizione sfrenata* unbridled ambition. **2** (*fig*) (*che passa la giusta misura*) immoderate, intemperate: *essere* ~ *nel bere* to be an immoderate drinker. **3** (*fig*) (*incalzante*) wild, frenzied. *danza sfrenata* frenzied dance. **4** (*fig*) (*irrefrenabile*) uncontrollable, irrepressible. **5** (*fig*) (*senza regole*) wild, reckless: *un ragazzo* ~ a wild youth, a reckless youth. **6** (*rar*) (*rif. a cavalli*) unbridled. **7** (*rar*) (*rif. a veicoli*) with the brake off.

sfrido *m.* **1** (*Comm*) (*calo*) shrinkage, wastage, outage. **2** (*cascame*) waste, junk; (*di metallo*) swarf.

sfriggere (*pres.ind.* **sfrìggo**, **sfrìggi**; *p.rem.* **sfrìssi**; *p.p.* **sfrìtto**; *aus.* **avere**) *v.i.* **1** to sizzle, to hiss: *il pesce sfrigge nell'olio bollente* the fish is sizzling in hot oil. **2** (*crepitare*) to crackle.

sfrigolare (**sfrìgolo**) *v.i.* **1** to sizzle, to hiss: *il pesce sfrigola nell'olio bollente* the fish is sizzling in hot oil. **2** (*crepitare*) to crackle.

sfrigolio *m.* sizzling, hissing.

sfrisare (**sfrìso**) *v.t.* (*region*) (*strisciare*) to scratch, to graze.

sfrondare (**sfróndo**) **I** *v.t.* **1** to strip off leaves, to prune: ~ *un albero* to prune a tree. **2** (*fig*) (*eliminare il superfluo*) to prune, to cut down: ~ *un articolo* to prune an article. **II** *v.pron.* **sfrondarsi** to shed leaves, to lose leaves.

sfrondato *a.* **1** bare, stripped of leaves: *ramo* ~ bare branch. **2** (*fig*) (*ridotto all'essenziale*) pruned.

sfrondatura *f.* **1** stripping, pruning, trimming. **2** (*fig*) (*riduzione all'essenziale*) pruning.

sfrontatamente *avv.* impudently, brazenly.

sfrontatello *m.* (*f.* -**a**) impudent child, brat.

sfrontatezza *f.* (*qualità*) impudence, effrontery, shamelessness, audacity, gall, (*Br, colloq*) cheek, (*Am,colloq*) nerve.

sfrontato **I** *a.* impudent, brazen, shameless, brazenfaced, insolent, (*Br,colloq*) cheeky. **II** *m.* (*f.* -**a**) impudent person, cheeky person, brazen face.

sfruttabile *a.* **1** exploitable, usable. **2** (*Minier*) workable.

sfruttamento m. 1 (*utilizzazione*) utilization, exploitation: ~ *delle risorse di un paese* utilization of a country's resources. 2 (*l'approfittare degli altri*) exploitation, taking advantage: ~ *dei lavoratori* exploitation of the workers. □ (*Dir*) ~ *della prostituzione* living on the earnings of prostitution; ~ *eccessivo* over-exploitation.

sfruttare (**sfrùtto**) *v.t.* 1 (*utilizzare*) to make use of, to utilize, to exploit: ~ *un giacimento petrolifero* to exploit an oil field; ~ *bene lo spazio disponibile* to make good use of available space. 2 (*fig,spreg*) (*approfittare di*) to take advantage of, to milk, to abuse. 3 (*fig*) (*trarre vantaggio dal lavoro altrui*) to exploit, to take advantage of, (*colloq*) to sweat: ~ *gli operai* to exploit the workers. 4 (*mettere a profitto*) to make the most of, to exploit, to take advantage of: ~ *il proprio talento* to make the most of one's talent. 5 (*Agr*) (*rendere meno fertili*) to overwork, to exhaust. □ ~ *una donna* to live on the immoral earnings of a woman; ~ *una situazione* to make capital out of a situation, to take advantage of a situation.

sfruttato a. 1 (*utilizzato*) utilized, used, exploited. 2 (*fig,spreg*) exploited; (*rif. a lavoratori*) exploited, sweated. 3 (*Agr*) impoverished, overworked, exhausted: *terreno ~* impoverished land.

sfruttatore m. (*f.* **-trice**) exploiter, profiteer. □ ~ *di donne* (*magnaccia*) pimp.

sfuggente a. 1 fleeing. 2 (*fig*) (*ambiguo, equivoco*) slippery, evasive, shifty: *sguardo ~* evasive look. 3 (*fig*) (*poco pronunciato*) receding: *fronte ~* receding forehead; *mento ~* receding chin.

sfuggevole a. 1 (*fugace*) fleeting: *immagine ~* fleeting image. 2 (*fig*) (*passeggero*) transient, transitory, passing. 3 (*fig*) (*ambiguo*) slippery, evasive, shifty: *sguardo ~* evasive look.

sfuggevolmente avv. fleetingly.

sfuggire (**sfùggo, sfùggi**) I *v.t.* (*evitare*) to avoid, to shun: ~ *la pubblicità* to shun publicity. II *v.i.* (*aus.* **essere**) 1 (*scappare*) to run away, (*lett*) to flee. 2 (*sottrarsi, scampare*) to escape (*a qcs.* sth.), to elude (*a qcs.* sth.): ~ *alla cattura* to escape capture; ~ *alla morte* to escape death, to escape from death. 3 (*cadere inavvertitamente*) to slip: *gli è sfuggito il coltello* the knife slipped out of his hand. 4 (*farsi scappare: rif. a parole e sim.*) to slip out, to escape: *mi è sfuggita un'imprecazione* a curse slipped out, a curse slipped from my lips. 5 (*passare inosservato*) to escape attention, to pass unnoticed, to slip by: *nel leggere le bozze mi sono sfuggiti alcuni errori* in reading the proofs a few errors escaped my attention. 6 (*uscire di mente*) to escape: *mi sfugge il suo nome* I can't remember his name, his name escapes me. □ ~ *al proprio destino* to escape one's fate; (*fig*) ~ *alle grinfie di qcu.* to get out of so.'s clutches; (*fig*) *lasciarsi ~ qcs. di bocca* to let sth. out, to let sth. slip, to let sth. slip out, to blurt sth. out; ~ *di mano*: 1 (*cadere*) to slip, to slip out of one's hands, to drop; 2 (*fig*) (*fuori controllo*) to slip out of one's hands, to get out of hand, to let (sth.) slip through one's fingers: *la situazione gli è sfuggita di mano* he lost control of the situation; *mi è sfuggito di mente* it slipped my mind; *lasciarsi ~ un'occasione* to miss an opportunity; *lasciarsi ~ un segreto* to let out a secret.

sfuggita f. (*rar*) (*scappata*) short visit: *fare una ~ da qcu.* to pay a short visit to so. □ *di ~* quickly, fleetingly: *ci siamo visti di ~*

ieri we saw each other for a minute yesterday.

sfumare (**sfùmo**) I *v.t.* 1 (*rif. a colori*) to tone down, to shade, to soften, to gradate: ~ *i colori* to tone down the colours. 2 (*rif. a disegni: mediante lo sfumo*) to stump, to shade off, to shade off with a stump, to soften. 3 (*rif. a suoni*) to fade, to fade out, to diminish gradually. 4 (*rif. a immagini*) to fade, to fade out. 5 (*estens*) (*rif. a capelli*) to taper, to shape, to trim. 6 (*fig*) to nuance. II *v.i.* (*aus.* **essere**) 1 (*dileguarsi*) to dissolve, to disappear: *la nebbia sfuma lentamente* the fog is disappearing slowly. 2 (*fig*) (*andare in fumo*) to vanish, to fade away, to disappear, to fail, to come to nothing, (*colloq*) to fall through: *sono sfumate tutte le nostre speranze* all our hopes have vanished; *la gita è sfumata* the trip has fallen through. 3 (*digradare d'intensità: rif. a colori*) to shade, to shade off, to fade. 4 (*digradare d'intensità: rif. a suoni*) to diminish, to die away, to fade away. 5 (*perdere la precisione dei contorni*) to fade, to become hazy, to become blurred, to blur, to grow indistinct: *i profili dei monti sfumavano nella nebbia* the outline of the mountains faded into the mist.

sfumato I *a.* 1 (*svanito, perduto*) vanished, faded, faded away, lost: *occasione sfumata* lost opportunity. 2 (*rif. a colori*) soft, muted, shaded, delicately shaded. 3 (*rif. a capelli*) tapered, trimmed, shaped. 4 (*rif. a luci*) soft, dim, mellow. II *m.* (*Pitt*) sfumato.

sfumatura f. 1 (*rif. a colori*) toning down, shading off, softening. 2 (*tonalità*) shade, tone, nuance. 3 (*rif. a suoni*) fading. 4 (*rif. al tono della voce*) tone, hint, touch: *una ~ d'ironia* a hint of irony. 5 (*fig*) nuance: *prosa ricca di sfumature* prose rich in nuances; ~ *di significato* nuance in meaning. 6 (*nel taglio dei capelli*) tapering.

sfumino m. stump.

sfumo m. (*nel disegno*) stumping.

sfuocato a. 1 (*di fotografie, immagini e sim.*) out of focus, blurred, fuzzy. 2 (*fig*) (*vago*) vague, dim, hazy, indefinite.

sfuriata f. 1 (*sfogo violento*) outburst, outburst of anger, fit of rage, fit of temper, temper tantrum, tantrum: *sopportare le sfuriate di qcu.* to put up with so.'s temper tantrums. 2 (*rimprovero aspro*) tirade, sharp reproof, sharp reproval, rebuke, (*colloq*) telling off. 3 (*tempesta breve e violenta*) storm, burst: ~ *di pioggia* rain-storm, cloudburst. 4 (*rif. a vento*) gust: ~ *di vento* gust of wind, burst of wind. □ *fare una ~ qcu.* to lose one's temper with so., (*Br*) to fly into a temper with so. (*colloq*) (*fare un rabbuffo*) to scold so., to blow so. up, (*Am*) to blow up, to fly off the handle.

sfuso a. 1 (*che si vende sciolto*) loose, by measure (*posposto*): *olio ~* loose oil, oil sold by measure. 2 (*rar*) (*liquefatto*) melted: *burro ~* melted butter.

sg. *seguente* foll. (following).

S.G. *Sua Grazia* H.G. (His Grace, Her Grace).

sgabello m. 1 stool: ~ *del bar* bar stool; ~ *del pianoforte* piano stool. 2 (*panchetto per i piedi*) footstool.

sgabuzzino m. (*ripostiglio*) store-room, boxroom, cubbyhole.

sgamare (**sgàmo**) *v.t.* (*colloq*) (*scoprire*) to rumble, to suss out.

sgambare (**sgàmbo**) I *v.i.* (*aus.* **avere**) to stride, to stride along. II *v.pron.* **sgambarsi** 1 (*fare passi lunghi*) to stride, to stride along. 2 (*camminare in fretta*) to step out. 3 (*camminare molto*) to footsore.

sgambata f. 1 (*camminata*) long tiring walk. 2 (*Sport,Equit*) (*riscaldamento*) warm-up, warmup.

sgambato a. 1 (*Sart*) high cut legs, cut high above the legs, (with) high legs. 2 (*Bot*) (*senza gambo*) stalkless.

sgambettare (**sgambétto**) I *v.i.* (*aus.* **avere**) 1 (*muovere le gambe*) to kick one's legs. 2 (*camminare a passi piccoli e veloci*) to trip. 3 (*muovere i primi passi*) to toddle. II *v.t.* (*fare lo sgambetto a*) to trip, to trip up.

sgambetto m. 1 trip. 2 (*Sport*) trip, tripping. □ *fare lo ~ a qcu.*: 1 to trip so., to trip so. up; 2 (*fig*) (*prendere il posto di un altro con l'inganno*) to oust so.

sganasciare (**sganàscio, sganàsci**) I *v.i.* (*aus.* **avere**) (*lett*) (*mangiare avidamente*) to eat greedily, to stuff oneself, to gorge oneself. II *v.t.* (*rar*) to dislocate the jaw of, to dislocate the jaws of. III *v.pron.* **sganasciarsi** to dislocate one's jaw, to dislocate one's jaws. □ *sganasciarsi dalle risa* (o *sganasciarsi per le risa*) to burst one's sides with laughing, to split one's sides with laughing, to split one's sides with laughing.

sganascione m. (*ceffone*) slap in the face.

sganassone m. (*region*) (*ceffone*) slap in the face.

sganciabile a. that can be unfastened (*posposto*), that can be unhooked (*posposto*), releasable.

sganciabombe m.inv. (*Aer*) bomb-thrower, bomb release gear.

sganciamento m. 1 (*lo sganciare*) release, unhooking. 2 (*Ferr*) uncoupling. 3 (*rif. a bombe*) releasing, dropping. 4 (*Astron*) staging. 5 (*Mil*) disengagement.

sganciare (**sgàncio, sgànci**) I *v.t.* 1 to unhook, to unfasten, to release. 2 (*Ferr*) (*staccare*) to uncouple: ~ *un vagone* to uncouple a wagon. 3 (*rif. a bombe*) to release, to drop: ~ *bombe* to drop bombs. 4 (*fig,colloq*) (*sborsare denaro*) to fork out, to fork up, to cough up: *mi è toccato ~ venti euro* I had to fork out twenty euros. II *v.pron.* **sganciarsi** 1 (*sciogliersi dal gancio*) to come unhooked. 2 (*Ferr*) (*staccarsi*) to come uncoupled. 3 (*colloq*) (*riuscire a liberarsi*) to manage to get away (*da* from), to get rid of: *sganciarsi da un amico noioso* to get rid of a boring friend. 4 (*colloq*) (*rompere i rapporti*) to break (with): *già da un anno mi sono sganciato da quella compagnia* I broke with that group a year ago. 5 (*Sport*) (*liberarsi*) to shake off: *sganciarsi da un avversario* to shake off an opponent. 6 (*Mil*) to disengage oneself (*da* from).

sgancio m. 1 (*rif. a bombe*) release, dropping. 2 (*Astron*) staging. 3 (*Tecn*) release, release mechanism: ~ *automatico* automatic release mechanism.

sgangherare (**sgànghero**) I *v.t.* 1 (*levare dai gangheri*) to unhinge, to take off the hinges: ~ *la porta* to take the door off its hinges. 2 (*estens*) (*rompere*) to break, to smash: ~ *un tavolo* to break a table. II *v.pron.* **sgangherarsi** (*scherz*) (*sganasciarsi*) to dislocate one's jaw, to dislocate one's jaws: *sgangherarsi dalle risa* to split one's sides with laughter.

sgangheratamente avv. coarsely, uproariously.

sgangherato a. 1 unhinged, off its hinges. 2 (*estens*) (*sfasciato*) rickety, ramshackle. 3 (*fig*) (*sconnesso*) disconnected, unconnected, incoherent, rambling. 4 (*fig*) (*esagerato, scomposto*) boisterous, coarse: *riso ~* boisterous laughter.

sgarbatamente avv. rudely.

sgarbatezza f. rudeness, poor manners pl.,

bad manners *pl.*, crudeness.

sgarbato I *a.* 1 (*privo di cortesia*) rude, ill-mannered, crude, (*Am,colloq*) out of line: *una risposta sgarbata* a rude answer. 2 (*privo di garbo*) coarse: *voce sgarbata* coarse voice. II *m.* (*f.* **-a**) boor, rude person.

sgarberia *f.* (*atto sgarbato*) impoliteness, discourtesy.

sgarbo *m.* 1 (*rar*) (*modo di fare sgarbato*) rudeness, poor manners *pl.*, bad manners *pl.* 2 (*atto sgarbato*) slight, impoliteness, discourtesy: *ricevere uno ~ da qcu.* to be treated rudely by so.; *fare uno ~ a qcu.* to be rude to so., to slight so.

sgarbugliare (**sgarbùglio, sgarbùgli**) *v.t.* 1 to untangle, to disentangle. 2 (*fig*) (*chiarire*) to untangle, to straighten sth. out, to sort sth. out: *~ una faccenda complicata* to straighten out a complicated matter.

sgargiante *a.* 1 (*di colore intenso e vivo*) gaudy, showy, loud: *colori sgargianti* gaudy colours. 2 (*rar*) (*appariscente*) showy, flashy, glitzy: *un vestito ~* a flashy suit.

sgarrare (**sgàrro**; *aus.* **avere**) *v.i.* 1 (*sbagliare*) to be wrong, to go wrong, to be mistaken, to be inaccurate. 2 (*mancare di puntualità*) to be late. 3 (*fig*) (*venir meno al proprio dovere*) to go wrong, to step out of line, to be at fault. □ (*colloq*) *il mio orologio sgarra di tre minuti al giorno*: 1 (*va avanti*) my watch gains three minutes a day; 2 (*rimane indietro*) my watch loses three minutes a day; *l'orologio non sgarra un secondo* the clock keeps perfect time.

sgarro *m.* 1 (*errore*) failure, blunder, (*colloq*) slip-up. 2 (*rif. alla malavita: onta, offesa*) insult, offence, betrayal, (*colloq*) sell-out.

sgarza *f.* (*Ornit*) grey heron.

sgarzino *m.* 1 trimming knife, retractable trimming knife. 2 (*Tip*) scratch knife.

sgasare (**sgàso**) *v.t.* 1 (*di bevanda*) to make (the drink) go flat. II *v.i.* (*aus.* **avere**) (*gerg*) (*di motore*) to rev up.

sgattaiolare (**sgattàiolo**; *aus.* **essere/avere**) *v.i.* 1 to slip, to steal, to sneak, to slink (*anche fig*): *~ via* to sneak off, to slip away, to steal away, to slink away; *è sgattaiolato fuori dalla stanza* he sneaked out the room.

sgelare (**sgèlo**) I *v.t.* 1 (*disgelare*) to thaw. 2 (*rif. a frigoriferi*) to defrost. 3 (*Aer*) to de-ice. 4 (*fig*) (*rendere più cordiale*) to thaw, to soften, to melt. II *v.i.* (*aus.* **essere**) 1 (*disgelare*) to thaw. 2 (*fig*) to thaw, to soften, to melt. III *v.i.impers.* (*aus.* **essere/avere**) to thaw. IV *v.pron.* **sgelarsi** to thaw.

sgelo *m.* 1 thaw. 2 (*fig*) detente, thawing, melting, softening.

sgg. *seguenti* ff. (the following, following).

sghembo I *a.* 1 (*storto, malmesso*) crooked, twisted. 2 (*obliquo*) oblique, slanting, sloping, skew. 3 (*Geom*) not in the same plane: *rette sghembe* lines not in the same plane. II *avv.* 1 (*in qualche modo*) crookedly. 2 (*obliquamente*) obliquely, slantingly. □ *di ~*: 1 (*storto*) crookedly; 2 (*obliquamente*) obliquely, slantingly.

sgherro *m.* 1 (*Stor*) hireling, private soldier, retainer. 2 (*spreg*) (*rif. a poliziotti e sim.*) cop, pig. 3 (*estens,spreg*) (*bravaccio*) thug, bully, hired ruffian. □ *da ~* of a thug: *faccia da ~* face of a thug.

sghiacciare (**sghiàccio, sghiàcci**) I *v.t.* to defrost, to thaw, to unfreeze. II *v.i.* (*aus.* **essere/rar avere**) to thaw, to defrost. III *v.pron.* **sghiacciarsi** to thaw.

sghiaiare (**sghiàio, sghiài**) *v.t.* to remove gravel from.

sghignazzamento *m.* 1 (*di derisione*)

sneering, sarcastic laughter, scornful laughter, snigger, (*Br*) horselaugh. 2 (*risata sguaiatamente*) guffaw, horselaugh, (*colloq*) hee-haw.

sghignazzare (**sghignàzzo**; *aus.* **avere**) *v.i.* 1 to laugh sarcastically (*di* at), to laugh scornfully (*di* at), to sneer (*di* at), to snigger. 2 (*ridere sguaiatamente*) to guffaw.

sghignazzata *f.* 1 (*lo sghignazzare*) sarcastic laughter, sardonic laughter, sneering, sniggering. 2 (*risata sguaiata*) guffaw.

sghimbescio *a.* 1 (*storto*) crooked. 2 (*obliquo*) oblique, slanted, aslant, sloping, askew. □ *a ~ (odi ~)*: 1 (*storto*) crookedly: *camminare a ~* to walk crookedly; 2 (*obliquamente*) obliquely, on the slant, askew.

sghiribizzo *m.* (*ghiribizzo*) whim, fancy, caprice.

sgobbare (**sgòbbo**; *aus.* **avere**) *v.i.* (*colloq*) 1 (*lavorare duramente*) to slave, to slave away, to grind, to grind away, to slog, to kill oneself, to keep one's nose to the grindstone, to have one's nose to the grindstone. 2 (*Scol*) (*studiare molto*) (*Br*) to swot, to grind, (*Am, colloq*) to hit the books hard.

sgobbata *f.* (*colloq*) 1 drudgery, (*colloq*) slavery. 2 (*Scol*) swotting, grind. □ (*colloq*) *fare una ~* to keep one's nose to the grindstone, to have one's nose to the grindstone.

sgobbone *m.* (*f.* **-a**) (*colloq*) 1 (*chi lavora duro*) (*Br*) plodder, slogger, (*Am*) grind. 2 (*Scol*) (*studente*) (*Br*) swot, (*Am*) grind.

sgocciolare (**sgócciolo**) I *v.t.* 1 (*cadere a gocce*) to drip, to let drip. 2 (*vuotare*) to drain, to empty to the last drop. II *v.i.* (*aus.* essere/avere) to drip, to trickle.

sgocciolatoio *m.* 1 drainer. 2 (*scolapiatti*) draining board, (*Am*) drainboard. 3 (*rastrelliera per piatti*) dish drainer, plate-rack.

sgocciolatura *f.* 1 (*lo sgocciolare*) dripping. 2 (*gocce cadute*) drippings *pl.*, drops *pl.* 3 (*macchia lasciata dalle gocce*) spot, stain (from drippings).

sgocciolio *m.* dripping.

sgocciolo *m.* dripping. □ (*fig*) *essere agli sgoccioli*: 1 (*alle battute finali*) to be at one's last gasp, to be at the very end; 2 (*al limite*) to be on one's last legs; 3 (*rimanere senza*) to be running out.

sgolarsi (**mi sgólo**) *v.pron.* 1 (*gridando*) to yell oneself hoarse, to shout oneself hoarse, to bawl oneself hoarse. 2 (*cantando*) to sing oneself hoarse.

sgomberare (**sgómbero**) *v.t./i.* → **sgombrare**.

sgombero *m.* 1 (*trasloco*) move, removal: *il prossimo ~ mi preoccupa molto* I am very worried about the coming move. 2 (*Mil*) (*rif. a luoghi*) abandoning of a position. □ (*Mil*) *~ dei feriti* evacuation of the wounded.

sgombraneve *m.inv.* snowplough, (*Am*) snowplow.

sgombrare (**sgómbro**) I *v.t.* 1 (*liberare da ciò che ingombra*) to clear: *~ la strada dalle macerie* to clear the street of rubble; *~ il tavolo* to clear the table. 2 (*vuotare*) to empty: *~ un cassetto* to empty a drawer. 3 (*evacuare*) to clear, to leave, to evacuate: *è stato emanato l'ordine di ~ la zona* the order to evacuate the zone has been issued; *i dimostranti furono invitati a ~ la piazza* the demonstrators were asked to clear the square. 4 (*lasciare libero un appartamento*) to move out, to vacate: *domani sgombriamo il villino* tomorrow we are moving out of the cottage. 5 (*portare via ciò che ingombra*) to clear away, to carry away: *il vento ha sgombrato le nuvole* the wind cleared the clouds away. 6 (*fig*) (*liberare*) to clear, to free: *~ l'animo*

dai pregiudizi to clear the mind of prejudice. 7 (*Mil*) to evacuate: *~ i feriti* to evacuate the wounded. II *v.i.* (*aus.* **avere**) to move. □ *fare ~ l'aula* to clear the court; *~ una posizione* (*abbandonarla*) to abandon a position (*anche Mil*).

sgombro[1] *a.* 1 clear, empty: *la stanza è sgombra* the room is empty. 2 (*fig*) free: *avere l'animo ~ dai timori* to be free from fear; *avere la mente sgombra dai pregiudizi* to have a mind free from prejudice. II *m.* 1 (*trasloco*) move, removal. 2 (*Mil*) (*rif. a luoghi*) abandoning of a position.

sgombro[2] *m.* (*Itt*) mackerel.

sgomentare (**sgoménto**) I *v.t.* to dismay, to daunt, to alarm. II *v.pron.* **sgomentarsi** to be dismayed, to be daunted.

sgomentato *a.* (*lett*) dismayed, appalled, daunted.

sgomento I *m.* dismay, consternation. II *a.* dismayed, appalled, daunted.

sgominare (**sgòmino**) *v.t.* 1 (*mettere in fuga*) to rout, to put to flight. 2 (*sconfiggere*) to break up, to defeat.

sgomitolare (**sgomìtolo**) *v.t.* to unwind. II *v.i.pron.* to unwind.

sgommare (**sgómmo**) I *v.t.* 1 to degum, to remove the gum from. 2 (*Tess*) to degum. II *v.i.* (*aus.* **avere**) (*colloq*) 1 (*Aut*) to screech. 2 (*togliersi di torno*) to push off, to clear off, (*colloq*) to go away, to buzz off, (*Br,colloq*) to naff off. III *v.pron.* **sgommarsi** to lose gum.

sgommata *f.* (*Aut,colloq*) tyre screech, (*Am*) tire screech.

sgommato *a.* 1 not gummed, with no gum on. 2 (*senza pneumatici*) tyreless. 3 (*con pneumatici logori*) with worn-out tyres.

sgommatura *f.* (*Tess*) degumming.

sgonfiamento *m.* 1 deflating, deflation, shrinking. 2 (*Med*) (*riduzione del gonfiore*) reduction of the swelling, resorption. 3 (*rif. a pneumatici e sim.*) going flat.

sgonfiare (**sgónfio, sgónfi**) I *v.t.* 1 to deflate, to let the air out of. 2 (*fig*) (*ridimensionare*) to deflate, to take so. down: *~ la boria di qcu.* to deflate so.'s ego. 3 (*Med*) (*ridurre il gonfiore*) to reduce the swelling. II *v.i.* (*aus.* **essere**) to go down, to go flat, to deflate. III *v.pron.* **sgonfiarsi** 1 to deflate, to go flat, to go down, to flatten. 2 (*Med*) (*perdere il gonfiore*) to go down. 3 (*fig*) (*perdere la boria*) to be deflated, (*colloq*) to be taken down a peg, (*colloq*) to be taken down a peg or two: *al primo insuccesso si è sgonfiato* at his first failure he was deflated.

sgonfiato → **sgonfiare**. *a.* 1 deflated, flat. 2 (*rif. a pneumatici*) flat. 3 (*Med*) gone down, reduced. 4 (*fig*) (*ridimensionato*) deflated, (*colloq*) taken down a peg, (*colloq*) taken down a peg or two.

sgonfio[1] *a.* 1 deflated, flat. 2 (*rif. a pneumatici*) flat.

sgonfio[2] *m.* (*Sart*) puff.

sgonfiotto *m.* 1 (*Dolc,region*) puff. 2 (*Sart*) puff.

sgonnellare (**sgonnèllo**; *aus.* **avere**) *v.i.* (*colloq,rar*) (*andare in giro per mettersi in mostra*) to gad about.

sgorbia *f.* (*Fal,Chir*) gouge. □ (*Fal*) *~ piatta* flat chisel; (*Fal*) *~ triangolare* corner chisel.

sgorbiare (**sgòrbio, sgòrbi**) *v.t.* 1 (*macchiare*) to blot, to stain. 2 (*scarabocchiare*) to scribble (*su qcs.* on sth.), to scrawl (*su qcs.* on sth.).

sgorbiatura *f.* 1 (*sgorbio*) scribble, scrawl. 2 (*macchia*) blot, stain.

sgorbio *m.* 1 (*macchia*) blot. 2 (*scarabocchio*) (*Br*) scribble, scrawl, (*Am*) chicken-scratch. **3** (*di disegno malfatto*) daub, doodle. **4** (*fig*) (*persona brutta*) ugly person, runt, shrimp, (*colloq*) fright: *uno ~ di ragazza* a fright of a girl.

sgorgare (**sgórgo, sgórghi**) **I** *v.i.* (*aus.* **essere**) **1** (*uscire con impeto rif. a liquidi*) to gush out, to spout, to spurt. **2** (*fig*) (*uscire in gran copia*) to flow out, to pour out: *le lacrime le sgorgavano dagli occhi* tears poured from her eyes, tears welled up in her eyes. **3** (*fig*) (*provenire direttamente*) to spring, to pour out, to burst, to come: *parole che sgorgano dal cuore* words that spring from the heart. **II** *v.t.* (*liberare un condotto*) to clear, to unclog, to scour, to unblock: *~ un lavandino* to unblock a sink, to unclog a sink.

sgottare (**sgòtto**) *v.t.* (*Mar*) to bail.

sgozzare (**sgózzo**) *v.t.* **1** (*tagliare la gola*) to cut the throat of, to slit the throat of. **2** (*macellare, uccidere*) to butcher, to slaughter.

sgozzatura *f.* **1** (*il tagliare la gola*) throat cutting. **2** (*il macellare, il trucidare*) slaughter.

SGP *Singapore* SGP (Singapore).

sgradevole *a.* **1** unpleasant, disagreeable, distateful. **2** (*rif. a suoni*) harsh, metallic, unpleasant, grating: *una voce ~* a grating voice. **3** (*rif. a sapore*) sour, metallic, unpleasant. **4** (*rif. all'aspetto*) ugly, nasty.

sgradevolezza *f.* **1** unpleasantness, disagreeableness. **2** (*rif. all'aspetto*) ugliness.

sgradevolmente *avv.* unpleasantly, disagreeably.

sgradire (**sgradìsco, sgradìsci**) *v.t.* (*rar*) not to appreciate, not to welcome.

sgradito *a.* **1** unwelcome, unwanted, undesirable: *una visita sgradita* an unwelcome visit. **2** (*spiacevole*) unpleasant, disagreeable: *una notizia sgradita* unpleasant news, bad news.

sgraffiare (**sgràffio, sgràffi**) *v.t.* **1** (*pop*) (*graffiare*) to scratch. **2** (*rar*) (*rubare*) to steal, (*colloq*) to pinch.

sgraffignare (**sgraffìgno**) *v.t.* (*colloq*) (*rubare*) to steal, to pilfer, (*colloq*) to pinch.

sgrammaticare (**sgrammàtico, sgrammàtichi**; *aus.* **avere**) *v.i.* to make grammatical errors.

sgrammaticato *a.* containing grammatical errors.

sgrammaticatura *f.* grammatical error.

sgranare[1] (**sgràno**) **I** *v.t.* **1** (*staccare i grani*) to shell: *~ il granoturco* to shell maize. **2** (*sbucciare*) to shell, to hull: *~ i piselli* to shell peas. **3** (*colloq,fig*) (*pregare*) to say: *~ il rosario* to say the rosary, to tell one's beads. **II** *v.pron.* **sgranarsi** (*rompersi in pezzetti*) to crumble. □ (*colloq,fig*) *~ gli occhi* to open one's eyes wide; (*Tess*) *~ il cotone* to gin the cotton.

sgranare[2] (**sgràno**) *v.t.* **1** (*Mecc*) (*togliere dall'ingranaggio*) to disengage, to uncouple. **2** (*El*) to disconnect.

sgranato *a.* **1** (*senza grani*) shelled. **2** (*senza buccia*) shelled, hulled. **3** (*fig*) (*molto aperti*) wide-open: *occhi sgranati* wide-open eyes.

sgranatoio *m.* (*Agr*) sheller.

sgranatrice *f.* **1** (*Agr*) maize sheller, (*Am*) corn sheller. **2** (*Tess*) cotton gin.

sgranatura *f.* **1** (*sbucciatura*) shelling, hulling. **2** (*Tess*) ginning.

sgranchire (**sgranchìsco, sgranchìsci**) **I** *v.t.* to stretch. **II** *v.pron.* **sgranchirsi** to stretch, to stretch oneself, to loosen up. □ *sgranchirsi le gambe* (*fare due passi*) to stretch one's legs.

sgranellare (**sgranèllo**) *v.t.* (*rif. a uva*) to

---

pick the grapes off, to pluck the grapes off.

sgranocchiare (**sgranòcchio, sgranòcchi**) *v.t.* (*colloq*) to crunch, to munch, to scrunch: *~ un biscotto* to crunch a biscuit; *~ una mela* to crunch an apple.

sgrassaggio *m.* **1** degreasing (*anche Aut*). **2** (*Tess*) scouring.

sgrassante **I** *a.* **1** degreasing. **2** (*Tess*) scouring. **II** *m.* degreasing agent, degreaser.

sgrassare (**sgràsso**) *v.t.* **1** (*togliere il grasso*) to remove the grease from, to remove the fat from. **2** (*schiumando*) to skim (the fat off): *~ il brodo* to skim the broth. **3** (*estens*) (*togliere macchie di unto*) to remove grease spots from. **4** (*Aut*) to degrease. **5** (*Tess*) to scour.

sgrassatura *f.* **1** defatting, degreasing. **2** (*Aut*) degreasing. **3** (*Tess*) scouring.

sgravare (**sgràvo**) *v.t.* **1** (*alleggerire*) to lighten. **2** (*fig*) to relieve (*da, di* of), to ease (*da, di* of), to free (*da, di* from): *~ qcu. da una responsabilità* to relieve so. of a responsibility. **3** (*rif. a oneri fiscali*) to relieve (*da, di* of), to free (*da, di* from). **II** *v.pron.* **sgravarsi 1** (*fig*) to relieve oneself (*da, di* of), to ease oneself (*da, di* of), to free oneself (*da, di* from): *sgravarsi da una responsabilità* to free oneself of a responsibility. **2** (*pop*) (*partorire: rif. a donne*) to give birth, to have a baby. **3** (*pop*) (*partorire: rif. ad animali*) to give birth, to bring forth, to have young.

sgravio *m.* **1** lightening. **2** (*rif. a imposte e sim.*) relief: *~ fiscale* tax relief. □ *a ~ di* to avoid, to get out of: *a ~ di responsabilità devo avvertire la polizia* to get out of the responsibility I must inform the police; *per ~ di* to avoid, to get out of: *per ~ di coscienza* to ease one's conscience.

sgraziataggine *f.* clumsiness, awkwardness, gracelessness.

sgraziatamente *avv.* clumsily, awkwardly, ungracefully, gracelessly.

sgraziato *a.* clumsy, awkward, ungraceful, ungainly, graceless.

sgretolamento *m.* shattering, crumbling, smashing.

sgretolare (**sgrétolo**) **I** *v.t.* **1** to shatter, to crumble, to smash, to smash to pieces. **2** (*fig*) (*disgregare*) to dissolve, to disintegrate, to break up, to shatter. **II** *v.pron.* **sgretolarsi 1** to crumble, to fall to pieces, to break up: *una pietra che si sgretola facilmente* a rock that crumbles easily, a rock which is friable. **2** (*fig*) (*disgregarsi*) to dissolve, to disintegrate, to break up.

sgretolato *a.* smashed, shattered, crushed, broken up: *intonaco ~* chipped plaster.

sgretolio *m.* **1** shattering, crumbling, smashing. **2** (*rumore*) grinding.

sgridare (**sgrìdo**) *v.t.* to scold, to rebuke, (*lett,ant*) to chide, (*colloq*) to tell off.

sgridata *f.* scolding, lecture, (*colloq*) telling-off: *prendersi una bella ~* to get a good telling-off.

sgrinfia *f.* (*pop*) (*grinfia*) claw.

sgrommare (**sgrómmo**) *v.t.* to scrape the tartar (off sth.), to cleanse (of incrustation).

sgrommatura *f.* **1** scraping of tartar, cleansing (of incrustation). **2** (*concrezione*) tartar, tartar deposit, incrustation.

sgrondare (**sgróndo**) **I** *v.t.* to drain, to let drip. **II** *v.i.* (*aus.* **avere**) to drain, to drip: *mettere qcs. a ~* to put sth. to drain.

sgrondatura *f.* dripping, draining (*anche Enol*).

sgrondo *m.* **1** dripping. **2** (*liquido che cade*) dripping, drops *pl.* **3** (*acqua che cade*) water, drops *pl.* of water. □ *a ~* (*con forte pendenza, spec. rif. a tetti*) steeply slanted.

---

sgroppare[1] (**sgróppo**) **I** *v.t.* (*sciogliere un groppo*) to untie, to undo. **II** *v.pron.* **sgropparsi** (*lett,fig*) (*rif. a membra: distendersi*) to stretch, to stretch oneself.

sgroppare[2] (**sgróppo**) **I** *v.t.* **1** (*estens*) (*stancare*) to wear out. **2** (*rif. a cavalli: rovinare la groppa*) to break the back of. **II** *v.i.* (*aus.* **avere**) (*rif. a cavalli: disarcionare il cavaliere*) to buck.

sgroppata *f.* **1** (*l'inarcare la groppa*) buck, bucking, buck jump. **2** (*breve cavalcata*) short ride. **3** (*Sport*) (*corsa con aumento di ritmo*) spurt.

sgroppino *m.* a drink made of lemon sorbet, vodka and prosecco.

sgrossare (**sgròsso**) **I** *v.t.* **1** (*rendere meno grosso, assottigliare*) to cut down, to whittle down. **2** (*dare la prima mano, abbozzare*) to roughcast, to rough-hew: *~ un blocco di marmo* to roughhew a block of marble. **3** (*fig*) (*insegnare i primi rudimenti*) to teach the rudiments to. **4** (*Tecn*) to rough. **II** *v.pron.* **sgrossarsi** (*fig*) (*dirozzarsi*) to become more refined, to refine one's manners.

sgrossatura *f.* **1** (*lo sgrossare*) cutting down, whittling down. **2** (*il dare la prima mano*) rough-shaping, roughcasting, rough-hewing. **3** (*Tecn*) roughing.

sgrovigliare (**sgrovìglio, sgrovìgli**) *v.t.* to unravel, to disentangle (*anche fig*): *~ una situazione complessa* to unravel a difficult situation.

sgrugnare (**sgrùgno**) **I** *v.t.* (*pop*) to punch so. in the face, (*colloq*) to bash so. in the face, to pop so. on the nose, to give so. a knuckle sandwich. **II** *v.pron.* **sgrugnarsi** (*pop*) to injure one's face, to smash one's face.

sgrugnata *f.* (*pop*) blow in the face, punch on the nose, a knuckle sandwich.

sgrugno *m.* (*pop*) blow in the face, punch on the nose, a knuckle sandwich.

sguaiataggine *f.* **1** (*l'essere sguaiato*) coarseness, uncouthness, vulgarity, crudeness. **2** (*azione sguaiata*) coarse behaviour, vulgarity.

sguaiatamente *avv.* coarsely, uncouthly, shamelessly, vulgarly, crudely: *ridere ~* to guffaw.

sguaiato *a.* coarse, uncouth, vulgar, unseemly, crude: *risata sguaiata* coarse laughter.

sguainare (**sguaìno**) *v.t.* to unsheathe, to draw: *~ la spada* to unsheathe one's sword.

sguainato *a.* drawn, unsheathed: *con la spada sguainata* with drawn sword.

sgualcire (**sgualcìsco, sgualcìsci**) **I** *v.t.* to crumple, to crease, to wrinkle, to crush: *~ un foglio* to crumple a sheet of paper. **II** *v.pron.* **sgualcirsi** to wrinkle, to crease, to crush: *sgualcirsi la gonna* to wrinkle one's skirt.

sgualcito *a.* crumpled, creased, wrinkled, crushed: *giornale ~* crumpled newspaper.

sgualcitura *f.* **1** (*lo sgualcire*) creasing, wrinkling. **2** (*parte sgualcita*) crease, wrinkle.

sgualdrina *f.* (*spreg*) trollop, strumpet, harlot, (*colloq*) tart.

sguancia (*pl.* -**ce**) *f.* (*Equit*) cheek piece.

sguanciare (**sguàncio**) *v.t.* (*Arch*) to splay.

sguancio *m.* (*Arch*) (*sguincio*) splay, splayed jamb. □ *a ~* obliquely, on the slant.

sguardo *m.* **1** look, glance: *~ penetrante* piercing look; *uno ~ luminoso* a radiant look; *~ sfuggente* evasive look; *~ significativo* expressive look; *~ esultante* triumphant look. **2** (*vista, occhi*) eyes *pl.*: *abbassare lo ~* to lower one's eyes, to look down; *evitare lo ~ di qcu.* to avoid so.'s eyes; *rispondere allo ~ di qcu.*

to meet so.'s gaze, to meet so.'s eyes; *sollevare lo* ~ to look up, to raise one's eyes. **3** (*capacità visiva*) eye, eyes *pl.*: *fin dove arriva lo* ~ as far as the eye can see. □ *cercare qcu. con lo* ~ to look around for so.; *dare uno* ~: **1** to have a look, to take a look, to take a glance: *dai uno* ~ *a questa lettera* just have a look at this letter; **2** (*di nascosto, attraverso una fessura*) to peep; ~ *d'insieme* overall view; ~ *fisso* stare, fixed gaze: *tenere lo* ~ *fisso su qcs.* to stare at sth.; *con lo* ~ *fisso* staring, gazine, (*ant*) agaze: *sguardi indiscreti* prying eyes; (*fig*) ~ *magnetico* magnetic look.

sguarnire (**sguarnìsco, sguarnìsci**) *v.t.* **1** (*privare di difesa*) to strip of defences, to dismantle: ~ *una fortezza* to dismantle a fort. **2** (*Mil*) (*togliere la guarnigione*) to withdraw the garrison from. **3** (*privare di ornamenti*) to take the trimmings off, to strip. **4** (*Mar*) to unrig.

sguarnito *a.* **1** dismantled. **2** (*privo di difesa*) defenceless. **3** (*privo di guarnizioni*) untrimmed, plain. **4** (*mal fornito*) badly stocked, poorly stocked: *negozio* ~ poorly stocked shop. **5** (*Mar*) unrigged.

sguattero *m.* (*f.* **-a**) scullery boy (*f.* maid), dishwasher.

sguazzare (**sguàzzo**; *aus.* avere) *v.i.* **1** to splash about, to slosh: ~ *nell'acqua* to splash about in the water. **2** (*nel fango e sim.*) to wallow, to welter. **3** (*fig*) (*trovarsi a proprio agio*) to feel at home, to be in one's element. **4** (*fig*) (*stare largo: rif. a vestiti, scarpe*) to swim, to be loose: ~ *in un vestito* to swim in a dress. **5** (*fig*) (*disporre largamente di mezzi*) to be rolling in money, to be wallowing in money. □ (*fig*) ~ *nell'oro* to be rolling in money.

sguincio *m.* (*Arch*) (*sguincio*) splay, splayed jamb.

sguinzagliare (**sguinzàglio, sguinzàgli**) *v.t.* **1** to unleash, to let loose: ~ *i cani* to unleash the dogs, to let the dogs loose. **2** (*fig*) to set on the track of.

sguizzo *m.* (*rar*) **1** (*rif. a pesci*) dart; (*rif. a serpenti*) wriggle, slither. **2** (*rif. a lampi*) flash, flicker. **3** (*rif. a fiamme*) flicker, quiver. **4** (*rif. a persone*) jump, leap, spring.

sgusciare[1] (**sgùscio, sgùsci**; *aus.* essere) *v.i.* **1** (*scivolar via*) to slip: ~ *tra le dita* to slip through one's fingers. **2** (*cadendo*) to drop. **3** (*sfuggire*) to escape, to get away, to slip away: *è riuscito a* ~ *via inosservato* he managed to slip away unobserved. **4** (*fig*) (*sottrarsi a qcs. di sgradito*) to wriggle out, to be slippery: *non riesco a parlargli dei suoi impegni, sguscia sempre via* I never manage to talk to him about his commitments, he always wriggles out. □ (*fig*) ~ *di mano come un'anguilla* to slip through one's fingers (like an eel).

sgusciare[2] (**sgùscio, sgùsci**) **I** *v.t.* **1** (*levare dal guscio*) to shell, to hull: ~ *fagioli* to shell beans. **2** (*rif. a noci e sim.*) to crack, to shell: ~ *le noci* to shell nuts, to crack nuts. **II** *v.i.* (*aus.* essere) (*uscire dal guscio: rif. a pulcini e sim.*) to hatch.

sgusciato *a.* **1** shelled: *fagioli sgusciati* shelled beans. **2** (*rif. a noci e sim.*) cracked, shelled.

shahtoosh /ʃaˈtuʃ/ *m.inv.* shahtoosh shawl.

shaker /ˈʃɛker/ *m.inv.* shaker.

shakerare (**shàkero** /ˈʃɛkero/) *v.t.* to shake.

shakespeariano /ʃɛkspi-/ *a.* Shakespearean, Shakespearian.

shako /ʃaˈko/ *m.* (*Stor,Mil*) shako.

shampista /ʃam-/ *m./f.* shampooer.

shampoo /ˈʃampo/ *m.inv.* **1** (*Cosmet*) sham-

poo, hair shampoo: *farsi uno* ~ to have a shampoo. **2** (*per cani ecc.*) shampoo, pet shampoo. **3** (*estens*) (*per lavaggio auto*) car shampoo, car washing soap; (*per moquette ecc.*) carpet shampoo. □ (*Cosmet*) ~ *alla camomilla* camomile shampoo; (*Cosmet*) ~ *antiforfora* anti-dandruff shampoo, dandruff shampoo; (*Farm*) ~ *antiparassitario* (*per pidocchi e lendini*) head lice shampoo; (*Farm*) ~ *antipulci* flea shampoo; (*Cosmet*) ~ *delicato* mild shampoo; (*Cosmet*) ~ *e balsamo* shampoo and conditioner; (*Cosmet*) ~ *e piega* shampoo and set; (*Cosmet*) ~ *equilibrante* balancing shampoo; *fare lo* ~ *a qcu.*: **1** to shampoo so.; **2** (*scherz,fig*) (*dare una lavata di capo*) to give so. a dressing down, to give so. a telling off, to tell so. off; (*Farm*) ~ *medicato* medicated shampoo; ~ *per auto* car shampoo, car washing soap; (*Cosmet*) ~ *per bambini* baby shampoo; ~ *per cani* dog shampoo; (*Cosmet*) ~ *per capelli grassi* greasy hair shampoo, shampoo for greasy hair; (*Cosmet*) ~ *per capelli secchi* shampoo for dry hair; ~ *per moquette* carpet shampoo; (*Cosmet*) ~ *per uso frequente* shampoo for everyday use; (*Cosmet*) ~ *secco* dry shampoo.

shanghai /ʃa-/ *m.inv.* (*gioco*) jackstraws (*costr.sing.*), (*ant*) spillikins *pl.*

Shanghai /ʃa-/ *n.pr.f.* (*Geog*) Shanghai.

shantung /ˈʃa-/ *m.inv.* (*Tess*) shantung (*anche estens*).

share /ʃɛr/ *m.inv.* (*TV,Rad*) ratings *pl.*

shareware /ˈʃɛrwer/ *m.inv.* (*Inform*) shareware, freeware.

shekel /ˈʃɛkel/ *m.inv.* (*Econ,Numism*) shekel.

sheqel /ˈʃɛkel/ *m.inv.* (*Econ,Numism*) shekel.

sherpa /ˈʃɛrpa/ *m.inv.* sherpa, Sherpa (*anche fig,Pol*).

sherry /ˈʃɛrri/ *m.inv.* sherry.

shetland /ˈʃɛtland/ **I** *m.* (*Tess*) **1** (*lana*) Shetland wool. **2** (*tessuto*) Shetland. **II** *a.inv.* Shetland (*attr.*).

shiatsu /ˈʃattsu/ **I** *m.inv.* shiatsu, shiatzu. **II** *a.inv.* shiatsu (*attr.*), shiatzu (*attr.*).

shintoismo /ʃi-/ *m.* (*Rel*) Shinto, Shintoism.

shintoista /ʃi-/ *m./f.* (*Rel*) Shintoist.

shintoistico /ʃi-/ *a.* (*Rel*) Shintoist, Shintoistic.

shoah /ˈʃɔa/ *f.* (*Stor*) Shoah.

shoccante /ʃo-/ *a.* shocking, highly disturbing.

shoccare /ʃo-/ (**shòcco, shòcchi** /ˈʃo-/) *v.t.* to shock.

shock /ʃɔk/ *m.inv.* shock, trauma (*anche Med*): *avere un forte* ~ to suffer severe shock, to suffer a severe shock, to have a bad shock. □ (*Med*) ~ *anafilattico* anaphylactic shock; ~ *culturale* cultural shock; (*Med*) ~ *operatorio* surgical shock; *essere sotto* ~ to be shocked, to be in a state of shock; (*Med*) ~ *traumatico* traumatic shock.

shocking /ˈʃɔkkiŋ/ □ *rosa* ~ shocking pink.

shockterapia /ˌʃɔk-/ *f.* (*Med*) shock therapy, shock treatment.

shopping /ˈʃɔppiŋ/ *m.inv.* shopping: *fare* ~ to do one's shopping, to go shopping.

shopping center /ˈʃɔppiŋˈsɛnter/ *m.inv.* shopping centre, (*Am*) mall.

shorts /ʃɔrts/ *m.pl.* (*Abbigl*) shorts.

show /ʃo/ *m.inv.* show.

show business /ʃoˈbiznes/ *m.inv.* show business, (*colloq*) showbiz.

showdown /ˌʃoˈdawn/ *m.inv.* (*nel poker*) showdown (*anche fig*).

showgirl /ˈʃoˈgɜrl/ *f.inv.* showgirl.

showman /ˌʃoˈmɛn/ *m.inv.* showman (*anche estens*).

showroom /ˌʃoˈrum/ *m.inv.* showroom.

shrapnel /ˈʃrapnel/ *m.inv.* (*Mil*) shrapnel.

shunt /ʃunt/ *m.inv.* (*El*) shunt (*anche Med*).

shuntare /ʃu-/ (**shùnto** /ˈʃu-/) *v.t.* (*El*) to shunt.

shuttle /ˈʃattol/ *m.inv.* (*Astron,Aer*) space shuttle.

si[1] *m.inv.* (*Mus*) B, te, si: ~ *bemolle maggiore* B flat major; (*rar*) ~ *fatto* (*tale*) such.

si[2] (*before words beginning with a vowel* si *becomes* s'; *when it is used before* la, lo, li, le *and* ne *it becomes* se) **I** *pron.pers.rifl.* **1** (*maschile*) himself: ~ *ferì facendosi la barba* he cut himself while shaving. **2** (*femminile*) herself: *la fanciulla* ~ *guardava nello specchio* the girl was looking at herself in the mirror. **3** (*rif. a soggetto neutro*) itself. **4** (*indef.*) oneself: *per lavarsi sono necessari acqua e sapone* to wash oneself one needs soap and water. **5** (*plurale*) themselves: ~ *sono lavati* they washed themselves. **6** (*coi riflessivi impropri, quando il rifl. funge da compl. di termine*) *si traduce general. con l'aggettivo possessivo corrispondente*: *è asciugato le mani?* did he dry his hands?; *i bambini* ~ *sono lavati i denti* the children brushed their teeth; *il leone* ~ *leccava la ferita* the lion licked his wound. **7** (*coi verbi intransitivi pronominali*) *non si traduce*: ~ *alza* he gets up; ~ *lamentano* they are complaining; *perché* ~ *irrita?* why is he getting angry? **II** *pron.pers.recipr.* each other, one another, *a volte non si traduce*: ~ *aiutano sempre* they always help each other; *i tre amici* ~ *vedono spesso* the three friends often see one another. **III** *pron.pers.indef.* **1** one, they, people, we, you, man, men. **2** (*particella passivante*) one, you: *non* ~ *sa mai* you never know, one never can tell. **3** (*particella pleonastica*) *non si traduce*: *alla fine* ~ *tacque* in the end he fell silent.

sì[1] *avv.* **1** yes: *hai comprato il pane?* - ~ did you buy the bread? - Yes, I did; ~, *l'ho visto ieri* yes, I saw him yesterday. **2** (*dopo una proposizione interrogativa negativa*) oh yes, yes of course: *non vieni con noi?* - ~ aren't you coming with us? - Oh yes, I am. **3** (*enfat*) (*davvero*) really: *questa* ~ *che è bella!* this is really beautiful! **4** (*in correlazione con ma*) *non si traduce, oppure si usa la forma enfatica del verbo*: *è bello* ~, *ma troppo caro* it is nice but it's too dear; *l'ho visto* ~, *ma per poco tempo* I did see him, but only briefly. **5** (*rispondendo al telefono: pronto*) hello!, yes!; (*al citofono*) yes! **II** *m.* **1** yes, affirmative: *voglio un bel* ~ I want to hear a clear yes; *mi sono deciso per il* ~ I have decided in the affirmative. **2** *spec.pl.* (*voto favorevole*) ay, aye: *tre* ~ *e due* no three ayes and two nays, three votes for and two against. **3** (*assenso*) yes, agreement: *non me ne andrò se prima non avrò ottenuto il tuo* ~ I won't leave until I get your agreement. **4** (*nel matrimonio*) I do: *pronunciare il* ~ (*nel matrimonio*) to say "I do". **III** *a.inv.* (*posposto al sostantivo*) positive: *una giornata* ~ a positive day. □ ~, *certamente* (~ *con* ~, *certo*) yes, of course; ~ *davvero* yes, indeed, really; *dire di* ~: **1** to say yes: *dice di* ~ *a tutti* she says yes to everyone; **2** (*acconsentire*) to say yes, to agree: *la mamma ha detto di* ~, *quindi posso venire* mother has agreed, so I can come; **3** (*affermare*) to say so, to say it is so, to think so: *pensi che verrà?* - *Io dico di* ~ do you think he'll come? - I think so; *lui dice di* ~ he says so, he says it is so; (*iron*) ~, *domani* when the moon turns blue!; *e* ~ *che* and yet: *e* ~ *che l'avevo avvertito* and yet I had warned him; *e* ~ *che te l'avevo detto!*

there you are, I told you so!; ~ *e no*: 1 (*forse*) yes and no, perhaps, maybe; 2 (*in un certo modo*) in some ways: *ti è piaciuto? - ~ e no* did you like it? - In some ways; 3 (*circa*) about, approximately: *saranno ~ e no due chilometri* it's about two kilometres; (*a malapena*) barely: *saranno ~ e no due anni* it's barely two years; *uno ~ e uno no*: 1 (*usato come aggettivo*) alternate, every other, every second one: *un giorno ~ e uno no* every other day, on alternate days; 2 (*usato come avverbio*) alternately: *un giorno ~ e uno no* every other day; *fare ~ che qcu. faccia qcs.*: 1 (*fare in modo che*) to see to it that so. does sth., to manage to get so. to do sth., to have so. do sth., to get so. to do sth., to work things in such a way that so. does sth.: *la mamma fece ~ che il bambino si sedesse a tavola* the mother got the child to sit down at the table; 2 (*permettere*) to enable, to allow: *la favorevole posizione geografica fece ~ che divenisse presto una delle più ricche città del paese* it's favorable geographic position allowed it to quickly become one of the country's richest cities; *ma ~!* of course! yes of course!, sure!; *vieni ~ o no?* are you coming or aren't you?, are you coming or not?; *più ~che no* it's likely; *più no che ~* it's unlikely; *~signora!* yes, Madam; *~ signore!* yes, Sir; *essere tra il ~ e il no* (o *stare tra il ~ e il no*) to be undecided.

sì[2] *avv.* (*lett*) (*così*) so. ☐ *~che* (*tanto che, in modo che*) so that: *far ~ che...* to see to it that, to make sure that; *bisogna far ~ che tutti lo sappiano in tempo* we must see to it that everyone knows in time; (*ant*) *~da* so as to, so that: *lavora sodo, ~ da finire presto* work hard, so that you finish soon; work hard, so as to finish soon.

sia[1] (*always used together with* sia, quanto, come, o) *congz.* **1** whether... or: ~ *che tu lo voglia o non lo voglia, verremo anche noi* whether you like it or not we're coming too; ~ *per maleducazione ~ per pigrizia, non scrive mai* whether out of impoliteness or laziness he never writes. **2** (*proponendo un'alternativa*) either... or: ~ *lui che un altro, per me è indifferente* either him or someone else, it doesn't matter to me. **3** (*entrambi*) both... and: *verremo ~ io che mia moglie* both my wife and I will come. ☐ ~*...che*... (o ~*...sia*...): 1 both... and: *ho visto ~ Maria ~ sua sorella* I saw both Mary and her sister; 2 (*sia che, sia che*) whether... or; ~ *che tu venga, ~ che non venga, io parto* whether you come or not, I am leaving; *lo farà, ~ che gli piaccia, ~ che non gli piaccia* he'll do it, whether he likes it or not; ~ *bello o ~ brutto, io verrò lo stesso* whether the weather is good or bad I'll come.

sia[2] → **essere**[1].

SIAE *Società italiana autori ed editori* Italian Authors' and Publishers' Association; (*GB*) PRS (Performing Rights Society); (*US*) ASCAP (American Society of Composers, Authors and Publishers).

sial *m.inv.* (*Geol*) sial.

sialico (*pl.* **-ci**) *a.* (*Geol*) sialic: *crosta sialica* sial.

Siam *n.pr.m.* (*Geog*) (*Thailandia*) Siam.

siamese I *a.* Thai, (*ant*) Siamese: *gatto ~* Siamese, Siamese cat; *fratelli siamesi* (o *gemelli siamesi*) Siamese twins. **II** *m./f.* **1** (*abitante*) Thai, (*ant*) Siamese. **2** (*Zool*) (*gatto*) Siamese, Siamese cat. **III** *m.* (*lingua*) Thai.

siamo → **essere**[1].

Sibari *n.pr.f.* (*Geog.stor*) Sybaris.

sibarita *m./f.* **1** (*Stor*) Sybarite. **2** (*fig*) (*voluttuoso*) sybarite.

---

sibaritico (*pl.* **-ci**) *a.* **1** (*Stor*) Sybaritic. **2** (*fig*) (*voluttuoso*) sybaritic.

Siberia *n.pr.f.* **1** (*Geog*) Siberia. **2** (*fig*) (*luogo molto freddo*) very cold place. ☐ (*fig*) *mandare qcu. in ~* to send so. to Siberia.

siberiano I *a.* **1** (*della Siberia*) Siberian. **2** (*fig*) (*freddissimo*) icy, freezing, bitterly cold. **II** *m.* (*f.* **-a**) Siberian.

sibilante I *a.* (*Fon*) sibilant, hissing. **II** *f.* (*Fon*) sibilant, sibilant consonant.

sibilare (*sìbilo*; *aus.* avere) *v.i.* **1** to hiss, to sibilate: *il serpente sibila* snakes hiss. **2** (*rif. a vento*) to whistle, to howl, to moan: *il vento sibila* the wind is whistling. **3** (*rif. a proietti li*) to whistle.

sibilla *f.* **1** (*Stor.gr,Stor.rom*) sibyl. **2** (*fig*) sibyl, fortuneteller.

sibillino *a.* **1** (*Stor*) sibylline, sibyllic: *libri sibillini* Sibylline books. **2** (*fig*) sibylline, enigmatic, enigmatical.

sibilo *m.* **1** hiss, hissing. **2** (*fischio spec. rif. a vento*) whistle, whistling, howling, moaning. **3** (*fischio rif. a treni e sim.*) whistle, whistling. **4** (*Med*) (*rif. a respiro*) wheeze: *respirare con un ~* to wheeze. **5** (*Med*) (*rif. a orecchio*) tinnitus.

sibla *f.* (*Mil,gerg*) target.

sicario *m.* killer, hired assassin.

siccativo *f.* (*Chim*) drying property.

siccativo *a.* (*Chim*) drying, siccative.

sicché *congz.* **1** (*di modo che*) so, and so: *si è comportato male, ~ ho dovuto punirlo* he behaved badly, so I had to punish him. **2** (*e perciò*) so, so that, therefore: *si è messo a piovere, ~ sono tornato* it began to rain, so I came back.

siccità *f.* **1** drought, dry weather. **2** (*secchezza*) dryness: *la ~ dell'aria* the dryness of the air.

siccome *congz.* as, since, because: ~ *dovevo uscire, ti ho lasciato un biglietto* as I had to go out, I left you a note.

Sicilia *n.pr.f.* (*Geog*) Sicily.

siciliano I *a.* Sicilian. **II** *m.* **1** (*f.* **-a**) (*abitante*) Sicilian. **2** (*dialetto*) Sicilian, Sicilian dialect.

siclo *m.* (*Numism,Stor*) shekel.

sicofante *m.* **1** (*Stor.gr*) sycophant. **2** (*estens*) (*delatore*) informer, spy; (*calunniatore*) defamer.

sicomoro *m.* (*Bot*) sycamore.

siconio *m.* (*Bot*) syconium.

sicono *m.* (*Bot*) syconium.

sicosi *f.inv.* (*Med*) sycosis.

siculo I *a.* **1** (*Stor*) Siculan. **2** (*estens,lett, scherz*) Sicilian. **II** *m.* (*f.* **-a**) **1** (*Stor*) Siculan, Sicel: *i siculi* Siculi. **2** (*estens,lett,scherz*) Sicilian.

sicumera *f.* (*lett*) presumption, arrogance.

sicura *f.* **1** (*Arm*) safety, safety catch: *mettere la ~* to put on the safety catch; *togliere la ~* to release the safety catch. **2** (*fermo, arresto: rif. a collana e sim.*) hook, catch, safety catch. ☐ *in ~* with the safety catch on, at safety: *tenere l'arma in ~* (*in posizione di non sparo*) to keep a weapon at safety.

sicuramente *avv.* **1** (*senza pericolo*) safely, in safety. **2** (*certamente*) certainly.

sicurezza *f.* **1** safety, safeness, security: *la campagna per la ~ stradale* the road safety campaign. **2** (*garanzia*) security: *questo lavoro mi offre una ~ economica* this job gives me security, this job gives me economic security. **3** (*abilità*) skill, ability: *guidare con ~* to drive with skill, to drive skilfully. **4** (*sicurezza di sé*) confidence, self-confidence, assurance, self-assurance. **5** (*Tecn*) safety: ~ *sul lavoro* industrial safety. ☐ ~*autostradale* motorway safety; ~ *collettiva* collec-

---

tive security; (*Inform*) ~ *dei dati* data security; *di ~* safety (*attr.*), security (*attr.*): *cintura di ~* safety belt, seat belt; *motivi di ~* reasons of safety; *di massima ~* maximum-security (*attr.*): *carcere di massima ~* maximum-security prison, top security prison; ~ *di sé* self-confidence; (*Tecn*) *lavorare in ~* to work safely; ~ *internazionale* international security; *a ~ intrinseca* fail-safe (*attr.*); ~ *nazionale* national security; *per ~ compro un altro biglietto* to be on the safe side, I'll buy another ticket; ~ *pubblica* public safety; ~ *sociale* social security.

sicuro I *a.* **1** (*privo di timore*) safe, secure: *qui siamo sicuri* we're safe here. **2** (*tranquillo*) confident: *non mi sento troppo ~ per l'esame* I don't feel too confident about the exam. **3** (*che non presenta pericoli*) safe: *un viaggio ~* a safe trip. **4** (*ben difeso*) secure, well-defended, inviolable: *un asilo ~* a secure refuge. **5** (*che sa con certezza*) sure, certain, positive: *sono sicurissimo di averlo visto* I'm absolutely positive I saw him; *sei ~ di ciò che dici?* are you sure of what you're saying? **6** (*esperto, pratico*) skilled, skilful, (*Am*) skillful, good, clever: *è molto ~ nel maneggiare le armi* he is very skilled at handling arms, he is very good at handling arms. **7** (*fidato*) real, true, genuine, reliable: *quello è un amico ~* he is a real friend. **8** (*deciso, fermo*) steady, sure, firm: *rispose con tono ~* he answered in a steady voice. **9** (*certo: rif. a cose previste*) certain, sure, assured, inevitable: *il profitto è ~* the profit is assured; *salvare qcu. da morte sicura* to save so. from certain death. **10** (*che funziona perfettamente*) safe. **II** *avv.* (*certamente*) certainly, of course, undoubtedly: *verrai domani? - ~!* will you come tomorrow? - Of course! ☐ *essere al ~* to be safe, (*pop*) (*essere in prigione*) to be in jail; *essere al ~ da qcs.* to be safe from sth.; *stare al ~* to be safe; *mettere al ~* to put in a safe place; (*colloq*) *essere ~ del fatto proprio* (o *mostrarsi ~ del fatto proprio*) to know what one is about; *di ~* certainly, surely: *verrà di ~* he will certainly come, he is sure to come; ~ *di sé* self-confident (*attr.*); *essere ~ di vincere* to be confident of victory, to be certain of winning; *dare per ~ qcs.* to be sure about sth., to take sth. for granted; *star ~*: 1 (*non preoccuparsi*) not to worry; 2 (*essere certo*) to be sure, to rest assured; *andare sul ~* to play safe, to play it safe, to take no risks.

sicurtà *f.* (*Dir*) insurance.

sidebag /'said,beg/ *m.inv.* (*Aut*) side airbag.

sidecar /'sajdekar/ *m.inv.* (*Aut*) sidecar.

siderale *a.* **1** (*Astr*) sidereal: *mese ~* sidereal month. **2** (*molto freddo*) icy: *temperatura ~* icy temperature. **3** (*fig*) (*enorme, abissale*) huge, immense.

sidereo *a.* (*Astr*) sidereal: *giorno ~* sidereal day.

siderite *f.* (*Min*) siderite.

siderografia *f.* siderography.

siderolite *f.* (*Min*) siderolite.

siderosi *f.inv.* (*Med*) siderosis.

siderurgia *f.* (*Met*) iron and steel industry, iron metallurgy.

siderurgico I *a.* iron (*attr.*), iron and steel (*attr.*), of the iron and steel industry. **II** *m.* (*f.* **-a**; *pl.* **-ci**) (*operaio*) steelworker, ironworker.

Sidone *n.pr.f.* (*Geog.stor*) Sidon.

sidro *m.* cider, cyder.

siedo → **sedere**[1].

Siena *n.pr.f.* (*Geog*) Siena.

sienite *f.* (*Min*) syenite.

sienitico (*pl.* **-ci**) *a.* (*Min*) syenitic.

siepaglia f. (ant) thick hedge.

siepaia f. (ant) thick hedge.

siepe f. 1 (Giard) hedge. 2 (fig) (barriera) hedge, barrier, wall: una ~ di soldati a wall of soldiers. 3 (Sport) hurdle, obstacle: tremila siepi 3000 m steeplechase. □ (Giard) ~ artificiale (o ~morta) dead hedge; (Giard) ~ naturale hedge, quickset hedge; (Giard) ~ ornamentale ornamental hedge; (Giard) ~ viva hedge, quickset hedge.

siero m. 1 (Biol) serum. 2 (Med) antiserum, serum. □ (Med,Farm) ~ antidifterico antidiphtheria serum, anti-antidiphtheria serum; (Med,Farm) ~ antivipera snake-bite serum, antivenin, antivenom; (Biol) ~ del latte whey, (ant) serum; (Farm) ~ della verità truth drug, truth serum; (Farm) ~ immunizzante immunizing serum; (Farm) ~ monovalente monovalent serum.

sierodiagnosi f.inv. (Med) serodiagnosis.

sierodiagnostica f. (Med) serodiagnostics (costr.sing.).

sieroglobulina f. (Biol) serum globulin.

sierologia f. (Med) serology.

sierologico (pl. -ci) a. (Biol) serologic, serological, (colloq) blood-study related.

sierologo (pl. -ghi) m. (Biol) serologist.

sieronegatività f. (Med) 1 seronegativity. 2 (all'AIDS) HIV seronegativity.

sieronegativo I a. (Med) 1 (rar) seronegative. 2 (all'AIDS) HIV-negative. II m. (f. -a) (Med) 1 (rar) seronegative. 2 (all'AIDS) HIV-negative.

sieropositività f. (Med) 1 seropositivity. 2 (all'AIDS) HIV-positivity.

sieropositivo I a. (Med) 1 (rar) seropositive. 2 (all'AIDS) HIV-positive. II m. (f. -a) (Med) 1 (rar) seropositive. 2 (all'AIDS) HIV-positive.

sieroprofilassi f.inv. (Med) seroprophylaxis.

sierosa f. (Anat) (membrana sierosa) serous membrane, serosa.

sierosità f. serosity.

sieroso a. serous.

sieroterapia f. (Med) serotherapy, serum therapy.

sieroterapico (pl. -ci) a. (Med) serotherapeutic, serotherapeutical.

sierra f. (Geog) sierra. □ (Geog) Sierra Leone Sierra Leone.

siesta f. siesta, nap, afternoon nap: fare la ~ to have a nap.

siete → essere[1].

sievert /'sivert/ m.inv. (Fis) sievert.

siffatto a. (rar) (tale) such: con siffatta gente non bisogna discutere it's better not to argue with such people.

sifilide f. (Med) syphilis.

sifilitico I a. (Med) syphilitic. II m. (f. -a; pl. -ci) (Med) syphilitic.

sifone m. 1 (Idr) siphon. 2 (recipiente per seltz) siphon, soda siphon, (Am) siphon bottle. 3 (Zool) siphon. 4 (Enol) kind of alcoholic must used to produce wines like Marsala. 5 (Geol) siphon.

sig., Sig. signore Mr (Mister).

sigaraio m. 1 (f. -a) (operaio) worker in a tobacco factory. 2 (f. -a) (ant) (venditore) cigar and cigarette seller. 3 (Zool) weevil.

sigaretta f. 1 cigarette, (colloq) fag, (colloq) smoke: fumare una ~ to smoke a cigarette; (estens) ~ di cioccolato chocolate cigarette. 2 (Tess) (spagnoletta) spool, reel. □ ~con filtro filter-tipped cigarette, filter cigarette; sigarette estere imported cigarettes, foreign cigarettes; sigarette fatte a mano hand-rolled cigarettes, handmade cigarettes; ~ lunga king-size cigarette; ~senza filtro un-

tipped cigarette, non-filter cigarette, plain cigarette.

sigaretto m. cigarillo.

sigaro m. cigar.

Sigfrido n.pr.m. Siegfried (anche Lett).

sigg., Sigg. 1 signori (Gentlemen). 2 (Comm) signori Messrs. (Sirs, Dear Sirs).

sigillante I a. sealing. II m. sealant, sealer.

sigillare (sigillo) v.t. 1 (chiudere con sigilli) to seal: ~ una busta to seal an envelope. 2 (estens) (chiudere bene) to seal, to close sth. well: ~ un barattolo to seal a jar. 3 (Dir) (apporre i sigilli per autenticare) to seal, to affix an official seal to, to set an authenticating seal to. 4 (Dir) (rif. a luoghi) to seal, to seal off: ~ una porta to seal a door.

sigillatura f. 1 (il sigillare) sealing. 2 (il sigillo) seal.

sigillo m. 1 seal, signet: un ~ con inciso lo stemma di famiglia a seal with the family crest; applicare un ~ a qcs. (o apporre un ~ a qcs.) to set a seal to sth., to affix a seal to sth., to seal sth. 2 (Dir) seal: apporre i sigilli alla porta to put the seal on the door. □ (fig) mettere il ~alla bocca di qcu. (o mettere il ~alle labbra di qcu.) to seal so.'s lips; (Rel) ~ della confessione the seal of the confessional; ~dello stato Great Seal; ~di piombo lead seal; (Bot) ~ di Salomone Solomon's seal; ~ governativo Great Seal; ~ notarile notarial seal; ~ per lettere letter seal; (Stor) ~ privato privy seal; (Rel) ~ sacramentale the seal of the confessional; sotto ~ under seal, sealed.

sigillografia f. sphragistics (costr.sing.).

Sigismondo n.pr.m. Sigismund (anche Stor).

sigla f. 1 (firma abbreviata) initials pl.: si firma con la ~ she signs with her initials. 2 (forma abbreviata) abbreviation, acronym: ENEL è la ~ dell'Ente Nazionale per l'Energia Elettrica ENEL is the abbreviation for Ente Nazionale per l'Energia Elettrica, ENEL stands for Ente Nazionale per l'Energia Elettrica. □ (Aut,burocr) ~automobilistica (di provincia italiana) two letters indicating province of origin on car number plates; (Comm) ~ commerciale trade name; (Edit) ~della casa editrice publisher's mark; (Rad,TV) ~ musicale signature tune, (Am) theme song.

siglare (siglo) v.t. to initial, to put one's initial to. □ ~ un accordo to sign an accord; (Sport) ~il risultato to set the score; (Sport) ~il vantaggio to score the winning point.

sigma I m./f.inv. (lettera dell'alfabeto greco) sigma. II m.inv. (Anat) sigmoid flexure, sigmoid colon.

sigmoideo a. 1 (a forma di s) S-shaped, sigmoid. 2 (Anat) sigmoid.

sig.na, Sig.na signorina (Miss).

signature /'signatur/ f.inv. (Inform) signature.

signifero m. (Stor.rom,lett) standard-bearer.

significante I a. 1 (lett) (espressivo) expressive, significant, meaningful. 2 (importante) important, significant, big: successo ~ big success, great success. II m. (Ling) signifier.

significare (significo, significhi) v.t. 1 (voler dire) to mean: che cosa significa questa parola? what does this word mean? 2 (simboleggiare) to stand for, to symbolize: il verde significa speranza green stands for hope. 3 (fig) (avere importanza, valere) to mean: lei non significa niente per me she means nothing to me. □ ciò significa che... this means that..., this implies that...

significativamente avv. significantly, meaningfully.

significativo a. 1 meaningful, significant,

significative: osservazione significativa significant observation. 2 (espressivo) expressive, significant, meaningful: sguardo ~ expressive look. 3 (importante) important, significant, big: successo ~ big success, great success. 4 (Statist) significant.

significato m. 1 meaning, sense, purport: il ~ di un termine the meaning of a term. 2 (Ling) signified, significatum. 3 (estens) (rif. ad azioni, avvenimenti e sim.) meaning, reason: adesso capisco il ~ del suo atteggiamento now I understand the reason for his attitude. 4 (fig) (importanza, valore) importance, significance: attribuire un grande ~ a qcs. to attach great importance to sth. □ ~ estensivo: 1 (Ling) extensive meaning; 2 (estens) broad meaning, extended sense; ~figurato figurative meaning; ~proprio proper menaing; ~recondito hidden meaning; senza ~ meaningless.

signora I f. 1 lady, woman: c'è una ~ al telefono there's a lady on the phone. 2 (appellativo: seguito dal cognome) Mrs: la ~ Rossi Mrs Rossi. 3 (appellativo: seguito dal nome) non si traduce: parlo con la ~ Maria? am I speaking to Maria? 4 (appellativo: seguito dal titolo) non si traduce: la ~ contessa the Countess. 5 (appellativo: usato da solo) madam, a volte non si traduce: scusi ~ excuse me, (Am) excuse me ma'am, excuse me madam. 6 (appellativo: da parte del personale di servizio) madam: buon giorno ~ good morning, madam. 7 (donna sposata) married woman. 8 (ant) (sposata) married, married woman, Mrs: ~ o signorina? Mrs or Miss?, are you married or single? 9 (moglie) wife, (pop) missis, (pop) missus: il signor Bianchi e ~ Mr Bianchi and his wife, Mr and Mrs Bianchi. 10 (padrona di casa) lady of the house: la ~ non è in casa the lady of the house isn't in. 11 (donna di classe) lady, (lett) gentlewoman: è una vera ~ she's a real lady. 12 (lett) (padrona, dominatrice) mistress: la ~ dei mari the mistress of the seas. II a. (enfat) (eccellente) excellent, superb, of highest quality: una ~ giacca an excellent jacket. □ signore e signori buona sera in apertura di incontri, trasmissioni e sim.) good evening ladies and gentlemen; fare la ~ (essere benestante) to live like a queen; (Rel.catt) Nostra Signora Our Lady.

signore I m. 1 (uomo) man, gentleman: è venuto un ~ a cercarti a man came looking for you. 2 (appellativo: seguito dal cognome) Mr: il signor Rossi Mr. Rossi. 3 (appellativo: seguito dal nome) non si traduce: permette ~? may I? 4 (appellativo: seguito dal titolo) non si traduce: il signor conte the Count, (Br) the Earl. 5 (appellativo: da parte del personale di servizio) sir: taxi ~? taxi, sir?; il ~ desidera? may I help you, sir? 6 (padrone di casa) master, man of the house. 7 (uomo raffinato) gentleman: è un vero ~ he's a real gentleman. 8 (uomo benestante) rich man: i poveri e i signori the poor and the rich. 9 (padrone, sovrano) lord, master. 10 pl. gentlemen: buona sera signori good evening gentlemen. 11 pl. (rif. a uomini e donne) ladies and gentlemen, spesso non si traduce. 12 pl. (rif. a una coppia) Sir... Madam...: buona sera signori good evening Sir, good evening Madam. II a. (enfat) (eccellente) excellent, superb, of the highest quality: un signor cappotto an excellent coat. □ il ~ è servito (ha ricevuto quanto chiesto) there you are, sir; fare il ~: 1 (spendere con profusione) to throw one's money around; 2 (vivere nel lusso) to live like a lord; ~ feudale feudal lord; Signor giudice! Your Honour!;

signor no! no, sir!; *Signor Presidente!* Mr President!; *signorsì!* yes, sir!; *Signorsindaco!* Mr Mayor!; *il signor tal dei tali* Mr So-and-so.

Signore *m.* **1** (*Rel*) (the) Lord, (the) Lord God: *Nostro ~* Our Lord. **2** (*esclam.*) Lord!, good Lord! □ *~Iddio!* Lord!, good Lord!

signoreggiare (**signoréggio, signoréggi**) **I** *v.t.* (*lett*) **1** (*dominare*) to rule (over), to dominate (over): *~ una città* to dominate a city. **2** (*fig*) (*tenere a freno passioni e sim.*) to dominate, to master. **II** *v.i.* (*aus.* **avere**) (*lett*) to rule (*su qcs.* sth., over sth.), to dominate (*su qcs.* sth., over sth.), to hold sway (*su qcs.* over sth.): *~ su un città* to be master of a city.

signoria *f.* **1** (*lett*) (*dominio*) rule, mastery, dominion: *vivere sotto la ~ di qcu.* to live under so.'s rule. **2** (*Stor*) seigniory, signiory, signory.

Signoria *f.* **1** (*titolo d'onore*) Lordship: *Vostra ~* Your Lordship. **2** (*titolo d'onore: rif. a una donna*) Ladyship. **3** (*burocr*) you, *spesso non si traduce: la ~ Vostra è pregata di presentarsi* please present yourself, kindly present yourself.

signorile *a.* **1** high-class, exclusive, elegant: *un quartiere ~* an exclusive neighbourhood; *casa ~* mansion. **2** (*raffinato*) refined: *modi signorili* refined manners. **3** (*raffinato: rif. a uomini*) gentlemanlike; (*rif. a donne*) ladylike.

signorilità *f.* **1** (*eleganza*) elegance, urbanity. **2** (*raffinatezza spec. di modi*) refinement, courtliness: *tratta gli ospiti con gran ~* he treats his guests with great courtliness.

signorilmente *avv.* in a refined manner; (*rif. a uomini*) in a gentlemanly way; (*rif. a donne*) in a ladylike way.

signorina *f.* **1** (*giovane donna*) young lady, girl: *ha telefonato una ~* a young lady phoned; *diventare una ~* to become a young lady. **2** (*appellativo*) Miss: *la ~ Bianchi* Miss Bianchi; *la ~ Maria* Miss Mary. **3** (*appellativo: con un titolo*) non si traduce: *la ~ contessa* the Countess. **4** (*appellativo: usato da solo*) miss: *scusi ~* excuse me miss. **5** (*donna nubile*) unmarried woman, single woman, (*spreg*) spinster. **6** (*ant*) (*nubile*) unmarried, unmarried woman, single, single girl: *sono ~* I am single; *è rimasta ~* she has not married. **7** (*ragazza*) girl, (*lett*) maiden: *nome da ~* maiden name. **8** (*scherz*) (*rif. a bambina*) young lady. **9** (*rif. a impiegata*) girl: *la ~ del centralino* the girl at the switchboard; (*vocativo*) Miss. **10** (*rif. a cameriera*) waitress; (*vocativo*) waitress, Miss. **11** (*rif. a commessa*) girl, sales-girl, attendant, shop-attendant; (*vocativo*) Miss. **12** (*padroncina*) young mistress. □ *~ buonasera* announcer, young woman who announces the upcoming television programme.

signorino *m.* **1** (*rar*) master, young gentleman. **2** (*iron,spreg*) his nibs, lordship: *il ~ pretenderà naturalmente che gli si stenda il tappeto rosso* his nibs will doubtless be expecting the red carpet treatment.

signornò *avv.* no, sir.

signorone *m.* (*colloq*) wealthy man, man of standing, rich man.

signorotto *m.* squire, country gentleman, lordling (*anche spreg*).

signorsì *avv.* yes, sir.

sig.ra, Sig.ra *signora* Mrs (Mistress); (*senza specificare se sposata o no*) Ms (Miss or Mistress).

sikh /sik/ *m./a.inv.* (*Rel*) Sikh.

sikhismo /'si'k-/ *m.* (*Rel*) Sikhism.

silaggio *m.* (*Agr*) ensilage, silage.

silene *f.* (*Bot*) silene, catchfly.

Sileno *n.pr.m.* (*Mitol*) Silenus.

silente *a.* (*lett*) silent.

silenziare (**silènzio, silènzi**) *v.t.* to muffle, to silence: *~ un motore* to muffle an engine.

silenziatore *m.* **1** (*Arm*) silencer: *pistola con ~* gun with a silencer. **2** (*Mot*) silencer, (*Am,Aus*) muffler.

silenzio *m.* **1** (*quiete*) silence, still, stillness, hush: *il ~ della notte* the still of the night. **2** (*il tacere*) silence: *ascoltare in ~* to listen in silence; *costringere qcu. al ~* to reduce so. to silence. **3** (*fig*) (*discrezione, segretezza*) secrecy, discretion, silence, confidentiality: *ti raccomando il ~ su questa faccenda* please maintain secrecy about this matter. **4** (*fig*) (*dimenticanza, oblio*) oblivion, silence: *cadere nel ~* to fall into oblivion. **5** (*prescrizione di quiete e periodo di tempo*) lights-out (*anche Mil*): *durante il ~* during lights-out. **6** (*Mil*) (*segnale di tromba*) (*Br*) last post, lights-out, (*Am*) taps (*costr.sing. o pl.*). **7** (*esclam.*) quiet, be quiet, keep quiet, silence, hush, (*colloq*) shut up: *~ per favore!* quiet please!; *silence please!* **8** (*Rel*) silence. □ (*Dir*) *~ accoglimento* (*o ~ assenso*) tacit acquiescence, tacit consent; *~ di tomba* silence of the grave, dead silence, deathly silence; *far ~* to stop talking, to be silent, to be quiet; (*colloq*) *fate ~!* stop talking!, quiet!, be quiet!, shut up!; *in ~* in silence: *restare in ~* to be silent, to keep silent; *~ radio*: 1 radio silence; 2 (*Aer,Mar*) blackout; (*Dir*) *~ rifiuto* denial arising from silence; *~ sepolcrale* dismal silence; *~ stampa* blackout, news blackout; *~ tombale* silence of the grave, dead silence, deathly silence. *Prov.: il ~ è d'oro, la parola d'argento* speech is silver, silence is golden.

silenziosamente *avv.* **1** (*senza rumore*) quietly, noiselessly, silently. **2** (*tacendo*) silently, without speaking.

silenziosità *f.* **1** silence, quietness, stillness, noiselessness. **2** (*carattere taciturno*) taciturnity, reticence.

silenzioso *a.* **1** silent, quiet, still: *strada silenziosa* quiet street. **2** (*non fa rumore*) noiseless, silent: *passi silenziosi* silent footsteps. **3** (*rif. a persone*) silent, quiet, taciturn. **4** (*fig*) (*non esternato*) silent, unspoken, tacit: *gioia silenziosa* silent joy.

silfide *f.* (*Mitol.nord*) sylph (*anche fig*).

silhouette /silu'et/ *f.inv.* **1** silhouette. **2** (*corpo, linea snella*) slim figure, svelte figure.

silicato *m.* (*Min,Chim*) silicate.

silice *f.* (*Min*) silica.

siliceo *a.* (*Min*) siliceous, silicious.

silicico (*pl.* **-ci**) *a.* (*Chim*) silicic: *acido ~* silicic acid.

silicio *m.* (*Chim*) silicon.

silicizzare (**silicìzzo**) **I** *v.t.* **1** (*Geol,Bot*) to silicify. **2** (*Met*) to siliconize. **II** *v.pron.* **silicizzarsi** (*Geol,Bot*) to silicify, to become silicified.

silicizzato *a.* (*Geol,Bot*) silicified: *legno ~* silicified wood.

silicizzazione *f.* **1** (*Geol,Bot*) silicification. **2** (*Met*) siliconization.

siliconato *a.* silicone (*attr.*) (*anche scherz*) *una bionda siliconata* a silicone blonde.

silicone *m.* (*Chim*) silicone.

silicosi *f.inv.* (*Med*) silicosis.

siliqua *f.* (*Bot*) silique, siliqua.

siliquastro *m.* (*Bot*) Judas tree.

Silla *n.pr.m.* (*Stor*) Silla.

sillaba *f.* (*Ling*) syllable (*anche estens*): *dividere in sillabe* to divide into syllables, to syllabize, to syllabify. □ (*Ling*) *~ aperta* open syllable; (*Ling*) *~ breve* short syllable; (*Ling*) *~ chiusa* closed syllable; *di tre sillabe*

three-syllable (*attr.*): *parola di tre sillabe* three-syllable word; *di una ~* monosyllabic: *parola di una ~* monosyllabic word, monosyllable; (*Ling*) *~ finale* end syllable; (*Ling*) *~ forte* strong syllable; (*Ling*) *~ lunga* long syllable; (*colloq*) *non cambiare una ~* not to change a syllable, not to change a thing; (*colloq*) *non capire una sola ~* not to understand a syllable, not to understand a word; (*colloq*) *non dire una ~* not to say a word, not to utter a word.

sillabare (**sìllabo**) *v.t.* **1** (*dividere in sillabe*) to syllabize, to syllabify, to syllabicate, to divide sth. into syllables. **2** (*compitare*) to spell, to syllable.

sillabario *m.* (*abbecedario*) primer, spelling book, speller.

sillabazione *f.* syllabication, syllabification, dividing into syllables.

sillabico (*pl.* **-ci**) *a.* syllabic.

sillabo *m.* **1** (*Stor*) Syllabus, Syllabus of Errors. **2** (*programma di insegnamento*) syllabus.

sillepsi *f.inv.* (*Ling*) syllepsis.

sillessi *f.inv.* (*Ling*) syllepsis.

silloge *f.* (*lett*) anthology, (*rar*) sylloge, treasury, collection (*anche estens*).

sillogismo *m.* (*Filos*) syllogism (*anche estens*).

sillogistica *f.* (*Filos*) syllogistics (*costr. sing.*).

sillogisticamente *avv.* syllogistically.

sillogistico (*pl.* **-ci**) *a.* syllogistic.

sillogizzare (**sillogìzzo**) **I** *v.t.* to syllogize. **II** *v.i.* (*aus.* **avere**) **1** to syllogize. **2** (*estens*) (*ragionare sottilmente*) to ponder, to puzzle.

silo (*pl.* **sìli/silos**) *m.* **1** silo, bin, storage bin, (*Am*) elevator: *conservazione nei sili* ensilage. **2** (*Mil*) silo. **3** (*parcheggio*) multistorey car park, (*colloq*) multistorey, (*Am*) multistorey parking lot. □ *~ a fossa* trench silo; *~ da cereali* (*o ~ per cereali*) grain silo, (*Am*) elevator; *~ da foraggio* forage silo; *mettere nel ~* to silo, to ensile, to store in silo; *~ per cemento* cement silo; *~ per minerale* ore bin.

silofonista *m./f.* (*Mus*) xylophonist, xylophone player.

silofono *m.* (*Mus*) xylophone.

silografia *f.* **1** (*tecnica*) xylography, wood engraving. **2** (*stampa ottenuta*) xylograph.

silografico (*pl.* **-ci**) *a.* xylographic, xylographical.

silografo *m.* (*f.* **-a**) xylographer, wood engraver.

silologia *f.* xylology, study of woods.

silologo *m.* (*f.* **-a**; *pl.* **-gi**) xylology expert, expert in woods.

silumin *m.inv.* (*Met*) silumin.

siluramento *m.* **1** (*Mil*) (*colpire con un siluro*) torpedoing. **2** (*fig*) (*allontanamento, rimozione*) ousting. **3** (*fig*) (*licenziamento*) dismissal, (*colloq*) sack, (*colloq*) sacking, (*colloq*) firing. **4** (*fig*) (*affossamento*) undermining, (*colloq*) torpedoing, wrecking: *~ di un progetto* undermining a project.

silurante **I** *a.* (*Mil*) torpedo (*attr.*): *aereo ~* torpedo bomber, torpedo plane. **II** *f.* (*Mar.mil*) (*nave silurante*) torpedo-boat.

silurare (**silùro**) *v.t.* **1** (*Mil*) to torpedo: *il nemico ha silurato due navi mercantili* the enemy torpedoed two merchant ships. **2** (*fig*) (*rimuovere da un incarico*) to remove (from one's post), to oust. **3** (*fig*) (*licenziare*) to dismiss, (*colloq*) to sack, (*colloq*) to fire. **4** (*far fallire*) to ruin, (*colloq*) to torpedo, to wreck: *~ un progetto* to wreck a plan; *~ una legge* to torpedo a bill.

siluriano **I** *a.* (*Geol*) Silurian. **II** *m.* (*Geol*)

Silurian, Silurian period.

siluriforme *a.* torpedo-shaped.

silurista *m.* (*Mar.mil*) torpedoist, torpedoman.

siluro *m.* **1** (*Mil*) torpedo. **2** (*Itt*) (*siluro d'Europa*) sheat-fish, European catfish. **3** (*fig*) (*manovra per screditare*) torpedo: *i sostenitori hanno lanciato un ~ alle ambizioni del loro candidato* the supporters launched a torpedo at the ambitions of their candidate. □ (*Mil*) *~ aereo* aerial torpedo; (*Mil*) *~ umano* manned torpedo.

silvano *a.* (*lett*) sylvan, silvan.

silverplate /ˌsilverˈpleɪt/ *m.inv.* (*Met*) silver-plate. □ *di ~* (o *in ~*) silver-plated: *posate in ~* silver-plated tableware.

silvestre *a.* (*lett*) forest (*attr.*), wood, woods (*attr.*), woodland (*attr.*), (*lett*) sylvan, (*lett*) sylvestrian: *fiori silvestri* woodland flowers.

Silvestro *n.pr.m.* Sylvester, Silvester. □ *San ~* (*ultimo giorno dell'anno*) New Year's Eve.

silvia *f.* **1** (*Bot*) wood anemone. **2** (*Ornit*) warbler.

Silvia *n.pr.f.* Sylvia, Silvia.

silvicolo *a.* forest (*attr.*), forestal, woodland (*attr.*), wood, forestry (*attr.*): *patrimonio ~* forestry resources.

silvicoltore *m.* (*f.* **-trice**) silviculturist, silviculturist.

silvicoltura *f.* silviculture, sylviculture.

SIM 1 (*Stor.it*) *Servizio informazioni militari* (army intelligence service). **2** (*Tel*) *scheda di identità dell'abbonato* SIM (Subscriber Identity Module). **3** (*Econ*) *società d'intermediazione mobiliare* (financial services company).

sima *m.* (*Geol,Arch*) sima.

simbionte *m.* (*Biol*) symbiont.

simbiosi *f.* symbiosis (*anche fig*).

simbiotico (*pl.* **-ci**) *a.* symbiotic, symbiotical (*anche fig*).

simboleggiante *a.* symbolizing, standing for.

simboleggiare (**simboléggio**, **simboléggi**) *v.t.* to symbolize, to stand for.

simbolica *f.* symbology.

simbolicamente *avv.* symbolically.

simbolicità *f.* symbolic nature.

simbolico (*pl.* **-ci**) *a.* symbolic, symbolical: *dono ~* symbolic gift; *linguaggio ~* symbolic language.

simbolismo *m.* symbolism (*anche Art*).

simbolista I *m./f.* (*seguace del simbolismo*) symbolist. II *a.* (*Art,Lett*) symbolistic, symbolic: *poesia ~* symbolical poetry.

simbolistico (*pl.* **-ci**) *a.* (*Art*) symbolistic, symbolic.

simbolizzare (**simbolìzzo**) *v.t.* to symbolize.

simbolizzazione *f.* symbolization.

simbolo *m.* symbol: *la colomba è il ~ della pace* the dove is the symbol of peace; *simboli chimici* chemical symbols; *~ di successo* status symbol. □ (*Rel*) *~ apostolico* (*il credo*) Apostles' Creed; *~ cartografico* map sign, map symbol, cartographic symbol; *~ dell'euro* euro symbol; *~ fallico* phallic symbol; (*Inform*) *~ grafico* icon; *~ matematico* mathematical sign, mathematical symbol; (*Rel*) *~ Niceno* Nicene Creed.

simbologia *f.* symbology.

Simeone *n.pr.m.* Simeon (*anche Bibl*).

similare *a.* similar (*a* to), (*colloq*) suchlike.

simile I *a.* **1** (*analogo*) like (*a qcu.* so.), similar (*a qcs.* to sth.), alike (*pred.*): *una disgrazia ~ è successa l'anno scorso* a similar accident occurred last year; *il burro e la margarina sono simili* butter and margarine are

alike. **2** (*somigliante*) resembling, alike (*pred.*). **3** (*tale*) such, like this, like that, of this sort, of that sort: *una cosa ~* such thing, a thing like this. **4** (*Geom*) similar. II *m./f.* fellow man, fellow creature: *la carità verso i propri simili* charity towards one's fellow men; *i simili* the neighbours. □ *~a un dio* godlike; *qualcosa di ~* something like that; *e simili* and the like, and such. *Prov.*: *ogni ~ ama il suo ~* birds of a feather flock together.

similitudine *f.* **1** (*Ret*) simile, (*ant*) similitude. **2** (*Geom*) similarity.

similmente *avv.* similarly, likewise, in the same manner, the same.

similoro *m.* (*Met*) Dutch metal, tombac, tambac.

similpelle *f.* (*Ind*) imitation leather, leatherette.

simmetria *f.* symmetry. □ (*Biol*) *~assiale* bilateral symmetry; (*Biol*) *~radiale* (o *~raggiata*) radial symmetry; (*Fis*) *~ temporale* time reflection symmetry.

simmetricamente *avv.* symmetrically.

simmetrico (*pl.* **-ci**) *a.* symmetric, symmetrical.

Simone *n.pr.m.* Simon.

simonia *f.* (*Dir.can*) simony.

simoniaco (*pl.* **-ci**) I *a.* simoniac, simoniacal. II *m.* simoniac, simonist.

simpamina *f.* (*Farm,ant*) amphetamine.

simpatia *f.* **1** (*attrazione, debole*) liking, attraction, weakness: *sentire ~ per qcu.* to have a liking for so., to like so.; *provare ~ per* (o *verso*) *qcu.* to have a liking for so., to like so. **2** (*qualità*) appeal, charm, niceness. **3** (*affinità, solidarietà*) sympathy: *per ~ in* sympathy; *provare ~ per* (o *verso*) *qcu.* to feel sorry for so., to sympathize with so. **4** (*favore*) favour, approval. **5** (*Fis,Med*) sympathy. □ *andare a simpatie* (o *andare a ~*) to be partial; *avere la ~ di tutti* to be very popular; *prendere in ~ qcu.* to take a fancy to so., to take a liking to so., to take to so.

simpatico[1] (*pl.* **-ci**) I *a.* **1** (*rif. a persone*) nice, pleasant, genial, likeable, likable: *non è bella ma è molto simpatica* she's not beautiful but she's very likeable; *mi è molto simpatica* I like her very much. **2** (*rif. a cose*) pleasant, nice, agreeable: *abbiamo passato una serata simpatica* we spent a very pleasant evening. II *m.* likeable person, nice person, attractive person, (*Am,colloq*) nice guy. □ *riuscire ~* to be popular; *trovare ~ qcu.* to take to so.

simpatico[2] (*pl.* **-ci**) I *m.* (*Anat*) (*grande simpatico*) sympathetic nervous system. II *a.* (*Anat*) sympathetic: *fenomeno ~* sympathetic phenomenon.

simpaticomimetico *a.* (*Farm*) sympathomimetic: *farmaco ~* sympathomimetic drug.

simpaticone *m.* (*colloq*) fine fellow, (*colloq*) scream.

simpatizzante I *a.* sympathizing, supporting. II *m./f.* sympathizer, supporter (*anche Pol*): *di sinistra* leftist, lefty, (*colloq*) leftie; *~ dei repubblicani* Republican supporter.

simpatizzare (**simpatizzo**) *aus.* avere) *v.i.* **1** to take a liking (*con* to), to take (*con* to), to become fond (*con* of): *il ragazzo ha simpatizzato con i suoi compagni di scuola* the boy took a liking to his classmates. **2** (*rif. a idee e sim.*) to sympathize (*per* with), to go along (*per* with): *~ per un partito* to sympathize with a party.

simpetalo *a.* (*Bot*) (*gamopetalo*) sympetalous, gamopetalous.

simplex I *a.inv.* (*Tecn*) simplex. II *m.inv.* (*Tel*) individual line, private line.

simpodiale *a.* (*Bot*) sympodial.

simpodico (*pl.* **-ci**) *a.* (*Bot*) sympodial.

simpodio *m.* (*Bot*) sympodium.

simposiaco (*pl.* **-ci**) *a.* (*lett*) symposiac.

simposio *m.* (*Stor.gr*) symposium (*anche fig*). □ (*Lett*) *il Simposio di Platone* Plato's Symposium.

simulacro *m.* (*lett*) **1** (*immagine*) simulacrum. **2** (*fig*) (*parvenza*) appearance, semblance, simulacrum.

simulare (**sìmulo**) *v.t.* **1** to feign, to simulate, to put on, to make a show of, to make a pretence of, to pretend: *~ amicizia* to feign friendship; *una malattia* to fake an illness, to pretend to be ill. **2** (*imitare*) to fake, to reproduce, to sham. **3** (*Tecn*) to simulate.

simulato *a.* feigned, sham, fake, simulated, mock.

simulatore *m.* **1** (*f.* **-trice**) sham, shammer, fake, faker, simulator. **2** (*Tecn*) simulator. □ (*Aer*) *~di volo* flight simulator.

simulatorio *a.* (*lett*) false, mock, pretended, simulated.

simulazione *f.* **1** (*finzione*) feigning, pretence, simulation, play-acting. **2** (*Dir*) simulation. **3** (*Tecn*) simulation: *~ al calcolatore* computer simulation. **4** (*Sport*) (*fallo di simulazione*) simulation. □ *~di infermità* feigning illness, (*spreg*) malingering; (*Dir*) *~ di reato* simulation of offence.

simultanea *f.* (*traduzione*) simultaneous interpretation, simultaneous translation. □ *tradurre in ~* to translate simultaneously.

simultaneamente *avv.* simultaneously, at the same time.

simultaneista *m./f.* **1** (*che traduce in simultanea*) simultaneous translator. **2** (*negli scacchi*) player involved in several games at the same time.

simultaneità *f.* simultaneousness, simultaneity.

simultaneo *a.* simultaneous: *traduzione simultanea* simultaneous translation; *interpretazione simultanea* simultaneous interpretation; *partite simultanee* (*negli scacchi*) simultaneous chess games.

sin (*Mat*) *seno* sin (sine).

sinagoga *f.* (*Rel.ebr*) synagogue.

sinallagma *m.* (*Dir*) reciprocity.

sinallagmatico (*pl.* **-ci**) *a.* (*Dir*) synallagmatic: *contratto ~* synallagmatic contract.

sinantropo *m.* (*Paleont*) Sinanthropus, (*colloq*) Peking man.

sinapsi *f.* (*Med*) synapse.

sinartrosi *f.* (*Anat*) synarthrosis.

sinceramente *avv.* sincerely, honestly, truly: *rispondere ~* to answer honestly; *~, non ti capisco* I truly don't understand you.

sincerare (**sincèro**) I *v.t.* (*lett*) to convince, to persuade, to make so. believe: *vorrei sincerarti della mia buona fede* I would like to convince you of my good faith. II *v.pron.* **sincerarsi** (*accertarsi*) to make sure, to assure oneself (*di* of), to ascertain (*sth.*).

sincerità *f.* sincerity, honesty, frankness, straightforwardness, candidness. □ *con ~* sincerely, with sincerity, frankly; *con tutta ~* (o *in tutta ~*) in all sincerity.

sincero *a.* **1** (*che non mente*) sincere, true, straightforward, candid: *è una persona molto sincera* he's a very sincere person; *un amico ~* a true friend; *risposta sincera* honest answer. **2** (*sentito, non simulato*) sincere, genuine, true, real, unfeigned: *provare un affetto ~ per qcu.* to feel true affection for so., to feel genuine affection for so. **3** (*franco*) frank, honest (*con* with). **4** (*in formule di cortesia*) sincere, heartfelt, whole-hearted: *le mie più sincere congratulazioni* my most sincere congratulations. **5** (*rar,ant*) (*genuino, puro*) pure, genuine, unadulterated: *vino ~* genuine wine, pure wine.

sinché *congz.* **1** (*per tutto il tempo che*) as long as. **2** (*fino al momento in cui*) until, till.

sinciziale *a.* (*Biol*) syncytial.

sincizio *m.* (*Biol*) syncytium.

sinclinale I *f.* (*Geol*) syncline. **II** *a.* (*Geol*) synclinal.

sincopare (**sìncopo**) *v.t.* (*Mus,Ling*) to syncopate.

sincopato *a.* **1** (*Mus*) syncopated, upbeat. **2** (*Ling*) syncopated.

sincope *f.* (*Ling,Med*) syncope.

sincretico *a.* (*Rel,Filos,Ling*) syncretic.

sincretismo *m.* (*Rel,Filos,Ling*) syncretism.

sincretista *m./f.* (*Rel,Filos*) syncretist.

sincretistico (*pl.* **-ci**) *a.* (*Rel,Filos,Ling*) syncretistic.

sincrociclotrone *m.* (*Fis*) synchrocyclotron.

sincronia *f.* synchrony. ☐ *in ~* contemporaneously, at the same time: *mettere in ~* to synchronize.

sincronico (*pl.* **-ci**) *a.* **1** synchronous. **2** (*Ling*) synchronic, synchronical. **3** (*Tecn*) synchronized.

sincronismo *m.* synchronism (*anche Fis*). ☐ *con ~* synchronized; *in ~* synchronized; *mettere in ~* to synchronize.

sincronistico (*pl.* **-ci**) *a.* (*rar*) synchronistic, synchronistical, synchronous.

sincronizzare (**sincronìzzo**) *v.t.* to synchronize (*anche Cin*).

sincronizzato *a.* synchronized (*anche Tecn*).

sincronizzatore I *m.* synchronizer (*anche Cin*). **II** *a.* synchronizing, synchronous: *dispositivo ~* synchronizing device, synchronizer. ☐ (*TV*) *~di fase* phase synchronizer.

sincronizzazione *f.* synchronization (*anche Cin*). ☐ (*Cin*) *~delle immagini* picture synchronization, frame synchronization.

sincrono *a.* synchronous (*anche Tecn*): *macchina sincrona* synchronous machine.

sincrotrone *m.* (*Fis*) synchrotron.

sindacabile *a.* **1** (*controllabile*) checkable, controllable, verifiable. **2** (*controllabile nella contabilità*) subject to auditing. **3** (*criticabile*) criticizable, that may be judged (*posposto*), that may be censured (*posposto*).

sindacale[1] *a.* (*dei sindacati*) trade union (*attr.*), union (*attr.*), of trade unions, (*Am*) labor union (*attr.*): *lotte sindacali* union struggles; *organizzazione ~* trade union, trade union organization, union, (*Am*) labor union.

sindacale[2] *a.* (*rar*) (*del sindaco*) mayor's, mayoral.

sindacalismo *m.* **1** trade-unionism, unionism. **2** (*Pol,Stor*) (*gestione operaia dell'economia*) syndicalism. ☐ *~aziendale* business unionism; (*Stor*) *~rivoluzionario* syndicalism.

sindacalista *m./f.* **1** (*iscritto al sindacato*) trade unionist, union man. **2** (*rappresentante sindacale*) trade union representative, union official. **3** (*Pol,Stor*) (*fautore del sindacalismo*) syndicalist.

sindacalistico (*pl.* **-ci**) *a.* **1** trade union (*attr.*), union (*attr.*), (*Am*) labor union (*attr.*). **2** (*Pol,Stor*) syndical, syndicalistic.

sindacalizzare (**sindacalìzzo**) **I** *v.t.* to organize into a trade union, to unionize. **II** *v.pron.* **sindacalizzarsi** to join a trade union, to unionize.

sindacalizzato *a.* (*rar*) trade union (*attr.*), unionized: *lavoratore ~* unionized employee.

sindacalizzazione *f.* unionization.

sindacare (**sìndaco, sìndachi**) *v.t.* **1** to check, to control, to verify. **2** (*rif. alla contabilità*) to audit. **3** (*fig*) (*criticare*) to criticize, to judge, to pass judgement on.

sindacato[1] *m.* **1** (*organizzazione di lavoratori*) trade union, (*Am*) labor union. **2** (*Econ*) (*consorzio*) syndicate, union; (*a carattere monopolistico*) trust, cartel, pool. **3** (*spreg*) racket. ☐ *~affiliato* affiliated trade union; *~ autonomo* independent union; (*Econ*) *~ azionario* voting trust; *~ bianco* Catholic-oriented trade union; *sindacati confederati* organized trade unions; *~ degli impiegati* white-collar trade union; *~dei datori di lavoro* employers' association; *~dei lavoratori* trade union, (*Am*) labor union; (*spreg,fig*) *~del crimine* crime racket; (*Econ*) *~di blocco* voting trust; *~ di categoria* craft union, horizontal union; (*Econ*) *~ di collocamento* issuing syndicate; (*Econ*) *~di controllo* controlling syndicate; (*Econ*) *~di sottoscrizione* underwriting syndicate; (*Econ*) *~di voto* voting trust; *~ d'impresa* company union; (*Econ*) *~finanziario* syndicate; (*Stor*) *sindacati gialli* yellow unions, yellow trade unions; *~libero* free trade union; *~professionale* occupational union; *~ rosso* Socialist trade union.

sindacato[2] **I** *a.* **1** (*controllato*) checked, controlled, verified. **2** (*nella contabilità*) audited. **II** *m.* **1** (*revisione*) control, check, inspection. **2** (*revisione dei conti*) audit, auditing.

sindaco (*f. rar,scherz* **sindachéssa**; *pl.* **-ci**) *m.* **1** mayor (*f.* mayoress): *fare qcu.* sindaco, to make so. mayor. **2** (*Comm,Dir*) statutory auditor. ☐ *il ~di Londra* the Lord Mayor of London; *~ revisore dei conti* auditor, internal auditor.

sinderesi *f.* (*Filos*) synderesis, synteresis.

sindone *f.* **1** shroud, (*lett*) sindon. **2** (*Rel.catt*) Holy Shroud.

sindrome *f.* (*Med*) syndrome (*anche estens*). ☐ (*Psic*) *~cinese* China syndrome; (*Med*) *~da astinenza* abstinence syndrome; (*Med*) *~ da colon irritabile* irritable bowel syndrome; (*Med*) *~ da immunodeficienza acquisita* acquired immunodeficiency syndrome, AIDS; (*Med*) *~ da schiacciamento* crush syndrome; (*Med*) *~ da sforzo* effort syndrome; (*Med*) *~ da stanchezza cronica* chronic fatigue syndrome; (*Psic*) *~ dei Balcani* Balkan war syndrome, Balkans syndrome, Balkan syndrome; (*Psic*) *~del Golfo* Gulf war syndrome; (*Med*) *~della morte improvvisa* sudden death syndrome; (*Med*) *~ della morte improvvisa lattante* sudden infant death syndrome, S.I.D.S; (*Med*) *~ di Down* Down's syndrome; (*Med*) *~ di Hansen* leprosy, Hansen's disease; (*Psic*) *~di Peter Pan* Peter Pan syndrome; (*Psic*) *~di Stendhal* Stendhal syndrome; (*Psic*) *~di Stoccolma* Stockholm syndrome; (*Med*) *~premestruale* premenstrual syndrome, PMS.

sinecura *f.* (*Rel*) sinecure (*anche estens*).

sineddoche *f.* (*Ret*) synecdoche.

sinedrio *m.* **1** (*Stor*) (*presso gli ebrei*) Sanhedrin, (*rar*) Synedrion. **2** (*Stor.gr*) (*consiglio*) Synedrion, Synedrium. **3** (*fig,scherz*) (*consesso*) assembly.

sineresi *f.* (*Ling*) syneresis, synaeresis.

sinergia *f.* synergy (*anche Med,Econ*).

sinergico (*pl.* **-ci**) *a.* synergic, synergical (*anche Fisiol,Farm*).

sinergismo *m.* **1** (*Farm*) synergism, synergy. **2** (*Rel*) synergism.

sinestesia *f.* (*Psic,Ling*) synaesthesia, (*Am*) synesthesia.

sinfisi *f.inv.* (*Anat,Bot*) symphysis. ☐ (*Med*) *~pubica* symphysis pubis, pubic symphysis.

sinfonia *f.* **1** (*Mus*) symphony (*anche estens*): *la terza ~ di Beethoven* Beethoven's symphony no. 3; (*estens*) *una ~ di colori* a symphony of colours. **2** (*fig,colloq*) (*discorso noioso*) lecture, litany. ☐ (*Mus*) *la Sinfonia incompiuta* the Unfinished Symphony.

sinfonico (*pl.* **-ci**) *a.* (*Mus*) symphony (*attr.*), symphonic: *orchestra sinfonica* symphony orchestra; *musica sinfonica* symphonic music.

sinfonismo *m.* **1** (*Mus*) symphonic nature. **2** (*musica sinfonica*) symphonic music.

sinfonista *m./f.* (*Mus*) symphonist.

sinforosa *f.* **1** (*Mod*) Dolly Varden, Dolly Varden hat. **2** (*ant*) (*donna matura che si atteggia a giovanetta*) (*colloq*) mutton dressed as lamb, (*lett*) old flirt, old coquette.

sing. (*Gramm*) *singolare* sing. (singular).

singalese I *a.* Sinhalese. **II** *m.* (*lingua*) Sinhalese, Singhalese. **III** *m./f.* (*abitante*) Sinhalese, Singhalese.

singamia *f.* (*Biol*) syngamy.

Singapore *n.pr.f.* (*Geog*) Singapore.

singhiozzare (**singhiózzo**; *aus.* **avere**) *v.i.* **1** (*piangere*) to sob: *la donna singhiozzava disperatamente* the woman sobbed bitterly. **2** (*avere il singhiozzo*) to have hiccups, to have the hiccups, to hiccup, to hiccough. **3** (*fig*) (*andare a scatti*) to go by fits and starts.

singhiozzo *m.* **1** (*causato dal pianto*) sob, sobbing: *frenare i singhiozzi* to stifle one's sobs; *scoppiare in singhiozzi* to burst out sobbing. **2** (*fenomeno respiratorio*) hiccup, hiccough: *avere il ~* to have hiccups, to have the hiccups. ☐ (*fig*) *a ~* (o *a singhiozzi*) jerking, by fits and starts; *avanzare a ~* to jolt along, to jerk along, to go by fits and starts.

single /'singol/ *m./f.inv.* single.

singolare I *a.* **1** (*unico nel suo genere*) singular, unique. **2** (*caratteristico, particolare*) strange, peculiar, special, distinctive: *ha un modo ~ di camminare* he has a strange way of walking. **3** (*insolito, raro*) singular, uncommon, rare, unusual: *una donna di ~ bellezza* a woman of rare beauty. **4** (*bizzarro*) odd, strange, bizarre, (*ant*) queer, quaint: *gusti singolari* strange tastes. **5** (*Gramm,Filos,Dir*) singular. **II** *m.* **1** (*Gramm*) (*numero singolare*) singular. **2** (*Sport*) (*nel tennis e sim.*) singles (*costr.sing.*): *~ femminile* women's singles. ☐ (*lett,scherz*) *singolar tenzone* single combat, duel: *venir a singolar tenzone* to (fight a) duel.

singolarista *m./f.* (*Sport*) (*nel tennis e sim.*) singles player.

singolarità *f.* **1** singularity, singleness, uniqueness, oneness. **2** (*originalità, peculiarità*) originality, distinctiveness, individuality: *la ~ di un libro* the originality of a book. **3** (*eccezionalità, rarità*) rarity, rareness, singularity, oneness, uniqueness: *la ~ di un caso* the rareness of a case. **4** (*stranezza*) peculiarity, eccentricity, strangeness, oddness: *fra le sue singolarità c'è quella di non salutare mai* one of his peculiarities is that he never says hello. **5** (*Mat*) (*punto singolare*) singularity, singular point.

singolarmente *avv.* **1** (*a uno a uno*) individually, separately, singly, one by one: *ho risposto a tutti ~* I answered everyone individually. **2** (*in particolare*) particularly, specially, especially, singularly. **3** (*in modo originale, strano*) peculiarly, strangely, oddly: *comportarsi ~* to behave strangely.

singolo I *a.* **1** (*separato dagli altri*) single, individual: *la discussione verterà su ogni ~*

articolo the discussion will cover each individual article. **2** (*destinato a una sola persona*) single, for one, for one person: *cabina singola* single cabin, cabin for one. **II** *m.* **1** (*uomo, individuo*) individual: *le esigenze del ~* the needs of the individual. **2** (*Tel*) individual line, private line. **3** (*Sport*) (*nel tennis e sim.*) singles (*costr.sing.*): *~ femminile* women's singles. **4** (*Sport*) (*nel nuoto sincronizzato*) solo. **5** (*Mus*) (*disco, CD o cassetta con un brano*) single. □ (*Inform,Mus*) *a singola faccia* single -sided.

singulto *m.* **1** hiccup, hiccough: *avere il ~* to have the hiccups. **2** (*rif. al pianto*) sob.

siniscalcato *m.* (*Mediev*) seneschalship.

siniscalco (*pl.* **-chi**) *m.* (*Mediev*) seneschal.

sinistra *f.* **1** (*mano sinistra*) left hand: *scrivere con la ~* to write with one's left hand. **2** (*parte sinistra*) left, left side, left-hand side: *andare a ~* to turn left. **3** (*Pol*) Left, left wing: *la ~ di un partito* the left of a party, the left wing of a party. **4** (*Mar*) (*manca*) port. **5** (*Arald*) sinister. □ *a ~*: 1 (*stato*) on the left, on the left side, on the left-hand side: *a ~ c'è un albero* on the left there is a tree; 2 (*moto*) to the left, left, leftward, leftwards: *prendi a ~* go left; *prendi la prima a ~* take the first left; 3 (*Pol*) left-wing, on the left: *essere molto a ~* to be very left-wing, to be on the far left; 4 (*Mar*) aport, to port; *a ~ di* on the left-hand side of, on the left of, to the left of; *alla mia ~*: 1 (*stato*) on my left; 2 (*moto*) to my left; *da ~* from the left; *di ~*: 1 left-hand (*attr.*), on the left: *la finestra di ~* the window on the left, the left-hand window; 2 (*Pol*) left-wing: *essere di ~* to be left-wing; *i partiti di ~* the left-wing parties, the Left; *un uomo di ~* left-winger, lefty, (*colloq*) leftie; (*Pol*) *~ extraparlamentare* extraparliamentary left; (*Pol*) *~ moderata* moderate left; *sulla ~* on the left; *stare sulla ~* to be on the left; (*Strad*) *tenere la ~*: 1 (*rif. a veicoli*) to keep to the left; 2 (*rif. a pedoni*) to walk along the left-hand side of the road, to keep to the left-hand side of the road; (*Mar*) *tutto a ~!* hard aport!; *verso ~* towards the left, leftwards. *Prov.*: *la tua ~ ignori ciò che fa la destra* let not thy left hand know what thy right hand doeth.

sinistramente *avv.* **1** (*torvamente*) sinisterly, in a sinister manner. **2** (*in modo infausto*) ominously, inauspiciously, sinisterly.

sinistrare (*sinistro*) *v.t.* to damage, to cause damage to.

sinistrato **I** *a.* damaged: *zona sinistrata* disaster area. **II** *m.* (*f.* **-a**) victim, casualty: *~ di guerra* war victim.

sinistrese *m.* (*iron*) jargon of the Left.

sinistrismo *m.* **1** (*rar*) left-handedness. **2** (*Pol*) left-wing trend, left-wing tendencies *pl.*

sinistro **I** *a.* **1** (*che è a sinistra rispetto a un punto*) left, left-hand. **2** (*rif. al corpo umano*) left: *il piede ~* the left foot. **3** (*fig*) (*infausto*) sinister, ominous. **II** *m.* **1** (*disgrazia*) accident, disaster. **2** (*Sport*) (*nella box*) left. **3** (*Assic*) accident: *in caso di ~* in case of accident; *liquidare un ~* to adjust a claim, to pay off damages.

sinistrogiro *a.* **1** left-hand, left-handed, anticlockwise. **2** (*Fis,Chim*) laevorotatory, (*Am*) levorotation.

sinistroide **I** *a.* (*Pol*) leftist, leftish. **II** *m./f.* (*Pol*) leftist, lefty, (*colloq*) leftie.

sinistrorso *a.* **1** sinistrorse, from right to left. **2** (*Pol,scherz*) (*sinistroide*) leftist, leftish. **3** left-hand, left-handed, anticlockwise (*anche Mecc*). **4** (*Fis,Chim*) laevorotatory, (*Am*) levorotation.

sino (*used only with another preposition or adverb: often shortened to* sin) **I** *prep.* **1** (*rif. a tempo*) until, till, up to, up till: *ti aspetto ~ a stasera* I'll wait for you until this evening. **2** (*rif. a luogo*) as far as, to: *sono arrivato ~ a Firenze* I went as far as Florence; *ti accompagno ~ a casa* I'll take you home. **II** *avv.* (*rar*) (*persino, anche*) even, actually. □ *~ a*: 1 until, till; 2 (*tanto da*) so much that; 3 (*temporale*) until, till, up to, up till; *~ a che*: 1 (*per tutto il tempo che*) as long as; 2 (*fino al momento in cui*) until, till; *~ a ora*: 1 (*finora*) so far, until now, up to now: *ho studiato ~ a ora* I've been studying until now; 2 (*finora in frasi negative*) so far, yet: *~ a ora non ha telefonato nessuno* no one has phoned so far; *~ a quando* until; *sin da*: 1 (*rif. al presente o al futuro*) from, as from, from... on, from... onwards, starting: *sin da oggi* starting today; 2 (*enfat*) (*rif. al passato*) since, ever since, as far back as: *sin dalla nascita* since birth, ever since he was born; *sin d'ora*: 1 (*a partire da questo momento*) from now on; 2 (*già ora*) as from now; *sin dove?* how far?; *~ in fondo* to the bottom, to the very bottom; *sin là* there, as far as there; (*rar*) *sin ora*: 1 (*finora*) so far, until now, up to now; 2 (*in frasi negative*) so far, yet; *sin qui*: 1 (*rif. a distanza*) here, as far as here; 2 (*fino a questo punto*) so far, up to this point, thus far.

sinodale *a.* (*Rel*) synodal.

sinodico (*pl.* **-ci**) *a.* (*Astr*) synodic, synodical.

sinodo *m.* (*Rel*) synod. □ (*Rel*) *~ episcopale* episcopal synod.

sinologia *f.* Sinology.

sinologo *m.* (*f.* **-a**; *pl.* **-gi/-ghi**) Sinologist.

sinonimia *f.* **1** (*Ling*) synonymousness, synonymity. **2** (*estens*) (*sinonimo*) synonym.

sinonimico (*pl.* **-ci**) *a.* (*Ling*) synonymic, synonymical.

sinonimo **I** *a.* (*Ling*) synonymous: *parole sinonime* synonymous words; (*estens*) *il nome della nostra azienda è diventato ~ di qualità* our company name has become synonymous with quality. **II** *m.* (*Ling*) synonym.

sinopia *f.* (*Art*) **1** (*terra rossa*) sinopite. **2** (*estens*) (*disegno preparatorio*) sinopia.

sinopsi *f.* **1** (*Cin*) synopsis. **2** (*lett*) (*compendio*) outline, synopsis.

sinora *avv.* **1** (*finora*) so far, until now, up to now: *ho studiato ~* I've been studying until now. **2** (*finora in frasi negative*) so far, yet: *~ non ha telefonato nessuno* no one has phoned so far.

sinossi *f.* (*lett*) (*compendio*) outline, synopsis. □ *~ evangelica* Synoptic Gospels.

sinottico (*pl.* **-ci**) *a.* synoptic, synoptical: *tavole sinottiche* synoptic tables; *vangeli sinottici* Synoptic Gospels.

sinovia *f.* (*Anat*) synovia.

sinoviale *a.* (*Anat*) synovial.

sinovite *f.inv.* (*Med*) synovitis.

sintagma *m.* (*Ling*) phrase, syntagm, syntagma. □ (*Ling*) *~ nominale* noun phrase; (*Ling*) *~ preposizionale* preposition phrase; (*Ling*) *~ verbale* verb phrase.

sintagmatico (*pl.* **-ci**) *a.* (*Ling*) syntagmatic, syntagmic.

sintassi *f.* (*Gramm*) syntax.

sintattica *f.* syntactics (*costr.sing. o pl.*).

sintatticamente *avv.* syntactically.

sintattico (*pl.* **-ci**) *a.* syntactic, syntactical.

sinterizzare (*sinterizzo*) *v.t.* (*Met*) to sinter.

sinterizzato *a.* (*Met*) sintered.

sinterizzazione *f.* (*Met,Tecn*) sintering.

sintesi *f.inv.* **1** (*Filos*) synthesis. **2** (*estens*) (*sunto*) summary, résumé: *fare una ~ di qcs.* to make a summary of sth., to summarize

sth. □ (*Biol*) *~ clorofilliana* (*fotosintesi*) photosynthesis; *in ~*: 1 (*sommariamente*) in summary, summing up; 2 (*in poche parole*) in brief, in a few words, in short; (*Biol,Chim*) *~ proteica* protein synthesis; *~ vocale* voice synthesis.

sinteticamente *avv.* **1** synthetically (*anche Chim*). **2** (*sommariamente*) in summary, summing up. **3** (*in poche parole*) in brief, in a few words, in short. **4** (*Tecn*) synthetically.

sinteticità *f.* conciseness.

sintetico (*pl.* **-ci**) *a.* **1** synthetic, synthetical: *esposizione sintetica* synthetic statement. **2** (*conciso, rapido*) concise, brief, terse: *stile ~* terse style. **3** (*Chim*) synthetic, synthetical. **4** (*Tecn,Ind*) (*artificiale*) synthetic, synthetical: *fibre sintetiche* synthetic fibres. **5** (*Ling*) synthetic, synthetical.

sintetizzare (*sintetizzo*) *v.t.* **1** (*ordinare in forma sintetica*) to synthesize, to synthetize. **2** (*riassumere*) to summarize, to sum up: *~ un discorso* to summarize a speech. **3** (*Chim*) to synthesize.

sintetizzatore **I** *m.* (*Acus,Mus*) synthesizer. **II** *a.* synthesizing, synthetic, synthetical.

sintomatico (*pl.* **-ci**) *a.* (*Med*) symptomatic (*anche fig*): *terapia sintomatica* symptomatic therapy, symptomatic treatment.

sintomatologia *f.* (*Med*) symptomatology.

sintomo *m.* **1** (*Med*) symptom: *i sintomi di una malattia* the symptoms of a disease. **2** (*fig*) (*segno, indizio*) symptom, sign: *i sintomi di una rivolta* the signs of a revolt. □ (*Med*) *~ precoce* early symptom.

sintonia *f.* **1** (*Rad,Tel*) tuning. **2** (*Fis*) synchronism. **3** (*fig*) agreement, tune, syntony: *essere in ~ con qcu.* to be in agreement with so.; *mettere in ~* to tune; *entrare in ~ con qcu.* to establish a rapport with so., to get on the same wavelength with so.

sintonico (*pl.* **-ci**) *a.* (*Rad,rar*) syntonic, syntonous.

sintonismo *m.* (*Rad,rar*) syntony.

sintonizzare (*sintonizzo*) **I** *v.t.* **1** (*Rad, Elettron*) to tune in, to syntonize. **2** (*fig*) to tune (to), to harmonize (with). **II** *v.pron.* **sintonizzarsi** to be tuned in (*anche fig*).

sintonizzatore *m.* (*Rad,Elettron*) tuner.

sintonizzazione *f.* (*Rad,Elettron*) tuning, syntonization.

sinuosamente *avv.* sinuously.

sinuosità *f.inv.* sinuosity, sinuousness.

sinuoso *a.* **1** (*contorto*) winding, sinuous: *corso ~ di un fiume* winding course of a river. **2** (*rif. al corpo femminile*) curvaceous.

sinusite *f.* (*Med*) sinusitis.

sinusoidale *a.* sinusoidal (*anche Geom*).

sinusoide *f.* **1** (*Anat*) sinusoid. **2** (*Mat*) sine curve, sinusoid.

Sion *n.pr.f.* (*Geog*) Zion.

sionismo *m.* Zionism.

sionista *m./f.* Zionist.

sionistico (*pl.* **-ci**) *a.* Zionist, Zionistic.

SIP (*Stor*) *Società italiana per l'esercizio delle telecomunicazioni* (Italian telephone company).

siparietto *m.* (*Teat*) **1** (*sipario supplementare*) curtain, drop curtain. **2** (*dipinto*) drop-scene, backcloth. **3** (*breve numero di intermezzo*) entr'acte.

sipario *m.* (*Teat*) **1** curtain, house curtain, drop curtain: *alzare il ~* to raise the curtain; *calare il ~* to drop the curtain. **2** (*dipinto*) drop-scene, backcloth.

siparista *m./f.* (*Teat*) curtain man, curtain operator.

Siracusa *n.pr.f.* (*Geog*) Syracuse.

siracusano **I** *a.* Syracusan. **II** *m.* (*f.* **-a**) Syracusan.

sire *m.* (*lett*) Sire, sire.
sirena *f.* 1 (*Mitol*) mermaid, siren. 2 (*fig*) (*donna seducente*) siren. 3 (*Zool*) siren, greater siren. 4 (*segnale*) siren, whistle: *la ~ di una fabbrica* the factory whistle. □ (*Mar*) *~ da nebbia* foghorn; *~ d'allarme* alarm, warning siren; *a sirene spiegate* with sirens wailing, with sirens blaring.
sirenetta *f.* little mermaid. □ (*Scult*) *la ~ di Copenhagen* the Little Mermaid in Copenhagen.
sirenetto *m.* (*colloq,scherz*) beefcake.
sireni *m.pl.* (*Zool*) Sirenia.
Siria *n.pr.f.* (*Geog*) Syria.
siriaco (*pl.* **-ci**) **I** *a.* 1 Syrian. 2 (*rif. alla lingua*) Syriac. **II** *m.* (*lingua*) Syriac.
siriano **I** *a.* Syrian, Syria, of Syria, from Syria. **II** *m.* 1 (*f.* **-a**) Syrian; (*abitante*) inhabitant of Syria; (*originario*) native of Syria. 2 (*lingua*) Syriac.
sirice *m.* (*Entom*) horntail.
siringa *f.* 1 syringe (*anche Med*). 2 (*Mus*) panpipe, syrinx. 3 (*Gastron*) icing bag. 4 (*Bot*) lilac. □ *~di gomma* rubber syringe; (*Med*) *~ipodermica* hypodermic syringe, syringe, (*colloq*) hypodermic needle; (*Med*) *~monouso* disposable syringe; (*Mecc*) *~ per ingrassaggio* grease gun; (*Med*) *~per iniezioni* syringe; (*Mecc*) *~ per lubrificazione* oil gun; (*Med*) *~usa e getta* disposable syringe.
siringare (**sirìngo, sirìnghi**) *v.t.* to syringe (*anche Med*).
siringatura *f.* syringing (*anche Med*).
siringe *f.* (*Ornit*) syrinx.
Sirio *n.pr.m.* (*Astr*) Sirius, Dog Star.
sirte *f.* (*lett*) 1 (*banco sabbioso mobile*) quicksand. 2 (*fig*) (*insidia*) danger, peril, quicksand.
Sirte *n.pr.f.* (*Geog*) Sirte.
sirventese *m.* (*Lett*) sirvente, sirventes.
sisal *f.* 1 (*Bot*) sisal. 2 (*Tess*) sisal, sisal hemp.
Sisifo *n.pr.m.* (*Mitol*) Sisyphus: (*fig*) *fatica di ~* Sisyphean task, Sisyphean toil.
sisma *m.* seism, (*colloq*) earthquake.
sismicità *f.* seismicity.
sismico (*pl.* **-ci**) *a.* seismic: *fenomeno ~* seismic phenomenon; *onda sismica* seismic wave.
sismografia *f.* seismography.
sismografico (*pl.* **-ci**) *a.* seismographic.
sismografo *m.* seismograph.
sismogramma *m.* seismogram.
sismologia *f.* seismology.
sismologico (*pl.* **-ci**) *a.* seismologic, seismological.
sismologo *m.* (*f.* **-a**; *pl.* **-gi**) seismologist.
sissignora *avv.* yes, Madam.
sissignore *avv.* 1 yes, Sir. 2 (*naturalmente*) of course, obviously.
sistema *m.* 1 system (*anche Inform,Anat,Mus, Min,Geol*). 2 (*organizzazione*) system: *~ sociale* social system. 3 (*Tecn*) (*procedimento*) method, system, process, procedure: *~ di estrazione* mining method. 4 (*colloq*) (*modo di fare, condotta*) behaviour, way of acting, conduct: *che sistemi sono questi?* what kind of behaviour is this? 5 (*colloq*) (*metodo*) way, method: *questo non è il ~ di studiare* this is no way to study. 6 (*classificazione*) system, classification (*anche Biol*). 7 (*Sociol*) (*potere stabilito*) establishment: *contrario al ~* anti-establishment. 8 (*nei giochi*) system. 9 (*Sport,ant*) (*nel calcio*) 2-3-5 system. □ *~anglosassone* (*di unità di misura*) English system of units; *~anticalcare* descaling system; (*Econ*) *~ aureo* gold standard; (*Inform*) *~ autore* courseware, authorware; *~ bancario* banking system; (*Pol*) *~ bipartitico* two-party sys-

tem; *~ capitalistico* capitalist system; *~ CGS* CGS system; (*spreg*) *~clientelare* patronage system; (*Comm*) *~ contabile* accounting system; (*Fis*) *~ continuo* continuous system; (*Pol,Econ*) *~ cooperativo* cooperative system; *~copernicano* Copernican system; *~ creditizio* credit system; (*Min*) *~ cristallino* crystal system; *~ d'allarme* alarm system; (*contro ladri*) antitheft system; *~decimale* decimal system, decimal notation; (*Fis*) *~ delle coordinate* coordinate system; (*Fis*) *~ di accensione* ignition system; (*Fis*) *~ di coordinate* coordinate system; *~ di determinazione dei costi* costing system; (*Mat*) *~ di equazioni* system of equations; (*Fis*) *~di forze* system of forces; *~ di governo* system of government; (*Mecc*) *~di ingranaggi* gearing; *~di lavoro* work method, working method; (*Ott*) *~di lenti* optical system; (*Inform*) *~di numerazione binaria* binary number system; (*Mat*) *~ di numerazione duodecimale* duodecimal number system; (*Comm*) *~ di pagamento* method of payment; (*Fis*) *~ di riferimento* frame of reference, reference frame; *~ di scrittura* script; (*Comm*) *~ di vendita rateale* hire purchase; *~di vita* way of life; (*Mil*) *~difensivo* defensive system; (*Mat*) *~ dinamico* dynamic system; *~economico* economic system; (*Inform*) *~ per l'elaborazione dati* data processing system; (*Pol*) *~ elettorale* electoral system; *~ elettorale maggioritario* majority electoral system; *~ elettorale proporzionale* proportional electoral system; (*Inform*) *~esadecimale* hexadecimal system; (*Inform*) *~ esperto* expert system; (*Mat*) *~eterogeneo* heterogeneous system; *Sistema europeo delle banche centrali* European System of Central Banks; *~ fiscale* taxation system; (*Geog*) *~fluviale* river system, water system, hydrographic system; *~fonetico* phonetic system; (*Mat*) *~formale* formal system; (*Astr*) *~ galattico* galactic system; *~giudiziario* judicial system; (*Geog*) *~idrografico* river system, water system, hydrographic system; (*Anat*) *~immunitario* immune system; *~informatico* computer system; (*Min*) *~ isometrico* isometric system; (*Anat*) *~ linfatico* lymphatic system; (*Pol*) *~ maggioritario* majority system; *~metrico decimale* decimal system, metric system, decimal metric system; *~monetario europeo* European monetary system; (*Pol*) *~monocamerale* unicameral system; (*Geog*) *~montuoso* mountain chain, mountain range; (*Anat*) *~ nervoso* nervous system: *~ nervoso centrale* central nervous system; *~ nervoso periferico* peripheral nervous system; (*Anat*) *~neurovegetativo* vegetative nervous system; (*Mat*) *~omogeneo* homogeneous system; (*Inform*) *~operativo* operating system; *~ operativo a disco* (o *~ operativo su disco*) disk operating system; (*Geog*) *~ orografico* mountain chain, mountain system; *~ ottico* optical system; (*Pol*) *~parlamentare* parliamentary system; *~pensionistico* retirement system; *per ~*: 1 (*per abitudine*) habitually, out of habit; 2 (*per partito preso*) deliberately; (*Chim*) *~periodico* (o *~periodico degli elementi*) periodic system; (*Astr*) *~planetario* planetary system; (*Fis*) *~pratico* practical system; *~ previdenziale* welfare system, social security plan; (*Pol*) *~proporzionale* proportional representation system; (*Pol*) *~rappresentativo* representative system; *~ retributivo* pay system; *~ sessagesimale* sexagesimal system; (*Astr*) *~ solare* solar

system; *~tolemaico* Ptolemaic system; *~ tributario* taxation system, tax system, fiscal system; (*Min*) *~trigonale* trigonal system.
sistemare (**sistèmo**) **I** *v.t.* 1 (*mettere a posto*) to arrange: *~ i quadri* to arrange the pictures. 2 (*riordinare*) to order, to put in order, to tidy, to tidy up, (*colloq*) to fix: *~ la casa* to put the house in order, to tidy up the house. 3 (*risolvere, definire*) to settle: *~ una questione* to settle a matter. 4 (*collocare, alloggiare*) to settle, to put: *ho sistemato i bambini in una pensione* I have put the children in a boarding house. 5 (*procurare un lavoro adatto*) to find work for, to find employment for, (*colloq*) to fix so. up (with a job): *~ un disoccupato* to find a job for an unemployed person. 6 (*installare*) to install: *ho sistemato il frigorifero tra la credenza e la cucina* I installed the fridge between the cupboard and the stove. 7 (*rif. a ragazze: maritare*) to marry so. off, to marry so. off well, to settle. 8 (*colloq*) (*dare una lezione*) to settle, to settle the hash of, to see to, (*colloq*) to fix: *ora lo sistemo io* I'll settle him, I'll fix him. 9 (*rar*) (*ordinare, organizzare in sistema*) to systemize, to systematize, to reduce to a system. **II** *v.pron.* **sistemarsi** 1 to get settled, to get fixed up: *appena mi sono sistemato all'estero mi farò raggiungere dalla famiglia* as soon as I get settled abroad I'll have my family join me. 2 (*trovare un lavoro*) to find employment, to get work, to get a job. 3 (*rif. a ragazze: prendere marito*) to get married, to marry.
sistematica *f.* systematics (*costr.sing.*).
sistematicamente *avv.* 1 systematically, methodically. 2 (*regolarmente*) systematically, without exception.
sistematicità *f.* systematic character, method.
sistematico (*pl.* **-ci**) *a.* 1 systematic, systematical (*anche Biol*). 2 (*metodico*) systematic, systematical, methodical, regular: *uomo ~* methodical man.
sistematizzare (**sistematizzo**) *v.t.* to systematize, to order, to organize.
sistematizzazione *f.* systematization.
sistemazione *f.* 1 (*il mettere a posto*) arrangement. 2 (*disposizione*) arrangement, layout: *la ~ dei libri negli scaffali* the arrangement of the books on the shelves. 3 (*definizione, composizione*) settlement, settling: *la ~ di una vertenza* the settlement of a controversy. 4 (*alloggio*) accommodation, lodging; (*collocamento*) lodging, settling: *provvedere alla ~ dei turisti in albergo* to take care of lodging the tourists in a hotel; *una ~ momentanea* a provisional accomodation. 5 (*lavoro, impiego*) job, work, employment: *cercare una ~* to look for a job. 6 (*installazione*) installation. 7 (*matrimonio*) marrying-off.
sistemico (*pl.* **-ci**) *a.* systemic: *malattia sistemica* systemic disease.
sistemista **I** *m./f.* 1 (*Inform*) systems analyst. 2 systems player, gambler who follows a system. **II** *a.* (*rar*) systems (*attr.*).
sistemistica *f.* (*scienza dei sistemi*) systems science.
sistilo *m.* (*Archeol*) systyle.
Sisto *n.pr.m.* Sixtus.
sistole *f.* (*Fisiol,Metr*) systole.
sistolico (*pl.* **-ci**) *a.* (*Fisiol*) systolic.
sistro *m.* (*Mus*) sistrum.
sit com *f.inv.* (*TV,colloq*) sitcom, situation comedy.
sitibondo *a.* (*lett*) thirsty (*anche fig*). □ *essere ~di sangue* to be bloodthirsty.

sit-in *m.inv.* sit-in.

sito I *m.* 1 (*lett*) (*posto*) place, site; (*località*) locality, place. 2 (*Inform*) site. II *a.* (*lett, burocr*) situated, located, lying. ☐ ~ *archeologico* archaelogical site; (*Inform*) ~ *Web* Web site.

sitologia *f.* (*Med*) sitology.

sitologo *m.* (*f.* -**a**; *pl.* -**gi**) dietitian, dietician.

sitomania *f.* (*Med,ant*) sitomania.

sitoteca *f.* (*Inform*) list of sites.

situare (**sìtuo**) I *v.t.* 1 (*porre*) to put, to place, to set. 2 (*collocare*) to situate, to locate. II *v.pron.* **situarsi** 1 to put oneself. 2 (*essere situato*) to lie, to be situated (*in* in). 3 (*essere considerato*) to be regarded, to be considered.

situato ☐ *essere* ~ to lie, to be situated (*in* in).

situazionale *a.* situational, situation (*attr.*).

situazione *f.* 1 situation, state, state of affairs: *la* ~ *economica del paese* the economic situation of the country. 2 (*circostanza*) situation, position, circumstance: *essere in una* ~ *difficile* to be in an awkward position; *una* ~ *seccante* an unpleasant situation. ☐ (*Econ*) ~ *congiunturale* economic situation, business situation; (*Comm*) ~ *contabile* statement of account; (*Econ*) ~ *del mercato* market conditions (*pl.*), market situation; (*Comm*) ~ *di cassa* cash situation; ~ *di emergenza* emergency situation; ~ *di fatto* de facto situation; ~ *di stallo* stalemate, deadlock (*anche Pol, Comm*): *sbloccare la* ~ *di stallo* to ease the deadlock, to get out of the deadlock; ~ *di stress* stress situation (*anche Med*); *una* ~ *difficile* an awkward situation; *una* ~ *esplosiva* a critical situation; ~*finanziaria* financial position (*anche Econ,Comm*); (*Dir*) ~*patrimoniale* statement of assets and liabilities.

situla *f.* (*Archeol*) situla.

siviera *f.* (*Met*) ladle.

Siviglia *n.pr.f.* (*Geog*) Seville.

sizigia (*pl.* -**gie**) *f.* (*Astr*) syzygy.

sizigiale *a.* (*Astr*) syzygial, syzygy (*attr.*), syzygetic: *marea* ~ syzygy tide.

SJ (*Rel.catt*) *Societas Jesu, Compagnia di Gesù* S.J. (Society of Jesus).

SK *Slovacchia* SK (Slovakia).

skai *m.inv.* (*Ind*) imitation leather, leatherette.

skateboard /'skejtbord/ *m.inv.* (*Sport*) skateboard.

skeleton *m.inv.* (*Sport*) skeleton.

sketch /skɛtʃ/ *m.inv.* sketch.

skilift *m.inv.* (*Sport*) ski lift.

skimmer *m.inv.* (*di piscina*) skimmer.

skinhead /ˌski'nɛd/ *m./f.inv.* skinhead, (*colloq*) skin.

ski-pass *m.inv.* skipass, ski pass.

skipper *m.inv.* (*Mar,Sport*) skipper.

ski-stopper *m.inv.* ski stop.

skunk /skank/ *m.inv.* 1 (*Zool*) (*moffetta*) skunk. 2 (*estens*) (*pelliccia*) skunk fur, skunk.

s.l. 1 (*Sport*) *stile libero* (freestyle). 2 (*Edit*) *senza luogo* n.p. (no place).

slabbrare (**slàbbro**) I *v.t.* 1 to chip the edge of, to chip the rim of, to chip the lip of, to break the edge of, to break the rim of, to break the lip of: ~ *una tazza* to chip the rim of a cup. 2 (*rif. a ferite*) to open, to enlarge. II *v.i.* (*aus.* **avere**) (*rar*) (*traboccare*) to overflow, to brim over, to spill over. III *v.pron.* **slabbrarsi** 1 (*rif. a vasellame*) to chip at the edge. 2 (*rif. a ferite*) to open.

slabbrato *a.* 1 (*rif. a vasellame e sim.*) chipped: *una tazza slabbrata* a cup with a chipped rim. 2 (*rif. a maglioni e sim.*) torn. 3 (*rif. a ferite*) gaping, open.

slabbratura *f.* 1 chipping, chipping of the rim. 2 (*rif. a ferite*) opening, gaping. 3 (*parte slabbrata*) torn edge, torn rim. 4 (*Mecc*) burr.

slacciare (**slàccio, slàcci**) I *v.t.* 1 to unlace, to untie, to undo, to unfasten: ~ *le scarpe* to unlace one's shoes. 2 (*rif. a bottoni*) to unbutton: *slacciati la giacca* unbutton your coat. II *v.pron.* **slacciarsi** 1 to come unlaced, to come untied, to come undone, to get loose. 2 (*rif. a bottoni*) to come unbuttoned.

slalom *m.inv.* (*Sport*) slalom. ☐ *fare lo* ~: 1 (*Sport*) to slalom; 2 (*fig*) to skirt round difficulties; (*Sport*) ~ *gigante* giant slalom; (*Sport*) ~*parallelo* parallel slalom; (*Sport*) ~ *speciale* special; (*Sport*) ~*supergigante* super giant slalom.

slalomista *m./f.* (*Sport*) slalomer, slalom racer.

slamare (**slàmo**) I *v.t.* (*Pesc*) (*togliere dall'amo*) to unhook, to disgorge. II *v.i.* (*aus.* **essere**) (*smottare*) to slip, to slide down. III *v.pron.* **slamarsi** (*Pesc*) to get off the hook, to unhook itself.

slamatore *m.* (*Pesc*) hook disgorger.

slanciare (**slàncio, slànci**) I *v.t.* (*rar*) (*gettare con impeto*) to throw, to fling, to hurl. II *v.pron.* **slanciarsi** 1 (*rar*) (*gettarsi con impeto*) to throw oneself (*contro, su* on, at), to fling oneself (*contro, su* on, at), to hurl oneself (*contro, su* on, at): *slanciarsi contro qcu.* to fling oneself upon so.; *slanciarsi contro* (o *sul*) *il nemico* to hurl oneself against the enemy, to hurl oneself on the enemy. 2 (*fig*) (*protendersi*) to soar, to soar up, to reach, to reach up: *la torre si slancia verso il cielo* the tower soars into the sky.

slanciato *a.* 1 (*rif. a persone*) tall and slender, slim: *una figura slanciata* a slender figure. 2 (*rif. a cose*) soaring, slender: *un campanile* ~ a soaring bell tower.

slancio *m.* 1 (*lo slanciarsi*) rush, onrush, dash, bound, leap, burst: *con uno* ~ *gli fu addosso* he rushed on (o at) him, he rushed at him with a bound. 2 (*rincorsa*) run: *prendere lo* ~ to take a run. 3 (*fig*) (*accesso, impeto*) fit, outburst, rush: *uno* ~ *di generosità* an outburst of generosity. 4 (*Ginn*) swing. 5 (*Sport*) (*nel golf*) swing; (*nel sollevamento pesi*) jerk. ☐ *di* ~: 1 with a dash, with a leap, headlong; 2 (*fig*) on impulse: *agire di* ~ to act on impulse; (*Filos*) ~*vitale* élan vital.

slang /slɛŋ/ *m.inv.* slang.

slargamento *m.* widening, broadening.

slargare (**slàrgo, slàrghi**) I *v.t.* 1 (*rendere più largo*) to widen, to broaden, to make sth. wider. 2 (*rif. a scarpe, guanti, maglia e sim.*) to stretch, to make (sth.) baggy. 3 (*Mus*) (*rallentare*) to broaden, to stretch. II *v.i.* (*aus.* **avere**) (*Tip*) to take up space. III *v.pron.* **slargarsi** 1 (*diventare più largo*) to widen, to become wider, to become broader. 2 (*rif. a scarpe, guanti, maglia e sim.*) to stretch, to become baggy. 3 (*lasciare più spazio*) to spread, to spread out, to move apart.

slargo (*pl.* -**ghi**) *m.* widening, wider part.

slattamento *m.* (*rar*) (*svezzamento*) weaning.

slattare (**slàtto**) *v.t.* (*rar*) to wean.

slavato *a.* 1 (*sbiadito*) faded, washed-out: *colore* ~ faded colour. 2 (*pallido*) pale, wan, colourless, (*colloq*) washed out. 3 (*fig*) (*scialbo, incolore*) dull, dreary, flat, colourless: *stile* ~ dull style. 4 (*fig*) (*inespressivo*) dull, wooden, inexpressive, expressionless, wan: *una faccia slavata* a wooden face, an expressionless face.

slavatura *f.* 1 (*condizione di ciò che è slavato*) dullness, washiness. 2 (*parte slavata*) washed-out patch.

slavina *f.* 1 (*di terra*) landslide, landslip. 2 (*di neve*) snowslide, snowslip.

slavismo *m.* (*Ling,Pol*) Slavism.

slavista *m./f.* Slavicist, Slavist.

slavistica *f.* Slavic studies *pl.*

slavizzare (**slavìzzo**) I *v.t.* to Slavicize, to Slavize, to make Slavic. II *v.pron.* **slavizzarsi** to become Slavic.

slavizzazione *f.* Slavonization.

slavo I *a.* Slavic, Slavonic. II *m.* 1 (*f.* -**a**) (*abitante*) Slav. 2 (*lingua*) Slavic (language).

slavofilismo *m.* (*Pol,Stor,Filol*) Slavophilism.

slavofilo I *a.* Slavophil, Slavophile. II *m.* (*f.* -**a**) Slavophile, Slavophil.

slavofobo *m.* (*f.* -**a**) Slavophobe.

Slavonia *n.pr.f.* (*Geog.stor*) Slavonia.

SLB *Salomone* SLB (Solomons).

sleale *a.* 1 (*privo di lealtà*) disloyal, false, faithless: *amico* ~ disloyal friend. 2 (*non corretto*) unfair: *concorrenza* ~ unfair competition; *gioco* ~ foul play.

slealmente *avv.* 1 (*senza lealtà*) disloyally, falsely. 2 (*senza correttezza*) unfairly.

slealtà *f.* 1 (*mancanza di lealtà*) disloyalty, falsity. 2 (*scorrettezza*) unfairness. 3 (*azione sleale*) rude act, impolite act, impropriety.

slegare (**slégo, sléghi**) I *v.t.* to untie, to loose, to loosen, to unfasten, to unbind, to undo: ~ *un nodo* to undo a knot. II *v.pron.* **slegarsi** to get loose: *i cavalli si sono slegati* the horses have got loose. ☐ ~ *il cane*: 1 (*dalla catena*) to unfasten the dog's chain; 2 (*liberare dal guinzaglio*) to unleash the dog.

slegatamente *avv.* 1 loosely. 2 (*fig*) (*incoerentemente*) incoherently.

slegato *a.* 1 (*non legato*) untied, loose, unfastened, unbound, undone. 2 (*fig*) (*sconnesso, incoerente*) incoherent, disjointed, loose, disconnected: *frasi slegate* disconnected sentences. 3 (*non rilegato*) unbound.

slegatura *f.* 1 untying, loosening, unfastening, unbinding. 2 (*fig*) (*sconnessione*) incoherence.

Slesia *n.pr.f.* (*Geog.stor*) Silesia.

slice /zlajs/ *m.inv.* (*Sport*) (*nel tennis, nel ping-pong*) slice.

slide /zlajd/ *f.inv.* slide.

slip *m.inv.* 1 (*mutande da uomo*) (*Br*) Y-fronts *pl.*, pants *pl.*, (*Am*) briefs *pl.*, underwear. 2 (*da donna*) (*Br*) briefs *pl.*, pants *pl.*, (*Am*) panties *pl.*, underwear. 3 (*costume da bagno maschile*) trunks *pl.* 4 (*costume da bagno femminile*) bottom, bikini bottom.

slitta *f.* 1 (*Tecn*) sled, sleigh, sledge. 2 (*Tecn*) slide, guide, runner. 3 (*Arm*) chassis. ☐ *andare in* ~ to sleigh, to sled, to sledge; ~ *trainata da cani* dog sled; ~ *trainata da cavalli* horse-drawn sled, horse sleigh; (*Mecc*) ~*trasversale* cross slide.

slittamento *m.* 1 sliding, slip, slipping, skid, skidding. 2 (*fig*) (*posticipo, rinvio*) postponement, deferment, delay. 3 (*rif. a veicoli*) skid, skidding. 4 (*Econ*) slump, fall, decline. 5 (*Tecn*) (*scorrimento*) slipping. 6 (*Ling*) shift, shift. 7 (*Geol*) creep. ☐ (*Mot*) ~*della frizione* clutch slip, clutch slippage, clutch slipping; (*Aer,Sport*) ~ *laterale* side-slip; (*Econ*) ~*monetario* decline of a currency; (*Econ*) ~*salariale* wage drift.

slittare (**slìtto**; *aus.* **avere/essere**) *v.i.* 1 (*rar*) (*andare in slitta*) to go sleigh-riding, to sleigh, to ride in a sleigh, to sled, to sledge. 2 (*scivolare*) to slip, to skid. 3 (*rif. a veicoli*) to skid: *le ruote slittavano sul ghiaccio* the wheels skidded on the ice. 4 (*fig*) (*deviare*) to slide, to stray, to deviate: *il partito slitta verso sinistra* the party is sliding to the left. **5** (*fig*) (*essere rinviato*) to be put off, to be postponed. **6** (*Econ*) to slide, to slump, to decline. □   (*fig*) *fare ~ qcs.* to postpone, to put off, to delay.

slittino *m.* **1** (*piccola slitta*) sledge, sleigh, sled. **2** (*per bambini*) toboggan, sledge. **3** (*Sport*) luge, racing toboggan.

slittovia *f.* (*ant*) sledge lift.

s.l.m. *sul livello del mare* above s.l. (above sea-level).

SLO *Slovenia* SLO (Slovenia).

slogamento *m.* (*Med,rar*) dislocation.

slogan *m.inv.* slogan: *~ elettorale* election slogan, campaign slogan.

slogare (**slògo, slòghi**) **I** *v.t.* to dislocate, to displace. **II** *v.pron.* **slogarsi** to dislocate, to be dislocated, to get dislocated: *slogarsi una spalla* to dislocate one's shoulder.

slogato *a.* (*Med*) dislocated.

slogatura *f.* (*Med*) dislocation.

sloggiare (**slòggio, slòggi**) **I** *v.t.* **1** (*sfrattare*) to evict, to turn out: *il padrone di casa ha sloggiato il nuovo inquilino* the landlord evicted the new tenant. **2** (*cacciare via*) to drive away, to drive out, to dislodge, to throw out: *~ il nemico* to dislodge the enemy. **II** *v.i.* (*aus.* **avere**) **1** (*andarsene da un posto, alloggio e sim.*) to move out, to move away, to go, to leave: *~ dal proprio ufficio* to move out of one's office. **2** (*colloq*) (*andarsene*) to leave, to go away, to go off.

slombare (**slómbo**) **I** *v.t.* **1** to break the back of. **2** (*fig,rar*) (*sfiancare*) to wear so. out, to tire so. out, to knock so. out: *questo lavoro mi ha slombato* this job has worn me out. **II** *v.pron.* **slombarsi** **1** to break one's back. **2** (*fig,rar*) to wear oneself out, to tire oneself out, to knock oneself out.

slop *m.inv.* (*Chim*) slop.

slot *m.inv.* **1** (*Aer*) (*per il decollo*) take-off slot. **2** (*Elettron*) slot. □   (*Elettron*) *~ di espansione* expansion slot.

slot machine /ˌzlɔtmaˈʃin/ *f.inv.* slot machine.

Slovacchia *n.pr.f.* (*Geog*) Slovakia.

slovacco **I** *a.* Slovak, Slovakian. **II** *m.* **1** (*f. -a; pl. -chi*) (*abitante*) Slovak, Slovakian. **2** (*lingua*) Slovak (language), Slovakian.

Slovenia *n.pr.f.* (*Geog*) Slovenia.

sloveno **I** *a.* Slovene, Slovenian. **II** *m.* **1** (*f. -a*) (*abitante*) Slovene. **2** (*lingua*) Slovene, Slovenian.

slow food /slowˈfud/ *m.inv.* slow food.

slungare (**slùngo, slùnghi**) *v.t.* (*colloq,rar*) (*allungare*) to lengthen, to extend.

S.M. **1** (*Mil*) *stato maggiore* GS (general staff). **2** *Sua Maestà* H.M. (His Majesty, Her Majesty).

smaccare (**smàcco, smàcchi**) *v.t.* (*ant*) (*umiliare*) to humiliate, to shame, to put to shame.

smaccatamente *avv.* excessively, sickeningly.

smaccato *a.* **1** (*rar*) (*troppo dolce*) cloying, mawkish. **2** (*fig*) (*esagerato*) excessive, sickening: *adulazioni smaccate* sickening adulation.

smacchiare (**smàcchio, smàcchi**) *v.t.* to remove stains from, to clean: *~ un vestito* to remove stains from a dress.

smacchiatore *m.* stain remover, spot remover.

smacchiatura *f.* removal of stains, cleaning: *~ a secco* dry cleaning.

smacco (*pl.* **-chi**) *m.* let-down, slap-in-the-face, snub, chiding: *subire uno ~* to have a let-down, to suffer a disappointment; *che ~!* what a humiliation, (*Br*) what a slap in the face!

smadonnare (**smadònno**; *aus.* **avere**) *v.i.* (*colloq*) to curse, to swear, to blaspheme.

smagliante *a.* **1** dazzling, radiant (*anche fig*): *luce ~* dazzling light; *un sorriso ~* a radiant smile; *di una bellezza ~* dazzlingly beautiful. **2** (*rif. a colori e sim.*) bright, brilliant. **3** (*fig*) (*eccellente*) excellent, fit: *essere in forma ~* to be fit, to be in the top form.

smagliare (**smàglio, smàgli**) **I** *v.t.* **1** (*lett*) (*rif. a catene*) to break the links of. **2** (*disfare un lavoro a maglia*) to undo, to unravel. **3** (*rif. a calze*) (*Br*) to ladder, (*Am*) to run. **4** (*rar*) (*rif. alla cute*) to leave stretch marks on. **II** *v.pron.* **smagliarsi** **1** (*rif. a tessuti*) to come undone, to come unravelled. **2** (*rif. a calze*) (*Br*) to ladder, (*Am*) to run: *mi si sono smagliate le calze* my stockings have laddered, my stockings have run. **3** (*rif. alla cute*) to stretch, to develop stretch marks.

smagliato *a.* **1** (*rif. a tessuti*) undone, unravelled. **2** (*rif. a calze*) (*Br*) laddered, (*Am*) run: *calze smagliate* laddered stockings, run stockings. **3** (*rif. alla cute*) stretched, having stretch marks.

smagliatura *f.* **1** (*rif. a calze e sim.*) (*Br*) ladder, (*Am*) run. **2** (*fig*) (*soluzione di continuità*) gap, break. **3** (*fig*) (*mancanza di coesione*) discontinuity. **4** (*Med*) stria atrophica, (*colloq*) stretch mark.

smagnetizzare (**smagnetìzzo**) **I** *v.t.* (*Fis*) to demagnetize. **II** *v.pron.* **smagnetizzarsi** (*Fis*) to become demagnetized: *le carte di credito si sono smagnetizzate* the credit cards became demagnetized.

smagnetizzazione *f.* (*Fis*) demagnetization, demagnetizing.

smagrimento *m.* thinning, slimming.

smagrire (**smagrìsco, smagrìsci**) **I** *v.t.* **1** (*rendere magro*) to thin, to make thin, to thin down. **2** (*Agr*) to exhaust, to make sth. poor, to make sth. infertile, to impoverish: *~ un terreno* to exhaust a soil. **II** *v.i.* (*aus.* **essere**) (*diventare magro*) to get thin, to grow thin. **III** *v.pron.* **smagrirsi** (*diventare magro*) to get thin, to grow thin, to lose weight, to slim, to slim down. □   *~ un fiume* (*renderlo povero d'acqua*) to dry a river, to dry out a river.

smagrito *a.* thin, thinner, skinny: *viso ~* thin face.

smaliziare (**smalìzio, smalìzi**) **I** *v.t.* **1** (*scaltrire*) to sharpen the wits of, to make so. crafty, to open so.'s eyes, (*colloq*) to teach a thing or two to: *il servizio militare lo ha smaliziato* military service has taught him a thing or two. **2** (*rendere più esperto*) to make so. more skilled. **II** *v.pron.* **smaliziarsi** **1** (*diventare scaltro*) to become sharp, to become shrewd. **2** (*divenire esperto*) to become adept, (*colloq*) to learn a thing or two, to become skilful, to learn the ropes: *smaliziarsi in un lavoro* to become adept at a job.

smaliziato *a.* **1** (*furbo*) clever, cunning crafty, shrewd, knowing: *quella ragazza è troppo smaliziata per la sua età* that girl is too knowing for her age. **2** (*esperto*) expert, skilled, skilful, (*Am*) skillful. **3** (*avveduto*) shrewd, aware, discerning.

small /zmɔl/ *f.inv.* (*taglia*) small (*anche Abbigl*).

smallare (**smàllo**) *v.t.* to shell: *~ le noci* to shell walnuts.

smaltare (**smàlto**) *v.t.* **1** (*ricoprire di smalto*) to enamel. **2** (*verniciare*) to varnish, to gloss. **3** (*Ceram,Fot*) to glaze. **4** (*Cosmet*) to varnish, to paint, to polish: *~ le unghie* (*Br*) to varnish one's nails, to polish one's nails, to put on nail polish, (*Am*) to paint one's nails.

smaltato *a.* **1** (*ricoperto di smalto*) enamelled, (*Am*) enameled. **2** (*verniciato*) varnished, glassy. **3** (*Ceram,Fot*) glazed. **4** (*Cosmet*) varnished, painted, polished: *unghie smaltate* varnished nails, (*Am*) painted nails, polished nails.

smaltatore *m.* (*f.* **-trice**) enameller, (*Am*) enameler, enameller.

smaltatura *f.* **1** (*lo smaltare*) enamelling, (*Am*) enameler, enameller. **2** (*Ceram,Fot*) (*lo smaltare*) glazing. **3** (*lo smalto applicato*) enamel. **4** (*Ceram,Fot*) glaze.

smalteria *f.* enamel factory.

smaltimento *m.* **1** (*digestione*) digestion. **2** (*deflusso*) discharge, carrying off. **3** (*Comm*) (*vendita*) disposal, sale. **4** (*Comm*) (*svendita*) selling off. □   *~ dei rifiuti* waste disposal, waste treatment; (*Comm*) *~ delle eccedenze* surplus disposal; (*Comm*) *~ delle scorte* stock clearance; *~ di una sbornia* : **1** sobering up; **2** (*dormendo*) sleeping it off.

smaltire (**smaltìsco, smaltìsci**) *v.t.* **1** (*digerire*) to digest: *~ un cibo pesante* to digest heavy food. **2** (*fare defluire*) to carry off, to discharge. **3** (*Comm*) (*vendere*) to dispose of, to sell. **4** (*Comm*) (*svendere*) to sell off. □   *~ i rifiuti* to dispose of waste, to treat waste; *~ il traffico* to get the traffic moving; *~ la rabbia* to work off one's anger; *~ la sbornia* (o *~ la sbronza*): **1** to sober up; **2** (*dormendo*) to sleep it off.

smaltitoio *m.* (*Idr*) sump.

smalto *m.* **1** enamel. **2** (*Ceram,Fot*) glaze. **3** (*decorazione a smalto*) enamel decoration. **4** (*Cosmet*) (*smalto per unghie*) nail polish, nail varnish: *~ madreperlato* frosted nail polish. **5** (*Dent*) enamel. **6** *pl.* (*oggetti smaltati*) enamels: *collezione di smalti* collection of enamels; (*lavoro in smalto*) enamelwork, enamelling, (*Am*) enameling. **7** (*fig*) (*vivacità, brillantezza*) lustre, brilliance, brilliancy. **8** (*fig*) (*combattività*) combativeness, edge. □   *a ~*: **1** enamel (*attr.*): *pittura a ~* enamel painting; *decorare a ~* to enamel; **2** (*smaltato*) enamelled, (*Am*) enameled, enamelled; **3** (*smaltato a vetro*) glazed.

smammare (**smàmmo**; *aus.* **avere**) *v.i.* (*region,pop*) (*levarsi di torno*) to clear off, to beat it: *smamma!* clear off!, scram!, (*Aus*) rack off!

smanceria *f.spec.pl.* **1** (*gesto sdolcinato*) affectation, affected act. **2** (*atteggiamenti, modi leziosi*) affectedness, affected ways *pl.*, affectation. **3** (*effusione esagerata*) simpering, mawkishness. □   *non fare smancerie* don't be so affected.

smanceroso *a.* affected, mawkish.

smanettare (**smanétto**; *aus.* **avere**) *v.i.* **1** (*gerg*) (*rif. a motocicletta*) to rev up. **2** (*Inform, gerg*) (*essere abili col computer*) to be a computer buff, (*spreg*) to be a computer geek. **3** (*colloq*) (*con il telecomando*) to zap.

smangiare (**smàngio, smàngi**) **I** *v.t.* (*rar*) to corrode, to eat away, to eat into: *gli acidi smangiano i metalli* acids eat into metals, acids eat away metals. **II** *v.pron.* **smangiarsi** (*rar*) **1** to be eaten away, to corrode. **2** (*fig*) (*struggersi*) to be consumed, to be eaten up: *smangiarsi per l'invidia* to be eaten up by envy.

smangiato *a.* (*rar*) (*corroso*) corroded, eaten away, eaten into.

smania *f.* **1** (*agitazione*) agitation, anxiety, restlessness. **2** (*fig*) (*desiderio intenso*) great desire, longing, craving, urge, mania: *~ del gioco* gambling urge; *~ di successo* craving for success, longing for success. □   *avere la ~ addosso* to be restless, to have the fidgets; *dare in smanie* (*essere in grande agita-*

zione) to rave, to rage, to storm.

smaniare (**smànio, smàni;** *aus.* **avere**) *v.i.* 1 (*essere agitato*) to be restless, to be agitated, to toss about, to toss and turn: *ho smaniato tutta la notte* I tossed and turned all night. 2 (*essere furioso*) to rave, to rage, to storm. 3 (*fig*) (*desiderare ardentemente*) to long, to yearn, to crave.

smaniosamente *avv.* eagerly.

smanioso *a.* 1 (*fig*) (*bramoso*) longing (*di* for), eager (*di* for), craving (*di* for), thirsting (*di* for), (*colloq*) dying (*di* for): *sono ~ di vederlo* I am longing to see him. 2 (*che esprime smania*) frenzied, agitated.

smantellamento *m.* 1 (*demolizione*) dismantlement, demolition. 2 (*Mil*) dismantlement, dismantling. 3 (*Ind*) dismantlement, stripping. 4 (*fig*) (*confutazione*) demolition, disproval, refutation. □ *lo ~ di un'accusa* the demolition of a charge, the refutation of the accusation; *lo ~ di un impianto* a plant demolition; (*Mar*) *lo ~ di una nave* the break up of a ship.

smantellare (**smantèllo**) *v.t.* 1 to dismantle, to demolish, to pull down, to tear down. 2 (*Mil*) to dismantle. 3 (*Ind*) to dismantle, to strip. 4 (*fig*) to demolish, to refute, to disprove: *~ un'accusa* to demolish a charge. 5 (*Mar*) to dismantle, to break up.

smarcare (**smàrco, smàrchi**) I *v.t.* (*Sport*) to free so., to free so. from marking. II *v.pron.* **smarcarsi** (*Sport*) to free oneself of one's marker, to free oneself from one's marker, to shake off.

smarcato *a.* (*Sport*) unmarked.

smargiassata *f.* brag, boast, show-off, (*colloq*) swank, bravado.

smargiasso *m.* (*colloq*) show-off, braggart, boaster. □ *fare lo ~* to brag, to boast, to show off.

smarginare (**smàrgino**) I *v.t.* 1 (*Legat*) to trim the margins of. 2 (*Tip*) to bleed. II *v.i.* (*aus.* **avere**) (*Tip*) (*uscire dai margini*) to bleed.

smarginato *a.* 1 (*Legat*) cropped. 2 (*Tip*) bled, bled off.

smarginatura *f.* 1 (*Legat*) trimming of margins. 2 (*Tip*) bleeding, bleeding off.

smarmittato *a.* (*colloq*) (*con la marmitta bucata*) (*Br*) with a broken silencer, (*Am*) with a broken muffler.

smarrimento *m.* 1 (*lo smarrire*) loss: *denunciare lo ~ del portafoglio* to report the loss of one's wallet. 2 (*lo smarrirsi: rif. a persone*) getting lost. 3 (*lo smarrirsi: rif. a spedizioni*) mislaying. 4 (*fig*) (*il perdere i sensi*) fainting fit, swoon. 5 (*fig*) (*turbamento*) confusion, bewilderment, dismay, consternation, daze. 6 (*fig*) (*sgomento*) awe, bewilderment.

smarrire (**smarrìsco, smarrìsci**) I *v.t.* 1 (*non riuscire a trovare*) to mislay: *la mamma ha smarrito il ditale* mum has mislaid her thimble. 2 (*perdere*) to lose: *andando in ufficio ho smarrito il portafoglio* on the way to the office I lost my wallet. II *v.pron.* **smarrirsi** 1 (*rif. a persone*) to get lost, to lose one's way, to lose oneself: *si smarrì nel bosco* he got lost in the woods. 2 (*rif. a cose*) to get lost, to go astray. 3 (*rif. a spedizioni*) (*ant*) to miscarry, to lose track (of). 4 (*fig*) (*confondersi*) to be at a loss, to be puzzled. 5 (*fig*) (*perdere la giusta strada*) to go astray, to stray. □ (*fig*) *~ il filo del discorso* to lose the thread of what one is saying, to lose the track of the conversation; (*fig*) *~ la ragione* to lose one's reason, to go mad; *~ la strada* to lose one's way (*anche fig*).

smarrito *a.* 1 (*che non si riesce a trovare*) mislaid. 2 (*perso*) lost: *ufficio oggetti smarriti* (*Br*) lost-property office, (*Am*) lost and found (office); *un cane ~* a lost dog. 3 (*rif. a spedizioni*) mislaid, lost. 4 (*fig*) (*turbato*) confused, bewildered, at a loss, dismayed, appalled, dumbfounded, astonished. 5 (*fig*) (*attonito*) dazed, stunned: *sguardo ~* dazed expression. □ *andare ~* to get lost.

smart card *f.inv.* smart card (*anche TV*).

smascellare (**smascèllo**) I *v.t.* (*rar*) to dislocate the jaw of. II *v.pron.* **smascellarsi** (*rar*) to dislocate one's jaw. □ (*rar*) *smascellarsi dalle risa* to split one's sides with laughter, to be in stitches.

smascheramento *m.* 1 (*il togliere la maschera*) unmasking. 2 (*fig*) unmasking, exposure.

smascherare (**smàschero**) I *v.t.* 1 (*privare della maschera*) to unmask. 2 (*fig*) (*rif. a persone*) to unmask, to show up, to reveal. 3 (*fig*) (*rif. a cose*) to expose, to disclose, to reveal: *~ le intenzioni di qcu.* to expose so.'s intentions. II *v.pron.* **smascherarsi** 1 (*privarsi della maschera*) to unmask oneself, to take off one's mask. 2 (*fig*) (*rivelarsi*) to give oneself away, to reveal one's true nature.

smascherato *a.* 1 (*senza maschera*) unmasked. 2 (*fig*) (*rif. a persone*) unmasked, shown up. 3 (*fig*) (*rif. a cose*) exposed, revealed.

smash /zmɛʃ/ *m.inv.* (*Sport*) (*nel tennis e sim.*) smash.

smaterializzare (**smaterializzo**) I *v.t.* to dematerialize. II *v.pron.* **smaterializzarsi** 1 to dematerialize. 2 (*fig*) to vanish, to disappear.

smaterializzazione *f.* dematerialization.

smattonare (**smattóno**) *v.t.* to remove the bricks of (*o* from).

smazzata *f.* (*nei giochi di carte*) hand.

SME 1 *Sistema Monetario Europeo* EMS (European Monetary System). 2 *Suriname* SME (Suriname).

smegma *m.* (*Fisiol*) smegma.

smembramento *m.* 1 (*divisione in pezzi*) dismemberment. 2 (*fig*) dismemberment, break-up, splitting up: *lo ~ di un partito* the break-up of a party.

smembrare (**smèmbro**) *v.t.* 1 (*dividere in pezzi*) to dismember. 2 (*fig*) to dismember, to split up, to break up: *~ un paese* to dismember a country.

smembrato *a.* 1 dismembered: *cadavere ~* dismembered corpse. 2 (*fig*) dismembered, split up, broken up.

smemorataggine *f.* 1 (*mancanza di memoria*) forgetfulness. 2 (*dimenticanza*) lapse of memory, moment of forgetfulness.

smemoratezza *f.* 1 (*mancanza di memoria*) forgetfulness. 2 (*distrazione*) absent-mindedness.

smemorato I *a.* 1 (*senza memoria*) forgetful. 2 (*distratto, sbadato*) absent-minded, careless, heedless, thoughtless, scatterbrained. II *m.* (*f.* **-a**) 1 forgetful person. 2 (*persona distratta*) absent-minded person, careless person, thoughtless person, scatterbrain.

smentire (**smentìsco, smentìsci**) I *v.t.* 1 to deny: *il governo ha smentito le voci di una crisi* the government denied rumours of a crisis. 2 (*sbugiardare*) to give the lie to, to belie, to catch out in a lie, to prove (so.) wrong: *le sue azioni smentiscono le sue parole* his actions belie his words; *le prove smentiscono quanto dichiarato dal testimone* the evidence belies the testimony of the witness; *i fatti ti hanno smentito* the facts have proved you wrong. 3 (*ritrattare*) to re-

tract, to recant, to take back, to withdraw: *~ una testimonianza* to withdraw evidence. 4 (*deludere le aspettative*) to let down, to be untrue to, to be unworthy of, to spoil: *~ la propria fama* to let down one's good name, to spoil one's good name. II *v.pron.* **smentirsi** 1 (*contraddirsi*) to contradict oneself, to be untrue to oneself, to be inconsistent. 2 (*agire in modo contrario a quello abituale*) to behave out of character. □ *non si smentisce mai* he is always the same, he never changes; *il suo pessimo gusto non si smentisce mai* his bad taste is unfailing.

smentita *f.* 1 (*lo smentire*) denial, denying. 2 (*parole, fatti*) denial: *una ~ ufficiale* official denial. 3 (*ritrattazione*) recantation. □ *dare una ~ a qcs.* to deny sth.

smeraldino *a.* (*verde smeraldo*) emerald-green, emerald.

smeraldo I *m.* 1 (*Min*) emerald. 2 (*colore*) emerald green, emerald. II *a.inv.* emerald-green, emerald: *verde ~* emerald green, emerald.

smerciabile *a.* (*Comm*) saleable, (*Am*) salable, marketable.

smerciare (**smèrcio, smèrci**) *v.t.* 1 (*vendere*) to sell, to dispose of, to turn over. 2 (*svendere*) to sell off. 3 (*spacciare*) to push, (*ant*) to peddle.

smercio *m.* (*Comm*) 1 (*vendita*) disposal, sale: *c'è un grande ~ di questo prodotto* this product sells like hot cakes, this product sells fast. 2 (*svendita*) selling off. 3 (*di merce che si esaurisce in breve tempo*) turnover.

smerdare (**smèrdo**) I *v.t.* 1 (*volg*) (*svergognare*) to shame, to show up, to take down a peg or two. 2 (*volg*) (*umiliare*) to rub so.'s nose in the shit, to sully. II *v.pron.* **smerdarsi** 1 (*sporcarsi di merda*) to dirty oneself, (*ant*) to befoul oneself. 2 (*estens*) (*insudiciarsi*) to soil, to dirty, to foul.

smergo (*pl.* **-ghi**) *m.* (*Ornit*) merganser. □ (*Ornit*) *~ maggiore* American merganser, common merganser; (*Ornit*) *~ minore* red-breasted merganser.

smerigliare (**smerìglio, smerìgli**) *v.t.* 1 to polish with emery. 2 (*Mecc*) to grind, to lap: *~ le valvole* to grind the valves. 3 (*Vetr*) to frost.

smerigliato *a.* 1 polished, polished with emery. 2 (*Mecc*) ground, lapped. 3 (*ricoperto di polvere di smeriglio*) emery (*attr.*): *carta smerigliata* emery paper, sandpaper. 4 (*Vetr*) frosted: *vetro ~* frosted glass.

smerigliatrice *f.* 1 (*Mecc*) grinder. 2 (*Fal*) sander.

smerigliatura *f.* 1 emery polishing. 2 (*Mecc*) grinding, lapping. 3 (*Vetr*) frosting.

smeriglio[1] *m.* (*Min*) emery: *mola a ~* emery wheel.

smeriglio[2] *m.* (*Ornit*) merlin, pigeon hawk.

smeriglio[3] *m.* (*Itt*) porbeagle.

smerlare (**smèrlo**) *v.t.* (*nel ricamo*) to scallop.

smerlato *a.* (*nel ricamo*) scalloped, scallop-edged.

smerlatura *f.* (*nel ricamo*) scalloping.

smerlettare (**smerlétto**) *v.t.* (*nel ricamo*) to scallop.

smerlo *m.* (*nel ricamo*) scallop, scollop: *un orlo a punto ~* a scalloped edge.

smesso *a.* cast-off, old, handed-down: *un abito ~* a hand-me-down, a reach-me-down; *abiti smessi* cast-off clothes.

smettere (*pres.ind.* **smétto**; *p.rem.* **smìsi**; *p.p.* **smésso**) I *v.t.* 1 to stop, to leave off, to cease, to quit: *il lavoro* to stop work. 2 (*non indossare più*) to cast off. II *v.i.* (*aus.* **avere**) 1 (*interrompere*) to stop: *è ora di ~* it's time to stop. **2** (*rinunciare*) to stop, to give up: *devi ~ di fumare* you must give up smoking. □ *ha smessodi piovere* it has stopped raining; *smettila!* stop it!; *smettetela di litigare* stop fighting.

smezzare (**smèzzo**) *v.t.* **1** (*dividere a metà*) to halve, to cut in half, to divide in half: *~ un panino* to cut a roll in half. **2** (*ridurre alla metà*) to halve, to cut (sth.) by half.

SMG (*Mil*) *stato maggiore generale* GS (general staff).

SMI *Sua maestà imperiale* HIM (His Imperial Majesty, Her Imperial Majesty).

smidollare (**smidóllo**) *v.t.* **1** to extract the marrow from, to remove the marrow from: *~ un osso* to remove the marrow from a bone. **2** (*fig*) (*indebolire*) to weaken, to enfeeble.

smidollato **I** *a.* **1** (*vuotato del midollo*) marrowless. **2** (*fig*) (*privo di carattere*) spineless, (*Br*) wet. **3** (*fig*) (*privo di forza*) weak. **II** *m.* (*f.* **-a**) (*persona priva di carattere*) spineless person, (*Br,colloq*) wet, (*Am, colloq*) wimp, drip.

smielare (**smièlo**) *v.t.* to extract honey from, to remove honey from.

smielatore *m.* honey extractor.

smielatura *f.* honey extraction (from the honeycomb).

smiley /'smajli/ *m.inv.* (*Inform*) smiley.

smilitarizzare (**smilitarìzzo**) *v.t.* to demilitarize.

smilitarizzazione *f.* demilitarization.

smilzo *a.* **1** slim, slender. **2** (*fig*) (*inconsistente, esile*) slight, meagre.

sminamento *m.* mine clearance, mine removal, mine removing.

sminare (**smìno**) *v.t.* to clear (a place) of mines, to clear mines, to remove mines (from a place).

sminatore I *m.* **1** (*f.* **-trice**) (*chi esegue lo sminamento*) mine remover. **2** (*macchina*) mine clearer. **II** *a.* mine-removing.

sminuire (**sminuìsco, sminuìsci**) **I** *v.t.* **1** to diminish, to lessen. **2** (*fig*) to belittle, to play down: *~ l'importanza di un fatto* to play down the importance of sth. **II** *v.pron.* **sminuirsi** (*sottovalutarsi*) to belittle oneself, to shame oneself, to debase oneself, to underrate oneself. □ *~ imeriti di qcu.* to detract from so.'s merits, to belittle so.

sminuito *a.* belittled, disparaged. □ *~ nei propri diritti* denied one's rights.

sminuzzamento *m.* **1** breaking into small pieces. **2** (*il tritare*) mincing, (*Am*) grinding. **3** (*lo sbriciolare*) crumbling.

sminuzzare (**sminùzzo**) **I** *v.t.* **1** to break sth. into small pieces. **2** (*tritare*) to mince, (*Am*) to grind. **3** (*tagliuzzare*) to cut up, to chap finely. **4** (*sbriciolare*) to crumble. **5** (*fig*) (*esporre con minuzia*) to go into all the details of. **II** *v.pron.* **sminuzzarsi** to break sth. into fragments, to break sth. into bits.

sminuzzatura *f.* **1** breaking into small pieces. **2** (*il tritare*) mincing, (*Am*) grinding. **3** (*lo sbriciolare*) crumbling. **4** (*insieme di minuzzoli*) chips *pl.*, fragments *pl.*

Smirne *n.pr.f.* (*Geog*) Izmir, (*Geog.stor*) Smyrna.

smisi → **smettere**.

smistamento *m.* **1** sorting, sorting out: *~ della corrispondenza* letter sorting. **2** (*Ferr*) shunting, (*Am*) switching. **3** (*Sport*) passing. **4** (*Mil*) clearing.

smistare (**smìsto**) *v.t.* **1** to sort, to sort out: *~ la corrispondenza* to sort the mail, to sort letters. **2** (*Ferr*) to shunt, (*Am*) to switch. **3** (*Sport*) to pass: *~ la palla* to pass the ball. **4** (*Mil*) to clear.

smisuratamente *avv.* **1** beyond measure,

immeasurably, exceedingly. **2** (*iperb*) (*moltissimo*) immensely, incredibly.

smisuratezza *f.* immeasurability, immeasurableness, boundlessness.

smisurato *a.* **1** immeasurable, boundless: *spazio ~* boundless space. **2** (*incalcolabile*) incalculable. **3** (*infinito*) infinite, endless: *la smisurata misericordia di Dio* the infinite mercy of God. **4** (*senza fondo, profondissimo*) fathomless, bottomless. **5** (*grandissimo*) enormous, immense, incredible: *una ricchezza smisurata* enormous wealth.

smitizzare (**smitìzzo**) *v.t.* **1** (*provare che qcs. è falso*) to debunk, to unmask, to raise the curtain on sth.). **2** (*ridimensionare*) to review, to reassess.

smitizzazione *f.* **1** debunking, unmasking. **2** (*ridimensionamento*) reassessment, reappraisal, revaluation.

smobiliare (**smobìlio, smobìli**) *v.t.* to unfurnish, to remove the furniture from.

smobiliato *a.* unfurnished.

smobilitare (**smobìlito**) *v.t.* **1** (*Mil*) to demobilize, (*colloq*) to demob. **2** (*fig*) (*allentare l'impegno*) to slacken, to relax.

smobilitazione *f.* (*Mil*) demobilization.

smobilizzo *m.* (*Comm*) selling off.

smoccolare (**smòccolo/smóccolo**) **I** *v.t.* (*rif. a candele e sim.*) to snuff, to snuff out: *~ una candela* to snuff out a candle. **II** *v.i.* (*aus.* **avere**) **1** (*pop*) (*bestemmiare*) to swear, to curse. **2** (*rif. a candele e sim.*) to drip.

smoccolatoio *m.* snuffers (*costr.sing. o pl.*).

smoccolatura *f.* **1** snuffing, snuffing out. **2** (*parte dello stoppino*) snuff. **3** (*scolatura di cera*) candle drippings *pl.*

smodatamente *avv.* immoderately, excessively.

smodato *a.* immoderate, unrestrained, excessive, uncontrolled: *un'ambizione smodata* unrestrained ambition.

smoderatamente *avv.* immoderately, excessively.

smoderatezza *f.* **1** (*ciò che è smoderato*) immoderateness, immoderation, lack of moderation, excess. **2** (*intemperanza*) excess, intemperance.

smoderato *a.* **1** (*rif. a cose*) immoderate, excessive. **2** (*rif. a persone*) immoderate, intemperate.

smog *m.inv.* smog.

smoking *m.inv.* **1** (*Abbigl*) dinner-jacket, (*Am*) tuxedo, (*Am,colloq*) tux. **2** (*negli inviti*) black tie.

smollicare (**smollìco, smollìchi**) **I** *v.t.* to crumble. **II** *v.pron.* **smollicarsi** to crumble.

SMOM *Sovrano Militare Ordine di Malta* SMOM (Sovereign Military Order of Malta).

smonacare (**smònaco, smònachi**) **I** *v.t.* to dismiss so. from a monastic order, to defrock. **II** *v.pron.* **smonacarsi** to leave a monastic order.

smontabile *a.* dismountable, that can be dismantled (*posposto*), that can be disassembled (*posposto*), demountable, that breaks down into pieces (*posposto*): *armadio ~* wardrobe that can be dismantled.

smontaggio *m.* disassembly, dismounting, dismantling.

smontare (**smónto**) **I** *v.t.* **1** to disassemble, to dismantle, to dismount, to demount: *~ una libreria* to dismantle a bookcase; *~ il televisore* to disassemble the television. **2** (*Edil*) to dismantle, to take down, to take to pieces: *~ un'impalcatura* to take scaffolding down. **3** (*fig*) (*far perdere l'entusiasmo*) to dampen, to chill: *la tua risposta mi ha smontato* your answer has dampened my enthusi-

asm. **4** (*fig*) (*ridimensionare: rif. a notizie e sim.*) to put into perspective, to reappraise, to reconsider: *~ una notizia di cronaca* to reappraise a news report. **5** (*fig*) (*dimostrarne l'infondatezza*) to destroy, to demolish, to knock down. **6** (*fig*) (*ridimensionare: rif. a persone*) to deflate, to take so. down: *~ la boria di qcu.* to deflate so.'s ego. **7** (*Oref*) to remove sth. from its mounting, to remove sth. from its setting, to unset. **8** (*Gastron*) (*fare sgonfiare*) to make (sth.) go runny. **II** *v.i.* (*aus.* **essere/avere**) **1** (*scendere: avvicinamento*) to come down, to go down, to descend. **2** (*scendere: dal tram e sim.*) to get off (*da qcs.* sth.), to alight from (*da qcs.* from sth.), to get down (*da qcs.* from sth.). **3** (*scendere: da un'automobile*) to get out (*da* of). **4** (*scendere: da cavallo*) to dismount (*da* from). **5** (*aus.* **avere**) (*sgonfiarsi*) to fall, to go flat: *il soufflé va servito subito, altrimenti smonta* the soufflé must be served immediately or it will go flat. **6** (*staccare dal lavoro*) to stop, to stop work, (*colloq*) to clock out, (*colloq*) to clock off: *gli operai smontano alle cinque* the men stop work at five. **III** *v.pron.* **smontarsi 1** (*scoraggiarsi*) to be discouraged, to get discouraged, to get disheartened, to lose heart. **2** (*perdere l'entusiasmo*) to cool down. **3** (*Gastron*) to go flat. □ (*rar*) *~a terra* to land; (*Mil*) *~di guardia* to go off duty, to come off guard duty, to come off sentry duty; *~di sella* to dismount, to get off a horse, to alight from one's horse; (*Mil*) *~di sentinella* to go off duty, to come off guard duty, to come off sentry duty; *~un ponteggio* to take down scaffolding.

smontato *a.* dismantled, taken to pieces.

smontatore *m.* disassembler.

smontatura *f.* **1** (*rar*) dismantling, taking to pieces, disassembly. **2** (*fig*) (*scoraggiamento*) discouragement.

smorfia 1 *f.* **1** grimace, wry face: *fare una ~* to make a grimace, to make a wry face, to grimace. **2** (*moina*) simper, simpering. **3** *pl.* (*boccacce*) faces: *fare delle smorfie a qcu.* to make faces at so. □ *fare una ~di dolore* to wince with pain.

smorfia 2 *f.* (*region*) (*manuale per il lotto*) guide to dream interpretation assigning numbers to images dreamed as a lotto forecast.

smorfiosetto I *a.* **1** (*lezioso*) mawkish, simpering. **2** (*con affettazione*) affected. **II** *m.* (*f.* **-a**) affected person.

smorfioso I *a.* **1** (*lezioso*) mawkish, simpering. **2** (*sdolcinato*) mawkish, sickly, sugary, (*colloq*) soppy, sappy (*Br,colloq*) sloppy. **3** (*con affettazione*) affected. **II** *m.* (*f.* **-a**) affected person. □ *fare la smorfiosa* (*civettare*) to flirt.

smorto *a.* **1** (*rif. a persone: pallido*) pale, deadly pale, wan: *diventare ~* to turn pale. **2** (*rif. a colori: privo di splendore*) dull, colourless, pale: *colore ~* pale colour. **3** (*rif. a colori: sbiadito*) faded, washy. **4** (*fig*) (*privo di vigore espressivo*) dull, lifeless, dreary.

smorzamento *m.* **1** (*rif. a suoni*) deadening, lowering, muffling. **2** (*rif. alla luce*) shading, dimming. **3** (*rif. a colori*) toning down. **4** (*spegnimento*) extinguishing. **5** (*fig*) (*rif. a sentimenti*) quenching, diminishing, waning. **6** (*Fis*) damping.

smorzando I *avv.* (*Mus*) smorzando. **II** *m.inv.* (*Mus*) smorzando.

smorzare (**smòrzo**) **I** *v.t.* **1** (*rif. a suoni*) to deaden, to muffle, to lower. **2** (*rif. alla luce*) to shade, to dim. **3** (*rif. a colori*) to tone down, to darken: *in questo quadro i rossi vanno smorzati* the red in this painting needs toning down. **4** (*fig*) (*reprimere*) to dampen: ~ *l'entusiasmo di qcu.* to dampen so.'s enthusiasm. **5** (*fig*) (*appagare*) to quench: ~ *la sete* to quench one's thirst. **6** (*Fis*) to damp. **7** (*region*) (*spegnere: rif. alla luce*) to put out, to switch off. **8** (*region*) (*spegnere: rif. al fuoco*) to put out, to extinguish. **9** (*region*) (*spegnere: rif. alla calce*) to slake, to slack. **10** (*Sport*) (*nel baseball*) to bunt. **II** *v.pron.* **smorzarsi 1** to fade, to fade away: *la luce del giorno si smorzava* the daylight was fading. **2** (*rif. a suoni*) to die away. **3** (*rif. al fuoco*) to go out, to extinguish. □ (*Sport*) ~ *la palla*: **1** (*nel tennis*) to play a drop shot, to hit a drop shot; **2** (*nel baseball*) to bunt; ~ *la voce* to lower one's voice.

smorzata *f.* (*Sport*) **1** (*nel tennis*) drop shot. **2** (*nel baseball*) bunt.

smorzato *a.* **1** (*rif. a suoni*) deadened, muffled, lowered: *rumore* ~ muffled noise. **2** (*rif. a colori*) toned down, faint, faded. **3** (*Fis*) damped. **4** (*region*) (*spento: rif. alla luce*) put out. **5** (*region*) (*spento: rif. al fuoco*) put out, extinguished. **6** (*region*) (*spento: rif. alla calce*) slaked.

smorzatore *m.* (*Tecn,Mus*) damper.

smossi → **smuovere**.

smosso *a.* **1** (*malfermo*) loose, unsteady, shaky: *un dente* ~ a loose tooth. **2** (*rif. a terreno: arato di fresco*) freshly turned, (*Br*) freshly ploughed, (*Am*) freshly turned. **2**

smottamento *m.* landslip, landslide.

smottare (*smòtto*; *aus.* **essere**) *v.i.* to slip, to slide down.

smottatura *f.* (*area di smottamento*) landslide area.

smozzicamento *m.* **1** (*rompendo*) breaking up. **2** (*tagliando*) cutting up, cutting to pieces. **3** (*fig*) breaking up, mangling.

smozzicare (*smòzzico, smòzzichi*) *v.t.* **1** (*rompendo*) to break up, to crumble. **2** (*tagliando*) to cut up: ~ *un dolce* to cut up a cake. **3** (*fig*) to break up, to mangle: ~ *una frase* to break up a sentence. **4** (*fig*) (*rif. alla pronuncia*) to mumble.

smozzicato *a.* **1** broken up, cut to pieces. **2** (*estens*) (*sbrecciato*) breached. **3** (*fig*) broken up, mangled: *discorso* ~ mangled discourse. **4** (*fig*) (*rif. alla pronuncia*) mumbled.

SMS I (*Tel*) *sistema per invio di brevi messaggi* SMS (short message system). **II** *m.inv.* (*Tel*) SMS, SMS message, text message: *gli ho spedito* (*o mandato*) *un* ~ I've sent him an SMS, I sent him a text message.

smungere (*pres.ind.* **smùngo, smùngi**; *p.rem.* **smùnsi**; *p.p.* **smùnto**) *v.t.* (*fig,lett*) (*sfruttare*) to bleed, to milk, to squeeze: ~ *i cittadini con le tasse* to bleed the citizens with taxes.

smunto → **smungere** *a.* (*pallido*) pale, wan: *viso* ~ wan face; *guance smunte* gaunt cheeks.

smuovere (*pres.ind.* **smuòvo**; *p.rem.* **smòssi**; *p.p.* **smòsso**) **I** *v.t.* **1** (*spostare*) to move, to shift: ~ *un masso* to shift a boulder. **2** (*far muovere*) to budge, to shift: *da qui non mi smuove nessuno* nobody's budging me from here. **3** (*fig*) (*distogliere*) to dissuade, to deter, to move: *non riesco a smuoverlo dalle sue idee* I cannot make him change his mind. **4** (*fig*) (*spronare*) to rouse, to stir: *non lo smuovono neppure le cannonate* even cannon shots won't rouse him. **5** (*fig*) (*riuscire a commuovere*) to move, to touch, to affect. **II** *v.pron.* **smuoversi 1** to move, to shift, to budge. **2** (*fig*) (*cambiare proposito*) to change one's mind, to move, to budge. □ ~ *il terreno* to turn the soil.

smurare (*smùro*) *v.t.* **1** to tear down the walls of. **2** (*togliere dal muro*) to remove from the wall, to take off the wall.

smussamento *m.* **1** (*lo smussare*) rounding off, smoothing. **2** (*lo smussarsi*) blunting. **3** (*fig*) (*attenuazione*) softening, smoothing.

smussare (*smùsso*) **I** *v.t.* **1** to round off, to smooth: ~ *gli angoli* to round off the corners, to smooth the corners. **2** (*rendere meno affilato o appuntito*) to blunt. **3** (*fig*) (*rendere meno aspro*) to smooth, to soften. **II** *v.pron.* **smussarsi** (*perdere il filo*) to become blunt. □ ~ *gli spigoli del proprio carattere* (*Br*) to knock the corners off, (*Am*) to smooth one's rough edges.

smussato *a.* **1** rounded off, smoothed. **2** (*meno affilato, meno appuntito*) blunted. **3** (*fig*) (*attenuato*) smoothed, softened.

smussatrice *f.* (*Mecc*) bevelling machine.

smussatura *f.* **1** (*lo smussare*) rounding off, smoothing. **2** (*parte smussata: con angolo più tondo*) smoothed part. **3** (*parte smussata di lama senza filo*) blunted part. **4** (*Fal*) chamfer.

smusso *m.* **1** (*smussatura*) rounding off, smoothing. **2** (*parte arrotondata degli angoli*) smoothed part. **3** (*parte di lama senza filo*) blunt part. **4** (*Fal*) chamfer, bevel edge, chamfered edge. □ (*Fal*) *tagliare a* ~ to chamfer, to bevel.

SN *Senegal* SN (Senegal).

snack /snɛk/ *m.inv.* snack.

snack-bar /snɛk'bar/ *m.inv.* snack bar.

snaturamento *m.* **1** denaturation, corruption, perversion of one's true nature. **2** (*estens*) (*distorsione*) distorsion, misrepresentation. **3** (*estens*) (*cambiamento*) change. **4** (*Chim*) denaturalization. □ ~ *del paesaggio* devastation of the landscape.

snaturare (*snatùro*) **I** *v.t.* **1** to pervert the nature of, to denature, to corrupt. **2** (*estens*) (*distorcere*) to distort, to misrepresent, to warp, to pervert: ~ *una teoria* to distort a theory. **3** (*Chim*) to denaturalize. **II** *v.pron.* **snaturarsi** to change one's nature, to degenerate.

snaturatamente *avv.* **1** unnaturally, in an unnatural way. **2** (*crudelmente*) inhumanly, cruelly.

snaturato *a.* **1** (*degenerato*) degenerate, depraved, perverted. **2** (*fig*) (*senza cuore*) cruel, wicked, heartless: *madre snaturata* cruel mother.

snazionalizzare (*snazionalìzzo*) *v.t.* to denationalize (*anche Econ*): ~ *un'azienda* to denationalize a company.

snazionalizzazione *f.* denationalization (*anche Econ*).

s.n.c. (*Comm*) *società in nome collettivo* (copartnership, unlimited partnership, general partnership).

snebbiare (*snébbio*) *v.t.* **1** (*fig*) (*liberare*) to clear: ~ *la mente a qcu.* to clear so.'s mind, to clear so.'s brain. **2** (*fig*) (*chiarire*) to make (sth.) clear, to explain. **3** (*rar*) (*eliminare la nebbia*) to dispel the fog (from), to dissipate the mist (from), to drive away the mist (from).

snellezza *f.* **1** slenderness, slimness. **2** (*agilità*) nimbleness, agility, deftness. **3** (*Arch*) slenderness, gracefulness.

snellimento *m.* **1** (*fig*) (*l'accelerare*) speeding up. **2** (*fig*) (*il semplificare*) simplification. **3** (*il rendere snello*) making slender, making slim, slimming.

snellire (*snellìsco, snellìsci*) **I** *v.t.* **1** to slim, to slenderize: *lo sport snellisce la figura* sport slims one's figure. **2** (*far sembrare più*

snello) to be slenderizing, to make sb. look slim, to make so. look slimmer, to slim: *quel cappotto ti snellisce* that coat makes you look slimmer, that coat is slimming. **3** (*fig*) (*rendere più rapido, più efficiente*) to speed up, to streamline: ~ *il traffico* to speed up the traffic. **4** (*fig*) (*semplificare*) to simplify, to slim, to slim down, to streamline: ~ *una procedura* to simplify a procedure. **II** *v.pron.* **snellirsi** to slim, to slim down.

snello *a.* **1** (*sottile*) slender, slim. **2** (*agile*) agile, nimble, deft, quick, sprightly: *dita snelle* deft fingers. **3** (*fig*) easy, fluent, smooth, light: *stile* ~ easy style.

snervamento *m.* **1** enervation, debilitation, weakening. **2** (*Tecn,Mecc*) yielding.

snervante *a.* **1** (*che indebolisce*) enervating, exhausting, debilitating: *un clima* ~ an enervating climate. **2** (*che rende nervosi*) exasperating: *attesa* ~ exasperating wait. **3** (*che provoca paura*) harrowing: *un'esperienza* ~ a harrowing experience.

snervare (*snèrvo*) **I** *v.t.* **1** (*indebolire*) to enervate, to debilitate, to weaken, to exhaust: *un caldo che snerva* enervating heat, wearing heat. **2** (*innervosire*) to get on so.'s nerves, to unnerve: *quest'attesa mi snerva* this wait is getting on my nerves. **II** *v.pron.* **snervarsi** (*infiacchirsi*) to become enervated, to get exhausted.

snervatezza *f.* **1** enervation, weakness, exhaustion, weariness. **2** (*estens*) (*mancanza di vigore*) feebleness, weakness.

snervato *a.* **1** enervated, weak, feeble, debilitated. **2** (*estens*) (*fiacco*) feeble, (*colloq*) flabby, weak: *stile* ~ feeble style.

snidare (*snìdo*) *v.t.* **1** (*Caccia*) (*rif. ad animali*) to drive, to drive out, to rouse. **2** (*Caccia*) (*rif. a volatili*) to flush, to rouse. **3** (*fig*) (*rif. a persone*) to drive out. **4** (*Mil*) to dislodge, to drive out.

sniffare (*snìffo*) *v.t.* (*colloq*) to sniff, to snort, (*Am,colloq*) to blow: ~ *cocaina* to sniff cocaine, to snort cocaine.

sniffatore *m.* (*f.* **-trice**) (*colloq*) sniffer.

snob I *m./f.inv.* snob. **II** *a.inv.* snobbish, (*colloq*) snobby: *una persona* ~ a snobbish person, a snob.

snobbare (*snòbbo*) *v.t.* to snub, (*Br,colloq*) to give (so.) the brush-off, to coldshoulder, (*Am,colloq*) to give (so.) the coldshoulder, to brush (so.) off.

snobismo *m.* snobbishness, snobbery.

snobistico (*pl.* **-ci**) *a.* (*rar*) snobbish, (*colloq*) snobby.

snocciolare (*snòcciolo*) *v.t.* **1** (*rimuovere il nocciolo*) to stone, to remove the stone from, to remove the kernel from, (*Am*) to pit: ~ *le ciliegie* to stone cherries. **2** (*dire rapidamente*) to pour out, (*colloq*) to rattle off. **3** (*fig*) (*dire apertamente*) to tell: ~ *la verità* to tell the truth. **4** (*fig,colloq*) (*sborsare denaro*) to disburse, to pay, to pay out, (*colloq*) to fork out, (*colloq*) to fork up, (*colloq*) to shell out: ~ *molto denaro* to pay out lots of money.

snocciolatore *m.* **1** stoner. **2** (*per ciliegie*) cherry stoner.

snocciolatura *f.* stoning, (*Am*) pitting.

snodabile *a.* articulated, jointed.

snodare (*snòdo*) **I** *v.t.* **1** (*togliere i nodi*) to unknot, to undo, to untie: ~ *una fune* to untie a knot in a rope. **2** (*svolgere*) to unwind, to uncoil: ~ *un cavo* to unwind a cable. **3** (*rendere elastico*) to loosen, to loosen up, to make (sth.) supple, to limber up, to flex: *la ginnastica snoda i muscoli* exercise loosens the muscles. **II** *v.pron.* **snodarsi 1** (*slegarsi*) to come loose, to come untied. **2** (*andamen-*

to sinuoso) to wind: *il fiume si snoda nella pianura* the river winds across the plain, the river meanders across the plain. **3** (*di un percorso a zigzag*) to weave in and out. **4** (*essere articolato*) to be articulated, to be jointed, to bend: *il braccio della lampada si snoda in tutte le direzioni* the lamp bracket bends in all directions. **5** (*diventare elastico*) to loosen, to loosen up, to limber up: *le articolazioni si snodano con continui esercizi* the joints loosen up with regular exercises. **6** (*fig*) (*risolversi*) to be untangled, to be sorted out: *l'intreccio del libro si snoda verso la conclusione* the plot of the book is sorted out near the end. **7** (*fig*) (*trascorrere*) to pass, to go by. **8** (*fig*) (*svolgersi*) to range.

snodato *a.* **1** (*agile, sciolto*) loose. **2** (*rif. ad articolazioni*) loose, limber, supple. **3** (*snodabile*) articulated, jointed: *manichino ~* jointed dummy. **4** (*senza nodi*) unknotted, undone, untied, loose.

snodatura *f.* (*rar*) **1** unknotting, untying, loosening. **2** (*snodo*) joint.

snodo *m.* (*Mecc*) joint, articulated joint, articulation, pivot. □ (*Mecc*) *~ a crociera* universal joint; *~ autostradale* motorway junction; (*Mecc*) *~ cardanico* cardan joint; (*Mecc*) *~ sferico* ball joint, ball-and-socket joint.

snorkeling /'znɔrkeliŋ/ *m.inv.* snorkelling, (*Am*) snorkeling.

snowboard /'znɔ,bɔrd/ *m.inv.* (*Sport*) **1** (*tavola*) snowboard. **2** snowboarding. □ (*Sport*) *fare ~* to snowboard.

s.n.t. (*Edit*) *senza note tipografiche* (without typographical notes).

snudare (**snùdo**) *v.t.* (*lett*) to unsheathe, to draw: *~ la spada* to draw one's sword, to unsheathe one's sword.

snudato *a.* (*lett*) unsheathed, drawn: *spada snudata* drawn sword.

SO 1 (*Geog*) *sud-ovest* SW (south-western). **2** *Somalia* SO (Somalia).

soap opera /ˌsoˈpɔpera/ *f.inv.* (*TV*) soap opera, (*colloq*) soap.

soave [1] *a.* **1** (*delicato*) delicate, light, mild, gentle, suave, sweet: *un profumo ~* a light perfume; *voce ~* suave voice, gentle voice. **2** (*dolce, piacevole*) sweet: *ricordi soavi* sweet memories.

soave [2] *m.inv.* (*Enol*) Soave (dry white wine made in Italy).

soavemente *avv.* **1** (*delicatamente*) delicately, lightly, mildly, gently, suavely, sweetly. **2** (*dolcemente*) sweetly.

soavità *f.* **1** (*delicatezza*) delicacy, lightness, mildness, gentleness, sweetness, softness. **2** (*dolcezza, gradevolezza*) sweetness.

sobbalzare (**sobbàlzo**; *aus.* **avere**) *v.i.* **1** jerk, to jolt, to bump: *il carro sobbalzava sulla strada* the cart jolted along the road. **2** (*trasalire*) to start, to jump, to give so. a start, to give so. a jump: *~ di paura* to jump with fear; *il cuore mi sobbalzò dalla gioia* my heart leapt with joy.

sobbalzo *m.* **1** jerk, jerking, jolt, jolting. **2** (*trasalimento*) start, jump. □ *a sobbalzi* jerkily, in jolts, by fits and starts: *procedere a sobbalzi* to bounce along, to bump along, to jolt along; *dare un ~* to give a jolt, to give a start; *di ~* (*di scatto*) with a start, with a jolt.

sobbarcare (**sobbàrco, sobbàrchi**) **I** *v.t.* (*rar*) to burden, to weigh down: *~ qcu. a una spesa* to burden so. with an expense. **II** *v.pron.* **sobbarcarsi** to take upon oneself, to undertake: *si è sobbarcato un grosso sacrificio* he undertook a great sacrifice.

sobbollimento *m.* (*rar*) simmering, simmer (*anche fig*).

sobbollire (**sobbóllo**; *aus.* **avere**) *v.i.* **1** to simmer. **2** (*fig,rar*) to simmer, to seethe: *l'ira sobbolliva nel mio cuore* I was simmering with anger, I was seething.

sobborgo (*pl.* **-ghi**) *m.* **1** suburb, outskirts *pl.* **2** (*città satellite*) satellite town, satellite.

sobillamento *m.* (*rar*) incitement, instigation.

sobillare (**sobìllo**) *v.t.* to stir up, to incite, to instigate: *~ il popolo alla rivolta* to incite the people to rebellion.

sobillatore *m.* (*f.* **-trice**) instigator.

sobillazione *f.* incitement, instigation.

sobriamente *avv.* **1** soberly, moderately, temperately. **2** (*concisamente*) concisely.

sobrietà *f.* **1** (*semplicità*) sobriety, simplicity. **2** (*concisione*) concision, simplicity. **3** (*temperanza*) sobriety, moderateness, temperance.

sobrio *a.* **1** (*non ubriaco, lucido*) sober. **2** (*moderato, contenuto*) sober, temperate, simple: *essere ~ nel vestire* to be sober in one's dress; *condurre una vita sobria* to lead a simple life; *stile ~* simple style.

Soc. *società* Co. (company).

socchiudere (*pres.ind.* **socchiùdo**; *p.rem.* **socchiùsi**; *p.p.* **socchiùso**) *v.t.* **1** to half-close: *~ gli occhi* to half-close one's eyes. **2** (*rif. a porte e sim.*) to leave sth. ajar, to set sth. ajar.

socchiuso *a.* **1** half-closed. **2** (*rif. a porte e sim.*) half-closed, ajar (*pred.*): *la porta era socchiusa* the door was ajar.

soccida *f.* (*Dir*) agistment.

soccidante *m./f.* (*Dir*) bailor of cattle in agistment.

soccidario *m.* (*f.* **-a**) (*Dir*) agister, agistor.

soccombere (*pres.ind.* **soccómbo**; *p.rem.* **soccombéi, soccombètti**; *p.p.* rar **soccombùto**; *aus.* **essere**) *v.i.* **1** to succumb, to give way, to give in: *~ alla violenza* to succumb to violence. **2** (*morire*) to die, to succumb. **3** (*perdere*) to lose. □ *~al male* (*morire*) to succumb to a disease, to die; (*Dir*) *~in giudizio* to lose one's case.

soccorrere (*pres.ind.* **soccórro**; *p.rem.* **soccórsi**; *p.p.* **soccórso**) *v.t.* **1** to help, to aid, to assist, (*lett*) to succour: *~ i bisognosi* to help the needy. **2** (*Mil*) (*mandare rinforzi*) to relieve, to send reinforcements.

soccorrevole *a.* (*lett*) helping.

soccorritore *m.* **1** (*f.* **-trice**) helper, aider, rescuer. **2** (*Mecc*) relay.

soccorso **I** *m.* **1** (*aiuto*) help, helping, aid, aiding, rescue, relief, assistance, (*lett*) succour, (*lett*) succouring: *organizzare i soccorsi* to organize the rescue, to organize relief, to organize aid; *chiedere ~* to ask for help. **2** *pl.* (*rinforzi*) reinforcements (*anche Mil*). **3** *pl.* (*rifornimenti*) provisions, reinforcements (*anche Mil*). □ (*Aer*) *~ aereo* air rescue; (*Alp*) *~ alpino* mountain rescue service; (*Econ*) *~ finanziario* financial relief, financial aid; *andare in ~ a* to go to so.'s aid, to go to so.'s rescue; *chiamare in ~* to summon so. to help; *~ invernale* winter relief; (*Mar*) *~ marittimo* marine salvage, salvage; (*Strad*) *~ stradale* road assistance, breakdown service.

soccoscio *m.* (*Macell*) rump.

socialdemocratico I *m.* (*f.* **-a**; *pl.* **-ci**) (*Pol*) Social Democrat. **II** *a.* (*Pol*) Social Democratic.

socialdemocrazia *f.* (*Pol*) **1** (*partito*) Social Democratic Party. **2** (*movimento*) Social Democracy, social democracy.

sociale I *a.* **1** social: *doveri sociali* social obligations; *convenzioni sociali* social conventions. **2** (*che fa vita associata*) social, sociable: *l'uomo è un animale ~* man is a social

animal. **3** (*che tende al benessere sociale*) social, welfare (*attr.*): *sicurezza ~* social security; *provvidenze sociali* welfare provisions; *assistente ~* social worker. **4** (*che concerne un'associazione*) of a society, of an association, club (*attr.*), association (*attr.*): *riunione ~* club meeting. **5** (*Comm*) of a firm, of a company, firm's, company (*attr.*), corporate (*attr.*): *sede ~* company head office. **6** (*Stor*) (*di alleato*) social: *guerra ~* social war. **II** *m.inv.* **1** (*i problemi*) social problems *pl.*, social issues *pl.* **2** (*attività*) social work: *impegnarsi nel ~* to be involved in social work.

socialimperialismo *m.* (*Pol,Stor*) Social Imperialism.

socialimperialista *m./f.* (*Pol,Stor*) Social Imperialist.

socialismo *m.* (*Pol*) Socialism. □ (*Pol*) *~ di stato* state socialism; (*Stor*) *~ reale* real socialism; (*Pol*) *~ riformista* reformist socialism; (*Pol*) *~rivoluzionario* revolutionary socialism; (*Pol*) *~ scientifico* scientific socialism; (*Pol*) *~utopistico* utopian socialism.

socialista I *m./f.* (*Pol*) Socialist: *~ di sinistra* left-wing Socialist. **II** *a.* (*Pol*) Socialist, socialist, socialistic.

socialistico (*pl.* **-ci**) *a.* (*Pol,rar*) Socialist, socialist, socialistic.

socialistoide *a.* (*spreg*) leaning towards socialism.

socialità *f.* **1** (*tendenza alla convivenza sociale*) sociality. **2** (*estens*) (*complesso di rapporti*) social relations *pl.*

socializzare (**socializzo**) **I** *v.i.* (*aus.* **avere**) **1** (*Sociol,Psic*) to socialize. **2** (*a feste e sim.*) to mix, to mingle. **II** *v.t.* **1** (*nazionalizzare*) to nationalize. **2** (*Sociol,Psic*) (*educare alla socialità*) to socialize.

socializzatore *a.* (*rar*) socializing.

socializzazione *f.* **1** (*Econ*) nationalization. **2** (*Sociol,Psic*) socialization. □ (*Sociol, Psic*) *~ primaria* primary socialization; (*Sociol,Psic*) *~secondaria* secondary socialization.

socialmente *avv.* socially. □ *essere ~ pericoloso* to be a danger to society; *lavoro ~utile* community service.

società *f.* **1** society, community: *essere pericoloso per la ~* to be a danger to society. **2** (*associazione*) society, association, club: *~ sportiva* sports club. **3** (*società mondana*) society, high society, beau monde, smart set: *essere presentato in ~* to be presented in society. **4** (*Econ,Dir*) company, society, firm: *la ~ del gas* the gas company. **5** (*Zool*) society: *la ~ delle formiche* the society of ants. **6** (*lett*) (*compagnia*) company: *fuggire la ~ di certe persone* to flee the company of certain people. □ (*Econ*) *~a catena* holding company; (*Econ,Dir*) *~a responsabilità illimitata* unlimited liability company; (*Econ,Dir*) *~a responsabilità limitata* limited liability company; *~a scopo di lucro* profit-making company; (*Econ*) *~affiliata* affiliated company, affiliate; *~affluente* affluent society; *~agraria* agrarian society; (*Zool*) *~animale* animal society; *~anonima* joint-stock company, société anonyme, limited company; (*Assic*) *~assicuratrice* insurance company, (*Br*) (*sulla vita*) assurance company; (*Strad*) *~autostrade* private company responsible for the maintenance and regulation of highways in Italy; (*Econ*) *~capogruppo* holding company, parent company; *~ civile* civilized society; (*Sociol*) *~classista* classist society; *~commerciale* trading company; *la ~competitiva* the competitive society; (*Sociol*) *la ~consumistica* the consumer society; (*Econ,Dir*) *~*

controllante parent firm, parent company; (*Econ,Dir*) ~ *controllata* subsidiary company, subsidiary; (*Econ,Dir*) ~ *cooperativa* co-operative society, (*colloq*) co-op, (*colloq*) coop: ~ *cooperativa di consumo* consumer cooperative, consumers' cooperative; ~ *cooperativa di credito* cooperative bank, credit cooperative, (*Am*) credit union; ~ *dicopertura* undercover company; (*Sociol*) *la ~ dei consumi* the consumer society; (*Sociol*) ~*del benessere* affluent society; (*Stor*) *la Società delle Nazioni* the League of Nations; (*Sociol*) *la ~ dello spreco* the throwaway society; (*Sport*) ~*di calcio* football club, soccer club; (*Econ*) ~ *di capitali* joint-stock company, company with share capital, (*Am*) stock corporation; (*Comm*) ~*di comodo* dummy company, sham company; ~*di consulenza* consulting firm, consultancy; (*Edil*) ~*di credito edilizio* building society, (*Am*) savings and loan association, S&L; ~ *di fatto* irregular partnership, de facto corporation, (*Am*) unregistered corporation; (*Econ*) ~*di finanziamento* finance house; (*Econ*) ~ *di investimento* investment company, investment trust; (*Econ*) ~ *di leasing* leasing society; (*Sociol*) ~*di massa* mass society; ~*di mutuo soccorso* benefit society, mutual benefit society; (*Mar*) ~*di navigazione* shipping company; ~ *di navigazione aerea* airline; (*Dir*) ~ *di persone* partnership, (*Am*) non-stock corporation; ~ *di revisione* auditing company; (*Econ*) ~*d'intermediazione mobiliare* stock brokers (*pl.*); ~ *a carrierefamiliare* (*gestita da una famiglia*) family-run company; *fare ~ con qcu.* to go into business with so., to set up a partnership with so.; ~*ferroviaria* railway company; (*Sociol*) ~*feudale* feudal society; (*Econ*) ~ *fiduciaria* trust company, (*Am*) trust corporation; (*Econ*) ~*finanziaria* : 1 financial institution, financial trust; 2 (*società holding*) holding company; (*Edil*) ~*immobiliare* property company, (*Am*) real estate company; (*Econ,Dir*) ~*in accomandita per azioni* limited partnership with share capital, partnership limited by shares; ~ *in accomandita semplice* limited partnership; (*Econ,Dir*) ~*in nome collettivo* co-partnership, unlimited partnership, general partnership; (*Econ,Dir*) ~*in partecipazione* company in partnership, company in association; (*Econ,Dir*) ~*individuale* one-man company; ~*industriale* industrial society; ~*irregolare* unincorporated company; ~*italiana autori ed editori* Italian Authors' and Publishers' Association; (*Lett*) ~*letteraria* literary society; (*Comm*) ~ *madre* parent company; *mettersi in ~ con qcu.* to enter into partnership with so., to go into business with so.; (*Minier*) ~ *mineraria* mining company; (*Sociol*) ~ *multietnica* multi-ethnic society, multi-racial society; ~ *mutua* mutual company; (*Comm*) ~*non operativa* dummy company, sham company; ~ *non profit* non-profit organization; (*Sociol*) ~*opulenta* affluent society, elite society; (*Econ,Dir*) ~ *per azioni* limited company, joint-stock company, (*Am*) corporation; ~*per la protezione degli animali* Society for the Prevention of Cruelty to Animals; (*Ind*) ~*petrolifera* oil company, petroleum company; ~*quotata* listed company, quoted company; ~*registrata* incorporated company; ~ *segreta* secret society; (*Econ,Dir*) ~ *semplice* ordinary partnership; ~ *senza scopo di lucro* non-profit organization; (*Sport*) ~ *sportiva* sports club; (*Sociol*) ~*umana* human society.

societario *a.* (*Comm*) company (*attr.*), social.

socievole *a.* 1 (*lett*) social: *l'uomo è ~ per natura* man is naturally social. 2 (*affabile, cordiale*) sociable, friendly: *è una persona ~ e simpatica* he is a pleasant sociable person; *essere poco ~* to be unsociable.
socievolezza *f.* sociability, sociableness.
socievolmente *avv.* 1 (*affabile, cordiale*) friendlily, sociably. 2 (*lett*) (*che tende a vivere in società*) sociably.
socio *m.* (*f.* -**a**) 1 (*Comm*) partner, associate: *i soci di un'impresa* the partners in a company. 2 (*membro*) member: *un ~ di un circolo sportivo* a member of a sports club. 3 (*rif. a società scientifiche o accademiche*) fellow: *un ~ dell'Accademia Reale* a fellow of the Royal Academy. □ (*Econ,Dir*) ~*accomandante* limited partner, (*Am*) silent partner; (*Econ,Dir*) ~ *accomandatario* general partner, unlimited partner; ~ *anziano* senior partner; ~ *benemerito* contributing member; ~*corrispondente* corresponding member, honorary member (of an academy); ~ *d'affari* business partner; (*Econ,Dir*) ~ *di maggioranza* majority partner; (*Econ,Dir*) ~ *di minoranza* minority partner; (*Econ,Dir*) ~ *effettivo* active member; (*Econ,Dir*) ~*fondatore* founder member, charter member; (*Econ,Dir*) ~*non operante* sleeping partner, (*Am*) silent partner; (*Econ,Dir*) ~ *occulto* secret partner; (*Econ,Dir*) ~*onorario* honorary member; ~ *ordinario* ordinary member; ~ *sostenitore* contributing member; ~ *a vita* life member, member for life.
sociobiologia *f.* sociobiology.
sociobiologico (*pl.* -**ci**) *a.* sociobiological.
sociobiologo (*pl.* -**gi**) *m.* sociobiologist.
sociocentrismo *m.* sociocentrism.
socioculturale *a.* sociocultural.
socioeconomico (*pl.* -**ci**) *a.* socioeconomic.
sociogramma *m.* sociogram.
socioletto *m.* (*Ling*) sociolect.
sociolinguistica *f.* sociolinguistics (*costr.sing.*)
sociologia *f.* sociology. □ ~*criminale* criminal sociology; ~*del diritto* sociology of law; ~*del lavoro* sociology of work; ~ *della conoscenza* sociology of knowledge; ~ *della religione* sociology of religion; ~ *dell'educazione* sociology of education; ~ *industriale* industrial sociology; ~*politica* political sociology, sociology of politics; ~ *storica* historical sociology; ~*urbana* urban sociology.
sociologico (*pl.* -**ci**) *a.* sociological.
sociologo *m.* (*f.* -**a**; *pl.* -**gi** /*pop* -**ghi**) sociologist.
sociometria *f.* sociometry.
sociometrico (*pl.* -**ci**) *a.* sociometric: *test ~* sociometric test.
sociopatia *f.* (*Psic*) sociopathy.
sociopatico (*pl.* -**ci**) *a.* (*Psic*) sociopathic.
sociopolitico (*pl.* -**ci**) *a.* sociopolitical.
sociosanitario *a.* 1 (*relativo alla sanità pubblica*) national health (*attr.*), public health (*attr.*). 2 (*relativo al sistema sociale-sanitario*) socio-medical, sociomedical.
socioterapia *f.* (*Psic*) sociotherapy.
socioterapista *m./f.* (*Psic*) social therapist.
Socrate *n.pr.m.* (*Stor*) Socrates.
socraticamente *avv.* Socratically.
socratico I *a.* (*Filos*) Socratic: *ironia socratica* Socratic irony; *metodo ~* Socratic method. II *m.* (*f.* -**a**; *pl.* -**ci**) (*Filos*) Socratist.
soda *f.* 1 (*Chim*) (*carbonato di sodio*) soda, sodium carbonate. 2 (*acqua di soda*) soda water, soda. □ (*Chim*) ~*caustica* caustic soda, sodium hydroxide.
sodaglia *f.* unbroken ground, untilled

ground.
sodale *m.* (*lett*) companion, comrade.
sodalizio *m.* 1 (*associazione*) society, association. 2 (*legame di amicizia*) fellowship, brotherhood, companionship. □ ~*criminoso* criminal organization, criminal fraternity; ~*sportivo* sports club.
sodare (*sòdo*) *v.t.* (*Tess*) to full.
sodatura *f.* (*Tess*) fulling.
soddisfacente *a.* 1 satisfactory, satisfying. 2 (*gratificante*) rewarding. 3 (*accettabile*) acceptable, fair: *condizioni soddisfacenti* acceptable conditions.
soddisfacentemente *avv.* satisfactorily, in a satisfactory way.
soddisfacimento *m.* 1 satisfaction, gratification. 2 (*adempimento*) fulfilment, satisfaction.
soddisfare (*pres.ind.* **soddisfàccio/soddisfò/soddìsfo, soddisfài/soddìsfi, soddisfà/ soddìsfa, soddisfacciàmo** /*colloq* **soddisfià-mo, soddisfàte, soddisfànno/soddìsfano**; *p.rem.* **soddisféci**; *fut.* **soddisfarò** /*colloq* **soddisferò**; *pres.cong.* **soddisfàccia/soddìsfi, soddisfàcciano/soddìsfino**; *p.p.* **soddisfàtto**) I *v.t.* 1 (*accontentare*) to satisfy, to please, to gratify: ~ *il pubblico* to please the public. 2 (*appagare*) to satisfy, to gratify, to meet: ~ *un desiderio* to gratify a wish. 3 (*adempiere, corrispondere*) to fulfil, (*Am*) to fulfill, to comply with, to meet: ~ *una richiesta* to satisfy a request, to fulfill a request; ~ *i requisiti* to meet requirements. 4 (*pagare*) to pay, to pay off, to satisfy: ~ *un creditore* to pay a creditor. 5 (*riparare*) to make amends for, to make up for, (*lett*) to atone for: ~ *un'offesa* to make amends for an offence. 6 (*Mat*) to satisfy, to fulfil the conditions of. II *v.i.* (*aus. avere*) 1 to fulfil (*a qcs.* sth.), (*Am*) to fulfill (*a qcs.* sth.), to carry out (*a qcs.* sth.): ~ *ai propri doveri* to fulfil one's duties. 2 (*dare compimento*) to meet (*a qcs.* sth.), to satisfy (*a qcs.* sth.), to fulfil (*a qcs.* sth.), (*Am*) to fulfill (*a qcs.* sth.), to comply (*a qcs.* with sth.): ~ *a una richiesta* to satisfy a request. □ (*Econ*) ~ *la domanda* to meet the demand, to meet the demand.
soddisfatto *a.* 1 satisfied, pleased, contented, gratified: *mal ~* dissatisfied, discontented. 2 (*adempiuto*) satisfied, performed, fulfilled. 3 (*pagato*) paid-up, discharged: *debito ~* paid-up debt. □ (*Comm*) *soddisfatti o rimborsati* satisfaction guaranteed, money-back guarantee.
soddisfazione *f.* 1 (*gratificazione*) satisfaction, gratification: *un'attività che dà ~* an occupation which gives satisfaction, a gratifying activity. 2 (*compiacimento*) satisfaction, gratification: *provare una grande ~* to feel great satisfaction, to feel very satisfied; *con ~ generale* to the general satisfaction. 3 (*gioia, gusto*) satisfaction, pleasure: *dare molte soddisfazioni a qcu.* to be a great satisfaction to so.; *non c'è ~ a discutere con lui* you get no satisfaction out of arguing with him. 4 (*riparazione*) satisfaction, redress: *ricevere ~ di un'offesa* to obtain satisfaction for a wrong. 5 (*pagamento*) payment, satisfaction. 6 (*adempimento*) fulfilment, performance. □ *esseredi ~* to be satisfactory.
sodezza *f.* firmness, compactness.
sodico (*pl.* -**ci**) *a.* (*Chim*) sodic, sodium (*attr.*).
sodio *m.* (*Chim*) sodium.
sodo I *a.* 1 (*compatto*) firm, compact: *carni sode* firm flesh. 2 (*duro*) hard, firm. 3 (*rif. alle uova*) hard-boiled. 4 (*fig,rar*) (*solido*) solid, sound, firm. 5 (*fig*) (*forte, robusto*) strong. 6 (*fig*) (*violento*) hard, violent: *colpo*

~ hard blow. **7** (*fig,rar*) (*serio, fondato*) sound, well-grounded: *qualità sode* sound qualities. **II** *avv.* **1** hard: *picchiare* ~ to hit hard; *lavorare* ~ to work hard. **2** (*profondamente*) deeply, soundly: *dormire* ~ to sleep soundly. **III** *m.* **1** (*terreno fermo*) hard ground, firm ground: *costruire sul* ~ to build on firm ground. **2** (*colloq*) (*ciò che è sicuro*) security, solid basis. ☐ *darle sode* to hit hard;*venire al* ~ (*concludere*) to come to the point, to get to the point.

Sodoma *n.pr.f.* (*Bibl*) Sodom.

sodomìa *f.* **1** (*rapporto anale*) sodomy, (*volg*) buggery. **2** (*omosessualità maschile*) male homosexuality.

sodomìta *m.* sodomite.

sodomìtico (*pl.* **-ci**) *a.* sodomitic, sodomitical.

sodomizzare (**sodomìzzo**) *v.t.* to sodomize.

sodomizzazione *f.* sodomization, (*volg*) buggering.

sofà *m.* (*Arred*) sofa, settee, (*Am*) divan.

sofferente *a.* **1** (*che soffre*) suffering (*per, di* from). **2** (*che esprime sofferenza*) distressed, hurt, pained: *espressione* ~ pained expression.

sofferenza *f.* **1** (*esperienza dolorosa*) suffering, trial: *le sofferenze dei poveri* the sufferings of the poor; *le sofferenze della vita* the trials of life. **2** (*dolore*) suffering, pain, anguish: *è morto tra atroci sofferenze* he died in terrible pain. **3** (*Econ*) (*ritardo nel pagamento*) bad loan, unpaid loan, doubtful debt. ☐ (*Med*) *~fetale* (*Br*) foetal distress, (*Am*) fetal distress; (*Econ*) *in* ~ unpaid, unmet, overdue, outstanding: *cambiali in* ~ unpaid bills.

soffermare (**soffèrmo**) **I** *v.t.* to hold, to stop, to bring to a stop. **II** *v.pron.* **soffermarsi** **1** to stop, to stop a little, to linger, to pause: *si soffermò a guardare la vetrina* she lingered to look in the shop window. **2** (*fig*) (*indugiare*) to dwell (*su* upon), to linger (*su* over, on): *soffermarsi sui particolari* to dwell upon details.

sofferto *a.* **1** (*patito*) suffered, endured, experienced. **2** (*estens*) (*arduo*) painful, hard, difficult. **3** (*fig*) (*sentito*) deeply-felt, heart-felt: *musica sofferta* deeply-felt music.

soffiaggio *m.* (*Tecn*) **1** blow. **2** (*Vetr*) glass-blowing.

soffiare (**sóffio, sóffi**) **I** *v.i.* (*aus.* **avere**) **1** to blow: ~ *sul brodo bollente* to blow on hot soup. **2** (*per affanno*) to blow, to puff, to puff and pant, to huff: *saliva le scale soffiando* he came up the stairs puffing and puffing. **3** (*per rabbia*) to spit. **4** (*rif. a venti: spirare*) to blow: *il vento soffia forte* the wind is blowing hard. **5** (*rif. a felini*) to hiss, to spit. **II** *v.t.* **1** to blow, to puff: ~ *il fumo della sigaretta* to blow cigarette smoke. **2** (*fig*) (*sottrarre con astuzia*) to steal, to take away, (*colloq*) to pinch: *gli ha soffiato la ragazza* he has stolen his girl-friend from him. **3** (*nei giochi*) to take, (*Am*) to huff: ~ *una pedina* to take a man, (*Am*) to huff a man, to huff a piece. **4** (*fig,pop*) (*riferire in segreto*) to tell, to report, to whisper: ~ *una cosa nell'orecchio di qcu.* to whisper sth. in so.'s ear. **5** (*Vetr*) to blow. **6** (*gerg*) (*fare la spia*) to disclose, (*gerg*) to split, (*gerg*) to grass. ☐ (*fig*) *~come un mantice* to pant, to puff and pant; *soffiarsiil naso* to blow one's nose; ~ *il naso al bambino* to make the child blow his nose; (*Ind,Vetr*) *~il vetro* to blow glass; (*Sport*) *~la palla* to steal the ball; ~*nel fuoco* (o *~sul fuoco*): **1** to blow the fire, to fan the flames; **2** (*fig*) (*fo-*

mentare) to fan the flames, to pour oil on the flames, to add fuel to the fire.

soffiata *f.* **1** puff. **2** (*pop*) (*dritta*) tip, helpful hint. **3** (*gerg*) (*delazione*) tip, tip-off: ~ *anonima* anonymous tip-off. ☐ *darsi una ~al naso* to blow one's nose.

soffiato *a.* **1** (*rif. a cereali, riso e sim.*) puffed. **2** (*Vetr*) blown.

soffiatore *m.* **1** (*f.* **-trice**) (*chi soffia*) blower. **2** (*f.* **-trice**) (*Vetr*) glass-blower. **3** (*Tecn*) jet, blower. **4** (*f.* **-trice**) (*fig,pop*) (*spia*) stool pigeon, grass, (*gerg*) squealer. ☐ (*El*) ~ *magnetico* magnetic blower.

soffiatrice *f.* (*macchina soffiatrice*) blowing machine.

soffiatura *f.* **1** (*il soffiare*) blowing. **2** (*Vetr*) glass-blowing. **3** (*Met*) blow hole.

soffice *a.* **1** soft, spongy: *materasso* ~ soft mattress; *pane* ~ spongy bread. **2** (*Agr*) squashy, squidgy. **3** (*in ecologia*) soft.

soffieria *f.* **1** (*Vetr*) glassworks (*costr.sing.*), glass factory. **2** (*Chim*) blowpipe.

soffietto *m.* **1** bellows (*costr.sing. o pl.*). **2** (*Fot*) bellows (*costr.sing. o pl.*). **3** (*Giorn*) puff. **4** (*Ferr*) gangway bellows. **5** (*nelle carrozze*) hood. ☐ *a* ~ folding: *porta a* ~ folding door; *piegare a* ~ to fold like an accordion; *~a mantice* bellows (*costr.sing.*).

soffio *m.* **1** breath, puff: ~ *d'aria* puff of air, breath of air. **2** (*Med*) murmur. **3** (*rumore leggero, ronzio*) buzz, murmur. **4** (*rif. a felini*) spit, spitting, hiss, hissing. ☐ (*Med*) *~al cuore* heart murmur, cardiac murmur; (*Med*) ~ *bronchiale* bronchial murmur; (*Med*) ~ *cardiaco* heart murmur, cardiac murmur; (*fig*)*in un* ~ in an instant, in a flash, in the twinkling of an eye; *~vitale* breath of life.

soffione *m.* **1** (*Geol*) soffione. **2** (*Bot*) (*dente di leone*) dandelion. **3** (*ant*) blowpipe. ☐ (*Geol*) *~boracifero* boric acid fumarole, borax geyser.

soffitta *f.* (*Edil*) attic, loft, garret. ☐ *relegare qcs.in* ~ to banish sth. to the loft.

soffittatura *f.* (*Edil*) **1** (*il rivestire*) erection of a ceiling. **2** (*materiale di rivestimento*) ceiling.

soffitto *m.* **1** (*Edil*) ceiling. **2** (*Geol*) roof, ceiling. **3** (*Aer*) ceiling. ☐ (*Edil*) *~a cassettoni* coffered ceiling, lacunar; (*Edil*) *~a stucco* stuccoed ceiling; (*Edil*) *~a travature* timber ceiling; (*Edil*) *~a volta* arched ceiling.

soffocamento *m.* suffocation, choking, stifling (*anche fig*): *morire di* ~ to die of suffocation, to be chocked to death.

soffocante *a.* suffocating, stifling, choking (*anche fig*): *caldo* ~ stifling heat.

soffocare (**sòffoco, sòffochi**) **I** *v.t.* **1** to suffocate, to smother, to choke: *lo soffocò con un cuscino* he suffocated him with a pillow. **2** (*estens*) (*impedire la respirazione*) to suffocate, to choke, to stifle, to smother: ~ *qcu. di baci* to smother so. with kisses. **3** (*fig*) (*reprimere*) to suppress, to stifle, to repress: ~ *la libertà* to suppress freedom; ~ *una ribellione* to stifle a rebellion. **4** (*fig*) (*non permettere lo sviluppo*) to strangle, to throttle, to stifle: ~ *il commercio* to throttle trade. **5** (*fig*) (*rif. alla voce e sim.*) to choke. **6** (*fig*) (*rif. alle fiamme*) to smother, to put out: ~ *il fuoco* to smother a fire, to put out a fire. **II** *v.i.* (*aus.* **essere**) **1** (*morire per soffocazione*) to suffocate, to smother, to choke. **2** (*estens*) (*respirare con difficoltà*) to suffocate, to choke, to stifle: *qui si soffoca* it is stifling here. **III** *v.pron.* **soffocarsi 1** (*morire per soffocazione*) to suffocate, to smother, to choke. **2** (*estens*) (*respirare con difficoltà*) to suffocate, to choke, to stifle: *qui si soffoca* it is

stifling here. ☐ (*fig*) *~lelacrime* to choke back one's tears; (*fig*) ~ *l'orgoglio* to swallow one's pride; (*fig*) *~unarivolta nel sangue* to drown a revolt in blood, to put down an uprising with great bloodshed; (*fig*) ~ *uno scandalo* to hush up a scandal, to suppress a scandal; ~ *qcs.sul nascere* to scotch sth., to nip sth. in the bud.

soffocato *a.* **1** suffocated, smothered, choked, stifled. **2** (*fig*) (*represso*) choked down, chocked back, repressed, stifled: *un lamento* ~ a stifled groan.

soffocazione *f.* **1** (*soffocamento*) choking, suffocation, stifling. **2** (*fig*) (*repressione*) repression, stifling. **3** (*fig*) (*oppressione*) oppression.

soffoco (*pl.* **-chi**) *m.* (*region*) (*afa*) sultriness, oppressive heat, sultry weather: *che* ~*!* what sticky weather!, what muggy weather!

soffondere (*pres.ind.* **soffóndo**; *p.rem.* **soffùsi**; *p.p.* **soffùso**) **I** *v.t.* **1** (*cospargere*) to sprinkle lightly. **2** (*colorire*) to suffuse, to tinge. **II** *v.pron.* **soffondersi** (*lett*) **1** (*cospargersi*) to be sprinkled lightly. **2** (*colorirsi*) to be suffused, to tinge.

soffregare (**soffrégo, soffréghi**) **I** *v.t.* (*rar*) to rub. **II** *v.pron.* **soffregarsi** (*rar*) to rub: *soffregarsi gli occhi* to rub one's eyes.

soffriggere (*pres.ind.* **soffrìggo, soffrìggi**; *p.rem.* **soffrìssi**; *p.p.* **soffrìtto**) **I** *v.t.* (*Gastron*) to brown, to fry lightly: ~ *una cipolla nel burro* to brown an onion in butter. **II** *v.i.* (*aus.* **avere**) (*Gastron*) to brown, to fry lightly.

soffrire (*pres.ind.* **sòffro**; *p.rem.* **soffrìi/soffèrsi**; *p.p.* **soffèrto**) **I** *v.t.* **1** to suffer, to suffer from: ~ *atroci dolori* to suffer terrible pain; *da giovane ha sofferto la fame* when he was young he suffered hunger; ~ *d'insonnia* to suffer from insomnia. **2** (*fig*) (*sopportare, tollerare*) to bear, to stand, to put up with, to suffer, to endure: *non potere* ~ not to stand, not to bear; *non posso* ~ *i rumori* I cannot bear noise; *non posso* ~ *le persone ipocrite* I cannot stand hypocritical people. **3** (*rar*) (*permettere, consentire*) to permit, to allow: *questa regola non soffre eccezioni* this rule does not allow exceptions. **II** *v.i.* (*aus.* **avere**) **1** to suffer: *ha sofferto molto senza lagnarsi* he suffered greatly without complaint. **2** (*essere soggetto a un disturbo*) to suffer (*di* from): ~ *di cuore* to suffer from heart disease. **3** (*essere danneggiato*) to be damaged, to suffer: *il raccolto ha sofferto per il gelo* the crop has been damaged by the frost. ☐ *fare* ~ *qcu.* to wring so.'s heart; *~il freddo* to feel the cold; *il solletico* to be ticklish; ~ *la sete* to suffer of thirst; (*fig*) ~ *le pene dell'inferno* to suffer the torments of the damned.

soffritto I *a.* (*Gastron*) browned, lightly fried, fried slowly. **II** *m.* (*Gastron*) lightly fried mixture of chopped onions, carrots and celery (at times with ham).

soffusi → **soffondere**.

soffuso *a.* (*lett*) **1** (*cosparso*) spread. **2** (*colorito*) suffused. ☐ *un volto lievemente* ~ *di rossore* a slightly flushed face.

Sofia [1] *n.pr.f.* Sophia, Sophie, Sophy.

Sofia [2] *n.pr.f.* (*Geog*) Sofia.

sofisma *m.* (*Filos*) sophism (*anche estens*).

sofista *m./f.* (*Filos*) sophist (*anche estens*).

sofistica *f.* (*Filos*) sophistry.

sofisticare (**sofistico, sofistichi**) **I** *v.t.* (*adulterare*) to adulterate, to doctor: ~ *sostanze alimentari* to adulterate foodstuffs; ~ *il vino* to adulterate wine. **II** *v.i.* (*aus.* **avere**) **1** (*estens*) (*criticare pedantemente*) to cavil, to be captious, to split hairs: *trovare sempre da* ~ *su tutto* to find fault with everything. **2**

(*Filos*) to use sophisms, to argue sophistically.

sofisticato *a.* 1 adulterated, contaminated: *burro* ~ adulterated butter. 2 (*fig*) (*tecnologicamente avanzato*) advanced, state-of-the-art. 3 (*fig*) (*raffinato*) sophisticated, refined, urbane.

sofisticatore *m.* (*f.* **-trice**) adulterator, sophisticator.

sofisticazione *f.* adulteration, sophistication: *sofisticazioni alimentari* food adulteration.

sofisticheria *f.* 1 sophistry. 2 (*ragionamento complicato*) hair-splitting, sophistry, sophism, cavil.

sofistico (*pl.* **-ci**) *a.* 1 (*Filos*) sophistic, sophistical: *ragionamento* ~ sophistical reasoning. 2 (*fig*) (*pedante*) cavilling, captious. 3 (*fig*) (*schizzinoso*) fussy, fastidious, squeamish.

Sofocle *n.pr.m.* (*Stor*) Sophocles.

Sofonia *n.pr.m.* (*Bibl*) Zephaniah.

softball /'sɔftbɔl/ *m.inv.* (*Sport*) softball.

software /'sɔftwer/ *m.inv.* (*Inform*) software. □ (*Inform*) ~*antivirus* antivirus software; (*Inform*) ~*applicativo* application software; (*Inform*) ~*di base* system software; (*Inform*) ~*di navigazione* surfing software; (*Inform*) ~*di sistema* system software; (*Inform*) ~*dimostrativo* demo software; (*Inform*) ~*per masterizzazione* CD mastering software, (*colloq*) CD burning software.

software house /'sɔftwer'awz/ *f.inv.* (*Inform*) software house.

soggettista *m./f.* (*Cin,Rad,TV*) scriptwriter.

soggettiva *f.* (*Cin*) subjective shot.

soggettivamente *avv.* subjectively.

soggettivare (**soggettìvo**) *v.t.* 1 (*rendere soggettivo*) to make subjective, to subjectivize. 2 (*interpretare soggettivamente*) to interpret subjectively.

soggettivazione *f.* 1 (*lett*) (*il soggettivare*) subjectivation. 2 (*Cin*) subjective shot.

soggettivismo *m.* 1 (*Filos*) subjectivism. 2 (*estens*) subjectivity, subjectiveness.

soggettivista *m./f.* (*Filos*) subjectivist (*anche estens*).

soggettivistico (*pl.* **-ci**) *a.* (*Filos*) subjectivistic (*anche estens*).

soggettività *f.* subjectivity, subjectiveness.

soggettivo *a.* subjective (*anche Gramm,Med,Psic*).

soggetto[1] *a.* 1 (*sottoposto*) subject (*a* to): *un popolo* ~ *alla dominazione straniera* a nation subject to foreign domination. 2 (*obbligato*) subject, liable: ~ *a tassa* liable to tax, taxable, (*Am*) subject to taxation; ~ *agli obblighi militari* liable to military service. 3 (*predisposto*) subject, prone, inclined: ~ *a raffreddori* prone to colds. 4 (*esposto*) subject, exposed: *una zona soggetta a terremoti* an area subject to earthquakes, an earthquake-prone area. 5 (*dipendente*) dependent (*a* on): *questo è* ~ *alla tua approvazione* this is dependent on your approval, this is subject to your approval. □ ~*a crisi* susceptible to crisis; ~*a deterioramento* : 1 subject to wear and tear; 2 (*di cibi*) perishable; ~*a dogana* subject to duty; ~*a esaurimento* depletable; ~*a imposta* taxable, dutiable; *medicinale* ~*a prescrizione* prescription drug, prescription medicine; ~*a tassazione* taxable, (*Am*) subject to taxation; (*burocr*) ~ *ad approvazione* subject to approval, dependent on approval.

soggetto[2] *m.* 1 (*argomento*) subject, subject matter, topic: *il* ~ *della discussione* the topic of discussion; *cambiare il* ~ *della con-*

versazione to change the subject of the conversation. 2 (*colloq*) (*persona, tipo*) fellow, character, person, (*collett.*) lot, bad lot: *un* ~ *pericoloso* a dangerous person. 3 (*Med*) subject, individual. 4 (*Cin*) screenplay, script. 5 (*trama*) plot. 6 (*Filos*) subject: *il* ~ *e l'oggetto* the subject and the object. 7 (*Mus*) subject. 8 (*Gramm*) subject. 9 (*Dir*) subject, party. 10 (*Agr*) (*pianta o parte che riceve l'innesto*) root stock. □ (*Teat*) *recitare a* ~ to improvise, to act extempore, to ad-lib; (*Dir*) ~*cavato* soggetto cavato; (*Dir*) *soggetti del processo* parties; (*Dir*) ~ *di diritto* subject of law; (*Dir*) ~ *d'imposta* tax payer, taxable person; (*Dir*) ~ *giuridico* legal person; (*Gramm*) ~*grammaticale* grammatical subject; (*Gramm*) ~*logico* logical subject.

soggezione *f.* 1 (*imbarazzo, disagio*) embarrassment, uneasiness. 2 (*timore riverente*) awe. 3 (*lett*) (*sudditanza*) subjection. □ *avere* ~ *di qcu.*: 1 (*sentirsi imbarazzato*) to feel embarrassed in so.'s presence, to feel uneasy in so.'s presence; 2 (*averne timore riverente*) to stand in awe of so.; *mettere* ~ *a qcu.*: 1 (*mettere a disagio*) to make so. uneasy, to unsettle, to disconcert; 2 (*ispirare rispetto e timore*) to overawe so., to cause awe in so., to unnerve so.; *senza* ~ at (one's ease), unembarrassed.

sogghignare (**sogghìgno**; *aus.* **avere**) *v.i.* to sneer, to grin sarcastically, to smirk.

sogghigno *m.* sneer, sarcastic grin, sardonic grin, smirk. □ *fare un* ~ to sneer, to smirk.

soggiacere (*pres.ind.* **soggiàccio, soggiàci**; *p.rem.* **soggiàcqui**; *p.p.* **soggiaciùto**; *aus.* **essere**) *v.i.* 1 to be subject (*a* to), to be liable (*a* to): ~ *alle leggi* to be subject to laws. 2 (*essere sottomesso, obbedire*) to be subjected (*a* to), to submit (*a* to): ~ *alle minacce di qcu.* to submit to so.'s threats. 3 (*soccombere, cedere*) to succumb, to yield.

soggiogamento *m.* (*rar*) subjugation, subjection.

soggiogare (**soggiógo, soggióghi**) *v.t.* 1 (*assoggettare*) to subjugate, to subdue, to subject: *Cesare soggiogò i Galli* Caesar subjugated the Gauls. 2 (*fig*) (*sopraffare, dominare*) to subdue, to overpower, to dominate. 3 (*fig*) (*reprimere*) to subdue, to curb: ~ *le passioni* to subdue one's passions.

soggiogato *a.* 1 (*assoggettato*) subjugated, subjected, subdued: *popoli soggiogati* subjugated peoples. 2 (*fig*) (*sopraffatto*) subdued, overpowered. 3 (*fig*) (*domato*) subdued, repressed, curbed.

soggiornare (**soggiórno**; *aus.* **avere**) *v.i.* to stay, (*lett*) to sojourn.

soggiorno *m.* 1 (*permanenza in un luogo*) stay, (*lett*) sojourn: *dopo un breve* ~ after a short stay; *un* ~ *di due settimane* a two weeks' stay. 2 (*stanza di soggiorno*) living room, sitting-room, lounge. 3 (*luogo di soggiorno*) resort. □ ~*all'estero* stay abroad; ~*di studio* study holiday; (*Dir*) ~*obbligato* restriction on movement; ~*per cure termali* stay at a spa, stay at a health resort.

soggiungere (*pres.ind.* **soggiùngo, soggiùngi**; *p.rem.* **soggiùnsi**; *p.p.* **soggiùnto**) I *v.t.* to add, (*lett*) to subjoin. II *v.i.* (*aus.* **avere**) to add: *è tardi - soggiunse il padre - va' a letto* it's late - added his father - go to bed.

soggiuntivo *m.* (*Gramm,ant*) subjunctive (mood).

soggolo *m.* 1 (*Abbigl,Mediev*) barb, wimple. 2 (*Abbigl*) (*rif. alle monache*) wimple. 3 (*Mil*) chinstrap. 4 (*parte dei finimenti*) throat band, throat latch.

sogguardare (**sogguàrdo**) *v.t.* 1 (*guardare*

di sottecchi) to eye sth. furtively, to glance at, to peep at. 2 (*guardare di sfuggita*) to eye, to glance at, to look out of the corner of one's eye, (*colloq*) to have a peek at, to steal a glance at.

soglia *f.* threshold (*anche fig*): *varcare la* ~ to cross the threshold (*anche fig*); *alle soglie della vecchiaia* on the threshold of old age, on the verge of old age. □ (*fig*) *essere alle soglie* to be near: *l'inverno è alle soglie* winter is approaching, winter is near, winter is drawing near; ~*atomica* nuclear threshold; ~*biologica* biological limit; (*Fisiol*) ~*del dolore* threshold of pain, pain threshold; ~ *di radiazione* radiation threshold; ~*di rischio* risk threshold; (*Fisiol*) ~*di sensibilità* threshold of sensitivity; (*Geog*) ~ *glaciale* rock step, knick, knickpoint; ~*nucleare* nuclear threshold; *aspettare sulla* ~ to wait on the threshold, to wait at the door.

soglio[1] → **solere**.

soglio[2] *m.* (*lett*) 1 (*trono*) throne, seat. 2 (*sede*) seat. 3 (*regno di un sovrano*) kingdom. 4 (*potere di un sovrano*) kingship. □ ~ *pontificio* papal seat.

sogliola *f.* (*Itt*) sole. □ (*Gastron*) ~*alla mugnaia* sole meunière.

sognante *a.* 1 dreamy: *occhi sognanti* dreamy eyes. 2 (*fig*) (*vago, irreale*) dream-like, dreamy: *atmosfera* ~ dreamy atmosphere.

sognare (**sógno**) I *v.t.* 1 to dream of, to dream about: ~ *qcu.* to dream of so. 2 (*fig*) (*vagheggiare, desiderare ardentemente*) to dream of, to fancy, to wish (one had), to have dreams of: ~ *un avvenire migliore* to dream of a better future; *sogno una casetta al mare* I wish I had a little house by the sea, it is my dream to have a little house by the sea; ~ *la gloria* to have dreams of glory. 3 (*fig*) (*illudersi, sperare invano*) to think of, to hope for. II *v.i.* (*aus.* **avere**) 1 to dream (*di* of, about). 2 (*fig*) (*desiderare, vagheggiare*) to wish, to dream, to long (for): ~ *di essere già in vacanza* to wish one were already on holiday, to long to be on holiday already. 3 (*fig*) (*fantasticare*) to day-dream, to muse. 4 (*fig*) (*pensare, immaginare*) to dream, to think, to imagine: *chi se lo sarebbe mai sognato di vederti qui!* who would ever have imagined seeing you here!; *non avrei mai sognato di diventare presidente* I never dreamt I would become president. III *v.pron.* **sognarsi** to dream: *si sogna spesso della sua giovinezza* he often dreams of his youth; (*colloq*) *non sognartelo neppure!* don't even dream of it!; (*colloq*) *vorrà dire che me lo sono sognato* I must have dreamt it; *non me lo sono mica sognato* I didn't dream it up. □ (*fig*) ~*a occhi aperti* to daydream, to be lost in reverie, to fantasize; *facci* ~! let us dream!, make us dream!, we can dream!; *sogno o son desto ?* do I wake or sleep?, am I dreaming?, is this all a dream?

sognatore I *m.* (*f.* **-trice**) 1 (*rar*) (*chi sogna*) dreamer. 2 (*fig*) (*chi sogna a occhi aperti*) daydreamer. II *a.* 1 (*rar*) dreaming. 2 (*fig*) dreamy.

sogno *m.* 1 dream (*anche fig*): *vedere qcu. in* ~ to see so. in a dream; *la donna dei suoi sogni* the woman of his dreams; *mi sembra un* ~ *- avere un po' di tempo libero!* it seems like a dream to have a little free time. 2 (*fig*) (*vana immaginazione*) dream, wishful thinking, mere fancy: *spera di vincere, ma è un* ~ he hopes to win, but it's only wishful thinking. □ *un paesino da* ~ (o *un paesino di* ~) a dream little village, a enchanting little village, a delightful little village; *sogni* *d'oro!* sweet dreams!; (*Lett*) ~ *d'una notte di mezza estate* A Midsummer Night's Dream; *fare un* ~ to have a dream, to dream; (*fig*) *avere un* ~ *nel cassetto* to have a secret dream; ~ *premonitore* premonitory dream; ~ *proibito* impossible dream, forbidden dream.

soia *f.* (*Bot*) soya, soya bean, (*Am*) soybean: *latte di* ~ soya milk.

sol *m.inv.* (*Mus*) G: ~ *bemolle maggiore* G flat major; *chiave di* ~ treble clef, G clef; ~ *diesis* G sharp.

solaio *m.* (*Edil*) **1** (*soffitta*) attic, loft. **2** (*struttura*) floor. □ (*Edil*) ~ *di legno* wooden floor; (*Edil*) ~ *in travicelli* joisted floor; (*Edil*) ~ *pieno* solid floor.

solamente *avv.* only, just, merely: *volevo* ~ *dirvi un paio di cose* I just wanted to tell you a couple of things; *è* ~ *un bambino* he's just a child; *si tratta* ~ *di un contrattempo* it's merely a temporary setback. □ *non* ~ *... ma anche... * not only... but also...: *non è* ~ *intelligente, ma anche diligente* he's not only intelligent but also hard-working.

solanacee *f.pl.* (*Bot*) solanaceae, (*colloq*) nightshade family *sing.*

solanina *f.* (*Chim*) solanine.

solare[1] I *a.* **1** (*del sole*) solar, sun (*attr.*), of the sun, sun's: *raggi solari* sun's rays. **2** (*Tecn*) solar: *centrale* ~ solar power station, solar power plant. **3** (*di protezione contro il sole*) sun (*attr.*): *crema* ~ sun cream. **4** (*fig*) (*gioioso, splendente*) sunny, radiant. **5** (*fig, poet*) (*chiaro, evidente*) evident, obvious, clear. II *m.* solar energy studies *pl.*

solare[2] (**suòlo**) *v.t.* (*Calz*) **1** to sole. **2** (*risuolare*) to resole.

solarimetro *m.* (*in geofisica*) solarimeter.

solarità *f.* **1** (*lett*) (*luminosità*) brightness. **2** (*di persona*) sunny disposition, radiance.

solarium *m.* **1** (*Edil*) (*terrazzo per elioterapia*) solarium. **2** (*estens*) (*lettino abbronzante*) sunbed, (*Am*) tanning bed. **3** (*estens*) (*centro abbronzatura*) solarium, (*Am*) tanning salon.

solarizzazione *f.* solarization.

solatìo *a.* (*lett*) sunny, sun-soaked.

solatura *f.* (*Calz*) **1** soling. **2** (*suola*) sole. **3** (*risuolatura*) resoling.

solcabile *a.* (*lett,rar*) ploughable, (*Am*) plowable.

solcare (**sólco, sólchi**) *v.t.* **1** to plough, (*Am*) to plow, to furrow, to till: ~ *i campi* to plough the fields; ~ *la terra con l'aratro* to plough the land. **2** (*lasciare solchi sul legno*) to groove, to chamfer. **3** (*fig*) (*rif. a navi*) to plough: ~ *le onde* to plough the waves. **4** (*fig*) (*rif. a lampi*) to streak: *un lampo solcò il cielo* a flash of lightening streaked across the sky. **5** (*fig*) (*lasciare tracce*) to furrow, to streak: *le lacrime le solcavano il viso* her face was furrowed with tears, her face was streaked with tears. **6** (*fig*) (*lasciare rughe*) to furrow, to wrinkle.

solcato *a.* **1** ploughed, (*Am*) plowed, furrowed. **2** (*fig*) (*inciso*) furrowed, streaked: *guance solcate di lacrime* cheecks furrowed with tears. **3** (*fig*) (*rif. a rughe*) furrowed, wrinkled: *fronte solcata di rughe* furrowed brow.

solcatura *f.* **1** ploughing, (*Am*) plowing, furrowing. **2** (*solco*) furrows *pl.*

solco (*pl.* **-chi**) *m.* **1** furrow, drill: *seminare nei solchi* to sow in drills. **2** (*estens*) (*incavatura*) rut, track: *i solchi delle ruote del carro* the tracks of the cart wheels. **3** (*estens*) (*scia*) wake: *il* ~ *della nave* the wake of the ship. **4** (*fig*) (*grinza, ruga*) furrow, wrinkle: *ha profondi solchi sulla fronte* she has deep wrin-

kles on her forehead. **5** (*fig*) (*traccia*) trace, mark, sign: *le sofferenze lasciano un* ~ *nell'animo* suffering leaves its mark on the soul. **6** (*di disco fonografico*) groove. **7** (*Anat*) sulcus. □ *a solchi* in drills; (*Agr*) ~ *acquaio* drainage furrow; (*Met*) ~ *di colata* runner; (*Geog*) ~ *d'impluvio* thalweg, talweg; ~ *tra i seni* cleavage.

solcometro *m.* (*Mar*) log.

soldanella *f.* (*Bot*) soldanella.

soldataglia *f.* (*spreg*) mob of soldiers, undisciplined soldiery.

soldatesca *f.* (*lett*) soldiers *pl.*, soldiery.

soldatesco (*pl.* **-chi**) *a.* **1** soldierly, soldierlike. **2** (*spreg*) soldierlike, rough, coarse.

soldatessa *f.* **1** soldier, female soldier. **2** (*fig,spreg*) (*donna autoritaria*) battleaxe, dragon.

soldatino *m.* **1** (*recluta*) recruit, new soldier. **2** (*soldato semplice*) private, private soldier, common soldier. **3** (*giocattolo*) toy soldier. □ ~ *di piombo* tin soldier.

soldato *m.* **1** soldier (*anche Stor,fig*). **2** (*nella gerarchia militare*) man (*f.* woman), private: *gli ufficiali e i soldati* the officers and the enlisted men. **3** (*Entom*) (*termite e formica*) soldier. □ *andare* ~ (o *andare a fare il* ~) to enlist, to join the army, to join up; *tornare da* ~ to finish national service; (*Mil*) ~ *d'artiglieria* artilleryman; (*Mil*) ~ *del genio* sapper; (*Mil*) ~ *della sanità* soldier in the Medical Corps, (*Am*) medic; (*Mil*) ~ *di cavalleria* cavalryman; (*Mil*) ~ *di complemento* reserve soldier; (*Rel,fig*) *soldati di Cristo* soldiers of Christ; (*Mil*) ~ *di fanteria* infantryman; (*Mil*) ~ *di guardia* soldier on duty, soldier on guard duty; (*Stor*) ~ *di ventura* soldier of fortune; (*Mil*) ~ *d'ordinanza* orderly; *fare il* ~ to serve in the army, to be in the army; (*Mil*) ~ *mercenario* mercenary; (*Mil*) ~ *scelto* (*GB*) lance corporal, (*US*) private first class; (*Mil*) ~ *semplice* private, private soldier.

soldo *m.* **1** *pl.* (*denaro, quattrini*) money (*costr.sing.*), (*colloq*) cash (*costr.sing.*), (*colloq*) lolly (*costr.sing.*), (*sl*) dough (*costr.sing.*), (*Am*) wampum (*costr.sing.*): *costa troppi soldi* it costs too much money; *essere pieno di soldi* to have a lot of money, (*colloq*) to be loaded. **2** (*quantità minima di denaro*) penny, (*Am*) cent, farthing: *non avrai un* ~ *da lui* you won't get a penny out of him. **3** (*ant*) (*paga del soldato mercenario*) salary, wages *pl.*, pay, soldier's pay: *riscuotere il* ~ to collect one's pay. □ *come stai a soldi?* how are you off for money?; *essere al* ~ *di qcu.* (*colloq,fig*) *soldi facili* easy money; *fare i soldi* (o *fare soldi*) (*arricchirsi*) to make money, to become rich; *non dare un* ~ *per qcs.* not to give a twopence for sth.; *sono soldi regalati* it's money for nothing; (*colloq*) *essere senza un* ~ to be penniless, not to have a bean; *soldi spiccioli* change, small change. *Prov.: i soldi non fanno la felicità* money can't buy happiness.

soldoni *m.pl.* lots of money. □ (*fig*) *in* ~... (o *detto in* ~...): **1** (*detto chiaramente*) to put it bluntly...; **2** (*riassumendo*) the bottom line is..., the reality is...

sole *m.* **1** (*Astr*) sun: *il moto apparente del* ~ the apparent movement of the sun. **2** (*estens*) (*luce solare*) sun, sunlight: *un debole* ~ *di marzo* a weak March sun; *oggi c'è un bel* ~ the sun is bright today, the sun is shining bright today. **3** (*estens*) (*calore*) sun, sunshine: *sdraiarsi al* ~ to lie in the sun. □ (*fig*) *vedere il* ~ *a scacchi* (*essere in prigione*) to see the sun from behind bars; *al* ~: **1** in the

sun: *mettere qcs. al* ~ to put sth. in the sun; **2** (*al calore del sole*) in the sun, in the sunshine; **3** (*alla luce del sole*) in the sunlight; *il* ~ *al tramonto* the setting sun; (*fig*) *avere qcs. al* ~ (*avere un bene immobile*) to own some property; *il* ~ *è basso all'orizzonte* the sun is low on the horizon; *il* ~ *batte su qcs.* the sun is beating down on sth.; (*colloq*) *là dove non batte il* ~ the rump, the backside; (*poet*) ~ *cadente* setting sun; *c'è il* ~ *oggi* it's sunny today; (*colloq*) *c'è un* ~ *che spacca le pietre!* the sun is scorching!, the sun is blistering hot!, it's a scorcher today!; *da* ~ *sun* (*attr.*): *occhiali da* ~ sunglasses, dark glasses, (*colloq*) shades; (*fig,poet*) *il Sole degli angeli* God; ~ *di mezzanotte* midnight sun; *il* ~ *entra nel Leone* (*in astrologia*) the sun enters the sign of Leo; *il* ~ *picchia* the sun is burning, the sun is scorching, the sun is blistering hot; *prendere il* ~: **1** to sunbathe; **2** (*abbronzarsi*) to get a tan, to get a suntan, to tan; *senza* ~ sunless: *una giornata senza* ~ a sunless day; *il* ~ *splende* the sun is shining; (*Astr*) ~ *vero* true sun.

solecismo *m.* (*Ret*) solecism.

soleggiare (**soléggio, soléggi**) *v.t.* **1** to place sth. in the sun, to put out sth. in the sun, to sun. **2** (*Agr*) to dry sth. in the sun.

soleggiato *a.* sunny, sun-scorched: *una stanza soleggiata* a sunny room.

soleil /sɔ'lɛj/ *a.inv.* (*Sart*) sunburst (*attr.*): *plissé* ~ sunburst pleating.

solenne *a.* **1** solemn (*anche Rel*): *rito* ~ solemn rite. **2** (*che si compie con gran pompa*) solemn, stately, grand: *solenni accoglienze* solemn welcome. **3** (*grave*) solemn, grave: *parlare con tono* ~ to speak in a solemn tone. **4** (*iron*) (*famoso, matricolato*) utter, downright, thorough, real: *un* ~ *bugiardo* a real liar, a downright liar. **5** (*iron*) (*molto forte*) sound, mighty, almighty, hearty: *un* ~ *ceffone* a hearty slap, (*colloq*) a mighty wallop. **6** (*che ispira rispetto*) solemn, awe-inspiring. **7** (*Mus*) solemn.

solennemente *avv.* solemnly.

solennità *f.* **1** solemnity. **2** (*festività*) holiday, solemnity, feast day. □ ~ *civile* public holiday; *con* ~ solemnly, with solemnity: *celebrare qcs. con* ~ to solemnize sth.; ~ *religiosa* religious feast day, religious holiday.

solennizzare (**solennìzzo**) *v.t.* to solemnize.

solenoide *m.* (*El*) solenoid.

solere (*pres.ind.* **sòglio, suòli, suòle, sogliàmo, soléte, sògliono**; *p.rem.* **soléi**; *pres.cong.* **sòglia, sogliàmo, sogliàte, sògliano**; *p.p.* **sòlito**; *aus.* **essere**) *v.i.* **1** to be used to, to be accustomed to, to be in the habit of, *a volte si rende con un avverbio*: *sogliono mangiare alle due* they usually eat at two, they are used to eating at two; *i saggi sogliono parlare poco* the wise usually speak little. **2** (*solo al passato*) would, used to: *solevano uscire tutte le sere* they would go out every night, they used to go out every night. □ *come si suol dire* as people say, as people usually say.

solerte *a.* **1** (*alacre*) active, brisk, eager, willing, hard-working, quick, (*rar*) alacritous. **2** (*diligente*) diligent. **3** (*fatto con diligenza*) careful, painstaking, diligent.

solerzia *f.* **1** (*diligenza*) diligence. **2** (*accuratezza*) care, thoroughness.

soletta *f.* **1** (*nelle calze*) foot, stocking sole. **2** (*Calz*) (*suola interna*) insole, inner sole. **3** (*Calz*) (*plantare*) arch support, insole. **4** (*Edil*) (*lastra di piccolo spessore*) slab. **5** (*Sport*) (*rivestimento inferiore degli sci*) bottom. □ (*Edil*) ~ *di calcestruzzo* concrete slab.

Soletta *n.pr.m.* (*Geog*) (*cantone svizzero*) Solothurn.

soletto □ *solo* ~ all alone, all by oneself, all on one's own.

solfa *f.* 1 (*fig*) (*ripetizione monotona*) same old story: *è sempre la stessa* ~ it's always the same old story. 2 (*ant*) (*solfeggio*) solfeggio, solfège.

solfara *f.* (*Minier*) sulphur deposit, sulphur mine, (*Am*) sulfur deposit.

solfare (**sólfo**) *v.t.* (*Agr*) to treat with sulphur, to sulphur, (*Am*) to sulfur.

solfatara *f.* (*Geol*) solfatara.

solfatazione *f.* sulphation, (*Am*) sulfation.

solfato *m.* (*Chim*) sulphate, (*Am*) sulfate. □ (*Chim*) ~ *di calcio* calcium sulphate; (*Chim*) ~*di ferro* iron sulphate; (*Chim*) ~*di magnesio* magnesium sulphate; (*Chim*) ~*di potassio* potassium sulphate; (*Chim*) ~ *di rame* copper sulphate; (*Chim*) ~*di sodio* sodium sulphate; (*Chim*) ~*ferroso* ferrous sulphate.

solfeggiare (**solféggio**, **solféggi**) I *v.t.* (*Mus*) to sol-fa, to solmizate. II *v.i.* (*aus.* avere) (*Mus*) to sol-fa, to solmizate.

solfeggio *m.* (*Mus*) solfeggio, sol-fa, solmization. □ (*Mus*) ~*cantato* sung solfeggio; (*Mus*) ~*parlato* spoken solfeggio.

solferino I *a.inv.* solferino. II *m.inv.* solferino.

solfidrato *m.* (*Chim*) sulphydrate.

solfidrico □ (*Chim*) *acido* ~ hydrogen sulphide, (*Am*) hydrogen sulfide.

solfifero *a.* sulphur (*attr.*), (*Am*) sulfur (*attr.*), sulphur-yielding.

solfitare (**solfito**) *v.t.* (*Enol,Alim*) to sulphur, (*Am*) to sulfur, to sulphurize.

solfitazione *f.* (*Enol,Alim*) sulphuring, (*Am*) sulfuring, sulphurization.

solfito *m.* (*Chim*) sulphite, (*Am*) sulfite.

solfo *m.* (*ant*) → zolfo.

solfonare (**solfóno**) *v.t.* (*Chim*) to sulphonate, (*Am*) to sulfonate.

solfonazione *f.* (*Chim*) sulphonation, (*Am*) to sulfunation.

solfone *m.* (*Chim*) sulphone, (*Am*) sulfone.

solforare (**sólforo**) *v.t.* 1 (*Agr*) to treat with sulphur, to sulphur, (*Am*) to sulfur. 2 (*Ind*) to sulphurize, (*Am*) to sulfurize, to sulphur, (*Am*) to sulfur, to sulphurate, (*Am*) to sulfurate.

solforato *a.* 1 (*Chim*) (*che contiene zolfo*) sulphur (*attr.*), sulphurous, sulphureous, (*Am*) sulfur (*attr.*), sulfurous, sulfureous. 2 (*Chim*) (*trattato con zolfo*) sulphured, sulphurized, (*Am*) sulfured, sulfurized.

solforatrice *f.* (*Agr*) sulphurator, (*Am*) sulfurator: *solforatrice a zaino* knapsack sulphurator.

solforatura *f.* (*Agr*) sulphuring, (*Am*) sulfuring.

solforazione *f.* sulphurization, sulphuration, (*Am*) sulfurization, sulfuration.

solforico (*pl.* -ci) *a.* (*Chim*) sulphuric, (*Am*) sulfuric: *acido* ~ sulphuric acid; *anidride solforica* sulphuric anhydride, sulphur trioxide.

solforoso *a.* (*Chim*) sulphurous, (*Am*) sulfurous.

solfuro *m.* (*Chim*) sulphide, (*Am*) sulfide. □ (*Chim*) ~*di carbonio* carbon disulphide; (*Chim*) ~*di ferro* iron sulphide; (*Chim*) ~*di piombo* lead sulphide.

solicello *m.* pale sun, weak sun.

solidale *a.* 1 (*fig*) (*in accordo*) solid, in agreement (*con* with): *essere* ~ *con qcu.* to be in agreement with so. 2 (*fig*) (*partecipe*) sympathetic, concerned. 3 (*Mecc*) integral (*con* with). 4 (*Dir*) joint and several: *debitore* ~ jointly and severally liable; *responsabilità*

~ joint and several liability.

solidalmente *avv.* in agreement, with solidarity.

solidamente *avv.* firmly, solidly.

solidarietà *f.* 1 solidarity, support: *esprimere la propria* ~ *a qcu.* to express one's solidarity to so. 2 (*empatia*) sympathy. 3 (*Dir*) solidarity, joint and several liability. □ *per* ~*con* in sympathy with.

solidario *a.* (*rar*) → **solidale.**

solidarismo *m.* solidarism.

solidarizzare (**solidarìzzo**; *aus.* **avere**) *v.i.* to sympathize, to side (*con* with).

solidificare (**solidìfico**, **solidìfichi**) I *v.t.* to solidify, to harden. II *v.i.* (*aus.* **essere**) to solidify, to harden. III *v.pron.* **solidificarsi** to solidify, to harden, to cake.

solidificazione *f.* solidification, hardening.

solidità *f.* 1 solidity, firmness: *la* ~ *di un pilastro* the solidity of a column. 2 (*fig*) (*validità*) solidity, soundness, substantiality. 3 (*fermezza*) steadiness. 4 (*Econ,Comm*) solidity, soundness: *la* ~ *di una banca* the soundness of a bank. 5 (*rif. a colori*) fastness. □ ~*al lavaggio* wash fastness.

solido I *a.* 1 solid, firm: *fondamenta solide* firm foundations. 2 (*forte, robusto*) strong, stout, sturdy, tough: *due gambe solide* a pair of sturdy legs; *scarpe solide* (*Br*) strong shoes, stout shoes, (*Am*) sturdy shoes. 3 (*fig*) (*serio, ben fondato*) solid, sound, steady: *una ditta solida* a solid firm, a reliable firm; *avere una solida posizione economica* to be in a sound economic position. 4 (*Fis*) solid: *allo stato* ~ at solid state. 5 (*Mat*) (*tridimensionale*) solid, three-dimensional: *geometria solida* solid geometry. 6 (*rif. a colori*) fast. II *m.* (*Geom*) solid, solid figure, body. □ (*Tess*) ~*al lavaggio* colour fast (*attr.*); (*Dir*)*in* ~ jointly and severally.

solidungo (*pl.* **-ghi**) *a.* (*Zool*) solidungulate.

soliflussione *f.* (*Geog*) solifluction.

soliflusso *m.* (*Geog*) solifluction.

soliloquio *m.* 1 soliloquy. 2 (*Teat*) (*monologo*) monologue.

Solimano *n.pr.m.* (*Stor*) Suleiman, Sulayman.

solingo (*pl.* **-ghi**) *a.* (*poet*) solitary, lonely: *vita solinga* solitary life.

solino *m.* 1 (*Abbigl*) detachable collar. 2 (*nell'uniforme dei marinai*) sailor collar, sailor's collar.

solipede *a.* (*Zool*) solidungulate, (*rar*) soliped, (*rar*) solipedous.

solipsismo *m.* (*Filos*) solipsism.

solipsista *m./f.* (*Filos*) solipsist.

solipsistico (*pl.* **-ci**) *a.* (*Filos*) solipsistic.

solista I *m./f.* 1 (*cantante*) soloist, solo singer. 2 (*strumentista*) soloist, solo player. 3 (*ballerino*) soloist, solo dancer. II *a.* solo: *violino* ~ solo violin.

solistico (*pl.* **-ci**) *a.* solo, soloistic.

solitamente *avv.* usually, generally.

solitaria *f.* (*Alp*) solo ascent. □ *in* ~ solo, single-handed: *traversata in* ~ solo crossing; *navigazione in* ~ solo navigation, single-handed navigation (*Alp*) *salire in* ~ to make a solo ascent.

solitario I *a.* 1 solitary (*anche Zool,Bot*). 2 (*solo*) lone, solitary: *un pedone* ~ a lone pedestrian. 3 (*deserto*) solitary, lonely, lonesome: *una strada solitaria* a lonely road. II *m.* 1 (*f.* **-a**) solitary, solitary person, loner. 2 (*Oref*) solitaire. 3 (*gioco di carte*) patience, (*Am*) solitaire. □ *in* ~ solo, single-handed: *traversata in* ~ solo crossing; *navigazione in* ~ solo navigation, single-handed navigation.

solito I *a.* 1 usual, customary, habitual, accustomed: *troviamoci al* ~ *posto* let's meet at the usual place. 2 (*spreg*) usual, (*colloq*) same old: *condurre la solita vita* to lead the same old life; *è sempre il* ~ *bugiardo* he is still the same old liar. 3 (*nelle espressioni ellittiche*) *si traduce a senso*: *ne ha fatta una delle solite* he has been up to his usual tricks. II *m.* 1 (*abitudine*) habit, custom, usual practice: *secondo il mio* ~ as my custom is, as I usually do, as usual. 2 (*f.* **-a**) (*stessa persona*) same, same person, same old person: *sei sempre il* ~ you are always the same, you never change. 3 (*solita cosa*) usual, usual thing: *che cosa desidera? - Il* ~ what would you like? - The usual. □ *alla solita maniera* in the usual manner, in the usual way, as usual; *siamoalle solite* here we go again, here we are again, we're back to the same old story, it's the same old story;*come al* ~ as usual; (*Comm*) *alle solite condizioni* on the usual conditions, on the usual terms;*di* ~ usually, generally, as a rule;*essere* ~ *fare qcs.*: 1 to do sth. as a rule, to usually do sth., to be accustomed to doing sth., to be used to doing sth.: *sono* ~ *fare tardi la sera* I usually stay up late; 2 (*solo al passato*) used to, would: *a Londra ero* ~ *passeggiare nel parco* when I was in London I would go for walks in the park, when I was in London I used to go for walks in the park; *il furto è stato commesso dai soliti ignoti* the theft was committed as usual by unknown persons; (*fig*) *è sempre la solita minestra* it's always the same old story; *nel* ~*modo* (o *al* ~ *modo*) in the usual way, as usual; (*fig*) *è sempre la solitamusica* it's always the same old story; *alla solita ora* at the usual time; *fumarepiù del* ~ to smoke more than usual; *è la solitastoria* it's the same old story.

solitudine *f.* 1 solitude, solitariness, loneliness. 2 (*lett*) (*luogo solitario*) solitude, wilderness.

sollazzamento *m.* (*rar*) entertainment, amusement.

sollazzare (**sollàzzo**) I *v.t.* to entertain, to amuse. II *v.pron.* **sollazzarsi** to amuse oneself, to enjoy oneself, to have a good time.

sollazzo *m.* 1 (*lett,scherz*) (*divertimento*) amusement, fun. 2 (*lett,scherz*) (*passatempo*) pastime. 3 (*fig,rar*) (*zimbello*) laughing stock, butt: *essere il* ~ *di tutti* to be a general laughing stock.

sollecitamente *avv.* 1 promptly, speedily, readily: *rispondere* ~ to reply promptly. 2 (*premurosamente*) solicitously: *assistere* ~ *un malato* to help an ill person solicitously.

sollecitamento *m.* (*rar*) solicitation, pressing, urging.

sollecitare (**sollécito**) *v.t.* 1 to press for, to request sth. urgently, to urge, to demand: ~ *una ditta perché dia una risposta* to urge a firm to reply, to press a firm for a reply; ~ *una decisione* to press for a decision. 2 (*chiedere con insistenza*) to solicit, to press for: ~ *favori da qcu.* to solicit so. for favours. 3 (*burocr*) to apply for: ~ *un posto* to apply for a post. 4 (*accelerare*) to speed up, to hurry, to hurry up, to quicken, to expedite: ~ *una pratica* to expedite a matter. 5 (*Mecc*) to stress. 6 (*stimolare, spronare*) to spur (on), to urge (on), to prod. □ *abbiamogià sollecitato due volte* we have already asked twice, we have already asked for action twice, we've already asked them to hurry twice; ~ *ilpagamento di un debito* to demand payment of a debt.

sollecitatore I *m.* (*f.* **-trice**) 1 (*chi sprona*) urger, inciter. 2 (*chi chiede*) petitioner,

pleader. II *a.* (*Tecn*) of strain, of stress.

sollecitatoria *f.* (*Comm*) **1** (*lettera di solle-citazione*) reminder. **2** (*rif. a pagamento*) demand note.

sollecitatorio *a.* soliciting, pressing, urging.

sollecitazione *f.* **1** solicitation, urgent request, pressing, urging, plea, entreaty: *perché non rispondi alle nostre sollecitazioni?* why don't you reply to our requests? **2** (*fig*) (*stimolo*) stimulus, inducement, incentive, spur. **3** (*Comm*) (*richiesta*) reminder, request, demand. **4** (*Mecc*) stress. □ (*Mecc*) ~ *di compressione* compressive stress; (*Tecn*) ~ *di flessione* bending stress; (*Comm*) ~ *di pagamento* demand for payment; (*Tecn*) ~ *di tensione* tensile stress, tensive stress; (*Tecn*) ~ *di torsione* torsional stress; (*Tecn*) ~ *di trazione* tensile stress; (*Tecn*) ~ *dinamica* dynamic stress; (*Tecn*) ~ *d'urto* impact stress; (*Fis*) ~ *esterna* external stress; (*Fis*) ~ *interna* internal stress; (*Tecn*) ~ *statica* static stress; (*Tecn*) ~ *termica* thermal shock.

sollecito I *a.* **1** (*premuroso*) solicitous, careful. **2** (*che agisce senza indugio*) prompt, quick, expeditious: *essere ~ ad alzarsi dal letto* to be quick in getting out of bed. **3** (*fatto con premura*) prompt, quick, speedy: *una risposta sollecita* a prompt reply. **II** *m.* **1** (*burocr,Comm*) reminder. **2** (*lettera sollecitatoria*) reminder, letter of reminder, follow-up letter. **3** (*lettera sollecitatoria a un debitore*) demand note.

sollecitudine *f.* **1** promptness, haste, readiness, speed: *ha lavorato con grande ~ per terminare in giornata* he worked with great dispatch to finish within the day. **2** (*lett*) (*cura, sensibilità*) solicitude, care, attentiveness, mindfulness, thoughtfulness: *ha mostrato poca ~ verso di noi* he showed little thoughtfulness for us. □ *con ~* speedily, quickly, with haste, promptly.

solleone *m.* **1** (*estens*) (*grande calura*) summer heat, intense summer heat, (*lett*) dog days *pl.*: *lavorare sotto il ~* to work in the summer heat. **2** (*quando il sole si trova nel segno del Leone*) dog days *pl.*

solleticamento *m.* **1** tickling. **2** (*fig*) (*stimolo*) tickling, titillating: ~ *dei sensi* titillating of the senses.

solleticante *a.* **1** tickling. **2** (*fig*) (*stimolante*) stimulating, inspiring. **3** (*fig*) (*intrigante*) charming, enchanting, intriguing, seductive, fascinating.

solleticare (**sollético, sollétichi**) *v.t.* **1** (*provocare il solletico*) to tickle: ~ *i piedi a qcu.* to tickle so.'s feet. **2** (*fig*) (*stimolare*) to stimulate, to excite, to titillate, to arouse, to whet: ~ *la curiosità di qcu.* to arouse so.'s curiosity; ~ *l'appetito* to whet one's appetite.

solletico (*pl.* **-chi**) *m.* **1** tickle: *soffrire il ~* to be ticklish. **2** (*fig*) (*stimolo*) spur, stimulus. □ *fare il ~ a qcu.* to tickle so.; (*fig*) *gli fa il ~* (*lo lascia indifferente*) it leaves him cold, it doesn't have the slightest effect on him.

sollevamento *m.* **1** (*il sollevare*) raising, lifting. **2** (*il sollevarsi*) rising, rise. **3** (*rar*) (*parte sollevata*) rise, elevation: *un piccolo ~ del terreno* a slight elevation in the ground. **4** (*Sport*) (*nel pattinaggio*) lift. **5** (*Geol*) (*corrugamento*) folding. □ (*Sport*) ~ *pesi* weight lifting.

sollevare (**sollèvo**) **I** *v.t.* **1** to raise, to lift, to lift up: ~ *un peso* to lift a weight. **2** (*rif. a polvere e sim.*) to raise, to whip up, to blow up: *il vento sollevava la sabbia* the wind whipped up the sand. **3** (*con argani e sim.*) to hoist, to heave, to heave up, to raise, to lift, to

lift up. **4** (*con manovelle e sim.*) to wind up. **5** (*levare*) to raise, to lift, to lift up: *sollevò la mano per salutare* he raised his hand in greeting; ~ *il capo dal cuscino* to lift one's head from the pillow. **6** (*rif. a coperchi e sim.*) to take off, to lift, to raise. **7** (*fig*) (*presentare, far sorgere*) to raise, to bring up, to put forward, to put in the way: ~ *un'obiezione* to raise an objection; *non fa che ~ ostacoli* he does nothing but put obstacles in the way. **8** (*fig*) (*togliere da uno stato d'inferiorità*) to raise, to raise up, to help out: ~ *qcu. dalla miseria* to raise so. from poverty. **9** (*fig*) (*alleggerire*) to relieve (*da* of), to ease (*da* of), to disburden (*da* of), to free (*da* from), to take (*da* from): ~ *qcu. da una fatica* to relieve so. of a heavy task. **10** (*fig*) (*destituire*) to dismiss (*da* from), to relieve (*da* of): *il console è stato sollevato dal suo incarico* the consul was relieved of his post. **11** (*fig*) (*dare conforto*) to cheer, to comfort, to make so. feel better: *la tua risposta mi ha molto sollevato* your answer has cheered me greatly. **12** (*fig*) (*alleviare le sofferenze*) to relieve, to allay, to assuage. **13** (*fig*) (*far insorgere*) to rouse, to stir up, to raise: ~ *il popolo contro la tirannia* to rouse the people against tyranny, to stir up the people against tyranny. **14** (*fig*) (*causare*) to arouse, to call forth, to cause, to bring: *il suo discorso sollevò un'ondata di applausi* his speech aroused thunderous applause. **II** *v.pron.* **sollevarsi 1** (*levarsi in alto*) to rise, to arise: *il pallone si sollevò nel cielo* the balloon rose in the sky. **2** (*rizzarsi*) to get up, to lift oneself, to raise oneself, to rise, to rise up, to arise: *sollevarsi da terra* to get up from the ground. **3** (*fig*) (*insorgere*) to rise, to rise up, to rebel, to revolt: *la popolazione si sollevò in massa* the people rose up in a body. □ (*fig*) *mi hai sollevato da un gran peso* you've taken a great weight off my shoulders; ~ *un dubbio* to raise a doubt, to awaken a doubt, to put forward an objection; ~ *un'eccezione* to raise an objection (*anche Dir*); (*fig*) ~ *il morale a qcu.* to boost so.'s morale; (*fig*) ~ *un'obiezione contro qcs.* to raise an objection to sth., to voice an objection to sth.; ~ *gli occhi dal libro* to raise one's eyes from the book; (*fig*) ~ *una questione* to raise a question, to bring up a question; ~ *lo sguardo* to look up, to raise one's eyes; (*fig*) ~ *lo spirito a* (*o di*) *qcu.* to boost so.'s morale.

sollevato *a.* **1** lifted, raised. **2** (*fig*) (*meno depresso*) relieved, cheered, cheered up, glad, thankful, in better spirits.

sollevatore *m.* **1** (*f.* **-trice**) lifter, hoister. **2** (*Mecc*) lift, hoist. **3** (*Aut*) (*anche ponte sollevatore*) hydraulic lift, hydraulic jack. □ (*Ind*) ~ *a forca* (*muletto*) forklift; (*Sport*) ~ *di pesi* weightlifter; (*Ind*) ~ *elettromagnetico* magnet lifter; (*Mecc*) ~ *idraulico* hydraulic hoist.

sollevazione *f.* (*insurrezione*) rising, uprising, rebellion, insurrection: *reprimere una ~ popolare* to suppress a popular uprising.

sollievo *m.* **1** relief: *cercare ~ dal caldo* to seek relief from the heat; *è stato un grande ~ raggiungere la cima prima che cominciasse a piovere* it was a great relief to reach the top before it started raining. **2** (*conforto*) relief, comfort. □ *con mio grande ~* to my great relief; *dare ~ a qcu.* to relieve so.; *essere di ~ a qcu.* to be a relief to so.; *portare ~ a qcu.* to relieve so.

solluchero □ *andare in ~* to go into ecstasy, to go into raptures; *mandare in ~* to enrapture, to send into raptures, to send into ecstasy.

solo I *a.* **1** alone, by oneself (*posposto*): *essere sempre ~* to be always alone; *stavo lì ~* I was there alone, I was there by myself. **2** (*preceduto dall'articolo: unico*) only, one, only one, single: *credere in un ~ Dio* to believe in only one God. **3** (*soltanto*) only, just: *ancora un minuto ~* just one more minute, only one more minute. **4** (*di più cose che diventano uno*) one, single: *i due torrenti diventano un ~ fiume* the two streams become one river, the two streams become a single river; *i fanciulli gridavano a una sola voce* the boys shouted with one voice. **5** (*non ripetuto, non replicato*) just one, one... only: *fammi un ~ fischio* give me just one whistle. **6** (*che vive da solo*) living alone. **7** (*non sposato*) single: *una donna sola* a single woman. **8** (*abbandonato*) forsaken, lonely, lonesome: *sentirsi ~* to feel lonely. **9** (*semplice, senza altro*) mere, alone, only, just: *mi basta la tua sola parola* your word alone is enough for me; *al ~ pensiero rabbrividisco* I shudder at the mere thought; *l'uomo non vive di ~ pane* man does not live by bread alone. **10** (*esclusivo*) sole: *il ~ rappresentante della ditta* the sole agent of the firm. **11** *pl.* (*solamente, nessun altro che*) only, just: *rivista per soli uomini* magazine for men only. **II** *m.* (*f.* **-a**) only one: *è il ~ a sapere la verità* he is the only one who knows the truth. **III** *avv.* **1** only, just, merely: *l'ho ~ toccato* I only touched it. **2** (*appena, non prima*) only, just: *l'ho saputo ~ ieri* I heard about it only yesterday; ~ *una volta* just once. **3** (*restrittivo*) only, but, just: *è bello, ~ un po' caro* it's lovely, but a little expensive. **IV** *congz.* only, but, yet, nevertheless: *ho telefonato, ~ non ho trovato nessuno* I phoned but I didn't get any answer. □ (*Mus*) *a ~* solo, unaccompanied; *essere ~ al mondo* to be alone in the world; ~ *che:* 1 only, but, just, it's just that, the only thing is that, the only trouble is that: *vorrei andarci, ~ che non mi bastano i soldi* I'd like to go, only I don't have enough money; I'd like to go, the only trouble is that I don't have enough money; 2 (*purché*) provided that, if only: ~ *che ne avessi la possibilità* if only I had the chance; 3 (*se non fosse che*) if it were not that; ~ *come un cane* all alone; *da ~* alone, by oneself: *l'ho fatto da ~* I did it by myself, I did it alone; *da ~ a ~* (*a quattrocchi*) in private, tête-à-tête; *è uno che si è fatto da ~* he is a self-made man; *ha un ~ figlio* he has only one son; *lasciare ~ qcu.* to leave so. alone; *non ~:* 1 not only, not just; 2 (*inoltre, in aggiunta*) that's not all; *non ~..., ma anche...* not only..., but also...; not only..., but... as well...; (*enfat*) not only..., but even...: *non ~ lui, ma anche sua sorella* not only him, but his sister too; not only him, but also his sister; *non ~ è superbo ma è anche sfacciato* he's not only proud, but insolent as well (*o* but also insolent); *non ~ ha vuotato la cassaforte ma mi ha preso anche il portafoglio* not only did he clear out the safe but he even took my wallet; *non ~ è arrivato in ritardo, ma non si è neanche scusato* not only did he arrive late, but he didn't even apologize; *non uno ~* (*neppure uno*) not one, not even one, not a single one; *se ~* if only, (*lett*) would that: *se ~ mi avesse dato retta* if only he had listened to me; *se ~ fosse vero!* if only it were true!; ~ *soletto* quite alone, all alone, all by oneself, all on one's own; *come un sol uomo* (*concordemente*) as one man, all together, unanimously; *non una sola volta* not once. *Prov.*: *meglio soli che male accompagnati* solitude sometimes is best society.

solone m. 1 (lett) (saggio legislatore esperto) solon. 2 (scherz) (sapientone) know-all, (Am) know-it-all, wise-guy, (ant) wiseacre. **Solone** n.pr.m. (Stor) Solon.
solstiziale a. (Astr) solstitial, solstice (attr.): punti solstiziali solstice points.
solstizio m. (Astr) solstice. □ (Astr) ~ d'estate summer solstice; (Astr) ~d'inverno winter solstice.
soltanto I avv. 1 only, all, just, alone: voglio ~ vederlo I only want to see him. 2 (semplicemente) simply, merely, only, just. 3 (appena) only, just, barely, merely: ho speso ~ quattro euro I spent just four euros. II congz. (ma, però) but, however. □ ~ che ... (se solo) if only, (lett) would that; ~ loro only they, they alone; non ~ ... ma anche... not only... but also...
solubile a. 1 (che si può sciogliere) soluble: facilmente ~ easily soluble. 2 (fig) (che si può risolvere) solvable, soluble. □ ~in acido acid-soluble, soluble in acid; ~in acqua water-soluble, soluble in water; ~ in olio oil-soluble, soluble in oil.
solubilità f. 1 (Chim) solubility. 2 (fig) solvableness.
solubilizzare (solubilìzzo) v.t. (Chim) to solubilize.
soluto m. (Chim) solute.
solutore m. (f. -trice) (chi risolve un enigma) solver, solution finder.
soluzionare v.t. (Svizz.it) (risolvere) to solve.
soluzione f. 1 (Chim,Med) solution. 2 (Mat) (risoluzione) solving, solution: la ~ di un quesito the solving of a problem; la ~ di un'equazione the solution of an equation, the solution to an equation. 3 (spiegazione) solution, answer, explanation: la ~ di un indovinello the answer to a riddle; il problema non ha ~ there is no solution to the problem; trovare una ~ to find a solution. 4 (decisione) decision: venire a una ~ to take a decision, to make a decision; è l'unica ~ logica it's the only logical decision. 5 (compromesso, accordo) settlement, arrangement, agreement: ~ pacifica di una controversia peaceful settlement of a dispute. 6 (Comm) (pagamento) single payment: in un'unica (o una sola) ~ in a single payment; pagare in un'unica ~ to pay outright. □ (Chim) ~ acquosa aqueous solution; (Chim) ~alcalina alkaline solution; (Chim) ~ammoniacale ammonia solution; (Chim,Aut) ~anticongelante antifreeze; (Chim) ~colloidale colloidal solution; (Ott) ~conservante storage solution; (Ott) ~detergente cleansing solution; ~di compromesso halfway house, compromise; (fig) ~ di continuità hiatus, interruption, break: senza ~ di continuità without a break, continuously, ongoing; (Med) ~ di continuo solution of continuity; ~di ripiego makeshift solution; ~drastica drastic solution; (Stor) ~finale Final Solution; (Med) ~ fisiologica physiological solution, physiological saline solution; ~globale global solution; ~ miracolosa miraculous solution, magic formula; (Chim) ~molare molar solution; ~negoziata negotiated solution; ~radicale drastic solution; (Chim) ~salina saline solution; (Chim) ~satura saturated solution; (Med) ~tampone buffer solution; ~ transitoria temporary solution.
solvente I a. (Chim,Comm) solvent. II m. 1 (Chim) solvent. 2 (Comm) payer. □ (Cosmet) ~per smalto (acetone) nail-polish remover; (Chim) ~ per vernici paint solvent, paint stripper.
solvenza f. (Comm) solvency.

solvibile a. (Comm) 1 (che può pagare) solvent: cliente ~ solvent client. 2 (che può essere pagato) payable.
solvibilità f. (Comm) 1 (il poter pagare) solvency. 2 (il poter essere pagato) payability.
soma[1] f. 1 (carico) pack, load, burden. 2 (fig,lett) (responsabilità, onere) burden, load. □ da ~ pack (attr.), of burden: bestia da ~ beast of burden, pack animal.
soma[2] m. (Biol,Psic) soma.
Somalia n.pr.f. (Geog) Somalia.
somalo I a. Somalian, Somali. II m. 1 (lingua) Somali. 2 (f. -a) (abitante) Somali, Somalian.
somaraggine f. 1 (qualità) stupidity, (ant) blockheadedness, crass ignorance. 2 (azione) piece of stupidity. 3 (discorso) stupid remarks pl.
somaro m. (f. -a) 1 ass (f. she-ass), donkey (f. she-donkey, jenny). 2 (fig) fool, ass, (spreg) dunce: essere un ~ to be a fool.
somatico (pl. -ci) a. (Biol) somatic.
somatizzare (somatìzzo) v.t. (Psic) somaticize.
somatizzazione f. (Psic) somatization.
somatologia f. somatology.
somatologico (pl. -ci) a. somatologic, somatological.
somatometria f. (antropometria) anthropometry.
somatostatina f. (Fisiol) somatostatin.
sombrero m. sombrero.
someggiabile a. transportable by pack animal.
someggiare (soméggio, soméggi) v.t. to transport by pack animal.
someggiato a. transported by pack animal.
somiere m. 1 (lett) beast of burden, pack beast. 2 (Mus) (dell'organo) wind chest. 3 (Mus) (del pianoforte) wrest plank.
somigliante a. 1 similar (a to), like (so.), alike (pred.), resembling: è molto ~ al nonno he is very like his grandfather; i due sono molto somiglianti tra di loro the two are very much alike, the two look very much like each other. 2 (rif. a ritratti, opere e sim.: fedele) faithful: un ritratto ~ a faithful portrait.
somiglianza f. resemblance, similarity, likeness: non vedo la minima ~ tra te e tua sorella I don't see the slightest resemblance between you and your sister. □ (lett)a ~ similar (di to), in the likeness (di of), like (so.).
somigliare (somìglio, somìgli) I v.i. (aus. essere/avere) 1 to look like (a qcu./qcs. so./ sth.), to resemble (a qcu./qcs. so./sth.), to be like (a qcu./qcs. so./sth.), to be similar (a qcu./qcs. to so./sth.): questo palazzo somiglia a un alveare this building is like a beehive; questo ritratto non somiglia all'originale this portrait does not resemble the original. 2 (rif. a membri di una stessa famiglia) to take after (so.): somiglia al padre he takes after his father. II v.r.recipr. somigliarsi to resemble each other, to be alike, to look alike, to be similar: si somigliano come due gocce d'acqua they are as alike as two peas in a pod.
somma f. 1 (Mat) (addizione) addition. 2 (risultato di un'addizione) sum, amount, total amount: la ~ ammonta a due milioni di euro the total comes to two million euros. 3 (quantità di denaro) sum, sum of money, amount of money: guadagnare una forte ~ to earn a great amount, to earn a great amount of money. 4 (complesso risultante dall'insieme di più cose) total, sum total,

sum, whole, whole amount: la ~ dei nostri sforzi the sum total of our efforts. 5 (sostanza, conclusione) conclusion: questa è la ~ del suo discorso this is the conclusion of his lecture. 6 (Mediev) (esposizione scolastica) summa. □ ~algebrica algebraic sum; ~ aritmetica arithmetic sum; ~complessiva aggregate sum, total amount; in quest'affare ha guadagnato una ~ considerevole he made a considerable profit on this deal; ~ depositata sum deposited; (Inform) ~di controllo checksum;fare la ~ di to add, to add up, to add together, to sum: fare la ~ di due numeri to add up two numbers; ~forfettaria (o ~globale) lump sum; ~versatain acconto down payment, advance payment, deposit; ~ data in cauzione security, guarantee, caution money, (Am) bond; (fig,lett)in ~delle somme (in ultima analisi) in the final analysis, in the last analysis; ~parziale subtotal.
sommacco (pl. -chi) m. (Bot) sumac, sumach.
sommamente avv. 1 (preposto a verbi) greatly, extremely. 2 (preposto ad aggettivi) extremely, most.
sommare (sómmo) I v.t. to add, to add up, to add together, to sum (anche estens): ~ un numero con (o a) un altro to add one number to another, to add up two numbers; alla fatica devi ~ anche il tempo speso per finire il lavoro besides the trouble, you have to add the time spent in finishing the job. II v.i. (aus. avere/essere) (ammontare) to amount: le perdite sommano a due milioni di euro losses amount to two million euros. III v.pron. sommarsi (fig) (aggiungersi) to follow, to come: a questa disgrazia si è sommata anche la malattia del padre on top of this disaster came his father's illness. □ tutto sommato all considered, all things considered.
sommariamente avv. 1 (in breve, per sommi capi) briefly, in a nutshell. 2 (Dir) summarily.
sommarietà f. (rar) summariness.
sommario[1] a. 1 concise, brief, summary: un'esposizione sommaria dell'accaduto a brief account of the event. 2 (Dir) summary: processo ~ summary proceedings; esecuzione sommaria summary execution.
sommario[2] m. 1 (compendio) summary, compendium, (lett) epitome. 2 (indice) index, table of contents: ~ di un trattato index of a treatise. 3 (TV) news headlines pl. □ (TV) il ~delle notizie the news headlines.
sommatoria f. (Mat) summation.
sommelier /somme'lje/ m./f.inv. sommelier, wine waiter.
sommergere (pres.ind. sommèrgo, sommèrgi; p.rem. sommèrsi; p.p. sommèrso) v.t. 1 (inondare) to submerge, to flood: la campagna fu sommersa dalle acque the countryside was flooded by the waters. 2 (far affondare) to sink, to send sth. to the bottom, to scuttle: enormi onde sommersero la barca huge waves sank the boat. 3 (fig) (colmare, ricoprire) to overwhelm, to cover, to inundate: ~ qcu. di insulti to cover so. with insults. 4 (fig,lett) (estinguere, far scomparire) to erase, to extinguish. □ (fig) essere sommerso dai debiti to be up to one's neck in debts; (fig) essere sommersodal lavoro to be up to one's neck in work, to be inundated with work.
sommergibile I a. submersible. II m. (Mar) submarine, sub. □ (Mar) ~a propulsione nucleare (o ~ atomico) nuclear-powered submarine, nuclear submarine; (Mar) ~posamine mine-laying submarine.

sommergibilista *m.* (*Mar*) submariner, a crew member on a submarine.

sommerso I *a.* **1** (*inondato*) submerged, flooded, underwater (*attr.*): *città sommersa* submerged city. **2** (*affondato*) sunk. **3** (*fig*) (*avvolto*) wrapped, shrouded. **4** (*fig*) (*sopraffatto*) inundated, overwhelmed. **5** (*Econ*) (*che sfugge al controllo*) hidden, (*Am*) off-the-books (*attr.*), illegal, black. **II** *m.* (*Econ*) hidden economy, black economy, (*Am*) off-the-books economy, underground economy.

sommessamente *avv.* **1** (*silenziosamente*) softly, quietly, low, in a low voice: *piangere ~* to weep softly; *parlare ~* to talk in a low voice, to talk in subdued tones. **2** (*umilmente*) humbly, meekly.

sommesso *a.* **1** (*lett*) (*sottomesso*) submissive, meek. **2** (*rif. a suoni: basso, contenuto*) soft, low, subdued.

somministrare (**somministro**) *v.t.* **1** to give, to administer: *~ una medicina* to give a medicine, to medicate. **2** (*scherz*) (*rif. a schiaffi e sim.*) to deal, to deliver, (*colloq*) to land, to give: *~ uno schiaffo a qcu.* to give so. a slap. ☐ (*Dir*) *~ gli alimenti* to provide maintenance, to pay alimony; (*Rel.catt*) *~ un sacramento* to administer a sacrament.

somministratore *m.* (*f.* **-trice**) **1** administrator, giver. **2** (*Dir*) purveyor.

somministrazione *f.* **1** (*il somministrare*) administration, giving. **2** (*cosa somministrata*) supply, provision. **3** (*Dir*) purveyance. ☐ (*Rel.catt*) *~ di sacramenti* administration of the Sacraments.

sommissione *f.* (*lett*) submission, submissiveness.

sommità *f.* **1** (*vetta*) summit, peak, top: *la ~ di un monte* the summit of a mountain, a mountain peak, a mountain top; *la ~ di un albero* a tree top. **2** (*fig*) summit, peak, height, culmination, apex, climax: *la ~ della gloria* the peak of glory; *essere alla ~ della gloria* to be at the height of one's glory.

sommo I *a.* **1** (*altissimo*) very high, very tall. **2** (*il più alto*) highest, tallest, topmost. **3** (*il più elevato*) supreme, highest. **4** (*fig*) (*massimo*) (the) greatest, (the) highest, prime, extreme, top: *una questione di somma importanza* a question of prime importance, a question of the greatest importance; *il ~ bene* the greatest good. **5** (*fig,rar*) (*eccellente*) excellent, outstanding, great: *un ~ poeta* an outstanding poet, a great poet. **II** *m.* **1** summit, peak, top. **2** (*fig*) summit, peak: *raggiungere il ~ del successo* to reach the peak of success. ☐ *il ~ artefice* (*Dio*) the supreme Architect; *il ~ Bene* (*Dio*) Supreme Good; *per sommi capi* briefly, covering the main points, in a nutshell: *esporre per sommi capi* to outline; *narrare per sommi capi il contenuto di un romanzo* to outline briefly the plot of a novel; *il ~ fattore* (*Dio*) our Maker; *il ~ gerarca* the Pope; *in ~ grado* to the highest degree, in the highest degree; *~ pontefice* Supreme Pontiff, Sovereign Pontiff; *~ sacerdote*: 1 (*Bibl*) High Priest; 2 (*Rel.catt*) (*Papa*) Pope.

sommossa *f.* (*insurrezione*) rising, uprising, rebellion, insurrection: *reprimere una ~ popolare* to suppress a popular uprising.

sommovimento *m.* **1** (*il sommuovere*) agitation, stirring. **2** (*l'essere sommosso*) agitation. **3** (*rif. a terra*) tremor. **4** (*tumulto*) commotion, tumult, agitation.

sommozzatore *m.* **1** (*f.* **-trice**) diver, (*in apnea*) skin diver, (*con respiratore*) scuba diver. **2** (*Mar.mil*) (*uomo rana*) frogman.

sommuovere (*pres.ind.* **sommuovo**; *p.rem.*

sommossi; *p.p.* **sommosso**) *v.t.* (*lett*) **1** (*muovere con violenza*) to shake, to stir, to stir up, to agitate. **2** (*fig*) (*istigare alla rivolta*) to stir up, to rouse: *~ il popolo* to stir up the people.

sonagliera *f.* harness bells *pl.*

sonaglino *m.* (*giocattolo*) rattle.

sonaglio *m.* **1** (*giocattolo*) rattle. **2** (*rif. a slitta*) jingle bell.

sonante *a.* **1** sounding, resounding. **2** (*che emette un suono metallico*) ringing.

sonar *m.inv.* (*Tecn*) sonar.

sonare *e der.* → **suonare** *e der.*

sonata *f.* (*Mus*) sonata: *una ~ per violino e pianoforte* a sonata for violin and piano.

sonda I *f.* **1** (*Med,Dent*) probe. **2** (*Minier*) drill. **3** (*Mar*) (*scandaglio*) sounding line, sounding lead. **II** *a.inv.* (*posposto*) sounding: *pallone ~* sounding balloon. ☐ (*Minier*) *~ a percussione* percussion drill, (*portatile*) churn drill; (*Minier*) *~ a rotazione* rotary drill; *~ acustica* sound probe; *~ atmosferica* sonde; (*Minier*) *~ di perforazione* boring drill; (*Med*) *~ esploratrice* exploratory probe; (*Med*) *~ gastrica* stomach tube, stomach pump; (*Astron*) *~ lunare* lunar probe, moonprobe; *~ meteorologica* sonde; (*Astron*) *~ spaziale* space probe; (*Minier*) *~ termica* thermal probe.

Sonda ☐ (*Geog*) *isole della ~* Sunda Islands.

sondabile *a.* soundable.

sondaggio *m.* **1** sounding. **2** (*fig*) (*indagine*) survey, poll, research, test, enquiry, (*Am*) inquiry. **3** (*Med*) probe, sounding. **4** (*Minier*) drilling, boring. **5** (*Statist*) survey, poll. ☐ *~ di opinione* (*pubblica*) opinion poll, poll, opinion survey, Gallup poll, public opinion poll; *~ esplorativo*: 1 (*fig*) (*indagine conoscitiva*) exploratory survey; 2 (*Minier*) scout hole, scout boring; (*fig*) *fare un ~ presso qcu.* to sound so. out; *~ telefonico* phone poll.

sondaggista *m./f.* pollster.

sondaggistico *a.* survey (*attr.*), poll (*attr.*).

sondare (**sondo**) *v.t.* **1** to sound: *~ il fondo del mare* to sound the bottom of the sea. **2** (*fig*) to sound, to sound out, to investigate, to enquire, (*Am*) to inquire, to probe. **3** (*fig*) (*indagare*) to survey, to poll, to sample, to test. **4** (*Med,Fis*) to probe. **5** (*Minier*) to drill, to bore. ☐ (*fig*) *~ il terreno presso qcu.* to sound so. out.

sondatore *m.* **1** (*f.* **-trice**) (*addetto*) driller. **2** (*Minier*) (*strumento*) borer.

sondino *m.* (*Med*) stomach tube.

sonettista *m./f.* (*Lett*) sonneteer, sonnet writer.

sonetto *m.* (*Lett,Metr*) sonnet. ☐ (*Lett, Metr*) *~ caudato* (o *~ con la coda*) tailed sonnet; (*Lett,Metr*) *~ dedicatorio* dedicatory sonnet.

sonico (*pl.* **-ci**) *a.* sonic: *barriera sonica* sonic barrier, sound barrier.

sonnacchiosamente *avv.* drowsily, sleepily.

sonnacchioso *a.* **1** drowsy, sleepy. **2** (*fig, lett*) (*indolente*) idle, lazy, apathic.

sonnambulismo *m.* somnambulism, (*colloq*) sleepwalking.

sonnambulo I *m.* (*f.* **-a**) somnambulist, (*colloq*) sleepwalker. **II** *a.* somnambulistic, (*colloq*) sleepwalking.

sonnecchiare (**sonnecchio**, **sonnecchi**; *aus.* **avere**) *v.i.* **1** to drowse, to nod, to doze. **2** (*fig*) (*essere poco attivo*) to take it easy.

sonnellino *m.* nap, doze, (*colloq*) forty winks (*costr.sing.* o *pl.*): *fare un ~* to take a nap, to have a nap, to doze, (*Am*) to get some shuteye.

sonnifero I *m.* (*Farm*) sleeping pill, sleep-

ing tablet. **2** (*ant*) (*pozione*) sleeping draught, (*lett*) sleeping potion. **II** *a.* (*rar,lett*) soporific, somniferous, sleep-inducing, sleeping.

sonniloquio *m.* (*rar*) somniloquy, sleep talking.

sonniloquo *m.* (*rar*) somniloquist.

sonno *m.* **1** sleep: *avere un sonno agitato* to have an uneasy sleep; *primo ~* first sleep. **2** (*desiderio, bisogno di dormire*) sleep, sleepiness, drowsiness: *vincere il ~* to overcome one's sleepiness; *la città era immersa nel ~* the town was immersed in sleep; *quel rumore mi aveva fatto passare il ~* because of the noise I heard, I couldn't sleep any longer. **3** (*poet*) (*sogno*) dream. ☐ *avere ~* to be drowsy, to be sleepy; *dormire il ~ del giusto* to sleep the sleep of the just; *~ della morte* sleep of death; *avere il ~ duro* to be a deep sleeper, to be a sound sleeper, (*colloq*) to sleep like a log; (*fig*) *~ eterno* eternal repose, everlasting sleep; *fra il ~ e la veglia* half asleep; (*lett*) *~ invernale* (*letargo*) winter sleep; *~ leggero* light sleep: *avere il ~ leggero* to be a light sleeper; (*Fisiol*) *~ lento* NREM sleep; (*fig*) *mettere a qcu.* to send so. to sleep, to make so. sleepy; *nel ~* in one's sleep: *parlare nel ~* to talk in one's sleep; (*Fisiol*) *~ NREM* NREM sleep; (*Fisiol*) *~ paradosso* REM sleep; *perdere il ~* to lose (one's) sleep: *ci ho perso il ~* I lost my sleep over it; *~ pesante* deep sleep; *avere il ~ pesante* to be a deep sleeper, to be a sound sleeper, (*colloq*) to sleep like a log; *prendere ~* (*addormentarsi*) to get to sleep, to go to sleep: *non riuscire a prendere ~* to be unable to get to sleep; *mi ha preso un gran ~* (*sono molto assonnato*) I feel very sleepy; *~ profondo* sound sleep, deep sleep: *addormentarsi d'un ~ profondo* to fall into a deep sleep; (*Fisiol*) *~ REM* REM sleep; *~ ristoratore* refreshing sleep; *dormire d'un ~ solo* to sleep right through the night; *essere tra il ~ e la veglia* to be half asleep, to be half awake; (*fig*) *dormire sonni tranquilli* to sleep peacefully; *mi è venuto ~* I feel sleepy, I feel drowsy.

sonnolento *a.* **1** (*assonnato*) sleepy, drowsy. **2** (*che induce il sonno*) soporiferous, soporific, sleep-inducing. **3** (*fig,lett*) (*tardo, lento*) sleepy, drowsy, lazy, sluggish.

sonnolenza *f.* **1** sleepiness, drowsiness, (*lett*) somnolence: *ho addosso una gran ~* I am very sleepy. **2** (*fig*) (*pigrizia, torpore*) torpor, lethargy, sluggishness. **3** (*Med*) somnolence.

sono → **essere**[1].

sonografia *f.* (*Med*) (*ecografia*) sonography.

sonometro *m.* (*Acus,Fis*) sonometer.

sonoramente *avv.* **1** (*rumorosamente*) loudly, noisily: *ridere ~* to laugh loudly. **2** (*fig*) (*a dovere*) soundly: *bastonare qcu. ~* to beat so. soundly. **3** (*relativo al suono*) sonorously.

sonorista *m.* (*Cin,TV*) sound engineer, recordist, sound recordist, sound effects man.

sonorità *f.* **1** sonorousness, resonance, sonority. **2** (*acustica*) acoustics (*costr.sing.*). **3** (*Fon*) sonority.

sonorizzare (**sonorizzo**) *v.t.* **1** (*Fon*) to voice. **2** (*Cin,TV*) to add the soundtrack to, to postsynch. **3** (*Cin,TV*) (*in lingua non originale*) to dub.

sonorizzatore *m.* (*f.* **-trice**) (*Cin,TV*) sound effects man. **2** (*in lingua non originale*) dubber.

sonorizzazione *f.* **1** (*Fon*) sonorization. **2** (*Cin,TV*) adding the soundtrack.

sonoro I *a.* 1 sonorous: *un metallo* ~ a sonorous metal. 2 (*estens*) (*ricco di risonanza*) sonorous, resonant, full-sounding: *una voce sonora* a sonorous voice; *una volta sonora* a resounding vault. 3 (*fig*) (*rumoroso*) noisy, loud, sonorous, resounding: *una risata sonora* a noisy laugh, a loud laugh, a resounding laughter. 4 (*fig*) (*clamoroso*) resounding, sound: *una sonora sconfitta* a resounding defeat, a serious defeat, a bad defeat. 5 (*fig*) (*enfatico*) sonorous, resonant: *i sonori versi del Carducci* the resonant lines of Carducci. 6 (*spreg,fig*) (*altisonante*) high-sounding, highflown, (*colloq*) highfalutin, (*colloq*) hifalutin, (*colloq*) highfaluting. 7 (*Fon*) sonorous, voiced. 8 (*Cin*) sound (*attr.*). 9 (*Acus*) sound (*attr.*): *onde sonore* sound waves. II *m.* 1 (*Cin*) (*film*) sound film, (*ant*) talkie. 2 (*colonna sonora*) soundtrack.

sontuosamente *avv.* sumptuously.

sontuosità *f.* sumptuousness.

sontuoso *a.* sumptuous, luxurious, grand.

sopimento *m.* 1 (*lett*) (*stato di torpore*) drowsiness, doze. 2 (*lett*) (*l'assopirsi*) dozing off, drowsing. 3 (*fig*) (*attenuazione*) placating, appeasing, soothing.

sopire (**sopìsco, sopìsci**) I *v.t.* 1 (*rar,lett*) to put to sleep, to send to sleep. 2 (*fig*) (*placare*) to placate, to appease, to soothe, to assuage: ~ *la collera di qcu.* to placate so.'s anger. II *v.pron.* **sopirsi** 1 (*lett*) (*addormentarsi*) to fall asleep. 2 (*fig*) (*placarsi*) to be subdued, to subside.

sopito *a.* 1 (*fig*) (*placato*) placated, appeased, soothed. 2 (*rar,lett*) asleep.

sopore *m.* (*stato simile al sonno*) drowsiness, light sleep.

soporifero *a.* 1 soporiferous, soporific, sleep-inducing. 2 (*fig,lett*) (*noioso*) dull, boring, tedious.

soporoso *a.* (*lett*) 1 soporiferous, soporific, sleep-inducing. 2 (*fig*) (*noioso*) dull, boring, tedious.

soppalcare (**soppàlco, soppàlchi**) *v.t.* (*Edil*) to build a mezzanine within (a room), to build an open loft within (room).

soppalcato *a.* (*Edil*) with a mezzanine, with an open loft.

soppalco (*pl.* **-chi**) *m.* 1 (*Edil*) mezzanine, open loft, intermediate floor, gallery. 2 (*armadio ricavato nella parte alta di un locale*) built-in wardrobe in the upper part of a room. 3 (*Edil,rar*) (*soffitta*) attic, garret, loft.

sopperire (**sopperìsco, sopperìsci**; *aus.* **avere**) *v.i.* 1 (*far fronte*) to provide (a for), to meet (sth.): ~ *ai bisogni della famiglia* to meet the family's needs. 2 (*supplire*) to make up: *sopperisce con l'operosità alla mancanza di intelligenza* he makes up for his lack of intelligence by hard work.

soppesare (**soppéso**) *v.t.* 1 (*fig*) (*valutare*) to weigh, to evaluate, to ponder, (*Br*) to weigh up: ~ *i pro e i contro* (*Br*) to weigh up the pros and the cons, (*Am*) to weigh the pros and cons. 2 (*giudicare il peso*) to weigh, to weigh in one's hand.

soppiantare (**soppiànto**) *v.t.* to supplant, to oust, to supersede, to replace: *è stato soppiantato da un suo collega nella simpatia al capo* he was ousted by a colleague, the boss's favourite; *il word processor ha largamente soppiantato le macchine da scrivere elettriche* the word processor has largely supplanted electric typewriters.

soppiatto □ *di* ~ (*di nascosto*) stealthily, on the sly: *entrare di* ~ to sneak in, to creep in, to steal in; *andarsene di* ~ to slip away, to sneak away, to steal away; *avvicinarsi a qcu. di* ~ to sneak up on so., to creep up on so.

sopportabile *a.* bearable, tolerable: *un dolore* ~ bearable pain; *difficilmente* ~ almost unbearable.

sopportabilmente *avv.* tolerably.

sopportare (**soppòrto**) I *v.t.* 1 (*reggere*) to support, to sustain, to bear: *quattro colonne sopportano la cupola* four columns support the dome; ~ *un peso* to bear a weight. 2 (*fig*) (*far fronte*) to bear, to face, to cope with: ~ *forti spese* to bear heavy expenses. 3 (*fig*) (*patire*) to bear, to endure, to suffer: ~ *un grande dolore* to bear a great sorrow. 4 (*fig*) (*subire con coraggio e rassegnazione*) to put up with, to cope with: *quante ne devi* ~*!* what a lot you have to put up with! 5 (*fig*) (*tollerare*) to stand, to take, to put up with: *non sopporto il caldo* I can't stand the heat, I can't take the heat; ~ *le persone moleste* to put up with bothersome people; *non sopporto che tu dica questo* I won't stand your saying that; *non sopporto che in casa mia si facciano queste cose* I won't allow such behaviour in my house. II *v.r.recipr.* **sopportarsi** to stand each other, to put up with each other: *quei due non si sopportano* they can't stand each other.

sopportazione *f.* 1 (*il sopportare*) endurance. 2 (*tolleranza*) patience, tolerance, forbearance: *anche la mia* ~ *ha un limite* there is a limit even to my patience, there is a limit even to what I'll put up with. 3 (*sufficienza*) haughtiness, condescension, superciliousness. □ *ascoltare qcu.* **con** ~ to listen condescendingly to so.

soppracciliare *a.* superciliary, of the eyebrow, near the eyebrow: *arcata* ~ superciliary ridge, superciliary arch.

soppressata *f.* (*Gastron*) sausage made of lean meat and cut lard cured with salt, pepper and spices.

soppressione *f.* 1 (*revoca*) suspension, suppression: ~ *delle garanzie costituzionali* suppression of constitutional guarantees, suppression of constitutional rights. 2 (*abolizione*) abolition: *la* ~ *di una legge* the abolition of a law; ~ *dei dazi doganali* abolition of customs duties. 3 (*scioglimento*) dissolution: *la* ~ *di un ordine religioso* the dissolution of a religious order. 4 (*uccisione violenta*) killing, (*Br*) liquidation, (*Am*) elimination, doing away with: *la* ~ *di un avversario politico* (*Br*) the liquidation of a political adversary, (*Am*) the elimination of a political adversary. 5 (*TV*) (*oscuramento*) blanking, blackout. 6 (*rif. a rivolte e sim.*) crushing: ~ *di una rivolta* the crushing of a revolt. 7 (*rif. a mezzi di trasporto*) cancellation. □ (*Dir*) ~ *di atti* suppression of documents; (*Dir*) ~ *di cadavere* doing away with a body; *la* ~ *di posti di lavoro* job cuts *pl.*; (*Dir*) ~ *di stato* concealment of birth; (*Rad*) ~ *d'interferenza* interference elimination.

soppresso *a.* 1 (*abolito*) abolished. 2 (*rif. a mezzi di trasporto*) cancelled: *il volo è stato soppresso* the flight has been cancelled. 3 (*ucciso*) killed, eliminated, liquidated.

soppressore *m.* (*Tecn*) suppressor. □ (*Tel*) ~ *d'eco* echo suppressor.

sopprimere (*pres.ind.* **sopprìmo**; *p.rem.* **sopprèssi**; *p.p.* **sopprèsso**) *v.t.* 1 (*abolire*) to abolish, to do away with, to eliminate: ~ *una carica* to do away with a post, (*Am*) to eliminate a position. 2 (*rif. a leggi*) to repeal. 3 (*rif. a mezzi di trasporto*) to cancel, to suppress. 4 (*eliminare*) to eliminate, to take out, to delete: ~ *una clausola contrattuale* to delete a clause from a contract. 5 (*lett*) (*rif. alla censura*) to cut, to cut out: *la censura ha soppresso due scene del film* the censors

have cut two scenes from the film. 6 (*uccidere*) to kill, to eliminate, to liquidate, (*colloq*) to do away with: ~ *un testimone pericoloso* to eliminate a dangerous witness.

soppunto *m.* (*nel cucito*) blind stitch.

sopra I *prep.* (*before personal pronouns it is used with the prep.* di *and rarely* a; *in colloquial use it is used with the prep.* a *before nouns*) 1 (*sovrapposizione: con contatto*) on, upon: *il libro è* ~ *la scrivania* the book is on the desk; *la casa sta* ~ *la collina* the house stands on the hill. 2 (*sovrapposizione: senza contatto*) over: *un lume pende* ~ *il tavolo* a light hangs over the table; *il ponte* ~ *il fiume* the bridge over the river. 3 (*per esprimere rivestimento*) over: *mettere un cappotto* ~ *le spalle* to put a coat over one's shoulders. 4 (*al di sopra di, più in alto di*) above: *l'aereo volava* ~ *le nubi* the plane was flying above the clouds; *a mille metri* ~ *il mare* at one thousand metres above sea level; ~ *lo zero* above zero. 5 (*per indicare vicinanza immediata*) on, near: *l'albergo è proprio* ~ *il lago* the hotel is right on the lake. 6 (*a nord di*) to the north of: *i monti* ~ *Torino* the mountains to the north of Turin. 7 (*al piano superiore*) over, above: *ha la casa* ~ *il negozio* his flat is over the shop, (*Am*) his apartment is above the shop. 8 (*moto: dal basso in alto*) onto: *il gatto è saltato* ~ *il tavolo* the cat jumped onto the table. 9 (*più di, più che*) above, more than: *si distingue* ~ *tutti gli altri* he stands out above all the others; *lo amo* ~ *ogni cosa* I love him more than anything else. 10 (*per esprimere superiorità, autorità, governo*) over: *regnare* ~ *molti popoli* to rule over many peoples. 11 (*oltre, più di*) over, more than: *il prezzo di questo mobile è* ~ *le seicento euro* the price of this piece of furniture is over six hundred euros. 12 (*oltre, più di: rif. all'età*) over, more than, older than, past: *essere* ~ *la cinquantina* to be over fifty, to be fifty something. II *avv.* 1 (*con contatto*) above, on top: *a destra ci sono i libri e* ~ *i dischi* the books are on the right and the records above, the books are on the right and the records on top of them; *i libri più belli stavano* ~ the best books were on top. 2 (*senza contatto*) above, over, overhead: *nella stanza c'è una credenza e di* ~ *un quadro* there is a sideboard in the room with a painting above it, there is a sideboard in the room with a painting over it. 3 (*al piano di sopra*) upstairs: *abitano* ~ they live upstairs. 4 (*sulla superficie superiore*) on the top, on the surface, on the outside, on top: *una torta con* ~ *la panna* a cake with whipped cream on top, a cake with whipped cream on it; *il coperchio* ~ *è smaltato* the lid is enamelled on the top, the lid is enamelled on the outside. 5 (*precedentemente*) above, previously, before, earlier: *di questo ho già parlato* ~ I spoke of this above, I mentioned this previously. III *a.inv.* 1 (*di sopra*) above (*posposto*), upstairs, next: *l'appartamento* ~ *è più grande* the flat above is larger, (*Am*) the apartment upstairs is larger; *la ditta si è trasferita al piano* ~ the firm has moved up to the next floor. 2 (*del piano superiore*) above (*posposto*), upstairs: *gli inquilini* ~ the tenants upstairs. IV *m.inv.* 1 (*parte superiore*) top, upper part, top part. 2 (*lato superiore*) top side, upper side. 3 (*rif. a vestiti*) upper part, top: *il* ~ *del corpetto* the upper part of the bodice; *il* ~ *del pigiama* the pyjama top. □ ~ *a*: 1 (*con contatto*) on, on top of; 2 (*senza contatto, stato*) above, over, overhead: *il cielo* ~ *a noi era limpido* the sky above was clear, the sky above us was clear;

al di ~ di: 1 (*più di*) more than, above, over and above: *al di ~ di ogni cosa* more than anything; *lo stimavo al di ~ di tutti gli altri* I esteemed him more than all the others; 2 (*superiore*) above, superior to: *essere al di ~ di ogni lode* to be above all praise; 3 (*maggiore*) over, above: *una temperatura al di ~ del normale* a temperature above normal; 4 (*oltre*) beyond, above: *essere al di ~ di ogni sospetto* to be beyond suspicion, to be above suspicion, to be above all suspicion; *vivere al di ~ delle proprie possibilità* to live beyond one's means; *è al di ~ delle sue forze* it is too much for him; *al di ~ dei partiti* above party politics; *come ~* as above; *da ~* from above; *di ~*: 1 (*usato come avverbio*) above, next: *il piano di ~* the floor above, the next floor; *visto di ~* seen from above; 2 (*usato come avverbio*: rif. *al piano superiore*) upstairs: *una stanza di ~* an upstairs room; *il papà è andato di ~* dad has gone upstairs; 3 (*usato come aggettivo posposto al nome*: *superiore*) upper, above (*posposto*): *la parte di ~* the upper part; *di ~ a*: 1 (*con contatto*) on, on top of; 2 (*senza contatto, stato*) above, over, overhead: *il cielo di ~ a noi era limpido* the sky above was clear, the sky above us was clear; *di cui ~* above-mentioned, aforesaid; *~ di sé* on oneself; (Econ) *~ la pari* above par, at a premium; *~ la pari* exchange above par; *lì ~* over there; *essere* (o *stare*) *~ pensiero* to be lost in thought, to be absent-minded; *più ~* farther up, further up; (fig) *stare ~ a qcu.*: 1 (*essergli superiore*: rif. *a gerarchie*) to be over so.; 2 (*stargli addosso*) to stand over so., to urge so., to press so.; *uno ~ l'altro* one on top of another.

soprabito m. (Abbigl) coat, jacket.

sopraccennato a. above-mentioned, aforesaid.

sopracciglio (pl. **le sopracciglia**; *ant* **i sopraccigli**) m. (Anat) eyebrow. □ *sopracciglia folte* bushy eyebrows.

sopraccitato a. above-mentioned, aforesaid, aforementioned, quoted above (*posposto*).

sopraccoperta I f. 1 (*copriletto*) bedspread, coverlet. 2 (Legat) book jacket, dust jacket. 3 (Mar) deck equipment. II *avv.* (Mar) on deck.

sopraciliare a. superciliary, of the eyebrow, near the eyebrow: *arcata ~* superciliary ridge, superciliary arch.

sopraddetto a. above-mentioned, aforesaid, aforementioned.

sopraddotare (**sopraddòto**) v.t. (lett) to dower.

sopraddote f. (lett) dower, dowry.

sopradetto a. (rar) above-mentioned, aforesaid, aforementioned.

sopraedificare v.t. to build on top of, to build on.

sopraelencato a. above-listed, listed above.

sopraelevare e der. → **soprelevare** e der.

sopraffacimento m. → **sopraffazione**.

sopraffare (pres.ind. **soprafàccio/sopraffò**, **sopraffai**, **sopraffà**; p.rem. **soprafféci**; p.p. **sopraffàtto**) v.t. 1 (*soverchiare*) to oppress, to dominate. 2 (*superare*) to overwhelm, to overcome, to overpower, to crush (anche fig): *~ il nemico* to overpower the enemy; *la stanchezza lo ha soprafatto* fatigue overwhelmed him; *~ qcu. con le chiacchiere* to overwhelm so. down with talk; *essere soprafatto dalla gioia* to be overcome by joy; *essere soprafatto dal dolore* to be overcome with grief.

sopraffattore m. (f. **-trice**) oppressor, bully.

sopraffazione f. 1 (*il soprafare*) overwhelming, overpowering. 2 (*oppressione*) oppression, bullying. 3 (*sopruso*) abuse of power, outrage, bullying. □ *non tollero soprafazioni* (Br) I will not be put upon, (Am) I do not tolerate being bullied.

sopraffino a. 1 extra fine, first-rate, first-class, best-quality (attr.), premium, top grade: *cioccolato ~* best-quality chocolate, premium chocolate. 2 (fig) expert, excellent, master (attr.), supreme, consummate: *un ladro ~* an expert thief, a master thief.

sopraggitto m. (*nel cucito*) whipstitch. □ *cucire a ~* to whipstitch.

sopraggiungere (pres.ind. **sopraggiùngo**, **sopraggiùngi**; p.rem. **sopraggiùnsi**; p.p. **sopraggiùnto**; aus. **essere**) v.i. 1 (*arrivare*) to arrive, to come, to reach, to reach: *sopraggiunse un camion pieno di soldati* a truck full of soldiers arrived; *se non sopraggiungono i rinforzi siamo perduti* if the reinforcements don't come we're finished, if reinforcements don't reach us we're finished; *sopraggiunse la notte* night came, night fell. 2 (*arrivare inaspettatamente*) to turn up, to arrive unexpectedly, to come unexpectedly, to show up: *nel corso del comizio sopraggiunse la polizia* in the middle of the political rally the police arrived unexpectedly. 3 (*accadere*) to turn up, to arise, to occur: *se non sopraggiungono altre difficoltà* if other difficulties don't arise.

sopraggiunta f. addition, further addition. □ *per ~* (*inoltre*) besides, moreover.

sopraindicato a. above-mentioned, aforesaid, indicated above, aforementioned.

sopralluogo (pl. **-ghi**) m. 1 (*ispezione*) on-the-spot investigation, on-the-spot inspection: *fare un ~* to make an on-the-spot inspection. 2 (Dir) inspection, official examination: *ordinare un ~* to order an inspection (anche Dir).

soprammanica f.spec.pl. (Abbigl,ant) oversleeves pl.

soprammenzionato a. above-mentioned, aforesaid, mentioned above, aforementioned.

soprammercato □ (scherz,rar) *per ~* (*per giunta*) in addition, into the bargain, what's more, to cap it all, to top it off.

soprammobile m. ornament, knickknack, knickknack.

sopranazionale a. supranational, supernational.

soprannaturale I a. 1 supernatural (anche Filos,Rel). 2 (fig) extreme, superhuman: *forza ~* superhuman strength. II m.inv. supernatural.

soprannome m. nickname, pseudonym.

soprannominare (**soprannòmino**) v.t. 1 to nickname. 2 (*con nome descrittivo*) to dub: *la stampa lo ha soprannominato il re degli scacchi* the press dubbed him the King of Chess.

soprannominato a. nicknamed, called, known as.

soprannumerario a. supernumerary (anche burocr): *dito ~* supernumerary finger.

soprannumero I avv. supernumerary. II a. supernumerary, extra. □ *in ~* supernumerary, in excess (posposto), extra, redundant: *personale in ~* redundant staff.

soprano m. (Mus) soprano. □ (Mus) *~ leggero* light soprano; (Mus) *~ lirico* lyric soprano; (Mus) *~ lirico leggero* light soprano, lyric soprano.

sopranominato a. above-mentioned,

aforesaid, mentioned above, aforementioned.

sopraornato m. (Arch,rar) entablature.

soprapassaggio m. (Strad) flyover, (Am) overpass.

soprappaga f. (rar) extra money, bonus.

soprappensiero avv. absent-minded, lost in thought: *essere ~* to be lost in thought, to be absent-minded.

soprappeso m. (Med) (*sovrappeso*) overweight, excess weight. □ *per ~* in addition, into the bargain, what's more, to cap it all, to top it off.

soprappiù m. extra, surplus. □ *essere di ~* (*essere di troppo*) to be in excess; *in ~* (o *per ~*) besides, in addition.

soprapporta m. 1 (Arch) (*ornamento*) ornamental panel (over a door), decorative lintel. 2 (Edil) (*finestrino*) fanlight, (Am) transom.

soprapprezzo m. → **sovrapprezzo**.

soprapprofitto m. (Econ) excess profits pl., excess profit, extra profit, extra profits pl.

soprarazionale a. superrational.

soprascarpa f. galosh, overshoe: *soprascarpe di gomma* rubber overshoes, (Br) rubbers.

soprascritta f. (rar) (*indirizzo*) address.

soprasensibile I a. supersensible, supersensory. II m.inv. (the) supersensible.

soprassalto m. start, jump. □ *di ~* with a start: *svegliarsi di ~* to wake up with a start.

soprassaturare (**soprassàturo**) v.t. (Chim, Fis) to supersaturate.

soprassaturazione f. (Chim,Fis) supersaturation.

soprassaturo a. (Chim,Fis) supersaturated.

soprassedere (pres.ind. **soprassièdo** /lett **soprassèggo**, **soprassièdi**; p.rem. **soprassedéi/soprassedètti**; p.p. **soprassedùto**; aus. **avere**) v.i. to postpone (a qcs. sth.), to delay (a qcs. sth.), to defer (a qcs. sth.), to put (sth.) off.

soprassoglio m. (Edil) 1 (*architrave*) architrave. 2 (*rialzo provvisorio sugli argini*) bank of sandbags.

soprassoldo m. (ant,rar) extra pay, extra money.

soprastallia f.spec.pl. (Mar,ant) demurrage: *giorni di ~* demurrage days.

soprastruttura f. 1 (Edil,Mar,Filos) superstructure. 2 (fig) (*inutile aggiunta*) superfluity.

soprattacco (pl. **-chi**) m. (Calz) 1 (*di cuoio, di gomma*) heelpiece, heeltap. 2 (*di metallo*) heel-plate.

soprattassa f. 1 surtax, surcharge. 2 (Post) additional postage. 3 (Post) (*per affrancatura insufficiente*) (extra charge for) postage due.

soprattutto avv. 1 above all, most of all, above anything else: *è affezionato ~ al fratello maggiore* he is fond of his older brother most of all. 2 (*specialmente*) particularly, especially: *mio figlio s'interessa ~ di matematica* my son is particularly interested in mathematics.

sopravanzare (**sopravànzo**) I v.i. (aus. **essere**) (rar) to be left, to be left over, to remain: *non sopravanza nulla* there is nothing left. II v.t. (*superare*) to surpass, to exceed.

sopravanzo m. 1 (*ciò che rimane di un tutto*) remainder. 2 (*eccedenza*) surplus, excess. □ *essere di ~* to be left over, to be in excess.

sopravvalutare (**sopravvalùto/sopravvàluto**) I v.t. 1 to overestimate, to overrate. 2 (Econ) to overestimate, to overvalue. II v.pron. **sopravvalutarsi** to overestimate oneself.

sopravvalutazione *f.* **1** overestimation, overrating. **2** (*Econ*) overestimation, overvaluation.

sopravvenienza *f.* **1** (*arrivo imprevisto*) unexpected arrival, sudden arrival. **2** (*Econ*) contingency. □ (*Econ*) *sopravvenienze*▸*attive* contingent assets, contingency assets, casual profits, non-operating profits, non-operating losses, windfall gains; (*Econ*) *sopravvenienze passive* contingent liabilities, casual losses, windfall losses, contingency liabilities.

sopravvenire (*pres.ind.* **sopravvèngo**, **sopravvièni**; *p.rem.* **sopravvénni**; *p.p.* **sopravvenùto**; *aus.* **essere**) *v.i.* **1** (*accadere*) to come about. **2** (*capitare*) to occur, to happen. **3** (*rar*) (*sopraggiungere*) to arrive suddenly, to arrive unexpectedly: *sopravvenne il maestro e tutti tacquero* the teacher arrived suddenly and everyone stopped talking. **4** (*rar*) (*arrivare per caso*) to turn up.

sopravvento I *avv.* (*Mar*) (to) windward, upwind: *navigare* ~ to sail upwind. II *a.inv.* (*esposto all'azione del vento*) windward, upwind, weather: *versante* ~ weather side. III *m.inv.* **1** (*Mar*) windward, windward side. **2** (*fig*) (*predominio, superiorità*) upper hand, whiphand, superiority: *prendere il* ~ to get the upper hand, to get the whiphand, to prevail.

sopravveste *f.* **1** (*Stor*) overgarment. **2** (*Mil, ant*) surcoat.

sopravvissuto I *a.* **1** (*rimasto in vita*) surviving. **2** (*fig*) (*sorpassato*) dated, outdated, antiquated. II *m.* **1** (*superstite*) survivor. **2** (*fig*) (*persona sorpassata*) fossil, fogy, old fogy, fogey, old fogey.

sopravvivenza *f.* **1** (*nei confronti di altre persone*) survival, outliving: *la* ~ *del padre al figlio* a father's survival of his son, a father's outliving of his son. **2** (*il rimanere in vita*) survival, surviving: *in caso di* ~ in case of survival; *lotta per la* ~ fight for survival. **3** (*rif. all'anima*) living on, survival, surviving. **4** (*usanza o cosa sopravvissuta*) relic, fossil. **5** (*Dir*) survivorship.

sopravvivere (*pres.ind.* **sopravvivo**; *p.rem.* **sopravvissi**; *p.p.* **sopravvissùto**; *aus.* **essere**) *v.i.* **1** (*nei confronti di altre persone*) to survive (*a qcu.* so.), to outlive (*a qcu.* so.): ~ *ai propri figli* to outlive one's children. **2** (*scampare*) to survive (*a qcs.* sth.), to be a survivor (*a qcs.* of sth.): ~ *a una sciagura* to survive a terrible accident. **3** (*continuare a vivere*) to live on, to survive, to linger: ~ *nella memoria di qcu.* to live on in so.'s memory. **4** (*fig*) (*rif. a tradizioni e sim.*) to endure, to survive, to last. **5** (*fig*) (*tirare avanti*) to keep going, to make ends meet.

sopredificare *v.t.* to build on top of, to build on.

soprelevare (**soprelèvo**) I *v.t.* **1** (*Edil*) (*alzare*) to raise. **2** (*Edil*) (*di un piano*) to add a floor to, to add a storey to: ~ *un palazzo di un piano* to add a floor to a building. **3** (*Strad, Ferr*) to bank, to superelevate: ~ *una strada* to bank a road. II *v.pron.* **soprelevarsi** to tower (*su* above): *il nuovo grattacielo si sopreleva su tutta la città* the new skyscraper towers above the whole city.

soprelevata *f.* **1** (*Ferr*) overhead railway, elevated railway. **2** (*Strad*) overhead road, elevated road.

soprelevato *a.* **1** (*Strad,Ferr*) banked, superelevated: *curva soprelevata* banked curve. **2** (*Edil*) (*rif. a parte di edificio*) added. **3** (*Edil*) (*rif. a edificio*) raised.

soprelevazione *f.* **1** (*Edil*) (*di edificio*) raising. **2** (*di un piano*) addition of a

floor, addition of a storey. **3** (*Edil*) (*parte soprelevata*) part raised, part built on. **4** (*Edil*) (*piano aggiunto*) additional floor, added storey. **5** (*Strad,Ferr*) superelevation.

soprintendente *m.* superintendent, supervisor. □ ~ *alle antichità e belle arti* Head of the Monuments and Fine Arts Department.

soprintendenza *f.* **1** supervision, superintendence. **2** (*ente*) Service, Government office: ~ *alle antichità e alle belle arti* Monuments and Fine Arts Department.

soprintendere (*pres.ind.* **soprintèndo**; *p.rem.* **soprintési**; *p.p.* **soprinteso**; *aus.* **avere**) *v.i.* to superintend (*a qcs.* sth.), to supervise (*a qcs.* sth.), to be in charge (*a qcs.* of sth.): ~ *ai lavori* to supervise the works.

soprosso *m.* (*Med*) exostosis, bony outgrowth.

sopruso *m.* **1** abuse, abuse of power, bullying, injustice: *ricevere un* ~ to be taken advantage of, to be abused. **2** (*spec. rif. a compiti ingrati*) imposition. □ *fare un* ~ *a qcu.* to bully so.

soqquadro *m.* disorder, confusion, (*colloq*) mess, (*colloq*) topsy-turvy. □ *mettere a* ~ to turn topsy-turvy, to turn upside-down: *ha messo a* ~ *tutta la stanza* he turned the whole room upside-down.

sorba I *f.* (*frutto*) sorb apple, sorb.

sorbettare (**sorbétto**) *v.t.* **1** to freeze. **2** (*fig, scherz,rar*) (*sopportare con rassegnazione*) to put up with, to swallow. **3** (*fig,scherz,rar*) (*sopportare con rassegnazione: rif. a persone*) to endure, to put up with.

sorbettiera *f.* ice-cream freezer, ice-cream machine.

sorbettiere *m.* (*f.* **-a**) worker in an ice-cream factory.

sorbetto *m.* (*Dolc*) soft ice-cream, sorbet, (*Am*) sherbet: ~ *al limone* lemon sorbet.

sorbico (*pl.* **-ci**) *a.* (*Chim*) sorbic: *acido* ~ sorbic acid.

sorbire (**sorbìsco, sorbìsci**) *v.t.* **1** to sip: ~ *il caffè* to sip one's coffee. **2** (*fig,scherz*) (*sopportare con rassegnazione*) to put up with, to swallow. **3** (*fig,scherz*) (*sopportare con rassegnazione: rif. a persone*) to put up with, to endure: *mi sono dovuto* ~ *la suocera per tutta la sera* I had to put up with my mother-in-law all evening.

sorbo *m.* (*Bot*) service tree, sorb. □ (*Bot*) ~*degli uccellatori* (o ~*degli uccelli*) rowan, mountain ash.

sorbola *f.* (*frutto*) sorb apple, sorb.

Sorbona *n.pr.f.* Sorbonne.

sorcio *m.* (*pop*) (*topo*) mouse. □ (*fig*) *far vedere i sorci▸verdi a qcu.* to give so. a hard time, to come down on so. like a ton of bricks, to make so. see stars.

sorda *f.* (*Fon*) voiceless consonant, unvoiced consonant.

sordaggine *f.* (*rar*) slight deafness.

sordamente *avv.* **1** (*con suono cupo*) dully. **2** (*rar*) (*con livida ostilità*) bitterly: *odiare* ~ *qcu.* to hate so. bitterly.

sordastro *a.* hard of hearing, slightly deaf.

sordidamente *avv.* **1** (*ignobilmente*) filthily, sordidly. **2** (*spilorciamente*) sordidly, meanly.

sordidezza *f.* **1** (*sozzura*) filthiness. **2** (*fig*) (*turpitudine*) sordidness, baseness. **3** (*fig*) (*spilorceria*) sordidness, meanness.

sordido *a.* **1** (*sporco*) filthy, sordid, dirty, soiled. **2** (*fig*) (*turpe*) sordid, base. **3** (*fig*) (*avaro*) sordid, mean, greedy, (*lett*) avaricious, stingy.

sordina *f.* (*Mus*) **1** sordino. **2** (*per strumenti a corda e ottoni*) mute. **3** (*per pianoforte*)

damper. □ *in* ~: **1** softly: *cantare in* ~ to sing softly, to hum; **2** (*fig*) (*nascostamente*) on the sly, stealthily, behind the scenes; **3** (*fig*) (*senza clamore*) quietly: *la festa si svolse in* ~ the party was rather subdued; *il meeting si svolse in* ~ the meeting was a quiet affair;*mettere la* ~ to mute.

sordino *m.* **1** (*Mus*) sordino. **2** (*Teat*) (*di disapprovazione*) boo.

sordità *f.* **1** deafness. **2** (*Med*) (*mancanza di sensibilità*) insensitiveness. □ (*Med*) ~ *preverbale* deaf-mutism.

sordo I *a.* **1** deaf (*anche Med*). **2** (*fig*) (*smorzato*) dull, muffled, stifled: *un rumore* ~ a dull sound. **3** (*fig*) (*insensibile*) deaf, unresponsive, indifferent: *rimanere* ~ *alle preghiere di qcu.* to be deaf to so.'s pleas, to be deaf to so.'s entreaties. **4** (*fig*) (*tacito*) veiled, secret, hidden: *un* ~ *rancore* a veiled rancour. **5** (*fig*) (*non intenso ma prolungato*) dull, aching: *un dolore* ~ a dull ache. **6** (*Fon*) unvoiced, hard. II *m.* (*f.* **-a**) deaf person: *i sordi* the deaf (*costr.pl.*). □ ~ *come una campana* (*Br*) (as) deaf as a doorpost, (as) deaf as a post, (*Am*) (as) deaf as a doorknob, (*spreg*) stone-deaf; ~*da un orecchio* deaf in one ear; ~ *dalla nascita* deaf from birth, born deaf;*fare il* ~ to turn a deaf ear.

sordomutismo *m.* (*Med*) deaf-mutism.

sordomuto I *a.* deaf and dumb, deaf mute. II *m.* (*f.* **-a**) deaf mute.

sordone *m.* (*Ornit*) Alpine accentor.

sorella *f.* **1** sister (*anche fig*). **2** (*Rel*) (*monaca*) nun, sister; (*appellativo*) Sister. □ ~ *adottiva* adopted sister; ~*carnale* full sister, blood sister; ~*di latte* foster sister; ~*gemella* twin sister; ~*germana* sister german, full sister; *sorelle*▸*siamesi* Siamese twins.

sorellanza *f.* **1** (*relazione naturale*) sisterhood. **2** (*fig*) (*legame reciproco*) sisterhood, relationship.

sorellastra *f.* **1** (*sorella con la quale si condivide un solo genitore*) half-sister. **2** (*figlia del patrigno o della matrigna*) stepsister.

sorgente I *a.* **1** rising (*anche fig*): *la luna* ~ the rising moon. **2** (*Inform*) source: *codice* ~ source code. II *f.* **1** (*acqua che sgorga*) spring. **2** (*punto d'origine*) source, springhead, fountainhead: *le sorgenti del Tevere* the sources of the Tiber. **3** (*fig*) source, origin: *l'odio è* ~ *di tanti mali* hate is the source of much evil. **4** (*Fis,Inform*) source: ~ *di luce* source of light, light source. □ ~*artesiana* artesian spring; ~*carsica* karstic spring, karst spring; ~*d'acqua minerale* mineral spring; ~*di calore* source of heat; ~*di energia* energy source, source of energy; ~*luminosa* light source; ~*radioattiva* radioactive source; ~*sonora* sound source; ~*sottomarina* submarine spring; ~ *sulfurea* sulphur spring; ~*termale* hot spring, thermal spring.

sorgentifero, **sorgentizio** *a.* spring (*attr*), of a spring: *bacino* ~ spring catchment basin.

sorgere (*pres.ind.* **sórgo, sórgi**; *p.rem.* **sórsi**; *p.p.* **sórto**; *aus.* **essere**) *v.i.* **1** to rise: *il sole sorge alle sei* the sun rises at six. **2** (*lett*) (*levarsi*) to rise, to stand, to stand up. **3** (*erigersi*) to rise, to stand, (*lett,poet*) to arise: *nella valle sorge un'antica torre* an old tower rises in the valley. **4** (*scaturire: rif. ad acque*) to spring, to rise, to gush. **5** (*fig*) (*nascere*) to rise, to arise, to be born, to spring, to spring up: *dalle rovine sorse una nuova città* a new city rose from the ruins; *il centro di ricerche è sorto per iniziativa del comune* the research centre sprang up through the initiative of the town council. **6** (*fig*) (*avere origine*) to arise, to spring, to start, to originate, to come. **7** (*fig*) (*apparire*) to arise, to loom, to loom up, to come up, to crop up: *sono sorte delle difficoltà* some problems have cropped up. **8** (*fig,lett*) (*insorgere*) to rise, to rise up, to rebel, to revolt: *~ in armi* to rise up in arms. **9** (*fig,lett*) (*assurgere*) to rise, to ascend: *~ alle più alte cariche* to rise to the highest office. **II** *m.inv.* rising: *al primo ~ del sole* at the rising of the sun, at the first rising of the sun. □ *il ~ della luna* moonrise; (*fig*) *fare ~* to bring about, to cause, to raise: *far ~ un dubbio a qcu.* to raise a doubt in so.'s mind; (*ant*) *~ in piedi* to rise to one's feet.

sorgivo *a.* spring (*attr.*): *acqua sorgiva* spring water.

sorgo (*pl.* **-ghi**) *m.* (*Bot*) sorghum. □ *~ da scope* broomcorn.

soriano **I** *m.* (*Zool*) (*gatto soriano*) tabby, tabby cat, tiger cat. **II** *a.* tabby.

sormontabile *a.* (*rar*) surmountable (*anche fig*).

sormontare (**sormónto**) **I** *v.t.* **1** (*salire al di sopra*) to rise above, to surmount. **2** (*rif. ad acque*) to overflow: *le acque sormontavano gli argini* the water overflowed the banks. **3** (*fig*) (*superare*) to surmount, to overcome, to get round: *~ gravi difficoltà* to overcome great difficulties. **II** *v.i.* (*aus.* **essere**) (*Sart*) (*sovrapporsi con precisione*) to overlap.

sornione **I** *a.* sly, sneaky. **II** *m.* (*f.* **-a**) sly person, sneak, (*colloq,spreg*) slyboots (*costr.sing.*).

soro *m.* (*Bot*) sorus.

sororale *a.* (*lett*) sisterly, sister's, (*lett*) sororal.

sororicida **I** *m./f.* sororicide. **II** *a.* sororicidal.

sorpassare *v.t.* **1** (*oltrepassare: rif. a veicoli*) to overtake, to pass: *~ un autotreno* to overtake a trailer truck. **2** (*rif. ad altezza*) to be higher than: *l'acqua sorpassa il livello normale* the water is higher than normal. **3** (*rif. a persone*) to be taller than: *il figlio sorpassa il padre di dieci centimetri* the son is ten centimetres taller than his father. **4** (*fig*) to surpass, to outdo, to excel, to outstrip: *~ qcu. in abilità* to surpass so. in skill. **5** (*fig*) (*andare oltre*) to exceed, to overstep, to go beyond, to pass: *~ i limiti* (o *~ la misura*) to pass all bounds, to go too far. **6** (*Sport*) (*spec. rif. alla classifica*) to overtake.

sorpassato *a.* (*antiquato*) out-of-date, old-fashioned, dated, outdated, antiquated.

sorpasso *m.* (*Strad*) overtaking (*anche Sport*): *effettuare un ~* to overtake, to pass.

sorprendente *a.* **1** (*che provoca meraviglia*) surprising, astonishing, amazing: *un avvenimento ~* a surprising occurrence: *non c'è nulla di ~* there's nothing to wonder at, there's nothing surprising about it. **2** (*eccezionale*) surprising, astonishing, remarkable, outstanding: *intelligenza ~* remarkable intelligence. **3** (*inaspettato*) unexpected, unlooked-for. **4** (*inaudito*) unprecedent, unheard-of.

sorprendentemente *avv.* **1** (*eccezionalmente*) surprisingly, astonishingly, remarkably. **2** (*inaspettatamente*) unexpectedly.

sorprendere (**sorprési, sorpréso**) **I** *v.t.* **1** (*cogliere inaspettatamente*) to surprise, to take by surprise, to come upon, to catch, to overtake: *ci sorprese la pioggia* we were caught in the rain; *la sera li sorprese in aperta campagna* evening came upon them while they were still in open country; *essere sorpreso da un temporale* to be overtaken by a storm. **2** (*cogliere sul fatto*) to catch: *l'ho sorpreso di nuovo a fumare* I caught him

smoking again. **3** (*stupire, meravigliare*) to surprise, to astonish, to amaze: *tu mi sorprendi* you amaze me. **II** *v.pron.* **sorprendersi** **1** to catch oneself, to find oneself: *a volte mi sorprendo a pensare ancora a lei* sometimes I still catch myself thinking of her. **2** (*meravigliarsi*) to be surprised (*di* at, by), to be amazed (*di* at, by), to wonder (*di* at): *non mi sorprendo più di nulla* nothing surprises me any more; *quel che più mi sorprende in lui è la sua pigrizia* the most surprising thing about him is his laziness. □ *~ qcu. con le mani nel sacco* (o *~ qcu. in flagrante*) to catch so. red-handed; *~ la buona fede di qcu.* (*ingannare*) to deceive so., to take advantage of so.'s trust, to betray so.'s trust.

sorpresa *f.* **1** surprise: *fare una ~ a qcu.* to give so. a surprise. **2** (*fig*) (*irruzione*) raid: *la polizia ha fatto una ~ in una bisca* the police made a raid on a gambling den, the police raided a gambling den. **3** (*stupore, meraviglia*) surprise, amazement, astonishment. **4** (*piccolo regalo spec. nelle uova di Pasqua*) surprise, gift. **5** (*esclam.*) (*iron*) suprise, surprise! □ *a ~* surprise (*attr.*): *festa a ~* surprise party; *annuncio a ~* surprise announcement; *finale a ~* a twist, unexpected ending; *con ~*: **1** (*sorpreso*) in surprise: *con sua grande ~* to his great surprise, much to his surprise; **2** (*meravigliato, stupito*) in amazement, in wonder, wonderingly; **3** (*Comm*) with a surprise gift inside; *di ~*: **1** by surprise, unexpectedly, unawares: *cogliere di ~* to take aback, to take by surprise, to catch off guard; *un attacco di ~* a surprise attack; **2** (*all'improvviso*) suddenly.

sorpreso *a.* **1** surprised, caught: *essere ~ a rubare* to be caught stealing. **2** (*stupito, meravigliato*) surprised, amazed, astonished: *restare ~ di qcs.* to be amazed by sth., to be amazed at sth.

sorreggere (*pres.ind.* **sorrèggo, sorrèggi**; *p.rem.* **sorrèssi**; *p.p.* **sorrètto**) **I** *v.t.* **1** (*sostenere*) to support, to hold up, to prop, to bear: *le colonne sorreggono il soffitto* the pillars hold up the ceiling. **2** (*fig*) (*confortare*) to sustain, to buoy up, to support, to comfort. **3** (*fig*) (*aiutare*) to help, to assist, to back. **II** *v.pron.* **sorreggersi** (*reggersi in piedi*) to stand upright, to stay on one's feet.

Sorrento *n.pr.f.* (*Geog*) Sorrento: *golfo di ~* bay of Sorrento, Sorrento bay.

sorridente *a.* smiling (*anche fig*): *bocca ~* smiling mouth; *occhi sorridenti* smiling eyes.

sorridere (*pres.ind.* **sorrìdo**; *p.rem.* **sorrìsi**; *p.p.* **sorrìso**) **I** *v.i.* (*aus.* **avere**) **1** to smile (*a* on): *~ dell'ingenuità di qcu.* to smile at so.'s ingenuousness. **2** (*fig*) (*arridere*) to smile (*a* on), to favour (so.): *la fortuna gli sorride* fortune smiles on him; *la vita mi sorride* life smiles on me. **3** (*fig*) (*piacere*) to appeal, to please, to like (*costr.pers.*): *l'idea non mi sorride* the idea doesn't appeal to me, I don't like the idea, I don't care for the idea. **II** *v.r.recipr.* **sorridersi** to smile at each other.

sorriso *m.* smile (*anche fig*): *il ~ della natura* the smile of nature; *un ~ spuntò sulle sue labbra* a smile came to his lips. □ *fare un ~ a qcu.* to smile at so.; *fare ~ a ~* to smile, to give a smile; *fare grandi sorrisi* to smile brightly, to beam, to smile broadly; *~ luminoso* dazzling smile; *~ smagliante* radiant smile; *col ~ sulle labbra* with a smile on one's lips.

sorsata *f.* gulp, sip, draught, (*colloq*) slug, shot.

sorseggiare (**sorséggio, sorséggi**) *v.t.* to sip: *~ una bibita* to sip a drink.

sorsi → **sorgere**[1].

sorso *m.* sip, gulp, (*colloq*) slug, shot. □ *~ a ~* (*a a ~*) in sips: *bere qcs. ~ a ~* to sip sth.; *in un ~* in a single mouthful, at one gulp: *bere in un ~* to drink at one gulp, to swallow sth. down.

sorta *f.* sort, kind: *questa ~ di scherzi non mi piace* I don't like this kind of joke. □ *di ~* whatever, whatsoever, of any kind, at all (*spesso non si traduce*): *non c'è pericolo di ~* there's no danger whatsoever; *non c'è differenza di ~* there's no difference, there's no difference at all; *gente di questa ~* (o *gente di tal ~*) this kind of people, people like this; *una ~ di* a kind of, a sort of, like.

sorte *f.* **1** (*destino, fato*) fate, destiny: *essere in balia della ~* to be at the mercy of fate; *le sorti di una nazione* a nation's destiny. **2** (*destino individuale*) lot, fate: *lamentarsi della propria ~* to bewail one's lot, to bemoan one's fate; *la sua ~ è segnata* his fate is sealed. **3** (*evento fortuito*) chance, opportunity: *ho avuto la rara ~ di conoscerlo* I had the rare opportunity of meeting him. **4** (*rar*) (*fortuna*) luck, good luck: *hai avuto la ~ di trovare un buon amico* you had the luck to find a good friend. □ *a ~* (*a casaccio*) at random; *ebbe in ~ un patrimonio* a fortune fell to his lot, a fortune fell to him; *toccare in ~ a qcu.* to come in for so., to fall to so.'s lot; *meritare una ~ migliore* to deserve better luck; (*rar*) *per ~* (*per caso*) by chance.

sorteggiare (**sortéggio, sortéggi**) *v.t.* **1** (*estrarre a sorte*) to draw. **2** (*assegnare tirando a sorte*) to draw for, to draw lots for: *~ i premi* to draw for the prizes.

sorteggiato *a.* **1** drawn (*posposto*): *i premi sorteggiati* the prizes drawn. **2** (*estens*) (*vincente*) winning: *i biglietti sorteggiati* the winning tickets.

sorteggio *m.* drawing (*of lots*), draw: *fare il ~* to draw, to hold the draw. □ (*Sport*) *il ~ del campo* (*con tiro di monetina*) the toss.

sortilegio *m.* **1** (*magia*) sorcery, magic, witchcraft, sortilege. **2** (*incantesimo*) spell, charm. **3** (*divinazione*) divination. □ *fare un ~* to work magic, to cast a spell.

sortire[1] (**sortisco, sortisci**) *v.t.* **1** (*estens*) (*ottenere, produrre*) to have, to get, to achieve: *la cura non ha sortito l'effetto desiderato* the cure didn't have the desired effect. **2** (*lett*) (*avere in sorte*) to be endowed with: *~ un grande ingegno* to be endowed with great genius.

sortire[2] (**sòrto**; *aus.* **essere**) *v.i.* **1** (*pop*) (*uscire*) to go out. **2** (*rar*) (*uscire per sorteggio*) to be drawn. **3** (*Mil,ant*) (*fare una sortita*) to sortie, to make a sortie.

sortita *f.* **1** (*Mil*) sortie, sally: *fare una ~* to make a sortie, to make a sally, to sortie. **2** (*uscita spiritosa, arguzia*) sally, witty remark, (*colloq*) crack. **3** (*Teat*) entrance. **4** (*region*) (*l'uscire*) going out.

sorto → **sorgere**[1].

sorvegliante *m./f.* **1** (*guardiano, custode*) watchman, caretaker, keeper, guardian. **2** (*sovrintendente*) overseer, superintendent, supervisor. □ *~ ai lavori* work supervisor; *~ di fabbrica* overseer; *~ notturno* night watchman.

sorveglianza *f.* **1** supervision, surveillance, overseeing. **2** (*vigilanza*) watch, guard: *~ notturna* night watch. □ (*Dir*) *~ speciale* police surveillance.

sorvegliare (**sorvéglio, sorvégli**) *v.t.* **1** (*controllare*) to supervise, to oversee, to watch (over), to superintend: *il caposquadra sorveglia i lavori* the foreman supervises the work. **2** (*vigilare*) to watch over, to look after, to keep watch on, to keep an eye on: *puoi ~ i bambini mentre sono fuori?* can you look after the children while I am out? **3** (*seguire con attenzione*) to follow (closely), to watch: *~ lo sviluppo della situazione* to follow developments closely, to watch how things turn out. **4** (*pattugliare*) to patrol, to police: *le truppe sorvegliano il confine* the troops patrol the border.

sorvegliato I *a.* (*controllato*) watched, under watch, under surveillance. **II** *m.* (*f.* **-a**) person kept under surveillance. □ *un ~ speciale* a person under police surveillance.

sorvolare (**sorvólo**) **I** *v.t.* **1** to fly over, to overfly: *gli aerei sorvolarono la città* the planes flew over the city. **2** (*fig*) (*tralasciare*) to pass over, to overlook, (*colloq*) to skip: *~ un argomento* to skip a subject. **II** *v.i.* (*aus.* **avere**) (*fig*) (*non soffermarsi*) to pass over, (*colloq*) to skip (*su qcs.* sth.). □ (*iron*) *sorvoliamo* (*lasciamo perdere*) let's skip it, let's forget about it, never mind, drop it.

sorvolo *m.* flight over, flying over, overflight.

SOS *m.inv.* SOS (*anche fig*): *lanciare l'~* to send out an SOS.

sosia *m./f.inv.* double, twin, (*colloq*) lookalike: *essere il ~ di qcu.* to be so.'s double.

sospendere (**sospési**, **sospéso**) *v.t.* **1** (*interrompere*) to suspend, to break off, to interrupt: *sospendiamo la trasmissione per trasmettere un comunicato* we interrupt the programme to broadcast an announcement. **2** (*interrompere rinviando*) to adjourn, to suspend: *~ la seduta* to adjourn the session, to suspend the session. **3** (*cessare dopo un periodo di regolarità*) to stop, to halt, to discontinue: *i pagamenti* to stop payment. **4** (*rimandare*) to put off, to postpone, to delay, to defer: *~ la partenza* to put off one's departure. **5** (*privare temporaneamente di una carica*) to suspend. **6** (*appendere, attaccare in alto*) to hang, to hang up, to suspend. **7** (*Chim, Fis*) to suspend. **8** (*Inform*) to abort. **9** (*Dir*) to stay: *~ una pena* to stay a punishment; *~ una sentenza* to stay a sentence. □ (*Dir.can*) *~ qcu. a divinis* to suspend so. a divinis; *~ le contrattazioni* (*in Borsa*) to suspend trading; *~ un alunno dalla scuola* to suspend a pupil from school; *~ un'esecuzione* to reprieve; *~ il lavoro* to stop work; *~ le ostilità* to suspend hostilities; *~ la partita* to call off the game; (*Dir*) *~ un processo* to stay proceedings; *~ i voli* to cancel the flights.

sospensione *f.* **1** (*interruzione*) suspension. **2** (*rif. a riunioni e sim.: rinvio*) adjournment: *~ della sessione* adjournment of the session. **3** (*cessazione*) stoppage, stopping, halt, suspension: *~ delle ostilità* suspension of hostilities. **4** (*Dir*) stay, suspension: *~ dell'esecuzione* stay of execution. **5** (*burocr,Scol*) (*provvedimento disciplinare*) suspension: *~ dalle lezioni* suspension (from school). **6** (*Chim*) suspension. **7** (*Mecc, Aut*) suspension. **8** (*Aer*) (*cavo di sospensione*) suspension cable. **9** (*Sport*) (*tempo*) suspension, timeout. **10** (*l'appendere*) suspending, suspension, hanging, hanging up. **11** (*Dir.can*) suspension. **12** (*Ginn*) hang: *~ dorsale* back hang. **13** (*Anat,Zool*) suspensorium. □ (*Dir.can*) *~ a divinis* suspension a divinis; (*Aut*) *~ a molla* spring suspension; (*Aut*) *~ anteriore* front-wheel suspension; (*Mecc*) *~ cardanica* gimbals, cardan suspension; (*Dir*) *~ cautelare* precautionary suspension; (*Chim*) *~ colloidale* colloidal suspension; (*Dir*) *~ condizionale* (*della pena*)

probation; *~ dei pagamenti* suspension of payments, stoppage of payments; *~ del lavoro* work stoppage, lay-off; (*Dir*) *~ del processo* stay of proceedings; *~ della patente* confiscation of the driving licence; (*Econ*) *~ delle contrattazioni* (*in Borsa*) suspension of dealings; (*Comm*) *~ delle esportazioni* suspension of exports, export suspension; (*Comm*) *~ delle importazioni* suspension of imports, import suspension; (*Aut*) *~ elastica* elastic suspension; (*Aut*) *~ pneumatica* pneumatic suspension; (*Aut*) *~ posteriore* rear-wheel suspension.

sospensiva *f.* (*burocr,Parl*) suspension, adjournment, postponement.

sospensivo *a.* (*burocr*) suspensive, suspending.

sospensore *m.* **1** suspender, hanger. **2** (*Anat*) suspensory.

sospensorio I *a.* (*Anat*) suspensory: *legamento ~* suspensory ligament. **II** *m.* jock-strap, athletic support, (*Am*) athletic supporter.

sospeso *a.* **1** (*appeso*) hanging (*a* from), suspended (*a* from). **2** (*sollevato*) raised, in the air: *restò con la mano sospesa* he stood with his hand in the air; *ponte ~* suspension bridge. **3** (*fig*) (*interrotto*) suspended, broken off. **4** (*fig*) (*cessato*) discontinued, suspended, stopped. **5** (*fig*) (*rinviato*) postponed, deferred. **6** (*fig*) (*rif. a riunioni e sim.*) adjourned. **7** (*fig*) (*ansioso*) in suspense, anxious, worried. **8** (*burocr,Scol*) suspended. □ (*fig*) *~ a un filo* hanging by a thread; *in ~*: 1 (*burocr*) in abeyance, not attended to, not dispatched, pending: *tenere in ~ una pratica* to hold a matter in abeyance, to let a matter hang over, to let a matter lie; 2 (*rif. a conto*) outstanding, unpaid: *avere un conto in ~* to have an outstanding account; 3 (*fig*) in suspense, anxious: *tenere in ~ qcu.* to keep so. on tenterhooks, to keep so. in suspense; *restare ~ nel vuoto* to hang in space, to hang in mid-air; *essere ~ tra la vita e la morte* to hover between life and death.

sospettabile *a.* suspect, suspicious, that is open to suspicion.

sospettabilità *f.* liability to suspicion.

sospettare (**sospètto**) **I** *v.t.* **1** to suspect (*anche estens*): *~ qcu. di un furto* to suspect so. of a theft; *~ un inganno* to suspect trickery. **2** (*supporre, pensare*) to think, to suspect, to expect, to guess: *non avrei mai sospettato in lei tanto coraggio* I would never have thought she had so much courage. **II** *v.i.* (*aus.* avere) **1** (*avere sospetti di colpevolezza*) to suspect: *~ di qcu.* to suspect so. **2** (*diffidare*) to be suspicious (*di* of), to distrust (so.): *sospetta di tutti* he distrusts everyone. □ *non ~ minimamente* not to have the slightest suspicion.

sospettato I *a.* suspect, suspected: *essere ~ di qcs.* to be under suspicion of sth., to be suspected of sth. **II** *m.* (*f.* **-a**) suspect.

sospetto¹ *m.* **1** (*dubbio*) suspicion, mistrust, misgiving *pl.*: *nutrire sospetti* to harbour suspicions. **2** (*presentimento*) suspicion, inkling, hunch, feeling: *ha il ~ di avere un brutto male* she has the suspicion she has an incurable disease, she suspects that she has an incurable disease. □ *avere dei sospetti su qcs.* (o *su qcu.*) to suspect sth. (o so.); *avere dei sospetti su qcu. per qcs.* to suspect so. of sth.; *con ~* suspiciously, with suspicion: *guardare qcs. con ~* to regard sth. with suspicion; *guardare qcu. con ~* to look askance at so.; *senza ~* unsuspicious, unsuspecting.

sospetto² I *a.* **1** (*che desta diffidenza*) sus-

picious, suspect, open to suspicion: *un rumore ~* a suspicious noise; *un individuo ~* a suspicious character. **2** (*dubbio*) doubtful, suspicious: *essere di provenienza sospetta* to be of doubtful origin. **3** (*ritenuto possibile*) suspected: *sospetta frattura* suspected fracture. **II** *m.* (*f.* **-a**) (*indiziato*) suspect.

sospettosamente *avv.* suspiciously.

sospettosità *f.* suspiciousness.

sospettoso *a.* suspicious: *una natura sospettosa* a suspicious nature.

sospingere (**sospìngo**, **sospìngi**; **sospìnsi**, **sospìnto**) *v.t.* **1** to drive (on), to push: *la folla ci sospingeva verso l'uscita* the crowd pushed us towards the exit. **2** (*estens*) (*spronare, stimolare*) to spur (on), to urge (on), to prod, to incite: *si poteva sentire la folla che la sospingeva* you could hear the crowd urging her on.

sospinto *a.* driven.

sospirare (**sospìro**) **I** *v.i.* (*aus.* **avere**) **1** (*emettere sospiri*) to sigh: *perché sospiri?* why are you sighing? **2** (*fig*) (*esprimere sentimenti di dolore*) to sigh, to grieve, to lament, to bewail. **II** *v.t.* **1** (*desiderare*) to long for, to yearn for, to sigh after: *~ una vacanza* to long for a holiday. **2** (*avere nostalgia*) to long for, to be homesick for: *~ la patria lontana* to long for one's distant homeland. **3** (*estens*) (*attendere con ansia, struggersi*) to wait a long time for, to wait anxiously for: *mi fanno ~ quei soldi* they're making me wait long enough for that money. □ *farsi ~*: 1 (*farsi attendere*) to keep people waiting for one; 2 (*farsi vedere raramente*) to make oneself sought after; *~ per qcu.* (*esserne innamorato*) to sigh for so.

sospirato *a.* longed-for, desired, long-awaited: *il giorno tanto ~* the long-awaited day.

sospiro *m.* sigh: *emettere* (o *fare*) *un ~* to sigh, to give a sigh; *mandare un gran ~* to heave a deep sigh, to give a deep sigh. □ *un ~ di sollievo* a sigh of relief; *~ profondo* deep sigh.

sospirone *m.* (*colloq*) deep sigh, big sigh: *fare un ~* to give a deep sigh.

sospirosamente *avv.* sighing, sighingly, with sighs.

sospiroso *a.* (*lett*) **1** sighing, full of sighs. **2** (*malinconico*) melancholy, plaintive: *canto ~* plaintive air. **3** (*languido*) languishing.

sossopra *avv.* (*region,lett*) (*sottosopra*) upside down.

sost. (*Gramm*) sostantivo n. (noun).

sosta *f.* **1** stop, stopping, halt, halting: *faremo una ~ a Roma* we shall make a stop in Rome. **2** (*fermata, arresto*) stop, halt: *il lavoro ha subìto una ~* the work has come to a stop. **3** (*riposo*) rest. **4** (*fig*) (*pausa*) pause, stop, break. **5** (*fig*) (*tregua*) respite: *non dare ~ a qcu.* not to allow so. a respite. **6** (*Strad*) parking, waiting. □ (*Strad*) *~ a giorni alterni* parking on alternate days; (*Sport*) *~ ai box* (*nell'automobilismo*) pit stop; (*Strad*) *~ d'emergenza* emergency stopping only; *fare una ~*: 1 (*fermarsi*) to stop; 2 (*riposare*) to have a rest; (*Strad*) *in ~* stationary, stopped, (*parcheggiato*) parked; *~ interdetta* no parking; (*Strad*) *area di ~ limitata* limited waiting area, limited parking area; *~ limitata a un'ora* one-hour parking; (*Strad*) *~ regolamentata* restricted parking; *senza ~* (*senza interruzione*) nonstop, without a break: *lavorare senza ~* to work nonstop; (*Strad*) *~ vietata* no parking.

sostantivale *a.* (*Gramm*) noun.

sostantivamente *avv.* (*Gramm*) as a noun.

sostantivare *v.t.* (*Gramm*) to make sth. a

noun, to use sth. as a noun.
sostantivato *a.* (*Gramm*) noun, used as a noun.
sostantivazione *f.* (*Gramm*) substantivization.
sostantivo I *m.* (*Gramm*) noun. **II** *a.* 1 (*Gramm*) noun. 2 (*Chim*) substantive.
sostanza *f.* 1 (*Filos,Teol*) substance (*anche estens*): *badare alla ~ più che alla forma* to look to the substance rather than the form. 2 (*materia*) substance, material, matter: *~ plastica* plastic material, plastic. 3 (*fig*) (*essenza*) essence, substance, pith: *la ~ di un discorso* the pith of a speech, the essential points in a speech. 4 (*valore nutritivo*) nutrition, nutritive value, nourishment, food value: *la carne ha molta ~* meat has great nutritive value. 5 (*Biol,Chim*) substance. 6 *pl.* (*patrimonio*) substance (*costr.sing.*), possessions, property (*costr.sing.*): *ha ereditato tutte le sostanze paterne* he inherited all his father's property. □ *~ alimentare* foodstuff (*spec. al pl.*), food; (*Anat*) *~ bianca* white matter, white substance of Schwann; (*Med*) *~ cancerogena* carcinogenic substance; *~ chimica* chemical substance; (*Chim*) *~ colorante* dye, dyestuff; *dare ~* (*nutrire*) to nourish; (*Filos*) *~ divina* divine substance; *~ gassosa* gaseous matter; (*Chim,Alim*) *sostanze grasse* fatty substances; (*Anat*) *~ grigia* grey substance, grey matter; *in ~:* 1 (*insomma*) in short, to sum up, in conclusion; 2 (*essenzialmente*) essentially, fundamentally, in essence; (*Chim*) *~ inorganica* inorganic substance; *~ inquinante* polluting substance; *~ irritante* irritating substance; *~ liquida* liquid, liquid substance; (*Filos*) *~ materiale* material substance; (*Anat*) *~ midollare* marrow; *sostanze minerali* minerals; *~ nociva* noxious substance; (*Alim*) *~ nutritiva* nourishing substance, nutrient; (*Chim*) *~ organica* organic matter; (*Ott*) *~ otticamente attiva* optically active substance; *~ proteica* protein; (*Nucl*) *~ radioattiva* radioactive substance; (*Fot*) *~ sensibilizzante* sensitizer, sensitizing substance; *~ solida* solid; (*Filos*) *~ spirituale* spiritual substance; *~ stupefacente* narcotic, drug; *sostanze tossiche* poisonous substances, poisons.
sostanziale *a.* 1 (*essenziale*) essential, substantial, basic, important: *una differenza ~* a basic difference. 2 (*Filos*) substantial. 3 (*Dir*) (*non processuale*) substantive.
sostanzialità *f.* 1 (*Filos*) substantiality. 2 (*essenzialità*) essentiality.
sostanzialmente *avv.* substantially, essentially, in essence.
sostanzioso *a.* 1 (*nutriente*) nourishing, nutritious, rich, substantial: *cibo ~* nourishing food. 2 (*nutriente rif. a pasti*) hearty, substantial, filling. 3 (*fig*) (*denso di contenuti*) pithy, weighty, meaty. 4 (*fig*) (*cospicuo*) substantial, considerable.
sostare (*sòsto; aus.* **avere**) *v.i.* 1 (*fermarsi*) to stop, to halt: *sostarono un'ora per riposarsi* they stopped for an hour's rest. 2 (*fare una pausa*) to have a break, to stop, to pause. 3 (*rif. a veicoli: stare parcheggiati*) to stand, to wait, to park.
sostegno *m.* 1 support, wage-earner, prop (*anche fig*): *essere il ~ della famiglia* to be the wage-earner of one's family, to be the breadwinner. 2 (*Tecn*) support, brace, standard. 3 (*Econ*) support: *~ dei prezzi agricoli* farm price support. □ *a ~ di* supporting, (*fig*) in support of, in aid of; *dare ~ all'acconciatura* to make a hair style last; (*Econ*) *~ alle esportazioni* export incentives (*pl.*); (*Econ*) *~ all'occupazione* employment incentives

(*pl.*); *di ~* supportive, supporting: *pilastro di ~* pillar, bearer, buttress; *fare da ~* to support; *~ finanziario* financial support; *~ morale* support, moral support; (*Agr,Giard*) *~ vivo* (*costituito da altre piante*) plant supporting another plant.
sostenere (*pres.ind.* **sostèngo, sostièni**; *p.rem.* **sostenni**; *p.p.* **sostenùto**) *I v.t.* 1 (*reggere, portare su di sé*) to support, to hold up, to sustain, to bear: *i pilastri sostengono il tetto* the pillars hold up the roof; *se non l'avessi sostenuto sarebbe caduto* if I hadn't supported him he would have fallen; *quattro colonne sostengono la cupola* four columns support the dome; *~ un peso* to bear a weight. 2 (*fig*) (*prendere su di sé*) to bear, to take upon oneself, to shoulder, to face: *~ le spese* to bear expenses. 3 (*fig*) (*aiutare, soccorrere*) to help so. out, to back so. up, to stand by, to support: *~ un amico nella difficoltà* to stand by a friend in time of need. 4 (*fig*) (*difendere, patrocinare*) to support, to stand up for, to uphold, to defend: *~ la candidatura di qcu.* to support so.'s candidacy; *~ una causa* to defend a cause. 5 (*fig*) (*affermare con convinzione*) to assert, to maintain: *~ l'innocenza di qcu.* to assert so.'s innocence. 6 (*mantenere in forze*) to strengthen, to sustain, to help: *un'iniezione che sostiene il cuore* an injection that strengthens the heartbeat. 7 (*sopportare*) to stand, to bear, to endure: *non poté ~ il dolore* he couldn't bear the pain. 8 (*resistere, fare fronte a*) to resist: *~ l'urto del nemico* to resist the enemy attack. 9 (*Comm*) (*mantenere alto*) to support: *~ i prezzi* to support prices. **II** *v.i.* (*aus.* **avere**) (*affermare*) to assert, to maintain: *sostengo di essere innocente* I maintain I am innocent. **III** *v.pron.* **sostenersi** 1 (*mantenere una posizione eretta: rif. a persone*) to hold oneself up, to prop oneself up, to support oneself: *camminava sostenendosi col bastone* he walked leaning on a cane. 2 (*fig*) (*mantenersi in forze*) to keep going, to keep oneself going, to sustain oneself, to keep up one's strength: *sostenersi con cibi nutrienti* to keep up one's strength with nourishing food. □ (*Econ*) *~ la concorrenza* to stand up to the competition, to hold one's own against the competition; *~ il confronto con qcs.* to bear comparison with sth., to stand up to comparison; *~ la conversazione* to keep the conversation going; *~ i propri diritti* to assert one's rights; *~ un esame* to take an exam; *~ il mare* (*rif. a imbarcazioni*) to be seaworthy, (*rif. a persone*) to be a good sailor; *~ il morale di qcu.* to keep so.'s morale up; (*Mus*) *~ una nota* to sustain a note, to hold a note; (*Teat*) *~ una parte* to act a role, to play a part; *~ una prova* to stand a test; *~ lo sguardo di qcu.* to stand up to so.'s gaze, to meet so.'s eye; *~ una tesi* to support a theory.
sostenibile *a.* 1 supportable, that may be held up (*posposto*). 2 (*fig*) (*tollerabile*) tolerable, supportable, bearable: *la situazione non è più ~* the situation is no longer bearable. 3 (*fig*) (*plausibile*) plausible, tenable, sustainable: *teoria ~* plausible theory. 4 (*in ecologia*) sustainable: *sviluppo ~* sustainable development.
sostenibilità *f.* 1 (*plausibilità*) sustainability, plausibility, tenability. 2 (*tollerabilità*) bearability, tolerability. 3 (*in ecologia*) sustainability.
sostenitore I *m.* (*f.* **-trice**) supporter, backer: *~ di un uomo politico* backer of a politician. **II** *a.* contributing, supporting: *socio ~* contributing member.

sostentamento *m.* 1 support, supporting, maintenance: *il ~ della famiglia* the maintenance of the family. 2 (*nutrimento*) sustenance, means of sustenance, nourishment: *trarre ~ da qcs.* to live on sth., to get one's nourishment from sth.
sostentare (*sostènto*) *I v.t.* 1 (*fornire del necessario per vivere*) to support, to maintain: *~ la famiglia* to support one's family. 2 (*nutrire*) to nourish, to support, to feed. 3 (*Fis*) to support. **II** *v.pron.* **sostentarsi** 1 to keep oneself, to earn one's living. 2 (*nutrirsi*) to live (*di* on), to feed oneself (*di* on): *si sostenta di sola frutta* he lives on fruit.
sostentatore *m.* (*f.* **-trice**) supporter, maintainer. **II** *a.* supporting.
sostentazione *f.* 1 supporting, maintenance, keeping. 2 (*nutrimento*) sustenance, nourishment. 3 (*Fis,Aer*) sustention. □ (*Fis*) *~ a getto* jet lift; (*Fis*) *~ aerea* lift.
sostenutezza *f.* 1 (*riservatezza*) reserve, reservedness. 2 (*freddezza*) aloofness, stiffness, (*colloq*) standoffishness, stand-offishness. 3 (*Econ*) (*tendenza al rialzo*) bullishness, upward trend.
sostenuto I *a.* 1 (*riservato*) reserved. 2 (*freddo*) aloof, stiff, distant, chilly, (*colloq*) standoffish. 3 (*elevato rif. a stile*) elevated, lofty. 4 (*Econ*) (*che tende al rialzo: rif. a prezzi e sim.*) steady, strong, good: *mercato ~* steady market. 5 (*Econ*) (*sostenuto artificialmente*) supported, support (*attr.*). 6 (*Econ*) (*in borsa*) bullish. 7 (*Econ*) (*dinamico: rif. ad attività*) dynamic. 8 (*Mus*) sostenuto. 9 (*Sport*) (*elevato, intenso*) fast: *andatura sostenuta* fast pace. **II** *m.* (*f.* **-a**) (*altero*) haughty person, (*colloq*) standoffish person.
sostituente *m.* (*Chim*) substituent.
sostituibile *a.* replaceable, substitutable.
sostituire (*sostituìsco, sostituìsci*) *v.t.* 1 (*rimpiazzare*) to replace, to put in the place of: *~ un prodotto migliore a uno inferiore* to replace an inferior product by a better one, to replace an inferior product with a better one. 2 (*cambiare*) to change, to replace: *~ la frizione* to replace the clutch. 3 (*prendere il posto di: rif. a persone*) to substitute for, to stand in for: *~ un collega malato* to substitute for a sick colleague, to stand in for a sick colleague. 4 (*fare le veci di*) to act for: *il vicepreside sostituisce il preside* the deputy headmaster is acting for the headmaster, the deputy headmaster is the acting head. 5 (*prendere il posto: rif. a cose*) to take the place of, to replace: *l'affetto della madre non può essere sostituito* nothing can take the place of a mother's love. 6 (*usare al posto di*) to substitute: *~ la margarina al burro* to substitute margarine for butter.
sostitutivo *a.* substitutive (*anche Med*).
sostituto *m.* 1 (*f.* **-a**) (*rappresentante*) substitute, representative, deputy. 2 (*f.* **-a**) (*aiutante*) assistant. 3 (*f.* **-a**) (*Sport*) (*rif. a squadre*) substitute. 4 (*succedaneo*) substitute. 5 (*Gramm*) substitute. □ (*Econ*) *~ di imposta* withholding agent; (*Dir*) *~ processuale* deputy prosecutor; (*Dir*) *~ procuratore* (*Br*) Public Prosecutor's Assistant, (*Am*) District Attorney Assistant.
sostituzione *f.* 1 replacement, replacing, changing: *~ di una macchina vecchia con una nuova* the replacement of an old car with a new one. 2 (*supplenza*) substitution, replacement. 3 (*scambio fraudolento*) substitution. 4 (*Mat,Fis*) substitution. 5 (*Sport*) substitution. □ (*Dir*) *~ di neonato* substitution of a child; (*Dir*) *~ di persona* impersonation; *in ~* in its place, instead; *in ~ di:* 1 (*rif. a cose*) in the place of, instead of; 2 (*rif. a per-*

sone) to replace, in place of, as a substitute for; (*Dir*) ~*testamentaria* substitution.

sostrato *m.* **1** substratum, underlayer (*anche Geol*). **2** (*fig*) (*ciò che costituisce la base*) substratum, basis, foundation: *sotto la civiltà c'è spesso un* ~ *di barbarie* civilization often conceals a substratum of barbarity. **3** (*fig*) (*rif. a sentimenti*) undercurrent: *un* ~ *di risentimento* an undercurrent of resentment. **4** (*Ling,Filos*) substratum.

sostruzione *f.* (*Edil*) substructure.

soteriologia *f.* (*Rel*) soteriology.

soteriologico (*pl.* **-ci**) *a.* (*Rel*) soteriologic.

sottabito *m.* (*Abbigl*) slip, petticoat.

sottacere (**sottàccio, sottàci; sottàcqui, sottaciùto**) *v.t.* (*lett*) to omit, not to mention.

sottaceto I *a.inv.* (*Gastron*) pickled: *peperoni* ~ pickled peppers. **II** *avv.* by pickling: *conservare* ~ to pickle. **III** *m.pl.* (*Gastron*) pickles.

sottaciuto *a.* (*lett*) omitted, not mentioned.

sottana I *f.* **1** (*region*) (*sottoveste*) slip, petticoat. **2** (*gonna*) skirt. **3** (*colloq*) (*abito talare*) cassock, priest's cassock. **4** *pl.* (*scherz*) (*donne*) women, (*colloq,spreg*) skirts, (*colloq, ant,spreg*) petticoats: *correre dietro alle sottane* to run after women, to pursue women, (*colloq,spreg*) to be a skirt chaser. □ (*fig*) *stare sempre attaccato* (*o cucito*) *alle sottanedella mamma* to be tied to one's mother's apron strings.

sottarco *m.* (*Arch*) (*intradosso*) intrados, soffit.

sottecchi *avv.* furtively, stealthily. □ *guardare qcu. di* ~ to glance furtively at so., to steal a look at so.

sottendere (**sottési, sottéso**) *v.t.* **1** (*Geom*) to subtend. **2** (*fig*) (*implicare*) to imply.

sottentrare (**sottèntro**; *aus.* **essere**) *v.i.* (*fig, rar*) to take the place of, to replace): *il figlio maggiore sottentrò al padre* the eldest son replaced his father.

sotterfugio *m.* **1** (*pretesto*) subterfuge, pretext, excuse. **2** (*espediente, stratagemma*) subterfuge, device, expedient. □ *di* ~: 1 (*segretamente*) secretly, in secret; 2 (*di soppiatto*) stealthily, by subterfuge, on the sly.

sotterra *avv.* (*lett,ant*) underground, under the ground. □ (*fig*) *andare* ~ (*morire*) to die.

sotterrabile *a.* buriable, that may be buried (*posposto*).

sotterramento *m.* burial, putting underground, interment.

sotterranea *f.* (*Ferr*) (*metropolitana*) underground, underground railway, (*colloq*) tube, (*Am*) subway.

sotterraneo I *a.* **1** underground, subterranean, subterraneous, belowground: *passaggio* ~ underground passage. **2** (*che proviene da sottoterra*) underground, subterranean: *boato* ~ underground rumble. **3** (*fig*) (*nascosto, clandestino*) secret, underground, subterranean, behind-the-scenes (*attr.*), concealed: *attività sotterranee* underground activities. **II** *m.* (*scantinato*) basement, cellar. □ (*Minier*) *in* ~ underground.

sotterrare (**sottèrro**) *v.t.* **1** to bury, to place underground, to lay underground: ~ *un tesoro* to bury a treasure. **2** (*Agr*) (*rif. a semi*) to sow, to plant. **3** (*seppellire*) to bury, to inter: ~ *i morti* to bury the dead. **4** (*estens*) (*vedere morire*) to bury, to outlive, to see off: *ha sotterrato tre mariti* she has buried three husbands; *ci sotterrerà tutti* (*vivrà più a lungo di tutti*) he'll outlive us all; *ne ha sotterrati parecchi* (*visti morire*) he has seen off many. □ (*fig*) ~ *l'ascia di guerra* to bury the hatchet.

sotterrato *a.* **1** buried, placed underground. **2** (*fig*) (*superato*) obsolete, superseded.

sotteso *a.* **1** (*Geom*) subtended. **2** (*lett,fig*) (*venato*) tinged.

sottigliezza *f.* **1** thinness. **2** (*snellezza*) slimness, slenderness. **3** (*fig*) (*acutezza*) keenness, sharpness, acuteness: *la* ~ *delle sue osservazioni* the sharpness of his remarks. **4** (*fig*) (*sofisticheria*) subtlety, quibble, nicety, trivia (*costr.sing. o pl.*): *non perdiamoci in sottigliezze* let's not get lost in trivia. □ ~*di mente* quick-wittedness, sharpness of mind.

sottile I *a.* **1** thin, fine: *parete* ~ thin wall. **2** (*leggero*) fine: *polvere* ~ fine dust. **3** (*esile, snello*) slender, thin: *una vita* ~ a thin waist. **4** (*fig*) (*rif. all'aria*) thin, light. **5** (*fig*) (*acuto*) keen, sharp, sharp-witted, acute, penetrating: *ingegno* ~ keen mind; *vista* ~ sharp sight; *mente* ~ keen intellect. **6** (*fig*) (*arguto*) shrewd, acute, subtle: *umorismo* ~ subtle humour. **7** (*fig*) (*cavilloso*) quibbling, hair-splitting. **8** (*fig*) (*esile*) feeble, weak: *voce* ~ feeble voice. **II** *m.* thin part. □ ~*come un'ostia* host-thin, very thin; (*fig*) *andare per il* ~ to split hairs; *non andare per il* ~ *con qcs.* not to be subtle about sth.

sottilizzare (**sottilìzzo**; *aus.* **avere**) *v.i.* to quibble, to split hairs.

sottilmente *avv.* **1** (*in modo sottile*) thinly, finely. **2** (*fig*) (*acutamente*) keenly, sharply, acutely, wittily, subtly: *ragionare* ~ to argue subtly.

sottinsù □ *di* ~ from below.

sottintendere (**sottintési, sottintéso**) *v.t.* **1** (*intendere qcs. non espresso*) to infer, to understand: *la risposta lascia* ~ *il suo consenso* his answer allows one to infer his consent. **2** (*tralasciare di esprimere*) to leave sth. out, to leave sth. unexpressed: ~ *il soggetto in una proposizione* to leave out the subject of a sentence. **3** (*tacere*) to pass over in silence. **4** (*implicare*) to imply, to involve: *il lavoro sottintende dei sacrifici* work involves sacrifices. □ *si sottintende* it is understood.

sottinteso I *a.* **1** (*inespresso*) unsaid, unspoken, unexpressed. **2** (*implicito*) implied, implicit. **3** (*che si capisce da sé*) understood, clear. **II** *m.* **1** implication, implied reference. **2** (*allusione*) allusion, hint. □ *è* ~ (*o resta* ~) it is understood; *parlare per sottintesi* to let sth. be understood; *senza sottintesi* openly, plainly.

sotto I *prep.* (*before personal pronouns it is used with the prep. di and sometimes with a*; *before nouns it is sometimes used with a*; *before words beginning with a vowel it may become* sott') **1** under, underneath, beneath: *la lettera è* ~ *il giornale* the letter is under the paper; *si nascose* ~ *il letto* he hid beneath the bed; *aveva una rivista* ~ *il braccio* he had a magazine under his arm; *il fiume scorre* ~ *il ponte* the river flows under the bridge. **2** (*a un livello inferiore*) below: ~ *il livello del mare* below sea level; *la temperatura è* ~ *zero* the temperature is below zero; *l'appartamento* ~ *il nostro* the flat below ours. **3** (*inferiore a, meno di*) under, below, less than: *i bambini* ~ *i dieci anni* children under ten; ~ *i cinquanta chili* less than fifty kilos; *vendere qcs.* ~ *costo* to sell sth. below cost. **4** (*a sud di*) south of: *il 35° parallelo* ~ *l'equatore* the 35th parallel south of the equator. **5** (*ai piedi di*) under, underneath, at the foot of, below, beneath: *si combatteva* ~ *le mura della città* they were fighting at the foot of the city walls. **6** (*per esprimere dipendenza, soggezione*) under: *ha dieci operai* ~ *di sé* he

has ten workers under him; ~ *il dominio straniero* under foreign domination. **7** (*durante il governo di*) under: *visse* ~ *Cesare Augusto* he lived under Caesar Augustus. **8** (*in espressioni temporali: durante*) at... time, during, at: ~ *gli esami* (*o* ~ *esame*) at exam time, during exams. **9** (*in espressioni indicanti vigilanza, influsso*) under, with: *studia* ~ *un bravo professore* he studies under a good professor; *essere nato* ~ *una buona stella* to be born under a lucky star. **10** (*con valore modale*) under: *presentarsi* ~ *falso nome* to present oneself under a false name. **11** (*a causa di*) under: *ha parlato* ~ *l'effetto dell'alcol* he talked under the influence of alcohol. **12** (*rif. a condizioni, pericoli incombenti*) under: ~ *la minaccia di un pericolo* under the threat of a danger; *vivere* ~ *l'incubo della guerra* to live under the nightmare of war. **13** (*Gastron*) in: *funghi sott'olio* mushrooms in oil. **II** *avv.* **1** underneath, below, (*lett*) beneath: *prima guarda se c'è qualcosa* ~ first see if there's anything underneath. **2** (*sotto a questo*) underneath: *sul tavolo c'era il libro e* ~ *il giornale* the book was on the table with the newspaper underneath. **3** (*più giù*) below, down below: *si vede il mare* ~ you can see the sea down below. **4** (*al piano inferiore*) downstairs, down: *mio fratello abita* (*di*) ~ my brother lives downstairs. **5** (*nella parte inferiore*) below, underneath, (*lett*) beneath, at the bottom: *mise* (*di*) ~ *la merce più scadente* he put the worst goods underneath, he put the worst goods at the bottom. **6** (*fuori di casa: di sotto*) down, downstairs, below, down below: *ti ho aspettato mezz'ora* (*di*) ~ I waited half an hour for you down below; *si sporse troppo dalla finestra e cadde di* ~ he leaned too far out of the window and fell down. **7** (*sotto il vestito*) underneath: *ha un vestito leggero e nient'altro* ~ she is wearing a light dress with nothing underneath. **8** (*a piè di pagina*) below: *i nomi* ~ *indicati* the names given below. **9** (*esclam.*) (*colloq*) come on, get down to it, get moving: ~*, tocca a te* come on, it's your turn. **III** *a.inv.* **1** below, underneath: *la riga* ~ the line below. **2** (*inferiore*) lower. **3** (*in fondo*) bottom: *i fazzoletti sono nel cassetto* ~ the handkerchiefs are in the bottom drawer. **IV** *m.inv.* **1** (*parte inferiore*) lower part, bottom, underneath: *il* ~ *della scatola* the bottom of the box. **2** (*colloq*) (*di indumenti*) bottoms *pl.*; (*pantaloni*) trousers *pl.*, (*Am*) pants *pl.*: *il* ~ *del pigiama* the pyjama bottoms. □ ~ ~: 1 (*colloq*) deep down, down below, when all is said and done; 2 (*fig*) (*intimamente*) deep down, in one's heart of hearts, at heart; ~ *a* under, underneath, below, (*lett*) beneath: *il libro che cerchi sta* ~ *a tutti gli altri* the book you are looking for is underneath all the others; (*Gastron*) *sott'aceto*: 1 (*usato come aggettivo*) pickled: *peperoni sott'aceto* pickled peppers; 2 (*usato come avverbio*) by pickling: *conservare sott'aceto* to pickle; *sott'acqua* under water, under the water, underwater: *nuotare sott'acqua* to swim underwater; (*fig*) *lavorare sott'acqua* (*tramare*) to scheme, to be underhanded, to work behind the scenes; *al di* ~ underneath, below, down below; *al di* ~*di* under, below; (*inferiore a*) below, under, lower than: *al di* ~ *della media* below average; *intelligenza al di* ~ *della media* below-average intelligence; *i bambini al di* ~ *di un anno* children under one year old; *al di* ~ *del livello del mare* below sea level; *andare* ~: 1 (*giù*) to go down; 2 (*sotto le coperte*) to get under the bed clothes; 3 (*essere inve-*

stito) to be run over, to be hit, to be knocked down: *il ragazzo è andato ~ al treno* the boy was hit by a train; 4 (*andare sott'acqua*) to go under; (*colloq*) ~ *casa* down below, out in the street, downstairs; (*fig,colloq*) *c'è* ~ *qcs.* there's sth. underneath, there's sth. behind this; *qui c'è* ~ *qualcosa* I smell a rat, there's something fishy about this, there's something going on; ~ *chiave* locked up, shut up, under lock and key: *chiudere* ~ *chiave qcs.* to lock sth. up, to lock sth. away; (*colloq, estens*) *tenere qcu.* ~ *chiave* to keep so. under lock and key, to keep so. in; ~ *condizione di* on condition that; (*Mar*) ~ *coperta* below; ~ *costo:* 1 (*usato come avverbio*) below cost, below price; 2 (*usato come aggettivo*) below-cost, below-price, selling below cost, sold below cost, sold off: *merce* ~ *costo* goods selling below cost, goods sold below cost; (*Med*) ~ *cute* subcutaneously; *visto da* ~ seen from below; *dal di* ~ from underneath, from below; *dar* ~ *a qcs.* (*impegnarcisi*) to get down to sth.; *di* ~: 1 underneath, below, beneath; 2 (*inferiore*) lower, underneath, below: *lo strato di* ~ the lower layer, the layer underneath; *il cassetto di* ~ the drawer below; *il di* ~ (*la parte inferiore*) the lower part, the bottom, (*la parte che sta sotto*) the bottom, the underneath, (*il lato che sta sotto*) the underside; 3 (*al piano inferiore: stato*) downstairs, below: *i Rossi abitano di* ~ the Rossis live downstairs, the Rossis live below us; *l'appartamento di* ~ *è più piccolo del nostro* the flat below is smaller than ours; 4 (*al piano inferiore: moto*) downstairs down: *andare di* ~ (*al piano inferiore*) to go down, to go downstairs; 5 (*sotto casa*) down below, out in the street, downstairs: *è di* ~ *che ti aspetta* he's downstairs waiting for you; 6 (*dal di sotto*) from below, from down below, from underneath: *sbucare di* ~ to spring out from underneath; *visto di* ~ seen from below; ~ *falso nome* under a false name; (*fig*) *farsi* ~ (*avvicinarsi*) to approach, to draw near; *essere* ~ *il fuoco nemico* to be under enemy fire; ~ *gamba* lightly, offhandedly: *prendere qcs.* ~ *gamba* to takè sth. lightly, to make light of sth.; *prendere tutto* ~ *gamba* to take everything lightly; ~ *giuramento* on oath, under oath: *deporre* ~ *giuramento* to give evidence under oath; *promettere qcs.* ~ *giuramento* to promise sth. under oath; (*Mil*) ~ *gli ordini di* under the orders of; (*colloq*) *mettere qcs.* ~ *i denti* to eat sth., to have a bite to eat; ~ *i piedi* underfoot (*anche fig*): *mettere* ~ *i piedi qcu.* to trample on so.; *mettere* ~ *i piedi i diritti di qcu.* to trample on so.'s rights; (*fig*) *avere qcs.* ~ *il naso* to have sth. right under one's nose; (*Econ*) ~ *la pari* below par: *le azioni sono scese* ~ *la pari* the shares fell below par; *cambio* ~ *la pari* exchange below par; ~ *la pioggia* in the rain: *camminare* ~ *la pioggia* to walk in the rain; ~ *l'azione di qcs.* under the effect of sth., through sth.; (*fig*) *andare* ~ *le armi* to join the army, to go into the army, to be called up; *essere* ~ *le armi* to be in the army, to be doing one's military service; *lì* ~ under there, down there, there below; (*colloq*) *mettere* ~ *qcu.:* 1 (*investirlo*) to knock so. down, to run so. over, to hit so.; 2 (*farlo lavorare*) to set so. to it, to put so.'s nose to the grindstone; *sott'occhio* before one's eyes, in front of so.: *mi è capitato sott'occhio il tuo libro* I happened to see your book; *mi è capitata sott'occhio la tua lettera* I came across your letter; *tenere qcs. sott' occhio* to keep an eye on sth., (*colloq*) to keep tabs on sth.; ~ *ogni punto di vista* from all points of view;

(*Gastron*) *sott' olio* in oil: *mettere sott'olio le sardine* to put sardines in oil; *tonno sott'olio* tuna in oil; (*colloq*) *lavorare* ~ *padrone* to be employed by so.; ~ *pena di morte* under pain of death, on pain of death; *più* ~: 1 farther down, lower down; 2 (*rif. a scritti: in seguito*) farther on, below; *essere* ~ *processo per qcs.* to be on trial for sth., to be awaiting trial for sth.; *mettere qcu.* ~ *processo* to bring so. to trial; ~ *scorta* under escort: *il denaro fu trasportato* ~ *scorta* the money was transported under escort; (*fig*) *stare* ~ *a qcu.* to be subject to so., to be under so.; (*colloq*) *tenere* ~ *qcu.:* 1 (*farlo lavorare*) to set so. to it, to set so.'s nose to the grindstone; 2 (*colloq*) (*tiranneggiarlo*) to keep so. under one's thumb; ~ *terra:* 1 (*usato come avverbio*) underground, under the earth, below ground, belowground: *un cavo che corre* ~ *terra* an underground cable; 2 (*rar*) (*usato come aggettivo*) underground, subterranean, subterraneous, belowground; 3 (*eufem*) (*morto*) in one's grave: *essere* (*o stare*) ~ to be in one's grave; *andare* ~ to get to one's grave; *finire* ~ to end up in one's grave; *mandare qcu.* ~ to send so. to their grave; *essere* ~ *tiro* to be under fire (*anche fig*); (*Mar*) ~ *vela* under sail; ~ *voce* in a low voice, softly, in an undertone; ~ *vuoto* (*o* ~ *vuoto spinto*) vacuum (*attr.*), vacuum-packed; ~ *zero* (*o* ~ *lo zero*) below zero.

sottoalimentare (**sottoaliménto**) *v.t.* 1 to undernourish, to underfeed. 2 (*Mot,Mecc*) to underfeed.

sottoalimentato *a.* 1 undernourished, underfed. 2 (*Mot,Mecc*) underfed.

sottoalimentazione *f.* 1 undernourishment, underfeeding. 2 (*Mot,Mecc*) underfeeding.

sottoascella *f.* (*Sart*) dress shield.

sottobanco, sotto banco *avv.* 1 (*di nascosto*) secretly, surreptitiously, stealthily. 2 (*rif. alla vendita di merci*) under the counter: *vendere qcs.* ~ to sell sth. under the counter; *merce* ~ under-the-counter goods.

sottobicchiere (*pl.* **sottobicchièri** o **sottobicchière**) *m.* 1 coaster. 2 (*piattino*) saucer.

sottobordo *avv.* (*Mar*) alongside: *franco* ~ free alongside ship.

sottobosco (*pl.* **-chi**) *m.* 1 (*Bot*) undergrowth, underwood, underbrush. 2 (*fig*) underworld, gangland, (*lett*) demimonde.

sottobottiglia *m.* 1 coaster. 2 (*piattino*) saucer.

sottobraccio *avv.* arm in arm: *camminare* ~ to walk arm in arm. □ ~ *a qcu.* arm in arm with so.; *prendere qcu.* ~ to take so.'s arm, to link arms with so.; *tenere* ~ *qcu.* to be arm in arm with so.

sottocapitalizzare *v.t.* (*Econ*) to undercapitalize.

sottocapitalizzazione *f.* (*Econ*) undercapitalization.

sottocapo *m.* 1 assistant chief, deputy chief. 2 (*Mar.mil*) coxswain.

sottocasco (*pl.* **-chi**) *m.* helmet lining. □ ~ *ignifugo* flame-resistant helmet.

sottocategoria *f.* subcategory.

sottocchio *avv.* before one's eyes, in front of so.: *mi è capitato* ~ *il tuo libro* I happened to see your book. □ *tenere qcs.* ~ to keep an eye on sth., (*colloq*) to keep tabs on sth.

sottoccupato I *a.* underemployed. **II** *m.* (*f. -a*) underemployed person.

sottoccupazione *f.* underemployment.

sottochiave, sotto chiave *avv.* locked up, shut up, under lock and key: *chiudere* ~ *qcs.* to lock sth. up, to lock sth. away. □

(*colloq,estens*) *tenere qcu.* ~ to keep so. under lock and key, to keep so. in.

sottocipria *m./f./f.inv.* (*Cosmet*) foundation.

sottoclasse *f.* (*Biol*) subclass.

sottocoda *m.* 1 (*posolino*) crupper. 2 (*Ornit*) subcaudal feathers *pl.*

sottocommissione *f.* subcommittee.

sottoconsumo *m.* (*Econ*) underconsumption.

sottocoperta I *avv.* (*Mar*) below. **II** *f.* (*Mar*) lower deck, underdeck.

sottocoppa *m.inv.* 1 coaster. 2 (*piattino*) saucer. 3 (*centrino*) mat. 4 (*Mot*) underpan.

sottocosto I *avv.* below cost, below price. **II** *a.inv.* below-cost, below-price, selling below cost, sold below cost, sold off: *merce* ~ goods selling below cost, goods sold below cost.

sottocultura *f.* 1 subculture. 2 (*spreg*) inferior culture, less developed culture.

sottocutaneo *a.* (*Med*) subcutaneous.

sottocute *avv.* (*Med*) subcutaneously.

sottodimensionato *a.* (*Tecn*) undersized.

sottodirectory *f.* (*Inform*) subdirectory.

sottodominante *f.* (*Mus*) subdominant.

sottoelencato *a.* listed below (*posposto*).

sottoesporre (**sottoespòngo, sottoespòni; sottoespòsi, sottoespòsto**; → **porre**) *v.t.* (*Fot*) to underexpose.

sottoesposizione *f.* (*Fot*) underexposure.

sottoesposto *a.* (*Fot*) underexposed.

sottofamiglia *f.* (*Biol,Ling*) subfamily.

sottofascia I *avv.* (*anche sotto fascia*) (*Post*) in a wrapper, under a wrapper: *spedire* ~ to send (printed matter) in a wrapper. **II** *m.inv.* (*Post*) printed matter sent in a wrapper. **III** *f.inv.* (*foglia di tabacco per sigari*) tobacco leaf for cigars.

sottofondo *m.* 1 (*Edil*) foundation, substructure: ~ *del pavimento* floor foundation, floor rough. 2 (*Strad*) subgrade, roadbed, foundation. 3 (*Cin,Acus*) background sound, underscore. 4 (*fig*) (*sostrato*) undercurrent, background: *un* ~ *di risentimento* an undercurrent of resentment. □ *di* ~ (*o in* ~) background (*attr.*): *musica di* (*o in*) ~ background music.

sottogamba *avv.* lightly, offhandedly: *prendere qcs.* ~ to take sth. lightly, to make light of sth.; *prendere tutto* ~ to take everything lightly.

sottogenere *m.* 1 (*Biol*) subgenus. 2 (*estens*) subgenre.

sottogiacca *m.inv.* (*Abbigl*) shell.

sottogola *m.* 1 (*Mod*) chinstrap, strap. 2 (*parte dei finimenti*) throatlatch, throatlash.

sottogonna *f./m.* (*Abbigl*) 1 (*rigido*) stiff petticoat. 2 (*per vestiti trasparenti*) slip.

sottogoverno *m.* (*Pol*) abuse of party patronage in the State administration, (*Am*) spoils system.

sottogruppo *m.* subgroup (*anche Mat, Chim*).

sottolineare (**sottolìneo**) *v.t.* 1 to underline (*anche Inform*): ~ *la parte che interessa* to underline the part of interest. 2 (*fig*) (*mettere in rilievo*) to stress, to emphasize, to underline, to point out: *sottolineando l'importanza di qcs.* emphasizing the importance of sth.

sottolineato *a.* 1 underlined (*anche Inform*). 2 (*fig*) (*in rilievo*) stressed, emphasized, pointed out.

sottolineatura *f.* 1 (*il sottolineare*) underlining. 2 (*fig*) (*risalto*) stressing. 3 (*la linea*) underline, underscore.

sottolinguale *a.* (*Anat*) sublingual.

sottolio I *avv.* (*Gastron*) in oil: *mettere* ~ *le sardine* to put sardines in oil. **II** *a.inv.* (*Gastron*) in oil: *tonno* ~ tuna in oil.

sottomano I *avv.* **1** (*a portata di mano*) to hand, on hand, at hand, within easy reach: *ho ~ ciò che mi occorre* I have what I need at hand. **2** (*fig*) (*di nascosto*) on the quiet, stealthily, underhand, on the sly: *mi ha dato una mancia ~* he gave me a tip on the quiet. **3** (*Sport*) underarm, (*Am*) underhand, underhanded: *tirare ~* to throw the ball underarm, to throw the ball underhanded. **II** *m.* (*cartella*) desk pad, writing pad.

sottomarca *f.* (*Comm*) sub-brand, sub-brand.

sottomarino I *a.* submarine, underwater, undersea: *cavo ~* submarine cable, undersea cable; *guerra sottomarina* submarine warfare; *grotte sottomarine* underwater caves. **II** *m.* submarine. □ (*Mar.mil*) *~a propulsione nucleare* atomic submarine, nuclear-powered submarine; (*Mar.mil*) *~ atomico* atomic submarine, nuclear-powered submarine; (*Mar.mil*) *~ costiero* coastal submarine; *~d'alto mare* seagoing submarine; *~di lunga crociera* fleet submarine; (*Mar.mil*) *~ tascabile* midget submarine.

sottomascellare *a.* (*Anat*) submaxillary.

sottomesso *a.* **1** subdued, subject, subjected: *popoli sottomessi* subject peoples. **2** (*deferente*) submissive, obedient. **3** (*docile*) yielding.

sottomettere (**sottomìsi, sottomésso**) **I** *v.t.* **1** (*assoggettare*) to subdue, to subject, to put down: *~ le popolazioni ribelli* to put down the rebel populations. **2** (*ridurre al proprio volere*) to subject, to make so. submit: *vuole ~ i compagni alla sua volontà* he wants to make his companions submit to his will. **3** (*fig,lett*) (*subordinare*) to subordinate: *~ i sensi alla ragione* to subordinate one's feelings to reason. **4** (*rar*) (*presentare*) to submit: *~ un caso al giudizio di qcu.* to submit a case to so.'s judgement. **II** *v.pron.* **sottomettersi** to submit. □ *sottomettersi all'arbitrato di qcu.* to submit to so.'s arbitration.

sottomissione *f.* **1** (*il sottomettere*) subjection, subduing, subjugation. **2** (*remissività*) submission, submissiveness.

sottomultiplo I *m.* (*Mat*) submultiple. **II** *a.* (*Mat*) submultiple.

sottopagare *v.t.* to underpay.

sottopagato *a.* underpaid.

sottopalco *m.* (*Teat*) trap cellar.

sottopancia *m.inv.* **1** (*per fissare la sella*) girth. **2** (*attaccato al traino*) belly band. **3** (*Mil,scherz*) (*ufficiale aiutante*) aide-de-camp. **4** (*estens*) (*scagnozzo*) henchman, lackey, hanger-on. **5** (*TV*) caption, name caption.

sottopassaggio, **sottopasso** *m.* **1** (*Strad*) underpass. **2** (*Ferr*) underpass, subway. □ *~ dell'autostrada* motorway underpass; *~ferroviario* railway underpass; *~ pedonale* (pedestrian) underpass, subway.

sottopentola *m.inv.* panstand, tablemat (also for hot dishes).

sottopeso *a.* underweight.

sottopiatto *m.* **1** (*di stoffa*) mat, table mat. **2** (*di metallo o ceramica*) plate (under a dish of food).

sottopiede *m.* **1** (*Calz*) (*nelle scarpe*) insole. **2** (*Abbigl*) (*staffa*) foot strap. **3** (*Abbigl*) (*staffa delle ghette*) strap.

sottoporre (**sottopòngo, sottopòni; sottopòsi, sottopósto**; → **porre**) **I** *v.t.* **1** (*presentare*) to submit: *~ qcs. all'esame di qcu.* to submit sth. to so. for examination. **2** (*costringere a qcs. di spiacevole*) to subject, to impose: *~ un funzionario a inchiesta* to subject an official to an inquiry; *~ qcu. a sacri-*

fici to impose sacrifices on so. **II** *v.pron.* **sottoporsi 1** (*subire*) to undergo, to go through (with): *sottoporsi a un intervento chirurgico* to undergo an operation. **2** (*rar*) (*sobbarcarsi*) to undertake, to take on, to subject oneself (to): *sottoporsi a spese* to take on expenses. □ (*Tecn*) *~ qcs.a sollecitazione* to subject sth. to strain, to subject sth. to stress, to stress sth., to load sth.

sottoportico (*pl.* **-ci**) *m.* (*Arch*) interior of a portico.

sottoposto I *a.* **1** (*sottomesso*) subjected (*a to*): *~ a una rigida disciplina* subjected to rigid discipline. **2** (*presentato*) submitted (*a for*): *~ all'approvazione di qcu.* submitted for so.'s approval. **3** (*esposto*) exposed. **II** *m.* (*f.* **-a**) subordinate, dependent.

sottoprefetto *m.* (*Stor*) subprefect.

sottoprefettura *f.* (*Stor*) subprefecture.

sottoprezzo *avv.* below price, reduced, at a discount, at a cut price: *vendere qcs. ~* to undersell sth., to sell sth. at a discount.

sottoprodotto *m.* (*Econ,Comm*) by-product, spin-off. □ *~ della macinazione* by-product of milling; *~ di macellazione* by-product of slaughtering.

sottoproduzione *f.* (*Econ*) underproduction.

sottoprogramma *m.* (*Inform*) subroutine.

sottoproletariato *m.* (*spreg*) lumpenproletariat.

sottopunto *m.* (*nel cucito*) blind stitch.

sottordine *m.* (*Biol*) suborder. □ *in ~*: **1** (*subordinato*) subordinate, dependent, inferior: *un incarico in ~* a subordinate post; **2** (*di secondaria importanza*) of minor importance: (*fig*) *passare in ~* to become of less importance, to move into the background; *porre in ~ un problema* to attach less importance to a problem.

sottoregno *m.* (*Biol*) subkingdom.

sottoscala *m.inv.* **1** (*spazio*) space under a staircase. **2** (*ripostiglio*) cupboard under the stairs.

sottoscocca *m.* (*Aut*) underbody, undercarriage.

sottoscritto I *a.* (*firmato*) signed: *un accordo ~ da ambo le parti* an agreement signed by both parties. **II** *m.* (*f.* **-a**) **1** (*burocr*) undersigned: *io ~* I the undersigned... **2** (*scherz*) (*io stesso*) yours truly: *l'unico che c'è riuscito è il ~* the only one who succeeded is yours truly.

sottoscrittore *m.* (*f.* **-trice**) **1** (*firmatario*) signatory. **2** (*Econ*) subscriber, underwriter. □ *~di fondo comune di investimento* unit holder.

sottoscrivere (*pres.ind.* **sottoscrìvo**; *p.rem.* **sottoscrìssi**; *p.p.* **sottoscrìtto**) **I** *v.t.* **1** (*firmare*) to sign: *~ una petizione* to sign a petition; *~ un contratto* to sign a contract. **2** (*Dir*) to subscribe. **3** (*fig*) (*avallare, aderire*) to subscribe, to support: *~ un'iniziativa* to support an undertaking; *nessuno poté ~ un simile comportamento* no one could subscribe to such a course of action. **4** (*estens*) (*dare un contributo*) to subscribe. **5** (*Econ,Assic*) to underwrite: *~ una polizza di assicurazione* to underwrite an insurance policy. **6** (*firmare sotto*) to undersign. **II** *v.i.* (*aus.* **avere**) (*fig,rar*) (*aderire*) to agree, to adhere, to subscribe (*a* to): *~ a un programma* to adhere to a programme. □ *~ un abbonamento a una rivista* to subscribe to a magazine.

sottoscrizione *f.* **1** (*il sottoscrivere*) signature, signing. **2** (*pubblica raccolta di fondi o di firme*) subscription: *promuovere una ~* to raise a subscription, to get up a subscription; *aprire una pubblica ~* to open a public sub-

scription. **3** (*rif. a pubblicazioni periodiche*) subscription. **4** (*Econ,Assic*) subscription, underwriting. □ *~di un'emissione* subscription to an issue.

sottosegretariato *m.* **1** (*ufficio di sottosegretario*) under secretaryship. **2** (*personale che coadiuva il sottosegretario*) undersecretary staff.

sottosegretario *m.* (*f.* **-a**) undersecretary. □ *~di Stato* Undersecretary of State.

sottosistema *m.* subsystem (*anche Inform*).

sottosopra I *avv.* **1** (*alla rovescia*) upside down: *rivoltare una cassa ~* to turn a crate upside down. **2** (*fig*) (*in grande disordine*) upside down, topsy-turvy, in disorder, in great disorder: *un appartamento messo ~* a flat in great disorder. **3** (*fig*) (*in grande turbamento*) in confusion, in turmoil: *la partenza ci ha messi tutti ~* the departure put us all in a turmoil. **4** (*rif. a stomaco*) upset. **II** *a.inv.* **1** (*capovolto*) upside-down. **2** (*fig*) (*turbato*) in a whirl (*posposto*), topsy-turvy. **III** *m.inv.* confusion, turmoil, whirl. □ (*fig*) *mettere ~ una stanza* to turn a room upside down; *si sentivatutto ~* (*confuso*) he was in a muddle.

sottospecie *f.inv.* **1** (*Biol*) subspecies. **2** (*spreg*) lower species.

sottosquadro *m.* undercut.

sottostante *a.* **1** underneath, underlying, down below: *la vallata ~* the valley underneath, the valley down below, the underlying valley. **2** (*inferiore*) below, lower: *l'appartamento ~* the flat below.

sottostare (*pres.ind.* **sottostò, sottostài**; *p.rem.* **sottostètti**; *p.p.* **sottostàto**; *aus.* **essere**) *v.i.* **1** (*dipendere, essere subordinato*) to be under (*a qcu.* so.), to be subordinate (*a qcu.* to so.), to be subject (*a qcu.* to so.): *~ all'autorità paterna* to be subject to paternal authority. **2** (*sottomettersi*) to submit, to yield, to give in: *devo sempre ~ alle decisioni degli altri* I always have to give in to the decisions of others.

sottostazione *f.* (*El*) substation.

sottosterzante *a.* (*Aut*) understeering.

sottosterzare (**sottostèrzo**; *aus.* **avere**) *v.i.* (*Aut*) to understeer.

sottosterzata *f.* (*Aut*) understeer.

sottosterzo *m.* (*Aut*) understeer.

sottostima *f.* underevaluation, underestimate.

sottostimare *v.t.* to underestimate.

sottosuolo *m.* **1** subsoil: *esaminare il ~* to examine the subsoil. **2** (*locali*) basement.

sottosviluppato *a.* underdeveloped: *paesi sottosviluppati* underdeveloped countries.

sottosviluppo *m.* underdevelopment.

sottotenente *m.* (*Mil*) second lieutenant, sublieutenant. □ (*Mar.mil*) *~di vascello* sublieutenant.

sottoterra I *avv.* **1** underground, under the earth below ground, belowground. **2** (*eufem*) in one's grave: *andare ~* to get to one's grave; *finire ~* to end up in one's grave; *essere ~* (*o stare ~*) to be in one's grave; *mandare qcu. ~* to send so. to their grave. **II** *a.inv.* (*rar*) underground, subterranean, subterraneous, belowground.

sottotetto *m.* (*Edil*) (*soffitta*) attic, loft, garret.

sottotipo *m.* subtype (*anche Zool*).

sottotitolare *v.t.* **1** (*Cin,TV*) to subtitle, to provide sth. with subtitles. **2** (*Edit*) to subtitle, to give a subtitle to sth.

sottotitolato *a.* subtitled. □ (*TV*) *~per i non udenti* close-captioned for the hearing impaired.

sottotitolo *m.* (*Cin,TV,Edit*) subtitle. ☐ *edizione originale con sottotitoli* original version with subtitles.

sottotraccia *a.inv.* (*El*) in chase.

sottovalutare (**sottovalùto/sottovàluto**) **I** *v.t.* 1 (*attribuire un valore inferiore al reale*) to underestimate, to underrate, to undervalue. 2 (*ignorare*) to ignore, to disregard. **II** *v.pron.* **sottovalutarsi** to undervalue oneself, to underestimate one's abilities.

sottovaso *m.* plantpot saucer.

sottovela *avv.* (*Mar*) under sail.

sottovento I *avv.* leeward (*anche Mar*): *navigare* ~ to sail leeward. **II** *a.inv.* (*Mar*) leeward. **III** *m.* (*Mar*) leeward, lee.

sottoveste *f.* (*Abbigl*) slip, petticoat.

sottovoce I *avv.* 1 in a low voice, softly, in an undertone: *parlare* ~ to speak in a low voice, to whisper. 2 (*Mus*) sotto voce. **II** *f.* subentry.

sottovuoto I *avv.* in a vacuum: *confezionare qcs.* ~ to vacuum-pack sth. **II** *a.* vacuum (*attr.*), vacuum-packed.

sottraendo *m.* (*Mat*) subtrahend.

sottrarre (*pres.ind.* **sottràggo, sottrài**; *p.rem.* **sottràssi**; *p.p.* **sottràtto**) **I** *v.t.* 1 (*togliere*) to remove, to take away: ~ *qcs. alla vista* to remove sth. from sight. 2 (*liberare, salvare*) to save, to rescue, to deliver: ~ *qcu. a un pericolo* to save so. from danger; ~ *qcu. alla morte* to rescue so. from death. 3 (*rubare*) to steal, (*cose di poco valore*) to pilfer, (*lett*) to purloin, (*eufem*) to remove, to take away: ~ *qcs. a qcu.* to steal sth. from so.; *hanno sottratto importanti documenti* they have removed important documents. 4 (*Mat*) to subtract, to take away: ~ *quattro da dieci* to subtract four from ten. 5 (*detrarre*) to deduct: ~ *le spese* to deduct expenses. **II** *v.pron.* **sottrarsi** 1 (*sfuggire*) to escape: *sottrarsi a un pericolo* to escape a danger. 2 (*evitare*) to avoid, to shirk: *sottrarsi al proprio dovere* to shirk, not to do one's duty.

sottratto *a.* 1 (*Mat*) subtracted. 2 (*rubato*) stolen.

sottrazione *f.* 1 (*il rimuovere*) removal, taking away. 2 (*il rubare*) stealing, theft, (*lett*) purloining. 3 (*Mat*) subtraction. ☐ ~ *alla leva* draft dodging; ~ *di atti* suppression of documents, removal of documents, theft of documents; ~ *di cadavere* removal of a corpse, (*colloq*) stealing of a corpse; ~ *di documenti* suppression of documents, removal of documents, theft of documents; (*Dir*) ~ *di minore* (o ~ *minorenne*) abduction of a minor.

sottufficiale *m.* 1 (*Mil,Aer*) non commissioned officer. 2 (*Mar*) petty officer.

soubrette /suˈbrɛt/ *f.inv.* 1 (*TV*) showgirl. 2 (*Teat,Mus*) soubrette.

soufflé /sufˈfle/ *m.inv.* (*Gastron*) soufflé: ~ *di formaggio* cheese soufflé.

souk /suk/ *m.inv.* suq, souk.

soul /sol/ **I** *m.inv.* (*Mus*) soul, soul music. **II** *a.inv.* (*Mus*) soul: *cantante* ~ soul singer.

souplesse /suˈplɛs/ *f.inv.* 1 (*agilità*) suppleness, agility, litheness. 2 (*fig*) (*elasticità mentale*) nimbleness, quickness, agility. ☐ *vincere in* ~ to win at a canter.

souvenir /suveˈnir/ *m.inv.* souvenir, memento.

sovente *avv.* (*lett*) (*spesso*) often: *scrivimi più* ~ write to me more often.

soverchiante *a.* overwhelming: *le soverchianti forze nemiche* the overwhelming enemy forces.

soverchiare (**sovèrchio, sovèrchi**) *v.t.* 1 (*lett*) (*oltrepassare*) to go beyond, to pass. 2 (*lett*) (*passare sopra*) to go over. 3 (*lett*) (*rif.*

ad acque) to overflow: *il fiume soverchiò gli argini* the river overflowed its banks. 4 (*fig*) (*superare*) to surpass, to outdo: *in avarizia soverchia tutti* she outdoes everyone in stinginess. 5 (*fig*) (*opprimere*) to crush, to overwhelm. 6 (*fig*) (*rif. a grida*) to shout down.

soverchiatore I *m.* (*f.* **-trice**) (*lett*) oppressor, browbeater. **II** *a.* (*lett*) overbearing.

soverchieria *f.* (*angheria, sopruso*) act of oppression, act of tyranny, abuse, abuse of power, outrage: *subire una* ~ to be browbeaten, to be bullied.

soverchio I *a.* (*lett*) (*eccessivo*) excessive, over (*attr.*), immoderate: *zelo* ~ excessive zeal, excess of zeal; *soverchia indulgenza* overindulgence. **II** *m.* (*lett*) excess. ☐ *Prov.*: *il* ~ *rompe il coperchio* enough is as good as a feast.

sovesciare (**sovèscio, sovèsci**) *v.t.* (*Agr*) to green-manure.

sovescio *m.* (*Agr*) 1 (*il sovesciare*) green manuring. 2 (*piante sovesciate*) green manure.

soviet *m.inv.* (*Stor*) soviet. ☐ (*Stor*) *Soviet supremo* Supreme Soviet.

sovietico I *a.* (*Stor*) 1 (*dei soviet*) soviet. 2 (*estens*) (*dell'Unione Sovietica*) Soviet: *Unione Sovietica* Soviet Union. **II** *m.* (*f.* **-a**; *pl.* **-ci**) (*Stor*) Soviet.

sovietizzare (**sovietìzzo**) *v.t.* (*Stor*) to Sovietize.

sovietizzazione *f.* (*Stor*) sovietization.

sovietologia *f.* (*Stor*) Sovietology, Kremlinology.

sovietologo (*pl.* **-gi**) *m.* (*Stor*) Sovietologist, Kremlinologist.

sovrabbondante *a.* 1 (*molto abbondante*) abundant, generous, galore, superabundant. 2 (*fig*) (*ridondante*) redundant, superfluous.

sovrabbondanza *f.* abundance, superabundance, copiousness. ☐ *in* ~ in great plenty, in great profusion.

sovrabbondare (**sovrabbóndo**; *aus.* **avere**) *v.i.* 1 (*avere in gran quantità*) to abound, to superabound, to abound greatly (in), to have a glut of, to be rolling (in): *in agosto la verdura fresca sovrabbonda* there is a glut of fresh vegetables in August. 2 (*eccedere, esagerare*) to exaggerate.

sovracapitalizzare (**sovracapitalìzzo**) *v.t.* (*Econ*) to overcapitalize.

sovracapitalizzazione *f.* (*Econ*) overcapitalization.

sovraccapacità *f.* (*Econ*) overcapacity.

sovraccaricare (**sovraccàrico, sovraccàrichi**) *v.t.* 1 to overload, to overburden. 2 (*fig*) to weigh down, to overload, to overburden: ~ *qcu. di lavoro* to weigh so. down with work, to overwork so. 3 (*El*) to overload.

sovraccarico (*pl.* **-chi**) **I** *a.* 1 overloaded, overburdened: *un'auto sovraccarica* an overloaded car. 2 (*fig*) (*oberato*) weighed down, saddled, overburdened, lumbered: *essere* ~ *di compiti* (*scolastici*) to be lumbered with a lot of homework. 3 (*El*) overloaded. **II** *m.* 1 overload, excessive load, surplus load. 2 (*peso eccedente*) excess weight, overweight. 3 (*fig*) excessive burden: ~ *di tasse* excessive burden of taxation. 4 (*El*) overload. ☐ (*fig*) *essere* ~ *di debiti* to be up to one's ears in debt, to be deeply in debt; (*fig*) *essere* ~ *di lavoro* to be up to one's ears in work.

sovraccoperta *f.* 1 (*copriletto*) bedspread, coverlet. 2 (*Legat*) book jacket, dust jacket. 3 (*Mar*) deck equipment.

sovracompressione *f.* (*Mot*) supercompression.

sovraddosaggio *m.* (*Farm*) overdose.

sovradimensionamento *m.* 1 (*Tecn*) oversizing, overdimensioning. 2 (*rif. ad aziende con personale in eccesso*) overstaffing, overmanning. 3 (*fig*) (*esagerazione*) overstatement.

sovradimensionare (**sovradimensióno**) *v.t.* 1 (*Tecn*) to oversize. 2 (*fig*) (*esagerare*) to overstate, to exaggerate.

sovradimensionato *a.* 1 (*Tecn*) oversized, overdimensioned. 2 (*rif. ad aziende con personale in esubero*) overstaffed, overmanned. 3 (*fig*) exaggerated, overstated.

sovradosaggio *m.* (*Farm*) overdose.

sovraesporre (*pres.ind.* **sovraespóngo, sovraespóni**; *p.p.* **sovraespósto**) *v.t.* (*Fot*) to overexpose.

sovraesposizione *f.* (*Fot*) overexposure.

sovraffaticamento *m.* overtiredness.

sovraffaticare (**sovraffatìco, sovraffatìchi**) **I** *v.t.* to overtire. **II** *v.pron.* **sovraffaticarsi** to overtire oneself.

sovraffaticato *a.* overtired.

sovraffollamento *m.* overcrowding.

sovraffollare (**sovraffòllo**) *v.t.* to overcrowd.

sovraffollato *a.* overcrowded.

sovralimentare (**sovraliménto**) *v.t.* 1 (*Mecc,Aut*) to supercharge. 2 (*nutrire eccessivamente*) to overfeed.

sovralimentato *a.* 1 (*Mecc,Aut*) supercharged. 2 (*che mangia eccessivamente*) overfed.

sovralimentatore *m.* (*Mecc,Aut*) supercharger.

sovralimentazione *f.* (*Mecc,Aut*) supercharging.

sovramodulare (**sovramòdulo**) *v.t.* (*Rad*) to overmodulate.

sovramodulato *a.* (*Rad*) overmodulated.

sovramodulazione *f.* (*Rad*) overmodulation.

sovrana *f.* 1 (*regnante*) queen, sovereign. 2 (*Numism*) (*in Inghilterra*) sovereign.

sovranamente *avv.* 1 (*da sovrano*) as (a) sovereign, sovereignly, royally. 2 (*fig*) (*superbamente*) superbly.

sovranazionale *a.* supranational, supernational.

sovranità *f.* 1 sovereignty (*anche Dir*): *la* ~ *del popolo* the sovereignty of the people; *piena* ~ full sovereignty. 2 (*indipendenza*) sovereignty, independence. 3 (*fig,lett*) (*superiorità*) supremacy: *la* ~ *dello spirito sulla materia* the supremacy of mind over matter. ☐ ~ *della legge* supremacy of law; ~ *nazionale* national sovereignty; ~ *personale* personal sovereignty; ~ *territoriale* territorial sovereignty.

sovrano I *a.* 1 sovereign (*anche Dir*): *stato* ~ sovereign state; *potere* ~ sovereign power. 2 (*fig,lett*) (*sommo*) supreme, sovereign. **II** *m.* (*f.* **-a**) sovereign, ruler, monarch; (*re*) king: *alla presenza del* ~ in the presence of the king; *i sovrani di Spagna* (*re e regina*) the King and Queen of Spain. ☐ ~ *assoluto* absolute sovereign.

sovraoccupazione *f.* (*Econ*) overemployment.

sovrapassaggio *m.* (*Strad*) flyover, (*Am*) overpass.

sovrappeso I *a.inv.* (*Med*) overweight. **II** *m.* (*Med*) overweight, excess weight. ☐ *in* ~ overweight, obese: *essere in* ~ to be overweight.

sovrapponibile *a.* superimposable.

sovrappopolare (**sovrappòpolo**) *v.t.* to overpopulate.

sovrappopolato *a.* overpopulated.

sovrappopolazione *f.* overpopulation.

sovrapporre (*pres.ind.* **sovrappóngo**, **sovrappóni**; *p.rem.* **sovrappósi**; *p.p.* **sovrappósto**) **I** *v.t.* **1** to superimpose, to superpose, to lay over: ~ *due figure* to superimpose two figures. **2** (*mettere sopra*) to put over, to place over, to lay on, to lay on top of: ~ *un libro a un altro* to put one book on another, to put one book on top of another. **3** (*Geom*) to superpose. **4** (*Mecc*) to overlap. **II** *v.pron.* **sovrapporsi 1** (*porsi sopra ad altro*) to be superimposed, to be over, to lie over. **2** (*rif. a orari, impegni e sim.*) to overlap, to coincide. **3** (*fig*) (*aggiungersi*) to be added: *nuovi dissidi si sono sovrapposti ai precedenti* new differences have been added to the previous ones.

sovrapposizione *f.* **1** superimposition, overlap (*anche fig*). **2** (*rif. a orari, impegni e sim.*) overlapping, coincidence. **3** (*Geom, Geol*) superposition.

sovrapposto I *a.* **1** superimposed. **2** (*messo sopra*) placed over, placed on top of, laid on: *i mattoni sono sovrapposti uno sull'altro* the bricks are placed one on top of the other. **3** (*Mecc*) overlapping. **4** (*Geom,Geol*) superposed. **II** *m.* (*Arm*) (*fucile a canne sovrapposte*) over-and-under shotgun.

sovrappressione *f.* (*Fis,Idr*) overpressure.

sovrapprezzo *m.* **1** extra charge, surcharge. **2** (*maggiorazione*) increase in price, rise in price. **3** (*Econ*) (*prezzo sopra la pari*) price over par. **4** (*Econ*) (*premio*) premium. **5** (*Assic*) load.

sovrapproduzione *f.* (*Econ*) overproduction.

sovrapprofitto *m.* (*Econ*) excess profits *pl.*, excess profit, extra profit, extra profits *pl.*

sovrascrivere (**sovrascrìvo**) *v.t.* to overwrite (*anche Inform*).

sovrassicurazione *f.* (*Assic*) over-insurance.

sovrastampa *f.* overprint.

sovrastampare (**sovrastàmpo**) *v.t.* to overprint.

sovrastampato *a.* overprinted.

sovrastante *a.* **1** standing above, towering above. **2** (*che guarda da sopra*) overlooking, overhanging. **3** (*fig*) (*imminente*) impending, overhanging, looming: *pericolo* ~ impending danger.

sovrastare (*pres.ind.* **sovràsto**, **sovràsti**; *p.rem.* **sovrastài**; *p.p.* **sovrastàto**) **I** *v.t.* **1** to rise above, to tower above, to dominate: *il castello sovrasta il paese* the castle towers above the town. **2** (*guardare dall'alto*) to overlook. **3** (*fig*) (*essere imminente*) to be imminent, to be impending, to hang over, to overhang, to loom. **4** (*fig*) (*superare*) to overcome, to surpass: *egli sovrasta gli altri competitori* he surpasses the other contestants. **II** *v.i.* (*aus. essere/rar avere*) **1** to rise (*a above, over*), to tower (*a above, over*), to stand (*a above, over*), to dominate (*sth.*). **2** (*guardare dall'alto*) to overlook (*sth.*). **3** (*fig*) (*essere superiore*) to be superior (*a qcu. to so.*), to be superior (*a qcu. to so.*).

sovrasterzante *a.* (*Aut*) oversteering.

sovrasterzare (**sovrastérzo**; *aus.* **avere**) *v.i.* (*Aut*) to oversteer.

sovrasterzata *f.* (*Aut*) oversteering.

sovrastruttura *f.* **1** (*Edil,Mar,Filos*) superstructure. **2** (*fig*) (*inutile aggiunta*) superfluity.

sovratensione *f.* (*El*) overvoltage, excess voltage.

sovrattassa *f.* **1** surtax, surcharge. **2** (*Post*) additional postage. **3** (*Post*) (*per affrancatura insufficiente*) (extra charge for) postage

due.

sovreccitabile *a.* over-excitable, over excitable.

sovreccitabilità *f.* over-excitability, over excitability.

sovreccitamento *m.* (*rar*) over-excitement, over excitement.

sovreccitare (**sovrèccito**) **I** *v.t.* to over-excite, to over excite. **II** *v.pron.* **sovreccitarsi** to become over-excited, to over excite oneself.

sovreccitato *a.* over-excited.

sovreccitazione *f.* over-excitement, over excitement.

sovresporre (*pres.ind.* **sovrespóngo**, **sovrespóni**; *p.p.* **sovrespósto**) *v.t.* (*Fot*) to overexpose.

sovresposizione *f.* (*Fot*) overexposure.

sovresposto *a.* (*Fot*) overexposed.

sovrimposta *f.* additional tax, surtax.

sovrimpressione *f.* **1** (*Fot,Cin*) superimposed exposure, double exposure. **2** (*Tip*) overprint, overprinting. □ (*TV*) *scritte in* ~ captions.

sovrimpresso *a.* (*Tip*) overprinted.

sovrintendere *e der.* → **soprintendere** *e der.*

sovrumano *a.* superhuman (*anche fig*): *sforzi sovrumani* superhuman efforts.

sovvenire (*pres.ind.* **sovvèngo**, **sovvièni**; *p.rem.* **sovvénni**; *p.p.* **sovvenùto**) **I** *v.t.* (*lett*) (*aiutare*) to help, to aid, to assist. **II** *v.i.* (*lett*) **1** (*aus.* **essere**) (*venire alla mente*) to come to mind, to occur, to remember (*di qcs.* sth.): *mi sovviene che* it occurs to me that. **2** (*aus.* **avere**) (*aiutare*) to help, to help out. **3** (*aus.* **avere**) (*provvedere*) to take care of: ~ *ai bisogni di qcu.* to take care of so.'s needs.

sovvenzionamento *m.* → **sovvenzione**.

sovvenzionare (**sovvenzióno**) *v.t.* **1** (*finanziare*) to finance. **2** (*sussidiare*) to subsidize.

sovvenzionatore I *m.* (*f.* **-trice**) **1** (*finanziatore*) backer, financial backer, supporter. **2** (*chi dà il sussidio*) subsidizer. **II** *a.* supporting, providing financial backing.

sovvenzione *f.* **1** (*sostegno economico*) finance, funding, backing: *chiedere una* ~ to ask for funding. **2** (*sussidio*) subsidy: *accordare una* ~ to grant a subsidy. **3** (*trasferimento a enti locali*) grant, grant-in-aid, grants-in-aid *pl.*, financial support: *ricevere una* ~ to receive financial support. **4** (*sussidio per scuole, enti educativi e sim.*) grant-aid. **5** (*per l'avvio di imprese, ricerche e sim.*) seed capital, (*Am*) seed money. □ ~*all'edilizia abitativa* housing subsidy; ~ *statale* state subsidy, government funding.

sovversione *f.* subversion, overthrow, overthrowing.

sovversivismo *m.* **1** (*movimento*) subversivism. **2** (*carattere, tendenza*) subversive nature.

sovversivo I *a.* **1** subversive: *propaganda sovversiva* subversive propaganda. **2** (*estens*) (*ribelle*) rebellious. **II** *m.* (*f.* **-a**) subversive, subversive person.

sovvertimento *m.* subversion, overthrow, overthrowing.

sovvertire (**sovvèrto**) *v.t.* to subvert, to overthrow, to overturn (*anche estens*): ~ *l'ordine costituito* to subvert the established order.

sovvertitore *m.* (*f.* **-trice**) subverter, overthrower.

sozzamente *avv.* filthily, foully (*anche fig*).

sozzo *a.* **1** (*sporco*) filthy, foul, dirty: *mani sozze* filthy hands. **2** (*fig*) (*ripugnante*) loathsome, repulsive, disgusting. **3** (*fig*) (*turpe*) filthy, dirty, nasty: *un* ~ *affare* a dirty busi-

ness, a nasty business.

sozzone I *a.* (*region*) filthy, dirty, nasty. **II** *m.* (*region*) filthy person, dirty person (*anche fig*).

sozzume *m.* filth, filthy things *pl.*, dirty things *pl.* (*anche fig*).

sozzura *f.* **1** (*l'essere sozzo*) filthiness. **2** (*sporcizia*) filth, dirt. **3** (*fig*) (*l'essere turpe*) foulness, filth, dirt, loathsomeness.

S.p.A. (*Econ*) *società per azioni* (limited company, joint-stock company, (*Am*) corporation).

spaccalegna *m./f.inv.* woodcutter, (*Am*) lumberjack.

spaccamontagne *m./f.inv.* (*rar*) (*spaccone, gradasso*) braggart, big talker.

spaccapietre *m./f.inv.* (*Strad*) stone breaker.

spaccare (**spàcco**, **spàcchi**) **I** *v.t.* **1** (*rompere*) to break: *ha spaccato il vetro con un sasso* he broke the window with a stone. **2** (*rompere per aprire*) to break sth. open. **3** (*dividendo*) to cut, to split, to cleave: ~ *le pietre con lo scalpello* to split the stones with a chisel. **4** (*con l'accetta e sim.*) to chop, to chop up, to cut: ~ *la legna* to chop wood. **II** *v.pron.* **spaccarsi 1** (*fendersi, dividersi*) to split, to cleave: *il partito si è spaccato sulle problematiche sociali* the party split over social issues. **2** (*aprirsi*) to break open. **3** (*screpolarsi: rif. a intonaco e sim.*) to crack. **4** (*screpolarsi: rif. alla pelle*) to chap, to get chapped. **5** (*frantumarsi*) to break up, to smash, to shatter. □ (*fig*) ~ *il minuto*: **1** (*rif. a persona*) to be very punctual; **2** (*rif. a cose*) to be dead on time, to be right on time: *questo orologio spacca il minuto* this watch keeps perfect time; (*pop*) ~ *il muso a qcu.* to bash so.'s face in; (*pop*) ~ *la faccia a qcu.* to bash so.'s face in; (*fig*) *spaccarsi la schiena* to break one's back, (*colloq*) to knacker oneself; ~ *la testa a qcu.* to split so.'s head open; (*fig,colloq*) *c'è un sole che spacca le pietre* the sun is scorching, the sun is beating down; (*colloq,fig*) *o la va o la spacca* it's do or die, it's all or nothing; ~ *un capello in quattro* (o ~ *il capello in quattro*) to split hairs.

spaccata *f.* **1** (*Ginn*) split, splits (*costr.sing.*): *fare la* ~ to do splits. **2** (*gerg*) (*furto commesso infrangendo una vetrina*) smash-and-grab robbery, smash-and-grab raid, smash-and-grab.

spaccato I *a.* **1** split, cut, cleft. **2** (*rif. a legna e sim.*) chopped. **3** (*screpolato*) cracked. **4** (*rotto*) broken. **5** (*fig*) (*vero e proprio*) real, thorough, out-and-out: *un bugiardo* ~ a real liar. **6** (*colloq*) (*uguale*) just like, the image of, (*colloq*) the spitting image of: *è suo padre* ~ he is just like his father, he's a chip off the old block. **II** *m.* **1** (*Geom*) (*sezione*) vertical section, cutaway view. **2** (*fig*) (*descrizione sintetica ma esauriente*) cross section: *uno* ~ *della nostra società* a cross section of our society.

spaccatura *f.* **1** (*il rompere*) breaking. **2** (*divisione*) cutting, splitting, cleaving. **3** (*rif. a legna e sim.*) chopping. **4** (*crepa, fenditura*) split, fissure, crevice: *una* ~ *nella roccia* a crevice in the rock.

spacciare (**spàccio**, **spàcci**) **I** *v.t.* **1** (*vendere*) to sell, to sell off, (*colloq*) to flog: ~ *una partita di merce* to sell off a lot of goods. **2** (*mettere in circolazione spec. rif. a modo illecito*) to put about, to put into circulation, to pass, to unload, to dump: ~ *monete false* to pass counterfeit coins. **3** (*diffondere spec. rif. a notizie e sim.*) to spread, to spread about, to put about: ~ *menzogne* to spread lies. **4** (*far passare*) to pass off: ~ *ottone per* *oro* to pass off brass as gold. **5** (*colloq*) (*dichiarare inguaribile*) to give up (all hope for), to despair of (the life of): *i medici lo hanno spacciato* the doctors have given up on him. **6** (*assol.*) (*smerciare droga*) to sell narcotics, to sell drugs, to deal, (*colloq*) to push, (*ant*) to peddle. **II** *v.pron.* **spacciarsi** to pass oneself off, to pretend: *si spaccia per un gran signore* he passes himself off as a rich man. □ (*colloq*) ~ *droga* (o ~*stupefacenti*) to sell narcotics, to sell drugs, to deal, (*colloq*) to push, (*ant*) to peddle.

spacciato *a.* (*colloq*) **1** (*dichiarato inguaribile*) given up, done for: *i medici lo hanno dichiarato* ~ the doctors have given him up, the doctors have given up all hope for him. **2** (*fig*) (*rovinato definitivamente*) ruined, done for: *se anche questo va male, sono* ~ if this fails too I'm done for, if this fails too I've had it.

spacciatore *m.* (*f.* -**trice**) **1** (*che distribuisce spec. in modo illecito*) distributor, dealer. **2** (*spec. di monete o banconote false*) utterer. **3** (*di droga*) dealer, (*colloq*) pusher, drug-pusher. □ ~ *di droga* drug pusher, (*colloq*) pusher, dealer, (*ant*) dope peddler.

spaccio *m.* **1** (*vendita*) sale. **2** (*rivendita, negozio*) shop, store: ~ *di vini e liquori* wine and spirits shop, (*Am*) liquor store; ~ *di generi alimentari* food store. **3** (*rivendita spec. monomarca*) outlet, store. **4** (*rivendita: nelle basi militari*) canteen, (*Am*) post exchange, PX. **5** (*diffusione di cose illecite o false*) traffic, pushing, (*ant*) peddling: ~ *di droga* drugs pushing. **6** (*spec. di monete*) uttering. □ ~ *aziendale* company outlet, factory outlet; ~ *cooperativo* co-operative store.

spacco (*pl.* -**chi**) *m.* **1** (*taglio, strappo*) split, cut, cleavage, cleft. **2** (*crepa*) crack. **3** (*fenditura*) fissure, crevice. **4** (*Sart*) slit; (*nella parte inferiore di una cucitura*) vent. □ *farsi uno* ~ *nella giacca* to split one's jacket, to tear one's jacket.

spacconata *f.* bragging, boasting, (*colloq*) big talk.

spaccone *m.* (*f.* -**a**) braggart, boaster, big talker, swaggerer, show-off. □ *fare lo* ~ to brag, to boast, to swagger, to talk big.

spada *f.* **1** sword (*anche fig*): *impugnare una* ~ to hold a sword; *la* ~ *della giustizia* the sword of justice. **2** (*estens*) (*spadaccino*) swordsman: *è una buona* ~ he's a good swordsman. **3** (*Sport*) (*nella scherma*) épée. **4** *pl.* (*nelle carte da gioco*) spades. **II** *a.inv.* (*posposto al sostantivo*) sword: *pesce* ~ swordfish. □ ~*alla mano* sword in hand; *battersicon la* ~ to fight with the sword; (*fig*) ~*di Damocle* sword of Damocles; ~*d'onore* sword of honour; *a* ~*tratta*: 1 with drawn sword; 2 (*fig*) with all one's might, vigorously: *difendere qcu. a* ~ *tratta*: 1 to defend so. with drawn sword, to stand up vigorously for so.; 2 (*fig*) to defend so. with all one's strength; (*fig*) *difendersi a* ~ *tratta* to defend oneself with might and main. *Prov.*: *chi di* ~ *ferisce di* ~ *perisce* he who lives by the sword dies by the sword; *uccide più la lingua della* ~ the pen is mightier than the sword.

spadaccino *m.* (*f.* -**a**) swordsman (*f.* swordswoman).

spadaio *m.* sword maker.

spadellare (**spadèllo**; *aus.* **avere**) *v.i.* (*colloq*) to busy oneself with the cooking, to busy oneself with pots and pans.

spadice *m.* (*Bot*) spadix.

spadino *m.* **1** (*da costume o uniforme*) dress sword. **2** (*Mil,ant*) dirk.

spadista *m./f.* (*Sport*) fencer.

spadone *m.* broadsword.

spadroneggiare (**spadronéggio**, **spadronéggi**; *aus.* **avere**) *v.i.* to lord it (over so.), to play the master, to act the master, to be domineering, to be bossy.

spaesato *a.* lost, bewildered, out of one's depth, out of one's element: *mi sento* ~ *senza di te* I feel lost without you.

spaghettata *f.* (*colloq*) spaghetti meal. □ ~ *di mezzanotte* midnight spaghetti feast; *farsi una* ~ to cook some spaghetti.

spaghetteria *f.* spaghetti house.

spaghettiera *f.* **1** (*recipiente per servire in tavola*) spaghetti serving dish. **2** (*pentola*) spaghetti pot.

spaghetti-western *m.inv.* (*Cin,scherz*) (*western all'italiana*) spaghetti western.

spaghetto *m.* **1** *pl.* (*Alim*) spaghetti (*costr.sing.*): *questi spaghetti sono buoni* this spaghetti is good. **2** *pl.* (*fig,colloq*) (*capelli liscissimi*) straight hair (*costr.sing.*). **3** (*piccolo spago*) thin string. **4** (*region,fig*) (*paura, spavento*) heebie-jeebies *pl.*, collywobbles *pl.*, fright, (*ant*) funk: *ho preso uno* ~! I was scared out of my wits!, I had such a fright! □ (*Gastron*) spaghetti *alpomodoro* (o *spaghetti al sugo*) spaghetti with tomato sauce.

spaginare (**spàgino**) *v.t.* (*Tip*) to alter the pagination of.

spaginatura *f.* (*Tip*) altering of the pagination.

spagliare (**spàglio**, **spàgli**) **I** *v.t.* **1** (*togliere la paglia*) to remove the straw from, to remove the straw covering from: ~ *i fiaschi* to remove the straw covering from flasks. **2** (*togliere dalla paglia*) to unpack sth. from the straw, to take out sth. from the straw. **II** *v.pron.* **spagliarsi** (*perdere la paglia*) to lose the straw, to lose the straw covering.

spagliato *a.* without its straw, which has lost its straw: *una sedia spagliata* a chair without its straw seat; *un fiasco* ~ a flask which has lost its straw covering.

spaglio □ (*Agr*) *seminarea* ~ to broadcast; *semina a* ~ broadcast sowing.

spagna *f.* (*Bot,Agr*) (*erba spagna o medica*) alfalfa, lucerne.

Spagna *n.pr.f.* (*Geog*) Spain.

spagnaio *m.* (*Agr*) field of alfalfa.

spagnola *f.* **1** (*Med,Stor*) Spanish influenza, (*colloq*) Spanish flu, (*gerg*) Spanish Lady. **2** (*volg*) tit fuck. □ (*volg*)*fare una* ~ *a qcu.* to tit fuck so.

spagnoleggiare (**spagnoléggio**, **spagnoléggi**; *aus.* **avere**) *v.i.* (*ant*) to play the lord.

spagnolesco (*pl.* -**chi**) *a.* (*spreg,rar*) haughty, lofty.

spagnoletta *f.* **1** (*per filo*) spool, reel. **2** (*serramento per finestra*) window bolt. **3** (*region*) (*arachide*) peanut, (*Am*) groundnut. **4** (*region*) (*scialle che si porta sul capo*) mantilla.

spagnolismo *m.* **1** (*Ling*) Hispanicism. **2** (*rar*) (*usanza spagnola*) Spanish way of life, Spanish behaviour.

spagnolo I *a.* Spanish. **II** *m.* **1** (*lingua*) Spanish. **2** (*f.* -**a**) (*abitante*) Spaniard: *gli spagnoli* the Spanish (*costr.pl.*).

spago (*pl.* -**ghi**) *m.* **1** string, twine. **2** (*Calz*) cobbler's thread, shoemaker's thread, (*ant*) lingel, twine. **3** (*region,fig*) (*paura, spavento*) heebie-jeebies *pl.*, collywobbles *pl.*, fright, (*ant*) funk: *prendersi uno* ~ to have a fright. □ *legarecon lo* ~ to tie sth. up with string; (*fig*)*dare* ~ *a qcu.* (*stare a sentire*) to listen to so.; ~*per imballaggio* packing string.

spaiamento *m.* separation (of a pair).

spaiare (**spàio**, **spài**) *v.t.* to separate.

spaiato *a.* odd, not matching: *scarpe spaiate* odd shoes.

spalancare (**spalànco**, **spalànchi**) **I** *v.t.* to throw open, to open wide: ~ *la finestra* to throw the window open. **II** *v.pron.* **spalancarsi** to open wide, to burst open: *la porta si è spalancata* the door burst open. □ ~ *la bocca* (*per la meraviglia*) to gape, to open one's mouth wide; ~ *lebraccia* to open one's arms; ~ *gliocchi* to open one's eyes wide, to goggle; ~ *leorecchie* to prick up one's ears.

spalancato *a.* wide open: *occhi spalancati* wide open eyes, staring eyes; *a braccia spalancate* with open arms; *bocca spalancata* open-mouthed; *restare a bocca spalancata* to gape.

spalare (**spàlo**) *v.t.* to shovel: ~ *la neve* to shovel snow. □ (*Agr*) ~ *ilgrano* (*aerarlo*) to winnow corn; (*Mar*) ~ *iremi* to feather.

spalata *f.* **1** (*lo spalare*) shovelling. **2** (*quantità di materiale contenuto nella pala*) shovelful. □ *dare una* ~ *a qcs.* to shovel sth.

Spalato *n.pr.f.* (*Geog*) Split.

spalatore *m.* (*f.* -**trice**) shoveler.

spalatrice *f.* (*Mecc*) shovel.

spalatura *f.* shovelling.

spalcatura *f.* (*Forest,Agr*) pruning, lopping.

spalla *f.* **1** (*Anat*) shoulder: *spalle strette* narrow shoulders; *spalle curve* round shoulders; *spalle nude* naked shoulders. **2** (*Sart*) shoulder: *un vestito stretto di spalle* a dress narrow in the shoulders; ~ *imbottita* padded shoulder, shoulder pad. **3** (*fig*) (*retro*) back, rear: *prendere il nemico alle spalle* to take the enemy from the rear. **4** (*Edil*) abutment. **5** (*Macell*) shoulder. **6** (*Alim*) (*prosciutto*) shoulder ham, shoulder. **7** (*Tip*) shoulder. **8** (*Teat*) straight man. **9** *pl.* (*dorso, schiena*) back *sing.* □ *a* ~ on one's shoulders, on one's back: *portare a* ~ to carry on one's back; ~ *a* ~ shoulder to shoulder, side by side: *lavorare* ~ *a* ~ *con qcu.* to work shoulder to shoulder with so.; (*fig*) *mettere qcu. con le spalle al muro* (*mettere davanti all'evidenza*) to put so. with his back to the wall; (*fig*) *essere con le spalle al muro* (*non aver scampo*) to have one's back to the wall, to be in a tight corner; *alle spalle* (*dietro*) behind: *si trovava alle mie spalle* he was behind me; *dire qcs. alle spalle di qcu.* to say sth. behind so.'s back; (*fig*) *arricchirsi alle spalle di qcu.* to grow rich at the expense of so.; (*fig*)*avere qcu. alle spalle* (*di supporto*) to have so. backing one up, to have so. behind one; ~*d'argine* slope, slope of an embankment; *avere le spalleforti* to have broad shoulders (*anche fig*); *avere le spallegrosse* to have broad shoulders (*anche fig*);*in* ~ on (one's) shoulders: *mettersi* (o *caricarsi*) *qcs. in* ~ to shoulder;*intorno alle spalle* round one's shoulders: *le ha messo il braccio intorno alle spalle* he put his arm round her shoulders; *avere le spalle larghe* to have broad shoulders, to be broad-shouldered (*anche fig*); *avere le spalle quadrate* to be square-shouldered; *spalle scoperte* naked shoulders; *un vestito che lascia le spalle scoperte* an off-the-shoulder dress;*su con le spalle!* stand up straight!; *una* ~*su cui piangere* a shoulder to cry on; *metti uno scialle sulle spalle* throw a shawl over your shoulders; (*fig*) *prendere qcs. sulle proprie spalle* to shoulder sth., to take sth. upon oneself; *avere molti anni sulle spalle* to be getting on in years; (*fig*) *avere qcu. sulle spalle* to be saddled with so.; *ho tutta la responsabilità sulle spalle* all responsibility falls on me; *tenere* ~ *a qcu.* to support so.

spallaccio m. 1 (*cinghia per zaino*) shoulder strap (of a knapsack). 2 (*Mil,ant*) shoulder strap (on a uniform). 3 (*Mil,ant*) (*nelle armature*) pauldron. 4 (*cinghia per cinturone*) sling.

spallarm intz. (*Mil*) shoulder arms pl.

spallata f. 1 push with the shoulder, shove with the shoulder. 2 (*alzata di spalle*) shrug (of the shoulders).

spallazione f. (*Nucl*) spallation.

spalleggiamento m. backing up, support, supporting.

spalleggiare (**spalléggio**, **spalléggi**) I v.t. 1 to back up, to support, to sustain: *era spalleggiato dal suo amico* he was backed up by his friend. 2 (*Mil*) to shoulder, to bear sth. on the shoulders, to bear sth. on the back. II v.r.recipr. **spalleggiarsi** to back each other up, to support each other.

spalletta f. 1 (*parapetto*) parapet. 2 (*argine*) embankment, bank. 3 (*Edil*) jamb, jambe, reveal.

spalliera f. 1 (*rif. a sedie, divani e sim.*) back: ~ *regolabile* adjustable back. 2 (*del letto: testata*) head, headboard. 3 (*del letto: dalla parte dei piedi*) foot, footboard. 4 (*Giard,Agr*) espalier: *una ~ di rose* a rose espalier. 5 (*Ginn*) wall bars pl. □ (*Giard,Agr*) *fare ~* to espalier.

spallina f. 1 (*Mil*) epaulette, (*Am*) epaulet, shoulder loop, shoulder mark, shoulder board, (*Am*) shoulder strap. 2 (*Abbigl*) shoulder strap. 3 (*Sart*) (*imbottitura*) padded shoulder, shoulder pad. □ (*Abbigl*) *senza spalline* strapless.

spallone m. (*gerg*) 1 (*portatore di merci di contrabbando*) smuggler (who carries contraband on his back). 2 (*spec. rif. a droga*) mule.

spalluccia □ (*colloq*) *fare spallucce* to shrug, to shrug one's shoulders.

spallucciata f. shrug, shrug of one's shoulder.

spalmabile a. spreadable.

spalmare (**spàlmo**) I v.t. 1 to spread, to smear: ~ *il burro sul pane* to spread butter on bread. 2 (*rif. a unguenti e sim.*) to rub on, to put on, to apply, to smear: ~ *il viso di crema* to apply cream to one's face; ~ *una pomata sulla pelle* to rub ointment into one's skin. 3 (*ricoprire*) to coat, to cover: ~ *la teglia di burro* to coat the baking tin with butter, to grease the baking tray with butter. 4 (*fig*) (*distribuire*) to distribute. II v.pron. **spalmarsi** 1 to smear oneself (*di* with), to spread oneself (*di* with), to apply, to rub on, to put on. 2 (*facilmente spalmabile: rif. a formaggi e sim.*) to spread.

spalmata f. smear, smearing, spreading, application, rubbing on, putting on. □ *dare una ~ di qcs. a qcs.* to spread sth. with sth., to smear sth. with sth., to smear sth. on sth., to spread sth. on sth.

spalmatore m. (f. **-trice**) (*Tess*) sizer.

spalmatrice f. (*Tess,Ind*) coating machine, sizing machine.

spalmatura f. spreading, smearing.

spalto m. 1 (*bastionata*) glacis, bastion. 2 pl. (*gradinate*) terraces, steps, (*Am*) bleachers.

spammare (**spàmmo**) v.t. (*Inform*) to spam.

spamming m.inv. (*Inform*) spamming.

spampanare (**spàmpano**) I v.t. (*spogliare dei pampini*) to strip (a vine) of its leaves, to remove the leaves of, to thin out the leaves of. II v.pron. **spampanarsi** 1 (*perdere i pampini*) to shed leaves, to lose leaves. 2 (*rif. a fiori*) to be overblown.

spampanato a. 1 stripped of its leaves,

---

thinned out, that has lost its leaves: *viti spampanate* vines stripped of their leaves. 2 (*rif. a fiori*) overblown: *una rosa spampanata* an overblown rose.

spampanatura m. 1 (*lo spampanare*) stripping of vine leaves, removing of vine leaves, thinning out of vine leaves. 2 (*lo spampanarsi*) shedding of leaves, losing of leaves.

spampinare (**spàmpino**) v.t. (*spogliare dei pampini*) to strip (a vine) of its leaves, to remove the leaves of, to thin out the leaves of.

spanare (**spàno**) I v.t. (*Tecn,Mecc*) to strip, to damage the thread of. II v.pron. **spanarsi** (*Tecn,Mecc*) to strip.

spanato a. (*Tecn,Mecc*) stripped: *vite spanata* stripped screw.

spanciare (**spàncio**, **spànci**) I v.i. (*aus.* **avere**) 1 (*rif. a tuffo*) to belly flop, to do a belly flop. 2 (*Aer*) to pancake, to make a pancake landing. 3 (*rar,region*) (*presentare un ingobbimento*) to bulge. II v.t. (*Aer*) to pancake. 2 (*rar*) (*sbudellare*) to gut, to disembowel. III v.pron. **spanciarsi** (*rar,region*) (*fare gobbe*) to bulge. □ (*colloq*) *spanciarsi dalle risate* to burst one's sides (with) laughing, to split one's sides (with) laughing.

spanciata f. 1 (*rif. a tuffo: panciata*) belly flop. 2 (*Aer*) pancake landing. 3 (*colloq*) (*scorpacciata*) big feed, bellyful, feed, nosh-up, blowout. □ (*pop*) *fare una ~ di qcs.* (*o farsi una ~ di qcs.*) to stuff oneself with sth., to have a big feed of sth.; (*colloq*) *prendere una ~* (*rif. a tuffo*) to belly flop, to do a belly flop.

spandere (*pres.ind.* **spàndo**; *p.rem.* **spandéi**; *p.p.* **spànto**) I v.t. 1 (*stendere*) to spread: ~ *la cera sul pavimento* to spread wax on the floor. 2 (*versare involontariamente*) to pour out, to spill: ~ *il vino sulla tovaglia* to spill wine on the tablecloth. 3 (*diffondere*) to diffuse, to give out, to give off, to shed: *i fiori spandevano un delicato profumo* the flowers gave off a delicate scent; *la candela spandeva una luce tenue* the candle shed a feeble light. 4 (*fig*) (*divulgare*) to spread, to spread about, to divulge: ~ *notizie false* to spread false rumours. 5 (*scialacquare*) to squander, to dissipate. II v.pron. **spandersi** 1 (*estendersi*) to spread, to extend: *la macchia si spande* the stain is spreading. 2 (*versarsi*) to pour, to spill. 3 (*effondersi*) to spread, to be shed, to be spread: *l'odore si spande per tutta la stanza* the smell is spreading throughout the room. 4 (*fig*) (*divulgarsi*) to be spread, to be divulged. □ (*eufem,colloq*) ~ *acqua* to pass water, to take a leak, to spend a penny; ~ *lacrime* to shed tears, to weep; ~ *sangue* to shed blood, to spill blood.

spandicera m.inv. floor polisher.

spandiconcime m.inv. (*Agr*) manure spreader, fertilizer spreader.

spandifieno m.inv. (*Agr*) (*voltafieno*) hay threshing machine.

spandiletame m.inv. (*Agr*) manure spreader.

spandiliquami m.inv. (*Agr*) liquid manure spreader.

spandisabbia m.inv. (*Strad*) sand spreader.

spaniare (**spànio**, **spàni**) I v.t. (*Caccia*) to free (a bird) from birdlime, to remove (a bird) from birdlime. II v.i. (*aus.* **avere**) (*Caccia*) (*levare le paniuzze*) to remove little branches with birdlime from trees. III v.pron. **spaniarsi** 1 (*Caccia*) to get free from birdlime. 2 (*fig*) (*levarsi dagli impicci*) to get off the hook.

spaniel m.inv. (*Zool*) spaniel.

---

spanna f. 1 (*lunghezza della mano distesa*) hand-breadth, hand's-breadth, span. 2 (*misura approssimativa*) a few inches, span. □ (*fig,colloq*) *a spanne* (*approssimativamente*) at a guess: *lavoro fatto a spanne* rough work, slap-dash work; *calcolare a spanne* to span; (*scherz*) *essere alto una ~* to be knee-high to a grasshopper.

spannare (**spànno**) v.t. 1 (*levare la panna*) to skim. 2 (*levare l'appannamento*) to demist, (*Am*) to defog.

spannatoia f. skimmer.

spannatura f. skimming.

spannocchiare (**spannòcchio**, **spannòcchi**) v.t. (*Agr*) to husk, to shuck.

spannocchiatura f. (*Agr*) husking, shucking.

spantanare (**spantàno**) I v.t. 1 (*fig,scherz*) (*trarre d'impaccio*) to get (so.) out of a fix, to get (so.) off the hook. 2 (*rar*) (*togliere da un pantano*) to get (so.) out of the mire, to get (so.) out of the mud, to get (so.) out of the bog. II v.pron. **spantanarsi** 1 (*fig,scherz*) (*trarsi d'impaccio*) to get out of a fix, to get off the hook. 2 (*rar*) (*togliersi da un pantano*) to get out of the mire, to get out of the mud, to get out of the bog.

spanto → **spandere**.

spaparacchiarsi (**mi spaparàcchio, ti spaparàcchi**) v.pron. (*colloq*) to sprawl, to slump, to slouch: ~ *sul divano* to sprawl on the sofa.

spaparanzarsi (**mi spaparànzo**) v.pron. (*region*) to sprawl, to slump, to slouch: ~ *sul divano* to sprawl on the sofa.

spaparanzato a. (*region*) sprawled, slumped.

spappagallare (**spappagàllo**; *aus.* **avere**) v.i. (*colloq*) to parrot, to repeat like a parrot.

spappolamento m. 1 (*lo spappolare*) mashing, pulping. 2 (*lo spappolarsi*) becoming pulpy, becoming mushy.

spappolare (**spàppolo**) I v.t. to pulp, to reduce (sth.) to a pulp, to mash. II v.pron. **spappolarsi** 1 to become pulpy, to go soggy, to become mushy, to be reduced to a pulp: *il riso fatto cuocere troppo si spappola* overcooked rice becomes mushy. 2 (*rif. a organi e sim.: lacerare gravemente*) to be crushed, to become crushed. □ (*fig*) *spappolarsi il cervello* (*ammattire*) to go mad, to go crazy, (*colloq*) to go soft in the head.

spappolato a. 1 pulpy, mushy, soggy. 2 (*rif. a organi e sim.: lacerare gravemente*) crushed, mangled.

sparacchiare (**sparàcchio**, **sparàcchi**) I v.t. to fire intermittently, to fire now and then. II v.i. (*aus.* **avere**) to fire intermittently, to fire now and then.

sparachiodi f.inv. rivet gun.

sparagella, sparaghella f. (*Bot,colloq*) wild asparagus.

sparagiaia f. (*colloq*) (*asparagiaia*) asparagus bed.

sparagnino a. (*region,spreg*) (*tirchio*) miserly, niggardly, tight, stingy.

sparaneve □ *cannone ~* snow cannon.

sparare (**spàro**) I v.t. 1 to shoot: ~ *un proiettile* to shoot a bullet. 2 (*scaricare*) to fire, to shoot, to discharge: ~ *un fucile* to fire a gun. 3 (*far esplodere*) to fire: ~ *una revolverata* to fire a shot. 4 (*fig*) (*sferrare*) to strike, to throw, (*colloq*) to land, to deliver, to give: ~ *un calcio* to give a kick. 5 (*Sport*) to shoot: ~ *il pallone in rete* to shoot a goal. 6 (*colloq*) (*azzardare*) to guess (sth.), to shoot in the dark. II v.i. (*aus.* **avere**) 1 to shoot, to fire (*a* at). 2 (*colpire sparando*) to shoot (*a qcu.* so.). 3 (*Mil*) (*tenere sotto il fuoco*) to fire

(*contro, su, a* on), to shoot (*contro, su, a* at). **4** (*nelle riprese televisive*) to flare. **III** *v.pron.* **spararsi 1** (*uccidersi*) to shoot oneself. **2** (*colloq,fig*) (*rif. a cibo, bevande e sim.*) to guzzle, to make short work (of sth.), to have (sth.): *spararsi una pizza* to have a pizza, to make short work of pizza. **3** (*colloq,fig*) (*rif. a qcs. di lungo e noioso: sorbirsi*) to put up with, to endure, to suffer, *più spesso si traduce con il verbo corrispondente all'azione descritta: mi sono dovuta sparare tutta la riunione* I had to attend the whole meeting; *per l'esame si è sparato tutta la Divina Commedia* he had to study the entire Divine Commedy for the exam. ☐ *~a bruciapelo* to shoot point-blank, to shoot at point-blank range; *~ a raffica* to rake, (*colloq*) to blast away; *~a salve* to fire a volley, to fire a salvo; *~a vista* to shoot at sight; *~a zero* : 1 (*rif. ad armi*) to shoot point-blank, to fire with zero degrees of elevation; 2 (*fig*) (*parlare chiaro*) to shoot from the hip, to tell it like it is; 3 (*fig*) (*criticare*) to hit out (*su* at), to blast (*su qcu.o qcs. so. o* sth.), to lamblast (*su qcu. o qcs. so. o* sth.); *~ad altezza d'uomo* to shoot to kill, to shoot into the crowd; *~al bersaglio* to fire at the target; *~alla cieca* to shoot at random; *~ calci* to kick out; (*volg*) *~ cazzate* to talk bullshit, to talk crap, (*Am*) shoot the shit; *~ a qcu.da* (*o a*)*distanza ravvicinata* to shoot point-blank, to shoot at point-blank range; (*colloq*) *spararsi una dose* to shoot up, to mainline; (*colloq*) *spararlegrosse* to talk big, to tell stories, to talk tripe, to spin a good yarn; (*fig*) *~grosso* (*chiedere un prezzo molto alto*) to sell (sth.) at an exorbitant price; *~ in aria* to shoot into the air; (*fig*) *~l'ultima cartuccia* to shoot one's last bullet; *~ nel mucchio* : 1 to shoot into the crowd; 2 (*fig*) to find fault left, right and centre; (*colloq,fig*) *spara!* fire!, fire away!, (*Am*) shoot!; (*fig, colloq*) *è come ~sulla Croce Rossa* it's like taking candy from a baby; *spararsiun colpo* (*suicidarsi*) to shoot oneself.
sparata *f.* **1** (*fig*) (*smargiassata*) brag, bragging, boast, boasting, show-off, (*colloq*) swank, bravado. **2** (*lo sparare rif. ad arma da fuoco*) shooting, firing, discharging. **3** (*scarica di arma da fuoco*) shot, discharge.
sparato[1] *a.* **1** fired, shot. **2** (*fig,colloq*) (*veloce*) fast, quick, like a shot, fast, quick, like greased lightning: *sta arrivando ~* he is coming as fast as he can, he is coming at top speed. **3** (*colloq*) (*rif. a capelli: in piedi*) on end, bristling. ☐ (*fig,colloq*) *andare ~* to belt, to go flat out.
sparato[2] *m.* (*Abbigl*) (*nelle camicie da uomo: petto inamidato*) shirt front.
sparatore *m.* (*f.* **-trice**) shooter.
sparatoria *f.* **1** (*scambio di colpi d'arma da fuoco*) exchange of shots, shoot-out. **2** (*susseguirsi di spari*) shooting.
sparecchiare (**sparécchio, sparécchi**) *v.t.* **1** to clear, to clear away. **2** (*assol.*) (*liberare la tavola*) to clear the table. ☐ *~la tavola* to clear the table.
spareggio *m.* **1** (*Sport*) play-off, decider: *disputare lo ~* to play the play-off, to play off. **2** (*disparità, disuguaglianza*) disparity, difference, inequality. **3** (*nei giochi di carte*) deciding game.
spargere (*pres.ind.* **spàrgo, spàrgi**; *p.rem.* **spàrsi**; *p.p.* **spàrso**) **I** *v.t.* **1** to scatter, to strew: *~ i semi nel campo* to scatter seeds in the field; *~ una tomba di fiori* to strew a tomb with flowers. **2** (*rif. a persone: sparpagliare*) to scatter, to spread. **3** (*diffondere*) to give out, to give off, to shed, to diffuse: *~ calore* to give off heat. **4** (*versare*) to pour, to pour

out, to spill, to shed: *~ il vino sulla tovaglia* to spill wine on the tablecloth. **5** (*fig*) (*diffondere*) to spread, to sow, to scatter: *~ malumori* to sow discontent. **6** (*fig*) (*divulgare*) to spread, to spread about: *~ voci* to spread gossip. **II** *v.pron.* **spargersi 1** to scatter, to spread, to spread out: *i soldati si sparsero nelle campagne* the soldiers scattered themselves over the countryside. **2** (*fig*) (*diffondersi*) to spread: *la notizia si sparse subito* the news spread fast; *l'epidemia si sparge* the epidemic is spreading. ☐ (*fig*) *~ qcs. ai quattro venti* to broacast sth. to the four winds, to broadcast sth. to all and sundry; (*fig*) *~ denaro a piene mani* (*spendere*) to spend money like water, to spend money hand over fist; (*fig*) *~lacrime* (*piangere*) to shed tears, to cry, to weep; *~sale su qcs.* to sprinkle salt on sth.; (*fig*) *~sangue* (*ferire, uccidere*) to spill blood, to shed blood.
spargimento *m.* **1** scattering, strewing. **2** (*diffusione*) shedding. **3** (*versamento*) pouring, pouring out, spilling, shedding. ☐ (*fig*) *senza ~di sangue* without bloodshed.
spargipepe *m.inv.* pepper shaker, pepper pot.
spargisale *m.inv.* salt shaker, salt cellar.
spargitalco *m.inv.* **1** (*tappo bucherellato*) perforated top of a talcum-powder c. **2** (*flacone*) talcum-powder container.
sparigliare (**sparìglio, sparìgli**) *v.t.* (*dividere una coppia*) to break up a pair of, to break up a team of: *~ i cavalli* to break up a team of horses.
sparire (**sparìsco, sparìsci**; *aus.* **essere**) *v.i.* **1** to disappear, to vanish: *~ tra la folla* to vanish into the crowd. **2** (*non essere più visibile*) to disappear, to fade away, to go: *le cicatrici dell'operazione sono sparite* the scars from the operation have gone, the scars from the operation have faded away. **3** (*fig*) (*essere introvabile*) to disappear, to vanish (into thin air), to be gone, to abscond: *il libro è sparito* the book has disappeared, the book has gone. ☐ *~dalla circolazione* to disappear, to vanish; (*eufem*) *~dalla faccia della terra* (*morire*) to take leave of the world, to meet one's Maker; *fare ~*: 1 (*occultare*) to hide, to conceal; 2 (*colloq*) (*rubare*) to rob, to pinch; 3 (*consumare*) to go through; 4 (*colloq*) (*uccidere*) to kill, to bump off; *~ nel nulla* to vanish into thin air; (*colloq*)*sparisci!* (*Br*) clear off!, (*Am*) scram!, get lost!
sparizione *f.* **1** disappearance, vanishing. **2** (*rif. a persona*) disappearance, missing. **3** (*smarrimento*) loss.
sparlare (**spàrlo**; *aus.* **avere**) *v.i.* **1** to speak ill (*di* of), to slander, (*colloq*) to run down (*di qcu.* so.), to badmouth (*di qcu.* so.), to talk (*di* about), to backbite (*di qcu.* so.): *sparlavano di tutti* they ran everyone down. **2** (*rar*) (*parlare a sproposito*) to talk nonsense.
sparo[1] *m.* shot: *uno sparo di fucile* a rifle shot; *ho sentito uno ~* I heard a shot.
sparo[2] *m.* (*Itt*) (*sarago*) white bream.
sparpagliamento *m.* scattering.
sparpagliare (**sparpàglio, sparpàgli**) **I** *v.t.* **1** to scatter, to strew, to throw about: *~ le carte sul tavolo* to scatter the cards on the table. **2** (*mandare qua e là*) to scatter: *~ agenti in borghese per la città* to scatter plain-clothes men all over town. **II** *v.pron.* **sparpagliarsi** to scatter, to be scattered.
sparpagliatamente *avv.* **1** scatteredly. **2** (*in disordine*) in disorder.
sparpagliato *a.* scattered.
sparring partner *m./f.inv.* (*Sport*) sparring partner (*anche estens*).

sparsi → **spargere**.
sparso *a.* **1** scattered, strewn (here and there): *libri sparsi sul tavolo* books scattered on the table, books lying about on the table. **2** (*cosparso*) strewn (*di* with), spread (*di* with), scattered (*di* with), sprinkled (*di* with): *prato ~ di fiori* field strewn with flowers, flower-strewn field. **3** (*versato*) shed, spilled, poured, poured out: *sangue ~ in guerra* blood shed in battle. **4** (*sciolto*) loose: *capelli sparsi* loose hair, flowing hair. **5** (*Arald*) semé.
Sparta *n.pr.f.* (*Geog*) Sparta.
spartachista *m./f.* (*Stor*) Spartacist.
Spartaco *n.pr.m.* Spartacus (*anche Stor*).
spartanamente *avv.* Spartanly, in a Spartan manner.
spartano **I** *a.* Spartan (*anche fig*): *educazione spartana* Spartan upbringing. **II** *m.* (*f.* **-a**) Spartan.
sparteina *f.* (*Chim,Farm*) sparteine.
spartiacque *m.inv.* **1** (*Geog*) watershed, (*Am*) divide. **2** (*fig*) (*elemento discriminante*) watershed, (*Am*) divide, turning point.
spartifuoco *m.inv.* (*Teat*) safety curtain, fireproof curtain.
spartineve *m.inv.* (*Strad*) snowplough.
spartire (**spartìsco, spartìsci**) *v.t.* **1** (*dividere in parti*) to divide, to divide up, to share out, to parcel out, to split up, (*colloq*) to carve up: *spartirsi il bottino* to split up the loot; *~ il guadagno* to divide up the profits; *il denaro verrà spartito fra i soci* the money will be shared out among the partners. **2** (*rar*) (*separare, dividere*) to separate, to part, to divide: *~ due litiganti* to separate two quarrellers. **3** (*Mus*) (*scrivere una partitura*) to score. ☐ (*fig*) *non aver nullaa che ~ con qcu.* (o *non avere nulla da ~ con qcu.*) to have nothing in common with so.
spartito *m.* (*Mus*) (*partitura*) score.
spartitraffico **I** *m.inv.* (*Strad*) **1** (*isola spartitraffico*) traffic island, (*Am*) safety island. **2** (*striscia, spazio tra le corsie*) central reservation, (*Am,Aus*) median strip, (*Am*) median. **II** *a.inv.* (*Strad*) (*posposto al sostantivo*) traffic (*attr.*): *isola ~* traffic island.
spartizione *f.* division, dividing up, sharing out: *la ~ dell'eredità* the dividing up of the inheritance.
sparto *m.* (*Bot*) esparto grass.
sparutezza *f.* **1** emaciation, gauntness. **2** (*fig*) (*esiguità*) scantiness, meagreness, (*lett*) exiguity.
sparuto *a.* **1** emaciated, gaunt, haggard: *un bambino dal viso ~* a child with a gaunt face. **2** (*fig*) (*esiguo*) scant, scanty, meagre, (*lett*) exiguous.
sparviere, sparviero *m.* **1** (*Ornit*) sparrowhawk. **2** (*Edil*) mortar board. ☐ (*Ornit*) *~delle asturie* goshawk.
spasimante *m.* (*scherz,lett*) (*innamorato*) admirer, lover, (*ant*) suitor, (*ant,lett*) wooer.
spasimare (**spàsimo**; *aus.* **avere**) *v.i.* **1** (*fig*) (*desiderare ardentemente*) to long, to yearn, to crave: *~ di rivedere qcu.* to long to see so. again. **2** to be racked with pain, to be racked with spasms of pain. **3** (*estens*) (*soffrire*) to suffer: *~ di sete* (o *~ dalla sete*) to suffer thirst. ☐ (*lett,scherz*) *~per qcu.* (*essere innamorato*) to be in love with so., to be head over heels in love with so.
spasimi *m.* **1** spasm of pain, pang, agony: *spasimi di morte* pangs of death, death agony. **2** (*sofferenza, ansia dell'animo*) pang, agony: *spasimi dell'amore* pangs of love; *gli spasimi dell'attesa* the agony of waiting.
spasmo *m.* (*Med*) spasm. ☐ (*Med*) *~muscolare* muscular spasm, twitch, (*Am*) jerk.

spasmodicamente avv. 1 spasmodically. 2 (angosciosamente) distressingly, with anguish.

spasmodico (pl. -ci) a. 1 (Med) spasmodic. 2 (fig) (angoscioso) agonizing, distressing, nerve-racking: attesa spasmodica nerve-racking wait; tensione spasmodica agonizing tension.

spasmofilia f. (Med) spasmophilia.

spasmolitico (pl. -ci) I a. (Farm) antispasmodic, spasmolytic. II m. (Farm) antispasmodic, spasmolytic.

spassare (spàsso) I v.t. (rar) (divertire) to amuse, to entertain. II v.pron. **spassarsi** to have fun, to have good time. □ (colloq) spassarsela to have the time of one's life, to enjoy oneself, (colloq,ant) to have a ball.

spassionatamente avv. disinterestedly, impartially.

spassionatezza f. impartiality, disinterestedness, lack of bias.

spassionato a. dispassionate, disinterested, impartial, unbiased, objective: parere ~ unbiased view.

spasso m. 1 (divertimento) fun, entertainment, lark: darsi agli spassi to have fun. 2 (scherz,fig) (persona spassosa) (colloq) scream, laugh-a-minute, (ant) wag: quel ragazzo è uno ~ that boy is a scream. □ (colloq) andare a ~: 1 to go for a walk, to go out for a walk; 2 (a zonzo) to loaf around; andate a ~!: 1 (andate via) clear off!, scram!, beat it!; 2 (smettetela) stop it!; essere a ~: 1 to be out for a walk, to be out for a stroll; 2 (fig) (disoccupato) to be out of work, to be unemployed; per ~ for fun; portare qcu. a ~ to take so. out for a walk.

spassoso a. amusing, entertaining, funny, (colloq) hysterical.

spasticità f. (Med) spasticity.

spastico I a. 1 (Med) spastic. 2 (spreg) spastic, clumsy, inept. II m. (f. -a; pl. -ci) 1 (Med) spastic. 2 (spreg) spastic, clumsy person, inept person.

spastoiare (spastóio, spastói) I v.t. (rar) to unfetter (anche fig). II v.pron. **spastoiarsi** 1 to unfetter, to free oneself of one's shackles, to free oneself of one's fetters. 2 (fig) to unfetter oneself, to unshackle oneself.

spata f. (Bot) spathe.

spatico (pl. -ci) a. (Min) spathic, spathose.

spato m. (Min) spar. □ (Min) ~ d'Islanda Iceland spar.

spatola f. 1 spatula, (rar) paddle. 2 (utensile da cucina) spatula, slice. 3 (Aut) (spazzola del tergicristallo) windscreen wiper. 4 (Art, Pitt) palette knife. 5 (Med) spatula. 6 (Ornit) spoonbill. 7 (Itt) paddlefish. 8 (parte dello sci o dello snowboard incurvata verso l'alto) shovel. □ a ~ spatulate.

spauracchio m. 1 (fig) bugbear, bogey, bogeyman, bugaboo: la matematica è il suo ~ maths is his bugbear. 2 (spaventapasseri) scarecrow.

spaurire (spaurìsco, spaurìsci) I v.t. to frighten, to scare. II v.pron. **spaurirsi** (spaventarsi) to be frightened, to be scared.

spaurito a. 1 frightened, scared. 2 (estens) (sbigottito, disorientato) dismayed, appalled, dumbfounded, astonished.

spavaldamente avv. arrogantly, boldly.

spavalderia f. 1 arrogance, boldness, cocksureness, (colloq) cockiness. 2 (bravata) boast, bragging.

spavaldo I a. 1 (sfrontato) arrogant, (colloq) cocky, (Br) cocksure: un giovane ~ an arrogant youth. 2 (audace) bold, daring, audacious. II m. (f. -a) arrogant person, cocksure person, boaster, braggart,

show-off. □ fare lo ~ to brag, to boast, to show off; smetti di fare lo ~ stop bragging.

spaventapasseri m.inv. 1 scarecrow. 2 (fig) fright, scarecrow.

spaventare (spavènto) I v.t. 1 to frighten, to scare, to startle: quel rumore mi ha spaventato that noise frightened me. 2 (estens) (preoccupare) to frighten, to worry, to alarm: il tuo stato di salute mi spaventa your health worries me. 3 (intimidire) to intimidate, to browbeat. II v.pron. **spaventarsi** to be frightened, to become frightened, to be scared, to be terrified, to take fright, to get a fright: non spaventatevi don't be frightened; il cavallo si è spaventato alla vista improvvisa del bestiame the horse took fright on suddenly encountering some cattle. □ ~ a morte qcu. to put the fear of God into so., to scare so. to death; spaventarsi a morte to get the fright of one's life, to be scared to death.

spaventato a. frightened, scared: il bambino era tutto ~ the child was thoroughly frightened.

spaventevole a. 1 frightening, frightful, fearful. 2 (orribile) terrible, horrible, dreadful, awful.

spavento m. 1 fear, fright, scare: provare uno ~ to have a scare. 2 (iperb,colloq) (persona, cosa molto brutta) fright: quella donna è uno ~ that woman is a fright. □ brutto da fare ~ frightfully ugly; (enfat) morire dallo ~ (o morire di ~) to be scared to death; fare ~ a qcu. (o mettere ~ a qcu.) to scare so., to frighten so.; prendersi uno ~ to be frightened.

spaventosamente avv. 1 fearfully, frightfully. 2 (colloq) (moltissimo) terribly, awfully, frightfully, dreadfully: sono ~ stanco I am terribly tired.

spaventoso a. 1 frightful, dreadful, frightening: una sciagura spaventosa a frightful disaster; una visione spaventosa a dreadful sight; in modo ~ terribly, frightfully: guida la macchina in modo ~ he drives terribly. 2 (iperb,colloq) (grande, incredibile) tremendous, incredible, fantastic: avere una fortuna spaventosa to have incredible luck.

spaziale a. 1 (rif. allo spazio) spatial. 2 (rif. allo spazio aereo, cosmico) space (attr.): volo ~ space flight; era ~ space age; tuta ~ space suit. 3 (Mat) space (attr.): geometria ~ space geometry. 4 (iperb,colloq) (eccezionale) fantastic, wonderful, exceptionally good, exceptional, splendid, remarkable.

spazialità f. (Arch,Pitt) spatiality.

spazializzare (spazializzo) v.t. (Art,Filos) to spatialize.

spazializzazione f. (Art,Filos) spatialization.

spaziare (spàzio, spàzi) I v.i. (aus. avere) 1 (muoversi liberamente) to roam, to wander, to sweep (anche fig): le rondini spaziano nel cielo the swallows sweep through the sky; lasciare ~ la fantasia to let one's imagination roam. 2 (estens) (coprire molti campi) to range (from sth. to sth.): ~ in (o per) tutti i campi del sapere to range over all the fields of knowledge. II v.t. (Tip,Inform) to space, to space out.

spaziato a. (Tip,Inform) spaced, spaced out.

spaziatore a. (Tip,Inform) space (attr.), spacing: barra spaziatrice space bar.

spaziatura f. (lo spaziare) spacing. 2 (Tip) (spazio) spacing, space.

spazieggiare (spaziéggio, spaziéggi) v.t. 1 to space, to space out, to place at intervals. 2 (Tip) to letterspace, to space out.

spazieggiatura f. (Tip) letterspacing.

spazientire (spazientìsco, spazientìsci) I v.t. (rar) to make so. lose one's patience, to annoy. II v.pron. **spazientirsi** to lose one's patience, to chafe.

spazientito a. irritated, annoyed, impatient, touchy.

spazio m. 1 (Astr) space (anche Mat,Fis,Filos): la conquista dello ~ the conquest of space. 2 (posto) room, space, (colloq) elbowroom: il tavolo occupa troppo ~ the table takes up too much room; l'articolo non è stato pubblicato per mancanza di ~ the article was not published for lack of space; avere poco ~ to be short of space; c'è abbastanza ~ per tutti e due there's room enough for both of us; avere un mucchio di ~ to have masses of room. 3 (area) area, ground. 4 (distanza, intervallo) space, distance, gap: lo ~ tra le file dei banchi the space between the rows of desks; scrivendo osserva gli spazi tra le righe when you write space out the lines properly; c'è uno ~ di 30 centimetri tra il furgone e il marciapiedi there's a gap of 30 centimetres between the van and the kerb. 5 (Geom, Mus,Tip) space. 6 (Inform) (carattere spazio) blank. 7 (fig) (ambito, margine) scope, ground. 8 (fig) (opportunità) room, scope, opportunity, chance. 9 spec.pl. (fig,colloq) space: ho bisogno dei miei spazi (o del mio ~) per vivere in pace I need my own personal space in order to live stress-free. □ ~ aereo airspace: attraversare lo ~ aereo to overfly; ~ aereo extraterritoriale extraterritorial airspace; spazi aperti outdoors; ~ atmosferico airspace: lasciare uno ~ bianco to leave a blank space; (fig) dare ~ a qcu. to make room for so.; (Aut) ~ di frenata (o ~ di frenatura) braking distance; ~ di manovra: 1 (Mar) searoom; 2 (fig) room for manoeuvre; in un breve ~ di tempo in a short time, soon; (Inform) ~ disponibile su disco remaining space (on a disk); ~ economico europeo European economic space; ~ esterno outer space; (Mat,Geom) ~ euclideo Euclidian space, Euclidean space; (Astr) ~ extraatmosferico outer space; fare ~ a to make room for (anche fig); ~ geometrico geometric space; (Tip) ~ in bianco blank, blank space; (Anat) ~ intercostale intercostal space; (Anat) spazi interdentali interdental spaces; (Astr) ~ interplanetario interplanetary space; (Astr) ~ interstellare interstellar space; lasciare uno ~ to leave a space; (Tip) ~ mobile movable type; ~ moda fashion point, clothing store; ~ morto: 1 (Anat) dead space; 2 (Aut) broken stowage; nello ~ di: 1 in, in the space of: fece la traduzione nello ~ di cinque giorni he did the translation in five days, he did the translation in the space of five days; nello ~ di un anno in a year, in a year's time; 2 (entro) within; non c'è ~ per muoversi there's no room to swing a cat; (Mat) ~ non euclideo non-Euclidian space; (Aut) ~ per le gambe legroom; prendere ~ to take up room; ~ pubblicitario: 1 advertising space; 2 (TV,Rad) commercial, spot; ~ pubblico public area; (burocr) ~ riservato reserved area; ~ stratosferico stratospheric space; (Inform) ~ su disco disk space; spazi verdi green areas; (Mat) ~ vettoriale vector space, linear space; ~ vitale: 1 living space, vital space; 2 (Stor) Lebensraum, lebensraum; riempire gli spazi vuoti (nei moduli) fill in the blanks.

spaziodromo m. (Astron) space launching centre.

spazionave f. (Giorn,rar) spaceship, spacecraft.

spazioporto m. 1 (poligono di lancio) spa-

ceport, launching base. **2** (*Giorn*) (*cosmodromo*) cosmodrome.

spaziosamente *avv.* spaciously.

spaziosità *f.* **1** spaciousness, roominess, open space: ~ *di un ambiente* spaciousness of a room. **2** (*ampiezza*) width, breadth.

spazioso *a.* spacious, roomy, spacious, wide, broad, large: *un appartamento* ~ a roomy flat; *strade spaziose* broad streets; *una casa spaziosa* a large house; *una stanza spaziosa* a large room, a spacious room.

spazio-tempo, **spaziotempo** (*pl.* **spàzi-tèmpo**) *m.* (*Fis*) space-time, space-time continuum.

spazio-temporale, **spaziotemporale** *a.* (*Fis*) space-time (*attr.*).

spazzacamino *m.* chimney sweep.

spazzamine *m.inv.* (*Mar,ant*) minesweeper.

spazzaneve *m.inv.* **1** (*Strad*) snowplough, (*Am*) snowplow. **2** (*Sport*) (*nello sci*) snowplough, (*Am*) snowplow: *curva a* ~ snowplough turn, (*Am*) snowplow turn.

spazzare (**spàzzo**) *v.t.* **1** (*scopare*) to sweep, to broom, to sweep up, to brush: ~ *il pavimento* to sweep the floor; ~ *una stanza* to sweep out a room. **2** (*portar via*) to sweep away, to sweep up, to remove: ~ *il sudiciume* to sweep away the dirt. **3** (*fig*) to sweep: *un forte vento spazzava le strade* a strong wind swept the streets. **4** (*fig*) (*portar via*) to sweep away, to drive away: *il vento ha spazzato le nuvole* the wind has swept the clouds away. **5** (*fig*) (*togliere di mezzo, distruggere*) to wipe out, to do away with, to sweep away: ~ *i pregiudizi* to wipe out prejudice. **6** (*colloq, fig*) (*mangiare avidamente*) to eat up, to polish off. □ (*Sport*) ~ *l'area* (*nel calcio*) to clear the area; ~ *via* : **1** to sweep away: ~ *via la polvere* to sweep away the dust; **2** (*dissipare*) to dispel, to dissipate: *il sole ha spazzato via la nebbia* the sun dissipated the fog; **3** (*fig*) to drive away, to sweep away: *tutte le sue illusioni sono state spazzate via* all her illusions were swept away; **4** (*fig*) (*distruggere*) to wipe out, to do away with, to sweep away; (*rif. ad acqua*) to wash away: *il ciclone ha spazzato via la casa* the cyclone swept the house away; **5** (*fig*) (*fare piazza pulita*) to make a clean sweep (of sth.), to clean up.

spazzata *f.* quick sweep, quick sweeping. □ *dare una* ~ *a qcs.* to give sth. a quick sweep.

spazzatrice *f.* (*Strad*) sweeper, road sweeper.

spazzatura I *f.* **1** (*immondizia*) rubbish, (*Am*) garbage, (*Am*) trash: *bidone della* ~ rubbish bin. **2** (*ciò che si spazza*) sweepings *pl.* **3** (*lo spazzare*) cleaning, sweeping. **4** (*fig*) (*cosa spregevole*) rubbish, dirt. II *a.inv.* (*posposto al sostantivo*) trash (*attr.*), junk (*attr.*): *tv* ~ trash TV, junk TV; *cibo* ~ junk food. □ (*fig*) *mi tratta come se fossi* ~ he treats me like dirt.

spazzaturaio *m.* (*ant*) dustman, (*Am,Aus*) garbage man.

spazzino *m.* **1** (*f.* **-a**) (*chi pulisce le strade*) street sweeper, street cleaner. **2** (*f.* **-a**) (*chi raccoglie la spazzatura*) (*Br*) dustman (*f.* -woman), (*Am,Aus*) garbage man (*f.* woman). **3** (*Zool*) (*animale spazzino*) scavenger.

spazzola *f.* **1** brush (*anche El*): *dare un colpo di* ~ *a qcs.* to give sth. a quick brush, to give sth. a quick brushing. **2** (*Mus*) wire brush, brush. **3** (*Aut*) windscreen wiper blade, (*Am*) windshield wiper blade. **4** (*Aut*) (*bacchetta del tergicristallo*) windscreen wiper arm, (*Am*) windshield wiper arm. □ (*Mot*) ~*del distributore* rotor, rotor arm; (*Aut*) ~*del tergicristallo* windscreen wiper blade; (*El*) ~*di*

carbone carbon brush; ~ *metallica* wire brush; ~*per abiti* clothes brush; ~*per bottiglie* bottlebrush, bottle brush; ~*per capelli* hairbrush, hair brush; ~ *per cappelli* hat brush; ~*per scarpe* shoe brush; ~*per tappeti* carpet brush.

spazzolare (**spàzzolo**) *v.t.* **1** to brush. **2** (*colloq,fig*) (*mangiare avidamente*) to eat up, to polish off. □ *spazzolarsi i capelli* to brush one's hair; (*fig*) ~*la schiena di qcu.* to beat so.

spazzolata *f.* quick brush, quick brushing: *dare una* ~ *a qcs.* to give sth. a quick brushing.

spazzolatrice *f.* (*Mecc*) brushing machine.

spazzolino *m.* brush, small brush. □ ~ *da denti* toothbrush; ~ *elettrico* electric toothbrush; ~*per le unghie* nail brush.

spazzolone *m.* **1** (*con setole*) brush, scrubbing brush. **2** (*mocio*) mop: *passare lo* ~ (*lavare il pavimento*) to mop the floor, to wipe the floor clean.

speaker /'spiker/ *m./f.inv.* **1** (*Rad,TV*) (*annunciatore*) announcer, commentator. **2** (*Rad, TV*) (*di telegiornale*) newsreader, anchorman (*f.* -woman), anchor, linkman (*f.* -woman), (*colloq*) talking head. **3** (*Rad,TV*) (*di eventi sportivi*) commentator. **4** (*TV*) (*voce fuori campo di documentario*) voiceover. **5** (*rif. a stadio, stazione, aeroporto e sim.*) announcer.

speakeraggio /spik-/ *m.inv.* (*TV*) voiceover.

specchiaio *m.* **1** (*fabbricante di specchi*) mirror maker. **2** (*venditore di specchi*) mirror dealer.

specchiarsi (**mi spècchio**, **ti spècchi**) *v.pron.* **1** (*mirarsi allo specchio*) to look at oneself in the mirror: *sta sempre a* ~ she's always looking at herself in the mirror. **2** (*riflettersi: rif. a persone*) to look at one's reflection: *si specchiò nelle vetrine* she looked at her reflection in the shop windows. **3** (*riflettersi: rif. a cose*) to be reflected, to be mirrored: *la casa si specchia nel lago* the house is reflected in the lake.

specchiato *a.* **1** (*fig*) (*esemplare*) exemplary, model (*attr.*), upright: *uomo di specchiate virtù* man of exemplary virtue. **2** (*fornito di specchio*) with mirror, mirrored: *porta specchiata* mirrored door.

specchiera *f.* (*Arred*) **1** large mirror, pier glass, pier mirror. **2** (*mobile con specchio*) dressing table, (*Am*) dresser. **3** (*tavolino da toeletta*) dressing table.

specchietto *m.* **1** (*da borsetta*) handbag mirror. **2** (*prospetto riassuntivo*) table, schedule, list, outline: ~ *dei verbi irregolari* table of irregular verbs. **3** (*Caccia*) mirror decoy (for luring skylarks). □ (*Med*) ~*del dentista* dental mirror; (*Aut*) ~*di cortesia* vanity mirror; (*Aut*) ~*panoramico* panoramic mirror; (*fig*) ~ *per allodole* lure, decoy, bait, dummy; (*Aut*) ~ *retrovisore* rearview mirror.

specchio *m.* **1** mirror, (*lett*) looking glass: *guardarsi nello* (o *allo*) ~ to look at oneself in the mirror. **2** (*fig*) (*immagine*) mirror, image: *gli occhi sono lo* ~ *dell'anima* the eyes are the mirror of the soul. **3** (*fig*) (*esemplare*) example, model, pattern: *uno* ~ *di probità* a model of honesty. **4** (*fig*) (*superficie liscia*) sheet, mirror: *il mare è uno* ~ the sea is mirror calm. **5** (*fig*) (*prospetto*) table, schedule. **6** (*Sport*) (*nel basket: tabellone*) backboard. **7** (*Ott,Astr*) mirror. **8** (*Pesc*) water glass. □ *a* ~ mirror (*attr.*), mirrored: *scrittura a* ~ mirror writing; *occhiali a* ~ mirrored glasses; *a ingrandimento* magnifying mirror; (*Ott*) ~*concavo* concave mirror; (*Ott*) ~*convesso*

convex mirror; ~ *da barba* shaving mirror; (*Arred*) ~ *da parete* wall mirror; ~*d'acqua* stretch of water, sheet of water, expanse of water; (*Ott*) ~*deformante* distorting mirror; (*fig*) *lo* ~*dei tempi* the mirror of the times; ~ *del lago* surface of the lake; (*Sport*) *lo* ~*della porta* (*nel calcio*) the goalmouth; (*Geol*) ~*di faglia* slickenside; (*Mar*) ~ *di poppa* transom; (*Bot*) ~ *di Venere* Venus's looking-glass; (*fig*) *farsi* ~ *di qcu.* (*prendere come esempio*) to take so. as a model; (*Chir*) ~*frontale* forehead mirror; ~ *ingrandente* magnifying mirror; (*Mar*) ~ *libero* free surface; ~*magico* magic mirror, magic glass; (*Ott*) ~*parabolico* parabolic mirror, parabolic reflector; (*Ott*) ~*piano* plane mirror; (*Ott*) ~*riflettore* reflex mirror; ~*solare* solar mirror; *stare allo* ~ to preen oneself before the mirror; (*fig*)*tenere qcs.come uno* ~ (*perfettamente pulito*) to keep sth. clean as a new pin; (*Ott*) ~*ustorio* burning glass.

special *m.inv.* (*TV*) special.

speciale I *a.* **1** special: *ha avuto per lui uno* ~ *riguardo* he had a special regard for him; *in modo* ~ especially, particularly, in a special way; *niente di* ~ nothing special; *per me sei* ~! (*rif. a persona cara*) you're special to me! **2** (*straordinario*) special, extraordinary: *numero* ~ special issue. **3** (*di qualità superiore, scelto*) special, choice, premium, best quality (*attr.*), fine, first-rate: *birra* ~ premium beer. II *m.* **1** (*TV*) special. **2** (*Sport*) (*nello sci: slalom speciale*) special.

specialista *m./f.* **1** specialist, expert. **2** (*medico specialista*) specialist, consultant: *uno* ~ *delle malattie degli occhi* an eye specialist. **3** (*Sport*) athlete specializing in one field. **4** (*Mil*) specialist.

specialistico (*pl.* **-ci**) *a.* **1** specialistic, specialist (*attr.*): *linguaggio* ~ specialist language. **2** (*che concerne un medico specialista*) specialist (*attr.*), specialist's, by a specialist, by a consultant, of a specialist: *visita specialistica* specialist's examination, examination by a specialist.

specialità *f.* **1** (*particolarità, singolarità*) speciality, specialness, peculiarity. **2** (*settore, ramo*) speciality, (*Am*) specialty, field, branch, line. **3** (*competenza, bravura*) speciality, (*Am*) specialty, line: *le nature morte sono la* ~ *di questo pittore* still life is this painter's speciality; (*scherz*) *rompere i bicchieri è la sua* ~ his line is breaking glasses. **4** (*prodotto caratteristico*) speciality, (*Am*) specialty. **5** (*Gastron*) (*piatto tipico*) typical dish. **6** (*Sport*) event: ~ *dei 100 metri piani* the 100 metres event. **7** (*Mil*) speciality. □ (*Mil*) ~*d'arma* special branch; ~*farmaceutica* proprietary, proprietary medicine, patent medicine; ~ *gastronomiche* special foodstuffs, gastronomic specialities; ~ *medicinale* proprietary, proprietary medicine, patent medicine.

specializzare (**specializzo**) I *v.t.* to specialize. II *v.pron.* **specializzarsi** to specialize, to become a specialist, to become an expert, to become specialized.

specializzato *a.* **1** specialized, skilled, expert: *industria specializzata* specialized industry. **2** (*Biol*) specialized. **3** (*Med*) specialized, consulting, consultant (*attr.*): *medico* ~ *in chirurgia* consultant in surgery. **4** (*Inform*) dedicated. □ *operaio non* ~ unskilled worker.

specializzazione *f.* **1** (*rif. a un campo in particolare*) specialization, speciality, (*Am*) specialty: ~ *in chirurgia* specialization in surgery; *conseguire una* ~ to specialize, to qualify. **2** (*abilità*) skill, know-how. **3** (*Biol*) specialization. ☐ ~ *del lavoro* labour specialization; ~ *eccessiva* overspecialization; ~ *medica* speciality, (*Am*) specialty.

specialmente *avv.* **1** especially, particularly. **2** (*principalmente*) chiefly. **3** (*particolarmente*) specially.

specie I *f.inv.* **1** kind, sort, type: *che ~ d'uomo è costui?* what kind of man is he?; *merci di diverse* ~ merchandise of various kinds; *della stessa* ~ of the same kind. **2** (*aspetto*) form, outward form, aspect, guise: *apparve in ~ di angelo* he appeared in the form of an angel. **3** (*Biol*) species, breed: *a che ~ appartiene questo animale?* which species does this animal belong to?, which breed does this animal belong to? **4** (*Biol*) (*rif. a virus, batteri*) strain. **5** (*Mat*) quantity, species. **6** (*Teol*) species: *sotto le ~ del pane e del vino* under the species of bread and wine. **II** *avv.* especially, particularly, in particular: *il film è piaciuto ~ ai ragazzi* the film pleased the children in particular. ☐ (*Zool,Bot*) ~ *a rischio* endangered species; (*Biol*) ~ *animale* animal species; *d'ogni* ~ of every kind; (*Biol*) ~ *dominante* dominant; (*Teol*) ~ *eucaristiche* species; *fare ~ a qcu.* to cause surprise to so., to surprise so.: *la sua assenza mi fa ~* his absence surprises me; *mi fa ~ ~ che la gente accetti un contratto del genere* I find it odd that people accept such a contract; ~ *in via d'estinzione* vanishing species; (*fig*) *i punk sono una ~ in via d'estinzione* punks are a dying breed; (*Biol*) ~ *indigena* native; (*Zool,Bot*) ~ *minacciate* endangered species; *nella* ~ in this case; (*Zool,Bot*) ~ *protette* protected species; *sotto ~ di* under the appearance of, in the form of, in the guise of; ~ *umana* humankind, human beings; *una ~ di* a kind of, a sort of, some sort of: *mi hanno dato una ~ di brodaglia* they gave me a kind of watery soup; ~ *vegetale* vegetable.

specie-specifico (*pl.* **specie-specifici**) *a.* species-specific.

specifica *f.* **1** (*Comm,burocr*) (*distinta*) detailed list: *fatemi avere una* ~ please send me a detailed list. **2** (*Comm,burocr*) (*nota*) detailed bill, itemized bill. **3** *spec.pl.* (*Tecn*) specification.

specificabile *a.* specifiable.

specificamente *avv.* especially, particularly, in particular, specifically.

specificare (**specifico**, **specifichi**) *v.t.* **1** (*approfondire*) to specify, to state precisely, to be more precise (about), to detail: ~ *le circostanze in cui è avvenuto il delitto* to specify the circumstances in which the crime occurred. **2** (*elencare dettagliatamente*) to list in detail.

specificatamente *avv.* in detail, precisely.

specificativo *a.* specifying (*anche Gramm*).

specificato *a.* specified.

specificazione *f.* **1** (*lo specificare*) specification, specifying. **2** (*indicazione particolareggiata*) specification. **3** (*descrizione dettagliata*) specification, detailed description. **4** (*Dir*) specification.

specificità *f.* specificity, specific nature.

specifico (*pl.* **-ci**) **I** *a.* **1** (*della specie*) specific, of the species: *differenze specifiche* specific differences. **2** (*particolare, determinato*) specific, particular, peculiar: *preparazione specifica* specific preparation; *nel caso* ~ in the case in point. **3** (*precisato*) specific, precise, explicit: *accuse specifiche* specific accusations. **4** (*Fis,Med*) specific: *peso* ~ specific weight, specific gravity. **II** *m.* (*Farm*) (*rimedio specifico*) specific (remedy). ☐ *andare nello* ~ (o *entrare nello* ~ o *scendere nello* ~) to go into details.

specillare (**specillo**) *v.t.* (*Chir*) to probe.

specillo *m.* (*Chir*) probe.

specimen *m.inv.* **1** (*saggio*) specimen, sample. **2** (*Edit*) (*a scopo pubblicitario*) specimen, specimen pages. **3** (*Econ*) (*firma di paragone*) signature specimen, handwriting specimen.

speciosamente *avv.* speciously.

speciosità *f.* (*lett*) speciousness.

specioso *a.* **1** (*valido solo in apparenza*) specious, ostensible. **2** (*lett*) (*di gradevole aspetto*) specious.

speck *m.inv.* (*Gastron*) deboned, salted and smoked ham.

specola *f.* (*osservatorio astronomico*) observatory.

specolo *m.* (*Med*) speculum.

speculare[1] (**speculo**) **I** *v.i.* (*aus.* **avere**) **1** (*indagare con l'intelletto*) to speculate (*su* on). **2** (*Econ*) to speculate: ~ *in borsa* to speculate on the Stock Exchange; ~ *sul mercato* to play the market. **3** (*estens,spreg*) (*sfruttare una situazione*) to take advantage (*su* of), to exploit (*sth.*): ~ *sull'ignoranza altrui* to take advantage of other people's ignorance. **II** *v.t.* (*indagare con l'intelletto*) to consider, to reflect upon, to investigate, to inquire into. ☐ (*Econ*) ~ *al rialzo* to bull, to be bullish; (*Econ*) ~ *al ribasso* to bear, to be bearish.

speculare[2] *a.* **1** (*di specchio*) specular, mirror (*attr.*), of a mirror: *immagine* ~ mirror image. **2** (*fig*) (*simmetrico, corrispondente*) symmetric, symmetrical.

specularmente *avv.* (*secondo una riflessione speculare*) specularly.

speculativo *a.* speculative (*anche Econ*): *mente speculativa* speculative mind; *conoscenza speculativa* speculative knowledge; *un'impresa speculativa* a speculative enterprise.

speculatore I *m.* (*f.* **-trice**) (*Econ*) speculator. **II** *a.* (*Econ*) speculative. ☐ (*Econ*) ~ *al rialzo* bull; (*Econ*) ~ *al ribasso* bear; (*Econ*) ~ *di borsa* stockbroker, (*Am,ant*) stock jobber.

speculatorio *a.* (*Econ*) speculative.

speculazione *f.* **1** speculation (*anche Econ*): *essere portati alla* ~ to be given to speculation. **2** (*estens*) (*meditazione*) meditation. **3** (*spreg*) gamble, play: ~ *politica* political gamble. ☐ (*Econ*) ~ *al rialzo* bullish investment, bullish attitude; (*Econ*) ~ *al ribasso* bearish investment, bearish attitude; (*Econ*) ~ *di borsa* speculation on the Stock Exchange; ~ *edilizia* building speculation.

speculum *m.inv.* (*Med*) speculum.

spedalità *f.* (*burocr*) **1** (*complesso delle pratiche per il ricovero*) admissions paperwork. **2** (*spesa*) hospital expenses *pl.*

spedire (**spedisco**, **spedisci**) *v.t.* **1** (*inviare*) to send, to send off, to dispatch, to ship: ~ *un pacco* to send a package. **2** (*per posta*) to post, to mail, to send. **3** (*via mare*) to ship. **4** (*estens*) (*mandare*) to send, to ship off: *ha spedito i figli dai nonni* he sent the children to their grandparents, he shipped the children off to their grandparents. ☐ ~ *a mezzo corriere* to send by courier; (*colloq,fig*) ~ *qcu. all'altro mondo* to blow so. to kingdom come, to bump so. off; (*Dir*) ~ *la causa* to try and set action down for judgement; ~ *qcs. per e-mail* to email sth.; (*Post*) ~ *una lettera per espresso* to send a letter express; ~ *qcs. per fax* to fax sth.; ~ *per raccomandata* to send by registered mail, to send by recorded delivery; (*Dir*) ~ *una sentenza* (*emetterla*) to pronounce judgement, to deliver a judgement.

speditamente *avv.* **1** (*velocemente*) expeditiously, quickly, fast: *camminare* ~ to walk quickly. **2** (*correntemente*) fluently: *parlare ~ una lingua* to speak a language fluently.

speditezza *f.* **1** (*prontezza*) promptness, readiness. **2** (*celerità*) speed, quickness. **3** (*nel parlare, nello scrivere*) fluency.

spedito I *a.* **1** (*svelto*) quick, fast: *passo* ~ quick pace. **2** (*sciolto*) fluent, easy, smooth, free: *pronuncia spedita* fluent pronunciation. **II** *avv.* **1** quickly, fast: *camminare* ~ to walk quickly. **2** (*correntemente*) fluently: *parlare* ~ to speak fluently.

speditore *m.* **1** (*f.* **-trice**) (*mittente*) sender. **2** (*f.* **-trice**) (*addetto alle spedizioni*) shipping clerk. **3** (*spedizioniere*) consignor, consigner.

spedizione *f.* **1** (*invio*) dispatch, dispatching, sending off, shipping, shipment. **2** (*invio per posta*) mailing. **3** (*invio via mare*) shipping, shipment. **4** (*invio per fax*) faxing. **5** (*ritiro, invio e consegna del collo*) forwarding. **6** (*collo spedito*) consignment, delivery, shipment. **7** (*impresa scientifica o militare*) expedition: ~ *geografica* geographical expedition. **8** (*gruppo di persone che partecipa a un'impresa*) expedition. ☐ ~ *assicurata* insured delivery; ~ *del bagaglio* forwarding of luggage; *fare una* ~ to send a consignment; ~ *in abbonamento postale* postal delivery; ~ *in contrassegno* cash-on-delivery, C.O.D.; ~ *militare* military expedition; ~ *per espresso* airmail delivery; ~ *punitiva* punitive expedition.

spedizioniere *m.* shipping agent, forwarding agent. ☐ ~ *doganale* clearance agent, clearing agent.

spegnere (*pres.ind.* **spèngo/spéngo**, **spègni/spégni**; *p.rem.* **spènsi/spénsi**; *p.p.* **spènto/spénto**) **I** *v.t.* **1** to extinguish, to put out: ~ *il fuoco* to put out the fire, to extinguish the fire. **2** (*soffiando*) to blow out, to puff out: *spegni la candela* blow out the candle. **3** (*rif. ad apparecchi elettrici*) to switch off, to turn off, to turn out: ~ *la radio* to turn off the radio; ~ *la luce* to switch off the light; ~ *la TV* to turn off the TV. **4** (*rif. a gas, motori*) to turn off. **5** (*smorzare*) to muffle, to dull, to dim, to weaken, to damp, to lessen: *la neve spegne i rumori* snow muffles noise. **6** (*fig*) (*rif. a debiti*) to discharge. **7** (*fig*) (*soffocare: rif. a malcontento e sim.*) to stifle, to kill. **8** (*lett,fig*) (*uccidere*) to kill. **II** *v.pron.* **spegnersi 1** to go out, to die out, to burn out: *il fuoco si è spento* the fire has died out, the fire has gone out; *mi si è spento il sigaro* my cigar has gone out. **2** (*rif. a corrente e sim.*) to go out, to go off. **3** (*rif. a gas*) to go out. **4** (*rif. a macchine e sim.*) to stop, to stall: *il motore si spegne facilmente* the engine stalls easily. **5** (*fig*) (*venir meno*) to fade away, to die away: *il mio entusiasmo si sta spegnendo* my enthusiasm is dying away. **6** (*fig*) (*scomparire*) to die: *il sorriso le si spense sulle labbra* the smile died on her lips. **7** (*fig*) (*rif. a suoni, musica*) to trail away, to trail off. **8** (*fig*) (*morire*) to die, to pass away: *si è spento tre giorni fa* he died three days ago. ☐ ~ *il gas* to turn off the gas, to turn off the gas supply; ~ *la calce* to slake lime; ~ *la luce* to turn the light off, to turn the light out, to switch the light off; (*fig*) ~ *la sete* to quench one's thirst; ~ *un incendio* to put out a fire, to extinguish a fire; ~ *una sigaretta*: **1** to put out a cigarette; **2** (*contro una superficie*) to stub out a cigarette.

spegnimento *m.* **1** (*lo spegnere*) extinguishing, putting out. **2** (*rif. ad apparecchi elettrici*) switching off, turning off. **3** (*rif. a gas*) turning off. **4** (*rif. a macchine e sim.*) turning off, shut down.

spegnitoio m. snuffer, extinguisher.

spelacchiare (spelàcchio, spelàcchi) I v.t. to pluck, to tear the hair off, to tear the fur off, to pull the fur off, to tear patches of hair off, to tear patches of fur off: *perché hai spelacchiato il tuo orsacchiotto?* why have you torn the fur off your teddy bear? II v.pron. **spelacchiarsi** to lose hair, to lose patches of hair, to lose fur.

spelacchiato a. 1 (*che ha pochi peli*) mangy, mangey: *gatto ~* mangy cat. 2 (*logoro*) worn-out, threadbare, shabby: *una pelliccia spelacchiata* a worn-out fur coat. 3 (*che ha poche penne*) sparsely feathered.

spelare (spélo) I v.t. 1 (*togliere il pelo*) to pluck, to remove the hair. 2 (*El*) (*rimuovere la guaina*) to strip. II v.i. (*aus.* **essere**) 1 (*perdere il pelo*) to lose fur, to lose hair, to become mangy. 2 (*estens*) (*perdere i capelli*) to lose one's hair, to go bald, to become bald. III v.pron. **spelarsi** 1 (*perdere il pelo*) to lose fur, to lose hair, to become mangy, to become shabby: *la pelliccia comincia a spelarsi* the fur coat is getting shabby. 2 (*estens*) (*perdere i capelli*) to lose one's hair, to go bald, to become bald.

spelatura f. 1 (*parte spelata*) bare patch, bald patch. 2 (*Tess*) (*cascame di cotone*) cotton waste.

speleo a. (*delle caverne*) cave (*attr.*), spelean, spelaean: *orso ~* cave bear.

speleologia f. speleology, spelaeology.

speleologico (*pl.* -ci) a. speleological, spelaeological.

speleologo m. (*f.* -a; *pl.* -gi) speleologist, spelaeologist.

spellare (spèllo) I v.t. 1 to skin, to flay. 2 (*colloq*) (*produrre un'escoriazione*) to skin, to scrape, to graze, to take the skin off: *~ un ginocchio* to graze a knee. 3 (*colloq*) (*chiedere prezzi esosi*) to fleece, to rip off: *in questo negozio mi hanno spellato* they fleeced me in this shop. II v.pron. **spellarsi** 1 to peel, to desquamate, to scale off: *mi si spella il naso* my nose is peeling. 2 (*colloq*) (*prodursi un'escoriazione*) to skin oneself, to scrape oneself, to graze oneself. 3 (*rif. a superfici verniciate*) to peel off, to flake off. □ (*Alim*) *~ al vivo* (*un'arancia*) to skin an orange to the pulp, to peel an orange to the pulp.

spellatura f. 1 skinning, flaying. 2 (*escoriazione*) graze, scrape.

spelling m.inv. spelling. □ *fare lo ~ di una parola* to spell a word.

spelonca f. 1 (*caverna*) cavern, cave. 2 (*fig*) (*abitazione tetra*) hovel, (*colloq*) hole.

spelta f. (*Bot*) (*farro*) spelt.

speme f. (*poet,lett*) (*speranza*) hope.

spendaccione m. (*f.* -a) spendthrift, big spender.

spendere (*pres.ind.* spèndo; *p.rem.* spési; *p.p.* spéso) v.t. 1 to spend, to pay out: *~ cinque euro in dolciumi* to spend five euros on sweets. 2 (*fig*) (*impiegare*) to use, to employ, to spend: *~ tutte le forze in qcs.* to employ all one's energies on sth., to put a lot of effort into sth. 3 (*fig*) (*sacrificare spec. per una causa*) to spend, to sacrifice, to devote (oneself): *ha speso la sua vita per le riforme* she spent her life working for reform. 4 (*fig*) (*sprecare*) to waste, to throw away: *~ il fiato* to waste one's breath. 5 (*assol.*) (*fare acquisti*) to go shopping. □ *~ bene* to spend one's money wisely, to spend one's money well; (*colloq*) *~ e spandere* to spend money like water; *senza ~fatica* easily, effortlessly; (*fig*) *~ il nome di qcu.* (*servirsene*) to use so.'s name; (*fig*) *~qualche parola su qcs.* to

say a few words about sth.; (*fig*) *~un occhio* (o *~ un occhio della testa* o *~un patrimonio*) to spend a vast amount, to spend a lot of money, to pay through the nose, to pay an arm and a leg; (*fig*) *~una buona parola per qcu.* to put in a good word for so. *Prov.*: *chi più spende meno spende* best is cheaper.

spendereccio a. (*rar*) spendthrift.

spendibile a. spendable, that may be spent (*posposto*), disposable.

spendibilità f. availability for spending, disposability.

spenditore m. 1 (*f.* -trice) spender. 2 (*Mar.mil*) purchaser of provisions.

spennacchiare (spennàcchio, spennàcchi) I v.t. 1 to pluck, to tear feathers off. 2 (*colloq,fig*) (*chiedere prezzi esosi*) to fleece, to rip off. II v.pron. **spennacchiarsi** to lose feathers.

spennacchiato a. plucked.

spennare (spénno) I v.t. 1 to pluck: *~ un pollo* to pluck a chicken. 2 (*colloq,fig*) (*chiedere prezzi esosi*) to fleece, to rip off. II v.pron. **spennarsi** (*di volatile durante la muta*) to lose feathers, to moult.

spennata f. plucking. □ *dare una ~ a una gallina* to pluck a hen.

spennato a. plucked.

spennellare (spennèllo) v.t. 1 to paint, to brush. 2 (*con sostanze medicinali*) to paint, to swab. 3 (*assol.*) (*dipingere*) to distemper, to paint.

spennellata f. 1 painting, brushing. 2 (*tratto di pennello*) stroke of the brush. □ *dare una ~ a qcs.* to paint sth., to give sth. a lick of paint.

spennellatura f. 1 painting, brushing. 2 (*Med*) painting, swabbing.

spensi → **spegnere**.

spensieratamente avv. in a carefree way, in a lighthearted way, free from care.

spensieratezza f. lightheartedness, thoughtlessness, carefreeness.

spensierato a. carefree, lighthearted, happy, happy-go-lucky: *gioventù spensierata* carefree youth.

spento a. 1 (*che è stato spento*) put out, doused, out (*posposto*). 2 (*che si è spento*) out (*posposto*), burnt-out: *il fuoco è ~* the fire is out, the fire has gone out; *sigaretta spenta* burnt-out cigarette. 3 (*estinto*) extinct: *vulcano ~* extinct volcano. 4 (*rif. ad apparecchi elettrici*) off (*posposto*), out (*posposto*), switched off, turned off, put out: *la luce è spenta* the light is off. 5 (*rif. a gas*) off (*posposto*), turned off. 6 (*rif. a macchine e sim.*) off (*posposto*), turned off. 7 (*fig*) (*smorto*) dull, dead: *colori spenti* dull colours. 8 (*fig*) (*attutito rif. a suoni*) muffled, dampened, faded away (*posposto*). 9 (*fig*) (*privo di vivacità*) lifeless, dead, dull: *occhi spenti* lifeless eyes. 10 (*estens*) (*morto*) lifeless, dead. 11 (*rif. a calce*) slaked, quenched.

spenzolare (spènzolo) I v.t. to hang, to dangle. II v.i. (*aus.* **avere**) to hang, to dangle. III v.pron. **spenzolarsi** (*sporgersi*) to lean out.

sperabile a. desirable, to be hoped for, (*colloq*) hopeful. □ *è ~che* it is to be hoped that, let us hope that.

speranza f. 1 hope (*anche Teol,estens*): *perdere la ~* to give up hope; *sei la mia ultima ~* you are my last hope. 2 (*promessa*) hope, promise, (*colloq*) hopeful: *una ~ del nuoto giovanile* a hopeful in junior swimming, an up-and-coming young swimmer. □ *avere una ~* to have a hope, to have a chance; *tutte le speranze sono cadute* all hope has been abandoned, all hope is lost; *non c'è*

più molta ~ che le cose migliorino there's not much hope that things will improve; *con la ~ di fare qcs.* in the hope of doing sth.; *~ di salvezza* hope of salvation; (*Statist*) *~ di vita* life expectancy; (*epist*) *nella ~ di una sollecita risposta* hoping to hear from you soon; *senza ~*: 1 (*usato come aggettivo*) hopeless: *un caso senza ~* a hopeless case; 2 (*usato come avverbio*) hopelessly; *ogni ~ per loro è vana* there's no hope for them. *Prov.*: *la ~ è l'ultima a morire* while there's life there's hope, every cloud has a silver lining, never say die, hope springs eternal; *chi di ~ vive disperato muore* he that lives upon hope will die fasting.

speranzoso a. hopeful, full of hope.

sperare (spèro) I v.i. (*aus.* **avere**) to hope (*in qcu.* in so., *in qcs.* for sth.), to trust, to place one's confidence (*in qcu./qcs.* in so./ sth.): *sperare in Dio* to trust in God; *~ nella guarigione di qcu.* to hope for so.'s recovery; *tutti speriamo in giorni migliori* we all hope for better days; *continuare a ~* to keep hoping. II v.t. 1 to hope (for): *~ la promozione* to hope for a promotion; *lo spero* I hope so; *spero di rivederti presto* I hope to see you again soon; *speriamo che tutto vada bene* let's hope everything goes well; *spero di ricevere buone notizie* I hope I'll get good news. 2 (*aspettarsi*) to expect: *non speravo che saresti ritornato* I wasn't expecting you to come back. 3 (*region*) (*guardare controluce*) to candle. □ *speriamo bene* let's hope for the best; *lo spero bene* I certainly hope so; *spero bene che non ti sia offeso* I do hope you are not offended; *sperando che tu stia bene* in the hope you are well; *speriamo che duri!* long may it last!; *spero di no* I hope not; *speriamo di no* let's hope not; *spero di sì* I hope so; *speriamo di sì* let's hope so; *fare ~ qcs. a qcu.* to make so. hope that sth. will happen, to make so. hope for sth.; *tutto lo fa ~* it looks very hopeful, it looks very promising; *~ le uova* to candle eggs.

speratura f. (*rif. al controllo delle uova*) candling.

sperdere (*pres.ind.* spèrdo; *p.rem.* spèrsi/ sperdéi/sperdètti; *p.p.* spèrso/sperdùto) I v.t. (*lett*) (*disperdere*) to scatter, to disperse, to dispel. II v.pron. **sperdersi** 1 (*lett*) to lose one's way, to get lost: *ci sperdemmo nel bosco* we got lost in the woods. 2 (*fig,lett*) to become lost, to get lost, to lose one's sense of direction: *ci si sperde in una materia così vasta* you can get lost in such a broad subject.

sperduto a. 1 (*smarrito*) lost, astray: *andare ~* to get lost. 2 (*isolato*) isolated, out-of-the-way: *un casolare ~* an out-of-the-way cottage. 3 (*fig*) (*a disagio*) lost, bewildered, ill at ease, uneasy: *sentirsi ~* to feel lost, to feel bewildered, to feel uneasy.

sperequato a. disproportionate, unequal.

sperequazione f. disproportion, inequality. □ *~ tributaria* inequality of taxation, disproportionate taxation.

spergiurare (spergiùro) I v.i. (*aus.* **avere**) 1 (*giurare il falso*) to commit perjury, to perjure oneself. 2 (*estens*) (*non mantenere il giuramento*) to violate one's oath. II v.t. (*colloq*) (*giurare solennemente*) to swear again and again. □ *~ il nome di Dio* to swear falsely in the name of God.

spergiuro[1] I a. 1 (*che giura il falso*) perjured, (*ant,lett*) foresworn. 2 (*che viola il giuramento*) oath-breaking. II m. (*f.* -a) 1 (*chi giura il falso*) perjurer. 2 (*chi viola il giuramento*) oath-breaker.

spergiuro[2] m. 1 (*falso giuramento*) perju-

ry. **2** (*violazione del giuramento*) oath-breaking.
spergola *f.* (*Bot*) spurry.
spericolatamente *avv.* recklessly.
spericolato I *a.* reckless, foolhardy, mad-cap: *guidatore* ~ reckless driver. II *m.* (*f.* -a) daredevil, madcap, reckless person.
sperimentale *a.* **1** (*basato sull'esperienza*) experimental, empirical: *metodo* ~ experimental method. **2** (*volto alla ricerca*) experimental, trial (*attr.*), test (*attr.*): *stazione* ~ experimental station; *campo* ~ trial plot. **3** (*d'avanguardia*) experimental, avant-garde, unconventional: *cinema* ~ experimental cinema.
sperimentalismo *m.* experimentalism (*anche Filos*).
sperimentalmente *avv.* experimentally.
sperimentare (**speriménto**) I *v.t.* **1** to test, to experiment, to try out: ~ *l'efficacia di una medicina* to test the effectiveness of a medicine. **2** (*fig*) (*mettere alla prova*) to test, to put to the test, to try: ~ *le proprie forze* to try one's strength. **3** (*fig*) (*tentare*) to try, to attempt: ~ *tutti i mezzi* to try all ways. **4** (*fig*) (*conoscere per esperienza*) to experience, to taste. II *v.pron.* **sperimentarsi** (*cimentarsi*) to try one's hand (at), to have a go (to). □ ~ *qcs. sul mercato* to test-market sth.; ~ *qcs. sulla propria pelle* to know sth. by experience, to know sth. by bitter experience.
sperimentato *a.* **1** (*esperto*) experienced, expert, skilled, tried: *un chirurgo* ~ an experienced surgeon. **2** (*conosciuto per esperienza, efficiente*) tried, well-tried, proven, tested: *un rimedio* ~ a proven remedy. □ ~ *su animali* tested on animals; *non* ~ *su animali* not tested on animals, cruelty-free.
sperimentatore *m.* (*f.* -**trice**) experimenter.
sperimentazione *f.* experimentation: *essere in fase di* ~ to be undergoing trials, to be at experimental stage. □ ~ *sugli animali* animal testing, animal experimentation.
sperlano *m.* (*Itt*) sparling, European smelt.
sperma *m.* (*Biol*) sperm.
spermaceti *m.inv.* (*Biol,Cosmet*) spermaceti.
spermatico (*pl.* -**ci**) *a.* spermatic, spermic, sperm (*attr.*): *dotto* ~ spermatic duct.
Spermatofite *f.pl.* (*Bot*) spermatophytes.
spermatogenesi *f.* (*Biol*) spermatogenesis.
spermatozoide *m.* (*Biol*) spermatozoid.
spermatozoo *m.* (*Biol*) spermatozoon.
spermicida I *a.* (*Farm*) spermicidal, spermatocidal. II *m.* (*Farm*) spermicide, spermatocide.
spermico (*pl.* -**ci**) *a.* (*Biol*) spermatic, spermic, sperm (*attr.*).
speronamento *m.* ramming.
speronare (**speróno**) *v.t.* (*Mar*) to ram (*anche estens*): ~ *una nave* to ram a ship; *l'auto della polizia ha speronato il veicolo che tentava di fuggire* the police car rammed the getaway vehicle.
speronata *f.* **1** (*Mar*) ramming. **2** (*colpo dato con lo sperone*) spurring, prick with the spurs.
sperone *m.* **1** spur (*anche Geog,Bot*). **2** (*Edil, Arch*) buttress. **3** (*diga trasversale per la protezione delle spiagge*) spur. **4** (*Zool*) ergot. **5** (*Mar,ant*) rostrum.
speronella *f.* (*Bot*) larkspur.
sperperamento *m.* (*rar*) squandering, dissipation.
sperperare (**spèrpero**) *v.t.* **1** to squander, to dissipate: *ha sperperato tutto il suo patrimonio* he squandered his entire fortune. **2**

(*estens*) (*consumare malamente*) to waste, to dissipate, to fritter away, to throw away: ~ *le proprie energie* to dissipate one's energies.
sperperatore *m.* (*f.* -**trice**) (*rar*) squanderer, dissipater, spendthrift.
sperperio *m.* continuous squandering.
sperpero *m.* **1** (*lo sperperare*) squandering, dissipation. **2** (*spreco*) waste: ~ *di energie* waste of energy; ~ *di denaro* waste of money.
sperso *a.* **1** (*smarrito*) lost, missing: *un bambino sperso* a lost child. **2** (*smarrito: rif. ad animali*) stray: *cane* ~ stray dog. **3** (*fig*) (*spaesato*) lost, bewildered, ill at ease, uneasy: *sentirsi* ~ to feel lost, to feel bewildered.
spersonalizzare (**spersonalizzo**) I *v.t.* **1** (*togliere un'impronta eccessivamente personale*) to depersonalize, to make sth. impersonal. **2** (*Psic*) (*privare della personalità*) to depersonalize, to alienate. II *v.pron.* **spersonalizzarsi** to become depersonalized, to lose one's personality, to give up one's personality: *l'attore deve cercare di spersonalizzarsi* an actor must try to lose his own personality.
spersonalizzazione *f.* depersonalization (*anche Psic*).
sperticarsi (**mi spèrtico, ti spèrtichi**) *v.pron.* to exaggerate (*in qcs.* sth.), to overdo (*in qcs.* sth.), to lavish (*in qcs.* sth.): ~ *in complimenti* to lavish compliments.
sperticatamente *avv.* exaggeratedly, excessively.
sperticato *a.* (*esagerato*) exaggerated, excessive: *lode sperticata* excessive praise.
spesa *f.* **1** expenditure, outlay, expenses *pl.*, costs *pl.*: *la ~ si aggira intorno al milione* the expenditure will be about a million euros; *le spese superano le entrate* expenses are greater than receipts; *dividere le spese* to share charges, to share costs. **2** (*costo*) cost: *con modica* ~ at reasonable cost. **3** (*acquisto*) purchase, buy: *fare una buona* ~ to make a good purchase, to make a good buy. **4** (*acquisti giornalieri*) shopping: *andare a fare la* ~ to go shopping; *borsa della* ~ shopping bag. □ (*Comm*) *spese a carico del destinatario* pay on delivery; *a spese di* at the expense of (*anche fig*): *a spese del padrone di casa* at the landlord's expense; *ho imparato a mie spese* I learned at my expense, I learned the hard way, I learned at my own cost; *spese accessorie* incidental expenses, incidental charges; ~ *agricola* farm spending; *vivere alle spese di qcu.* to live off so.; *spese amministrative* administrative expenses; *spese bancarie* bank charges; *spese complessive* total outlay; *spese comprese* including expenses; *spese condominiali* service charge; *spese correnti* current expenditure, running expenses; *spese d'acquisto* acquisition costs, purchase costs; (*Econ*) *spese d'avviamento* set-up costs, setting-up costs, start-up costs; *spese d'esercizio* operating expenses, operating costs, overheads, budget items; *spese di cancelleria* stationery expenses; *spese di casa* household expenses, house-keeping; *spese di consegna* delivery charge; *spese di costruzione* construction expenses, construction costs; *spese di dogana* customs duty; *spese di esazione* collection expenses; *spese di gestione* operating expenses, operating costs, running costs, revenue expenditure (*sing.*); (*Dir*) *spese di giudizio* costs, legal expenses, legal costs; *spese di imballaggio* cost of packing; *spese di impianto*: **1** installation charges, installation costs; **2** (*rif. a impresa*) start-up

costs, set-up costs, setting-up costs; *spese di magazzinaggio* storage costs, storage charges; *spese di manodopera* labour costs; *spese di mantenimento*: **1** (*rif. a persone: per vivere*) living expenses, maintenance; **2** (*rif. a cose: manutenzione*) upkeep, maintenance; (*Econ*) *spese di produzione* production costs; *spese di pubblicità* advertising outlay (*sing.*), advertising expenditure (*sing.*); *spese di rappresentanza* entertainment expenses, entertaining expenses; *spese di registro* registration dues, registration charges; *spese di riparazione* cost of repairs, repair charges; *spese di riscaldamento* heating expenses; *spese di spedizione* shipping costs, forwarding costs; *spese di stampa* printing charges, printing costs, printing expenses; *spese di trasferta* travelling expenses; *spese di trasloco* moving expenses; *spese di trasporto*: **1** (*rif. a merci*) carriage charges, transport charges, freightage, freight; **2** (*rif. a passeggeri*) fare; *spese di viaggio* travel expenses, travelling expenses; *spese d'imballaggio* packing charges, packing expenses; *spese dirette* direct expenses; *spese d'istruzione* education costs; *spese effettive* actual expenses; *spese erariali* government expenditure, public expenditure; *spese extra* extra charges, extras, additional charges; *fare la* ~ to go shopping, to go to the shops; (*fig*) *fare le spese di qcs.* to pay for sth.; *farne le spese* to pay for it; (*Econ*) *spese fisse* fixed expenses, fixed costs, standing charge; *fare spese folli* to go on a spending spree, to go on a shopping spree; *spese generali* overheads, overhead expenses, general expenses; *spese giornaliere* daily costs, daily expenses; (*Dir*) *spese giudiziarie* costs, legal expenses, legal costs; *spese impreviste* unforeseen expenses; *spese incluse* charges included; *spese di imballaggio e spedizione incluse* including postage and packing; *spese legali* costs, legal expenses, legal costs; *spese materiali* actual expenses, real expenses; (*Econ,Comm*) *spese maturate* accrued charges; *spese mediche*: **1** (*rif. a ospedalizzazione e sim. coperte da assicurazione*) covered expenses; **2** (*rif. solo ad analisi e sim. coperte da assicurazione*) miscellaneous expenses; *spese minute* petty expenses, petty charges; *spese operative* operating expenses, operating costs; *spese ordinarie* ordinary charges; *spese ospedaliere* hospital charges, hospital expenses; *spese per il personale* personnel costs, staffing costs; *spese per la difesa* spending on defence; *per una* ~ di at a cost of; *spese portuali* port charges; *spese postali* postage (*costr.sing.*); *spese processuali* court costs, costs, legal costs; ~ *pubblica* government expenditure, public expenditure, public spending; *quant'è la* ~? how much does it cost?, how much does it come to?; *senza* ~ free, without charge; (*Econ,Comm*) *senza spese* free of charge, no charge; *stare sulle spese* to support oneself; (*Econ*) *spese straordinarie* extra expenses, extraordinary expenses; *spese supplementari* extra charges, additional charges; *spese varie* sundry expenses; *spese vive* out-of-pocket expenses; *spese voluttuarie* unnecessary expenses.
spesare (**spéso**) *v.t.* to pay the expenses (of), to reimburse the expenses (of): ~ *qcu.* to pay so.'s expenses.
spesato *a.* with all expenses paid. □ *sono* ~ *dall'azienda* the firm pays all my expenses; *essere* ~ *di tutto* to have all expenses paid.
spesi → **spendere**.

speso → spendere.

spessimetro *m.* (*Tecn*) feeler gauge.

spessire (spessìsco, spessìsci) I *v.t.* (*ant*) to thicken, to make sth. thick. II *v.i.* (*aus.* **essere**) (*ant*) to thicken, to become thick. III *v.pron.* **spessirsi** (*ant*) to thicken, to become thicker.

spesso I *a.* 1 (*denso*) thick: *nebbia spessa* thick fog. 2 (*fitto, folto*) thick, dense, crowded: *un bosco ~* a dense forest. 3 (*di notevole spessore*) thick: *un muro ~* a thick wall; *un'asse spessa tre centimetri* a board three centimetres thick. 4 (*estens*) (*frequente*) frequent, repeated. 5 (*estens*) (*numeroso*) numerous, many. II *avv.* often, frequently: *si vedono ~* they often see each other. □ (*pop*) *~ e volentieri* very often, only too often; *meno ~ di prima* less often than before, not so often as before; *molto ~* very often, very frequently; *più ~* more often; *spesse volte* often, frequently, many a time, oft times.

spessore *m.* 1 thickness: *lo ~ di una lamiera* the thickness of a sheet; *uno ~ di dieci centimetri* a thickness of ten centimetres. 2 (*fig*) (*profondità, complessità*) insight, depth. 3 (*fig*) (*importanza*) calibre, importance, stature. 4 (*Tecn*) (*elemento che si interpone fra due parti*) shim. □ (*Aer*) *~ alare* (o *~dell'ala*) wing thickness; (*Aut*) *~ per freni* brake lining.

Spett. (*Comm*) *spettabile* (Messrs, Esteemed).

spettabile *a.* 1 (*rispettabile*) esteemed. 2 (*Comm*) Messrs., *spesso non si traduce: alla ~ Direzione* The Manager. □ *~ditta*: 1 Dear Sirs, (*Am*) Gentlemen; 2 (*nell'indirizzo*) Messrs: *~ ditta Bianchi* Messrs Bianchi and Co.

spettacolare *a.* 1 spectacular, fantastic, extraordinary, unusual. 2 (*Cin,Teat*) spectacular: *un film ~* a spectacular film.

spettacolarità *f.* spectacularity.

spettacolarizzare (spettacolarìzzo) *v.t.* to make spectacular, to turn into sth. spectacular, to turn sth. into a show.

spettacolo I *m.* 1 show, display: *~ di varietà* variety show; *godersi lo ~* to enjoy the show. 2 (*al circo*) show. 3 (*Cin*) (*film in programmazione*) film, (*Am*) movie. 4 (*Cin*) (*proiezione*) show, showing: *domenica ci saranno due spettacoli* there will be two performances on Sunday. 5 (*Teat*) (*rappresentazione*) performance. 6 (*industria dello spettacolo*) show business. 7 (*fig*) (*vista che suscita notevole impressione*) sight, scene, spectacle: *fu uno ~ meraviglioso* it was a wonderful sight; *affacciandomi alla finestra vidi uno ~ terrificante* looking out of the window I saw a terrifying sight. II *a.inv.* (*posposto al sostantivo*) showbiz, showy, spectacular: *politica ~* showbiz politics, spectacular politcs. □ *~acquatico* aquatic show; *~ cinematografico* film, motion picture show, (*Am*) movie; (*fig*)*dare ~* to draw attention to oneself; *dare ~ di sé* to make a spectacle of oneself; *lo ~ deve continuare* the show must go on (*anche estens*); *~di beneficenza* charity performance, benefit performance; *~di burattini* puppet show, puppet play; *~di cabaret* cabaret, cabaret show; *~di gala* gala performance; *~di varietà* variety show, (*Am*) vaudeville; *~diurno* matinée, matinee; *~in abbonamento* performance for season-ticket holders; *~in allestimento* show in preparation; *~marionettistico* puppet show; *~ per bambini* children's entertainment; *~per tutta la famiglia* family entertainment; *~pirotecnico* fireworks dis-

play, pyrotechnics; *~pomeridiano*: 1 matinée, afternoon performance; 2 (*Cin*) matinée; *~pubblico* public entertainment; *~serale*: 1 evening performance; 2 (*Cin*) evening show; *~teatrale* play.

spettacolosamente *avv.* (*colloq*) spectacularly.

spettacoloso *a.* 1 spectacular. 2 (*colloq,fig*) (*eccezionale*) spectacular, fantastic, extraordinary, (*colloq*) brilliant: *successo ~* extraordinary success, fabulous success.

spettante *a.* due.

spettanza *f.* 1 (*burocr*) (*competenza*) concern, province. 2 (*somma dovuta*) due, amount due, amount owing. 3 (*onorario*) fee, fees *pl.* □ *esseredi ~ di* (o *a*) *qcu.*: 1 (*colloq*) to be so.'s business, to be so.'s concern, to be so.'s job; 2 (*burocr*) to lie within so.'s province.

spettare (spètto; *aus.* **essere**) *v.i.* 1 (*essere di pertinenza, competere per dovere*) to be the concern (*a* of), to be the business (*a* of), to be within the province (*a* of), to lie within the province (*a* of), to be (*a* for), to be up (*a* to): *non spetta a te decidere* it is not for you to decide, it is not up to you to decide; it isn't your concern to decide; *spettava a me salutare per primo* it was up to you to say hello first. 2 (*appartenere per diritto*) to be due, to have the right (*costr.pers.*), to be entitled (*costr.pers.*): *dammi quello che mi spetta* give me what is due to me, give me my due; *gli spetta un terzo dell'eredità* he has the right to a third of the estate, he is entitled to a third of the estate.

spettatore *m.* 1 (*f.* -trice) (*testimone*) witness, onlooker, spectator, viewer: *essere ~ di un evento* to be a witness to an event. 2 (*f.* -trice) (*di cinema spec. rif. ad abituale*) filmgoer, (*Am*) moviegoer. 3 *pl.* (*di cinema*) audience (*costr.sing. o pl.*), spectators: *c'erano pochissimi spettatori* there was only a small audience. 4 *pl.* (*di teatro*) house *sing.*, audience (*costr.sing. o pl.*), spectators. 5 *pl.* (*di eventi sportivi*) crowd *sing.*

spettegolare (spettégolo; *aus.* **avere**) *v.i.* to gossip (*su qcu.* about so.).

spettinare (spèttino) I *v.t.* to dishevel the hair of, to ruffle the hair of, (*colloq*) to mess up the hair of: *il vento mi ha spettinato* the wind has messed up my hair. II *v.pron.* **spettinarsi** to make one's hair untidy, to get one's hair untidy, to dishevel one's hair, to ruffle one's hair.

spettinato *a.* 1 (*con i capelli in disordine*) with untidy hair, with dishevelled hair, with ruffled hair. 2 (*non pettinato*) uncombed, with unkempt hair. 3 (*scompigliato*) ruffled, dishevelled.

spettrale *a.* 1 (*di spettro*) ghostly, ghost-like, spectral, eerie: *figura ~* ghostly figure; *avere un aspetto ~* to look like a ghost, to look ghostly; *luce ~* eerie light. 2 (*fig*) (*lugubre*) mournful, gloomy, (*lett*) lugubrious. 3 (*Fis*) (*relativo a uno spettro*) spectral, spectrum (*attr.*).

spettro *m.* 1 ghost, spectre, (*Am*) specter, (*colloq*) spook, phantom. 2 (*fig*) (*persona magra ed emaciata*) ghost: *sembri uno ~* you look like a ghost. 3 (*fig*) (*ciò che incombe minacciosamente*) spectre, (*Am*) specter, shadow: *lo ~ della guerra* the spectre of war. 4 (*Fis*) spectrum. 5 (*Zool*) false vampire bat. □ (*Fis*) *~a bande* band spectrum; (*Fis*) *~ a righe* line spectrum; (*Fis*) *~ acustico* acoustic spectrum; (*Fis*) *~ di assorbimento* absorption spectrum; (*Fis*) *~atomico* atomic spectrum; (*Farm*) *ad ampio ~ d'azione* broad-spectrum (*attr.*); (*Fis,Ott*) *~ di diffra-*

zione diffraction spectrum; (*Fis*) *~ di emissione* emission spectrum; (*Fis*) *~di frequenza* frequency spectrum; (*Fis*) *~ elettromagnetico* electromagnetic spectrum; (*Fis*) *~ solare* solar spectrum; (*Fis*) *~ ultravioletto* ultraviolet spectrum.

spettrobolometro *m.* (*Fis*) spectrobolometer.

spettrofotometria *f.* (*Fis*) spectrophotometry.

spettrofotometrico (*pl.* -ci) *a.* (*Fis*) spectrophotometric.

spettrofotometro *m.* (*Fis*) spectrophotometer.

spettrografia *f.* (*Fis*) spectrography.

spettrografico (*pl.* -ci) *a.* (*Fis*) spectrographic.

spettrografo *m.* (*Fis*) spectrograph. □ (*Fis*) *~di massa* mass spectrograph.

spettrogramma *m.* (*Fis*) spectrogram.

spettrometria *f.* (*Fis*) spectrometry. □ (*Fis*) *~di massa* mass spectrometry.

spettrometrico (*pl.* -ci) *a.* (*Fis*) spectrometric.

spettrometro *m.* (*Fis*) spectrometer.

spettroscopia *f.* (*Fis*) spectroscopy. □ (*Fis*) *~ elettronica* electron spectroscopy; (*Fis*) *~nucleare* nuclear spectroscopy.

spettroscopico (*pl.* -ci) *a.* (*Fis*) spectroscopic.

spettroscopio *m.* (*Fis*) spectroscope.

spezia *f.spec.pl.* (*Alim*) spice.

speziale *m.* 1 (*ant*) (*venditore di spezie*) spice seller. 2 (*lett,ant*) (*farmacista*) chemist. 3 (*lett,ant*) (*droghiere*) grocer.

spezie *f.pl.* (*Gastron*) spices, spicery (*costr.sing.*).

spezieria *f.* 1 (*ant*) (*drogheria*) grocery, grocer's shop. 2 *pl.* (*spezie*) spices, spicery (*costr.sing.*).

spezzabile *a.* breakable.

spezzare (spèzzo) I *v.t.* 1 to break: *~ il pane* to break the bread. 2 (*staccare rompendo*) to break off, to snap off: *~ un ramo* to break off a branch. 3 (*spaccare*) to chop: *~ la legna* to chop wood. 4 (*strappare, rompere con violenza*) to break, to rend: *~ una catena* to break a chain. 5 (*fig*) (*dividere in due o più parti*) to break up, to split up: *~ il viaggio in tre tappe* to break up one's journey into three stages; *questo appuntamento mi spezza tutto il pomeriggio* this appointment breaks up my whole afternoon. II *v.pron.* **spezzarsi** 1 to break. 2 (*andare in frantumi*) to break up, to break into pieces, to shatter. 3 (*staccarsi*) to break off, to snap off: *il ramo si spezzò sotto il peso della neve* the branch snapped off under the weight of the snow. 4 (*Med*) (*fratturarsi*) to break: *mi si è spezzato il braccio* I broke my arm, my arm got broken. □ (*Sport*) *~i polsi* (*nel baseball*) to swing; *~il cuore a qcu.* to break so.'s heart; *mi si spezza il cuore* my heart is breaking; *mi si spezza il cuore ad abbandonarlo* it breaks my heart to leave him; (*scherz*) *~ il pane della scienza* (*insegnare*) to impart knowledge; *spezzarsi in due* to break in two; *~le catene* (*riacquistare la libertà*) to break one's fetters, to break one's chains; (*fig*) *mi spezzo ma non mi piego* I'd rather die than give in; (*fig*) *~una lancia in favore di qcu.* to strike a blow for so., to come to so.'s defence, to plead so.'s cause.

spezzatino *m.* (*Gastron*) stew, casserole, (*piccante*) olio.

spezzato I *a.* broken (*anche fig*): *avere il cuore ~* to be brokenhearted. II *m.* (*Abbigl*) jacket and trousers.

spezzatura *f.* 1 (*lo spezzare*) breaking,

splitting. **2** (*parte spezzata*) break, piece, fragment. **3** (*volume scompagnato*) odd volume. **4** (*Econ*) broken amount, odd lot, fraction.

spezzettamento m. breaking up, breaking into pieces (*anche fig*).

spezzettare (**spezzétto**) v.t. **1** to break up, to break into small pieces, to divide sth. into fragments. **2** (*rif. a territorio*) to divide up. **3** (*tagliando*) to cut sth. into small pieces: ~ *il pane* to cut bread into small pieces. **4** (*spaccando*) to chop up. **5** (*fig*) to break up, to fragment: ~ *il discorso* to break up the flow.

spezzettato a. **1** broken up, in pieces. **2** (*tagliato*) cut into small pieces. **3** (*spaccato*) chopped, chopped up. **4** (*fig*) broken up, disjointed, fragmentary.

spezzettatura f. breaking up, breaking into pieces (*anche fig*).

spezzonare (**spezzóno**) v.t. (*Mil*) to bomb with fragmentation bombs.

spezzone m. **1** (*Mil*) fragmentation bomb. **2** (*Cin*) clip, excerpt. □ (*Mil*) ~ *incendiario* incendiary bomb, incendiary device.

SPGM (*epist*) *sue proprie gentili mani* (private and personal).

spia I f. **1** spy, eavesdropper, snoop: *una ~ nemica* an enemy spy; *una rete di spie* a spy ring. **2** (*informatore della polizia*) informer, (*colloq*) nark, (*colloq*) stool pigeon. **3** (*chi spettegola spec. a scuola*) (*colloq*) snitch, sneak, (*colloq*) telltale, (*Am,colloq*) tattletale. **4** (*fig*) (*indizio*) indication, sign, evidence, symptom: *il rialzo dei prezzi è una ~ della crisi* the rise in prices is an indication of the crisis. **5** (*apertura, spioncino*) peephole, spyhole, Judas hole. **6** (*Tecn*) (*dispositivo di controllo*) indicator, gauge. **7** (*Tecn*) (*lampada spia*) indicator light, indicator. **8** (*Tecn*) (*indicatore luminoso d'emergenza*) warning light. **II** a.inv. (*posposto al sostantivo*) spy (*attr.*): *aereo ~* spy plane. **2** (*Tecn*) pilot (*attr.*), warning (*attr.*): *lampadina ~* indicator light, warning light. □ (*Aut*) ~ *degli abbaglianti* headlight beam indicator; (*Aut*) ~ *dei lampeggiatori* indicator warning light, winking indicator; (*Aut*) ~ *dell'acqua* water temperature gauge; (*Aut*) ~ *dell'olio* oil pressure warning light; ~ *di guerra* war spy; *fare la* ~: 1 to play the spy, to be a spy; 2 (*con la polizia*) to play the informer, (*Br,colloq*) to grass, (*colloq*) to nark, (*Am,colloq*) to narc, (*Am,colloq*) to stool: *fare la ~ contro qcu.* to inform on so., (*Br,colloq*) to grass on so.; *fare la ~ di qcs.* to tell sth., to report sth.; **3** (*Scol*) to sneak: *fare la ~ al maestro contro qcu.* to sneak to the teacher on so.; **4** (*rif. a pettegolezzi, segreti*) (*colloq*) to blab; ~ *luminosa* warning light.

spiaccicare (**spiàccico, spiàccichi**) I v.t. to squash, to crush, to squeeze. **II** v.pron. **spiaccicarsi** to squash, to get squashed, to splatter.

spiaccichio m. **1** continual squashing. **2** (*insieme di cose spiaccicate*) squash, squashy mess.

spiacente a. sorry: *siamo spiacenti dell'* (o *per l'*) *accaduto* we are sorry about what happened, we regret what happened; *siamo spiacenti di dover rifiutare* we are sorry to have to refuse, we regret having to refuse.

spiacere (*pres.ind.* **spiàccio, spiàci**; *p.rem.* **spiàcqui**; *p.p.* **spiaciùto**) I v.i. (*aus.* **essere**) **1** (*provare rammarico*) to be sorry (*costr.pers.*), to regret (*costr.pers.*): *mi spiace, ma devo dire di no* (I'm) sorry, but I have to say no; *mi è spiaciuto di non averti visto* I'm sorry I didn't see you. **2** (*provare contrarietà*) not

to like (*costr.pers.*): *mi spiace il tuo modo di fare* I don't like your behaviour. **3** (*essere doloroso*) to be sad: *spiace doversene andare* it's sad to have leave, it's sad to leave. **4** (*in formule di cortesia*) to mind (*costr.pers.*): *se non ti spiace, vorrei andare* if you don't mind I'd like to go. **5** (*indisporre*) to upset, to displease, to grieve (*a qcu. so.*): *il vostro contegno spiace a tutti* your behaviour upsets everyone. **II** v.pron. **spiacersi** to regret (*di qcs.* sth.), to be sorry (*di qcs.* about sth.).

spiacevole a. **1** unpleasant, disagreeable: *una sorpresa ~* an unpleasant surprise. **2** (*increscioso*) regrettable, unfortunate: *uno ~ incidente* a regrettable incident.

spiacevolezza f. **1** unpleasantness, disagreeableness. **2** (*l'essere increscioso*) regrettableness, unfortunateness.

spiacevolmente avv. unpleasantly, disagreeably.

spiaggia (*pl.* **-ge**) f. beach, seaside, sea-shore, (*lett*) strand: *il mare ha mangiato la ~* the sea has eroded the shore; *andare alla ~* to go the beach, to go to the seaside. □ *da ~* beach (*attr.*); ~ *ghiaiosa* shingly beach, pebbly beach; ~ *libera* public beach; ~ *per nudisti* nudist beach; ~ *sabbiosa* sandy beach.

spiaggiare (**spiàggio**; *aus.* **essere**) v.i. rif. a *grossi cetacei*) to strand, to run ashore, to run aground.

spianabile a. that can be levelled (*posposto*).

spianamento m. levelling.

spianare (**spiàno**) I v.t. **1** to level, to make level, to make sth. even: ~ *un terreno* to level a piece of ground. **2** (*rendere liscio*) to smooth, to smoothe, to smooth out, to plane. **3** (*stirare*) to iron out: ~ *le pieghe di un vestito* to iron out the creases in a dress. **4** (*appiattire*) to flatten: ~ *una cucitura* to flatten a seam. **5** (*rif. a pasta e sim.*) to roll out. **6** (*puntare*) to level, to aim: ~ *il fucile contro qcu.* to level one's gun at so. **7** (*radere al suolo*) to raze (to the ground), to flatten: *il villaggio fu spianato dalle bombe* the village was razed to the ground by the bombs. **8** (*radere al suolo*: *rif. a fortezza e sim.*) to raze, to demolish. **9** (*fig*) (*togliere ostacoli*) to smooth (out, away), to straighten out: ~ *le difficoltà* to smooth out the difficulties, to iron out the difficulties. **II** v.pron. **spianarsi** to become smooth, to smooth down (*anche fig*). □ ~ *la fronte* to smooth one's brow; (*fig*) ~ *la gobba a qcu.* to give so. a thrashing; ~ *la pasta* to roll dough, to roll out dough; (*fig*) ~ *la strada a qcu.* to smooth so.'s path, to smooth so.'s way, to pave so.'s way.

spianata f. **1** levelling, smoothing, smoothing out. **2** (*spiazzo*) level ground, flat area; (*in una radura*) clearing.

spianato a. **1** levelled: *terreno ~* levelled ground; *tenere il fucile ~* to keep one's gun levelled. **2** (*liscio*) smooth, smoothed (out): *fronte spianata* smooth brow.

spianatoia f. pastry board.

spianatoio m. (*matterello*) rolling pin.

spianatrice f. (*Mecc*) grader, earth leveller.

spianatura f. **1** levelling. **2** (*il lisciare*) smoothing. **3** (*il rendere piatto*) flattening.

spiano m. (*spianata*) level ground, flat area; (*in una radura*) clearing. □ (*fig*) *a tutto ~*: 1 (*senza limite*) to the utmost, as hard as one can: *lavorare a tutto ~* to work as hard as one can, to work flat out; *mangiare a tutto ~* to eat as much as one can, to eat like there's no tomorrow; *fare errori a tutto ~* to make one mistake after another; *andare a tutto ~* to drive at full speed, to drive flat out; 2 (*sen-*

za interruzione) non-stop, without a break.

spiantare (**spiànto**) I v.t. **1** (*rar*) (*sradicare*) to uproot. **2** (*sconficcare*) to dig out: ~ *un palo* to dig out a pole. **3** (*fig*) (*mandare in rovina*) to ruin. **II** v.pron. **spiantarsi** (*fig*) (*rovinarsi*) to ruin oneself.

spiantato I a. penniless. **II** m. (*f.* **-a**) pauper: *ha sposato uno ~* she married a pauper.

spiare (**spìo, spìi**) v.t. **1** (*osservare*) to spy (on), to peep (at), to snoop (on): ~ *il nemico* to spy on the enemy. **2** (*assol.*) (*guardare*) to spy. **3** (*indagare*) to spy into (o on), to investigate: ~ *i movimenti di qcu.* to investigate so.'s movements. **4** (*ascoltare di nascosto*) to eavesdrop, to spy (on): ~ *qcu. dal buco della serratura* to spy on so. through the keyhole. **5** (*assol.*) (*ascoltare*) to listen, to eavesdrop: *lo sorpresi mentre spiava* I caught him eavesdropping. **6** (*estens*) (*aspettare*) to watch (for), to wait (for): ~ *il momento opportuno* to watch for the right moment.

spiata f. (*delazione*) whistle-blowing, tip, tip-off: ~ *anonima* anonymous tip-off; *fu arrestato in seguito a una ~* he was arrested following a tip-off.

spiattellare (**spiattèllo**) v.t. **1** (*riferire*) to tell, (*colloq*) to blab, to let out, (*d'impulso*) to blurt out: ~ *tutto* (*colloq*) to spill the beans, to reveal everything; *ha spiattellato tutto ciò che sapeva* he blabbed out all he knew; ~ *la verità* to come out with the truth. **2** (*mostrare*) to wave, to thrust, to hold out: *mi spiattellava davanti al viso la lettera* he was waving the letter in my face.

spiazzare (**spiàzzo**) v.t. **1** (*Sport*) to wrong-foot. **2** (*fig*) (*cogliere impreparato*) to wrong-foot, to catch (so.) off guard, to catch (so.) unprepared. **3** (*Econ*) (*escludere*) to crowd out.

spiazzato a. **1** (*Sport*) wrong-footed, out of position. **2** (*fig*) (*impreparato*) off-guard, unprepared.

spiazzo m. **1** open space, level ground. **2** (*radura*) clearing, glade.

spiccare (**spìcco, spìcchi**) I v.t. **1** (*staccare*) to detach, to take off. **2** (*staccare*: rif. a *fiori, a frutta*) to pick, to pluck: ~ *un grappolo d'uva* to pick a bunch of grapes. **3** (*staccare*: *tagliando*) to cut off, to sever: ~ *la testa dal corpo* to sever the head from the body. **4** (*pronunciare distintamente*) to enunciate, to pronounce distinctly: ~ *le parole* to enunciate words. **5** (*Dir*) (*emettere*) to issue: ~ *un mandato di cattura* to issue a warrant for arrest. **6** (*Comm,burocr*) (*emettere*) to emit, to issue: ~ *un assegno* to issue a cheque. **II** v.i. (*aus.* **avere**) **1** (*dare nell'occhio*) to show up, to catch the eye, to be striking: *il rosso è un colore che spicca* red is a colour which shows up, red is an eye-catching colour. **2** (*distinguersi*) to stand out (*tra* among, from), to tower (above): *spicca tra i suoi compagni per intelligenza* he towers above his companions in intelligence. **III** v.pron. **spiccarsi** (*rif. a frutta*: *staccarsi con facilità*) to come off easily. □ ~ *fare* ~ (*mettere in risalto*) to show up, to bring out; ~ *il bollore* to begin to boil; ~ *il volo*: 1 to fly off, to soar, to take wing; 2 (*fig*) (*andare verso nuove esperienze*) to spread one's wings; ~ *un muro* to start building a wall; ~ *un salto* to take a leap, to give a jump.

spiccatamente avv. **1** (*nettamente*) clearly, distinctly, sharply, conspicuously: *distinguersi ~* to stand out clearly. **2** (*marcatamente*) markedly.

spiccato I a. **1** (*marcato*) marked, unmistakable, strong: *uno ~ accento siciliano* a marked Sicilian accent, a strong Sicilian accent. 2 (*notevole, singolare*) great, remarkable: *avere uno ~ senso dell'umorismo* to have a remarkable sense of humour. 3 (*nitido, distinto*) sharp, clear, distinct. 4 (*rif. a fiori, a frutta*) picked, plucked. II *m.* (*Mus*) spiccato.

spicchio *m.* 1 (*rif. ad agrumi*) segment, piece: *uno ~ d'arancia* an orange segment. 2 (*rif. ad aglio*) clove. 3 (*estens*) (*pezzo a forma di spicchio*) piece, slice: *uno ~ di torta* a slice of cake. 4 (*elemento triangolare di gonna, volta ecc.*) gore. ☐ *fare a spicchi* to cut in pieces, to divide into segments; *~di luna* crescent; (*Geom*) *~sferico* lune.

spicciare (**spìccio, spìcci**) I *v.t.* 1 (*sbrigare*) to dispatch, to settle, to get sth. done, to get sth. over with, to get through: *~ una faccenda* to settle a matter. 2 (*rif. a persone: accontentare*) to attend to, to see to: *il parrucchiere non mi può ~ prima delle cinque* the hairdresser can't attend to me before five. 3 (*region*) (*riordinare*) to tidy up, to clear up, to put sth. straight: *~ la cucina* to tidy up the kitchen. 4 (*region*) (*cambiare in moneta spicciola*) to give small change for. II *v.pron.* **spicciarsi** (*sbrigarsi*) to hurry, to hurry up: *spicciati!* hurry up!

spicciativo *a.* 1 (*sbrigativo*) quick, quickly done, hurried: *affare ~* quick business. 2 (*brusco*) abrupt, brusque, rough, forceful.

spicciccare (**spìccico, spìccichi**) I *v.t.* 1 (*staccare cose appiccicate*) to peel off, to detach, to peel off: *~ un francobollo* to unstick a stamp. 2 (*articolare*) to utter, to say. II *v.pron.* **spiccicarsi** 1 (*staccarsi*) to come unstuck, to come off, to come away. 2 (*fig, colloq*) (*liberarsi*) to get away (*da* from), to get rid (*da* of): *non so come spiccicarmi da quel seccatore* I don't know how to get rid of that bore. ☐ *non ~parola* not to say a word, not to utter a word: *non riesce a ~ una parola* he can't say a (single) word; (*estens*) *non spiccica una parola d'inglese* he doesn't know a word of English.

spiccicato *a.* (*region*) (*identico, tale e quale*) the spitting image of: *è ~ suo nonno* he is the spitting image of his grandfather.

spiccio I *a.* 1 (*sbrigativo*) quick, hasty, quickly done. 2 (*brusco*) brusque, abrupt, rough, forceful: *modi spicci* abrupt manners. 3 (*svelto*) speedy, quick, fast. 4 (*region*) (*libero*) free. 5 (*spicciolo*) small, loose: *denaro ~* small change, loose change. II *m.pl.* small change (*costr.sing.*). ☐ *andare per le spicce* to go straight to the point.

spicciolame *m.* (*rar*) small change.

spicciolare[1] (**spicciòlo**) *v.t.* 1 (*staccare dal picciolo: rif. a uva*) to pick the grapes off, to pluck the grapes off. 2 (*staccare dal calice i petali*) to pluck.

spicciolare[2] (**spìcciolo**) *v.t.* (*cambiare in moneta spicciola*) to change, to give change for, to give small change for: *~ cinque euro* to change five euros.

spicciolato *a.* (*Lett*) (*isolato*) scattered, single. ☐ *alla spicciolata* (*pochi alla volta*) a few at a time, in dribs and drabs: *arrivare alla spicciolata* to arrive in dribs and drabs; *andarsene alla spicciolata* to trickle away.

spicciolo I *a.* 1 small, loose: *soldi spiccioli* small change. 2 (*fig,region*) (*semplice*) simple, common: *gente spicciola* simple people. II *m.pl.* change (*costr.sing.*), small change (*costr.sing.*).

spicco (*pl.* **-chi**) *m.* (*risalto*) prominence, relief, conspicuousness. ☐ *dare ~ a qcs.* to give prominence to sth.;*di ~* leading, ma-

jor: *un personaggio di ~* a leading figure; *è una notizia di ~* it's headline news;*fare ~:* 1 (*risaltare*) to catch the eye, to stand out; 2 (*essere superiore*) to tower.

spicconare (**spiccóno**) *v.t.* 1 (*rif. a strada*) to tear up with a pick, to break up with a pick, to pickaxe. 2 (*rif. a muro*) to tear (sth.) down with a pick, to break (sth.) down with a pick, to pickaxe. 3 (*assol.*) (*lavorare col piccone*) to work with a pick.

spicinio *m.* (*region*) 1 (*sbriciolamento*) crumbling. 2 (*pezzetti*) fragments *pl.*, scraps *pl.*, bits *pl.*; (*briciole*) crumbs *pl.* 3 (*estens*) (*sconquasso, trambusto*) damage. 4 (*estens*) (*spreperio*) waste.

spider /'spajder/ *m./f.inv.* (*Aut*) two-seater sports car.

spidocchiare (**spidòcchio, spidòcchi**) I *v.t.* to delouse, to remove lice from, to pick the lice off. II *v.pron.* **spidocchiarsi** to delouse oneself, to pick lice off oneself, to rid oneself of lice.

spiedata *f.* (*Gastron*) amount of food that can be put onto a skewer.

spiedino *m.* 1 (*bastoncino*) skewer. 2 *spec.pl.* (*Gastron*) kebab, (*Am*) kabob, shish kebab: *uno ~ di pesce fresco* a kebab of fresh fish.

spiedo *m.* 1 spit, skewer. 2 (*estens*) (*spiedata*) kebab, (*Am*) kabob, shish kebab. ☐ *allo ~* on the spit: *pollo allo ~* spit roast chicken, chicken on the spit, rotisserie chicken.

spiegabile *a.* explainable, explicable.

spiegamento *m.* (*Mil*) deployment: *~ di forze* deployment of forces.

spiegare (**spiègo, spièghi**) I *v.t.* 1 to unfold, to spread out, to open out, to lay out: *~ la tovaglia* to spread out the tablecloth. 2 (*srotolare*) to unroll. 3 (*rif. a vele, a bandiere*) to unfurl: *~ la bandiera* to unfurl the flag. 4 (*aprire, allargare*) to spread, to spread out, to open, to open out: *il falco spiegò le ali* the hawk spread its wings. 5 (*fig*) (*rendere intelligibile*) to explain: *~ un enigma* to explain an enigma. 6 (*fig*) (*esporre commentando*) to expound, to explain: *~ un teorema* to expound a theorem. 7 (*fig*) (*far capire*) to explain, to show, to tell: *~ a qcu. che cosa deve fare* to explain to so. what they must do. 8 (*fig*) (*raccontare*) to tell: *spiegami un po' che cosa ti è successo* tell me what happened to you. 9 (*fig*) (*giustificare*) to account (for): *come spieghi questa differenza?* how do you account for this difference? 10 (*Mil*) to deploy: *~ le truppe* to deploy troops. II *v.pron.* **spiegarsi** 1 (*comprendere*) to understand: *non riesco a spiegarmi il suo comportamento* I can't understand his behaviour, I can't explain his behaviour. 2 (*farsi capire*) to explain oneself, to make oneself clear: *non so se mi sono spiegato bene* I don't know if I've made myself quite clear. III *v.r.recipr.* **spiegarsi** (*venire a una spiegazione*) to have a frank talk, to clear things up: *dopo la lite si sono spiegati* after the argument they cleared things up. ☐ *~il canto* to sing with full voice; *~il volo* to spread one's wings; *~ la voce* to sing with full voice; *~ le ali* to spread one's wings (*anche fig*); (*lett*) *~le vele al vento:* 1 (*salpare*) to set sail, to unfurl the sails; 2 (*fig*) (*partire*) to depart, to leave; (*colloq*)*mi spiego* (*meglio*) (*voglio dire*) let me explain; (*colloq*) *mi spiego?* (*capisci?*) do you see what I mean?; (*enfat*) *non so se mi spiego* need I say more?, if you see what I mean.

spiegato *a.* 1 unfolded, spread out. 2 (*srotolato*) unrolled. 3 (*rif. a vele o bandiere*) unfurled: *a vele spiegate* with unfurled sails.

4 (*aperto*) spread, spread out, opened, opened out. 5 (*fig*) (*chiarito*) explained, cleared up: *il dubbio è ~* the doubt has been cleared up. 6 (*fig*) (*delucidato*) explained, expounded.

spiegatura *f.* (*rar*) unfolding, spreading out.

spiegazione *f.* 1 explanation: *la ~ di una parola* the explanation of a word. 2 (*commento*) commentary: *la ~ di un passo di Dante* the commentary on a passage in Dante. 3 (*interpretazione*) interpretation: *ci sono molte spiegazioni per questa allegoria* there are many interpretations of this allegory. 4 (*giustificazione*) explanation: *una ~ plausibile* a plausible explanation; *chiedere ~ di qcs. a qcu.* to ask so. for an explanation of sth., to demand an explanation of sth. from so. 5 (*discussione chiarificatrice*) frank talk, heart-to-heart, explanation. ☐ *avere una ~ con qcu.* (*discutere*) to talk things out with so.;*dare ~ di qcs. a qcu.* to account to so. for sth.; *dare una ~* (*un chiarimento*) to give an explanation; *non so darmi una ~ del suo comportamento* I can't understand his behaviour.

spiegazzare (**spiegàzzo**) I *v.t.* 1 to crease, to crumple, to rumple up. 2 (*spec. rif. a stoffa*) (*Br*) to ruck up, (*Am*) to wrinkle up. II *v.pron.* **spiegazzarsi** 1 to get creased, to get crumpled. 2 (*spec. rif. a stoffa*) (*Br*) to ruck up, (*Am*) to wrinkle up.

spiegazzato *a.* 1 creased, rumpled, crumpled. 2 (*spec. rif. a stoffa*) (*Br*) rucked, (*Am*) wrinkled.

spiegazzatura *f.* 1 (*lo spiegazzarsi*) creasing. 2 (*serie di pieghe*) creases *pl.*, (*Br*) rucks *pl.*

spiegone *m.* (*colloq*) long explanation.

spietatamente *avv.* pitilessly, unmercifully, ruthlessly.

spietatezza *f.* pitilessness, unmercifulness, ruthlessness.

spietato *a.* 1 (*senza pietà*) pitiless, unmerciful, merciless: *condanna spietata* unmerciful condemnation. 2 (*di pietra*) stony, icy. 3 (*implacabile*) fierce, relentless, ruthless, cutthroat: *una concorrenza spietata* fierce competition. 4 (*inesorabile, crudele*) inexorable, relentless, ruthless: *sorte spietata* inexorable fate; *accusatore ~* relentless accuser. 5 (*fig*) (*ostinato*) dogged, assiduous.

spifferare (**spìffero**) I *v.t.* (*colloq*) 1 to blab, to blurt out: *~ tutto* (*colloq*) to spill the beans, to reveal everything, to blab. 2 (*dire apertamente*) to say openly, to declare openly. II *v.i.* (*aus. avere*) (*rif. al vento*) to whistle (through a crack).

spifferata *f.* (*colloq*) blabbing, blurting out.

spifferatore *m.* (*f.* **-trice**) blabbermouth, blabber, blurter.

spiffero *m.* (*colloq*) draught, current.

spiga *f.* (*fig*) 1 (*dei cereali*) spike, ear: *~ di grano* ear of corn. 2 (*infiorescenza*) spike. ☐ *a ~:* 1 (*Bot*) spicate; 2 (*di schema*) herringbone: *mattonato a ~* herringbone bond, herringbone brickwork; (*Bot,colloq*) *~bianca* (*pannocchina*) cocksfoot.

spigare (**spìgo, spìghi**) *aus.* **essere/avere** *v.i.* (*Bot*) to ear, to come into ear: *il frumento comincia a ~* the wheat is starting to ear up.

spigato I *a.* 1 (*Bot*) spicate. 2 (*Tess*) herringbone: *stoffa spigata* herringbone material. II *m.* (*Tess*) herringbone.

spigatura *f.* 1 (*formazione di spighe*) earing. 2 (*periodo*) shooting time.

spighetta *f.* 1 (*Bot*) spikelet. 2 (*Sart*) trimming, braid.

spigionarsi (**mi spigióno**) *v.pron.* (*ant,*

region) to be vacant, to be empty, to become vacant, to become empty: *l'appartamento si spigionerà fra tre mesi* the flat will be vacant in three months.

spigionato *a.* (*ant,region*) vacant, empty: *appartamento* ~ vacant flat.

spigliatamente *avv.* self-confidently, free-and-easily, breezily.

spigliatezza *f.* 1 (*disinvoltura*) self-confidence, self-possession, breeziness. 2 (*rif. a scritto: scorrevolezza*) fluidity, flow.

spigliato *a.* 1 (*disinvolto*) breezy, self-confident, self-possessed. 2 (*rif. a scritto: scorrevole*) fluent, flowing.

spignattare (**spignàtto**; *aus.* **avere**) *v.i.* (*colloq*) to busy oneself with the cooking, to busy oneself with pots and pans.

spignoramento *m.* 1 (*riscatto*) redemption, taking out of pawn, taking out of hock. 2 (*Dir*) release from seizure.

spignorare (**spìgnoro/spignòro**) *v.t.* 1 (*rif. a cosa data in pegno*) to redeem, to take out of pawn, to take out of hock, to get out of hock. 2 (*Dir*) to release from seizure.

spigo (*pl.* **-ghi**) *m.* (*Bot*) lavender.

spigola *f.* (*Itt*) bass, sea bass.

spigolare (**spìgolo**) *v.t.* 1 (*Agr*) to glean (*anche assol.*). 2 (*fig*) (*raccogliere*) to glean, to collect, to pick up: ~ *aneddoti* to collect anecdotes. 3 (*Sport*) (*nello sci*) to edge.

spigolatore *m.* (*f.* **-trice**) gleaner (*anche fig*).

spigolatura *f.* 1 gleaning. 2 *pl.* (*fig*) gleanings: *spigolature di cronaca* news picked up here and there, tit-bits, (*Am*) tid-bits.

spigolo *m.* 1 corner: *urtare contro lo* ~ *del tavolo* to knock against the corner of the table. 2 (*Geom*) edge. 3 *pl.* (*fig*) harshness of so.'s character: *smussare gli spigoli del proprio carattere* (*Br*) to knock the corners off, (*Am*) to smooth one's rough edges. □ ~ *arrotondato* rounded corner; ~ *smussato* cut-off edge, smoothed edge, rounded corner; ~ *tondo* rounded corner; (*fig*) *essere tutto spigoli* (*molto scontroso*) to be very touchy, to be very prickly; ~ *vivo* sharp edge, sharp corner.

spigoloso *a.* 1 angular. 2 (*fig*) (*ossuto*) bony, angular: *un viso* ~ an angular face. 3 (*fig*) (*scontroso*) difficult, prickly, touchy, (*colloq*) spiky: *avere un carattere* ~ to have a prickly character. 4 (*fig*) (*difficile*) hard, difficult, awkward: *una questione spigolosa* a difficult matter.

spigonardo *m.* (*Bot*) spike lavender.

spigrire (**spigrìsco, spigrìsci**) I *v.t.* to shake so. out of laziness, to rouse so. to action. II *v.pron.* **spigrirsi** to rouse oneself out of one's laziness, to shake oneself out of one's laziness.

spilla *f.* 1 (*di ornamento*) brooch, (*Am*) broach: *una* ~ *di brillanti* a diamond brooch, (*Am*) a diamond broach. 2 (*lunga e piatta*) pin. 3 (*region*) (*spillo*) pin. □ ~ *da balia* safety-pin; ~ *da cappello* hatpin; ~ *da cravatta* tiepin, (*Am*) tie tack; ~ *di sicurezza* safety-pin.

spillaccherare (**spillàcchero**) *v.t.* (*region*) to remove splashes of mud (from sth.).

spillare (**spìllo**) *v.t.* 1 (*forare per attingere*) to tap, to broach, to draw (off): ~ *una botte* to broach a cask; ~ *il vino* to tap the wine. 2 (*Enol*) to rack. 3 (*fig*) (*cavare fuori, carpire*) to get, to squeeze, to wangle, (*colloq*) to tap: ~ *soldi a qcu.* to get money out of so. 4 (*Tecn*) to bleed: ~ *un radiatore* to bleed a radiator. 5 (*nei giochi di carte*) to fan out. 6 (*rar*) (*pinzare*) to staple.

spillatico (*pl.* **-ci**) *m.* (*ant*) pin money.

spillatrice *f.* stapler.

spillatura *f.* 1 tapping, broaching: ~ *della birra* beer tapping. 2 (*Enol*) racking. 3 (*Met*) tapping. 4 (*rar*) (*unione con punti metallici*) stapling.

spillo *m.* 1 pin: *appuntare qcs. con uno* ~ to fasten sth. with a pin, to pin sth. 2 (*stiletto per forare la botte*) tap-borer, tap. 3 (*foro nella botte*) bunghole. 4 (*Tecn,Mecc*) plunger, valve core. 5 (*Met*) vent wire, vent rod, pricker. □ *a* ~ pin (*attr.*), needle (*attr.*): *valvola a* ~ needle valve; *tacchi a* ~ stiletto heels; (*fig*) *neanche uno* ~ (o *nemmeno uno* ~) (*niente*) nothing, nothing at all: *in questa borsa non ci sta più neanche uno* ~ (*completamente pieno*) this bag is full to the brim.

spillone *m.* 1 (*per capelli*) hairpin. 2 (*per cappelli*) hatpin.

spilluzzicare (**spillùzzico, spillùzzichi**) *v.t.* 1 (*sbocconcellare*) to nibble, to pick (at), to peck (at). 2 (*fig,lett*) (*raggranellare*) to scrape (sth.) together, to get (sth.) together, to rake (sth.) together, to rake up.

spilorceria *f.* miserliness, stinginess, niggardliness, (*Am*) cheeseparing.

spilorcio I *a.* miserly, stingy, niggardly. II *m.* (*f.* **-a**) miser, skinflint, niggard, (*colloq*) penny-pincher, (*colloq*) cheapskate.

spiluccare (**spilùcco, spilùcchi**) *v.t.* (*region*) 1 to pick (off), to pluck (one at a time): ~ *un grappolo d'uva* to pick grapes from the bunch. 2 (*estens*) (*mangiucchiare*) to nibble (at), to peck, to pick at: ~ *un pasticcino* to pick at a pastry.

spilungone *m.* (*f.* **-a**) (*colloq*) beanpole, spindlelegs, spindleshanks, lanky person.

spina *f.* 1 (*Bot*) thorn, prickle. 2 (*Bot*) (*rif. a modificazione di parte della pianta*) spine. 3 (*fig*) (*angustia, cruccio*) pain, grief, distress, trouble, affliction. 4 (*Zool*) (*aculeo*) quill, spine: *le spine di un riccio* the quills of a hedgehog. 5 (*Itt*) (*lisca*) bone, fishbone. 6 (*cannella della botte*) tap, spigot. 7 (*foro della botte*) bunghole. 8 (*El*) plug: *inserire la* ~ *nella presa* to put the plug in the socket. 9 (*Mecc*) pin. 10 (*Mil,gerg*) (*recluta*) sprog, (*Am*) rookie, (*Am,ant*) yardbird. □ (*El*) ~ *a banana* banana plug, banana jack; *alla* ~ *on draught*, (*colloq*) on tap: *birra alla* ~ draught beer, (*Am*) beer on tap; (*Med*) ~ *bifida* spina bifida; (*El*) ~ *bipolare* two-pin plug; (*Mecc*) ~ *conica* taper pin; (*Mecc*) ~ *dentata* (*broccia*) broach; (*El*) ~ *di collegamento* connecting plug; (*El*) ~ *di contatto* connecting plug; (*El*) ~ *di derivazione* connector plug; ~ *di pesce* fishbone, bone: *a* ~ *di pesce* herringbone (*attr.*), in a herringbone pattern; *disegno a* ~ *di pesce* herringbone, herringbone pattern; (*Sport*) *passo a* ~ *di pesce* (*nello sci*) herringbone; (*Anat*) ~ *dorsale* backbone, spine, spinal column: (*fig*) *gli manca la* ~ *dorsale per rispondere alle critiche* he doesn't have the guts to answer back, he doesn't have the backbone to stand up to criticism; (*fig*) *la classe media è la* ~ *dorsale di questo paese* the middle class is the backbone of this nation; (*El*) ~ *multipolare* three-pin plug; (*fig*) *una* ~ *nel cuore* a worry, a torment; (*fig*) *essere una* ~ *nel fianco* to be a thorn in so.'s flesh, to be a thorn in so.'s side; *senza spine*: 1 (*rif. a fiore*) thornless; 2 (*colloq*) (*rif. a pesci*) boneless; (*fig*) *stare* (o *essere*) *sulle spine* (*Br*) to be on tenterhooks, (*Am*) to be on pins and needles; ~ *telefonica* telephone plug; (*Med*) ~ *ventosa* spina ventosa.

spinacio *m.* 1 (*Bot*) spinach. 2 *pl.* (*Gastron*) spinach (*costr.sing.*). □ (*Bot,pop*) ~ *buon-Enrico* Good King Henry.

spinacristi *f.* (*Bot*) (*agutoli*) matrimony

vine, boxthorn.

spinale *a.* (*Anat*) spinal: *midollo* ~ spinal cord, spinal marrow, medulla spinalis.

spinapesce □ *a* ~ herringbone (*attr.*).

spinare (**spìno**) *v.t.* to bone, to fillet.

spinarello *m.* (*Itt*) stickleback, prickleback.

spinarolo *m.* (*Itt*) dogfish.

spinato I *a.* 1 barbed: *filo* ~ barbed wire, (*spec. Am*) razor wire. 2 (*con lische*) boned. 3 (*a spina di pesce*) herringbone (*attr.*) (*anche Tess*). II *m.* (*Tess*) herringbone.

spincione *m.* (*Caccia*) (*fringuello da richiamo*) songbird used in bird catching.

spinello[1] *m.* (*gerg*) cannabis cigarette, (*colloq*) joint, (*colloq*) reefer: *farsi uno* ~ to smoke a joint; *rollarsi uno* ~ to roll a joint.

spinello[2] *m.* (*Itt*) (*spinarolo*) dogfish.

spinello[3] *m.* (*Min*) spinel. □ (*Min*) ~ *nobile* ruby spinel.

spineto *m.* thorn bush.

spinetta *f.* (*Mus*) spinet. □ (*Mus*) ~ *sorda* clavichord.

spingarda *f.* 1 (*Mil,ant,Stor*) springal, springald. 2 (*grosso fucile a canna lunga*) punt-gun.

spingere (*pres.ind.* **spìngo, spìngi**; *p.rem.* **spìnsi**; *p.p.* **spìnto**) I *v.t.* 1 to push, to shove: ~ *un'auto* to push a car. 2 (*bicicletta, carrozzine e sim.*) to push, to wheel: ~ *il carro* to push the cart; ~ *la bicicletta* to wheel one's bicycle; ~ *un bambino nella carrozzina* to push a child in a pram, (*Am*) to push a child in a stroller. 3 (*rif. a forze naturali*) to drive: *la corrente ha spinto la barca fuori rotta* the current has driven the boat off course. 4 (*far penetrare*) to drive in, to thrust in, to push in: *con una martellata spinse il chiodo nel muro* with a blow of the hammer he drove the nail into the wall, he hammered the nail into the wall. 5 (*premere*) to press, to push, (*colloq*) to hit: ~ *il pulsante* to press the button. 6 (*fig*) (*portare*) to drive (to), to lead (on), to force (to), to take (to): ~ *qcu. alla disperazione* to drive so. to despair; *è stato spinto al suicidio* he was driven to suicide. 7 (*fig*) (*stimolare*) to spur (on), to urge (on), to incite, (*colloq*) to egg so. on: *il maestro spinge gli alunni a studiare di più* the teacher urges his pupils to study harder, the teacher pushes his pupils to study harder; *non lo avrebbe mai fatto da sola, ma le ragazze la spingevano* she never would have done it herself, but the girls were egging her on. 8 (*fig*) (*andare oltre un limite ammissibile*) to carry, to push: *ha spinto la sua sfacciataggine fino a chiedermi del denaro* he carried his cheek to the point of asking me for money, he went as far as to ask me for money. 9 (*assol.*) (*fare ressa*) to push, to shove: *non* ~! don't shove! II *v.i.* (*aus.* **avere**) 1 (*esercitare una pressione*) to press. 2 (*dare spinte*) to push. 3 (*per partorire*) to push, to bear down: "*spinga!*" "push!". III *v.pron.* **spingersi** 1 (*inoltrarsi*) to push on, to advance, to venture: *spingersi fino al confine della giungla* to venture as far as the edge of the jungle. 2 (*fig*) (*arrivare*) to go as far as: *non mi spingerei fino a trarre delle conclusioni affrettate* I wouldn't go so far as to jump to conclusions; *spingersi troppo in là* to go too far, to overplay one's hand. □ ~ *al ribasso* to push (sth.) down (*anche Econ*); ~ *qcs. all'estremo* to take sth. to extremes; ~ *avanti* to thrust forward, to push forward; ~ *contro qcs.* to push against sth.; ~ *dentro* to push (sth.) in; ~ *qcu. fuori strada* to push so. off the road, to make so. go off the road; ~ *giù* to push dow: ~ *qcu. giù dalle scale* to push so. down the stairs; ~ *indietro* to push back; ~ *la porta* to push the door; ~ *lo sguar-*

do lontano to look into the distance; *~su* to push (sth.) up; *~sull'acceleratore* to press on the accelerator, to press down the accelerator, to step on the accelerator, (*colloq*) to step on the gas, to step on it; (*fig*) to pick up the pace, to put the car in gear; *~ qcu.sull'altalena* to push so. on a swing; *~ le cosetroppo in là* to carry things too far, to take things too far, to go too far; *~ qcs. troppo in là* to take sth. too far; *~via* to push (sth.) out of the way.

spinnaker /spin'naker/ *m.inv.* (*Mar*) spinnaker.

spino *m.* **1** (*pianta spinosa*) thorn bush. **2** (*Bot*) (*prugno selvatico*) sloe, blackthorn. **3** (*region*) (*spina*) thorn, prickle. □ (*Bot*) *~ bianco* hawthorn; (*Bot*) *~ cervino* buckthorn; (*Bot*) *~d'asino* eryngium; (*Bot*) *~ di Giuda* honey-locust; (*Bot*) *~ nero* sloe, blackthorn; (*Bot*) *~santo* matrimony vine, boxthorn.

spin-off *m.inv.* spin-off (*anche Econ*).

spinone *m.* (*Zool*) griffon.

spinore *m.* (*Mat*) spinor.

spinoso *a.* **1** thorny, prickly, spiny. **2** (*fig*) (*irto di difficoltà*) thorny, bristling with difficulties, troublesome. **3** (*fig*) (*scabroso*) ticklish, awkward, prickly: *un argomento ~* an awkward matter, a touchy subject.

spinotto *m.* **1** (*Mecc*) gudgeon pin, (*Am*) wrist pin. **2** (*El*) (*spina*) plug.

spinsi → **spingere**

spinta *f.* **1** push, shove, thrust: *una ~ in avanti* a push ahead. **2** (*pressione*) thrust, pressure, force: *la ~ del vento* the force of the wind. **3** (*fig*) (*stimolo*) incentive, spur, stimulus, push, prod, nudge: *ha bisogno di una ~* he needs an incentive, (*colloq*) he needs a push; *aveva solo bisogno di una piccola ~* she just needed a gentle prod (*o* a little nudge). **4** (*fig*) (*aiuto, favoreggiamento*) influence, (*colloq*) leg up, (*Am*) pull, (*colloq*) string-pulling: *è stato promosso a forza di spinte* he got his promotion through string-pulling. **5** (*fig*) (*incremento*) boost, impulse: *dare una grande ~ all'industria* to give industry a great boost. **6** (*Fis*) thrust. □ *a ~* push (*attr.*); *~aerostatica* (*Fis*) aerostatic thrust, aerostatic lift, (*Aer*) buoyancy; (*Econ*) *~ al rialzo* upward pressure, bullishness; (*Mecc*) *~assiale* axial thrust; *dare una ~ a qcu.*: 1 to give so. a shove, to give so. a push, to shove so., to push so.; *dare una ~ a qcu. per passare* to push past so.; 2 (*fig*) (*aiutare*) to give so. a hand (*o* a helping hand), to give so. a push (*o* a push up), to give so. a nudge; *dare una ~ a qcs.* (*incrementare*) to boost sth.; (*Aer,Mar*) *~ dell'elica* screw propeller thrust; (*Fis*) *~di Archimede* buoyancy; (*Fis, Mar*) *~di galleggiamento* buoyancy; *~dinamica* dynamic thrust; *~ duale* dual thrust; *fare a spinte* to push each other; *~idrodinamica* hydrodynamic thrust; (*Mar,Idr*) *~idrostatica* buoyancy; (*Econ*) *~inflazionistica* inflationary trend; *~laterale* lateral thrust.

spintarella *f.* **1** (*fig*) (*raccomandazione*) backing, (*colloq*) string-pulling, (*colloq*) leg up: *dare una ~ a qcu.* to give so. a leg up, to pull strings for so. **2** (*leggera spinta*) light push.

spinterogeno *m.* **1** (*Mot*) battery coil ignition. **2** (*estens*) distributor.

spinterometro *m.* (*El*) spark gap.

spinto *a.* **1** (*portato*) driven, led. **2** (*costretto*) driven, forced. **3** (*fig*) (*disposto, incline*) inclined, ready, willing: *essere ~ ad aiutare qcu.* to feel inclined to help so. **4** (*colloq*) (*estremistico*) extremist: *idee spinte* extremist ideas. **5** (*colloq*) (*scabroso*) risqué, smut-

ty: *un libro piuttosto ~* a rather risqué book. **6** (*Mot*) supercharged, (*colloq*) souped-up.

spintonare (**spintóno**) *v.t.* to shove, to push.

spintone *m.* hard push, shove. □ *farsi largoa spintoni tra la gente* to push oneself through a crowd.

spintore *m.* (*Mar*) pusher tug.

spiombare (**spiómbo**) *v.t.* **1** (*togliere i piombini*) to unseal, to remove the seals from. **2** (*Chim*) to unlead. **3** (*Edil*) (*mandare fuori piombo*) to put out of plumb. □ *~ un dente* (*togliere l'otturazione*) to remove a filling.

spionaggio *m.* espionage, spying. □ *~ industriale* industrial espionage; *~militare* military espionage; *~politico* political espionage.

spioncello *m.* (*Ornit*) water pipit.

spioncino *m.* peephole, spyhole, Judas hole.

spione *m.* (*f.* **-a**) (*spreg,scherz*) spy, (*colloq*) snitch, telltale, (*Am,colloq*) tattletale.

spionistico (*pl.* **-ci**) *a.* spy (*attr.*): *attività spionistica* spy activity, spying, espionage.

spiovente **I** *a.* **1** sloping: *tetto ~* sloping roof. **2** (*che ricade giù*) drooping, hanging: *rami spioventi* drooping branches; *baffi spioventi* drooping moustache. **3** (*Sport*) (*nel calcio*) high, loft: *tiro spiovente* loft ball, high ball. **II** *m.* **1** slope. **2** (*Geol,rar*) slope, side. □ (*Arch,Edil*)*a ~* weathered: *tetto a ~* weathered roof.

spiovere (*pres.ind.* **spiòve**; *p.p.* **spiovùto**) **I** *v.i.impers.* (*aus.* **essere**) to stop raining. **II** *v.i.* (*aus.* **essere**) **1** (*scolare, scorrere in giù*) to pour down (*da qcs.* sth., from sth.), to flow down (*da qcs.* sth., from sth.). **2** (*lett*) (*ricadere*) to flow down, to hang down, to fall, to fall down.

spira *f.* **1** coil, spiral. **2** (*El*) coil, loop, turn. **3** (*Arch*) volute, scroll. **4** *spec.pl.* (*rif. a serpente*) coils *pl.*: *arrotolarsi in spire* to coil up. □ *a spire* in coils, winding; (*estens*) *spire di fumo* coils of smoke, spiralling smoke; *~ di molla* coil; (*El*) *spire morte* dead-end turns.

spiraglio *m.* **1** (*fessura*) chink, crack, narrow opening, fissure. **2** (*estens*) (*striscia di luce*) glimmer, gleam: *dalla finestra socchiusa entrava uno ~ di luce* a glimmer of light came through the half-closed window. **3** (*estens*) (*soffio d'aria*) breath (of air). **4** (*fig*) (*speranza di riuscita*) hope, chance: *nella situazione attuale non vedo alcuno ~* as things stand now I don't think there's a chance; *aprire uno ~* to let in some light (*anche fig*); (*fig*) *aprire uno ~ per qcs.* to open up an opportunity for sth. □ (*fig*) *uno ~di speranza* a glimmer of hope, a ray of hope.

spirale **I** *a.* spiral. **II** *f.* **1** spiral (*anche Mat*). **2** (*Orol*) (*molla a spirale*) hairspring. **3** (*Med*) intrauterine device, IUD, coil: *farsi mettere la ~* to have a coil fitted. **4** (*fig*) spiral: *~ di violenza* spiral of violence. □ *a ~* spiral, winding, curled: *scala a ~* winding staircase, spiral staircase; *avvolgere a ~* to coil up; (*Econ*) *~dei prezzi* price spiral; *~ dei prezzi-salari* wage-price spiral; (*fig*) *la ~ della delinquenza* the spiral of crime; (*fig*) *~ dell'odio* spiral of hatred; (*Mat*) *~di Archimede* Archimedean spiral; (*Econ*) *~inflazionistica* inflationary spiral; (*Mat*) *~iperbolica* hyperbolic spiral; (*Mat*) *~ logaritmica* logarithmic spiral.

spiralizzazione *f.* spiralization.

spirante **I** *a.* **1** (*lett*) dying. **2** (*Fon*) spirant, fricative. **II** *f.* (*Fon*) spirant, fricative, fricative consonant.

spirare[1] (**spìro**) **I** *v.i.* (*aus.* **avere**) **1** (*soffiare*) to blow: *spirava una leggera brezza* a gentle breeze was blowing. **2** (*lett*) (*emanare*) to emanate (*da* from), to come (*da* from): *dai fiori spirava un dolce profumo* a lovely scent came from the flowers, the flowers gave off a sweet perfume. **II** *v.t.* **1** (*lett*) (*emanare*) to give off, to give out, to give forth, to send out, (*lett*) to exhale: *queste rose spirano un forte profumo* these roses give off a strong scent. **2** (*fig,poet*) (*comunicare*) to radiate, to give off, to give out, to give forth, to express: *occhi che spirano dolcezza* eyes radiating tenderness. □ (*fig,lett*) *spiraaria di burrasca* there's a storm in the air; (*fig*) *che aria spira?* which way is the wind blowing?; (*fig, lett*) *per voi qui non spirabuon vento* there's an ill wind blowing here for you.

spirare[2] (**spìro**; *aus.* **essere**) *v.i.* **1** (*morire*) to expire, to breathe one's last. **2** (*fig,rar*) (*finire*) to come to an end: *le vacanze sono spirate* the holidays have come to an end, the holidays are over. **3** (*fig,rar*) (*scadere*) to expire: *la tregua spira oggi* the truce expires today.

spirea *f.* (*Bot*) spiraea.

spirillo *m.* (*Biol*) spirillum.

spiritato **I** *a.* **1** (*lett*) (*invasato, ossesso*) possessed, demoniac. **2** (*estens*) wild, frantic, frenzied, berserk: *sguardo ~* wild look. **II** *m.* (*f.* **-a**) **1** one possessed: *sembrare uno ~* to look like one possessed. **2** (*estens*) energetic person, (*colloq*) live wire.

spiritello *m.* **1** (*folletto*) elf, goblin, fairy sprite. **2** (*colloq*) (*bambino vivace*) imp, scamp, holy terror.

spiritico (*pl.* **-ci**) *a.* (*Occult*) spiritualistic, spiritistic.

spiritismo *m.* (*Occult*) spiritualism, spiritism.

spiritista *m./f.* (*Occult*) spiritualist, spiritist.

spiritistico (*pl.* **-ci**) *a.* (*Occult*) spiritualistic, spiritistic.

spirito *m.* **1** spirit: *Dio è puro ~* God is pure spirit. **2** (*anima*) spirit, soul. **3** (*animo*) mind, spirits *pl.*, thoughts *pl.*, *a volte non si traduce*: *condizione* (*o disposizione*) *di ~* state of mind, frame of mind, mood; *avere lo ~ agitato* to be upset; *sollevare lo ~ di qcu.* to raise so.'s spirits. **4** *spec.pl.* (*essere immateriale*) spirits *pl.*: *spiriti maligni* wicked spirits, evil spirits. **5** (*genio, folletto*) elf, sprite, goblin, fairy: *~ del bosco* wood fairy. **6** *spec.pl.* (*fantasma*) ghosts *pl.*: *credere agli spiriti* to believe in ghosts; *nel castello ci sono gli spiriti* there are ghosts in the castle, the castle is haunted. **7** (*persona*) spirit, mind: *essere uno ~ superiore* to be a noble spirit, to be a lofty spirit. **8** (*vivacità d'ingegno*) quick-wittedness, liveliness, lively wit: *una persona che è tutta ~* a person who has a lively wit. **9** (*senso dell'umorismo*) wit, sense of humour, (*Am*) sense of humor: *avere molto ~* to have a great sense of humour; *mancare di ~* to have no sense of humour. **10** (*disposizione d'animo, senso*) spirit, disposition, attitude: *~ di sacrificio* spirit of sacrifice; *con ~ vendicativo* in a spirit of revenge. **11** (*situazione spirituale*) spirit: *lo ~ di un'epoca* the spirit of an age. **12** (*significato intimo, parte essenziale*) spirit, sense: *lo ~ di una legge* the spirit of a law; *secondo lo ~ della legge* in accordance with the law; *secondo lo ~ di qcs.* in accordance with the spirit of sth. **13** (*alcol*) spirit, alcohol. **14** (*lett*) (*respiro*) breath: *esalare lo ~* to give one's last breath, to breathe one's last. **15** (*Fon*) breathing. □ *a ~* spirit (*attr.*): *fornello a ~* spirit stove; *~angelico* angel spirit, angel; (*Fon,Ling*) ~ *aspro* rough breathing; *avere dello* ~ to be witty, to have a good sense of humour; (*Teol*) *gli spiriti beati* the blessed (*costr.pl.*), the souls in Paradise; (*Teol*) *spiriti celesti* heavenly spirits, angels; *con* ~ wittily, humorously: *rispondere con* ~ to reply wittily, to give a witty reply; *uno* ~ *critico* critical judgement; (*Teol*) *gli spiriti dannati* the damned (*costr.pl.*); *lo* ~ *del tempo* the spirit of the age; (*Chim,colloq*) ~ *denaturato* methylated spirits, (*Am*) denatured alcohol; *di* ~: 1 (*colloq*) (*spiritoso*) witty: *battuta di* ~ witty remark, wisecrack; 2 (*colloq*) (*che sta allo scherzo*) a joke: *un uomo di* ~ a man who can take a joke, a good sport; ~ *di adattamento* ability to adapt, adaptable nature; ~ *di classe* class consciousness; ~ *di contraddizione* spirit of contradiction: *per puro* ~ *di contraddizione* out of sheer contrariness; ~ *di corpo* esprit de corps, team spirit; ~ *di emulazione* spirit of emulation; ~ *di osservazione* power of observation, spirit of observation: *avere* ~ *di osservazione* to be very observant; ~ *di parte* partisan spirit, committed approach: *avere* ~ *di parte* to take sides, to be committed; (*fig*) ~ *di patata* foolish humour, daftness; ~ *di squadra* team spirit; ~ *di vino* spirit of wine, spirits of wine; (*Fon,Ling*) ~ *dolce* smooth breathing; *fare dello* ~ to be witty, to try to be funny: *credi di fare dello* ~? do you think you're being funny?; *questo è lo* ~ *giusto!* that's the spirit!; (*Teol*) *spiriti infernali* evil spirits, infernal spirits; *gli spiriti infernali* the powers of darkness, the fiends of hell; ~ *libero* free spirit; (*Teol*) *spiriti maligni* evil spirits, infernal spirits; *entrare nello* ~ *di qcs.* to enter into the spirit of sth.; *essere nello* ~ *adatto* to be in the right mood, to be in the best of spirits, to be in good spirits; *non sono nello* ~ *adatto per uscire* I don't feel like going out, I'm not in the right mood to go out; ~ *pratico* practical sense: *è piena di* ~ *pratico* she's extremely practical; ~ *profetico* prophetic spirit; ~ *pungente* dry wit; ~ *di sacrificio* spirit of sacrifice, spirit of self-sacrifice; (*Teol*) *Spirito Santo* Holy Spirit, Holy Ghost: (*colloq,scherz*) *per opera dello Spirito Santo* (*di origine ignota*) by some mysterious mean, by some act of God; (*Alim*) *sotto* ~ preserved in spirit; (*Filos*) ~ *vitale* lifeblood. *Prov.*: (*Bibl*) *lo* ~ *è forte ma la carne è debole* the spirit is willing but the flesh is weak.

spiritosaggine *f.* 1 wittiness. 2 (*battuta spiritosa*) witty remark, witticism, (*colloq*) wisecrack.

spiritosamente *avv.* wittily.

spiritoso *a.* 1 witty: *un oratore* ~ witty speaker; *una battuta spiritosa* a witty remark, a quip. 2 (*iron,spreg*) funny: *come sei* ~! aren't you funny! □ (*iron*) *fare lo* ~ to try to be funny, to act the fool.

spiritual *m.inv.* (*Mus*) spiritual.

spirituale *a.* spiritual (*anche Rel*): *godimento* ~ spiritual delight; *natura* ~ spiritual nature; *direttore* ~ spiritual director; *guida* ~ spiritual guide, spiritual mentor.

spiritualismo *m.* (*Filos*) spiritualism.

spiritualista I *m./f.* (*Filos*) spiritualist. II *a.* (*Filos*) spiritualistic.

spiritualistico (*pl.* -**ci**) *a.* (*Filos*) spiritualistic.

spiritualità *f.* spirituality (*anche Rel*).

spiritualizzare (**spiritualìzzo**) *v.t.* 1 to spiritualize. 2 (*idealizzare*) to idealize.

spiritualizzazione *f.* spiritualization.

spiritualmente *avv.* 1 spiritually (*anche Rel*). 2 (*in spirito*) in spirit: *essere presente* ~ to be present in spirit.

spirocheta *f.* (*Biol*) spirochaete, spirochete.

spirochetosi *f.* (*Med*) spirochaetosis, spirochetosis.

spirogira *f.* (*Bot*) spirogyra.

spirometria *f.* (*Med*) spirometry.

spirometro *m.* (*Med*) spirometer.

spiumare (**spiùmo**) I *v.t.* 1 to pluck: ~ *un pollo* to pluck a chicken. 2 (*colloq,fig*) (*chiedere prezzi esosi, sottrarre denaro*) to fleece, to rip off. II *v.pron.* **spiumarsi** (*rar*) (*perdere le piume*) to lose feathers.

spizzicare (**spìzzico, spìzzichi**) *v.t.* (*sbocconcellare*) to nibble, to pick (at), to peck (at).

spizzico □ *a spizzichi* (*e bocconi*) little by little, a little at a time, bit by bit, in dribs and drabs.

splafonare (**splafóno**; *aus.* **avere**) *v.i.* (*Comm*) to overrun, to overspend, to overshoot.

spleen /splin/ *m.inv.* melancholy.

splenalgia *f.* (*Med*) splenalgia.

splendente *a.* 1 shining, bright, brilliant: *luce* ~ bright light. 2 (*che luccica*) sparkling, glittering. 3 (*fig*) shining, bright, radiant, glowing: *volto* ~ *di felicità* face glowing with happiness; *occhi splendenti* shining eyes.

splendere (*pres.ind.* **splèndo**; *p.rem.* **splendéi/splendètti**; *aus.* **essere/avere**; *past participle and compound tenses not used*) *v.i.* 1 to shine: *il sole splende alto nel cielo* the sun is shining (bright) high in the sky. 2 (*luccicare*) to sparkle, to glitter: ~ *come l'oro* to glitter like gold. 3 (*rif. a stelle*) to twinkle. 4 (*fig*) to shine (*di* with), to beam (*di* with), to be radiant (*di* with): *il suo volto splendeva di gioia* his face shone with joy.

splendidamente *avv.* 1 splendidly, wonderfully. 2 (*fastosamente*) sumptuously, lavishly, gorgeously: *una casa* ~ *arredata* a sumptuously furnished house; *vivere* ~ to live in grand style. 3 (*con larghezza*) lavishly, grandly.

splendidezza *f.* 1 (*rar*) (*lucentezza*) splendour. 2 (*fig,lett*) (*generosità*) lavishness. 3 (*fig,lett*) (*magnificenza*) splendour, magnificence, sumptuousness.

splendido *a.* 1 (*lett*) bright, shining, radiant, brilliant: *sole* ~ bright sun, brilliant sun. 2 (*estens*) (*mirabile*) splendid, magnificent, gorgeous, marvellous, beautiful: *una giornata splendida* a gorgeous day; *panorama* ~ marvellous view. 3 (*estens*) (*fastoso*) splendid, magnificent, sumptuous: *una splendida villa* a magnificent villa. 4 (*fig*) (*eccezionale*) brilliant, splendid: *una carriera splendida* a brilliant career. 5 (*fig*) (*ammirevole*) splendid, wonderful: *uno* ~ *esempio di eroismo* a splendid example of heroism. 6 (*fig,lett*) (*generoso*) liberal, lavish. 7 (*lett*) (*illustre*) eminent. □ *ti trovo in splendida forma* you look wonderful!; (*Stor*) ~ *isolamento* splendid isolation; *sei splendida!* you look great!

splendore *m.* 1 (*luminosità*) brightness, brilliance, radiance: *lo* ~ *del sole* the brightness of the sun. 2 (*fig*) (*fulgore*) splendour, (*Am*) splendor, radiance, bloom: *una donna nel pieno* ~ *della sua bellezza* a woman in the full splendour of her beauty. 3 (*fig*) (*fasto*) splendour, (*Am*) splendor, pomp, magnificence: *gli splendori delle corti rinascimentali* the splendour of Renaissance courts, the pomp of Renaissance courts. 4 (*fig*) (*persona o cosa molto bella*) beauty, splendour, (*Am*) splendor: *quella donna è uno* ~ that woman is a beauty. □ *che* ~ *di*

ragazza! what a beautiful girl!, what a beauty!; *una casa che è uno* ~ a gorgeous house.

splene *m.* (*Anat*) (*milza*) spleen.

splenectomia *f.* (*Chir*) splenectomy.

splenetico I *a.* (*Med*) splenetic (*anche estens*). II *m.* (*f.* -**a**; *pl.* -**ci**) 1 (*Med*) person suffering from splenic disorder. 2 (*estens*) splenetic.

splenico I *a.* (*Anat*) splenic. II *m.* (*f.* -**a**; *pl.* -**ci**) (*Med*) person suffering from splenic disorder.

splenio *m.* (*Anat*) 1 (*muscolo*) splenius. 2 (*porzione posteriore del corpo calloso*) splenium, splenium corporis callosi.

splenite *f.* (*Med*) splenitis.

splitting *m.inv.* (*Econ*) splitting (*anche Fis, Ind*).

Spluga □ (*Geog*) *passo dello* ~ Splugen Pass.

SPM (*epist*) *sue proprie mani* (for addressee only, private and personal).

s.p.m. (*Farm*) *secondo prescrizione medica* (as prescribed).

spocchia *f.* (*boria, sussiego*) haughtiness, conceit.

spocchioso *a.* haughty, arrogant, proud.

spodestamento *m.* (*rar*) 1 depriving of power. 2 (*detronizzazione*) dethronement, deposition. 3 (*il privare dei beni*) dispossession.

spodestare (**spodèsto**) *v.t.* 1 to deprive so. of power, to oust: *il vecchio direttore è stato spodestato da un giovane dirigente* the old manager has been ousted by a young executive. 2 (*detronizzare*) to dethrone, to depose: ~ *un re* to depose a king. 3 (*privare dei beni*) to dispossess: *la rivoluzione ha spodestato i nobili* the revolution has dispossessed the nobility.

spoetizzante *a.* 1 (*che fa svanire un incanto*) disenchanting, disillusioning. 2 (*estens*) (*disgustante*) disgusting, sickening.

spoetizzare (**spoetìzzo**) *v.t.* 1 (*disincantare*) to disenchant, to disillusion. 2 (*estens*) (*disgustare*) to disgust, to sicken.

spoglia *f.* 1 slough, cast-off skin, skin: *la* ~ *di un serpente* a snake's cast-off skin, a snake's skin. 2 (*poet*) (*salma*) mortal remains *pl.*, corpse, body: *spoglie mortali* mortal remains. 3 (*lett*) (*abito, veste*) guise. 4 *pl.* (*armatura tolta al nemico vinto*) spoils. 5 *pl.* (*bottino di guerra*) spoils, booty (*costr.sing.*): *dividere le spoglie* to split the booty. □ (*Stor.rom*) *spoglie opime* spolia opima.

spogliare (**spòglio, spògli**) *v.t.* 1 (*svestire*) to undress, to take the clothes off, to strip. 2 (*togliere elementi accessori*) to strip: ~ *la pianta dei fiori* to strip the plant of flowers. 3 (*saccheggiare*) to strip, to rob, to despoil: *il nemico ha spogliato la città dei suoi tesori d'arte* the enemy stripped the town of its art treasures. 4 (*defraudare*) to rob, to cheat: *lo spogliarono di ogni suo avere* he was cheated out of all he had. 5 (*fig*) (*privare*) to deprive, to divest: ~ *qcu. dei suoi diritti* to deprive so. of his rights. 6 (*fare lo spoglio*) to sort, to sort out, to go through: ~ *la corrispondenza* to sort the mail, to sort out the mail. II *v.pron.* **spogliarsi** 1 to undress, to take one's clothes off; (*completamente*) to strip, to undress: *spogliarsi nudo* to strip off, to strip oneself naked, to strip naked. 2 (*rif. a serpenti: mutare pelle*) to cast, to shed, to slough, to slough off: *la serpe si spoglia della pelle* the snake sloughs off its skin, the snake sheds its skin. 3 (*perdere*) to lose, to shed (*di qcs.* sth.): *in inverno gli alberi si spogliano delle foglie* in winter the trees shed their leaves. 4 (*fig*) (*privarsi*) to deprive oneself (*di* of), to divest oneself (*di* of), to give up (sth.): *si spogliò di tutti i suoi averi* he gave up all his property. □ (*fig*) ~ *qcu. con gliocchi* to undress so. with one's eyes; (*lnd*) ~ *ilriso* (*brillarlo*) to husk rice, to hull rice.

spogliarellista *m./f.* stripper, striptease artist, stripteaser.

spogliarello *m.* striptease: *fare lo* ~ to do a striptease.

spogliatoio *m.* **1** dressing room, changing room. **2** (*cabina*) cubicle. **3** (*nelle scuole, impianti sportivi e sim.*) locker room. **4** (*estens,Giorn*) (*rapporti tra i membri di una squadra*) the relationship between the members of a team. □ (*Sport*) *l'arbitro ha mandato tutti negli spogliatoi* (*ha decretato la fine di una partita*) the referee blew his whistle for the end of the game; *mandare qcu. negli spogliatoi* (*anticipatamente*) (*espellere*) to send so. off.

spogliatore *m.* (*f.* **-trice**) (*chi deruba*) robber, plunderer, despoiler. □ ~*di cadaveri* body snatcher.

spoglio [1] *a.* **1** (*rif. a piante: spogliato, nudo*) bare, naked. **2** (*rif. a terreni e sim.: spogliato, nudo*) bare, barren. **3** (*fig*) (*squallido, disadorno*) bare, bleak: *casa spoglia* bleak house. **4** (*fig*) (*sobrio, essenziale*) bare, terse, spare: *stile* ~ spare style. **5** (*fig*) (*libero*) free (*di* from): ~ *di prevenzioni* free from prejudice.

spoglio [2] *m.* **1** (*raccolta, ordinamento, selezione*) sorting, sorting out: *fare lo* ~ *della corrispondenza* to sort out the mail; *fare lo* ~ *dei dati* to extract data. **2** (*esame*) examination, study: *fare lo* ~ *di un autore* to analyse an author. □ ~ *dei voti* (o ~ *delle schede*) checking and counting of votes; *procedere allo* (o *fare lo*) ~ *dei voti* to count the votes.

spoiler *m.inv.* (*Aer,Aut*) spoiler.

spoils system *m.inv.* (*Pol*) spoils system.

spola *f.* **1** (*navetta*) shuttle. **2** (*bobina*) bobbin; (*a forma di cono*) cop. □ (*fig*)*fare la* ~ (*da un luogo all'altro*): **1** (*rif. a persone*) to commute (from one place to another), to shuttle (from one place to another), to go back and forth (from one place to another); **2** (*rif. a mezzi di trasporto*) to shuttle (between two places), to ply (between two places).

spolatrice *f.* (*Tess*) winding frame.

spoletta *f.* **1** (*nelle cucitrici*) bobbin; (*a forma di cono*) cop. **2** (*Arm*) fuse. □ (*Arm*) ~ *a doppio effetto* combination fuse; (*Arm*) ~*a orologeria* clockwork fuse; (*Arm*) ~ *a percussione* percussion fuse; (*Arm*) ~*a tempo* time fuse; (*Arm*) ~*ad azione ritardata* delayed-action fuse.

spolettare (**spolétto**) *v.t.* (*Arm*) to fuse.

spoliazione *f.* **1** spoliation, dispossession, embezzlement, misappropriation. **2** (*ant*) (*saccheggio*) spoliation, despoliation, plundering, pillage, sack, sacking, looting.

spoliticizzare (**spoliticìzzo**) *v.t.* to depoliticize.

spoliticizzazione *f.* depoliticization.

spollonare (**spollóno**) *v.t.* (*Agr*) to sucker, to remove sideshoots (from), to remove suckers (from).

spollonatura *f.* (*Agr*) suckering, removal of sideshoots, removal of suckers.

spolmonarsi (**mi spolmóno**) *v.pron.* **1** (*gridando*) to yell oneself hoarse, to shout oneself hoarse, to bawl oneself hoarse; to shout at the top of one's voice, to shout at the top of one's lungs. **2** (*cantando*) to sing oneself hoarse.

---

spolpamento *m.* (*rar*) picking.

spolpare (*pres.ind.* **spólpo**; *p.p.* **spolpàto**) **I** *v.t.* **1** (*rif. a frutta*) to remove the pulp (from), to remove the pulp (from). **2** (*rif. a carne*) to remove the flesh (from), to take the meat off, to pick: ~ *un osso* to pick a bone clean. **3** (*fig*) (*spillare denaro*) to fleece, (*colloq*) to skin: *lo hanno spolpato al gioco* they fleeced him at gambling. **II** *v.pron.* **spolparsi 1** (*rar*) (*dimagrire*) to get thin, to grow thin, to lose weight. **2** (*fig,rar,colloq*) (*impoverirsi*) to go hungry: *mi sono spolpato per farti studiare* I went hungry to enable you to study.

spolpato *a.* stripped of flesh, bare: *un osso* ~ a bare bone.

spoltiglia *f.* emery.

spoltiglio *m.* emery: *carta* ~ (*a grana fine*) emery paper.

spoltronire (**spoltronìsco, spoltronìsci**) **I** *v.t.* to shake so. out of laziness, to rouse so. to action. **II** *v.pron.* **spoltronirsi** to rouse oneself out of one's laziness, to shake oneself out of one's laziness.

spolverare (**spólvero**) *v.t.* **1** to dust: ~ *i mobili* to dust the furniture. **2** (*con la spazzola*) to brush. **3** (*spolverizzare*) to dust, to sprinkle, to sift: ~ *di farina* to dust with flour. **4** (*colloq,fig*) (*mangiare con avidità*) to eat up, to gobble up, to polish off: *ha spolverato tutto in un attimo* he gobbled it all up in a flash. □ (*fig*) ~*il groppone* (o ~*le spalle*) *a qcu.* to thrash so., to beat so., (*colloq*) to give so. a good dusting.

spolverata *f.* **1** dusting: *dare una* ~ *a una stanza* to give a room a flick of the duster, to give a room a quick dusting. **2** (*con la spazzola*) brush, brushing: *dare una* ~ *a una giacca* to give a jacket a quick brush. **3** (*lo spolverizzare*) dusting, sprinkling: *dare una* ~ *di zucchero a velo a un dolce* to dust a cake with icing sugar.

spolveratura *f.* **1** dusting. **2** (*con la spazzola*) brushing. **3** (*lo spolverizzare, lo spolvero*) dusting, sprinkling: ~ *di zucchero a velo* dusting of icing sugar. **4** (*fig*) (*infarinatura*) smattering: *una* ~ *di buona educazione* a smattering of good manners.

spolverino *m.* **1** (*Abbigl*) (*soprabito*) duster, dust coat. **2** (*piumino*) feather duster. **3** (*vasetto bucherellato*) dredger, sprinkler, duster. **4** (*spazzola dei barbieri*) neck brush.

spolverio *m.* (*rar*) **1** clouds *pl.* of dust. **2** (*fig, scherz*) (*il mangiare avidamente*) gobbling.

spolverizzare (**spolverìzzo**) *v.t.* **1** (*polverizzare*) to pulverize, to reduce sth. to powder, to reduce sth. to dust. **2** (*cospargere*) to dust, to sprinkle, to sift: ~ *di zucchero un dolce* to dust a cake with sugar. **3** (*nel disegno*) to pounce.

spolvero *m.* **1** (*strato di polvere*) dust. **2** (*nel disegno*) pouncing. **3** (*fig*) (*infarinatura*) smattering.

spompare (**spómpo**) **I** *v.t.* (*Br,colloq*) to knacker, to wear out, to tire out, to poop, to poop out; (*senza fiato*) to puff out: *era spompato per la lunga camminata* he was pooped by the long hike. **II** *v.pron.* **spomparsi** (*Br, colloq*) to wear oneself out, to lose one's strength.

sponda *f.* **1** (*di mare*) shore, beach, seashore. **2** (*di lago*) shore, bank. **3** (*di fiume o canale*) bank: *la* ~ *del fiume* the river bank, the riverside. **4** (*bordo*) edge: *la* ~ *del letto* the edge of the bed. **5** (*nel biliardo*) cushion: *giocare di* ~ to play off the cushion. **6** (*parapetto*) parapet. **7** (*rif. a carri*) board, side: ~ *laterale* side board. □ (*Sport*) *fare da* ~ (*nel calcio*) to pass the ball back, to pass back.

---

spondaico (*pl.* **-ci**) *a.* (*Metr*) spondaic.

spondeo *m.* (*Metr*) spondee.

spondilite *f.* (*Med*) spondylitis.

spongiforme *a.* spongiform.

spongina *f.* (*Biol*) spongin.

sponsale *a.* (*lett*) nuptial.

sponsali *m.pl.* (*lett*) **1** (*promessa di matrimonio*) betrothal *sing.* **2** (*estens*) (*matrimonio*) nuptials.

sponsor *m.inv.* sponsor: ~ *ufficiale* official sponsor.

sponsorizzare (**sponsorìzzo**) *v.t.* to sponsor, to act as a sponsor (to), to fund, to support.

sponsorizzazione *f.* sponsoring.

spontaneamente *avv.* spontaneously, on the spur of the moment.

spontaneismo *m.* spontaneity, spontaneous behaviour.

spontaneità *f.* spontaneity, spontaneousness. □ *con* ~: **1** spontaneously; **2** (*con naturalezza*) naturally, unaffectedly.

spontaneo *a.* **1** spontaneous: *offerta spontanea* spontaneous offer. **2** (*istintivo*) instinctive, spontaneous: *la sua risposta fu una reazione spontanea all'offesa* his answer was an instinctive reaction to the insult. **3** (*rif. a persone: naturale, franco*) natural, unaffected, open, frank. **4** (*rif. a fenomeni naturali*) spontaneous: *combustione spontanea* spontaneous combustion. □ *di mia spontanea volontà* of my own free will.

sponte □ *di propria* ~ (*volontariamente*) voluntarily, of one's own will, of one's own free will.

spopolamento *m.* depopulation.

spopolare (**spòpolo**) **I** *v.t.* **1** to depopulate. **2** (*estens*) (*rendere meno affollato*) to empty (of people), to clear (of people): *il caldo ha spopolato le città* the heat has emptied the towns. **II** *v.i.* (*aus.* **avere**) (*colloq*) (*avere successo*) to draw the crowds, to make it big, to be a hit: *è un cantante che spopola* he is a singer who draws the crowds. **III** *v.pron.* **spopolarsi 1** to be depopulated. **2** (*estens*) (*diventare meno affollato*) to empty, to become deserted, to become empty: *la città si spopola in agosto* the town empties in August.

spopolato *a.* depopulated, uninhabited, deserted, empty: *un villaggio spopolato* an uninhabited village, a deserted village.

spoppare (**spóppo**) *v.t.* to wean.

spora *f.* (*Biol,Zool*) spore.

Sporadi *n.pr.f.pl.* (*Geog*) Sporades. □ (*Geog*) ~*Equatoriali* Line Islands; (*Geog*) ~ *Meridionali* Southern Islands; (*Geog*) ~*Settentrionali* Northern Islands.

sporadicamente *avv.* occasionally, sporadically.

sporadicità *f.* infrequency, occasionality.

sporadico (*pl.* **-ci**) *a.* **1** (*saltuario*) occasional, sporadic, intermittent. **2** (*raro*) rare, isolated: *è un caso* ~ it is an isolated case.

sporangio *m.* (*Bot*) sporangium, spore case, spore sac.

sporcaccione **I** *a.* (*pop*) dirty, filthy (*anche fig*). **II** *m.* (*f.* **-a**) (*pop*) dirty person, filthy person, (*colloq*) slob; (*rif. a uomini*) dirty old man; (*rif. a donne*) slut, slattern (*anche estens*).

sporcamente *avv.* **1** (*schifosamente*) nastily, shockingly, dreadfully. **2** (*slealmente*) underhandly, disloyally, treacherously.

sporcare (**spòrco, spòrchi**) **I** *v.t.* **1** to dirty, to make dirty, to soil, (*lett*) to sully. **2** (*macchiare*) to stain. **3** (*fig*) (*macchiare, infamare*) to tarnish, to soil, to foul, (*lett,ant*) to befoul, (*lett*) to sully: ~ *il proprio nome* to sully one's name. **II** *v.pron.* **sporcarsi 1** to dirty oneself, to get dirty: *quando mangia si sporca sempre* he always gets dirty when he eats. 2 (*fig*) (*fare qcs. di losco*) to sell oneself, (*Br*) to blot one's copy book, to dirty one's hands: *si è sporcato per poche migliaia di lire* he dirtied his hands for a few thousand lire. 3 (*fig,spreg*) (*abbassarsi moralmente*) to stoop, to sink, to degrade oneself, to humble oneself, (*lett*) to debase oneself: *non mi sporco a discutere con gente simile* I don't lower myself to argue with such people. □ *sporcarsi le mani*: 1 to soil one's hands, to dirty one's hands; 2 (*fig*) to dirty one's hands, to get mixed up in sth. shady.

sporcizia *f.* 1 dirtiness, filthiness. 2 (*lo sporco*) dirt, filth, muck, grime. 3 (*fig*) (*azione turpe*) foul action, sordid action, base action. 4 (*fig*) (*frase oscena*) dirty talk, filth: *dire sporcizie* to talk filth, to talk dirt.

sporco (*pl.* **-chi**) I *a.* 1 dirty, filthy: *avere le orecchie sporche* to have dirty ears. 2 (*imbrattato*) stained, soiled, *spesso si traduce con l'aggettivo appropriato*: *tovaglia sporca di vino* tablecloth stained with wine; ~ *di grasso* greasy; *scarpe sporche di fango* shoes splashed with mud, shoes spattered with mud, muddy shoes; *dita sporche d'inchiostro* inky fingers, ink-stained fingers; *mani sporche di sangue* blood-stained hands. 3 (*fig*) (*turpe, immorale*) dirty, filthy, sordid, shady: *azione sporca* shady affair, dirty trick. 4 (*fig*) (*sconcio*) dirty, obscene, foul, filthy, indecent, lewd, smutty: *barzelletta sporca* dirty joke. 5 (*fig*) (*cattivo*) guilty, dirty, bad: *avere la coscienza sporca* to have a guilty conscience. 6 (*fig*) (*di colore: non puro*) dirty. 7 (*Sport*) (*irregolare*) irregular: *rimbalzo* ~ irregular bounce. II *m.* dirt, filth (*anche fig*). □ (*colloq*) *farla sporca*: 1 (*comportarsi male*) to behave disgracefully, to behave badly, (*colloq*) to be bad; 2 (*giocare un brutto scherzo*) to play a dirty trick (*a* on), to do the dirty (*a* on).

sporgente I *a.* 1 protruding, projecting, protuberant, prominent: *denti sporgenti* protruding teeth, buck teeth. 2 (*rif. agli occhi*) protuberant, bulging. 3 (*aggettante*) jutting, jutting out (*posposto*), projecting. II *m.* (*Mar*) jetty, landing pier.

sporgenza *f.* projection, overhang, protrusion.

sporgere (*pres.ind.* **spòrgo**, **spòrgi**; *p.rem.* **spòrsi**; *p.p.* **spòrto**) I *v.t.* 1 (*tendere in fuori*) to put sth. out, (*colloq*) to stick sth. out: ~ *la testa dal finestrino* to put one's head out of the window. 2 (*protendere*) to hold sth. out, to stretch sth. out: ~ *le mani verso qcu.* to hold one's hands out to so. II *v.i.* (*aus. essere*) 1 (*venire in fuori*) to protrude, to stand out, to stick out: *un chiodo sporge dal muro* a nail is sticking out of the wall. 2 (*Edil*) to project, to jut out, to overhang. III *v.pron.* **sporgersi** 1 (*protendersi in avanti*) to lean forward, to stretch forward. 2 (*protendersi in fuori*) to lean out, to reach out, to hang out: *è pericoloso sporgersi dal finestrino* it is dangerous to lean out of the window. □ ~ *denuncia* to make a complaint, to file a complaint; *sporgersi in fuori* to lean out; (*Dir*) ~ *querela contro qcu.* to sue so., to institute a suit against so., to bring a suit against so., to bring action against so.; ~ *reclamo* to make a complaint, to lodge a claim.

sporifero *a.* (*Bot*) sporiferous, spore-bearing.

sporocarpo *m.* (*Bot*) sporocarp.

sporofillo *m.* (*Bot*) sporophyll, sporophyl.

sporofito *m.* (*Bot*) sporophyte.

sporogonia *f.* (*Bot*) sporogony.

sporogonio *m.* (*Bot*) sporogonium.

Sporozoi *m.pl.* (*Zool*) sporozoans.

sport *m.inv.* sport: *fare dello* ~ to go in for sport, to practice a sport; *i miei figli fanno molto* ~ my children go in for a lot of sport; *il mio* ~ *preferito è il nuoto* my favourite sport is swimming; *praticare uno* ~ (*Br*) to go in for a sport, (*Am*) to practice a sport; *praticare lo* ~ *dello sci* to go skiing, to ski, to be a skier. □ ~ *acquatici* aquatics (*costr.sing. o pl.*), aquatic sports, water sports; ~ *agonistico* competitive sports; *lo* ~ *del volante* motor racing, (*Am*) auto racing; ~ *di combattimento* sport of fighting; ~ *di squadra* team sport; ~ *dilettantistico* amateur sport; ~ *equestri* equestrian sports; ~ *estremi* extreme sports; ~ *invernali* winter sports; (*estens*) *per* ~ (*per divertimento*) out of fun, for fun; ~ *professionistico* professional sport; ~ *subacqueo* skin-diving.

sporta *f.* 1 (*sacca*) bag, shopping bag. 2 (*cesta*) basket, shopping basket. 3 (*estens*) (*contenuto di una sacca*) bag, bagful. 4 (*estens*) (*contenuto di una cesta*) basket, basketful.

sportellista *m./f.* 1 (*di ufficio*) counter clerk. 2 (*di banca*) bank clerk, teller.

sportello *m.* 1 door, wing, leaf: *lo* ~ *di un armadio* the door of a wardrobe. 2 (*rif. a infissi*) shutter. 3 (*porta di automobili, treni, aerei e sim.*) door. 4 (*porticina*) wicket. 5 (*rif. a uffici e banche*) counter, window: *lo* ~ *è aperto dalle nove alle dodici* the counter is open from nine to twelve; ~ *della cassa* teller's window, cashier's window. 6 (*estens*) (*filiale o agenzia di una banca*) branch, branch bank. 7 (*tavola laterale di un trittico*) panel. □ ~ *automatico* (*di banca*) automated (bank) teller machine, ATM, cashpoint; ~ *bancario* bank counter; ~ *bancomat* (*Br*) (*automatic*) cash dispenser, (*Am*) automated teller machine, ATM, (*Br,colloq*) hole in the wall; ~ *per i biglietti* ticket window, ticket counter, box office; ~ *unico* (*per snellire le operazioni*) counter for all operations.

sportivamente *avv.* (*lealmente, serenamente*) fairly, sportingly, (*colloq*) like a good sport: *prendere le cose* ~ to take things sportingly, to handle things in a sportsmanlike way.

sportività *f.* sportsmanship.

sportivo I *a.* 1 sports (*attr.*): *notiziario* ~ sports news; *abbigliamento* ~ sportswear; *giacca sportiva* sports jacket; *auto sportiva* sports car. 2 (*che pratica lo sport*) sporting, sports (*attr.*): *uomo* ~ sportsman; *donna sportiva* sportswoman. 3 (*che si interessa di sport*) sporting, interested in sport, (*colloq*) sporty. 4 (*estens*) (*leale*) sportsmanlike, fair, (*colloq*) like a (good) sport: *giocare in modo* ~ to play in a sportsmanlike way; *saper vincere e perdere con spirito* ~ to be a good winner or loser. II *m.* (*f.* **-a**) 1 (*chi pratica lo sport*) sportsman (*f.* -woman). 2 (*chi si interessa di sport*) sports enthusiast, sports lover, sports fan. 3 (*estens*) (*persona corretta e leale*) sportsman, (*colloq*) sport.

sporto I *a.* 1 (*proteso in fuori*) leaning out, hanging out. 2 (*disteso*) outstretched. II *m.* 1 (*Arch*) (*aggetto*) projection, overhang, jut: ~ *del tetto* roof overhang. 2 (*lett*) (*sporgenza rocciosa*) ledge, scarcement. 3 (*ant*) (*rif. a negozio: imposta di legno*) wooden shutter.

sposa *f.* 1 (*donna in procinto di sposarsi*) bride: *la* ~ *era vestita di bianco* the bride was dressed in white; *accompagnare la* ~ *all'altare* to lead a bride to the altar, (*colloq*) to give the bride away. 2 (*moglie*) wife, (*lett*) spouse: ~ *novella* bride, newlywed. □ (*lett*) *andare a qcu.* to become so.'s wife, to marry so.,

(*lett*) to espouse so.; *da* ~ bridal, wedding (*attr.*): *abito da* ~ wedding dress, bridal gown; *dare qcu. in* ~ *a qcu.* to give so. to so. as his wife; (*Bibl*) *la* ~ *di Cristo* the Bride of Christ; (*Rel.catt*) *una* ~ *di Cristo* (*monaca, suora*) a nun; (*Rel.catt*) ~ *di Gesù* nun; (*Rel.catt*) ~ *monaca* nun on the day of taking the veil; *prendere in* ~ to take so. to be one's wife.

sposalizio *m.* wedding, marriage. □ (*fig*) *lo* ~ *del mare* celebration of the union of the Venetian Republic to the sea when the Doge threw a ring in the sea; (*Art*) ~ *mistico* mystic marriage.

sposare (**spòso**) I *v.t.* 1 to get married (to), to marry, (*lett*) to wed: ~ *un buon partito* to make a good match; ~ *la dote* to marry for money, to marry money. 2 (*dare in moglie*) to marry off, to give, to give in marriage: *i suoi la vogliono* ~ *a un ricco vicino* her parents want to marry her off to a rich neighbour. 3 (*unire in matrimonio*) to marry: *li ha sposati il sindaco* they were married by the mayor. 4 (*fig*) (*unire*) to combine, to wed: ~ *l'utile al dilettevole* to combine business with pleasure. 5 (*fig*) (*aderire con entusiasmo*) to espouse, to embrace: ~ *una causa* to espouse a cause; ~ *un'idea* to espouse an idea. II *v.pron.* **sposarsi** to marry (*con qcu.* so.), to get married (to), (*lett*) to wed (*so.*): *si è sposato con mia sorella* he married my sister. III *v.r.recipr.* **sposarsi** 1 (*unirsi in matrimonio*) to get married, to marry: *si sono sposati due anni fa* they got married two years ago. 2 (*fig*) (*armonizzare*) to go well together, to match: *due colori che non si sposano* two colours that do not go well together. □ (*Rel.catt,fig*) ~ *Gesù* to take the veil; *sposarsi in comune* (*o sposarsi in municipio*) to get married in a registry office, to get married at a registry office, (*Am*) to get married at city hall.

sposato I *a.* 1 (*coniugato*) married: *è* ~ *con una svedese* he is married to a Swedish woman, he is married to a Swede. 2 (*rif. a idee e sim.*) committed, wedded. II *m.* (*f.* **-a**) married person.

sposina *f.* 1 (*giovane sposa*) young bride. 2 (*donna sposata da poco*) bride, newlywed. 3 (*Ornit*) wood duck.

sposo *m.* 1 (*uomo in procinto di sposarsi*) bridegroom, groom. 2 (*marito*) husband, (*lett*) spouse. 3 *pl.* (*coppia nel giorno nuziale*) bride and groom, bride and bridegroom: *gli sposi escono dalla chiesa* the bride and groom are coming out of the church. 4 *pl.* (*sposi novelli*) newlyweds; (*marito e moglie*) couple, married couple, husband and wife, man and wife. □ *da* ~ bridal, wedding (*attr.*): *abito da* ~ wedding suit, wedding outfit, wedding attire; *prendere in* ~ to take so. to be her husband.

spossamento *m.* → **spossatezza**.

spossante *a.* 1 (*faticoso*) laborious, wearying, fatiguing: *lavoro* ~ laborious work. 2 (*sfibrante*) exhausting, wearing, weakening, enervating: *caldo* ~ exhausting heat.

spossare (**spòsso**) I *v.t.* 1 (*stancare*) to exhaust, to tire, to tire out, to wear, to wear out, to weary: *questo lavoro sposserebbe chiunque* this job would tire anyone out. 2 (*debilitare*) to weaken, to enfeeble, to wear so. out, to enervate: *la malattia lo ha spossato* his illness has weakened him. II *v.pron.* **spossarsi** to become exhausted, to exhaust oneself, to grow weak.

spossatezza *f.* exhaustion, weariness, prostration.

spossato *a.* 1 (*sfinito*) weary, exhausted,

worn-out, fatigued, (*colloq*) done in, tired out: *mi sento ~ dopo la lunga camminata* I feel exhausted after that long walk, I feel done in after that long walk. **2** (*fiacco, debole*) weak, feeble, limp: *dopo la malattia è molto ~* he is very weak after his illness.

spossessare (**spossèsso**) *v.t.* to dispossess.

spostamento *m.* **1** movement, move, shift. **2** (*trasferimento*) transfer: *spostamento di capitali* transfer of capital. **3** (*differimento*) postponement. **4** (*variazione*) change, shift: *uno ~ d'orario* a change in the timetable. **5** (*rif. a pareri, orientamenti e sim.*) shift, swing, switch: *~ dei voti verso un partito* swing of votes to a party. **6** (*dalla posizione abituale*) displacement. **7** *spec.pl.* movements *pl.*: *è stato chiesto all'accusato di rendere noti i suoi spostamenti del giorno in questione* the accused was asked to describe his movements on the day in question. **8** *spec.pl.* (*viaggi*) *si traduce con un verbo di moto spesso accompagnato dal mezzo di trasporto: gli spostamenti in treno sono più comodi* it's more comfortable to travel by train; *in città cerco di evitare spostamenti in auto* I try to avoid driving in the town. **9** (*Chim,Fis*) displacement: *~ angolare* angular displacement. **10** (*Geol*) slip: *~ orizzontale* (*di una faglia*) offset. □ *~ assiale* axial shift; *~ d'acqua* water displacement; *~ d'aria* blast; (*Ling*) *~ di accento* accent shift (*anche fig*); (*El*) *~ di fase* phase shift; *~ trasversale* transverse shift.

spostare (**spòsto**) **I** *v.t.* **1** to move, to shift (*anche fig*): *~ l'armadio in un angolo* to move the wardrobe into a corner; *~ più in là* to move further along, to move further over; *~ qcs. all'ombra* to move sth. into the shade. **2** (*in frasi negative*) to budge, to move: *non sono riuscito a ~ il tavolo* I couldn't budge the table. **3** (*disporre diversamente*) to arrange sth. differently, to move around. **4** (*collocare fuori posto*) to move sth. out of place, to get sth. out of place, to put sth. out of place: *non ~ i libri nella libreria* don't get the books out of place in the bookcase. **5** (*trasferire*) to transfer, to move: *la ditta mi ha spostato da Milano a Roma* the company transferred me from Milan to Rome; *~ le truppe* to move troops. **6** (*differire*) to postpone, to put off, to delay, to defer: *~ la data degli esami* to postpone the date of the exams. **7** (*variare anticipando o posticipando*) to change the time of, to shift: *~ una lezione* to change the time of a lesson, to move a lesson. **8** (*Chim,Fis*) to displace. **II** *v.pron.* **spostarsi 1** to move (over, up), to shift (*anche fig*): *può spostarsi un po' in modo che veda anch'io?* could you move (over) a bit so that I can see too?; *l'accento si sposta sull'ultima sillaba* the accent shifts to the final syllable; (*Cin*) *la scena si sposta in Italia* the scene shifts to Italy; *spostarsi sulla destra* to bear right. **2** (*in frasi negative*) to budge, to move (*anche fig*): *non spostarsi di un capello* not to budge an inch; *non spostarsi di un palmo* not to budge an inch, not to move an inch, (*fig*) (*non recedere*) not to budge an inch. **3** (*viaggiare*) to move (around, about), to travel about, to go about: *mi devo ~ continuamente per lavoro* I have to move continually for work, I have to move around continually in this job; *spostarsi in bicicletta* to get about by bike, (*Am*) to get around by bike. **4** (*traslocare*) to move. **5** (*scansarsi*) to step aside, to draw aside, to get out of the way. □ *~ avanti* to move forward; *~ il peso* to shift one's weight; *~ indietro* to move

backward, to move backwards: *~ indietro le lancette dell'orologio* to put back the hands of the clock, to turn back the hands of the clock; *~ l'accento* to shift the accent (*anche fig*); *~ l'attenzione da qcs. a qcs.* to shift the emphasis from sth. to sth.

spostato I *a.* maladjusted, disturbed. **II** *m.* (*f.* **-a**) misfit, (*colloq*) dropout: *è sempre stato uno ~* he's always been a misfit.

spot *m.inv.* **1** (*Rad,TV*) commercial, advert. **2** (*El*) spot. **3** (*Teat*) spotlight, spot.

SPQR (*Stor.rom*) *Senatus Populusque Romanus* SPQR (the senate and people of Rome).

spranga *f.* **1** bar, crossbar. **2** (*di porte, finestre e sim.*) bolt.

sprangare (**spràngo, sprànghi**) *v.t.* to bolt, to bar: *~ l'uscio di casa* to bolt the front door.

sprangato *a.* bolted, barred.

sprangatura *f.* bolting, barring.

spratto *m.* (*Itt*) sprat, brisling.

spray /'sprai/ **I** *m.inv.* **1** (*nebulizzatore*) spray, atomizer. **2** (*estens*) (*liquido*) spray: *~ nasale* nasal spray. **II** *a.inv.* (*posposto al sostantivo*) spray (*attr.*): *insetticida ~* insect spray; *lacca ~* hairspray; *bomboletta ~* spray can; *deodorante ~* spray deodorant.

sprazzo *m.* **1** (*lett*) (*spruzzo*) splash. **2** (*raggio improvviso e breve*) flash: *~ di luce* flash of light. **3** (*fig*) (*lampo, scintilla*) stroke, spark: *uno ~ di genio* a stroke of genius, a flash of genius, (*Br,colloq*) a brainwave, (*Am, colloq*) brainstorm; *in uno ~ di lucidità* in a flash of lucidity. **4** (*improvvisa manifestazione di un sentimento*) burst: *uno ~ d'allegria* a burst of hilarity. □ *a sprazzi* occasionally, sporadically, fitfully.

sprecare (**sprèco, sprèchi**) **I** *v.t.* **1** to waste, to fritter sth. away: *~ il denaro* to waste money, to squander money; *~ il proprio tempo* to fritter one's time away, to waste one's time; *~ il fiato* (*o le parole*) to waste one's breath. **2** (*Sport*) to miss: *~ un pallone* to miss a shot. **II** *v.pron.* **sprecarsi 1** to waste one's energy, to waste one's efforts, to waste one's time. **2** (*iron*) *fare qcs. in modo meschino*) to over-exert oneself, to stretch oneself, to overtax oneself: *si è sprecato a dare un euro di mancia* that one-euro tip must have really stretched him; *non si è certo sprecato* he hasn't overtaxed himself.

sprecato I *a.* wasted, *di solito si traduce con il sost.* waste: *è tempo ~* it's a waste of time; *è fiato ~* it's a waste of breath; *fatica sprecata* wasted effort, waste of effort; *quell'uomo è ~ per questo lavoro* that man is wasted in this job; *giovinezza sprecata* misspent youth.

spreco (*pl.* **-chi**) *m.* waste, wasting, wastage, squandering: *evitare gli sprechi di energia elettrica* to avoid wasting electricity; *è uno ~ di tempo* it's a waste of time. □ *fare ~ di* to waste (sth.), to squander (sth.).

sprecone *m.* (*f.* **-a**) waster, spendthrift, squanderer.

spregevole *a.* despicable, contemptible.

spregevolmente *avv.* despicably, contemptibly.

spregiare (**sprègio, sprègi**) *v.t.* (*lett*) (*disdegnare*) to disdain, to spurn: *~ le ricchezze* to spurn wealth.

spregiativamente *avv.* **1** contemptuously, scornfully, disdainfully. **2** (*Gramm*) pejoratively.

spregiativo I *a.* **1** contemptuous, scornful, disdainful. **2** (*Ling*) derogatory. **3** (*Gramm*) (*di suffisso*) pejorative. **II** *m.* (*Gramm*) pejorative.

spregiatore I *m.* (*f.* **-trice**) (*lett*) despiser, scorner. **II** *a.* (*lett*) despising, scornful.

spregio *m.* **1** (*lett*) (*disprezzo*) contempt, disdain: *mostrare ~ per le ricchezze* to spurn wealth, to disdain wealth. **2** (*lett*) (*atto di disprezzo*) insult, affront: *fare uno ~ a qcu.* to offer an affront to so., to offer an insult to so., to insult so., to affront so. □ (*lett*) *avere qcs. in ~* to hold sth. in contempt, to scorn sth., to disdain sth., to despise sth.; *in ~ a qcu.* as a slight to so.; *in ~ a qcs.* in contempt of sth.

spregiudicarsi (**mi spregiùdico, ti spregiùdichi**) *v.pron.* (*rar,lett*) to free oneself from prejudice, to rid oneself of one's prejudices.

spregiudicatamente *avv.* **1** (*senza scrupoli*) unscrupulously. **2** (*senza pregiudizi*) unprejudicedly.

spregiudicatezza *f.* **1** (*spreg*) (*mancanza di scrupoli*) unscrupulousness. **2** (*rar*) (*mancanza di pregiudizi*) freedom from prejudice, open-mindedness.

spregiudicato I *a.* **1** (*spreg*) (*privo di scrupoli*) unscrupulous. **2** (*rar*) (*senza pregiudizi*) unprejudiced, unbiased, unbiassed. **II** *m.* (*f.* **-a**) (*spreg*) unscrupulous person.

spremere (**sprèmo**) *v.t.* **1** to squeeze, to squash, to press: *~ un limone* to squeeze a lemon; *~ le olive* to press olives. **2** (*fig*) (*spillare*) to squeeze, to bleed: *~ denaro a* (*o da*) *qcu.* to squeeze money out of so., to bleed so.; *~ i cittadini con le tasse* to bleed the citizens with taxes. □ (*fig*) *~ qcu. come un limone:* **1** (*rif. a soldi*) to squeeze so. until the pips squeak, to squeeze so. dry, to bleed so. dry; **2** (*far parlare*) to grill so., (*Am*) to put so. through the wringer; **3** (*sfruttare: rif. a lavoro e sim.*) to exploit so., to milk so., to squeeze so. dry; (*fig*) *spremersi il cervello* (*Br*) to cudgel one's brains, to rack one's brains; (*fig*) *~ il succo da qcs.* to extract the substance from sth., to juice sth.; (*fig*) *spremersi le meningi* to cudgel one's brains, to rack one's brains.

spremiagrumi *m.inv.* lemon squeezer, citrus squeezer, citrus-fruit squeezer.

spremifrutta *m.inv.* juice extractor, (*Am*) juicer.

spremilimoni *m.inv.* lemon squeezer, citrus squeezer, citrus-fruit squeezer.

spremitoio *m.* juice extractor, (*Am*) juicer.

spremitura *f.* **1** (*di agrumi*) squeezing, pressing. **2** (*di olive, uva*) pressing. □ (*Ind, Alim*) *~ a freddo* cold pressing.

spremuta *f.* **1** (*lo spremere*) squeeze. **2** (*bibita*) fresh fruit juice, fresh juice, fruit crush, fresh-squeezed juice: *~ d'arancia* fresh-squeezed orange juice; *~ di limone* fresh-squeezed lemon juice.

spretarsi (**mi sprèto**) *v.pron.* (*Rel*) to leave the priesthood.

spretato I *a.* unfrocked. **II** *m.* unfrocked priest, (*colloq*) spoiled priest.

sprezzante *a.* scornful, contemptuous, disdainful, haughty, arrogant: *con fare ~* haughtily. □ *~ del pericolo* heedless of the danger.

sprezzantemente *avv.* scornfully, haughtily.

sprezzare (**sprèzzo**) *v.t.* (*lett*) (*disprezzare*) to despise, to scorn, to disdain.

sprezzo *m.* **1** (*lett*) (*disprezzo*) scorn, contempt, disdain: *con ~* in contempt, with contempt, contemptuously. **2** (*noncuranza*) disregard, heedlessness: *con ~ del pericolo* heedless of the danger.

sprigionamento *m.* emanation, efflux, emission.

sprigionare (**sprigióno**) **I** *v.t.* to emit, to

give off, to send forth, to send out, to release: *il camino sprigionava un fumo denso* the chimney was emitting dense smoke. **II** *v.pron.* **sprigionarsi 1** to emanate, to issue. **2** *(con violenza)* to burst out. **3** *(rif. a liquidi)* to gush out. **4** *(fig) (manifestarsi)* to express, to hold, to burst: *dal romanzo si sprigiona una grande forza evocativa* the novel is a very powerful piece of writing, the novel bursts with energy.

sprimacciare (**sprimàccio, sprimàcci**) *v.t.* to fluff, to shake up, to plump up.

sprimacciata *f.* fluffing up, shake. □ *dare una ~ a qcs.* to shake sth. up, to fluff sth. up.

sprinkler *m.inv.* sprinkler: *impianto a ~* sprinkler system.

sprint **I** *m.inv.* **1** *(Sport) (scatto)* sprint. **2** *(Aut) (ripresa)* acceleration, *(Am,colloq)* pick-up. **II** *f.* *(Aut)* sports car. **III** *a.* *(posposto al sostantivo) (Aut)* sports *(attr.)*: *auto ~* sports car, fast car. □ *(Sport) fare uno ~* to sprint; *(Sport) ~finale* final sprint; *avere un buono ~ finale* to have a good finish.

sprintare (**sprìnto**) *(aus.* **avere**) *v.i.* *(Sport)* to sprint.

sprinter *m./f.inv.* *(Sport)* sprinter.

sprizzare (**sprìzzo**) **I** *v.t.* to squirt, to spurt, to spray, to gush out, to spout. **II** *v.i.* *(aus.* **essere**) to spray, to spurt, to gush, to shoot: *l'acqua sprizzava dalla fontana* water sprayed out of the fountain. □ *(fig) ~energia (da tutti i pori)* to exude energy; *(fig) ~ gioia (da tutti i pori)* to be all smiles; *(fig) ~ salute (da tutti i pori)* to be glowing with health, to be bursting with health, to be brimming with health.

sprizzo *m.* **1** squirt, spurt, splash: *uno ~ di sugo* a splash of sauce. **2** *(fig)* flash, spark: *uno ~ d'intelligenza* a spark of intelligence.

sprofondamento *m.* **1** *(affondamento)* sinking. **2** *(crollo)* collapse. **3** *(parte sprofondata)* sunken part, depression, hollow. **4** *(Geol)* subsidence, collapse.

sprofondare (**sprofóndo**) **I** *v.t.* to throw down, to cast down. **II** *v.i.* *(aus.* **essere**) **1** *(rif. a tetto, pavimento)* to fall, to fall in, to collapse, to give way: *è sprofondato il tetto* the roof has fallen in. **2** *(affondare in qcs. di cedevole)* to sink: *~ nella neve alta* to sink into the deep snow. **3** *(formare una voragine)* to give way, to sink, to subside: *il terreno sprofondò sotto di noi* the ground gave way under us. **4** *(fig) (lasciarsi sopraffare)* to be overcome *(in* by), to be overwhelmed *(in* by), to give way *(to)*, to sink *(into)*: *~ nella disperazione* to be overcome by despair. **III** *v.pron.* **sprofondarsi 1** *(abbandonarsi su qcs.)* to sink, to collapse: *sprofondarsi in una poltrona* to sink into an armchair. **2** *(fig) (immergersi in un'attività)* to be absorbed, to be engrossed, to bury oneself *(in)*: *sprofondarsi nello studio* to bury oneself in one's studies. □ *(fig,iperb) sarei voluto ~per la vergogna* I wished the ground would swallow me up, I felt so ashamed.

sprofondato *a.* **1** collapsed, subsided, sunk. **2** *(fig) (immerso)* absorbed *(in* in), engrossed *(in* in), immersed *(in* in), rapt *(in* in), *(colloq)* buried *(in* in): *~ nello studio* absorbed in study; *~ nella lettura* absorbed in reading.

sproloquiare (**sprolòquio, sprolòqui;** *aus.* **avere**) *v.i.* to ramble on, *(Br,colloq)* to waffle on: *l'oratore ha sproloquiato per più di un'ora* the speaker rambled on for over an hour.

sproloquio *m.* rigmarole, rambling talk, *(Br,colloq)* waffle.

spronare (**spróno**) *v.t.* **1** to spur, to knock into: *~ il cavallo* to spur one's horse. **2** *(fig) (stimolare)* to spur (on), to urge (on), to prod, to incite, to stimulate.

spronata *f.* **1** spurring, touch of the spurs. **2** *(fig) (incitamento)* push, spurring on, prod, prodding. □ *dare una ~ a* to spur, to push, to knock into, *(fig)* to spur on.

sprone *m.* **1** spur. **2** *(fig) (stimolo)* spur, incentive, stimulus, goad: *il suo esempio ti sia di ~* let his example be an incentive for you, follow his good example. **3** *(Sart)* yoke. □ *a spron battuto :* **1** *(velocemente)* at full speed, at a gallop; **2** *(fig) (senza indugio)* without delay; *dare di ~ al cavallo* to spur a horse.

sproporzionatamente *avv.* **1** disproportionately. **2** *(fig) (eccessivamente)* excessively.

sproporzionato *a.* **1** disproportionate, (blown) out of all proportion: *il prezzo della collana è ~ al valore* the price of the necklace is out of all proportion to its value. **2** *(fig) (eccessivo)* excessive, inordinate.

sproporzione *f.* disproportion, lack of proportion.

spropositatamente *avv.* *(eccessivamente)* excessively.

spropositato *a.* **1** *(eccessivo)* excessive, too much: *non fare spese spropositate* don't make excessive outlays. **2** *(troppo grande)* enormous, huge, too big, out of all proportion.

sproposito *m.* **1** *(sciocchezza, cosa inopportuna)* mistake, great mistake, blunder, *(colloq)* howler: *è stato uno ~ comprare una macchina così cara* it was a great mistake to buy such an expensive car; *uno ~ madornale* a huge blunder; *dire un sacco di spropositi* to talk rubbish, to talk nonsense. **2** *(cosa grave, deplorevole)* dreadful action, something awful, something drastic: *farò (o commetterò) ~ se non mi aiuti* I'll do something dreadful if you don't help me. **3** *(colloq) (quantità eccessiva)* enormous amount: *ha mangiato uno ~ di dolci* he ate an enormous amount of sweets. **4** *(colloq) (somma eccessiva)* fortune: *questo tavolo è costato uno ~* this table cost a fortune; *spendere uno ~ per il gas* to spend too much on gas; *costare uno ~* to be frightfully expensive; *pagare qcs. uno ~* to pay through the nose for sth. □ *a ~:* **1** *(nel momento sbagliato)* at the wrong moment, at the wrong time: *intevenire a ~* to chime in at the wrong moment; *è capitato a ~* it was inopportune; **2** *(in modo errato)* (in) the wrong way, wrongly: *fare qcs. a ~* to do sth. the wrong way; **3** *(non pertinente)* beside the point, off the point, irrelevant, irrelevantly: *parlare a ~* to say irrelevant things, to go off the point, to be off the point.

sprovincializzare (**sprovinciaIìzzo**) **I** *v.t.* to broaden so.'s mind, to make so. less narrow-minded, to make so. less provincial, to make so. more worldly wise, to free so. from provincialism. **II** *v.pron.* **sprovincializzarsi** to become sophisticated, to lose one's from provincialism.

sprovvedutamente *avv.* **1** inadvertently, heedlessly. **2** *(ant,rar) (inaspettatamente)* unexpectedly.

sprovvedutezza *f.* **1** *(ingenuità)* gullibility, naivety. **2** *(inesperienza)* inexperience. **3** *(estens) (mancanza di cultura o doti intellettuali)* ignorance.

sprovveduto **I** *a.* **1** *(impreparato)* unprepared, unequipped: *questa argomentazione apparirà chiara anche ai lettori più sprovveduti* this subject will be clear even to the

most unprepared readers. **2** *(inesperto)* inexperienced, raw, green. **3** *(ingenuo)* naive, gullible. **4** *(privo di o con poca istruzione)* uncultivated, uncultured, uneducated, empty-headed. **5** *(estens) (insufficientemente dotato)* lacking *(di* in), ill-equipped *(di* with), short *(di* of): *sono ~ di denaro* I am short of money. **II** *m.* *(f.* **-a**) **1** *(impreparato)* unprepared person, feather-brain. **2** *(ingenuo)* gullible person, sucker, *(Br,colloq)* mug.

sprovvisto *a.* lacking *(di* in), without, having no (sth.): *una casa sprovvista di comodità* a house without home comforts; *siamo rimasti sprovvisti di legna* we have no wood left, we have run out of wood; *~ di tutto (poverissimo)* out of everything, completely destitute. □ *alla sprovvista (di sorpresa)* unawares, by surprise, unexpectedly: *cogliere qcu. alla sprovvista* to take so. by surprise, to catch so. off guard, to catch so. unawares.

sprue *f.inv.* *(Med)* sprue.

spruzzare (**sprùzzo**) **I** *v.t.* **1** to spray, to sprinkle, to splash: *~ un po' di profumo sui capelli* to sprinkle a little perfume in one's hair. **2** *(irrorare)* to sprinkle. **3** *(irrorare inavvertitamente)* to splash, to spatter: *~ d'olio la camicia* to splash one's shirt with oil. **4** *(estens) (spolverizzare)* to dust, to sprinkle, to sift: *~ di farina* to dust with flour. **II** *v.pron.* **spruzzarsi** to splash oneself, to get splashed: *spruzzarsi di fango* to get splashed with mud.

spruzzata *f.* **1** spraying, spray, sprinkling, sprinkle, splash: *dare una ~ di qcs. a qcs.* to sprinkle sth. on sth., to spray sth. on sth.; *darsi una ~ d'acqua in viso* to splash one's face with water. **2** *(fig) (pioggia passeggera)* light shower. *una ~di neve* a sprinkling of snow; *una ~di seltz* a dash of soda water.

spruzzatore *m.* **1** spray, sprayer, sprinkler. **2** *(nebulizzatore)* atomizer, nebulizer, vaporizer, spray, sprayer. **3** *(per vernice, pittura)* spray-gun, paint-sprayer. **4** *(Mot) (del carburante)* jet: *~ di carburatore a iniezione* spray nozzle. **5** *(Agr)* duster, sprinkler, sprayer. □ *~a pistola* spray gun.

spruzzatura *f.* **1** spraying, spray, sprinkling, sprinkle, splash. **2** *(segno)* splash, spot, stain, mark.

spruzzetta *f.* wash bottle.

spruzzo *m.* **1** spray, sprinkling, splash: *uno ~ d'acqua* a splash of water; *uno ~ di neve* a sprinkling of snow, a dusting of snow; *~ di pioggia* light shower. **2** *(rif. alle onde)* spray. **3** *(di fango e sim.)* splash. □ *a ~* spray *(attr.)*: *verniciatura a ~* spray painting, spraying.

spudoratamente *avv.* shamelessly.

spudoratezza *f.* shamelessness, impudence, *(Br,colloq)* cheek, *(Am)* nerve.

spudorato **I** *a.* impudent, brazen, shameless, barefaced, *(colloq)* cheeky *(anche estens)*: *una menzogna spudorata* a shameless lie, barefaced lie, *(Am)* bold-faced lie. **II** *m.* *(f.* **-a**) shameless person, brazen face, impudent person, cheeky person.

spugna **I** *f.* **1** sponge. **2** *(Tess)* towelling, terry towelling. **3** *(estens) (asciugamano)* towel, handtowel. **4** *(estens) (telo da bagno)* bath towel, bath sheet. **5** *(pop) (ubriacone)* sponge, drunkard, *(Br,colloq)* soak, *(colloq)* boozer, *(colloq)* guzzler, *(Am,spreg)* lush. **6** *pl.* *(Zool)* sponges. □ *~artificiale* synthetic sponge; *lavare qcs.con una ~* to sponge sth.; *~da bagno* bath sponge; *~di ferro* sponge iron, iron sponge; *(Chim) ~di platino* platinum sponge; *~naturale* natural sponge; *~ vegetale* loofah, vegetable sponge.

spugnare (**spùgno**) *v.t.* to sponge.

spugnata *f.* sponging, sponging down.

spugnatura *f.* **1** sponging, sponging down. **2** (*Med*) bed bath, (*Am*) sponge bath.

spugnetta *f.* **1** little sponge: ~ *per il trucco* make-up sponge. **2** (*per francobolli*) moistener.

spugnola *f.* (*Bot*) morel, morel mushroom.

spugnolo *m.* (*Bot*) morel, morel mushroom.

spugnosità *f.* sponginess.

spugnoso *a.* spongy: *osso* ~ spongy bone.

spulare (**spùlo**) *v.t.* (*Agr*) to winnow, to fan.

spulatura *f.* (*Agr*) winnowing.

spulciare (**spùlcio**, **spùlci**) **I** *v.t.* **1** to pick the fleas off, to rid of fleas. **2** (*fig*) (*esaminare minuziosamente*) to scrutinize, to go through, to examine sth. minutely, to examine sth. meticulously, (*colloq*) to nitpick: ~ *testi antichi* to examine ancient texts minutely. **II** *v.pron.* **spulciarsi** to rid oneself of fleas, to look for fleas on oneself.

spulciatura *f.* **1** ridding of fleas. **2** (*fig*) scrutiny, (*colloq*) to nitpicking, careful examination.

spuma *f.* **1** (*schiuma*) froth, foam: *la ~ della birra* the froth of beer, the head of beer. **2** (*rif. al mare agitato*) foam. **3** (*Gastron*) mousse. **4** (*bevanda*) aromatic fizzy drink. **5** (*Min*) (*anche spuma di mare*) meerschaum, sea foam. □ (*Bot*) ~ *di primavera* nostoc.

spumante I *m.* (*Enol*) sparkling wine, (*colloq*) bubbly, bubbles: *un bicchiere di ~ a* glass of bubbly. **II** *a.* sparkling, bubbly (*anche Enol*).

spumare (**spùmo**; *aus.* **avere**) *v.i.* **1** (*schiumare*) to foam, to froth. **2** (*produrre bollicine*) to bubble, to effervesce, to fizz. □ (*fig*) ~ *dalla rabbia* to froth at the mouth, to seethe with anger.

spumeggiante *a.* **1** (*rif. a bevande gassate*) effervescent, bubbly, fizzy. **2** (*rif. al vino*) sparkling, (*colloq*) bubbly. **3** (*fig*) (*vivace*) sparkling, (*colloq*) bubbly, lively. **4** (*che produce schiuma*) foaming, frothing, frothy.

spumeggiare (**spuméggio**, **spuméggi**; *aus.* **avere**) *v.i.* **1** (*sollevare schiuma*) to foam, to froth. **2** (*rif. a bevande gassate*) to bubble, to be effervescent, to fizz. **3** (*rif. al vino*) to sparkle.

spumone *m.* (*Dolc*) **1** (*specie di mousse*) mousse, light mousse dessert, spumone, spumoni. **2** (*region*) (*meringa*) meringue. **3** (*gelato*) spumone, spumoni (soft ice cream mixed with whipped cream).

spumosità *f.* foaminess, frothiness.

spumoso *a.* **1** (*con schiuma*) foamy, foaming, frothy: *liquido* ~ frothy liquid. **2** (*fig*) (*soffice come la spuma*) soft, spongy, fluffy.

spunta *f.* **1** (*burocr*) check, checking: (*revisione contabile*) audit, auditing. **2** (*segno*) tick, (*Am*) check. □ *fare la ~ di qcs.* to check sth., to tick sth., to tick sth. off, (*Am*) to check sth. off.

spuntare¹ (**spùnto**) **I** *v.t.* **1** (*rompere la punta*) to break the point of: ~ *la matita* to break the point of the pencil. **2** (*far perdere la punta*) to blunt. **3** (*tagliare la punta*) to cut the tip off: ~ *un sigaro* to cut the tip off a cigar. **4** (*rif. a piante*) to trim, to nip. **5** (*rif. a capelli e sim.*) to trim. **6** (*fig*) (*superare, vincere*) to overcome, to get round: ~ *una difficoltà* to overcome a difficulty. **7** (*rar*) (*staccare ciò che è appuntato*) to undo, to take out, to take off; (*togliendo gli spilli*) to unpin. **II** *v.i.* (*aus.* **essere**) **1** to appear, to grow, to come out, to come up: *spuntano i primi germogli* the first buds are coming out, (the plant) is starting to bud. **2** (*germogliare*) to sprout, to bud. **3**

(*rif. a peli e sim.*) to begin to grow, to appear. **4** (*rif. a denti*) to come through: *oggi gli è spuntato il primo dente* his first tooth has come through today, he has cut his first tooth today; *gli spuntano i primi denti* he is cutting his first teeth. **5** (*rif. a lacrime*) to well up: *le lacrime le spuntarono agli occhi* tears welled up in her eyes, tears came to her eyes. **6** (*sorgere*) to rise, to come up: *è spuntato il sole* the sun has risen; *spunta il giorno* day is breaking. **7** (*apparire improvvisamente*) to appear suddenly, to emerge suddenly, to come out suddenly: *il sole spuntò da dietro le nubi* the sun suddenly emerged from behind the clouds. **III** *v.pron.* **spuntarsi 1** (*perdere la punta*) to lose the point, to break the point. **2** (*smussarsi*) to get blunt. **3** (*fig*) (*venir meno*) to fade, to die down, to die away, to soften. **IV** *m.* (*il sorgere*) rising: *allo ~ del giorno* at daybreak, at dawn, at the break of dawn, at the crack of dawn; *lo ~ del sole* sunrise; *allo ~ del sole* at sunrise. □ (*fig*) ~ *come i funghi* to spring up like mushrooms, to shoot up like mushrooms, to sprout like mushrooms; *spuntarla* (*averla vinta*) to succeed in getting one's way, to make it; *con me non la spunterai* with me you won't get away with it; *ha finito per spuntarla* he made it in the end.

spuntare² (**spùnto**) *v.t.* **1** (*burocr*) to tick off, (*Am*) to check off: ~ *i nomi dei candidati* to tick off the names of the applicants. **2** (*rivedere*) to check.

spuntata *f.* (*taglio*) trim, trimming: *dare una ~ a qcs.* to clip sth., to trim sth.

spuntato¹ *a.* **1** (*con la punta rotta*) without a point. **2** (*senza punta*) blunt: *una matita spuntata* a blunt pencil.

spuntato² *a.* (*Enol*) (*che ha preso lo spunto*) sour.

spuntato³ *a.* (*controllato*) ticked, ticked off, (*Am*) checked, (*Am*) checked off.

spuntatura *f.* **1** (*il tagliare la punta*) cutting off the tip, trimming. **2** (*parte spuntata*) tip, end, stump. **3** (*Macell*) cut beneath sirloin and ribs. **4** *pl.* (*trinciato per pipa o sigaro*) cigar tips, cigar ends. **5** (*Agr*) (*cimature*) topping, trimming. **6** (*Agr*) (*cime tagliate*) cut tops *pl.* (of plants), toppings *pl.* **7** (*Tess*) shearing. **8** (*Met*) crop. **9** (*Mecc*) chamfering. □ (*Gastron*) ~ *di maiale* sparerib.

spuntellare (**spuntèllo**) *v.t.* to unprop, to remove the props from.

spuntino *m.* snack, bite: *fare uno ~* to have a snack, to snack.

spunto *m.* **1** (*estens*) (*idea, suggerimento*) idea, cue, hint: *il regista prese lo ~ da una novella* the director got the idea from a short story; *prendere lo ~ da* to take sth. as a starting point, to take the cue from, to be inspired by; *dare* (*o offrire*) *lo ~ per qcs.* to give the cue for sth., to give rise to sth. **2** (*Teat,Mus*) cue. **3** (*Enol*) sourness, sour taste, acidity: *prendere lo ~* to go a little sour.

spuntone *m.* **1** (*spina*) thorn, prickle. **2** (*punta*) spike, point. **3** (*Arm,ant*) spontoon. **4** (*Alp*) rock spike.

spupazzare (**spupàzzo**) **I** *v.t.* (*colloq*) **1** (*coccolare*) to cuddle, to fondle. **2** (*iron*) (*intrattenere controvoglia*) to suffer, to humour, to put up with. **II** *v.pron.* **spupazzarsi** (*colloq,iron*) (*intrattenere controvoglia*) to put up with, to suffer, to humour.

spurgamento *m.* (*rar*) cleaning, clearing, clearing out.

spurgare (**spùrgo**, **spùrghi**) **I** *v.t.* **1** to clean, to clean out, to clear, to clear out. **2** (*rif. a tubature e sim.*) to unclog, to unblock: ~ *una fogna* to clean out a sewer. **3** (*rif. a*

pozzo nero) to empty. **4** (*rif. a radiatore*) to bleed. **5** (*rif. a lumache*) to purge. **6** (*rif. a ferita*) to discharge. **7** (*espettorare*) to expectorate. **II** *v.pron.* **spurgarsi** (*espettorare*) to expectorate, to cough up (and spit).

spurgatura *f.* (*rar*) → **spurgo**.

spurgo (*pl.* **-ghi**) *m.* **1** cleaning, cleaning out, clearing, clearing out, draining. **2** (*rif. a tubature e sim.*) unclogging, unblocking. **3** (*rif. a pozzo nero*) emptying. **4** (*rif. a radiatore*) bleeding. **5** (*materia spurgata*) drainings *pl.*, rubbish. **6** (*catarro espettorato*) phlegm, spit. **7** (*rif. a ferita*) discharge. **8** *spec.pl.* (*Edit*) (*libri di scarto*) remainders. **9** (*Mar*) run-off valve.

spurio *a.* **1** illegitimate, spurious: *figlio* ~ illegitimate child. **2** (*falsificato*) spurious, false, bogus, fake: *scritti spuri* spurious writings. **3** (*apocrifo*) apocryphal.

sputacchiare (**sputàcchio**, **sputàcchi**; *aus.* **avere**) *v.i.* **1** to spit continuously, to keep spitting. **2** (*emettere schizzi di saliva*) to splutter.

sputacchiera *f.* spittoon.

sputacchio *m.* sputum, gob (of spit).

sputare (**spùto**) **I** *v.t.* **1** to spit, to spit out: ~ *noccioli* to spit out fruit stones, (*Am*) to spit out fruit pits; *sputa fuori!* spit it out! (*anche fig*). **2** (*fig*) (*gettare fuori con violenza: rif. a vulcani e sim.*) to spit, to spit out, to belch, to belch out: ~ *fumo* to belch out smoke. **II** *v.i.* (*aus.* **avere**) to spit. □ (*fig*) ~ *bile* to vent one's spleen, to be livid; (*colloq*) *sputa fuori!* (*quello che hai da dire*) spit it out!, out with it!; (*fig*) ~ *i polmoni*: **1** (*tossire molto forte*) to cough one's lungs up, (*colloq*) to cough up a lung; **2** (*sfiatarsi*) to go hoarse, to talk oneself hoarse; (*fig*) *sputa il rospo!* spit it out!, say your piece!, *sono riuscito finalmente a* ~ *il rospo che avevo in gola* (*mi sono sfogato*) I finally got it off my chest; ~ *in faccia a qcu.* to spit in so.'s face; (*fig*) ~ *qcs. in faccia a qcu.* to spit sth. out to so., to tell sth. to so.'s face; (*fig*) ~ *l'anima per qcs.* to give everything for sth.; (*fig,colloq*) *sputa l'osso!* spit it out! let's have it!, out with it!, fire away!; (*fig*) ~ *nel piatto in cui si mangia* to bite the hand that feeds one; ~ *sangue*: **1** to spit blood; **2** (*fig*) (*faticare molto*) to sweat blood; (*fig*) ~ *sentenze* to pontificate, to be sententious, to moralize; ~ *su qcs.*: **1** to spit on sth.; **2** (*fig*) (*dimostrare disprezzo*) to despise sth.; *sputarsi sulle mani* to spit on one's hands; (*fig*) ~ *veleno* to speak spitefully, to talk spitefully, to give vent to one's hatred, to spit venom.

sputasenno *m./f.inv.* (*rar,ant,spreg*) know-all, (*Br*) clever dick, (*Am*) know-it-all, (*ant*) wiseacre.

sputasentenze *m./f.inv.* (*spreg,colloq*) know-all, (*Br*) clever dick, (*Am*) know-it-all, (*ant*) wiseacre.

sputato *a.* **1** spitted. **2** (*colloq*) (*molto somigliante*) very similar (to), very like: *è il padre* ~ he is the spitting image of his father, (*Br*) he is the spit and image of his father.

sputo *m.* **1** (*saliva*) spittle, spit. **2** (*espettorato*) sputum, expectoration. □ (*fig,colloq*) *essere a uno* ~ (*molto vicino*) to be within spitting distance; (*fig,colloq*) *essere appiccicato con lo* ~ (*o attaccato con lo* ~) (*di cosa che non tiene*) to be patched up, to be hanging by a thread; (*fig,colloq*) *fatto con lo* ~ (*fragile*) to be very precarious.

sputtanare (**sputtàno**) **I** *v.t.* (*pop*) **1** (*sparlare*) to badmouth, to slander, to shame, to backbite, to tear down. **2** (*dilapidare*) to waste, to dissipate, to fritter away, to throw away. **3** (*rar*) (*rompere*) to break, to bust, tu fuck up. **II** *v.pron.* **sputtanarsi** (*pop*) **1** (*perdere la reputazione*) to disgrace oneself, to shame oneself. **2** (*rar*) (*rompersi*) to bust, to get fucked up: *mi si è sputtanato l'orologio* my watch has bust.

squadernare (**squadèrno**) *v.t.* **1** (*estens*) (*aprire completamente per mostrare*) to spread, to spread open, to spread out, to display: *gli squadernò la lettera davanti agli occhi* she spread the letter open before his eyes. **2** (*rar*) (*scartabellare*) to leaf through, to skim through, to flip through.

squadra [1] *f.* square, set square, (*Am*) triangle. □ *a* ~ (*ad angolo retto*) at right angles; *~a 45°* mitre square; *~a battente* try square; *~a T* T-square, tee-square; *~a triangolo* triangle; *~da falegname* try square; *~fissa* set square; *mettere in* ~ (o *mettere a* ~) to square.

squadra [2] *f.* **1** (*gruppo organizzato*) group, squad, gang, team: *una ~ di operai* a gang of workmen. **2** (*Mil*) squad: ~ *d'assalto* storm troops, storm troopers. **3** (*Mar.mil,Aer.mil*) squadron: ~ *aerea* air-force squadron; ~ *navale* naval squadron. **4** (*Sport*) team, squad: ~ *di calcio* football team, (*Am*) soccer team. □ *a* **squadre** team (*attr.*); ~ *antincendio* fire-fighting team, (*Am*) fire-fighting squad; *~antisequestro* anti-kidnapping unit; ~ *antisommossa* riot squad; ~ *artificieri* bomb squad; (*Sport*) *~attaccante* attacking team; *una ~da scudetto* a team that could win the championship; (*Stor.it*) ~ *d'azione fascista* Fascist action squad (that committed violent acts against democratic parties, trade unions and their members); ~ *del buon costume* vice squad; *di* ~ team (*attr.*); ~ *di soccorso* rescue team, rescue party, rescue squad; *~di turno* duty squad, duty team; *~di vigilanza* duty guards; (*Sport*) *~giovanile* colts *pl.*, junior team, (*Am*) farm team; (*Sport*) *~materasso* (*di bassa classifica*) pushover, pushover team; ~ *mobile* flying squad; *~narcotici* drug squad; *~operativa* duty team; (*Sport*) ~ *ospite* (*che gioca fuori casa*) visiting team, visitors *pl.*; (*Sport*) *~primavera* youth team; (*Ferr*) *~rialzo* section gang; *~volante* flying squad.

squadrare (**squàdro**) *v.t.* **1** to square (*anche estens*): ~ *un foglio* to square a sheet; ~ *un pezzo di legno* to square a piece of timber. **2** (*fig*) (*osservare attentamente*) to look at (squarely): ~ *qcu. da capo a piedi* (o *dall'alto in basso*) to look so. up and down, (*colloq*) to give so. the once-over.

squadrato *a.* **1** (*rif. a pietre, legno*) squared. **2** square (*anche fig*): *viso* ~ square face.

squadratura *f.* squaring.

squadriglia *f.* (*Mar.mil,Aer.mil*) squadron.

squadrismo *m.* (*Stor.it*) organization and conduct of Fascist action squads.

squadrista *m./f.* (*Stor.it*) member of a Fascist action squad.

squadro [1] *m.* **1** squaring. **2** (*Topogr*) (*squadro agrimensorio*) surveyor's cross, cross staff. **3** (*rar*) square. □ *a* ~ (*ad angolo retto*) at right angle;*sotto* ~ (*ad angolo acuto*) at an acute angle.

squadro [2] *m.* (*Itt*) angel shark, angel fish, monkfish.

squadrone *m.* **1** (*Mil*) squadron. **2** (*Sport*) (*squadra molto forte*) strong team. □ ~ *della morte* death squad.

squagliamento *m.* **1** melting. **2** (*rif. alla neve*) thawing.

squagliare (**squàglio**, **squàgli**) **I** *v.t.* **1** (*sciogliere*) to melt. **2** (*sciogliere: rif. alla neve*) to melt, to thaw. **II** *v.pron.* **squagliarsi**

1 (*sciogliersi*) to melt. **2** (*sciogliersi: rif. alla neve*) to melt, to thaw. □ (*fig,colloq*)*squagliarsela* (*svignarsela*) to sneak away, to steal away, to clear off, to take French leave.

squalifica *f.* **1** disqualification. **2** (*Sport*) ban, disqualification: ~ *del campo* ground ban.

squalificare (**squalìfico**, **squalìfichi**) **I** *v.t.* **1** (*riconoscere non idoneo*) to disqualify. **2** (*fig*) (*screditare*) to discredit. **3** (*Sport*) to suspend, to disqualify, to ban: *la giuria ha squalificato due giocatori* the judges have disqualified two players. **II** *v.pron.* **squalificarsi** (*fig*) to bring discredit on oneself, to lose one's reputation.

squallidezza *f.* squalidness, squalor.

squallido *a.* **1** (*povero e sporco*) dismal, desolate, neglected, dingy, squalid: *una casa squallida* a dismal house. **2** (*fig*) (*misero, incolore*) wretched, miserable, squalid, drab: *vivere una vita squallida* to lead a miserable life. **3** (*fig*) (*abietto, moralmente spregevole*) base, vile, abject, nasty. **4** (*lett,rar*) (*pallido e smunto*) pale, wan, gaunt.

squallore *m.* **1** (*aspetto squallido*) desolation, squalidness, shabbiness: *lo ~ di una baracca* the dreariness of a shanty house. **2** (*grave miseria*) wretchedness, misery, squalor, poverty. **3** (*mediocrità*) squalor, dreariness.

squalo *m.* (*Itt*) shark. □ (*Itt*) *~azzurro* blue shark, great blue shark; (*Itt*) ~ *balena* whale shark; (*Itt*) *~bianco* great white shark; (*Itt*) *~elefante* (o *~gigante*) basking shark; (*Itt*) ~ *nasuto* porbeagle; (*Itt*) ~ *tigre* tiger shark.

squama *f.* **1** (*Zool,Itt*) scale. **2** (*Bot*), scale, scale leaf. **3** (*Anat*) squama: ~ *cutanea* scurf; ~ *temporale* temporal squama. **4** (*scaglia*) scale.

squamare (**squàmo**) **I** *v.t.* (*privare delle squame*) to scale. **II** *v.pron.* **squamarsi** (*rif. a pelle*) to desquamate, to scale off, to peel off.

squamoso **I** *a.* (*coperto di squame*) scaly, squamous. **II** *m.* (*Zool,Anat*) (*osso squamoso*) squamosal.

squarciagola □ *a* ~ at the top of one's voice: *cantare a* ~ to belt out; *gridare a* ~ to shout at the top of one's voice, to shout at the top of one's lungs, to scream out, to scream at the top of one's voice.

squarciamento *m.* **1** (*lo squarciare*) tearing, rending, ripping. **2** (*rar*) (*squarcio*) rent, tear, gash.

squarciare (**squàrcio**, **squàrci**) **I** *v.t.* **1** (*ridurre in brandelli*) to tear, to rend, to rip, to rip up: ~ *le vesti* to tear one's clothes. **2** (*dilaniare*) to rend, to tear sth. to pieces. **3** (*sventrare*) to rip open, to slit open. **4** (*fig*) (*rompere*) to pierce, to rend, to break, to break through: *un lampo squarciò le nuvole* a flash of lightning rent (*o* broke through) the clouds; *un urlo terribile squarciò il silenzio* a dreadful scream pierced the silence. **5** (*fig*) (*penetrare, svelare*) to pierce, to fathom: ~ (*il velo di*) *un mistero* to fathom a mystery. **II** *v.pron.* **squarciarsi 1** (*rompersi*) to be torn, to be rent. **2** (*fig*) (*fendersi*) to open, to open up, to split, to cleave: *la terra mi si squarciò dinanzi* the earth opened up before me.

squarcio *m.* **1** (*strappo*) tear, rent, hole: *la bomba produsse uno ~ nella parete* the bomb produced a rent in the wall. **2** (*falla*) hole, leak. **3** (*breccia, varco*) breach: *uno ~ nelle mura nemiche* a breach in the enemy's walls. **4** (*ferita*) gash. **5** (*fig*) (*apertura tra le nuvole*) patch: *uno ~ di azzurro* a patch of blue sky. **6** (*fig*) (*brano*) passage, excerpt.

1 (*sciogliersi*) to melt. **2** (*sciogliersi: rif. alla neve*) to melt, to thaw. □ (*fig,colloq*)*squagliarsela* (*svignarsela*) to sneak away, to steal away, to clear off, to take French leave.

squartamento *m.* quartering (*anche Stor*).

squartare (**squàrto**) *v.t.* **1** to quarter. **2** (*Macell*) to butcher, to slaughter. **3** (*estens*) (*massacrare*) to slaughter, to kill (so.) brutally, to slay, to hack to death.

squartatoio *m.* (*Macell*) (butcher's) cleaver, (butcher's) chopper.

squartatore *m.* (*colloq*) ripper. □ *Jacklo Squartatore* Jack the Ripper.

squartatura *f.* (*Macell*) butchering, slaughtering.

squash /skwɔʃ/ *m.inv.* (*Sport*) squash.

squassamento *m.* (*rar*) violent shaking, jolting.

squassare (**squàsso**) **I** *v.t.* to shake (sth.) violently, to toss, to jolt. **II** *v.pron.* **squassarsi** (*rar*) to shake oneself, to struggle, to writhe about.

squattrinato **I** *a.* penniless, (*colloq*) broke, (*colloq*) hard up, (*colloq*) skint. **II** *m.* (*f.* **-a**) penniless person, pauper, down-and-out.

squilibrare (**squìlibro**) **I** *v.t.* **1** (*rar*) (*far perdere l'equilibrio*) to throw (sth.) off balance, to unbalance. **2** (*fig*) (*privare dell'equilibrio psichico*) to derange, to drive mad. **3** (*fig*) (*dissestare finanziariamente*) to ruin, to wreck. **II** *v.pron.* **squilibrarsi 1** (*rar*) (*perdere l'equilibrio*) to lose one's balance, to be unbalanced. **2** (*fig*) (*perdere l'equilibrio psichico*) to lose one's mental balance, (*colloq*) to go off the rails.

squilibrato I *a.* **1** unbalanced, off balance. **2** (*fig*) (*che manca di qcs.*) ubalanced: *dieta squilibrata* unbalanced diet. **3** (*spreg*) (*pazzo*) unbalanced, deranged, insane, lunatic. **II** *m.* (*f.* **-a**) (*spreg*) lunatic, nut.

squilibrio *m.* **1** (*mancanza di equilibrio*) unbalance, lack of balance, lack of equilibrium, imbalance: *lo ~ tra la domanda e l'offerta* the lack of balance between supply and demand. **2** (*sproporzione*) disproportion. **3** (*squilibrio mentale*) derangement, (mental) unbalance, insanity. **4** (*Mecc*) unbalance. □ (*Fisiol*) *~metabolico* metabolic disequilibrium; (*Fisiol*) ~ *ormonale* hormone imbalance, hormonal imbalance.

squilla [1] *f.* **1** (*piccola campana*) little bell. **2** (*campano al collo dei bovini*) cowbell. **3** (*estens,lett*) (*campana*) bell.

squilla [2] *f.* (*Zool,region*) (*canocchia*) squilla.

squillante *a.* **1** shrill, sharp, high: *voce* ~ shrill voice. **2** (*fig*) (*rif. a colore: vivace*) vivid, brilliant.

squillare (**squìllo**; *aus.* **essere/avere**) *v.i.* **1** (*rif. a campanelli, telefono*) to ring: *squilla il telefono* the telephone is ringing. **2** (*rif. a campane*) to ring, to peal. **3** (*rif. a trombe*) to blare.

squillo I *m.* **1** sharp sound, ringing sound, ring, high-pitched sound. **2** (*di tromba*) blare, blast, sound. **3** (*di campanello*) ring. **II** *f.inv.* (*prostituta*) call girl. **III** *a.inv.* (*posposto al sostantivo*) call (*attr.*): *casa* ~ brothel, (*Br*) knocking-shop, (*Am*) whore-house; *ragazza* ~ call girl.

squinternare (**squintèrno**) *v.t.* **1** to unstitch, to take (sth.) to pieces, to pull (sth.) to pieces: ~ *un quaderno* to take an exercise book to pieces. **2** (*fig*) (*scombussolare*) to upset, to derange.

squinternato I *a.* **1** (*rif. a libri e sim.*) with loose pages, unbound, with pages tornout, in pieces, taken to pieces. **2** (*estens*) (*sgangherato*) rickety, ramshackle. **3** (*fig*) (*eccentrico*) eccentric, deranged, (*colloq*) loony. **II** *m.* (*f.* **-a**) (*eccentrico*) eccentric, strange person, crackpot, crank.

squirting *m.inv.* (*Sport*) squirting.

squisitamente *avv.* **1** (*estremamente*) extremely: *una persona ~ gentile* an extremely kind person. **2** (*tipicamente*) typically. **3** (*rif. a cibi e bevande*) deliciously.

squisitezza *f.* **1** (*rif. a cibi e bevande*) deliciousness. **2** (*finezza, raffinatezza*) exquisiteness, delicacy, (*rar*) refinement: *~ di gusti* refinement of taste. **3** *spec.pl.* (*estens*) (*cosa squisita*) dainty, delicacy.

squisito *a.* **1** (*rif. a cibi e bevande*) delicious, tasty, (*colloq*) finger-licking, (*colloq*) scrumptious: *una cena squisita* a delicious dinner. **2** (*fine*) exquisite: *modi squisiti* exquisite manners, excellent manners. **3** (*raffinato*) exquisite, refined, sensitive, tasteful: *gusto ~* exquisite taste. **4** (*delicato*) delicate, delightful: *un pensiero ~* a delightful thought.

squittio *m.* **1** (*rif. a uccellini*) twittering, cheeping, chirping. **2** (*rif. a pappagalli e sim.*) squawking. **3** (*rif. a topi*) squeaking. **4** (*scherz,spreg*) (*rif. a persone*) squealing.

squittire (**squittisco, squittisci**; *aus.* **avere**) *v.i.* **1** (*rif. a uccellini*) to cheep. **2** (*rif. a pappagalli e sim.*) to squawk. **3** (*rif. a topi*) to squeak. **4** (*scherz,spreg*) (*rif. a persone*) to squeal.

sr 1 *senior* Sr, sr. **2** (*Fis*) *steradiante* sr (steradian).

sradicamento *m.* **1** uprooting. **2** (*fig*) (*estirpazione*) eradication, rooting out. **3** (*condizione*) uprootedness: *~ sociale* social uprootedness.

sradicare (**sràdico, sràdichi**) *v.t.* **1** to uproot: *il vento ha sradicato gli alberi* the wind has uprooted the trees. **2** (*fig*) (*estirpare*) to eradicate, to root out, to extirpate: *~ i pregiudizi* to root out prejudice.

sragionamento *m.* false reasoning.

sragionare (**sragióno**; *aus.* **avere**) *v.i.* **1** (*ragionare male*) to reason falsely, to be illogical, to be irrational. **2** (*estens*) (*farneticare*) to talk nonsense, to talk rubbish.

SRC *Santa Romana Chiesa* RC (Roman Catholic Church).

sregolatamente *avv.* **1** (*senza regola*) in a disorderly way. **2** (*senza misura*) immoderately.

sregolatezza *f.* **1** (*senza misura*) intemperance, immoderation, immoderateness, wildness, recklessness. **2** (*dissolutezza spec. in piaceri sessuali*) dissoluteness, licentiousness, looseness. **3** *spec.pl.* (*azione sregolata*) licence, (*Am*) license, excess, reckless act, wild behaviour: *le sue sregolatezze lo hanno condotto alla tomba* his excesses led him to the grave.

sregolato *a.* **1** (*smodato*) immoderate, intemperate, excessive: *essere ~ nel bere* to be an excessive drinker. **2** (*dissoluto*) dissolute, loose: *vita sregolata* loose life.

Sri Lanka *n.pr.m.* (*Geog*) Sri Lanka, (*ant*) Ceylon.

s.r.l. (*Econ*) *società a responsabilità limitata* Co. Ltd (limited liability company).

srotolare (**sròtolo**) **I** *v.t.* **1** (*rif. a qcs. arrotolato a tubo*) to unroll. **2** (*da bobina, rocchetto*) to unreel, to unwind. **3** (*rif. a funi*) to uncoil. **4** (*rif. a vele, a bandiere*) to unfurl. **II** *v.pron.* **srotolarsi 1** (*rif. a qcs. arrotolato a tubo*) to unroll. **2** (*da bobina, rocchetto*) to unreel, to unwind. **3** (*rif. a funi*) to uncoil. **4** (*rif. a vele, a bandiere*) to unfurl.

srugginire (**sruggìnisco, sruggìnisci**) *v.t.* (*rar*) to remove the rust from, to derust.

SS /'esse'esse/ *f.pl.* (*Stor*) SS.

SS. (*Rel.catt*) **1** *santi* SS (Saints). **2** *santissimo* (most holy, most sacred).

S.S. 1 (*Rel.catt*) *Santa Sede* (Holy See). **2** (*Rel.catt*) *Sua Santità* HH (His Holiness). **3**

(*Strad*) *strada statale* (main road).

SSE *sud-sud-est* SSE, sse (south-south-east).

ssh *intz.* sh, shush.

SSN (*Med*) *servizio sanitario nazionale* NHS (National Health Service).

SSO *sud-sud-ovest* SSW, ssw (south-south-west).

sss, sst, st *intz.* sh, shush.

'sta *a.dimostr.* (*pop*) (*questa*) this.

stabaccare (**stabàcco, stabàcchi**; *aus.* **avere**) *v.i.* (*pop,rar*) to take snuff, to snuff.

stabbiare (**stàbbio, stàbbi**) **I** *v.t.* **1** (*tenere il bestiame nello stabbio*) to fold, to pen. **2** (*Agr*) (*concimare con lo stabbio*) to manure. **II** *v.i.* (*aus.* **avere**) (*Agr*) (*stare nello stabbio per concimare*) to be folded, to stay in a fold, to be kept in a pen.

stabbiatura *f.* (*Agr*) manuring.

stabbio *m.* **1** (*recinto*) fold, pen. **2** (*Agr*) (*letame*) manure, muck.

stabbiolo *m.* **1** (*piccola stalla*) small fold, small pen. **2** (*porcile*) sty, pigsty, pigpen.

stabile I *a.* **1** (*saldo, sicuro*) stable, firm, steady, strong, safe: *fondamenta stabili* stable foundations; *questa scala non mi sembra ~* this ladder doesn't seem very safe to me. **2** (*fig*) (*non variabile*) stable, constant: *temperatura ~* constant temperature; *prezzi stabili* stable prices. **3** (*fig*) (*rif. a persona: durevole, deciso*) firm, staunch, stanch, steadfast, unswerving: *essere ~ nei propri propositi* to hold firm to one's purposes. **4** (*fig*) (*rif. a colore: che non sbiadisce*) fast, permanent. **5** (*fig*) (*fisso*) permanent, fixed, steady: *avere ~ dimora* to have a fixed abode; *avere un posto ~* to have a steady job. **6** (*fig*) (*residente*) resident: *popolazione ~* resident population. **7** (*Chim,Fis*) stable. **8** (*Teat*) permanent, resident, repertory, (*Am*) stock: *compagnia ~* permanent theatre company, repertory company, (*Am*) stock company; *orchestra ~* permanent orchestra, resident orchestra. **II** *m.* **1** (*Dir,burocr*) (*bene immobile*) immovable, assets, property. **2** (*fabbricato*) building, premises *pl.*: *in questo ~* in this building, on these premises. **3** (*casa*) house.

stabilimento I *m.* **1** (*fabbricato in cui si svolge un'attività industriale*) factory, plant, works (*costr.sing. o pl.*): *questo ~ produce laminati plastici* this factory produces plastic laminates. **2** (*fabbricato in cui si svolge un servizio di pubblica utilità*) establishment: *~ balneare* bathing establishment. **3** (*lett*) (*lo stabilire*) establishment: *lo ~ di una pace duratura* the establishment of a lasting peace. **4** *pl.* (*rar*) (*colonie*) settlements; (*possedimenti*) possessions. □ *~ carcerario* prison; *~ chimico* chemical plant; (*Mar*) *~ del porto* establishment; *~ industriale* plant, works (*costr.sing. o pl.*); *~ ospedaliero* hospital; *~ penale* prison; *~ siderurgico* steel works; *~ termale* thermal baths, spa; *~ tessile* textile mill.

stabilire (**stabilìsco, stabilìsci**) **I** *v.t.* **1** (*fissare*) to fix, to settle, to establish, to set: *~ il prezzo di qcs.* to fix the price of sth.; *~ la propria dimora* to establish one's residence; *~ la propria residenza in un luogo* to establish one's residence in a place; *~ una scaletta* to draw up a schedule. **2** (*costituire*) to establish, to set: *~ un primato* to establish a record, to set a record. **3** (*pianificare*) to set, to plan: *~ un tragitto* to plan a route. **4** (*deliberare*) to decide, to establish, to set: *abbiamo stabilito la data della partenza* we decided on the departure date. **5** (*statuire, decretare*) to establish, to settle on, to decree: *~ le condizioni di resa* to establish the conditions

---

of surrender. **6** (*allacciare*) to establish, to set up: *~ relazioni diplomatiche* to establish diplomatic relations. **7** (*effettuare, realizzare*) to make, to establish, to set up: *~ un collegamento* to make a connection. **8** (*accertare*) to establish, to ascertain, to find out: *~ la causa di una sciagura* to establish the cause of an accident; *~ la causa di qcs.* to ascertain the reasons of sth. **9** (*decidere*) to decide: *stabilì di partire subito* he decided to leave immediately, he decided that he would leave immediately. **II** *v.pron.* **stabilirsi** to settle, to establish oneself, (*Br*) to set up home: *stabilirsi a Roma* to settle in Rome.

stabilità *f.* **1** (*solidità*) stability, firmness, steadiness: *la ~ di un edificio* the stability of a building; *~ del terreno* soil stability. **2** (*Psic*) stability, mental stability. **3** (*Aer,Mar*) stability. **4** (*Econ*) stability, firmness: *~ del cambio* exchange-rate stability; *~ economica* economic stability; *~ monetaria* monetary stability, currency stability; *~ dei prezzi* price stability. **5** (*Fis,Chim*) stability. **6** (*rif. a colori, tinte*) fastness. **7** (*estens*) (*l'essere fisso*) permanence: *la ~ di un impiego* the permanence of a job. □ (*Aer,Mar*) *~ di rotta* regular cruising; (*Aut*) *~ su strada* road stability; (*Fis*) *~ termica* thermal stability.

stabilito I *a.* **1** (*fissato*) fixed, settled, established, appointed: *il giorno ~* the appointed day. **2** (*convenuto*) settled, agreed (upon), arranged: *il prezzo ~* the agreed price; *resta ~ che* it is agreed that, it is settled that, we are agreed that. **3** (*consolidato*) set, established: *l'ordine ~* established order. **II** *m.* (*Dir*) contract note.

stabilizzante I *a.* stabilizing (*anche Chim*). **II** *m.* (*Chim*) stabilizer.

stabilizzare (**stabilìzzo**) **I** *v.t.* to stabilize (*anche fig*): *~ i prezzi* to stabilize prices. **II** *v.pron.* **stabilizzarsi 1** to stabilize, to become stable, to steady (down): *le condizioni del paziente si sono stabilizzate* the patient's conditions have stabilized; *l'aereo si è stabilizzato* the aircraft became stable. **2** (*Meteor*) to become settled, to settle: *il tempo si è stabilizzato* the weather has settled, the weather has become settled.

stabilizzatore I *a.* stabilizing. **II** *m.* (*El, Chim,Mar,Aer*) stabilizer. □ (*Mar,Aer*) *~ cardanico* gyrostabilizer; (*Chim*) *~ d'emulsione* emulsion stabilizer; (*El*) *~ di tensione* voltage regulator; *~ elettronico* electronic voltage regulator; (*Mar,Aer*) *~ giroscopico* gyrostabilizer.

stabilizzazione *f.* stabilization: *~ del terreno* soil stabilization. □ (*Econ*) *~ dei cambi* exchange rate stabilization, stabilization of exchange rates, pegging; (*Econ*) *~ dei prezzi* price stabilization, price pegging; (*El*) *~ della frequenza* frequency stabilization.

stabilmente *avv.* **1** (*solidamente*) firmly, solidly. **2** (*in modo permanente*) stably, permanently.

stabulare (**stàbulo**) *v.t.* **1** (*Zootecn*) to stable, to stall: *~ i buoi* to stable the oxen. **2** (*Pesc*) to farm: *~ le anguille* to farm eels. **II** *v.i.* (*aus.* **avere**) (*Zootecn*) to stable.

stabulario *m.* **1** (public) pound. **2** (*canile municipale*) pound, dog pound. **3** (*negli istituti di ricerca*) animal breeding department.

stabulazione *f.* **1** (*Zootecn*) stabling, stalling, housing. **2** (*Pesc*) farming. □ (*Zootecn*) *~ fissa* stall housing; (*Zootecn*) *~ libera* open housing, loose housing.

stacanovismo *m.* **1** (*Stor*) Stakhanovism. **2** (*iron*) (*zelo eccessivo*) workaholism.

stacanovista I *m./f.* **1** (*Stor*) Stakhanovite. **2** (*iron*) eager beaver, workaholic, workhorse. **II** *a.* **1** (*Stor*) Stakhanovite. **2** (*iron*) overzealous.

staccabile *a.* **1** detachable. **2** (*rif. a inserto di rivista e sim.*) pull-out, removable.

staccamento *m.* (*rar*) (*lo staccare*) removal, detaching; (*lo staccarsi*) coming off.

staccare (**stàcco, stàcchi**) **I** *v.t.* **1** to remove, to detach, to take off, to take out: ~ *un'etichetta* to remove a label. **2** (*sganciare*) to unhook, to take off, to take down, to remove: ~ *un quadro dal muro* to take a picture off the wall, to take a picture down from the wall. **3** (*rif. a veicoli*) to disconnect, to unhitch: ~ *un rimorchio* to unhitch a trailer. **4** (*rif. a vagoni ferroviari*) to uncouple. **5** (*cogliere*) to pick, to pluck: ~ *un frutto dal ramo* to pick some fruit off the branch. **6** (*strappare*) to tear off, to tear out, to pull off, to pull out, to pull away: ~ *un foglio* to tear out a page; ~ *i biglietti d'entrata* to tear off entry tickets; ~ *un coupon* to detach a coupon. **7** (*strappare: rif. a due cose unite*) to pull sth. apart. **8** (*scucire*) to take, to take off, to unstitch: ~ *una manica dalla camicia* to unstitch a sleeve from a shirt, to take a sleeve off a shirt. **9** (*scostare*) to move away, to shift, to remove: ~ *una sedia dalla parete* to move a chair away from the wall. **10** (*fig*) (*separare*) to separate, to divide: ~ *una colonia dalla madrepatria* to separate a colony from its mother country. **11** (*sciogliere, slegare*) to loosen, to unfasten. **12** (*liberare dal giogo*) to unyoke. **13** (*liberare dalle briglie*) to unharness, to unhitch. **14** (*pronunciare distintamente*) to pronounce (sth.) distinctly, to enunciate (sth.) clearly: ~ *le parole* to enunciate (one's words) clearly, to pronounce every word. **15** (*Sport*) (*distanziare*) to distance, to outdistance, to leave (sth.) behind, to draw away from, to outstrip. **16** (*Mus*) to play staccato: ~ *le note* to play notes staccato. **17** (*El*) to disconnect, to cut out: ~ *la corrente* to disconnect the electricity; ~ *la batteria* to disconnect the battery. **18** (*El*) (*per mezzo di interruttore*) to switch off. **19** (*El*) (*per mezzo di spina*) to unplug: ~ *il ferro da stiro* to unplug the iron. **II** *v.i.* (*aus.* **avere**) **1** (*risaltare*) to stand out (da against), to show up (*da* against): *figure che staccano bene dal fondo* figures that show up well against the background. **2** (*colloq*) (*terminare di lavorare*) to finish work, (*colloq*) knock off: *oggi stacco alle diciassette* I knock off at five today. **3** (*colloq,fig*) (*rilassarsi*) to relax: *sono riuscito a ~ completamente* I managed to relax completely, I managed to leave everything behind me. **4** (*Cin*) to cut. **III** *v.pron.* **staccarsi** **1** (*allontanarsi*) to move away, to move off, to break away, to come away: *la barca si staccò dalla riva* the boat moved away from the shore. **2** (*venir via*) to come off: *l'intonaco si sta staccando dal soffitto* the plaster is coming off the ceiling, the plaster is peeling off the ceiling. **3** (*strapparsi*) to come off, to come away, to get torn off, to get ripped off: *mi si è staccato un bottone dalla camicia* one of my shirt buttons has come off; I've lost one of my shirt buttons. **4** (*rif. a rami e sim.: rompersi*) to break off. **5** (*discostarsi dalla norma*) to stray (*da* from), to leave (sth.). **6** (*fig*) (*dividersi, separarsi*) to separate, to part: *staccarsi dalla famiglia* to separate from one's family, to leave home. **7** (*fig*) (*allontanarsi spiritualmente*) to withdraw (*da* from), to become detached (*da* from), to become cut off, to retire (*da* from): *staccarsi dal mondo* to withdraw from the world. **8** (*fig*) (*rif. ad abitudini e sim.*) to grow away (*da* from). **9**

(*Med*) (*rif. a retina*) to detach. □ ~ *qcs.con un morso* to bite sth. off; *staccarsida terra* (*alzarsi in volo*) to take off; *staccarsi dall'acqua* (*alzarsi in volo*) to take off (from water); *non poter ~ gli occhi* (*di dosso*) *da qcu.* (o *qcs.*) to be unable to take one's eyes off so. (o sth.): *non riuscivo a ~ gli occhi da lui* I couldn't take my eyes off him; (*Tel*) ~*il ricevitore* to pick up the receiver, to lift the receiver, to take the receiver off the hook; ~ *la frizione* to unclutch, to disengage the clutch; ~ *la spina* : **1** (*El*) to disconnect the plug, to pull the plug out; **2** (*fig*) (*cessare un'attività*) to pull the plug on (sth.); **3** (*fig, colloq*) (*rilassarsi*) to unwind, to relax: *qualche volta è difficile ~ la spina dopo una giornata intensa* it's sometimes hard to unwind at the end of a busy day; **4** (*fig*) (*staccare il respiratore*) to pull the plug (on so.); *staccarsinettamente* to come clean away; ~*un assegno* : **1** to issue a cheque, to tear off a cheque; **2** (*scrivendo*) to make out a cheque.

staccato *m.* (*Mus*) **1** (*modo di esecuzione*) staccato. **2** (*segno*) staccato sign.

stacchetto *m.* **1** (*musicale*) musical break. **2** (*pubblicitario*) commercial break, advertising break.

stacciare (**stàccio, stàcci**) *v.t.* (*region*) **1** (*setacciare*) to sift, to sieve: ~ *la farina* to sift flour. **2** (*fig*) (*esaminare con minuzia*) to sift, to examine.

stacciata *f.* (*region*) (*setacciata*) sieving, sifting: *dare una ~ alla farina* to sift the flour.

stacciatura *f.* (*region*) (*il setacciare*) sieving, sifting.

staccio *m.* (*region*) (*setaccio*) sieve, sifter.

staccionata *f.* **1** fence. **2** (*Equit*) hurdle.

stacco (*pl.* **-chi**) *m.* **1** (*lo staccare*) removal, detachment, taking off; (*lo staccarsi*) coming off. **2** (*fig*) (*intervallo*) break, gap, interval, pause. **3** (*fig*) (*differenza accentuata*) great difference, marked difference. **4** (*fig*) (*risalto*) relief, prominence. **5** (*fig*) (*rif. a colori*) contrast, clash. **6** (*Cin*) cut. **7** (*Mecc*) disengagement. **8** (*Sport*) take-off. □ ~ *da terra* take off; *fare* ~ (*spiccare*) to show up, to catch the eye, to be striking; ~*musicale* musical break; ~*pubblicitario* commercial break, advertising break.

stadera *f.* steelyard, lever scale, beam scale. □ ~*a ponte* weighbridge.

stadia *f.* (*Topogr*) stadia rod.

stadio *m.* **1** (*Sport*) arena, stadium: ~ *di calcio* football stadium. **2** (*Archeol*) stadium. **3** (*fig*) (*periodo, fase*) stage, phase, period: ~ *di sviluppo* stage of development; ~ *iniziale* early stage; ~ *finale* final stage; ~ *intermedio* intermediate stage; ~ *della produzione* production stage; ~ *avanzato* late stage. **4** (*Tecn, Aer*) (*spec. rif. a missili*) stage: *a due stadi* two-stage; *missile a tre stadi* three-stage missile. **5** (*Biol*) stadium, period. **6** (*Stor.gr*) (*unità di misura*) stadium. □ (*Sport*) *coperto* dome, domed stadium, covered stadium; (*Sport*) ~*del ghiaccio* ice rink; (*El*) ~*modulato* modulated stage; (*Sport*) ~*olimpico* Olympic stadium.

staff /staf/ *m.inv.* **1** (*personale*) staff, personnel. **2** (*gruppo di persone con scopo comune*) team, party, staff: ~ *tecnico* technical staff.

staffa *f.* **1** stirrup: *reggere le staffe* to hold one's stirrup. **2** (*predellino della carrozza*) footboard. **3** (*Abbigl*) (*nelle calze*) heel. **4** (*Abbigl*) (*di pantaloni*) foot strap. **5** (*Abbigl*) (*delle ghette*) strap. **6** (*Anat*) stapes, stirrup bone. **7** (*Mecc*) stirrup, bracket. **8** (*Alp*) stirrup. **9** (*Edil*) stirrup, bracket; (*nel cemento*

armato) stirrup, binder. □ ~*della balestra* stirrup; (*Agr*) ~*della vanga* (*staffale*) footrest (of a spade); (*Tecn,Edil*) ~*di fissaggio* bracket; (*Mecc*) ~ *di serraggio* clamp clip; (*Tecn*) ~*di sicurezza* safety stirrup; (*Econ*) ~ *scalare* interest table.

staffale *m.* (*Agr*) footrest (of a spade).

staffetta **I** *f.* **1** (*ant,Mil*) courier, dispatch rider. **2** (*Sport*) (*specialità*) relay race: ~ *quattro per cento* (*metri*) four by one hundred metres relay, 4x100 relay. **3** (*Sport*) (*squadra*) relay team. **4** (*Sport*) (*nel calcio: avvicendamento*) alternation, rotation. **5** (*fig*) baton passing (*anche Pol*). **II** *a.inv.* (*posposto al sostantivo*) pace, pacesetting, (*attr.*): *auto* ~ pace car. □ (*Sport*) ~*mista* medley relay, medley.

staffiere *m.* (*Stor*) **1** (*palafreniere*) groom. **2** (*servitore di casa signorile*) footman, liveried servant.

staffilamento *m.* lashing, flogging, whipping.

staffilare (**staffilo**) *v.t.* **1** to lash, to flog, to whip. **2** (*fig*) to lash out at, to scourge.

staffilata *f.* **1** lash, lashing, stroke (of the whip). **2** (*fig*) (*critica aspra*) lashing criticism, biting criticism, lashing, severe scolding, tongue-lashing. **3** (*Sport*) (*tiro forte e rapido*) scorcher, screamer.

staffilatore *m.* (*f.* **-trice**) (*rar*) lasher, flogger, whipper.

staffile *m.* **1** (*Equit*) stirrup leather. **2** (*sferza*) whip, (*parte terminale*) lash.

stafilococco (*pl.* **-chi**) *m.* (*Biol*) staphylococcus, (*colloq*) staph.

stafiloma *m.* (*Med*) staphyloma.

stafisagria *f.* (*Bot*) stavesacre.

stage /staʒ, 'stejdʒ/ *m.inv.* training period, internship.

stagflazione *f.* (*Econ*) stagflation.

staggiare (**stàggio, stàggi**) *v.t.* (*Agr*) to prop up.

staggio *m.* **1** (*supporto*) shaft, prop, support. **2** (*nelle gabbie*) bar. **3** (*Ginn*) bar. **4** (*Caccia,Pesc*) pole.

stagionale **I** *a.* seasonal: *lavoro* ~ seasonal work; *primato* ~ seasonal record. **II** *m./f.* seasonal worker.

stagionamento *m.* → **stagionatura**.

stagionare (**stagióno**) **I** *v.t.* **1** to mellow, to improve. **2** (*Alim*) (*lasciar maturare*) to mature, to ripen. **3** (*all'aria aperta*) to weather. **4** (*Enol*) to age. **5** (*rif. a legname*) to season. **II** *v.i.* (*aus.* **essere**) **1** to mellow, to improve. **2** (*Alim*) (*maturare*) to mature, to ripen. **3** (*all'aria aperta*) to weather. **4** (*Enol*) to age, to improve with age.

stagionato *a.* **1** seasoned: *legname* ~ seasoned wood. **2** (*maturato*) mature, ripe: *formaggio* ~ ripe cheese. **3** (*Enol*) aged. **3** (*scherz*) (*attempato*) elderly, getting on (*posposto*), (*colloq*) long in the tooth, (*colloq*) over the hill.

stagionatura *f.* **1** mellowing, improving. **2** (*rif. a legname*) seasoning. **3** (*maturazione*) maturing, ripening. **4** (*Enol*) ageing. **5** (*all'aperto*) weathering.

stagione *f.* **1** season: *le quattro stagioni dell'anno* the four seasons of the year; *a ~ avanzata* late in the season. **2** (*estens*) (*condizioni meteorologiche*) weather: *la ~ è fredda* the weather is cold. **3** (*rif. all'agricoltura*) time, season: ~ *delle semina* sowing time, sowing season; ~ *del raccolto* harvest; ~ *della vendemmia* grape harvest, vintage. **4** (*Teat,Mus*) season. **5** (*Sport*) season: ~ *di basket* basketball season; *ha giocato la sua migliore* ~ he had his best season ever. □ ~*balneare* bathing season; *la ~ calda* the hot season; ~ *cinematografica* movie season; (*Zool*) ~ *degli amori* mating season; (*Meteor*) ~ *degli uragani* hurricane season; *la* ~ *dei fiori* spring, the flower season; (*Meteor*) ~ *dei monsoni* monsoon, season; (*Meteor*) ~ *del disgelo* thawing season; ~ *della caccia* hunting season, open season; ~ *della pesca* fishing season, open season; ~ *della riproduzione* breeding season; (*Zool*) ~ *dell'accoppiamento* mating season; (*Meteor*) ~ *delle piogge* rainy season, rains; *di* ~ of the season: *frutta di* ~ fruit of the season; (*Teat*) ~ *di prosa* theatre season, theatrical season, drama season; ~ *estiva* summertime, summer: *nella* ~ *estiva* summertime, during the summer, in summer; *a* ~ *inoltrata* late in the season, well into the season; ~ *invernale* winter season, winter, wintertime; (*Teat*) ~ *lirica* opera season; ~ *morta*: 1 dead season, off season, slack period, slack season; 2 (*Giorn*) silly season; (*fig*) *per tutte le stagioni* for all seasons; (*Sport*) ~ *regolare* regular season; ~ *secca* dry season; (*Teat*) ~ *sinfonica* concert season; ~ *teatrale* theatre season.

stagirita I *a.* Stagirite. II *m./f.* Stagirite. □ (*Stor*) *lo Stagirita* (*per antonomasia*) the Stagirite, Aristotle.

stagista *m./f.* 1 (*chi partecipa a uno stage*) trainee. 2 (*chi lavora come assistente per farsi esperienza*) trainee, person on work experience, (*Am*) intern.

stagliare (**stàglio, stàgli**) I *v.t.* (*rar*) (*tagliare irregolarmente*) to hack, to cut (sth.) unevenly. II *v.pron.* **stagliarsi** (*profilarsi*) to stand out (*contro, nel* against), to be silhouetted (*contro, nel* against).

stagnaio *m.* tinsmith, tinner, (*Am*) tinman.

stagnamento *m.* stagnation.

stagnante *a.* stagnant (*anche fig*): *situazione* ~ stagnant situation.

stagnare[1] (**stàgno**) *v.t.* 1 (*ricoprire di stagno*) to tin-plate. 2 (*saldare con lo stagno*) to solder. 3 (*estens*) (*chiudere ermeticamente*) to make sth. watertight.

stagnare[2] (**stàgno**) I *v.i.* (*aus.* avere) 1 (*cessare di fluire*) to staunch, to stop flowing: *il sangue stagna* blood stops flowing. 2 (*fermarsi formando uno stagno*) to stagnate: *le acque stagnavano nelle campagne sommerse* water stagnated in the flooded fields. 3 (*estens*) (*essere fermo, non circolare*) to be stagnant, to stagnate: *sopra le città europee l'aria stagna* air stagnates over European cities; *qui l'aria stagna* the air is stagnant in here. 4 (*fig*) (*ridursi notevolmente d'intensità*) to be stagnant, to be sluggish, to be slack, to be at a standstill. II *v.t.* (*arrestare*) to stop (the flow of), to stanch: *un'emorragia* to stop bleeding. III *v.pron.* **stagnarsi** (*cessare di fluire*) to staunch, to stop flowing: *il sangue si è stagnato* blood has stopped flowing.

stagnato *a.* 1 (*ricoperto di stagno*) tinned, tin-plated. 2 (*saldato con lo stagno*) soldered.

stagnatore *m.* (*operaio*) tin-plater.

stagnatrice *f.* (*Tecn*) tin-plating machine.

stagnatura *f.* 1 (*Tecn*) tinning, tin plating. 2 (*saldatura con lo stagno*) soldering. □ (*Tecn*) ~ *elettrolitica* tin plating, electrolytic tin plating.

stagnazione *f.* 1 (*Econ*) stagnation. 2 (*estens*) (*fase di ristagno*) stagnation.

stagnino *m.* (*region*) tinsmith, tinner, (*Am*) tinman.

stagno[1] *m.* (*Chim*) tin.

stagno[2] *m.* (*specchio d'acqua*) pond, pool: ~ *artificiale* artificial pond.

stagno[3] *a.* 1 (*a tenuta d'acqua*) watertight:

---

paratie stagne watertight bulkheads; *compartimenti stagni* watertight compartments; *rendere* ~ *qcs.* (*chiudere ermeticamente*) to make sth. watertight. 2 (*a tenuta d'aria*) airtight. 3 (*dial*) (*solido, robusto*) strong, stout, sturdy, tough.

stagnola *f.* (*carta stagnola*) tinfoil, aluminium foil, foil.

staio *m.* 1 (*pl.* le **stàia**) (*Stor*) (*unità di misura*) bushel. 2 (*pl.* gli **stài**) (*recipiente*) bushel. 3 (*pl.* le **stàia**) (*superficie di terreno*) area of land required to sow a bushel of grain. □ *a staia* (*in grande quantità*) a lot of, tons of, (*Am*) bushels of.

stalagmite *f.* (*Geol*) stalagmite.

stalagmitico (*pl.* -ci) *a.* (*Geol*) stalagmitic (*anche estens*).

stalattite *f.* (*Geol*) stalactite.

stalattitico (*pl.* -ci) *a.* (*Geol*) stalactitic (*anche estens*).

Stalingrado *n.pr.f.* (*Geog.stor*) Stalingrad.

stalinismo *m.* 1 (*Stor,Pol*) Stalinism. 2 (*estens*) stalinism, dictatorship, authoritarianism.

stalinista I *a.* (*Stor,Pol*) Stalinist. II *m./f.* (*Stor,Pol*) Stalinist. 2 (*estens*) dictator, tyrant.

stalla *f.* 1 (*per bovini*) cattleshed, cowshed, barn, cowbarn. 2 (*per equini*) stable, horse barn. 3 (*bestie*) livestock, herd. 4 (*fig*) (*luogo sporco*) pigsty, (*Am*) pigpen, dunghill: *camera tua sembra una* ~ your bedroom is a pigsty. □ *di* ~ *stable* (*attr.*): *mozzo di* ~ stable-boy, groom.

stallaggio *m.* 1 (*ant*) (*riparo per le bestie annesso a locande e sim.*) stabling, stables *pl.* 2 (*ant,estens*) (*spesa*) stabling charge.

stallare (**stàllo**) *v.i.* 1 (*aus.* essere) (*Aer*) (*andare in stallo*) to stall. 2 (*aus.* avere) (*Mar,ant*) to bow the sea, to breast the sea.

stallatico (*pl.* -ci) I *a.* stable (*attr.*): *concime stallatico* manure, stable manure, dung. II *m.* 1 (*concime*) manure, stable manure, dung. 2 (*ant*) (*stallaggio*) stabling, stables *pl.* 3 (*ant,estens*) (*spesa*) stabling charge.

stallia *f.* (*Mar,Comm*) lay-days *pl.*

stalliere *m.* groom, stableboy, stableman, (*ant*) hostler, (*ant*) ostler.

stallino *a.* 1 (*di stalla*) stall (*attr.*), stable (*attr.*). 2 (*rif. all'animale*) stall-housed.

stallo *m.* 1 seat. 2 (*nei cori*) choir stall, stall. 3 (*negli scacchi*) stalemate. 4 (*Aer*) stall. 5 (*fig*) (*situazione*) impasse, dead end, stalemate, deadlock. □ *le trattative sono in una fase di* ~ negotiations have reached deadlock; *sbloccare la situazione di* ~ to ease the deadlock, to get out of the deadlock; *andare in* ~ to stall.

stallone *m.* 1 (*Zool*) stallion, studhorse, stud. 2 (*scherz*) (*rif. a uomo*) stud.

stamane *avv.* (*lett*) this morning.

stamani, stamattina *avv.* this morning.

stambecco (*pl.* -chi) *m.* (*Zool*) ibex, steinbock. □ (*Zool*) ~ *alpino* Alpine ibex; *arrampicarsi come uno* ~ to climb like a cat; *saltare come uno* ~ to leap like a goat.

stamberga *f.* 1 (*casa*) hovel, shack, rat hole, shanty. 2 (*stanza*) hovel of a room, (*colloq*) hole in the wall.

stambugio *m.* cubbyhole, small dark room, hole.

stamburare (**stambùro**) *v.t.* (*rar*) (*vantare*) to display, to flaunt, (*colloq*) to show off: ~ *i propri meriti* to flaunt one's good points.

stame *m.* 1 (*Tess*) (*lana*) fine carded wool. 2 (*Tess*) (*filo*) thread; (*dell'ordito*) warp thread. 3 (*Bot*) stamen. □ (*lett*) *lo* ~ *della vita* the thread of life.

stamigna *f.* (*Tess*) 1 (*per bandiere e sim.*) bunting. 2 (*tessuto rado ma resistente*) es-

---

tamin, stamin.

staminale[1] *m.* (*Mar*) futtock.

staminale[2] *a.* 1 (*Biol*) stem (*attr.*): *cellula* ~ stem cell. 2 (*Bot*) staminal.

staminifero *a.* (*Bot*) staminiferous.

stampa I *f.* 1 printing: *l'invenzione della* ~ the invention of printing; *procedimento di* ~ printing process; *pronto per la* ~ ready to go to press; *terminare la* ~ *di qcs.* to finish printing sth. 2 (*impressione*) print: ~ *illeggibile* illegible print. 3 (*Tip*) (*stampato*) printed matter. 4 (*estens*) (*giornalisti, cronisti, giornali ecc.*) press: *tribuna riservata alla* ~ press gallery; *si è rifiutato di parlare alla* ~ he refused to talk to the press. 5 (*Art*) print: *una* ~ *dell'800* a nineteenth-century print. 6 (*Art*) (*incisione*) engraving. 7 (*Tess*) printing. 8 (*Fot*) printing; (*copia*) print: *fare la* ~ *di un negativo* to print from a negative, to print a negative. 9 (*Tecn*) moulding, (*Am*) molding; (*stampaggio*) pressing. 10 (*Inform*) print. 11 *pl.* (*Post*) printed matter (*costr.sing.*). II *a.inv.* (*posposto al sostantivo*) press (*attr.*): *comunicato* ~ press release; *conferenza* ~ press conference. □ (*Tip*) ~ *a colori* colour printing: ~ *a due colori* two-colour printing; ~ *a più colori* multicolour printing; ~ *a quattro colori* four-colour printing; (*Fot*) ~ *a contatto* contact printing; (*Fot*) ~ *a ingrandimento* enlargement; (*Tip*) ~ *a macchina* machine printing; ~ *a mano* hand printing; (*Tip*) ~ *a rotocalco* rotary printing; (*Tip*) ~ *anastatica* anastatic printing; (*Tip*) *andare in* ~ to go to press; ~ *clandestina* underground press, clandestine press; *dare alle stampe* to send to the press, to send for printing; (*Ind,Tess*) ~ *dei tessuti* textile printing; ~ *di sinistra* left-wing press; (*Inform*) ~ *digitale* digital printing; ~ *d'informazione* press, newspapers; (*Giorn*) ~ *d'opposizione* opposition press; (*Giorn*) ~ *estera* foreign press; (*Giorn*) ~ *illustrata* illustrated press; (*Tip*) ~ *in bianco e nero* black and white print; (*Fot*) ~ *in positivo*: 1 (*processo*) positive printing; 2 (*la copia*) positive, positive print; (*Tip*) ~ *in quadricromia* four-colour printing; (*Tip*) ~ *in rilievo* relief printing, letterpress; (*Tip*) ~ *in tricromia* three-colour printing; (*Giorn*) ~ *indipendente* independent press; (*Giorn*) ~ *locale* local press; (*Edit,Giorn*) ~ *medica* medical press; (*Tip*) ~ *offset* offset printing; (*Giorn*) ~ *periodica* periodical press, periodicals (*pl.*); (*Giorn*) ~ *quotidiana* daily press; (*Giorn*) ~ *rosa* women's magazine; (*Tip*) ~ *rotativa* rotary printing; (*Giorn*) ~ *scandalistica* gutter press, tabloids (*pl.*); (*Edit,Giorn*) ~ *specializzata* specialized literature; (*Ind*) ~ *su vetro* glass printing; ~ *tipografica* printing.

stampabile *a.* (*Tip*) 1 (*pronto per la stampa*) ready for printing, ready for the press. 2 (*degno di stampa*) printable, fit for publication.

stampaggio *m.* 1 (*Met*) (*con pressa*) pressing, press work. 2 (*Met*) (*fucinatura*) forging. 3 (*Met*) (*con punzone*) punching. 4 (*Tecn*) (*di materie plastiche*) moulding, (*Am*) molding. □ (*Met*) ~ *a caldo*: 1 (*con la pressa*) hot-pressing, press-forging; 2 (*col maglio*) drop-forging; 3 (*a mano*) swaging; (*Tecn*) ~ *a freddo* cold-pressing; (*Tecn*) ~ *a iniezione* injection moulding, (*Am*) injection molding.

stampante I *a.* printing: *unità* ~ printing unit. II *f.* (*Inform*) printer. □ (*Inform*) ~ *barre* bar printer; (*Inform*) ~ *a catena* chain printer; (*Inform*) ~ *a colori* colour printer; (*Inform*) ~ *a getto d'inchiostro* ink-jet printer; (*Inform*) ~ *a margherita* daisywheel printer; (*Inform*) ~ *a matrice* (*di punti*) dot-matrix printer; (*Inform*) ~*ad aghi* wire printer, dot-matrix printer; (*Inform*) ~*bidirezionale* bidirectional printer; (*Inform*) ~*grafica* graphics printer; (*Inform*) ~*laser* laser printer; (*Inform*) ~*parallela* parallel printer; (*Inform*) ~ *seriale* serial printer; (*Inform*) ~ *termica* th**e**rmal printer.

stampa**re** (st**à**mpo) I *v.t.* 1 (*Tip,Inform,Fot, Tess*) to print: ~ *volantini pubblicitari* to print advertising flyers; *finire di* ~ *qcs.* to finish printing sth. 2 (*estens*) (*pubblicare*) to print, to publish: *hanno stampato una nuova edizione del celebre romanzo* they published a new edition of the well-known novel. 3 (*estens*) (*riprodurre*) to print, to reproduce: ~ *un'incisione* to print an engraving. 4 (*lasciare un'impronta*) to print, to leave the mark of: ~ *le proprie orme sulla sabbia* to leave one's footprints in the sand. 5 (*rar*) (*coniare*) to coin, to strike, to mint: ~ *monete* to mint coins. 6 (*Tecn*) to print, to stamp, to imprint. 7 (*Met*) (*con la pressa*) to press. 8 (*Met*) (*fucinare*) to forge. 9 (*Met*) (*col punzone*) to punch. 10 (*Tecn*) (*rif. a materie plastiche*) to mould, (*Am*) to mold. II *v.pron.* **stamp**a**rsi** 1 (*fig*) (*restare impresso*) to be impressed, to be imprinted: *le parole del vecchio maestro gli si stamparono nella memoria* the words of his old teacher were imprinted in (*o* on) his memory. 2 (*fig,colloq*) (*andare a sbattere*) to bang, to hit, to bump, (*colloq*) to bash: *stamparsi contro la porta* to bump into the door, to bash against the door. □ (*Met*) ~ *a caldo* : 1 (*con la pressa*) to hot-press, to press-forge; 2 (*col maglio*) to drop-forge; 3 (*a mano*) to swage; (*Met*) ~*a freddo* to cold press; (*Tecn*) ~ *a iniezione* to injection mould, (*Am*) to injection mold; ~*clandestinamente* to print clandestinely, to bootleg; ~ *qcs.in mente a qcu.* to impress sth. on so.; (*Tip,Edit*) (*visto*) *si stampi* ready for press, imprimatur, passed for printing: *dare il si stampi* to give one's imprimatur, to approve for printing; ~*un bacio* (*su*) to plant a kiss (on).

stampa**ta** *f.* printing, printed text, printed sheet, copy.

stampa**tello** *m.* uppercase, capital letters *pl.*, block letters *pl.*, block capitals *pl.*: *scrivere in* ~ to write in capital letters, to write in block capitals, (*colloq*) to write in caps. □ ~*maiuscolo* block capitals *pl.*; ~*minuscolo* block letters *pl.*, block lower case letters *pl.*

stampa**to** I *a.* 1 (*Tip,Inform,Fot*) printed. 2 (*estens*) (*pubblicato*) printed, published. 3 (*fig*) (*impresso*) imprinted, impressed. 4 (*rar*) (*coniato*) coined, struck, minted. 5 (*Tess*) printed: *cotone* ~ printed cotton. 6 (*Met*) (*con la pressa*) pressed. 7 (*Met*) (*fucinato*) forged. 8 (*Met*) (*col punzone*) punched. 9 (*Tecn*) (*rif. a materie plastiche*) moulded, (*Am*) molded. 10 (*Ind*) stamped, pressed: *articoli stampati* stamped articles. II *m.* 1 (*Post*) printed matter: *spedire uno* ~ to send printed matter. 2 (*modulo*) form. 3 (*Tess*) printed fabric, print.

stampa**tore** *m.* (*f.* -**trice**) 1 (*addetto alle macchine tipografiche*) printer, pressman. 2 (*addetto al maglio*) hammerman. 3 (*tipografo*) printer, typographer.

stampa**trice** *f.* 1 (*Cin*) printer. 2 (*Tip*) printer, printing press, printing machine.

stampe**lla** *f.* 1 (*gruccia*) crutch: *camminare con le stampelle* to walk with crutches. 2 (*per appendere i vestiti*) clothes hanger, dress hanger, coat hanger.

stampe**ria** *f.* 1 printworks (*costr.sing. o pl.*), printing office, printing shop, printer's. 2 (*Ind,Tess*) printworks (*costr.sing. o pl.*).

stampiglia *f.* stamp.

stampiglia**re** (stamp**ì**glio, stamp**ì**gli) *v.t.* to stamp.

stampigliatrice *f.* stamper.

stampigliatura *f.* 1 stamping: ~ *dei biglietti di banca* stamping of bank notes. 2 (*cosa stampigliata*) stamp.

stampi**no** *m.* 1 rubber stamp, stamp. 2 (*disegno traforato su cartone e sim.*) stencil. 3 (*forma*) little mould, (*Am*) little mold. 4 (*arnese per bucare il cuoio*) punch. □ (*fig*) *sono* (*o sembrano*)*fatti con lo* ~ they are as alike as two peas (in a pod).

stampo *m.* 1 mould, (*Am*) mold: ~ *per budino* pudding mould; ~ *per dolci* cake mould. 2 (*fig*) (*sorta, specie*) kind, sort, type, (*colloq*) ilk: *gente dello stesso* ~ people of the same kind, people cut from the same cloth. 3 (*fig*) (*indole, carattere*) nature, character, temper. 4 (*Met*) (*matrice*) die, mould, matrix. 5 (*Met*) (*per la fusione*) die. 6 (*Met*) (*mediante punzonatura*) punch. 7 (*Caccia*) decoy. 8 (*Biol, Chim*) template. □ ~*a cassetta* (*per dolci*) bread tin; (*fig*)*fatto*con lo ~ mass-produced; (*fig*)*di* ~*antico* of the old stamp, of the old school;*di* ~*mafioso* mafia-style (*attr.*): *associazione di* ~*mafioso* mafia-style organization, mafia-style gang; (*Met*) ~*per coniare* die; (*Met*) ~*per punzonare* piercing die.

stampo**ne** *m.* (*Tip*) proof sheet, proof, pull.

stana**re** (st**à**no) *v.t.* 1 to drive out, to start, to rouse, to flush: *i cani stanarono la volpe* the dogs drove out the fox. 2 (*fig*) (*far uscire*) to get so. out, to draw so. out, to dig so. out: *sono riuscito a stanarti da casa* I succeeded in getting you out of the house. 3 (*fig*) (*far uscire allo scoperto, far prendere posizione*) to bring into the open, to flush out, to drive out.

stanca *f.* 1 (*Mar*) slack water (at high tide): *essere in* ~ to be slack (at high tide). 2 (*Geog*) (*di fiume*) maximum level of flood. 3 (*fig*) (*periodo di stasi*) stagnation, slack period, slump, doldrums *pl.*: *il mercato attraversa un periodo di* ~ the market is going through a slack period, the market is going through a slump.

stanca**bile** *a.* easily tired.

stanca**mente** *avv.* 1 (*fiaccamente*) wearily, tiredly. 2 (*svogliatamente*) listlessly.

stanca**nte** *a.* 1 (*faticoso*) strenuous. 2 (*noioso*) tiresome, boring.

stanca**re** (st**à**nco, st**à**nchi) I *v.t.* 1 to tire, to weary, to fatigue: *la corsa mi ha stancato* the rush has tired me. 2 (*fig*) (*fiaccare*) to weaken, to wear (so.) down, to beat (so.) down, to break (down), to tire (so.) out: ~ *l'avversario* to tire out one's opponent. 3 (*fig*) (*annoiare, infastidire*) to tire, to bore, to weary, to annoy, to bother: *le sue chiacchiere mi hanno stancato* his chattering bored me. II *v.pron.* **stanc**a**rsi** 1 (*affaticarsi*) to get tired, to get worn-out, to tire, to weary, to grow weary: *cerca di non stancarti* try not to tire yourself (out). 2 (*annoiarsi, infastidirsi*) to get tired (*di* of), to be tired (*di* of), to grow weary (*di* of), (*colloq*) to get fed up (with), (*colloq*) to be fed up (with), (*colloq*) to get sick (of), (*colloq*) to be sick (of): *mi sono stancato di quella musica* I'm sick of that music. □ *non si stancava* (*mai*) *di ripetere...* he was never tired of repeating...

stanch**e**v**ole** *a.* (*rar*) tiring, wearisome.

stanch**e**z**za** *f.* 1 tiredness, fatigue, weariness. 2 (*fig*) (*tedio*) tiredness, boredom: ~ *di vivere* boredom with life.

stanco (*pl.* -**chi**) *a.* 1 tired, weary, fatigued, exhausted: *essere* ~ *per il lungo viaggio* to be tired by the long journey. 2 (*rif. a espressioni*) wan, weak. 3 (*fig*) (*annoiato, tediato*)

tired (*di* of), bored (*di* of), (*colloq*) fed up (with): *essere* ~ *della vita* to be tired of life; *essere* ~ *di vivere* to be tired of life, to be tired of living. 4 (*fig*) (*infastidito*) tired, weary, (*colloq*) sick (*di* of), (*colloq*) fed up (with): *sono* ~ *delle tue lamentele* I am tired of hearing you complain, I'm sick of hearing you complain. 5 (*fig*) (*privo di vivacità*) tired, weary: *uno scrittore dalla fantasia stanca* a writer with a tired imagination. 6 (*fig*) (*scialbo*) colourless, flat, dull. 7 (*Comm,Econ*) slack: *mercato* ~ slack market. □ ~*morto* : 1 dead tired, exhausted, (*Br*) dead beat, (*Am*) beat; 2 (*stufo*) sick and tired.

stand /stend/ *m.inv.* 1 (*stand fieristico*) booth, stand, stall. 2 (*Sport*) (*campo per il tiro a volo*) shooting range. 3 (*Sport*) (*spazio destinato al pubblico*) stand, (*Am*) stands *pl.* □ ~*espositivo* exhibition stand.

standard I *m.inv.* 1 standard (*anche Comm, Tecn,Sport*): ~ *di vita* standard of living; *per gli* ~ *di oggi* la qualità del suono di questa registrazione è molto scarsa by present-day standards the sound quality of this recording is very poor; *gli* ~ *di un atleta* an athlete's standard level of performance. 2 (*Mus*) standard. II *a.inv.* (*posposto al sostantivo*) standard (*attr.*): *formato* ~ standard size; *modello* ~ standard model; *lingua* ~ standard.

standardizza**re** (standard**ì**zzo) *v.t.* to standardize (*anche fig*).

standardizza**to** *a.* 1 (*reso uniforme*) standard, standardized. 2 (*prodotto in serie*) mass-produced.

standardizzazio**ne** *f.* standardization (*anche fig*).

stand-by /ˌstend'baj/ *m.inv.* 1 (*Aer*) (*lista d'attesa*) stand-by, waiting list: *sono in* ~ I'm on stand-by, I'm on the waiting list. 2 (*Econ*) opening of credit. 3 (*Inform,Elettron*) (*posizione di attesa*) stand-by: *in* ~ on stand-by.

standing ovation /'stendiŋgo'veʃon/ *f.inv.* standing ovation.

standi**sta** /sten'dista/ *m./f.* 1 (*chi allestisce*) exhibitor, exhibiter. 2 (*chi riceve i visitatori*) receptionist, stand assistant.

stanga *f.* 1 bar, beam. 2 (*fig*) (*persona alta e magra*) beanpole, lamppost, giraffe. 3 (*nelle stalle*) bar. 4 (*nei passaggi a livello*) barrier. 5 (*nelle carrozze*) shaft. 6 (*Agr*) (*dell'aratro*) beam (of a plough).

stanga**re** (st**à**ngo, st**à**nghi) *v.t.* 1 (*rar*) to bar, to bolt: ~ *la porta* to bolt the door. 2 (*picchiare con la stanga*) to beat, to thrash. 3 (*fig*) (*far pagare eccessivamente*) to bleed, to fleece, ~ to overcharge. 4 (*assol.*) (*Scol*) (*bocciare*) to fail. 5 (*assol.*) (*Scol*) (*dare un cattivo voto*) to give a bad mark to so., to come down on so.

stanga**ta** *f.* 1 (*colpo*) blow (with a bar). 2 (*fig*) (*spesa superiore al previsto*) overcharge, (*colloq*) blow, (*colloq*) real shock, stab in the back: *che* ~ *il conto dell'albergo!* what a blow the hotel bill was! 3 (*fig*) (*danno economico*) serious financial loss, (*colloq*) blow, (*colloq*) hard knock. 4 (*fig*) (*bocciatura*) flop, failure: *ha preso una* ~ *agli esami* (*Br*) in the exams he came a real cropper, (*Am*) he took a beating in the exams. 5 (*Sport*) shot. □ (*fig*)*dare una* ~ *a qcu.* to give so. a blow, to stab so. in the back; ~*fiscale* fiscal straitjacket; (*fig,colloq*) *prendere una* ~ (*Br*) to come a cropper, (*Am*) to take a beating.

stanghe**tta** *f.* 1 (*small*) bar. 2 (*degli occhiali*) earpiece. 3 (*chiavistello*) bolt. 4 (*nella scrittura*) bar, stroke. 5 (*Mus*) bar line.

stango**ne** *m.* (*f.* -**a**) (*pop*) (*persona alta*) beanpole, lamppost, giraffe.

Stanislao *n.pr.m.* Stanislaus.

stannico (*pl.* **-ci**) *a.* (*Chim*) stannic: *acido ~* stannic acid.

stannite *f.* (*Min*) stannite.

stanotte *avv.* **1** tonight: *~ c'è la luna* the moon is out tonight; *partiremo ~ alle undici* we'll leave at eleven tonight. **2** (*la notte passata*) last night: *hai sentito che temporale ~?* did you hear that storm last night?

stante **I** *a.* standing (*anche Archeol,Art*): *figura ~* standing figure. **II** *prep.* (*a causa di*) because of, owing to, on account of: *~ il cattivo tempo, la cerimonia è rinviata* the ceremony has been postponed because of the bad weather. □ *a sé ~* separate, special, independent; *~ il fatto che... (poiché)* as....

stantio *a.* **1** (*non fresco*) stale, musty, bad, off: *sapere di ~* to have a bad taste, to have a stale taste, to be stale. **2** (*non fresco: rif. a sostanze grasse*) rancid: *burro ~* rancid butter. **3** (*percepito con l'olfatto*) fusty, musty. **4** (*fig*) (*vecchio, disusato*) old, stale, obsolete, old-fashioned, out-of-date, stale, fusty: *notizia stantia* stale news.

stantuffo *m.* (*Mecc*) piston; (*di pressa idraulica*) plunger. □ (*Mecc*) *~ a disco* flat piston; (*Mecc*) *~ a testa piana* flat-top piston; (*Mecc*) *~ cavo* trunk piston; (*Mecc*) *~ di compensazione* balance piston; (*Mecc*) *~ rotante* rotary piston; (*Mecc*) *~ tuffante* plunger.

stanza *f.* **1** room: *cercare una ~* to look for a room; *un appartamento di due stanze* a flat with two rooms, a two-room flat, a two-roomed flat. **2** (*Metr*) stanza. **3** (*lett,rar*) (*dimora*) stay; (*residenza*) residence: *prendere ~ in un luogo* to take up residence in a place. □ (*Arch*) *~ a tetto* attic room; *~ ammobiliata* furnished room; *~ da bagno* bathroom; *~ da letto* bedroom; *~ da pranzo* dining room; *~ dei bambini* children's room, nursery; (*fig*) *~ dei bottoni* control room; *~ dei giochi* nursery, playroom; (*Mil*) *essere di ~ a* to be stationed in: *reparto di ~ a Roma* unit stationed in Rome; *~ di compensazione* (*di banche*) clearing house; (*Art*) *le Stanze di Raffaello* Raphael's Rooms; (*rar*) *~ di sbratto* (*ripostiglio*) lumber-room, storeroom; *~ di soggiorno* living room, sitting-room; *~ d'ingresso* hall, entrance hall; *~ interna* inner room; *~ per gli ospiti* guestroom, guest room; *una ~ senza sfogo* (*molto piccola*) a cramped room, (*Br*) a poky room, a pokey room.

stanziabile *a.* (*Econ*) allocatable, appropriable.

stanziale *a.* **1** (*che dimora stabilmente in un luogo*) resident. **2** (*Mil*) standing, permanent: *esercito ~* standing army. **3** (*Zool*) (*non migratrice*) non-migratory, nonmigrating, resident, sedentary: *selvaggina ~* non-migratory game.

stanziamento *m.* **1** (*assegnazione*) allocation, budgeting, earmarking, assignement: *è stato approvato lo ~ di fondi per le case popolari* the allocation of funds for council houses has been approved; *uno ~ di 40 milioni di euro per la costruzione della nuova sede del governo* 40 million euros earmarked for the new government building. **2** (*somma stanziata*) appropriations *pl.*, budget: *~ pubblicitario* advertising budget. **3** (*accantonamento*) fund. □ (*Econ*) *~ di bilancio* budget appropriation.

stanziare (**stànzio, stànzi**) **I** *v.t.* to allocate, to budget, to earmark, to appropriate: *~ fondi* to allocate funds; *quei soldi sono già stati stanziati per l'aggiornamento del sistema informatico* that money's already been earmaked for upgrading the computer system.

II *v.pron.* **stanziarsi** **1** (*stabilirsi*) to settle, to establish oneself. **2** (*Mil*) to be garrisoned, to be quartered, to be stationed.

stanziatore *m.* (*f.* **-trice**) appropriator, budgeter.

stanzino *m.* **1** (*ripostiglio*) storeroom, lumber-room. **2** (*spogliatoio*) dressing room, changing room. **3** (*eufem*) (*gabinetto*) lavatory, toilet.

stappare (**stàppo**) *v.t.* **1** to uncork, to open: *~ una bottiglia* to uncork a bottle. **2** (*rif. a tappo metallico*) to uncap, to open.

star *f.inv.* star (*anche Mar*): *una ~ della canzone* a singing star; *una ~ del cinema* a cinema star.

starare (**stàro**) **I** *v.t.* (*Tecn*) to alter the setting of, to put (sth.) out of tune. **II** *v.pron.* **stararsi** (*Tecn*) to get out of tune, to go out of tune.

starato *a.* out of tune.

star del credere *m.inv.* **1** (*Dir,Comm*) del credere. **2** (*estens*) del credere commission.

stare (*pres.ind.* **sto, stài, sta, stiàmo, stàte, stànno;** *p.rem.* **stètti, stésti, stètte, stémmo, stéste, stèttero;** *fut.* **starò;** *pres.cong.* **stìa, stiàmo, stiàte, stiàno;** *impf.cong.* **stéssi;** *imperat.* **sta/sta'/stai;** *p.pres.* **stànte;** *p.p.* **stàto;** *aus.* **essere**) *v.i.* **1** (*in posizione verticale*) to be, to stand: *la colonna che vedi sta qui da un millennio* the column you see has been standing here for a thousand years; *~ alla finestra* to be at the window. **2** (*in posizione orizzontale*) to be, to lie: *~ a letto* to be in bed. **3** (*essere situato*) to be, to be located, to be situated: *la fattoria sta a pochi chilometri dal paese* the farm is a few kilometres out of town, the farm is located a few kilometres out of town. **4** (*essere situato: rif. a posizioni geografiche e sim.*) to lie, to be: *le montagne stanno a nord* the mountains lie to the north, the mountains are in the north. **5** (*essere, trovarsi: con determinazioni locali*) to be: *~ a* (*o in*) *casa* to be at home. **6** (*abitare, vivere*) to live, to be: *i miei amici stanno in Via Nazionale* my friends live on Via Nazionale; *stiamo al secondo piano* we live on the second floor, we are on the second floor; *sto con i genitori* I live with my parents. **7** (*essere ospite*) to stay, to be the guest, to be a guest: *quando è a Londra sta dagli amici* when he's in London he stays with his friends. **8** (*sedere*) to be sitting, to sit, to be seated: *~ a tavola* to be at table, to be sitting at the table. **9** (*rimanere*) to stay, to remain, to be: *~ al sole* to stay in the sun; *staremo un anno a Londra* we'll be in London for a year; *~ seduto* to remain seated. **10** (*fig*) (*essere*) to be: *le cose stanno così* that's how matters stand, that's how matters are; *sta scritto nella Bibbia* it's written in the Bible; *non c'è proprio da ~ allegri* there's nothing to be happy about. **11** (*rif. a salute, condizioni economiche e sim.*) to be: *come stai? - Sto bene* how are you? - I'm fine; *sono stato male tutta la notte* I was ill all night; *è gente che sta bene* they are well-off. **12** (*rif. ad abiti e sim.: di misura*) to fit, to be: *come ti stanno queste scarpe? - Mi stanno strette* how do these shoes fit? - They are tight. **13** (*rif. ad abiti e sim.: di colore*) to suit: *questa tinta ti sta bene* this colour suits you. **14** (*consistere*) to be, to lie: *la difficoltà sta nello scegliere il momento adatto* the problem is to pick the right moment, the problem lies in picking the right moment. **15** (*entrarci, essere contenuto*) to hold (*costr.pers.*), to be held, to be accommodated, to contain (*costr.pers.*): *nel nuovo teatro possono ~ tremila persone* the new theatre holds three

thousand people; *in quella bottiglia non ci stanno due litri* that bottle doesn't hold two litres, that bottle doesn't contain two litres. **16** (*dipendere*) to depend (*in* on), to be up (*in* to): *se stesse in me* if it were up to me, if it depended on me; *tutto sta se manterrai la promessa* it all depends on whether you keep your promise or not. **17** (*seguito da un gerundio: per indicare lo svolgersi dell'azione*) to be: *sta studiando* he's studying; *stavo camminando quando mi sentii chiamare* I was walking along when I heard so. call me. **18** (*Mat*) to be: *10 sta a 5 come 8 sta a 4* 10 is to 5 as 8 is to 4. □ *~ a fare qcs.* to be (doing sth.): *stanno tutti a guardare la televisione* they're all watching television; *~ sempre a* (*fare qcs.*) to be always (doing sth.): *sta sempre a piangere* she's always crying; *~ a* (*attenersi*) to obey, to stick to: *~ ai regolamenti* to obey the rules; **2** (*rimettersi*) to rely on: *~ alla decisione dei medici* to rely on the doctors' decision; *~ a qcu.* (*spettare, toccare*) to be (a) to be (a for): *non sta a te giudicarlo* it's not for you to judge him; *sta a lui decidere* it's up to him to decide; *non sta a me dirlo* it's not for me to say; (*fig*) *~ addosso a qcu.* (*sollecitare*) to stand over so., to urge so., to press so.; *~ bene:* **1** (*in salute*) to feel well, to be well: *~ poco bene* not to be very well, to be unwell; *stia bene* all the best; **2** (*a soldi*) to be well off, to be fairly wealthy; **3** (*di abiti ecc.*) to go well (with), to suit: *questo gioiello sta bene sul tuo vestito* this jewel goes well with your dress; *la giacca nuova ti sta bene* your new jacket is very becoming, your new jacket suits you; **4** (*essere adatto*) to be nice, to be polite: *non dire queste parole, non sta bene* don't say such things, it's not proper; don't say such things, it's not nice; **5** (*con qcu.*) to get on well: *~ bene insieme* to get on well together; **6** (*trovarsi bene*) to feel at ease: *si sta bene in questo albergo* this hotel is very nice, this hotel is very comfortable; **7** (*meritare qcs.*) to deserve (sth.): *ti sta bene* it serves you right; **8** (*essere d'accordo*) to agree (with): *sta bene, ci vediamo domani* all right, we'll see each other tomorrow; agreed, we'll see each other tomorrow; (*colloq*) *ci sta che...* (*è verosimile*) it's likely that...; *~ con:* **1** (*parteggiare*) to be with, to side with, to be on the side of: *e tu con chi stai?* who(m) do you side with?, whose side are you on?; **2** (*essere impegnato in una relazione sentimentale*) to be in love with, to be partnered with; **3** (*convivere*) to live with: *sta con quell'uomo già da diversi anni* she's been living with that man for several years; *stando così le cose* in these circumstances, if that's how things stand, that being so, in that case, as things are, as matters stand: *stando così le cose, me ne vado* if that's the way things are, I'm leaving; if that's the way matters stand, I'm leaving; *~ dietro a qcu.:* **1** (*trovarsi dietro*) to be behind so.; **2** (*seguirlo*) to follow so.; **3** (*sorvegliarlo*) to keep an eye on so., to watch over so.; **4** (*non dargli pace*) to pester so., to dog so.; **5** (*colloq*) (*fargli la corte*) to run after so.; *non ~ insieme:* **1** (*andare a pezzi*) to be falling to bits, to be falling apart: *questa poltrona non sta più insieme* this armchair is falling apart; **2** (*fig*) (*non avere logica*) not to hold water: *il tuo ragionamento non sta insieme* your reasoning doesn't hold water; *lasciare ~:* **1** (*non toccare*) to leave alone, to keep one's hands off: *lascia ~ i miei libri* leave my books alone; (*fig*) *di musica non se ne intende, ma come pittore bisogna lasciarlo ~* he doesn't know anything about music, but when it comes to painting you can't touch him; 2 (*fig*) (*non occuparsi*) to leave (it), not to mind, not to bother, not to worry: *lascia ~, faccio io* leave it, I'll do it; don't bother, I'll do it; 3 (*fig*) (*non infastidire*) to leave be, to leave alone, not to bother: *lascia ~ il gatto* leave the cat alone; 4 (*desistere*) to give up; *~ male*: 1 (*di salute*) to be sick, to be ill, to be in poor health, to feel wretched; 2 (*non convenirsi*) not to be polite, to be unfitting, to be unbecoming; 3 (*rif. ad abiti e sim.*) to fit badly, not to go well with; 4 (*economicamente*) to be badly off, to be in poor circumstances, to be in difficulties; *~ per fare qcs.* (*essere sul punto di*) to be just going to, to be just about to, to be on the point of: *il treno sta per partire* the train is about to leave, the train is just about to leave; *stavo proprio per telefonarti* I was just going to call you, I was on the point of calling you; *stavo per uscire quando è suonato il telefono* I was just leaving when the telephone rang, I was about to leave when the telephone rang; *non ~ in sé dalla gioia* to be beside oneself with joy; *non poter ~ senza fare qcs.* to be always on the go, to have to keep busy: *non può ~ senza fumare* he can't manage without smoking, he can't manage not to smoke; *starci*: 1 (*accettare di partecipare*) to agree, to accept, to join, (*colloq*) to count so. in: *per dieci euro ci sto* I agree to ten euros; *se organizzate una gita ci sto* if you plan a trip count me in, if you plan a trip I'll join; 2 (*essere d'accordo*) to be willing, to agree: *lei ci sta* she's willing; *io ci sto* it's all right with me, (*Am*) fine by me; 3 (*concedersi*) to be easy, to be an easy one: *ci sta con tutti* she's easy, she sleeps around; 4 (*aver posto*) to hold (*costr.pers.*): *in questa bottiglia ci sta un litro scarso di vino* this bottle holds nearly a litre of wine; *starsene*: 1 (*essere*) to be: *se ne stava tutto solo* he was all alone; 2 (*rimanere*) to stay, to remain, to keep: *domenica me ne starò a casa tutto il giorno* I'm going to stay at home all day on Sunday; *~ su*: 1 (*essere ritto, in piedi*) to stand up straight; 2 (*seduto in posizione verticale*) to sit up straight, (*rif. a cose*) to stand upright, to be upright; 2 (*stare sveglio*) to stay up, to be awake, to be up: *sono stato su tutta la notte a studiare* I stayed up all night studying, I was up all night studying; 3 (*morale*) to keep up: *~ su con lo spirito* to keep one's spirits up; (*colloq*) *~ sulle sue* (*fare il sostenuto*) to be aloof, (*colloq*) to be standoffish; *tutto sta* (*nel*)... it's all a question (of)...

starna *f.* (*Ornit*) (*pernice grigia*) grey partridge.

starnazzare (**starnàzzo**; *aus.* **avere**) *v.i.* 1 to flutter, to flap. 2 (*fig,scherz*) (*fare chiasso*) to make noise, (*colloq*) to squawk, (*colloq*) to cackle.

starnutare (**starnùto**; *aus.* **avere**) *v.i.* to sneeze.

starnutatorio I *a.* (*che fa starnutire*) sternutatory: *sostanza starnutatoria* sternutatory agent, sternutatory. **II** *m.* (*prodotto irritante*) sternutatory, sternutatator.

starnutire (**starnutìsco, starnutìsci**; *aus.* **avere**) *v.i.* to sneeze.

starnuto *m.* sneeze, sneezing, (*Med*) sternutation: *fare uno ~* to sneeze, to give a sneeze; *soffocare uno ~* to stifle a sneeze.

starosta *m.* (*Stor*) starosta.

start *m.inv.* 1 (*Cin*) (*fotogramma di inizio*) opening shot, start. 2 (*segnale di partenza*) start, starting signal.

START (*Stor*) *Trattative per riduzione di armi strategiche* START (Strategic Arms Reduction Talks).

starter *m.inv.* starter (*anche Mot*).

stasamento *m.* (*rar*) unclogging, clearing.

stasare (**stàso**) *v.t.* to unclog, to unstop, to clear.

stasera *avv.* this evening, tonight.

stasi *f.* 1 (*fig*) (*arresto*) standstill, stagnation, stagnancy, stasis: *essere in un periodo di ~* to be at a standstill. 2 (*Econ*) (*congiuntura bassa*) slump, slowdown. 3 (*Med*) stasis, slowing. □ (*fig*) *c'è una ~ negli affari* business is slack, business is slow; (*Med*) *~ sanguigna* stagnation of the blood, blood stasis, stasis.

statale I *a.* state (*attr.*), government (*attr.*), of the state, of the government, public, state-owned: *controllo ~* state control; *scuola ~* state school, (*Am*) public school. **II** *m./f.* 1 (*impiegato statale*) civil servant, government employee. 2 *pl.* civil service *sing.*, civil servants. **III** *f.* (*strada statale*) trunk road, A road, main road, (*Am*) highway.

statalismo *m.* (*Pol*) statism.

statalista *m./f.* statist.

statalistico (*pl.* **-ci**) *a.* statist.

statalizzare (**statalìzzo**) *v.t.* to nationalize, to put sth. under state control.

statalizzazione *f.* nationalization.

statica *f.* (*Fis*) statics (*costr.sing.*).

staticamente *avv.* statically (*anche fig*).

statice *f.* (*Bot*) statice.

staticità *f.* 1 static nature, static quality (*anche Fis*). 2 (*fig*) (*immobilità*) motionlessness, stillness. 3 (*fig*) (*ristagno, stasi*) stagnancy, inactivity.

statico (*pl.* **-ci**) *a.* 1 (*Fis*) static: *equilibrio ~* static equilibrium; *elettricità statica* static electricity; *sollecitazione statica* static stress. 2 (*fig*) (*immobile*) static, motionless. 3 (*fig*) (*ristagnante*) stagnant.

statino *m.* 1 (*prospetto riassuntivo*) table, schedule, list. 2 (*Univ*) examination form.

station wagon /'steʃon'wegon/ *f.inv.* (*Aut*) (*Br*) estate car, (*Am,Aus*) station wagon.

statista *m./f.* (*Pol*) statesman (*f.* -woman) (*anche estens*).

statistica *f.* 1 (*la scienza*) statistics (*costr. sing.*). 2 (*estens*) (*dati*) statistics (*costr.sing.*): *delle nascite* birth statistics; *fare una ~* to draw up statistics. □ *~ applicata* applied statistics (*costr.sing.*); *~ aziendale* operating statistics (*costr.sing.*); (*Fis*) *~ classica* classical statistics (*costr.sing.*); *~ criminale* crime statistics (*costr.sing.*); *~demografica* population statistics, demographics (*costr.sing.*); (*Fis*) *~ di Bose-Einstein* Bose-Einstein statistics (*costr.sing.*); (*Fis*) *~ di Fermi-Dirac* Fermi-Dirac statistics (*costr.sing.*); *~ economica* economic statistics (*costr.sing.*); *~ matematica* mathematical statistics (*costr.sing.*); *~ medica* medical statistics (*costr.sing.*); (*Fis*) *~ quantistica* quantum statistics (*costr.sing.*); *~ sanitaria* health statistics (*costr.sing.*).

statisticamente *avv.* statistically.

statistico (*pl.* **-ci**) *a.* statistical: *calcoli statistici* statistical calculations.

stativo I *m.* (*sostegno, supporto*) (*microscope*) stand. **II** *a.* 1 (*Ling*) stative: *verbo ~* stative verbe, stative. 2 (*rar*) (*stanziale*) sedentary, resident.

stato[1] *m.* 1 (*lo stare*) state: *verbi di ~* verbs of state, stative verbs. 2 (*modo di essere*) state, condition: *in buono ~* in good condition, in good shape; *in ottimo ~* in very good condition, (*rif. a cose*) in good repair; *in pessimo ~* in very bad condition, (*rif. a cose*) in very bad repair. 3 (*condizione*) position, so-

cial condition, status, standing: *migliorare il proprio ~* to improve one's position. 4 (*tenore di vita*) state, standard of living: *vivere in uno ~ d'indigenza* to live in poverty, to live in a state of poverty. 5 (*situazione di carattere eccezionale*) situation, state (of affairs): *~ d'emergenza* state of emergency. 6 (*aspetto esteriore*) state: *non puoi uscire in questo ~* you can't go out in this state, you can't go out looking like this; *come hai fatto a ridurti in questo ~?* how ever did you get yourself into such a state?, how ever did you get yourself into such a mess?; *ridursi in cattivo ~* to get into a bad state, to get into a sorry state. 7 (*Dir,burocr*) state: *~ coniugale* married state, conjugal state. 8 (*burocr*) (*stato civile*) marital status, family status. 9 (*Stor*) (*spec. in Francia: divisione della società*) estate: *i nobili, il clero e il terzo ~* the nobles, the clergy and the third estate. 10 (*Chim,Fis,Med*) state. 11 *pl.* (*Stor*) (*assemblea*) States, Estates: *stati generali* States General. □ (*Chim*) *~ atomico* atomic state; *lo ~ attuale* the current state: *allo ~ attuale* at present; *allo ~ brado* in the wild, in the wild state; (*Dir*) *~ civile* civil status; (*Dir*) *~ clericale* clerical state; (*Chim,Fis*) *~ colloidale* colloidal state; (*Med*) *~ comatoso* comatose state, coma; (*burocr*) *~ coniugale* marital status; (*Psic*) *~ crepuscolare* twilight state; (*Chim, Fis*) *~ critico* critical state; (*Dir*) *~ d'accusa*: 1 committal for trial, charge: *mettere qcu. in ~ d'accusa* to commit so. for trial, to indict so., to arraign so.; *essere in ~ d'accusa* to be committed for trial, to be charged; 2 (*per uomini di stato*) impeachment, indictment: *mettere qcu. in ~ d'accusa* to indict so., to arraign so.; (*Chim,Fis*) *~ d'aggregazione* state of aggregation; *~ d'animo* mood, state of mind: *essere nello ~ d'animo per fare qcs.* to be in the mood to do sth., to be in the right mood to do sth.; (*Dir*) *~ d'arresto* arrest, detention: *in ~ d'arresto* under arrest; (*Mil*) *~ d'assedio* state of siege (*anche estens*); (*Statist*) *~ della popolazione* state of the population; *~ dell'arte* state of the art; *~ delle cose*: 1 state of things, state of affairs; 2 (*circostanze*) circumstances (*pl.*); (*Psic*) *~ depressivo* depressed state, depression, state of depression; (*Mil*) *~ di allarme* state of alarm (*anche fig*): *essere in ~ di allarme* to be in a state of alarm; (*Inform*) *~ di attesa* wait state; *essere in ~ di calamità naturale* to be declared a disaster area; *~ di conservazione* state of preservation: *in buono ~ di conservazione* well-preserved; *in questo ~ di cose* in these circumstances, under these circumstances; *in ~ di ebbrezza* in a state of drunkenness, under the influence of alcohol, under the influence of drink; *~ di emergenza* state of emergency; (*Fis*) *~ di equilibrio* state of balance, equilibrium; (*Dir*) *~ di famiglia*: 1 family status; 2 (*certificato*) certificate of family status, family record; *essere in ~ di fermo* to be detained; *~ di gravidanza* pregnancy: *essere in ~ di avanzata gravidanza* to be in the advanced stage(s) of pregnancy; (*Teol*) *~ di grazia* state of grace (*anche fig*); *~ di guerra* state of war; (*Dir,Econ*) *~ di insolvenza* insolvency; *~ di natura* state of nature, natural state, primitive state: *allo ~ di natura* in the natural state; (*Dir*) *~ di necessità* necessity; (*Chim*) *~ di ossidazione* oxidation state; *essere in ~ di preallarme* to be on the alert, to be in state of readiness; *~ di salute* state of health; *~ di servizio* record of service; *in ~ di ubriachezza* in a state of intoxication, in a state of drunkenness, in a drunken state; (*Dir*) *guidare in ~ di ubria-*

chezza to drive while under the influence of alcohol to drive in a drunken state, to drive while intoxicated; ~ *d'incoscienza* unconsciousness; (*Fis*) ~ *eccitato* excited state; ~ *ecclesiastico* ecclesiastical state; (*Dir,Comm*) ~ *fallimentare* bankruptcy, state of bankruptcy; (*Fis*) ~ *fluido* fluid state; (*Fis*) ~ *fondamentale* ground state; (*Fis*) ~ *gassoso* gaseous state; (*Dir*) ~ *giuridico* juridical status, legal standing: ~ *giuridico di un impiegato* legal status of an employee; (*Gramm*) complemento di ~ *in luogo* complement of state; *essere in ~ interessante* to be pregnant, to be expecting a baby, (*colloq*) to be expecting; *donna in ~ interessante* expectant mother; ~ *laicale* (o ~ *laico*) lay state: *ridurre allo ~ laicale* to reduce to lay state; (*Chim*) *allo ~ libero* free; (*Fis*) ~ *liquido* liquid state; (*Mil*) ~ *maggiore* (o ~ *maggiore generale*) General Staff; (*Fis*) ~ *nascente* nascent state, nascent condition; ~ *neutrale* neutral state; (*Dir*) ~ *patrimoniale* statement of assets and liabilities; *allo ~ potenziale*: 1 (*usato come aggettivo*) potential: *pericolo allo ~ potenziale* potential danger; 2 (*usato come avverbio*) potentially; ~ *religioso* religious state; ~ *selvaggio* in the wild, in the wild state; (*Fis*) ~ *solido* solid state: *allo ~ solido* at solid state; (*Dir*) ~ *vedovile* widowhood, widowed state.

stato[2] *m.* 1 (*Pol*) State, state. 2 (*territorio*) state, country: *invadere uno ~* to invade a country. □ ~ *assistenziale* welfare state, (*spreg*) nanny state; ~ *assoluto* absolute state; ~ *canaglia* rogue state; ~ *classista* classist state; ~ *confinante* neighbour, neighbouring state, border state; ~ *corporativo* corporative state; (*Pol*) ~ *cuscinetto* buffer state; ~ *del benessere* welfare state; ~ *democratico* democracy; *di ~* State (*attr.*), state (*attr.*): *scuola di ~* state school, (*Am*) public school; *affare di ~* affair of state; (*Dir*) ~ *di bandiera* flag state; ~ *di diritto* constitutional state; ~ *di polizia* police state; ~ *federale* federation; (*Geog*) *Stati Federati di Micronesia* Federal States of Micronesia; ~ *guida* leading state, leader state; ~ *indipendente* independent state; ~ *membro* member state; ~ *monarchico* monarchy, monarchical state; ~ *non membro* non-member state; (*Stor*) *Stato Pontificio* Papal State; ~ *razzista* racist state; ~ *repubblicano* republic, republican state; ~ *satellite* satellite, satellite country, satellite state; ~ *sociale* welfare state; ~ *sovrano* sovereign state; ~ *totalitario* totalitarian state; (*Stor*) *stati dell'Unione* States of the Union; ~ *unitario* unitary state; (*Geog*) *Stati Uniti* (o *Stati Uniti d'America*) United States of America, United States, U.S.A; ~ *vassallo* vassal state.

statolatria *f.* (*rar*) statolatry, state worship.
statolite, statolito *m.* (*Biol*) statolith.
statore *m.* (*Tecn*) stator.
statoreattore *m.* (*Aer*) ram-jet engine, athodyd, aero-thermodynamic-duct.
statoscopio *m.* (*Meteor,Aer*) statoscope.
statua *f.* statue (*anche fig*): ~ *di bronzo* bronze statue; ~ *di marmo* marble statue; *essere* (o *sembrare*) *una ~* (*essere immobile*) to stand as still as a statue, to be as still as a statue. □ *la ~ della libertà* the Statue of Liberty; *statue di cera* waxworks; ~ *equestre* equestrian statue.
statuale *a.* state (*attr.*), public.
statuario I *a.* 1 statuary: *marmo ~ statuary* marble. 2 (*estens*) (*maestoso, solenne*) statuesque, stately, majestic: *figura statuaria* statuesque figure. II *m.* (*rar*) (*scultore*) sculptor.

statuetta *f.* 1 statuette. 2 (*estens*) (*oscar*) Oscar, Academy Award: *vincere la ~ per qcs.* to win an Oscar for sth. □ (*fig*) *la ~ d'oro* (*l'oscar*) Oscar, Academy Award: *vincere la ~ d'oro per qcs.* to win an Oscar for sth.
statuina *f.* statuette, figurine: *gioco delle belle statuine* Grandmother's (foot)steps, statues; (*fig*) *fare la bella ~* to stand stock-still.
statuire (**statuìsco, statuìsci**) *v.t.* (*lett*) to ordain, to decree.
statuizione *f.* (*Dir*) decree.
statunitense I *a.* United States (*attr.*), of the United States, US. II *m./f.* United States citizen.
statu quo *m.inv.* status quo.
statura *f.* 1 height, stature: ~ *media* (o ~ *ordinaria*) medium height, average height; *di ~ piccola* short; *essere alto di ~* (o *di alta* ~) to be tall. 2 (*fig*) (*levatura morale*) stature, prestige, standing: *essere di grande ~ morale* to be of high moral stature.
status *m.inv.* status. □ (*Dir*) ~ *giuridico* status, legal standing.
status quo *m.inv.* status quo.
status symbol *m.inv.* status symbol.
statutario *a.* statutory, statute (*attr.*): *legge statutaria* statutory law, statute law.
statuto *m.* 1 statute. 2 (*costituzione*) constitution. 3 (*estens*) (*complesso di deliberazioni*) (company) by-laws *pl.* 4 (*Mediev*) (*norme legislative*) statutes *pl.*; (*raccolta di leggi*) statute book, code of law. □ (*Stor*) ~ *albertino* Statuto Albertino (statute promulgated by King Charles Albert in 1848); ~ *di autonomia* statute of autonomy; ~ *dei diritti dei lavoratori* (o ~ *dei lavoratori*) workers' rights statute; ~ *municipale* municipal statute; ~ *regionale* regional statute; ~ *sociale* articles of association; ~ *speciale* special statute.
stavolta *avv.* (*colloq*) (*questa volta*) this time. □ *per ~* for this time.
Stazio *n.pr.m.* (*Stor*) Statius.
stazionale *a.* 1 (*Lit*) station (*attr.*), stational: *chiesa ~* station church. 2 (*Biol*) habitat (*attr.*): *forma ~* habitat form.
stazionamento *m.* 1 (*parcheggio*) parking. 2 (*sosta*) stopping, standing.
stazionare (**stazióno**; *aus.* **avere**) *v.i.* 1 (*parcheggiare*) to be parked. 2 (*sostare*) to stop, to stand.
stazionarietà *f.* stationariness, immobility.
stazionario *a.* 1 stationary, stable (*anche fig*): *temperatura stazionaria* stable temperature; *le condizioni del paziente sono stazionarie* the patient's condition is stable. 2 (*Ornit*) (*stanziale*) non-migratory, nonmigrating, resident, sedentary: *uccelli stazionari* non-migratory birds. 3 (*Econ*) stationary, static, stable.
stazione *f.* 1 station (*anche Ferr*): *questo treno (si) ferma in tutte le stazioni* this train stops at all the stations; *andrò a prenderlo alla ~* I'll pick him up at the station. 2 (*località di soggiorno*) resort. 3 (*luogo di cura*) health resort. 4 (*ambiente o attrezzature per prestazioni particolari*) station: *ricevere bene una ~ trasmittente* to receive a station clearly, to receive a radio station clearly. 5 (*piccolo osservatorio scientifico*) station. 6 (*TV,Rad*) station: *cambiare ~* to switch over, to change channel. 7 (*Lit*) (*nella Via Crucis*) station, station of the Cross. 8 (*Mil*) post: *la ~ dei carabinieri* the carabinieri post. 9 (*posizione*) position: ~ *eretta* erect position, upright position; ~ *libera* free position; ~ *for-*

zata forced position. □ (*Rad,Tel*) ~ *a terra* ground station, earth station; (*rar*) ~ *aerea* airport; ~ *balneare* seaside resort; ~ *capolinea* terminal, terminus, dead-end station; (*Ferr*) ~ *centrale* central station, main train station; ~ *clandestina*: 1 (*Rad*) pirate station, pirate radio station; 2 (*TV*) pirate station, pirate TV station; ~ *climatica* health resort; (*Ferr*) ~ *con fermata facoltativa* flag station, flag stop, (*Am*) whistle stop; (*Ferr*) ~ *d'arrivo* destination station, arrival station; ~ *degli autobus* bus station, bus terminal, bus depot, coach station; ~ *dei pullman* bus station, bus terminal, bus depot, coach station; ~ *dei taxi* taxi rank, (*Am*) taxi stand, cab stand; ~ *della metropolitana* underground station, metro station, (*Br*) tube station, (*Am*) subway station; ~ *destinataria* receiving station; *Fiuggi*, ~ *di Fiuggi* (*all'altoparlante*) Fiuggi station; ~ *di confine* border station, frontier station; ~ *di controllo* control station; ~ *di destinazione* receiving station; (*Rad,TV*) ~ *di emissione* broadcasting station; (*Ferr*) ~ *di frontiera* frontier station, border station; (*Inform*) ~ *di lavoro* workstation; (*Ferr*) ~ *di manovra* marshalling yard; (*Zootecn*) ~ *di monta*: 1 breeding farm; 2 (*rif. a cavalli*) stud farm; (*Ferr*) ~ *di partenza* departure station; (*Ferr*) ~ *di passaggio* transit station, through station; ~ *di polizia* police station, (*Am*) station house, (*colloq*) cop shop; (*Idr*) ~ *di pompaggio* pumping station, pump house; (*Ferr*) ~ *di raccordo* junction; (*Aut*) ~ *di rifornimento* petrol station, service station, (*Am*) gas station, filling station; (*Aut*) ~ *di servizio* service station, petrol station, filling station, (*Am*) gas station; ~ *di smistamento* switchyard; (*Ferr*) ~ *di testa* terminal, terminus, dead-end station; (*Ferr*) ~ *di transito* transit station, through station; (*Ferr*) ~ *di trasbordo* transfer; (*Ferr*) ~ *ferroviaria* station, railway station, railroad station, train depot, train station, railroad terminal; (*Ferr*) ~ *intermedia* intermediate station; ~ *invernale* winter sports resort; ~ *locale*: 1 (*Rad*) local station, local radio station; 2 (*TV*) local station, local TV station; (*Mar*) ~ *marittima* harbour station; (*Meteor*) ~ *meteorologica* weather station; (*Astron*) ~ *orbitale* orbital station, orbital space station; (*Astron*) ~ *orbitante* orbiting station; ~ *radar* radar station; (*Rad*) ~ *radio* (o ~ *radiofonica*) radio station, broadcasting station; (*Rad*) ~ *ricevente* receiving station; (*Rad,TV*) ~ *ripetitrice* repeater station, relay station; ~ *sanitaria* health centre; ~ *sciistica* skiing resort, ski resort; (*Astron*) ~ *spaziale* space station; ~ *termale* spa, watering place; (*Ferr*) ~ *terminale* railhead; (*Rad*) ~ *trasmittente* broadcasting station, transmitting station.
stazza *f.* 1 (*Mar*) tonnage. 2 (*dimensione molto abbondante*) bulk, proportions *pl.*: *una bella* ~ he's quite bulky. □ (*Mar*) ~ *di regata* rating; (*Mar,Sport*) ~ *internazionale* international rating; (*Mar*) ~ *lorda* gross tonnage; ~ *lorda di registro* net register tonnage; (*Mar*) ~ *netta* net tonnage; ~ *netta di registro* net register tonnage.
stazzare (**stàzzo**) I *v.t.* (*Mar*) 1 to measure the tonnage of, to gauge the tonnage of. 2 (*rif. a imbarcazioni da regata*) to rate. II *v.i.* (*aus.* **avere**) (*Mar*) (*avere una stazza*) to have a tonnage of: ~ *mille tonnellate* to have a tonnage of one thousand tons.
stazzatura *f.* 1 gauging of tonnage. 2 (*stazza*) tonnage.
stazzo *m.* (*recinto all'aperto*) fold, pen.
stazzonamento *m.* (*rar*) creasing, crumpling.

stazzonare (stazzóno) **I** *v.t.* (*sgualcire*) to crease, to crumple. **II** *v.pron.* **stazzonarsi** to wrinkle, to crease.

steadicam /'stɛdikam/ *f.inv.* (*Cin,TV*) steadicam.

stealth /stɛlt/ *m.inv.* (*Aer,Mil*) stealth bomber.

steapsina *f.* (*Biol*) steapsin.

stearico (*pl.* **-ci**) *a.* (*Chim*) stearic, tallow, stearin (*attr.*): *acido* ~ stearic acid; *candela stearica* tallow candle.

stearina *f.* (*Chim*) stearin.

steatite *f.* **1** (*Min*) steatite, soapstone. **2** (*pietra da sarto*) French chalk.

steatopigia *f.* (*in antropologia*) steatopygia, steatopyga.

steatopigo (*pl.* **-gi**) *a.* (*in antropologia*) steatopygic, steatopygous.

steatosi *f.* (*Med*) steatosis, (*colloq*) fatty degeneration.

stecca *f.* **1** bar, stick, picket, rod, stake: *le stecche del cancello* the pickets on the gate. **2** (*rif. a busto*) bone, whalebone. **3** (*rif. a ventaglio*) rod, slat, stick. **4** (*rif. a ombrello*) rib: *stecche dell'ombrello* umbrella ribs. **5** (*del biliardo*) cue, billiard cue. **6** (*estens*) (*giocatore di biliardo*) billiard player: *mio zio è una buona* ~ my uncle is a good billiard player. **7** (*rif. a veneziana*) slat, lath. **8** (*rif. a persiana*) louvre, louver. **9** (*Mar*) (*rif. a vele*) batten. **10** (*Med*) (*per fratture*) splint: *mettere la* ~ (*a qcs.*) to splint (sth.). **11** (*Art*) (*strumento per modellare la creta e sim.*) palette knife. **12** (*estens*) (*confezione di cioccolato, torrone e sim.*) bar: *una* ~ *di cioccolato* a bar of chocolate. **13** (*confezione di sigarette*) carton. **14** (*fig*) (*stonatura*) false note, wrong note: *prendere una* ~ to play a wrong note, (*cantando*) to sing a wrong note. **15** (*gerg*) (*bustarella*) bribe, backhander, (*Am*) (*spec. ai deejay*) payola: *prendere stecche* to take bribes, (*colloq*) to be on the take. □ ~ *di balena* whalebone; ~ *d'osso di balena* whalebone; ~ *per colletto* stay, collar-stiffener.

steccaia *f.* pilework, piling.

steccare (stécco, stécchi) **I** *v.t.* **1** to provide (sth.) with slats, to provide (sth.) with splints. **2** (*cingere con steccato*) to fence, to fence in. **3** (*Gastron*) to make holes (in meat) for larding. **4** (*Med*) to splint, to immobilize (sth.) with splints. **5** (*fig*) (*sbagliare*) to do (sth.) wrong: ~ *una nota* to play a wrong note. **II** *v.i.* (*aus. avere*) **1** (*nel biliardo*) to miscue. **2** (*stonare: cantando*) to sing a wrong note; (*suonando*) to play a false note, to play a wrong note. □ (*Sport*) ~ *la palla* (*nel tennis*) to mishit (the ball).

steccato *m.* **1** fence: *lo* ~ *del giardino* the garden fence. **2** (*recinto per animale*) stockade, pen. **3** (*Equit*) rails *pl.* **4** (*fig*) (*rigida separazione, barriera*) barrier.

steccatura *f.* fencing, fencing in.

steccherino *m.* (*Bot*) fungus of the Hydnaceae family. □ (*Bot*) ~*dorato* hedgehog fungus.

stecchetto *m.* small stick. □ *a* ~: **1** (*a corto di cibo*) short of food, with little food: *stare a* ~ to have little food; *tenere qcu. a* ~ to keep so. on short rations; **2** (*colloq*) (*a corto di denaro*) short of money, hard up: *tenere qcu. a* ~ to keep so. short of money.

stecchiera *f.* cue rack.

stecchino *m.* (*stuzzicadenti*) toothpick.

stecchire (stecchìsco, stecchìsci) **I** *v.t.* (*fig*) (*uccidere sul colpo*) to kill (sth.) outright, to kill (sth.) on the spot. **II** *v.i.* (*aus. essere*) (*rar*) **1** (*rinsecchirsi*) to dry up. **2** (*irrigidire*) to become stiff, to become rigid. **III** *v.pron.* **stecchirsi** (*rar*) (*rinsecchirsi*) to dry up. **2**

(*irrigidirsi*) to become stiff, to become rigid.

stecchito *a.* **1** (*rinsecchito*) dried up, dried out. **2** (*magrissimo*) skinny, (*colloq*) thin as a rake, thin as a beanpole. **3** (*fig*) (*meravigliato*) astounded, (*colloq*) flabbergasted: *le sue parole mi lasciarono* ~ I was flabbergasted by what he said. **4** (*fig*) (*morto stecchito*) stone dead, dead as a doornail, (*Br*) dead as a mutton: *rimanere (morto)* ~ to be killed on the spot.

stecco *m.* (*pl.* **-chi**) **1** (*ramoscello*) twig. **2** (*bastoncino*) stick. **3** (*stuzzicandenti*) toothpick. **4** (*fig*) (*persona magrissima*) beanpole, bag of bones: *magro come uno* ~ as thin as a rake; *ridotto a uno* ~ to be skin and bones. **5** (*Entom,colloq*) (*bacillo di Rossi*) stick insect.

stecconare (steccóno) *v.t.* (*rar*) to fence, to fence in.

stecconata *f.* fence, paling, stockade.

stecconato *m.* fence, paling, stockade.

steccone *m.* stake, pale.

stechiometria *f.* (*Chim*) stoichiometry.

stechiometrico (*pl.* **-ci**) *a.* (*Chim*) stoichiometric: *calcoli stechiometrici* stoichiometric calculations.

Stefano *n.pr.m.* Stephen, Steven: (*il giorno di*) *santo* ~ Boxing Day.

stegola *f.* (*Agr*) handlebar.

stegosauro *m.* (*Paleont*) stegosaur, stegosaurus.

stele *f.* **1** (*Archeol*) stele, stela: ~ *funeraria* funerary stele; ~ *votiva* votive stele. **2** (*Bot*) stele.

stella **I** *f.* **1** star (*anche Astr*): *il sole è una* ~ the sun is a star; *alla luce delle stelle* by starlight; *polvere di stelle* stardust. **2** (*immagine, oggetto a forma di stella*) star. **3** (*sorte, destino*) star, fate, destiny: *la sua buona* ~ *lo aiuterà* his lucky star will help him. **4** (*enfat, colloq*) (*rif. a persone*) star, lucky star, angel, good angel: *che* ~ *che sei!* what an angel you are! **5** (*TV,Cin,Mus,Sport*) star: *le stelle del cinema* film stars; *Michael Jordan è una* ~ *del basket* Michael Jordan is a basketball star. **6** (*macchia bianca sulla testa del cavallo*) star, blaze. **7** (*rif. a categoria di alberghi e sim.*) star: *un cinque stelle* (*o un hotel a cinque stelle*) a five-star hotel. **8** (*Mil*) (*per grado, meriti*) star. **9** (*Mar*) star. **10** (*Tip*) (*asterisco*) asterisk, star. **11** *pl.* (*cielo*) stars: *dormire sotto le stelle* to sleep under the stars, to sleep out in the open. **12** *pl.* (*Alim*) star-shaped soup pasta (*costr.sing.*). □ *a* ~ star (*attr.*), star-shaped, star-like: (*El*) *collegamento a* ~ star connection; (*fig*) *andare alle stelle* (*o arrivare alle stelle*): **1** (*rif. a prezzi*) to become sky-high, to go sky-high, to rocket: *i prezzi sono andati alle stelle* prices are sky-high, prices rocketed sky-high; **2** (*rif. a merci*) to become very expensive; **3** (*rif. a rumori, suoni*) to rent the air: *urla che arrivavano alle stelle* piercing cries, loud cries, cries that rent the air; (*Bot*) ~ *alpina* edelweiss; (*Astr*) ~ *binaria* binary star, binary, double star; (*Astr*) ~ *cadente* falling star, shooting star; (*Astr,colloq*) ~*caudata* (*o* ~*cometa* *o* ~*crinita* *o* ~*cornuta*) comet, (*colloq*) shooting star; (*fig*) *dalle stelle alle stalle* from the sublime to the ridiculous; *la* ~ *dei Re Magi* the star of the Magi, the Bethlehem star; ~*del cinema* film star, (*Am*) movie star; ~*del mattino* (*pianeta Venere*) morning star; ~ *della sera* evening star; ~ *dello sperone* rowel; ~ *di Betlemme* Bethlehem star, the star of the Magi; ~*di David* (*o* ~*di Davide*) Star of David, Shield of David, Mogen David, Magen David; (*estens*) *con la* ~ *di David* (*o con la* ~ *di Davide*) (*israeliano*) Israeli; (*Zool*) ~*di mare* starfish, sea star; (*Bot*) ~*di*

Natale poinsettia; (*Astr*) ~ *di neutroni* neutron star; (*Mat*) ~*di piani* sheaf of planes; (*Astr*) ~*di prima grandezza* star of the first magnitude; (*Mat*) ~ *di rette* sheaf of lines; (*Astr*) ~ *doppia* binary star, binary, double star; (*fig*) *stelle e strisce* (*degli Stati Uniti*) US, from the United States: *il cinema stelle e strisce* US cinema; *bandiera a stelle e strisce* Stars and Stripes; (*lett*) *stelle erranti* wandering stars; (*Astr*) *stelle evolute* evolved stars; ~*filante*: **1** (*Astr*) (*stella cadente*) shooting star; **2** (*striscia di carta*) streamer, paper streamer; (*Astr,ant*) ~ *fissa* fixed star; (*Astr*) ~*gigante* giant star; (*Zool*) ~ *marina* starfish, sea star; (*Astr,Stor*) *stelle medicee* four Jupiter's satellites; (*Astr*) ~*nana* dwarf star; (*Astr*) ~ *polare* North Star, pole star, polar star; (*fig*) *portare qcu. alle stelle* to praise so. to the skies; *notte senza stelle* starless night; *la sua* ~*sta ormai tramontando* his star is now declining; (*Astr*) ~ *supergigante* supergiant star; (*Astr*) ~ *telescopica* telescopic star.

stellage /stel'laʒ/ *m.inv.* (*Econ*) put and call, double option, (*Am*) straddle.

stellaggio *m.inv.* (*Econ*) put and call, double option, (*Am*) straddle.

stellare *a.* **1** (*Astr*) stellar, star: *ammasso* ~ star cluster; *catalogo* ~ star catalogue. **2** (*a forma di stella*) star-shaped, star (*attr.*), star-like: (*El*) *collegamento* ~ star connection. **3** (*Mecc*) radial: *motore* ~ radial engine. **4** (*fig*) (*smisurato*) astronomical, astronomic, enormous, sky-high: *cifre stellari* astronomical figures. **5** (*fig*) (*fantastico, ottimo*) exceptional, (*Am*) stellar.

stellaria *f.* (*Bot*) stitchwort.

stellata *f.* (*colloq*) starry sky.

stellato *a.* **1** starry, star-spangled, star-studded: *cielo* ~ starry sky. **2** (*simile a stella*) star-like, star-shaped, star (*attr.*), stellate, stellated: *macchia stellata* star-shaped spot. **3** (*estens*) (*disseminato*) sprinkled, strewn, dotted: *un giardino* ~ *di fiori* a garden dotted with flowers. **4** (*rif. a cavalli*) blazed. **5** (*Mar*) lean, wedgelike. □ (*Mar*) ~*di poppa* run; (*Mar*) ~*di prua* entrance.

stelletta *f.* **1** (*Edit,Giorn*) (*asterisco*) asterisk, star. **2** *pl.* (*Mil*) stars, (*colloq*) pips: (*fig*) *guadagnarsi le stellette* to earn one's stars; *rimetterci le stellette* to lose one's pips.

stellina *f.* **1** little star. **2** (*divetta*) starlet. **3** (*colloq*) (*tesoro*) darling. **4** *pl.* (*Alim*) star-shaped soup pasta (*costr.sing.*). □ (*Bot*) ~*odorosa* woodruff.

stellione *m.* **1** (*Zool*) starred agama, agama stellio. **2** (*Arald*) stellione. **3** (*Zool,colloq*) (*geco*) gecko.

stelloncino *m.* **1** (*Edit,Giorn*) (*asterisco*) asterisk. **2** (*Giorn*) paragraph, short notice, short article.

stelo *m.* **1** (*Bot*) stem, stalk: *dallo* ~ *lungo* long-stemmed. **2** (*estens*) (*sostegno*) stand, support: *lo* ~ *della lampada* the lamp stand. **3** (*Tecn*) shaft, stem. **4** (*Mot*) piston-rod. □ *lampada a* ~ (*Br*) standard lamp, (*Am*) floor lamp; (*Ferr*) ~ *della rotaia* web (of a rail); (*Tecn*) ~*della valvola* valve stem, valve spindle; (*Mot*) ~*dello stantuffo* piston-rod.

Stelvio *n.pr.m.* (*Geog*) (*passo dello Stelvio*) Stelvio, Stelvio Pass.

stemma *m.* (*Arald*) crest, coat of arms, arms *pl.*, armorial bearings *pl.* □ (*Filol*) ~ *dei codici* stemma; ~*di città* city coat of arms; ~*gentilizio* coat of arms, blazon; ~*gigliato* lilied banner, lilied coat of arms; ~*reale* royal coat of arms.

stemperamento *m.* (*rar*) diluting, dilution.

stemperare (stèmpero) I v.t. **1** (*diluire*) to dilute, to dissolve. **2** (*rif. a colori*) to distemper, to mix. **3** (*fig*) (*diminuire*) to dilute, to tone down, to soften. **4** (*Met*) to soften. **5** (*Gastron*) to mix, to blend. **6** (*rar*) (*togliere la punta*) to blunt. **II** v.pron. **stemperarsi 1** (*Met*) (*perdere la tempera*) to become soft, to become untempered. **2** (*fig,rar*) (*sciogliersi, struggersi*) to melt, to dissolve: *stemperarsi in lacrime* to melt into tears.

stemperato a. **1** (*diluito*) diluted, dissolved. **2** (*rif. a colori*) mixed, distempered. **3** (*Met*) untempered, soft, softened. **4** (*fig*) (*diminuito*) diluted, toned-down, softened. **5** (*senza punta*) blunt.

stempiarsi (mi stèmpio, ti stèmpi) v.pron. to recede, to thin at the temples, to go bald.

stempiato a. thinning at the temples, bald at the temples, balding.

stempiatura f. **1** balding at the temples, thinning at the temples. **2** (*parte della tempia priva di capelli*) receding hair-line.

sten f./m.inv. (*Arm*) (British WW II-era) submachine gun.

S.Ten. (*Mil*) *sottotenente* S. Lient., Sub Lient. (second lieutenant, sublieutenant).

stencil /'stensil/ m.inv. (*Art*) stencil.

stendardo m. **1** standard, banner (*anche Lit*). **2** (*Stor.rom*) vexillum. **3** (*Bot*) (*vessillo*) standard, vexillum.

stendere (*pres.ind.* **stèndo**; *p.rem.* **stési**; *p.p.* **stéso**) **I** v.t. **1** (*allungare*) to stretch, to stretch out, to extend: *~ le braccia* to stretch out one's arms. **2** (*svolgere*) to spread, to spread out, to lay, to stretch out: *~ la tovaglia sul tavolo* to spread the tablecloth on the table. **3** (*spiegare*) to unfold, to spread out, to lay out. **4** (*sciorinare*) to hang out, to hang up: *~ il bucato* to hang out the washing. **5** (*stirare*) to roll, to roll out: *~ la pasta* to roll out the dough. **6** (*spalmare*) to spread: *~ il burro sul pane* to spread butter on bread. **7** (*mettere a giacere*) to lay, to lay down: *~ qcu. sul letto* to lay so. on the bed. **8** (*abbattere, tramortire*) to knock (so.) flat, to knock (so.) down, to floor, to fell: *lo stese a terra con un pugno* he gave him a punch that knocked him flat, he felled him with a blow. **9** (*estens*) (*uccidere*) to kill, to fell. **10** (*mettere per iscritto*) to draw up, to make, to draft: *~ un contratto* to draw up a contract; *~ un testamento* to draw up a will, to make a will. **11** (*rilassare*) to relax: *~ i muscoli* to relax the muscles. **12** (*Met*) (*spianare*) to hammer out. **II** v.pron. **stendersi 1** (*allungarsi*) to stretch out, to extend. **2** (*mettersi a giacere*) to lie, to lie down, to stretch out: *stenditi sul divano* stretch out on the couch. **3** (*estendersi*) to spread, to spread out, to extend, to stretch, to reach, to run: *le sue terre si stendono fino al fiume* his property reaches as far as the river, his property goes as far as the river. □ *~ la mano a qcu.*: **1** (*porgergliela*) to hold out one's hand to so.; **2** (*fig*) (*aiutarlo*) to give so. a helping hand; **3** (*chiedergli l'elemosina*) to put out one's hand, to hold out one's hand, to beg; *~ le gambe* to stretch one's legs, to stretch one's legs; (*fig*) *~ un velo pietoso su qcs.* to draw a veil over sth.; (*iron*) *stendiamo un ~ pietoso!* let's change the subject!; never mind!; *~ un verbale* to draw up a report.

stendibiancheria m.inv. clotheshorse.

stendifili m.inv. (*Tel*) linesman, (*Am*) lineman.

stendino m. (*colloq*) clotheshorse.

stenditoio m. **1** (*locale*) drying room. **2** (*stendibiancheria*) clotheshorse.

stenocardia f. (*Med*) stenocardia.

stenodattilografia f. shorthand typing, shorthand and typing.

stenodattilografo m. (f. **-a**) shorthand typist.

stenografare (stenògrafo) v.t. to write (sth.) (down) in shorthand, to take (sth.) down in shorthand, (*Am*) to stenograph.

stenografato a. shorthand (*attr.*), written (down) in shorthand, taken down in shorthand.

stenografia f. shorthand, (*Am*) stenography, (*Am,colloq*) steno.

stenograficamente avv. in shorthand, (*Am*) stenographically.

stenografico (*pl.* **-ci**) a. shorthand (*attr.*), (*Am*) stenographic, (*Am*) stenographical: *segno ~* shorthand symbol.

stenografo m. (f. **-a**) shorthand typist, (*Am*) stenographer, (*Am,colloq*) steno.

stenogramma m. **1** (*stenoscritto*) shorthand text. **2** (*segno stenografico*) shorthand character, stenograph, grammalogue.

stenosi f. (*Med*) stenosis: *~ dell'aorta* aortic stenosis. □ (*Med*) *~ mitralica* mitral stenosis; (*Med*) *~ pilorica* pyloric stenosis; (*Med*) *~ polmonare* pulmonary stenosis.

stenotipia f. **1** (*il metodo*) stenotypy. **2** (*lo scrivere*) stenotyping.

stent m.inv. (*Chir*) stent.

stentacchiare (stentàcchio, stentàcchi; *aus.* **avere**) v.i. (*colloq,ant*) **1** (*avere difficoltà*) to find it hard. **2** (*soffrire piccole privazioni*) to be in rather tight circumstances.

stentare (*pres.ind.* **stènto**; *p.p.* **stentàto**; *aus.* **avere**) **I** v.i. **1** (*durare fatica*) to have difficulty (*a* in), to have trouble (*a* in), to find it hard (*a* to), to be hardly able (*a* to): *~ a leggere* to have difficulty in reading. **2** (*riuscire difficile*) to find it hard, to be hardly able: *stento a credere una cosa simile* I find it hard to believe such a thing; *stentavo a riconoscerlo* I could hardly recognize him. **3** (*assol.*) (*condurre una vita grama*) to be in want, to be in need, to find it hard to keep going, to find it hard to make ends meet, to feel the pinch: *con quello che guadagna stenta a tirare avanti* he finds it hard to make ends meet on what he earns. □ (*rar*) *~ il pane* (o *~ la vita*) to scrape along, to earn barely enough to live on.

stentatamente avv. **1** with difficulty. **2** (*in povertà*) in poverty.

stentatezza f. **1** difficulty, hardship. **2** (*l'essere pieno di stenti*) poverty, privation, hardship, straitened circumstances pl.

stentato a. **1** (*eseguito a fatica*) laboured, (*Am*) labored. **2** (*sforzato*) forced, stiff, unnatural, strained: *sorriso ~* forced smile. **3** (*rif. a opere letterarie*: *artificioso*) stilted, mannered: *prosa stentata* stilted prose. **4** (*ottenuto con fatica*) hard-earned, hardwon: *pane ~* hard-earned bread. **5** (*pieno di stenti*) hard, poverty-stricken, of poverty, of privation: *vita stentata* hard life, life of poverty. **6** (*risicato*) narrow, small: *una maggioranza stentata* a narrow majority. **7** (*che cresce a fatica*) stunted, scrubby.

stento m. **1** *spec.pl.* (*miseria*) hardship, poverty, privation, straitened circumstances pl.: *crescere fra gli stenti* to grow up in poverty; *una vita di stenti* a life of hardship, a life of poverty; *fare una vita di stenti* to lead a poverty-stricken life, to live a hard life. **2** (*difficoltà*) difficulty: *ha fatto il lavoro con molto ~* he did the work with great difficulty. □ *a ~* barely, hardly, with trouble, with difficulty: *si regge in piedi a ~* he can barely stand; *lo credo a ~* I find it difficult to believe, I find it hard to believe; *ci sono riuscito*

a ~ I had some difficulty in succeeding; *parlare a ~* to be barely able to speak; *senza ~* effortlessly, easily, without difficulty.

stentoreo a. stentorian: *voce stentorea* stentorian voice.

step m.inv. (*Sport*) **1** step aerobics (*costr.sing.* o *pl.*), (*colloq*) step: *un corso di ~* a step class. **2** (*attrezzo*) step, small portable platform, stepping block.

steppa f. (*Geog*) steppe.

stepposo a. steppe-like.

steradiante m. (*Fis*) steradian.

sterangolo m. (*Geom*) (*angolo solido*) solid angle.

sterco (*pl. rar* **-chi**) m. dung, droppings pl., muck, excrement.

stercorario I a. dung (*attr.*), stercoraceous: (*Entom*) *scarabeo ~* dung beetle. **II** m. (*Ornit*) skua, jaeger.

stereo I a. (*Acus*) stereophonic, (*colloq*) stereo: *impianto ~* hi-fi, stereo. **II** m. stereophonic system, stereophonic sound system, (*colloq*) stereo. □ *~ portatile* portable stereo system, (*colloq*) ghetto blaster, boom box.

stereobate m. (*Archeol*) stereobate.

stereochimica f. (*Chim*) stereochemistry.

stereofonia f. (*Acus*) stereophony.

stereofonico (*pl.* **-ci**) a. (*Acus*) stereophonic, (*colloq*) stereo, two-channel: *effetto ~* stereophonic effect.

stereografia f. (*Radiol,Geom*) stereography.

stereografico (*pl.* **-ci**) a. (*Geom*) stereographic: *proiezione stereografica* stereographic projection.

stereogramma m. **1** (*Mat,Geol*) stereogram. **2** (*Topogr*) stereogram, stereograph.

stereoisomeria f. (*Chim*) stereoisomerism.

stereolitografo m. (*Mecc,Elettron*) stereolitograph.

stereometria f. (*Geom*) stereometry.

stereometrico (*pl.* **-ci**) a. (*Geom*) stereometric.

stereoscopia f. (*Fisiol,Ott*) stereoscopy.

stereoscopico (*pl.* **-ci**) a. (*Fisiol,Ott*) stereoscopic: *figura stereoscopica* stereoscopic figure.

stereoscopio m. (*Ott*) stereoscope.

stereotipare (stereòtipo) v.t. (*Tip*) to stereotype.

stereotipato a. **1** (*Tip*) stereotype (*attr.*), stereotyped. **2** (*fig*) (*convenzionale*) stereotyped, conventional, stereotypical. **3** (*fig*) (*non spontaneo*) fixed, frozen, stiff: *sorriso ~* frozen smile. **4** (*fig*) stereotype, stereotyped.

stereotipia f. **1** (*Tip*) stereotypy. **2** (*Tip*) (*lastra*) stereotype plate. **3** (*Tip*) (*stampa*) stereotype print. **4** (*Psic*) stereotypy, stereotype.

stereotipista m./f. stereotypist, stereotyper.

stereotipo I a. (*Tip*) stereotype (*attr.*), stereotyped. **II** m. **1** (*Psic*) stereotype, stereotype. **2** (*Ling,estens*) (*cliché*) commonplace, cliché, platitude. **3** (*fig*) stereotype, epitome.

sterile a. **1** (*Agr*) (*non fruttifero*) sterile, barren. **2** (*Biol*) (*non fecondo*) sterile, infertile, barren. **3** (*Med*) (*sterilizzato*) sterile, sterilized. **4** (*Minier*) waste. **5** (*fig*) (*inutile*) useless, unproductive, fruitless: *sforzi sterili* useless efforts. **6** (*fig*) (*carente*) without (*di qcs.* sth.), lacking (*di qcs.* in sth.), wanting (*di qcs.* in sth.), fruitless: *una discussione ~ di risultati* a discussion without results, a fruitless discussion.

sterilire (sterilìsco, sterilìsci) v.t. **1** (*Biol*) to sterilize. **2** (*Agr*) to make (sth.) barren, to make (sth.) unproductive (*anche fig*).

sterilità f. **1** (*Biol*) sterility, infertility. **2** (*fig*) (*improduttività, inutilità*) sterility, uselessness, unproductivity, fruitlessness, barrenness. **3** (*Med*) (*assenza di microrganismi*) sterility. **4** (*Agr*) sterility, barrenness, unfruitfulness.

sterilizzare (**sterilìzzo**) *v.t.* **1** (*privare di microrganismi*) to sterilize: ~ *un ago* to sterilize a needle. **2** (*Med*) (*rendere sterile: rif. a persona*) to sterilize. **3** (*Veter*) to sterilize; (*rif. a maschio*) to neuter; (*rif. a femmina*) to spay.

sterilizzato *a.* **1** (*privo di microrganismi*) sterile, sterilized: *garza sterilizzata* sterile gauze. **2** (*Med*) (*rif. a persona*) sterilized. **3** (*Veter*) sterilized; (*rif. a maschio*) neutered; (*rif. a femmina*) spayed.

sterilizzatore I *m.* **1** (*f.* **-trice**) sterilizer. **2** (*apparecchio*) sterilizer. **II** *a.* sterilizing.

sterilizzazione *f.* **1** (*Med,Ind*) sterilization. **2** (*Veter*) sterilization; (*rif. a maschio*) neutering, (*rif. a femmina*) spaying.

sterilmente *avv.* sterilely, barrenly.

sterletto *m.* (*Itt*) sterlet.

sterlina *f.* (*lira sterlina*) pound, pound sterling, (*colloq*) quid: *banconota da cinque sterline* five-pound note, (*colloq*) fiver.

sterminabile *a.* exterminable.

sterminare (**stèrmino**) *v.t.* to exterminate, to wipe out, to eradicate, to destroy (*anche Mil*): ~ *i ratti* to exterminate rats, to eradicate rats.

sterminatezza *f.* immensity, boundlessness, infinity.

sterminato *a.* **1** (*smisurato*) immense, boundless. **2** (*iperb*) enormous, immense. **3** (*distrutto*) exterminated, wiped out, destroyed.

sterminatore I *m.* (*f.* **-trice**) exterminator, destroyer, terminator. **II** *a.* exterminating, destroying.

sterminio *m.* **1** extermination, eradication, wiping out (*anche Mil*). **2** (*colloq,fig*) (*enorme quantità*) enormous quantity, huge amount.

sterna *f.* (*Ornit*) tern. □ (*Ornit*) ~ *mezzana* sandwich tern; (*Ornit*) ~ *minore* little tern, (*Am*) least tern.

sternale *a.* (*Med*) sternal.

sterno *m.* (*Anat*) sternum, (*colloq*) breastbone.

sternocleidomastoideo I *a.* (*Anat*) sternocleidomastoid. **II** *m.* (*Anat*) sternocleidomastoid, sternocleidomastoid muscle.

sternuto *e der.* → **starnuto** *e der.*

steroide *m.* (*Chim*) steroid.

steroideo *a.* (*Chim*) steroidal: *ormone* ~ steroidal hormone.

sterolo *m.* (*Chim*) sterol.

sterpaglia *f.* brushwood.

sterpaia *f.* scrub, scrubland.

sterpaio *m.* scrub, scrubland.

sterpame *m.* brushwood.

sterpazzola, **sterpazzola** *f.* (*Ornit*) whitethroat.

sterpo *m.* **1** (*rametto secco*) dry twig. **2** *pl.* (*arbusti*) shrubs, scrubs.

sterposo *a.* scrubby, covered with scrub.

sterramento *m.* (*rar*) excavation, digging out.

sterrare (**stèrro**) *v.t.* to excavate, to dig out.

sterrato I *a.* **1** (*scavato*) excavated, dug out. **2** (*privo di asfaltatura*) unsurfaced: *strada sterrata* unsurfaced road, dirt road. **II** *m.* (*suolo non asfaltato*) dirt patch.

sterratore *m.* excavator, digger, (*ant*) navvy.

sterro *m.* **1** excavation, excavating, digging out. **2** (*terra asportata*) excavated earth, loose earth, diggings *pl.* **3** (*lavori di sterro*) excavation work.

sterzare (**stèrzo**) *v.t.* **1** to steer. **2** (*cambiare direzione*) to swerve: *ha dovuto* ~ *per evitare il passante* he had to swerve to avoid a pedestrian. **3** (*fig,colloq*) (*cambiare idea*) to swerve, to veer, to deviate, to shift.

sterzata *f.* **1** (*lo sterzare*) steering. **2** (*effetto*) sharp turn, swerve. **3** (*fig*) (*mutamento improvviso*) swerve, veer, sudden shift. □ (*Pol*) ~ *a destra* shift to the right; (*Pol*) ~ *a sinistra* shift to the left.

sterzo *m.* **1** (*Aut,Mecc*) steering gear. **2** (*Aut*) (*volante*) steering-wheel. **3** (*di bicicletta o moto: manubrio*) handlebars *pl.* □ (*Aut*) ~ *dolce* light steering, easy steering; (*Aut*) ~ *duro* heavy steering, hard steering; (*Aut*) ~ *idraulico* (hydrostatic) power steering; (*Aut*) ~ *servocomando* power-assisted steering, power steering.

steso *a.* **1** (*sciorinato*) hung out, hung up, hanging. **2** (*disteso*) spread out, outspread, stretched: ~ *sul pavimento* spread out on the floor. **3** (*fig*) (*stanchissimo*) weary, exhausted, worn-out, fatigued, (*colloq*) done in, tired out.

stesso I *a.* **1** (*medesimo, uguale*) same: *oggi danno lo* ~ *film di ieri* they are showing the same film today as yesterday; *due malattie con gli stessi sintomi* two diseases with the same symptoms. **2** (*rafforzativo, posposto a un nome: proprio, in persona*) in person, personally: *il ministro* ~ *è intervenuto alla cerimonia* the minister personally attended the ceremony, the minister himself attended the ceremony; *Dante* ~ *usa questa voce* Dante himself uses this word. **3** (*rafforzativo: anche, persino*) even: *i suoi stessi avversari lo hanno ammesso* even his enemies admitted it. **4** (*rafforzativo: posposto a un pron. pers. soggetto*): *io* ~ (o *io stessa*) I myself; *tu* ~ (o *tu stessa*) you yourself; *lui* ~ (o *egli* ~) he himself; *lei stessa* (o *ella stessa*) she herself; *esso* ~ it itself; *noi stessi* (o *noi stesse*) we ourselves; *voi stessi* (o *voi stesse*) you yourselves; *essi stessi* (o *loro stessi*) they themselves; *esse stesse* (o *loro stesse*) they themselves; *lo farò io* ~ I'll do it myself; *loro stessi ci hanno accompagnato* they themselves came with us. **5** (*rafforzativo: posposto a un pron. rifl.*) self: *me* ~ (o *me stessa*) myself; *te* ~ (o *te stessa*) yourself; *se* ~ himself, itself; *se stessa* herself; *noi stessi* (o *noi stesse*) ourselves; *voi stessi* (o *voi stesse*) yourselves; *se stessi* (o *se stesse*) themselves; *gli egoisti pensano solo a se stessi* selfish people think only of themselves; (*Bibl*) *ama il prossimo tuo come te* ~ love thy neighbour as thyself. **6** (*rafforzativo: posposto a un aggettivo possessivo*) own: *questo va contro i suoi stessi interessi* this goes against his own interests; *l'ho fatto con le mie stesse mani* I did it with my own hands. **7** (*rafforzativo: posposto a un avverbio*) very, right: *vorrei farlo oggi* ~ I would like to do it this very day. **8** (*proprio*) very, exact, precise: *sono le sue stesse parole* they are his very words. **9** (*in persona, personificato*) itself, personified, in person: *la tua amica è la gentilezza stessa* your friend is kindness itself, your friend is kindness personified. **10** (*solito*) same old, usual: *è sempre lo* ~ *discorso* it's always the same old story. **II** *pron.* **1** (*la stessa persona*) same person: *sono sempre gli stessi a protestare* it's always the same people who complain; *non è più lo* ~ *di una volta* he isn't what he used to be. **2** (*con valore neutro: la stessa cosa*) same, same thing: *che tu lo faccia o no, per me è lo* ~ whether you do it or not, it's all the same to me. **3** (*enfat*) (*questo*) same, it: *per lubri-*

ficare la serratura spalmare la stessa di grasso to lubricate the lock spread grease on it. □ *alla stessa maniera* alike (*pred.*), in a similar way; *essere allo* ~ *livello di* : **1** to be on the same level as; **2** (*fig*) to be equal to, to be of the same standard as; *allo* ~ *modo* likewise, in the same way, alike (*pred.*): *pensarla allo stesso* ~ to think alike, to have the same opinion; *allo* ~ *tempo* : **1** (*contemporaneamente*) at the same time, simultaneously; **2** (*estens*) (*inoltre, anche*) at the same time; (*fig*) *essere nella stessa barca* to be in the same boat; *la stessa cosa* (*lo stesso*) (all, just) the same: *è la stessa cosa* it's all the same, it makes no difference, it doesn't matter; *della stessa sorta* : **1** of the same kind; **2** (*spreg*) (*rif. a persone*) tarred with the same brush; *è sempre lo* ~ *discorso* it's the same old story; *è lo* ~ (o *fa lo* ~) (*non importa*) it doesn't matter, it's all the same, never mind; *lo* ~ (*ugualmente*) anyway, anyhow, just the same, whatever, all the same: *te lo racconterò lo* ~, *anche se non ci credi* I'll tell you about it anyway, even if you don't believe it; *ci andrò lo* ~ I'll go just the same; *lo* ~ *che niente* the same as nothing, as good as nothing; (*fig*) *è sempre la stessa minestra* it's always the same old story; (*fig*) *è sempre la stessa musica* it's always the same old story; *nella stessa maniera* in the usual manner, in the usual way, as usual; *nello* ~ *momento* at the same time; *in quello* ~ *momento* at that very moment; *alla stessa ora* at the same time; *dalla stessa parte* on the same side; *per lo* ~ *motivo* for the same reason, on the same grounds; *facciamo la stessa strada* we go the same way; *alla stessa stregua* by the same standard, in the same way, alike (*pred.*): *mettere tutti alla stessa stregua* to judge everyone by the same standard, to judge everyone in the same way; *trattare tutti alla stessa stregua* to treat everyone alike; (*fig*) *battere sempre lo* ~ *tasto* to harp on the same subject all the time; *vivere sotto lo* ~ *tetto* to live under one roof, to live under the same roof. *Prov.*: *stessa faccia stessa razza* same face same race.

stesura *f.* **1** (*compilazione*) drawing up, drafting, writing: *la* ~ *di un contratto* the drawing up of a contract. **2** (*redazione*) draft, version.

stetoscopia *f.* (*Med,Tecn*) stethoscopy.

stetoscopico (*pl.* **-ci**) *a.* (*Med*) stethoscopic, stethoscopical.

stetoscopio *m.* (*Med,Tecn*) stethoscope.

steward /'stjuard/ *m.inv.* **1** (*Aer*) steward, flight attendant. **2** (*estens*) steward, attendant.

stewardess /'stjuardes/ *f.inv.* (*Aer*) hostess, air hostess, flight attendant, (*ant*) stewardess.

stia *f.* chicken coop, coop, hencoop, hutch.

stiacciato *m.* (*Scult*) stiacciato, flattened relief.

stiaccino *m.* (*Ornit*) whinchat.

stiancia *f.* (*Bot*) reedmace, cat tail, cat's tail.

stibismo *m.* (*Med*) stibialism, (*colloq*) antimonial poisoning, (*colloq*) antimonial intoxication.

stick I *m.inv.* stick. **II** *a.inv.* (*posposto al sostantivo*) stick (*attr.*): *deodorante (in)* ~ stick deodorant; *colla* ~ glue stick.

stifelius, **stiffelius** *m.inv.* (*Abbigl*) frockcoat, redingote.

Stige *n.pr.m.* (*Mitol*) Styx.

stigio *a.* (*Mitol,lett*) Stygian, of the Styx (*posposto*): *palude stigia* Stygian swamp.

stigliare (**stìglio**, **stigli**) *v.t.* (*Tess*) to scutch.

stigliatrice *f.* (*Tess*) (*macchina*) scutch,

scutching machine.

stigliatura *f.* (*Tess*) scutching.

stigma *m.* **1** (*Bot*) stigma. **2** (*Entom*) stigma. **3** (*Stor*) (*marchio*) brand, mark, stigma. **4** (*fig, lett*) (*segno distintivo*) stigma, mark.

stigmate *f.pl.* **1** (*Rel*) stigmata. **2** (*Med*) stigmas. **3** (*fig,lett*) (*segno distintivo*) stigma *sing.*, mark *sing.*

stigmatico (*pl.* **-ci**) *a.* **1** (*Bot*) stigmatic. **2** (*Ott,Fis*) anastigmatic, stigmatic.

stigmatismo *m.* (*Ott,Fis*) stigmatism.

stigmatizzare (**stigmatìzzo**) *v.t.* **1** (*rar*) to stigmatize. **2** (*fig*) (*biasimare*) to stigmatize, to censure, to brand.

stigmatizzazione *f.* stigmatization (*anche fig*).

stilare (**stìlo**) *v.t.* (*burocr*) to draw up, to draft: ~ *un contratto* to draw up a contract.

stile *m.* **1** (*Art,Lett,Scult,Arch*) style: ~ *gotico* Gothic style; ~ *architettonico* architectural style, style of architecture, type of architecture; ~ *ampolloso* bombastic style; ~ *telegrafico* telegraphic style, concise style; ~ *sintetico* terse style;~ *espositivo* expository style. **2** (*modo*) style, manner, way: *non è nel suo ~ agire così* it's not his style to act that way, it's not like him to act that way. **3** (*eleganza*) style, class: *mancare di ~* to lack style. **4** (*modo di computare il tempo*) style: ~ *vecchio* Old Style; ~ *nuovo* New Style. **5** (*Stor,Arm*) (*stiletto*) stiletto. □ (*Alp*) ~ *alpino* Alpine style; *avere ~* to have style, to be stylish; *non avere ~* to lack style; (*Arch*) ~ *bizantino* Byzantine style; ~ *coloniale* colonial style; (*Mus*) ~ *concertato* stile concertato; (*Arch*) ~ *corinzio* Corinthian style; ~ *di vita* life-style, lifestyle, way of life; ~ *direzionale* managerial style; ~ *disuguale* uneven style; (*Arch,Arred*) ~ *floreale* Art Nouveau, (*colloq*) flowery style; (*Arred,Abbigl*) ~ *impero* Empire style; (*Arred*) *in* ~: **1** (*originale*) period: *mobili in* ~ period furniture, reproduction furniture; **2** (*riprodotto*) reproduction: *mobili in* ~ reproduction period furniture; (*Sport*) ~ *libero* free style, crawl; (*Arch,Arred*) ~ *liberty* Art Nouveau; *senza* ~ lacking in style, unstylish, shabby, (*colloq*) naff; (*Arch*) ~ *vittoriano* Victorian style. *Prov.*: *lo* ~ *è l'uomo* the tailor makes the man.

stilè, **stilé** *a.* (*elegante*) stylish, smart.

stilema *m.* stylistic feature.

stilettare (**stilétto**) *v.t.* (*rar*) to stiletto, to stab with a stiletto.

stilettata *f.* **1** stab with a stiletto. **2** (*estens*) (*dolore acuto*) stab, pang, sharp pain (*anche fig*): *sentire una ~ al petto* to feel a stab in the chest.

stiletto *m.* (*Stor,Arm*) stiletto.

stilismo *m.* stylism.

stilista *m./f.* **1** (*Lett,Art*) stylist, master of style. **2** (*Sport*) stylist, stylish player. **3** (*creatore di moda*) stylist, designer, fashion designer. **4** (*creatore di acconciature*) stylist, hair stylist, hairdresser.

stilistica *f.* stylistics (*costr.sing.*).

stilisticamente *avv.* stylistically.

stilistico (*pl.* **-ci**) *a.* stylistic.

stilita, **stilite** *m.* (*Stor*) stylite.

stilizzare (**stilìzzo**) *v.t.* (*Art*) to stylize, (*estens*) to outline, to sketch.

stilizzato *a.* (*Art*) stylized, (*estens*) sketchy, rough.

stilizzazione *f.* (*Art*) stylization, (*estens*) outline.

stilla *f.* (*lett*) (*goccia*) drop, droplet, bead: ~ *di pianto* tear drop; *stille di sudore* beads of sweat. □ ~ *a* ~ drop by drop: *cadere* (*a*) ~ *a* ~ to drip, to fall in drops.

stillante *a.* (*lett*) **1** (*coperto di stille*) covered

with drops (*posposto*), with droplets on (*posposto*). **2** (*gocciolante*) dripping.

stillare (**stìllo**) **I** *v.t.* **1** (*trasudare*) to ooze, to exude. **2** (*versare*) to drip, to pour drop by drop, to trickle. **II** *v.i.* (*aus.* **essere**) **1** (*gocciolare*) to drip, to drop, to trickle: *l'acqua che stilla dai rami dell'albero* the water dripping from the branches of the tree. **2** (*trasudare*) to ooze, to exude: *la resina stilla dai tronchi* the resin is oozing from the tree trunks. **III** *v.pron.* **stillarsi** (*rar*) to rack one's brains: *stillarsi per trovare una soluzione a un problema* to rack one's brains to find the solution to a problem. □ (*fig,colloq*) *stillarsi il cervello* to rack one's brains, to cudgel one's brains; ~ *sudore* to drip with sweat.

stillicidio *m.* **1** dripping of water. **2** (*fig*) steady stream, steady trickle.

stilnovista **I** *m.* (*Lett*) dolce stil nuovo poet. **II** *a.* (*Lett*) dolce stil nuovo (*attr.*), of the dolce stil nuovo (*posposto*).

stilnovistico (*pl.* **-ci**) *a.* (*Lett*) dolce stil nuovo (*attr.*), of the dolce stil nuovo.

stilnovo, **stil novo** *m.* (*Lett*) dolce stil nuovo.

stilo *m.* **1** (*Stor*) (*strumento per scrivere*) stylus. **2** (*braccio della stadera*) beam. **3** (*ago della bilancia*) needle. **4** (*nei giradischi*) stylus, needle. **5** (*stiletto*) stiletto. **6** (*ago della meridiana*) style, gnomon. **7** (*Zool*) style, stylet. **8** (*Bot*) style. **9** (*El*) (*pila da 1,5 volt*) 1.5v battery, AA battery, penlight battery. **10** (*colloq*) (*penna stilografica*) fountain pen.

stilobate *m.* (*Archeol*) stylobate.

stilografica *f.* (*penna stilografica*) fountain pen.

stilografico (*pl.* **-ci**) *a.* fountain, fountain-pen (*attr.*): *inchiostro* ~ fountain-pen ink.

stima *f.* **1** (*buona opinione*) esteem, regard, respect, good opinion: *degno di* ~ worthy of respect, worthy of esteem; *godere la* ~ *di tutti* to enjoy everyone's respect; *avere grande* ~ *di qcu.* to hold so. in high esteem, to have a high opinion of so., to think highly of so.; *avere poca* ~ *di qcu.* not to think much of so., to have a low opinion of so., to have a poor opinion of so. **2** (*valutazione*) appraisal, estimate, assessment, rating, valuation, evaluation: ~ *dei danni* estimate of damages, damage assessment. **3** (*perizia*) survey: *chiedere una* ~ *di qcs.* to ask for a survey of sth. **4** (*Mar*) reckoning. □ ~ *catastale*: **1** cadastral survey; **2** (*estens*) rateable value; ~ *delle tasse* tax assessment; *fare la* ~ *di qcs.* to estimate sth., to appraise sth.; ~ *ufficiale* official estimate.

stimabile *a.* **1** (*rispettabile*) estimable, worthy of esteem (*posposto*), worthy of regard (*posposto*), worthy of respect (*posposto*), respectable. **2** (*valutabile*) estimable, appraisable, assessable.

stimabilità *f.* (*rar*) **1** (*rispettabilità*) estimableness, respectability. **2** (*valutabilità*) appraisability, (*ant*) estimableness.

stimare (**stìmo**) **I** *v.t.* **1** (*reputare*) to consider, to hold, to believe: *lo stimano un bravo impiegato* they consider him a good employee. **2** (*apprezzare*) to esteem, to think highly of, to hold (so.) in high regard, to hold (so.) in high respect: *è stimato da tutti* everyone thinks highly of him. **3** (*valutare*) to estimate, to appraise, to assess: ~ *i danni* to assess the damage. **4** (*Mar*) to fix (sth.) by dead reckoning, to estimate. **II** *v.pron.* **stimarsi 1** to consider oneself, to think oneself: *stimarsi fortunato* to consider oneself lucky, to think one is lucky. **2** (*region*) (*darsi delle arie*) to put on airs. □ *fare* ~ *qcs.* to have

sth. appraised; *farsi* ~ *da qcu.* to earn so.'s respect, to earn so.'s esteem; ~ *molto qcu.* to think highly of so., to respect so. greatly, to esteem so. greatly; ~ *poco qcu.* to think poorly of so., not to think much of so., to have a low opinion of so.

stimato *a.* **1** estimated, assessed. **2** (*che gode di alta considerazione*) esteemed, respected, highly thought of: *un medico molto* ~ a greatly respected doctor. **3** (*rif. a persone: nelle lettere*) dear. **4** (*ant*) (*rif. a lettere e sim.*) valued. **5** (*Mar*) estimated, reckoned: *punto* ~ estimated position.

stimatore *m.* (*f.* **-trice**) **1** appraiser, judge, estimator: ~ *di oggetti di antiquariato* appraiser of antiques. **2** (*ammiratore*) admirer.

stimmate *f.pl.* **1** (*Rel*) stigmata. **2** (*Med*) stigmas. **3** (*fig,lett*) (*segno distintivo*) stigma *sing.*, mark *sing.*

stimolante **I** *a.* stimulating, stimulant (*anche Farm*). **II** *m.* (*Farm*) stimulant.

stimolare (**stìmolo**) *v.t.* **1** (*incitare*) to incite, to urge, to stir, to prod, to stimulate: ~ *qcu. a studiare* to urge so. to study. **2** (*suscitare*) to arouse, to quicken: ~ *l'invidia di qcu.* to arouse so.'s envy. **3** (*risvegliare una reazione*) to whet, to sharpen: ~ *l'appetito* to whet the appetite. **4** (*Fisiol*) to stimulate. **5** (*lett,ant*) (*pungere con lo stimolo*) to goad, to prod.

stimolatore **I** *m.* **1** (*f.* **-trice**) stimulator, arouser. **2** (*Med*) stimulator. **3** (*Farm*) stimulant, stimulant drug. **II** *a.* inciting, stimulating. □ (*Med*) ~ *cardiaco* pacemaker.

stimolazione *f.* **1** (*incitamento*) incitement, urging, prodding, goading, stimulation. **2** (*Med*) stimulation. □ (*Med*) ~ *cardiaca*: **1** cardiac pacing, pacing; **2** (*massaggio*) heart massage.

stimolo *m.* **1** (*sollecitazione*) stimulus, incentive, spur, goad: *per studiare ha bisogno di uno* ~ he needs an incentive to study, he needs an incentive to make him study; *agire sotto lo* ~ *della gelosia* to act under the stimulus of jealousy. **2** (*bisogno fisico*) pangs *pl.*, pang, sting: *lo* ~ *della fame* the pangs of hunger. **3** (*Fisiol*) stimulus: ~ *interno* internal stimulus. **4** (*lett,ant*) (*pungolo*) goad, prod. □ (*Psic*) ~ *condizionato* conditioned stimulus; *sotto lo* ~ *di* roused by, driven by, under the influence of: *sotto lo* ~ *dell'ira* full of anger, driven by anger.

stincata *f.* blow with the shin: *prendere una* ~ *in qcs.* to hit one's shin against sth.

stinco (*pl.* **-chi**) *m.* **1** (*Anat*) shinbone, tibia. **2** (*Zool*) cannon bone. **3** (*Gastron,Macell*) shin. □ (*fig,scherz*) *non essere uno* ~ *di santo* to be no saint, to be no angel.

stingere (*pres.ind.* **stìngo**, **stìngi**; *p.rem.* **stìnsi**; *p.p.* **stìnto**) **I** *v.t.* to discolour, to take the colour out of, to fade, to make fade: *il sole stinge i colori* the sun makes colours fade. **II** *v.i.* (*aus.* **essere/** *rar* **avere**) to run, to fade, to lose one's colour: *è una tinta che stinge* that colour runs. **III** *v.pron.* **stingersi** to run, to fade, to lose one's colour: *è una tinta che si stinge* that colour runs.

stinto *a.* discoloured, faded: *un vecchio vestito* ~ a faded old dress.

stipa *f.* **1** (*ant,rar*) dry twigs *pl.*, brushwood. **2** (*Bot*) needle grass. □ (*Bot*) ~ *tenacissima* esparto, esparto grass.

stipare (**stìpo**) **I** *v.t.* to pack, to cram: *stiparono i giornalisti in una piccola stanza* they packed the journalists into a small room; ~ *una libreria di libri* to cram a bookcase with books. **II** *v.pron.* **stiparsi** to crowd, to throng, to swarm: *una folla enorme si è stipata nel teatro* a huge crowd thronged the theatre.

stipato a. 1 (rif. a persone: stretto, pigiato) packed, crammed, crowded, squeezed, crushed. 2 (rif. a luogo: affollato) crowded (di with), packed (di with), swarming (di with): il vagone era ~ di gente the carriage was packed with people.

stipendiale a. salary (attr.).

stipendiare (stipèndio, stipèndi) v.t. 1 (assumere) to employ, to hire, to take on. 2 (corrispondere lo stipendio) to pay (a salary to).

stipendiato I a. 1 (pagato) paid, employed: è ~ dal Comune he is paid by the Council. 2 (che percepisce uno stipendio) salaried: impiegato ~ salaried worker. II m. (f. -a) salaried worker, salaried employee.

stipendio m. salary, earnings pl., pay: ~ base basic salary; uno ~ di 2000 euro al mese a monthly salary of 2,000 euros; avere un buono ~ to be well paid. □ ~annuo annual salary, annual pay; ~fisso fixed salary, regular salary; ~iniziale starting pay, starting salary; ~ lordo gross salary; ~ mensile monthly salary; ~ netto net salary, take-home pay; ~ tabellare salary according to the agreed scale.

stipettaio m. (Artig) cabinet maker.

stipetteria f. (Artig) cabinet making.

stipetto m. 1 (Arred) cabinet. 2 (Mar) locker.

stipite m. 1 (Edil,Arch) jamb: ~ della porta doorjamb, doorpost. 2 (Bot) (fusto delle palme) palm trunk. 3 (Bot) (gambo dei funghi) stipe, stalk. 4 (fig,rar) (ceppo) stock, line, family (anche Ling).

stipo m. (Arred) cabinet.

stipsi f. (Med) constipation.

stipulante I a. 1 (Dir) contracting. 2 (Dir.rom) stipulating. II m./f. 1 (Dir) contracting party, stipulating party, party to a contract, party to an agreement. 2 (Dir.rom) stipulator.

stipulare (stìpulo) v.t. 1 (concludere) to enter into, to make, to contract: ~ un patto to enter into an agreement. 2 (redigere formalmente) to draw up, to draft: ~ un contratto to draw up a contract. 3 (specificare) to stipulate: il contratto stipula quali spese saranno coperte the contract stipulates which expenses will be covered. □ ~un accordo to draw up an agreement; ~una polizza to take out a policy; ~un'assicurazione to take out insurance, to take out an insurance policy.

stipulazione f. 1 (conclusione) entering into, making. 2 (Dir) (conclusione specificando determinate condizioni) stipulation. 3 (Dir) (stesura) drawing up, drafting: ~ di un contratto drawing up of a contract. 4 (Dir, Comm) (contratto, accordo) contract, agreement. 5 (Dir,estens) (firma) signing. 6 (Dir.rom,Stor) stipulation.

stiracalzoni m.inv. trouser press.

stiracchiamento m. stretching, stretch.

stiracchiare (stiràcchio, stiràcchi) I v.t. 1 (rar) to stretch: ~ le gambe to stretch one's legs. 2 (fig) (forzare il significato) to force, to strain. 3 (fig) (storcere il significato) to distort, to twist: ~ il senso di un discorso to twist the sense of so.'s words. 4 (fig,colloq) (cercare di risparmiare il più possibile) to skimp, to be stingy with. II v.i. (aus. avere) 1 (colloq) (lesinare) to skimp, to economize (on), to tighten one's purse strings: stiracchiando siamo arrivati alla fine del mese by skimping we made it to the end of the month. 2 (colloq) (mercanteggiare) to bargain (su over), to haggle (su over). III v.pron. stiracchiarsi to stretch, to stretch oneself. □ (colloq) ~ la vita (vivere stentatamente) to

have a hard time making ends meet, to struggle to make ends meet; ~ le membra to stretch (one's limbs).

stiracchiatamente avv. with difficulty, with an effort.

stiracchiato a. 1 stretched. 2 (fig) (sforzato) forced, strained: interpretazione stiracchiata forced interpretation. 3 (fig) (storto) distorted, twisted.

stiracchiatura f. 1 (forzatura) forcing, straining. 2 (travisamento) distortion, twisting. 3 (estens) (interpretazione forzata) forced interpretation, far-fetched interpretation.

stiraggio m. 1 (Ind) stretching. 2 (rif. a capelli) straightening.

stiramaniche m.inv. sleeve board.

stiramento m. 1 stretching. 2 (Med) sprain, spraining, strain, straining: ~ muscolare muscle sprain. 3 (Tecn) stretching. 4 (rif. a capelli) straightening.

stirapantaloni m.inv. trouser press.

stirare (stìro) I v.t. 1 to stretch. 2 (rif. a biancheria) to iron: ~ una camicia to iron a shirt. 3 (rif. a vestiti) to press: ~ una giacca to press a jacket. 4 (rif. a membra: stendere) to stretch, to stretch out: ~ le braccia to stretch one's arms; ~ le gambe to stretch one's legs. 5 (Tecn) to stretch. 6 (Tess) to draw. 7 (assol.) (stirare il bucato) to do the ironing, to iron. 8 (rif. a capelli) to straighten. II v.pron. stirarsi 1 (colloq) to stretch (oneself), to stretch out. 2 (Med) to sprain. □ farsi ~ i capelli to have one's hair straightened; indumenti che non si stirano non-iron garments, wash-and-wear garments, no-iron garments.

stirata f. quick iron-over, quick ironing, quick pressing, quick press: dare una ~ a qcs. to give sth. a quick ironing, to give sth. a quick iron-over.

stirato a. 1 stretched. 2 (col ferro da stiro) ironed, pressed. 3 (Tecn) stretched.

stiratoio m. 1 (panno di lana coperto di tela sul quale si stira) ironing blanket. 2 (estens) (asse da stiro) ironing board. 3 (Tess) drawing frame. 4 (piano del tavolo da disegno) drawing board, drafting board.

stiratrice f. 1 ironer, presser. 2 (macchina automatica) pressing unit, ironing machine. 3 (Tess) (stiratoio) drawing frame.

stiratura f. 1 stretching. 2 (col ferro da stiro) ironing, pressing. 3 (Tecn) stretch, stretching. 4 (Tess) drawing. 5 (rif. a capelli) straightening. □ (Mecc) ~ a freddo cold stretch; ~ a vapore steam ironing, steam pressing.

stirene m. (Chim) styrene.

stireria f. 1 (negozio) ironing shop. 2 (locale) ironing room.

stiro m. 1 ironing, pressing. 2 (Tecn) stretch, stretching. 3 (Tess) drawing. □ da ~ ironing: asse da stiro ironing board; ferro da ~ iron; non ~ non-iron, wash-and-wear.

stirolo m. (Chim) styrene.

stirpe f. 1 (schiatta, famiglia) stock, race, family: ~ d'eroi race of heroes; d'antica ~ from an old family. 2 (discendenza) descent, extraction, birth, origin, lineage, issue: di nobile ~ of noble birth. 3 (Dir) (complesso di persone) descendants pl., offspring, progeny (costr.sing. o pl.).

stitichezza f. 1 (colloq) (stipsi) constipation. 2 (fig,scherz) (avarizia) stinginess, greed.

stitico (pl. -ci) I a. 1 (colloq) (che soffre di stipsi) constipated. 2 (fig) (chi opera con lentezza) slow, inactive, sluggish. 3 (fig,scherz) (avaro) mean, stingy, tight-fisted.

stiva f. 1 (Mar,Aer) hold. 2 (Agr) handlebar. □ (Mar) ~di poppa after hold; (Mar) ~di prua forehold.

stivaggio m. (Mar) stowage: diritti di ~ stowage sing.

stivalaio m. (Calz) bootmaker, boot maker.

stivalata f. kick with a boot, boot.

stivale m. (Calz) boot. □ (Calz) stivalialla cavallerizza riding boots; (Calz) stivali alla scudiera jackboots; (Calz) stivaliall'inglese top-boots; (Calz) stivali da caccia hunting boots; (Calz) stivali da cavallerizzo riding boots; (Calz) stivali da pesca waders; (fig, spreg) dei miei stivali third-rate, worthless: uno scrittore dei miei stivali a third-rate writer; dottore dei miei stivali quack; (Lett) gli stivalidelle sette leghe the seven-league boots; (Calz) stivalidi gomma rubber boots, gum boots, wellington boots, (colloq) wellies, (Am) duck boots, (Br) Wellingtons; lo Stivale (l'Italia) Italy.

stivaleria f. (Calz) boot factory.

stivaletto m. 1 (Calz) ankle boot. 2 (Calz) (da donna o bambino) bootee, ankle boot. 3 (Sport) (per pattinaggio) (Br) skating boot, (Am) ice skate. □ (Calz) stivaletti anfibi army boots, combat boots, (Stor) ~malese boot.

stivare (stìvo) v.t. (Mar,Aer) to stow, to stow away.

stivatore m. 1 (Mar) stevedore, dockworker, docker, (Am) longshoreman. 2 (Aer) freight handler.

stizza f. anger, temper, huff, (colloq) miff: gesto di ~ gesture of irritation. □ avere ~ per qcs. to be angry at sth.;con ~ angrily, in a temper;provare ~ per qcs. to be angry at sth.

stizzire (stizzìsco, stizzìsci) I v.t. to make (so.) angry, to make (so.) cross, to vex. II v.pron. stizzirsi to become angry, to get angry, to lose one's temper, (colloq) to fly off the handle.

stizzito a. angry, cross, in a temper (posposto).

stizzosamente avv. angrily, crossly, in a temper.

stizzoso a. 1 irascible, irritable, hot-tempered: un bambino ~ an irritable child. 2 (che dimostra stizza) angry, cross, peevish: parole stizzose angry words.

'sto a.dimostr. (pop) (questo) this.

stoa f. 1 (Stor,Arch) (portico) stoa. 2 (fig) (scuola filosofica stoica) the Stoa, the Porch.

stocastica f. (Statist) stochastics (costr. sing.).

stocastico a. stochastic (anche Statist): variabile stocastica stochastic variable.

stoccafisso m. 1 (Alim) dried cod, stockfish. 2 (fig,colloq) (persona magra e secca) beanpole, lamppost: sembrare uno ~ to look like a beanpole; rigido come uno ~ as stiff as a poker.

stoccaggio m. 1 (ammasso di merci) stockpile, stockpiling. 2 (magazzinaggio) storage, stocking. □ ~delle scorie radiattive radioactive waste storage.

Stoccarda n.pr.f. (Geog) Stuttgart.

stoccare (stòcco, stòcchi) v.t. 1 (accumulare in magazzino) to stockpile, to stock, to stock up. 2 (rar) (acquistare in blocco per rivendere) to buy in bulk. 3 (Sport) (nella scherma) to score a hit.

stoccata f. 1 (fig) (battuta pungente) gibe, taunt, cutting remark. 2 (Sport) (nella scherma) thrust, pass, hit. 3 (Sport) (nel calcio) goal shot. 4 (colpo di stocco) thrust, stab. 5 (fig,pop) (richiesta di denaro) sudden request

for a loan, unexpected request for a loan. ☐ (*fig*)*dare una ~ a qcu.* to taunt so., to tease so.
stocchista *m./f.* (*Comm*) **1** stockist, wholesaler. **2** (*blocchista*) factory outlet.
stocco (*pl.* **-chi**) *m.* **1** (*Arm*) rapier. **2** (*ant*) (*bastone da stocco*) swordstick.
Stoccolma *n.prf.* (*Geog*) Stockholm.
stock /stɔk/ *m.inv.* **1** (*Comm*) stock: ~ *tampone* (*o ~ regolatore*) buffer stock. **2** (*assortimento*) assortment, selection, choice, stock.
stock-car /stɔk/ *f.inv.* (*Aut,Sport*) stock car, (*colloq*) stocker.
stockista /stɔk-/ *m./f.* (*Comm*) **1** stockist, wholesaler. **2** (*blocchista*) factory outlet.
stock option /stɔkˈɔpʃon/ *f.inv.* (*Econ*) stock option.
stoffa *f.* **1** (*tessuto*) material, fabric, cloth: ~ *per cappotti* cloth for coats; ~ *di buona qualità* good quality material. **2** (*fig,colloq*) (*dote naturale*) stuff, makings *pl.*, what it takes: *avere la ~ del giornalista* to have the makings of a journalist; *c'è della ~ in lui* he has what it takes; *ha la ~ dell'eroe* he's got the stuff heroes are made of. ☐ *di ~* cloth (*attr.*); ~*di lana* wool cloth, woolen material; (*Tess*) ~*spigata* herringbone material.
stoicamente *avv.* stoically.
stoicismo *m.* **1** (*Filos*) Stoicism. **2** (*fig*) stoicism.
stoico I *a.* **1** (*Filos*) Stoic. **2** (*fig*) stoical, stoic. II *m.* (*f.* **-a**; *pl.* **-ci**) **1** (*Filos*) Stoic. **2** (*fig*) stoic.
stoino *m.* **1** mat. **2** (*davanti a una porta*) doormat. **3** (*tenda*) sunblind.
STOL (*Aer*) decollo e atterraggio corti STOL (short takeoff and landing).
stola *f.* **1** (*Abbigl,Lit*) stole, tippet: ~ *di visone* mink stole. **2** (*Stor,Abbigl*) peplos.
stollo *m.* **1** (*Agr*) stack pole. **2** (*estens*) pole, rod.
stolone *m.* **1** (*Bot,Zool*) stolon. **2** (*Lit*) (*di paramento religioso*) orphrey, orfray.
stoltamente *avv.* foolishly, in a silly way, stupidly.
stoltezza *f.* **1** foolishness, stupidity, silliness. **2** (*azione stolta*) stupidity, foolish action. **3** (*parole stolte*) nonsense, stupid talk.
stolto I *a.* foolish, stupid, silly. II *m.* (*f.* **-a**) **1** fool, (*spreg*) simpleton: *comportarsi da ~* to act like a fool. **2** (*Bibl*) fool.
stoma *m.* (*Bot,Anat,Chir*) stoma.
stomacare (**stòmaco**, **stòmachi**) I *v.t.* to turn the stomach of, to nauseate, to sicken, to make one sick, to make one feel sick (*anche fig*). II *v.pron.* **stomacarsi** to be nauseated (*di* by), (*colloq*) to get sick (*di* of), to feel sick (*di* of) (*anche fig*).
stomacato *a.* **1** sickened (*di* by), nauseated. **2** (*fig*) (*disgustato*) sickened, nauseated, disgusted.
stomachevole *a.* **1** sickening, nauseous: *sapore ~* nauseous taste. **2** (*fig*) (*disgustoso*) disgusting, revolting, (*colloq*) sickening.
stomachico (*pl.* **-ci**) *a.* (*Farm*) stomachic.
stomaco (*pl.* **-chi/-ci**) *m.* **1** (*Anat*) stomach: *rovinarsi lo ~* to ruin one's stomach; *mi brontola lo ~* my stomach is rumbling, my stomach is growling; *bruciore di ~* heartburn; *essere malato di ~* to have a bad stomach, to have stomach trouble; *avere lo ~ in subbuglio* to have an upset stomach. **2** (*estens*) (*torace*) chest. **3** (*fig,colloq*) (*coraggio*) courage, stomach, nerve, grit, (*colloq*) guts *pl.* ☐ (*fig,colloq*) *nonavere lo ~ di fare qcs.* not to have the nerve to do sth.; (*fig, colloq*)*ci vuole un bello ~ a fare certe cose* it takes guts to do such things; (*colloq*)*dare di ~* to vomit, to be sick, to throw up; (*fig*) *non è un lavoro per quelli con lo ~ debole* this

isn't a job for someone with a weak stomach; (*fig,colloq*) *avere uno ~ di ferro* to have a cast-iron stomach; (*fig,colloq*) *avere uno ~ di struzzo* to have a cast-iron stomach; (*Med, colloq*) ~*dilatato* distended stomach, dilated stomach; *avere* (*o sentirsi*) *lo ~imbarazzato* to have an upset stomach, to have an upset tummy; *a ~ pieno* on a full stomach; *avere qcs.sullo ~* not to have digested sth., to have sth. sitting on one's stomach: *ho ancora il pranzo sullo ~* my lunch hasn't gone down yet, I'm still digesting lunch; *le melanzane mi rimangono sempre sullo ~* I cannot digest aubergines, I always find aubergines indigestible; (*colloq*) *avere qcu. sullo ~* to be unable to stomach so.; *a ~vuoto* on an empty stomach: *prendere le pastiglie a ~ vuoto* to take pills on an empty stomach, to take pills before meals.
stomatite *f.* (*Med*) stomatitis.
stomatologia *f.* (*Med*) stomatology.
stomatologico (*pl.* **-ci**) *a.* (*Med*) stomatological.
stomatologo *m.* (*f.* **-a**; *pl.* **-gi**) (*Med*) stomatologist.
stomizzato *m.* (*f.* **-a**) (*Chir*) a patient who has undergone neostomy.
stonare (**stòno**) I *v.t.* (*Mus*) **1** (*nel suonare*) to play out of tune, to play off key, to play flat. **2** (*nel cantare*) to sing out of tune, to sing off key, to sing flat: *un cantante che stona* a singer that sings flat. II *v.i.* (*aus. avere*) **1** (*Mus*) (*rif. a strumenti*) to be out of tune, to play out of tune. **2** (*Mus*) (*rif. a cantanti*) to sing out of tune, to sing flat, to sing off key. **3** (*fig*) (*contrastare*) to be out of keeping (*con* with), to be out of place (*con* with), to clash (*con* with), to jar (*con* with), to be at odds (*con* with): *ciò che hai fatto stona col tuo carattere* what you have done is out of keeping with your character. **4** (*fig*) (*rif. a colori e sim.: contrastare*) to clash, not to go (with), not to match (sth.): *queste scarpe stonano con il vestito* these shoes don't go well with the suit.
stonato *a.* **1** (*Mus*) (*rif. a note*) flat, wrong, off-key. **2** (*Mus*) (*rif. a strumenti*) out of tune: *un pianoforte ~* an out-of-tune piano. **3** (*Mus*) (*rif. a cantanti*) flat, out of tune, off-key, tone-deaf. **4** (*fig*) (*inopportuno*) jarring, false, clashing: *una nota stonata* a jarring note. **5** (*fig*) (*rif. a colori e sim.*) clashing. **6** (*fig*) (*sconcertato, turbato*) upset, disturbed, bewildered: *sentirsi ~* to feel bewildered. **7** (*fig*) (*che non si sente bene*) out of sorts. ☐ (*fig*) *essere ~come una campana* to sing atrociously, to be totally out of tune.
stonatura *f.* **1** (*rif. a strumenti: lo stonare*) playing out of tune. **2** (*rif. a cantanti: lo stonare*) singing flat, singing off key, singing out of tune. **3** (*effetto*) lack of harmony, dissonance. **4** (*suono stonato*) wrong note, flat note. **5** (*fig*) (*cosa fuori luogo, inopportuna*) jarring note, incongruity: *è una ~* it's out of place; (*rif. a colori*) it clashes, it looks wrong. ☐ *fare una ~:* **1** (*suonando*) to play a wrong note, to play out of pitch; **2** (*cantando*) to go flat, to go off key, to sing a wrong note.
stop I *m.inv.* **1** (*Strad*) (*segnale*) stop sign. **2** (*Strad*) (*obbligo d'arresto*) stop, halt: *intimare lo ~ a un automobilista* to signal to a motorist to stop, to order a motorist to stop. **3** (*Aut*) (*fanalino d'arresto*) brake light, (*Am*) stoplight. **4** (*Mar*) mark. **5** (*Elettron*) (*tasto che blocca il funzionamento*) stop. **6** (*Sport*) (*nel calcio*) stop. **7** (*nei telegrammi: punto fermo*) stop. II *intz.* stop!
stop and go *m.inv.* **1** stop-and-go situation,

stop-and-go (*anche fig*). **2** (*Sport*) (*nell'automobilismo*) stop-and-go penalty.
stoppa *f.* (*Tess*) tow: ~ *di lino* flax tow. ☐ *di ~:* **1** tow (*attr.*), towy, towlike; **2** (*estens*) (*rif. a capelli: biondi e irsuti*) flaxen, like straw, tow-haired; **3** (*estens*) (*rif. a carne: dura, tigliosa*) stringy, tough, chewy; (*Mar*) ~ *nera* caulking oakum.
stoppaccio *m.* wad.
stoppaccioso *a.* **1** (*stopposo*) towy, tow (*attr.*), towlike. **2** (*estens,colloq*) (*duro e tiglioso*) tough, stringy.
stoppare[1] (**stóppo**) *v.t.* **1** to stop (sth.) with tow, to plug (sth.) with tow. **2** (*estens*) (*chiudere bene*) to stop up, to plug, to secure.
stoppare[2] (**stòppo**) *v.t.* **1** (*bloccare*) to stop, to block, to halt. **2** (*Sport*) (*nel calcio*) to trap, to stop: ~ *la palla* to trap the ball. **3** (*Sport*) (*nella pallacanestro*) to block a shot: ~ *un giocatore* to block a player's shot.
stoppata *f.* (*Sport*) (*nella pallacanestro*) blocked shot.
stopper *m.inv.* (*Sport*) (*nel calcio*) stopper.
stoppia *f.spec.pl.* (*Agr*) stubble.
stoppino *m.* **1** wick. **2** (*miccia per fuochi artificiali*) touchpaper, slow match. **3** (*Tess*) rove.
stopposo *a.* **1** towy, tow (*attr.*), towlike. **2** (*estens*) (*rif. a capelli*) like straw, flaxen. **3** (*estens*) (*duro e tiglioso*) stringy, tough, chewy. **4** (*estens*) (*privo di sugo*) juiceless.
storace *m.* **1** (*Bot*) liquidambar. **2** (*Bot*) storax. **3** (*Cosmet,Farm*) (*balsamo*) storax.
storcere (*pres.ind.* **stòrco**, **stòrci**; *p.rem.* **stòrsi**; *p.p.* **stòrto**) I *v.t.* **1** to twist, to wrench: ~ *il braccio a qcu.* to twist so.'s arm; *mi sono storto un piede* I have twisted my foot, I've sprained my foot. **2** (*fig,rar*) (*alterare, distorcere*) to twist, to distort. II *v.pron.* **storcersi** **1** (*contorcersi*) to twist, to distort, to writhe. **2** (*piegarsi malamente*) to bend, to become bent, to become crooked, to become twisted: *il chiodo s'è storto* the nail has bent. ☐ (*fig*) ~*gli occhi* to roll one's eyes; (*fig*) ~*il muso* to make a wry face, to twist one's mouth; (*fig*) ~*il naso* to turn up one's nose; (*fig*) ~*la bocca* to make a wry face, to twist one's mouth.
stordimento *m.* **1** (*per debolezza, alcol e sim.*) dizziness, grogginess, giddiness, lightheadedness. **2** (*sbalordimento*) astonishment, wonder, amazement, bewilderment.
stordire (**stordìsco**, **stordìsci**) I *v.t.* **1** (*sbalordire*) to stun, to daze, to stupefy, to dumbfound, to bewilder. **2** (*tramortire*) to stun, to daze. **3** (*intontire: anche rif. a bevande alcoliche*) to befuddle, to dull (the senses of), to dizzy. **4** (*rif. a rumore*) to stun, to deafen: *il chiasso mi stordisce* the uproar is deafening me. II *v.pron.* **stordirsi** to lose oneself, to forget (oneself), to dull one's sense: *cerca di stordirsi bevendo* he tries to forget by drinking, he tries to drown his sorrows.
storditaggine *f.* **1** carelessness, absent-mindedness, thoughtlessness, heedlessness. **2** (*errore dovuto a storditaggine*) blunder, carelessness.
storditamente *avv.* carelessly, absent-mindedly, thoughtlessly.
stordito I *a.* **1** stunned, dazed, bewildered, stupefied, dumbfounded, dizzy, woozy: *era ~ per lo scoppio della bomba* he was stunned by the explosion of the bomb. **2** (*distratto, sbadato*) careless, absent-minded, scatterbrained, heedless, lightheaded. II *m.* (*f.* **-a**) scatterbrain, thoughtless person.
storia I *f.* **1** history (*anche Scol*): *con la scoperta dell'America inizia la ~ moderna*

modern history begins with the discovery of America; ~ *della letteratura italiana* history of Italian literature; *una lezione di* ~ a history lesson. 2 (*serie di vicende*) story: *la ~ della mia vita* the story of my life; *è una ~ penosa* it's a sad story. 3 (*narrazione, racconto*) story, tale, account: *una ~ d'amore* a love story. 4 (*favola*) tale, story, yarn: *storie per bambini* children's stories; *raccontare storie* to tell stories, to tell yarns. 5 (*faccenda, questione*) matter, affair, question, business: *non voglio più sentir parlare di questa ~* I don't want to hear another word about this business; *in questa ~ io non c'entro* I haven't got anything to do with this matter; *è una ~ di droga* drugs must be involved, there are drugs involved, it's a question of drugs. 6 (*estens*) (*relazione amorosa*) relationship, affair: *avere una ~ con qcu.* to have an affair with so.; *ha avuto una ~ con mio cugino* she had a relationship with my cousin. 7 *spec.pl.* (*fandonia*) stories *pl.*, tall stories *pl.*, yarns *pl.*, tales *pl.*, fibs *pl.*, nonsense *sing.*: *quel ragazzo ci ha raccontato un sacco di storie* that boy told us a lot of tall tales. 8 *spec.pl.* (*pretesto, scusa*) excuse, pretext: *questa è una ~ per non andare a scuola* this is an excuse to stay home from school. 9 *pl.* (*tergiversazioni, smorfie*) fuss (*costr.sing.*): *non fare tante storie* don't make such a fuss. 10 *pl.* (*esclam.*) nonsense (*costr.sing.*), claptrap (*costr.sing.*), (*colloq*) stuff and nonsense (*costr.sing.*), (*ant*) humbug (*costr.sing.*): *storie, non ci credo proprio!* nonsense, I don't believe a word of it! 11 (*rappresentazione pittorica*) scene, picture: *la parete è affrescata con storie dell'Antico Testamento* the wall is frescoed with scenes from the Old Testament. □ *~ antica* ancient history; *~ contemporanea* contemporary history; *~ del costume* (*rif. a usi*) history of usage and custom; (*rif. a fogge*) history of costume; *~ della filosofia* history of philosophy; *~ della letteratura* history of literature; *~ della lingua* history of language; *~ dell'arte* art history, history of art; *storie di fantasmi* ghost stories; *è la ~ di sempre* it is the same old story; *~ economica* economic history; *~ greca* Greek history; *è una ~ lunga* it's a long story; *~ medievale* medieval history; *~ moderna* modern history; *~ naturale* natural history; *~ romana* Roman history; *~ romanzata* historical novel; *~ sacra* sacred history; *~ scolastica* record of achievement; *~ universale* world history. *Prov.*: *la ~ è maestra di vita* history is a teacher of life, history has a lot to teach us.

storicamente *avv.* 1 (*da un punto di vista storico*) historically. 2 (*realmente*) really.

storicismo *m.* (*Filos*) historicism.

storicistico (*pl.* **-ci**) *a.* (*Filos*) historicist.

storicità *f.* historicity, historical authenticity: *la ~ di un fatto* the historicity of a fact.

storicizzare (**storicìzzo**) *v.t.* to historicize.

storicizzazione *f.* historicization.

storico (*pl.* **-ci**) I *a.* 1 historical: *opera storica* historical work; *i personaggi storici di un romanzo* the historical characters in a novel. 2 (*risalente al passato*) historical, old. 3 (*estens*) (*memorabile*) historic, memorable, to be remembered (*posposto*): *una giornata storica* a day to be remembered. 4 (*estens*) (*mai raggiunto*) record. 5 (*estens, colloq*) (*ben noto*) well-known. II *m.* 1 (*f.* **-a**) (*studioso, scrittore*) historian. 2 (*storia, archivio*) history: *lo ~ di un'azienda* the history of a company.

storiella *f.* 1 (*aneddoto*) funny story, anecdote. 2 (*barzelletta*) joke: *~ oscena* dirty

joke. 3 (*frottola*) story, tall story.

storiellina *f.* 1 (*aneddoto*) funny story, anecdote, yarn. 2 (*barzelletta*) joke: *~ oscena* dirty joke. 3 (*frottola*) story, tall story.

storiografia *f.* historiography.

storiografico (*pl.* **-ci**) *a.* historiographic, historiographical.

storiografo *m.* (*f.* **-a**) historiographer, historian.

storione *m.* (*Itt*) sturgeon.

stormire (**stormìsco, stormìsci**; *aus.* **avere**) *v.i.* to rustle.

stormo *m.* 1 (*rif. a uccelli*) flock, flight, bevy. 2 (*rif. a insetti*) swarm. 3 (*Aer*) flight, wing. 4 (*Mil*) (*gruppo di cavalieri*) troop of horse. 5 (*fig*) (*grande quantità*) mass. 6 (*rar*) (*gruppo di persone*) crowd, swarm, band, flock, bevy. □ *a stormi* in masses, in flocks, in swarms; *suonare a ~* (*rif. a campane*) to ring the alarm bell, to ring the tocsin.

stornare (**stórno**) *v.t.* 1 (*fig*) (*allontanare*) to avert, to ward off, to avoid: *~ il pericolo* to avert danger. 2 (*fig*) (*dissuadere, distogliere*) to dissuade, to divert, (*colloq*) to put off: *~ qcu. da qcs.* to dissuade so. from sth., to dissuade so. from doing sth. 3 (*Comm*) (*nella contabilità: trasferire*) to transfer. 4 (*Comm*) (*nella contabilità: rettificare*) to reverse. 5 (*Comm*) (*annullare*) to cancel.

stornellare (**stornèllo**; *aus.* **avere**) *v.i.* to sing stornelli.

stornellata *f.* 1 singing stornelli. 2 (*insieme di stornelli*) stornelli *pl.*

stornello[1] *m.* (*Mus*) stornello.

stornello[2] *m.* (*Ornit*) starling.

storno[1] *a.* (*Zool*) dapple-grey, dappled-grey: *cavallo ~* dapple-grey, dapple-grey horse.

storno[2] *m.* (*Ornit*) starling.

storno[3] *m.* (*Comm*) 1 (*trasferimento*) transfer. 2 (*rettificazione*) reversal. 3 (*annullamento*) cancellation.

storpiare (**stòrpio, stòrpi**) I *v.t.* 1 (*rendere storpio*) to cripple, to maim: *quell'incidente lo ha storpiato* that accident crippled him; *è stato storpiato da una mina* he was maimed by a land mine. 2 (*rif. ai piedi: rendere storpio*) to lame, to cripple. 3 (*rendere deforme*) to deform, to disfigure. 4 (*fig*) (*deformare*) to distort, to twist: *i giornali hanno storpiato i fatti* the papers distorted the facts. 5 (*fig*) (*parlar male*) to mangle, to murder, to mispronounce: *~ una lingua* to murder a language; *~ un nome* to mispronounce a name. II *v.pron.* **storpiarsi** (*diventare storpio*) to become crippled, to become lame, to become disabled.

storpiatura *f.* 1 (*lo storpiare*) crippling, maiming. 2 (*rif. a piedi*) crippling, laming. 3 (*cosa storpiata*) bungle, botch, botch up. 4 (*fig*) (*deformazione*) twisting, distorting: *~ del senso* twisting of the meaning. 5 (*fig*) (*cattiva pronuncia*) mangling, mispronunciation.

storpio I *a.* 1 crippled, maimed. 2 (*zoppo*) lame, crippled. II *m.* (*f.* **-a**) disabled person, lame person, (*spreg*) cripple.

storta[1] *f.* (*colloq*) (*distorsione*) sprain, twist, wrench. □ (*colloq,fig*) *prendere una ~ alla caviglia* to sprain one's ankle.

storta[2] *f.* (*Chim*) (*per distillazione*) retort.

stortare (**stòrto**) I *v.t.* (*colloq*) 1 (*storcere*) to twist, to wrench: *mi sono stortato un piede* I have twisted my foot. 2 to bend, to twist: *ha stortato il chiodo con una martellata* he bent the nail when he hammered it. II *v.pron.* **stortarsi** (*piegarsi malamente*) to bend, to become bent, to become crooked, to become

twisted. □ (*fig*) *~ gli occhi* to roll one's eyes; (*fig*) *~ il muso* to make a wry face, to twist one's mouth; (*fig*) *~ il naso* to turn up one's nose; (*fig*) *~ la bocca* to make a wry face, to twist one's mouth.

storto I *a.* 1 (*non dritto, piegato*) crooked, twisted, bent: *un chiodo ~* a bent nail. 2 (*sbilenco*) crooked, (*colloq*) cockeyed, lopsided, askew (*pred.*): *il quadro è ~* the picture is crooked. 3 (*rif. a occhi*) squint: *ha gli occhi storti* he is squint-eyed, he is cross-eyed. 4 (*rif. a gambe: ad arco*) bandy-legged, bowlegged. 5 (*rif. a gambe: a x*) knock-kneed. 6 (*fig*) (*erroneo*) wrong, false, mistaken: *idee storte* mistaken ideas. 7 (*fig, colloq*) (*sfavorevole*) unfavourable, bad: *è una giornata storta* it's a bad day. II *avv.* (*di traverso*) obliquely, askew, awry. □ (*fig*) *andare ~* to go wrong.

stortura *f.* 1 crookedness, twistedness. 2 (*fig*) (*maniera ingiusta di giudicare*) mistakenness, wrongness, falseness. 3 (*fig*) (*assurdità*) absurdity, ridiculousness.

stoviglia *f.spec.pl.* dishes *pl.*, crockery: *lavare le stoviglie* to wash the dishes, to wash up.

stozzare (**stòzzo**) *v.t.* 1 (*Oref*) to emboss. 2 (*Met*) to slot.

stozzatore *m.* (*f.* **-trice**) 1 (*Oref*) embosser. 2 (*Met*) slotter.

stozzatrice *f.* (*Met*) slotter, slotting machine.

stozzatura *f.* 1 (*Oref*) embossing. 2 (*Met*) slotting.

stozzo *m.* 1 (*Oref*) punch, embossing tool. 2 (*Met*) slotter, slotting machine.

STP *São Tomé e Príncipe* STP (São Tomé and Príncipe).

str. (*Mus*) *strumento* inst (instrument).

strabenedire (*pres.ind.* **strabenedìco, strabenedìci**; *p.rem.* **strabenedìssi**; *p.p.* **strabenedétto**) *v.t.* 1 (*pop*) to bless (so.) profusely, to pour blessings (upon so.). 2 (*iron*) (*maledire*) to curse, to send (so.) to the devil, to give (so.) a slanging match, to rant and rail.

strabere (*pres.ind.* **strabévo**; *p.rem.* **strabévvi/strabevètti**; *p.p.* **strabevùto**; *aus.* **avere**) *v.i.* to drink excessively, to drink too much.

strabico I *a.* 1 (*rif. a persone*) squint-eyed, cross-eyed: *è strabico* he is squint-eyed, he is cross-eyed, his eyes are crossed. 2 (*rif. a occhi*) squint, cross, cross-eyed. II *m.* (*f.* **-a**; *pl.* **-ci**) squint-eyed person, cross-eyed person.

strabiliante *a.* marvellous, amazing, astonishing, astounding, (*colloq*) stunning: *un'invenzione ~* a marvellous invention.

strabiliare (**strabìlio, strabìli**) I *v.t.* to astound, to astonish, to amaze: *le tue avventure hanno fatto ~ tutti* your adventures have really astounded everyone. II *v.i.* (*aus.* **avere**) to be amazed, to be astonished, to be astounded. □ *da far ~* amazing.

strabismo *m.* (*Med*) strabismus, (*colloq*) squint: *essere affetto da ~* to squint, to be cross-eyed, to have a lazy eye. □ (*Med*) *~ convergente* convergent strabismus; (*Med*) *~ di Venere* a lazy eye; (*Med*) *~ divergente* divergent strabismus.

straboccare (**strabócco, strabócchi**; *aus.* **essere/avere**) *v.i.* (*colloq,rar*) to overflow, to brim over, to flow over, to run over.

straboccevole *a.* (*rar*) 1 (*eccessivo*) abundant, superabundant, overwhelming. 2 (*numeroso*) huge, enormous, vast.

strabuzzamento *m.* rolling (the eyes), goggling.

strabuzzare □ *~ gli occhi* to roll one's

eyes, to roll one's eyes about, to goggle.

stracannare (**stracànno**) *v.t.* (*Ind,Tess*) to rewind.

stracannatura *f.* (*Ind,Tess*) rewinding.

stracarico (*pl.* **-chi**) *a.* **1** (*rif. a peso*) overladen (*di* with), overloaded (*di* with). **2** (*estens*) overburdened (*di* with), full to the brim (*di* with) (*posposto*): *essere ~ di lavoro* to be overburdened with work.

stracca *f.* (*rar*) (*stanchezza*) tiredness, weariness, fatigue.

straccale *m.* breeching.

straccamente *avv.* **1** (*fiaccamente*) wearily, tiredly. **2** (*svogliatamente*) listlessly.

straccare (**stràcco**, **stràcchi**) **I** *v.t.* (*pop*) (*sfinire*) to tire, to tire out, to weary, to exhaust, to wear out, (*colloq*) to do in. **II** *v.pron.* **straccarsi** (*pop*) to wear oneself out, to lose one's strength, to get tired, to get weary, to get exhausted, to become exhausted.

straccetto *m.* **1** (*cencio per pulire*) cloth, cleaning rag. **2** *pl.* (*Macell,Gastron*) strips: *straccetti di manzo* beef strips.

stracchino *m.* (*Alim*) stracchino (kind of soft cheese).

stracciaiolo *m.* (*f.* **-a**) (*straccivendolo*) ragman, rag merchant, rag-and-bone man, (*Am*) junkman.

stracciare (*pres.ind.* **stràccio**, **stràcci**; *p.p.* **stracciàto**) **I** *v.t.* **1** (*lacerare*) to tear, to tear to pieces, to rip, to lacerate, to rend: *~ i vestiti di dosso a qcu.* to rip the clothes off so. **2** (*facendo a pezzi*) to tear up: *~ un giornale* to tear up a newspaper. **3** (*Tess*) (*in bachicoltura*) to comb. **4** (*fig,colloq*) (*sconfiggere*) to defeat, to lick, to slaughter, to thrash, (*Am*) to trounce, to beat: *~ gli avversari* (*batterli con superiorità*) to lick the opposing team, to beat the opposing team. **II** *v.pron.* **stracciarsi** to tear, to get torn.

stracciatella *f.* **1** (*Gastron*) (*minestra*) hot soup prepared with broth, whisked eggs, semolina and Parmesan cheese. **2** (*Dolc*) chocolate chip, stracciatella.

stracciato *a.* **1** torn, rent, ripped: *foglio ~* torn sheet. **2** (*fatto a pezzi*) torn up. **3** (*rif. a persone*) ragged, tattered, in rags (*posposto*), in tatters (*posposto*): *andare in giro tutto ~* to go around in rags. **4** (*fig*) (*estremamente concorrenziale*) rock-bottom, reduced, dirt-cheap, knockdown.

stracciatura *f.* **1** (*rar*) (*lo stracciare*) tearing, rending, ripping. **2** (*Tess*) combing.

straccio[1] *m.* **1** rag: *raccogliere stracci* to collect rags. **2** (*ritaglio di tessuto*) remnant, cloth, bit of material. **3** (*per pulire*) rag, cloth, dishrag: *passare lo ~ per* (*o in*) *terra* to wipe the floor, to wipe up the floor, to give the floor a wipe. **4** (*per spolverare*) duster, dust cloth, dustrag. **5** (*per pavimenti*) floorcloth. **6** (*colloq*) (*persona malridotta*) wreck: *ridursi uno ~* to become a wreck, to become worn-out. **7** (*Tess*) (*in bachicoltura*) *seta estratta dal bozzolo col pettine*) combings *pl.* **8** *pl.* (*indumenti logori*) rags, tatters: *essere vestito di stracci* to be dressed in rags. **9** *pl.* (*spreg*) rags. □ (*pop*) *non riesce a trovare uno ~ di marito* she can't find a husband for looking; *non avere uno ~ di prova* not to have a shred of evidence, not to have a scrap of evidence; *non avere neppure uno ~ di vestito* not to have a rag to put on, not to have anything to put on.

straccio[2] *a.* waste, rough, odd: *carta straccia* scrap paper, (*Br*) waste paper.

straccione **I** *m.* (*f.* **-a**) down-and-out, tatterdemalion, rag, (*colloq*) bum, (*ant*) ragamuffin, tramp. **II** *a.* **1** ragged, tattered, in rags (*posposto*), down-at-heel. **2** (*estens*) (*spreg-*

vole) despicable, contemptible.

straccivendolo *m.* (*f.* **-a**) (*straccivendolo*) ragman, rag merchant, rag-and-bone man, (*Am*) junkman.

stracco (*pl.* **-chi**) *a.* **1** (*pop,region*) (*stanco*) tired, weary, fatigued, exhausted. **2** (*pop*) (*sfinito*) tired out, worn-out, exhausted, (*colloq*) done in. **3** (*fig*) (*logorato*) worn, worn-out. **4** (*fig*) (*esaurito, fiacco*) dying, fading, lukewarm, faint. **5** (*Agr*) impoverished: *terreno ~* impoverished soil. □ *~ morto* dead tired, dead beat: *sono ~ morto* I'm dead tired, I'm exhausted.

stracolmo *a.* **1** (*rif. a luoghi*) overcrowded, packed, crammed, bursting. **2** (*rif. a borse, pacchetti*) packed, heaped, bulging, chock-a-block. **3** (*rif. a contenitori con liquidi*) overfilled, brimful: *un bicchiere ~ a* near-overflowing glass, a glass full to the brim.

stracontento *a.* (*colloq*) very glad, very pleased, highly delighted, overjoyed.

stracotto **I** *a.* **1** (*Gastron*) overcooked, overdone. **2** (*fig,scherz*) (*innamorato perso*) crazy (about so.), head over heels in love (with so.). **II** *m.* (*Gastron*) beef casserole cooked with vegetables.

stracuocere (*pres.ind.* **stracuòcio**, **stracuòci**; *p.rem.* **stracòssi**; *p.p.* **stracòtto**) *v.t.* to overcook, to overdo.

strada *f.* **1** road, highway, way. **2** (*di città*) street, road: *questa finestra dà sulla ~* this window looks out on to the street. **3** (*molto larga*) avenue. **4** (*via non selciata*) way, path. **5** (*vicolo, spec. in zone povere delle città*) alley, alleyway. **6** (*vicolo, spec. in zone storiche delle città*) lane. **7** (*percorso*) way, route: *qual è la ~ per andare al municipio?* which is the way to the town hall?; *ho segnato la ~ sulla carta* I've marked the route on the map; *insegnare la ~ a qcu.* to tell so. the way; *chiedere la ~ a qcu.* to ask so. the way. **8** (*cammino: a piedi*) walk, journey. **9** (*cammino: in macchina*) drive, trip, journey: *ci sono due ore di ~* it's a two-hour trip, it takes two hours to get there. **10** (*varco*) way, path: *aprirsi una ~ nella neve* to clear a path through the snow. **11** (*passaggio*) way, passage: *farsi ~ fra la folla* to make one's way through the crowd. **12** (*fig*) path, way, track: *mettersi sulla buona ~* to take the right path, to go the right way. **13** (*fig*) (*mezzo, metodo*) way, means (*costr.sing. o pl.*), ways and means *pl.*, approach, course: *tentare ogni ~ possibile* to try every possible way; *la ~ più semplice sarebbe il silenzio* the simplest course would be to say nothing. **14** (*estens*) (*orbita*) orbit, path. □ *~a doppiacarreggiata* dual carriageway, two-lane road; *~a due corsie* two-lane road; *~a pedaggio* toll road; *~ a schiena d'asino* cambered road; *~ a scorrimento veloce* freeway, clearway, expressway, (*Am*) throughway, thruway; *~ a senso unico* one-way street, one-way road; *~ a doppio senso (di marcia)* two-way road, two-way street; *la prima ~a sinistra* the first street to the left, the first street on the left; *~ asfaltata* asphalted road; *~ bianca* unsurfaced road, dirt road, (*Br*) cinder track; *~camionabile* road open to heavy traffic, (*Am*) truck road; *~ caravaniera* caravan route; *~ carreggiabile* cart road, cart track; *~carrozzabile* carriage road; *~ chiusa*: **1** road closed; **2** (*senza uscita*) dead end road, (*Br*) cul-de-sac; *~ chiusa al traffico*: **1** road closed to traffic, pedestrianized road; **2** (*riservata al pedaggio e al gioco*) playstreet, pedestrian street; *~ comunale* local road, unclassified road; *~con diritto di preceden-*

za road with right-of-way; *~con molte curve* winding road, curving road; *la ~ fa molte curve* the road has many twists and turns; *~ costiera* coast road; *da ~* (*volgare*) gutter (*attr.*), coarse, vulgar: *linguaggio da ~* coarse language, gutter talk; *di ~* street (*attr.*), road (*attr.*), highway (*attr.*), of the road: *ragazzo di ~* street urchin, guttersnipe; *la città è a un miglio di ~* the town is a mile off, the town is a mile away; *~di accesso*: **1** (*a via principale*) access road, (*Br*) sliproad; **2** (*viale che conduce a casa, proprietà*) drive, (*Am*) driveway; **3** (*raccordo autostradale*) junction, access road, (*Br*) sliproad; *~ di alaggio* towpath; *~di attraversamento* arterial road, arterial street; *~di campagna*: **1** country road; **2** (*strada stretta*) country lane, country byway; *~ di grande comunicazione* arterial road, trunk road, highway; *~di montagna* mountain road; *~ di scorrimento* freeway, clearway, expressway, (*Am*) throughway, thruway; *~di svincolo* exit road, sliproad; *~ dissestata* uneven road surface; (*fig*) *la ~ di qualcuno è tracciata* someone has got his future figured out; *~ extraurbana* highway, road outside a town; *~ facendo* on one's way, on the way; *fare una ~* (*percorrerla*) to go along a road, to cover a route; *che ~ fai?* which way are you going?; *fare molta ~* to come a long way (*anche fig*), to go a long way (*anche fig*); *fare ~ a qcu.* to lead the way for so., to show so. the way, (*fig*) to pave the way for so., (*fig*) to smooth so.'s path, (*fig*) to smooth so.'s way, (*fig*) to pave so.'s way; *farsi ~*: **1** (*aprirsi un passaggio*) to clear a path, to clear a way: *farsi ~ nella boscaglia* to clear a path through the undergrowth; **2** (*fig*) (*raggiungere il successo*) to make one's way, to do well for oneself; **3** (*rivelarsi*) to come out: *la verità si è fatta ~* the truth has come out; *~ferrata* railway, (*Am*) railroad; *~ impraticabile* impassable road; *~in discesa* downhill road; *~ in salita* uphill road; *la ~ è interrotta*: **1** the road is impassable, the road is closed; **2** (*per lavori*) the road is up; **3** (*è ostruita*) the road is blocked; *~laterale* side street, side road; *~ maestra*: **1** (*principale*) main road, (*Am*) highway; **2** (*fig*) highway, high road; *~ militare* military highway; *~ panoramica* scenic drive, panoramic drive, scenic route, panoramic road, scenic road; (*fig*) *andareper la propria ~* to go one's way, to go on one's way; *per ~* (*o per la ~*): **1** (*lungo il cammino*) along the road, along the way; **2** (*sulla strada*) in the street: *l'ho visto per la ~* I saw him in the street; *~pericolosa* dangerous road; *~ praticabile*: **1** (*a piedi*) practicable road; **2** (*con veicolo*) practicable road, road open to traffic, road open to motor vehicles; *prendere una ~*: **1** to take a road; *prendere la ~ più corta* to take a short cut; **2** (*fig*) to choose a way: *prendere la ~ più corta* to take the quickest way (out); *~principale* major road, main road, high road, (*Br*) arterial road; *~ privata* private road; *~ provinciale* provincial road, (*Br*) B-road; (*Stor*) *~ romea* pilgrim route to Rome); *~ rotabile* carriageway; *~ sbarrata* blocked road; *~ sdrucciolevole* slippery road; *~secondaria*: **1** minor road, secondary road, side road; **2** (*spec. in campagna*) byroad, byway, back road; *~ senza uscita* dead end street, blind alley, cul-de-sac, impasse; *~ statale* trunk road, A road, main road, (*Am*) highway; *~ sterrata* unsurfaced road, dirt road; *su ~* road (*attr.*); (*Aut*)*tenere bene la ~* to hold the road well, to hug the road; *~ trasversale* crossroad. *Prov.*: *tutte le strade conducono a Roma* (*o tutte le strade portano a Roma*) all roads lead to Rome; *la ~ dell'inferno è lastricata di buone intenzioni* the road to hell is paved with good intentions.

stradale I *a.* **1** road (*attr.*): *lavori stradali* road works; *fondo ~* roadbed. **2** (*del traffico*) road (*attr.*), traffic (*attr.*): *incidente ~* traffic accident; *codice ~* rules of the road, highway code. **II** *f.* (*polizia stradale*) traffic police, (*Am*) highway patrol.

stradario *m.* street guide, road book.

stradina *f.* narrow road.

stradino *m.* roadman, road mender.

stradista *m.* (*Sport*) (*nel ciclismo*) road racing cyclist, road race cyclist.

stradivari, stradivario *m.* (*Mus*) Stradivarius.

stradone *m.* **1** (*grande strada*) wide road, avenue, main road. **2** (*viale alberato*) avenue, boulevard, broadway, tree-lined road.

strafalcione *m.* blunder, (*colloq*) howler, (*colloq*) clanger: *un compito pieno di strafalcioni* an assignment full of howlers; *commettere uno ~* to drop a clanger.

strafare (*pres.ind.* **strafàccio/strafò, strafài;** *p.rem.* **straféci;** *p.p.* **strafàtto;** *aus.* **avere**) *v.i.* to do too much, to overdo things: *tu vuoi sempre ~* you always want to overdo things; *non devi ~* you mustn't overdo it.

strafico, strafigo I *m.* (*colloq*) very cool guy. **II** *a.* (*colloq*) very cool.

strafilaggio *m.* (*Mar*) **1** lacing. **2** (*cordicella*) lashing.

straforo *m.* (*rar*) (*traforo*) hole, perforation. □ (*fig*) *di ~*: **1** (*di nascosto*) secretly, on the sly, on the quiet, in secret: *i due si vedono spesso di ~* the two of them often see each other on the sly; *entrare di ~* to slip in, to sneak in; **2** (*indirettamente*) indirectly, in a roundabout way: *l'ho saputo di ~* I heard about it indirectly.

strafottente I *a.* arrogant, unabashed, high-handed, heedless of others, impertinent, insolent, brash. **II** *m./f.* arrogant person, insolent person.

strafottenza *f.* **1** (*noncuranza*) disregard for other people's opinions, couldn't-careless attitude, arrogance, disdain. **2** (*impertinenza*) impertinence, insolence, impudence.

strage *f.* **1** slaughter, massacre, carnage, butchery. **2** (*distruzione*) havoc, ruin, destruction, devastation. **3** (*fig*) (*esito rovinoso*) massacre, slaughter: *agli esami di matematica c'è stata una ~* the math exams were a massacre. **4** (*fig*) (*grande quantità*) plenty, heaps *pl.*, oceans *pl.* □ (*Bibl*) *~ degli innocenti* Slaughter of the Innocents; (*fig*) *fare ~ di cuori* to break many hearts; (*Pol*) *~ di Stato* government-orchestrated terrorist attack; *fare ~ di un nemico* to massacre the enemy, to slaughter the enemy; (*fig*) *i virus possono fare ~ dei dati del vostro computer* viruses can play havoc with your computer data; (*fig*) *se venisse fuori la verità farebbe una ~* she would go berserk if the truth came out; (*fig*) *farai una ~ così vestita* you'll knock them dead dressed like that.

stragismo *m.* terrorism.

stragiudiziale *a.* (*Dir*) extrajudicial.

stragodere (**stragòdo;** *aus.* **avere**) *v.i.* (*colloq*) to be overjoyed, to be extremely delighted.

stragonfio *a.* (*colloq*) excessively swollen, overinflated.

stragrande *a.* (*colloq*) enormous, oversize, huge, extraordinarily great, exceptionally big, very large. □ (*colloq*) *andare alla ~* (*benissimo*) to go exceptionally well; (*iperb*) *la ~ maggioranza* the vast majority.

stralciare (**stràlcio, stràlci**) *v.t.* **1** (*eliminare*) to remove, to take (sth.) out, to cancel (sth.): *~ un passo da un testo* to remove a passage from a text, to take a passage out of a text. **2** (*Comm*) (*mettere in liquidazione*) to wind up, to liquidate: *~ una società* to wind up a company. **3** (*Comm*) (*liquidare*) to take off, to deduct: *~ una partita da un conto* to deduct an item from a bill.

stralcio *m.* **1** removal, taking out, taking away, taking off. **2** (*estratto*) extract, excerpt. **3** (*Comm*) (*liquidazione*) winding up, liquidation. □ (*Comm*) *vendere a ~* to sell at bargain prices, to sell off, to clear.

strale *m.* (*poet*) **1** (*freccia*) arrow. **2** (*fig*) dart, arrow: *gli strali d'amore* the darts of love.

strallo *m.* **1** (*Mar*) stay. **2** (*Edil*) guy, guyrope, guyline. □ (*Mar*) *~ di maestra* main-stay.

stralodare (**stralòdo**) *v.t.* (*colloq*) to overpraise.

stralunamento *m.* (*rar*) rolling, goggling.

stralunare *~ gli occhi* to roll one's eyes, to roll one's eyes about, to goggle.

stralunato *a.* **1** goggle-eyed. **2** (*sconvolto*) very upset, troubled, beside oneself: *oggi ti vedo ~* you look very upset to me today.

stramaledetto *a.* (*enfat,pop*) cursed, damned, (*Br,volg*) bloody, (*Am,colloq*) cotton-picking.

stramaledire (*pres.ind.* **stramaledìco, stramaledìci;** *p.rem.* **stramaledìssi;** *p.p.* **stramaledétto**) *v.t.* (*pop*) to curse with bell, book and candle, to heap curses on. □ (*enfat*) *Dio lo stramaledica!* God damn him!

stramaturo *a.* (*colloq*) overripe.

stramazzare (**stramàzzo;** *aus.* **essere**) *v.i.* (*cadere*) to slump, to collapse, to fall (heavily), to drop (down): *~ al suolo* to slump to the ground.

stramazzo *m.* **1** slump, collapse, heavy fall: *dare uno ~ in terra* to slump to the ground. **2** (*Idr*) weir. □ *dare ~* (*o fare ~*) (*nei giochi di carte*) to win all but one game.

stramazzone *m.* (*colloq*) slump, collapse, heavy fall.

strambamente *avv.* strangely, oddly, (*ant, colloq*) queerly.

strambare (**stràmbo;** *aus.* **avere**) *v.i.* (*Mar*) to gybe, to jibe.

stramberia *f.* **1** eccentricity, oddness, strangeness. **2** (*azione stramba*) strange action, odd thing, eccentric behaviour. **3** (*rif. a discorsi*) odd remark.

strambo *a.* odd, strange, peculiar, eccentric, bizarre: *un tipo ~* an eccentric fellow, a crackpot.

strambotto *m.* **1** (*Metr,Lett*) strambotto, eight-line satirical verse. **2** (*fig,ant*) (*fandonia*) story, fiction, fib, tale.

strame *m.* **1** (*foraggio*) hay, straw. **2** (*lettiera*) litter, bedding.

strameritato *a.* (*colloq*) well-deserved, well-earned, well-merited.

stramonio *m.* (*Bot*) thorn apple, (*Am*) jimsonweed.

strampalato *a.* strange, odd, outlandish, bizarre, weird, eccentric, peculiar, airy-fairy, illogical: *ragionamento ~* illogical way of thinking; *ragazzo ~* strange boy.

stranamente *avv.* **1** strangely, oddly. **2** (*insolitamente*) unusually, exceptionally.

stranezza *f.* **1** (*bizzarria*) strangeness, oddness, peculiarity. **2** (*atto strano*) oddity, eccentricity, quirk, odd behaviour, odd ways *pl.*: *non sopporto più le tue stranezze* I can't stand your oddities any more. **3** (*discorso strano*) oddity, eccentricity, odd remark, peculiar remark. **4** (*Fis*) strangeness number.

strange /strendʒ/ *m.inv.* (*Fis*) strange quark.

strangolamento *m.* chocking, strangling, strangulation.

strangolare (**stràngolo**) **I** *v.t.* **1** to strangle, to throttle, to choke. **2** (*estens,iperb*) (*stringere al collo*) to choke, to strangle, to suffocate: *questa cravatta mi strangola* this tie is choking me. **3** (*fig*) (*soffocare*) to strangle, to suffocate, to stifle: *~ il commercio* to suffocate trade. **II** *v.pron.* **strangolarsi** to strangle (oneself), to choke: *rimase impigliato nelle corde e si strangolò* he was caught in the ropes and strangled.

strangolatore *m.* (*f.* **-trice**) strangler.

stranguglione *m.* **1** *spec.pl.* (*singhiozzo*) hiccup, hiccough: *avere gli stranguglioni* to have hiccups, to have the hiccups. **2** *spec.pl.* (*Veter,pop*) (*adenite equina*) strangles (*costr.sing.*).

stranguria *f.* (*Med*) strangury.

straniamento *m.* (*Ret*) estrangement.

straniare (**strànio, stràni**) **I** *v.t.* (*lett,rar*) to estrange, to alienate: *~ qcu. da qcu.* to estrange so. from so. **II** *v.pron.* **straniarsi** (*rar*) to become estranged, to cut oneself off (from), to grow indifferent: *straniarsi dalla realtà* to cut oneself off from reality.

straniato *a.* (*lett*) (*assente*) absent-minded, vacant.

straniero I *a.* **1** (*estero*) foreign, alien: *paese ~* foreign country; *una ragazza straniera* a foreign girl; *lingua straniera* foreign language. **2** (*oltreoceano*) overseas. **3** (*degli stranieri*) foreign, foreigners': *l'occupazione straniera* foreign occupation. **4** (*lett*) (*sconosciuto*) strange, unknown. **5** (*lett*) (*non a proprio agio*) foreign, alien. **II** *m.* **1** (*f.* **-a**) (*cittadino di altro stato*) foreigner; (*burocr*) alien: *~ indesiderabile* undesirable alien. **2** (*f.* **-a**) (*forestiero*) stranger. **3** (*f.* **-a**) (*lett*) (*estraneo*) stranger: *è uno ~ per me* he's a stranger to me, I don't know him. **4** (*collett.*) (*popolazione nemica*) enemy (*costr.sing. o pl.*). **5** (*f.* **-a**) (*Sport*) (*nel calcio*) foreign player.

stranire (**stranìsco, stranìsci**) *v.t.* to bewilder, to daze, to bemuse, to befuddle.

stranito *a.* **1** (*innervosito*) uneasy, on edge (*posposto*), jittery. **2** (*intontito*) befuddled, dazed, dizzy, woozy: *è ancora ~ dal sonno* he's still befuddled with sleep.

strano I *a.* **1** strange, odd, peculiar, weird, eccentric, bizarre, funny: *comportamento ~* strange behaviour; *per uno ~ caso* by some odd chance; *mi ha fatto una strana impressione* he made a strange impression on me; *c'è qualcosa di ~ nell'aria* there's something strange in the air; *è un ragazzo molto ~* he's a very strange boy; *è un tipo ~* he's a strange piece of work, (*spreg*) he's an oddball. **2** (*insolito*) unusual, uncommon, weird. **II** *m.* strange thing. □ *~ a dirsi* oddly enough, strange to say; *è ~ che non mi abbia telefonato* it's funny that he hasn't called me, it's odd that he hasn't called me, I'm surprised that he hasn't called me, it strikes me as odd that he hasn't called me; *~ ma vero* strange but true; *strani rumori* funny noises, strange noises; *ho una strana sensazione* I have a strange sensation, I have a strange feeling.

stranuto *e der.* (*pop*) → **starnuto** *e der.*

straordinariamente *avv.* **1** extraordinarily, uncommonly, exceptionally, unusually. **2** (*sommamente*) extremely, highly, exceedingly: *è ~ interessante* it is extremely interesting.

straordinariato *m.* probation (*anche Scol*).

straordinarietà *f.* extraordinariness, uncommonness, exceptionality, exceptionalness.

straordinario I *a.* **1** extraordinary, exceptional: *avvenimento ~* extraordinary event. **2** (*insolito*) unusual, uncommon. **3** (*grandissimo*) extraordinary, tremendous, remarkable: *forza straordinaria* extraordinary strength; *un miglioramento ~* a tremendous improvement. **4** (*speciale*) special: *recita straordinaria* special performance; *treno ~* special train, extra train. **5** (*burocr*) supernumerary, temporary, extra: *impiegato ~* temporary clerk. **6** (*rif. a bilanci, spese*) below-the-line. **II** *m.* **1** something unusual, something out of the ordinary: *non c'è niente di ~* there's nothing unusual about it. **2** (*lavoro straordinario*) overtime: *fare sei ore di ~* to do six hours overtime, to do six hours of overtime. **3** (*compenso*) overtime, overtime pay. **4** (*impiegato straordinario*) temporary clerk, temporary worker, extra worker.

straorzare (**straòrzo**) **I** *v.i.* (*aus.* **avere**) (*Mar*) to yaw, to sheer off to lurch. **II** *v.t.* (*Mar*) to sheer round, to broach to.

straorzata *f.* (*Mar*) yawing, yaw.

strapagare (**strapàgo**, **strapàghi**) *v.t.* (*colloq*) to overpay.

strapagato *a.* (*colloq*) overpaid.

straparlare (**strapàrlo**; *aus.* **avere**) *v.i.* **1** to be over-talkative, to talk and talk, to talk too much, to drivel on. **2** (*farneticare*) to rave, to talk wildly, to talk nonsense.

strapazzare (**strapàzzo**) **I** *v.t.* **1** (*maltrattare: rif. a persone*) to ill-treat, to ill-use, to mistreat, to mishandle. **2** (*maltrattare: rif. a cose*) to handle (sth.) roughly, to treat (sth.) badly, to knock (sth.) about, to throw (sth.) about, to batter (about), to mishandle: *~ i libri* to throw one's books about. **3** (*rimproverare*) to scold, to bully, to reprimand, to rebuke, to tell off. **4** (*affaticare*) to overwork, to wear out, to overtire, to overweary, to overfatigue. **5** (*estens*) (*fare male*) to botch, to bungle, to mangle: *~ un lavoro* to bungle a job. **6** (*estens*) (*surclassare*) to lick, to thrash, (*Am*) to trounce. **7** (*Gastron*) to scramble: *~ le uova* to scramble eggs. **II** *v.pron.* **strapazzarsi** not to spare oneself, to overtax one's strength, to tire oneself out, to wear oneself out, to overtire oneself, to strain oneself. ☐ *~ un autore*: 1 (*interpretarlo male*) to misinterpret an author's works; 2 (*tradurlo male*) to mistranslate an author's works; *~ una commedia* to murder a play; *~ una musica* to play a piece (of music) badly, to murder a piece.

strapazzata *f.* **1** (*grave rimprovero*) scolding, lecture, dressing-down, severe reprimand, telling-off: *dare* (o *fare*) *una ~ a qcu.* to give so. a good telling-off, to reprimand so. severely. **2** (*faticata*) exertion, fatigue, great effort, strain, killer: *quel viaggio è stata una vera ~* that trip was really a strain, that journey was a real killer. **3** (*dura sconfitta*) drubbing, thrashing, hammering, slaughter.

strapazzato *a.* **1** (*malconcio*) worn-out, shabby. **2** (*affaticato*) tired, weary, strained, overworked, exhausted. **3** (*duro, faticoso*) hard, full of hardships (*posposto*): *vita strapazzata* hard life. **4** (*Gastron*) (*rif. a uova*) scrambled.

strapazzo *m.* (*fatica*) exertion, fatigue, strain, effort: *gli strapazzi del viaggio* the fatigue of the journey. ☐ *da ~*: 1 work (*attr.*), working: *vestiti da ~* working clothes; 2 (*fig,spreg*) (*privo di valore*) worthless, third-rate (*attr.*): *un pittore da ~* a third-rate artist.

strapieno *a.* **1** (*pieno zeppo*) full to overflowing (*di* with), brimful (*di* of), packed (*di*

with), (*colloq*) chock-full (*di* of). **2** (*rif. a luoghi*) crammed, packed, crowded out, jam-packed. **3** (*che ha mangiato troppo*) full up.

strapiombare (**strapiómbo**; *aus.* **essere/avere**) *v.i.* **1** to be out of plumb, to be out of the perpendicular, to lean: *il muro strapiomba* the wall is leaning, the wall has a lean. **2** (*sporgere*) to overhang, to jut (out): *una scogliera che strapiomba sul mare* a cliff that juts out over the sea, a sheer cliff overhanging the sea.

strapiombo *m.* **1** overhanging, jutting out. **2** (*luogo scosceso*) cliff. **3** (*precipizio*) precipice, high cliff. **4** (*Alp*) (*parte rocciosa sporgente*) overhanging rock, bulge, projection. ☐ *a ~* overhanging, jutting (out), sheer: *rocce a ~ sul mare* rocks overhanging the sea; *la scogliera cadeva a ~ sulla spiaggia* the cliff fell sheer to the beach.

strapotente *a.* extremely powerful, very powerful, very strong.

strapotenza *f.* extraordinary power, extraordinary strength, very great power.

strapotere *m.* **1** (*potere eccessivo*) excessive power. **2** (*abuso di potere*) abuse of power.

strappalacrime *a.inv.* (*colloq*) tear-jerking, weepy.

strappamento *m.* **1** (*lo strappare*) tearing, tearing up, tearing off, snatching, wrenching, rending. **2** (*Med*) avulsion.

strappare (**stràppo**) **I** *v.t.* **1** (*togliere con la forza*) to tear (sth.) away, to tear (sth.) out, to snatch (away), to pull (sth.) away, to pull (sth.) out: *mi strappò la lettera* he snatched the letter (away) from me, he tore the letter out of my hand. **2** (*lottando*) to wrest, to wrench (*anche fig*): *strappò il figlio alla madre* he wrenched the son from his mother. **3** (*staccare*) to tear, to tear out, to rip, to rip out: *~ un foglio dal quaderno* to tear a page from the notebook, to tear a page out of the notebook; *~ una pagina da un libro* to tear a page out of a book. **4** (*staccare: rif. a rami*) to tear off, to pull off, to break off: *~ un ramo* to break off a branch. **5** (*fare uno strappo in qcs.*) to tear, to rip, to make a tear in, to make a hole in: *~ i pantaloni* to tear one's trousers, to rip one's trousers. **6** (*rompere in più parti*) to tear up, to tear to pieces: *~ il giornale* to tear up the newspaper. **7** (*rompere: rif. a filo, spago e sim.*) to break (in two): *strappò il laccio della scarpa* he broke his shoe lace. **8** (*svellere, estirpare*) to pull up, to pull out, to uproot, to root out: *~ le erbacce* to pull up the weed, to weed. **9** (*fig*) (*carpire, ottenere*) to wring, to get: *alla fine riuscì a strappargli una risposta* she finally managed to wring an answer out of him; *~ un segreto a qcu.* to wring a secret from so., (*colloq*) to get a secret out of so. **10** (*fig*) (*carpire: con l'astuzia*) to worm (sth.) out, (*colloq*) to get (sth.) out. **11** (*fig*) (*carpire: con lusinghe e moine*) to coax (sth.) out, to wheedle (sth.) out, (*colloq*) to get (sth.) out. **12** (*fig*) (*carpire: con la forza*) to wring, to extort. **II** *v.i.* (*aus.* **avere**) (*rif. a frizione*) to jerk, to grab. **III** *v.pron.* **strapparsi 1** to tear, to rip, to split, to get torn: *mi si è strappata la gonna* my skirt has been torn. **2** (*rompersi*) to break. **3** (*staccarsi, sottrarsi*) to tear oneself away (*da* from), to break away (*da* from). **4** (*rif. a rami e sim.*) to break off. **5** (*Sport,Med*) (*procurarsi uno strappo muscolare*) to sprain, to strain. ☐ (*fig*) *~ qcu. al sonno* to wake so. up; (*fig*) *~ qcu. alla morte* to snatch so. from the jaws of death; *~ qcs. alla radice*: 1 to pull up sth. by the roots; (*fig*) (*distruggere*) to uproot

sth., to root sth. out; *~ qcs. dalle mani* to snatch sth. from so.'s hands; (*fig*) *~ qcs. di bocca a qcu.* to prise sth. out of so., to pry sth. out of so.; *~ di dosso* to tear off: *strapparsi di dosso i vestiti* to tear one's clothes off; *gli strappò di dosso la giacca* she tore his jacket off his back; (*fig*) *~ gli applausi* to draw applause; *strapparsi i capelli* to tear one's hair (*anche fig*): *strapparsi i capelli per la disperazione* to tear one's hair in despair; (*fig*) *~ il cuore a qcu.* to tear so.'s heart out; *parole che strappano il cuore* heart-rending words, heartbreaking words; (*Sport*) *~ il servizio* (*nel tennis*) to break: *~ il servizio all'avversario* to break the opponent's serve; *~ la maschera a qcu.* to unmask so. (*anche fig*); (*fig*) *~ le lacrime a qcu.* to move so. to tears; (*Cosmet*) *strapparsi le sopracciglia* to pluck one's eyebrows, (*Am*) to tweeze one's eyebrows; (*colloq*) *~ un dente* to pull a tooth, to pull out a tooth; (*fig*) *~ un sorriso a qcu.* to make so. smile; (*fig*) *~ una confessione* to extort a confession, to make (so.) confess; (*fig*) *~ una promessa a qcu.* to wring a promise from so.

strappata *f.* **1** snatch, pull, tug: *dare una ~ a qcs.* to grab sth., to snatch sth. **2** (*fig,colloq*) (*passaggio*) lift, ride.

strappato *a.* **1** (*lacerato*) torn, rent, ripped: *vestito ~* torn dress. **2** (*rotto*) broken off. **3** (*staccato*) torn off, torn out: *un foglio ~* a torn out page.

strappo *m.* **1** (*strattone*) pull, tug, wrench: *dare uno ~ a qcs.* to snatch (at) sth.; (*tirare*) to pull at sth., to tug at sth. **2** (*lacerazione*) tear, rent, rip: *fare uno ~ nei calzoni* to tear one's trousers. **3** (*fig*) (*divisione, rottura*) split, rift (*anche Pol*). **4** (*fig*) (*infrazione*) break (*a* from), infringement (*a* of). **5** (*fig*) (*eccezione*) exception. **6** (*Med*) (*strappo muscolare*) sprain, torn muscle. **7** (*Sport*) (*nel ciclismo: scatto*) spurt. **8** (*Sport*) (*nel ciclismo: breve rampa*) short steep slope. **9** (*Sport*) (*nel sollevamento pesi*) snatch. **10** (*fig,colloq*) (*passaggio*) lift, (*Am*) ride. **11** (*Art*) (*rif. ad affresco*) stripping a fresco off the wall. ☐ *a strappi* jerkily, fitfully, by fits and starts; (*fig*)*dare uno ~ a qcu.* to give so. a lift; (*fig*) *fare uno ~ alla regola* to make an exception to the rule, to bend a rule slightly.

strapuntino *m.* **1** jump seat, folding seat, tip-up seat. **2** (*Mar*) hammock mattress.

straricco (*pl.* **-chi**) *a.* (*colloq*) filthy rich, stinking rich.

straripamento *m.* overflowing, flooding, overflow, flood: *lo ~ dell'Arno* the overflowing of the Arno river.

straripante *a.* **1** (*fig,iperb*) (*esuberante, traboccante*) overflowing, bursting, exuberant: *~ di gioia* bursting with joy; *gioia ~* bursting joy, exuberant joy. **2** (*fig,iperb*) (*eccessivamente pieno*) overflowing: *un pub ~ di gente* a pub overflowing with people.

straripare (**stràripo**; *aus.* **essere/avere**) *v.i.* **1** to overflow (its banks), to flood: *il fiume ha straripato inondando le campagne* the river has overflowed its banks flooding the countryside, the river has flooded the countryside. **2** (*fig*) (*traboccare*) to overflow, to brim: *la stanza straripava di gente* the room was brimming with people; *l'allegria straripava dai suoi occhi* her eyes were brimming with joy.

Strasburgo *n.pr.f.* (*Geog*) Strasbourg.

strascicamento *m.* **1** trailing. **2** (*rif. ai piedi*) shuffling, dragging. **3** (*fig*) (*rif. alla pronuncia*) drawling.

strascicare (**stràscico**, **stràscichi**) **I** *v.t.* **1** to trail, to drag: *camminava strascicando la* *gonna a terra* she walked trailing her skirt on the ground, she walked trailing her skirt along the ground. **2** (*rif. ai piedi, alle scarpe*) to shuffle, to drag: *strascica i piedi quando cammina* he shuffles his feet as he walks, he drags his feet as he walks. **3** (*fig*) (*tirare per le lunghe*) to draw (sth.) out, to drag (sth.) out, (*colloq*) to drag one's feet on sth., (*colloq*) to drag one's heels on sth.: *~ un lavoro* to draw out a job. **4** (*fig*) (*non riuscire a liberarsi*) to be unable to shake off: *~ una malattia* to be unable to shake off an illness. **5** (*fig*) (*pronunciare lentamente*) to drawl. **II** *v.i.* (*aus.* **avere**) to trail, to sweep: *la pelliccia strascicava a terra* the fur coat was trailing on the ground, the fur coat was sweeping the ground. **III** *v.pron.* **strascicarsi** to drag oneself (along). ☐ *~ le gambe* to drag one's legs (along).

strascicato *a.* **1** (*rif. alla pronuncia*) drawled. **2** (*rif. a piedi*) shuffling, shambling: *passo ~* shuffling walk, shuffle, foot-dragging walk.

strascichio *m.* shuffling, dragging, scuffing: *~ di piedi* shuffling of feet.

strascico (*pl.* **-chi**) *m.* **1** (*rar*) (*lo strascicare*) dragging. **2** (*fig,rar*) (*rif. alla pronuncia*) drawl: *parlare con lo ~* to drawl, to speak with a drawl. **3** (*parte del vestito*) train: *reggere lo ~* to hold the train. **4** (*fig*) (*seguito, codazzo*) followers *pl.*, supporters *pl.* **5** *spec.pl.* (*fig*) (*conseguenza negativa*) after-effects *pl.*, aftermath, wake: *gli strascichi di una malattia* the after-effects of an illness; *gli strascichi della crisi del mese scorso sono ancora presenti sul mercato* the stock markets are still suffering the after-effects of last month's crisis; *la bomba ha lasciato strascichi di distruzione* the bomb left destruction in its wake. **6** (*sbavatura delle lumache*) trail. ☐ *a ~* drag (*attr.*): *caccia a ~* drag hunt, drag hunting; *pesca a ~* trawling.

strasciconi *avv.* (*rif. ai piedi*) dragging one's feet, shuffling: *camminare* (*a*) *~* to shuffle (along), to drag one's feet.

strascinare → **trascinare**.

strass *m.inv.* paste, strass.

stratagemma *m.* **1** (*Mil*) stratagem. **2** (*estens*) (*astuzia, espediente*) stratagem, trick, ruse: *ricorrere a uno ~* to resort to trickery, to try a ruse.

stratega (*pl.* **-ghi**) **I** *m./f.* (*esperto in strategia*) strategist (*anche fig*). **II** *m.* (*Stor.gr*) strategus.

strategia *f.* **1** (*Mil*) strategy. **2** (*fig*) strategy, cunning: *ha messo in atto tutta la sua ~ per spuntarla* he used all his cunning to win. ☐ *~ aziendale* business strategy, company strategy; (*Pol,Stor*) *~ della tensione* strategy of tension; *~ di investimento* investment strategy; *~ di marketing* marketing strategy; *~ di mercato* market strategy; *~ di sviluppo* development strategy; *~ di sviluppo sostenibile* sustainable development strategy.

strategicamente *avv.* **1** (*Mil*) strategically. **2** (*fig*) (*abilmente*) strategically, cunningly, cleverly.

strategico (*pl.* **-ci**) *a.* **1** (*Mil*) strategic, strategical: *mossa strategica* strategic move. **2** (*fig*) strategic, strategical, cunning, clever, shrewd.

stratego **I** *m./f.* (*esperto in strategia*) strategist (*anche fig*). **II** *m.* (*Stor.gr*) strategus.

stratificare (**stratìfico, stratìfichi**) **I** *v.t.* to stratify, to form (sth.) in strata, to arrange (sth.) in strata. **II** *v.pron.* **stratificarsi 1** to stratify, to form strata, to become stratified. **2** (*Sociol,Statist*) to stratify.

stratificato *a.* stratified, in strata (*posposto*),

in layers (*posposto*): *rocce stratificate* stratified rocks.

stratificazione *f.* **1** stratification (*anche fig, Biol,Statist*). **2** (*Geol*) stratification, bedding. ☐ (*Geol*) *~ incrociata* cross-bedding; (*Sociol*) *~ sociale* social stratification.

stratiforme *a.* stratiform.

stratigrafia *f.* **1** (*Geol*) stratigraphy. **2** (*Radiol*) tomography.

stratigrafico (*pl.* **-ci**) *a.* **1** (*Geol*) stratigraphic, stratigraphical: *unità stratigrafica* stratigraphic unit. **2** (*Radiol*) tomographic.

stratimetria *f.* (*Geol*) measurement of the strata of the earth's crust.

strato *m.* **1** (*come pellicola*) layer, coat, coating, film: *uno ~ di polvere* a layer of dust; *uno ~ di vernice* a coat of paint. **2** (*tappeto*) blanket, sheet: *uno ~ di neve* a blanket of snow. **3** (*Geol*) stratum, bed, layer. **4** (*Meteor*) stratus. **5** (*Archeol,Ling,Statist*) stratum. **6** (*fig*) (*ceto*) stratum, level, class. **7** (*Tecn*) layer. **8** (*Min*) vein. ☐ *a strati* in layers, in strata, layered, stratified: *torta a strati* layer cake; (*Fal*) *pannello a tre strati* three-ply panel; *~ di ozono* ozone layer; (*Meteor*) *~ d'inversione* inversion layer; (*Fis*) *~ elettronico* shell; *~ geologico* geological stratum; (*Fis*) *~ ionizzato* ionized layer; *~ isolante* insulating layer; (*Fis*) *~ limite* boundary layer; *~ protettivo* protective coat, protective layer; *~ superficiale* superficial fascia.

stratocumulo *m.* (*Meteor*) stratocumulus.

stratopausa *f.* (*Geog*) stratopause.

stratosfera *f.* (*Geog*) stratosphere.

stratosferico (*pl.* **-ci**) *a.* **1** stratospheric, stratospherical. **2** (*fig*) (*altissimo*) stratospheric, exorbitant, excessively high, astronomical, astronomic, enormous, sky-high: *cifre stratosferiche* astronomical figures.

stratta *f.* (*tirata*) pull, tug, jerk, (*colloq*) yank: *dare una ~ a una fune* to give a rope a tug, to give a rope a jerk. ☐ *a stratte* jerkily, fitfully, by fits and starts.

strattonare (**strattóno**) *v.t.* to shove, to jerk, to tug: (*Sport*) *~ l'avversario* to shove one's opponent.

strattone *m.* violent pull, sharp tug, sharp jerk, shove, wrench: *dare uno ~ a qcs.* to give sth. a wrench, to tug at sth. sharply. ☐ *a strattoni* jerkily.

stravaccarsi (**mi stravàcco, ti stravàcchi**) *v.pron.* (*colloq*) to sprawl, to sprawl out, to slump, to slouch: *~ sul divano* to sprawl out on the sofa.

stravaccato *a.* (*colloq*) sprawling, slouched.

stravagante **I** *a.* odd, strange, peculiar, outlandish, bizarre, weird, airy-fairy, illogical, eccentric, unconventional, (*colloq*) cranky, (*colloq*) funny: *idea ~* bizarre idea; *modi stravaganti* eccentric behaviour. **II** *m./f.* odd fellow, strange fellow, (*colloq*) oddball, (*spreg*) crackpot, (*Am,spreg*) kook, (*spreg*) weirdo.

stravagantemente *avv.* eccentrically, oddly.

stravaganza *f.* **1** eccentricity, oddness, strangeness, crankiness, idiosyncrasy. **2** (*azione stravagante*) strange action, odd thing, eccentric behaviour.

stravecchio *a.* **1** very old. **2** (*fig*) out-of-date, stale, very old, (*colloq*) old hat: *notizie stravecchie* out-of-date news. **3** (*Alim*) (*stagionato*) aged, mature: *formaggio ~* (*Br*) mature cheese, (*Am*) aged cheese. **4** (*Enol*) vintage (*attr.*), mellow: *cognac ~* vintage cognac.

stravedere (*pres.ind.* **stravédo**; *p.rem.* **stravìdi**; *p.p.* **stravìsto/stravedùto**; *aus.* **avere**) *v.i.* (*rar*) to be mistaken, to see (sth.) wrongly, to see things. ☐ (*fig*) *~ per qcu.* to dote on so.; *~ per qcs.* to be mad about sth.

stravincere (*pres.ind.* **stravìnco, stravìnci**; *p.rem.* **stravìnsi**; *p.p.* **stravìnto**) *v.t.* **1** to beat (hollow), (*colloq*) to lick, to overwhelm, to thrash, (*spec. Am*) to trounce. **2** (*assol.*) (*sconfiggere nettamente*) to win hands down, to win all along the line, to romp home.

straviziare (**stravìzio, stravìzi**) **I** *v.i.* (*aus.* **avere**) (*lett*) (*gozzovigliare*) to revel, to indulge in revelry, to make merry, (*colloq*) to whoop it up, (*colloq,ant*) to have a ball. **II** *v.t.* (*colloq*) (*educare male*) to spoil, to indulge, to overindulge.

stravizio *m.* **1** excess, (*lett*) debauch, (*lett*) debauchery, overindulgence: *darsi agli stravizi* to overindulge. **2** (*gozzoviglia*) revel, revelry. **3** (*nel mangiare*) excessive eating, overeating: *fare stravizi* to eat too much, to overeat. **4** (*nel bere*) excessive drinking, overdrinking: *fare stravizi* to drink too much.

stravolgere (*pres.ind.* **stravòlgo, stravòlgi**; *p.rem.* **stravòlsi**; *p.p.* **stravòlto**) *v.t.* **1** (*contorcere*) to contort, to twist: *il dolore aveva stravolto i suoi lineamenti* pain had contorted his features. **2** (*fig*) (*turbare profondamente*) to greatly trouble, to upset, to affect (sth.) deeply, to perturb, to disturb, to unsettle: *la triste notizia lo stravolse* the sad news affected him deeply; *la sua mente era stravolta dalla passione* his mind was unsettled by passion. **3** (*fig*) (*travisare, snaturare*) to twist, to distort, to warp, to misrepresent, to pervert: *~ una teoria* to distort a theory. ☐ *~ gli occhi* to roll one's eyes.

stravolto *a.* **1** (*contorto*) contorted, twisted, wry: *lineamenti stravolti dall'ira* features contorted with anger. **2** (*fig*) (*profondamente turbato*) deeply upset, greatly disturbed, greatly troubled, perturbed, deranged: *mente stravolta* disturbed mind, deranged mind. **3** (*fig*) (*molto stanco*) dead tired, dead beat, exhausted.

straziante *a.* **1** (*rif. a intenso dolore*) excruciating, racking, agonizing, stabbing: *dolori strazianti* excruciating pains. **2** (*angoscioso*) agonizing, piercing: *grido ~* agonizing cry, piercing cry. **3** (*fig*) (*orribile, terrificante*) heart-rending, harrowing: *scena ~* heart-rending scene. **4** (*fig,iperb*) (*estremamente brutto*) appalling, very bad, ghastly: *un film ~* an appalling movie.

straziare (**stràzio, stràzi**) *v.t.* **1** (*maltrattare fisicamente*) to torture, to rack. **2** (*dilaniare*) to tear (sth.) apart, to tear (sth.) to pieces, to rend: *il suo corpo fu straziato da una bomba* his body was torn to pieces by a bomb, his body was blown to pieces. **3** (*affliggere, tormentare: rif. ad anima*) to torment, to tear, to torture, to harrow. **4** (*fig,scherz*) (*fare cattivo uso*) to mangle, to murder: *~ una musica* to murder a piece of music; *~ una lingua* to mangle a language; *~ una commedia* to murder a play. ☐ (*fig*) *~ il cuore* to be heart-rending, to be harrowing; *~ il cuore a qcu.* to break so.'s heart; (*enfat*) *~ le orecchie* to grate on the ears, to be ear-splitting: *questa musica mi strazia le orecchie* this music grates on my ears.

straziato *a.* **1** (*torturato*) tortured, racked. **2** (*dilaniato*) torn apart, torn to pieces, rent: *un paese ~ dalla guerra civile* a country rent by civil war; *un corpo ~* a body torn to pieces. **3** (*tormentato*) tormented, torn, racked, tortured, harassed: *~ dai rimorsi* racked by remorse, torn by remorse. ☐ ~ *dal dolore* (*addolorato*) grief-stricken.

strazio *m.* **1** (*scempio*) tearing to pieces, tearing apart. **2** (*fig*) (*tormento*) torment, torture, agony: *essere in preda agli strazi del rimorso* to be a prey to the torments of remorse. **3** (*colloq,scherz*) (*noia*) nuisance, bore, (*colloq*) pest, (*colloq*) pain in the neck: *che ~ questo film!* what a bore this film is!; *che ~ quel tipo!* what a nuisance that guy is! **4** (*fig*) (*sciupio*) waste. **5** (*fig*) (*rif. a cattive esecuzioni*) mangling, murder. ☐ *fare ~ di:* **1** (*dilaniare*) to tear to pieces, to tear apart, to rend; **2** (*fig*) (*rovinare*) to play havoc with, to ruin, to devastate, to destroy: *fare ~ del paesaggio* to ruin the landscape; **3** (*fig*) (*eseguire o usare male*) to mangle, to murder, to play havoc on, to wreak havoc on: *fare ~ della propria lingua* to mangle one's own language; **4** (*fig*) (*sprecare*) to waste, to squander (away): *fare ~ di denaro* to waste money.

strega *f.* **1** witch, sorceress. **2** (*fig,spreg*) (*donna malvagia*) hellcat, shrew, bitch, tigress, witch. **3** (*fig,spreg*) (*donna brutta e vecchia*) (old) hag, crone, witch.

stregare (*strégo, stréghi*) *v.t.* **1** to bewitch, to cast a spell on, to put a spell on, to put (sth./so.) under a spell. **2** (*fig*) (*ammaliare*) to charm, to fascinate, to enchant, to bewitch, to enthral: *con la sua bellezza strega tutti* she charms everyone with her beauty; *quella donna lo ha stregato* that woman has bewitched him.

stregato *a.* **1** bewitched, under a spell (*posposto*). **2** (*estens*) (*infestato da fantasmi*) haunted. **3** (*fig*) (*sfortunato*) jinxed. **4** (*fig*) (*ammaliato*) bewitched, smitten, hooked.

stregone *m.* **1** (*Etnol*) witch doctor. **2** (*Etnol*) (*sciamano*) medicine man. **3** (*mago*) wizard, sorcerer. **4** (*estens*) (*guaritore*) healer, (*spreg*) quack.

stregoneria *f.* **1** (*magia nera*) black magic. **2** (*rif. a streghe*) witchcraft, sorcery. **3** (*rif. a stregoni*) wizardry, sorcery. **4** (*incantesimo*) spell, charm: *fare una ~* to cast a spell.

stregua *f.* (*ant*) quota, share. ☐ *alla ~ di* like, as if, by the same standard as; *alla stessa ~* by the same standard, in the same way, alike: *mettere tutti alla stessa ~* to judge everyone by the same standard, to judge everyone in the same way; *trattare tutti alla stessa ~* to treat everyone alike.

strelitzia *f.* (*Bot*) strelitzia, (*colloq*) Bird of Paradise.

stremare (*strèmo*) *v.t.* **1** (*stancare*) to exhaust, to wear out, to tire out. **2** (*indebolire*) to weaken, to enfeeble: *la malattia lo ha stremato* the disease has weakened him.

stremato *a.* **1** (*stanco*) exhausted, worn-out, tired out. **2** (*indebolito*) weak, enfeebled, debilitated.

stremo *m.* utmost, extreme. ☐ *essere allo ~* (o *ridursi allo ~*): **1** (*fisicamente*) to be at the end of one's strength, to be on one's last legs; **2** (*finanziariamente*) to be at the end of one's resources, to have reached the end of one's resources, to be down to one's last penny.

strenna *f.* present, gift: *~ di Natale* Christmas present; *libro ~* coffee-table book.

strenuamente *avv.* **1** (*lett*) (*valorosamente*) valiantly, bravely. **2** (*infaticabilmente*) indefatigably, inexhaustibly.

strenuo *a.* **1** (*coraggioso*) valiant, brave. **2** (*estens*) (*infaticabile*) indefatigable, tireless, unwearying.

strepitare (*strèpito; aus. avere*) *v.i.* **1** (*lett*) (*fare fracasso*) to make a loud noise, to make

a deafening noise, to crash, to roar. **2** (*sbraitare*) to yell, to shout loudly, to cry out loudly, to rant (about), (*colloq*) to bawl: *perché strepiti tanto?* why are you bawling like this?

strepitio *m.* din.

strepito *m.* **1** loud noise, deafening noise, crash, roar. **2** (*insieme di voci, grida*) clamour, din, hubbub, uproar. ☐ (*fig*) *fare ~* to cause a storm, to cause a stir, to be much talked about.

strepitosamente *avv.* **1** (*rar*) (*con rumore*) noisily, clamorously. **2** (*fig*) (*in modo straordinario*) outstandingly, greatly.

strepitoso *a.* **1** (*fragoroso*) resounding, deafening, thunderous, roaring, noisy, clamorous, loud: *applausi strepitosi* thunderous applause. **2** (*fig*) (*grandissimo*) great, tremendous, outstanding, resounding: *successo ~* resounding success.

streptococco (*pl.* **-chi**) *m.* (*Med*) streptococcus, (*colloq*) strep.

streptomicete *m.* (*Biol*) streptomyces. ☐ (*Biol*) *~ griseus* streptomyces griseus.

streptomicina *f.* (*Farm*) streptomycin.

stress *m.inv.* (*Med*) stress (*anche estens*): *situazione di ~* stress situation. ☐ (*Med*) *~ da rumore* noise-induced stress; (*Med*) *~ nervoso* nervous stress, nervous tension.

stressante *a.* stressful (*anche Med*): *vita ~* stressful life.

stressare (*strèsso*) **I** *v.t.* to stress, to stress out, to overtax, to put (so.) under stress. **II** *v.pron.* **stressarsi** to feel stressed, to be stressed out, to be under too much pressure.

stressato **I** *a.* stressed-out, strained, under stress (*posposto*). **II** *m.* stressed-out person.

stretch /strɛtʃ/ **I** *a.inv.* (*Tess,Abbigl*) (*posposto al sostantivo*) stretch: *gonna ~* stretch skirt. **II** *m.inv.* (*Tess*) stretch fabric.

stretching /ˈstrɛtʃɪŋ/ *m.inv.* **1** (*Sport*) stretch, stretching exercises. **2** (*Tecn*) drawing, stretching.

stretta *f.* **1** (*firm*) hold, grip, grasp, clasp, clench: *liberarsi dalla ~ dell'avversario* to free oneself from the opponent's grasp. **2** (*il restringere*) tightening (up). **3** (*il rendere meno ampio*) narrowing. **4** (*fig*) (*turbamento, emozione*) pang, stab. **5** (*fig*) (*calca*) press, crush: *sottrarsi alla ~ della folla* to get away from the crush of the crowd. **6** (*fig*) (*punto culminante*) climax, crucial point, critical point, culmination: *essere alla ~ finale* to have reached a critical point. **7** (*fig*) (*situazione difficile*) difficult situation, predicament, strait, (*colloq*) fix: *ci troviamo in una ~ dolorosa* we are in a painful predicament, we are in dire straits. **8** (*passaggio angusto*) narrow passage. **9** (*gola*) gorge, ravine. **10** (*Mus*) stretto. ☐ (*fig*) *~ al cuore* stab (of pain) in the heart, sharp pain in the heart, a pang in the heart; *sentire una ~ alla gola* to have a lump in one's throat; (*fig*) *essere alle strette*: **1** (*colloq*) (*situazione difficile*) to be in a difficult situation, to be in a tight corner, to be in a tight spot; **2** (*dover prendere una decisione*) to have one's back to the wall: *mettere qcu. alle strette* to put so. on the spot, to corner so.; *~ creditizia* (o *~ del credito*) credit squeeze, tight money, tight credit; *~ di mano* handshake: *dare una ~ di mano a qcu.* to shake hands with so., to shake so.'s hand; *~ salariale* wage squeeze.

strettamente *avv.* **1** (*in modo stretto*) tight, tightly, close, closely, fast: *legato ~* tied tight, tied fast. **2** (*rigorosamente*) strictly: *~ confidenziale* strictly confidential; *~ necessario* strictly necessary; *~ personale* strictly personal.

strettezza *f.* **1** (*rif. ad ampiezza*) tightness. **2** (*rif. a larghezza*) narrowness: *la ~ di una strada* the narrowness of a road. **3** (*fig*) (*scarsità*) shortage, lack, scarsity: *~ di tempo* lack of time. **4** *spec.pl.* (*fig*) (*ristrettezza*) poverty, financial straits *pl.*, straitened circumstances *pl.*: *vivere nelle strettezze* to live in poverty.

stretto I *a.* **1** (*non largo*) narrow: *una strada stretta* a narrow street. **2** (*non ampio: rif. a vestiti e sim.*) tight, tight-fitting, close-fitting: *un vestito ~* a tight-fitting dress; *ho le scarpe strette* my shoes are tight. **3** (*serrato*) tight, fast, clenched: *nodo ~* tight knot; *coi pugni stretti* with clenched fists; *a denti stretti* with gritted teeth. **4** (*brusco, forte*) sharp: *curva stretta* sharp bend. **5** (*addossato*) close (*a* to), hugging (sth.): *camminare ~ al muro* to walk hugging the wall, to walk close to the wall; *stare stretti l'uno all'altro* to be close to one another. **6** (*racchiuso, pigiato*) squeezed, hemmed in, wedged, packed: *si trovò ~ fra due automobili* he was hemmed in between two cars. **7** (*fig*) (*costretto, spinto*) forced (*da* by), driven (*da* by), pressed (*da* by): *~ dalle necessità* forced by necessity, bound by necessity. **8** (*unito, legato*) bound (*da* by), tied (*da* by), linked (*da* by): *essere ~ da un'amicizia con qcu.* to be bound to so. by friendship. **9** (*prossimo, intimo*) close, near: *parenti stretti* close relatives. **10** (*rigoroso*) strict, close, rigorous: *stretta sorveglianza* strict supervision, close watch; *mantenere uno ~ riserbo su qcs.* to maintain a strict reserve on sth.; *lutto ~* deep mourning. **11** (*preciso*) exact, precise: *attenersi allo ~ significato di una parola* to stick to the exact meaning of a word. **12** (*rif. a dialetti: puro, schietto*) pure, broad, (*spreg*) thick: *parlare il milanese ~* to speak broad Milanese. **13** (*avaro, spilorcio*) miserly, stingy, niggardly. **14** (*Fon*) closed: *una e stretta* a closed e. **II** *avv.* **1** (*in modo stretto*) tight, tightly, close, closely, fast: *legare qcs. ben ~* to tie sth. tight, to tie sth. fast; *lo abbracciò ~* she hugged him tight. **2** (*rigorosamente*) strictly. **III** *m.* **1** (*Geog*) straits (*costr.sing.*), strait. **2** (*Mus*) stretto. ☐ *~ ~* tight, tightly: *abbracciare qcu. ~ ~* to hug so. tight; *andare ~*: **1** (*rif. a vestiti*) to be tight, to be tight-fitting; **2** (*rif. a scarpe*) to be tight, to pinch; **3** (*fig*) not to suit: *questo lavoro gli va stretto* this job doesn't suit him; *quelle regole gli vanno strette* he feels shackled by those rules; *stare stretti come acciughe* to be packed in like sardines; *sotto ~ controllo* under close watch; *avere il cuore ~ dall'emozione* to be sad at heart, to be downhearted; (*Geog*) *~ di Bering* Bering Strait; (*Geog*) *~ di Gibilterra* Straits of Gibraltar; (*Geog*) *~ di Magellano* Straits of Magellan; *essere ~ di spalle* to be narrow-shouldered; *lo ~ indispensabile* (o *lo ~ necessario*) the bare minimum, the bare essentials (*pl.*), the bare necessities (*pl.*), the strict minimum, the nitty-gritty; *tenere ~ to hold tightly, to clasp, to hold tight; (*fig*) *tenere stretti i cordoni della borsa* to tighten the purse-strings.

strettoia *f.* **1** (*Strad*) narrowing in the road, (*colloq*) bottleneck. **2** (*Strad*) (*nei cartelli stradali*) road narrows. **3** (*fig*) (*situazione difficile*) difficult situation, tricky situation, (*colloq*) tight spot: *trovarsi in una ~* to find oneself in a tight spot.

strettoio *m.* **1** (*morsetto*) clamp. **2** (*torchio a vite*) press.

stria *f.* **1** (*Arch*) stria, channel, flute. **2** (*riga sottile su fondo di diverso colore*) streak. **3**

(*Med*) stria, streak: *strie atrofiche* striae atrophicae, (*colloq*) stretch marks. **4** (*Vetr*) stria.

striare (**strìo**, **strìi**) *v.t.* to streak, to stripe, to striate.

striato *a.* **1** streaked, striped, striate, striated. **2** (*Anat*) striated, striped: *muscolo* ~ striated muscle, striped muscle.

striatura *f.* **1** (*lo striare*) streaking, striping. **2** (*insieme di strie*) striae *pl.*, streaks *pl.*

stricnina *f.* strychnine.

strìda → strido.

stridente *a.* **1** (*rif. a suoni*) strident, harsh, shrill, piercing, grating. **2** (*fig*) (*contrastante*) conflicting, clashing, contrasting. **3** (*fig*) (*rif. a colori*) clashing, jarring. **4** (*fig*) (*con valore rafforzativo*) blatant, glaring: *contrasto* ~ blatant contrast.

stridere (*pres.ind.* **strìdo**; *p.rem.* **stridéi**/**stridètti**; *p.p. rar* **stridùto**; *compound tenses rarely used; aus.* **avere**) *v.i.* **1** (*strillare*) to shriek, to screech, to utter a shrill scream, to utter a piercing scream. **2** (*rif. a uccelli: aquile, civette*) to screech, to chatter. **3** (*rif. a cicale, grilli e sim.*) to stridulate, to chirp, to rasp, to clitter. **4** (*rif. al fuoco*) to crackle, to splutter: *il fuoco stride* the fire is crackling. **5** (*rif. a oggetti caldi nell'acqua*) to hiss, to splutter: *il ferro rovente nell'acqua stride* red-hot iron hisses in water. **6** (*rif. al vento*) to shriek. **7** (*rif. a freni*) to squeal, to screech. **8** (*cigolare: rif. a porte e sim.*) to squeak, to creak, to grate: *la porta stride sui cardini* the door is squeaking on its hinges. **9** (*cigolare: rif. a catene e sim.*) to clank, to rattle, to screech. **10** (*fig*) (*contrastare*) to differ (*con* from), to clash, to contrast (with), to be in contrast (with), to go against (sth.): *le tue parole stridono con i fatti* what you say goes against the facts. **11** (*fig*) (*produrre un effetto sgradevole*) to clash, to jar, not to go (with). **12** (*fig*) (*rif. a colori*) to clash: *queste due tinte stridono tra loro* these two colours clash.

stridio *m.* **1** shrieking, screeching. **2** (*rif. a uccelli: aquile, civette*) screeching, chattering. **3** (*rif. a cicale, grilli e sim.*) stridulation, chirping. **4** (*rif. al fuoco*) crackling. **5** (*rif. a porte e sim.: cigolio*) squeaking, grating. **6** (*rif. a freni*) squealing, screeching.

strido (*pl.* **le strìda**) *m.* shriek, shrill cry, piercing cry, screech.

stridore *m.* **1** screech, screeching, shrill sound, squeal. **2** (*rif. a porte e sim.: cigolio*) squeak, squeaking, creak, creaking, grating. **3** (*rif. a catene e sim.*) screeching. **4** (*rif. a freni*) screech, squeal: ~ *di freni* screech of brakes. **5** (*Med*) stridor: ~ *respiratorio* stridor, respiratory stridor. □ ~ *di denti* gritting of teeth.

stridulo *a.* **1** (*acuto*) strident, shrill, harsh: *voce stridula* shrill voice. **2** (*che emette suoni striduli*) strident, shrill, stridulous. **3** (*rif. a porte e sim.*) squeaky, creaky, rasping. **4** (*rif. a insetti*) chirping, buzzing. **5** (*Med*) stridulous, stridulant.

strige *f.* (*pop*) (*gufo*) owl.

strigile *m./f.* (*Archeol*) strigil.

striglia *f.* currycomb, curry-comb.

strigliare (**strìglio**, **strìgli**) I *v.t.* **1** to curry, to curry-comb, to currycomb: ~ *i cavalli* to curry the horses. **2** (*pop*) (*sgridare*) to rebuke, to scold, to rail at, (*colloq*) to tell off, to reprimand. **II** *v.pron.* **strigliarsi** (*scherz*) (*ripulirsi bene*) to groom oneself, to spruce oneself up.

strigliata *f.* **1** currycomb, curry-comb, currying. **2** (*fig*) (*rimprovero*) rebuke, scolding, (*colloq*) telling off. □ *dare una* ~ *a:* **1** to

curry-comb, to curry; **2** (*fig*) to rebuke, to scold: *il maestro ha dato una* ~ *al ragazzo* the teacher scolded the boy, the teacher gave the boy a good telling-off.

strike /strajk/ *m.inv.* (*Sport*) (*nel baseball, nel bowling*) strike.

strillare (**strìllo**) I *v.i.* (*aus.* **avere**) **1** to shriek, to yell, to scream, to screech: *appena vide il ladro cominciò a* ~ when she saw the thief she began to scream. **2** (*parlare a voce alta*) to shout, to yell: *non occorre che tu strilli, non sono sordo* you don't have to shout, I'm not deaf. **3** (*fig*) (*protestare*) to make a fuss, (*colloq*) to kick up a fuss. **II** *v.t.* **1** (*dire ad alta voce*) to shout (out), to yell (out). **2** (*colloq,rar*) (*sgridare*) to scold, to rebuke, (*colloq*) to tell off. □ (*colloq*) ~ *come un'aquila* to scream like a stuck pig.

strillata *f.* **1** (*grido*) shout, cry, sharp cry. **2** (*pop*) (*sgridata*) scolding, (*colloq*) telling-off, (*colloq*) dressing-down.

strillo *m.* **1** scream, shriek, sharp cry, shrill cry: *fare uno* ~ to scream, to let out a scream, to yell, to give a yell. **2** (*colloq*) (*sgridata*) scolding, (*colloq*) telling-off, (*colloq*) dressing-down. **3** (*Giorn*) screamer, sensational headline.

strillone *m.* (*f.* **-a**) **1** (*chi urla molto*) screamer, shouter. **2** (*venditore ambulante di giornali*) newspaper seller, newsboy (*f.* -girl), (*Am*) newsvendor, paperboy.

strillozzo *m.* (*Ornit*) corn bunting.

striminzire (**striminzìsco**, **striminzìsci**) I *v.t.* **1** (*rendere più magro*) to make (sth.) thinner, to slim. **2** (*dentro un busto o sim.*) to lace up. **3** (*rendere gracile: rif. a piante*) to make (sth.) spindly. **II** *v.pron.* **striminzirsi 1** (*diventare più magro*) to become thin, to get thin, to lose weight. **2** (*stringersi in un busto e sim.*) to lace oneself up, to lace oneself in. **3** (*che cresce a fatica: rif. a piante*) to become spindly.

striminzito *a.* **1** (*misero*) shabby, poor: *un vestito* ~ a shabby dress. **2** (*magro*) thin, skinny. **3** (*gracile*) weak, frail: *un vecchio* ~ a frail old man. **4** (*stretto*) pulled in, tight. **5** (*stretto in un busto e sim.*) laced-in.

strimpellamento *m.* **1** (*rif. a strumenti a corda*) strumming, thrumming, plucking, twanging, fiddling. **2** (*rif. a strumenti a tasti*) pounding, thumping, tinkling.

strimpellare (**strimpèllo**) *v.t.* **1** (*rif. a strumenti a corda*) to strum, to thrum, to pluck, to twang, to fiddle, to scrape: ~ *la chitarra* to strum the guitar. **2** (*rif. a strumenti a tasti*) to pound, to thump, to tinkle: ~ *il pianoforte* to thump on the piano.

strimpellata *f.* **1** (*rif. a strumenti a corda*) strum, strumming, thrum, thrumming, plucking, twanging, fiddling, scrape. **2** (*rif. a strumenti a tasti*) pound, pounding, banging, thump, thumping, twinkle.

strimpellatore *m.* (*f.* **-trice**) **1** (*rif. a strumenti a corda*) strummer, thrummer, fiddler. **2** (*rif. a strumenti a tasti*) pounder, tinkler.

strimpellio *m.* **1** (*rif. a strumenti a corda*) strumming, thrumming, fiddling, plucking. **2** (*rif. a strumenti a tasti*) pounding, tinkling, thumping.

strinare (**strìno**) I *v.t.* **1** to scorch: ~ *una camicia* to scorch a shirt. **2** (*Gastron*) to singe. **II** *v.pron.* **strinarsi** to scorch.

strinato *a.* **1** scorched: *camicia strinata* scorched shirt. **2** (*Gastron*) singed. **3** (*fig*) (*magro, secco*) thin, skinny: *secco* ~ as thin as a rake, like a beanpole.

strinatura *f.* scorch, scorch mark.

stringa *f.* **1** (*laccio*) lace. **2** (*Calz*) lace, shoelace, (*Am*) shoestring. **3** (*Inform*) string. **4**

(*Ling*) string. □ (*Inform*) ~ *di caratteri* character string; (*Inform*) ~ *di software* software string; (*Inform*) ~ *vuota* null string, empty string.

stringare (**strìngo**, **strìnghi**) *v.t.* **1** to lace, to lace up, , to tie (sth.) tight, to tie up (sth.) tight. **2** (*fig*) (*rendere conciso*) to condense, to make (sth.) concise.

stringatamente *avv.* concisely, tersely, briefly.

stringatezza *f.* conciseness, concision, terseness. □ *con* ~ concisely, tersely.

stringato *a.* **1** (*fig*) (*conciso*) concise, brief, terse. **2** (*rar*) (*stretto*) tight, tied tightly.

stringente *a.* **1** (*urgente, impellente*) pressing, urgent: *necessità stringenti* urgent needs. **2** (*convincente*) convincing, forceful, cogent: *ragioni stringenti* convincing reasons.

stringere (*pres.ind.* **strìngo**, **strìngi**; *p.rem.* **strìnsi**; *p.p.* **strétto**) I *v.t.* **1** (*serrare fortemente*) to clasp, to hold (sth.) tight, to hold (sth.) tightly, to clutch: *mi strinse cordialmente la mano* he clasped my hand cordially; *stringeva tra le mani la borsetta* she clutched her bag in her hands. **2** (*premere, tenere premuto*) to clasp, to press, to hug, to squeeze: ~ *qcu. tra le braccia* to clasp so. in one's arms; *la madre stringeva il figlio al seno* the mother pressed her son to her breast. **3** (*avvicinare fra loro due cose*) to press (together), to squeeze (together): ~ *le labbra* to press one's lips together; ~ *le gambe* to squeeze one's legs together. **4** (*premere dolorosamente*) to pinch, to be (too) tight: *queste scarpe stringono i piedi* these shoes are pinching my feet. **5** (*Sart*) (*rimpicciolire*) to take in: *far* ~ *un vestito* to have a dress taken in. **6** (*concludere*) to make, to contract, to forge, to enter into, to stipulate: ~ *un patto* to make a pact, to make an agreement, to enter into an agreement; ~ *un'alleanza* to forge an alliance. **7** (*avvitare*) to tighten, to screw (sth.) tight. **8** (*fig*) (*riassumere in sintesi*) to summarize, to sum up: ~ *un discorso* to summarize a speech; *stringi, non abbiamo molto tempo!* get to the end, we haven't got much time! **9** (*accelerare*) to speed up, to make (sth.) faster, to quicken: ~ *il passo* to quicken one's step. **10** (*assol.*) (*colloq*) (*rendere stitico*) to constipate, to cause constipation: *il succo di limone stringe* lemon juice can cause constipation. **11** (*lett*) (*brandire*) to grasp, to brandish: ~ *la spada* to grasp one's sword. **12** (*circondare da ogni parte*) to surround, to gather around, to gather round, to press around, to press round: *la folla stringeva la squadra vincitrice* the crowd pressed around the winning team. **II** *v.i.* (*aus.* **avere**) **1** (*incalzare*) to be pressing, to press, to be short, to be running short: *il tempo stringe* time is short, time marches on. **2** (*essere stretto*) to be (too) tight: *questa giacca stringe* this jacket is tight. **3** (*essere stretto: rif. a scarpe*) to pinch, to be tight. **4** (*fig*) (*essere breve*) to be brief, to be short, to be concise. **III** *v.pron.* **stringersi 1** (*accostarsi*) to squeeze (oneself), to press (oneself): *si strinse al muro per lasciarmi passare* he squeezed himself against the wall to let me pass; *il bambino si stringeva alla madre* the child pressed himself against his mother. **2** (*per fare spazio*) to squeeze together: *si strinsero per fare un po' di posto all'ultimo arrivato* they squeezed together to make room for the latest arrival. **3** (*restringersi: rif. a vestiti, tessuti*) to shrink. **IV** *v.r.recipr.* **stringersi** to embrace each other, to hug each other: *si strinsero in un forte abbraccio* they embraced each other with a big hug. □ *strin-gersi a qcu.* (*con affetto*) to snuggle up to so., to cuddle so.; (*fig*) *~alla gola* to bring a lump to one's throat; (*fig*) *~amicizia con qcu.* to strike up a friendship with so., to make friends with so.; *stringersiattorno a qcu.*: 1 (*circondare, pressare*) to throng round so., to press round so., to crowd round so., to gather close around so.; 2 (*fig*) (*offrire aiuto*) to rally round so.;*che stringe* (*stretto*) tight, tight-fitting, close-fitting: *un colletto che stringe* a tight collar, a tight-fitting collar; *~ d'assedio una città* to lay siege to a town, to besiege a city; (*Ginn,colloq*) *~forte i glutei* to squeeze the buttocks; *~ gli occhi* to close one's eyes tight, to shut one's eyes tight; *~i denti*: 1 (*digrignare anche per la rabbia*) to clench one's teeth, to grit one's teeth; 2 (*fig*) (*affrontare qcs. senza lamenti*) to grin and bear it, to bite the bullet; *~i freni*: 1 to tighten the brakes; 2 (*fig*) to tighten up, to clamp down; *~ i pugni* to clench one's fists; *~ i tempi*: 1 (*fig*) (*accelerare*) to speed things up; 2 (*Mus*) to quicken the tempo; *~il credito* to restrict credit, to reduce credit, to squeeze credit, to put a squeeze on credit; (*fig*) *~il cuore* to break one's heart, to wring one's heart: *mi stringe il cuore* it grips me; *a quella vista mi si è stretto il cuore* my heart ached at the sight; (*Mar*) *~il vento* to point, to sail close to the wind; (*Aut*) *~in curva* to cut in on (so. on a bend), to cut in front (of so. on a bend); (*fig*) *stringersiintorno a qcu.* (*offrire aiuto*) to rally round so.; *~la cinghia* to tighten one's belt (*anche fig*); (*fig*) *~la gola* to bring a lump to one's throat; *~ la mano a qcu.* to shake hands with so., to shake so.'s hand; *stringersi la mano* to shake hands; *~ le palpebre* to close one's eyelids; *stringersi nelle spalle* to shrug, to shrug one's shoulders (*anche fig*);*stringi stringi* (*in conclusione*) in short, all in all, to sum up, when you get down to it: *stringi stringi, non abbiamo guadagnato nulla* when you get down to it, we gained nothing; *~ qcu.tra le braccia* to hold so. in one's arms; (*fig*) *~ qcu.tra l'uscio e il muro* (*metterlo alle strette*) to put so. on the spot, to corner so.; (*Mecc*) *~una vite* to tighten a screw.

stringimento *m.* (*rar*) **1** (*il serrare*) tightening. **2** (*restringimento*) taking in. □ (*fig*) *~ di cuore* heavy heart, sharp pain in the heart, a pang in the heart.

stringinaso *m.inv.* **1** pince-nez. **2** (*Sport*) nose clip. **3** (*per cavalli: torcinaso*) barnacle.

strip *m.inv.* **1** (*spogliarello*) striptease, (*colloq*) strip. **2** (*Econ*) strip. □ *fare lo ~* to strip, to do a striptease.

strippare (**strìppo**; *aus.* **avere**) *v.i.* **1** (*gerg*) (*comportarsi in modo strano per effetto di droga*) to freak out, to be high, to be on a high. **2** (*pop,rar*) (*mangiare eccessivamente*) to guzzle, to scoff.

strippato *a.* **1** (*gerg*) (*sotto l'influenza della droga*) bombed, bombed out, spaced-out. **2** (*Econ*) stripped.

stripper *m./f.inv.* stripper, striptease artist, stripteaser.

striptease /ˌstripˈtiz/ *m.inv.* (*spogliarello*) striptease, (*colloq*) strip.

striscia (*pl.* **-sce**) *f.* **1** strip, slip: *una ~ di carta* a strip of paper, (*Br*) a streamer, a scrap of paper. **2** (*riga larga*) stripe: *cravatta nera a strisce rosse* black tie with red stripes. **3** (*striscia di cuoio per affilare*) strop. **4** (*porzione di territorio*) strip (of land). **5** (*traccia*) trace, streak: *una ~ di sangue* a trace of blood. **6** (*Strad*) line. **7** *pl.* (*Strad*) (*strisce pe-*

donali) zebra crossing *sing.*, pedestrian crossing *sing.*: *attraversare sulle strisce* to cross at the pedestrian crossing. **8** (*di fumetto*) strip. □ *a strisce* striped: *maglia a strisce* striped sweater; (*Strad*) *~ continua* solid line, white line; (*Aer*) *~di atterraggio* : 1 runway; 2 (*su terra battuta*) airstrip, landing strip, flight strip; (*Geog*) *la ~di Gaza* the Gaza Strip; (*Strad*) *~doppia continua* double solid line, double white line; *~iridescente* (*nelle banconote*) iridescent stripe; *~olografica* (*nelle banconote*) holographic foil strip; (*Strad*) *striscepedonali* zebra crossing (*sing.*), pedestrian crossing (*sing.*): *attraversare sulle strisce pedonali* to cross at the pedestrian crossing; (*Strad*) *~tratteggiata* broken line; (*Strad*) *striscezebrate* zebra crossing (*sing.*), pedestrian crossing (*sing.*).

strisciamento *m.* **1** creeping, crawling. **2** (*lo sfiorare: passando accanto*) grazing, shaving, brushing. **3** (*lo sfiorare: passando sopra*) skimming. **4** (*fig,rar*) (*adulazione servile*) fawning, flattery.

strisciante *a.* **1** crawling, creeping. **2** (*fig, spreg*) (*subdolo*) unctuous, smarmy, oily. **3** (*fig*) (*serpeggiante*) creeping: *inflazione ~* creeping inflation. **4** (*Bot*) creeping, repent. **5** (*El*) sliding: *contatto ~* sliding contact.

strisciare (**strìscio, strìsci**) **I** *v.i.* (*aus.* **avere**) **1** to creep, to crawl: *i serpenti strisciano per terra* snakes crawl along the ground; *il ladro si allontanò strisciando lungo il muro* the thief slipped away creeping along the wall. **2** (*rif. ad aerei e sim.*) to skim: *l'idrovolante strisciava sull'acqua* the seaplane skimmed over the water. **3** (*sfregare un ostacolo*) to graze (*contro qcs.* sth.), to shave (*contro qcs.* sth.), to scrape (*contro qcs.* sth.), to pass close (*contro qcs.* to sth.): *ho strisciato col parafango contro il muro* I grazed the wall with the wing. **4** (*fig*) (*adulare, ossequiare servilmente*) to fawn, to grovel, (*colloq*) to crawl. **II** *v.t.* **1** to drag, to scuff, to shuffle: *~ i piedi per terra* to drag one's feet (along the ground). **2** (*sfiorare*) to graze, to shave, to brush: *la pallottola gli strisciò il braccio* the bullet grazed his arm. **3** (*graffiare*) to scrape, to scratch, to graze: *ho strisciato lo sportello destro* I've scraped the right door. **III** *v.pron.* **strisciarsi** to rub (*oneself*), to rub up: *l'animale si strisciava contro l'albero* the animal was rubbing itself up against the tree.

strisciata *f.* **1** creeping, crawling. **2** (*lo sfiorare*) grazing, brushing. **3** (*striscia*) streak. **4** (*graffio*) scratch, graze. **5** (*Tip*) galley proof, galley. **6** (*rif. a calcolatrice stampante*) paper roll.

striscio *m.* **1** (*lo strisciare i piedi*) shuffle, shuffling: *ballo con lo ~* shuffle. **2** (*Med*) (*preparato microscopico*) smear. **3** (*Med*) (*esame*) smear test, (*colloq*) smear. **4** (*segno*) mark, scrape. **5** (*tocco o colpo di striscio*) graze. **6** (*Sport*) (*nella scherma*) glide. □ *di ~* slightly, superficially, grazing: *ferire di ~* to wound superficially, to graze; *toccare di ~* to graze, to brush (against); (*colloq*) *non mi ha consideratoneanche di ~*: 1 (*non mi ha parlato*) he didn't even speak to me, he didn't even give me the time of day; 2 (*non mi ha guardato*) he didn't even look at me, he didn't even give me a second look; 3 (*non si è accorto di me*) he acted as if I wasn't even there.

striscione *m.* banner. □ *~del traguardo* finish banner, finish line; *~pubblicitario* advertising banner.

striscioni *avv.* (*rar*) crawling, creeping: *avanzare ~* to crawl (along).

stritolamento *m.* grinding, crushing, shattering, smashing.

stritolare (**stritolo**) **I** *v.t.* **1** to grind, to crush. **2** (*fig*) (*demolire con argomentazioni*) to crush, to demolish. **II** *v.pron.* **stritolarsi** to shatter, to smash to pieces, to disintegrate.

strizza *f.* (*colloq*) scare: *avere ~* to be scared.

strizzacervelli *m./f.inv.* (*scherz,colloq*) shrink, (*ant,spreg*) headshrinker.

strizzare (**strìzzo**) *v.t.* **1** to wring (out): *~ i panni* to wring the clothes out. **2** (*spremere*) to squeeze: *~ un limone* to squeeze a lemon. □ *~gli occhi* (*per il sole e sim.*) to screw up one's eyes; (*fig*) *~l'occhio a qcu.* (*ammiccare*) to wink at so.

strizzata *f.* **1** (*rif. a panni bagnati*) wringing (out): *dare una ~ alla biancheria* to wring the wash out. **2** (*spremitura*) squeezing. □ (*fig*) *~d'occhi* wink: *dare una ~ d'occhi a qcu.* to wink at so.

strizzatina *f.* (*colloq*) wink: *dare una ~ d'occhi a qcu.* to give so. a wink, to wink at so.

strizzato *a.* **1** wrung (out): *panni strizzati* wrung-out clothes. **2** (*estens*) squeezed, crushed, squashed.

strizzatoio *m.* (*nelle lavatrici*) mangle, (*spec. Am*) wringer.

strizzatura *f.* **1** (*a mano*) wring, wringing. **2** (*con lo strizzatoio*) mangling, (*spec. Am*) wringing.

strobilo *m.* **1** (*Bot*) strobilus, cone. **2** (*Zool*) strobila.

stroboscopia *f.* (*Fis*) stroboscopy.

stroboscopico (*pl.* **-ci**) *a.* (*Fis*) stroboscopic: *effetto ~* stroboscopic effect.

stroboscopio *m.* (*Fis,Tecn*) stroboscope.

strofa *f.* (*Metr*) **1** stanza. **2** (*nella lirica greca*) strophe.

strofantina *f.* (*Chim*) strophanthin.

strofanto, **strofanto** *m.* (*Bot*) strophanthus.

strofe *f.inv.* (*Metr*) strophe. □ (*Metr*) *~ saffica* Sapphic verse.

strofinaccio *m.* **1** (*per pulire*) rag, cloth. **2** (*per spolverare*) duster, dust-cloth, dustrag. **3** (*per i piatti*) dishcloth, tea towel, dishrag. **4** (*per pavimenti*) floorcloth.

strofinamento *m.* **1** rubbing. **2** (*per lucidare*) polishing. **3** (*per pulire*) rubbing (up, down). **4** (*con un cencio e sim.*) wiping.

strofinare (**strofino**) **I** *v.t.* **1** to rub. **2** (*per lucidare*) to polish: *~ un mobile* to polish a piece of furniture. **3** (*per pulire*) to rub, to rub up, to clean: *~ il pavimento* to clean the floor. **4** (*strisciare sfregando*) to rub, to scrape. **II** *v.pron.* **strofinarsi** to rub, to rub up, to rub oneself: *strofinarsi contro il muro* to rub against the wall. □ *~ unfiammifero* to strike a match.

strofinata *f.* **1** (*passata*) rub, quick rub, rub-up. **2** (*per lucidare*) polish, quick polish. **3** (*con un cencio e sim.*) wipe-over. □ *dare una ~ al pavimento*: 1 (*lavare*) to wipe (over) the floor; 2 (*per lucidarlo*) to give the floor a quick polish.

strofinio *m.* **1** continual rubbing. **2** (*Fis*) rubbing, friction.

strolaga *f.* (*Ornit*) diver, (*Am*) loon. □ (*Ornit*) *~ maggiore* great northern diver; (*Ornit*) *~ mezzana* black-throated diver; (*Ornit*) *~minore* red-throated diver.

strologare (**stròlogo, stròloghi**; *aus.* **avere**) *v.i.* (*lambiccarsi il cervello*) to rack one's brains.

stroma *m.* (*Biol*) stroma.

strombare (**strómbo**) *v.t.* (*Arch*) to splay.

strombatura *f.* (*Arch*) splay.

strombazzamento *m.* **1** (*colloq*) (*enfasi*)

trumpeting, to-do, ballyhoo. **2** (*colloq*) (*di clacson*) honking, hooting. **3** (*di trombe*) blast.

strombazzare (**strombàzzo**) **I** *v.t.* **1** (*fig*) to trumpet, to blow one's trumpet (about), to shout from the rooftops. **2** (*rar*) (*divulgare a suon di tromba*) to trumpet. **II** *v.i.* (*aus.* **avere**) (*rif. al clacson*) to honk, to hoot. ☐ (*fig*) ~ *qcs. ai quattro venti* to shout sth. to the four winds, to shout sth. from the rooftops.

strombazzata, strombazzatura *f.* trumpeting.

strombettare (**strombétto**; *aus.* **avere**) *v.i.* **1** to play the trumpet badly, to toot. **2** (*estens*) (*suonare il clacson*) to sound one's horn, (*colloq*) to beep.

strombettata *f.* **1** bad trumpet playing, blow. **2** (*estens*) (*di clacson*) sounding one's horn, (*colloq*) beeping: *dare una* ~ to sound one's horn, to beep.

strombettio *m.* **1** continuous trumpeting. **2** (*estens*) (*di clacson*) continuous sounding of one's horn, (*colloq*) beeping.

strombo *m.* (*Zool*) king conch.

stroncare (**strónco, strónchi**) *v.t.* **1** (*spezzare*) to break off, to tear off: *l'uragano ha stroncato parecchi rami dagli alberi* the hurricane broke a lot of branches off the trees. **2** (*fig,iperb*) (*affaticare, prostrare*) to exhaust, to wear out, to drain (sth./so.) of all strength: *una salita che stronca le gambe* a climb that wears out one's legs; *un peso che stronca le braccia* a back-breaking weight; *portare il divano mi ha stroncato le braccia* my arms are aching after carrying the sofa; *il dolore lo ha stroncato* the pain has worn him out. **3** (*fig*) (*porre fine*) to cut short, to end (abruptly), to put a stop to, to halt: ~ *le attività di una banda criminale* to put a stop to a gang's activities. **4** (*fig*) (*uccidere*) to kill: *lo stroncò un infarto* he was killed by a heart attack. **5** (*fig*) (*reprimere*) to put down, to crush, to subdue: ~ *una rivolta* to crush a revolt. **6** (*fig*) (*distruggere*) to dash, to crush: ~ *le speranze di qcu.* to dash so.'s hopes. **7** (*fig*) (*criticare spietatamente*) to slash, to lambast, (*colloq*) to slate: *la sua ultima commedia è stata stroncata dalla critica* his last play was slated by the critics. ☐ ~ *qcs. sul nascere* to nip sth. in the bud.

stroncatura *f.* **1** breaking off, cutting off. **2** (*fig*) (*critica acerba*) hostile review, hostile criticism, (*colloq*) slating, lambasting, (*colloq*) hatchet job.

stronzaggine *f.* (*volg*) **1** (*l'essere stronzo*) shittiness, bitchiness, (*Br*) bloody-mindedness. **2** (*stronzata*) bullshit, shit, crap, (*Br*) bollocks *pl.*, Irish bull, (*Am*) horseshit, bunk, bunkum.

stronzata *f.spec.pl.* (*volg*) bullshit, shit, crap, (*Br*) bollocks *pl.*, Irish bull, (*Am*) horseshit, bunk, bunkum.

stronzio *m.* (*Chim*) strontium.

stronzo *m.* (*volg*) **1** turd. **2** (*f.* **-a**) (*fig*) (*persona fastidiosa, malevola*) shit, bastard, sod; (*rif. a una donna*) bitch. **3** (*f.* **-a**) (*fig*) (*persona inetta*) shit, turd, (*Br*) piss-taker, arsehole, (*Am*) asshole. ☐ (*fig,volg*) *fare lo* ~ *con qcu.* to fuck about with so., to piss about with so.

stropicciamento *m.* rubbing.

stropicciare (**stropìccio, stropìcci**) **I** *v.t.* **1** (*sfregare*) to rub: ~ *un braccio* to rub an arm. **2** (*region*) (*sgualcire*) to crumple, to crease, to wrinkle, to crush. **II** *v.pron.* **stropicciarsi** **1** (*region*) (*sgualcirsi*) to get creased, to get crumpled. **2** (*pop,rar*) (*non curarsi*) not to care, not to give a damn: *me ne stropiccio* I don't give a damn, what do I care? ☐ *stropicciarsi le mani* to rub one's hands; *stropic-*

ciarsi gli occhi to rub one's eyes; (*rar*) ~ *i piedi per terra* to drag one's feet, to shuffle one's feet.

stropicciata *f.* rub, rubbing: *darsi una* ~ *alle mani* to rub one's hands.

stropicciatura *f.* rubbing.

stropiccio *m.* **1** continual rubbing. **2** (*rumore*) sound of rubbing. **3** (*rif. ai piedi*) shuffling noise, scuffing noise: *ho sentito uno* ~ *dietro la porta* I heard a shuffling noise behind the door.

stroppare (**stròppo**) *v.t.* (*Mar*) to strop.

strozza *f.* (*pop,scherz*) (*gola*) throat, (*colloq*) gullet: *afferrare qcu. per la* ~ to grab so. by the throat.

strozzamento *m.* **1** strangulation, strangling, choking, throttling. **2** (*Med*) strangulation: ~ *erniario* strangulation of a hernia. **3** (*Mecc*) throttling, choking: ~ *del vapore* throttling of steam.

strozzare (**stròzzo**) **I** *v.t.* **1** to strangle, to choke, to throttle: *lo hanno strozzato* he was strangled. **2** (*estens*) (*soffocare*) to suffocate, to choke, to smother. **3** (*estens*) (*ostruire*) to block, to obstruct. **4** (*fig*) (*prestare a usura*) to lend money on usury (to so.), to profiteer, to rip off, to ruin. **5** (*Mecc*) to throttle. **6** (*Med*) to strangulate. **II** *v.pron.* **strozzarsi 1** to choke, to strangle: *se mangi così in fretta ti strozzi* you're going to choke if you eat so fast; *mi sentivo* ~ I was choking. **2** (*estens*) (*restringersi*) to narrow, to become narrower.

strozzato *a.* **1** strangled, choked, throttled. **2** (*fig*) (*soffocato*) muffled, suppressed, choked: *voce strozzata* muffled voice; *voce strozzata dal pianto* voice choked with tears, choked voice. **3** (*Med*) strangulated: *ernia strozzata* strangulated hernia. **4** (*Mecc*) throttled.

strozzatura *f.* **1** strangling, choking, throttling. **2** (*estens*) (*restringimento*) constriction, narrowing. **3** (*Econ*) bottleneck, factor restricting development. **4** (*Arm*) choke.

strozzinaggio *m.* (*usura*) usury, loan-sharking.

strozzino *m.* (*f.* **-a**) **1** (*usuraio*) usurer, (*colloq*) loanshark. **2** (*estens,colloq*) fleecer, (*spreg*) bloodsucker.

struccante *m.* (*Cosmet*) make-up remover.

struccare (**strùcco, strùcchi**) **I** *v.t.* (*Cosmet*) to remove make-up, to clean. **II** *v.pron.* **struccarsi** (*Cosmet*) to remove one's make-up, to take off one's make-up.

strucco (*pl.* **-chi**) *m.* (*Cosmet*) make-up removal, cleaning.

strudel *m.inv.* (*Dolc*) strudel.

struggente *a.* **1** (*che tormenta*) tormenting, agonizing. **2** (*commovente*) moving, tender.

struggere (*pres.ind.* **strùggo, strùggi**; *p.rem.* **strùssi**; *p.p.* **strùtto**) **I** *v.t.* **1** (*fig,lett*) (*consumare lentamente*) to consume, to destroy, to eat up: *il rimorso lo strugge* remorse is consuming him; *si struggeva dall'invidia* he was eaten up by envy. **2** (*fig,lett*) (*rif. a desiderio intenso: consumare lentamente*) to consume. **3** (*rar*) (*fondere con il calore*) to melt. **4** (*rar*) (*rif. alla neve*) to thaw, to melt. **II** *v.pron.* **struggersi 1** (*fig*) (*consumarsi lentamente*) to be consumed, to be eaten up: *si struggeva dal desiderio di rivederlo* she was consumed by the desire to see him again. **2** (*rar*) (*fondersi*) to melt. **3** (*rar*) (*rif. alla neve*) to thaw, to melt. ☐ *struggersi come la cera*: **1** (*fig*) (*rif. a persona*) to pine fast away, to waste fast away; **2** (*rif. a cosa*) to melt away; (*fig*) *struggersi dal dolore* to eat one's heart out; (*fig*) *struggersi d'amore per qcu.*

to pine away for love of so., to waste away for love of so.; (*fig*) *mi strugge il cuore* my heart is breaking, my heart aches.

struggicuore *m.inv.* (*struggimento di cuore*) heartache, heartbreak.

struggimento *m.* **1** (*fig*) (*amore, desiderio*) longing, yearning, pining. **2** (*fig*) (*tormento*) torment, agony, anguish. **3** (*rar*) (*scioglimento*) melting. **4** (*rar*) (*rif. alla neve: scioglimento*) thawing, thaw, thaw-out, melting.

struma *f.* (*Med*) (*gozzo*) goitre, struma. **2** (*tumefazione*) swelling, struma.

strumentale **I** *a.* **1** (*fatto per mezzo di strumenti*) instrumental, instrument (*attr.*) (*anche Aer,Econ*): *analisi* ~ instrumental analysis; *musica* ~ instrumental music. **2** (*fig*) (*fatto per secondi fini*) instrumental: *polemica* ~ instrumental debate; *fare un uso* ~ *di qcs.* to exploit sth. **3** (*Gramm*) instrumental. **II** *m.* (*Gramm*) (*caso strumentale*) instrumental case.

strumentalismo *m.* (*Filos*) instrumentalism.

strumentalità *f.* instrumentality.

strumentalizzare (**strumentalìzzo**) *v.t.* **1** (*Mus*) to adapt (sth.) for instrumental playing, to arrange (sth.) for instrumental playing. **2** (*fig*) to take advantage of, to exploit.

strumentalizzazione *f.* exploiting, taking advantage of.

strumentalmente *avv.* instrumentally (*anche Mus*).

strumentare (**struménto**) *v.t.* (*Mus*) to instrument, to orchestrate.

strumentario *m.* instruments *pl.*, tools *pl.*, instrumentation: ~ *chirurgico* surgical instruments.

strumentatore *m.* (*f.* **-trice**) (*Mus*) orchestrator.

strumentatura *f.* (*Mus*) instrumentation, orchestration.

strumentazione *f.* **1** (*Mus*) instrumentation, orchestration. **2** (*apparecchiatura*) instruments *pl.*, instrumentation.

strumentista *m./f.* **1** (*Mus*) instrumentalist. **2** (*Tecn*) (*rif. a progettazione*) instrument designer. **3** (*Tecn*) (*rif. a montaggio*) instrument fitter.

strumento *m.* **1** (*arnese*) tool, implement: *gli strumenti del falegname* the carpenter's tools. **2** (*apparecchio*) instrument: *strumenti ottici* optical instruments. **3** (*musicale*) instrument, musical instrument. **4** (*fig*) (*mezzo*) instrument, tool: *essere lo* ~ *della provvidenza* to be the instrument of Divine Providence; *le parole sono lo* ~ *dei poeti* words are the poet's tool. **5** (*Dir*) instrument. ☐ (*El*) ~ *a bobina mobile* moving coil instrument; (*Mus*) *strumenti a corda* stringed instruments, string instruments, strings; (*El*) ~ *a ferro mobile* moving-iron instrument; (*Mus*) *strumenti a fiato* wind instruments; (*El*) ~ *a filo caldo* hot-wire meter; ~ *a lettura diretta* direct-reading instrument; (*Mus*) ~ *a percussione* percussion, percussion instruments; (*Mus*) ~ *a plettro* plucked stringed instrument; (*Mus*) ~ *a tasti* keyboard instrument; (*Mus*) *strumenti ad arco* bowed stringed instruments, stringed instruments, strings; ~ *bellico* war instrument; ~ *chirurgico* surgical instrument; *strumenti di bordo*: **1** on-board instruments; **2** (*Mar*) navigation instruments, ship's instruments; **3** (*Aer*) flight instruments; ~ *di fisica* physics instrument; ~ *di gestione* management tool; ~ *di laboratorio* laboratory instrument, laboratory equipment; *strumenti di lavoro* work tools, working tools, tools of the trade; ~ *di misura* (o ~ *di misurazione*) measuring instrument, meter, gauge; *~di potere* lever; *~ di precisione* precision instrument; *strumenti di produzione* means of production; (*Dir*) *~di ratifica* instrument of ratification; (*Inform*) *strumenti di ricerca* search tools; *~ di tortura* instrument of torture; *strumenti didattici* teaching tools, teaching aids; *~digitale* digital instrument (*anche Mus*); *strumenti d'osservazione* observational instrument; (*Mus*) *~ etnico* ethnic instrument; (*Econ*) *~finanziario* financial instrument; *strumenti geodetici* geodetic instruments; *~ indicatore* indicator; (*Mar*) *strumenti nautici* navigation instruments; *~ ottico* optical instrument; *strumenti per disegno* drawing instruments; (*Mus*) *~solista* solo instrument; (*El*) *~universale* multimeter.

strusciamento *m.* 1 brushing, rubbing. 2 (*sfregamento che lascia un segno*) scraping, rubbing. 3 (*rif. ai piedi*) shuffling, dragging, scuffing.

strusciare (**strùscio, strùsci**) I *v.t.* 1 to brush, to rub. 2 (*sfregare lasciando un segno*) to scrape, to rub. 3 (*rif. ai piedi*) to shuffle, to drag, to scuff. II *v.i.* (*aus.* **avere**) 1 to brush, to rub. 2 (*sfregare*) to scrape, to rub: *ho strusciato col parafango contro il muro* I scraped the wing against the wall. III *v.pron.* **strusciarsi** 1 to rub (oneself): *il gatto si strusciava contro le mie gambe* the cat was rubbing up against my legs. 2 (*fig*) (*adulare*) to rub up (*a* to), to fawn (*a* on). IV *v.r.recipr.* **strusciarsi** (*rif. a effusioni amorose*) to rub against each other.

strusciata *f.* rub, scrape. □ *dare una ~ al muro*: 1 to rub against the wall; 2 (*col parafango e sim.*) to scrape against the wall.

struscio *m.* 1 (*rif. a piedi*) shuffling, scuffing, dragging. 2 (*region*) (*passeggiata*) stroll, evening stroll, a walk along the main street on Sunday or in the evening.

struscìo *m.* continual rubbing.

struscione *m.* (*f.* **-a**) (*colloq,spreg*) (*adulatore*) flatterer, fawner.

strussi → **struggere**.

strutto[1] *m.* (*Alim*) lard.

strutto[2] *a.* 1 (*fig,lett*) (*consumato*) consumed, eaten up. 2 (*region*) (*sciolto*) melted. 3 (*rar*) (*smagrito*) wasted-away, emaciated.

struttura *f.* 1 structure (*anche Chim,Geol, Min*). 2 (*ossatura*) structure, frame, framework. 3 (*fig*) (*composizione*) structure, composition, make-up: *la ~ di una lingua* the structure of a language; *la ~ di un romanzo* the structure of a novel. 4 (*fig*) (*organizzazione*) organization, arrangement, framework. 5 (*Edil*) construction. 6 (*Inform*) format. □ *~ agricola* agrarian structure; (*Mat*) *~algebrica* algebraic structure; *~anatomica* anatomical structure; *~ atomica* atomic structure; (*Biol*) *~cellulare* cellular structure; (*Chim*) *~ cristallina* crystalline structure; *~del potere* power structure; *~del salario* wage structure; (*Geol*) *~del terreno* soil structure; (*Psic*) *~della personalità* personality structure; (*Statist*) *~ della popolazione* population make-up; *~ dell'età* age structure; (*Statist*) *~demografica* population make-up; *~ di legno* wood structure; (*Gramm*) *~di un periodo* sentence structure; *~di vendita* sales organization; *~economica* economic structure; *~gerarchica* hierarchical organization, pyramid structure; *~ granulare* granular structure; (*Edil*) *~in cemento armato* reinforced concrete structure; *~nucleare* nuclear structure; *~occupazionale* occupational structure; *~portante* framework; (*Ling*) *~profonda* deep structure; *~sociale* social structure, structure of

society; *strutture sportive* sports facilities; (*Ling*) *~superficiale* surface structure.

strutturale *a.* structural: *difetto ~* structural defect; *interventi strutturali* structural changes.

strutturalismo *m.* (*Lett,Ling,Psic*) structuralism.

strutturalista I *m./f.* structuralist. II *a.* structuralist.

strutturalistico (*pl.* **-ci**) *a.* structuralist.

strutturalmente *avv.* structurally.

strutturare (**struttùro**) I *v.t.* to structure, to give a structure to, to organize. II *v.pron.* **strutturarsi** to be structured, to be organized.

strutturato *a.* 1 structured, organized. 2 (*composto*) structured, made up of many elements (*posposto*).

strutturazione *f.* 1 structuring. 2 (*modo in cui qcs. è strutturato*) structure, organization.

struzzo *m.* (*Ornit*) ostrich. □ (*Ornit*) *~ australiano* emu; (*Ornit*) *~d'America* rhea, greater rhea; *fare lo ~* to play ostrich, to bury one's head in the sand.

stuardo *a.* (*Stor*) Stuart (*attr.*). □ (*Abbigl*) *colletto alla stuarda* high stiff collar.

stuccare[1] (**stùcco, stùcchi**) *v.t.* 1 to stucco, to plaster. 2 (*chiudere con lo stucco*) to putty, to fill: *~ un foro* to fill a hole. 3 (*decorare con stucchi*) to stucco: *~ un soffitto* to stucco a ceiling.

stuccare[2] (**stùcco, stùcchi**) I *v.t.* 1 (*nauseare*) to nauseate, to make (so.) sick, to sicken: *questa minestra mi ha stuccato* this soup has made me sick. 2 (*fig,rar*) (*infastidire, seccare*) to bore, to tire. II *v.pron.* **stuccarsi** (*rar*) to get sick (*di* of), to get tired (*di* of), to tire (*di* of), (*colloq*) to get fed up (*di* with).

stuccatore *m.* (*f.* **-trice**) stuccoer, stucco worker.

stuccatura *f.* 1 (*lo stuccare*) plastering, filling. 2 (*lo stuccare: rif. a finestre*) puttying. 3 (*strato di stucco*) layer of plaster. 4 (*strato di stucco: rif. a finestre*) putty. 5 (*Art*) stucco, stuccowork.

stucchevole *a.* 1 (*nauseante*) cloying, sickly, sickening, nauseating. 2 (*fig*) (*sdolcinato*) mawkish, sickly, sugary, (*colloq*) soppy, (*colloq*) sloppy. 3 (*fig*) (*noioso*) tedious, tiresome, boring.

stucchevolezza *f.* 1 cloyingness, nauseousness. 2 (*fig*) (*sdolcinatezza*) mawkishness, sickliness, (*colloq*) soppiness, (*Am, colloq*) sappiness. 3 (*fig*) (*l'annoiare*) tediousness, tiresomeness.

stucchevolmente *avv.* tediously, tiresomely.

stucco[1] (*pl.* **-chi**) *m.* 1 (*per lavori di muratura*) plaster, filler. 2 (*per legno e sim.*) filler. 3 (*per finestre*) putty. 4 (*Art*) stucco, stuccowork. □ (*fig*) *rimanere di ~* to be dumbfounded, to be lost for words, to be left speechless.

stucco[2] (*pl.* **-chi**) *a.* (*colloq,rar*) (*stanco*) sick (*di* of), fed up (*di* with).

studentato *m.* 1 (*alloggio per studenti*) hall of residence, (*Am*) dormitory. 2 (*periodo di tempo*) years *pl.* of studentship. 3 (*collegio per chierici*) seminary.

studente *m.* (*f.* **-essa**) 1 (*chi studia*) student: *~ di scuola media* pupil, schoolboy; *~* -girl); *~ di liceo* high-school pupil, high-school student; *~ di primo livello* beginner; *~ di livello avanzato* advanced student. 2 (*Univ*) (*studente universitario*) student, undergraduate: *~ di medicina* medical student.

studentesca *f.* 1 (*Scol,ant*) (*di scuola media*) pupils *pl.*, schoolchildren *pl.* 2 (*Univ,ant*)

students *pl.*, (*Am*) student body.

studentesco (*pl.* **-chi**) *a.* students', student (*attr.*): *comitato ~* students' union, student government, class representatives; *manifestazione studentesca* student demonstration; *vita studentesca* student life, student days.

studiabile *a.* that can be studied (*posposto*).

studiacchiare (**studiàcchio, studiàcchi**) I *v.t.* to study listlessly, to study fitfully. II *v.i.* (*aus.* **avere**) to study listlessly, to study fitfully.

studiare (**stùdio, stùdi**) I *v.t.* 1 to study, to learn: *~ una lingua* to study a language; *una persona che non ha studiato* an uneducated person; *bisogna ~ fino a tutto il terzo capitolo* you have to study up to and including the third chapter. 2 (*all'università*) to study, to read: *~ medicina* to study medicine; *~ legge* to read law. 3 (*assol.*) (*seguire studi regolari: a scuola*) to go to school, to study: *ho dovuto smettere di ~ per trovare un lavoro* I had to leave school and look for a job, I had to cut short my schooling and look for a job. 4 (*assol.*) (*seguire studi regolari: all'università*) to go to university, to go to college, to have a university education: *mio padre non ha mezzi per farmi ~* my father can't afford to send me to university, my father can't afford to put me through university. 5 (*assol.*) (*frequentare una scuola o un'università*) to go (*a* to), to study (*a* at), to attend, to be (*a* at): *studia al liceo francese* he goes to the French lycée; *~ all'università* to be at university. 6 (*indagare, esaminare*) to seek, to understand, to study, to investigate, to pore: *~ il cuore umano* to study the human heart; *~ l'avversario* to study one's opponent; *~ l'animo umano* to investigate the human mind; *~ una cartina* to pore over a map. 7 (*cercare di trovare, di risolvere*) to try to find, to try and find, to seek (to achieve), to see: *~ il modo per riuscire a fare qcs.* to try to find a way of doing sth., to see how one can do sth. 8 (*preparare, predisporre*) to study, to prepare, to think out: *~ un piano di lavoro* to prepare a work plan. 9 (*escogitare*) to think up, to devise: *studiarle tutte* not to miss a trick; *le studia tutte per non lavorare* he is always thinking up some new way of getting out of work. 10 (*esercitarsi in qcs.*) to study, to learn, to practise (*anche assol.*): *~ una parte* to study a part; *~ il pianoforte* to practise the piano. 11 (*misurare, controllare*) to pick, to weigh, to measure: *~ le parole* to weigh one's words. II *v.pron.* **studiarsi** 1 (*osservarsi con attenzione*) to observe oneself. 2 (*industriarsi*) to try hard, to endeavour, (*Am*) to endeavor. III *v.r.recipr.* **studiarsi** to observe each other, to watch each other. □ *~a memoria* to learn by heart, to memorize; *~con un buon maestro* to study under a good teacher, to train under a good teacher; *~le mosse dell'avversario* to study one's opponent's moves.

studiatamente *avv.* 1 (*in modo ricercato*) studiedly, affectedly. 2 (*di proposito*) studiedly, intentionally, on purpose.

studiato *a.* 1 (*misurato*) studied, measured, tempered: *parole studiate* measured words. 2 (*affettato*) studied, affected, contrived: *gesti studiati* affected gestures. 3 (*intenzionale*) studied, deliberate, intentional: *studiata noncuranza* deliberate indifference. 4 (*preparato*) well-prepared, carefully-prepared, thought-out: *un progetto ben ~* a well-prepared plan.

studio I *m.* 1 study, studying: *lo ~ dell'inglese* the study of English. 2 (*indagine, ri-*

cerca) study, studies *pl.*, research, research project: *il libro è il frutto di lunghi studi* the book is the fruit of long research; *uno ~ condotto da uno studente* a study carried out by a student. **3** (*scritto, trattato*) study, paper: *uno ~ su Dante* a paper on Dante. **4** (*lavoro preparatorio, progetto*) study, preliminary study, plan: *~ per la costruzione di un ponte* plan for the construction of a bridge. **5** (*stanza*) study. **6** (*di artista o fotografo*) studio. **7** (*ufficio di professionista*) office: *~ legale* lawyer's office, legal chambers *pl.*; *~ medico* surgery, consulting room, doctor's office. **8** (*Rad,TV,Teat,Cin*) studio. **9** (*Mus*) study, étude. **10** (*Art*) (*bozzetto*) study, sketch. **11** *pl.* (*Scol, Univ*) studies: *ha abbandonato gli studi* he has given up his studies; *al termine degli studi* after leaving school; (*all'università*) after graduating. □ *~ acustico* acoustic study; *allo ~* under study; *studi ambientali* environmental studies; *~ artistico* art studio; *studi classici* classical studies, classics (*costr.sing.*); *studi commerciali* commercial studies; (*Art*) *~ dal vero* study from life; (*Ind*) *~ dei metodi* methods study, methods engineering; *~ dei tempi* time study, time-and-motion study; *~ dentistico* surgery, dental surgery; *~ di architetto* architect's office; *~ di fattibilità* feasibility study; (*Econ*) *~ di mercato* market study, market survey, market research; (*Cin,Rad,TV*) *~ di registrazione* recording studio; (*Cin,TV*) *~ di ripresa* studio; *fare gli studi*: **1** (*a scuola*) to go to school, to study; **2** (*all'università*) to go to (a university), to be at (a university), to attend (sth.), to study (sth.): *ha fatto gli studi a Oxford* he was at Oxford University, he went to Oxford University; *~ fotografico* photographic studio, photographer's studio; *~ individuale* self-study; *studi letterari* literary studies; *~ medico convenzionato* NHS doctor's surgery; *~ medico specialistico* specialist's office; *~ notarile* public notary's office; *~ preliminare* preliminary study; *studi scientifici* scientific studies; *studi televisivi* studios; *ho fatto gli studi universitari* I have a university education.

studiolo *m.* small studio.

studiosamente *avv.* **1** (*diligentemente*) diligently. **2** (*a bella posta*) deliberately.

studioso I *a.* **1** (*diligente*) hard-working, studious, diligent: *un ragazzo ~* a hard-working boy. **2** (*rar*) (*che si dedica a*) dedicated (*di* to), interested (*di* in): *è ~ di parapsicologia* he's interested in parapsychology. **II** *m.* (*f.* **-a**) scholar: *un insigne ~* an eminent scholar.

stuellare (**stuèllo**) *v.t.* (*Med*) to tampon.

stuello *m.* (*Med*) tampon, pack, compress, treatment pad.

stufa *f.* stove, heater: *~ a legna* wood stove, wood-burning stove. □ *~ a carbone* coal stove; *~ a gas* gas stove, gas heater; *~ di maiolica* tiled stove; *~ economica* kitchen range, kitchen stove, stove; *~ elettrica* electric heater.

stufare (**stùfo**) **I** *v.t.* **1** (*Gastron*) to stew. **2** (*fig,colloq*) (*seccare, annoiare*) to bore, to annoy, to tire: *mi hai proprio stufato con queste lamentele* you've bored me to death with your complaining. **II** *v.pron.* **stufarsi** (*fig, colloq*) to be sick (*di* of), to get sick (*di* of), to be fed up (*di* with): *mi sono stufato di mangiare merluzzo* I am sick of eating cod, I am fed up with cod.

stufato *m.* (*Gastron*) stew.

stufatura *f.* (*dei bozzoli*) stifling.

stufo *a.* (*pop*) sick (*di* of), sick and tired (*di* of), fed up (*di* with): *essere ~ di un lavoro* to

be sick and tired of a job; *essere ~ di qcu.* to be fed up with so. □ *essere ~ da morire* to be bored to death; *essere ~ e arcistufo* (*di qcs.*) to be fed up to the back teeth (with sth.); *essere ~ marcio* to be fed up.

stunt car /'stantkar/ *m.inv.* stunt car.

stuntman /'stantmen/ *m.inv.* stuntman.

stuntwoman /,stant'woman/ *f.inv.* stuntwoman.

stuoia *f.* **1** (*tessuto*) reed matting. **2** (*singolo articolo*) mat.

stuoino *m.* **1** mat. **2** (*davanti a una porta*) doormat. **3** (*tenda*) sunblind.

stuolo *m.* **1** (*estens*) host, crowd, band, multitude: *uno ~ di ammiratori* a host of admirers. **2** (*lett*) (*schiera di armati*) host, legion.

stupefacente I *a.* **1** astonishing, amazing, astounding, stupefying: *spettacolo ~* astonishing sight. **2** (*Farm*) stupefying, stupefacient, narcotic: *sostanze stupefacenti* narcotics, drugs. **II** *m.* drug, narcotic, (*colloq*) dope.

stupefare (*pres.ind.* **stupefàccio/stupefò**, *p.rem.* **stupeféci**, *p.p.* **stupefàtto**) **I** *v.t.* to astound, to amaze, to stupefy, to astonish. **II** *v.pron.* **stupefarsi** to be astounded, to be stupefied.

stupefatto *a.* astonished, astounded, amazed, speechless, stupefied: *un'occhiata stupefatta* an amazed look; *mi ha lasciato ~!* he left me speechless!

stupefazione *f.* **1** amazement, astonishment, wander. **2** (*Med*) stupor, stupefaction.

stupendamente *avv.* stupendously, marvellously.

stupendo *a.* **1** stupendous, wonderful, marvellous, beautiful, (*colloq*) gorgeous: *un quadro ~* a stupendous painting; *una giornata stupenda* a gorgeous day. **2** (*colloq*) (*per entusiastica approvazione*) great!: *verrai con noi? ~!* are you coming with us? great! □ *è ~* it's great, it's fantastic.

stupidaggine *f.* **1** stupidity, idiocy, foolishness, lunacy. **2** (*atto stupido*) stupidity, idiocy, stupid thing to do. **3** (*detto stupido*) stupid remark, nonsense, stupidity: *dire stupidaggini* to make a stupid remark, to talk nonsense. **4** (*errore stupido*) stupid mistake. **5** (*colloq*) (*cosa da poco*) (mere) trifle, mere nothing: *ti ho comprato una ~* I've bought you a mere trifle; *sarà una ~ per lei affrontare queste discese* skiing on these slopes will be child's play for her. □ *che ~!* what idiocy!; *hai fatto una ~ a venire qui* it was stupid of you to come here.

stupidamente *avv.* stupidly.

stupidario *m.* collection of nonsense.

stupidata *f.* (*region*) (*atto, detto stupido*) stupidity, foolishness.

stupidello I *a.* silly. **II** *m.* (*f.* **-a**) silly little thing.

stupidità *f.* **1** stupidity, idiocy. **2** (*atto stupido*) stupidity, something stupid, stupid thing to do: *fare una ~* to do something stupid. **3** (*detto stupido*) stupid remark, nonsense.

stupido I *a.* **1** stupid, foolish, (*colloq*) thickheaded, dumb, thick. **2** (*di atto, detto*) stupid, foolish, dumb: *una risposta stupida* a stupid reply; *è stato ~ da parte tua venire qui* it was stupid of you to come here. **3** (*ingenuo, sprovveduto*) naive, gullible. **II** *m.* (*f.* **-a**) stupid person, fool, (*colloq*) twerp, twirp, twit, wally, (*colloq*) nincompoop, (*colloq,ant*) blockhead. □ *da ~* stupid, silly; *fare lo ~* to play the fool, to act the goat, to act the fool, to pretend to be silly.

stupire (**stupìsco**, **stupìsci**) **I** *v.t.* (*meravigliare*) to stupefy, to amaze, to astonish, to astound: *le tue parole mi stupiscono* what

you say amazes me. **II** *v.i.* (*aus.* **essere**) to be astonished (*di* by), to be amazed (*di* by), to be (very) surprised (*di* at), to be stupefied (*di* by). **III** *v.pron.* **stupirsi** to be astonished (*di* by), to be amazed (*di* by), to be (very) surprised (*di* at), to be stupefied (*di* by): *non c'è da stupirsi* there's nothing to be surprised at.

stupito *a.* (*meravigliato*) astonished, amazed, astounded, stupefied, wide-eyed: *essere ~ di qcs.* to be astonished at sth., to be amazed at sth., to be amazed by sth.

stupore *m.* **1** amazement, astonishment, wonder: *riempire di ~* to fill with wonder, to amaze, to stun; *essere colto* (*o preso*) *dallo ~* to be astonished. **2** (*Med*) stupor, stupefaction. □ *con suo grande ~* to his great astonishment; *fare ~ a qcu.* to astonish so., to amaze so.

stuporoso *a.* (*Med*) stuporous.

stuprare (**stùpro**) *v.t.* to rape.

stupratore *m.* rapist.

stupro *m.* rape. □ *~ collettivo* (*o ~ di gruppo*) gang rape.

stura *f.* **1** uncorking, opening. **2** (*fig*) broaching. □ *dare la ~*: **1** (*rif. a bottiglie*) to uncork, to open; **2** (*fig*) to give vent (*a* to), to vent, to open up, to unburden oneself: *dare la ~ al proprio risentimento* to give vent to one's resentment, to vent one's resentment.

sturabottiglie *m.inv.* **1** bottle opener. **2** (*cavatappi*) corkscrew.

sturalavandini, sturalavandino *m.inv.* plunger.

sturamento *m.* **1** (*rimuovere impedimenti*) unplugging, unclogging. **2** (*rif. a bottiglie*) uncorking. **3** (*rif. a botti*) unbunging, unbroaching.

sturare (**stùro**) *v.t.* **1** (*rif. a bottiglie*) to uncork: *~ un fiasco* to uncork a flask. **2** (*rif. a botti*) to unbung. **3** (*liberare una conduttura ostruita*) to unplug, to unclog.

stuzzicadenti *m.inv.* **1** toothpick. **2** (*colloq*) (*persona molto magra*) beanpole.

stuzzicamento *m.* **1** (*toccare insistentemente*) picking, poking. **2** (*fig*) (*il punzecchiare*) teasing, taunting, goading.

stuzzicante *a.* **1** (*che stimola l'appetito*) appetizing, tasty, yummy, tempting. **2** (*stimolante, eccitante*) stimulating, arousing, exciting, stirring: *vista ~* stirring sight. **3** (*attraente, affascinante*) fascinating, charming, seductive, appealing, (*spec. Am*) cute.

stuzzicare (**stùzzico, stùzzichi**) *v.t.* **1** to pick (at), to poke (at): *stuzzicarsi i denti* to pick one's teeth. **2** (*toccare con insistenza*) to pick (at), to poke (at): *~ una crosticina* to pick at a scab. **3** (*fig*) (*molestare, infastidire*) to bother, to annoy, to vex, to worry: *non stuzzicarlo mentre studia* don't bother him while he's studying. **4** (*fig*) (*punzecchiare*) to tease, to taunt, to goad. **5** (*fig*) (*stimolare*) to excite, to rouse, to arouse: *~ la curiosità di qcu.* to arouse so.'s curiosity, to excite so.'s curiosity. □ (*fig,rar*) *non ~ il cane che dorme* let sleeping dogs lie; *cibi che stuzzicano il palato* appetizing food; *~ l'appetito* to whet one's appetite (*anche fig*); (*fig*) *~ un vespaio* to stir up a hornet's nest, (*Br*) to put the cat among the pigeons.

stuzzichino *m.* **1** (*region*) (*spuntino*) snack. **2** *pl.* (*region*) (*cibo che stuzzica l'appetito*) appetizers, (*Br*) titbits. **3** (*colloq*) (*persona che stuzzica*) tease.

styling /'stajling/ *m.inv.* style.

stylist /'stajlist/ *m./f.inv.* **1** (*creatore di moda*) designer, stylist, dress designer, fashion designer. **2** (*creatore di acconciature*) stylist, hair stylist, hairdresser.

su **I** *prep.* *(followed by the definite article it becomes* **sul** *[su + il],* **sullo** *[su + lo],* **sulla** *[su + la],* **sui** *[su + i],* **sugli** *[su + gli],* **sulle** *[su + le])* **1** *(soprastante con contatto: stato)* on: *la penna è sulla scrivania* the pen is on the desk. **2** *(soprastante con contatto: moto)* on, on to, onto: *metti il giornale sulla sedia* put the newspaper on the chair. **3** *(soprastante senza contatto: stato e moto)* over: *ora voliamo ~ Roma* we are now flying over Rome; *un ponte sul fiume* a bridge over the river. **4** *(al di sopra di, più in alto di)* above: *a mille metri sul mare* one thousand metres above sea level. **5** *(collocazione, esposizione: rif. a edifici e sim.)* on, by, overlooking: *un edificio che dà sulla piazza* a building overlooking the square; *questa finestra dà sul giardino* this window looks out onto the garden, this window looks out over the garden, this window overlooks the garden; *un hotel sul lungomare* a hotel on the sea front; *una città sul mare* a city by the sea; *Londra è sul Tamigi* London is on the Thames. **6** *(moto: dal basso in alto e dall'alto in basso)* on, on to, onto: *l'uccellino volò ~ un ramo* the little bird flew onto a branch; *salire sull'autobus* to get on the bus; *l'aereo è atterrato sulla pista* the airplane landed on the runway. **7** *(moto: contro)* on, at: *i vincitori marciarono sulla capitale* the victors marched on the capital; *il cane si gettò sul mendicante* the dog leapt at the beggar. **8** *(per esprimere autorità, governo)* over: *regnare ~ mezzo mondo* to reign over half the world. **9** *(per indicare quantità approssimativa: rif. a tempo, peso e sim.)* about, around, approximately, roughly, some: *essere sulla sessantina* to be about sixty; *costerà sugli otto euro* it'll cost roughly eight euros; *peserà sui cinquanta chili* she must weigh around fifty kilos. **10** *(rif. a tempo determinato: verso, intorno a)* at about, around, at around: *vediamoci sul mezzogiorno* let's get together around noon; *sul far della sera* at twilight. **11** *(riguardo a)* about, concerning, regarding, on: *discutere sulla situazione economica* to argue about the economic situation; *una conferenza sull'arte moderna* a lecture on modern art. **12** *(per indicare il supporto di una lavorazione)* on: *olio ~ tela* an oil (painting) on canvas; *incidere ~ rame* to engrave on copper. **13** *(nei complementi di modo o maniera)* to, on, upon, at: *scarpe fatte ~ misura* shoes made to measure; *spedire qcs. ~ richiesta* to send sth. on request; *lavorare ~ ordinazione* to work to order; *~ invito dell'ambasciata italiana* at the invitation of the Italian Embassy. **14** *(per indicare reiterazione)* after: *debiti ~ debiti* one debt after another; *ore su ore* hours after hours. **15** *(secondo)* following, after, on: *sull'esempio di suo padre* following his father's example; *~ mio consiglio* on my advice. **16** *(di, fra)* out of, in: *nove volte ~ dieci* nine times out of ten. **17** *(rif. a libri, giornali e sim.)* in: *l'ho letto sul giornale* I read it in the paper. **II** *avv.* **1** *(stato)* (up) above, overhead: *gli uffici sono ~* the offices are above. **2** *(moto)* (up) above, up. **3** *(al piano superiore: stato)* upstairs: *digli che sto ~* tell him that I'm upstairs. **4** *(al piano superiore: moto)* upstairs, up: *vieni ~!* come on up! **5** *(indosso)* on: *aveva ~ un vestito nuovo* she had a new dress on, she was wearing a new dress. **III** *intz.* **1** *(negli ordini: in alto)* up: *~ le mani!* hands up! **2** *(esortativo: suvvia)* come on, *(colloq)* let's go: *~, ragazzi, divertiamoci* come on, boys, let's get down; *~, racconta tutto!* come on, spit it out! □ *~ ~:* 1 right up, (all the) way

up: *~ ~ fino alla cima* right up to the top; 2 *(esclam.)* come on!: *~, ~,* siamo in ritardo (oh) come on!, we're late; *(fig,Econ)andare ~ (salire di valore)* to go up, to rise;*con ~* with... on it: *una scrivania con ~ un telefono* a desk with a telephone on it; *da ~:* 1 *(dall'alto)* from above, from overhead; 2 *(dal piano di sopra)* from upstairs; *~ e giù :* 1 up and down: *in ~ e in giù* up and down; *andare ~ e giù per le scale* to go up and down the stairs; 2 *(avanti e indietro)* back and forth, up and down, to and fro: *il leone andava ~ e giù per la gabbia* the lion paced back and forth in its cage; 3 *(viavai)* coming and going, bustle, stir: *c'era un continuo ~ e giù* there was a constant coming and going; *in ~:* 1 *(verso l'alto)* up, upwards: *guarda in ~ e lo vedrai* look up and you'll see it; 2 *(al nord)* up: *da Roma in ~* from Rome up; 3 *(movimento verso valori più alti)* up, on: *i bambini dai sei anni in ~* children from six up, children from the age of six, children over six; 4 *(dal basso verso l'alto)* turned-up, upturned: *naso in ~* turned-up nose, up-turned nose, snub nose;*là ~* up there; *~per (lungo)* up: *si arrampicò ~ per il muro* he climbed up the wall; *~per giù (pressappoco)* about, roughly, approximately, more or less;*più ~* further up, higher up;*qua ~ (oqui ~)* up here; *stare sullesue* to be aloof, *(colloq)* to be standoffish.

suaccennato *a.* above-mentioned, aforesaid.

suadente *a.* **1** *(lett)* *(convincere)* persuasive, convincing. **2** *(lett)* *(convincente: rif. a persone)* smooth-talking, smooth-tongued, silver-tongued, fast-talking. **3** *(allettante)* tempting, inviting, attractive, winning, engaging, charming, enticing, appealing.

sub *m./f.inv.* **1** diver; *(in apnea)* skin diver; *(con respiratore)* scuba diver. **2** *(Mar.mil)* *(uomo rana)* frogman.

subacqueo **I** *a.* underwater, subaqueous, submarine: *pesca subacquea* underwater fishing; *cavo ~* undersea cable, submarine cable. **II** *m.* **1** *(f. -a)* diver; *(in apnea)* skin diver; *(con respiratore)* scuba diver. **2** *(Mar.mil)* *(uomo rana)* frogman.

subacuto *a.* *(Med)* subacute.

subaffittare (subaffitto) *v.t.* **1** *(dare in subaffitto)* to sublet, to subrent, to let: *ho subaffittato due stanze del mio appartamento* I've sublet two rooms in my apartment. **2** *(prendere in subaffitto)* to sublease.

subaffitto *m.* sublet, sublease: *dare in ~* to sublet; *prendere in ~* to sublease.

subaffittuario *m.* *(f. -a)* sublessee, subtenant *(anche Dir).*

subagente *m.* subagent.

subagenzia *f.* subagency.

subalpino *a.* **1** *(Geog,Biol)* subalpine, (on the) lower slopes. **2** *(estens)* *(piemontese)* Piemontese.

subalterno **I** *a.* **1** subordinate, subaltern: *impiegato ~* subordinate employee. **2** *(Filos)* subaltern. **II** *m.* **1** subordinate, subaltern. **2** *(Mil)* subaltern.

subappaltare (subappàlto) *v.t.* *(Dir)* *(dare, prendere in subappalto)* to subcontract.

subappaltatore **I** *m.* *(f. -trice)* *(Dir)* subcontractor. **II** *a.* *(Dir)* subcontracting.

subappalto *m.* *(Dir)* subcontract.

subappenninico *a.* *(Geog)* subapennine, (on the) lower slopes.

subaracnoidale , subaracnoideo *a.* *(Anat)* subarachnoid.

subartico *a.* *(Geog)* subartctic.

subatlantico *a.* *(Geog)* sub-Atlantic *(anche Biol).*

subatomico *(pl.* **-ci**) *a.* *(Fis)* subatomic.

subbia *f.* *(scalpello)* chisel, stonemason's chisel.

subbiare (sùbbio, sùbbi) *v.t.* to chisel.

subbio *m.* *(Tess)* beam. □ *(Tess) ~d'ordito* warp beam.

subbuglio *m.* **1** *(confusione)* uproar, turmoil, tumult, confusion, chaos. **2** *(agitazione)* agitation, excitement, turmoil. □ *in ~:* 1 *(confuso, stravolto)* upside down, upset, in a clutter, topsy-turvy, in a shambles: *avere lo stomaco in ~* to have an upset stomach; *mettere in ~* to throw into confusion; 2 *(in agitazione)* in turmoil: *la moltitudine era in ~* the crowd was in turmoil; *la notizia ha messo tutti in ~* the news has thrown everyone into turmoil.

subcellulare *a.* *(Biol)* subcellular.

sub condicione **I** *avv.* *(Dir)* conditionally. **II** *a.* *(Dir)* conditional.

subconscio **I** *a.* *(Psic)* subconscious. **II** *m.* *(Psic,rar)* subconscious.

subcontinente *m.* *(Geog)* subcontinent, Subcontinent.

subcorticale *a.* *(Anat,Bot)* subcortical.

subcosciente **I** *a.* *(Psic,rar)* subconscious. **II** *m.* *(Psic)* subconscious.

subcoscienza *f.* *(Psic)* subconsciousness.

subcultura *f.* **1** subculture. **2** *(spreg)* inferior culture, less-developed culture.

subdelegare (subdèlego, subdèleghi) *v.t.* to subdelegate.

subdesertico *a.* *(Geog)* semiarid, semi-desert *(anche Bot).*

subdeserto *m.* *(Geog,rar)* semidesert.

subdirectory /subdai'rektori/ *f.inv.* *(Inform)* subdirectory.

subdolamente *avv.* shiftily, deceitfully, underhand.

subdolo *a.* **1** underhand, shifty, deceitful, sneaky, sly, devious: *una persona subdola* a sly person; *mezzi subdoli* devious means. **2** *(fig)* *(viscido)* unctuous, smarmy, oily. **3** *(Med)* insidious: *un male ~* an insidious disease.

subduzione *f.* *(Geol)* subduction.

subecumene *f.* *(Geog)* non-ecumene.

subentrare (subéntro; aus. essere) *v.i.* **1** *(succedere)* to succeed *(a qcu. so.),* to follow *(a qcu. so.),* to come after *(a qcu. so.).* **2** *(sostituirsi)* to take over *(a* from), to take the place *(a* of), to replace *(a qcu. so.):* *al suo posto subentrò un giovane impiegato* he was replaced by a young employee. **3** *(fig)* *(seguire)* to take the place *(a* of), to replace (sth.), to follow *(a* on, from): *allo stupore subentrò la paura* fear followed on astonishment, fear followed from astonishment, astonishment gave way to fear.

subentro *m.* *(burocr)* **1** *(il succedere)* succession. **2** *(il sostituire)* taking over.

subequatoriale *a.* *(Geog)* subequatorial.

suberificazione *f.* *(Bot)* suberization.

suberina *f.* *(Bot)* suberin.

subfornitore *m.* *(f. -trice)* *(Comm)* sub-contractor, supplier.

subfornitura *f.* *(Comm)* sub-contracting, supply.

subingresso *m.* *(Dir)* succession.

subinquilino *m.* *(f. -a)* sublessee, subtenant *(anche Dir).*

subire (subìsco, subìsci) *v.t.* **1** *(dover sopportare)* to suffer, to meet with, to endure: *~ un torto* to suffer a wrong. **2** *(sottoporsi)* to have to, to undergo: *~ un'operazione* to have an operation. **3** *(sottostare)* to undergo, to go through, to experience: *~ un interrogatorio* to undergo an interrogation. □ *~ uncambiamento* to undergo a change; *~ unacon-*

danna to be convicted; ~ *le conseguenze di qcs.* to bear the consequences of sth., to suffer the consequences of sth.; ~ *un danno* to be damaged; ~ *l'influenza di qcu.* to under so.'s influence; ~ *l'iniziativa degli avversari* to suffer at the hands of one's opponents (*anche Sport*); ~ *una perdita* to make a loss; ~ *gravi perdite* to suffer heavy losses; ~ *un ritardo* to be late; *il sistema ha subito alcune variazioni* the system underwent some changes, some changes were made to the system.

subirrigazione *f.* (*Agr*) subirrigation.

subissare (**subìsso**) **I** *v.t.* **1** (*fig*) (*colmare*) to overwhelm, to heap, to load: ~ *qcu. di domande* to overwhelm so. with questions. **2** (*lett*) (*far andare in rovina*) to bring down (in ruins). **II** *v.i.* (*aus.* **essere**) (*rar*) (*sprofondare*) to crash, to crash down, to collapse. □ ~ *qcu. di fischi* to catcall so., to make catcalls at so.

subisso *m.* **1** (*fig,colloq*) (*grande quantità*) crowd, host, mass, heap: *ho ricevuto un ~ di lettere* I received a mass of letters. **2** (*lett*) (*rovina, sfacelo*) ruin, collapse: *andare in ~* to fall into ruin. □ ~ *di applausi* thunderous applause.

subitaneamente *avv.* suddenly, all at once, all of a sudden.

subitaneità *f.* suddenness.

subitaneo *a.* sudden, abrupt.

subìto *a.* suffered, sustained: *descrivere il danno ~* describe the damage you have suffered; *le modifiche subite da una legge* the amendments to a law.

subito[1] *avv.* immediately, at once, (*colloq*) right away, at a glance: *vieni qui ~* come here at once; *torno ~* I'll be back right away, I'll be back in a moment, I'll be right back. □ ~ *all'inizio* from the very beginning; ~ *dopo* immediately after, immediately afterwards, just after, straight after, soon after: ~ *dopo che* as soon as; *ed è ~ polemica* (*nel linguaggio giornalistico*) and all hell has broken loose; *è ~ fatto* no sooner said than done; ~ *prima* just before.

subito[2] *a.* (*lett*) → **subitaneo**.

sublimàbile *a.* (*rar*) sublimable.

sublimare (**sublìmo**) **I** *v.t.* **1** (*lett*) (*innalzare a grandi onori, cariche e sim.*) to exalt, to raise. **2** (*fig,lett*) (*elevare sul piano spirituale*) to sublime. **3** (*Fis,Chim*) to sublime, to sublimate. **4** (*Psic*) to sublimate. **II** *v.i.* (*aus.* **essere**) (*Chim*) to sublimate, to sublime. **III** *v.pron.* **sublimarsi** (*fig*) (*elevarsi spiritualmente*) to make oneself sublime.

sublimàto *m.* (*Chim*) sublimate. □ (*Chim*) ~ *corrosivo* corrosive sublimate, mercuric chloride.

sublimazione *f.* (*Psic,Chim*) sublimation.

sublìme **I** *a.* **1** (*fig*) (*eccellente*) sublime, excellent, outstanding: *un artista ~* a sublime artist. **2** (*lett*) (*alto, elevato*) high, lofty. **II** *m.* sublime: *pittura che raggiunge il ~* painting that approaches the sublime.

sublimemente *avv.* sublimely.

subliminale, subliminare *a.* (*Psic,Fisiol*) subliminal: *messaggio ~* subliminal message.

sublimità *f.* sublimity, sublimeness.

sublinguale *a.* (*Anat,Farm*) (*sottolinguale*) sublingual: *somministrazione ~* sublingual administration.

sublocare (**sublòco, sublòchi**) *v.t.* **1** (*dare in subaffitto*) to sublet, to subrent, to let. **2** (*prendere in subaffitto*) to sublease.

sublocazione *f.* sublet, sublease.

sublunare *a.* (*Meteor*) sublunary.

subnormale *a.* (*Med*) subnormal.

suboceànico *a.* suboceanic.

subodorare (**subodóro**) *v.t.* to smell, to sense: ~ *un inganno* to smell a rat.

suborbitale *a.* (*Astron*) suborbital.

subordinamento *m.* (*rar*) subordination, subordinating.

subordinare (**subórdino**) *v.t.* to subordinate (*anche Gramm*): *non devi ~ le tue decisioni alle sue* you must not subordinate your decisions to his.

subordinata *f.* (*Gramm*) (*proposizione subordinata*) subordinate clause. □ (*Gramm*) ~ *causale* causal clause; (*Gramm*) ~ *consecutiva* consecutive clause; (*Gramm*) ~ *finale* final clause.

subordinatamente *avv.* (*in dipendenza*) subject (*a* to), depending (*a* on) (*anche Dir*).

subordinativo *a.* subordinating, subordinative (*anche Gramm*): *congiunzione subordinativa* subordinating conjunction.

subordinato **I** *a.* **1** (*dipendente*) dependent (*a* on), subject (*a* to): ~ *all'approvazione del ministro* subject to the approval of the minister; *i miei programmi sono sempre subordinati a quelli di mio marito* my plans always depend on those of my husband. **2** (*di secondaria importanza*) secondary, minor. **3** (*rif. a rapporti di lavoro*) subordinate, junior: *lavoro ~* subordinate work, (*Am*) pink-collar job; *lavoratore ~* employee. **4** (*Gramm*) subordinate. **5** (*rar*) (*disciplinato*) submissive, meek, obedient. **II** *m.* (*f.* **-a**) subordinate, dependent, junior.

subordinazione *f.* **1** (*dipendenza*) dependence, subjection. **2** (*sottomissione*) subordination. **3** (*rif. a rapporti di lavoro*) subordinate position, subordinate rank. **4** (*Gramm,Filos*) subordination.

subordine □ *in ~* (*in dipendenza*) subject, depending.

subornare (**subórno**) *v.t.* (*Dir*) to suborn: ~ *un teste* to suborn a witness.

subornatore *m.* (*f.* **-trice**) (*Dir*) suborner.

subornazione *f.* (*Dir*) subornation: ~ *di teste* subornation of a witness.

subpolare *a.* (*Geog*) subpolar (*anche estens*).

subroutine /subru'tin/ *f.inv.* (*Inform*) subroutine.

subsidenza *f.* (*Geol,Meteor*) subsidence (*anche estens*).

subsònico (*pl.* **-ci**) *a.* (*Aer*) subsonic.

substrato *m.* **1** (*Biol*) substratum, substrate. **2** (*Ling,Filos*) substratum (*anche fig*). **3** (*Chim*) substrate. **4** (*Agr*) subsoil, substratum.

subtotale *m.* (*Comm*) subtotal.

subtropicale *a.* (*Geog*) subtropical (*anche estens*).

subumano *a.* subhuman.

suburbano *a.* suburban: *strada suburbana* suburban road.

suburbio *m.* suburb, suburbs *pl.*, suburbia: *i suburbi di una città* the suburbs of a city.

suburra *f.* (*lett*) slum, rough district.

succedàneo **I** *a.* taking the place (*di* of) (*posposto*), that can take the place (*di* of) (*posposto*), acting as a substitute (*di* for) (*posposto*), surrogate, (*lett*) succedaneous, (*spreg*) ersatz. **II** *m.* (*surrogato*) substitute, surrogate, (*lett*) succedaneum.

succedere (*pres.ind.* **succèdo**; *p.rem.* **succèssi/succedéi/succedètti**; *p.p.* **successo/succedùto**) **I** *v.i.* (*aus.* **essere**) **1** (*prendere il posto di altri*) to succeed, to follow, to come after (*a qcu. so.*): *a Tiberio successe Caligola* Caligula succeeded Tiberius. **2** (*venire dopo*) to follow, to come after (*a qcu. sth.*): *al lampo succede il tuono* thunder follows lightning. **3** (*accadere*) to happen, to take place: *sono cose che succedono* these things

(will) happen. **4** (*capitare*) to happen, to occur, to befall: *che cosa gli è successo?* what happened to him? **II** *v.r.recipr.* **succedersi** to follow on, to follow each other, to come after each other, to occur in succession. □ *che cosa ti succede?* what's the matter with you?, what's up with you?, (*Am*) what happened to you?

succedersi *m.* succession, sequence, run, series: *il ~ degli avvenimenti* the succession of events.

successibile I *a.* (*Dir*) entitled to succeed (*posposto*). **II** *m.* (*Dir*) the person entitled to succeed.

successibilità *f.* capacity to inherit.

successione *f.* **1** (*il susseguirsi*) succession, sequence: *la ~ delle stagioni* the succession of the seasons. **2** (*serie ordinata*) succession, sequence, series: *la linea è una ~ di punti* a line is a sequence of points. **3** (*Dir*) succession. **4** (*Dir*) (*eredità*) inheritance. **5** (*Biol*) succession. **6** (*Mat*) sequence. □ ~ *al trono* succession to the throne; (*Dir*) ~ *collaterale* succession in the collateral line; ~ *cronologica* chronological succession; (*Agr*) ~ *delle colture* crop rotation; ~ *di eventi* course of events, train of events; ~ *ecologica* succession; *in ~* (*di seguito*) in succession: *un giro di domande in rapida ~* a round of quick-fire questions, a round of rapid-fire questions; (*Dir*) ~ *intestata* intestate succession; (*Dir*) ~ *legittima* legal succession; (*Dir*) ~ *testamentaria* testamentary succession.

successivamente *avv.* **1** (*dopo*) then, subsequently, after, afterwards: *pensiamo prima ai bambini, ~ penseremo a noi* let's think of the children first, then we'll think of ourselves. **2** (*più tardi*) later. **3** (*da allora in poi*) thereafter. **4** (*uno dopo l'altro*) successively.

successivo *a.* **1** (*seguente*) following (*a qcs.* sth.), after, subsequent (to), next, later: *il giorno ~* the following day, the next day, the day after; *lavoro ~* follow-up work; *è sceso alla fermata successiva* he got off at the next stop; *in un momento ~* later. **2** (*uno dopo l'altro*) successive, consecutive: *a ondate successive* in consecutive waves. □ *essere ~* to come after.

successo[1] *m.* **1** success: *avere ~ negli affari* to succeed in business; *il romanzo ha avuto ~* the book was a success; *un ~ insperato* an unexpected success; *raggiungere il ~* to achieve success, to be successful; ~ *significativo* big success, great success. **2** (*successo teatrale e sim.*) success, (*colloq*) hit: *i più grandi successi dei Beatles* the Beatles' greatest hits. **3** (*rar*) (*esito*) outcome, result, results *pl.*, upshot: *che ~ hanno avuto i tuoi sforzi?* what was the outcome of your efforts? □ *avere ~* to have success, to be riding high, to meet with success, to be successful; *avere ~ nel fare qcs.* to succeed in doing sth.; *avere successo in qcs.* to succeed in sth.; *non avere ~* to fail, (*colloq*) to flop; ~ *cinematografico* box-office hit, box-office success; *con ~* successfully; *avere ~ con le donne* to be a lady-killer; (*colloq*) *di ~*: (*rif. a prodotti*) hit (*attr.*); (*rif. a libri e sim.*) best-selling: *canzone di grande ~* hit song; 2 (*rif. a persona*) successful; ~ *di botteghino* box-office hit, box-office success; *avere un grande ~ di pubblico* to be a smash hit, to be a sell-out; (*Teat,gerg*) ~ *di stima* success based on a household name; ~ *discografico* hit, hit record; *un ~ editoriale* a best-seller; ~ *elettorale* success at the polls; *determinare il ~ o il fallimento di qcs.* to make or mar sth., to make or break sth.;

scontato success taken for granted; *senza ~* unsuccessful, with no success; *~ sportivo* sporting triumph; *~ strepitoso* resounding success.

successo [2] → **succedere**.

successore I *m.* 1 (*che prende il posto di qcu.*) successor. 2 (*erede*) inheritor. II *a.* succeeding.

successorio *a.* (*Dir*) succession (*attr.*), inheritance (*attr.*), successional: *imposta successoria* death tax, death duty, estate tax, inheritance tax.

succhiamento *m.* sucking, suction.

succhiare (**sùcchio, sùcchi**) *v.t.* 1 to suck (on): *~ un'arancia* to suck an orange; *~ il latte dal biberon* to suck milk from the bottle; *~ latte dal seno materno* to suckle. 2 (*assorbire*) to absorb, to draw (up), to suck (up): *le radici succhiano l'acqua piovana* the roots draw up the rainwater. 3 (*lasciar sciogliere sulla lingua*) to suck: *~ una caramella* to suck a sweet. 4 (*sorbire*) to sip. □ (*fig*) *aver succhiato qcs. col latte* (*della madre*) to have learnt sth. at one's mother's knee; *succhiarsi il dito* to suck one's thumb; (*fig,spreg*) *~ il sangue a qcu.* to bleed so. white, to squeeze so. dry, to be a blood sucker; (*Sport, fig*) *~ la ruota di qcu.* (*nel ciclismo*) to slipstream so.

succhiata *f.* suck.

succhiatore *m.* (*f.* **-trice**) sucker.

succhiellamento *m.* (*Fal*) gimletting.

succhiellare (**succhièllo**) *v.t.* (*Fal*) to gimlet.

succhiello *m.* (*Fal*) gimlet.

succhio *m.* 1 suck, suction. 2 (*Bot*) sap. 3 (*region*) (*succhiotto*) dummy, (*Am*) pacifier.

succhione *m.* (*Bot*) sucker.

succhiotto *m.* 1 dummy, (*Am*) pacifier. 2 (*pop*) (*segno sulla pelle*) lovebite, (*Am*) hickey.

succiacapre *m.inv.* (*Ornit*) nightjar.

succiamele *m.inv.* (*Bot*) broomrape.

succiare (**sùccio, sùcci**) *v.t.* (*region,rar*) to suck: *~ il dito* to suck one's thumb; *~ una caramella* to suck a sweet.

succinato *m.* (*Chim*) succinate.

succinico (*pl.* **-ci**) *a.* (*Chim*) succinic: *acido ~* succinic acid.

succinite *f.* (*Min*) succinite.

succino *m.* (*Min*) succinite.

succintamente *avv.* 1 scantily clad: *donna ~ vestita* scantily-clad woman. 2 (*fig*) (*concisamente*) concisely, briefly.

succinto *a.* 1 (*rif. a indumenti*) scant, scanty: *un costume da bagno ~* a scanty bathing suit. 2 (*rif. a persone: con le vesti succinte*) scantily-dressed, scantily-clad. 3 (*fig*) (*breve, sintetico*) concise, brief: *un ~ resoconto* a concise account. □ (*fig*) *in ~* concisely, briefly.

succitato *a.* above-mentioned, aforesaid (*anche burocr*).

succlavia *f.* (*Anat*) 1 (*vena*) subclavian vein. 2 (*arteria*) subclavian artery.

succlavio *a.* (*Anat*) subclavian: *vena succlavia* subclavian vein.

succo (*pl.* **-chi**) *m.* 1 juice: *un limone pieno di ~* a lemon full of juice, a juicy lemon; *un bicchiere di ~ di arancia* a glass of orange juice. 2 (*fig*) essence, main point, essential point, pith, gist, core, (*colloq*) nitty-gritty: *il ~ della questione* the gist of the matter, the point. □ (*Alim*) *~di frutta* fruit juice; (*Alim*) *~ di limone* lemon juice; (*Alim*) *~di mela* apple juice; (*Alim*) *~di pera* pear juice; (*Alim*) *~di pomodoro* tomato juice; (*Fisiol*) *succhi digestivi* digestive juices, digestive fluids; (*Alim*) *~d'uva* grape juice; (*Fisiol*) *~enterico*

intestinal juice; (*Fisiol*) *succhi gastrici* gastric juices.

succosamente *avv.* concisely, pithily.

succosità *f.* 1 juiciness, succulence. 2 (*fig*) richness, pithiness.

succoso *a.* 1 juicy, succulent: *frutto ~* juicy fruit. 2 (*fig*) (*sostanzioso*) pithy, meaty, rich, juicy: *una storia succosa* a juicy story; *un libro ~* a meaty book.

succube I *m./f.* 1 (*persona dominata*) slave, dominated person (by so./sth.), underdog, stooge, prisoner. 2 (*Occult*) succubus. II *a.* (*estens*) dominated: *diventare ~ di qcu.* to become entirely dominated by so., to become so.'s slave; *essere ~ di qcu.* to be dominated by so.

succubo *m.* (*f.* **-a**) (*rar*) 1 (*persona dominata*) slave, dominated person (by so./sth.), underdog, stooge, prisoner. 2 (*Occult*) succubus.

succulento *a.* 1 succulent, juicy: *un'arancia succulenta* a succulent orange. 2 (*estens*) (*gustoso*) tasty: *un pranzo ~* a juicy meal. 3 (*Bot*) (*grasso*) succulent: *piante succulente* succulent plants.

succulenza *f.* 1 succulence, juiciness. 2 (*estens*) (*l'essere gustoso*) tastiness. 3 (*Bot*) succulence.

succursale I *f.* branch, branch office: *aprire una nuova ~* to open a new branch. II *a.* (*Rel*) succursal. □ (*Comm*) *~ di vendita* branch store.

sud I *m.* 1 (*Geog*) south: *il ~ della Francia* the south of France, the southern part of France, southern France. 2 (*estens*) (*regione meridionale*) south, southern area, southern region: *abitavo nel ~ del paese* I used to live in the south of the country; *il ~ (dell')Italia* Southern Italy. 3 (*paesi meridionali spec. sottosviluppati*) (the) South, Southern countries, the South of the World. II *a.inv.* (*Geog*) south, southern: *polo ~* South Pole; *emisfero ~* southern hemisphere. □ *a ~:* 1 (*stato*) south, southern, in the south: *a ~ di* south of; *la città è a ~ di Roma* the city is south of Rome; *la cucina è (esposta) a ~* the kitchen faces (due) south; 2 (*moto*) south, to the south, southbound, southwards: *la macchina si diresse a ~* the car headed south; *diretto a ~* southbound, southwards; *andare a ~* to go south, to go southwards; *venire da ~* to come from the south; *del ~* south, southern, southerly; *vento del ~* southerly wind, south wind; *Europa del ~* South Europe; *abitante del ~* southerner; (*Fis*) *~magnetico* magnetic south; *più a ~ di* farther south than; *verso ~:* 1 (*con valore aggettivale*) southward, southbound, due south; 2 (*con valore avverbiale*) southwards.

SUD *Sudan* SUD (Sudan).

Sudafrica *n.pr.m.* (*Geog*) (*Repubblica Sudafricana*) South Africa, Republic of South Africa.

sudafricano I *a.* South African. II *m.* (*f.* **-a**) South African.

Sudamerica *n.pr.m.* (*Geog*) South America.

sudamericano I *a.* South American. II *m.* (*f.* **-a**) South American.

sudamina *f.* (*Med*) sudamen, sudamina *pl.*

Sudan *n.pr.m.* (*Geog*) Sudan, the Sudan.

sudanese I *a.* 1 (*Geog*) Sudanese, Sudan (*attr.*), of the Sudan (*posposto*). 2 (*Ling*) Sudanic. II *m./f.* Sudanese.

sudare (**sùdo**) *v.i.* (*aus. avere*) 1 to sweat, to perspire: *mi sudano le mani* my hands are perspiring. 2 (*fig*) (*faticare molto*) to work hard, to labour, (*Am*) to labor, (*colloq*) to sweat, to slog, to toil: *~ per guadagnarsi da vivere* to work hard to earn one's living; *~*

sui libri to slog over books. II *v.t.* 1 (*rar*) (*trasudare*) to transude, to ooze, to exude, to sweat: *la brocca suda acqua* the jug is oozing water, the jug is sweating. 2 (*fig*) (*guadagnare con fatica*) to toil for, (*colloq*) to sweat: *~ il pane* to toil for one's bread. □ (*fig*) *~ da tutti i pori* to sweat from every pore, to sweat freely; *~freddo* to be in a cold sweat (*anche estens*); (*fig*) *~sangue* to sweat blood, to work extremely hard, (*colloq*) to sweat one's guts out; (*fig*) *~sette camicie* to sweat blood, to work extremely hard, (*colloq*) to sweat one's guts out.

sudario *m.* 1 (*Stor.rom*) sudarium. 2 (*Rel*) sudarium, veronica. 3 (*lenzuolo funebre*) shroud.

sudata *f.* 1 sweat, sweating, perspiring. 2 (*fig*) (*sforzo, fatica*) (great) effort, toil, hard work, drudgery, (*colloq*) sweat. □ *fare una gran ~:* 1 to sweat (all over); 2 (*fig*) to sweat blood.

sudaticcio *a.* sweaty, damp, clammy: *avere la fronte sudaticcia* to have a damp forehead; *mani sudaticce* sweaty hands.

sudato *a.* 1 sweaty: *mani sudate* sweaty hands. 2 (*fig*) (*guadagnato con fatica*) hard-earned, earned by the sweat of one's brow (*posposto*): *pane ~* hard-earned bread; *una vittoria sudata* a hard-won victory. □ *~fradicio* bathed in sweat, covered in sweat, all in a sweat.

sudatorio I *a.* (*che fa sudare*) sudorific. II *m.* (*Stor.rom*) sudatorium.

sudcoreano I *a.* South Korean. II *m.* (*f.* **-a**) South Korean.

suddetto *a.* above-mentioned, quoted above (*posposto*), aforesaid.

suddiacono *m.* (*Rel*) subdeacon.

sudditanza *f.* subjection (*anche fig*). □ (*fig*) *~psicologica* psychological subjection.

suddito *m.* (*f.* **-a**) 1 subject. 2 (*cittadino*) citizen. 3 (*Mediev*) liege, liegeman.

suddividere (*pres.ind.* **suddivìdo**; *p.rem.* **suddivìsi**; *p.p.* **suddivìso**) I *v.t.* 1 (*dividere ulteriormente*) to subdivide: *~ un capitolo in paragrafi* to subdivide a chapter into sections. 2 (*estens*) (*dividere*) to divide, to divide up, to split up, to break up: *~ un libro in capitoli* to divide a book into chapters. 3 (*distribuire*) to distribute, to share out: *~ gli utili tra i soci* to share out profits among the partners. II *v.pron.* **suddividersi** 1 to divide up, to divide off, to split up (*anche fig*): *i ragazzi si suddivisero in due squadre* the boys split up into two teams; *la popolazione si suddivise in due fazioni* the people split up into two factions. 2 (*constare*) to be divided (*in into*), to consist (*of*), to have: *il dramma si suddivide in tre atti* the play is divided into three acts, the play has three acts. □ *~ una parola in sillabe* to divide a word into syllables, to break up a word into syllables; *~le spese* to share the expenses.

suddivisibile *a.* subdivisible.

suddivisione *f.* 1 (*rar*) subdivision. 2 (*estens*) (*divisione*) division. □ *~del lavoro* work-sharing; *~in zone* zoning.

suddiviso *a.* 1 (*rar*) subdivided. 2 (*estens*) (*diviso*) divided.

sudest ,sud-est *m.* (*Geog*) south-east. □ *a ~* to the south-east of; *il Sudest asiatico* Southeast Asia; *di ~* (*rif. a vento*) south-east, south-easterly: *vento di ~* south-east wind, south-easter.

Sudeti *n.pr.m.pl.* (*Geog*) Sudetenland, Sudeten: (*Stor*) *questione dei ~* Sudeten problem.

sudiceria *f.* 1 dirtiness, filthiness. 2 (*collett.*) (*insieme di cose sudicie*) dirty things *pl.* 3 (*sporcizia*) muck, filth, dirt, grime. 4 (*fig*) (*indecenza*) indecency, immodesty. **5** (*fig*) (*atto indecente*) indecency, indecent behaviour, (*Am*) indecent behavior. **6** (*fig*) (*discorso indecente*) indecent talk, dirty talk, foul language.

sudiciamente *avv.* dishonestly, dirtily, foully.

sudicio I *a.* **1** (*sporco, macchiato*) dirty, filthy, grimy, soiled: *viso* ~ dirty face; *una tovaglia sudicia* a dirty tablecloth. **2** (*rif. a persona trasandata e sporca*) scruffy. **3** (*fig*) (*turpe*) indecent, improper, obscene, dirty: *discorsi sudici* indecent language, foul language, dirty talk; *un libro* ~ a filthy book. **4** (*spreg*) (*spregevole*) dirty, filthy, foul, (*colloq*) lousy, (*colloq*) rotten, (*colloq*) low-down: *un* ~ *ricattatore* a dirty blackmailer. **5** (*rif. a colore*) dirty: *bianco* ~ dirty white, off-white. **II** *m.inv.* **1** filth, dirt, grime: *vivere nel* ~ *to* live in filth. **2** (*fig*) filth, dirt. ▢ ~ *di fango* splashed with mud, spattered with mud, muddy; ~ *di unto* (horribly) greasy.

sudicione *m.* (*f.* **-a**) **1** dirty person, filthy person, (*colloq*) pig, (*colloq*) slob. **2** (*fig*) lecher, (*colloq*) swine.

sudiciume *m.* **1** dirt, filth, muck, grime. **2** (*fig*) dirt, filth, immorality.

sudista I *m./f.* (*Stor.am*) Confederate, Southerner. **II** *a.* (*Stor.am*) Confederate, Southern.

sudoccidentale *a.* (*Geog*) southwest, southwestern.

sudorazione *f.* (*Fisiol*) perspiration, sweating: ~ *eccessiva* excessive sweating.

sudore *m.* **1** (*Fisiol*) sweat, perspiration: *gocce di* ~ beads of sweat. **2** (*fig*) (*fatica*) hard work, toil, (*colloq*) sweat, drudgery: *questo lavoro mi è costato molto* ~ this job cost me a lot of hard work. ▢ (*fig*) *guadagnarsi il pane col* ~ *della fronte* to earn one's living by the sweat of one's brow; ~ *della morte* cold sweat of death; ~ *freddo* cold sweat (*anche fig*).

sudorientale *a.* (*Geog*) southeast, southeast, southeastern, south-eastern.

sudorifero I *a.* sudorific, sudoriferous: *una bevanda sudorifera* a sudorific beverage, a drink that causes perspiration. **II** *m.* (*Farm*) sudorific, diaphoretic.

sudoriparo *a.* (*Fisiol*) sudoriferous, sudoriparous, (*colloq*) sweat (*attr.*): *ghiandole sudoripare* sweat glands, sudoriparous glands.

sudovest, sud-ovest *m.* **1** south-west. **2** (*Mod,Mar*) southwester, sou'wester. ▢ *a* ~ *di* (to the) south-west of; *di* ~ (*rif. a vento*) south-westsouth-westerly: *vento di* ~ south-west wind, south-wester.

sudtirolese I *a.* South-Tyrolean. **II** *m./f.* South-Tyrolean.

Sud-Tirolo *n.pr.m.* (*Geog*) South Tyrol.

Suez *n.pr.f.* (*Geog*) Suez: *canale di* ~ Suez Canal.

sufficiente I *a.* **1** enough, sufficient: *avere viveri sufficienti per due giorni ancora* to have enough food for two more days, to have sufficient food for two more days; *è* ~ it's enough, (*lett*) it suffices. **2** (*adatto allo scopo*) enough, sufficient, adequate, *di solito si qualifica con un aggettivo*: *queste non sono scuse sufficienti* these excuses are not good enough; *la sala non è* ~ *a contenere tanta gente* the hall is not large enough to hold so many people; *non trovo parole sufficienti a esprimerti la mia riconoscenza* I cannot find the words to express my gratitude to you. **3** (*soddisfacente*) acceptable, fair: *condizioni sufficienti* acceptable conditions. **4** (*presuntuoso*) arrogant, patronizing, condescending, haughty, pretentious: *tono* ~ haughty tone. **5** (*Scol*) fair. **II** *m.* enough: *ha appena il*

~ *per vivere* he has barely enough to live on. **III** *m./f.* arrogant person, insolent person, haughty person. ▢ *più che* ~ more than enough.

sufficientemente *avv.* fairly, enough, sufficiently, adequately.

sufficienza *f.* **1** sufficiency. **2** (*adeguatezza*) adequacy. **3** (*fig*) (*boria*) self-conceit, arrogance, presumptuousness, haughtiness: *avere un'aria di* ~ to have a haughty air. **4** (*Scol*) pass mark, (*Am*) passing grade: *prendere la* ~ to get a pass mark, to receive a passing grade. ▢ *a* ~ enough: *mangiare a* ~ to eat enough; *avere denaro a* ~ to have enough money; *con* ~ in a haughty manner: *trattare qcu. con* ~ to patronize so.; *parlare a qcu. con* ~ to talk to so. with a condescending tone.

suffisso *m.* (*Ling*) suffix. ▢ (*Ling*) ~ *accrescitivo* augmentative suffix; (*Ling*) ~ *diminutivo* diminutive suffix.

suffissoide *m.* (*Ling*) suffixoid.

sufflè *m.inv.* (*Gastron*) soufflé: ~ *di formaggio* cheese soufflé.

suffragare (*suffràgo, suffràghi*) *v.t.* **1** to support, to bear out, to uphold, to substantiate: *i fatti suffragano questa tesi* the facts bear out this theory. **2** (*Rel.catt*) to pray for, to intercede for.

suffragetta *f.* **1** (*Stor,Pol*) suffragette. **2** (*scherz,estens*) women's libber, bra-burner.

suffragio *m.* **1** (*diritto di voto*) suffrage, vote, right to vote, franchise. **2** (*voto*) vote: *dare il proprio* ~ *a un candidato* to give one's vote to a candidate. **3** (*Rel.catt*) suffrage, intercession. **4** (*lett,estens*) (*favore*) support, favour, approval, sanction, suffrage: *la nuova opera ha ottenuto il* ~ *della critica* the new opera received the approval of the critics. ▢ ~ *diretto* direct suffrage; ~ *elettorale* suffrage, franchise; (*Rel.catt*) *in* ~ *delle anime dei defunti* for the dead, for the souls of the dead; *messa in* ~ *di qcu.* Mass offered for so., Mass offered for the soul of so., Mass held for so.; ~ *indiretto* indirect suffrage; ~ *universale* universal suffrage.

suffrutice *m.* (*Bot*) suffrutex, subshrub.

suffumicare (*suffùmico, suffùmichi*) *v.t.* to fumigate.

suffumicazione *f.* fumigation.

suffumigio *m.spec.pl.* (*Med*) fumigation. ▢ (*Med*) *fare i suffumigi* to fumigate.

sufi *m.inv.* (*Rel.islam*) Sufi.

sufismo *m.* (*Rel.islam*) Sufism.

suga ▢ (*ant*) *carta* ~ (*assorbente*) blotting paper.

suggellamento *m.* sealing (*anche fig*).

suggellare (*suggèllo*) *v.t.* **1** (*lett*) (*sigillare*) to seal, to close with a seal. **2** (*fig*) to seal, to confirm: *suggellarono il patto con un brindisi* they sealed the pact with a toast.

suggello *m.* **1** (*lett*) (*sigillo*) seal. **2** (*fig*) seal, pledge, token, sign: *a* ~ *della nostra amicizia* as a token of our friendship.

suggere (*pres.ind.* **sùggo, sùggi**; *p.rem.* **suggéi/suggètti**; *no past participle and compound tenses*) *v.t.* **1** (*lett*) to suck.

suggerimento *m.* **1** suggesting. **2** (*consiglio*) (piece of) advice, suggestion: *dare un* ~ to make a suggestion; *seguire i suggerimenti di qcu.* to take so.'s advice, to listen to so.; *su* ~ *di una nostra amica* at the suggestion of a friend of ours. **3** (*indizio*) hint, lead, clue: *dare dei suggerimenti* to drop hints. ▢ *per* ~ *di qcu.* at so.'s suggestion, on so.'s advice.

suggerire (**suggerìsco, suggerìsci**) *v.t.* **1** to suggest, to prompt, to hint: ~ *una parola a qcu.* to suggest a word to so., to tell so. a

word. **2** (*consigliare*) to suggest: *gli ho suggerito di andare* I suggested he should go, (*spec. Am*) I suggested he go; *mi suggerì di darlo a te* he suggested my giving it to you. **3** (*mettere in guardia*) to warn, to caution: *mi ha suggerito di tenere gli occhi aperti* he warned me to keep my eyes open. **4** (*far venire in mente*) to remind, to suggest. **5** (*Teat*) to prompt.

suggeritore *m.* (*f.* **-trice**) **1** (*Teat*) prompter: *buca del* ~ prompter's box, prompt box. **2** (*Sport*) (*nel baseball*) coach: ~ *di terza base* third base coach.

suggestionabile *a.* **1** (*impressionabile*) susceptible, impressionable, over-sensitive. **2** (*influenzabile*) pliant, readily influenced, gullible.

suggestionabilità *f.* **1** (*impressionabilità*) sensibility, susceptibility. **2** (*influenzabilità*) pliancy.

suggestionare (**suggestióno**) I *v.t.* to influence, to brainwash: *non lasciarti* ~ *dalle sue parole* don't let yourself be influenced by what he says. **II** *v.pron.* **suggestionarsi** to be influenced, to be brainwashed.

suggestionato *a.* **1** strongly influenced, deeply affected. **2** (*estens*) (*impressionato*) struck, impressed, affected.

suggestione *f.* **1** (*Psic*) suggestion. **2** (*estens*) (*influenza*) influence: *non posso sottrarmi alla sua* ~ I can't resist his influence. **3** (*estens,rar*) (*suggerimento*) suggestion. **4** (*fig*) (*fascino*) charm, fascination, attraction: *la* ~ *del paesaggio* the charm of the scenery. ▢ (*Psic*) ~ *collettiva* collective suggestion; (*Psic*) ~ *di massa* mass suggestion; (*Psic*) ~ *ipnotica* hypnotic suggestion; (*Psic*) ~ *post-ipnotica* posthypnotic suggestion.

suggestivamente *avv.* meaningfully, evocatively.

suggestività *f.* **1** effect, force, meaningfulness. **2** (*fig*) (*fascino*) charm.

suggestivo *a.* **1** evocative, impressive, effective, charming, moving: *una descrizione suggestiva* an impressive scene, an effective scene; *un luogo* ~ a charming spot; *una poesia suggestiva* a moving poem. **2** (*pittoresco*) picturesque. **3** (*Dir*) leading, suggestive.

sughera *f.* (*Bot*) cork oak, cork tree.

sugheraio *m.* (*f.* **-a**) cork worker.

sughereta *f.* cork forest.

sughereto *m.* cork forest.

sughericoltore *m.* (*f.* **-trice**) cork planter, cork grower.

sughericoltura *f.* cork growing.

sugherificio *m.* cork factory.

sughero *m.* **1** (*Bot*) cork oak. **2** (*tessuto secondario delle fanerogame*) cork. **3** (*Itt*) horse mackerel. **4** (*Pesc*) (*galleggiante per reti*) cork. **5** (*tappo di sughero*) cork. ▢ *di* ~ cork (*attr.*): *suole di* ~ cork soles; *tappo di* ~ cork; (*Bot*) ~ *femmina* cork from the second stripping; (*Bot*) ~ *maschio* (o ~ *primario*) cork from the first stripping; (*estens*) poor-quality cork; (*Bot*) ~ *secondario* cork from the second stripping.

sugherone *m.* **1** (*Bot*) cork from the first stripping, (*estens*) poor-quality cork. **2** (*Ornit*) (*smergo maggiore*) American merganser, common merganser.

sugherosità *f.* corkiness.

sugheroso *a.* suberose, corky, cork-like.

sughetto, sughino *m.* (*Gastron*) sauce.

sugli ⟶ *su*.

sugna *f.* **1** (*Alim*) pork fat. **2** (*Alim*) (*strutto*) lard. **3** (*estens*) (*unto*) grease.

sugo (*pl.* **-ghi**) *m.* **1** (*Gastron*) (*salsa di pomodoro, aglio, cipolla*) sauce, tomato sauce. **2** (*Gastron*) (*prodotto durante la cottura della* *carne*) gravy. **3** (*succo*) juice. **4** (*fig*) (*essenza*) point, main point, essence, gist, pith: *il ~ del discorso* the point of what was said. **5** (*fig,scherz*) (*soddisfazione, piacere*) fun, satisfaction, pleasure: *non c'è ~ a stuzzicarlo* there's no fun in teasing him. ☐ (*Gastron*) *al ~* in sauce, with sauce; (*Gastron*) *~ di carne* gravy; (*Gastron*) *~ di pomodoro* tomato sauce; (*fig*) *senza ~* (*insulso*) pointless, flat, insipid, dull; *~ zuccherino* sugary juice.

sugosamente *avv.* **1** juicily. **2** (*fig*) pithily, to the point, pointedly.

sugosità *f.* **1** (*con molto succo*) juiciness, succulence. **2** (*fig*) pithiness.

sugoso *a.* **1** (*succoso*) juicy, succulent. **2** (*condito con molto sugo*) with a lot of sauce (*posposto*). **3** (*fig*) pithy, meaty, pointed.

sui → **su**.

suicida I *m./f.* suicide (*anche estens*). II *a.* suicidal, suicide (*attr.*): *mania ~* suicidal tendency; *attacco suicida* suicide bombing.

suicidarsi (**mi suicido**) *v.pron.* **1** to commit suicide, (*colloq*) to do away with oneself, to take one's life, to kill oneself. **2** (*fig*) to commit suicide, (*colloq*) to do in, (*colloq,ant*) to do for: *si è suicidato moralmente quando ha cominciato a drogarsi* he as good as committed suicide when he became drug-addicted. **3** (*fig*) (*rischiare la vita*) to risk one's life, to kill oneself: *guidare in quel modo equivale a ~* driving like that is a tantamount to killing oneself.

suicidio *m.* suicide (*anche fig*): *tentare il ~* to attempt suicide, to try to kill oneself; *~ morale* moral suicide. ☐ *~ di massa* mass suicide; *è da ~ partire oggi* (o *è un ~ partire oggi*) it's suicidal to leave today.

sui generis *a.inv.* sui generis, peculiar.

suindicato *a.* above-mentioned, aforesaid, indicated above (*posposto*).

suinetto *m.* piglet.

suinicolo *a.* (*Zootecn*) of pig breeding (*posposto*), pig (*attr.*), hog (*attr.*): *azienda suinicola* pig farm.

suinicoltore *m.* (*f.* **-trice**) (*Zootecn*) pig breeder, hog farmer.

suinicoltura *f.* (*Zootecn*) pig breeding.

suino I *m.* (*Zool*) **1** (*maiale*) (domestic) pig, swine. **2** (*il maschio: castrato*) hog. **3** (*non castrato*) boar. **4** (*scrofa*) sow. II *a.* pig (*attr.*), swine (*attr.*).

suite /'syɪt/ *f.inv.* suite (*anche Mus,Inform*).

suk *m.inv.* souk, suq.

sul → **su**.

sula *f.* (*Ornit*) sula, solan goose.

sulfamidico (*pl.* **-ci**) I *a.* (*Farm*) sulphonamide (*attr.*), (*Am*) sulfonamide. II *m.* (*Farm*) sulphonamide, (*Am*) sulfonamide, sulpha drug, (*Am*) sulfa drug.

sulfureo *a.* sulphurous, (*Am*) sulfurous, sulphureous, sulphur, (*Am*) sulfur (*attr.*): *acque sulfuree* sulphurous waters, (*Am*) sulfurous waters.

sulky /'salki/ *m.inv.* **1** (*Sport*) (*nelle corse al trotto*) sulky. **2** (*Aut*) three-wheeler.

sulla → **su**.

sulle → **su**.

sullo → **su**.

sullodato *a.* (*ant*) already praised, praised before (*posposto*).

sultana *f.* **1** (*moglie o madre del sultano*) sultana. **2** (*Arred*) divan, ottoman.

sultanato *m.* (*dignità e territorio*) sultanate.

sultanina *f.* (*Bot,Alim*) (*uva sultanina*) sultanas *pl.*, sultana raisins *pl.*

sultano *m.* sultan. ☐ (*fig,scherz*) *fare una vita da ~* to live off the fat of the land, to live on the fat of the land.

Sumatra *n.pr.f.* (*Geog*) Sumatra.

sumerico (*pl.* **-ci**) I *a.* (*Stor*) Sumerian, Sumeric. II *m.* (*lingua*) Sumerian, Sumerian language.

sumero I *m.* **1** (*lingua*) Sumerian, Sumerian language. **2** (*f.* **-a**) (*Stor*) (*abitante*) Sumerian. II *a.* (*Stor*) Sumerian, Sumeric.

summa *f.* **1** summa. **2** (*estens*) (*compendio*) summation.

summenzionato *a.* (*burocr*) above-mentioned, aforesaid.

sunna *f.inv.* (*Rel.islam*) Sunna.

sunnita *m./f.* (*Rel.islam*) Sunni, Sunnite.

sunnominato *a.* (*burocr*) above-mentioned, aforesaid.

sunteggiare (**suntéggio**, **suntéggi**) *v.t.* (*rar*) to summarize, to make a summary of.

sunto *m.* summary, résumé. ☐ *fare un ~ di qcs.* to summarize sth., to abridge sth.; *in ~* (*in breve*) briefly, in short, in sum.

suo I *a.poss.* **1** (*di lui*) his; (*di lei*) her; (*neutro: rif. a cose o animali*) its; (*forma di cortesia*) your: *alcuni suoi parenti* some of his relatives, some relatives of his; *in vece sua* in his place; *la madre e ~ figlio* the mother and her son; *ogni frutto ha la sua stagione* every kind of fruit has its own season; *ecco la sua lettera signora* here's your letter, madam. **2** (*posposto*) (*proprietà: di lui*) his; (*di lei*) hers; (*neutro: rif. a cose o animali*) its: *questo libro è ~* this book is his; *questa borsa è sua* this handbag is hers. **3** (*enfat*) (*suo proprio: di lui*) his own; (*di lei*) her own; (*neutro: rif. a cose o animali*) its own: *l'ha scritto di ~ pugno* he wrote it in his own hand. **4** (*nelle lettere: forma di cortesia, di solito con la maiuscola*) your: *ho ricevuto la Sua lettera* I have received your letter. **5** (*in chiusura di lettera: forma di cortesia*) yours, yours truly: *Suo Mario Carli* yours truly, Mario Carli. **6** (*nelle espressioni ellittiche: di lui*) his; (*di lei*) her: *ognuno vorrà dire la sua* (*opinione*) everyone will want to have his (own) say; *sono dalla sua* (*parte*) I'm on her side. **7** (*preceduto dall'art. determinativo: di lui*) his; (*di lei*) her; (*neutro: rif. a cose o animali*) its: *il ~ amico* his friend; *la sua insegnante* her teacher; *la sua figlioletta* his daughter; *la sua mamma* her mother. **8** (*genitivo: di lui*) of him; (*di lei*) of her: *l'ho fatto per amore ~* I did it for love of her. **9** (*preceduto da aggettivi numerali, pron. indefiniti e dimostrativi*) (*di lui*) of his; (*di lei*) of hers: *un ~ amico* a friend of his; *un ~ libro* a book of hers; *due suoi amici* two friends of his; *alcuni suoi colleghi* some colleagues of hers; *questi suoi pensieri* these thoughts of his. **10** (*con valore indefinito*) one's, your: *uno non può sempre fare a modo ~* one can't always have things one's own way, you can't always have things your own way. II *pron.poss.* (*di lui*) his; (*di lei*) hers; (*neutro: rif. a cose o animali*) its: *la mia camera è più grande della sua* my room is larger than his; *questa è la mia borsa, quella è la sua* this is my bag, that one is hers. III *m.* **1** (*averi, beni: di lui*) his (own) property, his assets; (*di lei*) her (own) property, her assets: *ha dilapidato tutto il ~* he squandered all his property. **2** *pl.* (*colloq*) (*parenti: di lui*) his relatives, his family *sing.*; (*di lei*) her relatives, her family *sing.*: *i suoi non gli scrivono da mesi* his family hasn't written to him for months. **3** *pl.* (*colloq*) (*genitori: di lui*) his parents; (*di lei*) her parents. **4** *pl.* (*colloq*) (*sostenitori, seguaci: di lui*) his followers, his supporters; (*di lei*) her followers, her supporters: *questi due giovani sono dei suoi* these are two of his men. ☐ *ha la ragione dalla sua* he is in

the right, he is right; *non c'è nulla di ~* there is nothing of his (in it); *è una delle sue* there he goes again.

suocera *f.* **1** mother-in-law. **2** (*spreg,scherz*) (*donna autoritaria e bisbetica*) nag, nagger, shrew. ☐ (*scherz*) *stare come ~ e nuora* (*in lite continua*) to fight like cats and dogs; *non fare la ~!* don't nag me!, stop nagging me!; *fare la ~ con qcu.* to nag (at) so.

suocero *m.* **1** father-in-law. **2** *pl.* (*suocero e suocera*) mother and father-in-law, (*colloq*) in-laws.

suola *f.* **1** (*Calz*) sole, outsole: *doppia ~* double sole; *mezza ~* half sole. **2** (*Zool*) sole. **3** (*Mar*) sole. **4** (*Min*) floor. ☐ *~ del forno* sole of the oven; *~ dell'aratro* sole of the plough, (*Am*) sole of the plow; (*Calz*) *~ di corda* rope sole; (*Calz*) *~ di cuoio* leather sole; (*Calz*) *~ di gomma* crêpe sole, rubber sole; (*Calz*) *~ di para* crêpe sole, rubber sole; (*Ferr*) *~ di rotaia* rail base; (*Calz*) *fare le suole alle scarpe* to sole one's shoes; *far fare le suole alle scarpe* to have one's shoes soled. (*Calz*) *suole intere* soles; (*Calz*) *~ interna* inner sole, insole.

suolare (**suòlo**) *v.t.* (*Calz*) **1** to sole. **2** (*risuolare*) to resole.

suolatura *f.* (*Calz*) **1** soling. **2** (*suola*) sole. **3** (*risuolatura*) resoling.

suolo *m.* **1** ground, floor: *cadere al ~* to fall to the ground. **2** (*terreno*) earth, soil: *~ fertile* fertile soil; *~ argilloso* clayey soil; *~ marnoso* marly soil. **3** (*fig,lett*) (*terra d'origine*) land, country: *~ natio* native country. ☐ *~ pubblico* public property.

suonabile *a.* (*rar*) playable.

suonare (**suòno**) I *v.t.* **1** (*rif. a strumenti musicali*) to play: *~ il violino* to play the violin; *~ il tamburo* to beat the drum, to play the drum. **2** (*rif. a strumenti a fiato*) to play, to blow. **3** (*rif. a strumenti a percussione*) to strike, to beat, to play, to sound. **4** (*rif. a persone: eseguire*) to play, to perform: *~ un ballabile* to play a dance tune. **5** (*rif. a strumenti: dare il segnale*) to sound, to play: *la tromba suona il silenzio* the trumpet is sounding "lights out". **6** (*rif. a dischi musicali e sim.*) to play. **7** (*rif. a campanelli*) to ring. **8** (*rif. a campane*) to ring, to chime: *~ l'avemaria* to ring the Angelus, to sound the Angelus. **9** (*battere le ore*) to strike: *l'orologio suona le sei* the clock is striking six. **10** (*battere le ore con rintocchi di campana*) to chime. **11** (*fig, colloq*) (*imbrogliare*) to cheat, to swindle. II *v.i.* (*aus.* **avere/essere**) **1** (*rif. a strumenti musicali*) to play: *il nuovo violino suona magnificamente* the new violin plays marvellously. **2** (*rintoccare*) to ring, to sound, to chime. **3** (*rintoccare per chiamare i fedeli*) to ring, to ring out: *le campane suonano a messa* the bells are ringing for Mass. **4** (*rif. alle ore*) to strike: *sono appena suonate le cinque* it has just struck five. **5** (*rif. a campanelli*) to ring: *il telefono suonò a lungo* the telephone rang for a long time. **6** (*scampanellare*) to tinkle, to jingle. **7** (*rif. a sveglie*) to ring, to go off: *la sveglia non ha suonato* the alarm didn't go off; *non ho sentito ~ la sveglia* I didn't hear the alarm go off. **8** (*fare il musicista*) to play, to perform: *suona in un locale notturno* he plays in a night club. **9** (*emettere un suono*) to have a sound, to have a ring: *la moneta suona male* (*sembra falsa*) the coin has a false ring, the coin has a false sound. **10** (*avere suono, armonia*) to sound, to ring: *questa frase suona male* this sentence sounds wrong, this sentence doesn't have a good ring. **11** (*dare un'impressione*) to sound, to have an effect: *queste parole* *suonano strane sulla sua bocca* these words sound strange coming from her, these words have a strange effect coming from her. □ *~a distesa* to peal, to ring full peal; *~a festa* to ring a festive peal, to ring out joyfully, to ring out in celebration; *~a martello* to ring the alarm bell, to ring the tocsin; *~a morto* to toll; (*Mus*) *~a orecchio* to play by ear; (*Mus*) *~a prima vista* to sight-read; (*Mus*) *~a quattro mani* to play piano duets; (*Mil*) *~a raccolta* to sound (the) muster call; *~a stormo* (*rif. a campane*) to ring the alarm bell, to ring the tocsin; *~alla cameriera* to ring for the maid; *~alla porta* to ring at the door; *~il campanello* to ring the bell; (*agitandolo*) to shake the bell, to ring the bell; *~il clacson* to toot one's horn, to sound one's horn, to blow one's horn; *~ il corno* : 1 (*Caccia*) (*rif. a corno da caccia*) to blow the horn, to sound the horn; 2 (*Mus*) (*rif. al corno in un'orchestra*) to play the horn; *~il gong* to strike the gong; (*Mil*) *~la carica* to sound the charge; *~ la sirena* to sound the alarm; (*Mil*) *~la sveglia* to sound reveille; *~l'adunata* to sound the fall-in; *~ l'allarme* to sound the alarm: *l'allarme antincedio suona sempre quando facciamo dei toast* the smoke alarm goes off whenever we make toasted sandwiches; *~ le ore* to strike the hours; *mi suonamale* I don't like the sound of it, (*colloq*) it sounds funny to me; (*fig, colloq*) *suonarle a qcu.* (*picchiare*) to tan so.'s hide, to give a thrashing to, to give a hiding to, (*colloq*) to wallop; *guarda che te le suono!* mind out or I'll give you a hiding!; (*colloq*) *suonarsele* to hit each other, to beat each other up: *se le sono suonate di santa ragione* they beat each other up badly, they give each other a good beating.

suonata *f.* 1 ringing. 2 (*suono singolo*) ring. 3 (*colloq*) (*conto salato*) rip-off, robbery. 4 (*colloq*) (*imbroglio*) swindle, (*colloq*) swiz: *prendersi una ~* to be swindled. 5 (*colloq*) (*bastonatura*) beating, thrashing, (*colloq*) hiding: *dare una ~ a qcu.* to give so. a thrashing.

suonato *a.* 1 (*rif. a ore*) past, after: *sono le nove suonate* it's past nine. 2 (*colloq*) (*rif. agli anni: compiuto*) (well) over, past: *ha quarant'anni suonati* he is past forty, he is over forty. 3 (*fig*) (*rincitrullito*) pixilated, pixillated, bewildered. 4 (*fig,colloq*) (*imbrogliato*) swindled. 5 (*Sport,fig*) (*rif. a pugili*) groggy.

suonatore *m.* (*f.* **-trice**) player, performer, musician: *un ~ di tromba* a trumpet player, a trumpeter, *~ di corno* horn player. □ *~ ambulante* busker, street musician: *~ ambulante di organetto* organ grinder.

suoneria *f.* 1 striking mechanism. 2 (*Orol*) alarm. 3 (*Tel*) bell. 4 (*rif. a telefono cellulare*) ring, ringing. 5 (*di carillon e sim.*) bell. □ *~d'allarme* alarm bell; *~ elettrica* electric bell; *~telefonica* telephone bell.

suono *m.* 1 sound (*anche Fis*): *il ~ della sua voce* the sound of his voice; *la velocità del ~* the speed of sound; *tecnico del ~* sound engineer; *emettere un ~* to make a sound. 2 (*tono*) tone, sound: *~ alto* high tone. 3 (*rif. a campanello*) ring. 4 (*rif. a clacson*) hoot. 5 (*Ling*) sound. 6 (*Mus*) sound, notes *pl.*: *il ~ del flauto* the sound of the flute. □ *a suondi fischi* by a chorus of whistles; *a suon di pugni* by a hail of blows; *a suon di frustate* to the tune of a whipping; *al ~di una fisarmonica* to the sound of an accordion; *~ complesso* complex sound; (*Ling*) *~consonantico* consonantal sound; *dare un ~* to make a sound; *~ delle campane* tolling of bells,

sound of bells, ringing of bells, pealing of bells; *~di tromba* trumpeting; *~falso* false ring (*anche fig*): *le sue parole avevano un ~ falso* his words rang false, his words had a false ring to them; *~fondamentale* fundamental sound; *~ metallico* twang; (*Ling*) *~ nasale* nasal sound; *~ puro* pure sound; *~ stereofonico* stereophonic sound; (*Ling*) *~ vocalico* vowel sound.

suora (suora *becomes* **suor** *before proper nouns*) *f.* 1 (*Rel.catt*) nun, sister: *farsi ~* to become a nun. 2 (*Rel.catt*) (*titolo*) Sister: *suor Maria* Sister Mary. 2 (*estens,spreg*) nun, prude, ice princess, ice queen. □ (*Rel.catt*) *~ conversa* lay sister; (*Rel.catt*) *Suore della carità* Sisters of Charity; (*Rel.catt*) *suore di clausura* cloistered nuns; (*Rel.catt*) *farsi ~* to take the veil; (*Rel.catt*) *~francescana* Franciscan nun; (*Rel.catt*) *~ infermiera* nursing nun; (*Rel.catt*) *~ missionaria* missionary nun; (*Rel.catt*) *~professa* professed nun.

sup. (*Gramm*) *superlativo* sup. (superlative).

super I *a.inv.* (*posposto al sostantivo: eccellente*) premium, high-quality, top, super. **II** *f.inv.* (*benzina*) super, high-octane petrol, four-star, four-star petrol.

superabile *a.* superable, surmountable, that can be overcome (*posposto*).

superabilità *f.* superability, superableness.

superaffollamento *m.* overcrowding, congestion.

superaffollato *a.* overcrowded, (*colloq*) jam-packed.

superalcolico (*pl.* **-ci**) **I** *a.* high-proof, high alcohol content (*attr.*), very alcoholic, hard. **II** *m.* spirit, hard drink, liquor, hard liquor: *non bevo superalcolici* I don't drink spirits.

superalimentazione *f.* overfeeding, hyperalimentation.

superallenamento *m.* (*Sport*) overtraining.

superamento *m.* 1 (*l'oltrepassare*) exceeding: *il ~ dei limiti di velocità* exceeding speed limits, going over speed limits. 2 (*il varcare*) crossing, passing: *il ~ del traguardo* crossing the finishing line. 3 (*il superare*) overcoming, getting through, getting over, passing: *il ~ di un esame* passing an exam, getting through an exam; *il ~ di una malattia* getting over an illness; *il ~ della paura* overcoming one's fear. 4 (*sorpasso*) passing, overtaking: *il ~ di un veicolo* overtaking of a vehicle. 5 (*rif. a qcs. di obsoleto*) supersedence. □ (*Inform*) *~ della capacità di calcolo* overflow; (*Inform*) *~negativo della capacità* underflow.

superare (**sùpero**) *v.t.* 1 (*essere superiore*) to exceed, to surpass, to top, to outstrip: *la produzione supera il fabbisogno* production exceeds demand; *il risultato ha superato tutte le mie aspettative* the result exceeded all my expectations. 2 (*andare oltre un dato limite*) to exceed, to be beyond, to go beyond, to overshoot, (*lett*) to surpass (*anche fig*): *questo supera le nostre forze* this exceeds our strength. 3 (*rif. all'età*) to be over: *ha superato la quarantina* he is over forty. 4 (*percorrere*) to cover: *~ grandi distanze* to cover long distances. 5 (*attraversare*) to cross: *~ un fiume* to cross a river. 6 (*sorpassare*) to pass, to overtake: *~ un veicolo in curva* to overtake a vehicle on a curve. 7 (*fig*) (*essere più bravo*) to surpass, to outdo, to outstrip: *qualche volta l'alunno supera il maestro* sometimes the student surpasses the teacher. 8 (*sostenere qcs. di difficile, di pericoloso*) to overcome, to get through, to get over, to pass: *~ una malattia* to get over

an illness; *ha superato l'esame di maturità* he got through his school-leaving exam. 9 (*fig*) (*vincere, battere*) to overcome, to get the better of: *~ l'avversario* to overcome one's opponent. 10 (*Mar*) (*rif. a imbarcazioni a vela*) to overhaul. □ *~ una crisi* to weather a crisis; *~in altezza* to be taller than, to be higher than; *~in grandezza* to be larger than; *~ in larghezza* to be wider than; *~ in lunghezza* to be longer than; *~in numero* to be more than; *~ in peso* to outweigh; *~ in velocità* to be faster than; *~ tutte le aspettative* to exceed all hopes, to exceed all expectations; *~l'età* to be over age; *~ unlimite* to exceed a limit; *~ ogni limite* to go too far: *ciò supera ogni limite* that's the limit; *i limiti di velocità* to exceed speed limits; *~ unmuro* to climb over a wall.

superato *a.* (*non più valido*) obsolete, old, out-of-date, old-fashioned: *teorie superate* obsolete theories; *idee superate* old-fashioned ideas.

superattico *m.* (*Edil*) penthouse.

superbamente *avv.* 1 proudly, haughtily, snootily. 2 (*fig,enfat*) (*splendidamente*) superbly, magnificently.

superbia *f.* 1 pride, conceit, haughtiness. 2 (*Teol*) pride. □ *con ~*: 1 proudly, haughtily, snootily; 2 (*fig,enfat*) (*splendidamente*) superbly, magnificently; *montarein ~* to grow proud, to puff oneself up; *senza ~* modestly. *Prov.*: *la ~ andò a cavallo e tornò a piedi* pride comes before a fall.

superbo I *a.* 1 (*arrogante*) haughty, arrogant, supercilious, snooty, (*colloq*) stuck-up. 2 (*fiero*) proud: *essere ~ di qcs.* to be proud of sth. 3 (*rif. ad animali: tronfio*) proud, haughty, strutting, puffed-up. 4 (*fig*) (*grandioso, eccellente*) magnificent, grand, grandiose, splendid, superb, proud: *un palazzo ~* a magnificent palace; *è un vino ~* it is a superb wine. 5 (*fig*) (*altissimo, eccelso*) lofty, high: *le superbe cime alpine* the lofty Alpine peaks. **II** *m.* (*f.* **-a**) proud person: *i superbi* the proud (*costr.pl.*).

superbomba *f.* (*Arm*) superbomb.

supercarburante *m.* (*Aut*) (*benzina super*) super, high-octane petrol, four-star, four-star petrol.

supercarcere *m.* (*Aut*) high-security prison.

superclorazione *f.* (*Idr*) overchlorination.

supercollaudato *a.* (*fig*) (*sicuro*) well-tried, tried-and-tested.

superconduttività *f.* (*Fis*) superconductivity.

superconduttore *m.* (*Fis*) superconductor.

superconduzione *f.* (*Fis*) superconduction.

supercoppa *f.* (*Sport*) Supercup, cup-winners cup. □ (*Sport*) *Supercoppaeuropea* European Supercup, European cup-winners cup.

supercostoso *a.* (*colloq,rar*) extremely expensive.

supercritico *a.* (*Chim*) supercritical.

superdecorato I *a.* much-decorated. **II** *m.* (*f.* **-a**) much-decorated person.

superderivativo *m.* (*Ling*) superderivative.

superdimensionato *a.* (*Tecn*) overdimensioned.

superdonna *f.* (*colloq*) superwoman, paragon (*anche iron*): *darsi arie da ~* to act like a superwoman.

superdosaggio *m.* (*Farm*) overdose.

superdotato *a.* 1 highly-gifted, highly-endowed, well-endowed. 2 (*scherz*) (*rif. a uomo*) well-endowed, well-hung. 3 (*scherz*) (*rif. a donna prosperosa*) well-endowed, large-breasted.

Superenalotto *m.inv.* super-jackpot lottery.

supereterodina *f.* (*Rad*) superheterodyne.

superfecondazione *f.* (*Biol*) superfecundation.

superfemmina *f.* (*in genetica*) superfemale.

superficiale *a.* **1** (*relativo alla superficie*) superficial, surface (*attr.*): *strato ~* superficial fascia. **2** (*che non penetra in profondità*) superficial, surface (*attr.*), shallow: *ferita ~* superficial wound. **3** (*fig*) (*rif. a persone: che non approfondisce*) superficial, shallow. **4** (*fig*) (*rif. a cose: rapido, sbrigativo*) superficial, hasty, cursory, casual: *dare un'occhiata ~ al giornale* to give a hasty glance at the paper. **5** (*Fis,Tecn*) surface (*attr.*): *tensione ~* surface tension.

superficialità *f.* superficiality (*anche fig*). ☐ *con ~* superficially.

superficialmente *avv.* superficially.

superficie *f.* **1** surface: *la ~ di un tavolo* the surface of a table; *la ~ del mare* the surface of the sea. **2** (*Mat,Geom*) surface. **3** (*Geom*) (*area*) area: *calcolare la ~ di un cerchio* to calculate the area of a circle. **4** (*fig*) (*apparenza, esteriorità*) surface, appearance. **5** (*estens*) (*strato*) layer, coat: *una sottile ~ d'asfalto* a thin layer of asphalt. **6** (*Tecn*) surface, way: *~ antiaderente* nonstick surface. **7** (*Tecn*) (*parete*) wall. ☐ *~ adesiva* sticky surface; *~ agraria* cultivated area; (*Aer*) *~ alare* wing area; (*Mat*) *~ algebrica* algebraic surface; *alla ~* on the surface (*anche fig*); *~ coltivabile* cultivable area; (*Edil*) *~ coperta* covered area, built area; (*Geom*) *~ curva* curve surface; (*anche Mecc*); *~ d'appoggio* supporting surface (*anche Mecc*); *~ della terra* earth's surface; (*Fis*) *~ di attrito* friction surface; *~ di contatto* area of contact, surface of contact; (*Mecc*) *~ di scorrimento* sliding surface, gliding surface; *~ esterna* outer surface; *~ forestale* woodland, forestry; (*Aer*) *~ frontale* frontal surface; *in ~* on the surface (*anche fig*); *~ piana* flat surface, plane surface (*anche Geom*); (*Aer*) *~ portante* supporting surface; *~ radiante* radiant surface, radiating surface; *~ riscaldante* fire surface; (*Mat*) *~ sferica* spherical surface; *~ speculare* mirror surface, mirror-like surface; *~ stradale* road surface, hard surface, paved surface; *~ terrestre* earth's surface; (*Mat*) *~ topografica* topographic surface; *~ totale* total area; *~ utile* useable surface; (*Mar*) *~ velica* sail area.

superficie-aria *a.inv.* (*Mil*) surface-to-air (*attr.*).

superficie-superficie *a.inv.* (*Mil*) surface-to-surface (*attr.*).

superfluità *f.* superfluousness, superfluity.

superfluo I *a.* **1** (*in eccesso*) superfluous, unnecessary: *spese superflue* unnecessary expenses. **2** (*non necessario*) superfluous, inessential, non-essential: *ogni commento è ~* all comment is superfluous. **3** (*futile*) superfluous, futile. II *m.inv.* surplus, excess, extra.

superfortezza *f.* (*Aer*) superfortress, B-29 bomber.

superG /super'dʒi/ *m.inv.* (*Sport*) (*nello sci*) Super-G, super giant slalom.

supergigante *m.inv.* (*Sport*) (*nello sci*) Super-G, super giant slalom.

Super-Io *m.* (*Psic*) super-ego.

superiora *f.* (*Rel.catt*) (*madre superiora*) Mother Superior.

superiore I *a.* **1** (*rif. a qualità, a capacità*) superior, greater, more, better: *ha una forza*

di volontà ~ alla mia he has more will power than I have; *essere ~ a qcu. per intelligenza* to be more intelligent than so.; *la squadra avversaria è ~ alla nostra* the opposing team is better than ours. **2** (*più alto, più elevato*) higher, above: *statura ~ alla media* above-average height; *temperatura ~ ai cinquanta gradi* temperature above fifty; *ottenere un punteggio ~* to get a higher score. **3** (*che è situato più sopra*) upper, above: *abita al piano ~* he lives on the floor above, he lives on the upper floor, he lives upstairs. **4** (*che si trova più in alto*) upper: *la parte ~ della pagina* the upper half of the page; *il labbro ~* the upper lip. **5** (*al di sopra, oltre*) above, beyond: *essere ~ alla media* to be above average; *un lavoro ~ alle mie forze* a job beyond my capabilities; *essere ~ ai pettegolezzi* to be above gossip. **6** (*di grado superiore*) senior, superior, upper: *le classi superiori della scuola* the senior classes of the school; *ufficiali superiori* superior officers, higher-ranking officers; *il ceto ~* the upper class. **7** (*più avanzato*) advanced, higher: *istruzione ~* higher education; *un corso di fisica ~* an advanced physics course. **8** (*estens*) (*che tratta con sdegno*) superior, patronizing: *uno sguardo ~* a patronizing look; *con fare ~* in a haughty manner. **9** (*assol.*) (*ottimo*) first-class, high-quality, top-quality, superior: *un prodotto di qualità ~* a first-class product. **10** (*assol.*) (*altamente dotato*) superior, gifted, talented: *una mente ~* a superior mind. **11** (*Geog,rar*) (*settentrionale*) northen, north: *Austria ~* northern Austria. **12** (*Geol*) upper, upstream: *il corso ~ del Nilo* the upper course of the Nile. II *m.* **1** (*f. -a*) superior: *obbedire ai superiori* to obey one's superiors. **2** (*Rel.catt*) Father Superior, Superior. **3** (*gerg*) (*secondino*) warder, jailer, gaoler, prison guard. ☐ *essere ~ a qcu.*: **1** to rank above so.; **2** (*rif. a capacità, qualità*) to outstrip so.: *essere ~ a un concorrente* to be superior to a competitor; *essere di gran lunga ~ a qcu.* to stand head and shoulder above so.; *essere ~ di numero* to be superior in number.

superiori *f.pl.* (*Scol*) secondary school *sing.*, (*Am*) high school *sing.*: *fare le ~* to attend secondary school.

superiorità *f.* superiority: *~ numerica* numerical superiority; *confidare nella ~ dei propri mezzi* to trust in the superiority of one's capabilities.

superiormente *avv.* higher up, at the top, on the top, above, on the upper part.

superlativamente *avv.* superlatively.

superlativo I *a.* superlative (*anche Gramm*): *bellezza superlativa* superlative beauty, outstanding beauty. II *m.* (*Gramm*) superlative, superlative degree. ☐ (*Gramm*) *~ assoluto* absolute superlative; (*Gramm*) *~ relativo* relative superlative.

superlavoro *m.* overwork, overworking.

superman /'supermen/ *m.inv.* (*fig,scherz*) superman.

supermarket *m.inv.* supermarket.

supermaschio *m.* (*in genetica*) supermale.

supermercato *m.* supermarket.

supernazionale *a.* (*rar*) supranational, supernational.

supernazionalità *f.* (*rar*) supranationality, supernationality.

superno *a.* (*lett*) **1** (*superiore*) upper. **2** (*estens*) (*celeste*) celestial, (*lett*) supernal.

supernova (*pl.* -**ae**) *f.* (*Astr*) supernova.

supernutrizione *f.* (*Med*) overfeeding, hyperalimentation.

supero I *a.* **1** (*lett*) superior, upper. **2** (*Bot*) superior. II *m.* **1** (*Comm,burocr*) (*eccedenza*) surplus, extra, excess. **2** *pl.* (*Mitol*) supernal gods.

superomismo *m.* **1** (*Filos*) supermanhood. **2** (*estens*) supermanliness.

superotto I *m.inv.* (*Cin*) (*pellicola*) super eight film, super8 film. II *f.inv.* (*Cin*) (*macchina cinematografica*) super eight camera, super8 camera.

superpagato *a.* overpaid.

superpetroliera *f.* (*Mar*) supertanker.

superpiuma *m.inv.* (*Sport*) (*nel pugilato: categoria e atleta*) junior lightweight, super featherweight.

superplasticità *f.* (*Fis*) superplasticity.

superpotenza *f.* (*Pol*) superpower.

superprocuratore *m.* (*Dir*) General Attorney.

superproduzione *f.* (*rar*) overproduction.

superreattivo *a.* (*Rad*) superregenerative.

supersfida *f.* **1** big match, big event. **2** (*Sport*) big match.

supersimmetria *f.* (*Fis*) supersymmetry.

supersimmetrico *a.* (*Fis*) supersymmetrical.

supersonico (*pl.* -**ci**) *a.* supersonic: *velocità supersonica* supersonic speed; *aereo ~* supersonic plane, supersonic transport, SST.

superstar *f.inv.* superstar.

superstite I *a.* surviving (*anche fig*). II *m./f.* survivor.

superstizione *f.* superstition.

superstiziosamente *avv.* superstitiously.

superstiziosità *f.* superstitiousness.

superstizioso *a.* superstitious.

superstrada *f.* (*Strad*) (*Br*) dual-carriageway, clearway, (*Am*) freeway.

superteste, supertestimone *m./f.* key witness.

superuomo *m.* (*Filos*) superman (*anche estens,scherz*).

supervalutare (**supervàluto/supervalùto**) *v.t.* **1** to overestimate, to overrate. **2** (*Econ*) to overestimate, to overvalue.

supervalutazione *f.* **1** overestimation, overrating. **2** (*Econ*) overestimation, overvaluation. ☐ (*Comm*) *~ dell'usato* top second-hand price, top used price.

supervisionare (**supervisióno**) *v.t.* to supervise, to oversee, to superintend.

supervisione *f.* **1** supervision, supervising. **2** (*Cin*) supervision.

supervisore *m.* supervisor (*anche Cin*).

supinamente *avv.* on one's back, supinely (*anche fig*).

supino[1] *a.* **1** on one's back, face upwards, supine: *giacere ~* to lie on one's back. **2** (*fig*) supine, servile: *obbedienza supina* servile obedience.

supino[2] *m.* (*Gramm*) supine.

suppellettile *f.spec.pl.* **1** (*di una casa*) household furnishings *pl.*, household goods *pl.* **2** (*estens*) furnishings *pl.*, equipment: *suppellettili sacre* church furnishings; *suppellettili di una scuola* school furnishings, school equipment. **3** (*Archeol*) grave goods *pl.*, archaeological finds *pl.*

suppergiù *avv.* (*colloq*) about, roughly, approximately, more or less.

suppl. (*Edit*) supplemento suppl. (supplement).

supplementare *a.* **1** supplementary, additional: *volume ~* supplementary volume. **2** (*rif. a prezzi e sim.*) extra, additional, supplementary: *tassa ~* supplementary tax, surtax. **3** (*straordinario*) extra, special, additional: *treno ~* special train, extra train. **4** (*Geom*) supplementary: *angolo* ~ supplementary angle.

supplemento *m.* 1 (*aggiunta*) supplement, addition. 2 (*aggiunta fatta per completare*) supplement. 3 (*rif. a prezzi e sim.*) extra (charge), surcharge, additional charge: *un* ~ *di cinque euro* a five euros surcharge. 4 (*Edit, Giorn*) (*pubblicazione*) supplement. 5 (*Edit*) (*appendice*) appendix. 6 (*Ferr*) extra fare: ~ *per* (*treno*) *intercity* extra fare for travel on an intercity train. □ (*Econ*) ~ *di imposta* additional tax; ~ *di tariffa* extra fare, (*Am*) tariff supplement; (*Edit,Giorn*) ~*illustrato* illustrated supplement, magazine; (*Giorn,Edit*) ~*letterario* literary supplement; ~*notturno* night supplement; (*Ferr*) ~*rapido* extra fare for travel on an express train.

supplentato *m.* temporary post, duration of a temporary post (*anche Scol*).

supplente I *a.* 1 temporary, substitute: *personale* ~ temporary staff. 2 (*Scol*) temporary, supply (*attr.*), on supply (*posposto*), (*Am*) substitute. II *m./f.* 1 substitute, temporary. 2 (*Scol*) supply teacher, (*colloq*) supply, temporary teacher, (*Am*) substitute teacher.

supplenza *f.* 1 temporary post. 2 (*Scol*) temporary teaching post, supply teaching post, supply work. □ *fare una* ~ to hold a temporary post, to substitute, to stand in.

suppletivo *a.* 1 supplementary, additional, extra: *sessione suppletiva* supplementary session; *corso* ~ continuation course, refresher course. 2 (*Ling*) suppletive.

suppletorio *a.* supplementary, additional, extra.

supplì *m.inv.* (*Gastron*) rice croquette.

supplica *f.* 1 plea, appeal: *arrendersi alle suppliche di qcu.* to give in to so.'s pleas; *stendere una* ~ to draw up a plea. 2 (*Rel.catt*) supplication.

supplicante I *a.* begging, imploring, (*lett*) beseeching, supplicant, entreating: *voce* ~ imploring tone. II *m./f.* suppliant, supplicant.

supplicare (*sùpplico, sùpplichi*) *v.t.* 1 to entreat, (*lett*) to beseech, to implore, to beg: ~ *gli dei* to entreat the gods; *te ne supplico* I beg you.

supplice I *a.* (*lett*) beseeching, suppliant, imploring, entreating: *voce* ~ imploring tone. II *m./f.* (*lett*) beseecher, suppliant.

supplichevole *a.* imploring, (*lett*) beseeching, suppliant: *occhi supplichevoli* imploring eyes.

supplichevolmente *avv.* imploringly, (*lett*) beseechingly.

supplire (*supplìsco, supplìsci*) I *v.i.* (*aus. avere*) to compensate, to make up (*a* for): ~ *con lo studio alla mancanza d'ingegno* to make up for lack of intelligence by studying hard. II *v.t.* to substitute, to stand in for, to fill in for, to take the place of: ~ *un professore* to stand in for a teacher.

supplizio *m.* 1 torture, torment, agony (*anche fig*): ~ *cinese* Chinese torture; *soffrire il* ~ *della sete* to suffer the torment of thirst; *queste scarpe strette sono un vero* ~ these tight shoes are sheer agony. 2 (*pena di morte*) capital punishment, death penalty. □ *condurreal* ~ to lead to execution, to lead to death; ~*capitale* death penalty, capital punishment; (*Stor*) ~ *del palo* impalement; (*Mitol*) ~ *di Tantalo* torment of Tantalus (*anche fig*): (*fig*) *far patire il* ~ *di Tantalo a qcu.* to tantalize so.

supponenza *f.* arrogance, haughtiness.

supponibile *a.* presumable.

supporre (*pres.ind.* **suppóngo, suppóni**; *p.rem.* **suppósi**; *p.p.* **suppósto**) *v.t.* to suppose, to imagine, to presume: *supponiamo che tu*

abbia ragione let us suppose you're right, let us say you're right; *supponiamo che mi risponda di no* supposing he says no, suppose he says no; *suppongo di sì* I suppose so; *suppongo che sia stato lui l'autore del furto* I suppose he was the thief, I presume he was the thief.

supportare (*suppòrto*) *v.t.* to support (*anche fig*).

supportato *a.* supported (*anche fig*).

supporter /sup'porter/ *m./f.inv.* 1 (*tifoso, sostenitore*) supporter, fan. 2 (*cantante o gruppo di spalla*) supporter.

supporto *m.* 1 (*sostegno*) support, stand, base. 2 (*Mecc*) bearing, housing. 3 (*puntello*) prop, support. 4 (*fig*) (*sostegno, aiuto*) help, support. 5 (*cartone per fotografie e sim.*) mount. 6 (*Fot,Cin*) base support. □ (*Inform*) ~ *elettronico* (electronic) data carrier, (*estens*) diskette, CD-Rom: *enciclopedia su* ~ *elettronico* electronic encyclopedia, (*estens*) encyclopedia on CD-Rom.

suppositivo *a.* (*rar*) hypothetical.

supposizione *f.* supposition, hypothesis, assumption, conjecture, guesswork: *la tua è una* ~ *infondata* your assumption is groundless. □ (*Dir*) ~ *di parto* (o ~ *di stato*) substitution of a child; *fare supposizioni* to speculate.

supposta *f.* (*Farm*) suppository.

supposto *a.* supposed, assumed, alleged, presumed, reputed. □ ~ *che* ... supposing..., suppose...

suppurare (*suppùro*; *aus.* **avere/essere**) *v.i.* (*Med*) to suppurate, to discharge pus.

suppurativo I *a.* (*Med*) suppurative. II *m.* (*Med*) suppurative.

suppurazione *f.* (*Med*) suppuration. □ *andare in* ~ (o *venire a* ~) to suppurate.

supremazia *f.* 1 (*potere supremo*) supremacy, supreme power, supreme authority: *la* ~ *dello stato* the supremacy of the state. 2 (*preminenza*) supremacy, pre-eminence, superiority: *la* ~ *del ciclismo italiano* the superiority of Italian cycling.

supremo *a.* 1 (*lett*) (*posto più in alto di ogni cosa*) supreme. 2 (*estens*) (*rif. a massima autorità*) supreme: *corte suprema* Supreme Court, (*GB*) the House of Lords; *la suprema autorità dello Stato* the supreme authority of the state. 3 (*fig*) (*massimo, sommo*) supreme, highest, crowning, utmost: *con* ~ *disprezzo del pericolo* with the supreme contempt for danger, with the utmost contempt for danger. 4 (*fig,lett*) (*estremo*) last: *il giudizio* ~ the Last Judgement; *le supreme parole di chi muore* the last words of a dying person, someone's dying words. □ *il* ~ *fattore* (*Dio*) our Maker.

surah *m./f.inv.* (*Tess*) surah.

surclassare (*surclàsso*) *v.t.* 1 (*Sport*) to outclass, to crush, to overwhelm, (*colloq*) to smash: ~ *gli avversari* to crush the opponents. 2 (*estens*) to outclass, to surpass, to outshine.

surcompressione *f.* (*Mot*) supercompression.

surf /'sərf/ *m.inv.* (*Sport*) 1 (*tavola*) surfboard. 2 (*sport*) surfing, surfboarding. 3 (*estens*) (*tavola da windsurf*) windsurf board, windsurfer. 4 (*estens*) (*windsurf*) windsurfing. □ (*Sport*) *fare* ~ to surf.

surfer /'sər-/ *m./f.inv.* 1 (*Sport*) surfer, surfboarder. 2 (*Inform*) surfer.

surfing /'sərfiŋ/ *m.inv.* 1 (*Sport*) surfing, surfboarding. 2 (*Inform*) surfing.

surfista /sər-/ *m./f.* (*Sport*) surfer, surfboarder.

surgelamento *m.* (*Ind,Alim*) freezing,

deep-freezing, quick-freezing.

surgelare (*surgèlo*) *v.t.* (*Ind,Alim*) to freeze, to deep-freeze, to quick-freeze.

surgelato I *a.* (*Alim*) deep-frozen, frozen, quick-frozen. II *m.spec.pl.* (*Alim*) frozen food, deep-frozen food.

surgelatore *m.* freezer, deep freezer.

surimi *m.inv.* (*Gastron*) surimi, surimi stick, crab stick.

Suriname *n.pr.m.* (*Geog*) Suriname.

surmenage /syrmə'naːʒ/ *m.inv.* 1 overtiredness, overexertion, fatigue. 2 (*Sport*) overtraining.

surmolotto *m.* (*Zool*) brown rat, Norway rat.

surplace /syr'plas/ *m.inv.* (*Sport*) (*nel ciclismo su pista*) surplace, standstill. □ (*Sport*) (*nel calcio e nella pallacanestro*)*lasciare in* ~ to leave high and dry.

surplus *m.inv.* (*Econ*) surplus (*anche estens*).

surra *f.* (*Veter*) surra.

surreale *a.* surrealist, surrealistic, surreal.

surrealismo *m.* (*Art*) surrealism.

surrealista I *m./f.* surrealist. II *a.* surrealist, surrealistic.

surrealistico (*pl.* **-ci**) *a.* surrealist, surrealistic.

surrenale I *a.* (*Anat*) suprarenal: *ghiandola* ~ adrenal gland, suprarenal gland. II *f.* (*Anat*) adrenal, adrenal gland, suprarenal gland.

surrene *m.* (*Anat*) adrenal, suprarenal gland, adrenal gland.

surrettizio *a.* 1 (*Dir*) surreptitious, subreptitious. 2 (*estens*) surreptitious, underhand, furtive.

surriscaldamento *m.* 1 overheating (*anche Econ*). 2 (*Fis,Tecn*) superheating, overheating.

surriscaldare (*surriscàldo*) I *v.t.* 1 (*riscaldare eccessivamente*) to overheat. 2 (*Fis, Tecn*) to superheat, to overheat. II *v.pron.* **surriscaldarsi** 1 (*Mecc*) to be overheated, to become overheated. 2 (*fig*) to get heated, to get excited, to warm up, to overheat.

surriscaldato *a.* 1 overheated (*anche fig, Econ*): *ambiente* ~ overheated room; *atmosfera surriscaldata* overheated atmosphere. 2 (*Fis,Tecn*) superheated, overheated: *vapore* ~ superheated steam.

surrogabile *a.* alternative, replaceable, substitutable: *bene* ~ alternative commodity.

surrogabilità *f.* substitution, substitutivity, replaceability.

surrogare (*surrògo/sùrrogo, surròghi/ sùrroghi*) *v.t.* 1 (*sostituire*) to replace, to substitute: ~ *la super con la verde* (o ~ *la verde alla super*) to substitute unleaded petrol for leaded petrol, to replace leaded petrol by unleaded petrol. 2 (*subentrare*) to subrogate, to substitute for (*anche Dir*).

surrogato I *a.* surrogate, substitute (*attr.*), (*spreg*) ersatz, makeshift. II *m.* 1 surrogate, substitute, replacement (*anche Alim*). 2 (*estens*) (*ripiego*) expedient, makeshift. □ (*Alim*) ~*di caffè* coffee substitute, ersatz coffee; (*Alim*) ~ *di cioccolato* chocolate surrogate.

surrogatorio *a.* (*Dir*) subrogatorion (*attr.*), subrogatory: *azione surrogatoria* subrogation action.

surrogazione *f.* (*Dir*) subrogation.

Susanna *n.pr.f.* Susan, Sue, Susanna, Susannah, Suzanne.

suscettibile *a.* 1 susceptible (*di* of, to): ~ *di miglioramento* susceptible to improvement, improvable. 2 (*rif. a persone: permaloso*) hypersensitive, sensitive, susceptible, (*colloq*) touchy, huffy, thin-skinned: *non cre-*

devo che fosse così ~ I didn't think he was so touchy; *è molto* ~ *sul suo modo di guidare* she's very sensitive about her driving.

suscettibilità *f.* susceptibility, susceptibleness, sensitivity, touchiness, tetchiness: *urtare la* ~ *di qcu.* to hurt so.'s feelings, to pique so.

suscettività *f.* (*Fis*) susceptibility. ☐ (*Fis*) ~ *dielettrica* dielectric susceptibility; (*Fis*) ~ *magnetica* magnetic susceptibility.

suscitare (**sùscito**) *v.t.* **1** (*causare, far nascere*) to cause, to give rise to, to bring about, to stir up, to provoke: ~ *uno scandalo* to cause a scandal; ~ *una rivolta* to stir up a revolt. **2** (*destare, eccitare*) to arouse, to kindle, to stir up, to excite, to quicken: ~ *l'ira di qcu.* to arouse so.'s anger, to make so. angry. ☐ ~ *l'interesse del pubblico verso qcs.* to kindle the audience's interest in sth.; (*fig*) ~ *un vespaio* to stir up a hornet's nest, to put the cat among the pigeons; ~ *una profonda impressione* to make a deep impression, to make a great impression, to make a strong impression.

sushi /'suʃi/ *m.inv.* (*Gastron*) sushi.

sushimi /su'ʃimi/ *m.inv.* (*Gastron*) sushimi.

susina *f.* (*Bot,Alim*) plum.

susino *m.* (*Bot*) plum, plum-tree.

suspense /səs'pens/ *f.inv.* suspense: *ricco di* ~ suspenseful, full of suspense, cliff-hanging; *un film ricco di* ~ a cliff-hanger.

suspicione *f.* (*ant*) suspicion.

susseguente *a.* (*rar*) (*successivo*) subsequent (to), following (*a qcs.* sth.), next, after: *il mattino* ~ the next morning, the following morning, the morning after.

susseguire (**susséguo**) **I** *v.i.* (*aus.* **essere**) to follow, to come after: *il tuono sussegue al lampo* thunder follows lightning. **II** *v.t.* (*rar*) to follow, to succeed, to come after: *il giorno sussegue la notte* night follows day. **III** *v.r.recipr.* **susseguirsi** to follow each other, to succeed each other, to come in succession: *i tuoni si susseguivano a intervalli brevissimi* the rolls of thunder followed one another at very short intervals. ☐ *un susseguirsi di avvenimenti* a rapid succession of events.

sussidiare (**sussìdio, sussìdi**) *v.t.* **1** (*sovvenzionare*) to finance, to subsidize, to back, to support: ~ *un'impresa* to subsidize a company. **2** (*aiutare finanziariamente*) to subsidize, to help, to aid; ~ *una famiglia bisognosa* to help a needy family.

sussidiarietà *f.* subsidiarity.

sussidiario I *a.* **1** (*accessorio*) auxiliary, complementary, (*rar*) subsidiary: *scienza sussidiaria* auxiliary science. **2** (*supplementare*) supplementary, subsidiary, additional: *fermata sussidiaria* additional stop. **3** (*Mil*) reserve (*attr.*), auxiliary: *truppe sussidiarie* reserve troops. **II** *m.* (*Scol*) primary school book, primer.

sussidio *m.* **1** (*aiuto, soccorso*) help, aid, relief: *essere di* ~ *a qcu.* to be of help to so. **2** (*aiuto in denaro*) grant, subsidy, benefit, (*Am*) welfare: *concedere un* ~ *a qcu.* to give so. a grant; *stanziare un* ~ *di un milione di euro per le vittime del terremoto* to allocate two million euros for the earthquake victims. ☐ *sussidi audiovisivi* audiovisual aids (*anche Scol*); ~ *casa* rent relief; ~ *di disoccupazione* unemployment benefit, (*Am*) unemployment compensation, (*colloq*) dole: *prendere* (o *percepire*) *il* ~ *di disoccupazione* to receive unemployment benefit, to be on the dole; ~ *di invalidità* disability benefit; (*Scol*) *sussidi didattici* classroom aids, teaching aids; ~ *familiare* family allowance, dependency benefits (*pl.*); ~ *statale* govern-

ment aid, government subsidy, grant-in-aid.

sussiego (*pl.* **-ghi**) *m.* self-importance, haughtiness, snootiness. ☐ *con* ~ haughtily: *trattare qcu. con* ~ to look down on so.

sussiegoso *a.* haughty, self-important, snooty.

sussistenza *f.* **1** (*esistenza*) existence, subsistence (*anche Filos*): ~ *di reato* existence of a crime. **2** (*il necessario per il sostentamento*) subsistence (*anche Mil*): *mezzi di* ~ means of subsistence; *agricoltura di* ~ subsistence farming, subsistence agriculture. **3** (*Mil*) (*corpo destinato ad assicurare il vettovagliamento*) commissariat.

sussistere (*pres.ind.* **sussìsto**; *p.rem.* **sussistéi/sussistètti**; *p.p.* **sussistìto**; *aus.* **essere/** *rar* **avere**) *v.i.* **1** (*esistere*) to exist, to subsist: *non sussiste reato* no crime exists. **2** (*essere valido*) to be valid, to be sound, to hold good, to hold true, to hold water: *ragioni che non sussistono* reasons which are not valid, unsound reasons.

sussultare (**sussùlto**; *aus.* **avere**) *v.i.* **1** to start, to jump: *all'udire quel grido sussultò* he started when he heard the cry; ~ *di spavento* to start with fear. **2** (*scuotere*) to shake, to tremble: *la terra sussultò* the earth trembled.

sussulto *m.* **1** (*sobbalzo*) heaving, jerk, jerking, jolt, jolting. **2** (*scossa*) shock, tremor. **3** *spec.pl.* (*fig*) (*rigurgito, ricomparsa*) subsultus, convulsions. ☐ *avere un* ~ (o *dare un* ~): **1** to start, to jump; **2** (*rif. alla terra: sobbalzare*) to shake, to tremble.

sussultorio *a.* (*Geol*) sussultatory.

sussumere (*pres.ind.* **sussùmo**; *p.rem.* **sussùnsi, sussumésti**; *p.p.* **sussùnto**) *v.t.* (*Filos, Dir*) to subsume.

sussurrare (**sussùrro**) **I** *v.t.* **1** to whisper, to murmur: ~ *qcs. all'orecchio di qcu.* to whisper sth. in so.'s ear. **2** (*dire in segreto con tono di critica*) to whisper, to insinuate, to make insinuations: *sussurrano certe cose sul tuo conto!* they're insinuating things about you!, they're spreading rumours about you! **II** *v.i.* (*aus.* **avere**) **1** (*parlare sottovoce*) to whisper, to murmur. **2** (*mandare un rumore leggero*) to whisper, to murmur, to babble: *dalla finestra si sentiva* ~ *il ruscello* from the window you could hear the brook babbling. **3** (*stormire*) to rustle: *le fronde sussurravano nel vento* the leaves rustled in the breeze. **4** (*sparlare*) to gossip (*contro* about), to speak ill (*contro* of), to backbite.

sussurrio *m.* **1** whispering, murmuring. **2** (*rif. al vento e sim.*) whispering, murmuring. **3** (*rif. all'acqua*) murmuring, gurgling, babbling. **4** (*rif. a foglie e sim.*) rustling. **5** (*maldicenza*) backbiting, malicious gossip, malicious whispering.

sussurro *m.* **1** whisper, murmur. **2** (*rif. al vento*) whisper, murmur. **3** (*rif. all'acqua*) murmur, gurgle, babble. **4** (*rif. a foglie e sim.*) rustle.

sutura *f.* **1** (*Chir*) suture, stitch, seam. **2** (*Anat*) suture. ☐ (*Anat*) ~ *coronale* coronal suture; (*Anat*) ~ *parietale* bony suture.

suturale *a.* (*Anat,Chir*) sutural.

suturare (**sutùro**) *v.t.* (*Chir*) to suture.

suvvia *intz.* come on!

suzione *f.* suction.

SV (*epist*) Signoria Vostra (you).

svaccarsi (**mi svàcco, ti svàcchi**) *v.pron.* (*pop*) **1** (*stravaccarsi*) to sprawl, to sprawl out, to slump, to slouch: ~ *sul divano* to sprawl out on the sofa. **2** (*perdere la voglia di fare*) to become listless.

svaccato *a.* (*pop*) **1** (*stravaccato*) sprawled,

slumped. **2** (*svogliato*) demotivated, shiftless.

svagare (**svàgo, svàghi**) **I** *v.t.* **1** (*divertire*) to amuse, to entertain. **2** (*rar*) (*distrarre*) to distract: *non svagarlo quando studia* don't distract him when he's studying. **II** *v.pron.* **svagarsi 1** (*rilassarsi*) to amuse oneself, to relax. **2** (*divertirsi*) to enjoy oneself, to have fun, (*colloq*) to let one's hair down.

svagatezza *f.* **1** (*lett*) (*spensieratezza*) thoughtlessness, heedlessness. **2** (*distrazione*) absent-mindedness.

svagato I *a.* inattentive, heedless, absent, absent-minded, day-dreaming: *perché sei sempre così* ~? why are you always so inattentive? **II** *m.* (*f.* **-a**) absent-minded person, day-dreamer.

svago (*pl.* **-ghi**) *m.* **1** (*lo svagare, lo svagarsi*) amusement, diversion, recreation, relaxation: *prendersi un po' di* ~ to have some recreation. **2** (*ciò che svaga*) amusement, entertainment, pastime: *in questa città ci sono pochi svaghi* there are few amusements in the city, there isn't much entertainment in the city, there's not much to do in the city.

svaligiamento *m.* robbery, burglary.

svaligiare (**svalìgio, svalìgi**) *v.t.* to rob, (*colloq*) to clean out, to burgle, (*Am*) to burglarize: ~ *un appartamento* to burgle a flat, apartment.

svaligiatore *m.* (*f.* **-trice**) robber, burglar, thief.

svalutare (**svalùto/svàluto**) **I** *v.t.* **1** (*Econ*) to devalue, to devaluate, to depreciate: ~ *una moneta* to devalue a currency. **2** (*fig*) (*sminuire*) to belittle, to depreciate, to disparage, to play down: *cercavano di* ~ *i suoi meriti* they tried to belittle his good qualities. **II** *v.pron.* **svalutarsi 1** (*Econ*) (*perdere il valore*) to be devalued, to fall in value. **2** (*fig*) (*sminuirsi*) to belittle oneself, to shame oneself, to debase oneself, to underrate oneself. ☐ (*Econ*) ~ *un credito* to devalue a credit.

svalutazione *f.* **1** depreciation. **2** (*Econ*) devaluation, depletion: ~ *del capitale* depletion of capital.

svalutazionista *m./f.* (*rar*) devaluationist.

svampire (**svampìsco, svampìsci**; *aus.* **essere**) *v.i.* (*region*) (*diminuire d'intensità*) to die down, to die away, to fade, to wane, to cool: *gli svampì tutto l'entusiasmo* all his enthusiasm faded.

svampito I *a.* (*svanito*) distracted, scatterbrained, absent-minded. **II** *m.* (*f.* **-a**) scatterbrain, absent-minded person.

svanire (**svanìsco, svanìsci**; *aus.* **essere**) *v.i.* **1** (*dileguarsi*) to disappear, to vanish, to fade (away): ~ *nella nebbia* to vanish into the fog; *la visione svanì* the vision faded. **2** (*dispersi*) to dissipate, to clear, to disperse: *il fumo è svanito* the smoke has cleared. **3** (*fig*) (*estinguersi, sfumare*) to fade away, to die away, to disappear, to vanish, to fail: *tutte le sue illusioni sono svanite* all his illusions have faded away. **4** (*fig*) (*indebolirsi*) to die down, to fade (away), to become fainter, to grow weaker: *la memoria svanisce con gli anni* the memory grows weaker with the passing of the years; *la sua collera è svanita* his anger has died down. **5** (*rar*) (*rif. a suoni*) to die down, to die away, to fade away. **6** (*rar*) (*rif. a odori*) to lose (its) scent, to lose (its) aroma, to fade: *se lasci aperta la boccetta il profumo svanisce* if you leave the bottle open the perfume will lose its scent. ☐ ~ *in fumo* to go up in smoke (*anche fig*).

svanito I *a.* **1** (*che è scomparso*) faded away, disappeared. **2** (*che ha perso l'odore*) that has lost (its) scent (*posposto*), that has lost (its) aroma (*posposto*), faded. **3** (*fig*) (*stordito*) not quite all there, silly, scatterbrained. **4** (*fig*) (*scomparso, sfumato*) vanished: *speranze svanite* vanished hopes. **II** *m.* (*f.* **-a**) absent-minded person, distracted person, scatterbrain, (*colloq,spreg*) ninny.

svantaggiare (**svantàggio, svantàggi**) *v.t.* to disadvantage, to handicap.

svantaggiato I *a.* at a disadvantage (*posposto*): *essere ~ da* (o *per*) *qcs.* to be at a disadvantage on account of sth. **II** *m.* (*f.* **-a**) disadvantaged person.

svantaggio *m.* **1** disadvantage, drawback: *tornare a ~ di qcu.* to be to so.'s disadvantage; *essere in ~ rispetto a qcu.* to be at a disadvantage in comparison with so. **2** (*danno*) detriment, disadvantage: *con mio grande ~* to my great disadvantage, to my great detriment. **3** (*inferiorità, ostacolo*) handicap, disadvantage: *eravamo in ~, solo tre contro cinque* we were at a disadvantage, three against five. **4** (*Sport*) handicap: *essere in ~ di sei minuti* to have a six-minute handicap; *rimontare lo ~* to make up for one's handicap, to catch up.

svantaggiosamente *avv.* disadvantageously, at a disadvantage.

svantaggioso *a.* disadvantageous, unfavourable.

svaporamento *m.* **1** evaporation. **2** (*indebolimento di odore*) loss of scent, loss of aroma.

svaporare (**svapóro**; *aus.* **essere**) *v.i.* **1** to evaporate. **2** (*perdere l'odore*) to lose (its) scent, to lose (its) aroma, to fade. **3** (*fig*) (*svanire*) to die down, to die away, to fade away, to pass away, to vanish.

svaporato I *a.* **1** evaporated. **2** (*fig*) (*svanito*) absent-minded.

svariare (**svàrio, svàri**) **I** *v.t.* (*rar*) **1** to vary, to diversify. **2** (*fig*) (*svagare*) to divert, to distract.

svariatamente *avv.* in various ways, in different ways, variously, diversely.

svariatezza *f.* variety, assortment, great range.

svariato *a.* **1** (*variato*) varied, assorted. **2** *pl.* (*numerosi e diversi*) various, different: *sono state fatte svariate ipotesi sull'argomento* various conjectures were made on the subject. **3** *pl.* (*numerosi*) many, numerous: *mi ha telefonato svariate volte* he called me many times.

svarione *m.* blunder, (*colloq*) howler, mistake.

svasare (**svàso**) *v.t.* **1** (*rif. a piante: cambiare di vaso*) to repot. **2** (*allargare*) to flare, to spread, to widen. **3** (*Sart*) to flare. **4** (*Tecn*) to flare, to bell.

svasato *a.* flared (*anche Sart,Tecn*): *gonna svasata* flared skirt.

svasatura *f.* **1** (*il cambiare vaso*) repotting. **2** (*l'allargare*) flaring, spreading, widening. **3** (*Sart*) flaring. **4** (*Tecn*) flaring, belling.

svasso *m.* (*Ornit*) grebe. □ (*Ornit*) *~maggiore* great crested grebe; (*Ornit*) *~ piccolo* eared grebe.

svastica *f.* (*Rel,Stor*) swastika.

svecchiamento *m.* modernization, renewal, updating.

svecchiare (**svècchio, svècchi**) *v.t.* to bring (sth.) up-to-date, to modernize, to renew, to update: *~ le idee* to bring one's ideas up-to-date.

svedese I *a.* Swedish, Sweden (*attr.*) (*anche estens*). **II** *m.* (*lingua*) Swedish. **III** *m./f.* (*abitante*) Swede.

sveglia *f.* **1** (*ora della sveglia*) time to wake up, time for getting up, getting-up time: *do-*

mani la ~ è alle sei the time for getting up tomorrow is six o'clock. **2** (*segnale*) call, early-morning call, wake-up call: *a che ora desidera la ~?* what time do you want your early-morning call?, what time would you like your wake-up call? **3** (*orologio a sveglia*) alarm clock: *mettere la ~ alle sette* to set the alarm clock for seven. **4** (*Mil*) reveille.

□ *~ da viaggio* travelling alarm clock; *dare la ~* to call, to wake, to give a signal for waking up; *~ telefonica* telephone alarm service, automatic call service.

svegliare (**svéglio, svégli**) **I** *v.t.* **1** to wake (up), to awaken, to call: *svegliami alle otto* wake me up at eight, call me at eight. **2** (*fig*) (*scuotere dal torpore*) to wake up, to stir, to rouse. **3** (*fig*) (*scaltrire*) to wake up, to open so.'s eyes (to), (*colloq*) to wise up: *la vita in città lo ha svegliato* city life opened his eyes. **4** (*fig*) (*eccitare, suscitare*) to rouse, to arouse, to stir, to whet: *~ l'appetito* to whet the appetite. **II** *v.pron.* **svegliarsi 1** to wake (up), to awake: *oggi mi sono svegliato tardi* I woke up late today. **2** (*fig*) (*uscire dal torpore*) to rouse oneself. **3** (*fig*) (*scaltrirsi*) to wake up, to become sharp, to become shrewd, to open one's eyes, (*colloq*) to wise up: *con l'età si è svegliato* he opened his eyes as he got older. **4** (*fig*) (*manifestarsi*) to reawaken, to reappear, to crop up (again), to start (up) again: *mi si è svegliato il mal di denti* my toothache has started again, my toothache has come back. □ *svegliarsi di soprassalto* to wake up with a start; (*colloq*) *non lo sveglierebbero nemmeno le cannonate* he could sleep through anything; *sveglia!* wake up! (*anche fig*). *Prov.*: *non ~ il can che dorme* let sleeping dogs lie.

sveglio *a.* **1** (*che non dorme*) awake (*pred.*): *perfettamente ~* wide-awake; *rimanere ~* (o *stare ~*) to be awake, to stay awake, not to sleep. **2** (*alzato*) up (*pred.*). **3** (*fig*) (*pronto, svelto*) alert, quick, quick-witted: *è un bambino molto ~* he's a very quick child. **4** (*fig, colloq*) (*scaltro*) sharp, smart, cunning.

svelare (**svélo**) **I** *v.t.* **1** (*rivelare*) to reveal, to disclose, to tell: *~ un segreto a qcu.* to reveal a secret to so.; *~ un mistero* to disclose a secret. **2** (*manifestare, palesare*) to reveal, to show, to display: *il suo volto svelava una grande stanchezza* his face showed how tired he was, you could see from his face how tired he was. **II** *v.pron.* **svelarsi** (*rivelarsi*) to reveal oneself, to show oneself, to prove oneself, to give oneself away: *ti sei svelato* you've given yourself away, you've shown your true colours. □ *~ un arcano* to unfold a mystery, to unravel a mystery.

svelato *a.* **1** revealed, disclosed, open: *segreto ~* revealed secret. **2** (*smascherato*) unmasked, shown up.

svelenire (**svelenìsco, svelenìsci**) **I** *v.t.* **1** to detoxify, to remove the poison from. **2** (*fig*) (*liberare da rancori*) to free (so.) from rancour, to free (so.) form a grudge. **II** *v.pron.* **svelenirsi** (*fig*) (*sfogare il rancore*) to vent one's spite, to vent one's rancour, (*colloq*) to let off steam.

svellere (*pres.ind.* **svèllo/svèlgo**; *p.rem.* **svèlsi**; *p.p.* **svèlto**) *v.t.* (*lett*) **1** (*strappare via*) to tear (sth.) away, to wrench (sth.) away, to pull (sth.) away. **2** (*fig*) to root out, to wipe out, to drive out, to eradicate.

sveltamente *avv.* quickly, fast, rapidly.

sveltezza *f.* **1** (*rapidità*) quickness, speed, swiftness, rapidity. **2** (*snellezza*) slenderness, slimness. **3** (*fig*) (*prontezza d'ingegno*) quickness, quick-wittedness, sharpness, smartness.

sveltimento *m.* **1** speeding up, quickening: *lo ~ del traffico stradale* the speeding up of road traffic. **2** (*il rendere più snello*) slimming, thinning.

sveltina *f.* (*volg*) quickie: *fare una ~* to have a quickie.

sveltire (**sveltìsco, sveltìsci**) **I** *v.t.* **1** (*rendere più pronto, disinvolto*) to wake (so.) up, to make (so.) smarter, to sharpen the wits of, to open (so.'s) eyes: *l'esperienza lo ha sveltito* experience woke him up. **2** (*rendere più spedito*) to make (sth.) quicker, to make (sth.) easier, to quicken, to speed up, to hurry, to hurry up: *~ il traffico* to speed up traffic. **3** (*semplificare*) to simplify: *~ una frase troppo lunga* to simplify an overlong sentence. **4** (*rendere più efficiente*) to streamline. **5** (*rendere snello, sottile*) to slim, to make (sth.) slimmer, to thin, to trim (down): *la ginnastica sveltisce la figura* gymnastics trims the figure. **II** *v.pron.* **sveltirsi** to wake up, to sharpen up, to open one's eyes, (*colloq*) to wise up.

svelto[1] **I** *a.* **1** (*rapido*) quick, fast, swift, brisk, smart: *camminare con passo ~* to go at a brisk pace, to go at a smart pace. **2** (*che si prepara velocemente*) quick: *una pietanza svelta* a quick dish. **3** (*pronto, veloce nell'agire*) quick, fast, rapid, swift: *è ~ nel lavoro* he is a quick worker. **4** (*pronto d'ingegno*) quick, quick-witted, alert, bright, smart, on the ball: *è molto ~ per la sua età* he is very bright for his age. **5** (*sottile, snello*) slender, slim: *un vestito di linea svelta* a dress with a slim line. **II** *intz.* quick!, be quick!, quickly!, hurry up! □ *alla svelta*: **1** quickly, fast: *lavorare alla svelta* to work quickly; **2** (*in fretta*) in a hurry, hastily, hurriedly: *fare alla svelta* to cut corners; *~ di lingua* gossipy, backbiting: *essere ~ di lingua* to be a backbiter, to be a gossip; *~ di mano*: **1** (*incline al furto*) light-fingered; **2** (*pronto a usare le mani*) free with one's hands, free with one's fists.

svelto[2] → **svellere**.

svenare (**svéno**) **I** *v.t.* **1** to cut the veins of, to sever the veins of, to slash the veins of. **2** (*fig*) (*privare totalmente delle proprie sostanze*) to bleed (dry), to fleece, to milk. **II** *v.pron.* **svenarsi 1** to slash one's veins, to sever one's veins, to cut one's veins. **2** (*fig*) (*ridursi in miseria*) to ruin oneself.

svendere (*pres.ind.* **svèndo**; *p.rem.* **svendéi/svendètti**; *p.p.* **svendùto**) *v.t.* **1** (*vendere a prezzo inferiore*) to undersell. **2** (*vendere sottocosto*) to sell below cost, to sell at a loss. **3** (*rif. a rimanenze*) to clear, to sell off: *svendiamo tutta la merce* all goods must be cleared, all goods must go.

svendita *f.* **1** selling at a low price, sale. **2** (*vendita sottocosto*) below-cost sale. **3** (*rif. a rimanenze*) sale, clearance. □ *~ di fine stagione* end-of-season clearance sale, end-of-season sale; (*Comm*) *~ fino ad esaurimento della merce* (o *fino ad esaurimento scorte*) clearance sale, sell-out of goods, sell-off of goods; *~ per cessata attività* closing-down sale, going out of business sale.

svenevole *a.* mawkish, gushing, treacly, soft, (*colloq*) soppy, schmalzy, sappy: *atteggiamento ~* mawkish attitude. □ *fare lo ~* to be affected, to be mawkish, to simper.

svenevolezza *f.* **1** mawkishness, softness, (*colloq*) soppiness, sloppiness, sappiness. **2** *pl.* (*comportamento svenevole*) oversentimental behaviour *sing.*, mawkish behaviour *sing.*

svenevolmente *avv.* mawkishly.

svenimento *m.* faint, fainting fit, swoon.

☐ *avere uno* ~ to faint, to pass out, to swoon.

svenire (*pres.ind.* **svèngo, svièni; p.rem. svénni; p.p. svenùto**; *aus.* **essere**) *v.i.* to faint, to lose consciousness, to pass out, to swoon: *mi sento* ~ I feel faint, I feel as if I'm going to faint.

sventagliare (**sventàglio, sventàgli**) I *v.t.* 1 to fan, to wave: *gli sventagliò la lettera sotto il naso* he waved the letter under his nose. 2 (*aprire a ventaglio*) to fan (out), to spread (like a fan): ~ *le carte da gioco* to fan out one's cards. 3 (*rif. ad armi da fuoco*) to fan. II *v.pron.* **sventagliarsi** to fan oneself.

sventagliata f. 1 fanning. 2 (*colpo*) blow with a fan, blow from a fan. 3 (*scarica, raffica*) burst, volley.

sventare (**svènto**) *v.t.* 1 (*far fallire*) to thwart, to foil, to block, (*lett*) to baffle, to stymie, to stave off: ~ *una congiura* to foil a plot; ~ *un attentato* to foil an attempt on so.'s life. 2 (*scongiurare, allontanare*) to ward off, to avert, to avoid, to stave off: ~ *il pericolo dell'inflazione* to avert the danger of inflation. 3 (*Mar*) to spill.

sventataggine f. (*rar*) 1 (*sbadataggine*) carelessness, thoughtlessness, heedlessness. 2 (*atto sventato*) oversight: *questa* ~ *ti costerà cara* this oversight will cost you dearly.

sventatamente avv. thoughtlessly, rashly, imprudently, inconsiderately.

sventatezza f. 1 (*sbadataggine*) carelessness, thoughtlessness, heedlessness. 2 (*atto sventato*) oversight: *questa* ~ *ti costerà cara* this oversight will cost you dearly.

sventato I a. 1 (*avventato: rif. a persone*) rash, reckless, careless, heedless. 2 (*avventato: rif. a cose*) rash, hasty. 3 (*distratto*) absent-minded, scatterbrained. II m. (f. **-a**) absent-minded person, scatterbrain.

sventola f. 1 (*fig*) (*schiaffo*) slap, smack, clout: *dare una* ~ *a qcu.* to slap so. 2 (*estens*) (*spec. nel calcio: tiro molto potente*) blow, hard hit. 3 (*Sport*) (*nel pugilato*) swing. 4 (*fig, colloq*) (*donna procace*) sex bomb. 5 (*colloq*) (*ventola*) fire fan.

sventolamento m. waving, fluttering.

sventolare (**svèntolo**) I *v.t.* 1 to wave, to flutter, to flourish: ~ *un fazzoletto* to wave a handkerchief. 2 (*agitare per fare aria*) to fan. II *v.i.* (*aus.* **avere**) to wave, to flutter. III *v.pron.* **sventolarsi** (*farsi aria*) to fan oneself. ☐ ~ *il fuoco* (*ravvivarlo*) to fan the fire; (*Agr*) ~ *il grano* to fan the grain.

sventolata f. 1 (*lo sventolare*) waving, flutter, flourish, fluttering. 2 (*lo sventolarsi*) fanning oneself. 3 (*Sport*) (*nel baseball*) swing.

sventolio m. waving, fluttering: *lo* ~ *delle bandiere* the waving of flags.

sventramento m. 1 (*lo sventrare*) disembowelment, gutting. 2 (*squarciamento*) tearing, ripping, breaching. 3 (*fig*) demolition, tearing down, knocking down, gutting. 4 (*Med*) eventration.

sventrare (**svèntro**) *v.t.* 1 to disembowel, to gut. 2 (*estens*) (*ferire al ventre*) to stab (so.) in the stomach. 3 (*fig*) to demolish, to gut, to tear down.

sventrato a. 1 disembowelled. 2 (*estens*) (*ferito al ventre*) stabbed in the stomach. 3 (*fig*) (*demolito*) demolished, gutted.

sventura f. 1 ill luck, bad luck, misfortune: *per nostra* ~ to our misfortune; *essere perseguitato dalla* ~ to be dogged by bad luck. 2 (*disgrazia*) misfortune, mishap, piece of bad luck, stroke of bad luck, raw deal: *la sua morte è stata una* ~ *per tutti* his death was a

raw deal for everyone. ☐ *che* ~! what bad luck!, how unlucky!; ~ *volle che...* as bad luck would have it...: ~ *volle che arrivassimo in ritardo* as luck would have it we arrived late. *Prov.*: *nelle sventure si conoscono gli amici* a friend in need is a friend indeed; prosperity makes friends, adversity tries them.

sventuratamente avv. unfortunately, unluckily.

sventurato I a. 1 unlucky, unfortunate, luckless: *essere* ~ to be unlucky, to have no luck. 2 (*che causa sventura*) unlucky, fateful: *giorno* ~ unlucky day. II m. (f. **-a**) unlucky person, unfortunate person. ☐ ~ *me!* poor me!

svenuto a. in a faint (*posposto*), unconscious.

sverginamento m. deflowering, (*lett*) defloration.

sverginare (**svérgino**) *v.t.* 1 to deflower. 2 (*fig,scherz*) to christen, to use (sth.) for the first time.

svergognamento m. shaming, putting to shame.

svergognare (**svergógno**) *v.t.* 1 to shame, to put to shame, to disgrace. 2 (*smascherare*) to unmask, to expose, to show up: ~ *qcu. davanti a tutti* to expose so. in front of everyone.

svergognato I a. 1 shameful, put to shame (*posposto*). 2 (*spudorato*) shameless, impudent, brazen. II m. (f. **-a**) shameless person, impudent person, brazen face.

svergolamento m. 1 (*Tecn*) (*deformazione*) twist, twisting. 2 (*Tecn*) (*piegamento*) bend, bending. 3 (*Aer*) twist, warping: ~ *dell'ala* wing warping. ☐ (*Aer*) ~ *negativo* wash-out; (*Aer*) ~ *positivo* wash-in.

svergolare (**svérgolo**) I *v.t.* 1 (*Tecn*) (*deformare*) to twist. 2 (*Tecn*) (*piegando*) to bend. 3 (*Aer*) to twist, to warp. II *v.pron.* **svergolarsi** 1 (*Tecn*) (*deformarsi*) to become twisted. 2 (*Tecn*) (*piegando*) to bend.

svernare (**svèrno**; *aus.* **avere**) *v.i.* 1 to winter, to spend the winter: ~ *in riviera* to winter on the Riviera. 2 (*Stor,Mil*) to go into winter quarters. 3 (*Biol*) to hibernate.

sverniciare (**svernìcio, svernìci**) *v.t.* (*Tecn*) to remove paint from (sth.), to strip paint off (sth.).

sverniciatura f. (*Tecn*) paint removing, (*paint*) stripping. ☐ (*Tecn*) ~ *chimica* chemical paint stripping.

sverza f. splinter.

sverzino m. (*spago ritorto*) whipcord.

svestire (**svèsto**) I *v.t.* 1 to undress, to strip, to strip off, to take the clothes off: *sveste i bambini per mandarli a letto* she is undressing the children to send them to bed. 2 (*estens*) (*togliere il rivestimento*) to remove, to strip, to take off: ~ *un libro della copertina* to take the cover off a book. 3 (*fig*) (*togliere*) to take away, to strip, to divest. II *v.pron.* **svestirsi** 1 to undress (oneself), to get undressed, to take one's clothes off. 2 (*fig*) (*perdere un'apparenza esteriore*) to rid oneself (*di* of). 3 (*fig*) (*deporre*) to divest oneself (of), to lay aside (sth.): *svestirsi di una carica* to lay aside an office.

svestito a. undressed, nude, naked: *mezzo* ~ half-naked.

Svetonio n.pr.m. (*Stor*) Suetonius.

svettamento m. polling, pollarding, lopping.

svettare (**svétto**) I *v.t.* (*Giard*) to poll, to pollard, to lop (the tops off). II *v.i.* (*aus.* **avere**) 1 (*lett*) (*ergersi*) to stand out (*tra* among, from), to tower (above). 2 (*rif. ad alberi*) to

wave its top.

svettatoio m. (*Giard*) lopping shears pl., pruner.

svettatura f. (*Giard*) polling, pollarding, lopping.

Svevia n.pr.f. (*Geog*) Swabia (*anche Stor*).

svevo I a. 1 Swabian. 2 (*Stor*) Suevian. II m. 1 (f. **-a**) (*abitante*) Swabian. 2 (*Stor*) Suevian.

Svezia n.pr.f. (*Geog*) Sweden.

svezzamento m. 1 (*slattamento*) weaning: *lo* ~ *del bambino* the weaning of a baby. 2 (*perdita di un'abitudine*) weaning, breaking of a habit.

svezzare (**svézzo**) I *v.t.* 1 (*slattare*) to wean. 2 (*rar*) (*disabituare*) to break (of a habit), to wean, to disaccustom: ~ *qcu. da qcs.* to wean so. from sth. II *v.pron.* **svezzarsi** (*rar*) to break a habit, to get rid of a habit: *svezzarsi dal fumo* to break oneself of smoking.

sviamento m. 1 (*lo sviare*) deviation, diversion. 2 (*Ferr*) (*deragliamento*) derailment. ☐ ~ *del traffico* diversion (of traffic), (*Am*) detour (of traffic); ~ *dell'indagine* leading an investigation astray, diverting the course of justice.

sviare (**svìo, svìi**) I *v.t.* 1 to avert, to ward off, to divert, to deflect: ~ *un colpo* to ward off a blow. 2 (*fig*) (*distrarre*) to distract, to divert, to draw away: ~ *l'attenzione di qcu.* to divert so.'s attention. 3 (*fig*) (*depistare*) to put (so.) on the wrong track, to lead (so.) astray, to mislead: ~ *le indagini della polizia* to put the police on the wrong track, to divert the course of justice. 4 (*fig*) (*corrompere*) to lead (so.) astray, to corrupt: *le cattive compagnie lo hanno sviato* bad company has led him astray. II *v.i.* (*aus.* **avere**) 1 (*rar*) (*uscire di strada*) to go off the road, to leave the road. 2 (*fig*) to leave one's path, to stray. III *v.pron.* **sviarsi** 1 (*uscire di strada*) to lose one's way. 2 (*sbagliare strada*) to take the wrong way, to take the wrong road. 3 (*fig*) (*allontanarsi dalla retta via*) to go astray, to go off the straight and narrow path. ☐ ~ *il discorso* to shunt the conversation to another subject.

sviato a. (*corrotto, traviato*) corrupt, corrupted, led astray.

svicolare (**svìcolo**; *aus.* **avere/essere**) *v.i.* 1 (*scantonare in un vicolo*) to turn into an alley. 2 (*colloq*) (*svignarsela*) to slip away, to slink away, to sneak away, to slip off, (*colloq*) to beat it. 3 (*fig*) (*essere evasivo*) to be evasive, (*Am*) to weasel. 4 (*fig*) (*evitare lavori*) to dodge, (*colloq*) to weasel out.

svignare (**svìgno**; *aus.* **essere**) *v.i.* to sneak away, to steal away, to slip off, to make off. ☐ (*colloq*) **svignarsela** to slip away, to slip off, to beat it: *all'arrivo della polizia i ladri se la sono svignata* when the police arrived the thieves beat it.

svigorimento m. weakening.

svigorire (**svigorìsco, svigorìsci**) I *v.t.* to weaken, to enfeeble (*anche fig*). II *v.pron.* **svigorirsi** to become weak, to become weaker, to be enfeebled, to lose (one's) vigour.

svilimento m. debasement (*anche estens*).

svilire (**svilìsco, svilìsci**) *v.t.* to debase (*anche estens*).

svillaneggiare (**svillanéggio, svillanéggi**) *v.t.* to insult, to treat (so.) roughly.

sviluppare (**svilùppo**) I *v.t.* 1 (*trattare ampiamente*) to develop, to expound: *devi* ~ *meglio l'ultima parte dell'articolo* you must develop the end of the article better. 2 (*far aumentare gradatamente*) to develop, to expand, to build up, to increase: ~ *il commercio* to build up trade. 3 (*rinvigorire*) to strengthen, to develop: *lo sport sviluppa le membra* sport strengthens the limbs. **4** (*suscitare, produrre*) to cause, to produce, to create: *la scintilla ha sviluppato un incendio* the spark caused a fire. **5** (*sprigionare: rif. a gas*) to emit, to discharge, to release: *questo terreno sviluppa gas* this ground emits gas. **6** (*Tecn*) to develop, to generate: *il nuovo motore sviluppa 300 cavalli vapore* the new engine generates 300 horse power. **7** (*Fot,Mat*) to develop. **8** (*lett*) (*sciogliere un viluppo*) to loosen, to undo, to untie: ~ *un groviglio* to undo a tangle. **II** *v.pron.* **svilupparsi 1** to develop, to grow up: *l'insetto si è sviluppato completamente* the insect is completely developed; *il ragazzo si è sviluppato molto tardi* the boy developed very late. **2** (*crescere*) to grow. **3** (*raggiungere la pubertà*) to reach puberty, to develop; (*rif. a ragazza*) to reach puberty, to start one's period. **4** (*rinvigorirsi*) to develop, to strengthen: *la mente si sviluppa con lo studio* the mind develops with study. **5** (*aumentare, progredire*) to expand, to increase, to grow, to develop: *in questi ultimi anni la produzione tessile si è notevolmente sviluppata* over the last few years textile production has increased considerably. **6** (*espandersi*) to expand, to spread out, to grow: *la città si è sviluppata verso il mare* the city has spread out toward the sea. **7** (*manifestarsi aumentando d'intensità*) to break out: *si è sviluppato un incendio* a fire broke out; *bisogna evitare che si sviluppi un'epidemia* we must prevent an epidemic from breaking out. **8** (*sprigionarsi: rif. a gas*) to be emitted, to issue, to give off: *dalla reazione si sviluppa un gas* a gas is emitted by the reaction, a gas is given off by the reaction. ☐ *svilupparsi in lunghezza* to extend lengthways; ~ *la memoria* to improve one's memory.

sviluppato *a.* **1** (*evoluto, progredito*) developed. **2** (*cresciuto, irrobustito*) strong, sturdy, well-developed: *un ragazzo molto* ~ a very sturdy boy. **3** (*accentuato*) marked, strong: *ha uno* ~ *senso del dovere* he has a marked sense of duty. **4** (*sessualmente maturo*) developed: *una ragazza sviluppata* a developed girl.

sviluppatore *m.* (*Fot,Chim*) developer.

sviluppo *m.* **1** (*lo sviluppare*) development: *attendiamo gli sviluppi della situazione* we are waiting for developments in the situation. **2** (*accrescimento, incremento*) development, growth: *favorire lo* ~ *del turismo* to favour the growth of tourism, (*Am*) to favor the growth of tourism. **3** (*espansione*) expansion, growth, development: *lo* ~ *di un'azienda* the expansion of a company. **4** (*rif. a organismi viventi: crescita*) development, growth: *lo* ~ *fisico e psichico del fanciullo* the physical and mental development of the child. **5** (*svolgimento, trattazione più estesa*) development, working out, broader treatment: *dare maggior* ~ *alla parte introduttiva dello studio* to give a broader treatment to the introductive part of the analysis. **6** (*Fot*) (*processo di sviluppo*) development. **7** (*Fot*) (*bagno di sviluppo*) developer. **8** (*Mat, Geom*) development: ~ *di una superficie* development of a surface. ☐ (*Psic*) ~ *cognitivo* cognitive development; *dare grande* ~ *a un'industria* to boost an industry, to expand an industry; ~*del territorio* land development; ~ *di carriera* career development, career improvement; (*Fot*) ~*e stampa* development and printing; ~*economico* economic development; (*Med*) ~*embrionale* embryonic development; ~*fisico* physical development; ~*fotografico* photographic devel-

opment; (*Med*) ~*post-embrionale* post-embryonic development; ~*sostenibile* (*in ecologia*) sustainable development; ~ *urbano* urban development, urban growth.

svinare (**svìno**) *v.t.* (*Enol*) to draw off, to rack, to rack off.

svinatura *f.* (*Enol*) drawing off, racking, racking off.

svincolamento *m.* **1** (*lo svincolare*) unbinding, freeing, release. **2** (*Econ*) redemption. **3** (*Comm*) (*sdoganamento*) clearance, clearing: ~ *della merce* clearance of goods.

svincolare (**svìncolo**) **I** *v.t.* **1** (*liberare da vincolo*) to release, to free, to set free. **2** (*Econ*) to redeem, to unmortgage: ~ *una casa da un'ipoteca* to unmortgage a house. **3** (*Comm*) (*sdoganare*) to clear. **II** *v.pron.* **svincolarsi** to free oneself, to get free, to worm oneself free: *svincolarsi da una stretta* to free oneself from a grip.

svincolo *m.* **1** (*liberazione*) release, liberation. **2** (*Econ*) redemption. **3** (*Comm*) (*sdoganamento*) clearance. **4** (*Strad*) interchange, exit, junction. ☐ (*Strad*) ~*a quadrifoglio* cloverleaf; (*Strad*) ~*a trombetta* trumpet interchange.

sviolinare (**sviolìno**) *v.t.* (*colloq*) (*adulare sfacciatamente*) to flatter, to sweet-talk (*anche assol.*).

sviolinata *f.* **1** (*Mus*) violin solo, flourish of the violin. **2** (*colloq*) (*adulazione sfacciata*) fawning, flattery, sweet-talk.

svirgolare (**svìrgolo**) *v.t.* **1** (*pop*) (*colpire con violenza*) to hit violently. **2** (*Sport*) to slice: ~ *la palla* to slice, to slice the ball.

svirilizzare (**svirilìzzo**) *v.t.* (*infiacchire*) to emasculate, to weaken, to enfeeble.

svirilizzato *a.* (*infiacchito*) emasculated, weakened.

svisamento *m.* (*travisamento*) distortion.

svisare (**svìso**) *v.t.* (*truvisare*) to distort, to twist, to alter: ~ *la verità* to distort the truth.

svisceramento *m.* **1** (*esame accurato*) thorough examination, dissection. **2** (*studio particolareggiato*) detailed study.

sviscerare (**svìscero**) *v.t.* **1** (*esaminare a fondo*) to examine (sth.) thoroughly, to go into (sth.) thoroughly, to dissect: *ho sviscerato la questione* I examined the matter thoroughly. **2** (*studiare a fondo*) to study (sth.) in detail, to make a thorough study of. **3** (*trattare esaurientemente*) to deal with (sth.) exhaustively. **II** *v.pron.* **sviscerarsi** (*fig*) (*profondersi*) to dote (*per qcu.* on so.).

svisceratamente *avv.* with all one's heart.

sviscerato *a.* **1** (*appassionato*) passionate, deep, ardent: *amore* ~ passionate love. **2** (*spreg*) (*eccessivo*) effusive, overdemonstrative.

svista *f.* oversight, slip: *è stata una* ~ it was an oversight.

svitare (**svìto**) **I** *v.t.* to unscrew, to unfasten. **II** *v.pron.* **svitarsi** to unscrew, to become loose.

svitato **I** *a.* **1** (*Mecc*) unscrewed. **2** (*colloq*) (*strambo*) with a screw loose (*posposto*), screwy, screwball, nutty, odd, strange, peculiar, eccentric, bizarre: *essere un po'* ~ to have a screw loose, (*Br*) to have a slate loose. **II** *m.* (*f. -a*) (*colloq*) nut, screwball.

sviticchiare (**sviticchio, sviticchi**) **I** *v.t.* to disentangle, to untangle. **II** *v.pron.* **sviticchiarsi** (*fig,rar*) (*liberarsi*) to get rid (*da* of), to free oneself (*da* of).

Svitto *n.pr.m.* (*Geog*) (*cantone svizzero*) Schwyz.

svizzera *f.* (*Gastron*) hamburger.

Svizzera *n.pr.f.* (*Geog*) Switzerland, Swiss Confederation. ☐ (*Geog*) ~ *francese*

French speaking Switzerland; (*Geog*) ~*italiana* Italian speaking Switzerland; (*Geog*) ~ *romancia* Romansh speaking Switzerland; (*Geog*) ~*romanda* French speaking Switzerland; (*Geog*) ~ *tedesca* German speaking Switzerland.

svizzero **I** *a.* Swiss, (*ant*) Switzer. **II** *m.* (*f. -a*) Swiss: *gli svizzeri* the Swiss (*costr.pl.*). ☐ ~*francese* (*persona*) French speaking Swiss; ~*italiano* (*persona*) Italian speaking Swiss; ~ *tedesco* (*persona*) German speaking Swiss.

svizzero-francese *a.* French Swiss.

svizzero-italiano *a.* Italian Swiss.

svizzero-tedesco *a.* German Swiss.

svogliataggine *f.* unwillingness, listlessness, disinclination, laziness.

svogliatamente *avv.* unwillingly, listlessly, lazily.

svogliatezza *f.* unwillingness, listlessness, disinclination, laziness. ☐ *con* ~ listlessly: *studiare con* ~ to study listlessly.

svogliato *a.* listless, lazy, indolent, idle, slack: *uno scolaro* ~ a lazy pupil, a slack pupil.

svolacchiare (**svolàcchio, svolàcchi**; *aus.* **avere**) *v.i.* (*rar*) to fly about, to fly here and there, to flit, to flutter.

svolazzante *a.* fluttering.

svolazzare (**svolàzzo**; *aus.* **avere**) *v.i.* **1** (*volare qua e là*) to fly about, to fly here and there, to flit, to flutter. **2** (*fig*) (*agitarsi*) to flutter, to flap, to fly: *i suoi capelli svolazzavano al vento* her hair was flying in the wind.

svolazzo *m.* **1** (*rar*) (*breve volo*) short flight. **2** (*abbellimento calligrafico*) flourish: *calligrafia con molti svolazzi* handwriting with many flourishes. **3** *spec.pl.* (*fig*) (*ornamento superfluo*) flourish, embellishment: *prosa piena di svolazzi* writing full of embellishments.

svolgere (*pres.ind.* **svòlgo, svòlgi**; *p.rem.* **svòlsi**; *p.p.* **svòlto**) **I** *v.t.* **1** to unwind, to unroll: ~ *una matassa* to unwind a skein; ~ *una pellicola dalla bobina* to unroll a film from the spool. **2** (*trattare per esteso*) to develop: ~ *un argomento* to develop a topic. **3** (*fig*) (*attuare una serie di azioni per il conseguimento di uno scopo*) to develop, to work out: ~ *un piano di lavoro* to develop a working plan, to work out a plan of action. **4** (*fig*) (*esplicare*) to carry on, to carry out: ~ *un'attività commerciale* to carry out a business activity. **II** *v.pron.* **svolgersi 1** to unwind, to become unwound: *il filo si svolge dal rocchetto* the thread is unwinding from the spool. **2** (*fig*) (*distendersi, spiegarsi*) to unfold, to spread out, to open out: *una splendida vista si svolgeva sotto i nostri occhi* a splendid view was spread out before our eyes. **3** (*fig*) (*accadere, aver luogo*) to occur, to happen, to come about, to go: *ecco come si sono svolti i fatti* this is how things came about. **4** (*fig*) (*procedere*) to proceed, to go on, to go off: *la vita si svolge monotona* life goes on monotonously. **5** (*essere ambientato*) to be set: *il primo atto si svolge a Venezia* the first act is set in Venice. **6** (*fig*) (*essere disputato: rif. a gare e sim.*) to be played: *la partita di calcio si svolgerà a Roma* the football game will be played in Rome. ☐ ~ *indagini*: 1 to hold an enquiry, to hold an investigation, to investigate, to make enquiries; 2 (*Statist*) (*rif. a indagini demoscopiche*) to hold a Gallup poll; (*Scol*) ~ *un tema* to write a composition, to write an essay.

svolgimento *m.* **1** (*lo svolgere*) unwinding, unrolling, unfolding. **2** (*trattazione*) development, treatment: *lo* ~ *di una tesi* the development of a thesis. **3** (*fig*) (*attuazione, progressione*) development, working out: *lo ~ di un piano strategico* the development of a strategic plan. **4** (*fig*) (*l'esplicare*) carrying on, carrying out: *~ di molteplici attività* carrying out many activities. **5** (*andamento, prosecuzione*) course, progress: *lo ~ degli eventi* the course of events. □ (*burocr*) *nello ~ delle proprie funzioni* in the course of one's duty; *lo ~ di un tema* (*trattazione*) the development of an essay; *essere in ~* to be going on, to be underway, to be ongoing.

svolta *f*. **1** (*il curvare*) turning. **2** (*curva*) turn, curve, bend. **3** (*fig*) turning point, crossroads (*costr.sing. o pl.*), decisive moment: *una ~ importante nella vita* an important turning point in one's life; *~ epocale* epochal turning-point, watershed. **4** (*fig*) (*cambiamento*) change: *c'è stata una ~ nei nostri rapporti* there was a change in our relationship. □

(*Strad*) *~ pericolosa* dangerous bend.

svoltare (**svòlto**; *aus.* **avere**) *v.i.* to turn: *~ a destra* to turn right, to turn to to the right.

svolto *a*. **1** (*sviluppato*) developed. **2** (*effettuato*) conducted, carried on, carried out: *il lavoro ~ nei primi mesi* the work carried out in the early months. **3** (*trattato*) treated, dealt with.

SVP 1 *s'il Vous plaît* SVP (please). **2** (*Pol*) *Südtiroler Volkspartei, partito popolare sudtirolese* (Party of the German-speaking minority in South Tyrol, South Tyrolean People's Party).

svuotamento *m*. **1** emptying (out). **2** (*rif. a liquidi*) draining: *lo ~ della piscina* the draining of the pool. **3** (*rif. a luoghi*) clearing, evacuation.

svuotare (**svuòto**) **I** *v.t.* **1** (*vuotare*) to empty, to empty out, to clean out. **2** (*rif. a luoghi: far sgomberare*) to empty, to evacuate. **3** (*fig*)

to empty, to deprive, to divest: *~ una frase di ogni significato* to empty a phrase of all meaning. **II** *v.pron.* **svuotarsi 1** to empty. **2** (*Med,Fisiol*) to void. □ (*fig*) *~ le tasche di qcu.* (*fargli spendere tutto*) to empty so.'s pockets, (*colloq*) to clean so. out.

SW 1 *sud-ovest* SW (southwest). **2** (*Rad*) *onde corte* SW (short waves). **3** (*Inform*) *software* SW. **4** (*Aut*) *station wagon* SW, sw (estate car, station wagon).

swahili I *m.inv.* **1** (*Ling*) Swahili, Swahili language. **2** (*popolazione*) Swahili. **II** *a.inv.* Swahili.

Swaziland *n.pr.m.* (*Geog*) Swaziland.

swing *m.inv.* **1** (*Mus*) swing. **2** (*Sport*) (*nel golf, nel baseball, nel pugilato*) swing.

SY *Seicelle* SY (Seychelles).

symposium *m.inv.* symposium.

SYR *Siria* SYR (Syria).

T

t¹**,T**¹ /ti/ *f./m.* (*lettera dell'alfabeto*) t, T: (*Tel*) *t come Torino* T for Tommy, (*Am*) T as in Tom; *a T* (*o a forma di T*) T-shaped.

t² **1** *tonnellata* t (ton). **2** (*Fis*) *tempo* t. (time). **3** *tara* t. (tare).

T² **1** *tabaccheria* (tobacconist's shop). **2** (*Fis*) *periodo* per. (period). **3** (*Fis*) *temperatura* T (temperature). **4** *Thailandia* T (Thailand).

t. 1 *tomo* vol. (volume). **2** *transitivo* t. (transitive). **3** (*Mus*) *tenore* ten, t. (tenor).

tabaccaio *m.* **1** (*f.* **-a**) tobacconist. **2** (*tabaccheria*) tobacconist's (shop) (state monopoly outlet also selling postage stamps, football pools, etc.).

tabaccare (**tabàcco, tabàcchi**; *aus.* **avere**) *v.i.* to take snuff.

tabaccheria *f.* tobacconist's (shop) (state monopoly outlet also selling postage stamps, football pools, etc.).

tabacchicoltore *m.* (*f.* **-trice**) tobacco farmer, tobacco grower.

tabacchicoltura *f.* tobacco growing, tobacco farming.

tabacchiera *f.* snuff-box, tobacco box.

tabacchificio *m.* tobacco factory.

tabacchino *m.* **1** (*f.* **-a**) (*operaio*) tobacco worker. **2** (*f.* **-a**) (*region*) (*tabaccaio*) tobacconist. **3** (*region*) (*tabaccheria*) tobacconist's (shop).

tabacco (*pl.* **-chi**) *m.* **1** (*Bot*) tobacco, tobacco-plant: *foglia di* ~ tobacco leaf. **2** (*tabacco da consumo*) tobacco: *masticare* ~ to chew tobacco. **3** (*color tabacco*) tobacco, tobacco-colour, tobacco brown. □ ~ *biondo* Virginia tobacco; ~ *da fiuto* snuff; ~ *da fumo* smoking tobacco; ~ *da masticare* chewing tobacco; ~ *da pipa* pipe tobacco; ~ *da sigaretta* cigarette tobacco; ~ *di esportazione* export tobacco; ~ *in foglie* leaf tobacco; ~ *scuro* black tobacco; ~ *tipo esportazione* export tobacco; ~ *trinciato* cut tobacco (for pipes).

tabaccone I *m.* (*f.* **-a**) (*colloq,rar*) snuff taker, snuffer. **II** *a.* (*colloq,rar*) snuff taking.

tabaccoso *a.* **1** (*sporco di tabacco*) tobacco-stained. **2** (*che odora di tabacco*) smelling of tobacco.

tabacosi *f.* (*Med*) tobacco poisoning.

tabagico (*pl.* **-ci**) *a.* (*Med*) tobacco (*attr.*).

tabagismo *m.* (*Med*) nicotinism.

tabagista *m./f.* habitual smoker.

tabanidi *m.pl.* (*Entom*) Tabanidae.

tabarin /taba'rɛ̃/ *m.inv.* night-club (with variety numbers).

tabarro *m.* (*ant*) cloak.

tabe *f.* (*Med*) tabes: ~ *dorsale* tabes dorsalis.

tabella *f.* **1** (*prospetto*) table, chart. **2** (*elenco*) list: ~ *dei prezzi* price list; *sotto forma di* ~ in table form. **3** (*Edit*) table: *vedi* ~ see table. **4** (*Inform*) table. □ ~ *di marcia*: **1** (*Sport*) schedule; **2** (*fig*) work schedule: *siamo in ritardo sulla* ~ *di marcia* we are behind schedule; *siamo in anticipo sulla* ~ *di marcia* we are ahead of schedule; *siamo puntuali sulla* ~ *di marcia* we are on schedule; ~ *oraria* timetable; ~ *riassuntiva* summary table; ~ *salariale* table of wages, wage scale.

tabellare *a.* **1** (*di tavoletta*) table (*attr.*), board (*attr.*). **2** (*che ha forma di tabella*) tabular.

tabellina *f.* (*Mat*) (multiplication) table: *dimmi la* ~ *del sette* tell me the seven-times table; *ho imparato le tabelline* I learnt my tables, (*colloq*) I learned my times tables.

tabellone *m.* **1** (*tavola per le affissioni*) notice-board, board: ~ *delle partenze* departure board. **2** (*per affissioni*) hoarding, billboard: ~ *pubblicitario* advertising hoarding, advertising billboard. **3** (*Sport*) (*nella pallacanestro*) backboard. □ (*Ferr,Aer*) ~ *degli arrivi* arrivals board; (*Aer*) ~ *degli arrivi e delle partenze* flight board; (*Ferr,Aer*) ~ *delle partenze* departures board.

tabernacolo *m.* **1** (*Rel.ebr*) Tabernacle: *festa dei tabernacoli* Feast of Tabernacles. **2** (*Lit,Arch*) tabernacle, ciborium. **3** (*Stor.rom*) tent.

tabetico (*pl.* **-ci**) **I** *a.* (*Med*) tabetic. **II** *m.* (*Med*) tabetic, sufferer from tabes.

tabloid I *m.inv.* tabloid. **II** *a.* tabloid: *formato* ~ tabloid, tabloid format.

tabloide *m.* (*Farm*) tablet, tabloid.

taboga *m.inv.* **1** (*slitta*) toboggan. **2** (*scivolo*) slide.

Tabor *n.pr.m.* (*Geog*) Tabor.

tabù I *m.* **1** (*Etnol*) taboo, tabu (*anche estens*). **2** (*scherz*) (*soggetto non nominabile*) taboo, forbidden subject. **II** *a.* **1** (*Etnol*) taboo, tabu (*anche estens*). **2** (*scherz*) (*che non si può nominare*) taboo, forbidden: *argomento* ~ taboo subject.

tabuistico (*pl.* **-ci**) *a.* (*Etnol*) taboo, tabu (*anche estens*).

tabuizzare (**tabuìzzo**) *v.t.* (*rar*) to taboo, to tabu.

tabuizzazione *f.* (*rar*) tabuing, tabooing.

tabula rasa *f.* (*Filos*) tabula rasa. □ (*scherz*) *fare* ~ *di qcs.* to make a clean sweep of sth.

tabulare¹ *a.* tabular (*anche Min,Bot,Geog*).

tabulare² (**tàbulo**) *v.t.* (*Mat,Fis*) to tabulate.

tabulato *m.* **1** tabulation. **2** (*Inform*) printout.

tabulatore *m.* tabulator, tab.

tabulazione *f.* tabulation (*anche Inform*).

tac *intz.* **1** click!, clack! **2** (*intens*) suddenly, all of a sudden: *mi ero appena messo a studiare e* ~ *è mancata la luce* I had just started to study when suddenly the lights went out, (*Am*) I had just begun to study and bam the lights went out.

TAC (*Med*) *tomografia assiale computerizzata* CAT (computerized axial tomography). □ (*Med*) *fare la* ~ to have a CAT scan.

tacca *f.* **1** notch, hack, cut: *un banco di scuola pieno di tacche* a school desk full of notches; *le tacche di una stadera* the notches on a steelyard. **2** (*intaccatura in una lama*) nick, jag: *un coltello con delle tacche* a knife with nicks. **3** (*di cellulare*) bar. **4** (*macchia del pelame*) patch. **5** (*fig*) (*levatura*) class, kind, calibre. **6** (*fig,rar*) (*difetto, magagna*) fault, defect. **7** (*Alp*) foothold, incut. **8** (*Tip*) nick. □ *tacche di contrassegno* tally marks; *fare delle tacche in qcs.* to notch sth., to cut notches in sth.

taccagneria *f.* miserliness, niggardliness, stinginess, meanness.

taccagno I *a.* miserly, niggardly, stingy, (*Br*) mean. **II** *m.* (*f.* **-a**) miser, stingy person,

scrooge, (*Br*) mean person: *non fare il* ~ don't be stingy!, don't be a scrooge!

taccata *f.* (*Mar*) **1** keel block. **2** *pl.* stocks.

taccato *a.* **1** (*segnato con tacche*) notched, nicked, jagged. **2** (*munito di tacche*) notched, nicked. **3** (*rar*) (*screziato*) spotted, mottled, speckled, flecked.

taccheggiare¹ (**tacchéggio, tacchéggi**) *v.t.* (*Tip*) to overlay.

taccheggiare² (**tacchéggio, tacchéggi**) **I** *v.t.* (*rubare*) to shoplift. **II** *v.i.* (*aus.* **avere**) (*rubare*) to shoplift.

taccheggiatore *m.* (*f.* **-trice**) shoplifter.

taccheggio¹ *m.* (*Tip*) overlaying.

taccheggio² *m.* (*furto di merci esposte in vendita*) shoplifting.

tacchete *intz.* click!, clack!

tacchettare (**tacchétto**; *aus.* **avere**) *v.i.* to clatter one's heels when walking, to click clack along the street.

tacchettio *m.* clatter of heels, clicking of heels.

tacchetto *m.* **1** (*rif. a scarpe femminili*) thin heel. **2** (*rif. alle scarpe dei calciatori*) stud. **3** (*Tess*) (loom) picker.

tacchina *f.* (*Zool*) (*femmina del tacchino*) turkey-hen.

tacchinella *f.* (*Gastron*) small turkey.

tacchino *m.* (*Zool*) turkey, turkeycock.

tacchinotto *m.* turkey-poult.

taccia *f.* (*cattiva fama*) bad reputation: *avere la* ~ *di bugiardo* to have a reputation as a liar, to be branded as a liar.

tacciabile *a.* chargeable (*di* with), accusable (*di* of).

tacciare (**tàccio, tàcci**) *v.t.* to accuse, to tax, to charge: ~ *qcu. di qcs.* to accuse so. of sth., to tax so. with sth., to charge so. with sth.; ~ *qcu. di tradimento* to accuse so. of treason.

tacco (*pl.* **-chi**) *m.* **1** (*Calz*) heel: *farsi rifare i tacchi delle* (*o alle*) *scarpe* to have a pair of shoes heeled. **2** (*pezzo di legno per sostegno*) block. **3** (*cuneo*) chock, wedge. **4** (*Tip*) underlay, overlay. □ (*Calz*) *tacchi a spillo* stiletto heels, stilettos, spike heels; (*Calz*) *tacchi alti* high heels; *scarpe con i tacchi alti* high-heeled shoes, high heels; (*Calz*) *tacchi bassi* flats; *scarpe con i tacchi bassi* flats; (*Calz*) *tacchi medi* low heels; *scarpe con i tacchi medi* low-heeled shoes, low heels.

taccola¹ *f.* (*Ornit*) jackdaw.

taccola² *f.* (*Bot,Alim*) mangetout, sugar pea, (*spec. Am*) snow pea.

taccola³ *f.* (*rar*) (*difetto, magagna*) defect, flaw, slight fault.

taccuino *m.* **1** notebook. **2** (*album per disegni e abbozzi*) sketch book.

tacere¹ (*pres.ind.* **tàccio, tàci, tàce, tacciàmo, tacéte, tàcciono**; *p.rem.* **tàcqui** / *ant* **tacètti**; *p.p.* **taciùto**) *v.i.* (*aus.* **avere**) **1** (*stare zitto*) to keep quiet, to be quiet, to hold one's tongue, to be silent, to say nothing: *non sa* ~ he can never keep quiet; *non sapendo che cosa dire, ho taciuto* as I did not know what to say, I said nothing; not knowing what to say I said nothing. **2** (*smettere di parlare*) to stop speaking, to fall silent, to be silent: *detto questo, tacque* after saying this, he fell silent. **3** (*fare silenzio*) to be quiet, to keep quiet, to stop talking, to be silent: *ma taci una buona volta!* do be quiet!; be quiet for once! **4** (*estens*) (*non farsi più sentire*) to fall silent, to stop: *l'artiglieria nemica improvvisamente tacque* suddenly the enemy artillery fell silent. **5** (*estens*) (*non dare notizie di sé*) not to get in touch, not to write. **6** (*fig*) (*essere immerso nel silenzio*) to be silent, to be sunk in silence, to lie still: *la campagna tace* the countryside is silent, the countryside is peaceful. **7** (*rif. agli elementi: essere quieto, calmo*) to be calm, to be still: *il vento tace* the wind is calm. **8** (*fig*) (*non dire nulla*) not to say anything, to say nothing (*su* about), to make no mention (of), to be silent (on): *le fonti contemporanee tacciono su questo argomento* contemporary sources make no mention of this subject, contemporary sources say nothing about this subject; contemporary sources are silent on this subject. **II** *v.t.* **1** (*non dire*) to say nothing about, to be silent about, not to say a word about: *tacque l'accaduto per non impressionarlo* he didn't say a word about the incident because he didn't want to worry him. **2** (*non rivelare*) to conceal, not to mention, to hide, to withhold: *raccontò i fatti tacendo però i nomi dei complici* he told what happened but he withheld the names of his accomplices. **3** (*sottintendere*) to omit, to leave out: *~ un particolare superfluo* to omit a superfluous detail. □ *fare ~*: 1 to silence, to make keep quiet, to hush: *fai ~ i ragazzi* make the children keep quiet; *fare ~ un bambino che piange* to hush a crying baby; 2 (*fig*) to silence: *fare ~ la voce della coscienza* to silence the voice of conscience; *mettere a ~ qcu.* to silence so.; *mettere a ~ uno scandalo* to hush up a scandal; (*colloq*) *taci!* keep quiet!, (do) be quiet!, hold your tongue!; (*smetti di chiacchierare*) (do) stop talking!, quiet! *Prov.: chi tace acconsente* silence gives consent.

tacere[2] *m.* (*silenzio*) silence. □ *Prov.: un bel tacer non fu mai scritto* silence was never written down.

tacheometria *f.* (*Topogr,Tecn*) tachymetry, tacheometry.

tacheometrico (*pl.* -ci) *a.* (*Topogr*) tachymetric, tacheometric.

tacheometro *m.* (*Topogr,Tecn*) tachymeter, tacheometer.

tachicardia *f.* (*Med*) tachycardia.

tachicardico *a.* (*Med*) tachycardiac.

tachifagia *f.* (*Med*) tachyphagia.

tachigrafia *f.* tachygraphy, shorthand writing.

tachigrafico *a.* tachygraphic.

tachigrafo *m.* (*Tecn*) tachograph.

tachimetria *f.* (*Fis*) tachometry.

tachimetrico (*pl.* -ci) *a.* tachymetric (*anche Fis*).

tachimetro *m.* **1** (*Tecn*) tachometer. **2** (*Aut*) speedometer, tachometer. □ *~ della bicicletta* cyclometer.

tachione *m.* (*Fis*) tachyon.

tachipnea *f.* (*Med*) tachypnoea, tachypnea.

tacitamente *avv.* **1** (*senza parlare*) silently. **2** (*segretamente*) secretly, in secret. **3** (*senza una manifestazione espressa di volontà*) tacitly: *acconsentire ~* to consent tacitly, to give tacit consent.

tacitamento *m.* **1** paying-off: *~ dei creditori* paying-off of creditors. **2** (*di uno scandalo*) hushing up.

tacitare (*tàcito*) *v.t.* **1** to pay off: *~ un creditore* to pay off a creditor. **2** (*rif. a scandalo*) to hush up.

tacitiano *a.* **1** Tacitean. **2** (*fig*) laconic.

tacitismo *m.* Tacitism.

tacito *a.* **1** (*non espresso, non manifestato*) tacit, unspoken, implied: *un ~ rimprovero* a tacit reproof; *una tacita intesa* a tacit understanding; *~ consenso* implied consent; *~ accordo* tacit agreement, tacit consent. **2** (*silenzioso*) silent. **3** (*tranquillo, quieto*) quiet, still, peaceful, silent: *la tacita notte* the still night.

Tacito *n.pr.m.* (*Stor*) Tacitus.

taciturnità *f.* taciturnity.

taciturno *a.* **1** taciturn, reserved, uncommunicative: *carattere ~* taciturn character. **2** (*che tace*) silent, quiet: *perché sei così ~ oggi?* why are you so quiet today?

TAD *Tagikistan* TAD (Tajikistan).

Taddeo *n.pr.m.* Thaddaeus.

TAEG (*Econ*) *tasso annuo effettivo globale* APR (gross annual percentage rate).

tafano *m.* **1** (*Entom*) horsefly, gadfly. **2** (*fig*) pest, gadfly.

tafferuglio *m.* (*rissa*) brawl, scuffle: *è scoppiato un ~* a brawl broke out; *violenti tafferugli* violent brawls.

taffetà *m.* (*Tess*) taffeta. □ *di ~* taffeta (*attr.*).

taffete *intz.* **1** bang!, crash! **2** (*intens*) suddenly, all of a sudden, (*colloq*) lo and behold: *vado al caffè e ~ incontro proprio quel seccatore* I no sooner get to the café when lo and behold I run into that bore.

tagete *m.* (*Bot*) marigold.

Tagikistan *n.pr.m.* (*Geog*) Tajikistan, Tadjikistan, Tadzhikistan.

taglia[1] *f.* **1** (*statura*) stature, height. **2** (*proporzioni del corpo*) size. **3** (*corporatura*) build: *un uomo di ~ robusta* a man with a stocky build. **4** (*rif. agli animali*) height, stature. **5** (*Sart,Abbigl*) size: *questo soprabito non è della mia ~* this coat isn't my size; *che ~ porti?* what size do you take? **6** (*ricompensa per la cattura*) price, reward, bounty: *sul suo capo pende una forte ~* there is a high price on his head. **7** (*prezzo del riscatto*) ransom. □ (*Abbigl*) *taglie conformate* (o *taglie forti*) outsizes, oversizes, (*Br*) larger sizes, (*Am*) plus sizes; (*Abbigl*) *~ unica*: 1 (*usato come nome*) one size; 2 (*usato come aggettivo*) one-size-fits-all.

taglia[2] *f.* (*Mar*) pulley block, (hoisting) tackle.

tagliabordi *m.inv.* (*Giard*) lawn edger.

tagliaborse *m.inv.* (*borsaiolo*) pickpocket, purse snatcher, cutppurse.

tagliaboschi *m.inv.* woodcutter, (*Am*) lumberjack.

tagliacarte *m.inv.* paper knife, letter opener.

tagliacque *m.inv.* (*Edil*) cutwater.

tagliaerba *m.inv.* (*Giard*) lawn mower.

tagliafieno *m.inv.* (*Agr*) hay cutter.

tagliafuoco I *a.inv.* fire (*attr.*), fireproof. **II** *m.inv.* **1** (*Edil*) fire barrier. **2** (*Agr*) firebreak.

taglialegna *m.inv.* woodcutter, (*Am*) lumberjack.

tagliamare *m.inv.* (*Mar*) cutwater.

tagliando *m.* **1** coupon; (*scontrino*) voucher, slip. **2** (*rif. a interessi*) interest coupon. □ (*Aut*) *fare il ~* to have one's car serviced; *~ per la benzina* (*Br*) petrol coupon, (*Am*) gas coupon.

tagliapasta *m.inv.* pastry cutter.

tagliapietre *m.inv.* (*scalpellino*) stone dresser, stone cutter, stonemason.

tagliare (**tàglio, tàgli**) **I** *v.t.* **1** to cut; (*a fette*) to slice: *~ il pane* to slice the bread; (*produrre una ferita*) to cut: *tagliarsi un dito* to cut one's finger; *~ la gola a qcu.* to cut so.'s throat. **3** (*staccare*) to cut (off): *~ un pezzo di formaggio* to cut off a piece of cheese. **4**

(*separare*) to cut (off): *~ due metri di stoffa* to cut off two metres of cloth. **5** (*asportare recidendo*) to cut off: *~ la testa a qcu.* to cut off so.'s head, to chop off so.'s head. **6** (*potare*) to lop, to cut off, to prune: *~ i rami di un albero* to lop off the branches of a tree, to cut off the branches of a tree, to prune (the branches of) a tree. **7** (*dividere: in due*) to cut, to cut in two, to cut in half: *~ lo spago* to cut the string. **8** (*in più parti*) to cut, to cut up: *~ qcs. in quattro* to cut sth. in four, to cut sth. into four; *~ una torta in parti uguali* to cut a cake up into equal parts. **9** (*trinciare*) to carve: *~ un pollo* to carve a chicken. **10** (*accorciare*) to cut: *~ i capelli* to cut one's hair. **11** (*tosare, radere*) to shear, to crop, to clip. **12** (*sospendere l'erogazione*) to cut off: *~ la luce* to cut off the electricity supply; *~ il gas* to cut off the gas supply; *~ il telefono* to cut off the phone; *~ i rifornimenti* to cut off supplies. **13** (*intersecare*) to cut across, to intersect, to cross: *questa strada taglia la nazionale* this road cuts across the main highway; *~ la rotta* to cross the bows of a ship. **14** (*abbreviare*) to cut, to shorten, to prune: *~ un articolo* to shorten an article. **15** (*censurare*) to cut, to censor: *la censura ha tagliato il film in più punti* the censors have cut the film in several places, the censors have made several cuts in the film. **16** (*attraversare per la linea più corta*) to cut: *~ una curva* to cut a curve. **17** (*sfaccettare*) to cut, to facet: *~ un diamante* to cut a diamond. **18** (*Sart*) to cut: *~ una gonna* to cut a skirt. **19** (*Agr*) (*segare*) to saw, to cut: *~ il tronco di un albero* to cut a tree trunk. **20** (*Agr*) (*mietere*) to reap, to mow, to cut: *tagliano il grano* they are reaping the grain. **21** (*Legat*) to cut; (*rifilare*) to trim. **22** (*Enol*) to blend, to mix. **23** (*droga*) to cut. **24** (*Med*) to cut; (*sezionare*) to dissect, to cut up; (*incidere, aprire*) to lance, to incise, to cut (open), to open: *~ un ascesso* to lance an abscess. **25** (*Sport*) to cut: *~ una palla* to cut a ball; (*nel golf*) to slice a ball. **26** (*Forest*) (*rif. ad alberi*) to cut (down), to fell, to hew, to chop (down). **27** (*Inform*) to cut. **28** (*Abbigl*) to edit out. **II** *v.i.* (*aus. avere*) **1** (*essere affilato*) to cut, to be sharp: *questo coltello non taglia* this knife doesn't cut. **2** (*seguire il cammino più breve*) to cut, to take a short cut: *abbiamo tagliato per i campi* we cut across the fields. **III** *v.pron.* **tagliarsi** to cut oneself. □ *~ a dadi* to cut into small cubes, to dice, to cube; *~ a dadini* to cut into small cubes, to dice, to cube; *~ a fette* to slice, to cut into slices; *~ a metà* to cut in two, to cut in half; *~ a pezzi* to cut to pieces, to cut into pieces, to cut to bits; (*colloq*) *~ i capelli a zero*: 1 (*cortissimi*) to crop so.'s hair, to give so. a crew cut; 2 (*rasati*) to shave (one's head) bald, to shave off so.'s hair; *farsi ~ la barba*: 1 to have one's beard shaved off; 2 (*farsela spuntare*) to have one's beard trimmed; *farsi ~ i capelli* to have a haircut; *~ le carte* to cut (the cards), to cut the deck; (*fig*) *una nebbia che si taglia col coltello* a very thick fog, a fog you can cut with a knife; *~ come un rasoio* to cut like a razor, to be razor-sharp (*anche fig*); (*fig*) *~ corto* to cut short; *~ fuori*: 1 (*Mil*) to cut off; 2 (*isolare*) to cut off: *la frana ha tagliato fuori il paese* the landslide has cut off the village; 3 (*escludere*) to leave out; 4 (*non passare per*) to by-pass; (*fig*) *~ i panni addosso a qcu.* to backbite so., to tear so. to bits, to rip so. to shreds, to speak ill of so.; (*fig*) *~ i ponti con qcu.* to break off with so.; *~ i ponti col passato* to make a clean break with the past; (*fig*) *~ i viveri a qcu.* to cut off so.'s supplies; *~ il* *vino* to blend wine, to mix wine, (*Am*) to cut the wine; (*fig*) ~ *la corda* to slip away, to sneak off, to hit the road, (*colloq*) to make off, (*colloq*) to cut and run; (*fig*) *un vento che taglia la faccia* a biting wind, a cutting wind; ~ *la strada a qcu.*: 1 to cut across so.'s path; 2 (*rif. ad automobilisti*) to cut in on so., to cut in front of so.; 3 (*fig*) to hinder so., to bar so.'s way, to block so.'s way; (*iperb*) *piuttosto mi farei ~ la testa!* over my dead body!; (*fig*) ~ *la testa al toro* to cut the matter short, to settle the matter once and for all, to cut the Gordian knot; ~ *le gambe* (*rif. a vino*) to go to one's head; (*fig*) ~ *le gambe a qcu.* to cut so. off at the knees; ~ *le spese* to cut expenses; *tagliarsi le vene* to slash one's wrists; ~ *lungo la linea tratteggiata* to cut along the dotted line; ~ *una siepe* to trim a hedge; (*Inform*)*taglia* (*comando*) cut; *taglia e incolla* cut and paste.

tagliarete, **tagliareti** *m.inv.* (*Mar*) net cutter.

tagliasigari *m.inv.* cigar cutter.

tagliastracci *f.inv.* (*Cart*) rag cutter, rag chopper.

tagliata *f.* 1 cut, cutting. 2 (*tosatura*) shearing, cropping, clipping, clip. 3 (*Agr*) (*mietitura*) reaping, cutting, mowing. 4 (*Forest*) (*abbattuta di alberi*) felling, clearing. 5 (*Gastron*) sliced steak. □ *dare una ~ a*: 1 to cut; 2 (*recidere*) to cut off; 3 (*accorciare*) to cut, to give a trim: *dammi una ~ ai capelli* give me a trim, give me a haircut; *farsi dare una ~ ai capelli* to have one's hair cut, to get a haircut; 4 (*tosare*) to shear, to crop, to clip; 5 (*Agr*) (*segare*) to saw, to cut.

tagliatelle *f.pl.* (*Alim*) tagliatelle (*costr.sing.*) (ribbon-shaped pasta), noodles.

tagliatina *f.* cut, trim. □ *farsi dare una ~ ai capelli* to have one's hair trimmed.

tagliato *a.* 1 cut. 2 (*reciso*) cut off. 3 (*rif. a capelli: accorciato*) cut: *capelli tagliati corti* hair cut short. 4 (*fig*) (*portato per natura, incline*) cut out (*per* for), suited (to):*essere ~ per qcs.* to be cut out for sth.; *non è ~ per questa professione* he is not cut out for this profession, this profession is not for him; *non sono ~ per la matematica* I have no head for mathematics. 5 (*Sport*) cut, chopped: *palla tagliata* cut ball, (*nel golf*) sliced ball. 6 (*rif. a vino*) blended, mixed. 7 (*rif. a droga*) cut. □ *capelli tagliati a spazzola* crew-cut hair (*costr.sing.*); *baffi tagliati a spazzola* toothbrush moustache (*sing.*); (*fig*) *un uomo ~ all'antica* an old-fashioned man; (*fig*) *essere ~ apposta per qcu.* to be just right for so., to be just made for so.; (*fig*) ~ *con l'accetta* (o ~ *con la scure*): 1 (*rif. a lavoro*) roughly shaped, clumsily made, rough, rough-hewn; 2 (*rif. a persone*) rough, uncouth, rough-hewn, rugged; ~*fuori* cut off, cut out.

tagliatore *m.* (*f.* **-trice**) 1 cutter (*anche Sart*): ~ *di diamanti* diamond cutter. 2 (*Macell*) carver.

tagliatrice *f.* 1 (*Sart*) cutter. 2 (*macchina*) cutting machine, cutter (*anche Minier*).

tagliatura *f.* 1 cutting. 2 (*punto tagliato*) cut. 3 (*ritaglio*) cut piece, cutting.

tagliaunghie *m.inv.* nail clippers *pl.*

tagliauova *m.inv.* egg slicer.

tagliavento *m.inv.* (*Mil*) nose cap.

taglieggiare (**tagliéggio, tagliéggi**) *v.t.* 1 (*lett*) (*sottoporre a tributi*) to impose a tribute on, to levy a tribute on. 2 (*estens*) (*estorcere denaro*) to extort money from.

taglieggiatore *m.* extortionist, extortioner.

tagliente **I** *a.* 1 cutting. 2 (*affilato*) sharp: *una lama ~* a sharp blade. 3 (*fig*) (*mordace,*

pungente) cutting, biting, sharp, pungent; *lingua ~* sharp tongue; *freddo ~* biting cold, bitter cold. **II** *m.* (cutting) edge.

tagliere *m.* chopping board, cutting board; (*per il pane*) bread board.

taglieria *f.* (*Oref*) diamond-cutting room.

taglierina *f.* 1 (*Mecc*) (*trancia*) cutter. 2 (*Mecc*) (*cesoia*) shear, shears *pl.* 3 (*Cart*) guillotine, paper cutter. 4 (*Fot*) trimmer.

taglierini *m.pl.* (*Alim*) thin soup noodles.

taglietto *m.* 1 small cut. 2 (*Mecc,Tip*) cutter.

taglio *m.* 1 (*il tagliare*) cutting: *il ~ di un bosco* the cutting down of a wood; (*per la raccolta del legname*) the harvest of timber in a forest. 2 (*l'asportare, l'amputare*) cutting off, amputation: ~ *della testa* cutting off of so.'s head, chopping off of so.'s head, beheading. 3 (*effetto del tagliare*) cut: *mi sono fatto un ~ al dito* I have a cut on my finger. 4 (*modo di lavorare tagliando*) cut: *questa sarta ha un ~ preciso* this dressmaker has a clean cut. 5 (*tecnica di tagliare la stoffa*) cutting (out); (*foggia, linea*) cut, style: *una giacca di ~ classico* a jacket with a classical cut; *un vestito di ottimo ~* a well-cut dress. 6 (*parte staccata da un intero*) piece; (*rif. a stoffe: pezzo staccato dalla pezza*) length, piece: *un ~ di seta* a piece of silk. 7 (*quantità di tessuto per confezionare un indumento*) length: *un ~ di stoffa per un vestito da uomo* a suit length. 8 (*pezzo di carne di bestia macellata*) piece (of meat), cut: *un ~ da brodo* a piece of meat for making soup. 9 (*parte tagliente*) cutting edge, edge: *la lama ha perso il ~* the blade has lost its edge, the blade has become blunt. 10 (*parte più sottile di un oggetto, contrapposta alla superficie maggiore*) edge, thinnest part: *mettere i libri di ~* to put the books edge-on. 11 (*fig*) (*soppressione*) cut: *bisognerà apportare alcuni tagli al manoscritto* we will have to make some cuts in the manuscript; *tagli della censura* censorship cuts. 12 (*fig*) (*interruzione brusca*) cut, break: *dare un ~ deciso a una relazione* to make a clean break with so.; *dacci un ~!* stop it!, cut it out! 13 (*Med*) incision; (*amputazione*) amputation. 14 (*Cin*) cut. 15 (*Oref*) cut; (*operazione*) cutting. 16 (*Legat*) edge: *un libro col ~ dorato* a book with a gilt-edge, a gilt-edged book. 17 (*Agr*) (*rif. a cereali*) reaping, cutting; (*rif. all'erba*) mowing, cutting: ~ *del fieno* mowing of hay. 18 (*Agr*) (*potatura*) pruning, lopping. 19 (*Forest*) (*rif. a bosco*) cutting down, clearing; (*rif. ad alberi*) cutting down, chopping down, felling, hewing. 20 (*Sport*) spin. 21 (*Sart,Abbigl*) length. □ (*Oref*) *~ a baguette* baguette cut; (*Oref*) ~ *a brillante* brilliant cut; (*Oref*) ~ *a cuore* heart cut; (*Oref*) ~*a marquise* marquise cut; (*Oref*) ~*a rosetta* rose cut; (*Oref*) ~*a smeraldo* emerald cut; (*Alim*) *al ~* by the slice; (*Econ*) ~*al bilancio* budget cut; (*Econ*) ~*alla spesa pubblica* cut in public expenditure; (*Chir*) ~ *cesareo* Caesarean section, Caesarean, (*Am*) C-section; (*Sart*) ~ *classico* classic cut; *da ~*: 1 (*che può essere tagliato*) for cutting, for slicing; 2 (*che serve a tagliare*) cutting: *utensile da ~* cutting tool; (*Enol*) ~ *dei vini* mixing of wines, blending of wines, (*Am*) cutting of the wine; *di ~*: 1 (*per dritto*) on edge, on end, edgewise, edgeways: *mettere qcs. di ~* to stand sth. on edge, to stand sth. edge-on; 2 (*con la lama*) edgewise, edge-on: *colpire di ~* to hit edgewise; (*Sport*) *colpire di ~ la palla* to spin the ball; (*nel golf*) to slice the ball; ~ *di capelli*: 1 haircut; 2 (*foggia*) hairstyle; *biglietti di grosso ~* high-denomination notes, big notes, (*Am*) large bills; (*Sart*) *di ~ impecca-*

bile perfectly-cut: *abito di ~ impeccabile* perfectly-cut suit; *biglietti di piccolo ~* low-denomination notes, small notes, (*Am*) small bills;*farsi un ~ alla mano* to cut one's hand; ~*netto* clean cut; (*fig*) *dare un ~ netto a qcs.*: 1 (*interrompendola*) to make a clean break with sth.; 2 (*risolverla decisamente*) to cut sth. short; (*Oref*) ~ *ovale* oval cut; ~ *profondo* gash, deep cut; (*Forest*) ~*raso* clear felling, clear cutting, clearing.

tagliola *f.* (*Caccia*) trap, snare: *cadere nella ~* to fall into the trap, to be ensnared (*anche fig*).

tagliolini *m.pl.* (*Alim*) thin soup noodles.

tagliolo *m.* (*Met*) (*scalpello*) chisel.

taglione *m.* (*Stor*) talion, retaliation: *legge del ~* law of retaliation, lex talionis.

tagliuzzamento *m.* cutting up, cutting to bits, cutting to shreds.

tagliuzzare (**tagliùzzo**) *v.t.* 1 to cut up, to cut to bits, to cut to shreds, to cut into pieces. 2 (*rif. a carne e verdure: tagliare grossolanamente*) to chop up.

tagmema *m.* (*Ling*) tagmeme.

tagmemica *f.* (*Ling*) tagmemics (*costr.sing.*).

Tago *n.pr.m.* (*Geog*) Tagus.

taguan, **taguan** *m.* (*Zool*) taguan, flying squirrel.

Tahiti *n.pr.f.* (*Geog*) Tahiti.

tahitiano *m.* (*f.* **-a**) Tahitian.

tai chi chuan /ˌtajˌtʃiˈtʃwan/ *m.inv.* (*arte marziale*) T'ai Chi, T'ai Chi Chu'uan, Tai Chi Chuan.

Taide *n.pr.f.* (*Stor*) Thais.

taiga *f.* (*Geog*) taiga.

tai ji quan /ˌtajˌtʃiˈtʃwan/ *m.inv.* (*arte marziale*) T'ai Chi, T'ai Chi Chu'uan, Tai Chi Chuan.

Tailandia *e der.* → **Thailandia** *e der.*

tailleur /taˈjɛr, taˈjœr/ *m.inv.* (*Abbigl*) suit: ~ *sportivo* casual suit; ~ *pantalone* (*Br*) trouser suit, (*Am*) pant suit.

Taiwan /taiˈwan/ *n.pr.f.* (*Geog*) Taiwan.

talaltro **I** *pron.m.* (*correlatiavo di taluno*) others *pl.* **II** *pron.f.* (*correlativo di talvolta*) other times, sometimes: *talvolta studia, talaltra no* sometimes he studies, sometimes he doesn't.

talamo *m.* 1 (*lett*) (*camera nuziale*) bridal chamber; (*letto nuziale*) bridal bed. 2 (*Bot, Anat*) thalamus.

talare[1] □ *abito ~* (o *tonaca ~* o *veste ~*) cassock, priest's cassock.

talare[2] *m.pl.* (*Mitol*) talaria.

talassemia *f.* (*Med*) thalassaemia, thalassemia.

talassemico (*pl.* **-ci**) *a.* (*Med*) thalassaemic, thalassemic.

talassico (*pl.* **-ci**) *a.* (*rar*) thalassic, sea (*attr.*), marine.

talassocrazia *f.* (*rar,Stor*) thalassocracy.

talassofobia *f.* (*Psic*) thalassophobia.

talassografia *f.* thalassography.

talassografico (*pl.* **-ci**) *a.* thalassographic.

talassografo *m.* thalassographer.

talassologia *f.* oceanography.

talassologo *m.* (*f.* **-a**; *pl.* **-gi**) oceanographer.

talassoterapia *f.* (*Med*) thalassotherapy.

talassoterapico (*pl.* **-ci**) *a.* (*Med*) thalassotherapeutic.

talché *cong.* (*lett*) (*cosicché*) so that.

talco (*pl.* **-chi**) *m.* 1 (*Min*) talc, talcum. 2 (*Farm,Cosmet*) talcum powder, (*colloq*) talc. □ (*Farm,Cosmet*) ~*borato* talcum powder, talc; (*Farm,Cosmet*) ~*mentolato* mentholated powder, mentholated talc.

talcoscisto *m.* (*Min*) talc schist, talc slate.

talcoso *m.* talcose, talcous.

tale (*often shortened to* **tal**, *pl.* **tali**) **I** *a.* **1** (*di questa o quella maniera*) such, of this kind, of such a kind, like this: *tali discorsi non si possono sopportare* I can't allow talk like this, I can't allow this sort of talk; *le sue lettere sono tali che non meritano risposta* letters like his do not deserve a reply; *non l'avrei creduto capace di una ~ azione* I wouldn't have believed him capable of such an action. **2** (*così*) *non si traduce*: *da ragazza era molto magra, ora non è più ~* as a girl she was very thin, but she isn't any more. **3** (*così grande*) such (a) (*seguito da un nome*), so (*seguito da un aggettivo*): *come puoi sopportare una ~ villania?* how can you put up with such a rudeness?; *il freddo è ~ che non oso uscire di casa* it is so cold that I daren't put my nose outside; *mi sono preso un ~ spavento!* I was so frightened!, I had such a fright! **4** (*preceduto al sing. dall'art. indeterminato: un certo*) certain: *un ~ dottor Carli desidera parlarti* a certain Dr. Carli wants to speak to you. **5** (*preceduto da questo, quello: per indicare una persona o oggetto determinato*) that: *hai parlato con quella tal persona?* did you speak to that person? **6** (*questo*) this (*pl.* these): *con tali parole mi ha congedato* with these words he dismissed me. **7** (*quello*) that (*pl.* those). **II** *pron.dimostr.* **1** (*questa, quella persona*) the one, the person: *io sono il ~* I am the person, I am the one. **2** (*preceduto dall'art. indeterminato: persona indeterminata*) someone: *c'è un ~ di là che ti aspetta* there's someone waiting for you over there. **3** (*preceduto da quello: persona nota*) person, man (*f.* woman), (*colloq,spreg*) fellow: *è tornato quel ~ di ieri sera* that man from last night is here again. □ *in tal caso*: **1** in this case, in that case, in such a case; **2** (*allora*) then; *non è persona ~ da giungere a compromessi* he is not one to compromise; *il ~ non è the sort of person to compromise*; *il* (*o la*) *tal dei tali* so-and-so; *l'ho saputo dalla tal dei tali* I heard it from what's-her-name; *~ e quale*: **1** (*identico*) exactly like, just like: *questo libro è ~ e quale il tuo* this book is exactly the same as yours; *ve la dico tale e ~ l'ho sentita* I'm telling you exactly as I heard it; **2** (*testualmente*) exact, exactly, precise, precisely, word for word: *mi ha risposto così, ~ e quale* he answered me like this, word for word; *a ~ effetto* for this purpose; *a tal fine* to this end; *il tal giorno, alla ~ ora* on such and such a day, at such and such a time; *in tal maniera* this way, like this, in such a way; *a tal punto* to such an extent, to such a point; *~ quale*: **1** (*identico*) exactly like, just like: *è ~ quale sua nonna* she is just like her grandmother; *questo libro è ~ quale il tuo* this book is exactly the same as yours, this book is identical to yours; **2** (*testualmente*) exact, exactly, precise, precisely, word for word: *mi ha risposto così, ~ quale* he answered me like this, word for word; **3** (*certo*) certain: *una tal quale somiglianza* a certain likeness; *a ~ riguardo* in this respect; *~... tale* like... like, as... so: *~ padre ~ figlio* like father like son.

talea *f.* (*Giard*) cutting.

talebano *m.* (*Rel.islam*) Taliban, Taleban, Talibaan: *i talebani* the Taleban.

taleggio *m.* (*Alim*) taleggio, kind of soft (Italian) cheese.

talentaccio *m.* rough and ready talent.

talentare (**talènto**; *aus.* **essere**) *v.i.* (*lett*) (*garbare*) to please (*costr.pers. o impers.*), to suit (*costr.impers.*) (*a qcu. so.*), to like

(*costr.pers.*): *fa sempre ciò che gli talenta* he always does what he likes, he always does what he pleases.

talento[1] *m.* **1** (*capacità*) talent: *avere ~ musicale* to have a talent for music, to have a talent in music, to be musical; *pieno di ~* very talented, of great talent; *privo di ~* untalented, talentless. **2** (*persona dotata di talento*) talented person, person of talent, (*lett*) talent. □ *un uomo di ~* a talented man, a man of talent; *senza ~* untalented, talentless; *~ sprecato* wasted talent.

talento[2] *m.* (*unità di peso*) talent (*anche Numism*).

talent-scout /talen(t)'skawt/ *m.inv.* talent scout.

Talete *n.pr.m.* (*Stor*) Thales.

Talia *n.pr.f.* (*Mitol*) Thalia.

taliare (**tàlio**; *aus.* **avere**) *v.t./i.* (*region*) to look.

taliban *m.inv.* (*Rel.islam*) Taliban, Taleban, Talibaan: *i ~* the Taliban.

talibano *m.* (*Rel.islam*) Taliban, Taleban, Talibaan: *i talibani* the Taliban.

talidomide *m.* (*Farm*) thalidomide.

talismanico *a.* talismanic.

talismano *m.* talisman, charm (*anche fig*).

talk show /tolk'ʃo/ *m.inv.* (*TV,Rad*) talk show.

tallero *m.* (*Numism*) taler, thaler.

tallico (*pl.* **-ci**) *a.* (*Chim*) thallic, thallium (*attr.*).

tallio *m.* (*Chim*) thallium.

tallire (**tallìsco, tallìsci**; *aus.* **avere/essere**) *v.i.* (*Bot*) (*germogliare*) to sprout, to bud, to shoot.

tallo *m.* **1** (*Bot*) thallus. **2** (*pop*) (*germoglio*) bud, sprout, shoot.

tallofita *f.* (*Bot*) thallophyte.

tallonaggio *m.* (*Sport*) heeling.

tallonamento *m.* **1** hot pursuit, close pursuit, chasing, shadowing. **2** (*Sport*) (*nel rugby e nel calcio*) heeling.

tallonare (**tallóno**) *v.t.* **1** to pursue closely, to press (hard on), to chase. **2** (*Sport*) to follow closely, to keep close behind; (*nel rugby e nel calcio: colpire la palla col tallone*) to heel.

tallonata *f.* **1** kick, blow with the heel. **2** (*Sport*) (*nel rugby e nel calcio*) heel, heeling, hooking.

tallonatore *m.* (*f.* **-trice**) (*Sport*) (*nel rugby*) hooker.

talloncino *m.* **1** coupon. **2** (*scontrino*) counterfoil, slip, voucher.

tallone[1] *m.* **1** (*Anat*) heel. **2** (*nelle calze*) heel: *calze senza ~* heelless stockings. **3** (*parte inferiore*) heel, foot, bottom; (*rif. a coltelli*) heel. **4** (*nei pneumatici*) bead. **5** (*nel cavallo*) heel, hind part of a hoof. **6** (*nell'aratro*) landside. **7** (*Mar*) (*calcagnolo*) heel (of a ship's keel). □ (*fig*) *~ d'Achille* Achilles heel.

tallone[2] *m.* (*Econ*) standard: *~ monetario* monetary standard.

talloso[1] *a.* (*Bot*) thalloid, thallose.

talloso[2] *a.* (*Chim*) thallous.

talmente *avv.* so: *sono ~ depresso che non riesco neanche a lavorare* I am so depressed that I can't even work; *ce n'erano ~ tanti che non ho potuto contarli* there were so many that I wasn't able to count them; *cantava ~ forte che lo ha sentito anche la portinaia* he was singing so loudly that even the caretaker heard him.

Talmud *m.inv.* (*Rel.ebr*) Talmud. □ (*Rel.ebr*) *~ babilonese* (*o ~ di Babilonia*) Babylonian Talmud; (*Rel.ebr*) *~ di Gerusalemme* Jerusalem Talmud; (*Rel.ebr*) *~ palestinese* Palestinian Talmud.

talmudico (*pl.* **-ci**) *a.* (*Rel.ebr*) Talmudic, Talmudical.

talmudista *m./f.* (*Rel.ebr*) Talmudist.

talora *avv.* sometimes, at times.

talpa I *f.* **1** (*Zool*) mole. **2** (*pelliccia*) moleskin, mole. **3** (*scavatrice*) excavator. **4** (*fig*) (*persona tarda*) dull person, slow-witted person, dullard, dolt. **5** (*fig,colloq*) (*infiltrato*) mole, plant, spy. **II** *m.inv.* (*color talpa*) mole grey, moleskin.

taluno I *pron.indef.* **1** someone, somebody, some: *come già aveva detto ~ dei presenti* as some of those present had already said. **2** *pl.* (*alcune persone*) some, some people: *taluni gli danno ragione* some people say he is right. **3** (*correlativo di talaltro*) some *pl.*: *~ gli crede, talaltro no* some believe him, others don't. **II** *a.* **1** (*alcuni*) some: *taluni storici affermano che* some historians say that. **2** (*certi*) certain.

talvolta *avv.* **1** sometimes, at times, now and then: *come ~ avviene* as sometimes happens. **2** (*in correlazione con talaltra*) sometimes: *~ studia, talaltra no* sometimes he studies, sometimes he doesn't.

tamari *m.inv.* (*Gastron*) tamari.

tamarice *f.* (*Bot*) tamarisk.

tamarindo *m.* **1** (*Bot*) tamarind. **2** (*sciroppo*) tamarind syrup; (*bibita*) tamarind drink.

tamarisco (*pl.* **-chi**) *m.* (*Bot*) tamarisk.

tamaro *m.* (*Bot*) black bryony.

tamarro *m.* (*colloq*) rough guy, thug.

tamburato □ (*Fal*) *pannello ~* sandwich panel.

tambureggiamento *m.* **1** drumming. **2** (*fig*) hammering, pounding, beating. **3** (*Mil*) (*martellamento*) pounding, drumfire.

tambureggiante *a.* drumming, pounding.

tambureggiare (**tamburéggio, tamburéggi**; *aus.* **avere**) *v.i.* **1** to drum. **2** (*fig*) to hammer, to pound, to beat. **3** (*Mil*) to pound.

tamburellare (**tamburèllo**; *aus.* **avere**) *v.i.* **1** (*suonare il tamburello*) to play the tambourine. **2** (*battere*) to drum, to beat: *~ con le dita sul tavolo* to drum the table with one's fingers.

tamburellista *m./f.* (*Mus*) tamburino player.

tamburello *m.* **1** (*Mus*) tambourine. **2** (*gioco*) tamburello.

tamburino *m.* **1** (*soldato*) drummer, drummer boy. **2** (*Giorn*) entertainments guide.

tamburo *m.* **1** (*Mus*) drum: *suonare il ~* to beat the drum, to play the drum. **2** (*suonatore*) drummer. **3** (*nelle armi*) cylinder. **4** (*negli argani*) barrel. **5** (*Tecn,El*) drum. **6** (*Orol*) barrel. **7** (*Arch*) (*nelle cupole*) tambour, drum; (*nelle colonne*) column drum. **8** (*Aut*) (*dei freni*) brake drum. **9** (*Tess*) swift. **10** (*Mar*) paddle box. **11** (*Giorn*) subscription ad. □ *a ~ drum* (*attr.*): *avvolgimento a ~ drum winding*; (*Mecc,Tess*) *~ avvolgitore winding drum*; (*Tip*) *~ ballerino dandy roll*; (*fig*) *a ~ battente* (*subito*) immediately, at once, on the spot; (*fig*) *avere la pancia come un ~* to be bloated from overeating; (*Aut*) *~ dei freni* brake drum; (*Arm*) *~ della pistola* revolver cylinder; (*Mil*) *~ maggiore* drum major.

tamerice *f.* (*Bot*) tamarisk.

Tamerlano *n.pr.m.* (*Stor*) Tamerlane, Tamburlaine.

tamia *f.* (*Zool*) chipmunk.

Tamigi *n.pr.m.* (*Geog*) Thames.

Tamil, Tamil I *m./f.inv.* Tamil. **II** *m.inv.* (*lingua*) Tamil. **III** *a.inv.* Tamil.

tampinare (**tampìno**) *v.t.* (*region,colloq*) to tail, to dog.

tampoco *avv.* (*ant,scherz*) (*sempre preceduto da né*) nor, let alone.

tamponamento *m.* **1** (*otturazione*) plugging, stopping (up): ~ *di una falla* stopping of a leak. **2** (*Aut*) nose to tail crash, collision, running into: ~ *di una macchina* running into a car, collision with a car. **3** (*Med*) tamponage, tamponade, tamponing. **4** (*Edil*) (*muro di tamponamento*) curtain wall. □ (*Aut,Strad*) ~*a catena* car pile-up, pile-up.

tamponare (**tampóno**) *v.t.* **1** (*otturare*) to plug, to stop (up), to close (up). **2** (*asciugare sommariamente*) to dab (*at sth.* qcs.). **3** (*Aut*) to run into, to go into, to drive into, to crash into, to bump into, to collide with: ~ *un'automobile* to run into a car. **4** (*Chim*) to buffer, to add a buffer solution to. **5** (*Med*) to plug, to tampon. **6** (*fig*) (*trovare una soluzione provvisoria a*) to band-aid: ~ *la situazione* to band-aid the situation; ~ *una crisi* to stem a crisis. □ ~ *una falla*: **1** to stop a leak; **2** (*fig*) to fill a gap; (*Med*) ~ *una ferita* to tampon a wound.

tamponato *a.* (*Farm*) buffered: *aspirina tamponata* buffered aspirin.

tamponatura *f.* **1** (*otturazione*) plugging, stopping (up). **2** (*Med*) tamponade, tamponage.

tampone I *m.* **1** plug, stopper, bung, wad, pad. **2** (*cuscinetto: per timbri*) ink pad (for rubber stamps), stamp pad; (*di carta assorbente*) blotter. **3** (*Med*) tampon, pack, plug, swab, tent: ~ *diagnostico* swab. **4** (*Chim,Ferr, El,Inform*) buffer. **5** (*Tip*) ink ball, tampon. **6** (*assorbente interno*) tampon. **7** (*Mus*) (*di clarinetti e sax*) pad. **II** *a.* **1** (*Chim,El,Inform*) buffer (*attr.*): *soluzione* ~ buffer solution. **2** (*fig*) stopgap: *legge* ~ stopgap law; *misure* ~ stopgap measures. □ (*Med*) ~ *vaginale* vaginal tampon.

tam-tam, **tamtam** *m.* **1** (*Mus*) tom-tom. **2** (*Mus*) (*gong*) tam-tam. **3** (*fig*) (*scambio di notizie*) gossip, local gossip.

tan (*Mat*) *tangente* tan (tangent).

TAN (*Econ*) (*tasso annuo nominale*) APR (net annual percentage rate).

tana *f.* **1** den; (*buca*) hole; (*di conigli*) burrow; (*di lepri*) form; (*covo*) lair: *la* ~ *della volpe* the fox's lair, the fox's earth; *la* ~ *del lupo* the wolf's lair. **2** (*fig*) (*nascondiglio*) hideout, hiding place, den: *la* ~ *dei banditi* the robbers' den. **3** (*fig*) (*stamberga*) hovel, den, hole, slum. **4** (*fig*) (*nei giochi*) home.

tanaceto *m.* (*Bot*) tansy, bitter buttons (*costr.sing. o pl.*).

tanagra, **tanagra** *f.* **1** (*Archeol*) Tanagra (figurine). **2** (*Ornit*) tanager.

tanatofobia *f.* (*Psic*) thanatophobia.

tanatologia *f.* (*Med*) thanatology.

tanatologico (*pl.* **-ci**) *a.* (*Med*) thanatological.

tanatosi *f.* (*Entom*) thanatosis.

tanca *f.* **1** jerry can. **2** (*Mar*) tank.

Tancredi *n.pr.m.* Tancred.

tandem *m.* **1** (*bicicletta*) tandem (bicycle). **2** (*fig*) tandem, pair, partners *pl.* **3** (*Tecn*) tandem. □ (*fig*)*in* ~ in tandem, in partnership, as a pair; (*El*) *collegamento in* ~ parallel connection.

tanfata *f.* whiff (of a musty smell).

tanfo *m.* **1** stench, stink, bad smell, (*Br*) pong. **2** (*odore di muffa, di umido*) musty smell, mouldy smell.

tang (*Mat*) *tangente* tan. (tangent).

tanga *m.* (*Abbigl*) **1** tanga. **2** (*perizoma*) G-string.

Tanganica *n.pr.m.* (*Geog*) **1** (*lago*) (Lake) Tanganyika. **2** (*territorio*) Tanganyika, Tanganyika Territory.

tangente I *a.* (*Geom*) tangent: *curva* ~ tangent curve. **II** *f.* **1** (*Geom*) (*retta tangente*) tangent (line). **2** (*Mat*) (*tangente trigonometri-*

ca) tangent. **3** (*percentuale*) percentage. **4** (*bustarella*) bribe, (*colloq*) cut, kickback. **5** (*pizzo*) (*colloq*) protection (money), money extorted by racketeers. □ (*fig,scherz*) *partire per la* ~ to go off at a tangent; (*fig,scherz*) *filare per la* ~ (*svignarsela accortamente*) to make off, to slip off.

tangentopoli *f.* (*Stor.it*) kickback city.

tangenza *f.* **1** (*Geom*) tangency. **2** (*Aer*) ceiling: ~ *d'esercizio* operational ceiling.

tangenziale I *a.* (*Geom,Ott*) tangential, tangent. **II** *f.* **1** (*Geom*) tangent (line). **2** (*Strad*) by-pass, belt-way, ringroad, (*Br*) relief road, ring road, (*Am*) beltway.

tangenzialmente *avv.* (*Geom*) tangentially.

tangere (**tàngo/tàngi**; *no past tense, no past participle and compound tenses*) *v.t.* **1** (*lett*) to touch. **2** (*fig*) to concern: *la cosa non mi tange* it does not concern me.

Tangeri *n.pr.f.* (*Geog*) Tangier.

tangerino I *m./f.* Tangerine. **II** *m.inv.* (*Bot, Alim*) (*mandarino*) Tangerine. **III** *a.* Tangerine.

tanghero *m.* (*f.* **-a**) boor, bumpkin, lout.

tangibile *a.* **1** tangible, touchable, palpable. **2** (*fig*) (*evidente*) tangible, palpable, clear: *prova* ~ tangible proof.

tangibilità *f.* tangibility (*anche fig*).

tangibilmente *avv.* tangibly, palpably (*anche fig*).

tango (*pl.* **-ghi**) *m.* (*danza*) tango.

tanica *f.* **1** can: ~ *di benzina* (*Br*) petrol can, (*Am*) gas can. **2** (*Aer*) tank.

tank *m.inv.* (*Mil*) tank.

tannante I *a.* (*Pell*) tanning **II** *m.* (*Pell*) tanning agent.

tannare (**tànno**) *v.t.* (*Pell*) to tan.

tannato *m.* (*Chim*) tannate.

tannico (*pl.* **-ci**) *a.* (*Chim*) tannic: *acido* ~ tannic acid.

tannino *m.* (*Chim*) tannin.

tantalico *a.* (*Chim*) tantalic: *acido* ~ tantalic acid.

tantalio *m.* (*Chim*) tantalum.

tantalite *f.* (*Min*) tantalite.

tantalo *m.* (*Ornit*) wood stork, wood ibis.

Tantalo *n.pr.m.* (*Mitol*) Tantalus: *il supplizio di* ~ the torment of Tantalus.

tantino I *pron.indef.* (*always preceded by the indefinite article* un) **1** a little, a (little) bit: *dammene un* ~ give me a (little) bit; *un* ~ *di carne* a little meat, a (little) bit of meat. **2** (*rif. a liquidi*) drop: *un* ~ *di vino* a drop of wine. **II** *avv.* **1** (*per un po' di tempo*) for a while, for a time, for a little, for a bit: *vado un* ~ *a dormire* I'm going to sleep for a while. **2** (*davanti ad aggettivi: un poco*) little, somewhat: *era un* ~ *seccato* he was a little annoyed. **3** (*davanti ad aggettivi: abbastanza*) a little, rather, somewhat: *è un* ~ *antipatico* he is rather unpleasant. **4** (*davanti ad avverbi: un po'*) a little, a bit: *mi sento un* ~ *meglio* I feel a little bit better.

tanto I *a.* **1** (*molto*) much (*pl.* many), a lot (of), (*colloq*) a load of, a ton of, tons of: *ho* ~ *lavoro* I have a lot of work; *abbiamo tante preoccupazioni* we have many worries; *sei caffè al giorno sono tanti* six cups of coffee a day is a lot. **2** (*grande*) so much, so great, such: *c'è tanta miseria nel mondo* there is so much poverty in the world. **3** (*così a lungo*) so long, such a long time. **4** (*in così grande numero*) so many, all the, all these, all those, such a lot (of): *a che cosa ti servono tante matite?* why do you need so many pencils? *che cosa ci fa qui tanta gente?* what are all these people doing here? **5** (*in così grande quantità*) so much, all this, all that: *perché vuoi* ~ *pane?* why do you want so much

bread? **6** (*correlativo di* che *e* da) so much (*pl.* so many), such: *ho tanti libri che non so dove metterli* I have so many books I don't know where to put them all; *hanno tanti soldi che soddisfano tutti i loro capricci* they have so much money (that) they can satisfy their every whim; *ha tanta volontà che riesce in ogni sua impresa* he has such will-power that he succeeds in everything he does. **7** (*correlativo di* quanto: *in proposizioni positive*) as much (*pl.* as many): *ho tanti libri quanti lui* I have as many books as he has. **8** (*in proposizioni negative*) as much (*pl.* as many), so much (*pl.* so many): *non ho tanti vestiti quanti ne hai tu* I don't have as many dresses as you. **9** (*altrettanto*) as much (again), the same amount (of), so much (*pl.* so many): *ho cambiato i cento dollari in tanti biglietti da un dollaro* I have changed the hundred dollars for the same amount in one dollar notes; *ci comportiamo come tanti sciocchi* we are behaving like so many fools. **II** *pron.* **1** (*con valore neutro*) a lot, much, a great deal: *chi ha* ~ *e chi niente* some have much and others nothing. **2** (*così molto*) so much, such a lot, (*colloq*) all that: *come puoi mangiare* ~*?* how can you eat so much? **3** (*in correlazione con* quanto) as much: *prendine* ~ *quanto ne vuoi* take as much as you want. **4** (*ciò, questo*) this, that: ~ *mi basta* this is enough for me; ~ *ti dovevo* that is what I owed you. **5** *pl.* (*molte persone*) many people, a lot of people: *tanti lo trovano simpatico* many people like him. **6** *pl.* (*enfat*) so many people: *tanti l'hanno visto* so many people have seen him. **7** *pl.* (*in correlazione con* quanti) as many, so many: *non sono tanti quanti speravo* there aren't as many as I had hoped. **8** *pl.* (*rif. a numeri indeterminati*) so much, so many, such and such: *dei soldi che ti do, tanti sono per te e tanti per tua sorella* so much of the money I am giving you is for you and so much for your sister, a certain amount of the money I am giving you is for you and so much for your sister. **III** *avv.* **1** (*così, talmente: con aggettivi e avverbi*) so: *è* ~ *giovane che sembra una bambina* she is so young she looks like a child. **2** (*coi verbi*) so much, such a lot, so, *spesso si traduce con* do: *mi piace* ~ I like it so much, I do like it, I like it a lot; *non studiare* ~ don't study so much, don't study so hard. **3** (*in correlazione con quanto, con aggettivi e avverbi: in proposizioni positive*) as: *è* ~ *bella quanto modesta* she is as beautiful as she is modest. **4** (*in correlazione con quanto, con aggettivi e avverbi: in proposizioni negative*) so, as: *non è* ~ *diligente quanto suo fratello* he is not as hard-working as his brother. **5** (*in correlazione con quanto: per esprimere una corrispondenza*) the more: ~ *più vali quanto più sai* the more you know the more you are worth. **6** (*sia, così; in correlazione con* quanto, come, *con sost. e pron.*) both: *vorrei comprare* ~ *la piastra di registrazione quanto il lettore di CD* I'd like to buy both the tape deck and the CD player. **7** (*in correlazione con* da *o* che) so, such, so much (*pl.* so many): *è* ~ *sciocco da non capire* he's so silly that he doesn't understand, he's such a fool that he doesn't understand. **8** (*davanti a comparativi*) so much the: ~ *meglio* so much the better, all the better. **9** (*molto, assai: con aggettivi e avverbi*) very, so: *è* ~ *vecchio* he is very old. **10** (*molto, assai: con i verbi*) very much: *ti ringrazio* ~ thank you very much. **11** (*soltanto, solamente*) just: ~ *per cambiare* just for a change; *per una volta* ~ just for once; *perché non vai al cinema,* ~ *per* *passare il tempo?* why don't you go to the cinema (just) to pass the time? **12** (*per molto tempo*) a long time, for a long time, (*colloq*) ages, for ages; (*in frasi negative e interrogative*) long, for long: *non ho lavorato* ~ I didn't work long. **13** (*per così molto tempo*) such a long time, for such a long time, so long, for so long: *è* ~ *che ti aspetto* I have been waiting such a long time for you. **14** (*con valore moltiplicativo*) as much, as: *tre volte* ~ three times as much; *è grande due volte* ~ he is twice as big. **IV** *congz.* **1** (*comunque*) however, but, nevertheless, yet, though, *a volte non si traduce: ho fatto di tutto,* ~ *so già che non otterrò nulla* I did everything I could but I know that it won't get me anywhere; *puoi anche parlargli,* ~ *non gliene importa nulla* you can talk to him if you like, (though) he doesn't care (*o* he doesn't give a damn *o* he doesn't care anyway). **2** (*con valore conclusivo*) in any case, anyway, anyhow, after all, *spesso non si traduce: non avvilirti,* ~ *ormai è fatta* don't get depressed, after all it's all over now; *è inutile strillare,* ~ *non ti sente nessuno* it's no use shouting, no one will hear you anyway. **V** *m.inv.* **1** (*quantità, numero indefinito*) so much: *un* ~ *al chilo* so much per kilo. **2** (*quantità grande, quasi eccessiva*) great: *devi prendere in considerazione sia il* ~, *sia il poco* you have to consider both the great and the small. ☐ *sei* ~, ~ *gentile* you are so kind; *arrivare a* ~ to reach such a point, to go so far; *tanti auguri* all good wishes, best wishes; *e* ~ *basta* that's more than enough; *è un ladro e* ~ *basta* he's a thief and that's more than enough; *tante belle cose:* **1** (*augurio*) best wishes, all the best wishes: *tante cose alla tua famiglia* (Br) please remember me to your family, (Am) give my regards to your family; **2** (*saluti*) regards, kindest regards; ~ *che:* **1** (*fino al momento in cui*) until, till; **2** (*per tutto il tempo che*) as long as; **3** (*infatti*) so that), with the result that: *arrivai tardi,* ~ *che avevano già finito* I arrived late, and so they had already finished; ~ *più che* all the more so, especially as, so much the more; *è inutile avvisarlo,* ~ *più che è probabile che non venga* it's useless to tell him especially as he probably won't come anyway; *è una casa come ce ne sono tante* it's just an ordinary house; *con* ~ *di barba* with a long beard; *tante cose:* **1** (*augurio*) best wishes, all the best wishes: *tante cose alla tua famiglia* (Br) please remember me to your family, (Am) give my regards to your family; **2** (*saluti*) regards, kindest regards; *da* ~ (*da tanto tempo*) for a long time, for such a long time, so long; *da* ~ *aspettavo una sua lettera* I had been waiting for a letter from him for such a long time; *è da* ~ *che te lo volevo dire* I've been wanting to tell you for such a long time; ~ *da* sufficient to, enough to; *guadagna* ~ *da vivere agiatamente* he earns enough to live well; ~ *ha detto e* ~ *ha fatto che ha ottenuto il posto* he left no stone unturned until he got the post; *di* ~ that much, this much, this; *non ne vorrei più di* ~ I don't want more than this; (*fig*) *fare* ~ *di cappello a qcu.* to take off one's hat to so.; (*colloq*) ~ *di guadagnato* so much the better, all the better; *di* ~ *in* ~ (*saltuariamente*) from time to time, occasionally; *si fa vivo di* ~ *in* ~ he shows up from time to time; (*fig*) *rimanere con* ~ *di naso* (*restare con* ~ *di naso*) to be left dumbfounded, to be left baffled; *a dire* ~ (*al massimo*) at the (ut)most; ~ *per dire* let's just say; *dirne tante a qcu.* (*rimproverarlo aspramente*) to give so. a thorough scolding; *guardare qcu. con*

~ *d'occhi* to gaze at so. wide-eyed; *dopo* ~ *studiare* after all that studying, after such hard work; *ascoltare qcu. con* ~ *d'orecchi* to listen attentively to so.; *e tanti* (*rif. a somme di denaro e sim.*) odd, and some odd: *costa trecento e tante euro* it costs three hundred euros odd, it cost three hundred and some odd euros; ~ *è:* **1** (*è lo stesso*) it's the same, there's no difference: ~ *è fare le cose a metà che non farle affatto* doing only half a job is the same as not doing it at all; **2** (*conclusivo*) never mind, well never mind, it can't be helped: *se non possiamo arrivare prima di cena,* ~ *è* if we can't arrive before dinner time, (well) never mind; *tant'è vero che* in fact, indeed, as a matter of fact, even: *non avevo fame, tant'è vero che sono andato a letto senza mangiare* I wasn't hungry, in fact I went to bed without having supper; *non è più* ~ *giovane* she's not so young any more; *tanta manna* it's a godsend; ~ *meno* much less, let alone; *non ho soldi per comprare una macchina,* ~ *meno per una casa* I have no money to buy a car, much less a house; *quanto più lo conosco* ~ *meno mi piace* the more I know him the less I care for him; *non* ~ (*poco*) not much, not very, little; ~ *peggio per lui* so much the worse for him; ~ *peggio* ~ *meglio* the worse the better; (*iron*) ~ *per cambiare* just for a change; ~ *per cambiare,* *anche oggi pastasciutta* pasta again today, just for a change; *grazie,* ~ *per gradire* just a bite thank you, just a taste thank you; ~ *per incominciare* to begin with; ~ *per intenderci* let us be quite clear about this; ~ *per parlare* for argument's sake, to make a conversation; ~ *piacere!:* **1** (I'm) very pleased to meet you!; **2** (*colloq,scherz*) (*e chi se ne importa*) so what!; ~ *più che* all the more so in that, all the more so because: *tutti lo sapevano,* ~ *più io, che sono suo fratello* everybody knew it, especially me, his brother; *ci voleva* ~ *poco* it took so little (doing), it was so easy, (*colloq*) it was a breeze, it was a piece of cake; *quel* ~ as much, just as much, that amount, just that amount, enough, just enough: *ho quel* ~ *che mi consente di vivere* I have just enough to live on; *compra quel* ~ *che ti occorre adesso* buy just as much as you need now; ~ *tempo* so long, such a long time: *perché hai impiegato* ~ *tempo?* why did you take so long?, why did it take you such a long time?; *dove sei stato* ~ *tempo?* where have you been for so long?, where have you been for such a long time?; *da* ~ *tempo* for such a long time; *è da* ~ *tempo che te lo volevo dire* I've wanted to tell you for such a long time; ~ *vale* you may as well, you might as well, one might just as well, we'd better, it would be better; ~ *vale che tu lo faccia subito* you might as well do it at once.
tantoché *congz.* (*rar*) (*tanto che*) so, so that, with the result that.
tantra *m.* (*Rel*) Tantra.
tantrico *a.* (*Rel*) Tantric.
tantrismo *m.* (*Rel*) Tantrism.
Tanzania *n.pr.f.* (*Geog*) Tanzania.
tanzaniano *a.* Tanzanian. **II** *m.* (*f.* **-a**) Tanzanian.
tao *m.* (*Filos,Rel*) Tao.
taoismo *m.* (*Filos,Rel*) Taoism.
taoista **I** *m./f.* (*Filos,Rel*) Taoist. **II** *a.* (*Filos, Rel*) Taoistic, Taoist.
taoistico (*pl.* **-ci**) *a.* (*Filos,Rel*) Taoistic, Taoist.
tapinamente *avv.* (*rar*) (*miseramente*) wretchedly, miserably.
tapino **I** *a.* wretched, miserable: *me* ~*!* poor me!, wretched me! **II** *m.* (*f.* **-a**) wretch.

tapioca *f.* **1** (*Bot*) cassava. **2** (*Alim*) tapioca.
tapiro *m.* **1** (*Zool*) tapir. **2** (*pelle*) tapir skin.
tapis roulant /ta'piru'lã/ *m.inv.* **1** (*per persone*) travolator, travelator. **2** (*per oggetti*) conveyor belt.
tappa *f.* **1** (*luogo di sosta*) halting place, halt, stop, stopping place (*anche Mil*). **2** (*sosta*) halt, stop: *fare una* ~ to make a stop. **3** (*percorso tra una sosta e l'altra*) stage, lap, leg. **4** (*fig*) stage, lap: *le tappe della civiltà* the stages of civilization, the stages in the progress of civilization. **5** (*Sport*) lap, stage. ☐ *a tappe* in stages, in laps (*anche fig*): *corsa a tappe* race in laps; *a piccole tappe* in short stages; (*Sport*) ~ *a cronometro* timed lap; (*Sport*) ~ *in piano* open-country stage; (*Sport*) ~ *in salita* hill stage.
tappabuchi *m./f.inv.* (*scherz*) stopgap, fill-in: *fare da* ~ to act as a stopgap.
tappare (**tàppo**) **I** *v.t.* **1** (*otturare*) to stop, to stop up, to close, to close up, to plug, to fill. **2** (*con un tappo*) to stop, to stopper, to plug; (*con un tappo di sughero*) to cork: ~ *un fiasco* to cork a flask. **3** (*chiudere*) to close, to close up, to block, to block up: ~ *la finestra* to block up the window. **4** (*tenere chiuso*) to shut, to hold, to stop. **II** *v.pron.* **tapparsi** (*rinchiudersi*) to shut oneself up: *tapparsi in casa* to shut oneself up at home. ☐ ~ *un buco:* **1** to fill in a hole, to plug a hole; **2** (*riempire uno spazio vuoto*) to fill in; **3** (*fig*) (*pagare un debito*) to pay a debt; **4** (*fig*) (*sostituire temporaneamente*) to replace so.; ~ *una falla:* **1** to stop a leak; **2** (*fig*) to plug a hole; *tapparsi il naso* to hold one's nose; ~ *la bocca a qcu.* to silence so., (*colloq*) to shut so. up; *tapparsi le orecchie:* **1** to stop one's ears; **2** (*fig*) (*non voler sentire*) to turn a deaf ear.
tapparella *f.* (*region*) rolling shutter: *alzare le tapparelle* to pull up the rolling shutters; *abbassare le tapparelle* to lower the rolling shutters.
tapparellista *m./f.* (*colloq*) man who fits and repairs rolling shutters.
tappato *a.* stopped, stopped up, blocked: (*colloq*) *ho il naso* ~ my nose is blocked, my nose is stopped up.
tappetino *m.* **1** rug, mat. **2** (*zerbino*) mat, doormat. **3** (*Aut*) mat, car mat. ☐ ~ *da bagno* bath mat; (*Inform*) ~ *per il mouse* mouse pad.
tappeto *m.* **1** carpet: *un* ~ *persiano* a Persian carpet; *mettere un* ~ *sul pavimento* to lay a carpet on the floor. **2** (*tappetino*) rug, mat: *un* ~ *di spugna per la stanza da bagno* a bath mat. **3** (*per tavoli*) cloth, tablecloth. **4** (*per pareti*) hangings *pl.*, tapestry. **5** (*fig*) carpet. **6** (*Sport*) mat; (*nel pugilato*) canvas, canvass. ☐ *a* ~ saturation (*attr.*) (*anche fig*): *bombardamento a* ~ saturation bombing; (*Sport*) *andare al* ~ (*cadere a terra*) to be knocked down; (*nel pugilato*) to hit the canvas; (*Sport*) *mettere al* ~ (*atterrare*) to knock down; ~ *di gomma* rubber mat; ~ *di preghiera* prayer rug, prayer mat; (*Sport*) ~ *elastico* trampoline; ~ *erboso:* **1** grass field; **2** (*Giard*) lawn; *stendere il* ~ *rosso per qcu.* to roll out the red carpet for so. (*anche fig*); (*Strad*) ~ *stradale* road carpet; (*fig*) *mettere una questione sul* ~ (*o portare una questione sul* ~) to bring up a question; ~ *verde:* **1** green baize; **2** (*fig*) (*tavolo da gioco*) card-table, gambling table; ~ *volante* magic carpet.
tappezzare (**tappézzo**) *v.t.* **1** (*rif. a pareti: con carta*) to paper, to wall paper: *ha tappezzato la camera da letto con carta azzurra* she papered the bedroom with blue wallpaper; *fare* ~ *una stanza* to have a room wall-

papered. **2** (*con arazzi*) to hang, to hang with tapestry, to tapestry. **3** (*rif. a mobili e sim.*) to upholster, to cover: ~ *di velluto una poltrona* to cover an armchair in velvet. **4** (*estens*) (*ricoprire*) to cover, to plaster: ~ *una parete di manifesti* to cover a wall with posters.

tappezzeria *f.* **1** (*rif. a pareti*) paper, wallpaper; (*stoffa*) tapestry. **2** (*rif. a mobili e sim.*) upholstery, cover, covering. **3** (*arte, tecnica*) upholstery, upholstering. **4** (*Aut*) upholstery. □ (*colloq,fig*) *fare* ~ to be a wallflower; *mettere la* ~ *in una stanza* to wallpaper a room.

tappezziere *m.* (*f.* **-a**) **1** (*chi riveste poltrone e sim.*) upholsterer. **2** (*chi riveste pareti*) decorator, paperhanger.

tappo *m.* **1** stopper, plug; (*di sughero*) cork; (*a vite*) cap, top. **2** (*del lavandino*) plug: *togliere il* ~ to pull out the plug. **3** (*estens*) (*oggetto di occlusione*) plug, stopper: *fare da* ~ to plug. **4** (*scherz*) (*persona di bassa statura*) small person, short person, shorty, (*colloq*) podge, little podge. **5** (*Met*) bot. □ ~ *a corona* crown cap; ~ *a vite* screwcap; ~ *da bottiglia* bottle cap, bottle top; (*Aut*) ~ *del radiatore* radiator cap; (*Aut*) ~ *del serbatoio* (*Br*) petrol cap, (*Am*) gas cap; (*Enol*) *sapere di* ~ to be corked; (*Med*) ~ *di cerume* inspissated cerumen, earwax plugging; ~ *di gomma* rubber stopper, plug; ~ *di vetro* glass stopper; ~ *dosatore* measuring cap (*anche Farm*); *tappi per le orecchie* ear plugs; *avere i tappi nelle orecchie* to have earplugs.

TAR (*Dir*) *tribunale amministrativo regionale* (regional administrative court).

tara *f.* **1** (*nella pesatura*) tare. **2** (*malattia, anomalia*) hereditary defect, hereditary taint, anomaly. **3** (*difetto*) defect, blemish, flaw. □ (*Comm*) ~ *convenzionale* customary tare; (*Comm*) ~ *effettiva* actual tare; (*Med*) ~ *ereditaria* hereditary defect, hereditary taint; *fare la* ~ to tare, to ascertain the tare; (*fig*) *fare la* ~ *a quello che qcu. dice* to take what so. says with a pinch of salt.

tarabuso *m.* (*Ornit*) bittern, Eurasian bittern, bull of the bog.

tarallo *m.* (*Gastron*) tarallo, kind of bagel from Southern Italy.

taralluccio □ (*fig*) *finire a tarallucci e vino* to resolve a dispute and become good friends.

tarantella *f.* (*danza*) tarantella.

tarantino **I** *a.* Taranto (*attr.*), from Taranto. **II** *m.* (*f.* **-a**) (*originario*) native of Taranto; (*abitante*) inhabitant of Taranto.

tarantismo *m.* (*Psic*) tarantism.

Taranto *n.pr.f.* (*Geog*) Taranto.

tarantola *f.* (*Zool*) tarantula.

tarantolato *a.* **1** bitten by a tarantula. **2** (*Psic*) (*affetto da tarantismo*) affected by tarantism, (*colloq*) over-excited, wild.

tarantolino *m.* (*Zool*) gecko.

tarare (**tàro**) *v.t.* **1** (*nella pesatura*) to tare. **2** (*uno strumento*) to calibrate, to set, to adjust.

tarassaco *m.* (*Bot*) dandelion, taraxacum.

tarato *a.* **1** (*nella pesatura*) tared. **2** (*Tecn*) calibrated, set, adjusted. **3** (*fig*) (*affetto da tara ereditaria*) tainted with a hereditary defect. **4** (*fig*) (*pazzo*) weird, mad.

taratura *f.* **1** (*nella pesatura*) taring, assessment of tare. **2** (*di uno strumento*) calibration, setting, adjustment.

tarchia *f.* (*Mar*) spritsail: *vela a* ~ spritsail.

tarchiato *a.* thickset, sturdy.

tardare (**tàrdo**) **I** *v.i.* (*aus. avere*) **1** (*essere in ritardo*) to be late: ~ *a un appuntamento* to be late for an appointment; ~ *in un paga-*

mento to be late with a payment, to be in arrears with a payment. **2** (*indugiare*) to delay, to take time, to take a long time, to be late: ~ *a rispondere* to delay in replying. **II** *v.t.* to delay, to hold up: ~ *la consegna di una merce* to delay delivery of goods; *le continue piogge tardano i lavori* all this rain has held up the work.

tardezza *f.* **1** (*lentezza*) slowness. **2** (*ottusità*) dullness.

tardi *avv.* late: *alzarsi* ~ *la mattina* to get up late in the morning; *arrivare* ~ *a scuola* to be late for school. □ *a più* ~! see you later!; *al più tardi* at the latest; *è* ~ it's late; (*troppo tardi*) it's too late: *dovevi farlo prima, ora è* ~ you should have done it before, it's too late now; *fare* ~: **1** to be late; **2** (*restare alzato fino a tarda ora*) to stay up late; *non più* ~ *di* no later than; *andiamo, si è fatto* ~ let's go, it's late; *let's go it's getting late*; (*Am*) let's go, it has gotten late; *sul* ~ late, late in the day, latish: *di pomeriggio sul* ~ late in the afternoon. *Prov.*: *chi* ~ *arriva, male alloggia* first come, first served.

tardigrado **I** *a.* (*rar*) tardigrade. **II** *m.* (*Zool*) **1** tardigrad, tardigrade, water bear. **2** *pl.* Tardigrada, tardigrads, tardigrades.

tardivamente *avv.* late, tardily, belatedly.

tardivo *a.* **1** (*rif. a fatti stagionali e sim.*) late: *un inverno* ~ a late winter. **2** (*che fiorisce tardi*) late, slow to flower. **3** (*che matura tardi*) late, slow-ripening. **4** (*che viene troppo tardi*) tardy, belated: *scuse tardive* tardy apologies; *pentimento* ~ tardy repentance. **5** (*ritardato*) retarded: *sviluppo* ~ retarded development; *bambino* ~ retarded child.

tardo *a.* **1** (*lento*) slow: ~ *nel muoversi* slow in moving, slow-moving. **2** (*pigro*) lazy, sluggish. **3** (*fig*) (*ottuso, poco sagace*) slow, slow-witted, dull: *essere* ~ *nel capire* to be slow in understanding. **4** (*che viene troppo tardi*) tardy: ~ *aiuto* tardy help, help that comes too late. **5** (*avanzato nel tempo*) late: *lo vedrò nella tarda mattinata* I'll be seeing him late in the morning; *a tarda notte* late at night; *fino a tarda notte* until late at night; *il* ~ *Medioevo* the late Middle Ages; *a tarda ora* late, at a late hour. **6** (*rif. a età*) advance, old: *in tarda età* in old age, when one is old. □ (*colloq*) ~ *di ingegno* obtuse, slow-witted, dull, dull-witted, thick; *a tarda ora* late.

tardogotico (*pl.* **-ci**) *a.* (*Art*) late Gothic.

tardona *f.* (*scherz*) passée woman, retread.

targa *f.* **1** plate, plaque, sign: *sulla porta c'era una* ~ *d'ottone con il nome dell'inquilino* on the door there was a brass plate with the tenant's name. **2** (*Aut*) (*Br*) number plate, registration plate, (*Am*) plate, license plate. **3** (*Sport*) (*premio*) plaque. **4** (*Arch*) (*memorial*) plaque, (*inscription*) plate, tablet. □ (*Aut*) *circolazione a targhe alterne* traffic regulated by allowing cars with odd and even number plates to circulate on alternate days; (*Aut*) ~ *anteriore* front number plate; (*Aut*) ~ *di immatricolazione* number plate, (*Am*) plate, license plate; (*Aut*) ~ *personalizzata* vanity plate; (*Aut*) ~ *posteriore* rear number plate; (*Aut*) ~ *provvisoria* temporary number plate.

targare (**tàrgo, tàrghi**) *v.t.* (*Aut*) to provide with a number plate, to provide with a licence plate.

targato *a.* **1** (*Aut*) with the number plate (*posposto*): *vettura targata AZ 169 PE* car with the number plate AZ 169 PE; *la mia macchina è targata...* my car's number plate is... **2** (*fig*) labelled.

targatura *f.* (*Aut*) provision with a number plate.

target /'target/ *m.inv.* target (*anche Comm*).

targhetta *f.* **1** plate: ~ *in ottone* brass plate. **2** (*su una porta*) name plate. **3** (*cartellino*) tag, label.

targhettatrice *f.* (*macchina*) addressing machine.

tariffa *f.* **1** tariff, rate. **2** (*prezzo*) price, charge. **3** (*rif. ai trasporti pubblici*) fare: *tariffe ferroviarie* rail fares. **4** (*estens*) (*tariffario*) list of rates, table of rates, book of rates, tariff, price list. □ ~ *a contatore* meter rate; ~ *aerea* air fare, air rate; ~ *dei trasporti* fare; ~ *differenziale* differential tariff, differential rate; ~ *diurna* day rate; ~ *doganale* customs tariff, rate of customs duty, table of customs duties; ~ *elettrica* electricity rate; ~ *extraurbana* fare for travel beyond the city limits; ~ *fissa* flat rate, fixed rate, fixed tariff; ~ *forfettaria* flat rate; (*Giorn*) ~ *delle inserzioni* advertising rate; ~ *intera*: **1** (*nei trasporti pubblici*) full fare; **2** (*Tel*) peak rate; ~ *limite* maximum tariff; ~ *massima* maximum tariff; (*Tel*) ~ *minutaria* rate per-minute, per-minute rate; ~ *normale* standard tariff, normal tariff, ordinary rate; ~ *notturna* night rate; ~ *ordinaria* standard tariff, normal tariff, ordinary rate; ~ *postale* postage, postal rate, postal tariff; ~ *ridotta*: **1** reduced rate, lower rate; **2** (*nei trasporti*) cheap fare; **3** (*Tel*) off-peak rate; *a* ~ *ridotta* off-peak; ~ *speciale* special rate, special tariff; ~ *telefonica* telephone charge; ~ *unica* flat rate; ~ *zonale* zone rate.

tariffare (**tariffo**) *v.t.* to tariff, to fix the tariff of.

tariffario **I** *a.* **1** tariff (*attr.*), of rates (*posposto*), in rates (*posposto*): *aumento* ~ rise in tariffs, rise in rates; *negoziazioni tariffarie* tariff talks, tariff negotiations. **2** (*rif. a trasporti pubblici*) fare (*attr.*). **II** *m.* list of rates, table of rates, book of rates, tariff, price list.

tariffazione *f.* **1** rating. **2** (*Tel*) billing system.

tarlare (**tàrlo**) **I** *v.t.* to eat. **II** *v.i.* (*aus.* **essere**) **1** (*rif. a legno*) to be worm-eaten. **2** (*rif. a stoffe*) to be moth-eaten. **III** *v.pron.* **tarlarsi** **1** (*rif. a legno*) to become worm-eaten. **2** (*rif. a stoffe*) to become moth-eaten, to get moth-eaten.

tarlatana *f.* (*Tess*) tarlatan.

tarlato *a.* **1** (*rif. a legno*) worm-eaten: *legno* ~ worm-eaten wood. **2** (*rif. a stoffe*) moth-eaten.

tarlatura *f.* **1** worm hole; (*rif. a tarme*) moth hole. **2** (*polvere di legno*) dust from worm-eaten wood.

tarlo *m.* **1** (*Entom*) woodworm. **2** (*fig*) gnawing, pangs *pl.*: *il* ~ *della gelosia* the pangs of jealousy. □ *il* ~ *del dubbio* the worm of doubt, the seed of doubt.

tarma *f.* (*Entom*) moth, clothes moth: ~ *della lana* casemaking clothes moth.

tarmare (**tàrmo**) **I** *v.t.* to eat. **II** *v.i.* (*aus.* **essere**) to be moth-eaten. **III** *v.pron.* **tarmarsi** to become moth-eaten, to get moth-eaten.

tarmato *a.* moth-eaten.

tarmicida **I** *a.* moth killing. **II** *m.* moth killer.

tarocco[1] (*pl.* **-chi**) *m.* tarot: *giocare ai tarocchi* to play tarots; *fare i tarocchi* to read the tarot cards.

tarocco[2] (*pl.* **-chi**) *m.* (*Bot*) tarocco (kind of Sicilian orange).

tarozzo *m.* **1** (*Mar*) sheer batten, sheer pole. **2** (*gradino*) wooden rung (of a rope ladder).

tarpan *m.* (*Zool*) tarpan.

tarpare (**tàrpo**) *v.t.* to clip. □ (*fig*) ~ *le ali a qcu.* to clip so.'s wings.

Tarpea *n.pr.f.* (*Mitol*) Tarpeia.

tarpeo *a.* (*Stor.rom*) Tarpeian: *rupe tarpea* Tarpeian Rock.

Tarquinia *n.pr.f.* (*Geog*) Tarquinia.

Tarquinio *n.pr.m.* (*Stor*) Tarquinius. □ (*Stor.rom*) *~ il Superbo* Tarquinius Superbus, Tarquin the Proud; (*Stor.rom*) *~ Prisco* Tarquinius Priscus.

tarsale *a.* (*Anat*) tarsal: *ossa tarsali* tarsal bones.

tarsalgia *f.* (*Med*) tarsalgia.

tarsia *f.* marquetry, intarsia, tarsia.

tarsio *m.* (*Zool*) tarsier.

tarso *m.* (*Anat*) tarsus.

Tarso *n.pr.f.* (*Geog*) Tarsus.

tartagliamento *m.* stuttering, stammering.

tartagliare (**tartàglio, tartàgli**) **I** *v.i.* (*aus.* **avere**) (*balbettare*) to stutter, to stammer. **II** *v.t.* (*pronunciare stentatamente*) to mutter, to grunt: *tartagliò qualcosa e se ne andò* he muttered something and left.

tartaglione *m.* (*f.* **-a**) stutterer, stammerer.

tartan *m.* **1** (*Tess*) tartan. **2** (*Sport*) Tartan.

tartana *f.* **1** (*Mar*) tartan. **2** (*Pesc*) trawl, traw-net, drag-net.

tartareo *a.* (*lett*) Tartarean, infernal, of Tartarus (*posposto*).

tartarico (*pl.* **-ci**) *a.* (*Chim*) tartaric: *acido ~* tartaric acid.

tartaro[1] *m.* **1** (*Dent*) tartar. **2** (*incrostazione calcarea*) tartar, calcareous incrustation. **3** (*Enol*) (*tartaro delle botti*) tartar. **4** (*Chim*) tartar. □ (*Farm*) *~ emetico* tartar emetic.

tartaro[2] **I** *a.* **1** Tartar, Tartarian, Tartaric. **2** (*Gastron*) tartar, tartare: *salsa tartara* tartar sauce, tartare sauce. **II** *m.* (*f.* **-a**) Tartar, Tatar. □ (*Gastron*) *carne alla tartara* steak tartare, tartar steak, tartare steak.

Tartaro *n.pr.m.* **1** (*Mitol*) Tartarus. **2** (*lett*) (*inferno*) hell.

tartaruga *f.* **1** (*Zool*) (*testuggine*) tortoise; (*tartaruga d'acqua*) turtle. **2** (*carne*) turtle: *zuppa di ~* turtle soup. **3** (*materiale*) tortoiseshell: *un portacipria di ~* a tortoiseshell compact. **4** (*fig*) (*persona lenta*) snail, slow-coach. **5** (*colore*) tortoise, tortoise colour. □ (*Zool*) *~ caretta* loggerhead turtle; *lento come una ~* as slow as a tortoise, as slow as a snail; (*Zool*) *~ d'acqua dolce* terrapin; (*Zool*) *~ di terra* Hermann's tortoise; (*Zool*) *~ embricata* hawksbill turtle; (*Zool*) *~ marina* sea turtle, turtle; (*Zool*) *~ palustre* European pond terrapin; (*Zool*) *~ verde* green turtle.

tartassare (**tartàsso**) *v.t.* **1** (*colloq*) (*maltrattare*) to ill-treat, to maltreat, to ill-use. **2** (*fig*) to give (so.) a hard time, to give (so.) a rough time, to be hard on (so.), (*colloq*) to put (so.) through it, to put (so.) through the mill, to put (so.) through the wringer: *all'esame è stato un po' tartassato* they gave him a hard time of it at the exam; *sono stato tartassato dal fisco* the tax people have put me through the mill. **3** (*fig*) (*suonare male uno strumento*) to play (sth.) badly: *il pianoforte* to play the piano badly, to thump on the piano.

tartina *f.* (*Gastron*) tartine, canapé, (*Br*) open sandwich, (*Am*) open-faced sandwich: *~ al caviale* caviar canapé; *~ al salmone* (*Br*) open salmon sandwich, (*Am*) salmon canapé.

tartrato *m.* (*Chim*) tartrate: *~ di potassio* potassium tartrate.

tartufaia *f.* truffle ground.

tartufaio *m.* (*f.* **-a**) truffle seller.

tartufare (**tartùfo**) *v.t.* (*Gastron*) to garnish with truffles.

tartufato *a.* (*Gastron*) truffled, with truffles (*posposto*), garnished with truffles (*posposto*).

tartuficolo *a.* truffle (*attr.*).

tartuficoltore *m.* truffle grower.

tartuficoltura *f.* truffle growing.

tartufo *m.* **1** (*Bot,Alim,Dolc*) truffle. **2** (*Zool*) Venus clam. **3** (*fig*) (*ipocrita*) hypocrite, Tartuffe. **4** (*fig,colloq*) (*di cane*) nose. □ *~ bianco*: 1 (*Bot,Alim*) white truffle; 2 (*Dolc*) white chocolate truffle; (*Bot,Alim*) *~ d'Alba* white truffle; (*Bot*) *~ del Périgord* French truffle, Périgord truffle; (*Dolc*) *~ di cioccolato* chocolate truffle; (*Bot,Alim*) *~ di Norcia* French truffle, Périgord truffle; *~ nero*: 1 (*Bot,Alim*) black truffle; 2 (*Dolc*) chocolate truffle.

tasca *f.* **1** pocket (*anche Sart*): *~ dei pantaloni* trouser pocket. **2** (*scomparto di valigie e sim.*) compartment, pocket. **3** (*Gastron*) (*per decorare dolci*) piping bag, (*Am*) pastry bag. **4** (*Anat*) pouch. □ (*Sart*) *~ a patta* (o *~ a pattina*) pocket with a flap; (*Sart*) *~ a toppa* patch pocket; (*Sart*) *~ applicata* patch pocket; *da ~* pocket: *orologio da ~* pocket watch; (*Dent*) *~ gengivale* gingival pocket; *avevo solo venti euro in ~* I had only twenty euros on me; *è un disoccupato con una laurea in ~* he's unemployed but possesses a degree; *è partito per gli USA con una laurea in ~* he left for the US armed with his degree; (*fig*) *avere la promozione in ~* to be sure of one's promotion, (*colloq*) to have the promotion in the bag; *a me non viene nulla in ~* I get nothing out of it; (*Sart*) *~ interna* inside pocket; (*Sart*) *~ laterale* side pocket; (*pop*) *avere le tasche piene di qcs.* (*essere stanco*) to be fed up with sth., to be sick and tired of sth.; (*Sart*) *~ posteriore* back pocket; (*Sart*) *~ tagliata* slash pocket, slit pocket; (*fig*) *per tutte le tasche* affordable for all; (*fig*) *avere le tasche vuote* to be penniless, (*colloq*) to be broke.

tascabile I *a.* **1** pocket (*attr.*): *dizionario ~* pocket dictionary; *formato ~* pocket size. **2** (*estens,scherz*) (*di piccole proporzioni*) miniature, tiny, pocket size (*attr.*). **3** (*Mar*) pocket (*attr.*): *corazzata ~* pocket battleship. **II** *m.* (*Edit*) paperback, pocket book.

tascapane *m.inv.* haversack (*anche Mil*).

tascata *f.* pocketful.

taschina *f.* (*Filat*) stamp envelope.

taschino *m.* (*Sart*) **1** (*tasca esterna di giacca*) breast pocket. **2** (*tasca interna di giacca*) inside pocket, inside breast pocket. **3** (*di panciotto*) waistcoat pocket. □ *da ~* pocket (*attr.*).

Tasmania *n.pr.f.* (*Geog*) Tasmania.

tasmaniano *m.* (*f.* **-a**) Tasmanian.

TASS (*Stor*) *agenzia telegrafica dell'Unione Sovietica* TASS (Soviet Union Telegraph Agency).

tassa *f.* **1** (*imposta*) tax, duty, levy (*su* on): *imporre una ~ su qcs.* to tax sth.; *una ~ del 10%* a 10% tax; *pagare le tasse* to pay taxes; *ridurre le tasse* to cut taxes. **2** (*costo di un servizio*) fee, cost, price, charge: *~ di registrazione* registration fee. □ *~ addizionale* additional tax, surtax; *tasse aeroportuali* airport taxes; *tasse amministrative* administrative fees; (*colloq*) *~ sui cani* dog licence fee, dog tax; *~ complementare* income tax, supplementary income tax; *~ d'esame* examination fee; (*Comm*) *~ d'esercizio* licence duty, licence tax; *~ di ammissione* admission fee, entrance fee; *~ di bollo* stamp duty, stamp tax; (*Aut*) *~ di circolazione* road tax, registration tax; *~ di compensazione* compensation tax; *~ di consumo* consumption tax, excise duty, excise tax; (*Post*) *~ di custodia* storage charge; *~ di entratura* entry fee; *~ di imbarco* departures tax (*anche Aer,Mar*); *~ di iscrizione*: 1 admission fee, entrance fee; 2 (*rif. a circoli, partiti e sim.*) membership fee; 3 (*Univ*) matriculation fee; *~ di pe-*

daggio toll; *~ di registro* stamp duty; *~ di ricchezza mobile* income tax; *~ di soggiorno* visitors' tax, tourist tax; (*Mar*) *~ di stivaggio* stowage; (*Dir*) *~ di successione* inheritance tax; *tasse doganali* Customs duties; *~ erariale* state tax, revenue tax; (*sugli spettacoli*) entertainment tax; (*Dir*) *tasse giudiziarie* court costs; *tasse progressive* graduated taxes, progressive taxes; (*Scol*) *tasse scolastiche* school fees, tuition fees, tuition (*costr.sing.*); *~ sul salario* pay roll tax; (*Univ*) *tasse universitarie* university fees, tuition fees, tuition (*costr.sing.*).

tassabile *a.* **1** taxable, subject to taxation (*posposto*). **2** (*soggetto a imposta*) dutiable, subject to duty (*posposto*), liable to duty (*posposto*).

tassabilità *f.* **1** taxability, taxableness. **2** (*rif. a imposte*) liability to duty.

tassametro *m.* taximeter, meter.

tassare (**tàsso**) **I** *v.t.* **1** to tax: *~ un prodotto del 5%* to tax a product with a rate of 5%. **2** (*rif. a imposte*) to levy a duty on, to charge a duty. **3** (*fissare l'imponibile*) to assess, to tax. **II** *v.pron.* **tassarsi** (*dare un contributo volontario*) to contribute, (*Am,colloq*) to chip in: *per aiutarlo ci siamo tassati per dieci euro a testa* we each chipped in ten euros to help him. □ *~ troppo qcs.* to overtax sth.

tassata *f.* (*Post*) (*lettera tassata*) postage-due letter.

tassativamente *avv.* strictly, definitely, absolutely: *proibire qcs. ~* to absolutely prohibit sth.; *è ~ vietato* it is strictly forbidden.

tassativo *a.* definite, absolute: *ordine ~* definite order; *termine ~* final deadline; *un no ~* a definite no.

tassato *a.* **1** taxed. **2** (*rif. a imposte*) taxed, subject to duty (*posposto*). **3** (*Post*) postage-due. □ *non ~* untaxed.

tassazione *f.* **1** taxation: *~ doppia* double taxation. **2** (*il gravare d'imposte*) imposing of a duty. **3** (*l'ammontare*) tax, taxation. **4** (*accertamento dell'imponibile*) assessment.

tassellare (**tassèllo**) *v.t.* **1** (*mettere tasselli*) to dowel, to plug. **2** (*tagliare un pezzo a forma di tassello*) to cut out a wedge from: *~ un formaggio* to cut out a wedge of cheese. **3** (*Econ*) to label (sth.) with a revenue stamp.

tassellatura *f.* dowelling, plugging.

tassello *m.* **1** plug, dowel, block. **2** (*per fissare chiodi e sim.*) nog. **3** (*pezzo a forma di tassello*) wedge. **4** (*Sart*) gusset. **5** (*Met*) dolly block. **6** (*fig*) detail. **7** (*Tecn*) *~ a espansione* expansion bolt, rawlplug.

tassema *m.* (*Ling*) taxeme.

tassì *m.inv.* → **taxi**.

tassidermia *f.* taxidermy.

tassidermista *m./f.* taxidermist.

tassinaro *m.* (*region*) taxi driver, cab driver, (*colloq*) cabbie.

tassista *m./f.* taxi driver, cab driver, (*colloq*) cabbie.

tasso[1] *m.* **1** (*Zool*) badger. **2** (*pelo*) badger's hair, badger's fur: *pennello di ~* badger hair-brush. □ (*fig*) *dormire come un ~* to sleep like a log.

tasso[2] *m.* (*Bot*) (English, European) yew.

tasso[3] *m.* **1** rate (*anche Econ*). **2** (*Statist*) rate, percentage, figure. **3** (*Med*) level: *~ di colesterolo* cholesterol level; *~ di insulina* insulin level. □ (*Econ*) *~ agevolato* concessional rate; (*Econ*) *~ attivo* lending rate; (*Statist*) *~ di assenteismo* absenteeism rate; *~ di assenteismo per malattia* sickness rate; (*Econ*) *~ di attività* employment rate; (*Econ*) *~ di base* base rate; (*Econ*) *~ di cambio* rate of exchange, par of exchange, exchange rate; (*Statist*) *~ di crescita* growth rate;

(*Statist*) ~ *di criminalità* crime figures (*pl.*), crime rate; (*Econ*) ~ *di disoccupazione* unemployment rate, jobless rate; (*Econ*) ~ *di incremento* rate of gain; (*Econ*) ~ *di inflazione* inflation rate; (*Econ*) ~ *di interesse* interest rate; (*Statist*) ~ *di mortalità* death rate, mortality rate; (*Statist*) ~ *di mortalità materna* maternal mortality rate; (*Statist*) ~ *di natalità* birthrate, birth rate; (*Econ*) ~ *di remunerazione* rate of return; (*Econ*) ~ *di riferimento* base rate; (*Econ*) ~ *di sconto* rate of discount, discount rate; (*Statist,Econ*) ~ *di sviluppo* rate of growth, growth rate; (*Econ*) ~ *di variazione* rate of change; (*Econ*) *a ~ fisso* fixed-interest (*attr.*); (*Econ*) ~ *interbancario* interbank rate; (*Econ*) ~ *massimo* ceiling rate; (*Statist*) ~ *medio* average rate; (*Statist*) ~ *mensile* monthly rate; (*Econ*) ~ *passivo* borrowing rate; (*Econ*) ~ *primario* prime rate; (*Econ*) *a ~ variabile* variable-interest (*attr.*); (*Econ*) *a ~ zero* interest-free (*attr.*).

tasso[4] *m.* (*Mecc*) stake; (*incudine da calderaio*) boiler maker's anvil.

tassobarbasso *m.* (*Bot*) mullein, great mullein, Aaron's rod.

tassodio *m.* (*Bot*) swamp cypress.

tassonomia *f.* (*Biol,Ling*) taxonomy.

tassonomico (*pl.* **-ci**) *a.* (*Biol,Ling*) taxonomic, taxonomical.

tastare (**tàsto**) *v.t.* **1** to touch, to feel. **2** (*toccare con un bastone e sim.*) to sound, to probe, to feel; (*dando piccoli colpi*) to tap. **3** (*fig*) (*saggiare*) to feel out, to sound out, to test: ~ *l'avversario* to sound out one's adversary. □ ~ *il polso a qcu.* to feel so.'s pulse (*anche fig*); ~ *il terreno*: **1** to test the ground; **2** (*fig*) to put out feelers, to see how the land lies, to sound the ground, to sound out the situation.

tastata *f.* **1** touch, light touch. **2** (*fig*) feeling out, sounding out, testing. □ *dare una ~ a qcs.*: **1** to touch sth., to feel sth.; **2** (*fig*) to feel sth. out.

tastatore *m.* (*Tecn*) feeler pin, tracer point.

tasteggiare (**tastéggio, tastéggi**) *v.t.* **1** (*tastare leggermente*) to touch lightly, to feel lightly. **2** (*toccare i tasti*) to touch the keyboard, to run one's fingers over the keyboard; (*rif. a flauto*) to finger.

tastiera *f.* **1** keyboard (*anche Tip,Inform*). **2** (*Mus*) keyboard; (*negli strumenti a corda*) fingerboard: *suonare le tastiere* to play keyboards. **3** (*Mar*) diving controls *pl.* □ (*Inform*) ~ *qwerty* qwerty keyboard; (*Inform*) ~ *qzerty* qzerty keyboard.

tastierino *m.* (*Inform*) keypad. □ (*Inform*) ~ *numerico* numeric keypad.

tastierista *m./f.* **1** (*Mus*) keyboard player, keyboardist. **2** (*Tip,Inform*) keyboard operator, machine compositor.

tasto *m.* **1** key; (*pulsante*) button. **2** (*Mus*) (*del pianoforte e sim.*) key; (*negli strumenti a corda*) fret. **3** (*leva di comando*) key, lever, button. **4** (*argomento*) subject, topic: *questo ~ è meglio lasciarlo stare* (o *è meglio non toccare questo ~*) we'd better not touch on that subject. **5** (*prelievo di materiale*) sample. **6** (*Zootecn*) (*maneggiamento*) feeling (to see how fat an animal is). □ *al ~* (*tastando*) by (the) touch, by the feel; (*Inform*) ~ *attivo* hot key; ~ *d'annullamento* erase button; ~ *d'arresto* stop button; (*Inform*) ~ *del mouse* mouse button: ~ *destro del mouse* right mouse button; ~ *sinistro del mouse* left mouse button; ~ *del pianoforte* piano key; (*fig*) *un ~ delicato* a sore point, a sore subject; *toccare un ~ delicato* to touch on a delicate subject; (*Inform*) ~ *delle maiuscole* shift key; ~ *di avanzamento veloce*

fast forward button; ~ *di azzeramento* reset button; ~ *di cancellazione* delete key (*anche Inform*); ~ *di controllo* control key (*anche Inform*); (*Inform*) ~ *di escape* escape key; ~ *di espulsione* eject button; (*Inform*) ~ *di funzione* function key; (*Inform*) ~ *di invio* return key, enter key; (*Tecn*) ~ *di pausa* (*di registrazione*) pause button; (*Tecn*) ~ *di registrazione* record button; (*Tecn*) ~ *di riavvolgimento* (*di registrazione*) rewind button; (*Tel*) ~ *di richiamata* redial button; (*Inform*) ~ *di ripetizione automatica* auto-repeat key; (*Inform*) ~ *di ritorno* return key; (*Inform*) ~ *di scelta rapida* shortcut key; (*fig*) ~ *dolente* sore point; (*fig*) ~ *doloroso* painful subject; (*fig*) *toccare un ~ falso* to strike a false note, to hit a false note; (*Inform*) ~ *fissamaiuscole* caps lock, shift lock; (*Inform*) ~ *funzione* function key; (*fig*) *toccare il ~ giusto* to strike the right note; (*Inform*) ~ *tabulatore* tab key; (*Tecn*) ~ *telegrafico* Morse tapper.

tastoni *avv.* **1** gropingly, feeling one's way. **2** (*fig*) gropingly, hesitantly, blindly: *procedere ~* to proceed hesitantly, to feel one's way; *camminare ~* to walk along feeling one's way, to grope one's way along. □ *a ~*: **1** gropingly, feeling one's way; **2** (*fig*) gropingly, hesitantly, blindly gropingly: *cercare qcs. a ~* to grope for sth.

TAT (*Tel*) *tariffa telefonica a tempo* dialing charges.

tata *f.* (*infant*) (*bambinaia*) nanny.

tataro I *a.* Tartar, Tartarian, Tartaric. **II** *m.* (*f.* **-a**) Tartar, Tatar.

tattica *f.* tactics (*costr.sing. o pl.*) (*anche fig*): ~ *navale* naval tactics; (*fig*) *questa è la sua solita ~* these are his usual tactics; ~ *elettorale* election tactics.

tatticamente *avv.* tactically (*anche fig*).

tatticismo *m.* use of tactics.

tattico[1] (*pl.* **-ci**) **I** *a.* **1** (*Mil*) tactical, of tactics (*posposto*): *posto ~* tactical position. **2** (*estens*) tactical. **II** *m.* (*Mil*) tactician.

tattico[2] *a.* (*Biol*) taxic.

tatticone *m.* (*f.* **-a**) (*colloq*) tactician, old fox.

tattile *a.* tactile, touch (*attr.*).

tattilità *f.* tactility.

tattismo *m.* (*Biol*) taxis.

tatto *m.* **1** touch: *riconoscere qcs. al ~* to recognize sth. by touch, to recognize sth. by its touch. **2** (*senso*) touch, sense of touch. **3** (*fig*) (*delicatezza*) tact; (*discrezione*) tact, discretion, diplomacy. □ *essere liscio al ~* to be smooth to the touch; (*fig*) *con ~*: **1** (*usato come aggettivo*) tactful; **2** (*usato come avverbio*) tactfully: *agire con ~* to behave tactfully; (*fig*) *privo di ~* (o *senza ~*) tactless.

tatuaggio *m.* **1** (*disegno*) tattoo: *farsi fare un ~* to have oneself tattooed; *ho un ~ di una farfalla sulla spalla* I have a tattoo of a butterfly on my shoulder; *rimuovere un ~* to remove a tattoo. **2** (*operazione*) tattooing. □ ~ *all'henné* henna tattoo; ~ *decorativo*: **1** (*disegno*) decorative tattoo; **2** (*operazione*) decorative tattooing; ~ *dei cani* dog tattooing; ~ *estetico*: **1** (*disegno*) cosmetic tattoo; **2** (*operazione*) cosmetic tattooing; (*Med,Chir*) ~ *medico*: **1** medical tattoo; **2** (*operazione*) medical tattooing; ~ *temporaneo* temporary tattoo; (*Etnol*) ~ *tribale* tribal tattoo.

tatuare (**tàtuo**) **I** *v.t.* to tattoo: *farsi ~ qcs. sul braccio* to have sth. tattooed on one's arm. **II** *v.pron.* **tatuarsi** to have oneself tattooed.

tatuato *a.* tattooed: *un braccio tutto ~* a heavily tattooed arm.

tatuatore *m.* (*f.* **-trice**) tattooist, tattoo artist.

tau *f./m.inv.* (*lettera dell'alfabeto greco*) tau.

taumaturgia *f.* thaumaturgy.

taumaturgico (*pl.* **-ci**) *a.* thaumaturgic(al).

taumaturgo *m.* (*f.* **-a**; *pl.* **-gi/-ghi**) performer of miracles, thaumaturge.

Tauride *n.pr.f.* (*Geog.stor*) Tauris.

taurina *f.* (*Chim*) taurine.

taurino *a.* **1** taurine, of a bull (*posposto*), bull (*attr.*). **2** (*fig*) taurine, bull-like, bull (*attr.*), like a bull (*posposto*), of a bull (*posposto*): *con forza taurina* with the strength of a bull.

tauromachia *f.* bullfight, (*rar*) tauromachy.

tautologia *f.* (*Filos,Ling*) tautology.

tautologico (*pl.* **-ci**) *a.* (*Filos,Ling*) tautologic(al).

tautomeria *f.* (*Chim*) tautomerism.

tautomero *a.* (*Chim*) tautomeric.

tav. *tavola* pl. (plate).

tavella *f.* (*Edil*) hollow flat block, hollow flat tile.

tavellato, tavellonato *a.* (*Edil*) made with hollow flat blocks (*posposto*), made with hollow flat tiles (*posposto*).

tavellone *f.* (*Edil*) hollow flat block, hollow flat tile.

taverna *f.* **1** (*osteria*) tavern, bistro. **2** (*ristorante arredato rusticamente*) rustic restaurant, country-style restaurant. **3** (*spreg*) (*bettola*) low tavern. **4** (*locale nel seminterrato di una villa*) basement room. □ (*spreg*) *da ~* low, vulgar, coarse; *discorsi da ~* vulgar talk.

taverniere *m.* (*oste*) tavern keeper.

tavola *f.* **1** (*mobile*) table. **2** (*asse*) plank, board (*anche Fal*): *un pavimento di tavole* a plank floor. **3** (*prospetto, tabella*) table: ~ *dei logaritmi* logarithmic table, table of logarithms. **4** (*indice di un libro*) table of contents, index. **5** (*elenco*) list: ~ *di proscrizione* list of proscribed persons. **6** (*piano di banco e sim.*) board, table: ~ *di smerigliatura* grinding table, sanding table. **7** (*piastra*) plate, slab. **8** *pl.* (*tavolato*) planks, planking *sing.* **9** (*Art*) (*quadro su legno*) tablet, panel, panel painting: ~ *votiva* votive tablet. **10** (*Edit*) (*illustrazione*) plate. **11** (*Geog,Oref*) table. **12** (*Filat*) plate. **13** (*Stor*) (*lastra con scritture di pubblico interesse*) table, tablet: (*Bibl*) *le dodici tavole* the Twelve Tables. **14** (*Stor*) (*tavola cerata per scrivere*) tablet, wax writing tablet. □ *mettere a ~*: **1** (*rif. a vivande*) to serve, to serve up; **2** (*rif. a persone*) to seat: *mettersi a ~* to sit down at the table, to sit down at table; *a ~!* dinner's ready!, (*colloq*) soup's on!, soup's up!, dinner's on!, dinner's on! come and get it!; *non sa stare a ~* he has no table manners; (*Edit*) ~ *a colori* colour plate, (*Am*) color plate; (*Sport,rar*) ~ *a vela* windsurf; (*Arred*) ~ *allungabile* extension table, drop-leaf table; (*Mus*) ~ *armonica* soundboard; ~ *calda* lunch counter, snack-bar; *da ~* table (*attr.*); ~ *da biliardo* billiard table, pool table; (*Arred*) ~ *da cucina* kitchen table; (*Arred*) ~ *da pranzo* dining-room table, dinner-table; ~ *da spianare* pastry board; (*Edit*) ~ *dei contenuti* table of contents (*anche Inform*); (*Mat*) ~ *dei logaritmi* logarithmic table; *tavole del palcoscenico* boards, stage (*sing.*); (*fig*) *calcare le tavole del palcoscenico* to tread the boards; (*Bibl*) *tavole della legge* Tables of the Law; (*Mar*) ~ *delle maree* tide table; (*El*) ~ *di comando* console; (*Statist*) ~ *di mortalità* mortality table; *tavole di verità* (*nella logica*) truth tables; ~ *fredda* cold buffet; (*Edit*) ~ *fuori testo* plate; (*fig*) *tenere ~ imbandita* to keep open house; *il pranzo è in ~* dinner is on the table, dinner is ready; *mettere in ~* to put on the table; ~ *nautica* nautical table;

(*Mat*) ~ *numerica* numerical table; (*Tip*) ~ *per composizione* bank, board, random; (*Chim*) ~ *periodica* (o ~ *periodica degli elementi*) periodic table of elements; (*Mat*) ~ *pitagorica* multiplication table; ~ *reale* (*gioco*) backgammon; ~ *rotonda*: 1 (*Mediev, Lett*) Round Table; 2 (*incontro di esperti*) round table; 3 (*discussione*) round-table discussion, panel discussion; ~ *sinottica* synoptic table; ~ *statistica* statistical table; (*Art*) *su* ~ on wood; *il mare è una tavola* the sea is as smooth as glass. *Prov.*: *a* ~ *non s'invecchia* good food keeps you young.

tavolaccio *m.* (*pancaccio*) plank-bed.

tavolame *m.* planks *pl.*, lumber, timber.

tavolata *f.* table, tableful: *una ~ di quindici persone* a table of fifteen people; *una ~ di antipasti* a table of appetizers, a tableful of appetizers.

tavolato *m.* 1 (*rif. a pareti*) wainscot, wainscotting, panelling. 2 (*Edil*) (*tramezzo in legno*) wooden partition. 3 (*tipo di pavimento*) plank floor. 4 (*Mar*) (*rif. a ponti e sim.*) planking. 5 (*Geog*) tableland, plateau.

tavoletta *f.* 1 (*assicella*) board, plank. 2 (*di sostanza alimentare*) bar, slab: *una ~ di cioccolata* a chocolate bar. 3 (*Art*) (*dipinto su tavola*) tablet, panel, panel painting. 4 (*Farm*) tablet, lozenge. 5 (*Sport*) (*per nuotare*) (*Br*) float board, (*Am*) kickboard. 6 (*Archeol*) tablet. ☐ (*Aut*) *andare a ~* (*premere a fondo l'acceleratore*) to floor the accelerator, to drive flat out; (*Am*) to floor it; (*Stor.rom*) ~ *cerata* waxed writing tablet, wax tablet; (*Archeol*) ~ *di argilla* clay tablet; (*Stor.rom*) ~ *di cera* waxed writing tablet, wax tablet; (*Inform*) ~ *grafica* graphic tablet, digitizer; (*Topogr*) ~ *pretoriana* plane table.

tavoliere *m.* 1 (*Geog*) tableland, plateau. 2 (*da gioco*) board; (*scacchiera*) chessboard.

tavolino *m.* 1 (*Arred*) small table. 2 (*Arred*) (*scrittoio*) desk, writing table; (*banco*) desk. 3 (*nei caffè*) table, café table. 4 (*da gioco*) gaming table, card-table. 5 (*negli scompartimenti ferroviari*) collapsible table. ☐ *a ~*: 1 at one's desk, over one's papers: *stare a ~ tutto il giorno* to sit at one's desk all day long; (*estens*) (*studiare*) to study all day long; 2 (*fig*) in theory, on paper: *non è un problema che si può risolvere a ~* this is not a problem that can be solved over the table; ~ *da gioco* card table; (*Arred*) ~ *da lavoro* work-table; (*Arred*) ~ *da notte* bedside table, night table; (*Arred*) ~ *da tè* tea-table; (*Arred*) ~ *pieghevole* folding table.

tavolo *m.* (*Arred*) 1 table: ~ *rotondo* round table; *un ~ da quattro* (o *un ~ da quattro persone*) a table that sits four. 2 (*scrivania*) desk. ☐ (*Arred*) ~ *allungabile* extension table, extendable table; (*Med*) ~ *anatomico* dissecting table; ~ *da biliardo* billiard table, pool table; (*Arred*) ~ *da carteggio* chart desk (*anche Mar*); (*Arred*) ~ *da cucina* kitchen table; ~ *da disegno* drawing table, drawing desk; (*Arred*) ~ *da giardino* garden table; ~ *da gioco* gambling table, card-table; ~ *da lavoro*: 1 desk; 2 (*Tecn*) work bench; ~ *da ping-pong* table-tennis table; (*Arred*) ~ *da pranzo* dinner table, dining-room table; ~ *da stiro* ironing board; ~ *dei negoziati* (o ~ *delle trattative*) negotiating table (*anche Pol*); ~ *di carteggio* chart desk (*anche Mar*); ~ *di montaggio*: 1 (*Tip*) planning table; 2 (*Cin*) splicing table, cutting table; (*Chir*) ~ *operatorio* operating table; (*Arred*) ~ *pieghevole* folding table; (*Arred*) ~ *ribaltabile* folding table, drop-leaf table; ~ *verde* gambling table, card-table.

tavolone *m.* 1 large table. 2 (*asse di grandi*

dimensioni) thick board. 3 (*Edil*) batten.

tavolozza *f.* 1 (*Pitt*) palette (*anche Inform*). 2 (*estens*) (*colori usati da un pittore*) colours *pl.*; (*colori preferiti*) favourite colours *pl.*

taxi *m.* taxi, cab, taxicab, (*Am,colloq*) cabbie: *chiamare un ~* to call a cab. ☐ ~ *abusivo* unlicensed taxi-cab; ~ *libero* free cab, taxi for hire.

taxista *m./f.* taxi driver, cab driver, (*colloq*) cabbie.

taylorismo *m.* (*Econ*) Taylorism.

tayloristico *a.* (*Econ*) Taylor's, Taylor (*attr.*).

tazebao *m.inv.* wall newspaper, wall poster.

tazza *f.* 1 cup; (*tazzone*) mug: *una ~ di porcellana* a porcelain cup. 2 (*quantità*) cup, cupful: *bere una ~ di brodo* to drink a cup of broth; *una ~ di tè* a cup of tea. 3 (*vaso del water*) pan, lavatory pan, (*Am*) bowl, toilet bowl. ☐ ~ *da caffè* coffee cup; ~ *da tè* teacup; (*Met*) ~ *di colata* hand ladle.

tazzina *f.* small cup, coffee cup. ☐ ~ *di porcellana* china cup, porcelain cup.

tazzone *m.* mug, cup.

Tbc,TBC (*Med*) *tubercolosi* TB (tuberculosis).

t/c (*Mar*) *turbocisterna* (turbine-driven tanker).

TCH *Ciad* TCH (Chad).

TCI *Touring Club Italiano* (Italian touring club).

te *pron.pers.* 1 (*come oggetto o preceduto da preposizione*) you, (*ant*) thee: *ho chiamato ~ e non lui* I called you not him; *l'ho visto con ~* I saw him with you; *non mi ricordo di ~* I don't remember you. 2 (*te stesso*) yourself: *devi decidere da ~* you must decide by yourself. 3 (*soggetto: in espressioni esclamative*) you: *povero ~!* poor you! 4 (*soggetto, in forme comparative*) you: *è alto quanto ~* he's as tall as you (are). 5 (*predicativo*) you: *sembrava proprio ~* she looked just like you. 6 (*compl. di termine*) you: ~ *l'ho detto io* I told you.

tè *m.* 1 (*Bot,Alim*) tea: *una tazza di ~* a cup of tea; *prendere un ~* to have a cup of tea; *fare un ~* to make a cup of tea; *l'ora del ~* teatime. 2 (*ricevimento*) tea party, tea: *invitare qcu. a un ~* to invite so. to tea. ☐ (*Alim*) ~ *al limone* tea with lemon, lemon tea; *da ~* tea (*attr.*): *servizio da ~* tea service, tea-set; *sala da ~* tearoom, tea-shop; ~ *danzante* tea dance; ~ *delle cinque* five-o'clock tea, afternoon tea; (*Alim*) ~ *freddo* ice tea, iced tea; (*Alim*) ~ *ghiacciato* ice tea, iced tea; (*Alim*) ~ *nero* black tea; (*Alim*) ~ *verde* green tea.

tea ☐ (*Bot*) *rosa ~* tea rose.

teak /tɛk/ *m.inv.* (*Bot*) teak.

team /tim/ *m.inv.* team: ~ *televisivo* television team.

teandrico *a.* (*Teol*) theanthropic.

teandrismo *m.* (*Teol*) theanthropism.

teatino I *a.* 1 from Chieti (*posposto*). 2 (*Rel.catt*) Theatine. II *m.* 1 person from Chieti. 2 (*Rel.catt*) Theatine.

teatrabile *a.* performable, able to be staged (*posposto*), suitable for the theatre (*posposto*).

teatrale *a.* 1 (*del teatro*) theatrical, theatre (*attr.*), (*Am*) theater (*attr.*), of the theatre (*posposto*), stage (*attr.*): *compagnia ~* theatre company, theatrical company. 2 (*fig*) (*esagerato, artificioso*) theatrical, dramatic: *gesti teatrali* theatrical gestures.

teatralità *f.* theatricality, theatricalness (*anche fig*).

teatralmente *avv.* theatrically (*anche fig*).

teatrante *m./f.* 1 actor. 2 (*fig*) (*chi assume atteggiamenti teatrali*) theatrical person, (*colloq,spreg*) tub thumper.

teatrino *m.* 1 (*gioco per bambini*) toy theatre, (*Am*) toy theater. 2 (*di marionette*) puppet theatre, (*Am*) puppet theater. 3 (*fig*) farce: *il ~ della politica* the political farce.

teatro *m.* 1 (*edificio*) theatre, (*Am*) theater, playhouse. 2 (*spettacolo*) theatre, (*Am*) theater, play, performance, theatrical performance: *andare a ~* to go to the theatre. 3 (*rappresentazioni sceniche*) theatre, (*Am*) theater, drama: *mi piace molto il ~* I am very fond of the theatre. 4 (*attività teatrale, istituzione*) theatre, (*Am*) theater, stage. 5 (*pubblico*) house, audience, theatre, (*Am*) theater: *ricevere l'applauso di tutto il ~* to be applauded by the entire house. 6 (*complesso di opere drammatiche*) theatre, (*Am*) theater, plays *pl.*, drama: *il ~ greco* Greek drama. 7 (*fig*) theatre, (*Am*) theater, scene, stage: ~ *di un delitto* scene of a crime; ~ *bellico* theatre of war. 8 (*Archeol*) theatre, (*Am*) theater. ☐ ~ *a scena circolare* theatre-in-the-round; ~ *all'aperto* open-air theatre; (*Univ*) ~ *anatomico* anatomy theatre; ~ *comico* comedy; *darsi al* ~: 1 to dedicate oneself to the theatre; 2 (*fare l'attore*) to go on the stage; ~ *dei burattini* puppet theatre; ~ *dei piccoli* children's theatre; ~ *delle ombre* shadow theatre; (*Mil*) ~ *delle operazioni* theatre of operations (*anche estens*); *di* ~ stage (*attr.*), theatre (*attr.*): *attore di* ~ stage actor; (*fig*) ~ *di guerra* theatre of operations; (*Cin*) ~ *di posa* studio; ~ *di prosa* theatre, playhouse; ~ *di rivista* music hall; ~ *di strada* street theatre; ~ *di varietà* variety theatre, (*Br*) music-hall, (*Am*) vaudeville; ~ *esaurito* full house; (*sui cartelloni*) sold-out; ~ *lirico*: 1 (*edificio*) opera house; 2 (*genere*) opera; ~ *off* experimental theatre, street theatre; ~ *sperimentale* experimental theatre, studio theatre; ~ *stabile* permanent theatre, civic theatre; ~ *tenda* tent theatre.

tebaide *f.* (*lett*) hermitage.

Tebaide *n.pr.f.* (*Geog.stor,Lett*) Thebaid.

tebaina *f.* (*Chim*) thebaine.

tebaismo *m.* (*Med*) opiumism.

Tebaldo *n.pr.m.* Theobald, Thybald (*anche Lett*).

Tebano I *a.* (*Stor*) Theban. II *m.* (*f.* -**a**) (*Stor*) Theban.

Tebe *n.pr.f.* (*Geog.stor*) Thebes.

TEC *tonnellata equivalente di carbone* (tons coal equivalent).

teca *f.* 1 (*astuccio, custodia*) case. 2 (*di museo*) display cabinet. 3 (*Lit*) reliquary, shrine. 4 (*Bot,Anat,Zool*) theca. ☐ (*Anat*) ~ *cranica* cranium, braincase; (*Lit*) ~ *eucaristica* pyx.

technicolor /ˌtɛkniˈkɔlor/ *m.inv.* (*Cin*) technicolor: *film in* ~ technicolor film. ☐ (*scherz*) *in* ~ in technicolor.

techno /ˈtɛkno/ I *a.inv.* (*Mus*) techno. II *f.* (*Mus*) techno.

teck /tɛk/ *m.inv.* (*Bot*) teak.

Tecla *n.pr.f.* Thecla, Thekla.

tecneto, tecnezio *m.* (*Chim*) technetium.

tecnica *f.* 1 technology, technics (*costr.sing. o pl.*), (*Am*) (technical) know-how: *lo sviluppo della* ~ the advance of technology. 2 (*pratica*) technique: ~ *della pittura* painting technique. 3 (*procedimento specifico*) technique, manner, way, procedure: *le tecniche più avanzate* the most advanced techniques. 4 (*abilità tecnica*) technique. 5 (*spreg*) technique, mechanical skill: *questa poesia è pura* ~ this poetry is all technique. ☐ ~ *bancaria* banking; ~ *commerciale* commerce; (*Ind,Tecn*) ~ *del freddo* refrigeration engineering; (*Tel*) ~ *delle comunicazioni* communications engineering; (*Ind*) ~ *di lavorazione* processing technique; (*Ind*) ~ *di pro-*

duzione production technique; ~ *incisoria* engraving technique; (*Ind*) ~ *industriale* industrial technique; ~ *medica* medical technique; (*Minier*) ~ *mineraria* mining engineering; (*Chir*) ~ *operativa* operative technique, operating technique.

tecnicamente *avv.* technically: *è ~ impossibile* it is technically impossible.

tecnicismo *m.* 1 technicality. 2 (*predominio della parte tecnica*) predominance of the technical aspect. 3 (*spreg*) (*uso eccessivo di termini tecnici*) technicalism. 4 (*Ling*) (*termine tecnico*) technical term.

tecnicista *m./f.* technician.

tecnicistico (*pl.* **-ci**) *a.* 1 technical. 2 (*troppo complicato*) too technical.

tecnicità *f.* technicalness, technicality.

tecnicizzare (**tecnicìzzo**) *v.t.* to technicalize.

tecnicizzato *a.* technicalized.

tecnicizzazione *f.* technicalization.

tecnico (*pl.* **-ci**) **I** *a.* 1 technical: *progresso* ~ technical progress; *termini tecnici* technical terms; *dizionario* ~ technical dictionary. 2 (*Scol*) technical: *istituto* ~ technical school. **II** *m.* 1 technician: ~ *elettronico* electronics technician. 2 (*riparatore*) repairman. 3 (*esperto*) expert: ~ *pubblicitario* advertising expert. 4 (*operaio specializzato*) technician, engineer. □ ~ *audio* sound engineer; ~ *del collaudo* testing engineer; ~ *del suono* sound engineer; ~ *della manutenzione* maintenance engineer; ~ *delle luci* lighting engineer; ~ *delle vendite* sales engineer; ~ *di laboratorio* laboratory assistant, laboratory technician, lab tech.

tecnigrafo *m.* (*Tecn*) universal drafting device.

tecnocrate *m./f.* technocrat.

tecnocratico (*pl.* **-ci**) *a.* technocratic (*anche Stor*).

tecnocrazia *f.* technocracy (*anche Stor*).

tecnofibra *f.* (*Tess*) man-made fibre.

tecnologia *f.* technology. □ ~ *alimentare* food technology; *a* ~ *avanzata* high-technology: *industria a* ~ *avanzata* high-technology industry; ~ *museale* museum technology; (*Inform*) ~ *push* push technology; ~ *spaziale* space technology.

tecnologicamente *avv.* technologically: ~ *avanzato* technologically advanced.

tecnologico (*pl.* **-ci**) *a.* 1 technological. 2 (*tecnico*) technical.

tecnologo *m.* (*f.* **-a**; *pl.* **-gi**) technologist.

tecnostruttura *f.* technostructure.

tecnotronica *f.* technotronics (*costr.sing o pl.*).

tecnotronico (*pl.* **-ci**) *a.* technotronic.

teco *pron.* (*ant,lett*) (*con te*) with thee.

tectonica *e der.* → **tettonica** *e der.*

teda *f.* (*poet*) (*fiaccola*) torch: ~ *nuziale* bridal torch.

tedescheggiare (**tedeschéggio, tedeschéggi**; *aus.* **avere**) *v.i.* to Germanize, to Germanise.

tedescheria *f.* (*scherz, spreg*) (*insieme di tedeschi*) Krauts *pl.*, Boches *pl.*

tedeschismo *m.* (*Ling*) Germanism.

tedeschizzare (**tedeschìzzo**) **I** *v.t.* to Germanize. **II** *v.pron.* **tedeschizzarsi** to Germanize.

tedeschizzazione *f.* Germanization.

tedesco (*pl.* **-chi**) **I** *a.* German. **II** *m.* 1 (*lingua*) German. 2 (*f.* **-a**) (*abitante*) German. □ *alla tedesca* in the German way, in the German manner; (*Ling*) *alto* ~ High German; (*Ling*) *basso* ~ Low German; (*Ling*) ~ *medio* (*medio alto tedesco*) Middle High German; (*Stor*) ~ *occidentale* West German; (*Stor*) ~

orientale East German.

tedescofilia *f.* Germanophilia.

tedescofilo **I** *a.* Germanophil, Germanophile. **II** *m.* (*f.* **-a**) Germanophil, Germanophile.

tedescofobia *f.* Germanophobia.

tedescofobo **I** *a.* Germanophobic. **II** *m.* (*f.* **-a**) Germanophobe.

tedescofono **I** *a.* German-speaking. **II** *m.* (*f.* **-a**) German speaker.

tedescume *m.* (*spreg*) 1 (*rif. a persone*) Krauts *pl.* 2 (*rif. a cose*) German trash.

tedeum *m.* (*Lit*) Te Deum.

tediare (**tèdio, tèdi**) *v.t.* 1 (*infastidire*) to bother, to annoy, to vex: *non vorrei tediarti con le mie preoccupazioni* I don't want to bother you with my troubles. 2 (*annoiare*) to weary, to tire, to bore.

tedio *m.* 1 tedium, tediousness, wearisomeness, boredom. 2 (*fastidio*) trouble, bother, annoyance. 3 (*stanchezza, insofferenza*) tediousness, tiresomeness: *il* ~ *della vita* the weariness of life, taedium vitae.

tediosamente *avv.* tediously, boringly, tiresomely.

tediosità *f.* 1 (*fastidio*) bother, trouble, annoyance. 2 (*noia*) tediousness, boredom, tiresomeness.

tedioso *a.* 1 (*fastidioso*) troublesome, bothersome. 2 (*noioso*) boring, tedious, wearisome, tiresome.

tedoforo *m.* (*f.* **-a**) (*Sport*) torch bearer (*anche lett*).

teflon *m.inv.* (*Tecn*) teflon.

teflonato *a.* (*Tecn*) Teflon (*attr.*).

tefrite *m.* (*Geol*) tephrite.

tegamata *f.* (*quantità*) pan, panful: *una* ~ *di carciofi* a panful of artichokes.

tegame *m.* 1 frying pan, saucepan. 2 (*quantità*) pan, panful.

tegamino *m.* small frying pan.

teglia *f.* 1 baking pan, baking tin, pie dish. 2 (*quantità*) pan, panful.

tegola *f.* 1 (*Edil*) roofing-tile. 2 (*fig*) (*improvvisa disgrazia*) blow, bolt: *gli è cascata una* ~ *in testa* it hit him like a bolt from the blue. □ (*Edil*) ~ *comune* concave tile; (*Edil*) ~ *concava* concave tile; (*Edil*) ~ *curva* ridge tile; (*Edil*) ~ *di colmo* ridge-tile; (*Edil*) ~ *dritta* convex tile; (*Edil*) ~ *piana* (o ~ *piatta*) plain roofing-tile.

tegumentale, tegumentario *a.* (*Anat,Bot*) integumental.

tegumento *m.* (*Anat,Bot*) integument.

Teheran *n.pr.f.* (*Geog*) Tehran, Teheran.

teicoltore *m.* (*f.* **-trice**) tea grower.

teicoltura *f.* tea growing.

teiera *f.* teapot.

teina *f.* (*Chim*) theine, caffeine (*in tea*).

teismo *m.* (*Teol,Filos*) theism.

teista *m./f.* (*Teol,Filos*) theist.

teistico (*pl.* **-ci**) *a.* (*Teol,Filos*) theistic, theistical.

tek *m.inv.* (*Bot*) teak.

tel. *telefono* tel. (telephone).

tela *f.* 1 cloth, fabric, canvas: ~ *di amianto* asbestos cloth. 2 (*tela da pittore*) canvas: *dipinto su* ~ painted on canvas. 3 (*quadro su tela*) canvas, painting, picture: *nel museo abbiamo alcune tele di Raffaello* in the museum we have several canvases by Raphael. 4 (*fig,lett*) (*trama*) web, tissue, network: *una* ~ *di imbrogli* a web of deceit. 5 (*Teat*) (*sipario*) curtain: *cala la* ~ the curtain falls. 6 (*Aut*) (*di pneumatico*) ply. 7 (*Anat*) tela. 8 (*Legat*) cloth: *rilegatura in* ~ cloth binding. □ (*Tess*) ~ *batista* lawn, batiste, cambric; ~ *cerata*: 1 oilcloth; 2 (*Mar*) oilcloth, oilskin; (*Tess*) ~ *da camicie* shirting; ~ *da imballag-*

gio packcloth, bagging, burlap, sackcloth; (*Tess*) ~ *da lenzuola* sheeting; (*Tess*) ~ *da sacco* sacking, sackcloth; (*Tess*) ~ *da vele* sailcloth, canvas, duck, duck cloth; *scarpe di* ~ canvas shoes; (*Tess*) ~ *di cotone* cotton cloth; (*Tess*) ~ *di lino* linen; ~ *di Penelope*: 1 Penelope's web; 2 (*fig*) endless task; ~ *di ragno* spider's web, cobweb; ~ *gommata* rubberized canvas; (*Tess*) ~ *greggia* canvas; ~ *impermeabilizzata* waterproof cloth; (*Legat*) *in* ~ clothbound, cloth (*attr.*); (*Tess*) ~ *olona* duck, sailcloth, canvas.

telaggio *m.* (*Tess*) weave, weaving.

telaio *m.* 1 (*Tess*) loom. 2 (*ossatura strutturale*) frame: *di finestra* window frame; ~ *del letto* bed frame; ~ *di ferro* iron frame. 3 (*Pitt*) frame. 4 (*Aut*) chassis. 5 (*Edil*) framework. 6 (*Legat*) sewing frame, sewing press, sewing bench. 7 (*Tip*) chase. 8 (*Fot*) frame, mount. □ (*Tess*) ~ *a mano* hand loom; (*Tess*) ~ *a pedali* treadle loom; (*Tess*) ~ *automatico* automatic loom; ~ *da ricamo* embroidery frame; (*di forma rotonda*) embroidery hoop, tambour; ~ *della bicicletta* bicycle frame; ~ *di passeggino* chassis; (*Tess*) ~ *meccanico* power loom; (*Tip*) ~ *per impaginazione* chase galley; (*Tess*) ~ *per maglieria* knitting machine, knitting frame, knitter; (*Tess*) ~ *per tappeti* carpet loom.

telamone *m.* (*Arch*) telamon, atlas.

Telamone *m.* (*Lett*) Telamon.

telare (**télo**; *aus.* **essere**) *v.i.* (*region,pop*) to beat it.

telato *a.* linen, linen-finish: *carta telata* linen paper.

tele *f.* (*colloq*) 1 (*televisione*) TV, television. 2 (*televisore*) television, television set.

teleabbonato *m.* (*f.* **-a**) (*TV*) television licence holder.

telearma *f.* (*Mil*) guided weapon.

teleautografia *f.* (*Tel*) teleautography.

teleautografo *m.* (*Tel,Tecn*) teleautograph.

telebomba *f.* (*Mil,Arm*) guided bomb, air launched guided bomb.

telecamera *f.* (*TV*) television camera, telecamera. □ (*TV*) ~ *a circuito chiuso* closed circuit camera; (*TV*) ~ *a infrarossi* infrared camera; (*TV*) ~ *digitale* digital camera; ~ *fissa* stationary (security) camera; ~ *portatile* camcorder.

telechirurgia *f.* (*Med*) telesurgery.

telecinesi *f.* (*Occult*) telekinesis.

telecinetico *a.* (*Occult*) telekinetic.

telecomandare (**telecomàndo**) *v.t.* to operate (sth.) by remote control.

telecomandato *a.* remote-control (*attr.*), remote-controlled, operated by remote control (*posposto*).

telecomando *m.* 1 (*dispositivo*) remote control, remote control device. 2 (*operazione*) remote control.

telecomunicazione *f.spec.pl.* telecommunication: *l'industria delle telecomunicazioni* the telecommunications industry.

teleconferenza *f.* teleconference: *tenere una* ~ to teleconference, to hold a teleconference.

telecontrollare (**telecontròllo**) *v.t.* to operate (sth.) by remote control.

telecopia *f.* telecopy, fax.

telecopiatore *f.* telecopier, facsimile machine, fax machine.

telecopiatrice *f.* telecopier, facsimile machine, fax machine.

telecronaca *f.* (*TV*) television report, TV report: *fare la* ~ *di una partita di calcio* to give a running commentary of a football match.

telecronista *m./f.* (*TV*) broadcaster, TV

commentator.

teledidattica *f.* teledidactics (*costr.sing.*).

telediffondere (**telediffóndo**) *v.t.* to telecast, to broadcast by television, to televise.

telediffusione *f.* **1** (*Rad*) broadcasting, radio broadcasting. **2** (*TV*) telecasting, telecast.

teledipendente I *a.* TV addict. **II** *m./f.* TV addict, (*colloq*) couch potato.

teledramma *m.* teleplay.

teledrin *m.inv.* (*cercapersone*) beeper, pager.

teleelaborazione *f.* (*Inform*) teleprocessing.

telefax *m.inv.* **1** (*apparecchio*) fax. **2** (*documento trasmesso*) fax, facsimile.

teleferica *f.* cableway, ropeway, aerial ropeway, telpherage, telpher.

teleferico (*pl.* **-ci**) *a.* cableway (*attr.*), telpher (*attr.*).

teleferista *m./f.* telpher operator, telpher man.

telefilm *m.inv.* (*TV*) TV series, television series.

telefonare (**telèfono**) **I** *v.i.* (*aus.* **avere**) to telephone, to call, to ring up, (*colloq*) to phone (*a qcu. so.*): *non ho potuto ~ a mia moglie* I wasn't able to phone my wife; *ha telefonato qualcuno per me?* did anyone phone for me?, has anyone called for me? **II** *v.t.* to telephone, (*colloq*) to phone: *ho telefonato la notizia della mia promozione ai genitori* I phoned the news of my promotion to my parents. **III** *v.r.recipr.* **telefonarsi** to telephone each other, to phone each other, to call each other (on the telephone), to ring each other up.

telefonata *f.* **1** phone call, call, telephone call, ring, (*Am,colloq*) buzz, call: *ho ricevuto una ~* I received a call; *prendere una ~* to take a call; *prenotare una ~* to place a telephone call. **2** (*conversazione*) telephone conversation. ☐ (*Tel*) *~a carico del destinatario* (*Br*) reverse charge call, (*Am*) collect call; (*Tel*) *~con preavviso* person-to-person call; *~di lavoro* business call; *fare una ~* to make a telephone call: *fare una ~ a qcu.* to phone so., to ring up so., to call so., to give so. a ring, to give so. a call; (*Tel*) *~in teleselezione* subscriber trunk dialling, STD; (*Tel*) *~intercontinentale* overseas call, overseas telephone call; (*Tel*) *~internazionale* international call; (*Tel*) *~interurbana* long-distance call, (*Br*) trunk call; (*Tel*) *~privata* private call; (*Tel*) *~urbana* local call; (*Tel*) *~urgente* urgent call, emergency call.

telefonia *f.* (*Tel*) telephony, telephone services *pl.* ☐ (*Tel*) *~cellulare* cellular telephone services *pl.*, cellular telephony; (*Tel*) *~ fissa* wireline telephone services *pl.*; (*Tel*) *~ mobile* mobile communication.

telefonicamente *avv.* by telephone, on the phone, over the phone, telephonically: *l'ho avvertito ~* I told him by telephone, I phoned to tell him, I phoned him to tell him.

telefonico (*pl.* **-ci**) *a.* (*Tel*) telephone (*attr.*), telephonic, (*colloq*) phone (*attr.*): *elenco ~* telephone book, telephone directory; *cabina telefonica* telephone box, telephone booth, call box; *comunicazione telefonica* phone call, telephone call.

telefonino *m.* mobile phone, mobile, cellular phone, cellular telephone, (*colloq*) cell phone, cell-phone.

telefonista *m./f.* (*Tel*) operator, telephone operator, switchboard operator.

telefono *m.* **1** telephone, (*colloq*) phone: *numero di ~* phone number, telephone number.

2 (*ente telefonico*) telephone company, telephone service. **3** (*luogo telefonico pubblico*) public telephone, (*Am*) pay phone. ☐ (*Tel*) *~ a disco* dial telephone; (*Tel*) *~ a gettone* coin-operated telephone, call box, (*Am*) pay phone; (*Tel*) *~ a monete* coin-operated telephone, call box, (*Am*) pay phone; (*Tel*) *~ a muro* wall phone; (*Tel*) *~ a scheda* card-phone; (*Tel*) *~ a spina* plug-in telephone; (*Tel*) *~ a tasti* (o *~ a tastiera*) push-button telephone, (*Am*) touch-tone telephone; (*Tel*) *~a toni* touch-tone telephone; *essereal ~* (o *stare al ~*) to be on the phone; *rimanga al ~, per favore!* hold the line, please!, (*colloq*) hang on, please!; *Mario, al ~!* Mario, telephone!; Mario, you are wanted on the telephone!; Mario, you are wanted on the telephone!; *~amico* help line; (*Tel*) *~automatico* automatic telephone, dial telephone; *avere il ~* to be on the phone, to be on the telephone, to have a phone, to have a telephone; *~ azzurro* toll-free hotline for reporting child abuse; (*Tel*) *~cellulare* cellular phone, cell phone, mobile; (*Tel*) *~ con memoria* memory telephone; (*Tel*) *~cordless* cordless phone; (*Tel*) *~da campo* field telephone; (*Tel*) *~da tavolo* desk phone; (*Tel*) *~duplex* party line, shared telephone; (*Tel*) *~ esterno* outside telephone; (*Tel*) *~ fisso* wireline phone; (*Tel*) *~ interno* extension, interphone; *parlare per ~* to talk on the phone; (*Tel*) *~portatile* portable phone; (*Tel*) *~pubblico* public phone, payphone; *~ rosa* hotline for domestic abuse; (*Pol,Stor*) *~ rosso* hotline; (*Tel*) *~ satellitare* satellite phone; *~senza fili*: 1 (*Tel*) cordless phone; 2 (*gioco*) Chinese whispers; (*Tel*) *~visore* television phone; (*Tel*) *~viva voce*: 1 speakerphone; 2 (*kit per auto*) in-car kit; (*microfono*) external speaker.

telefoto *f.inv.* (*Fot*) wirephoto, telephoto, telephotograph, phototelegraph.

telefotografia *f.* (*Fot*) **1** (*tecnica*) telephotography, phototelegraphy: *trasmettere per ~* to transmit by telephotography. **2** (*singola fotografia*) wirephoto, telephoto, telephotograph, phototelegraph. **3** (*con macchina fotografica con teleobiettivo*) photograph made with a telescope lens.

telefotografico (*pl.* **-ci**) *a.* (*Fot*) telephotographic.

telegenico (*pl.* **-ci**) *a.* (*TV*) telegenic.

telegiornale *m.* (*TV*) television newscast, television news (*costr.sing.*), television news programme, (*colloq*) news (*costr.sing.*).

telegrafare (**telègrafo**) *v.t.* **1** to telegraph, (*colloq*) to wire: *~ una notizia a qcu.* to wire news to so. **2** (*per telegrafo sottomarino*) to cable, to send a cable to.

telegrafia *f.* telegraphy. ☐ *~ senza fili* wireless telegraphy.

telegraficamente *avv.* **1** by telegram, by wire, by cable, telegraphically: *avvertire qcu. ~* to let so. know by wire. **2** (*fig*) (*concisamente*) briefly, concisely.

telegrafico (*pl.* **-ci**) *a.* **1** (*del telegrafo*) telegraph (*attr.*), telegraphic: *filo ~* telegraph wire. **2** (*fig*) (*conciso*) brief, concise, terse: *stile ~* concise style.

telegrafista *m./f.* **1** telegrapher, telegraph operator, telegraphic operator, telegraphist. **2** (*Mil*) telegraphist, member of the signals corps. **3** (*operaio*) telegraph repairman.

telegrafo *m.* **1** telegraph. **2** (*ufficio*) telegraph office. ☐ (*Tel*) *~ da campo* field telegraph; (*Tel*) *~ Morse* Morse telegraph; *per ~* by wire, by telegram; (*Tel*) *~senza fili* wireless telegraph.

telegramma *m.* telegram, (*colloq*) wire:

mandare un ~ a qcu. to send so. a telegram, to send so. a wire; *consegnare un ~* to deliver a telegram. ☐ *~ con risposta pagata* reply-paid telegram; *~di auguri* greetings telegram, congratulatory telegram; *~di condoglianze* telegram of sympathy, telegram of condolences; *~lettera* letter telegram; *~ordinario* ordinary-rate telegram; *~per l'estero* foreign telegram; *~per l'interno* domestic telegram; *~urgente* urgent telegram.

teleguida *f.* remote control.

teleguidare (**teleguìdo**) *v.t.* to operate (sth.) by remote control.

teleguidato *a.* remote-control (*attr.*), remote-controlled.

telelavoratore *m.* (*f.* **-trice**) teleworker, telecommuter.

telelavoro *m.* teleworking, telecommuting.

Telemaco *n.pr.m.* (*Mitol*) Telemachus.

telemarketing *m.* telemarketing.

telematica *f.* telematics (*costr.sing o pl.*).

telematico (*pl.* **-ci**) **I** *a.* telematic, telecommunication (*attr.*). **II** *m.* **1** (*f.* **-a**) (*esperto di telematica*) telecommunication professional, telecommunication expert. **2** (*mercato telematico*) telecommunications market.

telematizzare (**telematìzzo**) *v.t.* to provide with telematic equipment.

telematizzazione *f.* providing with telematic equipment.

telemedicina *f.* (*Am*) telemedicine, (*Aus,sl*) telehealth.

telemessaggio *m.* television message, televised speech.

telemetraggio *m.* telemetering.

telemetrare (**telèmetro**) *v.t.* to telemeter.

telemetria *f.* telemetry.

telemetrico (*pl.* **-ci**) *a.* telemetric, telemetrical.

telemetrista *m./f.* **1** telemeter operator, telemetrist. **2** (*Mil*) range taker.

telemetro *m.* (*Ott,Tecn*) telemeter, range finder: *~ stereoscopico* stereoscopic range-finder.

telenovela *f.* (*TV*) soap opera.

teleobiettivo *m.* (*Fot*) telephoto lens.

teleologia *f.* (*Filos*) teleology (*anche estens*).

teleologico (*pl.* **-ci**) *a.* (*Filos*) teleologic, teleological.

teleostei *m.pl.* (*Itt*) Teleostei, teleosts.

telepass, telepass *m.inv.* remote toll payment, electronic toll collection (on Italian motorways).

telepatia *f.* telepathy.

telepaticamente *avv.* telepathically.

telepatico (*pl.* **-ci**) *a.* telepathic.

telepredicatore *m.* (*f.* **-trice**) televangelist.

teleprogramma *m.* television programme; TV programme.

teleproietto *m.* (*Mil*) guided weapon.

telepromozione *f.* (*Comm*) infomercial, celebrity plug of a product sponsoring their show.

telequiz *m.inv.* (*TV*) television quiz programme, TV quiz programme.

teleradiografia *f.* (*Med*) teleradiography.

teleradiotrasmesso *a.* (*TV,Rad*) simulcasted, transmitted simultaneously on television and radio (*posposto*), broadcast simultaneously on television and radio (*posposto*).

teleradiotrasmettere (*pres.ind.* **teleradiotrasmétto**; *p.rem.* **teleradiotrasmìsi**; *p.p.* **teleradiotrasmésso**) *v.t.* (*TV,Rad*) to simulcast, to transmit simultaneously on television and radio, to broadcast simultaneously on television and radio.

teleria *f.* **1** (*Tess*) textiles *pl.*, fabrics *pl.* **2** (*negozio*) draper's.

telericevente I *a.* television receiving. **II** *f.*

(*stazione telericevente*) television receiving station.

telerilevamento m. remote sensing.

teleripresa f. 1 (*Cin,Fot*) telephoto shot, distance shot. 2 (*TV*) (*ripresa televisiva*) televising.

teleriscaldamento m. district heating.

teleromanzo m. (*TV*) TV story in episodes, novel-based TV series.

teleruttore m. (*El*) remote control switch.

teleschermo m. (*TV*) screen, television screen, telescreen.

telescopia f. telescopy.

telescopico (pl. **-ci**) a. telescopic, telescope (*attr.*).

telescopio m. (*Tecn,Ott*) telescope. □ (*Tecn*) a ~ (*telescopico*) telescopic, telescope (*attr.*); (*Tecn,Ott*) ~ a riflessione reflecting telescope; (*Tecn,Ott*) ~ a rifrazione refracting telescope; (*Tecn,Ott*) ~ riflettore reflecting telescope; (*Tecn,Ott*) ~ rifrattore refracting telescope; (*Tecn,Ott*) ~ spaziale space telescope.

telescrivente f. teletypewriter, teleprinter.

telescriventista m./f. teletypist, teleprinter operator.

telescuola f. (*TV*) 1 TV broadcast school. 2 (*per adulti*) educational television.

telesegnalazione f. (*Elettron*) remote signalling.

teleselettivo □ (*Tel*) prefisso ~ dialling code, STD code, (*Am*) area code.

teleselezione f. (*Tel*) subscriber trunk dialling, STD, (*Am*) direct distance dialing, DDD. □ ~ chiamare qcu. in ~ to dial direct (to a person); chiamare una città in ~ to dial a town direct; telefonata in ~ STD call.

telesoccorso m. online rescue service.

telespettatore m. (f. **-trice**) (*TV*) viewer, televiewer.

telestampante f. (*telescrivente*) teletypewriter, teleprinter.

teletext m.inv. (*Tel*) teletext.

telethon /'tɛlɛton/ m.inv. telethon.

teletrasmettere (pres.ind. **teletrasmétto**; p.rem. **teletrasmìsi**; p.p. **teletrasmésso**) v.t. 1 to transmit over a long distance. 2 (*TV*) to televise, to telecast, to broadcast on television, to give on television, to show on television: ~ una commedia to give a play on television, to transmit a play on television.

teletrasmettitore m. (*TV,Tecn*) television transmitter.

teletrasmissione f. 1 long-distance transmission. 2 (*TV*) telecast, television programme.

teletrasmittente I a. (*TV*) televisionbroadcasting, of television broadcasting (*posposto*). II f. (*TV*) television station, television broadcasting station.

teletrasportare (**teletraspòrto**) v.t. (*nella fantascienza*) to teleport.

teletrasporto m.inv. (*nella fantascienza*) teleport.

teletrattamento m. (*Inform*) teleprocessing.

teletta f. (*Sart*) interfacing.

teleutente m./f. television subscriber.

televendita f. (*Comm*) TV sale, television sale.

televideo m. (*TV*) teletext, videotext.

televisione f. 1 television, (*colloq*) TV, (*Br*) telly. 2 (*ente*) television, television broadcasting company. 3 (*trasmissione televisiva*) television, television programme: guardare la ~ to watch television. 4 (*Tecn*) (*televisore*) television, television set, (*Am,colloq*) TV, tube, (*Br,colloq*) telly, box. □ ~ a circuito chiuso closed-circuit television; ~ a colori

colour television, (*Am*) color television; ~ a pagamento pay television; ~ ad alta definizione high-definition television; vedere qcs. alla ~ to see sth. on television, to see sth. on TV; ~ di stato state television; vedere qcs. in ~ to see sth. on television, to see sth. on TV; ~ in bianco e nero black and white television; ~ interattiva interactive television; trasmettere per ~ to televise, to telecast, to broadcast on (o by) television; ~ privata commercial television; ~ pubblica public television, state television; ~ via cavo cable television, cablevision; ~ via satellite satellite television, satellite TV.

televisivo a. television (*attr.*), (*colloq*) TV (*attr.*): programma ~ TV programme.

televisore m. (*Tecn*) television, television set, (*Am,colloq*) TV, tube, (*Br,colloq*) telly, box: accendere il ~ to turn on the television; spegnere il ~ to switch off the television. □ ~ a colori colour television, colour television set, color television set; ~ a schermo piatto flat screen television, flat screen television set; ~ in bianco e nero black and white television, black and white set; ~ portatile portable television.

televoto m. (*TV*) vote by phone, voting by phone.

telex m.inv. telex: mandare un ~ to send a telex; trasmettere qcs. via ~ to telex sth., to send sth. by telex; servizio ~ telex service.

tellina f. 1 (*Zool*) tellin, tellina shell. 2 (*Gastron*) clam.

tellurico[1] (pl. **-ci**) a. (*Geol*) telluric.

tellurico[2] □ (*Chim*) acido ~ telluric acid.

tellurio m. (*Chim*) tellurium.

telo m. (*Tess*) 1 length of cloth, length of material, length of fabric: lenzuolo a due teli sheet made with two lengths of cloth. 2 (*pezzo di tela*) piece of cloth, piece of fabric, piece of material. □ ~ da bagno bath towel; ~ da spiaggia beach towel; ~ di salvataggio (dei vigili del fuoco) jumping net, jumping sheet, safety net, fireman's net; ~ gommato rubberized material, rubberized sheet.

telone m. 1 canvas, large piece of cloth. 2 (*impermeabile*) tarpaulin. 3 (*Teat*) (*sipario*) drop-curtain. 4 (*Cin*) (*schermo*) screen.

tema[1] m. 1 (*argomento*) theme, subject, topic: il ~ di una conferenza the subject of a lecture; restare in ~ to stick to the point; uscire dal ~ (o andare fuori ~) to wander off the subject, to digress. 2 (*Scol*) (*componimento*) composition, essay: assegnare un ~ to assign a composition; svolgere un ~ to write a composition. 3 (*Ling*) stem, theme. 4 (*Mus*) theme, motive, motif. □ ~ ristorante a ~ theme restaurant; ~ astrale birth chart; ~ di attualità topical subject; ~ di discussione talking point; ~ di riflessione topic for thought, (*colloq*) food for thought.

tema[2] f. (*lett*) (*timore*) fear. □ (*lett*) per ~ di for fear of, lest; (*lett*) senza ~ without fear.

tematica f. 1 (*Lett*) themes pl., main themes pl. 2 (*complesso di questioni*) themes pl.

tematico (pl. **-ci**) a. (*Ling,Mus,Lett*) thematic.

tematizzare (**tematìzzo**) v.t. to thematize (*anche Ling*).

temerariamente avv. 1 rashly, recklessly. 2 (*con audacia*) daringly.

temerarietà f. 1 rashness, recklessness, temerity. 2 (*avventatezza*) rashness, hastiness. 3 (*audacia*) boldness, daring.

temerario I a. 1 rash, reckless, daredevil (*attr.*), temerarious: un giovane ~ a reckless youth. 2 (*avventato*) rash, hasty: giudizio ~ hasty judgement. 3 (*ardito*) daring, bold. II m. (f. **-a**) daredevil.

temere (pres.ind. **témo/tèmo**; p.rem. **teméi/temètti**) I v.t. 1 (*avere timore di*) to fear, to be afraid of, to dread: temo le sgridate di mio padre I dread my father's scoldings; temo che sia arrabbiato con me I'm afraid (that) he might be angry with me; temo di scivolare I'm afraid I'm going to slip. 2 (*aspettarsi*) to fear, to expect: ~ il peggio to fear the worst; ~ una brutta sorpresa to expect a nasty surprise. 3 (*provare un riverente rispetto*) to fear, to stand in awe of: ~ Dio to fear God. 4 (*rifuggire da*) not to stand, not to take, to suffer from, to be affected by, to be harmed by: i vecchi temono il freddo old people suffer from the cold; piante che non tollerano la luce plants that cannot stand light. II v.i. (*aus.* **avere**) (*essere preoccupato*) to be worried, to be anxious (*per* about), to fear, to be afraid (*per* for, about): ~ per la salute di qcu. to be worried about so.'s health. □ non ~ confronti not to fear competition; un prodotto che non teme confronti a product that does not fear competition; ho la coscienza tranquilla e non ho nulla da ~ my conscience is clear and I have nothing to fear, my conscience is clear and I have nothing to worry about; temo di no I'm afraid not; temo di sì I'm afraid so; non ~ le difficoltà to be undaunted by difficulties; teme il calore (avvertenza sulle confezioni) keep cool, store in a cool place; ~ il peggio to fear the worst; teme la luce (avvertenza sulle confezioni) do not expose to light, store in a dark place; teme l'umidità (avvertenza sulle confezioni) store in a dry place, keep dry, avoid humidity; non ~! don't be afraid!, don't worry!; non ~, ti aiuterò don't be afraid, I will help you.

temibile a. formidable, to be feared (*posposto*), fearful, dreadful.

Temistocle n.pr.m. (*Stor*) Themistocles.

temolo m. (*Itt*) grayling.

tempaccio m. nasty weather, foul weather, (*Br,colloq*) filthy weather, (*Am,colloq*) crummy weather.

tempario m. (*Ind*) time charts pl.

Tempe n.pr.f. (*Geog*) Tempe: valle di ~ Vale of Tempe.

tempera f. (*Pitt*) 1 (*tecnica*) tempera, distemper. 2 (*liquido impiegato*) distemper. 3 (*dipinto*) tempera painting, distemper. □ a ~ tempera (*attr.*), distemper (*attr.*): ritratto a ~ tempera portrait, distemper.

temperalapis m.inv. (*ant*) pencil sharpener.

temperamatite m.inv. pencil sharpener.

temperamento m. 1 (*indole*) temperament, disposition, nature: ~ artistico artistic temperament; essere contrario al ~ di qcu. to be against one's nature. 2 (*forza, indipendenza di carattere*) temperament, character: questa ragazza ha (del) ~ this girl has character. 3 (*alleviamento, mitigazione*) tempering, mitigation, alleviation. 4 (*Mus*) temperament. □ ~ collerico choleric temperament; ~ flemmatico phlegmatic temperament; ~ malinconico melancholy temperament; per ~ by disposition, by nature: è rissoso per ~ he's argumentative by nature; ~ sanguigno sanguine temperament.

temperante a. temperate, moderate: essere ~ nel bere to be a temperate drinker.

temperanza f. 1 moderation, self-control, temperance, restraint: ~ a tavola self-control at table, restraint in eating. 2 (*Teol*) temperance.

temperare (**tèmpero**) I v.t. 1 (*mitigare*) to mitigate, to temper, to soften: ~ un rimprovero con un sorriso to temper a scolding with smile. 2 (*fare la punta*) to sharpen: ~ una matita to sharpen a pencil. 3 (*Met*) (*tem-*

prare) to temper. **4** (*Mus*) to temper. **II** *v.pron.* **temperarsi** to be moderate, to be temperate.

temperatamente *avv.* temperately, moderately.

temperato *a.* **1** temperate, mild (*anche Geog*): *clima* ~ temperate climate, mild climate. **2** (*moderato*) temperate, moderate, self-controlled, restrained: *essere* ~ *nel bere* to be a moderate drinker. **3** (*rif. a sentimenti*) self-controlled, restrained: *una gioia temperata* restrained joy. **4** (*appuntito*) sharpened. **5** (*Mus*) tempered. **6** (*Met*) tempered, hardened.

temperatura *f.* **1** (*Fis,Meteor*) temperature: ~ *dell'aria* air temperature; *bassa* ~ low temperature; *alta* ~ high temperature; ~ *siderale* icy temperature. **2** (*Med*) (*febbre*) temperature, fever: *prendere la* ~ *a qcu.* to take so.'s temperature. □ ~ *ambiente* room temperature (*anche Comm*); ~ *annua* annual temperature; (*Fis*) ~ *assoluta* absolute temperature; (*Med*) ~ *basale* basal temperature; ~ *corporea* body temperature; (*Fis*) ~*critica* critical temperature; ~*del terreno* soil temperature, land temperature; (*Fis*) ~ *di congelamento* freezing temperature; (*Fis*) ~*di ebollizione* boiling point; (*Fis*) ~ *di fusione* melting point; ~ *esterna* : **1** external temperature, outside temperature, outdoor temperature; **2** (*Med*) (external) body temperature; ~*interna* : **1** internal temperature; **2** (*Med*) internal body temperature; ~*massima* maximum temperature; ~*media* average temperature; ~ *minima* minimum temperature; ~ *normale* standard temperature.

temperino *m.* **1** penknife, pocket knife, jackknife. **2** (*temperamatite*) pencil sharpener.

tempesta *f.* **1** storm, tempest: *una* ~ *infuria sulla regione* a storm is raging over the region. **2** (*fig*) (*grave turbamento*) storm, turmoil, whirl: *avere la* ~ *nell'animo* to be in a turmoil. **3** (*fig*) (*gran quantità*) shower, storm, hail: *una* ~ *di pugni* a shower of punches. □ *una nottedi* ~ a stormy night; (*Meteor*) ~*di ghiaccio* glazed frost, (*Am*) glaze; (*Meteor*) ~ *di mare* sea-storm; (*Meteor*) ~ *di neve* snowstorm, blizzard; (*Meteor*) ~ *di sabbia* sandstorm; (*Meteor*) ~*di vento* wind-storm, gale; *essere in* ~ to be tempestuous, to be stormy (*anche fig*); *mare in* ~ stormy sea; (*fig*) *una* ~ *in un bicchiere d'acqua* a storm in a teacup; (*Meteor,Fis*) ~ *magnetica* magnetic storm. *Prov.*: *dopo la* ~ *viene il sereno* after a storm comes a calm.

tempestare *v.t.* **1** (*investire, percuotere*) to batter, to storm, to rain (upon): ~ *la porta di calci* to batter the door by kicking; *lo tempestò di pugni* he rained punches upon him. **2** (*ornare fittamente*) to stud: ~ *un diadema di pietre preziose* to stud a tiara with precious stones. **3** (*importunare*) to bombard, to pester, to badger: ~ *qcu. di domande* to bombard so. with questions, to pester so. with questions. **II** *v.i.impers.* (*aus. avere/essere*) to storm, to rage: *tempestava e grandinava* it stormed and hailed.

tempestato *a.* (*riccamente ornato*) studded (*di* with): *diadema* ~ *di brillanti* diamond-studded tiara, tiara studded with diamonds.

tempestio *m.* hail, shower.

tempestivamente *avv.* **1** (*al momento giusto*) at the right time: *il tuo aiuto è giunto* ~ your help came at the right time. **2** (*in tempo*) in time.

tempestività *f.* timeliness, opportuneness.

tempestivo *a.* timely, opportune, well-timed: *aiuto* ~ timely help.

tempestosamente *avv.* **1** stormily, tempestuously. **2** (*fig*) violently, tumultuously.

tempestoso *a.* **1** stormy, raging, (*lett*) tempestuous: *una notte tempestosa* a stormy night. **2** (*fig*) (*violento*) stormy, violent, wild, tempestuous: *passione tempestosa* wild passion.

tempia *f.* temple: *hai già le tempie grigie* you are going grey at the temples. □ *puntare una pistola alla* ~ *di qcu.* to hold a gun to so.'s head.

tempietto *m.* (*Arch*) templet, small temple.

tempificare (**tempifico, tempifichi**) *v.t.* (*Ind*) to schedule, to time.

tempificazione *f.* (*Ind*) scheduling, timing.

tempio (*pl.* **tèmpi/tèmpli**) *m.* **1** (*Arch*) temple: *il* ~ *di Giove* the temple of Jove. **2** (*chiesa*) temple, church. **3** (*estens*) (*edificio dedicato alla memoria*) monument. **4** (*fig*) temple: *il* ~ *della giustizia* the temple of justice.

tempismo *m.* sense of timing. □ *che* ~*!* how timely!; *un* ~*perfetto* perfect timing.

tempista *m./f.* **1** (*Mus*) good timekeeper. **2** (*fig*) (*chi sa cogliere il momento giusto*) person with a sense of timing.

templare **I** *a.* (*Stor*) Templar, of the Temple (*posposto*): *cavaliere* ~ Knight Templar, Knight of the Temple. **II** *m.* (*Stor*) Templar, Knight Templar, Knight of the Temple: *ordine dei templari* order of Knights Templars.

tempo *m.* **1** (*tempo cronologico*) time: *il* ~ *vola* time flies; *un anno di* ~ a year's time. **2** (*tempo atmosferico*) weather: *che* ~ *fa?* what's the weather like?, (*colloq*) what's the weather doing?; *bel* ~ good weather; *fa brutto* ~ the weather is bad; *vuoi uscire con questo* ~*?* do you mean to go out in this weather?; *cambiamento di* ~ change in the weather; *il* ~ *si mette al bello* it is clearing up. **3** (*spazio di tempo*) time, space of time, while, period: *per lungo* ~ for a long time; *per qualche* ~ for a time, for a while, for some time. **4** (*durata*) time, duration, length, length of time: ~ *di cottura* cooking time. **5** (*periodo, epoca*) time, times *pl.*, day, days *pl.*, era, epoch, age: *è passato il* ~ *della spensieratezza* the carefree days are over; *al* ~ *di Giulio Cesare* in Julius Caesar's day, at the time of Julius Caesar. **6** *pl.* (*epoca vagamente definita*) times, days, years: *nei tempi antichi* in ancient times; *negli ultimi tempi* in the last few years. **7** (*parte della giornata*) time, period: *il* ~ *della ricreazione* playtime, recreation period; *è* ~ *di dormire* it's bedtime. **8** (*parte dell'anno*) time, (*lett*) tide: ~ *di carnevale* Carnival time. **9** (*momento stabilito*) time: *è* ~ *di agire* it's time to act; *in* ~ *utile* in time, in good time. **10** (*indugio, dilazione*) time: *hai* ~ *tre giorni* you have three days' time, you have three days; *prendere* ~ to ask for time, to ask for for more time. **11** (*termine*) time, appointed time, fixed time, time limit: *è scaduto il* ~ *utile per il ricorso* the time limit for an appeal has expired, the time limit for a recourse has expired. **12** (*parte di spettacolo*) part: *fine del primo* ~ end of the first part. **13** (*fase*) stage, phase: *la spedizione sarà effettuata in due tempi* the expedition will be carried out in two phases. **14** (*Metr*) rhythm. **15** (*Mus*) (*movimento dinamico*) tempo, pace: *allargare il* ~ to slacken the tempo. **16** (*Mus*) (*misura, battuta*) beat, measure, bar. **17** (*Mus*) (*scansione della battuta, cadenza ritmica*) time, tempo. **18** (*Mus*) (*ritmo*) rhythm, time, tempo: *a* ~ *di valzer* in waltz tempo. **19** (*Mus*) (*parte di una compo-*

sizione) movement: *una sinfonia in quattro tempi* a symphony with four movements, a symphony in four movements. **20** (*Gramm*) tense: *il* ~ *futuro* the future, the future tense. **21** (*Mot*) stroke: *motore a due tempi* two-stroke engine. **22** (*Sport*) time: *fare un buon* ~ to do a fast time, to have a fast time, to get a fast time; *realizzare il miglior* ~ to do the best time. **23** (*Sport*) (*ciascuna delle fasi del gioco*) half: *segnare un gol nel primo* ~ to score a goal in the first half, to score a goal in the first period. **24** (*Cin,TV*) part: *fine primo* ~ end of part one. **25** (*usato con valore di preposizione: entro*) in, within: ~ *un'ora* in one hour's time. □ *a* ~: **1** in time: *ballare a* ~ to dance in time; *a* ~ *di marcia* in march time; *andare a* ~ to keep time; **2** (*Mus*) (*didascalia*) a tempo; *a suo* ~: **1** (*rif. al futuro*) in due course, in due time; **2** (*rif. al passato*) originally; **3** (*al momento giusto*) when the time comes: *ogni cosa a suo* ~ there's a time for everything; ~ *addietro* some time ago, some time back; *ai miei tempi* in my day, in my time; *i bei tempi andati* the good old days; *il buon* ~*antico* the good old days; *fin dai tempi antichi* since ancient times; (*Ind*) ~ *assegnato* allowed time; *non avere* ~ not to have any time; *non ho* ~ *per ascoltarti* I haven't got time to listen to you; *c'è* ~ there's no rush, there's no hurry, there's plenty of time; *c'è ancora* ~ there is still time; *non c'è più* ~ *per qcs.* it's too late for sth., it's too late to do sth.; (*Bibl*) *c'è un* ~ *per ridere e uno per piangere* there is a time to weep and a time to laugh; (*fig*) *ai tempi che Berta filava* in the olden days; *con i tempi che corrono* in this day and age; *nel* ~ *che fu* in the past, in past times; *col* ~ in time; *col* ~ *lo perdonerai* you will forgive him in time; (*Gramm*) ~ *composto* compound tense; (*fig*) *essere al passo con i tempi* (*o marciare con i tempi*) to keep up with the times; ~ *cronologico* chronological time; *da* (*tanto*) ~ for quite a time, for some time; *è da* ~ *che non ti vedo* I haven't seen you for some time; (*pop*) ~*da cani* foul weather, nasty weather, miserable weather; (*fig*) ~ *da lupi* brass-monkey weather; *non c'è* ~*da perdere* there's no time for delay, there's no time to lose, there's no time to waste; (*iron*) *certo che tu hai proprio* ~ *da perdere!* you certainly have time to kill!; *dare* ~ *a qcu.* to give so. time; *dammi* ~ *fino a venerdì* give me time until Friday; *dare* ~ *al* ~ to let matters take their course; *bisogna dar* ~ *al* ~ one must be patient; *a* ~*debito* at the right time, in due time, at the proper time; *in* ~ *debito* in due course, duly; *del* ~ of the time, of the era, contemporary; *i documenti del* ~ the documents of the time; ~*della giovinezza* youth; ~ *della vendemmia* vintage, vintage time; *un contratto a* ~ *determinato* a fixed-term contract; (*Inform*) ~*di accesso* access speed, access time; (*El*) ~ *di attesa* waiting time (*anche Ind*); (*El*) ~ *di avviamento* response time; (*Inform*) ~*di esecuzione di un'istruzione* instruction time; (*Fot*) ~*di esposizione* exposure time; (*Aut*) ~*di frenatura* braking time; *in* ~ *di guerra* in wartime, in times of war; (*Ind*) ~*di inattività* down time, idle time; (*Ind*) ~*di lavorazione* throughput time; (*Inform*) ~*di operazione* operating time; *in* ~*di pace* in peacetime, in times of peace; ~ *di percorrenza* travelling time; (*Fot*) ~ *di posa* exposure time; (*Inform*) ~*di posizionamento* seek time; *a* ~*di primato* in record time; (*Psic*) ~*di reazione* reaction time; (*fig*) *a* ~*di record* in record time; (*fig*) *non avere il* ~*di respirare* not to have time to breathe; *lasciare a* *qcu. il ~ di riflettere* to give so. time for reflection; *~ di vacanze* holiday time; *poco ~ dopo* a short while afterwards, shortly after, soon after; *molto ~ dopo* a long time afterwards; *tempi duri* hard times; *è ~ di* it is time, it is high time; *è ~ di smetterla* it's time you stopped that; *a ~ e luogo* at the right time and (in the right) place, at the proper time and place; *ogni cosa va fatta a ~ e luogo* there is a time and a place for everything; *il ~ è tiranno* time stops for no man; *(Ind) ~ effettivo* actual time; *(qualche) ~ fa* some time ago; *poco ~ fa* a short time ago, a while ago, a little while ago, not long ago; *fare in ~ a* to arrive in time; *fare in ~ a fare qcs.* to have time to do sth., to have enough time to do sth.; *faccio in ~ a fare una telefonata?* do I have time to make a phone call?; *ha fatto il suo ~*: 1 *(rif. a persone)* to have had one's day, to be behind the times: *quell'attore ha fatto il suo ~* that actor has had his day; 2 *(rif. a cose)* to be out-of-date, to be old-fashioned, to have seen better days; *in ~* time: *sei ancora in ~* you're still in time; *non sei più in ~* you're too late; *arrivare in ~*: 1 *(puntualmente)* to come on time, to arrive on time; 2 *(in tempo utile)* to come in time, to arrive in time; *(Mus) ~ in battere* downbeat; *(Mus) ~ in levare* upbeat; *a ~ indeterminato* indefinitely, indefinite; *rinviare a ~ indeterminato* to put off indefinitely, to put off to an unspecified date; *un contratto a ~ indeterminato* a permanent contract; *lascia il ~ che trova* it makes no difference, *(Br)* it leaves things as they were; *~ libero* free time, spare time, leisure, leisure time; *(Sport) ~ massimo* time limit; *~ materiale* time: *non ho il ~ materiale per farlo* I simply don't have time to do it, I simply don't have the time to do it; *~ medio*: 1 average time; 2 *(rif. all'ora)* mean time; *(Ind) ~ morto* dead time, idle time; *(rar) nel ~ che* while; *(rar) nel ~ di un mese* in a month's time, in a month; *in tempi non sospetti* guilelessly, without ulterior motives; *un impiego a ~ parziale* a part-time job; *(Ind) ~ passivo* down time, idle time; *per ~*: 1 *(presto)* in time, in good time: *dovevi pensarci per ~* you should have thought of it in time; 2 *(di buon'ora)* early; *~ permettendo*: 1 if there's enough time; 2 *(rif. a condizioni meteorologiche)* weather permitting, if the weather is good; *è ~ perso* it's a waste of time, it's wasted time; *a ~ perso* in one's free time, in one's spare time, in one's leisure time; *un impiego a ~ pieno* a full-time job; *prendere ~* to hold off, to stall; *il ~ presente* the present; *poco ~ prima* a short time before, not long before; *molto ~ prima* a long time before; *(Scol) ~ prolungato* extended timetable, extended session; *di questi tempi* these days, this day and age; *(Inform) ~ reale* real time: *notizie in ~ reale* real-time news; *a ~ record* in record time; *(Sport) ~ regolamentare* normal time; *(Gramm) ~ semplice* simple tense; *senza ~* timeless; *al ~ stesso* at the same time, as well, *(colloq)* to boot: *è una ragazza carina e al ~ stesso intelligente* she is a pretty girl and a clever one at the same time, *(colloq)* she is a pretty girl and a clever one to boot; *il ~ stringe* time is getting short; *(Sport) tempi supplementari* overtime *(costr.sing.)*; *tenere il ~* to stay in time, to keep time; *un ~*: 1 once, formerly: *non è più allegro come un ~* he is no longer happy as he used to be; 2 *(nelle fiabe)* once upon a time; 3 *(precedentemente)* beforehand; *~ universale* Greenwich Mean Time; *in ~ utile* in time, in good time, within the time limit. *Prov.: il ~ è dena-*

ro time is money; *col ~ e con la paglia maturano le nespole* everything comes to him who waits; *il ~ è il miglior medico* time cures all things; *chi ha ~ non aspetti* make hay while the sun shines; *il ~ è galantuomo* time will show, time will tell.

tempora *f.pl.* *(lett)* Ember days: *quattro ~* Ember days.

temporale[1] *m.* **1** *(Meteor)* storm, thunderstorm: *è scoppiato un ~* a storm broke out; *~ estivo* summer storm. **2** *(fig)* storm, trouble: *c'è aria di ~* there's trouble brewing, there's trouble coming.

temporale[2] **I** *a.* **1** time *(attr.)*, temporal, of time *(posposto)*. **2** *(Gramm)* of time *(posposto)*, temporal, time *(attr.)*: *avverbi temporali* adverbs of time. **3** *(Rel)* temporal: *pene temporali* temporal punishments. **4** *(Rel)* *(terreno)* worldly, earthly, temporal: *beni temporali* worldly goods; *potere ~* temporal power. **II** *f.* *(Gramm)* time clause.

temporale[3] *a.* *(Anat)* temporal.

temporalesco *(pl.* **-chi***)* *a.* storm *(attr.)*, stormy.

temporalità *f.* **1** temporality, temporalness. **2** *pl.* *(beni terreni della chiesa)* temporalities.

temporaneamente *avv.* temporarily, for the time being, provisionally.

temporaneità *f.* temporariness.

temporaneo *a.* **1** *(provvisorio)* temporary, provisional: *un incarico ~* a temporary post. **2** *(passeggero)* passing, fleeting: *nubi temporanee* passing clouds.

temporeggiamento *m.* temporization, temporizing, waiting game.

temporeggiare **(temporéggio, temporéggi)** *aus.* avere) *v.i.* **1** to play for time, to procrastinate, to linger, to play a waiting game: *continuava a ~ sperando di ottenere condizioni migliori* he kept procrastinating in the hope of getting better terms. **2** *(prendere tempo)* to gain time, to temporize.

temporeggiatore *m.* (*f.* **-trice**) procrastinator, temporizer. □ *(Stor) Quinto Fabio Massimo il Temporeggiatore* Quintus Fabius Maximus the Cunctator.

temporibus □ *(scherz) ~ illis* long ago.

temporizzatore *m.* *(El,Elettron)* timer.

tempra *f.* **1** *(Met,Tecn)* *(atto)* hardening, tempering; *(effetto)* temper, hardness. **2** *(fig)* *(costituzione fisica)* constitution: *un uomo di ~ eccezionale* a man with an exceptional constitution. **3** *(fig)* *(carattere, temperamento)* fibre, temperament, character. **4** *(fig)* *(rif. a voce: timbro)* timbre. □ *(Met) ~ a immersione* quenching, quench hardening; *(Met) dare la ~ a qcs.* to temper sth., to harden sth.; *(Met) ~ in acqua* water hardening, water quenching; *(Met) ~ in aria* air hardening.

temprabilità *f.* *(Met,Tecn)* hardenability.

temprare **(tèmpro/témpro)** **I** *v.t.* **1** *(Met,Tecn)* to harden, to temper. **2** *(fig)* *(rendere forte)* to strengthen, to toughen, to temper: *il lavoro ha temprato il suo carattere* work has toughened his character. **II** *v.pron.* **temprarsi** *(fig)* to be strengthened, to grow strong, to grow tougher, to strengthen: *il carattere si tempra nelle avversità* the character grows stronger with adversity. □ *(Met) ~ alla fiamma* to flame-harden; *(Met) ~ in acqua* to water-harden, to quench in water; *(Met) ~ in aria* to air-harden.

temprato *a.* **1** *(Met)* tempered, hardened. **2** *(Vetr)* tempered. **3** *(fig)* hardened, toughened, inured, tempered: *è ~ a tutte le sofferenze* is inured to all suffering.

Ten. *(Mil)* *tenente* Lieut., Lt. (Lieutenant).

tenace *a.* **1** *(che non si deforma)* tough: *un filo d'acciaio molto ~* a very tough steel wire. **2** *(adesivo)* sticky, adhesive; *(viscoso)* viscous, thick, gluey: *colla ~* thick glue. **3** *(fig)* *(saldo)* tenacious: *memoria ~* tenacious memory, retentive memory. **4** *(fig)* *(costante nei propositi)* tenacious, resolute, persevering, firm: *essere ~ nelle proprie opinioni* to be firm in one's views.

tenacemente *avv.* tenaciously.

tenacia *f.* **1** *(costanza)* tenacity, constancy: *lavorare con ~* to work with constancy. **2** *(ostinazione)* persistence, obstinacy.

tenacità *f.* **1** *(costanza)* tenacity, constancy. **2** *(ostinazione)* persistence, obstinacy. **3** *(Tecn)* tenacity, toughness.

tenaglia *f.* **1** pincers *pl.*, pliers *pl.*; *(per afferrare)* tongs *pl.* **2** *(Dent)* forceps *pl.*, dental forceps *pl.* **3** *(Mil,ant)* tenaille. **4** *pl.* *(Mar)* kevel *sing.*, bollard *sing.*, cleat *sing.* **5** *pl.* *(pop)* *(chele)* pincers, claws. □ *a ~* pincerlike, pincer *(attr.)*: *(Mil) manovra a ~* pincer, pincer movement; *~ da fucina* forging tongs *(pl.)*, forge tongs *(pl.)*; *~ per casse* box tongs *(pl.)*.

tenalgia *f.* *(Med)* pain in a tendon.

tenar *a.* *(Anat)* thenar: *eminenza ~* thenar.

tenda *f.* **1** *(Arred)* curtain: *una ~ separava le due stanze* a curtain separated the two rooms; *tirare le tende* to draw the curtains. **2** *(Arred)* *(per esterni)* awning: *~ di negozio* awning, shop awning. **3** *(abitazione smontabile)* tent: *~ da campo* field tent; *dormire in ~* to sleep in a tent, to camp out. **4** *(Mar)* *(per proteggere dal sole)* awning. □ *(Med) ~ a ossigeno* oxygen tent; *(Arred) ~ alla veneziana* Venetian blind; *(Arred) tende avvolgibili* blinds, roller blinds; *~ canadese* ridge tent, pup tent; *~ da campeggio* camping tent; *~ da campo* field tent *(anche Mil)*; *~ da spiaggia* bathing tent; *~ del circo* circus tent; *~ da doccia* shower curtain; *dormire sotto la ~* to sleep under canvas.

tendaggio *m.* curtains *pl.*, *(Am)* drapery, drapes *pl.*

tendame *m.spec.pl.* curtains *pl.*, drapery.

tendente *a.* **1** *(rif. a colori)* bordering, verging *(a on)*, tending *(a to, towards)*, on the... side: *un colore ~ al grigio* a colour tending towards grey, a colour on the grey side; *azzurro ~ al grigio* grey-blue, greyish-blue. **2** *(incline)* given, inclined: *~ all'ira* inclined to anger. **3** *(che mira)* intended, aiming, aimed: *una manovra ~ ad accerchiare il nemico* a manoeuvre aimed at surrounding the enemy.

tendenza *f.* **1** *(inclinazione naturale)* inclination, tendency, leaning: *avere una ~ alla malinconia* to have an inclination towards melancholy, to incline to melancholy; *purtroppo ho la ~ a ingrassare* unfortunately I have a tendency to put on weight. **2** *(attitudine)* bent, liking, disposition: *seguire la propria ~* to follow one's bent; *ha ~ per la poesia* he has a bent for poetry. **3** *(rif. a cose)* tendency, trend, move, drift: *la ~ della moda è verso le gonne corte* the tendency is for skirts to go up, the tendency is for skirts to get shorter. **4** *(orientamento)* tendency, trend: *le tendenze della letteratura* literary trends. **5** *(corrente)* current of opinion, current of thought. **6** *(gruppo, insieme di persone)* group, faction. **7** *(Econ,Statist)* trend, tendency: *tendenze inflazionistiche* inflationary trends. □ *(Dir) ~ a delinquere* tendency to crime; *(Econ) ~ al rialzo* upward tendency, bullish trend, upward trend, uptrend; *(Econ) ~ al ribasso* downward trend, bearish tendency, downward tendency; *con ~ a* with a tendency to, with a tendency towards, tending to: *tempo nuvoloso, con ~ a precipitazioni locali* cloudy weather with a tendency towards local showers; (*Econ*) *~del mercato* market trend; (*colloq*) *di ~* trendy; (*Pol*) *~ espansionistica* expansionist trend; (*colloq*) *fare ~* to be trendy; *tendenze sessuali* sexual orientations.

tendenziale *a.* tendential, potential.

tendenzialmente *avv.* tendentially, basically, potentially.

tendenziosamente *avv.* tendentiously.

tendenziosità *f.* tendentiousness.

tendenzioso *a.* tendentious, biased: *notizia tendenziosa* tendentious news.

tender *m.inv.* (*Ferr*) tender.

tendere (*pres.ind.* **tèndo**; *p.rem.* **tési**; *p.p.* **téso**) **I** *v.t.* **1** (*mettere in tensione*) to stretch, to tighten, to make taut: *~ un elastico* to stretch a rubber band; *~ una corda del violino* to tighten a violin string. **2** (*allungare, porgere*) to stretch out, to hold out: *~ le braccia verso qcu.* to hold out one's arms to so., to stretch out one's arms to so. **3** (*distendere, spiegare*) to lay, to spread, to spread out. **4** (*estens*) (*preparare, predisporre*) to set, to lay, to prepare: *~ un'insidia a qcu.* to set a trap for so. **II** *v.i.* (*aus.* **avere**) **1** (*essere naturalmente incline*) to be inclined, to be given (*a* to), to tend, to incline (*a* towards, to): *il ragazzo tende alla malinconia* the boy is inclined to melancholy. **2** (*modificarsi verso una determinata condizione*) to get, to become, to tend: *il tempo tende al brutto* the weather is getting worse; *la situazione economica tende a migliorare* the economic situation is becoming better, the economic situation is looking up. **3** (*essere favorevole, propendere*) to have tendencies, to be inclined (*a* to), to tend (toward), to lean: *tendere al socialismo* to have socialist tendencies. **4** (*aspirare, mirare*) to aim (*a* at), to aspire (*a* to), (*colloq*) to be (*a* after): *~ alla perfezione* to aim at perfection. **5** (*rif. a colori, sapori, odori: avvicinarsi a una determinata gradazione*) to be on the... side, to be somewhat..., to be rather..., to tend (to be): *questa pietanza tende al dolce* this dish is on the sweet side. **III** *v.pron.* **tendersi** (*contrarsi*) to contract: *i muscoli si tendono* muscles contract. ☐ (*Pol*) *~a sinistra* to lean to the left, to have left-wing tendencies; *~ a destra* to lean to the right, to have right-wing tendencies; *~ a uno scopo* to have a goal, to have as one's goal; *~ unagguato a qcu.* to ambush so., to set up an ambush for so.; *~ l'arco* to draw a bow; *~il collo* to crane one's neck, to stretch one's neck; *~ un'imboscata a qcu.* to ambush so., to set up an ambush for so.; (*fig*) *~l'orecchio* to prick up one's ears; *~ la mano*: 1 (*per salutare*) to offer one's hand; 2 (*per chiedere l'elemosina*) to hold out one's hand; 3 (*fig*) (*aiutare*) to give a hand, to give a helping hand: *mi ha teso la mano in un momento difficile* he gave me a hand when I needed it; (*fig*) *~ un trabocchetto a qcu.* (o *~ untranello a qcu.* o *~ unatrappola a qcu.*) to set a trap for so.

tendicatena *m.inv.* (*Tecn*) chain stretcher.

tendicinghia *m.inv.* (*Tecn*) belt tightener.

tendicollo *m.inv.* collar stay.

tendifilo *m.inv.* tension disks *pl.*

tendina *f.* **1** (*Arred*) (glass) curtain, (*Am*) drape; (*cortina*) hanging, curtain. **2** (*Fot*) focal-plane shutter.

tendine *m.* (*Anat*) tendon: *~ di Achille* Achilles tendon.

tendineo *a.* (*Anat*) tendinous, tendon (*attr.*).

tendinite *f.* (*Med*) tendinitis.

tendiscarpe *m.inv.* shoe tree.

tenditore I *m.* (*Mecc*) turnbuckle. **II** *a.* tightening: *fune tenditrice* tightening rope.

tendone *m.* **1** (*di negozi e sim.*) awning. **2** (*di circo e sim.*) tent. **3** (*Arred*) curtain, large curtain.

tendopoli *f.* tent city.

tenebra *f.spec.pl.* **1** (*oscurità*) dark, darkness, obscurity: *la casa era avvolta nelle tenebre* the house was immersed in darkness; *fitte tenebre* pitch black *sing.*, pitch darkness *sing.*, deep shadows. **2** (*fig*) darkness: *le tenebre del Medioevo* the darkness of the Middle Ages.

tenebrione *m.* (*Entom*) mealworm.

tenebrosamente *avv.* darkly, obscurely.

tenebrosità *f.* **1** darkness, obscurity. **2** (*fig*) (*misteriosità*) darkness, mystery, obscurity, mysteriousness.

tenebroso *a.* **1** dark, gloomy, shadowy. **2** (*fig*) (*misterioso*) dark, obscure, mysterious. ☐ (*scherz*) *un bel tenebroso* a man with dark good looks.

tenente *m.* (*Mil*) lieutenant, (*Am*) first lieutenant. ☐ (*Mil*) *~ colonnello* lieutenant colonel; (*Mar*) *~di vascello* lieutenant (senior grade); (*Mil*) *~generale* lieutenant general; (*Mil*) *~medico* medical officer.

tenenza *f.* (*Mil*) lieutenancy.

teneramente *avv.* tenderly, fondly.

tenere (*pres.ind.* **tèngo, tièni, tiène, teniàmo, tenéte, tèngono**; *fut.* **terrò**; *p.rem.* **ténni/tenètti**; *pres.cong.* **tènga, teniàmo, teniàte, tèngano**; *p.p.* **tenùto**) **I** *v.t.* **1** to hold: *~ in mano un libro* to hold a book, to hold a book in one's hand; *tieni il coltello con la destra* hold your knife with your right hand. **2** (*prendere*) to take: *tieni!* take this!, here! **3** (*reggere*) to hold: *tienimi la scala mentre salgo* hold the ladder while I climb up. **4** (*mantenere in una determinata posizione o condizione*) to keep, to have: *~ gli occhi bassi* to keep one's eyes lowered; *~ le mani in tasca* to keep one's hands in one's pockets; *tiene i figli in collegio* he keeps his children in boarding school; *dove tieni i libri?* where do you keep your books? **5** (*portare*) to wear, to keep: *~ la camicia sbottonata* to wear one's shirt open. **6** (*lasciare*) to keep, to leave: *~ la porta aperta* to leave the door open. **7** (*trattenere, conservare*) to keep: *tieni pure questo libro, te lo regalo* keep this book, it's a gift; *tenga pure il resto* keep the change. **8** (*tenere presso di sé*) to keep, to have: *~ una cameriera* to have a maid. **9** (*serbare, mantenere*) to keep: *~ fede alla parola data* to keep one's word; *~ un segreto* to keep a secret. **10** (*trattenere*) to keep, to hold back: *un'influenza lo tiene a letto* influenza is keeping him in bed; *il ferito è stato tenuto in osservazione per tre giorni* the injured man was kept under observation for three days. **11** (*frenare, reprimere*) to hold back, to keep back, to check. **12** (*occupare spazio*) to take up: *l'autocarro teneva tutta la strada* the truck took up the whole road. **13** (*occupare*) to keep, to save, to hold: *se arrivate prima, tenetemi il posto* if you get there first, save a place for me. **14** (*detenere*) to hold, to have: *~ il comando* to command, to hold command. **15** (*fare*) to hold, to give: *~ una conferenza* to give a lecture. **16** (*contenere*) to hold, to contain, to take: *il serbatoio tiene venticinque litri* the tank holds twenty-five litres. **17** (*rif. a liquidi e gas: non lasciar passare*) to hold back, to keep in, to keep out: *uno strato di cemento che tiene l'acqua* a layer of cement which keeps out the water. **18** (*seguire una direzione*) to keep to, to follow (*anche fig*): *~ la destra* to keep to the

right, to drive on the right; (*fig*) *~ sempre la stessa linea di condotta* to always keep the same course of behaviour, (*Am*) to always follow the same course of conduct. **19** (*Mil*) to hold, to keep, to control: *il nemico teneva la città* the enemy held the city. **20** (*region, pop*) (*avere*) to have (got): *tengo famiglia* I have a wife and children. **II** *v.i.* (*aus.* **avere**) **1** (*reggere allo sforzo: rif. a persone*) to hold out, to last: *questi soldati non potranno ~ a lungo* these soldiers can't hold out for long. **2** (*reggere allo sforzo: rif. a cose*) to hold: *il catenaccio non tiene più* the chain doesn't hold any more. **3** (*rif. a recipienti*) to be sound, to be leak-proof: *la botte non tiene* the barrel isn't sound, the barrel leaks. **4** (*rif. a colla, a calce e sim.: reggere, resistere*) to hold, to stick: *la colla non tiene* the glue doesn't stick. **5** (*essere valido*) to hold up, to be valid: *sono ragioni che non tengono* these are arguments which don't hold up; *non c'è scusa che tenga* no excuse is valid. **6** (*parteggiare*) to back, to back up, to support, to be: *~ per qcu.* to be on so.'s side, to back so. up, to support so. **7** (*dare importanza*) to care (*a* about), to attach importance (to): *tiene molto al vestiario* she cares a lot about clothes. **8** (*Mar*) to hold, to grip: *l'ancora tiene* the anchor holds. **9** (*Econ,colloq*) to hold: *le azioni Seat tengono* Seat shares hold. **III** *v.pron.* **tenersi 1** (*reggersi*) to hold, to hang (*a* on to), to support oneself (by): *tenersi agli appositi sostegni* to hold on to the straps. **2** (*rimanere in una determinata posizione*) to stay, to keep: *tenersi in sella* to stay in the saddle. **3** (*mantenersi*) to keep, to be, to hold oneself: *tenersi pronto* to be ready. **4** (*seguire una determinata posizione*) to keep, to stay: *tenersi lontano dalla costa* to keep away from the coast. **5** (*guidando un veicolo*) to drive: *tenersi sulla sinistra della corsia* to drive on the left of the lane. **6** (*attenersi*) to follow (*a qcs.* sth.), to keep, to stick (to), to abide (by): *tenersi alle prescrizioni del medico* to follow the doctor's orders; *tenersi ai fatti* to keep to the facts, to stick to the facts. **7** (*trattenersi*) to check oneself, to hold oneself back, to keep oneself: *non poteva tenersi dal ridere* he couldn't keep himself from laughing. **8** (*ritenersi, considerarsi*) to consider oneself, to think oneself. ☐ *~a* (*volere*) to want: *~ a dichiarare che non sono d'accordo* I want to state that I don't agree; *tenerci a qcs.* to care about sth., to care a lot about sth., to attach importance to sth.

tenerezza *f.* **1** tenderness, softness. **2** (*fig*) (*affetto*) tenderness, fondness, affection, tender feelings *pl.*: *pieno di ~* full of tenderness. **3** (*fig*) (*parole affettuose*) loving words *pl.*, (*iron*) sweet nothings *pl.*; (*atti affettuosi*) acts *pl.* of tenderness, affectionate behaviour: *scambiarsi tenerezze* to exchange endearments. ☐ *che ~!*: 1 how sweet!; 2 (*rif. a chi suscita compassione perché debole e indifeso*) poor dear!, poor thing!; *ricordare qcu. con ~* to remember so. tenderly, to remember so. with tenderness; *fare ~*: 1 to be sweet, to be endearing: *è un bambino che fa ~* he is a sweet child; 2 (*suscitare compassione perché debole e indifeso*) to be sweet and helpless.

Tenerife *n.pr.f.* (*Geog*) Tenerife.

tenerizzatore *m.* (*Macell*) tenderizer.

tenero I *a.* **1** (*cedevole al tatto*) soft, malleable: *creta tenera* soft clay; *pietra tenera* soft rock. **2** (*molle*) tender, soft: *carne tenera* tender meat. **3** (*estens*) (*fresco, giovane*) tender, young: *erba tenera* tender grass, soft grass. **4** (*rif. a colori: pallido*) soft, tender, pale: *verde* ~ soft green. **5** (*fig*) (*facile alla commozione*) soft, tender: *cuore* ~ soft heart; *essere di cuore* ~ to be tender-hearted, to be soft-hearted. **6** (*fig*) (*affettuoso*) fond, loving, tender, affectionate: *un* ~ *padre* a loving father; *teneri sguardi* fond looks. **7** (*fig*) (*indulgente*) soft: *non essere* ~ *con qcu.* to be hard on so., not to be kind to so. **II** *m.inv.* **1** (*parte tenera*) tender part, soft part. **2** (*fig*) (*affetto*) affection, tenderness; (*amore*) love. □ *c'è del* ~ *tra loro* they feel something for each other, they are romantically attached; ~ *come il burro* soft as butter; *fin dalla più tenera età* from the most tender years; *in tenera età* young, very young.

tenerone I *a.* (*colloq*) soft-hearted, softie. **II** *m.* (*f.* **-a**) (*colloq*) softie, softy, soft-hearted-person.

tenerume *m.* **1** (*insieme di cose tenere*) tender things *pl.* **2** (*parte tenera*) tender part, soft part. **3** (*fig*) (*smancerie*) mawkish sentimentality. **4** (*Macell*) gristle.

tenesmo *m.* (*Med*) tenesmus.

tenia *f.* **1** (*Zool*) tapeworm, taenia, tenia. **2** (*Arch*) taenia, tenia.

tenifugo (*pl.* **-ghi**) *a./m.* (*Farm*) taeniafuge.

tenitore *m.* (*f.* **-trice**) (*rar*) holder; (*gestore*) keeper.

tennis *m.* (*Sport*) **1** (*gioco*) tennis: *giocare a* ~ to play tennis; *partita di* ~ tennis match. **2** (*colloq*) (*campo*) tennis court, tennis courts *pl.*; (*impianto*) tennis club. □ *da* ~ tennis (*attr.*): *racchetta da* ~ tennis racket; ~ *da tavolo* table tennis; ~ *femminile* women's tennis; ~ *maschile* men's tennis; ~ *su prato* lawn tennis.

tennista *m./f.* (*Sport*) tennis player.

tennistico (*pl.* **-ci**) *a.* (*Sport*) tennis (*attr.*).

tenno *m.* (*titolo dell'imperatore del Giappone*) Tenno.

tenone *m.* (*Tecn*) tenon. □ (*Tecn*) *a* ~ *e mortasa* mortise and tenon (*attr.*).

tenore I *m.* **1** way, tenor: *di questo* ~ in this way, at this rate; *dello stesso* ~ of the same kind. **2** (*contenuto*) tenor, substance: *il* ~ *di una lettera* the tenor of a letter. **3** (*Tecn*) (*percentuale contenuta*) content, percentage: *bevanda a basso* ~ *alcolico* drink with a low alcoholic content. **4** (*Mus*) tenor: *canto da* ~ I sing tenor. **II** *a.* (*Mus*) tenor: *sax* ~ tenor sax. □ (*Mus*) ~ *di forza* dramatic tenor; (*Mus*) ~ *di grazia* lyric tenor; (*Dir*) *a* ~ *di legge* according to the law; ~ *di vita* standard of living (*anche Statist*): *avere un alto* ~ *di vita* to have a high standard of living; (*Mus*) ~ *drammatico* dramatic tenor; (*Mus*) ~ *leggero* lyric tenor.

tenoreggiare (**tenoréggio, tenoréggi**; *aus.* **avere**) *v.i.* **1** (*cantare con voce di tenore*) to sing tenor. **2** (*cantare in modo simile a un tenore*) to sing like a tenor.

tenorile *a.* (*Mus*) tenor (*attr.*): *voce* ~ tenor voice.

tenorino *m.* (*Mus*) high tenor.

tenorrafia *f.* (*Chir*) tenorrhaphy.

tenotomia *f.* (*Chir*) tenotomy.

tensioattività *f.* (*Fis,Chim*) surface activity.

tensioattivo I *a.* (*Fis,Chim*) surface-active. **II** *m.* (*Fis,Chim*) surfactant.

tensiometria *f.* (*Fis,Tecn*) tensiometry.

tensiometrico (*pl.* **-ci**) *a.* (*Fis,Tecn*) tensiometric.

tensiometro *m.* (*Fis,Tecn*) tensiometer.

tensione *f.* **1** tension: *sottoporre una corda a* ~ to subject a rope to tension. **2** (*fig*) (*stato di eccitazione*) tension, stress, strain: *la discussione ha provocato uno stato di* ~ the argument caused an atmosphere of tension;

~ *emotiva* emotional stress. **3** (*fig*) (*stato di conflitto*) tension: ~ *internazionale* international tension. **4** (*fig*) (*suspense*) tension, suspense. **5** (*Chim,Fis*) tension; (*dovuta a trazione*) stretch; (*sollecitazione*) stress, strain. **6** (*Fisiol*) tension: ~ *muscolare* muscular tension; ~ *arteriosa* arterial tension. **7** (*Fisiol*) (*pressione*) pressure: ~ *sanguigna* blood pressure. **8** (*El*) voltage, tension: *alta* ~ high voltage; *bassa* ~ low voltage. □ (*El*) ~ *di carico* load voltage; (*El*) ~ *di griglia* grid voltage; (*El*) ~ *di linea* line voltage; (*El*) ~ *di placca* plate voltage; (*Fis*) ~ *di vapore* vapour pressure; (*Met*) ~ *interna* internal stress; (*Med*) ~ *mammaria* breast tenderness; (*Psic*) ~ *nervosa* nervous tension; (*El*) ~ *residua* residual voltage; ~ *sociale* social tension; *essere sotto* ~ (*o trovarsi sotto* ~): **1** (*Fis,Tecn*) to be under tension, to be under pressure; **2** (*El*) to be hot, to be live; **3** (*Psic*) to be strained, to be tense, to be under tension, to be under pressure; (*Fis*) ~ *superficiale* surface tension.

tensore I *a.* **1** tension (*attr.*): *rullo* ~ tension roller. **2** (*Anat*) tensor. **II** *m.* **1** (*Mat*) tensor. **2** (*Anat*) tensor, tensor muscle.

tensoriale *a.* (*Mat*) tensorial, tensor (*attr.*).

tensostruttura *f.* (*Arch,Edil*) tensile structure, tension structure.

tentabile I *a.* triable. **II** *m.inv.* everything possible: *tentare il* ~ to try everything possible.

tentacolare *a.* tentacular (*anche fig*).

tentacolo *m.* **1** (*Zool*) tentacle. **2** (*fig*) tentacle, clutches *pl.*

tentare (**tènto**) *v.t.* **1** to try, to attempt: ~ *di fare qcs.* to try to do sth., to attempt to do sth.; *ho tentato inutilmente di telefonarti* I tried to phone you without any success. **2** (*fig*) (*cercare di corrompere*) to tempt. **3** (*fig*) (*allettare*) to tempt, to entice: *è un'idea che mi tenta* the idea entices me, it's a tempting idea; *lasciarsi* ~ *da qcs.* to let oneself be tempted by sth. **4** (*lett*) (*mettere alla prova*) to try, to test, to prove: ~ *l'onestà di qcu.* to test so.'s honesty. **5** (*lett*) (*toccare per saggiare*) to try, to test: ~ *il terreno con un bastone* to test the firmness of the ground with a stick, to test the ground with a stick. □ ~ *il colpo* to take a shot; ~ *il suicidio* to attempt suicide, to try to kill oneself; ~ *il tutto per tutto* to make an all-out attempt; ~ *la fortuna* to try one's luck; ~ *la fuga* to make a break for it; ~ *la sorte* to try one's luck; ~ *l'evasione* to attempt escape; ~ *l'impossibile* to attempt the impossible; ~ *ogni mezzo* to try all means, to try all ways; *tentarle tutte* to try everything, to leave no stone unturned; ~ *tutte le vie* to try every way; ~ *un omicidio* to attempt a murder. Prov.: ~ *non nuoce* (o *tentar non nuoce*) it doesn't hurt to try.

tentativo *m.* **1** attempt, try, bid: *fare un* ~ to make an attempt, to have a try; *nel* ~ *di fare qcs.* in an attempt to do sth. **2** (*Dir*) attempt: ~ *di conciliazione* attempt at reconciliation. □ ~ *andato a vuoto* failed attempt; ~ *di evasione* escape attempt; *sventare un* ~ *di evasione* to thwart an escape attempt, to thwart an attempted jailbreak; ~ *di suicidio* suicide attempt; ~ *fallito* failed attempt.

tentato *a.* tempted: *essere* ~ *di fare qcs.* to be tempted to do sth. **2** (*Dir*) attempted. □ (*Dir*) ~ *omicidio* attempted murder, murder attempt; (*Dir*) ~ *suicidio* attempted suicide.

tentatore I *m.* (*f.* **-trice**) tempter (*f.* -tress). **II** *a.* tempting, alluring.

tentazione *f.* **1** (*Teol*) temptation. **2** (*allettamento*) temptation, enticement: *le tentazioni della città* the temptations of the city; *resi-*

stere alle tentazioni to resist temptations; *non ho potuto resistere alla* ~ *di leggere quel libro* I couldn't resist the temptation to read that book; *cadere in* ~ to fall into temptation; *indurre qcu. in* ~ to lead so. into temptation. □ *avere la* ~ to be tempted: *ho avuto la* ~ *di andarmene* I was tempted to go.

tentenna *m.inv.* (*scherz,ant*) waverer: *essere un gran* ~ to be very indecisive, to be a vacillator, to be a shilly-shallyer.

tentennamento *m.* **1** (*rar*) shaking: ~ *del capo* shaking of the head. **2** (*fig*) (*esitazione*) hesitation, wavering: *dopo molti tentennamenti* after much hesitation.

tentennante *a.* (*esitante*) undecided, hesitating.

tentennare (**tentènno**) **I** *v.i.* (*aus.* **avere**) **1** to totter, to be unsteady, to shake, to wobble: *il tavolo tentenna* the table is shaking; *camminare tentennando* to totter along. **2** (*fig*) (*essere incerto*) to waver, to hesitate, to be undecided, (*Br,colloq*) to shilly-shally: ~ *di fronte a una decisione* to hesitate when faced with a decision. **II** *v.t.* to shake: ~ *il capo* to shake one's head.

tentennio *m.* **1** shaking, tottering, wobbling. **2** (*fig*) (*indecisione*) hesitation, wavering, indecision.

tentoni *avv.* gropingly (*anche fig*). □ *a* ~ gropingly, blindly: *andare a* ~ to grope (*anche fig*); *camminare a* ~ to grope one's way, to feel one's way; *cercare qcs. a* ~ to grope for sth.

tentredine *f.* (*Entom*) saw-fly: ~ *delle mele* apple saw-fly.

tenuamente *avv.* tenuously, weakly, slightly.

tenue I *a.* **1** (*non denso*) thin, tenuous, rare, rarefied: *una* ~ *nebbia* a thin mist. **2** (*pallido, non vivo*) pale, light, soft: *un rosa* ~ a soft pink. **3** (*debole*) faint, tenuous: *un* ~ *filo di voce* a feeble tone of voice; *un* ~ *raggio di sole* a faint ray of sunlight. **4** (*fig*) (*esiguo, lieve*) tenuous, faint, slight, light: *una* ~ *speranza* a faint hope. **II** *m.* **1** (*Anat*) (*intestino*) small intestine. **2** (*Fon*) (*consonante*) tenuis.

tenuità *f.* **1** (*sottigliezza*) slenderness, thinness, tenuity. **2** (*leggerezza*) thinness, tenuity, rarity. **3** (*debolezza*) weakness, faintness, feebleness, tenuousness, tenuity: *la* ~ *di una speranza* the faintness of a hope. **4** (*pallidezza*) softness.

tenuta *f.* **1** (*capacità*) capacity: *il serbatoio ha una* ~ *di trenta litri* the tank has a thirty-litre capacity, the tank holds thirty litres. **2** (*guarnizione*) seal: ~ *a secco* dry seal. **3** (*possedimento rurale*) holding, farm, estate, (*Stor*) manor: *ha molte tenute nel Lazio* he owns many estates in Lazio. **4** (*abbigliamento*) outfit, clothes *pl.*: ~ *sportiva* sports clothes. **5** (*divisa, uniforme*) uniform, dress: ~ *da carcerato* prison uniform; (*Mil*) *alta* ~ full dress, full uniform. **6** (*equipaggiamento*) equipment, outfit, kit. **7** (*Tecn*) tightness, seal: ~ *ermetica* hermetic seal. **8** (*Aut*) (*tenuta di strada*) road holding. **9** (*Sport*) (*resistenza*) endurance, resistance, stamina. **10** (*Sport*) (*nel pugilato*) clinching. **11** (*Econ*) performance. □ (*Tecn*) *a* ~ *di*-tight, -proof: *a* ~ *d'acqua* (o *a* ~ *stagna*) watertight; *a* ~ *d'aria* airtight; *a* ~ *di gas* gas-proof; (*Mar*) ~ *al mare* seaworthiness; (*Tecn*) ~ *alla vite* screw-hold ability; (*Mil*) ~ *da combattimento* battle dress; ~ *da spiaggia* beach outfit; (*Comm*) ~ *dei conti* (o ~ *dei libri* o ~ *dei libri contabili* o ~ *della contabilità*) book-keeping; ~ *di fatica* fatigues, work clothes; ~ *di lavoro* fatigues (*pl.*), work clothes (*pl.*); (*Mil*) ~ *di marcia* battle dress; (*Aut*) ~ *di strada* road holding; (*Aut*) ~ *in curva* cornering; ~ *sportiva* leisure suit; ~ *stagna* watertight seal.

tenutaria *f.* madam (of a brothel), (*ant*) bawd.

tenutario *m.* 1 (*di una casa chiusa*) brothel manager. 2 (*di una bisca*) gambling house manager.

tenuto *a.* 1 (*soggetto, obbligato*) required, bound: *essere ~ a fare qcs.* to be required to do sth., to have a duty to do sth.; *siamo tenuti a rispondere* we must reply. 2 (*Mus*) sustained. □ ~*bene* well kept; ~ *male* badly kept.

tenzonare (**tenzóno**; *aus.* **avere**) *v.i.* (*lett*) 1 (*combattere*) to fight, to combat, to battle. 2 (*fig*) (*contrastare*) to clash, to be at strife.

tenzone *f.* 1 (*Lett*) poem of dispute; (*nella letteratura provenzale*) tenson. 2 (*lett*) (*contrasto*) dispute, conflict, disagreement; (*combattimento*) combat, fight, battle.

teobroma *m.* (*Bot*) Theobroma, cacao.

teobromina *f.* (*Chim*) theobromine.

teocentrico (*pl.* **-ci**) *a.* (*Filos,Rel*) theocentric.

teocentrismo *m.* (*Filos,Rel*) theocentrism.

teocratico (*pl.* **-ci**) I *a.* (*Pol*) theocratic, theocratical. II *m.* (*Pol*) theocrat.

teocrazia *f.* (*Pol*) theocracy.

Teocrito *n.pr.m.* (*Stor*) Theocritus.

teodicea *f.* (*Teol*) theodicy.

teodolite *m.* (*Topogr*) theodolite.

Teodora *n.pr.f.* Theodora.

Teodorico *n.pr.m.* (*Stor*) Theodoric.

Teodoro *n.pr.m.* (*Stor*) Theodore.

Teodosia *n.pr.f.* Theodosia.

teodosiano *a.* Theodosian.

Teodosio *n.pr.m.* (*Stor*) Theodosius.

teofagia *f.* (*Rel*) theophagy.

teofania *f.* (*Rel*) theophany.

teofillina *f.* (*Chim*) theophylline.

Teofilo *n.pr.m.* (*Stor*) Theophilus.

Teofrasto *n.pr.m.* (*Stor*) Theophrastus.

teogonia *f.* theogony.

teogonico (*pl.* **-ci**) *a.* theogonic.

teologale *a.* theological: *virtù teologali* theological virtues.

teologia *f.* theology. □ ~*biblica* Biblical theology; ~ *del patto* covenant theology; ~ *della liberazione* liberation theology; *di* ~ theology (*attr.*), theological; ~ *dogmatica* dogmatic theology; ~*liberale* liberal theology; ~ *morale* moral theology; ~ *naturale* natural theology; ~*negativa* negative theology; ~*pastorale* pastoral theology; ~*positiva* positive theology; ~*pratica* practical theology; ~*sistematica* systematic theology.

teologicamente *avv.* theologically.

teologico (*pl.* **-ci**) *a.* theological.

teologizzare (**teologìzzo**; *aus.* **avere**) *v.i.* to theologize.

teologo *m.* (*f.* **-a**; *pl.* **-gi**) theologian.

teorema *m.* (*Mat,Filos*) theorem. □ (*Mat*) ~ *dei quattro colori* four-colour theorem, (*Am*) four-color theorem; (*Mat*) ~*di Pitagora* Pythagoras' theorem, Pythagorean theorem, theorem of Pythagoras; (*Mat*) ~*di reciprocità* reciprocity theorem.

teorematico *a.* (*Mat*) theorematic.

teoretica *f.* (*Filos*) theoretics (*costr.sing o pl.*), theoretical philosophy.

teoretico (*pl.* **-ci**) *a.* (*Filos*) theoretic, theoretical.

teoria *f.* 1 theory: *le teorie della fisica moderna* the theories of modern physics; *la ~ e la pratica* theory and practice. 2 (*modo di pensare*) theory, idea: *le tue teorie sull'amicizia sono sorpassate* your ideas on friendship are out-of-date. 3 (*lett*) (*corteo, sfilata*)

procession, train. □ (*Fis*) ~*atomica* atomic theory; (*Fis*) ~ *corpuscolare* corpuscular theory; (*Fis*) ~ *covariante* covariant theory; (*Biol*) ~*degli equilibri punteggiati* theory of punctuated equilibria; (*Mat*) ~ *degli insiemi* set theory; (*Econ*) ~*dei giochi* game theory; (*Fis*) ~ *dei quanti* quantum theory; (*Mat*) ~ *dei sistemi* systems theory; (*Astr*) ~ *del big bang* big bang theory; (*Pol*) ~ *del domino* domino theory; (*Econ*) ~ *del valore* value theory; ~*della cospirazione* conspiracy theory; (*Fis*) ~*della relatività* theory of relativity; (*Stor*) ~ *dell'accumulazione* theory of value; (*Mat*) ~ *delle catastrofi* catastrophe theory; (*Mat*) ~ *delle code* queuing theory; (*Geol*) ~ *dell'espansione* expansive theory; ~*dell'evoluzione* evolutionary theory, evolutionism; ~*dell'informazione* information theory; ~ *dell'occupazione* theory of employment; (*Mat*) ~*dell'omologia* homology theory; (*Econ*) ~*economica* economic theory; ~ *evolutiva* evolutionary theory; *in* ~ in theory, theoretically; ~ *letteraria* literary theory; (*Fis*) ~*quantistica* quantum theory.

teoricamente *avv.* theoretically, in theory.

teoricità *f.* theoretical quality, theoretical nature.

teorico I *a.* theoretic, theoretical: *considerazioni teoriche* theoretical considerations; *insegnamento* ~ theoretical teaching; *esame* ~ examination on theory. II *m.* (*f.* -**a**; *pl.* -**ci**) theorist, theoretician, theorizer.

teorizzare (**teorìzzo**) *v.t.* to theorize (*anche assol.*).

teorizzazione *f.* theorization.

teosofia *f.* (*Filos,Rel*) theosophy.

teosofico (*pl.* -**ci**) *a.* (*Filos,Rel*) theosophic, theosophical.

teosofo *m.* (*f.* -**a**) (*Filos,Rel*) theosophist, theosopher.

tepalo *m.* (*Bot*) tepal.

tepidario *m.* (*Archeol*) tepidarium.

tepore *m.* warmth: *c'è un piacevole ~ in questa stanza* there's a pleasant warmth in this room.

teppa, teppaglia *f.* (*spreg*) hooligans *pl.*, mob, rabble.

teppismo *m.* 1 hooliganism, violence: *atto di ~* act of hooliganism. 2 (*malavita*) underworld, organized crime.

teppista *m./f.* hooligan, ruffian, hoodlum, (*Am,colloq*) hood.

teppistico (*pl.* -**ci**) *a.* hooligan (*attr.*), of a hooligan (*posposto*).

tequila /te'kila/ *f.* tequila. □ ~ *bum bum* slammer.

ter I *a.* (*di numeri civici*) B: *15* ~ 15 B. II *avv.* (*Mus*) x3, ter.

terapeuta *m./f.* therapeutist, therapist.

terapeutica *f.* 1 therapeutics (*costr.sing. o pl.*). 2 (*tecnica terapeutica*) therapy.

terapeutico (*pl.* -**ci**) *a.* therapeutic.

terapia *f.* 1 (*cura*) therapy, treatment, cure: *iniziare la ~* to start treatment; *sospendere la* ~ to terminate treatment. 2 (*Med*) (*terapeutica*) therapy, therapeutics (*costr.sing. o pl.*). □ (*Med*) ~*a raggi X* X-ray therapy, roentgen therapy, radiotherapy, X-ray treatment, roentgen treatment; (*Med*) ~ *cellulare* cell therapy, cellular therapy; (*Psic,Med*) ~*cognitiva* cognitive therapy; (*Psic,Med*) ~*comportamentale* behaviour therapy; (*Med*) ~*convulsivante* electric shock therapy; (*Psic,Med*) ~ *del comportamento* behaviour therapy; (*Med*) ~*del digiuno* fasting therapy; (*Med*) ~ *del dolore* pain therapy; (*Med*) ~ *del linguaggio* speech therapy; (*Med*) ~*del sonno* sleep cure; (*Med*) ~*della riabilitazione* rehabilitation therapy; (*Psic,Med*) ~ *di gruppo*

group therapy; (*Psic,Med*) ~*di stimolo* stimulation therapy; ~ *d'urto*: 1 (*Med*) massive dose therapy; 2 (*fig*) shock treatment; (*Psic, Med*) ~*familiare* family therapy; (*Med*) ~*fotodinamica* photodynamic therapy, photodynamic radiation therapy; (*Med*) ~ *genica* gene therapy; (*Med*) ~ *intensiva* intensive care; (*Psic,Med*) ~ *motivazionale* motivational therapy; (*Psic,Med*) ~ *occupazionale* occupational therapy; (*Med*) ~ *profilattica* preventive treatment, prophylaxis; (*Psic, Med*) ~*razionale-emotiva* rational-emotive therapy; (*Psic,Med*) ~ *relazionale* relationship therapy; (*Med*) ~*respiratoria* respiratory therapy; (*Psic*) ~ *sessuale* sex therapy; (*Med*) ~ *sintomatica* symptomatic therapy, symptomatic treatment.

terapico *a.* therapeutic.

terapista *m./f.* therapist. □ (*Med*) ~*della riabilitazione* physiotherapist, (*Am*) physical therapist, kinesiotherapist, rehabilitative therapist.

teratogenesi *f.* (*Biol*) teratogenesis.

teratogeno *a.* (*Biol*) teratogenic: *agente ~* teratogen; *effetto ~* teratogenic effect.

teratologia *f.* (*Med*) teratology: ~ *vegetale* teratology, plant teratology.

teratologico (*pl.* -**ci**) *a.* (*Med*) teratological.

teratoma *f.* (*Med*) teratoma.

terbio *m.* (*Chim*) terbium.

terebinto *m.* (*Bot*) terebinth.

terebra *f.* (*Entom*) terebra.

terebrante I *a.* 1 (*Entom*) terebrant. 2 (*Med*) piercing. II *m.* (*Entom*) terebrant insect.

terebrazione *f.* (*Minier,Edil*) drilling, boring.

teredine *f.* (*Zool*) shipworm.

Terenzio *n.pr.m.* (*Stor*) Terence.

Teresa *n.pr.f.* Teresa, Theresa.

teresiano *a.* Teresian, Theresian.

terga → **tergo**.

tergere (*pres.ind.* **tèrgo, tèrgi**; *p.rem.* **tèrsi**; *p.p.* **tèrso**) *v.t.* (*lett*) to wipe, to wipe away, to wipe, to wipe clean, to wipe dry: ~ *le lacrime* to dry one's tears, to wipe away one's tears.

tergicristallo *m.* (*Aut*) windscreen-wiper, (*Am*) windshield-wiper.

tergifari *m.inv.* (*Aut*) headlight wipers *pl.*, headlamp cleaners *pl.*

tergilavalunotto, tergilunotto (*pl.inv.* o -**i**) *m.* (*Aut*) rear-windshield wiper.

tergiversare (**tergivèrso**; *aus.* **avere**) *v.i.* to prevaricate, to beat about the bush.

tergiversazione *f.* prevarication, beating about the bush, beating around the bush: *senza tante tergiversazioni* without beating about the bush, straight off.

tergo (*pl.* **i tèrghi, le tèrga**) *m.* 1 (*lett*) (*dorso*) back: *voltare il ~* to turn one's back. 2 (*rif. a foglio di carta e sim.*: *faccia posteriore*) back, verso; (*rif. a monete*) reverse. □ *a* ~: 1 (*di dietro*) behind; 2 (*nei rinvii*) over: *vedi a ~* please turn over, P.T.O., PTO; *da ~* from behind: *seguire da ~* to follow behind.

terilene *m.* (*Tess*) Terylene.

teriomorfismo *m.* theriomorphism.

teriomorfo *a.* theriomorfic, theriomorfous.

terital *m.inv.* (*Tess*) Terital.

termale *a.* 1 thermal, of hot springs (*posposto*), spa (*attr.*): *acque termali* thermal waters; *cure termali* thermal treatment. 2 (*Archeol*) of the baths (*posposto*), of the Roman baths (*posposto*).

termalismo *m.* 1 (*Med*) mineral water therapy. 2 (*strutture termali*) spa facilities *pl.* 3 (*turismo nelle stazioni termali*) tourism in health resorts.

terme *f.pl.* 1 baths, hot springs, spa *sing.* 2 (*Archeol*) baths, thermae: *le ~ di Caracalla a*

Roma the Baths of Caracalla in Rome.

termico (*pl.* **-ci**) *a.* (*Fis,Tecn*) thermal, thermic, heat (*attr.*): *resistenza termica* thermal resistance.

termidoriani *m.pl.* (*Stor*) Thermidorians, Thermidoreans.

termidoriano *a.* (*Stor*) Thermidorian, Thermidorean.

termidoro *m.* (*Stor*) Thermidor.

terminabile *a.* that can be finished (*posposto*), terminable.

terminal *m.* **1** (*Aer*) terminal, air terminal. **2** (*Mar*) terminal. **3** (*capolinea di autobus*) terminus.

terminale I *a.* **1** terminal, final, end: *il tratto ~ del fiume* the final stretch of the river; *stazione* ~ terminal, terminal station, terminus, railhead. **2** (*di confine*) boundary, border, terminal: *pietra* ~ boundary stone. **3** (*Med*) terminal: *fase* ~ terminal stage. **4** (*Med*) (*rif. a malato*) terminally-ill. **II** *m.* **1** (*Tecn*) (*parte estrema*) end, terminal. **2** (*El*) cable terminal, lug. **3** (*Tel*) terminal. **4** (*Inform*) (*di computer*) computer terminal, terminal. □ (*El*) ~ *a morsetto* clamp terminal; (*El*) ~ *di batteria* battery terminal; (*Mar*) ~ *di carico* cargo terminal; ~ *di carico degli idrocarburi* oil loading terminal; (*Inform*) ~ *di entrata* input terminal; (*Inform*) ~ *intelligente* intelligent terminal; (*Inform*) ~ *interattivo* interactive terminal; (*Elettron*) ~ *POS* point-of-sale terminal, EPOS; (*Inform*) ~ *video* video terminal, video display terminal.

terminalista *m./f.* (*Inform*) terminal operator, computer operator.

terminante *a.* ending, finishing: *parole terminanti per consonante* words ending in consonants.

terminare (**tèrmino**) **I** *v.t.* to finish, to end, to conclude: *un lavoro* to finish a job; ~ *gli studi* to conclude one's studies. **II** *v.i.* (*aus.* essere) **1** to end, to finish: *la strada termina qui* the road ends here. **2** (*rif. a tempo*) to end, to be over, to finish: *lo spettacolo terminerà alle dodici* the show will end at twelve, the show will be over at twelve; *le lezioni sono terminate* school is finished, the lessons have finished, the lessons are over. **3** (*rif. a parole e sim.*) to end (*con, in* with, in): *parola che termina in consonante* word ending in a consonant. **4** (*avere l'estremità*) to end: ~ *a punta* to end in a point.

terminatore *m.* (*Astr*) terminator.

terminazione *f.* **1** (*estremità*) extremity, end, termination; (*punta*) point, tip. **2** (*Ling*) ending, termination. **3** (*Dir*) (*il segnare i confini*) setting of bounds, marking of bounds. □ (*Anat*) *terminazioni nervose* nerve endings.

termine *m.* **1** (*punto estremo*) end: *siamo arrivati al ~ della strada* we've reached the end of the road. **2** (*fine, compimento*) end, conclusion, close: *al ~ del discorso* at the end of the speech; *portare a ~ qcs.* to conclude sth., to bring sth. to conclusion, to bring sth. to a conclusion. **3** (*confine, limite*) limit, border, bound, boundary: *lo steccato segna i termini del podere* the fence marks the boundary of the estate. **4** (*pietra di confine*) boundary stone, term. **5** (*spazio di tempo*) time, period, given period, *spesso non si traduce*: *il lavoro sarà eseguito nel ~ di un mese* the work will be done within a month, the work will be done within the period of a month. **6** (*scadenza*) deadline, date of expiry, expiry date, final date, date due, term, term day: *fissare un ~* to fix a deadline; *domani scade il ~ per la presentazione delle domande* tomorrow is the final date for sub-mitting applications. **7** *spec.pl.* (*stato, condizione*) way, condition, term: *le cose stanno in questi termini* things are like this, things are this way. **8** (*esaurimento*) exhaustion, consumption, depletion: *il ~ delle provviste* the depletion of supplies. **9** (*meta, punto d'arrivo*) goal, aim, object: *questo è il ~ dei nostri sforzi* this is the object of our endeavours. **10** (*elemento*) term, element: *il soggetto e il predicato sono termini di una proposizione* the subject and the predicate are elements of a sentence; *i due termini di un paragone* the two terms of a comparison. **11** (*vocabolo*) term, word: *un ~ scientifico* a scientific term. **12** (*Mat*) term: *i termini della frazione* the terms of a fraction. □ *a* ~ time (*attr.*), term (*attr.*), fixed expiration date (*attr.*); (*Mat*) ~ *algebrico* algebraic term; *avere* ~ to end; *entro il ~ convenuto* within the deadline agreed upon; *fissare i termini della questione* to settle the terms of the matter, to define the terms of the matter; (*Comm,burocr*) ~ *di consegna* delivery term, delivery date; (*burocr*) *a termini di legge* according to the law, by law: *procedere a termini di legge* to proceed according to the law; (*Comm*) *termini di pagamento* terms of payment; ~ *di paragone* term of comparison: *non avere termini di paragone* to have no terms of comparison; (*Comm*) ~ *di preavviso* notice, period of notice; (*Dir*) ~ *di prescrizione* limitation; ~ *di presentazione* term of presentation, deadline of presentation, period for presentation; (*Dir*) ~ *di protesto* period of protestation; ~ *di scadenza* expiry date, date of expiration, day of expiration (*anche Comm*); *senza ~ fisso* indefinite; (*Dir*) ~ *giudiziario* period fixed by the Court; ~ *improrogabile* deadline, absolute deadline (*anche Comm*); *in altri termini* (*in altre parole*) in other words; *la questione si pone in questi termini...* the question is..., the question can be expressed in these terms...; *in che termini sei con loro?* (*in che rapporti*) on what terms are you with them?; *essere in buoni termini con qcu.* to be on good terms with so.; *lasciarsi in buoni termini* to part on good terms; *essere in cattivi termini con qcu.* to be on bad terms with so.; *in termini di* (*dal punto di vista di*) in terms of: *in termini di prestazioni* in terms of performance; (*Filos*) ~ *maggiore* major term; ~ *massimo* time-limit; (*Filos*) ~ *medio* middle term; (*Filos*) ~ *minore* minor term; (*Dir*) ~ *perentorio* mandatory period; *nel ~ prescritto* within the set time, within the prescribed term, by the appointed date; *entro i termini previsti* within the agreed time-limit, within the prescribed time; (*Econ*) *in termini reali* in real terms; *entro i termini stabiliti* within the agreed time-limit, within the prescribed time; *termini tecnici* technical terms; ~ *ultimo* deadline (*anche Comm*); ~ *utile* due date.

terminografia *f.* terminography.

terminografo *m.* (*f.* **-a**) terminographer.

terminologia *f.* terminology: ~ *scientifica* scientific terminology.

terminologico (*pl.* **-ci**) *a.* terminological.

terminologo *m.* (*f.* **-a**; *pl.* **-gi**) terminologist.

termistore *m.* (*El*) thermistor.

termitaio *m.* termitary, termitarium, termites' nest.

termite[1] *f.* (*Entom*) termite, white ant.

termite[2] *f.* (*Chim*) Thermit, Thermite.

termoadesivo *a.* (*Tess*) iron-on (*attr.*).

termoanestesia *f.* (*Med*) thermoanaesthesia, thermoanesthesia.

termoautonomo *a.* individually controlled (heating).

termocauterio *m.* (*Chir*) thermocautery.

termochimica *f.* thermochemistry.

termochimico (*pl.* **-ci**) *a.* thermochemical.

termocinetica *f.* (*Fis*) thermokinetics (*costr.sing. o pl.*).

termocinetico (*pl.* **-ci**) *a.* (*Fis*) thermokinetic.

termocoagulazione *f.* (*Chir*) thermocoagulation.

termocoibente *a.* (*Tecn*) heat-insulating: *sostanza* ~ heat insulator.

termoconvettore *m.* (*Tecn*) convector.

termocoperta *f.* electric blanket, heating blanket.

termocoppia *f.* (*El*) thermocouple.

termodiffusione *f.* (*Fis*) thermodiffusion, thermal diffusion.

termodinamica *f.* (*Fis*) thermodynamics (*costr.sing. o pl.*).

termodinamico (*pl.* **-ci**) *a.* (*Fis*) thermodynamic, thermodynamical.

termoelemento *m.* (*Fis*) thermoelement.

termoelettricità *f.* (*Fis*) thermoelectricity.

termoelettrico (*pl.* **-ci**) *a.* (*Fis*) thermoelectric: *batteria termoelettrica* thermoelectric battery.

termoelettronica *f.* (*Fis*) thermoelectronics (*costr.sing. o pl.*).

termoelettronico (*pl.* **-ci**) *a.* (*Fis*) thermoelectronic.

termoestesia *f.* (*Fisiol*) thermesthesia, thermaesthesia.

termoforo *m.* heating pad, electric heating pad.

termogenesi *f.* (*Biol*) thermogenesis.

termogeno *a.* (*Biol*) thermogenic: *batteri termogeni* thermogenic bacteria.

termografia *f.* (*Tecn*) thermography.

termografico (*pl.* **-ci**) *a.* (*Tecn*) thermographic.

termografo *m.* (*Tecn*) thermograph.

termogramma *m.* thermogram.

termoindurente *a.* (*Chim*) thermoset, thermosetting, thermo-hardening.

termoione *m.* (*Fis*) thermion.

termoionica *f.* (*Fis*) thermionics (*costr. sing.*).

termoionico (*pl.* **-ci**) *a.* (*Fis*) thermionic: *valvola termoionica* thermionic valve.

termoisolante I *a.* thermal insulating, heat insulating. **II** *m.* thermal insulator, heat insulator.

termoisolato *a.* (*Fis*) thermo-insulated.

termolabile *a.* (*Fis*) thermolabile.

termolisi *f.* (*Chim,Biol*) thermolysis.

termologia *f.* (*Fis*) thermology.

termologico (*pl.* **-ci**) *a.* (*Fis*) thermological.

termoluminescente *a.* (*Fis*) thermoluminescent.

termoluminescenza *f.* (*Fis*) thermoluminescence.

termomagnetico (*pl.* **-ci**) *a.* (*Fis*) thermomagnetic.

termomagnetismo *m.* (*Fis*) thermomagnetism.

termometria *f.* (*Fis*) thermometry.

termometrico (*pl.* **-ci**) *a.* (*Fis*) thermometric, thermometrical, thermometer (*attr.*): *scala termometrica* thermometric scale, temperature scale.

termometro *m.* **1** thermometer: *il ~ segna zero* the thermometer reads zero. **2** (*fig*) barometer, sign, indicator. □ ~ *a bulbo* bulb thermometer; ~ *a massima* maximum thermometer; ~ *a massima e minima* maximum and minimum thermometer; ~ *a mercurio* mercury thermometer; ~ *a minima* minimum thermometer; ~ *ad alcool* spirit thermometer; ~ *centigrado* centigrade thermometer; ~*clinico* clinical thermometer; ~ *graduato* graduated thermometer; ~ *registratore* recording thermometer, register thermometer.

termonucleare *a.* (*Fis*) thermonuclear: *bomba* ~ thermonuclear bomb.

Termopili *n.pr.f.pl.* (*Geog.stor*) Thermopylae.

termoplasticità *f.* (*Chim*) thermoplasticity.

termoplastico (*pl.* **-ci**) *a.* (*Chim*) thermoplastic: *resine termoplastiche* thermoplastic resins.

termoreattore *m.* (*Fis*) thermoreactor.

termoregolatore I *a.* (*Fisiol*) thermoregulatory. **II** *m.* (*Tecn*) thermoregulator.

termoregolazione *f.* (*Tecn,Fisiol*) thermoregulation, temperature regulation.

termoresistente *a.* heat-resistant, thermo-resistant.

termos *m.inv.* thermos, thermos bottle, thermos flask, vacuum flask.

termoscopio *m.* (*Fis*) thermoscope.

termosensibile *a.* (*Fis*) thermosensitive.

termosfera *f.* thermosphere.

termosifone *m.* **1** (*sistema di riscaldamento*) central heating. **2** (*radiatore*) radiator. **3** (*Fis*) thermosiphon. ☐ ~*ad acqua* hot-water heating, hot-water central heating.

termostabile *a.* (*Fis*) thermostable.

termostatare (**termòstato**) *v.t.* (*Fis*) to thermostat.

termostatico (*pl.* **-ci**) *a.* **1** thermostatic. **2** (*a temperatura costante*) constant temperature: *ambiente* ~ constant temperature chamber.

termostato *m.* (*Tecn*) thermostat.

termotecnica *f.* (*Ind*) thermotechnics (*costr.sing.*), heat engineering.

termoterapia *f.* (*Med*) thermotherapy.

termotropismo *m.* (*Bot*) thermotropism.

termoventilatore *m.* fan heater, hot-air heater.

termoventilazione *f.* air-heating.

terna *f.* **1** tern, triplet, set of three, group of three. **2** (*lista di tre nomi*) short list (of three candidates). **3** (*Mat*) tern, triplet, trio.

ternare (**tèrno**) *v.t.* (*rar*) (*includere in una terna*) to include (so.) in a list of three candidates.

ternario *a.* **1** (*Metr*) (*di tre sillabe*) three-syllable (*attr.*), of three syllables (*posposto*), having three syllables (*posposto*): *verso* ~ three-syllable line. **2** (*Chim,Min,Mat*) ternary: *composto* ~ ternary compound.

ternato *a.* (*Bot*) ternate.

terno *m.* **1** (*lotto, tombola*) tern, set of three winning numbers. **2** (*nel gioco dei dadi*) double three. **3** (*fascicolo*) three-sheet pamphlet. ☐ (*fig*) *vincere un ~ al lotto* to hit the jackpot; (*fig*) *è un ~ al lotto* it's a question of luck, (*Am,sl*) it's a crapshoot.

terpene *m.* (*Chim*) terpene.

terpenico *a.* (*Chim*) terpenic.

terra *f.* **1** (*pianeta*) Earth: *la rotazione diurna della Terra* the daily rotation of the Earth. **2** (*in contrapposizione al mare, all'aria*) earth, land: *lingua di* ~ a tongue of land; *una stretta lingua di* ~ *si protende nel mare al* narrow point of land extends into the sea; *una spedizione via* ~ a land expedition. **3** (*paese*) land, country: *nostalgia della* ~ *natale* homesickness (for one's native land). **4** (*mondo, vita terrena*) earth, world: *siamo solo di passaggio su questa* ~ we are brief visitors in this world. **5** (*estens*) (*gli uomini*) man, mankind, men *pl.*, world: *tutta la* ~ *ammira gli astronauti* the whole world admires astronauts. **6** (*sostanza naturale incoerente*) earth, soil, dirt: *un sacco di* ~ a bag of earth;

smuovere un mucchio di ~ to move a pile of earth. **7** (*argilla, creta*) clay: *vasi in* ~ clay pots. **8** (*terreno coltivabile*) land, earth, soil: *arare la* ~ to plough the land; ~ *fertile* fertile soil. **9** (*campagna, campi*) land, soil, country: *i frutti della* ~ the fruits of the soil; *lavoratori della* ~ workers of the land, tillers of the soil. **10** (*estens*) (*superficie piana su cui poggia un corpo: suolo*) ground: *sdraiarsi per* ~ to lie down on the ground, to stretch out on the ground; *buttare un oggetto in* ~ to throw an object to the ground. **11** (*estens*) (*pavimento*) floor: *sollevare un giornale da* ~ to pick up a newspaper from the floor; *dormire per* ~ to sleep on the floor. **12** (*possedimento rurale, fondo*) land, piece of land, property, estate, holding: *vendere una* ~ to sell an estate; *ritirarsi a vivere nelle proprie terre* to retire to live on one's own estate. **13** (*El*) earth, (*Am*) ground; (*messa a terra*) earthing, (*Am*) grounding. **14** (*Chim*) earth. **15** (*esclam.*) (*Mar*) land ho! ☐ ~ ~: **1** close to the ground, at ground level; **2** (*fig*) prosaic, pedestrian, terre à terre, matter-of-fact: *essere* ~ ~ to be pedestrian, to be prosaic; *a* ~: **1** (*stato*) on the ground, lying on the ground; **2** (*moto*) to the ground, onto the ground: *buttare qcu. a* ~ to knock so. to the ground; **3** (*fig*) (*mal ridotto fisicamente*) in bad shape; **4** (*fig*) (*depresso*) in low spirits; **5** (*fig*) (*rovinato finanziariamente*) broke; (*eufem*) *terre ballerine* quake country (*sing.*); *strada in* ~ *battuta* dirt road; (*Sport*) *campo in* ~ *battuta* (*da tennis*) clay court, hard court; ~*bruciata* scorched earth; (*fig*) *fare* ~ *bruciata intorno a qcu.* to isolate so.; *a due metri da* ~ two metres off the ground, two metres from the ground; ~*da follone* fuller's earth; (*Geog*) ~ *del Fuoco* Tierra del Fuego; *della* ~ earth (*attr.*), of the Earth, of the earth; *di* ~ (*di terraferma*) land; ~*di nessuno* no-man's-land; ~ *di riporto* made ground, backfill; (*Min*) ~ *di Siena* sienna; ~ *d'ombra* umber; (*Geog*) *terre emerse* land emerged from the sea, the lands above sea-level; ~*ferma*: **1** (*parte continentale di una regione*) mainland, continent; **2** (*in contrapposizione al mare*) dry land, land, terra firma; (*Mar*) ~*in vista!* land ho!; (*El*) *mettere a* ~ (*Br*) to earth, (*Am*) to ground; *la* ~*natia* (one's) homeland, (one's) native land; *per* ~: **1** (*stato*) on the ground: *essere sdraiato per* ~ to lie on the ground; **2** (*moto*) (on)to the ground: *cadere per* ~ to fall to the ground; **3** (*viaggiare*) by land: *per* ~ *e per mare* by land and by sea; (*Bibl*) *la* ~*promessa* the Promised Land (*anche fig*); (*Chim*) ~*rara* rare earth; ~*Santa* Holy Land; (*Geog*) *terre sommerse* submerged lands; *in* ~ *straniera* on foreign land, on foreign soil; ~*vergine* virgin land. *Prov.: in* ~ *di ciechi beato chi ha un occhio* (o *in* ~ *di ciechi chi ha un occhio è signore*) among the blind the one-eyed man is king, in the kingdom of the blind the one-eyed man is king.

terra-aria *a.* (*Mil*) surface-to-air, ground-to-air.

terracotta (*pl.* **terrecòtte**) *f.* **1** (*argilla cotta*) terracotta, fired clay, earthenware. **2** (*manufatto*) terracotta. **3** *pl.* earthenware (*costr.sing.*). ☐ *vaso di* ~ clay pot, earthenware pot; *statuine di* ~ terracotta statues, terracottas.

terracqueo *a.* terraqueous: *globo* ~ (o *orbe* ~) terraqueous globe.

terraferma *f.* **1** (*parte continentale di una regione*) mainland, continent: *città di* ~ mainland town. **2** (*in contrapposizione al mare*) dry land, land, terra firma: *sbarcare sulla* ~ to set foot on dry land.

terraglia *f.* **1** (*Ceram*) earthenware. **2** *pl.* (*oggetti*) pottery (*costr.sing.*), earthenware (*costr.sing.*), crockery (*costr.sing.*).

terramara, **terramare** (*pl.* **terramàre/terremàre**) *f.* (*Archeol*) terramara.

terramicina *f.* (*Farm*) Terramycin.

terranova *m.inv.* (*Zool*) Newfoundland, Newfoundland dog.

Terranova *n.pr.f.* (*Geog*) Newfoundland.

terrapieno *m.* **1** embankment, bank. **2** (*Mil*) rampart. ☐ ~*ferroviario* railway embankment; ~*stradale* road embankment.

terraqueo *a.* terraqueous: *globo* ~ (o *orbe* ~) terraqueous globe.

terrario *m.* terrarium.

Terrasanta *n.pr.f.* (*Geog,Rel*) Holy Land.

terrazza *f.* **1** terrace. **2** (*sul tetto*) roof terrace. **3** (*Geol,Agr*) terrace. ☐ *a terrazze* terraced, terrace (*attr.*).

terrazzamento *m.* (*Geog,Agr*) terracing.

terrazzare (**terràzzo**) *v.t.* (*Geog,Agr*) to terrace.

terrazzato *a.* (*Geog,Agr*) terraced.

terrazziere *m.* (*f.* **-a**) navvy, digger, excavator.

terrazzino *m.* balcony.

terrazzo *m.* **1** terrace: ~ *scoperto* open terrace. **2** (*balcone*) (wide) balcony. **3** (*Geol, Agr*) terrace. **4** (*Edil*) (*tipo di pavimento*) terrazzo.

terremotato I *a.* **1** (*rif. a persone*) made homeless by an earthquake (*posposto*). **2** (*di edificio, città*) devastated by an earthquake (*posposto*). **II** *m.* (*f.* **-a**) earthquake victim, earthquake refugee.

terremoto *m.* **1** (*Geol*) earthquake, quake: *il* ~ *è stato del settimo grado della scala Richter* the earthquake registered seven on the Richter scale; *un* ~ *del quinto grado della scala Mercalli* an earthquake measuring five on the Mercalli scale. **2** (*fig*) disruption, havoc. **3** (*fig*) (*persona irrequieta*) live wire, madcap, (*colloq*) whirl. **4** (*fig*) (*ragazzo vivace*) lively child, pest, menace. ☐ (*Geol*) ~ *ondulatorio* undulatory quake; (*Geol*) ~*sussultorio* sussultatory earthquake; (*Geol*) ~ *tettonico* tectonic earthquake.

terreno [1] *a.* **1** earthly, terrestrial, worldly, mundane: *vita terrena* earthly life. **2** (*che è al livello del suolo*) ground (*attr.*), ground-level, street-level, ground floor: *pian* ~ ground floor.

terreno [2] *m.* **1** (*strato superficiale della crosta terrestre*) land, country, ground: ~ *montuoso* mountainous country, mountainous land; ~ *desertico* desert, desert land. **2** (*terra coltivabile*) land, earth, soil: *dissodare il* ~ to plough up the land; ~ *sfruttato* impoverished land; ~ *secco* parched land. **3** (*suolo*) ground: *il ferito era riverso sul* ~ the wounded man was lying on his back on the ground. **4** (*terra*) soil: *analisi del* ~ soil analysis; *campione di* ~ soil specimen, soil sample. **5** (*fondo*) land, piece of land, property, landed property, plot, plot of land, estate, real estate: *ha comprato un* ~ *per fabbricarsi una villetta* he bought a plot of land to build himself a house. **6** (*podere*) farm, holding, plot, plot of land: *ha dei terreni in campagna* he owns several plots of land in the country. **7** (*zona*) ground, land, terrain, region, territory, area: *perlustrare il* ~ to patrol the area; *avere una perfetta conoscenza del* ~ to know the lie of the land. **8** (*campo di battaglia*) battlefield, field: *molti soldati rimasero sul* ~ many soldiers were left on the field. **9** (*fig*) (*campo*) field, sphere, ground. **10** (*Sport*) (*terreno di gioco*) ground, sports ground, playing field; (*prato delle corse, pista*) track. □ (Agr) ~ a riposo fallow land; ~ abbandonato waste land; ~ accidentato uneven ground; ~ agricolo agricultural area, farmland; (Agr) ~ alcalino alkaline soil; (Geol) ~ alluvionale alluvial soil; (Agr) ~ arabile arable land; (Geol) ~ argilloso clayey soil; (Geol) ~ calcareo calcareous land; (Geog) ~ collinoso hilly land, hilly ground; (Agr) ~ coltivabile arable land, tillable land; (Agr) ~ coltivato cultivated land, land under cultivation; ~ confinante (o ~ contiguo) adjoining land, neighbouring estate; (Edil) ~ da costruzione building plot; ~ da pascolo pasture, pastureland; (Biol) ~ di coltura culture medium; (Sport) ~ di gioco field, games field; (Edil) ~ di riporto made ground, filled ground, backfill; ~ di superficie topsoil; (Edil) ~ edificabile building plot; ~ fertile: 1 (Agr) fertile land; 2 (fig) fertile breeding ground; (Agr) ~ grasso rich land; ~ incoerente noncohesive soil, crumbly soil; terreni incolti uncultivated land (sing.), untilled land (sing.), wasteland (sing.); ~ irriguo irrigated soil, irrigated land; (fig) lasciare sul ~ to leave behind, to abandon; (Geol) ~ marnoso marly soil; ~ minato minefield; (fig) camminare su un ~ minato to walk on a minefield, to walk through a minefield; (fig) trovare ~ morbido to find (so.) favourably inclined; (fig) ~ neutro neutral ground; ~ paludoso swampy land, swamp, marshland; ~ pesante: 1 (Sport) heavy track, heavy ground, muddy field; 2 (Agr) muddy land, heavy soil; (Geol) ~ pietroso rocky ground, rocky soil; ~ prativo meadow, meadowland, grass, grassland, land under grass; ~ sabbioso sandy soil; (Agr) ~ stanco impoverished soil; (Geol) ~ vulcanico volcanic soil.

terreo a. 1 (rif. a colorito: giallo livido) ashen, wan, sallow. 2 (rar) (di terra) earthy, earth (attr.), earthen.

terrestre I a. 1 terrestrial, of the Earth (posposto), earth's, earth (attr.): magnetismo ~ terrestrial magnetism; superficie ~ earth's surface; animale ~ terrestrial animal. 2 (della terraferma) land (attr.): battaglia ~ land battle. 3 (terreno) earthly, wordly. II m./f. earthling, inhabitant of the Earth, earthman (f. -woman).

terribile a. 1 terrible, terrifying, fearful, dreadful: visione ~ fearful sight. 2 (spietato) pitiless, cruel, terrible: un giudice ~ a pitiless judge. 3 (iperb) (intenso) terrible, dreadful, frightful, (colloq) awful: un ~ mal di denti a terrible toothache; faceva un caldo ~ the heat was terrible. 4 (straordinario) tremendous, great: forza ~ tremendous strength.

terribilità f. (rar) terribleness.

terribilmente avv. terribly, awfully, frightfully: fa ~ caldo it's terribly hot; è ~ noioso he is terribly dull; una barzelletta ~ volgare a frightfully gross joke.

terricciato m. (Agr) compost.

terriccio m. soil, loam, mould. □ ~ di brughiera heath mould; ~ per vasi potting compost.

terricolo a. (Zool,Bot) terrestrial, land (attr.).

terrier m. (Zool) terrier.

terriero a. landed, land (attr.): proprietà terriera landed property, estate; proprietario ~ landowner.

terrificante a. terrifying, appalling.

terrificare (terrifico, terrifichi) v.t. to terrify, to appal.

terrina f. 1 (region) (zuppiera) terracotta bowl, bowl, terrine. 2 (Gastron) terrine.

territoriale I a. territorial: confini territoriali territorial boundaries; acque territoriali territorial waters. II f. (milizia territoriale)

territorial army.

territorialità f. territoriality: ~ della legge principle of territoriality.

territorio m. 1 territory (anche Biol,Zool, Sport): territori costieri coastal territories; i territori d'oltremare overseas territories; invadere il ~ nemico to invade enemy territory. 2 (zona) region. □ territori annessi annexed territories; ~ di confine confines (pl.), border territory; (Geog) Territori Palestinesi Palestinian Territories.

terrone m. (f. -a) (spreg) Southern Italian.

terronia f. (spreg,scherz) Southern Italy.

terrore m. terror: incutere ~ a qcu. to strike terror into so.'s heart. □ avere il ~ di qcs. (o avere ~ di qcs.) to be terrified of sth., to have a terror of sth.

Terrore m. (Stor) Reign of Terror, Terror, Red Terror.

terrorismo m. terrorism. □ ~ di destra right-wing terrorism; ~ di sinistra left-wing terrorism; ~ di stato state terrorism; ~ islamico Islamic terrorism; ~ nero right-wing terrorism; ~ psicologico psychological terrorism; ~ rosso left-wing terrorism.

terrorista m./f. terrorist: presunto ~ suspected terrorist; ~ pentito repentant terrorist.

terroristico (pl. -ci) a. 1 terroristic, terrorist, of terror (posposto): regime ~ terroristic regime, reign of terror. 2 (relativo al terrorismo) terroristic, terrorist.

terrorizzare (terrorizzo) v.t. to terrorize, to terrify.

terrorizzato a. terrorized, terrified: appariva ~ he looked terrified; essere ~ all'idea di fare qcs. to be terrified at the idea of doing sth.

terroso a. 1 (misto a terra) earth (attr.), earthy. 2 (sporco di terra) earth-soiled, soiled with earth (posposto). 3 (simile a terra) earthy, earth-like.

Tersicore n.pr.f. (Mitol) Terpsichore.

Tersite n.pr.m. (Mitol) Thersites.

terso → tergere a. 1 (pulito, nitido) clean, clear, limpid: aria tersa clean air, pure air; cielo terso clear sky. 2 (limpido) transparent, crystal clear: acque terse clear waters, limpid waters. 3 (fig) (forbito) terse, polished, refined: stile ~ terse style.

terza f. 1 (Scol) (rif. alle scuole elementari) (Br) third form, (Am) third grade. 2 (Scol) (rif. alle scuole medie) (Br) third form (of middle school), (Am) third year of junior high school, eighth grade. 3 (Scol) (rif. a scuola superiore) third year of secondary school, (Am) third year of high school, eleventh grade, sophomore year. 4 (Scol) (rif. al liceo classico) (Br) sixth form, (Am) senior year (of high school). 5 (Aut) third (gear): ingranare la ~ to engage the third gear. 6 (Mus) third. 7 (Sport) (nella scherma) tierce, third. 8 (nella danza) third position. 9 (Lit) terce, (ant) tierce. 10 (Mat) power of three: due alla ~ two to the power of three.

terzana f. (Med) tertian, tertian fever.

terzarolare (terzaròlo) v.t. (Mar) to reef.

terzarolo m. (Mar) reef.

terzetto m. 1 (Mus) terzetto, trio, vocal trio. 2 (scherz) (gruppo di tre persone) trio, three, three people (costr.pl.): siete proprio un bel ~ you're really a fine trio.

terziario I a. 1 (Geol) Tertiary. 2 (Chim,Econ) tertiary. II m. 1 (Geol) Tertiary, Tertiary period. 2 (f. -a) (Rel.catt) tertiary: ~ francescano Franciscan tertiary. 3 (Econ) tertiary industry, service industry: ~ avanzato high-tech service industry.

terziarizzazione f. expansion of service industries.

terziglio m. kind of card game.

terzina f. 1 (Metr) tercet, terzina. 2 (Mus) triplet.

terzino m. 1 (Sport) back, fullback. 2 (Mus) clarinet tuned a minor third above normal, flute tuned a minor third above normal. □ (Sport) ~ destro right back; (Sport) ~ sinistro left back.

terzista I a. (Comm) subcontracting. II m./f. (Comm) subcontractor.

terzo I a. 1 third: il ~ martedì del mese the third Tuesday of the month. 2 (rif. a regnanti, pontefici) the Third: Napoleone ~ Napoleon the Third, Napoleon III. II avv. thirdly, third. III m. 1 (f. -a) (ordinale) third. 2 (frazionario) third, third part: un ~ del mio denaro a third of my money. 3 (terza persona) third, third person. 4 pl. (altri) third party sing., third parties, others: non voglio l'intervento di terzi I don't want the involvement of any third parties. 5 pl. (Dir) third party sing., third parties: danno a terzi damage to third parties. 6 (Rad,TV) (terzo programma) third programme. □ ~ terza età Third Age (costr.pl.), old age (costr.pl.), senior citizens (pl.), seniors (pl.); ~ grado third degree: fare il ~ grado a qcu. to give so. the third degree, to put so. through a third degree, (colloq) to grill so.; ascensione di ~ grado a third degree climb; il ~ incomodo the odd man out, (colloq) the fifth wheel: fare il ~ incomodo to play gooseberry; in ~ luogo in the third place, thirdly; il ~ mondo the third world: paesi del ~ mondo third-world countries; roba di terz'ordine third-rate junk; (Giorn) la terza pagina the literary page; terza persona: 1 (Gramm) third person: usare la terza persona con qcu. to use the formal third person when speaking to so., to use the polite form when speaking to so.; 2 (Dir) (terzo) third party; (Stor) il Terzo Reich the Third Reich; (Ferr) terza rotaia conductor rail, contact rail, live rail, third rail; (eufem) il ~ sesso the third sex; (Stor) il ~ stato the third estate.

terzogenito I a. third born. II m. (f. -a) third born, third born child.

terzomondismo m. (Pol) Third Worldism.

terzomondista I a. Third World (attr.). II m./f. Third Worlder.

terzultimo I a. third last, (Br) last but two, third from last. II m. (f. -a) third last, (Br) last but two, third from last.

terzuolo[1] m. (Agr) third cutting of hay.

terzuolo[2] m. 1 (Caccia) tercel, tiercel. 2 (Ornit) (astore) goshawk.

tesa f. 1 (falda del cappello) brim: cappello a larga ~ (o cappello a larghe tese) wide-brim hat, wide-brimmed hat. 2 (rif. a trappole e sim.) setting, laying. 3 (Stor) (unità di larghezza) toise.

tesafili m.inv. (El) wire stretcher.

tesaggio m. stretching.

tesare (téso) v.t. 1 (Tecn) to stretch. 2 (Mar) to haul taut; (rif. a vela) to hoist taut.

tesatura f. 1 (Tecn) stretching. 2 (Mar) hauling taut.

tesaurizzare (tesaurizzo) I v.t. (Econ) to hoard, to store. II v.i. (aus. avere) to hoard.

tesaurizzazione f. (Econ) hoarding.

teschio m. skull.

Teseo n.pr.m. (Mitol) Theseus.

tesi[1] f. 1 (argomentazione) thesis: formulare una ~ to advance a thesis. 2 (teoria) theory, thesis: è una ~ da scartare this theory is to be discounted, this theory is to reject. 3 (Univ) thesis, dissertation. □ (Lett) a ~ thesis (attr.), of ideas, with a message: romanzo a ~ novel with a message; (Univ) ~

compilativa dissertation supporting an existing theory; (*Univ*) ~*di dottorato* doctoral thesis; (*Univ*) ~*di laurea* degree thesis; (*Univ*) ~*di ricerca* thesis proposing a new idea supported by research; (*Univ,colloq*) *esseresotto* ~ to be working on one's dissertation; (*Univ*) ~*sperimentale* research thesis.

tesi[2] → **tendere**.

tesina *f.* (*Univ*) extended essay, short supplementary thesis, paper.

tesista *m./f.* (*Univ*) student who is writing a thesis.

teso → **tendere** *a.* **1** taut, tight: *una fune tesa* a taut rope. **2** (*contratto*) tense, taut: *muscoli tesi* tense muscles. **3** (*allungato*) outstretched: *gli si fece incontro con le braccia tese* he came towards him with arms outstretched. **4** (*proteso*) outstretched, stretched out, held out, out: *con la mano tesa* holding one's hand out. **5** (*fig*) (*rivolto*) aimed, intended (*verso, a* at): *la misura è tesa a impedire il riciclaggio di denaro sporco* this measure aims at preventing money laundering. **6** (*fig*) tense: *faccia tesa* tense face; *avere i nervi tesi* to have tense nerves. **7** (*fig*) (*quasi ostile*) tense: *rapporti tesi* tense relations. **8** (*fig*) (*rif. a persona*) tense, nervous: *è sempre molto teso* he is always very tense. **9** (*fig*) (*volto*) intent, bent (*a* on). □ *essere ~come una corda di violino* to be like a coiled spring.

tesoreria *f.* treasury: ~ *dello stato* State Treasury.

tesoriere *m.* (*f.* **-a**) treasurer.

tesorino *m.* darling, (*colloq*) pet, (*colloq*) pet lamb.

tesoro *m.* **1** treasure. **2** (*grande ricchezza*) fortune. **3** (*luogo dove sono depositati tesori*) treasury, treasure house; (*in una banca*) vault. **4** *spec.pl.* (*fig*) (*ricchezza naturale*) resources *pl.*, natural resources *pl.*, treasures *pl.*: *i tesori della terra* the earth's natural resources. **5** (*oggetto di grande valore*) treasure: *inestimabili tesori d'arte* priceless art treasures. **6** (*fig*) (*ricchezza spirituale*) treasure, spiritual treasure, riches *pl.* **7** (*fig*) (*persona molto amata*) darling, treasure, jewel, (*Br,colloq*) pet: ~ *mio!* darling!, my darling! **8** (*fig*) (*persona molto simpatica*) treasure, (*colloq*) sweetie. **9** (*fig*) (*persona molto utile*) treasure, pearl, gem, jewel. **10** (*come appellativo*) darling, honey, sweetheart. **11** (*erario pubblico*) Treasury, (*GB*) Treasury, Exchequer; (*Econ*) *buoni del Tesoro* Treasury bonds. **12** (*organo statale*) treasury. **13** (*insieme di arredi sacri, reliquie*) treasury: *il ~ di san Pietro* the Treasury of St. Peter's. **14** (*Mediev*) (*opera enciclopedica*) thesaurus. □ *un ~di ragazza* a darling, a darling girl, a dear girl, a delightful girl, a treasure of a girl;*fare ~ di qcs.*: **1** (*tenerne conto*) to treasure sth., to take sth. to heart, (*Br*) to set great store by sth.: *fare ~ dei consigli di qcu.* to take so.'s advice to heart; **2** (*giovarsene*) to profit by sth.

Tespi *n.pr.m.* (*Stor*) Thespis: *carro di ~* travelling theatre.

Tessaglia *n.prf.* (*Geog*) Thessaly.

tessalico (*pl.* **-ci**) *a.* Thessalian.

tessalo I *a.* Thessalian, of Thessaly (*posposto*). II *m.* (*f.* **-a**) Thessalian.

Tessalonica *n.prf.* (*Geog.stor*) Thessalonica.

tessalonicese I *a.* Thessalonian. II *m.* Thessalonian: (*Bibl*) *I Tessalonicesi* 1 Thessalonians; (*Bibl*) *II Tessalonicesi* 2 Thessalonians.

tessellato *a.* (*Archeol*) tessellated: *pavimento ~* tessellated floor.

tessera *f.* **1** (*cartoncino*) card: ~ *di socio* membership card. **2** (*libretto*) book. **3** (*documento di identità*) identity card, (*colloq*) I.D. **4** (*lasciapassare*) pass: ~ *di giornalista* press pass, press card. **5** (*nei mosaici*) tessera. **6** (*nel gioco del domino*) domino. □ (*Stor*) ~ *annonaria* ration card; (*Pol*) ~ *del partito* party membership card; ~ *di abbonamento* (*di autobus e sim.*) pass, season ticket; ~*di biblioteca* library card; ~*di iscrizione* membership card; ~*di riconoscimento* identity card; ~ *elettorale* electoral card, poll card, polling card; ~*ferroviaria* season ticket, railway pass; ~*musiva* tessera; ~*sanitaria* national health service card; ~ *sindacale* trade union card; ~ *stampa* press pass.

tesseramento *m.* **1** enrolment, membership: *campagna di* ~ membership campaign. **2** (*distribuzione di tessere di razionamento*) distribution of ration cards. **3** (*razionamento*) rationing: ~ *dei generi alimentari* food rationing.

tesserare (**tèssero**) I *v.t.* **1** to enrol, to give a membership card to. **2** (*rif. a partiti*) to give a card to, to give a party card to. **3** (*assoggettare a razionamento*) to ration. II *v.pron.* **tesserarsi** **1** to get a membership card. **2** (*rif. a partiti*) to join.

tesserato I *a.* **1** with a membership card (*posposto*). **2** (*iscritto al partito*) with a party card (*posposto*). **3** (*razionato*) rationed. II *m.* (*f.* **-a**) member: *questo partito ha molti tesserati* this party has many members, this party has many card-carrying members.

tessere (*pres.ind.* **tèsso**; *p.rem.* **tesséi**; *p.p.* **tessùto**) *v.t.* **1** to weave: ~ *la canapa* to weave hemp; ~ *un tappeto* to weave a carpet. **2** (*estens*) (*intrecciare*) to weave, to plait, to braid: ~ *una ghirlanda di fiori* to weave a garland of flowers. **3** (*fig*) (*macchinare, ordire*) to weave, to plot, to scheme: ~ *una congiura* to hatch a plot. **4** (*fig*) (*comporre con arte*) to weave, to put together, to contrive: ~ *una grandiosa opera storica* to put together a great historical work. □ (*Tess*) ~ *a macchina* to weave by power loom; (*Tess*) ~ *a mano* to hand-weave, to weave by hand; (*fig*) ~ *le lodi di qcu.* to praise so., to sing so.'s praises; *il ragno tesse la sua tela* the spider spins its web.

tesserino *m.* **1** card. **2** (*lasciapassare*) pass. **3** (*rif. ad associazioni*) membership card. **4** (*documento di identità*) identity card. □ ~ *dell'autobus* bus pass; ~ *magnetico* magnetic card.

tessile I *a.* textile: *industria ~* textile industry; *fibra ~* textile fibre. II *m.* *spec.pl.* (*operaio*) textile worker. **2** *pl.* (*prodotti tessili*) textiles. **3** (*settore*) textile sector.

tessilsacco (*pl.* **-chi**) *m.* (*Comm*) garment bag.

tessitore I *m.* **1** (*f.* **-trice**) weaver. **2** (*fig,lett*) (*di complotti, inganni e sim.*) plotter, schemer. **3** *pl.* (*Ornit*) weaver-birds, weavers.

tessitura *f.* **1** (*Tess*) weaving: *la ~ di una stuoia* the weaving of a mat. **2** (*stabilimento*) weaving factory, weaving mill. **3** (*fig*) (*strutturazione*) structure, frame. **4** (*fig*) (*trama, intreccio*) plot: *la ~ di un romanzo* the plot of a novel. **5** (*Min*) texture; (*struttura*) structure: ~ *porosa* porous structure. **6** (*Mus*) tessitura, compass. □ (*Tess*) ~*a maglia* knitting; (*Tess*) ~*meccanica* power-loom weaving.

tessutale *a.* (*Biol*) tissue (*attr.*).

tessuto → **tessere** I *a.* **1** woven: ~ *a mano* hand-woven. **2** (*a maglia*) knitted. II *m.* **1** textile, fabric, material, cloth, stuff: ~ *di seta* silk, silk material. **2** *pl.* (*collett.*) textiles, fabrics, soft goods, yard goods. **3** (*fig*) (*intreccio*) tissue, web: *un ~ di menzogne* a tissue of lies, a pack of lies. **4** (*fig*) (*trama*) plot. **5** (*Biol,Anat*) tissue. □ (*Tess*) ~*a maglia* knitted fabric, jersey, jersey cloth; (*Anat*) ~*adiposo* adipose tissue, fat tissue; (*Tess*) ~*baiadera* bayadere; (*Tess*) ~*bouclé* bouclé, bouclé fabric; (*Anat*) ~ *cartilagineo* cartilaginous tissue; (*Anat*) ~ *cellulitico* cellulite tissue; (*Anat*) ~ *connettivo* connective tissue; (*Tess*) ~ *diagonale* twill; (*Biol*) ~ *elastico* elastic tissue; (*Anat*) ~ *epiteliale* epithelial tissue, epithelium; (*Tess*) ~ *fantasia* patterned cloth, patterned fabric; (*Tess*) ~*felpato* plush; (*Biol*) ~*fibroso* fibrous tissue; (*Tess*) ~ *goffrato* embossed fabric; (*Tecn*) ~ *gommato* rubberized fabric; (*Tess*) ~ *laminato* lamé cloth; (*Tess*) ~*multiplo* multiple fabric; (*Anat*) ~*muscolare* muscular tissue; (*Anat*) ~ *nervoso* nervous tissue; (*Tess*) ~*non tessuto* non-woven fabric; (*Tess*) ~*operato* Jacquard weave; (*Anat*) ~ *osseo* bony tissue, osseous tissue; (*Tess*) ~ *pettinato* worsted; (*Tess*) ~ *sintetico* synthetic material; ~*sociale* social fabric; (*Tess*) ~*spigato* cross twill; (*Tess*) ~ *spugnoso* spongy tissue; (*Tess*) ~ *tecnico* technical fabric; ~*urbano* urban fabric.

test *m.inv.* test: *sottoporre qcu. a un ~* to test so.; (*Scol*) *far fare un ~ agli studenti* to give the students a test. □ ~ *a scelte multiple* multiple-choice test (*anche Scol,Univ*); (*Med, Sport*) ~*antidoping* drug test; ~*attitudinale* aptitude test (*anche Scol,Univ*); (*Med*) ~ *BSE* BSE test; ~*caratterologico* personality test; (*Med*) ~*clinico* clinical test; (*Aut*) ~*dell'alce* elk test; ~ *di ammissione* admission test (*anche Scol,Univ*); (*Tecn*) ~ *di evaporazione* weathering test; (*Med*) ~*di gravidanza* pregnancy test; ~ *di intelligenza* intelligence test; ~ *di profitto* achievement test, test of achieved skill (*anche Scol,Univ*); ~ *di rendimento* performance test, proficiency test; (*Scol,Univ*) ~ *di valutazione* test, classroom test; ~*mentale* mental alertness test; (*Nucl*) ~*nucleare* nuclear test; ~*psicologico* psychological test; ~*sociometrico* sociometric test.

testa *f.* **1** head (*anche estens*): *appoggiare la ~ sul cuscino* to rest one's head on the pillow; *una ~ in bronzo* a bronze head; *una ~ bianca* a white head; *mettere il cappello in ~* to put one's hat on one's head. **2** (*fig*) (*mente, cervello*) head, mind, brain: *lavoro di ~* brain work. **3** (*fig*) (*facoltà mentali*) head, brains *pl.*, wits *pl.*: *adoperare la ~* to use one's head. **4** (*fig*) (*riflessione*) thought, thinking: *fare le cose senza ~* to act without thinking. **5** (*fig*) (*ingegno, capacità*) talent, skill, aptitude: *avere poca ~ per lo studio* to have little aptitude for study. **6** (*fig*) (*persona capace*) brains *pl.*, wits *pl.*: *è una bella ~* (*colloq*) he has a good head, he has a good brain; *che ~!* what a brain! **7** (*fig*) (*vita*) head, life: *esigere la ~ di qcu.* to want so.'s head. **8** (*estremità di un oggetto*) head, end, tip: *la ~ di un chiodo* the head of a nail, the nail head. **9** (*parte anteriore*) head, front, top: *in ~ al treno* at the front of the train. **10** (*estremità anteriore di uno schieramento, di una fila*) head: *la ~ della colonna in marcia* the head of a column on the march. **11** (*Sport*) (*nelle corse ippiche*) head: *vincere per mezza ~* to win by half a head. **12** (*Sport*) (*sfera del martello*) head, poll; (*delle racchette*) head; (*del bastone da golf*) head, knob. **13** (*Anat*) head: *la ~ del femore* the head of the femur; ~ *omerale* humeral head. **14** (*Mot*) (*testata*) head, cylinder head. □ *a ~* each, per head, a head: *il prezzo è di cento euro a* ~ the price is one hundred euros each, the price is one hundred euros a head; ~ *a* ~ neck and neck: *arrivare* ~ *a* ~ to be neck and neck; *uno scontro* ~ *a* ~ a head-to-head confrontation; *mettere la* ~ *a partito*: 1 (*mettere giudizio*) to get sense; 2 (*calmarsi*) to settle down, to come to one's senses; *mettere la* ~ *a posto* to get oneself sorted out, (*Am*) to get one's head straight; (*sposarsi*) to settle down; (*colloq*) *avere la* ~ *a posto* to be clear-headed, to be clear-thinking; *non avere la* ~ *a posto* to be unable to think straight; *alla* ~ *di* at the head of (*anche fig*): *essere alla* ~ *di un movimento* to be at the head of a movement, to head a movement, to lead a movement; *essere alla* ~ *di un partito* to head a party, to be at the head of a party; *mettersi alla* ~ *di* to place oneself at the head of, to become the leader of; (*fig*) *a* ~ *alta* with one's head up, with head held high; (*fig*) *avere qcs. in* ~: 1 (*conoscerla bene*) to know sth. well, to know sth. through and through, to have sth. in one's head; 2 (*avere l'intenzione*) to have sth. in mind, to intend: *avere in* ~ *di fare qcs.* to intend to do sth.; (*fig*) *a* ~ *bassa* with bowed head, with lowered head, crestfallen; (*fig*) *una* ~ *calda* a hot-head: *essere una* ~ *calda* to be hot-headed; (*fig*) *fare una* ~ *come un pallone a qcu.* to daze so. (with one's chatter), (*colloq*) to talk so.'s head off; (*fig*) *teste coronate* (*regnanti*) crowned heads, monarchs; (*fig,colloq*) ~ *d'uovo* egghead; (*Alim*) ~ *d'aglio* head of garlic; (*Mar*) ~ *d'albero* masthead; *dalla* ~ *ai piedi* from head to toe, (*Br*) from top to toe; (*fig*) *dare alla* ~ to go to one's head: *il vino gli ha dato alla* ~ the wine has gone to his head; *un vino che dà alla* ~ a heady wine; (*Mecc*) ~ *del cilindro* cylinder head; ~ *del letto* headboard; (*Mot*) ~ *del pistone* piston head; *di* ~: 1 leading, in the lead, at the head, at the top, top (*attr.*): *gruppo di* ~ leading group; 2 (*con la testa*) with the head: *colpire la palla di* ~ to head the ball; (*Sport*) *segnare di* ~ to score a goal by heading the ball; (*Mecc*) ~ *di biella* big end; (*pop*) ~ *di cavolo* blockhead, idiot; (*volg*) ~ *di cazzo* shithead, dick head; (*Mil*) *teste di cuoio* commandos, commando unit (*sing.*); (*fig,colloq*) ~ *di legno* (*persona sciocca*) blockhead; ~ *di moro*: 1 (*colore*) dark brown, very dark brown; 2 (*Arald*) Saracen's head; (*Entom*) ~ *di morto* death's head moth; (*Mil*) ~ *di ponte* bridgehead (*anche fig*); (*fig*) *essere una* ~ *di rapa* to be a blockhead, to be a dunce; (*Mil*) ~ *di sbarco* beach head; (*Sport*) ~ *di serie* seed; (*fig*) ~ *di turco* whipping boy; (*fig,colloq*) ~ *dura* obstinate person, stubborn person, (*Am*) hard head: *avere la* ~ *dura* to be stubborn, to be obstinate, (*Am*) to be hard-headed; (*fig*) *avere la* ~ *fra le nuvole* to have one's head in the clouds; *vivere con la* ~ *fra le nuvole* to live in a dream world, to be a day-dreamer; *col cappello in* ~ with one's hat on one's head; (*fig*) *essere in* ~ (*essere avanti a tutti*) to be in the lead, to be at the forefront, to lead, to head; *essere in* ~ *alla classifica*: 1 (*Mus*) (*rif. a una canzone*) to be at the top of the charts; 2 (*Sport*) to head the championship; *a* ~ *in giù* head down, upside down; (*fig*) *una* ~ *matta* a hot head; (*fig*) *mettere qcs. in* ~ *a qcu.* to put sth. into so.'s head: *chi ti ha messo in testa simili idee?* who put these ideas into your head?, where did you get such an idea?; (*fig*) *mettersi in* ~ *qcs.* to get sth. into one's head; *mettersi in* ~ *di fare qcs.* to get it into one's head to do sth.; (*Mecc*) *a* ~ *multipla* multi-head (*attr.*); (*fig*) *con la* ~ *nel sacco* thought-

lessly, heedlessly: *fare qcs. con la* ~ *nel sacco* to do sth. thoughtlessly; *a* ~ *nuda* bare-headed; ~ *o croce?* heads or tails?; *fare a* ~ *o croce* to flip a coin, (*Br*) to toss up, (*Am*) to toss (a coin); *giocarsi qcs. a testa o croce* to flip for sth., to flip a coin for sth., to toss for sth., to toss a coin for sth.; *avere qcs. per la* ~ to have sth. on one's mind; *sentirsi la* ~ *pesante* to feel heavy-headed: *mi sento la* ~ *pesante* my head feels heavy; *fare di* ~ *propria* to do as one chooses, to do as one sees fit; ~ *quadra*: 1 (*spreg*) (*testardo*) blockhead, numbskull; 2 (*persona equilibrata*) steady person, well-balanced person; 3 (*Mecc*) square head; ~ *quadrata* (*persona razionale*) squareheaded person; *a* ~ *scoperta* bare-headed; (*fig*) *senza* ~ without thinking: *fare qcs. senza* ~ to do sth. without thinking; (*fig*) *tenere* ~ *a qcu.* to stand up to so., to oppose so.; *tenere* ~ *al nemico* to stand up to the enemy; (*colloq*) ~ *vuota* giddy person, empty-headed person, thoughtless person, (*Am*) airhead; (*fig*) *ho la* ~ *vuota* my mind is a complete blank. *Prov.*: *tante teste, tanti cervelli* (o *tante teste, tanti pareri*) so many men, so many opinions; *chi non ha* ~ *abbia gambe* a forgetful head makes a weary pair of heels.

testabile *a.* 1 (*Tecn*) testable. 2 (*Dir*) bequeathable.

testabilità *f.* (*Tecn*) testability.

testaceo I *a.* (*Zool*) testaceous, testacean. **II** *m.pl.* (*Zool*) testaceans.

testacoda, testa-coda *m.inv.* (*Aut*) tailspin, 180° (spin): *fare un* ~ to slew round, to spin round, to do a tailspin, to go into a tailspin, to do a 180° (spin).

testamentario *a.* testamentary: *esecutore* ~ testamentary executor.

testamento *m.* 1 will, testament: *fare* ~ to make one's will, to make a will. 2 (*fig*) testament, heritage, legacy: ~ *politico* political testament; ~ *spirituale* spiritual heritage, spiritual testament, spiritual legacy. 3 (*Bibl*) (*patto*) testament; *nuovo* ~ New Testament; *antico* ~ (o *vecchio* ~) Old Testament. □ ~ *biologico* living will directive; ~ *notarile* will made before a notary; (*Dir.rom*) ~ *nuncupativo* nuncupative will; ~ *olografo* holograph will; *ereditare per* ~ to inherit by a will; *lasciare qcs. per* ~ *a qcu.* to leave sth. to so. by will, to leave sth. to so. in one's will; *disporre per* ~ *dei propri beni* to dispose of one's property by will; ~ *reciproco* reciprocal will.

testante *m./f.* (*Dir*) testator (*f.* -trix).

testardaggine *f.* obstinacy, stubbornness.

testardamente *avv.* obstinately, stubbornly.

testardo I *a.* obstinate, stubborn, headstrong, pigheaded: ~ *come un mulo* as stubborn as a mule. **II** *m.* (*f.* -a) obstinate person, stubborn person.

testare[1] (**tèsto**; *aus.* **avere**) *v.i.* (*Dir*) (*fare testamento*) to make one's will.

testare[2] (**tèsto**) *v.t.* (*sottoporre a test*) to test.

testata *f.* 1 (*colpo*) head butt, bang on the head: *dare una* ~ *a qcu.* to hit so. with one's head; *dare una* ~ *contro qcs.* to knock one's head against sth. 2 (*parte anteriore*) head. 3 (*di letto*) (*Br*) bedhead, (*Am*) headboard. 4 (*Tip*) (*titolo sovrapposto a colonne*) running headline; (*capopagina*) headpiece. 5 (*Giorn*) masthead; (*giornale*) newspaper. 6 (*Mil*) (*di missile*) warhead. □ (*Mil*) ~ *atomica* atomic warhead; (*Giorn*) ~ *d'articolo* heading of an article; (*Giorn*) ~ *del giornale* newspaper name; (*Aut,Mot*) ~ *del motore* cylinder head;

(*Mil*) ~ *nucleare* nuclear warhead.

testatico (*pl.* -**ci**) *m.* (*Mediev*) poll tax, capitation tax.

testatina *f.* (*Giorn,Edit*) running header, running headline.

testato *a.* tested: *clinicamente* ~ clinically tested, lab tested. □ ~ *in laboratorio* laboratory-tested, lab tested; *non* ~ untested; *non* ~ *su animali* cruelty-free.

testatore *m.* (*f.* -**trice**) (*Dir*) testator (*f.* -trix).

teste *m./f.* → **testimone**.

testé *avv.* (*lett*) just now.

testicolare *a.* (*Anat*) testicular.

testicolo *m.* (*Anat*) testicle, testis.

testiera *f.* 1 (*finimento del cavallo*) headstall, headpiece. 2 (*testata di letto*) (*Br*) bedhead, (*Am*) headboard. 3 (*rif. a sedili*) headrest. 4 (*per parrucche e cappelli*) model head, dummy head, block. 5 (*Mar*) (*rif. alla vela*) head.

testimone I *m./f.* 1 witness (*anche Dir*): *chiamare qcu. a* ~ to call so. to witness, to call so. to bear witness; *presentarsi come* ~ to appear as a witness; *fare qcs. davanti a testimoni* to do sth. before witnesses, to have sth. witnessed; (*estens*) *sono stato* ~ *degli orrori della guerra* I witnessed the horrors of the war. 2 (*testimone di nozze*) witness; (*per lo sposo*) best man; (*per lo sposa*) maid of honour. 3 (*Filol*) witness. **II** *m.* (*Sport*) baton: *passare il* ~ to pass on the baton; *passaggio del* ~ changeover. □ (*Dir*) ~ *a carico* witness for the prosecution; (*Dir*) ~ *a discarico* witness for the defence; (*Dir*) ~ *a discolpa* witness for the defence; (*Dir*) ~ *auricolare* ear witness; (*Dir*) ~ *chiave* key witness; (*Dir*) ~ *dell'accusa* witness for the prosecution; (*Dir*) ~ *della difesa* witness for the defence; (*Rel*) *testimoni di Geova* Jehovah's Witnesses; ~ *di nozze*: 1 witness, marriage witness; 2 (*per lo sposo*) best man; 3 (*per la sposa*) maid of honour; *fare da* ~ *a qcu.* to act as witness for so.; *fare da testimone alle nozze di qcu.* to be a witness to so.'s marriage, to be a witness to so.'s wedding; (*rif. al testimone dello sposo*) to be so.'s best man at so.'s wedding, to be so.'s best man; (*rif. alla testimone della sposa*) to be maid of honour, to be so.'s maid of honour; (*Dir*) ~ *involontario* unwitting witness; *Dio mi è* ~ God is my witness; (*Dir*) ~ *oculare* eyewitness: *essere* ~ *oculare di qcs.* to eyewitness sth.; (*Dir*) ~ *reticente* reticent witness; (*Dir*) ~ *strumentale* attesting witness, witness to a deed.

testimonial *m./f.inv.* (*persona che fa pubblicità a un prodotto*) celebrity spokesperson.

testimoniale I *a.* (*Dir*) testimonial, of witnesses (*posposto*), of a witness (*posposto*): *prova* ~ testimonial evidence. **II** *m.* (*Dir*) 1 (*insieme di testimoni*) witnesses *pl.*: ~ *d'accusa* witnesses for the prosecution. 2 (*ciò che risulta dalle deposizioni*) evidence, testimony.

testimonianza *f.* 1 testimony, evidence, (*lett*) witness: *tutto è basato sulla* ~ *dei vicini* everything depends on the neighbours' testimony, everything relies on the neighbours' testimony, everything rests on the neighbours' testimony. 2 (*Dir*) (*deposizione*) testimony, deposition: *la* ~ *è durata pochi minuti* the deposition lasted a few minutes. 3 (*storia personale*) story. 4 (*resoconto*) account. 5 (*estens*) (*attestato, prova*) evidence, proof, token: *a* ~ *della mia stima* as a token of my esteem. □ (*Rel.prot*) *dare la propria* ~ (o *dare la propria* ~ *di conversione*) to give one's testimony.

testimoniare (**testimònio, testimòni**) **I** *v.t.*

1 to testify, to give testimony: ~ *il falso* to give false testimony. **2** (*fig*) to testify, to be evidence of. **II** *v.i.* (*aus.* **avere**) to testify, to give testimony, to bear witness: *ha testimoniato a favore dell'imputato* he testified on behalf of the accused. □ *essere chiamato a* ~ to be called to witness, to be called as a witness.

testimonio *m.* (*ant*) → **testimone**.

testina *f.* **1** (*Macell,Gastron*) calf's head. **2** (*Acus,Elettron*) head. □ (*Inform*) ~ *di lettura* read head, reading head; (*Inform*) ~ *di lettura-scrittura* read/write head; (*Acus*) ~ *di registrazione* recording head; (*Inform*) ~ *di scrittura* write head; (*Inform*) ~ *di stampa* print head; (*Acus*) ~ *magnetica* magnetic head.

testo[1] *m.* **1** text: ~ *di una lettera* text of a letter. **2** (*originale di uno scritto*) text, original text: *la traduzione ha travisato il* ~ the translation has distorted the original text. **3** (*opera*) work, text: *i testi classici* classical works, the classics. **4** (*di una canzone*) lyrics *pl.*, words *pl.* **5** (*Scol*) book, text-book: ~ *di storia* history book. **6** (*Dir*) (*di un contratto*) wording, text. □ ~ *a fronte* parallel text; (*Dir*) ~ *di legge* bill; *fare* ~: 1 (*rif. a persone*) to be an authority; 2 (*rif. a un'opera*) to be the standard work; 3 (*rif. a parole*) to be authoritative; 4 (*colloq*) (*essere importante*) to be important, to count; ~ *integrale* unabridged text; *nel* ~ *originale* in the original; ~ *pubblicitario* advertising copy; ~ *rimaneggiato* rewritten text, revised text; *i testi sacri*: 1 the sacred books; 2 (*estens*) (*Bibbia*) the Sacred Scriptures, the Holy Scriptures; ~ *scolastico* text-book; (*Dir*) ~ *unico* consolidation act.

testo[2] *m.* (*ant*) (*vaso di terracotta*) crock, cruse.

testolina *f.* **1** (*testa piccola*) small head. **2** (*fig*) (*persona sventata*) scatter-brain.

testone *m.* **1** (*testa grossa*) big head. **2** (*f. -a*) (*fig*) (*persona ostinata*) obstinate person, stubborn person, pig-headed person. **3** (*f. -a*) (*fig*) (*persona stupida*) blockhead, dolt, (*colloq*) fat-head. **4** (*Numism*) testone, testoon.

testosterone *m.* (*Biol*) testosterone.

testuale *a.* **1** textual, text (*attr.*): *critica* ~ textual criticism. **2** (*che corrisponde esattamente a ciò che è stato detto*) exact, precise, very: *mi disse queste testuali parole* these were his precise words, these were his his very words.

testualmente *avv.* literally, word for word: *mi ha detto* ~: *sono contenta che sia stato licenziato* her exact words were: "I'm happy he was sacked".

testuggine *f.* **1** (*Zool*) (*tartaruga di terra*) tortoise; (*tartaruga marina*) turtle. **2** (*Stor.rom,Arm*) testudo. □ (*Zool*) ~ *di acqua dolce* terrapin.

tetania *f.* (*Med*) tetany.

tetanico (*pl.* -**ci**) *a.* (*Med*) tetanic, tetanus (*attr.*).

tetano *m.* (*Med*) tetanus.

tête-à-tête /ˌtɛta'tɛt/ *a./m.inv.* tête-à-tête.

Teti *n.pr.f.* (*Mitol*) Tethys.

Tetide *n.pr.f.* **1** (*Mitol*) Thetis. **2** (*Geol*) Thetys.

tetrabasicità *f.* (*Chim*) tetrabasicity.

tetrabasico (*pl.* -**ci**) *a.* (*Chim*) tetrabasic.

tetraciclina *f.* (*Farm*) tetracycline.

tetracordo *m.* (*Mus,Stor*) tetrachord.

tetracromia *f.* (*Fot,Tip*) (*quadricromia*) four-colour process.

tetradimensionale *a.* (*Fis*) four-dimensional.

tetradramma, tetradrammo *m.* (*Numism*)

---

tetradrachm, tetradrachma.

tetraedrico (*pl.* -**ci**) *a.* (*Geom*) tetrahedral.

tetraedro *m.* (*Geom*) tetrahedron.

tetraetile *m.* (*Chim*) tetraethyl.

tetraggine *f.* **1** gloom, grimness: *la* ~ *di un vecchio castello* the grimness of an old castle. **2** (*fig*) (*aspetto accigliato*) gloominess, sullenness: *la sua* ~ *lo rende antipatico a tutti* his gloominess makes an unpleasant impression on everyone.

tetragonale *a.* (*Geom,Min*) tetragonal.

tetragonia *f.* (*Bot*) New Zealand spinach.

tetragono I *a.* **1** (*Geom*) tetragonal. **2** (*fig, lett*) (*irremovibile*) steadfast, firm, unshakable, unyielding. **II** *m.* (*Geom*) **1** (*figura piana*) tetragon, quadrangle. **2** (*tetraedro*) tetrahedron.

tetragramma *m.* **1** (*parola di quattro lettere*) tetragram. **2** (*Rel.ebr*) Tetragrammaton.

tetralogia *f.* (*Teat,Mus,Lett*) tetralogy. □ (*Med*) ~ *di Fallot* tetralogy of Fallot, Fallot's tetralogy.

tetramente *avv.* darkly, gloomily, dismally.

tetrametro *m.* (*Metr*) tetrameter.

Tetra Pak *m.inv.* Tetra Pak.

tetraplegia *f.* (*Med*) quadriplegia.

tetraplegico I *a.* (*Med*) quadriplegic. **II** *m.* (*f. -a*; *pl.* -**ci**) (*Med*) quadriplegic.

tetrapodi *m.pl.* (*Zool*) tetrapods.

tetrapodia *f.* (*Metr*) tetrapody.

tetrarca *m.* (*Stor*) tetrarch.

tetrarchia *f.* (*Stor*) tetrarchy.

tetrarchico (*pl.* -**ci**) *a.* (*Stor*) tetrarchic.

tetrastico (*pl.* -**ci**) *a./m.* (*Metr*) tetrastich.

tetrastilo *a.* (*Archeol*) tetrastyle.

tetravalente *a.* (*Chim*) tetravalent, quadrivalent.

tetravalenza *f.* (*Chim*) tetravalency.

tetro *a.* gloomy, dismal (*anche fig*): *un colore* ~ a gloomy colour; *tetri pensieri* dismal thoughts.

tetrodo *m.* (*El,Rad*) tetrode: ~ *a fascio* beam tetrode.

tetrossido *m.* (*Chim*) tetroxide.

tetta *f.* (*colloq*) tit, boob.

tettarella *f.* teat, nipple.

tetto *m.* **1** (*Edil,Arch*) roof: ~ *in ardesia* slate roof; ~ *in lamiera* metal-sheet roof; ~ *di paglia* thatched roof. **2** (*copertura*) roof, top: *il* ~ *di una vettura* the roof of a vehicle. **3** (*estens*) (*casa, alloggio*) house, home, roof. **4** (*Alp*) horizontal overhang, roof. □ (*Arch*) ~ *a botte* wagon roof; (*Arch*) ~ *a bulbo* onion domed roof; (*Arch*) ~ *a campana* bell roof; (*Arch*) ~ *a capanna* saddle roof, sloping roof; (*Arch*) ~ *a lucernario* lantern roof; (*Arch*) ~ *a mansarda* mansard roof; (*Arch*) ~ *a padiglione* hipped roof, hip roof; (*Arch*) ~ *a pagoda* pagoda roof; (*Arch*) ~ *a spiovente* weathered roof; ~ *a uno spiovente* lean-to roof, pent roof, single-pitch roof; ~ *a due spioventi* saddle roof; (*su timpano*) gable roof; (*Arch*) ~ *a terrazza* flat roof, platform roof; (*Aut*) ~ *apribile* sun roof; (*Dir*) *abbandono del* ~ *coniugale* desertion, criminal desertion; (*Alp*) *il* ~ *del mondo* the roof of the world; ~ *massimo* cut-off, upper limit (*anche Econ*); *mettere il* ~ *a* to roof, to roof-over; (*Aut*) ~ *scorrevole* sliding roof; *senza* ~: 1 (*usato come aggettivo*) roofless, with no roof (*posposto*); 2 (*usato come home*) homeless: *essere senza* ~ to be without a roof over one's head, to be homeless; *avere un* ~ *sopra la testa* to have a roof over one's head.

tettogenesi *f.* (*Geol*) tectogenesis.

tettoia *f.* **1** roof, roofing, cover. **2** (*tetto sporgente sopra porte e sim.*) canopy, porch roof. **3** (*pensilina*) cantilever roof. **4** (*di sta-*

---

zione) station canopy, station awning, platform roofing.

tettola *f.* (*Zool*) wattle.

tettonica *f.* (*Geol*) tectonics (*costr.sing.*). □ (*Geol*) ~ *a placche* plate tectonics (*costr.sing.*).

tettonico (*pl.* -**ci**) *a.* (*Geol*) tectonic.

tettuccio *m.* **1** (*Aut*) roof, top, hood: ~ *apribile* sun roof; ~ *scorrevole* sliding roof. **2** (*Aer*) canopy.

teucrio *m.* (*Bot*) germander.

teucro *a./m.* (*lett*) Teucrian, Trojan.

teutone *m./f.* (*Stor*) Teuton.

teutonico (*pl.* -**ci**) *a.* **1** (*Stor*) Teutonic: *Ordine* ~ Teutonic Order. **2** (*iron,spreg*) (*tedesco*) teutonic: *precisione teutonica* teutonic precision.

Tevere *n.pr.m.* (*Geog*) Tiber.

texano I *a.* Texan. **II** *m.* (*f. -a*) Texan.

TFR (*Econ*) *trattamento di fine rapporto* (severance pay).

tg (*Mat*) *tangente* tan (tangent).

TG 1 *telegiornale* (television news). **2** *Togo* TG (Togo).

thailandese I *a.* Thai, of Thailand (*posposto*). **II** *m.* (*lingua*) Thai. **III** *m./f.* (*abitante*) Thai; (*originario della Thailandia*) native of Thailand; (*abitante della Thailandia*) inhabitant of Thailand.

Thailandia *n.pr.f.* (*Geog*) Thailand.

thermos *m.inv.* thermos, thermos bottle, thermos flask, vacuum flask.

theta *m./f.inv.* (*lettera dell'alfabeto greco*) theta.

Thor *n.pr.m.* (*Mitol.nord*) Thor.

Thule *n.pr.f.* (*Geog.stor*) Thule.

ti *pron.pers.* **1** (*te: compl. oggetto*) you, (*ant*) thee: ~ *vedo* I see you. **2** (*compl. di termine: a te*) (to) you, (*ant*) (to) thee: *cosa* ~ *ha detto?* what did he say to you? **3** (*riflessivo*) yourself, (*ant*) thyself, *spesso non si traduce*: ~ *sei lavato?* have you washed (yourself)? **4** (*con valore di dativo etico*) you, *spesso non si traduce*: ~ *sei preso un bel raffreddore* you have caught a bad cold. **5** (*rafforzativo*) *non si traduce*: *che cosa* ~ *credevi?* what did you expect?

tiara *f.* (*Lit,Stor*) tiara: ~ *papale* papal tiara.

Tiberiade *n.pr.f.* (*Geog*) Tiberias: *lago di* ~ Lake Tiberias.

tiberino *a.* of the Tiber (*posposto*), Tiber (*attr.*).

Tiberio *n.pr.m.* (*Stor*) Tiberius.

Tibet *n.pr.m.* (*Geog*) Tibet.

tibetano I *a.* Tibetan. **II** *m.* (*f. -a*) Tibetan; (*originario del Tibet*) native of Tibet; (*abitante del Tibet*) inhabitant of Tibet.

tibia *f.* **1** (*Anat*) tibia, shin-bone. **2** (*Mus,Stor, Zool*) tibia.

tibiale *a.* (*Anat*) tibial.

Tibullo *n.pr.m.* (*Stor*) Tibullus.

tiburio *m.* (*Arch*) dome cladding.

tic I *onom.* tick. **II** *m.inv.* **1** click. **2** (*Psic*) tic, twitch, twitching: ~ *agli occhi* an eye twitch, an eye tic; *le è venuto un* ~ she has developed a tic. **3** (*fig*) (*abitudine strana*) mania, tic. □ ~ *nervoso*: 1 (*Psic*) tic, nervous tic, twitch, nervous twitch, twitching, nervous twitching; 2 (*estens*) nervous habit; ~ *tac*: 1 (*usato come onomatopea*) tick; (*rif. a orologi*) tick-tock, tick-tack tick; 2 (*usato come nome*) tick; (*rif. a orologi*) tick-tock, ticking, tick-tack: *il* ~ *tac dell'orologio* the tick-ticking of the clock, the tick-tock of the clock; *fare* ~ *tac* to tick; (*rif. a orologi*) tick-tock, to tick.

ticchettare (**ticchétto**; *aus.* **avere**) *v.i.* **1** to tick, to click. **2** (*rif. a orologi e sim.*) to tick. **3** (*rif. a macchine da scrivere*) to tap. **4** (*rif. alla pioggia*) to patter, to go pit-a-pat, to pitter patter. **5** (*rif. a tacchi*) to click, to tap.

ticchettio *m.* **1** clicking. **2** (*rif. a orologi e sim.*) ticking. **3** (*rif. a macchine per scrivere*) tapping. **4** (*rif. alla pioggia*) pattering, pit-a-pat. **5** (*rif. a tacchi*) clicking, tapping.

ticchio [1] *m.* **1** (*tic nervoso*) tic, twitch, twitching. **2** (*capriccio*) whim, fancy: *gli è saltato il ~ di andare in Islanda* some whim induced him to go off to Iceland.

ticchio [2] *m.* (*macchiolina*) speckle.

ticchiolato *a.* speckled.

ticchiolatura *f.* (*Bot*) scab.

ticinese I *a.* Ticinese, of Ticino (*posposto*). **II** *m./f.* Ticinese; (*originario del Ticino*) native of Ticino; (*abitante del Ticino*) inhabitant of Ticino.

Ticino *n.pr.m.* (*Geog*) **1** (*cantone*) Ticino: *Canton ~ Ticino*, Canton of Ticino. **2** (*fiume*) Ticino river.

ticket /'tiket/ *m.inv.* **1** (*Med*) prescription charge. **2** (*buono pasto*) meal voucher, luncheon voucher, meal ticket. **3** (*Equit*) betting slip. □ *~ restaurant* meal voucher, luncheon voucher, meal ticket.

tictac I *onom.* tick; (*rif. a orologi*) tick-tock, tick-tack. **II** *m.inv.* tick; (*rif. a orologi*) tick-tock, ticking, tick-tack. □ *fare ~ to* tick; (*rif. a orologi*) to tick-tock, to tick.

tie', **tiè** *intz.* (*colloq*) take this!

tientibene *m.* (*Mar*) lifeline.

tiepidamente *avv.* lukewarmly, tepidly (*anche fig*).

tiepidezza *f.* lukewarmness, tepidness (*anche fig*).

tiepido *a.* **1** lukewarm, tepid: *acqua tiepida* lukewarm water. **2** (*fig*) lukewarm, half-hearted, tepid, unenthusiastic: *applausi tiepidi* half-hearted applause, feeble applause.

Tieste *n.pr.m.* (*Mitol*) Thyestes.

tifare (**tìfo**; *aus.* **avere**) *v.i.* **1** to be a fan (*per* of), to support (*per qcs., qcu. so., sth.*). **2** (*estens*) (*parteggiare*) to side (*per* with).

tifo *m.* **1** (*Med*) typhus fever. **2** (*colloq*) (*entusiasmo fanatico*) enthusiasm, wild enthusiasm, support. □ (*Med*) *~ degli accampamenti* exanthematous typhus, petechial typhus; (*Med*) *~ esantematico* exanthematous typhus; *fare il ~ per* to be a fan of, to support; (*Med*) *~ petecchiale* petechial typhus.

tifoide *a.* (*Med*) typhoid.

tifoidea *f.* (*Med*) typhoid, typhoid fever.

tifoideo *a.* (*Med*) typhoid.

tifone *m.* (*Meteor*) typhoon.

tifoseria *f.* supporters *pl.*, fans *pl.*

tifoso I *a.* **1** (*Med*) typhous, typhoid; (*ammalato di tifo*) suffering from typhus. **2** (*colloq*) (*fanatico*) enthusiastic, keen, fan: *essere ~ di un cantante* to be enthusiastic about a singer, to be a fan of a singer. **II** *m.* (*f.* **-a**) **1** (*Med*) typhus sufferer. **2** (*colloq*) (*acceso sostenitore*) fan, supporter: *un ~ del calcio* a football fan.

tight /'tait/ *m.inv.* (*Abbigl*) morning dress.

tiglio *m.* **1** (*Bot*) linden, lime, limetree: *infuso di ~* lime tea. **2** (*fibra legnosa*) fibre.

tiglioso *a.* (*fibroso*) fibrous; (*duro*) tough: *carne tigliosa* tough meat.

tigna *f.* (*Med,Veter*) tinea, ringworm.

tignola *f.* (*Entom*) moth.

tignosa *f.* (*Bot*) amanita.

tignoso I *a.* **1** (*Med*) affected with ringworm (*posposto*). **2** (*fig,region*) (*avaro*) mean, stingy; (*testardo*) stubborn, obstinate. **II** *m.* (*f.* **-a**) **1** (*Med*) sufferer from ringworm. **2** (*fig,region*) (*persona avara*) miser; (*persona testarda*) stubborn person, obstinate person.

tigrato *a.* striped, streaked: *gatto ~* striped cat, tabby cat.

tigratura *f.* stripes *pl.*

tigre *f.* (*Zool*) tiger (*f.* tigress). □ (*fig*) *feroce come una ~* as fierce as a tiger; (*Zool*) *~ dai denti a sciabola* sabretooth, sabretoothed tiger; (*Zool*) *~ del Bengala* Bengal tiger; (*Zool*) *~ della Tasmania* Tasmanian tiger; (*fig*) *~ di carta* paper tiger.

tigresco (*pl.* **-chi**) *a.* tiger (*attr.*), tigerlike.

Tigri *n.pr.m.* (*Geog*) Tigris: *il ~ e l'Eufrate* Tigris and Euphrates.

tigrotto *m.* (*Zool*) tiger cub.

tilacino *m.* (*Zool*) thylacine, Tasmanian wolf, Tasmanian tiger.

tilde *f.* (*Ling,Tip*) tilde. **2** (*Edit*) (*per sostituire una parola*) swung dash.

tilt *m.inv.* (*nel flipper*) tilt mechanism (in pinball machines). □ *andare in ~:* **1** (*di flipper*) to jam, to become jammed; **2** (*di circuiti elettrici o elettronici*) to malfunction, to block, to jam; **3** (*rif. a persona*) to lose self control, to go crazy, to go nuts, to go apeshit.

timballo *m.* **1** (*Gastron*) timbale. **2** (*Mus*) timbal, kettledrum.

timbrare (**tìmbro**) *v.t.* **1** to stamp. **2** (*Post*) (*rif. a francobolli*) to postmark. □ *~ il cartellino*: **1** (*in entrata*) to clock in, (*colloq*) to punch the clock; (*in uscita*) to clock out, to clock off, (*colloq*) to punch the clock; **2** (*estens*) (*avere un lavoro dipendente*) to have a nine-to-five job; **3** (*fig*) (*essere sottoposti a una rigida routine*) to have precise working hours, to work to a precise timetable.

timbrato *a.* **1** stamped. **2** (*Post*) postmarked, bearing a postmark (*posposto*).

timbratrice *f.* **1** (*per cartellini*) time clock. **2** (*Post*) stamper.

timbratura *f.* **1** stamping. **2** (*Post*) postmarking. **3** (*di cartellino: in entrata*) clocking-in; (*in uscita*) clocking-out, clocking-off.

timbrico (*pl.* **-ci**) *a.* (*Pitt,Mus*) tone-colour (*attr.*).

timbro *m.* **1** (*strumento*) stamp, rubber stamp. **2** (*stampigliatura*) stamp: *mettere un ~ a qcs.* to stamp sth. **3** (*Post*) to postmark sth. **4** (*Mus,Acus*) timbre, tone colour. **5** (*fig*) (*tono*) tone. □ *~ a data* date stamp; *~ a secco* embossing stamp; *~ autoinchiostrante* self-inking stamp; *~ di gomma* rubber stamp; *~ postale* postmark.

timer /'taimer/ *m.inv.* timer, time clock.

timidamente *avv.* **1** timidly. **2** (*in modo esitante, incerto*) shyly, bashfully.

timidezza *f.* **1** timidity. **2** (*comportamento timido*) shyness, bashfulness. □ *con ~* shyly.

timido I *a.* **1** (*facile a impaurirsi*) timid: *un cervo ~* a timid deer. **2** (*incerto, impacciato*) shy, bashful: *non parla mai perché è ~* he never speaks because he is shy; *un ~ saluto* a bashful greeting; *un ~ sorriso* a shy smile. **3** (*fig*) (*vago*) faint, vague: *fare un ~ accenno al problema* to hint timidly about the problem, to hint shyly about the problem. **II** *m.* (*f.* **-a**) **1** (*persona poco coraggiosa*) timid person. **2** (*persona poco disinvolta, impacciata*) shy person, bashful person. □ (*fig*) *~ come un coniglio* as timid as a hare, timid as a bird; *timido come una collegiale* as shy as a schoolgirl.

timina *f.* (*Chim*) thymine.

timo [1] *m.* (*Anat*) thymus.

timo [2] *m.* (*Bot,Alim*) thyme.

timocratico (*pl.* **-ci**) *a.* (*Pol*) timocratic.

timocrazia *f.* (*Pol*) timocracy.

timolo *m.* (*Chim*) thymol.

timone *m.* **1** (*Mar*) rudder, helm. **2** (*Aer*) rudder. **3** (*nei carri*) shaft; (*nell'aratro*) beam. **4** (*fig*) helm. □ (*Mar*) *~ a vento* wind steering

gear; (*Mar*) *essere al ~ di qcs.* to be at the helm of sth. (*anche fig*); (*Mar*) *~ automatico* automatic steering; (*Mar*) *~ di fortuna* jury rigged rudder; (*Mar*) *prendere il ~* to take the helm (*anche fig*); (*Mar*) *senza ~* rudderless.

Timone *n.pr.m.* (*Stor*) Timon.

timoneria *f.* (*Mecc*) steering gear.

timoniera *f.* (*Mar*) wheelhouse, pilothouse.

timoniere *m.* (*f.* **-a**) **1** (*Mar*) helmsman, steersman. **2** (*Sport*) cox, coxswain.

timoniero *a.* **1** (*del timone*) rudder (*attr.*), helm (*attr.*). **2** (*che ha funzione di timone*) steering.

Timor *n.pr.f.* (*Geog*) Timor. □ (*Geog*) *~ orientale* Timor east.

timorato *a.* (*coscienzioso, scrupoloso*) conscientious, scrupulous. □ *~ di Dio* God-fearing.

timore *m.* **1** fear, dread: *il ~ della morte* the fear of death. **2** (*preoccupazione*) worry, fear. **3** (*soggezione, rispetto*) awe, respect: *avere ~ di qcu.* to be in awe of so.; *incutere ~ a qcu.* to inspire awe in so. □ *il ~ di Dio* the fear of God, the fear of the Lord; *senza ~ di Dio* godless; *nel ~ di* for fear that, lest; *timor panico* panic fear; *per ~ che* for fear that, lest; *per ~ di* for fear: *non ti ho telefonato per ~ di disturbarti* I didn't call you for fear of disturbing you; *~ reverenziale* reverential fear, awe; *senza ~* fearless, without fear.

timorese *a.* Timorese (*anche Geog*).

timorosamente *avv.* timorously, fearfully, timidly.

timoroso *a.* **1** timorous, fearful, afraid. **2** (*preoccupato*) worried, afraid.

Timoteo *n.pr.m.* (*Bibl*) Timothy: *I ~ 1* Timothy; *II ~ 2* Timothy.

timpanico (*pl.* **-ci**) *a.* (*Anat*) tympanic: *osso ~* tympanic bone; *membrana timpanica* tympanic membrane.

timpanismo *m.* (*Med*) tympanites, tympany.

timpanista *m./f.* (*Mus*) tympanist, kettledrummer.

timpanite *f.* (*Med*) tympanitis.

timpano *m.* **1** (*Anat*) tympanum, eardrum. **2** (*Mus*) kettledrum: *i timpani* timpani, kettledrums. **3** (*Arch*) tympanum.

tinca *f.* (*Itt*) tench.

tindalizzazione *f.* (*Tecn*) tyndalization.

Tindaro *n.pr.m.* (*Mitol*) Tyndareus.

tinello *m.* breakfast room, dining-room, small dining-room.

tingere (*pres.ind.* **tìngo**, **tìngi**; *p.rem.* **tìnsi**; *p.p.* **tìnto**) **I** *v.t.* **1** to dye: *~ di verde un cappotto* to dye a coat green. **2** (*macchiare, sporcare*) to stain, to spot. **II** *v.pron.* **tingersi** **1** to dye: *tingersi i capelli* to dye one's hair, to colour one's hair, (*Am*) to color one's hair. **2** (*dipingersi*) to paint. **3** (*macchiarsi*) to stain, to spot: *tingersi le mani d'inchiostro* to stain one's hands with ink. **4** (*colorarsi*) to take on a hue, to turn, to grow: *le nuvole si tingevano di rosa* the clouds took on a rosy hue, the clouds turned pink.

tino *m.* **1** vat, tub. **2** (*Met*) shaft.

tinozza *f.* **1** tub. **2** (*conca per il bucato*) wash tub. **3** (*vasca da bagno*) bath tub.

tinsi → **tingere**.

tinta *f.* **1** (*colore*) (*Br*) color, (*Am*) colour, (*lett*) hue: *in tutte le tinte* in all colours. **2** (*sfumatura*) shade, tint, tinge. **3** (*materia colorante*) dye; (*per muri e sim.*) paint: *dare una mano di ~* to put on a coat of paint, to give a coat of paint. **4** (*Cosmet*) (*per capelli*) dye, hair dye, (*Br*) colour, (*Am*) color. **5** (*fig*) colour: *descrivere qcs. a fosche tinte* to describe sth. in dark colours; (*fig*) *smorzare le tinte di* *qcs.* to play sth. down, to tone sth. down. ☐ ~ *calda* warm colour; (*Cosmet,colloq*) *farsi fare la* ~ to have one's hair dyed; ~ *fredda* cold colour; *in* ~ *con qcs.* matching with sth.; ~ *su* ~ in matching tones; *una stoffa in* ~ *unita* solid colour fabric.

tintarella *f.* (*colloq*) sun tan: *prendere la* ~ to get sun tanned, to get a tan.

tinteggiare (**tintéggio, tintéggi**) *v.t.* 1 to paint: *ho fatto* ~ *la casa* I had the house painted. 2 (*rar*) (*colorire a tratti*) to paint here and there; (*colorire con colori diversi*) to paint different colours.

tinteggiatura *f.* (*Edil*) painting, (*Br*) paintwork.

tin tin, tintin *onom./m.inv.* ting-a-ling, ting: *fare* ~ to go ting-a-ling.

tintinnare (**tintìnno**; *aus.* **avere/essere**) *v.i.* to tinkle, to jingle, to clink.

tintinnio *m.* tinkling, jingling, clinking.

tinto *a.* 1 dyed: *stoffa tinta* dyed cloth; *capelli tinti* dyed hair. 2 (*pitturato*) painted. 3 (*macchiato*) stained. 4 (*colorato leggermente*) tinged: *nuvole tinte di rosa* clouds tinged with pink, rose-tinted clouds.

tintore *m.* (*f.* **-a**) 1 dyer. 2 (*gestore di tintoria*) dry-cleaner.

tintoria *f.* 1 (*laboratorio di tintura*) dyeworks *pl.*, dyehouse. 2 (*lalvanderia*) dry cleaner's, dry cleaner's shop, cleaner's, cleaner's shop.

tintorio *a.* dying.

tintura *f.* 1 (*atto*) dyeing. 2 (*effetto*) colour, tint. 3 (*colorante*) dye. 4 (*Farm,Chim*) tincture: ~ *di iodio* tincture of iodine; (*Farm*) ~ *madre* mother tincture.

tioacido *m.* (*Chim*) thioacid.

tiofene *m.* (*Chim*) thiophen, thiophene.

tiosolfato *m.* (*Chim*) thiosulphate. ☐ (*Chim*) ~ *di sodio* sodium thiosulphate, sodium hyposulphite.

tiosolforico ☐ (*Chim*) *acido* ~ thiosulphuric acid.

tipa *f.* (*colloq*) (*una donna*) woman; (*ragazza*) girl: *è venuta una* ~ *a cercarti* a woman came looking for you.

tipex *m.inv.* (*Svizz.it*) (*bianchetto, correttore*) correction fluid.

tipicamente *avv.* typically: *in un ambiente* ~ *inglese* in a typical English setting.

tipicità *f.* typicalness, typicality.

tipico (*pl.* **-ci**) *a.* typical: *è un dolce* ~ *di Natale* it's a typical Christmas dessert; *è un* ~ *inverno britannico* it's a typically British winter; *prodotti tipici* local products, typical products.

tipizzare (**tipìzzo**) *v.t.* 1 to typify. 2 (*Ind*) to standardize.

tipizzazione *f.* 1 typifying, typification. 2 (*Ind*) standardization.

tipo I *m.* 1 (*genere*) type, kind, sort: *merce di ogni* ~ goods of every kind; *di nuovo* ~ of a new kind; *che* ~ *di vestiti?* what kind of clothes?; *che* ~ *è Cristina?* what kind of person is Cristina?, what is Cristina like? 2 (*modello, esemplare*) type, model, specimen: *il primo* ~ *di caldaia a vapore* the first model of a steam boiler. 3 (*forma esemplare, razza*) type: *il* ~ *mongolo* the Mongol type. 4 (*esempio tipico*) (classic) example: *è il classico* ~ *del ragazzo viziato* he's the classic example of a spoilt brat, he's the typical spoilt brat, (*Am*) he's the typical spoiled brat. 5 (*fig*) (*schema ideale*) (ideal) type: *è il* ~ *del seduttore* he is the seducer type. 6 (*estens*) (*persona originale*) character: *ma sai che sei un* ~ *curioso!* you know you're really a strange character! 7 (*colloq*) (*un tale*) fellow, chap, (*Am*) guy: *è venuto un* ~ *a cercarti*

some fellow came looking for you, (*Am*) some guy came looking for you. 8 *spec.pl.* (*Tip*) (*caratteri tipografici*) type. II *a.* 1 (*Tecn*) standard, model: *impianto* ~ standard installation, standard system. 2 (*Statist*) typical: *il reddito di una famiglia* ~ the income of a typical family. 3 (*simile a*) like: *vorrei una borsa* ~ *questa* I'd like a bag like this one. 4 (*come per esempio*) such as: *ho fatto tante cose,* ~ *pulire, leggere, cucinare* I did a lot of things, such as cleaning, reading and cooking. 5 (*fatto a imitazione di qcs.*) type, imitation: *pelle* ~ *camoscio* chamois-type leather, imitation chamois leather. ☐ *sei un bel* ~*!* you're a fine one!; (*scherz*) ~ *da sbarco* (o ~ *da spiaggia*) very excentric person, very bizarre person; *del* ~ (*come per esempio*) such as; *merce di tutti i tipi* goods (*pl.*) of all kinds, all kinds of goods; (*colloq*) *non è il mio* ~ he is not my type; *non è il* ~ *da farlo* he is not the man to do it; *mi dispiace, non sono il tipo* sorry, I'm not that sort of person; *scarpe di* ~ *sportivo* sporty shoes; *un* ~ *strano* an oddball, a strantge customer; *sul* ~ *di* (*simile a*) like; (*colloq*) *non è bella, ma è un* ~ she's not a beauty but she's really something; (*Tecn*) ~ *unificato* standard type.

tipografia *f.* 1 (*arte, procedimento*) typography. 2 (*stabilimento*) printing house, printing works *pl.*, (*colloq*) printer's.

tipograficamente *avv.* typographically.

tipografico (*pl.* **-ci**) *a.* typographic, typographical, printing: *errore* ~ misprint, printing error, typographical error, (*colloq*) typo.

tipografo *m.* (*f.* **-a**) 1 typographer, printer. 2 (*compositore*) compositor, type-setter.

tipolitografia *f.* typolithography.

tipolitografico (*pl.* **-ci**) *a.* typolithographic.

tipologia *f.* typology (*anche Bibl*).

tipologico (*pl.* **-ci**) *a.* typologic, typological.

tipometria *f.* (*Tip*) typometry.

tipometro *m.* (*Tip,Tecn*) type gauge, type scale.

tippare (**tìppo**) *v.t.* (*Svizz.it*) (*digitare su tastiera*) to type.

tip tap I *onom.* tap-tap. II *m.inv.* 1 (*ballo*) tap dance, tap dancing: *ballare il* ~ to tap dance. 2 (*suono*) tap-tap.

tiptologia *f.* 1 (*Occult*) typtology, spirit-rapping. 2 (*linguaggio convenzionale dei carcerati*) tapping code.

tipula *f.* (*Entom*) crane fly.

TIR I *trasporti internazionali su strada* (international road transport). II *m.inv.* (*Br*) articulated lorry, (*Am*) articulated truck.

tirabaci *m.inv.* kiss-curl, (*Am*) spit curl.

tirabozze *m.inv.* (*Tip*) proof press.

tirabrace *m.inv.* baker's rake, oven rake.

tira e molla *m.inv.* (*colloq*) (*atteggiamento indeciso*) hesitation, indecision, (*colloq*) shilly-shallying, (*colloq*) shilly-shally: *dopo un lungo* ~ after much hesitation.

tiraggio *m.* (*Tecn*) (*Br*) draught, (*Am*) draft.

tiragraffi *m.inv.* (*per gatti*) scratching post.

tiralatte *m.inv.* breast-pump.

tiralinee *m.inv.* drawing-pen, ruling-pen.

tiramisù *m.inv.* (*Dolc*) tiramisu.

tirammina *m.* (*Biol*) tyramine.

tiramolla *m.inv.* (*colloq*) (*atteggiamento indeciso*) hesitation, indecision, (*colloq*) shilly-shally, (*colloq*) shilly-shallying: *dopo un lungo* ~ after much hesitation.

tiranneggiare (**tirannéggio, tirannéggi**) I *v.t.* 1 to tyrannize, to oppress. 2 (*estens*) (*trattare con durezza*) to tyrannize, to bully. II *v.i.* (*aus.* **avere**) to be tyrannical, to be a tyrant, to tyrannize.

tirannia *f.* tyranny (*anche estens*): *liberarsi dalla* ~ *di qcu.* to free oneself of so.'s tyranny.

tirannicida I *m./f.* tyrannicide. II *a.* tyrannicidal.

tirannicidio *m.* tyrannicide.

tirannico (*pl.* **-ci**) *a.* tyrannical (*anche estens*): *un padre* ~ a tyrannical father.

tirannide *f.* tyranny.

tiranno I *m.* (*f.* **-a**) tyrant. II *a.* tyrannical.

tirannosauro *m.* (*Paleont*) tyrannosaur, tyrannosaurus.

tirante *m.* 1 (*Mecc*) tie rod. 2 (*Calz*) pull strap. 3 (*Edil*) tie-beam. 4 (*Mar*) fall. ☐ (*Mecc*) ~ *del freno* brake rod.

tiraolio *m.inv.* oil siphon.

tirapiedi *m.inv.* 1 (*colloq,spreg*) hanger-on, yes-man, understrapper. 2 (*Stor*) hangman's assistant.

tiraprove *m.inv.* (*Tip*) proof press.

tirapugni *m.inv.* knuckleduster, brass knuckles *pl.*

tirare (**tìro**) I *v.t.* 1 to pull, to tug: ~ *una corda* to pull a rope; ~ *qcu. per la manica* to pull so. by the sleeve; ~ *una leva* to pull a lever. 2 (*far avanzare dietro di sé*) to pull, to draw: ~ *un carretto* to pull a cart; *due cavalli tiravano la carrozza* two horses drew the carriage. 3 (*trascinare*) to drag: *abbiamo dovuto tirarlo fin qui* we had to drag him this far. 4 (*spostare*) to move: *tira il tavolo vicino al muro* pull the table close to the wall. 5 (*muovere lateralmente per chiudere, per aprire*) to draw, to pull across: ~ *la tenda* to draw the curtain. 6 (*cavare, estrarre*) to draw, to draw out, to pull out, to take out: ~ *un dente* to pull a tooth, to take a tooth out, to extract a tooth. 7 (*tracciare*) to draw: ~ *una linea* to draw a line; *ho tirato una linea sull'indirizzo* I drew a line through the address. 8 (*scagliare, lanciare*) to throw, to hurl, to fling, to cast: ~ *sassi* to throw stones. 9 (*assestare*) to give, to deal, *o si traduce a senso*: ~ *un calcio a qcu.* to give so. a kick; ~ *uno schiaffo a qcu.* to slap so.; ~ *un pugno a qcu.* to punch so.; *mi ha tirato il libro in testa* he threw a book at my head. 10 (*far partire, sparare*) to fire: ~ *una fucilata* to fire a shot. 11 (*Tip*) (*stampare*) to print, to run off, (*Am*) to strike off: ~ *mille copie di un libro* to print a thousand copies of a book; ~ *una ristampa di un libro* to run off a reprint of a book. 12 (*Tip*) (*rif. a bozza*) to pull: ~ *una bozza* to pull a proof. 13 (*ricavare*) to get, to obtain: ~ *dieci copie di un negativo* to get ten copies of a negative. II *v.i.* (*aus.* **avere**) 1 to pull, to draw: *i buoi tirano bene* the oxen draw well. 2 (*soffiare*) to blow: *oggi tira la tramontana* today the north wind is blowing. 3 (*rif. a indumenti e sim.: essere stretto*) to be tight, to be too tight, to pull: *questo vestito tira sui fianchi* this dress is too tight round the hips. 4 (*far fuoco*) to shoot, to fire: ~ *col fucile* to shoot with a rifle; ~ *alla selvaggina* to shoot (at) game. 5 (*Sport*) (*effettuare un tiro*) to shoot: ~ *in rete* to shoot a goal; ~ *alto* to overshoot. 6 (*Sport*) (*nella scherma*) to fence. 7 (*rif. a camino ecc.: avere tiraggio*) to draw: *la stufa non tira bene* the stove does not draw well. 8 (*tendere, deviare*) to pull: *la macchina tira a destra* the car pulls to the right. 9 (*fig*) (*mirare*) to aim (*a* at), to be after (sth.): *tira ai soldi* he is after the money. 10 (*rif. a colori*) to verge, to border (*a* on), to tend (*a* to), *o non si traduce*: *un blu che tira al verde* a blue verging on green, a greenish blue. 11 (*rif. ad armi: avere una determinata gittata*) to have a range: *il cannone tira dieci chilometri* the cannon has a range of ten kilometres. **12** (*colloq*) (*rif. ad affari: avere successo*) to do well, to go well; (*vendere*) to sell. **13** (*gerg*) (*sniffare*) to sniff. **14** (*volg*) (*essere in erezione*) to get a hard-on. **III** *v.pron.* **tirarsi** (*spostarsi*) to move: *tirarsi in avanti* to move forward. □ (*colloq*) *~a campare* to keep going somehow, to make a living as best as one can, to get by; *~ a indovinare* to take a guess, to take a wild guess, to guess, to make a guess; *~ qcs. a lucido* to polish sth., to shine sth., to make sth. spick and span; *~a sorte* to draw lots; *~a specchio qcs.* to polish sth. until it shines; (*fig*) *~acqua al proprio mulino* to have an axe to grind, to bring grist to one's mill; *tirarsi addietro l'odio di tutti* to turn all to hate, to step on everyone's toes; *tirarsi addosso qcs.*: 1 to pull sth. upon oneself; 2 (*fig*) (*procurarsi*) to attract sth., to bring sth. upon oneself, to make oneself the object of sth.: *tirarsi addosso le critiche di tutti* to make oneself the object of everyone's criticism; *~ al bersaglio* to shoot at the target; (*fig*) *tira aria di tempesta* there's a storm brewing; *non tira aria buona per te* this is no place for you; *che aria tira oggi?* which way is the wind blowing today?; *~ avanti*: 1 (*proseguire il cammino*) to go on; 2 (*fig*) (*campare*) to get by, to scrape along, to keep going; *~ avanti con poco* to scrape up a living; *tiriamo avanti con lo stipendio di mio marito* we scrape along on my husband's salary; *come va? - Si tira avanti* how are you? - Still bearing up (*o* still alive *o* still surviving); 3 (*fig*) (*continuare*) to go on with, to carry on with: *~ avanti il lavoro* to go on with one's work; (*fig*) *tirare avanti la baracca* to make both ends meet; *~ un bacio a qcu.* to blow a kiss to so., to throw a kiss to so.; *~bestemmie* to curse, to swear; (*colloq*) *~ unbidone a qcu.*: 1 to swindle so.; 2 (*fare aspettare inutilmente*) to stand so. up; *~ uncolpo*: 1 (*con le mani*) to deal a blow; 2 (*con armi a fuoco*) to fire a shot; *~con l'arco* to shoot with a bow and arrow; *~ qcu. da parte* to draw so. aside; *tirarsi da parte* to draw aside, to step aside (*anche fig*); (*fig*) *tirare qcu. dalla propria parte* (*in una disputa*) to draw so. to one's own way of thinking; *~ i dadi* to cast the dice, to throw the dice; *~ dentro*: 1 to bring in, to bring inside; 2 (*fig*) (*coinvolgere*) to bring in, to involve; (*Sport*) *~ di boxe* to box; *~ di scherma* (*o ~di spada*) to fence, to practise fencing; *dopo Natale i panettoni se li tirano dietro* after Christmas panettoni are a dime a dozen; *tirarsi dietro qcs.*: 1 to drag sth., to pull sth. along; 2 (*fig*) (*portare con sé altre persone*) to bring so. along with one, to drag so. along with one; 3 (*fig*) (*addossarsi*) to attract sth., to bring sth. upon oneself: *si è tirato dietro le invidie di tutti* he attracted everyone's envy; *~ diritto* (*o ~ dritto*): 1 (*camminare per la propria strada*) to keep right on: *~ diritto per la propria strada* to go one's way, to go one's own way; 2 (*fig*) (*tendere alla meta prefissa*) to head straight for the goal; (*El,colloq*) *~ ifili* to lay the wires; *~ fuori*: 1 (*estrarre*) to take out, to draw, to draw out, to pull, to pull out, to produce: *~ fuori un coltello dalla tasca* to draw a knife out of one's pocket; *è ora di ~ fuori gli stivali* it's time we took our boots out; *~ fuori la lingua* to put one's tongue out, to stick one's tongue out; (*fig*) *~ fuori le parole* to get the words out; 2 (*fig*) (*liberare*) to get, to help: *tirami fuori di qui!* get me out of here!; *~ qcu. fuori dai guai* to get so. out of trouble; *tirarsi fuori dai guai* to get out of trouble; 3 (*rif. a veicoli*) to get out, to take out: *~ fuori*

la macchina dal garage to get the car out of the garage; 4 (*fig*) (*inventare*) to come up with, to come out with: *~ fuori scuse* to come up with excuses; *ma guarda che cosa va a tirar fuori* just look what he comes up with; 5 (*fig*) (*mostrare*) to show: *ha tirato fuori la grinta* he showed his mettle; *~ fuori le unghie* (*ribellarsi*) to show one's claws; 6 (*fig*) (*fare mostrare*) to bring out: *~ fuori il peggio di qcu.* to bring out the worst in so.; *~giù*: 1 to pull down: *~ giù i pantaloni* to pull down one's trousers; 2 (*abbassare*) to lower, to bring down, to let down: *~ giù il sipario* to lower the curtain; *~ giù le tapparelle* to lower the blinds; 3 (*buttare in basso*) to throw down: *tirami giù la chiave* throw me down the key; *~ qcu. giù dal letto* to drag so. out of bed; *~gli orecchi a qcu.*: 1 to tweak so.'s ears, to pull so.'s ears; 2 (*fig*) to give so. a telling-off, to slap so.'s wrist; *~ i capelli a qcu.* to pull so.'s hair, to tug at so.'s hair; *~ i remi in barca*: 1 to ship the oars; 2 (*fig*) to withdraw, to back out of sth.; *~ il collo a una gallina* to wring a chicken's neck; (*colloq*) *~ il collo a una bottiglia* to uncork a bottle; *~ il fiato*: 1 to draw one's breath, to catch one's breath; 2 (*fig*) to catch one's breath, to breathe; *~ il freno a mano* to pull the handbrake; *~ in ballo qcu.* (*farlo intervenire*) to drag so. in, to involve so.; *~ in ballo qcs.* (*farne oggetto di discussione*) to drag sth. in, to bring sth. up; *tirarsi in disparte* to draw aside, to draw off; *tirarsi in là* (*scostarsi*) to move aside, to draw aside; *~ qcs. in lungo* (*indugiare*) to delay sth.; (*Mar*) *~ in secco una barca* to haul a boat ashore; *tirarsi indietro*: 1 (*arretrare*) to draw back, to back out, to move back, to back, to withdraw, to pull out; 2 (*fig*) (*sottrarsi a un impegno*) to back out, to go back on one's word, to shirk; *~ indietro le spalle* to throw back one's shoulders; *~innanzi*: 1 to keep going, to go on, to go straight on, to proceed; 2 (*fig*) to go on one's own way; 3 (*fig*) (*vivacchiare*) to keep going, to manage somehow; (*fig*) *~la carretta* (*lavorare duramente*) to work hard, to drudge, to plod along; *~ la cera* to wax the floor, to polish the floor; (*fig*) *~la cinghia* to tighten one's belt; *~la corda* to pull the rope; (*fig*) *~ troppo la corda* to go too far; *mi tira la pelle* my skin feels tight; *~ la sfoglia* to roll out the dough; (*colloq*) *~l'acqua* (*al gabinetto*) to flush the toilet; (*Aut,colloq*) *~ l'aria* to pull out the choke; (*pop*) *~le cuoia* (*morire*) to kick the bucket; (*fig*) *~ le fila* to pull the strings (*di of*); *~ le orecchie a qcu.*: 1 to tweak so.'s ears, to pull so.'s ears; 2 (*fig*) (*sgridare*) to give so. a telling-off, to slap so.'s wrist; (*Pesc*) *~le reti* to haul in the nets; *~ le somme*: 1 to add up; 2 (*fig*) to come to a conclusion: *tirate le somme* when all is said and done, all things considered, all in all; *~ le tende* to draw the curtains; (*fig,ant*) *~ lo spago* (*fare il calzolaio*) to be a cobbler, to be shoemaker; *~lungo*: 1 (*Sport*) to make a long shot; 2 (*procedere senza fermarsi*) to keep straight on; (*colloq*) *~ mattina* to stay up till morning; (*colloq*) *~ unpacco a qcu.*: 1 (*fregarlo*) to cheat so., to trick so., to swindle so.; 2 (*farlo aspettare inutilmente*) to stand so. up; *~partito da qcs.* (*trarne vantaggio*) to get an advantage from sth.; (*fig*) *~ per i capelli* to force, to drag: *lo ha tirato per i capelli in questo affare* he dragged him into this business; *~ qcu.per la giacca* (*o ~ qcu. per la manica*) to tug at so.'s sleeve; *~ qcs. per le lunghe*: 1 (*impiegare molto tempo*) to take a long time over sth., to drag sth. out; 2 (*indugiare*) to delay sth.; *~ le reti* to haul in

the nets; (*fig*) *~ sassi in piccionaia* to foul one's nest, to foul one's own nest; (*colloq*) *~ scemo qcu.* to drive so. crazy; *~su*: 1 to pull up: *~ su le calze* to pull one's stockings up; *tirarsi su i pantaloni* to pull up one's trousers; 2 (*Mar*) to hoist, to haul up: *~ su l'ancora* to hoist the anchor; 3 (*sollevare*) to lift up, to raise; 4 (*drizzare*) to straighten, to hold up: *tira su la testa!* hold your head up!; 5 (*rif. alle maniche*) to tuck up, to roll up; 6 (*rif. ai capelli*) to put up; 7 (*con il naso*) to sniff; 8 (*colloq*) (*allevare, educare*) to bring up, to raise: *~ su un bambino* to bring a child up; 9 (*fig*) (*rincuorare*) to cheer up, to encourage; (*dare forza*) to pick up; 10 (*colloq*) (*guadagnare, riscuotere*) to make: *quanto avete tirato su?* how much did you make?; 11 (*region*) (*vomitare*) to throw up; 12 (*rif. a spalle*) to throw back; *tirarsi su*: 1 (*alzarsi*) to get up: *tirati su da terra che ti sporchi* get up off the ground or you'll get dirty; 2 (*fig*) (*riaversi*) to get on one's feet again, (*colloq*) to pick up: *con un po' di riposo si tirerà su* with a little rest he'll pick up; *~ sul prezzo* (*contrattare*) to bargain, to haggle, to pull the price down; (*colloq*) *~ sulle spese* to cut down on expenses; *~ tardi* to stay up late; (*pop*) *tirarsela* (*darsi delle arie*) to put on airs; *~ un respiro* to draw breath; *~ un respiro di sollievo* to breathe a sigh of relief; *una parola tira l'altra* one word leads to another; *tira vento* it's windy, it's blowy; (*fig*) *vedere da che parte tira il vento* to see which way the wind is blowing; *~ via*: 1 to take away, to pull away; 2 (*fig*) (*fare frettolosamente, senza impegno*) to rush, to botch.

tirassegno *m.* **1** (*attività*) target shooting. **2** (*luogo*) shooting range.

tirastivali *m.inv.* bootjack.

tirata *f.* **1** pull, tug: *dare una ~ a qcs.* to give sth. a tug, to tug at sth.; *mi ha dato una ~ di capelli* he pulled my hair, he tugged my hair. **2** (*strattone*) pull, wrench, jerk. **3** (*percorso senza interruzioni*) haul, long haul, nonstop journey: *abbiamo fatto tutta una ~ da Milano a Parigi* we drove nonstop from Milan to Paris. **4** (*azione compiuta senza interruzione*) go, (*Am*) shot: *abbiamo fatto tutto il lavoro in una ~* we did all the work in one go, (*Am*) we did all the work in one shot. **5** (*invettiva*) tirade, harangue: *fare una ~ contro qcu.* to harangue so. **6** (*colloq*) (*boccata di fumo*) drag, pull, puff, draw: *fammi fare una ~ let me have a pull at your cigarette*, (*Am*) let me have a drag of your cigarette, (*Am*) let me have a drag on your cigarette. □ (*fig*) *~d'orecchi* (*rimprovero*) a rap over, a rap on the knuckles, scolding, telling off; *dare a qcu. una ~ d'orecchi*: 1 to pull so.'s ear, to tweak so.'s ears; 2 (*fig*) (*rimproverare*) to scold so., to tell so. off.

tiratardi *m./f.* (*colloq*) (*chi va a dormire tardi*) night bird.

tirato *a.* **1** (*teso*) taut, tight: *corda tirata* taut rope. **2** (*rif. a capelli: all'indietro*) combed back, brushed back. **3** (*affaticato*) drawn: *un volto ~* a drawn face. **4** (*avaro*) mean, stingy, tight: *è molto ~ nello spendere* he's very tight with his money. □ *~ a lucido*: 1 shining; 2 (*fig,scherz*) (*elegante*) smart, (*colloq*) dolled up; (*fig*) *~ coi denti* farfetched; *un paragone ~ per i capelli* a far-fetched comparison; (*fig*) *~via* rushed, sloppy, botched: *un lavoro ~ via* a careless piece of work.

tiratore *m.* (*f.* **-trice**) **1** (*Mil*) (*rif. ad armi da fuoco*) shot: *un buon ~* a good shot. **2** (*Sport*) (*nel calcio*) scorer. □ (*Mil*) *un ~ scelto* a crack shot, a marksman.

tiratrone *m.* (*Fis*) thyratron.

tiratura *f.* **1** (*Tip*) (*stampa*) printing. **2** (*Tip*) (*numero di copie: rif. a libri*) run, print run: *prima* ~ initial print run; *piccola* ~ short run. **3** (*Tip*) (*rif. a giornali*) circulation: *un giornale a bassa* ~ a low-circulation paper; *un giornale ad alta tiratura* a high-circulation newspaper; ~ *complessiva* total circulation. □ (*Edit*) ~ *di bozze* running off of proofs, printing of proofs.

tirchieria *f.* **1** meanness, miserliness, stinginess, tight-fistedness. **2** (*azione*) meanness, piece of meanness, stinginess.

tirchio I *a.* (*spreg*) (*avaro*) mean, miserly, stingy, tight, tight-fisted. **II** *m.* (*f.* **-a**) (*spreg*) miser, (*colloq*) tightwad.

tirella *f.* trace.

tiremmolla *m.inv.* (*colloq*) (*atteggiamento indeciso*) hesitation, indecision, (*colloq*) shilly-shally, (*colloq*) shilly-shallying, back and forth, going back and forth: *dopo un lungo* ~ after much hesitation.

Tiresia *n.pr.m.* (*Mitol*) Tiresias.

tiretto *m.* (*region*) (*cassetto*) drawer.

tiristore *m.* (*Elettron*) thyristor.

tiritera *f.* **1** (*filastrocca*) nursery rhyme. **2** (*estens*) (*discorso lungo e noioso*) rigmarole.

tiro *m.* **1** draught. **2** (*animali che tirano un veicolo*) team; (*carrozza*) coach, carriage: ~ *a due* (*cavalli*) coach and pair; ~ *a quattro* (*cavalli*) four-in-hand, coach and four; ~ *a sei* (*cavalli*) six-in-hand, coach and six. **3** (*Arm*) (*rif. alle armi da lancio*) shooting; (*colpo, sparo*) shot: ~ *basso* low shot; ~ *corto* short shot. **4** (*estens*) (*lo scagliare*) throwing, casting; (*mossa*) throw, cast, shot. **5** (*fig*) (*scherzo spiacevole*) trick, turn: *gli ha giocato un brutto* ~ he played a dirty trick on him. **6** (*Sport*) (*lancio: atto*) throwing, pitching, bowling; (*effetto*) throw, pitch, bowl, cast: ~ *del giavellotto* javelin throw, javelin throwing; ~ *corto* short ball. **7** (*Sport*) (*nel calcio*) shot at goal. **8** (*Mil*) (*fuoco*) fire: *aprire il* ~ to open fire. **9** (*colloq*) (*boccata di fumo*) drag, pull, puff, draw: *fammi fare un* ~ let me have a pull at your cigarette, (*Am*) let me have a drag of your cigarette, (*Am*) let me have a drag on your cigarette. □ *a* ~: **1** (*a portata di mano*) within range; **2** (*fig*) on hand, within reach; *se mi viene a* ~ *glielo dirò* if I get a chance I'll tell him, if I see him I'll tell him; (*Sport*) ~ *a campanile* skied ball, bell throw; (*Arm*) ~ *a percussione* percussion fire; ~ *a segno*: **1** (*attività*) target shooting; **2** (*luogo*) shooting range; (*Sport*) ~ *a volo* wing shooting; ~ *al bersaglio*: **1** (*attività*) target practice; **2** (*luogo*) shooting range; (*Sport*) ~ *al piattello* (o ~ *al piccione*) clay-pigeon shooting, trapshooting, (*Am*) skeet shooting; ~ *alla fune* tug-of-war; (*Mil*) ~ *alto* high fire; (*Sport*) ~ *angolato* shot into the corner of the net; (*fig*) ~ *birbone* dirty trick, sly trick; (*Sport*) ~ *con l'arco* archery; *cavalli da* ~ draught horses; (*Sport*) ~ *da tre punti* (*nella pallacanestro*) three-pointer, trey; (*Sport*) ~ *dalla bandierina* (*nel calcio*) corner kick, corner; (*Mil*) ~ *d'appoggio* supporting fire; (*Sport*) ~ *della fune* tug-of-war; (*Sport*) ~ *di punizione* free kick; (*fig*) *a un* ~ *di schioppo* within short range, a stone's throw away: *a un* ~ *di schioppo da qcs.* (*non lontano*) a stone's throw from sth.; (*Mil*) ~ *d'infilata* enfilade fire; (*Arm*) ~ *diretto* direct fire; (*Arm*) ~ *falciante* raking fire; (*volg*) *essere in* ~ (*avere un'erezione*) to have a hard-on; (*Sport*) ~ *in porta* (*nel calcio*) goal shot; (*Sport*) ~ *in sospensione* (*nella pallacanestro*) jump shot; (*Sport*) ~ *libero* (*nella*

pallacanestro) free throw: *tirare un* ~ *libero* to shoot a free throw; ~ *lungo* long shot; ~ *mancino* dirty trick, lousy trick; (*Mil*) ~ *radente* grazing fire; (*Mil*) ~ *rapido* quick fire, rapid fire; ~ *ravvicinato* shot from close range; *essere sotto* ~ to be under fire (*anche fig*).

Tiro *n.pr.f.* (*Geog.stor*) Tyre.

tirocinante I *a.* training, trainee (*attr.*), apprentice (*attr.*). **II** *m./f.* trainee, apprentice, beginner.

tirocinio *m.* **1** apprenticeship. **2** (*nelle professioni*) training. □ *fare* ~ to do one's apprenticeship, to do one's training, to serve one's apprenticeship.

tiroide *f.* (*Anat*) thyroid, thyroid gland.

tiroidectomia *f.* (*Chir*) thyroidectomy.

tiroideo *a.* (*Anat*) thyroid (*attr.*), thyroidal.

tiroidismo *m.* (*Med*) thyroidism.

tiroidite *f.* (*Med*) thyroiditis.

tirolese I *m./f.* Tyrolese, Tirolese. **II** *a.* Tyrolese, Tirolese, Tyrolean. □ *alla* ~ Tyrolese: *cappello alla* ~ Tyrolese hat.

Tirolo *n.pr.m.* (*Geog*) Tirol, Tyrol.

tirrenico (*pl.* **-ci**) *a.* Tyrrhenian, Tyrrhene: *le coste tirreniche* the Tyrrhenian coast.

tirreno I *a.* (*Stor*) Tyrrhenian, Tyrrhene. **II** *m.* (*f.* **-a**) (*Stor*) Tyrrhenian, Tyrrhene.

Tirreno *n.pr.m.* (*Geog*) Tyrrhenian Sea.

tirso *m.* **1** (*Mitol*) thyrsus. **2** (*Bot*) thyrsus, thyrse.

Tirteo *n.pr.m.* (*Stor*) Tyrtaeus.

tisana *f.* herb tea, tisane.

Tisbe *n.pr.f.* (*Mitol*) Thisbe.

tisi *f.* (*Med*) phthisis, consumption.

tisichezza *f.* **1** (*Med*) consumption. **2** (*estens*) (*gracilità*) fragility, frailty.

tisico (*pl.* **-ci**) **I** *a.* **1** (*Med*) consumptive, tubercular. **2** (*estens*) (*rif. a piante: stentato*) stunted. **II** *m.* (*f.* **-a**) (*Med*) consumptive.

Tisifone *n.pr.m.* (*Mitol*) Tisiphone.

tisiologia *f.* (*Med*) phthisiology.

tisiologo *m.* (*f.* **-a**; *pl.* **-gi**) (*Med*) phthisiologist.

tissulare *a.* (*Biol*) tissue (*attr.*).

titanico[1] (*pl.* **-ci**) *a.* titanic, colossal, gigantic: *uno sforzo* ~ a colossal effort.

titanico[2] □ (*Chim*) *acido* ~ titanic acid.

titanio *m.* (*Chim*) titanium.

titanismo *m.* (*Lett*) Titanism.

titano *m.* **1** (*Mitol*) Titan. **2** (*fig*) (*persona di forza eccezionale*) titan, giant. **3** (*fig*) giant, mogul, titan: *un* ~ *dell'industria* a mogul of industry, a tycoon.

Titano *n.pr.m.* (*Astr*) Titan.

titanomachia *f.* (*Mitol*) Titanomachy.

titillamento *m.* titillation, tickling (*anche fig*).

titillare (**titillo**) *v.t.* to titillate, to tickle (*anche fig*).

Tito *n.pr.m.* **1** (*Bibl*) Titus. **2** (*Pol*) Tito. □ (*Stor*) ~ *Livio* Livy, Titus Livy.

titoismo *m.* (*Stor,Pol*) Titoism.

titolare[1] **I** *a.* **1** regular, official, titular: *il direttore* ~ the official director. **2** (*Rel*) (*che ha solo il titolo*) titular: *vescovo* ~ titular bishop. **II** *m./f.* (*detentore*) holder: ~ *di un conto* account holder; ~ *di polizza* policy holder. **2** (*proprietario*) proprietor, owner (*anche Dir*): ~ *della ditta* proprietor of the firm, principal of the firm. **3** (*chi occupa un ufficio avendone il titolo*) official, office holder. **4** (*Rel*) titular. **5** (*Sport*) regular player. □ (*Dir*) ~ *di un brevetto* patentee; ~ *di cattedra*: **1** (*Univ*) holder of a chair, professor, full professor; **2** (*Scol*) regular teacher.

titolare[2] (**titolo**) **I** *v.t.* **1** (*Chim,Biol*) to titrate. **2** (*Cin,TV*) to title. **II** *v.i.* (*aus. avere*) (*Giorn*) (*uscire con un titolo*) to lead (*su* with), to

read: *il Corriere titola: "..."* the Corriere headlines read "...".

titolarità *f.* (*Dir*) entitlement, title.

titolato I *a.* **1** titled. **2** (*Chim*) titrated. **II** *m.* (*f.* **-a**) titled person, nobleman (*f.* -woman).

titolatrice *f.* (*Cin,TV*) titler.

titolatura *f.* titling.

titolazione *f.* **1** (*Chim,Biol*) titration. **2** (*Tess*) count. **3** (*Giorn*) headline writing.

titolista *m./f.* **1** (*Giorn*) headline writer. **2** (*Tip*) headline setter.

titolo I *m.* **1** title: *il* ~ *di un romanzo* the title of a novel. **2** (*Giorn,TV*) headline: ~ *a quattro colonne* headline on four columns, four-column spread; *i titoli del telegiornale* the news headlines. **3** (*titolo di dignità*) title: ~ *di re* title of king, royal title; ~ *nobiliare* title of nobility. **4** (*titolo di studio, qualifica*) qualification: ~ *di studio* degree, diploma, certificate; *titoli accademici* university qualifications, academic degrees. **5** (*diritto acquisito*) right, claim, title: *non hai nessun* ~ *alla mia riconoscenza* you have no claim to my gratitude. **6** (*appellativo, epiteto*) name. **7** (*fig*) (*motivo, ragione*) reason, motive, ground: *a che* ~ *mi dici questo?* for what reason are you telling me this?, what's the reason for telling me this?; *a giusto* ~ rightly, with every right. **8** (*Sport*) title. **9** (*Econ*) security; (*azione*) share; (*obbligazione*) bond. **10** *pl.* (*Econ*) stocks. **11** (*Chim*) titre, strength: ~ *della soluzione* titre of a solution. **12** (*Met*) content, percentage; (*di metalli preziosi*) fineness. **13** (*Tess*) count. □ (*Giorn*) ~ *a caratteri cubitali* banner headline; *a* ~ *di* as: *a* ~ *di premio* as a prize; *a* ~ *di rimborso* as reimbursement, in repayment; *a* ~ *di curiosità* out of curiosity; *a* ~ *di esempio* by way of example, as an example; (*fig*) *a* ~ *di cronaca* for the record, to set the record straight; *a* ~ *d'informazione* for your information; *a* ~ *indicativo* as a rough guide; (*Giorn*) ~ *a lettere cubitali* banner headline; (*Econ*) *titoli a reddito variabile* variable yield stock (*sing.*), variable yield stocks; (*Giorn*) ~ *a tutta pagina* banner headline; ~ *accademico* academic qualification, academic title, university qualification, academic degree; (*Econ*) ~ *al portatore* bearer bond, bearer security; *avere come* ~... to be entitled...; (*Econ*) *titoli azionari* stocks, shares; (*Econ*) *titoli bancabili* eligible bills; (*Tip*) ~ *corrente* running headline, running title; *dare un* ~ *a qcs.* to entitle sth., to give sth. a title; (*Aut*) ~ *della miscela* mixture strength; (*Econ*) ~ *dell'oro* title; (*Giorn,TV*) *titoli di apertura* headlines; ~ *di campione* championship; (*Edit*) ~ *di capitolo* title of a chapter, heading of a chapter; (*Cin,TV*) *titoli di coda* closing credits; (*Giorn*) ~ *di colonna* column heading, column title; (*Giorn*) ~ *di copertina* cover title; (*Econ*) ~ *di credito* credit instrument, proof of debt, evidence of indebtedness; (*Econ*) *titoli di massima sicurezza* gilt-edged securities; (*Econ*) *titoli di portafoglio* securities on hand; ~ *di preferenza* preferential title, preferential qualification; (*Econ*) ~ *di proprietà* title; ~ *di rendita* land annuity bond; (*Econ*) *titoli di stato* state bonds, government stock (*sing.*), government stocks; ~ *di studio* degree, diploma, certificate, educational qualification, educational record; (*Cin,TV*) *titoli di testa* opening credits; (*Dir*) ~ *esecutivo* document of execution; *a* ~ *esemplificativo* by way of example, as an example; (*Econ*) ~ *estero* foreign security; (*Econ*) ~ *fondiario* title deed; (*Econ*) ~ *giuridico* document of title, instrument of title, title deed; (*Comm*) *a* ~ *gratuito* free, free of charge; *a* ~ *indicativo* as a rough guide; *a ~informativo* for information, for information only; (*Sport*) *~mondiale* world title; *~ multimediale* multimedia title, book; (*Econ*) *titoli negoziabili* marketable securities, negotiable securities; (*Econ*) *~nominativo* registered security, inscribed security; (*Econ*) *~ obbligazionario* bond, debenture; *~ onorario* honorific; *a ~ orientativo* as a general guide, for information only; *a ~permanente* on a permanent basis; *a ~personale* personally, in a personal capacity, in a private capacity; *~preferenziale* preferential title, preferential qualification; (*Econ*) *titoli privilegiati* preference stocks, preferred stocks; *a ~ provvisorio* provisionally; (*Econ*) *titoli quotati* quoted securities; *titoli non quotati* unquoted securities; (*Econ*) *titoli tecnologici* technological stocks; (*Econ*) *~trasferibile* marketable title; *a ~ufficiale* officially, in an official capacity, in one's official capacity; *a ~ ufficioso* unofficially.

titolone *m.* (*Giorn*) streamer, banner headline.

titubante *a.* **1** (*incerto*) irresolute, undecided. **2** (*esitante*) hesitant, faltering: *con aria ~* hesitantly.

titubanza *f.* irresoluteness, hesitation, indecision. □ *parlare con ~* to speak hesitatingly.

titubare (**tìtubo**, *aus.* **avere**) *v.i.* to hesitate, to waver, to falter: *~ a lungo prima di prendere una decisione* to hesitate for a long time before making a decision.

tivù *f.* (*colloq*) (*Br*) box, (*Am*) tube, (*Am*) t.v.: *l'ho visto alla ~* I saw it on the box, I saw it on the tube, I saw it on t.v.

tixotropìa *f.* (*Chim*) thixotropy.

tixotròpico (*pl.* -**ci**) *a.* (*Chim*) thixotropic.

tizia *f.* (*colloq*) (*una donna*) woman; (*ragazza*) girl: *è venuta una ~ a cercarti* a woman came looking for you.

tizianesco (*pl.* -**chi**) *a.* **1** (*Pitt*) (*di Tiziano*) of Titian (*posposto*), Titian's. **2** (*Pitt*) (*alla maniera di Tiziano*) Titianesque. **3** (*rif. a capelli*) Titian, Titian red, auburn.

Tiziano *n.pr.m.* (*Stor*) Titian.

tizio *m.* (*colloq*) person, someone, fellow: *è venuto un ~ per te* a guy came to see you. □ *Tizio, Caio e Sempronio* (*una persona qualsiasi*) Tom, Dick and Harry; *un ~qualunque* a nobody.

tizzo *m.* **1** (*di legno*) brand, ember, firebrand. **2** (*di carbone*) smoking coal.

tizzone *m.* **1** (*di legno*) brand, ember, firebrand. **2** (*di carbone*) smoking coal. □ *~ ardente* burning ember; (*fig*) *~ d'inferno* scoundrel.

TLC *telecomunicazioni* telecom (telecommunications).

t.m. *tempi e metodi* (time and motion study).

TMEC *Tempo Medio dell'Europa Centrale* CET (Central European Time).

tmèsi *f.* (*Ling,Metr*) tmesis.

TMG *Tempo Medio di Greenwich* GMT (Greenwich Mean Time).

TN *Tunisia* TN (Tunisia).

T/N, t/n (*Mar*) *turbonave* (turbine ship).

TNT (*Chim*) *trinitrotuluolo, tritolo* TNT (trinitrotoluene).

to' *intz.* **1** (*colloq*) (*prendi, tieni*) here, here you go, here you are: *~, prendi quest'arancia* here, take this orange. **2** (*guarda un po'*) well, well I never, hey: *~, chi si vede!* well, just look who's here!

toast /tɔst/ *m.inv.* (*Alim*) toasted ham and cheese sandwich.

Tobìa *n.pr.m.* **1** Tobias, Tobiah. **2** (*Bibl*) Tobit.

tobòga *m.inv.* **1** (*slitta*) toboggan. **2** (*scivolo*) slide.

toc *intz.* knock!: *~ ~!* - *Chi è?* knock knock! - Who is there?

tocài *m.* (*Enol*) Tokay.

toccàbile *a.* touchable.

toccante *a.* (*commovente*) touching, moving.

toccàre (*pres.ind.* **tócco, tócchi;** *p.p.* **toccàto**) **I** *v.t.* **1** to touch: *è proibito ~ la merce* do not touch the goods; *~ qcs. con la punta di un dito* to touch sth. with the tip of one's finger. **2** (*palpare*) to touch, to feel: *gli toccò la fronte per sentire se aveva la febbre* she felt his forehead to see whether he had a temperature. **3** (*essere a contatto*) to touch: *il tavolo tocca il muro* the table touches the wall, the table is up against the wall. **4** (*riprendere un lavoro per correggerlo*) to touch: *il quadro va bene così, non lo toccherei più* the painting looks fine like that, I wouldn't touch it any more. **5** (*giungere, raggiungere*) to touch, to reach: *è così alto che quasi tocca il soffitto* he's so tall he can almost touch the ceiling. **6** (*rif. all'età*) to be near, to be close to, to be almost: *la settantina* to be close to seventy. **7** (*fare scalo*) to call, to stop: *la nave toccherà Genova e Barcellona* the ship will call at Genoa and Barcelona. **8** (*rif. ad aerei: fare scalo*) to land, to stopover, to make a stopover. **9** (*fig*) (*riguardare*) to concern, to regard: *la questione mi tocca da vicino* the matter regards me closely. **10** (*fig*) (*trattare brevemente*) to touch on, to deal with briefly: *toccherò questo argomento* I will touch on this subject. **11** (*fig*) (*impressionare, commuovere*) to touch, to move: *con le tue parole lo hai toccato* what you said touched him. **12** (*fig*) (*fare o dire cose che recano danno*) to do something against, to say something against, to touch: *guai a toccarlo nei suoi interessi!* there'll be trouble if you do anything against his interests! **13** (*fig*) (*offendere, urtare*) to touch, to wound, to sting: *~ l'amor proprio di qcu.* to wound so.'s pride; *~ qcu. sul vivo* to touch so. to the quick; *~ qcu. nel suo punto debole* to touch so.'s weak point. **14** (*eufem*) (*avere rapporti sessuali*) to touch, to be with: *nessun uomo l'ha mai toccata* no man has ever been with her; *non ha mai toccato una donna* he has never been with a woman. **15** (*assol.*) (*nell'acqua: toccare il fondo*) to touch bottom, to touch the bottom: *qui non si tocca* you cannot touch bottom over here, you cannot touch the bottom over here. **II** *v.i.* (*aus.* **essere**) **1** (*toccare in sorte*) to come the way (*a* of), to fall (*to*), to befall (*so.*), to be: *ti è toccata una bella fortuna* good luck came your way. **2** (*rif. a cose spiacevoli: capitare*) to happen (*to*): *tutte le disgrazie toccano a lui* all the unpleasant things happen to him. **3** (*spettare di diritto*) to have the right (*costr.pers.*), to be entitled to: *il premio tocca a me* I'm entitled to the prize. **4** (*spettare di dovere*) to be up to (*a qcu.* so.): *tocca a te mantenere la famiglia* it's up to you to support the family. **5** (*essere il turno*) to be the turn (*a* of): *a chi tocca ora?* whose turn is it now?; *tocca a te mescolare le carte* it's your turn to deal; *tocca a te a tirare la palla* it's your turn to throw the ball. **6** (*essere costretto*) to have to (*costr.pers.*), to be obliged to (*costr.pers.*), to have to (*costr.pers.*), must (*costr.pers.*): *mi è toccato tacere* I had to keep quiet; *ma guarda che cosa mi tocca sentire!* the things I have to listen to! **III** *v.pron.* **toccarsi 1** to touch, to feel: *si toccò la fronte* he felt his forehead. **2** (*eufem*) (*masturbarsi*) to

play with oneself, to touch oneself. **IV** *v.r.recipr.* **toccarsi 1** to touch, to touch each other: *le due poltrone si toccano* the two armchairs are touching each other, the two armchairs are up against each other. **2** (*incontrarsi*) to meet: *gli estremi si toccano* extremes meet. □ *non ~ cibo* not to eat, not to eat a thing; (*fig*) *~con mano qcs.* to see sth. with one's own eyes; (*fig*) *~ferro* (*Br*) to touch wood, (*Am*) to knock on wood; (*fig*) *~ il cielo con un dito* to be in seventh heaven, to be beside oneself with joy, to be walking on air; (*fig*) *~il cuore di qcu.* to touch so., to move so.; *~ il fondo*: **1** (*Mar*) to touch bottom; **2** (*fig*) to hit the bottom; *~il polso a qcu.* to feel so.'s pulse (*anche fig*); *~in sorte a qcu.* to fall to so., to fall to so.'s lot; (*fig*) *~la corda giusta* to touch the right chord; *sotto a chi tocca* who is next?; (*fig*) *~ un tasto dolente* to touch a sore point; *~ terra*: **1** (*Mar*) (*rif. a navi*) to berth, to come alongside; **2** (*Aer*) (*atterrare*) to land; *a chi tocca, tocca* that's fate, that's life.

toccasana *m.inv.* cure-all, panacea (*anche fig*): *questa bevanda è un ~* this drink is a cure-all.

toccàta *f.* **1** touch: *dare una ~ a qcs.* to give sth. a touch, to touch sth. **2** (*Mus*) toccata. □ *~ e fuga*: **1** (*Mus*) toccata and fugue; **2** (*fig, scherz*) touch and run.

toccàto *a.* **1** (*Sport*) touché (*anche fig*). **2** (*fig*) (*commosso*) touched, moved. **3** (*fig*) (*ferito*) wounded, touched. **4** (*colloq,ant*) (*un po' pazzo*) touched, (*Am*) pixilated, (*colloq*) nutty, not quite all there, (*Br*) round the bend.

tòcco[1] (*pl.* -**chi**) *m.* **1** touch. **2** (*colpo*) knock, rap, blow: *un ~ alla porta* a knock at the door. **3** (*piccola quantità*) touch, dash: *ancora un ~ di cipria* just a touch more powder. **4** (*rintocco: di campane, di orologi*) stroke. **5** (*l'una*) one, one o'clock, one p.m.: *è suonato il ~* it has struck one; (*region*) *al ~* (*all'una*) at one o'clock. **6** (*impronta*) touch: *si riconosce il ~ dell'artista* you can see the touch of the artist; *un ~ femminile* a woman's touch. **7** (*pennellata*) stroke (of the brush), touch: *ancora qualche ~ e il quadro è finito* a few more strokes and the painting will be finished. **8** (*Mus*) (*modo di suonare*) touch: *un pianista dal ~ leggero* a pianist with a light touch. □ *dare il ~ finale a qcs.* to put the last touches to sth., to put the finishing touches to sth., (*Am*) to put the finishing touches on sth., (*Am*) to put the final touches on sth.; (*fig*) *il ~ magico* the magic touch.

tòcco[2] (*pl.* -**chi**) *a.* **1** (*rar*) (*rif. a frutta*) bruised. **2** (*pop,ant*) (*un po' pazzo*) touched, (*Am*) pixilated, (*colloq*) nutty, not quite all there, (*Br*) round the bend.

tòcco[3] (*pl.* -**chi**) *m.* piece, big piece, hunk, chunk: *un ~ di formaggio* a big piece of cheese; *un ~ di carne* a hunk of meat. □ (*pop*) *un bel ~ di ragazza* a fine figure of a woman, a dish.

tòcco[4] (*pl.* -**chi**) *m.* (*copricapo*) toque.

toelètta, toelètte *f.* (*ant*) → **toilette**.

tofu *m.inv.* (*Gastron*) tofu.

tòga *f.* **1** (*Stor.rom*) toga. **2** (*di giudici, professori e sim.*) gown, robe. **3** (*fig*) (*professione forense*) legal profession, the Bar: *indossare la ~* (*diventare magistrato*) to become a judge, to don the judge's gown; (*diventare avvocato*) to become a lawyer; *abbandonare la ~* to leave the legal profession.

togàto *a.* **1** (*Stor.rom*) wearing a toga (*posposto*), togaed, togated. **2** (*di giudici, professori e sim.*) in a gown (*posposto*), wearing a gown (*posposto*), gowned. **3** (*fig*) (*solenne, aulico*) stately.

togliere (*pres.ind.* **tòlgo, tògli, tòglie, togliàmo, togliéte, tòlgono;** *fut.* **togliero;** *p.rem.* **tòlsi;** *pres.cong.* **tòlga, togliàmo, togliàte, tòlgano;** *p.p.* **tòlto**) **I** *v.t.* **1** to take away, to remove: *togli quella sedia* take that chair away; ~ *un macchia* to remove a stain, to remove a spot. **2** (*togliere dal di sopra*) to take off: *togli dal tavolo tutti questi libri* take all these books off the table; ~ *un quadro dalla parete* to take a picture off the wall. **3** (*togliere dal di dentro*) to take off, to take away, to remove: *togli l'arrosto dal forno* take the roast out of the oven. **4** (*rif. a indumenti*) to take off: *togli le scarpine al bimbo* take the baby's bootees off. **5** (*estrarre*) to take out, to pull out, to remove, to extract: ~ *un chiodo dal muro* to take a nail out of the wall; ~ *un dente* to extract a tooth, to pull a tooth; *farsi* ~ *un dente* to have a tooth out. **6** (*rif. a persone: condurre via*) to take away: *hanno tolto il bambino da quella scuola* they have taken their child away from that school. **7** (*privare di*) to take, to take away: *la guerra gli ha tolto i genitori* the war deprived him of his parents. **8** (*liberare da*) to free, to set free: ~ *qcu. dalla schiavitù* to free so. from slavery. **9** (*rif. a situazioni spiacevoli*) to get out: *mi hai tolto da un bell'impiccio* you got me out of a nice fix. **10** (*non concedere più, riprendere*) to take away, to take back: *gli tolse il libro che gli aveva dato* he took back the book he had given him. **11** (*sottrarre*) to subtract, to take: ~ *tre da sei* to subtract three from six, to take three from six. **12** (*abolire*) to abolish, to do away with, to remove: ~ *un divieto* to abolish a prohibition, to lift a ban, to raise a ban. **13** (*far cessare*) to close, to end, to bring to an end: ~ *la seduta* to close the session. **14** (*impedire*) to prevent, to stop: *sei raffreddato ma ciò non toglie che devi fare i tuoi compiti* even if you have a cold it doesn't stop you from doing your homework. **II** *v.pron.* **togliersi 1** (*rif. a indumenti: levarsi*) to take off, to remove: *togliersi la giacca* to take one's jacket off; *togliersi i pantaloni* to pull down one's trousers. **2** (*rif. a scarpe*) to take off; (*buttandole lontano*) to kick off. **3** (*liberarsi*) to get out: *togliersi da una situazione difficile* to get out of a difficult situation. **4** (*spostarsi*) to move: *togliti di lì!* get out of there! **5** (*soddisfare*) to satisfy: *togliersi un capriccio* (*o togliersi uno sfizio*) to satisfy a whim. □ *togliersi degli anni* to lie about one's age; *ciò non toglie che mi piaccia* that doesn't alter the fact that I like it, I still like it; *togliersi una curiosità* to satisfy one's curiosity; *toglimi una curiosità* out of curiosity, just out of curiosity; ~ *qcu. dai guai* to get so. out of trouble; (*fig*) *togliersi qcu. dai piedi* to get rid of so., to send so. packing; *togliti dai piedi!* get out of here!, (*colloq*) scram!, (*Am,colloq*) beat it!, get out of way!; (*Gastron*) ~ *dal fuoco dopo mezz'ora* remove from the heat after half an hour; ~ *dalla circolazione*: 1 (*rif. a monete*) to withdraw from circulation, to take out of circulation; 2 (*fig*) (*uccidere*) to kill, to do in, to get rid of; ~ *qcu. dalla strada* to take so. off the street; ~ *qcs. dalla testa a qcu.* to get sth. out of so.'s head: *toglitelo dalla testa!* forget it!; (*colloq,fig*) *togliersi dalle scatole* (*Br*) to naff off, to push off, (*Am*) to get out of the way; ~ *di mezzo*: 1 (*rif. a cosa: portarla via*) to take out of the way, to get out of the way, to remove; 2 (*rif. a cosa: sbarazzarsene*) to get rid of; 3 (*rif. a persona: allontanarla*) to get rid of; 4 (*eufem*) (*rif. a persona: ucciderla*) to bump off, to do in; *levati di mezzo!* get out of here!, (*colloq*) scram!, (*Am,colloq*) beat it!; *togliersi di torno qcu.* to get rid of so.: *togliti di torno!* get out of the way!, (*colloq*) clear off!, scram!; *non* ~ *gli occhi di dosso a qcu.* not to take one's eyes off so.; ~ *i semi a qcs.* to seed sth., to deseed sth.; ~ *a qcu. un'idea dalla testa* to get an idea out of so.'s head; *togliersi il cappello*: 1 to take off one's hat; 2 (*per salutare*) to raise one's hat, to tip one's hat, to take off one's hat; (*eufem*) ~ *il disturbo* to go, to leave, to be off, to take one's leave: *è quasi ora di cena, togliamo il disturbo* it's nearly supper time, so we'll be saying goodbye; it's nearly supper time, so we'll be leaving; (*fig*) ~ *il fiato a qcu.* to take so.'s breath away; (*fig*) ~ *il freno a mano* to release the handbrake; (*fig*) *togliersi il gusto di qcs.* to satisfy one's desire for sth.; (*fig*) *togliersi il pane di bocca per qcu.* to make sacrifices for so., to give so. the shirt off one's back; (*fig*) ~ *il pane di bocca a qcu.* to take the bread out of so.'s mouth; *mi sono tolto il pensiero* I took a load off my mind, I took a weight off my mind; (*fig*) ~ *il respiro* to take one's breath away; *da* ~ *il respiro* breath-taking; ~ *il saluto a qcu.* to stop talking to so., (*Br*) to cut so. dead; ~ *il sonno a qcu.* to deprive so. of sleep; ~ *il veto* to remove the veto, to remove the prohibition; *togliersi la fame* to satisfy one's hunger; (*fig*) *togliersi la maschera* to take off one's mask; ~ *la parola a qcu.* to cut so. short; *togliersi la sete* to quench one's thirst, to slake one's thirst; (*Arm*) ~ *la sicura* to release the safety catch; *togliersi la soddisfazione di fare qcs.* to have the satisfaction of doing sth., to give oneself the satisfaction of doing sth.; ~ *la speranza a qcu.* to make so. lose hope; ~ *la vita a qcu.* to take so.'s life, to kill so.; *togliersi la* ~ to commit suicide, to take one's life, to take one's own life, to kill oneself; ~ *la voglia di fare qcs.* to take the pleasure out of sth.; *togliersi la voglia di fare qcs.* to satisfy a longing to do sth., to satisfy an urge to do sth.; *togliersi una voglia* to satisfy a whim; *toglimi le mani di dosso!* get your hands off me!; (*fig*) ~ *le parole di bocca a qcu.* to take the words out of so.'s mouth, to take the words right out of so.'s mouth; ~ *l'elettricità* to cut off the electricity, to switch off the electricity; ~ *l'onore a qcu.* (*disonorarlo*) to dishonour so.; (*colloq*) *togliersi un peso dallo stomaco* to get sth. off one's chest, to take a load off one's mind; *mi sono tolto un peso dalla coscienza* I made a clean breast of sth.

Togo *n.pr.m.* (*Geog*) Togo.

toh *intz.* **1** (*colloq*) (*prendi, tieni*) here you are!, here!, take!, take this!: ~, *prendi quest'arancia* here, take this orange. **2** (*guarda un po'*) well!, well I never!, I say!, hey!: ~, *chi si vede!* well, just look who's here!

toilette /twa'lɛt/ *f.inv.* **1** (*gabinetto*) toilet, lavatory, cloakroom, (*Am*) washroom, (*Am*) powder room, restroom: *andare alla* ~ to go to the bathroom, to go to the restroom. **2** (*mobile*) dressing table, toilet table, (*Am*) vanity, vanity table. **3** (*cura del corpo*) toilet: *fare* ~ to make one's toilet, to dress and make up. **4** (*abito e acconciatura femminili*) outfit, costume, toilette.

tokaj *m.* (*Enol*) Tokay.

Tokio, Tokyo *n.pr.f.* (*Geog*) Tokyo.

tolda *f.* (*Mar,ant*) deck.

tolemaico (*pl.* **-ci**) *a.* (*Stor,Astr*) Ptolemaic: *sistema* ~ Ptolemaic system.

toletta *f.* (*ant*) → **toilette**.

tollerabile *a.* tolerable, bearable: *un caldo* ~ bearable heat.

tollerabilità *f.* tolerability, tolerableness.

tollerante *a.* **1** tolerant: *un uomo* ~ a tolerant man. **2** (*indulgente*) lenient, indulgent. **3** (*rar,ant*) tolerant, tolerating: *essere* ~ *di un medicamento* to be tolerant of a medicine, to be able to take a medicine.

tolleranza *f.* **1** (*rispetto delle idee altrui*) tolerance, toleration: ~ *religiosa* religious toleration; *spirito di* ~ tolerance, spirit of tolerance. **2** (*indulgenza*) leniency, indulgence. **3** (*capacità di sopportare*) tolerance, endurance: ~ *ai farmaci* drug tolerance. **4** (*comprensione*) understanding, forbearance: *ha mostrato una grande* ~ *nei miei confronti* he showed much understanding in my regard. **5** (*rif. a tempo*) margin: *con una* ~ *di venti minuti* with a twenty minute margin. **6** (*Comm*) allowance. **7** (*Mecc*) tolerance. □ (*Mecc*) ~ *ai guasti* fault tolerance; (*Pol*) ~ *zero* zero tolerance.

tollerare (**tòllero**) *v.t.* **1** to tolerate: ~ *il freddo* to tolerate the cold; ~ *un farmaco* to tolerate a medicine. **2** (*rif. a cose: sopportare*) to put up with, to bear, to endure, to tolerate: ~ *il dolore* to bear pain; *ho tollerato fin troppo la tua maleducazione* I have put up with your rudeness too long. **3** (*in frasi negative*) to tolerate, to stand for; (*rif. a persone: sopportare*) to put up with, to stand, to bear (with), to tolerate: *non tollero questo seccatore* I can't stand that bore. **4** (*permettere*) to tolerate, to allow, to permit, to have: *non tollero che tu risponda così a tua madre* I won't have you answer your mother back that way. **5** (*ammettere, accettare*) to accept, to allow: *è tollerato un ritardo di due minuti* a two minutes' delay is allowed. **6** (*considerare con indulgenza*) to be indulgent towards.

tolo *m.* (*Archeol*) tholos.

Tolomeo *n.pr.m.* (*Stor*) Ptolemy.

Tolone *n.pr.f.* (*Geog*) Toulon.

Tolosa *n.pr.f.* (*Geog*) Toulouse.

tolstoiano *a.* (*Lett*) Tolstoyan.

tolteco I *a.* (*Stor*) Toltecan. **II** *m.* (*f.* **-a**) (*Stor*) Toltec.

tolto *a.* **1** (*escluso*) except for, apart from. **2** (*sottratto*) excluding: *tolte le spese* excluding expenses. **3** (*sospeso*) closed: *la seduta è tolta* the session is closed.

toluene *m.* (*Chim*) toluene, toluol.

toluidina *f.* (*Chim*) toluidine.

toluolo *m.* (*Chim*) toluene, toluol.

toma[1] □ (*scherz*) *capire Roma per* ~ to mistake one thing for another.

toma[2] *f.* (*Gastron*) toma (kind of cheese from Piedmont).

tomaia (*pl.* **i tomài, le tomàia/tomàie**) *f.* (*Calz*) upper, shoe upper; (*parte anteriore*) vamp.

tomaio *m.* (*Calz*) upper, shoe upper; (*parte anteriore*) vamp.

tomba *f.* **1** tomb, grave: *mettere dei fiori su una* ~ to put flowers on a grave; ~ *esule* exile's grave. **2** (*fig*) (*luogo chiuso, tetro*) tomb, gloomy place: *questa casa è una* ~ this house is like a tomb. **3** (*fig*) (*morte*) grave, death: *portare qcu. alla* ~ to drive so. to his grave; *dalla culla alla* ~ from the cradle to the grave; *seguire qcu. nella* ~ to follow so. to the grave. **4** (*fig*) (*persona che non parla o riferisce*) as silent as the grave: *essere una* ~ to be as silent as the grave. □ (*Archeol*) ~ *a tumulo* burial mound; (*fig*) *essere muto come una* ~ to be as silent as a grave; ~ *di famiglia* family vault, family tomb; *portarsi un segreto nella* ~ to carry a secret to the grave; ~ *rupestre* rock tomb.

tombacco (*pl.* **-chi**) *m.* (*Met*) tombac.

tombale *a.* tomb (*attr.*), grave (*attr.*): *pietra* ~ tombstone, gravestone.

tombarello *m.* (*Aut*) tipper truck.

tombarolo *m.* (*f.* **-a**) (*gerg*) grave robber.

tombino *m.* (*chiusino*) manhole cover; (*canaletto*) drain.

tombola[1] *f.* (*gioco*) tombola, housey-housey, bingo: *giocare a* ~ to play tombola; *fare* ~ to win the tombola prize. □ *tombola!* bingo!

tombola[2] **I** *f.* (*colloq*) (*caduta, ruzzolone*) tumble, fall: *fare una* ~ to take a tumble, to tumble down, to fall down. **II** *intz.* upsy-daisy!, ups-a-daisy!, oops!

tombolare (**tómbolo**) *aus.* **essere** *v.i.* **1** (*ruzzolare*) to tumble, to tumble down, to fall, to fall down, to take a tumble. **2** (*cadere all'ingiù*) to fall down, to fall headlong.

tombolo[1] *m.* (*colloq*) (*ruzzolone*) tumble, headlong fall: *fare un* ~ to take a tumble, to tumble down, to fall down.

tombolo[2] *m.* **1** (*cuscino per merletti*) lace pillow; (*trina*) pillow lace: *merletto al* ~ pillow lace. **2** (*rullo*) bolster. **3** (*scherz*) (*persona bassa e grassoccia*) tubby person, (*Br,colloq*) podge.

tomento *m.* (*Bot*) tomentum.

tomentoso *a.* (*Bot*) tomentose.

tomismo *m.* (*Filos,Teol*) Thomism.

tomista **I** *m./f.* (*Filos,Teol*) Thomist. **II** *a.* (*Filos,Teol*) thomist, thomistic.

tomistico (*pl.* **-ci**) *a.* (*Filos,Teol*) thomist, thomistic.

Tomaso, **Tommaso** *n.pr.m.* Thomas. □ (*Stor*) ~ *Becket* Thomas Becket; (*estens*) *essere come san* ~ (*o fare come san* ~) to be a doubting Thomas; (*Stor*) *san* ~ *d'Aquino* Aquinas, St. Thomas Aquinas; (*Stor*) ~ *Moro* Thomas More, Sir Thomas More.

tomo *m.* **1** (*libro, volume*) tome, volume. **2** (*colloq*) (*tipo*) character, sort, fellow: *un bel* ~ an odd sort, a queer fish.

tomografia *f.* (*Med,Tecn*) tomography: ~ *assiale computerizzata* computerized axial tomography.

tomografo *m.* (*Med,Tecn*) tomograph.

tomogramma *m.* (*Med*) tomogram.

tonaca *f.* **1** (*dei frati*) frock; (*con cappuccio*) cowl. **2** (*dei preti*) cassock, priest's cassock, soutane. **3** (*delle monache*) nun's dress, nun's habit.

tonale *a.* **1** (*Mus*) tonal, tone (*attr.*). **2** (*Pitt*) tone (*attr.*). **3** (*Ling*) tone (*attr.*): *lingua* ~ tone language.

tonalità *f.* **1** (*gradazione di colore*) shade, tone, hue: *una* ~ *di rosso* a shade of red. **2** (*Mus,Pitt*) tonality. □ (*Mus*) ~ *maggiore* major key; (*Mus*) ~ *minore* minor key.

tonante *a.* **1** thundering. **2** (*risonante*) loud, booming: *voce* ~ loud voice. **3** (*Chim*) explosive.

tonare (**tòno**) **I** *v.i.* (*aus.* **avere**) (*rar*) **1** to thunder (*anche fig*). **2** (*rif. a voce, cannone*) to boom. **3** (*fig*) (*parlare, inveire con violenza*) to thunder. **II** *v.i.imper.* (*aus.* **essere/avere**) (*rar*) to thunder.

Tonchino *n.pr.m.* (*Geog*) Tonkin.

tonchio *m.* (*Entom*) weevil.

tondeggiamento *m.* (*rar*) **1** (*atto*) rounding, rounding off. **2** (*effetto*) roundishness.

tondeggiante *a.* roundish, round, curved: *dare una forma* ~ *a qcs.* to give a round shape to sth.

tondeggiare (**tondéggio, tondéggi**) *aus.* **essere** *v.i.* to be round, to be roundish.

tondello *m.* **1** round. **2** (*Numism*) flan.

tondino *m.* **1** (*sottobicchiere*) coaster. **2** (*piattino*) saucer. **3** (*Met*) rod. **4** (*Edil*) reinforcing rod, iron rod. **5** (*Arch*) astragal.

tondo **I** *a.* **1** (*circolare, sferico*) round: *tavolo* ~ round table. **2** (*rif. parti del corpo: tornito, pieno*) round, full; (*tondeggiante*) rounded, full: *guance tonde* full cheeks, *fianchi tondi* rounded hips. **3** (*fig*) (*rif. a numeri, misure e sim.*) round: *cifra tonda* round number. **II** *m.* **1** (*oggetto tondo*) round. **2** (*lastra*) round plate, round disk. **3** (*forma circolare*) circle. **4** (*Pitt,Scult*) tondo. **5** (*Tip*) Roman, Roman type. □ *un mese* ~ ~ a full month; *costa cinquanta euro tondi tondi* it costs exactly fifty euros; (*Scult*) *a tutto* ~ in full relief; *un viso* ~ *come la luna* a moon-shaped face; (*estens*) *essere ~come l'o di Giotto* to be perfectly round; *girare in* ~ to go round in a ring, to go round in a circle, to go round in circles, to go around; (*Scult*) *tutto* ~ in full relief.

toner *m.inv.* (*Tip,Inform*) toner.

tonfano *m.* (*region*) deep part of a river.

tonfare (**tónfo**) *aus.* **essere** *v.i.* (*rar*) (*fare un tonfo*) to thud, to make a thud; (*cadendo in acqua*) to splash, to make a splash.

tonfo *m.* **1** (*rumore*) thud, plop; (*rif. a cosa che cade in acqua*) splash, plop. **2** (*caduta*) fall, tumble: *fare un* ~ to tumble. **3** (*fig*) downfall, crash.

Tonga *n.pr.m.* (*Geog*) Tonga.

Toni *n.pr.m. dim. di* Antonio.

tonica *f.* **1** (*Mus*) keynote, tonic. **2** (*Fon*) tonic.

tonico (*pl.* **-ci**) **I** *a.* **1** (*Mus,Ling*) tonic: *accento* ~ tonic accent; *nota tonica* tonic, keynote. **2** (*Med*) tonic: *amaro* ~ tonic bitters. **3** (*rif. a muscolo*) toned. **II** *m.* **1** (*Farm*) tonic. **2** (*Cosmet*) toner.

tonificante *a.* **1** tonic. **2** (*rinforzante*) invigorating, bracing. **3** (*Cosmet*) toning: *lozione* ~ toner.

tonificare (**tonìfico, tonìfichi**) *v.t.* **1** to invigorate, to brace, to tone, to tone up: ~ *i muscoli* to tone up one's muscles. **2** (*Med*) to tonify.

Tonio *n.pr.m. dim. di* Antonio.

tonnara *f.* (*Pesc*) tunny-fishing nets *pl.*

tonnato □ (*Gastron*) *salsa tonnata* tuna sauce; (*Gastron*) *vitello* ~ veal with tuna sauce.

tonneggiare (**tonnéggio, tonnéggi**) **I** *v.t.* (*Mar*) to warp, to kedge. **II** *v.pron.* **tonneggiarsi** (*Mar*) to warp, to kedge.

tonneggio *m.* (*Mar*) **1** warping. **2** *pl.* (*cavi di tonneggio*) warps.

tonnellaggio *m.* (*Mar*) tonnage. □ (*Mar*) ~ *lordo* gross tonnage; (*Mar*) ~ *netto* net tonnage.

tonnellata *f.* **1** ton. **2** (*fig*) (*grande quantità, grande peso*) ton: *pesa una* ~! it weighs a ton! □ (*Mar*) ~ *di stazza* register ton: ~ *di stazza lorda* gross ton; ~ *di stazza netta* net ton; ~ *equivalente di petrolio* tonne oil equivalent.

tonno *m.* **1** (*Itt*) tuna, tunny. **2** (*Alim*) tunny-fish, tuna. □ (*Alim*) ~ *al naturale* tuna in brine, tuna in water, tuna packed in water, water-packed tuna; (*Alim*) ~ *sott'olio* tuna in oil.

tono *m.* **1** tone: *abbassare il* ~ *della voce* to speak in a lower tone, to speak in a lower tone of voice; *alzare il* ~ *della voce* to speak in a higher tone; ~ *acuto* high-pitched tone. **2** (*modulazione, inflessione di voce*) tone, way: *in* ~ *scherzoso* in a joking tone; *in* ~ *altezzoso* in a haughty tone; *non ammetto che mi si parli in questo* ~ I don't allow people to speak to me this way; *rispose con* ~ *sicuro* he answered in a steady voice. **3** (*carattere stilistico*) tone, style: *un discorso di* ~ *elevato* a speech with a lofty tone. **4** (*rif. a colori: gradazione*) shade, tone, hue: *una stoffa con tutti i toni dell'azzurro* a fabric coloured in all shades of blue. **5** (*Mus,Ling*) tone. **6** (*Med*) tone, tonus: ~ *muscolare* muscle tone. □ *rispondere a* ~: **1** (*a proposito*) to answer to the point; **2** (*per le rime*) to answer back, to give tit for tat; (*Fon*) ~ *ascendente* rising tone; (*Med*) ~ *cardiaco* heartbeat; *non rispondere con quel* ~! don't answer me in that tone!, don't answer me in that tone of voice!; *dare* ~: **1** (*rinvigorire*) to tone up, to brace, to invigorate; **2** (*fig*) to give tone: *questo divano dà* ~ *a tutto il salotto* this sofa gives tone to the whole sitting-room; (*fig*) *darsi un* ~ to strike an attitude, to give oneself airs; *e avanti di questo* ~ and so on, and so on in the same tone; (*Fon*) ~ *discendente* falling tone; (*fig*) *essere giù di* ~ not to be oneself, to be out of sorts, not to have much energy; (*Mus*) *essere in* ~ to be in tune; (*fig*) *essere in* ~ *con l'ambiente* to keep in touch with one's surroundings, to be in tune with one's surroundings; (*Mus*) ~ *maggiore* major key; (*Mus*) ~ *minore* minor key; *in* ~ *semiserio* in a half-serious tone; *con un* ~ *serio* seriously, in a serious way; ~ *sonoro* carrier signal; *sotto* ~: **1** (*Mus*) flat; **2** (*fig*) (*non in forma*) not at one's best; **3** (*fig*) (*dimesso*) subdued; ~ *su* ~ in matching tones; *su di* ~: **1** (*in forma*) in high spirits; **2** (*di classe*) stylish, classy; *se la metti su questo* ~... if this is your attitude...

tonometria *f.* (*Chim,Med*) tonometry.

tonometro *m.* (*Tecn*) tonometer.

tonsilla *f.* (*Anat*) tonsil: *farsi togliere le tonsille* to have one's tonsils removed, to have one's tonsils out.

tonsillare *a.* (*Med*) tonsillar, tonsillary.

tonsillectomia *f.* (*Chir*) tonsillectomy.

tonsillite *f.* (*Med*) tonsillitis.

tonsore *m.* (*ant,scherz*) barber.

tonsura *f.* (*Rel*) tonsure.

tonsurare (**tonsùro**) *v.t.* (*Rel*) to tonsure.

tontina *f.* (*Econ*) tontine.

tonto **I** *a.* dumb, thick, stupid, silly. **II** *m.* (*f.* **-a**) stupid person, dope, blockhead.

tontolone **I** *a.* (*colloq*) dumb, thick. **II** *m.* (*f.* **-a**) (*colloq*) dopo, blockhead.

Tony *m.inv.* (*Svizz,it*) (*clown*) clown.

top *m.inv.* **1** (*Abbigl*) top. **2** (*colloq*) (*culmine*) top, peak, summit: *essere al* ~ to be the ne plus ultra; *essere al* ~ *della classifica* to be at the top of the table, to be at the top of the classification. **3** (*Arred*) kitchen top. **4** (*Fis*) top, truth.

topaia *f.* **1** (*nido di topi: rif. alla specie più piccola*) mouse hole; (*rif. alla specie più grande*) rat's nest, rathole. **2** (*stamberga*) hovel, wretched house, (*spreg*) dump.

topazio **I** *m.* **1** (*Min,Oref*) topaz. **2** (*colore*) topaz. **II** *a.* (*colore*) topaz. □ (*Min*) ~ *bruciato* pink topaz; (*Min*) ~ *indiano* Indian topaz; (*Min*) ~ *orientale* Oriental topaz.

topiario □ (*Giard*) *arte topiaria* topiary.

topica[1] *f.* (*Ret,Filos*) topic.

topica[2] *f.* (*colloq*) (*gaffe*) gaffe, faux pas, blunder: *fare una* ~ to make a gaffe.

topicida **I** *a.* rat-destroying, rat-killing. **II** *m.* rat poison.

topico (*pl.* **-ci**) *a.* **1** (*Ret,Filos*) topical. **2** (*Med, Farm*) topical, local.

topinambur *m.inv.* (*Bot,Alim*) Jerusalem artichoke.

topino *m.* **1** small mouse, baby mouse. **2** (*f.* **-a**) (*fig*) (*persona piccola*) shrimp; (*rif. a bambini*) little thing.

topless *m.inv.* topless bathing suit. □ *in* ~ topless.

top manager *m./f.inv.* top manager.

top model *f.inv.* supermodel, top model.
topo *m.* (*Zool*) mouse; (*ratto*) rat. □ (*Zool*)
~ *campagnolo* field mouse; (*Zool*) ~ *comune*
house mouse; (*fig*) ~ *d'albergo* hotel thief;
(*fig*) ~ *d'appartamento* burglar; (*fig*) ~ *d'auto* car thief; (*Zool*) ~ *del faraone* Egyptian
mongoose; (*scherz,fig*) ~ *di biblioteca* bookworm; (*Lett*) *il* ~ *di campagna e il* ~ *di città*
The Country Mouse and the Town Mouse;
(*Zool*) ~ *di chiavica* sewer-rat; ~ *di fogna*
sewer rat; (*Zool*) ~ *di mare* sea mouse; (*Zool*)
~ *domestico* house mouse; (*Zool*) ~ *muschiato* muskrat; (*Zool*) ~ *selvatico* wood
mouse; (*Zool*) ~ *spinoso* spiny mouse. *Prov.:*
i topi abbandonano la nave che affonda rats
desert a sinking ship.
topografia *f.* topography.
topograficamente *avv.* topographically.
topografico (*pl.* **-ci**) *a.* topographic, topographical: *carta topografica* topographic
map.
topografo *m.* (*f.* **-a**) topographer.
topolino[1] *m.* **1** little mouse, baby mouse. **2**
(*f.* **-a**) (*scherz*) (*bambino vivace*) lively child,
imp, scamp.
topolino[2] *f.* (*Aut*) topolino (early model of
the Fiat 500 car).
Topolino *n.pr.m.* Mickey Mouse.
topologia *f.* **1** topology (*anche Geom*). **2**
(*Ling*) word positioning.
topologico (*pl.* **-ci**) *a.* topological.
toponimia *f.* toponymy.
toponimico (*pl.* **-ci**) *a.* toponymic, toponymical.
toponimo *m.* toponym.
toponomastica *f.* toponymy.
toponomastico (*pl.* **-ci**) *a.* toponymic,
toponymical.
toporagno *m.* (*Zool*) shrew, shrewmouse.
topos (*pl.* **topoi**) *m.* (*Ret,Lett*) topos: ~ *letterario* literary topos.
toppa *f.* **1** (*pezza*) patch. **2** (*serratura*) lock:
girare la chiave nella ~ to turn the key in the
lock. **3** (*buco della serratura*) keyhole. □
a ~ patch (*attr.*): (*Sart*) *tasca a* ~ *patch pocket*;
mettere una ~ *a qcs.*: **1** to put a patch on sth.,
to patch sth.; **2** (*fig*) (*rimediare alla meglio*)
to patch sth. up.
toppo *m.* **1** stump. **2** (*Mecc*) block.
toppone *m.* (*Abbigl,Equit*) reinforcement,
patch.
top secret /,tɔp'sikret/ *a.inv.* top secret.
tor *m.* (*Fis*) torr.
torà *f.* (*Rel.ebr*) Torah.
torace *m.* (*Anat*) thorax, chest.
toracentesi *f.* (*Chir*) thoracentesis.
toracico (*pl.* **-ci**) *a.* (*Anat*) thoracic, chest
(*attr.*): *cassa toracica* thoracic cage, rib cage.
toracocentesi *f.* (*Chir*) thoracentesis.
toracoplastica *f.* (*Chir*) thoracoplasty.
toracoscopia *f.* (*Med*) thoracoscopy.
toracotomia *f.* (*Chir*) thoracotomy.
torah /'tɔ:ra/ *f.* (*Rel.ebr*) Torah.
torba *f.* peat: *estrazione di* ~ peat winning.
□ ~ *fertilizzante* manure peat.
torbida *f.* **1** (*Geog*) silt. **2** (*Minier*) ore pulp.
torbidamente *avv.* turbidly.
torbidezza *f.* turbidity, turbidness (*anche
fig*).
torbidità *f.* (*Meteor,Chim,Fis*) turbidity: ~ *atmosferica* atmospheric turbidity.
torbido I *a.* **1** (*rif. a liquidi*) turbid, cloudy,
muddy: *acqua torbida* cloudy water. **2** (*fig*)
(*cupo*) dark, turbid: *sguardo* ~ dark look. **3**
(*fig*) (*equivoco*) fishy: *una storia torbida* a
fishy story. II *m.* **1** something wrong, something amiss, (*colloq*) something fishy: *c'è del*
~ *in questa faccenda* there is something
wrong here, there is something fishy about

this. **2** *pl.* (*principi di sommossa*) unrest
(*costr.sing.*), disturbances; (*tumulti*) tumults,
riots.
torbidume *m.* **1** turbid things *pl.*, cloudy
matter. **2** (*fig*) fishy situation.
torbiera *f.* (*Geog*) peatbog, peatmoss.
torboso *a.* (*Geog*) peaty, peat (*attr.*).
torcente □ (*Fis,Mecc*) *momento* ~ torque.
torcere (*pres.ind.* **tòrco, tòrci**; *p.rem.* **tòrsi**;
p.p. **tòrto**) I *v.t.* **1** to twist, to wring: ~ *un
braccio a qcu.* to twist so.'s arm; *torcersi le
mani* to wring one's hands. **2** (*piegare, curvare*) to bend: ~ *un ferro* to bend a rod. **3**
(*strizzare*) to wring, to wring out: ~ *la biancheria* to wring out the washing. **4** (*Tess*) to
twist: ~ *il filo* to twist thread. II *v.pron.* **torcersi 1** (*contorcersi*) to writhe, to twist, to
roll about: *torcersi dal dolore* to writhe in
agony. **2** (*piegarsi*) to bend. □ *torcersi
dalle risa* to split one's sides with laughter,
to be doubled up with laughter; ~ *il collo a
qcu.* to wring so.'s neck; (*fig*) *non* ~ *un capello a qcu.* not to hurt a hair on so.'s head,
not to touch a hair on so.'s head, not to lay a
finger on so.
torchiare (*tòrchio, tòrchi*) *v.t.* **1** to press. **2**
(*fig,colloq*) to grill.
torchiatura *f.* pressing.
torchietto *m.* **1** (*Legat*) binding-press. **2**
(*Fot*) printing frame.
torchio *m.* **1** press: ~ *per uva* wine press; ~
per olive olive press. **2** (*Tip*) printing press.
□ (*Tip*) ~ *a mano* hand press; (*Tip*) ~ *a vite*
screw press; (*Tip*) ~ *calcografico* copperplate press; (*Tip*) ~ *da stampa* press, hand
press; (*Mecc*) ~ *idraulico* hydraulic press;
(*Fot*) ~ *pneumatico* pneumatic press; (*fig*) *essere sotto il* ~ to be under pressure; (*fig*) *mettere qcu. sotto il* ~ (o *tenere qcu. sotto il* ~):
1 to put the screws on so., to put pressure on
so.; **2** (*sottoporlo a un interrogatorio serrato*) to fire questions at so., to grill so.
torchon /tor'ʃɔn/ *m.inv.* (*Oref*) twisted necklace.
torcia (*pl.* **-ce**) *f.* **1** torch. **2** (*El*) (*batteria*)
torch battery, flashlight battery. □ ~ *a
vento* wind-proof torch; ~ *elettrica* electric
torch, flash-light; (*fig*) *diventare una* ~ *umana* to become a human torch.
torcicollo *m.* **1** (*colloq*) stiff-neck, (*colloq*)
crick in the neck: *avere il* ~ to have a stiff
neck. **2** (*Med*) torticollis, wryneck.
torciera *f.* torch holder, torch stand.
torciere *m.* (*rar*) **1** torch holder, torch stand.
2 (*chi porta la torcia*) torchbearer.
torciglione *m.* (*Mod*) (*acconciatura*) turban.
torcimento *m.* wringing, twisting.
torcinaso (*pl.inv.* o **torcinasi**) *m.* barnacles
pl.
torcitoio *m.* (*Tess*) throwing machine, twisting machine.
torcitore *m.* **1** twister. **2** (*Tess*) (*operaio*)
throwster.
torcitrice *f.* **1** twister. **2** (*Tess*) (*operaia*)
throwster. **3** (*Tess*) (*macchina*) throwing machine, twisting machine.
torcitura *f.* **1** (*spremitura nello strettoio*)
pressing. **2** (*Tess*) throwing; (*torsione*) twist,
twisting.
tordela, tordella *f.* (*Ornit*) mistle thrush,
missel thrush.
tordo *m.* (*Ornit*) thrush. □ (*fig*) *grasso
come un* ~ as fat as a goose; (*Ornit*) ~ *sassello*
redwing.
toreador *m.inv.* toreador.
toreare (*tòrèo*; *aus.* **avere**) *v.i.* to fight bulls.
torello[1] *m.* **1** young bull, bullock. **2** (*fig*)
(*giovane robusto*) bull.

torello[2] *m.* (*Mar*) garboard.
torero *m.* (*f.* **-a**) bullfighter, toreador, torero.
toreutica *f.* toreutics (*costr.sing.*), toreutic
art.
torinese I *a.* of Turin (*posposto*), Turinese.
II *m.* (*dialetto*) dialect of Turin. III *m./f.* (*originario*) native of Turin; (*abitante*) inhabitant of Turin.
torinista I *m./f.* **1** (*giocatore*) Torino F.C.
player. **2** (*tifoso*) Torino fan, Torino F.C. fan.
II *a.* Torino F.C. (*attr.*).
Torino *n.pr.f.* (*Geog*) Turin.
torio *m.* (*Chim*) thorium.
torlo *m.* (*rar*) (*tuorlo*) egg yolk.
torma *f.* **1** (*massa di persone*) crowd,
throng, swarm. **2** (*branco di animali*) herd.
□ *a torme* in crowds, in a host.
tormalina *f.* (*Min*) tourmaline.
tormenta *f.* (*Meteor*) snowstorm.
tormentare (**tormènto**) I *v.t.* **1** (*mettere
alla tortura*) to torture, to torment (*anche
estens*): *essere tormentato dal mal di testa* to
be tormented by a headache; *essere tormentato dal rimorso* to be tormented by remorse.
2 (*estens*) (*infastidire*) to torment, to plague,
to pester, to harass: *smetti di tormentarmi
con le tue domande* stop pestering me with
your questions. II *v.pron.* **tormentarsi** to be
tormented, to torment oneself, to worry: *non
tormentarti prima del tempo* don't worry
until you have to.
tormentato *a.* **1** tormented, tortured. **2** (*irrequieto, travagliato*) anxious, restless: *animo* ~ restless spirit. **3** (*difficile*) vexed, burning.
tormentatore *m.* (*f.* **-trice**) tormentor, torturer.
tormentina *f.* (*Mar*) storm jib.
tormento *m.* **1** torment, agony (*anche
estens*): *morire fra i più atroci tormenti* to die
in atrocious agony; *queste zanzare sono un
vero* ~ these mosquitoes are agony, these
mosquitoes are murder, these mosquitoes
are real pests; *soffrire i tormenti della gelosia* to suffer the torments of jealousy. **2**
(*colloq*) (*persona fastidiosa*) torment, torture, (*colloq*) pest. □ *dare un* ~ *a qcu.* to
torment so.
tormentone *m.* **1** a subject repeated ad nauseaum (*anche Giorn*). **2** (*passione*) tormenting passion. **3** (*fig*) (*rovello*) anguish, torment.
tormentosamente *avv.* tormentingly.
tormentoso *a.* **1** tormenting, painful: *una
fame tormentosa* tormenting hunger, nagging hunger. **2** (*estens*) tormenting, troublesome, upsetting: *pensieri tormentosi* troublesome thoughts; *un dubbio* ~ a tormentig
doubt.
tornaconto *m.* profit, advantage, benefit.
□ *c'è un* ~ *in qcs.* something is profitable;
pensare al proprio ~ to think of one's own
interest; *trovare il proprio* ~ *in qcs.* to find
sth. profitable, to find sth. to one's advantage, to get sth. out of sth.
tornado *m.inv.* (*Meteor*) tornado.
tornante *m.* (*Strad*) (*Br*) hairpin bend, (*Am*)
hairpin turn: *strada a tornanti* winding road,
(*Br*) road full of hairpin bends, (*Am*) road full
of hairpin turns.
tornare (**tórno**; *aus.* **essere**) *v.i.* **1** to return,
to get back. **2** (*venire di nuovo*) to come
back: *tornate presto!* come back soon! **3**
(*andare di nuovo*) to go back: ~ *al proprio
posto* to go back to one's seat; *suo marito è
tornato da lei* her husband has gone back to
her. **4** (*essere di ritorno*) to be back: *torno
subito* I'll be back at once. **5** (*essere riportato indietro*) to be given back, to be brought

back, to go back, to come back, to return: *la macchina da scrivere deve ~ nel mio studio* the typewriter must be brought back to my study. **6** (*riprendere un'attività*) to go back, to start again, to return: *~ al lavoro* to go back to work. **7** (*ripresentarsi, ricomparire*) to come back, to be back, to return, to have again: *gli è tornata la febbre* he has a temperature again. **8** (*riconsiderare*) to go back to, to come back to, to take up again: *~ su un argomento* to go back to a subject, to take a subject up again; *torniamo a noi* let's get back to the subject. **9** (*ridiventare*) to become again, to be again: *l'abito è tornato come nuovo* the dress is like new (again). **10** (*ricominciare*) to start again, to begin again: *torna a piovere* it has started to rain again; *è tornata a stirare* she started ironing again. **11** (*colloq*) (*essere, riuscire*) to be, to prove (to be), to turn out (to be): *se vi torna comodo* if it is convenient for you; *~ utile* to be useful, to prove of use; *non mi torna gradito* it isn't very nice for me. **12** (*colloq*) (*risultare esatto*) to be right, to be exact: *il conto non torna* the bill is not right. □ (*scherz*) *~ a bomba* (*riprendere l'argomento principale*) to get back to the subject, to get back to the point; *~ a casa* to go home, to come home; *~ a dire* to repeat; *~ a galla*: 1 to surface again, to come to the surface again; 2 (*fig*) (*rif. a persone*) to come to the top again; 3 (*fig*) (*rif. a fatti*) to come to light again, to come up again; *~ a nuoto* to swim back; *~ a onore di qcu.* to be to so.'s honour, to do so. credit; *~ a proposito*: 1 (*venire a proposito*) to be just right; 2 (*al momento giusto*) to come at the right moment, to come at the right time; *~ a ripetere* to repeat again; (*fig*) *~ al punto di partenza* to go back to the starting point, to go back to the beginning; (*fig*) *~ alla carica* to insist, to persist, (*colloq*) to have another go; *~ alla mente*: 1 to come back to mind; 2 (*ricordare*) to remember: *non mi torna alla mente* I don't remember it; *~ alla ribalta*: 1 to make a comeback; 2 (*rif. a questioni*) to come up again; (*fig*) *~ all'ovile* to return to the fold; *~ bambino* to regress, to regress to childhood; *~ su qcs. col discorso* to go back to a subject; *~ col pensiero a qcs.* (o *qcu.*), to recall sth. (o so.); *~ comodo* to be convenient; *~ d'attualità* to come back into fashion, to become of topical interest again; *~ dentro* to come back in, to go back in; *~ di corsa* to rush back, to hurry back; *~ di moda* to come back into fashion, to be the fashion again; *~ giù* to go back down, to come back down; *è tornato il sereno*: (*rif. a tempo atmosferico*) it has cleared up again; 2 (*fig*) (*rif. a calma*) calm has returned, things have calmed down again; *~ in aereo* to fly back; *~ in patria* to go home, to come home; *~ in possesso di qcs.* to get sth. back; *~ in sé*: 1 to come to one's senses, to come round, to regain consciousness, to come to; 2 (*fig*) (*ravvedersi*) to come to one's senses, to recover one's wits; *~ in vita* to come back to life; *~ in voga* to come into fashion again, to come back, to come back into fashion, to come in again; *~ indietro*: 1 to go back, to come back, to return: *mi è tornato indietro l'assegno* the cheque was returned to me; 2 (*fig*) (*nel discorso*) to go back; 3 (*fig*) (*regredire*) to go back, to turn back, to regress: *aveva fatto dei progressi, ma dopo la malattia è tornato indietro* he had improved but after his illness he regressed; *non si torna più indietro* there is no turning back, there is no looking back; *~ sopra qcs.* (*ripensarci*) to have second thoughts about sth.; *~ su*: 1

to come back up, to go back up, to climb back; 2 (*rif. a cibo*) to come up: *mi tornano su i peperoni* the peppers keep coming up; *tornosubito!* I'll be right back!; *~ sui propri passi*: 1 to retrace one's steps; 2 (*fig*) to go back over what one has done, to review what one has done; (*fig*) *~ sulla retta via* to mend one's ways; (*fig*) *~ sulle proprie orme* to go back on one's tracks; *tornarsene* to go back, to come back, to return; *~ utile* to come in handy.

tornasole *m.inv.* (*Chim*) litmus. □ *cartina al ~*: 1 litmus paper; 2 (*fig*) litmus test.

tornata *f.* **1** (*rar*) (*seduta*) session, meeting. **2** (*turno*) round: *~ elettorale* round of elections, ballot. **3** (*Metr*) envoy, envoi.

torneare (**tornèo**; *aus.* **avere**) *v.i.* to tourney; (*giostrare*) to joust.

torneatore *m.* (*rar*) tourneyer; (*giostratore*) jouster.

tornella *f.* (*region*) turnstile.

tornello *f.* turnstile.

torneo *m.* **1** (*Mediev*) tournament, tourney; (*giostra*) joust. **2** (*serie di gare*) tournament (*anche Sport*): *~ di bridge* bridge tournament; *~ di tennis* tennis tournament. □ *~ a squadre* team competition.

tornese *m.* (*Numism*) Tournois.

tornio *m.* (*Mecc*) lathe. □ (*Mecc*) *~ a copiare* duplicating lathe, copying lathe; (*Mecc*) *~ a revolver* turret lathe, capstan lathe; *lavorare al ~* to lathe, to turn; *fatto al ~* turned; (*rif. a vasi*) made on a wheel; (*Mecc*) *~ automatico* automatic lathe, self-acting lathe; (*Mecc*) *~ da banco* bench lathe; (*Mecc*) *~ da vasaio* potter's wheel; (*Mecc*) *~ per filettare* threading lathe, screw-cutting lathe; (*Mecc*) *~ per legno* wood-turning lathe; (*Mecc*) *~per metalli* metal lathe, metal-turning lathe; (*Mecc*) *~ per profilare* forming lathe; (*Mecc*) *~ verticale* boring mill.

tornire (**tornìsco, tornìsci**) *v.t.* **1** (*Mecc*) to turn, to lathe. **2** (*fig*) to shape, to turn, to polish: *~ una frase* to turn a phrase.

tornito *a.* **1** (*Mecc*) turned. **2** (*estens*) (*di forme rotonde*) shapely, turned, well-turned: *braccia tornite* shapely arms; *essere ben ~* to be shapely, to have a shapely body. **3** (*fig*) (*armonioso*) turned, well-turned, polished: *una frase tornita* a well-turned phrase.

tornitore *m.* (*Mecc*) turner; (*di legno*) wood turner.

tornitura *f.* (*Mecc*) turning; (*rif. a legno*) wood-turning.

torno □ (*rar*) *~ ~* all around; *di ~* around; *togliersi di ~ qcu.* to get rid of so.; *togliti di ~!* get out of the way!, (*colloq*) clear off!, scram!; *in quel ~ di tempo* at about that time.

toro[1] *m.* **1** (*Zool*) bull. **2** (*fig*) (*persona robusta*) ox, bull: *essere un ~* to be as strong as an ox, to be as strong as a bull. **3** (*Econ*) (*in Borsa*) bull. □ (*Zool*) *~ da monta* seed bull, breeder, breeding bull; (*fig*) *prendere il ~ per le corna* to take the bull by the horns.

toro[2] *m.* (*Mat,Arch*) torus, tore.

Toro **I** *n.pr.m.* (*Astr*) Taurus, Bull. **II** *m./f.inv.* (*persona nata sotto il segno del Toro*) Taurus, Taurean.

toroidale *a.* (*Mat*) toroidal.

toroide *f.* (*Mat*) toroid.

torpedine[1] *f.* (*Itt*) torpedo, electric ray.

torpedine[2] *f.* (*Mar.mil*) torpedo; (*mina*) mine.

torpediniera *f.* (*Mar.mil*) torpedo-boat.

torpedo *f.inv.* (*Aut*) torpedo.

torpedone *m.* (*Aut*) coach, motor-coach, (*Am*) bus.

torpidamente *avv.* torpidly.

torpidezza *f.* **1** torpidity. **2** (*stato di indolenza*) dullness, sluggishness, torpor.

torpido *a.* **1** torpid. **2** (*fig*) (*pigro*) dull, torpid, sluggish.

torpore *m.* **1** torpor. **2** (*fig*) (*pigrizia*) torpor, dullness, sluggishness: *scuotere qcu. dal suo ~* to rouse so. out of their lethargy.

torque *f.* (*Oref,Archeol*) torque.

torr *m.* (*Fis*) torr.

torraiolo □ (*Ornit*) *colombo ~* rock dove.

torre *f.* **1** (*Arch,Edil*) tower. **2** (*negli scacchi*) rook, castle. **3** (*edificio*) tower. **4** (*Alp*) tower, high rocky formation. **5** (*Mar.mil*) turret. □ (*Arch,Edil*) *edificio a ~* tower; (*Arch*) *~ campanaria* bell tower; *~d'acqua* water-tower; (*fig*) *~d'avorio* ivory tower: *rinchiudersi in una ~ d'avorio* to live in an ivory tower; (*Edil*) *~ del faro* lighthouse; (*Mar*) *~ della televisione* television tower; (*Minier*) *~d'estrazione* winding tower, headgear, lift frame, head frame; (*Bibl*) *~ di Babele* tower of Babel; (*Mar*) *~ di comando* conning tower; (*Aer*) *~ di controllo* control tower: *parlare con la ~ di controllo* to speak with air traffic control; *~ di guardia*: 1 (*Mil*) watchtower, look-out tower; 2 (*Rel*) Watchtower; (*Astron*) *~di lancio* launching tower; *Torre di Londra* Tower of London; *~ di osservazione* observation tower; (*Minier*) *~ di perforazione* derrick, drilling rig; *la Torre di Pisa* the Leaning Tower of Pisa; (*Nucl*) *~ di raffreddamento* cooling tower; (*Minier*) *~ di trivellazione* derrick; *Torre Eiffel* Eiffel Tower; (*Stor*) *le torrigemelle* the Twin Towers; (*Arch*) *~merlata* crenellated tower; (*Mil,ant*) *~ mobile* tower, movable tower.

torrefare (*pres.ind.* **torrefò/torrefàccio, torrefài**; *p.rem.* **torreféci**; *p.p.* **torrefàtto**) *v.t.* (*caffè*) to roast.

torrefazione *f.* **1** (*del caffè*) roasting. **2** (*negozio*) coffee shop (where coffee beans are ground fresh and sold).

torreggiare (**torréggio, torréggi**; *aus.* **avere**) *v.i.* **1** (*levarsi*) to rise, to tower, to tower up. **2** (*fig*) (*elevarsi come una torre*) to tower (*su* over), to rise (above): *torreggia su tutti con la sua statura* he towers over everyone.

torrente *m.* **1** stream, torrent (*anche estens*): *~ glaciale* glacial stream; *~ di lava* torrent of lava. **2** (*fig*) torrent, flood, stream, flow: *un ~ di parole* a torrent of words; *un ~ di lacrime* a flood of tears. □ *a torrenti* in torrents: *la pioggia cadeva a torrenti* it was raining in torrents, it was pouring, it was pouring with rain.

torrentizio *a.* torrential: *fiume di natura torrentizia* torrential river.

torrenziale *a.* torrential, streaming: *pioggia ~* torrential rain.

torretta *f.* **1** (*struttura*) turret. **2** (*Mar*) (*di sommergibile*) tower; (*torretta corazzata*) turret; (*torre di comando*) conning tower. **3** (*Mil*) turret (of a tank). **4** (*Aer,Mecc*) turret.

torricelliano *a.* (*Fis*) Torricellian.

torrido *a.* torrid, scorching, burning: *clima ~* torrid climate.

torrione *m.* **1** (*Stor*) (large) tower, keep. **2** (*Mar.mil*) turret mast.

torrone *m.* (*Dolc*) torrone, nougat. □ (*Dolc*) *~ al cioccolato* chocolate torrone; (*Dolc*) *~duro* hard nougat; (*Dolc*) *~morbido* soft nougat.

torsionale *a.* (*Tecn*) torsional, torsion (*attr.*).

torsione *f.* **1** torsion, twisting. **2** (*Tecn,Mecc, Med*) torsion. **3** (*Tess,Ginn*) twist.

torso *m.* **1** (*busto, tronco*) trunk, torso. **2** (*Scult*) torso. **3** (*rar*) (*di frutta*) core. □ *a ~ nudo* bare-chested: *mettersi a ~ nudo* to strip to the waist.

torsolo *m.* **1** (*fusto di piante*) stalk, stem; (*del cavolo*) stalk. **2** (*di frutta*) core: ~ *di mela* apple core.

torta *f.* **1** (*Dolc*) cake: ~ *di cioccolato* chocolate cake; ~ *alla crema* cream cake; ~ *alla frutta* fruit cake; ~ *di mandorle* almond cake; (*crostata*) tart. **2** (*Gastron*) (*salata*) cake, tart: ~ *di formaggio* cheesecake. **3** (*fig, colloq*) (*bottino*) loot, spoils *pl.*: *dividersi la* ~ to split the loot. ☐ (*Dolc*) ~ *a piani* tiered cake; (*Dolc*) ~ *di mele* apple pie; (*Dolc*) ~ *diplomatica* diplomatica cake; (*Dolc*) ~ *gelato* ice-cream cake; (*estens*) ~ *in faccia* pie in the face; (*Dolc*) ~ *margherita* sponge cake; (*Dolc*) ~ *nuziale* wedding cake; (*Gastron*) ~ *salata* savoury pie.

tortellini *m.pl.* (*Gastron*) tortellini (*costr.sing.*) (kind of ravioli).

tortello *m.* **1** (*Dolc*) fritter. **2** *pl.* (*Gastron*) tortelli (*costr.sing.*) (kind of ravioli).

torticcio *m.* cable-laid rope, cable, cable rope.

tortiera *f.* (*Br*) cake tin, baking tin, (*Am*) cake pan.

tortiglione *m.* **1** spiral. **2** *pl.* (*Gastron*) tortiglioni (*costr.sing.*) (kind of twisted macaroni). ☐ *a* ~ spiral, twisted: *colonna a* ~ spiral column.

tortile *a.* spiral, twisted: *colonna* ~ spiral column.

tortino *m.* (*Gastron*) pie.

torto[1] *m.* **1** wrong: *mettersi dalla parte del* ~ to put oneself in the wrong; *essere dalla parte del* ~ to be in the wrong; *riparare un* ~ to right a wrong; *ricevere un* ~ to be wronged. **2** (*colpa*) fault: *il* ~ *non è tutto mio* it's not all my fault; *riconoscere i propri torti* to recognize one's faults. ☐ *a* ~: **1** (*ingiustamente*) wrongfully, wrongly: *non a* ~ *si dice che è avaro* it's right to call him mean; **2** (*inopportunamente*) wrongly: *ti lamenti a* ~ you're wrong to complain; *a* ~ *o a ragione* right or wrong, rightly or wrongly; *avere* ~ to be wrong: *ho il solo* ~ *di averti ascoltato* my only mistake was to have listened to you; *avere un* ~ *verso qcu.* to have done so. wrong; *dare* ~ *a qcu.* to say that so. is wrong: *i fatti gli hanno dato* ~ events proved him wrong; *fare* ~ *a qcu.*: **1** to wrong so., to do so. wrong; **2** (*essere indegno*) to be unworthy of so.: *queste parole ti fanno* ~ these words are unworthy of you; *fare un* ~ *a qcu.* to do so. a wrong, to wrong so.; *essere in* ~ to be in the wrong; *avere* ~ *marcio* to be absolutely wrong, to be totally wrong; to be wrong in the highest degree; *non ha tutti i torti* he's not altogether wrong.

torto[2] *a.* **1** twisted. **2** (*piegato*) bent. **3** (*rif. a strade e sim.*) winding, twisting. **4** (*storto*) twisted.

tortora **I** *f.* (*Ornit*) turtledove. **II** *m.* (*colore*) dove-colour. ☐ *color* ~ dove-colour.

tortuosamente *avv.* tortuously, crookedly (*anche fig*).

tortuosità *f.* tortuosity, crookedness (*anche fig*).

tortuoso *a.* **1** tortuous, winding, crooked: *un fiume* ~ a winding river, a meandering river. **2** (*fig*) tortuous, crooked, devious: *ragionamento* ~ devious reasoning.

tortura *f.* **1** torture (*anche estens*): *mettere alla* ~ to put to torture, to put to the torture; *subire la* ~ to undergo torture; *strumenti di* ~ instruments of torture; *sottoporre qcu. a una continua* ~ *morale* to subject so. to continuous mental torture. **2** (*fig*) torture, torment, agony: *per me parlare in pubblico è una vera* ~ speaking in public is real torture for me. ☐ ~ *cinese* Chinese torture; *sotto*

~ (*o sotto le torture*) under torture.

torturare (**tortùro**) **I** *v.t.* **1** to torture. **2** (*fig*) (*tormentare*) to torment, to torture, to rack: *la gelosia lo tortura* he is tormented with jealousy. **II** *v.pron.* **torturarsi** (*affliggersi*) to torment oneself. ☐ *torturarsi il cervello* to rack one's brains, to cudgel one's brains.

torturatore *m.* (*f.* **-trice**) torturer.

torvamente *avv.* surlily, grimly.

torvo *a.* surly, grim: *guardare qcu. con occhio* ~ to give so. a surly look.

tosacani *m.inv.* **1** dog clipper. **2** (*scherz,spreg*) lousy barber.

tosaerba *m./f.inv.* lawn-mower.

tosare (**tòso**) *v.t.* **1** to shear: ~ *una pecora* to shear a sheep. **2** (*rif. a cani*) to clip. **3** (*estens*) (*tagliare pareggiando*) to clip, to trim: ~ *le frange di un tappeto* to trim the fringe on a rug, to trim the tassels on a rug; ~ *una siepe* to clip a hedge, to trim a hedge. **4** (*rif. a erba, prato*) to mow. **5** (*rif. a monete*) to clip. **6** (*scherz*) (*tagliare i capelli molto corti*) to crop, (*scherz*) to scalp. **7** (*colloq*) (*spogliare del denaro*) to fleece.

tosato *a.* **1** shorn, sheared; (*rif. a cani*) clipped. **2** (*rif. a monete*) clipped. **3** (*rif. a siepi*) clipped, trimmed; (*rif. a prato*) mowed. **4** (*scherz*) (*con i capelli molto corti*) cropped, (*scherz*) scalped.

tosatore *m.* (*f.* **-trice**) shearer; (*rif. a cani*) clipper.

tosatrice *f.* **1** (*macchinetta per tosare cani*) hair clipper, clippers *pl.*; (*per pecore*) sheep-shearing machine. **2** (*Giard*) lawn-mower.

tosatura *f.* **1** (*di pecore*) sheep shearing; (*di cani*) clipping. **2** (*rif. ad alberi*) trimming, clipping, pruning. **3** (*scherz*) (*taglio dei capelli*) haircut.

Toscana *n.pr.f.* (*Geog*) Tuscany.

toscaneggiante *a.* affecting the Tuscan style (*posposto*).

toscaneggiare (**toscanéggio, toscanéggi**; *aus.* **avere**) *v.i.* to affect the Tuscan style, to adopt the Tuscan manner.

toscanismo *m.* (*Ling*) Tuscan idiom, Tuscan expression.

toscanità *f.* Tuscan nature, Tuscan quality.

toscano **I** *a.* Tuscan. **II** *m.* **1** (*dialetto*) Tuscan. **2** (*f.* **-a**) (*originario*) native of Tuscany; (*abitante*) inhabitant of Tuscany. **3** (*tipo di sigaro*) strong cigar.

tosco **I** *a.* (*lett,poet*) Tuscan. **II** *m.* (*f.* **-a**) (*lett, poet*) Tuscan.

tosone *m.* (*ant*) (*vello*) fleece. ☐ *Ordine del Toson d'Oro* Order of the Golden Fleece.

tosse *f.* cough: *avere la* ~ to have a cough; *accesso di* ~ coughing fit, fit of coughing; ~ *da fumatore* smoker's cough; ~ *secca* dry cough. ☐ (*Med*) ~ *asinina* (o ~ *canina* o ~ *convulsa*) whooping cough.

tossicchiare (**tossìcchio, tossìcchi**; *aus.* **avere**) *v.i.* **1** to cough (slightly and frequently). **2** (*per attirare l'attenzione*) to clear one's throat.

tossicità *f.* toxicity.

tossico (*pl.* **-ci**) **I** *a.* (*velenoso*) toxic, poisonous. **II** *m.* poison, toxicant. **III** *m.* (*f.* **-a**) (*gerg*) (*drogato*) junkie.

tossicodipendente **I** *a.* drug-addicted. **II** *m./f.* drug addict.

tossicodipendenza *f.* drug addiction.

tossicologia *f.* (*Farm*) toxicology.

tossicologico (*pl.* **-ci**) *a.* (*Farm*) toxicologic, toxicological.

tossicologo *m.* (*f.* **-a**; *pl.* **-gi**) (*Farm*) toxicologist.

tossicomane **I** *a.* addicted. **II** *m./f.* addict, drug addict.

tossicomania *f.* drug addiction.

tossicosi *f.* (*Med*) toxicosis.

tossina *f.* (*Biol*) toxin.

tossinfezione *f.* (*Med*) toxic infection.

tossire (**tossìsco** /rar **tósso**, **tossìsci** /rar **tóssi**; *aus.* **avere**) *v.i.* to cough.

tostacaffè *m.inv.* coffee roaster.

tostapane *m.inv.* toaster, electric toaster.

tostare (**tòsto**) *v.t.* **1** (*torrefare*) to roast: ~ *il caffè* to roast coffee. **2** (*abbrustolire*) to toast: ~ *il pane* to toast bread.

tostato *a.* **1** (*abbrustolito*) toasted: *pane* ~ toasted bread, toast. **2** (*rif. a caffè*) roasted.

tostatura *f.* **1** toasting. **2** (*rif. a caffè*) roasting.

tosto[1] *avv.* (*lett*) (*subito*) at once, immediately. ☐ (*lett*) *ben* ~ very soon; (*lett*) ~ *che* (*non appena che*) as soon as.

tosto[2] *a.* **1** (*colloq*) (*deciso, risoluto*) tough: *un tipo* ~ a tough guy. **2** (*lett,region*) (*duro*) hard.

tosto[3] *m.* (*Alim,rar,ant*) (*toast*) toasted ham and cheese sandwich.

tot **I** *a.indef.inv.* so many *pl.*, a certain number of: *se questo appartamento oggi costa* ~ *euro fra qualche anno costerà il doppio* if this apartment costs so many euros today in a few years it will cost twice as much. **II** *pron.indef.* (*tanto*) so much, a certain amount: *spendere* ~ *per il vitto e* ~ *per i divertimenti* to spend so much on food and so much on entertainment. **III** *m.* so much: *pagare un* ~ *al mese* to pay so much a month.

totale **I** *a.* **1** total: *importo* ~ total cost; *lunghezza* ~ overall length, total length. **2** (*completo*) total, complete: *esaurimento* ~ *della merce* total clearance of the goods; *essere di una stupidità* ~ to be completely stupid. **II** *m.* **1** total: *fare il* ~ to find the total, to cast up, to add up, to work out the total. **2** (*importo*) total, sum total, total amount: *il* ~ *è di quattrocento euro* the total amount is four hundred euros. ☐ ~ *complessivo* sum total; *in* ~ in all, altogether: *quanto fa in* ~? what is the total?; ~ *parziale* subtotal; *per un* ~ *di 2 000 euro* for the amount of 2,000 euros.

totalità *f.* totality, entirety, whole. ☐ ~ *dei beni* total estate, total assets; *nella* ~ *dei casi* in all cases; *la* ~ *dei presenti* all those present; *nella sua* ~ as a whole.

totalitario *a.* **1** complete, whole, absolute: *ha avuto un'adesione totalitaria* he has met with complete support. **2** (*Pol*) totalitarian: *regime* ~ totalitarian regime.

totalitarismo *m.* (*Pol*) totalitarianism.

totalitaristico (*pl.* **-ci**) *a.* (*Pol*) totalitarian.

totalizzante *a.* completely absorbing.

totalizzare (**totalìzzo**) *v.t.* **1** to total, to reach a total of. **2** (*Sport*) to score, to score a total of: ~ *sei punti* to score six points, to score a total of six points.

totalizzatore *m.* **1** totalizator, pari-mutuel, (*colloq*) tote (*anche Sport*). **2** (*parte di una calcolatrice*) result register, product register.

totalmente *avv.* totally, wholly, entirely.

totano *m.* (*Zool*) squid.

totem *m.inv.* (*Etnol*) totem.

totemico *a.* (*Etnol*) totemic.

totemismo *m.* (*Etnol*) totemism.

Totip **I** *totalizzatore ippico* (horse-racing pools). **II** *m.* horse-racing pools *pl.*

totipotente *a.* (*Biol*) totipotent.

toto ☐ *in* ~ entirely.

totocalcio **I** *totalizzatore calcistico* (football pools). **II** *m.* football pools *pl.*, (*colloq*) pools *pl.*: *giocare al* ~ to do the pools; *vincere al* ~ to win the football pools; *vincere seicento euro al* ~ to win six hundred euros in the pools.

totogol *m.* gambling game in which betters have to forecast the teams that will score the most goals.

totonero *m.* illegal betting on football matches.

touchpad /ˌtatʃˈpɛd/ *m.inv.* (*Inform*) touchpad.

touch screen /ˌtatʃˈskriːn/ *m.inv.* (*Inform*) touch screen.

toupet /tuˈpe/ *m.inv.* hairpiece, toupee.

tour /tur/ *m.inv.* (*giro turistico*) tour.

tour de force /ˌturdeˈfɔrs/ *m.inv.* (*Sport*) tour de force (*anche estens*).

tournée, tournee /turˈne/ *f.inv.* (*Teat,Sport*) tour: *andare in ~* to tour, to go on tour; *essere in ~* to be on tour, to do a tour.

tour operator /ˌturopeˈretor/ *m./f.inv.* tour operator.

tout court /tuˈkur/ *avv.* tout court, simply, briefly.

tovaglia *f.* tablecloth, cloth: *stendere la ~* (o *mettere la ~*) to spread the tablecloth, to lay the tablecloth; *~ di lino* linen tablecloth.

tovagliato *m.* 1 table linen, napery. 2 (*tipo di tessuto*) material for table linen.

tovaglietta *f.* mat. □ *~ all'americana* place mat.

tovagliolino *m.* napkin, table napkin, serviette: *~ di carta* paper serviette.

tovagliolo *m.* napkin, table napkin, serviette: *~ di cotone* cotton napkin; *~ di carta* paper serviette.

tower /ˈtawer/ *f.inv.* (*Inform*) tower.

toxoplasma *m.* (*Biol*) toxoplasma.

toxoplasmosi *f.* (*Med*) toxoplasmosis.

tozzo[1] *a.* 1 (*rif. a persone*) stocky, thickset, stumpy: *un ragazzo piccolo e ~* a short stocky boy. 2 (*rif. a cose*) squat, stumpy: *una torre tozza* a squat tower.

tozzo[2] □ *un ~di pane* a piece of bread; (*fig*) *guadagnare un ~ di pane* to earn a crust of bread; (*colloq*) *per un ~ di pane* (*per poco*) for a song.

TR *Turchia* TR (Turkey).

tr. 1 (*Comm*) *tratta* dft. (draft, bill of exchange). 2 (*Mus*) *tromba* tpt (trumpet).

tra *prep.* (*when followed by a personal pronoun it is generally used with* di) 1 (*rif. a due persone o cose*) between: *sedeva ~ i genitori* he was sitting between his parents; *~ i due fratelli non c'è alcuna somiglianza* there is no likeness between the two brothers. 2 (*rif. a più persone o cose*) among, between: *la pace ~ le nazioni* peace among nations; *siamo arrivati ~ i primi* we were among the first to arrive; *non c'è accordo ~ i paesi dell'UE* there is no agreement between EU countries; *ho dovuto scegliere ~ cinque diversi orari* I had to choose between five different times. 3 (*attraverso*) through: *avanzare ~ la folla* to push oneself through the crowd. 4 (*in mezzo a, circondato da*) among, amid, amidst, in, in the middle of, in the midst of: *~ i fiori* amid the flowers; *un paesino ~ i monti* a village among the mountains, a village in the mountains. 5 (*rif. a tempo*), within: *tornerò ~ una settimana* I'll be back in a week's time; *~ due mesi* in two months. 6 (*rif. a luogo*) another, after: *~ quaranta chilometri saremo a Roma* another forty kilometres and we'll be in Rome. 7 (*partitivo*) of, among: *il più giovane ~ noi condurrà il gioco* the youngest of us will organize the game; *chi ~ di voi?* which of you? 8 (*per indicare un complesso, una totalità*) in: *~ tutti saranno stati una trentina* there must have been some thirty of them altogether, there must have been some thirty of them in all; *inviterò tra le 40 e le 50 persone* I'm

going to invite 40 to 50 people. □ *~...e*: *1 between... and*: *Orvieto si trova ~ Firenze e Roma* Orvieto is between Florence and Rome; 2 (*con aggettivo o avverbio*) half... half: *un'espressione ~ triste e pensosa* a half sad, half thoughtful expression; 3 (*con l'infinito*) what with, between: *~ mangiare e dormire ho speso cinquanta euro* what with board and lodging I spent fifty euros, between room and board I spent fifty euros; *~ il sonno e la veglia* half asleep; *~ l'altro* (o *~ le altre cose*) among other things; *stringere qcu. ~ le braccia* to clasp so. in one's arms; *~oggi e domani* by tomorrow; *~poco* in a little while, shortly, soon; *~sé* to oneself: *parlare ~ sé* to talk to oneself; *pensare ~ sé e sé* to think to oneself; *il migliore ~tutti* the best of all; *~una cosa e l'altra* between one thing and another.

trabaccolo *m.* (*Mar*) small sailboat.

traballamento *m.* 1 (*rif. a persone*) staggering, tottering, lurching, reeling. 2 (*rif. a cose*) wobbling.

traballante *a.* 1 (*rif. a persone*) staggering, tottering, lurching, reeling. 2 (*rif. a cose*) shaky, rickety. 3 (*fig*) (*non saldo*) shaky: *un governo ~* a shaky government. 4 (*fig*) (*rif. a cose astratte*) wavering, unsteady: *fede ~* wavering faith.

traballare (**trabàllo**; *aus.* **avere**) *v.i.* 1 (*rif. a persone: barcollare*) to stagger, to totter, to lurch, to reel. 2 (*rif. a cose: vacillare*) to be unsteady, to be shaky, to be rickety: *il tavolino traballa* the table is rickety. 3 (*fig*) (*essere in pericolo*) to be tottering: *il governo traballa* the government is tottering. 4 (*fig*) (*rif. a cose astratte*) to waver: *la sua fede comincia a ~* his faith is beginning to waver.

traballio *m.* (*rar*) 1 (*rif. a persone*) staggering, tottering, lurching, reeling. 2 (*rif. a cose*) lurching, shaking.

trabeazione *f.* (*Arch*) trabeation.

trabiccolo *m.* 1 (*scherz*) (*veicolo sgangherato*) ramshackle vehicle, rickety vehicle, (*colloq*) jalopy, (*colloq*) crock. 2 (*ant*) (*arnese per contenere lo scaldino*) wooden frame (around a bed warmer).

traboccamento *m.* overflowing.

traboccante *a.* overflowing (*di* with) (*anche fig*).

traboccare (**trabócco, trabócchi**; *aus.* **essere/avere**) *v.i.* 1 (*rif. a liquidi*) to overflow, to brim over; (*in seguito a bollore*) to boil over: *il latte è traboccato* the milk has boiled over. 2 (*rif. a recipienti*) to be overflowing, to be brimming, to be full to the brim (*di* with). 3 (*estens*) (*rif. a luoghi chiusi*) to be full (*di* of), to be overflowing (*di* with): *la sala traboccava di gente* the room was full of people. 4 (*fig*) to be overflowing, to be brimming (*di* with): *il mio cuore trabocca di gioia* my heart is overflowing with joy.

trabocchetto *m.* 1 trap, pitfall; (*botola*) trap door. 2 (*fig*) (*insidia, tranello*) trap, snare: *tendere un ~ a qcu.* to set a trap for so.; *cadere in un ~* to fall into a trap. 3 (*fig*) (*difficoltà dissimulata*) pitfall, snag: *la traduzione era piena di trabocchetti* the translation was full of snags.

trabocco[1] (*pl.* **-chi**) *m.* overflow, overflowing.

trabocco[2] (*pl.* **-chi**) *m.* (*Mil,ant*) trebuchet.

trac *m.* (*Teat,colloq*) stage fright.

tracagnotto **I** *a.* (*tarchiato*) squat, stocky, thickset, dumpy. **II** *m.* (*f.* **-a**) squat person, stocky person.

tracannare (**tracànno**) *v.t.* to gulp down: *~ un bicchiere di vino* to gulp down a glass of wine.

tracagnotto **I** *a.* (*tarchiato*) squat, stocky, thickset, dumpy. **II** *m.* (*f.* **-a**) squat person, stocky person.

traccheggio *m.* (*Sport*) (*nella scherma*) false attack.

traccia (*pl.* **-ce**) *f.* 1 track, trail: *la ~ di una slitta* the track of a sleigh. 2 (*orma umana*) print, footprint, footmark, tracks *pl.* 3 (*orma animale*) spoor, trail, tracks *pl.* 4 (*striscia*) trail: *una lunga ~ di polvere da sparo* a long trail of gunpowder. 5 (*estens*) (*segno, indizio*) trace, mark, sign: *scomparire senza lasciar ~ di sé* to disappear without leaving a trace. 6 (*estens*) (*minima quantità*) taint; (*di sangue, veleno*) trace. 7 (*schizzo, abbozzo*) sketch. 8 (*schema*) outline: *preparare la ~ di un romanzo* to prepare the outline of a novel. 9 (*Acus,Elettron,Inform*) track. 10 (*Tecn*) (*di schermi dei tubi a raggi catodici*) trace. 11 *pl.* (*vestigia*) traces, trace *sing.*, signs, vestiges: *tracce di antiche civiltà* traces of ancient civilizations. 12 *pl.* (*Chim,Med*) traces: *tracce di sangue* traces of blood. □ (*Inform*) *~ automatica* autotrace; (*Aut*) *~ di frenata* skidmark; (*Chim*)*in tracce* in traces; (*Tecn*) *~ luminosa* (*di proiettili*) luminous trail; *non c'è ~di qcs.* no trace remains of sth., there is no sign of sth.; (*El*)*sotto traccia* chased; (*fig*) *esseresulle tracce di qcu.* to be on so.'s trail; (*fig*) *mettersi sulle tracce di qcu.* to follow so.'s footsteps, to follow in so.'s footsteps; (*fig*) *un itinerario turistico sulle tracce di Leonardo* a tourist route following in the steps of Leonardo; (*Elettron*) *~video* video track.

tracciabilità *f.* traceability.

tracciamento *m.* (*Edil,Topogr*) lay-out. □ *~ di confine* demarcation of a boundary; *fare il ~sul terreno* to lay out.

tracciante **I** *a.* tracer (*attr.*), tracing: (*Mil, Arm*) *proiettile ~* tracer bullet, tracer shell. **II** *m.* 1 (*Chim*) tracer. 2 (*Mil,Arm*) tracer bullet, tracer shell.

tracciare (**tràccio, tràcci**) *v.t.* 1 to trace, to mark, to mark out, to draw: *~ una linea tratteggiata* to draw a broken line. 2 (*estens*) (*disegnare*) to draw, to sketch; (*rif. a diagrammi e sim.*) to plot. 3 (*fig*) (*abbozzare*) to outline, to sketch, to sketch out: *l'autore traccia un quadro della situazione attuale* the author sketches a picture of the present situation; *tracciare il contorno di qcs.* to outline sth. 4 (*Geom*) to describe: *~ un arco* to describe an arc. 5 (*Edil,Topogr*) to lay out: *~ la pianta di un nuovo insediamento* to lay out a new settlement; *~ una strada* to lay out a road. 6 (*Mar*) to plot: *~ la rotta* to plot the course. □ (*fig*) *~a grandi linee* to outline; (*fig*) *~la via* to lead the way; (*fig*) *~ unprogramma* to map out a programme, to map out a plan; *~ unsentiero* to blaze a trail.

tracciato *m.* 1 (*progetto*) plan, lay-out: *il ~ di una strada* the lay-out of a road; *seguire il ~* to follow the plan. 2 (*schema*) outline, sketch. 3 (*grafico*) graph, chart. 4 (*Sport*) course. 5 (*Mar*) plot. □ *~ del confine* boundary line; (*Sport*) *~ di gara* course, route; (*Med*) *~ elettrocardiografico* electrocardiogram trace; (*Med*) *~ encefalografico* encephalogram trace; *~ radar* radar trace, radar tracing.

tracciatore *m.* 1 (*f.* **-trice**) tracer. 2 (*Inform*) plotter. □ (*Inform*) *~ di grafici* graphic plotter; (*Mar*) *~di rotta* chart plotter.

tracciatura *f.* (*disegno*) drawing, tracing.

trachea *f.* 1 (*Anat*) trachea, windpipe. 2 (*Zool,Bot*) trachea.

tracheale *a.* (*Anat,Zool,Bot*) tracheal.

tracheite *f.* (*Med*) tracheitis.

tracheotomia *f.* (*Chir*) tracheotomy.

trachite f. (*Min*) trachyte.

Tracia n.pr.f. (*Geog*) Thrace.

tracimare (**tracìmo**; *aus.* **avere**) v.i. to overflow.

tracimazione f. overflowing.

tracio I a. Thracian. II m. (f. **-a**) Thracian.

trackball /'trekbɔl/ f.inv. (*Inform*) trackball.

trackpoint /'trekpɔint/ m.inv. (*Inform*) trackpoint.

tracolla f. 1 shoulder strap. 2 (*borsa a tracolla*) shoulder bag. ☐ *a ~* shoulder (*attr.*), slung over one's shoulder, on one's shoulder: *borsetta a ~* shoulder bag; *portare la borsa a ~* to carry one's bag on one's shoulder.

tracollare (**tracòllo**; *aus.* **essere**) v.i. 1 to lose one's balance. 2 (*cadere*) to fall over, to tip over. 3 (*rif. a bilance*) to overbalance. 4 (*fig*) (*collassare*) to collapse.

tracollo m. 1 (*rif. a bilance*) dipping, weighing down. 2 (*fig*) (*crollo*) collapse, breakdown; (*rovina finanziaria*) crash, ruin, collapse: *subire un ~* to crash, to collapse. ☐ (*fig*) *dare il ~ alla bilancia* to weigh down the scale; (*Econ*) ~ *dei prezzi di Borsa* fall in prices on the stock exchange, slump in prices on the stock exchange; (*Econ*) ~ *della Borsa* stock-market crash.

tracoma m. (*Med*) trachoma.

tracomatoso I a. (*Med*) trachomatous. II m. (f. **-a**) (*Med*) person suffering from trachoma.

tracotante I a. arrogant, haughty, overbearing. II m./f. arrogant person.

tracotanza f. arrogance, haughtiness.

tradimento m. 1 treachery, betrayal: *commettere un ~ contro qcu.* to betray so. 2 (*Dir*) treason: *alto ~* high treason. 3 (*infedeltà, nella coppia*) infidelity. ☐ *a ~*: 1 treacherously, by treachery; 2 (*imprevedibilmente*) by surprise: *cogliere a ~* to take by surprise; 3 (*fig*) (*a spese di altri*) at other's expense, off so.: *mangiare il pane a ~* to live at others' expense, to sponge off so., to live off so.; ~ *della patria* treason.

tradire (**tradìsco, tradìsci**) I v.t. 1 to betray: ~ *la patria* to betray one's country; ~ *la fiducia di qcu.* to betray so.'s trust; ~ *la causa di qcu.* to betray so.'s cause. 2 (*essere infedele: nella coppia*) to be unfaithful to, (*colloq*) to cheat on: ~ *la moglie* to be unfaithful to one's wife. 3 (*estens*) (*manifestare involontariamente*) to betray, to reveal, to show, to display: *non ~ la propria stanchezza* to betray no signs of one's fatigue; *quella frase lo ha tradito* that sentence betrayed him. 4 (*estens*) (*divulgare, rivelare*) to betray, to reveal, to disclose: ~ *un segreto* to betray a secret. 5 (*fig*) (*venir meno*) not to keep, to fail in: ~ *una promessa* not to keep a promise. 6 (*fig*) (*deludere*) to disappoint, to fail: ~ *le aspettative di qcu.* to fail to come up to so.'s expectations. 7 (*fig*) (*falsare*) to distort, to misrepresent: ~ *la verità* to distort the truth. 8 (*fig*) (*ingannare*) to deceive, to betray: *se la memoria non mi tradisce* if my memory does not deceive me, if my memory does not fail me. II v.pron. **tradirsi** to betray oneself, to give oneself away: *ti sei tradito* you gave yourself away.

traditore I m. (f. **-trice**) traitor, betrayer: ~ *della patria* traitor to one's country. II a. 1 treacherous (*anche fig*). 2 (*infedele*) unfaithful.

tradizionale a. 1 (*che segue le tradizioni*) traditional: *valori tradizionali* traditional values. 2 (*abituale*) usual, traditional: *di tipo ~* traditional.

tradizionalismo m. traditionalism.

tradizionalista m./f. traditionalist.

tradizionalistico (*pl.* **-ci**) a. traditionalist, traditionalistic.

tradizionalmente avv. 1 traditionally. 2 (*per tradizione*) by tradition.

tradizione f. 1 tradition: *rompere la ~* to break with tradition; *portare avanti una ~* (o *mantenere una ~*) to keep up with a tradition; *una famiglia che ha delle tradizioni* a family with traditions, a family with many traditions. 2 (*Dir*) tradition, delivery, transfer. ☐ *è ~ fare qcs.* it is a tradition to do sth.; ~ *orale* oral tradition, word-of-mouth; *per ~* by tradition; *tradizioni popolari* folk customs; ~ *scritta* written tradition; *la ~ vuole che... ac*cording to tradition..., legend has it that...

tradotta f. (*Mil*) troop train.

tradotto → **tradurre**.

traducente m. (*Ling*) equivalent, L2 equivalent.

traducibile a. 1 translatable: *un testo difficilmente ~* a text that is difficult to translate. 2 (*fig*) expressible, that can be expressed (*posposto*): *un sentimento non ~ in parole* a feeling that cannot be expressed in words. ☐ *non ~* untranslatable.

tradurre (*pres.ind.* **tradùco, tradùci**; *impf.ind.* **traducévo**; *p.rem.* **tradùssi**; *p.p.* **tradótto**) I v.t. 1 to translate: ~ *un brano dal latino in italiano* to translate a passage from Latin into Italian; ~ *con il dizionario* to translate using a dictionary; ~ *senza dizionario* to translate without using a dictionary. 2 (*fig*) (*spiegare*) to put, to explain: ~ *qcs. in parole povere* to explain sth. simply, to put sth. into simple words; ~ *qcs. in cifre* to put sth. into figures. 3 (*burocr*) to take, to convey: *l'assassino fu tradotto in carcere* the murderer was taken to prison. 4 (*burocr*) (*trasferire*) to transfer. 5 (*Inform*) to translate, to convert. II v.pron. **tradursi** to turn out: *la rabbia si tradusse in disperazione* anger turned into desperation. ☐ ~ *a prima vista* to translate at sight; ~ *a senso* to translate freely, to render the general sense of a translation; ~ *alla lettera* to translate literally; ~ *all'impronta* to translate at sight; ~ *in atto* to put into effect, to carry out; (*Dir*) ~ *in giudizio* to bring before the court, to bring before the judge; ~ *qcs. in pratica* to translate sth. into practice; ~ *in simultanea* to translate simultaneously; ~ *liberamente* to translate loosely, to translate freely; ~ *oralmente* to translate orally; ~ *parola per parola* to translate word for word.

traduttore m. 1 (f. **-trice**) translator: ~ *giurato* certified translator, sworn translator. 2 (*libretto per studenti*) crib notes. 3 (*Elettron, Inform*) translator. ☐ (*Inform*) ~ *elettronico* electronic translator; ~ *simultaneo* simultaneous translator.

traduzione f. 1 translation: *una ~ dall'italiano in latino* a translation from Italian into Latin; *fare una ~* to do a translation; *fare traduzioni* (*come mestiere*) to do translation work. 2 (*burocr*) (*trasporto di detenuti*) transfer, transfer of prisoners. ☐ ~ *a fronte* parallel translation; ~ *all'impronta* unseen; ~ *approssimativa* rough translation; ~ *asseverata* certified translation; ~ *automatica* machine translation, MT; ~ *con testo a fronte* translation with original text on opposite page, parallel text; ~ *consecutiva* consecutive translation; ~ *errata* mistranslation; ~ *fedele* faithful translation; ~ *giurata* sworn translation; ~ *letterale* literal translation; ~ *libera* loose translation, free translation; ~ *pedissequa* literal translation; ~ *sbagliata* mistranslation; ~ *simultanea* simultaneous

translation; ~ *testo a fronte* translation with original text on opposite page, parallel text.

traente I a. 1 pulling, hauling. 2 (*fig*) driving: *settore ~* driving sector. II m. (*Econ*) drawer: ~ *di un assegno* drawer of a cheque.

traenza f. (*Econ*) drawing.

trafelato a. panting, breathless, out of breath (*posposto*).

traferro m. (*Fis*) air gap.

trafficante m./f. 1 (*commerciante*) trader, dealer, merchant, trafficker. 2 (*rif. ad attività illecite*) trafficker. 3 (*spreg*) (*faccendiere*) wheeler-dealer. ☐ ~ *di armi* arms dealer; ~ *di droga* drug pedlar, pusher, drug trafficker; ~ *di schiavi* slave trader, slave runner, slaver (*anche Stor.*).

trafficare (**tràffico, tràffichi**) I v.i. (*aus.* avere) 1 (*commerciare*) to deal, to trade. 2 (*illecitamente*) to traffic: ~ *in droga* to traffic in drugs. 3 (*affaccendarsi*) to bustle about, to busy oneself. 4 (*armeggiare*) to fiddle: *ha trafficato tutto il giorno con la calcolatrice* he has been fiddling with the calculator all day. II v.t. (*spreg*) to traffic in. ☐ (*colloq*) *con qcu.* to deal with so., (*colloq*) to have truck with so.

trafficato a. traffic-congested, busy.

traffichino m. (f. **-a**) (*spreg*) intriguer, schemer.

traffico (*pl.* **-ci**) m. 1 (*Strad, Ferr, Aer*) traffic: *strada chiusa al ~* road closed to traffic. 2 (*commercio*) trade, commerce, trading. 3 (*commercio illecito*) traffic, trafficking: ~ *di stupefacenti* traffic in drugs, drug peddling, drug traffic, drug trafficking. 4 (*estens*) (*confusione*) bustle, confusion; (*viavai*) coming and going. 5 (*Elettron, Inform*) traffic. ☐ ~ *a senso unico* one-way traffic; ~ *aereo* air traffic; ~ *automobilistico* road traffic; ~ *cabotiero* coasting trade; ~ *cittadino* city traffic; ~ *combinato rotaia-strada* piggy back traffic; ~ *costiero* coastal traffic; ~ *di armi* arms traffic; ~ *di linea* line traffic; ~ *di punta* peak-hour traffic, rush-hour traffic; ~ *ferroviario* rail traffic; ~ *in entrata* incoming traffic; ~ *in uscita* outbound traffic; ~ *intenso* heavy traffic; ~ *interno* domestic traffic; ~ *locale* local traffic; ~ *marittimo* maritime traffic; ~ *merci* freight traffic, goods traffic; ~ *passeggeri* passenger traffic; ~ *pedonale* pedestrian traffic; ~ *postale* postal traffic; (*Tel*) ~ *prepagato* prepaid phone card; ~ *stradale* road traffic; (*Tel*) ~ *telefonico* telephone traffic; ~ *urbano* urban traffic.

trafficone m. (f. **-a**) schemer, wheeler-dealer.

trafiggere (*pres.ind.* **trafiggo, trafiggi**; *p.rem.* **trafissi**; *p.p.* **trafitto**) v.t. 1 to run through, to pierce, to transfix: ~ *qcu. con la spada* to run so. through with a sword. 2 (*fig*) to pierce, to rack, to torment: ~ *il cuore di qcu.* to pierce so.'s heart; *un dolore gli trafisse il torace* a pain shot through his chest. ☐ (*fig*) ~ *qcu. con lo sguardo* to give so. a piercing look.

trafila f. 1 (*procedura*) procedure: *la pratica seguirà una lunga ~* the matter will involve a lengthy procedure. 2 (*Met*) wire-drawing machine; (*filiera*) die, die plate, drawplate.

trafilare (**trafìlo**) v.t. (*Met*) to draw.

trafilato I a. drawn. II m. (*Met*) drawn product.

trafilatore m. (f. **-trice**) wireworker.

trafilatrice f. (*Met*) drawbench, wire drawing machine.

trafilatura f. (*Met*) drawing.

trafiletto m. (*Giorn*) paragraph, short notice, short article.

trafissi → **trafiggere**.

trafitta *f.* wound, stab wound.

trafitto → **trafiggere** *a.* 1 run through, pierced, transfixed. 2 *(fig)* wounded.

trafittura *f.* 1 *(atto)* running through, piercing, transfixion. 2 *(effetto)* wound, stab wound. 3 *(puntura)* sharp pain, piercing pain.

traforare (trafóro/tràforo) *v.t.* 1 to pierce, to perforate: *la pallottola gli ha traforato il cuore* the bullet pierced his heart. 2 *(trivellare)* to bore, to drill. 3 *(aprire una galleria)* to tunnel through, to make a tunnel in. 4 *(eseguire un lavoro di traforo)* to do fretwork on; *(in legno)* to cut (with a fretsaw). 5 *(nel ricamo)* to embroider in openwork.

traforato *a.* 1 pierced, perforated. 2 *(trivellato)* bored, drilled. 3 *(fatto a galleria)* tunnelled. 4 *(ricamato a traforo)* open, lacy: *ricamo* ~ openwork. 5 *(rif. al legno)* fretworked: *legno* ~ fretwork.

traforatrice *f.* *(macchina)* boring machine, drilling machine; *(sega)* fretsaw, fretsawing machine.

traforo *m.* 1 *(perforazione)* piercing. perforation. 2 *(trivellatura)* boring, drilling. 3 *(il fare una galleria)* tunnelling. 4 *(galleria)* tunnel: *il* ~ *del Monte Bianco* the Mont Blanc tunnel. 5 *(Fal)* *(lavoro a fori, su legno e sim.)* fretwork. 6 *(gioco)* fretwork kit. 7 *(ricamo)* openwork.

trafugamento *m.* filching, purloining, stealing.

trafugare (trafùgo, trafùghi) *v.t.* to filch, to purloin, to steal.

tragedia *f.* 1 *(Lett)* tragedy: *la* ~ *greca* Greek tragedy; *una* ~ *di Shakespeare* a Shakespearean tragedy. 2 *(fig)* *(fatto tragico)* tragedy, disaster; *(incidente)* accident: *il luogo della* ~ the scene of the accident, the site of the accident. 3 *(iperb)* *(scenata)* scene, fuss, terrible fuss: *non è il caso di fare tante tragedie* there's no need to make such a fuss.

tragediografo *m.* *(f. -a)* tragedian, writer of tragedies.

traggo → **trarre**.

traghettare (traghétto) *v.t.* to ferry: ~ *qcu. dall'altra parte del fiume* to ferry so. across the river.

traghettatore *m.* *(f. -trice)* ferryman *(f. -woman)*.

traghetto *m.* *(Mar)* 1 *(nave traghetto)* ferry boat, ferry: *prendere il* ~ to take the ferry; ~ *fluviale* river ferry. 2 *(luogo di imbarco)* ferry. 3 *(rar)* *(il trasportare)* ferrying. □ *(Mar)* ~ *ferroviario* train ferry; *(Mar)* ~ *per automobili* car ferry.

tragicamente *avv.* tragically.

tragicità *f.* tragicalness, tragedy.

tragico *(pl. -ci)* I *a.* *(Lett)* tragic, tragical *(anche fig)*: *stile* ~ tragic style; *attore* ~ tragic actor, tragedian; *in circostanze tragiche* in tragic circumstances. II *m.* 1 *(f. -a)* *(autore)* tragedian, writer of tragedies. 2 *(f. -a)* *(attore)* tragic actor *(f. -tress)*. 3 *(tragicità)* tragedy, tragicalness: *il* ~ *della faccenda* the tragedy of the situation, the tragedy of the affair. □ *(colloq)fare il* ~ to make a mountain out of a molehill; *(colloq) prendere qcs. sul* ~ to make a drama out of sth.

tragicomico *(pl. -ci)* *a.* tragicomic, tragicomical *(anche fig)*.

tragicommedia *f.* *(Lett)* tragicomedy *(anche fig)*.

tragitto *m.* 1 *(tratto di strada, percorso)* journey, way, route: *un tragitto di dieci chilometri* a ten kilometer journey; *un* ~ *di due ore* a two hour route; *(a piedi)* a two hour walk; *(in moto)* a two hour ride; *coprire il* ~ *in un'ora* to do the journey in one hour. 2

(viaggio) journey: *durante il* ~ during the journey, on the way; ~ *in macchina* journey by car. 3 *(traversata)* crossing, passage. □ ~ *a piedi* walk.

trago *(pl. -ghi)* *m.* *(Anat)* tragus.

traguardo *m.* 1 *(Sport)* *(punto di arrivo)* finish, winning post, finishing post: *arrivare primo al* ~ to come in first, to be the first past the post. 2 *(Sport)* *(linea)* finishing line; *(nastro)* finishing tape: *tagliare il* ~ to cross the finishing line, *(Br)* to breast the tape. 3 *(fig)* *(punto di arrivo)* goal, aim, target: *raggiungere un* ~ to rach one's goal. 4 *(Arm)* *(dispositivo)* sight.

Traiano *n.pr.m.* *(Stor)* Trajan.

traiettoria *f.* trajectory, path: *descrivere una* ~ to follow a trajectory; *la* ~ *di un missile* the path of a missile, a missile's trajectory; *la* ~ *di un proiettile* a bullet's trajectory.

trailer /'trejler/ *m.inv.* *(Cin,TV)* trailer.

traina *f.* 1 tow rope. 2 *(Equit)* broken trot. □ *(Pesc) pescaa* ~ (o *pesca alla* ~) troll.

trainabile *a.* pullable, haulable, towable.

trainante *a.* 1 pulling hauling. 2 *(fig)* driving, leading: *un settore* ~ *dell'economia* a driving sector of the economy.

trainare (tràino) *v.t.* 1 to pull, to haul, to draw: *i buoi trainano il carro* the oxen pull the cart. 2 *(rimorchiare)* to tow. 3 *(fig)* to drive, to stimulate.

trainer /'trejner/ *m./f.inv.* *(Sport)* trainer, coach.

training /'trejniŋ/ *m.inv.* 1 training. 2 *(Svizz.it)* *(tuta da ginnastica)* track suit. □ ~ *autogeno* autogenic training.

traino *m.* 1 *(il trainare)* pulling, haulage, drawing; *(il rimorchiare)* towing. 2 *(ciò che viene trainato)* tow. 3 *(strascico)* train. 4 *(veicolo con pattini)* sled, sledge, sleigh. 5 *(carro)* wagon, cart; *(insieme di carri)* wagon train. 6 *(carico)* load. □ *al* ~ *(Br)* on tow, *(Am)* in tow;*da* ~ draught, *(Am)* draft: *animali da* ~ draught animals; *fare da* ~ *a qcs.*: 1 to pull sth., to haul sth., to draw sth.; 2 *(fig)* to be the driving force behind sth.

trait d'union /'tredy'njõ/ *m.inv.* 1 *(trattino)* hyphen. 2 *(fig)* link, connection; *(intermediario)* intermediary, go-between: *fare da* ~ to act as an intermediary.

tralasciabile *a.* omissible.

tralasciare (tralàscio, tralàsci) *v.t.* 1 *(interrompere)* to discontinue, to stop, to interrupt. 2 *(omettere di fare)* to omit, to fail, to neglect: *non* ~ *di avvertirmi* don't fail to let me know, be sure to let me know. 3 *(omettere)* to leave out, to omit, *(colloq)* to skip: ~ *alcuni particolari* to leave out some details; *tralasciando le questioni di carattere tecnico* leaving out the technical aspects. 4 *(lasciarsi sfuggire)* to miss: ~ *un punto* to miss a point.

tralcio *m.* *(Bot)* shoot: *un* ~ *di vite* a vine shoot. □ *(Bot) un* ~ *di edera* an ivy spray.

traliccio *m.* 1 *(Tess)* ticking, tick. 2 *(struttura)* framework. 3 *(graticcio)* trellis, lattice. 4 *(El)* *(pilone a traliccio)* pylon: ~ *d'alta tensione* high-voltage pylon. □ ~ *di sostegno di un ponte* trestle.

tralice □ *in* ~ *(di sbieco)* slantingly, askance: *guardare qcu. in* ~ to look askance at so.; *uno sguardo in* ~ a sideways glace.

tralignare (tralìgno) *aus.* **essere/avere** *v.i.* 1 *(degenerare)* to fall away (from ancestral excellence). 2 *(fig)* *(peggiorare)* to degenerate, to deteriorate.

trallallà *intz.* tra-la-la.

trallallero *intz.* tra-la-la.

tralucente *a.* translucent, transparent.

tralucere (tralùco, tralùci; *no past participle and no compound tenses)* *v.i.* 1 to shine

(in, attraverso through): *un debole chiarore traluceva attraverso la tenda* a faint light shone through the curtain. 2 *(fig)* *(trasparire)* to shine: *la felicità le traluce dagli occhi* her eyes are shining with happiness.

tram *m.inv.* tram, tram car, trolley, trolleycar, *(Am)* streetcar: *andare in* ~ to go by tram; *prendere il* ~ to take the tram.

trama *f.* 1 *(Tess)* weft, woof, weave, filling: *ordito e* ~ warp and weft. 2 *(fig)* *(macchinazione)* plot, conspiracy: *sventare una* ~ to foil a plot; *ordire una* ~ *contro qcu.* to hatch a plot against so. 3 *(fig)* *(argomento, intreccio)* plot: *la* ~ *di un romanzo* the plot of a novel. □ *(Tess) a* ~ *larga* loose, loosely woven; *(Lett)* ~ *secondaria* subplot; *senza* ~ plotless.

tramaglio *m.* *(Pesc,Caccia)* trammel, trammel net.

tramandare (tramàndo) I *v.t.* to hand down. II *v.pron.* **tramandarsi** to be handed down. □ ~ *qcs. di padre in figlio* to pass sth. down from father to son; *tramandarsi nel tempo* to be passed down over the centuries.

tramare (tràmo) *v.t.* 1 *(Tess)* to weave. 2 *(fig)* to plot, to scheme, to intrigue.

trambusto *m.* turmoil, confusion, bustle: *nel* ~ *ho dimenticato di prendere i biglietti* in all that confusion I forgot to buy (o to get) the tickets.

tramestare (tramésto) I *v.t.* *(region)* to turn (sth.) topsy-turvy, to turn (sth.) upside-down, to throw (sth.) into disorder. II *v.i.* *(aus.* **avere**) *(region)* to rummage.

tramestio *m.* bustle, stir.

tramezza *f.* 1 *(Calz)* welt. 2 *(Edil)* *(tramezzo)* partition.

tramezzare (tramèzzo) *v.t.* 1 *(interporre)* to insert, to place between, to interpose. 2 *(Edil)* *(separare con un tramezzo)* to partition, to partition off.

tramezzino *m.* *(Alim)* sandwich.

tramezzo [1] *m.* 1 *(Edil)* partition; *(muro divisorio)* partition wall, dividing wall. 2 *(Sart)* insertion, insert.

tramezzo [2] *avv.* *(rar)* *(frammezzo)* in between; *(tra più di due)* in the midst of, in the middle of, among.

tramite I *m.* 1 *(via, mezzo)* means. 2 *(intermediario)* intermediary, go-between: *fare da* ~ to act as intermediary, to act as go-between. 3 *(lett)* *(passaggio)* way, route; *(sentiero)* path. II *prep.* *(per mezzo di)* by, by means of, through: ~ *posta* by post; ~ *corriere* by courier; *l'ho avuto* ~ *lui* I had through him, I got it through him, I received it through him. □ *per il* ~ *di qcu.* through so.; *ho appreso la notizia* ~ *radio* I heard the news on the radio.

tramoggia *(pl. -ge)* *f.* 1 hopper. 2 *(Min)* hopper crystal. □ *a* ~ hopper-shaped, hopper *(attr.)*: *(Ferr) carro a* ~ hopper car, hopper-bottom car; *finestra a* ~ hopper-frame window.

tramontana *f.* *(Meteor)* tramontana, north wind. □ *a* ~ north, northward, towards the north: *una finestra che guarda a* ~ a window facing north; *(fig) perdere la* ~ to get confused, *(colloq)* to be all at sea.

tramontare I *v.i.* **(tramónto;** *aus.* **essere)** 1 *(Astr)* to set, to go down. 2 *(fig)* *(avere fine)* to come to an end, to have one's day, to pass away: *una vita che sta tramontando* a life that is coming to an end. 3 *(fig)* *(dileguarsi)* to fade, to wane, to decline: *le mie speranze sono tramontate* my hopes have faded. II *m.* 1 setting; *(rif. al sole)* sunset: *al* ~ *del sole* at sunset. 2 *(fig)* fading, decline.

tramonto m. 1 (*Astr*) setting; (*del sole*) sunset. 2 (*fig*) fading, decline, waning: *il ~ della giovinezza* the fading of youth. □ *al ~*: 1 at sunset; 2 (*fig*) on the wane: *un attore giunto ormai al ~* an actor who has had his day.

tramortire (**tramortìsco, tramortìsci**) I *v.t.* to stun, to knock out, to knock unconscious. II *v.i.* (*aus.* **essere**) (*lett*) to faint, to pass out, to lose consciousness, (*lett*) to swoon.

tramortito a. 1 (*privo di sensi*) unconscious, in a faint (*posposto*), senseless: *lo trovarono a terra ~* they found him on the floor unconscious. 2 (*stordito*) stunned.

trampoliere m. (*Ornit*) wading bird, stilt.

trampolino m. 1 (*Sport*) (*per i tuffi*) diving board, springboard: *lanciarsi dal ~* to dive from a springboard; *tuffo dal ~* springboard diving. 2 (*Sport*) (*per il salto con gli sci*) hill. □ (*fig*) *fare da ~ di lancio a qcu.* (o *servire da ~ a qcu.* o *servire da ~ di lancio a qcu.*) to be a springboard for so.; (*Sport*) *~ ginnico* trampoline.

trampolo m.*spec.pl.* 1 stilt: *camminare sui trampoli* to walk on stilts. 2 *pl.* (*scherz*) (*tacchi altissimi*) very high heels. 3 *pl.* (*fig*) (*gambe lunghe*) spindly legs.

tramutare (**tramùto**) I *v.t.* 1 (*mutare*) change, to turn, to transform: *la maga tramutò il principe in rospo* the witch turned the prince into a toad. 2 (*rar*) (*trasferire*) to transfer: *~ un dirigente* to transfer an executive. II *v.pron.* **tramutarsi** to be transformed, to change (*in* into), to turn (into, to).

tramvai m.*inv.* tram, tram car, (*Am*) trolley, trolleycar, (*Am*) streetcar: *andare in ~* to go by tram; *prendere il ~* to take the tram.

tramvia f. tramway, tramline, streetcar line, trolley line. □ *~ sotterranea* underground tramline.

trance /trans/ f.*inv.* trance: *cadere in ~* to fall into a trance, to go into a trance; *essere in ~* to be in a trance.

tranche /trãʃ/ f.*inv.* 1 (*fetta*) slice. 2 (*Econ*) tranche.

trancia (*pl.* -**ce**) f. 1 slice: *~ di pesce* slice of fish. 2 (*Mecc*) (*cesoia*) shears pl.; (*cesoiatrice*) shearing machine. 3 (*Fal*) veneer cutting machine.

tranciare (**tràncio, ttrànci**) *v.t.* 1 (*Mecc*) to cut, to blank; (*con cesoie*) to shear. 2 (*tagliare di netto*) to cut off: *la macchina gli ha tranciato il braccio* the machine cut his arm off.

tranciatore m. (*Mecc*) shearer.

tranciatrice f. (*Mecc*) (*cesoiatrice*) shearing machine.

tranciatura f. (*Mecc*) cutting, blanking; (*con cesoie*) shearing.

trancio (*pl.* -**ci**) m. slice: *pizza al ~* pizza by the slice.

tranello m. 1 (*insidia*) trap, snare: *tendere un ~ a qcu.* to set a trap for so.; *cadere in un ~* to fall into a trap. 2 (*difficoltà non ovvia*) pitfall, catch: *bisogna conoscere i tranelli della traduzione* you must know the pitfalls of translation.

trangugiamento m. gulping.

trangugiare (**trangùgio, trangùgi**) *v.t.* 1 to gulp, to gulp down, to bolt, to guzzle: *~ un boccale di birra* to gulp a mug of beer. 2 (*fig*) (*mandar giù*) to swallow: *~ un boccone amaro* to swallow a bitter pill.

tranne prep. except (for), excepting, but (for): *c'erano tutti ~ lui* they were all there except him, everyone but he was there; *tutti i giorni ~ il mercoledì* all days except Wednesday. □ *~ che* except (for), but (for): *fa tutto ~ che lavorare* he does everything except work; *è tutto ~ che un bravo*

scrittore he is anything but a good writer.

tranquillamente avv. 1 (*con tranquillità*) quietly, peacefully, tranquilly: *vivere ~* to live quietly. 2 (*senza troppo preoccuparsi*) confidently, with confidence, without hesitation: *rivolgiti ~ al direttore* go to the manager without hesitation. 3 (*senza rischi*) safely, without danger: *in questo lago puoi fare ~ il bagno* you can swim in this lake safely, you can swim in this lake without danger. 4 (*comodamente, facilmente*) easily: *è una macchina che fa ~ i 130 km orari* it's a car that easily does 130 kms an hour.

tranquillante I a. (*Farm*) tranquillizing, calming, soothing: *una bevanda ~* a soothing beverage. II m. (*Farm*) tranquillizer.

tranquillare (**tranquìllo**) *v.t.* (*lett*) 1 (*calmare, sedare*) to calm, to soothe, to quieten, to ease. 2 (*rassicurare*) to reassure.

tranquillità f. 1 calm, calmness, stillness, peacefulness: *la ~ della natura* the peacefulness of nature. 2 (*quiete, pace*) quiet, quietness, peace, silence: *un momento di ~* a moment of peace. 3 (*calma*) tranquillity, calm: *possiamo considerare la situazione con tutta ~* (o *in tutta ~*) we can consider the situation calmly, we can consider the situation with complete tranquillity. 4 (*sicurezza*) confidence, peace of mind: *per mia ~ vorrei che lo mettessi per iscritto* for my own peace of mind I'd like you to put it in writing. □ *con ~* calmly; *~ d'animo* peace of mind.

tranquillizzante a. reassuring.

tranquillizzare (**tranquillìzzo**) I *v.t.* 1 (*rendere tranquillo*) to calm, to make calm, to quieten, to tranquillize: *la tua presenza qui mi tranquillizza* your being here makes me calm. 2 (*rassicurare*) to reassure: *~ qcu.* to reassure so., to set so.'s mind at rest. II *v.pron.* **tranquillizzarsi** 1 (*mettersi quieto*) to calm down. 2 (*rassicurarsi*) to be reassured.

tranquillo a. 1 (*calmo*) calm: *il mare è ~* the sea is calm. 2 (*quieto, silenzioso*) quiet, peaceful, tranquil: *un bambino ~* a quiet child. 3 (*pacifico*) peaceful, calm: *sonno ~* peaceful sleep, untroubled sleep. 4 (*sereno*) serene, tranquil, easy: *coscienza tranquilla* easy conscience; *non mi sento ~ quando sei fuori* I can't relax when you are out. 5 (*sicuro*) sure, confident, unworried: *possiamo stare tranquilli sull'esito degli esami* we can be sure of the result of the examinations. □ *sta' ~!* don't worry!, take it easy!

trans. (*Gramm*) transitivo trans., tr. (transitive).

transahariano a. trans-Saharan.

transalpino a. transalpine.

transamazzonico (*pl.* -**ci**) a. trans-Amazonian.

transaminasi f. (*Biol*) transaminase.

transappenninico (*pl.* -**ci**) a. trans-Apennine.

transatlantico (*pl.* -**ci**) I a. transatlantic. II m. 1 (*Mar*) transatlantic, transatlantic ship, transatlantic liner. 2 (*Pol*) large corridor outside the Italian Chamber of Deputies, where members of parliament stop to chat.

transattivo a. (*Dir*) transactive.

transatto → **transigere**.

transazionale a. 1 (*Dir*) transactional. 2 (*Psic*) transactional: *analisi ~* transactional analysis.

transazione f. 1 compromise, arrangement. 2 (*Dir*) settlement, composition: *~ una ~* to effect a composition; *~ extragiudiziale* settlement out of court. 3 (*Econ*) transaction. □ (*Econ*) *transazioni di capitali* capital transactions, movement of capital.

transcodificare (**transcodìfico, transco-**

dìfichi) *v.t.* (*Elettron,TV*) to transcode.

transcodificatore m. (*Elettron,TV*) transcoder.

transcodificazione f. (*Elettron,TV*) transcoding.

transcontainer /ˌtranskon'teiner/ m.*inv.* container used in international transport.

transcontinentale a. transcontinental.

transcutaneo a. transcutaneous.

transdermico (*pl.* -**ci**) a. transdermal.

transeat intz. (*sia pure*) so be it, let it be.

transenna f. 1 barrier, crush barrier. 2 (*Arch*) transenna.

transennare (**transènno**) *v.t.* to block off.

transessuale a.m./f. transsexual.

transessualismo m. transsexualism.

transessualità f. transsexuality.

transetto m. (*Arch*) transept.

transeunte a. (*Filos,Lett*) transeunt, transient.

transfer m.*inv.* 1 (*trasporto*) transport, transfer. 2 (*macchina a trasferta*) transfer machine. 3 (*trasporto di turisti all'albergo*) transport (to the hotel).

transfert m.*inv.* (*Psic*) transfer.

transfuga (*pl.* -**ghi**) a.m./f. 1 (*lett*) (*disertore*) deserter. 2 (*Pol*) turncoat.

transgenico (*pl.* -**ci**) a. (*Biol*) transgenic: *cibi transgenici* transgenic food.

Transgiordania n.pr.f. (*Geog*) Transjordan.

transgiordano a. Transjordanian.

transiberiana f. (*Ferr*) trans-Siberian railway.

transiberiano a. trans-Siberian: *ferrovia transiberiana* trans-Siberian railway.

transigere (*pres.ind.* **transìgo, transìgi**; *p.rem.* **transigéi/transigètti**; *p.p.* **transàtto**) I *v.t.* (*Dir*) to compound, to settle. II *v.i.* (*aus.* **avere**) 1 (*Dir*) to reach a settlement, to come to a settlement. 2 (*venire a patti*) to reach an agreement, to come to terms, to compromise: *~ con la propria coscienza* to compromise with one's conscience. 3 (*cedere*) to yield, to give in: *non posso ~ su questo punto* I can't give in on this point.

Transilvania n.pr.f. (*Geog*) Transylvania.

transilvanico (*pl.* -**ci**) a. Transylvanian.

transistor m.*inv.* (*Elettron*) transistor. □ *a ~ transistor* (*attr.*): *radio a ~ transistor radio.*

transistore m. (*Elettron*) transistor.

transistorizzare (**transistorìzzo**) *v.t.* (*El*) to transistorize.

transistorizzazione f. (*Elettron*) transistorization.

transitabile a. 1 practicable, passable, transitable: *strada ~* practicable road. 2 (*rif. a valichi e sim.*) negotiable: *passo non ~* unnegotiable passo. □ (*Strad*) *strada ~ con catene* road where chains are required.

transitabilità f. 1 (*Strad*) practicability, fitness for traffic; (*condizioni*) conditions pl. 2 (*rif. a valichi e sim.*) negotiability.

transitare (**trànsito**; *aus.* **essere**) *v.i.* 1 to pass, to drive, to transit. 2 (*rif. a mezzi pubblici*) to run.

transitivamente avv. (*Gramm*) transitively.

transitività f. (*Gramm,Mat*) transitivity.

transitivo a. (*Gramm,Mat*) transitive.

transito m. 1 transit, passing, passing through, passage: *impedire il ~* to block the way. 2 (*rif. a valichi e sim.*) transit, crossing. 3 (*Ferr,Mar,Astr*) transit. □ *di ~ transit* (*attr.*), passing through; *in ~* in transit; (*Strad*) *~ interrotto* road closed; (*Strad*) *~ riservato ai pedoni* pedestrians only.

transitoriamente avv. transitorily, temporarily.

transitorietà f. transitoriness, temporariness.

transitorio *a.* 1 (*passeggero*) transitory, transient, passing, fleeting: *felicità transitoria* fleeting happiness. 2 (*provvisorio, non definitivo*) temporary, transitory, provisional: *sistemazione transitoria* temporary arrangement; (*Dir*) *disposizioni transitorie* temporary laws.

transizione *f.* transition (*anche Fis,Mus*): *periodo di ~* period of transition.

translitterare (**translìttero**) *v.t.* to transliterate.

translitterazione *f.* transliteration.

translucido *a.* (*lett*) translucent, translucid.

transnazionale *a.* transnational.

transoceanico (*pl.* **-ci**) *a.* transoceanic.

transpadano *a.* transpadane.

transpallet *m.inv.* (*Ind*) forklift truck.

transpolare *a.* transpolar, polar: *la rotta ~* the polar route.

transrazziale *a.* transracial.

transumante *a.* transhumant.

transumanza *f.* transhumance.

transuranico (*pl.* **-ci**) *a.* (*Chim*) transuranic.

transustanziarsi (**mi transustànzio**) *v.pron.* (*Teol*) to transubstantiate.

transustanziazione *f.* (*Teol*) transubstantiation.

Transvaal *n.pr.f.* (*Geog*) Transvaal.

tran tran, **trantran** *m.inv.* (*colloq*) routine: *il solito ~* the usual routine; *the same old routine; same ole, same ole.*

tranvai *m.inv.* (*ant*) tram car, trolley, trolleycar, streetcar.

tranvia *f.* tramway, tramline, streetcar line, trolley line. □ *~sotterranea* underground tramline.

tranviario *a.* tram (*attr.*), tramway (*attr.*), streetcar (*attr.*): *linea tranviaria* tramline, tram line.

tranviere *m.* (*f.* **-a**) (*conducente*) tram driver.

trapanare (**tràpano**) *v.t.* 1 to drill, to bore; (*forare*) to pierce. 2 (*Dent*) to drill. 3 (*Chir*) to drill; (*rif. a cranio*) to trephine, to trepan.

trapanatore *m.* (*f.* **-trice**) driller.

trapanatrice *f.* (*Mecc*) drill, drilling machine.

trapanatura, **trapanazione** *f.* 1 drilling, boring. 2 (*Dent*) drilling. 3 (*Chir*) drilling: *~ ossea* drilling of bone. 4 (*Chir*) (*rif. al cranio*) trephination, trepanation.

trapanese I *a.* Trapani (*attr.*), from Trapani (*posposto*). II *m./f.* (*originario*) native of Trapani; (*abitante*) inhabitant of Trapani.

trapano *m.* 1 (*Mecc*) drill. 2 (*Chir*) trephine. 3 (*Dent*) drill. □ (*Mecc*) *~ a mano* hand drill; (*Mecc*) *~ a percussione* hammer drill; (*Dent*) *~ da dentista* dental drill, dentist's drill; (*Dent*) *~ indolore* high-speed drill.

trapassabile *a.* pierceable.

trapassare (**trapàsso**) I *v.t.* 1 to pierce, to run through, to transfix: *il proiettile gli trapassò il cuore* the bullet pierced his heart. 2 (*lett*) (*valicare*) to cross. II *v.i.* (*aus.* **essere**) 1 (*passare attraverso*) to pass; (*rif. alla luce*) to filter. 2 (*lett,eufem*) (*morire*) to die, to pass on, to pass away.

trapassato *m.* 1 (*lett,eufem*) (*defunto*) dead person, deceased: *i trapassati* the dead. 2 (*Gramm*) past perfect, pluperfect. □ (*Gramm*) *~ prossimo* pluperfect indicative; (*Gramm*) *~ remoto* past perfect, pluperfect.

trapasso[1] *m.* 1 (*passaggio*) passage, passing. 2 (*fig*) transition. 3 (*fig,lett*) (*morte*) death, passing away. 4 (*Econ,Dir*) transfer, conveyance. □ (*Dir*) *~di diritti* transfer of rights, cession of rights; (*Dir*) *~di proprietà* transfer of property, conveyance of property, transfer of title.

trapasso[2] *m.* (*Equit*) broken trot.

trapelare (**trapélo**; *aus.* **essere**) *v.i.* 1 (*filtrare*) to leak out, to ooze out; (*penetrare*) to seep; (*rif. a luce*) to filter. 2 (*fig*) (*rivelarsi*) to get out, to get round, to become known, (*colloq*) to leak, to leak out: (*penetrare*) *la notizia è trapelata* the news got out, the news leaked. 3 (*fig*) (*manifestare, rivelare*) to reveal. □ *senza lasciare ~ nulla* without letting anything out; *il suo sguardo non lasciava ~ i sentimenti* his expression did not reveal his feelings, his expression did not betray his feelings.

trapezio *m.* 1 (*Geom*) (*Br*) trapezium, (*Am*) trapezoid. 2 (*Ginn*) trapeze: *al ~* on the trapeze. 3 (*Anat*) (*osso trapezio*) trapezium; (*muscolo trapezio*) trapezius. □ *~volante* flying trapeze.

trapezista *m./f.* trapeze artist, trapezist.

trapezoidale *a.* trapezoid, trapezoidal.

trapezoide I *a.* trapezoid, trapezoidal. II *m.* 1 (*Geom*) trapezoid. 2 (*Anat*) (*osso*) trapezoid.

trapiantabile *a.* transplantable (*anche Chir*).

trapiantare (**trapiànto**) I *v.t.* 1 to transplant, (*Br*) to bed out. 2 (*Biol,Chir*) to transplant: *~ un cuore* to transplant a heart. 3 (*fig*) (*trasferire*) to transplant, to resettle, to relocate; (*rif. a usanze e sim.*) to transplant, to bring. II *v.pron.* **trapiantarsi** to move, to migrate (*in* to), to settle (in): *trapiantarsi all'estero* to settle abroad.

trapiantato I *a.* transplanted. II *m.* (*f.* **-a**) (*Med*) transplant patient.

trapiantatoio *m.* garden trowel.

trapiantatrice *f.* transplanting machine.

trapianto *m.* 1 transplanting, transplantation. 2 (*Biol,Chir*) transplant, transplantation; (*rif. a tessuto, ossa*) graft. □ (*Chir*) *~cardiaco* heart transplant; (*Chir*) *~cutaneo* skin graft; (*Chir*) *~di capelli* hair transplantation, hair transplant; (*Chir*) *~di cellule* cell transplantation, cell transplant; (*Chir*) *~di cuore* heart transplant; (*Chir*) *~ di fegato* liver transplant; (*Chir*) *~ di midollo osseo* bone marrow transplant; (*Chir*) *~ di rene* renal transplant, kidney transplant; (*Chir*) *~domino* domino transplant; (*Chir*) *~d'organo* organ transplant, organ transplantation; (*Bot*) *~multiplo* double-work.

trapiantologia *f.* (*Chir*) transplant surgery.

trappa *f.* (*Rel.catt*) Trappist monastery.

trappista *m./f.* (*Rel.catt*) Trappist (monk).

trappola *f.* 1 trap (*anche fig*): *attirare qcu. in una ~* to draw so. into a trap; (*fig*) *tendere una ~ a qcu.* to set a trap for so., to lay a snare for so. 2 (*colloq,spreg*) (*aggeggio*) contraption; (*veicolo*) lemon, jalopy. □ (*fig*) *cadere in ~* to fall into a trap, to be caught in a trap; *essere in ~* to be trapped; *~mortale* deadly trap; *~per topi* mouse trap.

trappoleria *f.* deceit, trickery.

trappolone *m.* (*f.* **-a**) (*pop*) trickster, cheat.

trapunta *f.* quilt.

trapuntare (**trapùnto**) *v.t.* 1 (*lavorare a trapunto*) to quilt; (*rif. a materassi e cuscini*) to tuft. 2 (*ricamare*) to embroider. 3 (*impuntire*) to stitch through.

trapunto I *a.* 1 quilted; (*rif. a materassi e cuscini*) tufted. 2 (*ricamato*) embroidered. 3 (*fig,lett*) dotted: *cielo ~ di stelle* sky dotted with stars, star-spangled sky. II *m.* 1 quilting. 2 (*ricamo*) embroidery.

trarre (*pres.ind.* **tràggo, trài, tràe, traiàmo, traéte, tràggono**; *fut.* **trarrò**; *p.rem.* **tràssi**; *pres.cong.* **tràgga, traiàmo, traiàte, tràggano**; *imperat.* **trài, traéte**; *p.pres.* **traènte**; *p.p.* **tràtto**) I *v.t.* 1 (*tirare*) to draw, to pull: *~ una barca a riva* to pull a boat ashore. 2 (*estrarre, cavar fuori*) to draw, to pull out, to take out: *~ la spada dal fodero* to draw one's sword, to unsheathe one's sword. 3 (*condurre, portare*) to take: *il colpevole fu tratto in prigione* the culprit was taken to prison. 4 (*fig*) (*tirare fuori*) to get, to draw, (*colloq*) to worm: *~ un segreto di bocca a qcu.* to worm a secret out of so. 5 (*ricavare*) to get, to obtain, to derive, to draw: *~ vantaggio da qcs.* to benefit from sth. 6 (*desumere, derivare*) to draw, to take: *~ la trama di un film da un romanzo di successo* to take the plot of a film from a best seller. 7 (*emettere*) to give: *~ un sospiro di sollievo* to give a sigh of relief, to heave a sigh of relief. 8 (*Econ,Comm*) to draw, to issue: *~ una cambiale su qcu.* to draw a bill of exchange on so.; *~ a vista* to draw at sight. II *v.pron.* **trarsi** 1 to draw, to move: *trarsi in disparte* to draw aside, to step aside. 2 (*fig*) (*sottrarsi, cavarsi*) to get: *trarsi fuori da una difficoltà* to get out of a difficulty. □ *~ a morte qcu.* to lead so. to his death; (*ant*) *~ a salvamento* to save, to rescue; *~ a sorte* to draw lots; (*Comm*) *~allo scoperto* to overdraw; *~ beneficio da qcs.* to benefit from sth.; *~ conclusioni da qcs.* to draw conclusions from sth.; *~ qcu. d'impaccio* to get so. out of difficulty; *trarsi d'impaccio* to get out of a fix; *~ frutto da un'esperienza* to profit from an experience, to profit by an experience; *~ frutto dagli insegnamenti altrui* to learn from others; *~ giovamento da qcs.* to benefit from sth.; *~ in arresto* to arrest; *~ in errore* to mislead, to lead astray; *~ in inganno* to mislead, to take in, to deceive; (*rar*) *~ in tentazione* to lead into temptation; *~ un insegnamento da qcs.* to learn a lesson from sth.; *~ispirazione* to draw inspiration; *~origine* to originate; (*fig*) *~ partito da qcs.* to take advantage of sth.; *~ piacere da qcs.* to take pleasure in sth.; *~ profitto da qcs.* to profit from sth.

trasalimento *m.* start, jump: *avere un ~* to start, to give a start, to jump, to give a jump.

trasalire (**trasalìsco, trasalìsci**; *aus.* **avere/essere**) *v.i.* to start, to give a start, to jump, to give a jump, to be startled: *~ per lo spavento* to start with fright.

trasandatamente *avv.* shabbily.

trasandatezza *f.* shabbiness, slovenliness, untideness.

trasandato *a.* 1 shabby, slovenly, untidy, sloppy, unkempt: *essere ~ nel vestire* to be shabby, to dress shabbily; *vestiti trasandati* untidy clothes. 2 (*di stile*) careless.

trasbordare (**trasbórdo**) I *v.t.* 1 to tranship, to transship. 2 (*rif. a persone*) to transfer, to tranship, to transship. II *v.i.* (*aus.* **avere**) to change.

trasbordo *m.* 1 transfer. 2 (*rif. a merci*) transhipment, transshipment.

trascendentale *a.* 1 (*Filos*) transcendental. 2 (*estens*) (*straordinario*) extraordinary, exceptional: (*colloq*) *non è niente di ~* there's nothing special about it.

trascendentalismo *m.* (*Filos*) transcendentalism.

trascendentalista *m./f.* (*Filos*) transcendentalist.

trascendentalistico *a.* (*Filos*) transcendentalist.

trascendente *a.* 1 (*Filos*) transcendent. 2 (*Mat*) transcendent.

trascendenza *f.* (*Filos,Mat*) transcendence, transcendency.

trascendere (*pres.ind.* **trascéndo**; *p.rem.* **trascési**; *p.p.* **trascéso**) I *v.t.* 1 to surpass, to go beyond, to exceed: *questo incarico trascende le mie capacità* this task is beyond my abilities. **2** (*Filos*) to transcend. **II** *v.i.* (*aus.* **avere/essere**) **1** (*eccedere*) to go too far. **2** (*lasciarsi trasportare*) to lose control of oneself, to loose one's temper. □ ~ *a vie di fatto* to come to blows; ~ *nel bere* to drink too much.

trascinamento *f.* **1** (*il trascinare*) dragging. **2** (*trascinamento indotto*) drive.

trascinante *a.* **1** (*Mecc*) driving. **2** (*fig*) enthralling, gripping, exhilarating.

trascinare (**trascìno**) **I** *v.t.* **1** to drag, to pull: ~ *i piedi* to drag one's feet. **2** (*condurre a forza*) to drag: *trascinarono il ladro al commissariato* they dragged the thief (off) to the police station. **3** (*trasportare via*) to carry away: *fu trascinato dalla folla* the crowd carried him away. **4** (*fig*) (*avvincere*) to carry away, to enthral: *lasciarsi ~ dall'entusiasmo* to get carried away by excitement. **5** (*fig*) (*tirare per le lunghe*) to drag out. **6** (*Inform*) to drag. **II** *v.pron.* **trascinarsi 1** to drag oneself, to drag oneself along. **2** (*fig*) (*andare per le lunghe*) to drag on: *il processo si trascinò per mesi e mesi* the trial dragged on for months and months. □ (*fig*) *trascinarsi dietro* (*acquistare alla propria causa*) to win over; ~ *la folla* to sway the crowd; (*fig*) ~ *la vita* to lead a hard life, to struggle along, to be barely getting by; (*fig*) ~ *qcu. nel fango* to drag so. through mud; ~ *via*: 1 to pull away, to drag away; 2 (*rif. ad acqua e sim.*) to sweep away.

trascinatore I *m.* (*f.* **-trice**) **1** (*chi entusiasma*) spellbinder: *un ~ di folle* an enchanter of the masses. **2** (*chi incita*) driving force. **II** *a.* enthralling.

trascoloramento *m.* (*Br*) discolouration, discolouring, (*Am*) discoloration, discoloring.

trascolorare (**trascolóro**; *aus.* **essere**) **I** *v.i.* **1** to change colour, (*Br*) to discolour, (*Am*) to discolor, (*Br*) to become discoloured, (*Am*) to become discolored. **2** (*rif. a persone: impallidire*) to pale, to grow pale. **II** *v.pron.* **trascolorarsi 1** (*Br*) to become discoloured, (*Am*) to become discolored, (*Br*) to change colour, (*Am*) to change color. **2** (*rif. a persone: impallidire*) to pale, to grow pale.

trascorrere[1] (*pres.ind.* **trascórro**; *p.rem.* **trascórsi**; *p.p.* **trascórso**) **I** *v.t.* **1** to spend, to pass: ~ *le vacanze al mare* to spend one's holidays at the seaside; ~ *il tempo leggendo* to spend one's time reading, to pass one's time reading. **2** (*estens,lett*) (*scorrere, esaminare rapidamente*) to look through, to glance through, to skim through. **II** *v.i.* (*aus.* **essere**) to pass, to go by, to elapse: *sono già trascorsi più di due anni* more than two years have gone by already.

trascorrere[2] *m.* passing: *il ~ del tempo* the passing of time.

trascorso → **trascorrere I** *a.* past. **II** *m.* mistake, fault: *i suoi trascorsi sono noti a tutti* everyone knows his faults; ~ *di gioventù* youthful escapade.

trascritto → **trascrivere** *a.* transcribed (*anche Mus*).

trascrittore *m.* (*f.* **-trice**) transcriber, copyist.

trascrivere (*pres.ind.* **trascrìvo**; *p.rem.* **trascrìssi**; *p.p.* **trascrìtto**) *v.t.* **1** (*copiare*) to transcribe, to copy, to copy out. **2** (*Ling*) (*scrivere secondo un diverso sistema grafico o fonetico*) to transcribe, to transliterate: ~ *foneticamente* to transcribe phonetically. **3** (*Mus,Dir*) to transcribe. □ ~ *qcs. in bella copia* to make a fair copy of sth.

trascrizione *f.* **1** (*copiatura*) transcription, copying: *la ~ fedele di un testo* the faithful

transcription of a text. **2** (*copia*) transcript, copy. **3** (*traslitterazione*) transcription, transliteration: ~ *fonetica* phonetic transcription. **4** (*Dir*) registration. **5** (*Mus*) transcription. □ ~ *da nastro* tape transcription; (*Filol*) ~ *diplomatica* diplomatic transcription.

trascurabile *a.* negligible, minor, unimportant: *quantità ~* negligible quantity. □ *non ~* considerable.

trascurare (**trascùro**) **I** *v.t.* **1** (*non curare, non occuparsi di*) to neglect: ~ *lo studio* to neglect one's studies; ~ *la famiglia* to neglect one's family; ~ *i propri doveri* to neglect one's duties. **2** (*non tenere conto di*) to overlook, to ignore, to disregard, to neglect: *non possiamo ~ il tuo contributo* we can't overlook your contribution. **3** (*tralasciare*) to neglect, to omit, (*colloq*) to skip: *trascuriamo i particolari* let's skip the details. **4** (*non adempiere*) to neglect: ~ *il proprio dovere* to neglect one's duty, to fail in one's duty. **II** *v.pron.* **trascurarsi** to neglect oneself, to let oneself go: *non devi trascurarti così* you mustn't let yourself go like this.

trascuratamente *avv.* **1** negligently, carelessly. **2** (*disordinatamente*) untidily.

trascuratezza *f.* **1** carelessness, negligence, neglect. **2** (*disordine*) untidiness. **3** (*azione*) negligence, carelessness. □ *con ~* negligently, carelessly.

trascurato I *a.* **1** neglected: *sentirsi ~* to feel neglected; *un raffreddore ~* a neglected cold. **2** (*che agisce con trascuratezza*) careless, negligent. **3** (*disordinato*) untidy, shabby. **4** (*fatto con trascuratezza*) careless, sloppy: *un lavoro ~* a sloppy piece of work. **5** (*abbandonato*) neglected, uncared for: *giardino ~* neglected garden; *un bambino ~* an uncared for child, a neglected child. **II** *m.* (*f.* **-a**) (*rar*) untidy person, shabby person.

trasdurre (*pres.ind.* **trasdùco, trasdùci**; *p.rem.* **trasdùssi**; *p.p.* **trasdótto**) *v.t.* (*Fis*) to transduce.

trasduttore *m.* (*Fis*) transducer.

trasduzione *f.* (*Fis,Biol*) transduction.

trasecolare (**trasècolo**; *aus.* **essere/avere**) *v.i.* to be astonished, to be amazed, to be astounded, to be dumbfounded. □ *fare ~ qcu.* to astonish so., to amaze so.

trasecolato *a.* astonished, amazed, astounded, dumbfounded.

traserello *m.* transfer.

trasferibile *a.* **1** transferable (*anche Dir*). **2** (*rif. ad assegni e sim.: girabile*) negotiable: *non ~* not negotiable.

trasferibilità *f.* **1** transferability (*anche Dir*). **2** (*rif. ad assegni e sim.*) negotiability.

trasferimento *m.* **1** (*rif. a impiegati*) transfer: *fare domanda di ~* to ask for a transfer. **2** (*rif. a cose*) transfer, move, removal. **3** (*trasloco*) removal, move: *ci vedremo dopo il nostro ~ in campagna* we'll meet again after our move to the country. **4** (*cessione*) transfer, conveyance (*anche Dir*): ~ *della proprietà* conveyance of property. **5** (*Econ*) transfer: ~ *di un credito* transfer of a credit; ~ *di fondi* transfer of funds. □ (*Inform*) ~ *dei file* file transfer; (*Tel*) ~ *di chiamata* call forwarding; ~ *di residenza* change of residence; ~ *di tecnologia* technology transfer.

trasferire (**trasferìsco, trasferìsci**) **I** *v.t.* **1** (*rif. a persone*) to transfer: ~ *un impiegato in un'altra sede* to transfer an employee to another branch. **2** (*rif. a cose*) to transfer, to move, to remove: *la ditta si è trasferita a Roma* the company moved to Rome. **3** (*cedere*) to transfer, to make over, to convey (*anche Dir*). **4** (*Econ*) to transfer: ~ *denaro su*

un conto to transfer money to an account. **5** (*Inform*) to transfer. **II** *v.pron.* **trasferirsi** (*traslocare*) to move: *ci trasferiamo a Milano* we are moving to Milan.

trasferta *f.* **1** transfer, business travel: *essere in ~* to be on business travel; *mandare in ~* to send on business travel. **2** (*indennità*) travelling allowance, travel expenses *pl.* **3** (*Sport*) away game, out-of-town match: *giocare in ~* to play away from home, to play an away match; *squadra in ~* away team; *vincere in ~* to win away. □ (*Tecn*) *macchina a ~* transfer machine.

trasfigurare (**trasfigùro**) **I** *v.t.* **1** to transfigure. **2** (*fig*) to transfigure, to transform: *la gioia le trasfigurava il volto* joy transformed her face. **II** *v.pron.* **trasfigurarsi** to be transfigured.

trasfigurato *a.* transfigured (*anche fig*).

trasfigurazione *f.* **1** transfiguration. **2** (*Teol,Art,Lit*) Transfiguration.

trasfocatore *m.* (*Fot*) zoom lens.

trasfondere (*pres.ind.* **trasfóndo**; *p.rem.* **trasfùsi**; *p.p.* **trasfùso**) *v.t.* **1** (*rar*) to transfuse. **2** (*fig*) (*trasmettere, infondere*) to instil, to imbue, to transfuse.

trasformabile *a.* **1** transformable. **2** (*adattabile, che si può cambiare*) alterable, changeable. **3** (*Aut*) convertible.

trasformabilità *f.* transformability.

trasformare (**trasfórmo**) **I** *v.t.* **1** to transform, to change, to turn: *la bonifica ha trasformato il paese* the land reclamation has transformed the country; *questa pettinatura ti trasforma* this hair-style changes you; *il principe fu trasformato in ranocchio* the prince was turned into a frog. **2** (*cambiare*) to change: *la ricchezza li ha trasformati* wealth has changed them. **3** (*Ind*) process: ~ *le materie prime* to process raw materials. **4** (*Sport*) (*nel rugby*) to convert. **5** (*Chim*) to convert (*in into*). **II** *v.pron.* **trasformarsi 1** to change, to turn, to be transformed (*in into*): *l'acqua si è trasformata in ghiaccio* the water has turned into ice; *il bruco si trasforma in farfalla* the caterpillar changes into a butterfly. **2** (*cambiare*) to change: *la città si trasforma di giorno in giorno* the city is changing daily. **3** (*fig*) (*diventare*) to turn (*in into, to*): *l'attesa si trasformò in angoscia* expectation turned to dread. **4** (*Chim*) to be converted (*in into*). □ (*Sport*) ~ *un rigore* (*nel calcio*) to score a penalty.

trasformato *a.* **1** transformed, changed. **2** (*Sport*) (*nel rugby*) converted.

trasformatore *m.* **1** (*f.* **-trice**) transformer. **2** (*El,Fis*) transformer. □ (*El*) ~ *di corrente* current transformer; (*El*) ~ *di fase* phase transformer; (*El*) ~ *di frequenza* frequency transformer, frequency converter, frequency changer; (*El*) ~ *di tensione* voltage transformer; (*El*) ~ *in discesa* step-down transformer; (*El*) ~ *monofase* single-phase transformer; (*El*) ~ *trifase* three-phase transformer.

trasformazionale *a.* (*Ling*) transformational: *grammatica ~* transformational grammar; *linguistica ~* transformational linguistics, transformationalism.

trasformazionalista *m./f.* (*Ling*) transformationalist.

trasformazione *f.* **1** transformation, change: *subire trasformazioni* to undergo changes, to be changed. **2** (*Ind*) *la ~ delle materie prime* the processing of raw materials. **3** (*Sport*) (*nel rugby*) conversion. **4** (*Fis,El,Mat*) transformation. □ (*Fis*) ~ *dell'energia* transformation of energy.

trasformismo *m.* **1** (*Pol*) method of changing alliances to form stable governments or workable policies. **2** (*Biol*) transformism.

trasformista *m./f.* **1** (*Pol*) somebody who will form alliances with anyone in order to keep his party in the government. **2** (*Teat*) quick-change artist.

trasformistico (*pl.* **-ci**) *a.* **1** (*Pol*) making alliances with anyone to keep their parties in the government (*posposto*). **2** (*Biol*) transformation (*attr.*).

trasfusionale *a.* (*Med*) transfusion (*attr.*): *centro ~* transfusion centre.

trasfusione *f.* (*Med*) transfusion: *~ di sangue* blood transfusion; *fare una ~ di sangue a qcu.* to give so. a blood trasfusion.

trasfuso I *a.* (*Med*) transfused. **II** *m.* (*f.* **-a**) (*Med*) blood recipient.

trasgredire (**trasgredìsco, trasgredìsci**) **I** *v.t.* to transgress, to disobey, to infringe, to break, to violate: *~ un ordine* to disobey an order. **II** *v.i.* (*aus.* **avere**) to transgress, to disobey, to infringe, to break (*a qcs.* sth.): *~ a una legge* to break a law.

trasgressione *f.* **1** transgression, breaking, infringement, violation: *la ~ di una legge* the infringement of a law. **2** (*violazione di una norma*) infringement, breach. ☐ *ogni ~ sarà punita* offenders will be prosecuted.

trasgressività *f.* transgression, unconventionality.

trasgressivo *a.* **1** (*offensivo*) offending. **2** (*anticonvenzionale*) transgressive, unconventional.

trasgressore *m.* (*f.* **trasgreditrìce**) offender, transgressor, breaker: *i trasgressori saranno puniti* offenders will be prosecuted.

traslare (**tràslo**) *v.t.* to transfer, to take, to move.

traslato I *a.* figurative, metaphoric, metaphorical: *senso ~* metaphorical sense. **II** *m.* metaphor. ☐ *per ~* metaphorically.

traslatore *m.* (*Tel*) repeater, translator.

traslazione *f.* **1** (*trasferimento*) transfer, removal. **2** (*Rel*) (*di reliquie*) translation. **3** (*Econ*) transfer, shifting. **4** (*Dir*) transfer. **5** (*Fis,Geol,Astr,Mat*) translation: *moto di ~* motion of translation. ☐ *~ di una salma* transfer of a corpse, transfer of a body.

traslitterare (**traslìttero**) *v.t.* to transliterate.

traslitterazione *f.* transliteration.

traslocare (**traslòco, traslòchi**) **I** *v.t.* to transfer, to move: *~ un impiegato* to transfer an employee. **II** *v.i.* (*aus.* **avere**) to move: *abbiamo traslocato in periferia* we moved to the outskirts; *~ in un nuovo appartamento* to movo into a new flat.

trasloco (*pl.* **-chi**) *m.* removal, move; (*trasporto di masserizie*) moving. ☐ *azienda di traslochi* moving company, removal company; *fare il ~* to move (house).

traslucidità *f.* (*Fis*) translucence, translucency.

traslucido *a.* (*Fis*) translucent, translucid.

trasmesso → **trasmettere**.

trasmettere (*pres.ind.* **trasmétto**; *p.rem.* **trasmìsi**; *p.p.* **trasmésso**) **I** *v.t.* **1** to transmit, to pass on: *~ una malattia* to transmit a disease. **2** (*tramandare da una generazione all'altra*) to hand down, to hand on, to transmit. **3** (*mandare*) to send: *~ una lettera a qcu.* to send a letter to so. **4** (*inoltrare*) to forward, to transmit. **5** (*comunicare*) to convey: *~ una notizia a qcu.* to convey news to so. **6** (*Dir*) to convey, to transfer: *~ un diritto a qcu.* to transfer a right to so. **7** (*Dir*) (*per eredità*) to leave, to bequeath. **8** (*Tel*) to transmit. **9** (*Rad*) to broadcast: *~ un discorso* to

broadcast a speech. **10** (*TV*) to broadcast, to telecast, to televise. **11** (*Mecc*) to transmit. **II** *v.pron.* **trasmettersi 1** to be transmitted, to be passed on, to be forwarded. **2** (*tramandarsi*) to be handed down. ☐ (*TV*) *~ un film* to show a film; (*Rad*) *abbiamo trasmesso il notiziario delle undici* you have been listening to the eleven o' clock news; *~ in diretta*: **1** (*Rad*) to broadcast live; **2** (*TV*) to telecast live; *trasmettersi per contagio* to spread by infection, to be spread by infection.

trasmettitore *m.* transmitter (*anche Tel, Rad*). ☐ *~ telegrafico* telegraph transmitter; *~ televisivo* television transmitter.

trasmigrare (**trasmìgro**; *aus.* **essere/avere**) *v.i.* **1** to transmigrate; (*emigrare*) to emigrate. **2** (*rif. a uccelli*) to migrate. **3** (*Rel*) (*reincarnarsi*) to transmigrate.

trasmigrazione *f.* **1** transmigration; (*emigrazione*) emigration. **2** (*rif. a uccelli*) migration: *~ annuale delle rondini* annual migration of swallows. ☐ (*Rel*) *~ delle anime* transmigration, transmigration of souls.

trasmissibile *a.* **1** transmissible, transmittable; (*per eredità*) inheritable. **2** (*Dir*) transferable, conveyable; (*in eredità*) descendible. **3** (*Med*) transmitted: *malattie sessualmente trasmissibili* sexually transmitted diseases.

trasmissibilità *f.* **1** transmissibility. **2** (*Dir*) transferability.

trasmissione *f.* **1** transmission, passing on: *~ di poteri* transmission of powers. **2** (*Rad*) broadcast, broadcasting, transmission; (*programma*) broadcast, program, programme. **3** (*TV*) broadcast, broadcasting, transmission, telecast, telecasting; (*programma*) program, programme, telecast. **4** (*Mecc*) transmission, drive. **5** (*Fis,Med*) transmission. **6** (*Dir*) transfer, transmission. **7** *pl.* (*Mil*) military communications network *sing.* ☐ (*Mecc*) *~ a catena* chain drive, chain gearing; (*Mecc*) *~ a cinghia* belt drive; (*Inform*) *~ a pacchetti ristretti* narrowcasting; (*Mot*) *~ ad albero* shafting; (*Aut*) *~ anteriore* front-wheel drive; (*Mot*) *~ cardanica* universal transmission; (*Rad*) *~ clandestina* pirate broadcast; (*in tempo di guerra*) clandestine broadcast; (*Inform*) *~ dati* data transmission; (*Fis*) *~ del calore* heat trasmission; (*Fis*) *~ del moto* motion transmission; (*Psic*) *~ del pensiero* thought transference; (*Fis*) *~ di energia* power transmission; (*Mecc*) *~ diretta* direct transmission; (*Mecc*) *~ idraulica* hydraulic drive, hydrodynamic drive; *~ in differita*: **1** (*Rad*) recorded broadcast, recorded programme; **2** (*TV*) recorded programme, recorded telecast; *~ in diretta*: **1** (*TV*) live telecast, live broadcast; **2** (*Rad*) live broadcast; (*TV*) *~ in eurovisione* Eurovision telecast; *~ meccanica* mechanical drive; (*Aut*) *~ posteriore* rear-wheel drive; *~ pubblicitaria*: **1** (*Rad*) radio commercial; **2** (*TV*) television commercial; (*Rad*) *~ radiofonica* broadcast; (*TV,Tecn*) *~ satellitare* satellite broadcast; (*Elettron*) *~ sincrona* synchronous transmission; (*TV*) *~ televisiva* telecast, telecasting.

trasmissivo *a.* transmissive.

trasmittente I *a.* transmitting (*anche Tel, Rad*). **II** *f.* (*Rad*) **1** (*stazione trasmittente*) transmitting station, broadcasting station. **2** (*apparecchio*) transmitter.

trasmodare (**trasmòdo**; *aus.* **avere**) *v.i.* to go to excess, to go too far, to be immoderate. ☐ *~ nel bere* to drink immoderately, to drink to excess.

trasmutabile *a.* (*lett*) transmutable.

trasmutabilità *f.* (*lett*) transmutability.

trasmutare (**trasmùto**) **I** *v.t.* (*lett*) to transmute, to transform. **II** *v.pron.* **trasmutarsi** (*lett*) to be transformed, to change.

trasmutazione *f.* **1** (*lett*) transmutation, transformation. **2** (*Fis*) transmutation.

trasognato *a.* dreamy, absent-minded, lost in reverie (*posposto*): *guardare qcu. con occhi trasognati* to look at so. with a dreamy expression, to look at so. with a far-away expression; *avere un'aria trasognata* to look absent-minded.

traspadano *a.* transpadane.

trasparente I *a.* **1** transparent: *carta ~* transparent paper. **2** (*rif. a vestito, tessuto*) transparent, see-through. **3** (*fig*) transparent, clear. **4** (*iperb*) (*molto sottile*) wafer-thin, very thin: *una fetta ~ di formaggio* a very thin slice of cheese. **II** *m.* **1** (*cartellone pubblicitario*) transparency. **2** (*Sart*) backing. **3** (*Cin*) back projection, process screen, transparent background. **4** (*Teat*) scrim. ☐ *~ come il vetro* crystal clear (*anche fig*).

trasparenza *f.* **1** transparence, transparency; clearness: *la ~ di un cristallo* the transparency of a crystal glass. **2** (*rif. a vestito, tessuto*) see-through effect. **3** (*fig*) transparence, transparency. ☐ (*fig*) *~ dei dati* transparency of data; *guardare qcs. in ~* to look at sth. against the light.

trasparire (*pres.ind.* **trasparìsco/traspàio, trasparìsci/trasparì**; *p.rem.* **trasparì** /*rar* **trasparvi** /*rar* **traspàrsi**; *p.p.* **trasparìto** /*rar* **traspàrso**; *aus.* **essere**) *v.i.* **1** (*rif. alla luce*) to shine through, to gleam through: *il cristallo fa ~ la luce del sole* crystal lets the sunlight shine through. **2** (*rif. a oggetti non luminosi*) to show through, to appear, to be seen: *attraverso il vestito di pizzo traspariva la sottoveste nera* the black slip showed through her lace dress. **3** (*fig*) (*rif. a sentimenti e sim.*) to reveal: *lasciare ~ le proprie intenzioni* to reveal one's intentions; *dal suo volto traspariva la gioia* his face shone with joy.

traspirare (**traspìro**; *aus.* **essere**) *v.i.* **1** (*Fisiol*) to perspire, to sweat. **2** (*Bot*) to transpire. **3** (*fig*) (*trapelare*) to transpire, to leak out, to come to light: *da quanto ha detto non traspira niente dei suoi progetti* from what he said none of his plans leaked out.

traspiratorio *a.* **1** (*Fisiol*) perspiratory. **2** (*Biol*) tranpiratory.

traspirazione *f.* **1** (*Fisiol*) perspiration, sweating. **2** (*Bot*) transpiration.

trasporre (*pres.ind.* **traspóngo, traspóni**; *p.rem.* **traspósi**; *p.p.* **traspósto**) *v.t.* **1** to transpose, to move. **2** (*Mus*) to transpose.

trasportabile *a.* **1** transportable, conveyable. **2** (*rif. a malati e sim.*) able to be moved.

trasportare (**traspòrto**) *v.t.* **1** to transport, to carry, to convey: *una barca li trasportò sulla sponda opposta* a boat carried them to the other bank. **2** (*spostare*) to move, to take, to carry: *trasporteremo il divano nello studio* we will move the divan into the study. **3** (*rif. a malati, morti e sim.*) to take, to carry, to bear, to convey: *il ferito fu trasportato all'ospedale* the wounded man was taken to hospital. **4** (*trasferire*) to transfer, to move: *trasportarono la capitale da Roma a Costantinopoli* the capital was moved from Rome to Constantinople. **5** (*fig*) (*con l'immaginazione*) to transport. **6** (*fig*) (*trascinare*) to transport, to carry away: *lasciarsi ~ dall'ira* to let oneself be carried away by anger, to lose one's temper. **7** (*fig*) (*condurre con forza, spingere*) to drive, (*lett*) to waft: *la nave era trasportata dal vento* the ship was driven by the wind. **8** (*fig*) (*riprodurre, copiare*) to transfer. **9** (*Mus,Mat*) to transpose.

trasportato I *a.* 1 transported, carried. 2 *(fig)* transported, carried away. II *m.* *(f.* **-a)** passenger. □ *~ nello spazio* spaceborne.
trasportatore I *m.* 1 *(f.* **-trice)** transporter, carrier. 2 *(Tecn)* conveyor, carrier. II *a.* transport *(attr.)*, conveyor *(attr.)*, feed *(attr.)*, feeding: *rulli trasportatori* feeding rollers, tension roller. □ *(Tecn) ~ a catena* chain conveyor; *(Tecn) ~ a cavo* cable conveyor; *(Tecn) ~ a nastro* conveyor belt, carrier belt, ribbon conveyor; *(Tecn) ~ a rulli* roller conveyor; *(Tecn) ~ a tazze* bucket conveyor, skip hoist.
trasporto *m.* 1 transport, transportation, carriage, conveyance. 2 *pl.* *(traffico o rete dei trasporti)* transport *(costr.sing.)*, transportation *(costr.sing.)* 3 *(rif. a malati, morti e sim.)* carrying, transport. 4 *(trasferimento)* transfer. 5 *(fig)* *(impeto)* transport: *in un ~ d'ira* in a transport of rage. 6 *(fig)* *(entusiasmo, passione)* transport, rapture: *la abbracciò con ~* he hugged her with rapture. 7 *(fig)* *(fervore)* zeal, enthusiasm: *lavorare con ~* to work with great enthusiasm. 8 *(Mus,Mat)* transposition. 9 *(Pitt)* transferring. 10 *(Tip)* transfer.
□ *~ a carico del cliente* carriage forward; *~ a carico del mittente* carriage paid, *(Am)* prepaid, carriage prepaid; *~ a brevedistanza* short haulage; *~ a grande distanza* long-distance haulage; *~ aereo* air transport; *~ combinato* piggyback traffic, pick-a-back traffic; *da ~* transport *(attr.)*; *trasporti eccezionali* outize loads; *~ ferroviario* rail transport, rail transportation; *~ fluviale* river transportation; 2 *(esequie)* funeral; *~ interno* inland transport; *~ marittimo* carriage by sea; *~ merci* freight, carriage of goods, transport of goods, haulage; *~ pagato* carriage paid; *~ passeggeri* passenger transport; *~ per ferrovia* rail transport, rail transportation; *trasporti pubblici* public transport *(costr.sing.)*; *~ stradale* : 1 road transport; 2 *(traffico di merci)* road freight; *~ su gomma* road transport; *~ su strada* : 1 road transport; 2 *(traffico di merci)* road freight; *trasporti urbani* local transport; *~ per via d'acqua* carriage by water; *~ per via aerea* air transport.
trasposi → **trasporre**.
traspositore *m.* *(f.* **-trice)** transposer.
trasposizione *f.* transposition *(anche Mus)*.
trasposto → **trasporre**.
trassato I *a.* *(Econ)* drawee *(attr.)*, paying: *banca trassata* paying bank, drawee bank. II *m.* *(f.* **-a)** *(Econ)* drawee.
trassi → **trarre**.
trastullamento *m.* amusement.
trastullare **(trastùllo)** I *v.t.* *(fare divertire)* to amuse; *(giocando)* to play with. II *v.pron.* **trastullarsi** 1 *(divertirsi)* to amuse oneself; *(giocare)* to play. 2 *(perdere tempo)* to waste time, to fritter away one's time, to trifle away one's time, to dawdle: *studia invece di trastullarti* study instead of wasting time.
trastullatore *m.* *(f.* **-trice)** *(rar)* amuser.
trastullo *m.* 1 amusement; *(il giocare)* play. 2 *(gioco)* game; *(passatempo)* pastime. 3 *(giocattolo)* toy. 4 *(fig)* plaything, sport: *essere il ~ della fortuna* to be the plaything of fortune.
trasudamento *m.* oozing, transuding.
trasudare **(trasùdo)** I *v.i.* *(aus.* **essere/avere)** to ooze, to transude, to seep: *l'umidità trasuda dal muro* the moisture is seeping out of the wall. II *v.t.* 1 to ooze *(with).* 2 *(fig)* *(lasciar trapelare)* to reveal, to disclose.
trasudato I *a.* transudated. II *m.* *(Med)* transudate.
trasudazione *f.* *(Med)* transudation.
trasumanare **(trasumàno;** *aus.* **essere)** *v.i.*

(lett) to transcend human nature.
trasumanazione *f.* *(lett)* transhumanation.
trasversale I *a.* 1 transverse, transversal: *in senso ~* transversally. 2 *(che attraversa)* cross *(attr.)*: *via ~* crossroad. 3 *(Pol)* *(rif. a gruppo, alleanza)* cross-party *(attr.).* 4 *(Tecn, Anat)* transverse. II *f.* 1 *(Geom)* transversal: *tracciare una ~* to draw a transversal line. 2 *(nella roulette)* transversal, transversal bet. 3 *(via traversa)* crossroad.
trasversalismo *m.* *(Pol)* bipartisanism.
trasversalmente *avv.* transversally.
trasverso *m.* *(Edil)* crossbeam.
trasvolare **(trasvólo)** I *v.t.* to fly (over, across), to cross: *~ l'Atlantico* to fly across the Atlantic. II *v.i.* *(aus.* **essere/avere)** *(sorvolare)* to barely touch *(su* on), to pass quickly, to pass over quickly: *trasvolò sull'argomento* he barely touched on the matter.
trasvolata *f.* *(Aer)* flight, air crossing: *~ dell'Atlantico* flight across the Atlantic.
trasvolatore *m.* *(f.* **-trice)** flyer: *il primo ~ dell'Atlantico* the first man to fly across the Atlantic.
tratta *f.* 1 *(illecito commercio di persone)* trade. 2 *(Comm)* draft, bill, bill of exchange: *spiccare una ~ su qcu.* to draw a bill on so.; *pagare una ~* to pay a draft, to honour a draft. 3 *(Ferr)* section, stretch (of a railway line).
□ *(Comm) ~ a data fissa* draft on a fixed date; *(Comm) ~ a vista* bill at sight, demand draft, sight draft; *(Comm) ~ allo scoperto* overdraft; *~ degli schiavi* slave trade *(anche Stor)*; *(Stor) ~ dei neri* Negro slave trade; *(Comm) ~ domiciliata* domiciled bill, addressed bill; *(Comm) ~ in bianco* blank draft; *(Comm) ~ sull'estero* export bill.
trattabile *a.* 1 *(rif. ad argomento)* that may be dealt with *(posposto).* 2 *(contrattabile)* negotiable: *prezzo ~* negotiable price. 3 *(nelle inserzioni)* o.n.o. (or nearest offer): *5 000 euro trattabili* 5,000 euros o.n.o. 4 *(fig)* *(affabile)* tractable: *una persona ~* a tractable person. 5 *(Chim,Tecn)* treatable, tractable.
trattamento *m.* 1 treatment. 2 *(rif. ad alberghi, ristoranti e sim.)* service. 3 *(retribuzione)* pay, payment, remuneration: *il ~ degli insegnanti è migliorato* the teachers' remuneration has been improved. 4 *(Tecn,Chim, Med)* treatment: *il ~ dei tumori* the treatment of tumours. 5 *(Cosmet)* treatment, care; *(rif. a capelli)* conditioning. 6 *(Minier)* dressing.
□ *(Tecn) ~ a freddo* cold-treating; *(Cosmet) ~ anticellulite* anti-cellulite treatment; *(Inform) ~ automatico dei dati* automatic data processing, ADP; *ha avuto il ~ che si meritava* he got what he deserved, he was treated as he deserved; *~ completo* deluxe treatment; *~ dei dati personali* personal-data processing; *(Tecn) ~ delle acque di rifiuto* sewage treatment; *(Inform) ~ dell'immagine* image processing; *(Inform) ~ dell'informazione* data processing; *(Cosmet) ~ di bellezza* beauty treatment; *~ di favore* special treatment; *(Econ) ~ di fine rapporto* severance pay; *(Cosmet) ~ d'urgenza* emergency treatment; *~ e smaltimento dei rifiuti* waste management; *~ economico* pay, payment, remuneration; *(Cosmet) ~ esfoliante per il corpo* exfoliating body treatment; *(Cosmet) ~ estetico* beauty treatment; *(Med) ~ incruento* bloodless treatment; *(Med) ~ medico* medical treatment; *(Inform) ~ parallelo* parallel processing; *(Cosmet) ~ personalizzato* personalized treatment; *(Met) ~ termico* heat treatment; *(Inform) ~ testi* word processing.
trattare **(tràtto)** I *v.t.* 1 to treat: *~ qcu. con gentilezza* to treat so. kindly; *~ qcu. come un*

figlio to treat so. like a son; *~ qcu. da amico* to treat so. as a friend. 2 *(discutere, sviluppare un tema)* to deal with, to treat, to discuss: *~ esaurientemente un tema* to deal with a subject exhaustively. 3 *(condurre trattative)* to negotiate: *~ l'armistizio* to negotiate the armistice. 4 *(comportarsi in modo opportuno)* to handle: *non sa ~ i suoi uomini* he does not know how to handle his men. 5 *(avere relazioni)* to deal with, to have dealings with, to have to do with: *non tratto certa gente* I'll have no dealings with certain people, I've nothing to do with certain people. 6 *(rif. specialmente ad albergatori, a negozianti: soddisfare le richieste altrui)* to treat, to take care of, to look after, to handle: *in questo albergo trattano molto bene i clienti* they take very good care of the guests in this hotel; *tratti troppo bene i tuoi alunni* you treat your pupils too well. 7 *(maneggiare)* to handle, to use: *tratta il pennello da maestro* he handles his brush like a master. 8 *(lavorare)* to treat, to process, to cure, to work: *~ il ferro* to work iron. 9 *(Comm)* *(avere in vendita)* to deal in, to handle: *la nostra ditta tratta i laminati plastici* our firm deals in laminated plastics. 10 *(Tecn,Chim,Med, Cosmet)* to treat: *~ una sostanza con un reattivo* to treat a substance with a reagent; *~ una ferita con lo iodio* to treat a wound with iodine. 11 *(Minier)* to dress. II *v.i.* *(aus.* **avere)** 1 to be about *(di qcs.* sth.), to deal *(di* with), to treat *(di* of): *di che cosa tratta il film?* what is the film about? 2 *(discutere)* to negotiate *(di qcs., su qcs.* sth.): *~ con il nemico* to negotiate with the enemy. 3 *(discutere per accordarsi sul prezzo)* to bargain: *bisogna ~ prima di comprare* you have to bargain before you buy. 4 *(avere relazioni)* to have to do, to deal *(con* with): *non tratto con persone che non conosco* I don't deal with people I don't know. III *v.pron.* **trattarsi** to treat oneself, to live, *(Br,colloq)* to do oneself: *trattarsi da signore* to live like a lord; *trattarsi bene* to do oneself well, to treat oneself well, to look after oneself. IV *v.pron.impers.* to be a matter *(di* of), to be a question *(di* of), to be about *(di qcs.* sth.): *di cosa si tratta?* what is it about?; *si tratta di questo* this is what it's about; *non si tratta solo di te* it's not a question of you alone; *si tratta di stabilire chi andrà per primo* it's a matter of deciding who will go first, we have to decide who will go first. □ *(fig) ~ qcu. a pesci in faccia* to kick so. in the teeth; *~ bene qcu.* to treat so. well; *(fig) ~ qcu. coi guanti* to handle so. with kid gloves, to treat so. with kid gloves; *(pop) ~ qcu. come una pezza da piedi* to treat so. like dirt, to treat so. like a nobody; *~ con cura* to handle with care; *~ qcu. con severità* to treat so. with severity; *~ qcu. da fratello* to treat so. like a brother; *~ male qcu.* to be mean to so., to treat so. badly; *~ sul prezzo* to negotiate the price.
trattario I *m.* *(f.* **-a)** *(Dir,Econ)* drawee. II *a.* *(Dir,Econ)* drawing, paying.
trattatista *m./f.* writer of a treatise.
trattativa *f.* negotiation, talks *pl.*: *le trattative sono fallite* negotiations have fallen through; *riprendere le trattative* to resume negotiations, to resume the negotiations. □ *essere in trattative* to be negotiating; *trattative in corso* negotiations under way, negotiations in progress; *trattative di pace* (o *trattative per la pace)* peace talks, peace negotiations; *intavolare trattative di pace* (o *intavolare trattative per la pace)* to enter into peace talks; *~ salariale* wage negotiation; *~ sindacale* labour negotiation, labour

union negotiation.

trattato[1] *m.* **1** (*opera*) treatise: *un ~ di filosofia* a treatise on philosophy. **2** (*Dir*) treaty, agreement: *~ di pace* peace treaty; *~ culturale* cultural agreement; *stipulare un ~* to draw up a treaty; *rompere un ~* to break a treaty. □ *~ di alleanza* treaty of alliance; (*Stor*) *il ~ di Maastricht* the Maastricht Treaty; (*Mar*) *~ di navigazione* navigation treaty; (*Pol*) *~ di non proliferazione* nonproliferation treaty; (*Stor*) *il ~ di Roma* the Treaty of Rome; *~ internazionale* international treaty (*anche Pol*).

trattato[2] *a.* (*che ha subito un trattamento*) processed. □ *non ~*: 1 unprocessed; 2 (*Agr*) organic, untreated: *limoni non trattati* organic lemons.

trattazione *f.* **1** treatment. **2** (*trattato*) treatise. □ *fare una esauriente ~ di un argomento* to treat a topic exhaustively, to deal with a topic exhaustively.

tratteggiamento *m.* **1** (*il segnare a tratti*) tracing; (*ombreggiatura*) hatching. **2** (*fig*) (*descrizione*) outline, sketch.

tratteggiare (**tratteggio, tratteggi**) *v.t.* **1** (*segnare a tratti: nel disegno*) to trace; (*ombreggiare*) to hatch. **2** (*abbozzare*) to sketch, to sketch out, to outline (*anche fig*): *~ un ritratto* to sketch out a portrait; *~ i caratteri di un periodo storico* to sketch out the characteristics of a historical period.

tratteggiato *a.* **1** broken, dotted: *linea tratteggiata* dotted line, broken line. **2** (*disegnato*) sketched; (*ombreggiato*) shaded, hatched. **3** (*fig*) (*descritto*) drawn.

tratteggio *m.* **1** hatching. **2** (*linea a tratti*) dotted line, broken line.

trattenere (*pres.ind.* **trattengo, trattieni**; *p.rem.* **trattenni**; *p.p.* **trattenuto**) **I** *v.t.* **1** (*far restare, far rimanere*) to keep, to keep back, to detain: *mi ha trattenuto per più di due ore* he kept me for more than two hours; *la polizia lo ha trattenuto tutta la notte* the police detained him all night. **2** (*tenere fermo*) to hold, to keep: *~ qcu. per il braccio* to catch hold of so.'s arm. **3** (*contenere, frenare*) to hold back: *~ la folla* to hold back the crowd; *~ i cavalli* to hold the horses back. **4** (*sforzarsi di tenere dentro di sé*) to keep back, to hold back, to check, to restrain: *~ le lacrime* to hold back one's tears, to keep back one's tears. **5** (*rif. a calore, umidità*) to retain. **6** (*soffocare*) to smother: *~ il riso* to smother one's laughter. **7** (*astenersi dal consegnare*) to keep, to hold: *trattieni la corrispondenza fino al mio ritorno* hold the mail until I get back. **8** (*detrarre*) to keep, to keep back, to withhold: *~ una somma sullo stipendio* to withhold a part of one's salary. **9** (*intrattenere*) to entertain, to amuse: *~ gli ospiti con un po' di musica* to entertain the guests with a little music. **II** *v.pron.* **trattenersi** **1** (*rimanere, fermarsi*) to stay, to remain: *perché non ti trattieni ancora un po'?* why don't you stay a little longer?; *quanto ti tratterrai a Roma?* how long will you stay in Rome? **2** (*fig*) (*astenersi, frenarsi*) to stop, to stop oneself, to restrain oneself, to keep, to keep oneself: *non ho potuto trattenermi dal ridere* I couldn't keep from laughing; *mi sono trattenuto a stento dal dirgli tutto* I could hardly stop myself from telling him everything. □ *~ il fiato* to catch one's breath, to hold one's breath; *~ il respiro* to hold one's breath; *mi hanno trattenuto* (*ho avuto un contrattempo*) I was held up; *~ qcu. per cena* to ask so. to stay for dinner; *~ una risata* to hold back a laugh; *~ uno sbadiglio* to stifle a yawn; *~ uno starnuto* to suppress a sneeze.

trattenimento *m.* **1** (*spettacolo*) entertainment: *~ musicale* musical entertainment. **2** (*festa*) party. □ *~ danzante*: 1 (*di pomeriggio*) tea dance; 2 (*di sera*) dance, ball.

trattenuta *f.* deduction: *operare delle trattenute sullo stipendio* to make deductions from (so.'s) salary. □ *~ alla fonte* deduction at source, withholding tax; *~ d'acconto* withholding tax; *~ sindacale* check-off; *~ sul salario* deduction from wages.

trattino *m.* **1** (*nelle parole composte*) hyphen: *~ d'unione* hyphen; *dividere una parola con un ~* (*o unire una parola con un ~*) to hyphen a word, to hyphenate a word. **2** (*per introdurre un discorso diretto*) dash. **3** (*nel disegno a tratteggio*) hatch.

tratto[1] **I** *m.* **1** (*linea, segno*) stroke, line: *un ~ di penna* a stroke of the pen; *un ~ di pennello* a brushstroke. **2** (*lineetta, trattino*) hyphen; (*per introdurre un discorso diretto*) dash. **3** *pl.* (*fig*) (*lineamenti, tratti del volto*) features: *tratti marcati* marked features. **4** *pl.* (*fig*) (*elementi caratteristici*) features, traits, characteristics: *i tratti più notevoli del carattere di qcu.* the most outstanding features of so.'s character. **5** (*parte, segmento*) part, piece, segment; (*rif. a tubazione, cavo e sim.*) length, piece. **6** (*tratto di strada*) way, stretch: *abbiamo fatto insieme un lungo ~* we've gone a long way together; *un ~ del cammino* a part of the way. **7** (*di fiume*) reach, stretch. **8** (*spazio, regione*) tract, stretch, expanse: *un gran ~ di mare* a great expanse of sea; *~ di cielo* expanse of sky. **9** (*fig*) (*brano di uno scritto e sim.*) passage. **10** (*fig*) (*modo di trattare*) ways *pl.*, manners *pl.*: *persona di ~ fine* person with refined ways. **11** (*fig*) (*gesto*) gesture, act: *un ~ di generosità* a generous gesture. **12** (*Ling*) feature, trait. □ *a tratti* at times, every now and then; (*Tip,Inform*) *~ basso* underscore; (*Tip*) *~ breve* hyphen; (*Ferr*) *~ di binario* track section; *~ di corda*: 1 length of rope; 2 (*Stor*) strappado; *~ di costa* stretch of coast; *tratti fisionomici* features; *tutt'a un ~* all of a sudden, suddenly.

tratto[2] → **trarre** *a.* **1** (*tirato fuori*) drawn out, pulled out. **2** (*preso, tolto*) taken, drawn (*da* from): *un brano ~ da un celebre romanzo* a passage taken from a well-known novel. **3** (*detratto*) deducted. **4** (*basato*) based (*da* on): *un film ~ da un famoso romanzo* a film based on a famous novel.

trattore[1] *m.* (*Mecc,Tecn*) tractor. □ *~ a cingoli* caterpillar tractor, caterpillar tractor; *~ agricolo* tractor, farm tractor, agricultural tractor, agrimotor; *~ anfibio* amphibious tractor; *~ cingolato* caterpillar, caterpillar tractor; *~ semicingolato* half-track tractor; *~ stradale* road tractor.

trattore[2] *m.* (*oste*) trattoria owner, restaurant keeper.

trattoria *f.* trattoria, bistro.

trattorista *m.* tractor driver, tractor operator.

trattrice *f.* (*Mat*) tractrix.

trattura *f.* (*Tess*) silk reeling.

tratturo *m.* sheep track.

trauma *m.* (*Med,Psic*) trauma: *~ psichico* psychic trauma. □ (*Med*) *~ cranico* head injury.

traumatico (*pl.* **-ci**) *a.* (*Med,Psic*) traumatic.

traumatismo *m.* (*Med*) traumatism.

traumatizzante (**traumatizzo**) *v.t.* **1** (*Med,Psic*) shocking, traumatizing. **2** (*fig*) (*sconvolgente*) shocking, traumatizing.

traumatizzare (**traumatizzo**) *v.t.* **1** (*Med, Psic*) to traumatize. **2** (*fig*) (*sconvolgere*) to shock.

traumatizzato **I** *a.* **1** (*Med,Psic*) traumatized. **2** (*fig*) (*sconvolto*) shocked, in shock (*posposto*): *è rimasto ~ dall'incidente automobilistico* he was in shock after the car accident. **II** *m.* (*f.* **-a**) (*Med,Psic*) traumatized person. □ (*Med*) *~ cranico* head injured.

traumatologia *f.* (*Med*) **1** traumatology, accident surgery. **2** (*reparto*) trauma ward.

traumatologico (*pl.* **-ci**) *a.* (*Med*) accident (*attr.*), trauma (*attr.*): *centro ~* trauma ward.

traumatologo *m.* (*f.* **-a**; *pl.* **-gi**) (*Med*) traumatologist.

travagliare (**travaglio, travagli**) **I** *v.t.* to afflict, to torment, to trouble: *il rimorso lo travaglia* he is tormented by remorse. **II** *v.pron.*

travagliarsi to be tormented, to be distressed, to grieve, to suffer.

travagliato *a.* **1** troubled, tormented, afflicted. **2** (*difficile*) hard, difficult: *una vita travagliata* a hard life.

travaglio[1] *m.* **1** (*angoscia, affanno*) suffering, pain, anguish, distress: *~ interno* inner suffering. **2** (*Med*) pains *pl.*, pain, upset: *~ di stomaco* stomach upset, upset stomach. **3** (*Med*) (*rif. a parto*) labour, travail: *entrare in ~* to start labour. □ (*Med*) *~ di parto* labour, travail, (*Am*) labor.

travaglio[2] *m.* (*Veter*) (*durante la ferratura*) trave; (*durante interventi chirurgici*) crush.

travalicare (**travalico, travalichi**) *v.t.* (*lett*) to cross, to cross over, to pass over.

travasamento *m.* decanting, pouring, pouring out.

travasare (**travaso**) **I** *v.t.* **1** to decant, to pour (out, off): *~ il vino in bottiglie* to pour the wine into bottles. **2** (*fig*) (*riversare*) to pour. **II** *v.pron.* **travasarsi** to overflow, to spill.

travasatrice *f.* (*Enol*) transfer pump.

travaso *m.* **1** pouring, pouring out, pouring off, decanting. **2** (*Med*) extravasation, effusion. □ *~ di bile*: 1 (*Med*) outflow of bile; 2 (*fig,colloq*) fit of temper.

travata *f.* (*Edil*) girder.

travatura *f.* (*Edil*) **1** (*operazione*) trussing. **2** (*insieme di travi*) beams *pl.*; (*rif. a tetto*) truss.

trave *f.* (*Edil*) beam, girder: *~ in ferro* iron beam, iron girder; *~ di legno* wooden beam, timber, timber beam. □ (*Edil*) *~ a vista* rafter; (*Edil*) *~ armata* reinforced beam; (*Edil*) *~ composita* truss beam, built-up beam, compound beam; (*Edil*) *~ del soffitto* ceiling joist, ceiling beam; (*Edil*) *~ di colmo* ridge pole, ridge board, ridge purlin, roof-tree; (*Edil*) *~ in aggetto* overhanging beam; (*Edil*) *~ maestra* main girder; (*fig*) *non vedere la ~ nel proprio occhio* not to see the beam in one's own eye, not to see the log in one's own eye; (*Ferr*) *~ portante* body bolster.

travedere (*pres.ind.* **travedo**; *p.rem.* **travidi**; *p.p.* **travisto**; *aus.* **avere**) *v.i.* (*rar*) **1** (*ingannarsi nel vedere*) to be mistaken, not to see well, to be wrong, to see wrong: *~ per la stanchezza* not to see well because of fatigue. **2** (*fig*) (*ingannarsi*) to be wrong, to be mistaken. **3** (*fig*) (*essere accecato d'amore*) to be crazy (about): *la mamma travede per il figlio minore* the mother is crazy about her youngest son.

traveggole □ *avere le ~* to see things, to have hallucinacinations.

traversa *f.* **1** (*trave*) crosspiece, traverse; (*rif. a porto o finestra*) transom. **2** (*via traversa*) side street, cross-street, turning: *prendi la seconda ~ a destra* take the second road on the right, take the second turning on the right. **3** (*telo per il letto*) drawsheet. **4**

(*Sport,Mecc*) crossbar. **5** (*Ferr*) sleeper, railway sleeper, (*Am*) tie, railroad tie. **6** (*Idr*) (*briglia: per la correzione di torrenti*) dike embankment. □ *~del letto* slat.

traversare (**travèrso**) *v.t.* **1** (*attraversare*) to cross, to go across: *~ la strada* to cross the street; *il fiume traversa la città* the river crosses the city. **2** (*passare da parte a parte*) to go through, to pass through, to pierce: *il proiettile traversò la parete* the bullet went through the wall. **3** (*Alp*) to traverse. □ *~ a guado un fiume* to ford a river; *~ a nuoto* to swim across; (*Mar*) *~ l'ancora* to stow the anchor, to secure the anchor; (*Mar*) *~ una nave* to take a course perpendicular to the direction of the wind.

traversata *f.* **1** crossing. **2** (*viaggio, navigazione*) crossing, passage: *abbiamo avuto un'ottima ~* we had a fine crossing. **3** (*in aereo*) flight, trip: *la ~ dell'Atlantico dura poche ore* the flight over the Atlantic lasts a few hours. **4** (*a nuoto*) crossing. **5** (*Alp*) traverse. □ *la ~della Manica* the Channel crossing; (*Mar,Sport*) *~ in solitario* solo crossing.

traversia *f.* **1** (*Mar*) side wind, onshore wind. **2** *pl.* (*fig*) (*avversità*) mishaps, troubles, trials, adversities: *abbiamo superato molte traversie* we have overcome many trials.

traversina *f.* (*Ferr*) sleeper, (*Am*) tie, railroad tie.

traversino *m.* (*Mar*) spring, spring line.

traverso **I** *a.* cross, transverse, crosswise. **II** *m.* **1** width, breadth. **2** (*Mar*) beam. □ *di ~*: **1** crosswise, across; **2** (*obliquamente*) sideways, sideways on, slantwise, slantingly, obliquely; **3** (*di sguardo*) askance: *guardare qcu. di ~* to look askance at so.; **4** (*Mar*) athwart; *andare di ~*: **1** (*rif. a cibi*) to go down the wrong way; **2** (*fig*) (*non avere successo*) to go awry, to go wrong; *prendere qcs. di ~* to take sth. the wrong way; *per ~* crosswiset; *andare per ~*: **1** (*rif. a cibi*) to go down the wrong way; **2** (*fig*) (*non avere successo*) to go awry, to go wrong.

traversone *m.* **1** (*Edil*) crosspiece. **2** (*Sport*) (*nel calcio*) cross: *effettuare un ~* to cross the ball.

travertino *m.* (*Min*) travertin, travertine.

travestimento *m.* **1** (*per non farsi riconoscere*) disguise; (*per maschera e sim.*) dressing-up. **2** (*costume*) costume. □ *~da donna* drag.

travestire (**travèsto**) **I** *v.t.* **1** (*per non fare riconoscere*) to disguise; (*per maschera e sim.*) to dress up. **2** (*fig*) to disguise. **3** (*Lett*) to make a travesty of, to travesty. **II** *v.pron.* **travestirsi** (*per non farsi riconoscere*) to disguise oneself: *travestirsi da mendicante* to disguise oneself as a beggar. **2** (*per maschera e sim.*) to dress, to dress up: *travestirsi da pirata* to dress up as a pirate. □ *travestirsi da donna* (o *travestirsi da uomo*) to cross-dress.

travestitismo *m.* transvestism, transvestitism.

travestito **I** *a.* **1** disguised, in disguise: *un poliziotto ~* a policeman in disguise. **2** (*in maschera*) dressed, dressed up: *~ da clown* dressed as clown, in a clown's costume. **II** *m.* transvestite, (*colloq*) drag queen.

travet *m.inv.* (*impiegatuccio*) petty clerk, (*Am,colloq*) pen pusher.

travetto *m.* (*Edil*) joist, rafter.

traviamento *m.* **1** (*il traviare*) leading astray; (*il traviarsi*) going astray, straying. **2** (*effetto*) corruption.

traviare (**tràvio/travìo, tràvi/travìi**) **I** *v.t.*

to lead astray, to corrupt. **II** *v.pron.* **traviarsi** to go astray, to stray, to be corrupted, to become corrupted: *in città si è traviato* he was corrupted in the city.

traviato *a.* corrupt, corrupted, led astray: *gioventù traviata* corrupt youth.

travicello *m.* (*Edil*) joist, rafter.

travisamento *m.* distortion, twisting, misrepresentation.

travisare (**travìso**) *v.t.* to distort, to twist, to misrepresent: *~ la realtà* to distort reality.

travolgente *a.* **1** overwhelming: *un ~ attacco* an overwhelming attack; *vittoria ~* overwhelming victory; (*elettorale*) landslide victory. **2** (*rif. agli elementi*) furious, raging: *vento ~* raging wind. **3** (*rif. a successo*) roaring, runaway (*attr.*). **4** (*rif. ad amore*) passionate.

travolgere (*pres.ind.* **travòlgo, travòlgi**; *p.rem.* **travòlsi**; *p.p.* **travòlto**) *v.t.* **1** to sweep away, to carry away: *il fiume travolse il ponte* the river swept the bridge away. **2** (*rovesciare*) to overturn, to knock down. **3** (*investire*) to run down, to run over, to knock down: *fu travolto da un autocarro* he was run over by a truck. **4** (*fig*) (*sopraffare*) to rout, to overwhelm, to overcome: *~ il nemico* to rout the enemy; *la crisi economica ha travolto il paese* the economic crisis overwhelmed the country; *essere travolto dagli eventi* to be overcome by events.

travolgimento *m.* overwhelming, overturning.

trazione *f.* **1** (*Mecc,Med*) traction. **2** (*Aut*) drive. □ *a ~animale* animal-drawn; (*Aut*) *~anteriore* front drive, front-wheel drive: *a ~ anteriore* front-wheel drive (*attr.*); *di ~*: **1** traction (*attr.*), pull (*attr.*), tractive: *fune di ~* traction rope, pull rope; **2** (*Mecc*) driving, traction (*attr.*): *ruota di ~* driving wheel; (*Ferr*) *~elettrica* electric traction; (*Med*)*in ~* in traction; (*Aut*) *~ integrale* four-wheel drive, 4WD; (*Aut*) *~posteriore* rear drive, rear-wheel drive.

trb. (*Mus*) *trombone* trb, trom (trombone).

tre I *a.inv.* **1** three. **2** (*con valore indeterminato: pochi*) few, couple, a, one: *ha detto ~ parole in tutto* he only said a few words. **II** *m.inv.* **1** (*numero*) three. **2** (*nelle date*) third: *il ~ luglio* the third of July, July the third. **III** *f.pl.* three, three o'clock. □ *a ~ a ~* three by three, three at a time; *le ~Grazie* the three Grace; *siamo in ~* there are three of us; (*Lett*) *i ~moschettieri* The Three Musketeers; *per ~*: **1** by three: *moltiplicare per ~* to multiply by three; **2** (*il triplo*) three times as much: *lavora per ~* he does the work of three men; (*Abbigl*) *cappotto a ~ quarti* three-quarter length coat; *tutt'e ~* all three; *~volte*: **1** three times; **2**(*rafforzativo dell'aggettivo*) very, too, totally: *essere ~ volte buono* to be too good; **3** (*con aggettivi negativi*) utterly, very, only too, totally: *~ volte stupido* utterly stupid; (*Aut*) *autovettura a ~volumi* sedan.

trealberi *m.inv.* (*Mar*) three-master, three-masted ship.

trebbia *f.* (*Agr*) **1** (*trebbiatrice*) threshing machine. **2** (*trebbiatura*) threshing.

trebbiano *m.* (*Enol*) Trebbiano (a dry white wine).

trebbiare (**trébbio, trébbi**) *v.t.* (*Agr*) to thresh.

trebbiatore *m.* (*f.* **-trice**) (*Agr*) thresher.

trebbiatrice *f.* (*Mecc,Agr*) threshing machine.

trebbiatura *f.* (*Agr*) **1** threshing. **2** (*tempo*) threshing season, threashing time.

trebisonda □ (*fig*) *perdere la ~* to get confused, (*colloq*) to be all at sea.

Trebisonda *n.pr.f.* (*Geog*) Trebizond, Trabzon.

treccia (*pl.* **-ce**) *f.* **1** plait, braid: *farsi le trecce* to plait one's hair; *una treccia di paglia* a straw plait. **2** (*El*) braid. **3** (*nei lavori a maglia*) cable: *un maglione a trecce* a cable stitch sweater. **4** (*Alim*) (*di pane*) plait. □ (*Alim*) *~d'aglio* string of garlic.

treccina *f.* **1** pigtail. **2** (*stile rasta*) dreadlock.

trecentesco (*pl.* **-chi**) *a.* **1** fourteenth century (*attr.*): *un castello ~* a fourteenth century castle. **2** (*rif. all'arte e letteratura italiana*) of the Trecento (*posposto*), Trecento (*attr.*).

trecentesimo I *a.* three-hundredth. **II** *m.* (*f.* **-a**) (*ordinale*) three-hundredth.

trecentista *m./f.* **1** fourteenth-century writer; (*artista*) fourteenth-century artist, (*in Italia*) trecentist. **2** (*studioso*) scholar of fourteenth century art or literature.

trecento *a./m.inv.* three hundred.

Trecento *m.* fourteenth century; (*rif. alla letteratura italiana*) Trecento.

tredicenne I *a.* of thirteen (*posposto*), thirteen-year-old (*attr.*), thirteen years old (*posposto*). **II** *m./f.* thirteen-year-old, thirteen-year-old boy (*f.* girl).

tredicesima *f.* (*tredicesima mensilità*) thirteenth month's salary.

tredicesimo I *a.* **1** thirteenth. **2** (*rif. a regnanti*) the Thirteenth. **II** *m.* (*f.* **-a**) (*ordinale*) thirteenth: *essere il ~ a tavola* to be the thirteenth at table. □ *tredicesima mensilità* thirteenth month's salary.

tredici I *a.inv.* thirteen. **II** *m.inv.* **1** (*numero*) thirteen: *il ~ porta sfortuna* thirteen is an unlucky number. **2** (*nelle date*) thirteenth: *il ~ maggio* the thirteenth of May, May the thirteenth. **III** *f.pl.* one o'clock, one p.m.; (*negli orari dei trasporti internazionali*) (*Br*) thirteen hundred hours. □ *fare un ~* (*al totocalcio*) to guess the results of all thirteen matches, to win the pools.

tredicista *m./f.* pools winner.

trefolo *m.* **1** (*Tess*) strand. **2** (*Mecc*) wobbler.

tregenda *f.* **1** (*lett*) Sabbat, Sabbath, witches' Sabbath: *notte di ~* witches' sabbath, Walpurgis Night. **2** (*fig*) (*pandemonio*) pandemonium, uproar.

treggia (*pl.* **-ge**) *f.* sled, sledge.

tregua *f.* **1** (*Mil*) (*interruzione di combattimento*) truce: *chiedere una ~* to call a truce. **2** (*fig*) (*pausa, sosta*) pause, truce; (*riposo*) rest, break, respite: *abbiamo bisogno di un po' di ~* we need a little rest. **3** (*Pol*) (*nelle battaglie elettorali*) truce, electoral truce. □ *non dare ~* to give no peace, to give no respite: *le preoccupazioni non mi danno ~* my worries give me no peace, my worries will not let me be; *i dolori non mi danno tregua* my pains give me no respite; *~d'armi* truce; *~salariale* wage freeze;*senza ~*: **1** without respite; **2** (*ininterrottamente*) non-stop, ceaselessly, uninterruptedly.

trekking /'trekkin(g)/ *m.inv.* trekking, trek: *fare ~* to trek, to go trekking.

tremante *a.* **1** trembling, shaking, quivering: *~ di paura* trembling with fear; *con mano ~* with a shaky hand. **2** (*per il freddo*) shivering, trembling.

tremare (**trèmo**; *aus.* **avere**) *v.i.* **1** to tremble, to shake, to quiver: *tremava per lo spavento* (o *tremava di paura*) he was trembling with fear. **2** (*per il freddo*) to shiver, to tremble. **3** (*rif. alla terra, al pavimento: sussultare*) to tremble, to shake. **4** (*rif. a suono, voce*) to tremble, to quiver, to shake: *la voce gli tremò per l'emozione* he was so upset his voice trembled. **5** (*fig*) (*essere impaurito*) to tremble, to shake, to quiver: *davanti a lui tremava tutta Roma* all Rome trembled before him. **6** (*fig*) (*essere in ansia*) to tremble: *trema per i suoi figli* she trembles for her children. □ *~ al solo pensiero* to tremble at the very thought; *~ come una canna* (o *~ come una foglia*) to shake like a leaf; *~ da capo a piedi* to shake from head to foot; *fare ~*: **1** (*scuotere*) to shake; **2** (*fig*) (*incutere paura*) to make tremble (with fear); *fare ~ il mondo* to raise Cain; *mi tremano le gambe* my legs are shaking, my legs are trembling with fright; *tremava tutta* she was trembling all over.

tremarella *f.* (*colloq*) shivers *pl*. □ *avere la ~* to be quaking in one's boots, to be shaking in one's boots; *fare venire la ~ a qcu.* to give so. the shivers.

trematodi *m.pl.* (*Zool*) trematodes, Trematoda.

tremebondo *a.* (*lett*) **1** trembling, quaking, shaking. **2** (*fig*) fearful; (*esitante*) hesitant.

tremendamente *avv.* **1** terribly, dreadfully, awfully. **2** (*iperb*) (*straordinariamente*) terribly, (*colloq*) awfully: *è ~ noioso* it's terribly boring.

tremendo *a.* **1** terrible, dreadful, awful, tremendous: *tremenda punizione* dreadful punishment; *una tremenda disgrazia* a terrible misfortune. **2** (*iperb*) (*molto spiacevole*) terrible, (*colloq*) awful: *fa un caldo ~* the heat is terrible.

trementina *f.* (*Chim*) turpentine: *essenza di ~* oil of turpentine.

tremila *a./m.inv.* three thousand. □ (*Sport*) *~ siepi* 3000 m steeplechase.

tremillesimo **I** *a.* (*rar*) three-thousandth. **II** *m.* (*f.* **-a**) (*rar*) three-thousandth.

tremito *m.* **1** tremble, trembling, shaking, quivering; (*per il freddo*) shivering: *essere colto da un ~* to shiver. **2** (*Med*) tremor.

tremolante *a.* **1** trembling, quivering, shaking, shivering. **2** (*rif. a luce, ad aria*) shimmering; (*rif. a fiamme*) flickering; (*rif. a stelle*) twinkling. **3** (*rif. a suoni, voce*) trembling, quavering, shaking.

tremolare (**trèmolo**; *aus.* **avere**) *v.i.* **1** to tremble, to quiver, to shake, to shiver. **2** (*rif. a luce, ad aria*) to shimmer; (*rif. a fiamme*) to flicker; (*rif. a stelle*) to twinkle. **3** (*rif. a voce e sim.*) to tremble, to quaver, to shake.

tremolio *m.* **1** trembling, quivering, shaking, shiver, shivering. **2** (*rif. a luce, ad aria*) shimmering; (*rif. a fiamme*) flickering. **3** (*rif. a suoni*) tremble, quiver, quivering. **4** (*rif. a stelle: scintillazione*) twinkling, twinkle.

tremolo *m.* **1** (*Mus*) tremolo. **2** (*Bot*) aspen, trembling poplar.

tremore *m.* **1** tremor (*anche Med*). **2** (*fig*) (*agitazione*) anxiety.

tremulo *a.* **1** trembling, quivering, shaking, shivering. **2** (*rif. a luce, ad aria*) shimmering; (*rif. a fiamme*) flickering; (*rif. a stelle*) twinkling. **3** (*rif. a suoni, voce*) trembling, quavering, shaking.

trenaggio *m.* (*Minier*) haulage.

trenette *f.pl.* (*Gastron*) trenette (*costr.sing.*) (long narrow noodles).

trenino *m.* **1** (*giocattolo*) toy train. **2** (*modellino*) model train, miniature train. □ *fare il ~* to do the conga.

treno[1] *m.* **1** (*Ferr*) train: *ero sul ~* I was on a train, I was in a train; *andare in ~* to travel by train; *il ~ per Roma* the train to Rome; *arriverò con il ~ delle undici* I'll be coming on (*o* by *o*) the eleven o'clock train; *devo prendere il ~ delle dieci* I have to catch the ten o'clock train; *perdere il ~* to miss the

train. **2** (*Zool*) part (of an animal), quarters *pl.*: *~ anteriore* forequarters *pl.*; *~ posteriore* hind quarters *pl* **3** (*Aut*) carriage: *~ anteriore* forecarriage; *~ posteriore* rear carriage. **4** (*Mil*) train. **5** (*Mecc*) train, mill: *~ di laminazione* train of rolls; *~ di ingranaggi* gear train. **6** (*Arm*) gun carriage. **7** (*ant*) (*seguito*) train, retinue; (*scorta*) escort. □ (*Ferr*) *a lunga percorrenza* long-distance train; (*Ferr*) *~ a media percorrenza* medium-distance train; (*Ferr,ant*) *~ accelerato* slow train, (*Am*) local train; (*Ferr*) *~ ad alta velocità* high speed train; (*Ferr*) *~ bestiame* cattle train; (*Ferr,Mil*) *~ blindato* armoured train; (*Ferr, Mil*) *~ corazzato* armoured train; (*Aut*) *~ di gomme* set of tyres, (*Am*) set of tires; (*Ferr*) *~ di lusso* luxury train, Pullman train; *~ di vita* (*tenore*) standard of living; (*Ferr,ant*) *~ direttissimo* fast train, through train; (*Ferr*) *~ diretto* non-stop train, through train; (*Fis*) *~ d'onde* wave train; (*Ferr*) *~ elettrico* electric train (*anche estens*); (*Ferr*) *~ espresso* express train, fast train; (*Ferr*) *~ feriale* weekday train; (*Ferr*) *~ festivo* train running Saturday and Sunday; (*Ferr*) *~ in manovra* train being shunted; (*Ferr*) *~ intercity* intercity train; (*Ferr*) *~ interregionale* through train; (*Ferr*) *~ locale* local train; (*Ferr*) *~ merci* goods train, freight train; (*Mil*) *~ militare* troop train; (*Ferr*) *~ navetta* shuttle train; (*Ferr*) *~ ordinario* regular train; (*Ferr,Mil*) *~ ospedale* hospital train; (*Ferr*) *~ passeggeri* passenger train; (*Ferr*) *~ pendolari* commuter train; (*Ferr,Post*) *~ postale* mail train; (*Ferr*) *~ rapido* express, express train; (*Ferr*) *~ speciale* special train; (*Ferr*) *~ straordinario* relief train, special train, extra train; (*Ferr*) *~ turistico* tourist train; (*Ferr*) *~ verde* train for holders of a particular discount pass; (*Ferr*) *~ viaggiatori* passenger train.

treno[2] *m.* (*Stor.gr*) threnos.

trenodia *f.* (*Stor.gr*) threnody.

trenta **I** *a.inv.* thirty. **II** *m.inv.* **1** (*numero*) thirty. **2** (*nelle date*) thirtieth: *il ~ luglio* the thirtieth of July, July the thirtieth. **3** (*Univ*) (*voto*) A, 4.0: *avere la media del ~* to have an A average, to have a 4.0; *~ e lode* an A plus, an A with bonus points. **4** *pl.* thirty years: *aver compiuto i ~* to be thirty, to be thirty years old; *essere sui ~* to be about thirty. □ (*fig*) *chi ha fatto ~ può fare trentuno* now that you've gone that far you might as well finish.

trentennale **I** *a.* (*che dura trent'anni*) thirty-year (*attr.*). **II** *m.* thirtieth anniversary.

trentenne **I** *a.* of thirty, thirty-year-old (*attr.*), thirty years old (*posposto*). **II** *m./f.* thirty-year-old, thirty-year-old man (*f.* woman), man (*f.* woman) of thirty.

trentennio *m.* thirty years *pl.*, thirty-year period.

trentesimo **I** *a.* thirtieth. **II** *m.* (*f.* **-a**) thirtieth.

trentina *f.* **1** (*trenta*) thirty; (*circa trenta*) about thirty, some thirty, thirty or so: *erano una ~ di pagine* there were about thirty pages. **2** (*età*) about thirty, thirty-something, around thirty: *essere sulla ~* to be about thirty; *avere passato la ~* to be over thirty.

trentino **I** *a.* **1** (*di Trento*) of Trento (*posposto*), from Trento (*posposto*). **2** (*del Trentino*) of Trentino (*posposto*), from Trentino (*posposto*). **II** *m.* (*f.* **-a**) **1** (*di Trento: originario*) native of Trente; (*abitante*) inhabitant of Trento. **2** (*del Trentino: originario*) native of Trentino; (*abitante*) inhabitant of Trentino.

Trentino *n.pr.m.* (*Geog*) Trentino.

Trento *n.pr.f.* (*Geog*) Trent, Trento: (*Stor*) *il Concilio di ~* the Council of Trent.

trentuno **I** *a.inv.* thirty-one. **II** *m.inv.* **1** (*numero*) thirty-one. **2** (*nelle date*) thirty-first: *il ~ maggio* the thirty-first of May, May the thirty-first.

trepang *m.inv.* (*Alim*) trepang, bêche-de-mer.

trepidamente *avv.* anxiously.

trepidante *a.* anxious.

trepidare (**trèpido**; *aus.* **avere**) *v.i.* to be anxious, to be worried: *tutti trepidavano per la sua sorte* everyone was anxious over his fate, everyone was anxious about his fate.

trepidazione *f.* trepidation, apprehension, anxiety: *pieno di ~* anxious, in great trepidation. □ *con ~* anxiously, with trepidation.

trepido *a.* (*lett*) anxious.

treppiede, **treppiedi** *m.* **1** tripod (*anche Fot*). **2** (*da cucina*) trivet.

trequarti *m.inv.* **1** (*Abbigl*) three-quarter-length coat. **2** (*Chir*) trocar. **3** (*Sport*) (*nel rugby*) three-quarter.

tresca *f.* **1** (*relazione amorosa illecita*) affair, love affair: *avere una ~ con qcu.* to have an affair with so. **2** (*intrigo*) intrigue, plot: *ordire una ~* to scheme, to weave a plot.

trescare (**trésco**, **tréschi**; *aus.* **avere**) *v.i.* **1** (*avere una relazione illecita*) to have an affair. **2** (*ordire intrighi*) to intrigue, to scheme, to plot.

trespolo *m.* **1** trestle; (*per uccelli*) perch. **2** (*sgabello*) stool. **3** (*fig*) (*veicolo in cattivo stato*) jalopy, (*Am,colloq*) heap.

tressette *m.inv.* Italian card game.

trevigiano **I** *a.* of Treviso (*posposto*); from Treviso (*posposto*). **II** *m.* (*f.* **-a**) (*originario*) native of Treviso; (*abitante*) inhabitant of Treviso.

Treviri *n.pr.f.* (*Geog*) Trier.

trevisana *f.* (*Bot,Alim*) radicchio from Treviso.

trevisano **I** *a.* (*rar*) of Treviso (*posposto*), from Treviso (*posposto*). **II** *m.* (*f.* **-a**) (*rar*) (*originario*) native of Treviso; (*abitante*) inhabitant of Treviso.

Treviso *n.pr.f.* (*Geog*) Treviso.

trevo *m.* (*Mar*) course: *~ di maestra* main course, mainsail.

triaca *f.* (*Farm,ant*) theriac, theriaca.

triaccessoriato *a.* with three bathrooms (*posposto*).

triade *f.* triad (*anche Mus*).

trial /'traial/ *m.inv.* (*Sport*) **1** motorcycle trials *pl.* **2** (*motocicletta*) trial motorcycle. **3** (*nell'atletica*) trials *pl.*

triangolare[1] **I** *a.* triangular. **II** *m.* (*Sport*) three-way meeting, triangular meeting.

triangolare[2] (**triàngolo**) *v.t.* **1** (*Topogr*) to triangulate. **2** (*Sport*) to play one-two.

triangolazione *f.* **1** (*Topogr*) triangulation. **2** (*Sport*) one-two.

triangolo *m.* **1** (*Geom*) triangle (*anche fig*): *l'eterno ~* the eternal triangle. **2** (*oggetto triangolare*) triangle. **3** (*pannolino igienico per neonati*) napkin, (*colloq*) nappy, (*Am*) diaper. **4** (*Strad*) red triangle, red warning triangle. **5** (*Mus*) triangle. □ (*Fis*) *~ delle forze* triangle of forces; (*Geom*) *~ equilatero* equilateral triangle; *il ~ industriale* the industrial area formed by Milan, Turin and Genoa; (*Geom*) *~ isoscele* isosceles triangle; (*Geom*) *~ ottusangolo* obtuse-angled triangle; (*Geom*) *~ rettangolo* right-angled triangle; (*Geom*) *~ scaleno* scalene triangle.

triarchia *f.* (*Pol*) triarchy.

Trias *m.* (*Geol*) Trias.

triassico (*pl.* **-ci**) **I** *a.* (*Geol*) Triassic. **II** *m.* (*Geol*) Triassic, Triassic period, Trias.

triathlon *m.inv.* (*Sport*) triathlon.
triatleta *m./f.* (*Sport*) triathlete.
triatomico (*pl.* **-ci**) *a.* (*Chim*) triatomic.
tribale *a.* tribal.
tribalismo *m.* tribalism.
tribasico (*pl.* **-ci**) *a.* (*Chim*) tribasic.
triboelettricità *f.* (*Fis*) triboelectricity.
triboelettrico (*pl.* **-ci**) *a.* (*Fis*) triboelectric.
tribolamento *m.* (*rar*) tribulation, suffering, affliction.
tribolare (**tribolo**) **I** *v.t.* (*ant,lett*) to torment. **II** *v.i.* (*aus. avere*) **1** to suffer, to grieve: *ha tribolato per tutta la vita* he suffered his whole life. **2** (*faticare*) to have trouble. □ *fare ~ qcu.* to trouble so., to give trouble to so.
tribolato *a.* **1** afflicted, tormented, in distress (*posposto*). **2** (*pieno di affanni*) hard, troubled, painful: *vita tribolata* hard life.
tribolazione *f.* **1** tribulation, suffering: *le tribolazioni della vita* the tribulations of life, the trials and tribulations of life. **2** (*tribolazione*) worry, trouble. □ (*Bibl*) *la Grande Tribolazione* the Great Tribulation.
tribolo *m.* **1** (*Bot*) ribbed melilot. **2** (*Stor*) caltrop. **3** *pl.* (*fig,lett*) tribulations, afflictions, trials.
tribologia *f.* (*Fis*) tribology.
triboluminescenza *f.* (*Fis*) triboluminescence.
tribordo *m.* (*Mar*) starboard. □ *a ~* on the starboard side.
tribù *f.* **1** tribe. **2** (*fig,scherz*) crowd; (*famiglia numerosa*) tribe.
tribuna *f.* **1** (*podio rialzato*) tribune, platform, stand. **2** (*palco riservato*) gallery: *~ stampa* (o *~ della stampa*) press gallery; *~ riservata al pubblico* public gallery. **3** (*nei campi sportivi e sim.*) stand; (*principale coperta*) grandstand. **4** (*fig*) debate, forum. **5** (*Arch*) tribune. **6** (*Stor.rom*) tribune. □ *~ degli oratori* tribune, speaker's platform; *~ dell'orchestra* bandstand; *~ d'onore* V.I.P. stand; *~ elettorale* (o *~ politica*) party political broadcast.
tribunale *m.* **1** (*Dir*) law court, court of justice, court of law, tribunal: *comparire in ~* to appear in court; *citare qcu. in ~* to take so. to court; *trascinare qcu. in ~* to drag so. through the courts; *per ordine del ~* by court order, by order of the court. **2** (*palazzo di giustizia*) lawcourt, lawcourts *pl.*, court house. **3** (*fig*) judgement: *il ~ della propria coscienza* the judgment of one's conscience. □ (*Dir*) *~ civile* civil court, court of equity; *~ criminale* criminal court; *~ del popolo* revolutionary court; (*Dir*) *~ del riesame* court of review; (*Dir.can*) *~ della Sacra Rota* Sacred Roman Rota, Rota; (*Rel*) *il ~ di Dio* the Tribunal of God, the Judgement Seat; (*Dir,Mil*) *~ di guerra* court-martial; (*Dir*) *~ di prima istanza* lower court; (*Dir*) *~ di primo grado* (*nell'UE*) European Court of First Instance; (*Dir*) *~ di ultima istanza* court of final jurisdiction; (*Dir*) *~ disciplinare* disciplinary court; *~ distrettuale* district court; (*Dir.can*) *~ ecclesiastico* church court, ecclesiastical court; (*Dir*) *~ fallimentare* bankruptcy court; (*Dir*) *~ giudicante* court trying the case; (*Dir,Mil*) *~ militare* military court, court-martial; (*Dir*) *~ penale* criminal court; (*Dir*) *~ per i minorenni* (o *~ per i minori*) juvenile court; (*Dir*) *~ speciale* special court; (*Dir*) *~ supremo* supreme court.
tribunato *m.* (*Stor.rom*) tribuneship, tribunate.
tribunesco (*pl.* **-chi**) *a.* (*spreg*) bombastic.
tribunizio *a.* **1** (*Stor.rom*) tribunitian: *potestà tribunizia* tribunitian power. **2** (*spreg*) bombastic.

tribuno *m.* **1** (*Stor.rom*) tribune. **2** (*fig*) (*demagogo*) demagogue. □ (*Stor.rom*) *~ della plebe* tribune of the people; (*Stor.rom*) *~ militare* military tribune.
tributare (**tributo**) *v.t.* to render, to pay, to bestow: *~ onori a qcu.* to render honours to so.; *~ omaggio a qcu.* to pay homage to so.
tributaria *f.* (*polizia tributaria*) excise and revenue police.
tributario *a.* **1** (*Dir*) tax (*attr.*), taxation (*attr.*), fiscal: *riforma tributaria* tax reform; *sistema ~* fiscal system, tax system, taxation system. **2** (*soggetto al pagamento di un tributo*) tributary. **3** (*Geog*) tributary.
tributarista *m./f.* (*Dir*) (*esperto*) tax expert, expert in taxation law.
tributo *m.* **1** (*Dir*) (*imposta*) tax, tribute. **2** (*Stor*) tribute: *assoggettare a ~* to lay under tribute. **3** (*fig*) tribute, toll: *~ di vite umane* toll in human lives. □ (*fig*) *pagare il proprio ~ alla natura* (*morire*) to pay the debt of nature; (*fig*) *pagare un ~ di sangue* to pay with one's blood.
tricamere I *a.* (*rar*) with three rooms (*posposto*). **II** *m.inv.* (*rar*) (*Br*) three-room flat, three-roomed flat, (*Am*) three-roomed apartment.
tricefalia *f.* three-headedness.
tricefalo *a.* three-headed: *divinità tricefala* three-headed deity.
tricheco (*pl.* **-chi**) *m.* (*Zool*) walrus.
trichiasi *f.* (*Med*) trichiasis.
trichina *f.* (*Zool*) trichina.
trichinosi *f.* (*Med*) trichinosis.
triciclo *m.* tricycle.
tricipite I *a.* **1** (*lett*) three-headed: *mostro ~* three-headed monster. **2** (*Anat*) triceps (*attr.*), tricipital. **II** *m.* (*Anat*) triceps, triceps muscle.
triclinio *m.* (*Stor.rom*) triclinium.
triclino *a.* (*Min*) triclinic.
tricloroetilene *f.* (*Chim*) trichloroethylene.
tricloruro *m.* (*Chim*) trichloride.
tricologia *f.* (*Med*) trichology.
tricologico (*pl.* **-ci**) *a.* (*Med*) trichological.
tricologo *m.* (*f.* **-a**; *pl.* **-gi**) (*Med*) trichologist.
tricolore I *a.* **1** tricolour, three-coloured, (*Am*) tricolor, three-colored. **2** (*bianco, rosso, verde*) white, red and green: *la bandiera ~* the Italian tricolour, the Italian flag. **II** *m.* **1** (*bandiera tricolore*) tricolour. **2** (*bandiera italiana*) Italian tricolour, Italian flag.
tricoma *m.* (*Med,Bot,Entom*) trichome.
tricoptilosi *f.* (*Med*) trichoptilosis.
tricorde, tricordo *a.* (*lett*) trichord (*anche Mus*).
tricorno *m.* (*Mod,ant*) tricorn, tricorne, cocked hat, three-cornered hat; (*dei preti*) biretta.
tricosi *f.* (*Med*) trichosis.
tricot /tri'ko/ *m.inv.* (*Tess*) tricot.
tricotteri *m.pl.* (*Entom*) caddis flies, trichopters, Tricoptera.
tricromia *f.* (*Tip*) **1** (*procedimento*) trichromatism, three-colour process. **2** (*riproduzione*) trichromatic print, three-colour print.
tric trac *m.inv.* (*tavola reale*) tric-trac, backgammon.
tricuspidale *a.* tricuspid (*anche Anat,Arch*).
tricuspidato *a.* tricuspidate (*anche Bot*).
tricuspide *a.* tricuspid: *valvola ~* tricuspid valve.
tridattilo *a.* (*Zool*) tridactyl, tridactyle, tridactylous.
tridentato *a.* (*lett*) (*armato di tridente*) bearing a trident.
tridente *m.* **1** trident. **2** (*Agr*) hayfork.
tridentino *a.* (*Geog*) Tridentine, of Trent (*posposto*).

tridimensionale *a.* tridimensional, three-dimensional, 3D (*attr.*).
tridimensionalità *f.* tridimensionality.
triduo *m.* (*Rel.catt*) triduum.
triedrico (*pl.* **-ci**) *a.* (*Geom*) trihedral.
triedro *m.* (*Geom*) trihedron.
trielina *f.* (*Chim*) trichloroethylene.
triennale *a.* **1** (*che dura tre anni*) three-year (*attr.*), triennial: *corso ~* three-year course. **2** (*che si verifica ogni tre anni*) three-yearly, triennial. □ *la Triennale di Milano* the Milan Triennial.
triennio *m.* three years *pl.*, period of three years, triennium.
trierarca (*pl.* **-chi**) *m.* (*Stor.gr*) trierarch.
trierarchia *f.* (*Stor.gr*) trierarchy.
Trieste *n.pr.f.* (*Geog*) Trieste.
triestino I *a.* of Trieste (*posposto*), from Trieste (*posposto*). **II** *m.* (*f.* **-a**) (*originario*) native of Trieste; (*abitante*) inhabitant of Trieste.
trifase *a.* three-phase (*attr.*) (*anche Tecn*).
trifasico (*pl.* **-ci**) *a.* (*El*) three-phase (*attr.*).
trifenilmetano *m.* (*Chim*) triphenylmethane.
trifido *a.* (*lett*) (*diviso in tre parti*) tripartite; (*a tre punte*) three-pointed.
trifoglio *m.* (*Bot*) clover, trefoil, trifolium.
trifola *f.* (*Bot,region*) (*tartufo*) truffle.
trifolato *a.* (*Gastron*) **1** thinly sliced and cooked with oil, garlic and parsley (*posposto*). **2** (*condito con tartufo*) truffled.
trifora *f.* (*Arch*) three-light window, three-mullioned window.
triforcuto *a.* trifurcate, trifurcated, three-forked.
triforio *m.* (*Arch*) triforium.
trigemino I *a.* **1** triplet: *parto ~* triplet birth. **2** (*Anat*) trigeminal. **II** *m.* (*Anat*) (*nervo trigemino*) trigeminal, trigeminal nerve, trigeminus.
trigesimo I *a.* thirtieth. **II** *m.* **1** thirtieth day (*after so.'s death*): *nel ~ della morte di qcu.* on the thirtieth day after so.'s death. **2** (*Lit*) month's mind.
triglia *f.* (*Itt*) mullet. □ (*Itt*) *~ di fango* plain surmullet; (*Itt*) *~ di scoglio* red mullet, surmullet, striped surmullet.
trigliceride /-gli-/ *m.* (*Chim*) triglyceride.
triglifo /-gli-/ *m.* (*Arch*) triglyph.
trigonale *a.* (*Geom,Min*) trigonal: *sistema ~* trigonal system.
trigonella *f.* (*Bot*) fenugreek.
trigono I *a.* trigonal. **II** *m.* **1** (*Anat*) trigone: *~ vescicale* trigone of the bladder. **2** (*Mus, Astr,ant*) trigon.
trigonometria *f.* (*Mat*) trigonometry: *~ piana* plane trigonometry; *~ sferica* spherical trigonometry.
trigonometrico (*pl.* **-ci**) *a.* (*Mat*) trigonometric, trigonometrical.
trigramma *m.* (*Ling*) trigraph.
trilaterale *a.* trilateral, three-sided (*anche fig*): *accordo ~* trilateral agreement.
trilatero *a./m.* (*Geom*) trilateral.
trilingue *a.* **1** trilingual, triglot, in three languages (*posposto*): *iscrizione ~* trilingual inscription. **2** (*che parla tre lingue*) trilingual, speaking three languages (*posposto*).
trilinguismo *m.* trilingualism.
trilione *m.* (*Mat*) **1** (*mille miliardi*) (*Br*) billion, (*Am*) trillion. **2** (*un miliardo di miliardi*) (*Br*) trillion, (*Am*) quintillion.
trilite *m.* (*Arch*) trilith, trilithon.
trillante *a.* trilling.
trillare (**trillo**; *aus. avere*) *v.i.* **1** to trill, to quaver. **2** (*rif. a uccelli*) to warble, to trill. **3** (*rif. a campanello, telefono*) to ring. **4** (*Mus*) to trill.
trillo *m.* **1** (*Mus*) trill. **2** (*rif. a campanelli*)

ring. **3** (*rif. a uccelli*) warble, trill.

trilobato *a.* **1** (*Bot*) trilobate. **2** (*Arch*) trefoil (*attr.*), three-foiled: *arco* ~ trefoil arch.

trilobite *f.* (*Paleont,Zool*) trilobite.

trilocale *m.* (*Br*) three-room flat, three-roomed flat, (*Am*) three-roomed apartment.

trilogia *f.* (*Lett,Mus*) trilogy.

trim. (*Scol*) trimestre (term).

trimarano *m.* (*Mar*) trimaran.

trimestrale *a.* **1** (*che dura tre mesi*) three-month (*attr.*). **2** (*che ricorre ogni tre mesi*) quarterly, three-monthly: *pubblicazione* ~ quarterly, quarterly review. **3** (*Scol*) term's, term (*attr.*).

trimestralmente *avv.* quarterly.

trimestre *m.* **1** quarter, three months *pl.*, three-month period, trimester: *pagare ogni* ~ to pay every quarter, to pay by the quarter. **2** (*Scol*) term, (*Am*) trimester. **3** (*rata trimestrale*) quarterly instalment.

trimetro *m.* (*Metr*) trimeter. □ ~ (*Metr*) ~ *giambico* iambic trimeter; (*Metr*) ~ *trocaico* trochaic trimeter.

trimorfismo *m.* (*Min*) trimorphism.

trimotore **I** *a.* trimotor (*attr.*), three-engined. **II** *m.* (*Aer*) trimotor, trimotor aircraft, three-engined aircraft.

trimurti *f.* (*Rel*) Trimurti.

trina *f.* lace: *sembrare una* ~ to be as fine as lace.

Trinacria *n.pr.f.* (*Geog.stor*) Sicily, (*ant*) Trinacria.

trinca *f.* (*Mar*) gammon, gammoning.

trincare[1] (**trìnco, trìnchi**) *v.t.* (*Mar*) to lash, to gammon.

trincare[2] (**trìnco, trìnchi**) *v.t.* (*pop*) to guzzle, to knock back, to drink: ~ *vino* to knock back wine.

trincarino *m.* (*Mar*) stringer; (*rif. a nave in legno*) waterway.

trincata *f.* (*pop*) (*bevuta*) drinking bout, (*Br, sl*) piss-up.

trincatura *f.* (*Mar*) gammon, gammoning.

trincea *f.* **1** (*Mil*) trench: *guerra di* ~ trench warfare; *in* ~ in the trenches. **2** (*Strad,Ferr*) cutting, (*Am*) cut. **3** (*Min*) cutting.

trinceramento *m.* entrenchment.

trincerare (**trincèro**) **I** *v.t.* (*Mil*) to trench, to entrench. **II** *v.pron.* **trincerarsi** **1** (*Mil*) to entrench oneself, to dig oneself in. **2** (*fig*) (*ripararsi, difendersi*) to take refuge, to hide: *trincerarsi nel silenzio* to take refuge in silence; *trincerarsi dietro il segreto d'ufficio* to hide behind professional secrecy. □ *trincerarsi dietro un pretesto* to find an excuse.

trincerato *a.* **1** (*Mil*) trenched, entrenched, fortified with trenches. **2** (*fig*) (*riparato*) protected, sheltered.

trincettata *f.* **1** (*colpo*) blow with a shoe knife, blow from a shoe knife. **2** (*taglio*) cut (made by a shoe knife).

trincetto *m.* (*Calz*) shoe knife, skiver.

trinchettina *f.* (*Mar*) fore staysail, topmast staysail. □ (*Mar,ant*) ~ *di fortuna* storm staysail.

trinchetto *m.* (*Mar*) **1** (*albero*) foremast. **2** (*pennone*) foreyard. **3** (*vela inferiore*) foresail.

trinciaforaggi *m.inv.* (*Agr*) fodder cutter.

trinciante **I** *a.* cutting, chopping; (*che serve a scalcare*) carving. **II** *m.* (*coltello*) carving knife.

trinciapaglia *m./f.inv.* (*Agr*) straw-cutter.

trinciapolli, trinciapollo *m.inv.* poultry shears *pl.*

trinciare (**trìncio, trìnci**) **I** *v.t.* **1** (*tagliare*) to cut, to cut up, to chop, to chop up: ~ *la*

---

paglia to cut the straw up. **2** (*rif. a carne*) to carve, to cut: ~ *un pollo* to carve a chicken. **II** *v.pron.* **trinciarsi** to split. □ (*fig*) ~ *giudizi* to make rash judgements, to make sweeping judgements; (*fig*) ~ *i panni addosso a qcu.* to pull so. to pieces; (*fig*) ~ *l'aria con gesti* to beat the air.

trinciata *f.* cut, chop, slice: *dare una* ~ *a qcs.* to cut sth. up.

trinciato **I** *a.* **1** cut, cut up, chopped, chopped up; (*rif. a carne*) carved. **2** (*Arald*) per bend. **II** *m.* (*tabacco*) cut, shag. □ ~ *forte* (*di tabacco*) strong cut; ~ *medio* (*di tabacco*) medium cut; ~ *sottile* (*di tabacco*) fine cut.

trinciatrice *f.* cutter, shredder.

trinciatura *f.* **1** cutting, cutting up, shredding, chopping, chopping up. **2** (*rif. a carne*) carving. **3** (*pezzi trinciati*) shreds *pl.*, cuttings *pl.*

Trinidad *n.pr.f.* (*Geog*) Trinidad. □ (*Geog*) ~ *e Tobago* Trinidad and Tobago.

trinità *f.* trinity.

Trinità *f.* (*Teol*) Trinity.

trinitario **I** *a.* (*Teol*) Trinitarian, of the Trinity (*posposto*): *dogma* ~ dogma of the Trinity. **II** *m.* Trinitarian.

trinitarismo *m.* (*Teol*) Trinitarianism.

trinitrina *f.* (*Chim*) trinitrin.

trinitrofenolo *m.* (*Chim*) trinitrophenol.

trinitroglicerina *f.* (*Chim*) trinitroglycerin.

trinitrotoluene, trinitrotouolo *m.* (*Chim*) trinitrotoluene.

trino *a.* (*Teol*) Triune: *Dio uno e* ~ the Triune God.

trinomio *m.* (*Mat*) trinomial (*anche fig*).

trio *m.* **1** (*Mus*) trio. **2** (*fig,scherz*) trio, three.

triodo *m.* (*Elettron*) triode.

trionfale *a.* **1** triumphal: *entrata* ~ triumphal entry; *arco* ~ triumphal arch, arch of triumph. **2** (*festoso*) triumphant, triumphal, exultant: *accoglienza* ~ triumphal reception; *successo* ~ triumphant success, triumph.

trionfalismo *m.* triumphalism.

trionfalista *m./f.* triumphalist.

trionfalistico (*pl.* -ci) *a.* triumphalist.

trionfalmente *avv.* triumphantly.

trionfante *a.* **1** triumphant: (*Teol*) *la Chiesa* ~ the Church Triumphant. **2** (*estens*) (*pieno di gioia*) triumphant, exultant. □ *essere* ~ to triumph, to exult; *arrivò tutto* ~ he arrived triumphantly.

trionfare (**triónfo**; *aus.* **avere**) *v.i.* **1** (*Stor. rom*) to triumph. **2** (*riportare una vittoria*) to triumph, to be victorious, to prevail (*su* over): ~ *sui nemici* to triumph over one's foes. **3** (*fig*) to triumph, to be victorious, to prevail (*su* over): *lo spirito trionfa sulla materia* mind triumphs over matter; *far* ~ *la giustizia* to make justice prevail. **4** (*fig*) (*ottenere un successo*) to be a success, to be a great success, to be successful: *una commedia che trionfa sulle scene di tutta l'Italia* a play which is a great success throughout Italy. **5** (*fig*) (*esultare*) to exult, to triumph.

trionfatore *m.* **1** (*Stor.rom*) triumpher. **2** (*f.* -trice) (*vincitore*) winner, victor, triumpher.

trionfo *m.* **1** (*Stor.rom*) triumph. **2** (*splendida vittoria*) triumph (*anche fig*): *il* ~ *della giustizia* the triumph of justice. **3** (*successo*) (great) success: *la rappresentazione fu un* ~ the show was a success, the show was a hit. **4** (*manifestazione di entusiasmo*) triumph, exultation. **5** (*Art*) triumph. **6** (*Arred*) (*trionfo da tavola*) ornamental stand, ornamental centre piece. □ *accogliere qcu. in* ~ to greet so. in triumph; *portare in* ~ to bear so. in triumph, to carry so. in triumph, to carry

---

so. shoulder-high.

trioni *m.pl.* **1** Triones. **2** (*lett*) (*Orsa minore*) Little Bear *sing.*, Ursa Minor *sing.*

triossido *m.* (*Chim*) trioxide.

trip *m.inv.* (*gerg*) **1** trip. **2** (*fig*) (*mania*) fad: *gli è venuto il* ~ *del fai da te* he got the DIY fad.

tripanosoma *m.* (*Zool*) trypanosome.

tripanosomiasi *f.* (*Med,Veter*) trypanosomiasis.

tripartire (**tripartìsco, tripartìsci**) *v.t.* to divide into three, to divide into three parts.

tripartitico (*pl.* -ci) *a.* (*Pol*) three-party (*attr.*), tripartite.

tripartitismo *m.* (*Pol*) three-party system.

tripartito **I** *a.* **1** tripartite. **2** (*Pol*) tripartite, three-party (*attr.*): *governo* ~ three-party government. **II** *m.* (*Pol*) (*governo tripartito*) three-party government.

Tripartito *m.* (*Stor*) Tripartite Pact.

tripartizione *f.* tripartition, division into three.

tripetalo *a.* (*Bot*) tripetalous, three-petal (*attr.*).

tripla *f.* (*rif. a giochi*) combination of all three probabilities.

triplano *a.* (*Aer*) triplane.

tripletta *f.* **1** (*terna*) triplet. **2** (*rif. ad armi*) triple-barrelled shot, triple-barrelled shotgun. **3** (*tre colpi riusciti*) hat trick: *una* ~ *di goal* a hat trick of goals. **4** (*bicicletta*) three-rider bicycle. **5** (*Biol*) codon.

triplicare (**trìplico, trìplichi**) **I** *v.t.* **1** to triple, to multiply by three, to triplicate: ~ *un numero* to triple a number. **2** (*iperb*) (*esagerare*) to triple, to treble. **II** *v.pron.* **triplicarsi** to triple, to treble, to increase threefold.

triplicato *a.* **1** tripled, triplicated: *un prezzo* ~ a tripled price. **2** (*iperb*) (*esagerato*) tripled, trebled.

triplicazione *f.* **1** triplication, threefold increase. **2** (*iperb*) (*esagerazione*) tripling, trebling.

triplice *a.* triple: *un* ~ *effetto* a triple effect. □ (*Stor*) *Triplice alleanza* Triple Alliance; *in* ~ *copia* in triplicate.

triplista *m./f.* (*Sport*) triple jumper.

triplo **I** *a.* **1** (*tre volte maggiore*) triple, three times as much, three times as great, threefold: *una somma tripla* three times the sum, three times as much money; *con forze triple* with threefold strength. **2** (*tre volte più grande*) three times as big, three times as large, three times the size. **II** *m.* **1** triple, three times *pl.*: *sei è il* ~ *di due* six is three times two. **2** (*tre volte tanto*) triple, three times as much: *guadagna il* ~ *di me* he earns three times as much as I do.

tripode *m.* tripod.

tripodia *f.* (*Metr*) tripody: ~ *anapestica* anapaestic tripody, anapestic tripody.

tripodico *a.* (*Metr*) tripodic.

tripolare *a.* **1** (*El*) tripolar, three-pole (*attr.*). **2** (*Pol*) three-way (*attr.*), tripartite.

tripolarismo *m.* (*Pol*) three-way system.

tripoli *m.* (*Geol*) tripoli.

Tripoli *n.pr.f.* (*Geog*) Tripoli.

tripolino **I** *a.* of Tripoli (*posposto*), Tripoli (*attr.*), Tripolitan. **II** *m.* (*f.* -a) (*originario*) native of Tripoli; (*abitante*) inhabitant of Tripoli, Tripolitan.

Tripolitania *n.pr.f.* (*Geog*) Tripolitania.

tripolitano **I** *a.* Tripolitanian, Tripolitan. **II** *m.* (*f.* -a) Tripolitanian, Tripolitan.

triposto *a.inv.* three-seater (*attr.*).

trippa *f.* **1** (*Alim,Macell*) tripe. **2** (*scherz*) (*pancione*) paunch, (*colloq*) pot belly: (*scherz*) *mettere su* ~ to put on weight, to get fat, (*Br*) to get paunchy. □ (*fig,region*) *non c'è* ~ *per i gatti* nothing doing!, it's useless trying!,

it's hopeless!, it's useless!
tripperia *f.* **1** (*Macell*) tripery. **2** (*rar*) (*negozio*) tripe shop.
trippone *m.* (*f.* **-a**) pot belly, (*colloq*) fatty.
tripsina *f.* (*Chim*) trypsin.
triptofano *m.* (*Chim*) tryptophan.
tripudiare (**tripùdio, tripùdi**; *aus.* **avere**) *v.i.* to rejoice, to exult.
tripudio *m.* **1** rejoicing, jubilation, exultation. **2** (*fig*) blaze: *un ~ di colori* a blaze of colour.
trireattore *m.* (*Aer*) trijet.
triregno *m.* tiara, papal tiara.
trireme *f.* (*Mar,ant*) (*nave trireme*) trireme.
tris *m.* **1** three (of a kind): *~ di re* three kings. **2** (*gioco*) noughts and crosses, (*Am*) tick-tack-toe.
trisavolo *m.* (*f.* **-a**) great-great-grandfather (*f.* -grandmother).
triscele *m.* (*figura simbolica*) triskelion, triskele.
trisecare (**trìseco, trìsechi**) *v.t.* (*Mat*) to trisect.
trisezione *f.* (*Geom*) trisection.
trisillabico (*pl.* **-ci**) *a.* trisyllabic.
trisillabo I *a.* trisyllabic. **II** *m.* trisyllable.
trisma, trismo *m.* (*Med*) trismus, lockjaw.
trisnonno *m.* (*f.* **-a**) great-great-grandfather (*f.* -grandmother).
trisomia *f.* (*Med*) trisomy.
trisomico *a.* (*Med*) trisomic.
Tristano *n.pr.m.* (*Lett*) Tristan, Tristram. □ (*Lett*) *~ e Isotta* Tristan and Isolde.
triste *a.* **1** sad: *un ragazzo ~* a sad boy; *occhi tristi* sad eyes. **2** (*che causa tristezza*) sad, sorrowful, unhappy: *una ~ notizia* sad news. **3** (*misero, squallido*) bleak, gloomy, dreary: *una casa ~* a dreary house.
tristemente *avv.* sadly, sorrowfully. □ *~ famoso* (o *~ noto*) infamous, notorious.
tristezza *f.* **1** sadness, unhappiness. **2** (*squallore*) dreariness, gloominess. **3** (*fatto che affligge*) sorrow, affliction.
tristo *a.* (*lett*) **1** (*malvagio*) wicked, evil, bad: *azione trista* wicked deed. **2** (*meschino*) poor, mean. **3** (*sventurato*) wretched, unhappy, hapless: *avere un ~ destino* to have a hapless fate.
tritabile *a.* that may be minced (*posposto*), that may be chopped (*posposto*).
tritacarne *m.inv.* mincer, meat chopper: *passare al ~* to put through the mincer.
tritaghiaccio *m.inv.* ice crusher.
tritare (**trìto**) *v.t.* **1** (*rif. a carne*) to mince. **2** (*rif. a verdure*) to chop, to chop up. **3** (*triturare*) to grind, to crush: *tritare il ghiaccio* to crush ice. **4** (*pestare*) to pound.
tritarifiuti *m.inv.* garbage disposer, garbage-disposal unit.
tritato *a.* minced, ground, chopped: *carne tritata* minced meat, mince, mincemeat; *prezzemolo ~* chopped parsley; *ghiaccio ~* crushed ice.
tritatura *f.* **1** (*rif. a carne*) mincing. **2** (*rif. a verdure*) chopping. **3** (*triturazione*) grinding, crushing. **4** (*il pestare*) pounding. **5** (*sostanza tritata*) chopped things *pl.*, ground things *pl.*, mince.
tritatutto *m.inv.* food chopper, food grinder, mincer.
triteismo *m.* (*Teol*) tritheism.
triteista *m./f.* (*Teol*) tritheist.
tritello *m.* fine bran.
trito I *a.* **1** (*rif. a carne*) minced, ground. **2** (*rif. a verdura*) chopped. **3** (*triturato*) ground, crushed. **4** (*pestato*) pounded. **5** (*logoro, consumato*) worn, threadbare. **6** (*fig*) (*risaputo*) trite, common-place, stale: *argomenti triti* trite subjects. **II** *m.* (*Gastron*)

chopped ingredients *pl.*: *un ~ di cipolla* chopped onion. □ (*Gastron*) *~ di carne* meat stuffing, force-meat; *~ di carne di manzo* ground beef; (*fig*) *~ e ritrito* trite, hackneyed, rehashed.
tritolo *m.* (*Chim*) trinitrotoluene, T.N.T., TNT.
tritone¹ *m.* **1** (*Mitol*) Triton. **2** (*Zool*) newt, triton.
tritone² *m.* (*Fis*) triton.
tritono *m.* (*Mus*) tritone.
trittico (*pl.* **-ci**) *m.* **1** (*Art,Rel*) triptych. **2** (*Aut*) triptyque.
trittongo (*pl.* **-ghi**) *m.* (*Fon*) triphthong.
tritume *m.* **1** shreds *pl.* **2** (*fig,spreg*) hackneyed matters *pl.*
triturabile *a.* triturable.
triturare (**tritùro**) *v.t.* to grind, to crush, to triturate.
trituratore *m.* (*Ind*) shredder.
triturazione *f.* grinding, crushing, trituration.
triumvirale *a.* (*Stor.rom*) triumviral.
triumvirato *m.* (*Stor.rom*) triumvirate (*anche estens*).
triumviro *m.* (*Stor.rom*) triumvir.
triunvirale *a.* (*Stor.rom*) triumviral.
triunvirato *m.* (*Stor.rom*) triumvirate (*anche estens*).
triunviro *m.* (*Stor.rom*) triumvir.
trivalente *a.* (*Chim*) trivalent, tervalent.
trivalenza *f.* (*Chim*) trivalence, trivalency.
trivella *f.* **1** (*Minier*) drill. **2** (*Fal*) auger, gimlet. **3** (*nei caseifici*) taster.
trivellare (**trivèllo**) *v.t.* to drill, to bore: *~ il terreno* to drill the ground; *~ un asse* to drill a plank, to drill a hole in a plank.
trivellatore *m.* **1** (*f.* **-trice**) driller, borer. **2** (*Minier*) (*trivella*) drill.
trivellatura *f.* **1** drilling, boring. **2** (*Minier*) drilling, boring, sinking. **3** (*materiale trivellato*) borings *pl.*
trivellazione *f.* **1** drilling, boring. **2** (*Minier*) drilling, boring, sinking; (*perforazione verticale del terreno*) deep drilling. □ (*Minier*) *~a rotazione* rotary drilling; (*Minier*) *~d'assaggio* (o *~ esplorativa*) explorative drilling; (*Minier*) *~sottomarina* offshore drilling, submarine drilling.
trivello *m.* (*Fal*) auger.
triviale *a.* **1** (*volgare*) vulgar, coarse, low. **2** (*scurrile*) obscene, lewd, bawdy: *espressione ~* obscene term, obscenity.
trivialità *f.* **1** (*volgarità*) vulgarity, coarseness; (*scurrilità*) obscenity, lewdness, bawdiness. **2** (*atto triviale*) vulgarity; (*espressione triviale*) coarse expression; (*oscenità*) obscenity: *dire ~* to use obscenities, to use coarse language.
trivialmente *avv.* vulgarly, coarsely.
trivio *m.* **1** crossroads (*costr.sing. o pl.*), place where three roads meet. **2** (*Mediev*) (*arti del trivio*) trivium. □ (*spreg*) *da ~* vulgar, coarse.
trizio *m.* (*Chim*) tritium.
trocaico (*pl.* **-ci**) *a.* (*Metr*) trochaic.
trocantere *m.* (*Anat*) trochanter: *grande ~* greater trochanter; *piccolo ~* lesser trochanter.
trocheo *m.* (*Metr*) trochee.
trochilo *m.* (*Arch*) trochilus, scotia.
troclea *f.* (*Anat*) trochlea.
trocleare □ *~ nervo ~* trochlear (nerve).
troco (*pl.* **-chi**) *m.* (*Zool*) trochus, top shell.
trofeo *m.* trophy: *~ di guerra* war trophy; *~ di caccia* hunting trophy.
trofico (*pl.* **-ci**) *a.* (*Biol,Med*) trophic.
trofie *f.pl.* (*Gastron*) trofie (*costr.sing.*) (traditional pasta from Liguria). □ (*Gastron*) *~*

al pesto trofie with pesto.
trofismo *m.* (*Biol,Med*) trophism.
trofoblasto *m.* (*Biol*) trophoblast.
troglodita *m./f.* **1** troglodyte. **2** (*fig*) caveman, troglodyte: *vivere come un ~* to live like a caveman.
troglodìtico (*pl.* **-ci**) *a.* **1** troglodytic. **2** (*fig*) caveman (*attr.*), troglodytic.
troglodìtismo *m.* **1** troglodytism. **2** (*fig*) primitiveness, troglodytic nature.
trogolo *m.* trough. □ (*Geog*) *~ glaciale* glacial trough.
troia *f.* **1** (*pop*) (*scrofa*) sow. **2** (*fig,volg*) (*donnaccia*) slut, bitch, whore.
Troia *n.pr.f.* (*Geog.stor*) Troy: *il cavallo di ~* the Trojan Horse; *la guerra di ~* the Trojan War.
troiaio *m.* (*volg*) **1** (*porcile*) pigsty. **2** (*luogo frequentato da prostitute*) brothel. **3** (*fig*) (*luogo sudicio*) pigsty, pigpen.
troiano I *a.* Trojan. **II** *m.* (*f.* **-a**) Trojan.
troiata *f.* (*volg*) (*azione sudicia*) dirty trick; (*mascalzonata*) rotten trick; (*lavoro mal fatto*) botch, bungle.
troica, troika *f.* troika.
Troilo *n.pr.m.* (*Lett*) Troilus. □ (*Lett*) *~ e Cressida* Troilus and Cressida.
tromba *f.* **1** (*Mus*) trumpet: *un assolo di ~* a trumpet solo. **2** (*Mus*) (*suonatore*) trumpet player. **3** (*Mus,Mil*) bugle: *tre squilli di ~* three bugle blasts. **4** (*Mus,Mil*) (*suonatore*) bugler. **5** (*Aut*) horn. **6** (*Edil*) well. □ *a ~* (*a imbuto*) funnel-shaped; (*Mus,ant*) *~ acustica* ear-trumpet; (*Meteor*) *~d'aria*: **1** tornado; **2** (*mulinello*) whirlwind; (*lett*) *la ~ del giudizio* the trumpet of God; (*Edil*) *~dell'ascensore* lift well; (*Edil*) *~delle scale* stair-well; (*Anat*) *~ di Eustachio* Eustachian tube; (*Anat*) *~di Falloppio* Fallopian tube; (*Bibl*) *trombe di Gerico* the trumpets of Jericho; (*colloq*) *partire in ~* (*iniziare con slancio*) to go off at full steam; *~ marina*: **1** (*Meteor*) waterspout; **2** (*Mus,ant*) marine trumpet.
trombare (**trómbo**) *v.t.* **1** (*bocciare*) to fail, (*Am,colloq*) to flunk (*anche Scol*): *sono stato trombato* (o *mi hanno trombato*) I failed, (*Am,colloq*) I was flunked. **2** (*volg*) (*scopare*) to screw, to bonk.
trombata *f.* **1** (*Scol*) (*bocciatura*) failure. **2** (*volg*) (*scopata*) fuck, screw.
trombato *a.* **1** rejected. **2** (*Pol*) not re-elected.
trombetta¹ *f.* small trumpet; (*giocattolo*) toy trumpet.
trombetta² *m.* **1** trumpet player, trumpeter. **2** (*Mil*) bugler.
trombettiere *m.* **1** (*Mil*) bugler. **2** (*Ornit*) trumpeter.
trombettista *m./f.* (*Mus*) trumpet player.
trombina *f.* (*Biol*) thrombin.
trombino *m.* (*Mar*) steam escape pipe.
trombo *m.* (*Med*) thrombus, clot.
trombocita, trombocito *m.* (*Biol*) thrombocyte.
tromboembolia *f.* (*Med*) thromboembolism.
tromboflebite *f.* (*Med*) thrombophlebitis.
trombone *m.* **1** (*Mus*) trombone; (*suonatore*) trombonist. **2** (*fig*) windbag, gasbag. **3** (*Bot*) daffodil. **4** (*Arm*) (*schioppo con canna corta*) blunderbuss. □ (*Mus*) *basso* bass trombone; (*Mus*) *~contralto* alto trombone; (*Mus*) *~tenore* tenor trombone.
trombonista *m./f.* (*Mus*) trombone, trombonist.
trombosi *f.* (*Med*) thrombosis.
trombotico *a.* (*Med*) thrombotic.
trompe-l'oeil /ˌtrɔmpˈlœj/ *m.inv.* (*Pitt*) trompe l'oeil.

troncamento *m.* **1** cutting off, chopping off. **2** (*lo spezzare*) breaking off. **3** (*fig*) (*interruzione*) breaking off, cutting short, interruption. **4** (*Ling*) apocopation, apocope. **5** (*Mat*) truncation.

troncare (**trónco, trónchi**) *v.t.* **1** to cut off, to chop off: ~ *la cima di un albero* to cut off a tree top; *la lama gli troncò una gamba* the blade cut off his leg. **2** (*spezzare*) to break off, to snap off: ~ *lo stelo di un fiore* to break the stem off of a flower; ~ *un ramo* to snap off a branch. **3** (*fig*) (*interrompere*) to cut off, to break off, to cut short, to interrupt: ~ *un'amicizia* to break off a friendship; *quell'incidente troncò la sua brillante carriera* the incident cut short his brilliant career; ~ *tutti i rapporti con qcu.* to break off relations with so. **4** (*fig*) (*stancare molto*) to tire, to tire out, to wear out: *una salita che tronca le gambe* a climb that tires one's legs. **5** (*Ling*) to apocopate. **6** (*Mat*) to truncate. □ (*fig*) ~ *gli studi*: **1** (*rif. a scuola*) to drop out of school; **2** (*rif. a università*) to drop out of university; (*fig*) ~ *le parole in bocca a qcu.* to interrupt so., to cut so. short.

troncatura *f.* **1** cutting off, chopping off; (*lo spezzare*) breaking off, snapping off. **2** (*taglio*) cut.

tronchese *m./f.* (*Mecc*) nippers *pl.*, clippers *pl.*

tronchesina *f.* (*Cosmet*) nail clippers *pl.*

tronchesino *m.* (*Cosmet*) nail clippers *pl.*

tronchetto □ (*Bot*) ~ *della felicità* dragon plant.

tronco[1] (*pl.* **-chi**) *a.* **1** (*troncato, mozzo*) cut off, chopped off. **2** (*spezzato*) broken off, snapped off. **3** (*fig,rar*) (*privo di forze*) tired out, worn out, limp: *mi sento le braccia tronche per la stanchezza* my arms are limp from tiredness. **4** (*fig*) (*interrotto, incompleto*) broken off, cut short, unfinished: *un discorso* ~ an unfinished speech. **5** (*Geom,Metr*) truncated: *una piramide tronca* a truncated pyramid; *un verso* ~ a truncated line of verse. **6** (*Ling*) apocopate, apocopated. **7** (*Ling*) (*accentato sull'ultima sillaba*) with the accent on the last syllable (*posposto*). □ *in* ~: **1** (*incompiuto*) unfinished: *lasciare un lavoro in* ~ to leave a job unfinished; **2** (*bruscamente, senza preavviso*) on the spot, without notice, abruptly: *lincenziare qcu. in* ~ to dismiss so. without notice, to discharge so. without notice, to sack so. on the spot.

tronco[2] (*pl.* **-chi**) *m.* **1** (*fusto d'albero*) trunk; (*rif. a fusti tagliati*) log, trunk: *una capanna di tronchi* a log cabin. **2** (*tratto*) section: *aprire alla circolazione il primo* ~ *di un'autostrada* to open the first section of a motorway to traffic. **3** (*Anat*) trunk, torso. **4** (*Arch*) (*fusto*) shaft: *il* ~ *di una colonna* the shaft of a column. □ (*Ferr*) ~ *di binario* track section; (*Geom*) ~ *di cono* truncated cone; (*Geom*) ~ *di piramide* truncated pyramid; (*Ferr*) ~ *ferroviario* railway section.

troncone *m.* stump: *il* ~ *di un pioppo* the stump of a poplar tree; *il* ~ *della gamba* the stump of a leg.

troneggiare (**tronéggio, tronéggi**; *aus.* **avere**) *v.i.* **1** (*rif. a persone*) to dominate: *suo zio troneggiava a capotavola* his uncle dominated from the head of the table. **2** (*rif. a cose: far bella mostra di sé*) to reign, to tower: *in mezzo alla tavola troneggiava la torta nuziale* the wedding cake towered in the center of the table. **3** (*rar*) (*sovrastare per statura*) to tower over: *troneggia su tutti* he towers over everyone.

tronfiezza *f.* conceit, conceitedness.

tronfio *a.* **1** conceited, puffed up. **2** (*ridon-*

dante) pompous, bombastic.

trono *m.* **1** throne (*anche estens*): *salire al* ~ (*o ascendere al* ~) to ascend the throne; *perdere il* ~ to lose one's throne; *rinunciare al* ~ to renounce the throne; *abdicare al* ~ to abdicate the throne. **2** *pl.* (*ordine della gerarchia angelica*) Thrones. □ (*Art*) *in* ~ enthroned; (*fig*) *mettere sul* ~ *qcu.* to put so. on the throne; (*fig*) *sedere sul* ~ (*regnare*) to be on the throne.

tropeolo *m.* (*Bot*) tropaeolum.

tropicale *a.* (*Geog*) tropical: *foresta* ~ tropical forest; *zona* ~ tropical zone, torrid zone.

tropicalizzare (**tropicalìzzo**) *v.t.* to tropicalize.

tropicalizzazione *f.* tropicalization. □ ~ *del clima* tropicalization of the climate.

tropico (*pl.* **-ci**) *m.* **1** (*Geog,Astr*) tropic. **2** *pl.* (*Geog*) tropics. □ (*Geog*) ~ *del Cancro* Tropic of Cancer; (*Geog*) ~ *del Capricorno* Tropic of Capricorn.

tropismo *m.* (*Biol*) tropism.

tropo *m.* (*Ret,Mus*) trope.

tropologia *f.* tropology.

tropologico (*pl.* **-ci**) *a.* tropologic, tropological.

tropopausa *f.* (*Geog*) tropopause.

troposfera *f.* (*Geog*) troposphere.

troposferico (*pl.* **-ci**) *a.* (*Geog*) tropospheric.

troppo I *a.indef.* **1** too much: ~ *traffico* too much traffic; *la minestra è troppa per me* that's too much soup for me. **2** *pl.* too many: *hai fatto troppi errori* you made too many mistakes. **II** *avv.* **1** too much: *parla* ~ he talks too much. **2** (*con aggettivi e avverbi*) too: *è* ~ *intelligente per farlo* he's too clever to do that; *non fare* ~ *tardi* don't be too late; *siamo* ~ *pochi* there are too few of us. **3** (*molto, assai*) very, only too: *sa anche* ~ *bene quello che dovrebbe fare* he knows very well (*o* only too well) what he should do; (*colloq*) *è* ~ *carino* he's incredibly cute. **III** *pron.indef.* **1** too much: *non mi sembra di aver chiesto* ~ I don't think I've asked for too much, I don't think I've exaggerated. **2** *pl.* (*troppe persone*) too many: *siamo troppi in questa stanza* there are too many of us in this room. **3** (*rif. al tempo*) too long: *ho aspettato già* ~ I have already waited too long. □ *è* ~ *bello per essere vero* it's too good to be true; *di* ~: **1** (*rif. a cose*) too many, superfluous, unnecessary, not needed: *ho bevuto qualche bicchiere di* ~ I had a few glasses too many, I had a few glasses more than I should; *avere qualche chilo di* ~ to be a few kilos overweight; **2** (*rif. a persone*) too many: *uno di noi due è di* ~ there is one too many of us here; *questo è* ~!: **1** this is too much!; **2** (*è il colmo*) this is the limit!; ~ *gentile!* you are too kind!; (*scherz*) *troppa grazia!* (*o troppa grazia sant'Antonio!*) it's too much of a good thing!; *non* ~ not too, not too much, none too, none too much: *come va? - Non* ~ *bene* how is it going? - Not too well; *l'ha fatto, ma non* ~ *volentieri* he did it, but none too willingly; *è* ~ *lontano perché ci possiamo andare a piedi* it's too far for us to walk there; ~ *poco* too little. *Prov.*: *chi* ~ *vuole, nulla stringe* grasp all, lose all; *il* ~ *stroppia* more than enough is too much, it's too much of a good thing, enough is enough; *chi* ~ *chi niente* the haves and the have-nots; *chi in alto sale cade sovente precipitevolissimevolmente* hasty climbers have sudden falls, if you aim too high you have a long way to fall.

troppopieno *m.inv.* (*Idr*) overflow.

trota *f.* (*Itt*) trout: *pescare trote* to fish for

trout. □ (*Gastron*) ~ *al blu* blue trout; (*Itt*) ~ *di torrente* brown trout, brook trout; (*Itt*) ~ *salmonata* sea trout, salmon trout.

troticoltore *m.* (*f.* **-trice**) (*Pesc*) trout breeder.

troticoltura *f.* (*Pesc*) trout breeding.

trotinatura *f.* (*rif. a mantello equino*) trout colouring, (*Am*) trout coloring.

trotino *a.* (*rif. a mantello equino*) trout-coloured, (*Am*) trout colored.

trottare (**tròtto**; *aus.* **avere**) *v.i.* **1** (*Equit*) to trot. **2** (*estens*) (*camminare velocemente*) to trot, to trot along, to walk briskly, to hurry, to rush. **3** (*estens*) (*darsi da fare*) to be on the trot: *ho trottato tutto il giorno* I've been on the trot all day.

trottata *f.* **1** (*Equit*) trot: *fare una* ~ to go for a trot. **2** (*fig*) trot, brisk walk.

trottatoio *m.* (*Equit*) trotting track.

trottatore *m.* (*f.* **-trice**) (*Equit*) trotter.

trotterellare (**trotterèllo**; *aus.* **avere**) *v.i.* **1** (*Equit*) to trot, to jog trot. **2** (*rif. a persone*) to trot, to jog, to jog along; (*rif. a bambini piccoli*) to toddle, to toddle along.

trotto *m.* **1** (*Equit*) trot: *buon* ~ steady trot, fast trot; *mezzo* ~ short trot, jog. **2** (*fig*) trot: *partì di buon* ~ at a good trot. □ (*Equit*) *al* ~! at a trot!; *andare al* ~ to trot; *mettere un cavallo al* ~ to trot a horse; (*Equit*) ~ *allungato* extended trot; (*Equit*) *andare di* ~ to trot.

trottola *f.* top, spinning top: *far girare una* ~ to spin a top. **2** (*Sport*) ~ *ad angelo* (*nel pattinaggio*) camel spin; (*fig,colloq*) *girare come una* ~: **1** to whirl about; **2** (*essere affaccendato*) to rush about, (*colloq,scherz*) to buzz around.

trottolare (**tròttolo**; *aus.* **avere**) *v.i.* (*colloq*) **1** (*girare come una trottola*) to spin like a top. **2** (*essere vivace*) to rush about, to whirl about.

trottolino *m.* (*f.* **-a**) (*scherz*) (*bambino vivace*) lively child.

trotzista *a./m./f.* (*Pol*) Trotskyist.

trotzkismo *m.* (*Pol*) Trotskyism.

trotzkista *a./m./f.* (*Pol*) Trotskyist.

troupe /trup/ *f.inv.* (*Teat,Cin*) troupe, company; (*tecnici*) crew: ~ *cinematografica* film crew.

trousse /trus/ *f.inv.* **1** (*astuccio*) case; (*per il trucco*) make-up bag. **2** (*borsetta da sera*) evening bag.

trovadorico (*pl.* **-ci**) *a.* (*Lett*) troubadour (*attr.*).

trovare (**tròvo**) **I** *v.t.* **1** to find: *ho trovato il libro che cercavo* I have found the book I was looking for. **2** (*poter acquistare*) to find, to get: *questo giornale lo trovi in tutte le edicole* you can find this paper at all the news-stands. **3** (*riuscire ad avere*) to find, to obtain, to get, to have: ~ *lavoro* to get a job, to find work; *non si trova più un posto libero* there are no seats left. **4** (*conquistare*) to achieve, to win: *in quest'impresa troverai fama e gloria* you will achieve fame and glory in this undertaking. **5** (*incontrare*) to meet, to find: *trovo molte difficoltà in questo lavoro* I'm finding a number of difficulties in this job, I've met with a number of difficulties in this job; *trovò la morte in un incidente stradale* he met his death in a road accident. **6** (*escogitare, inventare*) to find, to think up, to make up, to invent: *trova sempre nuove scuse* he is always finding fresh excuses, he is always finding new excuses; *dobbiamo* ~ *un nuovo sistema di lavoro* we must think up a new work plan. **7** (*scoprire*) to find, to discover: ~ *il colpevole* to find the culprit. **8** (*cogliere, sorprendere*) to catch, to find, to surprise, to discover: *lo hanno tro-*

vato mentre rubava he was caught stealing. **9** (*riconoscere, giudicare*) to find: *il medico lo ha trovato molto deperito* the doctor found him very run down, the doctor found that he was very run down; *lo hanno trovato colpevole* he was found guilty. **10** (*pensare, reputare*) to think, to believe (*anche assol.*): *trovo che non dovresti scrivere questa lettera* I don't think you should write this letter; *questo cappello mi sta bene, non trovi?* this hat looks well on me, don't you think?; this hat looks weel on me, doesn't it?; ~ *simpatico qcu.* to take to so. **11** (*vedere, scorgere*) to come upon, to come to, to find, to see: *imboccò la prima traversa che trovò* he turned into the first street he came to. **12** (*Inform*) to find. **II** *v.pron.* **trovarsi 1** (*essere, stare*) to be: *allora mi trovo a Venezia* at that time I was in Venice. **2** (*essere situato*) to be, to be located, to be situated, to lie, to stand: *dove si trova la casa?* where is the house?; *il paese si trova al di là del fiume* the town is on the other side of the river, the town lies on the other side of the river, the town stands on the other side of the river. **3** (*incontrarsi*) to meet, to see each other: *troviamoci alle sei alla stazione* we'll meet at the station at six. **4** (*riunirsi*) to get together: *troviamoci stasera a casa mia* let's get together tonight at my house. **5** (*essere per caso, capitare*) to find oneself, to be, to happen to be: *mi trovavo a passare di lì* I was just passing by there, I happened to be passing by there. **6** (*essere in una certa situazione*) to be, to find oneself: *trovarsi indietro col lavoro* to be behind with one's work; *trovarsi in debito* to be in debt; *trovarsi nei guai* to be in trouble, to find oneself in trouble. **7** (*sentirsi*) to get on, to feel: *come ti trovi nel nuovo ufficio?* how are you getting on in your new office? **8** (*essere in vendita*) to be, to be on sale, to be sold, to be found: *si trova in tutte le librerie* it is in all the bookshops, it can be found in all the bookshops. **9** (*ottenere*) to find oneself: *non si è ancora trovato una ragazza* he hasn't found himself a girlfriend yet. □ *andare a ~ qcu.* to go to see so., to call on so., to pay so. a visit: *domenica andrò a ~ i miei genitori* I'm going to see my parents on Sunday; *venire a ~ qcu.* to come and see so., to call on so., to pay so. a visit: *venite a trovarmi* come and see me; *trovarsi a proprio agio* to feel at ease, to feel at home; (*colloq*) *trovarsi a spasso* (*essere disoccupato*) to be out of work, to be unemployed; *non ~ ascolto* not to get a hearing; *trovarsi bene* : 1 (*rif. a persona*) to get on well, to get along well: *si trova bene con lui* she gets on well with him, she gets along well with him; 2 (*rif. a luogo*) to like it: *mi trovo bene qui* I like being here, I like it here; *trovoche ... what I find is..., in my opinion..., I think..., I find that...; ~ sempre da fare qcs.* to always have to do sth.; *trova sempre da ridire* he always has to criticize, he always has some fault to find, he's always finding fault; *trovarsi d'accordo* to be in agreement: *trovarsi d'accordo su una questione* to agree on a matter; *all'improvviso me lo sono trovato davanti* he appeared before me suddenly; ~ *gusto in qcs.* to take pleasure in sth., to enjoy sth., to get pleasure out of sth., to get pleasure from sth.; ~ *il petrolio* to strike oil; (*fig*) ~ *la propria strada* to find one's way; (*fig*) ~ *l'America* to strike it rich; *trovarsi male* : 1 (*rif. a persona*) not to get on well: *con lui mi trovo male* I don't get on well with him; 2 (*rif. a luogo*) to be ill at ease: *in Francia mi sono trovato male* I didn't feel at home in France;

non ~ pace to find no peace; *un'idea che non ha trovato seguito* an idea that found no favour; (*fig*) ~ *sostegno in qcs.*: 1 to find support in sth.; 2 (*rif. ad argomentazioni e sim.*) to be backed up by sth., to be supported by sth. *Prov.*: *chi trova un amico, trova un tesoro* a good friend is worth his weight in gold.

trovarobe *m./f.inv.* (*Teat*) property man (*f.* mistress), propman (*f.* -mistress).

trovata *f.* **1** (*idea felice*) (good, great) idea, (*colloq*) brainwave: *è stata proprio una ~* (o *è stata proprio una bella ~*) that was really a great idea. **2** (*espediente, ripiego*) expedient, contrivance. **3** (*battuta*) quip, witty remark: *una ~ degna di un comico* a witty remark worthy of a comedian. □ ~ *pubblicitaria* publicity stunt.

trovatello *m.* (*f.* -a) foundling.

trovatore *m.* (*Lett*) troubador.

trovero, troviero *m.* (*Lett*) trouvère.

trozkismo *m.* (*Pol*) Trotskyism.

trozza *f.* (*Mar*) parrel.

truccare (**trùcco, trùcchi**) *v.t.* **1** to make up, to put make-up on: ~ *un attore* to make up an actor. **2** (*travestire*) to dress up; (*per trarre in inganno*) to disguise. **3** (*manipolare*) to rig, (*colloq*) to fix: ~ *una partita* to rig a game; ~ *i risultati di una votazione* to rig the results of an election; ~ *un'asta* to rig an auction. **4** (*modificare per trarre in inganno*) to falsify, to doctor up: ~ *un mobile per farlo sembrare antico* to doctor up a piece of furniture to make it look antique. **5** (*Aut,Mot*) to supercharge, (*colloq*) to soup up: ~ *il motore di un'utilitaria* to soup up the engine of an economy car. **II** *v.pron.* **truccarsi 1** to make up, to make oneself up, to put make-up on: *truccarsi il viso* to make up one's face; *si trucca troppo* she puts on too much make-up, she wears too much make-up; *non sa truccarsi* she doesn't know how to put on make-up. **2** (*modificarsi per ingannare*) to disguise oneself: *si era truccato per sfuggire alla polizia* he disguised himself to elude the police. **3** (*modificare il proprio aspetto*) to make oneself up: *il baritono si truccò da Rigoletto* the baritone made himself up for the part of Rigoletto. □ ~ *i dadi* to load dice, to load the dice; ~ *le carte* to fix the cards, to mark the cards.

truccato *a.* **1** made up (*da* as): *una donna eccessivamente truccata* a heavily made-up woman; *occhi truccati* made-up eyes. **2** (*manipolato*) rigged, (*colloq*) fixed: *risultati truccati* rigged results; *una partita truccata* a rigged game. **3** (*modificato per trarre in inganno*) falsified, doctored, doctored up: *mobile ~* doctored piece of furniture, doctored up piece of furniture. **4** (*rif. a carte*) fixed, marked. **5** (*rif. a dadi*) loaded. **6** (*Aut, Mot*) supercharged, (*colloq*) souped up.

truccatore *m.* (*f.* -**trice**) (*Cin,Teat,TV*) make-up man (*f.* mistress), make-up artist.

truccatura *f.* **1** (*Cosmet*) making-up (as). **2** (*Cosmet*) (*occorrente per truccare il viso*) make-up, cosmetics *pl.* **3** (*Aut,Mot*) supercharging, (*colloq*) souping up.

trucco (*pl.* -**chi**) *m.* **1** (*artificio, inganno*) trick, catch, gimmick: *i trucchi del prestigiatore* the conjuror's tricks; *scoprire il ~* to discover the trick, to discover the catch, to discover the gimmick. **2** (*Cosmet*) make-up: *mettersi il ~* (o *farsi il ~*) to make up, to make oneself up; *rifarsi il ~* to put on fresh make-up, to touch up one's make-up. **3** (*Cosmet*) (*sostanze adoperate*) make-up, cosmetics *pl.*: *togliersi il ~* to remove one's make-up. **4** (*Fot*) trick. □ (*scherz*) *il ~ c'è ma non si vede* there's a trick to it but you

can't see it; (*Cin*) *trucchi cinematografici* trick shots, special effects; *conoscere i trucchi del mestiere* to know the tricks of the trade; *dov'è il ~?* where is the catch?; (*Fot*) *trucchi fotografici* trick photography (*sing.*); (*Cosmet*) ~ *permanente* permanent make-up; (*Cosmet*) ~ *semipermanente* semipermanent make-up.

truce *a.* **1** threatening, grim, fierce: *sguardo ~* threatening look, fierce look. **2** (*crudele*) cruel: *un ~ delitto* a cruel crime. **3** (*feroce*) fierce.

trucemente *avv.* **1** threateningly, grimly, fiercely. **2** (*crudelmente*) cruelly. **3** (*ferocemente*) fiercely.

trucidare (**trùcido**) *v.t.* to slaughter, to slay, to massacre.

truciolare I *a.* (*Fal*) chipboard (*attr.*). **II** *m.* (*Fal*) chipboard, particle board.

truciolatrice *f.* (*Tecn*) shredding machine.

truciolo *m.* **1** (*di legno*) shaving, wood shaving, chip. **2** (*di metallo*) shaving. **3** (*materiale di imballaggio*) shavings *pl.*, (*Am*) excelsior.

truculento *a.* **1** (*truce*) threatening, grim; (*crudele*) truculent, cruel. **2** (*scherz*) (*terrificante*) blood-curdling: *un fumetto ~* a blood-and-thunder comic, a blood-curdling comic.

truculenza *f.* truculence, truculency.

truffa *f.* **1** swindle, cheat, fraud, (*colloq*) robbery: *è una vera ~* it's a real swindle, it is daylight robbery. **2** (*Dir*) fraud, swindle: *commettere una ~* to commit fraud, to perpetrate a swindle; *essere vittima di una ~* to be defrauded, to be swindled.

truffaldino I *m.* (*f.* -**a**) (*imbroglione*) cheat, swindler. **II** *a.* cheating, swindling, fraudulent: *impresa truffaldina* fraudulent undertaking.

truffare (**trùffo**) *v.t.* **1** to cheat, to swindle: *l'hanno truffato di mezzo milione* they cheated him of half a million, he was cheated out of half a million. **2** (*Dir*) to defraud, to swindle. **3** (*assol.*) (*commettere truffa*) to commit fraud, to perpetrate a swindle. □ *rimanere truffato* to be swindled, to be cheated.

truffatore *m.* (*f.* -**trice**) cheat, cheater, swindler.

truismo *m.* (*lett*) truism.

trullo *m.* (*Etnol*) conic stone roof house in Apulia: *i trulli di Alberobello* the trulli at Alberobello.

trumeau /try'mo/ *m.inv.* **1** (*Arred*) pier-glass, trumeau. **2** (*Arch*) trumeau.

truna *f.* snow cave: *scavarsi una ~* to dig a snow cave.

truogolo *m.* (*lett*) (*trogolo*) trough.

truppa *f.* **1** (*Mil*) troop. **2** (*soldati*) men *pl.*, ranks *pl.*, rank and file. **3** (*scherz*) (*gruppo*) troop, band, horde, swarm: *truppe di amici* hordes of friends. □ (*Mil*) *truppe aerotrasportate* airborne troops; (*Mil*) *truppe ausiliarie* auxiliary troops; (*Mil*) *truppe coloniali* colonial troops; (*Mil*) *truppe da combattimento* combat troops; (*Mil*) *truppe da sbarco* landing troops; (*Mil*) *truppe d'assalto* storm troops, shock troops; *uomini di ~* men, troops, ranks; (*Mil*) *truppe di copertura* covering troops; (*Mil*) *truppe d'occupazione* occupation troops; (*fig*) *in ~* in flocks; (*Mil*) *truppe meccanizzate* motorized troops; (*Mil*) *truppe mercenarie* mercenary troops.

trust /trast/ *m.inv.* (*Econ*) trust (*anche estens.*).

tse-tse □ (*Entom*) *mosca ~* tsetse fly, tsetse-fly.

TSF *telegrafo senza fili* (wireless telegraphy).

T-shirt /ˈtiːʃɜːt, tiˈʃɜːt/ *f.inv.* (*Abbigl*) T-shirt, tee-shirt.

TT *Trinidad e Tobago* TT (Trinidad and Tobago).

tu *pron.pers.* **1** you, (*ant*) thou: ~ *l'hai visto?* have you seen him?; *sei stato ~?* was it you? **2** (*lo stesso*) yourself, the same: *non sembri più* ~ you don't seem the same any more, you don't look yourself. **3** (*con valore impersonale*) you, one: *quando ~ pensi che...* (*o quando pensi che...*) when you think that... □ *dare del ~ a qcu.* to use the familiar form when speaking to so.; *a ~ per* ~ face to face: *stare a ~ per ~ con qcu.* to be face to face with so.

TU (*Dir*) *Testo Unico* (consolidation act).

tuareg, tuaregh I *a.inv.* Tuareg. **II** *m./f.inv.* Tuareg.

tuba *f.* **1** (*Stor,Mus*) tuba. **2** (*Mod*) top hat. **3** (*Anat*) tube. **4** (*poet*) (*tromba*) trumpet. □ (*Anat*) ~ *di Eustachio* Eustachian tube; (*Anat*) ~ *di Falloppio* Fallopian tube; (*Anat*) ~ *uditiva* Eustachian tube; (*Anat*) ~ *uterina* Fallopian tube.

tubare¹ (**tùbo**) *aus.* **avere** *v.i.* **1** to coo: *i colombi tubano* doves coo. **2** (*fig,scherz*) (*rif. a innamorati*) to coo, to bill and coo: ~ *come due colombi* to bill and coo like two doves.

tubare² (**tùbo**) *v.t.* (*Minier*) to tube.

tubarico (*pl.* **-ci**) *a.* (*Anat*) tubal.

tubatura *f.* (*Idr*) **1** (*sistema, insieme di tubi*) piping, pipes *pl.*, pipeline: *sistema di tubature* piping system. **2** (*singolo tubo*) pipe. □ ~ *del gas* gas pipeline; (*Idr*) ~ *dell'acqua* water pipes; (*Idr*) ~ *di scarico* waste pipes; (*Idr*) ~ *sotterranea* underground pipeline.

tubazione *f.* (*Idr*) **1** (*sistema, insieme di tubi*) piping, pipes *pl.*, pipeline: *sistema di tubazioni* piping system. **2** (*singolo tubo*) pipe. □ (*Idr*) ~ *dell'acqua* water pipes (*pl.*); (*Idr*) ~ *di scarico* waste pipes (*pl.*); ~ *del gas* gas pipeline; (*Idr*) ~ *sotterranea* underground pipeline.

tubeless /ˈtjuːbləs/ *a.inv.* (*Aut*) tubeless: *pneumatico* ~ tubeless tyre.

tuberacee *f.pl.* (*Bot*) tubers, Tuberaceae.

tubercolare *a.* (*Med*) tuberculous, tubercular.

tubercolato *a.* (*Bot*) tuberculate.

tubercolina *f.* (*Med*) tuberculin.

tubercolo *m.* (*Anat,Med,Bot*) tubercle.

tubercolosario *m.* sanatorium (for tubercular patients).

tubercolosi *f.* (*Med,Veter,Agr*) tuberculosis, TB. □ (*Med*) ~ *miliare* miliary tuberculosis; (*Med*) ~ *ossea* bone tuberculosis (*Med*) ~ *polmonare* pulmonary tuberculosis, consumption.

tubercoloso I *a.* (*Med,Veter*) tuberculous, tubercular. **II** *m.* (*f.* **-a**) (*Med,Veter*) tubercular patient, tuberculosis case.

tubercolotico (*pl.* **-ci**) *a.* (*Med,Veter*) tuberculous, tubercular.

tubero *m.* (*Bot*) tuber.

tuberosa *f.* (*Bot*) tuberose.

tuberosità *f.* (*Anat*) tuberosity.

tuberoso *a.* (*Bot*) tuberous.

tubetto *m.* tube: ~ *di dentifricio* tube of toothpaste; *ingerire un* ~ *di sonnifero* to swallow a tube of sleeping pills.

tubiforme *a.* tube-like, tubiform.

tubino *m.* **1** (*Abbigl*) (*vestito*) sheath, sheath dress; (*gonna*) tube skirt. **2** (*Mod*) bowler, bowler hat, (*Am*) derby, derby hat.

tubista *m./f.* **1** pipe maker. **2** (*installatore di tubazioni*) pipe-layer. **3** (*Edil*) pipe fitter. **4** (*idraulico*) plumber.

tubo *m.* **1** pipe, tube. **2** (*tubo flessibile*) hose, flexible pipe, flexible tube. **3** (*Anat*) canal,

duct. **4** (*fig,pop*) (*niente*) not a thing, not a damn thing: *non capire un* ~ not to understand a thing; *non fare un* ~ *dalla mattina alla sera* not to do a damn thing all day; *non valere un* ~ not to be worth a straw, not to be worth a damn; *non sapere un* ~ not to know a damn thing; *non me ne importa un* ~ *di lui* I don't care a damn about him, I don't give a damn about him; *non vedo un* ~ I can't see a damn thing. □ ~ *a gomito* round elbow, knee bend; ~ *a U* U-tube; ~ *a vuoto* vacuum tube; ~ *a vuoto spinto* high-vacuum tube; ~ *ad alto vuoto* high-vacuum tube; ~ *al neon* neon tube; ~ *aspirante* suction pipe; (*Elettron*) ~ *catodico* cathode-ray tube; ~ *collettore* header; ~ *d'alimentazione*: **1** feed pipe; **2** (*Aer*) induction pipe; (*Idr*) ~ *dell'acqua* water pipe; ~ *dell'aria* air pipe; ~ *di gomma* rubber hose; (*Mil*) ~ *di lancio* bore; (*Mot*) ~ *di scappamento* exhaust pipe; ~ *di scarico* drain pipe, waste pipe, spout (*anche Idr*); ~ *di ventilazione* vent pipe; ~ *di vetro* glass tube, glass pipe; (*Anat*) ~ *digerente* alimentary canal; (*Fot*) ~ *distanziatore* extension tube; ~ *fluorescente* glow tube; (*Mar.mil*) ~ *lanciasiluri* torpedo tube; ~ *metallico* metal tube; (*Anat*) ~ *midollare* medullary tube, neural canal.

tubolare I *a.* tubular. **II** *m.* **1** (*pneumatico*) tubular tyre. **2** (*Mil*) insignia of rank (worn as a shoulder loop or strap).

tubulo *m.* (*Anat,Bot*) tubule.

tucano *m.* (*Ornit*) toucan.

Tucidide *n.pr.m.* (*Stor*) Thucydides.

tucul *m.* (*Etnol*) tukul, hut, straw-roofed hut.

tufaceo *a.* tufaceous: *roccia tufacea* tufaceous rock.

tuffare (**tùffo**) **I** *v.t.* to dip, to plunge: ~ *un remo nell'acqua* to dip an oar in the water. **II** *v.pron.* **tuffarsi 1** to plunge, to dive: *tuffarsi in mare* to plunge into the sea; *tuffarsi in una piscina* to dive into a pool; *tuffarsi dalla trampolino* to dive from the springboard. **2** (*gettarsi verso il basso*) to leap, to leap down: *tuffarsi nel vuoto* to leap into space. **3** (*Aer*) (*scendere in picchiata*) to nose dive. **4** (*fig*) (*tramontare*) to sink, to disappear: *il sole si tuffò nel mare* the sun sank into the sea. **5** (*fig*) (*lanciarsi, precipitarsi*) to dive, to plunge (*in* into), to throw oneself (*in* in): *tuffarsi nella mischia* to dive into the fray; *i pompieri si tuffarono fra le fiamme* the firemen plunged into the blaze. **6** (*fig*) (*sprofondarsi*) to plunge (*in* into), to bury oneself (*in* in): *tuffarsi nello studio* to bury oneself in one's books. **7** (*fig*) (*rif. a vizi e sim.*) to throw oneself (*in* into), to give oneself up (*in* to).

tuffata *f.* dip, plunge.

tuffatore *m.* **1** (*f.* **-trice**) (*Sport*) diver. **2** (*Aer*) dive-bomber. **3** (*Ornit*) little grebe.

tuffetto *m.* (*Ornit*) little grebe.

tuffista *m./f.* (*Sport,rar*) diver.

tuffistica *f.* (*Sport*) diving.

tuffo *m.* **1** dive, diving, plunge. **2** (*breve bagno*) dip: *faccio un* ~ *ed esco subito* I'll just go in for a dip and come right out. **3** (*fig*) (*forte emozione*) throb, jolt. **4** (*Sport*) dive (*anche nel calcio*): *gara di tuffi* diving contest. **5** (*Aer*) nose dive. □ *a* ~ (*di slancio*) with a leap, with a dash; (*fig*) *buttarsi a* ~ *su qcs.* to make a dive for sth.; (*Sport*) ~ *a serpentina* corkscrew dive; (*Sport*) ~ *ad angelo*: **1** (*nel calcio*) flying dive by goalkeeper (to stop a ball); **2** (*nel nuoto*) swan dive; (*fig*) *ho provato un* ~ *al cuore* my heart missed a beat, my heart skipped a beat; (*Sport*) ~ *carpiato* jackknife, jackknife dive, pike dive; (*Sport*) ~ *con doppio salto mortale* double somersault dive; ~ *da grande altezza* high

dive; (*Sport*) ~ *dal trampolino*: **1** springboard dive; **2** (*disciplina*) springboard diving; ~ *di piedi* jump; (*Sport*) ~ *di testa* header; *fare un* ~ to take a dive; (*Sport*) ~ *indietro* back dive; (*fig*) *un* ~ *nel passato* a blast from the past; ~ *verticale* handstand dive.

tuffolo *m.* (*Ornit*) grebe.

tufo *m.* (*Min*) (*di natura vulcanica*) tuff; (*di natura calcarea*) tufa.

tuga *f.* (*Mar*) deckhouse.

tugurio *m.* (*abitazione*) hovel; (*ambiente*) hole.

tuia *f.* (*Bot*) thuja, arbor vitae.

tularemia *f.* (*Veter,Med*) tularaemia, tularemia.

tulio *m.* (*Chim*) thulium.

tulipano *m.* (*Bot*) tulip.

tulle *m.inv.* (*Tess*) tulle. □ *di* ~ tulle (*attr.*): *vestito di* ~ tulle dress.

Tullio *n.pr.m.* **1** Tullius. **2** (*Stor*) (*Cicerone*) Tully, Cicero.

tumefare (*pres.ind.* **tumefàccio/tumefò**, **tumefài**; *p.rem.* **tumeféci**; *p.p.* **tumefàtto**) **I** *v.t.* to tumefy, to cause to swell. **II** *v.pron.* **tumefarsi** to swell, to swell up, to tumefy.

tumefatto *a.* swollen, tumefied.

tumefazione *f.* swelling, tumefaction.

tumidezza, tumidità *f.* **1** (*gonfiore*) swelling, tumidity. **2** (*fig*) pompousness, pomposity, tumidity: ~ *di stile* pomposity of style.

tumido *a.* **1** (*lett*) (*gonfio*) swollen, tumid: *guancia tumida* swollen cheek. **2** (*carnoso, turgido*) fleshy, full: *labbra tumide* full lips. **3** (*fig*) (*ampolloso*) tumid, bombastic, pompous: *stile* ~ pompous style.

tumolo *m.* (*rar*) **1** mound. **2** (*Archeol*) tumulus, barrow. **3** (*lett*) (*sepolcro, tomba*) tomb, grave.

tumorale *a.* (*Med*) tumoral, tumorous, tumour (*attr.*): *cellule tumorali* tumoral cells.

tumore *m.* (*Med*) tumour, (*Am*) tumor: *avere un* ~ *al cervello* to have a brain tumour, (*Am*) to have a brain tumor. □ (*Med*) ~ *benigno* benign tumour, (*Am*) benign tumor; (*Med*) ~ *maligno* malignant tumour, (*Am*) malignant tumor, cancerous tumour, (*Am*) cancerous tumor; (*Med*) ~ *metastatico* metastatic tumour, (*Am*) metastatic tumor.

tumulare (**tùmulo**) *v.t.* to bury, to inter, to entomb.

tumulazione *f.* **1** (*seppellimento*) burial, burying, interment. **2** (*sepoltura in nicchie o loculi*) burial, burying.

tumulo *m.* **1** mound. **2** (*Archeol*) tumulus, barrow. **3** (*lett*) (*sepolcro, tomba*) tomb, grave.

tumulto *m.* **1** (*rumore, frastuono*) uproar, tumult, turmoil. **2** (*agitazione di popolo*) riot, rising, uprising: *la folla è in* ~ the masses are rioting. **3** (*fig*) tumult, turmoil: *avere l'anima in* ~ to be in a tumult. □ (*Stor*) *il* ~ *dei Ciompi* the uprising of the Ciompi.

tumultuante I *a.* tumultuous, riotous, in tumult. **II** *m./f.* rioter.

tumultuare (**tumùltuo**) *aus.* **avere** *v.i.* to riot.

tumultuosamente *avv.* tumultuously, riotously.

tumultuosità *f.* riotousness, tumultuousness.

tumultuoso *a.* **1** rowdy, uproarious: *seduta tumultuosa* rowdy session. **2** (*fig*) tumultuous, turbulent: *passioni tumultuose* turbulent passions.

tundra *f.* (*Geog*) tundra.

tungsteno *m.* (*Chim*) tungsten, wolfram.

tunica *f.* tunic (*anche Anat,Bot*).

tunicati *m.pl.* (*Zool*) tunicates, Tunicata.

tunicato *a.* **1** (*lett*) (*vestito di tunica*) wearing a tunic, dressed in a tunic. **2** (*Bot*) tunicate.

Tunisi *n.pr.f.* (*Geog*) Tunis.

Tunisia *n.pr.f.* (*Geog*) Tunisia.

tunisino I *a.* Tunisian. II *m.* (*f.* **-a**) Tunisian.

tunnel *m.inv.* (*Strad,Ferr*) tunnel (*anche fig*): *il paese sta uscendo dal ~ della crisi* the country is emerging from the crisis, the country is getting back on its feet. ☐ *il ~del Monte Bianco* the Mont Blanc tunnel; *~ del vento* wind tunnel; (*fig*) *entrare nel ~ della droga* to get hooked on drugs; *uscire dal ~ della droga* to come off drugs; *~ della Manica* Channel Tunnel, Chunnel, Eurotunnel; (*Aut*) *~di lavaggio* tunnel car-wash; (*Ferr*) *~ferroviario* railway tunnel; (*Strad*) *~ stradale* road tunnel.

tuo I *a.poss.* **1** your, (*ant*) thy (*anche epist*): *il ~ gatto* your cat; *molti tuoi compagni* many of your friends, many friends of yours; *il ~ affezionatissimo Mario* your loving Mario. **2** (*tuo proprio*) your own: *guarda il ~ libro* look at your own book. **3** (*preceduto da aggettivi numerali, pronomi indefiniti e dimostrativi*) of yours: *due tuoi amici* two friends of yours; *alcuni tuoi colleghi* some colleagues of yours, some of your colleagues; *questo ~ amico* this friend of yours. **4** (*usato predicativamente*) yours, (*ant*) thine: *questa penna è tua?* is this pen yours?; *la casa è tua* the house is yours. **5** (*nelle espressioni ellittiche*) your *seguito dal sostantivo sottinteso*: *ho ricevuto la tua* (*lettera*) *del dieci maggio* I received your letter of the tenth of May; *hai diritto a dire la tua* you have a right to have your say; *io sto dalla tua* I am on your side. **6** (*in fine di lettera*) yours: *tua Maria* (*o affettuosi saluti, tua Maria*) yours, Maria, yours affectionately, Maria. II *pron.poss.* yours, (*ant*) thine: *mio padre è più vecchio del ~* my father is older than yours. III *m.* **1** (*averi, beni*) means (*costr.sing. o pl.*), property (*of your own*), your resources *pl.*, what you have: *non hai niente del ~?* have you nothing of your own? **2** (*ciò che ti spetta di diritto*) what is yours, what is due to you. **3** *pl.* (*parenti*) your relatives, your family *sing.*, the family *sing.*, (*colloq*) your folks: *come stanno i tuoi?* how is your family?, (*colloq*) how are your folks doing? **2** *pl.* (*genitori*) your parents, (*colloq*) your folks. **5** *pl.* (*amici*) your friends. **6** *pl.* (*seguaci*) your followers, your men. ☐ *alla tua!* (*nei brindisi*) here's to you!; *ci hai rimesso del ~?* did you lose on it?; *ne hai fatta un'altra delle tue* you've been up to your old tricks again; (*fig*) *non stare sulle tue* don't be so buttoned up, don't be so introverted; *tieniti sulle tue* be non-committal.

tuonare (**tuòno**) I *v.i.* (*aus. avere*) **1** to thunder (*anche fig*). **2** (*rif. a voce, cannone*) to boom. **3** (*fig*) (*parlare, inveire con violenza*) to thunder: *~ contro qcu.* to thunder against so. II *v.i.impers.* (*aus. essere/avere*) to thunder. ☐ *Prov.: tanto tuonò che piovve* it's happened at last, it had to happen, it was bound to happen.

tuono *m.* **1** clap of thunder, peal of thunder, crash of thunder, thunder: *si sentì un ~* thunder was heard, a clap of thunder was heard. **2** (*tuono prolungato*) roll of thunder. **3** *pl.* thunder (*costr.sing.*): *il brontolio dei tuoni* the rumble of thunder. **4** (*fig*) (*strepito, fragore*) thunder, boom, roar.

tuorlo *m.* yolk: *un ~ d'uovo* an egg yolk.

tupaia *f.* (*Zool*) tree shrew.

tupamaro *m.* **1** tupamaro. **2** (*estens*) urban guerrilla.

TUR *Turkmenistan* TUR (Turkmenistan).

---

turacciolo *m.* **1** stopper; (*di sughero*) cork: *~ di bottiglia* bottle cork. **2** (*di botti*) bung.

turare (**tùro**) I *v.t.* to plug, to stop; (*con sughero*) to cork: *~ un fiasco* to cork a flask. II *v.pron.* **turarsi** (*intasarsi*) to become blocked, to get blocked, to get stopped, to get plugged: *si è turato il lavandino* the sink is stopped up. ☐ *~ un buco:* 1 to fill in a hole, to plug a hole; 2 (*riempire uno spazio vuoto*) to fill in; 3 (*fig*) (*pagare un debito*) to pay a debt; 4 (*fig*) (*sostituire temporaneamente*) to replace; (*fig*) *~ una falla* to pay a debt; *turarsi il naso:* 1 to hold one's nose; *mi si è turato il naso* my nose got blocked; 2 (*fig*) (*non fare caso a qualcosa di spiacevole e andare avanti*) to overlook, to grin and bear it; (*fig*) *~ la bocca a qcu.* to shut so.'s mouth, to silence so.; *turarsi le orecchie* to block one's ears.

turba ¹ *f.* **1** rabble, mob: *una ~ di mendicanti* a rabble of beggars. **2** *pl.* (*masse di gente*) crowd *sing.*, throng *sing.*, multitude *sing.*: *Gesù parlava alle turbe* Jesus spoke to the multitude.

turba ² *f.* (*Med*) disorder: *turbe nervose* nervous disorders.

turbamento *m.* **1** disturbance, disturbing, troubling. **2** (*inquietudine, smarrimento*) perturbation, anxiety, worry: *a quella notizia fu preso da un profondo ~* at the news he was filled with anxiety. ☐ *turbamenti amorosi* love confusions; (*Dir*) *~dell'ordine pubblico* breach of the peace, disturbance of the peace.

turbante *m.* turban (*anche Mod*).

turbare (**tùrbo**) I *v.t.* **1** (*disturbare*) to disturb: *~ una riunione* to disturb a meeting, to be a disturbance in a meeting. **2** (*sconvolgere, sconcertare*) to upset, to worry, to disturb: *la notizia lo turbò profondamente* the news upset him very much; *una storia che può ~ i bambini* a story that may upset children. II *v.pron.* **turbarsi 1** to grow upset, to get upset, to be perturbed, to be affected. **2** (*inquietarsi*) to grow worried, to get worried: *si turba per ogni sciocchezza* she gets worried over every little thing. **3** (*confondersi*) to become confused, to be disconcerted. **4** (*rif. al cielo: annuvolarsi*) to cloud over, to become cloudy.

turbativa *f.* (*Dir*) nuisance. ☐ *~ d'asta* bid-rigging, collusive tendering.

turbato *a.* **1** disturbed, troubled. **2** (*sconvolto*) upset, disturbed: *la sua mente era rimasta turbata da quella catastrofe* his mind was upset by that catastrophe.

turbina *f.* (*Mecc*) turbine. ☐ (*Mecc*) *~ a elica* propeller turbine; (*Mecc*) *~ a gas* gas turbine; (*Mecc*) *~ a reazione* reaction turbine; (*Mecc*) *~ a vapore* steam turbine; (*Mecc*) *~ad aria calda* hot-air turbine; (*Mecc*) *~ ausiliaria* auxiliary turbine; (*Mecc*) *~ idraulica* water turbine, hydraulic turbine.

turbinare (**tùrbino**; *aus. avere*) *v.i.* **1** to whirl, to eddy: *il nevischio turbinava nell'aria* the sleet was whirling in the air. **2** (*fig*) to whirl, to seethe: *molte idee turbinano nella sua mente* many ideas are seething in his mind.

turbinato I *a.* (*Bot*) turbinate. II *m.* (*Anat*) nasal concha, turbinate.

turbine *m.* **1** (*vortice di vento*) whirlwind. **2** (*estens*) (*vortice*) whirl, eddy, swirl: *il ~ della danza* the whirl of the dance. **3** (*fig*) (*grande quantità*) whirl, whirlwind, rush: *un ~ di idee* a rush of ideas. **4** (*fig*) (*tumulto*) turmoil, whirl: *il ~ della passione* the turmoil of passion. ☐ *~di neve* snowstorm; *~di polvere* dust storm; *~di sabbia* sandstorm.

---

turbinio *m.* **1** whirling, eddying. **2** (*fig*) (*tumulto, agitazione*) whirl, eddying, seething: *il ~ della vita moderna* the whirl of modern life; *il ~ della folla* the eddying of the crowd.

turbinosamente *avv.* **1** whirlingly. **2** (*fig*) giddily, dizzily.

turbinoso *a.* **1** whirling, swirling, eddying: *vento ~* swirling wind. **2** (*fig*) giddy, dizzy, whirling, eddying: *movimento ~* whirling movement.

turbo I *a.inv.* (*Mot*) turbo (*attr.*): *motore ~* turbo engine, turbocharged engine. II *m.inv.* (*Mot*) turbo engine, turbocharged engine. III *m./f.inv.* (*Mot*) turbocar.

turboalternatore *m.* (*El*) turboalternator.

turbocisterna *f.* (*Mar*) turbine-driven tanker.

turbocompressore *m.* (*Tecn*) turbocharger.

turbodiesel /¹dizel/ *a.inv.* (*Mot*) turbo diesel. II *m.inv.* (*Mot*) turbo diesel engine. III *m./f.inv.* (*Aut*) turbodiesel.

turbodinamo *f.* (*El*) turbodynamo, turbogenerator.

turboelettrico (*pl.* **-ci**) *a.* (*Mecc*) turboelectric.

turboelica I *m.inv.* (*Aer*) (*aereo*) turboprop. II *f.* (*Aer*) turbopropeller engine, turboprop engine.

turbogeneratore *m.* (*El*) turbogenerator.

turbogetto *m.* **1** (*Aer,Mot*) turbojet engine, jet turbine engine. **2** (*Aer*) (*aereo*) turbojet.

turbolento *a.* **1** turbulent, unruly, riotous: *acque turbolente* turbulent waters; *scolaresca turbolenta* unruly pupils. **2** (*fig*) (*burrascoso*) stormy, troubled, turbulent: *tempi turbolenti* troubled times; *vita turbolenta* stormy life.

turbolenza *f.* **1** turbulence, tumultuousness, unruliness. **2** (*Fis,Chim,Meteor*) turbulence.

turbolocomotiva *f.* (*Ferr*) turbine locomotive, turbine engine.

turbomacchina *f.* (*Mecc*) turbine engine.

turbomotore *m.* (*Mecc*) turbine engine.

turbomotrice *f.* (*Mecc*) turbine engine.

turbonave *f.* (*Mar*) turbine steamship.

turbopompa *f.* (*Mecc*) (*pompa centrifuga*) turbopump, centrifugal pump.

turbopropulsore *m.* (*Aer*) turboprop.

turboreattore *m.* **1** (*Aer,Mot*) turbojet engine, jet turbine engine. **2** (*Aer*) (*aereo*) turbojet.

turbotreno *m.* (*Ferr*) turbotrain.

turboventilatore *m.* (*Mecc*) turbofan.

turca *f.* **1** (*Arred*) (*divano*) ottoman. **2** (*gabinetto*) squat toilet.

turcasso *m.* quiver.

turchese I *m.* (*Min,Oref*) turquoise. II *m.inv.* (*colore*) turquoise, turquoise blue. III *a.inv.* (*color turchese*) turquoise.

Turchia *n.pr.f.* (*Geog*) Turkey.

turchinetto *m.* laundry blue, laundry bluing.

turchino *a./m.* deep blue.

turco (*pl.* **-chi**) I *a.* Turkish. II *m.* **1** (*lingua*) Turkish. **2** (*f.* **-a**) (*abitante*) Turk. ☐ *alla turca* Turkish style (*attr.*), in the Turkish manner; *caffè alla turca* Turkish coffee; *sedere alla turca* (*o sedersi alla turca*) to sit cross-legged.

turcomanno I *a.* Turkman, Turkoman. II *m.* **1** (*lingua*) Turkmen, Turkman, Turkoman. **2** (*f.* **-a**) (*abitante*) Turkman, Turkoman.

Turenna *n.pr.f.* (*Geog*) Touraine.

turgescente *a.* (*Med,Bot*) turgescent.

turgescenza *f.* (*Med,Bot*) turgor, turgescence.

turgidezza, turgidità f. **1** turgidity, turgidness, swollenness (anche fig). **2** (Med,Bot) turgidity, turgor.

turgido a. **1** turgid; (gonfio) swollen. **2** (Med,Bot) turgid. **3** (fig) (ampolloso) turgid, pompous, bombastic.

turgore m. **1** turgidity, turgidness. **2** (Med, Bot) turgor.

Turgovia n.pr.f. (Geog) Thurgovia.

turibolo m. (Lit) thurible, censer.

turiferario m. (Lit) thurifer.

Turingia n.pr.f. (Geog) Thuringia.

turione m. (Bot) turion.

turismo m. tourism. □ da ~ touring; ~ del sesso sex tourism; ~ di massa mass tourism; ~ ecologico ecotourism; fare del ~ to travel, to tour; (fig) ~ mordi e fuggi day-tripping; ~ sessuale sex tourism.

turista m./f. tourist, (Br,colloq) tripper.

turistico (pl. **-ci**) a. tourist: classe turistica tourist class.

Turkestan n.pr.m. (Geog) Turkestan, Turkistan.

Turkmenistan n.pr.m. (Geog) Turkmenistan.

turkmeno I a. Turkman, Turkoman. **II** m. **1** (lingua) Turkmen, Turkman, Turkoman. **2** (f. **-a**) (abitante) Turkman, Turkoman.

turlupinare (**turlupìno**) v.t. to cheat, to swindle, (Br,colloq) to take in, (Am,colloq) to take (so.) for a ride.

turlupinatore m. (f. **-trice**) cheat, swindler.

turlupinatura f. cheating, swindling, swindle.

turnista m./f. shift worker.

turno m. **1** turn: è il tuo ~ it's your turn; aspettare il proprio ~ to wait one's turn; lo farai quando sarà il tuo ~ you'll do it when it's your turn, you'll do it when your turn comes. **2** (di lavoro) shift: avere il ~ di notte to be on nightshift; un ~ di sei ore a six-hour shift; fare i turni to work shifts, to do shift work. **3** (guardia: rif. a militari) guard; (rif. a custodi, personale ospedaliero) duty. **4** (Parl) ballot. **5** (Sport) heat: ~ eliminatorio preliminary heat. **6** (Mar) watch. □ a ~ in turn, in turns, by turn, by turns: gli studenti rispondevano a ~ alle domande the students answered the questions by turns; fare a ~ to take turns: fare a ~ a fare qcs. to take turns to do sth., to do sth. by turns; di ~: 1 on duty: essere di ~ to be on duty; l'infermiera di ~ the nurse on duty; 2 (fig,scherz) usual: lo scemo di ~ the usual fool; ~ di guardia watch; ~ diurno day shift, first shift; fare un ~ (di lavoro) to work a shift.

turpe a. **1** foul, shameful, vile: azione ~ shameful action, foul deed. **2** (spudorato) shameless, improper, indecent: proposta ~ indecent proposal. **3** (sconcio) filthy, disgusting: un individuo ~ a disgusting person.

turpemente avv. **1** foully, shamefully. **2** (spudoratamente) improperly, indecently. **3** (in modo sconcio) filthily, disgustingly.

turpiloquio m. foul language, obscene language, (colloq) dirty talk.

turpitudine f. **1** turpitude, foulness, vileness. **2** (azione turpe) turpitude, shameful act. **3** (discorso osceno) obscene language, foul talk.

turricolato a. turriculate, turriculated.

turrito a. towered; (ricco di torri) many-towered: castello ~ many-towered castle.

TUS (Econ) Tasso Ufficiale di Sconto (official bank rate).

tuscanico a. (Arch) Tuscan.

tussor m.inv. (Tess) tussah, tussore, tusser.

TUT (Tel) Tariffa Urbana a Tempo (local dialling charges).

tuta f. **1** (da lavoro) overalls pl. **2** (Abbigl) suit. □ (Aer) ~ antigravità G-suit, anti-G suit; (fig) ~ blu (operaio) blue collar; ~ da ginnastica jogging suit; ~ da lavoro overalls (pl.), work overalls (pl.); ~ da sci snow suit, ski suit; ~ di amianto asbestos suit; (Aer) ~ di volo flying suit; ~ incombustibile fireproof suit; (Mil) ~ mimetica camouflage fatigues (pl.), camouflage combat uniform, camouflage uniform; (Aer) ~ pressurizzata pressurized suit; (Astron) ~ spaziale space suit; ~ sportiva jogging suit.

tutela f. **1** (difesa, protezione) defence, protection, safeguard: ~ della famiglia protection of the family; sotto la ~ della legge under the protection of the law; affidare a qcu. la ~ dei propri interessi to entrust so. with the protection of one's interests. **2** (Dir) guardianship, tutelage: avere la ~ di qcu. to be so.'s guardian. **3** (Pol) (diritto internazionale) trusteeship: sotto la ~ delle Nazioni Unite under the trusteeship of the United Nations. □ a ~ di in defence of; ~ ambientale environmental conservation, environmental protection; (Dir) ~ dei diritti safeguarding of one's rights, protection of one's rights; ~ dei diritti umani human rights protection; ~ del consumatore consumer protection; ~ del paesaggio landscape protection; ~ del patrimonio artistico preservation of works of art; ~ delle acque protection of bodies of water; ~ delle bellezze naturali conservation of nature; (Dir) ~ di incapace guardianship of an incapable person; (Dir) ~ di minori guardianship of minors; (Dir) essere sotto ~ to be under protection, to be under guardianship; essere sotto la ~ di qcu. to be so.'s ward; minore sotto ~ ward in chancery; (estens) prendere qcu. sotto la propria tutela to take so. under one's wing.

tutelare[1] (**tutèlo**) **I** v.t. to protect, to defend, to safeguard: le leggi tutelano il cittadino the laws protect the citizen; ~ la propria libertà to defend one's liberty. **II** v.pron. **tutelarsi** to protect oneself, to safeguard oneself: tutelarsi contro i rischi to protect oneself against risks.

tutelare[2] a. **1** tutelar, tutelary, guardian-: divinità tutelari tutelary gods; angelo ~ guardian angel. **2** (Dir) tutelary: giudice ~ tutelary judge, judge of the guardianship court.

tutina f. **1** (per bambini) rompers pl., crawlers pl. **2** (da donna) leotard.

tutolo m. (Agr) corn-cob: ~ di granoturco maize cob, corn cob.

tutor /'tjutor/ m./f.inv. tutor.

tutoraggio, tutorato m. (Univ) tutorship.

tutore m. **1** (f. **-trice**) (Dir) guardian: essere il ~ di un minorenne to be the guardian of a minor; nominare un ~ to appoint a guardian. **2** (f. **-trice**) (estens) (protettore, difensore) protector, defender, guardian; fare da ~ a qcu. to be so.'s guardian. **3** (Med) brace. **4** (Agr) stake. □ ~ della legge policeman; tutori dell'ordine (pubblico) police (costr.sing.); (Dir) essere sotto ~ to be a ward, to have a guardian.

tutorio a. (Dir) tutelary: autorità tutoria supervisory authority.

tuttavia congz. yet, nevertheless, however, still, but: non te lo meriti, ~ farò il possibile you don't deserve it, but I'll do whatever I can; ~ è meglio che tu lo sappia however it's better for you to know about it.

tutto I a.indef. **1** all, the whole: ~ il giorno all day; per ~ il giorno all day, all day long, throughout the day, the whole day, for the whole day; ~ il santo giorno all day long; tutta l'Italia all Italy, the whole of Italy; per tutta l'Italia all over Italy, throughout Italy; tutta Milano lo sapeva all in Milan knew about it, everybody in Milan knew about it. **2** (intero, completo) the whole, all, entire: durante ~ l'inverno for the whole winter; tutta la nostra produzione va all'estero our entire production is exported; ha mangiato tutta la torta he has eaten the whole cake; ~ il personale è in sciopero the whole staff is on strike. **3** pl. all: tutti questi giornali all these newspapers; è venuto con tutti i suoi amici he came with all his friends; tutti i negozi erano chiusi all the shops were closed, the shops were all closed; mi telefonano a tutte le ore they phone me at all hours. **4** pl. (ogni singolo) every: vado in ufficio tutti i giorni I go to the office every day; tutti i negozi erano chiusi every shop was closed. **5** (qualunque) any: può telefonare a tutte le ore he may telephone at any time. **6** pl. (seguito da un numerale) all: tutt'e tre all three; tutti e quattro all four; li ho salutati tutti e cinque I greeted all five of them. **7** pl. (seguito dal numero due) both: sono venuti tutti e due both of them came, they both came. **8** pl. (con un pron.pers.) all of (seguito dal pronome), all (preceduto dal pron.): noi tutti (o noi tutte) all of us, we all; tutti loro (o tutte loro) all of them, they all. **9** (intens) all, quite: te lo mando con ~ l'affetto I am sending it with all my love; apparve in pubblico in tutta la sua bellezza she appeared in public in all her beauty; mi parlò con tutta libertà she spoke quite freely to me. **10** (soltanto, esclusivamente) all, only, nothing but, mere: sono tutte chiacchiere it's all talk, it's mere talk, it's only gossip, it's nothing but gossip; è tutta una menzogna it's all a lie. **11** (in espressioni ellittiche) si traduce a senso: pensarle tutte to think of everything possible; ma tu le sai proprio tutte you are up to every trick, you know all the tricks. **II** pron. **1** (ogni cosa) everything, (lett) all: penso a ~ I think of everything; ha confessato ~ he has confessed everything; ~ è perduto, fuorché l'onore all is lost except honour. **2** (qualsiasi cosa) anything: è capace di ~ he is capable of anything. **3** pl. everyone, everybody, all: lo sapevano tutti everybody knew, they all knew; aspetto tutti senza eccezione I expect everyone without exception; sono arrivati tutti? has everyone arrived? **4** pl. (ognuno) everybody, everyone: in una piccola città si conoscono tutti in a small town everyone knows everyone else. **5** pl. (ogni persona, tutto il mondo) everyone, everybody: tutti desiderano la pace everyone wants peace; prendersela con tutti to blame everybody. **III** avv. **1** (interamente) quite, exactly, just, completely: è ~ il contrario it's exactly the opposite; è ~ l'opposto di quello che tu pensi it's quite the opposite of what you think. **2** (intens) (seguito da un aggettivo) all, very, quite: stava seduto lì ~ triste he sat there looking very sad; ~ nudo all naked, quite naked, stark naked; ~ solo all alone; ~ vestito di blu dressed all in blue; lo trovai ~ sconvolto I found him very upset; con le mani tutte screpolate with her hands all chapped; ha una casa tutta sua he has got a house of his own. **IV** m.inv. **1** (il complesso) all, everything, the whole thing, (colloq) the lot: il ~ costa trenta euro the whole thing costs thirty euros; spedisci il ~ a Roma send it all to Rome, send the lot to Rome. **2** (l'intero) whole: la parte per il ~ the part for the whole. □ a ~ andare (moltissimo, intensamente) for all one is worth, (colloq) flat out: dire sproposititi a ~ andare to talk endless nonsense; *spendere a ~ andare* to spend money like water; (*Mar*) *~ a dritta!* hard a-starboard!;*a tuttii costi* at all costs, at any cost; *è di una fedeltàa tuttaprova* his faithfulness is well-tried; *correre a ~spiano* to run as hard as one can; (*Scult*)*a ~tondo* in the round, in full relief; *tutt'a un tratto è sparito* suddenly he disappeared, all of a sudden he disappeared; *andare a tuttavelocità* to go at full speed, to go at top speed; *tutt'al più* : 1 at most, at the most: *saranno stati tutt'al più una ventina* there must have been about twenty of them at most; 2 (*nel peggiore dei casi*) at worst, at the worst, if the worst comes to the worst; *tutt'altro* : 1 anything but, far from: *è tutt'altro che furbo* he is anything but cunning; 2 (*colloq*) (*niente affatto*) not at all, not in the least, not a bit: *sei convinto? - Tutt'altro* are you convinced? - Not at all; *~ bene* all's well, everything's all right, (*colloq*) everything's O.K.; *~ bene? (come va?)* how are things?; *essere ~casa* to be a family man, (*Br,colloq*) to be a home-bird, (*Am,colloq*) to be a home-body; (*ant*) *~ché* though, although, (*lett*) albeit; *~ ciò che* everything, everything that, all, all that: *~ ciò che vedi è suo* all you see is his; *ho ~ ciò che occorre* I have everything I need; *è ~ ciò che ti posso dire* it's all I can tell you, it's all that I can tell you; *con ~ (nonostante)* with all, for all, in spite of all, despite all: *con ~ la mia pazienza, non lo posso sopportare* patient as I am, I can't stand him; *con tutte le sue preoccupazioni, è sempre allegro* in spite of all his worries he is always cheerful; *con ~ che* although, though; *con ~ciò* for all that, nevertheless, just the same; *~considerato* all considered, all things considered; *tutt'altra cosa* quite a different matter, quite another thing; *del ~* completely, quite, entirely: *ora è finito del ~* now it's completely finished, now it's all over; *non del ~* not completely, not entirely; *saper fare di ~* to be an all-rounder; *fare di ~*: 1 (*ogni servizio, lavoro*) to do anything, to do everything; 2 (*fare ogni sforzo*) to do everything one can, to do all one can, to do everything possible: *farò di tutto per accontentarti* I'll do all I can to satisfy you; *di ~ cuore* whole-heartedly, with all one's heart; *nella vitadi tuttii giorni* in everyday life;*di tuttii tempi* of all time;*di ~punto* completely, thoroughly; *è ~dire* I need say no more, and that's that; (*fig*) *~d'un pezzo* : 1 (*rigido*)

stiffly: *camminare ~ d'un pezzo* to walk stiffly; 2 (*onesto*) upright, of character, of sterling character: *è un uomo ~ d'un pezzo* he is a man of sterling character; *il migliore fra tutti* the best of all; *tuttii giorni è la stessa storia* it's the same old story every day; *aperto tutti i giorni* open daily; *~il contrario* just the opposite: *fa ~ il contrario di quello che gli si dice* he does just the opposite of what he's told;*il ~per ~* everything: *giocare il ~ per ~* to go the whole log; *dobbiamo tentare il ~ per ~* we must stake everything; *in ~ (complessivamente)* in all, all told, altogether: *gli spettatori saranno in ~ cinquemila* there must be five thousand spectators in all; *quanto fa in ~?* how much is it all told?, how much is it altogether?; *in ~ e per ~ (completamente)* completely, entirely, quite: *sono in ~ e per ~ d'accordo con te* I entirely agree with you, I am in complete agreement with you;*in tuttii modi* : 1 in every way; 2 (*comunque*) in any case, anyhow, anyway: *spero di risentirti, in tutti modi l'appuntamento resta fissato per domenica* I hope to hear from you again, but in any case the appointment is for Sunday; *tutt'intorno* all about, all around; *tuttele volte che* every time, every time that; *per ~l'oro del mondo* for all the world; *~muscoli* very muscular, all muscle; *essere ~naso* to be all nose; *e non è ~* and that's not all; *in ~ o in parte* either whole or in part; *o ~o niente* all or nothing, it's all or nothing; (*fig*) *essere tutt'occhi* to be all eyes; *a tutt'oggi* up till now, till today, so far; (*fig*) *essere tutt'orecchi* to be all ears;*per tuttarisposta mi rise in faccia* his only answer was to laugh in my face; *tutti quanti i partecipanti* all the participants; *dovete venire tutti quanti* you must all come; *~ quanto* : 1 (*usato come aggettivo: intero*) all, whole, entire; 2 (*usato come avverbio: completamente*) all, completely; 3 (*usato come pronome: tutto*) everything, the lot: *ha perso ~ quanto* he has lost everything; *~ quello che* everything, everything that, all, all that: *~ quello che vedi è suo* all you see is his; *ho ~ quello che occorre* I have everything I need; *è ~ quello che ti posso dire* it's all I can tell you, it's all that I can tell you; *~sommato* all in all; *~sta nell'andare d'accordo* the most important thing is to get on with each other; *~ sta a cominciare bene* well begun is half done; *essere ~sudato* to be bathed in sweat; *sei tuttatua madre* you

take after your mother in everything, you look just like your mother; *sei ~ tuo padre* you take after your father, you take after your father in everything, you look just like your father, (*colloq*) you're the spitting image of your father; *è ~tuo* it's all yours; *sono ~ tuo* I'm all yours; *è tuttaun'altra cosa* it's a different world; *essere tutt'uno* : 1 (*una sola persona*) to be one, to be like one; 2 (*una sola cosa*) to be the same thing, to be one thing only; 3 (*la stessa cosa*) to be all the same, not to make a difference, not to matter; 4 (*avvenimento quasi simultaneo*) to be almost simultaneous: *vederlo e fuggire fu tutt'uno* no sooner did he see him than he took to his heels; *vederlo e ridere fu un tutt'uno* when he saw him he burst out laughing, as soon as he saw him he burst out laughing, one look at him set him off laughing. *Prov.*: *~ è bene quel che finisce bene* all's well that ends well.

tuttoché *congz.* (*ant*) though, although, (*lett*) albeit.

tuttofare **I** *a.inv.* general: *domestica ~* general maid, maid of all work, maid-of-all-work, all-around maid. **II** *m./f.* **1** (*chi svolge piccole riparazioni*) handyman, (*Br*) odd-jobman. **2** (*in un ufficio*) man Friday (*f.* girl Friday). **3** (*domestico*) domestic help, domestic servant.

tuttologo *m.* (*f.* **-a**; *pl.* **-gi**) (*iron*) know-it-all, know-all.

tuttora *avv.* still: *credo che sia ~ vivo* I think he is still alive.

tuttotondo □ (*Scult*)*a ~* in the round.

tutù *m.inv.* tutu.

TUV *Tuvalu* TUN (Tuvalu).

Tuvalu *n.pr.m.* (*Geog*) Tuvalu.

tuzia *f.* (*Met*) tutty.

tuziorismo *m.* (*Teol*) tutiorism.

tuziorista *a./m./f.* (*Teol*) tutiorist.

tuzioristico (*pl.* **-ci**) *a.* (*Teol*) tutiorist.

TV **I** *televisione* TV (television). **II** *a.inv.* television, (*colloq*) TV. □ *~interattiva* interactive TV; *~spazzatura* trash TV, junk TV.

TVB (*colloq*) *ti voglio bene* (I love you).

TVC (*TV*) *televisione a colori* (colour television).

TVTB (*colloq*) *ti voglio tanto bene* (I love you very much).

tze-tze □ (*Entom*) *mosca ~* tsetse fly, tsetse-fly.

tzigano **I** *a.* Tzigane: *musica tzigana* Tzigane music. **II** *m.* (*f.* **-a**) Tzigane.

U

u, U *f./m.* (*lettera dell'alfabeto*) u, U: *due u* two u's (*o us*); (*Tel*) *u come Udine* U for uncle, (*Am*) U as in uncle.

u.a. *unità astronomica* A.U. (Astronomical Unit).

uadi *m.* (*Geol*) wadi, wady.

UAE *Emirati Arabi Uniti* UAE (United Arab Emirates).

ubbia *f.* (*timore infondato*) groundless fear, superstition.

ubbidiente *a.* **1** obedient, submissive. **2** (*rif. ad animali*) well-trained, docile: *un cane* ~ a well-trained dog.

ubbidienza *f.* **1** obedience (a *to*) (*anche Teol, Dir.can*): *dovere* ~ *a qcu.* to owe so. obedience; *giurare* ~ *al re* to swear allegiance to the king. **2** (*abitudine di ubbidire*) obedience, submissiveness. ☐ ~ *cieca* unquestioning obedience, blind obedience; ~ *passiva* passive obedience.

ubbidire (**ubbidìsco, ubbidìsci**; *aus.* **avere**) *v.i.* **1** to obey (a *qcu.* so.): ~ *ai genitori* to obey one's parents; *esigo di essere ubbidito* I will be obeyed. **2** (*ottemperare*) to comply (a *with*), to obey (a *qcs.* sth.), to abide (a *by*): ~ *alle leggi* to comply with the law, to be law-abiding; ~ *a un ordine* to obey an order. **3** (*estens*) (*reagire, rispondere*) to respond (to): *i freni non ubbidiscono più* the brakes no longer respond; *le gambe non mi ubbidiscono più* my legs fail me.

ubertà *f.* (*lett*) fertility, fecundity.

Uberto *n.pr.m.* Hubert.

ubertosità *f.* (*lett,rar*) fertility, fecundity.

ubertoso *a.* (*lett*) fertile, productive.

ubicare (**ùbico, ùbichi**) *v.t.* to locate, to position, to situate, to site.

ubicato *a.* located, situated, sited.

ubicazione *f.* location, position, site.

ubiquista I *a.* (*Zool,Bot*) ubiquitous. **II** *m./f.* (*Rel*) ubiquitarian.

ubiquità *f.* ubiquity. ☐ (*colloq,scherz*) *non ho il dono dell'* ~ I can't be everywhere at once.

ubiquitario I *a.* **1** (*Rel.prot*) ubiquitarian. **2** (*Zool,Bot*) ubiquitous. **II** *m.* (*f.* **-a**) (*Rel.prot*) ubiquitarian.

ubriacare (**ubriàco, ubriàchi**) **I** *v.t.* **1** (*rendere ubriaco*) to make so. drunk, to intoxicate, to inebriate. **2** (*indurre a bere fino a ubriacare*) to make so. drunk, to get so. drunk. **3** (*fig*) (*stordire, frastornare*) to daze, to stun: *questo chiasso mi ha ubriacato* this uproar has dazed me, this uproar has made my head spin. **4** (*fig*) (*esaltare*) to go to the head of: *non lasciarti ubriacare dalle sue promesse* don't let his promises go to your head. **II** *v.pron.* **ubriacarsi** to get drunk (*di* on), to become intoxicated, (*colloq*) to get tipsy.

ubriacatura *f.* **1** intoxication: *prendersi una solenne* ~ to get thoroughly drunk, to drink oneself into a stupor. **2** (*fig*) (*esaltazione*) intoxication. **3** (*fig*) (*infatuazione*) infatuation (*per* with).

ubriachezza *f.* drunkenness, intoxication.

ubriaco I *m.* (*f.* **-a**; *pl.* **-chi**) drunk, drunken person. **II** *a.* **1** drunk (*attr.*), drunken, intoxicated, (*colloq*) tipsy. **2** (*fig*) (*esaltato*) intoxicated, drunk, beside oneself (*di* with): ~ *di*

gioia beside oneself with joy. **3** (*fig*) (*stordito*) dazed, in a whirl, with one's head in a whirl. ☐ ~ *fradicio* (o ~ *marcio* o ~ *perso*) blind drunk, dead drunk.

ubriacone *m.* (*f.* **-a**) drunkard.

UC 1 *Ufficiale di Complemento* (territorial army officer). **2** *Ufficio di Collocamento* (employment exchange, labour exchange, employment office).

uccellagione *f.* **1** (*Caccia*) bird-catching (by means of nets and traps), fowling. **2** (*uccelli catturati*) bag of birds, birds *pl.* caught.

uccellaio *m.* **1** (*allevatore*) bird breeder. **2** (*venditore*) bird seller.

uccellame *m.* (*Caccia*) bag of birds.

uccellanda *f.* (*Caccia*) bird-catching site, fowling ground.

uccellare (**uccèllo**; *aus.* **avere**) *v.i.* (*Caccia*) to catch birds, to fowl (a *for*).

uccellatore *m.* (*f.* **-trice**) (*Caccia*) bird catcher, fowler.

uccelletto *m.* **1** little bird, small bird. **2** *pl.* (*cacciagione*) fowl. ☐ (*Gastron*) *fagioli all'*~ beans stewed with oil, sage and tomato sauce.

uccelliera *f.* aviary.

uccellina *f.* (*Mar,ant*) jigger topgallant staysail.

uccellino *m.* **1** little bird, small bird; (*infant*) birdie, dickybird; (*infant,scherz*) *guarda l'~!* watch the birdie! **2** (*appena nato*) nestling, fledgeling. **3** *pl.* (*cacciagione*) fowl. ☐ (*fig*) *mangiare come un* ~ to eat like a bird, to nibble at one's food; *un* ~ *mi ha detto che...* a little bird told me...

uccello *m.* **1** bird, (*lett*) fowl. **2** (*volg*) cock, prick. ☐ (*Ornit*) ~ *acquatico* water-fowl; (*Gastron*) *uccelli allo spiedo* birds on the spit; ~ *canoro* (o ~ *canterino*) song-bird, songster; ~ *del malaugurio*: 1 bird of ill omen: *non fare l'*~ *del malaugurio* don't be a presager of disgrace; 2 (*iettatore*) Jonah, (*Am*) jinx; (*Ornit*) ~ *del paradiso* bird of paradise; ~ *di bosco* wood bird; (*fig*) *essere uccel di bosco* (*irreperibile*) to be nowhere to be found, to have flown the coop; (*Mus*) *l'Uccello di fuoco* The Firebird; ~ *di mare* sea-bird; (*Ornit*) ~ *di passo* bird of passage, migratory bird; ~ *di richiamo* decoy, decoy bird; (*Ornit*) *uccelli di ripa* shore birds, waders; (*Ornit*) ~ *diurno* diurnal bird; ~ *esotico* tropical bird; ~ *in gabbia* caged bird; (*fig*) *sembrare un* ~ *in gabbia* to feel like a prisoner, to have cabin fever; (*Ornit*) ~ *lira* lyrebird; (*Ornit*) ~ *migratore* migratory bird, migrant; (*Ornit*) ~ *mosca* humming bird; (*Ornit*) ~ *nidiaceo* nestling; (*Ornit*) ~ *notturno* nocturnal bird; (*Ornit*) ~ *rapace* bird of prey, raptor; (*Ornit*) *uccelli stazionari* non-migratory birds.

uccidere (*pres.ind.* **uccìdo**; *p.rem.* **uccìsi**; *p.p.* **uccìso**) **I** *v.t.* **1** to kill, (*lett*) to slay. **2** (*con un'arma da fuoco*) to shoot, to kill. **3** (*assassinare*) to murder; (*per motivi politici o religiosi*) to assassinate. **4** (*estens*) (*distruggere*) to kill (off), to destroy: *il gelo ha ucciso le piante* frost killed the plants. **5** (*estens*) (*affrettare la morte*) to be the death of, to drive to one's grave, to bring to one's grave, to kill: *lo hanno ucciso i dispiaceri* his troubles

were the death of him; *il fumo uccide* tobacco kills, tobacco is a killer. **6** (*iperb*) (*svigorire, abbattere*) to exhaust, to weary, to wear down, (*colloq*) to kill: *è un caldo che uccide* the heat is very wearying, (*colloq*) the heat is killing. **7** (*Macell*) to slaughter. **8** (*Biol*) to kill, to destroy: ~ *germi* to kill germs. **II** *v.pron.* **uccidersi** to kill oneself, to take one's life, to commit suicide: *si è ucciso per disperazione* he committed suicide in despair. **III** *v.r.recipr.* **uccidersi** to kill each other, to slay each other. ☐ ~ *qcu. con il veleno* to poison so.; ~ *qcu. con una fucilata* to shoot so. dead; ~ *la gallina dalle uova d'oro* to kill the goose that lays the golden eggs. *Prov.*: *ne uccide più la lingua che la spada* the pen is mightier than the sword.

uccisi → **uccidere**.

uccisione *f.* **1** killing, (*lett*) slaying; (*con arma da fuoco*) shooting, killing. **2** (*assassinio*) murder; (*per motivi politici, religiosi ecc.*) assassination. **3** (*strage*) killing, slaughter. **4** (*Macell*) slaughter, slaughtering.

ucciso → **uccidere I** *a.* **1** killed, (*lett*) slain: *rimanere* ~ to be killed. **2** (*assassinato*) murdered; (*per motivi politici o religiosi*) assassinated. **3** (*estens*) (*distrutto*) killed, destroyed. **4** (*Macell*) slaughtered. **5** (*Biol*) killed, destroyed. **II** *m.* (*f.* **-a**) **1** victim, dead person. **2** (*assassinato*) murdered person, murder victim. **3** *pl.* the dead; (*in battaglia*) the slain.

uccisore *m.* **1** killer, (*lett*) slayer. **2** (*assassino*) murderer. **3** (*per motivi politici o religiosi*) assassin.

UCE (*Stor*) *Unità di Conto Europea* EUA (European Unity of Account).

UCI *Unione Ciclistica Internazionale* UCI (International Cycling Union).

UCK *Esercito di Liberazione del Kossovo* KLA (Kosovo Liberation Army).

Ucraina, Ucràina *n.pr.f.* (*Geog*) Ukraine.

ucraino, ucràino I *a.* Ukrainian, of the Ukraine. **II** *m.* **1** (*lingua*) Ukrainian. **2** (*f.* **-a**) (*abitante*) Ukrainian.

ud *m.inv.* (*Mus*) ud, short-neck lute.

UDI *Unione donne italiane* (association of Italian women).

udibile *a.* audible: *un rumore appena* ~ a barely audible noise.

udibilità *f.* audibility, audibleness: *soglia di* ~ audibility threshold.

udienza *f.* **1** hearing, (*lett*) audience: *dare* ~ *a qcu.* to give so. a hearing, to listen to so.; *chiedere* ~ to ask for an audience; *sala delle udienze* audience chamber. **2** (*Dir*) (court) hearing. ☐ (*Dir*) ~ *a porte aperte* hearing in open court, sitting in open court; (*Dir*) ~ *a porte chiuse*: 1 (*rif. a cause civili*) hearing in chambers; 2 (*rif. a cause penali*) closed hearing; *essere ricevuto in* ~ to be received in audience, to be granted an audience; ~ *in tribunale* hearing in court; ~ *papale* papal audience; ~ *particolare* private audience; (*Dir*) ~ *preliminare* preliminary hearing, pre-trial hearing; ~ *privata* private audience; ~ *pubblica*: 1 public audience; 2 (*Dir*) public hearing, hearing in open court.

udire (*pres.ind.* **òdo, òdi, òde, udiàmo, udìte, òdono**; *fut.* **udirò/udrò**; *p.rem.* **udìi**, *p.pres. rar* **udènte/udiènte**; *p.p.* **udìto**) *v.t.* **1** to hear: ~ *una voce* to hear a voice. **2** (*ant*) (*venire a conoscenza*) to hear, to come to hear of, to learn: *hai udito l'ultima novità?* have you heard the latest? **3** (*ant*) (*dare ascolto*) to hear, to listen to, to understand: *non ode i consigli* he won't listen to anyone, he won't take advice. □ *udite*, *udite!* hear ye, good people.

uditivo *a.* **1** auditory, auditive, of hearing: *condotto* ~ auditory canal, auditory meatus; *facoltà uditiva* faculty of hearing, hearing ability, hearing capacity. **2** (*Fis*) audible, of audibility, of hearing: *campo* ~ audible range, range of audibility, range of hearing.

udito[1] *m.* **1** (*senso dell'udito*) hearing, sense of hearing. **2** (*facoltà uditiva*) faculty of hearing, hearing ability, hearing capacity: *perdere l'*~ to loose one's hearing; *essere debole di* ~ to be hard of hearing. □ *avere l'*~ *fine* to have keen hearing, to have acute hearing.

udito[2] → **udire** *a.* **1** heard. **2** (*saputo*) heard, known (of). □ (*Dir*) *udite entrambi le parti* after hearing both parties to the suit.

uditore *m.* (*f.* **-trice**) **1** hearer, listener. **2** *pl.* (*uditorio*) audience (*costr.sing. o pl.*). **3** (*Univ*) non-examination student, (*Am*) auditor. **4** (*Scol*) pupil allowed to attend lessons but not to sit for exams, (*Am*) auditor. **5** (*Dir*) judge, magistrate, auditor. **6** (*Dir.can*) auditor, judge: ~ *di Rota* judge of the Sacred Rota; ~ *dei tribunali ecclesiastici* auditor.

uditorio *m.* audience (*costr.sing. o pl.*), listeners *pl.*: *un* ~ *attento* an attentive audience.

udometria *f.* (*Meteor*) (*pluviometria*) udometry, pluviometry.

udometrico (*pl.* **-ci**) *a.* (*Meteor*) (*pluviometrico*) udometric, pluviometric, pluviometrical.

udometro *m.* (*Meteor*) (*pluviometro*) udometer, rain gauge, pluviometer.

uè *intz.* (*region*) (*esprime meraviglia*) ehi! □ ~ ~ (*pianto di neonato*) boo-hoo!

UE *Unione Europea* EU (European Union).

u.e., **U.E.** (*Farm*) *uso esterno* (for external use only).

UEFA *Unione delle federazioni di calcio europee* UEFA (Union of European Football Associations).

UEM *Unione Economica e Monetaria* EMU (Economic and Monetary Union).

UEO (*Stor*) *Unione europea occidentale* W.E.U., WEU (Western European Union).

uf, **uff**, **uffa** *intz.* **1** ouf!, uff! **2** (*che noia*) what a bore!, what a nuisance!

ufficiale[1] *a.* official: *notizia* ~ official news; *lingua* ~ official language; *fidanzamento* ~ formal engagement; *visita in forma* ~ official visit. □ *non* ~ informal: *un incontro non* ~ an informal meeting.

ufficiale[2] *m.* **1** (*funzionario*) official, officer, functionary: *alti ufficiali* high-ranking officers. **2** (*Mil*) officer. ~ *dell'aeronautica* air force officer; ~ *di artiglieria* gunnery officer; ~ *di carriera* career officer; ~ *di collegamento* liaison officer; ~ *di complemento* reserve officer; (*Mar*) ~ *di coperta* officer of the deck, deck officer; ~ *di fanteria* infantry officer; (*Sport*) ~ *di gara* judge, referee, umpire; (*Mil*) ~ *di giornata* duty officer; ~ *di guardia* officer of the watch; ~ *di marina* naval officer; ~ *di picchetto* officer of the day; ~ *di rotta* navigator, navigating officer; ~ *di stato civile* registrar; *ufficiali di Stato maggiore* staff officers; (*Mar.mil*) ~ *di vascello* naval officer, officer in the navy; ~ *d'ordinanza* orderly (officer); (*Dir*) ~ *giudiziario* bailiff, tipstaff; *ufficiali inferiori* low-

er-inferior officers, lower-ranking officers; ~ *medico* medical officer; ~ *sanitario* health official; *ufficiali subalterni* subalterns; *ufficiali superiori* high-ranking officers.

ufficialessa *f.* **1** (*Mil*) officer, woman officer. **2** (*funzionaria*) officer, woman official, woman official.

ufficialità[1] *f.* official nature, official character: *l'*~ *delle informazioni* the official nature of the information.

ufficialità[2] *f.* (*Mil*) officers *pl.*

ufficializzare (**ufficializzo**) *v.t.* **1** to make official. **2** (*rendere legale*) to make legal.

ufficializzazione *f.* (the) making official.

ufficialmente *avv.* officially, formally: *visitare* ~ *un paese* to visit a country officially, to visit a country in one's official capacity; *fidanzarsi* ~ to become officially engaged, to become formally engaged.

ufficiante I *a.* (*Lit*) officiating, ministrant: *sacerdote* ~ officiating priest. **II** *m.* (*Lit*) officiant, ministrant.

ufficiare (**ufficio**, **uffici**) **I** *v.t.* **1** (*burocr*) (*sollecitare*) to invite, to solicit obsequiously. **2** (*Lit*) to officiate. **II** *v.i.* (*aus.* **avere**) (*Lit*) to officiate.

ufficiatura *f.* (*Lit*) (*officiatura*) officiation, officiating.

ufficio *m.* **1** (*luogo*) office, study, workroom: *andare in* ~ to go to the office; *l'*~ *del direttore* the manager's office. **2** (*reparto*) department. **3** (*mansione*) task, duty, function, job: *con quale* ~ *sei stato assunto?* what job were you hired to do? **4** (*carica*) office, appointment: *detenere un* ~ to hold office; *assumere un* ~ to take office. **5** (*posto*) office, position, post: *sospendere qcu. da un* ~ to suspend so. from a post. **6** (*organo, complesso di impiegati*) office, place of business: *l'*~ *è stato trasferito in Via Garibaldi* the office has been moved to Via Garibaldi. **7** (*dovere*) duty: *è* ~ *dei genitori aver cura dei figli* it is the duty of parents to look after their children; *è* ~ *del giudice* it's the duty of the judge. **8** (*Lit*) office, divine office; (*libro*) breviary. □ ~ *accettazioni* admissions office; ~ *acquisti* purchasing office; ~ *amministrativo* administrative office, administration; ~ *anagrafico* registry office; ~ *approvvigionamenti* supply office; ~ *archivio* records office, archives; ~ *arrivi* receiving department; ~ *brevetti* patent office; ~ *cambi*: 1 exchange office; 2 (*in banca*) foreign currency department, foreign exchange department; ~ *cassa*: 1 cash office; 2 (*per le paghe*) payroll office; ~ *centrale* central office, head office; ~ *commerciale* sales department; ~ *consolare* consulate; ~ *contabilità* (o ~ *contabile*) accounts office, accounting department, (*colloq*) accounts; ~ *contenzioso* legal department; *d'*~: 1 office (*attr.*): *lavoro d'*~ office work; *orario d'*~ office hours; 2 (*automaticamente*) automatically, straightaway: *essere promosso d'*~ to be automatically promoted; 3 (*ufficialmente*) officially: *sarà informato d'*~ he will be officially informed; 4 (*in qualità o veste ufficiale*) under one's official authority, in one's official capacity: *procedere d'*~ to act in one's official capacity; ~ *del catasto* land registry, land registry office; ~ *del lavoro* labour office; *Ufficio internazionale del lavoro* International Labour Office; ~ *del personale* human resources office, human resources department; ~ *del protocollo*: 1 (*Dipl*) protocol office; 2 (*Comm,burocr*) registry; ~ *del registro* registry office, registration office, public records office; ~ *della segretaria* secretary's office; ~ *dell'anagrafe*

register office, (*colloq*) registry office; ~ *delle imposte* tax office, taxation department; ~ *delle tasse* tax office; ~ *di cambio*: 1 exchange office; 2 (*in banca*) foreign currency department, foreign exchange department; ~ *di cassa*: 1 cash office; 2 (*per le paghe*) payroll office; ~ *di collegamento* liaison office; ~ *di collocamento* employment exchange, labour exchange, employment office; ~ *di consulenza* consultant's office; ~ *di igiene pubblica* public health office; ~ *di orientamento professionale* vocational guidance centre; ~ *di polizia* police station; ~ *di rappresentanza* representative office; *d'igiene* health authorities; ~ *distaccato* branch office; ~ *distrettuale* district office; ~ *doganale* customs office; ~ *emigrazione* emigration office; ~ *erariale* tax office, revenue office; ~ *esportazioni* export office, export department; ~ *fatture* billing department; (*Lit*) ~ *funebre* office for the dead, church funeral service; ~ *informazioni*: 1 inquiry office, inquiries, (*Am*) information bureau; 2 (*in alberghi, fiere e sim.*) information desk; ~ *legale* legal adviser's office, attorney's office; ~ *notarile* notary's office, notary public; ~ *oggetti smarriti* lost property office, (*Am*) lost and found; ~ *paga* payroll office; ~ *passaporti* passport office; ~ *per il commercio estero* foreign trade office; ~ *postale* post office; ~ *prenotazioni* booking office; ~ *protocollo*: 1 (*Dipl*) protocol office; 2 (*Comm,burocr*) registry; ~ *pubblicità* advertising department, publicity department; ~ *pubblico* public office, government office; ~ *reclami* customers' complaint department; ~ *ricerche* research department; ~ *spedizioni* forwarding department, forwarding office; ~ *stampa* press office; ~ *stranieri* aliens' office, immigration office; ~ *tecnico* technical department, engineering department; ~ *vendite* sales office, sales department.

ufficiosamente *avv.* unofficially.

ufficiosità *f.* unofficial nature: *l'*~ *di una notizia* the unofficial nature of some news.

ufficioso *a.* unofficial, semi-official, off-the-record: *in via ufficiosa* off the record.

uffizio *m.* **1** (*Lit*) office. **2** (*lett*) → **ufficio**. □ (*Stor*) *Sant'Uffizio* Holy Office.

ufo[1] □ *a* ~: 1 (*alle spalle di altri*) off of others, at others' expense; *vivere a* ~ to live off of others, to live at others' expense; *mangiare a* ~ to scrounge a meal; (*fig*) *mangiare il pane a* ~ to live at others' expense, to sponge off so., to live off so.; 2 (*senza pagare*) free, free of charge, gratis.

ufo[2] *m.inv.* (*Aer*) UFO, ufo, unidentified flying object.

ufologia *f.* ufology.

ufologico (*pl.* **-ci**) *a.* ufological, UFO (*attr.*).

ufologo (*pl.* **-gi**) *m.* ufologist.

Uganda *n.pr.m.* (*Geog*) Uganda.

ugandese I *a.* Ugaritic. **II** *m.* (*Ling,Stor*) Ugaritic.

ugaritico (*pl.* **-ci**) **I** *a.* Ugandan, Uganda (*attr.*), of Uganda. **II** *m./f.* (*abitante*) Ugandan.

ugello *m.* **1** (*Tecn*) nozzle, jet. **2** (*tubiera*) tuyere.

uggia (*pl.* **-ge**) *f.* (*ant*) **1** (*noia, tedio*) boredom, gloom. **2** (*fastidio, molestia*) nuisance, ennui. □ (*ant*) *avere in* ~ *qcu.* to dislike so.; *prendere in* ~ *qcu.* to take a dislike to so.; *venire in* ~ to be tedious, to be wearisome; (*ant*) *fare venire l'*~ *a qcu.* to get so. down; *questo tempo mi fa venire l'*~ this weather gets me down.

uggiolare (ùggiolo; *aus.* **avere**) *v.i.* to whine, to whimper.

uggiolina □ (*ant*) *sentire una certa ~allo stomaco* to feel a bit peckish.

uggiolio *m.* (*rar*) constant whining, insistent whimpering.

uggiosamente *avv.* **1** (*in modo noioso*) tediously, dully. **2** (*in modo fastidioso*) troublesomely.

uggiosità *f.* **1** dullness, tedium, wearisomeness. **2** (*molestia*) tiresomeness. **3** (*rif. al tempo*) gloominess, dreariness.

uggioso *a.* **1** (*noioso*) boring, tedious, wearisome: *un discorso ~* a boring speech. **2** (*rif. a tempo*) dull, gloomy. **3** (*molesto*) troublesome, tiresome, annoying.

ugnare (ùgno) *v.t.* (*Fal*) to chamfer, to bevel.

ugnatura *f.* (*Fal*) chamfer, bevel.

ugnella *f.* (*Oref*) graver.

Ugo *n.pr.m.* Hugo, Hugh.

ugola *f.* **1** (*Anat*) uvula. **2** (*estens*) (*gola*) throat: (*scherz*) *bagnarsi l'~* to slake thirst, to quench thirst, (*colloq*) to wet one's whistle. □ (*fig*) *avere un'~d'oro* to have a beautiful voice.

ugonotto *m.* (*f.* **-a**) (*Stor*) Huguenot.

ugro-finnico *a./m.* (*Ling*) Finno-Ugric, Finno-Ugrian.

uguagliamento *m.* (*rar*) **1** (*il rendere uguale*) equalization, equalizing. **2** (*uguaglianza*) equality.

uguaglianza *f.* **1** equality, parity: *~ di peso* equality of weight; *~ di fronte alla legge* equality before the law. **2** (*Mat*) equality, equation.

uguagliare (uguàglio, uguàgli) **I** *v.t.* **1** (*giungere allo stesso livello*) to equal (*in* in), to match: *il proprio maestro* to equal one's master. **2** (*rendere uguale*) to make equal, to equalize: *la morte uguaglia tutti gli uomini* death makes all men equal. **3** (*rendere uniforme*) to make even, to make uniform, to make level. **4** (*giudicare uguale*) to consider equal, to compare. **5** (*Sport*) to equal: *~ un primato* to equal a record. **II** *v.pron.* **uguagliarsi 1** (*essere uguale*) to be equal. **2** (*paragonarsi*) to compare oneself (*a* with), to put oneself on the same level (*a* as). **3** (*stimarsi pari*) to consider oneself equal (*a* to).

uguale **I** *a.* **1** the same (*a* as), exactly the same (*a* as), like (sth.), equal (to): *due penne uguali* two pens that are exactly the same, two pens alike; *voglio una penna ~ alla tua* I want a pen like yours, I want a pen the same as yours; *questi sono i tuoi occhiali da sole? ne ho un paio uguale* are these your sunglasses? I have a pair just like them. **2** (*stesso, identico*) the same, identical (*a* to): *vestiti di ~ colore* clothes of the same colour. **3** (*allo stesso livello*) equal: *le nostre forze sono uguali* our forces are equal. **4** (*che è sempre lo stesso*) the same: *la legge è ~ per tutti* the law is the same for everybody. **5** (*uniforme*) even, uniform: *parlare con tono sempre ~* to speak in an even tone. **6** (*liscio*) level, smooth: *pianura ~* level plain. **7** (*Geom*) congruent. **8** (*Mat*) equal, equivalent (*a* to): *tre più due* (*è*) *~ a cinque* three plus two is equal to five, three plus two equals five, three and two make five. **II** *m./f.* **1** equal: *tutti gli uomini sono uguali davanti alla legge* all men are equal before the law. **2** (*fig*) equal, peer, match: *non ha ~* he has no equal, he has no peer; *questo scrittore non ha uguali* nobody can match this writer, nobody can come up to this writer, this writer stands alone. **III** *m.* (*Mat*) equal(s) sign. **IV** *avv.* alike, the same: *siamo alti ~* we are the same

height; *costano ~* they cost the same. □ *essere* (*sempre*) *~a se stesso* to be consistent; (*Comm*) *~al campione* up to sample; *~ di forma* having the same shape, of the same shape; *per me è ~* it makes no difference to me, it's all the same to me; *in ~maniera* in like manner; *quasi uguali* almost identical, almost the same; *senza l'~* (*o senza uguali*): **1** (*senza rivali*) unrivalled, unequalled; **2** (*rif. a capacità e sim.*) unparalleled, unequalled, peerless; **3** (*incomparabile*) incomparable, matchless; *sono tutti uguali* they are all alike, they are all the same.

ugualitario *e der.* → **egualitario** *e der.*

ugualmente *avv.* **1** (*nello stesso modo*) equally, in the same way, alike: *tratta ~ il ricco e il povero* he treats rich and poor alike, he treats rich and poor the same. **2** (*tuttavia*) all the same, just the same, nonetheless, nevertheless: *vincerai ~* you will win just the same. **3** (*uniformemente*) uniformly.

uh *intz.* **1** (*per esprimere meraviglia*) oh! **2** (*per esprimere disgusto*) ugh! **3** (*per esprimere dolore*) ouch!, ah!, oh!

UHF *frequenza ultraelevata* UHF (ultrahigh frequency).

uhm *intz.* hum!, h'm!

UI 1 (*Med*) *Unità Internazionali* IU (International Unit). **2** *Unione Industriali* (employers' association).

U.I. (*Farm*) *uso interno* (for internal use).

UIC 1 *Unione italiana ciechi* (Italian union for the blind). **2** *Ufficio italiano cambi* (Italian foreign exchange authority office).

UIL *Unione italiana del lavoro* (Italian federation of trade unions).

UIT *Unione internazionale telecomunicazioni* ITU (International Telecommunications Union).

ukase *m.inv.* (*Stor*) ukase, ukaz.

UKR *Ucraina* UKR (Ukraine).

ulano *m.* (*Mil,ant*) ulan, uhlan.

ulcera *f.* (*Med*) ulcer. □ (*Med*) *~duodenale* duodenal ulcer; (*Med*) *~gastrica* gastric ulcer; (*Med*) *~perforante* perforating ulcer; (*Med*) *~perforata* perforated ulcer.

ulcerare (ùlcero) **I** *v.t.* (*Med*) to ulcerate. **II** *v.pron.* **ulcerarsi** (*Med*) to ulcerate, to become ulcerated.

ulcerativo *a.* (*Med*) ulcerative.

ulcerato *a.* (*Med*) ulcerated: *tessuto ~* ulcerated tissue.

ulcerazione *f.* (*Med*) ulceration.

ulceroso **I** *a.* (*Med*) ulcerous, ulcerated. **II** *m.* (*f.* **-a**) (*Med*) patient who suffers from ulcers.

Ulisse *n.pr.m.* (*Lett*) Ulysses.

ulite *f.* (*Med*) gingivitis.

ulivo *e der.* → **olivo** *e der.*

Ulma *n.pr.f.* (*Geog*) Ulm.

ulna *f.* (*Anat*) ulna.

ulnare *a.* (*Anat*) ulnar.

Ulrico *n.pr.m.* (*Stor*) Ulrich.

ulteriore *a.* further, ulterior, more: *ulteriori delucidazioni* further explanations; *per ulteriori informazioni* for further information.

ulteriormente *avv.* **1** (*ancor più*) further on. **2** (*più oltre, più avanti*) farther (on), further: *procedere ~* to go farther on. **3** (*in seguito*) later (on), subsequently, afterwards.

ultima *f.* (*colloq*) (the) latest.

ultimamente *avv.* recently, lately, in recent times, not long ago: *l'ho visto ~* I saw him recently.

ultimare (ùltimo) *v.t.* **1** to finish, to complete: *~ i lavori* to finish the work. **2** (*concludere*) to finish (off), to conclude, to bring to an end.

ultimativo *a.* final, last: *proposta ultimati-*

va final proposition.

ultimatum *m.* (*Pol*) ultimatum (*anche estens*): *dare l'~ a qcu.* to give so. an ultimatum.

ultimazione *f.* **1** (*completamento*) finishing, completion. **2** (*conclusione*) termination, conclusion, finishing (off).

ultimissima *f.* (*Giorn*) **1** (*edizione*) latest edition. **2** *pl.* (*notizie*) latest news (*costr.sing.*), (*colloq*) latest (*costr.sing.*): *le ultimissime della notte* the late night news.

ultimo **I** *a.* **1** last: *l'~ gradino* the last step; *è l'ultima persona a cui lo direi* he's the last person I'd tell. **2** (*più recente*) latest, most recent: *le ultime notizie* the latest news; *l'ultima moda* the latest fashion; *l'~ numero della rivista* the most recent issue of the magazine, the latest issue of the magazine. **3** (*finale*) last, final: *fare un ~ tentativo* to make a final attempt. **4** (*estremo*) far, farthest, extreme, outermost, utmost: *l'~ lembo di terra italiana* the farthest tip of Italy. **5** (*più indietro, più in fondo*) back, last: *sedere nell'ultima fila* to sit in the back row, to sit in the last row, to sit at the back. **6** (*più in alto*) last, top: *abitare all'~ piano* to live on the top floor. **7** (*più in basso*) bottom, last: *l'ultima riga di una pagina* the bottom line of a page. **8** (*minimo*) last, least: *il lavoro è la sua ultima cura* work is the last thing he worries about. **9** (*in espressioni ellittiche*) last: *l'~* (*giorno*) *dell'anno* the last day of the year; *questa è l'ultima* (*birichinata*) *che mi fai* this is the last trick you play on me; *sapete l'ultima* (*barzelletta*)?, have you heard the latest (joke)? **10** (*inferiore, più basso*) lowest, last, poorest; (*in una classifica e sim.*) bottom. **11** (*Art*) (*rif. alla fine della carriera*) late period (*attr.*): *è un'opera dell'~ Picasso* a work of the late Picasso period. **II** *m.* (*f.* **-a**) **1** last: *arrivare ~* to come last; *dal primo all'~* from first to last. **2** (*persona inferiore ad altri*) last, lowest: (*Bibl*) *gli ultimi saranno i primi* the last will be first. **3** (*in una classifica e sim.*) bottom, last: *è l'~ della classe* he is last in the class. **4** (*ultimo giorno del mese*) last day. □ *essere agli ultimi* (*essere in punto di morte*) to be close to death; *all'~* in the end; *in ultimaanalisi* in the final analysis, in the last analysis, all things considered; *essere l'~arrivato*: **1** to be the last to arrive, to be last, to come last, to be a latecomer; *gli ultimi arrivati* the latest arrivals; **2** (*fig*) to be a mere nobody; *ultimiarrivi* (*in un negozio di abbigliamento*) latest arrivals; (*fig*) *essere alle ultimebattute* to be at the end; (*fig*) *giocare l'ultimacarta* to play one's last card, to play one's last trump, to take one's last chance; (*Bibl,Art*) *l'ultimacena* the Last Supper; (*Aer*) *ultima chiamata* last call; *l'ultima cosa* the last thing: *è l'ultima cosa da fare* it's the last thing one should do; *da ~* (*alla fine*) at the end, last of all, lastly; *l'~da destra* the last one on the right; *l'~da sinistra* the last one on the left; (*Lett*) *l'~dei Mohicani* the last of the Mohicans; *l'~del mese* the last day of the month; *gli ultimi* (*giorni*) *del mese* the end of the month; *l'~dell'anno* the last day of the year, New Year's Eve; (*fig*) *l'ultima dimora* the last resting place; (*fig*) *accompagnare qcu. all'ultima dimora* to lay so. to rest; (*Giorn*) *ultima edizione* latest edition; *negli ultimigiorni*: **1** (*recentemente*) recently, lately, in recent times, not long ago; **2** (*alla fine dei tempi*) in the last days; *essere l'~ grido* (*essere di moda*) to be the latest thing, to be the last word (in fashion), to be the latest craze; *in ~* in the end, at the end, eventually; *essere ~in classifica* to be last, to come in last, to place last; *in ~ luogo* finally, lastly, last of all; *ultima mano*: 1 (*di vernice*) last coat: *dare l'ultima mano* to give the last coat; *dare l'ultima mano a una parete* to put the last coat of paint on a wall; 2 (*a carte*) last hand: *fare l'ultima mano* to play the last hand; *all'~ minuto* at the last minute: *una decisione presa all'~ minuto* a last-minute decision; *un cappello all'ultima moda* a hat in the latest fashion; *essere all'ultima moda* to be on the cutting edge, to be trendy; *all'~ momento*: 1 at the last minute; 2 (*il più tardi possibile*) at the last possible moment; *dell'ultimo ~* last-minute, eleventh-hour: *un tentativo dell'ultimo ~* a last-minute effort, a last-ditch effort; *l'~ nato* the last-born, the youngest child; *non ~* not least; *ultima ora*: 1 (*ora della morte*) hour of death; *è giunta la sua ultima ora* his time is near, his time has come; 2 (*Giorn*) latest edition: *notizie dell'ultima ora* the latest news; *nell'ultima pagina* on the back page; *avere l'ultima parola* to have the last word, to have the last say; *non è ancora detta l'ultima parola* we haven't heard the last of this, the last word has not been said; *queste sono state le sue ultime parole* these were his dying words, these were his last words; *le ultime parole famose* famous last words (*anche iron*); *per ~* last: *parlò per ~* he spoke last, he was the last to speak; (*Edil*) *~ piano* top storey, (*Am*) top story, top floor: *abitare all'ultimo ~* to live on the top floor; *quest'~* (*il secondo di due*) the latter; (*fig*) *essere l'ultima ruota del carro* to take a back seat, to carry no weight; *all'~ sangue* to the death; (*burocr*) *~ scorso* last: *la mia lettera del cinque maggio ~ scorso* my letter of May the fifth last; *nelle ultime settimane* in the last few weeks; (*fig*) *l'~ sonno* the last sleep; (*fig, lett*) *rendere l'~ sospiro* (*o mandare l'~ sospiro*) (*morire*) to breathe one's last; (*Cin*) *~ spettacolo* late show; (*fig*) *l'ultima spiaggia* the last ditch, the last opportunity, the last resort, the last chance; (*Tecn,Aer*) *~ stadio* rocket nose section; *negli ultimi tempi* recently, lately, of late; *dare l'~ tocco a qcs.* to put the last touches to sth., to put the finishing touches to sth.; (*fig*) *l'~ viaggio* the last journey; *ultime volontà*: 1 last wishes; 2 (*Dir*) last will and testament; *l'ultima volta* the last time; *per l'ultima volta* for the last time.

ultimogenito I *a.* last-born, youngest. II *m.* (*f.* -**a**) last-born, youngest.

ultore I *m.* (*f.* -**trice**) (*poet*) avanger, revenger. II *a.* (*poet*) avenging, revenging.

ultra /yl'tra/ (*pl.* **ultràs**) *m.* (*Stor*) Ultra.

ultrà I *m./f.* 1 (*Pol*) ultra, extremist: *gli ~ di sinistra* left-wing extremists. 2 (*Sport*) rowdy fan, rowdy supporter. II *a.* extreme, extremist, ultra, ultraist, ultraistic.

ultracentenario I *a.* over one hundred year old (*attr.*), ultra centenarian. II *m.* (*f.* -**a**) person over one hundred years old.

ultracentrifuga *f.* (*Chim,Fis*) ultracentrifuge.

ultracentrifugazione *f.* (*Chim,Fis*) ultracentrifugation.

ultracorto *a.* (*Rad*) ultrashort: *onde ultracorte* ultrashort waves.

ultrafiltrazione *f.* (*Fis,Chim*) ultrafiltration.

ultrafiltro *m.* (*Fis,Chim*) ultrafilter.

ultraleggero I *a.* ultralight: *sigarette ultraleggere* ultralight cigarettes. II *m.* (*Aer*) ultralight.

ultramicrometro *m.* (*Fis*) ultramicrometer.

ultramicroscopia *f.* (*Ott*) ultramicroscopy.

ultramicroscopico (*pl.* -**ci**) *a.* (*Ott*) ultramicroscopic.

ultramicroscopio *m.* (*Ott*) ultramicroscope.

ultramoderno *a.* ultramodern, state of the art (*attr.*).

ultramondano *a.* of another world (*posposto*), beyond this world (*posposto*), ultramundane.

ultramontano *a.* ultramontane.

ultrapiatto *a.* ultraflat.

ultrapotente *a.* 1 (*potentissimo*) very powerful. 2 (*Rad,Mot*) high-power(ed), very powerful: *un motore ~* a high-power engine.

ultrarapido *a.* 1 very fast, high-speed (*attr.*). 2 (*Fot*) ultrafast, ultrahigh-speed (*attr.*), high-speed (*attr.*): *pellicola ultrarapida* high speed film.

ultrarosso *a./m.* (*Fis*) infra-red.

ultrasensibile *a.* ultrasensitive, hypersensitive.

ultrasinistra *f.* (*Pol*) ultraleft, extreme left.

ultrasonico (*pl.* -**ci**) *a.* (*Fis*) ultrasonic, supersonic: *aereo ~* supersonic aircraft.

ultrasonografia *f.* (*Med*) ultrasonography.

ultrasonografico (*pl.* -**ci**) *a.* (*Med*) ultrasonographic.

ultrasonoro *a.* (*Fis*) ultrasonic, supersonic.

ultrasottile *a.* ultrathin, ultrafine.

ultrastruttura *f.* 1 (*Biol*) ultrastructure, superstructure. 2 (*Min*) superstructure.

ultrastrutturale *a.* (*Biol*) ultrastructural.

ultrasuono *m.* (*Acus*) ultrasound. □ *a. ultrasuoni* ultrasonic, ultrasound (*attr.*).

ultrasuonoterapia *f.* (*Med*) ultrasound treatment, ultrasonic therapy.

ultraterreno *a.* ultramundane, other-worldly: *vita ultraterrena* afterlife.

ultravioletto I *a.* (*Fis*) ultraviolet: *raggi ultravioletti* ultraviolet rays. II *m.* (*Fis*) ultraviolet (radiation).

ululare (**ùlulo**; *aus.* **avere**) *v.i.* 1 to howl, (*lett*) to ululate. 2 (*fig*) (*rif. a vento, persone*) to howl, to wail: *il vento ululava* the wind howled.

ululato *m.* 1 (*rif. ad animali*) howl. 2 (*rif. al vento o a persona*) howling, howl, wail.

ululo *m.* howl, howling, (*lett*) ululation.

umanamente *avv.* 1 humanly: *è ~ impossibile* it's humanly impossible, it's not within human powers. 2 (*con umanità*) humanely, courteously: *trattare qcu. ~* to treat so. humanly.

umanarsi (**mi umàno**) *v.pron.* (*Teol*) to become man, to incarnate, to be made flesh.

umanazione *f.* (*Teol*) incarnation: *l'~ di Gesù Cristo* the Incarnation of Jesus Christ.

umanesimo *m.* (*Stor,Lett*) humanism.

umanista I *m./f.* humanist. II *a.* humanistic, humanist.

umanistico (*pl.* -**ci**) *a.* 1 (*Stor*) humanistic. 2 (*classico*) classical: *studi umanistici* humanities.

umanità *f.* 1 (*natura umana*) human nature, humanity. 2 (*genere umano*) humanity, mankind, human race: *un benefattore dell'~* a benefactor to mankind. 3 (*sentimento di benevolenza*) humanity, humaneness: *trattare qcu. con ~* to treat so. humanely (*o with humanity*).

umanitario *a.* humanitarian: *spirito ~* humanitarian spirit; *aiuti umanitari* humanitarian aid.

umanitarismo *m.* humanitarianism.

umanitaristico *a.* (*pl.* -**ci**) humanitarian.

umanizzare (**umanizzo**) I *v.t.* 1 (*rendere umano*) to humanize, to make human. 2 (*incivilire*) to civilize, to humanize. II *v.pron.* **umanizzarsi** 1 to become human. 2 (*Teol*)

(*umanarsi*) to become man, to incarnate, to be made flesh. 3 (*incivilirsi*) to become civilized.

umanizzato *a.* 1 humanized: *latte ~* humanized milk. 2 (*Teol*) made human.

umanizzazione *f.* 1 humanization: *~ del posto di lavoro* humanization of the work place. 2 (*Teol*) incarnation.

umano I *a.* 1 human: *il corpo ~* the human body; *dignità umana* human dignity. 2 (*comprensivo, affabile*) humane, understanding, benevolent: *è una persona molto umana* he is a very understanding person; *è stato molto umano con me* he acted humanely towards me, he treated me humanely. 3 (*comprensibile, normale*) human, only human. II *m.* 1 human: *l'~ e il divino* the human and the divine. 2 (*essere umano*) human being, human.

umanoide *a./m.* humanoid.

umbellato *a.* (*Bot*) umbellate, umbellated, umbellar.

umbertino *a.* (*Stor*) relating to Umberto I, of the time of Umberto I.

Umberto *n.pr.m.* Humbert, Umberto.

umbilico *m.* 1 (*Anat*) umbilicus, navel. 2 (*Zool*) umbilicus.

umbonato *a.* (*Bot,Zool*) umbonate.

umbone *m.* umbo (*anche Bot,Zool*).

umbratile *a.* 1 (*lett*) (*ombreggiato*) shady, shaded. 2 (*fig*) reserved.

Umbria *n.pr.f.* (*Geog*) Umbria.

umbro I *a.* Umbrian, of Umbria. II *m.* (*f.* -**a**) (*originario*) Umbrian, native of Umbria; (*abitante*) Umbrian, inhabitant of Umbria.

umettare (**umétto**) I *v.t.* to moisten, to damp, to dampen, to wet. II *v.pron.* **umettarsi** to moisten: *umettarsi le labbra* to moisten one's lips.

umettazione *f.* moistening, dampening.

umico (*pl.* -**ci**) *a.* 1 humic, humus: *terra umica* humus earth. 2 (*Chim*) humic: *composto ~* humic compound; *acido ~* humic acid.

umidezza *f.* humidity, damp, dampness.

umidiccio *a.* 1 dampish, wettish. 2 (*di mani*) clammy.

umidificare (**umidìfico, umidìfichi**) *v.t.* to humidify.

umidificatore *m.* humidifier.

umidificazione *f.* humidifying, humidification.

umidità *f.* 1 humidity, damp, dampness. 2 (*contenuto idrico*) moisture, humidity: *l'~ del terreno* soil moisture, soil humidity. 3 (*Meteor*) humidity. □ (*Meteor*) *~ assoluta* absolute humidity; (*Meteor*) *~ relativa* relative humidity.

umido I *a.* 1 damp, humid: *giornata umida* damp day. 2 (*bagnato*) damp, moist (*di with*), wet: *le lenzuola sono ancora umide* the sheets are still damp. 3 (*Meteor,Geog*) humid: *clima ~* humid climate. 4 (*Tecn,Chim*) wet. 5 (*Med*) loose: *tosse umida* loose cough. II *m.* 1 (*umidità*) dampness, damp: *l'~ è nocivo alla salute* dampness is bad for health, dampness can be unhealthy. 2 (*ambiente umido*) damp. 3 (*Gastron*) (*carne al sugo*) stew. □ (*Gastron*) *in ~* stewed: *carne in ~* stewed meat; *cuocere in ~* to stew.

umifero *a.* rich in humus.

umificazione *f.* (*Biol*) humification.

umile I *a.* 1 humble, unpretentious: *una persona ~* an unpretentious person. 2 (*sottomesso*) humble, meek, submissive, modest: *essere ~ con i superiori* to be submissive to one's superiors. 3 (*rif. a grado sociale*) humble, lowly: *essere di umili origini* to be of humble origin; *una famiglia ~ ma onesta* a humble but honest family. 4 (*povero, mode-*

sto) poor, lowly, humble, modest: *un'abitazione* ~ humble lodgings, a modest house. **5** (*meschino, vile*) lowly, menial: *gli spettano sempre i lavori più umili* he always gets the menial jobs, he always gets the dirty jobs. **6** (*epist*) humble: *Vostro ~ servitore* your humble servant. **II** *m./f.* humble person: *gli umili di cuore* the humble in heart.

umiliante *a.* humiliating, mortifying.

umiliare (**umìlio, umìli**) **I** *v.t.* to humiliate, to humble, to mortify: ~ *qcu. con aspri rimproveri* to humiliate so. with sharp reproofs; ~ *la superbia di qcu.* to humble so.'s pride. **II** *v.pron.* **umiliarsi** to humble oneself, to humiliate oneself, to lower oneself: (*Bibl*) *chi si umilia sarà esaltato* he that humbleth himself shall be exalted. □ ~*la carne* to mortify the flesh.

umiliato I *a.* humiliated, mortified. **II** *m.pl.* (*Rel*) Humiliati.

umiliazione *f.* **1** humiliation, mortification: *l'~ di una persona superba* the humbling of a proud person; *infliggere un'~ a qcu.* to humiliate so. **2** (*atto umiliante*) humiliation: *non sopporto più le tue continue umiliazioni* I can't bear your constant humiliations any more; *soffrire le peggiori umiliazioni* to suffer the deepest humiliation. □ *che* ~! how humiliating!

umilmente *avv.* **1** humbly, meekly: *chiedo ~ perdono* I humbly beg your pardon. **2** (*modestamente*) humbly, modestly.

umiltà *f.* **1** humility, humbleness: *l'~ è una virtù* humility is a virtue; *pregare Dio con tutta* ~ to beg God with all humility, to pray God with all humility. **2** (*qualità di ciò che è umile*) humbleness, modesty, unpretentiousness: *l'~ di una casa* the unpretentiousness of a house; ~ *di origini* humbleness of birth, low birth, modest origins. **3** (*sottomissione*) humility, submissiveness.

umorale *a.* **1** (*Med,Stor*) humoral. **2** (*lunatico*) moody, changeable.

umore *m.* **1** (*liquido biologico*) humour. **2** (*liquido*) liquid; (*linfa*) sap. **3** (*fig*) (*indole*) temperament, character, humour, disposition. **4** (*fig*) (*disposizione d'animo*) mood, humour, temper: *gli umori del popolo* the mood of the people. **5** (*Med,Stor*) humour. □ (*Anat*) *umor acqueo* (o ~ *acqueo*) aqueous humour; *non essere nell'~ adatto per fare qcs.* not to be in the mood to do sth., to be in no mood for doing sth.; (*fig*) *conoscere l'~ della bestia* (*conoscere il carattere di una persona*) to know so.'s moods; *umor faceto* facetious humour, droll humour; (*fig*) *essere di ~instabile* to be moody, to be changeable; (*fig*) *essere di ~mutevole* to be moody; *essere di ~nero* to be in a black mood, to be in a bad mood; (*Anat*) *umor vitreo* vitreous humour.

umoresca *f.* (*Mus*) humoresque.

umorismo *m.* humour: *mancare del senso dell'~* to have no sense of humour. □ *prendere le cosecon* ~ to take things humorously; *pienodi* ~ (o *ricco di* ~) full of humour, humorous; ~ *macabro* macabre humour, gallows humour; ~*nero* black humour.

umorista *m./f.* **1** humorous person, person with a strong sense of humour. **2** (*scrittore, disegnatore*) humorist.

umoristicamente *avv.* humorously.

umoristico (*pl.* **-ci**) *a.* **1** humorous, comic: *la vena umoristica di uno scrittore* the humorous vein of a writer; *giornale* ~ humorous magazine. **2** (*spiritoso, allegro*) funny, witty, humorous: *una storiella umoristica* a funny story.

UMTS *sistema di telefonia mobile univer-* *sale* UMTS (Universal Mobile Telephone System).

un ,un' → **uno**.

una I *art.f.* → **uno**. **II** *f.* (*ora*) one (o'clock): *è l'~* it is one o'clock.

unanime *a.* unanimous: *consenso* ~ unanimous agreement; *essere tutti unanimi nel fare qcs.* to be unanimous in doing sth., to be unanimously in favour of doing sth.

unanimemente *avv.* unanimously, with one consent.

unanimità *f.* unanimity. □ *all'* ~ unanimously, with one accord, with common accord.

una tantum I *a.* single, one-off: *pagamento* ~ one-off payment. **II** *f.* **1** (*imposta*) one-off tax. **2** (*gratifica*) one-off bonus.

uncinare (**uncìno**) *v.t.* **1** (*piegare a uncino*) to bend, to hook, to crook. **2** (*afferrare con un uncino*) to hook.

uncinato *a.* **1** hooked, hook-shaped, uncinate. **2** (*munito di uncini*) hooked, having hooks. **3** (*Anat*) unciform, uncinate: *osso* ~ unciform bone. **4** (*simile a uncino*) hook-like, unciform.

uncinetto *m.* **1** (*strumento*) crochet hook. **2** (*lavoro*) crochet, crocheting. □ *lavorare all'* ~ to crochet, to do crochet work; *lavoro all'~* crochet, crochet work; *fatto all'~* crocheted.

uncino *m.* **1** hook: *appendere qcs. a un* ~ to hang sth. on a hook. **2** (*fig,scherz*) (*scarabocchio*) scribble, scrawl, pothook. **3** (*fig,ant*) (*pretesto, cavillo*) pretext, excuse: *attaccarsi a tutti gli uncini* (o *appigliarsi a tutti gli uncini*) to seize on every pretext. **4** (*Sport*) (*nel pugilato*) hook. **5** (*Bot*) hook. □ *a* ~ hook-shaped, hooked, crooked; *chiodo a* ~ hooked nail; ~*di amo* fish hook.

UNCTAD *Conferenza delle Nazioni Unite per il commercio e lo sviluppo* UNCTAD (United Nations Conference on Trade and Development).

undecimo *a.* (*lett*) (*undicesimo*) eleventh.

under /'ander/ □ (*Sport*) *un calciatore ~ 21* an under 21 player; *l'~ 21 di rugby* the under 21 rugby team.

underground /ander'grawnd/ **I** *a.inv.* underground. **II** *m.inv.* (*cultura alternativa, controcultura*) underground (culture).

undicennne I *a.* of eleven (*posposto*), eleven-year-old (*attr.*), eleven years old (*posposto*). **II** *m./f.* eleven-year-old, eleven-year-old boy (*f.* girl), boy (*f.* girl) of eleven.

undicesima *f.* (*Mus*) eleventh.

undicesimo I *a.* eleventh. **2** (*rif. a pontefici e regnanti*) the Eleventh. **II** *m.* **1** (*f.* **-a**) (*ordinale*) eleventh. **2** (*frazionario*) eleventh.

undici I *a.* eleven. **II** *m.* **1** (*numero*) eleven. **2** (*nelle date*) eleventh: *l'~ agosto* the eleventh of August, August (the) eleventh. **3** (*Sport*) football team. **III** *f.pl.* (*ore*) eleven (o'clock), eleven a.m.

undicimila *a./m.inv.* eleven thousand.

UNESCO *Organizzazione delle Nazioni Unite per l'educazione, la scienza e la cultura* UNESCO (United Nations Educational Scientific and Cultural Organization).

ungarico (*pl.* **-ci**) *a.* (*lett*) Hungarian.

ungaro I *a.* (*rar*) (*ungherese*) Hungarian. **II** *m.* (*f.* **-a**) (*rar*) Hungarian.

ungere (*pres.ind.* **ùngo, ùngi**; *p.rem.* **ùnsi**; *p.p.* **ùnto**) **I** *v.t.* **1** to oil, to grease: ~ *la serratura* to oil the lock. **2** (*lubrificare*) to lubricate, to grease, to oil. **3** (*con creme e sim.*) to rub cream into, to apply cream to; (*impomatare*) to put ointment on, to spread (*o* to rub

o to smear) sth. with ointment. **4** (*sporcare di grasso*) to make sth. greasy, to get grease on, to get oil on: *ti sei unto tutto il vestito* you have got grease all over your dress, you have smeared your dress all over. **5** (*fig*) (*adulare*) to fawn on, to flatter, (*colloq*) to butter up: ~ *qcu.* to butter so. up. **6** (*assol.*) (*sporcare di grasso*) to be greasy: *questa crema non unge* this cream is non-greasy. **7** (*fig,assol*) (*corrompere*) to offer bribes, to grease so.'s palm. **8** (*Rel*) to anoint: *Davide fu unto re David* David was anointed king. **II** *v.pron.* **ungersi** **1** (*spalmarsi di grasso*) to grease oneself, to rub oneself with oil, to apply oil: *ungersi prima di prendere il sole* to apply oil before sunbathing. **2** (*macchiarsi di grasso*) to get grease on oneself, to get oil on oneself. □ (*fig*) ~*le ruote* to grease the wheels; (*Cosmet*) *non unge* (*scritta sulla confezione*) non-greasy; ~*una teglia* to grease a pan.

ungherese I *a.* Hungarian, of Hungary. **II** *m.* (*lingua*) Hungarian. **III** *m./f.* (*abitante*) Hungarian.

Ungheria *n.pr.f.* (*Geog*) Hungary.

unghia *f.* **1** (*Anat*) nail; (*della mano*) hand nail; (*dei piedi*) toenail: *tagliarsi le unghie* to cut one's nails, to pare one's nails. **2** (*Zool*) nail; (*artiglio*) claw; (*di rapace*) talon; (*zoccolo*) hoof. **3** (*estens*) (*minima grandezza o distanza*) inch, fingerswidth. **4** (*punta*) claw: ~ *della marra* claw of a hoe. **5** (*Arch*) groin. **6** (*Bot*) claw. **7** (*Legat*) (*unghiatura*) projecting edge of a book cover. □ (*fig*) *lottare con le unghie e con i denti* to fight tooth and nail, to fight hammer and tongs; (*Mar*) ~ *dell'ancora* anchor bill, peak; (*colloq*)*farsi le unghie* to do one's nails; (*Zool*) ~*fessa* cloven hoof; (*Med*) ~*incarnita* ingrown nail; (*fig*)*mettere le unghieaddosso a qcu.* to get one's claws into so., to get so. in one's clutches; (*colloq*) *avere le unghie nere* to have dirty nails; *largo quanto un'* ~ a finger's breadth; *unghie retrattili* retractile claws; (*fig*) *avere qcu.sotto le unghie* to have so. in one's clutches; (*fig*) *capitare sotto le unghie di qcu.* to fall into so.'s clutches; (*fig*) *levare qcs. di sotto le unghie di qcu.* to get sth. out of so.'s clutches; *avere le unghie sporche* to have dirty nails; (*fig*)*sull'* ~ on the nail; (*fig*) *avere qcu.tra le unghie* to have so. in one's clutches.

unghiata *f.* **1** (*graffio, ferita*) scratch; (*prodotta da unghie di animali*) scratch, claw mark. **2** (*nei coltelli*) groove, notch, nick. □ *dare un'~ a qcu.*: **1** to scratch so., to give so. a scratch; **2** (*rif. ad animali*) to claw so.

unghiato *a.* **1** (*lett*) having nails. **2** (*Zool*) clawed; (*rif. a rapace*) taloned.

unghiatura *f.* **1** (*linguetta*) tab; (*rif. a orologi*) nail-grip. **2** (*Legat*) projecting edge of a book cover. **3** (*Arch*) (*augnatura*) chamfer, bevel. **4** (*Dir*) (*nail*) scratch.

unghiella *f.* **1** (*Mecc*) crosscut chisel. **2** (*Art*) scoop.

unghiolo *m.* (*Zool*) claw, nail.

unghione *m.* **1** (long) nail; (*grosso artiglio*) (long) claw; (*di rapace*) (great) talon. **2** (*zoccolo*) hoof.

ungitura *f.* **1** oiling, greasing. **2** (*lubrificazione*) greasing, lubrication.

ungueale *a.* (*Anat*) nail (*attr.*), ungual.

unguentario *a.* (*rar*) ointment (*attr.*), of ointments, for ointments.

unguento *m.* **1** ointment, salve, unguent. **2** (*pomata profumata*) cream.

ungulato I *a.* (*Zool*) hoofed, ungulate. **II** *m.pl.* (*Zool*) ungulates, Ungulata.

unguligrado *a.* (*Zool*) unguligrade.

UNI *Ente nazionale italiano di Unificazione*

nell'Industria UNI (Italian national association for standardization).

uniate *a./sm./f.* (*Rel*) Uniate.

unibile *a.* unitable, joinable.

unibilità *f.* unitability.

unica *f.inv.* only thing: *l'~ è dimenticarlo* the only thing to do is to forget it. □ *è l'~!* it's the only thing to do!

unicamente *avv.* (*solamente*) only, just, merely: *l'ho fatto ~ a titolo di favore* I did it only as a favour.

unicamerale *a.* (*Parl*) single chamber (*attr.*), unicameral: *sistema ~* single chamber system.

unicameralismo, unicamerismo *m.* (*Pol*) unicameralism.

UNICE *Unione delle Industrie della Comunità Europea* (European Community industrial union).

UNICEF *Fondo internazionale di emergenza per l'infanzia delle Nazioni Unite* UNICEF (United Nations International Children's Emergency Fund).

unicellulare *a.* (*Biol*) unicellular.

unicità *f.* 1 oneness, soleness, singleness: *~ di intenti* singleness of intent. 2 (*l'essere senza eguali*) uniqueness.

unico (*pl.* **-ci**) **I** *a.* 1 only, one, sole, (*enfat*) one and only: *leggere è il mio ~ svago* reading is my one and only relaxation; *è figlio ~* he's an only child. 2 (*solo, esclusivo*) sole, exclusive: *agente ~* sole agent. 3 (*singolo*) single: *binario ~* single track; *tutto in un ~ volume* all in a single volume. 4 (*enfat*) (*ineguagliabile, eccellente*) unique, unequalled: *è un artista ~* he's a unique artist. **II** *m.* only one, only person: *sei l'~ a saperlo* you're the only one to know; *siamo gli unici a mangiare* we are the only ones who are eating. □ *~ nel suo genere* unique, one of a kind; *è più ~ che raro* it's rare to the point of being unique.

unicorno I *m.* 1 (*Mitol*) unicorn. 2 (*Zool*) (*narvalo*) narwhal, sea unicorn, unicorn (whale). **II** *a.* unicorn, single-horned, one-horned.

unicum *m.* unicum.

unidimensionale *a.* (*Geom,Fis*) unidimensional, one-dimensional.

unidirezionale *a.* 1 (*Tecn,Rad*) unidirectional: *antenna ~* unidirectional antenna. 2 (*Strad*) one-way (*attr.*).

UNIDO *Organizzazione delle Nazioni Unite per lo Sviluppo Industriale* UNIDO (United Nations Industrial Development Organization).

unidose *a.* (*Farm*) single-dose (*attr.*).

unifamiliare *a.* one family (*attr.*), for a single family.

unificabile *a.* 1 unifiable. 2 (*che si può standardizzare*) standardizable.

unificabilità *f.* 1 ability to be unified. 2 (*idoneità a essere standardizzato*) ability to be standardized.

unificare (**unifico, unifichi**) *v.t.* 1 (*riunire*) to unite, to unify, to join (together): *~ l'Europa* to unify Europe. 2 (*fondere*) to consolidate, to merge: *~ i codici* to merge the legal codes. 3 (*rendere uguale e unico*) to unify: *~ le leggi* to unify the laws. 4 (*Ind*) (*standardizzare*) to standardize, to normalize: *~ i contenitori del latte* to standardize milk containers. **II** *v.pron.* **unificarsi** to merge.

unificativo *a.* unifying.

unificato *a.* 1 (*riunito*) united, unified, consolidated, joined (together). 2 (*ridotto a tipo unico*) unified. 3 (*Ind*) (*standardizzato*) standardized: *dimensioni unificate* stand-

ardized dimensions.

unificatore I *m.* (*f.* **-trice**) unifier. **II** *a.* unifying.

unificazione *f.* 1 unification. 2 (*fusione*) consolidation, merger, merging: *l'~ di due imprese* the merger of two companies. 3 (*Ind*) (*standardizzazione*) standardization, normalization.

uniformare (**uniformo**) **I** *v.t.* 1 (*rendere uniforme*) to level, to render uniform, to even out: *~ il terreno prima della semina* to level the ground before sowing. 2 (*adattare*) to adapt, to adjust, to conform (*a* to), to bring into line (with). 3 (*Ind*) (*standardizzare*) to standardize. **II** *v.pron.* **uniformarsi** to adapt, to adjust, to conform (*a* to), to comply, to fall into line (with): *uniformarsi all'ambiente* to adapt oneself to one's surroundings.

uniformazione *f.* 1 levelling, uniforming. 2 (*adattamento*) adapting, adjusting, conforming. 3 (*Ind*) (*standardizzazione*) standardization.

uniforme[1] *a.* 1 (*costante, uguale*) uniform, even, regular: *passo ~* even pace, steady pace. 2 (*che ha la stessa forma*) uniform, equal. 3 (*piano*) level, even, uniform: *terreno ~* even ground. 4 (*monotono*) unvarying, unchanging, monotonous: *un'esistenza ~* an unchanging existence. 5 (*Fis*) uniform: *velocità ~* uniform velocity.

uniforme[2] *f.* 1 (*Abbigl*) uniform: *l'~ dei collegiali* school uniform. 2 (*Mil*) uniform, military dress. □ *~ da libera uscita*: 1 (*Mil*) walking-out dress, walking-out uniform; 2 (*Mar,ant*) shore kit; *~ di fatica* fatigues, combat fatigues; *~ di marcia* battle dress, field-service uniform, (*Am*) fatigues; *~ d'ordinanza* service uniform, regulation uniform; *in ~* in uniform, uniformed; *~ ordinaria* service uniform, regulation uniform.

uniformemente *avv.* 1 uniformly, regularly, evenly. 2 (*Fis*) uniformly: *moto ~ accelerato* uniform change of speed.

uniformità *f.* 1 uniformity, regularity. 2 (*l'essere piano*) evenness, uniformity: *l'~ del terreno* the evenness of the ground. 3 (*concordia, unanimità*) agreement, accord, unanimity, concord: *~ di punti di vista* unanimity of points of view. 4 (*monotonia*) uniformity, sameness, monotony: *l'~ di un panorama* the monotony of a panorama. 5 (*Fis*) uniformity.

unigenito I *a.* (*Teol*) Only Begotten. **II** *m.* (*Teol*) Only Begotten (Son of God).

unilaterale *a.* unilateral, one-sided: *proposta ~* unilateral proposal; *visione ~* one-sided view.

unilateralismo *m.* unilateralism.

unilateralità *f.* unilaterality, one-sidedness (*anche fig*).

unilateralmente *avv.* 1 unilaterally. 2 (*fig*) (*da un solo punto di vista*) one-sidedly, from only one point of view.

unilatero *a.* (*Mat*) unilateral.

uninominale I *a.* (*Pol*) 1 (*rif. al sistema elettorale*) uninominal. 2 (*rif. ai collegi elettorali*) single-member (*attr.*), uninominal: *collegio ~* single-member constituency. **II** *m.* (*Pol*) (*sistema elettorale, secco*) first-past-the post system; (*a doppio turno*) second ballot system.

unione *f.* 1 union, uniting, joining: *l'~ dell'anima col corpo* the uniting of body and soul. 2 (*associazione, federazione*) union, association: *~ sindacale* labour union. 3 (*coalizione*) coalition, union: *l'~ delle sinistre* the coalition of the left. 4 (*matrimonio*) union, marriage. 5 (*legame*) link, bond, union. 6 (*fig*) (*concordia*) union, unity, agreement,

harmony, accord, concord: *in questa famiglia c'è una perfetta ~* in this family there is perfect harmony. 7 (*Pol*) union. 8 (*Tecn*) (*collegamento, connessione*) union, connection, coupling, junction, joint: *~ a coprigiunto* fished joint. □ (*Fal*) *~ a maschio e femmina* tongue and groove joint; *~ carnale* union of the flesh; (*Stor*) *Unione delle Repubbliche Socialiste Sovietiche* Union of Soviet Socialist Republics; *~ di fatto* common-law marriage; *~ doganale* customs union; *~ economica* economic union; *Unione Europea* European Union; *Unione Indiana* Indian Union; *Unione Industriali* employers' association; *Unione internazionale delle telecomunicazioni* International Telecommunications Union; *~ monetaria* monetary union; *Unione postale universale* Universal Postal Union; *~ reale* real union; (*Stor*) *Unione Sovietica* Soviet Union; (*Stor*) *Unione sudafricana* Union of South Africa; *~ tariffaria* tariff syndicate. *Prov.*: *l'~ fa la forza* there is strength in numbers.

unionismo *m.* 1 (*Pol,Rel*) unionism. 2 (*tradunionismo*) trade unionism.

unionista *m./f.* unionist.

uniovulare *a.* (*Biol*) uniovular, uniovulate: *gemelli uniovulari* identical twins.

uniparo *a.* (*Zool,Bot*) uniparous.

unipolare *a.* (*El*) unipolar.

unire (**unisco, unisci**) **I** *v.t.* 1 to unite, to combine: *~ tutte le forze* to unite all forces; *hanno deciso di ~ i loro beni* they decided to combine (*o* to pool) their possessions. 2 (*collegare, congiungere*) to join, to connect, to put together: *~ due pannelli con la colla* to join two boards with glue. 3 (*ravvicinare*) to join (together), to bring together, to put together, to draw together: *~ due tavoli* to put two tables together, to join two tables. 4 (*fig*) (*rif. a persone: stringere con vincoli morali o legali*) to bind, to unite, to make united: *li uniscono interessi comuni* common interests unite them, common interests make them united. 5 (*fig*) (*rendere solidale*) to unite, to bring together: *le disgrazie uniscono gli uomini* misfortune unites men. 6 (*fig*) (*associare armonicamente*) to combine, to unite, to join: *questa ragazza unisce alla grazia l'intelligenza* this girl combines gracefulness and intelligence; *~ il merito alla virtù* to unite merit with virtue. 7 (*mettere in comunicazione*) to connect, to join, to unite, to link: *~ due città con una ferrovia* to connect two cities with a railroad; *~ due punti con una retta* to join two points with a straight line. 8 (*allegare*) to enclose, to attach. 9 (*aggiungere*) to add: *~ l'interesse al capitale* to add interest to capital. 10 (*Gastron*) to add. 11 (*Inform*) to join: *~ file di posta* to mail merge. **II** *v.pron.* **unirsi** 1 (*formare un'unione*) to unite, to join up, to join together: *le due società si sono unite per assicurarsi nuovi mercati* the two companies joined together to secure new markets for themselves. 2 (*congiungersi, mescolarsi*) to unite, to join together, to combine: *vicino alla foce le acque dei due fiumi si uniscono* near the mouth the two rivers join (*o* flow together). 3 (*accordarsi, armonizzarsi*) to blend, to harmonize, to go well: *i diversi colori si uniscono perfettamente* the different colours blend perfectly. 4 (*accompagnarsi, mettersi insieme*) to join (with), to join (so.): *ci siamo uniti a loro per andare al cinema* we joined them to go to the cinema. □ (*Fal*) *~ a coda di rondine* to dovetail; (*Fal*) *~ a mortasa* to mortise; *unirsi in matrimonio* to get married, to marry; *~ in* *matrimonio* to marry, to join in wedlock; *unirsiin società* to enter into partnership; ~ *l'utile al dilettevole* to mix business with pleasure.

unisessuale *a.* (*Biol*) unisexual.

unisessualità *f.* (*Biol*) unisexuality.

unisex ,**unisex** *a.inv.* unisex.

unisono I *a.* 1 (*Mus*) unison (*attr.*), unisonous, unisonal, unisonant, unisono: *canto* ~ unison singing, unison song. 2 (*fig*) (*concorde, conforme*) in agreement, in unison (*a* with), unisonous, concordant. 3 (*Ling*) homophone. II *m.* 1 (*Mus*) unison. 2 (*fig*) agreement, concord, accord, unison. □ *all'* ~: 1 (*Mus*) in unison; 2 (*fig*) (*concordemente*) in unison, in agreement.

unità *f.* 1 unity: ~ *e pluralità* unity and plurality; *l'* ~ *della famiglia* the unity of the family; *l'* ~ *d'Italia* the unity of Italy. 2 (*unificazione*) unification. 3 (*identità, concordia*) unity, accord: ~ *di propositi* unity of purpose. 4 (*singolo individuo o oggetto*) unit. 5 (*unità di misura*) measure, measurement, unit of measurement. 6 (*Mat*) unit: *una dozzina è costituita da dodici* ~ a dozen is made up of twelve units; *la colonna delle* ~ the units column. 7 (*Mil*) unit: *grande* ~ major unit; *piccola* ~ minor unit. 8 (*Mar*) (*nave*) ship; (*insieme organico di più navi*) unit. 9 (*Aer*) (*aereo*) aircraft, aeroplane, (*Am*) airplane; (*insieme di aerei*) unit. 10 (*Fis,Statist, Farm*) unit. 11 (*Inform*) unit, device. 12 (*Teat*) unity: *le tre* ~ the three unities. □ (*Inform*) *~centrale* processor; *~ centrale di programmazione* (o *~ centrale di elaborazione*) central processing unit, CPU; *~ cinofila* dog unit, (*Am*) canine unit, K-9 unit; (*Mil*) *~combattente* (*Br*) fighting unit, (*Am*) combat unit; (*Med*) *~coronarica* heart unit; (*Teat*) *~ di azione* unity of action; (*Inform*) *~di calcolo* computing device; *~di capacità* measure of capacity; *~di comando* control unit; (*Econ*) *~di conto* unit of account; ~ *di conto europea* European unit of account; (*Inform*) *~di controllo* control unit; ~ *di costo* cost unit, costing unit; ~ *di crisi* emergency unit; (*Inform*) *~di entrata* input device; (*Inform*) *~di espansione* expansion unit; *~di lunghezza* linear measure, measurement of length; (*Teat*) *~di luogo* unity of place; (*Inform*) *~di memoria* memory device, storage unit; *~di misura* : 1 measure, measurement, unit of measurement; *sistema di* ~ *di misura* system of measurements: ~ *di misura di capacità* measure of capacity; ~ *di misura di lunghezza* linear measure, measurement of length; ~ *di misura di volume* measure of capacity, cubic measure, solid measure; ~ *di misura lineare* long measure, linear measure, measurement of length; 2 (*fig*) yardstick, term of comparison; (*Ind*) *~di produzione* production unit; (*Med*) *~di rianimazione* intensive care unit; (*Inform*) *~di sistema* system unit; *~di tempo* : 1 (*Fis*) time-measurement unit, time unit, unit of time; 2 (*Teat*) unity of time; (*Inform*) *~di uscita* output device; *~di volume* measure of capacity, cubic measure, solid measure; (*Scol*) *~didattica* teaching unit; (*Inform*) *~disco* disk drive; (*Teol*) *~e trinità di Dio* Oneness and Trinity of God; *~internazionale* international unit; *~lineare* long measure, linear measure, measurement of length; (*Fis*) *~magnetica* magnetic unit; ~ *monetaria* monetary unit; ~ *nazionale* national unity; (*Inform*) *~periferica* peripheral, peripheral device; (*Fis*) *~termica* heat unit; (*Inform*) *~video* display unit.

unitamente *avv.* 1 (*in modo compatto*) unitedly. 2 (*concordemente*) in agreement,

in accord, in unison, unanimously. 3 (*insieme, congiuntamente*) together, jointly (*a* with), with (*a qcs.* sth.).

unitarianismo *m.* (*Rel*) Unitarianism.

unitariano I *a.* (*Rel*) Unitarian. II *m.* (*f.* **-a**) (*Rel*) Unitarian.

unitarietà *f.* unitariness.

unitario I *a.* 1 unitary. 2 (*congiunto*) united, joint: *sforzi unitari* unitary efforts, united efforts. 3 (*costituito da un'unità*) unitary, unit (*attr.*): *costo* ~ unit cost. 4 (*teso verso l'unità*) unitary: *movimento* ~ unitary movement. 5 (*uniforme*) uniform. 6 (*Mat*) unitary. II *m.* (*f.* **-a**) (*Rel*) Unitarian.

unitarismo *m.* (*Pol,Rel*) Unitarianism.

unitezza *f.* 1 (*uniformità*) uniformity, evenness, regularity. 2 (*compattezza*) compactness.

unito *a.* 1 united, joined, combined: *tre pezzi di stoffa uniti insieme* three pieces of material joined together. 2 (*associato*) united, combined, joined, associated. 3 (*unificato*) united, unified: *un paese* ~ a united country, unified country. 4 (*stretto da vincoli morali o legali*) bound, close, united: *una famiglia molto unita* a very close family; *erano uniti da un'antica amicizia* they were bound by an old friendship; *sono molto uniti* they are very close. 5 (*allegato*) enclosed, attached.

univalve *a.* (*Zool*) univalve.

universale I *a.* 1 universal: *legge* ~ universal law. 2 (*di tutti gli uomini, di tutto il mondo*) universal, world-wide: *storia* ~ world history; *pace* ~ universal peace. 3 (*generale*) general, widespread: *compianto* ~ general grief. 4 (*rif. al suffragio*) universal. 5 (*versato in tutti i campi*) universal, all-round: *genio* ~ universal genius. 6 (*Dir*) sole, universal: *erede* ~ sole heir. 7 (*Tecn*) universal: *strumento* ~ universal instrument. II *m.* 1 (*Filos*) universal. 2 *pl.* (*Filos*) (*concetti*) universals.

universalismo *m.* (*Pol,Rel*) universalism.

universalista *m./f.* (*Pol,Rel*) universalist.

universalistico (*pl.* **-ci**) *a.* (*Pol,Rel*) universalistic.

universalità *f.* 1 universality. 2 (*totalità*) universality, entirety, totality: *l'* ~ *degli uomini* mankind, humanity, all men.

universalizzare (**universalizzo**) I *v.t.* to universalize, to make universal. II *v.pron.* **universalizzarsi** to become universal, to spread.

universalizzazione *f.* universalization (*anche Filos*).

universalmente *avv.* universally, commonly, generally: *principi* ~ *validi* universally accepted principles; *autorità* ~ *riconosciuta* universally recognized authority; ~ *noto* universally known.

universiade *f.* (*Sport*) world university games *pl.*

università *f.* 1 university: *essere iscritto all'* ~ to be enrolled at the university; *l'* ~ *di Roma* Rome University. 2 (*edificio, insieme di edifici*) university, (*Am*) campus. □ *andare all'* ~ to go to (the) university, to attend university; *~commerciale* business college, business school; *~degli studi* university; ~ *della terza età* post-retirement university, senior citizens' university; *~di stato* public university, state university; *~privata* private university.

universitario I *a.* university (*attr.*): *corsi universitari* university courses. II *m.* (*f.* **-a**) 1 (*studente*) university student. 2 (*docente*) academic, professor.

universo [1] *m.* 1 universe, cosmos. 2 (*mondo*) (whole) world, creation: (*iperb*) *credersi il padrone dell'* ~ to consider oneself lord of

creation. 3 (*Statist*) universe, population. □ (*Ling*) *~del discorso* universe of discourse.

universo [2] *a.* (*lett*) whole, entire.

univocamente *avv.* univocally.

univocità *f.* 1 univocity. 2 (*l'avere un'unica interpretazione*) unambiguousness, unequivocalness.

univoco (*pl.* **-ci**) *a.* 1 unambiguous, univocal: *affermazione univoca* unambiguous statement. 2 (*di rapporto*) one-to-one.

unnico (*pl.* **-ci**) *a.* (*Stor*) Hunnish.

unno I *m.* (*f.* **-a**) (*Stor*) Hun. II *a.* (*Stor,rar*) Hunnish.

uno (*as adjective and article uno becomes* un *before words beginning with vowels and consonants except those beginning with* s + *consonant gn, ps, z, x; the feminine form* una *becomes* un' *before words beginning with a vowel*) I *a.* 1 one, a: *ha un figlio maschio e due femmine* he has a son and two daughters; *un anno e tre mesi* one year and three months; *una settimana e due giorni* a week and two days; *pagina* ~ page one. 2 (*uno solo, unico*; *spesso in frasi negative*) one, a single: *non fa un passo se non è accompagnato* he doesn't take a single step alone; *una rondine non fa primavera* one swallow does not make a summer; *non ho che un amico* I have only one friend. 3 (*rafforzato da unico, solo, soltanto*) one, one single, a single: *sarebbe bastata anche una sola parola* just one single word would have been enough; *mi trattengo soltanto un giorno* I'm staying for just one day. 4 (*iperb*) (*quantità minima*; *spesso in frasi negative*) a, one: *ho visto appena una o due macchine* I only saw a car or two; *non ho una lira* I don't have a penny, I have hardly any money, I have very little money. 5 (*in frasi ellittiche con sottinteso la parola storia, avventura e sim.*) one, talvolta si traduce a senso: *ve ne racconterò una* I'll tell you a good one; *combinarne una* to get into a fix, to make a blunder. 6 (*lett*) (*unito, compatto*) united, one: *l'Italia una e libera* united free Italy. II *m.* 1 (*Mat*) one: *scrivere un* ~ to write a one; ~ *più* ~ *fa due* one plus one equals two; *contare da* ~ *a dieci* to count from one to ten; *scrivo sei e riporto* ~ I write down six and carry one; *moltiplicare per* ~ to multiply by one. 2 (*nelle espressioni temporali: il primo del mese*) first: *l'* ~ *di marzo* the first of March, March (the) first. 3 (*il primo anno di un secolo*) one: *tutti i nati nell'* ~ all those born in nineteen hundred and one. III *pron.indef.* 1 (*seguito da un partitivo*) one: ~ *di voi* one of you; *una delle stanze era ammobiliata* one of the rooms was furnished. 2 (*un tale, una certa persona*) so., a person, (*colloq*) a fellow, a chap: *c'è* ~ *che ti aspetta* there's so. waiting for you; *c'era* ~ *delle imposte che ti cercava* someone from the tax office was looking for you. 3 (*uno qualunque, qualsivoglia*) one, any one, each: *ci sono dei giornali sul tavolo, passamene* ~ there are some newspapers on the table, pass me one; ~ *di questi giorni verrò a trovarti* one of these days I'll pay you a visit. 4 (*alcuno*) someone, somebody: *se* ~ *ti dice così, che cosa rispondi?* if somebody says that to you, what do you answer? 5 (*con valore impersonale: chi*) one, you, a person, anyone: *se* ~ *vuole, può ottenere tutto* if a person really tries he can get anything; *se* ~ *ha soldi può permettersi viaggi simili* if you have money you can afford to take trips like that. IV *art.indef.* 1 a, an: *un giornale* a newspaper; *una mela* an apple; ~ *specchio* a mirror; *una casa* a house; *sto leggendo un romanzo* I am reading a novel. 2 (*enfat*) such a, such an, what a, what an, *talvolta si traduce a senso: ho avuto una paura!* I had such a fright!, what a fright I had! **3** (*circa, più o meno*) about, around, roughly, some: *ci vorrà una mezz'ora* it will take about half an hour. □ ~ *a* ~ (o *a* ~ *a* ~) one by one, one after the other; ~ *alla volta* one at a time; ~ *dei tanti* (*una persona comune*) one of the many, no one special; *ne ha fatta una delle sue* he's gone and done it again; *una delle due, o ci aiuti o te ne vai* you can take your choice, either you help us or you go; (*eufem*) *una di quelle* (*prostituta*) a street walker; ~ *dopo l'altro* one after another, one after the other; (*Mil*) *un due!* left-right!; ~, *due, tre, prova* (*provando il microfono*) testing, one, two, three; (*enfat*) *e* ~! that's one (done)!; that's the first!; one down!; *gli uni sol, gli altri no* some yes, others no; *costano 2 euro l'* ~ they cost two euros each; *l'* ~ *e l'altro* (*entrambi*) both (*costr.pl.*); *l'* ~ *o l'altro* either (*costr.sing.*); *non mi piace né l'* ~ *né l'altro* I don't like either (of them); *marciare per* ~ to march in single file; ~ *per cento* (o *l'* ~ *per cento*) one per cent; ~ *per volta* one at a time; ~ *più,* ~ *meno* what's one more or less; ~ *solo* just one, one only; *un terzo* one-third, a third. *Prov.:* ~ *per tutti, tutti per* ~ all for one and one for all.

UNRRA (*Stor*) *Amministrazione delle Nazioni Unite per il soccorso e la ricostruzione dei paesi liberati* UNRRA (United Nations Relief and Rehabilitation Administration).

unticcio **I** *a.* (*un po' unto*) lightly greased, slightly oily. **II** *m.* (*sostanza grassa*) grease, oil, fat.

unto → **ungere** **I** *a.* **1** (*spalmato di grasso*) greased, oiled. **2** (*sporco: di grasso*) greasy; (*di olio*) oil-stained; (*sporco*) dirty, filthy. **3** (*Rel*) (*consacrato*) anointed. **II** *m.* **1** (*grasso*) grease, fat: *una macchia d'* ~ a grease spot; *essere sporco di* ~ to be grease-stained, to be greasy. **2** (*lubrificante*) grease, oil: *dare alle ruote del carro* to apply oil to the cart wheels. **3** (*Gastron*) fat, lard; (*condimento grasso*) drippings. **4** (*Rel*) anointed. □ (*Bibl*) *l'* ~ *del Signore* (*Cristo*) the Lord's Anointed; ~ *e bisunto* all greasy, filthy.

untore *m.* (*Stor*) plague spreader.

untume *m.* grease, oil, fat, filth.

untuosamente *avv.* unctuously, flatteringly, oilily.

untuosità *f.* **1** greasiness, oiliness. **2** (*grasso, lubrificante*) grease, oil. **3** (*fig*) unctuousness, oiliness.

untuoso *a.* **1** greasy, oily, fatty, (*lett*) unctuous: *capelli untuosi* greasy hair; *pelle untuosa* oily skin. **2** (*Gastron*) greasy, oily. **3** (*fig*) unctuous, oily.

UNUCI *Unione Nazionale Ufficiali in Congedo d'Italia* (Italian national association of ex-officers).

unzione *f.* **1** greasing, oiling; (*con pomate*) smearing, rubbing, application. **2** (*Lit*) anointing, unction: ~ *sacerdotale* priestly anointing, holy unction. **3** (*fig*) unctuousness.

uomini → **uomo.**

uomo (*pl.* **uòmini**) **I** *m.* **1** (*essere umano*) man, human being: *l'* ~ *preistorico* prehistoric man. **2** (*individuo di sesso maschile*) man, male: *se ti vesti così sembri un* ~ if you dress like that you look like a man; ~ *sensuale* a sensual man. **3** (*individuo adulto*) man, adult: *ormai è diventato un* ~ he is a man now; *un* ~ *e un bambino ragionano diversamente* an adult and a child think differently. **4** (*individuo*) man, person, fellow: *c'è un* ~ *alla porta* there's a man at the door. **5** (*per-*

sona di fiducia) man: *il partito non ha trovato il suo* ~ the party has not found its (o the right) man; *ecco l'* ~ *che fa per noi* here's just the man we need. **6** (*collett.*) (*specie umana*) man: *gli uomini sono tutti fratelli* all men are brothers; *i diritti dell'* ~ the rights of man; *l'* ~ *è libero, a differenza degli animali* man is free, animals are not. **7** (*dipendente, incaricato*) man: *ti manderò uno dei miei uomini* I'll send you one of my men; *è venuto l'* ~ *del gas* the gasman came. **8** (*colloq*) (*marito, compagno*) man, husband, (*colloq*) old man: *il suo* ~ *è più giovane di lei* her man is younger than she is. **9** (*Mil,Sport*) man: *una squadra composta di dieci uomini* a ten-man team. **II** *a.* male: *ho solo professori uomini* all my teachers are male, all my teachers are men. □ *da* ~ man's, men's: *sarto da* ~ men's tailor; *abito da* ~ man's suit; *non è da uomini* it is not for a man, it is not worthy of a man; *da* ~ *a* ~ (*in tutta franchezza*) man to man: *una discussione da* ~ *a* ~ a man-to-man talk; ~ *d'affari* businessman; ~ *d'azione* man of action; *essere l'* ~ *del giorno* to be the man of the moment; *l'* ~ *della mia vita* the love of my life; *l'* ~ *della strada* the man in the street; ~ *delle caverne* caveman, cave man; ~ *di armi* man-at-arms; (*fig*) ~ *di cartapesta* spineless person; ~ *di chiesa* **1** (*ecclesiastico*) man of the church, clergyman, churchman; **2** (*uomo pio*) church goer, church going man, devout man; ~ *di colore* coloured man, blackman; ~ *di corte* courtier; ~ *di fatica* labourer, handyman; ~ *di fiducia:* **1** reliable person; **2** (*braccio destro*) right-hand man, confidential assistant, confidential agent; ~ *di governo* statesman; ~ *di legge:* **1** (*avvocato*) lawyer, man of law; **2** (*giurista*) jurist; ~ *di lettere* man of letters, literary man, learned man; ~ *di mare* seaman, sailor; (*Mar*) ~ *a mare!* (o ~ *in mare!*) man overboard!; ~ *di mondo* man of the world; ~ *di Neanderthal* Neanderthal man; ~ *di paglia* man of straw, figurehead; ~ *di partito* party man; ~ *di scienza* man of science, scientist; ~ *di senno* sensible man, man of good judgement, man of sense; ~ *di spirito* witty man, wit, wag; ~ *di stato* statesman; ~ *di talento* talented man, man of many talents; ~ *di teatro* man of the theatre; ~ *d'onore* man of honour; (*colloq*) *fare l'* ~ to act like a man, to be a man; *farsi* ~ to become a man; ~ *fatto* (full-)grown man; ~ *ideale* Mr Right; ~ *morto:* **1** dead man: (*fig*) *essere un* ~ *morto* to be a dead man, (*colloq*) to be done for; **2** (*Ferr*) dead man's handle; ~ *nero* (*gioco*) Old Maid; *per uomini* (o *per soli uomini*) for men, for men only, men only (*attr.*): *una rivista per uomini* a men's magazine; ~ *politico* politician; *l'* ~ *qualunque* (*l'uomo comune*) the average man, the man on the street; (*Aer*) *uomini radar* air traffic controllers; ~ *ragno:* **1** (*nel circo*) contortionist, acrobat; **2** (*Cin*) Spider Man; ~ *rana* frogman, diver; ~ *sandwich* sandwich man; ~ *serpente* contortionist; (*Mil*) ~ *siluro* torpedo man; ~ *sportivo* sportsman; ~ *vitruviano* Vitruvian man. *Prov.:* ~ *avvisato, mezzo salvato* forewarned is forearmed; *l'* ~ *propone e Dio dispone* man proposes, God disposes; *l'* ~ *è misura di tutte le cose* man is the measure of all things.

uopo *m.* (*lett,ant*) (*bisogno*) need; (*necessità*) necessity. □ (*lett,ant*) *all'* ~: **1** (*al momento opportuno*) when necessary, in case of necessity, if need be; **2** (*a tale scopo*) for such a purpose; (*lett,ant,scherz*) *è d'* ~ it is necessary, it is needed: *è d'* ~ *fare una distinzione* it is necessary to make a distinction.

uosa *f.* **1** (*ghetta*) gaiter, legging. **2** (*Mediev*) (*stivale*) thigh boot.

uova → **uovo.**

uovo *m.* (*pl.* **le uòva**) **1** egg (*anche estens*): *la gallina ha fatto un* ~ the hen has laid an egg. **2** *pl.* (*uova di pesce e sim.*) roe (*costr.sing.*); spawn (*costr.sing.*). **3** (*Biol*) egg, ovum. □ (*Sport*) *posizione a* ~ (*nello sci*) downhill racer's tuck: *essere in posizione a* ~ to be in the tuck position; (*Gastron*) ~ *affogate* poached eggs; (*Gastron*) ~ *al tegamino* fried egg; (*Gastron*) ~ *alla coque* soft-boiled egg; (*Gastron*) ~ *all'occhio di bue* egg fried on one side only, (*Am*) egg sunny side up; (*Gastron*) ~ *all'ostrica* prairie oyster, egg yolk seasoned with salt and lemon; (*Gastron*) ~ *bazzotto* soft-boiled egg; (*Gastron*) *uova con pancetta* eggs and bacon; ~ *da bere* fresh egg (that can be eaten raw); (*Sart*) ~ *da rammendo* darning egg, darning ball, darning mushroom; ~ *da tè* tea ball; (*Dolc*) ~ *di cioccolata* chocolate egg; (*fig*) *l'* ~ *di Colombo* the obvious solution (to the problem): *è l'* ~ *di Colombo!* it's as plain as the nose on your face!; *uova di formica* ant's eggs; ~ *di gallina* hen's egg; *è* (*come*) *l'* ~ *e la gallina* it's a chicken and egg situation; ~ *di giornata* new-laid egg; (*Dolc*) ~ *di Pasqua* Easter egg (*anche Inform*); *uova di pesce* roe; *uova di storione* sturgeon's eggs, sturgeon's roe; ~ *di struzzo* ostrich egg; *fare un* ~: **1** (*deporlo*) to lay an egg; **2** (*cucinarlo*) to cook an egg; ~ *fecondato* fertilized egg; ~ *fresco* fresh egg; ~ *gallato* fertilized egg; (*Gastron*) ~ *in camicia* poached egg; (*Gastron*) ~ *in cocotte* coddled egg; (*Gastron*) *uova in gelatina* eggs in aspic; ~ *marcio* bad egg, rotten egg; (*Dolc*) ~ *pasquale* Easter egg; (*Gastron*) *uova ripiene* stuffed eggs; (*Gastron*) ~ *sbattuto* beaten egg, whisked egg; (*Gastron*) ~ *sodo* hard-boiled egg; *uova strapazzate* scrambled eggs.

uppercut /'apperkat/ *m.inv.* (*Sport*) uppercut.

UPU *Unione postale universale* UPU (Universal Postal Union).

upupa *f.* (*Ornit*) hoopoe.

U.Q. (*Astr*) *Ultimo Quarto* (*lunare*) (last quarter-moon).

uragano *m.* **1** (*Meteor*) (*vento di forza eccezionale*) hurricane. **2** (*tempesta*) storm, tempest, gale. **3** (*fig*) storm, gale, outburst, hurricane: *un* ~ *di applausi* a storm of applause.

Ural *n.pr.m.* (*Geog*) Ural.

Urali *n.pr.m.pl.* (*Geog*) Ural Mountains, Urals.

uralico (*pl.* **-ci**) **I** *a.* **1** (*Geog*) Ural (*attr.*). **2** (*Ling*) Uralian, Uralic. **II** *m.* (*Ling*) Uralic, Uralian.

uralo-altaico (*pl.* **-ci**) *a.* (*Ling*) Ural-Altaic.

uranato *m.* (*Chim*) uranate.

urango (*pl.* **-ghi**) *m.* (*Zool*) orang-(o)utan, (*Am*) orangutan.

Urania *n.pr.f.* (*Mitol*) Urania.

uraniano *a.* (*Astr*) Uranian.

uranico[1] (*pl.* **-ci**) *a.* (*lett*) (*del cielo*) uranian, heavenly, celestial: *divinità uraniche* celestial deities.

uranico[2] (*pl.* **-ci**) *a.* (*Chim*) uranic.

uranifero *a.* (*Min*) uraniferous, uranium (*attr.*): *minerale* ~ uraniferous mineral.

uraninite *f.* (*Min*) uraninite.

uranio *m.* (*Chim*) uranium. □ ~ *arricchito* enriched uranium; ~ *impoverito* depleted uranium.

Urano *n.pr.m.* (*Mitol,Astr*) Uranus.

uranografia *f.* (*Astr*) uranography.

uranografo *m.* (*f.* **-a**) (*Astr*) uranographer.

uranometria *f.* (*Astr*) uranometry.

uranoscopia *f.* (*Astr*) uranoscopy.

uranoscopo *m.* (*Itt*) star gazer.

URAR-TV *Ufficio registro abbonati radio e televisione* (Italian radio and television subscribers records office).

urbanamente *avv.* urbanely, politely, courteously.

urbanesimo, **urbanismo** *m.* urbanization, urbanism, city growth, town growth.

urbanista *m./f.* (*Br*) town planner, (*Am*) city planner, urbanist.

urbanistica *f.* **1** (*Br*) town planning, (*Am*) city planning. **2** (*Univ*) urban studies.

urbanistico (*pl.* -ci) *a.* (*Br*) town-planning (*attr.*), (*Am*) city-planning (*attr.*), urbanistic.

urbanità *f.* urbanity, courtesy, politeness, suavity. □ *con* ~ urbanely, politely, courteously: *rispondere con* ~ to answer politely.

urbanizzare (**urbanìzzo**) **I** *v.t.* **1** (*favorire lo sviluppo di una città*) to urbanize. **2** (*incivilire*) to civilize; (*dirozzare, ingentilire*) to polish, to refine. **II** *v.pron.* **urbanizzarsi** to become urban.

urbanizzato *a.* urbanized: *area altamente urbanizzata* highly urbanized area.

urbanizzazione *f.* urbanization.

urbano *a.* **1** city (*attr.*), town (*attr.*), urban: *mura urbane* city walls. **2** (*cortese, civile*) urbane, courteous, polite, suave, civil: *modi urbani* polite manners.

Urbano *n.pr.m.* (*Stor*) Urban.

Urbe *f.* (city of) Rome.

urca *intz.* (*region*) wow!

urdu *a./m.*. (*Ling*) Urdu.

urea, **urèa** *f.* (*Biol*) urea.

ureasi *f.* (*Chim*) urease.

ureico (*pl.* -ci) *a.* (*Biol*) ureic, ureal.

ureide *f.* (*Chim*) ureide.

uremia *f.* (*Med*) uremia, uraemia.

uremico **I** *a.* (*Med*) uremic, uraemic. **II** *m.* (*f.* -a; *pl.* -ci) sufferer from uraemia, sufferer from uremia.

uretano *m.* (*Chim*) urethan, urethane.

ureterale *a.* (*Anat,Med*) ureteral, ureteric.

uretere *m.* (*Anat*) ureter.

ureterectomia *f.* (*Chir*) ureterectomy.

uretra *f.* (*Anat*) urethra.

uretrale *a.* (*Anat,Med*) urethral.

uretrectomia *f.* (*Chim*) urethrotomy.

uretrite *f.* (*Med*) urethritis.

urg. *urgente* (urgent).

urgente *a.* **1** urgent, pressing, immediate: *necessità* ~ pressing need; *avere un bisogno* ~ *di qcs.* to need sth. urgently, to have urgent need of sth. **2** (*Post,Tel*) urgent: *una telefonata* ~ an urgent call.

urgentemente *avv.* urgently.

urgenza *f.* **1** (*l'essere urgente*) urgency; (*necessità impellente*) urgent need; (*fretta*) rush, hurry. **2** (*emergenza*) emergency: *in caso di* ~ in an emergency, in case of an emergency. **3** (*sollecitudine, rapidità*) promptness, speed, dispatch. □ *avere* ~ *di qcs.* to need sth. urgently: *ho* ~ *di parlarti* I must speak to you; *d'* ~: **1** (*usato come aggettivo*) urgent, emergency (*attr.*): *chiamata d'*~ urgent call, emergency call; *chiamare qcu. d'* ~ to make an emergency call to so.; **2** (*usato come avverbio*) urgently; *fare* ~ *a qcu.* to press (o to urge) so.; *non c'è* ~ there is no rush.

urgere (**ùrgo**, **ùrgi**; *no past participle or compound tenses*) **I** *v.i.* **1** (*essere urgente*) to be urgent, to be vital, to be pressing: *necessità che urgono* needs which are pressing, urgent needs. **2** (*essere necessario al più presto*) to be needed urgently, to be necessary immediately: *urge un medico* a doctor is needed urgently. **3** (*premere*) to press: *la folla urgeva alle porte dello stadio* the crowd pressed against the gates of the stadi-

um. **II** *v.t.* **1** (*lett*) (*incalzare*) to press, to follow closely, to chase closely, to be hard on the heels of. **2** (*fig*) (*sollecitare*) to urge, to impel, to incite, to spur on. **III** *v.i.impers.* to need urgently, to be needed urgently, to be vital: *mi urgono soldi* I need money urgently.

urg.mo *urgentissimo* (very urgent).

uri *f.* (*Rel*) houri.

Uri *n.pr.m.* (*Geog*) (*cantone svizzero*) Uri.

uria *f.* (*Ornit*) guillemot.

Uria *n.pr.m.* (*Bibl*) Uriah.

uricemia *f.* (*Med*) uricaemia, uricemia, hyperuricaemia.

uricemico **I** *a.* (*Med*) uricemic, uricaemic. **II** *m.* (*f.* -a; *pl.* -ci) (*Med*) sufferer from uricaemia, sufferer from uricemia.

urico (*pl.* -ci) *a.* (*Biol*) uric: *acido* ~ uric acid.

urina *f.* (*Fisiol*) urine.

urinare (**urìno**) *v.i./t.* (*aus.* **avere**) to urinate.

urinario *a.* (*Anat,Med*) urinary: *vie urinarie* urinary tract.

urinata *f.* (*rar*) **1** (*orinata*) urination, micturition. **2** (*quantità*) urine passed, quantity of urine passed.

URL (*Inform*) *identificatore standard di risorse, indirizzo univoco* URL (Uniform Resource Locator).

urla → **urlo**.

urlare (**ùrlo**) **I** *v.i.* (*aus.* **avere**) **1** to cry out (*di, da, per* with; *contro* at), to shout, to scream: ~ *di dolore* to scream with pain. **2** (*alzare la voce*) to shout, to yell, to bawl: *non* ~, *non sono sordo* don't shout, I'm not deaf. **3** (*rif. ad animali*) to howl: *il cane ha urlato tutta la notte* the dog howled all night. **4** (*dire ad alta voce*) to shout, to yell, to say in a loud voice: *gli urlò che se ne andasse* he shouted at him to go away. **5** (*rif. al mare, a sirene e sim.*) to howl, to wail, to shriek. **II** *v.t.* **1** (*chiamare*) to shout, to yell, to scream: ~ *un nome* to shout a name. **2** (*cantare a voce spiegata*) to sing at the top of one's voice, (*spreg*) to bawl, (*spreg*) to shriek. □ ~*a perdifiato* to shout at the top of one's voice; ~*a squarciagola* to shout at the top of one's voice; ~ *come un ossesso* (o *urlarecome un pazzo* o *urlarecome un satanasso*) to shout like one possessed, to yell like a madman.

urlata *f.* **1** shout, howl, outcry. **2** (*sgridata*) scolding, telling off, dressing-down.

urlatore **I** *m.* (*f.* -**trice**) **1** shouter, yeller, bawler, howler. **2** (*cantante urlatore*) pop-singer who tends to scream. **II** *a.* howling, shrieking, bawling.

urlio *m.* **1** shouting, howling, crying (out), clamoring. **2** (*estens*) howling, shrieking: *l'*~ *del vento* the howling of the wind.

urlo **I** *m.* (*pl.* **gli ùrli/le ùrla**) **1** (*acuto grido umano*) cry, howl, shriek: *cacciare un* ~ to give a shriek, to give a yell, to let out a yell; *si udivano urla da ogni parte* shouts were heard from all sides. **2** (*rif. ad animali*) roar, howl: *gli urli delle belve* the roar of wild animals. **3** (*strepito, fragore*) roar, thunder: *l'*~ *del mare in tempesta* the thunder of the stormy sea. **4** *pl.* (*estens*) (*parole, esclamazioni violente e scomposte*) shouts, shouting (*costr.sing.*), yells, yelling (*costr.sing.*): *quando discutono si sentono urli in tutto il palazzo* when they argue you can hear them yelling in the whole building. **5** (*estens*) shriek, shrieking, howl, howling, wail, wailing: *l'*~ *della sirena* the wailing of the siren. **6** (*rif. al vento*) howling, wailing, shrieking. □ (*colloq*) *da* ~ awesome, wonderful, marvelous; *urladi dolore* screams of pain; *urladi gioia* shouts of joy.

urlone *m.* (*f.* -**a**) shouter, bawler, yeller.

urna *f.* **1** (*per il voto*) ballot-box: *deporre una scheda nell'*~ to place one's vote in the ballot-box; *ricorrere alle urne* to take a vote. **2** (*Archeol*) urn. **3** (*Bot*) urn. **4** (*lett*) (*tomba*) tomb. □ *andare alle urne* (*votare*) to vote, to go to the polls; ~*cineraria* cinerary urn, cinerary vase, burial urn; ~ *elettorale* ballot-box; ~*funeraria* funeral urn.

uro *m.* (*Zool*) aurochs, urus.

urobilina *f.* (*Biol*) urobilin.

urocordati *m.pl.* (*Zool*) tunicates, urochords, Urochordata.

urocromo *m.* (*Biol*) urochrome.

urodeli *m.pl.* (*Zool*) urodeles, Urodela.

urogallo *m.* (*Ornit*) capercaillie, wood grouse.

urogenitale *a.* (*Med*) urogenital.

urografia *f.* (*Med*) urography.

urogramma *m.* (*Med*) urogram.

urolitiasi *f.* (*Med*) urolithiasis.

urolito *m.* (*Med*) urolith, urolite, urinary calculus.

urologia *f.* (*Med*) urology.

urologico (*pl.* -ci) *a.* (*Med*) urologic, urological.

urologo *m.* (*f.* -**a**; *pl.* -**gi**) (*Med*) urologist.

uropoiesi *f.* (*Fisiol*) uropoiesis.

uropoietico (*pl.* -ci) *a.* (*Fisiol*) uropoietic.

uroscopia *f.* (*Med*) uroscopy.

urrà I *intz.* hurrah!, hooray!, hurray!: *hip, hip, hip* ~! hip, hip, hip, hurrah! **II** *m.* hurrah!, cheer!: *un* ~ *per il nostro eroe* three cheers for our hero.

ursidi *m.pl.* (*Zool*) Ursidae.

ursone *m.* (*Zool*) Canada porcupine, urson.

URSS (*Stor*) *Unione delle Repubbliche Socialiste Sovietiche* USSR (Union of Soviet Socialist Republics).

urtante **I** *a.* (*indisponente*) irritating, annoying, provoking: *un comportamento* ~ an irritating way of behaving. **II** *m.* **1** (*Mar*) (*trave*) bilge keel. **2** (*rif. a mine*) horn, prong.

urtare (**ùrto**) **I** *v.t.* **1** to knock (against, into), to bang (into, against), to bump (*contro* against, into), to hit, to strike, (*colloq*) to bash: ~ *il capo contro il muro* to bang one's head against the wall; *mi ha urtato con il paraurti* he hit me with his bumper. **2** (*dare uno spintone*) to bump (into), to push, to jostle, to shove: *non urtarmi, sto scrivendo* don't push me, I'm writing. **3** (*fig*) (*indispettire*) to annoy, to irritate, (*colloq*) to get on the nerves of, to rub so. the wrong way: *la sua insistenza mi urta* his persistence gets on my nerves (*o* annoys me). **4** (*fig*) (*provocare*) to provoke. **II** *v.i.* (*aus.* **avere**) **1** to bump (*contro* into), to bang, to crash, to knock (against, into), to run (into, up against), to hit (sth.): ~ *contro un albero* tu run into a tree. **2** (*fig*) (*imbattersi*) to run (in into, up against), to meet (with): ~ *in difficoltà* to run into difficulties. **III** *v.pron.* **urtarsi** (*irritarsi*) to grow irritated, to get irritated, to become annoyed: *si urta per un nonnulla* he gets irritated over nothing. **III** *v.r.recipr.* **urtarsi 1** to bump into each other, to run into each other, to collide (with each other). **2** (*fig*) (*venire a contrasto*) to fall out, to have a falling out: *si sono urtati per una questione di soldi* they had a falling out over money, they fell out over money. **3** (*scontrarsi: rif. a cose o mezzi*) to clash, to crash, to run into each other, to collide: *i due automezzi si sono urtati frontalmente* the two trucks crashed into each other head-on. □ (*fig*) ~ *i nervi di qcu.* to get on so.'s nerves; ~*la suscettibilità di qcu.* to hurt so.'s feelings, to pique so.

urtata *f.* bang, knock, bump, blow, (*colloq*) shove. □ *dare un'*~ *a qcs.*: **1** to bang (into) sth., to give sth. a knock; 2 (*per aprire*) to give sth. a push, to give sth. a shove.

urtatina *f.* tap, glancing blow.

urtato *a.* (*irritato*) irritated, annoyed, put out: *essere ~ con qcu.* to be annoyed with so.

urticacee *f.pl.* (*Bot*) nettle family *sing.*, nettles, Urticaceae.

urticante *a.* (*orticante*) stinging.

urto *m.* 1 blow, knock, hit, stroke, bang, bump, (*colloq*) whack. 2 (*spinta*) push, shove, thrust. 3 (*lo sbattere*) hitting, banging, crashing. 4 (*collisione, scontro*) collision, crash: *~ di navi* collision between ships. 5 (*fig*) (*contrasto*) conflict, clash, collision, disagreement: *~ di interessi* conflict of interests. 6 (*Mil*) engagement, action, encounter; (*attacco, assalto*) attack, assault: *sostenere l'~ del nemico* to withstand the enemy attack. 7 (*Fis,Nucl*) impact, collision. □ *dare un ~ a qcs.*: 1 to knock (into) sth., to bump against sth.; 2 (*dare una spinta*) to give sth. a push, to give sth. a shove; (*Fis*) *~ elastico* elastic collision, elastic impact; *~ esplosivo*: 1 air volume displacement, aerodynamic volume displacement; 2 (*onda di pressione*) blast; *~ frontale* head-on collision; *entrare in ~* to collide; (*fig*) *essere in ~ con qcu.* to be at odds with so., to be at loggerheads with so.; (*fig*) *mettersi in ~ con qcu.* to fall out with so.; *~ vitaminico* massive dose of vitamins.

urtone *m.* 1 violent knock, violent blow. 2 (*spintone*) hard push, hard shove. 3 (*scontro*) violent collision, violent crash.

uruguaiano I *a.* Uruguayan, Uruguay (*attr.*). II *m.* (*f.* **-a**) Uruguayan.

Uruguay *n.pr.m.* (*Geog*) Uruguay.

US 1 *Stati Uniti d'America* USA, US (United States of America). 2 *Ufficio stampa* (Press Office).

u.s. (*burocr*) *ultimo scorso* ult. (last month).

USA *Stati Uniti d'America* USA, US (United States of America).

usabile *a.* usable, fit for use, that may be used (*posposto*).

usa e getta *a.* disposable, one-way (*attr.*): *siringa ~* disposable syringe.

usanza *f.* 1 custom, usage: *una vecchia ~* an old custom. 2 *pl.* custom *sing.*, customs, usage *sing.*, ways. 3 (*abitudine*) habit, custom, practice, rule: *avere l'~ di alzarsi presto* to have the habit of getting up early, to be in the habit of getting up early, to make a rule of getting up early; *da noi vige questa ~* we have this custom, it is customary among us. 4 (*moda*) fashion, custom: *l'~ della gonna corta* the short skirt fashion. □ *all'~ di* (*secondo la moda o i gusti di*) in the... way, in the... fashion, the... style: *all'~ degli inglesi* the English style, the English manner; *a Natale c'è l'~ di farsi dei doni* it is the custom to exchange presents at Christmas; *è ~ (o è buona ~)* it is a polite custom, it is polite manners.

usare (*ùso*) I *v.t.* 1 (*adoperare*) to use, to make use of: *~ il coltello* to use a knife; *posso ~ la tua bicicletta?* may I use your bicycle? 2 (*fig*) (*esercitare, mettere in atto*) to exercise, to use: *~ un diritto* to exercise a right. 3 (*con un oggetto astratto: agire con*) to exercise, to act (with): *~ prudenza* to exercise prudence; *~ molta attenzione* to act very carefully. 4 (*in espressioni di cortesia: fare*) to do: *~ una cortesia a qcu.* to do so. a favour; *non vuoi usarmi questo favore?* won't you do me this favour? 5 (*portare abitualmente*) to wear: *d'inverno uso la pelliccia* I wear my fur in the winter. II *v.i.* (*aus. avere*) 1 (*avere la consuetudine di*) to do usually, to

be used to, to be accustomed to, to be in the habit of, to be customary (*costr.impers.*): *usano alzarsi di buon'ora* they usually get up early; *a casa nostra si usa rispondere agli auguri* in our home it is customary to return a greeting. 2 (*servirsi*) to use (*di qcs.* sth.), to make use, to avail oneself (of). 3 (*essere di moda*) to be the fashion, to be in fashion, to be fashionable: *anni fa usavano le gonne lunghe* years ago long skirts were fashionable. 4 (*usato impersonalmente*) to be the custom, to be practice, to be customary, to be usual, to be normal: *da noi si usa così* this is our custom. □ *come si usa in Toscana* (*come si è soliti fare*) as the custom is in Tuscany; *~ il proprio diritto* to exercise one's rights; (*fig*) *~ la testa* (*ragionare*) to use one's head; *~ le mani* (*picchiare*) to use one's hands, to beat, to raise one's hands (in anger); (*fig*) *~ le orecchie* (*ascoltare con attenzione*) to prick up one's ears; *~ minacce* to threaten; *~ misericordia a qcu.*: 1 (*soccorrerlo*) to take pity on so.; 2 (*perdonarlo*) to have mercy on so., to pardon so.; *~ moderazione in qcs.* to be moderate in (doing) sth.; *~ modi raffinati* to have refined ways; *~ pazienza* to be patient; (*fig*) *~ la sferza* to act harshly, to crack the whip; *~ uno stratagemma* to resort to a stratagem; *~ violenza a qcu.*: 1 to force so.; 2 (*violentarlo*) to rape so.; (*fig*) *~ violenza a se stesso* to force sth. upon oneself, to force oneself to do sth.

usato I *a.* 1 (*impiegato*) used, employed. 2 (*consumato*) worn, worn-out, used. 3 (*vecchio, di seconda mano*) second-hand, used: *automobili usate* used cars. 4 (*in uso*) used, in use: *i metodi usati in una scuola* the methods in use in a school. 5 (*solito*) habitual, customary. 6 (*abituato*) used, accustomed, trained, inured: *uomini usati al lavoro* men accustomed to work. II *m.* 1 (*solito*) custom, what is usual, ordinary: (*ant*) *secondo l'~* as is the custom, as usual. 2 (*articoli, oggetti*) second-hand articles *pl.*, second-hand goods *pl.* 3 (*automobili usate*) used cars *pl.*

USB *Uzbekistan* USB (Uzbekistan).

usbeco (*pl.* **-chi**) I *a.* Uzbek (*attr.*). II *m.* Uzbek.

usbergo (*pl.* **-ghi**) *m.* 1 (*Mil,ant*) hauberk, coat of mail. 2 (*lett*) (*corazza*) armour. 3 (*fig, lett*) (*protezione, difesa*) protection, shield, defence: *essere sotto l'~ della legge* to be under the protection of the law.

uscente *a.* 1 ending, closing: *l'anno ~* the closing year. 2 (*burocr*) outgoing, retiring: *il preside ~* the outgoing headmaster. 3 (*Gramm*) ending: *tema ~ in "a"* stem ending in "a".

usciere *m.* 1 (*f.* **-a**) (*impiegato d'ordine*) usher. 2 (*rar*) (*portiere*) porter, caretaker. 3 (*Dir,ant*) bailiff, court bailiff, usher.

uscio *m.* 1 door. 2 (*ingresso*) entrance. □ *non se ne trovano a ogni ~* they don't grow on trees; *~ di casa* street door, front door; (*ingresso*) entrance; *mettere qcu. fuori dall'~* to turn so. out of the house; (*fig*)*prendere l'~*: 1 (*andarsene*) to leave; 2 (*svignarsela in fretta*) to clear off, to slip off, to take oneself off; *farsi sull'~* to come to the door; *stare sull'~* to stand in the doorway; (*fig*) *trovarsi tra l'~ e il muro* to be between the devil and the deep blue sea.

uscire (*èsco, èsci, èsce, usciàmo, uscìte, èscono*) I *v.i.* (*aus. essere*) 1 (*andare fuori*) to go out (*di, da* of), to leave: *~ a piedi* to leave on foot; *il ragazzo uscì dalla stanza* the boy went out of the room; *il treno esce dalla stazione* the train is leaving the station; *non esco da una settimana* I haven't been out a

week; *perché non usciamo un po'?* why don't we go out for a while?; *esco un momento e torno* I'm going out for a minute and will be right back. 2 (*venir fuori*) to come out: *~ dal bagno* to come out of the bathroom; *~ dalla scuola* to come out of school. 3 (*allontanarsi, separarsi*) to leave (*da qcs.* sth.), to break away (from), to withdraw: *~ dal gruppo* to leave the group; *~ dalle file di un partito* to break away from the ranks of a party. 4 (*scendere da mezzi di locomozione*) to get off (*da qcs.* sth.), to get out (of): *esci dalla macchina* get out of the car. 5 (*essere dimesso*) to be discharged (*da* from), to leave (sth.), to come out (of): *~ dal carcere* to be discharged from prison, to be released from prison; *~ dall'ospedale* to be discharged from the hospital, to come out of the hospital, to leave hospital. 6 (*sboccare: rif. a strade*) to open, to lead (*su, in* into), to come out, to emerge (in): *questa stradetta esce sulla piazza* this street leads into the square. 7 (*rif. a liquidi*) to flow (out), to come (out), to run: *l'acqua esce dal rubinetto* the water flows from the tap. 8 (*rif. a gas e sim.*) to come (out), to escape: *il fumo esce dal camino* smoke is coming out from the chimney. 9 (*estens*) (*sporgere da una superficie*) to protrude, to stick out: *il chiodo esce di qualche centimetro dalla porta* the nail is sticking a few centimetres out of the door. 10 (*trarre la propria origine*) to descend, to come, to spring (*da* from), to be (of). 11 (*essere stato educato*) to come (*da* from), to have been educated (by): *esce dalla migliore università italiana* he comes from the best Italian university. 12 (*essere sorteggiato*) to come out, to come up, to be drawn: *il suo nome è uscito per primo* his name was drawn first; *il numero ventidue non esce da tre mesi* number twenty two has not come up for three months. 13 (*eccedere, sconfinare*) to lie beyond, to go beyond, to be beyond, to be outside, to surpass: *questo esce dalla mia competenza* that is outside my province. 14 (*apparire inaspettatamente*) to spring, to come (*di* from): *~ dall'oscurità* to spring out of the darkness; *da dove sei uscito?* where did you spring from? 15 (*dire all'improvviso, sbottare*) to come out (*con, in* with), to let out, to give (sth.): *~ con una battuta scherzosa* to come out with a wisecrack, to make a wisecrack; *~ in un grido* to give a cry, to let out a cry. 16 (*essere stato fatto, fabbricato*) to come (from), to have been created (by): *questo modello esce dalle mani di un sarto famoso* this model was created by a great designer. 17 (*essere pubblicato*) to come out, to be published, to be issued, to appear: *la rivista esce settimanalmente* the magazine comes out weekly. 18 (*lasciare uno stato per passare a un altro*) to leave (behind), to come out (*da* of), to drop (sth.): *~ dall'infanzia* to leave one's childhood behind; *~ dal riserbo* to drop one's reserve. 19 (*risultare, provenire*) to come (*da* from, of, out of), to be the outcome (of), to be the result (of), to result (*from*): *che cosa uscirà da quest'imbroglio?* what will come of this complicated situation?; *ne uscì una lunga lite* the outcome was a long quarrel. 20 (*ricavarsi*) to get, to obtain: *da questo scampolo esce a stento un vestito* you can just about get a dress out of this remnant. 21 (*liberarsi, svincolarsi*) to get out (*da* of), to free oneself: *~ dalle mani di qcu.* to get out of so.'s clutches. 22 (*riuscire*) to come, to be: *~ vincitore* to be the winner, to come out top; *è uscito secondo* he came out second. 23 (*la-*

sciare, abbandonare) to leave, to quit: ~ *di carica* to leave office; ~ *da una società* to leave a company, to resign from a company. **24** (*elevarsi, distaccarsi*) to rise above, to emerge (*da* from): ~ *dalla massa* to rise above the masses. **25** (*Ling*) (*terminare*) to end: *una parola che esce in consonante* a word that ends in a consonant. **26** (*Teat*) to exit: *esce il re* exit the king. **27** (*Inform*) to exit, to quit: ~ *da un programma* to exit a program. **II** *v.t.* (*region,pop*) (*portare fuori*) to take out, to bring out. □ ~*a passeggio* to go out for a walk; (*fig*) ~ *allo scoperto* to come out in the open; ~ *da una malattia* to get over an illness, to recover from an illness; (*fig*) *mi esce dagli occhi* (*rif. a cosa che non si sopporta più*) I'm sick and tired of it, I'm fed up with it: *i tuoi discorsi mi escono dagli occhi* I'm fed up with your talk; ~ *dai binari*: **1** (*Ferr*) to jump the track, to run off the rails; **2** (*fig*) to leave the right track, to run off the rails, to go off the rails; (*fig*) ~ *dai gangheri* to fly off the handle, to lose one's temper; ~*dai ranghi*: **1** (*Mil*) to break ranks; **2** (*fig*) to fall out of line; (*fig*) ~*dal convento* to leave a monastic order; ~*dal letto*: **1** to get out of bed; **2** (*rif. a fiumi*) to burst the banks: *il fiume è straripato uscendo dal suo letto* the river has burst its banks; ~*dal riserbo* to drop one's reserve; (*fig*) ~ *dal seminato* to digress, to wander off the point, to wander from the subject, to wander from the point, to get off-topic; (*fig*) ~*dal solco* (*divagare*) to get away from the point, to stray from the point; ~ *dal tema* to wander off the subject, to digress; ~*dalla finestra* to get out through the window; ~*dalla legalità* to be illegal; ~ *dalla memoria* to escape one's memory, to slip one's mind: *mi è uscito di memoria* it escaped my memory, it slipped my memory; ~*dalla porta* to leave by the door, to go by the door; (*fig*) ~ *dalla porta e rientrare dalla finestra* out through the door, in through the window; ~*dall'autostrada* (*Br*) to leave the motorway, (*Am*) to leave the freeway; ~*dall'ordinario* to be out of the ordinary, to go outside the bounds; ~ *dall'uovo* to hatch; ~ *detto* to slip out; (*fig*) ~ *di bocca* to slip out; ~*di carreggiata*: **1** to run off the road: *l'auto è uscita di carreggiata* the car ran off the road; **2** (*fig*) to go astray, to go too far; ~*di casa*: **1** to leave the house; **2** (*estens*) (*rif. a figli*) to leave home; ~*di corsa* to run out, to rush out, (*colloq*) to tear out; ~ *di mano*: **1** (*sfuggire, cadere*) to slip out of one's hands, to drop out of one's hands, to fall out of one's hands; **2** (*fig*) (*sfuggire al controllo*) to get out of control; **3** (*fig*) (*essere compiuto*) to leave one's hands, to be brought to completion; ~ *di mente* to slip one's mind, to forget (*costr.pers.*): *mi era uscito di mente* it had slipped my mind; ~ *di prigione* to come out of prison, to be released from prison; ~ *di scena*: **1** (*rif. ad attori*) to exit, to leave the stage, to make one's exit; **2** (*fig*) (*rif. a personaggi importanti*) to leave the scene, to disappear from the scene; (*fig*) ~ *di sé* to fly into a rage, to lose one's temper, to get angry, to be beside oneself; (*fig*) ~ *di senno* to go mad, to go out of one's mind, to become insane, to lose one's wits; to lose one's mind; ~ *di soppiatto* to steal out; (*fig*) ~ *di squadra*: **1** (*uscire dall'ordine*) to go off the rails, to go astray; **2** (*perdere la pazienza*) to lose one's temper, (*colloq*) to fly off the handle; (*Aut*) ~ *di strada* to go off the road; ~ *di tutela* to come of age; ~*di vista* to go out of sight; ~ *fuori*: **1** (*andare fuori*) to go out; **2** (*venire fuori*) to come out, to emerge: *esci*

fuori! get out!; (*fig*) ~*fuori dal seminato* to digress, to wander off the point; ~ *in automobile* to go out in the car, to take a drive; ~ *in mare* (*rif. a navi*) to put out to sea; (*fig*) *di qui non si esce* there's no way out of this, there's no getting away from it; (*colloq, region*) ~*pazzo* to go crazy; *gli esce il sangue dal naso* his nose is bleeding, he has a nosebleed; *è uscito il sole* the sun has come out; **uscirne**: **1** to come out of it; **2** (*fig*) (*cavarsela*) to come out of it, to emerge, to get off, to come off: *ne è uscito con onore* he emerged with honour; *uscirsene*: **1** (*andarsene*) to go off; **2** (*fig*) to come out (*con* with): *se ne uscì con una battuta* he came out with a witty remark.

uscita *f.* **1** (*l'uscire*) going out, coming out, leaving. **2** (*lo scendere da un veicolo*) getting out, getting off, getting down. **3** (*passaggio per cui si esce*) exit, way out: *trovare l'*~ to find the way out, to find the exit; *l'*~ *della stazione* the station exit; *la grotta aveva due uscite* the cave had two exits; *un palazzo con più uscite* a building with several exits; *l'*~ *è da questa parte* exit this way out, please! **4** (*di autostrada*) exit: *non ho visto l'*~ I missed the exit. **5** (*di liquidi*) outflow, flowing out, coming out; (*di gas e sim.*) outlet, escape: ~ *del vapore* steam outlet. **6** (*foro di uscita, sbocco*) outlet, vent, hole, opening: *l'*~ *per l'acqua piovana* the opening for the rain-water. **7** (*fig*) (*scappatoia, soluzione*) way out, solution: *di qui non c'è* ~ there's no way out of this. **8** (*motto di spirito*) witty remark, quip, wisecrack: *la sua* ~ *destò grande ilarità tra i presenti* his witty remark made everyone laugh. **9** (*espressione imprevedibile e bizzarra*) strange remark, odd thing to say: *i bambini talvolta hanno delle uscite che mettono in imbarazzo* sometimes children come out with the most embarrassing things. **10** (*pubblicazione: di libro*) publication, issue; (*di film, disco, software*) release. **11** (*gita*) outing. **12** (*Comm*) (*spesa*) expenditure, outlay, expense: *le uscite superano le entrate* expenses exceed income. **13** (*Comm*) (*rif. a merci*) clearance: *l'*~ *della merce dal deposito* the clearance of goods from the warehouse. **14** (*Ling*) end, ending, termination, desinence: *l'*~ *dell'accusativo* the accusative ending. **15** (*Teat*) (*l'uscire dalla scena*) exit; (*entrata in scena*) entrance, coming on stage. **16** (*Mil*) (*sortita*) sortie, sally. **17** (*Mar*) egress, sailing, putting out to sea. **18** (*Sport*) (*apparizione*) outing. **19** (*Sport*) (*nel calcio*) coming out of the goal (*of* goalkeeper). **20** (*Ginn*) exit. **21** (*El,Rad, Inform*) (*output*) output. **22** (*Inform*) (*da un programma*) exit. **23** (*Mecc*) outlet. **24** (*Minier*) ascent. □ *mi hanno sorpreso all'*~ *dall'hotel* they caught me as I stepped out of the hotel, they caught me as I came out of the hotel; *aspettami all'*~ wait for me at the exit; (*Strad*) ~ *autocarri* (*Br*) lorry turn-off, (*Am*) truck exit; (*Strad*) ~ *automezzi* vehicle exit; ~ *d'aria* outlet of air, air outlet, (*Inform*) ~ *dati* data output; ~ *degli artisti* stage door; (*Sport*) ~*del portiere* exit of goalkeeper from the goal; (*Comm*) ~ *di cassa* cash disbursement; ~*di emergenza* emergency exit; *l'*~ *di un film* the release of a film; ~ *di prigione* release from prison; ~*di sicurezza* emergency exit; (*Scol*) ~*didattica* field day, field trip; (*Econ*) ~ *d'oro* gold outflow; ~ *secondaria* back exit, side exit; (*Inform*) ~*su stampante* printout.

uscocchi *m.pl.* Uskoks.

usignolo *m.* (*Ornit*) nightingale. □ *cantare come un* ~ to sing very sweetly.

USIS *Servizio di informazione per gli Stati Uniti d'America* USIS (United States Information Service).

usitatamente *avv.* usually, as usual.

usitato *a.* **1** (*lett*) (*comune*) common, much used, in frequent use, in common use: *una locuzione usitata* common expression. **2** (*solito, abituale*) usual, habitual: *nel modo* ~ in the usual way.

USL (*Stor*) *Unità Sanitaria Locale* (local health board).

uso[1] *m.* **1** use: *l'*~ *dell'automobile* the use of the car; *comprare qcs. per* ~ *personale* to buy sth. for one's personal use. **2** (*consumo*) consumption, taking, use: *l'*~ *delle droghe* the use of drugs. **3** (*rif. a macchine e sim.*) operation, attendance, control. **4** (*capacità di usare*) use: *ha perso l'*~ *della mano destra* he lost the use of his right hand; *riacquistare l'*~ *delle gambe* to regain the use of one's legs. **5** (*pratica, esercizio continuo*) practice: *le lingue s'imparano con l'*~ languages are learnt by practice. **6** (*usanza, costume*) custom, usage, use: *gli usi dei popoli primitivi* the customs of primitive peoples. **7** (*voga, moda*) fashion, use: *queste cose non sono più in* ~ these things are no longer in fashion. **8** (*rif. alla lingua*) usage: *l'*~ *fiorentino di una parola* the Florentine usage of a word. **9** (*senso, significato*) meaning, sense: *l'*~ *traslato di un'espressione* the figurative meaning of an expression. **10** (*Dir*) (*consuetudine*) customary law, consuetudinary law, custom, consuetude. □ *a* ~*di qcu.* for so., for the use of so.; *classici a* ~ *della gioventù* classics for young people; *all'*~*di* (*secondo la moda o i gusti di*) in the... way, in the... fashion, the... style: *all'*~ *cinese* in the Chinese way, in the Chinese fashion, Chinese style (*attr.*); (*Ling*) *di* ~ *antiquato* obsolete; *come d'*~ as is usual, as is the custom; (*Ling*) ~ *comune* everyday language; *l'*~ *comune* the general practice; *di* ~ *comune* in common use; ~ *corrente* common usage; *d'*~ *corrente* in ordinary use, in common use, in current usage: *parola d'* ~ *corrente* word in current usage; *con* ~*cucina* with kitchen facilities; *d'*~: **1** (*corrente*) usual, habitual; **2** (*Ling*) common; *secondo l'*~ *del tempo* according to the custom of the time; *l'*~ *della forza* the use of force; ~*della parola* speech, power of speech; *perdere l'*~ *della parola* to lose the power of speech; *riacquistare l'*~ *della parola* to recover one's speech; *l'*~*della ragione* the use of reason; (*Ling*) *d'*~ *dialettale* dialectal; *per proprio* ~ *e consumo* (o *a proprio* ~ *e consumo*) for one's own use, for one's own personal use; *usi e costumi* usage and custom; *entrare nell'*~ to come into use; *a* ~*esclusivo di qcu.* for so.'s exclusive use, for so.'s sole use; ~ *estensivo di un vocabolo* broad use of a word; (*Farm*) *per* ~ *esterno* for external use only; *fare* ~ *di qcs.* to use sth., to make use of sth.; *fare* ~ *delle armi* to use arms; *fare* ~ *di stupefacenti* to take drugs; *affittasi esclusivamente* ~ *foresteria* fully furnished short term lets; *essere in* ~: **1** to be the custom; **2** (*essere di moda*) to be in, to be the fashion; *venire in* ~ to come into fashion, to come into usage; *tornare in* ~ to come back into use, to come back into fashion, to come back into usage; *mettere in* ~ to put into use, to put to use; ~ *indebito* unlawful use, wrongful use; *fare* ~ *indiscriminato di qcs.* to use sth. indiscriminately; *per* ~ *industriale* for industrial use; ~ *legittimo* lawful use; (*Ling*) ~ *letterario* literary usage, literary language; *l'*~*locale* local use, local custom; ~ *pacifico* peaceful uses;

(*Ling*) ~ *parlato* spoken language, colloquial language, every day language; (*Legat*) ~ *pelle* (*che imita la pelle*) imitation leather, simulated leather; (*Dir*) *di ~ pubblico* for public use, for general use; *a ~ scolastico* (o *per ~ scolastico*) for school use, for schools; *fotografia ~ tessera* passport photograph; *per tutti gli usi* all-purpose (*attr.*), for all purposes.

uso² *a.* (*lett*) (*abituato*) used, accustomed: *essere ~ alle fatiche* to be used to hard work; *essere ~ a fare qcs.* to be accustomed to doing sth., to be used to doing sth.

ussaro, ussero *m.* (*Mil,ant*) hussar.

ussita *a.m./f.* (*Rel*) Hussite.

USSL (*Stor*) *Unità Socio-Sanitaria Locale* (local health board).

usta *f.* (*Caccia*) scent.

ustascia, ustascia I *a.* (*Stor*) Ustashi (*attr.*). II *m.* Ustashi.

ustionare (ustiòno) I *v.t.* **1** to burn. **2** (*con un liquido*) to scald, to burn. II *v.pron.* **ustionarsi 1** to burn (oneself): *si è ustionato il braccio* he burned his arm. **2** (*con un liquido*) to scald oneself, to burn oneself.

ustionato I *a.* **1** burnt, scorched. **2** (*con un liquido*) scalded, burnt. **3** (*coperto di ustioni*) covered with burns. II *m.* (*f.* **-a**) burns victim: (*Med*) *grande ~* major burn case; *centro ustionati* burn centre.

ustione *f.* **1** burn. **2** (*fatta con un liquido*) scald, burn. □ (*Med*) ~ *di primo grado* first-degree burn; (*Med*) ~ *di secondo grado* second-degree burn.

usto *a.* (*Chim*) calcined.

ustorio *a.* burning: *specchio ~* burning glass.

usuale *a.* **1** (*comunemente usato*) usual, common: *espressione ~* common expression, everyday expression. **2** (*solito*) usual, customary, habitual: *con la sua ~ calma* with his usual calm. **3** (*ordinario*) ordinary, common, everyday: *un pasto ~* an ordinary meal. **4** (*frequente, consueto*) common, usual, frequent, everyday: *un fatto ~* an everyday happening, a frequent occurrence.

usualmente *avv.* (*abitualmente*) usually, normally, commonly, as a rule.

usuario *m.* (*f.* **-a**) (*Dir*) user.

usucapione *f.* (*Dir*) usucapion, usucaption.

usucapire (usucapìsco, usucapìsci) *v.t.* (*Dir*) to acquire by prescription, to acquire by uninterrupted possession.

usufruibile *a.* usable, available.

usufruire (usufruìsco, usufruìsci) *aus. avere*) *v.i.* **1** to benefit (*di* by, from), to profit (by), to take advantage (of): ~ *di uno sconto* to take advantage of a discount. **2** (*valersi*) to make use, to avail oneself (of). **3** (*Dir*) to enjoy the usufruct.

usufrutto *m.* (*Dir*) usufruct: *lasciare l'~ di qcs. a qcu.* (o *lasciare qcs. in ~ a qcu.*) to leave sth. in usufruct to so. □ *dare qcs. in ~ a qcu.* to give sth. to so. in usufruct.

usufruttuario I *a.* (*Dir*) usufructuary. II *m.* (*f.* **-a**) (*Dir*) usufructuary: ~ *a vita* usufructuary for life.

usura¹ *f.* usury. □ *a ~*: **1** (*up*)on usury, at usurious rates of interest: *prestare denaro a ~* to lend on usury; **2** (*fig*) (*in maniera sovrabbondante*) with interest, a hundredfold, excessively.

usura² *f.* **1** (*azione*) wear, wear and tear. **2** (*dovuta a sfregamento*) wear, abrasion, rubbing down, rubbing away, rubbing off. □ *resistente all'~* wear-resistant, long-wearing, hard-wearing; *resistenza all'~* resistance to wear, wear resistance, abrasion re-

sistance.

usurabile *a.* subject to wear and tear.

usurabilità *f.* resistance to wear and tear.

usuraio *m.* (*f.* **-a**) **1** (*strozzino*) usurer, (*colloq*) loan shark. **2** (*estens,spreg*) (*avaro*) miser, skinflint.

usurante *a.* wearing, exhausting (*anche fig.*).

usurpare (usùrpo) *v.t.* **1** to usurp, to seize: ~ *un trono* to usurp a throne. **2** (*ricoprire un ufficio indegnamente*) to hold unworthily, to be an unworthy holder of: ~ *una carica* to be an unworthy holder of an office. □ ~ *i diritti di qcu.* to encroach on so.'s rights.

usurpato *a.* **1** usurped. **2** (*esercitato indegnamente*) unworthily exercised. **3** (*rif. a diritti*) encroached upon.

usurpatore I *m.* (*f.* **-trice**) **1** usurper. **2** (*di un diritto*) encroacher. II *a.* usurping.

usurpazione *f.* **1** usurpation, unlawful assumption: ~ *di funzioni pubbliche* usurpation of public office. **2** (*rif. a diritti*) encroachment.

UTC *Tempo Universale Coordinato* UTC (Coordinated Universal Time).

UTE *Ufficio Tecnico Erariale* (tax technical office).

utensile¹ *a.* (*Tecn*) tool (*attr.*): *macchina ~* machine tool.

utensile², utensile *m.* **1** utensil: *utensili da cucina* kitchen utensils. **2** (*attrezzo, strumento*) tool, implement, utensil: *gli utensili del falegname* the carpenter's tools. **3** (*collett.*) tools *pl.*, equipment. □ (*Tecn*) ~ *a mano* hand tool; (*Tecn*) ~ *agricolo* agricultural machinery, farm implement; (*Tecn*) ~ *da macchina* machine tool; (*Tecn*) ~ *da taglio* cutting tool, edge tool; (*Tecn*) ~ *da tornio* lathe tool, turning tool, (*lathe*) cutting tool; (*Tecn*) ~ *filettatore* threading tool, screw-cutting tool; (*Tecn*) ~ *finitore* finishing tool; (*Tecn*) ~ *meccanico* power tool; (*Mecc*) ~ *per alesare* borer, reamer, boring tool; (*Tecn*) ~ *per chiodare* riveter, riveting tool; (*Tecn*) ~ *per scanalare* slot cutter, grooving cutter; (*Tecn*) ~ *per sgrossare* rougher, roughing tool, rough-turning tool, stocking tool; (*Tecn*) ~ *per tornire* lathe tool, turning tool, (*lathe*) cutting tool; (*Tecn*) ~ *perforatore* drill, drilling tool; (*Tecn*) ~ *pneumatico* pneumatic tool; (*Tecn*) ~ *sgrossatore* rougher, roughing tool, rough-turning tool, stocking tool.

utensileria *f.* **1** (*insieme di utensili*) tools *pl.* **2** (*officina*) tool room.

utensilista *m.* tool maker.

utente *m./f.* **1** user (*anche Inform*): ~ *della strada* road user. **2** (*consumatore*) consumer; (*rif. a gas, energia elettrica e sim.*) consumer, user: ~ *del gas* gas consumer. **3** (*abbonato*) subscriber: ~ *del telefono* telephone subscriber. **4** (*della radio e televisione*) licence holder: *utenti della radio* radio licence holders. □ ~ *finale* end user.

utenza *f.* **1** use; (*rif. a gas e sim.*) consumption. **2** (*abbonamento*) subscription; (*rif. a radio e sim.*) holding of a licence. **3** (*insieme degli utenti*) users *pl.*, consumers *pl.* **4** (*abbonati*) subscribers *pl.*; (*rif. alla radio e alla televisione*) licence holders *pl.*

uterino *a.* (*Anat,Dir*) uterine: *fratelli uterini* uterine brothers. **2** (*fig*) emotional.

utero *m.* (*Anat*) uterus, womb. □ ~ *in affitto* surrogate mother, (*spreg*) womb for hire, (*spreg*) womb for rent; (*Anat*) ~ *retroverso* retroverted uterus.

utile I *a.* **1** (*rif. a persone*) useful, helpful: *vorrei esserti ~* I'd like to be helpful to you, I'd like to be of some help to you; *rendersi ~ a qcu.* to make oneself useful to so. **2** (*van-*

taggioso, proficuo) helpful, useful, good: *un consiglio ~* good advice; *il soggiorno all'estero è ~ per apprendere una lingua straniera* a stay abroad is useful to learn a foreign language. **3** (*consigliabile*) advisable. **4** (*utilizzabile*) utilizable, us(e)able. **5** (*pratico*) useful, practical, serviceable, handy: *strumento ~* useful tool, handy tool; *è un regalo ~* it's a practical gift; *tornare ~* (o *venire ~*) to come in handy. **6** (*Tecn*) useful, working (*attr.*), pay (*attr.*), service (*attr.*): *lunghezza ~* working length. II *m.* **1** (*utilità*) utility, benefit, good, profit: *non ricava nessun ~ dai miei consigli* he gets no profit from my advice. **2** (*vantaggio*) advantage, benefit, profit: *pensare al proprio ~* to think of what (benefit) one can get out of sth.; *trarre un ~ dall'esperienza* to profit by an experience; *a me non ne viene nessun ~* I get nothing out of it. **3** (*Econ*) profit, profits *pl.*, return, gain. **4** *pl.* (*Econ*) (*reddito*) income *sing.*, revenue (*costr.sing.*): *gli utili di un'azienda* a company's income. □ (*Econ*) ~ *di cambio* exchange profit; (*Econ*) *utili di capitale* capital gains; (*Econ*) ~ *di esercizio* annual income; (*Econ*) ~ *dichiarato* declared profit; (*Econ*) ~ *effettivo* actual profit; (*Econ*) ~ *imponibile* taxable profit; (*Econ*) ~ *lordo* gross profit; ~ *lordo di esercizio* gross profit; (*Econ*) ~ *marginale* marginal profit; (*Econ*) ~ *netto* net income, net profit; *posso essere ~ in qcs.?* may I help you?, is there anything I can do for you?; (*Econ*) ~ *presunto* (o ~ *previsto*) projected income; (*Econ*) ~ *probabile* imaginary profit, anticipated profit; (*Econ*) ~ *realizzato* retained earnings; (*Econ*) ~ *reinvestito* reinvested income.

utilità *f.* **1** usefulness, utility, benefit, use: *l'~ dell'esperienza* the usefulness of experience. **2** (*vantaggio*) benefit, good, profit, advantage, use: *di nessuna ~* of no use, serving no purpose; *essere di poca ~* to be of little use, not to be much good. **3** (*utilizzabilità*) usability. **4** (*praticità*) usefulness, practicality, practicalness. **5** (*Econ*) utility. □ *essere di ~* to be useful, to be of use (*per* to); (*Econ*) ~ *marginale* marginal utility; ~ *pubblica* common welfare, common good, public interest, national interest.

utilitaria *f.* (*Aut*) small (economical) car, (*colloq*) runabout, (*Am*) compact, (*Am*) economy car.

utilitario I *a.* utilitarian: *una morale utilitaria* a utilitarian moral. II *m.* (*f.* **-a**) (*rar*) (*utilitarista*) utilitarian.

utilitarismo *m.* (*Filos,estens*) utilitarianism.

utilitarista I *m./f.* **1** utilitarian. **2** (*estens*) opportunist. II *a.* (*rar*) utilitarian.

utilitaristico (*pl.* **-ci**) *a.* **1** (*Filos*) utilitarian: *principio ~* utilitarian principle. **2** (*estens*) (*pratico*) utilitarian, practical: *scopi utilitaristici* utilitarian aims.

utility /ˈjuːtiliti/ *f.inv.* (*Inform*) utility.

utilizzabile *a.* utilizable, us(e)able.

utilizzabilità *f.* usability, possibility of being utilized.

utilizzare (utilìzzo) *v.t.* to use, to employ, to make use of, to utilize: ~ *vecchi appunti per fare un articolo* to make use of old notes to write an article.

utilizzatore *m.* (*f.* **-trice**) **1** user. **2** (*consumatore*) consumer. □ ~ *finale* end user.

utilizzazione *f.* use, utilization: *tempo di ~* utilization time.

utilizzo *m.* **1** (*utilizzazione*) utilization, use, employment. **2** (*sfruttamento*) exploitation, utilization. **3** (*Econ*) availment: ~ *parziale* partial availment; ~ *totale* full availment.

utilmente *avv.* usefully, to good use, profitably: *impiegare ~ il proprio tempo* to put one's time to good use, to make good use of one's time.

utopia *f.* utopia: *il tuo progetto è solo un'~* your plan is a mere utopia.

utopista *m./f.* utopian.

utopistico *(pl.* **-ci)** *a.* utopian: *concezioni utopistiche* utopian concepts.

UV *(Fis) ultravioletto* UV (ultraviolet).

uva *f.* grapes *pl.*: *raccogliere l'~* to pick grapes; *grappolo d'~* bunch of grapes. □ *~bianca* white grapes;*d' ~* grape *(attr.):* *succo d'~* grape-juice; *~da tavola* table grapes, dessert grapes; *~ da vino* wine grapes; *~ di Corinto* currants; *~ moscata* muscat, muscatel, muscatel grapes; *~nera* black grapes; *~passa* raisins; *~ precoce* early grapes; *~*

spina gooseberry; *~sultanina* sultanas, sultana raisins; *~tardiva* late grapes.

UVA *(Fis) ultravioletto prossimo* UVA (ultraviolet A type).

uvaceo *a.* **1** *(rar)* grape *(attr.),* of grapes. **2** *(simile all'uva)* grape *(attr.),* grape-like.

uvala *f. (Geol)* uvala.

UVB *(Fis) ultravioletto medio* UVB (ultraviolet B type).

UVC *(Fis) ultravioletto estremo* UVC (ultraviolet C type).

uvea *f. (Anat)* uvea.

uveite *f. (Med)* uveitis.

uvetta *f. (uva passa)* raisins *pl.*

uvula *f. (Anat)* uvula.

uvulare *a. (Fon,Med)* uvular.

uvulite *f. (Med)* uvulitis.

uxoricida **I** *m.* uxoricide. **II** *f.* wife that has

killed her husband. **III** *a.* **1** *(rif. a uomo)* uxoricidal. **2** *(rif. a donna)* that has killed her husband.

uxoricidio *m.* **1** *(uccisione della moglie)* uxoricide. **2** *(uccisione del marito)* killing of one's husband.

uxorilocale *a. (Etnol)* matrilocal.

uxorilocalità *f. (Etnol)* matrilocality.

uxorio *a.* uxorial, wife *(attr.).*

uzbeco *(f.* **-a**; *pl.* **-chi) I** *a.* Uzbek *(attr.).* **II** *m.* Uzbek.

Uzbekistan *n.pr.m. (Geog)* Uzbekistan.

uzbeko **I** *a.* Uzbek *(attr.).* **II** *m.* Uzbek.

uzzolo *m. (region)* whim, fancy, urge, caprice. □ *(ant) mi è venuto l' ~ di fare una passeggiata* I fancy going for a walk.

V

v¹, V¹ /vi, vu/ f./m. (lettera dell'alfabeto) v, V: (Tel) v come Venezia V for Victor, (Am) V as in Victor. □ a V (a forma di V) V-, V-shaped.

v² (Fis) velocità v, vel. (velocity).

V² 1 Città del Vaticano V (Vatican). 2 volume V, vol. (volume).

v. 1 vedi, vedasi s. (see). 2 venerdì Fri. (Friday). 3 verbo v. (verb). 4 (Filol) verso v. (verse). 5 (Lett) verso vs., v. (versus). 6 (Bibl) versetto v. (verse). 7 (Mus) voce V (voice).

V. 1 via St. (street), Rd. (road), Way, Ave. (avenue). 2 (Rel) vescovo B., Bp. (bishop).

va → andare¹.

va' → andare¹. □ (colloq,region) ma ~ là! go on! go on with you!; ~ là che ti conosco bene go on! I know you!; (colloq) ma ~!: 1 (dai) go on!, get away!, (Br) come off it!, (Am) get out!, (Am) get outta here!; 2 (macché) (Br) well I never!, (Am) no way!

V.A. Vostra Altezza (Your Highness).

vacante a. 1 vacant, empty: posto ~ vacant post, vacant position, vacancy. 2 (Mar) in ballast (posposto), not carrying a cargo (posposto).

vacanza f. 1 holiday, (Am) vacation: oggi è ~ today is a holiday. 2 pl. (periodo) holidays, (Am) vacation sing.: passare le vacanze al mare to spend one's holidays by the sea; (Am) to go to the sea on vacation; farò le vacanze in montagna I'm going to spend my holidays in the mountains. 3 (giorno di permesso) day off, holiday: avere ~ to have a day off. 4 (Scol) (periodo di chiusura) holidays pl., school holidays pl., (Br,colloq) hols pl., (Am) vacation: avere le vacanze (Br) to have one's holidays, (Am) to take one's vacations. 5 (Univ) (periodo di chiusura) vacation, break. 6 (Pol) (rif. al Parlamento e sim.) recess. 7 (Dir) (rif. ai tribunali) vacation, break. 8 (periodo di riposo) break, rest, holiday: ha bisogno di un po' di ~ he needs a break. 9 (l'essere vacante) vacancy: la ~ di una cattedra universitaria the vacancy of a chair at the university. □ vacanze annuali (Br) annual holidays, (Am) yearly vacation; (Dir) ~ della legge waiting period (before a law comes into force); vacanze di Natale: 1 Christmas holidays, Christmas festivities; 2 (Scol,Univ) Christmas break (sing.); vacanze di Pasqua: 1 Easter holidays; 2 (Scol,Univ) Easter break (sing.); vacanze estive (Br) summer holidays, (Am) summer break (sing.); fare ~: 1 (Br) to have a holiday, (Am) to take a vacation; 2 (per un giorno) to take a day off, to have a day off, to be off for the day; 3 (mancare a scuola) to stay off school, to be absent; essere in ~: 1 (Br) to be on holiday, (Am) to be on vacation; 2 (rif. al parlamento) to be in recess; andare in ~ (Br) to go on holiday, (Am) to take a vacation; mandare qcu. in ~ (Br) to give so. a holiday, to send so. off for a holiday, (Am) to give so. a vacation, to send so. off on vacation; (fig) mandare il cervello in ~ to give one's brain a rest, to turn the switch off; vacanze natalizie: 1 Christmas holidays, Christmas festivities; 2 (Scol,Univ) Christmas break (sing.); ~ pagata paid holiday; vacanze pasquali: 1 Easter holidays; 2 (Scol,Univ) Easter break (sing.);

vacanze retribuite paid holidays; vacanze scolastiche (Br) school holidays, (Am) school vacation (sing.); ~ studio educational holiday, study holiday; vacanze verdi farm holiday.

vacanziere m./f. (Br) holiday maker, (Am) vacationer.

vacanziero a. (Br) holiday (attr.), holiday-making, (Am) vacation (attr.).

vacare (vàco, vàchi; aus. essere/avere) v.i. 1 (Dir) (essere privo di valore) to have no force. 2 (rar) (essere vacante) to be vacant. 3 (ant) (mancare) to lack, to be wanting; (finire) to end, to finish. 4 (ant) (riposare) to rest; (cessare da un'attività) to stop.

vacazione f. 1 (periodo di lavoro) period of work, period of services rendered. 2 (compenso) expert's fee. 3 (Dir) (vacazione della legge) waiting period (before a law comes into force).

vacca f. 1 cow. 2 (pop) (donnaccia) slut, bitch, whore. □ ~ da latte milch cow, milk cow; (fig) essere in tempo di vacche grasse to be going through a time of plenty; (Bibl) le sette vacche grasse e le sette vacche magre the seven fat cows and the seven lean cows; (fig) essere in tempo di vacche magre to be going through a lean period; (fig) gli anni delle vacche magre the lean years.

vaccaio, vaccaro m. cowboy, cowherd, cowman.

vaccata f. (region,pop) 1 (grossa sciocchezza) foolishness, (piece of) nonsense, idiocy. 2 (cosa malfatta) lousy job, mess.

vaccheria f. cowshed, cowhouse, dairy farm.

vacchetta f. 1 (vacca piccola) small cow; (vacca giovane) heifer. 2 (Pell) cowhide.

vaccina f. 1 (bovino) head of cattle; (vacca) cow. 2 (carne) beef. 3 (sterco) cow dung.

vaccinabile a. that can be vaccinated.

vaccinare (vaccìno) I v.t. to vaccinate, to inoculate (contro against): farsi ~ to get vaccinated, to have oneself vaccinated. II v.pron. **vaccinarsi** (fig) (premunirsi) to inure (contro to).

vaccinato a. 1 vaccinated, inoculated. 2 (fig) (immune) immune (contro from, against), inured (to), proof (against): io sono ~ contro le delusioni I'm immune to disappointment; I can take it, my whole life's a disappointment.

vaccinatore m. (f. -trice) (rar) vaccinator, inoculator.

vaccinazione f. (Med) vaccination, inoculation: sottoporre qcu. a ~ to vaccinate so. □ (Med) ~ anticolerica cholera vaccination, anti-cholera vaccination; (Med) ~ antidifterica anti-diphteria vaccination; (Med) ~ antinfluenzale flu vaccination, vaccination against influenza, anti-flu vaccination; (Med) ~ antirabbica rabies vaccination; (Med) ~ antivaiolosa smallpox vaccination; (Med) ~ di richiamo booster; (Med) fare la ~ to get vaccinated, to be vaccinated; (Med) ~ obbligatoria compulsory vaccination; (Med) ~ per via orale oral vaccination.

vaccinico (pl. -ci) a. vaccine, vaccinal: linfa vaccinica vaccine lymph.

vaccino I m. (Med) vaccine. II a. 1 cow's,

cows', cow (attr.), vaccine: latte ~ cow's milk. 2 (bovino) bovine, cattle (attr.). □ (Med) ~ antinfluenzale flu vaccine, influenza vaccine, (Br,colloq) flu jab, (Am,colloq) flu shot; (Med) ~ antipolio polio vaccine; (Med) ~ attenuato attenuated vaccine; (Med) ~ monovalente univalent vaccine, monovalent vaccine; (Med) ~ polivalente multivalent vaccine, polyvalent vaccine; (Med) ~ specifico specific vaccine.

vaccinoprofilassi f. (Med) prophylactic vaccination.

vaccinostilo m. (Med) vaccinostyle.

vaccinoterapia f. (Med) vaccine therapy.

vaccinoterapico (pl. -ci) a. (Med) of vaccine therapy.

vacillamento m. 1 (di persone) tottering, staggering, reeling, swaying. 2 (di cose) wobbling, swaying, swinging, teetering. 3 (di fiamma, luce e sim.) flickering, wavering. 4 (fig) (incertezza) wavering, tottering.

vacillante a. 1 (rif. a persone) unsteady, shaky, tottering, swaying, staggering: passo ~ unsteady step, ducklike walk. 2 (rif. a cose) wobbling, swaying, teetering. 3 (rif. a fiamma, luce e sim.) flickering, wavering. 4 (fig) (instabile) unsteady, tottering, wavering, unstable: un trono ~ a wavering throne, an unstable throne. 5 (debole) faltering, feeble: memoria ~ feeble memory. 6 (fig) (incerto, malsicuro) wavering, shaky, unsteady, vacillating, uncertain: fede ~ wavering faith, uncertain faith.

vacillare (vacìllo; aus. avere) v.i. 1 (rif. a persone) to totter, to stagger, to reel: vacillò e cadde he swayed and fell. 2 (rif. alle gambe) to shake, to be unsteady. 3 (rif. a cose) to sway, to swing, to waver, to teeter, to wobble: il tavolo vacilla the table is wobbling. 4 (non avere stabilità) to be unsteady. 5 (rif. a fiamma, luce e sim.) to flicker, to waver. 6 (fig) (essere instabile) to waver, to be unsteady, to totter: la sua fede vacilla his faith is wavering; il governo vacilla the government is tottering (o is wavering). 7 (fig) (venir meno) to be uncertain, to be shaky: la memoria mi vacilla my memory is shaky.

vacuità f. 1 vacuity, vacuousness, emptiness. 2 (fig) (superficialità) vacuity, vacuousness; (inconsistenza) vainness, emptiness.

vacuo I a. 1 (lett) (vuoto) empty, vacuous, void. 2 (fig) (vuoto) empty, vacuous: una mente vacua an empty mind; promesse vacue empty promises; sguardo ~ blank look. 3 (fig) (frivolo) frivolous, inane, empty: discorsi vacui inane talk. II m. (rar) (vuoto) vacuum, vacuity.

vacuolare a. (Biol) vacuolar.

vacuolo m. (Biol) vacuole.

vacuometro m. (Fis) vacuometer.

vacuumterapia f. (Med) vacuum treatment.

vademecum I m. 1 vade-mecum, handbook, manual. 2 (Econ) (assegno) (Br) certified cheque, (Am) certified check. II a. (Econ) certified: assegno ~ (Br) certified cheque, (Am) certified check.

vado → andare¹.

vadoso a. (Geol) vadose.

va e vieni *m.inv.* **1** (*andirivieni*) coming and going, to and fro: *il ~ della gente* the coming and going of people. **2** (*rif. a movimento: in senso orizzontale*) to and fro. **3** (*in senso verticale*) up and down. **4** (*Aut,Mecc*) (*movimento del pistone*) piston stroke. **5** (*Mar*) (*teleferica*) to-and-fro aerial ropeway. □ *il ~del pendolo* the swing of a pendulum.

vafer *m.inv.* (*Alim*) wafer.

vaffanculo *intz.* (*volg*) fuck off!, fuck you!, up yours!

vagabondaggine *f.* vagrancy, vagabondage, vagabondism.

vagabondaggio *m.* **1** roaming, vagrancy, vagabondage: *arrestare qcu. per ~* to arrest so. for vagrancy; *darsi al ~* to become a vagabond, (*Am*) to become a hobo. **2** (*l'andare in giro senza un preciso programma*) wandering(s), roaming(s), roving(s): *dopo un lungo ~ per l'Europa* after long wanderings throughout Europe. **3** (*fig*) (*escursione*) wandering, wanderings *pl.*: *vagabondaggi letterari* literary wanderings.

vagabondare (**vagabóndo**; *aus.* avere) *v.i.* **1** to be a vagabond, to be a tramp, to vagabond. **2** (*andare in giro senza meta*) to wander, to wander about, to roam, to rove, to ramble (about): *ho vagabondato tutto il giorno per la città* I wandered about the city all day. **3** (*viaggiare*) to wander, to rove, to take to the road, (*Am*) to bum around: *~ per l'Europa* to wander through Europe. **4** (*fig*) (*spaziare*) to wander, to rove, to roam. □ *~con lafantasia* to give one's imagination free play, to let loose one's imagination; *~ con ipensieri* to let one's thoughts wander.

vagabondo **I** *a.* **1** vagabond, wandering, vagrant, roving, homeless: *gente vagabonda* homeless people, vagabonds. **2** (*rif. ad animale*) stray. **3** (*da vagabondo*) vagabond: *vita vagabonda* vagabond life, (*Am*) hobo's life. **II** *m.* (*f.* **-a**) **1** (*persona senza fissa dimora*) vagabond, vagrant, tramp, (*Am*) hobo, bum. **2** (*girovago*) wanderer, rover. **3** (*spreg, scherz*) (*scioperato*) idler, loafer, (*Am,colloq*) bum: (*scherz*) *fare il ~* to be always out and about.

vagale *a.* (*Anat*) vagal.

vagamente *avv.* vaguely, hazily.

vagante *a.* **1** wandering, roving, roaming, straying. **2** (*estens*) (*vacuo*) wandering, roving: *sguardo ~* wandering gaze. **3** (*Med*) wandering: *dolori vaganti* wandering pains. **4** (*di animale*) stray.

vagare (**vàgo, vàghi**; *aus.* avere) *v.i.* **1** (*rif. a persone*) to wander, to rove, to roam, to ramble: *~ per il mondo* to roam the world; *~ per la città* to wander around town; *~ per la casa* to wander through the house; *~ senza meta* to wander aimlessly, to go about aimlessly. **2** (*rif. ad animali*) to wander, to stray. **3** (*rif. a cose*) to wander, to drift. **4** (*fig*) (*spaziare*) to wander, to roam, to drift: *~ con la fantasia* to allow one's imagination to run loose.

vagheggiamento *m.* **1** (*lett*) (*il guardare con diletto*) loving gaze, amorous gaze, fond contemplation, pleasurable contemplation. **2** (*fig*) (*desiderio*) longing, yearning.

vagheggiare (**vaghéggio, vaghéggi**) *v.t.* **1** (*contemplare con compiacimento*) to gaze at sth. with admiration, to contemplate sth. with pleasure: *~ le bellezze della natura* to gaze at the beauties of nature with admiration, to admire the awesomeness of nature. **2** (*guardare con amore*) to gaze at sth. lovingly, to look at sth. fondly. **3** (*estens*) (*pensare con desiderio*) to long for, to yearn for: *~ la patria lontana* to long for one's far-off

country. **4** (*sognare*) to dream of: *~ la gloria* to dream of glory.

vagheggiato *a.* **1** gazed upon fondly. **2** (*fig*) (*desiderato*) longed-for, desired: *il premio ~* the longed-for prize.

vagheggiatore *m.* (*f.* **-trice**) (*rar*) yearner; (*corteggiatore*) suitor, wooer.

vagheggino *m.* (*ant*) **1** (*giovane galante*) (young) gallant, ladies' man: *fare il ~* to play the gallant. **2** (*corteggiatore*) courter, wooer, beau.

vaghezza *f.* **1** (*l'essere vago, incerto*) vagueness, indeterminacy, haziness. **2** (*lett*) (*leggiadria*) grace, charm, beauty, prettiness. **3** (*lett*) (*voglia*) fancy, longing.

vagina *f.* (*Anat*) vagina.

vaginale *a.* (*Anat*) vaginal.

vaginismo *m.* (*Med*) vaginismus.

vaginite *f.* (*Med*) vaginitis.

vagire (**vagìsco, vagìsci**; *aus.* avere) *v.i.* to wail, to whimper, to cry, to pule.

vagito *m.* **1** wailing, whimpering, crying, puling. **2** (*fig*) (*prima manifestazione*) beginning, stirring, dawning: *i primi vagiti del secolo* the beginning of the century; *i primi vagiti della civiltà* the first signs of civilization.

vaglia [1] *m.inv.* **1** money order, draft: *fare un ~* to make a money order. **2** (*vaglia postale*) money order, postal order: *riscuotere un ~* to cash a money order. □ *~bancario* bank draft; *~cambiario* : 1 (*cambiale*) promissory note; 2 (*vaglia bancario*) bank draft; *~postale* postal order, money order; *~ postale internazionale* international money order; *~ telegrafico* telegraphic money order.

vaglia [2] □ *di ~*: 1 (*di valore*) of worth, worthy; 2 (*capace*) able, good, skilful, (*Am*) skillful: *un medico di gran ~* a very skilful doctor.

vagliare (**vàglio, vàgli**) *v.t.* **1** to sift, to sieve, to riddle, to screen: *~ la ghiaia* to riddle gravel. **2** (*spulare*) to winnow, to fan. **3** (*fig*) (*considerare attentamente*) to consider, to take into consideration, to weigh, to weigh up, to examine closely, to examine thoroughly: *~ una proposta* to consider a proposal, to take a proposal into consideration.

vagliata *f.* sifting. □ *dare una ~ a qcs.*: 1 to sift sth., to sieve sth.; 2 (*fig*) to examine sth.

vagliatore *m.* (*f.* **-trice**) **1** (*operaio*) sifter, siever, screener. **2** (*crivellatore*) screener, sifter.

vagliatrice *f.* (*macchina*) sifting machine, sifter.

vagliatura *f.* **1** sifting, sieving, screening, riddling, (*spulatura*) winnowing. **2** (*materiale di scarto*) siftings *pl.*

vaglio *m.* **1** sieve, sifter, riddle, screen; (*setaccio*) sieve. **2** (*fig*) (*esame attento*) close examination, careful consideration, weighing up: *non resiste al ~* it doesn't hold up to close examination; *fare un attento ~* to make a close examination. **3** (*lo sceverare*) sifting, sorting out; (*scelta*) choice, selection. **4** (*Minier*) screen, riddle, jig. □ (*Minier*) *~a scossa* : 1 vibrating screen; 2 (*tavola di arricchimento a scossa*) vanner; *~ a tamburo* trommel screen, rotary screen; (*estens*) *la proposta èal ~ degli esperti* the proposal is being examined by the experts; *passare qcs. al ~* to examine sth. carefully; *~della critica* the scrutiny of critics; *~oscillante* : 1 vibrating screen, oscillating screen; 2 (*Minier*) jig; (*Agr*) *~per grano* grain sieve; (*Edil*) *~per sabbia* screen; (*Mecc*) *~rotante* revolving screen.

vago [1] (*pl.* **-ghi**) **I** *a.* **1** vague, faint, indefinite, hazy: *un ~ sospetto* a vague suspicion.

avere un ~ presentimento che... to have a faint presentiment that....; *avere la vaga impressione che* to have the feeling that. **2** (*lett*) (*leggiadro*) graceful, pretty, charming. **3** (*lett*) (*desideroso*) desirous (*di* of), eager (for), enraptured (by). **II** *m.* vagueness. □ *tenersi nel ~* (*o rimanere nel ~*) to stick to general terms.

vago [2] *m.* (*Anat*) vagus, vagus nerve.

vagolare (**vàgolo**; *aus.* avere) *v.i.* (*lett*) (*vagabondare*) to wander, to roam, to rove.

vagoncino *m.* **1** (*carrello*) trolley. **2** (*di teleferiche e funivie*) cablecar, gondola. **3** (*Minier*) tram, truck, wagon, (*Am*) car, mine car, trolley. □ *~a bilico* dump car; *~per carbone* ore car, mine car.

vagone *m.* **1** (*Ferr*) (*per viaggiatori*) coach, car, carriage. **2** (*Ferr*) (*per merci*) wagon, goods wagon, van, (*Am*) car, freight car, boxcar. **3** (*Ferr*) (*contenuto di un vagone*) (*Br*) wagon load, (*Am*) freight, cargo. **4** (*colloq*) (*gran quantità*) heap, pile. □ (*Ferr*) *~ aperto* open goods wagon, (*Am*) gondola car; (*Ferr*) *~chiuso* covered van, covered wagon, (*Am*) boxcar; (*Ferr*) *~ cisterna* tank wagon, (*Am*) tank car; (*Ferr*) *~di coda* rear carriage, end carriage; (*Ferr*) *~ferroviario* : 1 (*per viaggiatori*) railway coach, railway carriage, (*Am*) railroad car; 2 (*per merci*) goods wagon, (*Am*) freight car; (*Ferr*) *~frigorifero* refrigerator car, refrigerated wagon; (*Ferr*) *~ letto* sleeping-car, wagon-lit, sleeper; (*Ferr*) *~ merci* goods wagon, (*Am*) freight car; (*Ferr*) *~postale* mailcoach, (*Am*) mailcar; (*Ferr*) *~ristorante* dining car, diner; (*Ferr*) *~soccorso* breakdown van; (*Ferr*) *~viaggiatori* coach, passenger car.

vagonetto *m.* **1** (*carrello*) trolley, mule. **2** (*Minier*) tram, truck, wagon, (*Am*) car, mine car. □ *~a bilico* dump car; *~da miniera* ore car.

vagonista *m.* (*Minier*) carman.

vagotomia *f.* (*Chir*) vagotomy.

vagotonia *f.* (*Med*) vagotonia, vagotony.

vagotonico **I** *a.* (*Med*) vagotonic. **II** *m.* (*f.* **-a**; *pl.* **-ci**) (*Med*) vagotonic type.

vai → andare[1].

vaio **I** *m.* **1** (*pelliccia*) vair, vair fur. **2** (*colore*) dark grey. **3** (*Arald*) vair. **II** *a.* **1** (*di colore tendente al nero*) blackish; (*grigio tendente al nero*) blackish-grey; (*brunonero*) brownish-black. **2** (*screziato*) dark-speckled. **3** (*rif. a occhio di animali*) dark-speckled.

vaiolato *a.* **1** speckled, spotted, variegated: *foglie vaiolate* variegated leaves. **2** (*Met*) pitted. **3** (*ant*) (*di frutti*) blackish.

vaiolatura *f.* **1** (*Agr*) (*vaiolo: della vite*) grape anthracnose, bird's eye rot, bird's eye disease; (*del pesco*) peach freckle, peach scab; (*dell'olivo*) olive blotch, olive leaf spot; (*della patata*) common potato scab. **2** (*Met*) pitting.

vaiolo *m.* **1** (*Med,Veter*) smallpox, variola. **2** (*Agr*) (*della vite*) grape arthracnose, bird's eye rot, bird's eye disease; (*del pesco*) peach freckle, peach scab; (*dell'olivo*) olive blotch, olive leaf spot; (*della patata*) common potato scab. □ (*Veter*) *~aviario* fowl pox; (*Veter*) *~equino* horsepox; (*Veter*) *~vaccino* cow pox.

vaioloide *m.* (*Med*) vaioloid.

vaioloso **I** *a.* **1** variolous, smallpox (*attr.*): *esantema ~* variolous exanthema. **2** (*affetto da vaiolo*) suffering from smallpox, affected with smallpox. **II** *m.* (*f.* **-a**) (*Med*) variolous patient, smallpox patient.

val. (*Econ*) valuta curr., cur. (currency).

Valacchia *n.pr.f.* (*Geog*) Walachia, Wallachia.

valanga *f.* **1** avalanche. **2** (*fig*) (*grande quantità*) heap, bunch, shower, avalanche, flood: *una ~ di regali* a heap of gifts. **3** (*rif. a parole e sim.*) flood, rush, avalanche. □ *una ~ di applausi* thunderous applause, a storm of applause; *una ~ di voti* a landslide.

valchiria *f.* **1** (*Mitol.nord*) Valkyrie, Walkyrie, Valkyr. **2** (*estens,scherz*) Nordic woman.

Valdemaro *n.pr.m.* (*Stor*) Waldemar, Valdemar.

valdese **I** *a.* (*Rel.prot*) Waldensian. **II** *m./f.* (*Rel.prot*) Waldensian: *i valdesi* the Waldenses, the Waldensians.

valdismo *m.* (*Rel.prot*)Waldensian movement.

valdostano **I** *a.* of the Valle d'Aosta (*posposto*). **II** *m.* **1** (*f.* -a) (*originario*) native of the Valle d'Aosta, (*abitante*) inhabitant of the Valle d'Aosta. **2** (*dialetto*) dialect of the Valle d'Aosta.

vale **I** *intz.* (*lett*) vale!, farewell!, good-bye! **II** *m.* (*estremo saluto*) last farewell.

valenciennes /valā'sjɛn/ **I** *m.inv.* (*pizzo*) Valenciennes lace. **II** *a.inv.* Valenciennes (*attr.*): *pizzi ~* Valenciennes lace.

valente *a.* **1** good, skilful, capable, (*Am*) skillful: *un medico ~* a good doctor. **2** (*esperto*) expert, skilled, experienced. **3** (*abile*) able, clever.

valentia *f.* **1** (*capacità*) skill, capability. **2** (*esperienza*) experience. **3** (*abilità*) ability.

Valentiniano *n.pr.m.* (*Stor*) Valentinian.

Valentino *n.pr.m.* Valentine. □ *festa di san ~* St. Valentine's Day.

valentuomo (*pl.* **valentuòmini**) *m.* **1** worthy man, man of great merit, (*Am*) man of valor. **2** (*persona onesta*) honest man.

valenza *f.* **1** (*Chim,Biol*) valence, valency. **2** (*fig*) value.

Valenza *n.pr.f.* (*Geog*) **1** (*in Spagna*) Valencia. **2** (*in Francia*) Valence.

valere (*pres.ind.* **vàlgo, vàli, vàle, valiàmo, valéte, vàlgono**; *fut.* **varrò**; *p.rem.* **vàlsi**; *p.p.* **vàlso**) **I** *v.i.* (*aus.* **essere/avere**) **1** (*avere valore, pregio: rif. a cose*) to be worth: *questa macchina vale diverse migliaia di euro* this machine is worth several thousand euros; *questo romanzo vale poco* the novel is not worth reading. **2** (*avere merito, pregio: rif. a persone*) to be able, to be capable, to be competent, to be good, to be clever, to be skilful: *un tecnico che vale molto* a (*o* one) very good technician; *nella sua professione non vale molto* he's not very competent in his profession. **3** (*equivalere a*) to be worth, to be the equivalent (of), to be equal (to): *un dollaro valeva duemila lire* one dollar used to be worth two thousand lire; *lo yard inglese vale circa 90 centimetri* the English yard is equal to about 90 centimetres; (*estens*) *Giovanni vale per tre* Giovanni makes for three. **4** (*avere autorità*) to be influential, to be powerful, to have influence, to have authority: *il capitano vale più del tenente* a captain has more authority than a lieutenant. **5** (*avere effetto, essere regolare*) to be valid: *la dichiarazione non vale se presentata in ritardo* the declaration is not valid if presented late. **6** (*avere forza legale o logica*) to be valid, to be in effect, to be in force, to hold good, to apply: *questa legge non vale più* this law is no longer in force; *è una critica fondata che vale per tutte le sue opere* it's a well-founded criticism that holds good for all his works; *questo vale anche per te* the same goes for you; *vale ancora questo passaporto?* is this passport still valid? **7** (*giovare*) to be of use, to be good, to be a help,

to avail, to serve (a purpose): *a nulla valsero i consigli del padre* his father's advice served no purpose; (*ant*) *che mi valse l'aver taciuto?* what good did it do me to keep quiet? **8** (*essere in grado*) to be able to, *spesso non si traduce*: *questo non vale a spiegare il tuo comportamento* that doesn't justify your behaviour. **9** (*servire*) to be of use, to avail, to be of avail, to serve: *ciò ti valga da lezione* let that be a lesson to you. **10** (*nei giochi: essere valido*) to be valid: *c'è stato uno sbaglio e la partita non vale* there was an error and the game is not valid. **11** (*importare*) to be of use, to matter, to be important, to make a difference: *che cosa vale?* what use is it?, what does it matter?, what difference does it make? **II** *v.t.* **1** (*procurare, procacciare*) to bring, to earn: *la sua condotta gli valse un severo rimprovero* his behaviour earned him a sharp reproof. **2** (*significare*) amount to: *le sue parole valgono un'accusa* his words amount to an accusation. **III** *v.pron.* **valersi** (*avvalersi, servirsi*) to use, to make use of: *valersi della propria autorità* to use one's power; *si sono valsi di me come mediatore* they used me as a mediator; *valendosi di qcs.* by using sth. □ (*burocr*) *a ~ da qcs.* taken from sth.; *vale a dire che...* that is to say..., that means...; *che vale*: **1** (*rif. a cose*) valuable, of great value: *merce che vale* valuable goods; **2** (*rif. a persone, capace*) able, capable, good, skilful, (*Am*) skillful: *un avvocato che vale* a good lawyer; (*fig*) *fare ~* to assert: *fare ~ i propri diritti* to assert one's rights; *fare ~ un diritto* to enforce a right; *fare ~ la propria autorità* to make one's authority felt; *fare ~ le proprie ragioni* to demand what is due to one; *farsi ~*: **1** (*farsi rispettare*) to demand respect: *è timido ma sa farsi ~* he's shy but he knows how to demand respect; **2** (*mettere in risalto le proprie capacità*) to make one's talents known, to show one's worth; **3** (*imporsi*) to assert oneself, to make oneself felt, to make one's weight felt, to show what one's made of; *~ la pena* to be worth (it), to be worthwhile, to be worth the trouble: *non vale la pena di leggere quest'articolo* it's not worth the trouble to read this article; *non ne vale la pena* it's not worth it; *ne è valsa la ~* it was worth it; *questo orologio non vale la spesa* this watch is not worth the money; *non vale!* that's not fair!; *vale tant'oro quanto pesa* he (*o* it) is worth his (*o* its) weight in gold; *roba che vale poco* worthless stuff, useless junk; *tanto vale regalarglielo* you might as well give it to him; *tanto valeva restarsene a casa* we might as well have stayed home; *tanto vale che ti dica tutto* I might as well tell you everything; (*fig*) *non ~ un centesimo* (*o non ~ un fico o non ~ un fico secco o non ~ un soldo bucato*) (*Br*) not to be worth a brass farthing, not to be worth a farthing, (*Am*) not to be worth a penny, not to be worth a nickel; *~ un tesoro* to be worth a fortune, to be worth a mint; (*pop,fig*) *non ~ una cicca* not to be worth a brass farthing, not to be worth a penny; *uno vale l'altro* one is as good as the other, one is as bad as the other, six of one and half dozen of the other. *Prov.*: *val più la pratica della grammatica* practical experience is worth more than theory, practice makes perfect.

Valeria *n.pr.f.* Valerie.

valeriana *f.* (*Bot,Farm*) valerian: *olio essenziale di ~* valerian oil.

valerianato *m.* (*Chim*) valerianate.

valerianella *f.* (*Bot*) corn salad.

valerianico (*pl.* **-ci**) *a.* (*Chim*) valeric, vale-

rianic: *acido ~* valeric acid, valerianic acid.

Valeriano *n.pr.m.* (*Stor*) Valerian, Valerianus.

Valerio *n.pr.m.* Valerius.

valetudinario *a./m.* (*lett*) valetudinarian.

valevole *a.* **1** (*valido*) valid, good: *biglietto ~ per il ritorno* ticket valid for the return trip; *partita ~ per il titolo europeo* a match valid for the European title. **2** (*efficace*) efficacious, effective.

valgismo *m.* (*Med*) valgus condition.

valgo[1] (*pl.* **-ghi**) *a.* (*Med*) valgus.

valgo[2] → **valere**.

valicabile *a.* passable, that may be crossed.

valicabilità *f.* passableness, possibility of crossing.

valicare (**vàlico, vàlichi**) *v.t.* **1** (*rif. a montagne*) to cross. **2** (*guadare*) to ford, to wade.

valico (*pl.* **-chi**) *m.* **1** (*il valicare*) crossing, passing, passing over; (*rif. a luoghi montani*) crossing. **2** (*luogo in cui si valica*) pass, passage, crossing place. **3** (*passo montano*) pass, mountain pass: *~ alpino* Alpine pass. **4** (*guado*) ford. **5** (*Caccia*) place where game runs. □ *~ del Sempione* Simplon Pass; *~ di frontiera* frontier crossing, mountain border.

validamente *avv.* validly, effectively, efficaciously.

validare (**vàlido**) *v.t.* to validate, to verify.

validazione *f.* validation, verification.

validità *f.* **1** validity (*anche Dir*): *il biglietto ha una ~ di tre giorni* the validity of the ticket is three days, the ticket is valid for three days. **2** (*efficacia*) validity, soundness: *la ~ degli argomenti* the soundness of the arguments. **3** (*efficacia*) validity, effectiveness, efficaciousness, efficacy: *la ~ di una cura* the efficacy of a treatment. **4** (*efficacia giuridica*) validity.

valido *a.* **1** (*valevole*) valid, good: *biglietto ~* valid ticket. **2** (*fondato*) valid, sound, well-grounded: *principio ~* valid principle; *ragioni valide* sound reasons. **3** (*efficace*) effective, efficacious, valid: *un ~ aiuto* a valid help, a real help. **4** (*che ha efficacia giuridica*) valid. **5** (*di valore*) good, fine, worthy: *un ~ collaboratore* a valid co-worker. **6** (*forte, vigoroso*) strong, powerful, robust. □ *non ~* invalid, null.

valigeria *f.* **1** (*negozio*) leather goods shop. **2** (*fabbrica*) leather goods factory. **3** (*assortimento*) leather goods.

valigetta *f.* **1** small suitcase. **2** (*per documenti*) briefcase. **3** (*per apparecchi portatili*) carrying case. **4** (*Inform*) (*per font*) suitcase. □ *~ di pronto soccorso* first-aid kit; *~ ventiquattrore* briefcase.

valigia *f.* (*pl.* **-gie/ge**) **1** suitcase, (*colloq*) case. **2** *pl.* (*bagagli*) suitcases, luggage (*costr.sing.*), baggage (*costr.sing.*). □ (*Stor*) *Valigia delle Indie* Indian Mail; *~ diplomatica* diplomatic bag, diplomatic pouch; *fare le valigie*: **1** to pack; **2** (*fig*) (*andarsene*) to pack one's bags (and go).

valigiaio *m.* **1** (*fabbricante*) leather goods manufacturer. **2** (*venditore*) seller of leather goods. **3** (*negozio*) leather goods shop.

vallata *f.* valley, large valley.

valle *f.* **1** (*Geog*) valley, (*lett*) dale, vale. **2** (*depressione paludosa*) flat marshland. □ *a ~*: **1** (*rif. a fiumi*) downstream, (*Br*) down river (*di* from), below (sth.): *il Tevere a ~ di Roma* the Tiber below Rome; **2** (*da un monte e sim.*) down, downhill: *scendere a ~* to descend, (*Br*) to go down(hill); **3** (*fig*) (*in seguito*) in due course, afterwards; *~ a U* U-shaped valley; (*Geog*) *~ di erosione* valley formed by erosion; (*fig*) *~ di lacrime* valley of tears; (*Geog*) ~*fluviale* river valley; (*Geog*) ~*glaciale* glacier valley; (*Geog*) ~*tettonica* rift valley; (*Geog*) ~ *trasversale* transverse valley.

Vallese *n.pr.m.* (*Geog*) Valais.

valletta *f.* (*TV*) assistant.

valletto *m.* 1 (*Stor*) valet, page. 2 (*usciere municipale*) townhall usher (in dress uniform). 3 (*TV*) assistant.

vallicoltura, **vallicultura** *f.* lagoon fish breeding.

valligiano I *a.* valley-dwelling, valley (*attr.*): *genti valligiane* valley folk. II *m.* (*f.* -a) valley dweller, (*lett*) dalesman (*f.* -woman).

vallo *m.* 1 (*Stor.rom*) vallum, wall. 2 (*Stor,Mil*) rampart, wall. 3 (*lett*) (*trincea*) trench; (*opera di difesa*) entrenchment, defensive work. 4 (*Anat*) (*solco*) vallum. ◻ (*Stor.rom*) ~ *Adriano* Hadrian's Wall; (*Stor*) ~*atlantico* Atlantic Wall; (*Stor.rom*) ~*di Adriano* Hadrian's Wall; (*Anat*) ~*linguale* vallum; (*Geol*) ~ *morenico* morainic ridge; (*Anat*) ~*ungueale* vallum unguis, nail wall.

vallone[1] *m.* (*Geog*) 1 deep valley. 2 (*depressione nelle regioni montuose*) ravine, gorge; (*valletta a fondo stretto*) narrow valley. 3 (*canale marino*) deep inlet.

vallone[2] I *a.* Walloon. II *m.* 1 (*dialetto*) Walloon. 2 *m.* (*f.* -a *o inv.*) (*abitante*) Walloon.

vallonea *f.* (*Bot*) valonia oak.

valore *m.* 1 (*pregio*) value, worth: *il ~ di un'opera letteraria* the value of a literary work. 2 (*prezzo*) value, price: *acquistare ~* to increase in value; *perdere ~* to lose value, to become less valuable; *questa merce ha un ~ complessivo di duemila euro* the total value of these goods is two thousand euros. 3 (*importanza*) importance, significance, value: *non capisco il ~ di questa scoperta* I don't understand the significance of this discovery. 4 (*validità*) validity, efficacy: *senza prove questo racconto non ha ~* without proof this story has no validity. 5 (*di tipo morale*) value: *capovolgimento di tutti i valori* reversal of all values. 6 *pl.* (*oggetti di valore*) valuables: *i valori devono essere conservati nella cassaforte* valuables must be kept in the safe. 7 (*significato*) meaning, significance: *il ~ di un'affermazione* the meaning of a statement. 8 (*funzione*) function, use: *participio con ~ di aggettivo* participle with the function of an adjective, participle used as an adjective, participle used adjectively. 9 (*coraggio*) valour, bravery, courage: *combattere con ~* to fight courageously, to fight bravely. 10 (*Econ*) value; (*utilità di un bene*) utility value. 11 (*Econ*) (*titolo*) security, securities *pl.*, stock: *Borsa valori* Stock-Exchange. 12 (*Mat*) value. 13 (*Mus*) (*durata*) value: *una semiminima ha il ~ di due crome* a quarter note has the value of two eights. ◻ ~*affettivo* sentimental value; (*Econ*) ~*aggiunto* added value: *imposta sul ~ aggiunto* value added tax; ~*approssimativo* (o ~*approssimato*) approximate value; (*Mat*) ~*assoluto* absolute value; ~*attuale* present value; *avere ~ di* to amount to, to be the equivalent of, to be as good as: *le tue parole hanno ~ di accusa* what you say amounts to an accusation; *non avere ~* to be of no value, to be of no worth; ~*bollato* tax stamp; (*Econ*) ~*capitalizzato* capitalized value; ~*civile* civil bravery: *medaglia al valor civile* medal (awarded) for civil bravery; ~ *commerciale* commercial value, market value; (*Comm*) ~ *contabile* book value; ~ *convenuto* agreed value, value agreed upon; *nondare ~ a qcs.* to give no importance to

sth., not to give weight to sth.; (*Econ*) ~*del cambio* exchange rate; ~*dell'attivo* assets value; *valoridello spirito* spiritual values;*di ~*: 1 of value; 2 (*rif. al valore venale*) valuable, of value, of great value: *oggetti di ~* valuables, valuable objects; 3 (*valido: rif. a persone*) of great merit, expert, (*Br*) of valour, (*Am*) of valor; 4 (*rif. a atto*) brave, of valour, (*Br*) of valour, (*Am*) of valor; ~*di acquisto* purchase value; ~ *di avviamento* goodwill; (*Econ*) ~ *di bilancio* book value, balance-sheet value; (*El*) ~ *di cresta* peak value, crest value; ~*di mercato* market value; (*Econ*) ~ *di realizzo* break-up value; ~ *dichiarato* declared value, value declared; ~ *economico* economic value; ~*effettivo* real value; ~ *energetico* energy value; (*Filat*) ~ *facciale* face value; (*Econ*) ~*imponibile* taxable value, assessable value; (*Econ*) ~*industriale* industrial share, industrial stock; ~ *intrinseco* intrinsic value; ~*legale* : 1 (*di moneta*) par value, nominal value; 2 (*di documento*) legal value; ~*locativo* rental value; ~*medio* average value, mean value, par value; ~*militare* (*Br*) military valour, military bravery, (*Am*) military valor: *medaglia al valor militare* medal for military valour; *valori mobiliari* securities; ~*morale* moral value; ~*nominale* par value, nominal value, par value; (*Econ*) *valori non quotati* unquoted securities, unlisted securities; ~ *numerico* numerical value; ~*nutritivo* (o ~*nutrizionale*) nutritional value; ~*patrimoniale* tangible net worth; ~*presunto* constructive value; *senza ~* worthless, of no value, worth nothing; (*Post*) *campione senza ~* sample post; ~*stimato* estimated value; (*Art*) *valori tattili* tactile values.

valorizzare (**valorìzzo**) I *v.t.* 1 to exploit, to put to good use, to use (sth.) to advantage, to turn (sth.) to account: ~ *una scoperta* to exploit a discovery. 2 (*aumentare di valore*) increase the value of, to bring up the value of, to place a higher price on, to make (sth.) more valuable: *questa bella cornice valorizza il quadro* this lovely frame makes the picture more valuable. 3 (*fig*) (*mettere in risalto*) to bring out, to make the most of: ~ *qcu.* to optimize so.'s skills, to make the most of so., to make the most of so.'s talents. II *v.pron.* **valorizzarsi** 1 to make the most of oneself. 2 (*crescere di valore*) to increase in value. 3 (*crescere di importanza*) to increase in importance.

valorizzazione *f.* 1 exploitation, utilization, optimizing. 2 (*aumento di valore*) increase in value. 3 (*miglioramento*) improvement, enhancement.

valorosamente *avv.* bravely, valiantly, valorously, courageously.

valoroso I *a.* 1 brave, valiant, valorous, courageous: *valorosi combattenti* valiant soldiers. 2 (*valente*) skilful, skilled, good, able, talented, outstanding, top-rate (*attr.*), (*Am*) skillful: *un ~ chirurgo* a skillful surgeon. II *m.* (*f.* -a) brave person, valiant person.

valpolicella *m.* (*Enol*) Valpolicella (red wine from Verona).

Valpurga *n.pr.f.* (*Stor*) Walpurgis: *notte di ~* Walpurgis Night.

valsi → **valere**.

valso → **valere**.

valuta *f.* (*Econ*) 1 currency. 2 (*denaro*) money: ~ *cartacea* paper money. 3 (*moneta straniera*) foreign currency. 4 (*giorno da cui decorrono gli interessi*) accrual date, value date: *con ~ primo gennaio* interest to accrue beginning January the first. ◻ ~*a corso*

legale legal tender; ~*aurea* gold standard, gold currency; ~*debole* weak currency, soft currency; ~*estera* foreign currency; ~*forte* hard currency; ~*legale* legal tender; ~*metallica* metallic currency, full-bodied currency; ~*pregiata* reserve currency, hard currency; ~*stabile* stable currency; ~*svilita* debased currency; ~*verde* green currency.

valutabile *a.* assessable, measurable, calculable. ◻ *la perdita è ~ in migliaia di euro* the loss is estimated at several thousand euros;*non facilmente ~* that can't be easily estimated.

valutare (**valùto/vàluto**) *v.t.* 1 (*determinare il valore*) to appraise, to assess, to evaluate, to value: *hanno valutato questo quadro cinquantamila euro* the painting has been appraised at fifty thousand euros; ~ *un appartamento* to evaluate a flat. 2 (*calcolare*) to estimate, to calculate: ~ *le entrate di qcu.* to estimate so.'s income; ~ *i danni* to assess damages. 3 (*tener conto*) to take (sth.) into account, to consider: *valutando la somma anticipata, restano da pagare cento euro* taking into account the amount paid in advance, the balance is one hundred euros. 4 (*fig*) (*stimare*) to estimate, to reckon, to judge, (*colloq*) to guess, to figure: ~ *la distanza tra due paesi* to estimate the distance between two towns; ~ *le capacità di qcu.* to judge so.'s capabilities. 5 (*fig*) (*considerare, stimare*) to estimate: *ho valutato di estinguere il debito in dieci anni* I estimated repaying the debt in ten years. 6 (*tenere in considerazione*) to rate, to hold, to value, to evaluate, to consider: ~ *una persona* to evaluate a person; ~ *un'offerta* to consider an offer; *non lo valuto all'altezza del compito* I don't think he's up to the job. 7 (*tenere in gran conto*) to esteem, to think highly of. 8 (*vagliare, soppesare*) to judge, to estimate, to weigh: ~ *la portata di un discorso* to judge the importance of a speech; ~ *il pro e il contro* to weigh the pros and the cons. 9 (*Scol, Univ*) (*Br*) to mark, (*Am*) to grade, to evaluate: ~ *gli studenti* to assess students, to evaluate students. ◻ ~*troppo* to overvalue, to overestimate.

valutario *a.* 1 monetary, currency (*attr.*): *riforma valutaria* monetary reform; *disposizioni valutarie* currency regulations. 2 (*rif. alle valute estere*) monetary, foreign currency (*attr.*): *legge valutaria* monetary law.

valutativo *a.* evaluative, valuational: *criterio ~* principle of evaluation.

valutazione *f.* 1 appraisal, valuation, evaluation, estimation: *fare la ~ di un terreno* to make an evaluation of a piece of land, to evaluate a property. 2 (*calcolo approssimativo*) estimate. 3 (*preventivo*) estimate. 4 (*entità*) estimated value. 5 (*determinazione del valore*) assessment, evaluation, estimation. 6 (*giudizio*) evaluation, judgment, judgement, appraisal; (*classificazione*) rating assessment. 7 (*Scol*) (*Br*) marking, (*Am*) grading, evaluating. ◻ ~*a punti* points assessment; ~ *dei costi* cost estimation; (*Assic*) ~*dei danni* assessment of damage; ~ *del lavoro* job evaluation; (*Psic*) ~*del merito* performance appraisal, merit rating; ~*del personale* personnel appraisal, personnel evaluation; ~*del rendimento* performance evaluation; (*Assic*) ~*del rischio* risk assessment; ~*fiscale* tax assessment; ~*mediante punteggio* numerical rating; ~*patrimoniale* statement of assets and liabilities; ~*professionale* assessment.

valva *f.* (*Zool,Bot*) valve.

valvare *a.* 1 (*Zool*) valve (*attr.*), valvular:

margine ~ valve margin. **2** (*Bot*) valvate.

valvassino *m.* (*Mediev*) vavasor's vassal, vavasour's vassal.

valvassore *m.* (*Mediev*) vavasor, vavasour.

valvola *f.* **1** (*Mecc*) valve. **2** (*El*) (*fusibile*) fuse: *è saltata una* ~ a fuse has blown. **3** (*Rad, ant*) (*Br*) valve, (*Am*) tube. **4** (*Mus*) (*rif. a strumenti d'ottone a fiato: pistone*) valve, piston; (*rif. all'organo*) wind valve, pallet. **5** (*Anat*) valve, valvula. ☐ (*Mecc,Idr*) ~*a farfalla* butterfly valve, throttle valve; (*Mecc, Idr*) ~*a saracinesca* gate valve, sluice valve; (*Mot*) ~*a spillo* needle valve; (*Rad*) ~*amplificatrice* amplifier valve, amplifying valve; (*Mecc*) ~*automatica* automatic valve; (*Anat*) ~*cardiaca* cardiac valve; (*Mot*) ~*del carburante* fuel nozzle, fuel jet; (*Mecc*) ~*del galleggiante* float valve; (*Mecc*) ~*dell'aria* (*compressa*) air-inlet valve; (*Mecc*) ~*di alimentazione* feed valve, feeder valve; (*Mecc, Mot*) ~*di ammissione* inlet valve; (*Mecc*) ~*di arresto* stop valve; (*Mecc*) ~*di aspirazione* intake valve, suction valve, inlet valve; ~ *di camera d'aria* inner tube valve; (*Mecc,Idr*) ~*di chiusura dell'aria* choke; (*Mecc*) ~*di decompressione* decompression valve; (*Anat*) ~ *di Eustachio* Eustachian valve; (*Mecc*) ~*di pneumatico* (*Br*) tire valve, (*Am*) tyre valve; (*Mot*) ~ *di scappamento libero* exhaust cut-out; ~*di scarico* : 1 (*Mecc,Mot*) exhaust valve; 2 (*in una caldaia*) blowdown valve; (*fig*) ~*di sfogo* safety valve, thermal relief; ~*di sicurezza* : 1 (*Mecc*) safety valve; 2 (*El*) safety fuse; 3 (*fig*) (*per sfogo*) safety valve, way of letting off steam; (*Rad*) ~ *di uscita* output valve; (*Aut*) *valvole in testa* overhead valves; (*Anat*) ~ *mitrale* mitral valve; (*Mecc*) ~*regolatrice del flusso* throttle valve; (*Anat*) ~*tricuspide* tricuspid valve.

valvolame *m.* (*Tecn*) valves *pl.*

valvolare *a.* **1** (*Rad,TV*) (*Br*) valve (*attr.*), (*Am*) tube (*attr.*). **2** (*Med*) valvular, valve (*attr.*): *insufficienza* ~ valvular insufficiency.

valzer *m.* (*Mus*) waltz: *ballare il* ~ to waltz; *a passo di* ~ waltzing, at a waltz step. ☐ ~ *inglese* hesitation waltz; ~*lento* hesitation waltz; ~*viennese* Viennese waltz.

vamp *f.inv.* vamp, femme fatale.

vampa *f.* **1** blaze. **2** (*ondata di calore*) burst of heat, heat wave, blast (of hot air). **3** (*arrossamento del volto*) flush, blush. **4** (*in menopausa*) hot flash, hot flush. **5** (*Arm*) flash; (*di ritorno*) backfire. **6** (*fig,lett*) (*ardore di sentimento*) ardour, fire, burning, blaze, burst, outburst, flames *pl.*: *le vampe della passione* the flames of passion, burning passion. ☐ ~*del sole* fierce heat of the sun, blaze of the sun.

vampata *f.* **1** blaze; (*fiamma*) flame, burst of flame. **2** (*ondata di calore*) burst of heat, wave of heat, blast (of hot air). **3** (*aria infuocata*) fierce heat. **4** (*al viso*) flush; (*di rossore*) blush: *vampate al viso* blushes; *sentirsi salire al viso una* ~ to feel a flush coming over one's face, to feel oneself blushing, to feel oneself turning red. **5** (*fig*) (*ondata veemente di sentimento*) burst, outburst, explosion, eruption: *una* ~ *d'ira* a burst of rage.

vampirismo *m.* **1** vampirism. **2** (*Psic*) necrophilia, necrophilism.

vampiro *m.* **1** vampire. **2** (*fig*) (*strozzino*) blood-sucker, vampire. **3** (*Zool*) vampire bat. ☐ ~*donna* ~ vamp, femme fatale.

vanadico (*pl.* **-ci**) *a.* (*Chim*) vanadic: *acido* ~ vanadic acid.

vanadinite *f.* (*Min*) vanadinite.

vanadio *m.* (*Chim*) vanadium.

vanagloria *f.* **1** vainglory, pride. **2** (*Teol*) vainglory.

vanagloriarsi (**mi vanaglòrio, ti vanaglòri**) *v.pron.* to boast (about oneself), to brag (about oneself).

vanagloriosamente *avv.* vaingloriously, conceitedly.

vanaglorioso **I** *a.* vainglorious, boastful, full of oneself. **II** *m.* (*f.* **-a**) vainglorious person.

vanamente *avv.* **1** (*inutilmente*) in vain, uselessly, to no avail. **2** (*con vanità*) vainly, vaingloriously.

vandalico (*pl.* **-ci**) *a.* **1** (*Stor*) Vandalic, Vandal, of the Vandals (*posposto*). **2** (*fig*) (*teppistico*) vandalistic, vandalish: *atti vandalici* acts of vandalism.

vandalismo *m.* vandalism: *atto di* ~ act of vandalism.

vandalo *m.* (*f.* **-a**) **1** (*Stor*) Vandal. **2** (*fig*) (*teppista*) vandal.

Vandea *n.pr.f.* (*Geog*) Vendée.

vaneggiamento *m.* raving (*anche estens*).

vaneggiare (**vanéggio, vanéggi**; *aus.* **avere**) *v.i.* to rave (*anche estens*): *ma tu vaneggi!* you must be raving!, you're losing it!

vanesio **I** *a.* foppish, conceited, vain. **II** *m.* (*f.* **-a**) vain person, fop.

vanessa *f.* (*Entom*) vanessa.

vanga *f.* (*Agr*) spade.

vangare (**vàngo, vànghi**) *v.t.* (*Agr*) to dig up, to dig over, to turn up, to spade: ~ *il campo* to dig the field.

vangata *f.* (*Agr*) **1** (*il vangare*) digging. **2** (*quantità*) spadeful. **3** (*colpo di vanga*) spade blow. ☐ *dare una* ~ *al terreno* to dig up the ground.

vangatore *m.* (*f.- trice*) (*Agr*) digger.

vangatura *f.* (*Agr*) digging, digging up, turning over, spading.

vangelo *m.* **1** Gospel: *il Vangelo di san Marco* St. Mark's Gospel, the Gospel according to St. Mark; *vangeli apocrifi* Apocrypha. **2** (*libro*) gospel book: *giurare sul* ~ to swear on the gospel. **3** (*brano*) Gospel for the day, Gospel reading. **4** (*pop,estens*) (*Nuovo Testamento*) New Testament. **5** (*messaggio di redenzione*) gospel: *diffondere il* ~ to spread the gospel. **6** (*Lit*) (*parte della messa*) Gospel. **7** (*fig*) (*complesso di principi fondamentali*) gospel, faith. **8** (*colloq*) (*verità sacrosanta*) gospel, gospel truth: *per me le tue parole sono* ~ what you say is the gospel for me; *prendere qcs. per* ~ to take sth. as gospel. ☐ *vangeli sinottici* Synoptic Gospels.

vanghetta *f.* **1** small spade. **2** (*Mil*) spade.

vanificare (**vanìfico, vanìfichi**) *v.t.* to frustrate, to thwart, to nullify, to make vain.

vaniglia *f.* **1** (*Bot*) vanilla. **2** (*Bot,Alim*) (*frutto della vaniglia*) vanilla bean. **3** (*Alim*) (*essenza*) vanilla (essence): *gelato alla* ~ vanilla ice-cream.

vanigliato *a.* (*Alim*) vanilla (*attr.*), vanilla flavoured: *zucchero* ~ vanilla sugar.

vanillina *f.* (*Chim,Alim*) vanillin.

vaniloquio *m.* idle talk, empty talk, trivial talk, raving, nonsense, (*colloq*) twaddle.

vanità *f.* **1** vanity: *fare qcs. per* ~ to do sth. out of vanity. **2** (*inutilità*) vainness, uselessness: *la* ~ *delle nostre fatiche* the vainness of our efforts. **3** (*caducità*) vanity, worthlessness, futility: *tutto è* ~ all is vanity.

vanitosamente *avv.* vainly.

vanitosetto **I** *a.* rather vain, rather conceited. **II** *m.* (*f.* **-a**) vain person, conceited person.

vanitoso **I** *a.* vain, conceited: ~ *come un pavone* as vain as a peacock. **II** *m.* (*f.* **-a**) vain person, vain man (*f.* woman): *fare il* ~ to be vain.

Vanni *n.pr.m.* dim. di Giovanni.

vanno → **andare**[1].

vano **I** *a.* **1** (*inutile*) vain, useless, idle: *vane parole* idle words; *rendere* ~ to make useless; *riuscire* ~ to be unsuccessful, to be in vain. **2** (*privo di fondamento*) vain, empty, idle: *vane speranze* vain hopes. **3** (*caduco*) vain, worthless, futile: *vane ricchezze* vain riches. **4** (*frivolo, leggero*) foolish, silly. **II** *m.* **1** (*spazio*) space. **2** (*cavità*) hollow, hole, space, opening: ~ *della finestra* window opening. **3** (*ambiente, locale*) room: *un appartamento di otto vani* a flat with eight rooms, an eight-room apartment. ☐ ~ *dell'ascensore* (*Br*) lift shaft, (*Am*) elevator shaft; (*Aer*) ~*bombe* bomb bay; ~*congelatore* (*nel frigorifero*) quick-freezing unit (of a refrigerator); (*Aut*) ~*motore* engine compartment; (*Aut*) ~*portabagagli* (*Br*) boot, (*Am*) trunk; (*Aut*) ~*portaoggetti* glove compartment: ~ *portaoggetti con chiave* lockable glove compartment; ~ *delle scale* stairwell.

vantaggio *m.* **1** (*condizione favorevole*) advantage: *questi sono i vantaggi di chi è single* these are the advantages of being a single. **2** (*privilegio*) privilege. **3** (*profitto*) benefit, advantage, profit: *trarre* ~ *da qcs.* to take advantage of sth., to benefit from sth.; *volgere qcs. a proprio* ~ to turn sth. to one's own advantage; *con reciproco* ~ with advantage to both. **4** (*distacco di tempo o di spazio*) lead: *il ladro aveva una ventina di chilometri di* ~ *sui suoi inseguitori* the thief had a twenty kilometre lead on his pursuers. **5** (*Sport*) lead; (*abbuono*) handicap; (*in tennis*) advantage. **6** (*Tip,ant*) galley: ~ *per le colonne* slip galley, column galley. ☐ *andare a* ~ *di qcu.* to be to so.'s advantage; *essere a* ~ *di qcu.* to be to so.'s advantage, to be in so.'s favour; *avere un* ~ *su qcu.* to have an advantage over so., to have the advantage of so.; *c'è il* ~ *che il supermercato è vicino* the supermarket is very close, which is an advantage; *andare in* ~ (o *passare in* ~) to take the lead; *essere in* ~: 1 to have the advantage, to be at an advantage: *siamo in* ~ *perché siamo più numerosi* we have the advantage because there are more of us; 2 (*Sport*) to be ahead, to be in the lead: *essere in* ~ *per tre a due* to be leading by three to two.

vantaggiosamente *avv.* advantageously, to (one's own) advantage: *tutti se ne potranno servire* ~ everyone can use it to their own advantage.

vantaggioso *a.* advantageous, (*Br*) favourable, (*Am*) favorable: *patti vantaggiosi* advantageous agreements; *a condizioni vantaggiose* on favourable terms.

vantare (**vànto**) **I** *v.t.* **1** (*lodare*) to praise, to extol. **2** (*andare fiero di*) to boast of, to boast about: ~ *le proprie ricchezze* to boast of one's wealth; *la nostra città vanta splendidi monumenti* our city boasts splendid monuments. **3** (*avanzare fondata pretesa*) to claim, to make a claim to: ~ *diritti su qcs.* to claim rights to sth. **II** *v.pron.* **vantarsi 1** (*gloriarsi*) to boast, to brag (about oneself): *vantarsi delle proprie capacità* to boast about one's own ability. **2** (*millantarsi*) to boast, to brag (about oneself), to swagger: *e me ne vanto* and I am proud of it; (*colloq*) *non faccio per vantarmi* I don't want to boast, I don't mean to brag.

vanteria *f.* boasting, bragging, boastfulness, swaggering.

vanto *m.* **1** (*il vantare, il vantarsi*) boast, boasting, brag, bragging. **2** (*orgoglio*) boast, reason for boasting, source of pride: *essere motivo di* ~ *per qcu.* to be a source of pride for so. **3** (*merito, pregio*) merit, credit, virtue: *ha il ~ di essere stato sempre sincero* he has the merit of always having been sincere. ☐ (*iron*) *bel ~!* fine thing!, now that's something to be proud about!

Vanuatu *m.* (*Geog*) Vanuatu.

vanvera ☐ *a ~* haphazardly, without thinking: *parlare a ~* to talk without thinking; *fare le cose a ~* to do things haphazardly.

vapoforno *m.* steam oven.

vaporare (**vapóro**; *aus.* **avere/essere**) *v.i.* (*lett*) 1 (*evaporare*) to evaporate. 2 (*uscire a forma di vapore*) to be given off as vapour.

vapore *m.* 1 (*di liquido*) (*Br*) vapour, (*Am*) vapor. 2 (*di acqua*) steam, (*Br*) water vapour, (*Am*) water vapor. 3 (*nebbiolina*) mist, haze, (*Br*) vapour, (*Am*) vapor. 4 (*esalazione, emanazione*) (*Br*) vapour, (*Am*) vapor, exhalation, emanation: *vapori mefitici* mephitic exhalations. 5 (*ant*) (*nave a vapore*) steamship, steamboat, steamer. ☐ *a ~* steam (*attr.*): *nave a ~* steamship, steamboat, steamer; (*fig*) *a tutto ~* (*con gran celerità*) full steam ahead, at full speed, at top speed, at full steam; *~ acqueo* steam, (*Br*) water vapour, (*Am*) water vapor; (*Gastron*) *al ~* steamed: *asparagi al ~* steamed asparagus; *cuocere al ~* to steam; *~ di scarico* exhaust steam, blast; *~ saturo* saturated steam.

vaporetto *m.* (*Mar*) steamer, (small) steamboat.

vaporimetro *m.* (*Fis*) vaporimeter.

vaporizzare (**vaporìzzo**) I *v.t.* 1 to vaporize (*anche Fis*). 2 (*Tecn,Cosmet*) to steam. II *v.pron.* **vaporizzarsi** (*evaporare*) to evaporate.

vaporizzatore *m.* 1 (*evaporatore*) vaporizer, evaporator; (*per i termosifoni*) humidifier. 2 (*nebulizzatore*) atomizer, sprayer.

vaporizzazione *f.* 1 (*evaporazione*) vaporization, evaporation: *~ dell'acqua* evaporation of water. 2 (*nebulizzazione*) atomization, spraying.

vaporosità *f.* 1 filminess, gauziness, vaporousness. 2 (*di capelli*) fluffiness.

vaporoso *a.* 1 fimsy, gauzy, vaporous: *seta vaporosa* filmy silk. 2 (*di capelli*) fluffy.

varano *m.* (*Zool*) monitor, monitor lizard, varan.

varare (**vàro**) *v.t.* 1 (*Mar*) to launch. 2 (*fig*) (*presentare ufficialmente*) to launch, to get going, to get under way: *~ un'impresa* to launch an enterprise. 3 (*rif. a pubblicazioni*) to present, to launch. 4 (*Dir*) to pass: *~ una legge* to pass a law. 5 (*Sport*) to form: *~ una squadra* to form a team.

varata *f.* 1 (*nelle cave di marmo*) dislodging of slabs. 2 (*Minier*) massive blasting.

varcabile *a.* passable, that may be crossed.

varcare (**vàrco**, **vàrchi**) *v.t.* 1 to cross, to pass: *~ la soglia* to cross the threshold. 2 (*fig*) (*superare*) to overstep, to go beyond, to exceed: *~ i limiti della convenienza* to overstep the bounds of propriety. 3 (*rif. all'età*) to be over, to pass: *ha varcato la sessantina* he is over sixty.

varco (*pl.* **-chi**) *m.* 1 opening, gap: *l'acqua aveva aperto un ~ nella diga* the water made an opening in the dam. 2 (*passaggio*) passage, (narrow) way: *aprirsi un ~ tra la folla* to make (*o* to push) one's way through the crowd. ☐ *aspettare al ~:* 1 to lie in wait: *aspettare la selvaggina al ~* to lie in wait for game; 2 (*fig*) (*attendere qcu. in una situazione delicata*) to have it in for, (*Br*) to be waiting for a chance to catch (so.) out, (*Am*) to catch (so.) with their pants down.

varea *f.* (*Mar*) yard-arm.

varecchina, **varechina** *f.* bleach.

varesino I *a.* of Varese. II *m.* (*f.* **-a**) (*originario*) native of Varese; (*abitante*) inhabit-

ant of Varese.

varesotto I *a.* of the Varese province. II *m.* (*f.* **-a**) (*originario*) native of the Varese province; (*abitante*) inhabitant of the Varese province.

varia I *f.* (*Edit*) non-fiction, novels and essays *pl.* (collectively). II *f.pl.* (*merci varie*) miscellaneous items.

variabile I *a.* 1 variable, varying, changeable, fluctuating: *prezzo ~* fluctuating price. 2 (*incostante*) variable, changeable, unsteady, unsettled, shifting: *tempo ~* unsettled weather, changeable weather. 3 (*rif. a vento*) shifting, variable. 4 (*volubile*) changeable, inconstant, fickle: *umore ~* changeable mood, fickle mood, moodiness. 5 (*rif. a persone*) inconstant, variable, fickle, unsteady, moody. 6 (*Statist,Mat,Econ,Gramm*) variable. II *m. f.* (*Mat,Inform,Statist*) variable. ☐ (*Inform*) *~ di stringa* string variable; (*Statist*) *~ stocastica* stochastic variable.

variabilità *f.* 1 variability, changeability. 2 (*instabilità*) variability, changeability, unsteadiness, unstableness. 3 (*rif. a persone*) inconstancy, fickleness, variability, moodiness. 4 (*Mat,Econ,Statist,Biol*) variability.

variabilmente *avv.* variably.

varialuce *m.inv.* (*El*) dimmer.

variante I *a.* varying, variant, changing. II *f.* 1 variation, variant: *il modello viene presentato in più varianti* there are several variations of (*o* on) the model. 2 (*cambiamento*) variation, change: *apportare una ~ a qcs.* to make a change in sth. 3 (*Ling,Filol,Arch*) variant: *varianti grafiche di una parola* spelling variants of a word. 4 (*Strad*) by-pass. ☐ (*Med*) *~ umana del morbo della mucca pazza* human form of mad cow disease.

varianza *f.* (*Fis,Mat,Statist*) variance.

variare (**vàrio**, **vàri**) I *v.t.* 1 to vary, to change, to make a change in: *~ la disposizione dei libri* to change the arrangement of the books; *~ una dieta* to vary a diet. 2 (*alternare*) to vary, to change: *~ il proprio guardaroba* to vary one's wardrobe. 3 (*rendere vario, diversificare*) to vary, to diversify. II *v.i.* (*aus.* **avere/essere**: **avere** *is used when the subject is a person*, **essere** *when the subject is a thing*) 1 (*subire variazioni*) to vary (*di* in), to change (in sth.): *in tanti anni ha variato poco di fisionomia* in so many years he changed little in appearance. 2 (*essere differente*) to vary, to differ, to be different: *i gusti variano da persona a persona* tastes differ, people have different tastes. 3 (*di prezzi*) to vary, to change, to fluctuate. ☐ *per ~* for a change.

variatamente *avv.* with variety, with variation, varyingly.

variato *a.* 1 varied, diversified: *un'alimentazione variata* varied diet. 2 (*vario, non uniforme*) varied, changing: *paesaggio ~* varied landscape.

variatore *m.* 1 (*Mecc*) variator. 2 (*El*) changer, converter. ☐ (*Mecc*) *~ di coppia* torque converter; (*El*) *~ di fase* phase shifter; (*El*) *~ di frequenza* frequency changer, frequency converter; (*El*) *~ di luce* light dimmer; (*Mecc*) *~ di velocità* speed variator.

variazione *f.* 1 (*modifica*) change, variation: *introdurre qualche ~ nel programma* to make some changes in the programme. 2 (*oscillazione*) variation, change, fluctuation: *brusche variazioni di temperatura* sudden variations in temperature. 3 (*Biol,Mus,Astr,Mat*) variation. 4 (*Econ*) change, fluctuation: *~ nella domanda e nell'offerta* change in supply and demand. 5 (*Inform*) (*di trattamento*) conversion. ☐

(*Econ*) *~ del prezzo:* 1 price change; 2 (*oscillazione*) price fluctuation; (*Mar,Aer*) *~ di bussola* variation of a compass; (*El*) *~ di carico* load variation; (*El*) *~ di corrente* current variation; (*El,Rad*) *~ di frequenza* frequency change; (*El*) *~ di tensione* voltage variation, voltage change; *~ di velocità* speed variation; (*Mus*) *variazioni sul tema* variations on a theme (*anche fig*).

varice *f.* (*Med*) varix, varicose vein.

varicella *f.* (*Med*) chicken pox, varicella.

varicocele *m.* (*Med*) varicocele.

varicosità *f.* (*Med*) varicosis, varicosity.

varicoso *a.* (*Med*) varicose: *vene varicose* varicose veins.

variegato *a.* 1 (*a strisce*) variegated, streaked, striped; (*venato*) veined. 2 (*screziato*) speckled, variegated, flecked. 3 (*policromo*) variegated, (*Br*) many-coloured, (*Am*) many-colored, (*Br*) multicoloured, (*Am*) multicolored, (*Br*) varicoloured, (*Am*) varicolored. 4 (*fig*) (*diversificato*) varied, diversified: *un ambiente ~* a diversified environment.

variegatura *f.* variegation.

varietà I *f.* 1 variety, range: *un'ampia ~ di colori* a wide range of colours; *la ~ del paesaggio* variations in the landscape. 2 (*diversità, divario*) difference, diversity, discrepancy: *~ di opinioni* difference of opinions. 3 (*assortimento*) variety, assortment: *abbiamo una grande ~ di vini* we have a vast assortment of wines. 4 (*concr*) (*oggetto dotato di caratteristiche proprie*) variety, kind, sort: *una bella ~ di quarzo* a beautiful variety of quartz. 5 (*Biol,Filat*) variety. II *m.* 1 (*Teat*) variety, (*Am*) vaudeville: *artista di ~* variety artist; *spettacolo di ~* variety show, (*Am*) vaudeville. 2 (*edificio, locale*) variety theatre, music hall. 3 (*Rad,TV*) variety show: *~ televisivo* television show.

varifocale *a.* (*Ott*) multifocal: *lenti varifocali* multifocal lenses, multifocals.

vario I *a.* 1 (*variato, non uniforme*) varied, diversified: *una vegetazione varia* varied vegetation; *stile ~* varied style. 2 (*differente, molteplice*) various, different, varied: *oggetti di varia grandezza* object of various sizes; *persone di varia età e varia condizione sociale* persons of different ages and backgrounds. 3 (*diverso, numeroso: con il sost. al pl.*) various, several, a number of, numerous: *ho varie cose da fare* I have several things to do; *l'ho visto varie volte* I saw him several times; *in varie circostanze della vita* in various circumstances in life. 4 (*instabile, mutevole*) changeable, variable: *umore ~* changeable mood. 5 (*irregolare*) variable: *moto ~* variable motion. 6 (*Comm*) miscellaneous, sundry: *articoli vari* sundry articles; *merci varie* miscellaneous merchandise. II *m.* 1 variety. 2 *pl.* (*diverse persone*) various people, several people, a number of people. ☐ *varie ed eventuali* any other business (*costr.sing.*), AOB (*costr.sing.*).

variolato *a.* speckled.

variometro *m.* (*Tecn*) variometer.

variopinto *a.* 1 (*Br*) multicoloured, (*Am*) multicolored, (*Br*) many-coloured, (*Am*) many-colored, (*Br*) gaily-coloured, (*Am*) gaily-colored. 2 (*fig*) (*vivido*) colourful, (*Am*) colorful.

varismo *m.* (*Med*) varus, varus condition.

varistore *m.* (*El*) varistor.

varmetro *m.* (*El*) varmeter.

varo[1] *m.* 1 (*Mar*) launch, launching: *il ~ di una nave* the launching of a ship. 2 (*fig*) (*lancio*) launch, launching; (*presentazione*) presentation; (*di leggi*) passing; (*di lavori*) launching, getting under way.

varo[2] *a.* (*Med*) varus.

Varo *n.pr.m.* (*Stor*) Varus.

varrò → **valere**.

Varrone *n.pr.m.* (*Stor*) Varro.

Varsavia *n.pr.f.* (*Geog*) Warsaw.

varva *f.* (*Geol*) varve.

vasaio *m.* (*f.* **-a**) **1** (*fabbricante*) potter, pottery maker. **2** (*venditore*) pottery-seller.

vasale *a.* (*Anat*) vasal: *parete* ~ vasal wall.

vasca *f.* **1** basin; (*serbatoio, cisterna*) tank, cistern, basin. **2** (*vasca da bagno*) bath, bath-tub, tub. **3** (*bacino: di fontana e sim.*) basin. **4** (*piscina*) swimming-pool, (*colloq*) pool. **5** (*Idr*) (*bacino*) basin. **6** (*Ind*) tank, vat. **7** (*Sport*) (*lunghezza della vasca*) length: *la nuotatrice è in vantaggio di una* ~ the swimmer is a length ahead; *fare otto vasche* to swim eight lengths. □ ~*a sedile* hip-bath, sit-down bath; ~ *da bagno* bath, bath-tub, tub; ~*dei pesci* fish tank; (*Mar*) ~*del bacino di carenaggio* dock basin; ~ *del bucato* wash-tub; (*Chim*) ~*di evaporazione* evaporation tank; (*Chim*) ~*di sedimentazione* settling tank; (*Fot*) ~ *di sviluppo* developing tank;*fare dieci vasche* to swim ten lengths; (*fig*) *fare le vasche* to walk up and down the main street; ~*idromassaggio* Jacuzzi; ~*incassata* sunken bath, enclosed bath; ~*per i fanghi* mud-tub; (*Tess*) ~*per tintura* dyeing vat.

vascello *m.* (*Mar,ant*) vessel, warship. □ (*Mar,mil*) *capitano*~*di* ~ commander; *ufficiale di* ~ naval officer, officer in the navy; (*Mus*) *il* ~*fantasma* The Flying Dutchman.

vaschetta *f.* **1** (*bacinella*) (small) basin. **2** (*contenitore per lettiera di gatti*) litter box, litter pan. □ (*Rel.catt*) ~*dell'acquasanta* holy-water basin; (*Fot*) ~*di fissaggio* fixing tray; ~*di gelato* tub of ice-cream; (*Fot*) ~*di sviluppo* developing tray; ~*di termometro* bulb, thermometer bulb.

vascolare *a.* **1** (*Anat,Bot*) vascular: *lesione* ~ vascular lesion. **2** (*Ceram*) vase (*attr.*): *pittura* ~ vase painting.

vascolarizzato *a.* **1** (*Anat*) vascularized. **2** (*Bot*) vascular.

vascolarizzazione *f.* (*Anat*) vascularization.

vasectomia *f.* (*Chir*) vasectomy.

vaselina *f.* (*Chim*) vaseline, petrolatum, petroleum jelly. □ ~ *artificiale* artificial vaseline.

vasellame *m.* **1** (*di porcellana*) crockery, china. **2** (*di metallo prezioso*) plate. **3** (*di vetro o cristallo*) glassware. □ ~*da cucina* kitchen-ware, crockery; ~*da tavola* tableware; ~*di argento* silver plate, silverware; ~*di argilla* earthen ware.

vasetto *m.* **1** jar, pot: *un* ~ *di crema da notte* a jar of night cream; ~ *della colla* paste pot, glue pot; ~ *di marmellata* jar of jam. **2** (*infant, rar*) (*vasino*) potty.

vasistas *m.* (*Edil*) hopper window.

vaso *m.* **1** (*recipiente*) vase, pot, vessel: ~ *di porcellana* porcelain vase; *mettere i fiori in un* ~ to put the flowers in a vase. **2** (*vaso di terracotta*) flowerpot: *piantare in* ~ to plant in a flowerpot, to pot. **3** (*barattolo*) jar: *un* ~ *di conserva* a jar of preserves. **4** (*orinale*) chamber-pot, (*colloq*) jerry, (*Am*) slop jar. **5** (*parte di una latrina*) lavatory pan, (*Am*) toilet bowl, pan. **6** (*Anat,Fis,Bot*) vessel. **7** (*Mar*) cradling. **8** (*Arch*) (*parte interna*) body, interior; (*rif. a capitelli*) bell, vase. □ (*Idr*) ~ *a cacciata* flushing tank; (*fig*) *portare vasi a Samo* (*Br*) to carry coals to Newcastle, (*Am*) to carry water to the sea; (*Archeol*) ~*a trottola*

spinning-top jug; (*Fis*) *vasi comunicanti* communicating vessels; ~*da fiori* : **1** flowerpot; **2** (*decorato*) vase; ~*da notte* chamber pot; (*Bibl,fig*) ~*d'elezione* chosen vessel; ~ *di ceramica* (ceramic) pot, ceramic vase; (*Fis*) ~ *di Dewar* Dewar flask; (*Idr*) ~*di espansione* expansion tank; (*Mitol*) *il* ~ *di Pandora* Pandora's box (*anche fig*); (*Archeol*) ~ *lacrimale* lachrymatory; *mettere in* ~ to pot; ~*ornamentale* decorative vase, vase; (*Anat*) ~*sanguigno* blood vessel.

vasocostrittore **I** *m.* (*Farm*) vasoconstrictor. **II** *a.* (*Farm*) vasoconstrictive, vasoconstricting.

vasocostrizione *f.* (*Med*) vasoconstriction.

vasodilatatore *a./m.* (*Farm*) vasodilator.

vasodilatazione *f.* (*Med*) vasodilation.

vasomotilità *f.* (*Anat*) vasomotion.

vasomotore *a.* (*Anat,Farm*) vasomotor: *nervi vasomotori* vasomotor nerves.

vasomotorio *a.* (*Anat*) vasomotor.

vasopressina *f.* (*Biol*) vasopressin.

vasoresezione *f.* (*Med*) vasectomy.

vasospasmo *m.* (*Med*) vasospasm.

vasospastico (*pl.* **-ci**) *a.* (*Med*) vasospastic.

vassallaggio *m.* **1** (*Mediev*) vassalage. **2** (*fig*) (*asservimento*) vassalage, servitude, bondage.

vassallatico, **vassallesco** *a.* (*Mediev*) vassal (*attr.*).

vassallo **I** *m.* **1** (*Mediev*) vassal. **2** (*fig*) (*dipendente*) subordinate, servant; (*suddito*) subject. **II** *a.* vassal: *stato* ~ vassal state.

vassoiata *f.* trayful.

vassoio *m.* **1** tray. **2** (*contenuto*) trayful: *un* ~ *di paste* a trayful of pastries. **3** (*Edil*) hawk, mortar board. □ ~*da letto* bed tray; ~*di fotocopiatrice* paper tray.

vastamente *avv.* vastly.

vastità *f.* **1** vastness, vastitude, immensity, vast expanse: *la* ~ *del mare* the immensity of the sea. **2** (*fig*) (*grandezza*) vastness, extent.

vasto *a.* **1** vast, huge, far-reaching, extensive: *vasti possedimenti* vast holdings. **2** (*ampio*) large, great: *una vasta sala* a large room; *un vasto assortimento* a wide range, a variety. **3** (*fig*) (*ampio*) vast, wide, broad, extensive, immense, large: *una vasta cultura* a wide culture; *vasta esperienza* extensive experience. □ (*fig*) *di* ~*respiro* wide-ranging, far-reaching: *un'opera di* ~ *respiro* a far-reaching work; *su vasta scala* on a large scale.

vate *m.* (*lett*) **1** (*profeta*) prophet. **2** (*poeta*) poet.

vaticanista *m./f.* **1** (*Giorn*) Vatican correspondent. **2** (*esperto*) expert on Vatican affairs. **3** (*sostenitore*) supporter of Vatican policy.

vaticano *a.* Vatican: *giardini vaticani* Vatican gardens; *poste vaticane* Vatican Post Office.

Vaticano *n.pr.m.* (*Geog*) Vatican: *stato del* ~ Vatican City State; *Città del* ~ Vatican City; (*estens*) *the* ~ *has expressed concern about the proposal* il Vaticano ha espresso riserve sulla proposta.

vaticinare (**vaticìno/vatìcino**) *v.t.* (*lett*) to vaticinate, to foretell, to predict.

vaticinatore *m.* (*f.* **-trice**) (*lett*) vaticinator, prophet.

vaticinio *m.* (*lett*) vaticination, prediction, foretelling.

vattelappesca *avv.* (*colloq,region*) (*chi lo sa*) goodness knows, who knows, who can tell?: *è andato a finire* ~ *dove* goodness knows where he's gone to.

vaucheria /vaw'kɛrja, vo'ʃɛrja/ *f.* (*Bot*)

vaucheria.

Vaud /vo, vod/ *n.pr.m.* (*Geog*) Vaud.

vaudeville /vod'vil/ *m.inv.* (*Teat*) vaudeville.

vcl. (*Mus*) *violoncello* vc (cello).

V.d.F. *Vigili del fuoco* FD (Fire Department).

ve' *intz.* (*region*) **1** (*rafforzativo*) then!, now!, *spesso non si traduce*: *non ci provare*, ~! don't try (then)!, don't you dare try! **2** (*bada*) mind!, look!, listen!

vecchia *f.* old woman.

vecchiaccia (*pl.* **-ce**) *f.* old witch, hag.

vecchiaia *f.* **1** old age: *tarda* ~ advanced age, ripe old age. **2** (*collett.*) (*i vecchi*) the old (*costr.pl.*), the aged (*costr.pl.*), old people (*costr.pl.*): *rispettare la* ~ to respect the aged. □ *morire di* ~ to die of old age; (*scherz*)*è la* ~ I'm getting old; ~*precoce* premature senility.

vecchietta *f.* little old woman, little old lady.

vecchietto *m.* little old man.

vecchiezza *f.* (*rar*) old age.

vecchio **I** *a.* **1** old, aged: *diventare* ~ to grow old, to age; *sentirsi* ~ to feel old, to feel one's years. **2** (*anziano*) old: *è più* ~ *di me di tre anni* he is three years older than me, (*Am*) he is three years my elder, (*Am*) he is three years my senior. **3** (*senile*) old, aged: *un viso* ~ *e stanco* a worn old face; *un* ~ *ronzino* an old nag. **4** (*che dura da molto tempo*) old, long-standing: *una vecchia amicizia* a long-standing friendship; *un* ~ *cliente* an old client; *il* ~ *quartiere* the old neighbourhood. **5** (*di prima, precedente*) old, former: *è meglio tornare al* ~ *sistema* it's better to go back to the old way. **6** (*di un tempo*) former, previous: *ho incontrato il mio* ~ *professore* I met my former teacher. **7** (*non attuale*) old, bygone, (*lett*) of yore (*posposto*): *i vecchi tempi* old times, bygone times. **8** (*antiquato*) old, out-of-date, old-fashioned: *un'usanza vecchia* an old-fashioned custom. **9** (*non fresco, stantio*) old, stale; (*rif. al pane*) stale. **10** (*rif. a prodotti agricoli: del raccolto precedente*) last year's: *il grano* ~ last year's wheat. **11** (*stagionato*) (*legno*) ~ seasoned wood. **12** (*rif. al vino*) aged. **13** (*che si verifica da sempre, che si ripete*) old: *è una vecchia storia* it's an old story. **14** (*che si conosce da tempo*) old, stale, (*scherz*) ancient, (*scherz*) antediluvian: *questa barzelletta è vecchia* that's an old joke, that joke is stale, that joke is old hat. **15** (*pratico, esperto*) old, experienced, practiced: *un* ~ *marinaio* an old salt. **16** (*usato*) old, used: *bottiglie vecchie* old bottles. **17** (*rif. a vestiti*) old, worn, worn-out, threadbare, shabby. **18** (*di seconda mano*) used, second-hand: *libri vecchi* second-hand books. **19** (*consumato*) old, worn-out. **II** *m.* **1** (*f.* **-a**) old man (*f.* woman). **2** *pl.* the old, the aged, old people, old folks, (*Am*) senior citizens: *casa di riposo per vecchi* (*Br*) old people's home, (*Am*) rest home. **3** *pl.* (*anziani*) senior members: *i vecchi dell'azienda* the senior members of the firm. **4** (*come epiteto*) elder, senior: *Catone il* ~ Cato the Elder. **5** (*ciò che è vecchio*) old, old things *pl.*: *il* ~ *e il nuovo* the old and the new. **6** *pl.* (*colloq*) (*genitori*) parents, (*colloq*) folks: *vado a trovare spesso i miei vecchi* I often go to see my folks. **7** (*gusto stantio*) stale taste: *sapere di* ~ to taste stale. **8** *pl.* (*rar*) (*antenati*) ancestors, forbears, forebears. □ *un* ~*bacucco* (o *un* ~*barbogio*) a dotard, an old fool; ~*come il mondo* (o ~*come il cucco*) as old as the hills; ~*come Matusalemme* as old as the hills, as old as Mathuselah; (*scherz*) *una vecchia conoscenza della* *polizia* an old lag; *il ~ continente* the Old World; *da ~*: 1 old, old man's: *mentalità da ~* old man's mentality; 2 (*in età senile*) as an old man, in one's old age; 3 (*quando sarò vecchio*) when I'm old; (*Enol*) *dare il ~ al vino* to age wine artificially; *la loro inimicizia è di vecchia data* they have been enemies for a long time; *essere ~ del mestiere* to be an old hand (at the job); *~ di quattro anni* four years old; *~ di anni* old (in years), getting on in years; *una vecchia fiamma* an old flame; *una vecchia gloria del cinema* an old movie star; (*fig*) *la vecchia guardia* the old guard; (*colloq*) *il mio ~* (*mio padre*) my old man; *il ~ mondo* the Old World; *più ~*: 1 older; 2 (*rif. a membri di una stessa famiglia*) elder; *un ~ rammollito* a dotard, (*colloq*) an old fogey, (*fig*) *è uno della vecchia scuola* he is (one) from the old school; (*Sport,colloq*) *la vecchia Signora* Juventus, Juventus football club; (*fig*) *di ~ stampo* old-fashioned, of the old school, from the old school; (*fig*) *~ stile*: 1 (*rif. a persona*) of the old school; 2 (*rif. a oggetti*) of the old style, old-fashioned, retro: *abiti ~ stile* retro clothes; *~ testamento* Old Testament; (*fig*) *una vecchia volpe* a sly old fox, a crafty fellow.

vecchione *m.* (*f.* **-a**) **1** (*lett*) imposing old man. **2** (*scherz*) (*vecchio amico*) old chap: *auguri, ~!* best wishes, old chap!

vecchiotto *a.* ageing, rather old, oldish.

vecchiume *m.* (*spreg*) old trash, old things *pl.*, dust-collectors *pl.*

veccia (*pl.* **-ce**) *f.* (*Bot*) vetch, tare.

vecciato *a.* (*mescolato a veccia*) mixed with vetch: *pane ~* bread made of wheat flour mixed with vetch.

vece *f.* (*lett*) (*avvicendamento*) alternation, change. □ *fare le veci di qcu.* to act for so., to act in so.'s stead, to act in so.'s place: *fare le veci del padre* to act as a father; *in ~ di* in the place of, for: *in mia ~* instead of me, in my stead, in my place, for me.

Veda *m.inv.* (*Rel*) Veda.

vedere[1] (*pres.ind.* **védo, védi, véde, vediàmo, vedéte, védono**; *fut.* **vedrò**; *p.rem.* **vìdi**; *pres.cong.* **véda, vediàmo, vediàte, védano**; *ger.* **vedèndo**; *p.pres.* **vedènte/veggènte**; *p.p.* **visto/vedùto**) **I** *v.t.* **1** to see: *~ un ostacolo* to see an obstacle; *l'hai visto passare?* have you seen him go by?, (*Am*) did you see him go by?; *mi ha visto mangiare* (*o mi ha visto mentre mangiavo*) he saw me eating; *non vedi che il posto è occupato?* can't you see the seat's taken?; (*iron*) *non ho visto ancora un soldo* I've yet to see a penny, I haven't seen a penny (*o a cent*) yet (of it). **2** (*esaminare, leggere*) to see, to look at, to read, to examine: *hai visto il giornale di oggi?* have you seen today's paper? **3** (*rif. a spettacoli: assistere*) to see, to go to, to watch: *hai visto quella commedia?* have you seen that play?; *~ una partita di calcio* to watch a football game. **4** (*visitare*) to see, to visit, to go to: *~ una mostra di pittura* to go to a painting exhibit(ion). **5** (*scorgere*) to see, to sight, to catch sight of, to notice, to perceive: *~ un amico nella folla* to catch sight of a friend in the crowd. **6** (*incontrare*) to see, to meet, to run into: *l'ho visto ieri alla partita* I ran into him at the game yesterday. **7** (*vedere con la fantasia*) to see, to picture: *mi sembra di vederti già laureato* I can already picture you with your degree; *~ qcs. con gli occhi della mente* to see sth. in one's mind's eye, to see sth. in the eyes of the (*o one's*) mind. **8** (*prevedere*) to see, to foresee: *vedo prospettive poco piacevoli* I don't foresee very pleasant

prospects. **9** (*avere esperienza*) to see, to go through, to pass through, (*Am,colloq*) to have been around: *è molto giovane ma ne ha viste già tante* he's very young but he has been around a lot (*o but he has had many experiences o but he has seen all sorts of things*). **10** (*considerare, giudicare*) to look over, to see, to take a look at: *lasciami ~ bene tutta la situazione* let me take a good look at the whole situation. **II** *v.i.* (*aus. avere*) **1** (*avere il senso della vista*; *usato spesso col l'avverbio* ci) to see: *ci vedi con questa luce?* can you see with this light?; (*ci*) *vede da un occhio solo* he can see with only one eye. **2** (*intendere, capire*) to see, to understand: *non vedo come possa aiutarti* I don't see how I can help you. **3** (*accorgersi*) to see, to realize: *non vedi come soffre?* can't you see how he's suffering?; *vidi che non c'era più niente da fare* I realized (that) there was nothing more to be done. **4** (*verificare*) to see, to find out: *vediamo! let's see!*; *vediamo chi è il più forte* let's see who is the strongest. **5** (*cercare, tentare*) to try, to see: *vedi di riuscire* try and make a go of it, try to make it; *vedrò di darti un aiuto* I'll try and help you, I'll see if I can help you. **6** (*decidere, risolvere*) to decide, to see to: *non so che dire, veda Lei* I don't know what to say, you decide; *vedi un po' tu* (*pensaci tu*) see what you can do about it, you see to it, you take care of it, I leave the matter to you; (*decidi tu*) you decide, I'll leave the decision to you, I'm leaving it up to you; *vedi di fare qualcosa!* make sure you do something (about it)! **7** (*negli incisi*) to see, to look: *vedi, è necessario che tu sia al corrente di tutto* you see, you must be aware of everything that is going on. **8** (*nel poker*) to see. **III** *v.pron.* **vedersi 1** to see oneself: *inaspettatamente si vide nello specchio* suddenly he saw himself in the mirror. **2** (*guardarsi*) to look at oneself. **3** (*trovarsi, scoprirsi*) to be, to find oneself, to discover oneself: *vedersi perduto* to realize that one is lost. **4** (*percepire*) to be able to see: *da qui si vede il mare* you can see the sea from here; *si vede ancora la cicatrice?* can you still see the scar?, does the scar still show? **5** (*venire, farsi vedere*) to be seen, to put in an appearance, to come, to show up, to turn up: *ancora non si è visto* he hasn't shown up yet. **III** *v.r.recipr.* **vedersi 1** to see each other. **2** (*incontrarsi*) to meet, to see each other, (*colloq*) to get together: *ci vediamo al più tardi domani* we'll meet tomorrow at the latest; *ci vedremo lunedì alle cinque* see you at five on Monday; *ci vediamo!* (*Br*) be seeing you!, see you!, (*Am*) so long!, see ya! □ *avere a che ~* to have to do, to have a connection (*con* with): *non avere (nulla) a che ~ con qcs.* to have nothing to do with sth., to have no connection with sth., to have no bearing on sth.; *ciò che tu dici non ha niente a che ~ con il nostro problema* what you are saying has no bearing on our problem; *non avere nulla a che ~ con qcu.* to have nothing to do with so., to have no dealings with so.; *~ bene*: 1 to see well, to have good sight; 2 (*capire*) to see quite well, to understand perfectly, to (fully) realize: *vedo bene le difficoltà* I see the problems quite well; *vedo bene che mi sono sbagliato* I fully realize I was wrong; *voglio ben ~!* I'd like to see; *ti vedo bene* (*hai un bell'aspetto*) you look good; (*colloq*) *vedersela brutta* to feel all is lost, (*colloq*) to think one is in for it, to think one has had it, to feel one's time has come; (*ma guarda*) *chi si vede!* (just) look who's here!, speak of the devil!; (*fig*) *vederci*

chiaro to get to the bottom of sth., to see clearly into a matter; *non ci vedo chiaro in questa faccenda* there's something I don't understand here, there's something odd (*o something fishy*) about all this; *~ qcu. come il fumo negli occhi* to be unable to stand so.; *l'ho visto con i miei occhi* (*o l'ho visto con questi occhi*) I saw it with my (very) own eyes; *da ~* (*o da vedersi*): 1 (*ancora da decidere*) that (*o* it) remains to be seen: *questo è da ~* he says he'll do it, but that remains to be seen; (*in tono risentito*) we'll see about that; 2 (*che vale la pena di vedere*) worth seeing: *è uno spettacolo da ~* it's a show worth seeing; *dare a ~* to show signs of, to show: *non diede a vedere il suo disappunto* he did not show his disappointment, he gave no sign of his disappointment; (*colloq*) *vederne delle belle* to see all sorts of things; *~ qcu. di buon occhio* to approve of so., to think well of so., to think a lot of so., to look well on so., to look favourably on so.; *non ~ qcu. di buon occhio* to not think much of so., to disapprove of so.; (*colloq*) *se ne vedono di tutti i colori* one sees all kinds of things; (*fig*) *vederci doppio* to see double; *fare ~*: 1 (*mostrare, rif. a oggetti*) to show, to let see: *fare ~ qcs. a qcu.* to show so. sth.; *mi fai ~ il tuo regalo?* will you let me (*o may I*) see your present?; *fammi ~!* let me see!, show me!; 2 (*rif. ad azioni*) to show: *fammi ~ come funziona questo giradischi* show me how to work this record-player; 3 (*dimostrare*) to show: *ti farò ~ come tutto sia falso* I'll show you that it's all false; 4 (*in tono minaccioso*) to show, to let see a thing or two: *ti faccio ~ io!* I'll show you!; *farsi ~*: 1 (*mostrarsi*) to show oneself: *farsi ~ diversi da come si è* veramente to show oneself different from what one really is; 2 (*farsi visitare*) to have oneself examined, to have oneself looked at: *farsi ~ da un medico* to have oneself looked at by a doctor; *fatti ~ qualche volta* come and see me sometime; (*colloq*) don't be a stranger; *non ~ la fine di qcs.* not to know when sth. is going to end; *~ la luce*: 1 (*nascere*) to be born; 2 (*essere pubblicato*) to be issued, to be published, to come out, to see the light of day; 3 (*fig*) (*manifestarsi*) to come to light; *non ne vedo la necessità* I see no need to do it, I see no need for it; (*fig*) *~ le stelle* to see stars: *far ~ le stelle a qcu.* to make so. see stars; *~ lontano*: 1 to have far sight; 2 (*fig*) (*essere lungimirante*) to see into the future, to be far-sighted; (*fig*) *non ~ l'ora di fare qcs.* to look forward to doing sth., not to be able to wait to do sth., to long to do sth.; *non vedo l'ora di arrivare* I can't wait to get there; *non vedo l'ora di andare in vacanza* I'm anxiously looking forward to the holidays; *non vedo l'ora di tornare a casa* I can't wait to go home, I am dying to go home; *non vedo l'ora di vederti* I am really looking forward to seeing you; *~ male*: 1 to have poor sight, to have poor eyesight, not to see well; 2 (*considerare sfavorevolmente*) to disapprove (*qcu., qcs.* of so., of sth.), to be unfavourable (to), to dislike (so., sth.); 3 (*essere preoccupato*) to be worried about: *la vedo proprio male* I'm quite worried about her; *ha visto morire tutti i figli* he outlived all his children; *lo conosco bene, l'ho visto nascere* I've known him since he was in nappies; *la casa che lo ha visto nascere* the house where he was born; (*fig*) *~ nero* (*essere pessimisti*) to look on the dark side of things; (*fig*) *far ~ nero per bianco* to mislead, to take in; *non ci vedo niente di male* I don't see anything wrong with it; *non ~ neppure qcu.*

(*non tenerlo in considerazione*) to take no notice of so., to ignore so.; *non vedoperché non possa venire anche lui* I don't see why he can't come too, I don't see why he can't come as well; (*fig,colloq*) *non vederci più* (*perdere l'autocontrollo*) to lose one's temper, to lose one's self-control, to fly off the handle, to see red, to lose it; *non vederci più dalla fame* to be dying of hunger, to be starving; *non lo vedremo più* we've seen the last of him, he won't come around anymore; ~ *per credere!* seeing is believing!; (*fig*) *non ~ più in là* *del proprio naso* to see no further than the end of one's nose; (*fig*) *nonpoter ~ qcu.* to be unable to stand so. (*o* to stand the sight of so.), to loathe so., to dislike so. greatly: *non la posso vedere!* I can't bear her!, I can't stand the sight of her!, I can't stand her!; *quei due non si possono ~* those two can't stand (*o* can't see) each other; *non ti posso più ~ con quel brutto vestito* I can't stand you in that awful dress, I can't bear to look at you in that awful dress; *vedraiquando avrà 16 anni!* wait till he gets to be 16!; (*Comm,burocr*) *vediretro* please turn over, see overleaf, see back side; *chis'è visto s'è visto* that's that, that's the end of it, that's all she wrote; *è sparito e chi s'è visto s'è visto* he disappeared into the blue and that was that (*o* that was the last anyone heard of him); *senza che si veda troppo* without showing (it) too much, unobtrusively, inconspicuously, without making a show; *si vede che* (*evidentemente*) evidently, clearly, it's obvious that; *se non è venuto si vede che non poteva* if he hasn't come then evidently he wasn't able to; *si vede che ha perso il treno* he must have missed the train; *si vede subito che è inglese* you can see (*o* you can tell) at once that he's English; *vedisopra* see above, (*rar*) vide supra; *vedisotto* see below; *stare a ~*: 1 (*guardare*) to watch; 2 (*attendere*) to see, to wait and see: *staremo a ~ chi la spunterà* we'll see who comes out on top; *staremo a vedere come si metteranno le cose* we'll see how things turn out, we'll wait and see how things turn out; 3 (*iron*) (*rif. a fatto inammissibile*) to bet: *stai a ~ che sarà promosso* I bet you that he'll pass; *stai a ~ che ti telefona domani* I bet you he'll call you tomorrow, just wait and see; (*fig*) *-tutto rosa* to see things through rose-coloured glasses; *vediamoun po'* let's see; *vederci* (*vedere bene*) to see: *io ci vedo!* I can see!; *non vederci* (*essere cieco*) to be blind, not to see; (*se*) *vedessi che bell'appartamento!* you should see what a beautiful house!; *vedetevela voi!* you settle things for yourselves!, sort the matter out between you!; *con te me la vedrò più tardi* I'll deal with you later; (*Edit,burocr*) *vedi* (*nei rimandi*) see; *vedremo!* we'll see!; *vedrai che avevo ragione io* you'll see I was right.

vedere [2] *m.* **1** (*facoltà di vedere*) sight, vision. **2** (*lett*) (*parere, opinione*) view: *a mio ~* in my opinion, in my view, in my mind.

vedetta *f.* **1** look-out; (*torre*) look-out tower. **2** (*sentinella*) look-out, vedette sentry, sentinel, watchman. **3** (*marinaio*) look-out. **4** (*Mar.mil*) (*battello*) vedette boat, patrol boat. □ ~ *di* ~ look-out (*attr.*), on the look-out: *soldato di* ~ look-out (soldier); *essere* (*o stare*) *di* ~ to be on the look-out, to be on the qui vive (*anche fig*).

vedette /ve'dɛt/ *f.inv.* **1** (*Cin*) filmstar. **2** (*Teat*) (*famosa*) actress, leading lady; (*rif. a uomini*) (famous) actor, leading man.

vedico (*pl.* **-ci**) **I** *a.* Vedic: *religione vedica*

Vedic religion. **II** *m.* (*Ling*) Vedic, Vedic Sanskrit.

vedova *f.* **1** widow: *essere* ~ to be a widow; *restare* ~ to be widowed, to be left a widow. **2** (*Tip*) widow. **3** (*Ornit*) widow bird, widow finch, whydah, whidah. □ (*Mus*) *la ~allegra* The Merry Widow; (*fig*) *~bianca* grass widow; *~di guerra* war-widow; (*Zool*) *~nera* black widow.

vedovanza *f.* (*l'essere vedova*) widowhood; (*l'essere vedovo*) widowerhood.

vedovella *f.* **1** young widow. **2** (*Bot*) sweet scabious, mourning bride. **3** (*Zool*) titi.

vedovile **I** *a.* **1** (*di vedova*) widow's, of a widow (*posposto*), widowed, widowly: *stato* ~ widowed state, widowhood. **2** (*spettante alla vedova*) widow's: *pensione* ~ widow's pension; *il terzo* ~ the widow's terce. **3** (*di vedovo*) of a widower (*posposto*), widower's: *stato* ~ widower's state, widowhood. **II** *m.* dower.

vedovo **I** *a.* **1** widowed, widow (*attr.*): *una madre vedova* widowed mother; *mia madre è vedova* my mother is a widow; *sono rimasto* ~ I was left a widower, I was widowed. **2** (*fig*) (*privo di persone o cose*) bereft, deprived, widowed. **II** *m.* (*f.* **-a**) widower.

vedretta *f.* (*Geol*) hanging cirque glacier.

veduta **I** *f.* **1** (*panorama*) view, vista, panorama: *la villa ha una magnifica* ~ the house has (*o* commands) a lovely view. **2** (*concr*) (*rappresentazione*) view: *una* ~ *di Roma* a view of Rome. **3** *pl.* (*fig*) (*idee, opinioni*) views, ideas, opinion *sing.*, outlook *sing.*: *di ampie vedute* (*o di larghe vedute*) broadminded, having a broad outlook, of wide views; *di vedute ristrette* narrow-minded. **4** (*Pitt*) veduta. □ *-a volo di uccello* bird's eye view, aerial view; *~aerea*: 1 bird's eye view, view from the air; 2 (*Fot*) aerial photograph, airview; (*Arch*) ~ *prospettica* prospect, front; (*estens*) *una ~ prospettica della villa* perspective view of the villa.

vedutismo *m.* (*Pitt*) landscape painting.

vedutista *m./f.* (*Pitt*) landscape painter.

vee-jay /vi'dʒei/ *m./f.inv.* (*TV,Mus*) vee-jay, video-jockey.

veemente *a.* vehement, violent, impetuous: *parole veementi* vehement words.

veemenza *f.* vehemence, violence, fury. □ *con* ~ vehemently.

Vega *n.pr.f.* (*Astr*) Vega.

vegan, **vegano** *m.* vegan.

vegetale **I** *a.* **1** vegetable, vegetal: *organismo* ~ vegetable, vegetable organism. **2** (*delle piante*) plant (*attr.*), vegetable: *fisiologia* ~ plant physiology. **3** (*costituito da piante*) vegetable, plant (*attr.*), of vegetable origin (*posposto*): *alimenti vegetali* food of vegetable origin. **4** (*che si ottiene dalle piante*) vegetable, plant (*attr.*), vegetal: *materia* ~ vegetal matter. **II** *m.* **1** vegetable. **2** *pl.* plants, vegetables. **3** (*estens*) (*persona che vegeta soltanto*) vegetable, person reduced to a vegetable existence.

vegetaliano *m.* vegetalian.

vegetare (*vègeto*; *aus. avere*) *v.i.* to vegetate (*anche fig*).

vegetarianismo *m.* vegetarianism.

vegetariano **I** *a.* vegetarian: *alimentazione* (*o dieta*) *vegetariana* vegetarian diet; *essere* ~ to be a vegetarian. **II** *m.* (*f.* **-a**) vegetarian.

vegetarismo *m.* vegetarianism.

vegetativo *a.* **1** (*proprio dei vegetali*) vegetative, vegetable, vegetal; (*rif. a piante*) plant (*attr.*). **2** (*Biol,Filos*) vegetative: *riproduzione vegetativa* vegetative reproduction.

vegetazione *f.* vegetation (*anche Med*): ~

mediterranea Mediterranean vegetation; *mancanza di* ~ sparse vegetation, sparse cover; *ricco di* ~ having lush vegetation; ~ *esuberante* luxuriant vegetation, lush vegetation.

vegeto *a.* **1** (*rigoglioso*) luxuriant, lush, exuberant, flourishing. **2** (*fig*) (*sano, forte*) vigorous, thriving, healthy, strong, robust, blooming.

vegetominerale □ *acqua* ~ vegetal-mineral water.

veggente *m./f.* **1** (*indovino*) soothsayer, diviner; (*chiaroveggente*) clairvoyant, seer. **2** (*lett*) (*profeta*) prophet (*f.* -ess). **3** (*ant*) (*chi vede*) seer.

veglia *f.* **1** waking, wakefulness: *stare tra la* ~ *e il sonno* to be between waking and sleeping. **2** (*il vegliare*) watch, vigil; (*rif. a malati*) vigil, watch. **3** (*stato di veglia*) wakefulness, vigil, watch: *ore di* ~ hours of watch, hours of vigil, wakeful hours. **4** (*trattenimento serale*) evening; (*festa*) party. **5** (*Rel*) watch. □ *~ danzante* dance; *~ d'armi* vigil at arms; *fare la* ~ *a un ammalato* to watch by a sick person's bedside; *~funebre* wake; *una ~per la pace* a vigil for peace.

vegliardo *m.* venerable old man.

vegliare (*véglio, végli*) **I** *v.i.* (*aus. avere*) **1** to stay awake, to stay up: ~ *sino all'alba* to stay awake until dawn. **2** (*fare la veglia*) to keep watch, to keep vigil: ~ *al capezzale di qcu.* to keep vigil at so.'s bedside. **3** (*fig*) (*essere attento*) to keep awake, to keep on the alert, to watch out, to take care; (*vigilare*) to watch (over). **II** *v.t.* to watch over, to keep (a) vigil over: ~ *un infermo* to watch over a sick person. □ ~ *in preghiera* to spend the night in prayer; ~ *un morto* to hold a wake for a dead person.

veglione *m.* ball; (*ballo in maschera*) masked ball. □ ~ *di carnevale* carnival ball; *~di fine anno* New Year's Eve party.

veicolare [1] *a.* vehicular, vehicle (*attr.*), of vehicles (*posposto*): *traffico* ~ vehicular traffic.

veicolare [2] (*veicolo*) *v.t.* **1** (*Med*) to carry, to transmit: *i topi veicolano molte malattie* mice transmit many diseases, mice are carriers of many diseases. **2** (*fig*) (*diffondere*) to spread, to diffuse.

veicolo *m.* **1** (*mezzo di trasporto*) vehicle, conveyance: ~ *omologato* approved vehicle. **2** (*Med*) carrier, vehicle. **3** (*Chim,Farm*) vehicle. **4** (*estens*) medium, means, vehicle (*di* for). □ *-a cuscino d'aria* hovercraft; *~a tre ruote* three-wheeler; ~ *a sei ruote* six-wheeler; (*Aer*) *~ aereo* aircraft; ~ *anfibio* amphibious vehicle; *~articolato* articulated vehicle; ~ *cingolato* track vehicle; ~ *commerciale* commercial vehicle; ~ *corazzato* armoured vehicle, (*Am*) armored vehicle; ~ *elettrico* electric vehicle; (*Ferr*) *~ferroviario* railway vehicle; *~pubblicitario* advertising medium; ~ *semicingolato* half-track vehicle, half-tracked vehicle; (*Astron*) *~spaziale* spaceship, spacecraft.

vela *f.* **1** (*Mar*) sail. **2** (*Mar*) *pl.* (*velatura*) sails, canvas *sing.* **3** (*Sport*) sailing. **4** (*Arch*) web. □ *a* ~ sailing, sail (*attr.*); *andare a* ~ to sail; (*Mar*) ~ *a tarchia* spritsail; (*Mar*) ~ *aurica* fore and aft sail; (*Mar*) *dare* ~ to set sail; (*Mar*) *~di fortuna* storm sail; (*Mar*) *~di mezzana* mizen sail, mizzen sail, crossjack; (*Mar*) *~di trinchetto* foresail; *fare* ~: 1 (*salpare*) to set sail: *fare* ~ *per un paese* to set sail for a country; 2 (*praticare la vela*) to go sailing; 3 (*fig*) (*avviarsi*) to set sail; ~ *latina* lateen sail; (*Mar*) *~maestra* mainsail; (*Mar*) *~quadra* square sail; (*Mar,fig*) *a vele* *spiegate* full sails (*attr.*), in full sail.

velaccino *m.* (*Mar*) **1** (*vela*) fore topgallant. **2** (*pennone*) fore topgallant yard. **3** (*alberetto*) fore topgallant mast.

velaccio *m.* (*Mar*) topgallant: *i velacci* the gallant sails.

velaio *m.* (*Mar*) sailmaker.

velame *m.* (*lett*) (*ciò che vela*) veil (*anche fig*).

velare[1] (**vélo**) **I** *v.t.* **1** to veil, to cover (sth.) with a veil: *~ un quadro* to veil a painting. **2** (*estens*) (*coprire facendo velo*) to veil, to cover, to hide, to obscure: *le nubi velavano il sole* the clouds hid the sun. **3** (*fig*) (*offuscare, annebbiare*) to veil, to cloud, to dim: *l'emozione gli velò la vista* emotion clouded his sight. **4** (*rif. a suoni*) to muffle, to dim, to dampen. **5** (*fig*) (*nascondere, celare*) to cloak, to veil, to cover, to conceal, to disguise: *~ le proprie intenzioni con pretesti* to conceal one's intentions with pretexts. **II** *v.pron.* **velarsi 1** to veil, to veil oneself, to wear a veil, to put on a veil: *velarsi il volto* to veil one's face. **2** (*fig*) (*annebbiarsi*) to be veiled, to become veiled, to grow dim, to grow misty, to grow clouded, to become blurred: *il suo sguardo si velò di tristezza* his face (*o* his countenance) became darkened by sadness; *gli occhi gli si velarono di lacrime* his eyes were dimmed with tears, his eyes grew misty. **3** (*rif. alla voce*) to thicken, to become husky.

velare[2] **I** *a.* **1** (*Anat*) velar. **2** (*Fon*) velar. **II** *f.* (*Fon*) velar sound.

velario *m.* **1** (*Stor.rom*) velarium. **2** (*tendaggio, sipario*) curtain.

velatamente *avv.* covertly, in a disguised way, in a concealed way.

velato *a.* **1** veiled: *donna velata* veiled woman. **2** (*fig*) (*nascosto*) veiled, covered, concealed, hidden: *un sole ~* a veiled sun. **3** (*rif. a suoni*) muffled, dim, dimmed, dampened. **4** (*rif. a occhi*) dim, dimmed, clouded, veiled; (*per le lacrime*) misty, dim, dimmed. **5** (*rif. alla voce*) thick, husky. **6** (*di calze*) sheer. **7** (*fig*) (*non esplicito*) veiled, hidden, half-hidden, covert, cloaked, disguised: *un rimprovero ~* a veiled reproof.

velatura[1] *f.* **1** (*atto*) veiling. **2** (*concr*) (*strato che vela*) layer, covering, coating; (*di colore, di vernice*) coat; (*spruzzatura molto leggera*) sprinkling, dusting: *una ~ di zucchero* a sprinkling of sugar; *una leggera ~ di cipria* a light dusting of face powder. **3** (*estens*) (*offuscamento*) veiling, dimming, clouding, blur, mistiness. **4** (*Art*) (*strato di colore*) glaze. **5** (*Fot,TV*) (*velo*) fog, veil, clouding.

velatura[2] *f.* **1** (*Mar*) sails *pl.*, canvas; (*superficie velica*) sail area. **2** (*Aer*) lifting surface.

velcro *m.* velcro. □ *chiusura a ~* velcro closure, velcro strap.

veleggiamento *m.* **1** (*Mar*) sailing. **2** (*Aer*) soaring, gliding, sailplaning.

veleggiare (**veléggio, veléggi**; *aus.* **avere**) *v.i.* **1** (*Mar*) to sail. **2** (*Aer*) to sailplane, to glide. **3** (*poet*) (*rif. a uccelli*) to glide.

veleggiata *f.* (*Mar*) sailing; (*gita in barca a vela*) sail.

veleggiatore *m.* **1** (*Aer*) (*aliante*) sailplane, glider. **2** (*Aer*) (*f.* **-trice**) (*pilota*) sailplane pilot. **3** (*Mar,rar*) sailing boat, (*Am*) sailboat.

veleggio *m.* (*rar*) **1** (*Mar*) sailing. **2** (*Aer*) sailplaning, gliding. **3** (*estens*) (*rif. a uccelli*) gliding.

velenifero *a.* venomous, poisonous.

veleno *m.* **1** poison: *un ~ potente* strong poison. **2** (*di animali*) venom. **3** (*estens*) (*cosa dannosa*) poison: *il tabacco è per lui* ~ tobacco is poison for him. **4** (*fig*) (*sentimento*

distruttivo) poison, venom: *il ~ della gelosia* the poison of jealousy. **5** (*fig*) (*astio*) resentment, spite, venom: *avere del ~ contro qcu.* to have a grudge against so., to loathe so. like poison, to be venomous towards so.; *essere pieno di ~* to be spiteful, to be venomous. □ (*fig*) *avere il ~ in corpo* to be filled with resentment, to be filled with ill-will; *~ per topi* rat poison.

velenosamente *avv.* poisonously.

velenosità *f.* **1** poisonousness, venomousness. **2** (*fig*) (*perfidia*) venomousness, poisonousness, maliciousness.

velenoso *a.* **1** poisonous, venomous: *una sostanza velenosa* venomous substance, poison; *funghi velenosi* poisonous mushrooms. **2** (*fig*) (*pieno di astio*) venomous, poisonous, malicious, malignant, virulent: *risposta velenosa* venomous reply; *~ come una serpe* as poisonous as a snake.

veleria *f.* **1** (*officina*) sail loft. **2** (*velaio*) sail maker. **3** (*Mar,rar*) (*insieme di vele*) sails *pl.*

veletta[1] *f.* (*lett*) (*vedetta*) look-out, look-out post. □ (*lett*) *stare alla ~* (*o stare alle velette*) to be on look-out duty, to keep watch.

veletta[2] *f.* (*Mod*) veil, hat-veil; (*che copre metà faccia*) half-veil.

velia *f.* (*Ornit*) (*averla*) shrike, butcher bird.

velico (*pl.* **-ci**) *a.* sailing, sail (*attr.*): *regate veliche* sailing regattas; *superficie velica* sail area.

veliero *m.* (*Mar*) sailing ship, sailing vessel. □ *~ a due alberi* two-master; *~ a quattro alberi* four-master; *~ a tre alberi* three-master; *~ a un albero* single-master sailing ship.

velificio *m.* sail factory.

velina *f.* **1** (*carta*) tissue-paper; (*foglio*) flimsy, flimsy paper. **2** (*copia su carta velina*) carbon copy, flimsy. **3** (*Giorn*) press release, handout. **4** (*Cosmet*) (*da strucco*) tissue, facial tissue, kleenex.

velino *m.* (*Cart*) vellum.

velismo *m.* (*Sport*) sailing.

velista *m./f.* (*Sport*) sailor.

velivolo *m.* (*Aer*) aeroplane, aircraft, (*Am*) airplane. □ (*Aer*) *~ rifornitore* air tanker.

velleità *f.* **1** (*desiderio*) fancy, mere wish, vain desire, velleity, inclination. **2** (*mira ambiziosa*) ambition, (*vain*) aspiration: *~ dittatoriali* aspiration of dictatorship.

velleitario *a.* **1** unrealistic, fanciful. **2** (*troppo ambizioso*) overambitious.

velleitarismo *m.* wishful thinking.

vellicamento *m.* (*rar*) **1** (*atto*) tickling. **2** (*effetto*) tickle.

vellicare (**vèllico, vèllichi**) *v.t.* (*rar*) **1** (*lett*) to tickle. **2** (*fig*) (*stimolare, eccitare*) to titillate, to stimulate.

vello *m.* **1** (*di ovino*) fleece. **2** (*pelliccia*) pelt, fur. **3** (*bioccolo di lana*) flock, tuft of wool, lock of wool. **4** (*rar*) (*pelo umano*) hair; (*capelli*) hair. □ (*Mitol*) *il ~ d'oro* the Golden Fleece.

velloso *a.* (*lett*) fleecy; (*coperto di peli o capelli*) hairy.

vellutare (**vellùto**) *v.t.* (*Tess*) to give a velvet finish to.

vellutata *f.* (*Gastron*) velouté, velouté sauce, velvet sauce.

vellutato *a.* **1** velvety, velvet-like, velvet (*attr.*), velveted: *tessuto ~* velvet-like cloth. **2** (*rif. a organo vegetale*) velutinous: *petali vellutati* velvety petals. **3** (*fig*) (*liscio e morbido*) velvety, soft and smooth: *pelle vellutata* velvety skin. **4** (*rif. a colori*) velvet (*attr.*): *rosso ~* velvet red. **5** (*rif. a cibo*) velvety, soft and smooth: (*Gastron*) *salsa vellutata* velouté (sauce), velvet sauce.

vellutino *m.* **1** (*Tess*) light velvet. **2** (*Sart*) (*nastrino*) velvet ribbon. **3** (*Bot*) aristolochia, birthwort.

velluto *m.* (*Tess*) velvet. □ (*Tess*) *~ a coste* corduroy, cord(s); (*Tess*) *~ alla cacciatora* corduroy; *come il ~* velvety, velvet-like, like velvet; *di ~:* **1** (*Tess*) velvet: *guanti di ~* velvet gloves; *pantaloni di ~* corduroys, cords; *le tende sono di velluto* the curtains are made of velvet; **2** (*fig*) (*morbido*) velvety, velvet, velvet-like, soft and smooth: *guance di ~* velvety cheeks; (*Tess*) *~ di cotone* velveteen; (*Tess*) *~ di lana* wool velvet; (*Tess*) *~ di lino* linen velvet; (*Tess*) *~ di seta* silk velvet; (*fig*) *camminare sul ~:* **1** (*senza incontrare ostacoli*) to meet with no obstacles in one's path, to walk on velvet; **2** (*con passi di velluto*) to have a velvet tread, to walk softly and quietly.

velo *m.* **1** veil: *mettersi il ~* to wear a veil; *la danza dei sette veli* the dance of the seven veils. **2** (*Tess*) voile: *un vestito di ~* a voile dress. **3** (*strato sottile*) film, touch, thin layer, light covering: *sul tavolo c'è un ~ di polvere* there's a film of dust on the table; *un ~ di cipria* a touch (*o* a dusting) of face powder. **4** (*rif. a vernice, tinta*) light coat of paint). **5** (*membrana*) skin, membrane, veil: *~ di cipolla* onion-skin. **6** (*tessuto di crine del setaccio*) wire gauze, sieve netting. **7** (*fig*) (*ciò che impedisce di vedere*) veil, cover, haze, mist: *~ di nebbia* veil of mist; *il ~ del mistero* the veil of mystery; *gli è caduto il ~ dagli occhi* the scales fell from his eyes. **8** (*fig*) (*offuscamento*) veil, obscuration, dimming: *un ~ di tristezza* a veil of sadness. **9** (*fig*) (*apparenza ingannevole*) pretence, veil, cloak, guise: *sotto il ~ dell'altruismo* under the veil of unselfishness, under the pretence of unselfishness. **10** (*fig*) (*di monaca*) veil: *prendere il ~* to take the veil; *lasciare il ~* to leave the convent. **11** (*Fot,TV,Cin*) veil, fog. **12** (*Anat,Biol*) velum. □ *~ da lutto* mourning veil; *~ da sposa* bridal veil; (*Mecc*) *~ d'olio* film of oil; (*Anat*) *~ palatino* (*o ~ pendulo*) velum, soft palate; (*fig*) *stendere un ~ pietoso su qcs.* to draw a veil over sth.; *stendiamo un ~ pietoso!* let's change the subject!; never mind!; *~ vedovile* widow's veil; (*Anat*) *~ virginale* (*imene*) hymen.

veloce **I** *a.* **1** fast, quick, rapid, swift: *un'auto ~* a fast car; *un operaio ~* a fast worker; *come sei stato ~!* that was really quick! **2** (*che passa in fretta*) fleeting: *i giorni scorrono veloci* the days are slipping by. **3** (*rif. a mente, ingegno*) quick, ready, bright. **II** *avv.* **1** fast, quickly, rapidly, swiftly: *fuggire ~* to flee quickly; *come fuggono veloci gli anni!* how the years fly by!, how quickly the years go by! **2** (*prontamente*) quickly, readily. □ (*fig*) *~ come il fulmine* as quick as lightning; (*fig*) *~ come il vento* as fast as the wind, as swift as the wind; (*fig*) *~ come un lampo* (*o ~ come una saetta*) as quick as lightning, lightning-fast, as fast as lightning.

velocemente *avv.* **1** fast, quickly, rapidly, swiftly: *il più ~ possibile* as fast as possible. **2** (*prontamente*) quickly, readily.

velocipede *m.* (*ant*) velocipede, (*scherz*) bike, bicycle.

velocipedista *m./f.* (*ant*) velocipedist.

velocista *m./f.* (*Sport*) sprinter.

velocità *f.* **1** speed, velocity: *bassa ~* low speed; *raggiungere un'alta ~* to reach a high speed; *a grande ~* at high speed; *alla ~ di 180 kilometri all'ora* at a speed of 180 kilometres per hour; *acquistare ~* to pick up speed; *perdere ~* to lose speed, to slow down; *aumentare la ~* to increase speed, to speed up, to go faster; *ridurre la* ~ to reduce speed, to slow down, to go slower. **2** (*rapidità*) rapidity, swiftness, quickness. **3** (*Fis*) velocity, speed: ~ *della luce* speed of light. **4** (*Mot*) (*marcia*) gear: *innestare una* ~ to engage a gear. **5** (*Inform*) rate. □ *a tutta* ~ at full speed; (*Aer*) ~ *al suolo* ground speed; (*Fis*) ~*angolare* angular velocity; (*Fis*) ~*attuale* actual velocity; (*Ferr*) ~*commerciale* commercial speed; (*Strad*) ~*consigliata* recommended speed; (*Fis*) ~*del suono* speed of sound; ~*del vento* wind speed, wind velocity; (*Cin*) ~ *della pellicola* film speed; (*Inform*) ~*di accesso* access speed; (*Chim*) ~ *di combustione* combustion rate; ~ *di crociera* cruising speed; (*Aer*) ~ *di decollo* take-off speed; (*Inform*) ~ *di elaborazione* processing speed; (*Geol*) ~*di erosione* eroding velocity; (*Tecn*) ~ *di esercizio* working speed, operating speed; ~*di marcia* : 1 (*Ferr*) running speed; 2 (*Mil*) marching speed; (*Fis*) ~*di propagazione* velocity of propagation, speed of propagation; (*Chim*) ~*di reazione* reaction rate; (*Astr*) ~*di rivoluzione* velocity of revolution; ~ *di rotazione* revolving speed, speed of rotation; (*Med*) ~*di sedimentazione* sedimentation rate; (*Inform*) ~*di trasferimento dei dati* data transfer rate; ~*folle* breakneck speed; *andare a* ~ *folle* to tear along, to speed like a maniac; (*Inform*) ~ (*di trasmissione*) *in baud* baud rate; (*Inform*) ~ *in bit* bit rate; (*Aer*) ~*limite* limit velocity; ~ *massima* top speed, maximum speed, full speed; ~*media* average speed, mean velocity; ~ *minima* minimum speed; ~ *oraria* : 1 speed per hour; 2 (*Ferr*) schedule speed; (*fig*) *a* ~*record* at record speed, at a record speed; ~*supersonica* supersonic speed (*anche fig*).

velocizzare (**velocìzzo**) **I** *v.t.* to speed up, to quicken, to accelerate. **II** *v.pron.* **velocizzarsi** to speed up, to quicken.

velocizzazione *f.* acceleration, speeding up, quickening.

velodromo *m.* (*Sport*) **1** (*stadio*) velodrome. **2** (*pista*) cycle racing track, cycle-track.

velours /ve'lur/ *m.* (*Tess*) velour, velours.

veltro *m.* (*lett*) greyhound.

V.Em. *Vostra Eminenza* (Your Eminence).

ven. **1** *venerdì* Fri. (Friday). **2** *venerabile* Ven. (venerable).

vena *f.* **1** (*Anat*) vein, vena: *le vene e le arterie* the veins and the arteries; *recidersi le vene dei polsi* to cut the veins in one's wrists. **2** (*venatura*) vein, veining: ~ *del marmo* vein in marble. **3** (*del legno*) grain. **4** (*Geol*) (*di acqua*) vein, water vein, vein of water. **5** (*fig*) (*estro*) talent, vein, aptitude, gift, bent: *avere una* ~ *musicale* to have a musical bent, to have a musical vein, to have a talent for music. **6** (*fig*) (*traccia*) vein, streak: *una* ~ *di malinconia* a vein of sadness. **7** (*ispirazione*) inspiration: *la sua* ~ *poetica si è esaurita* his poetic inspiration has dried up. **8** (*Minier*) vein, lode; (*del carbone*) seam, vein. **9** (*Bot*) vein, nerve, rib. □ (*Anat*) ~*basilica* basilic vein; (*Anat*) ~*brachiale* brachial vein; (*Anat*) ~ *cava* vena cava; (*Anat*) ~ *cava inferiore* inferior vena cava; (*Anat*) ~ *cava superiore* superior vena cava; (*Anat*) ~*cefalica* cephalic vein; (*Geol*) ~*d'acqua* (water) vein, vein of water; (*fig,rar*)*di* ~ (*alacremente*) eagerly, willingly, cheerfully, readily: *fare qcs. di* ~ to do sth. willingly; ~ *d'oro* vein of gold; (*Anat*) ~ *giugulare* jugular vein, jugular; (*Anat*) ~*iliaca* iliac vein; (*fig*) *essere in* ~ *di scherzare* (o *essere in* ~ *di scherzi*) to be in the mood for joking; *oggi non sono in* ~ *di studiare* I'm not in the mood to study today;

è in ~ *di generosità* he is in a generous mood; *oggi non sono in* ~ I'm not in the mood today; (*Anat*) ~*mediana* median vein; (*Anat*) ~ *porta* portal vein; (*Anat*) ~*renale* renal vein; (*Anat*) ~ *safena* saphenous vein; (*Anat*) ~ *splenica* splenic vein; (*Anat*) ~ *succlavia* subclavian vein; (*Med*) *vene varicose* varicose veins.

venale *a.* **1** (*che si può vendere*) salable, saleable, for sale, (*lett*) venal. **2** (*che si può comprare*) purchasable, buyable, (*lett*) venal. **3** (*di vendita*) sale (*attr.*), selling: *prezzo* ~ sale price. **4** (*di acquisto*) purchase (*attr.*), market (*attr.*): *valore* ~ market value. **5** (*fig, spreg*) venal, mercenary; (*rif. a persone*) venal, mercenary, that may be bought, that may be bribed.

venalità *f.* **1** (*rar*) (*l'essere vendibile*) salability, saleability, (*lett*) venality. **2** (*rar*) (*l'essere acquistabile*) purchasability, (*lett*) venality. **3** (*fig,spreg*) venality, mercenariness: *la* ~ *di un giudice* the venality of a judge.

venalmente *avv.* venally.

venare (**véno**) **I** *v.t.* (*rar*) to vein. **II** *v.pron.* **venarsi 1** to become veined. **2** (*fig*) (*colorirsi*) to be traced, to be tinged, to take on a hint: *la sua voce si venò di tristezza* his voice was traced with sadness.

venato *a.* **1** veined: *marmo* ~ *di azzurro* blue-veined marble. **2** (*rif. a legno*) grained. **3** (*fig*) (*che reca il segno*) veined, shaded (*di* with): *parole venate di tristezza* words tinged with sadness. **4** (*pervaso*) pervaded (with).

venatorio *a.* **1** (*della caccia*) hunting, (*lett*) venatorial: *stagione venatoria* hunting season; *arte venatoria* hunting. **2** (*dei cacciatori*) hunters', of hunters (*posposto*): *linguaggio* ~ hunter's jargon.

venatura *f.* **1** vein, veining. **2** (*del legno*) grain. **3** (*Bot,Entom*) venation, nervation. **4** (*fig*) (*traccia*) vein, trace, streak: *c'è una* ~ *di tristezza nelle sue poesie* there is a trace of sadness in his poetry.

Venceslao *n.pr.m.* (*Stor*) Wenceslaus, Wenceslas.

vendemmia *f.* **1** vintage, grape harvest. **2** (*stagione*) vintage, grape-harvest time. **3** (*quantità di uva raccolta*) vintage. □ *fare la* ~ to gather the grapes, to harvest the grapes.

vendemmiaio *m.* (*Stor*) Vendémiaire.

vendemmiale *a.* (*rar*) grape-harvest (*attr.*), vintage (*attr.*): *tempo* ~ grape-harvest time, vintage time.

vendemmiare (**vendémmio, vendémmi**) **I** *v.i.* (*aus. avere*) to gather grapes, to harvest grapes, to pick grapes. **II** *v.t.* to harvest, to gather: ~ *l'uva* to harvest grapes.

vendemmiatore *m.* (*f.* **-trice**) vintager, grape harvester, grape gatherer.

vendere[1] (*pres.ind.* **véndo**; *p.rem.* **vendéi**/**vendétti**; *p.p.* **vendùto**) **I** *v.t.* **1** to sell: ~ *una casa* to sell a house. **2** (*mettere in vendita*) to sell, to put sth. up for sale. **3** (*esercitare un commercio*) to sell, to trade in, to deal in: ~ *libri* to sell books, to be a bookseller. **4** (*spreg*) (*far mercato di cose non venali*) to sell: ~ *il proprio onore* to sell one's honour. **5** (*tradire*) to sell, to sell out, to betray: ~ *la patria* to betray one's country. **6** (*asservire*) to sell. **II** *v.pron.* **vendersi 1** to sell oneself: *vendersi al nemico* to sell oneself to the enemy. **2** (*prostituirsi*) to sell oneself, to prostitute oneself. □ (*Comm*) ~*a buon mercato* to sell cheaply; (*Dir*) ~*a cancello chiuso* to sell lock, stock and barrel; (*Comm*) ~*a credito* to sell on credit; (*Comm*) ~*a metà prezzo*

to sell (at) half-price; (*Comm*) ~*a peso* to sell by weight; (*fig*) ~*a peso d'oro* to sell dear, to sell dearly, to sell at a high price; (*Comm*) ~*a rate* to sell on instalment plan, (*colloq*) to sell on the never-never; (*Econ*) ~*a termine* to sell forward; (*Comm*) ~*al miglior offerente* to sell to the highest bidder; (*Comm*) ~*al minuto* to retail, to sell retail; (*Comm*) ~*all'asta* to auction, to auction off, to sell at auction; (*Comm*) ~ *all'ingrosso* to sell wholesale; (*Comm*) ~ *allo scoperto* to sell short; (*fig*) *saper* ~ *bene qcs.* (*imporre, far accettare*) to know how to sell (*o* to push) sth., to be a good salesman; (*fig*) ~*cara la vita* (*o* ~*cara la pelle*) to sell one's life dearly, to give in over one's dead body; (*colloq, fig*) *te la vendo come l'ho comprata* I'm just passing on what I've heard, I'm telling it just as (*o* like) I heard it; (*colloq*) *avere qcs.da* ~ to have plenty of sth., to be bursting with sth., to be full of sth., to have enough and to spare of sth.; *ho pazienza da* ~, *ma...* I've plenty of patience, but..., I have no lack of patience, but...; *avere forza da* ~ to be bursting with strength; (*iron*) *lui ha salute da* ~ he is bursting with health; *hai ragione da* ~ you're absolutely right; (*fig*) ~*fumo* to talk big, to blow hot air; (*Comm*) ~*in passivo* to sell at a loss; (*colloq,fig*) ~ *perfinola camicia* to sell the shirt off one's back; (*fig*) *saper* ~ *la propria merce* to know how to sell oneself; ~*l'anima al diavolo* to sell one's soul to the devil; (*iperb*) *venderebbe l'anima pur di ottenere quello che vuole* he would sell his soul to get what he wants; *quell'articolo non si vende*: 1 (*non è in vendita*) that article is not for sale; 2 (*si vende male*) that article is selling badly; *questo libro si vende poco* this book is selling badly; (*Comm*) ~*per contanti* to sell for cash; (*Comm*) ~*sotto costo* to sell below cost; *vendesi* (*o vendonsi*) (*sui cartelli*) for sale. Prov.: ~ *la pelle dell'orso prima che sia morto* to count one's chickens before they are hatched.

vendere[2] *m.* selling: *l'arte del* ~ salesmanship.

vendesi *m.inv.* (*cartello*) for sale.

vendetta *f.* revenge, vengeance: *giurare* ~ to swear revenge, to vow vengeance. □ *di sangue* vendetta, blood feud;*fare* ~ *di* to take revenge for, to revenge; *per* ~ in revenge, out of revenge;*prendersi la propria* ~ to have (*o* get) one's revenge, to revenge oneself.

vendeuse /van'dœz/ *f.inv.* (*rar*) (*commessa*) shop assistant, saleswoman.

vendibile *a.* **1** (*che si può vendere*) saleable, salable. **2** (*messo in vendita*) for sale, on sale. **3** (*che trova facilmente acquirenti*) marketable, easy to sell, that sells easily. □ (*Farm*) ~ *senza ricetta medica* over-the-counter (*attr.*), non-prescription (*attr.*).

vendicabile *a.* that may be avenged.

vendicare (**véndico, véndichi**) **I** *v.t.* to avenge, to revenge: ~ *un torto* to avenge a wrong; ~ *col sangue* to avenge in blood; ~ *l'onore di qcu.* to avenge so.'s honour. **II** *v.pron.* **vendicarsi** to avenge oneself, to revenge oneself, to take revenge, to be revenged (*su* on, against): *vendicarsi di un torto* to take revenge for a wrong, to revenge oneself for a wrong.

vendicativo *a.* **1** revengeful, vengeful, vindictive. **2** (*che serba rancore*) vindictive. **II** *m.* (*f.* **-a**) **1** revengeful person. **2** (*chi serba rancore*) vindictive person.

vendicatore **I** *m.* (*f.* **-trice**) revenger, avenger. **II** *a.* vengeful, revengeful, avenging.

vendicchiare (**vendìcchio, vendìcchi**) *v.t.* (*rar*) to sell (sth.) with difficulty.

vendifumo *m.* (*rar*) (*fanfarone*) boaster; (*imbroglione*) swindler.

vendita *f.* **1** sale, selling: *la ~ di un terreno* the sale of a piece of land. **2** (*smercio*) sales *pl.*: *le vendite diminuiscono* sales are dropping off, sales are diminishing, sales are dwindling; *~ di armi* arms sales. **3** (*attività commerciale*) sale, selling: *il personale addetto alle vendite* sales personnel. **4** (*negozio*) shop, (*Am*) store: *aprire una ~ di tessuti* to open a fabric shop. □ (*Comm*) *~ a credito* credit sale; (*Comm*) *~ a domicilio* door-to-door selling; (*Comm*) *~ a peso* sale by weight; (*Comm*) *~ a pezzo* sale by number; *vendite a premio* premium sales; *~ a rate* selling on hire-purchase, selling on an instalment plan; *~ a termine*: **1** (*Comm*) forward sale, forward selling, sale for future delivery, sale on term; **2** (*Econ*) (*in Borsa*) sale for future settlement; *~ al dettaglio*: **1** (*Comm*) retail sale, retail selling; **2** (*estens*) (*commercio*) retail trade; (*Comm*) *~ al minuto* retail, retail sale; (*Comm*) *~ all'asta* auction, auction sale, sale by auction; *~ all'ingrosso* wholesale; (*Econ*) *~ allo scoperto* short sale, bear sale; (*Dir*) *~ coatta* forced sale; (*Comm*) *~ con perdita* sale at loss; (*Dir*) *~ condizionata* conditional sale; (*Rel.catt*) *~ delle indulgenze* sale of indulgences; *~ di beneficenza* charity sale; (*Comm*) *~ di chiusura* closeout sale; (*Comm*) *~ di fine stagione* end-of-season sale; (*Comm*) *~ di liquidazione* clearance, clearance sale; (*Econ*) *~ di realizzo* clearance sale; (*Comm*) *~ diretta* direct selling; (*Comm*) *~ esclusiva* exclusive selling rights (*pl.*), sole right of sale; (*Dir*) *~ fallimentare* bankruptcy sale; *~ fittizia* fictitious sale; (*Dir*) *~ giudiziale* sale by order of the Court, sale under execution; *essere in ~* to be for sale; *mettere in ~* to sell, to put up for sale; (*Comm*) *~ in blocco* bulk sale; (*Comm*) *~ in esclusiva* exclusive selling rights (*pl.*), sole right of sale; (*Comm*) *~ in massa* bulk sale; *~ mediante distributori automatici* automatic selling; (*Comm*) *~ per contanti* cash sale; (*Comm*) *~ per corrispondenza* mail order; (*Comm*) *~ per telefono* by telephone; (*Comm*) *~ porta a porta* door-to-door selling; (*Comm*) *~ promozionale* sales promotion; (*Comm*) *~ rateale* hire purchase, (*Am*) instalment sale; *~ simulata* fictitious sale; (*Comm*) *~ sottocosto* underselling; (*all'estero*) dumping; (*Comm*) *~ su campione* sale by sample, sale on sample; (*Comm*) *~ su catalogo* catalogue sale, (*Am*) catalog sale.

venditore *m.* (*f.* **-trice**) **1** seller, vendor. **2** (*gestore di un negozio*) shopkeeper, dealer, trader. **3** (*commesso*) shop assistant, salesman (*f.* -woman), sales assistant. □ *~ al minuto* retailer; *~ all'ingrosso* wholesaler, wholesale dealer; *~ ambulante*: **1** pedlar, hawker; **2** (*che va nelle case*) door-to-door salesman; (*fig*) *~ di fumo*: **1** (*fanfarone*) boaster, braggart, (*colloq*) big mouth, show-off; **2** (*imbroglione*) swindler.

venduto → **vendere**[1] **I** *a.* **1** sold. **2** (*fig*) (*corrotto*) corrupt, sold, mercenary. **II** *m.* **1** (*Comm*) goods *pl.* sold, merchandise sold. **2** (*f.* -a) (*fig*) (*corrotto*) corrupt person.

veneficio *m.* (*lett*) poisoning.

venefico (*pl.* **-ci**) *a.* **1** poisonous, venomous: *sostanza venefica* poisonous substance. **2** (*estens*) (*nocivo*) unhealthy, harmful, poisonous.

venerabile I *a.* **1** venerable: *un vecchio di ~ aspetto* a venerable-looking old man. **2** (*nei titoli*) worshipful. **II** *m.* **1** (*Rel*) venerable. **2** (*maestro venerabile*) Worshipful Master. □ *aveva la ~ età di novantacinque anni* he reached the ripe old age of ninety-five.

venerabilità *f.* venerability, venerableness.

venerando *a.* venerable: *alla veneranda età di novantacinque anni* at the venerable age of ninety five.

venerare (**vènero**) *v.t.* **1** to venerate, to revere: *~ la memoria di qcu.* to revere so.'s memory. **2** (*Rel*) to worship, to venerate.

venerato *a.* **1** venerated, revered. **2** (*Rel*) worshipped, venerated.

venerazione *f.* **1** veneration, reverence: *provare una grande ~ per qcu.* to nurture a profound veneration for so.; *degno di ~* venerable; *essere oggetto di ~* to be venerated. **2** (*Rel*) worship, veneration.

venerdì *m.* Friday: *~ parto* I'm leaving on Friday; *di* (*o il*) *~ sono sempre stanco* I'm always tired on Fridays; *è nato di ~* he was born on a Friday. □ (*scherz.fig*) *gli manca qualche ~* he has a screw loose, he's not all there; (*Rel*) *~ santo* Good Friday; *~ sera* (on) Friday evening, (on) Friday night; (*scherz.fig*) *non ha tutti i ~* he has a screw loose, he's not all there.

venere *f.* **1** (*donna di rara bellezza*) beauty, Venus, goddess: *si crede una ~* she thinks she's a beauty. **2** (*Zool*) Venus, Venus shell. **3** (*pop*) (*venerdì*) Friday. □ *Prov.*: *né di Venere né di Marte ci si sposa oppur si parte* it's bad luck to get married or set out on Fridays or Tuesdays.

Venere I *n.pr.f.* (*Mitol*) Venus. **I** *n.pr.m.* (*Astr*) Venus.

venereo *a.* **1** venereal; (*sensuale*) sensual: *amore ~* sensual love. **2** (*Med*) venereal: *malattie veneree* venereal diseases.

venereologia *f.* (*Med*) venereology.

venetico *a./m.* (*Stor,Ling*) Venetic.

veneto I *a.* **1** of the Veneto region (*posposto*), from Veneto (*posposto*). **2** (*veneziano*) Venetian, of Venice (*posposto*). **II** *m.* **1** (*f.* -**a**) (*originario*) native of Veneto; (*abitante*) inhabitant of Veneto (*anche Stor*). **2** (*dialetto*) Veneto dialect.

Venezia *n.pr.f.* (*Geog*) Venice. □ (*Geog*) *~ Giulia* Venetia Julia; *le tre Venezie* the Three Venetias.

veneziana *f.* **1** (*tipo di tenda*) Venetian blind. **2** (*Dolc*) kind of soft bun.

veneziano I *a.* Venetian, of Venice (*posposto*). **II** *m.* **1** (*f.* -**a**) (*abitante*) Venetian. **2** (*dialetto*) Venetian (dialect). □ *alla veneziana* in the Venetian style, in the Venetian manner, in the Venetian way.

Venezuela *n.pr.m.* (*Geog*) Venezuela.

venezuelano I *a.* Venezuelan. **II** *m.* (*f.* -**a**) (*abitante*) Venezuelan.

venia *f.* (*lett*) (*perdono*) forgiveness, pardon: *chiedere ~* to ask for forgiveness.

veniale *a.* **1** (*perdonabile*) forgiveable, excusable, venial. **2** (*Teol*) venial: *peccato ~* venial sin.

venialità *f.* **1** forgiveableness. **2** (*Teol*) veniality.

venire (*pres.ind.* **vèngo, vièni, viène, veniàmo, venìte, vèngono**; *fut.* **verrò**; *p.rem.* **vènni**; *pres.cong.* **vènga, veniàmo, veniàte, vèngano**; *p.pres.* **veniènte**; *p.p.* **venùto**; *aus.* **essere**) *v.i.* **1** to come: *vieni a trovarmi* come and see me; *mi sembra che venga qualcuno* I think someone is coming. **2** (*giungere, arrivare*) to come, to arrive: *finalmente è venuta l'estate* summer has finally come, summer is here at last; (*estens*) *~ a un accordo* to reach a settlement, to come to a settlement. **3** (*pro-*venire*) to come (*da* from): *quest'olio viene dalla mia tenuta* this oil comes from my estate. **4** (*essere inviato*) to be sent, to come (from): *questo pacco viene da casa* this parcel was sent from home. **5** (*arrivare attraverso i fili, condutture e sim.*) to come; (*scaturire*) to come, to come out, to flow: *non viene l'acqua* the water isn't coming out, there's no water. **6** (*derivare, avere origine*) to come, to be descended (from): *viene da una nobile famiglia* he comes from a noble family; *una parola che viene dal latino* a word that comes from Latin (*o* a word that has a Latin root); *da dove ti viene tanta sicurezza?* where does all your self-confidence come from?; *proprio da te viene questa osservazione!* that sounds strange coming from you!, you're the one to talk! **7** (*sopraggiungere*) to come, to arrive unexpectedly, to turn up: *poi venne la grandine e rovinò il raccolto* then the hail came and destroyed the crops; *poi venne la guerra* then the war came, then the war broke out. **8** (*presentarsi, manifestarsi*) to get, to have (*costr.pers.*), to come, to occur: *cosa ti viene in mente?* what has got into your head?, what has come over you?; *mi è venuto un dubbio* I just had a doubt; *ci è venuta un'idea!* we have had an idea!, we've got an idea! **9** (*avere, sentire*) to get (*costr.pers.*), to feel like (*costr.pers.*): *mi sta venendo fame* I'm getting hungry; *mi venne una gran malinconia* I was overcome by sadness, sadness filled my heart. **10** (*rif. a malattie e sim.*) to catch, to get, to contract: *gli è venuta l'influenza* he has caught influenza; *mi è venuta la tosse* I've got a cough. **11** (*trattare, discutere*) to come, to get: *~ all'argomento principale* to come to the main subject. **12** (*riuscire*) to turn out, to come out: *com'è venuto il lavoro?* how did the work come out?; *~ bene* to turn out well, to be successful. **13** (*Mat*) (*ottenere come risultato*) to come out, to come to, to work out, to be the result: *ho fatto la somma e mi viene sessantotto* I have done the sum and it works out to be (*o* the result is) sixty-eight. **14** (*uscire, essere estratto*) to be drawn, to come out: *è venuto il nove* number nine has been drawn. **15** (*costare*) to cost, to come out to: *quanto viene questa stoffa?* how much does this fabric cost?; *questo vi viene due euro al chilo* this costs (*o* this will cost you) two euros a kilo; *quanto viene?* how much does it cost?, how much is it? **16** (*ricorrere*) to fall, to come: *la mia festa viene di lunedì* my birthday falls on a Monday; *quest'anno la Pasqua viene presto* Easter comes early this year. **17** (*toccare, spettare*) to be due, to have, to get: *vi viene un euro ciascuno* you get an euro each. **18** (*colloq*) (*ricordare*) to remember (*costr.pers.*), to come: *non mi viene* it won't come (to me). **19** (*seguito da gerundio: inizio dell'azione*) to be beginning: *mi vengo accorgendo che* I am beginning to realize that. **20** (*seguito da gerundio: azione ripetuta, continuata*) to keep (on): *veniva dicendo* he kept saying, he would continually say; *mi vengo sempre più convincendo che* I am more and more convinced that. **21** (*usato come ausiliare di frasi passive*) to be, spesso tradotto con frase attiva: *venne ammirato da tutti* it was admired by all, everybody admired it. **22** (*colloq*) (*avere un orgasmo*) to come. □ *a ~* (*futuro*) to come, future: *nei secoli a ~* in the centuries to come; *~ addosso* (*investire*) to hit, to run over; *la macchina mi stava venendo addosso* the car was heading straight at (*o* towards) me; *~ avanti*: **1** (*avanzare*) to come forward, to advance; **2**

(*avvicinarsi*) to come forward, to come up, to draw near, to come near; 3 (*entrare*) to come in, to go in, to enter; ~*bene* to turn out well, to be a success: *questo dolce è venuto bene* this cake has turned out well;*che viene* coming, next: *il mese che viene* next month; *come viene viene* whatever happens happens, we'll take it as it comes; *mi viene da piangere* I feel like crying, it makes me want to cry; ~*dentro* : 1 to come inside; 2 (*entrare*) to come in, to come inside, to enter; ~ *detto* to be said; *ciò èdi là da* ~ it is still far off, it is still a long way off, that's for the future; ~*dietro* to follow, to come behind; ~ *dopo* : 1 to follow, to follow behind: *andate avanti, io vengo dopo* you go on, I'll come later (*o* I'll follow you); 2 (*essere susseguente*) to follow, to follow on, to come after, to be behind, to be after: *viene dopo di me nella fila* he's behind me in the queue; *il cinque viene dopo il quattro* five comes after four; *fare* ~: 1 (*andare a chiamare*) to call, to go call, to go and call; 2 (*mandare a chiamare*) to send for, to call (for): *fare* ~ *un medico* to send for a doctor; *far* ~ *un taxi* to call a cab; 3 (*ordinare*) to order, to have (sth.) sent, to have (sth.) brought: *l'ho fatto* ~ *dall'Inghilterra* I had it sent from England; 4 (*provocare*) to cause, to make, to give: *fare* ~ *la nausea a qcu.* to make so. feel sick, to make so. sick; *fare* ~ *l'appetito a qcu.* to make so. hungry, to stir so.'s appetite; *fare* ~ *il mal di testa a qcu.* to give so. a headache, to make so. get a headache; *mi fa* ~ *fame* it makes me hungry, it makes me feel hungry; 5 (*permettere*) to let (so.) come; ~*fuori* : 1 to come out (*da* of), to emerge (from); 2 (*fig*) (*risultare*) to turn out, to come out, to emerge: *dalle indagini non è venuto fuori niente di nuovo* nothing new emerged from the investigation; 3 (*fig*) (*essere pubblicato*) to come out, to be published; ~*giù* : 1 to come down, to descend; 2 (*cadere*) to fall, to fall down, to come down: *la neve viene giù a larghe falde* the snow is falling in large flakes; (*colloq*) *neppure se viene giù il mondo* not on your life, over my dead body; (*colloq*) *viene giù come Dio la manda* (*piove a dirotto*) it's pouring, it's raining cats and dogs; (*fig*) *a me non viene nulla*in *tasca* I get nothing out of it; ~*su* : 1 to come up: *dai, vieni su!* come on up!; 2 (*crescere*) to grow; 3 (*rif. a persone: diventare grande*) to grow up: *il ragazzo viene su forte* the boy is growing up strong; 4 (*di cibo*) to come up: *mi viene su il gelato* the ice-cream is coming up; (*fig*) ~*su dal nulla* to be a self-made man; ~ *via* : 1 to come away; 2 (*andare via*) to go away; 3 (*scomparire*) to vanish, to go, to disappear: *queste macchie non vengono via* these spots won't come out; 4 (*staccarsi*) to come off: *ti è venuto via un bottone* one of your buttons has come off; 5 (*uscire*) to come out: *il tappo non vuole venire via* the cork won't come out.

venosità *f.* (*rar*) venosity.

venoso *a.* (*Med*) venous: *sangue* ~ venous blood.

ventaglia *f.* (*Mediev*) ventail.

ventagliaio *m.* (*f. -a*) 1 (*fabbricante*) fan maker. 2 (*venditore*) fan seller.

ventaglio *m.* 1 fan: *farsi aria con il* ~ to fan oneself. 2 (*fig*) (*gamma*) range: *un* ~ *di possibilità.* a range of possibilities; *il* ~ *dei prezzi* the price range. 3 (*Zool*) Jacob's scallop. □ *a* ~ fan (*attr.*), fan-shaped, fanwise; *aprirsi a* ~ to open like a fan, to fan.

ventarola *f.* (*region*) 1 (*ventola*) fire fan. 2 (*banderuola*) weathercock (*anche fig*).

ventata *f.* 1 gust (of wind). 2 (*fig*) (*moto improvviso e violento*) surge, wave, gust: *una* ~ *di allegria* a wave of happiness.

ventennale I *a.* 1 (*che dura un ventennio*) twenty-year (*attr.*), that lasts twenty years. 2 (*che ricorre ogni venti anni*) occurring every twenty years (*posposto*). II *m.* 1 (*ventesimo anniversario*) twentieth anniversary: ~ *della morte* twentieth anniversary of a death. 2 (*celebrazione*) twentieth anniversary celebration(s).

ventenne I *a.* of twenty (*posposto*), twenty-year-old (*attr.*), twenty years old (*posposto*). II *m./f.* twenty-year-old, twenty-year-old man (*f.* twenty-year-old woman).

ventennio *m.* twenty years *pl.*, period of twenty years: *il prossimo* ~ the next twenty years. □ (*Stor.it*) *il* ~*fascista* the twenty years of Fascism.

ventesimo I *a.* twentieth. II *m.* 1 (*f. -a*) (*ordinale*) twentieth. 2 (*frazionario*) twentieth: *un* ~ a twentieth.

venti I *a.* twenty. II *m.* 1 (*numero*) twenty. 2 (*nelle date*) twentieth. 3 (*anno 1920*) nineteen twenty. 4 (*autobus*) number twenty. III *f.pl.* eight p.m., eight o' clock (in the evening); (*negli orari dei trasporti internazionali*) (*Br*) twenty hours, twenty hundred hours. □ *di vent*unni of twenty, twenty-year-old (*attr.*); *siamo*in ~ there are twenty of us, we're a party of twenty.

venticello *m.* breeze.

venticinque I *a.* twenty-five. II *m.* 1 (*numero*) twenty-five. 2 (*nelle date*) twenty-fifth. 3 (*anno 1925*) nineteen twenty-five. 4 (*autobus*) number twenty-five.

venticinquenne I *a.* twenty-five-year-old (*attr.*), of twenty-five (*posposto*), twenty-five years old (*posposto*). II *m./f.* twenty-five-year-old.

venticinquennio *m.* (*periodo*) twenty-five years *pl.*, twenty-five-year period, quarter of a century.

venticinquesimo I *a.* twenty-fifth. II *m.* 1 (*f. -a*) (*ordinale*) twenty-fifth. 2 (*frazionario*) twenty-fifth. 3 (*anniversario*) twenty-fifth anniversary, silver anniversary.

ventidue I *a.* twenty-two. II *m.* twenty-two. III *f.pl.* ten p.m.; (*negli orari dei trasporti internazionali*) (*Br*) twenty-two hours, twenty-two hundred hours.

ventiduenne I *a.* twenty-two-year-old (*attr.*), of twenty-two (*posposto*), twenty-two years old (*posposto*). II *m./f.* twenty-two-year-old.

ventiduesimo I *a.* twenty-second. II *m.* (*f. -a*) 1 (*ordinale*) twenty-second. 2 (*frazionario*) twenty-second.

ventilabro *m.* 1 (*Agr*) winnowing fan. 2 (*Mus*) organ valve, pallet.

ventilare (**vèntilo**) *v.t.* 1 to air, to ventilate: ~ *una stanza* to air a room, to ventilate a room. 2 (*fig*) (*esaminare*) to examine, to ventilate; (*discutere*) to discuss (freely), to ventilate. 3 (*fig*) (*proporre*) to propose, to bounce: ~ *un'idea* to air an idea; ~ *una proposta* to air a proposal. 4 (*Agr*) to winnow. 5 (*Med*) to ventilate.

ventilato *a.* airy, ventilated, aired: *un ambiente ben* ~ a well ventilated room.

ventilatore *m.* 1 fan, ventilator: ~ *elettrico* electric fan. 2 (*aspiratore*) exhaust fan, exhauster. 3 (*Aut*) fan. 4 (*Minier*) (mine) ventilator, blower. 5 (*Med*) ventilator. □ ~*aspirante* exhaust fan, exhauster; ~ *da parete* wall fan; ~*da soffitto* ceiling fan; ~*da tavolo* desk fan.

ventilazione *f.* 1 ventilation. 2 (*cambio dell'aria*) airing, ventilation, air changing. 3

(*corrente d'aria*) current of air, flow of air, movement of air. 4 (*Minier*) ventilation. 5 (*Mecc,Mot*) (*raffreddamento ad aria*) air cooling. 6 (*Agr,rar*) winnowing. 7 (*Med*) ventilation. □ (*Med*) ~*alveolare* alveolar ventilation; (*Minier*) ~*ascendente* uphill ventilation; ~*aspirante* suction ventilation, vacuum ventilation, exhaust ventilation; (*Agr*) ~ *del terreno* soil ventilation; (*Minier*) ~ *discendente* downhill ventilation; (*Mecc*) ~ *forzata* forced ventilation; ~*libera* no-draft ventilation; ~*naturale* natural ventilation; (*Med*) ~ *polmonare* ventilation (of the lungs).

ventina *f.* 1 score, about twenty, around twenty, some twenty: *una* ~ *di persone* around twenty people. 2 (*rif. all'età*) about twenty, around twenty: *essere sulla* ~ to be about twenty.

ventino *m.* (*Numism*) twenty-cent coin.

ventiquattrenne I *a.* twenty four-year-old (*attr.*), of twenty-four (*posposto*), twenty-four years old (*posposto*). II *m./f.* twenty-four-year-old.

ventiquattresimo I *a.* twenty-fourth. II *m.* (*f. -a*) 1 (*ordinale*) twenty-fourth. 2 (*frazionario*) twenty-fourth.

ventiquattro I *a.* twenty-four. II *m.* twenty-four. III *f.pl.* twelve p.m., midnight, twelve midnight; (*negli orari dei trasporti internazionali*) (*Br*) twenty-four hours, twenty-four hundred hours. □ *ventiquattr'ore*su ~ round the clock, around-the-clock, twenty-four hours a day.

ventiquattr'ore, **ventiquattrore** *f.inv.* 1 (*valigetta*) overnight bag, overnight case, briefcase. 2 (*Sport*) twenty-four-hour race.

ventitré I *a.* twenty-three. II *m.* twenty-three. III *f.pl.* eleven p.m., eleven (o'clock) in the evening; (*negli orari dei trasporti internazionali*) (*Br*) twenty-three hours, twenty-three hundred hours. □ *portare il cappello*sulle ~ to wear one's hat cocked.

ventitreenne I *a.* of twenty-three (*posposto*), twenty-three years old (*posposto*). II *m./f.* twenty-three-year-old.

ventitreesimo I *a.* twenty-third. II *m.* (*f. -a*) 1 (*ordinale*) twenty-third. 2 (*frazionario*) twenty-third.

vento *m.* 1 wind: *tirava un forte* ~ a strong wind was blowing. 2 (*aria, flusso di aria*) air, air current, air flow: *il* ~ *prodotto da un ventilatore* the current of air produced by a fan. 3 (*pop*) (*peto*) wind, fart. 4 (*Tecn*) blast, air blast. 5 (*Mar*) stay, guy rope. 6 (*Edil*) bracing wire, guy wire. 7 (*Agr*) trunk. 8 (*Arm*) difference in diameter between barrel and bullet. □ ~ *wind* (*attr.*); *avere il* ~ *a favore* to have favourable wind;*al* ~ (*blowing*) in the wind, streaming: *con i capelli al* ~ with her hair blowing (*o* flying) in the wind; (*Mar*) ~ *al traverso* beam wind; (*Meteor*) *venti*alisei trade winds; (*Meteor*) ~ *anabatico* anabatic wind; (*Meteor*) ~*australe* south wind, southerly; ~*caldo* : 1 (*Meteor*) warm wind; 2 (*Met*) hot blast; (*Meteor*) ~*catabatico* catabatic wind; ~*contrario* contrary wind, foul wind, unfavourable wind;*contro* ~ against the wind; ~*da sud* southerly, southerly wind, south wind; (*Meteor*) ~*debole* light wind, gentle wind; ~*del nord* northerly, northerly wind, north wind; ~*del sud* southerly, southerly wind, south wind; ~ *dell'est* easterly wind, easterly east wind; ~ *dell'ovest* westerly wind, westerly, west wind; (*Meteor*) ~*di burrasca* gale; (*Aer*) ~*di coda* tailwind; (*Mar*) ~*di prua* headwind; ~ *di terra* land wind; (*Meteor*) ~ *dominante* prevailing wind; (*rar*)*far* ~ to produce a current of air; *far* ~ *a qcu.* (*fare aria*) to fan so.; (*pop*) *fare un vento* to cut the cheese; (*rar*) *farsi* ~ to fan oneself; *~favorevole* fair wind, favourable wind; *~ forte*: 1 strong wind; 2 (*Meteor*) near gale; (*Meteor*) *un* ~ *forza 9* a force 9 gale; (*Meteor*) *~fresco* strong breeze; (*Meteor*) *~grecale* noth-east wind; (*Mar*) *~in faccia* head wind; (*Mar*) *~in poppa* aft wind, stern wind; *andare* (*o procedere*) *con il* ~ *in poppa* to sail before the wind (*anche fig*); (*Meteor*) *~irregolare* shifting wind, variable wind; *~ leggero* gentle wind, light wind; (*Meteor*) ~ *moderato* moderate breeze; (*Meteor*) *venti periodici* recurrent winds; (*Meteor*) *~regolare* steady wind; (*fig*) *volgere la vela secondo il* ~ to trim one's sails according to the wind; (*Astr*) ~ *solare* solar wind; (*Mar*) *tenersi al* ~ to keep to windward; (*Meteor*) ~ *teso* fresh breeze; (*Aer*) ~ *trasversale* cross wind; ~ *umido* damp wind; *~vorticoso* vortical wind.

ventola *f.* **1** fire fan. **2** (*ventaglio*) fan. **3** (*portalampade a muro*) wall light fixture, wall sconce. **4** (*Mecc*) fan, rotor, impeller. **5** (*Idr*) floodgate, sluice.

ventosa *f.* **1** suction cup, sucker. **2** (*Zool*) sucker. **3** (*Med*) cupping glass.

ventosità *f.* **1** windiness. **2** (*fig*) (*boria*) conceit, bombast.

ventoso **I** *a.* windy: *una giornata ventosa* a windy day. **II** *m.* (*Stor*) Ventôse.

ventrale *a.* (*Anat*) ventral, abdominal: *pinne ventrali* ventral fins.

ventre *m.* **1** (*Anat*) abdomen. **2** (*estens*) (*pancia*) belly, stomach, gut: *avere il* ~ *grosso* to have a paunch, to have a potbelly. **3** (*estens*) (*con allusione al mangiare*) stomach, (*colloq*) belly: *a* ~ *pieno* on a full stomach. **4** (*estens*) (*grembo materno*) womb: *portare nel* ~ to bear in one's womb. **5** (*fig*) (*parte rigonfia di un oggetto*) belly, bulge; (*rif. a vasi, fiaschi e sim. e a vele*) belly. **6** (*fig*) (*interno, viscere*) bowels *pl.*, depths *pl.*: *nel* ~ *della terra* in the bowels of the earth. **7** (*Aer*) wing underside. **8** (*Bot*) venter. **9** (*Fis*) antinode. **10** (*Met*) (*di altiforni*) belly. ☐ *stare ~a terra* to lie on one's stomach (*o* on one's face); *mettersi ~ a terra* to lie down on one's stomach; (*Aer*) ~ *dell'ala* wing underside; (*Fis*) ~ *dell'onda* trough; (*Fis*) ~ *di oscillazione* antinode, loop; (*Med*) ~ *pendulo* pendulous abdomen.

ventresca *f.* (*Alim*) **1** belly of tunny in oil. **2** (*region*) (*pancetta*) bacon.

ventricolare *a.* (*Anat*) ventricular.

ventricolo *m.* (*Anat*) ventricle, verntriculus. ☐ (*Anat*) ~ *cardiaco* cardiac ventricle; (*Anat*) ~ *cerebrale* ventricle of the brain.

ventriera *f.* **1** body belt. **2** (*Stor*) (*borsa*) pouch (*o* purse) attached to a girdle.

ventriglio *m.* (*Ornit*) gizzard.

ventriloquio *m.* ventriloquism.

ventriloquo **I** *a.* ventriloquistic, ventriloquial. **II** *m.* (*f.* **-a**) ventriloquist.

ventunenne **I** *a.* twenty-one-year-old (*attr.*), of twenty-one (*posposto*), twenty-one years old (*posposto*). **II** *m./f.* twenty-one-year-old.

ventunesimo **I** *a.* twenty-first. **II** *m.* (*f.* **-a**) **1** (*ordinale*) twenty-first. **2** (*frazionario*) twenty-first.

ventuno **I** *a.* twenty-one. **II** *m.* **1** (*numero*) twenty-one. **2** (*nelle date*) twenty-one. **3** (*gioco di carte*) pontoon, (*Am*) twenty-one, blackjack. **III** *f.pl.* nine p.m., nine (o'clock) in the evening; (*Br*) (*negli orari dei trasporti internazionali*) twenty-one hours, twenty-one hundred hours.

ventura *f.* **1** (*sorte, destino*) chance, fortune: *predire la* ~ to foretell the future, to tell fortunes. **2** (*buona sorte, fortuna*) luck, good luck, fortune: *andare in cerca di* ~ to seek one's fortune. ☐ *andare alla* ~ to take one's chance.

venturo *a.* **1** (*lett*) coming; (*futuro*) future. **2** (*prossimo*) next: *sabato* ~ next Saturday.

venula *f.* **1** (*Anat*) venule. **2** (*Med*) syringe for taking blood sample, vacutainer.

venusiano **I** *a.* (*Astr*) Venusian, of Venus (*posposto*). **II** *m.* (*f.* **-a**) (*presunto abitante di Venere*) Venusian, inhabitant of Venus.

venustà *f.* (*lett*) beauty.

venusto *a.* (*lett*) beautiful.

venuta *f.* coming, arrival: *dopo la* ~ *di Cristo* after the coming of Christ.

venuto *m.* (*f.* **-a**) comer: *i nuovi venuti* the newcomers; *il primo* ~ the firstcomer; *non è il primo* ~ he's not a mere nobody, he's not just anybody.

ver. *versamento* payt., pymt. (payment), rem. (remittance).

vera *f.* **1** (*Edil*) (*dei pozzi*) well curb. **2** (*region*) (*anello matrimoniale*) wedding ring, (*Am*) wedding band.

verace *a.* **1** (*veritiero*) truthful, veracious: *un testimone* ~ a truthful witness, a faithful witness; *un racconto* ~ a true story, a truthful story. **2** (*lett*) (*vero*) true. **3** (*pieno, intenso*) true, deep, intense: *amore* ~ true love. **4** (*region*) (*genuino*) genuine, real, authentic: *un napoletano* ~ a genuine Neapolitan.

veracemente *avv.* truthfully, veraciously.

veracità *f.* truthfulness, veracity.

veramente *avv.* **1** really, truly, (*colloq*) really and truly: *è* ~ *malato* he really is ill; *le cose stanno* ~ *così* that's how things really are; *è* ~ *denaro sprecato* it really is a waste of money. **2** (*proprio, sul serio*) really, straight up: *è* ~ *simpatico* he's really nice; *~?* really? **3** (*sinceramente*) really, truly, sincerely: *mi è* ~ *affezionato* he's really fond of me. **4** (*a dire il vero*) actually, really: *io non ho mai detto questo* actually, I never said that.

veranda *f.* (*Edil*) veranda, verandah, (*Am*) porch.

veratro *m.* (*Bot*) veratrum.

verbale[1] *a.* **1** (*orale, a voce*) verbal, spoken: *ordine* ~ verbal order. **2** (*fatto di parole*) verbal: *alterco* ~ verbal dispute. **3** (*Gramm*) verbal: *aggettivi verbali* verbal adjectives.

verbale[2] *m.* **1** record, report; (*di una riunione e sim.*) minutes *pl.* **2** (*Dir*) (*processo verbale*) record, report, minutes *pl.*, proceedings *pl.*: *redigere un* ~ to draw up the minutes. **3** (*resoconto fatto per la polizia*) statement: *firmare il* ~ to sign the statement. ☐ *mettere a* ~ to put on record, to record; *~ di collaudo* inspection report; ~ *di contravvenzione* offence report, report on infringement of regulations, (*Am*) ticket, traffic ticket; *~ di gara* tournament protocol; ~ *di polizia* police report; *~di seduta* minutes of a meeting.

verbalismo *m.* verbalism.

verbalistico (*pl.* **-ci**) *a.* verbalistic.

verbalizzare (**verbalizzo**) *v.t.* **1** (*mettere a verbale*) to record, to put on record, to report, to include (sth.) in a report, to set down (in writing). **2** (*rif. al verbale di una riunione*) to minute, to include (sth.) in the minutes. **3** (*assol.*) (*stendere il verbale*) to write the minutes, to write a report.

verbalizzazione *f.* putting on record, recording.

verbalmente *avv.* (*a parole*) verbally, orally, in words, by word of mouth.

verbasco (*pl.* **-chi**) *m.* (*Bot*) mullen, mul-

lein, verbascum.

verbena *f.* (*Bot*) vervain, verbena.

verbigrazia *avv.* (*lett*) for example, for instance.

verbo *m.* **1** (*Gramm*) verb. **2** (*ant*) (*parola*) word: *non dire* ~ not to say a word; *non far* ~ *a nessuno di qcs.* not to say a word (*o* not to breathe a word) about sth. to anyone. ☐ (*Gramm*) ~ *attivo* active verb; (*Gramm*) ~ *ausiliare* auxiliary verb; (*Gramm*) ~ *causativo* causative verb; (*Gramm*) *~debole* weak verb; (*Gramm*) ~ *di moto* verb of motion; (*Gramm*) ~ *di stato* verb of state, stative verb; (*Gramm*) ~ *difettivo* defective verb; (*Gramm*) *~ forte* strong verb; (*Gramm*) *~frasale* phrasal verb; (*Gramm*) ~ *impersonale* impersonal verb; (*Gramm*) ~ *incoativo* inchoative verb; (*Gramm*) ~ *intransitivo* intransitive verb; (*Gramm*) ~ *irregolare* irregular verb; (*Gramm*) ~ *modale* modal verb; (*Gramm*) ~ *passivo* passive verb; (*Gramm*) ~ *regolare* regular verb; (*Gramm*) ~ *riflessivo* reflexive verb; (*Gramm*) *verbi servili* auxiliary verbs; (*Gramm*) ~ *transitivo* transitive verb.

Verbo *m.* (*Teol*) Word: (*Bibl*) *il* ~ *si è fatto carne* the Word was made flesh.

verbosamente *avv.* verbosely.

verbosità *f.* verbosity, wordiness.

verboso *a.* verbose, wordy.

verdastro *a.* greenish.

verde **I** *a.* **1** green: *un prato* ~ a green meadow. **2** (*non ancora maturo*) green, unripe, not ripe yet: *frutta* ~ green fruit. **3** (*estens*) (*fresco*) green, young, fresh, tender; (*rif. a legna*) green, unseasoned. **4** (*livido*) pale, green, white, livid (*anche fig*): *essere* ~ *dall'invidia* to be green with envy. **5** (*in urbanistica*) park and garden, open: *zona* ~ open spaces, parks and gardens. **6** (*di prato*) grass (*attr.*), green, grassy. **7** (*fig,lett*) (*giovanile*) green, youthful: *anni verdi* green years, salad days. **8** (*robusto, vigoroso*) green, vigorous, strong, robust. **9** (*Pol,Econ*) green. **II** *m.* **1** (*colore*) green, green colour, (*Am*) green color: *il* ~ *è il colore della speranza* green is the colour of hope. **2** (*parte verde*) green part. **3** (*fronde verdi, germogli*) green, greenery. **4** (*prato verde*) green, lawn; (*zona verde*) parks and gardens *pl.*, open spaces *pl.*: ~ *pubblico* public parks and gardens. **5** (*estens*) (*natura*) nature, green, greenery: *vivere in mezzo al* ~ to live immersed in nature. **6** (*semaforo*) green, green light. **7** (*Arald*) vert. **8** (*Pol, Econ*) green: *i Verdi* the Greens. ☐ ~ *acqua* aquamarine; (*colloq*) *essere al* ~ to be penniless, (*colloq*) to be on the rocks, (*colloq*) to be flat broke; (*colloq*) *ridursi al* ~ to lose all one's money, (*colloq*) to go broke; ~ *azzurro* blue-green, bluish green; *~ bandiera* bright green; ~ *bottiglia* bottle-green; ~ *chiaro* light green; (*fig*) *essere ~ dalla bile* (*o essere ~ dalla rabbia*) to be white with fury; (*fig*) *la* ~ *età* the green age, youth; ~ *giada* jade; ~ *marcio* kind of olive-green, yellowish green; ~ *mela* apple-green, ~ *oliva* olive; *~pavone* peacock green; ~ *pisello* pea-green; ~ *pistacchio* pistachio, pistachio green; ~ *prato* grass-green; ~ *ramarro* bright green; ~ *rame* copper green; ~ *scuro* dark-green; *~smeraldo* emerald.

verdeggiante *a.* verdant, green.

verdeggiare (**verdéggio, verdéggi**) *aus. avere*) *v.i.* **1** (*essere verde*) to be verdant, to be green. **2** (*diventare verde*) to turn green, to become green. **3** (*rilucere di colore verde*) to shimmer green. **4** (*tendere al verde*) to be greenish.

verdegiallo *a./m.* yellowish green.

verdegrigio *a./m.* grey-green.

verdello m. 1 (*Bot*) summer lemon. 2 (*Ornit*) (*verdone*) greenfinch, green linnet.

verdemare a./m. sea-green.

verderame m.inv. verdigris (*anche Chim*).

verdesca f. (*Itt*) blue shark.

verdetto m. 1 (*Dir*) verdict: ~ *dei giurati* verdict of the jury; ~ *di colpevolezza* verdict of guilty; ~ *di non colpevolezza* verdict of not guilty; *pronunciare un ~* (o *emettere un ~*) to pronounce (o to return) a verdict. 2 (*estens*) (*decisione di arbitro*) decision, verdict. 3 (*fig*) (*giudizio*) verdict, opinion, judgement: *il ~ dei critici* the opinion of the critics. □ (*Dir*) -*a maggioranza* majority verdict.

verdicchio m. (*Enol*) verdicchio (kind of dry white wine).

verdino I a. greenish; (*verde pallido*) pale green. II m. (*colore*) light green (colour).

verdognolo a. greenish.

verdolino I a. light green, pale green. II m. (*colore*) light green, (*Br*) light green colour, (*Am*) light green color.

verdone I a. dark green. II m. 1 (*colore*) dark green. 2 (*Ornit*) greenfinch, green linnet. 3 (*Itt*) blue shark. 4 (*gerg*) (*dollaro*) buck.

verdura f. (*collett.*) vegetables pl., (*Br*) veg pl., greens pl., (*Am*) veggies pl., greens pl. □ ~*a foglie* greens (pl.); ~*cotta* cooked vegetables (pl.); ~*cruda* raw vegetables (pl.); *minestradi* ~ vegetable soup.

verduraio m. (*region*) 1 (f. **-a**) (*Br*) greengrocer, (*Am*) fruit and vegetable seller. 2 (*negozio*) (*Br*) greengrocer's, (*Am*) fruit and vegetable store.

verecondia f. (*lett*) 1 (*pudore*) bashfulness. 2 (*modestia*) modesty, chastity.

verecondo a. (*lett*) 1 (*pudico*) coy. 2 (*modesto*) modest.

verga f. 1 (*bacchetta lunga e sottile*) rod, cane. 2 (*barra di metallo*) bar, rod: *verghe auree* gold bars. 3 (*negli strumenti*) rod, shaft: *la ~ del pendolo* the shaft of the pendulum. 4 (*ramo di albero sottile*) slender branch, thin branch, branchlet. 5 (*strumento del rabdomante*) divining rod. 6 (*lett*) (*insegna di comando*) staff, sceptre, verge. 7 (*lett*) (*bastone del pastore*) shepherd's crook, shepherd's staff. 8 (*lett*) (*pene*) penis, member. 9 (*Tess*) leash rod, lease rod, lease bar. □ ~*divinatoria* divining rod.

vergare (**vérgo, vérghi**) v.t. 1 (*segnare*) to mark with stripes. 2 (*rigare*) to line, to rule, to draw lines on, to rule lines on. 3 (*scrivere a mano*) to write, to write by hand: ~ *una lettera* to write a letter. 4 (*rar*) (*battere con verghe*) to beat, to cane.

vergata f. stroke of a cane, stroke of a rod, blow of a cane, blow of a rod.

vergatina f. (*Cart*) manifold paper.

vergatino I a. (*Cart*) manifold: *carta vergatina* manifold paper. II m. (*Tess*) ticking.

vergato a. 1 (*striato*) striped, ruled. 2 (*scritto*) written. 3 (*Tess*) striped: *stoffa vergata* striped material. 4 (*Cart*) manifold, laid.

vergatura f. 1 (*Tess*) stripes pl. 2 (*Cart*) (*il vergare*) lineation; (*insieme di linee*) laid lines pl.

vergella f. (*Tecn*) rod, wire rod.

verginale a. 1 virginal: *stato ~* virginal state. 2 (*da vergine*) virgin, virginal, of a virgin (*posposto*), like a virgin (*posposto*), virgin's: *pudore ~* virginal modesty. 3 (*fig*) (*candido, ingenuo*) pure, unsullied, virginal.

vergine I f. 1 virgin. 2 (*lett*) (*fanciulla, giovinetta*) young girl, (*lett*) maid. II a. 1 (*rif. a persona*) virgin: *essere ~* to be a virgin. 2 (*intatto, naturale*) virgin, virginal: *terreno ~* virgin land. 3 (*fig*) (*puro*) pure, virgin. 4 (*non lavorato*) virgin: *olio ~ di oliva* virgin olive oil; *lana ~* virgin wool. 5 (*rif. a pellicola e sim.*) blank, not prerecorded: *dischetto ~* blank disk. 6 (*rif. a cera*) unpurified, yellow.

Vergine I f. 1 (*Rel.catt*) (*Maria*) Virgin, Virgin Mary: *la Santa ~* the Blessed Virgin. 2 (*Astr*) Virgo, Virgin. II m./f.inv. (*persona nata sotto il segno della Vergine*) Virgo. □ (*Ornit*) ~*di Numidia* demoiselle, demoiselle crane.

vergineo a. (*lett*) virgin, virginal.

verginità f. virginity.

vergogna I f. 1 shame. 2 (*riserbo*) shyness, shame, bashfulness, embarrassment. 3 (*disonore*) dishonour, shame, disgrace: *meglio la morte che la ~* sooner death than dishonour. 4 (*cosa che reca vergogna*) disgrace, shameful thing, disgraceful thing, shame: *è una ~!* it's a disgrace!; *è una ~ trattare così la gente* it's a disgrace to treat people that way. 5 (*rif. a persona*) shame, dishonour, disgrace: *essere la ~ di qcu.* to be a disgrace to so., to be a dishonour to so.; *è la ~ della famiglia* he is the disgrace of his family. 6 pl. (*ant*) (*organi genitali*) pudenda, private parts. 7 (*esclam.*) shame!, shame on you!, what a disgrace!, for shame!: ~ *a voi!* shame on you!, you should be ashamed of yourselves! □ *avere ~*: 1 to be ashamed: *ho ~ di te* I am ashamed of you; 2 (*essere timido*) to be shy, to be bashful, to be embarrassed: *ho ~ di chiedere* I'm too shy to ask; *non avere ~ di nessuno* to be shameless, to be brazen-faced; *che ~!*: 1 what a disgrace!, how awful!, it's disgusting!; 2 (*che imbarazzo*) how embarrassing!; *con mia grande ~* much to my shame; *per la ~*: 1 out of shame; 2 (*per timidezza*) out of shyness; *senza ~* shameless.

vergognarsi (**mi vergógno**) v.pron. 1 to be ashamed, to feel ashamed (*di* of): *mi vergogno di te* I am ashamed of you; ~ *di se stesso* to be ashamed of oneself; ~ *profondamente di qcs.* to be deeply ashamed of sth.; *vergognati!* (o *dovresti vergognarti*) shame on you!, you should be ashamed of yourself! 2 (*non osare per timidezza*) to be (too) shy, to be bashful, to be embarrassed, to be ashamed, to feel ashamed: *mi vergogno a chiederglielo* I am too shy to ask him for it. 3 (*arrossire*) to blush, to turn red. □ ~ *come un ladro* to be full of shame; *far vergognare qcu.* to embarrass so., to put so. to shame.

vergognosamente avv. 1 shamefully, disgracefully: *comportarsi ~* to behave shamefully. 2 (*timidamente*) shyly, bashfully.

vergognoso I a. 1 (*che è causa di vergogna*) shameful, disgraceful: *un'azione vergognosa* shameful act. 2 (*rar*) (*che prova vergogna*) ashamed: *era ~ di quello che aveva fatto* he was ashamed of what he had done. 3 (*timido*) shy, bashful. II m. (f. **-a**) shy person.

vergola f. 1 (*Sart*) (*filo di seta*) silk thread, silk twist. 2 (*filo d'oro*) gold thread; (*filo d'argento*) silver thread.

veridicità f. truthfulness, veracity: *la ~ di un'affermazione* the truthfulness of a statement.

veridico (pl. **-ci**) a. truthful, veracious.

verifica f. 1 (*controllo*) control, check: ~ *dei passaporti* passport control; ~ *del peso* weight check. 2 (*esame*) examination, inspection: *la ~ dei nuovi macchinari* the inspection of the new machines. 3 (*accertamento*) ascertainment, verification. 4 (*collaudo, prova*) test, trial. 5 (*Mat*) check. 6 (*Econ*) audit, auditing. 7 (*Tecn*) (*taratura*) calibration. 8 (*Scol*) test. □ ~*contabile* (o ~*dei conti*) audit, auditing of accounts; (*Dir*) ~*dei crediti* proof of debts; ~*dei voti* recount; ~*di cassa* cash audit, register tally; *fare la ~ di qcs.* to check sth.

verificabile a. 1 verifiable, checkable, controllable. 2 (*accertabile*) ascertainable.

verificabilità f. verifiability, verifiableness, controllability.

verificare (**verìfico, verìfichi**) I v.t. 1 (*controllare*) to check, to control: ~ *un conto* to check a bill. 2 (*esaminare*) to examine, to inspect, to check. 3 (*accertare*) to ascertain, to verify, to check: *voglio ~ se ciò che ha detto è vero* I want to check whether what he said is true. 4 (*rivedere: rif. a conti*) to audit; (*rif. a misure*) to check, to test. 5 (*collaudare*) to test, to check: ~ *un apparecchio* to check a piece of equipment. 6 (*Tecn*) (*tarare*) to calibrate. 7 (*Mat*) to prove, to check. 8 (*Filos*) to verify. 9 (*Inform*) to verify, to test. II v.pron. **verificarsi** 1 (*avvenire*) to happen, to occur, to take place: *si è verificato un fatto nuovo* something new has happened. 2 (*avverarsi*) to come true, to come about, to prove to be true, to prove to be correct: *le tue previsioni si sono verificate tutte* all your forecasts have proven correct.

verificatore m. (f. **-trice**) 1 verifier, checker, tester. 2 (*Ferr*) (*Br*) examiner, (*Am*) inspector. 3 (*impiegato addetto al controllo*) checker, inspector: ~ *dei pesi e delle misure* inspector of weights and measures. □ (*rar*) ~*dei conti* auditor.

verisimile a. e der. → **verosimile** e der.

verismo m. 1 (*Lett,Art*) verism. 2 (*estens*) (*realismo*) realism: ~ *fotografico* photographic realism; *una scena di eccessivo ~* an over realistic scene.

verista I m./f. (*Lett,Art*) verist. II a. (*Lett,Art*) verist, veristic.

veristico (pl. **-ci**) a. (*Lett,Art*) verist, veristic.

verità f. 1 truth: *appurare la ~* to find out the truth; *la ricerca della ~* the search for truth. 2 (*giustezza, veridicità*) truth, truthfulness: *sostenere la ~ di un'affermazione* to maintain the truthfulness of a statement. □ ~ *di fatto a posteriori* truth; *in ~* really, truly, (*lett*) in truth, (*Bibl*) verily: (*Bibl*) *in ~, in ~ vi dico* verily, verily I say unto you; *una ~lapalissiana* a self-evident truth; *una ~manifesta* a plain truth; (*Rel*) ~*rivelata* revealed truth; *la ~ sacrosanta* the truth, the pure truth, (*colloq*) the honest-to-goodness truth; *la ~vera* the real truth, the actual truth. Prov.: *la ~ viene sempre a galla* truth always comes out.

veritiero a. 1 (*che dice la verità*) truthful, veracious. 2 (*conforme a verità*) true, truthful: *racconto ~* true story.

verla f. (*Ornit*) shrike, butcher bird.

verme m. 1 worm (*anche Inform*). 2 pl. (*colloq*) (*parassiti dell'intestino*) worms: *avere i vermi* to have worms. 3 (*Zool*) (*larva di insetto*) worm, insect larva, grub. 4 (*fig*) (*persona spregevole*) maggot, worm: *sentirsi un ~ to* feel like a worm. 5 (*fig*) (*persona di nessun conto*) worm, wretch, nobody, zilch. 6 (*Tecn*) (*filetto della vite*) worm, thread. □ ~*del formaggio* cheese worm, cheese larva; ~*di terra* earthworm; (*colloq*) ~*solitario* (*tenia*) tapeworm; (*scherz,fig*) *avere il ~ solitario* (*rif. a persona che mangia molto*) to have a tapeworm, to be a big eater.

vermeil /ver'mɛj/ m.inv. (*argento dorato*) vermeil.

vermena f. (*lett*) young branch.

vermicelli m.pl. (*Alim*) vermicelli (*com. sing.*) (pasta made in long slender threads).

vermicolare a. 1 vermicular, vermiform.

vermiculate, worm-like. **2** (*Med*) vermicular, vermiform: *polso* ~ vermicular pulse; *appendice* ~ vermiform appendix.
vermiculite *f.* (*Min*) vermiculite.
vermiforme *a.* vermiform, worm-shaped, vermicular, worm-like: (*Anat*) *appendice* ~ vermiform appendix.
vermifugo (*pl.* **-ghi**) **I** *a.* (*Farm*) vermifugal. **II** *m.* (*Farm*) vermifuge.
vermiglio I *a.* (*lett*) vermilion, vermillion. **II** *m.inv.* (*colore*) vermilion, vermillion.
vermiglione *m.* (*Chim*) vermilion, vermillion.
verminazione *f.* (*Med*) vermination.
verminosi *f.* (*Veter*) verminosis.
verminoso *a.* **1** wormy, maggoty. **2** (*Med, Veter*) verminous.
vermocane *m.* (*Veter,rar*) (*capostorno*) staggers (*costr.sing.*).
vermouth /ˈvermut/ *m.* **1** vermouth. **2** (*bicchiere di vermut*) glass of vermouth.
vermut *m.* **1** vermouth. **2** (*bicchiere di vermut*) glass of vermouth.
vernaccia (*pl.* **-ce**) *f.* (*Enol*) vernaccia (kind of dry white wine from Tuscany or Liguria).
vernacolare *a.* vernacular.
vernacolo I *a.* vernacular. **II** *m.* vernacular: *poesia in* ~ poetry in the vernacular.
vernalizzare (**vernalìzzo**) *v.t.* (*Bot*) to vernalize.
vernalizzazione *f.* (*Bot*) vernalization.
vernazione *f.* (*Bot*) vernation.
vernice *f.* **1** paint; (*trasparente*) varnish. **2** (*pittura*) paint; (*lacca*) lacquer. **3** (*Pell*) (*pelle verniciata*) patent leather: *una borsa di* ~ a patent leather bag. **4** (*fig*) (*apparenza superficiale*) gloss, veneer: *ha solo una* ~ *di buona educazione* he has only a gloss of good breeding. **5** (*inaugurazione di una mostra d'arte*) vernissage, varnishing day, inauguration. **6** (*strato sottile di copertura*) film, veil, thin layer. **7** (*Ceram*) glaze. □ ~ ***a olio*** oil varnish, oil paint; ~ ***a smalto*** hard gloss paint, enamel paint; ~ ***a solvente*** quick-drying paint; ~ ***a spirito*** spirit varnish; ~ ***a spruzzo*** spray paint; ~ ***antigraffiti*** anti-graffiti paint; ~ ***antiruggine***: 1 anti-rust paint; 2 (*a prova di ruggine*) rust proof paint; ~ ***brillante*** glossy paint; ~ ***coprente*** one- coat paint; ~ ***di fondo*** primer; ~ ***fresca*** wet paint; ~ ***ignifuga*** fireproof paint; ~ ***isolante*** insulating paint; ~ ***lucida*** glossy paint; ~ ***metallizzata*** metallic paint; ~ ***opaca*** flat paint; ~ ***per cuoio*** coat, leather polish; (*Fot*) ~ ***per ritocchi*** dope; ~ ***protettiva*** protective coating; ~ ***trasparente*** varnish.
verniciare (**vernìcio, vernìci**) **I** *v.t.* to paint; (*con vernice trasparente*) to varnish; (*pitturare*) to paint; (*laccare*) to lacquer: ~ *qcs. di rosso* to paint sth. red. **II** *v.pron.* **verniciarsi** (*ant,scherz*) (*imbellettarsi*) to make-up, to put on make-up, (*colloq*) to paint one's face. □ ~ ***a pennello*** to paint (with a brush); ~ ***a spruzzo*** to spray (paint).
verniciata *f.* painting; (*con vernice trasparente*) varnishing. □ ***dare una*** ~ ***a qcs.*** to paint sth., to give sth. a coat of paint.
verniciato *a.* painted; (*con vernice trasparente*) varnished; (*laccato*) lacquered.
verniciatore *m.* **1** (*f.* **-trice**) painter, varnisher; (*pittore*) painter. **2** (*apparecchio*) varnishing machine; (*a spruzzo*) spray-gun, aerograph.
verniciatura *f.* **1** (*atto*) painting; (*con vernice trasparente*) varnishing; (*laccatura*) lacquering. **2** (*strato di vernice*) coat of paint. **3** (*fig*) (*conoscenza superficiale*) limited knowledge, smattering. **4** (*fig*) (*falsa apparenza*) veneer, gloss, white wash. □ ~ ***a pennello*** brush painting; ~ ***a rullo*** roller coating; ~ ***a smalto*** enamelling, enamel painting; ~ ***a spruzzo*** spraying, spray painting; (*Pell*) ~ ***delle pelli*** polishing, finishing (of leather); ~ ***mimetica*** camouflaging.
vernissage /vernisˈsaʒ/ *m.inv.* vernissage, varnishing day.
vero I *a.* **1** (*che corrisponde alla realtà effettiva*) real, true: *il* ~ *colpevole sono io* I am the real culprit; *il* ~ *padrone è lui* he is the real boss; *è incredibile ma* ~ it's incredible but true. **2** (*giusto, esatto, proprio*) real, true, right, actual: *il* ~ *motivo di qcs.* the real reason for sth.; *qui sta il* ~ *problema* this is the real problem. **3** (*genuino, sincero*) real, genuine, true: *perle vere* genuine pearls, real pearls; *la vera cucina casalinga* real home-cooking; *un* ~ *amico* a real friend, a true friend; *un* ~ *signore* a real gentleman. **4** (*profondo*) true, deep, real: *una vera passione artistica* a true love of art. **5** (*enfat*) real, out-and-out, downright, proper, flat-out, absolute, outright, sheer: *sarebbe un* ~ *delitto non far studiare il ragazzo* it would be a real shame not to let the boy study; *sei un* ~ *farabutto* you're an out-and-out rascal. **II** *m.inv.* **1** (*verità*) truth, true: *distinguere il* ~ *dal falso* to distinguish the true from the false, to distinguish truth from error; *lo dico per amor del* ~ I say it out of love of truth, I say it for the sake of truth; *dichiarare il* ~ to tell the truth. **2** (*natura, realtà*) life, real life: *dipingere dal* ~ to paint from real life. □ ***come è*** ~ ***che sto qui*** as true as I'm standing here; *come è* ~ *Dio* (o *come è* ~ *Iddio* o *come è* ~ *il sole* o *come è* ~ *il cielo*) as God is my witness, I swear to God, (*colloq*) cross my heart; (*Pell*) ~ ***cuoio*** genuine leather, real leather; ***di*** ~ ***cuore*** from the bottom of one's heart, whole-heartedly; *che cosa ci sarà di* ~ *in questa storia?* how much truth do you think there is in this story?, how much of this story do you think is true?; *non c'è nulla di più* ~ nothing could be truer; *nulla di più* ~*!* it's absolutely true!; ***il*** ~ ***Dio*** the true God; ***è*** ~? (isn't that) right?; *ti sei trovato bene* (*è*) ~? you had a good time, didn't you?; *ti piace il gelato* (*è*) ~? you like ice-cream, don't you?; ~ ***è che*** it's true that: ~ *è che è ancora giovane, ma ha molta pratica* it's true that he's still young, but he's had lots of experience; ***essere nel*** ~ to be right, to be in the right; ~ ***e proprio*** real, out-and-out, all-out, flat-out, true, unadulterated, (*colloq*) honest-to-goodness, (*colloq*) proper: *sei un* ~ *e proprio mascalzone* you're a real scoundrel; *questa è una bugia vera e propria* this is a flat-out lie, this is an all-out lie; ***fosse*** ~*!* if only it were true!, I wish!; ***è*** ~ ***il contrario*** the reverse is the case; ***non è*** ~? right?, isn't that right?; *bevo troppo, non è* ~? I'm drinking too much, (aren't I) right?; *ti sei trovato bene, non è* ~? you had a good time, didn't you?; *ti piace il gelato, non è* ~? you like ice-cream, don't you?; (*Pell*) ***vera pelle*** genuine leather, real leather; ***quant'è*** ~ ***Dio*** as sure as there's a God, as sure as there's a heaven; ***sarà*** ~? do you suppose it's true?, do you think it's true?; ***nel*** ~ ***senso della parola*** in the true sense of the word, in the real sense of the word, literally.
Verona *n.pr.f.* (*Geog*) Verona.
veronal *m.* (*Farm*) veronal.
verone *m.* (*poet*) balcony; (*loggia*) loggia.
veronese I *a.* Veronese, of Verona (*posposto*). **II** *m.* (*dialetto*) dialect of Verona, Veronese dialect. **III** *m./f.* (*originario*) native of Verona; (*abitante*) inhabitant of Verona.
veronica[1] *f.* (*Bot*) veronica.
veronica[2] *f.* (*sudario*) veronica.
veronica[3] *f.* (*nella corrida*) veronica.
Veronica *n.pr.f.* Veronica.
verosimiglianza *f.* likelihood, probability, verisimilitude: *con ogni* ~ in all probability.
verosimile *a.* likely, probable, verisimilar: *un racconto* ~ a likely story. □ ***poco*** ~ unlikely, improbable.
verosimilmente *avv.* probably, likely, most likely.
verricello *m.* winch, windlass (*anche Mar*).
verrina *f.* (*Fal*) auger.
verro *m.* (*Zootecn*) boar.
verrò → **venire**.
verruca *f.* (*Med,Bot*) verruca, wart.
verrucoso *a.* (*Med*) verrucose, warty.
versaccio *m.* **1** catcall, hiss, rude noise: *fare un* ~ to make a rude noise. **2** (*boccaccia*) face, grimace: *fare versacci* to make faces, (*Br*) to pull faces.
versamento *m.* **1** (*pagamento*) payment: *effettuare un* ~ to make a payment. **2** (*deposito di denaro: azione*) deposit, depositing, paying in, banking; (*somma*) deposit: *fare un* ~ to make a deposit; ~ *su un conto* deposit in an account. **3** (*rar*) (*il versare*) pouring, pouring out; (*lo spargere*) shedding, spilling; (*il rovesciare*) spilling. **4** (*Med*) effusion: ~ *pleurico* pleural effusion. □ ~ ***postale*** money order, postal transfer; *modulo di* ~ *postale* transfer form.
versante[1] *m./f.* (*Econ*) payer; (*depositante*) depositor.
versante[2] *m.* (*Geog,Alp*) face, versant, side. □ (*fig*) ***sul*** ~ ***di*** (*per quanto riguarda*) with regard to, in regard to, in regards to, regarding.
versare[1] (**vèrso**) **I** *v.t.* **1** to pour: ~ *vino in un bicchiere* to pour wine into a glass; ~ *la farina (fuori) dal sacco* to pour the flour out of the bag. **2** (*rovesciare*) to spill: ~ *il latte sulla tovaglia* to spill the milk on the tablecloth. **3** (*region*) (*servire*) to ladle out, to serve: ~ *la minestra* to ladle out the soup, to serve the soup. **4** (*riversare, far affluire*) to empty: *questo fiume versa le sue acque nell'Atlantico* this river empties its waters (*o* this river flows) into the Atlantic. **5** (*estens*) (*spargere*) to shed, to spill: ~ *lacrime per la morte di qcu.* to shed tears over so.'s death. **6** (*fig*) (*dare sfogo*) to vent, to loose: ~ *la propria ira su qcu.* to vent one's anger on so. **7** (*fig,lett*) (*confidare*) to pour out, to confide: ~ *i propri dolori in seno a qcu.* to pour out one's troubles on so. **8** (*Econ*) (*pagare*) to pay: ~ *la prima rata* to pay the first installment. **9** (*depositare*) to deposit, to pay in, to bank: ~ *una somma in banca* to deposit a sum in the bank, to bank a sum. **II** *v.pron.* **versarsi 1** to spill, to be spilled: *mi sono versato del caffè sul vestito* I've spilled some coffee on my suit. **2** (*traboccare*) to overflow, to flow over, to pour over, to brim over, to spill over. **3** (*riversarsi*) to pour, to stream, to swarm: *la gente si versa per le strade* people are pouring into the streets. **4** (*rif. a fiumi e sim.*) to flow, to empty: *il Po si versa nell'Adriatico* the Po flows into the Adriatic. □ (*Comm*) ~ ***un acconto*** to make a down payment, to pay a deposit; (*fig*) ~ ***acqua sul fuoco*** to put out the fire, to pour oil on troubled waters; ~ ***da bere a qcu.*** to pour so. (out) a drink; ~ ***denaro su un conto*** to deposit money in an account, to make a deposit; (*fig*) ~ ***fiumi di inchiostro*** to write reams (and reams); ~ ***in deposito*** to deposit; ***senza*** ~ ***una lacrima*** without shedding a tear; ~ ***il proprio sangue per la patria*** to shed (*o* to spill) one's blood for one's country.

versare 2 (**vèrso**; *aus.* **avere**) *v.i.* (*trovarsi*) to be: ~ *in fin di vita* to be dying, to be at death's door; ~ *in gravi difficoltà finanziarie* to be (*o* to find oneself) in serious economic difficulties; ~ *in pericolo di vita* to be in danger of one's life.

versatile *a.* versatile: *un ingegno* ~ a versatile mind, a versatile person.

versatilità *f.* **1** versatility. **2** (*rif. a macchina*) versatility, operational flexibility: *un apparecchio ad alta* ~ a very flexible device.

versato 1 *a.* **1** poured. **2** (*rovesciato*) spilt. **3** (*sparso*) shed: *quante lacrime versate invano* how many tears shed in vain. **4** (*Econ*) paid, paid up: *capitale interamente* ~ fully paid up capital.

versato 2 *a.* **1** (*che ha inclinazione*) cut out, having a bent (*in* for). **2** (*esperto, pratico*) versed, practiced, expert, skilled, experienced: *essere* ~ *negli affari* to be a skilled businessman.

verseggiare (**verséggio, verséggi**) **I** *v.t.* to versify, to turn into verse, to put into verse. **II** *v.i.* (*aus.* **avere**) (*comporre versi*) to write verse, to write poetry, to versify.

verseggiatore *m.* (*f.* **-trice**) writer of verse, versifier, (*spreg*) verse-monger.

verseggiatura *f.* **1** (*il verseggiare*) versifying. **2** (*modo*) versification.

versetto *m.* **1** (short) line. **2** (*Bibl*) verse. **3** (*Rel.islam*) (*nel Corano*) verset. **4** (*Lit*) (*verso*) versicle.

versificare (**versìfico, versìfichi**) **I** *v.t.* to versify, to turn into verse, to put into verse. **II** *v.i.* (*aus.* **avere**) to write verse, to versify.

versificatore *m.* (*f.* **-trice**) versifier, writer of verse.

versificazione *f.* versification, versifying, writing of verse.

versione *f.* **1** (*traduzione*) translation, version: *una* ~ *dal latino in italiano* a translation from Latin into Italian. **2** (*modo di narrare, di interpretare un fatto*) version, account, interpretation: *ognuno dà una* ~ *diversa dell'avvenimento* everyone has a different version of what happened; *dare la propria* ~ *dei fatti* to give one's version of the facts. **3** (*tipo*) version, model: *di questa automobile esiste anche una* ~ *sportiva* there's also a sports model of this car. **4** (*Cin*) version: *un film in* ~ *francese* the French version of a film. **5** (*Filol*) version; (*variante*) variant. **6** (*Inform*) release, version. □ (*Inform*) ~ *aggiornata* update, updated version; (*Inform*) ~*beta* beta version; (*Edit*) ~*in prosa* prose version; (*Edit*) ~*integrale* complete and unabridged version; (*Cin,Lett*) *in* ~ *integrale* uncut; ~ *letterale* literal translation; (*Ind*) ~*normale* standard version; (*Cin*) ~ *originale* original version, original language version.

verso 1 **I** *m.* **1** (*Metr*) line (of verse), verse: ~ *decasillabo* ten-syllable line; *versi rimati* rhymed verse(s); ~ *sdrucciolo* a line ending with a proparoxytone word. **2** *pl.* (*poesia*) verse (*costr.sing.*), poetry (*costr.sing.*): *i versi di Shakespeare* Shakespeare's verse; *i suoi versi mi piacciono* I like his poetry. **3** (*voce caratteristica: di animali*) cry, call; (*di uccelli*) chirp, bird song, *spesso si traduce con un termine specifico*: *il* ~ *dell'asino* the donkey's bray; *fare il* ~ *del gallo* to crow like a cock. **4** (*rif. all'uomo*) sound, exclamation, cry: *un* ~ *di rabbia* an angry sound. **5** (*rif. a cose*) sound, noise. **6** (*estens*) (*gesto*) (odd) gesture, (characteristic) movement; (*smorfia*) grimace, face: *fare un* ~ to make a face, to pull a face. **7** (*senso di una direzione*) direction, way: *andare in tutti i versi* to go in

all directions. **8** (*orientamento di peli, fibre e sim.*) way, direction: *accarezzare il gatto contro il* ~ *del pelo* to stroke the cat the wrong way. **9** (*rif. al legno*) grain. **10** (*rif. a stoffa*) nap. **11** (*modo, maniera*) way, means (*costr.sing. o pl.*): *trovare il* ~ *di fare qcs.* to find a method (*o* a way) of doing sth., to figure out how to do sth. **12** (*Lit*) versicle. **13** (*Bibl*) verse. **14** (*Geol*) course. **15** (*Mat,Fis*) sense, direction. □ *non c'è stato* ~ *di ottenere un prestito* it was impossible to get a loan; *non c'è* ~ *di fare qcs.* there's no way to do sth.; *non c'è* ~ *di persuaderlo* there's no means of persuading him; (*Mus*) *versidi* : 1 (*rif. alle opere liriche*) on the libretto by, from the libretto by; 2 (*rif. a commedie musicali e sim.*) lyrics by; (*Zool*) ~*di allarme* warning cry; (*Ret*) ~*elegiaco* elegiac, elegiac verse; (*Metr*) ~ *endecasillabo* hendecasyllabic line, hendecasyllable; *fare il* ~ *a qcu.* to snicker at so., to sneer at so.; *in versi* verse (*attr.*), in verse: *composizione in versi* verse composition; *mettere in versi* to put into verse, to versify; *scrivere in versi* write in verse; (*Metr*) *versiliberi* free verse (*costr.sing.*); *per ogni* ~ *...*, in all ways, from all points of view; *per un* ~ *...*, *per l'altro...* in one way (*o* in one respect)..., in another...: *per un* ~ *sono contento, per l'altro no* in one way I'm pleased and in another I'm not; *per un* (*certo*) ~ in a way, in one way; (*o*) *per un* ~ *o per l'altro* in one way or another; *chi per un* ~*, chi per un altro* some in one way, some in another; *prendere qcs. per il suo* ~ (*o prendere qcs.per il* ~*giusto*) to take sth. in the best way, to look on the best (*o* right) side of sth.; (*fig*) *prendere qcu. per il suo* ~ (*o prendere qcu. per il* ~ *giusto*) to handle so. in the right way, to know how to treat so.; (*Metr*) *versi sciolti* blank verse (*costr.sing.*).

verso 2 *m.* **1** (*Tip*) (*parte posteriore: di foglio o libro*) back, verso. **2** (*di moneta o medaglia*) reverse, verso.

verso 3 *prep.* (*when used with a personal pronoun* verso *is followed by* di) **1** (*in direzione di*) toward, towards,...ward(s), in the direction of: *viene* ~ *di noi* he is coming towards us; *guardare* ~ *qcu.* to look in so.'s direction; *guardava* ~ *di me* he was looking my way. **2** (*contro*) against, on, upon, toward, towards: *avanzare* ~ *il nemico* to advance upon (*o* against) the enemy. **3** (*temporale*) toward, towards, around, about: ~ *le sei* at about six, around six; ~ *il tramonto* towards sunset; *andiamo verso l'autunno* autumn is nearing. **4** (*vicino a*) near: *la sua casa è* ~ *il mare* his house is near the sea. **5** (*fig*) (*da*) to, by: *si sente attratto* ~ *di lei* he feels attracted to her. **6** (*fig*) (*nei confronti di*) to, towards, with: *l'amore* ~ *i genitori* love towards one's parents; *essere indulgente* ~ *qcu.* to be indulgent with so. **7** (*Comm*) (*dietro, su*) on, upon: ~ *pagamento* upon payment. □ ~*dove siete diretti?* where are you going?, where are you bound for?, which way are you heading?; ~ *il basso* downward, downwards, down; ~ *la fine dell'estate* in late summer; ~*l'alto* upward, upwards, up; ~*l'esterno* outward, outwards, out; ~*l'interno* inward, inwards, in.

versoio *m.* (*Agr*) mouldboard.

versta *f.* (*Stor*) verst.

vertebra *f.* (*Anat*) vertebra. □ (*Anat*) ~ *cervicale* cervical vertebra; (*Anat*) ~*lombare* lumbar vertebra.

vertebrale *a.* (*Anat*) vertebral: *colonna* ~ spinal column, backbone, spine.

vertebrato *a./m.* (*Zool*) vertebrate.

vertente *a.* pending: *causa* ~ pending litigation.

vertenza *f.* controversy, dispute: *comporre una* ~ to settle a controversy, to settle a dispute. □ ~*di lavoro* (*Br*) labour dispute, (*Am*) labor dispute; ~*giudiziaria* litigation, suit, lawsuit, case; ~ *sindacale* (*Br*) labour union dispute, (*Am*) labor union dispute.

vertere (**vèrte**; *used in the third person singular and plural of the simple tenses and in the present participle*) *v.i.* **1** to turn (*su* on), to deal (with), to concern, to be (about): *la discussione verteva su argomenti di attualità* the discussion concerned (*o* was about) current affairs. **2** (*rar*) (*essere in corso*) to be undecided, to be pending, to be in course.

verticale **I** *a.* **1** vertical, upright: *righe verticali* vertical lines. **2** (*nei cruciverba*) down: *cinque* ~ five down. **3** (*Geom,Econ*) vertical. **II** *f.* **1** (*linea verticale*) vertical line, vertical: *tracciare la* ~ to draw the vertical. **2** (*Ginn*) (*con appoggio delle mani*) handstand; (*con appoggio della testa*) headstand: *fare la* ~ to do a handstand, to do a headstand, to stand on one's head. **3** *pl.* (*nei cruciverba*) down clues.

verticalismo *m.* (*Arch*) verticalism.

verticalità *f.* verticality, verticalness.

verticalizzare (**verticalìzzo**) *v.t.* **1** (*Econ*) to organize in a vertical system. **2** (*Sport*) to push upfield: ~ *il gioco* to push forward, to press forward.

verticalizzazione *f.* vertical organization.

verticalmente *avv.* vertically, upright: *spostarsi* ~ to move vertically.

vertice *m.* **1** (*sommità*) top, summit, vertex; (*vetta*) top, peak, summit: *il* ~ *della montagna* the mountain top, the mountain peak, the mountain summit. **2** (*fig*) (*apice*) apex, height, peak: *raggiungere il* ~ *della gloria* to reach the height of glory; *al* ~ *della carriera* at the peak of one's career; *toccare il* ~ *della propria parabola* to reach one's peak. **3** (*dirigenti*) leaders *pl.*: *il* ~ *del partito* the party leaders. **4** (*Pol,Econ*) summit; (*riunione*) summit meeting: ~ *economico* economic summit. **5** (*Geom*) vertex: ~ *dell'iperbole* vertex of a hyperbole. □ (*Pol*)*al* ~ summit (*attr.*): *incontro al* ~ summit; *il* ~*aziendale* the top management.

verticillato *a.* (*Bot*) verticillate.

verticillo *m.* (*Bot*) verticil, whorl.

verticismo *m.* oligarchic structure.

verticista *m./f.* supporter of the oligarchic structure in an organization.

verticistico *a.* oligarchic.

vertigine *f.* **1** dizziness, giddiness; (*attacco*) fit of giddiness, dizzy spell: *soffrire di vertigini* to suffer from fear of heights. **2** (*Med*) vertigo. □ *a una velocità che dà le vertigini* at a dizzying speed; *fare venire le vertigini* to make one dizzy, to make one giddy; *altezze che fanno venire le vertigini* giddy heights, dizzying heights; (*fig*) *prezzi che fanno venire le vertigini* outrageous prices; *ho le vertigini* I feel dizzy, I feel giddy, my head is spinning, my head is going round; *mi vengono le vertigini* I feel dizzy, I feel giddy.

vertiginosamente *avv.* dizzily, giddily.

vertiginoso *a.* **1** dizzy, dizzying, giddy, vertiginous: *altezza vertiginosa* dizzying height. **2** (*fig*) (*rapidissimo*) dizzy, giddy: *danza vertiginosa* giddy dance, whirling dance; *velocità vertiginosa* breakneck speed. **3** (*fig*) (*che frastorna*) stunning, bewildering, whirling: *lavorare a un ritmo* ~ to work at a breakneck pace. **4** (*Med*) vertiginous.

veruno *a.* (*ant*) (*nessuno*) no, not any.

verve /vɛrv/ *f.inv.* verve: *pieno di* ~ full of verve, full of dash.

verza *f.* (*Bot*) savoy, savoy cabbage.

verzellino *m.* (*Ornit*) serin.

verziere *m.* 1 (*lett*) (*giardino*) garden; (*orto*) kitchen garden; (*frutteto*) orchard, fruit orchard. 2 (*region*) (*mercato della verdura*) vegetable market.

verzura *f.* (*ant*) (*piante verdi*) greenery, verdure.

VES (*Biol,Med*) *velocità di eritrosedimentazione* (erythrocyte sedimentation rate).

vescia (*pl.* **-sce**) *f.* 1 (*loffa*) wind. 2 (*Bot*) puffball.

vescica *f.* 1 (*Anat*) bladder, vesica; (*vescica urinaria*) urinary bladder. 2 (*vescica di animale seccata*) bladder: ~ *di strutto* lard bladder. 3 (*bolla cutanea*) blister. ☐ (*Anat*) ~ *biliare* gall-bladder; (*Itt*) ~ *natatoria* swim bladder, swimming bladder; (*Anat*) ~ *urinaria* bladder, urinary bladder.

vescicale *a.* (*Anat*) vesical.

vescicante, vescicatorio I *a.* vesicant, vesicatory. II *m.* vesicant, vesicatory (*anche Farm*).

vescicazione *f.* (*Med*) blistering, vesication.

vescichetta *f.* 1 (*bolla cutanea*) small blister. 2 (*Anat*) vesicle. ☐ (*Anat*) ~ *biliare* gall-bladder, vesica fellea; (*Anat*) ~ *urinaria* urinary bladder.

vescicola *f.* (*Anat,Biol,Med*) vesicle: ~ *germinale* germinal vesicle; ~ *seminale* seminal vesicle.

vescicolare *a.* 1 (*Anat*) (*relativo a vescica*) vesical, bladder (*attr.*). 2 (*Anat*) (*relativo a vescicola*) vesicular. 3 (*a forma di vescichetta*) vesicular.

vescicoso *a.* (*pieno di vesciche*) full of blisters (*posposto*), blistery.

vescovado, vescovato *m.* 1 (*dignità*) episcopate, bishopric. 2 (*durata*) episcopate. 3 (*edificio cattolico*) bishop's residence, bishop's palace, bishop's seat; (*protestante*) parsonage. 4 (*diocesi*) bishopric, see.

vescovile *a.* bishop's, episcopal: *anello* ~ bishop's ring.

vescovo *m.* (*Rel*) bishop. ☐ ~ *ausiliario* auxiliary, auxiliary bishop; ~ *coadiutore* bishop coadjutor, coadjutor, coadjutor bishop; (*Stor*) ~ *conte* count-bishop; ~ *titolare* titular bishop.

vespa *f.* (*Entom*) wasp, (*Am*) yellow jacket.

vespaio *m.* 1 wasps' nest (*anche fig*): (*fig*) *suscitare un* ~ to stir up a hornet's nest. 2 (*Edil*) loose stone foundation. 3 (*Med*) favus, tinea favosa, honeycomb.

vespasiano *m.* public urinal.

Vespasiano *n.pr.m.* (*Stor.rom*) Vespasian.

vespero *m.* 1 (*ant,poet*) (*sera*) evening, eventide. 2 (*Lit*) (*ora*) Vespers *pl.*; (*parte dell'Uffizio*) Vespers *pl.*, Vesper service. 3 (*lett*) (*Venere*) Vesper, Hesperus.

vespertino *a.* vespertine, evening (*attr.*): *crepuscolo* ~ evening twilight; (*Lit*) *messa vespertina* vespers; *stella vespertina* evening star, Vesper.

vespista *m./f.* Vespa-rider, scooterist.

vespro *m.* 1 (*ant,poet*) (*sera*) evening, eventide. 2 (*Lit*) (*ora*) Vespers *pl.* 3 (*Lit*) (*parte dell'Uffizio*) Vespers *pl.*, Vesper service: *dire il* ~ (*o recitare il* ~) to say Vespers, to sing Vespers. ☐ (*Stor,Mus*) *i Vespri siciliani* the Sicilian Vespers.

vessare (*vèsso*) *v.t.* to oppress, to torment, to harass.

vessatore I *m.* (*f.* **-trice**) oppressor, tormentor, maltreater. II *a.* oppressive, tor-

menting, harassing.

vessatorio *a.* oppressive, tormenting, harassing.

vessazione *f.* oppression, torment, harassment.

vessillario *m.* 1 (*Stor.rom*) vexillary, standard bearer. 2 (*Mil*) standard bearer.

vessillifero *m.* 1 (*Stor.rom*) vexillary, standard bearer. 2 (*Mil*) standard bearer. 3 (*fig*) (*antesignano*) forerunner, precursor.

vessillo *m.* 1 (*Stor.rom*) vexillum. 2 (*estens*) (*bandiera, stendardo*) standard, flag, ensign. 3 (*fig*) (*insegna*) banner, standard, flag, ensign, (*Br*) colours *pl.*, (*Am*) colors *pl.*: *tenere alto il* ~ *della libertà* to hold high the banner of liberty. 4 (*Bot*) vexillum, standard. 5 (*Zool*) vane, vexillum.

vessillologia *f.* vexillology.

vessillologo *m.* (*f.* **-a**) vexillologist.

Vesta *n.pr.f.* (*Mitol*) Vesta.

vestaglia *f.* (*Abbigl*) dressing gown, robe.

vestaglietta *f.* (*Abbigl*) 1 (*da casa*) house dress, house frock. 2 (*vestito semplice da donna*) frock, simple dress.

vestale *f.* 1 (*Stor.rom*) vestal, vestal virgin. 2 (*fig*) vestal.

veste *f.* 1 (*ciascuna delle parti del vestiario*) garment, clothing article: *la toga era la* ~ *dei romani* the toga was the garment worn by the Romans. 2 *pl.* clothes, clothing (*costr.sing.*), wear (*costr.sing.*), apparel (*costr. sing.*): *vesti maschili* men's clothing, men's wear; *strapparsi le vesti di dosso* to tear off one's clothes. 3 (*abito femminile*) dress. 4 (*estens*) (*copertura, rivestimento*) covering: *rinforzare un contenitore con una* ~ *metallica* to reinforce a container with a metallic covering. 5 (*fig*) (*autorità e diritto*) authority, power, right: *non ha* ~ *per partecipare attivamente alla discussione* he doesn't have the authority to take an active part in the discussion. 6 (*fig*) (*qualità, funzione*) capacity: *nelle vesti di ministro* in one's capacity as minister. 7 (*presentazione*) format: ~ *tipografica* format, typographical format. 8 (*estens*) (*forma, aspetto*) guise, clothing, appearance: *in* ~ *di pastore* in the guise of a shepherd, in shepherd's clothing. ☐ (*Abbigl*) ~ *da camera* dressing-gown, (*Am*) bathrobe; ~ *editoriale* layout; (*estens*) *in* ~ *di* as, in one's capacity as: *in* ~ *di amico* as a friend; *in* ~ *ufficiale* in one's official capacity; *in* ~ *di osservatore* as an observer; *dare una* ~ *poetica a qcs.* to put sth. into poetical form; ~ *talare* cassock, priest's cassock; *avere* ~ *ufficiale* (*avere autorità*) to have (official) authority, to be authorized.

Vestfalia *n.pr.f.* (*Geog*) Westphalia.

vestiario *m.* 1 wardrobe, clothes *pl.*: *rinnovare il proprio* ~ to renew one's wardrobe. 2 (*assortimento di indumenti*) clothing, clothes *pl.* 3 (*Teat*) wardrobe.

vestiarista *m./f.* (*Teat,Cin*) costumier (*f.* costumière), costumer.

vestibilità *f.* (*Abbigl*) wearability.

vestibolare *a.* (*Anat*) vestibular: *apparato* ~ vestibular apparatus (of the ear).

vestibolo *m.* 1 (*atrio*) vestibule, entrance hall, lobby, foyer. 2 (*Archeol*) vestibule. 3 (*Anat*) vestibule.

vestigia *f.* (*rar*) → **vestigio**.

vestigio *m.* (*pl.* **i vestigi/le vestigia**) 1 (*lett*) (*traccia, segno*) trace, sign, vestige. 2 (*ricordo*) vestige, trace, remain: *le* ~ *di un'antica civiltà* the traces of an ancient civilization. 3 *pl.* (*ruderi, rovine*) ruins, remains: *le* ~ *della Roma imperiale* the ruins of imperial Rome.

vestina *f.* baby dress, baby garment, baby's dress.

vestire[1] (*vèsto*) I *v.t.* 1 to dress, (*lett*) to clothe: ~ *un bambino* to dress a baby. 2 (*estens*) (*provvedere delle vesti necessarie*) to clothe: *per anni ti ho nutrito e vestito* I have fed and clothed you for years. 3 (*mettere indosso*) to put on, to wear: ~ *la corazza* to wear an armour. 4 (*avere indosso*) to wear, to have sth. on: *vestiva un abito di seta* she was wearing a silk dress. 5 (*travestire*) to dress up; (*per ingannare*) to disguise. 6 (*rif. ad abiti: adattarsi al corpo*) to fit: *questa giacca ti veste bene* this jacket fits you well. 7 (*stare bene*) to suit, to become, to be becoming on. 8 (*rif. a sarti: avere come cliente*) to make clothes for. 9 (*fig*) (*assumere un determinato stato*) to take, to become: ~ *il saio* to take holy orders, to become a monk. 10 (*ricoprire, rivestire*) to cover. 11 (*adornare*) to adorn, to dress, to decorate. 12 (*provvedere alla vestizione*) to clothe. II *v.i.* (*aus.* **avere**) 1 to dress, to wear: ~ *di verde* to be dressed in green, to wear green; ~ *con gusto* to be well-dressed, to be in vogue; *saper* ~ to dress with taste, to know how to dress. 2 (*adattarsi alla persona*) to fit: *quell'abito veste troppo* that dress is too close-fitting (*o* is too tight). 3 (*stare bene*) to suit (*a qcu.* so.), to be becoming (on): *gli abiti di maglia vestono molto* knitted dresses are very becoming. III *v.pron.* **vestirsi** 1 to dress, to dress oneself, to get dressed: *si sta vestendo* he's getting dressed. 2 (*vestire in un certo modo*) to dress: *vestirsi con eleganza* to dress elegantly; (*rif. a uomo*) to dress sharply. 3 (*indossare*) to dress, to wear, to put on: *vestirsi con abiti pesanti* to put on heavy clothes, to dress in heavy clothes. 4 (*cambiarsi di abito*) to change (one's clothes), to dress: *vestirsi per la cena* to dress for dinner. 5 (*travestirsi*) to dress up: *vestirsi da frate* to dress up as a monk. 6 (*per ingannare*) to disguise oneself. 7 (*provvedersi di vestiti: da un sarto*) to go for one's clothes (*da qcu.* to so.), to have one's clothes made (by): *si veste dai migliori sarti* he goes to the best tailors for his clothes. 8 (*in un negozio*) to buy one's clothes, to get one's clothes (*da at.*). 9 (*fig*) (*rivestirsi*) to be covered (*di* with), to be clothed, to be clad, to deck oneself (*di* in): *i prati si vestono di fiori* the fields are covered with flowers. ☐ *vestirsi a festa* to wear party clothes, to dress up (in one's Sunday best), to wear Sunday's best; ~ *a lutto* to dress for mourning; ~ *alla moda* to dress fashionably, to wear fashionable clothes, to dress in style; *vestirsi bene* to dress well; *vestirsi da estate* to wear summer clothes; *vestirsi da inverno* to wear winter clothes, to dress for the cold, to dress warm; *vestirsi di bianco* to dress in white, to wear white; *vestirsi di cotone* to wear cotton (clothing); *vestirsi di lana* to wear woollen clothing, to wear wool; (*Rel*) ~ *gli ignudi* to clothe the naked; (*fig*) ~ *il saio* to take holy orders, (*rar*) to take the cowl; *vestirsi in borghese* to wear civilian clothes; *vestirsi in costume*: 1 to dress up, to be in costume; 2 (*rif. a fogge popolari*) to wear (a) costume; *vestirsi in maschera* to wear a costume, to dress up (for a party), to masquerade; (*lett*) ~ *l'abito monacale*: 1 (*farsi monaca*) to become a nun, to take the veil; 2 (*farsi frate*) to become a monk; ~ *l'abito talare* to become a priest; (*fig*) ~ *la divisa*: 1 (*diventare soldato*) to put on a uniform, to join the Army, to join the military, to become a soldier; 2 (*essere soldato*) to wear a uniform, to be in uniform, to be a soldier; ~ *la tonaca*: 1 (*farsi frate*) to take the habit, to take the cowl; 2

(farsi monaca) to take the veil; **3** *(farsi prete)* to enter the priesthood; *vestirsimale* to dress badly.

vestire[2] *m.* **1** *(vestiario)* clothes *pl.*, clothing, wardrobe: *spendere molto per il ~* to spend a lot on clothes. **2** *(modo di vestire)* way of dressing.

vestitino *m.* **1** simple dress. **2** *(per neonati)* baby's dress, baby's garment; *(per bambini più grandi)* child's garment.

vestito[1] *a.* **1** dressed: *andare ben ~ (o essere ben ~)* to be well-dressed, *(Am,colloq)* to be all GQ; *mal ~* badly dressed. **2** *(con i vestiti addosso)* fully dressed, with one's clothes on: *si buttò ~ sul letto* he threw himself on the bed fully dressed; *dormire ~* to sleep fully dressed, to sleep with one's clothes on. **3** *(determinato da complemento)* dressed, wearing: *~ di bianco* dressed in white, wearing white. **4** *(travestito)* dressed up: *~ da pirata* dressed up as a pirate. **5** *(per ingannare)* disguised. **6** *(ricoperto)* covered *(di with)*, *(lett)* clad *(in)*: *un muro ~ di edera* an ivy-clad wall. **7** *(Bot)* unhulled. □ *essere ~a festa* to be dressed up, to be dressed up in one's Sunday best; *essere ~da casa* to be wearing house clothes; *~di tutto punto* perfectly dressed, *(colloq)* dressed up to the nines, all dressed up; *~ in borghese* : **1** dressed in civilian clothes, *(colloq)* in civvies; **2** *(rif. alla polizia)* in plain clothes, under cover; *(colloq) essere ~ leggero* to be lightly dressed.

vestito[2] *m. (Abbigl)* **1** *(da donna)* dress: *farsi fare un ~* to have a dress made. **2** *(da uomo)* suit: *un ~ di lana* a wool suit. **3** *(da uomo e da donna: in due pezzi)* suit. **4** *spec.al* clothes *pl.*, clothing, wear: *vestiti da uomo* men's wear, men's clothing; *hai i vestiti laceri* your clothes are torn; *cambiare ~* to change one's clothes. □ *~ il buono* one's good suit, one's best suit; *(Abbigl) vestiti confezionati* ready-to-wear clothes; *~ da casa* house dress, house frock; *vestiti da casa* house wear *(costr.sing.)*; *(Abbigl) ~ vestiti da lavoro* work jacket, *(costr.sing.)*, *(da uomo: serale)* evening suit, *(da donna)* evening dress; *il ~ della festa* one's Sunday suit, one's Sunday best; *(Abbigl) ~ di cotone* : **1** *(da donna)* cotton dress; **2** *(da uomo)* cotton suit; *(Abbigl) vestiti di mezza stagione* lightweight clothing *(costr.sing.)*, *(Am)* spring and fall clothing *(costr.sing.)*; *~di nozze* : **1** *(da sposa)* wedding gown, bridal gown; **2** *(da sposo)* wedding suit, *(Am)* tuxedo; *(Abbigl) ~ estivo* : **1** *(da donna)* summer dress; **2** *(da uomo)* summer suit; *vestiti estivi* summer clothing *(costr. sing.)*, summer wear *(costr.sing.)*; *(Abbigl) ~invernale* : **1** *(da donna)* winter dress; **2** *(da uomo)* winter suit; *vestiti invernali* winter clothing *(costr.sing.)*, winter wear *(costr.sing.)*, warm clothes, heavy clothes; *(Abbigl) vestiti pesanti* heavy clothes; *(Abbigl) vestiti sportivi* sportswear *(costr.sing.)*, casual wear *(costr.sing.)*, casual clothes, *(colloq)* casuals.

vestizione *f.* **1** *(rar)* dressing, clothing. **2** *(Rel)* clothing (with the religious habit).

Vesuvio *n.pr.m. (Geog)* Vesuvius.

veterano *m.* **1** *(Stor.rom)* veteran. **2** *(soldato anziano)* veteran. **3** *(f. -a) (fig)* veteran, old hand: *è un ~ del suo mestiere* he's a veteran at his trade; *~ dello sci* a veteran skier.

veterinaria *f.* veterinary medicine.

veterinario I *m. (f. -a)* veterinary surgeon, *(Am)* veterinarian, vet. II *a.* veterinary: *medico ~* veterinary surgeon, *(Am)* veterinarian, vet.

veterotestamentario *a.* Old Testament

(attr.).

veto *(pl.inv. o vèti) m. (Dir)* veto *(anche estens)*: *diritto di ~* veto power, right of veto; *esercitare il diritto di ~* to exercise the power of veto; *porre il ~ a qcs.* to put *(o* to set *o* to place)* a veto on sth., to veto sth.

vetraio *m.* **1** *(operaio)* glass maker, glass worker; *(soffiatore di vetro)* glassblower. **2** *(installatore)* glazier. **3** *(venditore)* glass salesman, glassman.

vetrame *m.* glassware.

vetrario *a.* glass *(attr.)*: *industria vetraria* glass industry, glass making; *pittura vetraria* glass staining.

vetrata *f.* **1** *(parete)* glass wall; *(porta)* glass door. **2** *(finestra)* window; *(di chiesa)* stained-glass window.

vetrato I *a.* **1** glass *(attr.)*: *porta vetrata* glass door. **2** *(fornito o racchiuso con vetro)* glazed. **3** *(che contiene vetro)* glass *(attr.)*: *carta vetrata* sandpaper. II *m. (su manto stradale)* black ice.

vetreria *f.* **1** *(stabilimento di fabbricazione del vetro)* glassworks *(costr.sing.)*, glass factory. **2** *(reparto di fabbrica, negozio)* glass department. **3** *(complesso di prodotti di vetro)* glassware. **4** *(oggetti di vetro per laboratorio)* chemical glass, heat-resistant glass.

vetrificabile *a.* vitrifiable.

vetrificare (vetrìfico, vetrìfichi) I *v.t.* to vitrify. II *v.i. (aus. essere)* to vitrify. III *v.pron.* **vetrificarsi** to vitrify.

vetrificazione *f.* vitrification.

vetrigno I *a. (rar) (simile al vetro)* vitreous, vitric, glassy, glass-like. II *m. (Tecn) (mattone)* vitrified paving brick.

vetrina[1] *f.* **1** *(di negozio)* shop-window: *guardare le vetrine* to go window-shopping, to window-shop. **2** *(di museo e sim.)* glass case, show case. **3** *(armadio a vetri: per piatti e sim.)* china closet, china cabinet; *(teca)* trophy case, showcase. □ *in ~* in the window: *mettere in ~* to put in the window; *(fig) mettersi in ~* (in mostra)* to show off, to put oneself in the limelight; *~in allestimento* window dressing in progress.

vetrina[2] *f. (Ceram)* glaze.

vetrinetta *f.* small showcase, small glass case.

vetrinista *m./f.* window dresser.

vetrinistica *f.* window dressing.

vetrino[1] *m. (per microscopio)* slide.

vetrino[2] *a. (rar) (fragile come il vetro)* brittle.

vetrioleggiare (vetrioléggio, vetriolég-gi) *v.t. (rar)* to throw vitriol at, to vitriolize.

vetriolo *m.* **1** *(Chim) (solfato)* vitriol, sulphate, metallic sulphate. **2** *(Chim) (acido solforico fumante)* vitriol, sulphuric acid. **3** *(Ornit) (martin pescatore)* kingfisher. □ *(fig)al ~* vitriolic; *(Chim) ~azzurro* blue vitriol, copper sulphate; *(Chim) ~bianco* white vitriol, zinc sulphate; *(Chim) ~blu* blue vitriol, copper sulphate; *(Chim) ~fumante* (olio di vetriolo)* oil of vitriol, sulphuric acid; *(Chim) ~rosso* red vitriol, cobalt sulphate.

vetro I *m.* **1** *(Vetr)* glass. **2** *(Vetr) (oggetto di vetro)* glass, article of glass, object of glass. **3** *pl. (oggetti in vetro)* glassware *(costr.sing)*, glasswork *(costr.sing)*, glass *(costr.sing)*: *il rumore di vetri infranti* the sound of breaking glass. **4** *(Vetr) (lastra di vetro)* sheet of glass, plate of glass. **5** *(Vetr,Edil) (lastra di vetro di finestra)* window pane, pane. **6** *(estens) (finestra)* window: *chiudere i vetri* to close the windows. **7** *(frammento di vetro)* piece of broken glass: *tagliarsi con un ~* to cut oneself on a piece of broken glass. **8** *(scheggia)* glass splinter, splinter of glass: *mi è entrato*

un ~ nella mano I have a splinter of glass in my hand. □ *a vetri* glass *(attr.)*; *~a piombo* leaded glass; *~ acidato* matt glass; *(Aut) ~antiappannante* non-fogging glass; *~antigraffio* scratch-resistant glass; *~antiproiettile* bullet-proof glass; *~ antiriflesso* non-glare glass, antiglare glass; *~ antisfondamento* splinter-proof glass; *~ atermico* heat-proof glass; *~blindato* armoured glass, *(Am)* bullet-proof glass; *~cattedrale* cathedral glass; *~colorato* stained glass, *(Aut,Ferr)* tinted glass; *~da bottiglie* bottle glass; *~da finestre* window glass; *~ da laboratorio* chemical glass, heat-resistant glass; *~ da orologio* watch glass; *di ~* glass *(attr.)*, glazed: *barattolo di ~* glass jar; *è di ~?* is it made of glass?; *(fig) essere di ~ (estremamente fragile)* to be fragile as glass, to be fragile as eggs; *~ di Boemia* Bohemian glass; *~di Jena* Jena glass; *~di sicurezza* safety glass; *~ ghiacciato* frosted glass; *~ infrangibile* laminated glass, safety glass, *(Am)* shatterproof glass, unbreakable glass; *~latteo* milk glass, opal glass; *~molato* polished glass; *~ opaco* opaque glass, vision-proof glass; *~ opalino* opaline, milk glass, opal glass; *~per specchi* plate glass; *~ piano* flat glass; *~ smerigliato* frosted glass; *~ soffiato* blown glass; *(Agr) sotto ~* greenhouse *(attr.)*, under glass: *colture sotto ~* greenhouse cultivation; *~stratificato* laminated plate glass; *~ temprato* tempered glass, safety glass; *~Tiffany* Tiffany glass; *~trasparente* transparent glass; *~usato* collection of used glass.

vetrocamera *f. (Edil)* double glazing.

vetrocemento *m. (Edil)* concrete and glass, concrete-framed glass blocks *pl.*

vetroceramica *f. (Vetr,Ceram)* pyroceram, glass-ceramic.

vetrocromia *f. (Pitt)* glass painting.

vetrofania *f.* decal.

vetroflex *m. (Tecn)* rock wool.

vetrofusione *f. (Vetr)* fused glass.

vetroresina *f. (Tecn)* fiberglass, *(Am)* fiberglass.

vetroso *a.* vitreous, glassy.

vetta *f.* **1** *(di monte)* peak, summit, top, crest, pinnacle. **2** *(di pianta)* top, tip. **3** *(cima, sommità)* top. **4** *(parte terminale di ramo)* top. **5** *(fig) (apice)* top, peak. □ *in ~alla classifica* : **1** in the top position; **2** *(in discografia)* at the top of the (pop) chart.

vettore I *m.* **1** *(Mat,Fis)* vector. **2** *(Astron) (razzo)* carrier rocket, mother rocket. **3** *(Comm)* carrier. **4** *(Biol)* vector, carrier. II *a.* **1** *(Biol)* vector *(attr.)*, carrier *(attr.)*. **2** *(Mat,Fis)* vector *(attr.)*, vectorial: *raggio ~* radius vector. □ *~ferroviario* rail carrier; *~marittimo* marine carrier; *(Mat,Fis) ~ortogonale* orthogonal vector.

vettoriale *a. (Mat,Fis)* vector *(attr.)*, vectorial: *campo ~* vector field; *grandezza ~* vector quantity.

vettovagliamento *m.* provisioning, victualling.

vettovagliare (vettovàglio, vettovàgli) I *v.t.* to provision, to victual. II *v.pron.* **vettovagliarsi** to obtain provisions, to obtain supplies.

vettovaglie *f.pl.* **1** provisions, supplies, victuals. **2** *(Mil)* provisions, victuals, stores.

vettura *f.* **1** *(Aut) (autovettura)* (motor)car, *(Am)* automobile. **2** *(carrozza)* carriage, coach, cab: *~ di piazza* hackney carriage, cab. **3** *(Ferr) (carrozza ferroviaria)* (railway passenger) coach, carriage, *(Am)* car: *~ di prima classe* first-class carriage. **4** *(carrozza tranviaria)* trolley. □ *~ a cavalli* horse-drawn carriage; (*Aut*) ~ *a tre porte* three-door car; (*Aut*) ~ *aerodinamica* aerodynamic car, streamlined car; (*Ferr*) ~*belvedere* observation car; (*Aut*) ~*compatta* compact car, utility car; (*Aut*) ~*da competizione* (o ~*da corsa*) racecar, racing car; (*Aut*) ~*da noleggio* rental car; (*Aut*) ~*da turismo* touring car; (*Aut*) ~*decappottabile* convertible; (*Aut*) ~*d'epoca* classic car, antique car, (*Br*) vintage car; ~ *di posta* mail-coach, stage-coach; (*Aut*) ~*di serie* mass-produced car; (*Ferr*) ~*diretta* through carriage; ~*filoviaria* trolley; (*Ferr*) *signori, in* ~*!* take your seats!, close the doors!, (*Am*) all aboard!; (*Ferr*) ~*letto* sleeping-car; (*Ferr*) ~ *motrice* engine car; (*Comm*) ~ *per dimostrazioni* demonstration car; ~*pubblica*: 1 (*carrozza*) hackney cab, hackney carriage; 2 (*automobile*) taxi, (*Am*) taxi cab, (*Am*) cab, hack; (*Ferr*) ~ *ristorante* dining-car, restaurant-car, (*Am*) diner; (*Ferr*) ~ *salone* Pullman, Pullman car, saloon car, carriage car, (*Am*) parlor car; (*Aut*) ~*sportiva* sports car; ~ *tranviaria* tram car, (*Am*) trolley car, streetcar; (*Aut*) ~*usata* second-hand car.

vetturale *m.* carrier.

vetturetta *f.* (*Aut*) small car.

vetturina *f.* (*Bot*) (*erba vetturina*) melilot, sweet clover.

vetturino *m.* cab driver, cabman, coachman.

vetustà *f.* (*lett*) ancientness, oldness.

vetusto *a.* (*lett*) ancient, very old.

vezzeggiamento *m.* 1 fondling, pampering. 2 (*carezza*) caress.

vezzeggiare (vezzéggio, vezzéggi) *v.t.* to fondle, to pamper.

vezzeggiativo I *a.* (*Gramm*) of endearment (*posposto*): *forma vezzeggiativa* form of endearment. **II** *m.* 1 (*Gramm*) term of endearment. 2 (*nomignolo*) pet name.

vezzo *m.* 1 (*abitudine*) habit: *fare qcs. per* ~ to do sth. from force of habit. 2 (*modo abituale*) habit, mannerism. 3 (*vizio*) habit, bad habit. 4 (*moina*) caress. 5 *pl.* (*smancerie*) affectation *sing.*, affected ways, mincing ways. 6 *pl.* (*grazia, leggiadria*) charm *sing.*, grace *sing.* 7 (*collana, monile*) necklace: *un* ~ *di perle* a pearl necklace, a string of pearls.

vezzosamente *avv.* charmingly, gracefully.

vezzosità *f.* 1 (*leggiadria*) charm, grace. 2 (*leziosità*) affectation, affected ways *pl.*, mincing ways *pl.*

vezzoso I *a.* 1 (*leggiadro*) charming; (*grazioso*) graceful, pretty: *una ragazza vezzosa* a pretty girl. 2 (*lezioso*) affected, mincing. **II** *m.* (*f.* -**a**) 1 charmer, charming person, graceful person. 2 (*persona leziosa*) affected person: *fare il* ~ to be affected.

V.F. 1 *Vigili del fuoco* (Firefighters, *Br* Fire Brigade). 2 (*Rad*) *videofrequenza* VF (video frequency).

V.G. *Vostra Grazia* (Your Grace).

VHF (*Fis*) *altissima frequenza* VHF (very high frequency).

vi (*before unaccented personal pronouns* lo, la, le, li, ne, vi *changes to* ve; vi *is used enclitically with infinitives, participles, gerunds, imperatives and* ecco) **I** *pron.pers.* 1 (*voi: compl. oggetto*) you: ~ *ho visto ieri* I saw you yesterday. 2 (*forma di cortesia*) you: ~ *han-no chiamato* someone called you. 3 (*a voi: compl. di termine*) you, to you: ~ *piace?* do you like it?; *non* ~ *do niente* I won't give you anything. 4 (*forma di cortesia*) you, to you: *sono venuto a dirvelo* I came to tell you. 5 (*riflessivo*) yourselves *pl.*: *lavatevi* wash yourselves; *alzatevi!* get up! 6 (*reciproco:*

fra due) each other; (*fra più di due*) one another: ~ *conoscete?* do you know one another? 7 (*forma di cortesia*) you, yourself: *come* ~ *sentite?* how do you feel? 8 (*con valore di dativo etico*) yourselves *pl.*: *abbiatevi cura* take care of yourselves. 9 (*forma di cortesia*) yourself. 10 (*particella impersonale*) it, *spesso non si traduce: non* ~ *è differenza* there is no difference. **II** *avv.* 1 (*lì*) there: ~ *sono rimasto qualche giorno* I stayed there for a few days; ~ *andrò domani* I'll go there tomorrow. 2 (*qui*) here: *mi trovo bene in questo albergo e* ~ *rimarrò ancora* I like this hotel and I'll stay here longer. 3 (*per questo luogo*) here, by here, by it, by this place: ~ *passavo ogni mattina* I passed by here every morning. 4 (*per quel luogo*) there, by there, by it, by that place. 5 (*pleonastico*) *non si traduce: in questo palazzo non* ~ *abita nessuno* nobody lives in this building.

via[1] **I** *f.* 1 (*strada*) road: *una* ~ *asfaltata* a paved road. 2 (*rif. alle antiche vie romane*) way: ~ *Appia* Appian Way. 3 (*strada urbana*) street, road: *conosco la* ~ *dove abita* I know the street where he lives. 4 (*negli indirizzi*) road, street, way, drive, avenue; (*negli indirizzi italiani*) via: *abita in* ~ *Dante 10* he lives at 10 via Dante. 5 (*sentiero, pista*) path, track: *una* ~ *tra i campi* a path through the fields. 6 (*passaggio*) way: *aprirsi una* ~ *nella foresta* to open up a way through the forest. 7 (*viaggio, cammino*) way, journey: *sono già in* ~ they are already on their way; *rimettersi in* ~ to resume one's journey. 8 (*percorso*) way, course, itinerary, route: *sulla* ~ *di casa* on the way home; *scegliere la* ~ *più breve* to choose the shortest route. 9 (*fig*) (*mezzo, possibilità*) way, means *pl.*: *le vie del Signore* the ways of the Lord; *per* ~ *giudiziaria* by legal means; *non vedo altra* ~ I see no other way; *per altre vie* in another way. 10 (*fig*) (*modo di vivere*) path, road: *tornare sulla retta* ~ to return to the narrow path (*o* to the straight and narrow path). 11 (*fig*) (*procedimento*) channel(s): *agire per ~ diplomatica* to act through diplomatic channels. 12 (*fig*) (*modo di agire*) way: *la* ~ *tedesca* the German way. 13 (*Anat*) tract, duct, passage: *vie biliari* bile ducts. 14 (*Alp*) (*via di salita*) route: *aprire una* ~ to open a route. 15 (*Mar*) route, way. **II** *avv.* 1 (*passando per*) via: *un biglietto per Vienna* ~ *Brennero* a ticket for Vienna via Brenner. 2 (*per mezzo di*) by, via: ~ *radio* by radio. □ (*Anat*) *vie aeree* respiratory tract (*sing.*); ~ *cavo* cable (*attr.*): *televisione* ~ *cavo* cable tv; *Via Crucis*: 1 (*Rel.catt*) Stations of the Cross, Way of the Cross, Via Crucis; 2 (*fig*) (*sofferenza*) suffering, purgatory, calvary, (*colloq*) hell (on earth): *la sua vita è stata una Via Crucis* his life was a calvary; ~*d'acqua* waterway; *sulla* ~ *del ritorno* on the way back; ~ *del tabacco* tobacco road; (*fig*) *la* ~*della droga* the drug route; (*Stor*) ~ *della Seta* silk road; (*Stor*) ~*dell'ambra* amber road; (*Stor*) ~*delle spezie* spice road; (*fig*) *la* ~*dell'orto* the easiest way; ~ *di accesso*: 1 access road; 2 (*Inform*) path; ~ *di comunicazione* highway, main road; (*Mar*) ~ *di comunicazione marittima* sea route; *vie di fatto* violence (*costr. sing.*); *passare a vie di fatto* (*o scendere a vie di fatto*) to resort to violence, to come to blows; ~ *di fuga* escape route; ~ *di mezzo* middle course, middle way, in-between path: *scegliere la* ~ *di mezzo* to choose the middle course; (*Mar*) ~ *di navigazione* seaway; ~ *di navigazione interna* inland waterway; *non c'è* ~*di scampo* there is no way out (of it); ~ *di terra* land route, overland route;

per ~ *di terra* by land; ~ *di transito* (*Br*) through road, (*Am*) thru road; ~*di uscita* way out (*anche fig*): *una situazione senza* ~ *di uscita* a situation with no way out, a deadlock; (*Anat*) *vie digerenti* digestive system (*sing.*), digestive tract (*sing.*); ~ *Emilia* Via Aemilia; ~ *etere* through the air; ~ *fax* by fax; *per*~*fluviale* by river; *per*~*gerarchica* through official channels; (*fig*) *mettere qcu. sulla* ~*giusta* to put so. on the right path; *in* ~: 1 (*cammin facendo*) on the way, on one's way: *essere in* ~ to be on the (*o* one's) way; 2 (*fig*) (*verso*) on the way: *essere in* ~ *di guarigione* to be on the way to recovery, to be healing; *in* ~ *amichevole* as a friend, out of friendship, in a friendly way: *te lo dico in* ~ *amichevole* I'm telling you as a friend; *in* ~ *di estinzione* faced with the danger of extinction, dying out; *essere in* ~ *di miglioramento* to be improving, to be in the process of improving; (*fig*) to be on the road to improvement; *paesi in* ~ *di sviluppo* developing countries; *in* ~ *eccezionale* (o *in* ~ *del tutto eccezionale*) by way of exception, as an exception, exceptionally; *in* ~ *provvisoria* provisionally, temporarily, for the time being; *in* ~ *sperimentale* as an experiment; *in* ~*ufficiale* officially; *in* ~ *ufficiosa* unofficially; (*Astr*) ~*lattea* Milky Way; ~*libera*: 1 clear road, clear way; 2 (*Ferr*) line clear, track open; *avere* ~ *libera*: 1 to have one's way clear: *hai* ~ *libera* the road is clear, your way is clear; 2 (*fig*) (*non avere ostacoli*) to be free, to have no obstacles in one's path; *dare* ~ *libera a qcu.* to give the ok to so., to give free rein to so.; ~ *mare* by sea, by ship: (*Comm*) *spedire* ~ *mare* to ship; *andare* ~ *mare* to go by sea; ~*marittima* seaway; *mettersi in* ~ to set out, to set off, to start off; (*ant*) *non c'è* ~ *di persuaderlo* it's impossible to persuade him, there's no persuading him; *per* ~*aerea*: 1 by air; 2 (*Post*) by airmail: *per* ~*d'aria* by air; *per* ~ *di*: 1 (*per mezzo di*) by, through, by means of, via; 2 (*colloq*) (*a causa di*) because of, on account of: *per* ~ *dell'esame* ~ *non ho dormito giorno e notte* because of the exam I have to study day and night; *per* ~ *inalatoria* by inhalation; *per* ~ *rette* indirectly, via a circuitous route; *per* ~ *orale* by mouth, orally: *farmaci da prendere si per* ~ *orale* medicines to be taken orally; (*Med*) *per* ~*rettale* by the rectum, rectally; ~ *radio* by radio; (*Anat*) *vie re-spiratorie* respiratory tract (*sing.*); (*Stor.rom*) ~*sacra* Via Sacra; ~ *satellite* satellite (*attr.*), *via satellite* (*posposto*): *trasmissione* ~ *satellite* satellite broadcasting; (*Rad,TV*) *collegamento* ~ *satellite* link-up via satellite; *mettersi sulla* ~ *sbagliata* to take the wrong road; ~ *secondaria* secondary road, minor road, by-road; ~ *traversa*: 1 crossroad; 2 (*strada secondaria*) by-road, side road, secondary road, secondary route; 3 (*scorciatoia*) short cut; (*fig*) *per vie traverse* by underhand means, by underhand methods, by subterfuge: *ottenere un posto per vie traverse* to get a job by underhand methods; (*Anat*) *vie urinarie* urinary tract (*sing.*). *Prov.*: *le vie del signore sono infinite* God moves in mysterious ways, God's ways are beyond understanding; *la* ~ *dell'inferno è lastricata di buone intenzioni* the way to Hell is paved with good intentions.

via[2] **I** *avv.* away, off, *spesso si aggiunge il verbo sottinteso*: *correre* ~ to run off; *buttare* ~ to throw away; *vattene* ~*!* go away!; *si alzò di scatto e* ~ *di corsa* he leapt up and ran off (*o* he leapt up and off he went); ~, *fuori dai piedi!* off with you!, away with you!, get out of here!; ~ *le mani!* hands off! **II** *intz.* **1** (*suvvia*) come on!, come now!, come on!, *a volte non si traduce*: ~, *non ti preoccupare* come on, don't worry about it. **2** (*per esprimere incredulità e sim.*) yeah, right!, no way!, (*colloq*) get along with you! **3** (*presto*) come on!, quick!, quickly!, hurry!, (*colloq*) get a move on!: ~, *che si fa tardi* hurry up, it's getting late! **4** (*segnale di partenza*) go!: *pronti* ~ ready, set, go!; on your marks, get set, go!; (*Br*) ready, steady, go! **III** *m.* (*segnale di partenza*) starting signal, start: *al* ~ at the starting signal; *prendere il* ~ to start. ☐ ~: **1** gradually, little by little: *va* ~ ~ *migliorando* he is improving gradually; **2** (*a mano a mano*) as: ~ ~ *che arrivavano* as they arrived; (*Mar*) *alla* ~ *così!* steady!; *dare* ~ to give away: *durante la guerra ha dato via tutta l'argenteria* during the war he gave away all his silver; *dare il* ~: **1** (*iniziare*) to begin, to start, to start off, to open, to get under way: ~ *il via ai lavori* to start work; *domani si dà il via ai lavori* work begins tomorrow; **2** (*far iniziare*) to start off, to give the go-ahead for, to start, to set off; **3** (*Sport*) to give the starting-signal, to start (a race); ~ *di là!* get away from there!; *e* ~*!* (*e basta*) and that's it; *e* ~ *di questo passo* and so on, and so on and so forth; *e* ~ *dicendo* (*o e* ~ *discorrendo*) and so on, and so on and so forth; (*colloq*) *essere* ~: **1** to be away; **2** (*essere uscito di casa*) to be out, not to be home; **3** (*essere in viaggio*) to be away; **4** (*essere in paese straniero*) to be abroad; *ma* ~*!* get along with you!

viabile *a.* **1** (*viario*) road (*attr.*). **2** (*praticabile*) practicable, passable, fit for traffic.

viabilista *a.* **1** (*rif. al traffico*) traffic (*attr.*), road traffic (*attr.*): *vigili viabilisti* traffic police. **2** (*rif. alla costruzione delle strade*) road (*attr.*), highway (*attr.*): *ingegnere* ~ highway engineer.

viabilistico (*pl.* -ci) *a.* traffic (*attr.*), road traffic (*attr.*), road (*attr.*).

viabilità *f.* (*Strad*) **1** practicability; (*stato delle strade*) road conditions *pl.*, state of the road(s). **2** (*rete stradale*) roads *pl.*, road network: *la* ~ *di questo paese è pessima* the roads in this country are very bad. **3** (*norme sul traffico*) traffic regulations *pl.*, (*colloq*) rules *pl.* of the road. **4** (*norme e attività relative alla costruzione di strade*) highway engineering.

viacard *f.inv.* prepaid motorway toll card.

viaccia (*pl.* -ce) *f.* **1** (*brutta via*) bad road. **2** (*via malfamata*) street of ill-fame, ill-reputed street.

viado (*pl.* -s) *m.* transvestite, transvestite ostitute (usually from Brazil).

…lotto *m.* (*Strad,Ferr*) viaduct: ~ *ferrovia-* …ay viaduct.

… *m.* (short) trip, excursion; (*in* …ravelling. **2** (*Ferr*) train …n crew, train staff.

…gi) **I** *v.i.* (*aus.* ave- …o journey, to …n a trip: ~ …classe …vel:

late. **4** (*rif. a merci: essere trasportato*) to be carried, to be transported, to travel: *la merce viaggia a rischio del committente* goods are carried at the consignor's risk. **5** (*fare il commesso viaggiatore*) to travel, to be a commercial traveller, (*Am*) to be a traveling salesman: ~ *per una ditta* to travel for a firm; ~ *in pellami* to travel in hides. **II** *v.t.* (*rar*) to travel (over, round): *ha viaggiato tutto il mondo* he has travelled all over the world. ☐ (*scherz*) ~ *col cavallo di san Francesco* (*a piedi*) to go by shanks's mare, to travel by shanks's mare, (*Am*) to be riding Shank's pony; (*fig*) ~ *come i bauli* to travel without learning anything, to travel without taking an interest in anything; ~ *in aereo* to travel by air, to go by air, to fly; ~ *per affari* to travel on business; ~ *per mare* to travel by sea, to go by sea, to voyage.

viaggiatore I *m.* (*f.* -**trice**) **1** traveller, (*Am*) traveler: *i grandi viaggiatori del secolo scorso* the great travellers of the last century. **2** (*passeggero*) passenger: *chiedere il biglietto ai viaggiatori* to ask the passengers for their tickets. **3** (*commesso viaggiatore*) commercial traveller, (*Am*) traveling salesman. **II** *a.* travelling. ☐ ~ *di commercio* commercial traveller, (*Am*) traveling salesman.

viaggio *m.* **1** trip: *fare un* ~ *in Germania* to go on a trip to Germany, (*Am*) to take a trip to Germany. **2** (*spostamento, distanza*) journey: *un* ~ *di una settimana* a week's journey. **3** (*per mare*) voyage, crossing, passage; (*in aereo*) flight; (*nello spazio*) voyage. **4** *pl.* travels: *ha scritto un libro sui suoi viaggi* he has written a book about his travels. **5** (*tragitto, corsa*) trip, journey, run: *il* ~ *tra Roma e Berlino* the journey from Rome to Berlin. **6** (*iperb*) long journey, long way: *andare fin lassù è un vero* ~ it's a very long way there, it's miles away. **7** (*cammino*) trip, journey: *fare due viaggi* to make two trips. **8** (*pellegrinaggio*) pilgrimage. **9** (*fig*) (*effetto della droga*) trip. ☐ ~ *a cavallo* journey on horseback, ride; ~ *circolare* round trip, tour; *da* ~ travel (*attr.*): *soprabito da* ~ travel coat; ~ *della speranza* voyage of hope; *di viaggi* travel (*attr.*): *agenzia di viaggi* travel agency; ~ *di affari* business trip; ~ *di andata*: **1** one-way journey; **2** (*Aer*) one-way flight; ~ *di andata e ritorno* round trip (*anche Aer*); ~ *di esplorazione* journey of exploration, voyage of exploration; ~ *di istruzione* study trip; ~ *di lavoro* business trip; ~ *di nozze* honeymoon; ~ *di piacere* pleasure trip, (*Am*) vacation; ~ *di ritorno*: **1** return trip, (*Br*) journey home; **2** (*Aer*) return flight; ~ *di studio* study travel, study trip; *fare un* ~ (*Br*) to make a journey, to take a trip, to go on a trip; *hai fatto buon* ~? did you have a good trip?; *essere in* ~: **1** to be on a journey, to be on a trip; **2** (*in navigazione*) to be at sea; *andare in* ~ to set out on a journey, to go on a journey; *essere in* ~ *per un paese* to be travelling (*o* to be on one's way) to a country; *mettersi in* ~ to get going; ~ *in aereo* flight; ~ *in automobile* drive, journey by car; ~ *in comitiva* group trip, party trip; ~ *in treno* train trip; ~ *inaugurale* maiden voyage; ~ *incentivo* incentive trip; ~ *intorno al mondo* around-the-world trip; ~ *organizzato* organized tour, organized trip, package tour; ~ *per mare* (sea) voyage, journey by sea; (*Astron*) *spaziale* space trip, space travel; ~ *turisti-* …~ *tutto compreso* all-inclusive tour.

(*Strad*) **1** avenue, (*Am*) boulevard. **2** …i) path, walk. **3** (*strada privata* …rive, driveway. ☐ (*fig*) *sul* ~

del tramonto on the decline, on the way out; (*Strad*) ~ *di accesso* driveway.

vialone *m.* (*Strad*) broad avenue.

viandante *m./f.* (*lett*) wayfarer, traveller.

viario *a.* (*Strad*) **1** (*rif. a strade urbane*) street (*attr.*), road (*attr.*). **2** (*rif. a strade extraurbane*) road (*attr.*): *rete viaria* road network.

viatico (*pl.* -ci) *m.* **1** (*lett*) provisions *pl.* (for a journey), viaticum. **2** (*fig*) (*conforto, sostegno*) comfort, encouragement. **3** (*Rel.catt*) Viaticum.

viavai *m.inv.* **1** coming and going, to and fro, bustle, confusion: *c'era un gran* ~ *di impiegati* there was a great coming and going of clerks. **2** (*Tecn*) (*movimento alternato*) to and fro motion, reciprocating movement.

vibracall /'vibra'kɔl/ *m.inv.* (*Tel*) VibraCall.

vibrafonista *m./f.* (*Mus*) vibraphonist.

vibrafono *m.* (*Mus*) vibraphone.

vibrante I *a.* **1** (*rif. alla voce umana*) vibrant, vibrating, resonant. **2** (*fig*) (*fremente*) quivering, trembling (*di* with): ~ *di tenerezza* quivering with tenderness. **3** (*Fon*) vibrant: *consonante* ~ vibrant consonant. **II** *f.* (*Fon*) vibrant consonant. ☐ ~ *di entusiasmo* bursting with enthusiasm, full of enthusiasm; ~ *di passione* trembling with passion; *parole vibranti di sdegno* scornful words, words ringing with scorn.

vibrare (**vibro**) **I** *v.t.* **1** (*assestare*) to deal, to strike, to deliver: ~ *un colpo* to deal a blow, to strike a blow. **2** (*lett*) (*agitare*) to brandish. **3** (*lett*) (*scagliare*) to hurl, to cast, to throw, to launch. **4** (*lett*) (*far vibrare*) to vibrate. **II** *v.i.* (*aus.* **avere**) **1** to vibrate. **2** (*scuotersi*) to shake. **3** (*fig*) (*fremere*) to vibrate, to tremble, to quiver (*di* with): *la sua voce vibrava di commozione* his voice quivered with emotion. **4** (*fig*) (*palpitare*) to throb: *un cuore che vibra d'amore* a heart throbbing with love. **5** (*rif. alla luce*) to quiver. ☐ (*ant*) ~ *un pugno a qcu.* to punch so.; ~ *una coltellata a qcu.* to stab so., to knife so.

vibratile *a.* vibratile: *membrana* ~ vibratile membrane.

vibrato I *a.* **1** (*lanciato*) hurled, cast, flung. **2** (*messo in vibrazione*) vibrated, vibrating. **3** (*fig*) (*concitato*) excited, agitated; (*energico*) strong, forceful, vehement: *vibrata protesta* strong protest. **4** (*Mus*) vibrato. **5** (*Edil*) vibrated: *calcestruzzo* ~ vibrated concrete. **II** *m.* (*Mus*) vibrato.

vibratore *m.* (*Tecn*) vibrator (*anche estens*). ☐ (*Tecn*) ~ *ad alta frequenza* high-frequency vibrator; (*Edil*) ~ *per calcestruzzo* (concrete) vibrator.

vibratorio *a.* vibratory, vibrating, vibrative.

vibrazionale *a.* (*Fis*) vibrational.

vibrazione *f.* **1** vibration (*anche Fis*): *le vibrazioni di un diapason* the vibrations of a tuning-fork. **2** (*oscillazione*) vibration, oscillation. **3** (*rif. alla luce*) quivering, shimmering. **4** (*fig*) (*fremito*) quiver, quivering, trembling, vibration: *c'era una* ~ *di collera nella sua voce* there was an angry quiver in his voice. **5** (*Tel*) vibration. **6** (*Med*) vibromassage, vibratory massage. **7** (*Edil*) vibration. ☐ (*Aer*) ~ *aeroelastica* flutter; ~ *sonora* sound vibration, sonorous vibration.

vibrione *m.* (*Biol*) vibrio.

vibrissa *f.* (*Zool*) vibrissa.

vibrografo *m.* (*Tecn*) vibrograph.

vibromassaggiatore *m.* vibromassager, massage vibrator.

vibromassaggio *m.* vibromassage.

vibrometro *m.* (*Tecn*) vibrometer.

vibroscopio *m.* (*Tecn*) vibroscope.

vibrovaglio *m.* (*Minier*) vibrating screen.

viburno *m.* (*Bot*) viburnum.

vicaria [1] *f.* (*Rel.catt*) vicaress.

vicaria [2] *f.* (*ufficio, circoscrizione*) vicariate, vicarship.

vicariale *a.* vicarial.

vicariante *a.* **1** substituting. **2** (*Med,Biol*) vicarious.

vicariato *m.* (*Dir.can*) **1** (*carica*) vicarship, vicariate. **2** (*tempo, territorio*) vicariate. **3** (*sede*) vicar's residence.

vicario I *m.* **1** deputy, vicar, representative. **2** (*Rel*) vicar. II *a.* **1** vicarial, deputy. **2** (*Rel, Med*) vicarious. □ (*Rel.catt*) *~apostolico* vicar-apostolic; (*Rel.catt*) *~capitolare* vicar-capitular; (*Rel.catt*) *il ~di Cristo* (*il Papa*) the Vicar of Christ; (*Rel*) *~foraneo* vicar forane; (*Rel.catt*) *~generale* vicar-general.

vice *m./f.* deputy, vice, substitute.

viceammiraglio *m.* (*Mar.mil*) vice-admiral.

vicebrigadiere *m.* (*Mil*) sergeant.

vicecancelliere *m.* (*Pol*) vice-chancellor.

viceconsole *m.* vice-consul.

vicedirettore *m.* (*f.* **-trice**) **1** vice-director, deputy director, assistant director. **2** (*in un'azienda*) assistant manager. **3** (*in una scuola*) deputy-headmaster (*f.* -mistress). **4** (*in un giornale*) assistant editor.

vicemadre *f.* foster mother.

vicenda *f.* **1** (*caso, evento*) event, happening: *vicende storiche* historical events; *le tristi vicende della guerra* the sad happenings of war. **2** (*avvicendamento*) succession, alternation, changing: *la ~ delle stagioni* the changing of the seasons. **3** (*Agr*) rotation, crop rotation. □ *a ~*: **1** (*scambievolmente*) each other, one another: *lodarsi a ~* to praise each other; **2** (*a turno*) in turn, by turns.

vicendevole *a.* mutual, reciprocal: *vicendevoli promesse* mutual promises.

vicendevolmente *avv.* **1** (*a vicenda*) mutually, reciprocally, one another, each other: *aiutarsi ~* to help each other. **2** (*uno dopo l'altro*) in turn, by turns.

vicentino I *a.* of Vicenza. II *m.* (*f.* **-a**) (*originario*) native of Vicenza; (*abitante*) inhabitant of Vicenza.

vicepadre *m.* foster father.

viceparroco (*pl.* **-ci**) *m.* (*Rel*) curate.

viceprefetto *m.* **1** subprefect. **2** (*Scol*) (*nei collegi*) deputy rector.

vicepreside *m./f.* (*Scol*) assistant principal; (*di scuola privata*) deputy-headmaster (*f.* -mistress).

vicepresidente *m./f.* **1** vice-president. **2** (*di comitato e sim.*) vice-chairman.

vicepresidenza *f.* **1** vice-presidency. **2** (*di convegno e sim.*) vice-chairmanship.

vicequestore *m.* deputy police superintendent.

viceré *m.* viceroy.

vicereame *m.* (*territorio*) viceroyalty.

vicerettore *m.* (*Univ*) assistant rector, vice chancellor.

vicesegretario *m.* **1** assistant secretary. **2** (*Pol*) undersecretary.

vicesindaco (*pl.* **-ci**) *m.* deputy mayor.

viceversa I *avv.* **1** vice versa: *andare da destra a sinistra e ~* to go from right to left and vice versa. **2** (*ritorno*) back, return: *Firenze-Roma e ~* Florence-Rome and back. **3** (*al contrario*) vice versa, the contrary, the other way round: *i padri aiutano i figli e ~* fathers help their sons and vice versa. II *cong.* (*colloq*) (*invece*) but, and instead: *avevi promesso di scrivermi, ~ non l'hai fatto* you promised to write to me but you never did.

vichingo I *a.* **1** (*Stor*) Viking. **2** (*scherz*) (*scandinavo*) Scandinavian. II *m.* (*f.* **-a**; *pl.*

-ghi) **1** (*Stor*) Viking. **2** (*scherz*) (*scandinavo*) Scandinavian, Northerner.

vicinale *a.* local: *ferrovia ~* local railway; *strada ~* local road, vicinal road.

viciname *m.* (*spreg*) neighbours *pl.*, (*Am*) neighbors *pl.*

vicinanza I *f.* **1** (*di spazio*) nearness, closeness, proximity: *la ~ al mare* the nearness to the sea. **2** (*di tempo*) nearness, closeness, approach. **3** (*l'essere vicini di casa*) (*Br*) being neighbours, (*Am*) being neighbors. **4** *pl.* vicinity *sing.*, (*Br*) neighbourhood *sing.*, (*Am*) neighborhood *sing.* **5** *pl.* (*dintorni*) environs, outskirts, vicinity *sing.*: *le vicinanze di Roma* the outskirts of Rome. □ *in ~ di* near: *in ~ del fiume* near the river, close to the river; *in ~ di una città* near a city; *abitanelle vicinanze della stazione* he lives near (*o* he lives in the vicinity of) the station; *nelle vicinanze del mare* near the sea; *nelle immediate vicinanze* in the immediate vicinity, in the immediate proximity.

vicinato *m.* **1** (*Br*) neighbourhood, (*Am*) neighborhood. **2** (*collett.*) (*vicini*) (*Br*) neighbours *pl.*, (*Am*) neighbors *pl.*, (*Br*) neighbourhood, (*Am*) neighborhood: *le donne del ~* the women in the neighbourhood. □ *le famigliedel ~* the neighbouring families; *la gente del ~* the neighbours (*pl.*), the neighbourhood.

viciniore *a.* (*burocr*) adjacent, vicinal, (*Br*) neighbouring, (*Am*) neighboring.

vicino I *a.* **1** (*rif. a spazio*) near, nearby, close, near at hand, (*Br*) neighbouring, (*Am*) neighboring: *la città vicina* the nearby city; *i paesi vicini* the neighbouring villages; *questi quadri sono troppo vicini* these pictures are too close (together). **2** (*limitrofo, confinante*) neighbouring, adjoining, contiguous: *stati vicini* neighbour states, neighbouring states. **3** (*adiacente*) adjacent; (*accanto*) next: *la stanza vicina* the next room. **4** (*a porta a porta*) next-door: *la casa vicina* the house next-door. **5** (*rif. a tempo*) near, approaching, at hand, coming, (*lett*) nigh: *l'inverno è ~* winter is near (*o* winter is coming *o* winter is drawing near); *Natale è ~* Christmas is coming, it is nearly Christmas; *mezzogiorno è ~* it's nearly midday; *gli esami sono vicini* the exams are near; *essere ~ alla fine* to be near the end (*o* nearing the end); *essere ~ ai sessanta* to be nearly sixty, to be nearing sixty, to be verging on sixty, to be coming up on sixty; *essere ~ a partire* to be about to leave, to be getting ready to leave. **6** (*fig*) (*stretto*) close, near: *un parente ~* a close relative. **7** (*fig*) (*simile*) near, close: *questo colore è più ~ al grigio che al verde* this colour is closer to grey than to green (*o* is more of a grey than a green); *essere ~ al vero* to be close to the truth; *le tue idee sono molto vicine alle nostre* your ideas are very close to ours; *farsi ~* to draw near, to approach, to come close, to come closer. **2** (*accanto*) beside, alongside: *il comodino è ~ al letto* the night table is beside the bed; *siediti ~ a me* sit down beside me. III *m.* (*f.* **-a**) **1** neighbour, (*Am*) neighbor. **2** (*estens*) (*di posto*) person sitting next: *il mio ~ di tavolo* the man sitting next to me at the table. □ *vicini* neighbours, (*Am*) neighbors, (*Br*) neighborhood *sing.*, (*Am*) neighborhood

next man: *il ~ di destra* the next man on the right. □ *~a*: **1** near (to), close to, in the vicinity of: *~ a Roma* near Rome; *la mia casa è vicina alla piazza* my house is near the square, my house is close to the square; *metti la sedia ~ al tavolo* pull (*o* draw) the chair (up) to the table; (*presso, stato*) by, near, nearby, close to, close by, beside: *sedere ~ al fuoco* to sit by the fire; **3** (*moto*) near, near to, close, close to; *~a morire* at death's door; *andarci ~* (*o andare ~a*): **1** to go near; **2** (*fig*) (*avvicinarsi*) to come close to, to come up to, to draw near to, to approach; *da ~* at close quarters, at close range, from close up: *guardare un quadro da ~* to look at a picture close up; *da molto ~* at very close range, very closely, very close up; *da ~ e da lontano* from far and near; *considerando la cosa più da ~* looking closer (*o* looking deeper) into the matter; *conoscere qcu. da ~* to know so. well; *esaminare qcs. più da ~* to examine sth. more closely, to have a closer look at sth.; *vederci bene da ~* to see well from close up; (*Scol*) *il mio ~di banco* the pupil who sits next to me, my deskmate; *~ di casa*: **1** (*chi abita vicino*) (*Br*) neighbour, (*Am*) neighbor; **2** (*chi abita nella casa accanto*) (*Br*) next-door neighbour, (*Am*) next-door neighbor; *farsi ~* to draw near, to come near, to come up, to approach; *il ~ Oriente* the Near East; *del ~ oriente* near eastern; *è accaduto qui ~* it happened near here, it happened nearby; *stammi ~* keep close to me, stay near me; *venire ~ a qcu.* to come near so., to draw near so., to approach so.

vicissitudini *f.pl.* vicissitudes, ups and downs: *le ~ della vita* the ups and downs of life.

vico (*pl.* **-chi**) *m.* **1** (*rar,lett*) (*borgata*) village, hamlet. **2** (*ant,region*) (*contrada*) district. **3** (*rar*) (*vicolo*) alley, lane.

vicolo *m.* alley, lane. □ *~ cieco* blind alley, dead end (*anche fig*): (*fig*) *finire in un ~ cieco* to come to a dead end.

videata *f.* (*Inform*) screenful.

video I *m.inv.* **1** (*TV*) video: *interferenza al ~* interference on the video. **2** (*schermo*) screen. **3** (*Inform*) display, display unit, monitor, screen. **4** (*videoclip*) video. II *a.* video: *segnale ~* video signal, picture signal.

videoamatore *m.* (*f.*-**trice**) video amateur.

videoamatoriale *a.* amateur video (*attr.*).

videoamplificatore *m.* (*TV*) video amplifier, head amplifier.

videocamera *f.* videocamera.

videocassetta *f.* videotape.

videocitofono *m.* video doorphone, video entryphone, househome.

videoclip *m.inv.* music video, video.

videoconferenza *f.* **1** teleconfere... (*sistema di comunicazione*) teleco... ing.

videodipendente I *a.* add... *m./f.* TV addict, (*Am,colloq*)...

videodipendenza *f.* ...

videodisco *m.* vi... *di videodischi*...

videofre...

video...
ame...
vi...

videolibro *m.* electronic book, book on videodisc.

videomagnetico (*pl.* **-ci**) *a.* video-tape (*attr.*).

videonastro *m.* videotape.

videonoleggiatore *m.* (*f.*-**trice**) video rental store owner.

videonoleggio *m.* **1** video rental. **2** (*negozio*) video rental store.

videopoker *m.inv.* videopoker.

videoproiettore *m.* video projector.

videoregistrare (**videoregistro**) *v.t.* to videotape, to tape, (*Br*) to video.

videoregistratore *m.* video tape-recorder, (*colloq*) VCR.

videoregistrazione *f.* videotape, video-taping, video recording.

videoripresa *f.* filming.

videoscrittura *f.* (*Inform*) word processing.

videosegnale *m.* video signal, picture signal.

videosistema *m.* video system.

videotape /-'teip/ *m.inv.* videotape.

videoteca *f.* video store.

Videotel *m.* Videotex, (*GB*) Prestel.

videotelefonia *f.* (*Tel*) videotelephony.

videotelefono *m.* (*Tel*) video telephone, videophone.

videoterminale *m.* (*Inform*) video terminal.

Videotex *m.* Videotex, (*GB*) Prestel.

vidicon, vidiconoscopio *m.* (*TV*) vidicon.

vidimare (**vidimo**) *v.t.* (*burocr*) **1** to authenticate, to certify. **2** (*con la firma*) to sign. **3** (*con un bollo*) to stamp.

vidimazione *f.* (*burocr*) authentication, certification.

Vienna *n.pr.f.* (*Geog*) Vienna.

viennese I *a.* Viennese, Vienna (*attr.*), of Vienna (*posposto*). **II** *m.* (*dialetto*) Viennese. **III** *m./f.* (*abitante*) Viennese.

viepiù, vieppiù *avv.* (*lett*) more and more, increasingly, ever the more.

vietabile *a.* (*che si può proibire*) that can be forbidden.

vietare (**vieto**) *v.t.* **1** (*proibire*) to forbid, to prohibit, to stop: *il medico gli ha vietato di fumare* the doctor has forbidden him to smoke. **2** (*impedire*) to prevent, to stop: *chi ti vieta di andarci?* who's to prevent you from going there?; *nulla vieta che* there's nothing to stop, nothing prevents, nothing stops: *nulla vieta che gli io scriva* there's nothing to stop me from writing to him; *nulla ti vieta di partire* nothing prevents you from leaving.

vietato *a.* **1** forbidden, prohibited: ~ *dalla legge* prohibited by law, forbidden by law; *è* ~ *scrivere sui libri* it is forbidden to mark books with pencil or ink. **2** (*nei cartelli*) no, do not: *sosta vietata* no parking; *direzione vietata* no entry; *è* ~ *sporgersi* do not lean out. ☐ ~ *ai minori di diciotto anni*: **1** no admittance to (*o* not suitable for) persons under eighteen years of age; **2** (*Cin*) X-rated; (*Ferr*) ~ *attraversare i binari* it is strictly prohibited to cross the platforms; ~ *calpestare le aiuole* please keep off the grass; ~ *entrare* ⬤o entry, no admittance; ~ *fumare* no smok-⬤⬤: ~ *il passaggio* no transit, no thorough-⬤o through way; (*Strad*) ~ *il sorpasso* no ⬤⬤g; ~ *l'accesso*: **1** no admission, no ⬤, do not enter, keep out; *vietato* ⬤⬤tti ai lavori personnel only; ⬤⬤vietata l'affissione post ⬤⬤ ~ *l'ingresso* no ad-⬤⬤o not enter, keep ⬤⬤i no entry for

unauthorized persons; ~ *lo scarico* tipping prohibited, dumping prohibited, no tipping, no dumping; ~ *raccogliere fiori* (please) do not pick the flowers; ~ *sputare* no spitting.

Vietnam *n.pr.m.* (*Geog*) Vietnam. ☐ (*Geog.stor*) ~ *del Nord* North Vietnam; (*Geog.stor*) ~ *del Sud* South Vietnam.

vietnamita I *m./f.* Vietnamese: *i vietnamiti* the Vietnamese. **II** *a.* Vietnamese.

vieto *a.* **1** (*spreg*) (*antiquato*) antiquated, obsolete, old. **2** (*region*) (*stantio*) stale; (*rancido*) rancid, bad, rank.

vigente *a.* (*Dir*) in force: *le leggi vigenti* the laws in force.

vigere (**vige**) *generally used in the third person singular and plural of the simple tenses and in the present participle*) *v.i.* **1** (*essere in vigore*) to be in force, to be in use, to be current. **2** (*Dir*) to be valid.

vigesimo *a.* (*lett*) (*ventesimo*) twentieth.

vigilante I *a.* vigilant, watchful. **II** *m.* security guard, watchman, caretaker.

vigilantes *m.pl.* vigilantes.

vigilanza *f.* **1** (*sorveglianza*) vigilance, care: *giocava sotto la* ~ *della madre* he was playing under his mother's care (*o* his mother's watchful eye). **2** (*controllo*) supervision, care, check, control: ~ *sui prezzi* price control. **3** (*rif. alla polizia*) surveillance, supervision. **4** (*personale addetto alla sicurezza*) security. ☐ ~ *notturna* nightwatch; *essere sotto la* ~ *di qcu.* to be under so.'s supervision; (*Dir*) ~ *speciale* (*della polizia*) police supervision, police surveillance: *essere sottoposto a* ~ *speciale* to be under police supervision (*o* police surveillance) to be watched by the police; ~ *urbana* city police.

vigilare (**vigilo**) **I** *v.t.* **1** (*sorvegliare*) to surveillance, to watch (over), to keep a watch on, to keep an eye on. **2** (*controllare*) to control, to patrol, to keep a check on. **3** (*rif. alla polizia*) to keep under surveillance, to keep under observation: ~ *le persone sospette* to keep suspects under surveillance. **II** *v.i.* (*aus.* **avere**) **1** to take care (*a, su* of), to look (after), to see (to), to keep watch (over): ~ *al buon ordine* to see that order is kept. **2** (*essere vigile*) to be on the alert, to be on one's guard, to be on the the watch out. **3** (*stare sveglio*) to stay awake.

vigilato I *a.* **1** watched, guarded. **2** (*dalla polizia*) under surveillance, under observation, watched. **II** *m.* (*f.* **-a**) person on probation. ☐ ~ *speciale* person under police surveillance, person under police observation.

vigilatore *m.* security guard.

vigilatrice *f.* **1** security guard. **2** (*che consiglia chi ha problemi*) counsellor. ☐ ~ *d'infanzia* (registered) childminder, nursemaid, nanny; ~ *scolastica* school nurse.

vigile I *a.* watchful, vigilant, alert. **II** *m.* (*f.* **-essa**) policeman (*f.* -woman), (*Br,colloq*) bobby, (*Am,colloq*) cop. ☐ ~ *del fuoco* fireman, firefighter; *i vigili del fuoco* (*corpo*) the fire brigade, (*Am*) the fire department; ~ *urbano*: **1** (municipal) policeman; **2** (*addetto al traffico*) traffic cop, traffic officer.

vigilia *f.* **1** (*sera precedente una festa*) eve, night before. **2** (*giorno precedente una festa*) eve, day before. **3** (*Rel.catt*) vigil; (*digiuno*) fast: *osservare la* ~ to keep the fast. **4** (*estens*) (*il mangiare di magro*) abstinence: *è giorno di* ~ it's a day of abstinence. **5** (*giorno, tempo che precede un certo fatto*) eve: *alla* ~ *della sua partenza* on the eve of his departure. **6** (*lett*) (*veglia*) vigil, watch, wake. **7** (*Stor.rom*) vigil: *prima* ~ first vigil. ☐ (*Mediev*) ~ *d'armi* vigil at arms; ~ *di*

Capodanno New Year's Eve; ~ *di Natale* Christmas Eve; ~ *di Pasqua* Holy Saturday.

vigliaccamente *avv.* in a cowardly way, like a coward.

vigliaccata *f.* cowardly action, (*colloq*) dirty trick, (*colloq*) rotten thing to do.

vigliaccheria *f.* **1** cowardice. **2** (*bassezza*) wretchedness. **3** (*azione vigliacca*) cowardly action; (*azione vile*) base action, mean action.

vigliacco I *a.* cowardly, craven, (*colloq*) chicken, (*colloq*) lily-livered. **II** *m.* (*f.* **-a**; *pl.* **-chi**) coward; (*miserabile*) wretch.

vigna *f.* **1** vineyard. **2** (*fig,scherz*) (*fonte di lucro*) gold mine, bonanza, land of plenty, source of plenty: *ha trovato la* ~ he's found a gold mine, he's struck oil. **3** (*Stor.rom*) (*vinea*) vinea. ☐ *coltivare a* ~ to plant with vines.

vignaiolo, vignaiuolo *m.* vine dresser.

vigneto *m.* vineyard.

vignetta *f.* **1** vignette. **2** (*umoristica*) comics, comic strip, cartoon. **3** (*Post*) (*di francobollo*) design. **4** (*Svizz.it,Strad*) annual motorway toll label for Swiss motorways. ☐ ~ *umoristica* comics, comic strip, cartoon.

vignettista *m./f.* cartoonist.

vigogna *f.* **1** (*Zool*) vicuña. **2** (*Tess*) vicuña cloth, vicuña.

vigore *m.* **1** (*forza vitale*) vigour, (*Am*) vigor, vitality, (*colloq*) vim. **2** (*fig*) (*forza*) vigour, (*Am*) vigor, strength: *il* ~ *della mente* mental vigour. **3** (*energia*) force, energy, (*Br*) vigour, (*Am*) vigor: *pieno di* ~ vigorous, bursting with energy; (*rif. a persone anziane*) hale and hearty. **4** (*fig*) (*efficacia*) vigour, (*Am*) vigor, force, vitality: *il* ~ *dello stile* vigour of style. **5** (*Dir*) (*validità legale*) force, (*Am*) vigor: *la legge rimane in* ~ the law remains in force. ☐ *rifiutare qcs. con* ~ to deny sth. with force, to deny sth. vigorously, to deny sth. energetically; *dare* ~ *a* to strengthen, to make vigorous; *essere nel pieno* ~ *degli anni* to be in one's prime; (*Dir*) *in* ~ in force, (*Am*) in vigor: *entrare in* ~ (*o andare in* ~) to come into force; *rimettere in* ~ to put back in force.

vigoria *f.* vigour, (*Am*) vigor, force, strength, energy (*anche fig*).

vigorosamente *avv.* **1** vigorously, strongly. **2** (*energicamente*) energetically, vigorously, (*Br*) with vigour, (*Am*) with vigor: *asserire* ~ *qcs.* to assert sth. energetically.

vigorosità *f.* vigorousness, (*Br*) vigour, (*Am*) vigor.

vigoroso *a.* **1** vigorous, strong, powerful: *un uomo* ~ a strong man. **2** (*rif. a pianta*) vigorous, flourishing, thriving. **3** (*rif. a vino*) full-bodied. **4** (*energico*) energetic, vigorous: *una vigorosa stretta di mano* an energetic handshake. **5** (*fig*) (*incisivo*) incisive, vigorous, energetic: *stile* ~ incisive style.

vile I *a.* **1** (*codardo*) cowardly, craven. **2** (*spregevole*) low, vile, base, mean: *un* ~ *tradimento* base treachery. **3** (*infame*) infamous, wicked: ~ *comportamento* infamous conduct. **4** (*che costa pochissimo*) cheap. **5** (*che vale pochissimo*) cheap, worthless, shoddy, poor-quality (*attr.*). **6** (*scherz*) (*rif. a denaro, oro e sim.*) filthy: *il* ~ *denaro* filthy lucre. **7** (*spreg*) (*di nascita umile*) low, common, humble, base (*attr.*): *di vili natali* of low birth, of base origins. **II** *m./f.* coward. ☐ *a vilprezzo* at a low price, at a miserable price.

vilipendere (*pres.ind.* **vilipendo**; *p.rem.* **vilipési**; *p.p.* **vilipéso**) *v.t.* to defame, to offend, to scorn, to vilify: ~ *le istituzioni* to defame institutions.

vilipendio *m.* **1** (*Dir*) public defamation,

public insult. 2 (*rar*) (*disprezzo*) contempt, scorn. □ (*Dir*) ~*alla bandiera* public insult to the flag; (*Dir*) ~*delle tombe* outrage of a tomb.

vilipeso → **vilipendere** a. defamed, offended, scorned, vilified.

vilissimo □ (*ant*) *vendere a* ~*prezzo* to sell at a very low price.

villa *f.* **1** (*casa di campagna*) country house, villa. **2** (*casa unifamiliare di lusso*) town house, (*Br*) house, detached house, (*Am*) single house. □ (*ant*)*andare in* ~ to go to (one's place in) the country; ~*bifamiliare* (*Br*) semi-detached house, (*Am*) row house.

villaggio *m.* **1** village: ~ *di montagna* mountain village; *un* ~ *sperduto in mezzo alla campagna* a village out in the country, a village in the middle of nowhere. **2** (*Edil*) village, town: ~ *olimpico* Olympic village. □ (*Sociol*) ~*globale* global village; (*Stor*) ~*operaio* worker's housing estate; ~*turistico* (o ~*vacanze*) (*Br*) holiday village, (*Am*) resort.

villanamente *avv.* **1** (*in modo impertinente*) rudely, discourteously. **2** (*rozzamente*) boorishly, uncouthly, grossly.

villanata *f.* rude action, villainy.

villaneggiare (**villanéggio, villanéggi**) *v.t.* (*ant*) (*svillaneggiare*) to insult, to abuse, to be rude to.

villanella *f.* **1** (*lett*) (*contadinella*) country girl. **2** (*Mus*) villanella.

villanesco (*pl.* -**chi**) *a.* **1** (*contadinesco*) hickish, (*Am*) redneck (*attr.*). **2** (*spreg*) (*da villano*) boorish, rude, rough.

villania *f.* **1** rudeness, bad manners *pl.*, incivility, ill-breeding: *non sopporto la tua* ~ I can't stand your rudeness. **2** (*villanata*) rude action.

villano (*f.* -**a**) I *m.* **1** (*spreg*) (*persona rozza, maleducata*) boor, rude person, ill-bred person. **2** (*lett*) (*contadino*) peasant, countryman (*f.* -**woman**). II *a.* **1** (*maleducato*) rude, ill-mannered, uncivil, discourteous. **2** (*rozzo*) rough, boorish, uncouth. **3** (*offensivo*) insulting, offensive. **4** (*contadinesco*) peasant (*attr.*), country (*attr.*), rustic. □ (*pop,ant*) *un ~nato e calzato* (*Br*) a peasant born and bred, (*Am*) a real hick, a born and bred redneck; (*lett,spreg*) *villanrifatto* (o *villanrivestito*) upstart, parvenu, nouveau riche.

villanoviano I *a.* (*Archeol*) Villanovan. II *m.* (*Archeol*) Villanovan period.

villanzone *m.* (*f.* -**a**) boor, hick.

villeggiante *m./f.* holiday maker, (*Am*) vacationer, vacationist.

villeggiare (**villéggio, villéggi**) (*aus.* avere) *v.i.* **1** (*Br*) to have a holiday, to spend a holiday (*a, in* at, in), to go for one's holidays (to), (*Am*) to have (o to spend) a vacation (*a, in* at, in), to go for one's vacation (to): *quest'anno andremo a ~ al mare* this year we are going to the seaside for our holidays. **2** (*rif. alla villeggiatura estiva*) (*Br*) to spend the summer (holidays), to be on holiday (at, in), (*Am*) to spend the summer (vacation), to be on vacation (at, in): ~ *in montagna* to spend one's summer (holidays) in the mountains.

villeggiatura *f.* holidays *pl.*, holiday, (*Am*) vacation: *andare in* ~ (*Br*) to go on (o to go for a) holiday, (*Am*) to go on vacaion; *essere in* ~ to be on holiday, (*Am*) to be on vacation.

villereccio *a.* (*lett*) (*campagnolo*) rustic, country (*attr.*), rural.

villetta *f.* **1** (*in città*) house, small house, detached house: *una* ~ *in periferia* a house in the suburbs. **2** (*in campagna*) cottage. □ *villettea schiera* (*Br*) terraced houses, (*Am*) row houses; ~*unifamiliare* (*Br*) detached

house, (*Am*) house.

villico *m.* (*f.* -**a**; *pl.* -**ci**) (*lett,scherz*) (*contadino*) farmboy (*f.* -girl), countryman (*f.* -woman).

villino *m.* **1** (*in città*) (small) house. **2** (*in campagna*) cottage.

villo *m.* (*Anat,Bot*) villus. □ (*Anat*) ~*coriale* chorionic villus; (*Anat*) *villiintestinali* intestinal villi.

villocentesi *f.* (*Med*) chorionic villus sampling, CVS.

villosità *f.* **1** hairiness, shagginess. **2** (*Anat, Bot*) villosity.

villoso *a.* **1** hairy, shaggy. **2** (*Anat,Bot*) villous.

villotta *f.* (*Mus*) villota, villotta.

vilmente *avv.* **1** (*da codardo*) in a cowardly way, like a coward. **2** (*bassamente*) meanly, miserably.

viltà *f.* **1** (*codardia*) cowardice, faint-heartedness: *la sconfitta è da attribuirsi alla ~ dei soldati* the defeat may be attributed to the cowardice of the soldiers. **2** (*atto*) cowardly act: *sarebbe una ~ abbandonarmi adesso* it would be a cowardly act (o a cowardly thing to do) to leave me now.

vilucchio *m.* (*Bot*) wild morning glory, bindweed.

vilucchione *m.* (*Bot*) hedge bindweed.

viluppo *m.* **1** (*groviglio*) tangle, ravel, entanglement, maze. **2** (*fig*) (*intrico*) maze, tangle, confusion: *un ~ di avvenimenti* a maze of events.

Viminale *n.pr.m.* **1** (*Geog*) Viminal. **2** (*estens*) (*Ministero degli interni*) (*Br*) Italian Home Office; (*Am*) Italian Department of the Interior.

vimine *m.* wicker, osier. □ *mobili di vimini* wicker furniture (*costr.sing.*), wickerwork furniture (*costr.sing.*).

vinaccia (*pl.* -**ce**) *f.* (*Enol*) vinasse.

vinacciolo *m.* (*Bot*) grape seed, grape pip.

vinaio *m.* (*f.* -**a**) wine seller, wine merchant, vintner. **2** (*oste*) innkeeper, host.

vinario *a.* wine (*attr.*): *industria vinaria* wine industry; (*Archeol*) *cella vinaria* wine cellar, wine storeroom.

vinavil *m.* polyvinyl acetate glue.

vin brûlé /vimbru'le/ *m.inv.* mulled wine.

vincapervinca *f.* (*Bot*) greater periwinkle.

vincastro *m.* (*lett*) switch, cane.

vincente I *a.* winning: *biglietto* ~ winning ticket. II *m./f.* winner.

Vincenzo *n.pr.m.* Vincent.

vincere (*pres.ind.* **vìnco, vìnci**; *p.rem.* **vìnsi**; *p.p.* **vìnto**) I *v.t.* **1** to win: ~ *una guerra* to win a war. **2** (*un premio*) to win, to gain. **3** (*sconfiggere*) to conquer, to defeat, to beat: ~ *il nemico* to conquer the enemy. **4** (*sopraffare*) to overcome, to overwhelm, to crush: *fu vinto dalla commozione* he was overcome by emotion. **5** (*battere*) to beat, to defeat, to come out on top of: *hai vinto tutti nella corsa* you beat everyone in the race. **6** (*rif. a qualità*) to outdo, to surpass, *oppure si traduce con* to be *seguito dal comparativo dell'aggettivo appropriato*: ~ *qcu. in bellezza* to be more beautiful than so.; ~ *qcu. in bontà* to outdo so. in goodness. **7** (*superare*) to overcome, to surmount: ~ *tutte le difficoltà* to overcome all hardships. **8** (*rif. a malattie, dolori e sim.*) to get over, to win. **9** (*dominare*) to master, to overcome, to control, to get the better of: ~ *la timidezza* to overcome one's shyness; ~ *la paura* to overcome one's fear; ~ *le proprie passioni* to master one's passions. **10** (*nei giochi*) to win: ~ *una partita* to win a game. **11** (*ottenere vincendo*) to win: ~ *trecento euro alla lotteria* to win

three hundred euros in the lottery. **12** (*riuscire a convincere*) to win over: *fummo vinti dalla sua gentilezza* we were won over by his kindness. II *v.i.* (*aus.* **avere**) **1** to win: *la maggioranza vinse* the majority won. **2** (*guadagnare la partita*) to win (the game): *la nostra squadra ha vinto per due a uno* our team won the game two to one. **3** (*riportare una vittoria*) to gain a victory (*su* over), to conquer, to defeat, to beat (so.): ~ *su qcu.* to gain a victory over so. III *v.pron.* **vincersi** (*dominarsi*) to control oneself: *non riuscì a vincersi e scoppiò in pianto* he couldn't control himself and burst into tears. □ (*Sport*) ~*ai punti* to win on points; ~*al gioco* to win by gambling; *vincail migliore !* may the best man win!; ~ *qcu. in astuzia* to outwit so.; *lasciarsi ~ dall'ira* to let one's anger get out of control (o get the better of one); ~*lo scudetto* to win the shield; ~*un concorso* to win a competition; ~*un processo* to win a case, to win a suit; (*Dir*) ~*una causa* to win a case; *vincerla* to win out, to succeed.

vincheto *m.* osier bed, osiery.

vincibile *a.* **1** conquerable, vanquishable. **2** (*rif. a partiti, cause e sim.*) winnable.

vincibosco *m.* (*Bot*) honeysuckle.

vinciglio *m.* withe, withy.

vincita *f.* **1** (*il vincere*) win, winning: *una ~ al poker* a win at poker. **2** (*premio*) win, winnings *pl.*, prize. □ ~*al gioco* win;*fare una ~ al lotto* to win at the lottery; *fare una ~ di un migliaio di euro* to win thousand euros.

vincitore I *m.* (*f.* -**trice**) **1** winner: *il ~ in un torneo di scacchi* the winner of a chess competition; ~ *assoluto* outright winner, overall winner; *fu proclamato* ~ he was declared the winner. **2** (*di una battaglia e sim.*) victor (*f.* -trix), conqueror (*f.* -ress), winner. **3** (*di concorso*) successful applicant. II *a.* **1** (*rif. a eserciti e sim.*) victorious, conquering, winning: *l'esercito* ~ the victorious army. **2** (*rif. a concorrenti e sim.*) winning. □ *i vincitori e i vinti* the winners and the losers; ~ *morale* moral winner.

vinco *m.* withe, withy.

vincolante *a.* binding: *promessa* ~ binding promise; *giuridicamente* ~ legally binding.

vincolare[1] (**vìncolo**) *v.t.* **1** (*obbligare*) to bind, to oblige: ~ *qcu. con un giuramento* to bind so. with an oath. **2** (*Econ*) to tie up: *ha tutti i risparmi vincolati in buoni del tesoro* he has all his savings tied up in Treasury bills. **3** (*Mecc*) to restrain.

vincolare[2] *a.* (*Mecc*) restraining.

vincolativo *a.* (*Dir*) binding.

vincolato *a.* **1** (*obbligato*) bound, obliged. **2** (*Econ*) (*rif. a denaro*) tied up, on fixed deposit, in a fixed deposit account: *denaro* ~ money on fixed deposit. **3** (*Econ*) (*rif. a conti, depositi e sim.*) fixed: *deposito* ~ term deposit, fixed deposit, deposit account, (*Am*) time deposit.

vincolistico (*pl.* -**ci**) *a.* restriction (*attr.*), control (*attr.*): *regime* ~ restriction scheme; *regime* ~ *degli affitti* rent control.

vincolo *m.* **1** (*legame*) bond, tie (*anche fig*): *i vincoli dell'amicizia* the bonds of friendship; *porre un* ~ *a qcu.* to bind so. **2** (*imposto da norme*) restraint, restriction, constraint; (*Dir*) restraint, restriction, constraint, limitation, liability, encumbrance: *libero ~* free from any obligation, free of encumbers. **4** (*Mecc*) constraint. ~ *coniugale* bond of m[...]; (*Dir*) ~*contrattuale* [...]; *vincolidi sangue* b[...]; *rio* mortgage.

vindice I a. (lett) avenging, revenging. II m./f. (lett) avenger, revenger.

vinello m. (Enol) pleasant light wine.

vineria f. wine bar.

vinicolo a. (Enol) 1 wine (attr.): industria vinicola wine industry. 2 (che produce vino) wine-producing: regione vinicola wine-producing region.

vinifero a. (Enol) wine-producing: paese ~ wine-producing country.

vinificare (vinìfico, vinìfichi; aus. avere) v.i. (Enol) to make wine.

vinificatore m. (f. -trice) wine maker, vintner.

vinificazione f. (Enol) 1 wine making. 2 (trasformazione del mosto in vino) vinification.

vinilacetato m. (Chim) vinyl acetate.

vinile m. (Chim) vinyl.

vinilico (pl. -ci) a. (Chim) vinyl (attr.): alcol ~ vinyl alcohol; resina vinilica vinyl resin.

vinilpelle f. imitation leather (made from vinyl resins).

vino m. (Enol) wine. □ ~ annacquato watered wine, watered-down wine; (scherz) ~ battezzato watered wine, watered-down wine; (Enol) ~ bianco white wine; (Enol) ~ chinato wine with quina added; (Enol) ~ da dessert dessert wine; (Enol) ~ da mescita tavern wine; (Enol) ~ da pasto table wine; (Enol) ~ da taglio strong wine used for blending; (Enol) ~ da tavola table wine; (Enol) ~ d'annata vintage wine, vintage; ~ della casa house wine; di ~ wine (attr.), of wine (posposto): bevitore di ~ wine drinker; (Enol) ~ di marca brand-name wine, high quality wine; (Enol) ~ di mele cider; (Enol) vini di produzione estera imported wines, foreign wines; (Enol) ~ di produzione propria: 1 wine made by the establishment, home-produced wine; 2 (scritta su un cartello) we make our own wine; (Enol) ~ dolce sweet wine; fare il ~ to make wine; (Enol) ~ fermo still wine; (Enol) ~ frizzante sparkling wine; (Enol) ~ giovane new wine; (Enol) ~ in bottiglia bottled wine; (Enol) ~ invecchiato aged wine; (Enol) ~ leggero light wine; (Enol) ~ liquoroso fortified wine; (Enol) ~ marsalato maderized wine; (Enol) ~ nostrano local wine; (Enol) ~ novello (o ~ nuovo) new wine; (Enol) ~ passito passito wine (wine made from sun-dried grapes); (Enol) ~ povero weak wine; (Enol) ~ pregiato vintage wine; (Enol) ~ pretto unadulterated wine; (Enol) ~ puro pure wine; (Enol) ~ resinato resinated wine; (Enol) ~ rosato (o ~ rosé) rosé; (Enol) ~ rosso red wine, dark red wine; (Enol) ~ secco dry wine; (Enol) ~ sfuso wine on tap; (Enol) ~ sincero pure wine, unadulterated wine, genuine wine; (Enol) ~ sofisticato adulterated wine; (Enol) ~ spumante spumante; (Enol) ~ tagliato blended wine; (Enol) ~ vecchio old wine. Prov.: il ~ fa buon sangue good wine engenders good blood.

vinoso a. 1 vinous, winey, winy, wine (attr.). 2 (del vino) vinous, wine (attr.).

vinsanto m. (Enol) vinsanto (sweet white raisin wine).

vinsi → **vincere**.

vintage /'vɪntɑdʒ/ I m.inv. (Enol,Abbigl) vintage. II a.inv. (Abbigl) vintage (attr.).

vinto → **vincere** I a. 1 defeated, beaten, vanquished: il nemico ~ the defeated foe. 2 (concluso con successo) (that has been) won: una battaglia vinta a battle that has been won, a victorious battle. 3 (guadagna-[...]) (that has been) won: una somma vinta al [...]an amount won at gambling. 4 (spos-[...]come. II m. 1 loser; (in battaglia)

vanquished person, defeated person. 2 pl. losers; (in battaglia) (the) vanquished, (the) defeated. □ averla vinta to have one's way; darla vinta a qcu. to give in to so., to let so. have his own way; i nonni gliele danno tutte vinte his grandparents spoil him; darsi per ~: 1 to yield, to surrender; 2 (fig) (cedere) to give in, to give up.

viola¹ I f. (Bot) violet. II m.inv. (colore) violet, purple. III a.inv. violet, purple. □ (Bot) ~ del pensiero pansy; (Bot) ~ mammola sweet violet, garden violet.

viola² f. (Mus) viola. □ (Mus) ~ da braccio viola da braccio; (Mus) ~ da gamba viola da gamba; (Mus) ~ d'amore viola d'amore, viol d'amour; (Mus) ~ tenore tenor viol.

violabile a. violable.

violacciocca f. (Bot) stock, gillyflower. □ (Bot) ~ gialla wallflower.

violacee f.pl. (Bot) Violaceae, violet family sing.

violaceo a. violet, (lett) violaceous.

violare (vìolo) v.t. 1 (trasgredire) to break, to violate, to infringe: ~ la legge to break the law; ~ un patto to break an agreement. 2 (non rispettare) to violate, not to respect: ~ il segreto epistolare to violate the privacy of letters. 3 (profanare) to profane, to desecrate: ~ una chiesa to profane a church; ~ una tomba to desecrate a tomb. 4 (forzare) to break into. 5 (fig) (intromettersi) to violate: ~ la privacy di qcu. to violate so.'s privacy. 6 (invadere illegalmente) to invade, to violate: ~ il territorio di uno stato to invade the territory of a state. 7 (usare violenza) to rape, to violate, (lett) to ravish: ~ una fanciulla to rape a girl. □ (Dir) ~ i sigilli to break the seals; (Mil) ~ il blocco to run the blockade; (Dir) ~ il domicilio di qcu. to break into so.'s house; (fig,Dir) ~ la privacy di qcu. to encroach on so.'s privacy, to violate so.'s privacy; (Dir) ~ la proprietà privata di qcu. to trespass on so.'s private property; (Dir) ~ un diritto to infringe on a right, to encroach on a right.

violato a. 1 (profanato) profaned, violated, desecrated. 2 (non rispettato) broken, violated. 3 (violentato) raped, violated.

violatore m. (f. -trice) 1 (profanatore) profaner, violator, desecrator. 2 (trasgressore) breaker: ~ di un giuramento oath breaker. 3 (chi violenta) rapist, violator. □ (Dir) ~ della legge law-breaker; (Dir) ~ di proprietà privata trespasser.

violazione f. 1 (trasgressione) transgression, breach, breaking, violation, infringement: ~ di una promessa breaking of a promise. 2 (profanazione) profanation, violation, desecration: ~ di sepolcro profanation of a grave. □ (Dir) ~ dei diritti violation of rights; (Dir) ~ del contratto breach of contract, breaking of a contract, violation of a contract; (Dir) ~ del segreto d'ufficio disclosure of a professional secret, revelation of a professional secret; (Dir) ~ della fede coniugale adultery, breach of promise; (Dir) ~ della pace pubblica breach of the peace; (Dir) ~ della sovranità violation of sovereignty; (Dir) ~ di confine violation of the border; (Dir) ~ di domicilio housebreaking, illegal entry (into a house or enclosed premises), trespassing; (Dir) ~ di proprietà privata trespassing; (Dir) ~ di sigilli breaking of seals, violation of seals; (Dir) ~ di territorio territorial violation, infringement of territorial rights.

violentare (violènto) v.t. 1 to use violence on, to force, to coerce. 2 (sessualmente) to rape, to violate, to ravish. 3 (fig) (stravolge-[...])

re) to do violence to.

violentatore m. rapist.

violentemente avv. 1 violently. 2 (con impeto) violently, fiercely (anche fig).

violento I a. violent (anche fig): un uomo ~ a violent man; morire di morte violenta to die a violent death (o an unnatural death); un vento ~ a violent wind; passione violenta violent passion. II m. (f. -a) violent man (f. woman). □ non ~: 1 (Pol) (usato come aggettivo) non violent; 2 (estens) (usato come nome) advocate of non violence, non violent person.

violenza f. 1 violence: usare ~ a qcu. to do violence to so.; subire ~ to suffer violence. 2 (brutalità) violence, brutality. 3 (azione violenta) act of violence, violent action. 4 (fig) (impeto, irruenza) violence, force, fierceness: la ~ del vento the force of the wind. 5 (rif. a parole e sim.) violence, intemperance. 6 (Dir) (violenza carnale) rape. □ (Dir) ~ a pubblica autorità outrage to public authority; ~ carnale rape; costringere qcu. a fare qcs. con la ~ to force so. to do sth.; fare ~ a una donna to rape a woman; ~ fisica physical violence; ~ morale moral violence; non ~ non violence; (Dir) ~ privata duress, coercion; (Dir) ~ sui minori child abuse.

violetta f. (Bot) 1 violet. 2 (viola mammola) sweet violet, garden violet. □ (Bot) ~ africana African violet.

violetto I m. violet. II a. violet. □ (Chim) ~ di metile methyl violet.

violinaio m. (f. -a) 1 (fabbricante) violin-maker. 2 (venditore) violin seller.

violinista m./f. (Mus) violinist; (rif. a musica folk) fiddler.

violinistico (pl. -ci) a. (Mus) violin (attr.): concerto ~ violin concerto.

violino m. (Mus) 1 (strumento) violin, (colloq) fiddle: suonare il ~ to play the violin. 2 (suonatore) violin: primo ~ first violin. □ ~ di spalla: 1 (primo violino) first violin, (Am) concertmaster; 2 (fig,scherz) (aiutante) (chief) assistant, right-hand man.

violista m./f. (Mus) viola player.

violoncellista m./f. (Mus) violoncellist, cellist.

violoncello m. (Mus) 1 (strumento) cello, violoncello. 2 (suonatore) violoncellist, cellist.

viottolo m. track, path, lane, dirt road, country road.

VIP m./f.inv. VIP, very important person.

vipera f. 1 (Zool) viper: morso di ~ viper's bite. 2 (fig) (persona maligna) snake.

viperaio m. 1 (covo di vipere) nest of vipers. 2 (f. -a) (cacciatore di vipere) viper catcher, viper hunter.

viperidi m.pl. (Zool) Viperidae, vipers, viperids.

viperina f. (Bot) viper's bugloss, blueweed.

viperino a. 1 (di vipera) viper's: veleno ~ viper's poison. 2 (simile a una vipera) viper-like. 3 (fig) (velenoso) viperish, viperous: lingua viperina viperish tongue.

vipla f. polyvinyl chloride.

viraggio m. 1 (Chim) (Br) colour change, (Am) color change. 2 (Fot) (intonazione) dye-toning; (bagno) (fixing and) toning bath. 3 (Mar) tack. 4 (Aer) turn, turning.

virago f. 1 masculine-looking woman, mannish woman, (ant) virago. 2 (scherz) (donna dalle caratteristiche mascoline) virago, termagant.

virale a. (Med) viral: infezione ~ viral infection.

viramento m. (Mar,rar) tack.

virare (vìro) I v.i. (aus. avere) 1 (Mar) (ala-[...])

re) to haul; *(bordeggiare)* to tack. **2** *(Aer)* to turn. **3** *(fig) (mutare direzione)* to alter one's course, to change one's direction. **4** *(Fot)* to tone. **5** *(Chim) (Br)* to change colour, *(Am)* to change color. **6** *(Sport) (nel nuoto)* to turn. **II** *v.t. (Mar)* **1** to haul, to heave (in): ~ *un cavo* to heave a rope. **2** *(doppiare)* to round, to double: ~ *un capo* to round a cape. □ *(Mar)* ~*di bordo* to go about; *(Mar)* ~*di poppa* to gybe, to veer, *(Am)* to jibe; *(Mar)* ~*di prua* to go about.

virata *f.* **1** *(Mar)* tack. **2** *(Aer)* turn, turning. **3** *(Sport) (nel nuoto)* turn. **4** *(fig) (mutamento di direzione)* turnabout, volte face. □ *(Mar)* ~*di bordo* (o ~*di prua*) going about; *(Mar)* ~ *in poppa* gybing, veering; *(Aer)* ~ *larga* flare out; *(Aer)* ~*stretta* vertical banked turn.

viremia *f. (Med)* viraemia.

virescente *a. (Bot)* virescent.

virescenza *f. (Bot)* virescence.

virgiliano *a. (Lett)* Virgilian, Vergilian.

Virgilio *n.pr.m. (Lett)* Virgil, Vergil.

virginale [1] *a. (lett)* virginal.

virginale [2] *m. (Mus)* virginal, virginals *pl.*

virgineo *a. (lett) (vergine)* virginal.

virginia **I** *m.inv.* **1** *(tabacco)* Virginia, Virginia tobacco. **2** *(sigaro)* Virginia cigar. **II** *f.inv. (sigaretta)* Virginia cigarette.

virgola *f.* **1** *(Gramm,Tip,Mus)* comma. **2** *(Mat)* point: *nove ~ cinque* nine point five. **3** *(Inform)* point. □ *(fig) non scostarsi di una virgola* not to stray one jot; *(Inform)* ~*fissa* fixed point; *(Inform)* ~*mobile* floating point.

virgolatura *f.* **1** *(il fornire di virgole)* adding of commas, *(il fornire di virgolette) (Br)* putting in inverted commas, *(Am)* putting in quotation marks. **3** *(testo chiuso fra virgolette) (Br)* text in inverted commas, *(Am)* quoted text, text in quotation marks.

virgolettare (**virgolétto**) *v.t. (Br)* to put in inverted commas, *(Am)* to put in quotation marks.

virgolettatura *f.* **1** *(Br)* putting in inverted commas, *(Am)* putting in quotation marks. **2** *(brano fra virgolette) (Am)* text in inverted commas, *(Am)* text in quotation marks.

virgolette *f.pl. (Br)* inverted commas, *(Am)* quotation marks: *tra ~ (Br)* in inverted commas, *(Am)* in quotes; *aprire le ~ (Br)* to open inverted commas, *(Am)* to open quote; *chiudere le ~ (Br)* to close inverted commas, *(Am)* to close quote; *aperte le ~* quote; *chiuse le ~* unquote.

virgulto *m.* **1** shoot, scion, *(Am)* cion. **2** *(fig) (rampollo)* offspring, scion, *(Am)* cion.

viridario *m. (Archeol)* viridarium.

virile *a.* **1** *(di uomo)* male, man's, masculine, macho: *voce ~* man's voice; *bellezza ~* male beauty; *(lett) età ~* manhood, virile age. **2** *(mascolino, da uomo)* manly, virile, masculine: *aspetto ~* manly air; *una donna dall'aspetto ~* a mannish woman, a tomboy. **3** *(fig) (forte)* virile, manly: *coraggio ~* manly courage; *stile ~* vigorous style.

virilismo *m. (Med)* virilism.

virilità *f.* **1** *(rif. all'età biologica)* virility, manhood. **2** *(qualità dell'uomo virile)* virility. **3** *(fig) (forza)* virility, manliness, strength: ~ *di propositi* strength of purpose.

virilizzare (**virilizzo**) **I** *v.t.* to make virile, to virilize *(anche fig).* **II** *v.pron.* **virilizzarsi** to become virile.

virilizzazione *f.* **1** *(il virilizzare)* making virile; *(il virilizzarsi)* becoming virile. **2** *(Med)* virilization.

virilmente *avv.* like a man: *sopportare ~ qcs.* to bear sth. like a man.

viriloide *a.* masculine.

virione *m. (Biol)* virion.

---

virogenesi *f. (Biol)* virogenesis, virus reproduction.

virola *f. (El)* bulb screw base.

virologia *f.* **1** *(Biol)* virology. **2** *(Inform)* computer virology.

virologico *(pl. -ci) a. (Biol)* virological.

virologo *m. (f. -a; pl. -gi)* virologist.

virometro *m. (Aer)* turn indicator.

virosi *f. (Biol)* virosis, virus disease.

virtù I *f.* **1** virtue: *seguire il cammino della ~* to follow the path of virtue. **2** *(l'essere virtuoso)* virtuousness: *educare alla ~* to bring up to virtuousness. **3** *(qualità, dote)* virtue, good quality: *pieno di ~* with many virtues, very talented; *un modello di ~* a paragon of virtue. **4** *(proprietà attiva)* virtue, power, property: *le ~ terapeutiche delle erbe* the healing virtues of herbs. **5** *pl. (Teol) (gerarchia degli angeli)* Virtues. □ *(Teol) le quattro ~ cardinali* the four cardinal virtues; ~ *civili* civil virtues; ~*domestiche* domestic virtues;*in ~di* in virtue of, by virtue of, under, by: *in ~ del contratto* under the (terms of the) contract; *in ~ della legge* in accordance with the law, as laid down by the law; ~*medicinali* medicinal properties; ~*militari* military valour *(costr.sing.)*; *(Teol)* ~*morali* moral virtues;*per ~di (per opera di)* in virtue of, by virtue of, by; *(Teol)* ~*teologali* theological virtues.

virtuale *a.* **1** virtual: *un vincitore ~* a virtual winner. **2** *(Fis,Inform)* virtual: *immagine ~* virtual image.

virtualità *f.* **1** *(Filos)* virtuality. **2** *(possibilità di realizzazione)* virtuality, potentiality.

virtualmente *avv.* **1** *(potenzialmente)* virtually, potentially, nearly. **2** *(praticamente)* virtually, practically. **3** *(Inform)* virtually.

virtuosamente *avv.* virtuously.

virtuosismo *m.* virtuosity *(anche spreg).*

virtuosistico *(pl. -ci) a.* virtuoso *(attr.),* virtuosic.

virtuoso I *a.* virtuous: *una persona virtuosa* a virtuous person; *vita virtuosa* virtuous life. **II** *m. (f. -a)* **1** *(chi ha virtù)* virtuous person: *i virtuosi* the virtuous. **2** *(artista)* virtuoso: *un ~ del piano* a piano virtuoso.

virulento *a.* **1** *(Biol)* virulent. **2** *(fig) (aspro, violento)* virulent, bitter, malignant: *critica virulenta* bitter criticism.

virulenza *f.* **1** *(Biol)* virulence. **2** *(fig) (asprezza)* virulence, bitterness, malignancy.

virus *m.inv. (Biol,Inform)* virus: ~ *dell'influenza* flu virus. □ *(Med)* ~*erpetico* herpesvirus; *(Med)* ~*multipartito* multipartite virus.

vis □ ~*comica* lively wit.

visagista *m./f.* cosmetologist, beautician.

vis-à-vis /ˌviza'vi/ **I** *avv. (di faccia)* face to face, opposite, vis-à-vis. **II** *m.inv. (ant)* **1** *(carrozza)* vis-à-vis, sociable, sociable carriage. **2** *(amorino)* vis-à-vis, sociable. **3** *(Arred) (armadio)* wardrobe with an outside mirror on the door.

viscaccia *(pl. -ce) f. (Zool)* viscacha.

viscerale *a.* **1** *(Med)* visceral, abdominal: *dolori viscerali* abdominal pains. **2** *(fig) (profondo)* visceral, deep: *odio ~* deep hatred; *una passione ~* a flaming passion.

viscere *m. (pl.* **le vìscere/i vìsceri**; *the second form is used only with the general meaning of internal organs)* **1** viscus, internal organ: *esame dei visceri* examination of the internal organs. **2** *pl. (intestini)* viscera, entrails, intestines, bowels: *dolore alle ~* pain in the intestines. **3** *pl. (interiora di animali)* entrails: *le ~ di un animale* the entrails of an animal. **4** *pl. (fig) (parte più interna)* bowels,

---

viscera, depths: *nelle ~ della terra* in the bowels of the earth.

vischio *m.* **1** *(Bot)* mistletoe. **2** *(Caccia) (pania)* birdlime.

vischiosità *f.* **1** stickiness. **2** *(Fis)* viscosity.

vischioso *a.* **1** *(appiccicoso)* viscous, sticky, viscid, gluey. **2** *(Fis,Chim)* viscous. **3** *(Econ)* sticky.

viscidità *f.* **1** viscidity. **2** *(fig) (untuosità)* sliminess.

viscido *a.* **1** viscid, slimy. **2** *(fig) (insinuante)* slimy, slippery, oily, unctuous.

viscidume *m. (spreg)* slimy mess, slimy stuff, slime.

visciola *f. (Bot,Alim)* sour cherry.

visciolata *f. (Alim)* **1** sour cherry conserve. **2** *(sciroppo)* syrup made from sour cherries.

visciolato *m.* liqueur made from sour cherries.

visciolo *m. (Bot)* sour cherry tree.

viscontado *m. (Stor)* viscounty.

visconte *m. (f. -essa) (Stor)* viscount *(f. -tess).*

viscontea *f. (Stor)* viscounty.

visconteo *a. (Stor) (dei Visconti)* Visconti *(attr.),* of the Viscontis *(posposto).*

viscosa *f. (Ind,Tess)* viscose.

viscosimetro *m. (Tecn)* viscometer, viscosimeter.

viscosità *f. (Fis)* viscosity.

viscoso *a.* **1** *(Fis)* viscous. **2** *(estens) (appiccicoso)* sticky, gluey, viscous.

visibile I *a.* **1** visible, that may be seen: ~ *a occhio nudo* visible to the naked eye; *ben ~* clearly visible, conspicuous. **2** *(fig) (evidente, manifesto)* evident, obvious, clear: *un errore ~* an obvious mistake. **II** *m.* visible, what may be seen.

visibilio *m. (rar) (grande quantità)* great number, host: *c'era un ~ di persone* there was a great number of people. □ *andare in ~* to go into ecstasy, to go into raptures; *mandare in ~* to make ecstatic, to send into raptures.

visibilità *f.* visibility: *la ~ di un cartello stradale* the visibility of a road sign; *la ~ è buona* visibility is good; *la ~ è scarsa* visibility is poor, visibility is low.

visibilmente *avv.* **1** visibly. **2** *(manifestamente)* visibly, noticeably, obviously: *era ~ irritato* he was visibly irritated.

visiera *f.* **1** *(nei berretti)* peak, *(Am)* visor. **2** *(Mil,ant)* visor. **3** *(maschera da scherma)* fencing mask. □ *(Aut)* ~*antiabbagliamento* visor, anti-dazzle visor, anti-dazzle screen; *(Mil,ant)* ~*dell'elmo* helmet visor; *(Aut)* ~*parasole* anti-dazzle visor, anti-dazzle screen, *(Am)* sun visor.

visigotico *(pl. -ci) a. (Stor)* Visigothic, of the Visigoths *(posposto).*

visigoto I *a. (Stor)* Visigothic, of the Visigoths. **II** *m. (f. -a) (Stor)* Visigoth.

visino *m.* face, pretty face.

visionare (**visióno**) *v.t.* **1** *(Cin)* to preview. **2** *(esaminare)* to examine, to view, to inspect.

visionario I *a.* **1** visionary. **2** *(sognatore)* visionary, dreamer *(attr.).* **II** *m. (f. -a)* **1** visionary. **2** *(sognatore)* dreamer, day-dreamer, visionary.

visione *f.* **1** sight, vision: ~ *chiara* clear sight. **2** *(vista)* sight, scene: *una ~ raccapricciante* a gruesome sight. **3** *(panorama)* view: *da qui si ha la ~ di tutta la vallata* from here you have a view of (o you can see) the whole valley. **4** *(esame)* examination, look. **5** *(apparizione)* vision: *avere delle visioni* have visions. **6** *(spreg) (fantastic~* day-dreaming, (mere) fantasizing *zione*) idea, view, outlook: *una ~ pessimistica della vita* a pessimistic outlook on life. **8** (*Cin*) run, showing. **9** (*Med*) vision. ☐ (*Ott*) *~ binoculare* binocular vision; (*Cin*) *~ contemporanea* simultaneous playing (in several cinemas); *~ d'insieme* overview, overall picture; (*Comm*) *inviare merci in ~* to send goods on approval; *mandare qcs. in ~ a qcu.* to send sth. to so. to be looked at, to send sth. to so. on approval; *ricevere un campione in ~* to receive a sample for examination; *prendere ~ di qcs.* to take note of sth.

visir *m.inv.* (*Stor*) vizier: *Gran ~* Grand Vizier.

visita *f.* **1** visit; (*breve*) call: *fare ~ a qcs.* (o *fare una ~ a qcu.*) to pay so. a visit to visit so.; (*rif. a visita breve*) to pay so. a call, to call on so.; *una ~ sgradita* an unwelcome visit. **2** (*persona che visita*) visitor: *c'è una ~ per te* you have a visit, someone's come to see you; (*in ufficio*) there's a visitor for you. **3** (*visita turistica*) visit, tour: *~ di una città* tour of a city, sightseeing tour; *~ di un museo* visit to a museum. **4** (*ispezione*) inspection, check: *~ doganale* customs inspection. **5** (*Med*) (*esame*) medical examination: *sottoporsi a una ~* to go for a medical examination; *passare una ~* to have a medical examination; *una ~ scrupolosa* a thorough (medical) examination; *fare una ~ oculistica* to have one's eyes examined. **6** (*Med*) (*esame di controllo*) check-up, (*Am,colloq*) physical. **7** (*Med*) (*giro per visitare i pazienti*) rounds *pl.*, calls *pl.*, visits *pl.* **8** (*Mil*) (*visita di leva*) medical examination for call-up, (*Am*) draft check-up: *passare la ~* to go for one's medical examination for the draft. **9** (*perquisizione*) search: *~ corporale* body search. **10** (*Rel*) visitation, call: *~ pastorale* pastoral visitation, pastoral call. ☐ (*Rel.catt*) *~ ai limini* (o *ai sacri limini*) visit ad limina; *~ aziendale* factory inspection; *da ~* visiting (*attr.*); *~ di assunzione* pre-employment medical examination, (*Am*) pre-employment physical; *~ di circostanza* duty call; *~ di condoglianze* visit of condolence; (*Med*) *~ di controllo* inspection, check, check-up; *~ di convenienza* (o *~ di cortesia*) duty call, courtesy call; (*Med,Mil*) *~ di leva* medical examination for the draft, military check-up; (*Dipl*) *~ di stato* state visit; (*Comm*) *~ di vendita* call; *~ domiciliare:* **1** (*perquisizione*) house search; **2** (*Med*) house call; *~ fiscale* call by the company doctor (to check those on sick leave); (*Med*) *~ generale* medical: *farsi fare una ~ generale* to go for a medical; *~ guidata* (*a musei e sim.*) guided tour; *essere in ~ da qcu.* to be visiting so., to be on a visit to so.; *andare in ~ da qcu.* to visit so., to pay so. a visit; (*Dipl*) *~ lampo* flying visit; *~ medica* medical, medical examination; *~ preventiva* preventive examination; *~ sanitaria* sanitary inspection; (*Med*) *~ specialistica* specialist's examination, examination by a specialist; *~ turistica* sightseeing tour; (*Dipl*) *~ ufficiale* official visit.

visitare (**visito**) *v.t.* **1** (*andare a trovare*) to visit, to call (up)on, to go and see, to pay a visit to: *andare a ~ qcu.* to visit so., to go to visit so.; *~ un cliente* to visit a customer. **2** (*Med*) (*rif. a medici*) to examine, to give a medical examination to; (*fare il giro delle visite*) to do one's rounds, to make one's house calls. **3** (*rif. a luoghi*) to visit: *~ un museo* to visit a museum. **4** (*rar*) (*ispezionare, esaminare*) to examine, to inspect, to check. **5** (*perquisire*) to search. ☐ *fare ~ la città a qcu.* to show so. around town, to take so. on a tour of the town; *andare a farsi*

~ dal medico to go to the doctor (for an examination), to have a medical examination, to have a physical, to have a check-up.

visitatore *m.* (*f.* **-trice**) **1** visitor, caller. **2** (*rif. a luoghi*) visitor, tourist, sightseer. **3** (*Inform*) (*di sito*) hit. ☐ (*Rel.catt*) *~ apostolico* Apostolic Visitor.

visitatrice *f.* (*Med*) (*assistente sanitaria*) nursing assistant.

Visitazione *f.* (*Rel*) Visitation.

visitina *f.* short visit, call. ☐ (*colloq*) *fare una ~ a qcu.* to drop in on so., to pop in to see so.

visivamente *avv.* visually.

visivo *a.* visual: *facoltà visive* visual faculty.

Visnù *n.pr.m.* (*Rel*) Vishnu.

viso *m.* **1** face: *quel ~ non mi è nuovo* that face isn't new to me. **2** (*estens*) (*sguardo*) look: *un ~ turbato* a troubled look. ☐ *a ~ aperto* (*francamente*) openly, frankly, straight up: *gliel'ho detto a ~ aperto* I told him frankly; (*fig*) *~ da madonna* angelic face; *lo si capisce dal suo ~* you can see it from the look on his face, it's written all over his face; *~ di bambola* doll-like face; *fare il ~ lungo* to sulk, to pull a long face, to pout; *~ pallido* (*uomo bianco*) paleface, white man; *fare il ~ torvo* to have a grim look.

visone *m.* **1** (*Zool*) mink. **2** (*pelliccia*) mink coat, mink fur.

visore *m.* (*Fot*) viewer.

vispo *a.* **1** lively, spirited, vivacious. **2** (*svelto*) sprightly, quick, bright, brisk. ☐ *~ come un grillo* as lively as a cricket.

vissi → **vivere**[1].

vissuto → **vivere**[1] **I** *a.* **1** experienced: *un uomo ~* a man of the world, an experienced man. **2** (*di cui si è fatto l'esperienza*) real: *pagine di vita vissuta* pages taken from real life. **II** *m.* lived experience, experiences *pl.*: *il suo ~ familiare* his day-to-day experience.

vista *f.* **1** (*facoltà*) eyesight, sight: *perdere la ~* to lose one's sight; *avere la ~ debole* to have weak eyesight, to have weak eyes. **2** (*il vedere*) sight: *alla ~ del figlio si rassicurò* at the sight of his son he felt reassured, upon seeing his son he felt reassured. **3** (*possibilità di vedere*) sight, view: *la costa è in ~* the coast is in view. **4** (*panorama, spettacolo*) view, panorama, scene: *godere una bella ~* to enjoy a beautiful view; *togliere la ~ a qcu.* to block so.'s view, to obstruct so.'s view; *l'albero mi toglie la ~ del mare* the tree blocks my view of the sea. **5** (*scorsa*) glance, look, quick look: *dare una ~ alla lettera* to (give a) glance at the letter. ☐ (*Econ,Comm*) *a ~* at sight, on demand, at call: *cambiale a ~* bill at sight, sight bill, (*Am*) bill payable on demand; (*Edil*) *cemento a ~* decorative concrete, architectural concrete, exposed concrete, facing concrete; (*Mil*) *sparare a ~* to shoot at sight; *guardare qcu. a ~* to keep so. in sight, to keep a close watch over so.; *~ a volo d'uccello* bird's eye view; *avere qcs. in ~:* **1** (*proporselo come scopo*) to have sth. in mind, to have sth. in view; **2** (*essere in programma*) to be thinking of (doing) sth., to plan sth., (*colloq*) to have sth. lined up: *ho in ~ un viaggio in Spagna* I am planning to go to Spain; *aver la ~ buona* to have good sight (*o* good eyesight); *avere la ~ cattiva* to have poor eyesight; *~ corta* short-sightedness, short sight, nearsight; *avere la ~ corta* to be short-sighted, to be nearsighted, to be myopic; *~ dal basso* bottom view; *~ dall'alto* top view; (*ant*) *dare una ~ a un libro* to look over a book, to glance through a book; *avere la ~ debole* to have bad eyesight; *di ~* by

sight; *~ di insieme* overall view, general view; *a ~ d'occhio:* **1** (*visibilmente*) before one's very eyes, as one watches, visibly; **2** (*in fretta*) quickly, rapidly: *crescere a ~ d'occhio* to grow quickly, to spring up like mushrooms; **3** (*fin dove l'occhio può giungere*) as far as the eye can see, as far as the eye can reach; *essere in ~:* **1** to be in view, to be in sight; **2** (*avvicinarsi*) to come into sight; *~ frontale* front view; *pericolo in ~* danger ahead; *giungere in ~ di qcs.* to come within sight of sth.; *una persona molto in ~* a person very much in the limelight; *tenere in ~* to keep in sight, to keep in the foreground, to keep in view; *in ~ di qcs.* (*in considerazione di*) in view of sth., in consideration of sth.: *in ~ della tua partenza* in view of your departure; *~ laterale* side view; *avere la ~ lunga* to be far-sighted (*anche fig*); (*con*) *~ mare* sea-front position; *mettere in ~* to point out, to show off, to show up; *mettere in buona ~ qcs.* to put sth. in a good light, to point out the good aspects of sth.; *mettere in cattiva ~ qcs.* to put sth. in a bad light, to point out the bad aspects of sth.; *mettersi in ~* to show off, to draw attention to oneself; *~ parziale* partial view; *~ posteriore* back view; *~ prospettica* perspective view.

vistare (**visto**) *v.t.* **1** (*mettere il visto*) to visa: *~ un passaporto* to visa a passport. **2** (*autenticare*) to approve, (*colloq*) to o.k.: *~ un assegno* to approve a cheque.

visto[1] → **vedere**[1] *a.* **1** seen: *~ dall'alto* seen from above; *~ di fronte* seen from the front. **2** (*considerato*) thought of: *essere ben ~* to be well thought of, to be popular; *mal ~* disliked, thought poorly of, frowned upon. ☐ *~ che* seeing that, considering that, since; *~ e approvato* seen and approved; *di una bellezza mai vista* of rare beauty; *cose mai viste* things never seen before; *non ~* not seen, unseen, unnoticed; (*Tip,Edit*) *~ si stampi* ready for press, imprimatur, passed for printing.

visto[2] *m.* **1** (*segno di approvazione*) visa, approval, (*colloq*) o.k.: *apporre il ~ a qcs.* to give sth. one's approval, to approve sth., (*colloq*) to o.k. sth. **2** (*su un passaporto*) visa: *richiedere un ~* to apply for a visa; *rilasciare un ~* to issue a visa, to visa. ☐ *~ collettivo* collective visa; *~ di entrata* entry visa; *~ di immigrazione* immigration visa; *~ di ingresso* entry visa; *~ di soggiorno* visitors' visa, tourist visa; *~ di transito* transit visa; *~ di uscita* exit visa; *~ multiplo* multiple re-entry visa; *~ permanente* permanent visa; *~ turistico* tourist visa.

Vistola *n.pr.f.* (*Geog*) Vistula.

vistosamente *avv.* **1** showily, gaudily, garishly, flashily. **2** (*considerevolmente*) considerably, significantly, strikingly.

vistosità *f.* showiness, gaudiness, flashiness.

vistoso *a.* **1** (*appariscente*) flashy, showy, show off (*attr.*), garish. **2** (*rif. a colori*) chintzy. **3** (*ingente*) enormous, huge, considerable: *una somma vistosa* an enormous sum.

visuale I *a.* visual: *osservazione ~* visual observation. **II** *f.* **1** (*vista*) view: *coprire la ~ a qcu.* to block so.'s view. **2** (*panorama*) view, panorama. **3** (*linea visuale*) line of vision, vision line. **4** (*Mil*) (*linea di mira*) line of sight, line of aim.

visualizzare (**visualizzo**) *v.t.* **1** to visualize. **2** (*Inform*) to display.

visualizzatore *m.* **1** display. **2** (*Inform*) display, display unit, viewer. ☐ (*Elettron*) *~ a cristalli liquidi* liquid crystal display.

visualizzazione *f.* **1** viewing, visualization. **2** (*Inform*) display.

visus *m.* (*Med*) sight.

vita [1] *f.* **1** life: *essere tra la ~ e la morte* to hover between life and death, *to fight for one's life, to fight death*. **2** (*tempo in cui si vive*) life, lifetime: *il corso della ~* the course of life. **3** (*modo di vivere*) life, living, way of living: *~ contemplativa* contemplative life; *condurre una ~ agitata* to lead a stressful life; *~ di campagna* country life; *~ serena* happy life. **4** (*complesso delle attività di un organismo operante*) life: *la ~ di un partito* the life of a party. **5** (*attività, professione*) life, existence: *la ~ del medico* a doctor's life. **6** (*durata*) life, duration: *la ~ di una macchina* the life of a machine; *questa moda avrà ~ breve* this fad will have a short life, this fad won't last long. **7** (*vitalità*) life, vitality, energy: *una persona piena di ~* a person full of life (*o* full of vitality). **8** (*fig*) (*animazione*) life, vivacity, animation, liveliness: *la piazza era piena di ~* the square was full of life. **9** (*vivacità espressiva*) life, vivacity: *una descrizione piena di ~* a description which is bursting with (*o* which is full) of life. **10** (*sostentamento*) living: *guadagnarsi la ~ scrivendo* to earn one's living by writing. **11** (*costo della vita*) cost of living: *la ~ aumenta ogni giorno* the cost of living goes up every day. **12** (*essere vivente, persona*) life: *giovani vite spente dalla guerra* young lives claimed by the war (*o* taken by the war *o* wiped away by the war). **13** (*biografia*) biography. **14** (*il corso delle cose umane*) life, world: *tu non hai esperienza della ~* you have no true life experience; *è la ~!* that's life!, c'est la vie! □ *a ~* life, lifelong, for life: *senatore a ~* a senator for life; *essere condannato a ~* to receive a life sentence, (*colloq*) to get life; *~affettiva* emotional life, affective life; *~attiva* active life; *avere ~* to be alive, to live; *far ~comune* to live together; *~coniugale* married life; *la ~ continua* life goes on; (*fig*) *fare una ~ da cani* to lead a dog's life; (*fig*) *fare ~da eremita* to lead an ascetic existence; (*fig*) *fare una ~da galera* to drudge and slave; (*fig*) *condurre una ~da gaudente* to lead a hedonistic life; (*fig*) *fare una ~da nababbo* to live off the fat of the land, to live on the fat of the land; *dare ~ a qcs.*: **1** (*animare*) to liven sth. up, to be the life and soul of sth., to put life into sth.; **2** (*fondare*) to found sth., to establish sth.: *dare ~ a un'impresa* to found (*o* to set up *o* to start up) a business; *dare la ~ per qcu.* to give (*o* to give up) one's life for so.; *donnadi ~* prostitute, streetwalker; *ragazza di ~* young prostitute; *~di città* city life; *~di famiglia* (*o ~domestica*) family life; *essere fra la ~e la morte* to hover between life and death; (*Teol*) *~eterna* eternal life, life everlasting; *fare una bella ~* to lead a good life, to lead a comfortable life, to live it up; *fare la bella ~* to lead a life of pleasure; *fare una ~tranquilla* to lead a quiet life, to lead a quiet existence; *fare la ~* to be a prostitute, to be a streetwalker; *la ~futura* : **1** (*avvenire*) the future life; **2** (*l'aldilà*) the next life; *esserein ~* to be alive; *rimanere in ~*: **1** to stay alive, to live; **2** (*sopravvivere*) to survive; *mantenere in ~* (*o tenere in ~*) to keep alive; *in ~ e in morte* in life and death, forever; *in ~ mia* in my life, in all my life, in my whole life: *non ho mai visto niente di simile in ~ mia* I've never seen anything like that in my whole life; *~interiore* (*o ~intima*) inner life, spiritual life; (*Statist*) *~media* mean lifetime; *~mia !* my life!, my dearest!,

my darling!; *~ militare* military life, soldier's life; *~mondana* society life; (*fig*) *sapere ~,morte e miracoli di qcu.* to know all about so., to know so.'s life story; *~natural durante* for the rest of one's life(time), for the whole of one's life; *~nomade* nomadic life; *~notturna* nightlife; *unitiper la ~ e per la morte* together in life and death; *in una ~ precedente* in an earlier life, in a previous life; (*Statist*) *~presunta* expectation of life, life expectation; *~privata* private life: *ritirarsi a ~ privata* to withdraw into private life; (*Statist*) *~probabile* probable life expectation; *~professionale* career; *fare una ~ritirata* to lead a secluded life, to lead a life of seclusion, to be a hermit; *~ sentimentale* love life; *~senza ~* lifeless; *~severa* austere life; *~sociale* social life; *~studentesca* student life; *su con la ~!* cheer up!; *~terrena* earthly life; *~umana* human life; *senza perdita di vite umane* without casualties; (*Tecn*) *~utile* service life; *venire alla ~* to be born, to come into the world; *di ~vissuta* real life (*attr.*). Prov.: *finché c'è ~ c'è speranza* while there's life there's hope; *la ~ è fatta a scale, chi le scende e chi le sale* life has its ups and downs.

vita [2] *f.* (*parte del corpo*) waist. □ (*Abbigl*) *una giaccaa ~* a waisted jacket; (*Abbigl*) *~ bassa* lowered waist, lowered waist line; *avere la ~ corta* to be short-waisted; *~ di vespa* wasp-waist; *starein ~* (*senza cappotto*) to be coatless; *avere la ~larga* : **1** to be thick-waisted; **2** (*Abbigl*) to be loose-waisted; *avere la ~sottile* to have a small waist, to have a narrow waist.

vitaccia (*pl.* -ce) *f.* hard life, life of troubles, dog's life: *come ti va la ~?* how's life?

vitacee *f.pl.* (*Bot*) Vitaceae.

vitaiolo *m.* (*spreg,scherz*) bon viveur, man-about-town.

vitalba *f.* (*Bot*) old man's beard, traveller's joy.

vitale *a.* **1** vital (*anchefig*): *forza ~* vital force, élan vital; *questioni vitali* matters of vital importance, crucial matters. **2** (*che può vivere*) viable: *vivo e ~* alive and viable. □ *di ~importanza* crucial, vital.

vitalismo *m.* (*Biol,Filos*) vitalism.

vitalità *f.* **1** (*forza vitale*) vitality, vital force. **2** (*vivacità*) vitality, vigour. **3** (*Med,Biol*) viability.

vitalizio **I** *a.* **1** life, lifelong: *rendita vitalizia* life annuity. **2** (*rif. a cariche*) lifelong, for life (*posposto*). **II** *m.* life annuity.

vitamina *f.* (*Biol*) vitamin, vitamine: *carenza di vitamine* vitamin deficiency.

vitaminico (*pl.* -ci) *a.* vitamin (*attr.*), vitaminic: *carenza vitaminica* vitamin deficiency; *fabbisogno ~* vitamin requirements.

vitaminizzare (**vitaminìzzo**) *v.t.* to enrich with vitamines.

vitaminizzato *a.* enriched with vitamins.

vitaminizzazione *f.* vitamin enrichment.

vitaminologia *f.* vitaminology.

vite [1] *f.* (*Bot,Enol*) vine, grapevine. □ (*Bot, Enol*) *~ bianca* bryony, white bryony; (*Bot, Enol*) *~del Canadà* Virginia creeper, woodbine; (*Bot,Enol*) *~nera* black bryony.

vite [2] *f.* **1** (*Mecc*) screw. **2** (*Aer,Sport*) spin. □ *a ~* (*filettato*) screw (*attr.*): *un tappo a ~* a screw cap; (*Mecc*) *~a testa esagonale* hexagonal head screw; (*Mecc*) *~a testa quadra* square-head screw; (*Mecc*) *~a testa tonda* button headed screw; (*Mecc*) *~ ad alette* thumbscrew; (*Mecc*) *~ autofilettante* self-tapping screw; (*Fal*) *~da legno* wood screw, dowel screw; (*Mecc*) *~destrorsa* right-hand screw; *~di Archimede* Archimedean screw,

Archimedes' screw; (*Mecc*) *~di arresto* stop screw, set screw; (*Mecc*) *~di avanzamento* feed screw; (*Mecc*) *~di fissaggio* securing screw; (*Mecc*) *~ di regolazione* adjusting screw; (*Mecc*) *~esagonale* hexagonal head screw; (*Mecc*) *~femmina* female screw, internal screw; (*Aer*) *caderein ~* to go into a spin (*o* into a spiral *o* into a corkscrew); (*Mecc*) *~ madre* lead screw; (*Mecc*) *~maschia* male screw, external screw; (*Mecc*) *~micrometrica* tangent screw; (*Aer*) *~ orizzontale* barrel roll; (*Mecc*) *~prigioniera* stud; (*Mecc*) *~ senza fine* worm, worm screw; (*El*) *~serrafilo* clamping screw, terminal screw; (*Mecc*) *~sinistrorsa* left-hand screw.

vitella *f.* **1** calf. **2** (*Macell*) veal: *arrosto di ~* roast veal.

vitellino [1] *m.* calf, male calf.

vitellino [2] *a.* (*Biol*) vitelline: *sacco ~* vitelline membrane.

vitellino [3] *a.* (*rar*) (*di vitello*) veal (*attr.*).

vitello [1] *m.* **1** calf. **2** (*Macell*) veal. **3** (*Pell*) calf, calfskin: *guanti di ~* calf gloves. □ *~di latte* suckling calf; (*Bibl*) *il ~d'oro* the Golden Calf; (*Gastron*) *~in umido* veal stew; (*Zool*) *~marino* sea calf, (*Br*) harbour seal, (*Am*) harbor seal; (*Gastron*) *~tonnato* veal with tuna sauce.

vitello [2] *m.* (*Biol*) vitellin, vitellus.

vitellone *m.* **1** (*giovenco*) bullock, (*Am*) steer. **2** (*Macell*) young beef. **3** (*pop*) (*giovanotto ozioso e fatuo*) loafer, good-for-nothing, (*Am,colloq*) drugstore cowboy.

viteria *f.spec.pl.* screws *pl.*

viticcio *m.* **1** (*Bot*) tendril. **2** (*Arch,Pitt*) vine tendril. **3** (*candelabro*) candelabrum (with tendril-like arms); (*braccio*) arm, branch (of a candelabrum).

viticolo *a.* (*Agr*) viticultural, wine-growing, grape-producing: *paese ~* viticultural country.

viticoltore *m.* viticulturist, wine grower.

viticoltura *f.* (*Agr*) **1** viticulture, wine growing. **2** (*scienza*) viticulture.

viticultore *m.* viticulturist, wine grower.

viticultura *f.* (*Agr*) **1** viticulture, wine growing. **2** (*scienza*) viticulture.

vitifero *a.* (*Agr*) **1** grape producing, vine-bearing: *zona vitifera* grape-producing area. **2** (*coltivato a viti*) vine-grown, cultivated with vines.

vitigno *m.* (*Agr*) vine, species of vine.

vitiligine *f.* (*Med*) vitiligo.

vitino *m.* (*vita sottile*) narrow waist. □ *~ di vespa* wasp waist.

vitivinicolo *a.* (*Agr,Enol*) wine (*attr.*), vine growing and wine producing.

vitivinicoltore *m.* (*f.*-trice) winegrower.

vitivinicoltura *f.* (*Agr,Enol*) vine-growing and wine-producing.

vitrectomia *f.* (*Chir*) vitrectomy.

vitreo **I** *a.* **1** (*di vetro*) vitreous, of glass (*posposto*), glass (*attr.*). **2** (*simile al vetro*) vitreous, vitriform, glass-like, glassy. **3** (*fig*) (*inespressivo*) glassy, glasslike, glass: *occhi vitrei* glassy eyes. **II** *m.* (*Anat*) (*corpo vitreo*) vitreous humour, vitreous, vitreous body.

vitro □ (*Biol*)*in ~* in vitro: *coltura in ~* in vitro culture.

vitruviano *a.* (*Lett,Art*) Vitruvian.

Vitruvio *n.pr.m.* (*Stor.rom*) Vitruvius.

vitta *f.* (*Stor.rom,Bot*) vitta.

vittima *f.* **1** (*Rel*) (*animale*) (sacrificial) victim, sacrifice; (*persona*) victim, human sacrifice. **2** (*chi perisce in sciagure*) victim, casualty: *le vittime dell'inondazione* the flood victims; *vittime della strada* road casualties. **3** (*succube*) victim, prey: *restare ~ di un in-*

trigo to be the victim of a plot; *rimanere ~ di qcs.* (o *di qcu.*) to fall a victim to sth. (o to so.); *fare a ~* to be a cry baby, (Am) to be a put on. □ *rimanere ~ del dovere* to die doing one's duty; *~ di un incidente* accident casualty, accident victim: *essere ~ di un incidente* (o *rimanere ~ di un incidente*) to be (involved) in an accident, to be an accident victim, to meet with an accident; *essere la ~ predestinata di qcu.* to be the chosen victim of so., to be the intended victim of so.

vittimismo m. self-pity.

vittimista m./f. self-pitier.

vittimistico (*pl.* -ci) a. self-pitying.

vittimizzare (**vittimìzzo**) v.t. to victimize, to bully.

vitto m. 1 (*cibo*) food: *il ~ è molto caro* food is very expensive. 2 (*per pensionanti e sim.*) board. □ *~ e alloggio gratuiti* free room and board; *ricevere ~ e alloggio* to have room and board.

Vittore n.pr.m. Victor.

vittoria f. 1 victory: *le vittorie di Cesare* the victories of Caesar; *ottenere la ~ in una causa* to win a case. 2 (*fig*) (*successo*) victory, triumph, conquest, success. 3 (*Sport*) win. □ (*Sport*) *~ai punti* win on points; *passare di ~ in ~* to go from one victory to another; (*fig*) *~ di Pirro* Pyrrhic victory; (*Pol*) *~ elettorale* electoral victory; *avere la ~ in pugno* to be sure of victory; *~ morale* moral victory; *~ schiacciante* overwhelming victory; (*Pol*) (*nelle elezioni*) landslide victory; *una ~ su se stesso* a victory over oneself; *~ terrestre* victory on land.

Vittoria I n.pr.f. Victoria (anche Stor). **II** f. (*Mitol,Art*) Victory.

vittoriano a. (*Stor*) Victorian (anche spreg): *epoca vittoriana* Victorian Age.

vittoriato m. (*Stor.rom,Numism*) Victoriate.

Vittorio n.pr.m. Victor. □ (*Stor.it*) *~ Emanuele* Victor Emmanuel.

vittoriosamente avv. victoriously: *combattere ~* to fight victoriously.

vittorioso a. 1 victorious: *un generale ~* a victorious general; *battaglia vittoriosa* victorious battle; *riuscire ~ in una battaglia* to win a battle, to be victorious in a battle; *riuscire ~ in una gara* to win a contest. 2 (*di, da vincitore*) victorious, triumphant, conquering: *sorriso ~* triumphant smile.

vituperabile a. (*rar,lett*) vituperable.

vituperando a. (*lett*) vituperable.

vituperare (**vitùpero**) v.t. (*lett*) to vituperate, to vilify, to revile.

vituperevole a. 1 (*lett*) (*vituperabile*) vituperable. 2 (*rar*) (*esecrando*) execrable, shameful.

vituperio m. 1 (*lett*) insult: *coprire qcu. di vituperi* to shower so. with insults. 2 (*rar*) (*causa di infamia*) disgrace, shame: *essere il ~ della famiglia* to be a disgrace to one's family; *arrecare ~* to be infamous, to shame; *essere di ~* to be a disgrace.

vituperosamente avv. (*rar*) disgracefully, shamefully.

vituperoso a. 1 (*rar*) (*infamante*) disgraceful, shameful. 2 (*lett*) (*ingiurioso*) vituperative, injurious, insulting.

viuzza f. alley, narrow street, lane.

viva intz. 1 (*seguito da un nome*) long live...!, up with...!, hurrah for...!, three cheers for...!, to...!: *~ la libertà!* long live freedom!; *~ il Re!* long live the King!; *~ lo sposo!* to the groom!; *~ gli sposi!* (here's) to the bride and groom! 2 (*Sport*) go...!: *~ la Lazio!* go Lazio!

vivacchiare (**vivàcchio**, **vivàcchi**; *aus.* avere) v.i. 1 (*vivere stentatamente*) to strug-

gle along, to scrape along, to eke out a living. 2 (*scherz*) (*tirare avanti*) to get along, to manage: *come va? - Si vivacchia* how are things going? - We're getting along.

vivace a. 1 lively, vivacious, full of life (*posposto*), spirited, sprightly: *stile ~* lively style; *una discussione ~* a lively discussion. 2 (*rif. a luce: vivido, intenso*) bright, brilliant. 3 (*rif. a colori: smagliante*) vivid, bright, brilliant. 4 (*Enol*) lively, brilliant.

vivacemente avv. vivaciously, in a lively manner.

vivacità f. 1 liveliness, vivacity, vivaciousness: *la ~ di un bambino* the liveliness of a child. 2 (*efficacia, immediatezza*) liveliness, vivacity, life, vividness: *~ di stile* vividness of style. 3 (*intensa luminosità: rif. a luce*) brightness, brilliance; (*rif. a colori*) vividness, brightness, brilliance, vivacity. □ *~ di ingegno* brightness, quick-wittedness.

vivacizzare (**vivacìzzo**) v.t. to enliven, to animate: *~ una discussione* to enliven a discussion.

vivaddio intz. by God!

vivagno m. (*Tess*) (*cimosa*) selvage, selvedge.

vivaio m. 1 (*Pesc*) fish farm, fish reserve, fish pond, fish-breeding pond, fish pool. 2 (*Bot, Giard*) nursery. 3 (*Comm*) (*nei supermercati*) (*Br*) garden centre, (*Am*) garden center. 4 (*fig*) (*luogo di formazione*) nursery, training ground, breeding ground, seedbed. □ (*Pesc*) *~ di ostriche* oyster farm; (*Pesc*) *~ di pesci* fish farm, fish pond; (*Bot,Giard*) *~ di piante* tree nursery.

vivaista m./f. 1 (*di pesci*) fish farmer. 2 (*di piante*) nursery man (f. woman).

vivaistico (*pl.* -ci) a. 1 (*Pesc*) of fish farming (*posposto*). 2 (*Giard,Bot*) nursery (*attr.*).

vivamente avv. 1 (*con vivacità*) in a lively manner, spiritedly: *rispondere ~* to answer spiritedly. 2 (*con intensità*) deeply, profoundly, warmly: *ringraziare ~ qcu.* to thank so. warmly; *te l'avevo ~ sconsigliato* I strongly advised you against it.

vivanda f. 1 food (*costr.sing.*): *preparare le vivande* to prepare the food. 2 (*ant*) (*portata*) course, dish. 3 pl. (*viveri, vettovaglie*) victuals, provisions.

vivandiere m. (f. **-a**) (*Mil,ant*) vivandier (f. vivandière), sutler.

viva voce □ *telefono ~*: 1 speakerphone; 2 (*kit per auto*) in-car kit; (*microfono*) external speaker.

vivente I a. 1 living, alive (*pred.*): *esseri viventi* the living; *essere ancora ~* to still be alive. 2 (*fig*) (*in uso*) living: *lingue viventi* living languages. **II** m./f. 1 living being: *i viventi* the living. 2 (*uomo*) human being, man. □ *~ ancora il padre* while his father was still alive.

vivere[1] (*pres.ind.* **vìvo**; *p.rem.* **vìssi**; *fut.* **vivrò**; *p.p.* **vissùto**) **I** v.i. (*aus.* essere/avere) 1 (*trascorrere l'esistenza*) to live: *visse cent'anni* he lived for a hundred years; *un poeta che visse nella prima metà del Cinquecento* a poet that lived during the first half of the sixteenth century; *vive in campagna* he lives in the country. 2 (*essere in vita*) to live, to be alive: *il paziente stamattina viveva ancora* the patient was still alive this morning. 3 (*campare*) to live (*di* on), to subsist: *~ di qcs.* to live on sth.; *non avere abbastanza per ~* not to have enough to live on. 4 (*avere di che vivere*) to manage, to get by, to live (*di* on): *~ del proprio lavoro* to live by one's work; *solo dello stipendio non vivo* I can't get by just on my salary. 5 (*comportarsi secondo le convenienze sociali*) to live, to

get along: *un uomo che non sa ~* a man who doesn't know how to live. 6 (*essere, stare*) to be: *puoi ~ sicuro* you may be sure, you may rest assured. 7 (*godere la vita*) to live, to enjoy life, to get the best out of life, (*colloq*) to live it up: *lui sì che ha vissuto!* he has really lived it up!, he has had a good time! 8 (*fig*) (*sopravvivere, durare*) to live on, to last, to endure: *~ nel ricordo di qcu.* to live on in so.'s memory; *la sua fama vivrà eternamente* his fame will live on forever. **II** v.t. 1 to live: *~ una vita tranquilla* to live a peaceful life, to lead a peaceful life. 2 (*passare, fare l'esperienza*) to live (through), to experience, to go through: *~ un momento brutto* to go through a bad moment. 3 (*provare*) to go through, to have: *abbiamo vissuto attimi di ansia* we had a few anxious moments. 4 (*trascorrere*) to pass, to spend: *ho vissuto giorni indimenticabili* I spent some unforgettable days. 5 (*sentire intimamente*) to feel deeply, to share: *~ le pene di qcu.* to share so.'s sorrows. □ *~ a sbafo* (o *~ a scrocco*) to live by scrounging, to scrounge a living; *~ alla giornata* to live from hand to mouth, to live from day to day; *~ alle spalle di qcu.* to live off so., to sponge off so., to live at the expense of so.; (*Mil*) *chi vive?* who goes there?, qui vive?; *~ come un nababbo* to live in luxury, to live in the lap of luxury; *~ da gran signore* to live like a king, to live like nobility; *avere di che ~* to have enough to live on; *~ di elemosine* to live on charity, to live on handouts; *~ di espedienti* to live by makeshift, to live on one's wits; *~ di rendita*: 1 live on a private income, to live on interests, (*colloq*) to live on one's interest, to live on one's inheritance; 2 (*fig*) (*su ciò che si è fatto in precedenza*) to live on one's reputation; *~ di speranze* to live on hope; *e vissero tutti felici e contenti* they all lived happily ever after; (*fig*) *~ fra le nuvole* to have one's head in the clouds; *~ in pace* to live in peace; *~ insieme*: 1 to live together; 2 (*convivere*) to cohabit; *lasciare ~ qcu.* (*non importunarlo*) to leave so. in peace, to leave so. alone, to let so. alone, to leave so. be; *~ nella menzogna* to live a lie; *~ per qcs.* (o *per qcu.*) to live for sth. (o for so.); *~ semplicemente* to live simply; *~ sotto lo stesso tetto* to live under one roof, to live under the same roof; (*Tip*) *vive* stet. *Prov.: chi vivrà vedrà* time will tell; *vivi e lascia ~* live and let live; *si vive una volta sola* you only live once; (*Bibl*) *non si vive di solo pane* man does not live by bread alone.

vivere[2] m. 1 living, life: *il ~ in campagna è salubre* life in the country is healthy. 2 (*modo di vivere*) living, way of living, life style: *lo chiami ~, questo?* do you call this living?

viveri m.pl. 1 food (*costr.sing.*), foodstuffs, victuals, provisions. 2 (*Mil*) victuals, provisions. □ (*Mar*) *~ di bordo* ship's stores.

viverra f. (*Zool*) civet, civet cat.

viveur /vi'vœr/ m.inv. viveur.

vivezza f. 1 (*vivacità*) liveliness, vivacity (*anche fig*). 2 (*efficacia espressiva*) vividness. 3 (*luminosità*) brightness, brilliance.

Viviana n.pr.f. Vivian, Vivien, Vivienne.

vivibile a. 1 livable, liveable, suitable for living. 2 (*sopportabile*) bearable. 3 (*piacevole*) pleasant, enjoyable.

vivibilità f. livableness, suitableness for living.

vivido a. 1 (*vivace*) lively, vivid: *un uomo di ~ ingegno* a man with a lively mind. 2 (*intensamente luminoso*) bright, strong; (*rif. a colori*) vivid, bright. 3 (*lett*) (*rigoglioso*) luxuriant, thriving, vigorous.

vivificante a. vivifying.

vivificare (**vivìfico, vivìfichi**) *v.t.* **1** to revive, to make alive, to refresh, to vivify, to invigorate: *la pioggia vivifica i campi* rain revives the fields. **2** (*assol.*) (*essere vivificante*) to be refreshing. **3** (*fig*) (*rendere vivo*) to vivify, to enliven, to brighten up.

vivificativo *a.* (*lett*) vivifying, restorative.

vivificatore I *m.* (*f.* **-trice**) vivifier, giver of life. II *a.* **1** vivifying. **2** (*che ricrea*) invigorating, reviving, refreshing.

vivificazione *f.* **1** vivification. **2** (*ricreazione*) invigoration, reviving.

vivinatalità *f.* (*Statist*) live births *pl.*, live birth rate.

viviparità *f.* (*Zool,Biol*) viviparity.

viviparo I *a.* (*Zool*) viviparous. II *m.* (*Zool*) viviparous animal.

vivisettorio *a.* vivisection (*attr.*), vivisectional, of vivisection (*posposto*).

vivisezionare (**vivisezióno**) *v.t.* **1** to vivisect, to perform vivisection on. **2** (*fig*) (*esaminare a fondo*) to subject sth. to vivisection, to examine minutely, to examine pitilessly, to examine thoroughly.

vivisezione *f.* **1** vivisection. **2** (*fig*) (*indagine accurata*) vivisection, minute examination, pitiless examination, detailed examination.

vivissimo ☐ *vivissime felicitazioni* hearty congratulations.

vivo I *a.* **1** living, alive (*pred.*), live (*attr.*): *è ancora ~* he is still alive; *essere sepolto ~* to be buried alive; *pesci vivi* live fish. **2** (*che dura tuttora*) living, surviving, alive (*pred.*): *una lingua viva* a living language; *una tradizione ancora viva* a tradition which is still alive. **3** (*vivace*) lively, vivacious: *occhi vivi* lively eyes; *una discussione molto viva* a very lively discussion. **4** (*acuto*) lively, quick, sharp, bright, keen, witty: *ingegno ~* lively mind, quick mind. **5** (*acceso, animato*) lively, animated, keen, heated: *la discussione si fece più viva* the discussion grew more heated; *tenere viva la conversazione* to keep the conversation going. **6** (*intenso*) deep, strong, great: *~ sdegno* strong indignation. **7** (*rif. a luci*) bright, brilliant: *questa luce viva mi dà fastidio agli occhi* this bright light is bothering my eyes. **8** (*rif. a colori*) vivid, bright, brilliant. **9** (*immediato, efficace*) vivid, lively, true to life: *una descrizione viva* a vivid description. **10** (*rif. all'aria: pungente*) fresh, biting, sharp. **11** (*rif. al fuoco*) burning, blazing: *cuocere qcs. a fuoco ~* to cook sth. on a blazing fire. **12** (*rif. ad acqua: corrente*) running, flowing. **13** (*non smussato*) sharp: *spigolo ~* sharp corner. **14** (*rif. a sassi e sim.: non ricoperto di terra*) living: *roccia viva* living rock. **15** (*epist*) deep, hearty, warm, very best: *con i miei più vivi ringraziamenti* with my deepest thanks, with my warmest thanks; *vivi rallegramenti* hearty congratulations. II *m.* **1** (*f.* **-a**) living person: *i vivi* the living: *non essere più tra i vivi* to no longer be among the living. **2** (*carne viva*) living flesh. **3** (*fig*) (*punto essenziale*) heart, core, pith, essence: *entrare nel ~ della discussione* to get to the heart of the matter. **4** (*fig*) (*punto delicato*) sore spot, sensitive spot, weak point. ☐ *a vivaforza* by force; *al ~* vivid, true to life: *ritrarre al ~* to paint true (to) life; (*Tip*) *illustrazione al ~* bleed; *da ~* in his (*o* in her) lifetime, when he (*o* when she) was alive; (*TV,Rad*) *dal ~* live: *trasmettere dal ~* to broadcast live; *di ~ cuore* wholeheartedly; (*colloq*) *~ e vegeto* hale and hearty, alive and kicking; (*fig*) *farsi ~*: **1** to show up, to show one's face, to pop in, to come around; **2** (*dare notizie di sé*) to

be heard from, to give news of oneself; (*scrivere*) to write; (*chiamare*) to call: *non si è più fatto ~* we haven't heard anything further from him; (*Biol*) *in ~* in vivo; *nel ~ di* (*in mezzo a*) in the middle of; *~o morto* dead or alive; *tenere ~ qcu.* to keep so. alive; *tenere ~ il ricordo di qcs.* to keep the memory of sth. alive; (*fig*) *tenere viva la fiamma di qcs.* to keep the flames burning for sth.

viziare (**vìzio, vìzi**) I *v.t.* **1** (*educare male*) to spoil, to indulge, to overindulge: *i genitori lo viziano* his parents spoil him. **2** (*vezzeggiare*) to coddle, to pamper. **3** (*corrompere moralmente*) to lead so. astray, to corrupt, to deprave. **4** (*compromettere*) to vitiate, to compromise, to upset. **5** (*rif. ad aria*) to make (sth.) stale, to make (sth.) impure, to make (sth.) foul: *il fumo ha viziato l'aria della stanza* the smoke has made the air in the room foul. **6** (*Dir*) (*infirmare*) to vitiate, to invalidate: *un errore che vizia il contratto* an error that invalidates the contract. II *v.pron.* **viziarsi 1** to become spoiled, to acquire bad habits, to acquire bad ways. **2** (*corrompersi*) to be led astray, to become corrupted.

viziatamente *avv.* defectively, imperfectly.

viziato *a.* **1** spoiled: *un ragazzo ~* a spoiled child, a spoiled brat. **2** (*corrotto*) corrupt, depraved. **3** (*rif. ad aria*) stale, foul. **4** (*Dir*) invalidated, defective, vitiated: *documento ~* invalidated document, defective document.

vizietto *m.* bad habit, weakness.

vizio *m.* **1** vice. **2** (*cattiva abitudine*) vice, bad habit, addiction: *il ~ del gioco* the vice of gambling; *avere il ~ del gioco* to be addicted to gambling; *il fumo è un ~* smoking is a bad habit; *avere il ~ del fumo* to have the habit of smoking; *ha il ~ di mangiarsi le unghie* he has the bad habit of biting his nails; *levare a qcu. un ~* to cure so. of a bad habit; *essere pieno di vizi* to be full of bad habits. **3** (*difetto, imperfezione*) fault, flaw, defect, imperfection: *~ di fabbricazione* manufacturing defect. **4** (*Med*) vice, vitium, imperfection, defect, malformation. **5** (*Dir*) vice, flaw, defect. ☐ (*Dir*) *~apparente* apparent defect; (*Teol*) *i sette vizi capitali* the seven deadly sins; (*Med*) *~cardiaco* heart condition, organic lesion of the heart, vitium cordis; (*Dir*) *~ di consenso* absence of assent, absence of consent; (*Dir*) *~ di forma* breach of procedure, procedural flaw; (*Dir*) *~ giuridico* defect of title, defective title; (*Dir*) *~occulto* hidden defect; (*Med*) *~organico* defect, vitium, organic flaw; (*Dir*) *~redibitorio* breach of condition expressed or implied, breach of warranty.

viziosamente *avv.* viciously.

viziosità *f.* **1** depravation. **2** (*l'essere difettoso*) defectiveness, faultiness. **3** (*Dir*) faultiness, defectiveness.

vizioso I *a.* **1** vicious, depraved, corrupt; (*che ha delle cattive abitudini*) with bad habits. **2** (*da persona viziosa*) vicious, of vice (*posposto*): *vita viziosa* life of vice. **3** (*difettoso*) defective, faulty. **4** (*rar*) (*inesatto*) incorrect, erroneous. II *m.* (*f.* **-a**) **1** vicious person. **2** (*depravato*) depraved person, pervert.

vizzo *a.* **1** withered; (*appassito*) faded. **2** (*rif. alla pelle*) withered.

vl. (*Mus*) violino vn, vln (violin).

vla (*Mus*) viola va, vla (viola).

VLDP (*Biol*) lipoproteina a bassissima densità VLDP (very low density lipoprotein).

v.le, V.le *viale* Ave., Av. (avenue), Blvd. (boulevard).

V.M. 1 *Vostra Maestà* (Your Majesty). **2** *valor militare* (military valour). **3** *Vostra Magnificenza* (*titolo di principi*) (Your Royal Highness).

VN *Vietnam* V (Vietnam).

voc. 1 (*Gramm*) *vocativo* voc., v. (vocative). **2** *vocale* v. (vowel).

vocabolarietto *m.* pocket-dictionary.

vocabolario *m.* **1** (*Edit*) dictionary: *~ inglese-italiano* English-Italian dictionary. **2** (*lessico*) vocabulary, lexicon: *arricchire il proprio ~* to enrich one's vocabulary; (*scherz, fig*) *questa parola non esiste nel mio ~* that word's not in my vocabulary, I don't use this word. ☐ (*Edit*) *~scolastico* school dictionary.

vocabolarista *m./f.* (*rar*) (*lessicografo*) lexicographer, compiler of a dictionary.

vocabolo *m.* word: *~ infantile* baby word.

vocale[1] *a.* **1** (*della voce*) vocal, voice (*attr.*). **2** (*parlato*) vocal, oral. **3** (*Mus*) vocal: *musica ~* vocal music. **4** (*Anat*) vocal: *corde vocali* vocal cords, vocal chords.

vocale[2] *f.* (*Gramm*) vowel. ☐ (*Fon*) *~aperta* open vowel; (*Fon*) *~atona* atonic vowel, unstressed vowel; (*Fon*) *~breve* short vowel; (*Fon*) *~chiusa* closed vowel; (*Fon*) *~evanescente* indistinct vowel; (*Fon*) *~indistinta* indeterminate vowel; (*Fon*) *~lunga* long vowel; (*Fon*) *~nasale* nasal vowel; (*Fon*) *~palatale* palatal vowel; (*Fon*) *~tonica* tonic vowel.

vocalico (*pl.* **-ci**) *a.* (*Ling*) vocalic, vowel (*attr.*): *armonia vocalica* vowel harmony.

vocalismo *m.* (*Ling*) vocalism.

vocalista *m./f.* vocalist.

vocalità *f.* (*Mus*) vocality, vocal character.

vocalizzare (**vocalìzzo**) I *v.t.* (*Ling*) to vocalize, to voice. II *v.i.* (*aus. avere*) (*Mus*) to vocalize. III *v.pron.* **vocalizzarsi** (*Ling*) to be vocalized.

vocalizzazione *f.* (*Ling,Mus*) vocalization.

vocalizzo *m.* (*Mus*) vocalization.

vocativo I *a.* (*Gramm*) vocative: *forma vocativa* vocative form. II *m.* (*Gramm*) vocative, vocative case.

vocazione *f.* **1** vocation, calling (*anche Rel*): *~ sacerdotale* calling to the priesthood. **2** (*inclinazione naturale*) inclination, bent, leaning, propensity. ☐ *avere la ~ per qcs.*: **1** to have a bent for sth., to have an aptitude for sth.; **2** (*essere tagliato*) to be cut out for sth., to be good at sth., to have a knack for sth.; *per ~* by vocation; *senza ~*: **1** with no vocation for anything; **2** (*senza inclinazione*) with no bent for anything, with no feeling for anything.

voce *f.* **1** voice: *il timbro della ~* the tone of voice; *perdere la ~* to lose one's voice; *~ sgarbata* coarse voice; *una ~ sgradevole* a grating voice. **2** (*rif. ad animali*) voice, cry, call: *la ~ del cane* the dog's cry, the dog's bark. **3** (*suono di uno strumento musicale*) song, sound, voice: *la ~ del violino* the sound of the violin. **4** (*estens*) (*rumore, fragore*) sound, roar, rumble: *la ~ del mare* the sound of the sea. **5** (*fig*) (*richiamo, suggerimento*) voice, call: *la ~ della coscienza* the voice of conscience, that little voice inside; *la ~ del dovere* the call of duty. **6** (*fig*) (*diceria*) rumour: *corre ~ che sarà destituito* rumour has it that he will be dismissed, it is rumoured that he will be dismissed; *sono voci che girano* it is just a rumour. **7** (*vocabolo*) word, term: *una ~ antiquata* an obsolete word. **8** (*lemma*) entry, entry word, headword, main entry: *quante voci ha questo dizionario?* how many headwords are there in this dictionary? **9** (*elemento di un* *elenco*) item, heading: *una ~ in un conto* an item in a bill; *le voci di un catalogo* the headings in a catalogue. **10** (*in un bilancio e sim.*) entry, item. **11** (*esclam.*) speak up, louder, volume. **12** (*Gramm*) (*forma verbale*) form, voice (of a verb). **13** (*Mus*) voice, (voice, melodic) part: *fuga a tre voci* three-part fugue, fugue for three voices. ▫ *a ~* directly, personally, orally: *quando tornerai te lo dirò a ~* when you come back I'll tell you personally; (*Mus*) *a più voci* concerted, part (*attr.*); (*fig*) *a una ~* with one voice, unanimously; *~ alta* high voice; *~ bassa*: **1** low voice; **2** (*roca*) hoarse voice, gruff voice; *voci bianche* treble voices; *~ cavernosa* hollow voice; *voci che corrono* rumours; *dare sulla ~ a qcu.* (*contraddirlo vivacemente*) to contradict so. heatedly, to enter into a heated debate with so.; *dare una ~ a qcu.* to call so., to give so. a shout; *darsi la ~* to pass the word around, to spread the word; *~ del bilancio* budget item, budget entry; *la ~ del cuore* the voice of the heart; *la ~ del padrone* the master's voice; *la ~ del popolo* the voice of the people, vox populi; (*Mus*) *~ di baritono* baritone voice; (*Mus*) *~ di basso* bass, bass voice; *~ di bronzo*: **1** (*sonora*) ringing voice, sonorous voice; **2** (*forte*) loud voice; (*Mus*) *~ di contralto* contralto voice, alto voice; *sono voci di corridoio* I heard it through the grapevine; (*Mus*) *~ di falsetto* falsetto, falsetto voice; *~ di gola* throaty voice (*anche Mus*); (*Mus*) *~ di petto* chest voice; (*Mus*) *~ di soprano* soprano voice; (*Mus*) *~ di testa* head voice; *~ femminile* woman's voice; (*Cin,TV*) *~ fuori campo* voice-over; *essere giù di ~* to be out of voice; *~ grossa* (*rude*) gruff voice, rough voice; (*fig*) *fare la ~ grossa* (*parlare in tono minaccioso*) to speak in a threatening tone; *avere ~ in capitolo*: **1** to have the right to vote; **2** (*fig,scherz*) (*far sentire il proprio parere*) to have a say in the matter; **3** (*avere autorità*) to carry weight: *a casa sua non ha ~ in capitolo* what he says at home carries no weight (*o* counts for nothing); *~ infantile* child's voice; *~ maschile* man's voice; *~ metallica* metallic voice, harsh voice; (*Mus*) *coro a voci miste* mixed-voice choir, ensemble; *~ nasale* nasal voice; (*Bibl,fig*) *~ nel deserto* voice (crying) in the wilderness; *~ pastosa* mellow voice; (*fig*) *~ piena* (*sonora*) full voice; *a piena ~* at the pitch of one's voice, at the top of one's voice; *~roca* hoarse voice, gruff voice; *avere la ~ roca* to have a frog in one's throat; *~ sensuale* sensuous voice; *sotto ~* in a low voice, softly, in an undertone. *Prov.: ~ di popolo, ~ di Dio* voice of the people, voice of God.

vociare (*vócio, vóci*) **I** *v.i.* (*aus.* **avere**) **1** to shout, to bawl. **2** (*rar*) (*chiacchierare*) to talk, to gossip. **II** *m.* **1** shouting, bawling. **2** (*rar*) (*chiacchiere*) talk, gossip: *si è fatto un gran ~ su di te* there has been a lot of talk about you.

vociferare (*vocìfero; aus.* **avere**) *v.i.* **1** to shout, to bawl. **2** (*fig*) (*mormorare*) to say, to spread (it) about: *si vocifera che...* someone said that..., rumour has it that...

vociferatore *m.* (*f.* **-trice**) **1** shouter. **2** (*fig*) (*chi sparge notizie*) gossip, spreader of gossip.

vociferazione *f.* **1** shouting, clamour, vociferation. **2** (*fig*) (*pettegolezzi*) gossip, rumour.

vocìo *m.* shouting, clamour.

vocoder *m.* (*Elettron*) vocoder.

vodka *f.* vodka.

voga[1] *f.* **1** (*Mar*) rowing. **2** (*colpo di remo*) stroke.

voga[2] *f.* **1** (*usanza*) fashion. **2** (*lena, entusiasmo*) enthusiasm, keenness, will. ▫ (*colloq*) *essere in ~* to be fashionable, to be in fashion, to be the fashion, to be in: (*colloq*) *molto in ~* very fashionable, the thing; *tornare in ~* to come back into fashion.

vogare (*vógo/vògo, vóghi/vòghi; aus.* **avere**) *v.i.* (*Mar*) (*remare*) to row, to oar.

vogata *f.* **1** (*atto*) rowing; (*effetto*) row: *ho fatto una bella ~ sul lago* I had a pleasant row on the lake. **2** (*singola spinta*) stroke, pull.

vogatore *m.* **1** (*f.* **-trice**) rower, oar, oarsman (*f.* -woman). **2** (*Sport*) (*attrezzo*) rowing-machine. **3** (*canottiera*) A-shirt, sleeveless V-neck.

voglia *f.* **1** (*desiderio*) wish, desire (*di* for): *levarsi la ~ di qcs.* to satisfy one's wish for sth. **2** (*buona volontà*) will, desire, wish: *non ha molta ~ di lavorare* he has little will to work. **3** (*eufem*) (*desiderio sessuale*) desire, lust. **4** (*capriccio*) craving, fancy, whim, wish: *togliersi tutte le voglie* to indulge all one's cravings. **5** (*spesso rif. a gestanti*) craving: *le venne una ~ improvvisa di formaggio* she got a sudden craving for cheese. **6** (*pop*) (*macchia sulla pelle*) birth mark: *~ di fragola* strawberry birth mark. ▫ *avere ~ di qcs.*: **1** (*colloq*) (*desiderare qcs.*) to want sth., to feel like sth., (*Br*) to fancy sth: *non ho ~ di uscire* I don't feel like going out; *non ne ho ~* I don't feel like it; *avrei ~ di una birra* I would'n mind having a beer, I could do with some beer; *non ho ~ di scherzare* I don't feel like joking, I'm not in the mood; *ho ~ di dormire* I feel sleepy, I'm ready for the bed; *non ho ~ di ridere* I'm in no laughing mood; **2** (*colloq*) (*bramare qcs.*) to long for sth., to be dying for sth.: *ho una gran ~ di tornare in campagna* I'm longing to get back to the country; *~ di vivere* love of life; (*region*) *hai ~!*: **1** (*certamente*) you bet!; (*iron*) big time!; **2** (*è inutile*) it's useless, it's no use: *hai ~ di bussare, non c'è mai nessuno!* it's useless to knock on the door!; *restare con la ~ in corpo* to be unsatisfied, to have an unsatisfied desire; (*colloq*) *avere una ~ matta di qcs.* to be longing for sth., to be dying for sth.; *il prosciutto mette ~ di bere* ham makes one thirsty, one make one want to drink; *senza ~* with no inclination, with no wish, with no desire; *far venire la ~ di far qcs.* to make so. want to do sth.: *questo profumino mi fa venir ~ di mangiare* this aroma makes me feel like eating; *m'è venuta la ~ di far quattro passi* I feel like going out for a walk; *mi viene ~ di ridere* I feel like laughing, it makes me want to laugh, I can't help laughing; *mi verrebbe ~ di dirglielo* I feel the urge to tell him.

voglio → **volere**[1].

vogliosamente *avv.* (*con entusiasmo*) willingly, eagerly.

voglioso *a.* **1** (*capriccioso*) capricious, full of fancies. **2** (*desideroso*) wishful, desirous, longing. **3** (*volenteroso*) willing, ready, eager.

voi *pron.pers.* **1** you, (*lett*) ye, (*Am,colloq*) you guys, (*region*) y'all, y'uns: *~ non ci andrete* you will not go; *~ sì che avete ragione* you're definitely right, (*Am*) you sure are right. **2** (*oggetto*) you: *abbiamo scelto ~* we have chosen you. **3** (*preceduto da preposizione*) you: *uscirò con ~* I'll go out with you. **4** (*forma di cortesia*) you. ▫ *~ altri*: **1** you, (*Am, colloq*) you guys, (*Am,region*) y'all, y'uns; **2** (*i rimanenti*) the rest of you; *da ~*: **1** (*a casa vostra: stato*) with you, at your house; **2** (*moto*) to your house, to your place: *veniamo da ~* we'll come over to your place; **3** (*nel vostro paese*) in your country, in your parts, where you live, where you come from; **4** (*da soli*) by yourselves; *dare del ~ a qcu.* to address so. using the second person plural (as a polite form).

voialtri *pron.pers.pl.* **1** you, (*Am,colloq*) you guys, (*Am,region*) y'all, y'uns. **2** (*i rimanenti*) the rest of you.

voilà /vwa'la/ *intz.* there you are!, voilà!: *e ~!* and there you are!

voile /vwal/ *m.* (*Tess*) voile.

voivoda *m.* (*Stor*) vaivode, voivode.

vol. *volume* vol. (volume).

volano *m.* **1** (*Br*) shuttlecock, (*Am*) birdie, bird. **2** (*gioco*) badminton. **3** (*Tecn*) fly-wheel.

volant /vo'lã/ *m.inv.* (*Sart*) flounce, frill.

volante[1] **I** *a.* **1** flying. **2** (*che si sposta rapidamente*) flying: *squadra ~* flying squad. **3** (*lett*) (*rappresentato nell'atto di volare*) flying. **4** (*Arald*) volant. **5** (*El*) (*di filo*) free-hanging. **II** *f.* (*anche squadra volante*) flying squad.

volante[2] *m.* **1** (*Aut*) steering wheel: *sedere al ~* (*o stare al ~*) to sit at the wheel. **2** (*Tecn*) (*ruota*) handwheel; (*volano*) fly-wheel.

volantinaggio *m.* distribution of brochures, distribution of flyers, (*Br*) distribution of handbills, (*Am*) distribution of pamphlets. ▫ *fare ~*: **1** to distribute brochures, to pass out brochures, to leaflet, (*Am*) to pass out pamphlets; **2** (*di materiale politico o religioso*) to pass out tracts.

volantinare (*volantìno*) *v.t.* **1** to distribute brochures, to pass out brochures, to leaflet, (*Am*) to pass out pamphlets. **2** (*materiale politico o religioso*) to pass out tracts.

volantino[1] *m.* **1** leaflet, brochure, flyer, (*Br*) handbill, (*Am*) pamphlet: *distribuire volantini* to distribute brochures, to pass out brochures, to leaflet, (*Am*) to pass out pamphlets. **2** (*Sart*) flounce, frill. ▫ *~ pubblicitario* flyer.

volantino[2] *m.* (*Mecc*) wheel, handwheel.

volapük /-'pyk/ *m.* (*Stor,Ling*) Volapük.

volare (*vólo; aus.* **avere/essere**) *v.i.* **1** to fly (*anche Aer*): *volano le rondini* the swallows are flying; *l'aereo volava a bassa quota* the plane was flying at low altitude. **2** (*estens*) (*essere proiettato nell'aria*) to fly off, to fly away, to blow off, to blow away: *un colpo di vento fece volare i fogli* a gust of wind made the papers fly away; *mi è volato il cappello* my hat flew off, my hat has blown away. **3** (*rif. a oggetti scagliati*) to fly, to sail: *nella lite sono volate anche delle sedie* even chairs went sailing through the air during the fight. **4** (*fig*) (*piovere*) to rain, to fly: *volarono insulti* insults flew thick and fast; *volavano pallottole* bullets were raining. **5** (*estens*) (*cadere dall'alto*) to fall, to come hurling, to plummet (down), to plunge down: *è volato* (*giù*) *dal sesto piano* he came hurling down from the sixth floor. **6** (*iperb*) (*sfrecciare, correre*) to fly (along), to speed (along), to shoot (along): *le automobili volavano sull'asfalto* the cars were flying along the road. **7** (*affrettarsi*) to fly, to rush, to tear, to rip: *volai alla stazione* I flew to the station. **8** (*fig*) (*fuggire rapidamente*) to fly: *il tempo vola* time flies; *come vola il tempo!* how time flies! **9** (*fig*) (*rif. a cose astratte*) to fly, to go, to turn, to spread: *le notizie volano* news spreads fast. **10** (*fig*) (*rivolgersi*) fly: *il nostro pensiero spesso vola fino a te* you are often in our thoughts, you are often in our minds. ▫ *~ alto*: **1** to fly high; **2** (*fig*) (*ambire*) to aim for the top, to be riding high; *~ basso*: **1** to fly low; **2** (*fig*) (*non ambire*) to be unambitious; ~*con Alitalia* to fly Alitalia;*far* ~: 1 to fly; 2 (*rif. al vento*) to blow away: *il vento mi ha fatto ~ il palloncino* the wind has blown my balloon away; (*fig*) ~*in cielo* (*morire*) to go to Heaven; *volaronopugni e schiaffi* there was a free-for-all; ~*via* to fly away, to fly off.

volata *f*. 1 (*il volare*) flight, flying; (*tratto di volo*) flight. 2 (*fig*) (*progressione veloce*) flight: *una ~ lirica* a flight of lyricism. 3 (*fig*) (*corsa veloce*) dash. 4 (*Sport*) sprint, spurt: ~ *finale* final sprint. 5 (*Sport*) (*nel tennis*) volley; (*nel baseball*) fly ball. 6 (*Mus*) run. 7 (*Arm*) muzzle. 8 (*Minier*) volley. □ *di* ~ in a rush, in a hurry, at top speed; *ci vado di* ~ I'll rush there;*fare una* ~: 1 to fly; 2 (*estens*) (*scappata*) to make a quick trip, (*Br*) to rush: *fare una* ~ *a casa* (*Br*) to rush home, (*Am*) to make a quick trip home; (*Sport*) *battere qcu. in* ~ to beat so. in a final sprint.

volatile I *a*. 1 (*Chim*) volatile: *sostanza* ~ volatile substance. 2 (*rar*) (*che vola*) flying, volatile. **II** *m*. 1 bird, (*rar,lett*) volatile. 2 *pl*. (*collett.*) winged creatures, birds, (*lett*) fowl (*costr.sing. o pl.*).

volatilità *f*. (*Chim,Econ*) volatility.

volatilizzabile *a*. (*Chim*) volatilizable.

volatilizzare (**volatilìzzo**) **I** *v.t.* (*Chim*) to volatilize. **II** *v.i.* (*aus. essere*) (*Chim*) to volatilize. **III** *v.pron.* **volatilizzarsi** 1 (*scomparire*) to vanish, (*colloq*) to disappear into thin air: *sembrava che il ragazzo si fosse volatilizzato* it seemed as if the boy had disappeared into thin air. 2 (*Chim*) to volatilize.

volatilizzazione *f*. (*Chim*) volatilization.

vol-au-vent /ˌvolo'vã/ *m.inv.* (*Gastron*) vol-au-vent.

volée /vo'le/ *f.inv.* (*Sport*) volley. □ (*Sport*) ~*di dritto* forehand volley; (*Sport*) ~*di rovescio* backhand volley.

volente □ ~ *o nolente* whethere you want to or not, whether you like it or not, willing or not.

volenterosamente *avv.* willingly, keenly, with a will, readily, eagerly.

volenteroso I *a*. willing, eager, keen: *uno studente* ~ a willing student. **II** *m*. (*f*. **-a**) willing person, keen person.

volentieri *avv.* 1 willingly, gladly: *fare qcs.* ~ to do sth. willingly; *ascolto* ~ *la musica classica* I enjoy listening to classical music, I like listening to classical music, I love listening to classical music; *me ne occuperò* ~ I'd be glad to take care of it; *ben* ~ very gladly. 2 (*nelle risposte*) certainly, with pleasure, I'll be glad to, I'd like to, I'd love to, sure: *verrai?* - ~ will you come? - I'd love to.

volentierissimo *avv.* (*enfat*) with great pleasure, I'd be delighted to.

volere[1] (*pres.ind.* **vòglio**, **vuòi**, **vuòle**, **vogliàmo**, **voléte**, **vògliono**; *impf.ind.* **volévo**; *fut.* **vorrò**; *pr.rem.* **vòlli**, **volésti**, **vòlle**, **volémmo**, **voléste**, **vòllero**; *pres.cong.* **vòglia**, **vogliàmo**, **vogliàte**, **vògliano**; *impf.cong.* **voléssi**; *p.pres.* **volènte**; *p.p.* **volùto**; *ger.* **volèndo**; *when* volere *is used as a modal verb it generally takes the auxiliary required by the verb it is used with*) *v.t.* 1 to want, to wish: *vogliamo fatti e non parole* we want actions, not words; *vorrei andare con lui* I would like to go with him; *vuoi che ce ne andiamo?* do you want us to leave?; *volle sapere tutta la verità* he wanted to know the whole truth; *non sai neanche tu cosa vuoi* you don't know yourself what you want; ~ *che qcu. faccia qcs.* to want so. to do sth.; *non voglio che ti comporti così* I don't want you to behave like that. 2 (*desiderare intensamente*) to want, to long; (*in formule di cortesia*) to

like: *suo padre lo vuole medico* his father wants him to become a doctor; *vorrei un po' di tranquillità* I would like a bit of peace and quiet. 3 (*esigere*) demand, will, to insist on: *voglio essere ubbidito* I will be obeyed; *lo volle avere per forza* he demanded it; *mi vorrebbero con loro per qualche giorno* they insist on me staying with them for a few days. 4 (*per esprimere un desiderio irraggiungibile o non raggiunto*) to wish: *vorrei essere ricco* I wish I were rich; *lo vorrebbero più intelligente* they wished he were more intelligent; *vorrei che mi scrivesse* I wish he would write to me; *avrei voluto esserti vicino* I wish I could have been near you. 5 (*desiderare, preferire*) to like, to want, to please: *lasciagli fare ciò che vuole* let him do as he pleases; *se vuoi possiamo fare due passi* if you like we can take a stroll; *fa' come vuoi* do as you like; *possiamo incontrarci al circolo se vuoi* we can meet at the club if you like; *come volete* whatever you prefer, whatever suits your fancy. 6 (*avere intenzione di*) to mean, to be going to, to want, to intend: *che cosa vuoi fare da grande?* what do you want to do when you grow up?; *volevo telefonarti ma poi me ne sono dimenticato* I meant to phone you but then I forgot; *voleva comprare un registratore, ma poi ha cambiato idea* he intended (*o* he was going) to buy a tape recorder, but then he changed his mind. 7 (*essere disposto a*) will, to be willing, to be inclined, to want: *vuoi fare due passi con me?* will you come for a walk with me?; *questo ragazzo non vuole studiare* this boy (just) won't study; *non voleva aiutarci* he wouldn't help us. 8 (*risolversi, decidersi, anche di cose o animali; specialmente in frasi negative*) will, (*scherz*) to refuse: *oggi questo motore non vuole funzionare* this engine won't (*o* refuses to) start today; *stanotte il cane non voleva tacere* the dog wouldn't stop barking last night. 9 (*richiedere, pretendere*) to want, to expect: *vuoi troppo da questo ragazzo* you expect too much of this child; *si può sapere che cosa vuoi da me?* what do you want of me? 10 (*chiedere un determinato prezzo o compenso*) to want, to charge, to ask: *quanto vuoi per questo anello?* how much do you want for this ring?; *quanto volete per quella macchina?* what are you asking for that car? 11 (*cercare: rif. a una persona*) to want, to look for: *ti vuole tuo padre* your father wants you; *chi volete?* who are you looking for? 12 (*comandare, stabilire*) to will, to decree: *Dio lo vuole* God wills it, it is God's will; *il destino ha voluto che morisse giovane* fate willed that he should die young, he was fated to die young. 13 (*in formule di cortesia*) to want, will, to like: *vuoi ancora un po' di torta?* would you like (*o* do you want *o* will you have) some more cake?; *non vuole accomodarsi?* why don't you sit down?; *vuoi prestarmi cinque euro?* will you lend me five euros?; *vorresti essere così gentile da passarmi il sale?* would you be so kind as to pass me the salt? 14 (*nell'offrirsi di fare qcs.*) shall: *vuoi che io apra la finestra?* shall I open the window? 15 (*aver bisogno di*) to need, to want: *un malato che vuole continua assistenza* a patient who needs constant care. 16 (*Gramm*) (*richiedere, reggere*) to take: *una preposizione che vuole il dativo* a preposition that takes the dative. 17 (*assol.*) to wish, to want, will: *chi vuole esca* whoever wishes may go out, whoever wants to go out may do so. 18 (*permettere, consentire*) to let, to allow, to say yes: *se papà vuole, ti*

accompagnerò al cinema if Dad lets me I'll go with you to the cinema. 19 (*ritenere, credere*) to think, to hold: *vuoi che non ci sia nessuno disposto ad aiutarlo?* do you think there isn't anyone who would help him? 20 (*tramandare*) to say, to state, to have it: *come vuole la leggenda* legend has it that. 21 (*essere imminente, probabile*) to be going to, to look (like): *vuole piovere* (*Br*) it looks like rain, (*Am*) it looks like it's going to rain; *sembra che il tempo voglia rimettersi* it looks as if the weather is going to clear up. □ *ci vuole ben altro* it would take (a lot) more than that, try harder; *volevoben dire!* I knew (it)!, I was sure!, I thought so!, I was in no doubt!; *è di nuovo senza un soldo, volevo ben dire* as was to be expected, he's penniless again; ~*bene a qcu.*: 1 (*amare*) to love so.: *gli vuol bene come a un fratello* he loves him as he would a brother, he loves him like a brother; *si vogliono molto bene* they love each other dearly; 2 (*avere affetto per qcu.*) to be fond of so.: *tutti gli vogliono bene* everyone is fond of him, he is generally well-liked; *farsi* ~ *bene da qcu.* to win so.'s favour (*o* so.'s esteem), to get on so.'s good side, to get in so.'s good graces; *si fa voler bene dagli insegnanti* he makes himself the teachers' pet; (*enfat*) *che* vuoi! (*o* *che cosa vuoi!*) (*introducendo una scusa o giustificazione*) there it is, there you are, well (*a volte non si traduce*); *che vuole, avevo bisogno di denaro e ho accettato questo lavoro* there it is, I needed money so I took this job; *che volete, non sempre uno riesce a dominarsi* well, one can't always control oneself; *che vuoi che ti dica?* what can I say?, what do you expect (me to say)?; *come vuoi che sia già pronto?* how do you expect it to be ready so soon?; *volesse* Dio *che* ... would to God that...; *voler* dire: 1 (*intendere*) to mean, to get at: *che cosa vorresti dire con ciò?* what do you mean by that?, what are you trying to say?; *chissà cosa avrà voluto dire con quel gesto?* whatever could he have meant by that gesture?; 2 (*anzi, per meglio dire*) to mean, or rather, that is to say: *l'ho visto ieri, voglio dire l'altro ieri* I saw him yesterday, I mean the day before yesterday; 3 (*significare*) to mean, to be the meaning of: *che cosa vuol dire questa parola?* what does this word mean?, what's the meaning of this word?; *cosa vogliono dire queste facce lunghe?* what's with these long faces?; *vorrà dire che...* I suppose that means...; *tu non sai cosa voglia dire lavorare* you don't know what work is, you don't know what it means to work; *vedi che cosa vuol dire non studiare?* you see what happens if you don't study?, you see why it's so important to study?; *non vuol dire* (*o non vuol dire nulla*) it doesn't mean a thing, it doesn't mean anything; *vuol dire che* (*o vorrà dire che*) *la prossima volta starai più attento* (*Br*) then the next time you'll be more careful; (*Am*) I guess the next time you'll be more careful; 4 (*importare, contare*) to mean, to be important, to count for: *vuol dire molto conoscere le lingue* a knowledge of languages is very important; *vuol dire molto* (*è importante*) it's very important, it means a lot; (*fig*) ~*la luna* to reach for the moon, to cry for the moon; ~*male a qcu.* to dislike so., to hate so., to bear so. ill-will; (*colloq*) ~*o volare* (*per amore o per forza*) whether you like it or not, do or die; ~*piuttosto* (*preferire*) to prefer, would rather: *voglio telefonargli piuttosto che scrivergli* I would rather phone him than write to him;*quando vuole è bravo* he behaves when he wants to, he's good when he wants to be; *qui ti voglio* now let's see what you can do, now let's see what you are worth; *vuoi sapere una cosa?* you know something?, you know what?; *non vorrei sbagliarmi* I hope I'm not wrong; *se vogliamo* as it were; *senza ~ (involontariamente)* accidentally, without meaning to, unintentionally; *scusami, l'ho fatto senza ~* I'm sorry, I didn't mean to do it; I'm sorry, it was an accident; *vuoi vedere che...?* I bet you that...!; *volendo sei ancora in tempo* if you really want to, there's still time; *volercene* (o *volerci*) 1 (*essere necessario, occorrere*) to need (*costr.pers.*), to want (*costr.pers.*), to take (*costr.pers.* o *impers.*), to be necessary (*costr.impers.*): *per un vestito ci vogliono tre metri di stoffa* you need three metres of cloth for a suit; *ci vuole un bel coraggio a dire cose simili* it takes some nerve to say such things; *c'è voluto poco a capirlo* it didn't take much effort to understand him; *ci vuole pazienza* one must be patient, it takes patience; *ce n'è voluto!* it took some doing!, it took some time!, ti took some effort!, it took a while!, that was quite a job!, *è proprio quello che ci vuole* that's exactly what we need, just what the doctor ordered; 2 (*rif. al tempo*) to take (*costr.pers.* o *impers.*): *ci vorrà molto tempo per finire?* will it take long to finish? will you take long to finish?; *quanto tempo ci vuole?* how long does it take?; *ci vuole (molto) tempo* it takes (a long) time; *ci vuole poco tempo* it doesn't take long; *quando ci vuole, ci vuole* (*Br*) he was looking for it; (*Am*) gotta say it; (*iron*) *ce ne vuole!*: 1 (*non è da tutti*) it's really something, that's really something; 2 (*ci vuole coraggio*) it takes guts; *volerne a qcu.* (*serbargli rancore*) to have a grudge against so., to hold sth. against so., to bear so. ill-will, to have it in for so.: *non volermene, non intendevo offenderti* don't hold it against me, I didn't mean to offend you; *andiamo al cinema, vuoi?* let's go to a movie, shall we?; *vuoi... vuoi... (sia... sia)* both... and: *riesce bene in tutto, vuoi nella pittura vuoi nella scultura* he does well all round, both in painting and in sculpture. *Prov.*: *~ è potere* where there's a will there's a way.

volere[2] *m.* (*volontà*) will: *sia fatto il ~ di Dio* God's will be done; *fare qcs. di buon ~* to do sth. with a will, to do sth. gladly.

volframio *m.* (*Chim*) wolfram, tungsten.

Volga *n.pr.m.* (*Geog*) Volga.

volgare I *a.* 1 (*grossolano: rif. a persone*) vulgar, common, unrefined: *è una ragazza bella, ma ~* she's a pretty girl, but she's common. 2 (*rif. a cose*) vulgar, coarse: *un parlare ~* vulgar talk. 3 (*comune*) common, monplace, ordinary: *un ~ ladro* a common thief. 4 (*popolare*) popular, of the (common) people (*posposto*): *usi volgari* popular customs. 5 (*Ling*) vulgar: *latino ~* Vulgar Latin. II *m.* (*Ling*) 1 vernacular. 2 (*italiano volgare*) (vulgar) Italian.

volgarità *f.* 1 vulgarity, coarseness, commonness. 2 (*atto, parole*) vulgarity. 3 *spec.pl.* foul language: *dire ~* to use foul language.

volgarizzamento *m.* 1 (*traduzione in volgare*) translation into the vernacular. 2 (*opera volgarizzata*) translation (in the vernacular).

volgarizzare (**volgarìzzo**) *v.t.* 1 to popularize, to present sth. in popular form, to vulgarize. 2 (*tradurre: in volgare*) to translate into the vernacular; (*in italiano volgare*) to translate into Italian.

volgarizzatore *m.* (*f.* **-trice**) 1 (*divulgatore*) popularizer. 2 (*traduttore: in volgare*)

translator into the vernacular; (*in italiano volgare*) translator into Italian.

volgarizzazione *f.* 1 (*divulgazione*) popularization, spreading. 2 (*traduzione in volgare*) translation into the vernacular. 3 (*opera volgarizzata*) translation (in the vernacular).

volgarmente *avv.* 1 popularly. 2 (*comunemente*) commonly: *una malattia chiamata ~... a disease which is commonly known as... 3 (*bassamente*) vulgarly, coarsely, commonly.

volgere[1] (*pres.ind.* **vòlgo, vòlgi;** *p.rem.* **vòlsi;** *p.p.* **vòlto**) I *v.t.* 1 (*voltare*) to turn: *~ le spalle a qcu.* to turn one's back on so. 2 (*rivolgere*) to turn, to bend (*anche fig.*): *lo sguardo verso qcu.* to turn one's eyes on so., to bend one's gaze on so.; *~ il pensiero a qcs.* to turn one's thoughts to sth. 3 (*dirigere*) to direct, to turn, to head: *~ i passi verso un luogo* to direct one's steps towards a place, to head for a place. 4 (*fig*) (*dedicare*) to devote, to dedicate: *~ le proprie cure a qcu.* to devote one's attentions to so. 5 (*fig*) (*mutare*) to turn, to change: *~ ogni cosa in scherzo* to turn everything into a joke, to make light of everything, to laugh off everything, to joke about everything. 6 (*lett*) (*girare*) to turn. II *v.i.* (*aus.* **avere**) 1 to turn, to bend: *la strada volge a destra* the road bends to the right. 2 (*approssimarsi*) to be near (*costr.pers.* o *impers.*), to near, to draw (near): *la mia fatica volge al termine* my efforts are nearly over (*o* are nearing their end). 3 (*tendere*) to get, to become, to tend, to take a turn: *il tempo volge al brutto* the weather is getting worse, the weather is breaking. 4 (*rif. a colori*) to be somewhat, to be rather, to verge: *~ al rosso* to verge on red. III *v.pron.* **volgersi** 1 to turn: *volgersi indietro* to turn round, to look back (over one's shoulder). 2 (*fig*) (*indirizzarsi*) to go in (*a* for), to devote oneself (*to*), to take up (sth.): *volgersi agli studi scientifici* to go in for science. 3 (*fig*) (*riversarsi*) to be turned, to be directed (*contro* against), to centre (on): *il loro odio si volse contro di lui* their hatred was directed against him. □ *~ qcs. a proprio vantaggio* to turn sth. to one's own advantage; *~ al meglio* to improve, to get better, to take a turn for the better; *~ al peggio* to worsen, to get worse, to take a turn for the worse; *~ al termine* to be near the end, to be coming to an end, to draw to an end; *il sole volge al tramonto* the sun is about to set, it is nearly sunset; *~ in ridicolo* to turn into a joke; *~ tutto in riso* to make a laughing matter of everything; *~ la mente a qcs.* to turn one's attention to sth.

volgere[2] *m.* passing, course: *col ~ degli anni* with the passing of the years; *nel ~ di alcuni anni* in the course of some years.

volgo (*pl.* **-ghi**) *m.* 1 (*lett*) (*popolo*) (common) people. 2 (*spreg*) (*popolino*) common people *pl.*, common herd (*costr.sing.* o *pl.*), plebs *pl.*, masses *pl.* □ *il ~ profano* the common herd.

voliera *f.* aviary.

volitivo I *a.* 1 (*rif. a persona*) that has great will power, strong-willed: *persona volitiva* strong-willed person. 2 (*della volontà*) volitional, volitive (*anche Filos*): *atto ~* volitive action. 3 (*che denota volontà*) volitive. II *m.* (*f.* **-a**) strong-willed person.

volizione *f.* (*Filos*) volition.

volli → **volere**[1].

volo *m.* 1 flight; (*azione*) flying, flight: *il ~ di un uccello* the flight of a bird. 2 (*Aer*) flight, flying; (*viaggio aereo*) flight. 3 (*traiettoria*) flight. 4 (*caduta*) fall, freefall: *un ~*

dal quinto piano a freefall from the fifth floor. 5 (*fig*) (*divagazione*) flight: *voli della fantasia* flights of fantasy. 6 (*fig*) (*salto*) short visit, run, dash. □ (*Aer*) *~ a bassa quota* low-altitude flight, flying low, flying at a low altitude; (*Aer*) *~ a motore* powered flight; (*Sport*) *~ a vela* sailplaning, gliding; (*Aer*) *~ a vista* contact flying, contact flight, pilotage; (*Aer*) *~ acrobatico* stunt flying, acrobatics (*costr.sing.*), aerial acrobatics (*costr. sing.*); *al ~*: 1 (*fig*) (*subito*) at once, (*colloq*) straight off the mark, (*Am*) right off the bat: *ha capito al ~* he understood at once; *prendere un'occasione al ~* to jump at a chance, to seize the opportunity; 2 (*mentre qcs. è in volo*) in mid-air: *colpire la palla al ~* to hit the ball in mid-air, to hit the ball on the volley; (*Aer*) *~ ascendente* climb; (*Aer*) *~ charter* charter (flight); (*Aer*) *~ cieco* blind flying, instrument flight; (*Aer*) *~ di addestramento* training flight; (*Aer*) *~ di collaudo* test flight; (*Aer*) *~ di linea* scheduled flight; (*Aer*) *~ di prova* trial flight, test flight; (*Aer*) *~ diretto* non-stop flight, direct flight; *a ~ d'uccello*: 1 (*dall'alto*) from on high, from above; 2 (*fig*) (*superficialmente*) fast, quick, hasty; *fare un ~*: 1 to fly (*anche fig*); 2 (*cadere*) to fall, to plummet down, to hurtle down; 3 (*fig, rar*) (*fare una scappata*) to rush, (*colloq*) to fly, to dash; (*Aer*) *~ in cabrata* tail-down flight, pull-up; (*Aer*) *~ in formazione* formation flying; (*Aer*) *~ in picchiata* nose dive; (*Aer*) *~ in quota* altitude flight, altitude flying; (*Aer*) *~ internazionale* international flight; (*Aer*) *~ interno* domestic flight; *~ intorno alla terra* round-the-world flight; (*Sport*) *~ libero* free flight; (*Aer*) *~ librato* glide; (*Aer*) *~ nazionale* domestic flight; (*Aer*) *~ non stop* non-stop flight; (*Aer*) *~ notturno* night flight; (*Aer*) *~ orizzontale* level flight; (*fig*) *~ pindarico* discursive digression; (*Aer*) *~ planato* glide; *prendere il ~*: 1 to take off, to take wing, to fly up, to fly off; 2 (*fig*) (*fuggire*) to flee, to disappear suddenly, to vanish into thin air; (*Aer.mil*) *con un ~ radente* (o *con un ~ rasoterra*) flying extremely low, (*colloq*) buzzing the ground; (*Aer*) *~ senza scalo* non-stop flight, direct flight; (*Astron*) *~ spaziale* space flight; (*Aer*) *~ speciale* non-scheduled flight; (*Aer*) *~ sperimentale* experimental flight; (*Aer*) *~ strumentale* instrument flight, blind flight; (*Aer*) *~ verticale* vertical flight.

volontà I *f.* 1 will: *contro la ~ di qcu.* against so.'s will; *di propria ~* of one's own free will. 2 (*volere*) will, wish, desire: *di mia spontanea ~* of my own will. 3 (*ciò che si vuole*) will: *sia fatta la ~ di Dio* God's will be done. 4 *pl.* (*disposizioni testamentarie*) last will (and testament) (*costr.sing.*), last wishes: *le ultime ~ di qcu.* so.'s last will and testament. □ *a ~* as one wishes, as much as one wishes, as much as one pleases; (*fig*) *una ~ di ferro* an iron will, a cast-iron will; *~ espressa* express wish; *fare la ~ di qcu.* to do as so. wishes; (*Rel*) *sia fatta la tua ~!* Thine will be done!; *~ irremovibile* iron will; *~ popolare* popular will; *senza ~* lacking will, having no will power.

volontariamente *avv.* voluntarily, of one's own (free) will.

volontariato *m.* 1 (*azione a favore della collettività*) voluntary work: *fare ~* to do voluntary work. 2 (*chi presta il servizio*) voluntary workers *pl.* 3 (*a scopo professionale*) voluntary unpaid apprenticeship, volunteering; (*periodo*) (period of) voluntary apprenticeship. 4 (*Mil*) (*servizio*) voluntary service; (*periodo*) period of voluntary service.

volontarietà *f.* voluntariness.

volontario I *a.* 1 voluntary: *atto* ~ voluntary action. 2 (*spontaneo*) voluntary, free, spontaneous: *rinuncia volontaria* voluntary withdrawal. 3 (*costituito da volontari*) volunteer (*attr.*): *truppe volontarie* volunteer troops. II *m.* (*f.* **-a**) 1 volunteer (*anche Mil*). 2 (*collaboratore non remunerato*) voluntary worker. 3 (*soccorritore*) rescuer. ☐ ~*del sangue* (*donatore*) blood-donor.

volontarismo *m.* voluntarism.

volontaristico (*pl.* **-ci**) *a.* voluntaristic.

volonteroso *a. e der.* → **volenteroso** *e der.*

volovelismo *m.* (*Sport*) sailplaning, gliding.

volovelista *m./f.* (*Sport*) sailplaner, glider.

volovelistico (*pl.* **-ci**) *a.* (*Sport*) sailplaning, gliding.

volpacchiotto *m.* 1 (*volpe giovane*) young fox, fox cub. 2 (*f.* **-a**) (*fig*) (*persona scaltra*) sly fellow, slick fellow, fox.

volpaia *f.* (*rar*) (*tana di volpe*) foxes' den.

volpare (**vólpo**; *aus.* **essere/avere**) *v.i.* (*Agr*) to smut, to be affected with smut.

volpato *a.* (*Agr*) smutty, mildewed: *grano* ~ smutty corn.

volpe *f.* 1 (*Zool*) fox; (*femmina*) vixen. 2 (*pelliccia*) fox fur: *un collo di* ~ a fox collar. 3 (*fig*) (*persona astuta*) fox, crafty fellow, cunning fellow, (*Br,colloq*) slyboots, (*Am, colloq*) Mr. wise guy; (*iron*) genius: *sei proprio una* ~*!* you're a real genius! 4 (*Agr*) smut, bunt. 5 (*Med*) alopecia. ☐ (*Zool*) ~*argentata* silver fox, black fox; (*Zool*) ~*azzurra* blue fox; (*Zool*) ~*del deserto* fennec, desert fox; *di* ~ fox (*attr.*); (*Zool*) ~*rossa* red fox.

volpino I *a.* 1 (*di volpe*) fox's: *muso* ~ fox's muzzle. 2 (*fig*) (*scaltro*) foxy, wily, cunning, crafty, sly. II *m.* (*Zool*) (*cane*) Pomeranian dog.

volpoca *f.* (*Ornit*) sheldrake, shelduck.

volpone *m.* (*f.* **-a**) (*fig*) 1 fox, old fox, crafty person: *sei un vecchio* ~ you're an old fox. 2 (*iron*) (*genio*) genius.

volsco I *a.* Volscian. II *m.* (*f.* **-a**) Volscian: *i volsci* the Voscli, the Volscians.

volsi → **volgere**.

volt *m.inv.* (*El*) volt.

volta[1] *f.* 1 time: *tre volte* three times; *è la prima* ~ *che vedo questa città* it's the first time I've seen this town; *era la prima* ~ *che lo vedevo* it was the first time I saw him; *la prossima* ~ (the) next time; *due volte due fa quattro* two times two equals (*o* is) four, two twos are four. 2 (*circostanza*) time: *ti ricordi quella* ~ *a Milano?* do you remember that time in Milan? 3 (*turno*) turn: *questa è la* ~ *tua* it's your turn. 4 (*Tip*) reverse, reverse side, verso, other side, back. 5 (*Aer*) loop. 6 (*Ginn*) circle. ☐ *a volte* sometimes; *a mia* ~ in (my) turn; *alla* ~ at a time: *pochi alla* ~ a few at a time; *alla* ~ *di* for, in the direction of, towards: *sono partiti alla* ~ *di Venezia* they have left for Venice; *alle volte* at times; *questa è la* ~*buona* now or never, this is it; *speriamo che sia la* ~ *buona* let's hope this time is a charm, hopefully this time's a charm; *tre volte campione europeo* three times the European champion; *c'era una* ~ *un re* (*nelle fiabe*) once upon a time there was a king; (*colloq*) *gli ha dato di* ~ *il cervello* (*è impazzito*) he has gone out of his mind; *di* ~ *in* ~ each time, every time; *una* ~ *di più* once more, once again; *di una* ~ of former days, of formes times; *il più delle volte* most times, mostly, usually; *molte volte* many times; *non una* ~ not once; *ogni* ~ every time; *ogni* ~ *che* every time (that); *per* ~ at a

time: *venite qua due per* ~ come here two at a time, come here in twos; *un po' per* ~: 1 a little at a time, bit by bit; 2 (*a turno*) in turns; ~ *per* ~ each time; *per una* ~ for once; *più volte* several times, many times; *dieci volte più grande* ten times bigger, ten times as big as; *più di una* ~ more than once; *quante volte?* how many times?, how often?; *quella* ~ that time: *quella* ~ *che* the time that, the time when; *la* ~ *scorsa* last time; *tutte le volte* every time, without exception; *tutto in una* ~ all at once, altogether; *una* ~: 1 once: *una* ~ *all'anno* once a year; 2 (*prima, in un tempo passato*) there was a time when, *spesso ridotto con il verbo* used to: *una* ~ *queste cose non succedevano* these things didn't use to happen; *non sei più quello di una* ~ you are not what you used to be; 3 (*dopo che*) once, as soon as: *una* ~ *mangiato, andò a dormire* once he had eaten, he went to bed; *una* ~ *presa una decisione, scrivimi* as soon as you've made a decision, write to me, once you've made a decision, write (to) me; (*colloq*) *una* ~ *che*: 1 (*temporale*) once, as soon as: *una* ~ *che ci sarai riuscito, tutto sarà facile* once you have succeeded everything will be smooth sailing; 2 (*causale*) now: *una* ~ *che lo sai, non me lo chiedere più* now that you know, don't ask me again; *una* ~*o l'altra* one of these days, sooner or later; *una* ~*ogni tanto* (*Br*) every now and again, (*Am*) every now and then; *una* ~*per sempre* once and for all; *una* ~*per tutte* once and for all; *una* ~*tanto* for once in your life.

volta[2] *f.* (*Arch,Anat*) vault. ☐ (*Arch*) *a* ~ vaulted: *tomba a* ~ vaulted tomb; (*Arch*) ~*a botte* annular vault, barrel vault; (*Arch*) ~*a cassettoni* coffered vault; (*Arch*) ~*a costoloni* ribbed vault; (*Arch*) ~*a crociera* cross vault; (*Arch*) ~*a cupola* domed vault; (*Arch*) ~*a padiglione* cloister vault; (*Arch*) ~*a vela* domical vault, ribbed vault; (*Arch*) ~*a ventaglio* fan vault, fantail vault; ~*acustica* acoustic vault; (*Astr*) ~*celeste* vault of heaven, heavenly vault; (*Arch*) ~*con nervature* ribbed vault; (*Anat*) ~*cranica* calvarium crown; (*Arch*) ~*nervata* ribbed vault; (*Anat*) ~*palatina* palatal arch; (*Arch*) ~*sferica* spherical vault.

voltabile *a.* (*rar*) turnable.

voltafaccia *m.inv.* about-face, volte-face (*anche fig*): *fare un* ~ to perform a volte-face.

voltafieno *m.inv.* (*Agr*) (hay) threshing machine.

voltagabbana *m./f.inv.* weathercock, turncoat, time-server.

voltaggio *m.* (*El*) voltage.

voltaico[1] (*pl.* **-ci**) *a.* (*El*) voltaic.

voltaico[2] (*pl.* **-ci**) *a.* (*Ling*) Voltaic.

voltametro *m.* (*El*) voltameter.

voltampere /ˌvoltam'per/ *m.inv.* (*El*) volt-ampere.

voltamperometro *m.* (*El*) voltameter.

voltamperora *f.* (*El*) voltampere-hour.

voltamperorametro *m.* (*El*) voltampere-hourmeter.

voltare (**vòlto**) I *v.t.* 1 (*volgere*) to turn: ~ *il viso verso sinistra* to turn one's face to the left. 2 (*rigirare*) to turn around: ~ *la barca* to turn the boat around. 3 (*dirigere*) to turn, to bend, to direct, to set: ~ *le armi contro i propri capi* to turn one's arms against one's own leaders. 4 (*girare*) to turn: ~ *la chiave nella toppa* to turn the key in the lock. 5 (*rivoltare*) to turn (over): ~ *le pagine* to turn the pages. 6 (*oltrepassare, girare*) to turn: ~ *l'angolo* to turn the corner, to round the corner. II *v.i.* (*aus. avere*) (*mutare direzione*) to turn: *al semaforo volta a sinistra* turn left at

the traffic lights; *la strada volta a destra* the road turns right. III *v.pron.* **voltarsi** 1 to turn: *si voltò dall'altra parte* he turned the other way. 2 (*girarsi completamente*) to turn around: *voltati!* turn around! ☐ (*fig*) ~ *casacca* (o ~*gabbana*) to be a turncoat, to change sides, to turn one's coat, to be a weathercock; (*fig*) *non sapere dove voltarsi* not to know where to turn; *voltarsi e rivoltarsi* (*nel letto*) to toss and turn; *voltarsi indietro* to turn back; ~*la pagina* to turn the page, to turn over; (*Mar*) ~*la prua verso il largo* to stand out to sea; ~*le spalle a* to turn one's back on so. (*anche fig*): *scusi se Le volto le spalle* excuse me for turning my back to you; ~*pagina*: 1 to turn the page, to turn over: *volta pagina* please turn over; over, please; go on to the next page; P.T.O.; 2 (*fig*) (*cambiare*) to turn over a new leaf; (*scherz*) *volta pagina!* change the subject!

voltastomaco *m.inv.* nausea, sickness, upset stomach. ☐ ~ to feel sick (*anche fig*); *dare il* ~ *a qcu.* (*o fare venire il* ~ *a qcu.*) to make so. feel sick, to turn so.'s stomach (*anche fig*).

voltata *f.* 1 turn(ing). 2 (*rif. a veicoli*) turn. 3 (*svolta*) turning; (*curva*) bend, curve: *una* ~ *molto pericolosa* a very dangerous curve. 4 (*il girare dall'altra parte*) turning over.

voltato *a.* turned.

volteggiare (**voltéggio, voltéggi**; *aus.* **avere**) *v.i.* 1 to circle (*anche Aer*): *l'aquila volteggiava nel cielo* the eagle circled in the sky. 2 (*muoversi cambiando direzione*) to twirl, to whirl: *la balleriva volteggiava sulla pista* the dancer twirled on the floor. 3 (*Equit*) to vault. 4 (*Ginn*) to vault, to swing.

volteggiatore *m.* (*f.* **-trice**) (*Equit,Ginn*) vaulter.

volteggio *m.* 1 circling, circle (*anche Aer*). 2 (*piroetta*) twirl. 3 (*Equit,Ginn*) vault, vaulting, pirouette.

voltelettrone *m.* (*Fis*) electronvolt.

volterrana *f.* 1 (*Arch*) vault (built with bricks laid flat). 2 (*Edil*) (*pignatta*) large perforated block.

volterriano I *a.* Voltaire's, Voltairian, of Voltaire (*posposto*). II *m.* (*f.* **-a**) Voltairean, Voltairian.

voltmetro *m.* (*El*) voltmeter.

volto[1] *m.* 1 (*viso*) face: *aver un bel* ~ to have a pretty face. 2 (*fig*) (*natura, carattere*) face, nature: *rivelare il proprio vero* ~ to show one's true face. 3 (*fig*) (*aspetto*) appearance, aspect. ☐ *in* ~ in the face; *ti si legge in* ~ I can read it in your eyes; *un* ~*sereno* a calm expression.

volto[2] → **volgere**[1].

voltolare (**vòltolo**) I *v.t.* to roll (over and over): ~ *una pietra* to roll a stone. II *v.pron.* **voltolarsi** to roll around, to roll over and over: *il cane si voltolava sull'erba* the dog was rolling around in the grass; *voltolarsi nel letto* to toss and turn in bed.

voltolino *m.* (*Ornit*) spotted crake, spotted rail.

voltoloni *avv.* rolling about.

voltura *f.* 1 (*rif. a registri catastali*) transfer registration. 2 (*rif. a servizi pubblici*) transfer: ~ *del telefono* transfer of the telephone subscription. 3 (*Econ*) (*operazione di trasferimento*) transfer (from one account to another).

volturare (**voltùro**) *v.t.* 1 (*rif. a registri catastali*) to register. 2 (*rif. a servizi pubblici*) to transfer (*anche Econ*).

volubile *a.* 1 (*incostante*) inconstant, fickle: *avere un carattere* ~ to be inconsistent, to be unpredictable. 2 (*che può cambiare*) changeable, variable: *tempo* ~ changeable weather, unsettled weather. **3** (*Bot*) voluble, twining.

volubilità *f.* inconsistency, fickleness.

volubilmente *avv.* inconstantly, in a fickle way.

volume *m.* **1** (*Geom*) volume: *calcolare il ~ di un solido* to calculate the volume of a solid. **2** (*mole*) size, proportions *pl.*, dimensions *pl.*, volume. **3** (*quantità*) volume, amount, extent, entity: *il ~ degli affari* the volume of business; (*Comm*) ~ *delle vendite* sales volume, turnover. **4** (*Acus,Rad*) (*intensità sonora*) volume: *regolare il* ~ to adjust the volume; *abbassare il ~ della radio* to turn down (the volume of) the radio; *alzare il ~ della radio* to turn up (the volume of) the radio; *a tutto* ~ at full volume. **5** (*Edit*) volume: *un'opera in dodici volumi* a work in twelve volumes, a twelve-volume work. **6** (*Inform*) volume. □ (*Strad*) ~ *del traffico* volume of traffic; ~ *di aria* volume of air; (*Comm*) ~ *di ingombro* bulking volume; *fare* ~ to be voluminous, to be bulky; (*Edit*) ~ *in dodicesimo* duodecimo volume, twelvemo volume; (*Fis*) ~ *specifico* specific volume.

volumenometro *m.* (*Fis*) volumenometer.

volumetria *f.* **1** (*Arch*) measurement of volume, disposition of masses. **2** (*Chim*) volumetric analysis.

volumetrico (*pl.* -**ci**) *a.* volumetric.

volumetto *m.* small volume.

voluminosità *f.* voluminosity, voluminousness, bulkiness.

voluminoso *a.* voluminous, bulky, huge: *un pacco* ~ a bulky parcel.

voluta *f.* **1** (*spira*) volute, spiral, coil. **2** (*Arch*) volute, (spiral) scroll. **3** (*Mus*) (*riccio*) scroll.

volutamente *avv.* deliberately, intentionally.

voluto → **volere**[1] *a.* **1** wanted, wished for; (*desiderato*) desired: *l'effetto* ~ the desired effect. **2** (*sperato*) hoped for. **3** (*intenzionale*) intentional, deliberate. **4** (*artificioso*) affected, artificial.

voluttà *f.* **1** (*piacere sensuale*) voluptuousness. **2** (*godimento*) pleasure, joy, delight, enjoyment.

voluttuario *a.* unnecessary, non-essential: *spese voluttuarie* unnecessary expenses, luxury spending; *beni voluttuari* luxury goods.

voluttuosamente *avv.* voluptuously.

voluttuosità *f.* voluptuousness.

voluttuoso *a.* **1** (*rif. a persone*) voluptuous. **2** (*sensuale*) voluptuous, sensual. **3** (*pieno di voluttà*) voluptuous: *musica voluttuosa* voluptuous music.

volva *f.* (*Bot*) volva.

volvente *a.* (*Fis*) rolling: *attrito* ~ rolling friction.

volvolo *m.* (*Med*) volvulus.

vombato *m.* (*Zool*) wombat.

vomere *m.* **1** (*Agr*) (*Br*) ploughshare, (*Am*) plowshare. **2** (*Anat*) vomer. **3** (*Arm*) spade. **4** (*Mar.mil*) minesweeper.

vomica *f.* (*Med*) vomica.

vomico *a.* emeting, vomitory.

vomitare (**vòmito**) **I** *v.t.* **1** to vomit, to throw up, (*Br*) to be sick. **2** (*estens*) (*emettere con violenza*) to vomit, to spew out, to spout, to belch: ~ *fuoco* to spew fire; ~ *ingiurie* to spout abuse. **3** (*estens*) (*rif. al mare: ributtare a riva*) to throw up, to wash ashore. **II** *v.i.* (*aus. avere*) to vomit, to be sick, to throw up: ~ *per il mal di mare* to be seasick. □ *fare* ~ *qcu.*: 1 to make so. want to throw up; 2 (*fig*) (*disgustare*) to be disgusting to so., to be

sickening to so.; (*iperb*) ~ *l'anima* to throw up everything one has eaten in the last year; *mi viene da* ~ I feel sick.

vomitativo, vomitatorio I *a.* (*rar,Farm*) emetic, vomitory. **II** *m.* (*rar,Farm*) emetic.

vomitevole *a.* (*rivoltante*) disgusting, nauseating, (*Am,colloq*) yucky.

vomito *m.* **1** vomit, vomiting. **2** (*sostanze vomitate*) vomit. **3** (*fig*) (*disgusto*) nausea, disgust. □ *avere il* ~ to vomit, to be sick, to throw, up; *dare il* ~: 1 to make so. sick; 2 (*fig*) (*disgustare*) to make so. sick, to make so. want to throw up; (*Med*) ~ *emorragico* vomiting of blood; *fare venire il* ~: 1 to make so. sick; 2 (*fig*) (*disgustare*) to make so. sick, to make so. want to throw up; (*Med*) ~ *fecale* faecal vomiting; (*Med*) ~ *gravidico* vomiting of pregnancy; *mi viene il* ~: 1 I feel sick, I think I'm going to throw up; 2 (*fig*) (*provare disgusto*) I feel nauseated, I feel sick, it turns my stomach.

vomitorio *m.* (*Archeol*) vomitory, vomitorium.

vomizione *f.* vomition, vomiting.

vongola *f.* (*Zool*) clam.

vongolista *m.* (*Pesc*) clam fisher.

vorace *a.* **1** greedy, voracious, ravenous: *una persona* ~ a glutton. **2** (*fig*) (*distruttivo*) voracious: *incendio* ~ voracious fire.

voracemente *avv.* greedily, voraciously (*anche fig*).

voracità *f.* greed, greediness, voracity (*anche fig*).

voragine *f.* **1** (*baratro*) gulf, chasm, abyss. **2** (*gorgo*) whirlpool, vortex.

vorrò → **volere**[1].

vorticare (**vòrtico, vòrtichi**; *aus.* avere) *v.i.* to whirl, to swirl, to eddy.

vortice *m.* **1** (*turbine*) vortex, whirlwind. **2** (*gorgo, mulinello*) vortex, whirlpool. **3** (*fig*) (*forza travolgente*) vortex, swirl, whirl, turmoil, maelstrom: *il* ~ *delle passioni* a turmoil of passion; ~ *degli affari* the whirl (*o* the hustle and bustle) of the business world. **4** (*Fis*) vortex. □ *il* ~ *della danza* the whirling of the dance; ~ *di acqua* vortex, whirlpool, maelstrom; ~ *di aria* vortex; ~ *di vento* vortex, whirlwind.

vorticella *f.* (*Zool*) vorticella.

vorticismo *m.* (*Art*) vorticism.

vorticosamente *avv.* vortically, in a whirl, in an eddy.

vorticoso *a.* **1** vortical, full of vortices (*posposto*): *un fiume* ~ a river full of vortices (*o* of whirlpools). **2** (*fig*) (*rif. ad avvenimenti e sim.*) vortical, whirling, swirling, eddying: *un* ~ *giro d'affari* a vortical turnover.

Vosgi *n.pr.m.pl.* (*Geog*) Vosges.

vossignoria *m./f.* (*Geog*) Your Lordship (*f.* Ladyship).

vostro I *a.poss.* **1** your: *i vostri libri* your books; *con i vostri fratelli* with your brothers. **2** (*preceduto da aggettivi numerali, pronomi indefiniti e dimostrativi*) of yours: *due vostri amici* two friends of yours; *alcuni vostri colleghi* some colleagues of yours, some of your colleagues; *questi vostri pensieri* these thoughts of yours. **3** (*enfat*) (*vostro proprio*) your own. **4** (*usato predicativamente*) yours: *questa casa è vostra* this house is yours. **5** (*forma di riguardo*) your: *vostra eccellenza* Your Excellency. **6** (*nelle espressioni ellittiche*) your *seguito dal sostantivo sottinteso*: *come dalla vostra* (*parte*) I am on your side; *ne avete fatta un'altra delle vostre* (*mascalzonate*) you've been up to another of your tricks; *ho ricevuto la vostra* (*lettera*) *del dieci marzo* I have received your letter of 10th March. **7** (*epist*) yours. **II** *pron.poss.*

yours: *i miei fiori sono più belli dei vostri* my flowers are more beautiful than yours. **III** *m.* **1** (*averi*) (what is) yours, your own; (*beni materiali*) your property, your possessions *pl.*; (*reddito*) your (own) income, your (own) means *pl.* **2** *pl.* (*genitori*) your parents: *domani verremo a trovare i vostri* tomorrow we are coming to see your parents. **3** *pl.* (*parenti*) your family (*costr.sing. o pl.*), your relatives, (*colloq*) your folks; (*amici*) your friends; (*seguaci*) your supporters, your followers.

votaccio *m.* (*Scol*) bad mark, (*Am*) bad grade.

votante I *a.* **1** (*che vota*) voting. **2** (*che ha diritto di votare*) eligible to vote (*posposto*), having the right to vote (*posposto*). **3** (*rar*) (*che fa un voto religioso*) that has taken a (religious) vow. **II** *m./f.* **1** (*chi vota*) voter. **2** (*chi ha diritto di votare*) voter, franchise holder.

votare (**vóto**) **I** *v.t.* **1** (*sottoporre a votazione*) to put sth. to the vote, to take a vote on: ~ *una legge* to put a law to the vote. **2** (*dare il proprio voto*) to vote for. **3** (*approvare mediante votazione*) to vote, to pass: *il progetto di legge è stato votato* the bill has been passed. **4** (*dedicare*) to devote, to dedicate: ~ *la propria vita alla famiglia* to devote one's life to one's family. **II** *v.i.* (*aus. avere*) 1 to vote: ~ *per qcu.* to vote for so. 2 (*mettere ai voti*) to put sth. to the vote. **III** *v.pron.* **votarsi 1** (*consacrarsi*) to consecrate oneself, to dedicate oneself (*a* to). 2 (*dedicarsi*) to devote oneself, to dedicate oneself, to consecrate oneself (to). □ ~ *a favore di una proposta* to vote for a proposale, to vote in favour of a proposal; *andare a* ~ to go to vote, to go to the polls; ~ *il bilancio* to pass the budget; ~ *contro una proposta* to vote down a proposal, to vote against a proposal; (*Parl*) ~ *la fiducia* to pass a vote of confidence; (*Parl*) ~ *la sfiducia* to pass a vote of no-confidence; ~ *per acclamazione* to vote by acclamation; ~ *per alzata di mano* to vote by show of hands; ~ *per appello nominale* to vote by roll call.

votato *a.* **1** that has been put to the vote. **2** (*approvato con votazione*) that has been voted, that has been passed: *una legge votata* a law which has been passed. **3** (*consacrato*) consecrated. **4** (*dedicato*) devoted, dedicated, given up, given over. **5** (*destinato*) destined, bound: *essere* ~ *alla morte* to be destined to die.

votazione *f.* **1** (*atto*) vote, voting: *fare una* ~ to hold a vote; *passare alla* ~ to proceed to take a vote. **2** (*effetto*) vote: *la* ~ *ci è stata favorevole* the vote was in our favour. **3** (*scrutinio*) vote, ballot. **4** (*Scol*) (*valutazione*) assignment of marks, (*Am*) assignment of grades. **5** (*voti*) marks *pl.*, (*Am*) grades *pl.*: *un'ottima* ~ good marks, (*Am*) good grades. □ ~ *del bilancio* voting on the budget, passing of the budget; ~ *di ballottaggio* second ballot; ~ *finale* final vote; ~ *libera* free vote; ~ *ordinaria* ordinary voting; ~ *palese* open vote; ~ *per acclamazione* voting by acclamation; ~ *per alzata di mano* voting by show of hands; ~ *per alzata e seduta* voting by rising or remaining seated; ~ *per appello nominale* voting by roll call; ~ *per corrispondenza* voting by mail; ~ *per procura* voting by proxy; ~ *per scrutinio segreto* secret ballot; ~ *segreta* secret ballot.

votivo *a.* votive: *dono* ~ votive gift, votive offering; *lampada votiva* votive lamp; *messa votiva* votive Mass.

voto I *m.* **1** (*Rel*) vow: *mantenere un* ~ to

keep a vow; *fare ~ di castità* to take a vow of chastity. **2** (*cosa che si offre in voto*) votive offering. **3** (*manifestazione di volontà*) vote: *dare il proprio ~* to (give one's) vote. **4** (*votazione*) vote, voting: *passare ai voti* to proceed to take a vote. **5** *pl.* (*collett.*) vote (*costr.sing.*): *i voti del nostro partito sono in aumento* our party's vote is on the increase. **6** (*Scol*) (*Br*) mark, (*Am*) grade: *prendere un bel ~ in matematica* to get a good mark in maths. □ *metterci voti qcs.* to put sth. to the vote, to take a vote on sth.; *ai voti!* put it to the vote!; *~ consultivo* advisory vote; *~ contrario* no, (*Am*) nay; *~decisivo* decisive vote, breaking vote; *~deliberativo* deciding vote, casting vote; *~ di blocco* block vote; (*Rel*) *~di castità* vow of chastity; *~di censura* vote of censure; (*Scol*) *~ di condotta* (*Br*) conduct mark, (*Am*) conduct grade; (*Scol*) *~di demerito* demerit; (*Parl*) *~di fiducia* vote of confidence; *~ di maggioranza* majority vote; (*Rel*) *~di obbedienza* vow of obedience; (*Rel*) *~di povertà* vow of poverty; *~di preferenza* preferential vote; (*Scol*) *~ di profitto* mark (*o Am* grade) to show progress made in school work; (*Pol*) *~di protesta* protest vote; *~ di scambio* vote in exchange for favours; (*Parl*) *~di sfiducia* vote of no-confidence; (*Rel*) *~di verginità* vow of chastity; *votidispersi* dissipated votes; (*Rel*) *fare un ~* to make a vow, to take a vow; *fare (il) ~ di fare qcs.* to vow to do sth.; *~favorevole* aye, ay; (*Scol*) *~insufficiente* (*Br*) failing mark, (*Am*) failing grade; *~nullo* invalid vote; *~palese* open vote; *~per alzata di mano* voting by show of hands; *~per alzata e seduta* voting by rising or remaining seated; *~per corrispondenza* absentee vote, vote by mail; *~per procura* voting by proxy, proxy vote; *~ ponderato* weighted vote; *~ preferenziale* preferential vote; (*Rel*) *votisolenni* solemn vows; *con ~ unanime* by a unanimous vote; *~valido* valid vote.

voucher /'vautʃer/ *m.inv.* voucher.

voyeur /vwa'jer/ *m.inv.* voyeur, (*colloq*) Peeping Tom.

voyeurismo /vwaje'rizmo/ *m.* voyeurism.

voyeuristico /vwaje'ristiko/ *a.* voyeuristic.

V.P. *vicepresidente* V.P., VP (vice-president).

v.r. *vedi retro* P.T.O. (please turn over; over, please).

VRC *Cina* VRC (China).

vs., **vs** (*Comm*) *vostro* yr. (your).

v.s. **1** *vedi sopra* v.s. (vide supra, see above). **2** *vedi sotto* (see below).

V.S. **1** (*Rel*) *Vostra Santità* (Your Holiness). **2** *Vostra Signoria* (Your Lordship, Your Ladyship).

V.T. (*Bibl*) *Vecchio Testamento* OT (Old Testament).

VU *Vanuatu* VU (Vanuatu).

V.U. *vigili urbani* (municipal policemen).

vucumprà *m.* (*spreg*) street seller of African origin.

vudù *m.* (*Rel*) voodoo.

vuduismo *m.* (*Rel*) voodoo, voodooism.

vuduista *m./f.* (*Rel*) voodoo, voodooist.

vulcanico (*pl.* **-ci**) *a.* **1** volcanic: *terreno ~* volcanic land. **2** (*fig*) (*esuberante*) dynamic, brilliant, exuberant: *ingegno ~* lively mind, brilliant mind.

vulcanismo *m.* (*Geol*) volcanism.

vulcanite *f.* (*Geol*) volcanic rock.

vulcanizzante **I** *a.* (*Chim*) vulcanizing, curing. **II** *m.* (*Chim*) vulcanizing agent, curing agent.

vulcanizzare (**vulcanìzzo**) *v.t.* (*Chim*) to vulcanize, to cure: *~ a freddo* to cold cure.

vulcanizzato *a.* (*Chim*) vulcanized, cured: *fibra vulcanizzata* vulcanized fibre.

vulcanizzatore *m.* **1** (*operaio*) vulcanizer. **2** (*macchina*) vulcanizer.

vulcanizzazione *f.* (*Ind*) vulcanization, cure. □ (*Ind*) *~a caldo* hot vulcanization; (*Ind*) *~a freddo* cold cure.

vulcano *m.* **1** (*Geog*) volcano. **2** (*fig*) (*persona dinamica*) dynamic person. □ (*Geol*) *~attivo* active volcano; (*fig*) *ho la testa come un ~* my head is buzzing with ideas; (*Geol*) *~di fango* mud volcano; (*fig*) *un ~di idee* a fountain of ideas, a very creative person; (*Geol*) *~inattivo* inactive volcano; (*Geol*) *~ sottomarino* submarine volcano; (*Geol*) *~ spento* extinct volcano; (*fig*) *star seduti su un ~* to be sitting on a volcano.

Vulcano *n.pr.m.* (*Mitol*) Vulcan.

vulcanologia *f.* volcanology.

vulcanologico (*pl.* **-ci**) *a.* volcanologic, volcanological.

vulcanologo *m.* (*f.* **-a**; *pl.* **-gi**) volcanologist.

Vulgata *n.pr.f.* (*Bibl*) Vulgate.

vulnerabile *a.* vulnerable (*anche fig*).

vulnerabilità *f.* vulnerability (*anche fig*).

vulnerare (**vùlnero**) *v.t.* **1** (*lett*) (*ferire*) to wound, to hurt, to injure. **2** (*rar, fig*) (*offendere, ledere*) to offend, to violate: *~ un diritto* to violate a right.

vulneraria *f.* (*Bot*) kidney vetch.

vulnerario **I** *a.* (*lett*) vulnerary, curative: *unguento ~* vulnerary ointment. **II** *m.* (*lett*) vulnerary.

vulva *f.* (*Anat*) vulva.

vulvare *a.* (*Anat*) vulvar.

vulvaria *f.* (*Bot*) stinking goosefoot.

vulvite *f.* (*Med*) vulvitis.

vulvovaginale *a.* (*Med*) vulvovaginal.

vulvovaginite *f.* (*Med*) vulvovaginitis.

vuole → **volere**[1].

vuotaggine *f.* emptiness, vacuity.

vuotare (**vuòto**) **I** *v.t.* **1** to empty: *~ la pattumiera* to empty the rubbish bin. **2** (*scaricare*) to drain, to empty: *~ uno stagno* to drain a pond. **3** (*Fisiol*) (*evacuare*) to empty, to evacuate: *~ gli intestini* to evacuate the intestines. **4** (*sgomberare*) to clear out, to empty: *~ la casa* to clear out the house. **5** (*rif. a ladri*) to rob, (*colloq*) to clean, to clean out. **6** (*bere completamente*) to drain, to empty, to guzzle, to guzzle down. **II** *v.pron.* **vuotarsi** **1** (*diventare vuoto*) to empty: *la sala si vuota* the room is emptying. **2** (*scaricarsi: rif. a*

liquidi) to run off, to drain away. □ *~con la pompa* to pump dry; (*fig,colloq*) *~il sacco*: **1** (*confessare*) to come clean; **2** (*rivelare segreti*) to spill the beans; *~le tasche* to empty one's pockets, to turn out one's pockets; (*fig*) *~ le tasche a qcu.* to clean so. out; *~ una barca* to bail (out) a boat.

vuotata *f.* emptying (out). □ *dare una ~ a qcs.* to empty sth. (out).

vuotatura *f.* emptying (out).

vuotezza *f.* emptiness, vacancy: *la ~ di un discorso* the emptiness of a speech.

vuoto **I** *a.* **1** empty: *una bottiglia vuota* an empty bottle; *a stomaco ~* on an empty stomach. **2** (*non occupato*) vacant, free: *un posto ~* a vacant seat. **3** (*rif. ad appartamenti*) vacant; (*rif. a teatro, cinema e sim.*) empty: *il teatro era mezzo ~* the theatre was half-empty. **4** (*privo*) devoid, void (*di* of), lacking, wanting (in), -less, empty: *~ di senso* senseless; *~ di pensieri* devoid of thought; *essere ~ d'aria* to be airless. **5** (*fig*) (*senza contenuto*) empty, shallow: *discorsi vuoti* empty talk. **II** *m.* **1** emptiness, void (*anche Filos*). **2** (*cavità*) empty space, hollow space, hollow, hole, cavity, recess: *nel muro c'è un ~* there is a cavity in the wall; (*fig*) *aprire dei vuoti* to leave blank spaces, to leave gaps in the ranks. **3** (*spazio libero*) void, air, space: *penzolare nel ~* to dangle in the air. **4** (*recipiente vuoto*) empty container; (*bottiglia*) (empty) bottle, (*colloq*) empty: *~ a rendere* returnable bottle, deposit bottle; *~ a perdere* non returnable (bottle); *restituire i vuoti* to return the empties. **5** (*fig*) (*mancanza, lacuna*) gap, void: *morendo ha lasciato un gran ~* his death has left a great void, his loss is felt very much; *lasciare un ~ incolmabile* to leave a gap that cannot be filled; *colmare un ~* to fill a gap, to fill a void. **6** (*fig*) (*vuotaggine*) emptiness, shallowness, vacuity. **7** (*Tip*) (*spazio in bianco*) blank. **8** (*Fis*) vacuum. □ (*fig*)*a ~* (*inutilmente*) uselessly, to no end, in vain: *parlare a ~* to talk in vain, to talk to a brick wall; *fare un viaggio a ~* to make a trip for nothing, to make a useless trip; *un percorso a ~* a run with no passengers, a run with no load; *~a perdere* non-returnable bottle;*andare a ~*: **1** (*non avere effetto*) to be unsuccessful, to fall through, to come to nothing, to go wrong: *i miei piani andarono a ~* my plans fell through; **2** (*fallire*) to fail; (*Fis*) *~assoluto* absolute vacuum; (*Aer*) *~d'aria* air pocket; *~di memoria* memory blank; (*Pol*) *~di potere* power vacuum; (*colloq*) *vuotidi ritorno* deposit bottles, empties;*fare il ~ intorno a sé*: **1** (*fare fuggire tutti*) to drive everyone away from one; **2** (*superare tutti*) to outdo everyone, to outstrip everyone; *sotto ~*: **1** (*come aggettivo*) vacuum (*attr.*), vacuum-packed; **2** (*come avverbio*) in a vacuum: *confezionare qcs. sotto ~* to vacuum-pack sth.; (*Fis*) *~spinto* hard vacuum, high vacuum; (*Fis*) *~torricelliano* Torricellian vacuum.

vuotometro *m.* (*Fis*) vacuum gauge.

W

w, **W** [1] /vu'doppja, 'doppja'vu; *negli acronimi* vu/ *f./m.* (*lettera dell'alfabeto*) w, W: *due w* two w's; *una w maiuscola* a capital W; *una w minuscola* a small w; (*Tel*) *w come Washington* W for William, (*Am*) W as in William.

W [2] **1** *viva* (long live...!, up with...!, hurrah for...!): ~ *la libertà!* long live freedom! **2** (*Sport*) *viva* (go...!): ~ *la Lazio!* go Lazio! **3** (*seguito da un nome*) long live...!, up with...!, hurrah for...!, three cheers for...!: ~ *il Re!* long live the King! **4** (*El*) *watt* W (watt). **5** (*Geog*) *ovest* W (west). **6** (*Abbigl*) *taglia da donna* W (women's).

wafer /'vafer/ *m.inv.* (*Gastron,El,Elettron*) wafer.

WAG *Gambia* WAG (Gambia).

wagneriano /vagn-/ **I** *a.* Wagnerian: *la musica wagneriana* Wagner's music. **II** *m.* (*f. -a*) Wagnerian.

wagon-lit /'vagon'lit/ *m.inv.* (*Ferr*) wagon-lit, sleeping car.

wahabismo /vaa'bizmo/ *m.* (*Rel.islam*) Wahhabism.

wahabita /vaa'bita/ **I** *a.* (*Rel.islam*) Wahhabi (*attr.*). **II** *m./f.* (*Rel.islam*) Wahhabi, Wahabi.

waiting list /'weitiŋ'list/ *f.inv.* waiting list.

WAL *Sierra Leone* WAL (Sierra Leone).

walchiria /val'kiria/ *f.* **1** (*Mitol.nord*) Valkyrie, Walkyrie. **2** (*colloq,scherz*) (*donna vigorosa*) virago, battleaxe, (*Am*) Amazon girl, (*Am*) Amazon woman.

Walhall /va'lal/, **Walhalla** /va'lalla/ *n.pr.m.* (*Mitol.nord*) Valhalla, Walhalla.

walkie-cup /'wolki'kap/ *f.inv.* paper cup with lid and straw.

walkie-talkie /'wolki'tolki/ *m.inv.* (*Rad*) walkie-talkie, walky-talky.

walkiria /val'kiria/ *f.* **1** (*Mitol.nord*) Valkyrie, Walkyrie. **2** (*colloq,scherz*) (*donna vigorosa*) virago, battleaxe, (*Am*) Amazon girl, (*Am*) Amazon woman.

Walkman /'wolkmen/ *m.inv.* Walkman, personal stereo.

Wall Street /wol'strit/ *f.* (*Econ*) (*borsa di New York*) NY Stock Exchange: (*Stor*) *il crollo di* ~ the Wall Street crash.

walzer /'valtser/ *m.inv.* (*Mus*) waltz: *ballare il* ~ to waltz.

WAN *Nigeria* WAN (Nigeria).

WAP /wap/ (*Tel*) *Wireless Application Protocol* WAP.

wapiti /'vapiti/ *m.inv.* (*Zool*) wapiti.

warrant /'worrant/ *m.inv.* (*Econ*) warrant.

wash-and-wear /'woʃen'wear/ *a.inv.* (*Abbigl*) wash and wear.

Wassermann /'va-/ □ (*Med*)*reazione* ~ Wassermann test.

water /'vater/ *m.inv.* (*tazza del gabinetto*) toilet bowl.

Watergate /'woter'geit/ *m.inv.* (*Pol*) Watergate.

waterproof /'woter'pruf/ *a.inv.* (*Abbigl, Cosmet*) water-proof, water proof: *mascara* ~ water-proof mascara.

watt /vat/ *m.inv.* (*El*) watt. □ *una lampadina da 100* ~ a 100 watt bulb, a 100W bulb.

wattmetro, wattometro /va-/ *m.* (*El*) wattmeter.

wattora /va-/ *f.* (*El*) watt-hour.

wattorametro /va-/ *m.* (*El*) watt-hour meter.

wattsecondo /va-/ *m.* (*El*) watt-second.

watusso /va-/ **I** *a.* **1** Watusi, Watutsi. **2** (*fig*) very tall and slender. **II** *m.* (*f. -a*) Watusi, Watutsi.

WC /vi'tʃi/ *m.inv.* (*tazza del gabinetto*) lavatory, toilet bowl, (*Br*) loo.

WD *Dominica* WD (Dominica).

Web /wɛb/ *m.inv.* (*Inform*) the Web, World Wide Web.

webcam /wɛb'kam/ *f.inv.* (*Inform*) webcam.

web designer /,wɛbdi'zainer/ *m./f.inv.* (*Inform*) web designer.

web engineer /,wɛbendʒe'niar/ *m./f.inv.* (*Inform*) web engineer.

webliografia /wɛb-/ *f.* (*Inform*) webliography.

weblioteca /wɛb-/ *f.* (*Inform*) web library, site library.

web manager /'wɛb'manadʒer/ *m./f.inv.* (*Inform*) web manager.

webmaster /wɛb'master/ *m./f.inv.* (*Inform*) webmaster.

Webserver /'wɛb'server/ *m.inv.* (*Inform*) web server.

weekend /wi'kɛnd/ *m.inv.* weekend: *buon ~!* have a nice weekend! □ *nel ~*: 1 (*ogni weekend*) (*Br*) at the weekend, (*Am*) on the weekend; 2 (*questo weekend*) this weekend; *tutti i ~* every weekend, (*Br*) at weekends, (*Am*) on weekends.

welfare /'wɛlfer/ *m.inv.* welfare.

welfare state /'wɛlfer'steit/ *m.inv.* welfare state.

wellness /'wɛlnes/ *m.inv.* wellness.

welter /'vɛlter/ **I** *m.inv.* **1** (*Sport*) (*categoria*) welterweight class. **2** (*pugile*) welterweight. **II** *a.inv.* welter: *peso* ~ welterweight.

west /wɛst/ *m.inv.* (*regioni occidentali di Stati Uniti e Canada*) West.

western /'wɛstern/ **I** *m.inv.* (*Cin*) western movie, western film, Western movie, Western film. **II** *a.inv.* (*Cin*) western, Western. □ (*Cin*) *~all'italiana* spaghetti western.

WG *Grenada* WG (Grenada).

whisky /'wiski/ *m.inv.* whisky, (*Am,Ir*) whiskey. □ *~ con ghiaccio* whisky on the rocks.

willemite /vi-/ *f.* (*Min*) willemite.

winch /wintʃ/ *m.inv.* (*Mar*) winch. □ (*Mar*) *~elettrico* electric winch.

winchester /win'tʃester/ *m.inv.* (*Arm*) Winchester rifle, Winchester.

windsurf /'wind,serf/ *m.inv.* (*Sport*) **1** windsurfing. **2** (*tavola*) windsurf board. □ *fare ~* to windsurf.

WL **1** (*Ferr*) *wagon-lits* WL (wagon-lits, sleeping cars). **2** *Saint Lucia* WL (Saint Lucia).

wolframio /volf-/ *m.* (*Chim*) wolfram, tungsten.

wolframite /volf-/ *f.* (*Min*) wolframite.

woofer /'vufer/ *m.inv.* (*Rad*) woofer.

word processor /'word,pro'sessor/ *m.inv.* (*Inform*) word processor.

workshop ['workʃop/ *m.inv.* workshop.

workstation /,work'steʃon/ *f.inv.* (*Inform*) workstation.

worm /worm/ *m.inv.* (*Inform*) worm.

wow /wau/ *m.inv.* (*Fis*) wow.

wrestling /'vrestliŋ/ *m.* (*Sport*) wrestling.

WS *Samoa* WS (Samoa).

würstel /'vurstel, 'vyrstel/ *m.inv.* (*Alim*) frankfurter, (*Am,colloq*) hot dog, wiener, wienerwurst, wienie, weenie.

WV *Saint Vincent and the Grenadines* WV (Saint Vincent e Grenadine).

WWF /'vu'vu'ɛffe/ *Fondo mondiale per la natura* WWF (World Wildlife Fund).

WWW /'vu'vu'vu/ *ragnatela mondiale, protocollo di ricerca in Internet* WWW (World Wide Web).

X

x¹, X¹ /iks/ *f./m.* (*lettera dell'alfabeto*) x, X: *due x* two x's; *una x minuscola* a small x; *una x maiuscola* a capital X; (*Tel*) *x come xeres* X for Xmas, (*Am*) X as in Xmas. □ *gambe a x* knock-kneed legs.

x² **1** (*Mat*) *variabile algebrica* x (algebraic variable). **2** (*Mat*) *ascissa* x (coordinate along the x-axis): *asse x* (o *asse delle x*) x-axis, abscissa.

X² **1** (*Fis*) *reattanza* X (reactance). **2** (*Biol*) *cromosoma sessuale* X (sexual chromosome).

xantato *m.* (*Chim*) xanthate.

xantene *m.* (*Chim*) xanthene.

xantina *f.* (*Chim*) xanthine.

Xanto *n.pr.m.* (*Stor*) Xanthus.

xantocromia *f.* (*Med*) xanthochromia, Xanthochromia.

xantofilla *f.* (*Chim*) xanthophyll.

xantoma *m.* (*Med*) xanthoma.

xantomatosi *f.* (*Med*) xanthomatosis.

xantone *m.* (*Chim*) xanthone.

xantopsia *f.* (*Med*) xanthopsia, (*colloq*) yellow vision.

xeno *m.* (*Chim*) xenon.

xenofilia *f.* xenophilia.

xenofilo I *a.* xenophilous. **II** *m.* (*f.* **-a**) xenophile.

xenofobia *f.* xenophobia.

xenofobico *a.* xenophobic.

xenofobo I *a.* xenophobic. **II** *m.* (*f.* **-a**) xenophobe.

xenogamia *f.* (*Bot*) xenogamy.

xenopo *m.* (*Zool*) xenopus.

xenotrapianto *m.* (*Med*) xenotransplantation.

xères *m.inv.* (*Enol*) sherry.

xerocopia *f.* xerox.

xerocopiare (**xerocòpio, xerocòpi**) *v.t.* to xerox, to make a xerox copy, to photocopy, to copy.

xeroderma *m.* (*Med*) xeroderma. □ (*Med*) ~ *pigmentoso* xeroderma pigmentosum.

xerodermia *f.* (*Med*) xeroderma, xerodermia.

xerofilo I *a.* (*Bot,Zool*) xerophilous. **II** *m.* (*f.* **-a**) xerophile.

xerofito I *a.* (*Bot*) xerophytic. **II** *m.* (*f.* **-a**) xerophyte.

xeroformio *m.* (*Farm*) xeroform.

xeroftalmia *f.* (*Med*) xerophthalmia.

xeroftalmo *m.* (*Med*) xerophthalmia.

xerografia *f.* (*Tip*) xerography.

xerografico (*pl.* **-ci**) *a.* (*Tip*) xerographic.

xeromorfismo *m.* (*Bot*) xeromorphism.

xeromorfo *a.* (*Bot*) xeromorphic.

xeroradiografia *f.* (*Med*) xeroradiography.

xerosi *f.* (*Med*) xerosis.

xi *m./f.* (*Ling*) (*quattordicesima lettera dell'alfabeto greco*) xi.

xifoforo *m.* (*Itt*) Xiphophorus.

xifoide *m./f.* (*Anat*) xiphoid process, xiphoid cartilage, xiphisternum.

xilema *m.* (*Bot*) xylem.

xilene *m.* (*Chim*) xylene, xylol.

xilenolo *m.* (*Chim*) xylenol, Xylenol.

xilidina *f.* (*Chim*) xylidine.

xilofago (*pl.* **-gi**) **I** *a.* (*Zool*) xylophagous. **II** *m.* xylophage.

xilofonista *m./f.* (*Mus*) xylophonist, xylophone player.

xilofono *m.* (*Mus*) xylophone.

xilografia *f.* **1** (*tecnica*) xylography, wood engraving. **2** (*stampa ottenuta*) xylograph.

xilografico (*pl.* **-ci**) *a.* xylographic, xylographical.

xilografo *m.* (*f.* **-a**) xylographer, wood engraver.

xilologia *f.* xylology, study of woods.

xilologo *m.* (*f.* **-a**; *pl.* **-gi**) xylology expert, expert in woods.

xilosio *m.* (*Chim*) xylose.

xografia *f.* (*Fot*) xography.

X-terapia /iks-/ *f.* (*Radiol*) X-ray therapy, radiotherapy.

Y

y[1], **Y**[1] /'ipsilon/ *f./m.* (*lettera dell'alfabeto*) y, Y: *due y* two y's; *una y minuscola* a small y; *una y maiuscola* a capital Y; (*Tel*) *y come yacht* Y for yellow, (*Am*) Y as in yoke. □ *a Y* Y-shaped.

y[2] **1** (*Mat*) *variabile algebrica* y (algebraic variable). **2** (*Mat*) *ordinata* y (coordinate along the y-axis): *asse y* (o *asse delle y*) y-axis, ordinate.

Y[2] **1** (*Fis*) *ammettenza* Y (admittance). **2** (*Biol*) *cromosoma sessuale* Y (sexual chromosome).

yacht /jɔt/ *m.inv.* (*a motore, a vela*) yacht.

yak *m.inv.* (*Zool*) yak.

yakusa /ja'kuza/, **yakuza** /ja'kuddza/ *f.inv.* (*mafia giapponese*) yakuza.

yamatologia *f.* Japanology.

yamatologo *m.* (*f.* **-a**; *pl.* **-gi**) Japanologist.

yard *f.inv.* (*pari a 0,914 m*) yard.

YCI (*Mar*) Yacht Club Italia (Italian yachting club).

Yemen *n.pr.m.* (*Geog*) Yemen. □ (*Geog. stor*) **~del nord** Northern Yemen; (*Geog.stor*) **~del sud** Southern Yemen.

yemenita **I** *m./f.* Yemeni. **II** *a.* Yemenite, Yemen (*attr.*), Yemeni: *lingua* ~ Yemen language; *cultura* ~ Yemen culture.

yen *m.inv.* (*Econ,Numism*) yen.

yeti *m.inv.* yeti, Abominable Snowman.

yiddish /'iddiʃ/ **I** *m.inv.* (*Ling*) Yiddish. **II** *a.inv.* Yiddish: *letteratura* ~ Yiddish literature.

ylang-ylang /i,laŋgi'laŋg/ *m.inv.* (*Bot*) ilang-ilang, ylang-ylang.

yoga **I** *m.inv.* yoga. **II** *a.inv.* yoga: *posizione* ~ yoga position. □ *fare* ~ to practice yoga.

yoghin, **yogin** /'jɔgin/ *m./f.inv.* yogi, yogin.

yoghurt, **yogurt** /'jɔgurt/ *m.inv.* (*Alim*) yoghurt, yogurt, yoghourt.

yogurtiera /jɔ-/ *f.* yoghurt maker, yoghurt making machine.

yole *f.* (*Mar*) **1** (*imbarcazione di servizio*) jollyboat, gig, yawl. **2** (*imbarcazione sportiva*) gig.

yo-yo *m.inv.* yo-yo.

yprite *f.* (*Chim*) mustard gas, yperite, sulfur gas.

YU *Federazione Iugoslava* YU (Yugoslavia).

yucca *f.* (*Bot*) yucca.

yuppie ['juppi/ *m.inv.* yuppie.

yurta /'jurta/ *f.* (*tenda tipica della Mongolia*) yurta.

YV *Venezuela* YV (Venezuela).

Z

z¹, Z¹ /'dzɛta/ *f./m.* (*lettera dell'alfabeto*) z, Z: *due z* two z's; *una z minuscola* a small z; *una z maiuscola* a capital Z; (*Tel*) *z come Zara* Z for zebra, (*Am*) Z as in zebra.

z² 1 (*Mat*) *variabile algebrica di una funzione* z (algebraic variable). 2 (*Mat*) *coordinata lungo l'asse z* z (coordinate along the z-axis): *asse z* (o *asse delle z*) z-axis.

Z² *Zambia* Z (Zambia).

ZA *Repubblica Sudafricana* ZA (South African Republic).

zabaglione, zabaione *m.* (*Dolc*) zabaglione (dessert made of whipped egg yolks, sugar, and Marsala wine).

Zaccaria *n.pr.m.* (*Bibl*) Zechariah.

zacchera *f.* (*schizzo di fango*) splash of mud, spatter, mud stain.

zaccherone *m.* (*f.* **-a**) 1 (*colloq*) mud-bespattered person. 2 (*persona trasandata*) scruffy, dirty unkempt person.

zaccheroso *a.* muddy, mud-bespattered, mud-stained.

zaffare (**zàffo**) *v.t.* 1 to stop up, to bung (up) (*anche Enol*). 2 (*Med*) to tampon.

zaffata *f.* 1 (*cattivo odore*) stench, stink, (*colloq*) pong, rank. 2 (*getto di liquido*) spurt, splash; (*spruzzo*) spray, squirt; (*nuvola di vapore o gas*) cloud, whiff.

zaffatura *f.* bunging (*anche Enol*).

zaffera *f.* (*Chim*) zaffer, zaffre.

zafferano *m.* (*Bot,Alim*) saffron. □ (*Gastron*) *risotto allo ~* saffron risotto, risotto alla Milanese, Milanese risotto.

zafferone *m.* (*Bot*) (*cartamo*) safflower.

zaffirino *a.* 1 (*di zaffiro*) sapphire (*attr*.). 2 (*blu brillante*) sapphire (*attr*.), sapphirine (*attr*.).

zaffiro, zaffiro *m.* 1 (*Min*) sapphire. 2 (*colore*) sapphire, sapphirine.

zaffo *m.* 1 (*nelle botti*) bung, spigot. 2 (*Med*) (*tampone*) tampon, pack, compress, treatment pad.

Zagabria *n.pr.f.* (*Geog*) Zagreb.

zagaglia *f.* (*Etnol*) (*giavellotto corto*) assegai, assagai.

zagara *f.* (*Bot*) (*fiore d'arancio*) orange blossom.

zainetto *m.* 1 (*per la scuola*) schoolbag. 2 (*per il tempo libero*) kangaroo backpack, (*Am*) backpack.

zaino *m.* 1 (*da montagna*) rucksack, knapsack, (*Am*) backpack. 2 (*Mil*) knapsack, pack, backpack. 3 (*borsa*) haversack. □ *fare lo ~* to pack one's knapsack, (*Am*) to pack one's backpack.

Zaire *n.pr.m.* (*Geog.stor*) Zaire.

zairese I *a.* Zairean. II *m.* (*f.* **-a**) Zairean.

zairiano I *a.* Zairean. II *m.* (*abitante*) (*f.* **-a**) Zairean.

zalcitabina *f.* (*Farm*) zalcitabine.

Zambesi *n.pr.m.* (*Geog*) Zambezi.

Zambia *n.pr.m.* (*Geog*) Zambia.

zambiano I *a.* Zambian. II *m.* (*f.* **-a**) (*abitante*) Zambian.

zampa *f.* 1 (*Zool,Entom*) (*gamba*) leg; (*piede*) foot. 2 (*Zool*) (*di cavalli, capre*) hoof; (*di canidi, felini*) paw; (*di volatili*) claw: *le zampe del gatto* the cat's paws. 3 (*Macell*) (*di bovino*) shin; (*di suini, ovini*) foot, (*colloq*) trotter. 4 (*scherz*) (*di persona: mano*) paw, hand;

(*piede*) big foot, (*colloq*) hoof: *giù le zampe!* hands off!, paws off! 5 (*estens,rar*) (*di mobile*) leg. □ (*Zool*) *zampe anteriori*: 1 forelegs, front legs; 2 (*estens*) (*piedi: di cavalli, capre*) forehooves; (*di canidi, felini*) forepaws, forefeet; *pantaloni a ~ d'elefante* bell-bottom trousers, bell-bottoms; (*fig*) *zampe di gallina*: 1 (*grafia illeggibile*) chicken scratch, scrawl; 2 (*rughe*) crow's feet; (*Ferr*) *~ di lepre* wing rail; (*Mecc*) *~ di ragno* oil groove; (*Mar*) *~ d'oca* crowfoot; (*Zool*) *zampe posteriori*: 1 hind legs; 2 (*estens*) (*piedi: di cavalli, capre*) hind hooves; (*di canidi, felini*) hind paws, hind feet.

zampare (**zàmpo**; *aus.* **avere**) *v.i.* to paw the ground.

zampata *f.* 1 blow with a paw. 2 (*scherz*) (*rif. a persone: calcio*) kick. 3 (*orma*) track, footprint, animal's paw print; (*di animale selvatico*) spoor; (*impronta di zoccolo*) hoofprint.

zampetta *f.* 1 (*gambetta*) leg. 2 (*piede*) foot, paw.

zampettare (**zampétto**; *aus.* **avere**) *v.i.* 1 (*rif. ad animali*) to trot. 2 (*scherz*) (*rif. a bambini*) to skitter, to patter, to scamper.

zampetto *m.* 1 (*gambetta*) leg. 2 (*piede*) foot, paw. 3 (*Macell*) (*di bovino*) shin; (*di suino, ovino*) trotter, foot: *~ di maiale* pig's trotter, pig's foot; *~ di vitello* veal shin.

zampillante *a.* 1 gushing, spurting, springing: *acque zampillanti* gushing waters. 2 (*estens*) spurting.

zampillare (**zampìllo**; *aus.* **avere**) *v.i.* 1 to gush, to spurt, to spring. 2 (*estens*) to spurt.

zampillio *m.* 1 gushing, spurting, springing. 2 (*estens*) spurting.

zampillo *m.* jet, spurt, gush: *~ d'acqua* jet of water.

zampino *m.* paw. □ (*fig*) *avere lo ~ in una faccenda* to have a hand in a matter; (*fig*) *mettere lo ~ in una faccenda* to poke one's nose into a matter, to interfere in a matter; *ci ha messo uno ~ il diavolo* the Devil has had a hand in this.

zampirone *m.* 1 mosquito coil, fumigator (for mosquitoes). 2 (*scherz*) (*sigaretta di qualità scadente*) gasper; (*sigaro di qualità scadente*) stogie.

zampogna *f.* (*Mus*) sort of bagpipe.

zampognaro *m.* (*Mus*) bagpiper.

zampone *m.* (*Gastron*) stuffed pig's trotter.

zana *f.* (*region*) 1 (*cesta di legno*) basket. 2 (*contenuto*) basketful. 3 (*culla*) kind of cradle.

zanca *f.* (*Tecn*) clamp.

zangola *f.* churn.

zangolare (**zàngolo**; *aus.* **avere**) *v.i.* to churn.

zangolatore *m.* (*operaio*) churner.

zangolatura *f.* (*azione*) churning.

zanna *f.* 1 (*rif. a elefanti, cinghiali, trichechi*) tusk. 2 (*dente di grossi carnivori*) tooth: *le zanne dell'orso* the bear's teeth. 3 (*rif. a cani e lupi*) fang. 4 (*dente velenifero dei serpenti*) fang. 5 *pl.* (*scherz,spreg,colloq*) (*rif. a persone: denti*) teeth, fangs: (*fig*) *mostrare le zanne* to show one's teeth.

zannata *f.* 1 (*colpo di zanna*) gore; (*estens*) (*morso*) bite. 2 (*segno lasciato*) gore mark;

(*estens*) (*morsicatura*) tooth mark, fang mark.

zanni *m.inv.* 1 (*Teat*) (*nella commedia dell'arte*) Zanni, zany. 2 (*estens*) (*buffone, pagliaccio*) zany, fool, buffoon, clown.

zannuto *a.* (*fornito di zanne: rif. a elefanti, cinghiali e trichechi*) tusked; (*rif. a grossi carnivori*) toothed; (*rif. a cani e lupi*) fanged.

zanza *m.* (*gerg*) (*ladro*) pilferer, filcher.

zanzara *f.* 1 (*Entom*) mosquito. 2 (*fig*) (*persona fastidiosa*) nuisance, (*colloq*) pest. □ (*Entom*) *~ anofele* anopheles mosquito, malaria-carrying mosquito; (*Entom*) *~ tigre* aedes mosquito, tiger mosquito, (*Am*) leopard mosquito.

zanzare (**zànzo**) *v.t.* (*gerg*) (*rubare*) pilfer, filch.

zanzaricida I *a.* mosquito killing. II *m.* insecticide for mosquitoes.

zanzariera *f.* insect screen, bug screen.

zanzarifugo I *a.* mosquito repellent: *spray ~* mosquito repellent spray. II *m.* mosquito repellent.

Zanzibar *n.pr.m.* (*Geog*) Zanzibar.

zapatista I *a.* Zapatist: *rivolta ~* Zapatist rebellion. II *m./f.* Zapatist.

zappa *f.* 1 (*Agr*) (*attrezzo*) hoe. 2 (*Mil*) (*fosso*) sap. □ (*fig*) *darsi la ~ sui piedi*: 1 to shoot oneself in the foot, to cut off one's nose to spite one's face, to cut one's own throat; 2 (*contraddirsi*) to contradict oneself.

zappare (**zàppo**) *v.t.* 1 (*Agr*) to hoe: *~ la terra* to hoe the ground. 2 (*Mil*) to sap, to trench.

zappata *f.* 1 (*colpo dato con la zappa*) blow with a hoe, blow from a hoe. 2 (*azione*) hoeing.

zappaterra *m.inv.* 1 (*Agr*) hoer; (*contadino*) farm labourer, peasant. 2 (*fig,spreg*) boor, lout.

zappatore *m.* 1 (*f.* **-trice**) (*Agr*) hoer; (*contadino*) farm labourer, peasant. 2 (*Mil*) sapper.

zappatrice *f.* (*Agr*) 1 (*Br*) plough, (*Am*) plow. 2 (*sarchiatrice*) weeder. □ (*Agr*) *~ rotante* rotary tiller.

zappatura *f.* (*Agr*) hoeing.

zappetta *f.* (*Agr*) weeding hoe.

zappettare (**zappétto**) *v.t.* to hoe lightly.

zapping *m.inv.* (*TV*) (*Br*) channel-hopping, (*Am*) zapping, (*Am*) channel-surfing. □ *fare ~* (*Br*) to channel-hop, (*Am*) to zap, (*Am*) to channel-surf.

zappone *m.* mattock (*anche Agr*).

zar *m.inv.* (*Stor*) czar, tsar, tzar.

Zarathustra, Zaratustra *n.pr.m.* (*Stor*) Zoroaster, Zarathustra.

zarevic /dza'revitʃ/ *m.* (*Stor*) tsarevitch, czarevitch.

zarina *f.* (*Stor*) czarina, czaritza, tsarina, tsaritsa.

zarismo *m.* (*Stor,Pol*) czarism, tsarism.

zarista I *a.* (*relativo allo zar*) czarist, tsarist. II *m./f.* (*sostenitore*) czarist, tsarist.

zattera *f.* 1 (*tronchi legati insieme*) raft. 2 (*Mar*) (*per trasporto merci*) lighter, barge. 3 (*Edil*) slab; (*di fondazione*) raft, foundation slab. □ (*Mar*) *~ di salvataggio* safety raft.

zatterone m. 1 (Mar) raft. 2 (Edil) raft, slab: ~ di fondazione foundation slab. 3 (Calz) platform sandal, platform.

zavorra f. 1 (Mar,Aer) ballast: fare ~ (o caricare ~) to load ballast. 2 (fig) (peso inutile) dead weight, lumber, useless clutter; (rif. a scritti e discorsi) padding; (rif. a persone) deadwood.

zavorrare (**zavòrro**) v.t. (Mar,Aer) to ballast.

zazzera f. 1 (capigliatura lunga) long hair. 2 (scherz,colloq,gerg) (capelli incolti) mane, mop (of hair).

zazzeruto a. (scherz,spreg) long-haired.

zebedei m.pl. (colloq,scherz) balls, (Br,sl) bollocks, ballocks, (Am,sl) nuts: (colloq) rompere gli ~ a qcu. to hassle so., to pester so., to nag so., to get on so.'s nerves.

Zebedeo n.pr.m. (Bibl) Zebedee.

zebra f. 1 (Zool) zebra: ~ di Grevy Grevy's zebra. 2 pl. (colloq) (attraversamento pedonale) pedestrian crossing sing., zebra crossing sing.

zebrato a. striped, with black and white stripes.

zebratura f. 1 (Zool) zebra stripes pl. 2 (estens) black and white stripes pl. □ (Strad) ~ stradale zebra crossing.

zebù m. (Zool) zebu.

zecca[1] f. mint.

zecca[2] f. (Entom) tick.

zecchino m. 1 (ducato d'oro veneziano) sequin. 2 (estens) coin of pure gold.

zefir m.inv. (Tess) zephyr.

zefiro m. (lett) (vento di ponente) zephyr (anche estens).

zelante I a. 1 (pieno di zelo) zealous (di for), fervent, eager: ~ dell'onore zealous for honour; essere troppo ~ to be too eager. 2 (sul lavoro: coscienzioso) conscientious, zealous, keen. II m./f. zealot (anche Rel).

zelantemente avv. zealously.

zelo m. zeal (di, per for), eagerness: essere pieno di ~ per una giusta causa to be full of zeal for a good cause; mostrare ~ to display zeal; ~ eccessivo excess of zeal; instancabile ~ unremitting zeal; ~ religioso religious zeal; (fig) sacro ~ sacred zeal.

zelota m. (Stor) Zealot.

zen I m.inv. (Rel) Zen, Zen Buddhism. II a.inv. Zen (attr.): arte ~ Zen art; filosofia ~ Zen philosophy; giardino ~ Zen garden.

zendado, **zendale** m. 1 (ant) (tessuto di seta) sendal. 2 (scialle veneziano) black shawl.

zenit m.inv. 1 (Astr) zenith. 2 (estens) (culmine, apice) zenith, peak: era allo ~ del suo potere he stood at the zenith (o at the peak) of his power.

zenitale a. (Astr) zenith (attr.), zenithal: distanza ~ zenith distance, zenith angle.

zenzero m. (Bot,Alim) ginger.

zeolite f. (Min) zeolite.

zeppa f. 1 (pezzo di legno) wedge; (per turare) bung: fissare con zeppe to wedge. 2 (Calz) wedge heel. 3 (Tip) slug. 4 (estens) (parola o frase inserita, spec. in poesia) expletive. □ (Calz) scarpe con la ~ wedge shoes, wedge-heeled shoes; (fig) mettere una ~ a qcs. to try to patch sth. up.

Zeppelin m.inv. (Aer) zeppelin.

zeppo a. 1 (pieno) packed, jam-packed, crammed, bursting (di with), cram-full, (colloq) chock-a-block (di with), (colloq) chock-full (di of): la casa era (piena) zeppa di gente the house was jam-packed with people. 2 (fig) packed (di with), (colloq) chock-full (di of): questa città è zeppa di cose da fare this city is packed with things to do.

zeppola f. (Dolc) sweet doughnut.

zerbino m. (stuoino) doormat.

zerbinotto m. (iron,spreg) fop, young fop, (ant) dandy.

zeriba f. (Etnol) zareba.

zero I a. nought (attr.), (Am) zero (attr.): fuori ci sono ~ gradi it's zero degrees outside; (Mil,estens) l'ora ~ zero hour. II m. 1 (numero) nought, (Am) zero: ~ virgola due (Br) nought point two, (Am) zero point two. 2 (Scol) nought, (Am) naught, zero: ha preso ~ he got a nought. 3 (fig) (niente) nothing, nil, zero, zilch, nought: la sua opinione non conta uno ~ his opinion counts for nothing; come architetto vale ~ as an architect he is a zero, as an architect he is a zilch; è uno ~ totale nel parlare he is a total zero in conversation. 4 (Fis) zero, zero point: lo ~ di una scala zero point on a scale. 5 (Tel) o, (Am) zero: il prefisso internazionale per l'Italia è 0039 the international dialling code for Italy is double o, three, nine. 6 (Sport) nil, zero, zilch, (Am) zip: vincere per due a ~ to win two-nil (o Am to win two-zip); ci hanno battuto per tre a ~ they beat us three to zero; ~ a ~ nil all, (Am) nil zip. 7 (Sport) (tennis) love: quindici-~ fifteen-love. III f.pl. midnight: il treno parte alle ~ due the train leaves at two minutes past midnight. □ (fig) essere a ~ to hit rock bottom; (fig) ridursi a ~ (perdere tutto) to have nothing left, to hit rock bottom; (colloq) tagliare i capelli a ~ to crop so.'s hair, to shave off so.'s hair; (Fis) ~ assoluto absolute zero; (fig) ripartire da ~ to wipe the slate clean, to start with a clean slate, to start from scratch again; (Meteor)sopra lo ~ above zero, (Am) above freezing; (Meteor) sotto ~ (o sotto lo ~) below zero, (Am) below freezing: dieci gradi sotto ~ ten degrees below zero; (Meteor) ~ termico freezing level.

zero coupon /'dzeroku'pɔn/ □ (Econ)certificato ~ zero coupon bond.

zerovalente a. (Chim) zerovalent.

zeta (le **zète**/**zèta**, gli **zèta**) f./m. (Br,Canad) zed, (Am) zee.

zeugma m. (Gramm,Ling) zeugma.

zeugmatico (pl. -ci) a. (Gramm,Ling) zeugmatic.

Zeus n.pr.m. (Mitol) Zeus.

zia f. aunt, (colloq) auntie, aunty: la ~ Maria Aunt Mary.

zibaldone m. 1 (mescolanza di oggetti, cose) hotchpotch, medley, mixture, (Am) hodgepodge (anche estens): alle nozze c'era uno ~ di invitati at the wedding there was a mixture of guests. 2 (spreg) muddle, jumble, mishmash, patchwork: questo edificio è uno ~ di stili architettonici this building is a mishmash of architectural styles, this building is a patchwork of architectural styles. 3 (lett) (libro o quaderno di appunti) notebook.

zibellino m. (Zool,Abbigl) sable: una pelliccia di ~ a sable (fur) coat.

zibetto m. 1 (Zool) civet, civet cat. 2 (Cosmet) (sostanza odorosa) civet.

zibibbo m. 1 (Bot) (uva) zibibbo grape (muscat grape). 2 (Enol) zibibbo (Sicilian dessert wine).

zietta f. (colloq) auntie, aunty.

zigano I a. gypsy; (relativo agli zingari di Ungheria) Tzigane: musica zigana Tzigane music. II m. 1 (f. -a) (zingaro, spec. di Ungheria) Tzigane. 2 (estens) (suonatore ambulante) street musician.

zigena f. (Entom) burnet moth, six-spot burnet.

zigolo m. (Ornit) bunting.

zigomatico (pl. -ci) a. (Anat) zygomatic: osso ~ zygomatic bone.

zigomo m. (Anat) zygoma, zygomatic bone, malar, (colloq) cheekbone: zigomi sporgenti (o zigomi prominenti) prominent cheekbones; zigomi alti high cheekbones.

zigomorfo a. (Bot) zygomorphic.

zigospora f. (Bot) zygospore.

zigote m. (Biol) zygote.

zigotico (pl. -ci) a. (Biol) zygotic.

zigrinare (**zigrino**) v.t. 1 (Pell) to grain, to pebble. 2 (Mecc) to knurl. 3 (Numism) to mill.

zigrinato a. 1 (Pell) grained, pebbled. 2 (Mecc) knurled: dado ~ knurled nut, hand nut. 3 (Numism) milled.

zigrinatura f. 1 (Pell) graining, pebbling. 2 (Mecc) knurling. 3 (Numism) milling.

zigrino m. 1 (Pell) (pelle di squalo, pelle zigrinata) shagreen. 2 (Mecc) knurling tool. 3 (Zool) velvet belly.

zigzag, **zig zag** m.inv. zigzag. □ a ~ zigzag(ging), in a zigzag: camminare a ~ to zigzag, to walk zigzag; rotta a ~ zigzag course.

zigzagare (**zigzàgo**, **zigzàghi**; aus. **avere**) v.i. to zigzag (anche estens).

zimarra f. 1 (Abbigl) cymar, flowing coat dress. 2 (rar,scherz) (cappotto lungo e sciupato) long shabby coat.

zimasi f. (Biol,Chim) zymase.

Zimbabwano a. (Geog) Zimbabwean.

Zimbabwe n.pr.m. (Geog) Zimbabwe.

Zimbabwese a. (Geog) Zimbabwean.

zimbellare (**zimbèllo**) v.t. 1 (Caccia) to decoy. 2 (fig) (allettare) to entice, to allure, to lure.

zimbello m. 1 (Caccia) (uccello di richiamo) decoy, decoy bird. 2 (Pesc) (tonno di richiamo) decoy (tuna). 3 (fig) (oggetto di scherno) laughing stock, butt (of all jokes): essere lo ~ della scuola to be the laughing stock of the school.

zimogeno m. (Biol) zymogen, proenzyme.

zimologia f. (Biol) zymology.

zimologo (pl. -gi) m. (Biol) zymologist.

zinale m. (region) (grembiule) apron.

zincare (**zinco**, **zinchi**) v.t. to zinc, to coat with zinc, to galvanize.

zincato I a. zinc coated, galvanized: acciaio ~ zinc coated steel; lamiera zincata zinc sheet. II m. zincate.

zincatore m. galvanizer.

zincatura f. 1 coating with zinc, galvanizing. 2 (strato di zinco) zinc coating. □ (Met) ~ a freddo cold galvanizing; (Met) ~ a immersione hot dipped galvanizing; (Met) ~ elettrolitica electro-galvanizing.

zinco (pl. -chi) m. (Chim) zinc. □ di ~ zinc (attr.): un cavo di ~ a zinc wire.

zincografia f. (Tip) 1 zincography. 2 (laboratorio) zincographic works (costr.sing. o pl.), zincographic lab.

zincografico (pl. -ci) a. (Tip) zincographic, zincographical.

zincografo m. (Tip) zincographer.

zincotipia f. (Tip) 1 zincography. 2 (copia stampata) zincograph.

zincotipista m./f. (Tip) zincographer.

zingarata f. (colloq,rar) practical joke, prank.

zingaresca f. (Mus) music composition similar to czardas.

zingaresco (pl. -chi) I a. 1 Gypsy (attr.), Romany (attr.): tribù zingaresca Gypsy tribe. 2 (da zingaro) gypsy-like, gypsyish. II m. (lingua degli zingari) Romany, Gypsy.

zingaro m. (f. -a) 1 Rom, Romany man (f. woman), Gypsy. 2 (fig) (persona sciatta) slovenly person, disreputable-looking person. □ vita da ~ gypsy life, wandering life.

zinna f. (region,colloq) (seno) boob.

zinnia f. (Bot) zinnia.

zio m. 1 uncle: lo ~ Giorgio Uncle George. 2 pl. (gli zii) uncle and aunt: ho passato la Pasqua dagli zii I spent Easter at my uncle and aunt's. □ (scherz) ~ d'America rich uncle; ~ materno uncle on one's mother's side; ~ Paperone uncle Scrooge; (region) zi' Peppe (vaso da notte) chamber pot; (scherz, fig) lo ~ Sam uncle Sam (the US).

zip m./f.inv. (chiusura lampo) zip, zip fastener, (Am) zipper.

zipolo m. (Enol) (della botte) spigot, bung.

zippabile a. (Inform) zippable.

zippare (zìppo) v.t. (Inform) to zip.

zippato a. (Inform) zipped, zip (attr.).

zircone m. 1 (Min) zircon. 2 (estens) (gemma per gioielli) zircon.

zirconio m. (Chim) zirconium.

zirlare (zìrlo; aus. avere) v.i. 1 (di uccello, pulcini) to cheep. 2 (di topo) to squeak.

zirlo m. 1 whistle, thrush's whistle. 2 (rar) (tordo da richiamo) decoy thrush.

ziro m. (region) (orcio) earthenware jar for oil, wine or cereals.

zitella f. (spreg) spinster, (scherz) old maid. □ ~ acida sour spinster.

zitellona f. (spreg) old maid.

zitellone m. (spreg,scherz) elderly bachelor.

zittio m. hissing.

zittire (zittìsco, zittìsci) I v.i. (aus. avere) (tacere, fare silenzio) to hush. II v.t. 1 (indurre a fare silenzio) to hush, to make so. be quiet, to make so. be silent, to tell so. to be quiet, to silence: ~ con un'occhiata to silence so. with a look. 2 (in segno di disapprovazione) to hiss: ~ un oratore to boo a speaker, to hiss a speaker.

zitto a. 1 quiet, silent. 2 (esclam.) be quiet!, keep quiet!, hush!, (colloq) shut up! □ ~ ~ as quiet as a mouse; (colloq) ~ e mosca keep it under your hat!; stare ~: 1 (non parlare) to be quiet, to keep quiet, not to talk: stai ~! (be) quiet!, shut up!; stai un po' ~! just keep quiet!; 2 (non protestare) to keep quiet, not to say anything: (colloq) far stare ~ qcu. (far lo tacere) to make so. be quiet, to shut so. up; 3 (non diffondere segreti) to keep a secret, to keep quiet, to keep one's mouth shut: mi raccomando, stai ~! please, hold your tongue!

zizza f. (region,colloq) (seno) boob.

zizzania f. 1 (rar) (Bot) darnel. 2 (fig) (discordia) discord, dissension; (chi semina discordia) mischief-maker, sower of discord: (fig) mettere ~ fra due persone to set two people at variance, to set two people at odds; (fig) seminare ~ to sow discord, to stir up trouble: è uno che semina ~ he is a mischief-maker, he is a trouble-maker.

zizzola f. (colloq) 1 (rar,region) (giuggiola) jujube, Chinese date. 2 (fig,estens) (inezia) trifle, bagatelle.

zoccola f. 1 (volg) (prostituta) whore. 2 (pop) (topo di fogna) sewer rat.

zoccolaio m. (rar) (fabbricante) clog maker.

zoccolanti m.pl. (Rel.catt) clog-wearing Observants.

zoccolata f. 1 (calcio) kick with a clog. 2 (colpo) blow with a clog.

zoccolio m. clatter of clogs.

zoccolo m. 1 (Calz) clog. 2 (Zool) (unghia) hoof. 3 (Agr) (zolla di terra) sod of earth. 4 (estens) (strato: di fango) mud, layer of mud; (di neve) snow, layer of snow. 5 (Arch) (sostegno) support; (basamento) socle; (plinto) plinth. 6 (Edil) socle; (di una parete) wainscot, wainscoting, wainscotting; (battiscopa) skirting board, (Am) base board, shoe molding. 7 (Tip) block. 8 (El) (attacco) lamp socket; (di tubo elettronico) valve base. □ (Geol) ~ continentale continental rise; (fig) ~ duro core: lo ~ duro di un partito the core of a party.

zodiacale a. zodiacal, of the zodiac: segni zodiacali signs of the zodiac; luce ~ zodiacal light.

zodiaco m. (Astr) zodiac (anche estens).

zolfanello m. (fiammifero in legno) match, sulphur match: una scatola di zolfanelli a box of matches. □ (fig) accendersi come uno ~ (arrabbiarsi facilmente) to be quicktempered, to be short-tempered, to be shortfused, (colloq) to flare up easily.

zolfara f. (rar) (Minier) sulphur deposit.

zolfatara f. (rar) (Geol) solfatara (volcanic vent emitting sulphurous gases); (estens) sulphur deposit.

zolfo m. (Chim) sulphur, (Am) sulfur. □ (Agr) dare lo ~ alle viti to spray vines with sulphur; ~ libero free sulphur; ~ ramato copper sulphate.

zolla f. 1 (di terra) clod; (con erba) sod, turf. 2 (Geol) plate. □ ~ erbosa sod, turf.

zolletta f. (piccolo pezzo) lump. □ (Alim) ~ di zucchero sugar lump, small sugar cube.

zombie /'dzombi/ m.inv. zombie, zombi (anche estens).

zompare (zómpo; aus. essere) v.i. (region) (saltare) to jump, to leap. □ (fig) ~ addosso a qcu. to pounce on so.

zompo m. (region) jump, leap.

zona f. 1 (striscia, fascia) zone, area: zone di luce e d'ombra areas of light and shade. 2 (lunga e stretta diversa dalle adiacenti) band. 3 (Geog) zone: ~ abissale abyssal zone; ~ glaciale frigid zone; ~ temperata temperate zone; ~ torrida torrid zone. 4 (Geol) (orizzonte) zone, horizon. 5 (regione) zone, region, area: ~ montuosa mountainous region. 6 (Anat) region; (cintura) girdle. 7 (Sport) (parte di campo) zone, area. 8 (Aut) zone: ~ ad assorbimento d'urto crumple zone; ~ deformabile crumple zone. 9 (Tel) (nastro ricevente) paper strip. 10 (Med,rar) herpes zoster, (colloq) shingles (costr.sing.). □ (Sport) a ~ zone, zonal: difesa a ~ zone defence, zonal defence; ~ ad alta concentrazione (di popolazione) densely populated area, highly populated area, high-density area; ~ agraria (o ~ agricola) agricultural district, agricultural region; ~ archeologica archaeological zone; ~ boschiva woodland area; (fig) ~ calda hot spot; (fig) in ~ Cesarini at the buzzer; ~ climatica climatic zone; ~ commerciale trade area; (in una città) business district; (Am) (di una via) strip; (fig) ~ critica problem area; (Pol,Mil) ~ cuscinetto buffer zone; (Meteor,Mar) ~ delle calme doldrums; (Geog) ~ deltizia deltaic area; (Pol, Mil) ~ demilitarizzata demilitarized zone; (Econ) ~ depressa depressed area; (Meteor) ~ di alta pressione area of high pressure; (Aer) ~ di atterraggio landing area; ~ di carico e scarico loading and unloading area; (Meteor) ~ di frontiera border zone (anche fig); (Pol,Mil) ~ di guerra war zone; (Psic) ~ di indifferenza zone of indifference; ~ di influenza sphere of influence (anche estens); (Aer) ~ di interdizione al volo no-fly zone; ~ di lavoro (area intorno a un macchinario) work area; (Econ) ~ di libero scambio free-trade area; (Mil) ~ di non sorvolo no-fly zone; (Mil) ~ di occupazione occupied zone; (Mil) ~ di operazioni zone of operations; (Itt) ~ di pesca fishing grounds; (Econ) ~ di produzione production area; (Mil) ~ di raccolta assembly area; (Strad) ~ di rimozione towing away zone, tow-away zone;

(Edil) ~ di rispetto conservation area; ~ di silenzio: 1 (Strad) area in which horns may not be sounded; 2 (Rad) dead spot, blind spot; (Pol) ~ di tensione trouble spot; (Comm) ~ di vendita sales territory; (Aer.mil) ~ d'impatto impact area; ~ disco limited parking zone, restricted parking zone; (Rad) ~ d'ombra blind spot; ~ ecologica ecological area; zone economiche speciali (nell'UE) special economic zones; (Econ) ~ franca tax free zone, free trade zone; (Edil) ~ giorno (di appartamento) living area (of a flat); (fig) ~ grigia (situazione poco chiara) grey area; essere in ~: 1 (essere vicino) to be somewhere around here, to be close by, to be in the vicinity, to be in the proximity; 2 (nel bridge) to be vulnerable; ~ industriale industrial area, industrial district; ~ militare military zone; (Pol) ~ neutrale neutral zone; ~ notte (di appartamento) sleeping area (of a flat); (Mil) ~ occupata occupied zone; ~ pedonale pedestrian area, traffic-free area, pedestrian precinct; ~ periferica outskirts, suburban area, suburbs; ~ portuale port area; ~ pranzo (di appartamento) dining area (of a flat); ~ residenziale residential district, residential area; ~ ricreativa recreation area; ~ sinistrata disaster area; (Geol) ~ sismica earthquake zone, seismic belt; (Econ) ~ sottosviluppata underdeveloped area, backward area; (Stor,Pol) ~ sovietica Soviet Zone, Soviet zone; (Mil) ~ tattica tactical zone; (Geog) ~ torrida Torrid Zone; ~ verde: 1 (area non edificabile) green belt, grass plot; 2 (Strad) park, flowerbed; ~ vietata off-limits area; (Geol) ~ vulcanica volcanic region, volcanic area.

zonale a. zonal, area (attr.), zone (attr.), district (attr.): commissariato ~ district police station.

zonatura f. zoning, division into zones.

zonazione f. 1 zonation, division into zones, division into areas. 2 (fig) (distribuzione delle specie animali) zonation.

zonizzare (zonìzzo) v.t. to zone, to divide (sth.) into zones.

zonizzazione f. zoning.

zonula f. (Anat) zonule, zonula. □ (Anat) ~ di Zinn zonula ciliaris, zonule of Zinn.

zonzo □ andare a ~ to wander about, to stroll around.

zoo m.inv. zoological garden, (colloq) zoo: (estens) (circo) ~ viaggiante travelling zoo.

zoochimica f. zoochemistry.

zoocoltura f. zootechny.

zoofagia f. zoophagy.

zoofago (pl. -gi) a. zoophagous, carnivorous: animale ~ zoophagous animal, zoophagan.

zoofilia f. 1 zoophilism, love of animals. 2 (Psic) zoophilia, bestiality.

zoofilo I a. zoophilic, zoophilous, (colloq) animal-loving. II m. (f. -a) zoophilist, (colloq) animal lover.

zoofisiologia f. animal physiology, zoophysiology.

zoofito I a. (Zool) zoophytic: animale ~ zoophytic animal, zoophyte. II m. zoophyte.

zoofobia f. (Psic) zoophobia.

zoofobo I a. (Psic) zoophobous. II m. (f. -a) zoophobe.

zooforo I a. (Arch) (con animali) zoophoric. II m. (fregio con animali) zoophorous.

zoogeografia f. zoogeography.

zooglea f. (Biol) zoogloea, zooglea.

zoografia f. zoography.

zooiatra m./f. (rar) (veterinario) veterinary surgeon, (Am) veterinarian.

zooiatria f. (rar) veterinary medicine, veterinary science.

zoolatria f. zoolatry, animal worship, wor-

ship of animals.
zoologia f. zoology.
zoologico (pl. **-ci**) a. zoological, zoology (attr.): giardino ~ zoological garden, zoo; museo ~ zoological museum, zoology museum.
zoologo m. (f. **-a**; pl. **-gi**) zoologist.
zoom /dzum/ m.inv. (Cin,TV,Fot) zoom, zoom lens.
zoomare /dzu'mare/ (**zoomo** /'dzumo/; aus. avere) v.i. (Cin,TV,Fot) to zoom: ~ su un particolare to zoom in on a detail.
zoomata /dzu'mata/ f. (Cin,TV,Fot) zoom.
zoometria f. zoometry.
zoomorfico (pl. **-ci**) a. zoomorphic.
zoomorfismo m. zoomorphism.
zoomorfo a. zoomorphic.
zoonosi f. (Med) zoonosis.
zooplancton m. (Biol) zooplankton.
zoospora f. (Biol) zoospore.
zootecnia f. animal husbandry, zootechny, zootechnics (costr.sing.).
zootecnico I a. zootechnical. II m. (f. **-a**; pl. **-ci**) zootechnician.
zootomia f. (rar) zootomy, animal anatomy.
zootossina f. (Biol) zootoxin.
zoppaggine f. (rar) lameness.
zoppicante a. 1 (claudicante) limping, with a limp, that has a limp. 2 (traballante) shaky, rickety, unstable, unsteady, wobbly: una sedia ~ a rickety chair. 3 (fig) weak, poor: è ~ in matematica he is weak in mathematics, his mathematics is weak, his mathematics is poor. 4 (rif. a ragionamenti e sim.) unsound, lame, poor, weak, limp. 5 (Metr) halting: un verso ~ a halting line of verse.
zoppicare (**zòppico, zòppichi**; aus. **avere**) v.i. 1 to limp, to walk with a limp, to be lame: ~ con il piede destro to be lame in one's right foot; è uscito dal campo zoppicando he limped off the field. 2 (essere traballante) to be shaky, to be rickety, to be unsteady, to be wobbly: il tavolino zoppica the table is unsteady. 3 (fig) (essere debole) to be shaky, to be weak, to be poor, to be dodgy: zoppica in chimica he is weak in chemistry, his chemistry is weak, his chemistry is poor. 4 (fig) (rif. a ragionamenti e sim.) to be unsound, to be lame, not to hold water. 5 (Metr) to be halting.
zoppiconi avv. (rar) limping, with a limp: andare ~ (o camminare ~) to limp, to walk with a limp; venire ~ to come limping along.
zoppo I a. 1 (rif. a gambe) game, (colloq) gammy. 2 (rif. a persone) lame, limping, crippled, (Am,colloq) gimpy: essere ~ da un piede to be lame in one leg; camminare ~ to limp, to walk with a limp; rimanere ~ to be lamed; diventare ~ to become lame. 3 (traballante) shaky, rickety, unsteady, wobbly. 4 (fig) (difettoso) unsound, lame, imperfect, defective, faulty: ragionamento ~ unsound argument, unconvincing argument; rima -a faulty rhyme. II m. (f. **-a**) lame person. □ Prov.: chi va con lo ~ impara a zoppicare he that dwells next door to a cripple will learn to limp, bad company brings bad habit.
zorilla f. (Zool) zorilla, zorille.
zoroastriano I a. Zoroastrian. II m. Zoroastrian.
zoroastrismo m. Zoroastrianism.
Zoroastro n.pr.m. (Stor) Zoroaster.
zostera f. (Bot) eelgrass.
zoticaggine f. (spreg) roughness, boorishness.
zotico I a. (spreg) (grossolano) rough, boorish, uncouth, loutish. II m. (f. **-a**; pl. **-ci**) boor, lout, rough person, uncouth person.

zoticone m. (f. **-a**) (spreg) boor, lout, rough person, uncouth person.
ZRE Repubblica Democratica del Congo ZRE (Congo Democratic Republic).
zuava □ (Abbigl) calzoni alla ~ knickerbockers.
zuavo m. (Stor) Zouave (anche estens): zuavi pontifici Pontifical Zouaves, Papal Zouaves.
zucca f. 1 (Bot) (pianta) pumpkin, gourd: fiori di ~ pumpkin flowers. 2 (Bot,Alim) (frutto) pumpkin, gourd: semi di ~ pumpkin seeds. 3 (fig,scherz) (testa) head, (colloq) pate, (colloq) nut. 4 (fig,scherz) (sciocco) fat head. □ (fig) non avere sale in ~ to lack common sense; (scherz) ~ pelata bald head, (Br,colloq) billiard ball; (fig) essere una ~ vuota to be a fool, to have no sense in one's head, to be hole-headed.
zuccaia f. (Agr) pumpkin field.
zuccaio m. (Agr) pumpkin field.
zuccata f. (scherz) (testata) butt, push with the head.
zuccheraggio m. (Enol) addition of saccharose to must.
zuccherare (**zùcchero**) v.t. 1 to sugar, to put sugar in, to add sugar; (edulcorare) to sweeten (anche estens): ~ il caffè to put sugar in coffee. 2 (cospargere di zucchero) to sugar, to sprinkle with sugar.
zuccherato a. 1 sugared, sweetened: acqua zuccherata sugared water. 2 (pieno di zucchero) with plenty of sugar. 3 (fig) sugared; (mellifluo) sugary, honeyed, honied, sweet: parole zuccherate honeyed words, sweet talk. □ caffè molto ~ coffee with plenty of sugar; mi piace il tè poco ~ I don't like much sugar in my tea.
zuccheriera f. sugar bowl.
zuccheriero a. (attr.): industria zuccheriera sugar industry.
zuccherifero a. 1 (saccarifero) (contenente zucchero) sugar (attr.), sugary. 2 (che riguarda lo zucchero) sugar (attr.).
zuccherificio m. (stabilimento) sugar refinery, sugar factory.
zuccherino I a. 1 (contenente zucchero) sugar (attr.), sugary: sostanza zuccherina sugary substance. 2 (dolce) sweet, sugary: una mela zuccherina a sweet apple. II m. 1 piece of sugar. 2 (caramella) sweet, (Am) candy, sugarplum.
zucchero m. 1 sugar (anche Chim): ~ granulato granulated sugar; ~ in pani loaf sugar; ~ in zollette cube sugar, lump sugar. 2 (fig) (persona amabile) sweet person, (Am) honey, (colloq) sweetie, (colloq) sweetie pie, (colloq) lamb: essere uno ~ to be very sweet, (colloq) to be a sweetie, to be a sweetie pie, (Am) to be a honey. 3 (spreg) (persona melliflua) sugary person, unctuous person. □ (Dolc) ~ a velo powdered sugar, (Br) icing sugar, (Am) confectioners' sugar; (Dolc) ~ bruciato caramel, burnt sugar; ~ bruno brown sugar; (Dolc) ~ caramellato caramelized sugar; ~ di acero maple sugar; ~ di barbabietola beet sugar; ~ di canna cane sugar; ~ d'orzo barley sugar; (Dolc) ~ filato candyfloss, (Am) cotton candy; (Dolc) ~ impalpabile powdered sugar, (Br) icing sugar, (Am) confectioners' sugar; ~ invertito invert sugar, inverted sugar; ~ non raffinato unrefined sugar; ~ raffinato white sugar, refined sugar; ~ semolato caster sugar; (Dolc) ~ vanigliato vanilla sugar.
zuccheroso a. 1 (molto dolce) sweet, sugary. 2 (fig) (mellifluo) sugary, honeyed, honied, (spreg) unctuous, (spreg) sickly sweet.
zucchetto m. 1 (copricapo degli ecclesiastici) zucchetto (skullcap worn by members

of the Roman Catholic clergy). 2 (copricapo maschile: papalina) skullcap. 3 (Bot,rar) (piccola zucca) small pumpkin, small gourd.
zucchina f. 1 (Bot) (Br) courgette, (Am) zucchini. 2 (rar) (piccola zucca) small pumpkin.
zucchino m. (Bot) (Br) courgette, (Am) zucchini.
zucconaggine f. obstinacy, stubbornness, hardheadedness, (colloq) pigheadedness.
zuccone I m. 1 (grossa zucca) big pumpkin. 2 (testa grossa) big head. 3 (f. **-a**) (fig) (persona ottusa) slow-witted person, dunce, dullard, (colloq) thickhead. 4 (f. **-a**) (fig) (persona sciocca) (sciocco) fool, (colloq) fat head, (colloq) blockhead, (Am) dork. 5 (f. **-a**) (fig) (persona caparbia) obstinate person, mule, (colloq) pigheaded person. II a. (ottuso) dull, slow-witted, (colloq) thick-headed, halfwit.
zuccotto m. (Dolc) dessert made with a skullcap-shaped sponge cake, icecream, chocolate and candied fruit.
zuffa f. 1 (combattimento) fray, scuffle, tussle, melee, mêlée: cacciarsi nella ~ to enter the fray; to jump in on the action. 2 (in battaglia) fight, skirmish. 3 (litigio violento, rissa) brawl, fight, tussle, (colloq) scrap. 4 (breve litigio) skirmish. 5 (polemica spec. sui quotidiani) battle of words.
zufolamento m. 1 whistling. 2 (rar) (rif. a orecchi: ronzio) buzz, buzzing, ring, ringing.
zufolare (**zùfolo**) I v.i. (aus. **avere**) 1 (suonare lo zufolo) to pipe. 2 (fischiare) to whistle. 3 (rar) (rif. a orecchi) to buzz, to ring. II v.t. (fischiettare) to whistle: ~ un motivetto to whistle a tune.
zufolio m. whistling.
zufolo m. (Mus) zufolo, little flute, little flageolet.
Zug, Zugo n.pr.f. (Geog) (cantone svizzero) Zug.
zulù I m./f.inv. 1 Zulu. 2 (fig,spreg) (zoticone) lout, boor. II a.inv. Zulu.
zumare (**zùmo**; aus. **avere**) v.i. (Cin,TV,Fot) to zoom: ~ su un particolare to zoom in on a detail.
zumata f. (Cin,TV,Fot) zoom.
zuppa f. 1 (Gastron) soup: ~ di fagioli bean soup; ~ di piselli pea soup; ~ di verdura vegetable soup. 2 (fig) (miscuglio disordinato) mixture, (spreg) mix-up; (confusione) confusion. 3 (fig) (lungo discorso inutile e caotico) rigmarole, long rambling speech. □ (Gastron) ~ alla pavese soup of chicken broth served with toasted bread, poached eggs and finished with Parmesan cheese; (Gastron) ~ di pesce fish soup; fare la ~ in to soak (sth.) in, to dip (sth.) in, to dunk: fare la ~ nel vino to dip biscuits in wine, to dip bread in wine; (Dolc) ~ inglese trifle. Prov.: se non è ~ è pan bagnato it's six of one and half a dozen of the other.
zuppiera f. soup tureen.
zuppo a. soaked, wet, soaking wet. □ (colloq) ~ fradicio drenched, wet through, soaking, wringing wet.
Zurigo n.pr.f. (Geog) Zurich, Zürich.
zuzzurellone m. (colloq) (f. **-a**) overgrown baby, overgrown schoolboy (f. -girl), rollicking person.
ZW Zimbabwe ZW (Zimbabwe).
zwinglianesimo /dzwiŋglja'nezimo/ m. (Rel.prot) Zwinglianism.
zwingliano /dzwiŋ'gljano/ I a. (Rel.prot) Zwinglian. II m. (f. **-a**) (Rel.prot) Zwinglian.
zwinglismo /dzwiŋ'glizmo/ m. (Rel.prot) Zwinglianism.

VERBI IRREGOLARI ITALIANI
ITALIAN IRREGULAR VERBS

Infinito / Infinitive	Indicativo presente / Present indicative	Passato remoto / Simple past	Participio passato / Past participle	Altre forme irregolari / Other irregular forms
aborrire	aborro/aborrisco	aborrii	aborrito	
accendere	accendo	accesi	acceso	
accludere	accludo	acclusi	accluso	
accorgersi	mi accorgo	mi accorsi	accorto	
affiggere	affiggo	affissi	affisso	
affliggere	affliggo	afflissi	afflitto	
alludere	alludo	allusi	alluso	
andare	vado, vai, va, andiamo, andate, vanno	andai	andato	*fut.* andrò *cong.pres.* vada *imp.* va'/vai
annettere	annetto	annettei/annessi	annesso	
apparire	apparisco/appaio	apparii/apparvi	apparso	
appendere	appendo	appesi	appeso	
aprire	apro	aprii/apersi	aperto	
ardere	ardo	arsi	arso	
aspergere	aspergo	aspersi	asperso	
assalire	assalgo/assalisco	assalii	assalito	
assidersi	mi assido	mi assisi	assiso	
assistere	assisto	assistei/assistetti	assistito	
assolvere	assolvo	assolsi/assolvei	assolto	
assumere	assumo	assunsi	assunto	
avere	ho, hai, ha, abbiamo, avete, hanno	ebbi	avuto	*fut.* avrò, *cong.pres.* abbia *imp.* abbi
benedire	benedico	benedissi	benedetto	
bere	bevo	bevvi/bevetti	bevuto	*fut.* berrò *cong.pres.* beva
cadere	cado	caddi	caduto	*fut.* cadrò
cedere	cedo	cedetti/cedei	ceduto	
chiedere	chiedo	chiesi	chiesto	*cong.pres.* chieda
chiudere	chiudo	chiusi	chiuso	
cingere	cingo	cinsi	cinto	
cogliere	colgo	colsi	colto	
coincidere	coincido	coincisi	coinciso	
comparire	compaio/comparisco	comparvi/comparii	comparso	
compire/compiere	compio/compisco	compii	compiuto	
comprimere	comprimo	compressi	compresso	
concedere	concedo	concessi/concedei	concesso	
condurre	conduco	condussi	condotto	*fut.* condurrò
confondere	confondo	confusi	confuso	
connettere	connetto	connettei	connesso	
conoscere	conosco	conobbi	conosciuto	
consistere	consisto	consistei/consistetti	consistito	
contundere	contundo	contusi	contuso	
convergere	convergo	conversi	converso	
coprire	copro	coprii/copersi	coperto	
correggere	correggo	corressi	corretto	
correre	corro	corsi	corso	
costruire	costruisco	costruii	costruito	
crescere	cresco	crebbi	cresciuto	
cuocere	cuocio, cuoci, cuoce, cuociamo, cuocete, cuociono	cossi	cotto	

Infinito / Infinitive	Indicativo presente / Present indicative	Passato remoto / Simple past	Participio passato / Past participle	Altre forme irregolari / Other irregular forms
dare	do, dai, dà, diamo, date, danno	diedi/detti, desti, diede, demmo, deste, diedero/dettero	dato	fut. darò cong.pres. dia cong.imperf. dessi imp. da'/dai
decidere	decido	decisi	deciso	
deludere	deludo	delusi	deluso	
deprimere	deprimo	depressi	depresso	
desistere	desisto	desistei/desistetti	desistito	
devolvere	devolgo	devolvei/devolvetti	devoluto	cong.pres. devolga
difendere	difendo	difesi	difeso	
dipendere	dipendo	dipesi	dipeso	
dipingere	dipingo	dipinsi	dipinto	
dire	dico, dici, dice, diciamo, dite, dicono	dissi	detto	fut. dirò cong. dica imp. di'/dì
dirigere	dirigo	diressi	diretto	
discendere	discendo	discesi	disceso	
discutere	discuto	discussi	discusso	
dissolvere	dissolvo	dissolsi/dissolvetti	dissolto	
dissuadere	dissuado	dissuasi	dissuaso	
distinguere	distinguo	distinsi	distinto	
distruggere	distruggo	distrussi	distrutto	
divellere	divelgo/divello	divelsi	divelto	cong.pres. divelga
dividere	divido	divisi	diviso	
dolere	dolgo, duoli, duole, doliamo, dolete, dolgono	dolsi	doluto	fut. dorrò
dovere	devo/debbo, devi, deve, dobbiamo, dovete, devono/dcbbono	dovei/dovetti	dovuto	fut. dovrò cong.pres. debba/deva
eccellere	eccello	eccelsi	eccelso	cong.pres. eccella
elidere	elido	elisi	eliso	
emergere	emergo	emersi	emerso	
empire, empiere	empio/empisco	empii/empiei	empito	
ergere	ergo	ersi	erto	
erigere	erigo	eressi	eretto	
esaurire	esaurisco	esaurii	esaurito/esausto	
escludere	escludo	esclusi	escluso	
esigere	esigo	esigei/esigetti	esatto	
esistere	esisto	esistei/esistetti	esistito	
espellere	espello	espulsi	espulso	
esplodere	esplodo	esplosi	esploso	
esprimere	esprimo	espressi	espresso	
essere	sono, sei, è, siamo, siete, sono	fui, fosti, fu, fummo, foste, furono	stato	fut. sarò cong.pres. sia imp. sii
estinguere	estinguo	estinsi	estinto	
evadere	evado	evasi	evaso	
evolvere	evolvo	evolvetti/evolsi	evoluto	
fare	faccio, fai, fa, facciamo, fate, fanno	feci	fatto	fut. farò cong.pres. faccia imp. fa'/fai
fendere	fendo	fendei/fendetti	fenduto	
figgere	figgo	fissi	fitto	
fingere	fingo	finsi	finto	
flettere	fletto	flettei/flessi	flesso	
fondere	fondo	fusi	fuso	
frangere	frango	fransi	franto	
friggere	friggo	frissi	fritto	
fungere	fungo	funsi	funto	
giacere	giaccio, giaci, giace, giacciamo, giacete, giacciono	giacqui	giaciuto	cong.pres. giaccia
giungere	giungo	giunsi	giunto	

Infinito Infinitive	Indicativo presente Present indicative	Passato remoto Simple past	Participio passato Past participle	Altre forme irregolari Other irregular forms
godere	godo	godei/godetti	goduto	*fut.* godrò
illudere	illudo	illusi	illuso	
immergere	immergo	immersi	immerso	
imprimere	imprimo	impressi	impresso	
incidere	incido	incisi	inciso	
includere	includo	inclusi	incluso	
incutere	incuto	incussi	incusso	
indulgere	indulgo	indulsi	indulto	
indurre	induco	indussi	indotto	*fut.* indurrò
inferire	inferisco	inferii/infersi	inferito/inferto	
infiggere	infiggo	infissi	infisso	
infliggere	infliggo	inflissi	inflitto	
insistere	insisto	insistei/insistetti	insistito	
intridere	intrido	intrisi	intriso	
introdurre	introduco	introdussi	introdotto	*fut.* introdurrò
intrudere	intrudo	intrusi	intruso	
invadere	invado	invasi	invaso	
ledere	ledo	lesi	leso	
leggere	leggo	lessi	letto	
maledire	maledico	maledissi	maledetto	*fut.* maledirò
mettere	metto	misi	messo	
mordere	mordo	morsi	morso	
morire	muoio, muori, muore, moriamo, morite, muoiono	morii	morto	*fut.* morrò/morirò *cong.pres.* muoia
mungere	mungo	munsi	munto	
muovere	muovo, muovi, muove, muoviamo, muovete, muovono	mossi	mosso	
nascere	nasco	nacqui	nato	
nascondere	nascondo	nascosi	nascosto	
negligere		neglessi	negletto	
nuocere	noccio/nuoccio, nuoci, nuoce, nociamo/nuociamo, nocete, nocciono/nuocciono	nocqui	nuociuto/nociuto	*fut.* nuocerò/nocerò *cong.pres.* noccia/ nuoccia
nutrire	nutro/nutrisco	nutrii	nutrito	
offendere	offendo	offesi	offeso	
offrire	offro	offrii/offersi	offerto	
opprimere	opprimo	oppressi	oppresso	
parere	paio, pari, pare, paiamo, parete, paiono	parvi	parso	*fut.* parrò *cong.pres.* paia
percepire	percepisco	percepii	percepito	
percuotere	percuoto	percossi	percosso	
perdere	perdo	persi/perdei/perdetti	perso/perduto	
persistere	persisto	persistei/persistetti	persistito	
persuadere	persuado	persuasi	persuaso	
piacere	piaccio, piaci, piace, piacciamo, piacete, piacciono	piacqui	piaciuto	*cong.pres.* piaccia
piangere	piango	piansi	pianto	
piovere	piove	piovve	piovuto	
porgere	porgo	porsi	porto	
porre	pongo, poni, pone, poniamo, ponete, pongono	posi	posto	*fut.* porrò *cong.pres.* ponga
possedere	possiedo/posseggo, possiedi, possiede, possediamo, possedete, possiedono/posseggono	possedetti/possedei	posseduto	*cong.pres.* possieda/ possegga
potere	posso, puoi, può, possiamo, potete, possono	potei	potuto	*fut.* potrò *cong.pres.* possa
prediligere	prediligo	predilessi	prediletto	
prefiggere	prefiggo	prefissi	prefisso	
preludere	preludo	prelusi	preluso	
prendere	prendo	presi	preso	

Infinito Infinitive	Indicativo presente Present indicative	Passato remoto Simple past	Participio passato Past participle	Altre forme irregolari Other irregular forms
presumere	presumo	presunsi	presunto	
produrre	produco	produssi	prodotto	*fut.* produrrò
profferire	profferisco	profferii/proffersi	profferto	
proteggere	proteggo	protessi	protetto	
pungere	pungo	punsi	punto	
radere	rado	rasi	raso	
recidere	recido	recisi	reciso	
redigere	redigo	redassi	redatto	
redimere	redimo	redensi	redento	
reggere	reggo	ressi	retto	
rendere	rendo	resi	reso	
reprimere	reprimo	repressi	represso	
resistere	resisto	resistei/resistetti	resistito	
ridere	rido	risi	riso	
ridurre	riduco	ridussi	ridotto	*fut.* ridurrò
riflettere	rifletto	riflettei/riflessi	riflettuto/riflesso	
rifulgere	rifulgo	rifulsi	rifulso	
rimanere	rimango, rimani, rimangono	rimasi	rimasto	*fut.* rimarrò *cong.pres.* rimanga
risolvere	risolvo	risolsi/risolvetti	risolto	
rispondere	rispondo	risposi	risposto	
riuscire	riesco	riuscii	riuscito	
rodere	rodo	rosi	roso	
rompere	rompo	ruppi	rotto	
salire	salgo, sali, salgono	salii	salito	*cong.pres.* salga
sapere	so, sai, sa, sappiamo, sapete, sanno	scppi	saputo	*fut.* saprò *cong.pres.* sappia *imp.* sappi
scegliere	scelgo, scegli, scelgono	scelsi	scelto	
scendere	scendo	scesi	sceso	
scindere	scindo	scissi	scisso	
sciogliere	sciolgo, sciogli, sciolgono	sciolsi	sciolto	*cong.pres.* sciolga
sconfiggere	sconfiggo	sconfissi	sconfitto	
sconvolgere	sconvolgo	sconvolsi	sconvolto	
scoprire	scopro	scoprii/scopersi	scoperto	
scorgere	scorgo	scorsi	scorto	
scrivere	scrivo	scrissi	scritto	
scuotere	scuoto	scossi	scosso	
sedere	siedo/seggo, siedi, siedono/seggono	sedei/sedetti	seduto	*cong.pres.* sieda/segga
sedurre	seduco	sedussi	sedotto	*fut.* sedurrò
seppellire	seppellisco	seppellii	sepolto/seppellito	
soddisfare	soddisfaccio/soddisfo, soddisfai/ soddisfi, soddisfà/soddisfa, soddisfacciamo/soddisfiamo, soddisfate, soddisfanno/soddisfano	soddisfeci	soddisfatto	*fut.* soddisfarò *cong.pres.* soddisfaccia/ soddisfi
soffrire	soffro	soffrii/soffersi	sofferto	
solere	soglio, suoli, suole, sogliamo, solete, sogliono	solei	solito	*cong.pres.* soglia
sommergere	sommergo	sommersi	sommerso	
sopprimere	sopprimo	soppressi	soppresso	
sorgere	sorgo	sorsi	sorto	
spandere	spando	spandei	spanto	
spargere	spargo	sparsi	sparso	
sparire	sparisco	sparii	sparito	
spegnere	spengo, spegni, spegne, spegniamo, spegnete, spengono	spensi	spento	*cong.pres.* spenga
spendere	spendo	spesi	speso	
spingere	spingo	spinsi	spinto	
sporgere	sporgo	sporsi	sporto	
stare	sto, stai, sta, stiamo, state, stanno	stetti, stesti, stette, stemmo, steste, stettero	stato	*fut.* starò *cong.pres.* stia

Infinito *Infinitive*	*Indicativo presente* *Present indicative*	*Passato remoto* *Simple past*	*Participio passato* *Past participle*	*Altre forme irregolari* *Other irregular forms*
stendere	stendo	stesi	steso	
stringere	stringo	strinsi	stretto	
struggere	struggo	strussi	strutto	
succedere	succedo	successi/succedetti	successo/succeduto	
tacere	taccio, taci, tace, tacciamo, tacete, tacciono	tacqui	taciuto	*cong.pres.* taccia
tendere	tendo	tesi	teso	
tenere	tengo, tieni, tengono	tenni	tenuto	*fut.* terrò *cong.pres.* tenga
tergere	tergo	tersi	terso	
tingere	tingo	tinsi	tinto	
togliere	tolgo, togli, tolgono	tolsi	tolto	*cong.pres.* tolga
torcere	torco	torsi	torto	
tradurre	traduco	tradussi	tradotto	*fut.* tradurrò *cong.pres.* traduca
trafiggere	trafiggo	trafissi	trafitto	
trarre	traggo, trai, trae, traiamo, traete, traggono	trassi	tratto	*fut.* trarrò *cong.pres.* tragga
uccidere	uccido	uccisi	ucciso	
udire	odo, odi, ode, udiamo, udite, odono	udii	udito	*fut.* udrò/udirò *cong.pres.* oda
ungere	ungo	unsi	unto	
uscire	esco, esci, esce, usciamo, uscite, escono	uscii	uscito	*cong.pres.* esca
valere	valgo, vali, vale, valiamo, valete, valgono	valsi	valso	*fut.* varrò *cong.pres.* valga
vedere	vedo/veggo, vedono/veggono	vidi	visto/veduto	*fut.* vedrò *cong.pres.* veda/vegga
venire	vengo, vieni, viene, veniamo, venite, vengono	venni	venuto	*fut.* verrò *cong.pres.* venga
vilipendere	vilipendo	vilipesi	vilipeso	
vincere	vinco	vinsi	vinto	
vivere	vivo	vissi	vissuto	*fut.* vivrò
volere	voglio, vuoi, vuole, vogliamo, volete, vogliono	volli	voluto	*fut.* vorrò
volgere	volgo	volsi	volto	*cong.pres.* volga